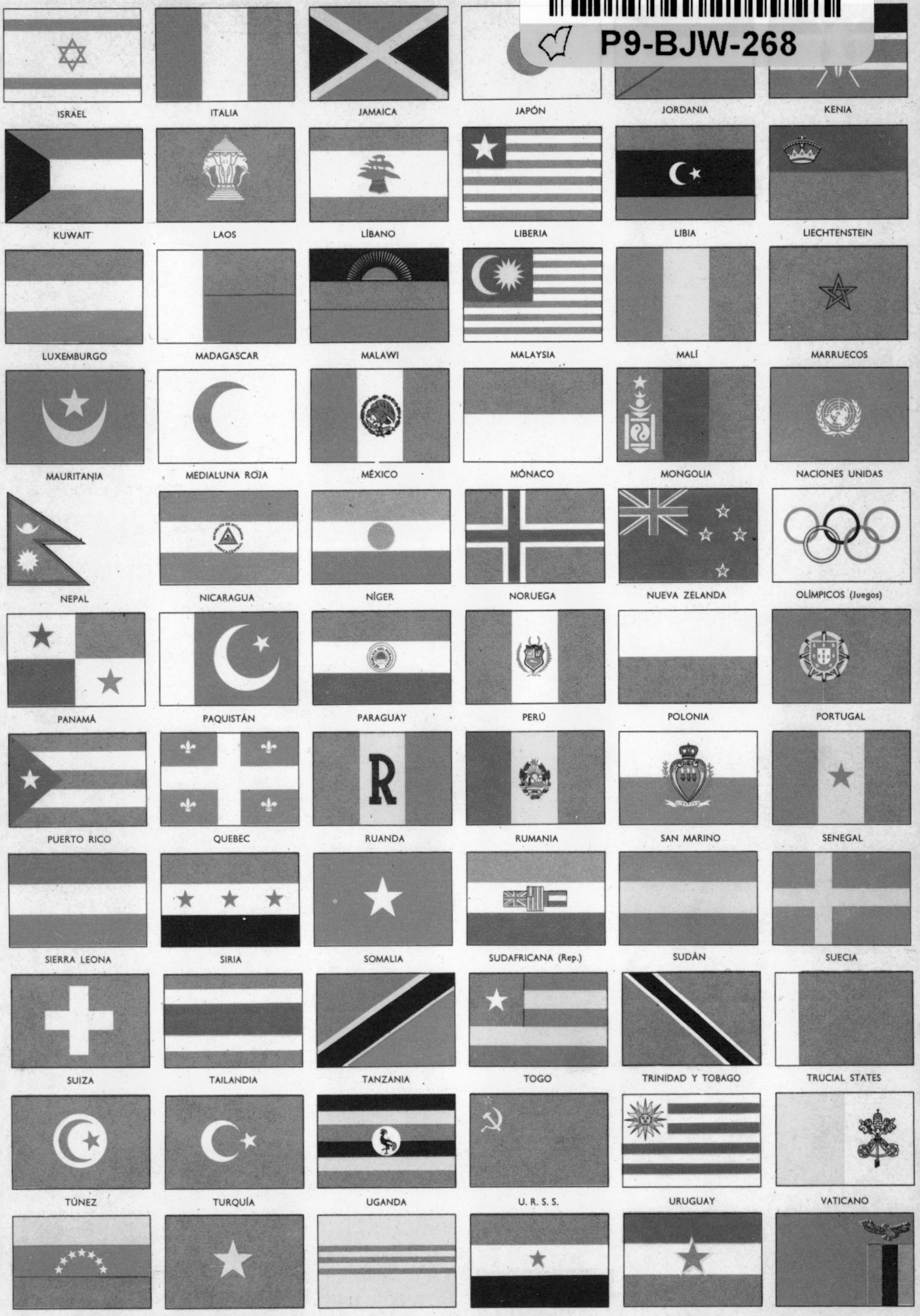

ISRAEL
ITALIA
JAMAICA
JAPÓN
JORDANIA
KENIA
KUWAIT
LAOS
LÍBANO
LIBERIA
LIBIA
LIECHTENSTEIN
LUXEMBURGO
MADAGASCAR
MALAWI
MALAYSIA
MALÍ
MARRUECOS
MAURITANIA
MEDIALUNA ROJA
MÉXICO
MÓNACO
MONGOLIA
NACIONES UNIDAS
NEPAL
NICARAGUA
NÍGER
NORUEGA
NUEVA ZELANDA
OLÍMPICOS (Juegos)
PANAMÁ
PAQUISTÁN
PARAGUAY
PERÚ
POLONIA
PORTUGAL
PUERTO RICO
QUEBEC
RUANDA
RUMANIA
SAN MARINO
SENEGAL
SIERRA LEONA
SIRIA
SOMALIA
SUDAFRICANA (Rep.)
SUDÁN
SUECIA
SUIZA
TAILANDIA
TANZANIA
TOGO
TRINIDAD Y TOBAGO
TRUCIAL STATES
TÚNEZ
TURQUÍA
UGANDA
U. R. S. S.
URUGUAY
VATICANO
VENEZUELA
VIET NAM DEL NORTE
VIET NAM DEL SUR
YEMEN
YUGOSLAVIA
ZAMBIA

PEQUEÑO
LAROUSSE
ILUSTRADO

por

RAMÓN GARCÍA-PELAYO Y GROSS

basado en el
Nuevo Pequeño Larousse Ilustrado
de Miguel de Toro y Gisbert

60 000 artículos
5 000 ilustraciones en negro
100 mapas . 75 grabados en color

1972
8.ª tirada

EDITORIAL LAROUSSE
Valentín Gómez 3530 . Buenos Aires R 13
Marsella 53, Esq. Nápoles. México 6, D. F.

17, Rue du Montparnasse, París

un diccionario sin ejemplos es un esqueleto

A LOS LECTORES

Editado por vez primera en 1856, el **Nouveau Dictionnaire de la langue française,** de PIERRE LAROUSSE, no tardó en colocarse a la cabeza de los diccionarios de la época, por haber sido también uno de los primeros en el que cada definición de los vocablos iba seguida de uno o varios ejemplos. La divisa de aquella obra es desde entonces la de todos los diccionarios publicados por esta editorial : *« Un diccionario sin ejemplos es un esqueleto ».*

En 1906, dirigido por CLAUDE AUGÉ, el diccionario Larousse, en tamaño más reducido y con el título de **Petit Larousse Illustré,** presentaba la innovación de ilustrar profusamente el texto. De este modo, el dibujo, lengua universal por excelencia, se puso al servicio de la lexicografía para aclarar o ampliar los conceptos en forma gráfica y atrayente.

La adaptación española de este diccionario fue el **Pequeño Larousse Ilustrado,** de MIGUEL DE TORO Y GISBERT, que vio la luz por primera vez en 1912. Sus numerosas ediciones han correspondido siempre a la necesidad de actualizar el texto y modernizar la presentación, y de aquí el renombre de que goza en todo el ámbito hispánico. En más de una ocasión este diccionario ha sido rehecho en su totalidad, la última vez en 1950, adoptando entonces el título de **Nuevo Pequeño Larousse Ilustrado.**

La EDITORIAL LAROUSSE, en su constante esfuerzo por mantener al día sus publicaciones, presenta hoy, con la colaboración de RAMÓN GARCÍA-PELAYO, un nuevo **Pequeño Larousse Ilustrado,** completamente refundido, en el que, sin renunciar a la experiencia de su predecesor, intenta adaptar su contenido a las exigencias del mundo moderno. Así, por ejemplo, el espacio dedicado a determinadas disciplinas que gozan actualmente de menos favor que hace unos años, ha sido reducido para permitir la incorporación de otras materias consideradas ahora de mayor importancia. El inmenso adelanto experimentado por las ciencias y las técnicas contemporáneas justifica, a nuestro juicio, este criterio.

Sirviéndonos, pues, de los últimos progresos de las artes gráficas, este diccionario aparece considerablemente mejorado gracias al procedimiento offset. Llamará también la atención de quien lo consulte la moderna y original confección; el aumento y la renovación total de sus ilustraciones; el uso más frecuente de la fotografía; la inserción de cuadros sinópticos sobre temas históricos, científicos y gramaticales, de gran ayuda para aquellos que deseen obtener una visión de conjunto o resolver una duda determinada, etc.

La parte lexicográfica de nuestro diccionario, aunque basada en la que redactó Miguel de Toro y Gisbert, ha sido objeto de minuciosa revisión que nos ha permitido añadir numerosas acepciones o vocablos nacidos de la evolución ininterrumpida del lenguaje, y modificar ciertas definiciones para darles un carácter más actual. Otra innovación es la de haber incluido términos que hasta ahora no han figurado en ningún vocabulario, pero que su empleo persistente por escritores contemporáneos y por el público en general basta para legitimar su entrada en nuestra obra, aunque no hayan recibido aún la sanción de la Academia.

El presente volumen corresponde a la *última edición* (revisada y corregida) de esta obra. La fecha del *copyright* más abajo mencionada no concierne sino al depósito, en Washington, de la primera edición.

Estimamos que un diccionario ha de ser ante todo reflejo del lenguaje del momento histórico, y no un repertorio de voces muertas, en desuso o aquejadas de senectud. Tal vez algunos de los neologismos incluidos no puedan resistir el paso de los años, pero es seguro que otros muchos acabarán por integrarse definitivamente en el léxico castellano.

Hemos extremado también nuestro cuidado en lo que se refiere a la introducción de palabras de uso especial en la América hispánica y, cada vez que ello ha sido posible, hemos tratado de localizar las zonas donde su empleo es más corriente. No hemos pretendido, sin embargo, encerrar cada vocablo dentro de determinadas fronteras, ya que los límites geográficos o políticos nunca han sido — y menos hoy — barreras inexpugnables para la expansión de un modo de hablar.

Se ha creído interesante incluir ciertas incorrecciones de lenguaje muy difundidas, no con el propósito de presentarlas como correctas, sino para advertir al público de su carácter erróneo y proponer al mismo tiempo la solución adecuada dentro del marco de nuestro idioma. Por otra parte, e intencionadamente, se ha querido dejar constancia en estas páginas de ciertos extranjerismos cuyo empleo puede, en algunas ocasiones, ser obligado, sobre todo en los casos en que son susceptibles de adaptarse fácilmente a las estructuras formales del castellano. Del mismo modo aparecen palabras extranjeras, con su pronunciación figurada, cuyo uso es internacional y que deben, por lo tanto, conocerse.

Haciendo honor a nuestro lema, hemos multiplicado los ejemplos, que no son sólo un complemento de la definición, sino, con mucha frecuencia, la definición misma. ¡Cuántas veces ésta resulta oscura y poco convincente para el lector, y es el ejemplo el que pone en evidencia el verdadero sentido de la palabra! También abundan las expresiones populares y familiares, giros y proverbios que se derivan de los vocablos incluidos, lo que constituye una de las mayores riquezas de este diccionario.

Al final de determinadas palabras hemos agregado una pequeña lista de sinónimos que, sin tener la pretensión de ser exhaustiva, puede resultar muy práctica para evitar el empleo repetido de un mismo vocablo.

La segunda parte de la obra, consagrada a la Historia, la Geografía, las Ciencias y las Artes, ha sido redactada con un nuevo criterio. Quien la consulte encontrará en ella la información necesaria sobre las figuras de relieve universal, principalmente las contemporáneas, que más han sobresalido en sus respectivas especialidades. Numerosas reseñas geográficas, históricas, literarias, artísticas o científicas permiten encontrar fácil y rápidamente, de un modo conciso y exacto, el dato que se desea, enriquecido con las modificaciones originadas por los más recientes acontecimientos históricos.

La documentación gráfica en esta parte cobra importancia excepcional : estadistas, poetas, militares, escritores, filósofos, músicos y sabios del mundo entero y de todas las épocas aparecen en imágenes junto a las divinidades grecorromanas, nórdicas o precolombinas, los tesoros del Arte, los paisajes, vistas de ciudades, etc.

Destinado este diccionario al extenso público de habla castellana, hemos concedido primacía a todo cuanto se refiere a España e Hispanoamérica, sin caer, no obstante, en un exclusivismo excesivo que hubiera podido privar a nuestra obra de su carácter eminentemente universal.

Entre las dos partes fundamentales de que se compone el libro — linguística y enciclopédica — figuran las tradicionales páginas rosa, dedicadas a las locuciones latinas y extranjeras de uso más difundido, con explicación detallada de sus significados.

Finalmente, el **Pequeño Larousse Ilustrado,** al igual que las demás publicaciones de nuestra Editorial, no es — y no puede ser en ningún caso — instrumento de ninguna propaganda y respeta en absoluto todo género de convicción política o credo religioso. Nuestro propósito quedará satisfecho si hemos conseguido, como creemos, encerrar en los estrechos límites de estas páginas el material de una extensa enciclopedia y dotar al lector español e hispanoamericano de un eficaz instrumento de trabajo y de consulta.

LOS EDITORES

CUADROS Y PRINCIPALES ILUSTRACIONES EN NEGRO

1. Parte Lengua

páginas rosa : locuciones latinas y extranjeras

2. Parte Artes, Letras, Ciencias

ILUSTRACIONES Y MAPAS EN COLOR

ABREVIATURAS empleadas en esta obra

abrev.	Abreviatura
Acad.	Academia
a. de J. C.	Antes de Jesucristo
adj.	Adjetivo
adv.	Adverbio
adv. afirm.	Adverbio de afirmación
adv. c.	Adverbio de cantidad
adv. l.	Adverbio de lugar
adv. m.	Adverbio de modo
adv. neg.	Adverbio de negación
adv. ord.	Adverbio de orden
adv. t.	Adverbio de tiempo
afl.	Afluente
Agr.	Agricultura
al. y alem.	Alemán
Albañ.	Albañilería
alt.	Altura
amb.	Ambiguo
Amer.	Americanismo
Amér. C.	Voz de América Central
Anat.	Anatomía
And.	Andalucismo
ant.	Antiguamente
Ant.	Anticuado
Antill.	Voz de las Antillas
Ar.	Aragonesismo
ár.	Árabe
archip.	Archipiélago
Arg.	Argentinismo
Arq.	Arquitectura
art.	Artículo
Ast.	Asturianismo
Astr.	Astronomía
aum.	Aumentativo
barb.	Barbarismo
Biol.	Biología
b. lat.	Bajo latín
Blas.	Blasón
Bol.	Bolivianismo
Bot.	Botánica
c.	Ciudad, como
cab.	Cabecera
cap., cp.	Capital
cat.	Catalán
Cir.	Cirugía
Col.	Colombianismo
com.	Común, comuna
Com.	Comercio
conj.	Conjunción
conj. advers.	Conjunción adversativa
conj. comp.	Conjunción comparativa
conj. cond.	Conjunción condicional
conj. cop.	Conjunción copulativa
conj. distr.	Conjunción distributiva
conj. disyunt.	Conjunción disyuntiva
conj. ilat.	Conjunción ilativa
Contr.	Contrarios
cord.	Cordillera
C. Rica	Voz de Costa Rica
Cub.	Cubanismo
Chil.	Chilenismo
d. de J. C.	Después de Jesucristo
dep.	Departamento
der.	Derecha, derecho
des.	Desembocadura, desemboca
Despect.	Despectivo
dim.	Diminutivo
distr.	Distrito
doc.	Documento
Dom.	Voz de la República Dominicana
E.	Este
Ecuad.	Voz del Ecuador
ej.	Ejemplo
Electr.	Electricidad
Equit.	Equitación
Est.	Estado
etc.	Etcétera
exp.	Exportación
expr.	Expresión
f.	Femenino
f. pl.	Femenino plural
Fam.	Familiar
Farm.	Farmacia
Fig.	Figurado
Fil.	Filosofía
Filip.	Voz de Filipinas
Fís.	Física
Fisiol.	Fisiología
flam.	Flamenco
For.	Forense
Fort.	Fortificación
Fot.	Fotografía
fr.	Francés, francesa, frase
fut.	Futuro
fut. subj.	Futuro subjuntivo
gall.	Gallego
gén.	Género
Geol.	Geología
Geogr.	Geografía
Geom.	Geometría
ger.	Gerundio
Germ.	Germanía

gr.	Griego
Gram.	Gramática
Gob.	Gobierno
Guat.	Voz de Guatemala
h. y hab.	Habitantes
Hist.	Historia
Hist. nat.	Historia natural
Hond.	Voz de Honduras
hol.	Holandés
i.	Intransitivo
ilustr.	Ilustración
imper.	Imperativo
imperf.	Imperfecto
impers.	Impersonal
import.	Importante, importación
Impr.	Imprenta
ind.	Indicativo, industria
indet.	Indeterminado
ingl.	Inglés, inglesa
interj.	Interjección
inv.	Invariable
Irón.	Irónico
irreg.	Irregular
izq.	Izquierdo, izquierda
ital.	Italiano, italiana
Km	Kilómetros
Km^2	Kilómetros cuadrados
l.	Lugar
lat.	Latín
loc.	Locución
loc. adv.	Locución adverbial
loc. fam.	Locución familiar
loc. fr.	Locución francesa
loc. lat.	Locución latina
m	Metros
m.	Masculino, murió, muerto
m. y f.	Masculino y femenino
m. pl.	Masculino plural
m. adv.	Modo adverbial
Mar.	Marina
Mat.	Matemáticas
máx.	Máxima
Mec.	Mecánica
Med.	Medicina
Metal.	Metalurgia
Méx.	Voz de México
Mil.	Militar
Min.	Mineralogía
Mit.	Mitología
Mont.	Montería
mun.	Municipio
Mur.	Murcianismo
Mús.	Música
N.	Norte
n.	Nació, nacido, nombre
NE.	Nordeste
Neol.	Neologismo
Nicar.	Voz de Nicaragua
NO.	Noroeste
n. pr.	Nombre propio
O.	Oeste
Observ.	Observación
Opt.	Óptica
pág.	Página
pal.	Palabra
Parag.	Voz del Paraguay
Parón.	Parónimo
Parte hist.	Parte histórica
Parte leng.	Parte lengua
P. ej.	Por ejemplo
Per.	Peruanismo
pers.	Persona
penins.	Península
Pint.	Pintura
pl.	Plural
pobl.	Población
Poét.	Poética
Por ext.	Por extensión
Por anal.	Por analogía
Pop.	Popular
pot.	Potencial
pr.	Principal, pronúnciese
Pr. Nóbel	Premio Nóbel
pref.	Prefijo
prep. insep.	Preposición inseparable
pres.	Presente
pres.	Presidente
pres. ind.	Presente indicativo
pres. subj.	Presente subjuntivo
p. p.	Participio pasado
pret.	Pretérito
prod.	Producción
prod. princ.	Produce principalmente
pron.	Pronombre
pron. pers.	Pronombre personal
pron. dem.	Pronombre demostrativo
pron. pos.	Pronombre posesivo
pron. rel.	Pronombre relativo
Prov.	proverbio
prov.	Provincia
Provinc.	Provincianismo
Puerto R. Y. P. Rico	Voz de Puerto Rico
P. us.	Poco usado
Quím.	Química
ref.	Refinerías
Rég.	Régimen
Rel.	Religión
Rep.	República
Ret.	Retórica
Rioplat.	Voz rioplatense
S.	Sur, siglo, sustantivo
Salv.	Voz de El Salvador
Sant.	Santanderismo
SE.	Sureste
sing.	Singular
Sinón.	Sinónimos
SO.	Suroeste
Sr.	Señor
subj.	Subjuntivo
sup.	Superficie
t.	Transitivo, tiempo
tb.	También
Taurom.	Tauromaquia
Teatr.	Teatro
Tecn.	Técnica, tecnicismo
Teol.	Teología
térm. mun.	Término municipal
territ.	Territorio
Text.	Textiles
univ.	Universidad
Urug.	Voz del Uruguay
Ú.	Úsase
Ú. t. c. i.	Úsase también como intransitivo
Ú. t. c. s.	Úsase también como sustantivo
Ú. t. c. s. f.	Úsase también como sustantivo femenino
Ú. t. c. s. m.	Úsase también como sustantivo masculino
Ú. t. c. t.	Úsase también como transitivo
Ú. t. c. r.	Úsase también como reflexivo
V.	Ver o véase
V.	Verbo, villa
Venez.	Voz de Venezuela
Veter.	Veterinaria
v. i.	Verbo intransitivo
v. impers.	Verbo impersonal
v. t.	Verbo transitivo
v. tb.	Ver o véase también
v. r.	Verbo reflexivo
Vulg.	Vulgarismo
yac.	Yacimientos
Zool.	Zoología

han colaborado en esta obra

redacción

Fernando García-Pelayo y Gross
Juan Pablo Vidal

corrección

Adolphe V. Thomas
Amadeo Bernadó Calcató,
Víctor Carrillo Jiménez,
Antonio García Birlán
Fernando Gómez Peláez

cartografía

Jean Barbier
Michèle Bézille
Geneviève Pavaux

fotografía

Andrés Laporte
Mariano Aguayo,
Guy Motté
Faustino Pastor

dibujo

Andrés Mauricio Tamagno

confección

Manuel Tarazona

Avión «Caravelle»

A

A m. Primera letra del abecedario, y primera de las vocales. Pl. *aes.* || — A, símbolo del *amperio,* y también símbolo químico del *argón.* || — *a,* símbolo de *área.* || A, símbolo del *angström.*
A prep. (del lat. *ad,* hacia). Denota: 1.º Dirección: *voy a Buenos Aires;* 2.º Término del movimiento: *llegó a París;* 3.º Lugar o tiempo en que ocurre una cosa: *lo vieron a las doce;* 4.º Situación: *a mi izquierda;* 5.º Espacio de tiempo o de lugar: *de ocho a nueve de la mañana; de un lugar a otro;* 6.º Modo de la acción: *a pie; a bofetadas;* 7.º Distribución o proporción: *veinte a veinte; a diez por ciento;* 8.º Comparación o contraposición: *va mucho de él a mí.* || Se antepone al precio: *a cien pesos el kilo.* || Da principio a muchas frases adverbiales: *a veces; a bien; a oscuras.* || Delante de un infinitivo y en frases de sentido condicional, equivale a si: *a decir verdad.* || Con: *quien a hierro mata a hierro muere.* || Hacia: *vino a mí con aire amenazador.* || Hasta: *con el agua al cuello.* || Junto a, cerca de: *a la orilla del río.* || Para: *a beneficio suyo.* || Por: *a petición suya.* || Según: *a lo que parece.* || De manera: *a la francesa.*
— Observ. El complemento directo lleva la preposición *a* cuando se puede considerar como sujeto de la oración, y no la lleva —salvo raras excepciones— en el caso contrario. El uso de la preposición *a* motiva en ocasiones innumerables extranjerismos, sobre todo galicismos, al atribuírsele significados que corresponden a otras partículas. He aquí algunos casos defectuosos, en los cuales la preposición *a* debe sustituirse por: 1.º Para: *es molesto a la mujer;* 2.º En: *fue el único a proponer; a la lectura de este libro;* 3.º Con: *vender a pérdida; cosa hecha a placer;* 4.º Por: *a lo que dice; cien kilómetros a la hora; a su modo de hablar;* 5.º De: *se odian a muerte; máquina a vapor; olla a presión; avión a reacción;* 6.º Respecto de: *la Tierra es al Universo lo que...;* 7.º Que ha de ser o que hay que: *el trabajo a efectuar.*
A, AB o ABS, pref. que denota separación, alejamiento, como en *acéfalo, abjurar, abstención.*
ABABA f. y **ABABOL** m. Amapola. || *Fam.* Simplón.
ABABILLARSE v. r. *Chil.* Enfermar de la babilla un animal.
ABACÁ m. Planta de la familia de las musáceas que se cría en Filipinas. || Filamento y tejido procedentes de la misma.
ABACERÍA f. Tienda del abacero.
ABACERO, RA m. y f. Persona que vende comestibles: aceite, vinagre, bacalao, etc.
ABACIAL adj. Relativo al abad, a la abadesa o a la abadía: *iglesia abacial.*
ÁBACO m. Cuadro de madera con alambres paralelos por los que corren bolas movibles y que sirve para enseñar el cálculo. || *Arq.* Parte en forma de tablero que corona el capitel.

ábaco

ABACORAR v. t. *Can.* Avasallar, dominar. || *Antill.* y *Venez.* Acometer, hostigar, acosar.
ABAD m. (del lat. *abbas,* padre). Superior de un monasterio. || En algunas partes, cura. (Sinón. V. *Sacerdote.*)
ABADA f. Bada, rinoceronte. (P. us.)
ABADEJO m. Bacalao. || Reyezuelo, pájaro de bonitos colores. || Carraleja, cantárida (insecto).
ABADENGO, GA adj. Relativo a la dignidad de abad: *tierras abadengas.*
ABADERNAR v. t. *Mar.* Sujetar con badernas.
ABADESA f. Superiora en ciertas comunidades religiosas.
ABADÍA f. Dignidad de abad o abadesa. || Iglesia o monasterio que gobiernan el abad o la abadesa. (Sinón. *Convento, priorato, claustro.* V. tb. *iglesia.*) || Territorio o jurisdicción del abad o abadesa.
ABADIATO m. Dignidad de abad, abadía.
ABAJADERO m. Cuesta, pendiente.
ABAJAR v. i. y t. Bajar.
ABAJEÑO, ÑA, ABAJERO, RA y ABAJINO, NA adj. y s. *Amer.* De las costas o tierras bajas.
ABAJO adv. l. Hacia lugar inferior: *echar abajo, cuesta abajo.* || Sitio o parte inferior. || Después de otro denotando inferioridad real o imaginada; úsase en escritos: *véase más abajo.* || — *¡Abajo!* interj. de reprobación: *¡Abajo el tirano!* || — Observ. Es barbarismo frecuente decir: *de arriba a abajo,* por *de arriba abajo;* || — Sinón. *Bajo, debajo.* || — Contr. *Arriba.*
ABALANZAR v. t. Equilibrar la balanza. || Lanzar violentamente. || — V. r. Arrojarse:

Fot. Sud-Aviation

« Mujer con abanico», por B. Morisot (detalle)

abanico

abarca

abalanzarse a uno. (SINÓN. V. *Lanzar.*) ‖ *Riopl.* Encabritarse el caballo.

ABALAUSTRADO, DA adj. Balaustrado.

ABALEADOR, RA m. y f. Persona que abalea.

ABALEAR v. t. *Agr.* Separar del grano aventado, con una escoba, los granzones y la paja gruesa. ‖ *Amer.* Tirotear.

ABALEO m. *Agr.* Acción de abalear. ‖ Escoba.

ABALIZAR v. t. Señalar con balizas.

ABALORIO m. Cuentecillas de vidrio agujereadas con que se hacen adornos y labores.

ABALUARTAR v. t. Fortificar con baluartes.

ABALLAR v. t. e i. Mover. ‖ — V. t. Bajar.

ABALLESTAR v. t. *Mar.* Halar, tirar.

ABANAR v. t. Hacer aire con el abano.

ABANCAINO, NA adj. y s. De Abancay.

ABANCALAR v. t. Formar bancales.

ABANCAYNO, NA adj. y s. Abancaino.

ABANDERADO m. Oficial que lleva la bandera. ‖ El que lleva bandera en las procesiones.

ABANDERAMIENTO m. Acción de abanderar.

ABANDERAR v. t. Matricular bajo la bandera de un Estado a un buque extranjero. ‖ *Riopl.* Dar programa político a una colectividad.

ABANDERIZAR v. t. Dividir en banderías. ‖ — V. r. Afiliarse a un bando o partido.

ABANDONADO, DA adj. Descuidado, desidioso, sucio: *Juana es muy abandonada.* (SINÓN. V. *Desaseado.*) ‖ — OBSERV. Es galicismo por *descarado, expósito, prostituido.*

ABANDONAMIENTO m. Abandono.

ABANDONAR v. t. Dejar a una persona o cosa: *abandonar la casa paterna.* (SINÓN. *Desertar.*) ‖ Desistir de un derecho. (SINÓN. *Renunciar, dejar, ceder.* V. tb. *abdicar.*) ‖ No hacer caso de algo. (SINÓN. *Descuidar, desamparar.*) ‖ V. r. Dejarse dominar por un afecto o emoción: *abandonarse al dolor.* ‖ Descuidar uno su interés o su aseo. ‖ Caer de ánimo: *un alma fuerte nunca se abandona.* ‖ Confiarse. ‖ — OBSERV. Son galicismos los sentidos siguientes: *confiar, entregar, soltar* y, en algunos casos, *renunciar.*

ABANDONISMO m. Tendencia a renunciar sin lucha a lo que se posee.

ABANDONISTA adj. y s. Perteneciente al abandonismo. ‖ Partidario del abandonismo.

ABANDONO m. Acción de abandonar: *el abandono de los niños está prohibido por la ley.* ‖ Descuido: *vivir en el mayor abandono.* (SINÓN. V. *Negligencia.*) ‖ En deportes, renuncia de uno de los participantes a entrar o seguir en una competición. ‖ *For.* Incumplimiento de la obligación legal de suministrar alimentos a quien tiene derecho a recibirlos. ‖ Incumplimiento de los deberes del cargo o función: *abandono de servicio.* ‖ Galicismo por *franqueza, gracia, sencillez.*

ABANICAR v. t. Hacer aire con el abanico. Ú. t. c. r.

ABANICAZO m. Golpe dado con el abanico.

ABANICO m. Instrumento para hacer aire. ‖ Cosa de figura de abanico, como la cola del pavo real. ‖ *Antill.* Señal ferroviaria en forma de abanico. ‖ *Mar.* Especie de cabria.

ABANILLO m. Adorno de lienzo que formaba los cuellos alechugados. ‖ Abanico.

ABANIQUEO m. Acción de abanicar o abanicarse. ‖ *Fig.* Movimiento exagerado de las manos.

ABANIQUERO, RA m. y f. Persona que hace o vende abanicos.

ABANO m. Abanico colgado del techo.

ABANTO m. Especie de buitre del África septentrional. ‖ — Adj. Aturdido, torpe. ‖ Espantadizo (toro).

ABAÑAR v. t. Seleccionar la simiente.

ABARATAMIENTO m. Acción y efecto de abaratar. ‖ — SINÓN. *Rebaja, baratura, depreciación, desvaluación, desvalorización.*

ABARATAR v. t. e i Disminuir de precio: *abaratar la vida.* (SINÓN. V. *Bajar.*) Ú. t. c. r.

ABARCA f. Calzado rústico que cubre parte del pie y se ata con correas al tobillo. ‖ Zueco.

ABARCAR v. t. Ceñir, rodear. (SINÓN. V. *Abrazar.*) ‖ Comprender, implicar, encerrar en sí. (SINÓN. V. *Contener.*) ‖ Alcanzar con la vista. ‖ *Fig.* Encargarse de muchas cosas a un tiempo. ‖ *Amer.* Acaparar. ‖ *Ecuad.* Empollar los huevos. ‖ — PROV. **Quien mucho abarca poco aprieta,** quien emprende muchas cosas a un tiempo, no desempeña bien ninguna.

ABARITONADO, DA adj. Con voz o timbre semejante a la del barítono.

ABARLOAR v. t. *Mar.* Arrimar el costado de un buque a otro o al muelle.

ABARQUILLADO, DA adj. De forma convexa, como el barquillo: *madera abarquillada.*

ABARQUILLAMIENTO m. Acción o efecto de abarquillar o abarquillarse.

ABARQUILLAR v. t. Dar figura de barquillo: *abarquillar un papel.* ‖ — V. r. Tomar forma de barquillo: *la madera se abarquilla con el calor.*

ABARRACAR v. i. Acampar en barracas.

ABARRADO, DA adj. Dícese del paño que tiene barras o listas defectuosas.

ABARRAGANARSE v. r. Amancebarse.

ABARRAJADO, DA adj. *Amer.* Desvergonzado.

ABARRAJAR v. t. Atropellar. ‖ *Amer.* Tirar, arrojar. (V. BARRAJAR). ‖ — V. r. *Per.* Tropezar: *abarrajarse en la escalera.* ‖ *Amer.* Perder la vergüenza.

ABARRAJO m. *Per.* Tropezón, caída. ‖ *Per.* *Tonto de abarrajo,* tonto de capirote, de remate.

ABARRANCADERO m. Atolladero.

ABARRANCAR v. t. Hacer barrancos: *la tormenta abarrancó los campos.* ‖ — V. i. Varar, encallar. ‖ — V. r. Meterse en un barranco. ‖ *Fig.* Meterse en un negocio de difícil salida.

ABARRAR v. t. Arrojar. ‖ Sacudir, varear.

ABARRISCO adv. m. A barrisco, en tropel.

ABARROCADO, DA adj. De aspecto barroco.

ABARROTADO, DA adj. Completamente lleno: *el tranvía estaba abarrotado.* (SINÓN. V. *Lleno.*) ‖ — M. *Chil.* Tienda en que se venden abarrotes.

ABARROTAR v. t. *Mar.* Asegurar la estiba con abarrotes. ‖ Cargar un buque aprovechando todo el espacio disponible. ‖ *Fig.* Atestar, llenar con exceso. (SINÓN. V. *Llenar.*) ‖ *Amer.* Monopolizar, acaparar. ‖ — V. r. *Amer.* Abaratarse un género por su abundancia.

ABARROTE m. Fardo pequeño. ‖ — Pl. *Amer.* Comestibles y artículos menudos de primera necesidad: *tienda de abarrotes.* ‖ Tienda de artículos diversos. ‖ *Col.* Quincallería.

ABARROTERÍA f. *Amér. C.* Ferretería.

ABARROTERO, RA m. y f. *Amer.* Persona que tiene tienda de abarrotes.

ABARSE v. r. Apartarse, dejar libre el camino. ‖ — OBSERV. Úsase sólo en imperativo: *ábate, abaos.*

ABASTAMIENTO m. Acción de abastar.

ABASTAR v. t. Abastecer. ‖ — V. i. Bastar.

ABASTARDAR v. t. e i. Bastardear: *abastardar una raza.*

ABASTECEDOR, RA adj. y s. Que abastece.

ABASTECER v. t. Proveer de lo necesario: *abastecer de víveres una guarnición.* (SINÓN. V. *Suministrar.* CONTR. *privar.*) Ú. t. c. r. ‖ — IRREG. Se conjuga como *merecer.*

ABASTECIDO, DA adj. Surtido, provisto: *tienda bien abastecida.* ‖ — CONTR. *Privado, desprovisto.*

ABASTECIMIENTO m. Acción de abastecer. ‖ — SINÓN. *Abasto, provisión, suministro, racionamiento.*

ABASTERO m. *Chil.* El vendedor de ganado para el consumo de una población.

ABASTIONAR v. t. Fortificar con bastiones.

ABASTO m. Provisión de víveres. (SINÓN. V. *Abastecimiento.*) ‖ En el bordado, parte menos importante de la obra. ‖ *Méx.* Matadero. ‖ *No dar abasto,* no poder satisfacer todas las necesidades o exigencias.

ABATANADO, DA adj. Tupido como paño. ‖ Diestro, experimentado: *abatanado en el negocio.*

ABATANAR v. t. Batir el paño en el batán, para desengrasarlo y enfurtirlo. ‖ *Fig.* Golpear.

ABATATARSE v. r. *Riopl. Fam.* Avergonzarse.

ABATE m. Eclesiástico de órdenes menores que solía vestir traje clerical. ‖ Presbítero extranjero. (SINÓN. V. *Sacerdote.*)

ABATÍ m. (voz guaraní) *Arg.* Maíz. ‖ *Riopl.* Aguardiente de maíz.

Fot. Dulloz, Giraudon

ABATIDO, DA adj. Vil, despreciable. ‖ Desanimado. (SINÓN. V. *Decaído.*)

ABATIMIENTO m. Acción de abatir. ‖ Desaliento, falta de ánimo: *entregarse al abatimiento.* (SINÓN. *Agobio, agotamiento, desolación, desconsuelo, desaliento, descorazonamiento, desánimo, aplanamiento, aniquilamiento, inanición, desfallecimiento.* CONTR. *Energía, ánimo.*) ‖ *Mar.* Ángulo que forma la quilla con la dirección de la nave.

ABATIR v. t. Echar por tierra: *abatir las murallas.* (SINÓN. V. *Derribar.* CONTR. *Levantar.*) Bajar: *abatir el pabellón.* ‖ *Fig.* Hacer perder el ánimo, las fuerzas, el vigor: *dejarse abatir por la adversidad* (CONTR. *Animar.*) ‖ *Fig.* Envilecer: *abatir a uno el orgullo.* (SINÓN. V. *Humillar.*) ‖ *Mar.* Separarse un buque hacia sotavento del rumbo que debía seguir. ‖ *Mar.* Inclinar, tumbar: *abatir la chimenea.* ‖ Desarmar, descomponer: *abatir una tienda de campaña.* ‖ En ciertos juegos de naipes, mostrar las cartas. ‖ *Abatir banderas,* rendirlas. ‖ *Abatir una perpendicular,* trazarla. ‖ — V. r. Precipitarse el ave de rapiña: *el águila se abatió.*

ABAYADO, DA adj. *Bot.* Parecido a la baya.

ABAZÓN m. Bolsa que algunos monos y murciélagos tienen en los carrillos, y donde guardan los alimentos para comerlos después.

ABDICACIÓN f. Acción y efecto de abdicar. ‖ Documento en que consta la abdicación. ‖ — SINÓN. *Renuncia, renunciamiento, abandono, resignación.*

ABDICAR v. t. Renunciar una dignidad, y particularmente la autoridad soberana: *Diocleciano abdicó el imperio.* (SINÓN. *Dimitir, resignar.*) ‖ Abandonar: *abdicar sus derechos.* (SINÓN. *Desistir.*)

ABDOMEN m. Parte inferior del tronco que encierra principalmente el tubo digestivo y órganos anexos. (SINÓN. V. *Vientre.*) ‖ Parte posterior del cuerpo de los artrópodos.

ABDOMINAL adj. Relativo al abdomen.

ABDUCCIÓN f. Movimiento por el cual se aleja un miembro del plano medio del cuerpo: *abducción del brazo, del ojo.* ‖ Silogismo en que la premisa mayor es evidente y la menor probable. ‖ — PARÓN. *Aducción.*

ABDUCTOR adj. y s. Que sirve para producir la abducción: *músculo abductor, el abductor del ojo.*

ABECÉ m. Alfabeto. (SINÓN. V. *Abecedario.*) ‖ *Fig.* Rudimentos de una ciencia. ‖ *Fig. No saber el abecé,* ser muy ignorante.

ABECEDARIO m. Alfabeto, serie de las letras de un idioma. ‖ Cartel o librito con las letras del abecedario, que sirve para enseñar a leer. ‖ — SINÓN. *Abecé, cartilla, silabario.*

ABEDUL m. Árbol de la familia de las betuláceas, de madera blanca, que abunda en Europa: *de la corteza del abedul se extrae un aceite que sirve para curtir y aromatizar la piel de Rusia.*

ABEJA f. (lat. *apis*). Insecto himenóptero. — Las *abejas* tienen el cuerpo de color pardo negruzco, cubierto de vello rojizo, seis patas, cuatro alas y un aguijón muy fuerte en el extremo del abdomen. Vive en las colmenas donde produce la cera y la miel.

ABEJAR m. Colmenar. ‖ — Adj. *Uva abejar,* variedad de uva de pellejo duro.

ABEJARRÓN m. Abejorro.

ABEJARUCO m. Ave trepadora de cuello amarillo, lomo rojo oscuro y alas azules y verdes, que se alimenta de abejas.

ABEJEAR v. i. Revolotear como las abejas.

ABEJERA f. Uno de los nombres del *toronjil.* ‖ Colmenar.

ABEJERO, RA m. y f. Colmenero. ‖ Abejaruco, pájaro. ‖ *Guat.* Nube de abejas.

ABEJÓN m. Abejorro (himenóptero). ‖ Zángano. ‖ *Venez. Hacer abejón,* silbar a un orador.

ABEJORREO m. *Fam.* Zumbido.

ABEJORRO m. Insecto himenóptero, grande y velludo, que zumba mucho al volar. ‖ Insecto coleóptero zumbador, herbívoro que causa mucho daño a la agricultura, y su larva o *gusano blanco* es la que mayores estragos produce. ‖ *Fig.* Persona pesada y molesta.

ABEJUNO, NA adj. Relativo a la abeja.

ABELMOSCO m. Planta malvácea de la India, usada en medicina y perfumería.

ABELLACADO, DA adj. Bellaco, ruin, pícaro.

ABELLACARSE v. r. Volverse bellaco.

ABELLOTADO, DA adj. De figura de bellota.

ABEMOLAR v. t. *Mús.* Poner bemoles: *abemolar una nota.* ‖ Dulcificar la voz.

ABERENJENADO, DA adj. De color o figura de berenjena.

ABERRACIÓN f. *Astr.* Desvío aparente de los astros. ‖ *Ópt.* Defecto de las lentes que produce una visión defectuosa: *aberración cromática, aberración esférica.* ‖ *Fig.* Desvío de lo tenido por justo y normal. (SINÓN. V. *Error.*)

ABERRANTE adj. Que se aparta de la regla o la forma común. (SINÓN. V. *Absurdo.*)

ABERRAR v. i. Errar, equivocarse.

ABERTAL adj. Dícese de la tierra que fácilmente se agrieta. ‖ Campo no vallado.

ABERTURA f. Acción de abrir, apertura. (SINÓN. V. *Salida.*) ‖ Hendidura o grieta: *la abertura de una cueva.* (SINÓN. V. *Agujero* y *ventana.*) ‖ Grieta formada en la tierra. ‖ *Astr.* Diámetro útil de un anteojo. ‖ *Fig.* Franqueza en el trato. ‖ Amplitud.

ABESANA f. Besana, surco.

ABESTIARSE v. r. Embrutecerse.

ABÉSTOLA f. Arrejada, aguijada.

ABETAL m. Sitio poblado de abetos.

ABETINOTE m. Resina del abeto.

ABETO m. (lat. *abies*). Árbol siempre verde de la familia de las abietáceas: *los abetos de la Selva Negra, en Alemania, suelen tener hasta cuarenta metros de alto.* (El *abeto* abunda en los Pirineos. Su madera sirve para construcciones, y de su corteza se sacan la trementina, la pez y la colofonia.)

ABETUNADO, DA adj. Semejante al betún.

ABETUNAR v. t. Embetunar.

ABEY m. Árbol grande de las Antillas, de la familia de las leguminosas.

ABIERTAMENTE adv. m. Sin reserva, francamente: *hablar abiertamente.*

ABIERTO, TA p. p. irreg. de *abrir.* ‖ — Adj. *Campo abierto,* campo llano, despejado. ‖ *Ciudad abierta,* que no tiene fortificaciones o que renuncia a defenderse en tiempo de guerra. ‖ *Rostro, carácter abierto,* sincero, comunicativo. (SINÓN. V. *Franco.*) ‖ *Espíritu abierto,* comprensivo, generoso, liberal. ‖ *Cuenta abierta,* la que está sin saldar. ‖ *A cielo abierto,* al aire libre. ‖ *Con los brazos abiertos,* cordialmente. ‖ — RÉG. *Abierto de piernas.* ‖ — CONTR. *Cerrado.*

ABIETÁCEAS f. pl. *Bot.* Familia de plantas gimnospermas, como el pino, el abeto, el cedro y el alerce.

ABIETINO m. Resina de abeto.

ABIGARRADO, DA adj. Que tiene colores o dibujos muy variados: *cuadro, traje abigarrado.* ‖ Heterogéneo: *multitud abigarrada.*

ABIGARRAMIENTO m. Acción y efecto de abigarrar. ‖ Calidad de abigarrado.

ABIGARRAR v. t. Dar o poner a una cosa varios colores: *abigarrar de azul y rojo.* ‖ — SINÓN. *Entremezclar, motear, jaspear, retear.*

abejorro

abeto

abedul

ABEJAS

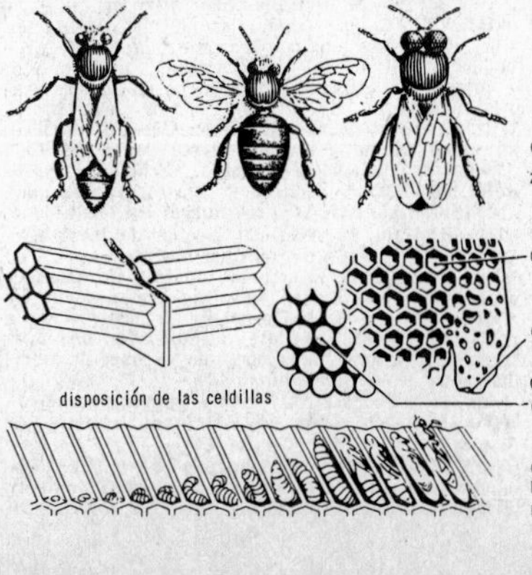

«Abogados», por Daumier

ABIGEATO m. *For.* Hurto de ganado o bestias.
ABIGOTADO, DA adj. Bigotudo.
AB INTESTATO, loc. lat. que significa *sin testamento: murió ab intestato.* || *Estar ab intestato una cosa,* estar descuidada, abandonada o desamparada.
ABINTESTATO m. Procedimiento judicial sobre adjudicación de los bienes del que muere sin testar.
ABISAL adj. De gran profundidad submarina: *fosas abisales.*
ABISELAR v. t. Hacer biseles.
ABISINIO, NIA adj. y s. De Abisinia.
ABISMAL adj. Perteneciente al abismo: *la fauna y la flora abismales.*
ABISMAR v. t. Hundir en un abismo. || *Fig.* Confundir, abatir: *la inmensidad de los cielos abisma nuestra inteligencia.* || — V. r. Hundirse: *abismarse en una sima.* || *Fig.* Confundirse, abatirse: *abismarse en un mar de confusiones.* || Entregarse por completo a la meditación, al dolor, etcétera. || *Amer.* Asombrarse.
ABISMÁTICO, CA adj. Profundo.
ABISMO m. (del gr. *a* priv., y *byssos,* fondo). Sima, gran profundidad. (SINÓN. *Barranco, precipicio.*) || *Fig.* Cosa inmensa, extremada, incomprensible: *un abismo de dolor.* || Infierno. || *Fig. Estar al borde del abismo,* estar a pique de arruinarse, de perderse.
ABITAQUE m. Cuartón, viga.
ABITAR v. t. *Mar.* Amarrar el cable a las bitas.
ABITÓN m. *Mar.* Madero vertical que sirve para amarrar alguna cuerda.
ABIZCOCHADO, DA adj. Parecido al bizcocho: *porcelana abizcochada, pan abizcochado.*
ABJURACIÓN f. Acción y efecto de abjurar: *la abjuración de Enrique IV le dio el trono de Francia.*
ABJURAR v. t. Renunciar solemnemente a una religión, opinión o sentimiento: *abjurar el calvinismo.* Ú. t. c. i.: *abjurar de su error.* (SINÓN. V. *Renegar.*)
ABLACIÓN f. *Cir.* Separación o extirpación de una parte del cuerpo: *ablación de las amígdalas* (SINÓN. V. *Amputación.*) || *Geol.* Fusión parcial de un glaciar por el calor.
ABLANDABREVAS com. *Fam.* Persona inútil o para poco.
ABLANDADOR, RA adj. Que ablanda.
ABLANDADURA f. Ablandamiento.
ABLANDAHIGOS com. *Fam.* Ablandabrevas.
ABLANDAMIENTO m. Acción de ablandar.
ABLANDANTE adj. Que ablanda.
ABLANDAR v. t. Poner blanda alguna cosa: *el fuego ablanda la cera.* (SINÓN. V. *Macerar.*) || Laxar, suavizar: *las ciruelas ablandan el vientre* || *Fig.* Calmar la cólera, la ira de alguno: *ablandar el rigor de la cólera paterna.* (SINÓN. V. *Aliviar.*) || — V. i. Aflojar el viento. || Disminuir el frío, las nieves: *ablandan los fríos.* || — V. r. Ponerse blando. || Hacerse suave. || Templarse los fríos. || — CONTR. *Endurecer.*
ABLANDATIVO, VA adj. Que ablanda.
ABLANDECER v. t. Ablandar, poner blando || — IRREG. Se conjuga como *merecer.*
ABLATIVO m. *Gram.* Caso de la declinación que, en ciertas lenguas, expresa relación de procedencia, situación, modo, tiempo, instrumento, etcétera. (En español se indica con una de las preposiciones *con, de, desde, en, por, sin, sobre, tras.*) || *Ablativo absoluto,* expresión elíptica, sin conexión gramatical con el resto de la frase de la cual depende por el sentido: *dicho esto, calló.*
ABLEGADO m. Enviado apostólico encargado de entregar el birrete a los nuevos cardenales.
ABLUCIÓN f. Lavatorio, acción de lavarse. || Acción de purificarse por medio del agua, en algunas religiones, como la judaica, la mahometana, etc.: *la ablución se encuentra en todos los cultos de Oriente.* || Ceremonia de lavar el cáliz y los dedos el sacerdote después de consumir. || — Pl. Vino y agua con que se hace la purificación: *sumir las abluciones.*
ABLUENTE adj. Diluyente, purificante.
ABLUSADO, DA. adj. Holgado a modo de blusa.
ABNEGACIÓN f. Renunciamiento: *hacer abnegación de sí mismo.* (SINÓN. V. *Sacrificio.*)
ABNEGADAMENTE adv. m. Con abnegación.
ABNEGADO, DA adj. Que tiene abnegación.
ABNEGARSE v. r. Sacrificarse.
ABOBADO, DA adj. Que parece bobo.
ABOBAMIENTO m. Bobería, tontería.
ABOBAR v. t. Hacer bobo a alguno, atontarle || — V. r. Volverse bobo.
ABOCADO, DA adj. Dícese del vino agradable por su suavidad. || *Fig.* Próximo, expuesto a.
ABOCAMIENTO m. Acción de abocar.
ABOCAR v. t. Asir con la boca. || Acercar, aproximar: *abocar la artillería, las tropas.* || Dirigirse a una persona. || — V. i. *Mar.* Acercarse a la boca de una rada, canal, puerto, etc. || — V. r. Aproximarse, acercarse. || Juntarse dos o más personas para tratar un negocio: *abocarse con uno.* || — PARÓN. *Avocar.*
ABOCARDADO, DA adj. De boca ancha (dícese de algunas armas de fuego).
ABOCARDAR v. t. Ensanchar la entrada de un tubo o de un agujero.
ABOCARDO m. Barrena grande, alegra.
ABOCATERO m. Galicismo por *aguacate.*
ABOCELADO, DA adj. Que forma bocel.
ABOCETADO, DA adj. Dícese de la pintura poco terminada.
ABOCETAR v. t. Trazar un boceto. (SINÓN. V. *Dibujar.*)
ABOCINADO, DA adj. De figura de bocina.
ABOCINAR v. t. Dar forma de bocina. || — V. i. *Fam.* Caer de bruces. || — V. r. *Chil.* Ensancharse el agujero del cubo de las ruedas.
ABOCHORNADO, DA adj. Que siente bochorno. || *Fig.* Sonrojado, avergonzado.
ABOCHORNAR v. t. Causar bochorno el excesivo calor. || *Fig.* Sonrojar. || — V. r. Sentir bochorno. || *Fig.* Sonrojarse: *abochornado de [por] su conducta.* || *Agr.* Enfermar las plantas con el excesivo calor.
ABOFETEADOR, RA adj. y s. Que abofetea.
ABOFETEAR v. t. Dar de bofetadas.
ABOGACÍA f. Profesión del abogado.
ABOGADA f. *Fam.* Mujer del abogado. || Mujer que ejerce la abogacía (se suele emplear en masculino). || Intercesora o medianera.
ABOGADERAS f. pl. *Amer. Fam.* Argumentos sutiles y especiosos: *no me convencen sus abogaderas.*
ABOGADESCO, CA adj. Relativo al abogado. Ú. en sentido despectivo.
ABOGADIL adj. *Fam.* Propio del abogado.
ABOGADILLO m. *Despect.* Abogado.
ABOGADO m. (lat. *advocatus*). Persona que se dedica a defender en juicio los intereses de los litigantes y también a aconsejar sobre cuestiones jurídicas. || *Fig.* Intercesor o medianero. || *Abogado de pobres,* el que los defiende de oficio. || *Fig. Abogado de secano,* el que, sin haber estudiado jurisprudencia, presume de saberla; el que se mete a hablar de materias que no entiende. || — SINÓN. *Letrado, asesor, defensor, legista, jurista, jurisconsulto.* Fam. *Leguleyo, picapleitos.*
ABOGADOR m. Muñidor de una cofradía.
ABOGAR v. i. Defender en juicio. || *Fig.* Interceder, hablar en favor de: *abogar en favor de uno.* (SINÓN. V. *Intervenir.*)
ABOLENGO m. Ascendencia de abuelos o antepasados. || Patrimonio o herencia que viene de los abuelos. || *De abolengo,* de viejo prestigio.
ABOLICIÓN f. Acción y efecto de abolir. (SINÓN. V. *Perdón.*)
ABOLICIONISMO m. Doctrina de los abolicionistas: *el abolicionismo nació en Inglaterra.*
ABOLICIONISTA adj. y s. Relativo a la abolición de la esclavitud. || Que procura dejar sin vigor ni fuerza un precepto o costumbre || Partidario de la abolición de la esclavitud. || — CONTR. *Esclavista.*
ABOLIR v. t. Derogar, suprimir: *abolir un decreto.* (SINÓN. V. *Anular.*) || — OBSERV. Sólo se usa en los tiempos siguientes: ger. *aboliendo,* p. p.: *abolido;* pres. ind.: *abolimos, abolís;* imperf.: *abolía,* etc.: pret. indef.: *abolí,* etc.; fut.: *aboliré,* etc.; imperf.: *abolid;* pot.: *aboliría;* imperf. subj.: *aboliera* y *aboliese,* etc.; fut. subj.: *aboliere,* etc.
ABOLORIO m. Abolengo.
ABOLSARSE v. r. Formar bolsas.
ABOLLADO adj. *Fam.* Sin dinero, en mala situación. || — M. Adorno de bollos.
ABOLLADURA f. Bollo que se hace en una cosa golpeándola.

Fot. Giraudon

ABOLLAR v. t. Hacer a una cosa bollos golpeándola: *abollar una vasija de cobre.* ‖ — V. r. Hacerse bollos una cosa: *la tetera se abolló al caer.* ‖ — PARÓN. *Aboyar.*

ABOLLONAR v. t. Formar bollones: *abollonar una chapa de metal.*

ABOMASO m. Cuajar, cuarto estómago de los rumiantes.

ABOMBADO, DA adj. De figura convexa: *cristal abombado.* ‖ *Amer.* Bombo, aturdido. ‖ Achispado, ebrio. ‖ Dícese del agua echada a perder y, por analogía, del hombre desprestigiado.

ABOMBAR v. t. Dar forma convexa. ‖ *Fig.* y *fam.* Asordar, atolondrar, aturdir. ‖ — V. r. *Amer.* Empezar a corromperse, podrirse. ‖ *Chil.* Emborracharse.

ABOMINABLE adj. Que excita aversión: *crimen abominable.* ‖ *Fig.* Detestable: *gusto abominable.* ‖ — SINÓN. *Execrable, aborrecible, vituperable, incalificable, condenado, maldito, odioso.*

ABOMINABLEMENTE adv. m. De modo abominable. ‖ *Fam.* Muy mal: *cantar abominablemente.*

ABOMINACIÓN f. Aborrecimiento, maldición: *provocar la abominación.* ‖ Cosa abominable; *es una verdadera abominación el hablar así.*

ABOMINAR v. t. Condenar, maldecir: *abominar una doctrina.* ‖ Aborrecer. Ú. t. c. i.: *abominar de los malos escritores.* (SINÓN. V. *Detestar.*)

ABONABLE adj. Que puede ser abonado.

ABONADO, DA adj. Que es de fiar: *un hombre abonado.* ‖ — M. y f. Persona que ha tomado un abono: *abonado al teatro.*

ABONADOR, RA adj. Que abona. ‖ — M. y f. Persona que abona al fiador y responde por él. ‖ — M. Barrena grande de toneleros.

ABONAMIENTO m. Acción y efecto de abonar.

ABONANZAR v. i. Calmarse la tormenta, o serenarse el tiempo. ‖ *Fig.* Serenarse una situación borrascosa.

ABONAR v. t. Acreditar, dar por bueno. ‖ Salir por fiador de alguno, responder por él: *abonar a un comerciante.* ‖ Mejorar, bonificar alguna cosa. ‖ Dar por cierta una cosa. ‖ Asentar en los libros de cuentas una partida a favor de alguno. (CONTR. *Cargar.*) ‖ Admitir en cuenta: *abonar en cuenta un pagaré.* ‖ Satisfacer una deuda. (SINÓN. V. *Pagar.*) ‖ Beneficiar la tierra con abonos orgánicos o inorgánicos. (SINÓN. *Estercolar.*) ‖ Tomar un abono para otro: *abonar a uno a una revista.* (SINÓN. *Suscribirse.*) ‖ — V. i. Abonanzar. ‖ — V. r. Tomar un abono o suscripción: *abonarse al teatro.*

ABONARÉ m. Documento que promete el pago de una cantidad. (SINÓN. *Pagaré.*)

ABONO m. Acción de abonar o abonarse. ‖ Derecho que adquiere el que se abona o suscribe: *un abono de butaca en la ópera.* ‖ Materia con que se fertiliza la tierra. (SINÓN. V. *Estiércol.*) [Existen *abonos orgánicos* (estiércol, guano, etc.) y *abonos químicos* (nitrogenados, potásicos, fosfatados).]

ABOQUILLAR v. t. Poner boquilla. ‖ Dar forma abocardada. ‖ Chaflanar.

ABORDABLE adj. Tratable: *persona poco abordable.* (SINÓN. V. *Accesible.*)

ABORDADOR, RA adj. Que aborda.

ABORDAJE m. *Mar.* Acción de abordar: *los corsarios se distinguían en los combates de abordaje; entrar, saltar, tomar al abordaje.*

ABORDAR v. t. *Mar.* Tocar una embarcación a otra, de intento o por descuido: *la goleta fue abordada por un bergantín pirata.* ‖ *Mar.* Atracar el barco a un desembarcadero o muelle. (SINÓN. *Tener acceso, acostar, tocar.*) ‖ — V. i. *Mar.* Tomar puerto: *Robinsón abordó en una isla desierta.* ‖ *Fig.* Acercarse a uno para hablarle o proponerle un asunto. (SINÓN. *Aproximarse.* Fam. *Enganchar.* V. tb. *acercar.*) ‖ *Fig.* Emprender un asunto difícil.

ABORDO m. *Mar.* Abordaje, acción de abordar.

ABORDONAR v. i. Ir apoyado en un bordón.

ABORIGEN adj. (del lat. *ab,* desde, y *origo,* origen). Originario del país en que vive: *tribu, animal, planta aborigen.* ‖ — M. pl. Primitivos moradores de un país. (SINÓN. V. *Indígena.*) ‖ — CONTR. *Extraño, forastero, exótico.* ‖ — OBSERV. No se diga *aborígena.*

ABORLONADO, DA adj. *Amer.* Dicho de una tela, acanillado.

ABORRACHADO, DA adj. De color rojo muy subido: *zanahoria aborrachada.*

ABORRAJAR v. i. *Col.* Rebozar. ‖ — V. r. Secarse las mieses antes de tiempo y no llegar a granar.

ABORRASCARSE v. r. Ponerse el tiempo borrascoso.

ABORRECEDOR, RA adj. y s. Que aborrece.

ABORRECER v. t. Cobrar odio y aversión a una persona o cosa: *aborrecer el pecado, aborrecer de muerte, a su vecino.* (SINÓN. V. *Detestar.* CONTR. *Amar, querer*). ‖ Abandonar las aves los huevos o los hijos, por cualquier motivo. ‖ Aburrir, fastidiar: *esta vida me cansa y me aborrece.* ‖ Aburrir, perder, gastar (tiempo, dinero, etc.). ‖ — IRREG. Se conjuga como *merecer.*

ABORRECIBLE adj. Digno de ser aborrecido: *el pecado es aborrecible a Dios.* (SINÓN. V. *Abominable*).

ABORRECIBLEMENTE adv. m. De modo aborrecible.

ABORRECIDO, DA adj. Aburrido.

ABORRECIMIENTO m. Acción y efecto de aborrecer. (SINÓN. V. *Envidia.* CONTR. *Cariño.*) ‖ Aburrimiento, tedio.

ABORREGADO, DA adj. *Fig.* Sin iniciativa, que va en grupo y gregariamente, como los borregos.

ABORREGARSE v. r. Cubrirse el cielo de nubes blanquecinas. ‖ *Per.* y *Riopl.* Acobardarse.

ABORRICARSE v. r. Emborricarse, embrutecerse.

ABORTAR v. t. e i. Parir antes de tiempo. ‖ — V. i. Provocar de modo expreso la interrupción del embarazo. ‖ *Hist. nat.* Interrumpirse en el animal o en la planta el desarrollo de algún órgano de modo que resulte incompleto o inútil. ‖ *Med.* Desaparecer una enfermedad antes del término natural. ‖ *Fig.* Malograrse una empresa: *la rebelión ha sido abortada.* (SINÓN. V. *Fracasar.*) ‖ — V. t. *Fig.* Producir algo monstruoso, absurdo.

ABORTIVO, VA adj. Nacido antes de tiempo. ‖ Que hace abortar (Ú. t. c. s. m.).

ABORTO m. Acción de abortar. ‖ Cosa abortada. ‖ *Fig.* Fracaso. ‖ *Fam.* Persona o cosa de aspecto desagradable.

ABORTÓN m. Animal nacido antes de tiempo. (SINÓN. V. *Embrión.*) ‖ Piel de cordero nacido antes de tiempo.

ABORUJAR v. t. Hacer que una cosa forme borujos: *aborujar la lana de un colchón.* ‖ — V. r. Arrebujarse.

ABOTAGAMIENTO m. Acción de abotagarse.

ABOTAGARSE y **ABOTARGARSE** v. r. Hincharse el cuerpo.

ABOTIJARSE v. r. Ponerse como un botijo.

ABOTINADO, DA adj. De figura de botín: *zapato abotinado.*

ABOTONADOR m. Instrumento que sirve para abotonar.

ABOTONADURA f. Acción de abotonar.

ABOTONAR v. t. Cerrar con botones una prenda de vestir: *abotonar el chaleco.* ‖ *Méx.* Obstruir una acequia para desviar la corriente. ‖ — V. i. Echar botones o yemas la planta. ‖ Arrojar el huevo botoncillos de clara dura cuando se quiebra al cocerlo. ‖ — V. r. Abrocharse los botones.

ABOVEDADO, DA adj. Corvo, combado.

ABOVEDAR v. t. *Arq.* Cubrir con bóveda: *abovedar un sótano.* ‖ *Arq.* Dar figura de bóveda.

ABOYADO, DA adj. Dícese de la finca que se arrienda con bueyes para labrarla. ‖ Dícese de la finca destinada al mantenimiento del ganado vacuno.

ABOYAR v. t. *Mar.* Poner boyas. ‖ — V. i. Boyar o flotar un objeto en el agua. ‖ — PARÓN. *Abollar.*

ABOZALAR v. t. Poner bozal a un animal.

ABRA f. Ensenada donde las embarcaciones pueden estar con seguridad. (SINÓN. V. *Golfo.*) ‖ Abertura despejada entre montañas. (SINÓN. V. *Valle.*) ‖ Grieta del terreno. ‖ *Amer.* Hoja de puerta o ventana. ‖ *Arg.* Sitio despejado, en un bosque.

ABRACADABRA m. Palabra cabalística a la cual se atribuía la propiedad de curar las enfermedades. (Las letras de esta palabra, dispuestas en triángulo, podían leerse en varios sentidos.)

abotinado

ABRACADABRANTE adj. Extraordinario, sorprendente, regocijante: *era un espectáculo abracadabrante.*
ABRACAR v. t. *Amer.* Abarcar, ceñir.
ABRACIJO m. *Fam.* Abrazo.
ABRASADO, DA adj. Reducido a brasas: *abrasado por el calor.*
ABRASADOR, RA adj. Que abrasa: *fuego abrasador, pasión abrasadora.*
ABRASAMIENTO m. Acción y efecto de abrasar. (SINÓN. V. *Incendio.*)
ABRASANTE adj. Que abrasa: *calor abrasante.*
ABRASAR v. t. Reducir a brasa. (SINÓN. V. *Quemar.*) ‖ *Agr.* Secar las plantas el calor o el frío. ‖ Calentar demasiado. ‖ *Fig.* Consumir, malgastar la fortuna. ‖ *Fig.* Avergonzar, dejar corrido a alguno. ‖ — V. i. Quemar, causar ardor la sed o ciertos alimentos. ‖ — V. r. Quemarse. ‖ *Fig.* Estar agitado por alguna pasión: *abrasarse en ira, de amor.* ‖ — PARÓN. *Abrazar.*
ABRASILADO, DA adj. De color del palo brasil.
ABRASIÓN f. Acción de raer o desgastar por fricción. ‖ Erosión del mar sobre las costas. ‖ Ulceración de las membranas.
ABRASIVO, VA adj. Relativo a la abrasión. ‖ — M. Cuerpo duro que se usa, pulverizado o aglomerado, para pulimentar.
ABRAXAS m. Piedra grabada usada en Oriente como talismán.
ABRAZADERA adj. y s. f. Dícese de la sierra grande que usan los chiquichaques. ‖ Aro o sortija de metal, que sirve para asegurar una cosa: *el fusil tiene tres abrazaderas.* ‖ *Impr.* Corchete (signo).
ABRAZADOR, RA adj. Que abraza.
ABRAZAMIENTO m. Acción y efecto de abrazar.
ABRAZANTE adj. Que abraza.
ABRAZAR v. t. Rodear con los brazos: *abrazar un haz de leña.* ‖ Estrechar entre los brazos en señal de cariño: *abrazar a su padre.* (SINÓN. V. *Besar.*) ‖ *Fig.* Rodear. (SINÓN. *Ceñir, envolver, estrechar, enlazar, abarcar.*) ‖ Comprender, incluir: *abrazar todo un período de la historia.* (SINÓN. V. *Contener.*) ‖ Admitir, adoptar, seguir: *abrazar el catolicismo.* ‖ Tomar a su cargo una cosa: *abrazar un negocio, una empresa.* ‖ — PARÓN. *Abrasar.*
ABRAZO m. Acción y efecto de abrazar o abrazarse.
ABREBOCA com. *Arg.* Persona muy distraída.
ABRECARTAS m. Plegadera.
ÁBREGO m. Viento sur.
ABRELATAS m. Instrumento usado para abrir latas de conservas.
ABRENUNCIO, voz. fam. que indica que se renuncia a una cosa.
ABREPUÑO m. Arzolla, planta.
ABREVADERO m. Lugar donde se abreva el ganado: *los abrevaderos deben estar muy limpios.* ‖ *Col.* Mina que se llena de agua.

abrevadero

ABREVADOR m. Abrevadero.
ABREVAR v. t. Dar de beber al ganado: *abrevar los caballos.* ‖ Dar de beber a las personas. (SINÓN. V. *Beber.*) ‖ Saciar. ‖ Mojar o regar: *abrevar los campos, las pieles.* ‖ — PARÓN. *Abreviar.*
ABREVIACIÓN f. Acción y efecto de abreviar. (SINÓN. V. *Compendio*).
ABREVIADAMENTE adv. m. En términos breves: *citar abreviadamente.*
ABREVIADO, DA adj. Reducido, compendiado: *el hombre es un mundo abreviado.* (SINÓN. V. *Corto.*)
ABREVIADOR, RA adj. y s. Que abrevia.
ABREVIAMIENTO m. Abrevación.
ABREVIAR v. t. (lat. *abreviare; de brevis*, breve). Acortar, disminuir: *abreviar un plazo.* (SINÓN. V. *Reducir*). ‖ Acelerar, apresurar: *el trabajo abrevia las horas.* ‖ — CONTR. *Alargar, aumentar.* ‖ — PARÓN. *Abrevar.*
ABREVIATURA f. Representación de una palabra por medio de una o varias de sus letras (v. cuadro). ‖ Palabra abreviada. ‖ Compendio o resumen. ‖ *En abreviatura,* loc. adv., empleando abreviaturas. ‖ — SINÓN. *Cifra, sigla, signo, iniciales.*
— No existe regla absoluta para la formación de *abreviaturas.* En general se adoptan las primeras letras de la palabra, terminando de preferencia con una consonante, y se cierra la abreviatura con un punto (*pág.*). A veces se agregan, en caracteres más pequeños y en alto, la o las últimas letras de la voz; otras se unen las primeras y las últimas letras de la voz (*pral.*) o algunas de sus consonantes más notables (*Ibs.*). En general, fuera de las abreviaturas admitidas por el uso, conviene no abreviar tanto que no pueda adivinarse el sentido.
ABRIBONARSE v. r. Hacerse bribón.
ABRIDERO, RA adj. Que se abre fácilmente. ‖ — M. Especie de pérsico y su fruto.
ABRIDOR, RA adj. Que abre. ‖ — M. Abridero, variedad de pérsico. ‖ Cuchilla para injertar. ‖ *Ecuad.* Escarpidor, peine de púas ralas.
ABRIGADA f. y **ABRIGADERO** m. Sitio abrigado de los vientos y las olas. ‖ *Amer.* *Guarida.*

ABREVIATURAS

a	Área.
(a)	Alias (*por otro nombre*).
@	Arroba.
a. m.	Ante meridiem (*antes de mediodía*).
A. C.	Año de Cristo, Acción Católica.
a. de J. C.	Antes de Jesucristo.
Admón.	Administración.
afmo.	Afectísimo.
afto.	Afecto.
A. M. D. G.	A Mayor Gloria de Dios.
arz. o arzbo.	Arzobispo.
atto.	Atento.
B. L. M.	Besa la mano.
B. L. P.	Besa los pies.
B. O.	Boletín Oficial.
cap.	Capítulo.
c. c. cm^3	Centímetro cúbico.
Cía.	Compañía.
c./c.	Cuenta corriente.
Cf. o Cfe.	Confer (*compárese*).
cg, cl, cm	Centigramo, centilitro, centímetro.
cents. o cts.	Céntimos.
cta.	Cuenta.
C. V.	Caballo de vapor.
D., D.ª	Don, Doña.
d. f., d. v.	Días fecha, días vista (*Com.*)
dcha.	Derecha.
dg, Dg	Decigramo, decagramo.
dl, Dl, dm, Dm.	Decilitro, decalitro, decímetro, decámetro.
D. m.	Dios mediante.
Dr.	Doctor.
dupdo.	Duplicado.
g o gr	Gramo.
ha, hg, hl, hm	Hectárea, hectogramo, hectolitro, hectómetro.
E.	Este.
Em.ª	Eminencia.
Emmo.	Eminentísimo.
EE. UU.	Estados Unidos.
etc.	Etcétera.
Exc.	Excelencia.
Excmo.	Excelentísimo.
f. c.	Ferrocarril.
Fr.	Fray.
gral.	General.
h.	Horas.
ibíd. o ib.	Ibídem (*en el mismo lugar*).
íd.	Ídem (*lo mismo*).
Ilmo.	Ilustrísimo.
izq. o izqda.	Izquierda.
J. C.	Jesucristo.
kg, km	Kilogramo, kilómetro.
kW.	Kilovatio.
kWh.	Kilovatio-hora.
l	Litros.
lic.	Licenciado.
lib.	Libra.
m	Metro, minuto.
Mme.	Madame (*señora*, en francés).

DIVERSAS

Mlle.	Mademoiselle (*señorita,* en francés).
mg. mm.	Miligramo, milímetro.
M.	Monsieur (*señor,* en francés).
Mr.	Míster (*señor,* en inglés).
Mrs.	Mistress (*señora,* en inglés)
MM.	Messieurs (*señores,* en francés).
Mons.	Monseñor.
N.	Norte.
N. B.	Nota bene (*nótese*).
N. S. J. C.	Nuestro Señor Jesucristo.
N.ª S.ª	Nuestra Señora.
N.º, núm.	Número.
O.	Oeste.
Ob. u obp.º	Obispo.
pág.	Página.
§.	Párrafo.
pbro.	Presbítero.
P. D.	Posdata.
p. ej.	Por ejemplo.
P. M.	Post meridiem (*después de mediodía*).
P. O.	Por orden.
pral.	Principal.
P. S.	Post scriptum.
q. b. s. m.	Que besa su mano.
q. b. s. p.	Que besa sus pies.
Q. D. G.	Que Dios guarde.
q. e. g. e.	Que en gloria esté.
q. e. p. d.	Que en paz descanse.
R. I. P.	Requiéscat in pace.
S.	Santo, Sur.
S. A.	Sociedad Anónima.
S. A. R.	Su Alteza Real.
s. c.	Su casa.
S. C. M.	Su Católica Majestad.
S. D. M.	Su Divina Majestad.
s. e. u. o.	Salvo error u omisión.
sgte.	Siguiente.
S. L.	Sociedad Limitada.
S. M.	Su Majestad.
s./n.	Sin número.
S. O. S.	Petición de auxilio.
Sr., Sres.	Señor, Señores.
Sra.	Señora.
Srta.	Señorita.
S. R. M.	Su Real Majestad.
S. S.	Su Santidad.
SSmo.	Santísimo.
Sta.	Santa.
s. s. s.	Su seguro servidor.
$.	Peso, dólar, escudo.
Tel.	Teléfono.
U., Ud. o V.	Usted.
UU., Uds. o Vds.	Ustedes.
v. g., v. gr.	Verbigracia.
V. M.	Vuestra Majestad, Vuestra Merced.
V.º B.º	Visto bueno.
W. C.	Water-closet, retrete.
X.	Anónimo, desconocido.
&	Y.

ABRIGADO, DA y **ABRIGADOR, RA** adj. *Amer.* Que abriga. ‖ — M. y f. *Méx.* Encubridor.

ABRIGAÑO m. Abrigada o abrigadero.

ABRIGAR v. t. Poner al abrigo: *abrigar del viento.* ‖ *Fig.* Auxiliar, patrocinar, amparar. (SINÓN. V. *Proteger.*) ‖ Tratándose de ideas, afectos, etc., tenerlos: *abrigar proyectos, esperanzas.* ‖ — V. r. Defenderse, resguardarse. ‖ Ponerse cosas de abrigo.

ABRIGO m. Sitio donde se puede uno resguardar del frío o de la lluvia: *los primeros hombres buscaron abrigo en las cavernas.* ‖ Amparo, lo que preserva de algún mal: *buscar abrigo en la soledad contra la maledicencia.* ‖ Cobijo. (SINÓN. V. *Refugio.*) ‖ Prenda que sirve para abrigar. (SINÓN. *Sobretodo, tapado* (en Argentina), *gabán, paletó, pelliza, capa, capote, chubasquero, gabardina.*) ‖ Paraje defendido de los vientos. ‖ Cosa que abriga: *un traje de mucho abrigo.* ‖ *Al abrigo,* loc. adv., protegido por: *acogerse al abrigo de su estrecho aposento.* ‖ — OBSERV. Es galicismo decir: *al abrigo de la calumnia* por *libre de, protegido contra ella.*

ÁBRIGO m. Ábrego.

ABRIL m. Cuarto mes del año; consta de treinta días. ‖ *Fig.* Primera juventud: *el abril de la vida.* ‖ — Pl. Años de juventud: *niña de quince abriles.* (Úsase a menudo con un calificativo: *floridos, lozanos abriles*). ‖ *Fig. Estar hecho un abril,* estar lucido, hermoso, galán.

ABRILEÑO, ÑA adj. Propio del mes de abril.

ABRILLANTADOR m. Obrero que abrillanta piedras preciosas. ‖ Instrumento para abrillantar.

ABRILLANTAR v. t. Labrar en facetas: *abrillantar una esmeralda.* ‖ Iluminar o dar brillantez. ‖ *Fig.* Dar más valor o lucimiento: *la educación abrillanta las dotes naturales.*

ABRIMIENTO m. Abertura.

ABRIR v. t. Hacer que lo que estaba cerrado deje de estarlo: *abrir una caja, abrir un aposento.* ‖ Tiene otros muchos sentidos análogos: *abrir una puerta, un pestillo, un cajón, los ojos, un libro, los brazos, las alas, las piernas, los dedos, unas tijeras, un compás, una navaja, un abanico, un paraguas.* (CONTR. *Cerrar.*) ‖ Cortar por los dobleces las páginas: *abrir un libro.* ‖ Romper, despegar el sobre de una carta o un paquete. ‖ Extender: *abrir la mano.* ‖ Vencer un obstáculo: *abrir paso.* ‖ Horadar, practicar: *abrir un agujero, una zanja.* (SINÓN. V. *Horadar* y *romper.*) ‖ Empezar: *el nombre que abre la lista; abrir un pastel.* ‖ Grabar, esculpir: *abrir una lámina.* ‖ Principiar, inaugurar: *abrir las Cortes, la Universidad, un teatro, los estudios, la sesión.* ‖ Proponer: *abrir un certamen.* ‖ Ir a la cabeza o delante: *abrir la procesión.* ‖ *Amer.* Desmontar (bosques). ‖ *Abrir los ojos,* salir de un error. ‖ *Abrir los ojos a otro,* desengañarle. ‖ *Abrir crédito a uno,* autorizarle para que disponga de cierta suma. ‖ *Abrir cuenta,* abrir crédito a un comerciante. ‖ *Abrir el apetito,* excitarlo. ‖ — V. i. Salir la flor del botón o capullo. ‖ *Amer.* Huir. ‖ Rehuir un compromiso. ‖ — V. r.: *la puerta se abre difícilmente.* ‖ *Amer.* Largarse, irse de un lugar. ‖ *Fig. Abrirse con uno,* confiarle su pensamiento. (SINÓN. V. *Confiar.*) ‖ *Abrirse paso,* quitar de en medio lo que a uno le estorba.

ABROCHADOR m. Abotonador.

ABROCHADURA f. Abrochamiento.

ABROCHAMIENTO m. Acción de abrochar.

ABROCHAR v. t. Cerrar o unir con broches, botones, etc.: *abrochar un vestido.* (SINÓN. V. *Enganchar.*) ‖ *Amer.* Agarrar a una persona. ‖ *Ecuad.* Reprender.

ABROGABLE adj. Que puede abrogarse.

ABROGACIÓN f. Acción y efecto de abrogar. (SINÓN. V. *Contraorden.*)

ABROGAR v. t. *For.* Abolir, revocar: *abrogar una ley, un código.* (SINÓN. V. *Anular.*) ‖ — PARÓN. *Arrogar.*

ABROGATIVO y **ABROGATORIO, RIA** adj. Que abroga: *ley abrogativa, cláusula abrogatoria.*

ABROJAL m. Sitio poblado de abrojos.

ABROJÍN m. Caracol de mar del género múrice, llamado también *nañadilla.*

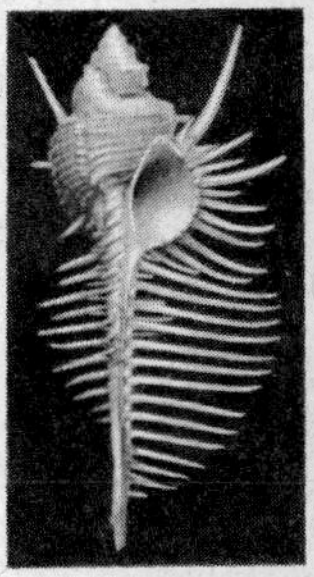

abrojín

ABROJO m. Planta cigofilácea espinosa y su fruto. ‖ Cardo estrellado, planta. ‖ Planta acuática llamada también *castaña de agua.* ‖ *Mil.* Pieza de hierro armada de cuatro púas: *los abrojos servían para estorbar el paso a la caballería enemiga.* ‖ — Pl. *Mar.* Peñas agudas y a flor de agua. ‖ Penas, dolores.

ABROMA m. Arbusto esterculiáceo: *de la corteza del abroma se hacen cuerdas muy fuertes.*

ABROMARSE v. r. Llenarse de broma los fondos un buque.

ABRONCAR v. t. *Fam.* Aburrir, disgustar, enfadar. ‖ Abochornar, avergonzar. ‖ Echar una bronca.

ABROQUELADO, DA adj. De forma de broquel: *la capuchina tiene hojas abroqueladas.* ‖ *Fig.* Escudado, defendido.

ABROQUELARSE v. r. Defenderse con el broquel. ‖ *Fig.* Valerse de cualquier defensa: *abroquelarse con su inocencia, de su autoridad.*

ABRÓTANO m. Planta compuesta cuya infusión se emplea para hacer crecer el cabello.

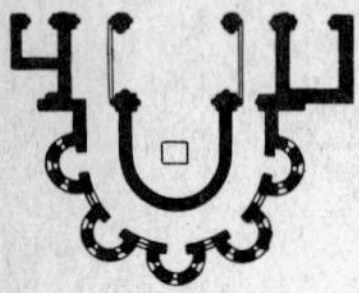

ábside y absidiolas

arte abstracto: «Antigüedad», por Kandinsky

ABRUMADO, DA adj. Oprimido por un peso. ‖ *Fig.* Molestado: *abrumado por los acreedores.*
ABRUMADOR, RA adj. Que abruma: *una carga abrumadora.*
ABRUMADORAMENTE adv. m. De manera abrumadora.
ABRUMAR v. t. Agobiar con un peso. ‖ *Fig.* Causar gran molestia: *abrumar de trabajo.* (SINÓN. *Oprimir, agobiar, atosigar, apesadumbrar, incordiar, fastidiar, incomodar, molestar, colmar, aplanar.* V. tb. *recargar.*) ‖ — V. r. Llenarse de bruma la atmósfera.
ABRUPTO, TA adj. Cortado a pico: *montaña abrupta.* (SINÓN. V. *Escarpado.*) ‖ *Fig.* Áspero.
ABRUTADO, DA adj. Que parece bruto.
ABRUZO, ZA adj. y s. De los Abruzos, país de Italia.
ABS, pref. latino que, como *a* y *ab,* denota *separación, alejamiento* o *privación,* como en *abstraer* y *abstemio.*
ABSCESO m. *Med.* Acumulación de pus en un tejido orgánico. ‖ — SINÓN. *Flemón, pústula, panadizo, ántrax, apostema, bubón.* V. tb. *furúnculo.* ‖ — PARÓN. *Acceso.*
ABSCISA f. (del lat. *abscissa,* cortada). *Geom.* Una de las dos coordenadas que determinan la posición de un punto en un plano (la otra se llama *ordenada*).
ABSCISIÓN f. Acción de cortar una parte blanda del cuerpo: *abscisión de un tumor.* (SINÓN. V. *Amputación.*)
ABSENTISMO m. Costumbre de residir el propietario fuera de la localidad en que se encuentran sus bienes inmuebles. ‖ Falta de comparecencia.
ABSENTISTA adj. y s. Que practica el absentismo: *Inglaterra es un país de absentistas.*
ÁBSIDA f. Ábside.
ÁBSIDE amb. (del gr. *apsis,* bóveda). *Arq.* Parte del templo, abovedada y semicircular, situada en la fachada posterior, donde estaban antes el altar y el presbiterio. ‖ — M. *Astr.* Ápside.
ABSIDIOLA f. Cada una de las capillas de la parte interior del ábside.
ABSINTIO m. Ajenjo, planta compuesta.
ABSOLUCIÓN f. Perdón de los pecados concedido por el confesor. (SINÓN. V. *Perdón.*) ‖ Terminación del pleito favorable al demandado. ‖ — CONTR. *Condena.*
ABSOLUTA f. Proposición hecha en tono de seguridad y magisterio. ‖ Licencia absoluta dada a un soldado.
ABSOLUTAMENTE adv. m. De modo absoluto. (SINÓN. *Completamente, enteramente, radicalmente, estrictamente, plenamente, totalmente, puramente, simplemente, meramente, diametralmente.*) ‖ De ninguna manera.
ABSOLUTISMO m. Sistema político en que el gobernante no tiene limitación de facultades.
ABSOLUTISTA adj. Relativo al absolutismo. ‖ — M. Partidario del absolutismo.
ABSOLUTO, TA adj. Que excluye toda relación: *proposición absoluta.* ‖ Independiente, ilimitado: *rey absoluto, gobierno absoluto, licencia absoluta.* (SINÓN. *Omnímodo, omnipotente, autocrático, autoritario, dictatorial, totalitario.* V. tb. *despótico* e *infinito.*) ‖ Sin restricción: *necesidad absoluta.* ‖ Puro, dicho del alcohol. (SINÓN. V. *Entero.*) ‖ *Cero absoluto:* temperatura de — 230º. ‖ *Fig.* y *fam.* De genio dominante: *carácter absoluto.* (SINÓN. V. *Imperioso.*) ‖ *Gram.* *Proposición absoluta,* la que por sí enuncia un sentido completo. ‖ *Lóg.* Lo que no es relativo: *hombre es término absoluto, padre lo es relativo.* ‖ *Lo absoluto,* la idea suprema e incondicionada, el Ser Supremo, Dios. ‖ *En absoluto,* loc. adv., de manera terminante: *prohibir en absoluto.*
ABSOLUTORIO, RIA adj. Que absuelve.
ABSOLVEDERAS f. pl. *Fam.* Facilidad de algunos en absolver: *buenas absolvederas tiene Fulano.*
ABSOLVER v. t. (del lat. *ab,* de, y *solvere,* desatar). Dar por libre al acusado: *absolver a un culpable.* ‖ *Fig.* Disculpar, perdonar. ‖ Perdonar a un penitente sus pecados en la confesión. ‖ — SINÓN. V. *Perdonar* y *justificar.* ‖ — CONTR. *Condenar.* ‖ — PARÓN. *Absorber.* ‖ — IRREG. Se conjuga como *mover.*
ABSORBENCIA f. Acción de absorber.
ABSORBENTE adj. Que absorbe: *las raíces están provistas en su extremo de pelillos absorbentes.* ‖ *Fig* Que ocupa por completo: *trabajo absorbente.* ‖ — M. Substancia capaz de absorber: *el algodón en rama es un absorbente.* ‖ *Med.* Substancia capaz de absorber los gases, las secreciones: *el carbón en polvo es un buen absorbente.* ‖ — PARÓN. *Adsorbente.*
ABSORBER v. t. (del lat. *absorbere,* sorber). Sorber, chupar: *la arena absorbe el agua* (SINÓN. *Embeber, empapar, penetrarse, impregnarse.* V. tb. *tragar* y *beber.*) ‖ Neutralizar, hacer desaparecer: *el color negro absorbe los rayos luminosos.* ‖ *Fig.* Consumir por completo: *absorber el capital.* ‖ *Fig.* Atraer, cautivar: *absorber la atención.* ‖ — V. r. Ensimismarse. ‖ — PARÓN. *Absolver.*
ABSORBIBLE adj. Que puede absorberse: *la sal es una substancia mineral absorbible.*
ABSORBIMIENTO m. y **ABSORBICIÓN** f. Acción de absorber: *es nociva la absorción de alcoholes.*
ABSORTAR v. t. Suspender el ánimo. Ú. t. c. r.
ABSORTO, TA adj. Admirado, ensimismado.
ABSTEMIO, MIA adj. y s. Que se abstiene de bebidas alcohólicas.
ABSTENCIÓN f. Acción de abstenerse, de no intervenir. ‖ Acción de no tomar parte en una votación, discusión, etc.
ABSTENCIONISMO m. Doctrina que preconiza la abstención electoral.
ABSTENCIONISTA adj. y s. Que se abstiene de tomar parte en un voto, en una discusión.
ABSTENERSE v. r. Privarse de alguna cosa: *abstenerse de hablar.* ‖ No tomar parte en un voto, en una deliberación. ‖ — IRREG. Se conjuga como *tener.* ‖ — SINÓN. *Inhibirse, renunciar, faltar.* ‖ — CONTR. *Participar, tomar parte.*
ABSTERGENTE adj. *Med.* Que sirve para absterger. ‖ — M.: *un abstergente.* (SINÓN. *Detergente.*)
ABSTERGER v. t. (del lat. *abs,* de, y *tergere,* limpiar). ‖ *Med.* Limpiar una llaga.
ABSTERSIÓN f. *Med.* Acción de absterger.
ABSTERSIVO, VA adj. *Med.* Que sirve para absterger. (SINÓN. *Detersivo.*)
ABSTINENCIA f. Acción de abstenerse. ‖ Privación de comer carne por motivos de religión. (SINÓN. V. *Ayuno.*) ‖ Privación total o parcial de los goces materiales.
ABSTINENTE adj. y s. Que se abstiene. ‖ Sobrio en el comer y beber.
ABSTRACCIÓN f. Acción de abstraer. ‖ Conocimiento de una cosa prescindiendo de las demás que están con ella. ‖ *Fig.* Preocupación: *sumido en profunda abstracción.* ‖ — Pl. Ideas quiméricas, sin relación con la realidad. (Es galicismo. También es galicismo la forma: *abstracción hecha de tal cosa,* por *dejando aparte, prescindiendo de.*)
ABSTRACTIVO, VA adj. Que abstrae.
ABSTRACTO, TA adj. Que indica una cualidad con exclusión de sujeto, como *blancura, bondad.* ‖ Que no se ocupa en cosas reales: *la filosofía es una ciencia abstracta.* ‖ *Fig.* Difícil de comprender. (SINÓN. V. *Obscuro.*) ‖ *Arte abstracto,* arte que tiende a representar la realidad abstracta y no las apariencias de la realidad sensible. ‖ *Arit.* *Número abstracto,* aquel cuya unidad no se expresa: *cinco es un número abstracto; cinco caballos un número concreto.* ‖ *Lo abstracto,* lo que es difícil de determinar: *considerar lo abstracto y lo concreto.* ‖ *En abstracto,* loc. adv., con exclusión del sujeto en quien se halla cierta cualidad.
ABSTRAER v. t. Considerar aisladamente las cosas unidas entre sí. ‖ — V. r. Entregarse a la meditación, estar distraído. ‖ *Abstraer de,* prescindir, hacer caso omiso. ‖ — IRREG. Se conjuga como *traer* y tiene los dos p. p.: *abstraído* y *abstracto.*
ABSTRAÍDO, DA adj. Distraído, ensimismado. ‖ Aislado, retirado.
ABSTRUSO, SA adj. Difícil de comprender: *razonamiento abstruso.* (SINÓN. V. *Obscuro.*)
ABSUELTO, TA p. p. irreg. de *absolver.*
ABSURDIDAD f. Calidad de absurdo. ‖ Absurdo, contrario a la razón.
ABSURDO, DA adj. Contrario a la razón: *razonamiento absurdo.* ‖ — M. Dicho o hecho opuesto a la razón: *decir absurdos.* ‖ — SINÓN.

Fot. Giraudon

Desrazonable, aberrante, extravagante, insensato, ridículo, estrafalario. V. tb. *tontería.* ‖ — CONTR. *Sensato.*
ABUBILLA f. Pájaro insectívoro, que lleva un penacho de plumas eréctiles en la cabeza: *la abubilla abunda en España.*
ABUCHEAR v. i. Reprobar ruidosamente. (SINÓN. V. *Patear.*)
ABUCHEO m. Griterío, vocerío de censura.
ABUELA f. Madre del padre o la madre. ‖ *Fig.* Mujer anciana. ‖ *Fam. Que se lo cuente a su abuela,* frase de incredulidad. ‖ *No necesitar abuela,* alabarse mucho a sí mismo.
ABUELASTRO, TRA m. y f. Padre o madre del padrastro o de la madrastra. ‖ Segundo marido de la abuela o segunda mujer del abuelo.
ABUELO m. Padre del padre o de la madre. ‖ Ascendiente. ‖ — Pl. Tolanos. ‖ — SINÓN. *Antepasado, antecesor, predecesor.* V. tb. *anciano.*
ABUHARDILLADO, DA adj. Que tiene forma de buhardilla.
ABUINCHE m. *Col.* Machete.
ABUJE m. *Cub.* Ácaro pequeñísimo de color rojo que produce picor insoportable.
ABULENSE adj. y s. De Ávila.
ABULIA f. Falta de voluntad o disminución de energía. (SINÓN. V. *Apatía.*)
ABÚLICO, CA adj. y s. Que carece de voluntad. (SINÓN. V. *Blando.*)
ABULTADO, DA adj. Grueso, grande, de mucho bulto: *tomo abultado.* ‖ Exagerado.
ABULTAR v. t. Aumentar el bulto de una cosa: *las lentes convexas abultan los objetos.* ‖ *Fig.* Ponderar, encarecer: *abultar un chisme.* (SINÓN. V. *Exagerar.*) ‖ *Esc.* Preparar la obra que se quiere modelar. ‖ — V. i. Tener o hacer bulto: *abulta poco esta obra.*
ABUNDAMIENTO m. Abundancia. ‖ *A mayor abundamiento,* además, con mayor razón.
ABUNDANCIA f. Copia, gran cantidad: *la abundancia de las cosechas alegra al labrador* (SINÓN. *Profusión, superabundancia, afluencia, exuberancia, plétora, plenitud, copia, copiosidad, multitud.*) ‖ Recursos considerables: *vivir en la abundancia.* (SINÓN. *Riqueza, opulencia.* CONTR. *Carestía.*)
ABUNDANCIAL adj. *Gram.* Dícese del adjetivo que indica abundancia de algo, como *pedregoso.*
ABUNDANTE adj. Que abunda: *cosecha abundante.* ‖ Copioso, en gran cantidad. Úsase en varios sentidos análogos: *mesa abundante, lengua abundante.* ‖ — CONTR. *Escaso.*
ABUNDANTEMENTE adv. m. Con abundancia. (SINÓN. V. *Mucho.*)
ABUNDAR v. i. Haber gran cantidad de una cosa: *abunda el olivo en España, abundar de, o en, dinero, en árboles.* (SINÓN. *Hervir en, rebosar, pulular, aumentar, crecer.*) ‖ Convenir en un dictamen, adherirse a él.
ABUNDO adv. m. Abundantemente.
ABUNDOSO, SA adj. Abundante.
ABUÑOLADO, DA y **ABUÑUELADO, DA** adj. De figura de buñuelo.
ABUÑOLAR y **ABUÑUELAR** v. t. Freír huevos de modo que queden huecos y dorados. ‖ *Fig.* Apañuscar, ajar.
¡ABUR! interj. *Fam.* ¡Agur!, ¡adiós!
ABURGUESAMIENTO m. Acción y efecto de aburguesarse.
ABURGUESARSE v. r. Volverse burgués.
ABURRADO, DA adj. Semejante al burro. ‖ Tosco, grosero. ‖ *Méx.* Dícese de la yegua destinada a la cría de mulas.
ABURRARSE v. r. Embrutecerse.
ABURRICIÓN f. *Fam.* Aburrimiento. ‖ *Col.* y *Ecuad.* Antipatía.
ABURRIDO, DA o **ABURRIDOR, RA** adj. Cansado, fastidiado. ‖ Que aburre: *libro muy aburrido.*
ABURRIMIENTO m. Cansancio, fastidio.
ABURRIR v. t. Molestar, cansar. (SINÓN. *Hartar, marear, fastidiar, irritar.* Fam. *Estomagar, cargar, reventar, jorobar, atosigar, hastiar, chinchar.* Pop. *Jeringar.* V. tb. *importunar.*) ‖ *Fam.* Aventurar, gastar algún tiempo o dinero: *aburrir una tarde.* ‖ Aborrecer, abandonar: *aburrir el nido, la familia.* ‖ — V. r. Fastidiarse, hastiarse: *aburrirse en una visita.* ‖ *Fig.* y *fam. Aburrirse como una ostra,* extremadamente.
ABUSADOR, RA adj. Que abusa.
ABUSAR v. i. Usar mal o con exceso de alguna cosa: *abusar de su autoridad.* (SINÓN. V. *Engañar.*) ‖ — OBSERV. Es galicismo decir: *abusar a uno* por *engañarle; abusarse* por *equivocarse.*
ABUSIÓN f. Abuso. ‖ Absurdo. ‖ Superstición.
ABUSIVAMENTE adv. m. Con abuso.
ABUSIVO, VA adj. Que se verifica por abuso: *costumbre abusiva.* (SINÓN. V. *Excesivo* e *injusto.*)
ABUSO m. Uso indebido, excesivo o injusto. (SINÓN. *Exceso, exageración, superabundancia, redundancia.*) ‖ Desorden, exceso. (SINÓN. *Atropello, injusticia.*) ‖ *Abuso de autoridad,* acto del funcionario que excede su derecho. ‖ *Abuso de confianza,* mal uso que hace uno de la confianza depositada en él. ‖ — Pl. Costumbres injustas: *la Revolución suprimió los abusos.*
ABUSÓN, ONA adj. Propenso al abuso.
ABYECCIÓN f. Envilecimiento. (SINÓN. V *Bajeza.*)
ABYECTO, TA adj. (del lat. *abjectus,* rebajado, envilecido). Bajo, vil: *hombre de sentimientos abyectos.* (SINÓN. *Despreciable, miserable, indecente, sórdido, innoble, infame.*) ‖ Abatido, humillado: *abyecta condición.*
ACÁ adv. l. Aquí. (Indica lugar menos determinado que esta última voz. Por eso admite *acá* ciertos grados de comparación que rechaza *aquí: tan acá, más acá, muy acá.*) ‖ — Adv. t. Precedido de ciertas preposiciones y adverbios de tiempo, denota el presente: *de ayer acá; desde entonces acá.* (En algunos países de América *acá* ha reemplazado *prácticamente a aquí.*)
ACABABLE adj. Que se puede acabar.
ACABADAMENTE adv. m. Perfectamente.
ACABADO, DA adj. Completo, consumado: *modelo acabado de todas las virtudes.* (SINÓN. V. *Perfecto.*) ‖ Arruinado, destruido, viejo: *es un hombre acabado.* (SINÓN. V. *Gastado.*) ‖ — M. Última operación destinada a perfeccionar una obra o labor.
ACABADOR, RA adj. y s. Que acaba.
ACABALAR v. t. Completar.
ACABALLADERO m. Sitio donde se tienen caballos padres y garañones.
ACABALLADO, DA adj. Parecido a la cabeza del caballo: *cara acaballada, narices acaballadas.*
ACABALLAR v. t. Cubrir el caballo o el burro a la yegua.
ACABALLONAR v. t. *Agr.* Hacer caballones en las tierras.
ACABAMIENTO m. Acción y efecto de acabar: *el acabamiento de una casa.* (SINÓN. *Fin.*)
ACABAÑAR v. i. Construir cabañas los pastores.
ACABAR v. t. Terminar, concluir: *acabar un trabajo.* (SINÓN. *Finiquitar, consumir, llevar a cabo, agotar, finalizar, cerrar.* CONTR. *Principiar, empezar.*) ‖ Apurar, consumir: *acabar su ruina.* ‖ Poner esmero en hacer una obra, dar el último toque: *acabar una labor.* (SINÓN. *Perfeccionar, perfilar, refinar, bordar, retocar, limar, cincelar, pulir.*) ‖ Dar muerte a un herido (SINÓN. *Rematar.* V. tb. *matar.*) ‖ — V. i. Rematar, terminar, finalizar: *la espada acaba en punta.* ‖ Morir, extinguirse, apagarse. ‖ *Acabar con una persona o cosa,* destruirla, exterminarla, aniquilarla: *los trabajos acabaron con él.* ‖ *Acabar de,* seguido de un infinitivo, haber ocurrido poco antes lo que este último verbo significa: *acaba de morir su padre.* ‖ *Acabar por,* seguido de un infinitivo, llegar el momento de producirse un suceso: *acabó por negarse.* ‖ *Acabar a una persona,* hablar mal de ella, desollarla. ‖ *Fam. Ser una cosa el acabóse,* no haber más que decir, ser el colmo. ‖ *Y san se acabó,* expr. irónica para indicar que algo ha concluido. ‖ *¡Acabáramos!* expr. fam. que se usa cuando se acaba por fin de salir de una duda, de un enredo. ‖ — RÉG. *Acabar por venir, acabar en bien.*
ACABE m. *P. Rico.* Fiesta al acabar la recolección de café.
ACABESTRAR v. t. Acostumbrar al cabestro.
ACABESTRILLAR v. i. Cazar con buey de cabestrillo.
ACABEZUELADO, DA adj. *Bot.* De forma de cabezuela.

cuerno de la abundancia

abubilla

acacia falsa

hoja de acanto

acanto (adorno de arquitectura)

ACABIJO m. *Fam.* Fin, remate, término.
ACABILDAR v. t. Juntar a varias personas para algún intento.
ACABIRAY m. *Riopl.* Variedad del iribú.
ACABO m. Acabamiento, término.
ACABÓSE m. V. ACABAR.
ACABRONADO, DA adj. Semejante al cabrón.
ACACALOTE m. *Méx.* Cuervo de agua, ave.
ACACIA f. Árbol de la familia de las mimosáceas: *la goma arábiga se extrae de una de sus especies.*
ACACIANO m. Hereje, partidario de Acacio.
ACACOYOL m. *Méx.* Planta gramínea, llamada también *lágrimas de Job,* con cuya semilla se hacen rosarios.
ACACHARSE v. r. *Fam.* Agacharse. ‖ *Chil.* Paralizarse la venta de algo.
ACACHETAR v. t. Dar puntillazo al toro.
ACACHETEAR v. t. Dar cachetes o bofetadas.
ACADEMIA f. Sociedad de literatos, científicos o artistas: *la Academia Española, la Academia de Ciencias.* (V. ACADEMIA. [*Parte hist.*].) ‖ Junta o certamen. ‖ Casa donde se reúnen los académicos. ‖ Reunión de los académicos. ‖ Establecimiento de enseñanza para ciertas carreras o profesiones: *academia de idiomas.* (SINÓN. V. *Escuela.*) ‖ *B. Art.* Estudio de una figura desnuda tomado del natural.
ACADÉMICAMENTE adv. m. De manera académica.
ACADEMICISMO m. *B. Art.* Sujeción a las reglas y la técnica de la academia. ‖ Imitación servil de los modelos antiguos o clásicos.
ACADÉMICO, CA adj. Discípulo de Platón. ‖ Perteneciente a las academias, o propio de ellas: *diploma, discurso, estilo académico.* ‖ Dícese de los estudios, diplomas o títulos que causan efectos legales. ‖ *B. Art.* Perteneciente o relativo a la academia: *figura académica.* ‖ Que observa con rigor las normas clásicas. ‖ —M y f. Persona perteneciente a una academia.
ACADEMISMO m. Carácter académico.
ACADEMISTA com. Académico.
ACADEMIZAR v. t. Dar carácter académico.
ACAECEDERO, RA adj. Que puede acaecer. (SINÓN. V. *Probable.*)
ACAECER v. i. Acontecer. (SINÓN. V. *Suceder.*) ‖ — IRREG. Se conjuga como *merecer;* sólo se usa en infinit., p. p., ger. y terceras pers. de singular y plural. ‖ — RÉG. *Acaecer (algo) a uno, en tal época.*
ACAECIMIENTO m. Cosa que acaece. (SINÓN. V. *Suceso.*)
ACAHUAL m. *Méx.* Monte bajo, matorral. Girasol.
ACAL m. *Méx.* Embarcación.
ACALABAZADO, DA adj. Semejante a la calabaza.
ACALAMBRARSE v. r. Padecer calambre.
ACALEFOS m. pl. *Zool.* Orden de celentéreos que comprende las medusas, etc.
ACALENTURARSE v. r. Padecer calentura.
ACALIA f. Malvavisco, planta.
ACALORADO, DA adj. Encendido, fatigado ‖ *Fig.* Entusiasmado: *tener acalorados partidarios.* (SINÓN. V. *Fanático.*) ‖ Enardecido: *discusión acalorada.*
ACALORAMIENTO m. Ardor, encendimiento. ‖ *Fig.* Arrebatamiento o acceso de una pasión violenta.
ACALORAR v. t. Dar o causar calor. ‖ Encender o fatigar el trabajo o el ejercicio. ‖ *Fig.* Fomentar, alentar: *acalorar una pretensión.* ‖ *Fig.* Avivar, apresurar, incitar al trabajo. ‖ — V. r. Tomar calor: *se acaloró en* [*con* o *por*] *la carrera.* ‖ *Fig.* Irritarse. ‖ Hacerse viva una disputa o conversación.
ACALORO m. Acaloramiento.
ACALOTE m. *Méx.* Parte del río que se limpia de hierbas flotantes para abrir paso a las canoas.
ACALLAR v. t. Hacer callar: *acallar a un niño.* ‖ *Fig.* Aplacar, aquietar, sosegar.
ACAMAR v. t. Hacer la lluvia, el viento, etc., que se tiendan las mieses, el cáñamo, etc.
ACAMASTRONARSE v. r. *Per.* Volverse camastrón.
ACAMAYA f. Especie de papagayo.
ACAMBRAYADO, DA adj. Parecido al cambray.
ACAMELLADO, DA adj. Parecido al camello.
ACAMELLONAR v. t. *Amér. C.* y *Méx.* Acaballonar.
ACAMPANADO, DA adj. De figura de campana.
ACAMPANAR v. t. Dar figura de campana.
ACAMPAR v. i. Establecer un campamento militar. ‖ Vivir en una tienda de campaña. ‖ — V. t. Alojar una tropa en un lugar.
ÁCANA amb. Árbol sapotáceo de Cuba, de madera compacta, excelente para construcción.
ACANALADO, DA adj. Que pasa por canal o paraje estrecho. (SINÓN. *Encañonado.*) ‖ De figura de canal: *uñas acanaladas.* ‖ Estriado: *columna acanalada.*
ACANALADOR m. Instrumento que usan los carpinteros para abrir canales o estrías.
ACANALADURA f. Canal, estría, surco.
ACANALAR v. t. Hacer canales o estrías en alguna cosa. ‖ Dar forma de canal o teja.
ACANALLADO, DA adj. Canallesco.
ACANALLAR v. t. Encanallar.
ACANELADO, DA adj. De color o sabor de canela: *una tela acanelada.*
ACANILLADO, DA adj. Aplícase a la tela que, por desigualdad del hilo o del color, forma canillas.
ACANILLADURA f. Defecto de un tejido que forma canillas.
ACANTÁCEAS f. pl. Familia de plantas angiospermas dicotiledóneas que tiene por tipo el acanto.
ACANTARAR v. t. Medir por cántaras.
ACANTILADO, DA adj. Aplícase al fondo del mar que forma escalones o cantiles. ‖ Aplícase también a la costa cortada verticalmente. ‖ — M. Costa acantilada: *los acantilados del Cantábrico.* ‖ Escarpa casi vertical de un terreno.
ACANTIO m. Toba, planta espinosa.
ACANTO m. (del gr. *acantha,* espina). Planta acantácea, de hojas largas, rizadas y espinosas. ‖ Adorno de arquitectura, que se usa principalmente en el capitel corintio, y que imita dicha planta.
ACANTOCÉFALOS m. pl. Orden de nematelmintos.
ACANTONAMIENTO m. Acción y efecto de acantonar. ‖ Sitio en que hay tropas acantonadas.
ACANTONAR v. t. Distribuir y alojar las tropas en varios lugares. ‖ — V. r. Repartirse las tropas en un lugar. ‖ Limitarse a una ocupación determinada: *acantonarse en la filosofía.* (En esta acepción es galicismo.)
ACANTOPTERIGIOS m. pl. Familia de peces de aleta dorsal espinosa, como la perca y el atún.
ACAÑAVEREAR v. t. Herir con cañas cortadas en punta aguda.
ACAÑONEAR v. t. Cañonear.
ACAOBADO adj. De color de caoba.
ACAPARADOR, RA adj. y s. Que acapara.
ACAPARAMIENTO m. Acción de acaparar: *el acaparamiento de los trigos.*
ACAPARAR v. t. Adquirir y retener todas las partidas disponibles de un producto comercial para provocar su escasez y venderlo más caro. ‖ *Fig.* Apoderarse de una cosa con perjuicio de los demás: *acaparar el poder.* (SINÓN. V. *Apropiar.*)
ACAPARRARSE v. r. Ajustarse, concertarse o convenirse con alguno.
ACAPARROSADO, DA adj. De color de caparrosa.
ACÁPITE m. (voz lat.). *Amer.* Párrafo aparte: *el capítulo tiene diez acápites.* ‖ *Punto acápite,* punto y aparte.
ACAPONADO, DA adj. Que parece de capón o castrado: *rostro acaponado, voz acaponada.*
ACARACOLADO, DA adj. De figura o forma de caracol: *cabello acaracolado.*
ACARAMELADO, DA adj. Bañado de caramelo. ‖ De color de caramelo. ‖ *Fig.* Melifluo, obsequioso.
ACARAMELAR v. t. Bañar de caramelo. ‖ Reducir a caramelo. ‖ — V. r. *Fig.* y *fam.* Mostrarse muy obsequioso y dulce, muy enamorado.
ACARDENALADO, DA adj. Cubierto de cardenales: *tener el cuerpo acardenalado.*
ACARDENALAR v. t. Hacer cardenales en la piel. ‖ — V. r. Salir en el cutis manchas cárdenas.
ACARDENILLARSE v. r. Cubrirse de cardenillo.

Fot. Giraudon

ACAREAMIENTO m. Acción de acarear.
ACAREAR v. t. Carear. || Hacer cara, arrostrar.
ACARICIADOR, RA adj. y s. Que acaricia. (SINÓN. V. *Cariñoso.*)
ACARICIANTE adj. Que acaricia.
ACARICIAR v. t. Hacer caricias: *el perro acaricia la mano que le castiga.* || *Fig.* Tratar con amor y ternura. || Rozar suavemente: *la brisa acaricia su rostro.* || Pensar en alguna cosa con placer: *acariciar vanas esperanzas.*
ACÁRIDO m. Ácaro.
ACARIÑAR v. t. *Arg., Chil.* y *Per.* Acariciar.
ACARMINADO, DA adj. De color de carmín.
ACARNERADO, DA adj. Dícese del caballo que tiene arqueada la cabeza, como el carnero.
ÁCARO m. Arácnido traqueal, microscópico. (Puede transmitir al hombre, por su picadura, el virus de ciertas enfermedades.)
ACARPO, PA adj. *Bot.* Que no da fruto.
ACARRALADURA f. *Chil.* y *Per.* Carrera que se hace en las medias.
ACARRALARSE v. r. Encogerse un hilo en los tejidos.
ACARREADIZO, ZA adj. Que se acarrea.
ACARREADOR, RA adj. y s. Que acarrea. || — M. Persona que lleva la mies a la era.
ACARREAMIENTO m. Acarreo.
ACARREAR v. t. Transportar en carro: *acarrear piedras.* || Transportar de cualquier manera: *el río acarrea arena.* (SINÓN. V. *Llevar.*) || *Fig.* Ocasionar: *acarrea desgracias.* (SINÓN. V. *Causar.*) || — RÉG. *Acarrear a lomo, por tierra.*
ACARREO m. Acción de acarrear. (SINÓN. V. *Transporte.*) || Precio que se cobra por acarrear. || *De acarreo,* formado por el arrastre de las aguas.
ACARROÑARSE v. r. *Ant.* Corromperse. || *Col. Fam.* Amilanarse, acobardarse.
ACARTONAR v. t. Poner como cartón. || — V. r. *Fig.* y *fam.* Quedarse una persona vieja, enjuta.
ACASAMATADO, DA adj. De forma de casamata. || Dícese de la batería o fortificación que tiene casamata: *los polvorines deben estar acasamatados.*
ACASERARSE v. r. *Amer.* Aparroquiarse, encariñarse, aficionarse a una persona o cosa.
ACASO m. Casualidad, suceso imprevisto. || — Adv. d. Quizá, tal vez. || *Al acaso,* loc. adv., al azar: *obrar al acaso.* || *Por si acaso,* loc adv., por si ocurre alguna cosa.
ACASTAÑADO, DA adj. Que tira al color castaño.
ACASTORADO, DA adj. Semejante a la piel del castor: *fieltro acastorado.*
ACATABLE adj. Digno de acatamiento.
ACATADOR, RA adj. y s. Que acata.
ACATALÉCTICO y **ACATALECTO** adj. Dábase este nombre en la métrica antigua al verso en que no faltaba ninguna sílaba.
ACATALEPSIA f. En la filosofía griega, imposibilidad de llegar a la certidumbre.
ACATAMIENTO m. Acción y efecto de acatar.
ACATAR v. t. Tributar homenaje de sumisión y respeto. || *Ant.* y *Amer.* Catar, notar. || Obedecer (una orden). || — SINÓN. *Honrar, respetar, reverenciar.*
ACATARRARSE v. t. Contraer catarro. || *Fam. Per.* Achisparse.
ACATÉCHILI m. Pájaro mexicano.
ACATO m. *Ant.* Acatamiento, sumisión.
ACATÓLICO, CA adj. Dícese de los cristianos que rechazan la autoridad del papa.
ACAUDALADO, DA adj. Que tiene mucho dinero. (SINÓN. V. *Rico.*)
ACAUDALAR v. t. Acumular caudales. || *Fig.* Adquirir gran virtud o sabiduría.
ACAUDILLADOR, RA adj. y s. Que acaudilla.
ACAUDILLAMIENTO m. Acción de acaudillar.
ACAUDILLAR v. t. Ser caudillo de gente de guerra. || *Fig.* Ser cabeza de un partido, bando, etc. (SINÓN. V. *Mandar.*)
ACAULE adj. *Bot.* Dícese de la planta cuyo tallo es tan corto que parece no existir: *el cardillo y el llantén son acaules.*
ACAYÚ m. (voz *guaraní*). *Bot.* Caoba.

ACCEDENTE adj. Que accede a un tratado.
ACCEDER v. i. Consentir en lo que otro solicita: *acceder a una súplica.* (SINÓN. V. *Consentir.*) || Convenir con el dictamen ajeno. || — CONTR. *Rehusar, negar, disentir.*
ACCESIBILIDAD f. Facilidad de acceso.
ACCESIBLE adj. Que tiene acceso: *los mares polares no son fácilmente accesibles.* || *Fig.* De fácil acceso o trato: *príncipe muy accesible a los pobres.* || Comprensible, inteligible. || — SINÓN. *Asequible, alcanzable, abordable, cercano.* V. tb. *comprensible.* || — CONTR. *Inaccesible.*
ACCESIÓN f. Acción de acceder: *accesión a un convenio.* || Cosas accesorias. || Acceso, entrada. || *Med.* Acceso, ataque de una fiebre intermitente.
ACCESIONAL adj. Por acceso.
ACCÉSIT m. Recompensa inferior al premio en ciertos certámenes. (No tiene pl.)
ACCESO m. Entrada, camino: *puerto de difícil acceso.* (SINÓN. V. *Llegada.*) || *Fig.*: *el acceso de la verdad.* || Entrada al trato o comunicación con alguno: *persona de fácil acceso.* || Arrebato, exaltación: *acceso de generosidad.* || *Med.* Acometimiento de una enfermedad: *acceso de fiebre.* || — PARÓN. *Absceso.*
ACCESORIA f. Edificio contiguo al principal: *las accesorias de un castillo.* (SINÓN. *Dependencias.*) || — Pl. Habitación baja de una casa, independiente y con puerta a la calle.
ACCESORIAMENTE adv. m. De modo accesorio.
ACCESORIO, RIA adj. Que depende de lo principal: *cláusula accesoria.* (SINÓN. V. *Secundario.* CONTR. *Esencial, principal.*) || — M. Herramienta o utensilio auxiliar: *accesorios de un automóvil.* || Objeto utilizado para completar una decoración teatral o para facilitar el empleo de otro: *accesorio de cinc, de auto.*
ACCIDENTADO, DA adj. Borrascoso, agitado: *vida accidentada.* || Quebrado, fragoso: *terreno accidentado.* || — M. y f. Víctima de un accidente.
ACCIDENTAL adj. No esencial. || Casual, contingente. || Producido por una circunstancia imprevista, un accidente: *muerte accidental.* || Ocasional: *director accidental.* || — M. *Mús.* Signo que altera el sonido de una nota: *los accidentales son tres : el sostenido, el bemol y el becuadro.*
ACCIDENTALIDAD f. Calidad de accidente.
ACCIDENTALMENTE adv. m. Por accidente. || — SINÓN. *Fortuitamente, casualmente, por casualidad.*
ACCIDENTAR v. t. Producir un accidente. || — V. r. Padecer o sufrir un accidente.
ACCIDENTARIO, RIA adj. Accidental.
ACCIDENTE m. (del lat. *accidens*, que ocurre.) Suceso eventual, inesperado y generalmente desagradable: *accidente de ferrocarril, seguro contra accidentes.* || Privación repentina de sentido, de movimiento. (SINÓN. *Síncope.*) || Lesión accidental: *accidente del trabajo.* || Irregularidad, desigualdad: *accidentes de terreno.* || *Gram.* Alteración que sufren en sus terminaciones algunas palabras para significar su género, número, modo, tiempo y persona. || *Fil.* Lo que modifica una cosa momentáneamente, cualidad que no es esencial ni constante. || *Mús.* Signo que modifica la tonalidad (sostenido, bemol, becuadro). || — Pl. *Teol.* Figura, color, sabor y olor que quedan en la Eucaristía, del pan y el vino después de consagrados. || *Por accidente,* loc. adv., por casualidad: *muchos descubrimientos se han hecho por accidente.* || — PARÓN. *Incidente.*
ACCIÓN f. Ejercicio de una potencia: *la acción destructora del fuego.* || Efecto de hacer. (SINÓN. *Acto, actividad, hecho.*) || Operación o impresión de cualquier agente en el paciente: *acción química, acción de un veneno.* || Postura, ademán: *unir la acción a la palabra.* || Movimientos y gestos de un orador o actor. || *Fam.* Posibilidad de hacer alguna cosa, y especialmente de acometer o de defenderse: *coger la acción; dejar sin acción.* || *Com.* Título que representa los derechos de un socio en algunas sociedades: *comprar, vender acciones.* || Fuerza con que un cuerpo obra sobre otro. || *For.* Demanda judicial: *acción criminal.* || *Mil.* Batalla: *intrépido en la acción.* (SINÓN. V. *Combate.*) || Asunto de un

acebo

acedera

acelga

poema: *acción interesante.* ‖ Marcha de los sucesos en un relato, en un drama.: *acción rápida.* ‖ *Per.* Billete de rifa. ‖ *Acción de gracias,* manifestación de agradecimiento. ‖ *Acción directa,* empleo de la violencia preconizado por algunos grupos sociales.

ACCIONAMIENTO m. *Neol.* Puesta en marcha.

ACCIONAR v. i. Hacer movimientos y gestos al hablar. ‖ *Amer.* Demandar en juicio. ‖ Poner en movimiento (mecanismo): *accionar la puesta en marcha.* (SINÓN. V. *Mover*).

ACCIONISTA m. y f. *Com.* Propietario de acciones de una sociedad comercial o industrial. (SINÓN. V. *Socio.*)

ACCÍPITRE m. *Zool.* Rapaz, ave de rapiña.

ACCISA f. Impuesto indirecto de consumos en algunos países.

ACEBAL m., **ACEBEDA** f. y **ACEBEDO** m. Sitio poblado de acebos.

ACEBO m. Árbol aquifoliáceo de hojas de color verde oscuro, lustrosas, crespas y espinosas.

ACEBOLLADO, DA adj. Que tiene acebolladura: *madera acebollada.*

ACEBOLLADURA f. Daño de las maderas, por desunirse dos de sus capas contiguas.

ACEBRADO, DA adj. Cebrado, listado.

ACEBUCHAL m. Lugar poblado de acebuches.

ACEBUCHE m. Olivo silvestre. ‖ Su madera.

ACEBUCHINA f. Fruto del acebuche.

ACECINAR v. t. Salar las carnes y secarlas al humo y al aire. (SINÓN. V. *Ahumar.*) ‖ — V. r. *Fig.* Quedarse muy enjuto de carnes. ‖ — PARÓN. *Asesinar.*

ACECHADOR, RA adj. Que acecha.

ACECHANZA f. Acecho. ‖ — PARÓN. *Asechanza.*

ACECHAR v. t. Observar, vigilar cautelosamente: *acechar a un enemigo.* (SINÓN. V. *Esperar* y *vigilar.*) ‖ — PARÓN. *Asechar.*

ACECHE m. Caparrosa, sulfato de cobre.

ACECHO m. Acción de acechar. ‖ *Al acecho,* loc. adv., observando a escondidas. (SINÓN. V. *Espera.*)

ACECHÓN, ONA adj. *Fam.* Acechador.

ACEDAMENTE adv. m. Desabridamente.

ACEDAR v. t. Poner aceda o agria alguna cosa. ‖ *Fig.* Desazonar, disgustar. (SINÓN. *Agriar.*) ‖ Tener ardores. ‖ — V. r. Ponerse agrio: *acedarse el vino.* ‖ Ponerse amarillas las plantas. ‖ — PARÓN. *Asedar.*

ACEDERA f. Planta poligonácea comestible.

ACEDERAQUE m. Cinamomo.

ACEDERILLA f. Planta poligonácea, muy parecida a la acedera. (SINÓN. *Aleluya.*)

ACEDERONES m. pl. Planta poligonácea.

ACEDIA f. Flojedad, pereza espiritual.

ACEDÍA f. Calidad de acedo. Indisposición que padece el estómago, por haberse acedado la comida. ‖ *Fig.* Desabrimiento en el trato. ‖ *Zool.* Platija, pez. ‖ Amarillez de las plantas acedadas.

ACEDO, DA adj. Ácido. (SINÓN. V. *Agrio.*) ‖ *Fig.* Áspero, desapacible. ‖ — M. Zumo agrio.

ACEFALÍA f. y **ACEFALISMO** m. Ausencia de cabeza.

ACÉFALO, LA adj. (del gr. *a*, priv., y *kephalê*, cabeza). Falto de cabeza: *molusco acéfalo.* ‖ *Fig.* Sin jefe. ‖ — M. *Zool.* Lamelibranquio.

ACEITADA f. Bollo amasado con aceite.

ACEITADO m. Acción de aceitar o lubricar.

ACEITAR v. t. Dar, untar de aceite: *aceitar una máquina.* ‖ — SINÓN. *Lubricar, engrasar.*

ACEITAZO m. Aceite gordo y turbio.

ACEITE m. Líquido graso y untuoso que se saca de diversas substancias vegetales (olivas, nueces, soja, cacahuete, lino, colza, etc.) o animales (ballena, foca, hígado de bacalao): *el aceite de hígado de bacalao es un tónico muy apreciado.* ‖ Perfume que se obtiene macerando flores en aceite: *aceite de rosas.* ‖ *Aceite mineral,* el petróleo. (OBSERV. Es pleonasmo decir: *aceite de petróleo.*) ‖ *Aceite bruto,* petróleo sin refinar. ‖ *Aceite de arder,* el que sirve para el alumbrado. ‖ *Aceite lampante,* petróleo rectificado. ‖ *Aceite de linaza,* el obtenido de la semilla del lino, utilizado en pinturas. ‖ *Aceites esenciales* o *volátiles,* principios olorosos extraídos de algunas plantas. (SINÓN. *Esencia.*) ‖ *Aceite explosivo,* la nitroglicerina. ‖ *Aceite de anís,* aguardiente anisado muy azucarado. ‖ *Amér. C. Aceite de comer,* aceite empleado en fricciones. ‖ *Aceite secante,* el de linaza que, por secarse pronto, se usa en pintura. ‖ *Aceite de pie* o *aceite virgen,* el más puro que se saca de la aceituna. ‖ *Aceite pesado,* combustible líquido obtenido por destilación, a alta temperatura del petróleo. ‖ *Aceite de parafina,* mezcla de hidrocarburos obtenida en la destilación del petróleo, que se emplea para lámparas, motores y calentadores domésticos. ‖ *Fig. Echar aceite en el fuego,* excitar a los que riñen. ‖ *Mancha de aceite,* lo que se agranda de un modo insensible pero continuo.

ACEITERA f. La que vende aceite. ‖ Vasija para conservar el aceite. ‖ Carraleja, coleóptero. ‖ — Pl. Vinagreras.

ACEITERÍA f. Tienda donde se vende aceite. ‖ Oficio de aceitero.

ACEITERO, RA adj. Relativo al aceite: *molino aceitero.* ‖ — M. Vendedor de aceite.

ACEITILLO m. Planta simarubácea de Canarias y Puerto Rico. ‖ *Amer.* Aceite de tocador.

ACEITÓN m. Aceite gordo y turbio. ‖ Posos de aceite. ‖ *Agr.* Enfermedad de los olivos: *el aceitón es causado por la picadura de un insecto.* ‖ Honguillo parásito.

ACEITOSO, SA adj. Que tiene aceite. ‖ Que se parece al aceite: *el ácido sulfúrico es algo aceitoso.* (SINÓN. V. *Graso.*)

ACEITUNA f. Fruto del olivo. (SINÓN. *Oliva.*)

ACEITUNADA f. Cosecha de la aceituna.

ACEITUNADO, DA adj. De color de aceituna verde: *rostro aceitunado.*

ACEITUNERO, RA m. y f. Persona que coge, acarrea o vende aceitunas. ‖ — M. Sitio donde se guarda la aceituna.

ACEITUNÍ m. Tela rica de Oriente usada en la Edad Media. ‖ Labor usada en los edificios árabes.

ACEITUNIL adj. Aceitunado.

ACEITUNILLO m. Árbol estiracáceo de las Antillas, de fruto venenoso y madera muy dura.

ACEITUNO m. Olivo, árbol que produce la aceituna. ‖ — Adj. *Amer.* Aceitunado: *buey aceituno.*

ACELERACIÓN f. Acción y efecto de acelerar: *aceleración de un trabajo.* ‖ Aumento de velocidad: *la aceleración del pulso.* ‖ Pronta ejecución: *aceleración de los trabajos.* ‖ *Aceleración de la gravedad,* la obtenida por un cuerpo que cae libremente en el vacío. (CONTR. *Retraso.*)

ACELERADA f. *Neol.* Aumento brusco de la velocidad de un motor.

ACELERADO m. En el cine, artificio que permite dar a los movimientos mayor rapidez en la pantalla que en la realidad.

ACELERADOR, RA adj. Que acelera. ‖ — M. Mecanismo del automóvil que regula la entrada de la mezcla explosiva en el motor para hacer variar su velocidad. ‖ Producto que acelera una operación: *acelerador fotográfico.* ‖ *Fís.* Cualquier aparato que comunica a partículas elementales (electrones, protones, etc.) velocidades muy elevadas.

ACELERAMIENTO m. Aceleración.

ACELERAR v. t. Dar celeridad: *acelerar el paso.* (SINÓN. *Apresurar, apremiar, dar prisa, despachar, expedir, activar, precipitar, aligerar, apurar, urgir.* V. tb. *correr.* CONTR. *Retrasar.*) ‖ — V. i. Aumentar la velocidad de un motor.

ACELERATRIZ adj. Que acelera: *la fuerza aceleratriz es directamente proporcional a la masa puesta en movimiento.*

ACELERÓN m. Acción de acelerar violentamente.

ACELGA f. *Bot.* Planta quenopodiácea comestible. ‖ *Fam. Cara de acelga,* persona de cara pálida y antipática.

ACÉMILA f. Mula o macho de carga. ‖ *Fam.* Persona ruda. (SINÓN. V. *Animal.*)

ACEMILERO, RA adj. Relativo a las acémilas: *industria acemilera.* ‖ — M. El que cuida de un recua de acémilas o la guía, arriero.

ACEMITA f. Pan que se fabrica con acemite.

ACEMITE m. Afrecho mezclado con harina. ‖ Potaje de trigo tostado y quebrantado.

ACENDRADO, DA adj. Puro y sin mancha: *plata acendrada, amor acendrado.*

ACENDRAMIENTO m. Depuración.
ACENDRAR v. t. Purificar los metales por la acción del fuego. || *Fig.* Depurar, purificar: *la virtud se acendra en* [*con*] *las pruebas.*
ACENEFAR v. t. Adornar con cenefas.
ACENSUAR v. t. Imponer censo.
ACENTO m. Mayor intensidad con que se pronuncia determinada sílaba de una palabra. || Signo que se pone sobre una vocal (ʼ): *el acento indica la vocal en que carga la pronunciación.* || Pronunciación particular: *acento andaluz.* || Modulación de la voz, sonido, tono. || *Poét.* Lenguaje, voz, canto: *lúgubres acentos.*
ACENTUABLE adj. Que debe acentuarse.
ACENTUACIÓN f. Acción de acentuar: *telégrama y cólega son acentuaciones viciosas.*
ACENTUADAMENTE adv. m. Con acentuación. || *Fig.* Señaladamente.
ACENTUADO, DA adj. Que lleva acento: *vocal acentuada.* || Abultado, muy saliente: *tener las facciones muy acentuadas.*
ACENTUAL adj. Propio del acento.
ACENTUAR v. t. Dar acento prosódico a las palabras: *acentuar bien al hablar.* || Poner el acento ortográfico: *acentuar una vocal.* || *Fig.* Pronunciar con fuerza una palabra o frase para llamar la atención: *acentuar un pasaje de un libro.* || Dar vigor, precisar: *acentuar un carácter, un fenómeno.* || Aumentar: *la mejoría se acentúa.* || *Fig.* Realzar, resaltar, abultar. || Recalcar las palabras exageradamente. || — V. r. Tomar cuerpo.
ACEÑA f. Molino harinero de agua.
ACEÑERO m. El que cuida una aceña.
ACEPAR v. i. Encepar, arraigar las plantas.
ACEPCIÓN f. Sentido en que se toma una palabra: *acepción familiar.* (SINÓN. V. *Significado.*) || Preferencia: *acepción de personas.*
ACEPILLADORA f. Máquina para acepillar.
ACEPILLADURA f. Acción de acepillar. || Viruta.
ACEPILLAR v. t. Alisar la madera con cepillo. || Limpiar, quitar polvo con cepillo. || *Fig. y fam.* Pulir, alisar.
ACEPTABILIDAD f. Calidad de aceptable: *estudiar la aceptabilidad de una proposición.*
ACEPTABLE adj. Que puede ser aceptado: *ofrecimientos aceptables.* || — SINÓN. *Tolerable, admisible, suficiente, apto.* V. tb. *plausible.*
ACEPTABLEMENTE adv. m. De modo aceptable: *fue recibido aceptablemente.*
ACEPTACIÓN f. Ación de aceptar: *aceptación de una donación.* || Aplauso: *esta costumbre goza de universal aceptación.* (SINÓN. V. *Aprobación.*) || Promesa de pagar una letra: *rehusar la aceptación.*
ACEPTADOR, RA adj. y s. Que acepta.
ACEPTANTE adj. y s. Que acepta.
ACEPTAR v. t. (del lat. *acceptare,* recibir). Recibir uno lo que le dan u ofrecen; *aceptar un regalo.* (SINÓN. *Tomar.*) || Aprobar, dar por bueno. (SINÓN. V. *Consentir.*) || Admitir: *acepto tu desafío.* (SINÓN. *Tolerar, acoger.*) || Soportar: *aceptar una prueba.* || Tratándose de letras, obligarse por escrito en ellas mismas a su pago. || — CONTR. *Rehusar.*
ACEPTO, TA adj. Agradable, admitido con gusto: *ser acepto a la nación, de todos.*
ACEPTOR m. Aceptador.
ACEQUIA f. Zanja por donde van las aguas: *acequias para el riego.* || *Amer.* Arroyo.
ACEQUIAR v. i. Hacer acequias.
ACEQUIERO m. El que cuida de las acequias.
ACERA f. Espacio más elevado de la calzada, generalmente asfaltado o enlosado, hecho a los lados de una calle, para la circulación de los peatones. (SINÓN. *Vereda.*) || Fila de casas a cada lado de la calle. || *Arq.* Paramento de pared.
ACERÁCEAS f. pl. *Bot.* Familia de árboles que comprende el arce, el plátano falso, etc.
ACERACIÓN f. Operación que tiene por objeto dar a ciertos metales la dureza del acero.
ACERADO, DA adj. De acero: *punta acerada.* || Que contiene acero: *hierro acerado.* || Cortante, agudo. (SINÓN. *V. Puntiagudo.*) || *Fig.* Fuerte, resistente. || *Fig.* Cáustico. (SINÓN. V. *Mordaz.*) || — M. Aceración.
ACERAR v. t. Soldar acero al hierro: *acerar un sable.* || Convertir en acero: *el carbono acera el hierro.* || Dar al agua propiedades medicinales echándole tintura de acero o clavos hechos ascua. || Dar un baño de acero. || *Fig.* Fortalecer, vigorizar: *acerar su ánimo.* || Volver acerbo, mordaz: *acerar el estilo.* || Poner aceras.
ACERBAMENTE adv. m. Cruel, rigurosamente.
ACERBIDAD f. Aspereza. || *Fig.* Severidad.
ACERBO, BA adj. Áspero al gusto: *fruta acerba.* || *Fig.* Cruel, riguroso: *lenguaje acerbo.* || — SINÓN. V. *Agrio.* || — CONTR. *Dulve, suave.* || — PARÓN. *Acervo.*
ACERCA DE loc. adv. Sobre: *discutir acerca de una cosa.*
ACERCAMIENTO m. Acción de acercar.
ACERCAR v. t. Poner cerca lo que estaba lejos, aproximar: *acercar la silla.* || — V. r.: *acercarse a uno.* || — SINÓN. *Arrimar, aproximar, juntar, unir, avecinar.* V. tb. *abordar.* || — CONTR. *Alejar.*

EL ACENTO

Acento fonético, prosódico o silábico es la mayor intensidad acústica con que destacamos un sonido. Cada palabra posee un acento silábico que, a veces, es señalado con una *tilde* (ʼ). La sílaba acentuada se denomina *tónica,* y *átonas* las restantes. Por razón del acento, las palabras se dividen en: 1) *Agudas,* cuyo acento reposa en la última sílaba; 2) *Llanas,* las que tienen acentuada la penúltima sílaba; 3) *Esdrújulas* y *sobresdrújulas,* según se acentúe la sílaba antepenúltima o su precedente.

PRINCIPALES REGLAS PARA EL EMPLEO DE LA TILDE

Llevan tilde: 1) Las palabras *agudas* polisílabas acabadas en *vocal, n* o *s,* v. gr., *sofá, canción, París;* 2) Las palabras *llanas* acabadas en *consonante* que no sea *n* o *s,* v. gr., *César, mármol;* 3) Todas las *esdrújulas* y *sobresdrújulas,* por ejemplo: *ácido, diciéndoselo;* 4) Las palabras que contienen una reunión de *fuerte átona* y *débil tónica,* y al revés, v. gr., *raíl, ría, raíz;* 5) Los *compuestos* de verbo y enclítica, cuya resultante es esdrújula o sobresdrújula, por ejemplo: *díjolo, hízoseme,* o cuando el verbo iba ya acentuado y la resultante es llana, por ejemplo: *cayóse.*

ALGUNOS CASOS ESPECIALES:

1º *Llevan tilde*: *a*) Los pronombres *éste, ése* y *aquél,* en todas sus formas, cuando puedan ser confundidos con adjetivos; *b*) *Cuál, quién, cúyo, qué, cómo, dónde, cuándo, tánto, cuánto* siempre que tienen valor afectivo, interrogativo o admirativo; *c*) Los adverbios *sólo* (solamente) y *aún* cuando equivale a *todavía.*

2º *Se escribe sin tilde* el primer elemento de un compuesto. Así: *decimoséptimo, rioplatense.* Se exceptúan de esta regla los adverbios acabados en *-mente,* y los adjetivos compuestos unidos por un guión. Verbi gratia: *lícitamente, histórico-crítico.* También se escriben sin tilde, haciendo excepción a la anterior regla 5ª, los *compuestos de verbo* con enclítica más complemento: *sabelotodo.*

Según las *Nuevas Normas de Prosodia y Ortografía,* promulgadas por la Real Academia en 1952 y preceptivas desde 1959, la acentuación debe ajustarse a las siguientes reglas: *a*) Los nombres terminados en *oo,* como *Campoo* y *Feijoo,* no llevarán tilde; *b*) Los infinitivos en *air, eir, oir, uir,* no se acentuarán; *c*) La combinación *ui* se considera diptongo, y no llevará por lo tanto tilde: *substituido, constituido, jesuita, casuista,* salvo cuando sea necesario destruir el diptongo, en cuyo caso el acento se pondrá sobre la segunda vocal débil: *casuístico, jesuítico, benjuí, huí* ; *d*) Los monosílabos verbales *fue, fui, dio, vio,* se escribirán sin tilde, e igualmente los otros monosílabos, a no ser que puedan dar lugar a una anfibología: *se* (reflexivo) y *sé* (verbo saber), *si* (condicional) y *sí* (afirmativo), *te* (pronombre) y *té* (planta); *e*) Los nombres propios extranjeros se escribirán sin ningún acento, salvo en el caso de que hayan sido incorporados al idioma en una forma castellanizada, para la cual regirán las normas generales de acentuación.

ACERÍA f. Establecimiento industrial especializado en la fabricación del acero.
ACERICO m. Almohada pequeña. ‖ Almohadilla que sirve para clavar alfileres.
ACERILLO m. Acerico.
ACERÍNEAS f. pl. Aceráceas.
ACERINO, NA adj. *Poét.* Acerado.
ACERISTA m. Fabricante de acero.
ACERO m. (del lat. *acies*, punta). Hierro combinado con un poco de carbono y que adquiere por el temple gran dureza y elasticidad. ‖ Medicamento compuesto de acero preparado de diversas maneras. ‖ *Fig.* Arma blanca: *el acero homicida.* ‖ *Acero dulce,* el que tiene poca cantidad de carbono. ‖ *Acero inoxidable,* que tiene cromo. ‖ *Fig. Brazos de acero,* brazos muy robustos. ‖ *Tener buenos aceros,* ser muy valiente, o tener buenas ganas de comer.
ACEROLA f. Fruto del acerolo, rojo o amarillo, carnoso y agridulce.
ACEROLO m. Árbol rosáceo espinoso.
ACÉRRIMO, MA adj. *Fig.* Muy fuerte, vigoroso o tenaz: *acérrimo defensor de una causa.*
ACERROJAR v. t. Poner bajo cerrojo.
ACERTADAMENTE adv. m. Con acierto.
ACERTADO, DA adj. Que tiene o muestra acierto o habilidad: *no anduvo muy acertado en este asunto.* (SINÓN. V. *Apropiado.*)
ACERTADOR, RA adj. y s. Que acierta.
ACERTAMIENTO m. Acierto.
ACERTANTE adj. y s. Que acierta.
ACERTAR v. t. Dar en el punto a que se dirige una cosa: *acertar al blanco.* ‖ Hallar: *acertó con la casa, acertó con ello.* ‖ Dar con lo cierto. (SINÓN. V. *Encontrar.*) ‖ Hacer con acierto alguna cosa: *acertar una vez por casualidad.* ‖ — V. i. Seguido de la prep. *a* y un infinitivo, ocurrir por casualidad lo que significa éste último: *acertó a ser viernes aquel día* ‖ — IRREG. Pres. ind.: *acierto, aciertas, acierta, acertamos, acertáis, aciertan;* imperf.: *acertaba, acertabas,* etc.; indef.: *acerté, acertaste,* etc.; fut.: *acertaré, acertarás,* etc.; imper.: *acierta, acertad;* pres. subj.: *acierte, aciertes, acierte, acertemos, acertéis, acierten;* pot.: *acertaría, acertarías.* etc.; imperf. subj.: *acertara, acertaras,* etc.; o *acertase, acertases,* etc.; fut. subj. *acertare, acertares,* etc.
ACERTIJO m. Especie de enigma para entretenerse en acertarlo. ‖ Cosa muy problemática.
ACERVO m. Montón de cosas menudas, como granos, legumbres, etc. ‖ Haber que corresponde en común a varios socios o coherederos. ‖ *Arg.* Bienes de una entidad. ‖ Haber en común. ‖ *Neol.* Conjunto de valores culturales. ‖ — PARÓN. *Acerbo.*
ACESCENCIA f. Disposición a acedarse o agriarse: *vino predispuesto a la acescencia.*
ACESCENTE adj. Que empieza a agriarse.
ACETÁBULO m. Medida antigua, cuarta parte de la hemina. ‖ *Anat.* Cavidad donde encaja un hueso.
ACETALDEHÍDO m. *Quím.* Aldehído acético.
ACETATO m. *Quím.* Sal formada por ácido acético: *el cardenillo es un acetato de cobre.*
ACÉTICO, CA adj. Dícese del ácido del vinagre y de sus combinaciones. ‖ *Fermentación acética,* la que da nacimiento al vinagre. ‖ — PARÓN. *Ascético.*
ACETIFICACIÓN f. Acción de acetificar.
ACETIFICAR v. t. Convertir en vinagre o ácido acético: *acetificar el vino.*
ACETILENO m. Hidrocarburo gaseoso (C_2H_2) que se obtiene por la acción del agua sobre el carburo de calcio.
— El *acetileno* da una llama blanca muy luminosa, pero su empleo exige grandes precauciones; puede, como el gas del alumbrado, provocar asfixia y su mezcla con el aire es detonante, produciéndose a veces explosiones al abrir o cerrar los recipientes. Se utiliza para el alumbrado y en la soldadura autógena.
ACETILO m. *Quím.* Radical alcohólico hipotético.
ACETÍMETRO m. Aparato que sirve para medir la concentración del vinagre.
ACETOCELULOSA f. Acetato de celulosa, materia plástica transparente de numerosas aplicaciones (barniz transparente, películas incombustibles, embalajes, aisladores eléctricos, seda artificial, cristales irrompibles).
ACETOL m. Vinagre preparado por destilación.
ACETONA f. Líquido incoloro (CH_3 CO CH_3) de olor a éter, volátil, inflamable, que se forma cuando se destila un acetato. (Se forma también en ciertos trastornos de nutrición.)
ACETONEMIA f. Presencia de acetona en la sangre.
ACETOSA f. Acedera.
ACETOSIDAD f. Calidad de acetoso.
ACETOSO, SA adj. Que sabe a vinagre, ácido.
ACETRE m. Caldero para sacar agua de los pozos. ‖ Caldero pequeño para el agua bendita.
ACETRINAR v. t. Poner de color cetrino.
ACEZAR v. i. Jadear. ‖ — PARÓN. *Asesar.*
ACEZO m. Acción de acezar o jadear.
ACIAGO, GA adj. Desgraciado, de mal agüero: *día aciago.* (SINÓN. V. *Fatal.* CONTR. *Feliz.*)
ACIAL m. Instrumento en que se mete el labio de las bestias, y que sirve para sujetarlas mientras se las hierra. ‖ *Amér. C.* Látigo, azote.
ACIANO m. Planta compuesta, con tallo erguido y flores generalmente azules.
ACIANOS m. Escobilla, especie de brezo de que se hacen escobas.
ACÍBAR m. Áloe, substancia amarga: *el acíbar es un purgante.* ‖ *Fig.* Amargura, sinsabor, disgusto.
ACIBARAR v. t. Echar acíbar en una cosa: *acibarar un licor.* ‖ *Fig.* Turbar cualquier placer con un pesar o desazón: *acibararle a uno la vida.*
ACIBERAR v. t. Pulverizar, moler.
ACICALADO, DA adj. Muy pulcro. ‖ — M. Acción de acicalar.
ACICALADOR, RA adj. y s. Que acicala. ‖ — M. Instrumento con que se acicala.
ACICALADURA f. y **ACICALAMIENTO** m. Acción de acicalar.
ACICALAR v. t. Limpiar, alisar, bruñir: *acicalar una espada.* ‖ Dar en una pared el último pulimento. ‖ *Fig.* Aderezar a una persona. (SINÓN. V. *Adornar.*) ‖ *Fig.* Afinar, aguzar. ‖ — V. r. Adornarse, aderezarse.
ACICATE m. Espuela que sólo tiene una púa de hierro para picar al caballo. ‖ *Fig.* Lo que incita a una cosa.
ACICATEAR v. t. Incitar, estimular. (SINÓN. V. *Animar.*)
ACICULAR adj. De figura de aguja. ‖ Dícese de algunos minerales fibrosos: *hematites acicular.*
ACICHE m. Herramienta de solador.
ACIDALIO, LIA adj. Relativo a la diosa Venus.
ACIDEZ f. Calidad de ácido: *la acidez del agraz.*
ACIDIA f. Pereza, flojedad.
ACIDIFICABLE adj. Que puede formar ácido.
ACIDIFICACIÓN f. Acción de acidificar o de convertir en ácido.
ACIDIFICANTE adj. Que acidifica: *el oxígeno es un gran acidificante.*
ACIDIFICAR v. t. Convertir en ácido: *acidificar el vino.* ‖ — V. r. Volverse ácido.
ACIDIMETRÍA f. Medida de la concentración de un ácido.
ACIDÍMETRO m. Pesaácidos, instrumento para medir la concentración de los ácidos.
ÁCIDO, DA adj. (del lat. *acidus*, agrio). Que tiene sabor agrio: *fruta ácida.* (SINÓN. V. *Agrio.*) ‖ *Fig.* Áspero, desabrido. (CONTR. *Dulce, azucarado.*) ‖ — M. *Quím.* Compuesto hidrogenado que goza de la propiedad de volver roja la tintura azul de tornasol y que puede formar sales mediante substitución de un metal al hidrógeno que entra en su composición: *ácido sulfúrico, ácido nítrico.*
ACIDORRESISTENTE adj. Dícese del bacilo que no se decolora por la acción de un ácido mineral diluido.
ACIDOSIS f. Exceso de acidez en la sangre.
ACIDULAR v. t. Poner acídula una bebida: *acidular una tisana.*
ACÍDULO, LA adj. Algo ácido: *agua acídula.* (SINÓN. V. *Agrio.*)
ACIERTO m. Acción y efecto de acertar. (SINÓN. V. *Exito.*) ‖ *Fig.* Habilidad en lo que

aciano

se hace. || Cordura, prudencia. || Coincidencia, casualidad.
ÁCIGOS f. Vena que establece la comunicación entre las dos venas cavas. || — Adj. : *venas ácigos.*
ACIGUATADO, DA adj. Que padece ciguatera. || *Fig.* Pálido, amarillento.
ACIGUATAR v. t. *And.* Atisbar, acechar. || — V. r. Contraer ciguatera. || *Amer.* Atontarse.
ACIJADO, DA adj. De color de acije, verdoso.
ACIJE m. Aceche, caparrosa, sulfato de cobre.
ÁCIMO adj. Ázimo, sin levadura.
ACIMUT m. Ángulo de un plano vertical fijo con otro que pasa por un punto de la esfera celeste. Pl. *acimut* o *acimuts.*
ACIMUTAL adj. Relativo al acimut.
ACINESIA f. *Med.* Privación de movimiento.
ACIÓN f. Correa que sostiene el estribo.
ACIONERA f. *Arg.* y *Chil.* Pieza de cuero o metal que une la ación con el lomillo de la silla.
ACIRATE m. Loma que divide las heredades. || Terreno llano en una pendiente. || Calle de jardín.
ACITARA f. Citara, tabique, pared ligera.
ACITRÓN m. Cidra confitada.
ACLAMACIÓN f. Grito de admiración, de entusiasmo: *las aclamaciones de la multitud.* || *Por aclamación,* loc. adv., unánimemente, sin discusión: *ser elegido por aclamación.*
ACLAMADOR, RA adj. y s. Que aclama.
ACLAMAR v. t. Dar voces la multitud en honor de alguna persona: *aclamar a un orador.* (SINÓN. *Ovacionar, loar, aplaudir, bisar, palmear, vitorear.*) || Conferir la multitud, por voz común, algún cargo u honor: *aclamar a uno por jefe.* (SINÓN. V. *Glorificar.*)
ACLARACIÓN f. Acción y efecto de aclarar. (SINÓN. V. *Explicación.*)
ACLARAR v. t. Volver claro: *aclarar un vino turbio.* || Hacer menos espeso: *aclarar una salsa.* || Hacer menos tupido o apretado: *aclarar el monte; aclarar las filas.* || Hacer más perceptible la voz. || Volver a lavar la ropa con agua sola después de jabonada. (SINÓN. V. *Lavar.*) || *Fig.* Poner en claro: *aclarar un enredo.* (SINÓN. *Desenredar, desbrozar, descifrar, desembrollar, desenmarañar, dilucidar, clarificar.* V. tb. *distinguir* y *explicar.*) || — V. i. Amanecer, clarear. || Ponerse claro el tiempo: *saldré cuando aclare.* (CONTR. *Obscurecer.*) || — V. r. Entender, comprender. || Declarar un secreto. || Purificarse un líquido, clarificarse.
ACLARATORIO, RIA adj. Que aclara: *explicación aclaratoria.*
ACLARECER v. t. Aclarar.
ACLAVELADO, DA adj. Parecido al clavel.
ACLE m. Árbol maderable filipino.
ACLEIDO, DA adj. y s. *Zool.* Sin clavículas.
ACLIMATABLE adj. Que puede aclimatarse
ACLIMATACIÓN f. Acción y efecto de aclimatar: *jardín de aclimatación.* || *Fig.* Adaptación psicológica y social a un medio humano diferente.
ACLIMATAR v. t. Acostumbrar a clima diferente: *aclimatar una planta.* || *Fig.* Introducir en otro país: *aclimatar una palabra inglesa en España.* || — V. r. Acostumbrarse a un nuevo clima: *el tabaco se aclimató en Europa.*
ACLOCAR v. i. Enclocar la gallina. || — IRREG. Se conjuga como *trocar.*
ACLORHIDRIA f. Falta de ácido clorhídrico en el jugo gástrico.
ACMÉ m. Momento más agudo de una enfermedad.
ACNÉ f. Enfermedad de la piel, caracterizada por la formación de pústulas pequeñas. (SINÓN. *Barros.*)
ACOBARDAMIENTO m. Acción y efecto de acobardarse.
ACOBARDAR v. t. Amedrentar, desanimar, causar miedo. || — SINÓN. *Asustar, espantar, intimidar, amilanar, arredrar, desalentar.* || — CONTR. *Animar, alentar.*
ACOBRADO, DA adj. Cobrizo.
ACOCEADOR, RA adj. Que acocea.
ACOCEAMIENTO m. Acción de acocear.
ACOCEAR v. t. Dar coces. || *Fig.* y *fam.* Abatir, hollar, ultrajar.
ACOCIL o **ACOCILI** m. Especie de camaroncillo de los lagos de México.
ACOCOTE m. *Méx.* Calabaza larga, que se usa para extraer el aguamiel del maguey.
ACOCHAMBRAR v. t. *Amer.* Ensuciar.
ACOCHINAR v. t. *Fam.* Matar a uno sin que pueda defenderse. || En el juego de las damas encerrar a un peón de modo que no se pueda mover.
ACODADO, DA adj. Doblado en forma de codo: *tubo acodado.* || Apoyado en los codos.
ACODADURA f. Acción y efecto de acodar.
ACODALAMIENTO m. *Arq.* Acción de acodalar.
ACODALAR v. t. *Arq.* Poner codales: *acodalar una muralla.* (SINÓN. *Apuntalar.*)
ACODAR v. t. *Agr.* Meter debajo de tierra el tallo de una planta sin separarlo del tronco, dejando fuera la extremidad para que eche raíces la parte enterrada: *acodar las vides.* (SINÓN. *Amugronar*). || Doblar. || — V. r. Apoyar los codos sobre una parte: *acodarse sobre la mesa.*
ACODERAR v. t. *Mar.* Dar una codera al cable del ancla.
ACODICIARSE v. r. Encenderse en deseo o codicia de alguna cosa: *acodiciarse a las riquezas.*
ACODILLAR v. t. Doblar formando codo: *acodillar una barra.* || En ciertos juegos, dar codillo.
ACODO m. Vástago acodado: *la vid se suele multiplicar por acodo.* || Acción de acodar.
ACOGEDIZO, ZA adj. y s. Que se acoge fácilmente y sin elección.
ACOGEDOR, RA adj. y s. Que acoge o recibe a una persona. (SINÓN. V. *Afable.*)
ACOGER v. t. (del lat. *ad,* a, y *colligere,* coger). Admitir: *acoger a los peregrinos.* (SINÓN. V. *Recibir* y *hospedar.*) || *Fig.* Admitir una noticia. (SINÓN. V. *Aceptar.*) || Proteger, amparar: *acoger a los desvalidos.* || — V. r. Refugiarse: *acogerse a [bajo] sagrado, en casa de un amigo.* || *Fig.* Valerse de un pretexto para hacer alguna cosa: *acogerse a una promesa.* || — CONTR. *Rechazar.*
ACOGIDA f. Recibimiento que se hace a alguien: *acogida calurosa.* (SINÓN. *Recepción, bienvenida.*) || Sitio donde uno puede acogerse. || Afluencia de aguas. || *Fig.* Protección y amparo. || Aceptación, aprobación.
ACOGIDO, DA m. y f. Persona que se recoge en un establecimiento de beneficencia.
ACOGIMIENTO m. Acogida.
ACOGOLLAR v. t. Cubrir las plantas delicadas con esteras, tablas o vidrios. || — V. i. Echar cogollos las plantas: *las berzas han acogollado.*
ACOGOTAR v. t. Dar muerte de un golpe en el cogote. (SINÓN. V. *Matar.*) || *Fam.* Derribar a una persona sujetándola por el cogote. || Dominar, acoquinar.
ACOJINAMIENTO m. *Mec.* Entorpecimiento producido por la interposición de vapor entre el émbolo y la tapa del cilindro de una máquina.
ACOJINAR v. t. Acolchar, rellenar (muebles). || — V. r. Entorpecerse una máquina de vapor a causa del acojinamiento.
ACOLADA f. Ceremonia que consistía en dar un abrazo y dos golpes con el plano de la espada al que se recibía caballero.
ACOLAR v. t. *Blas.* Unir, juntar dos escudos de armas bajo un timbre o corona. || *Blas.* Agregar al escudo ciertas señales de distinción.
ACOLCHADO m. *Arg.* Colcha. || Revestimiento en forma de colchón.
ACOLCHAR v. t. Poner algodón, seda cortada, lana, entre dos telas, y después bastearlas o pespuntearlas. || Revestir con un tejido relleno de lana. || Torcer los cordones de un cabo.
ACOLCHONAR v. t. Acolchar.
ACOLITADO m. La superior de las cuatro órdenes menores del sacerdocio.
ACOLITAR v. i. *Amer.* Oficiar de acólito, acompañar. || *Fam.* Participar de lo que otro come o bebe.
ACOLITAZGO m. Oficio de acólito.
ACÓLITO m. (del gr. *akolouthos,* siervo). Ministro de la Iglesia, cuyo oficio es servir al altar. || Monaguillo. || *Fig.* Adicto, cómplice. (SINÓN. V. *Compañero.*)
ACOLLADOR m. *Mar.* Cabo que sirve en los barcos para tesar la jarcia.
ACOLLAR v. t. *Agr.* Cobijar con tierra el pie de una planta. || *Mar.* Rellenar de estopa las costuras del buque. || *Mar.* Halar de los aco-

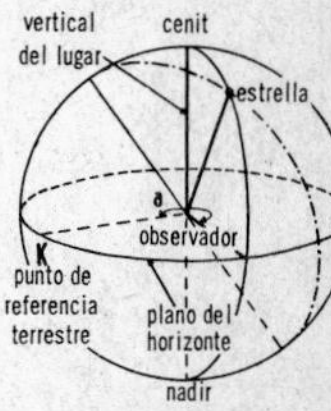

ACIMUT

acodo

lladores. || — IRREG. Se conjuga como *hollar*.
ACOLLARADO, DA adj. Se aplica a los animales que tienen el cuello de color distinto al resto del cuerpo: *paloma acollarada*.
ACOLLARAR v. t. Poner collar a un animal: *acollarar un perro, un caballo*. || Unir dos animales por los collares. || Poner collares a las caballerías. (SINÓN. *Atraillar.*) || *Riopl.* y *Chil.* Unir dos cosas o personas.
ACOMBAR v. t. Combar.
ACOMEDIDO, DA adj. *Amer.* Comedido, servicial.
ACOMEDIRSE v. r. *Amer.* Comedirse, prestarse a hacer favores.
ACOMETEDOR, RA adj. y s. Que acomete o ataca.
ACOMETER v. t. Embestir: *acometer al enemigo.* (SINÓN. V. *Atacar.*) || Emprender, intentar: *acometer un trabajo con valor.* || Dicho de enfermedad, sueño, deseo, etc., venir, dar: *me acometió el sueño.* || Tentar, procurar forzar la voluntad. || Desembocar (cañerías, tubos). || — RÉG. *Acometido de un accidente, por la espalda, acometer a trabajar.*

acónito

ACOMETIDA f. Acometimiento, ataque. || Punto por donde la línea de conducción de un fluido enlaza con la principal.
ACOMETIENTE adj. y s. Que acomete.
ACOMETIMIENTO m. Acción y efecto de acometer. (SINÓN. *Ataque, embestida.*) || Ramal de cañería, que se abre en la alcantarilla general.
ACOMETIVIDAD f. Propensión a atacar, a arrostrar dificultades. || — SINÓN. *Osadía, atrevimiento.*
ACOMODABLE adj. Que se puede acomodar.
ACOMODACIÓN f. Acción y efecto de acomodar: *acomodación de un local.* || *Acomodación del ojo,* cambio que se verifica en el cristalino para permitir la visión distinta a distancias diferentes.
ACOMODADIZO, ZA adj. Que a todo se aviene fácilmente: *hombre acomodadizo.* (SINÓN. V. *Conciliador.*)
ACOMODADO, DA adj. Conveniente, apto, oportuno: *casa acomodada, precio acomodado.* || Acaudalado, abundante de medios: *hombre acomodado.* (SINÓN. V. *Rico.*) || Amigo de la comodidad. || Moderado (precio).
ACOMODADOR, RA adj. Que acomoda. || — M. y f. En los espectáculos, persona que designa los asientos.
ACOMODAMIENTO m. Transacción, ajuste o convenio. || Comodidad o conveniencia.
ACOMODAR v. t. Ordenar, componer, ajustar: *acomodar un mueble en un cuarto.* || Aplicar, adecuar, adaptar: *acomodar un instrumento para un trabajo determinado.* || Poner a una persona o cosa en sitio conveniente: *acomodar a uno en un destino.* || Componer, concertar a los que disputan. || Dar acomodo a una persona: *acomodar a un criado.* || Proveer a uno de lo que necesita. || — V. i. Venir bien a uno una cosa: *ese empleo me acomoda.* || — V. r. Avenirse, conformarse: *acomodarse con uno, a una norma.* || Colocarse: *acomodarse de criado.* || Colocarse, ponerse: *acomodarse en una butaca.* || *Amer.* Componerse, ataviarse. || *Arg. Fam.* Arreglarse, valerse de medios ilícitos para conseguir algo. || *Arg.* y *Chil.* Componerse, ataviarse. || — RÉG. *Acomodarse a [con] otro dictamen, de criado, en una casa.*
ACOMODATICIO, CIA adj. Acomodadizo. || Que conviene. || Complaciente. (SINÓN. V. *Conciliador.*)
ACOMODO m. Empleo, ocupación, colocación: *tener un buen acomodo.* || *Arg.* y *Chil.* Aderezo, compostura.
ACOMPAÑADO, DA adj. *Fam.* Pasajero, concurrido: *sitio acompañado.* || — Adj. y s. Persona que acompaña a otra para entender con ella en alguna cosa: *perito acompañado.* || — M. *Col.* Atarjea o tarjea.
ACOMPAÑADOR, RA adj. y s. Que acompaña.
ACOMPAÑAMIENTO m. Acción y efecto de acompañar. || Gente que acompaña a alguno. (SINÓN. V. *Comitiva.*) || Comparsa, figurantes, en los teatros. || *Mús.* Conjunto de instrumentos músicos que acompañan la voz, una melodía, etc.
ACOMPAÑANTE, TA adj. y s. Que acompaña.
ACOMPAÑAR v. t. Estar o ir en compañía de otro. || Escoltar: *acompañar un entierro.* (SINÓN. V. *Seguir.*) || Juntar o agregar una cosa a otra: *le acompaño copia de la carta.* || *Mús.* Ejecutar el acompañamiento. || Participar en los sentimientos de otro. || — V. r. Ejecutar el acompañamiento musical: *cantó acompañándose con [de] la guitarra.* || — RÉG. *Acompañar a casa, con [de] pruebas; acompañarse con [de] amigos.*
ACOMPAÑO m. *Amér. C.* Reunión.
ACOMPASADAMENTE adv. m. De manera acompasada: *hablar acompasadamente.*
ACOMPASADO, DA adj. Hecho a compás: *ruido acompasado.* || *Fig.* Lento en el hablar y el andar.
ACOMPASAR v. t. Medir con el compás. || *Fig.* Dar cadencia a las palabras: *acompasar la dicción.*
ACOMPLEJADO, DA adj. y s. *Neol.* Afectado de complejos.
ACOMPLEJAR v. i. *Neol.* Dar o padecer complejos.
ACOMUNARSE v. r. Coligarse, unirse.
ACONCAGÜINO, NA adj. y s. De Aconcagua.
ACONCHABARSE v. r. *Fam.* Conchabarse, confabularse, unirse con mal fin.
ACONCHABAMIENTO m. Unión de dos personas para un fin.
ACONCHARSE v. r. Arrimarse a un sitio: *aconcharse a una pared.* || *Mar.* Encallar, varar la embarcación. || *Chil.* Depositar heces los líquidos.
ACONDICIONADO, DA adj. Con los adv. *bien, mal,* etc., de buen genio o condición, o al contrario. || Dícese de las cosas que están en las debidas condiciones o al contrario. || *Aire acondicionado,* aire al que se le da una temperatura y una graduación higrométrica determinadas.
ACONDICIONAMIENTO m. Acción y efecto de acondicionar una cosa.
ACONDICIONAR v. t. Disponer: *acondicionar un guisado.* (SINÓN. V. *Arreglar.*) || Dar cierta condición o calidad: *acondicionar el aire.*
ACONGOJADAMENTE adv. m. Con angustia.
ACONGOJAR v. t. Oprimir, fatigar, afligir. (SINÓN. V. *Entristecer.*)
ACONITINA f. Alcaloide que se extrae del acónito, y se utiliza en medicina: *la aconitina es un veneno muy violento.*
ACÓNITO m. Planta ranunculácea, venenosa, de tallo elevado, grandes hojas de color verde obscuro y flores azules. || — SINÓN. *Anapelo, matalobos.*
ACONSEJABLE adj. Que se puede aconsejar.
ACONSEJADOR, RA adj. y s. Que aconseja. || — SINÓN. *Consejero, inspirador, guía, mentor, asesor.*
ACONSEJAR v. t. Dar consejo: *aconsejar a un amigo.* || Sugerir. (SINÓN. V. *Recomendar.*) || — V. r. Tomar consejo de otra persona o de sí mismo: *aconsejarse con la almohada, de un abogado.*
ACONSONANTAR v. i. Ser consonantes dos palabras: *cúmulo aconsonanta con túmulo.* || Incurrir en el vicio de la consonancia. || — V. t. Emplear una palabra como consonante de otra: *se puede aconsonantar aljaba con esclava.*
ACONTECEDERO, RA adj. Que puede acontecer: *suceso acontecedero.*
ACONTECER v. t. Ocurrir: *aconteció lo que suponíamos.* (SINÓN. V. *Suceder*). || — IRREG. Se conjuga como *merecer.* Sólo se usa en infinitivo, p. pasivo, gerundio y terceras personas de sing. y plural.
ACONTECIDO, DA adj. Afligido o triste: *estar muy acontecido.* (SINÓN. *Cariacontecido.*)
ACONTECIMIENTO m. Suceso: *un acontecimiento inesperado.* (SINÓN. V. *Suceso.*)
ACOPADO, DA adj. De figura de copa: *árbol acopado.* || Dícese del casco redondo y hueco.
ACOPAR v. i. Formar copa las plantas: *los plátanos acopan muy bien* || — V. t. Hacer que las plantas formen copa: *acopar un tejo.* || *Mar.* Hacer a un tablón un hueco para ajustarle una pieza.
ACOPAS adv. m. *Méx.* De improviso.
ACOPETADO, DA adj. De forma de copete.

ACOPIAMIENTO m. Acopio, reunión.
ACOPIAR v. t. Juntar, reunir: *acopiar trigo, acopiar documentos.* (SINÓN. V. *Amontonar.* CONTR. *Dispersar.*)
ACOPIO m. Acción y efecto de acopiar o reunir. ‖ — SINÓN. *Bloque, hacina, acumulación, fárrago, masa, montón, pila.*
ACOPLABLE adj. Que se puede acoplar.
ACOPLADO m. *Chil.* Vehículo remolcado.
ACOPLADURA f. Acción de acoplar o ajustar: *hacer una acopladura para unir dos tablas.*
ACOPLAMIENTO m. Acción de acoplar o unir. (SINÓN. V. *Combinación* y *ensambladura.*)
ACOPLAR v. t. Unir entre sí dos piezas, de modo que ajusten exactamente: *acoplar dos maderos.* (SINÓN. *Aparear, emparejar, hermanar.* V. tb. *juntar.*) ‖ Unir o parear dos animales: *acoplar dos bueyes a un arado.* ‖ Procurar la unión sexual de los animales. (SINÓN. *Cubrir* [ganado]; *pisar* [aves de corral]). ‖ *Fig.* Conciliar. ‖ Agrupar varios generadores eléctricos: *acoplar dos pilas en tensión.* ‖ — V. r. *Fig. y fam.* Unirse dos personas, encariñarse.
ACOQUINAMIENTO m. Acción de acoquinarse.
ACOQUINARSE v. r. *Fam.* Amilanarse: *se acoquinó al llegar él.* (SINÓN. V. *Acobardar.*)
ACORAR v. t. Afligir, acongojar, angustiar ‖ *P. Rico.* Acorralar. ‖ — V. r. Enfermar las plantas por sequedad.
ACORAZADO m. Gran navío de guerra, dotado de una potente artillería y blindado exteriormente.
ACORAZAR v. t. Revestir con láminas de hierro o acero: *acorazar una torre de artillería.* ‖ — V. r. Prepararse, defenderse: *acorazarse contra el dolor.*
ACORAZONADO, DA adj. De figura de corazón: *hoja acorazonada.*
ACORCHADO, DA adj. Fofo, esponjoso: *hongo de consistencia acorchada.* ‖ Dícese de la madera que hace saltar la herramienta.
ACORCHAMIENTO m. Efecto de acorcharse.
ACORCHAR v. t. Recubrir con corcho. ‖ — V. r. Ponerse como el corcho: *fruta, madera acorchada.* ‖ *Fig.* Entorpecerse los miembros del cuerpo.
ACORDADA f. Orden que un tribunal expide para que el inferior la ejecute. ‖ Documento de comprobación. ‖ — V. *Parte hist.*
ACORDADAMENTE adv. m. De común acuerdo: *obrar acordadamente.* (SINÓN. *Unánimemente.*) ‖ Con reflexión. (SINÓN. *Deliberadamente.*)
ACORDADO, DA adj. Hecho con acuerdo y madurez. ‖ Cuerdo, sensato, prudente. ‖ *For. Lo acordado,* providencia que se ha tomado con motivo del asunto principal: *atenerse a lo acordado en la conferencia.*
ACORDAR v. t. Determinar de común acuerdo: *se acordó nombrar una comisión.* ‖ Resolver, determinar algo uno solo: *el rey acordó que se negase la gracia pedida.* ‖ Resolver una cosa antes de mandarla. (SINÓN. V. *Decidir.*) ‖ Conciliar, componer. ‖ Traer a la memoria de otro alguna cosa: *le acordé su compromiso.* ‖ Poner acordes los instrumentos músicos. ‖ Armonizar los colores. ‖ — V. i. Concordar, conformar, convenir una cosa con otra: *no acuerdan ambas cosas.* ‖ — V. r. Venir a la memoria: *me acordé de lo que decías.* ‖ Ponerse de acuerdo: *acordarse dos colegas.* ‖ *Si mal no me acuerdo,* si no me equivoco. ‖ — OBSERV. Es galicismo decir: *acordar* por *conceder, otorgar.* ‖ — RÉG. *Acordar con un instrumento, acordarse de lo pasado, con una persona.* ‖ — IRREG. Se conjuga como *contar.*
ACORDE adj. (del lat. *ad,* a, y *cor, cordis,* corazón). Conforme, concorde: *estar acorde con otro; sonidos acordes.* ‖ Con armonía: *instrumentos acordes.* ‖ — M. *Mús.* Conjunto de sonidos diferentes combinados con armonía: *acorde perfecto.* ‖ — CONTR. *Discorde.*
ACORDELAR v. t. Medir con cuerda: *acordelar un campo.* ‖ Señalar con cuerdas en el terreno líneas o perímetros.
ACORDEMENTE adv. m. Acordadamente.
ACORDEÓN m. Instrumento portátil de música popular, compuesto de lengüetas de metal puestas en vibración por un fuelle.
ACORDEONISTA m. y f. Persona que toca el acordeón.
ACORDONADO, DA adj. De forma de cordón. ‖ *Méx.* Cenceño.

ACORDONAMIENTO m. Acción y efecto de acordonar.
ACORDONAR v. t. Ajustar con cordones: *acordonar el corsé.* ‖ Formar el cordoncillo en el canto de las monedas. ‖ *Fig.* Incomunicar un lugar con un cordón de gente: *los guardias acordonaron la casa.* ‖ *Cub.* Preparar la tierra para la siembra.
ACORES m. pl. *Med.* Erupción que los niños padecen en la cabeza y la cara. (SINÓN. *Tiña mucosa.*)
ACORNAR y **ACORNEAR** v. t. Dar cornadas. ‖ — IRREG. Se conjuga como *acordar.*
ACORNEADOR, RA adj. Que acornea.
ÁCORO m. Planta arácea de hojas puntiagudas.
ACORRALAMIENTO m. Acción y efecto de acorralar.
ACORRALAR v. t. Encerrar en el corral: *acorralar el ganado.* ‖ *Fig.* Encerrar a uno, impidiéndole toda salida: *lo acorralaron en un desván.* (SINÓN. V. *Encerrar.*) ‖ *Fig.* Dejar a alguno sin salida ni respuesta. ‖ *Fig.* Intimidar, acobardar: *quedarse acorralado en presencia de su adversario.*
ACORRER v. t. (del lat. *ad,* a, y *currere,* correr). Acudir corriendo: *acorrimos a su grito.* ‖ Socorrer. Atender a una necesidad. ‖ — V. r. Acogerse.
ACORTAMIENTO m. Acción y efecto de acortar. ‖ *Astr.* Diferencia entre la distancia real de un planeta al Sol o a la Tierra, y la proyección de dicha distancia sobre el plano de la eclíptica.
ACORTAR v. t. Reducir la longitud de una cosa: *acortar el programa* (SINÓN. V. *Disminuir.*) ‖ — V. r. *Fig.* Quedarse corto en pedir, hablar o responder: *esta niña no se acorta fácilmente.* ‖ *Equit.* Encogerse el caballo.
ACORTEJARSE v. r. *P. Rico.* Amancebarse.
ACORVAR v. t. Encorvar: *acorvar una barra.*
ACOSADAMENTE adv. m. Con acosamiento.
ACOSADOR, RA adj. y s. Que acosa.
ACOSAMIENTO m. Acción y efecto de acosar.
ACOSAR v. t. Perseguir con empeño: *acosar a un ciervo, acosar a un deudor.* (SINÓN. V. *Perseguir* y *atormentar.*) ‖ Hacer correr al caballo.
ACOSMISMO m. (del gr. *a,* priv., y *kosmos,* mundo). Tesis que niega la existencia del mundo sensible.
ACOSO m. Acosamiento.
ACOSTADA f. Dormida.
ACOSTADO, DA adj. *Blas.* Dícese de la pieza puesta al lado de otra.
ACOSTAMIENTO m. Acción de acostar.
ACOSTAR v. t. Tender en la cama: *acostar a un niño.* ‖ Tender en tierra: *acostar a uno en el suelo.* ‖ *Blas.* Colocar una pieza junto a otra. ‖ *Mar.* Arrimar el costado de una embarcación a alguna parte. (SINÓN. V. *Abordar.*) ‖ — V. i. Llegar a la costa. ‖ — V. r. Echarse en la cama o en el suelo: *acostarse vestido.* (SINÓN. *Tenderse, meterse en la cama, encamarse, guardar cama.* CONTR. *Levantar.*) ‖ Inclinarse. ‖ Arrimarse. ‖ *Fig.* Adherirse. ‖ — IRREG. Se conjuga como *costar.*
ACOSTILLAR v. t. *Guat.* Hacer que la caballería se aproxime de costado a un muro.
ACOSTUMBRADAMENTE adv. m. Según costumbre, habitualmente.
ACOSTUMBRADO, DA adj. Habitual. (SINÓN. V. *Ordinario.*)
ACOSTUMBRAR v. t. Hacer adquirir costumbre: *acostumbrar al vino a una persona.* ‖ — V. i. Tener costumbre, soler: *acostumbro fumar.* ‖ — V. r. Tomar costumbre: *acostumbrarse a beber.*
ACOTACIÓN f. Acción de acotar. ‖ Apunte que se pone en la margen de algún escrito. (SINÓN. *Anotación.*) ‖ Cada una de las notas que se ponen en la obra teatral para indicar la acción o movimiento de los personajes. ‖ Cota de un plano o dibujo.
ACOTADA f. Terreno cercado destinado a semillero.
ACOTAMIENTO m. Acción de acotar.
ACOTAR v. t. Poner cotos: *acotar un terreno.* ‖ Reservar, prohibir, limitar. ‖ Fijar o señalar. ‖ Poner acotaciones: *acotar un escrito.* ‖ Aceptar, admitir: *acoto lo que usted me ofrece.* ‖ Elegir, escoger: *acoto este libro.* ‖ Atestiguar, asegurar en la fe de otro: *acoto con Fulano.* ‖ Cortar todas las ramas de un árbol por la cruz.

acorazado

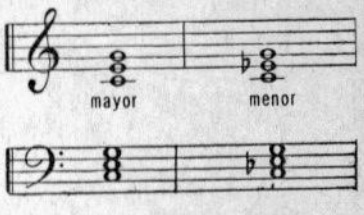

acordes perfectos

acordeón

Fot. U. S. I. S.

|| Poner cotas en los planos para indicar las alturas. || —V. r. Ponerse a salvo en los cotos de otro.

ACOTEJAR v. t. *Amer.* Acomodar.

ACOTILEDÓN y **ACOTILEDÓNEO, A** adj. *Bot.* Dícese de las plantas que no tienen cotiledones. (SINÓN. *Criptógama.*)

ACOTILLO m. Martillo grueso de herrero.

ACOYUNDAR v. t. Uncir, poner coyunda.

ACOYUNTAR v. t. Reunir los labradores sus caballerías para labrar a medias.

acrotera

ACRACIA f. Doctrina que niega la autoridad política.

ÁCRATA m. Anarquista.

ACRE m. (pal. ingl.). Medida agraria inglesa equivalente a 40 áreas y 47 centiáreas.

ACRE adj. (lat. *acer*). Áspero y picante al gusto o al olfato: *sabor acre.* (SINÓN. V. *Agrio.* CONTR. *Dulce.*) || *Fig.* Tratándose del genio o las palabras, áspero, desabrido. (SINÓN. V. *Mordaz.*) || *Med.* Dícese del calor febril acompañado de picor.

ACRECENCIA f. Acrecentamiento.

ACRECENTADOR, RA adj. Que acrecienta.

ACRECENTAMIENTO m. Acción de acrecentar. (SINÓN. V. *Aumento.* CONTR. *Disminución.*)

ACRECENTANTE adj. Que acrecienta.

ACRECENTAR v. t. Aumentar: *acrecentar su fortuna.* (SINÓN. V. *Aumentar.*) || Hacer que uno adelante en empleo, autoridad, etc. || Mejorar, enriquecer, enaltecer. || — IRREG. Se conjuga como *alentar.*

ACRECER v. t. Aumentar. || — V. i. *For.* Percibir un partícipe el aumento que le corresponde cuando otro renuncia a ella. || — IRREG. Se conjuga como *merecer.*

ACRECIMIENTO m. Acción y efecto de acrecer. || Acrecencia.

«Acróbata», por Chagall

ACREDITADO, DA adj. De crédito: *casa acreditada; acreditado de justo, en [para] su oficio.* (SINÓN. V. *Ilustre.*)

ACREDITAR v. t. Hacer digno de crédito: *acreditar a un comerciante.* || Afamar, dar crédito: *este libro le acreditó mucho.* || Dar seguridad de que una persona o cosa es lo que representa o parece: *acreditar a un embajador.* || *Com.* Abonar: *acreditar una suma.* || — V. r. Lograr crédito o fama. || — RÉG. *Acreditarse de necio, con [para con] alguno.* || — CONTR. *Desacreditar, cargar.*

ACREDITATIVO, VA adj. Que acredita.

ACREEDOR, RA m. y f. Aquel a quien se debe dinero u otra cosa: *acosado por los acreedores.* || Que tiene mérito para obtener alguna cosa: *acreedor a mi cariño.* || — CONTR. *Deudor.*

ACREENCIA f. *Amer.* Crédito.

ACREMENTE adv. m. Ásperamente, agriamente.

ACRIBADOR, RA adj. Que acriba.

ACRIBADURA f. Acción de acribar. || — Pl. Residuo de lo que se acriba.

ACRIBAR v. t. Cribar, pasar por criba: *acribar trigo.* || Acribillar. || *Fig.* Atravesar.

ACRIBILLAR v. t. Abrir muchos agujeros en alguna cosa. || Hacer muchas heridas o picaduras: *le acribillaron a puñaladas.* || *Fig.* y *fam.* Molestar mucho: *le acribillan los acreedores.*

ACRÍDIDOS m. pl. Familia de insectos ortópteros saltadores, que comprende los saltamontes y langostas. || — M.: *un acrídido.*

actinia

ACRILINA f. Resina sintética incolora.

ACRIMINACIÓN f. Acción de acriminar.

ACRIMINADOR, RA adj. y s. Que acrimina.

ACRIMINAR v. t. Acusar de crimen o delito. || Imputar culpa o falta grave. || Exagerar una falta. || — V. r. *Chil.* Desgraciarse.

ACRIMONIA f. Aspereza de las cosas al gusto o al olfato. || Calidad de acre: *la acrimonia de los humores.* || Agudeza del dolor. || *Fig.* Mordacidad, desabrimiento: *la acrimonia de sus palabras.* (CONTR. *Dulzura.*)

ACRIMONIOSO, SA adj. Que manifiesta acrimonia: *carácter acrimonioso.*

ACRIOLLADO, DA adj. Que parece criollo.

ACRIOLLARSE v. r. *Amer.* Acomodarse el extranjero a los usos del país.

ACRISOLADAMENTE adv. m. De manera acrisolada.

ACRISOLAR v. t. Depurar los metales en el crisol. || *Fig.* Aclarar, purificar algo por medio de testimonios o pruebas: *acrisolar la verdad, la virtud.*

ACRISTIANAR v. t. *Fam.* Cristianar, bautizar.

ACRITUD f. Acrimonia. || — CONTR. *Dulzura.*

ACROAMÁTICO, CA adj. Dícese de la enseñanza de viva voz.

ACROBACIA f. Ejercicios del acróbata. || Ejercicio difícil: *acrobacia del aviador.*

ACRÓBATA com. (del gr. *akrobatein,* andar sobre las puntas de los pies). Persona que baila sobre cuerdas o alambres en el aire. (Tómase también a veces por *equilibrista, payaso, volatinero, gimnasta.*) [SINÓN. V. *Saltimbanqui.*] || *Fig.* Persona que quiere deslumbrar por medio de ejercicios extraordinarios.

ACROBÁTICO, CA adj. Que sirve para que una persona suba a lo alto: *máquina acrobática.* || Propio del acróbata.

ACROBATISMO m. Profesión y ejercicios del acróbata.

ACROCÉFALO adj. y s. Dícese del hombre que tiene el cráneo alto, terminado en punta.

ACROLEÍNA f. Líquido volátil sofocante sacado de la glicerina.

ACROMADO, DA adj. Que se asemeja a un cromo.

ACROMÁTICO, CA adj. (del gr. *akhrômatos,* sin color). Sin color. || *Ópt.* Dícese del cristal o del instrumento óptico que deja pasar la luz sin descomponerla: *lente acromática.*

ACROMATISMO m. *Ópt.* Calidad de acromático.

ACROMATIZAR v. t. Corregir el cromatismo al fabricar prismas o lentes.

ACROMATOPSIA f. Enfermedad de la vista que impide distinguir los colores.

ACROMEGALIA f. Anomalía del crecimiento en que se desarrollan con exceso las extremidades.

ACROMIAL y **ACROMIANO, NA** adj. *Anat.* Relativo al acromio: *apófisis acromial.*

ACROMIO y **ACROMION** m. *Anat.* Extremo de la espina del omóplato, articulado con la clavícula.

ACRÓNICO, CA adj. *Astr.* Se aplica al astro que nace al ponerse el Sol o se pone cuando éste sale.

ACRÓPOLIS f. (del gr. *akros,* alto, y *polis,* ciudad). Sitio más elevado y fortificado en las ciudades antiguas. (V. *Parte hist.*)

ACRÓSTICO adj. y s. (del gr. *akros,* extremidad, y *stichos,* verso). Composición poética en que las letras iniciales, medias o finales de cada verso, leídas en el sentido vertical, forman un vocablo o expresión.

ACROSTOLIO m. *Mar.* Espolón o adorno en la proa de las naves antiguas.

ACROTERA o **ACRÓTERA** f. *Arq.* Remate de los frontispicios sobre el cual se colocan estatuas u otros adornos arquitectónicos.

ACROTERIO m. Pretil o murete sobre un cornisamento decorado con pedestales. (SINÓN. *Ático.*)

ACTA f. Relación escrita de lo tratado en una junta: *acta de un concilio.* (SINÓN. V. *Relato.*) || Certificación en que consta la elección de una persona: *acta de diputado.* || —Pl. Hechos más notables de la vida de un mártir o de un santo. || *Acta notarial,* documento fehaciente extendido por un notario. || *Levantar acta,* extenderla. (OBSERV. No debe decirse: *tomar acta* por *tomar nota de una cosa.*)

ACTINIA f. Pólipo blando y brillante provisto de tentáculos alrededor de la boca.

ACTÍNICO, CA adj. (del gr. *aktis,* rayo). Dícese de ciertos rayos luminosos capaces de ejercer una acción química (rayos ultravioletas).

ACTINÍMETRO m. Aparato para medir la intensidad de las radiaciones.

ACTINIO m. Metal radiactivo (Ac), de número atómico 89, contenido en la pecblenda.

ACTINISMO m. Acción química de las radiaciones luminosas.

ACTINÓGRAFO m. Actinómetro registrador.

ACTINOMETRÍA f. Medida de la intensidad

Fot. Giraudon, Unger

y la acción química de las radiaciones luminosas.
ACTINOMÉTRICO, CA adj. Relativo a la actinometría.
ACTINÓMETRO m. (del gr. *aktis*, rayo, y *metron*, medida). Instrumento para medir la intensidad de las radiaciones y en especial las solares.
ACTINOMICES m. *Med.* Hongo parásito que produce la actinomicosis.
ACTINOMICOSIS f. Enfermedad infecciosa causada por la presencia de un hongo en los tejidos vivos.
ACTINOMORFA adj. Dícese de la flor dividida en dos partes simétricas.
ACTINOTA f. Anfíbol verde claro.
ACTINOTERAPIA f. Tratamiento por ciertas radiaciones.
ACTITUD f. Postura del cuerpo: *actitud graciosa.* || *Fig.* Disposición de ánimo manifestada exteriormente: *actitud pacífica.* || — SINÓN. *Gesto, posición.* V. tb. *compostura.* || — PARÓN. *Aptitud.*
ACTIVACIÓN f. Acción y efecto de activar. || Aumento de las propiedades químicas, físicas o biológicas de un cuerpo.
ACTIVADOR m. Cuerpo que, actuando sobre un catalizador, aumenta la actividad.
ACTIVAMENTE adv. m. Con actividad.
ACTIVAR v. t. Avivar, excitar: *activar los trabajos, el fuego.* (SINÓN. V. *Acelerar.*) || Hacer más activo: *carbón activado.* || — V. r. Agitarse.
ACTIVIDAD f. Facultad de obrar: *la actividad del fuego.* || Diligencia, eficacia. || Prontitud en el obrar: *actividad en el espíritu.* (SINÓN. V. *Acción.*) || Conjunto de operaciones o tareas propias de una entidad o persona: *actividad docente.* (SINÓN. V. *Profesión.*) || *En actividad,* loc. adv., en acción: *volcán, máquina en actividad.* || *Esfera de actividad,* campo de acción. || — CONTR. *Pereza, desidia.*
ACTIVISTA adj. y s. Miembro activo de un partido, de un grupo.
ACTIVO, VA adj. Vivo, laborioso: *obrero activo.* || Que obra: *principio activo.* || Diligente: *hombre activo.* (SINÓN. V. *Eficaz.* CONTR. *Inactivo.*) || Que obra prontamente: *remedio activo.* || *Gram.* Que denota acción en sentido gramatical: *participio activo.* || *Verbo activo,* verbo transitivo. || — M. Total de lo que posee un comerciante. (SINÓN. V. *Haber.*) || *Fig.* y *fam.* *Por activa y por pasiva,* de todos modos. || — CONTR. *Pasivo.*
ACTO m. Hecho: *se conoce a un hombre por sus actos.* (SINÓN. V. *Acción*). || Tratándose de un ser vivo, movimiento adaptado a un fin: *acto instintivo.* || Manifestación de la voluntad humana: *acto de caridad.* || Movimiento del alma hacia Dios: *acto de fe, de contrición.* || Decisión de la autoridad pública: *acto de amnistía.* || Hecho público o solemne. || Ejercicios literarios en las universidades. || División de la obra dramática: *pieza, comedia, drama en tres actos.* || Fiesta, función. || — Pl. Actas de un concilio. || *Actos de los Apóstoles,* libro que contiene la historia de los Apóstoles. || *Acto continuo,* loc. adv., inmediatamente después. || *En el acto,* m. adv. enseguida. (SINÓN. V. *Inmediatamente.*) || *Fil. En acto,* en oposición o en potencia. || *Hacer acto de presencia,* mostrarse un instante.
ACTOR, TRIZ m. y f. Artista que representa en una obra de teatro o en un film. (SINÓN. *Comediante, cómico, trágico, protagonista, figura, estrella, galán, comparsa, figurante, extra, farsante, histrión, doble, cómico de la legua.*) || *Fig.* Persona que toma parte activa en un suceso.
ACTOR, RA adj. y s. *For.* Dícese de la parte que demanda en juicio.
ACTUACIÓN f. Acción de actuar en justicia. Papel que desempeña uno. || — Pl. *For.* Autos de un procedimiento judicial.
ACTUADO, DA adj. Ejercitado o acostumbrado.
ACTUAL adj. Presente, contemporáneo: *las costumbres actuales.* || Que existe en el tiempo presente: *moda actual.* (CONTR. *Pasado, antiguo.*) || Activo, que obra.
ACTUALIDAD f. Tiempo presente. || Suceso que atrae la atención actualmente: *cine de actualidades.* || Conjunto de sucesos más recientes.
ACTUALISMO m. Sistema filosófico que consiste en tender a una identificación de la filosofía con la vida, con el mundo exterior.
ACTUALIZACIÓN f. Acción de actualizar.
ACTUALIZAR v. t. Volver actual. || *Fil.* Hacer pasar de la potencia al acto.
ACTUALMENTE adv. t. En el tiempo presente.
ACTUANTE adj. y s. El que actúa o defiende conclusiones en las universidades.
ACTUAR v. i. Defender conclusiones en las universidades. || *Fig.* Formar autos, proceder judicialmente. || Ejercer actos o funciones propias de su cargo: *actuar de médico.* || — V. t. Poner en acción: *actuar un mecanismo.* (SINÓN. V. *Hacer.*) || Digerir, absorber o asimilar. || Entender, penetrar. || — V. r. *For.* Enterarse, instruirse: *actuarse en un negocio.*
ACTUARIAL adj. Relativo al actuario de seguros o a sus funciones.
ACTUARIO m. *For.* Escribano que redacta los autos. || Especialista que estudia las cuestiones matemáticas en las compañías de seguros.
ACUACHE m. *Méx.* Compinche, amigo.
ACUADRILLAR v. t. Juntar en cuadrilla: *bandidos acuadrillados.* || Mandar una cuadrilla. || *Chil.* Acometer muchos a uno.
ACUAFORTISTA m. (del ital. *acquaforte,* agua fuerte). Grabador al agua fuerte.
ACUARELA f. (ital. *acquerello*). Pintura que se hace con colores diluidos en agua.
ACUARELISTA com. Pintor de acuarelas. (SINÓN. V. *Pintor.*)
ACUARELÍSTICO, CA adj. Relativo a la acuarela.
ACUARIO m. Depósito de agua donde se tienen vivos peces o vegetales acuáticos. || Edificio destinado a la exhibición de animales acuáticos vivos. || Uno de los signos del Zodiaco.
ACUARTELADO, DA adj. *Blas.* Dícese del escudo dividido en cuarteles.

acuartelado

ACUARTELAMIENTO m. Acción de acuartelar y lugar donde se acuartela.
ACUARTELAR v. t. Poner la tropa en cuarteles: *acuartelar un regimiento.* || Dividir un terreno en cuarteles. || — V. r. Recogerse en un cuartel.
ACUARTILLAR v. i. Doblar mucho las caballerías las cuartillas por debilidad.
ACUÁTICO, CA o **ACUÁTIL** adj. Que vive en el agua: *animal acuático, planta acuática.* || Que se verifica en el agua: *deporte acuático.*
ACUATINTA f. (ital. *acquatinta*). Grabado que imita el dibujo lavado.
ACUATIZAR v. i. *Neol.* Posarse un hidroavión sobre el agua.
ACUBADO, DA adj. De figura de cubo.
ACUCIA f. Diligencia, prisa. || Anhelo.
ACUCIADOR, RA adj. Que acucia: *deseo acuciador.*
ACUCIAMIENTO m. Acción de acuciar.
ACUCIAR v. t. Apresurar, dar prisa. (SINÓN. V. *Animar.*) || Desear con vehemencia una cosa. (SINÓN. *Anhelar, codiciar.*)
ACUCIOSAMENTE adv. m. Con solicitud o prisa. || Con deseo vehemente.
ACUCIOSIDAD f. Calidad de acucioso. || *Amer.* Prisa, solicitud.
ACUCIOSO, SA adj. Diligente, solícito: *espíritu acucioso.* || Movido por deseo vehemente. || — CONTR. *Desidioso, perezoso.*
ACUCLILLARSE v. r. Ponerse en cuclillas.
ACUCHAMADO, DA adj. *Venez.* Abatido.
ACUCHAR v. t. *Col.* Estrechar, arrinconar.
ACUCHARADO, DA adj. De figura de cuchara.
ACUCHILLADO, DA adj. Escarmentado. || Dícese del vestido con aberturas que deja ver otra tela. || — M. Operación de raspar y alisar los suelos de madera para barnizarlos.
ACUCHILLADOR, RA adj. y s. Que acuchilla. Espadachín, pendenciero, camorrista.
ACUCHILLAMIENTO m. Acción y efecto de acuchillar.
ACUCHILLAR v. t. Dar cuchilladas. || Matar a cuchillo, apuñalar. (SINÓN. V. *Matar.*) || *Fig.* Hacer aberturas semejantes a cuchilladas en los vestidos antiguos: *mangas acuchilladas.* || Raspar un piso de madera. || Aclarar las plantas del semillero. || — V. r. Darse de cuchilladas.

ACUCHUCHAR v. t. *Chil.* Estrujar, achuchar.
ACUDIENTE m. *Col.* Tutor de alumnos internos.
ACUDIR v. i. (del lat. *ad,* a, y *currere,* correr). Venir, presentarse: *enseguida acudo.* ‖ Valerse de una cosa para un fin: *acudir al, con el, remedio.* ‖ Ir en socorro de alguno: *acudir en socorro de un ahogado.* ‖ Recurrir a alguno: *acudir a su protector.* ‖ Ir a un sitio donde se es llamado. (SINÓN. V. *Ir.*) ‖ Ir con frecuencia. ‖ Socorrer: *acudir a los menesterosos.* ‖ Sobrevenir una cosa. ‖ Replicar o contestar. ‖ *Equit.* Obedecer el caballo.

acueducto (Segovia)

ACUEDUCTO m. (del lat. *aqua,* agua, y *ducere,* conducir). Conducto artificial subterráneo o elevado sobre arcos para conducir las aguas.
ACUERDADO, DA adj. Tirado con cuerda.
ACUERDO m. Resolución tomada por una o varias personas: *lo hicieron por común acuerdo.* ‖ Unión: *reinaba el acuerdo entre ellos.* (SINÓN. V. *Armonía* y *unión.*) ‖ *De acuerdo,* m. adv., de conformidad, unánimemente: *ponerse de acuerdo.* ‖ Reflexión o madurez en una determinación, conocimiento o sentido de alguna cosa. ‖ Pacto, tratado: *acuerdo comercial hispanoargentino.* (SINÓN. V. *Convenio.*) ‖ Parecer, dictamen. ‖ Recuerdo, memoria de una cosa. ‖ Juicio, sentido: *estar en su acuerdo.*
ACUERPADO, DA adj. *Col.* De mucho cuerpo.
ACUERPAR v. t. *Amér. C.* Respaldar, defender.
ACUIDAD f. Carácter agudo: *la acuidad de una enfermedad.* ‖ Agudeza de los sentidos (vista, etc.). (SINÓN. V. *Clarividencia.*)
ACUÍFERO, RA adj. Que tiene agua.
ACUILMARSE v. r. *Amér.* C. Afligirse, acobardarse.
ACUITADAMENTE adv. m. Con cuita.
ACUITAR v. t. Poner en apuro, afligir, estrechar: *acuitarse por una desgracia.*
ACULAR v. t. Hacer que una cosa quede arrimada por detrás a alguna parte: *acular el carro a la pared.* ‖ *Fam.* Arrinconar, acorralar. ‖ — V. r. *Mar.* Acercarse la nave a un bajo en su retroceso.

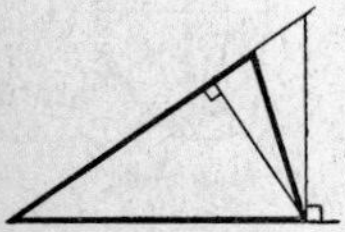
triángulo acutángulo

ACULEBRINADO, DA adj. Dícese del cañón parecido a la culebrina.
ACULEIFORME adj. De forma de aguijón.
ACULTURACIÓN f. (del ingl. *acculturation*). *Neol.* Proceso de adaptación a una cultura, o de recepción de ella, de un pueblo por contacto con la civilización de otro más desarrollado.
ACULLÁ adv. l. A la parte opuesta de donde uno está. (Úsase generalmente en unión con *acá.*)
ACUMINADO, DA adj. (del lat. *acumen,* punta). Que termina en punta: *las hojas del pino son acuminadas.* (SINÓN. V. *Puntiagudo.*)
ACUMULABLE adj. Que puede acumularse.
ACUMULACIÓN f. o **ACUMULAMIENTO** m. Acción y efecto de acumular: *acumulación de riquezas.* (SINÓN. V. *Acopio* y *congestión.*)
ACUMULADOR, RA adj. y s. Que acumula. ‖ — M. Aparato que almacena energía eléctrica bajo forma química, para restituirla después a voluntad, en forma de corriente. ‖ *Acumulador térmico,* aparato que almacena calor. (Los *acumuladores* usuales tienen una serie de placas de plomo y de óxido de plomo, bañadas en agua acidulada.)

ACUMULADOR

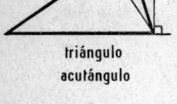

ACUMULAR v. t. Juntar, reunir: *acumular dinero, pruebas.* (SINÓN. V. *Amontonar.*) ‖ Imputar algún delito o culpa. (SINÓN. V. *Recargar.*)
ACUMULATIVAMENTE adv. m. *For.* Con acumulación.
ACUMULATIVO, VA adj. Que acumula. ‖ *Jurisdicción acumulativa,* aquella en que un juez puede conocer a prevención de las mismas causas que otro.
ACUNAR v. t. Mecer.
ACUÑACIÓN f. Acción y efecto de acuñar: *la acuñación de la moneda pertenece a los gobiernos.*
ACUÑADOR, RA adj. y s. Que acuña.
ACUÑAR v. t. Imprimir y sellar las monedas y medallas: *acuñar onzas de oro.* ‖ Fabricar o hacer moneda. ‖ Meter cuñas. ‖ — V. r. *Venez.* Esforzarse por acabar algo.
ACUOSIDAD f. Calidad de acuoso.
ACUOSO, SA adj. Parecido al agua: *humor acuoso.* ‖ Que contiene agua: *fruta acuosa.* ‖ Abundante en agua.
ACUPUNTURA f. (del lat. *acus,* aguja, y *punctura,* punzada). *Cir.* Operación que consiste en clavar agujas en el cuerpo humano, con fin terapéutico: *la acupuntura fue inventada por los chinos.*
ACURRUCARSE v. r. Encogerse, agacharse. ‖ — SINÓN. *Agazaparse, arrebujarse, apelotonarse.*
ACUSABLE adj. Que se puede acusar.
ACUSACIÓN f. Acción de acusar: *falsa acusación.* ‖ Escrito o discurso en que se acusa. (SINÓN. V. *Reproche.*)
ACUSADO, DA m. y f. Persona a quien se acusa: *absolver al acusado.* (SINÓN. V. *Inculpado*). ‖ — Adj. Galicismo por *saliente, que resalta.*
ACUSADOR, RA adj. y s. Que acusa.
ACUSAR v. t. Imputar a uno algún delito o culpa: *acusar de cobardía* (SINÓN. V. *Imputar.*) ‖ Notar, tachar: *en el escrito te acusarán de dureza.* ‖ Reconvenir, censurar, reprender. (CONTR. *Excusar, disculpar.*) ‖ Denunciar, delatar: *las apariencias le acusan.* ‖ Indicar, avisar: *acusar recibo de un giro.* ‖ En algunos juegos, manifestar uno que tiene determinadas cartas: *acusar las cuarenta en el tute.* ‖ *For.* Exponer los cargos y las pruebas contra el acusado. ‖ — V. r. Confesarse culpable: *acusarse de un delito.* ‖ — OBSERV. Es galicismo decir: *su conducta acusa un profundo egoísmo* por *denota, revela.*
ACUSATIVO m. *Gram.* Uno de los casos de la declinación en ciertas lenguas: *el acusativo indica el complemento directo.* (En castellano cuando se trata de persona lleva la preposición *a.*)
ACUSATORIO, RIA adj. Relativo a la acusación: *acto acusatorio.*
ACUSE m. Indicación, aviso: *acuse de recibo.* ‖ Acción de acusar en el juego: *hacer tres acuses.*
ACUSETAS y **ACUSETE** m. *Amer.* Acusón, delator, soplón.
ACUSICA com. Acusón.
ACUSÓN, ONA adj. y s. *Fam.* Que tiene el vicio de acusar a los demás. (SINÓN. V. *Chismoso.*)
ACÚSTICA f. Parte de la física que trata de los sonidos. ‖ Calidad de un local desde el punto de vista de la percepción de los sonidos.
ACÚSTICO, CA adj. Relativo al órgano del oído: *nervio acústico.* ‖ Relativo a la acústica. ‖ *Ant. Tubo acústico,* tubo que se usaba para llevar la voz a distancia. ‖ *Trompetilla acústica,* instrumento que refuerza los sonidos.
ACUTÁNGULO adj. Dícese del triángulo de tres ángulos agudos.
ACUTÍ m. *Riopl.* Agutí, roedor.
ACHABACANAMIENTO m. Chabacanería.
ACHABACANAR v. t. Volver chabacano.
ACHACABLE adj. Que puede achacarse.
ACHACAR v. t. Atribuir. (SINÓN. V. *Imputar.*)
ACHACOSAMENTE adv. m. Con achaques.
ACHACOSIDAD f. Predisposición a los achaques.

Fot. Mas

ACHACOSO, SA adj. Que padece achaques. || Indispuesto o levemente enfermo. (SINÓN. V. *Enfermizo.*) || Que tiene defecto.
¡ACHACHAY! interj. *Amer.* Exclam. de frío. || — M. *Col.* y *Ecuad.* Cierto juego de muchachos.
ACHAFLANADO, DA adj. Que tiene chaflanes.
ACHAFLANAR v. t. Hacer chaflanes.
ACHAGUAL m. *Méx.* Lugar encharcado.
ACHAHUISTLARSE v. r. *Méx.* Enfermar las plantas de chauistle. || *Fig.* Tener alguna contrariedad.
ACHAJUANARSE v. r. *Col.* Encalmarse las bestias por trabajar con demasiado calor.
ACHALA f. *Arg.* Abalorio.
¡ACHALAY! interj. *Arg.* ¡Qué lindo!
ACHAMPANADO, DA adj. Achampañado.
ACHAMPAÑADO, DA adj. Dícese de la bebida que imita al champaña: *sidra achampañada.*
ACHAMPARSE v. r. *Chil.* Quedarse con una cosa ajena. || Arraigar.
ACHANCHARSE v. t. *Chil.* Acochinar, encerrar en el juego de damas. || *Riopl.* Engordar. || — V. r. *Per.* Avergonzarse, debilitarse.
ACHANTARSE v. r. *Fam.* Aguantarse, conformarse. (SINÓN. V. *Acobardar.*)
ACHAPARRADO, DA adj. Aplícase al árbol grueso, bajo y poblado de ramas: *naranjo achaparrado.* || *Fig.* Dícese de la persona gruesa y baja.
ACHAPARRARSE v. r. Quedarse achaparrado.
ACHAPINARSE v. r. *Guat.* Adquirir los usos y costumbres de Guatemala.
ACHAQUE m. Indisposición habitual o ligera. (SINÓN. V. *Enfermedad.*) || *Fam.* Menstruo de la mujer. || *Fig.* Embarazo de la mujer. || *Fig.* Asunto o materia: *saber poco de achaque de leyes.* || Excusa o pretexto. || Vicio o defecto habitual. || Apariencia, reputación. || Ocasión, motivo, causa. || Multa o pena pecuniaria.
ACHAQUIENTO, TA adj. Achacoso.
¡ACHARÁ! interj. *Amér. C.* ¡Qué lástima!
ACHARES m. pl. *Fam.* Celos, inquietud.
ACHAROLADO, DA adj. Parecido al charol.
ACHAROLAR v. t. Charolar, dar charol.
ACHARRANARSE v. r. Volverse charrán.
ACHATADO, DA adj. Chato: *nariz achatada.*
ACHATAMIENTO m. Acción de achatar.
ACHATAR v. t. Poner chata una cosa, aplanarla: *achatar las narices.* || — V. r. *Arg.* y *Chil.* Amilanarse.
ACHICADO, DA adj. Aniñado: *rostro achicado.*
ACHICADOR, RA adj. Que achica. || — M. *Mar.* Pala o cuchara de madera que sirve para achicar el agua en los botes.
ACHICADURA f. y **ACHICAMIENTO** m. Acción de achicar o disminuir. || — CONTR. *Aumento.*
ACHICAR v. t. Reducir a menos una cosa: *tuvo que achicar sus pretensiones.* (SINÓN. V. *Disminuir.* CONTR. *Agrandar, aumentar.*) || Extraer el agua de una mina, de una embarcación, con bombas o de otro modo. || *Fig.* Humillar: *fulano se achica demasiado.* (SINÓN. V. *Acobardar.*) || *Col. Fam.* Matar, despachar a uno.
ACHICORIA f. Planta de la familia de las compuestas, de hojas recortadas, ásperas y comestibles, crudas o cocidas.
ACHICHAR v. i. *Col.* Abundar.
ACHICHARRADERO m. Sitio donde hace mucho calor: *el teatro es un achicharradero.*
ACHICHARRANTE adj. Que achicharra.
ACHICHARRAR v. t. Freír, asar o tostar demasiado. || *Fig.* Calentar demasiado. || *Fig.* Molestar con exceso. || *Amer.* Estrujar, estropear. || — V. r. Quemarse, freírse mucho una cosa: *se achicharró el asado.* || *Fig.* Calentarse demasiado.
ACHICHARRONAR v. t. *Amer.* Achicharrar.
ACHICHICLE m. *Méx.* Estalactita.
ACHICHINQUE m. Operario que achica el agua de una mina. || *Méx.* Servidor oficioso. || Adulador.
ACHIGUARSE v. r. *Amer.* Ladearse. || Combarse una cosa. || Echar panza.
ACHILENADO, DA adj. y s. Que parece chileno.
ACHIMERO m. *Amér. C.* Buhonero.
ACHIMES m. pl. *Amér. C.* Buhonerías.
ACHÍN m. *Hond.* Achimero, buhonero.
ACHINADO, DA adj. *Riopl.* Aplebeyado: *mujer achinada.* || *Riopl.* De color trigueño y algo cobrizo.
ACHINAR v. t. *Fam.* Acoquinar.
ACHINELADO, DA adj. De figura de chinela.
ACHINERÍA f. *Amér. C.* Buhonería.
ACHIOTAL m. Plantación de achiotes.
ACHIOTE m. Arbusto bixáceo, cuyo fruto rojo purpúreo contiene una pulpa llamada *bija.*
ACHIQUE m. Acción y efecto de achicar.
ACHIQUÉ f. *Per.* Bruja, embaucadora.
ACHIQUILLADO, DA adj. Aniñado.
ACHIQUITAR v. t. *Amer. Fam.* Achicar, empequeñecer. || — V. r. Amilanarse.
ACHIRA f. *Bot.* Planta sudamericana alismatácea de flores coloradas. || *Bot.* Planta del Perú de la familia de las cannáceas, de raíz comestible. || *Chil.* El cañacoro.
ACHISPAR v. t. Embriagar ligeramente. || — V. r. Embriagarse ligeramente.
ACHOCAR v. t. Arrojar o tirar a uno contra la pared. || Herir con palo, piedra, etc. || *Fig.* y *fam.* Guardar mucho dinero. || — V. i. *P. Rico* y *Dom.* Perder el sentido.
ACHOCOLATADO, DA adj. De color de chocolate: *tez achocolatada.*
ACHOCHARSE v. r. Comenzar a chochear.
ACHOLADO, DA adj. *Amer.* De tez parecida a la del cholo. || *Amer.* Corrido, avergonzado.
ACHOLAR v. t. *Amer.* Avergonzar. || — V. r. *Arg.* Insolarse.
ACHOLENCADO, DA adj. *Méx.* Enclenque.
ACHOLOLE m. *Méx.* Agua sobrante del riego.
ACHOLOLERA f. *Méx.* Zanja para recoger el agua sobrante de los surcos.
ACHONADO, DA adj. *Méx.* Atontado. || *Méx.* Indiscreto.
ACHONGAR v. t. *P. Rico.* Abochornar.
ACHOQUE m. *Méx.* Ajolote.
ACHOTAR v. t. *Amér. C.* Teñir con añote. || *Amér. C.* Azotar.
ACHOTE m. Achiote, bija.
ACHOTERA f. *P. Rico.* Vasija para achote.
ACHUBASCARSE v. t. Cubrirse el cielo de nubarrones que amenazan lluvia.
ACHUCUTARSE y **ACHUCUYARSE** v. r. *Amér. C.* Abatirse, acoquinarse. || *Guat.* Marchitarse, ajarse.
ACHUCHADO, DA adj. *Fam.* Difícil, complicado: *la vida está muy achuchada.*
ACHUCHAR v. t. *Fam.* Aplastar, estrujar. || Azuzar, excitar. (SINÓN. V. *Empujar.*)
ACHUCHARRAR v. t. *Amer.* Achuchar. || — V. r. *Méx.* Encogerse, amilanarse.
ACHUCHÓN m. *Fam.* Acción de achuchar. || *Taurom.* Revolcón.
ACHULADO, DA adj. *Fam.* Que tiene aire o modales de chulo, chulesco, desvergonzado.
ACHULAPADO, DA adj. *Fam.* Achulado.
ACHUPALLA f. *Per.* Planta bromeliácea.
ACHURA f. *Riopl.* Intestinos o menudos de la res.
ACHURADOR m. *Arg.* El que achura.
ACHURAR o **ACHUREAR** v. t. *Riopl.* Quitar las achuras a un animal. || *Fam.* Herir, matar.
ACHURRUSCAR v. t. *Chil.* Apretar. || — V. r. *Col.* y *Ecuad.* Encogerse.
AD, prep. lat. que significa *a, junto, hacia,* etc., y entra en la formación de muchas palabras, como *adjunto, adyacente, admirar.*
ADACILLA f. Variedad de la adaza o zahína.
ADAFINA f. Cierto guisado judío.
ADAGIO m. Sentencia breve, comúnmente recibida, y las más veces, moral. (SINÓN. V. *Pensamiento.*) || *Mús.* Ritmo musical bastante lento. || Composición musical en este movimiento: *un adagio de Mozart.*
ADALA f. *Mar.* Dala.
ADALID m. (pal. ár.). Caudillo de gente de guerra. || *Fig.* Guía y cabeza de algún partido. (SINÓN. V. *Jefe.*)
ADAMADO, DA adj. Afeminado: *hombre adamado.* (CONTR. *Viril.*) || Dícese de la mujer vulgar que se las echa de dama. || Fino, elegante.
ADAMANTINO, NA adj. Diamantino: *dureza adamantina, brillo adamantino.*

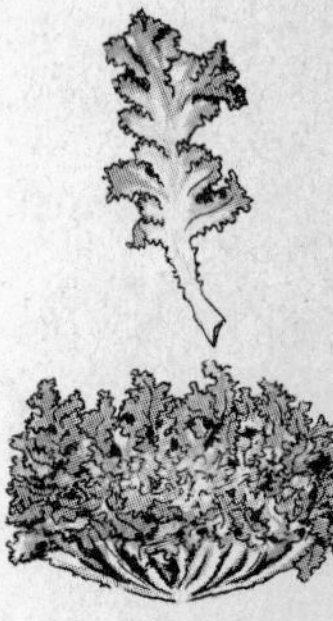

achicoria

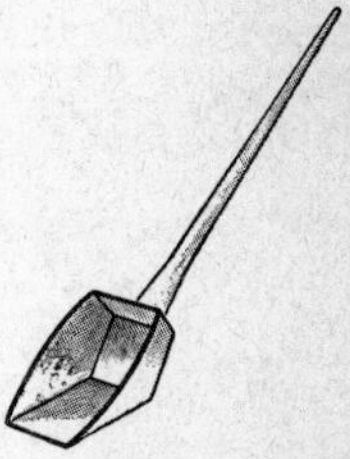

achicador

adelfa

ADAMAR v. t. Requebrar, cortejar. || — V. r. Adelgazar o hacerse delicado el hombre. || *Guat.* Amancebarse.
ADAMASCAR v. t. Labrar telas con labores parecidas al damasco.
ADAMISMO m. Doctrina de los adamitas.
ADAMITAS m. pl. Herejes del siglo II que celebraban sus reuniones desnudos como Adán.
ADÁN m. *Fig* y *fam.* Hombre desaseado, o haraposo: *ir hecho un adán.* || *Fig.* y *fam.* Hombre perezoso y descuidado.
ADANISMO m. Adamismo.
ADAPTABLE adj. Capaz de ser adaptado: *libro adaptable a la primera enseñanza.*
ADAPTACIÓN f. Acción y efecto de adaptar, de acomodar.
ADAPTADOR, RA m. y f. Persona que adapta. || — M. Aparato que permite adaptar un mecanismo eléctrico para diversos usos.
ADAPTAR v. t. (del lat. *ad,* a, y *aptare,* acomodar). Acomodar, ajustar una cosa a otra: *adaptar un mango a un azadón.* (SINÓN. *Cuadrar, ir, sentar, pegar.* V. tb. *arreglar.*) || *Fig.* Aplicar convenientemente: *adaptar los medios al fin.* || — V. r. Acomodarse, avenirse a circunstancias, condiciones, etc.: *es persona que se adapta a todas las circunstancias.* || — PARÓN. *Adoptar.*
ADARAJA f. *Arq.* Diente, resalto en una pared.
ADARCE m. Costra salina que forma el agua de mar.
ADARGA f. Escudo de cuero ovalado.
ADARGAR v. t. Cubrir con la adarga para defensa. || *Fig.* Defender, proteger.
ADARME m. Peso antiguo de 179 centigramos. || *Fig. Por adarmes,* loc. adv., en cortas cantidades, con mezquindad: *pagar a uno por adarmes.*
ADARVAR v. t. Pasmar, aturdir.
ADARVAR v. t. Fortificar con adarves.
ADARVE m. Camino en la parte superior de la muralla.
ADATAR v. t. Datar en una cuenta.
ADAZA f. Zahína, planta gramínea de la India.
ADDENDA m. (pal. lat. invar.). Lo que se agrega a una obra para completarla.
ADECENAMIENTO m. Acción de adecenar.
ADECENAR v. t. Ordenar o dividir por decenas.
ADECENTAR v. t. Poner decente. Ú. t. c. r.: *adecentarse para ir de paseo.* || — PARÓN. *Decentar.*
ADECUACIÓN f. Acción de adecuar.
ADECUADO, DA adj. Acomodado a una cosa. (SINÓN. V. *Apropiado* y *semejante.*)
ADECUAR v. t. Proporcionar, acomodar una cosa a otra: *adecuar los esfuerzos al fin perseguido.*
ADEFESIERO, RA adj. *Amer.* Ridículo.
ADEFESIO m. (de *ad ephesios,* con alusión a la epístola de San Pablo a los efesios.) *Fam.* Disparate, extravagancia: *no me venga con adefesios.* || *Fam.* Traje o adorno ridículo || *Fam.* Persona fea o extravagante: *ir hecho un adefesio.*
ADEFESIOSO, SA adj. *Ecuad.* Ridículo.
ADEHALA f. (pal. ár.). Lo que se da de gracia sobre un precio o sueldo.
ADEHESAMIENTO m. Acción de adehesar.
ADEHESAR v. t. Hacer dehesa alguna tierra.
ADELANTADAMENTE adv. t. Anticipadamente.
ADELANTADO, DA adj. Precoz: *este niño está muy adelantado.* (SINÓN. V. *Precoz.*) || — Nombre antiguo de varios empleos, como gobernador de una provincia fronteriza, justicia mayor del reino, capitán general en tiempos de guerra. V. *Parte hist.* || *Adelantado de mar,* capitán que tenía el mando de una expedición marítima y recibía de antemano el gobierno de las tierras que descubriese: *el adelantado Don Bartolomé Colón.* || Por adelantado, *anticipadamente.*
ADELANTADOR, RA adj. Que adelanta.
ADELANTAMIENTO m. Acción de adelantar. || Dignidad de adelantado y territorio de su jurisdicción. || *Fig.* Medra, mejora: *esta industria experimenta gran adelantamiento.* (CONTR. *Atraso.*)
ADELANTAR v. t. Mover o llevar hacia adelante: *adelantar el brazo.* || Acelerar, apresurar: *adelantar un trabajo.* || Anticipar: *adelantar la paga.* || Ganar la delantera a alguno andando o corriendo: *adelantarse al contrario.* || Dícese tb. de vehículos, etc. || Tratándose del reloj, hacer que señale hora posterior a la que indica, o que ande con más velocidad. || *Fig.* Aumentar, mejorar. || Exceder a alguno, aventajarle. || — V. i. Andar el reloj con más velocidad que la necesaria o señalar tiempo que no ha llegado todavía. || Progresar en estudios, robustez, etc.: *este niño adelanta mucho.* || — SINÓN. *Anticipar, preceder, aventajar, exceder, avanazr.* V. tb. *sobrepasar.* || — CONTR. *Retroceder, retrasar.*
ADELANTE adv. l. Más allá: *no podemos ir adelante.* || Hacia la parte opuesta a otra: *venía un hombre por el camino adelante.* || — Adv. t. Denota tiempo futuro. || *En adelante,* de hoy en adelante. || *¡Adelante!* expr. elípt. que se usa para hacer que alguien entre o siga andando, hablando, etc.
ADELANTO m. Anticipo: *adelanto de pago.* || Progreso: *los adelantos de las ciencias.* (SINÓN. *Progresión, desarrollo, desenvolvimiento, evolución, marcha, proceso.*)
ADELFA f. Arbusto parecido al laurel, de flores rojizas o purpúreas: *la adelfa tiene fruto venenoso.*
ADELFAL m. Sitio poblado de adelfas.
ADELFILLA f. Planta timeleácea, parecida a la adelfa.
ADELGAZADOR, RA adj. Que adelgaza.
ADELGAZAMIENTO m. Acción y efecto de adelgazar.
ADELGAZAR v. t. Poner delgado: *adelgazar una vara.* || *Fig.* Purificar, depurar. || *Fig.* Discurrir con sutileza: *no adelgace tanto.* || — V. i. Ponerse delgado. || — SINÓN. *Rebajar, enflaquecer, disminuir.* || — CONTR. *Engrosar.*
ADEMÁN m. Movimiento del cuerpo, con que se manifiesta un sentimiento: *con furioso ademán.* (SINÓN. V. *Gesto.*) || *En ademán de,* loc. adv., en actitud de ir a ejecutar alguna cosa. || — Pl. Modales: *tener malos ademanes.*
ADEMAR v. t. *Min.* Apuntalar, entibar.
ADEMÁS adv. c. A más de esto o aquello. || — SINÓN. *También, igualmente, asimismo, amén de.*
ADEME m. o **ADEMA** f. Madero para ademar.
ADENITIS f. (del gr. *adên,* glándula.) *Med.* Inflamación de los glanglios linfáticos.
ADENOIDEO, A adj. De aspecto de glándula: *vegetaciones adenoideas.*
ADENOMA m. Tumor formado por el tejido glandular. || Hipertrofia glandular.
ADENOPATÍA f. Inflamación de los ganglios linfáticos.
ADENTELLAR v. t. Hincar los dientes.
ADENTRARSE v. r. Penetrar.
ADENTRO adv. l. A o en lo interior: *estar adentro.* (Suele unirse con substantivos en construcciones como: *mar adentro, tierra adentro, por las puertas adentro.*) || — M. pl. Lo interior del ánimo: *en sus adentros no lo siente.* || — *¡Adentro!* expr. elípt. que se usa para ordenar a una persona que entre.
ADEPTO, TA adj. y s. Partidario de una secta o asociación. (SINÓN. V. *Partidario.*) || Iniciado en los secretos de una ciencia.
ADEREZAMIENTO m. Aderezo.
ADEREZAR v. t. Componer, adornar, hermosear: *aderezar sin gusto.* || Condimentar o sazonar los manjares: *plato mal aderezado.* (SINÓN. *Adobar, guisar.* V. tb. *preparar.*) || Disponer o preparar: *aderezar la comida.* (SINÓN. *Aliñar, arreglar.*) || Componer con ciertos ingredientes: *aderezar un vino.* || Dar apresto a las telas: *dril mal aderezado.*
ADEREZO m. Acción y efecto de aderezar. || Aquello con que se adereza. || Disposición de lo necesario para alguna cosa: *el aderezo de un guisado.* (SINÓN. V. *Aliño.*) || Apresto de las telas. || Juego de joyas. || Arreos del caballo. || Guarnición de ciertas armas blancas. (SINÓN. V. *Adorno.*)
ADERRA f. Maromilla de esparto.
ADESTRADO, DA adj. *Blas.* Dícese de la figura principal del blasón a cuya diestra hay otra secundaria. || — CONTR. *Senestrado.*

Fot. Larousse

ADESTRAR v. t. Adiestrar, hacer diestro.
ADEUDAR v. t. Deber. || Satisfacer en las aduanas los derechos de arancel: *las telas de seda adeudan derechos elevados en muchos países.* || *Com.* Cargar en cuenta una partida. (CONTR. *Acreditar.*) || — V. i. Contraer deudo, emparentar. || — V. r. Contraer deudas.
ADEUDO m. Deuda, cantidad que se debe a las aduanas: *retener mercancías en pago del adeudo.* || *Com.* Acción y efecto de adeudar.
ADEVERAS adj. *Amer. Pop.* De veras: *se enojó de adeveras.*
ADHERENCIA f. Acción de adherir. (SINÓN. *Ahesión, coherencia, cohesión, inherencia, encolamiento, pegadura, pegajosidad, soldadura.*) || Unión anormal de dos partes del cuerpo: *cortar una adherencia.*
ADHERENTE adj. Unido o pegado a una cosa: *rama adherente al tronco.* (SINÓN. *Unido, anexo, colado.*) || — M. Persona que forma parte de un grupo o sociedad: *partido que reúne pocos adherentes.* (SINÓN. V. *Miembro.*) || Requisito para una cosa. || — PARÓN. *Inherente.*
ADHERIR v. i. (del lat. *ad,* a, y *haerere,* estar unido). Pegarse una cosa con otra: *la rama adhiere al árbol.* (SINÓN. V. *Engomar.*) || — V. r. *Fig.* Convenir con un dictamen o idea: *adherirse a un partido.* || — IRREG. Se conjuga como *herir.*
ADHESIÓN f. Adherencia: *fuerza de adhesión.* (SINÓN. V. *Adherencia.*) || *Fig.* Acción de adherir: *cuente con mi adhesión.*
ADHESIVIDAD f. Calidad de lo adhesivo.
ADHESIVO, VA adj. Capaz de adherirse: *una capa de oro adhesivo.* || — M. Substancia adhesiva.
AD HOC loc. adv. lat. Que conviene a tal objeto: *argumento ad hoc.*
ADIABÁTICO, CA adj. Se dice de la transformación de un cuerpo efectuada sin que éste ceda o reciba calor: *decompresión adiabática de un gas.*
ADIAFORESIS f. Supresión del sudor.
ADIAMANTADO, DA adj. Diamantado.
ADIANTO m. *Bot.* Culantrillo, planta filicínea que se cría en los sitios húmedos.
ADIAR v. t. Señalar día.
ADICIÓN f. (del lat. *additio,* agregación). Acción y efecto de añadir o agregar; lo que se agrega. || Reparo o nota que se hace en las cuentas. || *Arit.* Primera de las cuatro operaciones fundamentales de la aritmética. (La *adición* tiene por objeto reunir en uno solo varios números del mismo género. El resultado se llama *total.* La adición se indica por medio del signo + [*más*]. Ej.: 8 + 4.) (CONTR. *Sustracción.*)
ADICIONADOR, RA adj. Que adiciona.
ADICIONAL adj. Que se adiciona o añade: *artículo, cláusula adicional.*
ADICIONAR v. t. Agregar, sumar dos cantidades. (CONTR. *Sustraer.*) || Hacer o poner adiciones: *adicionar un poema.* || Agregar, añadir: *adicionar azúcar a un licor.*
ADICTO, TA adj. Dedicado, apegado: *adicto a la tradición.* (SINÓN. V. *Partidario.*) || Unido o agregado a otro en algún cargo o ministerio.
ADIESTRABLE adj. Que se puede adiestrar.
ADIESTRADO, DA adj. *Blas.* Dícese de la pieza a cuya derecha se pone otra.
ADIESTRADOR, RA adj. y s. Que adiestra.
ADIESTRAMIENTO m. Acción y efecto de adiestrar.
ADIESTRAR v. t. Hacer diestro. (SINÓN. V. *Practicar.*) || Enseñar, instruir: *adiestrar un caballo.* (SINÓN. V. *Amansar.*) || Guiar, encaminar.
ADIETAR v. t. Poner a dieta.
ADIFÉS adv. m. *Venez.* Adrede, de intento: *decir una cosa adifés.* || — Adj. *Guat.* Difícil, costoso. || *Méx.* Sin método.
ADINAMIA f. (del gr. *a,* priv., y *dunamis,* fuerza). *Med.* Debilidad, falta de fuerzas, astenia.
ADINÁMICO, CA adj. y s. *Med.* Relativo a la adinamia o que la padece. (SINÓN. V. *Débil.*)
ADINERADO, DA adj. y s. Que tiene dinero. (SINÓN. *Acaudalado.* V. tb. *rico.*)
ADINERARSE v. r. *Fam.* Enriquecerse, hacerse rico.
ADINTELADO adj. *Arq.* Dícese del arco que degenera en línea recta.

ADIÓS interj. de despedida. Es tb. interj. de saludo y a veces de incredulidad. || — SINÓN. *Hasta la vista, a más ver, hasta luego, con Dios, buenos días, buenas tardes, buenas noches.* || — M. Despedida: *conmovedor adiós.*
ADIPAL adj. Graso, relativo a la grasa.
ADIPOSIDAD f. Calidad de adiposo.
ADIPOSIS f. Enfermedad producida por el exceso de grasa: *la gimnasia preserva de la adiposis.*
ADIPOSO, SA adj. (del lat. *adeps,* grasa). *Anat.* Grasiento, lleno de grasa: *tejido adiposo.*
ADIPSIA f. *Med.* Falta de sed.
ADIR v. t. *For.* Aceptar la herencia.
ADITAMENTO m. Añadidura, adición.
ADIVAS f. pl. *Veter.* Inflamación de garganta que suelen padecer las bestias.
ADIVE m. (pal. ár.). Chacal.
ADIVINABLE adj. Que se puede adivinar.
ADIVINACIÓN f. Acción de adivinar.
ADIVINADOR, RA adj. y s. Que adivina. (SINÓN. V. *Adivino.*)
ADIVINAJA f. *Fam.* Acertijo.
ADIVINAMIENTO m. Adivinación.
ADIVINANZA f. Acertijo.
ADIVINAR v. t. Descubrir lo futuro o lo oculto, predecir: *adivinar el porvenir.* || Descubrir alguna cosa oculta o ignorada. || Acertar un enigma. || Juzgar por suposición, por intuición: *¿adivinas quién te habla?* || Penetrar: *adivinar el pensamiento de otro.* (SINÓN. V. *Encontrar* y *presentir.*)
ADIVINATORIO, RIA adj. Relativo a la adivinación: *instinto adivinatorio.*
ADIVINO, NA m. y f. Persona que pretende descubrir las cosas ocultas y predice el porvenir. || — SINÓN. *Profeta, brujo, hechicero, adivinador, vidente, vaticinador, astrólogo, taumaturgo, mago, nigromante, augur, agorero, arúspice, pitonisa, pitia, oráculo, pronosticador.*
ADJETIVACIÓN f. Acción de adjetivar.
ADJETIVADAMENTE adv. m. Como adjetivo: *substantivo empleado adjetivadamente.*
ADJETIVADO, DA adj. Usado como adjetivo: *substantivo adjetivado.*
ADJETIVAL adj. Relativo al adjetivo.
ADJETIVAR v. t. *Gram.* Aplicar adjetivos. || Dar al nombre valor de adjetivo. || Calificar, apodar.
ADJETIVO, VA adj. (del lat. *adjectivus,* agregado). *Gram.* Que dice relación a una cualidad o accidente. || Que no tiene existencia independiente: *una cuestión adjetiva.* || Perteneciente al adjetivo: *forma adjetiva.* || — M. Palabra que se agrega al substantivo para designar una cualidad, o determinar o limitar la extensión del mismo: *se divide en calificativos y determinativos, y éstos en demostrativos, numerales, posesivos e indefinidos.* || — SINÓN. *Calificativo, atributo, predicado, epíteto, apositivo.*
ADJUDICACIÓN f. Acción de adjudicar. || — OBSERV. Es galicismo en el sentido de *contrata.*
ADJUDICADOR, RA adj. y s. Que adjudica.
ADJUDICAR v. t. Declarar que una cosa corresponde a una persona: *adjudicar un premio.* (SINÓN. V. *Conferir* y *distribuir.*) || — V. r. Apropiarse de una cosa. (SINÓN. V. *Apropiar.*)
ADJUDICATARIO, RIA m. y f. Persona a quien se adjudica. || — OBSERV. No debe emplearse en lugar de *contratista, arrendatario.*
ADJUNCIÓN f. Figura de retórica que consiste en sobrentender un verbo cuando se repite en construcciones parecidas: *era seco de carnes, enjuto de rostro, gran madrugador.* || Añadidura. || Agregación.
ADJUNTAR v. t. Unir una cosa con otra, especialmente en una carta: *le adjunto mi factura.* (SINÓN. V. *Asociar.*)
ADJUNTO, TA adj. Que va unido con otra cosa: *la factura adjunta.* || Dícese de la persona que acompaña a otra en un negocio o trabajo: *profesor adjunto.* || — M. Aditamento, añadidura.
ADJUTOR, RA adj. y s. Que ayuda o auxilia a otro. (SINÓN. *Auxiliar.*)
ADLÁTERE m. Barbarismo por *a látere.*
ADMINICULAR v. t. *For.* Ayudar, auxiliar.
ADMINÍCULO m. Medio auxiliar. || — Pl. Objetos que se llevan para servirse de ellos en caso de necesidad: *necesita muchos adminículos para viajar.*

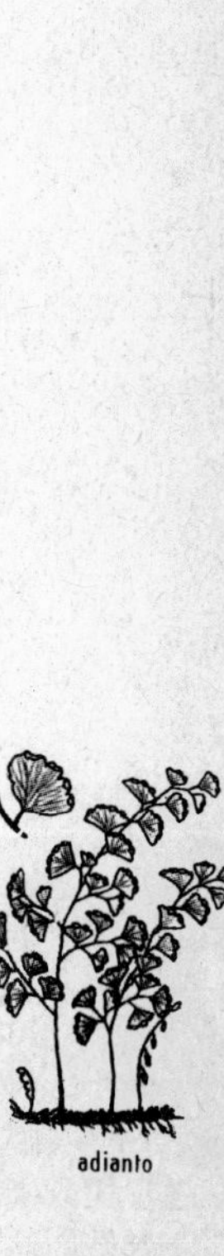
adianto

ADMINISTRABLE adj. Que puede administrarse: *medicamento fácilmente administrable.*

ADMINISTRACIÓN f. Acción de administrar: *la administración de un negocio.* (SINÓN. V. *Economía.*) ‖ Empleo de administrador. ‖ Ciencia del gobierno de un Estado. (SINÓN. V. *Gobierno.*) ‖ Conjunto de los empleados de un ramo particular de un servicio público: *administración de Correos.* ‖ Casa donde el administrador ejerce su cargo. ‖ *Administración pública,* conjunto de los poderes encargados de la ejecución de las leyes. ‖ *Consejo de administración,* grupo de personas responsables de una sociedad.

ADMINISTRADO, DA adj. y s. Sometido a una autoridad administrativa.

ADMINISTRADOR, RA adj. y s. Persona que administra o dirige.

ADMINISTRAR v. t. (del lat. *ad,* a, y *ministrare,* servir). Gobernar, regir: *administrar la república, administrar bienes ajenos.* (SINÓN. V. *Dirigir.*) ‖ Conferir: *administrar los sacramentos.* ‖ Tratándose de medicamentos, aplicarlos: *administrar un vomitivo.* ‖ Aplicar: *administrar un garrotazo, un puntapié.* ‖ — V. r. Adaptarse a su economía: *él se administra muy bien.*

ADMINISTRATIVAMENTE adv. m. Por procedimiento administrativo.

ADMINISTRATIVO, VA adj. y s. Relativo a la administración: *resolución administrativa.* ‖ Persona que tiene por oficio administrar.

ADMINISTRATORIO, RIA adj. Relativo a la administración.

ADMIRABLE adj. Digno de admiración. ‖ — SINÓN. *Magnífico, notable, mirífico, excelente, asombroso, pasmoso, sorprendente, maravilloso, estupendo, soberbio, prodigioso, fabuloso, espléndido, sublime, extraordinario.*

ADMIRABLEMENTE adv. m. De manera admirable, perfectamente.

ADMIRACIÓN f. Acción de admirar. ‖ Cosa admirable. ‖ Sensación que se experimenta ante una cosa hermosa. (SINÓN. V. *Entusiasmo.* CONTR. *Desdén, desprecio.*) ‖ Signo ortográfico (¡ !) que sirve para expresar admiración, queja o lástima.

ADMIRADOR, RA adj. y s. Que admira.

ADMIRANDO, DA adj. Digno de ser admirado.

ADMIRANTE adj. Que admira. ‖ — M. Admiración.

ADMIRAR v. t. (del lat. *ad,* a, y *mirari,* mirar). Causar sorpresa una cosa: *me admira tu bondad.* ‖ Causar admiración, placer: *admiro la virtud.* ‖ — CONTR. *Desdeñar, despreciar.*

ADMIRATIVAMENTE adv. m. Con admiración.

ADMIRATIVO, VA adj. Que expresa o denota admiración: *gesto admirativo.* ‖ Capaz de causar admiración. ‖ Admirado o maravillado.

ADMISIBILIDAD f. Calidad de admisible.

ADMISIBLE adj. Digno de ser admitido: *excusa admisible.* (SINÓN. V. *Supuesto* y *aceptable.* CONTR. *Inadmisible.*)

ADMISIÓN f. Acción de admitir. (SINÓN. V. *Aprobación.*) ‖ Recepción. (SINÓN. V. *Ingreso.*)

ADMITIR v. t. (lat. *ad,* a, y *mittere,* enviar). Recibir, dar entrada: *ser admitido en una sociedad.* (CONTR. *Excluir, rechazar.*) ‖ Aceptar, reconocer: *admitir una explicación.* (SINÓN. V. *Aceptar.*) ‖ Permitir, tolerar: *esta causa no admite dilación.* (SINÓN. *Sufrir, comportar.*)

ADMONICIÓN f. Amonestación, reconvención. (SINÓN. V. *Advertencia.*)

ADMONITOR m. y f. Persona que en las órdenes religiosas exhorta al cumplimiento de la regla. ‖ — M. Monitor.

ADMONITORIO, RIA adj. Con carácter de admonición.

ADNATO, TA adj. Adherente: *anteras adnatas.*

ADNOTACIÓN f. Estampación del sello pontificio en algunas concesiones.

ADOBADO m. Carne puesta en adobo.

ADOBADOR, RA adj. y s. Que adoba.

ADOBADURA f. y **ADOBAMIENTO** m. Acción de adobar: *el adobamiento de las pieles.*

ADOBAR v. t. Componer, preparar. ‖ Guisar, preparar un manjar. (SINÓN. V. *Aderezar.*) ‖ Poner en adobo las carnes. ‖ Curtir y componer las pieles. ‖ Mejorar los vinos.

ADOBASILLAS m. El que compone sillas.

«Adoración», por Ribera

ADOBE m. Ladrillo secado al sol. ‖ Grilletes. ‖ *Arg.* Pie grande. ‖ — PARÓN. *Adobo.*

ADOBERA f. Molde para hacer adobes. ‖ *Chil.* Molde para hacer queso en forma de adobe. ‖ *Méx.* Queso en forma de adobe y molde para hacerlo.

ADOBERÍA f. Lugar donde se hacen adobes. ‖ Tenería, sitio donde se adoban pieles.

ADOBÍO m. Parte delantera del horno de manga.

ADOBO m. Acción y efecto de adobar: *el adobo de una tela.* ‖ Caldo con que se sazona un manjar: *echar atún en adobo.* ‖ Caldo compuesto que sirve para sazonar y conservar las carnes: *echar carne en adobo.* ‖ Ingredientes que sirven para curtir las pieles o dar lustre a las telas. ‖ Afeite. ‖ — PARÓN. *Adobe.*

ADOBÓN m. *Amer.* Pedazo de tapia que se hace de una vez.

ADOCENADO, DA adj. Vulgar, de muy escaso mérito: *escritor adocenado.*

ADOCENAR v. t. Dividir en docenas. ‖ Comprender o confundir a alguno entre gente de menor calidad: *no quiero que me adocenen.*

ADOCTRINAMIENTO m. Acción y efecto de adoctrinar.

ADOCTRINAR v. t. Doctrinar, enseñar.

ADOLECER v. i. Caer enfermo o padecer una dolencia habitual: *adolecer de reuma.* ‖ *Fig.* Dicho de pasiones, vicios, etc., tenerlos: *de igual defecto adolece este poeta.* ‖ — IRREG. Se conjuga como *merecer.*

ADOLESCENCIA f. (del lat. *adolescere,* crecer). Edad que sucede a la infancia y llega hasta la edad viril (14 a 20 años). [SINÓN. V. *Juventud.*]

ADOLESCENTE adj. y s. Que está en la adolescencia: *candor adolescente.* ‖ — SINÓN. *Joven mozo, zagal, efebo, doncel, mozalbete, mozuelo, muchacho.* Fam. *Mocoso, pipiolo.*

ADOLORADO, DA y **ADOLORIDO, DA** adj. Dolorido.

ADOMICILIAR v. t. Domiciliar. Ú. t. c. r.

ADONDE adv. l. A qué parte, o a la parte que: *¿adónde vas?* ‖ Donde. ‖ — OBSERV. Debe reservarse este adverbio para las acepciones de movimiento: *el sitio adonde me dirijo,* y no decir, por ejemplo: *¿adónde vives?* También se escribe en dos palabras *¿a dónde vas?*

ADONDEQUIERA adv. l. A cualquier parte. ‖ Dondequiera.

ADÓNICO y **ADONIO** adj. y s. m. Verso compuesto por un dáctilo y un espondeo.

ADONIS m. *Fig.* Joven hermoso.

ADONIZARSE v. r. Embellecerse como un adonis.

ADOPCIÓN f. Acción de adoptar o prohijar.

ADOPCIONISMO m. Herejía de los adopcionistas: *el adopcionismo nació en España en el siglo* VIII.

ADOPCIONISTAS m. pl. Herejes que suponían que Cristo era Dios por adopción del Padre.

ADOPTABLE adj. Capaz de ser adoptado.

ADOPTADOR, RA adj. y s. Que adopta.

ADOPTANTE adj. y s. Persona que adopta: *el adoptante y el adoptado.*

ADOPTAR v. t. (del lat. *ad,* a, y *optare,* desear). Prohijar: *Augusto adoptó a Tiberio.* (SINÓN. V. *Escoger* y *proteger.*) ‖ Admitir, abrazar: *adoptar un sistema.* (SINÓN. V. *Recibir.*) ‖ Aprobar: *adoptar una ley.* ‖ — PARÓN. *Adaptar.*

ADOPTIVO, VA adj. Dícese de la persona que adopta: *padre adoptivo.* ‖ Dícese de la persona adoptada: *hijo adoptivo.* ‖ Dícese de lo que uno elige para tenerlo por lo que no es realmente: *patria adoptiva.*

ADOQUÍN m. Piedra labrada para empedrados. (SINÓN. V. *Piedra.*) ‖ *Arg.* Tarugo de madera para solar calles. ‖ *Fig.* y *fam.* Necio, idiota.

ADOQUINADO m. Suelo empedrado con adoquines: *un adoquinado de granito.* ‖ Acción de adoquinar.

ADOQUINAR v. t. Empedrar con adoquines.

ADORABLE adj. Digno de adoración. ‖ *Fig.* y *fam.* Digno de ser amado: *mujer adorable.*

ADORACIÓN f. Acción de adorar. ‖ *Fig.* Amor extremo. ‖ — SINÓN. *Idolatría, culto, latría, dulía, hiperdulía, religión.* V. tb. *afección.*

ADORADOR, RA adj. y s. Que adora.

ADORAR v. t. Reverenciar con sumo honor o respeto. ‖ Rendir a la divinidad el culto que le

Fot. Giraudon

es debido: *adorar a Dios.* || *Fig.* Amar con extremo: *adorar la música, la pintura.* (SINÓN. V. *Amar.*) || — V. i. Orar.
ADORATORIO m. Templo de algunos ídolos. || Retablillo portátil.
ADORATRICES f. pl. Orden religiosa española. || En América, señora que pertenece a alguna hermandad de la adoración perpetua.
ADORMECEDOR, RA adj. Que adormece: *la morfina adormecedora.*
ADORMECER v. t. Dar o causar sueño: *ese canto adormece.* (SINÓN. V. *Dormir.*) || *Fig.* Calmar, sosegar: *el opio adormece los dolores.* || *Fig.* Acallar, entretener. || — V. r. Empezar a dormirse. || Entorpecerse un miembro. || Aficionarse a vicios, deleites, etc.: *adormecerse en un vicio.* || — IRREG. Se conjuga como *merecer.*
ADORMECIMIENTO m. Acción y efecto de adormecer. || Modorra. || — SINÓN. *Entumecimiento, embotamiento, torpor, amodorramiento, somnolencia, soñolencia, letargo, aletargamiento, narcosis, coma, sopor.* V. tb. *sueño.*
ADORMIDERA f. Planta papaverácea de hermosas flores rojas o blancas: *el opio se saca del fruto de la adormidera blanca.*
ADORMILARSE y **ADORMITARSE** v. r. Dormirse a medias, amodorrarse, adormecerse.
ADORNADO m. Adornamiento.
ADORNADOR, RA adj. y s. Que adorna.
ADORNAMIENTO m. Acción de adornar.
ADORNAR v. t. Hermosear con adornos: *adornar una sala, un vestido, con [de] flores.* (SINÓN. *Arreglar, endomingar, ataviar, emperifollar, emperejilar, engalanar, decorar, embellecer, acicalar, guarnecer.*) || Servir de adorno. || *Fig.* Dotar a un ser de perfecciones o virtudes. || Distinguir a una persona ciertas prendas o circunstancias: *le adornan mil virtudes.* || — CONTR. *Afear.*
ADORNISTA m. El que hace o pinta adornos.
ADORNO m. Lo que sirve para embellecer personas o cosas. (SINÓN. *Atavío, compostura, ornamento, gala, aderezo, afino, realce.*) || *Taurom.* Lance con que el torero remata una serie de pases. || — Pl. Balsamina, flor.
ADOROTE m. *Amer.* Angarillas que se ponen, a modo de albarda, a las acémilas. (P. us.)
ADOSAR v. t. Arrimar una cosa a otra: *adosado a la muralla.* (SINÓN. V. *Apoyar.*)
ADOVELADO adj. Con dovelas.
ADQUIRENTE adj. y s. Que adquiere.
ADQUIRIBLE adj. Que se puede adquirir.
ADQUIRIDO, DA adj. Alcanzado, obtenido: *fortuna mal adquirida.* || *Velocidad adquirida,* la que anima un cuerpo en un momento determinado.
ADQUIRIDOR, RA adj. y s. Que adquiere (SINÓN. V. *Comprador.*)
ADQUIRIR v. t. Alcanzar la posesión de una cosa por el trabajo, compra o cambio *(adquisición a título oneroso)* o por donación o sucesión *(adquisición a título gratuito).* || Lograr, ganar. (SINÓN. V. *Comprar y obtener.* CONTR. *Perder, ceder.*) || — IRREG. Pres. ind.: *adquiero, adquieres, adquiere, adquirimos, adquirís, adquieren;* imperf.: *adquiriría, adquirirías,* etc.; indef.: *adquirí, adquiriste,* etc.; fut.: *adquiriré, adquirirás,* etc.; imper.: *adquiere, adquirid;* pot.: *adquirirías,* etc.; pres. subj.: *adquiera, adquieras,* etc.; imper. subj.: *adquiriera, adquirieras,* etc., *adquirieses,* etc.; ger.: *adquiriendo;* p. p.: *adquirido.*
ADQUISICIÓN f. Acción de adquirir. || Cosa que se adquiere: *una buena adquisición.*
ADQUISIDOR, RA adj. y s. Adquiridor.
ADQUISITIVO, VA adj. *For.* Que sirve para adquirir: *prescripción adquisitiva.*
ADQUISITORIO, RIA adj. Referente a la adquisición.
ADRA f. Turno o vez.
ADRAGANTO m. Tragacanto, goma.
ADRAL m. Cada uno de los zarzos o tablas que se ponen a los lados del carro o camión y sirven para mantener la carga.
ADREDE adv. m. De propósito, de intento: *romper una cosa adrede.*
ADRENALINA f. Hormona segregada por la masa medular de las glándulas suprarrenales. (La *adrenalina* acelera el ritmo cardiaco, aumenta la presión arterial, dilata los bronquios e influye en la digestión. Es un medicamento hemostático.)
ADRIÁN m. Juanete, hueso saliente del pie.
ADRIÁTICO, CA adj. Del mar Adriático.
ADRIZAR v. tr. *Mar.* Enderezar la nave.
ADROLLA f. Trapaza, engaño.
ADSCRIBIR v. t. Inscribir, atribuir. || Agregar a uno a un servicio.
ADSCRIPCIÓN f. Acción de adscribir.
ADSCRITO, TA adj. Escrito al lado.
ADSORBENTE adj. Capaz de adsorción.
ADSORBER v. t. Fijar por adsorción.
ADSORCIÓN f. Penetración superficial de un gas o un líquido en un sólido. || — PARÓN *Absorción.*
ADUANA f. Administración que percibe los derechos sobre las mercancías importadas o exportadas. || Oficina de dicha administración.
ADUANAR v. t. Registrar en la aduana.
ADUANERO, RA adj. Relativo a la aduana: *tarifa aduanera.* || — M. Empleado en la aduana. || *Unión aduanera,* convenciones comerciales entre Estados para la importación y exportación.
ADUAR m. Campamento de beduinos o gitanos. || *Por ext.* Pueblo musulmán en África del Norte.
ADÚCAR m. Seda exterior del capullo.
ADUCCIÓN f. *Zool.* Movimiento por el cual se acerca una parte del cuerpo al eje de éste: *aducción del brazo.* || — PARÓN. *Abducción.*
ADUCIR v. t. Presentar pruebas, razones, etc.: *aducir algo en defensa de una persona.* || — IRREG. Se conjuga como *conducir.*
ADUCTOR adj. y s. *Anat.* Músculo que produce la aducción. || Cañería subterránea.
ADUENDADO, DA adj. Parecido a los duendes.
ADUEÑARSE v. r. Hacerse dueño de una cosa: *adueñarse de un libro.*
ADUFE m. Pandereta, instrumento músico.
ADUJA f. *Mar.* Vuelta o rosca de una cosa.
ADUJAR v. t. *Mar.* Enroscar: *adujar una cuerda.* || — V. r. *Mar.* Acostarse en cualquier sitio.
ADULACIÓN f. Acción y efecto de adular: *hay que desconfiar de la adulación.*
ADULADOR, RA adj. y s. Lisonjero, que adula. (SINÓN. V. *Servil.*)
ADULANCIA f. *Venez.* Adulación.
ADULAR v. t. Halagar con fin interesado: *adular a los poderosos.* || Deleitar.
ADULATORIO, RIA adj. Relativo a la adulación.
ADULETE adj. y s. *Amer.* Adulón.
ADULO m. *Chil.* y *Guat.* Adulación.
ADULÓN, ONA adj. y s. *Fam.* Adulador, persona aficionada a adular.
ADULTERACIÓN f. Alteración de la naturaleza, características o cualidades de alguna cosa: *adulteración de una mercancía, de un texto.* (SINÓN. V. *Falsificación.*)
ADULTERADOR, RA adj. y s. Que adultera.
ADULTERAR v. t. Viciar, falsificar: *adulterar un jarabe con sacarina.* (SINÓN. V. *Falsear.*) || — V. i. Cometer adulterio.
ADULTERINO, NA adj. Procedente de adulterio. || Relativo al adulterio. || *Fig.* Falso, falsificado.
ADULTERIO m. Violación de la fe conyugal. || Falsificación, fraude.
ADÚLTERO, RA adj. y s. (del lat. *ad,* a, y *alter,* otro). Que viola la fe conyugal: *mujer adúltera.* || *Fig.* Viciado, corrompido. || Falsificado.
ADULTO, TA adj. y s. (del lat. *adultus,* crecido). Llegado el tiempo de la adolescencia: *escuela para adultos.* || Llegado a su mayor desarrollo: *planta adulta, lenguas adultas.*
ADULZAR v. t. Hacer dulce el hierro.
ADULZORAR v. t. Suavizar, dulcificar.
ADUMBRACIÓN f. *Pint.* Sombra o penumbra.
ADUMBRAR v. t. *Pint.* Sombrear.
ADUNAR v. t. Unir, juntar, aunar.
ADUNDARSE v. r. *Amér. C.* Atontarse.
ADUSTEZ f. Carácter adusto.
ADUSTIÓN f. Cauterización.
ADUSTO, TA adj. (del lat. *adustus,* quemado). Excesivamente cálido: *el Sahara es una región adusta.* (SINÓN. V. *Tostado.*) || *Fig.* Austero, rígido, melancólico: *persona adusta.* (SINÓN. V. *Huraño.*)
ADVENEDIZO, ZA adj. y s. Extranjero o forastero: *en este pueblo hay muchos advenedizos.*

adormidera

ADRALES

de camión

de carro

aerógrafo

ángulos adyacentes

|| Persona que va sin empleo ni oficio a establecerse en un lugar: *en las grandes ciudades hay muchos advenedizos.* || Persona que ha conseguido cierta fortuna pero que no sabe ocultar su origen humilde.

ADVENIMIENTO m. Venida. (SINÓN. V. *Llegada.*) || Subida al trono de un pontífice o de un soberano: *el advenimiento de Pío X ocurrió en 1903.* || *Fig.* y *fam.* *Esperar uno el santo advenimiento,* esperar algo que tarda mucho en llegar. || — PARÓN. *Avenimiento.*

ADVENIR v. i. Venir o llegar. (SINÓN. V. *Suceder.*) || — IRREG. Se conjuga como *venir.* || — PARÓN. *Avenir.*

ADVENTICIO, CIA adj. Que sobreviene accidentalmente. || *Bot.* Dícese del órgano que se desarrolla en un punto donde no suelen encontrarse otros semejantes: *la hiedra trepa gracias a sus raíces adventicias.*

ADVENTISMO m. Doctrina de los adventistas.

ADVENTISTA adj. y s. Que espera un segundo advenimiento de Cristo.

ADVERADO, DA adj. *For.* Dícese del testamento que se otorga ante el párroco y dos testigos.

ADVERAR v. t. Asegurar, certificar.

ADVERBIAL adj. Perteneciente al adverbio: *frase adverbial.*

ADVERBIALIZAR v. t. Dar carácter adverbial.

ADVERBIALMENTE adv. m. Como adverbio: *adjetivo tomado adverbialmente.*

ADVERBIO m. (del lat. *ad,* a, y *verbum,* verbo). *Gram.* Parte de la oración que modifica la significación del verbo, del adjetivo, o de otro adverbio: *hay adverbios de lugar, de tiempo, de modo, de cantidad, de orden, de afirmación, de negación, de duda, comparativos, superlativos* y *diminutivos.*

ADVERSAMENTE adv. m. Con adversidad.

ADVERSARIO, RIA m. y f. Persona rival. (SINÓN. V. *Enemigo.* CONTR. *Aliado, auxiliar, defensor.*) || — Pl. Entre eruditos, notas preliminares.

ADVERSATIVO, VA adj. *Gram.* Que denota oposición: *conjunción adversativa.*

ADVERSIDAD f. Infortunio. (SINÓN. V. *Desgracia.*)

ADVERSO, SA adj. (del lat. *ad,* contra, y *versus,* vuelto). Contrario, desfavorable: *suerte adversa.* || Opuesto materialmente: *parte adversa.*

ADVERTENCIA f. Acción de advertir. (SINÓN. *Dar parte, consejo, lección, monición, admonición.*) || Escrito breve, con que, al principio de una obra, se advierte algo al lector. (SINÓN. V. *Prefacio.*) || Escrito breve para advertir. (SINÓN. V. *Aviso* y *observación.*)

ADVERTIDAMENTE adv. m. Con advertencia: *obró advertidamente.*

ADVERTIDO, DA adj. Capaz, avisado.

ADVERTIDOR adj. y s. m. Avisador, que advierte o avisa: *aparato advertidor.*

ADVERTIMIENTO m. Advertencia.

ADVERTIR v. t. Fijar la atención en una cosa, reparar, observar: *he advertido una falta en su carta.* (SINÓN. V. *Percibir.*) || Llamar la atención sobre una cosa, hacer observar: *advertir un peligro.* || Aconsejar, enseñar, prevenir. (SINÓN. *Hacer saber, informar, avisar, prevenir.* V. tb. *notificar.*) || — V. i. Caer en la cuenta. || — IRREG. Se conjuga como *divertir.*

ADVIENTO m. (del lat. *adventus,* llegada). Tiempo santo que celebra la Iglesia los cuatro domingos que preceden la Navidad. || — PARÓN. *Aviento.*

ADVOCACIÓN f. Título que se da a un templo, capilla, altar o imagen particular, como Nuestra Señora de los Dolores, del Pilar, etc. || — PARÓN. *Avocación, invocación.*

ADYACENTE adj. Inmediato, próximo: *la Península e islas adyacentes.* (SINÓN. V. *Cercano.*) || *Ángulos adyacentes,* los que tienen un mismo vértice y un lado común y están situados a ambas partes de dicho lado: *los ángulos AOB y BOC son adyacentes.*

AEDO m. Poeta de la Grecia antigua. (SINÓN. V. *Poeta.*)

AERACIÓN f. *Med.* Acción del aire atmosférico en las enfermedades. || Acción de airear.

AÉREO, A adj. De aire: *cuerpo aéreo.* || Que se verifica en el aire: *fenómeno aéreo.* || Relativo a la aviación: *correo aéreo, navegación aérea.* || Que vive en el aire: *planta aérea.* || *Fig.* Leve, ligero.

AERÍCOLA adj. (del lat. *aer,* aire, y *colere,* habitar). Dícese de las plantas que viven en el aire.

AERÍFERO, RA adj. Que lleva aire.

AERIFORME adj. Que tiene las propiedades físicas del aire: *flúido aeriforme.*

AEROBIO adj. y s. m. Dícese del ser microscópico que necesita de oxígeno para subsistir.

AEROCLUB m. Centro de formación y entrenamiento para los pilotos de la aviación civil.

AERODINÁMICA f. Ciencia que tiene por objeto el estudio de los movimientos del aire y los fenómenos físicos relacionados con el desplazamiento de los cuerpos.

AERODINÁMICO, CA adj. Relativo a la aerodinámica. || Que disminuye la resistencia del aire, perfilado: *carrocería aerodinámica.*

AERODINAMISMO m. *Neol.* Carácter aerodinámico

AERÓDROMO m. Campo destinado al despegue y aterrizaje de los aviones.

AEROFAGIA f. Deglución involuntaria de aire

AERÓFOBO, BA adj. Que tiene miedo al aire

AEROGRAFÍA f. Descripción del aire.

AERÓGRAFO m. Instrumento para ejecutar pinturas por vaporización.

AEROLÍTICO, CA adj. Relativo a los aerolitos: *hierro aerolítico.*

AEROLITO m. (del gr. *aêr,* aire, y *lithos,* piedra). Masa mineral que cae del espacio.
— Los *aerolitos* son fragmentos de planetas que circulan por el espacio y que atrae nuestro globo cuando pasan cerca de él; al atravesar nuestra atmósfera el frotamiento con el aire los calienta y produce una fusión superficial. Algunos tienen varios metros de diámetro.

AEROLOGÍA f. Ciencia que estudia las propiedades de la atmósfera.

AEROMANCIA f. Adivinación por observación de los fenómenos aéreos.

AEROMARÍTIMO, MA adj. Referente a la aviación y a la marina.

AEROMETRÍA f. Ciencia que estudia las propiedades físicas del aire.

AERÓMETRO m. Instrumento para medir la densidad del aire. || — PARÓN. *Areómetro.*

AEROMODELISMO m. Construcción de modelos reducidos de avión. || Vuelo de estos aviones.

AEROMODELISTA adj. Relativo al aeromodelismo. || — Adj. y s. Que se dedica al aeromodelismo.

AEROMODELO m. Tipo reducido de avión, con o sin motor, utilizado con fines deportivos o experimentales.

AEROMOTOR m. Motor de aire.

AEROMOZA f. Azafata de línea aérea.

AERONATO, TA adj. y s. Nacido en avión.

AERONAUTA com. (del gr. *aêr,* aire, y *nautês,* navegante). Persona que practica la navegación aérea.

AERONÁUTICA f. Navegación aérea.

AERONÁUTICO, CA adj. Perteneciente o relativo a la aeronáutica: *deporte aeronáutico.*

AERONAVAL adj. Referente a la marina de guerra y la aviación: *batalla aeronaval.*

AERONAVE f. Nombre genérico de todos los aparatos de aviación. (SINÓN. V. *Globo.*)

AERONOMÍA f. Ciencia que estudia los fenómenos físicos que se producen en las regiones más altas de la atmósfera.

AEROPLANO m. Avión.

AEROPOSTAL adj. Relativo al correo aéreo.

AEROPUERTO m. Lugar destinado a la salida y llegada de aviones comerciales.

AEROSOL m. Suspensión en el aire de un producto finamente vaporizado.

AEROSTACIÓN f. Navegación aérea.

AEROSTÁTICA f. Parte de la mecánica que estudia el equilibrio de los gases.

AEROSTÁTICO, CA adj. Relativo a la aerostática o a la aerostación.

AERÓSTATO m. (del gr. *aêr.,* aire, y *estatos,* que se mantiene). Aparato lleno de un gas más ligero que el aire, y que puede elevarse en la atmósfera. (SINÓN. V. *Globo.*)

AEROTECNIA o **AEROTÉCNICA** f. Ciencia que trata de las aplicaciones del aire a la industria.
AEROTÉCNICO adj. Relativo a la aerotecnia.
AEROTERMODINÁMICA f. Ciencia que estudia los fenómenos caloríficos provocados por los deslizamientos aerodinámicos a velocidades supersónicas.
AEROTERRESTRE adj. Referente a las fuerzas militares de tierra y aire.
AEROTERAPIA f. Método terapéutico que utiliza la acción del aire sobre el organismo.
AEROTRANSPORTADO, DA adj. *Mil.* Transportado por avión: *tropas aerotransportadas.*
AEROVÍA f. Ruta aérea.
AFABILIDAD f. Calidad de afable. || — SINÓN. *Cortesía, amenidad, amabilidad, cordialidad, dulzura, gentileza.* V. tb. *afección* y *urbanidad.*
AFABLE adj. Agradable, suave en el trato. || — SINÓN. *Sociable, acogedor, cordial, afectuoso.* V. tb. *amable.* || — CONTR. *Áspero, desapacible.*
AFABULACIÓN f. Sucesión de hechos que constituye la trama de un relato.
AFACETADO, DA adj. Tallado en forma de facetas.
AFAMADO, DA adj. Famoso. (SINÓN. V. *Ilustre.*)
AFAMAR v. t. Hacer famoso, dar fama.
AFÁN m. Trabajo excesivo y penoso: *luchar con afán.* || Gran deseo. || Trabajo corporal penoso.
AFANADAMENTE adv. m. Afanosamente.
AFANADO, DA adj. Afanoso.
AFANADOR, RA adj. y s. Que se afana. || *Pop.* Ratero. || *Méx.* Persona que ejecuta las faenas más penosas.
AFANAR v. i. Entregarse al trabajo con solicitud. || Hacer diligencias para conseguir algo. || Trabajar corporalmente en faenas penosas. (SINÓN. V. *Trabajar.*) || *Fig.* Fatigar, cansar. || — V. t. Trabajar a uno, insistir. || *Pop.* Robar con maña. (SINÓN. V. *Hurtar.*) || *Amer.* Ganar dinero. || — V. r.: *afanarse mucho por alcanzar un resultado.*
AFANÍPTEROS m. pl. (del gr. *aphanês,* invisible, y *pteron,* ala). *Zool.* Orden de insectos chupadores desprovistos de alas, como la pulga y la nigua.
AFANITA f. Anfibolita.
AFANOSAMENTE adv. m. Con afán.
AFANOSO, SA adj. Muy trabajoso: *trabajo afanoso.* || Que se afana.
AFANTASMADO, DA adj. *Fam.* Presumido.
AFAROLADO adj. y s. m. *Taurom.* Lance de capa o muleta en que se pasa el engaño por encima de la cabeza.
AFAROLARSE v. r. *Amer.* Alarmarse.
AFASIA f. *Med.* Pérdida de la palabra.
AFÁSICO, CA adj. y s. Que padece afasia.
AFEADOR, RA adj. Que afea: *acción afeadora.*
AFEAMIENTO m. Acción y efecto de afear.
AFEAR v. t. Hacer o poner feo. || *Fig.* Tachar, vituperar: *afear a uno su conducta.*
AFECCIÓN f. Afecto, inclinación: *afección filial.* (SINÓN. *Cariño, ternura, apego, adoración, amistad, amor, dilección, pasión, capricho.* CONTR. *Antipatía, odio.*) || Impresión que hace una cosa en otra: *las afecciones del alma.* || *Med.* Enfermedad: *afección cardiaca.* (SINÓN. V. *Enfermedad.*) || — OBSERV. Son galicismos el adjetivo *afeccionado,* por *querido, amado,* y el verbo *afeccionar,* por *querer, cobrar cariño, gustar de.*
AFECCIONARSE v. r. Aficionarse, inclinarse.
AFECTACIÓN f. Acción de afectar: *afectación de ignorancia.* || Falta de sencillez y naturalidad: *hablar con afectación.* (SINÓN. *Amaneramiento, remilgo, singularidad, rebuscamiento, culteranismo, conceptismo, pedantería, presunción, petulancia.*)
AFECTADAMENTE adv. m. Con afectación.
AFECTADO, DA adj. Que muestra afectación: *estilo afectado.* (SINÓN. *Amanerado, rebuscado, ceremonioso, relamido, repulido, conceptuoso, melindroso, remilgado.* V. tb. *ampuloso* y *pedante.*) || Aparente, fingido: *ignorancia afectada.* || Perjudicado, dañado: *tierras afectadas por la sequía.* || Aquejado, molestado: *afectado por esta noticia.* || Destinado: *fondos afectados al pago de un cupón.* || — OBSERV. Baralt considera como galicismos las dos últimas acepciones.
AFECTADOR, RA adj. Que afecta.
AFECTAR v. t. Obrar sin sencillez ni naturalidad: *afectar suma elegancia.* (SINÓN. *Ostentar, preciarse de, asignar.*) || Fingir: *afectar celo, ignorancia.* (SINÓN. V. *Fingir.*) || Anexar. (SINÓN. *Agregar.*) || Hacer impresión una cosa en una persona: *el estado de su amigo le afecta mucho.* (SINÓN. V. *Entristecer.*) || Apetecer con ahínco. || *Med.* Producir alteración en algún órgano. || Perjudicar, dañar. || Influir en. || *For.* Imponer un gravamen u obligación. || — OBSERV. Es galicismo decir *afectar una forma piramidal,* por *tomarla.*
AFECTIVIDAD f. Desarrollo de la propensión de querer. || Conjunto de los fenómenos afectivos.
AFECTIVO, VA adj. Relativo al afecto. || Relativo a la sensibilidad: *fenómeno afectivo.* || Sensible: *naturaleza afectiva.*
AFECTO, TA adj. Inclinado a una persona o cosa: *amigo afecto.* || Dícese de las rentas sujetas a carga u obligación. || Que padece: *afecto de un mal.* || Destinado a cierta función o servicio. || — M. Cariño, amistad: *manifestar afecto a alguno.* (SINÓN. V. *Afección.*) || *Med.* Afección.
AFECTUOSAMENTE adv. m. Con afecto.
AFECTUOSIDAD f. Calidad de afectuoso.
AFECTUOSO, SA adj. Amoroso. (SINÓN. V. *Afable* y *cariñoso.*)
AFEITADORA f. Maquinilla de afeitar.
AFEITADO m. Acción y efecto de afeitar. || *Taurom.* Corte de las puntas de los cuernos del toro para disminuir el peligro.
AFEITAR v. t. Cortar con navaja o maquinilla la barba, el bigote o el pelo. || Poner afeites. || Esquilar a una caballería las crines y la cola. || *Taurom.* Cortar las puntas de los cuernos al toro. || *Fig.* y *fam.* Pasar muy cerca, rozar. || — V. r. Cortarse la barba.
AFEITE m. Aderezo, compostura. || Cosmético.
AFELIO m. *Astr.* Punto más distante del Sol en la órbita de un planeta. || — CONTR. *Perihelio.*
AFELPADO, DA adj. Parecido a la felpa: *tela afelpada.* || — M. Ruedo de esparto, felpudo.
AFELPAR v. t. Dar aspecto de felpa.
AFEMINACIÓN f. Carácter afeminado.
AFEMINADO, DA adj. y s. m. Que se parece a las mujeres. || Que parece de mujer. || — CONTR. *Viril, varonil.*
AFEMINAMIENTO m. Afeminación.
AFEMINAR v. t. Tornar afeminado. || — V. r. Perder la energía varonil.
AFERENTE adj. *Anat.* Que trae un líquido a un órgano: *vaso aferente.* || — CONTR. *Eferente.*
AFÉRESIS f. *Gram.* Supresión de una o más letras al principio de un vocablo, como *norabuena* y *noramala* por *enhorabuena* y *enhoramala.*
AFERICIÓN f. Contraste de los pesos y medidas.
AFERIR v. tr. Contrastar los pesos y medidas.
AFERRADAMENTE adv. m. Obstinadamente.
AFERRADO, DA adj. Insistente, obstinado.
AFERRADOR, RA adj. Que aferra.
AFERRAMIENTO m. Acción de aferrar.
AFERRAR v. t. Agarrar fuertemente. (SINÓN. V. *Asir.*) || *Mar.* Recoger una vela, toldo, bandera, etc. || *Mar.* Agarrar con un bichero o garfio. || — V. i. *Mar.* Agarrar el ancla: *es difícil aferrar en ciertos parajes.* || *Mar.* Anclar, amarrarse. || — V. r. Asirse, agarrarse fuertemente: *aferrarse dos barcos.* || *Fig.* Insistir con tenacidad: *aferrarse en un error, a* [*con*] *su opinión.* || — IRREG. Se conjuga como *cerrar.*
AFERVORIZAR v. t. Enfervorizar.
AFESTONADO, DA adj. Labrado en forma de festón || Adornado con festones.
AFFAIRE [*afer*] m. (pal. fr.). Caso, asunto, negocio.
AFFICHE [*afich*] m. (pal. fr.). Anuncio, cartel.
AFGANO, NA adj. y s. Del Afganistán.
AFIANZADOR, RA adj. Que afianza.
AFIANZAMIENTO m. Acción de afianzar.
AFIANZAR v. t. Dar fianza o garantía. || Afirmar o asegurar con puntales, clavos, etc.: *afianzar una tapia, afianzarse en* [*sobre*] *los estribos* (SINÓN. V. *Asegurar.*) || Asir, agarrar. || — V. r. Afirmarse, asegurarse.
AFICIÓN f. Inclinación a alguna persona o cosa: *tiene mucha afición a la música.* (SINÓN. V. *Inclinación.*) || Eficacia, entusiasmo. || Conjunto de aficionados.

ÚTILES DE AFEITAR

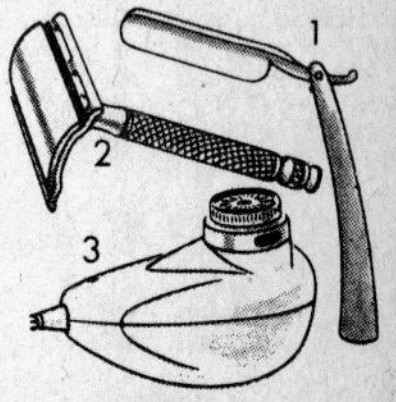

1. Navaja
2. Maquinilla
3. Máquina eléctrica

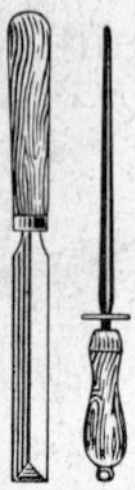

afiladores

AFICIONADO, DA adj. y s. Que tiene afición por una cosa. ‖ Que cultiva una especialidad sin dedicarse a ella profesionalmente: *la pintura de aficionados es generalmente mediana.* (SINÓN. *Conocedor, entendido, diletante.*)
AFICIONAR v. t. Inclinar a alguno a una persona o cosa. ‖ — V. r. Prendarse de una persona o cosa: *aficionarse a los toros.* (SINÓN. *Empeñarse, encapricharse.* V. tb. *amar.*)
AFIDÁVIT m. Declaración que se ven obligados a hacer, en ciertos países, los extranjeros portadores de valores.
AFIDIOS m. pl. (del gr. *aphis, idos,* pulgón). Familia de insectos que tienen por tipo el pulgón.
AFIEBRADO, DA adj. Calenturiento.
AFIEBRARSE v. r. *Amer.* Tener fiebre.
AFIJO m. (del lat. *affixus,* pegado). *Gram.* Partícula que se pone al principio o al fin de las palabras para modificar su significado: *los afijos se dividen en prefijos y sufijos.* ‖ — Adj. Dícese del pronombre pospuesto al verbo y unido con él.
AFILADERA adj. y s. Piedra de afilar.
AFILADO m. Afiladura. (SINÓN. V. *Tajante.*)
AFILADOR, RA adj. Que afila. ‖ — M. El que tiene por oficio afilar cuchillos, tijeras, etc. ‖ Correa para afilar las navajas de afeitar.
AFILADURA f. Acción de afilar o aguzar.
AFILAMIENTO m. Adelgazamiento del rostro.
AFILALÁPICES m. Sacapuntas.
AFILAR v. t. Sacar filo: *afilar un cuchillo.* (CONTR. *Embotar.*) ‖ Sacar punta: *afilar una bayoneta.* (SINÓN. V. *Aguzar.*) ‖ *Fig.* Afinar la voz, hacer más sutil. ‖ *Riopl. Fam.* Enamorar, requebrar. ‖ *Ecuad.* Estar listo para. ‖ *Fig.* Adelgazarse la cara, la nariz o los dedos.
AFILIACIÓN f. Acción y efecto de afiliar.
AFILIADO, DA adj. y s. Que pertenece a una asociación: *afiliado a un partido.* (SINÓN. V. *Miembro.* CONTR. *Intruso, profano.*)
AFILIAR v. t. Asociar una persona a una corporación o sociedad. ‖ — V. r. Adherirse a una sociedad: *afiliarse a un partido.*
AFILIGRANADO, DA adj. De filigrana o parecido a ella. ‖ *Fig.* Dícese de personas y cosas pequeñas, muy finas y delicadas: *facciones afiligranadas, estilo afiligranado.*
AFILIGRANAR v. t. Hacer filigrana. ‖ *Fig.* Pulir, hermosear primorosamente: *afiligranar un trabajo.*
ÁFILO, LA adj. (del gr. *a,* priv., y *phyllon,* hoja). *Bot.* Que no tiene hojas: *los hongos son áfilos.*
AFILÓN m. Chaira para afilar. ‖ Afilador, correa para suavizar la navaja.
AFILORAR v. t. *Cub.* Hermosear, adornar.
AFILOSOFADO, DA adj. Que parece filósofo.
AFÍN adj. Próximo, contiguo, colindante: *campos afines.* ‖ Que guarda afinidad: *cuerpos, ideas afines.* (SINÓN. V. *Semejante.*) ‖ — M. y f. Pariente por afinidad. (SINÓN. V. *Pariente.*)
AFINACIÓN f. Acción de afinar o perfeccionar.
AFINADAMENTE adv. m. Con afinación. ‖ *Fig.* Delicadamente.
AFINADOR, RA adj. Que afina. ‖ — M. El que afina instrumentos músicos. (SINÓN. *Templador.*) ‖ Llave de hierro para afinar pianos, arpas, etc.
AFINADURA f. y **AFINAMIENTO** m. Afinación.
AFINAR v. t. Perfeccionar, dar el último punto a una cosa. ‖ Hacer fina o cortés a una persona: *afinar a un rústico.* ‖ Purificar los metales: *afinar el oro.* (SINÓN. V. *Pulir.*) ‖ Poner en tono un instrumento músico: *afinar un piano, una guitarra.* ‖ Cantar o tocar entonando bien los sonidos. (CONTR. *Desafinar.*)
AFINCAR v. i. Adquirir fincas. ‖ — V. r Establecerse.
AFINE adj. Afín.
AFINIDAD f. Semejanza de una cosa con otra: *guardan afinidad la música y la pintura.* (SINÓN. V. *Analogía.*) ‖ Parentesco contraído por matrimonio. ‖ Impedimento dirimente derivado de este parentesco. ‖ Tendencia que tienen los cuerpos a combinarse: *el carbono tiene afinidad con el oxígeno.* ‖ *Fil.* Simpatía nacida de una semejanza profunda entre los caracteres, las opiniones y los gustos de dos personas: *las afinidades electivas.* (SINÓN. V. *Simpatía.* CONTR. *Repulsión.*)
AFINO m. Afinación o purificación de los metales.
AFIRMACIÓN f. Acción y efecto de afirmar: *una afirmación atrevida.* ‖ — SINÓN. *Aserción, aserto, aseveración, alegación.* ‖ — CONTR. *Negación.*
AFIRMADO m. Firme de una carretera.
AFIRMADOR, RA adj. y s. Que afirma.
AFIRMANTE adj. Que afirma o asegura.
AFIRMAR v. t. (del lat. *ad,* a, y *firmare,* fortificar). Poner firme, dar firmeza. (SINÓN. *Fortificar, fortalecer, reforzar, corroborar.* V. tb. *asegurar.*) ‖ Sostener o dar por cierta alguna cosa. (SINÓN. *Atestiguar.* CONTR. *Negar.*) ‖ Manifestar: *afirmar su personalidad.* ‖ *Chil.* Dar azotes. ‖ — V. r. Asegurarse en algo. ‖ Ratificarse en lo dicho.
AFIRMATIVAMENTE adv. m. De modo afirmativo. ‖ — CONTR. *Negativamente.*
AFIRMATIVO, VA adj. Que afirma: *respuesta afirmativa.* ‖ — F. Proposición afirmativa: *sostener la afirmativa.* ‖ — CONTR. *Negativo.*
AFIROLAR v. t. *Cub.* Afilorar.
AFISTULARSE v. r. (de *fístula*). Convertirse en fístula: *afistularse una llaga.*
AFLAMENCADO, DA adj. Que parece flamenco: *cantor aflamencado.*
AFLATARSE v. r. *Chil., Guat.* y *Hond.* Apesadumbrarse.
AFLATO m. *Poét.* Soplo, viento. ‖ Inspiración.
AFLAUTADO, DA adj. Dícese del sonido parecido al de la flauta. ‖ Atiplada (voz).
AFLECHADO, DA adj. En forma de flecha.
AFLICCIÓN f. (lat. *afflictio*). Pesar, sentimiento. (SINÓN. V. *Pena.* CONTR. *Felicidad, alegría.*)
AFLICTIVO, VA adj. Que causa aflicción. ‖ *For. Pena aflictiva,* pena corporal: *las penas aflictivas son: la muerte, los trabajos forzados, la reclusión, la detención y el destierro.*
AFLICTO, TA p. p. irreg. de *afligir.*
AFLIGENTE adj. Que aflige.
AFLIGIDAMENTE adv. m. Con aflicción.
AFLIGIMIENTO m. Aflicción, pena grande.
AFLIGIR v. t. (del lat. *ad,* a, y *fligere,* chocar, sacudir). Herir, causar molestias: *los males que afligen el cuerpo.* ‖ Causar congoja, pesar: *afligirse con [de, por] algo.* (SINÓN. V. *Entristecer.* CONTR. *Consolar, alegrar.*) ‖ *Méx.* Apalear, golpear.
AFLIJO m. *Ecuad.* Aflicción.
AFLOJAMIENTO m. Acción de aflojar.
AFLOJAR v. t. Disminuir la presión o tirantez: *aflojó la cuerda.* (SINÓN. V. *Soltar.*) ‖ *Fig.* y *fam.* Entregar: *aflojar la mosca.* (SINÓN. V. *Pagar.*) ‖ — V. i. *Fig.* Debilitarse una cosa: *aflojó la calentura.* ‖ *Fig.* Ceder en el vigor o aplicación: *aflojó en sus devociones.* ‖ *Arg.* Ceder.
AFLORADO, DA adj. Floreado.
AFLORAMIENTO m. Efecto de aflorar. ‖ Mineral que asoma a la superficie de un terreno.
AFLORAR v. i. Asomar un mineral a la superficie de un terreno. ‖ *Fig.* Surgir, aparecer. ‖ — V. t. Cerner.
AFLUENCIA f. Acción de afluir: *afluencia de gente.* (SINÓN. V. *Abundancia y multitud.*) ‖ *Fig.* Facundia. ‖ — CONTR. *Insuficiencia, falta.*
AFLUENTE adj. Que afluye. ‖ *Fig.* Facundo, hablador. ‖ — M. Río secundario que desemboca en otro: *el río Negro es un afluente del Amazonas.*
AFLUIR v. i. (del lat. *ad,* a, y *fluere,* fluir). Acudir en abundancia: *la sangre afluye al corazón; los extranjeros afluyen a París.* ‖ Verter un río sus aguas en otro. ‖ — IRREG. Se conjuga como *huir.*
AFLUJO m. *Med.* Afluencia demasiado grande de un humor a un tejido orgánico: *aflujo de la sangre.*
AFLÚS m. V. FLUX (A)
AFLUXIONARSE v. r. *Col.* y *Cub.* Acatarrarse. ‖ *Amér. C.* Abotagarse.
AFOFARSE v. r. Ponerse fofa una cosa.
AFOGARAR v. t. Asurar, quemar.
AFOLLAR v. t. Soplar con fuelle: *afollar la lumbre.* ‖ *Fig.* Plegar en forma de fuelle: *cuello afollado.* ‖ — V. r. Ahuecarse, avejigarse la pared. ‖ — IRREG. Se conjuga como *hollar.*
AFONDAR v. t. Echar a fondo: *afondar una barca* ‖ — V. i. Irse a fondo, hundirse.
AFONÍA f. Falta de voz.

AFÓNICO, CA y **ÁFONO, NA** adj. (del gr. *a* priv., y *phônê*, voz). Falto de voz o de sonido: *volverse afónico.* (SINÓN. V. *Ronco.*)
AFORADO, DA adj. y s. Que goza de fuero.
AFORADOR m. El que afora.
AFORAMIENTO m. Acción y efecto de aforar.
AFORAR v. t. (del lat. *ad*, a, y *forum*, plaza, mercado). Valuar los géneros o mercaderías para el pago de derechos: *mercancías mal aforadas.* || Medir la cantidad de agua que lleva una corriente en una unidad de tiempo. || Calcular la capacidad. || Dar, otorgar fueros. (OBSERV. En la última acepción es irregular y se conjuga como *agorar.*) || — V. i. Cubrir las decoraciones los dos lados del escenario.
AFORISMO m. (del gr. *aphorismos*, definición). Sentencia breve y doctrinal. Por ej.: *de tal palo, tal astilla.* (SINÓN. V. *Pensamiento.*)
AFORÍSTICO, CA adj. Relativo al aforismo.
AFORO m. Acción de aforar: *el aforo de un río.* || Cabida de una sala de espectáculos. (SINÓN. V. *Cabida.*)
AFORRAR v. t. Poner forro a alguna cosa. || — V. r. Ponerse mucha ropa interior: *aforrarse con pieles.* || *Fig.* y *fam.* Comer y beber bien.
AFORRO m. Forro, cubierta de una cosa.
A FORTIORI loc. adv. lat. Con mayor razón.
AFORTUNADAMENTE adv. m. Por fortuna.
AFORTUNADO, DA adj. Que tiene suerte. Ú. t. c. s. || Borrascoso, tempestuoso: *tiempo afortunado.* || Dichoso. (SINÓN. V. *Feliz.*)
AFORTUNAR v. t. Hacer dichoso a alguno.
AFOSCARSE v. r. *Mar.* Cargarse la atmósfera de vapores, nublarse.
AFRAILADO, DA adj. Que tiene fraile (impreso). || Con aire de fraile.
AFRAILAR v. t. *Agr.* Cortar las ramas a un árbol junto a las cruces.
AFRANCESADO, DA adj. y s. Que imita con afectación a los franceses; partidario de los franceses: *escritor afrancesado.* || Nombre dado a los españoles que en la guerra de la Independencia siguieron el partido de Napoleón y a los intelectuales influidos por las ideas francesas. || Influido por lo francés.
AFRANCESAMIENTO m. Tendencia exagerada a las ideas o costumbres francesas.
AFRANCESAR v. t. Volver francesa a una persona, dar carácter francés a una cosa: *afrancesar su estilo.* || — V. r. Hacerse afrancesado.
AFRANELADO, DA adj. Parecido a la franela.
AFRECHERO m. *Riopl.* Pájaro de América.
AFRECHO m. Salvado: *cebar cerdos con afrecho.*
AFRENILLAR v. t. Sujetar con frenillo.
AFRENTA f. Vergüenza y deshonor. || Dicho o hecho afrentoso: *aguantar una afrenta.* (SINÓN. V. *Ofensa.*)
AFRENTAR v. t. Causar afrenta. || — V. r. Avergonzarse: *afrentarse de* [*por*] *la pobreza.*
AFRENTOSAMENTE adv. m. Con afrenta.
AFRENTOSO, SA adj. Que causa afrenta.
AFRETAR v. t. *Mar.* Fregar, limpiar el casco.
AFRICADA adj. y s. f. Dícese de las consonantes que se pronuncian con un cierre momentáneo de la salida del aire, tales la *ch* y la *y* (en algunos casos): *ocho, yoyo.*
AFRICANISMO m. Influencia ejercida por las lenguas, costumbres, etc. africanas. || Locución peculiar a los escritores latinos nacidos en África. || Voz española de origen africano.
AFRICANISTA com. Persona muy versada en el estudio de las cosas de África.
AFRICANIZAR v. t. Dar carácter africano.
AFRICANO, NA adj. y s. De África.
ÁFRICO m. Ábrego, viento que sopla del Sur.
AFRIKAANS m. Lengua neerlandesa hablada en África del Sur.
AFRIKÁNDER m. Persona de origen holandés que vive en la República Sudafricana.
AFROASIÁTICO, CA adj. y s. Relativo a la vez a África y a Asia.
AFROCUBANO, NA adj. Relativo a la música o arte cubanos de influencia africana.
AFRODISIACO, CA adj. y s. m. Dícese de ciertos excitantes del apetito sexual, como el fósforo, las cantáridas.
AFRONITRO m. Espuma de nitro.
AFRONTADO, DA adj. *Blas.* Dícese de las figuras de animales puestos frente a frente.

ARTE AFRICANO

1. Sudán: antílopes tallados en madera, representativo del arte bambara.
2. Guinea: Nimba, diosa de la maternidad.
3. Estatua de Kuta Mbula (1800-1810) 109° rey de los bakubas.
4. Congo: fetiche funerario de cobre amarillo y rojizo.
5. Nigeria: pequeña estatua de bronce del antiguo reino de Benín.
6. Nigeria: gallo de bronce (Benín).
7. Ghana: (pueblo senufo): máscara de madera esculpida.

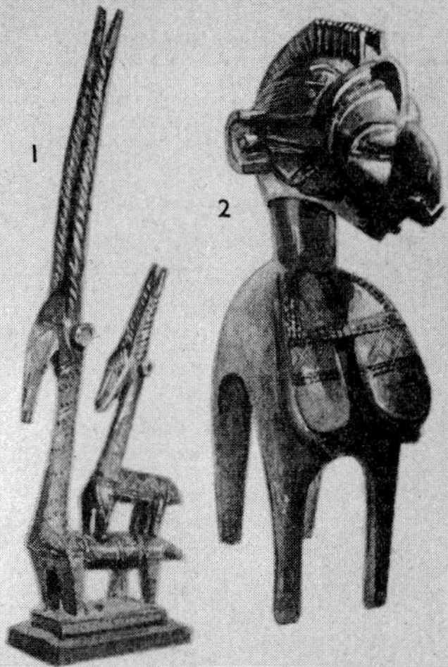

agallas de pescado

agamí

AFRONTAMIENTO m. Acción de afrontar dos personas o cosas. (SINÓN. *Confrontación.*)

AFRONTAR v. t. Poner una cosa enfrente de otra: *afrontar dos cuadros.* ‖ Carear: *afrontar dos testigos.* ‖ Hacer frente al enemigo, al peligro. (SINÓN. V. *Desafiar.*)

AFRONTILLAR v. t. *Méx.* Atar una res vacuna por los cuernos al bramadero para domarla o matarla.

AFTA f. *Med.* Úlcera pequeña que se forma en la boca, en el tubo digestivo o en la mucosa genital.

AFTOSO, SA adj. y s. f. Caracterizado por la presencia de aftas: *angina aftosa.* ‖ *Fiebre aftosa,* fiebre epidémica del ganado.

AFUERA adv. l. Fuera del sitio en que uno está: *salgamos afuera.* ‖ En lo exterior: *afuera hay un coche.* (CONTR. *Dentro.*) ‖ — F. pl. Alrededores de una población. (SINÓN. *Periferia, alrededores, cercanías, contornos, arrabal, extramuros, extrarradio.*) ‖ *Fort.* Terreno despejado alrededor de una plaza. ‖ — *¡Afuera!* expr. que se emplea para hacer que una persona se retire.

AFUETEAR v. t. *Amer.* Barbarismo por *azotar.*

AFUFAR v. i. *Fam.* Huir, escapar.

AFUEREÑO, ÑA y **AFUERINO, NA** adj. *Amer.* De afuera, extraño.

AFUSIÓN f. *Med.* Acción de verter agua, desde cierta altura, sobre el cuerpo. (SINÓN. V. *Baño.*)

AFUSTE m. Cureña del mortero de artillería.

AFUTRARSE v. r. *Chil.* Emperejilarse.

Ag, símbolo químico de la *plata.*

AGA m. Dignatario oriental musulmán.

AGACHADA f. *Fam.* Ardid, astucia, treta. ‖ Acción de agacharse.

AGACHADERA f. Un ave zancuda.

AGACHADIZA f. Ave zancuda, semejante a la chocha.

AGACHADO, DA adj. *Per.* Servil. ‖ *Amér. C.* Solapado.

AGACHAPARSE v. r. *And.* Agazaparse.

AGACHAR v. t. *Fam.* Inclinar o bajar una parte del cuerpo: *agachar la cabeza.* (SINÓN. V. *Bajar.*) ‖ — V. r. *Fam.* Encogerse. (SINÓN. V. *Acurrucarse.*) ‖ *Fig.* y *fam.* Callarse u ocultarse para dejar pasar algún contratiempo o persecución: *a veces hay que saber agacharse.* ‖ Retirarse algún tiempo del trato de la gente. ‖ *Amer.* Ceder, someterse. ‖ *Arg.* Prepararse.

AGACHONA f. *Méx.* Ave acuática.

AGALBANADO, DA adj. Perezoso.

AGALERAR v. t. *Mar.* Dar a los toldos inclinación para arrojar el agua de la lluvia.

AGÁLOCO m. Árbol euforbiáceo.

AGALLA f. Excrecencia redonda formada en el roble por la picadura de un insecto. ‖ Órgano de la respiración de los peces. ‖ Amígdala. ‖ *Ecuad.* Guizque. ‖ — Pl. Angina. ‖ *Fig.* y *fam.* Valor, ánimo esforzado: *hombre que tiene muchas agallas.*

AGALLADO, DA adj. *Chil.* Garboso.

AGALLEGADO, DA adj. Semejante a los gallegos.

AGALLÓN m. Cuenta de plata hueca de algunos collares. ‖ Cuenta de rosario grande y de madera. ‖ Gallón. ‖ *Col.* Agalla de los árboles. ‖ — Pl. *Riopl.* y *Col.* Parotiditis.

AGALLUDO, DA adj. *Amer.* Cicatero, codicioso. *Arg.* y *Cub.* Poco escrupuloso. ‖ *Riopl.* Valiente, atrevido.

AGAMÍ m. Ave zancuda de América del Sur. — El *agamí,* oriundo de la región amazónica, es del tamaño de la gallina, de plumaje negro y gris y de vuelo lento. Fácil de domesticar, los indios suelen utilizarlo como guardián de las demás aves de corral.

AGAMITAR v. i. Imitar la voz del gamo pequeño.

ÁGAMO, MA adj. Dícese de las plantas sin estambres ni pistilos: *los hongos son ágamos.*

AGAMUZADO, DA adj. Gamuzado.

AGAMUZAR v. t. Preparar las pieles como gamuza: *agamuzar la cabritilla.*

AGANGRENARSE v. r. Gangrenarse.

AGAPANTO m. Una liliácea cubana.

ÁGAPE m. Convite de caridad entre los primeros cristianos. ‖ Banquete. (SINÓN. V. *Comida.*)

AGARABATADO, DA adj. En forma de garabato.

AGAR AGAR m. Gelatina vegetal sacada de ciertas algas del Japón que se emplea como medio de cultivo de bacterias y como apresto de tejidos; posee propiedades terapéuticas.

AGARBADO, DA adj. Garboso, gracioso.

AGARBANZADO, DA adj. Parecido al garbanzo.

AGARBARSE v. r. Agacharse, encorvarse.

AGARBILLAR v. t. *Agr.* Hacer garbas.

AGARENO, NA adj. y s. Descendiente de Agar. ‖ Mahometano. (SINÓN. *Ismaelita.*)

AGARICINA f. Materia grasa del agárico.

AGÁRICO m. Especie de hongo comestible. ‖ *Agárico mineral,* silicato de alúmina y magnesia más ligero que el agua.

AGARRADA f. *Fam.* Altercado. (SINÓN. V. *Disputa.*)

AGARRADERA f. *Amer.* Agarradero. ‖ — Pl. *Fam.* Influencias, buenas relaciones.

AGARRADERO m. Asa o mango. ‖ Parte de un cuerpo donde puede uno asirse. ‖ *Fig.* y *fam.* Amparo, protección o recurso.

AGARRADO, DA adj. y s. *Fam.* Mezquino. (SINÓN. V. *Tacaño.*) ‖ Dícese del baile en que se enlaza la pareja.

AGARRADOR, RA adj. Que agarra. ‖ *Chil., Ecuad.* y *Per.* Que embriaga. ‖ — M. Almohadilla para coger las planchas calientes. ‖ *Fam.* Corchete, alguacil.

AGARRAFAR v. t. *Fam.* Agarrar con fuerza.

AGARRAR v. t. Asir fuertemente: *agarrar un palo, un malhechor.* (SINÓN. V. *Asir.*) ‖ *Fig.* y *fam.* Conseguir: *agarró el destino que pretendía.* ‖ Coger, tomar. ‖ *Fam.* Contraer una enfermedad. (SINÓN. V. *Contraer.*) ‖ *Arg.* Tomar una dirección. ‖ — V. r. Asirse fuertemente: *agarrarse de [a] una rama.* ‖ *Fig.* y *fam.* Tratándose de enfermedades, apoderarse de uno: *se le agarró la calentura, la tos.* ‖ Disputarse, pelearse. ‖ Provocar los alimentos o licores una sensación de ardor en la garganta.

AGARRO m. Acción de agarrar.

AGARROCHADOR m. El que agarrocha.

AGARROCHAR v. t. Herir al toro con garrocha.

AGARRÓN m. *Amer.* Agarro, acción de agarrar. ‖ *Amer.* Altercado violento. ‖ *Amer.* Tirón, sacudida.

AGARROTADO, DA adj. *Fig.* Tieso y rígido. ‖ Dícese de la pieza que no funciona por falta de engrase, y de los músculos o tendones que se contraen impidiendo su normal funcionamiento.

AGARROTAMIENTO m. Acción y efecto de agarrotar o agarrotarse.

AGARROTAR v. t. Apretar fuertemente los fardos con cuerdas retorcidas con un garrote. (SINÓN. V. *Atar.*) ‖ Apretar fuertemente. ‖ Dar garrote al reo. (SINÓN. V. *Estrangular.*) ‖ Apretar, oprimir material o moralmente. ‖ — V. r. Ponerse rígidos los miembros del cuerpo humano. ‖ *Tecn.* Moverse con dificultad una pieza por falta de engrase.

AGASAJADOR, RA adj. y s. Que agasaja.

AGASAJAR v. t. Dar grandes pruebas de afecto o consideración: *agasajar a sus convidados.* (SINÓN. V. *Halagar.*) ‖ Hacer regalos. ‖ Hospedar, aposentar.

AGASAJO m. Regalo, muestra de afecto o consideración: *hacer agasajos a una persona.* ‖ Fiesta, convite.

ÁGATA f. Cuarzo jaspeado, de colores muy vivos.

AGAUCHADO, DA adj. Que parece gaucho.

AGAUCHARSE v. r. Tomar las costumbres del gaucho.

AGAVANZO m. Escaramujo.

AGAVE f. (del gr. *agauê,* admirable). Pita, planta. ‖ — OBSERV. Muchas personas hacen m. esta palabra.

AGAVILLADORA adj. y s. f. Que agavilla.

AGAVILLAR v. t. Formar gavillas: *agavillar la mies.* ‖ — V. r. Juntarse en cuadrilla.

AGAZAPAR v. t. *Fam.* Agarrar, coger a uno. ‖ — V. r. Esconderse, ocultarse. ‖ *Arg.* Agacharse. (SINÓN. V. *Acurrucarse.*)

AGENCIA f. Empresa comercial destinada a la gestión de asuntos ajenos: *agencia de publicidad, de viajes.* ‖ Despacho u oficina de una empresa. (SINÓN. V. *Sucursal.*) ‖ Diligencia. ‖ *Chil.* Casa de empeño.

AGENCIAR v. t. Conseguir, lograr con diligencia alguna cosa: *agenciar a uno un buen destino.* || Realizar las gestiones oportunas.
AGENCIERO m. *Chil.* Dueño de una casa de empeño.
AGENCIOSO, SA adj. Oficioso o diligente.
AGENDA f. Librito en que se apuntan cosas que se han de hacer cada día y las direcciones. (SINÓN. V. *Calendario* y *cuaderno.*) || Anglicismo por *orden del día* (en una asamblea).
AGENESIA f. Incapacidad de engendrar.
AGENTE m. (lat. *agens,* de *agere,* hacer). Todo lo que obra: *la luz y el calor son agentes de la naturaleza.* || El que obra por otro: *el embajador es agente de su gobierno.* (SINÓN. V. *Empleado* y *espía.*) || Persona o cosa que obra y tiene facultad para hacer algo. || — Adj. y s. Dícese de la persona que ejecuta la acción del verbo. || *Agente de Bolsa* o *de Cambio,* o *de Cambio y Bolsa,* intermediario autorizado oficialmente para ejecutar las operaciones de Bolsa. || *Agente de negocios,* el que se dedica a gestionar negocios ajenos. || *Agente de policía* o *de la autoridad,* empleado de orden público. (SINÓN. *Guardia.* Pop. *Guindilla.* Ant. *Corchete.*)
AGESTADO, DA adj. Con los adverbios *bien* o *mal,* de buena o mala cara.
AGGIORNAMENTO m. (pal. ital. que sign. *puesta al día*). Adaptación de la tradición de la Iglesia a la evolución del mundo actual. || Adaptación al progreso.
AGIBÍLIBUS m. *Fam.* Industria, habilidad.
AGIBLE adj. Hacedero, que puede hacerse.
AGIGANTADO, DA adj. Muy grande: *hombre agigantado.* || Sobresaliente.
AGIGANTAR v. t. Dar proporciones gigantescas.
ÁGIL adj. Ligero, pronto. (SINÓN. *Vivo, vivaracho, listo, suelto, presto, dispuesto.*) || Que tiene gran soltura en los movimientos. || — CONTR. *Pesado.*
AGILIDAD f. Ligereza, prontitud.
AGILITAR v. t. Hacer ágil, dar facilidad para ejecutar alguna cosa: *agilitar a un apoderado.* || *Ecuad.* y *Riopl.* Activar.
ÁGILMENTE adv. m. Con agilidad.
AGIO m. (del ital. *aggio,* añadido). Beneficio conseguido con el cambio de la moneda. || Especulación sobre los fondos públicos.
AGIOTADOR m. Agiotista.
AGIOTAJE m. Agio. || Especulación abusiva.
AGIOTISTA com. Especulador.
AGITACION f. Movimiento prolongado irregular: *agitación del mar.* || *Fig.* Turbación: *agitación del ánimo.* (SINÓN. V. *Nerviosidad* y *emoción.*) || Insurrección, tumulto.
AGITADOR, RA adj. Que agita. || — M. Varilla de vidrio que sirve para agitar las disoluciones en química y fotografía. || — M. y f. Persona que provoca conflictos sociales o políticos. (SINÓN. V. *Instigador* y *revolucionario.*)
AGITANADO, DA adj. Que parece gitano o de gitano: *lenguaje agitanado.*
AGITANTE adj. Que agita o mueve.
AGITAR v. t. Mover: *agitar un líquido.* (SINÓN. *Sacudir, conmover, mover, menear, bracear, revolver, batir.* V. tb. *flotar* y *vibrar.*) || *Fig.* Inquietar, turbar: *agitar los ánimos.* || Excitar. (SINÓN. V. *Sublevar.*)
AGITATO adv. (pal. ital.). *Mús.* Con animación, vivamente.
AGLOMERACIÓN f. Acción de aglomerar. || Gran acumulación de personas o cosas: *las aglomeraciones urbanas son poco sanas.* (SINÓN. V. *Agrupación.*) || Núcleo urbano. (SINÓN. V. *Población.*)
AGLOMERADO m. Agregación natural de substancias minerales. || Ladrillo de hornaguera menuda y alquitrán, usado como combustible.
AGLOMERAR v. t. Amontonar, juntar en montón. || — V. r. Reunirse, juntarse.
AGLUTINACIÓN f. Acción de aglutinar. || Reunión de cosas accidentalmente divididas. || Unión de dos o más palabras para formar una sola: *sinfín* de *sin fin.*
AGLUTINANTE adj. Que aglutina: *substancia aglutinante.* || — M.: *un aglutinante.* || *Ling. Lenguas aglutinantes,* aquellas en las que los radicales y los afijos se yuxtaponen, sin modificarse, para formar una sola palabra: *la mayoría de las lenguas son aglutinantes.*
AGLUTINAR v. t. (del lat. *ad,* a, y *gluten,* engrudo, cola). Conglutinar, pegar. || *Cir.* Mantener en contacto, por medio de un emplasto: *aglutinar los labios de una herida.*
AGLUTINATIVO, VA adj. Que aglutina.
AGNACIÓN f. *For.* Parentesco de consanguinidad entre agnados.
AGNADO, DA adj. y s. *For.* Pariente por consanguinidad respecto de otro, cuando descienden de un mismo tronco masculino.
AGNATICIO, CIA adj. Relativo a la agnación. || Que viene de varón a varón.
AGNICIÓN f. *Poét.* Reconocimiento.
AGNOCASTO m. Sauzgatillo, arbusto.
AGNOMENTO m. Cognomento, renombre.
AGNOMINACIÓN f. *Ret.* Paronomasia.
AGNOSIA f. Alteración patológica de la percepción que consiste en la incapacidad de identificar las sensaciones recibidas.
AGNOSTICISMO m. (del gr. *a,* priv., y *gnôsis,* conocimiento). Doctrina que declara inaccesible al entendimiento humano toda noción de lo absoluto.
AGNÓSTICO, CA adj. Relativo al agnosticismo. || — Adj. y s. Que profesa el agnosticismo.
AGNUS y **AGNUSDÉI** m. (pal. lat. que sign. *Cordero de Dios*). Oración de la misa que principia con estas palabras. || Lámina de cera, con el Cordero de Dios estampado, bendita por el papa. || Relicario colgado del cuello. || Moneda antigua que llevaba la imagen de un cordero.
AGOBIADO, DA adj. Cargado de espaldas. || *Fig.* Sofocado, angustiado, sobrecargado. (SINÓN. V. *Cansado.*)
AGOBIADOR, RA adj. Que agobia.
AGOBIANTE adj. Difícil de soportar.
AGOBIAR v. t. Doblar el cuerpo un peso o carga: *agobiado por [con] la carga.* (SINÓN. *Recargar, aplastar, anonadar.*) || *Fig.* Causar gran molestia o fatiga: *le agobian los años, las penas.* (SINÓN. V. *Cansar* y *abrumar.*) || Humillar, confundir. || Deprimir, abatir.
AGOBIO m. Sofocación, angustia, fatiga grande. (SINÓN. V. *Abatimiento.*)
AGOGÍA f. Canal de desagüe en las minas.
AGOLPAMIENTO m. Acción de agolparse.
AGOLPARSE v. r. Juntarse de golpe muchas personas, animales: *agolparse la gente.* || *Fig.* Venir juntas ciertas cosas.
AGONÍA f. Lucha postrera de las fuerzas vitales que precede a la muerte. || *Fig.* Final: *agonía de un reinado.* || Aflicción extremada: *su vida es una agonía.* (SINÓN. V. *Angustia.*) || Ansia o deseo vehemente. || — M. pl. *Fam.* Hombre apocado y pesimista.
AGÓNICO, CA adj. Relativo a la agonía: *estertor agónico.* || Que se halla en la agonía.
AGONIOSO, SA adj. *Fam.* Ansioso, apremiante en el pedir: *niño agonioso.*
AGONÍSTICA f. (del gr. *agonistês,* luchador). Arte de los atletas. || Ciencia de los combates.
AGONIZANTE adj. y s. Que agoniza: *rezar por los agonizantes.* || Religioso de una orden que tiene por misión auxiliar a los moribundos.
AGONIZAR v. t. Ayudar a bien morir. || — V. i. *Fig.* y *fam.* Molestar instando: *no me agonices.* || Estar en la agonía. || Extinguirse, acabar una cosa: *luz que agoniza.* || Perecerse por algo: *agonizar por salir.* || *Fig.* Sufrir angustiosamente.
AGORA adv. t. y conj. *Ant.* Ahora.
ÁGORA f. Plaza pública en las ciudades de la Grecia antigua.
AGORADOR, RA adj. y s. Agorero.
AGORAFOBIA f. Sensación de angustia ante los espacios abiertos.
AGORAR v. t. Predecir, presagiar. || — IRREG. Se conjuga como *contar,* y toma diéresis en las formas diptongadas (*agüero*).
AGORERO, RA adj. y s. Que adivina por agüeros o cree en ellos || Que predice males o desdichas. (SINÓN. V. *Adivino.*) || Aplícase a la cosa que anuncia algún mal o suceso futuro: *ave agorera.*
AGORGOJARSE v. r. Criar gorgojo las semillas: *trigo agorgojado.*
AGOSTADERO m. Sitio donde agosta el ganado.
AGOSTAMIENTO m. Acción de agostar.

AGOSTAR v. t. Secar las plantas el excesivo calor: *las flores se han agostado.* || Arar o cavar en agosto. || — V. i. Pastar el ganado en verano.
AGOSTEÑO, ÑA adj. De agosto.
AGOSTERO m. Mozo que ayuda a los segadores por el agosto. || Ganado que pace en los rastrojos.
AGOSTIZO, ZA adj. Calificativo que se aplica al animal débil y enfermizo. || Agosteño. || Propenso a agostarse.
AGOSTO m. Octavo mes del año. || Temporada en que se hace la recolección de granos: *vendrá por el agosto.* || Cosecha: *tener un buen agosto.* || *Fig.* y *fam. Hacer su agosto,* hacer un buen negocio.
AGOTABLE adj. Que se puede agotar.
AGOTADOR, RA adj. Que agota o consume una cosa: *trabajo agotador.*
AGOTAMIENTO m. Acción de agotar, debilidad: *agotamiento nervioso.* (SINÓN. V. *Abatimiento.*)
AGOTAR v. t. Extraer todo el líquido que hay en un sitio: *agotar una cisterna.* || *Fig.* Gastar del todo, consumir: *agotar la paciencia.* || Terminar con una cosa: *agotar las existencias, edición agotada.* (SINÓN. V. *Acabar.*) || Empobrecer: *agotar la tierra.* || Tratar a fondo: *agotar un tema.* || Extenuarse. (SINÓN. V. *Debilitar* y *cansar.*)
AGRÁ m. *Amér. C. Fig.* Disgusto.
AGRACEJINA f. Fruto del agracejo.
AGRACEJO m. Arbusto berberidáceo. || Árbol anacardiáceo de Cuba, que se cría en terrenos bajos y en las costas, y cuyo fruto comen los animales. || Uva que se queda muy pequeña y nunca llega a madurar.
AGRACEÑO, ÑA adj. Acerbo, agrio.
AGRACERO, RA adj. Dícese de la cepa cuyo fruto no llega a madurar. || — F. Vasija para el agraz.
AGRACIADO, DA adj. Que tiene gracia, gracioso. || Bien parecido. || Que ha obtenido una recompensa, afortunado en un sorteo: *los agraciados cobrarán su premio mañana.* Ú. t. c. s.
AGRACIAR v. t. Dar a una persona o cosa gracia y buen parecer. || Hacer o conceder alguna gracia o merced: *agraciar a un condenado, agraciar con una condecoración.*
AGRACILLO m. Agracejo.
AGRADABLE adj. Que agrada: *preferir lo útil a lo agradable.* || — RÉG. *Agradable al [para el] gusto, de sabor, con [para, para con] todos.* || — SINÓN. *Manso, suave, dulce, delicioso, deleitoso, exquisito, apetitoso, sabroso, suculento, ameno, grato, placentero.* V. tb. *amable, bueno* y *divertido.* || — CONTR. *Desagradable.*
AGRADABLEMENTE adv. m. De manera agradable: *cantar agradablemente.*
AGRADAR v. i. Complacer, contentar, gustar: *un libro que agrada.* (SINÓN. *Satisfacer, convenir, llenar, sonreír, gustar.* V. tb. *cautivar.*) || — V. r. Sentir agrado o gusto. || — OBSERV. Es galicismo decir: *agradarse en un sitio,* por *estar a gusto en él.*
AGRADECER v. t. Mostrar gratitud, dar gracias. || Sentir gratitud. || *Fig.* Corresponder a un beneficio. || — IRREG. Se conjuga como *merecer.*
AGRADECIDO, DA adj. y s. Que agradece: *agradecido por un favor, a su bienhechor.*
AGRADECIMIENTO m. Acción de agradecer, gratitud. (SINÓN. V. *Gratitud.* CONTR. *Ingratitud.*)
AGRADO m. Afabilidad, trato amable. || Voluntad o gusto: *haré lo que sea de mi agrado.*
AGRAFE m. *Med.* Galicismo por *grapa.*
AGRAFIA f. Imposibilidad total o parcial de escribir: *la agrafia es una neurosis.*
AGRAMADERA f. Instrumento para agramar.
AGRAMADOR, RA adj. y s. Que agrama.
AGRAMADURAS f. pl. Agramiza.
AGRAMAR v. t. Majar, aplastar el cáñamo o el lino para separar la fibra. || *Fig.* Golpear.
AGRAMILAR v. t. Cortar los ladrillos para igualarlos. || *Arq.* Figurar con pintura hiladas de ladrillos.
AGRAMIZA f. Desperdicio del cáñamo o lino agramados.
AGRANDAMIENTO m. Acción de agrandar.
AGRANDAR v. t. Hacer más grande: *agrandar una casa.* (SINÓN. V. *Aumentar.* CONTR. *Disminuir, achicar.*)
AGRANUJADO, DA adj. De figura de grano. || Que tiene granos irregulares: *piel agranujada.* || Propio de granujas.
AGRANUJAR v. t. Hacer granujienta una superficie: *agranujar una piel.* || — V. r. Volverse granuja.
AGRARIO, RIA adj. (lat. *agrarius,* de *ager,* campo). Relativo al campo: *medidas agrarias.* || Que defiende los intereses de la agricultura. || *Leyes agrarias* o *reforma agraria,* conjunto de leyes que modifican el reparto de la tierra.
AGRAVACIÓN f. Agravamiento.
AGRAVADOR, RA adj. Que agrava o aumenta.
AGRAVAMIENTO m. Acción y efecto de agravar: *agravamiento de pena.* || — CONTR. *Atenuación.*
AGRAVANTE adj. y s. Que agrava: *circunstancia agravante.* || — CONTR. *Atenuante.*
AGRAVANTEMENTE adv. m. Con agravamiento. || Con gravamen.
AGRAVAR v. t. Hacer más grave: *agravar un dolor.* || Aumentar: *agravar los impuestos.* (SINÓN. V. *Recargar.*)
AGRAVATORIO, RIA adj. Que agrava.
AGRAVIADOR, RA adj. y s. Que agravia.
AGRAVIAMIENTO m. Acción de agraviar.
AGRAVIANTE adj. Que agravia.
AGRAVIAR v. t. Hacer agravio. (SINÓN. V. *Ofender.*) || Poner reparos a las cuentas. || — V. r. Ofenderse, darse por sentido: *agraviarse de una persona, por una afrenta.*
AGRAVIO m. Afrenta. (SINÓN. V. *Ofensa.*) || *For.* Mal, daño o perjuicio de que se queja el apelante.
AGRAVIÓN, ONA adj. *Chil.* y *Per.* Que se agravia fácilmente.
AGRAVIOSO, SA adj. Que implica agravio.
AGRAZ m. Uva sin madurar. || Zumo que se saca de la uva sin madurar: *beber agraz.* || Marojo, planta parecida al muérdago. || *Fig.* y *fam.* Amargura, sinsabor, disgusto. || *En agraz,* antes del tiempo debido o regular.
AGRAZADA f. Bebida hecha con agraz, agua y azúcar.
AGRAZAR v. i. Tener alguna cosa gusto agrio. || — V. t. *Fig.* Disgustar, desazonar, amargar.
AGRAZÓN m. Racimillos que nunca maduran en las vides. || Grosellero silvestre. || *Fig.* y *fam.* Enfado.
AGRECILLO m. Agracillo, agracejo.
AGREDIDO, DA adj. y s. Que ha sufrido agresión: *el agredido y el agresor.*
AGREDIR v. t. Acometer. (SINÓN. V. *Atacar.*) || — GRAM. Se usa en las mismas formas que *aguerrir.*
AGREGACIÓN f. Acción de agregar.
AGREGADO m. Conjunto de cosas agregadas. || Añadido. (SINÓN. V. *Suplemento.*) || Empleado sin plaza efectiva. || Nombre de algunos funcionarios diplomáticos, encargados de ciertas funciones: *agregado comercial, militar, naval,* etc. || *Amer.* Arrendatario. || *Arg.* El que, sin ser pariente del dueño de la casa, vive en ella a cargo de él. || *Amer.* El que ocupa una propiedad rural con su casa, gratuitamente o en arriendo.
AGREGAR v. t. Unir: *agregarse a [con] otro.* (SINÓN. V. *Asociar.*) || Destinar una persona a un cuerpo u oficina sin plaza efectiva. || Añadir. (SINÓN. V. *Juntar.*)
AGREMÁN m. (fr. *agrément*). Cierta labor de pasamanería.
AGREMIACIÓN f. Reunión en gremios.
AGREMIAR v. t. Reunir en gremio o cuerpo.
AGRESIÓN f. Acometimiento, ataque. (SINÓN. V. *Asalto.*) || Acto contrario al derecho de otro.
AGRESIVAMENTE adv. m. De manera agresiva.
AGRESIVIDAD f. Carácter agresivo. || Desequilibrio psicológico que provoca la hostilidad de una persona a las otras que lo rodean.
AGRESIVO, VA adj. Que provoca o ataca: *discurso agresivo, medida agresiva.* || Propenso a atacar: *carácter agresivo.*
AGRESOR, RA adj. y s. Autor de una agresión.
AGRESTE adj. Campesino, rústico: *sitio agreste.* (SINÓN. V. *Campestre.*) || *Fig.* Rudo, tosco, grosero: *costumbres agrestes.* || — CONTR. *Urbano, cultivado.*

AGRETE adj. Algo agrio. (SINÓN. V. *Agrio.*)
AGRIAMENTE adv. m. *Fig.* Con aspereza o rigor. ‖ *Fig.* Amargamente.
AGRIAR v. t. Poner agria alguna cosa: *agriarse el vino.* ‖ *Fig.* Irritar los ánimos. (SINÓN. V. *Irritar.*)
AGRIAZ m. *Bot.* Cinamomo.
AGRÍCOLA adj. (lat. *agricola*, de *ager, agri*, campo, y *colere*, cultivar). Relativo a la agricultura: *pueblo agrícola, industria agrícola.*
AGRICULTOR, RA m. y f. Persona que labra o cultiva la tierra. ‖ — Adj.: *pueblo agricultor.* ‖ — SINÓN. *Agrónomo, cultivador, labrador, arador, campesino.* V. tb. *granjero.*
AGRICULTURA f. Labranza, cultivo de la tierra. ‖ Técnica para el cultivo de la tierra.
AGRIDULCE adj. y s. Que tiene mezcla de agrio y de dulce. (SINÓN. V. *Agrio.*) ‖ *Fig.* Que tiene carácter agradable y desagradable.
AGRIERA f. *Chil.* y **AGRIERAS** f. pl. *Col.* Acedía del estómago.
AGRIETAMIENTO m. Grieta.
AGRIETAR v. t. Abrir grietas o hendiduras.
AGRIFOLIO m. *Bot.* Acebo.
AGRILLA f. Acedera.
AGRIMENSOR m. Perito en agrimensura.
AGRIMENSURA f. Arte de medir tierras.
AGRIMONIA f. Planta rosácea de flores amarillas, cuyas hojas se emplean como astringente.
AGRINGARSE v. r. *Amer.* Tomar modales de gringo.
AGRIO, GRIA adj. Ácido: *fruto agrio.* (SINÓN. *Ácido, acídulo, acedo, agrete, acre, acerbo, agridulce, torcido, verde, avinagrado.*) ‖ *Fig.* Áspero, peñascoso: *camino agrio.* ‖ *Fig.* Acre, áspero: *genio agrio.* (SINÓN. V. *Desabrido.*) ‖ *Fig.* Frágil, quebradizo: *el antimonio es agrio.* ‖ Dícese del colorido sin armonía. (SINÓN. V. *Chillón.*) ‖ — M. Sabor agrio. ‖ Zumo ácido de una fruta: *el agrio del limón.* ‖ — Pl. Frutas agrias o agridulces, como el limón, las naranjas, los pomelos, etcétera.
AGRIÓN m. Callosidad que se forma en el corvejón de los caballos.
AGRIOR m. *Arg.* Acedía.
AGRIPALMA f. Planta labiada, de flor purpúrea.
AGRISADO, DA adj. Grisáceo: *pizarra agrisada.*
AGRISAR v. t. Dar color gris.
AGRIURA f. Agrura.
AGRO m. Campo. ‖ Conjunto de campos.
AGRONOMÍA f. Ciencia de la agricultura.
AGRONÓMICO, CA adj. Relativo a la agronomía.
AGRÓNOMO adj. y s. m. (del gr. *agros*, campo, y *nomos*, ley). Persona que se dedica a la agronomía: *ingeniero agrónomo.* (SINÓN. V. *Agricultor.*)
AGROPECUARIO, RIA adj. Relativo a los campos y al ganado: *riqueza agropecuaria.* ‖ *Ingeniero agropecuario*, veterinario.
AGROR m. Agrura: *el agror del limón.*
AGRÓSTIDE f. Planta gramínea forrajera.
AGRUMARSE v. r. Hacer grumos.
AGRUPABLE adj. Que puede agruparse.
AGRUPACIÓN f. y **AGRUPAMIENTO** m. Acción de agrupar. ‖ Conjunto de personas agrupadas.
AGRUPAR v. t. Reunir en grupo; apiñar. (SINÓN. V. *Reunir.*)
AGRURA f. Calidad de agrio. ‖ Pl. Agrios.
AGUA f. (lat. *aqua*). Líquido transparente, insípido e inodoro. ‖ Lluvia: *cae mucha agua.* ‖ Licor obtenido por destilación o por infusión: *agua de azahar, de Colonia.* ‖ Vertiente de un tejado: *tejado a dos aguas.* ‖ *De media agua*, de una sola vertiente (tejado). ‖ Refresco: *agua de limón.* ‖ *Mar.* Abertura por donde entra el agua en el barco: *abrirse una agua.* ‖ Marea. Zumo de ciertas frutas. ‖ *Per. Fam.* Dinero. ‖ — Pl. Visos de una tela o de una piedra: *diamante de hermosas aguas.* ‖ Orina. ‖ *Mar.* Estela de un barco. ‖ Manantial de aguas medicinales: *las aguas termales de Alhama.* ‖ Las del mar: *en aguas de Argentina.* ‖ *Mar.* Corrientes del mar: *las aguas llevan hacia el Sur.* ‖ *Agua pesada*, combinación de deuterio y oxígeno (D_2O), de densidad 1,1 y empleada como moderador de neutrones en ciertos tipos de pilas atómicas. ‖ *Agua fuerte*, ácido nítrico diluido. ‖ *Agua regia*, mezcla de ácido nítrico y ácido clorhídrico, que disuelve el oro y el platino. ‖ *Agua de olor*, la compuesta con perfumes. ‖ *Agua de Seltz*, agua gaseosa natural o artificial. ‖ *Agua dulce*, la no salada, de fuente, río o lago. ‖ *Agua dura*, la que no forma espuma con el jabón. ‖ *Agua gorda*, la que contiene mucho yeso. ‖ *Agua lluvia*, la llovediza. ‖ *Agua muerta*, la estancada. ‖ *Agua tofana*, veneno muy activo que se usó en Italia. ‖ *Agua oxigenada*, la compuesta por partes iguales de oxígeno e hidrógeno; sirve como antiséptico, para blanquear, para teñir el pelo de rubio. ‖ *Agua de socorro*, bautismo administrado sin solemnidad en caso de peligro. ‖ *Aguas madres*, aguas en las que se ha efectuado una cristalización: *las aguas madres de las salinas.* ‖ *Aguas minerales*, las cargadas de substancias minerales, generalmente medicinales. ‖ *Agua potable*, la que se puede beber. ‖ *Aguas residuales*, las procedentes de desagües domésticos e industriales. ‖ *Aguas termales*, las que salen del suelo a una temperatura elevada: *las aguas termales abundan en los países montañosos.* (SINÓN. *Caldas.*) ‖ *Fam. Aguas mayores* o *menores*, excremento mayor o menor del hombre. ‖ *Aguas territoriales*, parte del mar cercana a las costas de un Estado y sometida a su jurisdicción. ‖ *Fig. Nadar entre dos aguas*, no inclinarse a un partido ni al contrario. ‖ *Hacer aguas*, orinar. *Mar.* Entrar agua en un buque. ‖ *Hacerse una cosa agua de cerrajas, o de borrajas*, desvanecerse las esperanzas que uno fundaba. ‖ *Bailarle a uno el agua*, atender con extremado cuidado a todos sus caprichos por adulación. ‖ *Como el agua de mayo*, muy bien. ‖ *Como agua*, sin sentir. ‖ *Claro como agua*, patente, manifiesto. ‖ — PROV. **Agua pasada no mueve molino,** dícese de las cosas que perdieron ya su oportunidad. **Del agua mansa me libre Dios, que de la brava me libraré yo,** hay que desconfiar de los taimados y silenciosos.
— El *agua* es un cuerpo compuesto, que resulta de la combinación de dos volúmenes de hidrógeno por uno de oxígeno. Su fórmula es H_2O. En estado puro es incolora e insípida; hierve a la temperatura de 100° C, cuando la presión que en ella se ejerce no es superior a la de una atmósfera, pero dicha temperatura de ebullición aumenta con la presión; el agua se solidifica a 0° C. Existe en la atmósfera en estado de vapor. Un cm^3 de agua a 4° C pesa 1 g. El agua natural no está nunca pura; contiene en disolución gases y sales y en suspensión polvos diversos y a veces microbios. La absorción de estos últimos puede ocasionar graves enfermedades y muy especialmente la fiebre tifoidea. Por esta razón conviene filtrar cuidadosamente el agua que se ha de beber y, siempre que se sospeche alguna epidemia, hervirla previamente.
AGUACAL m. Lechada de cal.
AGUACATAL m. Terreno plantado de aguacates.
AGUACATE m. Árbol lauráceo de América, cuyo fruto, parecido a una pera grande, es muy sabroso. ‖ *Amer.* Persona floja y poco animosa. ‖ *Méx. Fig. Ser aguacate con pan una cosa*, ser muy sosa.
AGUACATILLO m. Árbol de América, de la familia del aguacate, cuyo fruto se da a los cerdos.
AGUACERO m. Lluvia repentina, abundante y de poca duración: *aguantar un aguacero.* (SINÓN. V. *Lluvia.*) ‖ *Col.* Lluvia abundante y larga. ‖ *Fig.* Sucesos desagradables que caen sobre una persona. ‖ *Cub.* Especie de luciérnaga.
AGUACIBERA f. Agua con que se riega una tierra sembrada en seco, para cebarla.
AGUACIL m. Alguacil.
AGUACHA f. Agua corrompida, líquido repugnante: *una charca llena de aguacha.*
AGUACHAR m. Charco.
AGUACHAR v. t. Enaguachar: *aguachar un terreno.* ‖ *Chil.* Domesticar, amansar. ‖ *Arg.* retirar la madre al cordero o ternero. ‖ — V. r. *Riopl.* Engordar mucho el caballo. ‖ *Chil.* Encariñarse.
AGUACHARNAR v. t. Enaguazar.
AGUACHENTO, TA adj. *Amer.* Acuoso, aguanoso.
AGUACHÍ m. *Per.* Moriche, palma.

CONTADOR DE AGUA

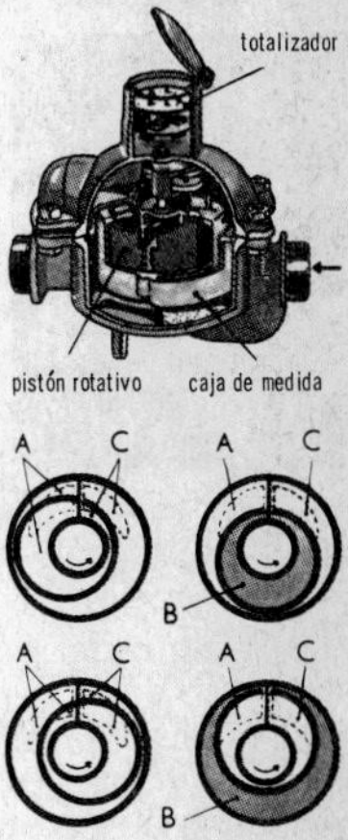

A. Compartimento llenándose
B. Compartimento lleno
C. Compartimento vaciándose

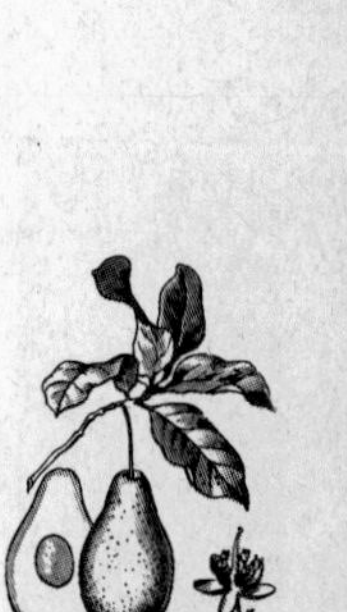

aguacate

aguafuerte de Goya (detalle)

AGUACHIL m. *Méx.* Caldo de chile muy aguado.

AGUACHINANGADO, DA adj. *Cub.* Que imita a los mexicanos.

AGUACHINAR v. t. Enaguazar.

AGUACHIRLE f. Aguapié de mala calidad. ‖ *Fig.* Licor sin substancia. ‖ Cosa insubstancial.

AGUADA f. *Mar.* Provisión de agua potable: *hacer aguada.* ‖ Sitio donde hay agua potable. ‖ Inundación en las minas. ‖ Pintura con color disuelto en agua con goma, miel o hiel de vaca. ‖ Dibujo que se ejecuta con esta pintura. ‖ *Arg.* Balsa artificial. ‖ *Amer.* Abrevadero.

AGUADERA adj. Que resguarda del agua: *capa aguadera.* ‖ — F. pl. Plumas anchas, colocadas después de las remeras en el ala de las aves. ‖ Armazón de madera para llevar cántaros a lomo de bestia.

AGUADERO m. Abrevadero.

AGUADIJA f. Humor claro de los granos o llagas.

AGUADO, DA adj. Mezclado con agua: *es higiénico beber el vino aguado.* ‖ Fruta jugosa pero desabrida. ‖ *Fig.* Turbado, interrumpido: *fiesta aguada.* ‖ *Guat.* Débil, desfallecido.

AGUADOR, RA m. y f. Persona que tiene por oficio llevar o vender agua, azacán.

AGUADUCHO m. Inundación, avenida impetuosa. ‖ Puesto donde se vende agua. ‖ Acueducto. ‖ Noria. ‖ *Venez.* Tinajero.

AGUADULCE f. *C. Rica* y *Col.* Aguamiel.

AGUADURA f. *Veter.* Contracción espasmódica de las patas del caballo. ‖ Absceso en el casco del caballo.

AGUAFIESTAS com. Persona aficionada a turbar los regocijos ajenos.

AGUAFUERTE com. Lámina o grabado al agua fuerte.

AGUAFUERTISTA m. y f. Grabador al agua fuerte.

AGUAGOMA f. Disolución de goma que usan los pintores para desleír los colores.

AGUAÍ m. Aguay.

AGUAITA f. *Amer.* Acción de aguaitar.

AGUAITACAIMÁN m. Ave zancuda de Cuba, que tiene la cabeza adornada de plumas largas y verdes, y la garganta y pecho blancos, con manchas obscuras.

AGUAITACAMINO m. Pájaro fisirrostro de América Central, parecido al chotacabras.

AGUAITAR v. t. *Amer.* Acechar.

AGUAJE m. Crecientes del mar. (SINÓN. *Marea.*) ‖ Aguadero. ‖ Corrientes del mar. ‖ *Mar.* Estela. ‖ Aguada, provisión de agua. ‖ Laguna o charca. ‖ *Hacer aguaje,* correr con mucha violencia las aguas. ‖ *Ecuad. Cub.* y *Amér. C.* Aguacero violento. ‖ *Amér. C.* y *Ecuad.* Regaño o reprimenda. ‖ *Fam.* Talante.

AGUAJÍ m. Pez acantopterigio de las Antillas.

AGUALOJA f. *Amer.* Aloja.

AGUALOJERO, RA m. y f. *Amér. C.* Vendedor de agualoja.

AGUAMALA f. Medusa.

AGUAMANIL m. Jarro o palangana de tocador. ‖ Lavamanos. ‖ *Amer.* Lavatorio.

AGUAMANOS m. Agua para lavar las manos: *dar aguamanos a uno.* ‖ Aguamanil.

AGUAMAR f. Aguamala.

AGUAMARINA f. Berilo verde transparente: *el aguamarina es una variedad de esmeralda.*

AGUAMANSA f. *Col.* Agua con harina que resulta de lavar maíz.

AGUAMELAR v. t. Mezclar con aguamiel.

AGUAMIEL f. Agua mezclada con miel. (SINÓN. *Hidromel.*) ‖ *Méx.* Jugo del magüey: *el aguamiel fermentada produce el pulque.* ‖ *Venez.* Guarapo de caña.

AGUANÉS o **AHUANÉS** adj. *Chil.* Dícese de la bestia que tiene los costados obscuros y el lomo, barriga y pescuezo claros. (En Argentina, *yaguané.*)

AGUANIEVE f. Agua mezclada con nieve.

AGUANIEVES f. Aguzanieves, nevatilla.

AGUANOSIDAD f. Humor acuoso detenido en el cuerpo. ‖ — CONTR. *Sequedad.*

AGUANOSO, SA adj. Lleno de agua, o demasiadamente húmedo: *terreno aguanoso.* ‖ *Ecuad.* Jugoso. (CONTR. *Seco.*) ‖ *Amer.* Dícese del fruto insípido.

AGUANTABLE adj. Que se puede aguantar.

AGUANTADERAS f. pl. *Fam.* Aguante. (Tómase generalmente en sentido despectivo.)

AGUANTAR v. t. Soportar, tolerar: *aguantar una injuria.* (SINÓN. V. *Sufrir.*) Reprimir, contener. ‖ Resistir. ‖ Resistir al toro el picador. ‖ *Estocada aguantando,* la que se da recibiendo sin cite previo. ‖ — V. r. Callarse, contenerse, reprimirse: *ya no me puedo aguantar.*

AGUANTE m. Sufrimiento, tolerancia: *ser hombre de mucho aguante.* (SINÓN. *Paciencia.*) ‖ Fuerza para resistir.

AGUAÑÓN m. Maestro de obras hidráulicas.

AGUAPÉ m. *Arg.* Planta acuática pontederiácea.

AGUAPÉ-ASÓ m. *Arg.* Ave zancuda. (SINÓN. *Carrao.*)

AGUAPIÉ m. Vino malo de orujo pisado y agua.

AGUAR v. t. Mezclar con agua: *aguar el vino.* (SINÓN. V. *Desleír.*) ‖ *Fig.* Turbar, interrumpir: *aguar la fiesta.* ‖ Atenuar una molestia con algo agradable. ‖ Echar al agua. ‖ *Amér. C.* y *Chil.* Abrevar. ‖ — V. r. Llenarse de agua algún sitio. ‖ Dícese de las bestias que, por haberse fatigado mucho o haber bebido estando sudadas, enferman de modo que no pueden andar.

AGUARÁ m. *Riopl.* Especie de zorro grande. (El *aguarachay* es una variedad de zorro más pequeño.)

AGUARAIBÁ m. *Arg.* Turbinto.

AGUARDADA f. Acción de aguardar.

AGUARDADOR, RA adj. y s. Que aguarda.

AGUARDAR v. t. Esperar: *aguardar a un amigo, a otro día, en casa.* ‖ Dar tiempo o espera a una persona. (SINÓN. V. *Esperar.*) ‖ — V. r. Detenerse, pararse.

AGUARDENTERÍA f. Tienda en que se vende aguardiente.

AGUARDENTERO, RA m. y f. Persona que vende aguardiente.

AGUARDENTOSO, SA adj. Que tiene aguardiente: *bebida aguardentosa.* ‖ Que parece de aguardiente: *olor aguardentoso.* ‖ Dícese de la voz áspera, bronca: *voz aguardentosa.*

AGUARDIENTE m. Bebida alcohólica que, por medio de la destilación, se saca del vino y otras substancias: *en España gusta mucho el aguardiente anisado.* ‖ *Aguardiente alemán,* purgante obtenido macerando en aguardiente ciertas hierbas. ‖ *Aguardiente de caña,* el obtenido por destilación de la caña de azúcar.

AGUARDILLADO, DA adj. De figura de guardilla.

AGUARDO m. *Mont.* Sitio donde se acecha la caza.

AGUARIBAY m. *Arg.* Turbinto.

AGUARRÁS m. Esencia de trementina que se usa para pintar y barnizar.

AGUASAL f. Salmuera.

AGUASARSE v. r. *Arg., Urug.* y *Chil.* Volverse rústico y agreste.

AGUATAL m. *Ecuad.* Charco.

AGUATE m. *Méx.* Espinilla. (V. AHUATE.)

AGUATERO m. *Arg.* Aguador, el que lleva agua a las casas.

AGUATOCHA f. Bomba.

AGUATÓN m. Arbusto medicinal de México.

AGUATOSO, SA adj. *Méx.* Espinoso, que tiene aguates.

AGUATURMA f. Planta compuesta, de raíz tuberculosa, feculenta: *la raíz de la aguaturma es comestible.*

AGUAVERDE f. Medusa verde.

AGUAVIENTO m. Lluvia mezclada con viento.

AGUAVIENTOS m. Planta labiada de bonitas flores encarnadas.

AGUAVILLA f. Gayuba, planta ericácea.

AGUAY m. *Riopl.* Árbol sapotáceo.

AGUAZA f. Humor acuoso, aguosidad.

AGUAZAL m. Charca de agua llovediza.

AGUAZAR v. Encharcar. Ú. t. c. r.

AGUAZO m. Pintura a la aguada sobre lienzo blanco: *cuadro al aguazo.*

AGUDAMENTE adv. m. Con agudeza.

AGUDEZA f. Calidad de agudo. ‖ *Fig.* Perspicacia de ingenio. (SINÓN. V. *Clarividencia.* CONTR. *Simpleza, ingenuidad.*) ‖ *Fig.* Perspicacia del olfato, oído o vista. ‖ Viveza del dolor. ‖ *Fig.* Dicho agudo: *decir agudezas.*

aguamanil

Fot. Giraudon, Larousse

AGUDIZAR v. t. Hacer más agudo. ‖ — V. r. Tomar carácter agudo.

AGUDO, DA adj. Delgado, sutil: *punta aguda.* (SINÓN. V. *Puntiagudo.* CONTR. *Romo.*) ‖ *Fig.* Sutil, perspicaz: *escritor agudo.* ‖ *Fig.* Vivo, gracioso: *persona aguda, dicho agudo.* (SINÓN. V. *Delicado.*) ‖ *Fig.* Dícese del dolor vivo y penetrante. (CONTR. *Sordo.*) ‖ *Fig.* Se dice de la enfermedad grave y de no larga duración. (CONTR. *Crónico.*) ‖ *Fig.* Vivo, penetrante: *olor agudo, vista aguda.* ‖ Dícese del sabor penetrante y del olor subido. ‖ Dícese del sonido penetrante. (SINÓN. V. *Chillón.*) ‖ Dícese de la voz cuyo acento tónico carga en la última sílaba, como *mamá, abril.*

AGUEDITA f. Árbol terebintáceo de América. (La corteza de la *aguedita,* muy amarga, es febrífuga.)

AGÜEITAR v. i. *Col.* Aguaitar.

AGÜELO, LA m. y f. *Fam.* Abuelo, la.

AGÜERA f. Zanja, acequia para el agua llovediza.

AGÜERÍA f. *Arg.* y *Urug.* Agüero.

AGÜERO m. Presagio o señal de cosa futura.

AGUERRIDO, DA adj. Ejercitado en la guerra. ‖ *Fig.* Práctico en luchas y trabajos.

AGUERRIR v. t. Acostumbrar a la guerra. Ú. t. c. r. ‖ — IRREG. Verbo defectivo; sólo se usa en los tiempos que tienen en su desinencia la vocal *i: aguerría, aguerrí, aguerriré, aguerrid, aguerriría, aguerriera, aguerriese, aguerrido, aguerriendo.*

AGUIJADA f. (del lat. *aculeata,* con punta). Vara larga con punta de hierro que los boyeros usan para estimular a los bueyes.

AGUIJADOR, RA adj. y s. Que aguija.

AGUIJADURA f. Acción y efecto de aguijar.

AGUIJAR v. t. Picar con la aguijada: *aguijar a los bueyes.* ‖ *Fig.* Avivar, estimular, excitar. ‖ — V. i. Ir o caminar de prisa.

AGUIJÓN m. (del lat. *acus,* aguja). Dardo de los insectos: *el aguijón de la avispa.* ‖ Púa de algunas plantas. (SINÓN. *Espina.*) ‖ Punta del instrumento con que se aguija. ‖ *Fig.* Acicate, estímulo: *es la gloria un poderoso aguijón.*

AGUIJONADA f. Aguijonazo.

AGUIJONAMIENTO m. Acción y efecto de aguijonear.

AGUIJONAZO m. Punzada, pinchazo dado con el aguijón.

AGUIJONEADOR, RA adj. y s. Que aguijonea: *curiosidad aguijoneadora.*

AGUIJONEAR v. t. Aguijar. ‖ Estimular: *le aguijonea la codicia.* ‖ Atormentar.

ÁGUILA f. Ave de rapiña muy grande y robusta: *el águila edifica su nido en las rocas escarpadas.* ‖ Enseña de la legión romana y de algunos ejércitos modernos. ‖ *Fig.* Persona muy viva. ‖ *Fig.* Espíritu superior: *un águila del foro.* ‖ *Mirada de águila,* mirada penetrante. ‖ Moneda de oro de México y de los Estados Unidos de América. ‖ Condecoración: *el águila negra de Prusia.* ‖ *Astr.* Constelación de la Vía Láctea. ‖ — M. Pez, especie de raya. ‖ Cigarro puro de buena calidad. ‖ *Amer. Fam.* Petardista.

AGUILEÑA f. Planta ranunculácea de bonitas flores que se suele cultivar por adorno en los jardines.

AGUILEÑO, ÑA adj. Dícese del rostro largo y delgado. ‖ Dícese de la nariz encorvada como pico de águila. (CONTR. *Romo.*) ‖ Perteneciente al águila.

AGUILERA f. Nido de águila.

AGUILILLA m. Caballo muy veloz en el paso. ‖ *Amer. Fam.* Petardista.

AGUILÓN m. *Mec.* Brazo de la grúa. ‖ Caño cuadrado de barro. ‖ Teja o pizarra cortada oblicuamente para que ajuste en la lima tesa de un tejado. ‖ Hastial, ángulo que forman los tejados en los edificios cubiertos a dos aguas. ‖ *Carp.* Madero de las armaduras con faldón. ‖ *Blas.* Águila representada sin pico ni garras. ‖ *Ecuad.* Caballo de paso duro.

AGUILOTE m. Especie de tomate de México. ‖ *Venez.* Ave de rapiña.

AGUILUCHO m. Pollo o cría del águila. ‖ Aguila bastarda.

AGÜILLA f. Líquido como agua.

AGUÍN m. Arbusto conífero parecido al pino.

AGÜINADO, DA adj. *Cub.* De color aleonado claro: *piel agüinada.*

AGUINALDO m. Regalo que se da por Navidad. (SINÓN. V. *Don.*) ‖ Villancico de Navidad. ‖ Bejuco silvestre de Cuba, que florece por Navidad.

AGÜÍO m. Pajarito cantor de Costa Rica.

AGÜISOTE m. Ahuizote.

AGÜISTA com. Bañista, persona que va a tomar las aguas a un establecimiento de baños.

AGUIZGAR, v. t. Aguijar, estimular.

AGUJA f. (del lat. *acus,* punta). Varilla de acero u otra materia, aguda por una punta, roma y con un ojo por la otra, que sirve para coser. ‖ Varilla de metal que sirve para varios usos: *aguja de hacer media, aguja del reloj,* etc. ‖ Extremo de un campanario, de un obelisco. ‖ Porción de riel móvil, que en los ferrocarriles sirve para pasar un tren de una vía a otra: *dar agujas, entrar en agujas.* ‖ Nombre de diversas herramientas en forma de aguja o punzón. ‖ Tubito metálico que se acopla a la jeringuilla para poner inyecciones. ‖ Púa de acero del gramófono. ‖ Punzón de grabador. ‖ Pastel largo y estrecho con relleno. ‖ Pez de cuerpo prolongado. ‖ Planta geraniácea. ‖ *Fís. Aguja imantada, de marear* o *magnética,* V. BRÚJULA. ‖ — Pl. Costillas del cuarto delantero de la res. ‖ Enfermedad que padece el caballo en las patas y el cuello. ‖ *Amer.* Estacas de una valla o tranca. ‖ — PROV. **Buscar una aguja en un pajar,** trabajar por conseguir una cosa imposible o muy difícil. ‖ **Conocer la aguja de marear,** tener destreza para manejar los negocios. ‖ **Meter aguja, y sacar reja,** hacer un pequeño beneficio para obtener otro mayor.

AGUJAL m. Agujero que queda en las paredes al sacar las agujas de los tapiales.

AGUJAZO m. Pinchazo de aguja.

AGUJERAR y **AGUJEREAR** v. t. Hacer agujeros: *agujerear una muralla.* Ú. t. c. r. (SINÓN. V. *Horadar.*)

AGUJERO m. Abertura más o menos redonda. (SINÓN. *Orificio, boquete, hoyo, hueco, vacío, abertura, hundimiento, paso, brecha.* V. tb. *cavidad* y *hendedura.*) ‖ El que hace agujas o las vende. ‖ Alfiletero, canutero.

AGUJETA f. Correa y cinta con herretes, que sirve para sujetar algunas prendas de vestir: *desatar las agujetas.* ‖ *Venez.* Aguja grande, pasador. ‖ — Pl. Dolores que se sienten después de algún ejercicio violento: *sentir agujetas en las piernas.* ‖ Propina que se daba al postillón.

AGUJETERÍA f. Oficio y tienda del agujetero.

AGUJETERO, RA m. y f. Persona que hace agujetas o las vende. ‖ — M. *Col.* y *Riovl.* Alfiletero.

AGUJÓN m. Aguja grande. ‖ Pasador.

AGUJUELA f. Clavo poco mayor que la tachuela.

AGUOSIDAD f. Humor acuoso del cuerpo.

AGUOSO, SA adj. Acuoso, lleno de agua.

¡AGUR! interj. que se usa para despedirse.

AGUSANADO, DA adj. Que tiene gusanos o está roído por ellos.

AGUSANAMIENTO m. Acción y efecto de agusanarse.

AGUSANARSE v. r. Criar gusanos.

AGUSTINIANISMO m. Doctrina teológica de San Agustín.

AGUSTINIANO, NA adj. Agustino. ‖ Perteneciente a la orden o doctrina de San Agustín.

AGUSTINO, NA adj. y s. Religioso o religiosa de la orden de San Agustín.

AGUTÍ m. Pequeño roedor de América, llamado también *acure, guatuza, tuza.*

AGUZABLE adj. Que puede aguzarse.

AGUZADERO, RA adj. Que sirve para aguzar: *piedra aguzadera.* ‖ — M. Sitio donde los jabalíes suelen aguzar los colmillos.

AGUZADO, DA adj. Agudo. (SINÓN. V. *Puntiagudo.* CONTR. *Chato, romo.*)

AGUZADOR, RA adj. y s. Que aguza.

AGUZADURA f. y **AGUZAMIENTO** m. Acción y efecto de aguzar o sacar punta.

AGUZANIEVES f. Pájaro dentirrostro, de color negro y blanco, que vive a orillas de las aguas. (SINÓN. *Nevatilla.*)

AGUZAR v. t. Hacer o sacar punta: *aguzar el*

aguja de campanario

aguijón de escorpión

águila

agutí

aguzanieves

Fot. Roubier, Paul Popper

lápiz. ‖ Afilar, sacar filo: *aguzar un cuchillo.* (SINÓN. *Amolar, suavizar, vaciar.*) ‖ Aguijar: *aguzar el apetito.* ‖ *Fig.* Afinar, hacer más perspicaz, despabilar. (SINÓN. V. *Animar.*)

Ah, abrev. de *amperio hora.*

¡AH! interj. que expresa generalmente admiración, sorpresa o pena: *¡ah, qué bueno es Ud! ¡ah, qué aflicción!*

AHEBRADO, DA adj. Que forma hebras.

AHECHADERO m. Sitio donde se ahecha.

AHECHADOR, RA adj. y s. Que ahecha.

AHECHADURAS f. pl. Desperdicios del trigo ahechado.

AHECHAR v. t. Cribar el trigo. (Antes escribíase *aechar.*) [SINÓN. V. *Tamizar.*]

AHECHO m. Acción de ahechar.

AHELEAR v. t. Poner alguna cosa amarga como hiel. ‖ *Fig.* Entristecer, turbar. ‖ — V. i. Saber una cosa a hiel, o amargar mucho.

AHELGADO, DA adj. Helgado, de dientes ralos.

AHEMBRADO, DA adj. Afeminado.

AHERROJAMIENTO m. Acción y efecto de aherrojar.

AHERROJAR v. t. Poner a alguno prisiones de hierro ‖ *Fig.* Subyugar. (SINÓN. V. *Oprimir.*)

AHERRUMBRAR v. t. Dar a una cosa color o sabor de hierro. ‖ — V. r. Adquirir algo color o sabor de hierro. ‖ Cubrirse de herrumbre.

AHERVORARSE v. r. Recalentarse el trigo y otras semillas en los graneros.

AHÍ adv. l. En ese lugar, o a ese lugar. ‖ En esto o en eso: *ahí está la dificultad.* ‖ *De ahí* o *por ahí,* por esto o eso. ‖ *Por ahí,* no lejos: *me voy un rato por ahí.* ‖ *Por ahí, por ahí,* poco más o menos. ‖ *Arg. Ahí no más,* ahí mismo. ‖ — OBSERV. En América se usa mucho en lugar de *allí.* La Academia da este uso como anticuado en castellano.

AHIDALGADO, DA adj. Noble y caballeroso.

AHIGADADO, DA adj. De color de hígado. ‖ Valiente, esforzado.

AHIJADO, DA m. y f. Persona apadrinada de otra. ‖ *Fig.* Persona especialmente favorecida de otra. (SINÓN. *Protegido.*)

AHIJAR v. t. Adoptar al hijo ajeno. ‖ *Fig.* Atribuir o imputar a alguno lo que no ha hecho. ‖ — V. i. Procrear o producir hijos. ‖ *Agr.* Echar la planta retoños o hijuelos.

¡AHIJUNA! interj. (contracción de *¡ah, hijo de una...!*). *Arg.* y *Chil.* Exclamación de admiración o insulto.

AHILADO, DA adj. Dícese del viento suave y continuo. ‖ Dícese de la voz delgada, tenue.

AHILAMIENTO m. Ahílo.

AHILAR v. i. Formar hilera. ‖ *And.* Correr, huir. ‖ — V. r. Experimentar desmayo por flaqueza del estómago. ‖ Hacer hebra ciertas cosas: *ahilarse la levadura, el vino.* ‖ Adelgazar mucho en una enfermedad. ‖ Quedar débiles las plantas por falta de luz. ‖ Criarse altos y derechos los árboles. ‖ *Cub.* Marcharse.

AHÍLO m. Desmayo, desfallecimiento.

AHINCADAMENTE adv. m. Con ahínco.

AHINCADO, DA adj. Eficaz, vehemente.

AHINCAR v. i. Instar con ahínco. ‖ — V. r. Apresurarse, darse prisa.

AHÍNCO m. Empeño grande: *trabajar con ahínco.* (SINÓN. V. *Ardor.*)

AHITAMIENTO m. Acción y efecto de ahitar o ahitarse.

AHITAR v. t. Causar ahíto: *manjar que ahíta.* ‖ Poner hitos: *ahitar un terreno.* ‖ — V. r. Padecer ahíto: *ahitarse de dulce.*

AHITERA f. *Fam.* Ahíto grande.

AHÍTO, TA adj. Que padece indigestión o empacho de estómago. ‖ *Fig.* Cansado, harto de una persona o cosa. (SINÓN. V. *Harto.*) ‖ — M. Indigestión.

AHOBACHONARSE v. r. Apoltronarse.

AHOCICAR v. i. Meter el buque la proa en el agua. ‖ Caer de bruces. ‖ *Fam.* Ceder, rendirse. ‖ — V. t. *Fam.* Vencer a uno en una disputa. ‖ Frotar en castigo el hocico a los perros o gatos.

AHOCINARSE v. r. Correr los ríos por angosturas o quebradas.

AHOGADERO m. Sitio demasiado lleno de gente: *esta sala es un ahogadero.* ‖ Cuerda de la cabezada, que rodea el cuello de la caballería. ‖ Cordel para ahogar más presto a una persona.

AHOGADIZO, ZA adj. Que se puede ahogar fácilmente. ‖ Dícese de las frutas que por lo ásperas no pueden tragarse con facilidad: *pera ahogadiza.* ‖ *Fig.* Dícese de la madera muy pesada y que se hunde en el agua ‖ Dícese de la carne de animales sofocados: *las carnes ahogadizas son malas para la salud.*

AHOGADO, DA adj. Dícese del sitio estrecho y sin ventilación. ‖ *Per.* y *Méx.* Rehogado. ‖ — M. y f. Persona que muere por falta de respiración, especialmente en el agua. ‖ *Fig.* Apurado, sin recursos.

AHOGADOR, RA adj. y s. Que ahoga. ‖ — M. Especie de collar que antiguamente usaban las mujeres. ‖ *Amer.* Media gamarra, correa del caballo.

AHOGAMIENTO m. Muerte por falta de respiración. ‖ *Fig.* Ahogo.

AHOGAR v. t. Quitar la vida a alguno impidiéndole la respiración: *ahogar a uno con una cuerda.* (SINÓN. V. *Apretar* y *estrangular.*) ‖ Tratándose del fuego, apagarlo, sofocarlo: *ahogar la lumbre con ceniza.* ‖ En el ajedrez, hacer que el rey adverso no pueda moverse sin quedar en jaque. ‖ *And.* y *Col.* Rehogar. ‖ Sumergir en el agua, encharcar. (SINÓN. V. *Extinguir.*) ‖ *Fig.* Oprimir. (SINÓN. *Sofocar, asfixiar.*) ‖ — V. r. Sentir ahogo, sofocación. ‖ Perder las plantas su lozanía por exceso de agua o por apiñamiento. ‖ *Fig. Ahogarse en un vaso de agua,* apurarse por poca cosa. ‖ *Fig. Estar o verse uno ahogado,* encontrarse en gran dificultad.

AHOGAVIEJAS f. Quijones.

AHOGO m. *Fig.* Aprieto, angustia. ‖ Estrechez, falta de recursos: *pasar un ahogo.* ‖ Ahoguío, opresión. ‖ Apremio. ‖ *Col. Fig.* Salsa con que se rehoga.

AHOGUÍO m. Opresión y fatiga en el pecho, que impide respirar con libertad: *se observa el ahoguío en el asma.*

AHOMBRADO, DA adj. *Fam.* Hombruno.

AHOMBRARSE v. r. *Fam.* Hacerse hombruna la mujer.

AHONDAMIENTO m. Acción y efecto de ahondar.

AHONDAR v. t. Hacer más hondo: *ahondar un pozo.* (SINÓN. V. *Profundizar* y *sondear.*) ‖ — V. i. Penetrar mucho una cosa en otra: *las raíces ahondan en la tierra.* ‖ *Fig.* Penetrar. ‖ *Fig.* Adelantar en una ciencia.

AHONDE m. Acción de ahondar o profundizar.

AHORA adv. t. Actualmente, en este momento. ‖*Fig.* Hace poco tiempo: *ahora me lo han dicho.* ‖ Entonces, luego. ‖ Pronto: *hasta ahora.* ‖ *Fig.* Dentro de poco tiempo: *ahora escribiré.* ‖ — Conj. distrib. Ora, bien: *ahora hablando, ahora escribiendo.* ‖ — Conj. advers. Pero, sin embargo. ‖ — Loc. adv. *Ahora bien,* esto supuesto o sentado: *ahora bien ¿qué se figura lograr esa mujer?* ‖ *Ahora que,* pero, no obstante. ‖ *Por ahora,* por lo pronto.

AHORCA f. *Venez.* Cuelga, regalo que se hace a uno el día de su santo.

AHORCABLE adj. Digno de ser ahorcado.

AHORCADO, DA m. y f. Persona colgada en la horca.

AHORCADORA f. *Amér. C.* Especie de avispa.

AHORCADURA f. Acción de ahorcar o ahorcarse.

AHORCAJARSE v. r. Ponerse, o montar, a horcajadas: *ahorcajarse en una rama.*

AHORCAPERROS m. *Mar.* Nudo corredizo.

AHORCAR v. t. Matar a uno colgándolo del cuello, en la horca o en otra parte. (SINÓN. V. *Estrangular.*) ‖ Abandonar, dejar: *ahorcar los libros, los hábitos.*

AHORITA adv. t. *Fam.* Ahora mismo, hace muy poco.

AHORMAR v. t. Ajustar a horma o molde. ‖ Usar la ropa o los zapatos nuevos hasta que sienten bien. ‖ *Fig.* Amoldar, poner en razón a alguno. ‖ *Taurom.* Conseguir por medio de la muleta que el toro se coloque bien para matarlo.

AHORNAGAMIENTO m. Acción y efecto de ahornagarse la tierra.

AHORNAGARSE v. r. Abrasarse, secarse la tierra.

AHORNAR v. t. Enhornar, meter en el horno. ‖ — V. r. Quemarse el pan por fuera, quedando mal cocido por dentro.

AHORQUILLADO, DA adj. En forma de horquilla.

AHORQUILLAR v. t. Afianzar con horquillas:

ahorquillar un árbol. || Poner en figura de horquilla: *ahorquillar un alambre.*
AHORRABLE adj. Que se puede ahorrar.
AHORRADAMENTE adv. m. Libremente.
AHORRADO, DA adj. Horro, libre. || Que ahorra o economiza mucho: *persona muy ahorrada.*
AHORRADOR, RA adj. y s. Que ahorra.
AHORRAMIENTO m. Acción de ahorrar.
AHORRAR v. t. Guardar una parte de lo que se gana. (SINÓN. *Economizar, atesorar, guardar, reservar.* CONTR. *Gastar, derrochar.*) || *Fig.* Evitar o excusar algún trabajo, riesgo u otra cosa: *ahorrar disgustos.* || Dar libertad a un esclavo.
AHORRATIVIDAD f. *Fam.* Tacañería.
AHORRATIVO, VA adj. Que ahorra.
AHORRISTA com. *Arg.* Ahorrador.
AHORRO m. Acción de ahorrar: *el ahorro no debe degenerar en avaricia.* || Lo que se ahorra: *tener algunos ahorros.* (SINÓN. V. *Economía* y *reserva.*) || *Caja de ahorros,* establecimiento público que recibe pequeñas cantidades que le confían los particulares, y las hace fructificar.
AHOYADURA f. Acción y efecto de ahoyar. || Hoyo o agujero abierto en la tierra.
AHOYAR v. i. Hacer o formar hoyos o agujeros.
AHUACHAPANECO, CA adj. y s. De Ahuachapán (El Salvador).
AHUANÉS adj. V. AGUANÉS.
AHUATE, AGUATE o **AJUATE** m. *Méx.* y *Hond.* Espinilla que tienen algunas plantas.
AHUCIAR v. t. *Ant.* Esperanzar, alentar, animar, dar confianza. || — CONTR. *Desahuciar.*
AHUCHADOR, RA adj. y s. Que ahúcha.
AHUCHAR v. t. Guardar en la hucha. || *Fig.* Guardar en sitio seguro. || *Col.* y *Venez.* Azuzar, incitar.
AHUECADO, DA adj. Hueco. (SINÓN. V. *Inflado.*)
AHUECADOR m. Cosa que ahueca. || Miriñaque.
AHUECAMIENTO m. Acción y efecto de ahuecarse. || *Fig.* Engreimiento, orgullo.
AHUECAR v. t. Poner hueca una cosa: *ahuecar un vestido.* || Mullir alguna cosa: *ahuecar la tierra, la lana.* || *Fig.* Dicho de la voz, hacerla más grave. || — V. i. *Fam.* Irse, marcharse: *ahuecar el ala.* (SINÓN. V. *Huir.*) || — V. r. *Fig.* y *fam.* Hincharse, envanecerse.
AHUEHUÉ y **AHUEHUETE** m. *Méx.* Árbol conífero, de madera semejante a la del ciprés. (El *ahuehuete* alcanza a veces dimensiones colosales. En Santa María de Tule [México] hay uno que mide 40 m de altura.)
AHUESADO, DA adj. De color de hueso. || Parecido al hueso.
AHUESARSE v. r. *Amer.* Volverse inútil.
AHUEVADO, DA adj. Aovado. || — M. Adorno en forma de huevo.
AHUEVAR v. t. Dar forma de huevo. || Dar limpidez con clara de huevo.
AHUIZOTE m. (de *Ahuitzotl,* rey de México). *Méx. Fig.* Hombre insoportable. || *Méx.* y *Amér. C.* Brujería.
AHULADO, DA adj. Dícese de la tela untada de hule.
AHUMADA f. Señal que se hace en las atalayas quemando paja u otra cosa: *hacer ahumada.*
AHUMADERO m. Sitio donde se ahuma.
AHUMADO, DA adj. Expuesto al humo: *tocino ahumado.* || De color sombrío: *topacio ahumado, cristal ahumado.* || — M. Acción de ahumar: *el ahumado de la carne.*
AHUMAR v. t. Poner al humo alguna cosa: *ahumar un jamón.* (SINÓN. *Acecinar, zahumar, ennegrecer.*) || Llenar de humo: *ahumar una colmena.* || — V. i. Despedir humo. || — V. r. Tomar la comida sabor a humo. || Ennegrecerse una cosa con el humo. || *Fam.* Emborracharse, achisparse. (SINÓN. V. *Embriagar.*) || *Fig.* y *fam. Ahumársele a uno el pescado,* enfadarse.
AHUNCHE m. Aunche.
AHUSADO, DA adj. De figura de huso.
AHUSAMIENTO m. Acción de ahusar.
AHUSAR v. t. Dar figura de huso. || — V. r. Adelgazarse en figura de huso.
AHUYENTADOR, RA adj. y s. Que ahuyenta.
AHUYENTAR v. t. (del lat. *ad,* a y *fugere,* huir). Hacer huir a alguno. || *Fig.* Desechar un pensamiento. || — V. r. Huir.
AÍ m. *Arg.* Perezoso, mamífero.
AIGRETTE f. (pal. fr., pr. *egret*). Penacho.
AIJADA f. Aguijada de boyero. || — PARÓN. *Ahijada.*
¡AIJUNA! interj. *Arg., Bol.* y *Urug.* ¡Ahijuna!
AILANTO m. Ciclamor, árbol de Asia y Oceanía llamado también *barniz del Japón.*
AÍLLO m. (voz quichua). Ayllu, casta, linaje. || *Per.* Especie de boleadora.
AIMARÁ adj. y s. V. *Parte hist.*
AINDAMÁIS adv. c. *Fam.* Además.
AINDIADO, DA adj. Que parece indio.
AIRADAMENTE adv. m. Con ira, coléricamente.
AIRADO, DA adj. Agitado. (SINÓN. V. *Colérico.*)
AIRAMIENTO m. Ira, cólera.
AIRAMPO m. Ayrampo.
AIRAR v. t. Irritar, encolerizar. || — PARÓN. *Airear.*
AIRE m. (gr. *aêr*). Fluido gaseoso que respiramos. || Viento. || Atmósfera. Ú. t. en pl.: *volar por los aires.* || *Fig.* Vanidad. || *Fig.* Futilidad de una cosa. || *Fig.* Apariencia de las personas o cosas. (SINÓN. *Cara, rostro, fisonomía.*) || *Fig.* Gracia, primor, gentileza. || Melodía, música, canto: *aire popular.* || Cada uno de los modos de andar el caballo. || Garbo, brío, gallardía. (SINÓN. V. *Apostura* y *actitud.*) || *Fam.* Ataque de parálisis. || Un baile argentino. || *Al aire,* dícese de las piedras engastadas sólo por sus bordes. Sin fundamento: *hablar al aire.* || *Al aire libre,* fuera de toda habitación o resguardo: *dormir al aire libre.* || *De buen o mal aire,* de buen o mal talante. || *En el aire, por el aire,* al instante. || *De mucho aire,* de mucho garbo. || *¡Aire!* interj. para hacer que se aparte la gente. || *Dar aire,* abreviar, acelerar. || *Darse un aire a uno,* parecerse a él. || *Tomar el aire,* salir a pasear. || *Dejar en el aire,* dejar pendiente de una decisión. || *Estar en el aire,* estar pendiente de cualquier eventualidad. || *Aire acondicionado,* sistema moderno de ventilación de los locales que regula la temperatura y la humedad. || *Aire comprimido,* el aire con presión superior a la atmosférica: se utiliza como fuerza en los frenos, como motor en las máquinas neumáticas, etc. || — OBSERV. Es galicismo decir: *tiene el aire generoso* por *parece generoso; se da aires de sabio* por *se las echa de sabio; hablar en el aire* por *hablar al aire; cambiar de aire* por *cambiar de aires.* En general, debe usarse esta palabra con circunspección en el sentido figurado.

— El *aire puro* no es un elemento simple, sino una mezcla de varios gases. Los principales son el oxígeno y el nitrógeno o ázoe. El aire contiene aproximadamente 21 partes de oxígeno por 78 de nitrógeno; encierra además argón (alrededor de un 1/100), gas carbónico, vapor de agua y algunos otros cuerpos (criptón, neón, xenón, helio, etcétera).

Desempeña el aire un papel muy importante en la naturaleza: es indispensable para la vida de los animales y las plantas, permite la combustión y la respiración; es el vehículo del sonido; por último, lo utiliza la industria como fuerza motriz en multitud de circunstancias, como para la navegación, los molinos de viento, etc. (V. ATMÓSFERA.)

Galileo y su discípulo Torricelli establecieron que el aire era pesado: un litro de aire puro a 0° y a la presión ordinaria, pesa 1,293 g. La presión ejercida por el aire se llama *presión atmosférica.* A dicha presión se debe la ascensión del agua en las bombas. El *aire líquido,* obtenido industrialmente desde 1897, es un líquido azulado que produce un frío de — 183°. El *aire comprimido,* encerrado en botellas de acero o repartido en las grandes poblaciones por medio de canalizaciones, se emplea como fuerza motriz.

AIRE m. *Zool.* Almiquí.
AIREACIÓN f. Ventilación.
AIREADO, DA adj. Ventilado, oreado. || Picado, agriado: *vino aireado.*
AIREAR v. t. Ventilar alguna cosa. || Poner al aire. || — V. r. Ponerse al aire para refrescarse o respirar mejor. || Resfriarse con el aire fresco. || — PARÓN. *Airar.*
AIREO m. Acción de airear, ventilación.

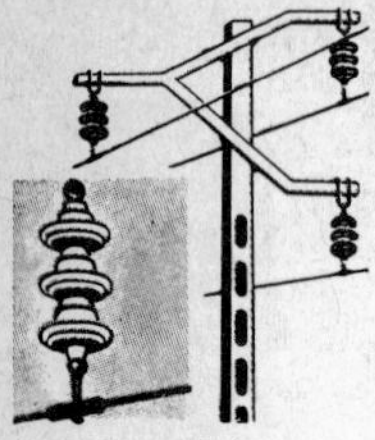

aislador

ajenjo

ajo

AIRÓN m. Garza real, ave. ‖ Penacho de plumas. ‖ Pozo sin fondo o muy hondo. ‖ *Cub. Al airón,* al galope.
AIROSAMENTE adv. m. Con aire, garbo.
AIROSIDAD f. Buen aire, garbo.
AIROSO, SA adj. Dícese del tiempo o lugar en que hace mucho aire. ‖ *Fig.* Garboso (SINÓN. V. *Elegante.*) ‖ *Fig.* Dícese del que ejecuta alguna cosa con lucimiento.
AISENINO, NA adj. y s. De Aisén (prov.) y Puerto Aisén (Chile).
AISLACIONISMO m. Política de un país que no interviene en los asuntos internacionales.
AISLACIONISTA adj. Relativo al aislacionismo. ‖ — M. y f. Partidario de esta política.
AISLADAMENTE adv. m. Con aislamiento.
AISLADO, DA adj. Apartado, separado.
AISLADOR, RA adj. y s. m. *Fís.* Aplícase a los cuerpos que interceptan el paso a la electricidad, al calor: *la resina, la seda, el aire seco y el vidrio son buenos aisladores.*
AISLAMIENTO m. Acción y efecto de aislar o aislarse. ‖ *Fig.* Incomunicación, desamparo: *vivir en el aislamiento.* (SINÓN. V. *Retiro.*)
AISLANTE adj. Que aisla.
AISLAR v. t. Cercar de agua. ‖ Dejar a una persona o cosa separada de otra: *aislar a un enfermo.* (SINÓN. V. *Apartar.*) ‖ *Fig.* Retirar del trato y comunicación de la gente: *vivir aislado.* ‖ *Fís.* Impedir que un cuerpo pierda su electricidad rodeándolo de substancias malas conductoras.
AIZOÁCEAS f. pl. Familia de plantas angiospermas.
¡AJÁ! interj. *Fam.* Denota aprobación, sorpresa.
AJABEBA f. Especie de flauta morisca.
AJADA f. Salsa de pan con ajos y sal.
AJADIZO, ZA adj. Que se aja fácilmente.
¡AJAJÁ! interj. *Fam.* ¡Ajá!
AJAMIENTO m. Acción y efecto de ajar o ajarse.
AJAMONAMIENTO m. *Fam.* Acción y efecto de ajamonarse.
AJAMONARSE v. r. *Fam.* Volverse jamona la mujer al pasar la juventud.
AJAQUECARSE v. r. Padecer jaqueca.
AJAR m. Tierra sembrada de ajos.
AJAR v. t. Maltratar, deslucir: *ajar un vestido.* Ú. t. c. r. ‖ *Fig.* Tratar mal de palabra a uno para humillarle.
AJARACA f. Lazo, adorno.
AJARAFE m. Terreno alto y extenso. ‖ Azotea o terrado de una casa: *subir al ajarafe.*
AJE m. Achaque: *andar lleno de ajes.* ‖ Batata, planta americana. ‖ Especie de cochinilla.
AJEAR v. i. Chillar la perdiz que está acosada.

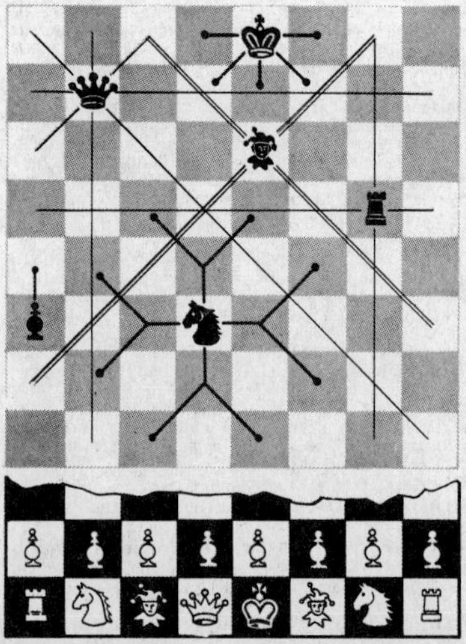

AJEDREZ

Movimiento de las diferentes piezas sobre el tablero. Abajo, disposición del conjunto de piezas al comienzo de la partida

AJEDREA f. Planta labiada muy olorosa.
AJEDRECISTA m. y f. Jugador de ajedrez. ‖ — Adj. Ajedrecístico.
AJEDRECÍSTICO, CA adj. Relativo al ajedrez.
AJEDREZ m. Juego entre dos personas, que se juega con 32 piezas movibles, sobre un tablero de 64 escaques blancos y negros alternados.
— El *juego del ajedrez,* en el que cada jugador dispone de 16 piezas (un *rey,* una *reina,* dos *alfiles,* dos *caballos,* dos *torres* y ocho *peones*), parece ser una imagen de la guerra. Atribúyese este juego al griego Palamedes, que lo inventó, según se cree, durante el sitio de Troya, para distraer a los guerreros durante los días de inacción; pero es más probable que nos venga de los persas o de los chinos, quienes lo dieron a conocer a los árabes. Se introdujo en Europa después de las Cruzadas. Preténdese que, habiéndolo ofrecido el inventor a su soberano, éste, encantado, le ofreció la recompensa que quisiera. Pidió un grano de trigo para el primer escaque, dos para el segundo, cuatro para el tercero y así sucesivamente duplicando siempre el número hasta la sexagesimocuarta casilla. El emperador ordenó a su ministro que satisficiera una petición tan modesta, pero hecho el cálculo se descubrió que todos los graneros del imperio no hubieran bastado para contener la cantidad de trigo pedida, pues equivalía a un cubo de más de un kilómetro de lado.
AJEDREZADO, DA adj. Que forma cuadros de dos colores, como las casillas del ajedrez: *escudo ajedrezado.* (SINÓN. *Escaqueado.*)
AJENABE y **AJENABO** m. Jenabe, mostaza.
AJENJO m. (lat. *absinthium*). Planta compuesta, medicinal, amarga y aromática. ‖ Licor alcohólico aromatizado con ajenjo y otras hierbas: *el abuso del ajenjo ocasiona graves dolencias y puede conducir a la locura y a la muerte.*
AJENO, NA adj. (del lat. *alius,* otro). Que pertenece a otro: *no codiciéis el bien ajeno.* ‖ *Fig.* Libre de alguna cosa: *ajeno de cuidados.* ‖ *Fig.* Impropio, que no corresponde: *ajeno de su clase.* ‖ Extraño. ‖ Diverso. ‖ *Ajeno de una cosa,* sin noticias de ella.
AJENUZ m. Arañuela, planta ranunculácea.
AJEREZADO, DA adj. Dícese del vino parecido al jerez.
AJERO, RA m. y f. Vendedor de ajos.
AJETE m. Ajo tierno. ‖ Puerro silvestre. ‖ Salsa hecha con ajos.
AJETREAR v. t. Fatigar. (SINÓN. V. *Cansar.*) Ú. t. c. r.
AJETREO m. Acción de ajetrearse, agitación. (SINÓN. V. *Animación.* CONTR. *Descanso, sosiego.*)
AJÍ m. *Amer.* Pimiento, chile; *el ají es muy usado como condimento.* ‖ Ajiaco, salsa. ‖ *Cub.* Tumulto, jaleo. ‖ *Amer. Ponerse uno como ají,* enrojecer. ‖ — OBSERV. Hace en pl. *ajises,* más corriente que *ajíes,* forma más correcta.
AJIACEITE m. Salsa hecha con ajos y aceite.
AJIACO m. Salsa de ají. ‖ Guisado de carne sazonado con ají. ‖ Hierba semejante a la acedera. ‖ *Chil. Como ajiaco,* colérico.
AJICERO, RA adj. *Amer.* Del ají. ‖ — M. y f. El que vende ají. ‖ — M. *Chil.* Vaso para guardar el ají.
AJICOLA f. Cola que se fabrica cociendo con ajos retazos de cabritilla.
AJICOMINO m. Salsa de ajo y comino.
AJILIMOJE y **AJILIMÓJILI** m. *Fam.* Salsa para los guisados. ‖ — Pl. *Fig.* y *fam.* Agregados, accesorios, dependencias de una cosa: *con todos sus ajilimójilis.*
AJILLO m. Guiso condimentado con mucho ajo: *gambas al ajillo.*
AJIMEZ m. (pal. ár.). Ventana arqueada, dividida en medio por una columna.
AJIPUERRO m. Puerro silvestre.
AJIRONAR v. t. Hacer jirones.
AJISECO m. *Per.* Ají colorado seco, usado como condimento. ‖ — Adj. De color rojo, como el ajiseco: *gallo ajiseco.*
AJIZAL m. Plantío de ají.
AJO m. Planta liliácea, cuyo bulbo, de olor fuerte, se usa como condimento. ‖ Diente de la cabeza de esta planta. ‖ Nombre de ciertos guisados o salsas : *ajo pollo, ajo comino, ajo blanco.* ‖ *Fig.* y *fam.* Negocio reservado o secreto: *andar* o *estar en el ajo.* ‖ *Fam.* Palabra

grosera: *soltar ajos y cebollas.* ‖ *Revolver el ajo,* excitar de nuevo una disputa.
— El *ajo* se emplea mucho en las preparaciones culinarias. Posee propiedades medicinales muy activas; es un vermífugo enérgico y se ha usado como tónico y antiséptico en tiempos de epidemia.
¡AJO! y **¡AJÓ!** interj. con que se estimula a los niños para que empiecen a hablar.
AJOARRIERO m. Guiso de bacalao con ajos, aceite y huevos.
AJOBAR v. t. Llevar a cuestas.
AJOBILLA f. Especie de almeja.
AJOBO m. Acción de ajobar. ‖ Carga que se lleva a cuestas. ‖ *Fig.* Trabajo penoso y molesto.
AJOFAINA f. Aljofaina, palangana, lavamanos.
AJOLÍN m. Especie de chinche.
AJOLOTE m. Animal anfibio de México y de América del Norte: *el aceite de ajolote fue usado en otro tiempo como el aceite de hígado de bacalao.*

AJOMATE m. Alga de agua dulce.
AJONJE m. Liga sacada de la raíz de la ajonjera. ‖ Ajonjera.
AJONJEAR v. t. *Col.* Acariciar, mimar.
AJONJEO m. *Col.* Mimo, halago, caricia.
AJONJERA f. Planta compuesta espinosa de flores amarillas. ‖ Tb. se llama *cardo ajonjero.*
AJONJOLÍ m. *Bot.* Alegría. (SINÓN. *Sésamo.*)
AJONUEZ m. Salsa de ajo y nuez moscada.
AJOQUESO m. Salsa de ajo y queso.
AJORAR v. t. Llevar por fuerza: *ajorar el ganado.*
AJORCA f. Brazalete, manilla.
AJORNALAR v. t. Ajustar a uno por un jornal.
AJOTAR v. t. *Amér. C.* Hostigar, azuzar.
AJOTE m. Escordio, planta labiada medicinal.
AJOTOLLO m. *Per.* Guisado de tollo o cazón.
AJUAGAS f. pl. *Veter.* Úlceras que se forman en los cascos de los caballos.
AJUANETADO, DA y **AJUANETEADO, DA** adj. Juanetudo: *rostro ajuanetado.*
AJUAR m. Conjunto de muebles, enseres y ropas de una casa: *un rico ajuar.* ‖ Muebles, alhajas y ropas que aporta la mujer al matrimonio.
AJUARAR v. t. Proveer de ajuar.
AJUATE m. Espinilla. (V. AHUATE.)
AJUDIADO, DA adj. Que se parece a los judíos. ‖ Que parece de judío: *nariz ajudiada.*
AJUGLARADO, DA adj. Juglaresco.
AJUGLARAR v. t. Hacer que uno proceda como un juglar. ‖ — V. i. Ser como un juglar.
AJUICIADO, DA adj. Juicioso.
AJUICIAR v. t. Hacer juicioso. ‖ Enjuiciar.
AJUMARSE v. r. Ahumarse. (SINÓN. V. *Embriagar.*)
AJUNO, NA adj. De ajos.
AJUNTARSE v. r. Juntarse.
AJUSTADO, DA adj. Justo, recto: *sentencia ajustada, precio ajustado.* (SINÓN. *Arreglado.*)
AJUSTADOR m. Jubón ajustado al cuerpo. ‖ Obrero que ajusta: *ajustador de imprenta.* ‖ Obrero que trabaja las piezas de metal ya concluidas para que encajen en su sitio.
AJUSTAMIENTO m. Acción de ajustar, ajuste. (SINÓN. V. *Ensambladura.*)
AJUSTAR v. t. Poner justa una cosa, arreglarla: *ajustar un vestido.* ‖ Conformar, acomodar: *ajustar una tapa a una caja.* (SINÓN. V. *Adaptar.*) ‖ Concertar, componer, concordar: *ajustar un matrimonio, ajustar a los contrincantes.* ‖ Concertar el precio de alguna cosa, entenderse con un criado o empleado: *ajustar a una criada.* ‖ Liquidar una cuenta. ‖ *Impr.* Disponer por su orden las planas que han de formar el pliego impreso. ‖ Asestar, dar: *le ajustaron un garrotazo.* ‖ *Col.* Ahorrar, escatimar. ‖ *Amer.* Atacar una enfermedad. ‖ *Amer.* Apretar: *le ajustaron mucho en el examen.* ‖ *Mec.* Trabajar una pieza de metal para que encaje en su lugar. ‖ — V. i. Venir justo. ‖ — V. r. Conformar, acomodarse. ‖ Ponerse de acuerdo: *ajustarse con sus acreedores, a la razón.* ‖ *Fam. Ajustar las cuentas,* tomarse la justicia por su mano. Arreglar las cuentas.

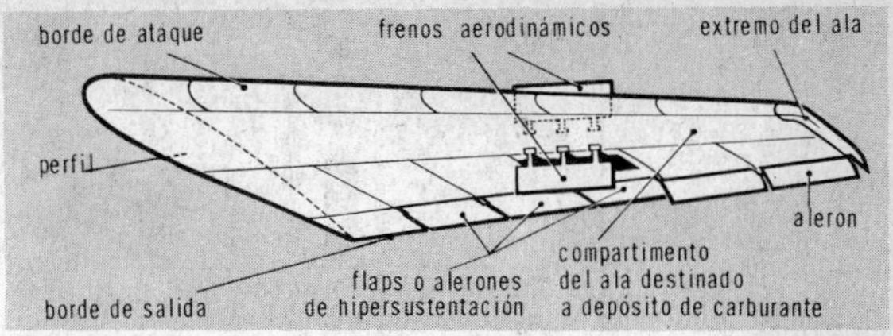

ALA DE AVIÓN

AJUSTE m. Acción y efecto de ajustar: *ajuste de un empleado.* (SINÓN. V. *Convenio.*) ‖ Encaje, adaptación: *el ajuste de una máquina.* (SINÓN. V. *Ensambladura.*) ‖ *Guat.* y *Salv.* Adehala. ‖ *Impr.* Acción de imponer: *un error de ajuste.*
AJUSTERO, RA adj. y s. *Col.* Contratista.
AJUSTICIADO, DA m. y f. Reo a quien se ha aplicado la pena de muerte.
AJUSTICIAMIENTO m. Ejecución.
AJUSTICIAR v. t. Castigar con la pena de muerte. (SINÓN. V. *Matar.*)
AL, contracción de la prep. *a* y el artículo *el.*
al, símbolo químico del *aluminio.*
ALA f. Parte del cuerpo de algunos animales, que les sirve para volar. ‖ *Por ext.* Parte lateral de alguna cosa: *ala del tejado, de un edificio, de un ejército, de un avión.* (SINÓN. V. *Lado.*) ‖ Hilera, fila. ‖ Lado de las ventanas de la nariz. ‖ Paleta de la hélice. ‖ *Fig.* Protección: *el ala materna.* ‖ *Ala del corazón,* aurícula. ‖ *Ala de molino,* aspa. ‖ *Ala derecha,* parte de un grupo ideológico que defiende la forma menos extrema de los principios característicos del grupo. ‖ *Ala izquierda,* conjunto de los partidos políticos extremos en un Estado. ‖ *Tomar alas,* tomarse libertades. ‖ *Arrastrar el ala,* enamorar. No encontrarse muy bien. ‖ *Caérsele a uno las alas del corazón,* desmayar, perder ánimo. ‖ *Cortar las alas a uno,* privarle de hacer su capricho. ‖ *Pop. Del ala,* peseta: *cinco del ala.* ‖ Pop. *Ahuecar el ala,* irse. ‖ — PROV. **Volar con sus propias alas,** no necesitar de nadie.
¡ALA! interj. ¡Hala!
ALABADO m. Motete que se canta en alabanza del Santísimo Sacramento. ‖ *Amer.* Canto de los serenos y trabajadores al amanecer. ‖ *Chil. Al alabado,* al alba.
ALABADOR, RA adj. y s. Que alaba o celebra.
ALABAMIENTO m. Alabanza.
ALABANCIA f. Alabanza. ‖ Jactancia.
ALABANCIOSO, SA adj. *Fam.* Jactancioso.
ALABANDINA f. Granate rojo subido. ‖ Sulfuro de manganeso, mineral negro y brillante.
ALABANZA f. Acción de alabar y palabras con que se alaba: *cantar las alabanzas de uno.* (SINÓN. V. *Elogio.* CONTR. *Censura.*)
ALABAR v. t. Elogiar, celebrar con palabras (SINÓN. V. *Glorificar, halagar* y *vanagloriar.* CONTR. *Censurar, vituperar.*) ‖ — V. i. *Méx.* y *Guat.* Cantar el alabado. ‖ — V. r. Mostrarse satisfecho: *mucho me alabo de su triunfo.* ‖ Jactarse o vanagloriarse: *alabarse de discreto.*
ALABARDA f. Pica con cuchilla de figura de media luna. ‖ Arma antigua de los sargentos de infantería.
ALABARDADO, DA adj. De figura de alabarda.
ALABARDAZO m. Golpe dado con la alabarda.
ALABARDERO m. Soldado armado de alabarda. ‖ Soldado de una guardia que tenían los reyes de España. ‖ *Fig* y *fam.* Persona cuyo oficio es aplaudir en los teatros.
ALABASTRADO, DA adj. Parecido al alabastro.
ALABASTRINO, NA adj. De alabastro: *yeso alabastrino.* ‖ Semejante al alabastro. ‖ — F. Hoja transparente de alabastro yesoso o espejuelo.
ALABASTRITES y mejor **ALABASTRITA** f. Variedad de yeso compacto y translúcido que se encuentra en Toscana.
ALABASTRO m. (lat. *alabaster*). Especie de mármol translúcido, con visos de colores, y capaz de hermoso pulimento. ‖ *Alabastro oriental,* el más translúcido. ‖ *Fig.* Blancura: *cuello de alabastro.*
ÁLABE m. Paleta de una rueda hidráulica. ‖ Diente de la rueda del batán o abocardo, etc. ‖

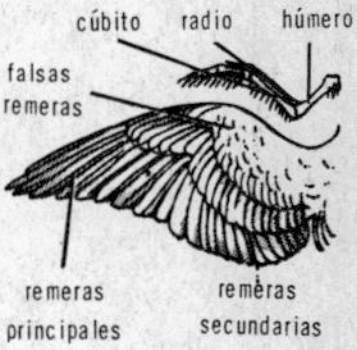

ALA DE AVE

alabardero

Fot. Larousse

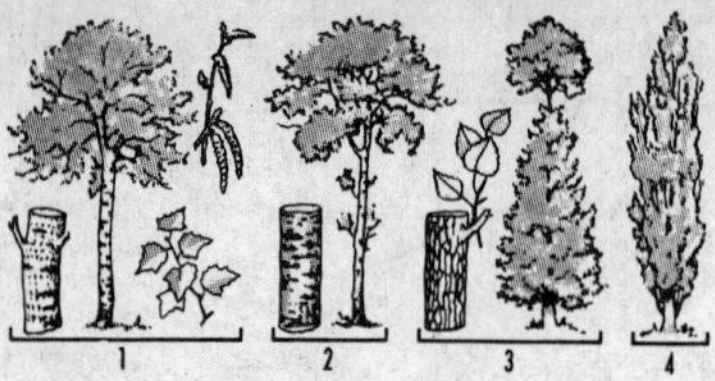

ÁLAMOS

1. Blanco
2. Negro
3. Piramidal
4. De Italia

Rama de árbol que cae hacia el suelo. ‖ Estera colocada a los lados del carro.
ALABEADO, DA adj. Dícese de la superficie de revolución que puede contener líneas rectas sólo en ciertas direcciones. ‖ Curvado.
ALABEAR v. t. Dar forma alabeada. ‖ — V. r. Tomar alabeo la madera.
ALABEO m. Torsión de una tabla o de cualquier superficie que no queda toda en un plano.
ALABIADO, DA adj. Aplícase a la moneda o medalla que tiene labios o rebabas.
ALACENA f. Armario hecho en la pared, con puertas y anaqueles. ‖ *Ecuad.* Parte superior del pecho.
ALACIARSE v. r. Enlaciarse.
ALACLE m. Planta herbácea textil de México.
ALACO o **HALACO** m. *Amér. C.* Harapo: *ir vestido de alacos.* ‖ *Amér. C.* Persona viciosa, perdida.
ALACRÁN m. Arácnido venenoso, muy común en España: *el alacrán tiene la cola terminada por un aguijón ponzoñoso.* (SINÓN. *Escorpión.*) ‖ Asilla con que se traban los botones de metal. ‖ Pieza del freno de los caballos, que sujeta al bocado la barbada. ‖ *Arg.* Persona maldiciente. ‖ *Alacrán marino,* pejesapo. ‖ *Alacrán cebollero,* grillo real, insecto.
ALACRANADO, DA adj. *Fig.* Viciado.
ALACRANCILLO m. Planta borraginácea americana de florecillas en espiga encorvada como la cola del alacrán.
ALACRANEAR v. i. *Arg.* Hablar mal de los otros.
ALACRANERA f. Sitio donde abundan los alacranes. ‖ Planta papilionácea, cuyo fruto es semejante a la cola del alacrán.
ALACRIDAD f. (del lat. *alacer,* alegre). Vivacidad. (SINÓN. V. *Animación.*)
ALACHA y **ALACHE** m. Haleche, boquerón.
ALADA f. Movimiento que hacen las aves subiendo y bajando rápidamente las alas.
ALADARES m. pl. Porción de cabellos que caen sobre las sienes.
ALADIERNA f. o **ALADIERNO** m. Arbusto ramnáceo, de flores pequeñas y blancas, cuyo fruto es una drupa negra: *la aladierna produce materia tintórea amarilla.*
ALADO, DA adj. Que tiene alas: *insecto alado.* ‖ Rápido, ligero. ‖ *Bot.* De figura de ala: *semilla alada.* (CONTR. *Áptero.*)
ALADRERO m. Carpintero que labra las maderas usadas para la entibación de las minas.
ALADRO m. *Provinc.* Arado.
ALADROQUE m. Boquerón, pez.
ALAFIA f. *Fam.* Gracia, perdón, misericordia. ‖ *Hond.* Labia.
ÁLAGA f. Trigo de grano largo y amarillento.
ALAGADIZO, ZA adj. Dícese del terreno que se encharca con facilidad.
ALAGAR v. t. Llenar de lagos o charcos.
ALAGARTADO, DA adj. Semejante al lagarto: *piel alagartada.*
ALAGARTARSE v. r. *Méx.* Apartar una bestia los cuatro remos de suerte que disminuya su altura.
ALAJÚ m. Pasta de almendras, nueces, especias finas y miel bien cocida.
ALAJUELENSE adj. y s. De Alajuela (Costa Rica).
ALALÁ m. Canto popular del norte de España.
ALALÍ m. Lelilí, algazara.
ALALIA f. *Med.* Afonía, imposibilidad de hablar.
ALÁLIMO o **ALALIMÓN** m. V. ALIMÓN.
ALAMAR m. Presilla y botón que se cosen a la orilla de la capa. ‖ Cairel.
ALAMBICADO, DA adj. *Fig.* Dado con escasez y poco a poco. ‖ *Fig.* Muy sutil: *estilo alambicado.*
ALAMBICAMIENTO m. Acción y efecto de alambicar.
ALAMBICAR v. t. Destilar. ‖ *Fig.* Volver demasiado sutil: *alambicar el estilo.* ‖ *Fig.* Examinar detenidamente. ‖ *Fig.* Reducir lo más posible el precio.
ALAMBIQUE m. Aparato para destilar. ‖ *Fig.* *Pasar por el alambique,* examinar con cuidado. — El *alambique* se compone de una caldera o cucúrbita, en la que se coloca lo que se quiere destilar, y una tapadera o mantera que recoge los vapores y los lleva, por un tubo inclinado, hasta el refrigerante o corbato, donde se enfrían y liquidan al pasar por un serpentín bañado en agua fría.
ALAMBOR m. *Arq.* Falseo. ‖ *Fort.* Escarpa.
ALAMBRADA f. Red de alambres. (SINÓN. V. *Cerca.*)
ALAMBRADO m. Alambrera: *el alambrado de una ventana.* ‖ Cerco de alambre.
ALAMBRAR v. t. Guarnecer de alambre: *alambrar un balcón.* ‖ Cercar con alambre.
ALAMBRE m. Hilo tirado de cualquier metal. ‖ *Alambre de púas,* el armado de púas que se usa para cercar, defender, etc.
ALAMBRERA f. Enrejado de alambre que se coloca en las ventanas. ‖ Campana de alambre, que se suele poner sobre los braseros o ante las chimeneas. ‖ Campana de red de alambre muy tupida, que sirve para proteger los manjares.
ALAMBRISTA com. Equilibrista, funámbulo que hace suertes sobre un alambre.
ALAMEDA f. Sitio poblado de álamos. ‖ Paseo de árboles de cualquier clase. (SINÓN. *Avenida, bulevar, paseo.*)
ALAMÍN m. Nombre árabe de algunos inspectores antiguos, como el de pesas y medidas, el alarife y el juez de los riegos.
ÁLAMO m. Árbol salicáceo que crece en las regiones templadas, y cuya madera, blanca y ligera, resiste mucho al agua. (Hay varias especies de *álamos*: el álamo blanco, el álamo negro o chopo, el álamo temblón y el álamo de Italia o piramidal.)
ALAMPAR v. i. Tener ansia grande por alguna cosa: *alampar por beber.* Ú. t. c. r.
ALANCEADO, DA adj. Herido con lanza. ‖ *Bot.* Lanceolado: *hoja alanceada.*
ALANCEADOR, RA adj. y s. Que alancea.
ALANCEAR v. t. Dar lanzadas, herir a lanzadas. ‖ Zaherir.
ALANDREARSE v. r. Enfermar y secarse los gusanos de seda.
ALANGIEO, A o **ALANGIÁCEO, A** adj. *Bot.* Dícese de los árboles dicotiledóneos de la familia del angolán.
ALANGUILÁN m. Planta aromática de Filipinas.
ALANO, NA adj. y s. Dícese del pueblo que invadió España en el siglo V. (V. *Parte hist.*)
ALANO m. Perro grande y fuerte, de pelo corto.
ALANTE adv. l. y t. *Fam.* Adelante.
ALANTOIDES f. (del gr. *allas, antos,* tripa). Membrana de forma de tripa que acompaña al feto.
ALANZAR v. t. Lanzar. ‖ Alancear.
ALAQUECA f. Cornalina, ágata rojiza.
ALAR m. Alero del tejado. ‖ *Col.* Acera, vereda.
ALÁRABE y **ALARBE** adj. Árabe. ‖ — M. *Fig.* Hombre inculto o brutal: *portarse como un alarbe.*
ALARCONIANO, NA adj. Propio y característico del poeta Juan Ruiz de Alarcón.
ALARDE m. Muestra o revista de los soldados y de sus armas. (SINÓN. V. *Revista.*) ‖ Gala que se hace de alguna cosa: *hacer alarde de ingenio.* (SINÓN. *Jactancia, ostentación.*) ‖ Visita carcelaria.
ALARDEAR v. i. Hacer alarde, ostentar.
ALARDEO m. Ostentación.
ALARDOSO, SA adj. Ostentoso, magnífico.
ALARGA f. *Chil.* *Dar la alarga,* soltar hilo a la cometa o volantín.
ALARGADERA f. Tubo con que se alarga el cañón de una retorta. ‖ Pieza que se agrega al compás para alargar una de sus piernas.
ALARGADOR, RA adj. Que alarga o prolonga.
ALÁRGAMA f. Alharma, planta rutácea.

ALARGAMIENTO m. Aumento de longitud: *el hierro calentado experimenta alargamiento.*
ALARGAR v. t. Dar mayor longitud a una cosa. (SINÓN. V. *Prolongar.* CONTR. *Acortar.*) ‖ Hacer que una cosa dure más tiempo. ‖ Retardar, diferir. ‖ Tomar una cosa para darla a otro que está apartado: *alarga ese libro.* ‖ Estirar, desencoger. ‖ Aplicar con interés la vista o el oído. ‖ Dar cuerda, o ir soltando poco a poco un cabo, maroma, etc. ‖ *Fig.* Aumentar: *alargar el sueldo, la ración.* ‖ — V. r. Separarse, apartarse. ‖ Hacerse más largo: *alargarse los días, las noches.* ‖ *Fig.* Extenderse en lo que se habla o escribe: *alargarse en una carta, en una disertación o discurso.*
ALARIA f. Instrumento que usan los alfareros para pulir las vasijas de barro.
ALARIDA f. Gritería, vocería.
ALARIDO m. Grito lastimero. (SINÓN. V. *Grito.*)
ALARIFAZGO m. Oficio de alarife o arquitecto.
ALARIFE m. Arquitecto o maestro de obras. ‖ *Min.* Albañil. ‖ *Arg.* Persona lista, astuta.
ALARIJE adj. y s. Arije, variedad de uva.
ALARMA f. *Mil.* Señal que se da para que se prepare inmediatamente la tropa a la defensa o al combate. ‖ Rebato: *dar la alarma.* ‖ *Fig.* Inquietud: *vivir en perpetua alarma.* (SINÓN. V. *Temor.*) ‖ — PARÓN. *Alharma.*
ALARMADOR y **ALARMANTE** adj. Que alarma: *noticia alarmante.* (SINÓN. V. *Inquietante.*)
ALARMAR v. t. Dar alarma o incitar a tomar las armas. ‖*Fig.* Causar alarma: *alarmar a toda la población.* ‖ — V. r. Inquietarse: *alarmarse por una mala noticia.* ‖ — CONTR. *Tranquilizar.*
ALARMISMO m. *Neol.* Propensión a causar alarma o a estar alarmado.
ALARMISTA adj. y s. Que hace cundir noticias que causan alarma.
ALAROZ m. Armazón de madera, colocada en el hueco de la puerta para sostener una mampara.
ALASTRARSE v. r. Tenderse, coserse contra la tierra el ave u otro animal para no ser descubierto.
A LÁTERE m. *Fam.* Compañero.
ALATERNO m. Aladierna, arbusto ramnáceo.
ALATINADO, DA adj. A la manera latina.
ALAVANCO m. Lavanco, especie de pato bravío.
ALAVENSE y **ALAVÉS, ESA** adj. y s. De Álava.
ALAZÁN, ANA adj. y s. Dícese del caballo cuyo pelo es de color más o menos rojo canela: *hay varias clases de alazán, pálido o lavado, claro, dorado o anaranjado, vinoso, tostado,* etc.
ALAZANO, NA adj. y s. Alazán.
ALAZO m. Golpe que dan las aves con el ala.
ALAZOR m. Planta compuesta, de cuyas flores se saca una tintura roja muy apreciada. ‖ — SINÓN. *Azafrán, cártamo.*
ALBA f. Luz del día antes de salir el sol: *empieza a clarear el alba.* (SINÓN. *Amanecer, aurora, alborada.*) ‖ Vestidura blanca que los sacerdotes se ponen sobre el hábito y el amito. ‖ *Romper el alba,* amanecer.
ALBACA f. Barb. por *albahaca.*
ALBACARA f. *Fort.* Obra de defensa que se hacía a la entrada de las antiguas fortalezas. ‖ Torreón saliente.
ALBACEA com. Ejecutor testamentario: *designar albaceas en su testamento.* ‖ *Albacea dativo,* el designado por la autoridad judicial. ‖ *Fig. No necesitar uno albacea para su alma,* saberse arreglar solo.
ALBACEAZGO m. Cargo de albacea.
ALBACETENSE o **ALBACETEÑO, ÑA** adj. y s. De Albacete.
ALBACORA f. Breva. ‖ *Zool.* Bonito, pez.
ALBAHACA f. Planta labiada de flores blancas, algo purpúreas, y olor aromático.
ALBAHAQUERO m. Tiesto, maceta para albahaca.
ALBAHAQUILLA f. Parietaria, planta. ‖ *Chil.* Culén, planta leguminosa.
ALBAICÍN m. (pal. ár.). Barrio pendiente, en cuesta.
ALBAIDA f. Planta leguminosa muy ramosa, de flores pequeñas y amarillas.
ALBALÁ amb. Carta o cédula real en que se concedía alguna merced o se proveía otra cosa. ‖ Documento público o privado.
ALBANEGA f. Cofia o red para el pelo. ‖ Manga cónica de red para cazar conejos.
ALBANÉS, ESA adj. y s. De Albania.
ALBAÑAL m. Canal o alcantarilla. (SINÓN. V. *Cloaca.*)
ALBAÑIL m. Maestro u oficial de albañilería.
ALBAÑILA adj. Especie de abeja.
ALBAÑILERÍA f. Arte de construir edificios u obras con ladrillo, piedra, cal, arena, yeso, etc.: *pared de albañilería.* ‖ Obra hecha por un albañil.
ALBAR adj. Blanco: *tomillo albar, conejo albar.*
ALBARÁN m. Papel que se pone en las casas como señal de que se alquila. ‖ Albalá, documento. ‖ Factura, nota de entrega.
ALBARAZADO, DA adj. Enfermo de albarazo o lepra. ‖ Blanquecino. ‖ *Méx.* Descendiente de chino y jenízara, o viceversa.
ALBARAZO m. Especie de lepra blanca.
ALBARCOQUE m. Albaricoque, fruto.
ALBARDA f. Especie de silla de las caballerías de carga. ‖ Albardilla de tocino. ‖ *Amer.* Silla de montar de cuero crudo.
ALBARDADO, DA adj. *Fig.* Dícese del animal que tiene el pelo del lomo de diferente color que lo demás del cuerpo: *caballo albardado.*
ALBARDAR v. t. Enalbardar: *albardar un burro.*
ALBARDEAR v. t. *Amér. C.* Molestar.
ALBARDELA f. Silla para domar potros.
ALBARDERÍA f. Oficio y tienda del albardero.
ALBARDERO m. El que hace o vende albardas.
ALBARDILLA f. Silla para domar potros. ‖ Almohadilla que sirve para diferentes usos. ‖ Agarrador para la plancha. ‖ Caballete que divide las eras de un huerto. ‖ Caballete o lomo de barro que se forma en los caminos. ‖ Caballete o tejadillo de los muros. ‖ Lonja de tocino gordo con que se cubren las aves antes de asarlas. ‖ Huevo batido, harina, dulce, etc., con que se rebozan las viandas.
ALBARDÍN m. Especie de esparto o atocha.
ALBARDÓN m. Albarda grande, que se pone a las caballerías para montar en ellas. ‖ *Riopl.* Loma de tierra en las lagunas y esteros. ‖ *Hond.* y *Guat.* Caballete de los muros, albardilla.
ALBAREJO adj. y s. Dícese del trigo candeal.
ALBAREQUE m. Red para pescar sardinas.
ALBARICOQUE m. Fruto del albaricoquero. ‖ Albaricoquero.
ALBARICOQUERO m. Árbol rosáceo, de fruto muy estimado. ‖ Arbol gutífero de Santo Domingo, de fruto comestible.
ALBARILLO m. Especie de tañido acelerado, en la guitarra.
ALBARILLO m. Albaricoquero cuyo fruto tiene carne blanca. ‖ Este fruto. ‖ *Arg.* Albaricoque.
ALBARINO f. Afeite blanco.
ALBARIZA f. Laguna salobre.
ALBARIZO, ZA adj. Blanquecino: *terreno albarizo.* ‖ — M. Albero, terreno albarizo.
ALBARRADA f. Pared de piedra seca. ‖ Parata sostenida por una pared de esta clase. ‖ Cerca o vallado. ‖ Alcarraza.
ALBARRANA f. Planta liliácea, llamada también *cebolla albarrana.* ‖ — Adj. Dícese de las torres exteriores de una fortificación.
ALBARRANILLA f. Planta liliácea de flores azules, común en los bosques.
ALBARRAZ m. Albarazo, lepra blanca. ‖ Estafisagria, hierba piojera.
ALBATROS m. Género de aves palmípedas de los mares australes.
ALBAYALDADO, DA adj. Dado de albayalde: *pared albayaldada.*
ALBAYALDAR v. t. Dar de albayalde.
ALBAYALDE m. *Quím.* Carbonato de plomo, de color blanco que se emplea en pintura.
— El *albayalde* o *cerusa* es un veneno violento, cuyo uso está prohibido en varios países, pues causa terribles enfermedades a los que lo manejan. (V. SATURNISMO.) Debe substituirse por el blanco de cinc.
ALBAZANO, NA adj. De color castaño obscuro: *caballo albazano.*

alba

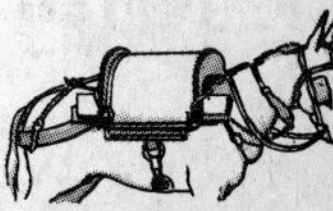
albarda

albaricoque

albarrana (cebolla)

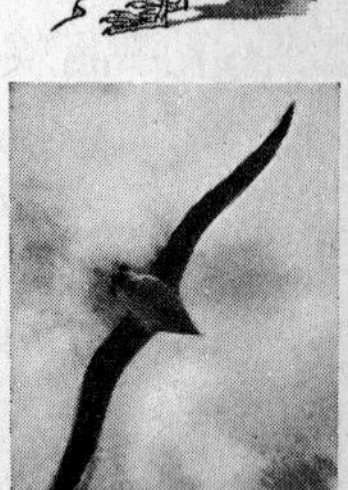
albatros

Fot. Expediciones Polares Sapin-Jaloustre

albornoz

ALBAZO m. *Amer.* Alborada. ‖ *Arg.* Acción de madrugar.
ALBEAR m. Gredal.
ALBEAR v. i. Blanquear. ‖ *Arg.* Madrugar.
ALBEDO m. Potencia reflectora de un cuerpo iluminado (dícese de los astros).
ALBEDRÍO m. Facultad de obrar por reflexión y elección. Dícese comúnmente: *libre albedrío.* ‖ Antojo o capricho: *no escuchar sino su albedrío.* ‖ Costumbre jurídica no escrita. ‖ *Al albedrío de alguno,* loc. adv., según su capricho o voluntad: *hazlo a tu albedrío.*
ALBÉITAR m. Veterinario.
ALBEITERÍA f. Veterinaria.
ALBELLÓN m. Albañal, cloaca.
ALBENDA f. Colgadura de lienzo blanco, con adornos o con encajes.
ALBENDERA f. Mujer que hacía albendas, colgaduras y ropa blanca. ‖ *Fig.* Mujer callejera y ociosa.
ALBENGALA f. Tejido antiguo muy delgado.
ALBÉNTOLA f. Especie de red muy delgada para pescar peces pequeños.
ALBERCA f. Depósito de agua con muros de fábrica. ‖ Poza donde se pone a enriar el cáñamo.
ALBÉRCHIGA f. Albérchigo.
ALBÉRCHIGO m. Fruto del alberchiguero : *el albérchigo tiene la carne adherida al hueso.* ‖ Alberchiguero. ‖ Albaricoquero.
ALBERCHIGUERO m. Especie de albaricoquero o melocotonero.
ALBERGADOR, RA adj. y s. Que alberga.
ALBERGAR v. t. Dar albergue u hospedaje: *albergar a un viajero.* (SINÓN. V. *Hospedar* y *recibir.* CONTR. *Desalojar.*) ‖ — V. i. Tomar albergue.
ALBERGUE m. Lugar en que una persona se hospeda o abriga: *tomar albergue en la posada.* (SINÓN. V. *Refugio.*) ‖ Cueva, cubil, madriguera o guarida de los animales.
ALBERO, RA adj. Albar, blanco.‖ — M. Terreno albarizo. ‖ Paño para secar los platos fregados.
ALBERQUERO, RA m. y f. Persona que se ocupa de las albercas.
ALBICA f. Especie de arcilla blanca.
ALBICANTE adj. Que albea o blanquea.
ALBIDO, DA adj. Blanquecino, que tira a blanco.
ALBIGENSE adj. y s. ‖ De Albi. ‖ **Hereje albigense.** (V. *Parte hist.*)
ALBIHAR m. Manzanilla loca, planta.
ALBILLO, LLA adj. Dícese de una especie de uva y del vino que se saca de ella.
ALBÍN m. Hematites. ‖ Color carmesí obscuro.
ALBINA f. Laguna de agua del mar. ‖ Sal que dejan los esteros al secarse.
ALBINISMO m. (de *albo*). Anomalía congénita que consiste en la disminución o ausencia total de la materia colorante de la piel, los ojos y el pelo. (Los *albinos* tienen el pelo y la piel blancos, y el iris rosado o rojo.)
ALBINO, NA adj. y s. Que presenta albinismo. ‖ *Méx.* Descendiente de morisco y europea, o viceversa. ‖ *Dom.* Persona de raza negra que nace blanco. ‖ — PARÓN. *Alvino.*
ALBITA f. Feldespato de color blanco.
ALBITANA f. Cerca con que los jardineros resguardan las plantas. ‖ *Mar.* Contracodaste o contrarroda.
ALBO, BA adj. *Poét.* Blanco.
ALBOAIRE m. Labor de azulejos que se hacía en las capillas o bóvedas.
ALBOGÓN m. Especie de flauta grande antigua.
ALBOGUE m. Especie de dulzaina. ‖ Instrumento músico pastoril. ‖ Especie de flauta doble. ‖ Cada uno de los dos platillos de latón que se usan para marcar el ritmo en los bailes.
ALBOGUEAR v. i. Tocar el albogue.
ALBOGUERO, RA m. y f. Persona que toca el albogue.
ALBOHOL m. Correhuela.
ALBOLLÓN m. Arbollón, albañal.
ALBÓNDIGA o **ALBONDIGUILLA** f. Bolita de carne picada que se come guisada.
ALBOQUERÓN m. Planta crucífera parecida al alhelí, con flores rojas en corimbo. ‖ — PARÓN. *Boquerón.*
ALBOR m. Albura. ‖ Luz del alba. ‖ *Fig.* Principio, inicio. ‖ *Fig. Albores de la vida,* infancia o juventud.
ALBORADA f. Tiempo de amanecer o rayar el día. (SINÓN. V. *Alba.*) ‖ Acción de guerra al alba. ‖ Toque militar al romper el alba. ‖ Música al aire libre al amanecer: *dar una alborada a alguien.* ‖ Composición poética o musical en que se canta la mañana. (SINÓN. V. *Concierto.*) ‖ Vallado, cerca.
ALBÓRBOLA f. Vocerío, algazara.
ALBOREAR v. i. Amanecer o rayar el día. (CONTR. *Anochecer.*)
ALBORGA f. Calzado de esparto, a manera de alpargata, que se usa en algunas provincias.
ALBORNÍA f. Vasija grande de barro vidriado.
ALBORNO m. *Bot.* Alburno.
ALBORNOZ m. Especie de capa grande, de lana, con capucha. ‖ Bata amplia de tejido esponjoso que se usa después de tomar un baño.
ALBORONÍA f. Guisado de berenjenas, tomates, calabaza y pimiento.
ALBOROQUE m. Agasajo que se hace a los que intervienen en una venta.
ALBOROTADAMENTE adv. m. Con alboroto
ALBOROTADIZO, ZA adj. Que por ligero motivo se alborota o inquieta.
ALBOROTADO, DA adj. Que obra precipitadamente y sin reflexión.
ALBOROTADOR, RA adj. y s. Que alborota.
ALBOROTAPUEBLOS com. Alborotador. ‖ *Fam.* Persona bullanguera.
ALBOROTAR v. t. e i. Causar alboroto. ‖ *Arg.* Excitar gran curiosidad. ‖ *Arg.* Enredar, enmarañar. ‖ — V. r. Encresparse el mar.
ALBOROTERO, RA y **ALBOROTISTA** adj. *Amer.* Alborotador.
ALBOROTO m. Vocerío. (SINÓN. *Cencerrada. algarabía, barullo, rumor, algazara, guirigay, trapatiesta, bulla, gresca, barahúnda, batahola, jollín.* V. tb. *jaleo.*) ‖ Estrépito. (SINÓN. *Ruido, fragor, estruendo.*) Desorden, tumulto. ‖ Asonada, motín, sedición. ‖ Sobresalto, inquietud. ‖ *Méx.* Alborozo. ‖ — Pl. *Amér C.* Rosetas de maíz tostado con miel.
ALBOROTOSO, SA adj. *Amer.* Alborotador.
ALBOROZADO, DA adj. Regocijado.
ALBOROZADOR, RA adj. y s. Que alboroza o causa alborozo.
ALBOROZAR v. t. Causar gran placer.
ALBOROZO m. Extraordinario regocijo, placer o alegría: *manifestar gran alborozo.* (SINÓN. V. *Alegría.* CONTR. *Desazón.*)
ALBOTÍN m. Terebinto, árbol terebintáceo.
ALBRICIAR v. t. Dar albricias, felicitar.
ALBRICIAS f. pl. Regalo que se da por alguna buena noticia. ‖ *Méx.* Agujeros que dejan los fundidores en el molde para que salga el aire al entrar el metal. ‖ *¡Albricias!* expresión de júbilo, enhorabuena.
ALBUFERA f. Laguna junto al mar.
ALBUGÍNEO, A adj. Completamente blanco. ‖ Membrana que rodea el tejido del testículo.
ALBUGO m. *Med.* Mancha blanca en la córnea. transparente. ‖ Mancha blanca en las uñas.
ALBUHERA f. Albufera. ‖ Estanque o alberca.
ÁLBUM m. (del lat. *album,* blanco). Libro en blanco, cuyas hojas se llenan con composiciones literarias, sentencias, máximas, fotografías, firmas, sellos de correo, etc.: *un álbum de tarjetas postales.* Pl. *álbumes.*
ALBUMEN m. (del lat. *albumen,* clara de huevo). *Bot.* Materia feculenta que envuelve el embrión de algunas plantas y le sirve de primer alimento: *el albumen puede ser córneo, oleaginoso o carnoso.*
ALBÚMINA f. Substancia algo salada, muy común en la naturaleza, y que forma la casi totalidad de la clara de huevo y del suero de la sangre.
ALBUMINADO, DA adj. Que contiene albúmina: *papel albuminado.*
ALBUMINAR v. t. Preparar con albúmina una placa o un papel fotográficos.
ALBUMINOIDE m. Substancia albuminoidea.
ALBUMINOIDEO, A adj. *Quím.* De la naturaleza de la albúmina: *materias albuminoideas*
ALBUMINÓMETRO m. Aparato que mide la cantidad de albúmina que contiene un líquido.
ALBUMINOSA f. Substancia obtenida mediante la acción de un álcali sobre la albúmina.

ALBUMINOSO, SA adj. Que contiene albúmina: *sustancia albuminosa.*
ALBUMINURIA f. *Med.* Síntoma que consiste en la existencia de albúmina en la orina.
ALBUR m. Pez de río, de escamas plateadas. ‖ En el juego del monte, las dos cartas primeras que saca el banquero. ‖ *Fig.* Riesgo o peligro: *jugar, correr un albur.* ‖ — Pl. Juego de naipes.
ALBURA f. Blancura perfecta. ‖ Clara del huevo. ‖ Madera tierna y blanquecina, entre la corteza y el corazón de un árbol, que forma cada año un círculo nuevo alrededor de dicho corazón.
ALBURNO m. Albura de la madera.
ALCABALA f. Nombre de cierto derecho antiguo que cobraba el fisco sobre las ventas y permutas.
ALCABALERO m. El que cobraba las alcabalas.
ALCACEL y **ALCACER** m. Cebada verde y en hierba. ‖ Plantío de cebada. ‖ *Fig.* y *fam. Estar ya duro el alcacer para zampoñas,* no estar ya una persona en edad de aprender o de hacer algo.
ALCACÍ y **ALCACIL** m. Alcaucil, alcachofa silvestre.
ALCACHOFA f. Planta compuesta cuyas cabezuelas grandes y escamosas pueden comerse antes de que la flor llegue a desarrollarse. ‖ Cabezuela de esta planta, del cardo y otras plantas semejantes. ‖ Adorno en figura de alcachofa. ‖ Receptáculo con numerosos orificios que sirve para despedir el agua en chorrillos en los aparatos de ducha y regaderas. ‖ Especie de panecillo que sirve para emparedados.
ALCACHOFADO, DA adj. De figura de alcachofa: *el cardo tiene flores alcachofadas.* ‖ — M. Guisado hecho o compuesto con alcachofas.
ALCACHOFAL m. Sitio plantado de alcachofas. ‖ Terreno inculto plantado de alcauciles.
ALCACHOFAR m. Alcachofal.
ALCACHOFAR v. t. *Fig.* Engreir, vanagloriar.
ALCACHOFERA f. Alcachofa, planta.
ALCACHOFERO, RA adj. Que echa alcachofas. ‖ — M. y f. Persona que vende alcachofas.
ALCAHAZ m. Jaula grande para encerrar aves.
ALCAHUETE, TA m. y f. Persona que se entremete para facilitar relaciones ilícitas. (SINÓN. *Celestina, comadre.*) ‖ *Fig.* y *fam.* Persona que sirve para encubrir lo que se quiere ocultar. (SINÓN. *Encubridor.*) ‖ *Fig* y *fam.* Correveidile, chismoso. ‖ *Pop.* Barb. por *cacahuete.* ‖ — M. *Teatr.* Telón que se corre en lugar del de boca, para indicar que el entreacto será corto.
ALCAHUETEAR v. t. Solicitar por cuenta de otro a una mujer para relaciones ilícitas. ‖ — V. i. Hacer de alcahuete.
ALCAHUETERÍA f. Acción de alcahuetear. ‖ Oficio de alcahuete. ‖ *Fig.* y *fam.* Acción de ocultar o encubrir a una persona. ‖ *Fig* y *fam.* Medio de que se vale uno para engañar, triquiñuela.
ALCAICERÍA f. Barrio en que se vende la seda.
ALCAICO adj. y s. (de *Alceo,* poeta griego). Dícese de una especie de verso de la poesía antigua.
ALCAIDE m. El que tenía a su cargo la guarda y defensa de una fortaleza. ‖ En las cárceles, guardián de los presos.
ALCAIDESA f. Mujer del alcaide.
ALCAIDÍA f. Oficio del alcaide. ‖ Casa del alcaide.
ALCALÁ m. *Ant.* Castillo, fuerte, alcazaba.
ALCALDADA f. Abuso de autoridad.
ALCALDE m. Primera autoridad municipal de un Ayuntamiento o distrito: *el alcalde es el representante y delegado del gobierno en el Ayuntamiento.* ‖ Cierto juego de naipes. ‖ *Alcalde de agua,* el que reparte el agua y vigila los turnos en las comunidades de regantes. ‖ *Fam. Alcalde de monterilla,* el de una aldea o lugar, cuando es labriego o rústico.
ALCALDESA f. Mujer del alcalde o que ejerce las funciones de un alcalde.
ALCALDESCO, CA adj. *Fam.* De alcalde.
ALCALDÍA f. Cargo de alcalde. ‖ Casa del alcalde. ‖ Territorio de jurisdicción del alcalde. (SINÓN. V. *Ayuntamiento.*) ‖ Despacho del alcalde.

ALCALESCENCIA f. *Quím.* Estado de las substancias orgánicas en que se forma espontáneamente amoniaco, que es un álcali.
ÁLCALI m. (del ár. *alcali,* sosa). *Quím.* Substancia de propiedades químicas análogas a las de la sosa y la potasa. ‖ Amoniaco. (Los *álcalis* son venenos violentos, cuyos efectos se combaten absorbiendo vinagre aguado.)
ALCALIFICANTE adj. Que produce una manifestación alcalina: *principio alcalificante.*
ALCALÍMETRO m. *Quím.* Instrumento para apreciar el grado de pureza de los álcalis.
ALCALINIDAD f. Calidad de alcalino.
ALCALINO, NA adj. *Quím.* De álcali o que tiene álcali: *sabor alcalino.* (Los metales *alcalinos* son: litio, sodio, potasio, rubidio y cesio.) ‖ — M. Medicamento alcalino.
ALCALINOTÉRREO adj. y s. Dícese de los metales del grupo del calcio (calcio, estroncio, bario y radio).
ALCALIZACIÓN f. Acción y efecto de alcalizar.
ALCALIZAR v. t. *Quím.* Dar a un cuerpo las propiedades de los álcalis: *alcalizar un líquido.*
ALCALOIDE m. *Quím.* Substancia orgánica cuyas propiedades recuerdan las de los álcalis: *la nicotina es un alcaloide.*
— La mayor parte de los *alcaloides* son venenos muy violentos, pero que sabe aprovechar la medicina (atropina, estricnina, morfina, cocaína, cafeína, quinina, etc.). En los casos de envenenamiento el mejor antídoto es el tanino.
ALCALOIDEO, A adj. Que tiene carácter de alcaloide.
ALCALOSIS f. Alcalinidad excesiva de la sangre.
ALCAMONERO m. *Venez.* Entremetido.
ALCAMONÍAS f. pl. Semillas pequeñas, usadas en condimentos, como anís, alcaravea, cominos, etc.
ALCANCE m. Distancia a que llega el brazo: *esa tabla no está a mi alcance.* ‖ Lo que alcanza cualquier arma: *el alcance de un cañón.* ‖ Seguimiento, persecución. ‖ Correo extraordinario que se envía para alcanzar al ordinario. ‖ Plazo suplementario que se deja en las administraciones de correos para el depósito de la correspondencia, mediante tasa especial: *buzón, sello de alcance.* ‖ *Fig.* En materia de cuentas, déficit. ‖ *Fig.* En los periódicos, noticia importante recibida a última hora. ‖ *Fig.* Capacidad o talento: *hombre de mucho alcance.* ‖ *Fig.* Tratándose de obras del espíritu humano, trascendencia. ‖ *Veter.* Alcanzadura.
ALCANCÍA f. Vasija cerrada, con una hendedura estrecha, donde se echan monedas para guardarlas: *una alcancía de barro.* ‖ — SINÓN. *Hucha, cepo, cepillo.*
ALCÁNDARA f. Percha o varal donde se ponían las aves de cetrería. ‖ Percha donde se colgaba la ropa.
ALCANFOR m. Substancia aromática cristalizada, que se saca del alcanforero y otras plantas.
— El *alcanfor natural* se emplea principalmente en la fabricación de celuloide; se utiliza asimismo como tónico cardíaco y de los centros nerviosos y para preservar los tejidos contra los insectos. Se fabrica actualmente *alcanfor sintético* a base de esencia de trementina.
ALCANFORADA f. Planta quenopodiácea, común en España, cuyas hojas despiden olor de alcanfor.
ALCANFORAR v. t. Mezclar con alcanfor alguna cosa: *aguardiente alcanforado.* ‖ Poner alcanfor en una cosa: *alcanforar la ropa.* ‖ — V. r. *Amér. C.* Desaparecer, ocultarse.
ALCANFORERO m. Árbol lauráceo de cuyas ramas y raíces se extrae alcanfor.
ALCÁNTARA f. En los telares de terciopelo, caja grande de madera, que sirve para guardar la tela que se va labrando.
ALCANTARILLA f. Puentecillo en un camino. ‖ Acueducto o sumidero subterráneo para recoger las aguas llovedizas o inmundas. (SINÓN. V. *Cloaca.*) ‖ *Méx.* Depósito de fábrica que sirve para recibir y repartir las aguas potables.

albur

alcachofa

Fot. Keystone

alcaraván

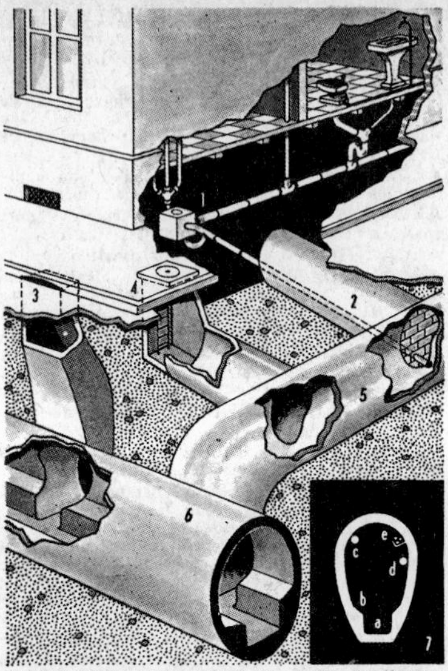

ALCANTARILLADO

1. Aguas residuales
2. Acometida particular
3. Cañería de boca de alcantarilla
4. Galería de servicio
5 y 6. Colectores
7. Corte de un colector
   a encachado
   b andén
   c conducción de agua potable
   d aire comprimido
   e cables telefónicos

ALCANTARILLADO m. Conjunto de alcantarillas de una población. || **Obra en forma de alcantarilla.**
ALCANTARILLAR v. t. Hacer o poner alcantarillas: *alcantarillar una calle.*
ALCANTARILLERO m. Obrero que cuida las alcantarillas.
ALCANTARINO, NA adj. y s. De Alcántara. || Religioso franciscano de la reforma de San Pedro de Alcántara. || Caballero de la orden de Alcántara.
ALCANZADIZO, ZA adj. Fácil de alcanzar.
ALCANZADO, DA adj. Empeñado, adeudado, entrampado: *andar muy alcanzado.* || Falto, escaso. || *Col.* Fatigado.
ALCANZADOR, RA adj. y s. Que alcanza.
ALCANZADURA f. *Veter.* Herida que se hacen las caballerías con los cascos traseros en el pulpejo de las manos.
ALCANZAR v. t. (del lat. *ad,* a, y *calx, calcis,* talón). Llegar a reunirse con una persona o cosa que va delante: *alcanzar a un caminante.* || Coger algo alargando la mano: *alcanzar un plato.* (Sinón. *Atrapar.*) || Llegar hasta: *alcanzar con la mano al techo.* || Llegar a percibir con la vista, el oído o el olfato. || *Fig.* Hablando de un período de tiempo, haber uno vivido en él. || *Arg.* Alargar, tender una cosa a otro. || *Fig.* Conseguir: *alcanzó su deseo; alcanzó el remedio a curar la enfermedad.* (Sinón. *Lograr.*) || *Fig.* Entender, comprender: *alcanzo lo que dice.* || *Fig.* Quedar acreedor a alguna cantidad en un ajuste de cuentas. || *Fig.* Llegar a igualarse con otro en alguna cosa: *alcanzar a uno en sus estudios.* || — V. i. Llegar hasta cierto punto. || En ciertas armas, llegar el tiro a cierta distancia: *los cañones modernos alcanzan muy lejos.* || *Fig.* Tocar a uno alguna cosa o parte de ella. || *Fig.* Ser suficiente una cosa: *la provisión alcanza* para el camino. || — V. r. Llegar a tocarse o unirse. || *Veter.* Hacerse alcanzaduras las caballerías.
ALCAPARRA f. Arbusto caparidáceo de flores blancas y grandes, cuyo fruto es el alcaparrón. || Botón de la flor de esta planta que se usa como condimento: *comer alcaparras encurtidas.*
ALCAPARRADO, DA adj. Con alcaparras.
ALCAPARRAL m. Sitio poblado de alcaparras.
ALCAPARRERA f. Alcaparra.
ALCAPARRO m. Alcaparra.
ALCAPARRÓN m. Fruto de la alcaparra, baya carnosa que se come encurtida.
ALCAPARROSA f. Caparrosa, sulfato de cobre o hierro.

alcaudón

alcázar

alce

ALCARAVÁN m. Ave zancuda, de cuello largo y cola pequeña, vientre blanco, alas blancas y negras, y el resto del cuerpo rojo, menos la cabeza, que es de color negro verdoso.
ALCARAVEA f. Planta umbelífera de semilla aromática usada como condimento.
ALCARRACERO, RA m. y f. Persona que hace o vende alcarrazas. || — M. Vasar en que se ponen las alcarrazas.
ALCARRAZA f. Vasija de arcilla porosa y poco cocida, que deja resudar una parte del agua que contiene y cuya evaporación enfría el resto del líquido.
ALCARRIA f. Terreno alto y, por lo común, raso y sin mucha hierba.
ALCARTAZ m. Cucurucho.
ALCATIFA f. Tapete o alfombra fina.
ALCATRAZ m. Pelícano americano. || *Ecuad.* Concejal.
ALCAUCÍ y **ALCAUCIL** m. Alcachofa silvestre. || En algunas partes, la alcachofa cultivada. || *Arg. Fig.* Alcahuete.
ALCAUDÓN m. Pájaro dentirrostro, carnívoro, que caza otros pajarillos, roedores, etcétera.
ALCAYATA f. Escarpia, clavo acodado. || *Col.* Candileja.
ALCAYOTA f. *Amer.* Cidracayote.
ALCAZABA f. Fortín o plaza fuerte. (Sinón. V. *Castillo.*) || En Andalucía suele darse este nombre a la parte más elevada de ciertas poblaciones, donde solía levantarse algún castillo.
ALCÁZAR m. Fortaleza, fuerte: *el Alcázar de Toledo fue reedificado en tiempos de Carlos I.* (Sinón. V. *Castillo.*) || Palacio real. || *Mar.* Espacio que media entre el palo mayor de un buque y la entrada de la cámara alta del mismo.
ALCE m. Mamífero rumiante, parecido al ciervo, que habita las regiones boreales de Europa y América: *el alce va haciéndose escaso* (Sinón. *Anta.*)
ALCE m. Acción de alzar. || En ciertos juegos, porción de cartas que se corta después de haber barajado y antes de repartir. || En la malilla, premio que se da por el valor de la última carta, que señala el palo del triunfo en cada mano. || *Cub.* Acción de recoger la caña de azúcar. || *Riopl. No dar alce,* no dar tregua.
ALCEDO m. Arcedo.
ALCINO m. Planta labiada, con flores pequeñas, de color azul violado y de olor desagradable.
ALCIÓN m. Ave fabulosa que sólo anidaba sobre un mar tranquilo. || *Zool.* Martín pescador, ave. || Zoófito de la clase de los pólipos. || Estrella principal de las Pléyades.
ALCIONIOS adj. Dícese de los siete días que precedían y los siete que seguían al solsticio de invierno, durante los cuales estaba tranquilo el mar y podían hacer su nido los alciones.
ALCISTA com. Persona que juega al alza en la Bolsa. || — Contr. *Bajista.*
ALCOBA f. Aposento destinado para dormir. ||

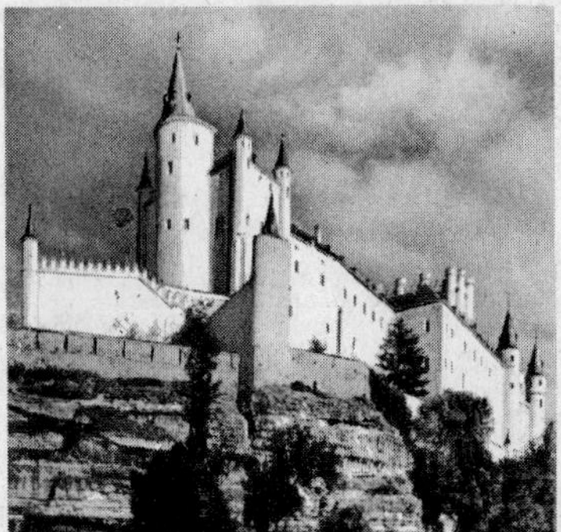
alcázar de Segovia

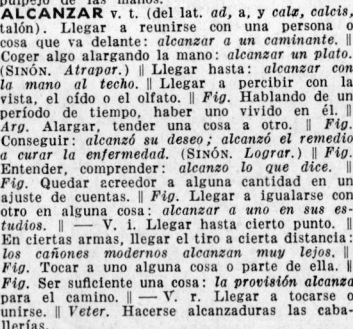

Fot. A. Campana

Muebles que lo constituyen. || Caja, parte de la balanza en que se mueve el fiel.
ALCOCARRA f. Gesto: *hacer alcocarras.*
ALCOFA f. Capacho, espuerta.
ALCOHOL m. (del ár. *al,* la, y *cohol,* cosa sutil.). Líquido obtenido mediante la destilación del vino y otros licores fermentados, llamado también *espíritu de vino* y *alcohol etílico.* || Nombre de varios cuerpos de propiedades químicas análogas a las del alcohol etílico: *alcohol metílico, propílico,* etc. || Polvo negro con que se tiñen algunas personas los párpados y las pestañas. || *Alcohol de quemar,* el alcohol desnaturalizado por una substancia que lo hace inservible como bebida, y que se emplea como combustible.
— El *alcohol* hierve a 78° y se solidifica a —130°. El alcohol de vino o *etílico* se obtiene destilando zumos de frutas (uva, etc.) fermentados. Constituye los aguardientes y espíritus de vino. Se extrae igualmente de la remolacha, de las semillas germinadas, de la fécula y en general de todas las substancias azucaradas. Utilízase el alcohol en la industria para la fabricación de productos químicos, así como para el alumbrado y la calefacción. El alcohol puro, mezclado con gasolina, es un carburante.
ALCOHOLADO m. *Med.* Compuesto alcohólico medicamentoso, preparado por solución o maceración: *la tintura de yodo es un alcoholado.*
ALCOHOLAR v. t. Ennegrecer los ojos o el pelo con alcohol. || Lavar con alcohol. || *Quím.* Sacar alcohol de una substancia.
ALCOHOLATO m. *Med.* Medicamento líquido que se obtiene destilando el alcohol con ciertas substancias.
ALCOHOLATURO m. Producto obtenido por maceración en alcohol: *alcoholaturo de acónito.*
ALCOHOLERO, RA adj. Relativo al alcohol: *la industria alcoholera.* || — F. Fábrica de alcohol.
ALCOHÓLICO, CA adj. Que tiene alcohol: *licor alcohólico.* || — M. Persona que bebe alcohol con exceso. (SINÓN. V. *Borracho.*)
ALCOHOLIFICACIÓN f. Transformación en alcohol: *la alcoholificación del azúcar.*
ALCOHOLIMETRÍA f. Evaluación de la riqueza alcohólica.
ALCOHOLÍMETRO m. Areómetro que sirve para medir el alcohol contenido en un líquido.
ALCOHOLISMO m. Abuso de bebidas alcohólicas: *los estragos del alcoholismo.* || Enfermedad causada por el abuso del alcohol.
— El *alcoholismo* puede sobrevenir en individuos que nunca hayan llegado a la embriaguez completa; produce accidentes gástricos y nerviosos, abrevia la vida y conduce frecuentemente a la locura. El alcoholismo agrava muchas enfermedades, aumenta la criminalidad y debilita la raza por sus repercusiones en la descendencia (meningitis, epilepsia, infantilismo, idiotez).
ALCOHOLIZACIÓN f. Acción y efecto de alcoholizar. || Producción de alcohol en un líquido.
ALCOHOLIZADO, DA adj. y s. Que padece los efectos de la saturación del organismo por el alcohol.
ALCOHOLIZAR v. t. Echar alcohol en otro líquido: *alcoholizar un vino.* || Obtener alcohol. || — V. r. Envenenarse con alcohol.
ALCOLÍA f. Ampolla grande de vidrio.
ALCOR m. Colina o collado.
ALCORÁN m. (pal. ár. que sign. *la lectura por excelencia*). Libro que contiene la ley religiosa de Mahoma: *el Alcorán es el fundamento de la religión mahometana.* (V. CORÁN [*Parte hist.*].)
ALCORÁNICO, CA adj. Del Alcorán.
ALCORANISTA m. Doctor que explica el Alcorán.
ALCORNOCAL m. Sitio poblado de alcornoques: *abundan los alcornocales en Cataluña.*
ALCORNOQUE m. Variedad de encina cuya corteza gruesa y fofa constituye el corcho. (SINÓN. V. *Roble.*) || *Fig.* Idiota, necio.
ALCORNOQUEÑO, NA adj Perteneciente al alcornoque o parecido a él.
ALCORQUE m. Chanclo con suela de corcho. || Hoyo abierto al pie de las plantas para el riego.
ALCORZA f. Pasta blanca de azúcar y almidón. || *Fig.* Cosa muy delicada.
ALCORZAR v. t. Cubrir, adornar una cosa con alcorza: *alcorzar un pastel.*
ALCOTÁN m. Especie de halcón.
ALCOTANA f. Herramienta de albañilería a manera de zapapico de mango corto. || Pico empleado por los montañistas.
ALCREBITE y **ALCRIBITE** m. Azufre.
ALCUBILLA f. Arca de agua.
ALCUCERO, RA adj. *Fig.* y *fam.* Goloso: *mozo, perro alcucero.* || — M. y f. El que hace o vende alcuzas.
ALCURNIA f. Ascendencia, linaje, estirpe: *persona de noble alcurnia.* (SINÓN. V. *Raza.*)
ALCUZA f. Vasija en que se tiene el aceite para el uso diario.
ALCUZADA f. El aceite que cabe en una alcuza.
ALCUZCUZ m. Pasta de harina y miel, reducida a granitos redondos y cocida con el vapor del agua caliente. (Es comida muy usada entre los moros.)
ALDABA f. Llamador de hierro o bronce, que se pone a las puertas. || Barra o travesaño con que se aseguran los postigos o puertas || Anilla en la pared para atar las caballerías. || *Fig.* y *fam. Agarrarse a buenas aldabas* o *tener buenas aldabas,* valerse de una gran protección, o contar con ella.
ALDABADA f. Golpe que se da con la aldaba: *dar aldabadas.* || *Fig.* Sobresalto, susto o temor repentino.
ALDABAZO m. Golpe recio dado con la aldaba.
ALDABEAR v. i. Dar aldabadas.
ALDABEO m. Acción de aldabear, especialmente cuando es con repetición.
ALDABÍA f. Madero que sirve para sostener la armazón de un tabique colgado.
ALDABILLA f. Gancho que, entrando en una hembrilla, sirve para cerrar puertas, ventanas, cofrecillos, cajas, etc.
ALDABÓN m. Aldaba grande. || Asa grande de cofre, arca: *los aldabones de un baúl.*
ALDABONAZO m. Aldabada o aldabazo.
ALDEA f. Pueblo de corto vecindario. (SINÓN. V. *Población.*)
ALDEANIEGO, GA adj. Rústico, campesino.
ALDEANO, NA adj. y s. Natural de una aldea. || Perteneciente a ella: *costumbres aldeanas.* (SINÓN. V. *Campesino.*) || *Fig.* Inculto, grosero, rústico, sin educación.
ALDEHÍDO m. Líquido volátil que se obtiene deshidrogenando u oxidando un alcohol.
ALDEHUELA f. Aldea pequeña.
ALDEORRIO y **ALDEORRO** m. *Despect.* Lugar muy pequeño, pobre o falto de cultura.
ALDERMAN m. Magistrado municipal inglés.
ALDERREDOR adv. l. Alrededor.
ALDINO, NA adj. Relativo a Aldo Manucio y a los demás impresores de su familia: *la edición aldina de Virgilio de 1505 es muy estimada.*
ALDORTA f. Ave zancuda, que tiene el pico negro, los tarsos rojos, y el cuerpo ceniciento, excepto el lomo, que es algo verdoso.
ALE m. (pal. ingl., pr. *el*). Cerveza inglesa ligera.
¡ALE! interj. ¡Ea!, ¡vamos!
ÁLEA m. (pal. lat.). Azar, riesgo; contingencia.
ALEACIÓN f. Liga de dos metales por medio de la fusión: *el latón es aleación de cobre y cinc, y el bronce, de cobre y estaño.* (SINÓN. V. *Mezcla.*)
ALEAR v. i. Mover las alas las aves, aletear. || *Fig.* Mover los brazos. || *Fig.* Cobrar aliento o fuerzas el convaleciente: *José va aleando.*
ALEAR v. t. (del lat. *ad.* a, y *ligare,* atar). Mezclar dos o más metales fundiéndolos: *alear oro con plata.*
ALEATORIO, RIA adj. (del lat. *aleatorius,* del juego de dados). Relativo al juego de azar: *beneficio aleatorio.* || Que depende de un suceso fortuito: *la apuesta es un contrato aleatorio.* (SINÓN. V. *Dudoso.*)
ALEBRARSE v. r. Echarse en el suelo pegándose contra él como la liebre. (SINÓN. *Agazaparse.*) || *Fig.* Acobardarse. (SINÓN. *Amilanarse.*) || — IRREG. Tiene la irregularidad de *acertar.*
ALEBRASTARSE y **ALEBRESTARSE** v. r. Alebrarse. || *Amer.* Erguirse, alborotarse.
ALECCIONADOR, RA adj. Que alecciona.

aldaba

alcornoque

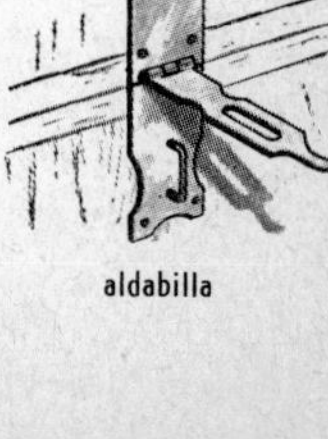
aldabilla

Fot. Toulgovat

ALECCIONAMIENTO m. Acción y efecto de aleccionar o aleccionarse.
ALECCIONAR v. t. Dar lección. || Amaestrar, enseñar: *aleccionar a un criado.* Ú. t. c. r.
ALECRÍN m. *Cub.* Especie de tiburón. || *Riopl.* Árbol verbenáceo, de madera parecida a la caoba.
ALECTOMANCIA f. Adivinación por el canto del gallo o por la piedra de su hígado.
ALECTORIA f. (del gr. *alektór*, gallo). Piedra que suele hallarse en el hígado de los gallos.
ALECHUGAR v. t. Plegar o rizar en figura de hoja de lechuga: *cuello alechugado.*
ALEDA f. Primera cera con que untan las abejas la colmena.
ALEDAÑO, ÑA adj. Confinante, lindante: *finca aledaña.* || Accesorio, anexo. || — M. Confín, término, límite: *los aledaños de una heredad.*
ALEGABLE adj. Que se puede alegar: *pretexto alegable.*
ALEGACIÓN f. Lo que se alega: *alegación falsa.* || Alegato.
ALEGAR v. t. Traer uno a favor de su propósito, como prueba, algún dicho o ejemplo. Exponer méritos para fundar una pretensión. (SINÓN. V. *Citar.*) || *Amer.* Disputar. || — V. i. Defender el abogado su causa. (SINÓN. V. *Apología.*)
ALEGATO m. *For.* Escrito o discurso en que expone el abogado las razones del derecho de su cliente. || Razonamiento, exposición. || *Amer.* Disputa.
ALEGATORIO, RIA adj. Relativo a la alegación o al alegato.
ALEGORÍA f. Ficción que presenta un objeto al espíritu, de modo que despierte el pensamiento de otro objeto: *la venda y las alas de Cupido son una alegoría.* || Obra o composición literaria o artística de sentido alegórico: *un esqueleto armado con una guadaña es alegoría de la muerte.* || — SINÓN. *Alusión, metáfora, imagen, figura, emblema.*
ALEGÓRICAMENTE adv. m. Con alegoría: *hablar alegóricamente.*
ALEGÓRICO, CA adj. Perteneciente a la alegoría: *sentido alegórico, figura alegórica.*
ALEGORIZACIÓN f. Representación alegórica.
ALEGORIZADOR m. Amigo de alegorizar.
ALEGORIZAR v. t. Dar sentido alegórico.
ALEGRA f. Barrena gruesa.
ALEGRADOR, RA adj. y s. Que alegra.
ALEGRAR v. t. Causar alegría. (SINÓN. V. *Entretener.* CONTR. *Disgustar.*) || *Fig.* Avivar, hermosear: *el sol alegra las calles.* || *Fig.* Tratándose de la luz o del fuego, avivarlos. || *Mar.* Aflojar un cabo. || *Taurom.* Excitar el toro a la acometida. || — V. r. Recibir o sentir alegría: *alegrarse por* [*de, con*] *una noticia.* || *Fig.* y *fam.* Achisparse, ponerse alegre por haber bebido con algún exceso.
ALEGRAR v. t. (de *legra*). Legrar, raer un hueso. || Agrandar un taladro.
ALEGRE adj. Poseído o lleno de alegría: *Juan está alegre.* || Que siente habitualmente alegría. || Que denota alegría: *cara alegre.* ||Que ocasiona alegría: *noticia alegre.* || Pasado o hecho con alegría. || Que infunde alegría. (SINÓN. *Festivo, regocijante, regocijado, gozoso, jovial, animador, cómico, chancero.* V. *Contento.*) || *Fig.* y *fam.* Excitado alegremente por la bebida. || *Fig.* Dícese del color muy vivo. || *Fam.* Algo libre: *cuento alegre.* || *Fig.* y *fam.* Ligero, arriesgado. || *Fig.* y *fam.* Dícese del juego que denota osadía en el jugador, o de aquel en que se atraviesa más dinero que de costumbre.
ALEGREMENTE adv. m. Con alegría.
ALEGRETE, TA adj. Algo alegre, vivaracho.
ALEGRETO m. Movimiento musical menos vivo que el alegro.
ALEGRÍA f. Grato y vivo movimiento del ánimo que se manifiesta con signos exteriores: *una exclamación de alegría.* (SINÓN. *Gozo, dicha, humor, jovialidad, hilaridad, alborozo.* V. tb. *júbilo* y *placer.*) || Ajonjolí, planta cuya semilla oleaginosa se usa como condimento. || Nuégado en que entra esta simiente. (También se hace en Cuba con coco rallado, mijo, etc.). || — Pl. Regocijos y fiestas públicas. || Cante y baile andaluz.
ALEGRO m. *Mús.* Uno de los movimientos del ritmo musical: *el alegro es moderadamente vivo.* || *Mús.* Composición musical en este movimiento: *tocar o cantar un alegro.*

alero

ALEGRÓN m. *Fam.* Alegría repentina y grande. || *Fig.* y *fam.* Llamarada de fuego de poca duración. || *Méx.* Cosecha del maíz recogida de octubre a diciembre. || — Adj. *Amer.* Muy alegre, calamocano. || *Amer.* Enamoradizo.
ALEGRONA adj. *Amer.* Dícese de la mujer de vida airada. || *Riopl.* Coquetona.
ALEJADO, DA adj. Distante. || — SINÓN. *Lejano, remoto.*
ALEJAMIENTO m. Acción y efecto de alejar o alejarse. (SINÓN. V. *Ausencia.*) || Distancia.
ALEJANDRINO adj. y s. m. (por estar escrito en este metro el poema de *Alexandre*). Dícese del verso español de catorce sílabas, dividido en dos hemistiquios. Ejemplo:

Yo leí no sé dónde, que en la lengua herbolaria
Saludando al tomillo, la hierba parietaria...
(IRIARTE.)

ALEJANDRINO, NA adj. y s. De Alejandría. || Relativo a Alejandro Magno.
ALEJAR v. t. Poner lejos o más lejos: : *alejar un peligro.* || — V. r. Ir lejos: *alejarse de su casa.* || — SINÓN. V. *Apartar, ausentar, dejar, desarraigar, desterrar.*
ALELADO, DA adj. Lelo.
ALELAMIENTO m. Efecto de alelarse.
ALELAR v. t. Poner lelo. Ú. m. c. r.
ALELÍ m. Alhelí.
ALELUYA amb. Voz que usa la Iglesia en señal de júbilo: *cantar la aleluya o el aleluya.* || — Interj. que se emplea para demostrar júbilo. || — M. Tiempo de Pascua: *por el aleluya nos veremos.* || — F. Cada una de las estampitas que, formando serie, y con la explicación del asunto contiene un pliego de papel. || Planta oxalidácea comestible, de la que se saca la sal de acederas. || *Fig.* y *fam.* Pintura despreciable. || *Fig.* y *fam.* Versos prosaicos y sin valor. || *Fig.* y *fam.* Persona o animal muy flacos: *este caballo es una aleluya.* || *Fig.* y *fam.* Alegría, regocijo.
ALEMA f. Porción de agua de regadío que se reparte por turno.
ALEMÁN, ANA adj. y s. De Alemania. || — M. Idioma alemán: *hablar alemán con facilidad.* (V. lám. ARTE GERMÁNICO.)
ALEMANA y **ALEMANDA** f. Danza viva y alegre ejecutada por varias parejas. || Su música.
ALEMANESCO, CA adj. Alemanisco. || Alemánico.
ALEMÁNICO, CA adj. De Alemania.
ALEMANISCO, CA adj. Aplícase a cierto género de mantelería labrada.
ALEMAS f. pl. *Bol.* Baños públicos en ciertos ríos.
ALENTADA f. Respiración no interrumpida: *leyó todo el párrafo de una alentada.*
ALENTADAMENTE adv. m. Con aliento o esfuerzo, animosamente. || — CONTR. *Cobardemente.*
ALENTADO, DA adj. Animoso, valiente. || Altanero, soberbio. || *Col.* Robusto, vigoroso. || *Amer.* Mejorado (enfermo).
ALENTADOR, RA adj. Que alienta: *palabras alentadoras.* (SINÓN. *Reconfortante.*)
ALENTAR v. i. Respirar. || V. t. Animar, infundir aliento o esfuerzo, dar vigor: *alentar a los trabajadores.* (CONTR. *Desanimar.*) || *Amér. C.* y *Col.* Dar a luz. || *Ecuad.* Palmotear, jalear. || — V. r. Restablecerse, reponerse. || — IRREG. Se conjuga como *acertar.*
ALEONADO, DA adj. Leonado: *piel aleonada.*
ALEPANTADO, DA adj. *Ecuad.* Absorto, ensimismado, embobado.
ALEPANTAMIENTO m. *Ecuad.* Distracción; abstracción, embobamiento.
ALERCE m. Árbol abietáceo y su madera. || *Alerce europeo,* árbol conífero que produce la trementina de Venecia; su madera se emplea en las construcciones, y su corteza en los curtidos.
ALERGENO m. Substancia que facilita la aparición de la alergia.
ALERGIA f. Modificación producida en un organismo por la introducción de un virus o la absorción de ciertas substancias.
ALÉRGICO, CA adj. Relativo a la alergia. || — M. y f. Que tiene alergia.
ALERO m. Parte del tejado, que sale fuera de la pared. || Ala de algunos carruajes, para defenderse de las salpicaduras del lodo. || Lado u orilla.

ALERÓN m. Timón situado en las alas de los aviones.
ALERTA adv. m. Con vigilancia y atención: *estar alerta.* || *Estar ojo alerta,* estar sobre aviso. || — Interj. que usan los centinelas para avisar a la tropa que vele o esté sobre aviso. || — F. Alarma: *una viva alerta.* || — OBSERV. Esta palabra es invariable cuando es adverbio: *estaremos alerta* y no *alertas.*
ALERTAMENTE adv. m. Alerta.
ALERTAR v. t. Poner alerta o avisar a uno para que esté alerta: *alertar a un centinela.*
ALERTO, TA adj. Vigilante, cuidadoso.
ALERZAL m. Sitio plantado de alerces.
ALESNA f. Lesna.
ALESNADO, DA adj. Puntiagudo como lesna.
ALETA f. Cada una de las membranas externas a manera de alas, que tienen los peces para nadar. || *Arq.* Cada una de las dos partes del machón que quedan visibles a los lados de una columna o pilastra. || *Arq.* Cada uno de los muros en rampa a los lados de los puentes. || *Mar.* Cada uno de los dos maderos curvos que forman la popa de un buque. || Parte saliente, lateral y plana de diferentes objetos: *las aletas de un radiador, de un torpedo, de una turbina.* || Guardabarros que sobresale en algunos automóviles a ambos lados de la caja. || Ala de la nariz. || Membrana que se adapta a los pies para facilitar la natación.
ALETADA f. Movimiento de las alas o aletas.
ALETARGAMIENTO m. Letargo. (SINÓN. V. *Adormecimiento.*)
ALETARGAR v. t. Causar letargo. (CONTR. *Avivar, despabilar.*) || — V. r. Experimentar letargo: *la marmota y el lirón se aletargan durante el invierno.*
ALETAZO m. Golpe de ala o de aleta. || *Cub.* y *Chil. Fam.* Bofetada.
ALETEAR v. i. Agitar un ave las alas sin volar. || Agitar el pez las aletas fuera del agua. || Alear, agitar los brazos.
ALETEO m. Acción de aletear: *el aleteo de un gorrión.* || *Fig.* Palpitación violenta del corazón.
ALEVE adj. Traidor, pérfido: *hombre aleve.*
ALEVILLA f. Mariposa parecida a la del gusano de seda, pero de alas enteramente blancas.
ALEVÍN o **ALEVINO** m. (fr. *alevin*). Pez menudo que se echa en los ríos y estanques para poblarlos, freza.
ALEVOSAMENTE adv. m. Con alevosía.
ALEVOSÍA f. Perfidia. (SINÓN. V. *Traición.*) || Circunstancia agravante o cualificativa que consiste en el aseguramiento de la comisión de un delito sin riesgo para el delincuente.
ALEVOSO, SA adj. y s. Que comete alevosía, traidor. (SINÓN. V. *Desleal.*) || Que implica alevosía.
ALEXIFÁRMACO, CA adj. y s. m. (del gr. *alexein,* rechazar, y *pharmakon,* veneno). Contraveneno.
ALEYA f. Versículo del Alcorán o Corán.
ALEZNADO, DA adj. En forma de lezna.
ALEZO m. (fr. *alèse*). *Med.* Faja muy ancha de lienzo, que se usa en ciertos vendajes quirúrgicos.
ALFA f. Primera letra del alfabeto griego. || Uno de los nombres del esparto. || *Fig. Alfa y omega,* principio y fin: *el alfa y omega de una ciencia.* || *Rayos alfa,* radiaciones emitidas por los cuerpos radiactivos.
ALFABÉTICAMENTE adv. m. Por el orden del alfabeto: *clasificar palabras alfabéticamente.*
ALFABÉTICO, CA adj. Perteneciente o relativo al alfabeto: *signo alfabético.*
ALFABETIZACION f. Colocación por orden alfabético. || Acción de enseñar a leer y escribir.
ALFABETIZAR v. t. Poner por orden alfabético. || Enseñar a leer y escribir.
ALFABETO m. (gr. *alpha* y *bêta*). Reunión de todas las letras de una lengua. (SINÓN. V. *Abecedario.*) || Conjunto de signos que sirven para transmitir cualquier comunicación: *alfabeto telegráfico.* || *Alfabeto Braille,* el utilizado por los ciegos. || *Alfabeto Morse,* el usado en telegrafía. || — Adj. Dícese de la persona que es capaz de leer o escribir.
— Los fenicios inventaron la escritura alfabética. El fenicio Cadmo la llevó a Grecia y de allí pasó a los romanos, quienes la transmitieron a las demás lenguas europeas.
ALFAJOR m. Alajú. || *Amer.* Pasta de harina de yuca, papelón, piña y jengibres. || *Riopl.* Dulce formado por dos pedazos redondos de masa unidos || *Riopl.* y *Bol.* Facón, cuchillo.
ALFALFA f. Mielga común usada como forraje: *la alfalfa es atacada con frecuencia por la cuscuta.*
ALFALFAL y **ALFALFAR** m. Campo de alfalfa.
ALFALFAR v. t. *Arg.* y *Chil.* Sembrar alfalfa.
ALFANA f. Caballo fuerte y brioso.
ALFANDOQUE m. Pasta de melado, queso y anís o jengibre. || *Col.* Canuto lleno de semillas con que hacen música los indios del Cauca. || *Col.* Especie de alfeñique que se fabrica con almendras.
ALFANEQUE m. Halcón de África, de color blanquecino, con pintas pardas: *el alfaneque se empleaba en cetrería.*
ALFANJADO, DA adj. De figura de alfanje.
ALFANJAZO m. Golpe y herida de alfanje.
ALFANJE m. Sable corto y corvo. (SINÓN. V. *Espada.*) || Pez espada.
ALFANUMÉRICO, CA adj. Dícese de la clasificación fundada a la vez en el alfabeto y la numeración.
ALFAQUE m. Banco de arena en la costa o en la desembocadura de un río: *los alfaques de Tortosa.* (SINÓN. *Barra.*)
ALFAQUÍ m. Doctor de la ley, entre los musulmanes. (SINÓN. *Ulema.*)
ALFAR m. Obrador de alfarero. || Arcilla.
ALFARDA f. Contribución que pagaban moros y judíos en los reinos cristianos. || *Arg.* Par de una armadura.
ALFARERÍA f. Arte del alfarero. || Taller donde se fabrican y tienda donde se venden vasijas de barro.
ALFARERO m. Fabricante de vasijas de barro.
ALFARJE m. Artefacto que sirve para moler la aceituna en los molinos de aceite. || Techo con maderas labradas y entrelazadas artísticamente.
ALFARJÍA f. *Carp.* Madero de sierra para marcos y largueros de puertas y ventanas.
ALFAYATE m. *Ant.* Sastre.
ALFAZAQUE m. Especie de escarabajo.
ALFEIZA f. Alféizar de la ventana.
ALFEIZADO, DA adj. Que tiene alféizar.
ALFEIZAR v. t. Formar alféizar en una pared
ALFÉIZAR m. *Arq.* Vuelta o derrame de la pared en el corte de una puerta o ventana.
ALFÉNIDO m. Composición metálica blanca, descubierta en 1850 por el químico Halen.
ALFEÑICARSE v. r. *Fig.* y *fam.* Adelgazarse mucho. || *Fig.* y *fam.* Remilgarse.
ALFEÑIQUE m. Pasta de azúcar amasada con aceite de almendras dulces. || *Fig* y *fam.* Persona delicada. || *Fig.* y *fam.* Remilgo.
ALFERAZGO m. Empleo o dignidad de alférez.
ALFERECÍA f. Alferazgo, cargo o dignidad de alférez. || Enfermedad infantil de carácter convulsivo.
ALFÉREZ m. *Mil.* Oficial que lleva la bandera o estandarte. || Oficial del ejército de categoría inferior a la de teniente. || *Bol.* y *Per.* Cierto cargo municipal en los pueblos de indios. || *Amer.* Persona que costea los gastos de una fiesta. Pl. *alféreces.*
ALFIL m. Pieza del juego de ajedrez: *el alfil camina diagonalmente.*
ALFILER m. Clavillo de metal con punta por uno de sus extremos y una cabecilla por el otro, que sirve para varios usos. || Joya a modo de alfiler o broche: *alfiler de corbata, de pecho.* || — Pl. Cantidad de dinero señalada a una mujer para costear el adorno de su persona. || Planta geraniácea de flores purpúreas. || *Amer. Alfiler de nodriza* o *de criandera,* imperdible. || *Fig.* y *fam. Estar una persona de veinticinco alfileres,* con todo el adorno posible. || *Fam. Para alfileres,* gratificación o propina. || *Fam. No caber un alfiler,* estar lleno. || *Fig.* y *fam. Pegado,* o *prendido, con alfileres,* con poca firmeza.
ALFILERAR v. t. Prender alguna cosa con alfileres: *alfilerar una prenda.*
ALFILERAZO m. Punzada de alfiler. || *Fig.* Punzada, pulla.
ALFILERERO y **ALFILETERO** m. Canuto

ALETAS
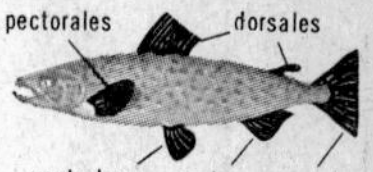

alfalfa

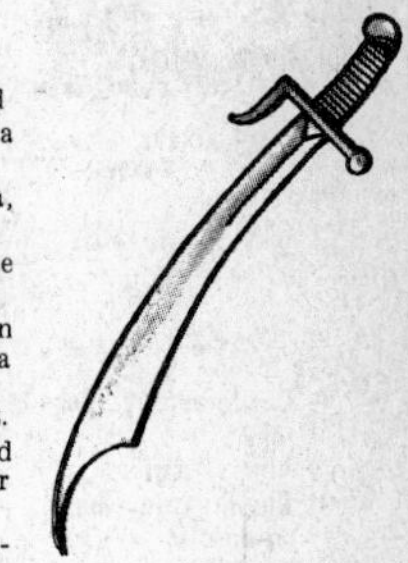
alfanje

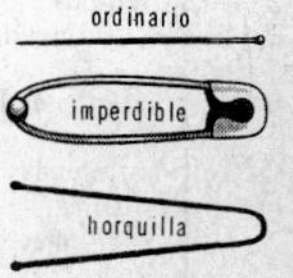

alfileres

alforfón

algarroba

pequeño, que sirve para guardar los alfileres y agujas.

ALFILERILLO m. *Chil.* y *Arg.* Planta umbelífera. || *Méx.* Planta cactácea. || *Méx.* Insecto que ataca a la planta del tabaco.

ALFOLÍ m. Granero o pósito. || Almacén de la sal.

ALFOLIERO y **ALFOLINERO** m. El que tiene a su cargo y cuidado el alfolí.

ALFOMBRA f. Tapiz con que se cubre el suelo de las habitaciones y escaleras. (SINÓN. *Tapete, moqueta.*) || *Fig.* Conjunto de cosas que cubren el suelo: *alfombra de hierba.* || Alfombrilla, enfermedad.

ALFOMBRADO, DA adj. Cubierto de alfombra: *sala alfombrada.* || Que tiene dibujos como los de las alfombras: *mantón alfombrado.* || — M. Conjunto de alfombras: *el alfombrado de una escalera.*

ALFOMBRAR v. t. Cubrir el suelo con alfombra: *alfombrar una sala.* || *Fig.* Cubrir: *la naturaleza alfombra los prados de verde hierba.*

ALFOMBRERO, RA m. y f. Persona que hace alfombras o que se dedica a colocarlas.

ALFOMBRILLA f. *Med.* Erupción cutánea algo parecida al sarampión.

ALFOMBRISTA m. El que instala las alfombras en las habitaciones. || Vendedor de alfombras.

ALFÓNCIGO m. Árbol anacardiáceo de fruto drupáceo, cuya almendra es de color verde claro, mantecosa, dulce y comestible: *del tronco y de las ramas del alfóncigo fluye la almáciga.*

ALFONSÍ adj. Alfonsino.

ALFÓNSIGO m. Alfóncigo.

ALFONSINO, NA adj. Perteneciente a alguno de los reyes españoles llamados Alfonso: *la política alfonsina.* || — M. Moneda acuñada en España en tiempo de Alfonso el Sabio.

ALFONSISMO m. Adhesión a alguno de los reyes españoles llamados Alfonso.

ALFORFÓN m. Planta poligonácea de cuya semilla negruzca y triangular se hace pan en algunas comarcas de España.

ALFORJA f. Especie de talega, abierta por el centro y cerrada por sus extremos, que se echa al hombro para llevar el peso bien repartido. (SINÓN. V. *Saco.*) || Provisión de los comestibles necesarios para el camino.

ALFORJERO m. *Fam.* Fraile mendicante.

ALFORZA f. Pliegue o doblez horizontal que se hace a una ropa: *echar una alforza a una manga.* || *Fig.* y *fam.* Cicatriz.

ALFORZAR v. t. Echar una alforza: *hay que alforzar las mangas de esa camisa.* || Dar forma de alforza.

ALGA f. Planta acuática que vive en la superficie o el fondo de las aguas dulces o saladas. || — SINÓN. *Varech, fuco, sargazo, plancton.*

ALGAIDA f. Bosque de matorrales espesos. || Médano, duna, colina arenosa a la orilla del mar.

ALGALIA f. Substancia untuosa, de consistencia de miel, olor fuerte y sabor acre, que se saca de la bolsa que cerca del ano tiene el gato de algalia, y se emplea en perfumería. ||Planta malvácea de la India, cuya semilla, de olor almizcleño, se emplea en medicina y perfumería. || *Gato de algalia,* animal que produce la algalia. || *Cir.* Especie de tienta o sonda hueca que se usa en las operaciones de la vejiga: *una algalia de goma.*

ALGALIAR v. t. Perfumar con algalia.

ALGARA f. Tropa a caballo, que salía a hacer correría. || Binza, telilla delgada del huevo o cebolla.

ALGARABÍA f. Lengua árabe. || *Fig.* y *fam.* Lenguaje o escritura ininteligible: *hablar algarabía.* || *Fig.* y *fam.* Modo de hablar atropelladamente. || *Fig.* y *fam.* Gritería confusa. (SINÓN. V. *Alboroto.*) || Planta silvestre escrofulariácea, de flores amarillas, de cuyos ramos se suelen hacer escobas.

ALGARADA f. Algara, tropa de jinetes. || Correría. || Vocería grande, alboroto. || Motín que no llega a adquirir importancia. || Algarrada, fiesta de toros.

ALGAROT m. Oxicloruro de antimonio, llamado también *mercurio de vida;* es emético y purgante.

ALGARRADA f. Máquina de guerra antigua, especie de balista o catapulta. || Fiesta que consiste en correr en el campo un toro con vara larga. || Novillada, corrida de novillos.

ALGARRAFA f. *Col* Garrafa, botellón.

ALGARROBA f. Planta papilionácea, de flores blancas, cuya semilla, seca, se da de comer al ganado. || Fruto del algarrobo, que es una vaina azucarada y comestible, de color castaño, la cual se da como alimento al ganado de labor.

ALGARROBAL m. Sitio poblado de algarrobos.

ALGARROBERA f. y **ALGARROBERO** m. Algarrobo.

ALGARROBILLA f. Algarroba, arveja. || Alga.

ALGARROBILLO m. *Riopl.* Algarroba, fruto.

ALGARROBO m. Árbol papilionáceo de flores purpúreas, cuyo fruto es la algarroba || *Algarrobo loco,* ciclamor, árbol.

ALGAVARO m. Insecto coleóptero de España.

ALGAZARA f. Vocería de los moros al sorprender o acometer al enemigo. || *Fig.* Ruido, vocerío. (SINÓN. V. *Alboroto.*)

ALGAZUL m. Planta aizoácea, de hojas crasas y aovadas y flores poco visibles, llenas de vesículas transparentes, que nace en las playas.

ÁLGEBRA f. Parte de las matemáticas que estudia la cantidad considerada del modo más general, y se vale de letras para representarla. || Arte de componer los huesos dislocados.

— El *álgebra,* que tiene por objeto abreviar y generalizar la solución de los problemas numéricos, fue introducida en Europa hacia 950 por los árabes, que la habían aprendido de los griegos y particularmente de Diofante de Alejandría, autor del más antiguo tratado de álgebra.

ALGAS

1. Chætomorpha Darwinii
2. Alaria esculenta
3. Phyllophora membranifolia
4. Callophyllis laciniata
5. Claudea elegans
6. Ulva cornucopiæ
7. Hormosira Banksii
8. Zanardinia collaris
9. Stypocaulon scoparium
10. Padina pavonia
11. Nitophyllum Gmelini
12. Fucus serratus
13. Caulerpa scalpelliformis
14. Acetabularia mediterranea
15. Polyides rotundus
16. Ulva latissima
17. Halymeda macroloba
18. Caulerpa cactoides
19. Valonia utricularis

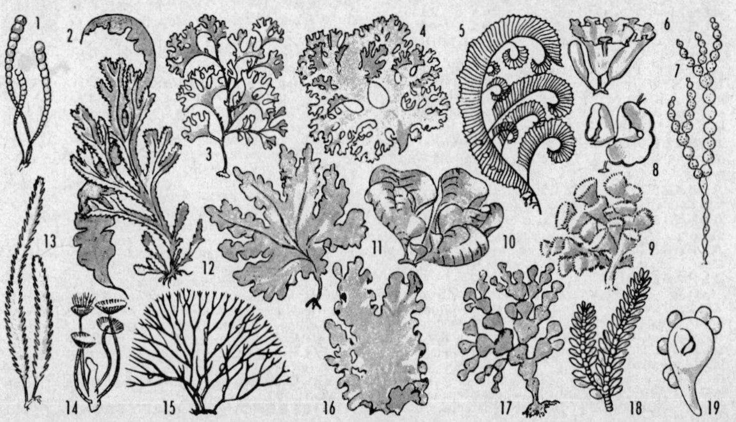

Fot. Jean Vicent

ALGEBRAICO, CA adj. Relativo al álgebra: *fórmula algebraica, ecuación algebraica.*
ALGÉBRICO, CA adj. Algebraico.
ALGEBRISTA com. Persona que estudia, sabe o profesa el álgebra. ‖ *Ant.* Cirujano, curandero.
ALGECIREÑO, ÑA adj. y s. De Algeciras.
ALGENTE adj. *Poét.* Frío, helado.
ALGEZ m. Aljez.
ALGIA, voz griega, derivada de *algos,* dolor, y que entra en la composición de muchas palabras compuestas: *cefalalgia,* dolor de cabeza.
ALGIDEZ f. *Med.* Frialdad glacial.
ÁLGIDO, DA adj. Muy frío ‖ *Med.* Dícese de las enfermedades acompañadas de frío glacial: *fiebre álgida.* ‖ Barb. por *intenso, activo,* y por *ardiente, acalorado, decisivo.*
ALGO pron. indet. con que se designa una cosa que no se quiere o no se puede nombrar: *aquí hay algo que no comprendo.* ‖ También denota cantidad indeterminada: *falta algo para llegar a la ciudad.* ‖ *Fig.* Cosa de alguna importancia: *creerse algo.* ‖ — Adv. c. Un poco: *anda algo escaso de dinero.* ‖ — M.: *tiene su algo de orgulloso.* ‖ *Más vale algo que nada* o *algo es algo,* todo, por pequeño que sea, tiene un valor. ‖ *Por algo,* por algún motivo, por esto.
ALGODÓN m. Planta malvácea, cuyo fruto contiene de quince a veinte semillas envueltas en una borra muy larga y blanca: *el algodón es originario de la India.* ‖ Esta misma borra: *algodón en rama, algodón hidrófilo.* ‖ Hilado o tejido de esta borra ‖ *Algodón pólvora,* substancia explosiva obtenida metiendo algodón en rama en una mezcla de ácidos nítrico y sulfúrico. ‖ *Fig.* y *fam. Criado entre algodones,* criado con mimo y delicadeza.
— El *algodón* es originario de la India. Introducido en Europa por los árabes, tomó alguna importancia en España y pasó de allí a América. Los principales países productores son los Estados Unidos, India, Egipto, China y U.R.S.S., y en Iberoamérica, el Brasil, México, la Argentina y el Perú. El algodón es la materia textil que mejor se presta a todas las necesidades. Con él se imitan todos los demás tejidos, lo mismo la lana que la seda. Mediante cierto tratamiento químico, da la *seda artificial,* cuya industria ha tomado en poco tiempo inmensa extensión.
ALGODONAL m. Campo plantado de algodón.
ALGODONAR v. t. Rellenar de algodón.
ALGODONCILLO m. Planta asclepiadácea que produce borra semejante al algodón.
ALGODONERO, RA adj. Relativo al algodón: *industria algodonera.* ‖ — M. Algodón, planta. ‖ — M. y f. Persona que trata en algodón.
ALGODONITA f. Mineral de cobre hallado en Algodón (Chile).
ALGODONOSA f. Planta compuesta de flores amarillas, cubierta de borra semejante al algodón: *la algodonosa crece en el litoral mediterráneo.*
ALGODONOSO, SA adj . Que tiene algodón o se parece a él: *tela algodonosa.*
ALGORÍN m. Sitio donde se deposita la aceituna antes de molerla.
ALGORITMIA f. Algoritmo.
ALGORÍTMICO, CA adj. Perteneciente o relativo al algoritmo.
ALGORITMO m. Procedimiento de cálculo. ‖ Ciencia del cálculo aritmético o algebraico. ‖ Método y notación en las distintas formas del cálculo.
ALGOSO, SA adj. Lleno de algas.
ALGUACIL m. Ministro inferior de justicia, que ejecuta las órdenes de los juzgados y tribunales: *ser embargado por el alguacil.* ‖ Gobernador de una ciudad o comarca antiguamente. ‖ Oficial inferior ejecutor de los mandatos de los alcaldes. ‖ Funcionario que en las corridas de toros precede a la cuadrilla durante el paseo, recibe del presidente las llaves del toril y ejecuta sus órdenes. ‖ Especie de ganzúa que usan los ladrones para abrir las puertas. ‖ Especie de araña de agua. ‖ *Arg.* Libélula.
ALGUACILAZGO m. Oficio de alguacil.
ALGUACILESCO, CA adj. Propio de alguaciles.
ALGUACILILLO m. Alguacil, araña acuática. ‖ Cada uno de los dos alguaciles de la plaza de toros.
ALGUIEN pron. indet. con que se significa vagamente a una persona cualquiera. ‖ — OBSERV. No se puede usar en frases partitivas como, por ejemplo: *alguien de los asistentes* por *alguno de los asistentes.*
ALGÚN adj. Apócope de *alguno.* Úsase sólo antepuesto a nombres masculinos: *algún hombre, algún tiempo.* ‖ *Algún tanto,* loc. adv., un poco, algo: *es algún tanto perezoso.*
ALGUNO, NA adj. Que se aplica indeterminadamente a una persona o cosa con respecto a otras: *alguno de esos hombres.* ‖ Ni poco ni mucho; bastante: *de alguna duración.* ‖ — Pron. indet. Alguien. ‖ *Alguno que otro,* unos cuantos, pocos: *tiene alguno que otro libro.*
ALHAJA f. Joya: *alhaja de oro.* ‖ Adorno o mueble precioso: *hay porcelanas que son verdaderas alhajas.* ‖ *Fig.* Cualquiera otra cosa de mucho valor y estima: *esta casa es una alhaja.* ‖ *Fig.* y *fam.* Persona o animal dotado de excelentes cualidades. ‖ Úsase frecuentemente en sentido irónico: *¡buena alhaja!*
ALHAJAR v. t. Adornar con alhajas: *alhajar bien una casa.*
ALHAJERA f. o **ALHAJERO** m. *Amer.* Joyero.
ALHARACA f. Demostración excesiva de ira, queja, admiración, alegría, etc.: *hacer alharacas.*

ALHÁRGAMA y **ALHARMA** f. Planta rutácea, de flores blancas, muy olorosa, y cuyas semillas sirven de condimento.
ALHELÍ m. Planta crucífera de flores blancas, amarillas o rojas, muy cultivada para adorno. Pl. *alhelíes.*
ALHEÑA f. Arbusto oleáceo de hojas lustrosas y flores blancas y olorosas. ‖ Polvo de hojas de alheña secadas: *la alheña sirve para teñir.* ‖ Nombre de varias plantas como el azúmbar, el durillo, etc. ‖ Tizón de las mieses.
ALHEÑAR v. t. Teñir con polvos de alheña: *alheñar el pelo.* ‖ — V. r. Quemarse las mieses con el calor.
ALHOLVA f. Planta papilionácea, de olor fuerte y bastante agradable, utilizada en medicina.
ALHÓNDIGA f. Casa pública destinada para la compra y venta del trigo y otras mercaderías.
ALHONDIGUERO m. El que cuida de la alhóndiga.
ALHORRE m. Excremento de los recién nacidos. ‖ Erupción en la piel de los recién nacidos.
ALHUCEMA f. Espliego: *sahumar con alhucema.*
ALIABIERTO, TA adj. Abierto de alas: *pájaro aliabierto.*
ALIABLE adj. Que puede aliarse.
ALIACÁN m. Nombre antiguo de la *ictericia.*
ALIÁCEO, A adj. Perteneciente al ajo, o que tiene su olor o sabor: *sabor aliáceo.*
ALIADO, DA adj. y s. Unido por un pacto de alianza: *ejército aliado.* (SINÓN. *Confederado.*) ‖ Unido por un lazo de parentesco indirecto. (SINÓN. V. *Miembro.*)
ALIADÓFILO, LA adj. y s. Dícese del que fue partidario de las naciones aliadas en las Primera y Segunda Guerra mundial.
ALIAGA f. Aulaga, planta leguminosa espinosa.
ALIANZA f. Acción de aliarse, asociación: *contraer alianza con una persona.* (SINÓN. V. *Convenio.*) ‖ Parentesco contraído por casamiento. (SINÓN. *V. Matrimonio.*) ‖ Anillo de casado.
ALIAR v. t. (del lat. *ad,* a y *ligare,* atar). Poner de acuerdo. ‖ — V. r. Unirse por tratado los gobiernos unos con otros. ‖ Unirse o coligarse con otro. (SINÓN. V. *Unir.*)

algodón

recolección del algodón

alhelí

alhelí de jardín

alheña

Fot. U. S. I. S.

ALIARIA f. Planta crucífera, de flores blancas, cuyo fruto sirve para condimento.
ALIAS adv. lat. De otro modo, por otro nombre: *Alfonso Tostado, alias el Abulense.* ‖ Apodo.
ALIBÍ m. (pal. lat. que sign. *en otra parte*). Coartada: *alibí inatacable.* (OBSERV. Es galicismo.)
ALIBLANCA f. *Col.* Pereza, desidia, modorra.
ALIBLE adj. (del lat. *alere*, alimentar). Capaz de alimentar o nutrir: *substancia alible.*
ALICAÍDO, DA adj. Caído de alas: *pájaro alicaído.* ‖ *Fig.* y *fam.* Débil, falto de fuerza: *el enfermo anda alicaído.* ‖ *Fig.* y *fam.* Desanimado. (SINÓN. V. *Triste.*)
ALICANCO m. *Hond.* Alicrejo.
ALICANTE m. Especie de víbora de hocico remangado, muy venenosa. ‖ Variedad de turrón. ‖ Vino de Alicante.
ALICANTINA f. *Fam.* Treta, astucia o malicia.
ALICANTINO, NA adj. y s. De Alicante.
ALICANTO m. Arbusto, de flores olorosas, cultivado en la América septentrional.
ALICATADO m. Obra de azulejos.
ALICATAR v. t. Revestir de azulejos.
ALICATES m. pl. Tenacillas de acero que se emplean para diversos usos.
ALICIENTE m. Atractivo o incentivo de una cosa: *el aliciente de la juventud.*
ALICORTAR v. t. Cortar las alas. ‖ Herir en las alas.
ALICREJO m. *Amér. C.* Caballo flaco. ‖ Trasto.
ALICUANTA adj. f. *Mat.* Que no está comprendida un número cabal de veces en un todo: *nueve es parte alicuanta de veinte.*

alidada

ALÍCUOTA adj. f. *Mat.* Comprendida un número cabal de veces en un todo: *cuatro es parte alicuata de veinte.*
ALICURCO, CA adj. *Chil.* Licurgo, astuto.
ALICUYA f. *Per.* Saguaipé (parásito).
ALIDADA f. Regla fija o móvil, que tiene en cada extremo una pínula y sirve para dirigir visuales.
ALIENABLE adj. Enajenable.
ALIENACIÓN f. Enajenación.
ALIENADO, DA adj. y s. Enajenado.
ALIENAR v. t. (del lat. *alienus*, ajeno). Enajenar. (SINÓN. V. *Vender.*)
ALIENISTA adj. y s. Dícese del médico especialmente dedicado al estudio de las enfermedades mentales.
ALIENTO m. Respiración. (SINÓN. *Hálito, soplo.*) ‖ *Fig.* Vigor del ánimo, esfuerzo, valor: *hombre de aliento.* (SINÓN. V. *Voluntad.*) ‖ *De un aliento*, loc adv., sin tomar nueva respiración. *Fig.* Sin pararse, sin detenerse, seguidamente. ‖ *Fig. Cobrar aliento*, reanimarse.
ALIFAFE m. *Veter.* Vejiga o tumor que nace a las caballerías en los corvejones. ‖ *Fam.* Achaque habitual de una persona.
ALÍFERO, RA adj. (de *ala*, y el lat. *ferre*, llevar). Que tiene alas: *insecto alífero.* ‖ — CONTR. *Áptero.*
ALIFORME adj. De forma de ala.
ALIGACIÓN f. y **ALIGAMIENTO** m. Liga.
ALIGAR v. t. Ligar: *aligar dos metales.*
ALIGATOR m. Cocodrilo de América, que mide unos 5 m de largo, de hocico ancho y corto.

ALIGERADO, DA adj. Dícese de la pared más gruesa por abajo que por arriba.
ALIGERAMIENTO m. Acción y efecto de aligerar o aligerarse. ‖ Prisa, apresuramiento.
ALIGERAR v. t. Hacer menos pesado: *aligerar la carga.* Ú. t. c. r. ‖ Abreviar, apresurar: *aligerar un trabajo.* (SINÓN. V. *Acelerar.*) ‖ *Fig.* Moderar, templar: *aligerar el dolor.* (SINÓN. V. *Aliviar.*) ‖ *Aligerarse de ropa*, quitarse algunas prendas de vestir.
ALÍGERO, RA adj. (de *ala*, y el lat. *gerere*, llevar). *Poét.* Alado: *flecha alígera, Mercurio alígero.* ‖ *Fig* y *poét.* Rápido, veloz, muy ligero.
ALIGONERO m. Almez, planta celtídea.
ALIGUSTRE m. Alheña, planta oleácea.
ALIJADOR, RA adj. y s. Que alija. ‖ — M. Lanchón para alijar en los puertos los buques mercantes. ‖ El que descarga los barcos en los puertos.
ALIJAR m. Terreno inculto. (SINÓN. *Erial.*) ‖ Azulejo, ladrillo morisco. ‖ — Pl. Ejidos o afueras de una población, que permanecen incultos.
ALIJAR v. t. Aligerar o descargar una embarcación. ‖ Transbordar y desembarcar géneros de contrabando. ‖ Pulir con lija: *alijar la madera.*
ALIJARAR v. t. (de *alijar*, erial). Repartir las tierras incultas para su cultivo.
ALIJARERO m. El que cultiva un alijar.
ALIJO m. Acción y efecto de alijar. ‖ Géneros de contrabando. ‖ *Tecn.* Ténder de ferrocarril.
ALILAYA f. *Cub.* Excusa frívola.
ALILENO m. (de *alilo*). Carburo de hidrógeno que se extrae de la esencia de ajo.
ALILO m. (del lat. *allium*, ajo). Radical cuyo sulfuro se encuentra en la esencia de ajo.
ALIM m. Arbolito euforbiáceo de Filipinas cuyas hojas se emplean en medicina.
ALIMAÑA f. (lat. *animalia*). Animal dañino para la caza menor, como la zorra, el gato montés, el turón, etc.: *cazador de alimañas.*
ALIMAÑERO m. Guarda de caza empleado en la destrucción de alimañas.
ALIMENTACIÓN f. Acción y efecto de alimentar o alimentarse: *la alimentación de los niños.* ‖ — SINÓN. *Nutrición, comida, víveres.* V. tb. *alimento.*
— La *alimentación* debe ser proporcionada a la edad y al trabajo. El hombre activo debe comer más que el ocioso. Mientras el hombre de campo necesita sobre todo una cantidad abundante de alimentos no muy nutritivos (pan, legumbres), el hombre que se dedica a un trabajo intelectual debe buscar una alimentación poco abundante y muy nutritiva. Pero, aun en este caso, debe evitarse el comer carne más de una vez por día. La ración alimenticia del hombre debe comprender por término medio, cada día, 20 g de nitrógeno y 300 g de carbono. Esta proporción se obtiene fácilmente con el régimen mixto, carne y legumbres o pan. La proporción de carne no debe pasar en general de 300 g por persona y por día, pudiéndose reemplazar en parte la carne por la leche, el queso y los huevos (siendo estos dos últimos alimentos más ricos en nitrógeno que la carne).
ALIMENTADOR, RA adj. y s., **ALIMENTAL** adj. y **ALIMENTANTE** adj. y s. Que alimenta. ‖ *For.* El que tiene obligación de servir alimentos.
ALIMENTAR v. t. Dar alimento, sustentar: *alimentar a su familia.* (SINÓN. V. *Nutrir.*) ‖ Suministrar a alguna persona lo necesario para su manutención y subsistencia. ‖ Suministrar lo necesario para el funcionamiento de una máquina: *alimentar un motor.* ‖ *Fig.* Dar fomento y vigor: *el estudio alimenta el espíritu.* ‖ — V. r. Tomar alimento.
ALIMENTARIO, RIA adj. Propio de la alimentación: *régimen alimentario.* ‖ — M. *For.* Alimentista.
ALIMENTICIO, CIA adj. Que alimenta: *planta alimenticia.* (SINÓN. *Nutritivo, nutricio, substancial.*) ‖ *Pastas alimenticias*, los macarrones, fideos, tallarines, etc.
ALIMENTISTA com. *For.* Persona que recibe del alimentante alimentos señalados.
ALIMENTO m. (del lat. *alere*, alimentar). Cualquier substancia que sirve para nutrir: *el pan es el primero de los alimentos.* (SINÓN. *Manjar, comestible, sostén.* V. tb. *alimentación.*) ‖ *Fig.* Lo que sirve para mantener la existencia de una cosa: *la ciencia es el alimento del espíritu.* ‖ *Fig.* Tratándose de virtudes, vicios, etc., sostén, fomento, pábulo. ‖ — Pl. *For.* Asistencias que se dan en dinero a alguna persona a quien se deben por ley: *vivir de alimentos.*
ALIMENTOSO, SA adj. Que alimenta mucho.
ALIMOCHE m. Ave de rapiña parecida al buitre.
ALIMÓN (Al) o **ALALIMÓN** loc. adv. Suerte del toreo en que dos lidiadores tienen el capote cada uno con una mano y citan así al toro. ‖ *Fam.* Cosa hecha entre dos personas que se turnan.
ALIMONARSE v. r. Enfermar ciertos árboles, tomando sus hojas color amarillento.
ALINDADO, DA adj. Presumido de lindo.

Fot. Campion

ALINDAMIENTO m. Señalamiento de los lindes.
ALINDAR v. t. (de *linde*). Señalar los lindes a una heredad. ‖ — V. i. Lindar: *dos prados que alindan.*
ALINDAR v. t. (de *lindo*). Poner lindo o hermoso.
ALINDERAR v. t. *Amer.* Deslindar, amojonar.
ALINEACIÓN f. Acción y efecto de alinear o alinearse. ‖ Composición de un equipo.
ALINEAR v. t. Poner en línea recta: *árboles alineados.* Ú. t. c. r. (SINÓN. V. *Enderezar.*) ‖ Componer un equipo. ‖ — OBSERV. Se dice *alineo,* etc., y no *alíneo,* etc.
ALIÑADO, DA adj. Aseado, dispuesto.
ALIÑADOR, RA adj. y s. Que aliña o adereza. ‖ *Chil.* Curandero, algebrista.
ALIÑAMIENTO m. Aderezo.
ALIÑAR v. t. Arreglar, preparar. (SINÓN. V. *Aderezar.*) ‖ Adornar. ‖ Administrar. ‖ Arreglar los huesos dislocados. ‖ — V. r. Arreglarse.
ALIÑO m. Acción y efecto de aliñar o de aliñarse. ‖ Aquello con que se aliña: *el aliño de una ensalada.* ‖ Preparación para hacer una cosa. ‖ Condimento, aderezo.
ALIOLI m. Ajiaceite, salsa de ajos y aceite.
ALIONÍN m. Pájaro que tiene la cabeza, la garganta y el pecho de color negro azulado, el vientre pardo y las alas negras con listas blancas.
ALÍPEDE o **ALÍPEDO** adj. (de *ala,* y el lat. *pes,* pie). *Poét.* Que lleva alas en los pies: *Mercurio alípede.*
ALIPEGO m. *Amér. C.* Adehala que se da al comprador. (Se llama *llapa, yapa, ñapa* en Colombia, Perú, Ecuador, Chile y Argentina.)
ALIQUEBRADO, DA adj. *Fig.* Alicaído.
ALIQUEBRAR v. t. Quebrar las alas. ‖ — IRREG. Se conjuga como *acertar.*
ALIRROJO, JA adj. De alas rojas: *tordo alirrojo.*
ALISADOR, RA adj. y s. Que alisa. ‖ — M. Instrumento a modo de taladro para alisar el interior de un cilindro. ‖ *Venez.* Peine fino.
ALISADURA f. Acción y efecto de alisar. ‖ Regularización del diámetro interior de un tubo. ‖ Parte menuda que queda de lo que se alisa.
ALISAR m. Plantío de alisos.
ALISAR v. t. Poner lisa alguna cosa: *alisar una tabla.* (SINÓN. V. *Pulir* y *allanar.*) ‖ Arreglar por encima el pelo.
ALISEDA f. Alisar, plantío de alisos.
ALISIOS adj. y s. m. pl. Dícese de los vientos regulares que soplan constantemente en casi una tercera parte del globo, desde las altas presiones subtropicales hacia las bajas presiones ecuatoriales.
ALISMA f. Planta alismácea de florecillas de color blanco amarillento, común en los estanques.
ALISMÁCEAS o **ALISMATÁCEAS** f. pl. *Bot.* Plantas monocotiledóneas acuáticas, con rizoma feculento, flores en racimo, y frutos secos como la alisma y el azúmbar.
ALISO m. Árbol betuláceo, de flores blancas o rosadas: *el aliso se utiliza mucho en ebanistería.*
ALISTADO, DA adj. Listado. ‖ Inscrito, que ha sentado plaza.
ALISTADOR m. El que alista.
ALISTAMIENTO m. Acción y efecto de alistar o alistarse. ‖ Hombres a quienes cada año obliga el servicio militar.
ALISTAR v. t. Sentar o escribir en lista a alguno. ‖ Prevenir, aprontar, aparejar, disponer. ‖ — V. r. Sentar plaza en la milicia.
ALITERACIÓN f. *Ret.* Figura que consiste en emplear voces en que se repiten las mismas letras: *no es mala la lana esta.* ‖ Cuando se usa adrede, se llama armonía imitativa: *con más erres y más ruido que carro por pedregal.* ‖ *Ret.* Paronomasia, semejanza entre voces de sentido diferente: *jácara y jícara.* (SINÓN. V. *Repetición.*)
ALITERADO, DA adj. Que tiene aliteración.
ALITIERNO m. Ladierno (arbusto).
ALITRANCA f. *Amer.* Retranca.
ALIVIADERO m. Vertedero de aguas sobrantes.
ALIVIADOR, RA adj. y s. Que alivia.
ALIVIANAR v. t. *Amer.* Aliviar.
ALIVIAR v. t. Quitar parte de la carga o peso. Ú. t. c. r. ‖ *Fig.* Disminuir o mitigar la enfermedad, o dar mejoría al enfermo: *aliviarse con un remedio.* Ú. t. c. r. ‖ Disminuir las fatigas del cuerpo o las aflicciones del ánimo: *su visita me alivió.* Ú. t. c. r. ‖ *Fig.* Acelerar el paso. ‖ — SINÓN. *Aligerar, ablandar, lenificar, mitigar, suavizar, endulzar, templar, calmar, aplacar, apaciguar.* V. tb. *remediar.*
ALIVIO m. Acción y efecto de aliviar o aliviarse: *alivio de luto, sentir alivio un enfermo.* (SINÓN. V. *Reposo.*)
ALJABA f. Caja para llevar flechas.
ALJAMA f. Junta de moros o judíos. ‖ Mezquita. ‖ Sinagoga.
ALJAMÍA f. Nombre que daban los moros a la lengua castellana. ‖ Nombre dado hoy sólo a los escritos moriscos hechos en castellano con caracteres arábigos o hebreos.
ALJAMIADO, DA adj. Que hablaba la aljamía. ‖ Escrito en aljamía: *documento aljamiado.*
ALJEZ m. Mineral de yeso.
ALJIBE m. Cisterna para el agua llovediza. (SINÓN. V. *Depósito.*) ‖ *Mar.* Barco en cuya bodega, forrada de hierro, se lleva el agua a las embarcaciones, y por ext., el destinado a transportar petróleo. ‖ *Mar.* Cajas de chapa de hierro en que se tiene el agua a bordo. ‖ *Col.* Fuente, manantial, vertedero. ‖ *Per.* Mazmorra.
ALJOFAINA f. Jofaina, palangana.
ALJÓFAR m. Perla pequeña de figura irregular. Conjunto de estas perlas: *adornar un vestido con aljófar.* ‖ *Fig.* Cosa parecida al aljófar: *el aljófar de rocío.* ‖ — PARÓN. *Azófar.*
ALJOFARAR v. t. Adornar con aljófar: *vestido aljofarado.* ‖ *Fig.* Cubrir una cosa con algo que imite el aljófar: *el rocío aljofaraba las flores.*
ALJOFIFA f. Pedazo de paño basto de lana que sirve para fregar el suelo enlosado.
ALJOFIFADO m. Acción de aljofifar o fregar.
ALJOFIFAR v. t. Fregar con aljofifa: *aljofifar los suelos, el patio.*
ALJONJE m. y sus derivados. (V. AJONJE.)
ALJUBA f. Vestidura morisca, especie de gabán con mangas cortas y estrechas.
ALMA f. (del lat. *anima,* soplo, vida). Principio de la vida. ‖ Cualidades morales, buenas o malas: *alma noble, abyecta.* ‖ Conciencia, pensamiento íntimo: *los ojos son espejo del alma.* ‖ *Fig.* Persona, individuo: *no se ve un alma en la plaza; una ciudad de cien mil almas.* ‖ *Fig.* Viveza, energía. ‖ *Fig.* Lo que da aliento y fuerza a alguna cosa: *el amor a la patria es el alma de los Estados.* (SINÓN. *Espíritu, ánimo, inteligencia, instinto, entendimiento.*) ‖ Hueco de la pieza de artillería. ‖ Parte interior de algunos objetos: *el alma de una espada.* ‖ *Fig.* En los instrumentos de cuerda, palo que se pone entre sus dos tapas para que se mantengan a igual distancia. ‖ *Arq.* Madero vertical que sostiene los otros maderos o los tablones de los andamios. ‖ *Fig. y fam. Alma de caballo,* persona sin escrúpulo. ‖ *Fig. Alma de Caín,* persona aviesa o cruel. ‖ *Alma de cántaro,* persona falta de discreción. ‖ *Fig. y fam. Alma de Dios,* persona bondadosa y sencilla. ‖ *Fig. Alma de un negocio,* su objeto, su motor principal. ‖ *Fig. Con, o en, el alma,* profundamente. ‖ *And. Fam. Mal alma,* persona perversa. Ú. c. adj. y s. m. ‖ *Caérsele a uno el alma o los pies,* desanimarse. ‖ — OBSERV. Se puede decir *un alma* o *una alma,* pero ha de decirse *el alma tuya* y no *la alma tuya, aquella alma* y no *aquel alma, con toda el alma* y no *con todo el alma.*
ALMACÉN m. Sitio donde se tienen mercancías para su custodia o venta: *almacenes militares, almacén de granos.* ‖ Tienda donde se venden enseres domésticos, azúcar, etc. (SINÓN. V. *Establecimiento.*) ‖ Pieza de un arma de repetición que contiene los cartuchos de repuesto.
ALMACENAJE m. Derecho que se paga por conservar las cosas en un almacén. ‖ Almacenamiento.
ALMACENAMIENTO m. Acción de almacenar. ‖ *Almacenamiento de datos,* acción de introducir datos en la memoria de un ordenador.
ALMACENAR v. t. Guardar en almacén. ‖ *Fig.* Reunir o guardar: *almacenar documentos.*
ALMACENERO m. El que guarda el almacén.
ALMACENISTA com. Dueño o encargado de un almacén. ‖ Persona que vende en un almacén.
ALMÁCIGA f. Resina aromática, en forma de lágrimas, que se extrae de una variedad de len-

almendro

almalafa

almete

almiar

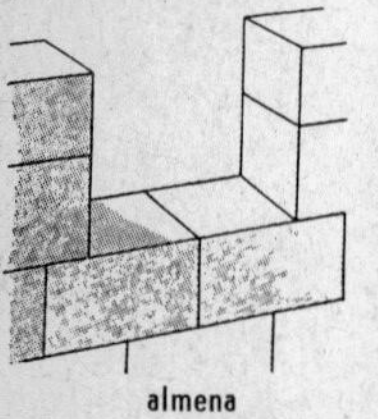

almena

almeja

tisco. ‖ Lugar en donde se siembran semillas de árboles para transplantarlos después. ‖ Masilla.

ALMACIGADO, DA adj. *Amer.* Dícese del ganado de color cobrizo. ‖ *Cub.* Trigueño.

ALMÁCIGO m. Lentisco, árbol. ‖ Pepitas o simientes de las plantas nacidas en almáciga. ‖ *Agr.* Almáciga, sementera.

ALMÁDENA f. Mazo de hierro con mango largo, para romper piedras.

ALMADÍA f. Armadía, balsa.

ALMADIERO m. El que conduce una almadía.

ALMADRABA f. Pesca de atunes. ‖ Sitio donde se pesca el atún. ‖ Red grande o cerco de redes con que se pescan atunes.

ALMADRABERO, RA adj. Relativo a la almadraba. ‖ — M. El que se ocupa de la almadraba.

ALMADREÑA f. Zueco, zapato de madera.

ALMAGESTO m. Libro de astronomía, con diferentes observaciones: *el almagesto de Tolomeo.*

ALMAGRA f. Almagre.

ALMAGRADURA f. Acción y efecto de almagrar.

ALMAGRAL m. Terreno en que abunda el almagre.

ALMAGRAR v. t. Teñir de almagre.

ALMAGRE m. Óxido rojo de hierro, más o menos arcilloso, que suele emplearse en la pintura y para pulir los metales.

ALMAGRERO, RA adj. Dícese del terreno en que abunda el almagre. ‖ — F. Lata para llevar el almagre.

ALMAIZAL y **ALMAIZAR** m. Toca de gasa de los moros. ‖ Humeral, lienzo litúrgico.

ALMAJAL m. Almarjal.

ALMAJANEQUE m. Máquina de guerra para batir los muros, usada antiguamente.

ALMALAFA f. Vestidura moruna que cubre el cuerpo hasta los pies.

ALMANAQUE m. Registro que comprende los días del año con indicaciones astronómicas, meteorológicas, etc. (SINÓN. V. *Calendario.*)

ALMANCEBE m. Red usada para la pesca en el Guadalquivir.

ALMANDINA f. Granate de color rojo vivo.

ALMANTA f. Entreliño, espacio que suele dejarse entre liño y liño en las viñas y los olivares.

ALMARADA f. Puñal antiguo de tres aristas y sin corte. ‖ Aguja grande de alpargatero.

ALMARBATAR v. t. Unir dos piezas de madera.

ALMARIO m. Armario. (Ú. en la loc. fam. *tener su alma en su almario.*)

ALMARJAL m. Mata de almarjo. ‖ Terreno poblado de almarjos. ‖ Prado o terreno húmedo.

ALMARJO m. Planta barrilera.

ALMARRAJA y **ALMARRAZA** f. Vasija de vidrio, con un agujero en el vientre, que se usaba para regar.

ALMÁRTAGA f. Cabezada que se ponía antiguamente a los caballos sobre el freno.

ALMÁRTAGA y **ALMÁRTEGA** f. *Quím.* Litargirio.

ALMÁRTIGA f. Almártaga, cabezada.

ALMARTIGÓN m. Almártiga tosca.

ALMASILIO m. Aleación de aluminio, magnesio y silicio.

ALMÁSTIGA f. Almáciga, resina del lentisco.

ALMATRICHE m. *Agr.* Reguera.

ALMAZARA f. Molino de aceite.

ALMAZARERO m. El que cuida de la almazara.

ALMEA f. Mujer que entre los orientales improvisa versos y canta y danza en público. ‖ Azúmbar, planta. ‖ Corteza del estoraque, después que se le ha sacado toda la resina.

ALMEADA f. *Per.* Montículo de tierra hecho al pie de la caña del maíz.

ALMECINA f. *And.* Almeza.

ALMECINO m. *And.* Almez.

ALMEJA f. Molusco acéfalo de carne comestible.

ALMEJAR m. Criadero de almejas.

ALMENA f. Diente o cortadura que se hacía en los muros de las antiguas fortalezas.

ALMENADO, DA adj. *Fig.* Coronado de almenas: *muro almenado.* ‖ Dentado, recortado.

ALMENAJE m. Conjunto de almenas.

ALMENAR m. Pie de hierro sobre el cual se ponían teas encendidas para alumbrarse.

ALMENAR v. t. Coronar de almenas un edificio: *almenar una fortaleza.*

ALMENARA f. Fuego que se hace en las atalayas o torres como señal. ‖ Candelero sobre el cual se ponían teas o mechas para alumbrar el aposento.

ALMENDRA f. Fruto del almendro: *almendra dulce, almendra amarga; pastel de almendra.* ‖ Semilla de cualquier fruto drupáceo: *la almendra del melocotón.* ‖ *Fig.* Cada una de las piezas de cristal tallado que se cuelgan por adorno en las arañas, candelabros, etc. ‖ *Fam. De la media almendra,* melindrosa. (El *aceite de almendras* se usa en farmacia como emoliente, y la esencia de almendras amargas, en perfumería, por su aroma.)

ALMENDRADA f. Leche de almendras y azúcar.

ALMENDRADO, DA adj. De figura de almendra. ‖ — M. Pasta de almendras, harina y miel o azúcar. ‖ *Per.* Guiso con salsa de almendras.

ALMENDRAL m. Sitio poblado de almendros.

ALMENDRERA f. Almendro, árbol rosáceo.

ALMENDRERO m. Almendro. ‖ Plato en que se solían servir las almendras en la mesa.

ALMENDRILLA f. Lima rematada en figura de almendra que usan los cerrajeros. ‖ Guijo pequeño que se emplea para firme o balasto.

ALMENDRO m. Árbol rosáceo de flores blancas o rosadas, cuyo fruto es la almendra: *el almendro, originario de Asia, se introdujo en Europa hacia el siglo XVI.*

ALMENDRÓN m. Árbol mirtáceo de Jamaica, de fruto comestible, con olor a almendra amarga.

ALMENDRUCO m. Fruto del almendro, con su primera cubierta verde todavía y la almendra a medio cuajar.

ALMENILLA f. Adorno de figura de almena.

ALMERIENSE adj. y s. De Almería.

ALMETE m. Pieza de la armadura antigua, que cubría la cabeza.

ALMEZ m. Árbol ulmáceo, de follaje verde obscuro, cuyo fruto es la almeza: *la madera del almez se usa en ebanistería.*

ALMEZA f. Fruto del almez, especie de pequeña cereza negra.

ALMEZO m. Almez.

ALMIAR m. Pajar descubierto, formado por un palo largo, alrededor del cual se van apretando las gavillas en pila vertical.

ALMÍBAR m. y a veces f. Azúcar disuelto en agua y espesado al fuego. ‖ *Fam. Hecho un almíbar,* sumamente amable.

ALMIBARADO, DA adj. Muy dulce. ‖ *Fig.* y *fam.* Excesivamente meloso, halagüeño: *lenguaje almibarado.* (SINÓN. V. *Empalagoso.*)

ALMIBARAR v. t. Bañar o cubrir con almíbar: *almibarar las almendras.* ‖ *Fig.* Suavizar con arte y dulzura las palabras para ganarse la voluntad de otro y conseguir lo que se desea.

ALMICANTARAT f. *Astr.* Círculo ficticio de la esfera celeste, paralelo al horizonte, que sirve para determinar la altura o depresión de un astro.

ALMIDÓN m. Fécula blanca, ligera y suave al tacto, que se encuentra en diferentes semillas.

ALMIDONADO, DA adj. Preparado con almidón. ‖ *Fig.* y *fam.* Dícese de la persona compuesta o ataviada con excesiva pulcritud. ‖ — M. Acción de almidonar.

ALMIDONAR v. t. Mojar la ropa blanca en almidón para ponerla tiesa.

ALMIDONERÍA f. Fábrica de almidón.

ALMILLA f. Jubón que se ajustaba al cuerpo. ‖ *Carp.* Espiga de ensambladura.

ALMIMBAR m. Especie de púlpito de las mezquitas.

ALMINAR m. Torre de la mezquita desde la cual llama el almuédano a los fieles.

ALMIQUÍ m. Aire, pequeño mamífero insectívoro de Cuba.

ALMIRANTA f. Nave del almirante. ‖ Mujer del almirante.

ALMIRANTAZGO m. Tribunal que conoce de los asuntos pertenecientes a la marina. ‖ Dignidad y jurisdicción del almirante. ‖ Ministerio de Marina en Gran Bretaña.

ALMIRANTE m. Oficial que desempeña el cargo supremo de la armada.

Fot. Roy

ALMIREZ m. Mortero de metal para machacar.
ALMIZCATE m. Patio entre dos fincas urbanas para el uso común de paso, luz y agua.
ALMIZCLAR v. t. Aromatizar con almizcle: *almizclar la ropa.*
ALMIZCLE m. Substancia odorífera, untuosa al tacto, que se saca de la bolsa que el almizclero tiene en el vientre, y se emplea en medicina y perfumería.
ALMIZCLEÑA f. Planta liliácea, cuyas flores azules despiden olor de almizcle.
ALMIZCLEÑO, ÑA adj. Que huele a almizcle: *pera almizcleña.*
ALMIZCLERA f. Desmán, mamífero.
ALMIZCLERO m. Animal rumiante, parecido al cabrito, que tiene en el vientre una especie de bolsa ovalada en que segrega almizcle. (Vive en los bosques del Tíbet y del Tonquín.)
ALMO, MA adj. *Poét.* Criador, vivificador, benéfico: *alma máter.* || *Poét.* Excelente, santo.
ALMOCADÉN m. En la milicia antigua, caudillo o capitán de tropas de infantería.
ALMOCAFRE m. Instrumento de agricultura, que sirve para escarbar y limpiar la tierra de malas hierbas, y para transplantar.
ALMOCÁRABE y **ALMOCARBE** m. *Arq.* Adorno en forma de lazos. Ú. m. en pl.
ALMOCATRACÍA f. Impuesto que se pagaba antiguamente por los tejidos de lana fabricados y vendidos en el reino.
ALMOCELA f. Especie de capucha.
ALMOCRÍ m. Lector del Alcorán en las mezquitas.
ALMODROTE m. Salsa de aceite, ajos y otras cosas: *berenjenas en almodrote.* || *Fig.* y *fam.* Mezcla confusa: *ese libro es un almodrote.*
ALMÓFAR m. Cofia de malla, sobre la cual se ponía el capacete o casco.
ALMOFREJ m. Funda de la cama de camino.
ALMOFREZ m. *Amer.* Almofrej.
ALMOGÁVAR m. Soldado que hacía correrías en tierra enemiga.
ALMOGAVAREAR v. i. Hacer correrías por tierras de enemigos.
ALMOGAVARÍA f. Tropa de almogávares.
ALMOHADA f. Colchoncillo para reclinar la cabeza en la cama o para sentarse. || Funda de lienzo blanco en que se mete la almohada de la cama: *una almohada bordada.* || *Arq.* Almohadilla de un sillar. || *Fig.* y *fam. Aconsejarse* o *consultar con la almohada,* meditar con el tiempo necesario algún negocio.
ALMOHADADO, DA adj. Almohadillado.
ALMOHADAZO m. Golpe con la almohada.
ALMOHADE adj. y s. V. *Parte hist.*
ALMOHADILLA f. Cojincillo que sirve para varios usos. || Saquito de raso perfumado, para guardar pañuelos, guantes, etc. || *Arq.* Resalto en la cara visible de un sillar. || *Arq.* Parte lateral de la voluta del capitel jónico. || Cojincillo entintado para sellos de escritorio. || *Amer.* Acerico. || *Chil., Per.* y *Riopl.* Agarrador de plancha.
ALMOHADILLADO, DA adj. *Arq.* Que tiene almohadillas: *sillar almohadillado.* || Relleno, acolchado.
ALMOHADILLAR v. t. *Arq.* Labrar los sillares de modo que tengan almohadilla. || Acolchar, rellenar.
ALMOHADÓN m. Colchoncillo, almohada grande: *los almohadones de un sofá.* || *Arq.* Primera piedra de un arco sentada sobre el machón.
ALMOHAZA f. Instrumento de hierro a modo de raedera que sirve para limpiar las caballerías.
ALMOHAZAR v. t. Estregar con almohaza: *almohazar un caballo.*
ALMOJÁBANA f. Torta de queso y harina. || Especie de buñuelo.
ALMOJARIFAZGO m. Cierta alcabala antigua.
ALMOJARIFE m. Oficial encargado antiguamente de cobrar el almojarifazgo y otras rentas.
ALMOJAYA f. Madero asegurado en la pared para sostener andamios y para otros usos.
ALMÓNDIGA f. Albóndiga.
ALMONEDA f. Venta pública con licitación y puja. || Venta de objetos a bajo precio. (SINÓN. V. *Subasta.*) || Antigüedades.
ALMONEDEAR v. t. Vender en almoneda.
ALMORÁVIDE adj. y s. V. *Parte hist.*
ALMOREJO m. Planta gramínea, especie de mijo.
ALMORRANAS f. pl. Varices de las venas del ano.
ALMORRANIENTO, TA adj. y s. Dícese de la persona que padece almorranas.
ALMORTA f. Planta papilionácea, de flores moradas y blancas: *la semilla de almorta es comestible.*
ALMORZADA f. (de *ambosada*). Lo que cabe en el hueco formado con ambas manos juntas.
ALMORZADO, DA adj. Que ha almorzado o ha tomado el almuerzo: *salí de casa almorzado.*
ALMORZAR v. i. Tomar el almuerzo: *almorzar a las doce.* || — V. t. Comer en el almuerzo una u otra cosa: *almorzar chuletas.* || — IRREG. Se conjuga como *contar.*
ALMOTACÉN m. Inspector de pesas y medidas.
ALMOTACENAZGO m. Oficina de almotacén. || Oficio de almotacén.
ALMOTACENÍA f. Derecho que se pagaba al almotacén. || Lonja de contratación de pescado.
ALMUD m. Medida antigua de áridos que en unas partes correspondía a un celemín y en otras a media fanega.
ALMUDADA f. Espacio de tierra en que cabe un almud de sembradura.
ALMUDÍ y **ALMUDÍN** m. Alhóndiga.
ALMUECÍN y **ALMUÉDANO** m. Sacerdote musulmán que, desde la torre de la mezquita, llama al pueblo a la oración.
ALMUERZO m. Comida que se toma por la mañana o hacia la mitad del día, antes de la principal: *el almuerzo duró dos horas.* (SINÓN. V. *Comida.*) || Conjunto de piezas de vajilla empleadas en los almuerzos: *almuerzo de porcelana.*
ALMUNIA f. Huerto, granja.
ALNADO, DA m. y f. Hijastro, tra.
¡ALO! o **¡ALÓ!** interj. (ingl. *allo*). En algunas partes *¡oiga!, ¡dígame!* (teléfono).
ALOBUNADO, DA adj. Parecido al lobo, especialmente en el color del pelo: *pelo alobunado.*
ALOCADAMENTE adv. m. Sin cordura ni juicio, desbaratadamente: *obrar alocadamente.* || — CONTR. *Juiciosamente.*
ALOCADO, DA adj. Que tiene cosas de loco, o parece loco: *muchacho alocado.* || Que tiene poco juicio.
ALOCAR v. t. Volver loco.
ALOCROÍTA f. Granate verdoso.
ALOCUCIÓN f. Discurso breve, dirigido por un superior. (SINÓN. V. *Discurso.*)
ALODIAL adj. *For.* Libre de toda carga y derecho señorial: *bienes alodiales.*
ALODIO m. Heredad alodial.
ÁLOE o **ALOE** m. Planta liliácea, con hojas largas y carnosas, de las que se extrae un jugo muy amargo, usado en medicina. || Jugo de esta planta: *el áloe más estimado es el de Socotora o sucotrino.*
ALÓFANA f. Silicato de alúmina azul verdoso.
ALÓGENO, A adj. y s. De diferente raza.
ALOÍNA f. *Quím.* Alcaloide que se extrae del áloe.
ALOJA f. Bebida preparada con miel y especias. || *Amer.* Bebida refrescante.
ALOJADO m. Militar que recibe hospedaje gratuito. || *Amer.* Huésped. (En este caso ú. t. c. f.)
ALOJADOR m. Acomodador de teatro.
ALOJAMIENTO m. Acción y efecto de alojar o alojarse: *alojamiento de una tropa.* || Lugar donde se está alojado. (SINÓN. V. *Vivienda.*)
ALOJAR v. t. Aposentar: *alojar un viajero.* (SINÓN. V. *Hospedar.*) || Colocar una cosa dentro de otra. || — V. r. Situarse las tropas en algún punto: *alojarse en la brecha.*
ALOJERÍA f. Tienda donde se vende aloja.
ALOJERO, RA m. y f. Persona que hace o vende aloja. || — M. En los teatros, sitios de la galería baja donde se vendía aloja al público. || Cada uno de los palcos que ocupan ahora aquel lugar.
ALOJO m. *Amer.* Alojamiento.
ALOMADO, DA adj. De lomo arqueado: *mulo alomado.* || Que forma lomo: *caballete alomado.*

almizcleña

almizclero

almocafre

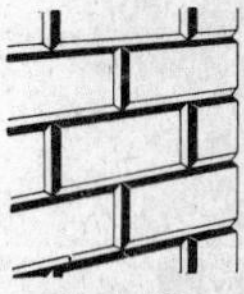
almohadilla

almohaza

Fot. Downward

alondra

alquequenje

alosa

alpaca

rojo de los pájaros

álsine

ALOMAR v. t. *Agr.* Arar la tierra por lomos.

ALÓN m. Ala de ave: *alón de pavo, de gallina.* ‖ — Adj. *Amer.* Aludo.

ALONDRA f. Pájaro de color pardo, de carne delicada: *la alondra no sube a los árboles.*

ALONGAR v. t. Alargar. ‖ — IRREG. Se conjuga como *contar.*

ALONSO adj. Trigo fanfarrón de espiga gruesa.

ALÓPATA adj. y s. Que profesa la alopatía: *médico alópata.* ‖ — CONTR. *Homeópata.*

ALOPATÍA f. Terapéutica en que se emplean medicamentos que producirían en el estado sano fenómenos contrarios a los producidos por las enfermedades que combaten. ‖ — CONTR. *Homeopatía.*

ALOPÁTICO, CA adj. Relativo a la alopatía o a los alópatas. ‖ — CONTR. *Homeopático.*

ALOPECIA f. Caída o pérdida del pelo.

ALOPECURO m. Planta gramínea llamada vulgarmente *cola de zorra.*

ALOQUE adj. Dícese del vino clarete.

ALOQUECERSE v. r. Volverse loco.

ALOSA f. (lat. *alosa*). Pez teleósteo marino cuya hembra desova en los ríos. (SINÓN. *Sábalo.*)

ALOTAR v. t. *Mar.* Arrizar. ‖ Subastar el pescado a bordo de los barcos.

ALOTÓN m. *Ar.* Almeza, fruto del almez.

ALOTROPÍA f. (del gr. *allos*, otro, y *tropos*, mutación, cambio). *Quím.* Diferencia que, en su aspecto, textura u otras propiedades, puede presentar a veces un mismo cuerpo, como el azúcar cande y el cristalizado.

ALOTRÓPICO, CA adj. Relativo a la alotropía: *el fósforo rojo es una forma alotrópica del fósforo amarillo.*

ALPACA f. Mamífero rumiante de América, cubierto de pelo largo, fino y rojizo: *la alpaca sirve de bestia de carga, y su carne es comestible.* ‖ *Fig.* Pelo de este animal. ‖ *Fig.* Tela hecha del pelo de este animal o con algodón abrillantado que se emplea para los trajes de verano: *chaqueta de alpaca.* ‖ Aleación de cobre, cinc y níquel, que también se llama *metal blanco.*

ALPAMATO m. Planta mirtácea argentina.

ALPAÑATA f. Pedazo de cordobán con que los alfareros alisan las vasijas antes de cocerlas.

ALPARGATA f. Calzado de cáñamo o de esparto, con suela de soga. (SINÓN. V. *Zapatilla.*) ‖ *Venez. Fam. Tragar alpargatas,* turbarse.

ALPARGATADO, DA adj. A modo de alpargata, que tiene forma de alpargata.

ALPARGATAR v. i. Hacer alpargatas.

ALPARGATE m. Alpargata, calzado de cuerda.

ALPARGATERÍA f. Taller, tienda de alpargatero.

ALPARGATERO, RA m. y f. Persona que hace o vende alpargatas.

ALPARGATILLA com. *Fig.* y *fam.* Persona que con astucia o maña se insinúa en el ánimo de otra para conseguir algo. (SINÓN. *Adulador.*)

ALPATACO m. *Arg.* Algarrobillo.

ALPAX m. Aleación de aluminio y silicio.

ALPECHÍN m. Líquido obscuro y fétido que sale de las aceitunas apiladas. ‖ *Amer.* Líquido acre que sale de algunos frutos exprimidos.

ALPECHINERA f. Tinaja o pozo donde se recoge el alpechín.

ALPENDE o **ALPENDRE** m. Tinglado o cobertizo.

ALPENSTOCK m. (pal. alemana). Bastón herrado para excursiones en las montañas.

ALPESTRE adj. De los Alpes: *paisaje alpestre, flora alpestre.* ‖ *Fig.* Montañoso, silvestre. ‖ Que vive a gran altitud.

ALPINISMO m. Práctica de las excursiones en las montañas. ‖ — SINÓN. *Montañismo, andinismo.*

ALPINISTA com. Persona aficionada a las excursiones en las montañas.

ALPINO, NA adj. De los Alpes: *cordillera alpina, flora alpina.* ‖ Relativo al alpinismo: *deporte alpino.*

ALPISTE m. Planta gramínea cuya semilla sirve para alimento de pájaros y para otros usos. ‖ Semilla de esta planta: *un celemín de alpiste.* ‖ *Pop.* Aguardiente o vino.

ALPISTELADO, DA adj. *Pop.* Achispado.

ALPISTERA f. Torta pequeña hecha con harina, huevos y alegría.

ALPUJARREÑO, ÑA adj. y s. De las Alpujarras.

ALQUEQUENJE m. Planta solanácea, de fruto semejante a una cereza, envuelto en una especie de saquito: *el fruto del alquequenje se emplea como diurético.*

ALQUERÍA f. Casa de campo para la labranza. (SINÓN. *Cortijo.*) ‖ Conjunto de casas de labranza.

ALQUERMES m. Licor en que entraban el quermes animal y varias substancias excitantes.

ALQUERQUE m. Lugar de los molinos de aceite donde se desmenuza la pasta de orujo que resulta de la primera presión.

ALQUIBLA f. Punto hacia donde los musulmanes deben mirar cuando rezan.

ALQUICEL m. Especie de capa morisca.

ALQUIFOL m. Sulfuro de plomo, galena.

ALQUILA f. Banderita que indica que un coche de punto está por alquilar.

ALQUILABLE adj. Que se puede alquilar.

ALQUILADIZO, ZA adj. y s. Que se alquila: *coche alquiladizo.*

ALQUILADOR, RA m. y f. Persona que da en alquiler alguna cosa: *alquilador de coches.* ‖ Persona que toma en alquiler.

ALQUILAMIENTO m. Alquiler.

ALQUILAR v. t. Dar o tomar alguna cosa por tiempo determinado, mediante el pago de cantidad convenida: *alquilar una casa.* (SINÓN. *Arrendar.* V. tb. *fletar.*) ‖ — V. r. Ponerse a servir por cierto estipendio.

ALQUILATE m. Derecho que se pagaba en Murcia por ciertas ventas.

ALQUILER m. Acción de alquilar. ‖ Precio en que se alquila alguna cosa: *alquiler subido.* (SINÓN. V. *Arrendamiento.*) ‖ *De alquiler,* para alquilar.

ALQUILÓN, ONA adj. y s. *Despect.* Alquiladizo. ‖ — OBSERV. Es barbarismo usarlo en el sentido de *inquilino,* como suele hacerse en el Ecuador.

ALQUIMIA f. Arte quimérico de la transmutación de los metales. (Esta ciencia se ocupó en vano en descubrir la piedra filosofal para obtener oro y el elixir de larga vida, pero dio nacimiento a la química. Se le debe el descubrimiento de la pólvora, el fósforo, etc.).

ALQUÍMICO, CA adj. Perteneciente o relativo a la alquimia: *teoría alquímica.*

ALQUIMILA f. Pie de león, planta.

ALQUIMISTA adj. y s. El que profesaba la alquimia: *los alquimistas fueron los primeros químicos.*

ALQUITARA f. Alambique. ‖ *Fig.* y *fam. Dar una cosa por alquitara,* darla con escasez, poco a poco.

ALQUITARAR v. t. Destilar. ‖ *Fig.* Sutilizar excesivamente, alambicar. ‖ — PARÓN. *Aquilatar.*

ALQUITIRA f. Tragacanto, planta leguminosa.

ALQUITRÁN m. Substancia resinosa, de olor fuerte y sabor amargo, residuo de la destilación de la leña de pino o de la hulla: *se extraen del alquitrán de hulla colores maravillosos.* ‖ — SINÓN. *Coaltar, brea.*

ALQUITRANADO adj. De alquitrán. ‖ Lienzo impregnado en alquitrán. ‖ — M. Acción de alquitranar: *el alquitranado de las carreteras suprime el polvo.*

ALQUITRANADOR m. Obrero que alquitrana.

ALQUITRANAR v. t. Dar de alquitrán a alguna cosa: *se alquitrana la jarcia de los barcos para que no se pudra con la humedad.*

ALREDEDOR adv. l. Que denota la situación de personas o cosas que rodean a otras. ‖ — Adv. c. Cerca: *alrededor de doscientas pesetas.* ‖ — M. pl. Contornos: *los alrededores de Madrid.* (SINÓN. V. *Afueras.*)

ALROTA f. Desecho de la estopa rastrillada. ‖ Estopa que cae del lino al espadarlo.

ALSACIANO, NA adj. y s. De Alsacia.

ÁLSINE f. Planta cariofilácea, de flores blancas, que abunda en los parajes húmedos: *el álsine se usa en medicina y para alimentar pajarillos.*

ALSTRŒMERIA f. Amarilidácea americana de hermosas flores.

ALTA f. En los hospitales, orden que se comunica a un enfermo a quien se da por sano: *dar de alta a un enfermo.* ‖ Documento que acredita la

entrada en servicio activo de un militar. ‖ Entrada de una persona en un cuerpo, profesión, etc. (SINÓN. V. *Ingreso.*) ‖ Declaración que hace el contribuyente que se dedica a una profesión sujeta a impuesto. ‖ *Dar de alta,* tomar nota del ingreso. ‖ *Dar de alta,* o *el alta,* declarar curado. ‖ *Ser alta,* ingresar en un cuerpo. ‖ — CONTR. *Baja.*
ALTAICO, CA adj. Dícese de la raza cuya cuna se supone ser los montes Altai.
ALTAMENTE adv. m. En extremo, en gran manera: *altamente satisfecho.*
ALTAMISA f. Artemisa.
ALTANERAMENTE adv. m. Con altanería.
ALTANERÍA f. Caza que se hace con halcones y otras aves de rapiña de alto vuelo. ‖ *Fig.* Altivez, soberbia: *hablar con altanería.* (SINÓN. V. *Orgullo.* CONTR. *Modestia.*)
ALTANERO, RA adj. Aplícase a las aves de rapiña de alto vuelo. ‖ *Fig.* Altivo, soberbio. (SINÓN. V. *Orgulloso.* CONTR. *Modesto.*)
ALTANOS m. pl. *Mar.* Vientos que soplan alternativamente de la tierra al mar y viceversa.
ALTAR m. Ara o piedra destinada para ofrecer el sacrificio: *altar mayor.* ‖ *Min.* Piedra que separa la plaza del hogar en los hornos de reverbero. ‖ *Min.* En Vizcaya, banco o grada de una mina. ‖ *Altar mayor,* el principal. ‖ *Fig.* y *fam. Conducir,* o *llevar, al altar a una mujer,* contraer matrimonio con ella.
ALTAVERAPACENSE adj. y s. De Alta Verapaz (Guatemala).
ALTAVOZ m. Aparato que transforma las oscilaciones eléctricas en ondas sonoras.
ALTEA f. Malvavisco.
ALTEAR v. i. *Chil.* Otear. ‖ — V. r. Elevarse el terreno.
ALTERABILIDAD f. Calidad de alterable: *es grande la alterabilidad de los colores vegetales.*
ALTERABLE adj. Que puede alterarse: *metales alterables.* ‖ — CONTR. *Fijo.*
ALTERACIÓN f. Acción de alterar o alterarse. ‖ Sobresalto, inquietud. (SINÓN. V. *Estremecimiento.*) ‖ Alboroto, motín. ‖ Altercado, pelea. ‖ Desarreglo: *alteración del pulso.* ‖ Modificación. (SINÓN. V. *Falsificación.*)
ALTERADIZO, ZA adj. Alterable.
ALTERADO, DA adj. Que ha mudado de forma: *aspecto alterado.* ‖ *Fig.* Perturbado, inquieto. ‖ Modificado. ‖ Desarreglado.
ALTERADOR, RA adj. y s. m. Que altera: *circunstancia alteradora de la paz.*
ALTERAR v. t. (del lat. *alter,* otro). Cambiar la esencia o forma de una cosa: *alterar la moneda.* (SINÓN. *Bastardear, desnaturalizar, viciar, tergiversar.* V. tb. *falsificar.*) ‖ Perturbar, trastornar, inquietar: *alterarse por poca cosa.* ‖ — V. r. *Col.* Tener sed.
ALTERATIVO, VA adj. Que puede alterar.
ALTERCACIÓN f. y **ALTERCADO** m. Acción de altercar. (SINÓN. V. *Disputa.*)
ALTERCADOR, RA adj. y s. Que alterca: *carácter altercador.* ‖ Propenso a altercar.
ALTERCANTE adj. Que alterca o discute.
ALTERCAR v. i. Disputar, porfiar, contender: *altercar con un adversario.*
ALTER EGO expr. lat. y s. Persona en quien otra tiene absoluta confianza o que puede hacer sus veces: *fíese de él, es mi alter ego.*
ALTERNACIÓN f. Acción de alternar.
ALTERNADAMENTE adv. m. Alternativamente.
ALTERNADO, DA adj. Alternativo.
ALTERNADOR m. Generador de corriente eléctrica alterna, movido mecánicamente.

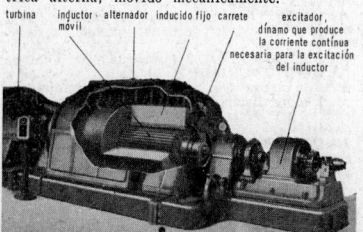

Fot. A. C. I., Larousse

ALTERNANCIA f. Alternación.
ALTERNANTE adj. Que alterna: *los cultivos alternantes permiten no debilitar las tierras.*
ALTERNAR v. t. Repetir con más o menos regularidad cosas diferentes: *alternar el trabajo con el descanso.* ‖ Distribuir por turno. ‖ — V. i. Sucederse unas cosas a otras repetidamente: *alternar los días claros con los lluviosos; en un trabajo; entre varios.* ‖ Tener trato amistoso las personas entre sí: *alternar con personas de su condición.*
ALTERNATIVA f. Opción entre dos cosas: *dejo a usted la alternativa.* ‖ — OBSERV. No ha de decirse *me encuentro entre dos alternativas,* sino *me encuentro en la alternativa de...* o *de...* ‖ Efecto de alternar, cosa que se hace alternando. ‖ Autorización que el matador de cartel da al novillero para que mate alternando con él, reconociéndolo así como espada.
ALTERNATIVAMENTE adv. m. Con alternación: *mover alternativamente los brazos.*

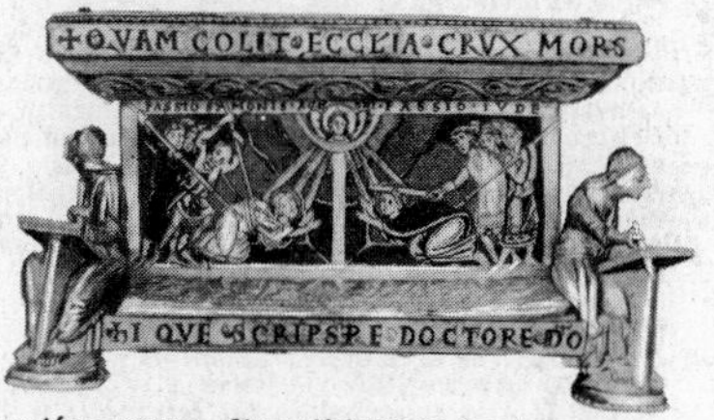

altar de Stavelot (siglo XII) Museo de Bruselas

ALTERNATIVO, VA adj. Con alternación. ‖ *Cultivo alternativo,* aquel en que se alternan varios cultivos en un terreno.
ALTERNO, NA adj. Cada dos días. ‖ *Geom.* Dícese, cuando dos rectas paralelas están cortadas por una tercera, de los ángulos situados a ambos lados de la secante. ‖ Alternativo. (CONTR. *Simultáneo.*) ‖ *Ángulos alternos internos,* los situados dentro de las paralelas, pero de diferente lado de la secante. ‖ *Ángulos alternos externos,* los situados fuera de las paralelas y a ambos lados de la secante. (Los *ángulos alternos internos* son iguales entre sí, lo mismo que los *ángulos alternos externos.*) ‖ *Hojas, flores alternas,* las hojas o flores colocadas de cada lado del tallo, pero no enfrente unas de otras. ‖ *Corriente alterna,* la que recorre un circuito ya en un sentido, ya en otro.
ALTEZA f. Elevación, sublimidad, excelencia: *alteza de sentimientos.* ‖ Tratamiento honorífico que se da a los reyes, a los príncipes y a otras personas. ‖ Altura.
ALTIBAJO m. Terciopelo labrado antiguo. ‖ *Esgr.* Golpe derecho dado con la espada de alto a bajo. ‖ — Pl. *Fam.* Desigualdades de un terreno: *terreno que tiene muchos altibajos.* ‖ *Fig.* y *fam.* Alternativa de bienes y males en la existencia: *los altibajos de la vida.*
ALTILOCUENCIA f. Grandilocuencia.
ALTILOCUENTE y **ALTÍLOCUO, CUA** adj. Grandílocuo: *orador altilocuente.*
ALTILLANO m. y **ALTILLANURA** f. *Amer.* Altiplanicie.
ALTILLO m. Cerrillo o sitio algo elevado. ‖ *Ecuad.* y *Arg.* Desván. ‖ *Per.* Entresuelo.
ALTIMETRÍA f. Parte de la topografía que enseña a medir las alturas.
ALTÍMETRO, TRA adj. Relativo a la altimetría. ‖ — M. Instrumento para medir alturas: *el barómetro, con una graduación especial, sirve de altímetro.*
ALTIPAMPA f. *Arg.* Altiplanicie.
ALTIPLANICIE f. Llanura alta, meseta.
ALTIPLANO m. *Amer.* Altiplanicie.
ALTÍSIMO, MA adj. Muy alto. ‖ *El Altísimo,* Dios.
ALTISONANCIA f. Carácter de lo altisonante.
ALTISONANTE y **ALTÍSONO, NA** adj. Altamente sonoro: *lenguaje altisonante.*
ALTITONANTE adj. *Poét.* Que truena de lo alto: *Júpiter altitonante.*
ALTITUD f. Altura con relación al nivel del

altavoz

altramuz

aluminio

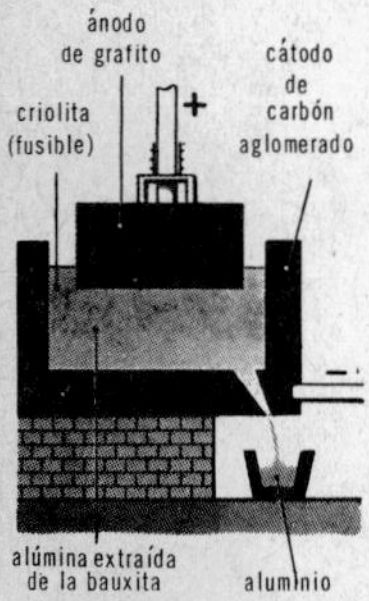

el aluminio se obtiene por electrólisis de la alúmina en un horno eléctrico

mar: *la altitud de una montaña.* || Altura. (SINÓN. V. *Elevación.*)

ALTIVAMENTE adv. m. Con altivez.

ALTIVARSE y **ALTIVECERSE** v. r. Llenarse de altivez. || — IRREG. Se conjuga *altivecerse* como *merecer.*

ALTIVEZ f. Soberbia: *hablar con altivez.* (SINÓN. V. *Orgullo.* CONTR. *Modestia.*)

ALTIVEZA f. Altivez.

ALTIVO, VA adj. Orgulloso, soberbio: *carácter altivo.* (SINÓN. V. *Orgulloso.* CONTR. *Modesto.*)

ALTO, TA adj. Levantado, de gran estatura o tamaño: *árbol alto, mujer alta.* (SINÓN. V. *Elevado, grande.*) || Sonoro, ruidoso: *alta voz.* || *Fig.* Superior o excelente: *tener alta idea de su mérito.* || Crecido (río), alborotado (mar). || De gran dignidad o representación (persona). || Arduo, difícil. || Profundo, sólido. || Gravísimo (falta). || *Fig.* Caro, subido (precio). || *Fig.* Fuerte, que se oye de lejos. || *Fig.* Avanzado: *a altas horas de la noche.* || *Col., Ecuad.* y *Per.* Corto (vestido). || — M. Altura: *esta mesa es de metro y medio de alto.* || Sitio elevado en el campo. (SINÓN. V. *Cima* y *colina.*) || Piso o suelo de una casa además del piso bajo. || Voz de contralto. || *Geogr.* Parte en que un río está cerca de su nacimiento: *el Alto Rin.* || Parte de un país más distante del mar: *el Alto Egipto.* || *Amer.* Montón. || — Pl. *Amer.* Piso superior en las casas de dos pisos. || — Adv. l. Arriba: *poner a uno muy alto.* || — Adv. m. En voz fuerte, o que suene bastante: *hablar alto.* || *Pasar por alto una cosa,* omitirla, callarla. || *Por todo lo alto,* muy bien. || — OBSERV. Se debe decir, *razones de Estado,* en lugar de *alta política,* y *autoridad en tal cosa,* en vez de *alta autoridad en tal cosa.*

ALTO m. *Mil.* Parada de la tropa que va marchando: *hacer alto.* (SINÓN. V. *Etapa.*) || *¡Alto!* interj. que se usa para detener a uno. También se dice *¡alto ahí!*

ALTOPARLANTE m. *Amer.* Altavoz.

ALTOZANERO m. *Col.* Mozo de cuerda.

ALTOZANO m. Monte de poca altura en terreno llano (SINÓN. V. *Cerro.*) || Sitio más elevado de una población. || *Amer.* Atrio de una iglesia.

ALTRAMUZ m. Planta papilionácea de hojas palmeadas, cultivada como alimento para el ganado o por sus flores ornamentales.

ALTRUISMO m. (del lat. *alter,* otro). Amor al prójimo. (SINÓN. V. *Caridad.* CONTR. *Egoísmo.*)

ALTRUISTA adj. y s. Que profesa el altruismo. || — CONTR. *Egoísta.*

ALTURA f. Elevación sobre la superficie de la tierra: *las nubes circulan a gran altura.* || Dimensión de un objeto desde la base hasta el vértice. (SINÓN. V. *Elevación.*) || Cumbre de los montes, collados o parajes altos del campo: *hay nieve en las alturas.* (SINÓN. V. *Colina.*) || Nivel: *estar dos cosas a la misma altura.* || Alteza, altitud. || *Fig.* Mérito, valor. || *Fig.* Posición, dignidad. || — Pl. El cielo: *gloria a Dios en las alturas.* || *Altura del polo,* elevación del polo celeste sobre el horizonte. || *Altura del barómetro,* longitud de la columna de mercurio encima de la cubeta. || *Altura de un triángulo,* la perpendicular bajada desde un vértice hasta la base correspondiente. || *Altura de un paralelogramo,* distancia que separa las dos bases paralelas. || *Altura de un prisma,* distancia que separa sus dos bases. || *Altura de un astro,* ángulo que hace con el horizonte la visual dirigida a dicho astro. || *Altura de un sonido,* su grado de acuidad o gravedad. || *Barco de altura,* el que navega en alta mar. || *Fig. A estas alturas,* en este punto, ahora. || *Fig. A la altura de,* al grado de perfección de, semejante a. || *Fig.* y *fam. Quedar a la altura del betún,* quedar muy mal. || — CONTR. *Profundidad.*

ALÚA f. *Riopl.* Cocuyo, tuco, insecto luminoso.

ALUATO m. Carayá, mono aullador.

ALUBIA f. Judía.

ALUCIAR v. t. Dar lustre, abrillantar.

ALUCINACIÓN f. Sensación subjetiva que no va precedida de impresión en los sentidos. (SINÓN. V. *Visión.* CONTR. *Realidad.*)

ALUCINADO, DA adj. y s. Que tiene alucinaciones constantemente.

ALUCINADOR, RA adj. y s. Que alucina o engaña.

ALUCINAMIENTO m. Alucinación, ilusión, error.

ALUCINANTE adj. Que alucina. || *Por ext.* Extraordinario.

ALUCINAR v. t. Producir alucinación. || *Fig.* Ofuscar, seducir o engañar con arte. (SINÓN. *Embaucar.*) || — PARÓN. *Ilusionar.*

ALUCITA f. Mariposilla que ataca los cereales.

ALUCÓN m. Cárabo.

ALUCHAMIENTO m. *Per.* Lucha.

ALUD m. Masa considerable de nieve que rueda de los montes a los valles con violencia y ruido. (SINÓN. *Avalancha.*) || Fig. Lo que se precipita impetuosamente.

ALUDA f. Hormiga con alas.

ALUDEL m. Caño de barro cocido, enchufado con otros, que se emplea en los hornos donde se calcina el cinabrio.

ALUDIDO, DA adj. Que ha sido objeto de una alusión: *la persona aludida.*

ALUDIR v. i. (lat. *alludere*). Referirse a una persona o cosa, sin nombrarla, o sin expresar que se habla de ella. || — OBSERV. Debe evitarse usar como transitivo este verbo, diciendo, por ej.: *Fulano me aludió,* en vez de *aludió a mí.* || — CONTR. *Omitir, callar.* || — PARÓN. *Eludir.*

ALUDO, DA adj. De grandes alas.

ALUJAR v. t. *Amér. C.* Abrillantar, pulir.

ALUMAJE m. (fr. *allumage*). Galicismo por *encendido, chispa,* en los motores de explosión.

ALUMBRADO m. Conjunto de luces que alumbran algún pueblo o sitio. || Acción de bañar en alumbre || Iluminado, hereje.

ALUMBRADO, DA adj. Que tiene mezcla de alumbre. || *Fam.* Achispado.

ALUMBRADOR, RA adj. y s. Que alumbra.

ALUMBRAMIENTO m. Acción y efecto de alumbrar. || — SINÓN. *Parto, parición.*

ALUMBRANTE adj. Que alumbra. || — M. El que cuida del alumbrado de los teatros.

ALUMBRAR v. t. (de *lumbre*). Dar luz, claridad: *el sol nos alumbra.* También se usa como v. i.: *esta lámpara alumbra bien.* || Poner luz en algún lugar: *alumbrar la sala con gas.* (SINÓN. V. *Iluminar.*) || Acompañar con luz a otro. || Dar vista al ciego. || Disipar la obscuridad, el error. || *Amer.* Examinar un huevo al trasluz. || *Fam.* Dar, soltar: *alumbrar un palo.* || *Fig.* Descubrir las aguas subterráneas. || *Fig.* Ilustrar, enseñar. || — V. i. Parir la mujer. || — V. r. *Fam.* Tomarse del vino.

ALUMBRAR v. t. (de *alumbre*). Meter en una disolución de alumbre: *alumbrar las telas.*

ALUMBRE m. Sulfato doble de alúmina y potasa, sal blanca y astringente: *el alumbre sirve de mordente en tintorería.*

ALUMBRERA f. Mina de alumbre.

ALUMBROSO, SA adj. Que tiene alumbre.

ALÚMINA f. *Quím.* Óxido de aluminio.

— La *alúmina pura,* coloreada por ciertos óxidos metálicos, constituye el rubí, la esmeralda, el zafiro; mezclada con la sílice, forma los feldespatos y las arcillas. La *alúmina hidratada* existe en la naturaleza (bauxita).

ALUMINATO m. Compuesto en que desempeña la alúmina el papel de ácido: *aluminato de potasa.*

ALUMINIO m. Metal (Al) de color y brillo parecidos a los de la plata, muy sonoro, tenaz, y ligero.

— El *aluminio* es uno de los metales más comunes, pero su obtención industrial es reciente. Se emplea mucho en la fabricación de utensilios domésticos. Su densidad permite obtener aleaciones muy ligeras, utilizadas en aeronáutica y en las industrias eléctrica y del automóvil.

ALUMINITA f. Roca de que se extrae el alumbre. || Variedad de porcelana: *cacerola de aluminita.*

ALUMINOSO, SA adj. Mezclado de alúmina.

ALUMINOTERMIA f. Obtención de temperaturas elevadas por reducción del aluminio en polvo sobre diversos óxidos metálicos. (Esta reacción se utiliza para soldar el acero y en las bombas incendiarias.)

ALUMNADO m. Conjunto de alumnos.

ALUMNO, NA m. y f. Discípulo, respecto de su maestro o de su colegio: *alumno del Instituto.* (SINÓN. V. *Discípulo.*)

ALUNADO, DA adj. Lunático: *persona alunada.* || Dícese del caballo que padece encogimiento de nervios. || Dícese del tocino que se pudre sin agusanarse.

Fot. Downward

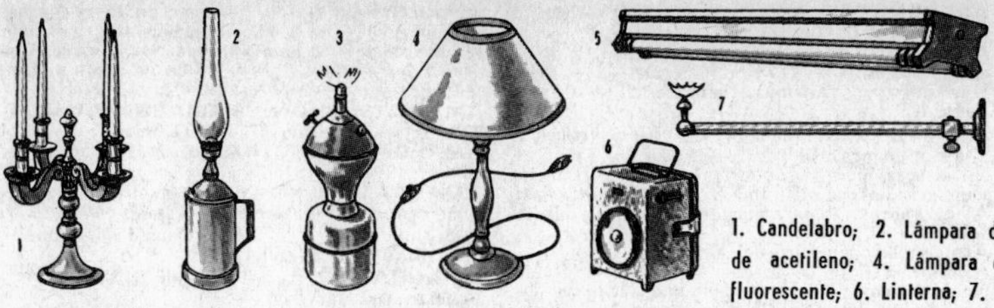

ALUMBRADO

1. Candelabro; 2. Lámpara de petróleo; 3. Lámpara de acetileno; 4. Lámpara eléctrica; 5. Alumbrado fluorescente; 6. Linterna; 7. Alumbrado de gas

ALUNARADO, DA adj. Con grandes lunares.
ALUNARSE v. r. Enconarse (herida). || *Col.* y *Venez.* Matarse (caballerías). || Corromperse: *tocino alunado.*
ALUNÍFERO, RA adj. Que contiene alumbre: *esquisto alunífero.*
ALUNITA f. Mineral formado de alúmina y potasa.
ALUNIZAJE m. *Neol.* Acción de alunizar.
ALUNIZAR v. i. *Neol.* Posarse un aparato en la superficie de la Luna. (OBSERV. Este término y el anterior, empleados por algunos escritores, no puede justificarse al compararlo con *aterrizar,* pues este verbo significa « posarse sobre el suelo » y no « sobre la Tierra » [planeta].)
ALUSIÓN f. Acción de aludir: *alusión torpe.* || *Ret.* Figura que consiste en aludir a una persona o cosa. (SINÓN. V. *Alegoría.*) || *Hacer alusión,* aludir.
ALUSIVO, VA adj. Que alude: *frase alusiva.*
ALUSTRAR v. t. Lustrar: *alustrar la madera.*
ALUTACIÓN f. *Min.* Pepita de oro en grano que se halla a flor de tierra.
ALUTRADO, DA adj. De color parecido al de la lutria: *piel alutrada.*
ALUVIAL adj. De aluvión: *terreno aluvial.*
ALUVIÓN m. Avenida fuerte de agua, inundación. || Depósito arcilloso o arenoso que queda después de retirarse las aguas. || *Fig.* Cantidad grande. || *Fam. Un aluvión de improperios,* un torrente de injurias. || — OBSERV. Es barbarismo tomar esta voz por *lluvia, diluvio.*
ALVEARIO m. *Anat.* Conducto auditivo externo.
ÁLVEO m. Madre de un río o arroyo.
ALVEOLADO, DA adj. Alveolar.
ALVEOLAR adj. *Zool.* Relativo o semejante a los alveolos: *nervios, receptáculos alveolares.* || En forma de panal. || *Gram.* Dícese del sonido o letra pronunciados al aplicar la lengua a los alveolos de los incisivos superiores.
ALVEOLO o **ALVÉOLO** m. (del lat. *alveus,* cavidad). Celdilla: *los alveolos de un panal.* || *Anat.* Cavidad en que están engastados los dientes.
ALVERJILLA f. y **ALVERJITA** f. *Amer.* Guisante de olor, planta trepadora.
ALVINO, NA adj. (del lat. *alvus,* vientre). Relativo al bajo vientre: *evacuaciones alvinas.*
ALZA f. Aumento de precio que toma alguna cosa: *el alza de la renta.* || Regla graduada fija en la parte posterior del cañón de las armas de fuego, que sirve para precisar la puntería. || *Impr.* Pedazo de papel que se pega sobre el tímpano de la prensa, para igualar la impresión. || *En alza,* en aumento. || *Jugar al alza,* especular en la Bolsa previendo la elevación de las cotizaciones.
ALZACUELLO m. Prenda del traje eclesiástico, especie de corbatín.
ALZADA f. Estatura del caballo hasta la cruz. || *Ast.* Lugar alto de pastoreo para el verano. (SINÓN. V. *Pasto.*) || *For.* Apelación : *juez de alzadas.*
ALZADAMENTE adv. m. Por un tanto alzado.
ALZADERA f. Contrapeso que servía para saltar.
ALZADO, DA adj. Dícese del comerciante que quiebra fraudulentamente. || Dícese del ajuste o precio que se fija en determinada cantidad: *trabajar por un precio alzado.* || *Amer.* Dícese del animal doméstico que se hace montaraz o del que está en celo. || *Amer. Fig.* Engreído, insolente. || *Méx.* Rebelde, tímido. || — M. *Arq.* Diseño de una obra en su frente y elevación. || Altura: *buque de poco alzado.* || Acción de alzar.
ALZADOR m. *Impr.* Sala donde se alzan los pliegos impresos. || Obrero que alza.
ALZADORA f. *Bol.* Niñera.
ALZADURA f. Alzamiento.
ALZAMIENTO m. Acción y efecto de alzar o alzarse. || Puja que se hace en un remate. || Levantamiento o rebelión: *un alzamiento peligroso.* || Quiebra fraudulenta.
ALZAPAÑO m. Gancho adornado que, por medio de un lazo, que también se llama *alzapaño,* sirve para recoger la cortina hacia los lados.

alzapaño

ALZAPRIMA f. Palanca. || Cuña de madera o metal, que sirve para alzar. || *Arg.* Carro para transportar troncos de árbol cortados.
ALZAPRIMAR v. t. Levantar alguna cosa con el alzaprima. || *Fig.* Incitar, conmover, avivar.
ALZAPUERTAS m. El que sólo sirve de criado o comparsa en las comedias.
ALZAR v. t. Mover de abajo arriba una cosa: *alzar la mano.* (SINÓN. V. *Levantar.*) || En la misa, elevar la hostia y el cáliz después de la consagración. || Quitar o recoger una cosa. || Retirar la cosecha. || *Impr.* Poner en rueda todas las jornadas de una impresión, y sacar los pliegos uno a uno para ordenarlos. || — V. r. Levantarse. || Huir con una cosa: *se alzó con el dinero.* || Quebrar fraudulentamente los comerciantes. || Dejar alguno el juego, yéndose con la ganancia, sin esperar a que los otros tomen su desquite. || Sublevarse. || Apelar. || *Amer.* Fugarse al campo los animales domésticos. || *Col.* Emborracharse. || *Alzar cabeza,* restablecerse. || *Alzar el tiempo,* quitarse las nubes.
ALLÁ adv. l. Allí. (Indica lugar menos determinado que el que se señala con esta última voz.) || Admite *allá* ciertos grados de comparación, que rechaza *allí*: *tan allá, más allá, muy allá.* || — Adv. t. que denota el tiempo remoto o pasado: *allá en mis mocedades.* || En el otro mundo. || *Allá arriba,* en el cielo. || *Fam. Allá él, allá ella,* no me importa. || *Allá se las componga,* que se arregle como pueda. || *Allá se va,* es lo mismo. || *No ser muy allá,* no ser muy bueno. || *El más allá,* lo sucesivo, ultratumba.
ALLANADOR, RA adj. y s. Que allana.
ALLANAMIENTO m. Acción y efecto de allanar o allanarse. || *For.* Acto de sujetarse a la decisión judicial. || *Allanamiento de morada,* violación de domicilio.
ALLANAR v. t. Poner llano o igual: *allanar el suelo.* (SINÓN. *Aplastar, alisar, nivelar.*) || *Fig.* Vencer alguna dificultad: *allanar los obstáculos.* || *Fig.* Permitir a los ministros de la justicia que entren en alguna iglesia u otro edificio. || *Fig.* Entrar por fuerza en casa ajena, y recorrerla contra la voluntad de su dueño: *allanaron el domicilio del acusado.* || — V. r. Sujetarse a alguna cosa: *yo a todo me allano.* (SINÓN. V. *Ceder.*) || *Fig.* Igualarse los nobles con el estado llano, renunciando a sus privilegios.
ALLEGADIZO, ZA adj. Dícese de las cosas que se allegan o juntan sin elección.
ALLEGADO, DA adj. Recogido, reunido. || Cercano, próximo || — Adj. y s. Familiar. (SINÓN. V. *Pariente.*) || Parcial. (SINÓN. V. *Partidario.*) || *Arg.* Agregado.
ALLEGADOR, RA adj. y s. Que allega. || — M. *Arg.* Rastro de madera para allegar la parva trillada. || Hurgón para la lumbre.
ALLEGAMIENTO m. Acción de allegar o allegarse.
ALLEGAR v. t. Recoger, juntar. || Arrimar o acercar una cosa a otra. || Recoger la parva trillada en montones. || Añadir. || — V. i. Llegar. || — V. r. Adherirse.

alzacuello

ALLEGRETTO m. (pal. ital.). *Mús.* Alegreto.
ALLEGRO m. (pal. ital.). Alegro.
ALLENDE adv. l. De la parte de allá: *de allende los mares.* || — Adv. c. Además. || — Prep. Más allá de. || Además, fuera de. || — CONTR. *Aquende.*
ALLÍ adv. l. En aquel lugar: *allí estuvimos.* || A aquel lugar: *allí voy.* || — Adv. t. Entonces, en tal ocasión: *allí fue el trabajo.* En correlación con *aquí*, designa sitio indeterminado: *aquí y allí.*
A. M., abrev. de *ante meridiem,* antes de mediodía.
Am, símbolo químico del *americio.*
AMA f. Señora de la casa o familia. || Dueña de alguna cosa. || La que tiene uno o más criados, respecto de éstos. || Criada principal. || Mujer que cría a sus pechos una criatura ajena. (SINÓN. *Nodriza.*) || *Ama de llaves* o *de gobierno,* criada encargada de las llaves y economía de la casa. || *Ama de cría* o *de leche,* mujer que cría a sus pechos una criatura ajena. || *Ama seca,* niñera. (En algunas partes de América dicen *ama de brazos.*)
AMABILIDAD f. Calidad de amable, dulzura: *hablar con poca amabilidad.* (SINÓN. V. *Afabilidad.* CONTR. *Brutalidad, aspereza.*)
AMABILÍSIMO, MA adj. Muy amable.
AMABLE adj. Digno de ser amado: *persona amable.* || Afectuoso, cariñoso: *hombre amable a [con, para] todos, de genio, en el trato.* || — SINÓN. *Agradable, servicial, gentil, gracioso, apacible, risueño, afable.* || — CONTR. *Abominable.*
AMABLEMENTE adv. m. Con amabilidad.
AMACAYO m. *Amer.* Flor de lis, amarilidácea.
AMACIGADO, DA adj. Amarillo.
AMACIÓN f. Enamoramiento místico.
AMACIZAR v. t. *Col.* y *Mex.* Apretar, afianzar. || *Amér. C.* y *Col.* Rellenar, abarrotar.
AMACOLLAR v. i. Formar macolla la planta. Ú. t. c. r.
AMACUREÑO, ÑA adj. y s. De Delta Amacuro (Venezuela).
AMACHAMBRAR v. t. *Chil.* Machiembrar. || — V. r. *Chil.* Amancebarse.
AMACHAR v. t. *Col.* Juntar. || — V. r. *Méx.* Resistirse.
AMACHETEAR v. t. Dar machetazos.
AMACHIMBRARSE o **AMACHINARSE** v. r. *Amer.* Amancebarse.
AMACHO m. *Arg.* Persona de valor. || Cosa sólida.
AMACHORRAR v. i. Volverse machorra.
AMADAMADO, DA adj. Fino, remilgado.
AMADO, DA m. y f. Persona amada.
AMADOR, RA adj. y s. Que ama, aficionado a una cosa: *ser amador de poesía.*
AMADRIGAR v. t. *Fig.* Acoger bien a uno que no lo merece. || — V. r. Meterse en la madriguera. || *Fig.* Retraerse del trato social.
AMADRINAMIENTO m. Acción y efecto de amadrinar.
AMADRINAR v. t. Unir dos caballerías con la correa llamada madrina. || *Fig.* Apadrinar. || *Amer.* Acostumbrar al caballo a andar en tropilla siguiendo a la yegua madrina. || Unir dos cosas para reforzarlas.
AMAESTRADO, DA adj. Adiestrado.
AMAESTRADOR, RA adj. y s. Que amaestra.
AMAESTRAMIENTO m. Acción y efecto de amaestrar: *es fácil el amaestramiento de un perro.*
AMAESTRAR v. t. Enseñar o adiestrar. (SINÓN. V. *Amansar.*)
AMAGAMIENTO m. *Amer.* Quebrada profunda.
AMAGAR v. t. Amenazar, hacer ademán de: *amagar y no dar.* || — V. i. Próximo a suceder. || Empezar a manifestarse. || — V. r. *Fam.* Ocultarse.
AMAGO m. Amenaza: *un amago de terciana.* || Señal, indicio. || Ataque simulado.
AMAINAR v. t. *Mar.* Recoger las velas. || — V. i. Aflojar, perder su fuerza: *amaina el viento.* (CONTR. *Encrespar.*) || *Fig.* Aflojar o ceder en algún deseo, empeño o pasión: *amainar en sus pretensiones.* || Tener paciencia.
AMAINE m. Acción de amainar. || Aflojamiento.
AMAITINAR v. t. Acechar, espiar.
AMAJADAR v. t. Dejar el ganado lanar en un campo para que lo abone. || Poner en la majada.
¡AMALAYA! interj. *Amer.* ¡Ojalá!, ¡Malhaya!
AMALAYAR v. t. *Col.* y *Amér. C.* Anhelar.
AMALGAMA f. (del gr. *ama,* junto, y *gamos,* matrimonio). *Quím.* Combinación del mercurio con otro metal: *la amalgama de estaño sirve para azogar los espejos.* || *Fig.* Unión de cosas distintas: *amalgama de colores.* (SINÓN. V. *Mezcla.*)
AMALGAMACIÓN f. o **AMALGAMAMIENTO** m. Acción y efecto de amalgamar.
AMALGAMADOR, RA adj. y s. Que amalgama.
AMALGAMAR v. t. *Quím.* Combinar el mercurio con otro u otros metales: *amalgamar oro.* || *Fig.* Unir. Ú. t. c. r.: *amalgamarse dos sociedades.* (SINÓN. V. *Mezclar.*)
AMALHAYAR v. t. (de *¡mal haya!*). *Amer.* Anhelar, codiciar.
AMALLARSE v. r. *Chil.* Alzarse el jugador.
AMAMANTADOR, DA adj. y s. Que amamanta.
AMAMANTAMIENTO m. Acción y efecto de amamantar.
AMAMANTAR v. t. Dar de mamar: *amamantar a sus hijos.* (SINÓN. *Criar.*)
AMAMARRACHADO, DA adj. Que parece mamarracho.
AMÁN m. (voz. ár.). Paz, amnistía.
AMANAL m. *Méx.* Alberca, estanque.
AMAMBAYENSE adj. y s. De Amambay (Paraguay).
AMANCAY m. *Amer.* Planta amarilidácea de hermosas flores amarillas.
AMANCEBAMIENTO m. Condición del hombre y mujer que viven juntos sin estar casados.
AMANCEBARSE v. r. Vivir juntos hombre y mujer sin estar casados.
AMANCILLAR v. t. Manchar, mancillar.
AMANECER m. Tiempo durante el cual amanece: *el amanecer de un día de verano.* (SINÓN. V. *Alba.*) || *Al amanecer,* loc. adv., a la aurora.
AMANECER v. impers. (del lat. *ad,* a, y *mane,* la mañana). Empezar a clarear el día: *amanece tarde en invierno.* || — V. i. Llegar a un lugar al amanecer: *amanecer en Mérida.* || Manifestarse alguna cosa al amanecer: *amaneció el campo lleno de rocío.* || *Fig.* Empezar a manifestarse. || — IRREG. Se conjuga como *merecer.*
AMANECIDA f. Amanecer: *llegó a la amanecida.*
AMANERADAMENTE adv. m. Con amaneramiento: *hablar amaneradamente.*
AMANERADO, DA adj. Que adolece de amaneramiento. (SINÓN. V. *Afectado.*) || *Ecuad.* Afable, atento. (Es empleo vicioso.)
AMANERAMIENTO m. Falta de sencillez. (SINÓN. V. *Afectación.* CONTR. *Naturalidad.*)
AMANERARSE v. r. Pecar contra la sencillez y la naturalidad: *este escritor se amanera.*
AMANITA f. Género de hongos que comprende varias especies, comestibles o venenosas.
AMANOJAR v. t. Juntar en manojo varias cosas.
AMANSADOR, RA adj. y s. Que amansa. || *Amer.* Domador de potros
AMANSAMIENTO m. Acción y efecto de amansar o de amansarse.
AMANSAR v. t. Hacer manso a un animal, domesticarlo: *amansar una fiera.* || *Fig.* Sosegar, apaciguar, mitigar: *amansar fácilmente.* || *Fig.* Domar el carácter. || — V. i. Apaciguarse. || Ablandarse. || — SINÓN. *Adiestrar, domesticar, domar, amaestrar.*
AMANTE adj. y s. Que ama. || *Fig.* Apasionado por una cosa: *amante de la gloria.* || — M. *Mar.* Cabo asegurado en la cabeza de un palo o verga. || — Com. Querido, da.
AMANTILLO m. *Mar.* Cabo que viene desde la cabeza de los palos a los penoles de las vergas.
AMANUENSE com. Persona que escribe al dictado. || Escribiente. (SINÓN. V. *Empleado.*)
AMANZANAMIENTO m. *Arg.* División en manzanas.
AMANZANAR v. t. *Arg.* Dividir un terreno en manzanas.
AMAÑADO, DA adj. Dispuesto, preparado. || Hábil diestro: *hombre amañado.*
AMAÑAR v. t. Componer mañosamente alguna cosa. (Tómase generalmente en mala parte.) [SINÓN. V. *Falsificar.*] || — V. r. Darse maña para hacer alguna cosa. || Acomodarse a hacer algo: *amañarse a escribir; amañarse con cualquiera.*

AMAÑO m. Disposición para hacer con maña alguna cosa: *tener amaño para un oficio.* || *Fig.* Arreglo, traza, artificio. || — Pl. Útiles o herramientas propias para alguna maniobra

AMAPOLA f. Planta papaverácea silvestre de flores rojas: *la amapola es una variedad de adormidera.*

AMAPUCHES m. pl. *Cub.* Avíos. || *Venez.* Remilgos.

AMAR v. t. Tener amor a personas o cosas. || Estimar, apreciar. || — OBSERV. Evítese el empleo galicano de este verbo y úsense los sinónimos *tener afición a, gustar de, querer a...* Su empleo ha quedado casi restringido a la literatura a pesar de ser paradigma de la primera conjugación. || — SINÓN. *Querer, estimar, gustar, adorar, idolatrar, aficionarse, apasionarse.* V. tb. *enamorar.* || — CONTR. *Aborrecer, odiar.*

AMARAJE m. Acción de amarar.

AMARANTÁCEAS f. pl. Familia de plantas dicotiledóneas, cuyo tipo es el amaranto.

AMARANTINA f. Perpetua de flores encarnadas.

AMARANTO m. (del gr. *amarantos,* que no se marchita). Planta anua, de flores aterciopeladas en forma de cresta: *el amaranto era símbolo de la inmortalidad.* (SINÓN. *Borlones.*)

AMARAR v. i. Posarse en el agua un hidroavión, un vehículo espacial, etc.

AMARCHANTARSE v. r. *Amer.* Hacerse cliente.

AMARFILADO, DA adj. Que parece de marfil.

AMARGAMENTE adv. m. Con amargura.

AMARGAR v. i. Tener sabor parecido al de la hiel, el acíbar, etc.: *esta fruta amarga.* || Dar sabor desagradable. (SINÓN. *Acibarar.*) || — V. t. *Fig.* Causar aflicción o pesar: *me amarga la vida.* (CONTR. *Consolar.*)

AMARGO, GA adj. Que amarga: *almendra amarga.* || *Fig.* Que causa aflicción o disgusto: *reconvención amarga.* || *Fig.* Que está afligido o disgustado. || *Fig.* De genio desabrido. || *Arg.* Flojo, indeciso. || — M. Amargor: *me gusta lo amargo.* || Dulce, licor o composición que se hace de ingredientes amargos: *los amargos se usan como aperitivos y depurativos.* || *Arg.* Mate sin azúcar. || — SINÓN. *Agrio, ácido, áspero, acerbo.*

AMARGOR m. Sabor o gusto amargo: *el amargor del áloe.* || *Fig.* Amargura, aflicción.

AMARGOSO, SA adj. Amargo.

AMARGUEAR v. i. *Urug.* Tomar mate amargo.

AMARGUERA f. Planta umbelífera.

AMARGUILLO m. Amargo, dulce amargo.

AMARGURA f. Amargor, sabor amargo. || *Fig.* Aflicción o disgusto. (SINÓN. V. *Pena.*)

AMARICADO, DA adj. *Fam.* Afeminado.

AMARILIDÁCEAS f. pl. Familia de plantas que tiene por tipo el narciso.

AMARILIS f. (del lat. *amaryllis,* narciso). Planta bulbosa, de flores grandes y hermosas, de suave olor: *la amarilis es originaria de México.*

AMARILLA f. *Fig.* y *fam.* Moneda de oro, y especialmente onza. || *Veter.* Enfermedad del hígado que suelen padecer los carneros.

AMARILLARSE v. r. Amarillecer.

AMARILLEAR v. i. Mostrar alguna cosa color amarillo: *este paño amarillea.* || Tirar a amarillo alguna cosa. || Palidecer.

AMARILLECER v. i. Ponerse amarillo. || — IRREG. Se conjuga como *merecer.*

AMARILLEJO, JA y **AMARILLENTO, TA** adj. Que tira a amarillo.

AMARILLEO m. Acción y efecto de amarillear.

AMARILLEZ f. Calidad de amarillo: *la amarillez del rostro.*

AMARILLO, LLA adj. De color semejante al del oro, el limón, la flor de retama, etc.: *tela amarilla.* || *Raza amarilla* o *mongólica,* raza humana del Asia oriental que tiene la piel amarilla: *los chinos pertenecen a la raza amarilla.* || *Fiebre amarilla,* enfermedad gastrointestinal, llamada también *vómito negro* o *tifus de América*: *la fiebre amarilla se transmite por medio de los mosquitos.* || — M. Color amarillo: *el amarillo es el tercer color del espectro solar.* || Substancia con que se tiñe de amarillo: *amarillo de cromo.* || Modorra de los gusanos de seda. || *Arg.* Tataré.

AMARINAR v. t. Marinar

AMARIPOSADO, DA adj. De figura semejante a la de la mariposa: *flor amariposada.*

AMARO m. Planta labiada, de flores blancas, con visos morados y de olor nauseabundo.

AMAROMAR v. t. Atar o sujetar con maromas.

AMARRA f. Correa que va de la muserola al pretal de los caballos. || *Mar.* Cabo o cable que sirve para amarrar. || — Pl. *Fig.* Protección, apoyo: *tener buenas amarras.*

AMARRADERA f. *Col.* y *Méx.* Amarradura.

AMARRADERO m. Poste o argolla donde se amarra alguna cosa: *atar un caballo al amarradero.* || *Mar.* Sitio donde se amarran los barcos.

AMARRADIJO m. *Amér. C.* Nudo mal hecho. || *Col.* Amarradura.

AMARRADO, DA adj. Atado. || *Venez. Cara amarrada,* cara adusta. || *Amer.* y *Murc.* Tacaño. || *Cub.* y *Chil.* Torpe, obtuso.

AMARRADURA f. Acción y efecto de amarrar.

AMARRAJE m. Impuesto que se paga por amarrar un buque en un puerto.

AMARRAR v. t. Asegurar por medio de cuerdas, maromas, cadenas, etc.: *amarrar un barco.* (SINÓN. V. *Atar.*) || Sujetar. || *Amer.* Liar. (Debe evitarse.) || *Fig.* En los juegos de naipes, barajar de tal suerte que ciertas cartas queden juntas. || *Amér. C.* y *Col. Fam. Amarrársela,* emborracharse, achisparse. || — V. r. *Fam.* Asegurarse.

AMARRE m. Fullería que consiste en amarrar los naipes al barajar: *hacer un amarre.* || Amarradura, atado.

AMARRETE adj. *Arg.* y *Per.* Mezquino, avaro.

AMARRIDO, DA adj. Afligido.

AMARRO m. Sujeción.

AMARTELADAMENTE adv. m. Enamoradamente.

AMARTELAMIENTO m. Galanteo. || Enamoramiento.

AMARTELAR v. t. Dar cuidado, y especialmente atormentar con celos. || Enamorar. || — V. r. Prendarse de una persona o cosa. (SINÓN. V. *Enamorar.*)

AMARTILLAR v. t. Martillar. || Poner en el disparador un arma de fuego: *amartillar la pistola.* || *Fig.* y *fam.* Asegurar.

AMASADERA f. Artesa en que se amasa el pan: *amasadera mecánica.*

AMASADERO m. Lugar donde se amasa.

AMASADOR, RA adj. y s. Que amasa. || Panadero.

AMASADURA f. Acción de amasar. || Amasijo.

AMASAMIENTO m. Amasadura. || Masaje.

AMASANDERÍA f. *Amer.* Panadería pequeña.

AMASANDERO, RA m. y f. *Amer.* Panadero, tahonero.

AMASAR v. t. Hacer masa de harina, yeso, tierra, etc., con algún líquido: *amasar el pan.* || *Fig.* y *fam.* Disponer las cosas para conseguir algún fin. (Tómase en mala parte.) || Estregar fuertemente el cuerpo con fin higiénico o terapéutico, dar masajes. (SINÓN. V. *Friccionar.*) || *Fig.* Unir, amalgamar. || Galicismo por *acumular, atesorar.*

AMASIA f. *Ant.* y *Amer.* Concubina.

AMASIATO m. *Ant.* y *Amer.* Concubinato.

AMASIJO m. Harina amasada para hacer pan. || Porción de masa hecha con yeso, tierra, etc., y agua u otro líquido. || Acción de amasar. || *Fig.* y *fam.* Obra o tarea. || *Fig.* y *fam.* Mezcla que causa confusión: *este libro es un amasijo.* || *Fig.* y *fam.* Convenio, trato entre varios, regularmente con mal fin: *andar en el amasijo.*

AMATAR v. t. *Ecuad.* Hacer mataduras.

AMATE m. Árbol de México, de fruto parecido al higo: *el zumo del amate es medicinal.*

AMATEUR m. Galicismo por *aficionado.*

AMATISTA f. (gr. *amethustos,* que no está ebrio). Cuarzo de color de violeta, considerado como piedra fina: *los antiguos atribuían a la amatista la propiedad de evitar la embriaguez.*

AMATIVIDAD f. Instinto del amor.

AMATIVO, VA adj. Propenso a amar.

AMATORIO, RIA adj. Que trata de amor: *cartas amatorias.* || Que induce a amar.

AMAUROSIS f. (del gr. *amaurôsis,* obscurecimiento). Ceguera causada por una lesión en la retina, en el nervio óptico o en el encéfalo.

AMAUTA m. Sabio, entre los antiguos peruanos.

AMAYORAZGAR v. t. Vincular algunos bienes, fundando con ellos un mayorazgo.

AMAZACOTADO, DA adj. Pesado, compuesto a manera de mazacote. || Dicho de obras lite-

amapola

amasadera mecánica

rarias o artísticas, pesado, confuso, falto de orden y proporción: *libro amazacotado.*

AMAZONA f. (del gr. *a*, priv., y *mazos*, teta). [V. *Parte histórica.*] *Fig.* Mujer alta y varonil. || *Fig.* Mujer que monta a caballo: *saludar a*

amazona

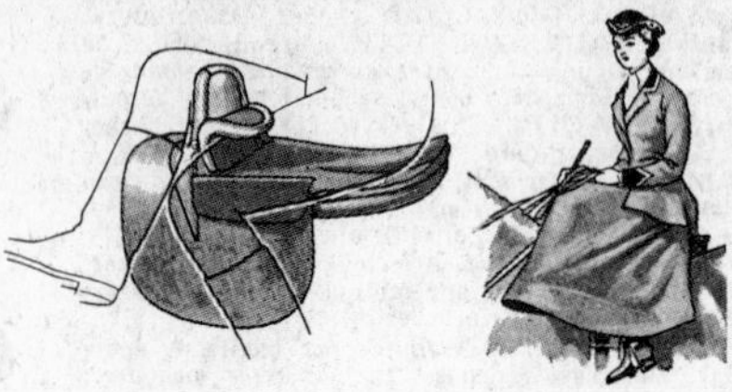

una amazona. || *Fig.* Traje que suelen llevar las mujeres para montar a caballo: *comprar una amazona.* || Especie de papagayo de América.

AMAZONENSE adj. y s. De Amazonas, comisaría de Colombia y dep. del Perú.

AMAZÓNICO, CA adj. Propio de las amazonas. || Relativo al río Amazonas y a su cuenca.

AMAZONIÉS, ESA adj. y s. De Amazonas (Venezuela).

AMAZONIO, NIA adj. Amazónico.

AMBAGES m. pl. *Fig.* Rodeo de palabras o circunloquios: *hablar sin ambages.*

AMBAGIOSO, SA adj. Lleno de ambigüedades, sutilezas y equívocos: *lenguaje ambagioso.*

ÁMBAR m. (ár. *anber*). Resina fósil, de color amarillo, dura, quebradiza y aromática. || Perfume delicado. || *Ámbar gris*, concreción intestinal del cachalote, sólida, opaca, gris y de olor almizcleño, que sobrenada en ciertos mares; se emplea en perfumería.

— El *ámbar* fue en la Antigüedad una de las materias preciosas más estimadas. Su propiedad de atraer los objetos ligeros cuando se frota, fue la primera manifestación de electricidad que conocieron los hombres. La palabra *electricidad* viene del griego *elektron*, que significa ámbar.

ambulancia

AMBARINA f. Substancia perfumada que se saca del ámbar gris. || *Amer.* Escabiosa.

AMBARINO, NA adj. Perteneciente al ámbar o parecido a él: *color, sabor ambarino.*

AMBATEÑO, ÑA adj. y s. De Ambato (Ecuador).

AMBERINO, NA adj. y s. De Amberes.

AMBICIAR v. t. Ambicionar.

AMBICIÓN f. Pasión desordenada por la gloria o la fortuna: *la ambición corrompe el corazón.* || — SINÓN. *Pretensión, apetencia, apetito.* V. tb. *codicia.*

AMBICIONAR v. t. Desear ardientemente alguna cosa: *ambicionar el triunfo.* || — SINÓN. *Aspirar a, pretender, solicitar, desear, ansiar, envidiar.* V. tb. *codiciar.* || — CONTR. *Desdeñar.*

AMBICIOSAMENTE adv. m. Con ambición.

AMBICIOSO, SA adj. y s. Que tiene ambición, ansia o deseo vehemente de alguna cosa. (SINÓN. V. *Ávaro.* CONTR. *Humilde, modesto.*)

AMBIDEXTRO, TRA o **AMBIDIESTRO, TRA** adj. (del lat. *ambo*, ambos, y *dexter*, diestro). Que se vale lo mismo de la mano izquierda que de la derecha.

AMBIENTACIÓN f. *Neol.* Acción de dar ambiente, ambiente.

AMBIENTAL adj. Relativo al ambiente.

AMBIENTAR v. t. Dar el ambiente adecuado.

AMBIENTE adj. Dícese del fluido que rodea un cuerpo: *las estufas vician el aire ambiente.* || — M. Aire que rodea los cuerpos. || *Fig.* Lo que rodea: *ambiente intelectual; vivir en un ambiente peligroso.* (SINÓN. V. *Medio.*)

vendedora ambulante

AMBIGÚ m. (pal. fr.). Comida, por lo regular nocturna, compuesta de manjares fríos. || Lugar donde se sirven comidas frías y refrescos en fiestas y teatros.

AMBIGUAMENTE adv. m. Con ambigüedad.

AMBIGÜEDAD f. Calidad de ambiguo.

AMBIGUO, GUA adj. (del lat. *ambiguus*, equívoco). Incierto, de doble sentido: *respuesta ambigua.* (SINÓN. *Equívoco, anfibológico, turbio.* V. tb. *obscuro.*) || Que participa de dos naturalezas diferentes: *carácter ambiguo.* (CONTR. *Claro, neto, preciso.*) || Dícese de los substantivos de cosas que son indistintamente masculino o femenino (*azúcar, arte, puente, lente, calor*, etc.).

AMBIL o **AMBIR** m. *Col.* y *Ven.* Masa de tabaco cocido, zumo del tabaco.

ÁMBITO m. (del lat. *ambire*, rodear). Recinto, espacio incluido dentro de límites determinados: *el ámbito del palacio, de la iglesia.*

AMBIVALENCIA f. Carácter de lo que tiene dos aspectos radicalmente diferentes u opuestos.

AMBIVALENTE adj. Que tiene ambivalencia, que tiene dos valores diferentes.

AMBLADOR, RA adj. Dícese del animal que ambla: *caballo amblador.*

AMBLADURA f. Acción y efecto de amblar los animales. || Paso de un animal que ambla.

AMBLAR v. i. Andar los cuadrúpedos moviendo a un tiempo el pie y la mano de un mismo lado.

AMBLEO m. Cirio grande. || Candelabro grande.

AMBLIOPÍA f. (del gr. *amblus*, debilitado, torpe, y *ops*, ojo). *Med.* Debilidad de la vista: *la ambliopía constituye el primer grado de la amaurosis.*

AMBLÍSTOMA m. Género de batracios urodelos que tienen por tipo el ajolote.

AMBÓN m. Púlpito que hay a uno y otro lado del altar mayor y desde los cuales se cantan el evangelio y la epístola.

AMBOS, BAS adj. pl. El uno y el otro; los dos: *vinieron ambos hermanos; con ambas manos.* || — OBSERV. *Ambos* son los dos y no sólo uno de ellos, y por eso son incorrectas las frases siguientes: *el primero de ambos* (uno de ellos), *ambos no tienen dinero* (ninguno de los dos o ni uno ni otro...).

AMBROSÍA f. (del gr. *ambrotos*, inmortal, divino). *Mit.* Manjar de los dioses. (La *ambrosía* comunicaba la inmortalidad a los que la comían. Era, según los antiguos, nueve veces más dulce que la miel.) || *Fig.* Cosa exquisita. || *Fig.* Manjar o bebida de gusto suave y delicado. || Planta compuesta de flores amarillas que despiden olor suave. || *Arg.* Dulce de leche y huevo.

AMBROSIACO, CA adj. Que sabe o huele a ambrosía: *perfume ambrosiaco.*

AMBROSIANO, NA adj. Relativo a San Ambrosio: *biblioteca ambrosiana, rito ambrosiano.*

AMBULANCIA f. Hospital móvil que sigue a la tropa, en campaña. || Coche para transportar heridos o enfermos.

AMBULANCIERO, RA m. y f. Persona que está al servicio de una ambulancia.

AMBULANTE adj. Que va de un lugar a otro: *vendedor ambulante.* (CONTR. *Sedentario.*) || *Ambulante de correos*, empleado que en los vagones postales cuida de la clasificación de la correspondencia.

AMBULAR v. i. Andar de una parte a otra.

AMBULATORIO, RIA adj. Que sirve para caminar: *órganos ambulatorios.* || — M. Establecimiento médico del seguro de enfermedad.

AMEBA f. Protozoo provisto de seudópodos que le sirven para moverse.

AMEBIASIS f. Disentería provocada por las amebas.

AMEBOIDEO, A adj. Parecido a la ameba o perteneciente a ella: *movimientos ameboideos.*

AMEDRANTAR v. t. Amedrentar.

AMEDRENTADOR, RA adj. y s. Que amedrenta.

AMEDRENTAR v. t. Infundir miedo, atemorizar: *amedrentar al enemigo.* (SINÓN. V. *Acobardar.*)

AMELCOCHAR v. t. *Amer.* Dar aspecto de melcocha.

AMELGA f. Faja de terreno que se señala para sembrarla con igualdad.

AMELGADO, DA adj. Dícese del sembrado desigual: *este trigo está amelgado.*

AMELGAR v. t. Señalar con surcos las amelgas.

AMELO m. Planta compuesta de flores grandes azules, que se cultiva como planta de adorno.

AMELOCOTONADO, DA adj. Parecido al melocotón.

AMELONADO, DA adj. De figura de melón. || *Fig.* y *fam.* Enamorado.

AMEMBRILLADO, DA adj. Parecido al membrillo.

AMÉN, voz hebrea que significa *así sea*, y que se usa al final de las oraciones. || *Fig.* y *fam.*

Fot. Carrier

Decir amén a todo, consentir a todo. || — Adv. c. Además: *amén de lo dicho.* || — Adv. m. Excepto, salvo. || *Arg.* y *Col. Amén que,* aun bien que. || *Fig. En un decir amén,* en un santiamén.

AMENAZA f. Dicho o hecho con que se amenaza: *no temer las amenazas.* (SINÓN. V. *Peligro.*)

AMENAZADOR, RA y **AMENAZANTE** adj. Que amenaza: *gesto amenazador.* (SINÓN. V. *Inquietante.*)

AMENAZAR v. t. Dar a entender que se quiere hacer algún mal a otro: *amenazar con un látigo, de un castigo.* (SINÓN. *Intimidar.*) || — V. i. Estar en peligro de suceder alguna cosa: *amenaza tempestad.*

AMENGUAMIENTO m. Mengua, menoscabo.

AMENGUAR v. t. Disminuir, menoscabar. (SINÓN. V. *Reducir.* CONTR. *Aumentar.*) || *Fig.* Deshonrar, infamar, baldonar.

AMENIDAD f. Calidad de ameno. (SINÓN. V. *Afabilidad.* CONTR. *Aspereza, desabrimiento.*)

AMENIZAR v. t. Hacer ameno algún sitio: *amenizan el valle varias fuentes.* || *Fig.* Hacer amena alguna cosa: *amenizar la conversación.*

AMENO, NA adj. Grato, placentero: *campo, lectura, trato ameno.* (SINÓN. V. *Agradable.*)

AMENORREA f. Ausencia anormal del flujo menstrual.

AMENTÁCEAS f. pl. Familia de plantas que tienen las flores en amento, como el abedul, el chopo, el roble y el sauce.

AMENTÍFERO, RA adj. Que tiene amentos.

AMENTIFORME adj. *Bot.* De forma de amento.

AMENTO m. (lat. *amentum*). *Bot.* Especie de espiga compuesta de flores de un mismo sexo, como la del avellano, el nogal, el sauce. || — PARÓN. *Amiento.*

AMEOS m. Planta umbelífera originaria de las islas Canarias, de olor parecido al del orégano.

AMERAR v. t. Merar. || — V. r. Recalarse la humedad.

AMERENGADO, DA adj. Semejante al merengue: *crema amerengada.*

AMERICANA f. Chaqueta. || Faetón de cuatro ruedas, con dos asientos iguales en los que se puede colocar indistintamente la capota.

AMERICANISMO m. Voz, acepción o giro propio de los americanos que hablan español. || Forma lingüística incorporada a la lengua de España y aun a otras lenguas europeas. || Ciencia de las antigüedades americanas. || Sentimiento de la calidad de americano. || Exaltación y defensa del espíritu y tradiciones americanos.

— El español hablado en América ofrece muchos vocablos que no se emplean en el español peninsular actual. En primer lugar, existen las voces importadas en tiempos de la conquista y arcaicas hoy en España, como *pollera* (falda), *chapa* (cerradura), *recordar* (despertar), *pararse* (ponerse en pie), *carpir* (rozar), *platicar* (hablar), *vos* (usted), *amiga* (escuela de párvulos), *liviano* (ligero), *prieto* (obscuro, negro), *catar* (mirar), *candela* (fuego, lumbre), *cuero* (piel), *lindo* (bonito), etc. Algunos de estos vocablos siguen empleándose, sin embargo, en determinadas regiones españolas, singularmente en Andalucía. Por otra parte, hay muchas palabras cuyo sentido no es el mismo en España que en Hispanoamérica: *estancia* (finca, granja), *chula* (guapa), *coger* (cubrir el macho a la hembra).

Pero hay que destacar los vocablos de pura filiación americana, legados por las distintas lenguas indígenas que se hablaban en el continente antes de la llegada de los españoles, muchos de los cuales han subsistido, no sólo en América, sino también en Europa, al transmitirse al español y a otras lenguas del viejo mundo (principalmente al inglés, francés e italiano). Tal es el caso de las palabras arahuacas *canoa, piragua, cacique, maíz, batata, bejuco, maní, yuca, tabaco, tiburón* y *guacamayo;* de las quechuas *papa, alpaca, vicuña, cóndor, puna, mate, puma, cancha, guano, chacra, chocle, pampa* y *coca;* de las caribes *huracán, hamaca* y *caníbal;* de las de origen náhuatl *aguacate, cacao, cacahuete, chocolate, hule, jícara, tomate, tiza* y *petate;* de las guaraníes *tapioca, jaguar, ñandú, tapir* y *mucama,* y de las araucanas o mapuches *poncho* y *gaucho.* La presencia de muchos de estos americanismos que pudieran llamarse puros, en la lengua española (y aun en otras) es impuesta por las realidades de la flora y fauna del nuevo continente.

Aparte del aspecto puramente lexicográfico de los americanismos, procede señalar algunas características esenciales del español de América, como —en lo fonético—, la del seseo, universalizado en todo el continente, y el yeísmo, muy extendido también. Ambos fenómenos han conducido a algunos tratadistas a afirmar el andalucismo del español de América, teoría hoy muy discutida.

Entre los rasgos sintácticos más acusados se encuentra el titubeo en la construcción de los plurales pronominales de los verbos: *delen* por *denle;* el uso del posesivo proclítico con valor invocativo: *mi amigo* por *amigo mío;* el abuso de la forma reflexiva de los verbos: *huirse, tardarse,* que en España se emplean sólo como transitivos; la frecuencia del ilativo *pues*: *veremos, pues,* en vez de *ya veremos.* Hay que subrayar también el empleo frecuente del diminutivo: *ahorita, viejito, platita,* etc.

La creación constante de neologismos y las características propias señaladas dan una fisonomía especial al léxico americano. En él abundan también los extranjerismos: anglicismos (*briche, juila,* etc.) en México, América Central y Antillas; italianismos (*chao,* etc.), y lusitanismos en el Uruguay y la Argentina. La influencia del francés se manifiesta en zonas extensas de Hispanoamérica no sólo en la adopción de vocablos (*brigán, sirope,* etc.), sino también en el empleo de determinados giros y construcciones gramaticales.

AMERICANISTA adj. Relativo a América. || — Com. Persona que se dedica al estudio de las lenguas y antigüedades de América.

AMERICANIZACIÓN f. Acción y efecto de americanizar.

AMERICANIZAR v. t. Dar carácter americano. || — V. r. Volverse americano.

AMERICANO, NA adj. y s. De América. || — OBSERV. Debe evitarse el empleo de *americano* con el sentido de *norteamericano* o de los Estados Unidos.

AMERICIO m. Elemento químico transuránico (Am), de número atómico 95, obtenido por bombardeo del uranio.

AMERICOESPAÑOL adj. Forma con que algunos sustituyen la palabra *hispanoamericano.*

AMERINDIO, DIA adj. y s. Indio americano.

AMERITADO, DA adj. *Amer.* De mérito, meritorio.

AMERITAR v. i. *Col., Cub., Guat.* y *Ven.* Contraer méritos. || — V. t. *Col., Cub., Ecuad.* y *Riopl.* Dar mérito.

AMERIZAR v. i. Amarar.

AMESTIZADO, DA adj. Que tira a mestizo.

AMETALADO, DA adj. Semejante al metal: *reflejo ametalado.* || Sonoro como el metal.

AMETRALLADOR, RA adj. Dícese de las armas que disparan por ráfagas, como la ametralladora.

AMETRALLADORA f. Arma automática de pequeño calibre (inferior a 20 mm), que dispara los proyectiles muy rápidamente y por ráfagas. (Inventada al final del s. XIX, dotada de gran precisión hasta 2 000 m, la *ametralladora* es utili-

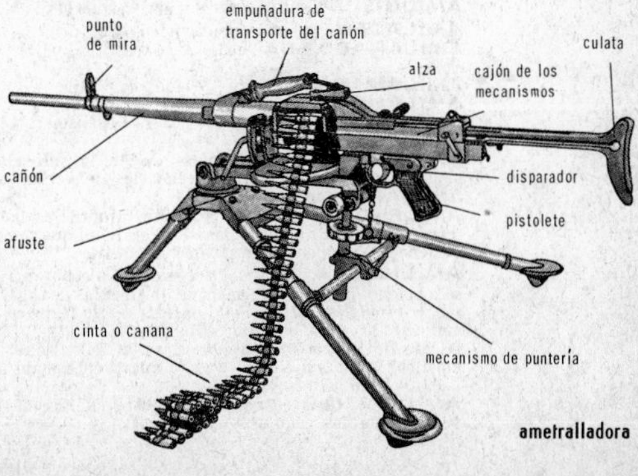

ametralladora

zada por la infantería, los carros blindados, los aviones, etc.)

AMETRALLAMIENTO m. Acción y efecto de ametrallar.

AMETRALLAR v. t. Disparar con ametralladora: *ametrallar el ejército enemigo.*

AMÉTROPE adj. Que tiene ametropía.

AMETROPÍA f. *Med.* Conjunto de las imperfecciones del ojo considerado como sistema dióptrico: *la ametropía comprende la hipermetropía, la miopía y el astigmatismo.*

AMEYAL m. *Méx.* Pozo abierto junto a una alberca o estanque para filtrar su agua.

AMI m. Ameos, planta umbelífera.

AMIANTINA f. Tela de amianto.

AMIANTO m. (del gr. *amiantos*, incorruptible). Mineral filamentoso que resiste poderosamente la acción del fuego. (Hoy se emplea en la industria para tapar las junturas de las máquinas que deben soportar una temperatura elevada, como calorífugo y para fabricar tejidos incombustibles.)

AMIBA f. Ameba.

AMIBOIDEO, A adj. Ameboideo.

AMICAL adj. Galicismo por *amistoso.*

AMICÍSIMO, MA adj. Superl. de *amigo.*

AMIDAS f. pl. *Quím.* Compuestos orgánicos obtenidos por deshidratación de sales amoniacales.

AMIENTO m. Correa que servía para varios usos.

AMIGA f. Escuela de párvulos. || Maestra de amiga. || Concubina.

AMIGABILIDAD f. Disposición natural para contraer amistades.

AMIGABLE adj. Que obra como amigo: *amigable componedor.* || Hecho amistosamente: *contrato amigable.* || *Fig.* Que tiene conformidad con otra cosa.

AMIGABLEMENTE adv. m. Con amistad.

AMIGACHO, CHA adj. y s. *Despect.* Amigote.

AMIGAZO, ZA adj. *Fam.* Muy amigo.

AMIGAR v. t. Amistar, trabar amistad. || — V. r. Amancebarse.

AMÍGDALA f. (del gr. *amugdalê*, almendra). *Anat.* Cada una de las glándulas de color rojo, en forma de almendra, situadas a ambos lados de la garganta.

amígdalas

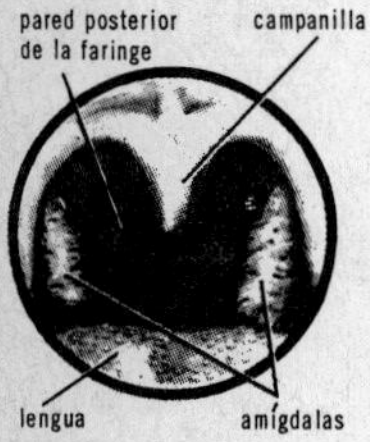

AMIGDALÁCEAS f. (del gr. *amugdalê*, almendra). Familia botánica cuyo tipo es el almendro.

AMIGDALINA f. *Quím.* Substancia cristalizable que se saca de las almendras amargas.

AMIGDALINO, NA adj. Que contiene almendras: *jarabe amigdalino.*

AMIGDALITIS f. *Med.* Inflamación de las amígdalas: *la amigdalitis aguda exige la ablación de las glándulas enfermas.*

AMIGDALOIDE adj. Dícese de la roca que contiene cuerpecillos blancos en forma de almendras.

AMIGO, GA adj. y s. Que tiene amistad: *persona amiga.* (SINÓN. *Conocido, compadre.* V. tb. *compañero.*) || Amistoso. || *Fig.* Aficionado o inclinado a alguna cosa: *ser amigo de las letras.* || — M. Querido, amante. || *Riopl. Amigo de gancho,* amigo íntimo. || — CONTR. *Enemigo.*

AMIGOTE m Aum. fam. de *amigo.*

AMIGUERO, RA adj. *Ecuad., Méx.* y *Per.* Muy sociable.

AMIGUÍSIMO, MA adj. Superl. de *amigo.*

AMILÁCEO, A adj. Que contiene almidón.

AMILANADO, DA adj. Acobardado, pusilánime.

AMILANAMIENTO m. Miedo, cobardía.

AMILANAR v. t. *Fig.* Causar gran miedo a uno. (SINÓN. V. *Acobardar.*) || *Fig.* Desanimar. || — V. r. Caer de ánimo.

AMILASA f. Diastasa contenida en la saliva, el jugo pancreático y algunos vegetales, que transforman el almidón en maltosa.

AMILENO m. Cuerpo compuesto, líquido a la temperatura ordinaria, de olor etéreo, que se obtiene descomponiendo el alcohol amílico.

AMÍLICO, CA adj. y s. Dícese de un alcohol que se obtiene haciendo fermentar la fécula de patata: *se utiliza el alcohol amílico en la extracción de la parafina del alquitrán de hulla.* || Dícese de los compuestos que derivan del alcohol amílico: *serie amílica.* || *Pop.* Aguardiente malo. || *Pop.* Vino peleón.

AMILO m. *Quím.* Radical que entra en la composición de los compuestos amílicos.

AMILOBÁCTER m. Microbio anaerobio abundante en la naturaleza, que, obrando sobre las substancias azucaradas y grasas, produce ácido butírico.

AMILOIDEO, A adj. Dícese de una substancia, de aspecto amiláceo, que se infiltra en diversos órganos después de ciertas enfermedades.

AMILOSIS f. Enfermedad producida por infiltración de substancia amiloidea.

AMILLARAR v. t. Repartir las contribuciones.

AMILLONADO, DA adj. Muy rico o acaudalado.

AMILLONAR v. t. Juntar millones, atesorar.

AMINA f. *Quím.* Cuerpo derivado del amoniaco.

AMINORACIÓN f. Minoración.

AMINORAR v. t. Minorar, disminuir. (SINÓN. V. *Reducir.*)

AMISTAD f. Afecto o cariño entre las personas. (SINÓN. V. *Afección* e *intimidad.* CONTR. *Enemistad.*) || Amancebamiento. || *Fig.* Afinidad, conexión.

AMISTAR v. t. Unir en amistad. Ú. t. c. r.: *amistarse con alguien.* || Reconciliar a los enemistados. || — CONTR. *Enemistar, regañar.*

AMISTOSAMENTE adv. m. Con amistad.

AMISTOSO, SA adj. Que demuestra amistad: *trato amistoso, correspondencia amistosa.*

AMITO m. Lienzo fino con una cruz en medio, que lleva el sacerdote sobre la espalda y los hombros, debajo del alba, para celebrar los oficios divinos.

AMITOSIS f. División celular directa.

AMNESIA f. (del gr. *a*, priv., y *mnêsis*, recuerdo, memoria). Pérdida o debilidad notable de la memoria.

AMNÉSICO, CA adj. y s. Que padece amnesia.

AMNÍCOLA adj. (del lat. *amnis*, río, y *colere*, habitar). Que vive a orilla de los ríos: *planta amnícola.*

AMNIOS m. *Zool.* Membrana interna que envuelve el feto.

AMNIÓTICO, CA adj. Relativo al amnios.

AMNISTÍA f. (del gr. *amnêstia*, olvido de lo pasado). Olvido de los delitos políticos, otorgado por quien tiene potestad de hacer las leyes. (SINÓN. *Perdón.*) [Mientras que el *indulto* suprime la ejecución de la pena, pero deja subsistir los efectos de la condena, la *amnistía* perdona el castigo y la razón que lo provocó.]

AMNISTIADO, DA adj. y s. Que ha sido objeto de amnistía.

AMNISTIAR v. t. Conceder amnistía. (SINÓN. V. *Perdonar.*)

AMO m. Dueño o posesor de alguna cosa. || El que tiene uno o más criados, respecto de ellos. (SINÓN. V. *Patrono.*) || *Fig.* y *fam. Ser el amo del cotarro,* ser el principal.

AMOBLAR v. t. Amueblar: *amoblar una casa.* || — IRREG. Se conjuga como *contar.*

AMODITA f. Alicante, serpiente de color pardo.

AMODORRADO, DA adj. Dormido, adormilado.

AMODORRAMIENTO m. Acción y efecto de amodorrarse. (SINÓN. V. *Adormecimiento.*)

AMODORRARSE v. r. Caer en modorra. (SINÓN. *Adormecerse.* CONTR. *Despabilarse.*)

AMODORRIDO, DA adj. Acosado de modorra.

AMÓFILO m. Insecto himenóptero que vive en los sitios arenosos y se alimenta de orugas.

AMOHINAR v. t. Poner mohíno: *ese niño se amohína fácilmente.*

AMOJAMADO, DA adj. *Fig.* Seco, flaco, enjuto.

AMOJAMAMIENTO m. Delgadez, sequedad de carnes.

AMOJAMAR v. t. Hacer mojama, acecinar. || — V. r. Enflaquecer. (CONTR. *Afofarse.*)

AMOJELAR v. t. *Mar.* Sujetar con mojeles.

AMOJONADOR m. El que amojona.

AMOJONAMIENTO m. Acción y efecto de amojonar: *amojonamiento de un campo.* || Conjunto de mojones.

AMOJONAR v. t. Señalar con mojones.

AMOJOSAO m. *Arg. Fam.* Facón del gaucho.

AMOK m. Acceso de locura furiosa entre los malayos.

AMOL m. *Guat.* y *Hond.* Amole.

AMOLADERA adj. y s. Piedra de amolar.

AMOLADOR m. El que tiene por oficio amolar. || — Adj. *Fig.* y *fam.* Cansado, pesado.

AMOLADURA f. Acción y efecto de amolar. || — Pl. Arenilla que se desprende de la piedra al tiempo de amolar.
AMOLAR v. t. Afilar un arma o instrumento en la muela: *amolar una navaja.* (SINÓN. V. *Aguzar.*) || *Fig.* y *fam.* Molestar, enfadar. || *Fig.* Adelgazar. || — IRREG. Se conjuga como *consolar.*
AMOLDABLE adj. Que se amolda.
AMOLDADOR, RA adj. y s. Que amolda.
AMOLDAMIENTO m. Acción de amoldar o amoldarse.
AMOLDAR v. t. Ajustar una cosa al molde. || *Fig.* Arreglar la conducta a una pauta determinada. || — V. r.: *amoldarse a las costumbres de otro.* (CONTR. *Rebelarse.*)
AMOLE m. Raíz de una planta sapindácea americana.
AMOLLAR v. i. En ciertos juegos, jugar carta inferior a la jugada, teniendo una con que poder cargar. || — V. t. *Mar.* Dicho de un cabo, arriarlo. || Ceder.
AMOLLENTAR v. t. Ablandar.
AMOMÁCEAS f. pl. Cingiberáceas.
AMOMO m. (del gr. *a,* priv., y *mômos,* defecto). Planta cingiberácea, cuyas semillas aromáticas y de sabor muy acre y estimulante se usan en medicina.
AMONDONGADO, DA adj. *Fam.* Gordo, tosco y desmadejado: *persona amondongada.*
AMONEDACIÓN f. Acción y efecto de amonedar.
AMONEDAR v. t. Reducir a moneda: *amonedar oro.* (SINÓN. *Acuñar.*)
AMONESTACIÓN f. Acción y efecto de amonestar. (SINÓN. V. *Reproche.*) || *Correr las amonestaciones,* publicar en la iglesia los nombres de los que quieren contraer matrimonio u ordenarse.
AMONESTADOR, RA adj. y s. Que amonesta.
AMONESTAMIENTO m. Amonestación.
AMONESTAR v. t. Advertir a una persona que ha hecho algo reprensible, para que se enmiende. (SINÓN. V. *Reprender.*) || Correr las amonestaciones en la iglesia.
AMONIACAL adj. De amoniaco: *disolución, olor, sabor amoniacal.*
AMONIACO o **AMONÍACO** m. Gas compuesto de ázoe e hidrógeno combinados. || Goma resinosa y medicinal. || Disolución de gas amoniaco en agua: *el amoniaco sirve para cauterizar las picaduras y mordeduras, como agente refrigerador y para la fabricación de explosivos y abonos.*
AMONIACO, CA adj. Dícese de la sal clorhidrato de amoniaco: *sal amoniaco* o *amoniaca.*
AMÓNICO, CA adj. *Quím.* Perteneciente o relativo al amoniaco: *sulfuro amónico.*
AMONIO m. Radical compuesto de un átomo de nitrógeno y cuatro de hidrógeno que forma parte de las sales amoniacales.
AMONITA f. Especie de concha fósil, de forma espiral, llamada en otro tiempo *cuerno de Ammón.* || Mezcla explosiva compuesta principalmente de nitrato amónico.
AMONIURO m. Cuerpo formado por combinación de los óxidos con el amoniaco.
AMONTAR v. t. Ahuyentar, hacer huir. || — V. i. Huir o hacerse al monte. Ú. t. c. r.
AMONTILLADO adj. y s. Dícese de cierto vino de Jerez, parecido al de Montilla, muy apreciado: *un barril de amontillado.*
AMONTONADOR, RA adj. y s. Que amontona.
AMONTONAMIENTO m. Acción y efecto de amontonar o amontonarse.
AMONTONAR v. t. Poner en montón. || Juntar, reunir en abundancia. (SINÓN. *Acopiar, hacinar, acumular, apilar.*) || *Fig.* Juntar varias especies sin orden: *amontonar textos.* || — V. r. Juntarse sin orden: *la gente se amontonaba.* || *Fig.* y *fam.* Irritarse, enfadarse.
AMOR m. Sentimiento que inclina el ánimo hacia lo que le place: *amor de los hijos, de la gloria.* || Sentimiento apasionado hacia una persona de otro sexo. || Persona u objeto amado: *amor mío.* || Inclinación natural: *amor de padre.* (SINÓN. V. *Afección.*) || Blandura, suavidad: *castigar con amor.* || Objeto de cariño especial para alguno: *el amor de las artes.* || Esmero, interés. || — Pl. Relaciones amorosas. || Requiebros. || Nombre de algunas plantas como el cadillo y la bardana menor. || *Al amor de,* cerca de. || *Fam. Con mil amores,* con mucho gusto. || *Fam. Por amor al arte,* sin recompensa. || *Amor al uso,* arbusto malváceo de Cuba, que se cultiva en los jardines de Europa. || *Amor libre,* relaciones sexuales no reguladas por el matrimonio. || *Amor platónico,* amor de carácter espiritual sin que medie interés alguno. || *Amor propio,* inmoderada estimación de sí mismo. || — CONTR. *Aversión, horror.*
AMORAGAR v. t. Asar al aire libre.
AMORAL adj. Que carece de moral.
AMORALIDAD f. Falta de moral.
AMORALISMO m. Carencia de moral.
AMORATADO, DA adj. Que tira a morado: *amoratado de frío.*
AMORATAR v. t. Poner morada una cosa.
AMORCILLO m. Figura de niño que representa a Cupido, dios del amor.
AMORDAZADOR, RA adj. y s. Que amordaza.
AMORDAZAMIENTO m. Acción y efecto de amordazar.
AMORDAZAR v. t. Poner mordaza: *amordazar a un perro.* || *Fig.* Impedir a uno que hable.
AMORFIA f. y **AMORFISMO** m. (de *amorfo*). Calidad de amorfo. || Deformidad orgánica.
AMORFO, FA adj. (del gr. *a,* priv., y *morphê, forma*). Sin forma regular o bien determinada, no cristalizado. || *Fig.* y *fam.* Falto de energía, de vivacidad, inactivo. (SINÓN. V. *Blando.*)
AMORÍO m. *Fam.* Enamoramiento, amor: *estar atontado con sus amoríos.* (SINÓN. V. *Capricho.*)
AMORISCADO, DA adj. Semejante a los moriscos, moruno: *rostro amoriscado.*
AMORMADO, DA adj. Dícese del animal que padece muermo: *caballo amormado.*
AMOROCHADO, DA adj. *Venez.* Junto, unido.
AMOROSAMENTE adv. m. Con amor: *hablar amorosamente.*
AMOROSO, SA adj. Que siente amor: *padre amoroso.* || Que manifiesta amor: *carta amorosa.* || *Fig.* Blando, fácil de labrar o cultivar: *tierra amorosa.* || *Fig.* Templado, agradable: *tarde amorosa.* || — M. *Mús.* Movimiento algo pausado, pero gracioso y tierno. || — RÉG. *Amoroso con* [*para,* o *para con*] *sus hijos.*
AMORRAR v. i. *Fam.* Bajar la cabeza. || *Mar.* Hocicar, calar el buque mucho de proa. || *Mar.* Dirigir el buque a la playa para quedar bien varado.
AMORRIÑARSE v. r. Padecer morriña.
AMORRONGARSE v. r. *Cub.* Acoquinarse.
AMORTAJADOR, RA m. y f. Persona que amortaja a los difuntos.
AMORTAJAMIENTO m. Acción de amortajar.
AMORTAJAR v. t. Poner la mortaja al difunto. || *Tecn.* Encajar una pieza en la caja o hueco correspondiente. || *Fig.* Cubrir, envolver.
AMORTECER v. t. Amortiguar: *amortecer el golpe.* || — V. r. Desmayarse, quedar como muerto. || — IRREG. Se conjuga como *merecer.*
AMORTIGUACIÓN f. Amortiguamiento.
AMORTIGUADOR, RA adj. Que amortigua:

amonita

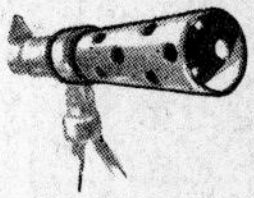
amortiguador de fogonazo

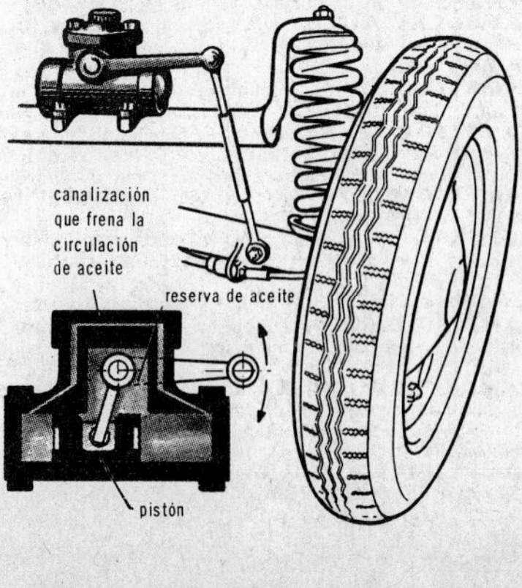

muelle amortiguador. ‖ — M. Dispositivo que amortigua la violencia de un choque, la intensidad de un sonido, el trepidar de una máquina o el resplandor de una luz.
AMORTIGUAMIENTO m. Acción y efecto de amortiguar y amortiguarse. ‖ Disminución progresiva de la intensidad.
AMORTIGUAR v. t. Hacer menos violento: *amortiguar un golpe.* Ú. t. c. r. ‖ *Fig.* Hacer menos viva una cosa: *amortiguar el fuego, el ruido.* Ú. t. c. r. (SINÓN. V. *Moderar.* CONTR. *avivar, atizar.*) ‖ *Fig.* Hablando de los colores, templarlos, amenguar su viveza.
AMORTIZABLE adj. Que puede amortizarse: *renta amortizable, empréstito amortizable.*
AMORTIZACIÓN f. Acción y efecto de amortizar o redimir: *amortización de una deuda.*
AMORTIZAR v. t. Redimir, pagar el capital de un censo o préstamo: *amortizar un empréstito.* ‖ Recuperar los fondos invertidos. ‖ — V. i. Desvalorizarse periódicamente los bienes por su uso.
AMOSCAMIENTO m. Acción de amoscarse.
AMOSCARSE v. r. *Fam.* Enfadarse, irritarse. (SINÓN. V. *Ofender.*)
AMOSTAZAR v. t. *Fam.* Irritar, enojar. Ú. t. c. r.: *amostazarse fácilmente.* ‖ — V. r. *Amer.* Tener vergüenza.
AMOTAPE m. *Per.* Tela azul de algodón.
AMOTINADO, DA adj. y s. Que se amotina: *pueblo amotinado.* (SINÓN. *Insurrecto.*)
AMOTINADOR, RA adj. y s. Que amotina y ocasiona motín o sublevación.
AMOTINAMIENTO m. Acción y efecto de amotinar o amotinarse. (SINÓN. V. *Motín.*)
AMOTINAR v. t. Alzar en motín la multitud. Ú. t. c. r.: *el pueblo se amotinó.* (SINÓN. V. *Sublevar.*) ‖ *Fig.* Turbar, inquietar.
AMOVER v. t. Remover, mover. ‖ — IRREG. Se conjuga como *mover.*
AMOVIBLE adj. Que puede ser quitado del lugar o puesto que ocupa: *funcionario amovible.*
AMOVILIDAD f. Calidad de amovible.
AMPARABLE adj. Digno de ser amparado.
AMPARADOR, RA adj. y s. Que ampara.
AMPARAR v. t. Proteger. (SINÓN. V. *Favorecer.*) ‖ *Amer.* Adquirir el derecho a beneficiar una mina. ‖ — V. r. Valerse del favor o protección de alguno: *a usted me amparo.* ‖ Defenderse, guarecerse: *ampararse de [contra] la lluvia.* ‖ — OBSERV. Es galicismo el empleo de este verbo con el sentido de *apropiarse.*
AMPARO m. Acción y efecto de amparar o ampararse. (SINÓN. V. *Favor.*) ‖ Abrigo o defensa.
AMPELOGRAFÍA f. Descripción de la vid.
AMPERAJE m. Intensidad de una corriente eléctrica, medida por amperios.
AMPERE m. Amperio.
AMPERÍMETRO m. Aparato que sirve para medir la intensidad de una corriente eléctrica.
AMPERIO m. (de *Ampère,* n. pr.). Unidad práctica de intensidad de las corrientes eléctricas. ‖ *Amperio hora,* unidad de cantidad. (Es la cantidad de electricidad que atraviesa un conductor en una hora cuando la intensidad de la corriente es un amperio.) [Pl. *amperios hora.*]
AMPLEXICAULO, LA adj. *Bot.* Dícese de los órganos que rodean el tallo de una planta.
AMPLIABLE adj. Que se puede ampliar.
AMPLIACIÓN f. Acción y efecto de ampliar o agrandar: *ampliación de un retrato.*
AMPLIADOR, RA adj. y s. Que amplía: *ampliador fotográfico.* ‖ Aparato para obtener copias fotográficas aumentadas. (SINÓN. *Amplificador.*)
AMPLIAMENTE adv. m. Con amplitud. (SINÓN. V. *Aumento.*)
AMPLIAR v. t. Extender, dilatar: *ampliar los poderes de uno.* ‖ Agrandar una fotografía. ‖ — CONTR. *Reducir.*
AMPLIATIVO, VA adj. Amplificativo.
AMPLIFICACIÓN f. Acción y efecto de amplificar: *amplificación retórica.* ‖ — PARÓN. *Ampliación.*
AMPLIFICADOR, RA adj. y s. Que amplifica o aumenta: *cristal amplificador.* ‖ — M. Aparato que aumenta la potencia de una oscilación eléctrica, etc. ‖ Altavoz.
AMPLIFICAR v. t. Ampliar, agrandar: *amplificar un dibujo.* (SINÓN. V. *Aumentar.*)
AMPLIFICATIVO, VA adj. Que amplifica: *el microscopio es amplificativo.*
AMPLIO, PLIA adj. Extenso, dilatado: *dar amplios poderes.* (SINÓN. V. *Espacioso.*)
AMPLÍSIMO, MA adj. Muy amplio.
AMPLITUD f. Extensión, dilatación: *la amplitud del mar.*
AMPO m. Suma blancura, albura: *el ampo de la nieve.* ‖ Copo de nieve.
AMPOLLA f. Vejiga formada por la epidermis: *tener ampollas en las manos.* ‖ Frasco pequeño de cuello largo. ‖ Tubito de vidrio, cerrado con soplete, que contiene un medicamento o un líquido inyectable. ‖ Vinajera. ‖ Burbuja que forma el agua al hervir.
AMPOLLAR adj. De figura de ampolla: *vesícula ampollar.*
AMPOLLAR v. t. Hacer ampollas o vejigas Ú. t. c. r. ‖ — PARÓN. *Empollar.*
AMPOLLETA f. Reloj. de arena. ‖ Tiempo que dura el paso de la arena en la ampolleta.
AMPOLLUELA f. Ampolla pequeña.
AMPULOSIDAD f. Calidad de ampuloso.
AMPULOSO, SA adj. *Fig.* Hinchado y redundante: *lenguaje ampuloso.* ‖ — SINÓN. *Enfático, inflado, pomposo, grandilocuente, declamatorio, sonoro, retumbante, pindárico.* V. tb. *afectado.* ‖ — CONTR. *Sencillo.*
AMPUTACIÓN f. *Cir.* Acción y efecto de amputar: *la amputación del brazo.* (SINÓN. *Resección, ablación, excisión, abscisión, mutilación.*)
AMPUTADO, DA adj. y s. Que ha sufrido una amputación: *miembro amputado.*
AMPUTAR v. t. (del lat. *am,* alrededor, y *putare,* cortar). *Cir.* Cortar un miembro, un órgano: *amputar una pierna.* (SINÓN. V. *Mutilar.*)
AMUCHACHADO, DA adj. Que se parece a los muchachos: *hombre amuchachado.* ‖ Que parece de muchacho: *rostro, genio amuchachado.*
AMUCHAR v. i. *Bol.* y *Riopl. Fam.* Aumentar, multiplicarse.
AMUEBLAR v. t. Proveer de muebles: *amueblar su cuarto.* ‖ — CONTR. *Desamueblar.*
AMUGRONAR v. t. *Agr.* Acodar la vid.
AMUJERADO, DA adj. Afeminado.
AMUJERAMIENTO m. Afeminación.
AMULARSE v. r. *Méx.*. Volverse inútil.
AMULATADO, DA adj. Semejante a los mulatos: *tez amulatada.*
AMULETO m. Objeto al que se atribuye supersticiosamente virtud sobrenatural. (SINÓN. V. *Fetiche.*)
AMUNICIONAR v. t. Municionar, proveer de municiones: *amunicionar una tropa.*
AMUÑECADO, DA adj. Aplícase a la persona que se parece a un muñeco.
AMURA f. *Mar.* Cabo que hay en cada puño de las velas de cruz.
AMURADA f. *Mar.* Cada uno de los costados del buque por la parte interior.
AMURALLADO, DA adj. Protegido con murallas: *Ávila es un ejemplo de ciudad amurallada.*

ciudad amurallada (Ávila)

AMURALLAR v. t. Poner muros o murallas: *amurallar una ciudad.*
AMURAR v. t. *Mar.* Tirar de la amura de una vela.
AMURRARSE v. r. *Amer.* Volverse melancólico.
AMUSGAR v. t. Echar hacia atrás algunos animales las orejas. ‖ Recoger la vista para ver mejor. ‖ — V. r. *Hond.* Avergonzarse. ‖ *Arg.* Ceder.
AMUSTIAR v. t. Volver mustio.
AN, pref. negativo que indica *ausencia de,* como en *analfabeto, analgesia.*
ANA f. Medida de longitud, equivalente aproximadamente al metro.
ANA, pref. gr. que significa *en alto (anatema), contra (anacronismo), de nuevo (anabaptista), conforme (analogía), hacia atrás (anagrama).*
ANA, término empleado por los médicos en sus recetas, después de una enumeración de dos o más substancias, significando *cantidad igual de cada una.* (En abreviatura se escribe *āā.*)
ANABAPTISMO m. Secta de los anabaptistas.
ANABAPTISTAS m. pl. (del gr. *ana,* de nuevo, y *baptizein,* bautizar). Secta política y religiosa del siglo XVI.
— Los *anabaptistas,* secta nacida del protestantismo, rechazaban como ineficaz el bautismo de los niños y sometían a un segundo bautismo a los que abrazaban sus ideas. Fueron sus jefes Tomás Münzer y Juan de Leyden, escogieron como centro de acción la ciudad de Munster. Tuvieron que sufrir crueles persecuciones. Existen aún sus sectarios en Inglaterra y en los Estados Unidos *(baptistas).*
ANABOLISMO m. Conjunto de fases del metabolismo que dan por resultado la síntesis de las materias del protoplasma
ANACARADO, DA adj. Parecido al nácar.
ANACARDIÁCEAS f. pl. Familia de plantas que tiene por tipo el anacardo.
ANACARDINA f. *Fam.* Confección preparada con anacardos que restituía la memoria.
ANACARDO m. (del gr. *ana,* semejante, y *cardia,* corazón). Árbol anacardiáceo de fruto acorazonado, blando y con hueso. ‖ Su fruto.
ANACO m. *Ecuad.* y *Per.* Falda de las indias de la Sierra, generalmente de bayeta, abierta por un lado.
ANACOLUTO m. Elipsis que deja una palabra o un giro sin su debida concordancia con la frase.
ANACONDA f. Especie de boa que vive a orillas de los ríos americanos.
ANACORETA com. (del gr. *anakhôrein,* retirarse). Religioso que vive en lugar solitario. (SINÓN. V. *Ermitaño.*)
ANACORÉTICO, CA adj. Relativo al anacoreta.
ANACORETISMO m. Vida del anacoreta.
ANACREÓNTICO, CA adj. Ligero, gracioso, báquico, por el estilo de las odas del poeta Anacreonte: *versos, poetas anacreónticos.*
ANACRÓNICAMENTE adv. m. Con anacronismo.
ANACRÓNICO, CA adj. Que adolece de anacronismo.
ANACRONISMO m. (del gr. *ana,* contra, y *khronos,* tiempo). Error de cronología. ‖ Cosa no conforme con las costumbres de una época.
ÁNADE amb. Pato, ave palmípeda: *el ánade se domestica fácilmente.*
ANADEAR v. i. Andar las personas, como los ánades, moviendo las caderas.
ANADINO, NA m. y f. Ánade pequeño.
ANADÓN m. Pollo del ánade. ‖ Madero ahogadizo.
ANAEROBIO adj. y s. m. Dícese de los seres microscópicos que no necesitan para vivir el oxígeno del aire.
ANAEROBIOSIS f. Vida de los anaerobios.
ANAFASE f. Fase tercera de la división de las células por mitosis.
ANAFE m. Hornillo portátil, infiernillo.
ANAFILAXIA mejor que **ANAFILAXIS** f. Aumento de la sensibilidad del organismo respecto de una substancia determinada por la penetración en el cuerpo (inyección e ingestión) de una dosis de esta substancia.
ANÁFORA f. *Ret.* Repetición de palabras.
ANAFRE m. Anafe, hornillo portátil, infiernillo.
ANAFRODISIA f. Disminución del deseo o del placer sexual.
ANÁGLIFO m. Obra tallada de relieve. ‖ Fotografía estereoscópica en que una de las pruebas se imprime en rojo y otra en verde. (La observación de ambas pruebas, mediante cristales de cada uno de estos colores, produce el relieve.)
ANAGNÓRISIS f. Agnición, reconocimiento.
ANAGOGE m. y **ANAGOGÍA** f. (del gr. *anagôgê,* elevación). Sentido místico de la Sagrada Escritura; interpretación de la misma.
ANAGÓGICO, CA adj. Relativo a la anagogía.
ANAGRAMA m. (del gr. *ana,* transposición, y *gramma,* escritura). Palabra que resulta de la transposición de las letras de otra, como de *amor, Roma.*
ANAGRAMÁTICO, CA adj. Relativo al anagrama: *acertijo anagramático.*
ANAIBOA m. *Cub.* Jugo nocivo de la catibía.
ANAL adj. Perteneciente al ano: *músculo anal.*
ANALECTAS f. pl. (del gr. *analekta,* cosas recogidas). Colección de trozos literarios en prosa o verso. (SINÓN. V. *Antología.*)
ANALÉPTICO, CA adj. *Med.* Que restablece las fuerzas: *régimen analéptico.* (SINÓN. V. *Reconstituyente.*)
ANALES m. pl. Obra que relata los acontementos año por año: *los Anales de Tácito.* ‖ *Fig.* Historia, crónica· *los anales del crimen.* ‖ — SINÓN. *Cronología, fastos, efemérides, crónica.*
ANALFABETISMO m. Falta de instrucción.
ANALFABETO, TA adj. y s. Que no sabe leer ni escribir. (SINÓN. V. *Ignorante.*)
ANALGESIA f. (del gr. *an,* sin, y *algos,* dolor). Pérdida de la sensibilidad al dolor: *el cloruro de etilo es bueno para la analgesia dentaria.*
ANALGÉSICO, CA adj. y s. Que priva del dolor: *la aspirina es un analgésico.*
ANÁLISIS m. (del gr. *analysis,* descomposición). Descomposición de un cuerpo en sus principios constitutivos: *análisis del aire, del agua.* (CONTR. *Síntesis.*) ‖ Resumen de un libro escrito: *un rápido análisis de la obra.* (SINÓN. V. *Compendio.*) ‖ *Fil.* Método que va de lo compuesto a lo sencillo. ‖ *Gram. Análisis lógico,* descomposición de una frase en proposiciones y de éstas en sus componentes. ‖ *Análisis gramatical,* estudio de las palabras de una cláusula, indicando el género, número y atribución de cada una. ‖ *Mat. Análisis matemático,* álgebra pura o cualquiera otra ciencia sometida a los cálculos algébricos. ‖ *Análisis trascendental* o *infinitesimal,* el cálculo diferencial o integral.
ANALISTA com. Autor de anales. (SINÓN. V. *Historiador.*) ‖ Persona que hace análisis.
ANALÍSTICO, CA adj. Relativo a los anales.
ANALÍTICAMENTE adv. m. De un modo *analítico.* ‖ — CONTR. *Sintéticamente.*
ANALÍTICO, CA adj. Relativo al análisis. ‖ Que procede por medio del análisis: *el método analítico es lo contrario del método sintético.* ‖ *Lenguas analíticas,* las que expresan las ideas diversas y las relaciones que las unen con palabras y signos distintivos: *el español es una lengua analítica.* ‖ *Geometría analítica,* aplicación del álgebra a la geometría. ‖ — CONTR. *Sintético.*
ANALIZABLE adj. Que se puede analizar: *frase fácilmente analizable.*
ANALIZADOR, RA adj. y s. Que analiza.
ANALIZAR v. t. Hacer análisis de alguna cosa: *analizar un libro, una substancia.* ‖ — SINÓN. *Examinar, estudiar, comparar; descomponer, desintegrar.* ‖ — CONTR. *Sintetizar.*
ANÁLOGAMENTE adv. m. Con analogía.
ANALOGÍA f. (del gr. *analogia,* proporción, relación). Similitud: *el español tiene mucha analogía con el latín.* (SINÓN. *Semejanza, parecido, similitud, conformidad, afinidad.* V. tb. *relación.*) ‖ *Gram.* Parte de la gramática, que estudia los accidentes y propiedades de las voces, consideradas aisladamente. ‖ *Por analogía,* según la relación que existe entre dos cosas: *juzgar por analogía.* ‖ *For.* Forma de interpretación de las leyes que consiste en extender a un caso no previsto la regulación establecida para otro por razones de semejanza. ‖ — CONTR. *Diferencia.*

ánade

ananás

áncora de relojería

áncora de construcción

anchoa

ANALÓGICO, CA adj. Análogo. ‖ *Gram.* Perteneciente o relativo a la analogía.
ANALOGISMO m. Raciocinio fundado en la analogía.
ANÁLOGO, GA adj. Que tiene analogía con otra cosa: *análogo al anterior.* (SINÓN. V. *Semejante.*)
ANAMITA adj. y s. De Anam.
ANAMNESIA o **ANAMNESIS** f. Interrogatorio para conocer los antecedentes patológicos de un enfermo.
ANAMORFOSIS f. Pintura que sólo ofrece a la vista una imagen regular desde cierto punto.
ANANÁS m. Planta bromeliácea, de fruto en forma de piña, carnoso, amarillo, muy fragante y sabroso. ‖ Fruto de esta planta. Pl. *ananaes* o *ananases.*
ANANKÉ f. (voz gr.). Hado, destino.
ANAPELO m. Acónito o matalobos.
ANAPÉSTICO, CA adj. Relativo al anapesto.
ANAPESTO m. Pie de la poesía griega y latina compuesto de dos sílabas breves y una larga.
ANAPLASTIA f. Reconstitución de tejidos del cuerpo tomando otros del mismo individuo.
ANAQUEL m. Tabla de un armario, alacena.
ANAQUELERIA f. Conjunto de anaqueles.
ANARANJADO, DA adj. De color de naranja. ‖ — M. El segundo color del espectro solar.
ANARQUÍA f. (del gr. *a*, priv., y *archê*, autoridad). Régimen social en el que el individuo se hallaría emancipado de toda tutela gubernamental. ‖ Ausencia de autoridad. ‖ *Fig.* Desorden, confusión por falta de dirección: *reina la anarquía en esta administración.*
ANÁRQUICO, CA adj. Relativo a la anarquía. *espíritu anárquico.*
ANARQUISMO m. Doctrina o ideología que preconiza la supresión del Estado.
ANARQUISTA com. Persona que profesa el *anarquismo.* ‖ — Adj.: *teorías anarquistas.*
ANARQUIZANTE adj. Que anarquiza.
ANARQUIZAR v. i. Propagar el anarquismo.
ANASARCA f. (del gr. *ana*, a través, y *sarx, sarkos*, carne). *Med.* Edema generalizado en todo el cuerpo.
ANASCOTE m. Tela antigua de lana asargada.
ANASTASIA f. *Bot.* Artemisa, planta. ‖ *Fig. y fam.* Censura gubernativa.
ANASTIGMÁTICO, CA adj. Desprovisto de astigmatismo: *objetivo anastigmático.*
ANASTOMOSARSE v. r. Formar anastomosis.
ANASTOMOSIS f. *Bot.* y *Zool.* Unión de unos elementos anatómicos con otros de la misma planta o del mismo animal.
ANÁSTROFE f. *Gram.* Inversión violenta en el orden de las palabras de una oración: *al suelo del árbol cáigome.*
ANATA f. Renta, frutos o emolumentos que produce en un año cualquier beneficio o empleo.
ANATEMA amb. (del gr. *anathême*, ofrenda, objeto maldito). Excomunión: *fulminar un anatema contra uno.* ‖ Imprecación (SINÓN. V. *Maldición.*)
ANATEMATIZAR v. t. Imponer el anatema. ‖ Maldecir a uno. ‖ *Fig.* Reprobar: *anatematizar las costumbres modernas.* (SINÓN. V. *Condenar.*)
ANATIFE m. Género de crustáceos llamados vulgarmente *percebes.*
ANATOMÍA f. (del gr. *anatomê*, corte, disección). Ciencia que estudia la estructura de las diferentes partes de los cuerpos orgánicos, especialmente del humano: *Vesalio fue uno de los creadores de la anatomía.* ‖ Disección: *hacer la anatomía de un cadáver.* (SINÓN. *Autopsia, biopsia, vivisección.*) ‖ *Fig.* Análisis minucioso. ‖ *Pieza de anatomía,* parte de un cuerpo disecado, reproducción en cera o yeso de un órgano del cuerpo.
ANATÓMICO, CA adj. Relativo a la anatomía: *pieza anatómica.* ‖ — M. y f. Anatomista.
ANATOMISTA com. Profesor de anatomía.
ANATOMIZAR v. t. Hacer la anatomía de un cuerpo.
ANATOXINA f. Toxina microbiana que tiene propiedades inmunizadoras.
ANATROPISMO m. *Bot.* Tropismo positivo.
ANAY m. *Filip.* Comején.
ANCA f. Cada una de las mitades laterales de la parte posterior de los animales: *anca de rana.* ‖ Parte posterior de las caballerías. ‖ Cadera. ‖ *Per.* Maíz tostado. ‖ *Arg. En ancas,* después.
ANCADO, DA adj. *Veter.* Dícese de la caballería que tiene doblado hacia adelante el menudillo de las patas traseras.
ANCASHINO, NA adj. y s. De Ancash (Perú).
ANCESTRAL adj. Relativo o perteneciente a los antepasados. ‖ —OBSERV. Es galicismo, y en su lugar puede emplearse *atávico.*
ANCIANIDAD f. Último período de la vida ordinaria del hombre. (SINÓN. V. *Vejez.*)
ANCIANO, NA adj. y s. Dícese del hombre o la mujer que tiene mucha edad. ‖ — OBSERV. Es galicismo emplear *anciano* por *antiguo,* y decir, por ejemplo: *un anciano comerciante* por *un comerciante retirado.* ‖ — SINÓN. *Patriarca, viejo, abuelo.* Fam. *Vejete.* Pop. *Vejestorio, carcamal.* ‖ — CONTR. *Joven.*
ANCLA f. Instrumento de hierro con ganchos que sirve para asegurar las embarcaciones, afe-

rrándose en el fondo del mar. ‖ — OBSERV. En singular, aun siendo f., se usa con los artículos *el* y *un.*
ANCLADERO m. Fondeadero.
ANCLAJE m. *Mar.* Acción de anclar la nave: *derecho de anclaje.* ‖ Sitio donde ancla el buque. ‖ Pago del derecho de anclar.
ANCLAR v. i. *Mar.* Echar la nave el ancla para quedar fijo en un punto.
ANCLOTE m. Ancla pequeña.
ANCÓN m. Ensenada pequeña en que se puede fondear. ‖ *Méx.* Rincón. ‖ *P. Rico.* Balsa utilizada para servicio de ríos y puertos.
ANCONADA f. Ancón, ensenada pequeña.
ÁNCORA f. Ancla. ‖ Pieza del reloj que sirve para regular el escape. ‖ Pieza de hierro en forma de T que sirve para afianzar dos piedras o maderos. ‖ *Fig.* Lo que sirve de amparo en un peligro o infortunio: *ese negocio es hoy su áncora de salvación.*
ANCORAJE m. *Mar.* Anclaje, acción de anclar.
ANCORAR v. i. *Mar.* Anclar, fondear.
ANCORCA f. Ocre para pintar.
ANCUA f. *Arg.* Maíz tostado, cancha.
ANCUCO m. *Bol.* Especie de turrón.
ANCUDITANO, NA adj. y s. De Ancud (Chile).
ANCUSA f. Lengua de buey, planta.
ANCUVIÑA f. *Chil.* Sepultura india.
ANCHAR v. t. e i. Ensanchar.
ANCHETA f. Pacotilla de venta que se llevaba a América ‖ Porción corta de mercaderías. ‖ Beneficio o ventaja que se obtiene en un trato. ‖ *Amer.* Broma, mal negocio. ‖ *Ecuad.* y *Venez.* Ganga, negocio. ‖ *Col.* Simpleza, tontería.
ANCHI m. *Chil.* Cebada medio madura, tostada y molida. ‖ *Chil.* Guiso hecho con cebada, agua y azúcar. ‖ *Per.* Sedimento farináceo. ‖ *Arg.* Sémola cocida con agua, limón y azúcar.
ANCHICORTO, TA adj. Ancho y corto.
ANCHO, CHA adj. Que tiene más o menos anchura o la tiene excesiva. ‖ Holgado, amplio: *vestido muy ancho.* ‖ — M. Anchura: *el ancho del paño.* ‖ *A sus anchas,* con toda comodidad. ‖ *Estar o ponerse uno muy ancho* o *tan ancho,* ufanarse. ‖ *Quedarse tan ancho,* no preocuparse por lo dicho o hecho. ‖ — CONTR. *Estrecho.*
ANCHOA f. Boquerón curado en salmuera y conservado en aceite.
ANCHOR m. Anchura, latitud de una cosa.
ANCHOVA y **ANCHOVETA** f. Anchoa.
ANCHURA f. Dimensión en sentido opuesto a la longitud. (SINÓN. *Latitud.*) ‖ Amplitud, extensión, capacidad. ‖ *Fig.* Libertad, soltura, desahogo.
ANCHUROSO, SA adj. Muy ancho o espacioso: *avenida anchurosa.* ‖ — CONTR. *Estrecho.*
ANDA f. *Chil., Guat.* y *Per.* Andas.
¡ANDA! *interj.* Indica admiración o sorpresa.
ANDADA f. Pan muy delgado que al cocer queda muy duro y sin miga. ‖ *Amer.* Caminata.

Fot. Larousse

‖ — Pl. Nombre que dan los cazadores a las huellas de perdices, conejos, liebres y otros animales: *buscar las andadas.* ‖ *Fig.* y *fam. Volver uno a las andadas,* reincidir en un vicio o mala costumbre.

ANDADERAS f. pl. Aparato en que se coloca al niño para que aprenda a andar sin caerse.

ANDADERO, RA adj. Aplícase al sitio por donde se puede andar fácilmente.

ANDADO, DA adj. Pasajero, de mucho paso, animado: *calle poco andada.* ‖ Común y ordinario. ‖ Usado o algo gastado: *ropa muy andada.*

ANDADOR, RA adj. y s. Que anda mucho o con velocidad: *caballo andador.* ‖ Que anda de una parte a otra sin parar en ninguna, o donde debe. ‖ — M. Ministro inferior de justicia. ‖ — Pl. Tirantes que sirven para sostener al niño cuando aprende a andar.

ANDADURA f. Acción de andar. ‖ *Paso de andadura,* portante, paso de los caballos.

ANDAGUÍ m. Especie de mono de Colombia.

ANDALÓN, ONA adj. *Amér. C.* Andariego.

ANDALUCISMO m. Palabra o giro propios del español hablado en Andalucía. ‖ Amor o apego a las cosas de Andalucía.

— El *andaluz* es una variedad del castellano que se distingue por su marcado acento. Presenta en común con otros dialectos la confusión entre *b* y *v,* el cambio de *b* en *g (agüelo),* la permutación entre *r* y *l* medias *(sordao, pelcha),* la caída de la *d* final *(verdá),* de la *d* inicial y media *(esgarro, peaso e pan),* la síncopa de varias consonantes medias *(asequio, inorante, istante, setiembre).*
Caracteriza más especialmente el habla andaluza el apócope de las consonantes finales *r, s, z, (señó, Jesú, andalú).* Para la *s* final se trata casi de una aspiración, notable sobre todo cuando sigue una vocal *(son la' do', do jombre').* Existe confusión entre la *s* y la *c-z,* que suenan ya como *s (seseo),* ya como *z (ceceo),* según las regiones y aun según los individuos *(su sapato, eze zeñó).* La *h* se aspira comúnmente *(juerga, ajumar, cante jondo). Sg.* se muda en *j. (dijustar). Ll* e *y* se confunden en un sonido africado, produciendo homofonías *(pollo-poyo, rallo-rayo).*
El andaluz presenta afinidad con el extremeño y el murciano y los andalucismos alcanzan gran difusión por toda la Península. En América ha influido poderosamente en la formación de la lengua popular, por haber sido el andaluz el elemento numéricamente más abundante en la época del descubrimiento.

ANDALUZ, ZA adj. y s. De Andalucía.

ANDALUZADO, DA adj. Que parece andaluz. ‖ — F. *Fam.* Exageración propia de andaluces: *decir andaluzadas.*

ANDAMIADA f. y **ANDAMIAJE** m. Conjunto de andamios: *andamiaje desmontable.*

ANDAMIAR v. t. Poner andamios.

ANDAMIO m. Armazón provisional de tablones o vigas metálicas levantado delante de una fachada para facilitar la construcción, la reparación o la pintura de muros y paredes o para subir o bajar estatuas u otras cosas.

ANDANA f. Orden de ciertas cosas puestas en línea: *casa con dos andanas de balcones.* ‖ *Fam. Llamarse uno Andana,* desentenderse de lo dicho.

ANDANADA f. Descarga cerrada de toda la batería de un buque, de luces, etc. ‖ Localidad cubierta y con gradas en las plazas de toros. ‖ *Fig.* y *fam.* Reprensión: *le soltó una andanada.*

ANDANCIA f. y **ANDANCIO** m. *Provinc.* y *Amer.* Epidemia de una enfermedad generalmente leve. ‖ *Ant.* y *Amer.* Andanza.

¡ANDANDITO! interj. *Fam.* ¡Andando!

¡ANDANDO! interj. ¡En seguida!; ¡vamos!

ANDANTE adj. Que anda. ‖ *Caballero andante,* el que viajaba en busca de aventuras. ‖ — M. *Mús.* Uno de los movimientos principales del ritmo musical moderadamente lento: *tocar un andante.* ‖ — Adv. *Mús.* Despacio.

ANDANTINO m. Movimiento musical algo más animado que el andante

ANDANZA f. Caso, suceso. (En el Ecuador dicen *volver a las andanzas* por *volver a las andadas.*)

ANDAR v. i. Ir de un lugar a otro: *andar rápidamente.* ‖ Moverse lo inanimado: *andar los planetas, el reloj.* ‖ Funcionar un mecanismo. ‖ *Fig.* Estar: *andar alegre.* ‖ *Fig.* Entender en una cosa: *andar en pleitos, en pretensiones.* ‖ Pasar el tiempo: *¿cómo andamos de tiempo?* ‖ Con diferentes preposiciones, tiene sentidos muy diversos: *andar sin recelo, andar a cuchilladas, andarse en los ojos, andar con pólvora* ‖ *Fam.* Ir: *¡anda, márchate! ¡anda, vete!* ‖ *Amer.* Vagar. ‖ — V. t. Recorrer: *andar el camino* ‖ — V. r. Andar, ir, ocuparse: *andarse por las ramas.* ‖ *Fam.* Hurgar, revolver: *andarse en las narices.* ‖ Emplear, usar: *andarse con circunloquios.* ‖ *Andar con* o *sin,* tener o padecer. ‖ *Andar en,* tocar en. ‖ *Traer a mal andar,* cansar, ajetrear. ‖ *Fig. Andar tras algo,* pretenderlo. ‖ *Fig. Andar tras alguno,* buscarlo. ‖ — IRREG. Pres. ind.: *ando, andas,* etc.; pret. indef.: *anduve, anduviste, anduvo, anduvimos, anduvisteis, anduvieron;* imperf.: *andaba, andabas,* etc.; fut.: *andaré,* etc.; imper.: *anda, andad;* pr. subj. *ande, andes,* etc.; imperf. subj.: *anduvierais, anduvieras, anduviera, anduviéramos, anduvierais, anduvieran; anduviese, anduvieses, anduviese, anduviésemos, anduvieseis, anduviesen;* fut. subj.: *anduviere, anduvieres,* etc.; pot.: *andaría, andarías;* ger.: *andando;* p. p.: *andado.* ‖ — SINÓN. *Deambular, caminar, callejear, pasear, errar, marchar, viajar.*

ANDAR m. Andadura: *caballería de buen andar.* ‖ Modo o manera de proceder. ‖ — M. pl. Manera de andar.

ANDAREGUEAR v. i. *Col.* Vagar.

ANDARIEGO, GA adj. y s. Andador que anda mucho. ‖ Que anda de una parte a otra sin parar en ninguna.

ANDARÍN, INA adj. y s. Andador.

ANDARIVEL m. Maroma tendida entre las dos orillas de un río para guiar una barca o balsa. ‖ Dicha balsa. ‖ *Mar.* Cuerda colocada a manera de pasamano. ‖ Oroya, cesto para pasar ríos.

ANDARRÍOS m. Aguzanieve, nevatilla, ave.

ANDAS f. pl. Tablero, sostenido por dos varas papalelas, que sirve para conducir imágenes, personas o cosas. ‖ Féretro con varas para llevar a los muertos.

¡ANDA, VETE! loc. V. ANDAR.

ANDEL m. Rodada o carril.

ANDÉN m. En las estaciones de ferrocarriles, acera a lo largo de la vía. ‖ Muelle de un puerto. ‖ Acera de puente. ‖ Pretil, parapeto. ‖ Anaquel. ‖ *Hond.* y *Guat.* Acera de calle. ‖ — Pl. *Per.* Bancales de tierra establecidos en los cerros por los antiguos agricultores peruanos.

ANDESINA f. Feldespato de alúmina, sosa y cal.

ANDESITA f. Roca volcánica que se encuentra en los Andes.

ANDINISMO m. *Amer.* Deporte de montaña en los Andes. (SINÓN. V. *Alpinismo.*)

ANDINISTA com. Que practica el andinismo.

ANDINO, NA adj. y s. De los Andes: *valles andinos.* ‖ De Andes, pueblo de Italia, cerca de Mantua, patria de Virgilio.

ÁNDITO m. Corredor exterior de un edificio.

ANDÓN m. *Venez.* Paso de andadura. ‖ — Adj. *Amer.* Dícese del caballo andador.

ANDONEAR v. i. *Venez.* Ir el caballo a paso andón.

ANDORGA f. *Fam.* Barriga, panza. (SINÓN. V. *Vientre.*)

ANDORINA f. Golondrina.

ANDORRANO, NA adj. y s. De Andorra.

ANDORREAR v. i. *Fam.* Vagar, vaguear.

ANDORRERO, RA adj. Muy amigo de callejear: *mujer andorrera.* ‖ — CONTR. *Casero.*

ANDRAJO m. Pedazo roto o jirón de la ropa: *ir vestido de andrajos.* ‖ *Fig.* y *despect.* Persona o cosa muy despreciable. ‖ — SINÓN. *Harapo, guiñapo.* V. tb. *vestido.*

ANDRAJOSO, SA adj. y s. Lleno de andrajos.

ANDROCÉFALO, LA adj. (del gr. *anêr, andros,* hombre y *kenphalê,* cabeza). De cabeza de hombre: *toro androcéfalo.*

ANDROCEO m. (del gr. *anêr, andros,* varón). *Bot.* Conjunto de los estambres de las flores.

ANDROCRACIA f. Situación social de supremacía del hombre.

ANDROFOBIA f. Horror a los hombres.

ANDRÓGENO, NA adj. y s. m. Dícese de la substancia que provoca el desarrollo sexual de los órganos masculinos.

ANDRÓGINO, NA adj. y s. (del gr. *anêr, andros,* varón, y *gynê,* mujer). Que tiene los dos sexos. ‖ *Bot.* Dícese de los vegetales que tienen flores masculinas y femeninas, como el nogal.

andamiaje de madera

andamiaje de hierro

Fot. Lebrun, J. de Beaupré

tanque anfibio

anémona

ANDROIDE m. Autómata de figura humana.
ANDRÓLATRA adj. y s. Que profesa la androlatría.
ANDROLATRIA f. (del gr. *anêr, andros,* hombre, y *latreia,* culto). Culto divino tributado a un hombre.
ANDRÓMINA f. *Fam.* Embuste, enredo, engaño: *no me venga con andróminas.*
ANDROMORFO, FA adj. De forma humana.
ANDROSEMO m. *Bot.* Todabuena.
ANDUJAREÑO, ÑA adj. y s. De Andújar.
ANDULÁN m. Capacho o cesto filipino.
ANDULLO m. *Mar.* Tejido colocado en las jaretas y motones, para evitar el roce de las cuerdas. || Hoja larga de tabaco arrollada. || *Arg.* Mazo de hojas de tabaco. || *Dom.* Tabaco de mascar.
ANDURRIALES m. pl. *Fam.* Paraje extraviado o fuera de camino.
ANEA f. Planta tifácea semejante a la espadaña: *la anea sirve para echar asiento a las sillas.*
ANEAR v. t. Medir por anas: *anear la tela.*
ANÉCDOTA f. (del gr. *anekdotos,* inédito). Relación breve de algún rasgo o suceso particular y curioso. || — Sinón. *Narración, historieta, chascarrillo, eco.*
ANECDOTARIO m. Colección de anécdotas.
ANECDÓTICO, CA adj. Relativo a la anécdota.
ANECDOTISTA com. Persona que cuenta anécdotas.
ANECIARSE v. r. Hacerse necio.
ANEGABLE adj. Que puede anegarse.
ANEGACIÓN f. Inundación.
ANEGADIZO, ZA adj. Que frecuentemente se anega, o inunda: *terreno anegadizo.*
ANEGAMIENTO m. Anegación, inundación.
ANEGAR v. t. Inundar: *anegar un huerto.* (Sinón. V. *Inundar.*) || Ahogar a uno sumergiéndole en el agua. Ú. t. c. r.: *anegarse en el río.* || *Fig.: anegarse en llanto.* || — V. r. Naufragar. || — Observ. Es verbo regular pero dialectalmente se conjuga como *negar.*
ANEGO m. *Per.* Anegamiento.
ANEGOCIADO, DA adj. Metido en muchos negocios: *hombre muy anegociado.*
ANEJAR v. t. Unir, agregar.
ANEJÍN y **ANEJIR** m. Refrán, sentencia popular.
ANEJO, JA adj. Anexo, dependiente, accesorio: *edificio anejo.* || Adjunto, unido. || — M. Cosa sujeta a otra principal. (Sinón. V. *Sucursal* y *suplemento.*)
ANELDO m. *Bot.* Eneldo.
ANÉLIDOS m. pl. *Zool.* Clase de animales vermiformes, de cuerpo blando con anillos, como la lombriz y la sanguijuela.
ANEMIA f. (del gr. *an* priv., y *haima,* sangre). *Med.* Empobrecimiento de la sangre caracterizado por la disminución de los glóbulos rojos.
ANÉMICO, CA adj. y s. Causado por la anemia, que la padece: *el hierro es bueno para los anémicos.* (Sinón. V. *Débil.*)
ANEMOFILIA f. *Bot.* Modo de polinización de las plantas por mediación del viento.
ANEMÓFILO, LA adj. *Bot.* Dícese de las plantas cuya polinización se verifica por medio del viento.
ANEMOGRAFÍA f. Estudio de los vientos.
ANEMÓGRAFO m. (del gr. *anemos,* viento, y *graphein,* describir). Anemoscopio registrador. || Persona conocedora de la anemografía.
ANEMOMETRÍA f. Medida de la fuerza o velocidad del viento.
ANEMÓMETRO m. (del gr. *anemos,* viento y *metron,* medida). Instrumento para medir la dirección, la velocidad y la fuerza del viento.
ANÉMONA o **ANEMONE** f. Planta herbácea, ranunculácea de flores grandes y vistosas, de colores diversos. || Flor de esta planta. || *Zool. Anémona de mar,* actinia o estrellamar.
ANEMOSCOPIO m. (del gr. *anemos,* viento, y *skopein,* examinar). Instrumento que sirve para indicar la dirección del viento.
ANEROIDE adj. Sin líquido: *barómetro aneroide.*
ANESTESIA f. (del gr. *an* priv., y *aisthêsis,* sentido). *Med.* Privación más o menos total de la sensibilidad general, o de la sensibilidad de un órgano en particular, producida por una enfermedad o por un anestésico.
— *La anestesia quirúrgica* es *general* cuando hay pérdida de conciencia; se obtiene ya sea por inhalación de gas: cloroformo, éter, óxido nitroso, ciclopropano, ya por inyección intravenosa de barbitúricos, asociada o no al curare o a modificadores del sistema simpático. *La anestesia local* se obtiene por medio del frío (pulverizaciones de cloruro etílico, hielo), por inyección de cocaína o por algunos de sus derivados menos tóxicos (procaína).
ANESTESIAR v. t. Provocar la anestesia.
ANESTÉSICO, CA adj. y s. m. *Med.* Que produce o causa anestesia.
ANESTESISTA m. y f. Médico o auxiliar especializado que administra la anestesia y cuida al paciente durante los efectos de ésta.
ANEURISMA m. (del gr. *aneurusma,* dilatación). Tumor sanguíneo causado por la dilatación de una arteria. || Dilatación anormal del corazón.
ANEURISMÁTICO, CA adj. Parecido al aneurisma: *tumor aneurismático.*
ANEXAR v. t. Unir una cosa a otra con dependencia de ella. (Sinón. V. *Juntar* y *afectar.*)
ANEXIDADES f. pl. Derechos y cosas anexas o accesorias de otra principal.
ANEXIÓN f. Acción y efecto de anexar.
ANEXIONAR v. t. Anexar.
ANEXIONISMO m. Doctrina que defiende las anexiones.
ANEXIONISTA adj. y s. Partidario de la anexión de un país a otro.
ANEXO, XA adj. y s. m. Unido a otra cosa y dependiente de ella: *edificio anexo.* (Sinón. V. *Adherente.*)
ANFESIBENA f. Anfisbena, reptil.
ANFETAMINA f. Medicamento del tipo efedrina, de acción estimulante sobre el sistema nervioso.
ANFI prep. insep. (gr. *amphi*). Significa alrededor: *anfiteatro,* o de ambos lados: *anfiscio.*
ANFIBIO, BIA adj. (del gr. *amphi,* ambos, y *bios,* vida). Dícese de los animales y plantas que habitan en el agua y en la tierra. Ú. t. c. s. m.: *la rana es un anfibio.* || *Fig.* Que se desarrolla en tierra y en mar: *operación militar anfibia.* || Dícese del vehículo o del aparato que puede funcionar lo mismo en tierra que en el agua o en el aire. || — M. pl. *Zool.* Clase de animales que lo mismo viven en el agua que en el aire.
— Se da el nombre de *anfibio* a mamíferos como la foca, la nutria, el castor, y reptiles como el cocodrilo y la tortuga que, aunque provistos de pulmones, pueden pasar cierto tiempo en el agua sin respirar. Los verdaderos anfibios son, sin embargo, los *batracios,* como la rana, que viven primero sólo en el agua y, después de una metamorfosis, en el aire.
ANFÍBOL m. Silicato de magnesia, de color verde o negro, y brillo anacarado.
ANFIBOLITA f. Roca compuesta de anfíbol y algo de feldespato, cuarzo o mica.
ANFIBOLOGÍA f. (del gr. *amphibolos,* ambiguo, equívoco, y *logos,* discurso). Doble sentido, manera de hablar a que puede darse más de una interpretación, por ej.: *el padre quiere a un hijo porque es bueno.*
ANFIBOLÓGICAMENTE adv. m. Con anfibología: *hablar anfibológicamente.*
ANFIBOLÓGICO, CA adj. De doble sentido: *oráculo anfibológico.* (Sinón. V. *Ambiguo.*)
ANFÍBRACO m. Pie de la poesía griega y latina, compuesto de una sílaba larga entre dos breves.
ANFICTIÓN m. Diputado de la anfictionía.
ANFICTIONÍA f. Confederación de las antiguas ciudades griegas. || Asamblea a la cual enviaban delegados las antiguas ciudades griegas para tratar asuntos de interés general.
ANFICTIÓNICO, CA adj. Relativo al anfictión o a la anfictionía.
ANFÍMACRO m. Pie de la poesía griega y latina compuesto de una sílaba breve entre dos largas.
ANFINEURO adj. y s. Clase de moluscos.
ANFIOXO m. Animal marino pisciforme, que representa el primer escalón de los vertebrados y se encuentra en las playas arenosas de Europa.
ANFÍPODO adj. y s. Orden de crustáceos de

Fot. U. S. I. S.

pequeño tamaño con el cuerpo comprimido lateralmente y el abdomen encorvado hacia abajo.

ANFISBENA f. Reptil de América parecido a la culebra. ‖ Culebra fabulosa de dos cabezas.

ANFISCIO, CIA adj. y s. (del gr. *amphi*, de ambos lados, y *skia*, sombra). *Geogr.* Nombre de los habitantes de la zona tórrida, cuya sombra mira al Norte o al Sur, según la estación del año.

ANFISIBENA f. Anfisbena.

ANFITEATRO m. (del gr. *amphi*, alrededor, y *theatron*, teatro). Edificio de figura redonda u oval con gradas alrededor. ‖ Conjunto de asientos colocados en gradas semicirculares, en las aulas y los teatros. ‖ *Anfiteatro anatómico*, sala de disección.

ANFITRIÓN m. (fr. *anphitryon*). El que convida a su mesa. (SINÓN. V. *Huésped.*)

ÁNFORA f. (lat. *amphora*). Cántaro antiguo de dos asas. ‖ Medida antigua de capacidad. ‖ *Amer.* Urna para votaciones.

ANFRACTUOSIDAD f. Sinuosidad, desigualdad. ‖ Cavidad profunda e irregular. (SINÓN. V. *Cavidad.*) ‖ Depresión que separa las circunvoluciones cerebrales.

ANFRACTUOSO, SA adj. Que tiene sinuosidades, tortuoso, desigual.

ANGARIA f. Retraso impuesto a la salida de un buque extranjero para emplearlo en un servicio público.

ANGARILLAS f. pl. Andas. ‖ Albarda provista de bolsas grandes de esparto para transportar cosas delicadas. (SINÓN. V. *Camilla.*) ‖ Accesorio de mesa, con dos frascos para aceite y vinagre.

ANGAZO m. Gancho para pescar mariscos.

ÁNGEL m. (del gr. *aggelos*, mensajero). Criatura puramente espiritual. (SINÓN. *Serafín, querubín, arcángel.* CONTR. *Demonio, diablo.*) ‖ Por antonomasia, el Arcángel San Gabriel. ‖ *Fig.* Gracia, simpatía, atractivo. ‖ *Fig.* Persona muy dulce: *ser un ángel.* ‖ *Fig. Tener ángel*, tener el don de agradar. ‖ *Fam. Mal ángel*, persona que tiene el don de desagradar.

— Los *ángeles* son los mensajeros del cielo, porque, según la tradición religiosa, los ha empleado Dios con frecuencia para llevar sus órdenes y manifestar su voluntad. Tienen nombres especiales según el oficio que desempeñan, y en la jerarquía celeste forman el noveno y último coro.

¡ÁNGELA MARÍA!, expresión para manifestar que se ha comprendido una cosa o para evidenciar su extrañeza.

ANGÉLICA f. Umbelífera de raíz medicinal.

ANGELICAL adj. Relativo a los ángeles: *coros angelicales.* ‖ Parecido a los ángeles: *niña angelical.* ‖ Que parece de ángel: *rostro angelical.*

ANGELICALMENTE adv. m. De manera angelical.

ANGÉLICO, CA adj. Angelical: *cara angélica.*

ANGELÍN m. Pangelín, árbol.

ANGELINO, NA adj. y s. De Los Ángeles (Chile).

ANGELITO m. Ángel pequeño. ‖ *Fig.* Niño de muy tierna edad.

ANGELIZARSE v. r. Tornarse angélico.

ANGELÓN m. Ángel grande. ‖ *Angelón de retablo*, persona desproporcionadamente gorda y carrilluda.

ANGELOTE m. *Fam.* Angelón, figura de ángel: *angelotes de piedra.* ‖ *Fig.* y *fam.* Niño muy gordo y tranquilo. ‖ Persona sencilla y tranquila. ‖ Pez selacio de cerca de dos metros.

ÁNGELUS m. Oración que se reza por la mañana, al mediodía, al anochecer en honor de la Encarnación. ‖ Toque de oraciones: *escuchar el Ángelus.*

ANGEVINO, NA adj. De Anjou.

ANGINA f. Nombre dado a todas las afecciones inflamatorias de la faringe. ‖ *Angina de pecho*, afección del corazón que se manifiesta en crisis dolorosas y sensaciones de angustia.

ANGINOSO, SA adj. Relativo a la angina.

ANGIOGRAFIA f. (del gr. *aggeion*, vaso, y *graphein*, describir). *Anat.* Descripción de los vasos. ‖ Radiografía de los vasos.

ANGIOLOGÍA f. Parte de la anatomía que estudia los órganos de la circulación.

anfiteatro de Sagunto

ANGIOMA m. *Med.* Antojo, mancha en la piel.

ANGIOSPERMAS f. pl. *Bot.* Plantas cuya semilla está envuelta por un pericarpio.

ANGLESITA f. Sulfato de plomo natural.

ANGLICANISMO m. Religión reformada predominante en Inglaterra.

ANGLICANIZADO, DA adj. Influido por las costumbres e ideas inglesas.

ANGLICANO, NA adj. y s. Que profesa el anglicanismo. ‖ Relativo al anglicanismo: *clero anglicano.*

ANGLICISMO m. Afición a lo inglés. ‖ Giro, vocablo o modo de hablar propio de la lengua inglesa y empleado en otra.

— La lengua inglesa ha introducido en el español cierto número de palabras.

No pocas son voces de construcción normal, debido a que parte del vocabulario inglés es de origen latino. Tales son: *abolicionista, actuario, corporación, ensayista, humorista, importar, importación, jurado, pandemónium, concreto, panorama, selección, sentimental, sinecura, tranvía, veredicto, voto, votar, celuloide* y *expreso.* Muchas de estas voces nos han venido por conducto del francés.

Otras palabras, de origen anglosajón, se han adaptado bastante bien a las formas españolas. Tales son: *dogo, esterlina, lingote, malta, paquete, paquebote, budín, ron, albatros, antílope, arrurruz, reportero, panfleto, raque, raquero, túnel, balasto, tonelaje, bote, casimir, chal, franela, grumete* y *comité.*

Guardan más su aspecto inglés otras como: *cheque, coque, comodoro, crup, filibustero, gutapercha, turista, bistec, boxear, folklore, bastón, kaki, bol, bricbarca, mitin, pudelar, rosbif, vagón, esplín, coctel, fútbol, bleque, breque, guinche, estribor, babor, panqueque, yate, trole, bauprés, yanqui*, etc., y otras acaso más discutidas como *bebé, clun, confort, detective, dren, drenaje, tiquete, suiche, guafe, saibor.* El diccionario de la Academia admite ya por lo demás voces apenas españolizadas, como *tenis, cricquet, gol, dandi.*

Quedan fuera de esta reseña las voces puramente inglesas del tecnicismo, de los deportes, etc.

ANGLICISTA m. y f. Aficionado a lo inglés.

ANGLOAMERICANO, NA adj. y s. Relativo a ingleses y americanos. ‖ Dícese del inglés nacido en América. ‖ Natural de los Estados Unidos. ‖ Perteneciente a ellos.

ANGLOÁRABE adj. y s. Dícese de un caballo que tiene mezcla de las razas inglesa y árabe.

ANGLÓFILO, LA adj. Amigo de los ingleses. ‖ — CONTR. *Anglófobo.*

ANGLOFOBIA f. Aversión a lo inglés.

ANGLÓFOBO, BA adj. Que tiene odio a Inglaterra y a los ingleses.

ANGLOMANÍA f. Afición exagerada a las costumbres inglesas.

ANGLÓMANO, NA adj. y s. Que adolece de anglomanía.

ANGLONORMANDO, DA adj. y s. Dícese de una raza de caballos, mezcla de las razas inglesa y normanda. ‖ — M. Dialecto hablado en las dos costas fronterizas de Francia e Inglaterra.

ANGLOSAJÓN, ONA adj. y s. Perteneciente a los anglosajones y, por ext., a los pueblos de raza inglesa: *la educación anglosajona.* ‖ —

ánfora

«Ángel», por el Greco (detalle)

Fot. D. Gral. Turismo Español, Giraudon, X

ani

gato de Angora

anguarina

anguila

M. Lengua germánica hablada por los anglosajones.

ANGOLÁN m. Árbol de la India de la familia de la alangiáceas.

ANGOLINO, NA adj. y s. De Angol (Chile).

ANGORA com. Gato, conejo o cabra originarios de Angora (Ankara) y notables por su pelo largo y sedoso: *un angora; un gato de Angora.*

ANGORRA f. Pieza de cuero para proteger una parte del cuerpo contra roces o quemaduras.

ANGOSTAR v. t. Hacer angosto, estrechar.

ANGOSTO, TA adj Estrecho: *pasadizo angosto.* ‖ — SINÓN. *Apretado, ceñido, limitado.*

ANGOSTURA f. Calidad de angosto. (SINÓN. V. *Desfiladero.*)

ANGRA f. Ensenada, bahía. (SINÓN. V. *Golfo.*)

ANGSTRÖM [*ongstrom*] m. Unidad de medida de las longitudes de onda y equivalente a la diezmillonésima parte de un milímetro.

ANGUARINA f. Especie de gabán antiguo sin cuello ni mangas.

ANGUIFORME adj. De forma de serpiente.

ANGUILA f. Pez de agua dulce, cuyo cuerpo cilíndrico está cubierto de una substancia viscosa: *la carne de la anguila es muy delicada.*

ANGUILAZO m. Golpe dado con el rebenque.

ANGULA f. Cría de anguila.

ANGULAR adj. De figura de ángulo, que tiene ángulos: *forma angular.* ‖ *Piedra angular,* la principal de un edificio. *Fig.* Base, fundamento. ‖ *Distancia angular de dos estrellas,* ángulo que forman los dos rayos visuales que unen el ojo del observador con ambas estrellas.

ANGULEMA f. Lienzo de cáñamo o estopa. ‖ — Pl. *Fam.* Zalamerías: *hacer angulemas.*

ÁNGULO m. (lat. *angulus*). Esquina, rincón. ‖ Figura formada por dos semirrectas, llamados *lados,* o por dos semiplanos, llamados *caras,* que se cortan. ‖ *Ángulo rectilíneo,* abertura formada por dos líneas que parten de un mismo punto: *hay tres clases de ángulos: el agudo, el recto y el obtuso.* ‖ *Ángulo diedro,* espacio comprendido entre dos planos que se cortan y que están limitados por su recta de intersección. ‖ *Ángulo facial,* el formado por las dos rectas que salen desde la frente hasta los alvéolos de la mandíbula superior y desde este punto hasta el conducto auditivo. ‖ — SINÓN. *Esquina, rincón, codo, saliente, arista.*

ANGULOSIDAD f. Calidad de anguloso.

ANGULOSO, SA adj. Que tiene ángulos. ‖ *Por ext.* De rasgos muy salientes: *rostro anguloso.*

ANGURRIA f. *Fam.* Estangurria, dificultad en orinar. ‖ *Amer. Fam.* Afán por comer, hambre canina. ‖ *Amer,* Egoísmo, avaricia.

ANGURRIENTO, TA adj. *Amer. Fam.* Que tiene angurria, ansioso, insaciable. ‖ Hambriento.

ANGUSTIA f. Aflicción, congoja, dolor moral profundo: *vivir en la angustia.* ‖ — SINÓN. *Ansiedad, ansia, zozobra, agonía.*

ANGUSTIADO, DA adj. Afligido, acongojado. ‖ *Fig.* Codicioso, apocado, miserable. ‖ Estrecho.

ANGUSTIADOR, RA adj. Que angustia.

ANGUSTIAR v. t. Causar angustia, afligir, acongojar *angustiarse por poca cosa.*

ANGUSTURA f. Corteza medicinal de un árbol americano de la familia de las rutáceas.

ANGUSTIOSAMENTE adv. m. Con angustia.

ANGUSTIOSO, SA adj. Lleno de angustia: *voz angustiosa.* ‖ Que causa o padece angustia.

ANGUYÁ TUTÚ m. *Riopl.* Tucotuco.

ANHELACIÓN f. Acción de anhelar o jadear.

ANHELANTE adj. Que anhela, desea o ansia.

ANHELAR v. i. Respirar con dificultad. (SINÓN. V. *Respirar.*) ‖ — V. t. e i. Ansiar una cosa: *anhelar fortuna, dignidades.* (SINÓN. V. *Acuciar* y *codiciar.*)

ANHÉLITO m. Aliento o respiración fatigosa.

ANHELO m. Deseo vehemente. (SINÓN. V. *Deseo.*)

ANHELOSAMENTE adv. m. Con anhelo.

ANHELOSO, SA adj. Dícese de la respiración frecuente y fatigosa: *sentirse anheloso.* ‖ Que siente anhelo por una cosa. (SINÓN. *Ansioso.*)

ANHÍDRIDO m. Cuerpo que puede formar un ácido combinado con el agua: *anhídrido sulfúrico.*

ANHIDRITA f. Sulfato de cal anhidro natural.

ANHIDRO, DRA adj. (del gr. *a,* priv., y *hudôr,* agua). *Quím.* Aplícase a los cuerpos que no contienen agua: *sal anhidra.*

ANHIDROSIS f. *Med.* Disminución o supresión del sudor.

ANI m. Ave trepadora de México, llamada en otros países *garrapatero, chamón, samurito.*

ANIDAR v. i. Hacer su nido: *el águila anida en las rocas más escarpadas.* ‖ *Fig.* Morar, habitar, vivir en alguna parte. ‖ Existir, hallarse algo en una persona o cosa. ‖ — V. t. *Fig.* Abrigar, acoger.

ANIEGO m. Anegación, inundación.

ANIHILAR v. t. Aniquilar. (P. us.)

ANILINA f. (de *añil*). *Quím.* Alcaloide artificial, líquido, incoloro, que se saca de la hulla mediante la reducción del nitrobenceno. (La *anilina* es hoy uno de los productos más empleados en tintorería como colorante, en medicamentos y en materias plásticas.)

ANILLA f. Anillo de colgaduras o de gimnasia.

ANILLADO, DA adj. Rizado, ensortijado. ‖ De forma de anillo. ‖ — Adj. y m. Anélido.

ANILLAR v. t. Dar forma de anillo. ‖ Sujetar con anillos: *anillar una cortina.*

ANILLO m. (lat. *annellus*). Aro pequeño: *un anillo de metal.* ‖ Sortija: *anillo de boda.* (SINÓN. *Alianza, aro, arillo.*) ‖ *Arq.* Collarino de columna. ‖ *Zool.* Cada una de las divisiones en que tienen partido el cuerpo ciertos animales. ‖ *Anillo pastoral,* el que lleva una piedra grabada y usan los obispos. ‖ *Anillo de Saturno,* círculo que rodea a este planeta. ‖ *Fig.* y *fam. Como anillo al dedo,* con oportunidad.

ÁNIMA f. Alma. ‖ Alma del Purgatorio: *rezar por las ánimas benditas.* ‖ Hueco del cañón de un arma. ‖ — Pl. Toque de campanas en las iglesias por la noche para que se ruegue a Dios por las ánimas del Purgatorio: *a las ánimas me volví a casa.* ‖ Hora de este toque.

ANIMACIÓN f. Acción y efecto de animar o animarse. ‖ Vivacidad. (SINÓN. *Brío, alacridad.* V. tb. *celo.*) ‖ Concurso de gente. (SINÓN. *Actividad, movimiento, ajetreo.*) ‖ Alegría, bullicio.

ANIMADO, DA adj. Dotado de vida: *criatura animada.* ‖ *Fig.* Divertido, concurrido: *fiesta animada.* ‖ *Fig.* Movido de: *animado de buenas intenciones.* ‖ *Dibujos animados,* sucesión de dibujos que, cinematografiados, dan la ilusión del movimiento.

ANIMADOR, RA adj. y s. Que anima o excita. (SINÓN. V. *Alegre.*) ‖ — M. y f. Persona que dirige, anima o presenta un espectáculo o fiesta. (SINÓN. V. *Protagonista.*)

ANIMADVERSIÓN f. Enemistad, ojeriza. ‖ Crítica, reparo o advertencia severa. (SINÓN. V. *Resentimiento.*) ‖ — CONTR. *Benevolencia, simpatía.*

ANIMAL m. (del lat. *anima,* principio de la vida). Ser orgánico que vive, siente y se mueve

ángulos

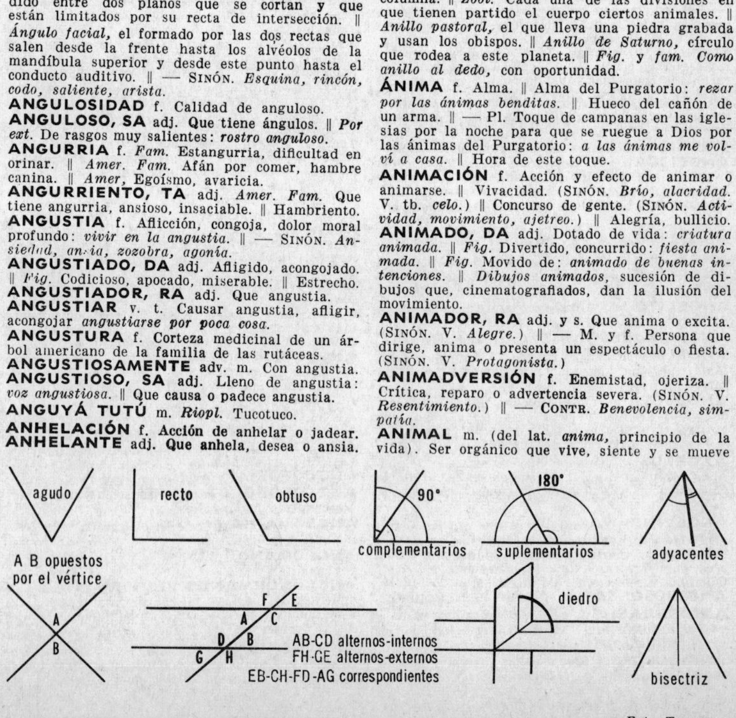

Fot. Trampus

por propio impulso: *animal irracional.* || Ser irracional por oposición al hombre. (SINÓN. *Bestia, bruto, bicho, acémila.*) || — Adj. Relativo al animal: *funciones animales.* || *Fig.* Dícese de la persona muy ignorante y necia. (SINÓN. V. *Ignorante.*)

ANIMALADA f. *Fam.* Borricada, estupidez.

ANIMÁLCULO m. Animal muy pequeño, perceptible solamente con el auxilio del microscopio.

ANIMALEJO m. Animal muy pequeño.

ANIMALIDAD f. Calidad de animal.

ANIMALISMO m. Animalidad.

ANIMALISTA m. Pintor o escultor de animales.

ANIMALIZACIÓN f. Acción de animalizar: *la animalización de la fécula.*

ANIMALIZAR v. t. Convertir los alimentos en materia apta para la nutrición. || Convertir en ser animal. || — V. r. Embrutecerse.

ANIMALUCHO m. Animal de figura desagradable.

ANIMAR v. t. Dar la vida: *el alma anima el cuerpo.* || *Fig.* Excitar, alentar: *animar a los soldados al combate.* (SINÓN. *Enardecer, infundir valor, excitar, incitar, tentar, solicitar, exhortar, impulsar, aguijonear, espolear, acicatear, aguijonar, picar, estimular, aguzar, acuciar.* CONTR. *Desanimar, desalentar.*) || Dar fuerza y vigor: *animar el estilo.* || Dar movimiento, alegría y vida: *animar una conversación.* || — V. r. Cobrar ánimo y esfuerzo: *sus ojos se animan cuando habla.* || Atreverse.

ANIMATISMO m. Animismo.

ANIME m. Resina del curbaril: *el anime se usa contra las enfermedades reumáticas.*

ANIMERO m. El que en algunas partes pide limosna por las ánimas del Purgatorio.

ANÍMICO, CA adj. Relativo al alma.

ANIMISMO m. Doctrina que considera el alma como principio de acción de las fenómenos vitales. || Culto de los espíritus, entre los pueblos primitivos.

ANIMISTA com. Partidario del animismo.

ANIMITA f. *Cub.* Luciérnaga, insecto luminoso.

ÁNIMO m. (del gr. *anemos,* soplo). Alma o espíritu. (SINÓN. V. *Alma.*) || Valor, energía: *trabajar con ánimo.* (SINÓN. *Valor, arrojo, bizarría, heroísmo, valentía, denuedo, temple, brío.* Fam. *Hígados.* CONTR. *Cobardía.*) || Intención, voluntad. || *Fig.* Atención o pensamiento. || *¡Ánimo!* interj. para alentar a uno.

ANIMOSAMENTE adv. m. Con ánimo: *trabajar animosamente.* || — CONTR. *Cobardemente.*

ANIMOSIDAD f. Aversión, animadversión, enemistad. (SINÓN. V. *Resentimiento.*)

ANIMOSO, SA adj. Que tiene ánimo: *ser animoso para el trabajo, en [para] la lucha.*

ANIÑADO, DA adj. Pueril: *rostro aniñado.*

ANIÑARSE v. r. Hacerse niño el que no lo es.

ANIÓN m. *Electr.* Ión cargado negativamente.

ANIQUILABLE adj. Que se puede aniquilar.

ANIQUILACIÓN f. Acción y efecto de aniquilar: *la aniquilación de Pompeya por el Vesubio.*

ANIQUILADOR, RA adj. y s. Que aniquila.

ANIQUILAMIENTO m. Aniquilación. (SINÓN. V. *Abatimiento.*)

ANIQUILAR v. t. Reducir a la nada. || *Fig.* Anonadar, apocar. || *Fig.* Destruir por entero: *aniquilar una población.* (SINÓN. V. *Destruir.*) || — V. r. *Fig.* Deteriorarse mucho una cosa. || *Fig.* Anonadarse.

ANÍS m. (del gr. *anison,* sin igual). Planta umbelífera, aromática. || Grano de anís bañado en azúcar. || *Por ext.* Toda confitura menuda. || Aguardiente anisado.

ANISADO m. Aguardiente anisado.

ANISAL y **ANISAR** m. Tierra sembrada de anís.

ANISAR v. t. Echar anís o espíritu de anís a una cosa: *anisar un licor.*

ANISETE m. Licor compuesto de aguardiente, azúcar y anís: *el anisete es digestivo.*

ANISODONTE adj. *Zool.* De dientes desiguales.

ANISOFILO, LA adj. *Bot.* De hojas desiguales.

ANISÓMERO, RA adj. *Hist. nat.* Formado de partes desiguales o irregulares.

ANISOPÉTALO, LA adj. *Bot.* Dícese de la flor de pétalos desiguales.

ANITO m. Ídolo familiar, en las Filipinas.

ANIVERSARIO adj. Anual. || — M. Día en que se cumplen años de algún suceso. (SINÓN. V. *Conmemoración.*) || Oficio y misa que se celebran en sufragio de un difunto el día que se cumple el año de su fallecimiento.

ANJÁ interj. *Antill., Col.* y *Venez.* ¡Bien!, ¡bravo!

ANJEO m. (de *Anjou,* provincia de Francia). Especie de lienzo basto usado antiguamente.

ANO m. (lat. *anus*). Orificio del recto.

ANOBIOS m. pl. Género de coleópteros xilófagos llamados vulgarmente *carcoma.*

ANOCHE adv. t. En la noche de ayer.

ANOCHECEDOR, RA adj. y s. Que se recoge tarde: *tardío anochecedor, mal madrugador.*

ANOCHECER v. i. e impers. Faltar la luz del día, venir la noche: *anochece pronto.* || Llegar o estar en un paraje determinado al empezar la noche: *anochecer en París.* || — IRREG. Se conjuga como *merecer.*

ANOCHECER m. Tiempo durante el cual anochece: *vino al anochecer.* (SINÓN. *Crepúsculo.*)

ANOCHECIDA f. Anochecer.

ANOCHECIDO adv. t. Al empezar la noche.

ANÓDICO, CA adj. Del ánodo: *rayos anódicos*

ANODINIA f. *Med.* Falta de dolor: *la cocaína produce anodinia.* (SINÓN. *Analgesia.*)

ANODINO, NA adj. *Med.* Que sirve para templar o calmar el dolor: *remedio anodino.* Ú. c. s. m.: *un anodino.* (CONTR. *Violento.*) || Ineficaz, insubstancial. (SINÓN. V. *Insignificante* e *inofensivo.*) || *Fig.* Insípido, sin gracia: *crítica anodina.*

ÁNODO m. *Electr.* Polo positivo de un generador de electricidad. || — CONTR. *Cátodo.*

ANOFELES adj. y s. m. Mosquito cuya hembra es trasmisora del paludismo.

ANOFELISMO m. Paludismo.

ANOLIS m. Género de lagartos americanos y asiáticos muy ágiles, que viven en los árboles.

ANOMALÍA f. Irregularidad, deformidad || — CONTR. *Regularidad.*

ANOMALÍSTICO, CA adj. Irregular.

ANÓMALO, LA adj. Irregular, extraño: *verbo anómalo.* (SINÓN. V. *Deforme.*)

ANÓN m. *Amer.* Anona, fruta. || *Guat.* Papera.

ANONA f. Árbol anonáceo, de fruto grande, carnoso, aromático y agradable al paladar: *cultívase la anona en climas templados y en las costas de España.* || Fruta de este árbol. || Provisión de víveres. || *Amér. C.* Tonto, necio.

ANONÁCEAS adj. Familia de plantas dicotiledóneas, que comprende árboles y arbustos de los países cálidos; tienen por tipo la *anona.*

ANONADACIÓN f. Acción y efecto de anonadar. (SINÓN. V. *Depresión.*)

ANONADADOR, RA adj. Que anonada.

ANONADAMIENTO m. Anonadación: *caer en el anonadamiento.*

ANONADAR v. t. Aniquilar: *anonadar un ejército.* (SINÓN. V. *Destruir y vencer.*) || *Fig.* Apocar, abatir: *me anonadó la noticia.* (SINÓN. V. *Agobiar.*)

ANONCILLO m. *Cub.* Mamoncillo.

ANÓNIMAMENTE adv. m. Conservando el anónimo: *delatar anónimamente.*

ANONIMATO m. *Neol.* Situación de permanencia en el anónimo.

ANONIMIA f. Carácter anónimo.

ANONIMISTA com. *Amer.* Anónimo, escritor.

ANÓNIMO, MA adj. (del gr. *a,* priv., y *onoma,* nombre). Que no lleva nombre de autor: *carta anónima.* || Dícese del autor cuyo nombre no es conocido: *la Imitación de Cristo es obra de un anónimo.* || *Sociedad anónima,* asociación comercial cuyos socios, desconocidos del público, sólo comprometen la cantidad aportada por ellos a la empresa y no son responsables de los actos de los administradores de ésta. || — M. Escrito en que no se indica nombre de autor. || Carta sin firma: *le mandaron un cobarde anónimo.* || Secreto del autor que oculta su nombre: *guardar el anónimo.* || — PARÓN. *Antónimo, seudónimo.*

ANOPLOTERIO m. Rumiante fósil del eoceno

ANOPLURO, RA adj. y s. Dícese de los insectos ápteros que viven como parásitos en el cuerpo de algunos mamíferos: *el piojo es un anopluro.*

ANORAK m. (voz esquimal). Chaquetón impermeable con capucha.

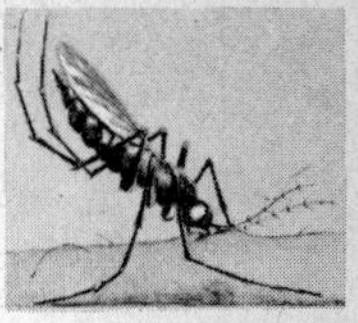
anofeles

anona

anorak

Fot. S. L. S.

ANOREXIA f. Falta anormal de apetito.
ANORMAL adj. Irregular, contra la regla. (SINÓN. V. *Deforme.*) || — Com. Persona cuyo desarrollo es deficiente. || — CONTR. *Normal, regular.* || — PARÓN. *Anómalo.*
ANORMALIDAD f. Carácter anormal.
ANORMALMENTE adv. m. De modo anormal.
ANOSMIA f. Pérdida del olfato.
ANOTACIÓN f. Acción y efecto de anotar. || Apunte. (SINÓN. V. *Nota.*)
ANOTADOR, RA adj. y s. Que anota. || Ayudante del director de cine, encargado de anotar todos los pormenores de cada escena.
ANOTAR v. t. Poner notas en un escrito o cuenta: *Clemencín anotó el Quijote.* || Apuntar en un registro público. || Tomar nota. (SINÓN. V. *Escribir* y *citar.*)
ANOTIA f. Carencia de orejas.
ANOVELADO, DA adj. Que parece novela.
ANOXIA f. Ausencia de oxígeno en la sangre.
ANQUEAR v. i. *Amer.* Levantar el anca una bestia. || Nalguear.
ANQUETA f. Anca pequeña. || *Fam. De media anqueta,* mal sentado.
ANQUIDERRIBADO, DA adj. Dícese de la caballería de grupa alta y ancas derribadas.
ANQUÍLOPE m. (del gr. *agkhi,* cerca, y *ôps,* ojo). Granillo en el ángulo interno del ojo.
ANQUILOSAMIENTO m. Acción y efecto de anquilosarse.
ANQUILOSAR v. t. Causar anquilosis. || — V. r. *Fig.* Detenerse una cosa en su progreso.
ANQUILOSIS f. (del gr. *agkulosis,* curvatura). *Med.* Privación de movimiento en las articulaciones.
ANQUILOSTOMA m. Gusanillo parásito del hombre que provoca una anemia grave.
ANSA f. Antigua confederación comercial de varias ciudades de Alemania, tb. llamada *hansa.* (SINÓN. V. *Sociedad.*) || Asa de un instrumento.
ÁNSAR m. (lat. *anser*). Ave palmípeda, de carne comestible: *las plumas de ánsar servían antiguamente para escribir.* || — SINÓN. *Ganso, oca.*
ANSARINO, NA adj. Del ánsar: *pluma ansarina.* || — M. Pollo de ánsar.
ANSEÁTICO, CA adj. Del Ansa o Hansa.
ANSIA f. Inquietud muy violenta. (CONTR. *Tranquilidad.*) || Aflicción: *las ansias de la muerte.* (SINÓN. V. *Angustia.*) || Anhelo: *ansia de riquezas.* (SINÓN. V. *Deseo* y *codicia.*) || *Germ.* Tortura o tormento. || — Pl. Náuseas.
ANSIAR v. t. Desear con ansia, codiciar: *ansiar por algo.* (SINÓN. V. *Ambicionar.*)
ANSIEDAD f. Agitación, inquietud. || *Med.* Angustia que acompaña algunas enfermedades. (SINÓN. V. *Angustia.*)
ANSIOSAMENTE adv. m. Con ansia.
ANSIOSO, SA adj. Acompañado de ansia o congoja. || Que tiene ansia de algo: *ansioso de honores.* || Codicioso. (SINÓN. V. *Glotón.*) || *Col.* Nauseoso.
ANTA f. Alce, rumiante. || *Bol.* Tapir.
ANTA f. Menhir. || Pilastra embutida en una pared.
ANTAGALLA f. *Mar.* Faja de rizos que tienen las velas de cuchillo.
ANTAGÓNICO, CA adj. Que denota antagonismo: *doctrinas antagónicas.*
ANTAGONISMO m. Contrariedad, rivalidad, oposición.
ANTAGONISTA com. Que obra en sentido opuesto: *músculos antagonistas.* || Persona opuesta o contraria a otra. (SINÓN. V. *Enemigo.* CONTR. *Partidario.*)
ANTAÑO adv. t. En el año pasado. || *Por. ext.* En tiempo antiguo. || — CONTR. *Hogaño.*
ANTAÑÓN, ONA adj. *Fam.* Muy viejo.
ANTARA f. *Per.* Zampoña.
ANTÁRTICO, CA adj. Austral: *círculo polar antártico.* (SINÓN. V. *Sur.* CONTR. *Ártico, septentrional.*)
ANTE m. Anta, especie de ciervo. || Piel de ante adobada y curtida: *calzones de ante.* || *Per.* Bebida alimenticia hecha con frutas, canela, azúcar, nuez moscada, etc. || *Guat.* Dulce líquido de harina de frijol o maíz de azúcar.
ANTE prep. Delante de alguna persona, cosa o circunstancia: *presentarse ante el pueblo.* || En comparación, respecto de. || *Fig.* Con antelación o preferencia: *ante todo.* || En presencia de: *ante tamaña injusticia.*
ANTEADO, DA adj. De color de ante, amarillento: *azucena anteada, piel anteada.* || *Méx.* Averiado.
ANTEALTAR m. Espacio contiguo a la grada del altar de una iglesia.
ANTEANOCHE adv. t. En la noche de anteayer.
ANTEAR v. t. Teñir de ante: *antear las pieles.*
ANTEAYER adv. t. El día inmediatamente anterior a ayer: *anteayer fue domingo.*
ANTEBRAZO m. Parte del brazo que se extiende desde el codo hasta la muñeca. || Brazuelo.
ANTEBURRO m. *Méx.* Tapir o danta.
ANTECAMA f. Alfombrilla colocada delante de la cama para poner los pies al levantarse y acostarse.
ANTECÁMARA f. Pieza que precede las principales de una casa, antesala, recibimiento. (SINÓN. V. *Vestíbulo.*)
ANTECEDENCIA f. Antecedente. || Ascendencia.
ANTECEDENTE adj. Que antecede: *hechos antecedentes.* || — M. Hecho anterior, que sirve para juzgar hechos posteriores: *tener malos antecedentes.* || *Gram.* Primer término de la relación gramatical. || Nombre, pronombre o proposición a que hacen referencia los pronombres relativos. || *Log.* y *Mat.* Primer término de una razón. || — CONTR. *Consecuente, subsiguiente.*
ANTECEDER v. t. Preceder. || Anticipar. || — V. i. Ir delante: *lea usted el párrafo que antecede.* || — CONTR. *Seguir.*
ANTECESOR, RA adj. Anterior en tiempo. || — M. y f. Persona que precedió a otra en una dignidad, empleo, etc. || Antepasado. (SINÓN. V. *Abuelo.*)
ANTECLÁSICO, CA adj. Anterior al período clásico en literatura: *escritor anteclásico.*
ANTECO, CA adj. y s. (del gr. *anti,* contra, y *oikos,* casa). *Geogr.* Dícese de los moradores de la Tierra que están bajo un mismo meridiano y a igual distancia del ecuador, pero unos en el hemisferio septentrional y otros en el meridional.
ANTECOCINA f. Pieza que precede la cocina.
ANTECORO m. Pieza situada delante del coro.
ANTEDATA f. Fecha anterior a la que debiera tener un documento: *poner antedata a una carta.*
ANTEDATAR v. t. Poner antedata a un documento: *antedatar una carta.*
ANTEDECIR v. t. Predecir. || — IRREG. Se conjuga como *decir.*
ANTEDESPACHO m. Pieza que precede al despacho.
ANTEDÍA adv. t. Antes de un día determinado. || El día antes o pocos días antes: *escribiré antedía.*
ANTEDICHO, CHA adj. Dicho antes.
ANTEDILUVIANO, NA adj. Anterior al diluvio: *animal antediluviano.* (SINÓN. V. *Antiguo.*)
ANTEFÉLICO, CA adj. (del gr. *anti,* contra, y *ephêlis,* peca). Que quita las pecas.
ANTEFIJA f. Alero del tejado. || Adorno saledizo.
ANTEFIRMA f. Fórmula de tratamiento que se pone antes de la firma: *soy de Su Señoría humilde servidor.* || Denominación de la dignidad del firmante puesta antes de la firma.
ANTEFOSO m. *Fort.* Primer foso construido al pie del glacis, antes del foso principal de una plaza.
ANTEHISTORIA f. Prehistoria.
ANTEIGLESIA f. Atrio, pórtico ante la iglesia.
ANTELACIÓN f. Anticipación: *llegó la carta con antelación* || — CONTR. *Retraso.*
ANTELAR v. t. *Chil.* Anticipar.
ANTELLEVAR v. t. *Méx.* Llevar por delante.
ANTEMANO (De) loc. adv. Con anticipación.
ANTEMENCIONADO, DA adj. Mencionado antes.
ANTEMERIDIANO, NA adj. Anterior al mediodía.
ANTE MERÍDIEM loc. lat. Antes de mediodía.
ANTEMURAL m. Fortaleza, roca o montaña que sirve de reparo o defensa. || *Fig.* Reparo o defensa: *antemural de la cristiandad.*
ANTENA f. Entena, verga larga de una vela. || *Zool.* Cuernecillos flexibles que tienen en la

ante

Fot. Rödle

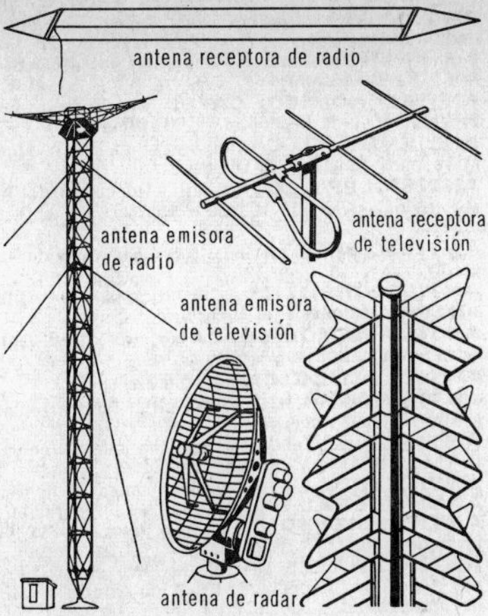

cabeza los insectos. || Conductor metálico que permite emitir y recibir las ondas electromagnéticas: *hay antenas receptoras y emisoras.*
ANTENOCHE adv. t. Anteanoche.
ANTENOMBRE m. Nombre o calificativo que se pone antes del nombre propio, como *don, san,* etcétera.
ANTENUPCIAL adj. Que precede las nupcias.
ANTEOJERA f. Caja para los anteojos. || — Pl. Piezas de vaqueta que tapan lateralmente los ojos del caballo.
ANTEOJERO m. El que hace o vende anteojos.
ANTEOJO m. Instrumento de óptica que sirve para hacer ver los objetos desde lejos: *anteojo de Galileo.* || *Anteojo de larga vista* o *catalejo,* el que sirve para ver distintamente, aumentándolos, los objetos lejanos. (SINÓN. *Telescopio, catalejo, gemelos.*) || — Pl. Cristales convexos o cóncavos, sujetos en una armazón metálica, que se colocan delante de los ojos para corregir los defectos de la visión. || Discos de cuero que se ponen delante de los ojos a los caballos espantadizos. || — PARÓN. *Antojo.*
ANTEPAGAR v. t. Pagar con anticipación.
ANTEPALCO m. Saloncillo que suele preceder los palcos en el teatro.
ANTEPASADO, DA adj. Anterior, pasado. || — M. Ascendiente. (Úsase generalmente en pl.) [SINÓN. V. *Abuelo.*]
ANTEPASAR v. t. Anteceder.
ANTEPECHO m. Pretil que se pone en ciertos lugares para evitar caídas: *el antepecho de un puente, de una ventana, de un balcón.* || Correa ancha del arreo de las caballerías de tiro, que se coloca delante del pecho. || Reborde de la ventana para apoyar los codos.
ANTEPENÚLTIMO, MA adj. Inmediatamente anterior al penúltimo.
ANTEPONER v. t. Poner delante: *anteponer el deber a los caprichos.* || Preferir. || — IRREG. Se conjuga como *poner.*
ANTEPORTADA f. Hoja que precede la portada de un libro, y en que sólo se pone el título de la obra.
ANTEPORTAL m. Pieza que está delante del portal.
ANTEPOSICIÓN f. Acción de anteponer.
ANTEPROYECTO m. Trabajos preliminares para redactar un proyecto de arquitectura o ingeniería. || Proyecto provisional.
ANTEPUERTA f. Cortina que se pone delante de una puerta. || *Fort.* Contrapuerta, puerta interior o segunda de una fortaleza.
ANTEPUERTO m. *Mar.* Parte avanzada de un puerto. || Puerto pequeño a la entrada de uno mayor.
ANTEQUERANO, NA adj. y s. De Antequera.
ANTERA f. (del gr. *anthêros,* florido). *Bot.* Parte del estambre de las flores que contiene el polen.
ANTERIDIA f. *Bot.* Célula en que se hallan los anterozoides.
ANTERIOR adj. Que precede en lugar o tiempo: *anterior a su llegada.* || — CONTR. *Posterior, ulterior.*
ANTERIORIDAD f. Precedencia en el tiempo. || — CONTR. *Posterioridad.*
ANTERIORMENTE adv. t. Con anterioridad. (SINÓN. V. *Antes.* CONTR. *Posteriormente.*)
ANTEROZOIDE m. Gameto masculino en los vegetales.
ANTES adv. de t. y l. Denota prioridad de tiempo o lugar: *antes de venir, antes que venga.* || Denota preferencia. || — Conj. adv. Más bien, por el contrario. || — Adj. Anterior: *el mes antes.* || *De antes,* de tiempo anterior. || — SINÓN. *Previamente, anteriormente.* || — OBSERV. La forma *antes de que* es criticable y basta sustituirla con *antes que.*
ANTESALA f. Pieza situada delante de la sala principal de una casa. (SINÓN. V. *Vestíbulo.*) || *Fig. Hacer antesala,* aguardar a ser recibido por una persona.
ANTEÚLTIMO, MA adj. Penúltimo.
ANTEVÍSPERA f. Día antes de la víspera.
ANTI prep. insep. Denota oposición o contrariedad: *anticristo, antipútrido.* || Significa a veces *delante,* como en *antiparras, antifaz, anticipar.*
ANTIÁCIDO, DA adj. Que neutraliza el exceso de acidez: *el bicarbonato es un antiácido.*
ANTIAÉREO, A adj. Que tiene por objeto la lucha contra la aviación de guerra.
ANTIAFRODISIACO, CA adj. y s. m. Dícese de la substancia que modera el apetito venéreo.
ANTIALCOHÓLICO, CA adj. Opuesto al alcoholismo: *liga antialcohólica.*
ANTIALCOHOLISMO m. Lucha contra el alcoholismo.
ANTIÁPEX m. *Astr.* Punto de la esfera celeste opuesto diametralmente al ápex.
ANTIARTÍSTICO, CA adj. Que es contrario a los principios del arte.
ANTIARTRÍTICO, CA adj. y s. Medicamento empleado para curar la artritis.
ANTIASMÁTICO, CA adj. y s. m. Propio para combatir el asma.
ANTIATÓMICO, CA adj. Que se opone a los efectos de cualquier radiación y al de los proyectiles atómicos.
ANTIBAQUIO m. Pie de la poesía griega y latina que comprendía dos sílabas largas y una breve.
ANTIBIÓTICO m. Nombre dado a ciertas substancias químicas que impiden la multiplicación o desarrollo de los microbios. || — Adj. Dícese de la acción de dichas substancias.
— La noción de *antibiótico* se precisó hacia 1928, gracias a los trabajos de Fleming, Chain y Florey, que condujeron al descubrimiento de la penicilina. Los antibióticos son producidos por los organismos más variados, principalmente las bacterias y los hongos inferiores, y algunos se obtienen por síntesis. Su número es muy elevado, pero solamente una veintena de ellos son preparados industrialmente (penicilina, tiratricina, estreptomicina, aureomicina, terramicina, etc.).
ANTICANCEROSO, SA adj. Propio para combatir el cáncer.
ANTICAPITALISTA adj. y s. Adversario del capitalismo.
ANTICARRO adj. Que se opone a la acción de los vehículos blindados: *cañón, mina anticarro.*
ANTICATARRAL adj. Que cura el catarro.
ANTICÁTODO m. Lámina metálica que en un tubo electrónico recibe los rayos catódicos y emite los rayos X.
ANTICATÓLICO, CA adj. Contrario al catolicismo.
ANTICICLÓN m. Área de gran presión barométrica. || — CONTR. *Ciclón.*
ANTICIENTÍFICO, CA adj. Que se opone a la ciencia.
ANTICIPACIÓN f. Acción de anticipar. || *Ret.* Figura que consiste en proponerse la objeción que otro pudiera hacer, para refutarla de antemano.
ANTICIPADA f. Acción de acometer al contrario antes que se ponga en defensa.

anteojera

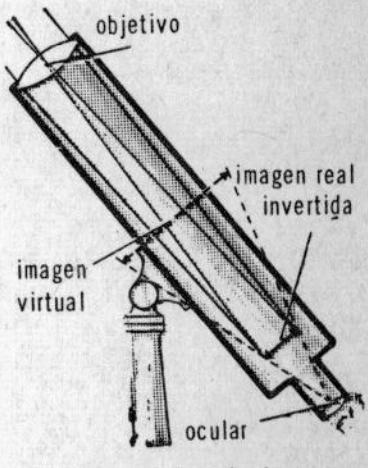

anteojo astronómico

antepecho

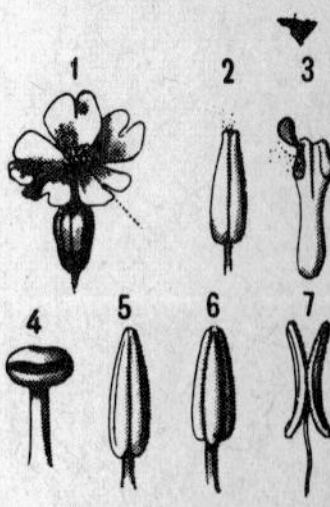

ANTERAS

1. Sobre la flor
2 y 3. Dejando escapar el polen
4. De una celda
5. De dos celdas
6. De cuatro celdas
7. En forma de x

antifaz

ANTICIPADAMENTE adv. t. Con anticipación.
ANTICIPADO, DA adj. Que precede, prematuro. (SINÓN. V. *Precoz.*) || *Por anticipado,* de antemano.
ANTICIPADOR, RA adj. y s. Que anticipa.
ANTICIPAMIENTO m. Acción de anticipar.
ANTICIPANTE adj. Que anticipa o se anticipa.
ANTICIPAR v. t. Hacer que ocurra una cosa antes de tiempo: *anticipar una visita.* || Tratándose de dinero, darlo antes del tiempo señalado: *anticipar la paga.* || — V. r. Adelantarse una persona a otra. || Ocurrir una cosa antes de tiempo: *anticiparse las lluvias.* || — SINÓN. V. *Adelantar.* || — CONTR. *Retrasar.*
ANTICIPO m. Anticipación. || Dinero anticipado, adelanto: *un anticipo de paga.* || — SINÓN. *Avance, adelanto, provisión.* || — CONTR. *Retraso.*
ANTICLERICAL adj y s. Opuesto al clero.
ANTICLERICALISMO m. Sistema opuesto a la influencia del clero en los asuntos públicos.
ANTICLINAL m. Comba de un pliegue de terreno.
ANTICOAGULANTE adj. y s. m. Que impide la coagulación de la sangre.
ANTICOLONIALISMO m. Oposición al colonialismo.
ANTICOLONIALISTA adj. y s. Opuesto al colonialismo.
ANTICOMBUSTIBLE adj. y s. m. Que se opone a la combustión: *la sal marina es un anticombustible.*
ANTICOMUNISMO m. Oposición al comunismo.
ANTICOMUNISTA adj. y s. Opuesto al comunismo.
ANTICONCEPCIONISTA adj. y s. m. Anticoncepcional.
ANTICONCEPTIVO, VA y **ANTICONCEPCIONAL** adj. y s. m. Contra la fecundación.
ANTICONFORMISMO m. Oposición a las costumbres establecidas.
ANTICONFORMISTA adj. y s. Que se opone a las costumbres establecidas.
ANTICONGELANTE adj. y s. m. Producto añadido al agua del radiador de un motor para impedir su congelación.
ANTICONSTITUCIONAL adj. Contrario a la constitución: *medida anticonstitucional.*
ANTICONSTITUCIONALMENTE adv. m. De una manera contraria a la constitución.
ANTICRESIS f. Contrato en que el deudor consiente a su acreedor el abandono del usufructo de una finca.
ANTICRISTIANO, NA adj. Opuesto a la religión cristiana: *libro anticristiano.*
ANTICRISTO m. Personaje diabólico que ha de perseguir cruelmente a la Iglesia y a sus fieles poco antes del fin del mundo.
ANTICUADO, DA adj. Que ya no se usa. (SINÓN. V. *Antiguo.*)
ANTICUAR v. t. Declarar antigua o sin uso una cosa. || — V. r. Hacerse antiguo.
ANTICUARIO m. El que estudia las cosas antiguas. || El que las reúne o las vende.
ANTICUCHO m. *Per.* Nombre de unos trocitos de corazón de vaca asados que se venden ensartados en broquetas.
ANTICUERPO m. Substancia defensiva creada en el organismo por la introducción de microbios o productos microbianos de células o humores que provienen de un sujeto de especie diferente.
ANTIDÁCTILO m. Pie de la poesía griega y latina que consta de dos sílabas breves y una larga.
ANTIDEMOCRÁTICO, CA adj. Opuesto a la democracia.
ANTIDESLIZANTE adj. Que impide resbalar. || — M. Dispositivo aplicado en los neumáticos para evitar que el coche patine.
ANTIDETONANTE adj. Aplícase a cualquier producto añadido a la gasolina para evitar la explosión prematura de la mezcla.
ANTIDIABÉTICO, CA adj. Contra la diabetes.
ANTIDIFTÉRICO, CA adj. Que sirve para luchar contra la difteria: *suero antidiftérico.*
ANTIDILUVIANO, NA adj. Antediluviano.
ANTIDINÁSTICO, CA adj. Opuesto a la dinastía: *partido antidinástico.*
ANTÍDOTO m. (del gr. *anti,* contra, y *dotos,* dado). Contraveneno. || *Fig.* Preservativo: *el trabajo es el mejor antídoto del aburrimiento.* (SINÓN. V. *Remedio.*)
ANTIECONÓMICO, CA adj Contrario a los principios de la economía. || Muy caro.
ANTIEMÉTICO, CA adj. y s. m. *Med.* Que sirve para contener el vómito.
ANTIEPILÉPTICO, CA adj. Bueno contra la epilepsia. || — M. Remedio contra esta enfermedad.
ANTIESCLAVISTA adj. y s. Enemigo de la esclavitud.
ANTIESCORBÚTICO, CA adj. y s. *Med.* Que sirve para combatir el escorbuto.
ANTIESPASMÓDICO, CA adj. y s. *Med.* Que sirve para calmar los espasmos.
ANTIESTÉTICO, CA adj. No estético.
ANTIEVANGÉLICO, CA adj. Contrario al espíritu del Evangelio.
ANTIFAZ m. Velo, máscara con que se cubre la cara. (SINÓN. V. *Máscara.*)
ANTIFEBRIL adj. Febrífugo, contra la fiebre.
ANTIFEDERAL adj. Opuesto a la federación.
ANTIFERMENTO m. Cuerpo que impide la fermentación.
ANTIFERNALES adj. pl. Se dice de los bienes dados a la mujer por el marido en el contrato de matrimonio.
ANTIFILOSÓFICO, CA adj. Contrario a la filosofía: *doctrina antifilosófica.*
ANTÍFONA f. Breve pasaje de la Sagrada Escritura, que se canta o reza en los oficios.
ANTIFONARIO m. Libro de coro que contiene las antífonas de todo el año. || *Fam.* El trasero.
ANTIFONERO m. Cantor que entona las antífonas durante los oficios.
ANTÍFRASIS f. (del gr. *anti,* contra, y *phrasis,* locución). *Ret.* Figura que consiste en dar a personas o cosas nombres que signifiquen lo contrario de lo que son: *por antífrasis se llamó Filopátor a aquel de los Tolomeos que mató a su padre.* || — PARÓN. *Antítesis.*
ANTIFRICCIÓN m. Aleación particular con que se guarnecen los cojinetes de las máquinas, para disminuir el rozamiento.
ANTIGÁS adj. Contra los efectos de los gases.
ANTÍGENO m. Substancia que, introducida en un organismo, puede provocar la formación de anticuerpos.
ANTIGRAMATICAL adj. Contrario a las leyes de la gramática.
ANTIGRAVEDAD f. Hipotético efecto de la anulación de la fuerza de gravedad.
ANTIGUALLA f. Objeto de antigüedad remota. || Mueble, traje, adorno o cosa semejante, que ya no está de moda: *vestirse de antiguallas.*
ANTIGUAR v. i. Adquirir antigüedad cualquier individuo de una corporación.
ANTIGUBERNAMENTAL adj. Contrario al gobierno: *periódico antigubernamental.*
ANTIGÜEDAD f. Calidad de antiguo: *antigüedad de una obra.* || Tiempo antiguo. || Los hechos sucedidos en tiempo antiguo: *hombre versado en las antigüedades romanas.* || Los hombres que vivieron en lo antiguo: *esto creía la antigüedad.* || Tiempo transcurrido desde el día en que se obtiene un empleo. || — Pl. Monumentos u objetos de arte antiguos: *antigüedades asirias.*
ANTIGÜEÑO, ÑA adj. y s. De Antigua Guatemala.
ANTIGUO, GUA adj. Que existe desde hace mucho tiempo, o existió en tiempo remoto. (SINÓN. *Viejo, reviejo, secular, vetusto, arcaico, antediluviano, desusado, anticuado.* || Dícese del que lleva mucho tiempo en su empleo. (SINÓN. *Veterano.*) || — M. *B. Art.* Conjunto de las obras maestras que nos quedan de la Antigüedad: *copiar del antiguo griego, galería de antiguos.* || — Pl. Los que vivieron en otro tiempo: *los antiguos creían que el Sol giraba en torno a la Tierra.*
ANTIHELMÍNTICO, CA adj. y s. m. *Med.* Que se usa contra las lombrices intestinales.
ANTIHIGIÉNICO, CA adj. Contrario a las leyes de la higiene.
ANTIHISTÉRICO, CA adj. y s. m. Eficaz contra el histerismo.

Fot. Giraudon

ANTIHUMANITARIO, RIA adj. Contrario al humanitarismo.
ANTIHUMANO, NA adj. Contrario a la humanidad: *sentimientos antihumanos.* (SINÓN. *Inhumano.* CONTR. *Humano.*)
ANTIJURÍDICO, CA adj. En contra del Derecho.
ANTILEGAL adj. Contrario a las leyes: *procedimiento antilegal.* (SINÓN. *Ilegal.*)
ANTILIBERAL adj. y s. Contrario a la libertad cívica y política: *régimen antiliberal.*
ANTILIBERALISMO m. Doctrina política contraria al liberalismo.
ANTILOGARITMO m. *Mat.* Número correspondiente a un logaritmo dado.
ANTILOGÍA f. (de *anti,* y el gr. *logos,* discurso). Contradicción entre dos textos o expresiones. (SINÓN. V. *Contradicción.*)
ANTILÓGICO, CA adj. Contrario a la lógica.
ANTÍLOPE m. Género de mamíferos rumiantes de los países cálidos: *la gacela es un antílope.*
ANTILÓPIDOS m. pl. Grupo de rumiantes cavicornios que comprende los antílopes, las gacelas, etc.
ANTILLANO, NA adj. y s. De las Antillas.
ANTIMASÓNICO, CA adj. Opuesto a la masonería.
ANTIMATERIA f. Conjunto hipotético cuyos elementos constitutivos son antipartículas.
ANTIMERIDIANO m. Meridiano que se opone diametralmente a otro.
ANTIMILITARISMO m. Teoría de los antimilitaristas.
ANTIMILITARISTA adj. y s. Opuesto a las instituciones y al espíritu militar.
ANTIMINISTERIAL adj. y s. Adversario de un ministerio: *periódico antiministerial.*
ANTIMONÁRQUICO, CA adj. y s. Contrario al gobierno monárquico.
ANTIMONIADO, DA y **ANTIMONIAL** adj. *Quím.* Que contiene antimonio.
ANTIMONIATO m. Sal que resulta de la acción del ácido antimónico sobre las bases.
ANTIMÓNICO adj. Dícese de un ácido compuesto de antimonio, oxígeno e hidrógeno: *el ácido antimónico se llamó en otro tiempo bezoar mineral.*
ANTIMONIO m. Metal blanco azulado, brillante: *el antimonio se usa en los caracteres de imprenta.*
ANTIMORAL adj. Contrario a la moral.
ANTINACIONAL adj. Contrario al carácter de la nación o al interés nacional.
ANTINATURAL adj. Que no es natural.
ANTINEURÁLGICO, CA adj. Que cura la neuralgia: *fumigación antineurálgica.*
ANTINEUTRÓN m. Partícula que tiene un momento magnético opuesto al del neutrón.
ANTINOMIA f. (del gr. *anti,* en contra, y *nomos,* ley). Contradicción entre dos leyes, dos principios. (SINÓN. V. *Contradicción.*) || — PARÓN. *Antonimia.*
ANTINÓMICO, CA adj. Contradictorio.
ANTIOQUEÑO, ÑA adj. y s. De Antioquia (Colombia).
ANTIPALÚDICO, CA adj. Que combate el paludismo.
ANTIPAPA m. Papa elegido irregularmente y no reconocido por la Iglesia.
ANTIPAPADO m. Dignidad de antipapa y tiempo que ésta dura.
ANTIPAPISTA adj. y s. Que no reconoce la autoridad del papa.
ANTIPARA f. Biombo que se pone delante de una cosa para encubrirla o resguardarla.
ANTIPARÁSITO o **ANTIPARASITARIO** adj. y s. m. Que se opone a la producción o a la acción de las perturbaciones que afectan la recepción de emisiones radiofónicas o televisadas.
ANTIPARLAMENTARIO, RIA adj. Contrario a las costumbres parlamentarias: *expresión antiparlamentaria.* || — M. Adversario del Parlamento.
ANTIPARLAMENTARISMO m. Oposición al régimen parlamentario.
ANTIPARRAS f. pl. *Fam.* Anteojos, gafas (generalmente con orejeras). [SINÓN. V. *Quevedos.*] || — PARÓN. *Antipara.*

ANTIPARTÍCULA f. Partícula elemental (positón, antiprotón, antineutrón) con propiedades opuestas a las que caracterizan los átomos de los elementos químicos.
ANTIPATÍA f. (del gr. *anti,* contra, y *pathos,* afección). Repugnancia instintiva: *sentir antipatía hacia una persona.* (SINÓN. V. *Repugnancia.* CONTR. *Simpatía.*) || *Fig.* Oposición recíproca entre ciertas cosas.
ANTIPÁTICO, CA adj. y s. Que causa antipatía.
ANTIPATIZAR v. i. *Amer.* Causar antipatía.
ANTIPATRIOTA com. No patriota.
ANTIPATRIÓTICO, CA adj. Contrario al patriotismo: *sentimiento antipatriótico.*
ANTIPEDAGÓGICO, CA adj. Contrario a la pedagogía.
ANTIPERISTÁLTICO, CA adj. *Zool.* Dícese de las contracciones de los intestinos o del esófago que se hacen de abajo arriba y pueden provocar vómito.
ANTIPIRÉTICO, CA adj. y s. m. Contra la fiebre.
ANTIPIRINA f. Polvo blanco y amargo sacado del alquitrán de hulla y usado como analgésico.
ANTÍPODA m. (del gr. *anti,* contra, y *pous, podos,* pie). Lugar de la Tierra diametralmente opuesto a otro considerado respecto de él. || Habitante de dicho lugar. || Enteramente contrario: *su idea es el antípoda de la mía.*
ANTIPOÉTICO, CA adj. Contrario a la poesía.
ANTIPOLILLA adj. y s. m. Producto insecticida utilizado contra las polillas.
ANTIPROGRESISTA adj. y s. Enemigo del progreso.
ANTIPROHIBICIONISTA m. Enemigo de la prohibición. || — Adj. Contrario a la prohibición.
ANTIPROTÓN m. Partícula elemental de masa igual a la del protón pero de carga eléctrica negativa.
ANTIPÚTRIDO, DA adj. y s. m. *Med.* Que sirve para combatir la putrefacción.
ANTIQUÍSIMO, MA adj. Muy antiguo.
ANTIRRÁBICO, CA adj. Contra la rabia: *Pasteur descubrió el suero antirrábico.*
ANTIRRACIONALISMO m. Doctrina opuesta al racionalismo.
ANTIRRADAR adj. Dícese de las medidas tomadas para evitar la utilización normal del radar.
ANTIRRAQUÍTICO, CA adj. Dícese de lo que combate el raquitismo.
ANTIRREGLAMENTARIO, RIA adj. Contrario al reglamento.
ANTIRRELIGIOSO, SA adj. Contrario a la religión. (SINÓN. V. *Irreligioso.*)
ANTIRREPUBLICANO, NA adj. y s. Contrario a la república y a los republicanos.
ANTIRREUMÁTICO, CA adj. y s. m. Que combate el reumatismo: *el ácido salicílico es antirreumático.*
ANTIRREVOLUCIONARIO, RIA adj. y s. Opuesto a la revolución, contrarrevolucionario.
ANTISEMITA adj. y s. Partidario del antisemitismo, enemigo de los judíos.
ANTISEMÍTICO, CA adj. Hostil a los judíos.
ANTISEMITISMO m. Doctrina o actitud de los que son hostiles a los judíos.
ANTISEPSIA f. Conjunto de los métodos terapéuticos que destruyen los microbios.
ANTISÉPTICO, CA adj. y s. m. Dícese del agente que previene o detiene la putrefacción o la infección.
ANTISIFILÍTICO, CA adj. Que sirve para curar la sífilis.
ANTISOCIABLE adj. Que no sabe o no puede vivir en sociedad.
ANTISOCIAL adj. Contrario, opuesto a la sociedad, al orden social: *hombre antisocial.*
ANTISPASTO m. Pie de la poesía griega y latina compuesto de dos sílabas largas entre dos breves.
ANTISTROFA f. En la poesía griega, segunda parte del canto lírico, cantada por los coros.
ANTISUBMARINO, NA adj. Dícese de lo relativo a la defensa contra los submarinos.
ANTITANQUE adj. Que tiene por objeto la lucha contra los tanques: *cañón antitanque.*

antílope

antílope índico

antorcha de la estatua de la Libertad, en Nueva York

ANTÍTESIS f. *Ret.* Figura que consiste en contraponer dos frases o palabras de contraria significación: *la naturaleza es grande hasta en las cosas más pequeñas.* ‖ — SINÓN. *Quiasmo, antonimia.* V. tb. *oposición.* ‖ — PARÓN. *Antífrasis.*

ANTITETÁNICO, CA adj. Que cura el tétanos o las convulsiones: *suero antitetánico.*

ANTITÉTICO, CA adj. Que implica una antítesis.

ANTITÍFICO, CA adj. Contra el tifus.

ANTITÓXICO, CA adj. Dícese de las funciones por las cuales el hígado ayuda al organismo para destruir ciertos productos tóxicos.

ANTITOXINA f. Substancia producida por el organismo, que destruye las toxinas o neutraliza su acción

ANTITUBERCULOSO, SA adj. Que combate la tuberculosis.

ANTIVARIÓLICO, CA adj. Contra la viruela.

ANTIVENENOSO, SA adj. Dícese de la substancia que sirve de contraveneno.

ANTIVENÉREO, A adj. Que combate las afecciones venéreas.

ANTIVIRUS m. Substancia que se presenta en los cultivos de microbios y que se opone al desarrollo de los mismos.

ANTÓFAGO, GA adj. Que se alimenta de flores.

ANTOFAGASTINO, NA adj. y s. De Antofagasta (Chile).

ANTOJADIZO, ZA adj. Que tiene antojos o caprichos con frecuencia: *ánimo antojadizo.* (SINÓN. V. *Caprichoso.*)

ANTOJADO, DA adj. Que tiene antojo de algo.

ANTOJARSE v. r. Hacerse objeto de vehemente deseo alguna cosa: *no hace más que lo que se le antoja.* ‖ Parecerle a uno: *se me antoja que lloverá.*

ANTOJERA f. Anteojera de la caballería.

ANTOJO m. Deseo vivo y pasajero. (SINÓN. V. *Capricho.*) ‖ Mancha natural en la piel. ‖ *Riopl. No morirse de antojo,* no quedarse con las ganas. ‖ — PARÓN. *Anteojo.*

ANTOJOSO, SA adj. *Col.* Antojadizo.

ANTOLOGÍA f. (del gr. *anthos,* flor, y *legein,* escoger). Florilegio, colección de trozos escogidos. ‖ — SINÓN. *Selección, analectas, crestomatía, florilegio, espicilegio.* V. tb. *colección.*

ANTOLÓGICO, CA adj. Relativo a la antología.

ANTONIANO, NA adj. y s. Religioso de la orden de San Antonio Abad.

ANTONIMIA f. Oposición de dos voces diferentes. (SINÓN. V. *Antítesis.* CONTR. *Sinonimia.*) ‖ — PARÓN. *Antinomia.*

ANTÓNIMO adj. y s. m. Contrario: *belleza y fealdad son antónimos.* ‖ — CONTR. *Sinónimo.* ‖ — PARÓN. *Anónimo.*

ANTONOMASIA f. (del gr. *anti,* en lugar de, y *onoma,* nombre). *Ret.* Figura de retórica en virtud de la cual se pone el nombre apelativo por el propio, o viceversa: *un Nerón por un hombre cruel.*

ANTONOMÁSTICO, CA adj. Relativo a la antonomasia.

ANTORCHA f. Hacha o tea que sirve para alumbrarse. ‖ *Fig.* Lo que sirve de guía.

ANTORCHAR v. t. Entorchar.

ANTORCHERO m. Candelero para poner antorchas, que se usó antiguamente. (SINÓN. *Tedero.*)

ANTOZOARIO m. Antozoo.

ANTOZOOS m. pl. *Zool.* Clase de celentéreos que comprende poliperos *(actinias)* o colonias de pólipos *(madréporas, coral).*

ANTRACENO m. Cuerpo compuesto que se saca del alquitrán de hulla.

ANTRACITA f. Carbón fósil seco, llamado también *hulla seca,* que arde con dificultad y da poca llama. ‖ — Adj. De color gris oscuro.

ANTRACOSIS f. Dolencia causada por la presencia de partículas de carbón en el pulmón.

ÁNTRAX m. (del gr. *anthrax,* carbunclo). *Med.* Tumor inflamatorio del tejido celular subcutáneo, más grave que el divieso. Pl *ántrax.* (SINÓN. V. *Absceso y forúnculo.*)

ANTRO m. Cueva, gruta. (SINÓN. V. *Caverna.*) ‖ *Fig.* Sitio repulsivo.

ANTROPOCENTRISMO m. Doctrina que considera al hombre como centro del universo.

ANTROPOFAGIA f. (del gr. *anthrôpos,* hombre, y *phagein,* comer). Hábito de comer carne humana.

ANTROPÓFAGO, GA adj. y s. Que come carne humana. (SINÓN. *Caníbal.*)

ANTROPOGRAFÍA f. Descripción de las razas humanas.

ANTROPOIDE adj. y s. Antropomorfo.

ANTROPOIDEO, DEA adj. y s. Dícese de los monos parecidos al hombre

ANTROPOLOGÍA f. (del gr. *anthrôpos,* hombre, y *logos,* discurso). Ciencia que trata del hombre. ‖ *Antropología criminal,* ciencia que estudia los caracteres somáticos y psicofísicos de los delincuentes. ‖ *Antropología cultural,* estudio de la conducta social del hombre.

ANTROPOLÓGICO, CA adj. Relativo a la antropología: *estudios antropológicos.*

ANTROPÓLOGO m. Persona que se dedica al estudio de la antropología.

ANTROPOMETRÍA f. (del gr. *anthrôpos,* hombre, y *metron,* medida). Método de identificación de los delicuentes que se basa en la descripción del cuerpo humano (medidas, fotografías, huellas dactilares).

ANTROPOMÉTRICO, CA adj. Relativo a la antropometría: *el servicio antropométrico permite identificar rápidamente a los delincuentes.*

ANTROPOMORFISMO m. Sistema de los que atribuían a la divinidad forma corpórea.

ANTROPOMORFITA adj. y s. Nombre de unos herejes que atribuían a Dios cuerpo humano.

ANTROPOMORFO, FA adj. y s. (del gr. *anthrôpos,* hombre, y *morphê,* forma). Dícese de los monos que tienen alguna semejanza corporal con el hombre. ‖ Con apariencia o forma humana.

ANTROPONIMIA f. Estudio lingüístico de los nombres de personas.

ANTROPOPITECO m. Nombre dado a los posibles antepasados del hombre, como el pitecántropo y el sinantropo.

ANTROPOZOICO, CA adj. y s. m. Dícese de la era cuaternaria, caracterizada por la aparición del hombre.

ANTRUEJO m. Carnestolendas, carnaval.

ANTUVIADA f. *Fam.* Golpe o porrazo.

ANTUVIAR v. t. *Fam.* Dar de repente, o primero que otro, un golpe o porrazo.

ANTUVIÓN m. *Fam.* Golpe o acontecimiento repentino. ‖ *Fam. De antuvión,* de repente.

ANUAL adj. Que sucede o se repite cada año: *cosecha anual.* ‖ Que dura un año.

ANUALIDAD f. Calidad de anual. ‖ Importe anual de cualquier renta: *pagar las anualidades.*

ANUALMENTE adv. t. Cada año.

ANUARIO m. Libro que se publica de año en año para que sirva de guía en determinadas actividades.

ANUBADO, DA y ANUBARRADO, DA adj. Cubierto de nubes: *cielo anubarrado.* (SINÓN. V. *Sombrío.*)

ANUBLAR v. t. Ocultar las nubes el azul del cielo o la luz de un astro: *se anubla el cielo.* ‖ *Fig.* Obscurecer, empañar, amortiguar: *anublar la fama, las virtudes, la alegría.* ‖ Marchitarse las plantas.

ANUBLO m. Añublo de los cereales.

ANUCAR v. i. *Arg.* Destetarse un niño.

ANUDADURA f. y **ANUDAMIENTO** m. Acción y efecto de anudar o hacer nudos.

ANUDAR v. t. Hacer nudos: *anudar una cinta.* ‖ Juntar con un nudo: *anudar dos cabos.* ‖ *Fig.* Juntar, unir. ‖ *Fig.* Reanudar. ‖ — V. r. Dejar de crecer antes del término normal las personas, animales o plantas.

ANUENCIA f. Consentimiento. ‖ — CONTR. *Oposición.*

ANUENTE adj. Que consiente.

ANULABLE adj. Que se puede anular.

ANULACIÓN f. Acción y efecto de anular: *la anulación de un tratado.* (SINÓN. V. *Contraorden.* CONTR. *Conservación.*)

ANULADOR, RA adj. y s. Que anula.

ANULAR adj. De figura de anillo: *eclipse anular de Sol.* ‖ — M. Cuarto dedo de la mano, en que suele llevarse un anillo o sortija.

ANULAR v. t. Dar por nulo: *anular un contrato.* (SINÓN. *Abrogar, abolir, revocar, invalidar,*

Fot. Trampus

cancelar, derogar, inutilizar, rescindir, suprimir.) || *Fig. Incapacitar.* || — CONTR. *Confirmar.*

ANULATIVO, VA adj. Que puede anular.

ANULOSO, SA adj. Anillado, formado de anillos.

ANUNCIACIÓN f. Acción y efecto de anunciar. || Fiesta con que la Iglesia celebra la visita del ángel Gabriel a la Virgen.

ANUNCIADOR, RA adj. y s. Que anuncia.

ANUNCIANTE adj. y s. Que anuncia: *los anunciantes de un periódico.*

ANUNCIAR v. t. Dar noticia o aviso de alguna cosa: *anunciar lo porvenir.* || Publicar. || Profetizar, presagiar. || — SINÓN. *Avisar, declarar, proclamar, manifestar, exponer.* V. tb. *divulgar* e *informar.*

ANUNCIO m. Aviso verbal o impreso con que se anuncia algo: *los anuncios de un diario.* (SINÓN. V. *Aviso* y *cartel.*) || Pronóstico. || Signo, índice, presagio. (SINÓN. V. *Proyecto.*)

ANUO, NUA adj. Anual: *planta anua.*

ANURIA f. Supresión de la orina.

ANUROS m. pl. *Zool.* (del gr. *an*, priv., y *oura*, cola). Orden de batracios desprovistos de cola, que comprende las ranas, los sapos, etc.

ANVERSO m. Haz de las monedas y medallas, de un papel escrito, etc. (SINÓN. *Frente.* CONTR. *Reverso.*)

ANZOÁTEGA adj. y s. De Anzoátegui (Venezuela).

ANZUELO m. Arponcillo pendiente de un sedal que sirve para pescar: *un anzuelo de acero.* || *Fig.* y *fam.* Atractivo o aliciente: *tragar el anzuelo.*

AÑACAL m. El que llevaba trigo al molino.

AÑADIDO m. Postizo: *tener añadidos en el pelo.* || Añadidura.

AÑADIDURA f. Lo que se añade o agrega a alguna cosa: *dar algo de añadidura en una compra.* (SINÓN. V. *Aumento.*)

AÑADIR v. t. Agregar una cosa a otra: *añadir un capítulo al libro.* || Acrecentar, ampliar. (SINÓN. V. *Aumentar* y *completar.*)

AÑAFEA f. Papel de estraza.

AÑAFIL m. Especie de trompeta recta morisca.

AÑAGAZA f. Señuelo para cazar aves. (SINÓN. V. *Trampa.*) || *Fig.* Artificio para atraer con engaño. (SINÓN. V. *Cebo.*)

AÑAJE m. *Col.* Aspecto, cariz.

AÑAL adj Anual. Se dice del cordero o becerro que tiene un año cumplido. || — M. Ofrenda que se da por los difuntos el primer año después de su muerte.

AÑALEJO m. Especie de calendario para los eclesiásticos, que indica el rezo, los oficios, etc. (SINÓN. V. *Calendario.*)

AÑAPA f. *Arg.* Bebida de algarroba y agraz.

AÑAS m. *Per.* y *Ecuad.* Zorrillo, mofeta.

AÑASCAR v. t. *Fam.* Ir juntando poco a poco.

AÑASGADO m. *Arg.* Labor de deshilado.

AÑEJAMIENTO m. Acción de añejar o añejarse.

AÑEJAR v. t. Hacer añeja alguna cosa. || — V. r. Mejorarse algunas cosas con el tiempo.

AÑEJO, JA adj. Dícese de algunas cosas que tienen uno o más años: *tocino, vino añejo.* || *Fig.* y *fam.* Que tiene mucho tiempo: *noticia añeja.*

AÑICOS m. pl. Pedazos en que se divide alguna cosa desgarrándola: *hacer añicos una carta.* (SINÓN. V. *Romper.*)

AÑIL m. Arbusto leguminoso de cuyas hojas se saca una pasta colorante azul. || — Adj. y s. m. Color de esta pasta. (SINÓN. *Índigo.*)

AÑILAR v. t. Teñir de añil.

AÑILERÍA f. Hacienda donde se cultiva añil.

AÑINERO m. El que trabaja en añinos.

AÑINOS m. pl. Pieles de corderos de un año o menos. || Lana de corderos.

AÑO m. Tiempo que tarda la Tierra en hacer su revolución alrededor del Sol: *el año se compone de trescientos sesenta y cinco días y cuarto.* || Período de doce meses. || — **Pl.** Día en que alguno cumple años. || *Año escolar*, tiempo que media desde la apertura de las clases hasta las vacaciones. || *Año civil*, el de 365 días, tal como se considera para la vida usual. || *Año eclesiástico* o *litúrgico*, el que regula las fiestas de la Iglesia y empieza el primer domingo de adviento. || *Año lunar*, período de 12 revoluciones de la Luna, o sea 354 días. || *Año solar* o *trópico*, duración de una revolución total de la Tierra alrededor del Sol: *el año solar dura exactamente 365 días, 5 horas, 48 minutos y 46 segundos.* || *Año bisiesto*, año de 366 días. || *Año luz*, distancia equivalente al espacio recorrido por la luz en un año (9 461 000 000 000 km).

AÑOJAL m. Tierra que se cultiva durante algunos años, y luego se deja erial durante cierto tiempo.

AÑOJO, JA m. y f. Becerro de un año.

AÑORANZA f. (del cat. *enyorar*). Aflicción causada por la ausencia o pérdida de una persona o cosa. || Nostalgia. (SINÓN. V. *Melancolía.*)

AÑORAR v. t. (cat. *enyorar*). Recordar con pena la ausencia o la pérdida de una persona o cosa.

AÑOSO, SA adj. De muchos años: *árbol añoso.*

AÑUBLAR v. t. Anublar.

AÑUBLO m. Honguillo parásito que ataca las cañas, hojas y espigas de los cereales.

AÑUDAR v. t. Anudar, atar: *añudar una cuerda.*

AÑUSGAR v. i. Atragantarse. || *Fig.* Enfadarse.

AOJADOR, RA adj. y s. Que hace mal de ojo.

AOJADURA f. y **AOJAMIENTO** m. Aojo.

AOJAR v. t. Hacer mal de ojo. || *Fig.* Desgraciar o malograr una cosa. || *Ant.* Espantar. || — PARÓN. *Ojear.*

AOJO m. Mal de ojo, especie de maleficio. (SINÓN. V. *Encantamiento.*)

AÓNIDES f. pl. Las musas.

AONIO, NIA adj. y s. (de *Aonia* o Beocia, comarca griega). Beocio. || — Adj. *Fig.* Relativo o perteneciente a las musas.

AORISTO m. (del gr. *aoristos*, indeterminado). Pretérito indefinido de la conjugación griega.

AORTA f. Arteria que nace en la base del ventrículo izquierdo del corazón: *la aorta es la mayor arteria del cuerpo.*

AÓRTICO, CA adj. De la aorta: *ramo aórtico, cayado aórtico.*

AORTITIS f. Inflamación de la aorta.

AOVADO, DA adj. De figura de huevo: *hoja aovada.* (SINÓN. V. *Oval.*)

AOVAR v. i. Poner huevos. || — V. t. Dar forma de huevo.

AOVILLARSE v. r. Encogerse una cosa como un ovillo.

APA (AI) loc. adv. *Chil.* A cuestas.

APABILAR v. t. Arreglar el pabilo de las velas, despabilarlas.

APABULLAMIENTO m. Apabullo.

APABULLAR v. t. *Fam.* Aplastar, estrujar. || *Fig.* Reducir al silencio, dejar confuso: *le apabulló con sus argumentos.*

APABULLO m. *Fam.* Acción y efecto de apabullar.

APACENTADERO m. Sitio para apacentar.

APACENTADOR, RA adj. y s. Que apacienta.

APACENTAMIENTO m. Acción y efecto de apacentar. || Pasto.

APACENTAR v. t. Dar pasto a los ganados. || *Fig.* Instituir, enseñar: *el obispo apacienta su rebaño.* || *Fig.* Cebar, satisfacer los deseos o pasiones. || *Per.* Apaciguar. || — IRREG. Se conjuga como *alentar.*

APACIBILIDAD f. Calidad de apacible.

APACIBLE adj. Agradable, sosegado: *día, viento apacible.* (SINÓN. V. *Amable* y *tranquilo.* CONTR. *Inquieto.*)

APACIBLEMENTE adv. m. Con apacibilidad.

APACIGUADOR, RA adj. y s. Que apacigua.

APACIGUAMIENTO m. Acción y efecto de apaciguar.

APACIGUAR v. t. Poner en paz, sosegar, aquietar. || — SINÓN. *Calmar, tranquilizar, serenar, aquietar, pacificar, satisfacer, templar.* V. tb. *Aliviar.* || — CONTR. *Alborotar.*

APACHE m. Individuo de una tribu de pieles rojas, célebres por su astucia. || *Méx.* Capote para la lluvia. || *Fig.* En París se da este nombre a algunas bandas de malhechores. (SINÓN. V. *Malhechor.*)

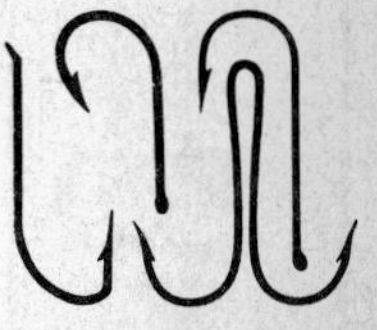

anzuelos

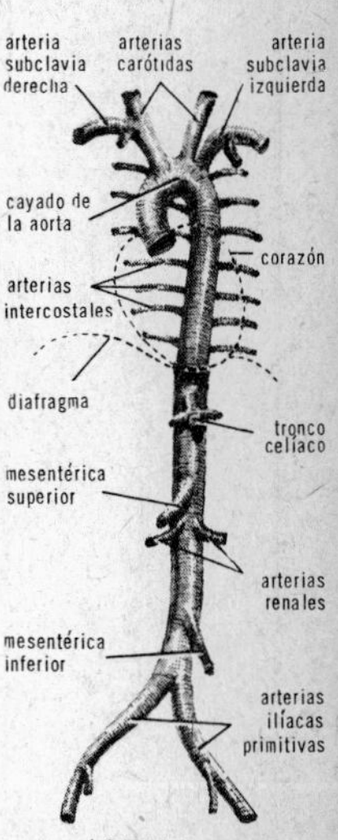

AORTA

apagador

APACHETA f. *Chil.* y *Per.* Montón de piedras que colocan los indios en las mesetas de los Andes como signo de devoción a la divinidad. ‖ *Bol.* Ladronera.
APACHICO m. *Per.* Carga que llevan los indios a la espalda.
APACHURRADO, DA adj. *Amér. C., Méx, Col.* Achaparrado.
APACHURRAR v. t. Despachurrar. ‖ *Amér. C. Méx. Col.* Achaparrar.
APADRINADOR, RA adj. y s. Que apadrina.
APADRINAMIENTO m. Acción y efecto de apadrinar.
APADRINAR v t. Asistir como padrino a alguno. ‖ *Fig.* Patrocinar, proteger: *apadrinar a un joven escritor.* ‖ *Equit.* Acompañar un jinete, montado en caballo manso, a otro que va en un potro medio domado
APAGABLE adj. Que se puede apagar, fácil de apagar. ‖ — CONTR. *Inextinguible.*
APAGADIZO, ZA adj. Que se apaga fácilmente.
APAGADO, DA adj. Que ya no arde. ‖ De genio sosegado y apocado ‖ *Fig.* Tratándose del color, el brillo, etc., amortiguado, poco vivo: *color apagado.* ‖ — CONTR. *Ardiente, vivo.*
APAGADOR, RA adj. Que apaga. ‖ — M. Instrumento que sirve para apagar las luces ‖ *Mús.* Pieza de piano que extingue las vibraciones sonoras de las cuerdas.
APAGAMIENTO m. Acción y efecto de apagar o extinguir. (SINÓN. *Extinción.*)
APAGAPENOL m. *Mar.* Cada uno de los cabos que sirven para cerrar o cargar las velas de cruz.
APAGAR v. t. Extinguir el fuego o la luz: *apagar una vela soplando.* ‖ *Fig.* Aplacar, extinguir: *el tiempo apaga los rencores.* (SINÓN. V. *Obscurecer.* CONTR. *Encender.*) ‖ Echar agua a la cal viva. ‖ Rebajar un color demasiado vivo. ‖ — V. r. Morir dulcemente. ‖ *Fam. Apaga y vámonos,* expr. para dar por terminado un asunto.
APAGAVELAS m. Apagador.
APAGÓN m. Extinción pasajera del alumbrado eléctrico. ‖ — Adj. *Cub., Guat.* y *Mex.* Apagadizo.
APAGOSO, SA adj. *Amer.* Apagadizo.
APAINELADO adj. *Arg.* Uno de los nombres del *arco carpanel* o *zarpanel.*
APAISADO, DA adj. Oblongo, de figura rectangular con la base mayor que la altura: *fotografía apaisada.*
APAISANARSE v. r. *Arg.* Tomar costumbres de campesino.
APAJARADO, DA adj. *Chil.* y *Riopl. Fam.* Aturdido, atolondrado.
APALABRAR v. t. Convenir algo de palabra: *apalabrarse con un amigo.*
APALACHINA f. Género de acebo de América del Norte, cuyas hojas son usadas como vomitivo.
APALANCAMIENTO m. Acción y efecto de apalancar.
APALANCAR v. t. Levantar, mover con palanca.
APALASTRARSE v. r. *Col.* Desvanecerse, extenuarse.
APALEADOR, RA adj. y s. Que apalea.
APALEAMIENTO m. Acción y efecto de apalear
APALEAR v. t. Dar golpes, varear con palo o bastón (SINÓN. V. *Pegar.*) ‖ Sacudir ropas, alfombras. ‖ Aventar con pala el grano para limpiarlo. ‖ Tener dinero en abundancia.
APALEO m. Acción y efecto de apalear.
APALMADA adj. *Blas.* Dícese de la mano abierta.
APAMPAR v. t. *Arg.* Embobar.
APANALADO, DA adj. Que forma celdillas como el panal. (SINÓN. *Alveolar.*)
APANAR v. t. *Per.* Empanar.
APANCLE o **APANTLE** m. *Méx.* Acequia, caño de agua.
APANCORA f. Cangrejo de mar, en las costas de Chile. (SINÓN. *Jaiva.*)
APANDAR v. t. *Fam.* Pillar, atrapar, coger.
APANDILLAR v. t. Hacer pandilla, reunir en pandilla: *ladrones apandillados.*
APANGADO, DA adj. *Amér. C.* Lelo, zopenco, estúpido.
APANGALARSE v. r. *Col.* Desalentarse.
APANGARSE v. r. *Amér. C.* Agacharse.
APANOJADO, DA adj. De forma de panoja.
APANTALLADO, DA adj. *Méx.* Bobo, idiota.
APANTANAR v. t. Inundar un terreno.
APAÑADO, DA adj. Semejante al paño: *tejido apañado.* ‖ *Fig.* Hábil, mañoso para hacer algo. ‖ *Fig.* y *fam.* A propósito para el uso a que se destina: *una mesita muy apañada.* ‖ *Irón.* Arreglado. ‖ *And.* Acomodado, compuesto. ‖ Que dispone de recursos.
APAÑADOR, RA adj. y s. Que apaña o prepara.
APAÑADURA f. **APAÑAMIENTO** m. Acción y efecto de apañar.
APAÑAR v. t. Coger con la mano. ‖ *Fig.* Apoderarse de alguna cosa. ‖ Aderezar, preparar: *apañar a una persona para sacarla a paseo.* ‖ *Fam.* Abrigar, arropar. ‖ *Fam.* Remendar lo roto. (SINÓN. V. *Reparar.*) ‖ *Ecuad.* Recoger lo que otro desecha. ‖ *Apañárselas,* arreglarse. ‖ *Per.* y *Arg.* Amparar, disculpar: *las madres apañan a sus hijos.* ‖ — V. r. *Fam.* Darse maña para una cosa, arreglárselas.
APAÑO m. Apañadura. ‖ *Fam.* Compostura, remiendo. ‖ *Fam.* Maña o habilidad para alguna cosa: *Fulano tiene mucho apaño.* ‖ *Fam.* Lío, enredo. ‖ *And.* Fortuna.
APAÑUSCAR v. t. *Fam.* Coger, estrujar con las manos una cosa. (V. APEÑUSCAR.)
APAPAGAYADO, DA adj. Semejante al papagayo o loro: *nariz apapagayada.*
APARADOR m. Mueble donde se coloca lo necesario para el servicio de la mesa: *un aparador de nogal.* (SINÓN. V. *Armario.*) ‖ Taller de algunos artífices. ‖ Escaparate de las tiendas. ‖ *Hond.* Agasajo de dulces, bebidas.
APARAR v. t. Poner las manos o la capa para coger aguna cosa. (Úsase en imperativo: *apara, apare usted,* o en infinitivo: *aparar en la capa.*) ‖ Preparar, disponer.
APARASOLADO, DA adj. De figura de parasol. ‖ *Bot.* Umbelífero: *flor aparasolada.*
APARATARSE v. r. *Col.* y *Arg.* Encapotarse, nublarse el cielo antes de la tempestad.
APARATERO, RA adj. Aparatoso.
APARATO m. Apresto, prevención. ‖ Pompa, ostentación. (SINÓN. *Pomposidad, ceremonia, ceremonial.* Pop. *Bambolla.* V. tb. *lujo.*) ‖ Máquina, conjunto de instrumentos o útiles para ejecutar un trabajo: *aparatos de gimnasia, de fotografía,* etc. (SINÓN. V. *Máquina.*) ‖ *Cub.* Fantasma. ‖ *Cir.* Apósito, vendaje: *un aparato ortopédico.* ‖ *Hist. nat.* Conjunto de órganos que sirven para una misma función: *aparato circulatorio.*
APARATOSO, SA adj. Que tiene mucho aparato.
APARCAMIENTO m. Acción y efecto de aparcar. ‖ Sitio donde se aparca.
APARCAR v. t. *Mil.* Colocar en un campamento los pertrechos de guerra. ‖ Dejar un coche en un lugar público señalado.
APARCERÍA f. Contrato por el cual el dueño de una finca rústica la cede en explotación con reparto proporcional de los frutos o beneficios.
APARCERO, RA m. y f. Persona que tiene aparcería con otra. (SINÓN V. *Granjero.*) ‖ *Ant.* y *Amer.* Compañero.
APAREAMIENTO m. Acción y efecto de aparear.
APAREAR v. t. Ajustar una cosa con otra, para igualarlas. ‖ Unir una cosa con otra formando par: *aparear dos cuadros.* (SINÓN. V. *Acoplar.* CONTR. *Descabalar.*) ‖ Unir las hembras a los machos.
APARECER v. i. Manifestarse, dejarse ver: *Dios apareció a Moisés en el Sinaí.* Ú. t. c. r. ‖ Parecer, encontrarse, hallarse: *por fin apareció el libro.* ‖ — SINÓN. *Mostrarse, brotar, surgir, despuntar,* V. tb. *salir.* CONTR. *Desaparecer.* ‖ — IRREG. Se conjuga como *merecer.* ‖ — OBSERV. Son galicismos las frases: *aparecer un libro,* por *salir a luz; se le apareció dicha idea por primera vez,* por *se le ocurrió.*
APARECIDO m. Espectro de un difunto: *no creer en aparecidos.* (SINÓN. V. *Fantasma.*) ‖ *Cub.* Pajarito de color azul.
APARECIMIENTO m. Aparición.
APAREJADO, DA adj. Apto, idóneo, dispuesto para una cosa. (CONTR. *Inapto.*)
APAREJADOR, RA adj. y s. Que apareja. ‖ — M. Ayudante de un arquitecto.

APAREJAR v. t. Preparar, disponer: *aparejarse para un viaje, al trabajo.* || Poner el aparejo a las caballerías. || En ciertos oficios, preparar las piezas que han de servir para una obra. || — V. r. *Amér. C.* Emparejarse. || *Mar.* Poner la jarcia a una embarcación.
APAREJO m. Preparación, disposición. || Arreo de las caballerías, generalmente de carga. || Objetos necesarios para hacer una cosa. || *Amer.* Montura de la caballería. || Sistema de poleas compuestas: *el aparejo permite levantar pesos considerables mediante un pequeño esfuerzo.* || *Mar.* Conjunto de velas y jarcias de las embarcaciones. || *Arq.* Disposición de los materiales: *aparejo poligonal.* || *Pint.* Preparación del lienzo para la pintura. || — Pl. Instrumentos y cosas necesarias para un oficio o maniobra.
APARENCIAL adj. De existencia aparente.
APARENTADOR, RA adj. Que aparenta.
APARENTAR v. t. Manifestar o dar a entender lo que no es o no hay: *aparentar alegría.* (SINÓN. V. *Fingir.*) || Corresponder la edad de una persona a su aspecto.
APARENTE adj. Que parece y no es: *forma aparente.* || Conveniente, oportuno. (P. us.). || Que se muestra a la vista: *las manifestaciones aparentes de una enfermedad.* (SINÓN. V. *Visible.*) || Galicismo por *patente, ostensible.*
APARENTEMENTE adv. m. Con apariencia.
APARICIÓN f. Acción y efecto de aparecer: *la aparición de un periódico.* (SINÓN. V. *Publicación.*) || Visión de un ser sobrenatural o fantástico: *no creer en apariciones.* (SINÓN. V. *Visión.*)
APARIENCIA f. Aspecto exterior de una persona o cosa. (SINÓN. V. *Aspecto.*) || Verosimilitud: *no hay apariencia de tal cosa.* (SINÓN. *Probabilidad.*) || Cosa que parece y no es: *no dejarse engañar por las apariencias.* || — Pl. Decoración de teatro. || *En apariencia,* aparentemente. || *Fig. Salvar las apariencias,* no dejar parecer nada criticable.
APARRADO, DA adj. Dícese de los árboles cuyas ramas se extienden mucho por los lados. || *Fig.* Achaparrado, pequeño y gordo.
APARRAGARSE v. r. *Amer.* Achaparrarse.
APARRAR v. t. Hacer que un árbol extienda sus ramas horizontalmente.
APARROQUIADO, DA adj. Establecido en una parroquia.
APARROQUIAR v. t. Procurar parroquianos a los tenderos. || — V. r. Hacerse feligrés de una parroquia.
APARTA f. *Chil., Col.* y *Méx.* Aparte en un rodeo.
APARTADAMENTE adv. m. Separadamente.
APARTADERO m. Lugar que sirve en los ferrocarriles y canales para que, apartándose los trenes o los barcos, quede libre el paso. || Pedazo de terreno contiguo a los caminos, que se deja baldío para que descansen y pasten los ganados y caballerías que van de paso. || Sitio donde se aparta a unos toros de otros para enchiquerarlos. || Vía muerta donde se apartan los vagones. || *Méx.* Separación de animales.
APARTADIJO m. Porción pequeña de algunas cosas que estaban juntas: *hacer apartadijos.*
APARTADO, DA adj. Retirado, distante, remoto: *pueblo apartado.* || — M. Acción de apartar. || Aposento desviado del tráfago y servicio común de la casa. || Conjunto de cartas, periódicos, etc., que se apartan en el correo para que los interesados los reciban cuanto antes. || Oficina destinada a este servicio. (SINÓN. *Casilla postal.*) || Acción de encerrar los toros en los chiqueros algunas horas antes de la corrida. || Párrafo, conjunto de párrafos de una ley, decreto, etc., relativos a un asunto. (SINÓN. V. *Selección.*)
APARTADOR m. El que aparta o separa una cosa de otra: *apartador de lanas, de ganado,* etc. || *Ecuad.* Aijada, vara de boyero.
APARTAMENTO m. Apartamiento, vivienda.
APARTAMIENTO m. Acción y efecto de apartar, separación. || Lugar apartado o retirado. || Habitación, vivienda, piso.
APARTAR v. t. Separar: *apartar la lana.* (SINÓN. *Desunir, aislar.* V. tb. *separar.* CONTR. *Reunir.*) || Quitar a una persona o cosa de un lugar, para dejarlo desembarazado: *apartar del camino.* (SINÓN. *Dejar* [*a un lado*]). || Alejar, retirar : *apartarse del trato de las gentes.* || *Fig.* Disuadir a uno de alguna cosa, hacerle que desista de ella. (SINÓN. V. *Rechazar.*)
APARTE adv. l. En otro lugar: *poner un objeto aparte.* || — Adv. m. A un lado: *dejemos esto aparte; eso aparte* (no *aparte de eso*). || Con omisión, con preterición de: *aparte algunas personas; aparte de lo dicho.* || — M. Lo que en el teatro dice cualquiera de los actores, suponiendo que no le oyen los demás: *esa comedia tiene muchos apartes.* (SINÓN. V. *Monólogo.*) || Reflexión que hace una persona para sí. || Párrafo aparte. || *Riopl.* Acción de apartar el ganado en un rodeo.
APARTHEID m. (pal. afrikaans). Segregación racial en África del Sur.
APARTIJO m. Apartadijo.
APARVAR v. t. Disponer la mies para trillarla: *aparvar el trigo.* || Recoger la mies trillada.
APASIONADAMENTE adv. m. Con pasión.
APASIONADO, DA adj. Poseído de alguna pasión: *apasionado a la caza, por una persona.* (SINÓN. V. *Fanático, entusiasta* y *violento.*)
APASIONAMIENTO m. Pasión, vivacidad.
APASIONANTE adj. Que apasiona.
APASIONAR v. t. Causar, excitar alguna pasión. (SINÓN. V. *Amar.*) || — V. r. Aficionarse con exceso: *apasionarse por el estudio.*
APASTE m. *Méx., Hond.* y *Guat.* Cazuela, lebrillo de barro que sirve para varios usos.
APATÍA f. (del gr. *a,* priv., y *pathos,* pasión, sentimiento). Dejadez, indolencia, falta de vigor o energía: *obrar con apatía.* || — SINÓN. *Abulia, abandono, desidia, desgana, indolencia, insensibilidad, dejadez, molicie, indiferencia, inercia, languidez, marasmo.* || — CONTR. *Vivacidad.*
APÁTICO, CA adj. Que adolece de apatía. (SINÓN. V. *Blando.* CONTR. *Vivo, animado.*)
APATITA o **APATITO** f. Fosfato de cal translúcido natural.
APÁTRIDA adj. y s. Sin patria.
APAYASAR v. t. Dar el carácter de payasada || — V. r. Proceder como payaso.
APEA f. Soga para trabar las caballerías.
APEADERO m. Poyo que hay en los zaguanes, o junto a la puerta de las casas, para montar en las caballerías o desmontarse de ellas. || Punto del camino en que los viajeros pueden apearse y descansar. || En los ferrocarriles, sitio donde pueden subir o bajar viajeros, pero sin estación. || *Fig.* Casa que alguno habita interinamente cuando viene de fuera: *tener un apeadero en París.* (SINÓN. V. *Vivienda.*)
APEADOR, RA adj. y s. Que apea o deslinda.
APEALAR v. t. *Amer.* Sujetar a un animal atándole los pies.
APEAMIENTO m. Acción de apear o apearse.
APEAR v. t. Desmontar de una caballería o carruaje. Ú. t. c. r.: *apearse por las orejas.* || Trabar los caballos. || Calzar algún coche con una piedra. || Medir, deslindar las tierras y heredades. (SINÓN. *Amojonar.*) || Cortar un árbol por el pie. || *Fig.* y *fam.* Disuadir a alguno de su opinión o dictamen: *no pude apearle.* || || *Arq.* Sostener provisionalmente con maderos o fábricas un edificio o terreno. || *Amér. C.* Reprender. || *Apear el tratamiento,* suprimirlo al hablar o escribir. || — V. r. *Amer.* Parar, hospedarse.
APECHAR v. i. Apechugar con algo.
APECHUGAR v. i. Dar o empujar con el pecho. || *Fig.* y *fam.* Admitir, aceptar: *apechugar con todo.* || *Amer.* Apoderarse, apropiarse.
APEDARSE v. r. *Riopl.* Emborracharse.
APEDAZAR v. t. Despedazar: *apedazar un vestido.* || Echar pedazos, remendar.
APEDREADO, DA adj. Abigarrado, matizado.
APEDREAMIENTO m. Acción y efecto de apedrear.
APEDREAR v. t. Tirar piedras a una persona o cosa. || Matar a pedradas. (SINÓN. *Lapidar.*) || — V. impers. Caer pedrisco o granizo. || — V. r. Padecer con el granizo los árboles o las mieses.
APEDREO m. Apedreamiento.
APEGARSE v. r. *Fig.* Cobrar apego: *apegarse a una persona.* (SINÓN. *Aficionarse.*) || *Ecuad.* Acercarse.
APEGO m. *Fig.* Afición o inclinación particular. (SINÓN. V. *Afección* y *fidelidad.* CONTR. *Antipatía, desapego.*)
APEGUALAR v. t. *Chil.* y *Arg.* Amarrar la brida de una caballería al pegual del arzón de la silla.
APELABLE adj. Que admite apelación: *sentencia apelable.* || — CONTR. *Inapelable.*

aparejo

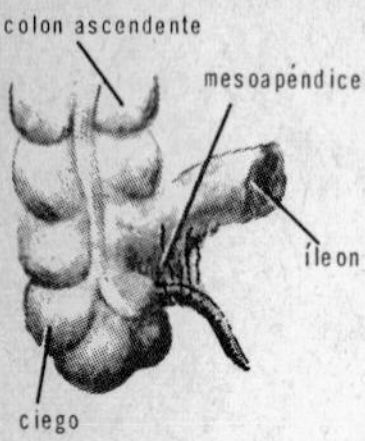

APÉNDICE

APELACIÓN f. *For.* Acción de apelar. (SINÓN. V. *Llamamiento* y *recurso.*)

APELADO, DA adj. y s. Dícese del litigante que ha obtenido sentencia favorable contra la cual se apela. ‖ Dícese de las caballerías del mismo pelo.

APELAMBRAR v. t. Meter cueros en el pelambre.

APELANTE adj. y s. *For.* Que apela en juicio: *el apelante y el apelado.*

APELAR v. i. (lat. *apellare*). *For.* Pedir al juez o tribunal superior que revoque la sentencia del inferior: *apelar de una condena.* ‖ *Fig.* Recurrir a una persona o cosa: *apelar a las luces del maestro.* (SINÓN. V. *Invocar.*) ‖ Referirse, recaer.

APELAR v. i. (de *pelo*). Ser del mismo pelo o color dos caballerías: *estas dos yeguas apelan bien.*

APELATIVO adj. Dícese del nombre que conviene a toda una especie, como *hombre, árbol.* ‖ *Amer. Fam.* Apellido de una persona. (SINÓN. V. *Nombre.*)

APELMAZADO, DA adj. Amazacotado.

APELMAZAR v. t. Hacer una cosa más compacta.

APELOTAR v. t. *Arg.* Apelotonar.

APELOTONAR v. t. Formar pelotones: *apelotonar la lana.* Ú. t. c. r. (SINÓN. V. *Acurrucarse.*)

APELLAR v. t. Adobar la piel sobándola.

APELLIDAMIENTO m. Acción de apellidar.

APELLIDAR v. t. Llamar a alguno por su apellido, nombrar, llamar. ‖ — V. r. Poseer tal nombre o apellido.

APELLIDO m. Nombre de familia que distingue a las personas, como *Gómez, Fernández, Guzmán.* ‖ Nombre particular que se da a ciertas cosas. ‖ Sobrenombre, mote. (SINÓN. V. *Nombre.*)

APELLINARSE v. r. *Chil.* Endurecerse.

APENAR v. t. Causar pena, afligir: *poca cosa le apena.* (SINÓN. V. *Entristecer.* CONTR. *Alegrar, regocijar.*) ‖ — V. r. *Col., Hond.* y *Méx.* Avergonzarse, ruborizarse.

APENAS adv. m. Casi no: *apenas alcanza.* ‖ — Adv. t. Luego que, al punto que: *apenas llegó.*

APENCAR v. i. *Fam.* Apechugar.

APENDEJARSE v. r. *Amer. Pop.* Volverse pendejo.

APÉNDICE m. Cosa adjunta o añadida a otra. ‖ *Fig.* Persona que sigue continuamente a otra. ‖ Suplemento al fin de una obra. ‖ *Zool.* Parte del cuerpo del animal unida o contigua a otra principal. ‖ *Apéndice vermiforme* o *ileocecal,* rabillo carnoso que termina el intestino ciego.

APENDICITIS f. Inflamación del apéndice del ciego.
— Los principales síntomas de la *apendicitis* son un dolor vivo en el lado derecho del vientre, bajo la línea que une el ombligo con la cadera, acompañado por vómitos, estreñimiento, a veces diarrea. Exige el auxilio inmediato de un médico.

APENDICULAR adj. Relativo al apéndice.

APEÑUSCAR v. t. Apiñarse, agruparse.

APEO m. Acción y efecto de apear. ‖ *Arq.* Armazón con que se apea un edificio.

APEONAR v. i. Andar a pie las perdices.

APEPSIA f. (del gr. *a* priv., y *pepsis,* digestión). *Med.* Falta de digestión.

APERADOR m. El que tiene por oficio aperar. ‖ El que cuida de los objetos necesarios para la labranza. ‖ Capataz de una mina.

APERAR v. t. Fabricar o componer carros y aparejos para el acarreo y trajín del campo. ‖ *Amer.* Suministrar, abastecer. ‖ *Riopl.* y *Venez.* Ensillar, aparejar.

APERCANCARSE v. r. *Chil.* Enmohecerse.

APERCIBIMIENTO m. Acción y efecto de apercibir.

APERCIBIR v. t. Prevenir, disponer, preparar lo necesario para algo. Ú. t. c. r.: *apercibirse de ropa, para un viaje.* ‖ Amonestar, advertir. ‖ Percibir, observar. ‖ — OBSERV. Es galicismo usual decir: *apercibir una cosa* o *apercibirse de ella* por *advertir, observarla, notarla.* ‖ — PARÓN. *Percibir.*

APERCOLLAR v. t. *Fam.* Coger, atar por el cuello a alguno. (SINÓN. V. *Asir.*) ‖ *Fam.* Acogotar. ‖ — IRREG. Se conjuga como *hollar.*

APERCHAR v. t. *Chil.* y *Guat.* Amontonar.

APEREÁ m. *Arg.* Mamífero roedor, sin cola, parecido al conejillo de Indias.

APERGAMINADO, DA adj. Semejante al pergamino: *piel apergaminada.* ‖ *Fig.* Aplícase a la persona extremadamente flaca y enjuta.

APERGAMINARSE v. r. *Fig.* y *fam.* Acartonarse. (SINÓN. V. *Secar.*)

APERITIVO, VA adj. y s. m. Que sirve para abrir el apetito: *licor aperitivo.*

APERO m. Conjunto de instrumentos de cualquier oficio: *aperos de labranza.* (SINÓN. V. *Instrumento.*) ‖ *Amer.* Recado de montar del campesino.

APERREADO, DA adj. Fastidioso, molesto.

APERREAR v. t. Echar a uno los perros para que le muerdan. ‖ *Fig.* y *fam.* Cansar y molestar mucho a una persona. ‖ — V. r. *Fig.* Emperrarse.

APERREO m. *Fig.* y *fam.* Molestia o trabajo.

APERSOGAR v. t. Atar un animal por el cuello.

APERSONARSE v. r. Personarse.

APERTURA f. Acción de abrir. ‖ Acto de dar principio. (SINÓN. V. *Principio* y *salida.*) ‖ Iniciación de una partida de ajedrez.

APESADUMBRAR v. t. Causar pesadumbre o disgusto, afligir. Ú. t. c. r.: *apesadumbrarse con* [*de*] *una noticia.* (SINÓN. V. *Abrumar* y *entristecer.* CONTR. *Alegrar.*)

APESARAR v. t. Apesadumbrar. ‖ V. r. *Chil.* Arrepentirse.

APESGAR v. t. Agobiar, fatigar a alguno.

APESTAR v. t. Causar, comunicar la peste: *hospital para apestados.* ‖ *Fig.* y *fam.* Fastidiar, causar hastío. ‖ — V. i. Despedir mal olor: *aquí apesta.* (SINÓN. V. *Heder.*) ‖ — V. r. *Col.* y *Per.* Acatarrarse.

APESTOSO, SA adj. Que apesta. (SINÓN. V. *Maloliente.*)

APÉTALA adj. *Bot.* Que carece de pétalos.

APETECEDOR, RA adj. Que apetece.

APETECER v. t. (del lat. *ad,* a, y *petere,* desear con ansia). Tener gana de alguna cosa, o desearla. (SINÓN. V. *Codiciar.*) ‖ — V. i. Gustar, agradar. ‖ — CONTR. *Aborrecer, rechazar.* ‖ — IRREG. Se conjuga como *merecer.*

APETECIBLE adj. Digno de apetecerse: *bienes apetecibles para nosotros, a todos.*

APETENCIA f. Gana de comer. (SINÓN. V. *Hambre.*) ‖ Movimiento natural que inclina al hombre a desear alguna cosa. (SINÓN. V. *Ambición.*)

APETITE m. Salsa para excitar el apetito. ‖ *Fig.* Estímulo, aliciente.

APETITIVO, VA adj. Aplícase a la facultad de apetecer: *propiedades apetitivas.*

APETITO m. Impulso que nos hace desear una cosa. (SINÓN. V. *Ambición.*) ‖ Gana de comer: *abrir el apetito.* (SINÓN. V. *Deseo.*) ‖ *Fig.* Lo que excita el deseo de alguna cosa. ‖ — CONTR. *Saciedad, hartura, anorexia.*

APETITOSO, SA adj. Que excita el apetito. ‖ Sabroso: *plato apetitoso.* ‖ — SINÓN. *Engolosinador, seductor.* V. tb. *atractivo* y *agradable.* ‖ — CONTR. *Desabrido.*

ÁPEX m. Punto del espacio hacia donde se dirige el Sol con sus satélites.

APEZONADO, DA adj. De figura de pezón.

API m. (voz quichua). *Amer.* Mazamorra.

APIADAR v. t. Causar piedad: *su miseria apiada.* ‖ — V. r. Tener piedad: *apiadarse de un infeliz.*

APIANAR v. t. Suavizar mucho la voz.

APICAL adj. y s. f. Dícese de la consonante que se pronuncia con la punta de la lengua (*l, t*).

APICARARSE v. r. Adquirir modales de pícaro.

ÁPICE m. Extremo superior o punta de alguna cosa: *el ápice de un edificio.* Acento o signo que se pone sobre las letras. ‖ *Fig.* Parte pequeñísima. ‖ *Fig.* Lo más arduo o delicado de una cuestión.

APÍCOLA adj. Abejero: *industria apícola.*

APÍCULO m. *Bot.* Punta corta y aguda.

APICULTOR, RA m. y f. Persona que se dedica a la apicultura.

APICULTURA f. (del lat. *apis,* abeja). Cría de abejas.

APILAMIENTO m. Acción y efecto de apilar.

APILAR v. t. Poner en montón. (SINÓN. V. *Amontonar.*)

APILONAR v. t. *Provinc.* y *Amer.* Apilar, amontonar.

APIMPLARSE v. r. *Fam.* Emborracharse.
APIMPOLLARSE v. r. Echar pimpollos las plantas.
APIÑADO, DA adj. De figura de piña. || Apretado, junto.
APIÑAMIENTO m. Acción y efecto de apiñar o juntar.
APIÑAR v. t. Juntar, apretar personas o cosas: *apiñarse la multitud.*
APIÑONADO, DA adj. *Méx.* De color moreno.
APIO m. Planta umbelífera comestible.
APIOLAR v. t. Poner la pihuela: *apiolar los halcones.* || Atar las patas de un animal muerto para transportarlo. || *Fig.* y *fam.* Prender. || *Fig.* y *fam.* Dar muerte. (SINÓN. V. *Matar.*)
APIPARSE v. r. *Fam.* Atracarse, hartarse. (SINÓN. V. *Comer.*)
APIRAMIDADO, DA adj. En forma de pirámide.
APIRÉTICO, CA adj. *Med.* Relativo a la apirexia: *período apirético.* || Que apaga la fiebre.
APIREXIA f. *Med.* Falta de fiebre. || *Med.* Intervalo entre dos accesos de fiebre intermitente.
APIR o **APIRI** m. *Amer.* Peón de minas.
APIREAR v. t. *Chil.* Acarrear minerales.
APIRGÜINARSE v. r. *Chil.* Padecer pirgüín el ganado.
APISONADORA f. Máquina para apisonar.
APISONAMIENTO m. Acción y efecto de apisonar.
APISONAR v. t. Apretar la tierra con pisón.
APITÓN m. *Filip.* Árbol dipterocarpáceo.
APITONAMIENTO m. Acción de apitonar.
APITONAR v. i. Echar pitones los animales || Abotonar los árboles. || — V. r. *Fig.* y *fam.* Repuntarse, decirse palabras ofensivas.
APÍVORO, RA adj. Que devora las abejas.
APIZARRADO, DA adj. De color de pizarra.
APLACABLE adj. Fácil de aplacar.
APLACADOR, RA adj. Que aplaca.
APLACAMIENTO m. Acción y efecto de aplacar.
APLACAR v. t. Amansar, suavizar, mitigar: *aplacar el ánimo.* (SINÓN. V. *Aliviar.* CONTR. *Irritar, excitar.*)
APLACER v. i. Agradar, contentar. (CONTR. *Desagradar.*) || — IRREG. Se conjuga como *placer* (es defectivo).
APLACERADO, DA adj. Dícese del fondo del mar poco profundo y llano.
APLACIBLE adj. Agradable, ameno.
APLANACALLES com. *Amer.* Azotacalles.
APLANADERA f. Instrumento para aplanar.
APLANADOR, RA adj. y s. Que aplana.
APLANAMIENTO m. Acción y efecto de aplanar: *el aplanamiento de un terreno.* (SINÓN. V. *Abatimiento.*)
APLANAR v. t. Allanar. || *Fig.* y *fam.* Dejar a uno pasmado: *la noticia le aplanó.* (SINÓN. V. *Abrumar.*) || — V. r. Venirse al suelo un edificio. (SINÓN. V. *Desplomar.*) || *Fig.* Desanimarse. || *Amer. Aplanar las calles,* callejear.
APLANÉTICO, CA adj. (del gr. *a,* priv., y *planê,* aberración). Dícese del espejo cóncavo, lente u objetivo exentos de aberración esférica.
APLASTADOR, RA y **APLASTANTE** adj. Que aplasta. || *Fig.* Abrumador.
APLASTAMIENTO m. Acción y efecto de aplastar.
APLASTAR v. t. Aplanar una cosa comprimiéndola o golpeándola. (SINÓN. V. *Allanar.*) || *Fig.* y *fam.* Dejar a uno confuso. (SINÓN. V. *Agobiar.*) || *Fig.* Vencer, aniquilar. (SINÓN. V. *Vencer.*) || *Arg.* Derrengar, cansar mucho.
APLATANAMIENTO m. Acción de aplatanarse.
APLATANARSE v. r. *Fam.* Ser o volverse indolente y apático. || *Antill.* Aclimatarse un extranjero al país donde vive.
APLAUDIDOR, RA adj. y s. Que aplaude.
APLAUDIR v. t. Palmotear en señal de aprobación: *aplaudir un espectáculo* (SINÓN. V. *Aclamar.* CONTR. *Silbar.*) || Celebrar: *aplaudo tu decisión.* (SINÓN. V. *Aprobar.* CONTR. *Criticar.*)
APLAUSO m. Acción y efecto de aplaudir: *aplausos ruidosos.* || *Fig.* Elogio: *su obra merece el mayor aplauso.*
APLAYAR v. i. Salir un río de su cauce.
APLAZABLE adj. Que se puede aplazar.

apisonadora de carreteras

APLAZAMIENTO m. Acción y efecto de aplazar. (SINÓN. V. *Demora.*)
APLAZAR v. t. Convocar para tiempo señalado. || Diferir un negocio. (SINÓN. V. *Demorar.*) || — PARÓN. *Emplazar.*
APLEBEYAR v. t. Envilecer los ánimos: *espíritu aplebeyado.* || — CONTR. *Ennoblecer.*
APLICABLE adj. Que se puede aplicar.
APLICACIÓN f. Acción y efecto de aplicar: *la aplicación de una teoría.* || *Fig.* Esmero, diligencia con que se hace alguna cosa: *estudiar con aplicación.* (SINÓN. V. *Atención.*) || *Escuela de aplicación,* centro donde los oficiales reciben la formación técnica peculiar de su arma.
APLICADO, DA adj. *Fig.* Atento, estudioso: *muchacho aplicado.* || — CONTR. *Desaplicado, perezoso.*
APLICAR v. t. Poner una cosa sobre otra: *aplicar un color sobre otro.* (SINÓN. V. *Poner.*) || *Fig.* Adaptar, apropiar: *aplicar el álgebra a la geometría.* (SINÓN. V. *Arreglar.*) || Atribuir, referir a un caso particular. || *Fig.* Emplear: *aplicar un remedio.* (SINÓN. V. *Usar.*) || — V. r. Poner esmero, diligencia: *aplicarse en su trabajo.* (SINÓN. V. *Dedicarse* y *estudiar.*)
APLIQUE m. Aparato de la luz fijado al muro. || Trasto para completar una decoración.
APLOMADO, DA adj. De color de plomo: *gris aplomado.* || *Fig.* Que tiene aplomo: *hombre aplomado.*
APLOMAR v. i. *Albañ.* Examinar con la plomada si la fábrica que se va construyendo está a plomo. || *Arq.* Poner las cosas verticalmente. || — V. r. Desplomarse, caerse. || Cobrar aplomo. || *Chil.* Avergonzarse.
APLOMO m. Gravedad, serenidad, circunspección. (SINÓN. V. *Equilibrio.*) || Verticalidad. || Pl. En el caballo, las líneas verticales que deben tener sus miembros.
APNEA f. Detención, voluntaria o no, de la respiración.
APO, prep. insep., que significa *contra, desde,* como en *aponeurosis, apotema.*
APOASTRO m. Punto más distante de la órbita de un astro de otro astro alrededor del cual gira.
APOCADO, DA adj. *Fig.* De poco ánimo: *hombre apocado.* || *Fig.* Vil, bajo. || — CONTR. *Esforzado, animoso.*
APOCALIPSIS m. (pal. gr. que sign. *revelación.*) Último libro canónico del Nuevo Testamento.
APOCALÍPTICO, CA adj. (gr. *apokaluptikos*). Relativo al Apocalipsis. || *Fig.* Obscuro, enigmático: *estilo apocalíptico.* || *Fig.* Terrorífico.
APOCAMIENTO m. *Fig.* Cortedad de ánimo, encogimiento, timidez. || — CONTR. *Energía.*
APOCAR v. t. Reducir, limitar, estrechar. || — V. r. *Fig.* Humillarse, abatirse. (SINÓN. V. *Acobardar.*)
APOCINÁCEAS f. pl. *Bot.* Familia de plantas angiospermas que tiene por tipo la adelfa.
APOCOPADO, DA adj. Que implica apócope: *forma apocopada.*
APOCOPAR v. t. *Gram.* Cometer apócope.
APÓCOPE f. *Gram.* Supresión de letras al fin de un vocablo: *algún* por *alguno; gran* por *grande.*
APÓCRIFO, FA adj. (del gr. *apokruphos,* oculto, secreto). Fabuloso, supuesto o fingido. || Dícese de los libros sagrados cuya inspiración divina no es segura: *los libros tercero y cuarto de Esdras son apócrifos.* || No auténtico: *crónica apócrifa.* (SINÓN. V. *Falso.*)

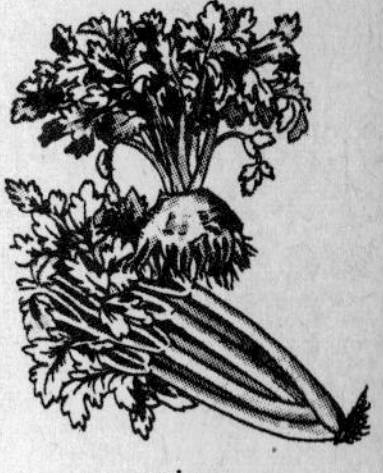

apio

APLOMOS DEL CABALLO

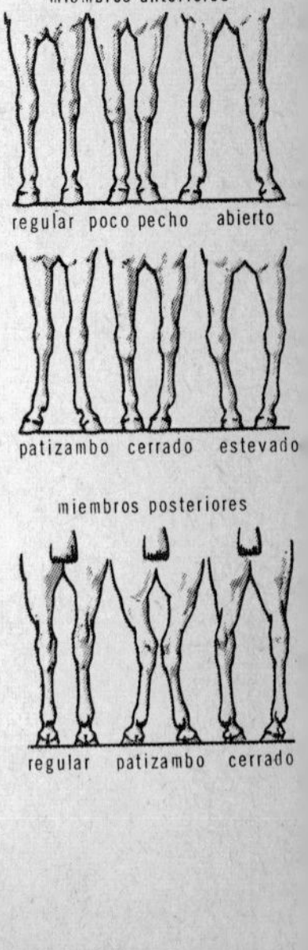

Fot. Baranger

APOCROMÁTICO, CA adj. Dícese del objetivo exento de espectro secundario.
APODAR v. t. Poner o decir apodos o motes. (SINÓN. V. *Llamar.*)
APODERADO, DA adj. y s. Dícese del que tiene poder para representar a otro.
APODERAMIENTO m. Acción y efecto de apoderar o apoderarse.
APODERAR v. t. Dar poder a una persona para que represente a otra. ‖ — V. r. Hacerse dueño de alguna cosa: *apoderarse de bienes ajenos.* ‖ *Fig.* Dominar: *el miedo se apoderó de ti.*
APODO m. Sobrenombre: *un apodo injurioso.* (SINÓN. V. *Sobrenombre.*)
ÁPODO, DA adj. *Zool.* Falto de pies.
APÓDOSIS f. (del gr. *apodosis*, retribución). *Ret.* Proposición en que se completa el sentido de otra proposición condicional llamada *prótasis*: *si quieres* (prótasis), *me marcharé* (apódosis).
APÓFISIS f. *Anat.* Parte saliente de un hueso.
APOFONÍA f. Alteración vocálica en palabras de la misma raíz, como *barba* e *imberbe.*
APOGEO m. (del gr. *apo*, separación, y *gê*, tierra). Punto de la órbita de un astro, de un proyectil dirigido o de un satélite artificial, que se encuentra más lejano de la Tierra. (CONTR. *Perigeo.*) ‖ *Fig.* Lo sumo de la grandeza, poder, etc.: *el apogeo de la gloria.*
APOLILLADURA f. Agujero que deja la polilla.
APOLILLAMIENTO m. Acción de apolillar o apolillarse.
APOLILLAR v. t. Roer la polilla: *este gabán se ha apolillado.* ‖ *Germ., Ant.* y *Arg.* Dormir, y también, residir en una parte.
APOLÍNEO, A adj. Relativo a Apolo.
APOLISMAR v. t. *Amer.* Magullar. ‖ Barb. por *aporismar.*
APOLITICISMO m. Carácter o actitud de quien es apolítico.
APOLÍTICO, CA adj. y s. Ajeno a la política.
APOLITISMO m. Apoliticismo.
APOLOGÉTICO, CA adj. Relativo a la apología. ‖ — F. Parte de la teología que tiene por objeto defender la religión cristiana contra los ataques de sus adversarios.
APOLOGÍA f. (del gr. *apologia*). Discurso en alabanza de una persona. (SINÓN. *Justificación, defensa alegato.* CONTR. *Crítica, denigración.*) ‖ *Por ext.* Glorificación, defensa, exaltación. (SINÓN. V. *Elogio.*)
APOLOGISTA com. Persona que hace una apología de otra: *Platón fue el apologista de Sócrates.*
APÓLOGO m. Fábula o historieta moral. (SINÓN. V. *Fábula.*)
APOLTRONADO, DA adj. Haragán, poltrón.
APOLTRONAMIENTO m. Acción y efecto de apoltronarse.
APOLTRONARSE v. r. Hacerse poltrón: *apoltronarse con el frío.* ‖ Arrellenarse.
APOMORFINA f. Cuerpo blanco amargo que se saca de la morfina: *la apomorfina es purgante.*
APONEUROSIS f. *Anat.* Membrana conjuntiva que cubre los músculos y cuyas prolongaciones fijan éstos a los huesos.
APONEURÓTICO, CA adj. *Anat.* Relativo a la aponeurosis: *membrana aponeurótica.*
APOPLEJÍA f. (del gr. *apo*, a causa de, y *plessein*, estar lleno). Pérdida súbita y total de la conciencia y del movimiento, ocasionada generalmente por un trastorno circulatorio de la arterias cerebrales. (SINÓN. V. *Congestión.*)
APOPLÉTICO, CA adj. Relativo a la apoplejía: *síntomas apopléticos.* ‖ Predispuesto a la apoplejía. ‖ — Adj. y s. Que padece apoplejía.
APOQUINAR v. t. *Pop.* Dar, entregar o pagar.
APORCADURA f. Acción y efecto de aporcar.
APORCAR v. t. Atar las hojas de ciertas plantas alrededor del cogollo, y cubrirlas con tierra a fin de resguardarlas de la luz, para que sus hojas resulten más blancas: *apio aporcado.* ‖ *Ant.* y *Amer.* Acollar las plantas.
APORCO m. *Amer.* Aporcadura.
APORISMA m. *Cir.* Tumor formado por derrame de sangre entre la piel y la carne.
APORRAR v. i. *Fam.* Quedarse sin poder responder ni hablar.
APORREADO, DA adj. Arrastrado: *vida aporreada.* ‖ — M. *Cub.* Guisado de carne de vaca.
APORREAMIENTO m. Aporreo.
APORREAR v. t. Golpear. ‖ *Fig.* Machacar, importunar, molestar: *aporrearle a uno los oídos.* ‖ — V. r. *Fig.* Trabajar con suma fatiga y aplicación.
APORREO m. Acción y efecto de aporrear o aporrearse.
APORTACIÓN f. Acción de aportar y lo que se aporta: *aportaciones de la mujer al matrimonio.*
APORTAR v. i. Tomar puerto: *aportará en Cartagena.* ‖ Llegar, pasar. ‖ *Fig.* Llegar a parte no pensada después de haberse perdido. ‖ — V. t. Llevar, traer. ‖ Dar o proporcionar. ‖ Llevar bienes el marido o la mujer a la sociedad conyugal.
APORTE m. *Amer.* Aportación.
APORTILLAR v. t. Abrir un boquete en la muralla para poder entrar. ‖ Romper, descomponer. ‖ — V. r. Derribarse una parte del muro.
APOSENTADOR, RA adj. y s. Que aposenta. ‖ — M. El que tiene por oficio aposentar: *aposentador mayor de palacio.* ‖ Oficial encargado de aposentar las tropas en las marchas.
APOSENTAMIENTO m. Acción de aposentar.
APOSENTAR v. t. Dar habitación y hospedaje. ‖ — V. r. Tomar casa, alojarse.
APOSENTO m. Cuarto o pieza de una casa. ‖ Posada, hospedaje: *tomar aposento en una fonda.*
APOSICIÓN f. *Gram.* Reunión de dos o más sustantivos sin conjunción: *Buenos Aires, capital de la Argentina.* ‖ — CONTR. *Disyunción.*
APOSITIVO, VA adj. *Gram.* Concerniente a la aposición: *construcción apositiva.*
APÓSITO m. *Med.* Remedio que se aplica exteriormente, sujetándolo con vendajes.
APOSTA y **APOSTADAMENTE** adv. m. Adrede: *hacer una cosa aposta.*
APOSTADERO m. Sitio donde hay gente apostada. ‖ *Mar.* Puerto en que se reúnen varios buques de guerra al mando de un jefe. (SINÓN. V. *Puerto.*)
APOSTANTE adj. y s. Que apuesta.
APOSTAR v. t. Hacer una apuesta: *apostar por un caballo, en el juego.* ‖ — V. r.: *apostárselas con uno.* ‖ Poner gente en un sitio para algún fin. ‖ — IRREG. Se conjuga en la 1.ª acepc. como *costar.* En la 2.ª es regular.
APOSTASÍA f. Acción de apostatar.
APÓSTATA adj. y s. Persona que comete apostasía: *el emperador Juliano el Apóstata.* ‖ — SINÓN. *Renegado, hereje, heresiarca, heterodoxo, cismático, relapso, desertor.*
APOSTATAR v. i. Negar la fe cristiana: *apostatar de su religión.* ‖ Abandonar un religioso su orden. ‖ *Fig.* Cambiar de opinión o doctrina. ‖ — SINÓN. V. *Renegar.*
APOSTEMA f. Postema (SINÓN. V. *Absceso.*)
A POSTERIORI loc. adv. (loc. lat. que signif. *por lo que viene detrás*). A partir de los datos de la experiencia: *"a posteriori" reconozco mis errores.* ‖ — Adj. Que es posterior a la experiencia: *emitir un juicio "a posteriori".* ‖ — CONTR. *A priori.*
APOSTILLA f. (del b. lat. *apostilla*, nota). Glosa que se pone a un escrito. (SINÓN. V. *Nota.*)
APOSTILLAR v. t. Poner apostillas: *apostillar una petición.* ‖ — V. r. Llenarse de

«Los apóstoles San Juan, San Pedro, San Pablo y San Marcos», por Durero (detalle)

Fot. Bruckmann

postillas: *apostillarse el rostro por las viruelas.*

APÓSTOL m. Cada uno de los doce primeros discípulos de Jesucristo. ‖ Se da este nombre por extensión a San Pablo y a San Bernabé. ‖ Misionero que convierte a los infieles de cualquier país: *San Francisco Javier es el apóstol de las Indias.* ‖ *Fig.* Propagador de una doctrina: *un apóstol de la paz.*

APOSTOLADO m. Ministerio del apóstol. (SINÓN. V. *Misión.*) ‖ Pontificado: *el apostolado de León XIII.* ‖ *Fig.* Propagación de ideas nuevas. (SINÓN. V. *Enseñanza.*)

APOSTÓLICAMENTE adv. m. Según las reglas apostólicas: *obrar apostólicamente.* ‖ *Fam.* Pobremente, sin ningún aparato: *viajar apostólicamente.*

APOSTOLICIDAD f. Carácter de lo que está conforme con la doctrina de los apóstoles.

APOSTÓLICO, CA adj. Relativo a los apóstoles. ‖ Del papa: *breve, indulto apostólico.*

APOSTROFAR v. t. Dirigir apóstrofes.

APÓSTROFE amb. *Ret.* Figura que se comete cuando se corta el discurso para dirigir la palabra con vehemencia a una persona presente o ausente, al auditorio, etc. ‖ *Fig.* Dicterio. ‖ — PARÓN. *Apóstrofo.*

APÓSTROFO m. Signo ortográfico (') que indica la elisión de una vocal en fin de palabra cuando la siguiente empieza por vocal: *d'aquel, l'aspereza* (ya no se usa en español). ‖ — PARÓN. *Apóstrofe.*

APOSTURA f. Gentileza, buena disposición en la persona. ‖ Actitud, aspecto.

APOTECA f. Farmacia. (P. us.)

APOTEGMA m. Dicho breve y sentencioso: *los apotegmas de los siete sabios.*

APOTEMA f. *Geom.* Perpendicular trazada del centro de un polígono regular a uno de sus lados. ‖ Altura de las caras triangulares de una pirámide regular.

APOTEÓSICO, CA adj. Relativo a la apoteosis.

APOTEOSIS f. Deificación de los héroes, entre los paganos. ‖ *Fig.* Honores extraordinarios tributados a una persona.

APOTRERAR v. t. *Amer.* Dividir una tierra en potreros.

APOYADURA f. Leche que acude a los pechos de las hembras cuando dan de mamar.

APOYAR v. t. Hacer que una cosa descanse sobre otra: *apoyar el codo en la mesa.* ‖ Basar, fundar. (SINÓN. *Recostar, adosar, apuntalar.* V. tb. *sostener.*) ‖ *Fig.* Favorecer: *apoyar las pretensiones de uno.* (SINÓN. V. *Ayudar.*) ‖ *Fig.* Confirmar, probar una opinión o doctrina: *San Agustín apoya esta sentencia.* ‖ *Mil.* Prestar protección una fuerza. ‖ *Amer.* Dejar mamar el ternero para que baje la leche. ‖ — V. i. Descargar, cargar, descansar: *la columna apoya sobre el pedestal.* ‖ — V. r. Servirse de una persona o cosa como apoyo. ‖ — RÉG. *Apoyar con citas, apoyarse en un bastón.*

APOYATURA f. (ital. *appoggiatura*). *Mús.* Nota de adorno, cuyo valor se toma de la nota que le sigue, sirviendo a ésta de apoyo. ‖ *Neol.* Apoyo, base.

APOYO m. Lo que sirve para sostener: *punto de apoyo.* ‖ Apoyadura. ‖ Fundamento, base. (SINÓN. V. *Sostén.*) ‖ *Fig.* Protección, auxilio o favor: *el apoyo de los poderosos.* (SINÓN. *Ayuda, protección, asistencia, socorro, auxilio.* V. tb. *auspicio.*) ‖ *Amer.* Última leche sacada de la vaca.

APRECIABILIDAD f. Calidad de apreciable.

APRECIABLE adj. Capaz de ser apreciado. ‖ *Fig.* Digno de aprecio. (SINÓN. V. *Estimable.*) ‖ — CONTR. *Inapreciable.*

APRECIACIÓN f. Acción y efecto de apreciar o tasar: *apreciación de mercancías.*

APRECIADOR, RA adj. y s. Que aprecia: *persona apreciadora del talento.*

APRECIAR v. t. Poner precio a las cosas. (SINÓN. *Tasar.*) ‖ *Fig.* Graduar el valor de alguna cosa: *apreciar un libro en* [o *por*] *su valor.* ‖ Hacer estimación de una persona: *aprecio mucho* [*en mucho*] *a este amigo.* (SINÓN. V. *Estimar.* CONTR. *Despreciar.*)

APRECIATIVO, VA adj. Relativo al aprecio que se hace de alguna cosa: *error apreciativo.*

APRECIO m. Apreciación. ‖ *Fig.* Estima: *es persona de mi mayor aprecio.* (SINÓN. V. *Simpatía.* CONTR. *Desprecio.*) ‖ *Amer. No hacer aprecio,* no hacer caso.

APREHENDER v. t. Coger, asir, prender: *aprehender a un culpable.* (SINÓN. V. *Detener.*) ‖ — OBSERV. Galicismo por *temer*: *aprehendo su llegada.* ‖ — PARÓN. *Aprender.*

APREHENSIÓN f. Acción de aprehender o coger: *la aprehensión de un salteador.* (V. APRENSIÓN.)

APREHENSIVO, VA adj. Que aprehende.

APREMIADOR, RA adj. y s. Que apremia, estrecha o aprieta: *mandato apremiador.*

APREMIANTE adj. Que apremia. (SINÓN. V *Urgente.*)

APREMIAR v. t. Dar prisa, estrechar, apretar a uno: *no apremie usted tanto.* (SINÓN. V. *Acelerar.*) ‖ Oprimir. ‖ *For.* Compeler a uno legalmente a que haga alguna cosa.

APREMIO m. Acción y efecto de apremiar. ‖ Orden administrativa para obligar al pago de las contribuciones. ‖ *For.* Mandamiento de juez que obliga a uno al cumplimiento de alguna cosa.

APRENDER v. t. Adquirir el conocimiento de una cosa: *aprender de memoria, con un maestro, a leer, de alguien.* (SINÓN. V. *Estudiar.* CONTR. *Olvidar.*) ‖ — PARÓN. *Aprehender.*

APRENDIZ, ZA m. y f. Persona que aprende un arte u oficio: *aprendiz de sastre.* (SINÓN. V. *Novicio* y *modistilla.*)

APRENDIZAJE m. Tiempo durante el cual se aprende algún arte u oficio: *el aprendizaje de los grabadores es largo.* ‖ *Fig.* Primeros ensayos: *el aprendizaje de la virtud.*

APRENSAR v. t. Prensar, pasar por una prensa. ‖ *Fig.* Oprimir, angustiar.

APRENSIÓN f. Temor vago y mal definido: *aprensión de la muerte.* (SINÓN. V. *Temor.*) ‖ Opinión infundada o extraña. ‖ Miramiento, delicadeza. ‖ Aprehensión.

APRENSIVO, VA adj. Pusilánime, que en todo ve peligros para su salud: *las personas aprensivas son desgraciadas.* (SINÓN. V. *Temeroso.* CONTR. *Animoso.*)

APRESADOR, RA adj. y s. Que apresa o aprisiona: *barco apresador.*

APRESAMIENTO m. Acción y efecto de apresar o coger: *el apresamiento de las naves.*

APRESAR v. t. Hacer presa con las garras o colmillos: *el lobo apresó el cordero.* ‖ Tomar por fuerza una nave. ‖ Aprisionar. ‖ — CONTR. *Soltar.*

APRESTAR v. t. Preparar lo necesario para alguna cosa: *aprestarse para salir.* (SINÓN. V. *Preparar.*) ‖ Engomar las telas.

APRESTO m. Prevención, disposición: *aprestos de batalla.* (SINÓN. V. *Preparación.*) ‖ Procedimiento al que se somete ciertas materias (cueros, tejidos, etc.) para darles cierta consistencia.

APRESURACIÓN f. Apresuramiento.

APRESURADAMENTE adv. m. Con apresuramiento: *salir apresuradamente.*

APRESURADO, DA adj. Que muestra apresuramiento.

APRESURAMIENTO m. Acción y efecto de apresurar o apresurarse.

APRESURAR v. t. Dar prisa, acelerar: *apresurarse a contestar, en responder, por llegar.* (SINÓN. V. *Acelerar.*)

APRETADAMENTE adv. m. Con fuerza, estrechamente: *atar apretadamente, con instancia, con ahínco.*

APRETADERA f. Correa o cuerda que sirve para apretar. ‖ — Pl. *Fig.* y *fam.* Instancias con que se obliga a otro a que haga algo.

APRETADIZO, ZA adj. Que por su calidad se aprieta fácilmente. (SINÓN. *Comprensible.*)

APRETADO, DA adj. Comprimido: *lío muy apretado.* (SINÓN. V. *Angosto.*) ‖ *Fig.* Arduo, peligroso: *asunto apretado.* ‖ *Fig.* y *fam.* Mezquino o miserable. ‖ *Fig.* y *fam. Estar muy apretado,* hallarse en gran aprieto.

APRETADOR, RA adj. y s. Que aprieta. ‖ — M. Instrumento que sirve para apretar. ‖ Almilla sin mangas. ‖ Especie de cotilla con que se ajusta el cuerpo de los niños. ‖ Faja de los niños en mantillas.

APRETADURA f. Acción y efecto de apretar.

APRETAR v. t. Estrechar con fuerza, oprimir: *apretar un lío.* ‖ — V. i. Obrar una persona o cosa con mayor intensidad: *aprieta la lluvia, un dolor.* (CONTR. *Aflojar.*) ‖ *Fig.* Acosar, estre-

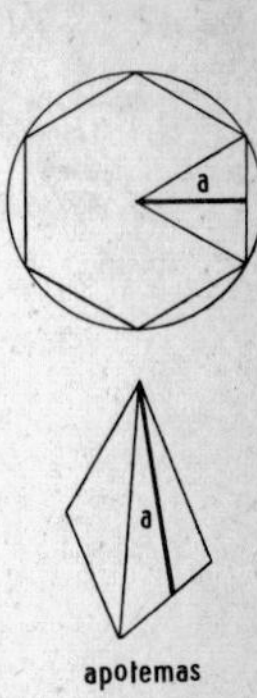

apotemas

ápterix

char a uno. || Afligir, angustiar: *no me aprietes tanto.* (SINÓN. *Ahogar, oprimir, enlazar, contraer, estrujar, apretujar.*) || Instar con eficacia. || *Fam.* Apretar a correr, echar a correr. || *¡Aprieta!* interj. fam. que se emplea para reprobar una cosa. || — IRREG. Se conjuga como *acertar.*

APRETÓN m. Apretadura muy fuerte y rápida: *apretón de manos.* || *Fam.* Carrera violenta y corta. || *Fig.* y *fam.* Ahogo, conflicto: *estar en un apretón.* || *Pint.* Mancha de color obscuro. || Dolor brusco y violento, especialmente del vientre.

APRETUJAR v. t. *Fam.* Apretar mucho. (SINÓN. V. *Apretar.*)

APRETUJÓN m. *Fam.* Acción de apretujar.

APRETURA f. Aprieto, opresión. || Paraje estrecho. || Escasez.

APRIETO m. Opresión. || *Fig.* Estrecho, conflicto, apuro: *hallarse en un aprieto.*

A PRIORI loc. adv. (loc. lat. que signif. *por lo que precede*). Dícese de los conocimientos que son independientes de la experiencia: *"a priori" Fulano no me es simpático.* || — Adj. Que es anterior a la experiencia: *usted tiene ideas "a priori".* || *Fil.* Que no depende de la experiencia sensible: *juicio sintético "a priori".*

APRIORISMO m. Razonamiento a priori.

APRIORÍSTICO, CA adj. Del apriorismo.

APRISA adv. m. Con celeridad, rápidamente: *hablar aprisa.* || — CONTR *Despacio.*

APRISCAR v. t. Recoger el ganado en el aprisco.

APRISCO m. Paraje donde los pastores recogen el ganado. (SINÓN. V. *Establo* y *pastos.*)

APRISIONAMIENTO m. Acción de aprisionar.

APRISIONAR v. t. Poner en prisión. (SINÓN. *Detener, encarcelar.* Fam. *Enjaular, encerrar.* Pop. *Enchironar, enchiquerar.*) || *Fig.* Atar, sujetar: *aprisionado por el reglamento.*

APROBACIÓN f. Acción y efecto de aprobar: *dar su aprobación.* || —SINÓN. *Aquiescencia, aceptación, adhesión, consentimiento, consenso, beneplácito, venia, acuerdo, admisión, asentimiento, permiso, ratificación, confirmación, sanción.*

APROBADOR, RA adj. y s. Que aprueba o acepta: *gesto aprobador.*

APROBAR v. t. Dar por bueno: *aprobar a un orador, aprobar sus creencias.* || Consentir en una cosa: *aprobar un casamiento.* (SINÓN. V. *Consentir.*) || Declarar apto: *aprobar un examen.* (SINÓN. V. *Sancionar.*) || *Provinc.* y *Amer.* Probar. || — CONTR. Desaprobar. || — IRREG. Se conjuga como *contar.*

APROBATORIO, RIA adj. Que aprueba: *frase aprobatoria.* || — CONTR. *Desaprobatorio.*

APROCHES m. pl. (fr. *approches*). *Mil.* Trabajos que van haciendo los que atacan una plaza para acercarse. || *Bol.* Cercanías.

APRONTAR v. t. Prevenir, preparar con prontitud: *aprontar lo necesario para el viaje.* || Entregar en seguida dinero u otra cosa: *aprontar una suma.* || *Urug.* Aparecer, llegar.

APRONTE m. *Chil.* y *Riopl.* Carrera de prueba de caballos.

APROPIABLE adj. Que puede ser apropiado.

APROPIACIÓN f. Acción y efecto de apropiar o apropiarse.

APROPIADO, DA adj. Adecuado para el fin a que se destina: *emplear los medios apropiados.* || — SINÓN. *Pertinente, oportuno, acertado, idóneo, congruente, congruo.*

APROPIAR v. t. Aplicar a una cosa lo que le es propio: *apropiar las leyes a las costumbres.* || *Fig.* Acomodar. || — V. r. Tomar, apoderarse de alguna cosa. (SINÓN. *Usurpar, atribuirse, adjudicarse, coger, acaparar, arrebatar.* Fam. *Distraer, trincar.* V. tb. *hurtar* y *robar.*)

APROPINCUARSE v. r. Acercarse.

APROPÓSITO m. *Teatr.* Obrilla de circunstancias.

APROVECHABLE adj. Que se puede aprochar: *un libro aprovechable.* || — CONTR. *Inútil.*

APROVECHADO, DA adj. y s. Bien empleado. || Que lo aprovecha todo: *ama de casa muy aprovechada.* || Aplicado, diligente: *discípulo aprovechado.* || Que trata de sacar provecho de todo, especialmente del trabajo de otro.

APROVECHAMIENTO m. Acción de aprochar.

APROVECHAR v. i. Servir de provecho alguna cosa: *lo mal adquirido no aprovecha.* || Adelantar en estudios, virtudes, etc.: *aprovechar en sabiduría.* || — V. t. Emplear útilmente una cosa: *aprovechar el* [no *del*] *tiempo.* || — V. r. Sacar utilidad de alguna cosa: *aprovecharse de la ocasión.*

APROVISIONAR v. t. Abastecerse. (SINÓN. V. *Suministrar.*)

APROXIMACIÓN f. Proximidad: *la aproximación de las fiestas.* || Número de la lotería muy próximo a los premios mayores y que goza un pequeño premio. || Estimación aproximada. || Dícese de lo que no ofrece una exactitud rigurosa: *calcular con aproximación.* || — CONTR. *Exactitud, precisión.*

APROXIMADAMENTE adv. m. Con proximidad. || Con corta diferencia. || — CONTR. *Exactamente.*

APROXIMADO, DA adj. Aproximativo.

APROXIMAR v. t. Arrimar, acercar.

APROXIMATIVO, VA adj. No muy exacto: *cálculo aproximativo.* || — CONTR. *Exacto, preciso.*

ÁPSIDE m. (gr. *apsis*). *Astr.* Cada uno de los dos extremos del eje mayor de la órbita de un astro. || — PARÓN. *Ábsida, ábside.*

ÁPTERIX m. Ave neozelandesa que sólo tiene rudimentos de alas, y plumas cerdosas.

ÁPTERO, RA adj. (del gr. *a* priv., y *pteron,* ala). *Hist. nat.* Que carece de alas: *insecto áptero.* || — CONTR. *Alado.*

APTITUD f. Disposición natural o adquirida: *aptitud para las ciencias.* (SINÓN. V. *Inclinación.*) || Idoneidad para un cargo. || — CONTR. *Incapacidad.* || — PARÓN. *Actitud.*

APTO, TA adj. (del lat. *aptus,* propio para). Hábil, a propósito para hacer alguna cosa: *el niño es apto para aprender.* (SINÓN. V. *Aceptable.* CONTR. *Impropio, incapaz.*)

APUESTA f. Convenio por el cual deciden varias personas que la que acierte o tenga razón en algo recibirá de las demás una cantidad de dinero u otra cosa. || Cosa que se apuesta.

APUESTO, TA adj. Ataviado, adornado, arreglado, gracioso: *apuesta doncella.*

APULGARAR v. i. Hacer fuerza con el pulgar.

APULGARARSE v. r. Llenarse la ropa blanca de manchas menudas.

APUNARSE v. r. *Amer.* Padecer el soroche al atravesar las punas de los Andes.

APUNTACIÓN f. Apuntamiento, nota: *apuntaciones gramaticales.* || *Mús.* Notación.

APUNTADO, DA adj. Puntiagudo.

APUNTADOR, RA adj. y s. Que apunta. || — M. El que en el teatro se coloca en la concha para apuntar a los actores. || Traspunte.

APUNTALAMIENTO m. Acción y efecto de apuntalar.

APUNTALAR v. t. Poner puntales: *apuntalar una casa.* (SINÓN. V. *Apoyar* y *asegurar.*)

APUNTAMIENTO m. Acción de apuntar.

APUNTAR v. t. Asestar un arma: *apuntar el arco.* (SINÓN. *Encarar, asestar.*) || Señalar: *apuntar con el dedo.* || Tomar nota por escrito de alguna cosa: *apuntar unas señas.* || Sacar punta a un objeto. || Sugerir al que habla alguna idea para refrescarle la memoria. || *Fig.* Insinuar o indicar: *le apunté que te escribiera.* || — V. i. Empezar a manifestarse alguna cosa: *apuntar el día, el bozo.* || — V. r. Empezar a agriarse el vino. || *Fam.* Empezar a embriagarse.

APUNTE m. Apuntamiento. || Nota que se toma por escrito. || Dibujo ligero, boceto: *tomar apuntes.* (SINÓN. V. *Proyecto* y *nota.*) || *Fam.* Perillán. || *Arg.* y *Chil.* *Llevar el apunte,* corresponder a un galanteo. || — Pl. Notas de las explicaciones de un profesor.

APUNTILLAR v. t. Dar la puntilla.

APUÑALAR v. t. Dar de puñaladas: *morir apuñalado.*

APUÑALADO, DA adj. Parecido a la hoja de un puñal.

APUÑAR v. t. Empuñar.

APUÑEAR v. t. *Fam.* Dar de puñadas.

APUÑUSCAR v. t. *Amer.* Estrujar. || — V. r. *Amer.* Apiñarse, apretarse, amontonarse.

APUPAR v. t. *Ecuad.* Llevar a cuestas.

APURACABOS m. Pieza cilíndrica donde se aseguran los cabos de vela para que ardan hasta consumirse.

APURACIÓN f. Acción de apurar o acabar: *la apuración de una materia.*

APURADAMENTE adv. m. *Fam.* Precisamente.
APURADO, DA adj. Pobre, falto de caudal. (SINÓN. V. *Pobre.*) ‖ Dificultoso, peligroso. ‖ Exacto. ‖ *Chil* y *Per.* De prisa.
APURADOR, RA adj. y s. Que apura: *un trabajo apurador.* ‖ — M. Apuracabos.
APURAMIENTO m. Acción y efecto de apurar: *el apuramiento de un tonel.*
APURAR v. t. Purificar: *apurar el oro.* ‖ Acabar o agotar: *se apuró el vino.* ‖ *Fig.* Averiguar: *apurar una noticia.* ‖ Extremar, llevar hasta el cabo. ‖ Acabar o agotar. ‖ Sufrir hasta el extremo. ‖ *Fig.* Apremiar, dar prisa. (SINÓN. V. *Acelerar.*) ‖ *Fig.* Afligir, enfadar: *no me apures tanto.* ‖ — V. r. Inquietarse, preocuparse: *apurarse por poco.* ‖ Apresurarse.
APUREÑO, ÑA adj. y s. De Apure (Venezuela).
APURICMEÑO, ÑA adj. y s. Apurimeño.
APURIMEÑO, ÑA adj. y s. De Apurímac (Perú).
APURO m. Aprieto, escasez grande: *pasar grandes apuros.* (SINÓN. V. *Pobreza.*) ‖ Aflicción, conflicto, aprieto. (SINÓN. V. *Dificultad.*) ‖ Prisa.
APURÓN, ONA adj. Que apura mucho.
APURRUÑAR v. t. *Amer.* Manosear.
APUSUSARSE v. r. *Amér. C.* Apolillarse.
AQUÁRIUM m. Acuario.
AQUEJAR v. t. Acongojar, afligir, fatigar.
AQUEJUMBRARSE v. r. *Cub.* y *Guat.* Quejarse.
AQUEL, LLA, LLO adj. y pron. dem. Designa lo que está lejos de la persona que habla y de la persona con quien se habla: *aquel hombre que allá va.* ‖ — M. *Fam.* Gracia, donaire: *Juana tiene mucho aquel.* ‖ — OBSERV. *Aquél, aquélla,* se acentúan cuando son pronombres.
AQUELARRE m. Reunión de brujos. (SINÓN. V. *Orgía.*)
AQUENDE adv. l. De la parte de acá: *de aquende los Pirineos.* ‖ — CONTR. *Allende.*
AQUENIO m. *Bot.* Fruto seco, indehiscente, como en el girasol y la lechuga.
AQUEO, A adj. y s. De Acaya.
AQUERENCIARSE v. r. Tomar querencia a un lugar, a una persona: *el perro se aquerencia a la casa de sus amos.*
AQUESE, SA, SO pron. dem. Ése. (P. us.)
AQUESTE, TO, TA pron. dem. Éste. (P. us.)
AQUÍ adv. l. En este lugar: *aquí vivimos.* ‖ A este lugar. ‖ En esto o en eso, y tb. esto o eso: *aquí está la dificultad.* ‖ — Adv. t. Ahora: *aquí las va a pagar todas.* ‖ Entonces, en tal ocasión. ‖ En lenguaje popular suele emplearse como pron. dem. *aquí* (este señor) *dice la verdad.*
AQUIESCENCIA f. Asenso, consentimiento. (SINÓN. V. *Aprobación.*)
AQUIESCENTE adj. Que consiente.
AQUIETAR v. t. Sosegar. (SINÓN. V. *Apaciguar.*)
AQUIFOLIÁCEAS f. pl. Familia de dicotiledóneas que tiene por tipo el acebo.
AQUILATAMIENTO m. Acción y efecto de aquilatar.
AQUILATAR v. t. Calcular los quilates del oro, las perlas y piedras preciosas. ‖ *Fig.* Apreciar el mérito de una persona o cosa.
AQUILES m. Tendón situado en el talón.
AQUILÍFERO m. El soldado que llevaba el águila en las legiones romanas.
AQUILINO, NA adj. Aguileño: *rostro aquilino.*
AQUILÓN m. (lat. *aquilo*). Viento violento del Norte.
AQUILLADO, DA adj. De figura de quilla: *las aves tienen el pecho aquillado.*
AQUISTAR v. t. Conseguir, adquirir.
AQUITÁNICO, CA adj. De Aquitania.
AQUITANO, NA adj. y s. De Aquitania.
AQUIVO, VA adj. y s. Aqueo.
ARA f. Altar en que se ofrecen sacrificios. ‖ Piedra consagrada del altar. ‖ — M. Guacamayo, ave trepadora. ‖ *En aras de,* en honor de.
ÁRABE adj. y s. De Arabia. ‖ — M. Lengua árabe.
— ARTE ÁRABE. Estando prohibida a los árabes, por motivo de religión, la representación artística de la figura humana y de los seres animados, tuvo que limitarse su arte a la decoración floral y al empleo como adorno de los caracteres de su escritura, a los que se da el nombre de *arabescos.* Su género de arquitectura, imitado de los romanos y, sobre todo, de los bizantinos, se perfeccionó principalmente en España, llegando a producir monumentos tan hermosos como el Alcázar y la Giralda de Sevilla o la Alhambra de Granada. El edificio característico de la arquitectura es la mezquita cuadrada, con patio central, almimbar, alminar y mihrab. Se encuentran en los monumentos árabes arcos de toda clase, dominando, sin embargo, el de herradura, y decoraciones de riqueza extremada, hechas generalmente de yeso o estuco. Merecen citarse más particularmente las mezquitas de Egipto, Constantinopla y Córdoba. (V. ilustr. pág. 87.)
ARABESCO, CA adj. Arábigo: *decoración arabesca.* ‖ — M. *Esc.* y *Pint.* Adorno en los edificios árabes: *los arabescos de la Alhambra.*
ARABIA f. *Cub.* y *Ecuad.* Tela de algodón de cuadros azules y blancos.
ARÁBICO, CA y **ARÁBIGO, GA** adj. De Arabia: *goma arábiga.* ‖ — M. Lengua árabe: *papel escrito en arábigo.*
ARABISMO m. Giro o vocablo propio de la lengua árabe. ‖ Vocablo o giro de esta lengua empleado en otra.
—La dominación de la Península Ibérica durante casi ocho siglos por los árabes, ha dejado huella profunda en la lengua castellana. Abundan las palabras de origen árabe en el vocabulario militar: *adalid, almirante, emir, alcázar, adarve, almena, arsenal, atabal, tambor, alfanje, azagaya;* en las voces relativas a la administración: *alcalde, alguacil, almojarife, jeque, califa, bajá;* en los términos relativos al comercio: *almacén, almoneda, aduana, tarifa, arancel;* en los nombres de pesos y medidas: *quilate, adarme, quintal, arroba, azumbre, fanega;* en la terminología de los oficios: *albardero, alfarero, albéitar, albañil;* en el vocabulario agrícola: *albarico-*

FIGURA						FIGURA					
aislado	final	media	inicial	nombre	valor	aislado	final	media	inicial	nombre	valor
ا	ـا	ـا	ا	Alif	a	ض	ـض	ـضـ	ضـ	D'ād	dh
ب	ـب	ـبـ	بـ	Bā	b	ط	ـط	ـطـ	طـ	T'ā	th
ت	ـت	ـتـ	تـ	Tā	t	ظ	ـظ	ـظـ	ظـ	dz'a	zz
ث	ـث	ـثـ	ثـ	Tsā	ts,e	ع	ـع	ـعـ	عـ	'aïn	a
ج	ـج	ـجـ	جـ	djīm	ch,y	غ	ـغ	ـغـ	غـ	r'aïn	gh
ح	ـح	ـحـ	حـ	H'ā	h	ف	ـف	ـفـ	فـ	Fā	f
خ	ـخ	ـخـ	خـ	Jā	j	ق	ـق	ـقـ	قـ	Qāf	q
د	ـد	ـد	د	Dāl	d	ك	ـك	ـكـ	كـ	Kāf	k
ذ	ـذ	ـذ	ذ	Dzāl	dz,z	ل	ـل	ـلـ	لـ	Lām	l
ر	ـر	ـر	ر	Rā	r	م	ـم	ـمـ	مـ	Mīm	m
ز	ـز	ـز	ز	Zā	z	ن	ـن	ـنـ	نـ	noun	n
س	ـس	ـسـ	سـ	Sīn	s	ه	ـه	ـهـ	هـ	h'ā	h
ش	ـش	ـشـ	شـ	chīn	ch,sh	و	ـو	ـو	و	waou	u
ص	ـص	ـصـ	صـ	s'ād	ss	ى	ـى	ـيـ	يـ	Yā	y

ALFABETO ÁRABE

arándano

ARANDELAS

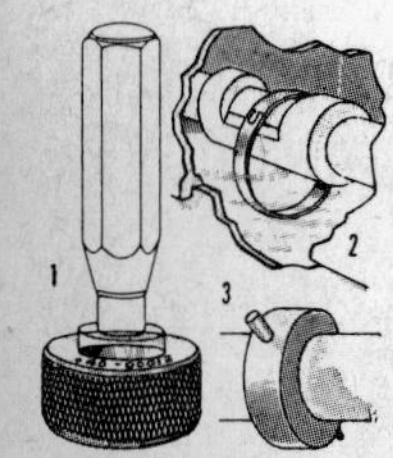

1. De calibre
2. De engrase
3. De parada

que, acelga, algarroba, altramuz, alcachofa, azafrán, espinaca; en las voces relativas a la albañilería y la arquitectura: *zaguán, azotea, ajimez, tabique, alféizar, acequia, alcantarilla, aljibe, alberca;* en los nombres que designan enseres domésticos: *alfombra, jarro, alcarraza, aldaba, alfiler;* en los nombres relativos a diversas ciencias: *álgebra, guarismo, cifra, cero, cenit, alquimia, alambique, alcohol,* etc.; por último, entre las voces diversas, como *asesino, azul, babucha, gabán, café, alcanfor, caramelo, algarabía, algodón, carmesí, elixir, gacela, jirafa, alheña, jazmín, julepe, lila, laúd, mezquino, momia, marfil, papagayo, jarabe, sofá, sorbete, talco, talismán.* Muchas de estas voces han pasado, a menudo, por intermedio del español, a las demás lenguas europeas.

ARABISTA com. Persona que cultiva la lengua y literatura árabes.

ARABIZACIÓN m. Acción de arabizar.

ARABIZAR v. t. Dar carácter árabe.

ARABLE adj. Que puede ararse: *suelo arable.*

ARACARÍ m. *Per.* Especie de tucán.

ARÁCEAS f. pl. Plantas angiospermas monocotiledóneas, como el aro y la cala.

ARÁCNIDOS m. pl. Clase de animales que comprende las arañas, escorpiones, etc.: *todos los arácnidos tienen ocho patas.*

ARACNOIDES adj. (del gr. *araknê,* araña, y *eidos,* forma). *Anat.* Una de las tres meninges, colocada entre la duramadre y la piamadre.

ARADA f. Acción de arar. || Tierra labrada con el arado. || Cultivo y labor del campo. || Tierra que pueden arar en un día un par de bueyes.

ARADO m. (lat. *aratrum*). Instrumento de agricultura que sirve para labrar la tierra abriendo surcos en ella. || *Col.* Tierra labrada.

ARADOR, RA adj. y s. Que ara. (SINÓN. V. *Agricultor.*) || *Zool.* Arácnido parásito que produce la sarna. (SINÓN. *Ácaro.*)

ARAGONÉS, ESA adj. y s. De Aragón.

ARAGONESISMO m. Palabra o giro propios del español hablado en Aragón.

ARAGONITO m. Carbonato de cal cristalizado, que se descubrió en Aragón.

ARAGUANEY m. *Venez.* Arma de madera.

ARAGUATO m. Mono aullador.

ARAGUÉS, ESA adj. y s. De Aragua (Venezuela).

ARAGUIRÁ m. *Riopl.* Pajarillo de hermoso color rojo.

ARALIA f. Arbusto araliáceo americano que se cultiva en Europa como planta de adorno.

ARAÑAS

1. Mígala de Francia
2. De pared
3. Segadora
4. Epeira
5. Tarántula
6. Cteniza sauvagei

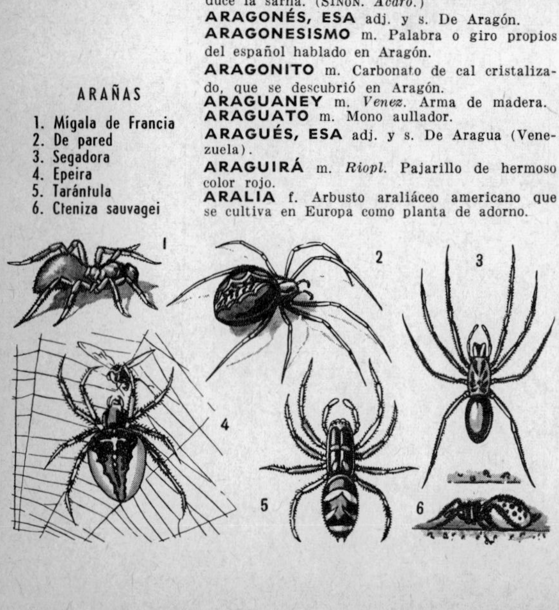

ARALIÁCEAS f. pl. Familia de dicotiledóneas que tienen por tipos la aralia y la hiedra.

ARAMEO, A adj. y s. Descendiente de Aram. || Del país de Aram.

ARANCEL m. Tarifa oficial que determina los derechos de aduanas, ferrocarriles, etc. || Tasa.

ARANCELAR v. tr. *Amér. C.* Abonar, pagar.

ARANCELARIO, RIA adj. Relativo al arancel: *derechos arancelarios.*

ARANDANEDO m. Lugar poblado de arándanos.

ARÁNDANO m. Planta ericácea de flores de color blanco verdoso o rosado y fruto comestible.

ARANDELA f. Disco con un agujero en medio, que se pone en el candelero, para recoger lo que se derrame de la vela. || Anillo de metal para evitar el roce de dos piezas. || Pieza metálica que se ponía en la empuñadura de la lanza. || Araña con pie para colocarla sobre una mesa. || *Amer.* Chorrera y vueltas de la camisola.

ARANDILLO m. Pájaro insectívoro, de lomo ceniciento, vientre y frente blancos y patas rojas.

ARANERO, RA y **ARANOSO, SA** adj. y s. Embustero, tramposo.

ARANZADA f. Nombre de una medida agraria antigua (unas 40 a 50 áreas).

ARAÑA f. Arácnido con tráqueas, ocho patas y abdomen no segmentado, que segrega un hilo sedoso. || Arañuela, planta ranunculácea. || Especie de candelabro de cristal que se cuelga del techo. || Sistema de cuerdas que sostienen ciertos toldos. || *Chil.* Carruaje ligero y destartalado. || *Fig.* y *fam.* Persona muy aprovechada. || *Fig.* Prostituta. || *Antill.* Planta gramínea. || *Araña de agua,* tejedera, insecto. || *Araña de mar,* especie de cangrejo de mar, de carapacho espinoso.

ARAÑAR v. t. Rasgar ligeramente con las uñas, un alfiler, etc.: *arañar la pared.* || Hacer rayas superficiales. || *Fig.* y *fam.* Recoger con mucho afán.

ARAÑAZO m. Rasguño: *arañazo de gato.*

ARAÑUELA f. Planta ranunculácea de hermosas flores. || Arañuelo.

ARAÑUELO m. Larva de algunos insectos que labran tela como la araña. || Garrapata, parásito.

ARAPAIMA m. Pez grande de los ríos del Brasil: *el arapaima mide hasta 3 m y llega a pesar 200 kg.*

ARÁQUIDA f. Cacahuete, maní.

ARAR v. t. Remover la tierra con el arado. || *Fig.* Ir, caminar, hacer surcos en un fluido.

ARATICÚ m. *Riopl.* Especie de chirimoyo.

ARAUCANISMO m. Voz de origen indio propia del español hablado en Chile.

ARAUCANISTA com. El que estudia la lengua y costumbres de los araucanos.

ARAUCANO, NA adj. y s. De Arauco. (Chile). || De Arauca (Colombia). || — M. Lengua de los araucanos o mapuches.

— El *auraucano* o *mapuche* es el idioma de los indios que formaban la parte principal de la población de Chile, especialmente de Coquimbo al Sur y que se extendían también por el oeste argentino, en las provincias de San Juan, Mendoza y Neuquen. Los araucanos, largo tiempo reacios a la penetración española, poseían un lenguaje sonoro, dulce y rico, cuya gramática no ofrecía complicaciones. Han dejado algunas voces en el lenguaje americano, especialmente en Chile y la Argentina. Pueden citarse como ejemplos: *calcha, cutriaco, chamal, chape, chavalongo, guairavo, gualichú, huata, laques, laucha, maloca, malón, ulpo.* En voces de historia natural: *boldo, cachanlagua, quilláí, coipú, chingolo, diuca, chiñe.*

ARAUCARIA f. Árbol abietáceo de Chile, que alcanza unos cincuenta metros de altura.

ARAUJA f. Planta asclepiadácea trepadora del Brasil, de flores blancas y olorosas.

ARAVICO m. Poeta de los antiguos peruanos.

ARAZÁ m. Árbol mirtáceo del Uruguay.

ARBEJA f. y sus derivados. V. ARVEJA.

ARBITRABLE adj. Que pende del arbitrio: *cuestión arbitrable.*

ARBITRACIÓN f. *For.* Arbitramento, arbitraje.

ARBITRADOR, RA adj. y s. Que arbitra: *juez arbitrador.*

ARBITRAJE m. Acción o facultad de arbitrar. || Arreglo de un litigio por un árbitro y senten-

ARTE ÁRABE

1

2

8

El arte árabe se desarrolló en todas las regiones convertidas al Islam, desde Persia hasta Marruecos y España, formando en cada país diferentes focos de expansión. El monumento más característico está constituido por la mezquita, vasto recinto de oración sostenido por columnas que generalmente se abre hacia un patio grande con pórticos (mezquitas de Damasco, Kairuán y El-Azhar e Ibn-Tulún, en El Cairo). El edificio posee uno o varios alminares, y, entre los más famosos, se pueden citar la Kutubia de Marrakech y la Giralda de Sevilla (s. XII). La Alhambra, construida por los soberanos de Granada (s. XIV), es un magnífico ejemplo de arquitectura civil y militar. La ornamentación arquitectural se aplica como una tapicería sobre las superficies : almocárabes, follajes, motivos florales y geométricos, estalactitas sobre los techos y salidizos, y la utilización de caracteres cúficos, dan al conjunto una gran riqueza decorativa. La escultura en madera y marfil, el labrado del bronce, y la cerámica fueron unas de las técnicas más desarrolladas del arte árabe.

ILUSTRACIONES

1. *Kairuán : fachada de la sala de oración de la Gran Mezquita (s. IX); 2. El Cairo : alminares (s. XV) de la mezquita de El-Azhar (finales del s. X); 3. Sevilla : torre de la Giralda (finales del s. X); 4. Córdoba : vista parcial del interior de la Gran Mezquita (987); 5. Fez : vista de la medersa de El-Attarin (1323); 6. Granada : el patio de los Leones (s. XIII), en la Alhambra; 7. Jarro con decorados de oro y azul, llamado « vaso de la Alhambra » (s. XIV); 8. Vaso de cobre incrustado de plata (s. XIII, Museo del Louvre).*

Fot. X, Photoglob, Phaure, Anderson-Giraudon, Terrasse, Gillon, Garjon, Arch. Phot.

7

3

6

5

4

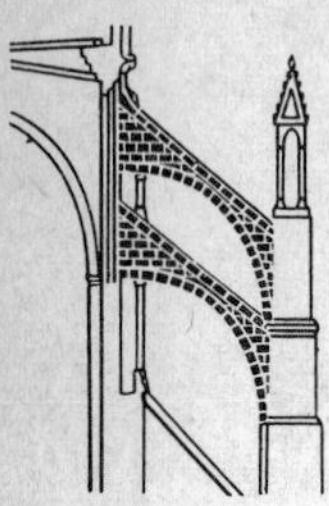

arbotante

arcabucero

ÁRBOL

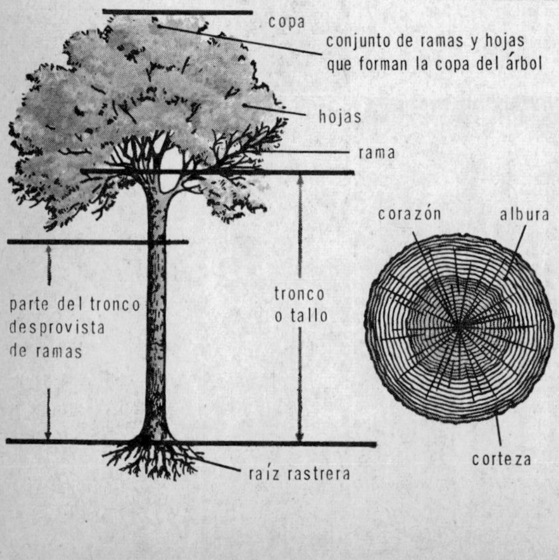

cia así dictada. (SINÓN. *Conciliación, compromiso, mediación.* V. tb. *juicio.*) || *Com.* Operación de cambio de valores mercantiles que se hace comparando los precios de diferentes plazas.

ARBITRAL adj. Relativo al juez árbitro: *juicio arbitral.* || Formado por árbitros: *tribunal arbitral.*

ARBITRAMENTO y **ARBITRAMIENTO** m. Acción o facultad de dar sentencia arbitral. || *For.* Sentencia arbitral.

ARBITRANTE adj. Que arbitra.

ARBITRAR v. t. Proceder uno libremente o con arbitrio. || Dar o proponer arbitrios. || Hacer que se observen las reglas de un juego: *arbitrar un partido de fútbol.* || — V. i. *For.* Juzgar como árbitro. (SINÓN. V. *Juzgar.*) || — V. r. Ingeniarse: *arbitrarse recursos.*

ARBITRARIAMENTE adv. m. Por arbitrio: *juzgar arbitrariamente.* || Con arbitrariedad.

ARBITRARIEDAD f. Acto contrario a la justicia o las leyes, ilegalidad.

ARBITRARIO, RIA adj. Que depende del arbitrio. (SINÓN. V. *Irregular.*) || Que procede con arbitrariedad: *poder arbitrario.* (SINÓN. V. *Despótico.*) || Arbitral. || — CONTR. *Legal, justo.*

ARBITRATIVO, VA adj. Arbitrario.

ARBITRIO m. Facultad que tiene la voluntad de elegir o de determinarse: *libre arbitrio.* || Medio extraordinario que se propone para el logro de algún fin. (SINÓN. *Expediente.*) || Juicio del juez árbitro. || — Pl. Impuestos municipales para gastos públicos. (SINÓN. V. *Impuesto.*)

ARBITRISTA com. Persona que propone planes o proyectos disparatados.

ÁRBITRO m. (del lat. *arbitrari*, juzgar). Persona escogida por un tribunal para decidir una diferencia. || Dueño absoluto: *Dios es árbitro de nuestra suerte.* || Que tiene gran influencia: *árbitro de la moda.* || Juez que cuida de la aplicación del reglamento en un certamen deportivo. (SINÓN. V. *Juez.*)

ÁRBOL m. Planta de tronco leñoso que se ramifica a mayor o menor altura del suelo. || Eje que sirve para recibir o transmitir el movimiento en las máquinas: *árbol motor.* || *Bot.* Nombre de varias plantas, como *árbol de Judas*, el ciclamor; *árbol de la cera*, euforbiácea de Cuba; *árbol de la vida*, la tuya; *árbol del cielo*, terebintácea de las Molucas; *árbol del diablo*, el jabillo; *árbol del incienso*, anacardiácea de Asia; *árbol del pan*, artocárpea de Oceanía; *árbol de María*, el calambuco; *árbol de la leche*, morácea de Venezuela. || *Árbol de Navidad* o *de Noel*, árbol decorado con luces, adornos y regalos, con el que se celebran las fiestas navideñas. || *Árbol genealógico*, cuadro que da, bajo la forma de un árbol con sus ramificaciones, la afiliación de los miembros de una familia o dinastía.

ARBOLADO, DA adj. Poblado de árboles: *paseo arbolado.* || — M. Conjunto de árboles.

ARBOLADURA f. *Mar.* Palos de un barco.

ARBOLAR v. t. Enarbolar. || Poner los palos a una embarcación. || Arrimar derecho un objeto alto a una cosa: *arbolar una escala a la pared.* || — V. r. Encabritarse.

ARBOLECER v. i. Arborecer, hacerse árbol || — IRREG. Se conjuga como *merecer.* || — PARÓN. *Alborecer.*

ARBOLEDA f. Sitio poblado de árboles.

ARBOLETE m. Rama de árbol que los cazadores hincan en tierra para cazar aves.

ARBOLISTA com. Persona que se dedica al cultivo de árboles o comercia con ellos.

ARBOLLÓN m. Desaguadero de los estanques.

ARBORECER v. i. Hacerse árbol: *planta que arborece.* || — IRREG. Se conjuga como *merecer.*

ARBÓREO, A adj. Relativo al árbol: *tallo arbóreo.* || Semejante al árbol: *cristalización arbórea.*

ARBORESCENCIA f. Crecimiento o calidad de las plantas arborescentes. || Semejanza de ciertos minerales o cristalizaciones con forma de árbol.

ARBORESCENTE adj. Que presenta caracteres análogos al árbol: *planta arborescente.*

ARBORÍCOLA adj. y s. Que vive en los árboles.

ARBORICULTOR m. El que se dedica a la arboricultura.

ARBORICULTURA f. Cultivo de los árboles. || Enseñanza de este cultivo.

ARBORIFORME adj. De figura de árbol: *tallo arboriforme.*

ARBORIZACIÓN f. Dibujo natural que representa ramas de árbol en los cuerpos minerales o en las cristalizaciones.

ARBORIZADO, DA adj. Que presenta arborizaciones: *ágata arborizada.*

ARBOTANTE m. *Arq.* Arco que contrarresta el empuje de otro arco o bóveda. || *Mar.* Palo que sobresale del casco de un buque y sirve de sostén.

ARBUSTIVO, VA adj. De aspecto de arbusto: *planta arbustiva.*

ARBUSTO m. Planta perenne de ramos leñosos, con ramas desde la base.

ARCA f. Caja de madera con tapa llana, asegurada con bisagras, candados o cerraduras. (SINÓN. V. *Armario.*) || Horno de las fábricas de vidrio. || — Pl. Pieza donde se guarda el dinero en las tesorerías. || Vacíos que hay debajo de las costillas: *recibir un golpe en las arcas.* || *Arca de agua*, depósito para recibir y repartir el agua. (SINÓN. V. *Depósito.*) || *Arca de la alianza*, aquella en que se guardaban las tablas de la ley, el maná y la vara de Aarón. || *Arca de Noé*, embarcación grande en que se salvaron del diluvio Noé, su familia y cierto número de animales. *Zool.* Molusco lamelibranquio de los mares de España. *Fig. y fam.* Cajón o sitio donde se encierran varias cosas: *su mesa es un arca de Noé.*

ARCABUCEAR v. t. Tirar arcabuzazos: *arcabucear al enemigo.* || Matar con una descarga de arcabucería.

ARCABUCERÍA f. Tropa armada de arcabuces. || Fuego de arcabuces. || Sitio donde se hacen o venden arcabuces.

ARCABUCERO m. Soldado armado de arcabuz. || Fabricante de arcabuces.

ARCABUCO m. Lugar arbolado y con malezas.

ARCABUZ m. Arma de fuego antigua semejante al fusil. (SINÓN. V. *Fusil.*) || Arcabucero.

ARCABUZAZO m. Tiro de arcabuz. || Herida que produce.

ARCADA f. Movimiento del estómago que excita a vómito. || Conjunto o serie de arcos. || Ojo de puente. || — PARÓN. *Arqueada.*

ÁRCADE, ARCADIO o **ARCÁDICO, CA** adj. y s. De la Arcadia.

ARCADISMO m. Movimiento literario cuya temática preferida son los idilios y el bucolismo.

ARCADUZ m. Caño por donde pasa el agua. || Cangilón de noria. || *Fig.* y *fam.* Medio por el cual se consiguen algunas cosas.

ARCAICO, CA adj. (del gr. *arkhaikos*, antiguo). Viejo, desusado, anticuado: *giro arcaico.* (SINÓN. V. *Antiguo.*) || Anterior a las épocas clásicas. || *Geol.* Primitivo.

ARCAÍSMO m. Voz, frase anticuadas: *agora,*

por ahora, es un arcaísmo. || Empleo de voces o frases anticuadas. || Imitación de las cosas de la Antigüedad. || — CONTR. *Neologismo, modernismo.*

— Consiste el *arcaísmo* en usar adrede voces y giros anticuados, como *asaz* (bastante), *cuasí* (casi), *empero* (pero), *por ende* (por tanto), *maguer* (a pesar), *agora* (ahora), *cabe* (junto a), *yantar* (comer), *fierro* (hierro). Hay arcaísmos que subsisten en el habla actual de ciertas provincias de España o en diversos países de lengua española, como *alfayate* (sastre), *almadraqueja* (colchón), que son andaluces; *aguaitar* (acechar), *mueso* (bocado), que son aragoneses; *aspa* (cuerno), *chapa* (cerradura), *pararse* (ponerse en pie), que son generales en América; *meldar* (leer, aprender), que es judeoespañol. A veces palabras antiguas completamente olvidadas vuelven a nacer, tomándoselas a menudo por neologismos, como *llamada, prestigiar, resurgir, verecundia.*

ARCAÍSTA com. Persona que emplea arcaísmos con frecuencia.

ARCAIZANTE adj. Que arcaíza.

ARCAIZAR v. i. Usar arcaísmos. || — V. t. Llenar una lengua de arcaísmos.

ARCÁNGEL m. (del gr. *arkhos,* jefe, y *aggelos,* ángel). Ángel de orden superior: *la Biblia cita a los arcángeles Gabriel, Miguel y Rafael.* (SINÓN. V. ÁNGEL.)

ARCANO, NA adj. y s. Secreto: *los arcanos de la alquimia.* (SINÓN. V. *Secreto.*)

ARCATURA f. Serie de pequeñas arcadas, reales o simuladas.

ARCE m. (lat. *acer*). Árbol aceráceo de madera, muy dura y salpicada de manchas.

ARCEDIANA *Cub.* y *Chil.,* o **ACEDIANA** f. Nombre vulgar del *amaranto* o *moco de pavo.*

ARCEDIANATO m. Dignidad de arcediano. || Territorio de su jurisdicción.

ARCEDIANO m. Dignidad eclesiástica en las iglesias catedrales.

ARCEDO m. Sitio poblado de arces.

ARCILLA f. Substancia mineral, empapada en agua, impermeable y plástica, formada principalmente por silicato alumínico. (Se distinguen la *arcilla verde* o *figulina,* que sirve para la alfarería común, y la *arcilla blanca* o *caolín,* usada para fabricar la porcelana.)

ARCILLAR v. t. Mejorar la tierra con arcilla.

ARCILLOSO, SA adj. Que tiene arcilla: *suelo arcilloso, consistencia arcillosa.*

ARCIÓN m. *Amer.* Ación.

ARCIONERA f. *Amer.* Acionera.

ARCIPRESTAZGO m. Dignidad de arcipreste. || Territorio de su jurisdicción.

ARCIPRESTE m. Título de los párrocos de ciertas iglesias con preeminencia honorífica sobre los demás párrocos de un territorio determinado.

ARCO m. (lat. *arcus*). *Geom.* Porción de curva: *arco de círculo, de elipse.* || Arma que sirve para disparar flechas. || Vara delgada en la que se fijan algunas cerdas, que sirve para excitar las cuerdas del violín, contrabajo, etc. || Aro de pipas, cubas, etc. || *Arq.* Fábrica en forma de arco: *arco de puente.* || *Electr.* Descarga luminosa acompañada de alta temperatura, que se produce entre dos conductores. || *Zool.* Hueso de forma arqueada: *arco cigomático.* || *Arco iris,* v. IRIS. || *Arco triunfal* o *de triunfo,* monumento en forma de arco, adornado con esculturas, bajorrelieves e inscripciones. (V. *Parte hist.*) || *Arco voltaico,* flujo de chispas en el punto donde se interrumpe un circuito eléctrico con breve intervalo.

ARCÓN m. Arca grande.

ARCONTADO m. Gobierno de los arcontes.

ARCONTE m. Primer magistrado de las repúblicas griegas.

ARCOSA f. Cierta arenisca.

ARCHA f. Especie de alabarda usada antiguamente.

ARCHERO m. Guardia de la casa de Borgoña.

ARCHI, prefijo griego que, con sustantivos, denota preeminencia o superioridad: *archiduque, archipobre, archivulgar* y con adjetivos equivale a muy: *archinotable.* || —OBSERV. Suele tener otras formas: *arcángel, arcipreste, arquetipo, arzobispo.*

ARCHIBRUTO, TA adj. Muy bruto.

ARCHICOFRADE com. Miembro de una archicofradía.

ARCHICOFRADÍA f. Nombre de ciertas cofradías más importantes que las demás.

ARCHIDIÁCONO m. Arcediano.

ARCHIDIÓCESIS f. Arquidiócesis.

ARCHIDUCADO m. Dignidad de archiduque. || Territorio perteneciente al archiduque.

ARCHIDUCAL adj. Relativo al archiduque o al archiducado.

ARCHIDUQUE m. y **ARCHIDUQUESA** f. Dignidad de los príncipes de la casa de Austria.

ARCHILAÚD m. Instrumento de música, modificación del antiguo laúd.

ARCHIMANDRITA m. (del gr. *arkhos,* jefe, y *mandra,* claustro). Superior de un monasterio griego.

ARCHIMILLONARIO, RIA adj. y s. Que posee una fortuna de muchos millones.

ARCHIPÁMPANO m. *Fam.* Persona que ejerce dignidad imaginaria.

ARCHIPIÉLAGO m. Parte del mar poblada de islas. || Conjunto de islas: *el archipiélago filipino.*

ARCHIVADOR, RA adj. y s. Que archiva. || — M. Mueble o caja para archivar.

ARCHIVAR v. t. Guardar en un archivo: *archivar papeles.* || Arrumbar por inútil o desusada una cosa. || *Fig.: archivar sus pensamientos.*

ARCHIVERO y **ARCHIVISTA** m. El que tiene a su cargo un archivo.

ARCHIVO m. (lat. *archium*). Documentos antiguos relativos a la historia de un Estado, ciudad, etc. || Sitio donde se custodian. || *Fig.* Persona o lugar secretos o reservados. || Persona que posee en grado sumo una perfección. || *Fig.* Persona que posee vastos conocimientos: *archivo viviente.* || V. *Parte hist.*

ARCHIVOLTA f. *Arq.* Conjunto de molduras que decoran un arco.

ÁRDEA f. Alcaraván, ave zancuda.

ARDENTÍA f. Ardor, pirosis: *sentir ardentía en el estómago.*

ARDER v. i. Consumirse con el fuego una cosa: *la casa arde.* (SINÓN. V. *Llamear* y *quemar.*) || Repudrirse el estiércol. || *Fig.* Estar muy agitado por una pasión, discordia, etc.: *arder en [de] ira; arder en guerras un país.* || — V. t. Abrasar, quemar. || — V. r. Echarse a perder por el excesivo calor: *las mieses se arden.* || *Méx. ¿Qué te arde?,* ¿qué te importa?

ARDID m. Artificio, maña, treta. (SINÓN. V. *Astucia.*) || — PARÓN. *Ardite.*

ARDIDO, DA adj. *Amer.* Irritado, enojado.

ARDIENTE adj. Que arde. || Que causa ardor: *fiebre ardiente.* || *Fig.* Activo: *caballo ardiente.* (SINÓN. V. *Fogoso.*) || *Fig.* y *poét.* De color rojo o de fuego: *clavel ardiente.* || — CONTR. *Apagado.*

ARDIENTEMENTE adv. m. Con ardor.

ARDILOSO, SA adj. *Chil.* Chismoso.

ARDILLA f. Mamífero roedor, de pelaje negro rojizo y cola muy poblada: *la ardilla es muy inquieta.*

ARDIMIENTO m. Acción de arder, ardor. || *Fig.* Valor, intrepidez, denuedo.

ARDÍNCULO m. *Veter.* Hinchazón en las llagas de las bestias.

ARDITE m. Moneda castellana antigua de poco valor. || *Fam. No valer un ardite,* valer muy poco. || — PARÓN. *Ardid.*

ARDOR m. Calor grande: *el ardor del estío.* (SINÓN. *Fuego, llama.*) || *Fig.* Viveza, eficacia: *trabajar con ardor.* (SINÓN. V. *Fogosidad.*) || *Fig.* Ansia, anhelo. || *Fig.* Valor, intrepidez. || *Fig.* Enardecimiento: *en el ardor de la disputa.* || — CONTR. *Frialdad.*

ARDORADA f. Oleada de rubor.

ARDOROSO, SA adj. Que tiene ardor: *sol ardoroso.* || *Fig.* Ardiente, vigoroso, eficaz.

ARDUIDAD f. Calidad de arduo o difícil.

ARDUO, DUA adj. Muy difícil. (SINÓN. V. *Difícil.* CONTR. *Fácil.*)

ÁREA f. Superficie: *el área de un edificio, de un campo.* || *Geom.* Superficie comprendida dentro de un perímetro. (SINÓN. V. *Superficie.*) || Medida agraria (100 m cuadrados): *el área es unidad de medidas agrarias.* || Zona de un terreno de juego. || — PARÓN. *Aria.*

ARECA f. Especie de palma de Filipinas con cuyo fruto se hace buyo.

AREFACIÓN f. Acción de secar algo al aire.

arce

archivolta

ardilla

ardilla de África

arenque

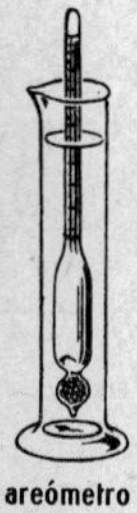

areómetro

argonauta

AREL m. Criba grande para aventar el trigo.
ARENA f. Conjunto de partículas que proviene de la desagregación de las rocas cristalinas: *la arena del mar.* ‖ Polvo duro y granuloso, compuesto generalmente de partículas de sílice impura. ‖ Metal o mineral en polvo: *arenas de oro.* ‖ *Fig.* Sitio del combate. (SINÓN. *Palenque.*) ‖ Circo. ‖ Redondel de la plaza de toros. ‖ — Pl. Piedrecitas o concreciones pequeñas, que se encuentran en la vejiga. ‖ *Arenas movedizas,* masa de arena suelta e inestable.
ARENÁCEO, CEA adj. Arenoso.
ARENAL m. Arena movediza, sitio donde hay mucha arena. ‖ Terreno arenoso.
ARENAR v. t. Enarenar, cubrir de arena: *arenar un jardín.* ‖ Refregar con arena.
ARENCAR v. t. Preparar las sardinas de la misma manera que los arenques.
ARENERO, RA m. y f. Persona que vende arena. ‖ — M. Caja de arena de las locomotoras y tranvías. ‖ *Taurom.* Mozo que cuida del buen estado del ruedo durante la lidia.
ARENGA f. Discurso enardecedor pronunciado delante de una asamblea, de tropas, etc. (SINÓN. V. *Discurso.*) ‖ *Fig.* y *fam.* Discurso largo. ‖ *Chil.* Disputa, pendencia.
ARENGAR v. t. e i. Pronunciar en público una arenga: *el general arengó a los soldados.*
ARENÍCOLA adj. Que vive en la arena. ‖ — M. anélido que vive en la arena de la orilla del mar.
ARENÍFERO, RA adj. Que contiene arena: *roca arenífera.*
ARENILLA f. Arena menuda que se echaba en lo escrito para secarlo. ‖ Cálculos urinarios o biliares pequeños.
ARENILLERO m. Salvadera.
ARENISCO, CA adj. Que tiene arena: *terreno arenisco.* ‖ — F. Roca formada de sílice. (SINÓN. *Gres.*)
ARENOSO, SA adj. Que tiene arena: *terreno arenoso.* ‖ Parecido a la arena: *roca arenosa.*
ARENQUE m. Pez teleósteo parecido a la sardina que abunda en los mares del norte de Europa. ‖ *Fig.* y *fam.* Persona enjuta, flaca: *seco como un arenque.*
ARENQUERA f. Red para arenques.
AEROGRAFÍA f. Estudio de la superficie del planeta Marte.
AREOLA f. *Med.* Círculo rojizo que rodea ciertas pústulas: *las areolas de las viruelas.* ‖ *Anat.* Círculo que rodea el pezón del pecho. ‖ Cavidad entre los hacecillos de los tejidos. ‖ — PARÓN. *Aureola.*
AREOLAR adj. Que tiene areolas.
AREOMETRÍA f. Arte de determinar con el areómetro la densidad de los líquidos.
AREÓMETRO m. (del gr. *araios,* tenue, y *metron,* medida). *Fís.* Instrumento que sirve para determinar la densidad de los líquidos. (Sumergido en un líquido, el *areómetro* flota verticalmente y se hunde tanto más cuanto más ligero es el líquido. Se compone de un cilindro hueco provisto de lastre y de una columna graduada.) ‖ — PARÓN. *Aerómetro.*
AREOPAGITA m. Juez del Areópago.
AREÓPAGO m. Tribunal superior de la antigua Atenas. (V. *Parte hist.*) ‖ *Fig.* Reunión de personas sabias y competentes: *areópago literario.* ‖ Asamblea de jueces: *un areópago de examinadores.* (SINÓN. V. *Compañía.*)
AREÓSTILO m. *Arq.* ‖ Edificio adornado con columnas entre las cuales hay una distancia de ocho o más módulos.
AREPA f. *Amer.* Torta de maíz con manteca que se sirve rellena de carne de cerdo, chicharrón u otra cosa. ‖ *Venez. Fam. Ganarse la arepa,* ser muy laboriosa una persona.
AREPERÍA f. Tienda donde se venden arepas.
AREPERO, RA adj. y s. *Venez.* Persona de vida incierta.
AREQUIPA f. *Amer.* Cierto postre de leche.
AREQUIPEÑO, ÑA adj. y s. De Arequipa (Perú).
ARESTIL o **ARESTÍN** m. Planta umbelífera, de flores azules. ‖ *Veter.* Excoriación en las cuartillas de las caballerías. ‖ *Arg.* Erupción cutánea.
ARETE m. Aro pequeño, arillo. ‖ Pendiente.
ARETINO, NA adj. y s. De Arezzo (Italia).
ARÉVACO, CA adj y s. Natural de la España Tarraconense
ARFADA f. *Mar.* Cabeceo o cabezada del barco.
ARFAR v. i. *Mar.* Cabecear el buque.
ARGADIJO y **ARGADILLO** m. Devanadera. ‖ *Fig.* y *fam.* Persona bulliciosa, inquieta y entremetida.
ARGALLERA f. Serrucho para hacer en la madera surcos en redondo.
ARGAMANDEL m. Andrajo, arambel.
ARGAMANDIJO m. *Fam.* Conjunto de varias cosas menudas.
ARGAMASA f. Mezcla de cal, arena y agua, que se emplea en albañilería.
ARGAMASAR v. i. Hacer argamasa. ‖ Consolidar con argamasa.
ARGAMASÓN m. Pedazo grande de argamasa.
ARGÁN m. Árbol de África, de fruto comestible, cuyas semillas dan aceite.
ÁRGANA f. Especie de grúa para subir cosas de mucho peso. ‖ — Pl. Árguenas.
ARGANEO m. *Mar.* Argolla de la caña del ancla.
ARGAVIESO m. Turbión, chaparrón, tormenta.
ARGAYO m. Desprendimiento de tierra.
ARGEL adj. Dícese del caballo que solamente tiene blanco el pie derecho.
ARGELINO, NA adj. y s. De Argel o Argelia.
ARGEMONE f. Planta papaverácea.
ARGENTADO, DA adj. Plateado.
ARGENTÁN m. Aleación de cobre, níquel y cinc.
ARGENTAR v. t. Platear. Guarnecer con plata. ‖ *Fig.* Dar brillo semejante al de la plata: *la luna argentaba el paisaje.*
ARGENTARIO m. Platero.
ARGÉNTEO, A adj. De plata. ‖ Bañado de plata. ‖ *Fig.* De brillo como de plata: *ondas argénteas.*
ARGENTERÍA f. Bordadura de plata u oro.
ARGENTÍFERO, RA adj. Que contiene plata: *mineral argentífero, plomo argentífero.*
ARGENTINA f. Planta rosácea de flores amarillas en corimbo.
ARGENTINIDAD f. Sentimiento de la nacionalidad argentina.
ARGENTINISMO m. Palabra, locución o giro propio del modo de hablar de los argentinos.
— Comprenden los *argentinismos,* como los demás americanismos (v. esta palabra), voces castellanas arcaicas, provinciales de la Península o usadas en sentido a veces algo diferente del que en España tienen. Como elementos extraños al castellano se encuentran voces de origen indio, principalmente quechuas, guaraníes y araucanas, siendo el grupo quechua el más notable por el número de voces de uso general. Entre los idiomas europeos, el francés, el inglés, el italiano y, en proporción menor, el portugués-brasileño y el alemán han agregado bastantes palabras.
ARGENTINIZAR v. t. Dar carácter argentino.
ARGENTINO, NA adj. Argénteo: *brillo argentino.* ‖ Que tiene el sonido vibrante de la plata: *voz argentina.* ‖ — Adj. y s. De la República Argentina. ‖ — M. *Arg.* Moneda de oro.
ARGENTO m. (lat. *argentum*). *Poét.* Plata.
ARGENTOSO, SA adj. Que tiene mezcla de plata.
ARGIVO, VA adj. y s. De Argos o de la Argólida.
ARGILOSO, SA adj. Arcilloso.
ARGO m. Argón.
ARGOLLA f. Aro, generalmente grueso, de metal. ‖ Juego que consiste en pasar unas bolas por una argolla móvil. ‖ *Fig.* Sujeción. ‖ *Amer.* Alianza. ‖ *Ecuad.* Trinca o conventículo. ‖ *Per.* Cierta agrupación política. ‖ *Amér. C. Fig. Formar argolla,* formar monopolio. ‖ — OBSERV. Es barbarismo emplearlo en el sentido de *anillo, sortija.*
ARGOLLAR v. t. *Col.* Dar prenda de esponsales.
ARGÓN m. (del gr. *argos,* inactivo). Elemento simple, gaseoso, incoloro, inodoro y sin ninguna actividad química (simb. A), que en proporción de 1 por ciento entra en la composición del aire.
ARGONAUTA m. V. *Parte hist.* ‖ Molusco cefalópodo que vive en los mares calientes.

ARGOS m. V. *Parte hist.* || *Fig.* Persona muy vigilante. || *Zool.* Ave parecida al faisán, que vive en la India y Malasia.
ARGOT m. (pal. fr., pr. *argó*). Germanía, jerga. || Lenguaje convencional, especialmente utilizado por un grupo, una profesión, una clase social.
ARGUCIA f. (lat. *argutia*). Sutileza, sofisma: *buscar argucias.* (SINÓN. V. *Mentira* y *sutileza.*)
ÁRGUENAS o **ÁRGUEÑAS** f. pl. Alforjas o angarillas.
ARGÜIR v. i. Poner argumentos contra algo, impugnar: *argüir de falso.* || — V. t. Deducir, inferir: *la viveza de los ojos arguye la del ingenio.* || Probar, descubrir. || Echar en cara, acusar. || — IRREG. Se conjuga como *huir.*
ARGUMENTACIÓN f. Acción de argumentar. || Argumento.
ARGUMENTADOR, RA adj. y s. Que argumenta.
ARGUMENTAR v. i. Argüir. (SINÓN. V. *Razonar.*)
ARGUMENTO m. Razonamiento que se emplea para demostrar una proposición. (SINÓN. V. *Raciocinio.*) || Asunto o materia de una obra: *el argumento de un drama.* (SINÓN. V. *Trama.*) || Sumario de una obra.
ARGUYENTE adj. Que arguye.
ARIA f. Composición musical escrita para una sola voz. (SINÓN. V. *Canto* y *melodía.*)
ARICAR v. t. Arar superficialmente.
ARIDECER v. t. Hacer árida una cosa: *aridecerse una tierra.* || — IRREG. Se conjuga como *merecer.*
ARIDEZ f. Calidad de árido: *la aridez del desierto.* || — CONTR. *Fecundidad, humedad.*
ÁRIDO, DA adj. Seco: *campo árido, tierra árida.* (SINÓN. V. *Estéril.* CONTR. *Húmedo, fecundo.*) || *Fig.* Falto de amenidad: *estudios áridos.* (SINÓN. V. *Trillado.*) || — M. pl. Granos y legumbres que se miden con medidas de capacidad.
ARIES m. *Astr.* Uno de los signos del Zodiaco. || Constelación zodiacal.
ARIETA f. Aria corta y ligera.
ARIETE m. Máquina militar antigua. que se empleaba para derribar murallas o puertas. || *Mar.* Buque de vapor blindado y con espolón muy reforzado. || En el fútbol, delantero centro. || *Mec. Ariete hidráulico,* máquina para elevar agua.
ARIJO, JA adj. Muy fácil de cultivar: *tierra arija.*
ARILO m. *Bot.* Envoltura de algunas semillas.
ARILLO m. Pendiente redondo para las orejas (SINÓN. V. *Anillo.*)
ARIMEZ m. *Arq.* Resalto en algunos edificios.
ARIO, RIA adj. y s. Perteneciente a este pueblo de Asia Central. || — M. Lengua hablada por el mismo: *lengua aria.*
ARIPIQUE o **ARIQUIPE** m. *Col.* Arequipa.
ARIQUE m. *Antill.* Tira de yagua que se emplea para atar.
ARÍSARO m. Planta arácea.
ARISBLANCO, CA adj. De aristas blancas (trigo).
ARISCAR v. t. *Guat.* y *P. Rico.* Amedrentar. || — V. r. Enojarse. || Huirse.
ARISCO, CA adj. Áspero, intratable: *genio arisco, animal arisco.* (SINÓN. V. *Desabrido, intratable* y *huraño.* CONTR. *Amable, tratable.*) || *Cub.* Miedoso.
ARISNEGRO, GRA y **ARISPRIETO, TA** adj. De aristas negras: *trigo arisnegro.*
ARISTA f. Intersección de dos planos: *las aristas de un romboedro.* (SINÓN. V. *Ángulo.*) || Filamento áspero del cascabillo del trigo. || Pajilla del cáñamo o lino agramados.
ARISTADO, DA adj. Que tiene aristas.
ARISTARCO m. *Fig.* Crítico demasiado severo. (SINÓN. V. *Crítico.*)
ARISTOCRACIA f. Clase noble de una nación. || Gobierno de la nobleza. (CONTR. *Democracia.*) || Clase predominante: *aristocracia del saber, del dinero.*
ARISTÓCRATA com. Individuo de la aristocracia o partidario de ella. || — SINÓN. *Noble, gentilhombre, patricio.* V. tb. *caballero.*
ARISTOCRÁTICAMENTE adv. m. De modo aristocrático: *obrar aristocráticamente.*

ARISTOCRÁTICO, CA adj. Relativo a la aristocracia. (CONTR. *Democrático.*) || Fino, distinguido.
ARISTOCRATIZAR v. t. Dar carácter aristocrático: *aristocratizar un gobierno.*
ARISTOFÁNICO, CA adj. Propio de Aristófanes. || Que recuerda la manera satírica de sus obras: *farsa aristofánica.*
ARISTOLOQUIA f. Planta herbácea: *la aristoloquia es medicinal y diurética.*
ARISTOLOQUIÁCEAS f. pl. Familia de plantas angiospermas y dicotiledóneas.
ARISTÓN m. *Mús.* Especie de organillo.
ARISTOSO, SA adj. Que tiene muchas aristas.
ARISTOTÉLICO, CA adj. Relativo a Aristóteles: *doctrina aristotélica.* || — Adj. y s. Partidario del aristotelismo.
ARISTOTELISMO m. Doctrina de Aristóteles. || Influencia de ésta sobre el pensamiento universal.
ARITMÉTICA f. (del gr. *arithmos,* número). Ciencia que estudia las propiedades elementales de los números racionales. || Libro que trata de esta ciencia: *comprar una aritmética.*
ARITMÉTICO, CA adj. Relativo a la aritmética: *solución aritmética.* || Basado en la aritmética. || — M. y f. Persona que se dedica a esta ciencia.
ARITMÓGRAFO m. Máquina de calcular.
ARITMÓMETRO m. Instrumento que sirve para calcular mecánicamente.
ARITO m. *Col.* y *Guat.* Pendiente, zarcillo.
ARLEQUÍN m. Personaje cómico de la comedia italiana vestido con mascarilla negra y traje de cuadros de distintos colores. || Persona vestida con este traje: *había varios arlequines en el baile.* Bufón. || *Fig.* y *fam.* Persona informal, y despreciable. || *Fig.* y *fam.* Sorbete de dos colores.
ARLEQUINADA f. Ridiculez, mamarrachada.
ARLEQUINESCO, CA adj. Del arlequín.
ARMA f. Instrumento destinado a atacar o defenderse: *llámanse armas blancas las de acero, como la espada.* || *Mil.* Cada uno de los principales elementos militares: *el arma de infantería, de caballería, de artillería.* || *Fig. Arma de dos filos,* la que puede tener efectos opuestos. || — Pl. Ejército de una nación: *las armas de España.* || Blasón, escudo: *las armas de Madrid.* || Defensas de los animales. || Profesión militar. || *Fig.* Medios para conseguir una cosa. || *Hecho de armas,* hazaña guerrera. || *Alzarse en armas,* sublevarse. || *Presentar las armas,* rendir honores militares. || *Rendir las armas,* entregarse al enemigo. || *Pasar por las armas,* fusilar. || *Hacer sus primeras armas,* su primera campaña. || *Descansar las armas,* apoyarlas en el suelo. || *De armas tomar,* resuelto, atrevido.
— El armamento moderno se divide en *armas individuales* (pistola, fusil, metralleta, etc.), utilizadas por un solo hombre; *colectivas* (bazooca, ametralladora, mortero, cañón, etc.), y frente a estas armas, llamadas *clásicas* o *convencionales,* existen las *especiales* (atómicas, biológicas, químicas).
ARMADA f. Fuerzas navales de una nación. || Escuadra: *la Armada Invencible.* || *Riopl.* y *Chil.* Forma en que se arma el lazo. || *Bol.* y *Per.* Plazo, vez.
ARMADÍA f. Conjunto de maderos unidos unos con otros para poderlos conducir por los ríos.
ARMADIJO m. Trampa, garlito. (SINÓN. V. *Emboscada.*) || Tinglado.
ARMADILLO m. Mamífero desdentado, de la América meridional.
ARMADO, DA adj. Provisto de armas. || Provisto de una armadura metálica interna: *cemento armado.* || *Méx.* y *P. Rico.* Terco, obstinado. || — M. Acción de armar: *el armado de una prenda.* || Nombre de los individuos vestidos con armadura y lanza que en Semana Santa figuran en las procesiones. || Pez silúrido de los mares del Sur. || *Guat.* Armadillo. || *Arg.* Cigarrillo liado a mano. || *Chil.* Armadura.
ARMADOR, RA m. y f. Persona que arma o monta. || — M. El que por su cuenta arma o equipa una embarcación. || Jubón, prenda de vestir. || *Bol.* y *Chil.* Chaleco. || *Ecuad.* Percha para ropa.
ARMADURA f. Conjunto de armas de hierro

argos

armadillo

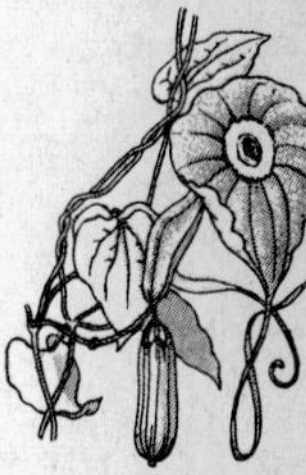
aristoloquia

ARMADURAS DE TEJADO

de tornapunto y pendolón

de tirantes oblicuos

de tirante horizontal

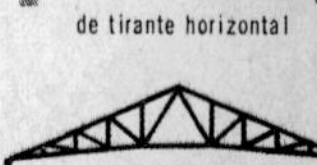
metálica

Fot. Game Fish and Oyster Commission

armónica

árnica

arpa

armazón de escalera

armilla

armiño

que vestían los que iban a combatir. || Conjunto de vigas de madera o hierro que forman el tejado. || Conjunto de piezas unidas unas con otras, con que se arma alguna cosa: *la armadura de una estatua.* || Esqueleto. || Placa metálica que forma parte de los condensadores eléctricos. || Barra de hierro dulce que une los dos polos de un imán en forma de herradura. || *Mús.* Conjunto de sostenidos o bemoles que indican el tono de una composición.

ARMAMENTO m. Acción de armar, preparativos de guerra: *reducción de armamentos.* || Conjunto de armas: *el armamento de este ejército es mediocre.* || Armas y fornituras de un soldado. || Equipo de un buque.

ARMAMENTISTA adj. *Amér. C.* Militarista.

ARMAR v. t. Dar armas. || Disponer para la guerra: *armar un ejército de cien mil hombres.* || Aprestar un arma para disparar. || *Por ext.* Tensar el muelle de un mecanismo. || Concertar o montar las piezas de un mueble, artefacto, etc.: *armar una máquina.* || Fundar, asentar. || Dar forma, resistencia o consistencia. || *Fig.* y *fam.* Disponer, organizar: *armar un baile.* || Equipar un barco. || *Fig.* y *fam.* Causar, provocar: *armar jaleo.* || *Arg.* Liar, hacer: *armar un cigarrillo.* || — V. r. *Fig.* Disponer el ánimo para conseguir un fin o resistir alguna contrariedad: *armarse de valor, de paciencia.* || *Amer.* Plantarse las caballerías. || *Amer.* Obstinarse violentamente. || *Fam. Armarla, armarse la gorda, la de San Quintín* o *la de Dios es Cristo,* producirse un escándalo o alboroto. || — RÉG. *Armar con [de] lanza, en corso.*

ARMARIO m. Mueble cerrado que tiene tablas, anaqueles o perchas para colocar libros, ropas u otras cosas. || — SINÓN. *Arca, bargueño, aparador, costurero, entredós, ropero, cómoda.*

ARMATOSTE m. Máquina o mueble tosco. || *Fig.* y *fam.* Persona corpulenta e inútil.

ARMAZÓN f. Armadura, estructura sobre la que se monta una cosa: *armazón de máquina.* (SINÓN. *Montura, esqueleto, osamenta.*) || — M. *And.* y *Amer.* Anaquelería. || Esqueleto: *recia armazón.* (Es tb. f. en esta acepción.)

ARMELLA f. Anillo de hierro con una espiga para clavarlo. || — PARÓN. *Argolla.*

ARMÉNICO, CA adj y **ARMENIO, NIA** adj. y s. De Armenia: *bol arménico.*

ARMERÍA f. Museo de armas. || Tienda del armero. || Arte de fabricar armas.

ARMERO m. Fabricante, componedor o vendedor de armas. || Aparato para tener las armas: *colocar el fusil en el armero.* || El que limpia o custodia las armas en el ejército.

ARMIDITA adj. *Chil.* Se dice de cierto vino dulce.

ARMÍFERO, RA y **ARMÍGERO, RA** adj. *Poét.* Que lleva armas: *ángel armífero.*

ARMILAR adj. *Esfera armilar,* reunión de círculos de metal o de cartón que representan el cielo y los diversos movimientos de los astros.

AMILLA f. Nombre del astrágalo de la columna.

ARMIÑADO, DA adj. Guarnecido de armiño. || Blanco como el armiño.

ARMIÑO m. Mamífero carnívoro de piel muy suave y delicada, parda en verano y blanquísima en invierno, excepto la punta de la cola, que es siempre negra. || Piel de este animal. || *Blas.* Figura del blasón.

ARMISTICIO m. (de *arma,* y el lat. *statio,* parada). Suspensión de hostilidades. (SINÓN. V. *Tregua.*)

ARMÓN m. *Artill.* Juego delantero de la cureña del cañón de campaña.

ARMONÍA f. (del gr. *harmonia,* arreglo). Unión o combinación de sonidos agradables. (SINÓN. *Melodía.*) || Arte de formar los acordes musicales. || Proporción y correspondencia de las partes de un todo: *armonía de colores en un cuadro.* (SINÓN. *Concordancia, acuerdo, simetría.* V. tb. *equilibrio.*) || *Guat.* Curiosidad, molestia. || *Fig.* Amistad y buena correspondencia: *vivir en armonía.* || *Armonía imitativa,* conjunto de voces cuyo sonido imita algo el objeto que representan: *el ruido con que rueda la ronca tempestad.* || *Armonía preestablecida,* sistema filosófico debido a Leibniz, que supone correspondencia establecida por Dios entre las leyes del cuerpo y las del alma.

ARMÓNICA f. Instrumento músico compuesto de láminas de cristal de longitud desigual. || Instrumento músico de viento compuesto de varios canutos con estrangul que se toca pasándolo ante los labios.

ARMÓNICAMENTE adv. m. De manera armónica: *vivir armónicamente.*

ARMÓNICO, CA adj. Relativo a la armonía: *composición armónica.* || — M. *Mús.* Sonido producido por la resonancia de otro. || Sonido que se obtiene apoyando el dedo en una cuerda que vibra.

ARMONIO m. Órgano pequeño y al cual se da el aire con un fuelle que se mueve con los pies.

ARMONIOSAMENTE adv. m. De manera armoniosa: *colores armoniosamente unidos.*

ARMONIOSO, SA adj. Agradable al oído: *música armoniosa.* || *Fig.* Que tiene armonía: *conjunto armonioso de colores.*

ARMÓNIUM m. Armonio.

ARMONIZACIÓN f. Acción y efecto de armonizar.

ARMONIZAR v. t. Poner en armonía: *armonizar intereses opuestos.* (SINÓN. V. *Reconciliar.*) || *Mús.* Escribir los acordes correspondientes a una melodía. || — V. i. Formar o estar en armonía: *colores que armonizan bien.* || — OBSERV. Es galicismo usar este verbo como reflexivo.

ARMORIADO, DA adj. Galicismo por *blasonado.*

ARMORIAL m. Índice de armas y blasones: *el armorial de Francia.* (SINÓN. *Nobiliario.*) || — OBSERV. Es voz tomada del francés, como las demás voces del blasón.

ARMORICANO, CA adj. y s. Bretón, de Armórica.

ARMUELLE m. Planta quenopodiácea comestible. || Nombre del *bledo,* de la *orzaga* y otras plantas.

ARNACO m. *Col.* Trasto viejo.

ARNÉS m. Armadura: *vestir el arnés.* || — Pl. Guarniciones de las caballerías: (SINÓN. *Arreos.*) || *Fig* y *fam.* Cosas necesarias para algún fin: *arneses para cazar.*

ÁRNICA f. (lat. *ptarmica,* del gr. *ptarmikê,* estornutatorio). Planta medicinal, cuyas flores y raíz tienen sabor acre, aromático, y olor fuerte, que hace estornudar. || Tintura de árnica. (La *tintura de árnica* es una infusión de flores de esta planta en alcohol, y se aplica en las contusiones.)

ARNILLO m. Pez de Cuba, parecido al barbero.

ARO m. Círculo o anillo rigido de hierro, madera, etc.: *aro de cuba.* || Juguete de niños en forma de aro de madera que se hace rodar valiéndose de un palo o un mango. || Planta arácea de raíz feculenta. || Servilletero. || *Amer.* Sortija. (SINÓN. V. *Anillo.*) || *Chil.* y *Riopl.* Arete, pendiente para las orejas. || *Fig. y fam. Entrar* o *pasar por el aro,* hacer algo por fuerza.

¡ARO! interj. *Chil.* y *Per.* Voz con que se interrumpe a los que bailan para ofrecerles una copa de licor.

AROIDEAS f. pl. Aráceas.

AROMA m. (del gr. *arôma,* perfume). Perfume, olor muy agradable: *aroma ambarado.* (SINÓN. V. *Perfume.*) || Flor del aromo.

AROMAR v. t. Aromatizar.

AROMATICIDAD f. Calidad de aromático.

AROMÁTICO, CA adj. Que tiene aroma o es de la naturaleza del aroma: *hierbas aromáticas.* (SINÓN. V. *Oloroso.*)

AROMATIZACIÓN f. Acción de aromatizar.

AROMATIZADOR m. *Chil.* Vaporizador.

AROMATIZANTE adj. Que aromatiza.

AROMATIZAR v. t. Perfumar con una sustancia aromática: *aromatizar una bebida con hinojo.*

AROMO m. Especie de acacia, de flor olorosa.

AROMOSO, SA adj. Aromático: *flor aromosa.*

ARÓN m. *Bot.* Aro.

ARPA f. (del gr. *arpê,* hoz, gancho). Instrumento músico de cuerdas, de forma triangular, que se toca con ambas manos. || *Arpa eolia,* instrumento músico que produce sonidos exponiéndolo a una corriente de aire. || *Amer. Tocar arpa,* sisar, hurtar.

ARPADO, DA adj. Que remata en dientecillos como de sierra. || *Poét.* Dícese de los pájaros de canto grato y armonioso: *el arpado ruiseñor.*

ARPADURA f. Araño o rasguño.

ARPAR v. t. Arañar, rasguñar. || Hacer tiras o pedazos alguna cosa.
ARPEGIAR v. t. *Mús. Neol.* Hacer arpegios.
ARPEGIO m. (ital. *arpeggio*). *Mús.* Sucesión de los sonidos de un acorde: *un arpegio rápido.*
ARPELLA f. Ave rapaz diurna, de color pardo.
ARPEO m. (del gr. *harpê*, garfio). *Mar.* Garfio que se usa para rastrear o para aferrarse dos embarcaciones.
ARPÍA f. Ave fabulosa con rostro de mujer y cuerpo de ave de rapiña. || *Fig.* y *Fam.* Mujer de muy mala condición o muy fea y flaca. || *Fig.* y *fam.* Persona codiciosa. (SINÓN. V. *Furia.*) || *Zool.* Especie de águila de América.
ARPILLAR v. t. *Méx.* Cubrir fardos con arpillera: *arpillar una caja.*
ARPILLERA f. Tejido basto.
ARPIÑAR v. t. *Ecuad.* Robar.
ARPISTA com. Persona que toca el arpa: *una arpista hábil.*
ARPÓN m. (del gr. *harpê*, garfio). Dardo con ganchos para la pesca de los peces grandes. || *Arq.* Grapa. || *Taurom.* Banderilla.
ARPONADO, DA adj. Parecido al arpón: *dardo arponado.*
ARPONAR y **ARPONEAR** v. t. Cazar con arpón: *arponear una ballena.*
ARPONERO m. El que pesca con arpón.
ARQUEADA f. Movimiento del arco que hiere las cuerdas de un instrumento músico. || Arcada, náusea.
ARQUEAJE y **ARQUEAMIENTO** m. Arqueo, cubicación.
ARQUEAR v. t. Dar figura de arco; *arquear una vara de avellano.* || Medir la capacidad de un buque. || — V. i. *Fam.* Nausear. || *Amer.* Hacer el arqueo en una caja u oficina.
ARQUEO m. Acción y efecto de arquear. || *Com.* Reconocimiento de los caudales y papeles que existen en la caja. || *Mar.* Cabida de la nave. || — SINÓN. V. *Cabida.*
ARQUEOLÍTICO, CA adj. Relativo a la edad de piedra.
ARQUEOLOGÍA f. (del gr. *arkhaios*, antiguo, y *logos*, discurso). Ciencia que estudia las artes y los monumentos de la Antigüedad: *arqueología egipcia, mexicana.*
ARQUEOLÓGICO, CA adj. Relativo a la arqueología: *expedición arqueológica.* || *Fig.* Anticuado.
ARQUEÓLOGO m. El que se dedica a la arqueología o es muy sabio en arqueología.
ARQUERÍA f. Serie de arcos.
ARQUERO m. Soldado que peleaba con arco. || Cajero.
ARQUETA f. Arca pequeña.
ARQUETÍPICO, CA adj. Relativo al arquetipo.
ARQUETIPO m. Modelo de una obra material o intelectual. || *Fil.* Modelo ideal, ejemplo. || — SINÓN. V. *Modelo.*
ARQUIDIÓCESIS f. Diócesis arquiepiscopal.
ARQUIEPISCOPAL adj. Arzobispal: *palacio arquiepiscopal.*
ARQUILLA f. Arca pequeña. (SINÓN. V. *Caja.*)
ARQUÍPTEROS m. pl. Orden de insectos ápteros, con cuatro alas membranosas y reticuladas (libélula, comején).
ARQUITECTO m. (del gr. *arkhos*, jefe, y *tektôn*, obrero). Persona titulada capaz de concebir la realización y decoración de toda clase de edificios y de dirigir las obras necesarias para su construcción.
ARQUITECTÓNICO, CA adj. Relativo a la arquitectura.
ARQUITECTURA f. Arte de proyectar, construir y adornar los edificios conforme a reglas determinadas. || *Fig.* Forma, estructura: *arquitectura del cuerpo humano.* || Manera o estilo de construir caracterizado por ciertas particularidades: *arquitectura gótica.*
— Las primeras manifestaciones artísticas arquitecturales surgieron en Babilonia, Fenicia, Persia, Egipto y la India. Los griegos crearon su arquitectura tomando algunos elementos de sus predecesores y llegaron a su apogeo en el siglo V a. de J. C. Roma prosiguió la tradición helénica y Bizancio produjo un nuevo estilo basado en la abundancia de la ornamentación (siglos V y VI). El arte árabe tuvo una proyección especial en España, donde el contacto con los elementos cristianos originó el mudéjar (Toledo, Córdoba, Sevilla, Granada). A la arquitectura románica (Vézelay, Poitiers, Cataluña, Santiago de Compostela, Zamora, Silos) sucedió la gótica, arte religioso por excelencia (Colonia, Reims, París, Chartres, Burgos, León, Toledo, Batalha). El siglo XV vio el triunfo del Renacimiento en Italia, de donde irradió a Francia y España (Salamanca, Valladolid, El Escorial, Madrid). El plateresco y el churrigueresco son dos derivaciones españolas del Renacimiento, que dan paso más adelante al barroco. Durante los siglos XVII y XVIII se construyeron en América los templos de Santo Domingo, México, Quito, Lima, La Paz, etc., que fundían el estilo de los colonizadores con las aportaciones indígenas (estilo colonial). Se opera un regreso a las formas clásicas, Neoclasicismo, y tras un período de estancamiento en el siglo XIX, ha surgido una nueva arquitectura, llamada funcional, que simplifica las líneas, subordina en cierto modo lo artístico a lo utilitario y emplea profusamente los nuevos materiales de construcción (vidrio, acero, hormigón armado, etc.). [V. ilustr. pág. 95.]
ARQUITECTURAL adj. Arquitectónico.
ARQUITRABE m. *Arq.* Parte inferior del entablamento, que descansa sobre el capitel de la columna.
ARQUIVOLTA f. Archivolta.
ARRABÁ m. *Arq.* Adorno rectangular que circunscribe el arco de las puertas y ventanas árabes. Pl. *arrabaes.*
ARRABAL m. Barrio fuera del recinto de la población. || Sitios extremos de una población. || Población anexa a otra mayor: *los arrabales de Madrid.* || — SINÓN. V. *Afueras.*
ARRABALERO, RA adj. y s. Habitante de un arrabal. || *Fig.* y *fam.* Vulgar, bajo. (SINÓN. V. *Populachero.*)
ARRABIATAR v. t. *Amer.* Rabiatar o atar del rabo. || — V. r. *Col., Cub.* y *Méx.* Someterse servilmente.
ARRABIO m. Hierro colado.
ARRACACHÁ f. *Amer.* Planta umbelífera llamada también *apio.* || *Col. Fam.* Sandez, tontería.
ARRACACHADA f. *Col.* Tontería.
ARRACADA f. Pendiente, arete.
ARRACIMADO, DA adj. En racimos.
ARRACIMARSE v. r. Unirse en racimo.
ARRACLÁN m. Árbol ramnáceo de cuya madera flexible se saca un carbón muy ligero.
ARRÁEZ m. Caudillo árabe o morisco. Pl. *arráeces.*
ARRAIGADO, DA adj. Poseedor de bienes raíces. || — M. *Mar.* Amarradura de un cabo.
ARRAIGAMIENTO m. Arraigo.
ARRAIGAR v. i. Echar raíces: *el esqueje arraigó.* || *Fig.* Hacerse muy firme un vicio o costumbre: *esta costumbre no ha de arraigar.* || *For.* Afianzar las resultas del juicio con bienes raíces o con depósito en metálico. || — V. t. Fijar, afirmar, establecer. || *Ecuad, Méx.* y *Per.* Prohibir judicialmente a una persona que salga de un lugar determinado. || — V. r. Establecerse en un lugar, adquiriendo en él bienes raíces, intereses o afectos. || — CONTR. *Desarraigar.*
ARRAIGO m. Acción y efecto de arraigar: *planta de difícil arraigo.* || Bienes raíces: *fianza de arraigo.*
ARRAIZAR v. i. *Col.* Arraigar.
ARRAMBLAR v. t. Dejar un río cubierto el suelo de arena después de las avenidas. || *Fig.* Arrastrar: *arrambló con [por] todo.* || *Fig.* Recoger, llevarse todo: *arrambló con todo lo que había.* (SINÓN. V. *Arrebatar.*) || — V. r. Quedar el suelo cubierto de arena después de una avenida.
ARRAMPLAR v. t. *Fam.* Arramblar.
ARRANCADA f. Arranque, acción de arrancar o emprender la marcha una persona o animal, un buque, automóvil u otro vehículo. || Aumento repentino de velocidad.
ARRANCADERA f. Esquila grande del ganado.
ARRANCADERO m. Punto desde donde comienza la carrera.
ARRANCADO, DA adj. *Fig.* y *fam.* Arruinado, pobre. || *Fam.* Muy malo. || *Blas.* Árbol, y también cabeza o miembro del animal, mal

arpegio

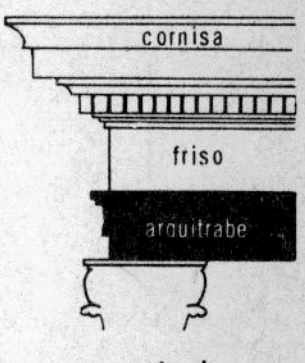

arquitrabe

arquería

arquero

arrancador de patatas

cortados. || *And. Fam. Más malo que arrancado,* muy malo.

ARRANCADOR, RA adj. y s. Que arranca.

ARRANCADURA f. Acción de arrancar. || — SINÓN. *Desarraigo, descuaje, extracción, extirpación, erradicación, avulsión.*

ARRANCAR v. t. Sacar de raíz: *arrancar de cuajo una planta.* || Sacar con violencia: *arrancar una muela.* || *Fig.* Quitar con violencia, trabajo o astucia: *arrancar un permiso.* (SINÓN. V. *Arrebatar.*) || *Fig.* Separar con violencia o astucia. || — V. i. Partir de carrera. || Emprender la marcha (barco, carro, caballo, auto). || Iniciarse el funcionamiento. || *Fam.* Salir de alguna parte. || Provenir, venir de. || Empezar, principiar. || — V. r. Empezar a cantar: *arrancarse por peteneras.* || *Antill., Ecuad.* y *Méx.* Arruinarse.

ARRANCIARSE v. r. Enranciarse.

ARRANCHAR v. t. *Mar.* Pasar muy cerca de una costa, cabo, bajo, etc. || *Mar.* Cazar y bracear todo lo posible el aparejo de un buque. || *Amer.* Arrebatar, quitar.

ARRANCHARSE v. r. Juntarse en ranchos.

ARRANQUE m. Acción y efecto de arrancar: *el arranque de un automóvil.* || *Fig.* Ímpetu, arrebato de cólera. || *Fig.* Prontitud excesiva. || *Fig.* Ocurrencia: *tener muchos arranques ingeniosos.* || Principio, comienzo. || *Arq.* Principio de un arco o bóveda. || Mecanismo para poner en funcionamiento un motor.

ARRANQUERA f. *Col.* y *Antill. Fam.* Pobreza extremada.

ARRAPIEZO m. Harapo, andrajo: *vestido de arrapiezos.* || *Fig.* y *fam.* Persona de poca edad o humilde condición.

ARRAS f. pl. Lo que se da por prenda y señal de algún contrato. || Monedas que, al celebrarse el matrimonio, entrega el desposado a la desposada.

ARRASADO, DA adj. Parecido al raso: *tela arrasada.* (SINÓN. *Satinado.*)

ARRASADURA f. Rasadura.

ARRASAMIENTO m. Acción y efecto de arrasar.

ARRASAR v. t. Allanar la superficie de una cosa. (SINÓN. V. *Derribar.*) || Arruinar: *arrasar una población.* || Rasar las medidas. || Llenar una vasija hasta el borde. || — V. i. Despejarse el cielo. (CONTR. *Nublarse.*) || *Fig. Arrasarse en* [*de*] *lágrimas,* anegarse en llanto.

ARRASTRACUEROS m. *Venez.* Individuo despreciable.

ARRASTRADAMENTE adv. m. *Fig.* y *fam.* Con trabajo o escasez, infelizmente.

ARRASTRADERA f. *Mar.* Ala del trinquete. || Cuerda guía de un globo aerostático.

ARRASTRADERO m. Camino por donde se efectúa el arrastre de maderas. || Sitio por donde se sacan de la plaza de toros los animales muertos. || *Méx.* Garito.

ARRASTRADIZO, ZA adj. Que se lleva a rastra.

ARRASTRADO, DA adj. *Fig.* y *fam.* Pobre, azaroso, desastrado: *una vida arrastrada.* || *Fig.* y *fam.* Pícaro, bribón: *ser un arrastrado.* || Dícese del juego en que es obligatorio servir a la carta jugada: *tute arrastrado.*

ARRASTRAMIENTO m. Acción de arrastrar.

ARRASTRAR v. t. Llevar una persona o cosa por el suelo tirando de ella. (SINÓN. V. *Llevar.*) || *Fig.* Convencer, traer a uno a su dictamen: *su discurso arrastró a la multitud.* || Impulsar irresistiblemente. || Tener por consecuencia inevitable. || Soportar penosamente. || Llevar tras sí. || *Amer. Min.* Juntarse varias venas entre sí. || — V. i. Caminar rozando con el cuerpo en el suelo: *las culebras arrastran.* || Colgar hasta tocar el suelo: *arrastra el tapete.* || En varios juegos, jugar carta que deben servir los demás jugadores. || En el billar y el croquet, acompañar indebidamente la bola con el taco o el mazo después de herirla. || — V. r. *Fig.* Humillarse demasiado.

arrayán

ARRASTRE m. Acción de arrastrar: *arrastre de maderas.* || *Min.* Talud de las paredes de un pozo de mina. || *Méx.* Molino para el mineral de plata. || *Riopl.* Influencia. || *Fig.* y *fam. Estar para el arrastre,* encontrarse en situación muy precaria.

ARRATONADO, DA adj. Roído de ratones: *queso arratonado, libro arratonado.*

ARRAYÁN m. Arbusto mirtáceo de flores blancas y follaje siempre verde. || Nombre de otras mirtáceas del Perú y de Chile. || *Salv.* Arbusto rosáceo, llamado también *guayabito.*

ARRAYANAL m. Plantío de arrayanes.

¡ARRE! interj. Se usa para arrear a las bestias.

ARREADA f. *Arg.* Acción de arrear. || *Arg.* y *Méx.* Robo de ganado.

ARREADOR m. *Amer.* Látigo para arrear.

ARREAR v. t. Estimular a las bestias con la voz o el látigo. || Dar prisa, estimular. || *Riopl.* Robar ganado. || Poner los arreos: *arrear una mula.* || *Fam.* Dar, soltar: *arrear un latigazo.* || *¡Arrea!* interj. fam. que se emplea para meter prisa, o manifestar admiración o incredulidad. || — V. i. Caminar de prisa. || — PARÓN. *Arriar.*

ARREBAÑADURA f. *Fam.* Acción de arrebañar. || — Pl. Residuos de un manjar que se arrebañan.

ARREBAÑAR v. t. Rebañar.

ARREBATADAMENTE adv. m. Precipitadamente. || — F. Inconsideradamente.

ARREBATADIZO, ZA adj. *Fig.* Que se arrebata fácilmente: *carácter arrebatadizo.* || — CONTR. *Tranquilo.*

ARREBATADO, DA adj. Precipitado e impetuoso: *ademán arrebatado.* || Muy encendido: *rostro arrebatado.*

ARREBATADOR, RA adj. y s. Que arrebata. (SINÓN. V. *Encantador.*)

ARREBATAMIENTO m. Acción de arrebatar. || *Fig.* Furor, enajenamiento.

ARREBATAR v. t. Quitar con violencia. || Coger con precipitación. (SINÓN. *Arrancar, arramblar, secuestrar.* V. tb. *apropiarse* y *robar.*) || Llevar tras sí. || *Fig.* Sacar de sí, conmover. (SINÓN. V. *Embriagar.*) || *Amer.* Atropellar. || — V. r. Enfurecerse, irritarse: *arrebatarse en cólera, de ira.*

ARREBATIÑA f. Acción de recoger arrebatadamente una cosa que se disputan varios.

ARREBATO m. Arrebatamiento éxtasis. (SINÓN. V. *Embriaguez, entusiasmo, fogosidad* y *furor.*)

ARREBIATAR v. t. *Amer.* Rabiatar. || — V. r. *Amer.* Adherirse a la opinión de otro.

ARREBIATO m. *Venez.* Reata.

ARREBOL m. Color rojo de las nubes heridas por los rayos del sol. || Afeite encarnado: *darse arrebol a las mejillas.* || Rubor.

ARREBOLARSE v. r. Pintarse de arrebol. || Ruborizarse. || *Venez.* Adornarse.

ARREBOZAR v. t. Rebozar, envolver, cubrir: *arrebozar con azúcar, en la capa.*

ARREBOZO m. Rebozo.

ARREBUJADAMENTE adv. m. *Fig.* Confusamente.

ARREBUJAR v. t. Coger o dejar desordenadamente. || — V. r. Cubrirse o envolverse bien. (SINÓN. V. *Acurrucarse.*)

ARRECIAR v. i. Hacerse cada vez más violenta una cosa: *arreciar la calentura, el viento.* || — V. r. Arrecirse.

ARRECIFE m. Banco de rocas o poliperos a flor de agua. (SINÓN. V. *Escollo.*)

ARRECIRSE v. r. Entumecerse por exceso de frío. || — OBSERV. Es verbo defectivo. (V. AGUERRIR.)

ARRECLOQUES *Amér. C.* Perifollos.

ARRECHARSE v. r. *Venez.* Encolerizarse. || *Amer.* Hacerse lascivo.

ARRECHO, CHA adj. *Amer.* Lascivo.

Fot. doc. Ets. Beaudouin

ARQUITECTURA MODERNA

▲ Edificio de las Naciones Unidas en Nueva York

Universidad de México

Centro de recreo de Sendai (Japon)

Iglesia de Pampulla (Brasil)

Rascacielos de la plaza de España (Madrid)

Ciudad radiante Le Corbusier, en Marsella

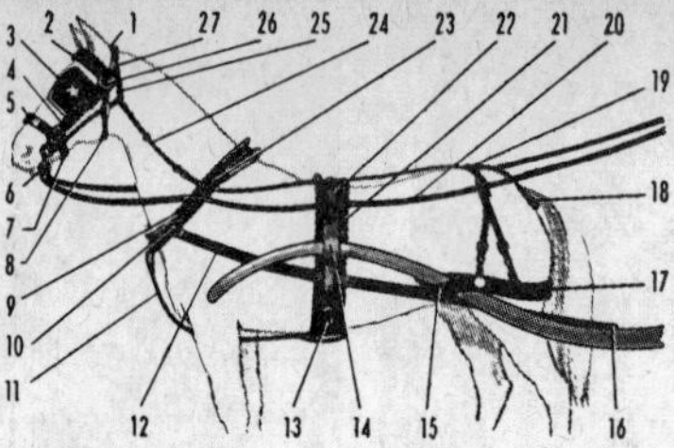

ARREOS

1. Brida
2. Frontalera
3. Anteojera
4. Quijera
5. Muserola
6. Bocado
7. Sobarba
8. Ahogadero
9. Collera
10. Horcate
11. Media gamarra
12. Tiro
13. Barriguera
14. Sufra
15. Correa de la retranca
16. Vara
17. Retranca
18. Ojal de la baticola
19. Grupera
20. Rienda
21. Sufra
22. Sillín
23. Anillo de collera
24. Falsas riendas
25. Unión de rienda y ahogadero
26. Roseta
27. Cabezada

arrendajo

ARRECHUCHO m. *Fam.* Arranque: *tener un arrechucho de cólera.* || *Fam.* Indisposición repentina y pasajera.
ARREDRAMIENTO m. Acción y efecto de arredrar o arredrarse.
ARREDRAR v. t. Apartar, separar. || *Fig.* Amedrentar, atemorizar: *arredrarse uno ante el peligro.* (SINÓN. V. *Acobardar.*)
ARREGAZADO, DA adj. *Fig.* Remangado, levantado: *nariz arregazada.*
ARREGAZAR v. t. Recoger las faldas hacia el regazo. || — V. r. Arremangarse las faldas.
ARREGLADAMENTE adv. m. Con sujeción a regla, con orden y moderación.
ARREGLADO, DA adj. Sujeto a regla. (SINÓN. V. *Regular.*) || *Fig.* Ordenado y moderado: *vida arreglada.* || Conveniente: *un precio arreglado.*
ARREGLAR v. t. Sujetar a regla: *arreglar su vida.* || Reparar: *arreglar un mueble roto.* (SINÓN. V. *Reparar.*) || Poner en orden. (SINÓN. *Acondicionar, instalar, disponer.* V. tb. *ordenar* y *preparar.*) || Convenir, ponerse de acuerdo: *ya nos arreglaremos.* || Solucionar, ocuparse: *arreglaré tu asunto.* || Decorar, embellecer: *estoy arreglando la casa.* (SINÓN. V. *Adornar* y *aderezar.*) || Suprimir los defectos, enmendar (un escrito). || Adaptar: *arreglaré esta partitura.* || Corregir, castigar: *ya te arreglaré yo.* || *Chil., Méx.* y *Urug.* Castrar, capar. || — V. r. Conformarse: *me arreglo con cualquier cosa.* || Componerse, ataviarse: *me voy a arreglar para salir.* || *Fam. Arreglárselas,* componérselas. || — CONTR. *Desarreglar, desordenar.*
ARREGLO m. Acción de arreglar: *arreglo de cuentas.* || Regla, orden, coordinación. (SINÓN. V. *Ordenación.*) || Avenencia, conciliación: *llegar a un arreglo.* || Reparación, compostura. || Adaptación de una obra musical. || Amancebamiento. || *Con arreglo,* conformemente, según.
ARREGOSTO m. *Fam.* Gusto que se tiene en hacer una cosa. (SINÓN. V. *Hábito.*)
ARREJACAR v. t. Dar a los sembrados ya crecidos una labor que rompe la costra del terreno.
ARREJERAR v. t. *Mar.* Fondear con tres anclas.
ARRELLANARSE v. r. Extenderse en el asiento con toda comodidad: *arrellanarse en una butaca.* || — OBSERV. Evítese por incorrecto *arrellenarse.*
ARREMANGADO, DA adj. *Fig.* Vuelto hacia arriba: *nariz arremangada.*
ARREMANGAR v. t. Levantar, recoger hacia arriba: *arremangar las faldas.*
ARREMANGO m. Acción de arremangar y parte de la ropa que se arremanga.
ARREMANSAR v. i. *Amér. C.* Estancarse.
ARREMEDAR v. t. Remedar, imitar.
ARREMETEDOR, RA adj. y s. Que arremete.
ARREMETER v. t. Acometer con ímpetu: *arremeter al,* o *contra, el enemigo.* (SINÓN. V. *Atacar.*) || — V. i. Arrojarse con presteza. || *Fig.* y *fam.* Chocar a la vista.
ARREMETIDA f. Ataque. || Empujón.
ARREMOLINARSE v. r. *Fig.* Amontonarse o apiñarse en desorden la gente.
ARREMPUJAR v. t. Empujar.
ARRENDABLE adj. Que puede arrendarse.
ARRENDADO, DA adj. Dícese de la caballería que obedece a la rienda: *caballo arrendado.*
ARRENDADOR, RA m. y f. Persona que da en arriendo alguna cosa. || Arrendatario, inquilino. || — OBSERV. Se emplea infrecuentemente en el último sentido.
ARRENDAJO m. Pájaro parecido al cuervo, de color ceniciento pardusco, con una mancha azul en las alas. || Ave americana de color negro, canto hermoso y que imita la voz de otros animales. || *Fig.* y *fam.* Persona que imita o remeda.
ARRENDAMIENTO m. Acción de arrendar y precio en que se arrienda. || Contrato. || — SINÓN. *Alquiler, arriendo.*
ARRENDAR v. t. Ceder a uno por cierto tiempo una cosa mediante pago de una renta. || Atar por las riendas una caballería. || Enseñar al caballo a que obedezca a la rienda: *caballo bien arrendado.* || *Fam. No le arriendo la ganancia,* no envidio su suerte. || — IRREG. Se conjuga como *acertar.*
ARRENDATARIO, RIA adj. y s. Que toma en arrendamiento una cosa: *compañía arrendataria.*
ARRENDATICIO, CIA adj. Relativo al arrendamiento.
ARRENQUÍN m. *Amer.* Caballería que sirve de guía a la recua. || *Amer. Fig.* Persona inseparable de otra.
ARREO m. Atavío, adorno. || — Pl. Guarniciones de las caballerías: *poner los arreos a la mula.* || Accesorios. (SINÓN. V. *Equipaje.*) || *Riopl., Chil.* y *Venez.* Recua.
ARREPANCHIGARSE v. r. *Fam.* Repantigarse.
ARREPÁPALO m. Especie de buñuelo.
ARREPENTIDA f. Mujer de mala vida que se arrepiente.
ARREPENTIMIENTO m. Pesar de haber hecho una cosa. (SINÓN. *Remordimiento, atrición, contrición, compunción, penitencia.*) || *Pint.* Enmienda que se nota en una pintura.
ARREPENTIRSE v. r. Pesarle a uno de haber hecho alguna cosa: *hacer arrepentirse a uno de sus pecados.* || — IRREG. Se conjuga como *sentir.*
ARREPOLLAR v. i. *Amér. C.* Ponerse en cuclillas.
ARREQUESONARSE v. r. Cortarse la leche.
ARREQUÍN m. *Amer.* Arrenquín.
ARREQUINTAR v. t. *Amer.* Apretar.
ARREQUIVE m. Labor de algunos vestidos. || — Pl. *Fam.* Adornos o atavíos: *ponerse uno todos sus arrequives.* || *Fig.* y *fam.* Circunstancias o requisitos.
ARRESTADO, DA adj. Audaz, arrojado: *hombre muy arrestado.* (CONTR. *Cobarde, pusilánime.*) || Detenido. (SINÓN. V. *Preso.*)
ARRESTAR v. t. Poner preso a uno. || — V. r. Arrojarse a una acción ardua: *arrestarse a un peligro.*
ARRESTO m. Acción y efecto de arrestar. || Reclusión por un tiempo breve: *infligir a un militar quince días de arresto mayor.* (SINÓN. *Detención.*) || Arrojo, determinación, audacia.
ARRETRANCA f. *Ant.* y *Amer.* Retranca.
ARREZAFE m. Cardo borriquero.
ARREZAGAR v. t. Arremangar. || Alzar, mover una cosa de abajo arriba: *arrezagar el brazo.*
ARRIA f. Recua de caballerías.
ARRIADA f. Riada.
ARRIADO, DA adj. *Amer.* Tardo, calmoso.
ARRIANISMO m. Herejía de Arrio. (V. *Parte hist.*)
ARRIANO, NA adj. y s. Seguidor de Arrio. || Relativo al arrianismo.
ARRIAR v. t. *Mar.* Bajar las velas o las banderas. || *Mar.* Aflojar. || *Fam.* Soltar. || — CONJ.: *arrío, arrías.* || — PARÓN. *Arrear.*
ARRIARSE v. r. Inundarse, llenarse de agua.
ARRIATA f. y **ARRIATE** m. Terreno de un jardín, algo levantado del resto del suelo y destinado para plantar flores. || Calzada, camino.
ARRIAZ m. Gavilán, puño de espada.
ARRIBA adv. l. En lugar superior o anterior: *subir arriba, lo arriba escrito.* || Que está más alto: *cuesta arriba.* || Más de: *de cuatro pesetas arriba.* || *De arriba,* de Dios. || *Riopl.* y *Bol.* Gratis. || *De arriba abajo,* de cabo a rabo. Con desdén. || Por encima del hombro. || *Por arriba y por abajo,* por doquiera, continuamente. || *¡Arriba!* interj. Se emplea para mandar a uno que se levante o para excitarle a que haga algo. || ¡Viva! || — OBSERV. No se diga: *a arriba.* || — CONTR. *Abajo.*
ARRIBADA f. *Mar.* Llegada de la nave: *arribada forzosa.* (SINÓN. V. *Llegada.*) || Bordada que da un buque, dejándose ir con el viento.

Fot. Bille

ARRIBAJE m. Arribada, llegada de un barco.
ARRIBANO, NA adj. y s. *Per.* De la costa arriba. || *Chil.* Del Sur. (V. ABAJINO.)
ARRIBAR v. i. Llegar la nave al puerto: *arribar con retraso.* || *Mar.* Dejarse ir con el viento. || Llegar por tierra a cualquier paraje.
ARRIBAZÓN f. Gran afluencia de peces que suele sobrevenir en las costas en ciertas épocas del año. (SINÓN. *Ribazón.*)
ARRIBEÑO, ÑA adj. y s. *Amer.* Aplícase a los habitantes de las tierras altas o de las provincias de arriba en ciertos países.
ARRIBISMO m. Ambición, deseo de triunfar a toda costa.
ARRIBISTA adj. y s. Persona sin escrúpulos dispuesta a triunfar a toda costa, advenedizo.
ARRIBO m. Llegada: *el arribo de un buque.* (SINÓN. V. *Llegada.*)
ARRICÉS m. Hebilla con que se sujeta a la silla la ación de los estribos.
ARRIENDAR v. t. *Venez.* Arrendar el caballo.
ARRIENDO m. Alquiler. (SINÓN. V. *Arrendamiento.*)
ARRIERAJE m. *Per.* Arriería.
ARRIERÍA f. Oficio de arriero.
ARRIERO m. (de *arria*, recua). El que conduce las bestias de carga de un lugar a otro. || — F. Especie de hormiga.
ARRIESGADAMENTE adv. m. Con riesgo.
ARRIESGADO, DA adj. Aventurado, peligroso. || Imprudente, temerario: *hombre muy arriesgado.*
ARRIESGAR v. t. Poner a riesgo: *arriesgar la vida.* || — V. r. Exponerse: *arriesgarse en una empresa, a salir.* || — SINÓN. *Arriscar, aventurar, comprometer.*
ARRIMADERO m. Cosa que, para subir en ella, puede arrimarse a alguna parte.
ARRIMADIZO, ZA adj. Que puede arrimarse a alguna parte. || *Fig.* Dícese del que, por su interés, se arrima a otro más poderoso.
ARRIMADO, DA m. y f. *Amer.* Amante. || — M. *Per.* Guiso.
ARRIMADOR m. Leño más grueso que se pone en las chimeneas para apoyar sobre él los otros.
ARRIMADURA f. Arrimo, aproximación.
ARRIMAR v. t. Acercar. (SINÓN. V. *Acercar.*) || *Fig.* Arrinconar, abandonar. || *Fig.* y *fam.* Dar un golpe, un puntapié. || — V. r. Apoyarse sobre alguna cosa. || *Fig.* Juntarse con otros. || *Fig.* Acogerse a la protección de uno. || *Fig.* Acercarse a una cosa: *arrimarse al punto de la dificultad.* || *Fam. Arrimar el hombro,* cooperar en un trabajo. || *Fam. Arrimar el ascua a su sardina,* velar preferentemente por los propios intereses. || *Fam. Arrimarse al sol que más calienta,* acogerse a la protección del más fuerte. || — CONTR. *Alejar.* || — PARÓN. *Arrumar.*
ARRIMO m. Acción de arrimar. || Cosa a que se arrima uno. || *Fig.* Favor, protección: *Fulano tiene buen arrimo.* || *Albañ.* Pared en que no carga peso. || Pared medianera.
ARRIMÓN m. El que está aguardando en la calle. || *Estar de arrimón, hacer el arrimón,* aguardar.
ARRINCONADO, DA adj. Apartado, retirado. || *Fig.* Desatendido, olvidado.
ARRINCONAMIENTO m. Olvido, postergamiento.
ARRINCONAR v. t. Poner en un rincón: *arrinconar un mueble inútil.* || *Fig.* Acosar. || *Fig.* No hacer caso de uno: *arrinconar a un amigo.*
ARRINQUÍN m. *Amer.* Arrenquín.
ARRIÑONADO, DA adj. De figura de riñón.
ARRIQUÍN m. *Hond.* y *Guat.* Arrenquín.
ARRISCADAMENTE adv. m. Atrevidamente.
ARRISCADO, DA adj. Resuelto. (SINÓN. V. *Atrevido.*) Ágil, gallardo, de buena presencia. || Lleno de riscos.
ARRISCADOR, RA m. y f. Persona que recoge la aceituna al tiempo de varearla.
ARRISCAMIENTO m. Atrevimiento.
ARRISCAR v. t. Arriesgar. (SINÓN. V. *Arriesgar.*) || *Amer.* Arremangar: *nariz arriscada; arriscar el ala del sombrero.* || — V. i. *Col.* Alcanzar. || — V. r. Engreírse o envanecerse. || Despeñarse las reses por los riscos. || *Fig.* Irritarse, enfurecerse. || *Amer.* Vestirse con mucho esmero.
ARRITMIA f. Irregularidad en el ritmo. || *Med.* Falta de ritmo y desigualdad en las contracciones del corazón.
ARRÍTMICO m. Relativo a la arritmia.
ARRITRANCA f. Retranca, arreo del caballo. || *Amer. Fig.* Adorno de mal gusto.
ARRITRANCO m. *Amer.* Trasto viejo.
ARRIVISMO m. Galicismo por *arribismo.*
ARRIVISTA adj. y s. Galicismo por *arribista.*
ARRIZAR v. t. *Mar.* Coger los rizos de las velas. || *Mar.* Colgar una cosa en el buque, de modo que resista los balances. || Atar, asegurar.
ARROBA f. Peso que equivale a 11,5 kg (25 libras). || Medida variable de líquidos. || *Fig. Por arrobas,* en gran cantidad. || *Riopl. Llevar la media arroba,* llevar ventaja.
ARROBADO, DA adj. Extático, suspenso.
ARROBADOR, RA adj. Que arroba.
ARROBAMIENTO m. Éxtasis, suspensión. (SINÓN. V. *Encantamiento.*)
ARROBAR v. t. Embelesar. (SINÓN. V. *Cautivar.*) || — V. r. Enajenarse, extasiarse.
ARROBO m. Arrobamiento, éxtasis.
ARROCABE m. *Arq.* Adorno a manera de friso.
ARROCERO, RA adj. Relativo al arroz: *molino arrocero.* || — M. y f. Persona que cultiva o vende arroz.
ARROCINADO, DA adj. Parecido al rocín.
ARROCINAR v. t. *Fig.* y *fam.* Embrutecer. || *Riopl.* Amansar un potro. || — V. r. *Fam.* Enamorarse ciegamente.
ARROCHELARSE v. r. *Venez.* Plantarse las caballerías. || *Col.* Alborotarse los caballos.
ARRODAJARSE v. r. *Amér. C.* Sentarse en el suelo con las piernas cruzadas.
ARRODEAR v. t. Rodear.
ARRODILLADURA f. y **ARRODILLAMIENTO** m. Acción de arrodillar o arrodillarse.
ARRODILLAR v t. Hacer que uno hinque las rodillas. || — V. i. y r. Ponerse de rodillas. || — SINÓN. *Hincarse, ponerse de rodillas, postrarse.* || *Fig.* Humillarse.
ARRODRIGAR y **ARRODRIGONAR** v. t. *Agr.* Poner rodrigones a las plantas para sostenerlas.
ARROGACIÓN f. Acción de arrogarse.
ARROGANCIA f. Altanería, soberbia: *hablar con suma arrogancia.* (SINÓN. V. *Orgullo.* CONTR. *Amenidad, afabilidad.*) || Gallardía, elegancia.
ARROGANTE adj. Altanero, soberbio. (SINÓN. V. *Insolente.* CONTR. *Cortés, afable.*) || Valiente, brioso. || Gallardo, airoso. (SINÓN. V. *Desabrido.*)
ARROGANTEMENTE adv. m. Con arrogancia.
ARROGARSE v. r. Atribuirse, apropiarse: *arrogarse poderes excesivos.* (SINÓN. V. *Usurpar.*) || — PARÓN. *Abrogar.*
ARROJADIZO, ZA adj. Que se puede arrojar o tirar: *arma arrojadiza.*
ARROJADO, DA adj. *Fig.* Resuelto, atrevido: *hombre muy arrojado de carácter.* || — CONTR. *Cobarde.*
ARROJADOR, RA adj. Que arroja o tira.
ARROJAR v. t. Lanzar: *arrojar fuera.* (SINÓN. V. *Echar* y *empujar.*) || Dar como resultado. || Vomitar. || — V. r. Precipitarse: *arrojarse al mar, a pelear, por la ventana.* || Abalanzarse. (SINÓN. V. *Lanzarse.*) || *Fig.* Resolverse a emprender algo sin reparar en las dificultades.
ARROJO m. *Fig.* Osadía, intrepidez. (SINÓN. V. *Ánimo.* CONTR. *Cobardía.*)
ARROLLABLE adj. Qe puede arrollarse.
ARROLLADO m. *Riopl., Chil.* y *Per.* Matambre liado.
ARROLLADOR, RA adj. Que arrolla: *éxito arrollador.*
ARROLLAR v. t. Envolver una cosa en forma de rollo: *arrollar un mapa.* || Llevar rodando el agua o el viento alguna cosa: *arrollar las piedras, los árboles.* || *Fig.* Desbaratar o derrotar: *arrollar al enemigo.* (SINÓN. V. *Vencer.*) || *Fig.* Confundir a uno en la discusión. || Atropellar. || Mecer. || — PARÓN. *Arroyar, arrullar.*
ARROMADIZARSE v. r. Contraer un romadizo.
ARROMANZAR v. t. Poner en romance.
ARRONZAR v. t. *Mar.* Ronzar, mover con palancas. || — V. i. *Mar.* Caer el buque demasiado a sotavento.
ARROPAMIENTO m. Acción de arropar.
ARROPAR v. t. Cubrir, abrigar con ropa. (SI-

arrozal

NÓN. V. *Envolver.*) || *Fig.* Cubrir, rodear, proteger. || Echar arrope al vino. || — V. r. Cubrirse con ropa.
ARROPE m. Mosto cocido. || *Farm.* Jarabe espeso: *arrope de moras.* || *Amer.* Dulce de tuna y algarrobillo.
ARROPEA f. Grillete. || Traba que se pone a las caballerías para que no se muevan.
ARROPERA f. Vasija para arrope.
ARROPÍA f. *And.* Melcocha.
ARRORRÓ m. *Can.* y *Arg. Fam.* Arrurrú.
ARROSTRAR v. t. *Fig.* Hacer cara, resistir un peligro: *arrostrar el frío con* [*por*] *un peligro.* (SINÓN. V. *Arropar.*) || — V. r. Atreverse con alguno.
ARROTADO adj. *Chil.* Que tiene modales de roto.
ARROW-ROOT m. (pal. ingl., pr. *arorut*). Arrurruz.
ARROYADA f. Valle por donde corre un arroyo; surco que hace la tierra. || Crecida, avenida.
ARROYADERO m. Arroyada, surco.
ARROYAR v. t. Formar la lluvia arroyadas: *terreno muy arroyado.* || — PARÓN. *Arrollar, arrullar.* || — V. r. Formarse arroyos en un terreno. || Contraer roya las plantas: *trigo arroyado.*
ARROYO m. Riachuelo pequeño. || Cauce por donde corre. || Parte de la calle por donde corren las aguas. || *Fig.* Afluencia de cualquier cosa líquida: *arroyos de sangre.* || *Fig. Poner a uno en el arroyo,* ponerle en la calle.
ARROZ m. Planta gramínea que se cría en terrenos muy húmedos, y cuya semilla, blanca y harinosa, es comestible: *el arroz es la alimentación básica de los chinos y japoneses.* || *Col.* Grano de maíz cocido. || *Arroz con leche* (en América, *arroz de leche*), cierto plato dulce. || *Polvo de arroz,* fécula de arroz que usan las mujeres en el tocador. || *Fam. Haber arroz y gallo muerto,* ser espléndida y abundante una comida.
ARROZAL m. Campo de arroz.
ARRUAR v. i. *Mont.* Gruñir el jabalí acosado.
ARRUCHAR v. t. *Cub.* Arruinar.
ARRUFAR v. t. *Mar.* Arquear alguna cosa.
ARRUFIANADO, DA adj. Parecido al rufián.
ARRUGA f. Pliegue en la piel: *frente llena de arrugas.* || Pliegue que se hace en la ropa. || *Geol.* Pliegue de la corteza terrestre. || *Ecuad.* y *Per.* Estafa.
ARRUGADO, DA adj. Que tiene arrugas. (SINÓN. V. *Canijo* y *rugoso.*)
ARRUGAMIENTO m. Acción de arrugar.
ARRUGAR v. t. Hacer arrugas: *arrugar el entrecejo, arrugar un papel.* (SINÓN. *Fruncir, engurruñar.* Fam. *Chafar.*) || *Cub.* y *Col.* Fastidiar. || — V. r. Encogerse.
ARRUINAMIENTO m. Ruina.
ARRUINAR v. t. Causar ruina. (SINÓN. V. *Asolar.*) || *Fig.* Destruir, ocasionar grave daño a algo: *arruinar la salud.*
ARRULLADOR, RA adj. y s. Que arrulla.
ARRULLAR v. t. Enamorar con arrullos las palomas. || *Fig.* Dormir al niño con arrullos. (SINÓN. V. *Cantar.*) || *Fig.* y *fam.* Enamorar. || — PARÓN. *Arrollar, arroyar.*
ARRULLO m. Canto de las palomas y las tórtolas. || *Fig.* Canto grave y monótono con que se adormece a los niños.
ARRUMA f. *Mar.* División para distribuir la carga en los barcos. || *Chil.* Rimero.
ARRUMACO m. *Fam.* Demostración de cariño: *no me venga con arrumacos.*
ARRUMAJE m. *Mar.* Acción de arrumar las mercancías. || *Mar.* Conjunto de nubes en el horizonte.
ARRUMAR v. t. *Mar.* Distribuir la carga en un buque. || — V. t. *Col.* y *Chil.* Amontonar. || — V. r. Cargarse de nubes el horizonte. || — PARÓN. *Arrimar.*
ARRUMAZAR v. t. *Col.* Arrumbar.
ARRUMAZÓN f. *Mar.* Acción de arrumar. || *Mar.* Conjunto de nubes en el horizonte.
ARRUMBADOR, RA adj. y s. Que arrumba. || — M. Obrero que en las bodegas sienta las botas y se ocupa del trasiego, encabezamiento y clarificación de los vinos.
ARRUMBAMIENTO m. Dirección o rumbo.
ARRUMBAR v. t. Arrinconar una cosa como inútil en lugar excusado. || *Fig.* Arrollar a uno en la conversación: *arrumbar a su adversario.* || — V. i. *Mar.* Fijar el rumbo de una nave.
ARRUNCHARSE v. r. *Col.* Hacerse un ovillo.
ARRUNFLAR v. t. En los juegos de naipes, juntar muchas cartas de un mismo palo.
ARRUNZAR v. t. *Per.* Robar.
ARRURÚ m. *Amer.* Voz con que se arrulla al niño.
ARRURRUZ m. (del ingl. *arrow-root,* raíz de flecha). Fécula que se extrae de la raíz de una planta de la India: *sopa de arrurruz.*
ARRUTANADO, DA adj. *Col.* Arrogante, rollizo.
ARSÁFRAGA f. Berrera, planta.
ARSENAL m. Establecimiento marítimo donde se construyen y reparan embarcaciones: *los arsenales del Estado.* || Depósito o almacén general de armas. || *Fig.* Conjunto o depósito de noticias, datos, etc.: *esa obra es un arsenal de documentos.*
ARSENIATO m. Sal que deriva de la acción del ácido arsénico sobre una base: *arseniato de sosa.*
ARSENICAL adj. Que contiene arsénico: *pirita de cobre arsenical.*
ARSÉNICO m. (del gr. *arsenikos,* fuerte, vigoroso). Cuerpo simple (As), de número atómico 33, de color gris y brillo metálico.
— Su densidad es 5,7; se volatiliza sin fundirse a un calor de 400°, esparciendo un olor aliáceo. No es venenoso por sí mismo, pero lo son sus ácidos. Su contraveneno es la leche.
ARSÉNICO, CA adj. Dícese de un ácido del arsénico.
ARSENIOSO, SA adj. Dícese de un ácido del arsénico conocido por sus sales. || *Ácido* o *anhídrido arsenioso,* compuesto de arsénico y oxígeno muy venenoso.
ARSENITO m. Sal formada por la acción del ácido arsenioso sobre una base.
ARSENIURO m. Combinación del arsénico con un metal: *arseniuro de níquel.*
ARSENOBENZOL m. Compuesto arsenical orgánico usado contra ciertas enfermedades.
ARSINA f. Un derivado del hidrógeno arseniado.
ARTA f. *Bot.* Llantén.
ARTANICA y **ARTANITA** f. Pamporcino.
ARTE amb. Método, conjunto de reglas para hacer bien una cosa. || Conjunto de reglas de una profesión: *arte dramático, arte militar.* (SINÓN. V. *Profesión.*) || Habilidad, talento, destreza: *el arte de vivir.* || Cautela, astucia, maña. || Frente a la ciencia, como conocimiento verificable, racional y práctico, a través de la técnica, el arte constituye un orden gratuito que busca la distracción y el goce estético. || Obra humana que expresa simbólicamente, mediante diferentes materias, un aspecto de la realidad entendida estéticamente. || Conjunto de obras artísticas de un país o una época: *arte italiano, azteca.* || Aparato que sirve para pescar. || — F. pl. Lógica, física y metafísica. || *Bellas Artes*: pintura, escultura, arquitectura, música y literatura. || *Artes liberales,* aquellas que requieren principalmente el ejercicio de la inteligencia. || *Artes mecánicas,* aquellas en que se necesita principalmente el trabajo manual o el concurso de máquinas. || *Arte mayor,* dícese de los versos de más de ocho sílabas, y *arte menor* a los de menos. || *No tener ni arte ni parte,* no tener ninguna intervención. || *Por amor al arte,* completamente gratis. || — OBSERV. Suele usarse como masculino en el singular y como femenino en el plural.
ARTEFACTO m. Aparato, mecanismo. (SINÓN. V. *Máquina.*)
ARTEJO m. Nudillo, articulación de los dedos. (SINÓN. V. *Articulación.*) || *Zool.* Pieza articulada que forma los segmentos de los artrópodos.
ARTEMISA f. (de *Artemis,* n. gr. de Diana). *Bot.* Planta compuesta, aromática y medicinal.

ARTERAMENTE adv. m. Con artería o astucia.
ARTERIA f. Vaso que lleva la sangre desde el corazón a las demás partes del cuerpo. ‖ *Fig.* Gran vía de comunicación.
ARTERÍA f. Amaño, astucia. ‖ — CONTR. *Sencillez.*
ARTERIAL adj. Relativo a las arterias: *la sangre arterial es más roja que la venosa.*
ARTERIALIZAR v. t. Transformar la sangre venosa en sangre arterial en los pulmones.
ARTERIOGRAFÍA f. Descripción de las arterias.
ARTERIOLA f. Arteria pequeña.
ARTERIOSCLEROSIS f. (del gr. *skleros*, duro). Endurecimiento de las arterias.
ARTERIOSO, SA adj. Arterial. ‖ Abundante en arterias: *tejido arterioso.*
ARTERITIS f. *Med.* Inflamación de las arterias.
ARTERO, RA adj. Mañoso, astuto, listo.
ARTEROSCLEROSIS f. Arterioesclerosis.
ARTESA f. Recipiente que sirve para amasar el pan y para otros usos. (SINÓN. V. *Comedero.*)
ARTESANÍA f. Profesión y clase social de los artesanos. ‖ Arte u obra de los artesanos. ‖ De artesanía, con esmero.
ARTESANO, NA m. y f. Trabajador manual que ejercita un oficio por su cuenta, solo o con ayuda de algunos miembros de su familia o compañeros. ‖ *Fig.* Autor, causa de una cosa.
ARTESIANO adj. (de *Artois*, n. pr.). V. Pozo *artesiano.*
ARTESILLA f. Cajón que en las norias sirve de recipiente al agua que vierten los arcaduces.
ARTESÓN m. Artesa que sirve en las cocinas para fregar. ‖ *Arq.* Adornos con molduras, que se ponen en los techos y bóvedas. ‖ Artesonado.
ARTESONADO, DA adj. *Arq.* Adornado con artesones. ‖ — M. *Arq.* Techo con artesones.
ARTESONAR v. t. Hacer artesones en un techo.
ÁRTICO, CA adj. Dícese del Polo Norte y de lo relativo a él: *círculo polar ártico, tierras árticas.*
ARTICULACIÓN f. *Anat.* Unión de dos huesos: *la articulación del codo.* (SINÓN. *Coyuntura, unión, juego, artículo, artejo.*) ‖ Unión de dos piezas: *la articulación de una biela.* ‖ División o separación. ‖ Pronunciación clara y distinta de las palabras: *articulación silbante.* ‖ *Chil. For.* Pregunta o interrogación.
ARTICULADAMENTE adv. m. Con pronunciación clara y distinta: *hablar articuladamente.*
ARTICULADO, DA adj. Que tiene articulaciones: *tallo articulado.* ‖ Que forma palabras: *lenguaje articulado.* (CONTR. *Inarticulado.*) ‖ — M. Conjunto o serie de los artículos de un tratado, ley, reglamento, etc. ‖ — Pl. *Zool.* V. ARTRÓPODOS.
ARTICULAR adj. Relativo a las articulaciones.
ARTICULAR v. t. Unir, enlazar: *articular dos piezas de una máquina.* ‖ Pronunciar clara y distintamente. (SINÓN. V. *Pronunciar.*) ‖ Dividir en artículos, organizar. ‖ *For.* Poner preguntas a cuyo tenor se han de examinar los testigos. ‖ *Chil.* Disputar, altercar.
ARTICULATORIO, RIA adj. Relativo a la articulación del lenguaje.
ARTICULISTA com. Persona que escribe artículos para un periódico. (SINÓN. *Periodista.*)
ARTÍCULO m. Artejo, nudillo. (SINÓN. V. *Articulación.*) ‖ Una de las partes en que suelen dividirse los escritos. ‖ Escrito, generalmente breve, publicado en un periódico o revista. (SINÓN. *Crónica, estudio, folletín.*) ‖ Cada una de las divisiones de un diccionario. ‖ Cada una de las disposiciones numeradas de una ley, tratado. ‖ Objeto de comercio: *artículo de lujo.* ‖ *Gram.* Parte de la oración que se antepone al nombre para determinarlo. ‖ *Zool.* Parte comprendida entre dos puntos de articulación, en el cuerpo de los insectos. ‖ *Artículo de fe*, verdad que debemos creer como revelada por Dios. ‖ *Artículo de fondo*, el que en los periódicos se inserta en un lugar preferente. (SINÓN. *Editorial.*) ‖ *Artículo de la muerte*, tiempo muy cercano a la muerte. ‖ *Hacer el artículo*, realzar el valor de una cosa encomiándola.
ARTÍFICE com. (lat. *artifex*). Persona que ejecuta una obra artística o mecánica. ‖ *Fig.* Autor.
ARTIFICIAL adj. Hecho por mano del hombre: *flor artificial.* ‖ *Fuegos artificiales*, cohetes y artificios de fuego que se hacen en los regocijos públicos. ‖ *Fig.* Ficticio: *vida artificial.* (SINÓN. V. *Ficticio.*) ‖ — CONTR. *Natural.*
ARTIFICIALIDAD f. *Neol.* Carácter artificial.
ARTIFICIALMENTE adv. m. De manera artificial o ficticia. ‖ — CONTR. *Naturalmente.*
ARTIFICIERO m. Soldado encargado de preparar los explosivos. ‖ Pirotécnico.
ARTIFICIO m. (lat. *ars*, arte, y *facere*, hacer). Arte, habilidad con que está hecha alguna cosa. (SINÓN. V. *Astucia.*) ‖ Aparato, mecanismo: *el artificio de Juanelo servía para elevar a Toledo las aguas del Tajo.* ‖ *Fig.* Disimulo, astucia, cautela. ‖ — CONTR. *Sencillez, naturalidad.*
ARTIFICIOSAMENTE adv. m. De manera artificiosa.
ARTIFICIOSO, SA adj. Hecho con artificio. ‖ *Fig.* Disimulado, astuto, cauteloso: *conducta artificiosa.*
ARTIGAR v. t. Quemar la maleza de un terreno.
ARTIGUENSE adj. y s. De Artigas (Uruguay).
ARTILUGIO m. Aparato de poca importancia. ‖ *Fig.* Maña, trampa.
ARTILLAR v. t. Armar de artillería.
ARTILLERÍA f. Parte del material de guerra que comprende los cañones, morteros, obuses, etc. ‖ Cuerpo de artilleros. ‖ Pieza de artillería, cañón. ‖ *Artillería ligera*, la que no sobrepasa 101 mm de calibre. ‖ *Artillería pesada*, la de más de 200 mm. ‖ *Artillería atómica*, la que emplea proyectiles con carga atómica.
ARTILLERO m. Soldado de artillería.
ARTIMAÑA f. Trampa. ‖ *Fam.* Artificio o astucia. (SINÓN. V. *Intriga.*)
ARTIMÓN m. *Mar.* Una de las velas de las galeras.
ARTIODÁCTILOS m. pl. *Zool.* Orden de mamíferos ungulados, de dedos pares, que comprende los paquidermos y los rumiantes.
ARTISTA com. Persona que se dedica a alguna de las bellas artes: *un artista concienzudo.* ‖ Persona que interpreta una obra musical, teatral, cinematográfica. (SINÓN. V. *Actor.*) ‖ — Adj. Que tiene gustos artísticos.
ARTÍSTICAMENTE adv. m. Con arte, de manera artística: *trabajar artísticamente.*
ARTÍSTICO, CA adj. Relativo a las artes: *obra artística.* ‖ Hecho con arte.
ARTOCÁRPEAS o **ARTOCARPÁCEAS** f. pl. (del gr. *artos*, pan, y *carpos*, fruto). Género de moráceas de Oceanía que comprende los árboles del pan.
ARTOLAS f. pl. Especie de jamugas.
ARTOS m. Arto, cambronera, planta solanácea.
ARTRÍTICO, CA adj. *Med.* Concerniente a la artritis o a las articulaciones. ‖ — M. y f. Persona que padece artritis.
ARTRITIS f. *Med.* Inflamación de las articulaciones: *artritis crónica, artritis aguda.*
ARTRITISMO m. *Med.* Enfermedad debida a la deficiencia en la nutrición y eliminación.
ARTRÓPODOS m. pl. *Zool.* División del reino animal que comprende los articulados de cuerpo quitinoso, como los crustáceos, los insectos, etc.
ARUCO m. *Col.* y *Venez.* Ave zancuda que lleva en la frente una especie de cuerno.
ARUERA f. *Riopl.* Aguaraibá, molle.
ARÚSPICE m. (lat. *haruspex*). Sacerdote de la antigua Roma que examinaba las entrañas de las víctimas para hacer presagios. (SINÓN. V. *Adivino.*)
ARUSPICINA f. Arte de los arúspices.
ARVEJA f. (lat. *ervilia*). Algarroba, planta leguminosa de semilla comestible. ‖ *Provinc.* y *Amer.* Guisante.
ARVEJAL y **ARVEJAR** m. Terreno sembrado de arvejas.
ARVEJANA y **ARVEJERA** f. Arveja, algarroba.
ARVEJO m. Guisante.
ARVEJÓN m. *And.* Almorta, planta leguminosa. ‖ *Amer.* Guisante.
ARVENSE adj. *Bot.* Que crece en los sembrados: *el guisante es planta arvense.*

artesa

articulación

aruco

arveja

arzón

ARZOBISPADO m. Dignidad de arzobispo. ‖ Territorio en que ejerce su jurisdicción.

ARZOBISPAL adj. Relativo al arzobispo: *dignidad arzobispal.* (SINÓN. *Arquiepiscopal.*)

ARZOBISPO m. (gr. *arkhiepiskopos*). Obispo de una iglesia metropolitana de quien dependen otros obispos (sufragáneos).

ARZOLLA f. Planta compuesta muy espinosa ‖ Uno de los nombres del *cardo lechero.*

ARZÓN m. Fuste de la silla de montar.

AS m. Moneda de cobre de los romanos, que en los primeros tiempos pesaba una libra y luego mucho menos. ‖ Carta de la baraja que lleva el número uno. ‖ Punto único de una de las caras del dado. ‖ *Fig.* El primero en su clase.

As, símbolo químico del *arsénico.*

ASA f. Parte arqueada y saliente de una vasija, cesta, etc., por donde se toma ésta. ‖ Jugo de diversas umbelíferas. ‖ *Asa dulce,* gomorresina del laserpicio. ‖ *Asa fétida,* planta umbelífera de la que se saca una gomorresina amarillenta, de olor fétido y sabor amargo, usada en medicina como antiespasmódico. ‖ — PARÓN. *Haza.*

ASÁ y **ASAO** adv. m. *Fam.* Así.

ASACIÓN f. *Farm.* Cocimiento que se hace de una cosa con su propio zumo.

ASADERO, RA adj. A propósito para ser asado: *peras asaderas.*

ASADO m. Carne asada: *servir un asado de vaca.* ‖ *Riopl. Asado al asador* y *asado con cuero,* cierta preparación de la carne asada.

asado criollo

ASADOR m. Varilla de metal en que se pone al fuego lo que se quiere asar. ‖ Aparato que se emplea para asar.

ASADURA f. Conjunto de las entrañas del animal. (Úsase generalmente en pl.; en sing. designa los bofes y más especialmente el hígado.) ‖ *Pop.* Pesadez. ‖ *Fam.* Persona pesada, cargante. ‖ *Fig.* y *fam. Echar las asaduras,* afanarse, trabajar excesivamente.

ASAETEADOR adj. y s. Que asaetea.

ASAETEAR v. t. Disparar saetas. ‖ Herir o matar con saetas: *San Sebastián fue asaeteado.* ‖ *Fig.* Causar disgustos o molestias continuamente.

ASAINETADO, DA adj. Parecido al sainete.

ASALARIADO, DA adj. y s. Que trabaja por salario. (SINÓN. V. *Trabajador.*) ‖ Que supedita su voluntad a la merced ajena.

ASALARIAR v. t. Señalar a uno salario.

ASALMONADO, DA adj. De color de rosa pálido. ‖ Dícese del pescado cuya carne se asemeja a la del salmón: *trucha asalmonada.*

ASALTADOR y **ASALTANTE** adj. y s. Que asalta.

ASALTAR v. t. Acometer una fortaleza para entrar en ella por fuerza. ‖ Acometer, atacar: *fue asaltado el viajero por unos bandidos.* (SINÓN. V. *Asaltar.*) ‖ *Fig.* Venirle a uno de improviso un pensamiento, una enfermedad, la muerte, etc.

ASALTO m. Acción y efecto de asaltar: dar el asalto. (SINÓN. *Ataque, agresión, refriega, escaramuza, ofensiva.* V. tb. *combate.*) ‖ *Esgr.* Combate simulado entre dos personas: *un asalto de florete.* ‖ Cierto juego. ‖ Cada una de las partes de un combate de boxeo. ‖ Diversión que consiste en convidarse algunas personas por sorpresa en casa de otras, llevando los elementos del convite.

ASCENSORES

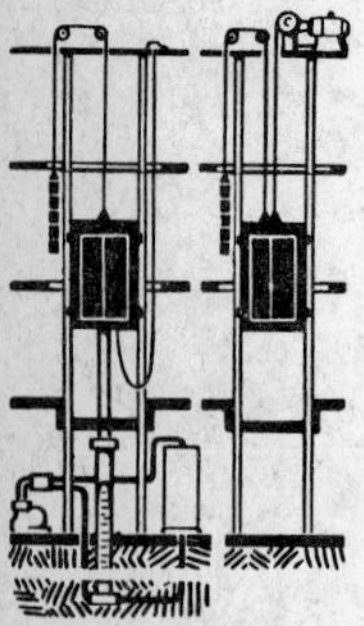

a la izquierda: hidráulico

a la derecha: eléctrico

ASAMBLEA f. Reunión de gran número de personas convocadas para un fin. (SINÓN. V. *Reunión.*) ‖ Cuerpo político deliberante: *asamblea de diputados.*

ASAMBLEÍSTA com. Miembro de una asamblea.

ASAR v. t. Exponer al fuego, en seco, un manjar crudo para que se torne comestible: *asar un pavo en el horno.* (SINÓN. *Tostar, soasar, quemar.*) ‖ *Fig.* Importunar con insistencia: *me asaron con preguntas.* ‖ — V. r. *Fig.* Sentir mucho calor: *asarse vivo.*

ASARDINADO, DA adj. Con ladrillos puestos de canto.

ASARGADO, DA adj. Dícese de los tejidos parecidos a la sarga: *tela asargada.*

ASARINA f. Planta escrofulariácea, de flores de color violado y de hojas vellosas, acorazonadas y aserradas: *la asarina nace entre las peñas.*

ÁSARO m. (gr. *asaron*). Planta aristoloquiácea, de flores rojas: *el ásaro tiene olor fuerte.*

ASATIVO, VA adj. *Farm.* Cocido con su zumo.

ASAZ adv. c. (del lat. *ad,* a, y *satis,* satisfecho). *Poét.* Bastante: *se mostró asaz generoso conmigo.* (SINÓN. V. *Muy.*)

ASBESTO m. (del gr. *asbestos,* incombustible). Mineral parecido al amianto, pero de fibras más rígidas.

ASCA f. *Bot.* Teca.

ASCALONIA f. Chalote, especie de cebolla.

ÁSCARI m. Soldado de la infantería marroquí.

ASCÁRIDE f. Lombriz intestinal.

ASCENDENCIA f. Serie de ascendientes o abuelos. (CONTR. *Descendencia.*) ‖ *Neol. Fig.* Influencia.

ASCENDENTE adj. Que asciende o sube.

ASCENDER v. i. Subir. ‖ *Fig.* Adelantar en dignidad: *Fulano ha sido ascendido a jefe, ascender en la carrera.* ‖ — V. t. Dar o conceder un ascenso. ‖ — IRREG. Se conjuga como *tender.*

ASCENDIENTE adj. Ascendente. (SINÓN. V. *Influencia.*) ‖ — M. y f. Padre o abuelo. (SINÓN. V. *Abuelo.* CONTR. *Descendiente.*) ‖ — M. Influencia moral.

ASCENSIÓN f. Acción y efecto de subir: *la ascensión de un globo.* (SINÓN. V. *Elevación.*) ‖ Subida milagrosa de Jesucristo a los cielos. ‖ Fiesta con que se celebra este misterio: *la Ascensión cae en jueves, diez días antes de Pentecostés.* ‖ Exaltación a una dignidad: *ascensión al pontificado.* ‖ — CONTR. *Descenso.* ‖ — PARÓN. *Asunción.*

ASCENSIONAL adj. Dícese del movimiento de un cuerpo hacia arriba. ‖ Dícese de la fuerza que produce la ascensión: *la fuerza ascensional de un aeróstato.*

ASCENSIONISTA com. Persona que hace una ascensión en globo o sube a lo alto de las montañas.

ASCENSO m. Adelanto de un empleado: *conseguir un ascenso inmerecido.* ‖ Subida. ‖ — PARÓN. *Asenso.*

ASCENSOR m. Aparato para subir o bajar en los edificios: *ascensor eléctrico.* ‖ Montacargas.

ASCENSORISTA m. Mozo que maniobra el ascensor en un hotel, almacén, etc.

ASCETA com. (del gr. *askein,* ejercitar). ‖ Persona que hace vida ascética.

ASCETERIO m. Colonia de anacoretas.

ASCÉTICO, CA adj. Relativo al ascetismo: *vida ascética.* (SINÓN. V. *Austero.*) ‖ Que trata de la vida ascética: *escritor, libro ascético.* ‖ Que se dedica al ascetismo. ‖ — F. Ascetismo. ‖ — PARÓN. *Acético.*

ASCETISMO m. Vida consagrada a los ejercicios piadosos. ‖ Doctrina de la vida ascética.

ASCIO, CIA adj. y s. (del gr. *a,* priv., *y skia,* sombra). *Geogr.* Habitante de la zona tórrida, cuyo cuerpo no proyecta sombra a mediodía dos veces al año.

ASCÍTICO, CA adj. y s. *Med.* Que padece ascitis.

ASCITIS f. *Med.* Hidropesía del vientre.

ASCLEPIADÁCEAS f. pl. Género de plantas de semilla sedosa, a que pertenecen la arauja, la mata de la seda y la cornicabra.

ASCLEPIADEO adj. Dícese de un verso de la poesía antigua.

ASCO m. Repugnancia que causa el vómito. (SINÓN. V. *Repugnancia.*) ‖ *Fig.* Impresión desagradable: *ese libro da asco.* ‖ Cosa que causa repugnancia. ‖ *Fig.* y *fam.* Miedo. ‖ *Fig.* y *fam. Estar hecho un asco,* estar muy sucio. ‖ *Fig.* y *fam. Hacer ascos,* despreciar sin gran motivo una cosa. ‖ *Fig.* y *fam.* Ser un asco: *no valer nada.*

ASCOMICETOS m. pl. Orden de los hongos que tienen los esporidios encerrados en saquitos.

ASCOSO, SA adj. Repugnante.

ASCUA f. Pedazo de cualquier materia sólida candente: *hierro hecho ascua.* ‖ *Fig. Ascua de oro,* cosa que brilla y resplandece mucho. ‖ *Fig.* y *fam. Estar en ascuas,* estar inquieto, sobresaltado.

ASDIC m. Aparato detector de los barcos submarinos y de los bancos de peces.

ASEADO, DA adj. Limpio, curioso: *niño aseado.*

ASEAR v. t. Adornar, componer con curiosidad y limpieza. (SINÓN. V. *Limpiar.*)

ASECHADOR, RA adj. y s. Que asecha.
ASECHAMIENTO m. Asechanza.
ASECHANZA f. Engaño o artificio que se hace para perjudicar a otro. (SINÓN. V. *Emboscada.*)
ASECHAR v. t. Armar asechanzas o trampas contra uno. || — PARÓN. *Acechar.*
ASEDAR v. t. Poner suave como la seda: *asedar el cáñamo.* || — PARÓN. *Acedar.*
ASEDIADOR, RA adj. Que asedia, sitiador.
ASEDIAR v. t. Poner sitio a una plaza fuerte. (SINÓN. V. *Cercar.*) || *Fig.* Importunar.
ASEDIO m. Acción y efecto de asediar o sitiar.
ASEGLARARSE v. r. Relajarse el clérigo viviendo como seglar.
ASEGUNDAR v. t. Repetir un acto inmediatamente después de haberlo realizado.
ASEGURACIÓN f. Contrato de seguro.
ASEGURADO, DA adj. y s. Persona que ha contratado un seguro.
ASEGURADOR, RA adj. y s. Que asegura. || — M. Persona o empresa que asegura riesgos ajenos.
ASEGURAMIENTO m. Acción de asegurar.
ASEGURAR v. t. Dar firmeza y seguridad a una cosa: *asegurar el edificio, asegurar la felicidad de uno.* (SINÓN. *Afianzar, consolidar, fijar, sujetar, escorar, apuntalar.*) || Afirmar, garantizar. || Tranquilizar. || Proteger de riesgos. Obligarse a resarcir las pérdidas que pueda sufrir una cosa: *asegurar una casa contra el incendio* [*de incendios*]. (SINÓN. V. *Ofrecer.*) || — V. r. Cerciorarse: *asegurarse de la verdad.* || Suscribir un contrato de seguro.
ASEIDAD f. (del lat. *a se,* por sí). *Teol.* Atributo de Dios, por el cual existe por sí mismo.
ASEMEJAR v. t. Hacer algo a semejanza. || — V. r. Tener semejanza con otra cosa.
ASEMILLAR v. i. *Chil.* Estar fecundándose la flor, cerner.
ASENDEREADO, DA adj. Dícese del camino trillado. || *Fig.* Agobiado de trabajo: *vida asendereada.* || *Fig.* Práctico, experto.
ASENDEREAR v. t. Abrir senderos: *asenderear un bosque.* || *Fig.* Perseguir a uno, acosarlo.
ASENSO m. Acción y efecto de asentir. (SINÓN. V. *Aprobación.* CONTR. *Negativa.*)
ASENTADA f. Tiempo que está sentada una persona. || *De una asentada,* de una vez, de golpe.
ASENTADERAS f. pl. *Fam.* Nalgas. (SINÓN. V. *Trasero.*)
ASENTADO, DA adj. Sentado. || *Fig.* Estable, permanente: *negocio bien asentado.*
ASENTADOR m. El que asienta. || El que contrata víveres al por mayor para un mercado. || Especie de formón que sirve al herrero para repasar la obra. || Suavizador, cuero para suavizar las navajas. || *Méx.* Tamborilete de tipógrafo.
ASENTADURA f. *Ecuad.* Indigestión.
ASENTAMIENTO m. Acción y efecto de asentar. || Emplazamiento de las baterías. || Instalación provisional de colonos. || *Fig.* Juicio.
ASENTAR v. t. Poner en un asiento. || Colocar sobre algo sólido: *asentar cimientos.* || Establecer, fundar: *asentar el real.* || Aplanar, alisar. || Afinar el filo de una navaja o de otro instrumento || Afirmar. || Ajustar un convenio o tratado. (SINÓN. V. *Establecer.*) || No digerirse los alimentos. || *Méx.* Afectar. || Aprobar, aprovechar. || — V. r. Posarse un líquido. || — IRREG. Se conjuga como *atentar.*
ASENTIMIENTO m. Asenso, consentimiento. (SINÓN. V. *Aprobación.*)
ASENTIR v. i. Admitir como cierto. (SINÓN. V. *Consentir.*) || — IRREG. Se conjuga como *sentir.*
ASENTISTA m. El que hace asiento para el suministro de víveres u otros efectos.
ASEÑORADO, DA adj. Que parece señor o de señor, señoril: *modales aseñorados.*
ASEO m. Limpieza, curiosidad, esmero: *obrar con aseo.* (SINÓN. V. *Higiene.*)
ASÉPALO, LA adj. *Bot.* Sin sépalos.
ASEPSIA f. (del gr. *a,* priv., y *sepsis,* infección). Libre de gérmenes. (SINÓN. V. *Saneamiento.*) || Procedimiento para preservar de microbios el instrumental quirúrgico.
ASÉPTICO, CA adj. *Med.* Que participa de las condiciones de la asepsia: *una cura aséptica.*
ASEQUIBLE adj. Que puede conseguirse. || — CONTR. *Inasequible.* || — PARÓN. *Exequible.*
ASERCIÓN f. Afirmación de alguna cosa. (SINÓN. V. *Afirmación.*)
ASERRADERO m. Sitio donde asierran la madera, la piedra u otras cosas.
ASERRADIZO, ZA adj. Que puede ser aserrado: *madera aserradiza.*
ASERRADO, DA adj. Que presenta dientes como la sierra: *hoja aserrada.* || — M. Acción de aserrar.
ASERRADOR, RA adj. Que asierra: *máquina aserradora* (Ú. t. c. s. f.). || — M. El que se dedica a aserrar maderas.
ASERRADURA f. Corte que hace la sierra en la madera. || — Pl. Aserrín, serrín.
ASERRAR v. t. Serrar. || — IRREG. Se conjuga como *cerrar.*
ASERRÍN m. Serrín.
ASERRUCHAR v. t. *Amer.* Cortar con serrucho.
ASERTAR v. i. Galicismo por *afirmar, aseverar, asegurar.*
ASERTIVO, VA adj. Afirmativo: *proposición asertiva.* || — CONTR. *Negativo.*
ASERTO m. Aserción. (SINÓN. V. *Afirmación.* CONTR. *Negación.*)
ASERTOR, RA m. y f. Persona que afirma.
ASERTORIO adj. Afirmativo, que afirma: *juramento asertorio.*
ASESAR v. i. Adquirir seso o cordura.
ASESINAR v. t. Matar alevosamente. (SINÓN V. *Matar.*) || *Fig.* Causar viva aflicción o grandes disgustos: *asesinar a disgustos.* || *Fig.* Engañar, hacer traición. || — PARÓN. *Acecinar.*
ASESINATO m. Crimen cometido con premeditación y alevosía. (SINÓN. V. *Crimen.*)
ASESINO, NA adj. y s. (ár. *haschischin,* de *haschisch,* planta embriagadora). Que asesina: *puñal asesino, castigar a un asesino.* || — SINÓN. *Criminal, matador, homicida.*
ASESOR, RA adj. y s. Que asesora. (SINÓN. V. *Abogado.*) || Dícese del letrado que aconseja a un juez lego.
ASESORADO m. Cargo de asesor.
ASESORAMIENTO m. Consejo.
ASESORAR v. t. Dar consejo. || — V. r. Tomar consejo: *asesorarse con un abogado.*
ASESORÍA f. Empleo de asesor, asesorado. || Estipendio u oficina del asesor.
ASESTADURA f. Acción de asestar.
ASESTAR v. t. Dirigir un arma: *asestar el cañón, la lanza contra uno.* (SINÓN. V. *Apuntar.*) || Descargar un proyectil o un golpe: *asestar un tiro, una pedrada.* (SINÓN. V. *Lanzar.*) || *Fig.* Hacer tiro contra uno, intentar causarle daño: *asestar a uno golpes en la cabeza.* (SINÓN. V. *Golpear.*)
ASEVERACIÓN f. Acción y efecto de aseverar.
ASEVERAR v. t. (lat. *asseverare*). Afirmar, asegurar. || — CONTR. *Negar.*
ASEVERATIVO, VA adj. Que asevera.
ASEXUADO, DA y **ASEXUAL** adj. Sin sexo. || *Reproducción asexuada,* sin fecundación.
ASFALTADO, DA adj. Revestido de asfalto. || — M. Acción de asfaltar. || Pavimento de asfalto.
ASFALTAR v. t. Revestir de asfalto.
ASFÁLTICO, CA adj. De asfalto. || Que tiene asfalto.
ASFALTO m. Betún sólido, lustroso. (El *asfalto* se emplea en pavimentos y revestimiento de muros; entra tb. en la preparación de algunos barnices y medicinas.)
ASFÍCTICO, CA adj. Relativo a la asfixia.
ASFIXIA f. (del gr. *a* priv., y *sphuxis,* pulso). Suspensión de la respiración por falta de oxígeno.
ASFIXIANTE y **ASFIXIADOR, RA** adj. Que asfixia: *gas asfixiante.*
ASFIXIAR v. t. Producir asfixia. Ú. t. c. r.: *asfixiarse con óxido de carbono.* (SINÓN. V. *Ahogar.*)
ASFÍXICO, CA adj. Asfíctico.
ASFÓDELO m. (gr. *asphodelos*). Planta liliácea de hermosas flores. (SINÓN. *Gamón.*)
ASÍ adv. m. De esta manera. || También, igualmente. || Tanto: *así a unos como a otros.* || — Conj. En consecuencia, por esto, de suerte que. || Aunque: *no lo hará, así lo maten.* || — Adj. De esta clase: *personas así no sirven para nada.* || *Así así,* tal cual, medianamente. || *Así como,* de igual manera. || *Así como así,* de todos modos. || *Amer. Así no más,* así nada más. || *Así que,*

asfódelo

luego como, al punto que: *así que no pude venir.* ‖ *Así o asá,* de un modo o de otro.
ASIÁTICO, CA adj. y s. De Asia: *pueblos asiáticos.* ‖ *Fam.* Suntuoso: *lujo asiático.*
ASIBILAR v. t. Hacer sibilante el sonido de una letra.
ASIDERA f. *Riopl.* Correón de la silla en que se afianza el lazo.
ASIDERO m. Parte por donde se ase una cosa. ‖ *Fig.* Ocasión o pretexto: *aprovecharé este asidero.*
ASIDUAMENTE adv. m. Con asiduidad (SINÓN. V. *Siempre.*)
ASIDUIDAD f. (lat. *assiduitas*). Frecuencia, puntualidad o aplicación constante. (SINÓN. V *Celo.*)
ASIDUO, DUA adj. Frecuente, puntual, perseverante: *estudiante asiduo a las clases.* ‖ — CONTR. *Inexacto, descuidado.*
ASIENTO m. Cosa que sirve para sentarse: *tome usted asiento.* ‖ Puesto en un tribunal o junta. ‖ Poso de un líquido: *los asientos de la botella.* (SINÓN. V. *Sedimiento.*) ‖ Contrato para proveer de víveres o géneros: *tomar el asiento de un ejército.* ‖ Sitio en el cual está o estuvo fundada una ciudad o un edificio. (SINÓN. V. *Cimiento* y *posición.*) ‖ Parte del freno, que entra en la boca de la caballería. ‖ Espacio sin dientes en la mandíbula de las caballerías. ‖ Anotación en un libro de cuentas. ‖*Fig.* Estabilidad, permanencia. (SINÓN. V. *Equilibrio.*) ‖ *Fig.* Cordura, prudencia: *hombre de asiento.* ‖ *Asiento de estómago,* empacho. ‖ *Amer.* Territorio de una mina. ‖ *Cub.* Centro agrícola. ‖ — Pl. Perlas desiguales, chatas por un lado. ‖ Asentaderas, trasero.
ASIGNABLE adj. Que se puede asignar.
ASIGNACIÓN f. Acción de asignar. (SINÓN. V. *Subsidio.*) ‖ Salario.
ASIGNADO m. (fr. *assignat*). Nombre de los billetes que sirvieron de papel moneda en Francia durante la Revolución. ‖ *Ecuad.* Parte del salario de los empleados de las haciendas, pagadera en especies.
ASIGNAR v. t. Señalar lo que corresponde a una persona o cosa: *asignar un sueldo.* ‖ Fijar. ‖ Nombrar, designar. (SINÓN. V. *Afectar.*)
ASIGNATARIO, RIA m. y f. *Amer.* Legatario.
ASIGNATURA f. (del lat. *assignatus,* asignado). Tratado o materia que se enseña en un centro docente.
ASILADO, DA m. y f. Individuo recogido en un asilo.
ASILAR v. t. Dar asilo: *asilar a un condenado político.* ‖ Albergar en un asilo.
ASILENCIAR v. t. *Guat.* Silenciar, callar.
ASILO m. (del gr. *asulon,* sitio inviolable). Refugio, retiro, amparo. ‖ *Fig.* Amparo, protección: *el asilo de la paz.* ‖ Establecimiento benéfico en que se albergan los ancianos y desvalidos.
ASILO m. (lat. *asilus*). Insecto díptero.
ASIMETRÍA f. Falta de simetría.
ASIMÉTRICO, CA adj. Que carece de simetría.
ASIMIENTO m. Acción y efecto de asir. ‖ *Fig.* Adhesión, apego o afecto.
ASIMILABILIDAD f. Calidad de asimilable.
ASIMILABLE adj. *Fisiol.* Que puede asimilarse: *carbono asimilable.*
ASIMILACIÓN f. Acción y efecto de asimilar. ‖ — CONTR. *Disimilación.*
ASIMILADOR, RA adj. Que asimila: *espíritu asimilador.*
ASIMILAR v. t. (del lat. *ad,* a, y *similis,* semejante). Asemejar, comparar: *la embriaguez asimila el hombre a la bestia.* ‖ Conceder a los individuos de una profesión los mismos derechos que a los de otra. ‖ *Fisiol.* Apropiarse los órganos las substancias necesarias para su conservación o desarrollo: *nuestro cuerpo asimila los alimentos.* ‖ — V. i. Ser semejantes dos cosas. ‖ Parecerse, asemejarse. (CONTR. *Diferenciar.*) ‖ *Fig.* Adoptar: *asimilar una idea.*
ASIMILATIVO, VA adj. Que puede asimilar.
ASIMILISTA adj. Dícese del que procura asimilar alguna cosa.
ASIMISMO adv. m. De este o del mismo modo. ‖ También, igualmente. (SINÓN. V. *Además.*)
ASIMPLADO, DA adj. Que parece simple o tonto: *persona asimplada, rostro asimplado.*
ASÍN y **ASINA** adv. m. *Fam.* Así.
ASINCRONISMO m. Falta de coincidencia.
ASÍNDETON m. *Ret.* Figura que consiste en omitir las conjunciones para dar rapidez a la frase.
ASINERGIA f. Falta de sinergia.
ASÍNTOTA f. (del gr. *a* priv., y *sunpiptein,* coincidir). *Geom.* Línea recta que, prolongada, se acerca indefinidamente a una curva, sin llegar a encontrarla.
ASINTÓTICO, CA adj. Relativo a la asíntota.
ASIR v. t. Coger, agarrar: *asir con los dientes.* (SINÓN. *Atrapar, aferrar, apercollar.* Pop. *Pillar.*) ‖ — V. i. Arraigar las plantas. ‖ — V. r. Agarrarse de alguna cosa: *asirse de una cuerda.* ‖ *Fig.* Tomar ocasión para hacer lo que se quiere: *se asió del primer pretexto.* ‖ *Fig.* Reñir o contender. ‖ — IRREG. Pres. ind.: *asgo, ases, ase, asimos, asís, asen;* imperf.: *asía, asías, asía, asíamos, asíais, asían;* pret. indef.: *así, asiste, asió, asimos, asisteis, asieron;* fut.: *asiré, asirás,* etc.; imper.: *ase, asid;* pres. subj.: *asga, asgas, asga, asgamos, asgáis, asgan;* imperf. subj.: *asiera, asieras,* etc. o *asiese, asieses,* etc.; pot.: *asiría, asirías,* etc.; fut. subj.: *asiere, asieres,* etc.; p. p.: *asido;* ger.: *asiendo.* ‖ — RÉG. *Asir de [por] los cabellos.*
ASIRIO, RIA adj. y s. De Asiria.
ASIRIOLOGÍA f. Ciencia que trata del estudio de las antigüedades asirias.
ASIRIÓLOGO m. El versado en asiriología.
ASISTENCIA f. Acción de asistir o presencia actual. (SINÓN. V. *Auditorio.*) ‖ Socorro, favor, ayuda: *asistencia a los desgraciados.* (SINÓN. V. *Apoyo.*) ‖ *Mex.* Pieza destinada para las visitas de confianza. ‖ *Col.* Casa de huéspedes. ‖ — F. pl. Pensión alimenticia. ‖ *Taurom.* Conjunto de los mozos de plaza.
ASISTENCIAL adj. Relativo a la asistencia.
ASISTENTA f. Mujer del asistente. ‖ Mujer que sirve como criada en una casa sin residir en ella. (SINÓN. V. *Criada.*)
ASISTENTE adj. y s. m. Que asiste. ‖ Soldado destinado a servir de criado a un oficial.
ASISTIR v. t. (del lat. *ad,* a, y *sistere,* detenerse). Acompañar a uno en un acto público. (SINÓN. V. *Secundar.*) ‖ Servir interinamente: *estoy ahora sin criado, y me asiste el hermano de Pepe.* ‖ Socorrer, favorecer: *asistir a un desgraciado.* (SINÓN. V. *Ayudar.*) ‖ Cuidar los enfermos: *le asiste un buen médico.* ‖ Estar de parte de una persona: *la razón le asiste.* ‖ — V. i. Estar presente: *asistió a la escena.* ‖ Concurrir con frecuencia a una casa o reunión. ‖ Echar carta del mismo palo que el que se jugó primero.
ASISTOLIA f. (del gr. *a* priv., y *systolê,* contracción). Insuficiencia de las contracciones del corazón.
ASISTÓLICO, CA adj. Relativo a la asistolia.
ASMA f. (gr. *asthma*). Enfermedad de los pulmones que se manifiesta por sofocaciones intermitentes: *el asma es frecuente en los ancianos.*
ASMÁTICO, CA adj. Relativo al asma: *crisis asmática.* ‖ — M. y f. Persona que la padece.
ASNA f. Hembra del asno, borrica. ‖ — Pl. Vigas menores del tejado.
ASNACHO m. Mata papilionácea de flores amarillas. ‖ Uno de los nombres de la *gatuña.*
ASNADA f. *Fig.* y *fam.* Necedad.
ASNAL adj. Perteneciente o relativo al asno: *música asnal.* ‖ *Fig.* y *fam.* Bestial o brutal.
ASNALMENTE adv. m. *Fam.* Montado en un asno: *caballero asnalmente.* ‖ Brutalmente.
ASNEAR v. i. Hablar u obrar neciamente.
ASNERÍA f. *Fam.* Conjunto de asnos. ‖ *Fig.* y *fam.* Necedad, tontería: *decir asnerías.*
ASNILLA f. Puntal que se pone a un edificio.
ASNILLO m. Insecto coleóptero muy voraz.
ASNINO, NA adj. *Fam.* Asnal: *la raza asnina.*
ASNO m. Animal solípedo doméstico, más pequeño que el caballo y de orejas muy largas. (SINÓN. *Burro, garañón, rocín, borrico, rucio, pollino.*) ‖ *Fig.* Persona ruda y de muy escaso entendimiento: *¡qué asno es Fulano!* ‖ *No es la miel para la boca del asno,* es inútil ofrecer refinamientos a quien es incapaz de apreciarlos. ‖ — PROV. **Al asno muerto, la cebada al rabo,** es necedad empeñarse en aplicar remedio a las cosas, pasada la ocasión oportuna.

ARTE ASIRIO

Asiria, al norte de la antigua Mesopotamia, con sus capitales sucesivas, Asur, Kalah y Nínive, conoció, en el primer milenio antes de nuestra era, una civilización cuyo origen remontaba al tiempo de los sumerios y akadios. Se construyeron grandes palacios reales como el de Korsabab (713-507), con sus magníficos aposentos, capillas y torre. La decoración consistía en pinturas, donde dominaban los motivos de la estrella o el cuadrado. Las puertas del palacio estaban protegidas por genios alados de dimensiones colosales. La escultura se expresa sobre todo en los bajorrelieves con escenas guerreras o de caza (s. IX-VII), que demuestran el dominio del arte de representar animales. Después de tres siglos de esfuerzos que llevaron a un período de madurez, el arte asirio desapareció con la caída de Nínive, dejando pocos monumentos a la posteridad, pero de un gusto refinado y potente.

Bajorrelieve : El rey Asurnazirpal (884-859 a. de J. C.) cazando el león; un toro alado, símbolo de protección contra los malos espíritus, que adornaba la entrada del palacio construido en Korsabad (final del siglo VIII a. de J. C.)

ASOBINARSE v. r. Quedarse una bestia, al caer, con la cabeza metida entre las patas delanteras. || Quedarse hecho un ovillo al caer.

ASOCARRONADO, DA adj. Que parece socarrón: *persona asocarronada, gesto asocarronado.*

ASOCIABLE adj. Que puede asociarse o unirse.

ASOCIACIÓN f. Acción y efecto de asociar: *los beneficios de la asociación.* || Conjunto de asociados: *asociación cooperativa.* (SINÓN. V. *Sociedad.*) || *Asociación de ideas,* acción psicológica mediante la cual unas ideas o imágenes evocan otras.

ASOCIACIONISMO m. *Fil.* Doctrina psicológica que explica todos los fenómenos psíquicos por las leyes de la asociación de las ideas.

ASOCIADO, DA adj. y s. Dícese de la persona que acompaña a otra en alguna comisión. || — M. y f. Persona que forma parte de una asociación. (SINÓN. *Cooperador, colaborador.* V. tb. *socio.*)

ASOCIAMIENTO m. Asociación.

ASOCIAR v. t. (del lat. *ad,* a, y *socius,* compañero). Juntar una cosa con otra: *asociar sus esfuerzos.* (SINÓN. *Adjuntar, agregar.*) || — V. r. Reunirse una persona o cosa con otra: *asociarse para un negocio.* (SINÓN. V. *Unir.*) || — CONTR. *Separar.*

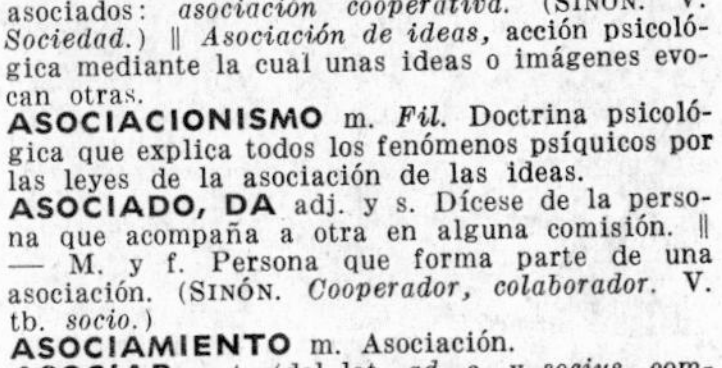

Fot. X, Giraudon.

ASOCIATIVO, VA adj. Capaz de asociar.

ASOCIO m. *Amer.* Asociación, colaboración, compañía: *en asocio de.*

ASOLACIÓN f. Asolamiento.

ASOLADOR, RA adj. y s. Que asuela o derriba.

ASOLAMIENTO m. Acción de asolar o derribar.

ASOLANAR v. t. Dañar el viento solano alguna cosa. Ú. t. c. r.: *asolanarse las mieses.*

ASOLAPAR v. t. Asentar una cosa sobre otra de modo que la cubra parcialmente.

ASOLAR v. t. (de *sol*). Secar los campos el calor o la sequía.

ASOLAR v. t. (de *suelo*). Destruir, arrasar: *el terremoto asoló la comarca.* (SINÓN. *Desolar, devastar, infestar, arruinar, saquear.*) || — V. r. Posarse un líquido. || — IRREG. Se conjuga como *consolar.*

ASOLDAR v. t. Tomar a sueldo, asalariar: *asoldar un regimiento.* || — IRREG. Se conjuga como *contar.*

ASOLEADA f. *Amer.* Insolación.

ASOLEADO, DA adj. *Hond., Guat.* y *Méx.* Torpe.

ASOLEAR v. t. Tener al sol una cosa: *casa muy asoleada.* || — V. r. Acalorarse tomando el sol. || Ponerse muy moreno de haber estado al sol. || *Méx., Col.* y *Cub.* Trabajar. || *Veter.* Contraer asoleo los animales.

ASOLEO m. Acción y efecto de asolear. || *Veter.* Enfermedad de los animales, caracterizada por sofocación y palpitaciones.

ASOMADA f. Breve aparición, acción de dejarse ver por poco tiempo: *hacer una asomada.* || Paraje desde el cual se empieza a ver un lugar.

áspid

ASOMAGADO, DA adj. *Ecuad.* Soñoliento.
ASOMAR v. i. Empezar a mostrarse alguna cosa: *asoma el sol.* || — V. t. Sacar una cosa por una abertura: *asomar la cabeza a [por] la ventana.* (CONTR. *Ocultar.*) || — V. r. *Fam.* Tener algún principio de borrachera. || *Fam.* Empezar a enterarse sin propósito de profundizar.
ASOMBRADIZO, ZA adj. Espantadizo.
ASOMBRADOR, RA adj. Que asombra.
ASOMBRAR v. t. Hacer sombra una cosa a otra. || Oscurecer un color mezclándolo con otro. || *Fig.* Causar grande admiración o extrañeza. || *Fig.* Asustar, espantar.
ASOMBRO m. Sorpresa, extrañeza. || Grande admiración. || Persona o cosa asombrosa.
ASOMBROSAMENTE adv. m. De modo asombroso.
ASOMBROSO, SA adj. Que causa asombro. || — SINÓN. *Prodigioso, maravilloso, sensacional, sorprendente.* V. tb. *inverosímil.*
ASOMO m. Acción de asomar o asomarse. || Indicio o señal de alguna cosa. || Sospecha, presunción. || *Ni por asomo,* loc. adv., de ningún modo.
ASONADA f. Alboroto violento dirigido a la consecución de un fin, generalmente político. (SINÓN. V. *Motín.*)
ASONANCIA f. Correspondencia de un sonido con otro. || *Fig.* Correspondencia o relación: *esto no tiene asonancia con lo que dijiste.* || *Métr.* Identidad de vocales en las terminaciones de dos palabras a contar desde la última sílaba acentuada: *río, marido, compromiso; baja, agua, espalda.* (SINÓN. V. *Consonancia.*) || *Ret.* Vicio que consiste en el uso inmotivado de voces asonantes.
ASONANTADO, DA adj. Que está en forma de asonante: *crónica asonantada.*
ASONANTAR v. i. Ser dos palabras asonantes. || Incurrir en el defecto de la asonancia. || — V. tr. Emplear una palabra como asonante de otra.
ASONANTE adj. y s. Dícese de la voz que tiene asonancia con otra: *pie y ley son asonantes de café.*
ASONÁNTICO, CA adj. Relativo a los asonantes.
ASONAR v. i. Hacer asonancia dos sonidos. || — IRREG. Se conjuga como *contar.*
ASOPORARSE v. r. *Guat.* Sentirse con sopor.
ASORDAR v. t. Ensordecer: *ese ruido asorda.*
ASOROCHARSE v. r. *Amer.* Padecer del soroche. || *Chil. Pop.* Ruborizarse.
ASOTANAR v. t. Hacer sótanos.
ASPA f. Conjunto de dos maderos atravesados en X: *San Andrés murió en el aspa.* || Especie de devanadera. || Brazo de molino. || Cualquier agrupación, figura o signo en forma de X. || Signo de la multiplicación.
ASPADERA f. Aspa, devanadera.
ASPADO, DA adj. y s. Que tiene forma de aspa. || Penitente que, en Semana Santa, llevaba los brazos extendidos en forma de cruz, atados por las espaldas a un madero. || *Fig.* y *fam.* Que no puede manejar con facilidad los brazos por estorbárselo el vestido: *ir aspado en la levita.*
ASPADOR, RA adj. y s. Que aspa. || — F. Devanadera.
ASPÁLATO m. Planta parecida a la retama.
ASPAR v. t. Hacer madeja el hilo. || Clavar en un aspa a una persona. || *Fig.* y *fam.* Mortificar a uno. || — V. r. *Fig.* Mostrar gran dolor.
ASPAVENTAR v. t. Espantar.
ASPAVENTERO, RA y **ASPAVENTOSO, SA** adj. Que hace aspavientos: *mujer aspaventera.*
ASPAVIENTO m. Demostración excesiva o afectada: *hacer muchos aspavientos.*
ASPEAR v. t. Despear. || *Venez.* Derribar una bestia patas arriba.
ASPECTO m. (lat. *aspectus*). Apariencia: *el aspecto del campo, del mar.* || *Fig.* Semblante: *hombre de aspecto sombrío.* || — SINÓN. *Exterior, presencia, vista, traza.* V. tb. *fase y forma.*
ÁSPERAMENTE adv. m. Con aspereza: *hablar ásperamente.* || — CONTR. *Suavemente.*
ASPEREAR v. i. Tener sabor áspero una cosa.
ASPERETE m. Asperillo de algunas frutas.
ASPEREZA f. Calidad de áspero. || Escabrosidad, desigualdad del terreno. || Desabrimiento en el trato.
ASPEREZAR v. t. *Amér. C.* Causar aspereza.
ASPERGER v. t. Asperjar.
ASPERGES m. *Fam.* Antífona que comienza con esta palabra latina. || *Fam.* Rociadura o aspersión, y también hisopo.
ASPERIDAD f. Aspereza.
ASPERIEGO, GA adj. Dícese de una variedad de manzana de sabor áspero.
ASPERILLA f. Planta rubiácea de flores azuladas.
ASPERILLO m. Gustillo agrio de ciertas cosas: *el asperillo de la fruta verde.*
ASPERJAR v. t. Rociar. (SINÓN. V. *Regar.*) || Hisopear.
ÁSPERO, RA adj. De superficie desigual o rugosa: *madera áspera.* (SINÓN. V. *Recio.*) || Escabroso. || *Fig.* Desapacible al gusto o al oído: *fruta, voz áspera.* (SINÓN. V. *Desabrido.*) || *Fig.* Rígido: *genio áspero.* (SINÓN. V. *Riguroso.*) || — CONTR. *Suave.* || — RÉG. *Áspero al [para el] gusto; con los inferiores; de genio.*
ASPERÓN m. Arenisca silícea o arcillosa utilizada en construcción y como piedra amoladera.
ASPÉRRIMO, MA adj. Muy áspero.
ASPERSIÓN f. Acción de asperjar, rociadura. (SINÓN. V. *Riego.*)
ASPERSORIO m. Hisopo con que se asperja.
ASPERUELA f. Cola de caballo, planta.
ASPÉRULA f. Género de plantas rubiáceas.
ASPERURA f. Aspereza.
ÁSPID y **ÁSPIDE** m. (lat. *aspis*). Especie de víbora muy venenosa. || Serpiente venenosa de Egipto, de cuello dilatable.
ASPIDISTRA f. Planta liliácea de lindas hojas.
ASPILLA f. Tablilla graduada para medir el líquido contenido en un recipiente.
ASPILLERA f. *Fort.* Abertura larga y estrecha que se hace en el muro para poder disparar contra el enemigo. || — PARÓN. *Arpillera.*
ASPIRACIÓN f. Acción de aspirar, vivo anhelo, solicitud: *una aspiración profunda.* (CONTR. *Expiración.*) || Sonido del lenguaje que resulta de una fuerte emisión del aliento. || *Mús.* Espacio menor de la pausa. || — F. pl. Pretensiones.
ASPIRADO, DA adj. Dícese de la letra que puede aspirarse, como la *h.*
ASPIRADOR, RA adj. Que aspira. || — F. Aparato de limpieza que aspira el polvo.
ASPIRANTE adj. Que aspira: *bomba aspirante.* || — M. y f. Persona que aspira a un empleo o cargo. (SINÓN. V. *Postulante.*)
ASPIRAR v. t. (del lat. *ad,* a, y *spirare,* respirar). Atraer el aire a los pulmones. (SINÓN. *Inspirar, insuflar, resollar.*) || Atraer un líquido, un gas: *la bomba aspira el agua.* (SINÓN. V. *Absorber.*) || Pretender con ansia: *aspirar a los honores.* (SINÓN. V. *Ambicionar.*) || *Gram.* Pronunciar guturalmente: *la letra* H *se aspiró antiguamente en Castilla, y aún suelen aspirarla en Andalucía y Extremadura.* || — CONTR. *Espirar, soplar.*
ASPIRATORIO, RIA adj. Que concierne la aspiración: *movimiento aspiratorio.*
ASPIRINA f. (nombre comercial). Ácido acetilsalicílico, muy usado contra los dolores.
ASPUDO, DA adj. *Arg.* De cuernos grandes.
ASQUEADO, DA adj. Que tiene asco. || *Fig.* Aburrido.
ASQUEAR v. i. Tener asco de algo, mostrarlo.
ASQUEROSIDAD f. Suciedad que da asco.
ASQUEROSO, SA adj. Repugnante: *asqueroso a la vista, de ver, en su aspecto.* (SINÓN. V. *Sucio.*)
ASQUIENTO, TA adj. *Col.* y *Ecuad.* Asqueado.
ASTA f. (lat. *hasta*). Lanza o pica de los antiguos romanos. || Palo de la pica, la lanza, la alabarda, etc. || Lanza o pica. || Palo de la bandera. || Mango o cabo de una herramienta. || Cuerno. (SINÓN. V. *Cuerno.*) || — PARÓN. *Hasta.*
ÁSTACO m. (lat. *astacus*). Cangrejo de río.
ASTADO, DA adj. Provisto de asta.
ASTÁTICO, CA adj. Dícese del sistema de dos agujas imanadas, colocadas una sobre otra en sentido contrario, de tal suerte que la tierra no ejerza acción alguna sobre ellas.
ASTEÍSMO m. *Ret.* Figura que consiste en dirigir una alabanza en apariencia de reprensión.
ASTENIA f. (gr. *astheneia*). *Med.* Decaimiento considerable de fuerzas, debilidad.
ASTÉNICO, CA adj. y s. *Med.* Relativo a la astenia o que la padece. (SINÓN. V. *Débil.*)

ASTER m. *Bot.* Género de compuestas a que pertenece la reina margarita.
ASTERIA f. Estrellamar, equinodermo. ‖ Variedad de ópalo.
ASTERISCO m. Signo ortográfico en forma de estrella (*) que sirve para hacer llamada en impresos y manuscritos.
ASTEROIDE m. (del gr. *aster,* astro, y *eidos,* forma). Nombre de los planetas muy pequeños, visibles sólo con telescopio y cuyas órbitas se hallan comprendidas entre las de Marte y Júpiter.
ASTIFINO, NA adj. De astas finas (toro).
ASTIGITANO, NA adj. De Ástigi o Écija.
ASTIGMÁTICO, CA adj. Que padece astigmatismo: *ojo astigmático.*
ASTIGMATISMO m. Turbación de la vista por desigualdad en la curvatura del cristalino. ‖ Defecto de un instrumento óptico que produce imágenes deformadas.
ASTIL m. (lat. *hastile*). Mango de hacha, azada, pico, etc. ‖ Varilla de saeta. ‖ Brazo de la balanza. ‖ Vara de hierro por donde corre el pilón de la romana. ‖ Eje córneo de la pluma.
ASTILLA f. Fragmento que salta de una cosa que se parte o rompe: *astilla de palo, de pedernal.* ‖ *Amer.* Raja de leña.
ASTILLAR v. t. Hacer astillas. ‖ Destrozar.
ASTILLAZO m. Golpe que da la astilla cuando salta: *recibir un astillazo en la frente.*
ASTILLEJOS m. pl. *Astr.* Cástor y Pólux, estrellas pincipales de la constelación de Géminis.
ASTILLERO m. Percha en que se ponen las picas y lanzas. ‖ Establecimiento donde se construyen y reparan los buques. (SINÓN. V. *Taller.*) ‖ *Méx.* Lugar en que se hace corte de leña.
ASTILLÓN m. Astilla grande. ‖ Pedazo que salta de una piedra al labrarla.
ASTILLOSO, SA adj. Dícese de los cuerpos que saltan formando astillas y de la fractura así hecha: *madera astillosa.*
ASTRACÁN m. Piel de cordero nonato, de lana muy rizada.
ASTRACANADA f. Farsa teatral disparatada y chabacana.
ASTRÁGALO m. Tragacanto. ‖ Cordón en forma de anillo que adorna las columnas y otros objetos cilíndricos. ‖ *Anat.* Hueso del pie en la parte superior y media del tarso.
ASTRAL adj. Perteneciente o relativo a los astros: *influencia astral.*
ASTREÑIR v. t. Astringir, apretar, estrechar. ‖ — IRREG. Se conjuga como *ceñir.*
ASTRICTIVO, VA adj. Que astringe u obliga.
ASTRICTO, TA p. p. irreg. de *astringir.* ‖ Obligado: *astricto a un servicio.*
ASTRINGENCIA f. Calidad de astringente: *la astringencia del ácido gálico.*
ASTRINGENTE adj. Que astringe o estrecha. ‖ — CONTR. *Laxante.*
ASTRINGIR v. t. (del lat. ad, *a,* y *stringere,* apretar). Apretar, estrechar los tejidos orgánicos. ‖ *Fig.* Sujetar, constreñir. (SINÓN. V. *Obligar.*)
ASTRIÑIR v. t. Astringir, apretar los tejidos. ‖ — IRREG. Se conjuga como *ceñir.*
ASTRO m. (lat. *astrum,* del gr. *astron*). Cuerpo celeste. (SINÓN. V. *Estrella.*)
ASTROBIOLOGÍA f. Estudio de la vida en los astros.
ASTROFÍSICA f. Estudio de los astros mediante los recursos de la física.
ASTROLABIO m. (del gr. *astron,* astro, y *lambanein,* tomar). *Astr.* Antiguo instrumento para observar la altura de los astros.
ASTROLOGÍA f. (del gr. *astron,* astro, y *logos,* discurso). Arte de predecir el porvenir por la observación de los astros.
ASTROLÓGICO, CA adj. Relativo a la astrología: *observación astrológica.*
ASTRÓLOGO m. El que se ocupa en astrología. (SINÓN. V. *Adivino.*)
ASTRONAUTA com. Piloto interplanetario.
ASTRONÁUTICA f. Ciencia que tiene por objeto el estudio y realización de la navegación interplanetaria.
ASTRONAVE f. Vehículo destinado a la navegación interplanetaria.
ASTRONOMÍA f. (del gr. *astron,* astro, y *nomos,* ley). Ciencia que trata de la posición, movimiento y constitución de los cuerpos celestes. (V. ilustr. pág. 106.)
ASTRONÓMICO, CA adj. Relativo a la astronomía. ‖ *Fig.* Exagerado: *cifras astronómicas.*
ASTRÓNOMO m. El que profesa la astronomía.
ASTROSO, SA adj. Desastrado, descuidado, sucio. ‖ Vil, despreciable. ‖ — CONTR. *Cuidadoso.*
ASTUCIA f. (lat. *astutia*). Calidad de astuto. Ardid, maña. ‖ — SINÓN. *Ardid, artificio, estratagema, perfidia, maquiavelismo, trapacería, taimería, marrullería.* ‖ — CONTR. *Candidez, lealtad.*
ASTUCIOSO, SA adj. Astuto, sagaz.
ASTUR adj. Asturiano.
ASTURIANISMO m. Voz o giro propios del español hablado en Asturias.
ASTURIANO, NA adj. y s. De Asturias.
ASTURICENSE adj. De Astúrica o Astorga.
ASTUTO, TA adj. Hábil para engañar o evitar el engaño: *el zorro es un animal muy astuto.* ‖ — SINÓN. *Sagaz, taimado, pícaro, socarrón, bellaco, ladino, marrullero.* Pop. *Zorro, cuco.* ‖ — CONTR. *Cándido, leal.*
ASUANA f. *Per.* Vasija para chicha.
ASUETO m. Vacación corta: *tarde de asueto.* (SINÓN. V. *Vacación.*)
ASUMIR v. t. Tomar para sí: *asumir una responsabilidad.* ‖ — CONTR. *Rechazar.*
ASUNCENO, NA adj. y s. De Asunción (Paraguay).
ASUNCIÓN f. Acción de asumir. ‖ Elevación al cielo de la Virgen Santísima. ‖ Fiesta que la celebra (15 de agosto). ‖ Obra de arte que representa la Asunción: *una Asunción de Murillo.* ‖ — PARÓN. *Ascensión.*
ASUNCIONENSE adj. y s. De La Asunción (Venezuela).
ASUNCIONISTA m. y f. Religioso de la congregación agustiniana de la Asunción.
ASUNTAR v. i. *Dom.* Poner asunto, poner atención. ‖ *Amér. C.* Curiosear.
ASUNTO m. Materia de que se trata. (SINÓN. V. *Tema.*) ‖ Tema o argumento de una obra: *asunto patético.* (SINÓN. V. *Trama.*) ‖ Lo que representa un cuadro o escultura. ‖ Negocio. ‖ *Amer. Poner asunto,* poner atención.
ASURAMIENTO m. Acción de asurar o quemar.
ASURAR v. t. y r. Requemar los guisados. ‖ Abrasar los sembrados el calor excesivo: *las mieses se asuraron.* ‖ *Fig.* Inquietar mucho.
ASURCADO, DA adj. Rayado en forma de surco.
ASUSTADIZO, ZA adj. Que se asusta con facilidad: *caballo asustadizo.* ‖ — CONTR. *Impávido.*
ASUSTADOR, RA y **ASUSTÓN, ONA** adj. *Amer.* Que asusta.
ASUSTAR v. t. Dar susto: *asustar a un perro.* (SINÓN. V. *Acobardar.*)
ATABACADO, DA adj. Que tiene color de tabaco: *paño atabacado.* ‖ *Bol.* Empachado.
ATABAL m. Instrumento músico a modo de tambor semiesférico de cobre, que se toca con dos varillas. (SINÓN. V. *Tambor.*)
ATABALEAR v. i. Piafar, patear el caballo.
ATABALERO m. El que toca el atabal.
ATABANADO, DA adj. Dícese del caballo de pelo salpicado de pintas blancas.
ATABARILLADO, DA adj. Que padece tabardillo: *tercianas atabardilladas.*
ATABE m. Abertura que se suele dejar en las cañerías para que salga el aire.
ATABERNADO, DA adj. Dícese del vino vendido al por menor, según se hace en las tabernas.
ATABLADERA f. Tabla tirada por caballerías, que sirve para allanar la tierra sembrada.
ATABLAR v. t. *Agr.* Allanar con la atabladera.
ATACABLE adj. Que puede ser atacado: *argumento atacable.* ‖ — CONTR. *Inatacable.*
ATACADO, DA adj. *Fig.* y *fam.* Encogido, irresoluto. (CONTR. *Atrevido.*) ‖ *Fig.* y *fam.* Miserable, mezquino. (CONTR. *Generoso.*)
ATACADOR, RA o **ATACANTE** adj. y s. Que ataca o acomete. ‖ — M. Barra para atacar los cañones.
ATACADURA f. y **ATACAMIENTO** m. Acción y efecto de atacar o atacarse la ropa.
ATACAMA f. *Per.* Cierto tejido de algodón.
ATACAMEÑO, ÑA adj. y s. De Atacama.
ATACAMITA f. Mineral de cobre de color verde.

aster

asteria

astrágalo

astrolabios

Fot. Alix.

ASTRONOMÍA

Los observatorios modernos (en el grabado superior el del pico de Midi, en los Pirineos franceses) se suelen instalar en puntos elevados para evitar los inconvenientes de la suciedad del aire y del alumbrado urbano. A la izquierda : el telescopio Hooker de 257 cm. El telescopio ha sustituido al anteojo porque es casi imposible obtener buenas imágenes con lentes de más de un metro de abertura. A la derecha : los radiotelescopios captan las ondas hertzianas originadas en los planetas. La placa fotográfica sigue siendo el instrumento más útil. En la fotografía inferior : la cámara de Schmidt, telescopio especialmente concebido para la fotografía

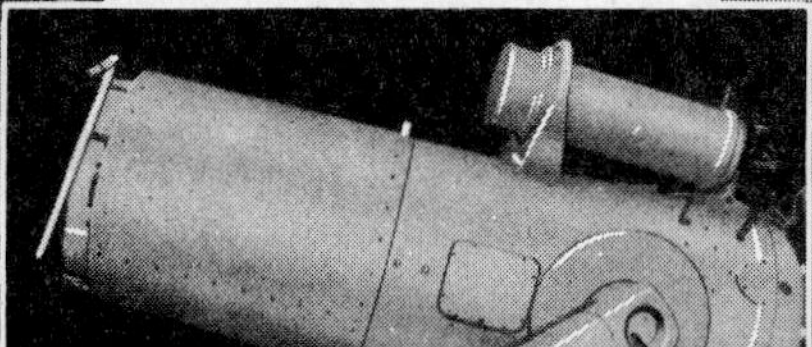

A la izquierda : la ausencia de atmósfera alrededor de la Luna permite la obtención de vistas muy detalladas (1 mm representa 11 km sobre el terreno). A la derecha : la *Cabeza de Caballo*. No se trata de las nubes vaporosas que nos son familiares, sino de concentraciones de materia cósmica, opaca, que se destacan sobre un fondo luminoso

ATACANTE adj. Que ataca: *tropas atacantes.*
ATACAR v. t. Acometer, embestir. (SINÓN. *Arremeter, asaltar, provocar, agredir, atentar contra.*) ‖ *Fig.* Apretar o estrechar a una persona en una discusión. (SINÓN. V. *Contradecir.*) ‖ *Quím.* Ejercer acción corrosiva una substancia sobre otra: *el orín ataca el hierro.* ‖ Meter el taco en un arma de fuego. ‖ Atar, abrochar el vestido. Ú. t. c. r.: *atacarse los calzones.* ‖ *Fig.* Tratándose del sueño, enfermedades, etc., acometer, dar: *le atacó la viruela.* ‖ *Fig.* y *fam.* Iniciar: *atacar el estudio de la Geometría.* (SINÓN. V. *Comenzar.*) ‖ — OBSERV. Suelen criticarse las frases: *atacar un dictamen,* por *impugnarlo; atacar el trono,* por *combatirlo.*
ATACOLA f. Arreo que cae sobre las ancas y pasa bajo la cola del caballo.
ATADERAS f. pl. *Fam.* Ligas para las medias.
ATADERO m. Lo que sirve para atar. Parte por donde se ata algo. ‖ *Fig. No tener atadero,* no tener orden ni concierto: *ese asunto no tiene atadero.*
ATADIJO m. *Fam.* Lío pequeño y mal hecho.
ATADO, DA adj. *Fig.* Dícese de la persona que se embaraza por cualquier cosa. (SINÓN. *Apocado.*) ‖ — M. Conjunto de cosas atadas: *un atado de ropa.* ‖ *Arg.* Cajetilla de cigarrillos.
ATADOR, RA adj. Que ata. ‖ — M. Entre segadores, el que ata los haces o gavillas. ‖ — F. Máquina que ata las gavillas mecánicamente.
ATADURA f. Acción de atar: *una atadura apretada.* ‖ Cosa con que se ata. ‖ *Fig.* Unión o enlace. ‖ *Fig.* Traba, lo que estorba la libertad.
ATAFAGAR v. t. Sofocar: *este olor me atafaga.* ‖ *Fig.* y *fam.* Molestar con inoportunidad.
ATAFENATADO, DA adj. Semejante al tafetán: *tela atafenatada.*
ATAGALLAR v. t. *Mar.* Forzar de vela. ‖ — V. i. *Cub.* Desear con ansia una cosa.
ATAGUÍA f. Macizo de tierra o cualquier otro obstáculo con que se ataja el agua mientras se construye una obra hidráulica.
ATAHARRE m. Correa de cuero que sujeta la silla, y rodea los ijares y ancas de la caballería para impedir que el aparejo se corra hacia adelante.
ATAHORMA f. Águila de color ceniciento con pecho gris rojizo, cola blanca y tarsos amarillos.
ATAIRAR v. t. Hacer ataires: *ventana atairada.*
ATAIRE m. Moldura que se hace en las escuadras y tableros de las puertas o ventanas.
ATAJA f. *Bol.* Ataharre.
ATAJADERO m. Caballón, lomo que se pone en las acequias para hacer entrar el agua en una finca.
ATAJADIZO m. Tabique u otra cosa con que se ataja. ‖ Sitio o terreno atajado.
ATAJADOR, RA adj. y s. Que ataja. ‖ — M. *Méx.* Arriero que guía la recua.
ATAJAPRIMO m. *Cub.* Cierto baile popular.
ATAJAR v. i. Ir por el atajo. ‖ — V. t. Salir al encuentro por algún atajo: *atajaron al fugitivo.* (SINÓN. V. *Detener.*) ‖ Separar parte de un sitio o terreno por medio de un tabique, biombo, cancel, etc. (SINÓN. V. *Tapar.*) ‖ Señalar en un escrito lo que se ha de omitir. ‖ *Fig.* Cortar, impedir: *atajar el fuego, un pleito.* ‖ Interrumpir a uno: *atajó al orador.* ‖ — V. r. *Fig.* Cortarse o correrse de vergüenza o miedo. ‖ Emborracharse.
ATAJEA f. Atarjea.
ATAJO m. Senda por donde se abrevia el camino: *tomar el atajo.* ‖ *Fig.* Procedimiento o medio rápido: *echa ya por el atajo.* ‖ Separación o división de alguna cosa. ‖ Pequeño grupo de cabezas de ganado. ‖ *Fig.* Conjunto o copia: *un atajo de disparates.*
ATALAJAR v. t. Poner el atalaje a las caballerías.
ATALAJE m. *Mil.* Atelaje de artillería. ‖ *Fig.* y *fam.* Ajuar o equipo.
ATALANTAR v. t. Agradar, convenir. ‖ Aturdir, atolondrar.
ATALAYA f. Torre en lugar alto, para registrar el campo. ‖ Altura desde donde se descubre mucho espacio de tierra o mar. ‖ *Fig.* Posición o estado desde la que se aprecia bien una verdad. ‖ — M. Hombre que registra desde la atalaya para avisar de lo que descubre.
ATALAYADOR, RA adj. y s. Que atalaya. ‖ *Fig.* y *fam.* Averiguador.
ATALAYAR v. t. Registrar desde una atalaya. ‖ *Fig.* Observar, espiar.
ATALAYERO m. Soldado que servía de atalaya. (SINÓN. V. *Centinela.*)
ATALUDAR y **ATALUZAR** v. t. Dar talud.
ATAMIENTO m. *Fig.* y *fam.* Cortedad de ánimo.
ATANASIA f. (del gr. *athanasia,* inmortalidad). Hierba de Santa María. ‖ Letra de imprenta de catorce puntos.
ATANOR m. Tubo o cañería.
ATANQUÍA f. Ungüento depilatorio. ‖ Adúcar, cardazo, seda basta.
ATAÑER v. i. Tocar o pertenecer: *esto no me atañe.* (SINÓN. V. *Concernir.*) ‖ — OBSERV. Es defectivo; sólo se emplea en las terceras personas.
ATAPIALAR v. t. *Ecuad.* y *Guat.* Tapiar, cercar.
ATAPUZAR v. t. *Venez.* Atiborrar, llenar.
ATAQUE m. Acción de atacar, agresión. (SINÓN. V. *Acometimiento* y *asalto.*) ‖ Trabajos de trinchera para tomar una plaza. ‖ *Fig.* Acometimiento de una enfermedad: *ataque de calentura.* (SINÓN. V. *Crisis.*) ‖ *Fig.* Impugnación, pendencia, disputa.
ATAQUIZAR v. t. *Agr.* Amugronar.
ATAR v. t. Unir, enlazar con cuerda, cinta, soga, etc. (SINÓN. *Liar, amarrar.*) ‖ *Fig.* Impedir o quitar el movimiento. (SINÓN. *Agarrotar, encadenar.*) ‖ *Fig.* Juntar, relacionar, conciliar. ‖ — V. r. *Fig.* Embarazarse, no saber cómo salir de un apuro: *es hombre que no se ata por tan poco.* ‖ *Fig.* Ceñirse o reducirse a una cosa determinada: *atarse a su opinión.* ‖ — RÉG. *Atar a un árbol, de pies y manos, por el cuello; atarse en las dificultades.*
ATARACEA f. Taracea, marquetería.
ATARANTADO, DA adj. Picado de la tarántula. ‖ *Fig.* y *fam.* Inquieto y bullicioso: *un muchacho atarantado.* ‖ *Fig.* y *fam.* Aturdido o espantado.
ATARANTAR v. t. Aturdir, atolondrar. ‖ — V. r. *Col.* y *Chil.* Precipitarse. ‖ *Guat.* y *Méx* Medio emborracharse.
ATARAXIA f. (del gr. *a* priv., y *tarassein,* conmover). Impasibilidad, frialdad. ‖ *Fil.* Quietud absoluta del alma, que es, según el epicureísmo, la cualidad de los dioses y el ideal del sabio. ‖ — CONTR. *Sensibilidad.*
ATARAZANA f. Arsenal. ‖ Cobertizo de cordelero. ‖ *Cub.* Tejado de dos aguas.
ATARAZAR v. t. Morder, romper con los dientes.
ATARDECER m. Último período de la tarde: *llegó al atardecer.* ‖ — V. impers. Tardecer, hacerse tarde. ‖ — IRREG. Se conjuga como *merecer.*
ATAREAR v. t. Señalar tarea a una persona. ‖ — V. r. Entregarse mucho al trabajo. (SINÓN. V. *Trabajar.*)
ATAREO m. Trabajo continuado, ocupación constante.
ATARJEA f. Cañería. ‖ Conducto que lleva las aguas al sumidero. ‖ *Per.* Depósito de agua que surte una población.
ATARQUINAR v. t. Llenar de tarquín.
ATARRAGA f. Olivarda, planta compuesta.
ATARRAGAR v. t. Preparar la herradura a martillazos para que se ajuste al casco de la bestia.
ATARRAJAR v. t. Aterrajar, labrar con terraja.
ATARRAYA f. Esparavel, cierta red arrojadiza.
ATARRAYAR v. t. *P. Rico.* Detener, aprehender.
ATARUGAMIENTO m. Acción y efecto de atarugar.
ATARUGAR v. t. Asegurar con tarugos: *atarugar el bastidor de una puerta.* ‖ Tapar con tarugos los agujeros de los pilones o pilas. ‖ *Fig.* y *fam.* Hacer callar a alguno, dejándole sin saber qué responder. (SINÓN. *Apabullar.*) ‖ *Fig.* y *fam.* Atestar, llenar. ‖ — V. r. *Fig.* y *fam.* Atracarse, hartarse, atragantarse.
ATASAJADO, DA adj. *Fam.* Dícese de la persona tendida sobre una caballería.
ATASAJAR v. t. Hacer tasajos la carne.
ATASCADERO m. Sitio donde se atascan los carruajes, las caballerías. ‖ *Fig.* Estorbo o embarazo.
ATASCAMIENTO m. Estorbo, obstáculo.

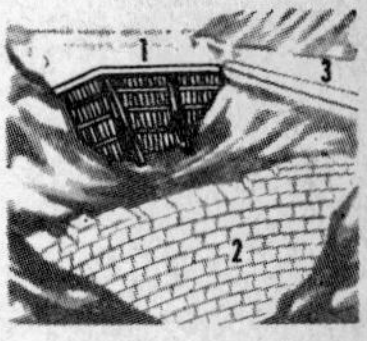

1. Ataguía
2. Presa en construcción
3. Desviación

atalaya

Fot. Observ. del Monte Wilson, U. S. I. S., X, Canichel, Observ. del Pico du Midi

ateles

ATASCAR v. t. Calafatear un buque. || Obstruir o cegar un conducto: *atascarse una cañería.* (CONTR. *Desatascar.*) || *Fig.* Poner embarazo, estorbar: *quedarse atascado en el discurso.* || — V. r. Quedarse detenido en un pantano o barrizal. (SINÓN. V. *Estancar.*)

ATASCO m. Impedimento, estorbo, embarazo. || Obstrucción de un conducto.

ATAÚD m. (pal. ár.). Caja donde se mete el cadáver para llevarlo a enterrar. (SINÓN. V. *Féretro.*)

ATAUDADO, DA adj. Que tiene figura de ataúd.

ATAUJÍA f. (pal. ár.). Obra que los moros hacen de oro y otros metales embutidos en acero o en cobre: *puñal de ataujía.* || *Fig.* Labor primorosa.

ATAURIQUE m. (pal. ár.). Labor en yeso que representa hojas y flores y de que usaban los moros para adornar sus edificios.

ATAVIAR v. t. Componer, asear. (SINÓN. V *Adornar.*)

ATÁVICO, CA adj. Relativo al atavismo.

ATAVÍO m. Compostura. (SINÓN. V. *Adorno.*) || *Fig.* Vestido. (SINÓN. V. *Vestido.*) || — Pl. Objetos que sirven para adorno.

ATAVISMO m. Semejanza con los abuelos. || *Biol.* Tendencia en los seres vivos a la reaparición de caracteres propios de sus ascendientes. (SINÓN. V. *Herencia.*)

ATAXIA f. *Med.* Irregularidad en las funciones del sistema nervioso: *ataxia locomotriz.*

ATÁXICO, CA adj. y s. *Med.* Relativo a la ataxia. || Que padece ataxia.

ATEDIAR v. t. Causar tedio, aburrir, fastidiar.

ATEÍSMO m. (del gr. *a* priv., y *theos,* Dios). Opinión o doctrina del ateo.

ATEÍSTA adj. y s. Ateo, que no cree en Dios.

ATEÍSTICO, CA adj. Relativo al ateísmo.

ATEJE m. Árbol borragináceo de fruto colorado, dulce y gomoso.

ATELAJE m. Bestias de tiro (es voz de artillería). || Arreos, guarniciones de las bestias de tiro.

ATELANA f. Pieza cómica de los latinos, semejante al sainete.

ATELES m. Variedad de mono, llamado también *mono araña.*

ATEMORIZAR v. t. Causar temor, asustar: *atemorizarse de* [*por*] *algo.*

ATEMPERADO, DA adj. *Col.* y *Ecuad.* Dícese del que mejora de una dolencia.

ATEMPERANTE adj. Que atempera.

ATEMPERAR v. t. Moderar, templar. || Acomodar una cosa a otra.

ATENACEAR y **ATENAZAR** v. t. Atormentar con tenazas. || Sujetar fuertemente. || *Fig.* Afligir cruelmente.

ATENCIÓN f. Aplicación de la mente a un objeto. (SINÓN. *Reflexión, meditación.* V. tb. *cuidado y observación.* CONTR. *Distracción.*) || Cortesanía, urbanidad. || Negocios, ocupaciones: *tener muchas atenciones.* || *En atención,* loc. adv., atendiendo, teniendo presente. || *Llamar la atención,* despertar la curiosidad, y tb. reprender, avisar.

ATENDEDOR, RA m. y f. Persona que en la imprenta ayuda en su tarea al corrector.

ATENDENCIA f. Acción de atender.

ATENDER v. i. Aplicar el entendimiento a un objeto. || Tener en cuenta una cosa: *atender a las circunstancias.* || Cuidar de una persona: *nadie me atiende.* (SINÓN. V. *Cuidar.*) || En las imprentas, leer el original mientras el corrector lee en alta voz las pruebas. || — V. t. Esperar o aguardar. || Acoger favorablemente un deseo, ruego, mandato. || — CONTR. *Desatender.* || — IRREG. Se conjuga como *tender.*

ATENDIBLE adj. Digno de atención o de ser atendido: *razones atendibles.* (SINÓN. V. *Plausible.*)

ATENDIDO adv. m. *Amer.* Atento, considerado.

ATENEBRARSE v. r. Entenebrecerse.

ATENEÍSTA com. Socio de un ateneo.

ATENEO m. Nombre de algunas corporaciones científicas o literarias, y local en donde se reúnen.

ATENERSE v. r. Arrimarse, adherirse a una persona o cosa: *atenerse a lo que uno conoce.* || Ajustarse, sujetarse a alguna cosa: *atenerse a una orden, a lo dicho.* || — IRREG. Se conjuga como *tener.*

ATENIENSE adj. y s. De Atenas, ciudad griega.

ATENORADO, DA adj. Dícese de la voz o del instrumento cuyo sonido se parece al del tenor.

ATENTACIÓN f. Atentado.

ATENTADO, DA adj. Cuerdo, prudente, moderado: *muchacho poco atentado.* || Hecho con tiento. || — M. Procedimiento abusivo de cualquier autoridad. || Delito cometido contra el Estado o una persona. || Acto criminal dirigido contra las personas o las cosas. (SINÓN. V. *Crimen.*)

ATENTAMENTE adv. m. Con atención.

ATENTAR v. t. Ejecutar una cosa ilegal. (SINÓN. V. *Atacar.*) || Intentar, cometer delito: *atentó contra* [*a*] *la vida de su hermano.* || — V. i. Cometer atentado. || — V. r. Templarse, moderarse. || — IRREG. Se conjuga como *apretar.*

ATENTATORIO, RIA adj. Que implica atentado: *medida atentatoria.*

ATENTO, TA adj. Que tiene fija la atención en alguna cosa: *atento al menor ruido.* || Cortés, urbano, comedido: *atento con todos.* (SINÓN. V. *Complaciente.* CONTR. *Desatento.*) || — Adv. m. En atención a.

ATENUACIÓN f. Acción y efecto de atenuar. || *Ret.* Figura que consiste en no expresar adrede todo lo que se quiere dar a entender: *no soy tan feo; en esto no os alabo.* || — CONTR. *Agravación.*

ATENUANTE adj. Que atenúa. || *Circunstancias atenuantes,* hechos que disminuyen la responsabilidad criminal y por consiguiente la sanción: *el arrebato y la obcecación son circunstancias atenuantes.* || — CONTR. *Agravante.*

ATENUAR v. t. (del lat. *ad,* a, y *tenuis,* tenue). Poner tenue, sutil o delgado. || *Fig.* Minorar o disminuir: *atenuar la culpa.* (SINÓN. V. *Moderar.* CONTR. *Agravar.*)

ATEO, A adj. y s. Que niega la existencia de Dios. (SINÓN. V. *Irreligioso.*)

ATERCIANADO, DA adj. y s. Que padece tercianas.

ATERCIOPELADO, DA adj. Semejante al terciopelo: *papel aterciopelado, alfombra aterciopelada.*

ATERCIOPELAR v. t. Poner como terciopelo.

ATERECERSE v. r. Aterirse.

ATERIDO, DA adj. Pasmado de frío. || — SINÓN. *Helado, yerto, esmorecido.*

ATERIMIENTO m. Pasmo causado por el frío.

ATERIRSE v. r. Pasmarse de frío. || — OBSERV. Es defectivo: sólo se usa en el infinitivo y en el participio.

ATERMAL adj. Dícese del agua mineral fría.

ATÉRMANO, NA y **ATÉRMICO, CA** adj. (del gr. *a* priv., y *thermê,* calor). *Fís.* Que difícilmente da paso al calor: *el cristal es atérmano.* || — CONTR. *Diatérmano.*

ATERRADA f. Aproximación de un buque a tierra. || Recalada.

ATERRADOR, RA adj. Que aterra o espanta: *noticia aterradora.* (SINÓN. V. *Espantoso.*)

ATERRAJAR v. t. Labrar con la terraja los tornillos y tuercas.

ATERRAJE m. Acción de aterrar un buque o un aparato de aviación. || *Mar.* Determinación del punto en que aterra una nave.

ATERRAMIENTO m. Terror. || Humillación.

ATERRAR v. t. Echar por tierra. || Derribar, abatir. || Cubrir con tierra. || — V. i. Llegar a tierra. || — V. r. *Mar.* Arrimarse a tierra, abordar. || — IRREG. Se conjuga como *cerrar.*

ATERRAR v. t. Causar terror: *el golpe le aterró.* || Postrar, abatir.

ATERRIZAJE m. Acción de aterrizar.

ATERRIZAR v. i. Tomar tierra: *aterrizar un avión en la pista del aeródromo.*

ATERRONAR v. t. Hacer terrones.

ATERRORIZADOR, RA adj. Que aterroriza.

ATERRORIZAR v. t. Aterrar, espantar.

ATESORAMIENTO m. Acción de atesorar.

ATESORAR v. t. Reunir y guardar dinero. (SINÓN. V. *Ahorrar.* CONTR. *Derrochar.*) || *Fig.* Tener muchas cualidades.

ATESTACIÓN f. *For.* Deposición de testigo: *falsa atestación.* (SINÓN. V. *Testimonio.* CONTR. *Denegación.*)

ATESTADO m. Documento en que se da fe de un hecho. || Testimoniales. || Repleto: *tren atestado de gente.* (SINÓN. V. *Lleno.*)

ATESTADO, DA adj. Testarudo, obstinado.

ATESTADURA f. y **ATESTAMIENTO** m. Acción y efecto de atestar o rellenar una cosa.
ATESTAR v. t. Llenar, henchir: *atestar de lana un costal.* (SINÓN. V. *Llenar.*) ‖ Rellenar las cubas de vino para suplir las mermas. ‖ *Fig.* y *fam.* Atracar, hartar. ‖ — IRREG. Se conjuga como *manifestar.*
ATESTAR v. t. (del lat. *ad,* a, y *testis,* testigo). *For.* Testificar: *atestar un hecho.* ‖ — CONTR. *Negar.*
ATESTIGUACIÓN f. y **ATESTIGUAMIENTO** m. Acción de atestiguar: *una atestiguación dudosa.*
ATESTIGUAR v. t. Declarar como testigo: *atestiguar con otro, de oídas.* ‖ — SINÓN. *Asegurar, certificar, afirmar, sostener.*
ATETADO, DA adj. De figura de teta.
ATETAR v. t. Amamantar. Dar la teta.
ATETILLAR v. t. Excavar alrededor de un árbol.
ATEZADO, DA adj. De piel tostada y oscurecida por el sol. ‖ De color negro.
ATEZAMIENTO m. Acción de atezar.
ATEZAR v. t. Poner liso, terso. Lustroso. ‖ Ennegrecer. ‖ — V. r. Ponerse moreno. ‖ — PARÓN. *Atesar.*
ATIBORRAR v. t. Llenar de borra muy apretada. (SINÓN. V. *Llenar.*) ‖ *Fig.* y *fam.* Atracar, hartar. Ú. más c. r.: *atiborrarse de fruta.*
ATICISMO m. Delicadeza, elegancia que caracteriza a los escritores atenienses de la edad clásica y, por ext., a los clásicos de cualquier época o país.
ATICISTA adj. y s. Dícese del escritor que procura reproducir en sus obras la delicadeza ática. (SINÓN. *Purista.*)
ÁTICO, CA adj. y s. De Ática o de Atenas: *gusto ático.* ‖ *Sal ática,* chiste delicado, peculiar de los atenienses. ‖ Relativo al aticismo. ‖ — M. Uno de los dialectos de la lengua griega. ‖ *Arq.* Cuerpo de arquitectura que disimula el tejado. ‖ Piso que está bajo el tejado de una casa.
ATIERRE m. *Min.* Derrumbamiento en una mina. ‖ *Amér. C.* y *Méx.* Acción de llenarse de tierra.
ATIESAR v. t. Poner tieso. ‖ — CONTR. *Aflojar.*
ATIFLE m. Cuña de barro que ponen los alfareros en el horno para evitar que se peguen al cocerse las piezas.
ATIGRAR v. t. Manchar una cosa como la piel del tigre: *atigrar una piel.*
ATILDADO, DA adj. Pulcro, elegante.
ATILDADURA f. y **ATILDAMIENTO** m. Acción y efecto de atildar o atildarse.
ATILDAR v. t. Poner tildes a las letras. ‖ *Fig.* Reparar, notar, censurar: *atildar las acciones, los movimientos.* ‖ *Fig.* Componer, asear: *atildarse mucho.* (SINÓN. *Emperejilarse.*)
ATINADAMENTE adv. m. Con tino.
ATINAR v. t. Encontrar lo que se busca a tiento. ‖ Acertar: *atinar con la solución.*
ATÍNCAR m. Bórax.
ATINENTE adj. Tocante, perteneciente.
ATINGENCIA f. *Amer.* Conexión, relación. ‖ *Per.* Incumbencia.
ATINGIDO, DA adj. *Ecuad.* y *Per.* Preocupado.
ATINGIR v. t. *Chil.* y *Per.* Abrumar, oprimir.
ATIPLAR v. t. Levantar el tono de un instrumento hasta el tiple. ‖ — V. r. Subir el instrumento, o la voz, del tono grave al agudo.
ATIRANTAR v. t. Poner tirante alguna cosa. ‖ *Arq.* Afirmar con tirantes.
ATIRICIARSE v. r. Contraer ictericia.
ATISBADOR, RA adj. Que atisba u observa.
ATISBADURA f. Acción de atisbar, acecho.
ATISBAR v. t. Mirar con cuidado, acechar.
ATISBO m. Atisbadura, acecho. (SINÓN. V. *Mirada.*) ‖ Indicio, sospecha.
ATISUADO, DA adj. Parecido al tisú.
¡ATIZA! interj. Denota sorpresa.
ATIZADERO m. Instrumento para atizar.
ATIZADOR, RA adj. y s. Que atiza. ‖ — M. Atizadero, hurgón.
ATIZAR v. t. Remover el fuego para que arda más. ‖ Despabilar la luz. ‖ Avivar pasiones o discordias. ‖ *Fig.* y *fam.* Dar, pegar: *atizar un puntapié.*
ATIZONAR v. t. *Albañ.* Colocar las piedras a tizón. ‖ *Albañ.* Empotrar un madero en la pared. ‖ Manchar con tizne. ‖ — V. r. Contraer tizón los cereales.
ATLANTE m. *Arq.* Cada una de las estatuas de hombres que sirven de columnas.
ATLANTICENSE adj. y s. De Atlántico (Colombia).
ATLÁNTICO, CA adj. Perteneciente al monte Atlas o al Atlántico. (V. *Parte hist.*) ‖ *Arq.* Orden de arquitectura que se diferencia del toscano y dórico en tener atlantes en vez de columnas.
ATLANTIDENSE adj. y s. De Atlántida (Honduras).
ATLAS m. Colección de mapas geográficos. ‖ Colección de láminas que acompañan una obra. ‖ *Anat.* Primera de las vértebras cervicales que sostiene inmediatamente la cabeza.
ATLETA m. (del gr. *athlos,* combate). Luchador que figuraba en los antiguos juegos públicos de Grecia o Italia. ‖ El que practica ejercicios o deportes atléticos. ‖ *Fig.* Hombre membrudo y corpulento. ‖ *Fig.* Defensor enérgico.
ATLÉTICO, CA adj. Perteneciente o relativo al atleta: *formas atléticas, ejercicios atléticos*
ATLETISMO m. Práctica de los ejercicios atléticos. (V. ilustr. pág. 110.) ‖ Doctrina acerca de ellos.
ATMÓSFERA f. (del gr. *athmos,* vapor, y *sphaira,* esfera). Masa de aire que rodea la Tierra. ‖ Masa gaseosa que rodea un astro cualquiera. ‖ *Fig.* Espacio a que se extienden las influencias de una persona o cosa. ‖ Prevención favorable o adversa: *atmósfera hostil.* ‖ Unidad de presión, numéricamente igual al peso de una columna cilíndrica de mercurio de 76 cm de alto y 1 cm^2 de sección: *presión de diez atmósferas.* — La *atmósfera* debe tener la forma de un esferoide más aplastado aún por los polos que la esfera terrestre. No se está seguro de su magnitud, pero no se cree sin embargo que tenga más de 60 km de altura. La atmósfera ejerce sobre todos los cuerpos, en la superficie de la Tierra, una presión variable, llamada *presión atmosférica,* y que se puede medir con el barómetro; la presión media es de unos 1 033 gramos por cm^2, de suerte que un hombre de corpulencia ordinaria soporta una presión de 17 000 kg. No nos aplasta dicha masa, porque le hace contrapeso la reacción de los *fluidos* de que está lleno nuestro cuerpo. Las capas de aire de la atmósfera se enfrían, a medida que se sube, un grado cada 215 metros. (V. AIRE.) Las observaciones astronómicas demuestran que los planetas y sus satélites (excepto la Luna) están igualmente rodeados por una atmósfera. (V. ilustr. pág. 112).
ATMOSFÉRICO, CA adj. Perteneciente o relativo a la atmósfera: *presión atmosférica.*
ATOAR v. t. *Mar.* Remolcar: *atoar una nave.*
ATOCINADO, DA adj. *Fig.* y *fam.* Muy gordo.
ATOCINAR v. t. Partir el puerco en canal para hacer los tocinos. ‖ *Fig.* y *fam.* Asesinar. ‖ — V. r. *Fig.* y *fam.* Irritarse. ‖ Enamorarse locamente.
ATOCHA f. Esparto, planta gramínea.
ATOCHAL y **ATOCHAR** m. Espartizal.
ATOCHAR v. t. Llenar de esparto o de otra cosa. ‖ *Mar.* Oprimir el viento una vela.
ATOCHÓN m. Caña de la atocha o esparto.
ATOJAR v. t. *Amér. C.* Azuzar.
ATOL m. *Amer.* Atole. ‖ *Geogr.* Atolón.
ATOLE m. *Méx.* Bebida hecha con maíz cocido, molido, desleído, colado y hervido. ‖ Bebida que se hace en Centroamérica con maíz tostado.
ATOLEADAS f. pl. *Guat.* y *Hond.* Fiestas populares en que se toma atole.
ATOLERÍA f. *Amer.* Lugar donde venden atole.
ATOLERO, RA m. y f. Persona que hace o vende atole. ‖ — Adj. *Méx. Lucero atolero,* el lucero del alba.
ATOLÓN m. *Geogr.* Arrecife coralino en forma de anillo que circunda una laguna interior.
ATOLONDRADO, DA adj. *Fig.* Que procede sin reflexión: *niño atolondrado.* ‖ — SINÓN. *Alocado, atronado, cabeza de chorlito, imprudente, desatinado, inconsecuente.* V. tb. *boquiabierto.* ‖ — CONTR. *Juicioso.*
ATOLONDRAMIENTO m. Precipitación, falta de reflexión: *obrar con atolondramiento.*
ATOLONDRAR v. t. Aturdir, atontar. Ú. t. c. r.: *su seriedad me atolondra.* (SINÓN. V. *Embrutecer.*)

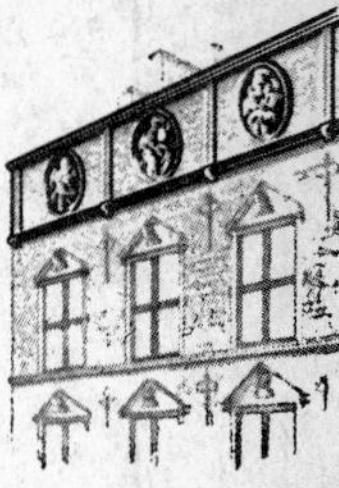
ático

atlantes

Fot. Fototek (Dresde)

ATLETISMO

salida de una carrera de 100 m

carrera de 5000 m

carrera de vallas

carrera de 1500 m

carrera de relevos

salto con pertiga

salto de longitud

salto de altura

lanzamiento de jabalina

lanzamiento del martillo

lanzamiento del peso

lanzamiento del disco

A estas pruebas atléticas hay que añadir el *steeple-chase* (3000 m), la marcha, el maratón, el triple salto y el *decathlon*, consistente éste en diez pruebas combinadas. Las competiciones femeninas son menos numerosas y, en éstas, el decathlon es sustituido por el *pentathlon*

Fot « Miroir-Sprint », Keystone, U. S. I. S., « l'Equipe », Associated Press, « Miroir des Sports », Direct. génér. de la Jeunesse et des Sports (Francia), Inst. Marey

ATOLLADERO m. Atascadero. (SINÓN. V. *Impedimento.*)
ATOLLAR v. i. Dar en un atolladero. || — V. r. Atascarse, meterse en un atolladero.
ATOMICIDAD f. *Quím.* Número de átomos que constituyen la molécula de un cuerpo.
ATÓMICO, CA adj. Relativo al átomo: *teoría atómica.* || *Peso atómico*, peso relativo de los átomos de diferentes cuerpos. || *Bomba atómica*, la que utiliza la energía considerable producida por la fisión atómica del uranio. (Fue empleada por primera vez en 1945 contra el Japón. Más tarde se han realizado bombas atómicas de un poder destructivo superior.) [V. TERMONUCLEAR.]
ATOMISMO m. *Fil.* Doctrina de la formación del mundo por combinación fortuita de los átomos.
ATOMISTA com. *Fil.* Partidario del atomismo. || *Neol.* Sabio que investiga sobre los fenómenos atómicos.
ATOMÍSTICO, CA adj. Relativo al atomismo. || — F. Estudio de la constitución de los átomos.
ATOMIZACIÓN f. Pulverización.
ATOMIZADO, DA adj. Que sufre o ha sufrido el efecto de las radiaciones o explosiones atómicas.
ATOMIZADOR m. Aparato que sirve para la pulverización: *frasco atomizador.*
ATOMIZAR v. t. Pulverizar finamente. || Hacer sufrir los efectos de las radiaciones o explosiones atómicas. || Destruir por medio de armas atómicas.
ÁTOMO m. (del gr. *atomos*, indivisible). Corpúsculo que forma parte de la molécula en los elementos químicos. || Partícula material de pequeñez extremada. || *Fig.* Cosa muy pequeña: *los hombres son átomos en el universo.* || — SINÓN. V. *Partícula.*
— El *átomo* está constituido por un núcleo formado de *neutrones* (partículas materiales sin carga), *protones* (partículas cargadas positivamente), y, rodeando a dicho núcleo, los *electrones*, de carga negativa. Los núcleos de los átomos de ciertos cuerpos tienden a desintegrarse, liberando cantidades enormes de energía (radiactividad, pilas y bombas atómicas).
ATONAL adj. *Mús.* Que no obedece a ninguna ley de tonalidad.
ATONALIDAD f. Calidad de atonal.
ATONDAR v. t. Estimular el jinete con las piernas al caballo.
ATONÍA f. *Med.* Falta de tono y vigor en los tejidos orgánicos.
ATÓNICO, CA adj. Átono, sin fuerzas.
ATÓNITO, TA adj. Pasmado, sorprendido: *atónito con [de, por] la noticia.* (SINÓN. V. *Boquiabierto.*)
ÁTONO, NA adj. (del gr. *a* priv., y *tonos*, tono). Sin vigor. (SINÓN. V. *Inerte.*) || Sin acentuación: *sílaba átona.*
ATONTAMIENTO m. Tontería, estado de la persona atontada. (SINÓN. V. *Chochez.*)
ATONTAR v. t. Aturdir, atolondrar a uno. (SINÓN. V. *Embrutecer.*)
ATONTOLINAR v. t. *Fam.* Atontar.
ATÓPILE m. *Méx.* El que en las haciendas de caña se ocupa de la distribución de las aguas para riegos.
ATORAMIENTO m. Acción de atorar o atorarse.
ATORAR v. t. Atascar, obstruir: *se atoró la bomba.* || Atrancarse, atragantarse. || Cortar tueros o leños. || *Méx.* Acometer (trabajo). || — IRREG. En la última aplicación se conjuga como *agorar.*
ATORMENTADOR, RA adj. Que atormenta: *idea atormentadora.*
ATORMENTAR v. t. Causar dolor. || Dar tormento al reo. || *Fig.* Causar aflicción, disgusto. *su conducta me atormenta.* || — SINÓN. *Inquietar, intranquilizar, desasogar, marear, perseguir, acosar, hostigar, asediar, torturar, atormentar, atenacear, molestar, mortificar, amolar, preocuparse.*
ATORNILLAR v. t. Sujetar algo con tornillos. || *Amer.* Molestar.
ATORO m. Atasco, aprieto.
ATOROZONARSE v. r. *Veter.* Padecer torozón las caballerías.
ATORRANTE adj. y s. *Arg.* Ocioso, holgazán, vago.
ATORRANTISMO m. *Arg.* Vida del atorrante.
ATORRAR v. i. *Arg.* Vagar, holgazanear.

LAS TRES PARTÍCULAS ELEMENTALES

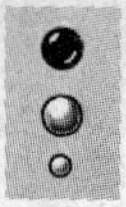

el protón (positivo)
ambos constituyen el núcleo
el neutrón (neutro)
el electrón (negativo) gira alrededor del núcleo

En un átomo hay normalmente el mismo número de electrones y de protones, y un número igual, o superior, de neutrones.

EL ÁTOMO MÁS SIMPLE Y SUS TRES ISÓTOPOS

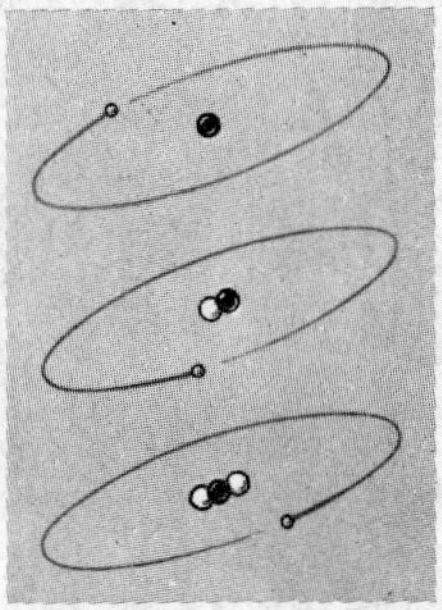

El hidrógeno (H) está constituido por una mezcla de tres isótopos:

99,98 p. 100 de hidrógeno ligero

$^{1}_{1}\mathrm{H}$ (1 protón) (1 electrón)

0,02 p. 100 de hidrógeno pesado, o deuterio

$^{2}_{1}\mathrm{H}$ (1 protón, 1 neutrón) (1 electrón)

0,000 000 1 p. 100 de triterio

$^{3}_{1}\mathrm{H}$ (1 protón, 2 neutrones) (1 electrón)

Los isótopos difieren solamente por el número de neutrones del átomo.

EL ÁTOMO NATURAL MÁS PESADO

El uranio (U) está constituido por la mezcla de tres isótopos:

99,30 p. 100 de $^{238}_{92}\mathrm{U}$ 0,70 p. 100 de $^{235}_{92}\mathrm{U}$

0,006 p. 100 de $^{234}_{92}\mathrm{U}$

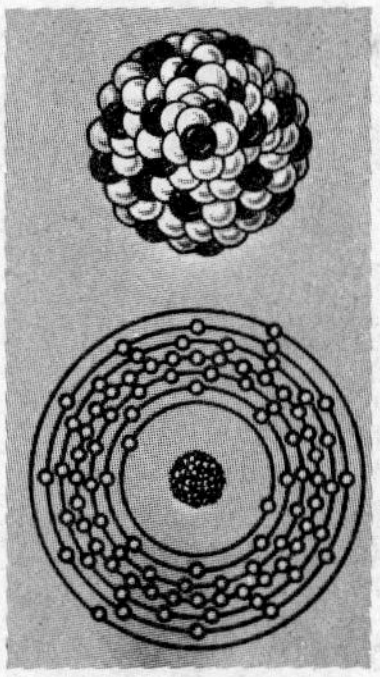

Significación del símbolo $^{238}_{92}\mathrm{U}$

◄ núcleo compuesto de 238 partículas → 92 protones, 146 neutrones

$^{238}_{92}\mathrm{U}$ → uranio

◄ número atómico: número de protones o de electrones

DIMENSIONES ATÓMICAS (tamaño en milímetros): diámetro

● de los átomos: entre 0,000 000 1 mm (hidrógeno) y 0,000 000 5 mm (cesio);
● de los núcleos: entre 0,000 000 000 000 002 mm (hidrógeno) y 0,000 000 000 02 mm (uranio);
● del electrón: 0,000 000 000 004 mm;
● del protón y del neutrón: 0,000 000 000 000 002 mm

En 1 milímetro se podrían alinear entre dos y diez millones de átomos.
Las dimensiones del electrón son, con respecto al diámetro del átomo, lo que las dimensiones de la Tierra al diámetro de su órbita alrededor del Sol.
99,95 p. 100 de la masa del átomo está concentrada en su núcleo: un núcleo hipotético, del grosor de una cabeza de alfiler, pesaría 117 000 toneladas. Si no hubiera espacio entre la materia, todo el género humano cabría en un dedal.

ATMÓSFERA

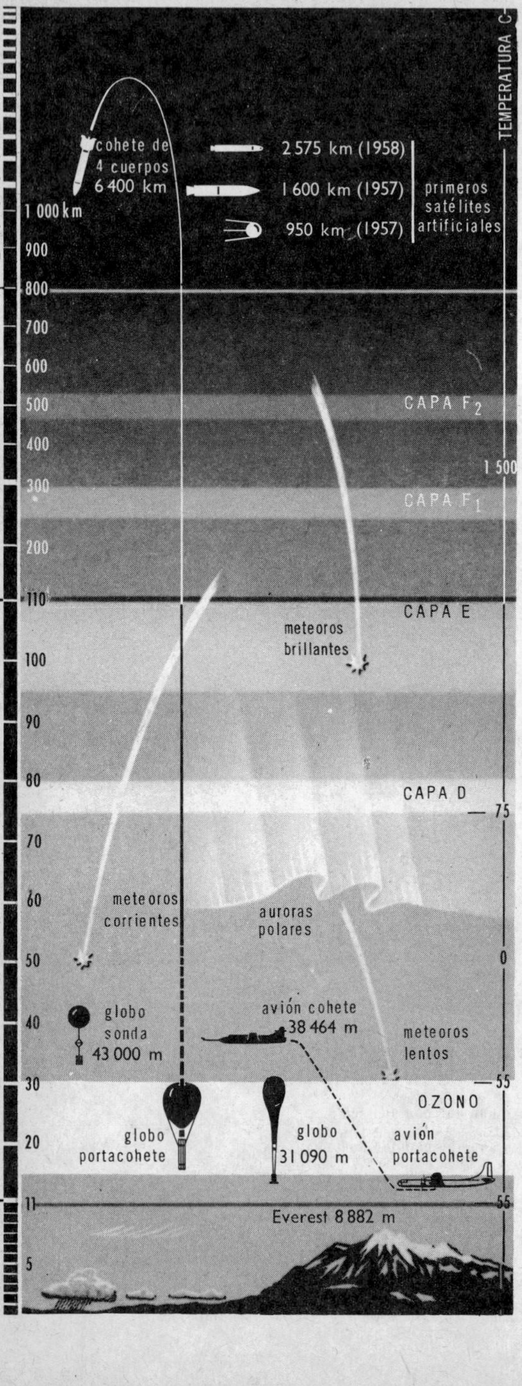

ATORTAJAR y **ATORTOJAR** v. t. *Amer.* Aturdir, turbar.

ATORTOLAR v. t. *Fam.* Aturdir, confundir. ‖ — V. r. *Arg.* Enamorarse tiernamente.

ATORTORAR v. t. *Mar.* Retorcer mucho un cabo.

ATORTUJAR v. t. Aplastar, apretar.

ATOSIGADOR, RA adj. Que atosiga o envenena.

ATOSIGAMIENTO m. Envenenamiento.

ATOSIGAR v. t. Envenenar. ‖ *Fig.* Fatigar, apremiar, dar prisa a uno. (SINÓN. V. *Abrumar.*)

ATÓXICO, CA adj. Que no tiene veneno.

ATRABANCAR v. t. Hacer de prisa. ‖ *And.* y *Can.* Atestar, llenar. ‖ — V. r. Hallarse apurado.

ATRABANCO m. Acción de atrabancar.

ATRABILIARIO, RIA adj. *Med.* Relativo a la atrabilis. ‖ *Fam.* De genio severo y melancólico: *humor atrabiliario.* (SINÓN. V. *Desabrido.*)

ATRABILIOSO, SA adj. *Med.* Atrabiliario.

ATRABILIS f. (del lat. *atra,* negra, y *bilis*). *Med.* Bilis negra y acre. ‖ *Fig.* Mal genio.

ATRACADA f. Acción de atracar. ‖ *Amer.* Atracón.

ATRACADO, DA adj. *Chil.* Severo, rígido. ‖ *Chil.* y *Guat.* Agarrado.

ATRACADERO m. Paraje donde pueden atracar las embarcaciones menores.

ATRACADOR m. Bandido que asalta a los transeúntes en las calles y caminos. (SINÓN. V. *Ladrón.*)

ATRACAR v. t. *Mar.* Arrimar las embarcaciones a tierra, o unas a otras. ‖ *Fam.* Hacer comer y beber mucho: *atracarse de patatas.* ‖ Asaltar a los transeúntes. ‖ — V. r. *Chil.* y *Riopl.* Adherirse a la opinión de otro. ‖ *Amer.* Agarrarse, golpearse.

ATRACCIÓN f. Acción y efecto de atraer. ‖ *Fig.* Encanto: *sentí una secreta atracción hacia ella.* (SINÓN. *Atractivo.* V. tb. *simpatía.* CONTR. *Repulsión.*) ‖ Fuerza en virtud de la cual se atraen recíprocamente las diversas partes de un todo. (SINÓN. *Gravitación.*) ‖ *Ley de atracción universal,* o *ley de Newton,* ley en virtud de la cual se atraen todos los cuerpos mutuamente en razón directa de su masa y en razón inversa del cuadrado de sus distancias. (Esta ley fue establecida por Newton para explicar la gravedad y el movimiento de los astros.) ‖ *Atracción molecular,* fuerza de cohesión o atracción que se ejerce entre las partes de un cuerpo que están en contacto inmediato. ‖ *Atracción magnética,* la del imán hacia el hierro. ‖ *Atracción eléctrica,* la que ejercen los cuerpos electrizados. ‖ — Pl. Espectáculo de variedades: *tienen buenas atracciones.*

ATRACO m. Acción de atracar a los transeúntes: *ser víctima de un atraco.*

ATRACÓN m. *Fam.* Acción de atracarse: *darse un atracón de dulce.* ‖ *Amer.* Empellón. ‖ Pelea, contienda.

ATRACTIVO, VA adj. Que atrae: *la fuerza atractiva del imán.* (SINÓN. *Placentero, atrayente.* V. tb. *apetitoso* e *interesante.*) ‖ — M. Cualidad física o moral de una persona que atrae la voluntad. (SINÓN. V. *Encanto.*)

ATRACTRIZ adj. f. *Fís.* Atractiva, que atrae: *fuerza atractriz.*

ATRAER v. t. (del lat. *ad,* a, y *trahere,* traer). Traer hacia sí una cosa: *el imán atrae el hierro.* ‖ *Fig.* Inclinar una persona a otra a su voluntad. (SINÓN. V. *Cautivar.*) ‖ — CONTR. *Repeler.* ‖ — IRREG. Se conjuga como *traer.*

ATRAFAGAR v. i. Fatigarse o afanarse mucho.

ATRAGANTAMIENTO m. Acción y efecto de atragantarse o ahogarse, ahogo.

ATRAGANTAR v. t. Ahogar. ‖ Tragar con dificultad. ‖ — V. r. Tener atravesada alguna cosa en la garganta. ‖ *Fig.* y *fam.* Cortarse o turbarse. (SINÓN. *Atascarse.*)

ATRAÍBLE adj. Que se puede atraer.

ATRAICIONAR v. t. Traicionar.

ATRAILLAR v. t. Atar los perros con traílla. ‖ *Fig.* Dominar, sujetar.

ATRAIMIENTO m. Acción de atraer.

ATRAMOJAR v. t. *Col., Guat.* y *Venez.* Atraillar.

ATRAMPARSE v. r. Caer en la trampa. ‖ Cegarse un conducto. ‖ Caer el pestillo, de modo

para etapas de 2 000 a 3 000 km. Longitud : 32 m. Envergadura : 34 m. Capacidad de los depósitos : 18 500 litros de queroseno. Peso al despegue : 43 toneladas. Carga útil : 9 toneladas de mercancías, 64 pasajeros de 1ª clase u 80 de clase « turista ». Propulsión : 2 turborreactores Rolls-Royce « Avon » de 4 500 kg de empuje.
Velocidad de crucero : 825 km/h

El acceso por escotilla es característico del « Caravelle »

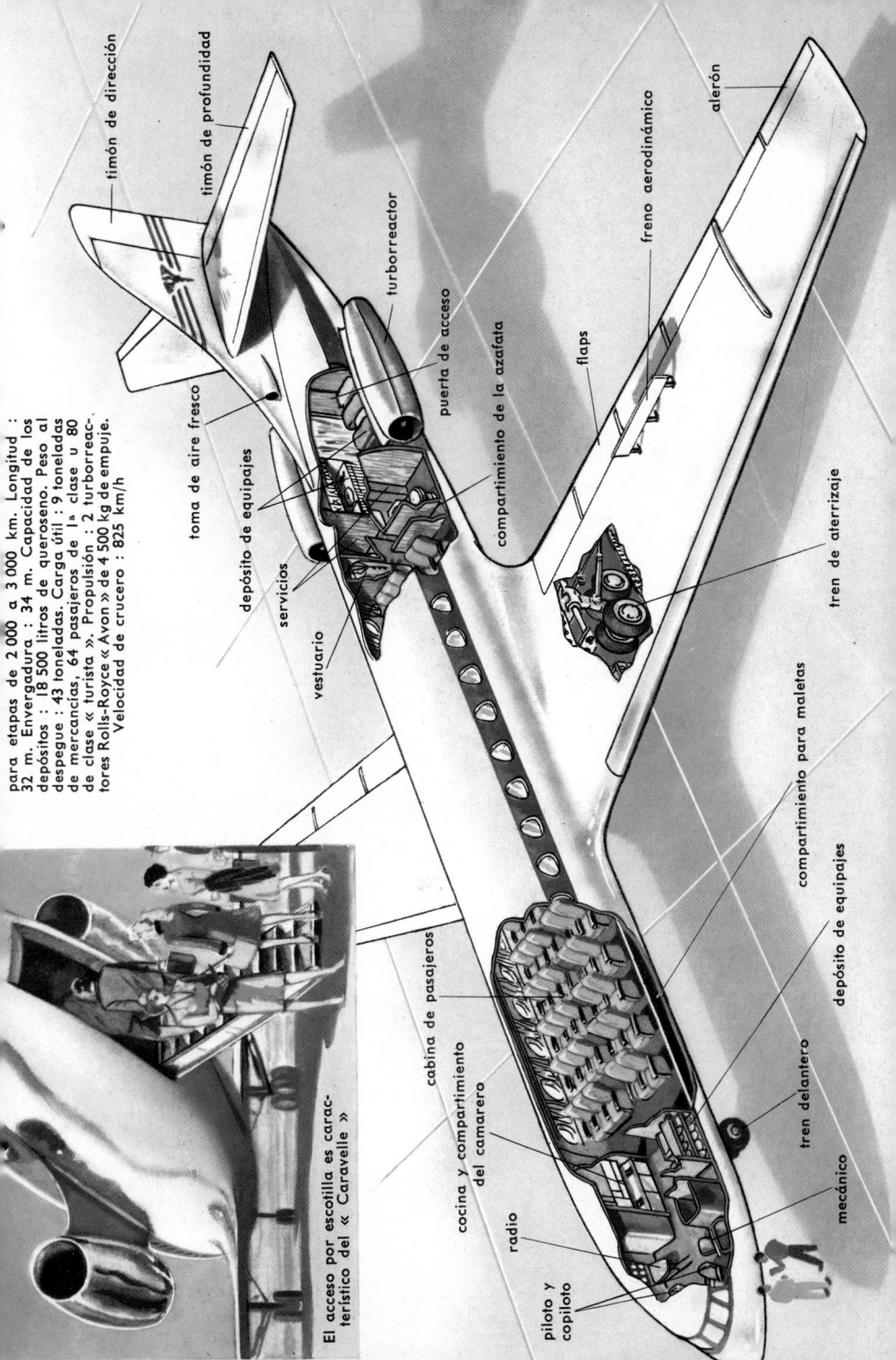

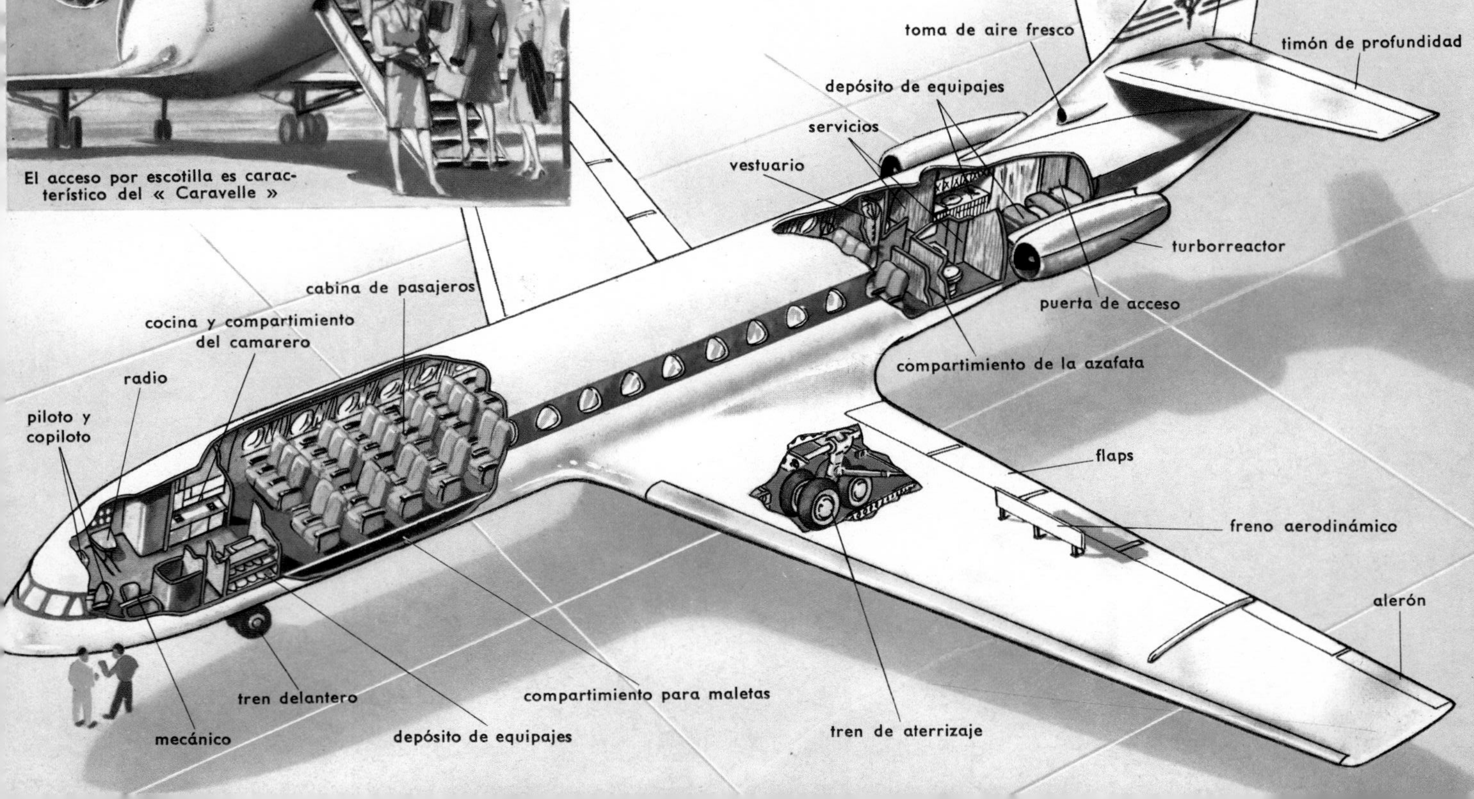

A V E S

águila
cuervo marino
cigüeña
garza
buitre
meauca
cernícalo
conurus
lorius
vidua
tanagra
mariposa phænicotis
cardinalis
tanysiptera
trochilus
colius
calurus
malurus
topaza
parotia
cotinga
paradisea
sparganura
suimanga
oriolus
mer
docimastes
irena
coracias

que no pueda abrirse la puerta. || *Fig.* y *fam.* Detenerse, atollarse.

ATRANCAR v. t. Cerrar la puerta con una tranca. (SINÓN. V. *Cerrar*. CONTR. *Desatrancar.*) || Atascar. || — V. i. *Fam.* Dar trancos o pasos largos. || *Fig.* y *fam.* Leer muy de prisa, saltando párrafos o palabras. || — V. r. *Méx.* Obstinarse.

ATRANCO y **ATRANQUE** m. Atasco. || Embarazo o apuro.

ATRAPAMOSCAS f. Género de plantas droseráceas, cuyas hojas aprisionan a las moscas que en ella se posan. || — SINÓN. *Dionea.*

ATRAPAR v. t. *Fam.* Coger. (SINÓN. V. *Asir.*) || *Fig.* y *fam.* Conseguir algo: *atrapar un empleo.* (SINÓN. V. *Alcanzar.*) || *Fig.* y *fam.* Engañar.

ATRÁS adv. l. En la parte posterior, detrás: *no mirar hacia atrás.* || *¡Atrás!* interj. para mandar retroceder a uno. || — Adv. t. Antes, hace tiempo: *estos problemas vienen de muy atrás.* || — OBSERV. *Detrás* indica sólo la situación, *atrás* puede indicar también movimiento. || — CONTR. *Delante.* || — PARÓN. *Detrás.*

ATRASADO, DA adj. Alcanzado, entrampado.

ATRASAR v. t. Retardar. || Hacer que ande el reloj con menos velocidad que antes o que señale tiempo que ya pasó. || — V. r. Quedarse atrás. || *Chil.* Estar una mujer encinta.

ATRASO m. Efecto de atrasar: *el reloj tiene poco atraso.* || Retraso, falta de desarrollo: *atraso mental.* || — Pl. *Fam.* Pagas o rentas vencidas y no cobradas.

ATRAVESADO, DA adj. Un poco bizco. || Dícese del animal cruzado. || *Ecuad.* Dícese de la persona de cuerpo ancho. || *Fig.* De mala intención.

ATRAVESADOR, RA adj. Que atraviesa.

ATRAVESAÑO m. Travesaño.

ATRAVESAR v. t. Poner una cosa de modo que pase de una parte a otra: *atravesar un madero en una calle.* || Pasar de parte a parte: *atravesar el pecho de un balazo.* (SINÓN. V. *Horadar.*) || Pasar de una parte a otra: *atravesar la plaza.* (SINÓN. *Recorrer, salvar.*) || *Fam.* Aojar, hacer mal de ojo. || *Fam.* Tragar. || *Mar.* Poner a la capa. || *Ant.* y *Amer.* Acaparar, monopolizar. || — V. r. Ponerse una cosa entre otras. || Mezclarse en cosas ajenas: *atravesarse en el juego.* || *Fig.* Ocurrir alguna cosa. || *Fig.* Tener pendencia con alguno. || No poder sufrir a una persona, ser antipático. || *Fig.* En el juego, se dice de la cantidad arriesgada: *se atravesaron veinte pesos.* || — IRREG. Se conjuga como *confesar.*

ATRAVIESO m. *Chil.* Paso entre montañas.

ATRAYENTE adj. Que atrae. (SINÓN. V. *Atractivo.*)

ATRECHO m. *P. Rico.* Atajo, senda.

ATREGUADO, DA adj. Lunático. || Aplazado.

ATREGUAR v. t. Dar o conceder treguas.

ATRENZO m. *Amer.* Conflicto, apuro.

ATREPSIA f. Atrofia general de los recién nacidos.

ATRESIA f. Imperforación de una abertura natural.

ATRESNALAR v. t. Poner haces en tresnal.

ATREVERSE v. r. Determinarse a algo peligroso. (SINÓN. V. *Arriesgar.*) || Insolentarse, faltar al respeto debido: *atreverse con un superior.*

ATREVIDAMENTE adv. m. Con atrevimiento.

ATREVIDO, DA adj. y s. Que se atreve. (SINÓN. *Emprendedor, desenvuelto, osado, arriscado, intrépido, impávido, audaz, temerario, decidido, desenfadado, resuelto, determinado.* Pop. *Descarado, desahogado, caradura.*) || Hecho o dicho con atrevimiento: *acción atrevida.* || — CONTR. *Cobarde.*

ATREVIMIENTO m. Determinación. || Osadía. || — SINÓN. *Intrepidez, denuedo, impavidez, audacia, temeridad.* Fig. *Descaro, desfachatez, desparpajo, tupé, frescura.* V. tb. *acometividad.*

ATREZO m. Attrezzo.

ATRIBUCIÓN f. (lat. *attributio*). Acción de atribuir. || Facultades que da a una persona el cargo que ejerce: *esto sale de mis atribuciones.*

ATRIBUIBLE adj. Que puede atribuirse.

ATRIBUIR v. t. Aplicar: *atribuir una distinción.* (SINÓN. V. *Conferir.*) || *Fig.* Imputar: *atribuir a la casualidad.* (SINÓN. V. *Imputar.*) || Señalar o asignar la competencia. || — V. r. Reivindicar, arrogarse: *atribuirse los méritos.* (SINÓN. V. *Apropriarse.*) || — IRREG. Se conjuga como *huir.*

ATRIBULACIÓN f. Tribulación, aflicción, pesar.

ATRIBULAR v. t. Causar tribulación a una persona: *atribular con noticias penosas.* || — V. r. Padecer tribulación.

ATRIBUTIVO, VA adj. Que indica atributo o cualidad: *proposición atributiva.*

ATRIBUTO m. Cada una de las cualidades de un ser: *la palabra es atributo del hombre.* (SINÓN. V. *Cualidad.*) || Símbolo que denota el carácter y oficio de las figuras: *la palma es atributo de la victoria.* (SINÓN. V. *Símbolo.*) || *Gram.* Lo que se enuncia del sujeto. (SINÓN. V. *Adjetivo.*) || *Teol.* Cualquiera de las perfecciones propias de la esencia de Dios: *la omnipotencia es un atributo de Dios.* || *Hond.* Armazón con una imagen que se saca en procesiones.

ATRICIÓN f. *Teol.* Dolor de haber pecado, motivado por el miedo al castigo. (SINÓN. V. *Arrepentimiento.*)

ATRIL m. Mueble que sirve para sostener libros o papeles abiertos y leer con más comodidad.

ATRINCARSE v. r. *Méx.* Atrancarse, obstinarse.

ATRINCHERAMIENTO m. Conjunto de trincheras.

ATRINCHERAR v. t. Cerrar o defender con trincheras un edificio o puesto. || — V. r. Ponerse en trincheras a cubierto del enemigo. || *Fig.* Obstinarse.

ATRINCHILAR v. t. y r. *Méx.* Arrinconar a una persona.

ATRIO m. Patio interior cercado de pórticos || Andén o pórtico delante de algunos templos y palacios. || Zaguán, entrada. || *Min.* Cabecera de la mesa de lavar.

ATRITO, TA adj. Que tiene atrición.

ATROCIDAD f. (lat. *atrocitas*). Crueldad grande. (SINÓN. V. *Barbarie.*) || *Fam.* Exceso, demasía. || *Fam.* Tontería, necedad.

ATROCHAR v. i. Andar por trochas.

ATROFIA f. (del gr. *a*, priv., y *trophê*, nutrición). *Zool.* Falta de desarrollo de una parte del cuerpo. || *Med.* Consumición, falta de nutrición de un órgano. (SINÓN. V. *Contracción.*)

ATROFIADO, DA adj. Falto de desarrollo.

ATROFIAR v. t. Impedir el desarrollo: *aquella educación atrofió su inteligencia.* || — V. r. *Anat.* y *Med.* Padecer atrofia, disminuir su tamaño.

ATRÓFICO, CA adj. Perteneciente a la atrofia.

ATROJAR v. t. Entrojar. || *Cub.* Cansar, estropear. || *Méx.* Aturdir. || — V. r. No poder resolver una dificultad.

ATROMPETADO, DA adj. De forma de trompeta: *nariz atrompetada.*

ATRONADO, DA adj. Atolondrado, poco juicioso.

ATRONADOR, RA adj. Que atruena.

ATRONADURA f. *Bot.* Grietas de la madera que penetran en el tronco del árbol. || *Veter.* Alcanzadura.

ATRONAMIENTO m. Acción de atronar. || Aturdimiento causado por un golpe. || *Veter.* Alcanzadura.

ATRONAR v. t. Asordar un ruido. (SINÓN. V. *Gritar.*) || Aturdir. || Matar un toro de golpe. || — IRREG. Se conjuga como *contar.*

ATROPADO, DA adj. *Agr.* Dícese de los árboles que han crecido muy juntos.

ATROPAR v. t. Juntar gente en tropa o cuadrilla. || Reunir las mieses en gavillas.

ATROPELLADAMENTE adv. m. De tropel.

ATROPELLADO, DA adj. Que habla u obra con precipitación. (CONTR. *Tranquilo, pausado.*) || Que sufre un atropello.

ATROPELLADOR, RA adj. y s. Que atropella.

ATROPELLAMIENTO m. Atropello.

ATROPELLAPLATOS adj. y s. *Fam.* Doméstica de modales bruscos.

ATROPELLAR v. t. Pasar precipitadamente por encima de una persona. || Derribar a uno para pasar. || No hacer caso de ningún obstáculo: *atropelló por todos los inconvenientes.* || *Fig.* Agraviar abusando de la fuerza. || *Fig.* Ultrajar a uno de palabra. (SINÓN. V. *Maltratar.*) || *Fig.* Hacer algo precipitadamente y sin cuidado. || *Fig.* Agobiar. || *Fig.* Oprimir a uno el tiempo, las desgracias, etc. (SINÓN. V. *Perjudicar.*) || — V. r. Apresurarse demasiado en las obras o palabras.

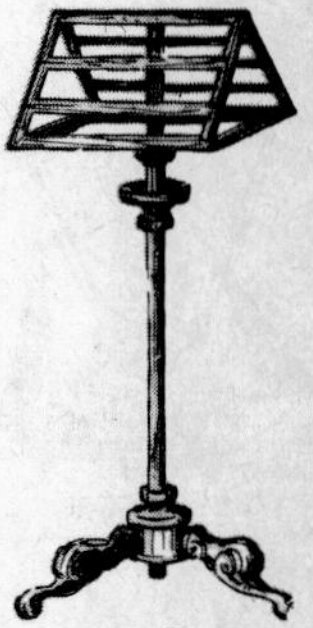

atril

Fot. Arch. Phot.

ATROPELLO m. Acción de atropellar. (SINÓN. V. *Abuso.*)
ATROPINA f. *Quím.* Alcaloide que se saca de la belladona y se emplea para relajar el espasmo y dilatar la pupila.
ATROZ adj. (lat. *atrox*). Fiero, salvaje, inhumano: *crimen atroz.* (SINÓN. V. *Espantoso.*) ‖ Enorme, grave. ‖ *Fam.* Muy grande o desmesurado: *vozarrón atroz.* ‖ *Fam.* Desagradable, horrible.
ATRUCHADO, DA adj. Del mismo color que la trucha: *hierro colado atruchado.*
ATRUHANADO, DA adj. Que parece truhán.
ATTREZZISTA m. Encargado del attrezzo.
ATTREZZO o **ATREZO** m. (pal. ital.). Conjunto de útiles para la escena o el plató.
ATUENDO m. Vestido, atavío. ‖ Aparato, pompa.
ATUFAMIENTO m. Atufo, enfado.
ATUFAR v. t. *Fig.* Enfadar, enojar. ‖ Despedir mal olor. ‖ — V. r. Recibir o tomar tufo. ‖ Marearse por el olor. ‖ *Ecuad.* Aturdirse. ‖ Avinagrarse los licores.
ATUFO m. Enfado o enojo.
ATÚN m. (lat. *thunnus*). Pez de color negro azulado por encima y gris plateado por debajo. ‖ *Fig.* y *fam.* Hombre ignorante y rudo.
ATUNARA f. Almadraba.
ATUNERO adj. y s. Que se dedica a la pesca de atunes: *barco atunero.*

atún

ATURDIDO, DA adj. y s. Atolondrado, sin juicio. (SINÓN. V. *Boquiabierto.*)
ATURDIDOR, RA adj. Que aturde.
ATURDIMIENTO m. Perturbación de los sentidos: *experimentar un aturdimiento.* (SINÓN. V. *Vértigo.*) ‖ *Fig.* Torpeza, atolondramiento. (CONTR. *Serenidad.*)
ATURDIR v. t. Causar aturdimiento. ‖ *Fig.* Causar alguna cosa mucha admiración: *su éxito me aturde.*
ATURQUESADO, DA adj. De color azul turquí.
ATURRULLAMIENTO m. Atolondramiento.
ATURRULLAR v. t. *Fam.* Confundir, atolondrar. ‖ — CONTR. *Serenar.*
ATUSAR v. t. Recortar e igualar con tijeras: *atusar el pelo.* ‖ Alisar el pelo con la mano mojada. ‖ *Riopl.* Cortar la crin de un animal. ‖ — V. r. *Fig.* Componerse o adornarse demasiado. ‖ *Arg.* Atufarse.
ATUTÍA f. Óxido de cinc mezclado con diversas materias, que se forma en los hornos de cinc.

atunero

Au, símbolo químico del oro.
AUCA f. Oca, ganso. ‖ *Bol.* Sombrero hongo.
AUDACIA f. Osadía: *la audacia de los conquistadores.* (SINÓN. V. *Atrevimiento.* CONTR. *Timidez, cobardía.*)
AUDAZ adj. y s. Osado. (SINÓN. V. *Atrevido.* CONTR. *Tímido.*)
AUDIBLE adj. Que puede ser oído.
AUDICIÓN f. Función del sentido del oído. ‖ Recepción de un sonido. ‖ Acción de oir, escuchar. ‖ Reunión musical. (SINÓN. V. *Concierto.*) ‖ Sesión de prueba de un artista.
AUDIENCIA f. (del lat. *audire*, oir). Admisión a presencia de un príncipe o autoridad: *obtener o dar audiencia.* ‖ Acto de oir los jueces a los litigantes. ‖ Tribunal que entiende en los pleitos de un territorio. ‖ Edificio donde está.
AUDIOCIRUGÍA f. Cirugía del oído.
AUDIOGRAMA m. Gráfico de la sensibilidad del oído.
AUDIÓMETRO m. Instrumento para medir la facultad auditiva.
AUDIOVISUAL adj. Dícese del método de enseñanza que utiliza preponderantemente los sentidos del niño, en especial el auditivo y el visual, mediante el comentario de espectáculos instructivos (proyecciones, películas, objetos artísticos, etcétera).
AUDITIVO, VA adj. (del lat. *audire*, oir). Perteneciente al oído: *nervio auditivo.*
AUDITOR m. Funcionario jurídico militar o eclesiástico: *auditor de guerra, de la Rota.* ‖ *Chil.* Revisor de cuentas colegiado.
AUDITORÍA f. Empleo o dignidad de auditor. ‖ Tribunal o despacho del auditor.
AUDITORIO m. Concurso de oyentes. (SINÓN. *Asistencia, concurrencia, público, espectadores.* Pop. *Galería.*) ‖ Auditorium.
AUDITORIO, RIA adj. Auditivo.
AUDITORIUM m. (pal. lat.) Sala de audición.
AUGE m. (lat. *augere*, aumentar). Elevación grande en dignidad o fortuna: *estar en auge.* ‖ *Astr.* Apogeo. ‖ — OBSERV. Es barbarismo en el sentido de *incremento, importancia: tomar auge una empresa.*
AUGITA f. (del gr. *augê*, brillo). Silicato doble de cal y magnesia, brillante, de color verde oscuro.
AUGUR m. (lat. *augur*). Sacerdote que, en la antigua Roma, practicaba la adivinación por el canto o el vuelo de las aves. (SINÓN. V. *Adivino.*)
AUGURADOR, RA adj. Que augura.
AUGURAL adj. Perteneciente al agüero o a los agoreros: *ciencia augural.*
AUGURAR v. t. Agorar, anunciar: *augurar lo porvenir por lo pasado.* ‖ — SINÓN. *Presagiar, predecir, conjeturar.*
AUGURIO m. Agüero: *augurio feliz.* (SINÓN. V. *Presagio.*)
AUGUSTAL adj. Relativo a Augusto: *prefecto augustal, juegos augustales.*
AUGUSTO m. Payaso.
AUGUSTO, TA adj. (lat. *augustus*). Que infunde respeto y veneración, majestuoso: *persona augusta.* (SINÓN. V. *Imponente.*)
AULA f. (lat. *aula*). Sala donde se enseña en las universidades. ‖ *Aula magna*, la más grande e importante.
AULAGA f. (lat. *ulex.*) Planta leguminosa y espinosa, de flores amarillas, que sirve de pasto al ganado.
AULAGAR m. Sitio poblado de aulagas.
ÁULICO, CA adj. (del lat. *aula*, corte). Perteneciente a la corte. ‖ Cortesano, palaciego. ‖ *Consejo áulico*, tribunal supremo del antiguo Imperio Germánico.
AULLADOR, RA adj. Que aúlla. ‖ — M. Mono de América del Sur, de la familia de los cefos.
AULLAR v. i. (lat *ululare*). Dar aullidos. (SINÓN. V. *Gritar.*)
AULLIDO y **AÚLLO** m. Voz quejosa y prolongada del lobo, el perro y otros animales. (SINÓN. V. *Ladrido.*)
AUMENTABLE adj. Que se puede aumentar.
AUMENTACIÓN f. *Ret.* Gradación de menos a más.
AUMENTADOR, RA adj. Que aumenta.
AUMENTAR v. t. Acrecentar: *aumentar su fortuna con el trabajo.* ‖ Subir, mejorar un sueldo. ‖ — V. i.: *su fortuna aumenta.* ‖ — SINÓN. *Crecer, agrandar, redoblar, añadir, amplificar, extender, intensificar, ensanchar.* V. tb. *abundar, recargar, exagerar* y *multiplicar.* ‖ — CONTR. *Disminuir.*
AUMENTATIVO, VA adj. y s. m. *Gram.* Dícese del vocablo que aumenta la significación de otro. ‖ — CONTR. *Diminutivo.*
— Mediante la oportuna modificación de su estructura, un sustantivo, adjetivo, algunos participios y adverbios se convierten en *aumentativos.* Los aumentativos dan la idea de gran tamaño o grado eminente no sólo en sentido físico sino también moral. Se forman añadiendo al tema las teminaciones *on, azo, acho, ote, arrón, etón: hombrón, muchachazo, ricacho, coloradote, chicarrón, mocetón.* Las más empleadas son *on* y *azo.* El empleo de cualquiera de estas terminaciones se hará de acuerdo con las leyes fonéticas. Algunas veces los sufijos de los aumentativos forman un diminutivo *(islote,* isla pequeña), indican carencia *(pelón)* o dan un sentido despectivo *(mujerona).*
AUMENTO m. Acrecentamiento de una cosa (SINÓN. *Adición, engrandecimiento, añadidura, ampliación, ensanche.*) ‖ Adelantamiento, progreso: *su negocio va en aumento.* ‖ Potencia o facultad amplificadora de una lente, anteojo o telescopio. ‖ *Amer.* Posdata.
AUN adv. t. y m. Todavía. ‖ Denota a veces idea de encarecimiento y equivale a *hasta: no tengo yo tanto, ni aun la mitad.* ‖ *Aun cuando*, conj. advers., aunque. ‖ — OBSERV. *Aún* se acentúa cuando sigue a la palabra que modifica: *no ha venido aún.* Sin embargo se acentúa siempre que significa *todavía: aún no ha venido el médico.*
AUNAR v. t. Unir, confederar para una cosa: Poner juntas, unir dos o más cosas. ‖ — V. r. Unificar: *se aunaron las fuerzas.*
AUNCHE *Col.* y **AUNCHI** *Arg.* m. Residuo.

AUNQUE conj. advers. Denota oposición: *aunque es malo mi hermano, le quiero.*
¡AÚPA! interj. V. ¡UPA! ‖ *Fam. Los de aúpa,* los picadores. ‖ *Fam. Un nombre de aúpa,* complicado.
AUPAR v. t. *Fam.* Ayudar a subir o a levantarse. ‖ *Fig.* Ensalzar, enaltecer.
AUQUE m. *Chil.* Arcilla para fabricar loza.
AURA f. (gr. *aura*). Viento suave y apacible. ‖ *Fig.* Favor, aplauso, aceptación general: *aura popular.* ‖ *Fig.* Atmósfera inmaterial que rodea a ciertos seres: *un aura virginal.* ‖ *Med.* Sensación que precede una convulsión epiléptica. ‖ *Amer.* Gallinazo, zopilote o samuro, ave.
AURANCIÁCEAS f. pl. Familia de árboles a que pertenecen el naranjo y el limonero.
ÁUREO, A adj. De oro o parecido al oro: *áurea cabellera.* ‖ — M. Moneda antigua de oro.
AUREOLA f. Disco o círculo de luz, que se pone en la cabeza de las imágenes religiosas. (SINÓN. V. *Nimbo.*) ‖ *Fig.* Gloria que alcanza una persona, prestigio: *la aureola de la virtud.* ‖ *Astr.* Corona que en los eclipses de Sol hay alrededor del disco de la Luna. ‖ Círculo, mancha de forma circular.
AUREOLADO, DA adj. Que tiene aureola.
AUREOLAR v. t. Ceñir la cabeza con la aureola. ‖ *Fig.* Glorificar, adornar.
AUREOMICINA f. Sustancia antibiótica sacada de un hongo.
ÁURICO, CA adj. De oro: *sesquióxido áurico.*
AURÍCULA f. *Anat.* Cada una de las dos cavidades de la parte superior del corazón, que recibe la sangre de las venas. ‖ Lóbulo o apéndice lateral: *las aurículas de una hoja.* ‖ Oreja.
AURICULAR adj. (del lat. *auricula,* oreja pequeña). Relativo al oído: *enfermedad auricular.* ‖ Que ha oído: *testigo auricular.* ‖ *Dedo auricular,* el meñique. ‖ — M. Pieza del teléfono que se aplica al oído.
AURÍFERO, RA adj. Que lleva oro (terreno).
AURIGA m. *Poét.* Cochero, conductor de carro.
AUROCHS m. Uno de los nombres del *uro.*
AURORA f. (lat. *aurora*). Claridad que precede la salida del sol. (SINÓN. V. *Alba.*) ‖ *Fig.* Principio: *la aurora de la vida.* ‖ Bebida de leche de almendras y canela. ‖ *Bol.* Chicha cochabambina. ‖ *Bot.* La artemisa. ‖ *Méx.* Ave trepadora de México. ‖ *Guat.* Especie de buharro. ‖ Color sonrosado: *cintas de color de aurora.* ‖ *Aurora boreal* o *austral,* meteoros luminosos que se observan en el hemisferio septentrional o en el austral.
AURORAL adj. Propio de la aurora.
AUSCULTACIÓN f. *Med.* Acción de aplicar el oído a ciertos puntos del cuerpo humano para explorar los sonidos y ruidos normales y patológicos en las cavidades del pecho y vientre. (Esta operación se verifica directamente o mediante el estetoscopio).
AUSCULTAR v. t. (lat. *auscultare*). *Med.* Realizar la auscultación.
AUSENCIA f. Falta de presencia: *señalar una ausencia.* ‖ Falta o privación de alguna cosa. ‖ Tiempo en que alguno está ausente. (SINÓN. *Alejamiento, desaparición, partida.* V. tb. *falta.* CONTR. *Presencia.*) ‖ *For.* Situación jurídica de la persona cuyo paradero se desconoce.
AUSENTADO, DA adj. Ausente.
AUSENTARSE v. r. Alejarse una persona del punto de su residencia o del lugar donde suele estar: *ausentarse por poco tiempo de Madrid.* (SINÓN. *Alejarse, marcharse, desaparecer, faltar.*)
AUSENTE adj. y s. Dícese del que está separado de su residencia. (CONTR. *Presente.*) ‖ *Fig.* Distraído. ‖ — M. *For.* Persona cuya existencia es incierta jurídicamente.
AUSENTISMO m. Absentismo.
AUSOLES m. pl. *Amér. C.* Grietas que se forman en los terrenos volcánicos. ‖ *Amér. C.* Géyser.
AUSPICIAR v. t. *Amer.* Proteger, amparar.
AUSPICIO m. (del lat. *auspex,* agorero). Agüero. ‖ Protección, favor. (SINÓN. *Salvaguardia, tutela, égida, amparo.* V. tb. *apoyo.*) ‖ — Pl. Señales que en un negocio presagian su resultado: *con buenos auspicios.*
AUSPICIOSO, SA adj. *Per.* y *Riopl.* De buen agüero.
AUSTERIDAD f. Calidad de austero, severidad. ‖ Mortificación de los sentidos y del espíritu.
AUSTERO, RA adj. (del gr. *austêros,* severo). Riguroso, rígido: *la vida austera de un asceta.* ‖ Severo con uno mismo y con los demás. (SINÓN. *Rígido, rigorista, espartano, estoico, ascético, puritano.*) ‖ Sin ornamentos: *arquitectura austera.*
AUSTRAL adj. Del Polo Sur. ‖ — CONTR. *Boreal.*
AUSTRALIANO, NA adj. y s. De Australia.
AUSTRIACO, CA adj. y s. De Austria.
AUSTRO m. (lat. *auster*). Viento del Sur. (SINÓN. V. *Sur.*)
AUTARCÍA o **AUTARQUÍA** f. (del gr. *autarkeia,* autosuficiencia). Autosuficiencia económica de un país.
AUTÁRQUICO, CA adj. Relativo a la autarquía.
AUTÉNTICA f. Despacho con que se certifica la autenticidad de una cosa.
AUTENTICACIÓN f. Acción de autenticar.
AUTÉNTICAMENTE adv. m. Con autenticidad o en forma que haga fe.
AUTENTICAR v. t. Autorizar o legalizar jurídicamente. ‖ Acreditar, dar fama.
AUTENTICIDAD f. Calidad de auténtico. (SINÓN. V. *Verdad.*)
AUTÉNTICO, CA adj. (gr. *authentikos*). Autorizado o legalizado; que hace fe pública. (SINÓN. V. *Oficial.*) ‖ Cierto, positivo. (SINÓN. V. *Verdadero.*) ‖ — CONTR. *Falso, fingido.*
AUTENTIFICAR y **AUTENTIZAR** v. t. *Neol.* Autenticar.
AUTILLO m. (gr. *ôtos*). Ave rapaz nocturna, algo mayor que la lechuza.
AUTO m. *For.* Resolución judicial que decide cuestiones incidentales o previas. ‖ Composición dramática alegórica de breves dimensiones: *los autos sacramentales de Calderón.* ‖ — Pl. Conjunto de actuaciones o piezas de un pleito o de una causa. ‖ *Auto de fe,* castigo público de los penitenciados por el tribunal de la Inquisición. ‖ *De autos,* de referencia: *la noche de autos.* ‖ *Estar en autos,* estar enterado de una cosa.
AUTO m. *Fam.* Automóvil.
AUTO, prefijo, del griego *autos,* que significa *uno mismo, por sí mismo, mismo,* etc.
AUTOBIOGRAFÍA f. Biografía de una persona escrita por ella misma.
AUTOBIOGRÁFICO, CA adj. Relativo a la autobiografía.
AUTOBOMBO m. Elogio desmesurado que uno se tributa a sí mismo.
AUTOBÚS m. Gran vehículo automóvil de transporte urbano: *autobús moderno de dos pisos.*

autobús de dos pisos

AUTOCAMIÓN m. Camión automóvil.
AUTOCAR m. Automóvil grande de turismo.
AUTOCARRIL m. *Chil.* Autovía, automotor.
AUTOCLAVE f. Recipiente metálico de paredes resistentes y cierre hermético que sirve para esterilizar o hervir por medio del vapor a presión.
AUTOCOPIA f. Procedimiento para sacar varios ejemplares de un manuscrito. ‖ Copia así obtenida.
AUTOCOPIAR v. t. Reproducir por autocopia.
AUTOCOPISTA f. Aparato que sirve para la autocopia.
AUTOCRACIA f. Gobierno en el cual un solo hombre reúne todos los poderes. (SINÓN. V. *Dictadura.*)
AUTÓCRATA com. Persona que ejerce autoridad ilimitada: *los autócratas de la antigua Rusia.* (SINÓN. V. *Monarca.*)

aureolas

autillo

autobús

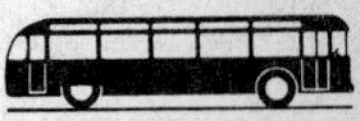

autocar

Fot. Giraudon, Hosking, Viollet

AUTOMÓVIL

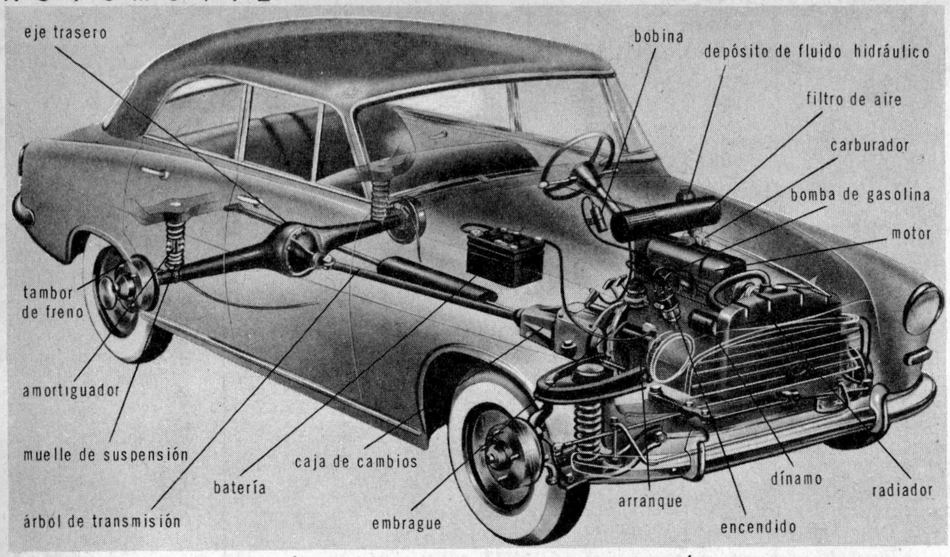

autogiro

AUTOCRÁTICO, CA adj. Propio del autócrata. (SINÓN. V. *Absoluto.*)

AUTOCRÍTICA f. Crítica de una obra por su autor. ‖ Crítica que una persona hace de su conducta.

AUTOCROMO, MA adj. Dícese de las placas fotográficas que reproducen los colores.

AUTÓCTONO, NA adj. y s. Aplícase a los pueblos, gentes o cosas originarios del país en que viven. (SINÓN. V. *Indígena.*)

AUTODETERMINACIÓN f. Libre decisión de los pobladores de un territorio acerca de su futuro estatuto político: *el derecho de autodeterminación.*

AUTODIDACTO, TA adj. y s. Dícese de la persona que se ha instruido sin auxilio de profesores.

AUTÓDROMO m. Pista para carreras y ensayos de automóviles.

AUTOENCENDIDO m. Encendido espontáneo de una mezcla de gases en un motor.

AUTOESCUELA f. Escuela para enseñar a conducir automóviles.

AUTOFECUNDACIÓN f. *Bot.* Unión de dos elementos de sexo diferente existentes en una misma planta.

AUTOFINANCIACION f. o **AUTOFINANZAMIENTO** m. *Neol.* Financiación de una empresa por aplicación a las inversiones de una parte de los beneficios.

AUTOGAMIA f. Autofecundación.

AUTÓGENO, NA adj. Dícese de la soldadura de metales por la fundición parcial obtenida con un soplete.

AUTOGIRO m. Tipo de avión cuyas alas han sido sustituidas por una hélice horizontal que gira libremente y sirve de plano de sustentación. (Fue inventado por el ingeniero español Juan de La Cierva en 1923).

AUTOGOBIERNO m. Sistema de administración de algunas posesiones de un país que han obtenido la autonomía.

AUTOGRAFÍA f. Procedimiento por el cual se traslada un escrito a una piedra preparada al efecto, para sacar varios ejemplares del mismo.

AUTOGRAFIAR v. t. Reproducir por medio de la autografía: *autografiar una lección.*

AUTÓGRAFO, FA adj. y s. Escrito de mano de su mismo autor: *un autógrafo de Cervantes.*

AUTOINDUCCIÓN f. Inducción que un conductor produce sobre sí mismo.

AUTOINTOXICACIÓN f. Intoxicación por secreciones producidas por el organismo.

AUTOMACIÓN f. Aplicación de máquinas que sustituyen al hombre en el proceso de producción. (Sería mejor decir *automatización.*)

AUTÓMATA m. Máquina que imita los movimientos de un ser animado. ‖ Instrumento que tiene dentro de él un mecanismo que le imprime ciertos movimientos. ‖ *Fig* y *fam.* Persona que se deja dirigir por otra: *obedecer como un autómata.* (SINÓN. *Robot, máquina, maniquí.*)

AUTOMÁTICAMENTE adv. m. De manera automática: *moverse automáticamente.*

AUTOMATICIDAD f. Carácter automático.

AUTOMÁTICO, CA adj. Relativo al autómata. ‖ *Fig.* Maquinal, involuntario: *ademán automático.* (SINÓN. *Mecánico, instintivo.*) ‖ Que obra por medios mecánicos: *teléfono automático.* ‖ Inmediato. ‖ — M. Botón a modo de corchete.

AUTOMATISMO m. Ejecución de actos sin participación de la voluntad. ‖ Automación. ‖ Carácter automático.

AUTOMATIZACIÓN f. Acción de automatizar. ‖ Automación.

AUTOMATIZAR v. t. Volver automático.

AUTOMEDONTE m. *Fig.* Auriga. (SINÓN. V. *Cochero.*)

AUTOMOTOR, TRIZ adj. y s. Dícese del aparato que ejecuta ciertos movimientos sin intervención directa de acción exterior: *torpedo automotor.* ‖ — M. Vehículo ferroviario con motor eléctrico o diesel.

Fot. S. N. C. F.

AUTOMÓVIL adj. Dícese de los aparatos que se mueven solos: *lancha, torpedo automóvil.* ‖ — M. Vehículo que camina movido por un motor (SINÓN. V. *Coche.*)

— Tras algunos intentos de locomoción por carretera en coches movidos por vapor, el invento del motor de explosión por el francés Forest en 1884, aplicado en 1887 por Daimler, permitió el desarrollo de la industria automóvil. Actualmente ésta ha llegado a un gran perfeccionamiento.

AUTOMOVILISMO m. Nombre genérico de todo lo relativo al automóvil.

AUTOMOVILISTA m. Conductor de un automóvil: *un automovilista ha de ser prudente.*

AUTOMOVILÍSTICO, CA adj. Relativo a los automóviles: *carrera automovilística.*

AUTONOMÍA f. Libertad de gobernarse por sus propias leyes: *un país que reclama la autonomía.* ‖ Condición del pueblo que tiene independencia política. (SINÓN. V. *Libertad.*) ‖ *Fig.* Condición de la persona que no depende de nadie. ‖ Potestad particular que poseen algunas entidades dentro del Estado. ‖ Capacidad máxima de un vehículo para efectuar un recorrido sin añadir combustible.

AUTONOMISTA adj y s. Partidario de la autonomía: *los autonomistas catalanes.*

AUTÓNOMO, MA adj. (del gr. *autos,* propio, y *nomos,* ley). Que goza de autonomía. (SINÓN. V. *Libre.*)

AUTOPISTA f. Carretera especialmente acondicionada para grandes velocidades, con las dos direcciones separadas por un seto y sin que otros caminos la atraviesen.

AUTOPLASTIA f. *Cir.* Operación que consiste en restaurar una parte del cuerpo destruida, con otro tejido sano del mismo individuo.

AUTOPROPULSIÓN f. Propulsión de ciertos artefactos por sus propios medios.

AUTOPSIA f. (del gr. *autos,* uno mismo, y *opsis,* vista). *Med.* Examen anatómico y patológico del cadáver para conocer la causa de su muerte. (SINÓN. V. *Anatomía.*) ‖ *Fig.* Examen minucioso.

AUTOPULLMAN m. (pal. ing). Autocar de lujo.

AUTOR, RA m. y f. El que es causa de alguna cosa: *el autor de un accidente es responsable de él.* ‖ Persona que produce obra científica, literaria o artística: *el autor del Quijote.* (SINÓN. *Creador, escritor, prosista, poeta, hombre de letras, literato, dramaturgo.* Despect. *Plumífero, escribidor, escritorzuelo, literata.*) ‖ *For.* Persona que comete un delito o que coopera en él. ‖ *For.* Causante.

AUTORIDAD f. Poder legítimo: *autoridad paterna.* ‖ Persona revestida de poder, mando o magistratura: *saludar a las autoridades.* (SINÓN. *Poderío, poder, imperio, dominación, ley, férula, omnipotencia, prepotencia.* V. tb. *gobierno.*) ‖ Crédito y fe que se da a una persona o cosa: *invocar la autoridad de Platón.* ‖ Ostentación, fausto, aparato. ‖ Texto, expresión de un libro o escrito que se cita en apoyo de lo que se dice: *diccionario de autoridades.*

AUTORITARIO, RIA adj. Que usa con rigor de su autoridad. (SINÓN. V. *Absoluto.*) ‖ Que no tolera la contradicción: *carácter autoritario.* (SINÓN. V. *Imperioso y violento.*) ‖ *Régimen autoritario,* sistema político en que el Ejecutivo no tiene limitados sus poderes.

AUTORITARISMO m. Carácter, sistema autoritario. ‖ Dogmatismo político, filosófico.

AUTORIZACIÓN f. Acción de autorizar. (SINÓN. V. *Permiso y pase.*)

AUTORIZADAMENTE adv. m. Con autoridad: *hablar autorizadamente.* ‖ Con autorización.

AUTORIZADO, DA adj. Digno de respeto y de crédito: *opinión autorizada.* (SINÓN. V. *Permitido.*)

AUTORIZADOR, RA adj y s. Que autoriza.

AUTORIZAMIENTO m. Autorización.

AUTORIZAR v. t. Dar a uno autoridad o facultad para hacer una cosa. (SINÓN. V. *Permitir.*) ‖ Legalizar una escritura o instrumento. ‖ Confirmar, comprobar una cosa con autoridad: *el uso autoriza esta palabra.* ‖ Aprobar o calificar. ‖ Engrandecer, dar importancia.

AUTORRETRATO m. Retrato que un artista, un escritor, hace de sí mismo.

AUTO-STOP m. Sistema de viajar por medio de coches a los que se para en la carretera.

AUTOSERVICIO m. Servicio que el cliente realiza por sí mismo en ciertos restaurantes o almacenes.

AUTOSUFICIENCIA f. Sentimiento de suficiencia propia; estado del que puede satisfacer sus necesidades valiéndose exclusivamente de sus propios medios.

AUTOSUGESTIÓN f. Influencia de una idea persistente en nuestra conducta.

AUTOTOMÍA f. Mutilación espontánea que efectúan sobre sí mismos algunos animales para escapar a sus enemigos: *los cangrejos practican la autotomía.*

AUTOVACUNA f. Vacuna por tratamiento de las propias secreciones del enfermo.

AUTOVÍA f. Automotor.

AUTUMNAL adj. Otoñal: *plantas autumnales.*

AUXILIAR adj. y s. Que auxilia. (SINÓN. V. *Secundario.*) ‖ *Gram.* Dícese de los verbos como *haber,* que sirven para conjugar los demás verbos. ‖ — M. Empleado subalterno. ‖ Profesor que sustituye al catedrático.

AUXILIAR v. t. Dar auxilio. (SINÓN. V. *Ayudar.*)

AUXILIARÍA f. Empleo de auxiliar.

AUXILIO m. Ayuda, socorro, amparo. (SINÓN. V. *Apoyo y limosna.*)

AUYAMA f. *Amer.* Especie de calabaza.

AVAHAR v. t. Calentar con el vaho alguna cosa. ‖ — V. i. Echar o despedir vaho: *el agua caliente avaha.*

AVAL m. (pal. fr., contracc. de *à valoir,* a valer). *Com.* Firma que se pone en una letra de crédito para responder de su pago si no lo hace el girado. ‖ Escrito en que uno responde de la conducta de otro. ‖ — SINÓN. V. *Garantía.*

AVALANCHA f. Alud.

AVALAR v. t. Garantizar.

AVALENTADO, DA y AVALENTONADO, DA adj. Propio del valentón: *aire avalentonado.*

AVALENTONARSE v. r. Hacer uno el valentón.

AVALISTA com. Persona que avala.

AVALORAR v. t. Dar valor a una cosa. ‖ *Fig.* Infundir a alguno valor o ánimo. ‖ — CONTR. *Acobardar.*

AVALUACIÓN f. Valuación.

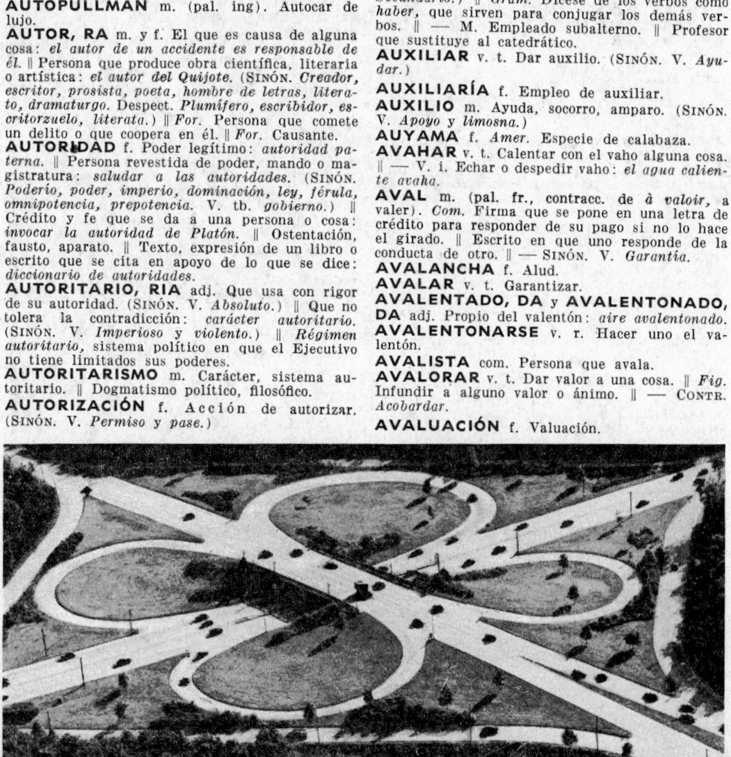

AUTOPISTA
cruce en forma de trébol

Fot. U. S. I. S.

avellano

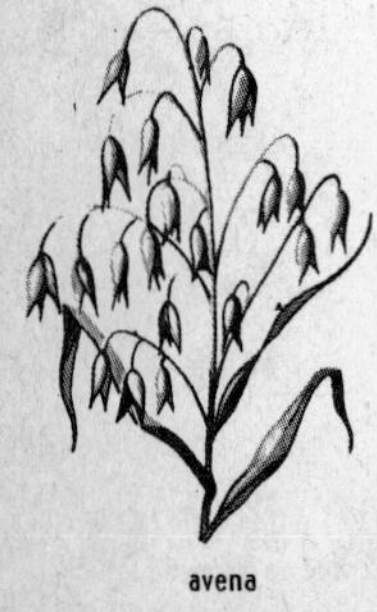

avena

AVALUAR v. t. Valuar, estimar, tasar.
AVALÚO m. Valuación.
AVANCE m. Adelanto. ‖ Anticipo de dinero. (SINÓN. V. *Anticipo.*) ‖ Acción de marchar hacia adelante. ‖ Parte anterior de la caja de algunos coches, de quita y pon. ‖ Avanzo, balance. ‖ *Chil.* Mal usado por *exceso.*
AVANCE m. *Cin.* Fragmentos de una película nueva que se presentan para anunciarla.
AVANTRÉN m. Juego delantero de los carruajes de artillería y de la cureña de los cañones.
AVANT-SCÈNE m. (pal. fr. pr. *avansén*). *Arg.* Palco de proscenio.
AVANZADA f. Partida de soldados que se adelanta para observar de cerca al enemigo. ‖ Cosa que precede.
AVANZADO, DA adj. Adelantado: *avanzado de* [*en*] *edad.* ‖ Atrevido, muy nuevo, exagerado: *ideas avanzadas.*
AVANZAR v. t. e i. Pasar adelante: *avanza la estación* (SINÓN. V. *Adelantar.*) ‖ Acercarse a su fin el tiempo. ‖ *Fig.* Progresar, mejorar. ‖ Precipitar, apresurar. ‖ Hacer progresos. ‖ Galicismo por *proponer, anticipar.* ‖ *Cub.* Vomitar. ‖ *Méx.* Apresar botín en la guerra. ‖ *Méx.* y *Amér. C.* Robar. ‖ — RÉG. *Avanzar a* [*hasta, hacia*] *un punto.* ‖ — CONTR. *Retroceder, cejar.*
AVARAMENTE adv. m. Avariciosamente.
AVARICIA f. Apego desordenado a las riquezas.
AVARICIOSAMENTE adv. m. Con avaricia.
AVARICIOSO, SA y **AVARIENTO, TA** adj. y s. Que tiene avaricia. (SINÓN. V. *Avaro.* CONTR. *Generoso, espléndido.*)
AVARO, RA adj. y s. Que acumula dinero por el placer de poseerlo y no lo emplea. (SINÓN. *Avaricioso, interesado, ambicioso, mezquino, usurero.* V. tb. *tacaño.*) ‖ *Fig.* Que reserva o escatima: *avaro de su tiempo.*
AVASALLADOR, RA adj. y s. Que avasalla.
AVASALLAMIENTO m. Acción de avasallar.
AVASALLAR v. t. Sujetar, rendir o someter a obediencia. (SINÓN. *V. Oprimir.*) ‖ — V. r. Hacerse súbdito o vasallo de algún rey o príncipe. ‖ Sujetarse, someterse.
AVATAR m. Nombre, en la India, de las encarnaciones de Visnú. ‖ Galicismo muy empleado por *vicisitud, cambio.*
AVE f. Animal vertebrado, ovíparo, de respiración pulmonar y sangre caliente, pico córneo, cuerpo cubierto de plumas y con dos pies y dos alas. (Se conocen veinte mil especies de *aves,* que se pueden dividir en ocho órdenes: palmípedas, rapaces, gallináceas, palomas, zancudas, prensoras, pájaros y corredoras.) ‖ *Ave del Paraíso,* pájaro de Nueva Guinea muy buscado por la hermosura de su plumaje. ‖ *Fig.* y *fam. Ave de paso,* persona que se detiene poco. ‖ *Ave de rapiña,* ave carnívora, de pico y uñas muy robustos, como el águila y el buitre. ‖ *Ave tonta,* pájaro de color pardo verdoso y amarillento, que anida en tierra, y se deja coger con facilidad. *Fig.* y *fam.* Persona descuidada, simple, tarda y sin viveza.
AVECINAR v. t. Avecindar. (SINÓN. V. *Acercar.*)
AVECINDAMIENTO m. Acción de avecindarse y lugar en que uno está avecindado.
AVECINDAR v. t. Dar vecindad o admitir a alguno en el número de vecinos de un pueblo. ‖ — V. r. Tomar residencia en un pueblo.
AVECHUCHO m. Ave de figura desagradable. ‖ *Fig.* y *fam.* Sujeto despreciable.
AVEFRÍA f. Ave zancuda negra y blanca, que tiene un penacho de plumas cortas y eréctiles.
AVEJENTAR v. t. Poner viejo antes de tiempo. ‖ — V. r. Ponerse vieja una persona antes de la edad.
AVEJIGAR v. t. Levantar vejigas o ampollas.
AVELLANA f. Fruto del avellano.
AVELLANADO, DA adj. De color de avellana: *tez avellanada.* ‖ Enjuto y arrugado: *cara avellanada.* (SINÓN. V. *Canijo.*)
AVELLANADOR m. Barrena para avellanar.
AVELLANAL y **AVELLANAR** m. Sitio donde abundan los avellanos.
AVELLANAR v. t. Ensanchar los agujeros que se abren para los tornillos, a fin de que entre su cabeza en la pieza taladrada. ‖ — V. r. Arrugarse como las avellanas una persona o cosa.
AVELLANEDA f. y **AVELLANEDO** m. Avellanal, sitio poblado de avellanos.
AVELLANERA f. La que vende avellanas.
AVELLANO m. Arbusto de la familia de las betuláceas cuyo fruto es la avellana. ‖ Madera de este árbol.
AVELLANO, NA adj. Avellanado.
AVEMARÍA f. Oración con que el arcángel San Gabriel saludó a Nuestra Señora. ‖ Cuenta pequeña del rosario. ‖ *Al avemaría,* loc. adv. al anochecer. ‖ *Fig.* y *fam. En un avemaría,* en un momento.
¡AVE MARÍA! interj. Denota asombro o extrañeza. ‖ Úsase en los pueblos como saludo al llamar a una puerta o entrar en una casa. ‖ También se dice *¡Ave María Purísima!*
AVENA f. Planta gramínea que se cultiva para alimento de caballerías. ‖ Grano de esta planta. ‖ *Poét.* Zampoña, instrumento músico.
AVENADO, DA adj. Que tiene vena de loco.
AVENAL m. Campo de avena.
AVENAMIENTO m. Acción de avenar.
AVENAR v. t. (de *vena*). Dar salida a la humedad de los terrenos húmedos o encharcados abriendo en ellos zanjas o cañerías.
AVENATE m. (de *avena*). Bebida hecha de avena mondada, cocida en agua. ‖ *And.* y *fam.* Arranque de locura. (SINÓN. V. *Delirio.*)
AVENENCIA f. Convenio. ‖ Conformidad y unión.
AVENIBLE adj. Que puede avenirse.
AVENIDA f. Crecida impetuosa de un río. ‖ *Fig.* Afluencia de varias cosas. ‖ Calle ancha con árboles. (SINÓN. V. *Alameda.*)
AVENIDO, DA adj. Con los adverbios *bien* o *mal,* concorde o no conforme con algo.
AVENIDOR, RA adj. y s. Que media entre dos o más sujetos, para componer sus desavenencias.
AVENIMIENTO m. Acción de avenir o avenirse. ‖ — PARÓN. *Advenimiento.*
AVENIR v. t. Concordar, ajustar las partes discordes: *fue difícil avenir a los dos adversarios.* ‖ — V. i. Suceder. ‖ — V. r. Componerse o entenderse bien: *avenirse con alguno.* ‖ Ponerse de acuerdo. (SINÓN. V. *Acomodar.* CONTR. *Malquistar.*) ‖ Conformarse con algo. ‖ Hallarse en armonía varias cosas. ‖ — IRREG. Se conjuga como *venir.*
AVENTADOR, RA adj. y s. Que avienta los granos: *máquina aventadora.* ‖ — M. Bieldo. ‖ Abanico. ‖ — F. Máquina para aventar los granos. ‖ Válvula de suela en las bombas.
AVENTAJADO, DA adj. Que aventaja a lo ordinario o común: *escritor aventajado.* ‖ Ventajoso, conveniente.
AVENTAJAR v. t. Llevar ventaja, exceder: *aventajar a todos en el juego.* (SINÓN. V. *Adelantar.*) ‖ Poner en mejor estado. (SINÓN. V. *Pasar.*) ‖ Anteponer, preferir. (SINÓN. V. *Favorecer.*)
AVENTAMIENTO m. Acción de aventar.
AVENTAR v. t. Hacer aire a alguna cosa. ‖ Echar al viento alguna cosa. ‖ Impeler el viento. ‖ *Fig.* y *fam.* Arrojar fuera. ‖ *Cub.* y *Méx.* Exponer el azúcar al sol. ‖ *Méx.* Tirar, dar con fuerza. ‖ — V. r. Llenarse de viento algún cuerpo. ‖ *Fig.* y *fam.* Huirse, escaparse. ‖ *Amer.* Ventearse, alterarse con el aire. ‖ — IRREG. Se conjuga como *alentar.* Ú. t. c. regular.
AVENTURA f. (del lat. *advenire,* llegar, suceder). Acaecimiento, suceso o lance extraño: *las aventuras de Telémaco.* (SINÓN. *Peripecia, caso, andanza, suceso.*) ‖ Casualidad, contingencia: *las aventuras de la vida.* ‖ Riesgo, peligro inopinado.
AVENTURADO, DA adj. Osado, atrevido.
AVENTURAR v. t. Poner en peligro: *aventurar un capital.* (SINÓN. V. *Arriesgar.*) ‖ Decir una cosa atrevida o de la que no está seguro. ‖ — V. r. Arriesgarse.
AVENTURERO, RA adj. y s. Que busca aventuras. ‖ *Cub.* y *Méx.* Que se siembra fuera de estación. ‖ — M. y f. Caballero de industria. (SINÓN. V. *Intrigante.*)
AVERAGE m. (pal. ingl.). Promedio.
AVERGONZAR v. t. Causar vergüenza. ‖ — V. r. Sentir vergüenza. ‖ — IRREG. Se conjuga como *contar.* La *u,* en las personas que tienen la sílaba *gue,* debe llevar diéresis: *avergüenzo.* (SINÓN. V. *Daño.*)
AVERÍA f. *Mar.* Daño que padecen las merca-

AVIACIÓN

1896. Chanute, basado en las anteriores experiencias de Lilienthal, construye un biplano provisto de estabilizadores rudimentarios.

1897. El *Avión III*, equipado con un motor de vapor, permite a C. Ader realizar el primer vuelo de 300 metros.

1903. El aeroplano de los hermanos Wright, propulsado por un motor de explosión de 16 C. V., recorre 259 metros en 59 segundos.

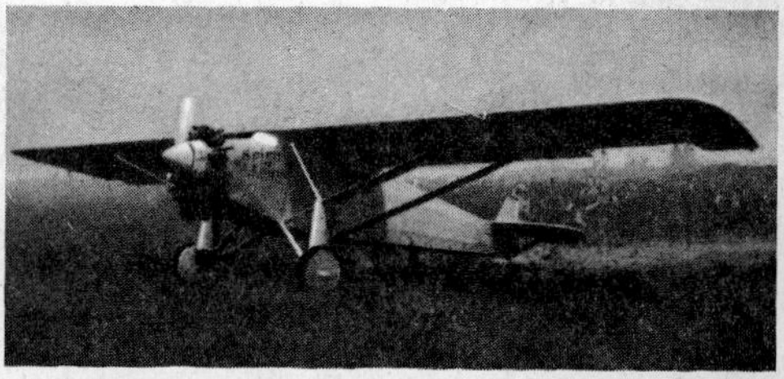

1927. Lindbergh atraviesa el Atlántico Norte (5 860 km en 33 h y media) en un aparato accionado por un motor de 200 C. V.

1942. Bombardero pesado norteamericano « Superfortaleza B29 ». Armamento : 10 ametralladoras y 8 toneladas de bombas. Velocidad : 560 km/h.

1957. Avión de caza francés « Griffon » de propulsión mixta (estatorreactor y turborreactor). Velocidad superior a 2 500 km/h.

derías en el mar. ‖ Daño o menoscabo. ‖ Deterioro, rotura o detención en el funcionamiento de una máquina: *el automóvil tuvo una avería.* ‖ — SINÓN. V. *Daño.*

AVERIADO, DA adj. Echado a perder. ‖ Deteriorado, roto.

AVERIARSE v. r. Echarse a perder alguna cosa. ‖ Sufrir una avería.

AVERIGUABLE adj. Que se puede averiguar.

AVERIGUACIÓN f. Acción de averiguar algo.

AVERIGUADOR, RA adj. y s. Que averigua.

AVERIGUAMIENTO m. Averiguación.

AVERIGUAR v. t. Inquirir la verdad tratando de descubrirla: *averiguar un misterio.* (SINÓN. V. *Inquirir.*) ‖ — V. i. *Méx.* Chismear, discutir. ‖ *Amér. C.* Porfiar.

AVERNO m. (lat. *avernus*). *Poét.* Infierno.

AVERROÍSMO m. Doctrina de Averroes.

AVERROÍSTA adj. y s. Que profesa el averroísmo.

AVERRUGADO, DA adj. Que tiene verrugas.

AVERRUGARSE v. r. Llenarse de verrugas.

AVERSIÓN f. Odio, asco invencible. (SINÓN. V. *Repugnancia.*)

AVESTRUCERA f. *Riopl.* Boleadora para cazar avestruces.

AVESTRUZ m. Ave corredora, la mayor de las conocidas, que habita en África. (Se da el nombre de *avestruz de América* al ñandú.) [Si bien no puede volar, el avestruz corre con velocidad extraordinaria. Sus plumas, muy hermosas, son objeto de activo comercio.] Pl. Los avestruces y no las avestruces. ‖ *Fig.* y *fam. Política de avestruz,* la que trata de ignorar un peligro.

AVETADO, DA adj. Que tiene vetas.

AVETORO m. Especie de garza.

AVEZAR v. t. Acostumbrar: *avezarse a todo.*

AVIACIÓN f. Navegación aérea con aparatos más pesados que el aire. ‖ Cuerpo militar de aviadores.

— Los primeros estudios se deben a Leonardo de Vinci, pero la *aviación* comenzó a fines del s. XIX con experiencias de vuelo en planeador, como las de Lilienthal, que murió en 1896 en una de éstas. Ader realizó el primer vuelo en un avión dotado de un motor de vapor en 1897. Los hermanos Wright volaron en 1900 con un motor de explosión colocado en un planeador. Santos Dumont y Farman hicieron diferentes vuelos de importancia, y en 1909, Bleriot atravesó el Canal de la Mancha. Durante la guerra de 1914-1918, la aviación realizó notables adelantos, y a partir de 1919 se organizaron líneas de transporte. En 1926, Ramón Franco cruzó el Atlántico Sur en el hidroavión *Plus Ultra,* y en 1927 Lindbergh atravesó el Atlántico Norte de O. a E. Los vuelos intercontinentales se establecieron regularmente; las velocidades aumentaron hasta llegar a los 500 km por hora y la máxima altura alcanzada fue la de 12 000 m. Las fuerzas aéreas, en la guerra de 1939-1945, desempeñaron un papel decisivo. Las grandes posibilidades de la aviación se acrecentaron: tonejale, velocidad, radio de acción.

avestruz

Fot. Rol., Giraudon, Meurisse, Couzinet, Service Cinem. de l'Air [Francia], Sabena, Dragesco

avoceta

avutarda

axila

avispa

Desde entonces la propulsión a reacción ha permitido alcanzar velocidades mucho más elevadas y sobrepasar incluso la del sonido. Por otra parte, los progresos de la radionavegación han contribuido a una mayor seguridad en los vuelos.

AVIADOR, RA adj. Dícese de la persona que tripula un aparato de aviación. Ú. t. c. s. ‖ Que avía o prepara una cosa. ‖ — M. Barrena de calafate. ‖ *Amer.* El que costea labores de minas o presta dinero a labrador, ganadero, etc. ‖ *Cub.* Sodomita. ‖ — F. Ramera.

AVIAMIENTO m. Avío.

AVIAR v. t. Prevenir una cosa para el camino. ‖ *Fam.* Alistar, arreglar, componer: *aviar a una persona.* ‖ *Fam.* Despachar lo que se está haciendo. ‖ *Fam.* Proporcionar a uno lo necesario. ‖ *Amer.* Prestar dinero o efectos a labradores, ganaderos, etc.

AVIAR o **AVIARIO, RIA** adj. Dícese de las enfermedades de las aves domésticas: *la peste aviar.*

AVÍCOLA adj. Relativo a la avicultura.

AVÍCULA f. Especie de madreperla.

AVICULTOR, RA m. y f. Persona que se dedica a la avicultura.

AVICULTURA f. Cría de aves.

ÁVIDAMENTE adv. m. Con avidez.

AVIDEZ f. Ansia. (SINÓN. V. *Codicia.* CONTR. *Desinterés.*)

ÁVIDO, DA adj. Ansioso, codicioso.

AVIEJAR v. t. Avejentar: *estar muy aviejado.*

AVIENTO m. Bieldo. ‖ — PARÓN. *Adviento.*

AVIESO, SA adj. Torcido, fuera de regla: *espíritu avieso.* ‖ *Fig.* Malo o mal inclinado.

AVIGORAR v. t. Vigorar.

AVILANTARSE v. r. Insolentarse.

AVILÉS, ESA adj. y s. De Ávila.

AVILESINO, NA adj. y s. De Avilés.

AVILLANADO, DA adj. Que parece villano.

AVINAGRADO, DA adj. *Fig.* y *fam.* Áspero, agrio, desapacible: *gesto avinagrado.* (SINÓN. V. *Agrio* y *desabrido.*)

AVINAGRAR v. t. Poner agrio. ‖ — V. r.: *avinagraron el vino. Fig.: se avinagró su ánimo.* (SINÓN. *Agriar.*)

AVINCA f. Especie de calabaza del Perú.

AVIÑONÉS, ESA adj. y s. De Aviñón.

AVÍO m. Prevención, apresto. (SINÓN. V. *Preparación.*) ‖ Provisiones que llevan los pastores para alimentarse mientras están fuera. ‖ *Amer.* Préstamo hecho a un labrador, ganadero o minero. ‖ *Ecuad.* Caballería que sirve para un viaje. ‖ *Amer.* Silla y aparejo del caballo. ‖ — Pl. *Fam.* Utensilios necesarios para algo: *avíos de escribir, de coser.* ‖ *Al avío,* loc. fam. que se emplea para excitar a uno a que ejecute alguna cosa. ‖ *Fig. Hacer su avío,* hacer su negocio.

AVIÓN m. Especie de vencejo.

AVIÓN m. Vehículo aéreo más pesado que el aire, capaz de desplazarse en la atmósfera mediante una o varias hélices propulsoras o mediante la expulsión de gases.

AVIONETA f. Avión pequeño.

AVISADAMENTE adv. m. Con prudencia y discreción: *obrar avisadamente.*

AVISADO, DA adj. Discreto, sagaz: *un hombre muy avisado.* (SINÓN. V. *Prudente.*) ‖ *Mal avisado,* atolondrado.

AVISADOR, RA adj. y s. Que avisa.

AVISAR v. t. Dar noticia de una cosa. (SINÓN. V. *Advertir* y *citar.*)

AVISERO m. *Per.* Muchacho que reparte programas y volantes comerciales.

AVISO m. Noticia. (SINÓN. *Anuncio, comunicado, comunicación, oficio.*) ‖ Consejo. (SINÓN. V. *Advertencia.*) ‖ Atención, cuidado: *estar sobre aviso.* ‖ *Mar.* Buque de guerra de vapor, pequeño y muy ligero. ‖ *Taurom.* Advertencia de la presidencia cuando el matador prolonga su faena más tiempo del reglamentario.

AVISPA f. (lat. *vespa*). Insecto himenóptero, provisto de aguijón: *las picaduras de las avispas son muy dolorosas.*

AVISPADO, DA adj. *Fig.* y *fam.* Vivo, despierto. (SINÓN. V. *Listo.*) ‖ *Col.* Dícese del caballo rucio con manchas en forma de avispa.

AVISPAR v. t. Avivar con el látigo las caballerías. ‖ *Fig.* y *fam.* Despertar, avivar a alguno: *hay que avispar a este muchacho.* ‖ *Germ.* y *Chil.* Espantar. ‖ — V. r. *Fig.* Inquietarse, desasosegarse.

AVISPERO m. Panal que fabrican las avispas. ‖ Lugar donde anidan las avispas. ‖ *Fig.* y *fam.* Negocio enredado: *meterse en un avispero.* (SINÓN. V. *Emboscada.*) ‖ *Med.* Grupo de diviesos, con varios focos de supuración.

AVISTAR v. t. Alcanzar con la vista. ‖ — V. r. Reunirse varias personas para algún negocio.

AVITAMINOSIS f. Carencia de vitaminas.

AVITELADO, DA adj. Parecido a la vitela.

AVITUALLAMIENTO m. Provisión de vituallas.

AVITUALLAR v. t. Proveer de vituallas. (SINÓN. V. *Suministrar.*)

AVIVADOR, RA adj. Que aviva. ‖ Pequeño hueco entre dos molduras que las hace resaltar. ‖ Cepillo especial para labrar estas molduras.

AVIVAMIENTO m. Acción de avivar o avivarse.

AVIVAR v. t. Excitar, animar: *avivar a los combatientes.* ‖ *Fig.* Encender, acalorar. ‖ *Fig.* Tratándose del fuego, darle más vigor. ‖ Poner más brillantes los colores. ‖ — V. i. Cobrar vida, vigor: *ir avivando poco a poco.* (SINÓN. V. *Despertar.*) ‖ — CONTR. *Apagar.*

AVIZOR, RA adj. y s. *Avizorador.* ‖ *Ojo avizor,* sobre aviso: *estar ojo avizor.*

AVIZORADOR, RA adj. y s. Que avizora.

AVIZORAR v. t. Acechar.

AVO, AVA, terminación que se añade a los números cardinales para significar las fracciones de unidad: *un dozavo, cinco centavos.*

AVOCAR v. t. *For.* Llamar a sí un tribunal superior la causa que debía litigarse ante otro inferior. ‖ — PARÓN. *Invocar.*

AVOCASTRO m. *Amer.* Avechucho, pajarraco.

AVOCATERO m. *Amer.* Aguacate.

AVOCETA f. Ave zancuda, de pico largo y levantado, plumaje blanco y negro y del tamaño del faisán.

AVOLCANADO, DA adj. Dícese del terreno donde existen volcanes.

AVUCASTA f. Uno de los nombres de la *avutarda.*

AVUGO m. Fruto del avuguero, especie de pera.

AVUGUERO m. Variedad de peral, de fruto poco estimado.

AVULSIÓN f. *Cir.* Arrancamiento: *la avulsión de un diente.* (SINÓN. V. *Arrancadura.*)

AVULSIVO, VA adj. Relativo a la avulsión.

AVUTARDA f. Ave zancuda de los países cálidos y templados, y de carne muy sabrosa.

AXIAL o **AXIL** adj. Relativo al eje, o que forma un eje.

AXILA f. *Bot.* Ángulo que forma una parte de la planta con el tronco o la rama: *las yemas nacen en las axilas de las ramas.* ‖ *Anat.* Cavidad que se encuentra debajo del hombro, entre el tórax y el extremo superior del brazo.

AXILAR adj. Relativo a la axila.

AXINA f. *Méx.* Producto graso procedente de ciertas cochinillas.

AXINITA f. Mineral cristalino de color violáceo: *la axinita es un silicato de alúmina.*

AXIOLOGÍA f. Ciencia de los valores, en especial de los valores morales.

AXIOLÓGICO, CA adj. Relativo a los valores.

AXIOMA m. (del gr. *axiôma,* autoridad). Principio o sentencia tan claro que no necesita explicación. (SINÓN. V. *Pensamiento* y *verdad.*)

AXIOMÁTICO, CA adj. Evidente, incontestable.

AXIS m. (del lat. *axis,* eje). Segunda vértebra del cuello, que permite la rotación de la cabeza.

AXOLOTL m. Nombre científico del *ajolote.*

¡AY! interj. Denota admiración, aflicción o dolor: *¡ay qué grande es! ¡ay de mí!* ‖ — M. Suspiro, quejido: *se oían tristes ayes.* ‖ — Ú. a veces repetida: *¡Ayayay!*

AYACAHUITE m. Variedad de pino de México.

AYACO m. *C. Rica.* Cierto guiso de carne de vaca.

AYACUÁ m. *Riopl.* Duendecillo o diablillo maligno en la mitología india.

AYACUCHANO, NA adj. y s. De Ayacucho (Perú).

AYACUCHO, CHA adj. y s. De Puerto Ayacucho (Venezuela).

Fot. Dragesco, Berridge, Giraudon

AYAHUASCA o **AYAHUASA** f. *Ecuad.* Bejuco de muerto, planta narcótica.

AYAPANA f. *Amer.* Planta compuesta, cuyas hojas se usan en infusión como sudoríficas.

AYATE m. *Méx.* Manta rala de maguey.

¡AYAYAY! interj. V. ¡AY!

AYEAYE m. (onomatopeya del grito del animal). Un prosimio de Madagascar.

AYECAHUE adj. y s. *Chil. Fam.* Adefesio.

AYER adv. t. (lat. *heri*). En el día que precedió inmediatamente al de hoy. ‖ *Fig.* Hace algún tiempo: *no nos acordamos de los que éramos ayer.* ‖ En tiempo pasado. ‖ — M. Tiempo pasado. ‖ *De ayer acá, y de ayer a hoy,* locs. advs., de poco tiempo a esta parte. ‖ *Ayer noche,* anoche. ‖ — OBSERV. Dícese usualmente *ayer tarde, ayer de mañana.*

AYERMAR v. t. Convertir en yermo.

AYMARÁ. V. AIMARÁ (*Parte hist.*).

AYO, YA m. y f. Persona encargada de criar o educar a un niño. (SINÓN. V. *Maestro.*)

AYOCOTE m. *Méx.* Frijol bastante grueso.

AYOTE m. *Amér. C.* Fruto de la ayotera. ‖ *Guat. Fig. Dar ayotes,* dar calabazas.

AYOTERA f. *Amér. C.* Planta cucurbitácea de hojas anchas y flores amarillentas, cuyo fruto es la calabaza.

AYRAMPO m. Planta tintórea de Perú.

AYÚA f. Árbol rutáceo de América.

AYUDA f. Acción de ayudar: *lo hizo con ayuda de su hermano.* (SINÓN. V. *Apoyo.*) ‖ Persona o cosa que ayuda. ‖ Jeringa. ‖ Medicamento líquido que se introduce por el ano. (SINÓN. V. *Lavativa.*) ‖ Golpe ligero con que se estimula al caballo. ‖ Emolumento que se puede dar, además del sueldo. ‖ *Mar.* Cabo para reforzar otro. ‖ — M. Criado: *ayuda de cámara.* ‖ *Fig. No necesitar ayuda de vecino,* no querer auxilio ajeno.

AYUDADO, DA adj. Dícese del pase de muleta en el que intervienen las dos manos del matador. ‖ — M. *Col.* Hechicero, endemoniado.

AYUDADOR, RA adj. y s. Que ayuda. ‖ — M. Pastor que ocupa el primer lugar después del mayoral.

AYUDANTE adj. Que ayuda. ‖ — M. En algunos cuerpos u oficinas, oficial de clase inferior. ‖ Maestro o profesor subalterno. ‖ *Mil.* Oficial que está a las órdenes de otro superior: *ayudante general.* ‖ — M. y f. Persona que auxilia oficialmente a los ingenieros de caminos, canales y puertos: *ayudante de obras públicas.*

AYUDANTÍA f. Empleo y oficina del ayudante.

AYUDAR v. t. Prestar cooperación. ‖ Trabajar con otro y a sus órdenes: *ayudar a subir una carga.* ‖ Auxiliar, amparar: *ayudar a los pobres, ayudar a bien morir.* (SINÓN. *Asistir, socorrer, sostener, apoyar, favorecer.*)

AYUGA f. Pinillo mirabel, planta labiada.

AYUINÉ m. *Arg.* Especie de laurel hediondo.

AYUNADOR, RA adj. y s. Que ayuna.

AYUNAR v. i. Abstenerse de comer y beber: *ayunar a pan y agua.* ‖ Guardar el ayuno religioso: *ayunar la cuaresma.* ‖ Privarse de algún gusto o deleite.

AYUNO m. (lat. *jejunium*). Acción de ayunar: *sufrir tres días de ayuno.* ‖ Mortificación religiosa que consiste en no hacer ciertos días sino una comida y abstenerse de algunos manjares. ‖ — SINÓN. *Dieta, inedia, inanición, abstinencia, vigilia, privación.*

AYUNO, NA adj. Que no ha comido: *estar ayuno.* ‖ *Fig.* Que no tiene noticias de lo que se habla: *me tiene usted ayuno de lo que dice.* ‖ *En ayunas,* loc. adv., sin haberse desayunado. ‖ *Fig.* y *fam.* Sin noticias de una cosa, o sin comprenderla: *se quedó en ayunas a pesar de tu demostración.*

AYUNTAMIENTO m. Acción y efecto de ayuntar. ‖ Corporación que administra el municipio. ‖ Casa consistorial. (SINÓN. *Consistorio, alcaldía, municipio.*) ‖ Cópula carnal.

AYUNTAR v. t. Juntar. ‖ — V. r. Tener cópula carnal.

AYUSTAR v. t. *Mar.* Ajustar dos cabos o maderos.

AYUYUYES m. pl. *Chil.* Arrumacos, mimos.

AZABACHADO, DA adj. Como el azabache.

AZABACHE m. Variedad de lignito, duro y compacto, de color negro de ébano y susceptible de pulimento. ‖ Pájaro insectívoro, de cabeza y alas negras. ‖ Color negro: *ojos de azabache.*

AZABACHERO m. Artífice que labra o vende el azabache.

AZABARA f. Zabila.

AZACÁN, ANA adj. y s. Que se ocupa en trabajos humildes y penosos. ‖ — M. Aguador.

AZACANEAR v. i. Afanarse.

AZACUÁN m. *Guat.* y *Salv.* Especie de milano.

AZACHE adj. Dícese de la seda de inferior calidad sacada de las primeras capas del capullo.

AZADA f. Instrumento de agricultura que sirve para remover la tierra. ‖ Azadón.

AZADADA f. y **AZADAZO** m. Golpe de azada.

AZADILLA f. Escardillo, intrumento de labranza.

AZADÓN m. Instrumento de labranza algo mayor que la azada.

AZADONADA f. Golpe dado con azadón.

AZADONAR v. t. Cavar con azadón.

AZADONAZO m. Azadonada.

AZAFATA f. Criada de la reina, a quien viste y adereza. (SINÓN. V. *Criada.*) ‖ Muchacha que en los aviones comerciales atiende a los pasajeros.

AZAFATE m. Especie de canastillo de mimbres con borde de poca altura. ‖ *Col.* Bandeja.

AZAFRÁN m. Planta iridácea de bulbo sólido, cuyos estigmas, de hermoso color rojo, se usan en pintura, para condimentar manjares y en medicina. ‖ *Mar.* Pieza de madera que refuerza la pala del timón. ‖ *Pint.* Color amarillo anaranjado para iluminar. ‖ *Azafrán bastardo* o *romí,* alazor.

AZAFRANADO, DA adj. Del color del azafrán: *pelo azafranado.*

AZAFRANAL m. Plantío de azafrán.

AZAFRANAR v. t. Teñir de azafrán. ‖ Poner o mezclar azafrán: *azafranar los guisados.*

AZAFRANERO, RA m. y f. Persona que cultiva o vende azafrán.

AZAGAYA f. (pal. ár.). Lanza pequeña arrojadiza.

AZAHAR f. Flor del naranjo, del limonero y del cidro, la cual es blanca y olorosa: *el azahar se emplea en medicina y perfumería.* ‖ *Agua de azahar,* líquido que se obtiene destilando las flores del naranjo. ‖ — PARÓN. *Azar, asar.*

AZALÁ m. Entre los mahometanos, oración.

AZALEA f. Arbusto ericáceo, de hermosas flores sin perfume: *las flores de la azalea son venenosas.*

AZAMBOA f. Fruto del azamboero, variedad de cidra.

AZAMBOERO y **AZAMBOO** m. Variedad de cidro que produce la azamboa.

AZANAHORIATE m. Zanahoria confitada. ‖ *Fig.* y *fam.* Cumplimiento o expresión afectada.

AZANCA f. Manantial subterráneo.

AZAR m. Casualidad: *quiso el azar que diera con él.* ‖ Desgracia imprevista: *los azares de la vida.* ‖ Estorbo en el juego de pelota. ‖ — PARÓN. *Azahar, asar.*

AZARAMIENTO m. Azoramiento.

AZARANDAR v. t. Zarandar, pasar por zaranda.

AZARAR v. t. Conturbar, sobresaltar, avergonzar. (SINÓN. V. *Turbar.*) ‖ — V. r. Torcerse un asunto. ‖ Perder la serenidad, sobresaltarse: *se azara por poca cosa.* ‖ — PARÓN. *Azorar.*

AZARBE m. Cauce adonde van a parar los sobrantes de los riegos.

AZARBETA f. Acequia pequeña.

AZARCÓN m. Minio, óxido de plomo. ‖ *Pint.* Color anaranjado muy encendido.

AZAREARSE v. r. *Amer.* Azararse, irritarse.

AZAROSAMENTE adv. m. Con azar o desgracia.

AZAROSO, SA adj. Arriesgado, inseguro: *suceso azaroso.* ‖ Desgraciado: *vida azarosa.*

ÁZIMO adj. Dícese del pan sin levadura.

AZIMUT m. Acimut.

AZIMUTAL adj. Acimutal.

AZNACHO y **AZNALLO** m. Especie de pino.

AZOAR v. t. *Quím.* Impregnar algo en nitrógeno.

AZOATO m. *Quím.* Nitrato.

AZOCALAR v. t. *Chil.* Poner zócalo.

AZOCAR v. t. Apretar: *tabaco azocado.*

ÁZOE m. (del gr. *a* priv., y *zoê,* vida). *Quím.* Nitrógeno, gas que forma parte del aire.

AZOEMIA f. *Med.* Existencia de nitrógeno en la sangre.

AZÓFAR m. (del ár. *assufar,* cobre). Latón.

ayeaye

azada

azafrán

azalea

Fot. Fox-Photos-Rapho, Fuchs-Coll. Truffaut

azucena

AZOGADO, DA adj. Que tiene azogue o amalgama: *espejo azogado.* || — Adj. y s. Que padece temblor mercurial. || *Fig.* Inquieto, bullicioso. || — M. Azogamiento.
AZOGAMIENTO m. Acción y efecto de azogar.
AZOGAR v. t. Cubrir de azogue: *azogar un espejo.* || Apagar la cal con poca agua. || — V. r. Enfermar a consecuencia de haber absorbido vapor de azogue. (El síntoma característico de esta enfermedad es un temblor continuo.) || *Fig.* y *fam.* Turbarse y agitarse mucho, desatentarse.
AZOGUE m. Nombre vulgar del *mercurio.* || Barco destinado antiguamente para llevar el azogue de España a América. || Plaza pública de algunos pueblos. || *Fig. Ser un azogue,* ser muy vivo y bullicioso: *ese niño es un azogue.*
AZOGUEÑO, ÑA adj. y s. De Azogues (Ecuador).
AZOICO adj. *Quím.* Nítrico. || *Geol.* Que es anterior a los organismos vivos.
AZOLAR v. t. Desbastar con la azuela. || — IRREG. Se conjuga como *consolar.*
AZOLVARSE v. r. Cegarse las cañerías de agua.
AZOLVE m. *Méx.* Lodo que obstruye un conducto.
AZOR m. Ave de rapiña usada antiguamente en cetrería: *el azor caza rasando la tierra.*
AZORADA f. y **AZORAMIENTO** m. *Amer.* Sobresalto, turbación.
AZORAR v. t. Conturbar, sobresaltar. || — V. r. Turbarse, sobresaltarse. || — CONTR. *Tranquilizarse.* || — PARÓN. *Azararse.*
AZORENCARSE v. r. *Amér. C.* Atontarse.
AZORO m. *Méx., Per.* y *P. Rico.* Azoramiento. || *Amér. C.* Duende, aparición, fantasma.
AZOROCARSE v. r. *Hond.* Azararse, asustarse.
AZORRADO, DA adj. Parecido a la zorra. || *Fig.* Adormilado, borracho.
AZORRAMIENTO m. Efecto de azorrarse.
AZORRARSE v. r. Quedarse adormecido por tener la cabeza muy cargada, amodorrarse.
AZORRILLAR v. t. *Méx.* Vencer, asaltar.
AZOTABLE adj. Que merece ser azotado.
AZOTACALLES com. *Fig.* y *fam.* Persona callejera.
AZOTADO, DA adj. Abigarrado, disciplinado: *clavel azotado.* || *Chil.* Atigrado, acebrado. || — M. Reo castigado con azotes. || Disciplinante.
AZOTADOR, RA adj. y s. Que azota.
AZOTAINA f. *Fam.* Zurra de azotes. (SINÓN. V. *Paliza.*)
AZOTAMIENTO m. Acción y efecto de azotar.
AZOTAR v. t. Dar azotes: *azotar a un ladrón.* (SINÓN. V. *Pegar.*) || Dar golpes con la cola o con las alas. || *Fig.* Golpear violentamente: *el mar azota las rocas.* || — V. r. *Bol.* Arrojarse con prontitud. || *Riopl.* Tirarse al agua.
AZOTAZO m. Golpe grande dado con el azote. || *Fam.* Manotazo en las nalgas.
AZOTE m. Látigo o instrumento con que se azota. || Golpe dado con el azote. || Golpe dado con la mano en las nalgas. || Embate repetido de agua o aire. || *Fig.* Calamidad: *la peste es uno de los más temibles azotes.* (SINÓN. V. *Catástrofe.*) || *Fig.* Persona que es causa de una calamidad: *Atila se daba el nombre de azote de Dios.* || — Pl. Pena de azotes que se imponía a ciertos reos.

azor

AZOTEA f. Plataforma en el tejado de una casa || *Riopl.* Casa de techo plano.
AZOTEO m. Paliza.
AZOTERA f. *Amer.* Látigo de varios ramales || *Riopl.* Correílla que forma la punta del látigo, y también los dos cabos de la rienda que sirven para azotar el caballo. || *Col.* Azotaina.
AZOTINA f. *Fam.* Azotaina.
AZTECA adj. y s. Dícese de un pueblo y de los individuos que lo componían, que vivían en el territorio conocido después con el nombre de México: *los aztecas erigieron un poderoso imperio.* (V. *Parte hist.*) || — Adj. De los aztecas: *idioma azteca.* || — M. *Méx.* Moneda de oro de veinte pesos.
— El *azteca* o *nahuatl,* idioma de uno de los primeros países americanos descubiertos por los españoles, ha dejado en nuestra lengua gran número de voces, especialmente nombres de animales, plantas y objetos nuevos para los españoles. Entre los nombres de animales hallamos *ajolote, censontle, coyote, chachalaca, chapulín, guajolote, ocelote, quetzal.* Entre los de vegetales, *achiote, aguacate, ahuehuete, ají, cacao, camote, capulín, copal, chayote, chicalote, chicozapote, chile, ejote, izote, mezquite, nopal, ocote, papaya, peyote, pinole, zapote, tomate, cacahuete, mechoacán, pazote.* Entre los nombres de objetos, manjares, operaciones diversas: *ahuizote, atole, azteca, cacle, cajete, claco, comal, copinar, cuate, cuico, chancaca, chapopote, chicle, chicote, chichigua, chinampa, gachupín, mezcal, hule, jacal, jícara, mecate, metate, guaje, huacal, malacate, milpa, mole, pepenar, petaca, petate, pulque, tamal, tecali, tianguis, tlaco, galpón.* Muchas de estas voces han entrado en el castellano, como *censontle* (esp. sinsonte), *camote, hule, jícara, petaca, petate, malacate.* Algunas, como *cacao, copal, nopal, tomate, ocelote, cacahuete, jalapa,* han entrado en casi todas las lenguas de Europa.
AZUA f. *Amer.* Uno de los nombres de la *chicha.*
AZUAYO, YA adj. y s. De Azuay (Ecuador)
AZUCAPÉ f. *Arg.* y *Parag.* Rapadura.
AZÚCAR amb. y mejor f. Cuerpo sólido cristalizable, de color blanco en estado puro, soluble en el agua y en el alcohol y de sabor dulce y agradable extraído de varios vegetales, especialmente de la caña de azúcar y de la remolacha. || *Quím.* Nombre genérico de un grupo de hidratos de carbono. || *Azúcar cande* o *candi,* la que por medio de una evaporación lenta queda reducida a cristales transparentes. || *Azúcar mascabada, morena, negra, terciada,* la menos pura y refinada. || *Azúcar de cortadillo,* la refinada que se expende en terrones.
— El *azúcar* se obtenía antes exclusivamente a partir de la caña de azúcar, pero actualmente se extrae también de la remolacha. El zumo o jarabe obtenido por trituración de la materia prima es sucesivamente sometido a procesos de purificación (mediante lechada de cal), concentración, filtrado y cristalización. Antes de salir al mercado se procede aún a un refinado del azúcar para hacerla más pura. Los residuos de fabricación, en especial las melazas, tienen numerosas aplicaciones, como la elaboración del ron, alimento para los animales, etc. Los principales productores de azúcar de caña son Cuba, Brasil y México, mientras que la Unión Soviética, Estados Unidos y Francia ocupan los primeros puestos en la producción de azúcar de remolacha.
AZUCARADO, DA adj. Dulce: *sabor azucarado.* (SINÓN. V. *Dulce.*) || *Fig.* y *fam.* Blando y afable: *palabras azucaradas.*
AZUCARAR v. t. Bañar con azúcar o endulzar con ella. (SINÓN. V. *Endulzar.*) || *Fig.* y *fam.* Suavizar: *azucarar su carácter.* || — V. r. Almibarar. || *Amer.* Cristalizarse el azúcar de las conservas.
AZUCARERÍA f. Fábrica o tienda de azúcar.
AZUCARERO, RA adj. Relativo al azúcar *industria azucarera.* || — M. Persona técnica en la fabricación del azúcar. || Labores en un ingenio de azúcar. || Ave trepadora de los países tropicales: *el azucarero se alimenta de insectos y miel.* || Vaso para poner el azúcar: *un azucarero de plata.* (Tb. *azucarera.*)
AZUCARILLO m. Masa esponjosa de almíbar,

Fot. doc. Vilmorin-Andrieux, U. S. I. S.

clara de huevo y zumo de limón: *los azucarillos sirven para hacer refrescos.*

AZUCENA f. Planta liliácea de flores grandes, blancas y muy olorosas. ‖ Nombre de varias plantas, como la *azucena anteada,* planta liliácea de flores anteadas, la *de Buenos Aires,* hermosa planta amarilidácea de flores abigarradas, y la *de Guernesey* o *del Japón,* planta amarilidácea de flores rojas. ‖ *Cub.* Nardo. ‖ *Fig.* Dícese de la persona pura.

AZUCHE m. Punta de hierro que se pone a los pilotes.

AZUD m. y **AZUDA** f. Máquina con que se saca agua de los ríos para el riego. ‖ Presa en los ríos.

AZUELA f. Herramienta de carpintero que sirve para desbastar y labrar la madera.

AZUFAIFA f. Fruto del azufaifo: *la azufaifa es un medicamento pectoral.*

AZUFAIFO m. Árbol ramnáceo del mediodía de Europa, cuyo fruto es la azufaifa.

AZUFRADO, DA adj. Sulfuroso. ‖ Parecido en el color al azufre. ‖ — M. Acción de azufrar las vides: *el azufrado se emplea contra la filoxera y el oídium.*

AZUFRADOR m. Enjugador para sahumar la ropa con azufre. ‖ Aparato para azufrar las vides.

AZUFRAMIENTO m. Azufrado.

AZUFRAR v. t. Echar azufre en alguna cosa: *azufrar la vid.* ‖ Dar o impregnar de azufre. ‖ Sahumar con azufre: *azufrar la ropa.*

AZUFRE m. Metaloide sólido (S), de número atómico 16, de color amarillo, insípido e inodoro. — La densidad del *azufre* es 1,96; el punto de fusión, 119° C; el punto de ebullición, 444,6° C. Es insoluble en el agua y se disuelve en la bencina y en el sulfuro de carbono. Mal conductor del calor y la electricidad, arde en el aire y produce gases sulfurosos. El azufre abunda en forma de sulfuros o de sulfatos, o bien en estado nativo en las proximidades de las antiguas zonas volcánicas. Los principales yacimientos están en Sicilia y Luisiana. Se emplea para la fabricación del ácido sulfúrico, sulfuro de carbono, vulcanización del caucho, en productos farmacéuticos, en tintorería y para combatir las enfermedades de la vid.

AZUFRERA f. Mina o yacimiento de azufre.

AZUFROSO, SA adj. Que contiene azufre.

AZUL adj. y s. De color de cielo sin nubes: *el azul es el quinto color del espectro solar.* ‖ *Amer.* Añil. ‖ Azulete para la ropa. ‖ *Azul celeste,* el más claro. ‖ *Azul de cobalto,* materia colorante usada en pintura. ‖ *Azul de Prusia,* de color azul subido. ‖ *Azul marino,* el oscuro. *Azul turquí,* el más oscuro. ‖ *Fig. Sangre azul,* sangre noble. ‖ *Med. Enfermedad azul,* malformación del corazón y de los vasos que produce en la piel una coloración azul por insuficiencia de oxigenación de la sangre.

AZULADO, DA adj. De color azul: *cielo azulado.*

AZULAR v. t. Dar o teñir de azul.

AZULEAR v. i. Mostrar alguna cosa el color azul que en sí tiene. ‖ Tirar a azul: *tela que azulea.*

AZULEJO m. Ladrillo pequeño vidriado, de varios colores: *friso de azulejos.* ‖ Abejaruco, ave. ‖ *Salv.* Especie de tordo. ‖ Aciano menor, planta.

AZULEJO, JA adj. *Amer.* Azulado. ‖ Dícese del caballo de color blanco azulado.

AZULENCO, CA adj. Azulado: *trigo azulenco.*

AZULETE m. Viso de color azul en las ropas: *dar azulete a unas medias.*

AZULILLO m. *Venez.* Tintura de añil.

AZULINO, NA adj. Que tira a azul.

AZULONA f. Especie de paloma de las Antillas.

AZUMAGARSE v. r. *Chil.* Oxidarse los metales.

AZÚMBAR m. Planta alismatácea bastante común en España. ‖ Nombre del espicanardo y el estoraque.

AZUMBRADO, DA adj. Medido por azumbres. ‖ *Fam.* Ebrio, borracho.

AZUMBRE f. Medida de capacidad (2,016 l).

AZUQUERO m. Azucarero.

AZUR adj. y s. *Blas.* Azul: *una mano armada de oro en campo de azur.*

AZURITA f. *Miner.* Malaquita azul.

AZURUMBARSE v. r. *Amér. C.* Aturdirse.

AZUZAR v. t. Incitar a los perros a que embistan. ‖ *Fig.* Irritar, excitar: *no hace más que azuzarme.*

AZUZÓN, ONA adj. y s. Que azuza o incita.

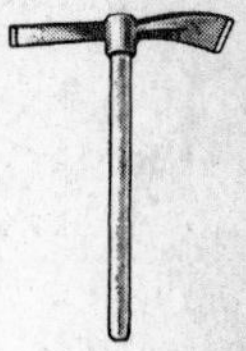

azuela

Caña de azúcar

Fot. Jean-Manzon—París-Match

B

Balandros

B f. Segunda letra del abecedario castellano y primera de sus consonantes: *una* B *mayúscula; trazar dos bes mayúsculas.*
— En la pronunciación del español actual no existe diferencia entre la *b* y la *v*, que se confunden en un sonido bilabial. Su nombre es *be.*
B, símbolo químico del *boro.*
Ba, símbolo químico del *bario.*
BAAL m. Divinidad semita. Pl. *baalim.*
BAALITA adj. y s. Adorador de Baal.
BABA f. Saliva espesa y viscosa. || Saliva espumosa de ciertos animales: *la baba del caracol.* || Jugo viscoso de algunas plantas. || *Col.* y *Venez.* Especie de caimán. || *Fig.* y *fam. Caérsele a uno la baba,* ser bobo o sentir gran agrado con una cosa.

babera

BABADA f. Babilla de los animales.
BABADERO y **BABADOR** m. Babero.
BABAHOYENSE adj. y s. De Babahoyo (Ecuador).
BABARSE v. t. Babear.
BABAZA f. Baba que arrojan los animales. || Babosa, molusco.
BABEAR v. i. Echar la baba. || Babosear.
BABEL amb. *Fig.* y *fam.* Lugar en que reina el desorden: *esta casa es una Babel.* || *Fig.* y *fam.* Confusión. (SINÓN. V. *Desorden.*)
BABÉLICO, CA adj. Gigantesco como la torre de Babel. || Confuso, ininteligible.
BABEO m. Acción de babear.
BABERA f. Pieza de la armadura que cubría la barba. || Babero de los niños.

babirusa

BABERO m. Lienzo que se pone a los niños en el pecho. || Guardapolvos.
BABIA (Estar en) loc. *Fig.* y *fam.* Estar distraído y ajeno a lo que se trata.
BABIECA adj. y s. *Fam.* Persona boba.
BABILÓNICO, CA adj. de Babilonia. || *Fig.* Fastuoso, ostentoso. (SINÓN. V. *Colosal.*)
BABILONIO, NIA adj. y s. De Babilonia. || — F. *Fig.* y *fam.* Babel: *esta casa es una verdadera Babilonia.*
BABILLA f. Músculos y tendones que unen, en los animales, la tibia con el fémur. || Rótula de los cuadrúpedos. || *Méx.* Callo en las fracturas óseas.

babosa

BABINEY m. *Cub.* Lodazal.
BABIRUSA m. Especie de cerdo salvaje originario de Asia.
BABISMO m. Doctrina del reformador persa Mirza Alí Mohamed.
BABLE m. Dialecto hablado por los asturianos.
BABOR m. Lado izquierdo de la embarcación, mirando a proa. || — CONTR. *Estribor.*
BABOSA f. Molusco gasterópodo de concha plana oculta bajo la piel, que segrega una baba pegajosa: *la babosa es perjudicial en las huertas.* || *Cub.* Parásito del hígado de las reses vacunas. || *Venez.* Especie de culebra.
BABOSADA f. *Amér.* Cosa despreciable.
BABOSEAR v. t. Llenar de baba. || *Méx.* Manosear. || V. i. Enamorarse perdidamente.
BABOSEO m. Acción de babosear. *Fig.* y *fam.* Enamoramiento tonto, amelonamiento.
BABOSILLA f. Especie de babosa pequeña.
BABOSO, SA adj. y s. Que babea mucho. || *Fig.* y *fam.* Demasiado obsequioso con las damas. || *Fig.* y *fam.* Que no tiene edad ni condiciones para lo que intenta. || *Per.* Persona sin energía ni valor. || Bobo, tonto, chocho.
BABUCHA f. Chinela sin talón. (SINÓN. V. *Zapatilla.*) || *Arg. A babucha,* a hombros.
BABUINO m. Galicismo por *zambo,* mono.
BABUJAL m. *Cub.* Espíritu maligno que creen algunos que se mete en el cuerpo de los hombres.
BABY m. (pal. ingl., pr. *beibi*). Sinónimo de *nene* y de *babero.* Pl. *babies.*
BABUNUCO m. *Cub.* Rodete de cargadores.
BACA f. Parte superior de las diligencias y de los automóviles donde se colocan los equipajes cubriéndolos con un cuero o una lona. || Esta misma cubierta. || — PARÓN. *Vaca.*
BACALADERO, RA adj. Relativo a la pesca y comercio del bacalao. || — M. Barco que sirve para pescar bacalao.
BACALAO m. Pez teleósteo que llega a tener más de un metro de largo: *el bacalao es muy voraz.* || *Fig.* y *fam. Cortar el bacalao,* disponer en un asunto.
— El *bacalao* vive en los mares árticos, sobre

todo, entre Terranova e Islandia, donde lo pescan en verano a partir del mes de mayo. Se come su carne fresca o salada, y de su hígado se extrae un aceite empleado como reconstituyente.

BACÁN m. *Cub.* Tamal. *Arg. Pop.* Galanteador. || *Arg.* Hombre de aspecto rico. || *Riopl.* y *Bol.* Amante.

BACANAL f. Orgía tumultuosa. (SINÓN. V. *Orgía.*) || — Pl. Fiestas paganas muy licenciosas celebradas en honor de Baco.

BACANTE f. Sacerdotisa de Baco. || *Fig.* Mujer ebria y desvergonzada. || — SINÓN. V. *Furia.* || — PARÓN. *Vacante.*

BACAO m. Árbol rizoforáceo de Filipinas.

BÁCARA y **BÁCARIS** f. Amaro, planta.

BACARÁ y **BACARRÁ** m. Juego de naipes en que juega el banquero contra los puntos.

BACARAY m. *Riopl.* y *Bol.* Ternero nonato.

BACERA f. Opilación del bazo en el ganado.

BACETA f. Naipes que quedan en la mesa después de repartir a cada jugador los que le corresponden. || Juego de naipes, especie de banca.

BACÍA f. Vasija baja y de borde ancho. || La que usan los barberos con una escotadura semicircular en el borde. || — PARÓN. *Vacía.*

BÁCIGA f. Juego de naipes.

BACILAR adj. *Miner.* Dícese del mineral que forma fibras gruesas. || *Med.* Dícese de las enfermedades producidas por los bacilos. || Relativo a los bacilos.

BACILIFORME adj. En forma de bastoncillo.

BACILO m. (del lat. *bacillus,* varilla). Microbio del grupo de las bacterias, en forma de bastoncillo, que mide no más de 10 micrones. (Numerosos *bacilos* son patógenos: *bacilo tifoideo, bacilo del tétanos, bacilo del carbunco, bacilo tuberculoso* o *bacilo de Koch.*) [SINÓN. V. *Microbio.*]

BACILOSIS f. Sinónimo impropio de *tuberculosis.*

BACÍN m. Orinal grande y alto. || Bacineta para pedir limosna. || *Fig.* y *fam.* Hombre despreciable.

BACINADA f. *Fig.* Acción despreciable.

BACINETE m. Pieza de la armadura antigua, que cubría la cabeza. || Soldado que llevaba bacinete.

BACINICA o **BACINILLA** f. Bacía para pedir limosna. || Orinal.

BACONIANO, NA adj. Relativo a las teorías filosóficas de Francis Bacon.

BACTERIA f. (del gr. *baktêria,* bastón). Nombre general dado a los microbios unicelulares, de forma alargada (*bacilos*) o esférica (*cocos*). (SINÓN. V. *Microbio.*]

BACTERIÁCEAS f. pl. Familia de algas microscópicas, que comprende seres unicelulares, de cuerpo prolongado, y con frecuencia patógenos.

BACTERIANO, NA adj. Relativo a las bacterias: *las toxinas bacterianas.*

BACTERICIDA adj. Que mata las bacterias o impide su desarrollo: *suero bactericida.* Ú. t. c. m.

BACTERIDIA f. Nombre que se da a las bacterias gruesas, especialmente a la del carbunco.

BACTERIÓFAGO m. Virus que destruye ciertas bacterias.

BACTERIOLOGÍA f. Parte de la microbiología que estudia especialmente las bacterias.

BACTERIOLÓGICO, CA adj. Relativo a la bacteriología.

BACTERIÓLOGO m. El que se dedica al estudio de la bacteriología.

BACTERIOSTÁTICO, CA adj. y s. m. Dícese de una sustancia que impide el desarrollo de las bacterias.

BACUACHÍ adj. y s. *Méx.* Macuachi.

BÁCULO m. Cayado: *báculo pastoral.* (SINÓN. V. *Palo.*) || *Fig.* Alivio, consuelo, apoyo.

BACHACO m. *Venez.* y *Col.* Insecto parecido a la hormiga.

BÁCHARO, RA adj. *Col.* Mellizo (frutos).

BACHATERO, RA adj. *Cub.* Jaranero.

BACHE m. Hoyo que se hace en el camino: *carretera llena de baches.* || Corriente atmosférica que provoca un momentáneo descenso del avión. || Sitio donde se encierra el ganado lanar para que sude, antes de esquilarlo. || *Fig.* y *fam.* Desigualdad, momento difícil: *los baches de la vida.*

BACHEAR v. t. Rellenar los baches.

BACHICHA y **BACHICHE** m. *Amer.* Italiano. || — F. pl. *Méx.* Restos, sobras.

BACHILLER, RA m. y f. Persona que ha conseguido el primer grado en una facultad: *bachiller en letras.* || Persona que ha obtenido el grado que se concede al acabar la segunda enseñanza. || *Fig.* y *fam.* Persona habladora. (SINÓN. V. *Charlatán.*)

BACHILLERAR v. t. Dar el grado de bachiller. || — V. r. Recibir el grado de bachiller.

BACHILLERATO m. Grado de bachiller. || Estudios necesarios para conseguirlo.

BACHILLEREAR v. i. *Fig.* y *fam.* Hablar mucho e impertinentemente. (SINÓN. V. *Discursear.*)

BACHILLERÍA f. *Fam.* Locuacidad impertinente. || *Fam.* Tontería, simpleza: *déjeme de bachillerías.*

BADA f. Uno de los nombres del *rinoceronte.*

BADAJADA f. y **BADAJAZO** m. Golpe que da el badajo en la campana. || *Fig.* y *fam.* Despropósito: *soltar una badajada.*

BADAJEAR v. i. *Fig.* y *fam.* Hablar mucho y neciamente.

BADAJO m. Pieza pendiente en el centro de las campanas y que las hace sonar al tocarlas. || *Fig.* y *fam.* Persona habladora, tonta y necia.

BADAJOCENSE y **BADAJOCEÑO, ÑA** adj. y s. De Badajoz.

BADAL m. Acial.

BADALONÉS, ESA adj. y s. De Badalona.

BADÁN m. Tronco del cuerpo en el animal.

BADANA f. Piel curtida de carnero u oveja. || *Fam.* Persona perezosa. || *Media badana,* encuadernación con lomo de badana y planos de tela o papel. || *Fig.* y *fam. Zurrar la badana,* golpear.

BADEA f. Sandía, melón, pepino o cohombro soso y amarillento. || *Fig.* y *fam.* Persona floja. || Cosa insustancial.

BADÉN m. Zanja que forman en el terreno las aguas llovedizas. || Cauce empedrado que se deja en una carretera para el paso de un arroyuelo. || Bache. (SINÓN. V. *Reguera.*)

BADERNA f. *Mar.* Cabo trenzado.

BADIÁN m. y **BADIANA** f. Árbol magnoliáceo de Oriente, de flores blancas y fruto capsular.

BADIL m. y **BADILA** f. Paleta de hierro para mover la lumbre en las chimeneas y braseros.

BADILAZO m. Golpe de badil o badila.

BADILEJO m. Llana del albañil.

BADOMÍA f. Despropósito, disparate.

BADULACADA f. Acción propia de badulaque.

BADULAQUE m. Afeite antiguo. || *Fam.* Mamarracho, tonto. (SINÓN. V. *Estúpido.*) || *Amer.* Bellaco.

BADULAQUEAR v. i. *Arg., Col.* y *Chil.* Bellaquear.

BAENERO, RA adj. y s. De Baena.

BAEZANO, NA adj. De Baeza.

BAGA f. Cabecita del lino. (SINÓN. *Gárgola.*)

BAGÁ m. Árbol anonáceo de Cuba, de raíz porosa.

BAGACERA f. Lugar de los ingenios de azúcar, en que se pone a secar el bagazo.

BAGAJE m. Equipaje militar de un ejército. || Acémila: *llámase bagaje mayor al caballo y al mulo o mula, y menor, al asno.* || Galicismo por *equipaje.* || *Fig.* Caudal, riqueza intelectual.

BAGAR v. i. Echar la baga el lino: *el lino ha bagado bien.* || — PARÓN. *Vagar.*

BAGATELA f. Cosa de poca sustancia y valor. (SINÓN. *Menudencia, juguete.* V. tb. *nadería.*) || Cosa frívola: *entretenerse con bagatelas.* (SINÓN. *Entretenimiento, fruslería, puerilidad.*)

BAGAZO m. Paja o cáscara de la baga del lino. || Residuos de la caña de azúcar aplastada. || *Amér. C.* y *Antill.* Persona despreciable.

BAGRE m. Género de peces teleósteos de los países cálidos. || *Bol.* y *Col.* Desairado, charro. || *Amer.* Persona antipática, mujer fea. || *Amér. C.* Persona muy lista.

BAGUAL adj. *Amer.* Bravo, feroz. || *Amer.* Incivil. || — M. Hombre corpulento y bruto. || Caballo salvaje o mañero.

BAGUALADA f. *Riopl.* Conjunto de caballos baguales, caballada. || *Riopl. Fam.* Barbaridad.

bacalao

bacilo

badián

báculo pastoral

Fot. Leroy

bajorrelieve

bailarina

balanza

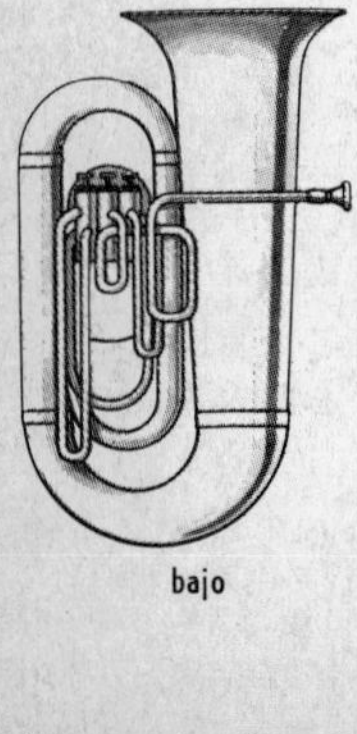
bajo

BAGUALÓN, ONA adj. Medio bagual.
BAGUARÍ m. *Riopl.* Especie de cigüeña.
BAGUÍO m. *Filip.* Huracán.
¡BAH! interj. Denota duda, incredulidad o desprecio.
BAHAREQUE m. *Amer.* Bajareque.
BAHARÍ m. Especie de halcón de Asia y África.
BAHÍA f. (b. lat. *baia*). Entrada del mar en la costa, algo menor que el golfo. (SINÓN. V. *Golfo.*)
BAHORRINA f. *Fam.* Conjunto de cosas repugnantes. || *Fig.* y *fam.* Conjunto de gente soez.
BAILABLE adj. Dícese de la música compuesta para bailar. || — M. Ballet. (SINÓN. V. *Baile.*)
BAILADERO m. El sitio destinado para bailar.
BAILADOR, RA adj. y s. Que baila, bailarín.
BAILAR v. i. (del lat. *ballare,* bailar). Mover el cuerpo en cadencia: *David bailó delante del arca.* || Girar rápidamente: *hacer bailar un trompo.* || — V. t. Hacer bailar. || Ejecutar un baile: *bailar un bolero.* || *Fig. Otro que bien baila,* uno igual. || *Fig.* y *fam. Bailar el agua,* adular. || *Bailar al son que tocan,* acomodarse a las circunstancias. || *Bailar en la cuerda floja,* hacer una cosa dificultosa. || *Fam. ¡Que me quiten lo bailado!,* expr. que se emplea para indicar que lo que se ha aprovechado o gozado antes no puede olvidarse posteriormente por muchas contrariedades que sucedan.
BAILARÍN, INA adj. Que baila: *niña muy bailarina.* || — M. y f. Persona que profesa el arte de bailar. || — M. *Zool.* Pequeño coleóptero acuático.
BAILE m. Acción de bailar. || Serie de mudanzas que hacen los que bailan: *baile de figuras.* (SINÓN. *Coreografía, danza.*) || Reunión en que se baila: *dar un baile de máscaras.* || Espectáculo teatral que consiste únicamente en la mímica y la danza: *cuerpo de baile.* (SINÓN. *Bailete, bailable.*) || *Baile de candil,* o *de cascabel gordo,* el de la gente vulgar. || *Baile de San Vito,* afección convulsiva, generalmente infantil.
BAILE m. (del lat. *baiulus,* teniente). Nombre de algunos magistrados antiguos.
BAILESA f. Mujer del baile.
BAILETE m. Ballet. (SINÓN. V. *Baile.*)
BAILÍA f. Territorio sometido a la jurisdicción del baile. || Bailiaje en las órdenes militares.
BAILIAJE m. Especie de encomienda o dignidad en la orden de San Juan. || Bailía.
BAILIAZGO m. Bailía, jurisdicción del baile.
BAILÍO m. El que tenía un bailiaje.
BAILÓN, ONA adj. *Fam.* Bailador.
BAILONGO m. *Amer.* Baile pobre pero divertido.
BAILOTEAR v. i. Bailar mucho y sin esmero.
BAILOTEO m. Acción de bailotear.
BAIRAM m. (pal. turca). Nombre de dos fiestas de los musulmanes que se celebran una después del Ramadán y otra setenta días después.
BAIVEL m. Especie de escuadra falsa.
BAJA f. Disminución del precio: *hay baja en las carnes.* (SINÓN. V. *Abaratamiento.*). || *Mil.* Pérdida de un individuo: *el enemigo tuvo mil bajas en el combate.* || *Mil.* Documento que acredita la falta de un militar: *dar de baja a un soldado.* || Cese en una corporación, profesión, etc. || *Cub.* Intención.
BAJÁ m. Título de honor en Turquía.
BAJACA f. *Ecuad.* Cinta que suelen llevar las mujeres en el peinado.
BAJADA f. Acción de bajar: *a gran subida gran bajada.* || Camino por donde se baja. || — CONTR. *Subida.*
BAJADOR m. *Arg.* y *Chil.* Gamarra, arreo.
BAJALATO m. La dignidad o cargo de bajá.
BAJAMAR f. Fin del reflujo del mar.
BAJAMENTE adv. m. Con bajeza.
BAJANTE f. *Amer.* Marea baja.
BAJAR v. i. Ir de un lugar a otro que está más bajo: *bajar a una bodega.* || Disminuir alguna cosa: *baja la calentura.* || — V. t. Poner una cosa en lugar inferior al que ocupaba. || Rebajar: *bajar el piso.* || Disminuir el precio o valor de una cosa. (SINÓN. *Rebajar, abaratar, depreciar, desvalorizar.* V. tb. *disminuir.*) || Inclinar hacia abajo: *bajar la cabeza.* (SINÓN. *Agachar.* V. tb. *descender.*) || *Fig.* Humillar, abatir: *bajar los humos a uno.* || — V. r. Apearse. || — CONTR. *Subir, levantar.*
BAJAREQUE m. *Amer.* Pared de cañas y tierra. || *Cub.* Bohío tosco (SINÓN. *Quincha.*)
BAJAVERAPACENSE adj. y s. De Baja Verapaz (Guatemala).
BAJEL m. Buque, barco.
BAJERO, RA adj. Que está debajo de otra cosa: *sábana bajera* || — F. *Riopl.* Manta que sirve de sudadero al caballo. || *Amér. C.* Tabaco malo.
BAJETE m. *Mús.* Tema en clave de fa que sirve en las prácticas de armonía.
BAJEZA f. Hecho vil, indigno: *cometer una bajeza.* || *Fig.* Pequeñez, miseria: *la bajeza de la criatura con respecto a su Creador.* || — SINÓN. *Servilismo, abyección, villanía, envilecimiento.*
BAJIAL m. *Per.* Lugar bajo que se inunda frecuentemente en invierno.
BAJÍO m. Bajo, banco de arena. || *Amer.* Terreno bajo.
BAJISTA com. El que en la Bolsa especula sobre la baja de los fondos públicos.
BAJO, JA adj. Poco elevado. (SINÓN. V. *Corto.*) || Que está en lugar inferior: *piso, cuarto bajo.* (SINÓN. V. *Abajo.*) || Inclinado hacia abajo: *con los ojos bajos.* || Dicho de colores, poco vivos: *azul bajo.* || *Fig.* Vulgar, común, indecente: *sentimientos bajos.* (SINÓN. V. *Abyecto y vulgar.*) || *Fig.* Humilde. || *Fig.* Corto, poco considerable: *precio bajo.* || *Mús.* Grave: *sonido bajo.* || *Fig.* Que no se oye de lejos. || Que cae antes que otros años. || — M. Parte baja, hondonada. || En los mares y ríos, elevación del fondo: *bajo de arena.* || *Mús.* Voz o instrumento que produce los sonidos más graves de la escala. || *Mús.* Persona que canta o toca la parte de bajo. || — Pl. El piso bajo de una casa (tb. sing.). || Enaguas de color. || — Adv. l. Abajo, en lugar inferior. || — Adv. m. En voz baja: *hablar bajo.* || — Prep. Debajo de: *bajo techado, bajo palabra.* || *Mús. Bajo cantante,* barítono de voz tan robusta como la de bajo. || *Bajo profundo,* cantor de voz más grave que la ordinaria. || *Bajos fondos,* zona social en la que predomina la mala vida. || — Loc. adv. *Por lo bajo,* oculta, secretamente. || — CONTR. *Elevado, alto.* || — OBSERV. Es preferible decir *desde,* que *bajo el punto de vista, con el título,* que *bajo el título,* y es mejor *durante el reinado de Nerón,* que *bajo Nerón.* No se diga *bajo la base,* sino *sobre la base, ni bajo este concepto* por *en este concepto.*
BAJÓN m. Instrumento músico de viento de madera, que forma el bajo de un cuarteto.
BAJÓN m. Baja grande. || *Fig.* y *fam.* Notable disminución en el caudal, la salud, la inteligencia, etc.: *Francisco ha dado un gran bajón.*
BAJONADO m. Pez de Cuba parecido a la dorada.
BAJONAZO m. *Taurom.* Golletazo.
BAJONCILLO m. Instrumento músico parecido al bajón, pero menor y de tono de tiple a tenor.
BAJONISTA m. Músico que toca el bajón.
BAJORRELIEVE o **BAJO RELIEVE** m. Trabajo escultórico cuyas figuras sobresalen un poco del material que le sirve de fondo: *los bajorrelieves del Partenón.*
BAJUNO, NA adj. Bajo, poco distinguido.
BAJURA f. Falta de elevación.
BAKELITA f. Baquelita.
BALA f. Proyectil de las armas de fuego: *bala de cañón, de carabina, bala explosiva, bala dum dum.* || Fardo de mercaderías: *bala de algodón.* (SINÓN. V. *Paquete.*) || *Impr.* Atado de diez resmas de papel. || Almohadilla para tomar tinta. || *Bala de cadena* o *enramada,* la de hierro, partida en dos mitades encadenadas que servía para desarbolar los buques. || *Fig. Bala rasa,* persona alegre y poco seria. || *Bala fría, muerta,* la que por venir de lejos no tiene ya fuerza. || *Bala perdida,* la que cae en punto muy distante de aquel a que apuntó el tirador. *Fig.* Tarambana. || *Col. A bala,* a tiros. || *Amer. Ni a bala,* de ningún modo.
BALACA *Amer.* y **BALACADA** f. *Arg.* y *Ecuad.* Baladronada, bravata: *echar balacas.*
BALADA f. (fr. *ballade*). Composición poética de género sentimental, dividida en estrofas iguales. || *Mús.* Composición íntima y expresiva de forma libre.

BALADÍ adj. De poca importancia: *asunto baladí.* Pl. *baladíes.* (SINÓN. V. *Insignificante.* CONTR. *Importante.*)
BALADOR, RA adj. Que bala: *cordero balador.*
BALADRAR v. i. Dar baladros, chillar, gritar.
BALADRO m. Grito, chillido, alarido.
BALADRÓN, ONA adj. y s. Fanfarrón, valentón. (SINÓN. V. *Bravucón.*)
BALADRONADA f. Hecho o dicho propio de baladrón: *decir baladronadas.* (SINÓN. V. *Fanfarronada.*)
BALADRONEAR v. i. Hacer o decir baladronadas.
BÁLAGO m. Paja de los cereales trillados.
BALAGRE m. *Hond.* Bejuco para hacer redes.
BALAGUERO m. Montón grande de bálago.
BALAJ y **BALAJE** m. Rubí de color morado.
BALALAICA f. Especie de laúd triangular y de tres cuerdas, empleado en Rusia para ejecutar música popular.
BALANCE m. Movimiento que hace un cuerpo, inclinándose a un lado y a otro. ‖ *Com.* Libro en que los comerciantes escriben sus créditos y deudas. ‖ *Com.* Cuenta general que demuestra el estado del caudal de un comerciante. (SINÓN. V. *Cuenta.*) ‖ *Mar.* Movimiento que hace el barco de babor a estribor. ‖ *Col.* Negocio: *estoy buscando algún balance que hacer.* ‖ *Fig.* Vacilación, inseguridad. ‖ *Fig.* Resultado de un asunto.
BALANCEAR v. i. Dar balances las naves. ‖ Columpiar. (SINÓN. V. *Oscilación.*) ‖ *Fig.* Dudar, estar indeciso. (SINÓN. V. *Fluctuar.*) ‖ — V. t. Equilibrar una cosa con otra en la balanza.
BALANCEO m. Movimiento oscilatorio. (SINÓN. *Mecer, cunear, cabecear, contonearse.*)
BALANCÍN m. Madero paralelo al eje de las ruedas delanteras de un coche, fijo a la tijera. ‖ Madero colgado de la vara de guardia, y al que se enganchan los tirantes de las caballerías. ‖ Palo largo de volatinero, que se llama igualmente *chorizo* y *contrapeso.* ‖ Volante para sellar moneda. ‖Barra que se emplea en diversas máquinas para transformar un movimiento alternativo rectilíneo en otro circular continuo. ‖ Mecedora. ‖ *Per.* Coche viejo. ‖ — Pl. *Mar.* Cuerdas pendientes de la entena, que sirven para moverla.
BALANDRA f. Embarcación pequeña con cubierta y un solo palo.
BALANDRÁN m. Vestidura talar con esclavina que usan los eclesiásticos.
BALANDRISTA com. El que gobierna un balandro.
BALANDRO m. Balandra pequeña que se emplea en competiciones deportivas.
BÁLANO o **BALANO** m. (del lat *balanus,* bellota). Crustáceo cirrípedo, vulgarmente *percebe.* ‖ Cabeza del miembro viril.
BALANZA f. (del lat. *bis,* dos, y *lanx,* plato). Instrumento usado para pesar: *las principales balanzas son la de cruz y la de Roberval.* ‖ *Fig.* Comparación que se hace de las cosas. ‖ Constelación del Zodíaco. ‖ *Amer.* Balancín de volatinero. ‖ *Balanza de comercio,* estado comparativo de la importación y exportación en un país. ‖ *Balanza de pagos,* relación de las transacciones entre las personas residentes en un país y las que residen en el extranjero.
BALANZÓN m. Vasija de cobre con mango, que usan los plateros para blanquecer la plata o el oro. ‖ *Méx.* Recogedor para granos. ‖ Platillo de balanza.
BALAQUEAR v. i. *Riopl.* y *Bol.* Baladronear.
BALAR v. i. Dar balidos. ‖ *Fig.* Ansiar algo.
BALARRASA f. Aguardiente fuerte. ‖ *Fig.* Bala rasa.
BALASTAR v. t. Tender el balasto.
BALASTERA f. Cantera de donde se extrae el balasto para el ferrocarril.
BALASTO m. (del ingl. *ballast,* lastre). Capa de grava para asentar y sujetar la vía del ferrocarril.
BALATA f. Cierta composición poética antigua. ‖ *Amer.* Árbol que segrega una especie de gutapercha.
BALATE m. Parata cuyo corte exterior es de tierra. ‖ Terreno colgado de poca anchura. ‖ Borde exterior de la acequia. ‖ *Zool.* Especie de equinodermo: *el balate se recoge en los mares de Asia y Australia.*

BALAUSTA f. *Bot.* Fruto carnoso dividido en celdillas irregulares, como la granada.
BALAUSTRA f. Especie de granado de flores grandes y de color vivo.
BALAUSTRADA f. Serie de balaustres. ‖ — SINÓN. *Pretil, balcón, antepecho, barandilla.*
BALAUSTRADO, DA adj. Provisto de balaustres. ‖ De figura de balaustre.
BALAUSTRAR v. t. Adornar con balaustres.
BALAUSTRE o **BALAÚSTRE** m. Columnita de las barandillas: *balaustre de madera.* ‖ *Amer.* Palustre, llana de albañil.
BALAY m. *Amer.* Cesta de mimbre. ‖ *Cub.* Batea de palma, carrizo, etc. ‖ *Col.* Cedazo de bejuco.
BALAZO m. Golpe de bala disparada con arma de fuego: *pegarle a uno un balazo seco.* ‖ Herida causada por la bala. ‖ *Chil. Ser balazo una persona,* ser muy diestra o astuta.
BALBOA m. Moneda de Panamá.
BALBUCEAR v. i. Balbucir.
BALBUCENCIA f. y **BALBUCEO** m. Acción de balbucir, articulación dificultosa.
BALBUCIENTE adj. Que balbuce.
BALBUCIR v. i. Articular dificultosamente: *los niños pequeños sólo saben balbucir.* ‖ — IRREG. Este verbo se reemplaza con su sinónimo *balbucear* en los tiempos y personas en cuyas desinencias no entra la *i.* Se dice pues *balbuceo* y no *balbuzco.*
BALCÁNICO, CA adj. Relativo a los Balcanes.
BALCARROTAS f. pl. *Ant.* y *Col.* Patillas. ‖ *Méx.* Mechones de pelo que dejaban colgar los indios a los lados del rostro.
BALCÓN m. (ital. *balcone*). Ventana grande con barandilla saliente: *salir al balcón.* (SINÓN. V. *Balaustrada.*) ‖ *Fam. Es cosa de alquilar balcones,* es cosa que hay que ver.
BALCONAJE m. Conjunto de balcones que adornan un edificio.
BALCONCILLO m. Balcón pequeño. ‖ En la plaza de toros, galería encima del toril. ‖ *Teatr.* Galería delante de la primera fila de palcos.
BALCONEAR v. i. *Arg.* Atisbar desde un balcón.
BALDA f. Anaquel.
BALDADA f. *Arg.* Lo que cabe en un balde.
BALDADURA f. y **BALDAMIENTO** m. Impedimento físico del uso de un miembro.
BALDAQUÍN y **BALDAQUINO** m. (ital. *baldacchino*). Palio. (SINÓN. V. *Dosel.*) ‖ Pabellón del altar, del trono, etc.
BALDAR v. t. Lisiar. ‖ Tullir, impedir o dificultar una enfermedad el uso de un miembro: *baldarse una pierna.* (SINÓN. V. *Herir.*) ‖ *Fig.* Causar a uno gran contrariedad. ‖ — V. r. *Fam.* Cansarse mucho.
BALDE m. *Mar.* Cubo de cuero, lona o madera. ‖ *Arg.* Pozo. ‖ Cubo de metal. (SINÓN. V. *Cubo.*) ‖ *Fig. Caer como un balde de agua fría,* caer repentinamente y de manera desagradable.
BALDE (De) loc. adv. Sin precio alguno: *entrar de balde al teatro.* (SINÓN. V. *Gratuitamente.*) ‖ Sin motivo. ‖ *Arg.* Inútil. ‖ *En balde,* en vano: *le aguardamos a Ud. en balde.* ‖ *Estar de balde,* estar de sobra.
BALDEAR v. t. Regar con baldes. ‖ Achicar con baldes el agua de una zanja.
BALDEO m. Acción de baldear.
BALDÍO, A adj. Dícese del terreno sin cultivo. ‖ Vano, inútil: *argumento baldío.* ‖ Vagabundo. ‖ — M. Terreno sin cultivo.
BALDO, DA adj. y s. En los juegos de naipes, fallo.
BALDÓN m. Injuria, afrenta. ‖ Mancha en la honra: *baldón de ignominia.*
BALDONAR y **BALDONEAR** v. t. Afrentar.
BALDOSA f. Ladrillo para solar.
BALDOSADO m. Embaldosado.
BALDOSADOR m. Embaldosador.
BALDOSAR v. t. Solar con baldosas.
BALDOSILLA f. y **BALDOSIN** m. Baldosa pequeña, de forma cuadrada.
BALDRA f. *Fam.* Panza.
BALDRAGAS adj. y s. *Fam.* Bragazas.
BALDUQUE m. (de *Bois-le-Duc,* c. de Holanda). Cinta angosta que sirve para atar legajos. ‖ *Col.* Belduque, cuchillo de cintura.
BALEAR adj. y s. De las islas Baleares.
BALEAR v. t. *Amer.* Herir o matar con bala.

balaustrada

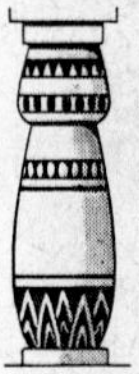
balaustre

baldaquín

balandra

Fot. Larousse

diversos tipos de balizas

BALEÁRICO, CA adj. De las islas Baleares.
BALÉNIDOS m. pl. Familia de cetáceos que tienen por tipo la ballena.
BALERÍA f. o **BALERÍO** m. Depósito de balas.
BALERO m. Molde para fundir balas de plomo. ‖ *Amer.* Boliche, juguete.
BALIDO m. Voz o grito del carnero, el cordero, la oveja, el gamo y el ciervo. ‖ — PARÓN. Valido.
BALÍN m. Bala de fusil pequeña.
BALISTA f. (del gr. *ballein*, arrojar). Máquina de guerra antigua, especie de ballesta grande que servía para arrojar saetas, balas, etc.
BALÍSTICA f. (de *balista*). *Mil.* Arte de calcular el alcance y dirección de los proyectiles.
BALÍSTICO, CA adj. Relativo a la balística.
BALITA f. Medida agraria de Filipinas (27,95 áreas). ‖ *Amer.* Canica para jugar.
BALITADERA f. Reclamo para cazar el gamo.
BALITAR v. i. Balar con frecuencia.
BALIZA f. *Mar.* Señal fija o flotante para guiar los barcos. ‖ Señal para indicar el recorrido de un ferrocarril, de una pista de aviación.
BALIZAJE m. Derecho de puerto. ‖ Sistema de balizas de un puerto o de un campo de aviación.
BALIZAR v. t. *Mar.* Señalar con balizas.
BALNEARIO, RIA adj. Relativo a los baños: *estación balnearia.* ‖ — M. Lugar donde se toman baños medicinales.
BALNEOTERAPIA f. *Med.* Tratamiento terapéutico verificado por medio de los baños.
BALOMPÉDICO, CA adj. Futbolístico.
BALOMPIÉ m. Fútbol.
BALÓN m. Fardo grande. ‖ Recipiente esférico de vidrio. ‖ Recipiente que contiene un gas bajo presión: *balón de oxígeno.* ‖ Pelota grande recubierta de cuero. ‖ *Balón medicinal,* el utilizado para adquirir agilidad y soltura.
BALONAZO m. Golpe de balón.
BALONCESTO m. Juego de equipo, con cinco jugadores por cada bando, que consiste en lanzar

el balón a un cesto colocado a cierta altura en la meta contraria.
BALONMANO m. Juego de equipo en el que se utiliza un balón redondo y se emplean sólo las manos: *un equipo de balonmano está formado de once o de siete jugadores.*
BALONVOLEA m. Deporte jugado entre dos

equipos de seis jugadores que lanzan el balón por encima de una red sin que aquel toque el suelo.
BALOTA f. Pelotilla que sirve para votar.
BALOTADA f. Salto que da el caballo, levantando las patas como para dar coces.
BALOTAJE m. En algunos países, segunda votación al no haber obtenido ningún candidato el mínimo de sufragios requerido. ‖ *Per.* Votación con balotas.
BALOTAR v. i. Votar con balotas.
BALSA f. Hoyo del terreno que se llena de agua, charca. ‖ En los alfarjes, estanque adonde van las heces y desperdicios. ‖ Embarcación hecha con tablas y maderos: *los náufragos se salvaron en una balsa.* ‖ Árbol bombáceo propio de la América tropical, cuya madera es muy ligera. ‖ *Ecuad.* Caseta flotante a orillas de un río. ‖ *Fig. y fam. Ser un lugar una balsa de aceite,* ser muy tranquilo.
BALSADERA f. y **BALSADERO** m. Sitio de un río donde hay balsa o lancha para poder pasarlo.
BALSÁMICO, CA adj. Que tiene cualidades de bálsamo: *líquido balsámico; virtud balsámica.*
BALSAMÍFERO, RA adj. Que produce bálsamo.
BALSAMINA f. (del gr. *balsamon,* bálsamo). Planta cucurbitácea de América. ‖ Planta balsamínácea de flores amarillas: *el fruto de la balsamina, maduro, arroja con fuerza la semilla en cuanto se le toca.* ‖ *Pop.* Simple, tonto.
BALSAMINÁCEAS f. pl. Plantas herbáceas angiospermas cuyo tipo es la balsamina.
BALSAMITA f. Jaramago.
BÁLSAMO m. (lat. *balsamum*). *Quím.* Líquido aromático que fluye de ciertos árboles y se espesa al aire. (SINÓN. V. *Resina.*) ‖ Medicamento balsámico: *bálsamo tranquilo.* (SINÓN. V. *Linimento.*) ‖ *Fig.* Consuelo, alivio: *es el bálsamo de sus disgustos.*
BALSAR m. Barzal.
BALSEAR v. t. Pasar en balsas los ríos.
BALSERO m. El que conduce la balsa.
BALSO m. *Mar.* Lazo grande, para suspender pesos o subir a los marineros a los palos.
BÁLTICO, CA adj. Relativo al mar Báltico: *países bálticos.*
BALTO, TA adj. y s. Linaje de los godos.
BALUARTE m. Fortificación de figura pentagonal, en la parte exterior de la muralla. (SINÓN. *Bastión.*) ‖ *Fig.* Amparo, defensa: *baluarte de religión.* ‖ *Amer.* Aparato para pescar.
BALUMA y **BALUMBA** f. Bulto que forman varias cosas juntas. ‖ *Amer.* Barullo. (SINÓN. V. *Alboroto.*)
BALUMBO m. Cosa que abulta y embaraza mucho.
BALUMBOSO, SA adj. De mucho volumen.
BALLENA f. (lat. *balaena*). Mamífero marino del orden de los cetáceos (long. 20 m; peso 150 t).

‖ Láminas córneas y elásticas que tiene la ballena en la mandíbula superior, y que, cortadas en tiras, sirve para diferentes usos: *un corsé de ballenas.* ‖ Varilla de metal que sirve para los mismos usos: *ballena de acero.* ‖ Constelación del Zodiaco.
— La *ballena* habita sobre todo los mares polares; es el mayor de los animales. Su mandíbula superior lleva, en lugar de dientes, unas láminas córneas, colocadas lateralmente unas junto a otras. Se alimenta de animalillos marinos (crustáceos, moluscos y pececillos), y puede, según Buffon, vivir unos mil años. Se le hace una caza encarnizada a causa de su aceite y su grasa, que son muy estimados, así como por los apéndices córneos que lleva en la boca.

Fot. Agence Internationale, But et Club

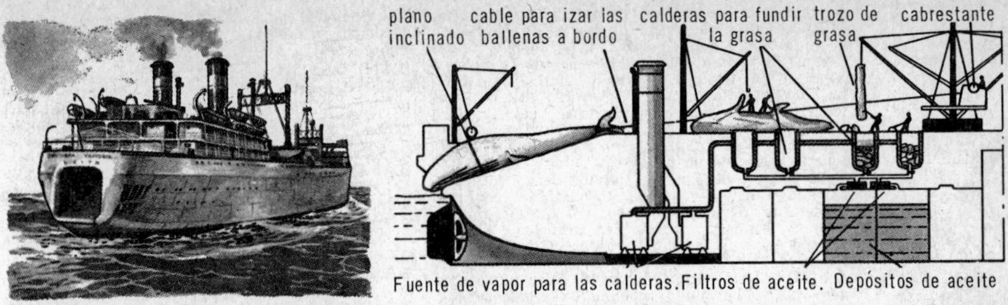

BARCO BALLENERO

BALLENATO m. Hijuelo de la ballena.
BALLENERO, RA adj. Relativo a la pesca de la ballena: *lancha ballenera.* || — M. Pescador de ballenas.
BALLESTA f. Arma para disparar flechas, saetas y bodoques: *las armas de fuego han destronado las ballestas.* || Muelle de carruaje o automóvil.
BALLESTADA f. y **BALLESTAZO** m. Tiro de ballesta.
BALLESTEAR v. t. Tirar con la ballesta.
BALLESTERA f. Tronera, saetera.
BALLESTERÍA f. Conjunto de ballesteros.
BALLESTERO m. El que tira con ballesta.
BALLESTILLA f. *Astr.* Instrumento que sirve para tomar la altura de los astros. || *Veter.* Instrumento para sangrar. || Balancín pequeño del carro.
BALLESTRINQUE m. *Mar.* Especie de nudo.
BALLET m. (pal. fr., pr. *balé*). Baile ejecutado por varias personas en un teatro para ilustrar un argumento. || Música que lo acompaña.
BALLUECA f. Especie de avena llamada también *avena loca: la ballueca perjudica los sembrados.*
BAMBA f. Bambarria en los trucos. || *And.* Columpio. || *Amér. C.* Moneda de un peso. || *Col.* Protuberancia en el tronco de un árbol. || *Venez.* Moneda de medio peso. || Música y baile cubano: *bailar una bamba sabrosona.* || *Col. Ni bamba,* ni que lo sueñes.
BAMBALEAR v. i. Bambolear, menearse. || *Fig.* No estar muy firme alguna cosa, tambalearse.
BAMBALINA f. *Teatr.* Tira de lienzo pintado que cuelga del telar, figurando cielos, techos, etc.
BAMBALÚA m. *Amer.* Gambalúa, desgalichado.
BAMBANEAR v. i. Bambolear, tambalearse.
BAMBAROTEAR v. i. Alborotar, meter ruido.
BAMBARRIA com. Persona tonta o necia. || — F. En el billar, chiripa, acierto casual.
BAMBARRIÓN m. *Fam.* Bambarria, chiripa.
BAMBINO, NA m. y f. *Amer.* Italianismo por *niño.*
BAMBITA f. *Guat.* Moneda de medio real.
BAMBOA f. *Amer.* Nombre panameño del *bambú.*
BAMBOCHADA f. (ital. *bambocciata*). Cuadro que representa borracheras o banquetes ridículos.
BAMBOCHE m. *Fam.* Persona gruesa y baja; retaco, chaparro. (SINÓN. *V. Muñeco.*)
BAMBOLEAR v. i. No estar bien firme en su sitio una persona o cosa: *mueble que bambolea.* (SINÓN. V. *Sacudir.*)
BAMBOLEO m. Acción de bambolear o tambalearse. (SINÓN. V. *Oscilación.*)
BAMBOLLA f. *Fam.* Boato, fausto, lujo. (SINÓN. V. *Aparato.*) || *Amer.* Charla. || *Amer.* Fanfarronería. || — CONTR. *Sencillez, modestia.*
BAMBOLLERO, RA adj. *Fam.* Que gasta bambolla, vanidoso, ostentoso. || — CONTR. *Sencillo, modesto.*
BAMBONEAR v. i. Bambolear, no estar firme.
BAMBONEO m. Bamboleo.
BAMBÚ m. Planta gramínea, originaria de la India, cuyo tallo leñoso alcanza más de veinte metros. Pl. *bambúes.*
— Las *cañas del bambú* se emplean en la construcción de casas y la fabricación de muebles, armas, instrumentos, vasijas y otros diversos objetos; las hojas sirven de envoltura; la corteza se usa para fabricar papel; sácase de los nudos una especie de azúcar, y los brotes tiernos son comestibles.

BAMBUCO m. Música y baile popular en Colombia.
BAMBUDAL m. *Ecuad.* Plantío de bambúes.
BAMPUCHE m. *Ecuad.* Figura de barro ridícula. (También se dice *mampuche.*)
BANAL adj. Galicismo por *común, trivial,* que ha entrado en nuestra lengua con sus derivados *banalidad, banalizar* y *banalmente.* (Debe evitarse.)
BANANA f. Banano, plátano. || Fruto del banano.
BANANAL y **BANANAR** m. Plantío de bananos.
BANANERO, RA adj. Dícese del plantío de plátanos. || Relativo a los plátanos. || — M. Plátano.
BANANO m. Plátano.
BANAS f. pl. *Ant.* Amonestaciones matrimoniales: *dispensa de banas.*
BANASTA f. Cesto grande. (SINÓN. V. *Cesto.*)
BANASTERO m. El que hace banastas, cestero.
BANASTO m. Banasta redonda.
BANCA f. Asiento de madera, sin respaldo. || *Amer.* Banco: *las bancas del paseo.* || *Amer.* Asiento de escuela, de asamblea. || Cajón donde se ponen las lavanderas para lavar la ropa. || Embarcación filipina. || Juego en que pone el banquero cierta suma de dinero, y apuntan los demás a las cartas que eligen, la cantidad que quieren. || Cantidad puesta por el banquero en ciertos juegos: *hacer saltar la banca.* || Comercio que consiste en el giro, cambio y descuento de valores, y la compra y venta de efectos públicos. || *Fig.* Conjunto de bancos o banqueros. || *Riopl. Tener banca,* tener influencias.
BANCADA f. Banco grande de piedra. || Mesa o banco grande. || *Arg.* Trozo de obra. || *Mar.* Banco de los remeros. || *Min.* Escalón en las galerías subterráneas.
BANCAL m. Pedazo de tierra cuadrilongo dispuesto para sembrar: *un bancal de lechugas, de coles.* || Parte de una huerta que forma grada o escalón. || Tapete que se pone sobre el banco.
BANCARIO, RIA adj. Relativo a la banca: *descuento bancario.*
BANCARROTA f. *Com.* Quiebra que incluye falta grave o delito: *hacer bancarrota.* (SINÓN. V. *Quiebra.*) || *Fig.* Desastre, hundimiento, descrédito.
BANCO adj. invar. Úsase para distinguir en el comercio los valores fijos de los variables o de cambio: *quinientos florines banco.*
BANCO m. Asiento de madera. || Tablón grueso, fijo sobre cuatro pies, que sirve de mesa a ciertos artesanos: *banco de carpintero.* || Establecimiento público de crédito: *el banco del Río de la Plata.* || *Cub.* Banca (juego). || *Albañ.* Hilada de piedras. || *Banco azul,* el de los ministros en las Cortes. || *Mar.* Bajo de gran extensión: *banco de arena.* || Conjunto de peces que viajan juntos, cardumen: *banco de sardinas.* || *Arq.* Sotabanco. || *Geol.* Estrato o capa de gran espesor: *banco de arcilla.* || *Banco de hielo,* banquisa, icefield. || *Ecuad.* Terreno fértil formado por los aluviones a orillas de los ríos. || *Col.* Terreno plano, extenso. || *Banco de prueba,* el que determina las características de algo.
BANCOCRACIA f. Influjo abusivo de la banca.
BANDA f. Faja o lista: *los globos están provistos de una banda de desgarre.* (SINÓN. *Venda, vendaje, faja, cincha.*) || Cinta distintiva de ciertas órdenes: *la banda de Isabel II.* || Lado: *de la banda de acá del río.* || Baranda del billar:

ballestero

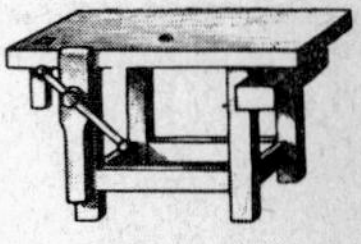

banco de carpintero

bambú

banjo

banderillero

banderola

jugar por la banda. || Humeral, paño litúrgico. || *Blas.* Cinta que cruza el escudo de esquina a esquina: *la banda es siempre de color o metal diverso del campo.* || *Mar.* Costado de la nave. || *Amer.* Faja, ceñidor. || *Guat.* Franja y también hoja de puerta o ventana. || *Per.* Insignia del profesor. || *Banda sonora,* parte de la película sobre la cual el sonido está grabado al margen de la imagen. || *Fig* y *fam. Cerrarse a la banda,* mantenerse firme en un propósito.

BANDA f. (de *bando*). Porción de gente armada. (SINÓN. V. *Tropa.*) || Parcialidad, conjunto de los partidarios de alguno. (SINÓN. V. *Pandilla.*) || Bandada: *banda de gorriones.* || *Mús.* Cuerpo de músicos militares o civiles. || *Col. Llevarse* [*arriar*] *en banda,* atropellar, embestir.

BANDADA f. Grupo, banda. || Gran número de aves que vuelan juntas: *bandada de golondrinas.* || Manada, banco, cardumen (peces).

BANDADO m. *Per.* El que, concluidos los estudios universitarios, recibía la banda de maestro.

BANDALAJE m. *Amer.* Bandidaje.

BANDALLA m. *Arg.* Facineroso.

BANDARSE v. r. *Per.* Recibir la banda de profesor.

BANDAYO, YA m. y f. *Arg.* Tuno, pillo.

BANDAZO m. *Mar.* Inclinación violenta del barco sobre un lado. || *Fam.* Paseo, vuelta. || Tumbo.

BANDEADO, DA adj. Listado, fajado. || *Amér. C.* Herido gravemente.

BANDEAR v. t. *Arg.* y *Chil.* Cruzar, atravesar. || *Amér. C.* Perseguir a uno con alguna solicitud. || *Amér. C.* Herir gravemente. || — V. r. Ingeniarse uno para ganar la vida: *ese muchacho sabe bandearse* (tb. *bandeárselas*).

BANDEJA f. Platillo que sirve para diversos usos. || *Amer.* Fuente en que se sirven las viandas. (SINÓN. V. *Plato.*) || *Ofrecer,* o *dar, en bandeja,* dar con grandes facilidades y ventajas.

BANDERA f. Pedazo de tela con los colores de una nación, colocado en un asta o palo largo. (SINÓN. *Pabellón, pendón, banderola, banderín, oriflama.*) || Estandarte de una iglesia, cofradía, etc. || Compañía de los antiguos tercios españoles. || Compañía, en el actual tercio extranjero español de África. || *Fig. A banderas desplegadas,* con toda libertad. || *Fig.* y *fam. De bandera,* excelente, magnífico.

BANDERÍA f. Bando o parcialidad. (SINÓN. V. *Partido.*)

BANDERILLA f. Dardo adornado que clavan los toreros en el cerviguillo a los toros. || *Banderilla de fuego,* la provista de cohetes, que se disparan al clavarla. (Actualmente ha sido suprimida y en su lugar se emplean las *banderillas negras.*) || *Amer.* Petardo, chasco. || Papel que se pega en las pruebas para enmendar un texto. || *Fig.* Tapa hincada en un palillo de dientes. || *Fig.* y *fam. Poner banderillas a uno,* decirle algo punzante.

BANDERILLAZO m. *Méx.* Petardo.

BANDERILLEAR v. t. Poner banderillas al toro.

BANDERILLERO m. Torero que pone banderillas.

BANDERÍN m. Bandera pequeña. (SINÓN. V. *Bandera.*) || Soldado que sirve de guía y lleva una banderita en el cañón del fusil. || Esta misma banderita. || Depósito para enganchar reclutas.

BANDERIZAR v. t. Abanderizar.

BANDERIZO, ZA adj. Que sigue un bando. || *Fig.* Sedicioso, alborotado.

BANDEROLA f. Bandera pequeña. (SINÓN. V. *Bandera.*) || Adorno que llevan los soldados de caballería en las lanzas. || *Arg.* Ventanilla encima de una puerta; montante.

BANDIDAJE m. Bandolerismo. (SINÓN. V. *Rapiña* y *concusión.*)

BANDIDO m. Bandolero, salteador, ladrón. (SINÓN. *Salteador, bandolero, malandrín.* V. tb. *malhechor y ladrón.*) || Persona perversa.

BANDÍN m. *Mar.* Asiento corrido que hay en la popa de ciertas embarcaciones.

BANDO m. Edicto o mandato solemne: *bando de destierro.* || Facción, partido, parcialidad. || Bandada. || Banco de peces. || — Pl. Amonestaciones matrimoniales, en algunos sitios. || *Echar bando,* publicar una ley o mandato.

BANDOLA f. (ital. *mandola*). Instrumento músico pequeño de cuerdas. || *Mar.* Mástil provisional que se pone a un barco desarbolado: *navegar en bandolas.* || *Per.* Muleta de torero. || *Venez.* Látigo de palo nudoso.

BANDOLEÓN m. *Riopl.* Bandoneón.

BANDOLERA f. Mujer que vive con bandoleros. || Correa cruzada por el pecho que sirve para colgar un arma: *llevar la escopeta en bandolera.* || *Ant.* Banda que llevaban los guardias de corps.

BANDOLERISMO m. Condición de bandolero. || Estado de una comarca donde abundan los bandidos. (SINÓN. V. *Rapiña.*)

BANDOLERO m. Ladrón, salteador de caminos. (SINÓN. V. *Bandido.*)

BANDOLÍN o **BANDOLINO** m. *Mús.* Bandola.

BANDOLINA f. Especie de cosmético para el pelo. || Bandolín, instrumento músico.

BANDOLINISTA m. y f. Persona que toca el bandolín.

BANDOLÓN m. Instrumento músico semejante a la bandurria, pero mayor.

BANDONEÓN m. Instrumento músico de la familia de los acordeones. (SINÓN. *Concertina.*)

BANDUJO m. Embutido de carne picada.

BANDULLO m. *Fam.* Vientre.

BANDURRIA f. Instrumento músico de cuerda, semejante a la guitarra, pero menor. || *Zool.* Ave zancuda de América, de color gris oscuro.

BANDURRISTA m. Tocador de bandurria.

BANGAÑA f. *Amér. C.* y *Col.* y **BANGAÑO** m. *Cub.* Vasija de calabaza, cuyabra.

BANIANO m. Miembro de una secta bramánica.

BANJO m. Especie de guitarra redonda cuya caja sonora está constituida por un pellejo.

BÁNOVA f. V. VÁNOVA.

BANQUEAR v. t. *Col.* Nivelar el terreno.

BANQUEO m. *Col.* Desmonte de un terreno.

BANQUERO m. El que se dedica a negocios bancarios o dirige un banco. || En el juego de la banca y otros, el que la lleva.

BANQUETA f. Asiento sin respaldo. || Banquillo para poner los pies. || *Fort.* Obra de tierra o mampostería prolongada que sirve a los soldados para protegerse contra el fuego enemigo. || *Méx.* y *Guat.* Acera de la calle.

BANQUETE m. Comida espléndida para muchos convidados. || Comida espléndida. (SINÓN. V. *Festín.*) || *Banquete eucarístico,* la comunión.

BAQUETEADO, DA adj. *Ecuad.* Descarado.

BANQUETEAR v. t. Dar banquetes o andar en ellos: *no ser amigo de banquetear.*

BANQUILLO m. Mueble a modo de banco bajo. || Asiento del acusado en el tribunal. || Banco para los pies. || *Amer.* Patíbulo, cadalso.

BANQUISA f. (fr. *banquise*). Banco de hielo.

BANZO m. Nombre de los listones del bastidor donde se fija la tela para bordar. || Nombre de los largueros paralelos de una escalera de mano, del respaldo de una silla, etc. || Quijero de acequia.

BAÑA f. Bañadero.

BAÑADERA f. *Amer.* Baño, bañera. || *Arg.* Autobús descubierto.

BAÑADERO m. Sitio adonde acuden los animales monteses para bañarse. (SINÓN. V. *Baño.*)

BAÑADO m. Bacín, orinal. || *Amer.* Campo anegadizo.

BAÑADOR, RA adj. y s. Que baña. || Recipiente que sirve para bañar algo. || Traje para bañarse. || *Ecuad.* Bañista.

BAÑAR v. t. Meter el cuerpo en un líquido: *lo bañó en el río.* || Sumergir en un líquido: *bañar frutas en almíbar, cacerolas en estaño.* || Humedecer, mojar el agua una cosa. (SINÓN. V. *Regar* y *mojar.*) || *Fig.* Mojar con un líquido: *bañar en sangre, en lágrimas.* || Cubrir una cosa con una capa de otra sustancia. || Tocar algún paraje el mar, un río, etc.: *el río baña las murallas de la ciudad* || Dícese por ext. del aire o la luz: *el sol baña la habitación.* || *Fig.* Colmar, aparecer: *bañada de gozo.*

BAÑERA f. Mujer que cuida de los baños. || Baño, pila para bañarse. (SINÓN. V. *Pila.*)

BAÑERO m. Dueño de un establecimiento de baños. || El que cuida de los baños y de los bañistas.

BAÑIL m. *Mont.* Bañadero.

BAÑISTA com. Persona que concurre a tomar

Fot. A. G. Pelayo

baños o a beber aguas minerales: *en verano está San Sebastián lleno de bañistas.*
BAÑO m. (lat. *balneum*). Inmersión en un líquido: *tomar un baño.* (SINÓN. *Afusión, ducha.*) ‖ Líquido par bañarse: *baño medicinal.* ‖ Pila para bañarse: *baño de mármol.* ‖ Sitio donde hay aguas para bañarse. (SINÓN. *Bañadero, piscina.*) ‖ Aplicación medicinal de aire, vapor, etc. ‖ Cárcel donde los moros encerraban a los cautivos: *los baños de Argel.* ‖ Capa con que se cubre una cosa: *dar a un dulce un baño de azúcar.* ‖ *Fig.* Tintura. ‖ *Fig.* Apariencia brillante: *un baño de cultura.* ‖ *Pint.* Capa de color que se da sobre una cosa para que quede más brillante. ‖ *Quím.* Calor obtenido de un modo indirecto: *calentar una sustancia en un baño de arena.* ‖ — Pl. Lugar donde hay aguas medicinales para baños: *los baños de Alhama.* (SINÓN. *Termas.*) ‖ *Baño de María,* vaso con agua puesto a la lumbre donde se mete otra vasija para que su contenido reciba calor suave. ‖ *Baño de asiento,* baño de las nalgas.
BAO m. Madero atravesado entre ambos lados del buque, para sostener las cubiertas.
BAOBAB m. Árbol bombáceo del África tropical, cuyo tronco mide hasta 10 m de circunferencia y cuyas ramas tienen cerca de 20 m de largo. Pl. *baobabs.*
BAPTISTERIO m. Pila bautismal. ‖ Sitio donde está ésta. ‖ Edificio donde se administra el bautismo.
BAQUE m. Golpe que da una persona al caer.
BAQUEANO, NA adj. y s. Baquiano.
BAQUEAR v. t. Baquiar.
BAQUELITA f. Resina sintética obtenida con fenol y formol y empleada en sustitución del ámbar, de la concha, etc.
BAQUETA f. (ital. *bacchetta*). Varilla para atacar las armas de fuego. ‖ Varilla de madera que usan los picadores. ‖ Varilla que sirve en diversos oficios. ‖ — Pl. Palillos del tambor. ‖ *Mil.* Castigo antiguo que obligaba al delincuente a recorrer, desnudo hasta la cintura, la calle formada por los demás soldados, golpeándole éstos al pasar con las baquetas y correas. ‖ *Arq.* Junquillo, moldura. ‖ *Fig.* y *fam. Mandar a la baqueta,* mandar despóticamente. ‖ *Tratar a la baqueta,* con desprecio o severidad. ‖ — PARÓN. *Vaqueta.*
BAQUETAZO m. Golpe dado con la baqueta.
BAQUETEADO, DA adj. *Fig.* Dícese de la persona que está acostumbrada a los trabajos.
BAQUETEAR v. t. Hacer sufrir el castigo de baquetas. ‖ *Fig.* Incomodar mucho. ‖ Ejercitar. ‖ Tratar mal.
BAQUETEO m. Molestia excesiva. ‖ Cansancio, fatiga. ‖ Traqueteo.
BAQUETUDO, DA adj. *Amer.* Pachorrudo.
BAQUÍA f. Conocimiento práctico del campo, de un oficio, del país. ‖ *Amer.* Destreza, habilidad. ‖ *Amer. De baquía,* viejo, veterano.
BAQUIANO, NA adj. y s. Práctico del campo, de los caminos. ‖ Experto, perito. ‖ — M. Guía para viajar por el campo.
BAQUIAR v. t. *Méx.* Adiestrar: *baquiar gallos.*
BÁQUICO, CA adj. Relativo a Baco.
BAQUIO m. Pie de las poesías griega y latina, compuesto de una sílaba breve y dos largas.
BAQUIRA m. *Col.* y *Venez.* El pecarí o saino. (También se escribe *báquira, vaquira* y *váquira.*)
BAR m. (pal. ingl.). Tienda donde se venden bebidas que suelen tomarse en el mismo mostrador. (SINÓN. V. *Café.*)
BAR m. *Fís.* Unidad de presión equivalente a un millón de barias utilizada para medir la presión atmosférica.
BARACA f. En Marruecos, don divino atribuido a los jerifes y morabitos.
BARACUDA o **BARACUTA** f. *Amér. C.* Pez acantopterigio.
BARACUTEY adj. *Cub.* Que se cría o vive sin compañero, solo.
BARAHÚNDA f. Ruido y confusión grandes. (SINÓN. V. *Alboroto.*)
BARAJA f. Conjunto de naipes que sirve para jugar: *la baraja española consta de 48 cartas y la francesa de 52.* ‖ *Amer.* Naipe. ‖ *Fig.* y *fam. Jugar con dos barajas,* proceder con doblez.
BARAJADURA f. Acción de barajar.
BARAJAR v. t. En el juego de naipes, mezclarlos antes de repartirlos. ‖ *Fig.* Mezclar, revolver. ‖ *Chil* y *Arg. Fam.* Parar, detener. ‖ *Arg.* Agarrar al vuelo.

baobab

BARAJE y **BARAJO** m. *Ant.* Barajadura.
BARAJUSTAR v. i. *Amer.* Corcovear el caballo, y tb. dispararse. ‖ *Fig.* Acometer.
BARAJUSTE m. *Venez.* Carrera, estampía.
BARANDA f. Barandilla de escalera. ‖ Borde que tienen las mesas de billar.
BARANDADO y **BARANDAJE** m. Barandilla.
BARANDAL m. Listón que abraza los balaustres por arriba y por abajo. ‖ Barandilla de escalera.
BARANDILLA f. Antepecho de los balcones, escaleras, etc. (SINÓN. V. *Balaustrada.*)
BARANGAY m. Embarcación de remos filipina. ‖ Grupo de cuarenta y cinco a cincuenta familias indígenas o mestizas en que se dividen los pueblos en Filipinas.
BARANGAYÁN m. Gubán, embarcación filipina.
BARATA f. Trueque, cambio. ‖ *Méx.* y *Col.* Baratillo, venta a bajo precio. ‖ *Chil.* y *Per.* Cucaracha.
BARATEAR v. t. Dar una cosa por menos de su justo precio, malvenderla.
BARATERÍA f. *For.* Engaño en una compra o venta. ‖ Delito del juez prevaricador. ‖ *Mar.* Cualquier daño que proviene de un hecho u omisión del patrón, o tripulación de un buque.
BARATERO m. El que cobra el barato de los que juegan. ‖ — Adj. Que vende barato. ‖ *Amer.* Barato.
BARATEZ f. *Cub.* Baratura.
BARATIA f. *Col.* Baratura.
BARATIJA f. Cosa sin valor, chuchería. (SINÓN. V. *Fruslería.*)
BARATILLERO, RA m. y f. Tendero que tiene baratillo.
BARATILLO m. Tienda de cosas de poco valor. ‖ Venta de mercancías a bajo precio para realizarlas rápidamente. (SINÓN. V. *Mercado.*) ‖ *Arg.* Tenducho. (SINÓN. *Boliche.*)
BARATÍO m. *Amér. C.* Baratillo.
BARATO, TA adj. Vendido o comprado a poco precio: *una cosa barata.* (CONTR. *Caro.*) ‖ *Fig.* Que cuesta poco trabajo, fácil: *barato le resulta este negocio.* ‖ — M. Venta de mercancías a bajo precio para despacharlas pronto. ‖ Dinero que regala el que gana en el juego, a las personas que quiere, o el que exige por fuerza el baratero. ‖ — Adv. m. Por poco precio: *vender barato.* ‖ Loc. adv. *De barato,* de balde, sin interés. ‖ *Lo barato es,* o *sale, caro,* lo que cuesta poco suele ser caro por su mala calidad.
BÁRATRO m. (gr. *barathron*). *Poét.* Infierno.
BARATURA f. Precio muy económico: *la baratura de una mercancía.* (SINÓN. V. *Abaratamiento.* CONTR. *Carestía.*)
BARAÚNDA f. Barahúnda.
BARBA f. Parte de la cara, debajo de la boca: *barba puntiaguda.* ‖ Pelo que nace en esta parte del rostro: *barba bien poblada.* ‖ Pelo que tienen algunos animales en la quijada inferior: *barbas de chivo.* ‖ Carnosidad que cuelga del cuello de algunas aves. ‖ — M. *Teatr.* El que hace el papel de viejo o anciano. ‖ — F. pl. Raíces delgadas que tienen las plantas. ‖ Estigmas de

baptisterio

Fot. Alinari, Aubert de la Rüe

barbacana

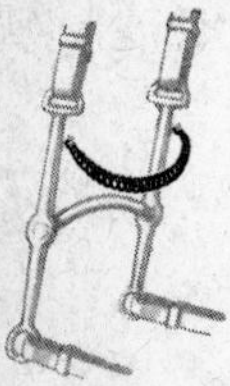
barbada

barbo

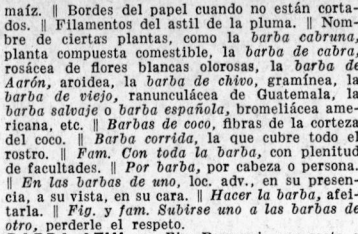

maíz. || Bordes del papel cuando no están cortados. || Filamentos del astil de la pluma. || Nombre de ciertas plantas, como la *barba cabruna*, planta compuesta comestible, la *barba de cabra*, rosácea de flores blancas olorosas, la *barba de Aarón*, aroidea, la *barba de chivo*, gramínea, la *barba de viejo*, ranunculácea de Guatemala, la *barba salvaje* o *barba española*, bromeliácea americana, etc. || *Barbas de coco*, fibras de la corteza del coco. || *Barba corrida*, la que cubre todo el rostro. || *Fam. Con toda la barba*, con plenitud de facultades. || *Por barba*, por cabeza o persona. || *En las barbas de uno*, loc. adv., en su presencia, a su vista, en su cara. || *Hacer la barba*, afeitarla. || *Fig.* y *fam. Subirse uno a las barbas de otro*, perderle el respeto.

BARBA AZUL m. *Fig.* Personaje que mata a todas sus mujeres. (V. *Parte hist.*)

BARBACANA f. *Fort.* Obra de defensa avanzada y aislada. || Muro bajo que rodea algunas iglesias. || Saetera o tronera.

BARBACOA f. *Amér. C.*, *Méx.* y *Ven.* Carne asada en un hoyo que se abre en tierra y se calienta como los hornos. || *Amer.* Especie de catre y también camilla o andas. || *Amer.* Tablado en lo alto de las casas. || *Amer.* Zarzo o andamio sostenido con puntales. || *Per.* Zarzo que sirve de puerta en las chozas. || *Ecuad.* y *C. Rica.* Emparrado para plantas enredaderas.

BARBACUÁ f. Barbacoa.

BARBADA f. Barba de las caballerías. || Cadenilla que se pone a los caballos por debajo de la barba. || Pez de mar muy estimado. || *Per.* Barboquejo, cinta. || Cadenilla a modo de barbada: *brazalete de barbada.*

BARBADO, DA adj. Que tiene barbas: *hombre bien barbado.* (CONTR. *Imberbe.*) || — M. *Agr.* Estaca que se transplanta con raíces. || Hijuelo del árbol, que nace junto a él.

BARBAJA f. Planta compuesta parecida a la escorzonera. || — Pl. *Agr.* Primeras raíces de los árboles recién plantados.

BARBAJÁN m. *Méx.* y *Cub.* Hombre rústico.

BARBAR v. i. Echar barbas el hombre. || *Agr.* Echar raíces las plantas.

BÁRBARAMENTE adv. m. Con barbaridad, de manera bárbara: *tratar a uno bárbaramente.* || *Fam.* Muy bien, espléndidamente.

BARBAREAR v. i. *Arg.* Disparatar.

BARBÁRICO, CA adj. Relativo a los bárbaros.

BARBARIDAD f. Calidad de bárbaro. || Necedad, enormidad: *decir barbaridades.* || *Fam.* Gran cantidad, mucho: *comer una barbaridad.*

BARBARIE f. (lat. *barbaries*). *Fig.* Rusticidad, falta de cultura. || *Fig.* Fiereza, crueldad: *la barbarie de un tirano.* (SINÓN. *Vandalismo, brutalidad, salvajismo, crueldad, atrocidad, ferocidad, inhumanidad, sadismo.*)

BARBARISMO m. Falta de lenguaje, que consiste en pronunciar o escribir mal las palabras, o en emplear vocablos impropios: *emplear* DINTEL *por* UMBRAL *es uno de los barbarismos más corrientes.* || Idiotismo, vocablo o giro de una lengua extranjera. || *Fig.* Barbaridad, necedad.

— Consiste el *barbarismo*: 1.º, en escribir mal una palabra, como *bibir*, por *vivir*, *exhorbitar*, por *exorbitar*, etc.; 2.º, en acentuarla mal, como *kilógramo*, por *kilogramo*, *périto*, por *perito;* 3.º, en pronunciarla mal, como *haiga*, por *haya*, *jaga*, por *haga;* 4.º, en emplear inútilmente voces de otros idiomas, constituyendo éstas, según su origen, *anglicismo, galicismos, italianismos*, etc.; 5.º, en adoptar para la transcripción de voces extranjeras letras distintas de las que pide el español, v. gr. *khedive*, por *jedive*, *Mayenza*, por *Maguncia*, etc.; 6.º, en usar inútilmente arcaísmos en el estilo moderno, como *asaz, maguer;* 7.º, en emplear neologismos inútiles, como *presupuestear;* 8.º, en usar una dicción en sentido distinto del que le corresponde, como *apercibirse de un error, bajo tal punto de vista.* (V. GALICISMO.)

BARBARIZADOR, RA y **BARBARIZANTE** adj. y s. Que barbariza o dice barbaridades.

BARBARIZAR v. t. Hacer bárbara una cosa. || — V. i. Decir barbaridades.

BÁRBARO, RA adj. Nombre que daban los griegos y romanos a los extranjeros. (V. *Parte hist.*) || *Fig.* Fiero, cruel: *soldado bárbaro.* || *Fig.* Arrojado, temerario: *este chico es un bárbaro.* || *Fig.* Inculto, grosero, tosco. (SINÓN. V. *Bruto.*) || *Fam.* Muy bien, espléndido. || *Fam.* Muy grande. || — CONTR. *Civilizado.*

BARBAROTE, TA adj. *Fam.* Muy bárbaro.

BARBASCO m. *Amer.* Verbasco.

BARBASQUEAR v. t. *Salv.* Echar barbasco en el agua: *barbasquear un río.*

BARBEAR v. t. Llegar con la barba a una altura determinada: *barbear una tapia.* || Hacer la barba. || *Méx. Fam.* Adular, mimar. || *Méx.* y *Col.* Derribar becerros cogiéndolos por el hocico y el cuerno. || — V. i. Llegar casi a la altura de. || — V. r. Tenérselas tiesas con alguno.

BARBECHAR v. t. Disponer la tierra en barbecho.

BARBECHERA f. Conjunto de barbechos y tiempo en que se hacen. || Acción de barbechar.

BARBECHO m. Tierra labrantía que no se siembra durante cierto tiempo: *un barbecho improductivo.* (SINÓN. *Rastrojo, erial.*) || Haza, labrada. || *Fig.* y *fam. Firmar como en un barbecho*, sin examinar lo que se firma (también se dice *firmar en barbecho*).

BARBERÍA f. Tienda y oficio del barbero.

BARBERIL adj. *Fam.* Propio de los barberos.

BARBERO m. El que se dedica a afeitar: *en otro tiempo los barberos ejercían la cirugía menor.* (SINÓN. V. *Peluquero.*) || *Cub.* Pez pequeño, de color de chocolate y piel muy áspera. || — Adj. *Méx.* Adulador, halagador.

BARBETA f. *Fort.* Trozo de parapeto desde el cual tira la artillería a descubierto. || *Fort. A barbeta*, m. adv., dícese de la fortificación cuyo parapeto no cubre a los artilleros.

BARBIÁN, ANA adj. y s. *Fam.* Persona de arrogante hermosura, o de carácter bizarro y jovial.

BARBIBLANCO, CA adj. De barba blanca.

BARBICACHO m. Cinta que se pasa por debajo de la barba para sujetar el sombrero.

BARBICANO, NA adj. De barba cana o blanca.

BARBIESPESO adj. De barba espesa.

BARBIHECHO adj. Recién afeitado.

BARBIJO m. *Riopl.* Barboquejo, barbiquejo.

BARBILAMPIÑO, ÑA adj. De barba rala o muy escasa.

BARBILINDO adj. Afeminado, bien parecido, preciado de lindo.

BARBILUCIO, CIA adj. Barbilindo.

BARBILLA f. Punta o remate de la barba. || Apéndice carnoso. || *Carp.* Corte oblicuo en la cara de un madero que encaja en el hueco de otro: *ensamblar a muesca y barbilla.* || — Pl. *Col. Fam.* Hombre de barba escasa.

BARBINEGRO, GRA adj. De barba negra.

BARBIPONIENTE o **BARBIPUNGENTE** adj. *Fam.* Dícese del joven que empieza a tener barba.

BARBIQUEJO m. Barboquejo, cinta. || *Amer.* Cabestro con que se ciñe la boca del caballo para guiarlo. || *Per.* Pañuelo atado que rodea la cara.

BARBIRRUBIO, BIA adj. De barba rubia.

BARBIRRUCIO, CIA adj. De barba rucia o gris.

BARBITAHEÑO, ÑA adj. De barba roja.

BARBITÚRICO, CA adj. *Med.* Dícese de un radical químico, base de numerosos hipnóticos y sedantes del sistema nervioso.

BARBO m. Pez de río, de carne muy apreciada.

BARBÓN m. Hombre barbado. || Cabrón, macho cabrío. || *Fig.* y *fam.* Persona anciana, seria y austera.

BARBOQUEJO m. Cinta con que se sujeta debajo de la barba el sombrero o morrión.

BARBOTAR v. i. Mascullar.

BARBOTE m. Babera del casco. || *Arg.* Palo que se meten en el labio algunos indios.

BARBOTEAR v. i. Barbotar.

BARBOTEO m. Chapaleteo, ruido del agua.

BARBUDO, DA adj. Que tiene muchas barbas: *un hombre muy barbudo.* (SINÓN. V. *Peludo.*) || *Arg.* Barbado. || *Amer.* Nombre de varios peces.

BARBULLA f. *Fam.* Gritería confusa, jaleo, alboroto: *armar barbulla.* (SINÓN. *Barullo.*)

BARBULLAR v. i. *Fam.* Hablar confusamente y a borbotones. (SINÓN. V. *Balbucir.*)

BARBULLÓN, ONA adj. y s. *Fam.* Que barbulla.

BARBUQUEJO m. Barboquejo.

BARCA f. Embarcación pequeña: *barca de pesca.* (SINÓN. V. *Embarcación.*)

BARCADA f. Carga que lleva una barca. || Viaje que hace una barca: *pasar una carga en tres barcadas.*
BARCAJE m. Transporte de mercancías en barca. || Lo que se paga por atravesar el río en barca.
BARCAROLA f. (ital. *barcarola*). Canción popular de Italia: *los gondoleros de Venecia suelen cantar barcarolas.* || Canto de los marineros, que imita con su ritmo el movimiento de los remos. (SINÓN. V. *Melodía.*)
BARCAZA f. Lanchón para descargar buques. || *Barcaza de desembarco,* la que se utiliza con fines militares para desembarcar tropas y material. (SINÓN. V. *Embarcación.*)
BARCELONÉS, ESA adj. y s. De Barcelona.
BARCELONENSE adj. y s. de Barcelona (Venezuela).
BARCENO, NA adj. Barcino: *una vaca barcena.*
BARCEO m. Albardín, especie de esparto.
BARCIA f. Desperdicio o ahechaduras del trigo.
BARCIAR v. t. Volcar, vaciar.
BARCINA f. Herpil, saco. || Carga de paja.
BARCINO, NA adj. Dícese del animal de pelo blanco y pardo o rojizo: *caballo barcino.*
BARCO m. Embarcación: *barco de velas, de vapor.* (SINÓN. *Buque, navío, paquebote, trasatlántico, vapor, yate.* V. tb. *embarcación.*) [V. ilustr. pág. 134 y 135.] || Barranco poco profundo. || *Hond.* Calabaza grande partida en dos.
BARCHILÓN, ONA m. y f. (de *Barchilón,* n. pr.). *Ecuad.* y *Per.* Enfermo de hospital. || *Bol.* Curandero.
BARDA f. Arnés o armadura de caballo. || Cubierta de zarzas puesta sobre las tapias.
BARDAGUERA f. Arbusto salicáceo cuyos ramos sirven para hacer canastillas y cestas.
BARDAL m. Vallado cubierto con barda.
BARDANA f. *Bot.* Lampazo.
BARDAR v. t. Poner bardas o setos.
BARDO m. Poeta de los antiguos celtas. || *Por ext.* Poeta heroico o lírico. (SINÓN. V. *Poeta.*)
BAREMO m. (fr. *barème*). Libro de cuentas ajustadas.
BARGUEÑO m. Mueble de madera con muchos cajoncitos, adornado con labores de taracea. (Dícese tb. *vargueño.*) [SINÓN. V. *Armario.*]
BARIA f. Unidad C. G. S. de presión que equivale a una dina por centímetro cuadrado.
BARÍA f. Árbol de Cuba, de madera apreciada y fruto comestible para el ganado.
BARIBÁ f. *Cub.* Hutía, mamífero roedor.
BARIBAL m. Oso negro de América.
BARICENTRO m. Centro de gravedad.
BARIMETRÍA f. Medida de la gravedad.
BARÍN m. (pal. rusa). Señor, hidalgo.
BARINENSE adj. y s. De Barinas, ciudad de Venezuela.
BARINÉS, ESA adj. y s. De Barinas, Estado de Venezuela.
BARIO m. Metal (Ba), de número atómico 56, blanco amarillento, fusible a 710° C, de densidad 3,8.
BARISFERA f. Núcleo del globo terrestre.
BARITA f. (del gr. *barys,* pesado). Hidróxido de bario.
BARITEL m. Malacate, aparato para sacar agua.
BARÍTICO, CA adj. Que contiene barita.
BARITINA f. Sulfato de bario natural.
BARÍTONO m. (del gr. *barus,* grave, y *tonos,* voz). *Mús.* Voz media entre las de tenor y bajo. || El que tiene esta voz. || Instrumento músico, especie de bugle grande, utilizado por las bandas militares. (SINÓN. *Bombardón.*)
BARLETA f. *Arg.* Variedad de trigo de buena calidad.
BARLOA f. *Mar.* Cable o calabrote con que se amarran los buques unos a otros.
BARLOAR v. t. Abarloar.
BARLOVENTEAR v. i. *Mar.* Navegar de bolina, en la dirección del viento. || *Fig.* y *fam.* Vagabundear.
BARLOVENTO m. *Mar.* Parte de donde viene el viento. || — CONTR. *Sotavento.*
BARMAN m. (pal. ingl.). Mozo de bar.
BARNABITAS m. pl. Clérigos seculares de la congregación de San Pablo, fundada en 1530 en la iglesia de San Bernabé de Milán.
BARNACLA m. Pato marino. || Percebe.

barcaza
de desembarco

BARNIZ m. Disolución de una resina en un líquido volatil: *el barniz se aplica a los objetos que se quiere preservar del aire, del polvo,* etc. || Baño que se da a la loza o porcelana y se vitrifica con la cocción. || Afeite para el rostro. || *Fig.* Capa ligera: *barniz literario.*
BARNIZADO m. Acción de barnizar.
BARNIZADOR, RA adj. y s. Que barniza.
BARNIZAR v. t. Dar barniz a un objeto: *barnizar un mueble, barnizar un cuadro.*
BAROCO m. Término mnemotécnico que designa una especie de silogismo. || — PARÓN. *Barroco.*
BARÓGRAFO m. Barómetro registrador.
BAROMÉTRICO, CA adj. Relativo al barómetro: *escala barométrica.*
BARÓMETRO m. (del gr. *baros,* peso, y *metron,* medida). Instrumento que sirve para medir la presión del aire y determinar, gracias a ella, la altura a que se halla uno o prever aproximadamente los cambios atmosféricos.
— El *barómetro* fue inventado en 1643 por Torricelli, discípulo de Galileo, y está formado por un tubo vertical de vidrio, cerrado por uno de sus extremos. Se llena dicho tubo de mercurio y, tapándolo con el dedo, se coloca sobre una cubeta llena del mismo líquido; si se quita entonces el dedo, el mercurio baja un poco, pero queda siempre en el tubo una columna de unos 76 cm de altura (*altura barométrica normal, al nivel del mar*). Dicha columna disminuye a medida que se sube en la atmósfera por ser más débil la presión atmosférica, y aumenta por lo contrario cuando se baja. Se debe a Pascal el empleo del barómetro para medir las alturas. La presión atmosférica, y por consiguiente la altura barométrica, varían en un mismo punto de un momento a otro con el peso de la capa de aire. Obsérvase que sube el barómetro cuando no ha de llover y baja en el caso contrario. El barómetro descrito es el *barómetro de cubeta.* Se puede sustituir dicho aparato con un simple tubo encorvado, cerrado por la parte superior y lleno de mercurio. Suele colocarse sobre la superficie libre del mercurio, en dicho barómetro, un flotador que sigue los movimientos de aquél y los transmite a una aguja móvil en un limbo dividido (*barómetro de cuadrante*). Se construyen igualmente *barómetros aneroides,* que no necesitan mercurio. Consisten en una caja metálica, vacía de aire y herméticamente cerrada, cuyas paredes delgadas se deprimen según las variaciones de la presión atmosférica y transmiten sus movimientos por medio de una palanca a una aguja móvil en un limbo graduado. Los *barómetros registradores* son barómetros aneroides cuya pared móvil transmite su movimiento a un estilo o pluma, que traza una raya de altura variable sobre un cilindro de papel que gira con regularidad.
BARÓN m. Título de dignidad en diversos países. || — PARÓN. *Varón.*
BARONESA f. Mujer del barón o que disfruta de una baronía.
BARONET m. Título nobiliario de Inglaterra.
BARONÍA f. Dignidad de barón y territorio en que ejercía antiguamente su jurisdicción.
BAROSCOPIO m. (del gr. *baros,* peso, y *skopein,* examinar). Balanza que demuestra experimentalmente el empuje que soporta un cuerpo por parte del aire que lo rodea.
BAROTO m. *Filip.* Barca pequeña.
BARQUEAR v. i. Andar con la barca de una parte a otra: *barquear un río.*
BARQUERO, RA m. y f. Persona que guía la barca. (SINÓN. V. *Marino.*) || — M. Chinche acuática, insecto. || *Fig.* y *fam. Decir las verdades del barquero,* decir sus cuatro verdades.

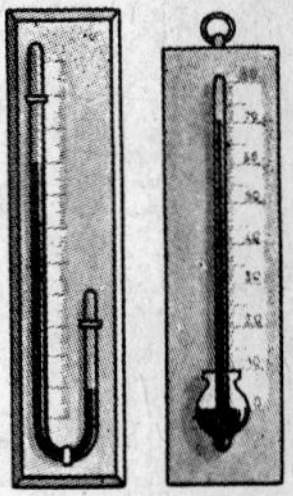
barómetros
de mercurio

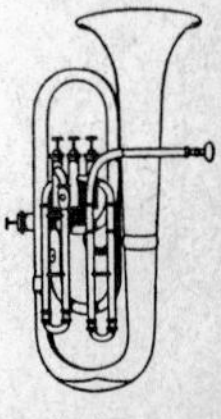
barítono

yate de crucero
goleta
yate con motor
transbordador
velero con tres mástiles
rompehielos
barco oceanográfico
goleta con cuatro mástiles

balizador con una grúa para boyas
barco sobre patines
faro flotante
draga
ballenera con instalaciones para la preparación y conserva de la carne
barco de pesca de altura
buque de carga carbonero
remolcador
petrolero
barco del práctico
transatlántico

barrenas

barraca valenciana

barril

BARQUÍA f. Barca, lancha usada para la pesca.
BARQUICHUELO m. Barco pequeño, barquillo. (SINÓN. V. *Embarcación.*)
BARQUILLA f. Molde para pasteles. ‖ *Mar.* Tablita a que se ata la corredera que mide lo que anda la nave. ‖ Cesto del globo aerostático.
BARQUILLERO, RA m. y f. Persona que hace o vende barquillos. ‖ — M. Molde para barquillos y recipiente donde éstos se llevan.
BARQUILLO m. Hoja delgada de pasta sin levadura a la que se da forma convexa, plana o de canuto en moldes calientes.
BARQUÍN m. Fuelle grande.
BARQUINAZO m. *Fam.* Batacazo, porrazo. ‖ *Fam.* Vuelco o tumbo que da un coche.
BARQUISIMETANO, NA adj. y s. De Barquisimeto (Venezuela).
BARQUITOS m. pl. *Fam.* Trozos de pan que se echan en el caldo, huevos pasados por agua, etc.
BARRA f. Pieza larga y estrecha de cualquier sustancia: *barra de hierro, de lacre, de turrón.* ‖ Palanca para levantar grandes pesos. ‖ Lingote largo. ‖ Barandilla que separa a los jueces del público en un tribunal: *el testigo se acercó a la barra.* ‖ Mostrador de un bar. ‖ Parte de la quijada del caballo, que no tiene dientes y donde se coloca el bocado. ‖ Banco o bajo de arena en la embocadura de un río. (SINÓN. *Alfaque.*) ‖ *Blas.* Banda que atraviesa desde el ángulo siniestro superior hasta el diestro inferior. ‖ *Blas.* Vulgarmente, listas o bastones: *las barras de Aragón.* (SINÓN. V. *Trazo.*) ‖ *Barra fija, barras paralelas,* aparatos de gimnasia. (V. GIMNASIA.) ‖ *Amer.* Prisión a modo de cepo. ‖ *Mar.* Galicismo por *caña del timón.* ‖ *Chil.* Juego del marro. ‖ *Amer.* Acción de minas. ‖ Cierta embarcación catalana. ‖ *Amer.* Público de una sesión de tribunal o asamblea. ‖ — Pl. Listones que sujetan los banzos del bastidor de bordar. ‖ *Fig. Sin pararse en barras,* sin reparar en los inconvenientes, sin ningún miramiento. ‖ *Tirar uno la barra,* vender algo al mayor precio.
BARRABÁS m. *Fig.* y *fam.* Persona perversa.
BARRABASADA f. *Fam.* Acción perversa, barbaridad: *hacer una barrabasada.*
BARRACA f. Caseta tosca: *barraca de tablas.* (SINÓN. *Cabaña, chabola, covacha.*) ‖ Vivienda rústica de las huertas de Valencia y Murcia. (SINÓN. V. *Vivienda.*) ‖ *Amer.* Edificio grande, techado en parte, que se usa para almacén: *barraca de maderas.* ‖ *Ecuad.* Puesto en el mercado.
BARRACÓN m. Barraca grande o destartalada.
BARRACUDA f. Baracuda o baracuta.
BARRADO, DA adj. Dícese del tejido con listas que desdicen del fondo. ‖ *Blas.* Que tiene barras.
BARRAGÁN m. Tela de lana impermeable. ‖ Abrigo de esta tela. ‖ *Méx.* Enaguas de jerga.
BARRAGANA f. Concubina.
BARRAGANERÍA f. Concubinato.
BARRAGANETE m. *Mar.* Pieza de la cuaderna.
BARRANCA f. Barranco.
BARRANCAL m. Sitio donde hay barrancos.
BARRANCO m. Despeñadero, precipicio. (SINÓN. V. *Abismo.*) ‖ Quiebra profunda que hacen las aguas. ‖ *Fig.* Dificultad, atolladero.
BARRANCÓN m. Arroyada.
BARRANCOSO, SA adj. Que tiene muchos barrancos: *terreno barrancoso.*
BARRANQUERA f. Barranca, barranco.
BARRANQUILLERO, RA adj. y s. De Barranquilla (Colombia).
BARRAQUERO, RA adj. Relativo a la barraca. ‖ — M. y f. Dueño de una barraca.
BARRAR v. t. Embarrar, cubrir algo de barro.
BARREAR v. t. Cerrar, fortificar con barras o maderos: *barrear una calle.* ‖ Barretear. ‖ *Venez.* Maniatar.
BARREDA f. Barrera.
BARREDERA f. Máquina que se emplea en las grandes ciudades para barrer las calles.
BARREDERO, RA adj. *Fig.* Que barre o arrastra: *red barredera.*
BARREDOR, RA adj. y s. Que barre.
BARREDURA f. Acción de barrer. ‖ — Pl. Inmundicia que se barre. (SINÓN. V. *Basura.*) ‖ Residuos de algunas cosas.
BARREJOBO m. *Col.* y *Cub.* Acción de barrer o quitar todos los obstáculos que estorban.
BARRENA f. Instrumento para taladrar. ‖ Barra de hierro para sondar terrenos, agujerear rocas, etc. ‖ *Entrar en barrena,* empezar a descender verticalmente y en giro un avión.
BARRENADO, DA adj. Locuelo.
BARRENADOR m. Barrenero.
BARRENAR v. t. Abrir agujeros con barrenas o barreno: *barrenar una roca.* (SINÓN. V. *Horadar.*) ‖ Dar barreno a un barco. ‖ *Fig.* Desbaratar un proyecto: *le barrenó su empresa.* ‖ *Fig.* Hablando de leyes, derechos, etc., violarlos. ‖ *Taurom.* Hincar la pica a modo de barrena. ‖ Agujerear una embarcación para hundirla.
BARRENDERO, RA m. y f. Persona que barre.
BARRENERO m. *Min.* El que da los barrenos.
BARRENILLO m. Insecto que roe la albura de los árboles. ‖ Enfermedad que produce dicho insecto. ‖ *Cub.* Capricho, manía.
BARRENO m. Barrena grande. ‖ Agujero hecho con la barrena. ‖ Agujero relleno de pólvora que se abre en la roca para volarla. ‖ *Chil.* Tema, manía. ‖ *Mar. Dar barreno,* agujerear una embarcación para hundirla. ‖ *Méx. Llevar el barreno a una persona,* acomodarse al capricho de uno.
BARREÑA f. y **BARREÑO** m. Vasija de barro o metal que sirve para fregar y otros usos.
BARRER v. t. Quitar con la escoba el polvo, basura, etc. (SINÓN. V. *Limpiar.*) ‖ *Fig.* Quitar todo lo que había en alguna parte. ‖ *Fig.* Hacer desaparecer: *barrer las inconveniencias.* ‖ *Fig.* Rozar, pasar rozando. ‖ *Fig.* Hacer huir: *barrer al enemigo.* ‖ Enfocar con un haz de luz electrónica la superficie de una pantalla luminiscente de un tubo catódico. ‖ *Amer. Al barrer,* loc. adv., sin distinción. ‖ — V. r. *Méx.* Dar una huida el caballo. ‖ *Fig. Barrer hacia dentro,* proceder interesadamente. ‖ *Barrer con todo,* llevarse todo.
BARRERA f. (de *barras*). Valla de palos o tablas: *los pasos a nivel, en los ferrocarriles, están cerrados con barreras.* (SINÓN. V. *Obstáculo.*) ‖ Parapeto, antepecho: *barrera de plaza de toros.* ‖ *Taurom.* Primera fila de asientos. ‖ Defensas naturales de un Estado: *los Pirineos sirven de barrera natural entre Francia y España.* ‖ *Fig.* Obstáculo, embarazo entre una cosa y otra.
BARRERA f. (de *barro*). Sitio de donde se saca el barro de alfareros. ‖ Alacena para guardar barros.
BARRERO m. Alfarero. ‖ Barrera, sitio de donde se saca el barro. ‖ Barrizal, sitio lleno de barro. ‖ *Riopl.* Terreno salitroso.
BARRETA f. Barra pequeña: *barreta de arropía.* ‖ Tira de cuero puesta en lo interior del calzado para reforzar la costura. ‖ *Amer.* Pico o piqueta.
BARRETEAR v. t. Afianzar con barras: *barretear un baúl.* ‖ *Amer.* Abrir zanjas u hoyos con barra. ‖ *Col.* Embarrar, enlodar.
BARRETERO m. *Min.* El operario que derriba en las minas el mineral con barra o piqueta.
BARRETINA f. Gorro catalán: *la barretina es una especie de gorro frigio.*
BARRETÓN m. *Col.* Pico o piqueta del minero.
BARRIADA f. Barrio. ‖ Parte de un barrio.
BARRIAL m. *Méx.* Tierra arcillosa. ‖ *Amer.* Barrizal. ‖ Credal. ‖ *Ant.* y *Amer.* Barrizal, barrero.
BARRICA f. Tonel mediano y su contenido. (SINÓN. V. *Tonel.*)
BARRICADA f. Parapeto hecho en una calle con barricas, adoquines, carruajes volcados, etc., para estorbar el paso del enemigo. (SINÓN. V. *Obstáculo.*)
BARRIDO m. y **BARRIDA** f. *Amer.* Acción de barrer. ‖ Barreduras. ‖ *Fig. Valer tanto para un barrido como para un fregado,* ser útil para todo.
BARRIGA f. Vientre: *dolor de barriga.* (SINÓN. V. *Vientre.*) ‖ *Fig.* Parte abultada de una vasija, panza. ‖ *Fig.* Comba que hace una pared.
BARRIGÓN, ONA adj. *Fam.* y **BARRIGUDO, DA** adj. Que tiene gran barriga. (SINÓN. V. *Grueso.*) ‖ — M. y f. Niño de corta edad.
BARRIGUERA f. Correa que ciñe el vientre a las caballerías.
BARRIL m. Tonel para guardar licores y géneros: *un barril de arenques salados.* (SINÓN. V. *Tonel.*) ‖ Vaso de barro en que tienen los segadores el agua para beber. ‖ *Amer.* Cometa hexagonal, barrilete.

Fot. Casa Remy Martin

BARRILAJE m. *Méx.* Conjunto de barriles.
BARRILAMEN m. Barrilería.
BARRILERÍA f. Conjunto de barriles. ‖ Sitio donde se fabrican o venden barriles.
BARRILERO m. El que hace o vende barriles.
BARRILETE m. Instrumento que usan los carpinteros para asegurar la madera en el banco. ‖ Cangrejo de mar, de carapacho elipsoidal. ‖ *Provinc.* y *Amer.* Cometa grande hexagonal, juguete. ‖ *Mús.* Pieza del clarinete inmediata a la boquilla. ‖ Pieza cilíndrica y móvil del revólver, donde se colocan los cartuchos. ‖ *Arg.* Mujer fea y mal puesta. ‖ *Méx.* Abogado pasante.
BARRILLA f. Planta quenopodiácea cuyas cenizas alcalinas sirven para obtener sosa. ‖ Estas mismas cenizas. ‖ *Bol.* y *Per.* Cobre nativo.
BARRILLAR m. Sitio poblado de barrilla. ‖ Paraje donde se quema.
BARRILLERO, RA adj. Dícese de las plantas de que se hace barrilla o sosa.
BARRILLO m. Barro, granillo del cutis.
BARRIO m. Cada una de las partes en que se dividen las ciudades y pueblos grandes. ‖ Arrabal: *el barrio de Triana en Sevilla.* ‖ Caserío agregado a otra población, aunque esté apartado de ella. ‖ *Fig.* y *fam. El otro barrio,* el otro mundo, la eternidad.
BARRIOPORTEÑO, ÑA adj. y s. De Puerto Barrios (Guatemala).
BARRISTA m. Gimnasta que trabaja en la barra fija.
BARRITAR v. i. Berrear el elefante.
BARRIZAL m. Sitio lleno de barro, lodazal: *el carro se atascó en un barrizal.*
BARRO m. Masa que forma la tierra con el agua: *calles llenas de barro.* (SINÓN. V. *Lodo.*) ‖ Arcilla de alfareros: *boceto de barro.* ‖ Vaso de tierra olorosa para el agua, búcaro. ‖ *Fig.* Cosa despreciable. ‖ Granillo en el rostro. ‖ *Riopl.* Desacierto, yerro.
BARROCO, CA adj. y s. Dícese del estilo arquitectónico caracterizado por la profusión de adornos nacido en los siglos XVII y XVIII en contraposición al renacimiento clásico. (V. ilustr. pág. 139.) ‖ *Por ext.* Se aplica también a las obras de pintura, escultura y literaria. ‖ Galicismo por *extravagante, complicado.*
BARRÓN m. Planta gramínea de los arenales.
BARROQUISMO m. (de *barroco*). Calidad de lo barroco. ‖ Tendencia a lo barroco. ‖ *Fig.* Extravagancia, mal gusto.
BARROSO, SA adj. Lleno de barro: *terreno barroso.* ‖ De color de barro. ‖ Dícese del rostro que tiene barros. ‖ *Arg.* y *Per.* Bayo oscuro en el fondo, y arriba blanco: *el overo barroso tiene pintas blanquecinas.*
BARROTE m. Barra gruesa: *barrotes de hierro.* ‖ Barra de hierro para asegurar algo.
BARRUECO m. Perla irregular de poco valor.
BARRUMBADA f. *Fam.* Dicho jactancioso. ‖ *Fam.* Gasto excesivo. ‖ *Amer.* Barbaridad.
BARRUNTADOR, RA adj. Que barrunta.
BARRUNTAMIENTO m. Barrunto.
BARRUNTAR v. t. Prever, conjeturar o presentir: *barrunto que me va a dar un sablazo Fulano.* (SINÓN. V. *Oler.*)
BARRUNTE y **BARRUNTO** m. Indicio, noticia. (SINÓN. V. *Presentimiento.*)
BARTOLA (A la) loc. adv. *Fam.* Sin ningún cuidado: *tumbarse a la bartola.*
BARTOLEAR v. i. *Chil.* Haraganear.
BARTOLILLO m. Pastelillo relleno con carne.
BARTOLINA f. *Méx.* y *Amér. C.* Calabozo.
BARTULEAR v. i. *Chil.* Cavilar, pensar.
BÁRTULOS m. pl. (de *Bártolo,* n. pr.). *Fig.* Enseres que se manejan. ‖ *Fig.* y *fam. Liar los bártulos,* disponerse para una mudanza o un viaje. ‖ *Preparar los bártulos,* disponer los medios de realizar algo.
BARULLERO, RA adj. y s. Amigo del barullo.
BARULLO m. *Fam.* Confusión, desorden. (SINÓN. V. *Alboroto.*)
BARZA f. y **BARZAL** m. *Amer.* Maleza.
BARZÓN m. Paseo ocioso: *dar barzones.*
BARZONEAR v. i. Pasearse sin destino fijo.
BASA f. *Arq.* Asiento de la columna. (SINÓN. V. *Pedestal.*) ‖ *Fig.* Principio de cualquier cosa. ‖ — PARÓN. *Baza.*
BASADA f. Plano inclinado por el cual se desliza el buque para botarlo al agua.
BASÁLTICO, CA adj. De basalto: *roca basáltica.*
BASALTO m. Roca volcánica negra o verdosa, muy dura y a veces de estructura prismática.
BASAMENTO m. *Arq.* Cuerpo formado por la basa y el pedestal de la columna. (SINÓN. V. *Cimiento.*)
BASANITA f. Basalto.
BASAR v. t. Asentar algo sobre una base: *basar un edificio sobre la roca.* (SINÓN. V. *Establecer.*) ‖ *Fig.* Fundar, apoyar: *basarse en una promesa poco segura.*
BASÁRIDE f. Mamífero carnívoro de América, parecido a la comadreja: *la basáride tiene en la cola ocho anillos negros.*
BASCA f. Ansia, ganas de vomitar: *el aceite de ricino da bascas.*
BASCOSIDAD f. Inmundicia, suciedad. ‖ Ganas de vomitar. ‖ Asco. ‖ *Ecuad.* Palabra soez.
BASCOSO, SA adj. Inmundo, sucio. ‖ Que tiene bascas. ‖ *Ecuad.* Soez, mal hablado.
BÁSCULA f. Aparato para medir pesos grandes que se colocan sobre un tablero y, por medio de una combinación de palancas, se equilibran con el pilón de un brazo de romana o con un platillo donde se colocan pesas: *una pesa de un kilogramo en el platillo de la báscula equilibra diez kilogramos colocados en el tablero.* (Hay tb. básculas para carruajes, para vagones, etc.) ‖ *Fig.* Cosa que oscila sobre un eje horizontal.

báscula

BASCULADOR m. Volquete.
BASCULAR v. i. Ejecutar un movimiento de báscula. ‖ Caer. ‖ — OBSERV. Es galicismo.
BASCUÑANA f. Variedad de trigo fanfarrón.
BASE f. (lat. *basis*). Superficie en que se asienta un cuerpo: *base de un edificio.* (SINÓN. V. *Cimiento.*) ‖ Basa de una columna. ‖ Parte inferior de un cuerpo: *el peciolo está en la base de las hojas.* ‖ *Fig.* Fundamento o apoyo: *la justicia es la base de un Estado.* ‖ Conjunto de militantes de un partido. ‖ Recta de la cual se parte en las operaciones topográficas. ‖ *Geom.* Línea o superficie en que se supone descansa una figura. ‖ *Quím.* Cuerpo que puede combinarse con los ácidos para formar sales. ‖ *Mat.* Cantidad que ha de elevarse a una potencia dada. ‖ Lugar de concentración de los medios necesarios para emprender una operación terrestre, aérea o naval: *base de operaciones.* ‖ *Por ext.* Organismo encargado de la reunión de estos medios.
BASE-BALL m. (pal. ingl., pr. *béisbol*). Béisbol.
BASELÁCEAS f. pl. Plantas angiospermas dicotiledóneas.
BASICIDAD f. *Quím.* Propiedad que tiene un cuerpo de desempeñar el papel de base en una combinación: *la basicidad de la sosa* (CONTR. *Acidez.*)
BÁSICO, CA adj. *Quím.* Dícese de la sal en que predomina la base. (CONTR. *Ácido.*) ‖ Que sirve de base: *sueldo básico.* ‖ Fundamental.
BASIDIO m. Célula madre de las esporas de ciertos hongos.
BASIDIOMICETO adj. y s. m. Dícese de los hongos cuya reproducción se hace por basidios.
BASILAR adj. *Anat.* Que sirve de base.
BASILEENSE o **BASILENSE** adj y s. Basiliense.
BASÍLICA adj. y s. Dícese de una vena del brazo. ‖ —F. *Ant.* Palacio real. ‖ *Antig. rom.* Edificio público que servía de tribunal y sitio de reunión. ‖ Hoy se da este nombre a algunas iglesias principales. (SINÓN. V. *Iglesia.*)
BASILICAL adj. Relativo a la basílica.
BASILICÓN m. Cierto ungüento madurativo.
BASILIENSE adj. y s. De Basilea (Suiza).
BASILIO, LIA adj. y s. Monje de San Basilio.
BASILISCO m. Animal fabuloso: *creíase que el basilisco mataba con la vista.* ‖ Reptil iguánido de América. ‖ *Fam. Hecho un basilisco,* muy colérico, furioso.

basilisco

BASKET-BALL m. (pal. ingl.). Baloncesto.
BASQUEAR v. i. Tener bascas: *este guisado hace basquear.* ‖ — V. t. Producir bascas.
BASQUILLA f. Una enfermedad que se observa en el ganado lanar.
BASQUIÑA f. Saya exterior, falda.
BASTA f. Hilván cosido a puntadas grandes. ‖

Fot. Ets. Viguerie

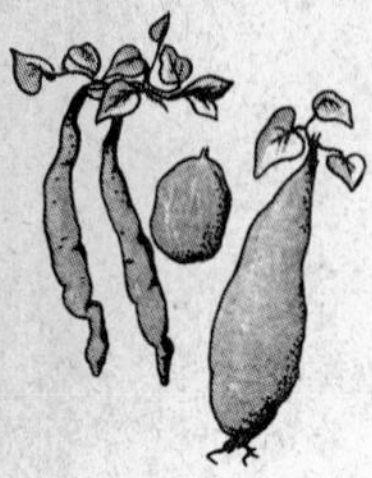

batatas

Puntada que se hace a trechos en el colchón: *las bastas sirven para mantener la lana.*
BASTAMENTE adv. m. Toscamente.
BASTANTE adj. Que basta, suficiente. ‖ — Adv. c. Ni mucho ni poco, ni más ni menos de lo necesario: *tener comida bastante.* ‖ No poco: *tardará bastante en volver.* (SINÓN. *Mucho, muy.*) ‖ — CONTR. *Escaso.*
BASTANTEAR v. i. *For.* Reconocer un abogado el poder otorgado a un procurador.
BASTAR v. i. (b. lat. *bastare*). Ser suficiente para alguna cosa: *con lo hecho basta.* ‖ Satisfacer, llenar. (CONTR. *Faltar*) ‖ — V. r. No necesitar ayuda.
BASTARDA f. Lima de cerrajeros de grano más fino que la común. ‖ Pieza de artillería antigua.
BASTARDEAR v. i. Degenerar de su naturaleza: *los árboles frutales bastardean si no se cultivan.* ‖ *Fig.* Degenerar una persona de lo que conviene a su origen: *bastardear de sus antepasados.* Ú. t. c. reflexivo. ‖ — V. t. *Neol.* Hacer bastardo, adulterar: *bastardear una raza.* (SINÓN. V. *Alterar.*)
BASTARDELO m. Minutario del notario.
BASTARDEO m. *Neol.* Acción de bastardear: *el bastardeo de una raza.* ‖ Degeneración, adulteración.
BASTARDÍA f. Calidad de bastardo. ‖ *Fig.* Dicho o hecho indigno: *cometer una bastardía.*
BASTARDILLA adj. y s. Letra de imprenta que imita a la de mano. ‖ Instrumento músico.
BASTARDO, DA adj. y s. Que degenera de su origen: *planta bastarda.* ‖ Nacido de padres no casados: *hijo bastardo.* (CONTR. *Legítimo.*) ‖ Que pertenece a dos géneros distintos: *arquitectura bastarda.* ‖ Que no es de raza pura: *perro bastardo.* (SINÓN. V. *Mestizo.*) ‖ Letra tendida intermedia entre la redonda y la inglesa.
BASTE m. Basta, hilván. ‖ Almohadillado de la silla o albarda.
BASTEAR v. t. Echar bastas: *bastear una tela.*
BASTEDAD o **BASTEZA** f. Calidad de basto.
BASTETANO, NA adj. y s. De Bastetania. (V. *Parte hist.*)
BASTIDOR m. Armazón de madera o metal que sirve para varios usos: *bastidor de bordadora, de cuadro, de vidriera,* etc. ‖ *Teatr.* Lienzo pintado que se pone a los lados del escenario. ‖ *Mar.* Armazón en que apoya la hélice su eje. ‖ Armazón de un automóvil, con su motor y sus ruedas. ‖ *Chil.* y *Col.* Celosía. ‖ *Fig. Entre bastidores,* en la intimidad, por dentro. ‖ *Cub.* Colchón metálico de muelles.
BASTILLA f. Doblez asegurado con hilván menudo para que no se deshilache la tela.
BASTIMENTAR v. t. Proveer de bastimentos.
BASTIMENTO m. Provisión para sustento de una ciudad, ejército, etc. ‖ Embarcación. (P. us.)
BASTIÓN m. *Fort.* Baluarte.
BASTO m. Aparejo o albarda. ‖ Cualquiera de los naipes del palo de bastos. ‖ *Provinc.* Baste de la silla o albarda. ‖ — Pl. Uno de los cuatro palos de la baraja española. ‖ *Amer.* Almohadilla de la silla de montar.
BASTO, TA adj. (del lat. *vastus,* grosero). Grosero, tosco: *tela basta.* ‖ *Fig.* Rústico: *mujer basta.* ‖ — CONTR. *Pulido.* ‖ — PARÓN. *Vasto.*

batayola

BATERÍA DE JAZZ

1. Platillos dobles con pedal
2. Tambor
3. Palillos de tambor
4 y 5. Toms
6. Platillos fijos
7. Escobillas
8. Tambora o bombo

BASTÓN m. Vara con puño y contera, que sirve para apoyarse al andar. (SINÓN. V. *Palo.*) ‖ Insignia de mando civil o militar. ‖ *Fig.* Mando o autoridad: *empuñar el bastón.* ‖ *Blas.* Nombre de las listas verticales que parten el escudo.
BASTONADA f. y **BASTONAZO** m. Golpe dado con el bastón.
BASTONCILLO m. Galoncillo angosto. ‖ *Anat.* Elemento de ciertas células de la retina.
BASTONEAR v. t. Dar golpes con bastón.
BASTONEO m. Ruido hecho con bastones.
BASTONERA f. Mueble para colocar paraguas y bastones.
BASTONERO m. El que dirige ciertos bailes.
BASURA f. Inmundicia y polvo que se recoge barriendo. ‖ Estiércol de las caballerías.
BASURAL m. *Amer.* Basurero, muladar.
BASUREAR v. t. *Riopl. Pop.* Vencer en pelea, matar, humillar.
BASURERO m. El que recoge la basura. ‖ Sitio donde se amontona la basura, muladar.
BATA f. Ropa larga y cómoda que se usa para estar en casa o para el trabajo. ‖ *Arg.* Cuerpo, peinador de señora. ‖ *Chil.* Pala, paleta. ‖ — M. *Filip.* Indio o mestizo joven.
BATACAZO m. Golpe ruidoso que se da al caer. ‖ Caída.
BATAHOLA f. *Fam.* Bulla, jaleo, ruido. (SINÓN. V. *Tumulto.*)
BATALLA f. Combate entre dos ejércitos: *batalla campal, naval,* etc. ‖ *Fig.* Lucha, pelea: *se armó una batalla entre los muchachos.* (SINÓN. V. *Combate.*) ‖ Orden de batalla: *formar en batalla.* ‖ Parte de la ballesta donde se coloca el lance. ‖ Parte de la silla en que se sienta el jinete. ‖ Distancia de eje a eje, en un carruaje. ‖ Suela del cepillo de carpintero. ‖ *Fig.* Agitación, inquietud interior. ‖ *De batalla,* de uso ordinario: *traje de batalla.* ‖ *Mil. En batalla,* loc. adv., en orden de pelea. ‖ *Batalla campal,* la general y decisiva, la que se da en campo raso. ‖ *Fig. Dar batalla,* dar guerra.
BATALLADOR, RA adj. y s. Que batalla: *el rey don Alfonso el Batallador.* (SINÓN. V. *Esgrimidor.*)
BATALLAR v. i. Pelear, reñir con armas. ‖ *Fig.* Disputar: *batallar por pequeñeces.* (SINÓN. V. *Reñir.*) ‖ *Fig.* Fluctuar, vacilar.
BATALLÓN m. *Mil.* Cuerpo de tropa de infantería, compuesto de cierto número de compañías. (SINÓN. V. *Tropa.*)
BATALLÓN, ONA adj. Luchador, combativo.
BATALLONA adj. f. *Fam.* Dícese de la cuestión muy reñida y que ocasiona discusiones.
BATÁN m. Máquina compuesta de mazos de madera que golpean y enfurten los paños. ‖ *Per.* y *Ecuad.* Piedra para moler el maíz.
BATANADURA f. Acción de batanar.
BATANEAR v. t. *Fig.* Sacudir golpes a uno.
BATANERO m. El que trabaja en los batanes.
BATANGA f. Flotador lateral que llevan algunas embarcaciones filipinas.
BATAOLA f. Batahola, ruido.
BATARÁ adj. *Arg.* Color jaspeado de negro y blanco de los gallos.
BATATA f. Planta convolvulácea, de tubérculos comestibles. ‖ *Riopl. Fam.* Timidez, vergüenza.
BATATAR m. Lugar sembrado de batatas.
BATATAZO (Dar) loc. *Per., Chil.* y *Arg.* Ganar en una carrera el caballo que menos probabiliades de éxito tenía. ‖ *Arg.* Tener chiripa.
BATATILLA f. Planta convolvulácea de América: *la batatilla es un purgante violento.*
BÁTAVO, VA adj. y s. De Batavia (Holanda).
BATAYOLA f. *Mar.* Barandilla de madera, a lo largo de las bordas del buque.
BATE m. (pal. ingl.). Pala en el béisbol.
BATEA f. Bandeja o azafate. ‖ Artesilla honda. ‖ Barco pequeño en forma de cajón. ‖ Vagón descubierto de bordes muy bajos. ‖ *Amer.* Herrada, cubeta.
BATEADOR m. Jugador de béisbol que emplea el bate.
BATEAR v. t. Golpear la pelota en el béisbol.
BATEL m. Bote, barca.
BATELERO, RA m. y f. Barquero, botero. (SINÓN. V. *Marino.*)
BATERÍA f. Conjunto de piezas de artillería

Fot. Larousse

ARTE BARROCO

El estilo barroco, nacido en la época de la Contrarreforma, floreció en Italia entre 1630 y 1750. Las principales características son el triunfo de la línea curva, la búsqueda de planos grandiosos, exuberancia de la decoración y una especial atracción por la escultura del movimiento. Bernini, Borromini y Cortona son imitados por numerosos artistas y secundados por pintores, cuyos techos artesonados constituyen un elemento de decoración interior. Los países germánicos fueron muy influidos por este amor al lujo, como puede apreciarse en la iglesia de San Juan, en Munich, obra de Asam, y la de los Teatinos, en la misma ciudad, de Cuvillies, autor también del palacio de Amalienburgo, en Ninfenburgo (1724-1739), y el palacio de Schleissheim, debido a Zucalli. En Wurzburgo, Neumann construyó una suntuosa residencia, cuya escalera monumental sería más tarde decorada por Tiépolo. El arte austriaco se distingue por su armoniosa sobriedad, gracias a Fischer d'Erlach (San Carlos de Viena) y a Hildebrandt (Belvedere de Viena y palacio de Mirabell, en Salzburgo). En España, el barroco se mezcla a veces con elementos hispanoárabes y constituye un arte nacional, gracias a su interpretación por Churriguera (palacio de San Telmo, en Sevilla; sacristía de la Cartuja de Granada; palacio del Marqués de Dos Aguas, en Valencia). La riqueza de los santuarios de Hispanoamérica se debe sobre todo a la introducción del barroco español. Jerónimo de Balbás realizó el altar de los Reyes, en la catedral de México (1718-1737). El edificio, cuya arquitectura permanece fiel a la tradición, está adornado con columnas y estatuas superpuestas, cortado por frisos y con una extraordinaria profusión de volutas, arabescos y filigranas, realzados a veces por azulejos. Son notables la catedral y el Sagrario de México; la iglesia de San Francisco, en Bahía; el Monasterio de San Benito, en Rio de Janeiro; la iglesia de la Compañía, en Quito, y otros. El barroco no se desarrolló tanto en Francia como en otros países católicos, pues tuvo que enfrentarse allí con el apogeo del clasicismo. De todos modos se distinguieron Huet, Bérain, Audran y los hermanos Rousseau.

ILUSTRACIONES. 1. Fachada de la basílica de Vierzehnheiligen (Alemania, s. XVIII); 2. Baldaquino de San Pedro, de Roma, obra de Bernini (1598-1680); 3. Ventana del convento de Cristo, en Tomar (Portugal); 4. Catedral de México y fachada del Sagrario; 5. Palacio del Marqués de Dos Aguas, en Valencia

Fot. Staatliche Bildstelle, Anderson-Giraudon, Laurent, Alinari, Giraudon

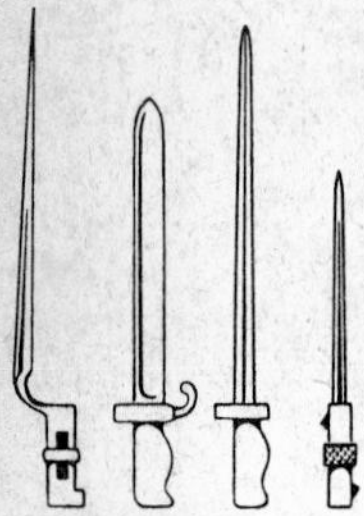

BAYONETAS

De izquierda a derecha: de cubo sable bayoneta espada bayoneta penetrante

bauprés

batíscafo

|| Unidad táctica de artillería compuesta de cierto número de piezas y de soldados. || Obra de fortificación que contiene cierto número de cañones. || *Mar.* Conjunto de cañones de cada puente o cubierta. || Conjunto de instrumentos de percusión de una orquesta. || Tambor y platillos de una orquesta. || El que los toca. || *Teatr.* Fila de luces del proscenio. || Agrupación de varios acumuladores eléctricos, pilas o condensadores dispuestos en serie. || Acumulador. || *Col.* Conjunto de pisones de un molino minero. || *Batería de cocina,* conjunto de cacerolas y utensilios.

BATEY m. *Cub.* En los ingenios de azúcar, conjunto de la maquinaria para la zafra. || *Cub.* Espacio que ocupan las fábricas, viviendas, almacenes, etc. en los ingenios o fincas.

BATIBOLEO m. *Cub.* y *Méx.* Bulla, ruido.

BATIBORRILLO y **BATIBURRILLO** m. Baturrillo, lío, mezcla inconexa.

BATICOLA f. Correa sujeta a la silla, terminada en un ojal, donde entra la cola. || *Per.* El ataharre.

BATIDA f. Caza que se hace batiendo el monte para que salgan las reses. || Incursión, reconocimiento: *batida de la policía.*

BATIDERA f. Pala para hacer argamasa. || Cuchilla con que se castran los panales de miel.

BATIDERO m. Golpeo continuo de una cosa con otra. || Lugar donde se golpea. || Terreno desigual.

BATIDO, DA adj. Dícese de los tejidos de seda que presentan, según el modo como se miran, visos distintos. || Muy andado y trillado: *camino batido.* || — M. Acción de batir. || Bebida batida (leche, etc.). || En la danza, salto en el cual los pies se entrechocan.

BATIDOR, RA adj. y s. Que bate: *batidor de oro.* || Explorador que reconoce el campo para ver si está libre. || Nombre de los soldados de caballería que preceden al regimiento. || Escarpidor, peine ralo para batir el pelo. || *Mont.* El que levanta la caza en las batidas. || *Amer.* Chocolatera. || — F. Vasija o aparato en que se bate.

BATIENTE adj. Que bate. || — M. Marco de las puertas y ventanas en que baten al cerrarse. || Hoja de puerta. || Lugar que bate el mar con mucha fuerza. || Listón de madera forrado de paño en el cual golpean los macillos de los pianos.

BATIFONDO m. *Riopl.* Batuque, alboroto.

BATIHOJA m. Obrero batidor de oro o plata.

BATILONGO m. *Cub.* Bata larga de mujer.

BATIMENTO m. *Pint.* Esbatimento, sombra.

BATIMETRÍA f. Medida de la profundidad de los mares.

BATIMIENTO m. Acción de batir. || *Fig.* Variación periódica de la amplitud de una oscilación.

BATÍN m. Bata.

BATINTÍN m. Pandero de metal muy sonoro que se golpea con un mazo. (SINÓN. *Gong.*)

BATIPORTE m. *Mar.* Canto de las portas.

BATIR v. t. Golpear con fuerza alguna cosa: *las olas baten el acantilado.* (SINÓN. V. *Golpear.*) Arruinar, derribar, echar abajo: *la artillería batió las murallas enemigas.* (SINÓN. V. *Vencer.*) || *Fig.* Anular, destruir. || Dar en una parte sin estorbo alguno el sol, el aire, el agua. || Superar, mejorar: *batir un récord.* || Mover con fuerza: *batir las alas.* (SINÓN. V. *Agitar.*) || Revolver una cosa para trabarla: *batir los huevos para la tortilla.* || Martillar un metal hasta reducirlo a chapa. || Acuñar monedas. || Derrotar, vencer: *batir al enemigo.* || Peinar el pelo esponjándolo. || Reconocer, registrar, recorrer: *batir el campo.* || *Guat., Per.* y *Chil.* Aclarar la ropa después de enjabonada. || — V. i. *Arg. lunf.* Confesar. || — V. r. Combatir, pelear: *batirse como un león.*

BATÍSCAFO m. (del gr. *bathus,* hondo, y *skaphê,* barco). Aparato para exploraciones a gran profundidad, inventado por Piccard.

BATISTA f. Cierto lienzo fino.

BATOLOGÍA f. (del gr. *battos,* tartamudo). *Ret.* Repetición inútil: *colmar de mil obsequios.* (SINÓN. V. *Pleonasmo.*)

BATRACIOS m. pl. (del gr. *batrakhos,* rana). *Zool.* Clase de animales de sangre fría, circulación incompleta y respiración branquial primero y luego pulmonar: *la rana y el sapo son batracios.*

BATUDA f. Serie de saltos dados en el trampolín.

BATUECO, CA adj. y s. Del Valle de las Batuecas (Salamanca). || *Fig.* y *fam. Estar en las Batuecas,* estar en Babia.

BATUQUE m. *Riopl.* Alboroto, gresca.

BATUQUEAR v. t. *Col., Cub, Guat.* y *Venez.* Mover con ímpetu. || *Riopl.* Armar gresca.

BATURRADA f. Dicho o hecho de baturro.

BATURRILLO m. Mezcla de cosas inconexas: *ese libro es un baturrillo.* (SINÓN. V. *Desorden* y *galimatías.*)

BATURRO, RRA adj. y s. Aragonés rústico. || Relativo a él.

BATUTA f. Bastón de director de orquesta. || *Fig.* y *fam. Llevar alguno la batuta,* dirigir.

BAÚL m. Cofre, arca. (SINÓN. *Bujeta, maleta, valija.*) || *Fig.* y *fam.* Vientre. || *Baúl mundo,* el que es muy grande.

BAULERO m. Fabricante o vendedor de baúles.

BAUPRÉS m. *Mar.* Palo grueso colocado horizontalmente en la proa del buque.

BAUSA f. *Per. Fam.* Ocio, holganza, pereza.

BAUSÁN, ANA m. y f. Maniquí armado, especie de armatoste. || *Fig.* Bobo, necio. || — Adj. *Per.* Holgazán.

BAUTISMAL adj. Relativo al bautismo: *fuentes bautismales, inocencia bautismal.*

BAUTISMO m. (gr. *baptismos*). Sacramento de la Iglesia, que confiere el carácter de cristiano. || Bautizo, ceremonia. || *Fig. Romper el bautismo,* romper a uno la cabeza. || *Fig. Bautismo del aire,* primer vuelo que se hace en avión. || *Fig. Bautismo de fuego,* primer combate.

BAUTISTA m. El que bautiza. || *El Bautista,* por antonomasia, San Juan, precursor de Jesucristo.

BAUTISTERIO m. Baptisterio, pila bautismal.

BAUTIZAR v. t. (del lat. *baptizare,* sumergir). Administrar el bautismo. || Bendecir una campana. || *Fig.* Poner nombre: *bautizar una calle.* || *Fig.* y *fam.* Dar a una persona o cosa otro nombre que el suyo: *no quiero que me bauticen.* (SINÓN. V. *Llamar.*) || *Fig.* y *fam.* Mezclar el vino con agua. || *Fig.* y *fam.* Mojar a uno por diversión.

BAUTIZO m. Acción de bautizar y fiesta con que se solemniza.

BAUXITA f. Roca rojiza compuesta principalmente de hidrato de alúmina mezclado con otros cuerpos (hierro, sílice).

BÁVARO, RA adj. y s. De Baviera.

BAYA f. *Bot.* Fruto carnoso como la uva y la grosella: *las bayas contienen semillas menudas.* ||Planta liliácea de flores azules. || *Cub.* Especie de almeja, molusco. || *Chil.* Chicha de uva.

BAYADERA f. Bailarina y cantora de la India.

BAYAHONDA f. *Dom.* Especie de acacia.

BAYAJÁ m. *Cub.* Pañuelo de listas cruzadas.

BAYAL adj. y s. Variedad de lino muy apreciada.

BAYAL m. Palanca que sirve en las tahonas para remover las piedras cuando hay que picarlas.

BAYAMÉS, ESA adj. y s. De Bayamo (Cuba).

BAYETA f. (del ital. *baietta,* paño negro). Tela de lana, poco tupida. || Trapo de fregar. || *Col.* Hombre flojo y dejado.

BAYETÓN m. Bayeta de mucho pelo. || *Col.* Poncho grande de lana.

BAYO, YA adj. De color blanco amarillento: *montar un caballo bayo.* || — M. Mariposa del gusano de seda: *el bayo sirve para pescar.* || *Chil.* Féretro, andas.

BAYÓN m. *Filip.* Saco de hojas de burí.

BAYONÉS, ESA adj. y s. De Bayona.

BAYONESA f. Barb. por *mayonesa.*

BAYONETA f. (de *Bayona,* por inventarse allí). Especie de cuchilla que se fija en el fusil: *calar la bayoneta.* || *Bot.* Izote, planta liliácea de América, llamada también *yuca gloriosa.*

BAYONETAZO m. Golpe dado con la bayoneta: *lo hirió de un bayonetazo.* || Herida causada con esta arma.

BAYOYA f. *Dom.* y *P. Rico.* Alboroto, bochinche.

BAYUNCO, CA y mejor **VALLUNCO** adj. y s. *Amér. C.* Hombre rústico.

BAZA f. Número de cartas que, en ciertos juegos, recoge el que gana. || *Fig.* Oportunidad, ocasión. || *Fig.* y *fam. No dejar meter baza,* intervenir una persona en una conversación de modo

Fot. Arch. Phot. doc. Alfa-Laval

que no deje hablar a las demás. || *Meter baza en un asunto,* intervenir en él, sin ser llamado.

BAZAR m. En Oriente, mercado público. || Tienda donde se venden mercancías diversas. (SINÓN. V. *Tienda.*)

BAZO, ZA adj. De color moreno amarillento. || — M. Víscera del cuerpo humano situada en el hipocentro izquierdo, entre el colon y las costillas falsas.

BAZOFIA f. (pal. ital.). Desechos o sobras de comidas. || *Fig.* Comida mala. || *Fig.* Cosa sucia.

BAZOOKA m. (pal. ingl. pr. *bazuka*). *Mil.* Tubo portátil lanzacohetes contra tanques.

BAZUCAR y **BAZUQUEAR** v. t. Agitar un líquido metido dentro de una vasija.

BE f. Nombre de la letra *b.* || *Be por be,* loc. adv., con todos sus pormenores. (V. CE.) || *Tener una cosa las tres bes,* ser excelente (bonita, barata y buena).

Be, símbolo químico del *berilio.*

BEAGLE m. (pal. ingl., pr. *bigl*). Especie de perro pachón de patas derechas.

BEATA f. Mujer que, sin estar en comunidad, vive piadosamente. || Mujer que vive en comunidad bajo cierta regla. || *Fam.* Mujer muy devota. || *Pop.* Peseta.

BEATERÍA f. Afectación de virtud o piedad.

BEATERIO m. Casa en que viven las beatas. || Conjunto de gente beata.

BEATIFICACIÓN f. Acción de beatificar.

BEATIFICAR v. t. Colocar entre los bienaventurados: *se beatifica a los santos antes de canonizarlos* || Hacer respetable o venerable.

BEATÍFICO, CA adj. *Teol.* Que hace bienaventurado a alguno: *visión beatífica.*

BEATITUD f. (lat. *beatitudo*). Bienaventuranza eterna. (SINÓN. V. *Dicha.*) || Tratamiento que se da al papa. || *Fam.* Felicidad: *descansar con beatitud.*

BEATNIK adj. y s. (pal. ingl.). Dícese de un seguidor de un movimiento norteamericano aparecido hacia 1950 y basado en una reacción contra la vida y los valores tradicionales de los Estados Unidos. || Dícese del joven que vive al margen de la sociedad cuya organización no acepta.

BEATO, TA adj. (lat. *beatus*). Feliz, bienaventurado. || Beatificado por la Iglesia. || Piadoso: *es hombre muy beato.* || *Fig.* Que finge virtud o piedad. (SINÓN. *Mojigato, gazmoño, camandulero, santurrón.*) || — M. El que viste hábito religioso, sin vivir en comunidad. || *Fam.* Hombre muy devoto.

BEATÓN, ONA adj. Muy beato.

BEBÉ m. *Neol.* Nene, niño pequeño. || — SINÓN. *Rorro, nene, gurrumino.* Fam. *Mocosuelo, churumbel.* Pop. *Pituso, mamón.* || — OBSERV. Hace en Argentina *bebe,* m., y *beba,* f.

BEBEDERO, RA adj. Bueno de beber: *vino bebedero.* || — M. Vaso para dar de beber a las aves: *bebedero de cristal.* (SINÓN. V. *Comedero.*) || Abrevadero para los animales.

BEBEDIZO, ZA adj. Bebedero. || — M. Poción medicinal. || Filtro mágico. || Veneno.

BEBEDOR, RA adj. y s. Que bebe: *bebedor de cerveza.* || *Fig.* Que abusa de las bebidas alcohólicas.

BEBER m. Acción de beber. || Bebida.

BEBER v. i. y t. Absorber un líquido por la boca: *beber vino puro, beber entre comidas.* (SINÓN. *Libar, absorber, tragar, beborrotear, saborear, paladear.*) || *Fig.* Abusar de bebidas alcohólicas: *este hombre bebe.* (SINÓN. *Copear, pimplar, soplar, chiflar.*) || Brindar: *beber a, o por, la salud de uno.* || *Fig.* Adquirir, aprender: *beber en fuentes informadas.* || *Fig.* Suspirar, ansiar: *bebe los vientos por ella.*

BERBERAJE m. *Riopl.* Exceso en la bebida.

BEBERRÓN, ONA adj. y s. *Fam.* Que bebe mucho.

BEBESTIBLE adj. *Fam.* Bebible. || — M. *Fam.* Bebida.

BEBEZÓN f. *Col* y *Cub.* Borrachera.

BEBIBLE adj. *Fam.* Aplícase a los líquidos no del todo desagradables: *este café no es bebible.*

BEBIDA f. Cualquier líquido que se bebe: *bebida amarga.* || Costumbre de beber vino: *darse a la bebida.* || *Méx.* Poción, potingue. || *Arg. Bebida, o bebida blanca,* aguardiente. || *Tener mala bebida,* irritarse fácilmente el borracho.

BEBIDO, DA adj. Casi ebrio. (SINÓN. *Chispo.*)

BEBIENDA f. Bebida.

BEBISTRAJO m. *Fam.* Bebida poco agradable.

BEBORROTEAR v. i. *Fam.* Beber frecuentemente y en poca cantidad. (SINÓN. V. *Beber.*)

BECA f. Insignia que llevaban algunos eclesiásticos. || Embozo de capa. || Pensión temporal que se concede a uno para que realice sus estudios. || Plaza gratuita en un colegio.

BECACINA f. Agachadiza.

BECADA f. Chocha, ave zancuda.

BECAFIGO m. Papafigo, pájaro.

BECARIO, RIA m. y f. Estudiante que disfruta una beca.

BECASINA f. Becacina, agachadiza.

BECERRA f. Vaca de menos de un año.

BECERRA f. Dragón, planta escrofulariácea.

BECERRADA f. Lidia o corrida de becerros.

BECERREAR v. i. *Fam.* Berrear, gritar.

BECERRIL adj. Perteneciente al becerro.

BECERRILLO m. Piel de becerro curtida.

BECERRISTA m. El que lidia becerros.

BECERRO m. Toro de menos de un año. || Piel de ternero o ternera curtida: *botas de becerro.* || Libro en que las iglesias y monasterios copiaban sus privilegios y pertenencias. || *Becerro marino,* foca.

BECOQUÍN m. Bicoquín, papalina.

BECOQUINO m. *Bot.* Ceriflor.

BECQUERIANA f. Bequeriana.

BECUADRADO m. Una de las propiedades del canto llano o gregoriano.

BECUADRO m. *Mús.* Signo que devuelve su entonación natural a las notas alteradas por el sostenido o el bemol.

BECHAMEL f. Salsa blanca con crema, así llamada del nombre de su inventor, Bechamel.

BEDANO m. (fr. *bédane*). Escoplo grueso.

BEDEL m. En los establecimientos de enseñanza, empleado encargado de mantener el orden fuera de las clases, y señalar la entrada y salida de las mismas. (SINÓN. V. *Ujier.*)

BEDELÍA f. Empleo de bedel.

BEDUINO, NA adj. y s. Dícese de los árabes nómadas del desierto. || — M. *Fig.* Hombre bárbaro y desaforado.

BEEFSTEAK m. (pal. ingl., pr. *biftek*). Bistec.

BEFA f. Burla, mofa.

BEFAR v. i. Mover los labios el caballo. || — V. t. Burlar, mofar, hacer burla de uno.

BEFO, FA adj. y s. Que tiene abultado el labio inferior. || Zambo o zancajoso. || Belfo.

BEGARDO, DA m. y f. Hereje de los siglos XIII y XIV, que profesaban doctrinas análogas a las de los gnósticos e iluminados.

BEGONIA f. Planta begoniácea de América, de follaje elegante y diversamente matizado.

BEGONIÁCEAS f. pl. *Bot.* Familia de plantas angiospermas, que tienen por tipo la begonia.

BEGUINO, NA m. y f. Begardo.

BEGUM f. Título de algunas princesas indias.

BEHETRÍA f. Población cuyos vecinos podían tomar por señor a quien quisiesen. || *Fig.* Confusión, desorden.

BEIGE adj. y s. m. (pal. fr., pr. *bech*). De color café con leche.

BÉISBOL m. Juego de pelota practicado por un equipo de nueve jugadores.

BEJÍN m. Hongo que contiene un polvo negro usado para restañar la sangre y para otros usos.

BEJUCAL m. Sitio donde hay muchos bejucos.

BEJUCO m. Nombre de varias plantas tropicales, de tallos muy largos y delgados, que se extienden por el suelo o se arrollan a otros vegetales.

BEJUQUEAR v. t. *Amer.* Varear, apalear.

BEJUQUEDA f. Bejucal. || *Per.* Paliza.

BEJUQUILLO m. Cadenita de oro.

BEL m. Unidad de intensidad sonora. (V. DECIBEL.)

BEL CANTO, expr. italiana que designa una manera de cantar caracterizada sobre todo por la belleza del sonido y la virtuosidad.

BELCHO m. Mata que vive en los arenales.

BELDAD f. Belleza o hermosura. || Mujer muy bella: *esa actriz es una beldad.* || — CONTR. *Fealdad.*

BELDUQUE m. *Amér. C., Col.* y *Méx.* Cuchillo grande. || — PARÓN. *Balduque.*

begonia

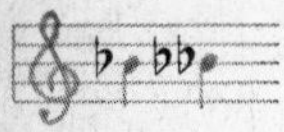
bemol

benedictinos

BELEMNITA f. (del gr. *belemon*, flecha). Fósil de figura cónica, constituido por el hueso interno de algunos cefalópodos. ‖ — PARÓN. *Betlemita.*
BELÉN m. *Fig.* Nacimiento: *un belén de cartón pintado.* ‖ *Fig.* y *fam.* Confusión, enredo y lugar donde lo hay. ‖ — Pl. *Fig.* y *fam.* Pamplinas. ‖ *Estar en Belén*, estar en Babia.
BELEÑO m. Planta solanácea: *la raíz del beleño es narcótica.*
BELÉRICO m. *Bot.* Mirobálano.
BELERMO m. *Ecuad.* Máscara.
BELESA f. Planta plumbaginácea, de flores purpúreas muy menudas.
BELFO, FA adj. y s. Que tiene más grueso el labio inferior: *labio belfo.* ‖ Labio del caballo. ‖ — SINÓN. V. *Labio.*
BELGA adj. y s. De Bélgica.
BÉLGICO, CA adj. Perteneciente a Bélgica.
BELICENSE o **BELICENO, NA** adj. y s. De Belice.
BELICISMO m. Tendencia a provocar conflictos armados o a tomar parte en ellos.
BELICISTA adj. y s. Partidario del belicismo. (SINÓN. V. *Guerrero.*)
BÉLICO, CA adj. (del lat. *bellum*, guerra). Relativo a la guerra: *aparato bélico.*
BELICOSIDAD f. Calidad de belicoso.
BELICOSO, SA adj. Guerrero, marcial: *cantos belicosos.* ‖ *Fig.* Agresivo, que busca la guerra: *los indios araucanos eran muy belicosos.* (SINÓN. V. *Guerrero* y *turbulento.*) ‖ — CONTR. *Pacífico.*
BELIGERANCIA f. Calidad de beligerante. ‖ *Conceder*, o *dar, beligerancia*, dar importancia.
BELIGERANTE adj. y s. Dícese de la nación que está en guerra: *los beligerantes firmaron una tregua.*
BELÍGERO, RA adj. *Poét.* Guerrero, belicoso.
BELIO m. *Fís.* Bel. ‖ Unidad de medida cuya décima parte es el decibelio.
BELINOGRAMA o **BELINO** m. Documento trasmitido por belinógrafo.
BELINÓGRAFO m. Aparato inventado por Edouard Belin que sirve para transmitir a distancia imágenes o fotografías.
BELÍSONO, NA adj. *Poét.* Que produce ruido bélico o marcial.
BELITRE adj. y s. *Fam.* Pícaro, bellaco, bribón. (SINÓN. V. *Pillo.*)
BELUARIO m. El que combatía con las fieras en el circo. ‖ En la actualidad, domador de fieras.
BELVEDERE m. (pal. ital.). Mirador o azotea en lo alto de algunos edificios.
BELLACADA f. Bellaquería.
BELLACAMENTE adv. m. Con bellaquería.
BELLACO, CA adj. y s. Pícaro, ruin. (SINÓN. V. *Astuto.*) ‖ *Riopl.* y *Méx.* Dícese del caballo que tiene resabios. ‖ *Ecuad.* y *Pan.* Valeroso.
BELLADONA f. (ital. *belladonna*). Planta solanácea narcótica y venenosa: *el fruto de la belladona se parece a la cereza y es un veneno violento.* (Contiene un alcaloide, la atropina, utilizada medicinalmente en dosis muy pequeñas.)
BELLAMENTE adv. m. Primorosamente.
BELLAQUEAR v. i. Hacer o decir bellaquerías. ‖ *Riopl.* y *Bol.* Encabritarse los caballos. ‖ *Riopl. Fig.* Resistirse a hacer algo una persona.
BELLAQUERÍA f. Acción, dicho o calidad de bellaco.
BELLASOMBRA f. *Arg.* Ombú.
BELLEZA f. Armonía física o artística que inspira placer y admiración: *la belleza de Apolo, la belleza de un carácter, un drama.* ‖ Mujer hermosa, beldad. ‖ — CONTR. *Fealdad.*
BELLIDO, DA adj. Bello, agraciado.
BELLISTA adj. Relativo a la vida y obra de Andrés Bello.
BELLO, LLA adj. Que tiene belleza: *mujer bella, frase bella.* (SINÓN. *Bonito, precioso, lindo, gracioso.* Fam. *Mono.* CONTR. *Feo.*) ‖ *Por su bella cara*, porque él lo quiera. ‖ — OBSERV. Son galicismos las frases: *el más bello día de su vida; bello es morir por la patria.* Dígase en estos casos: *hermoso.*
BELLÍSIMO, MA adj. Superlativo de *bello.* ‖ *Es una bellísima persona*, ser excelente, de buenas cualidades.
BELLOTA f. Fruto de la encina: *ciertas encinas dan bellotas dulces.* ‖ Bálano o glande. ‖ Adorno de forma de bellota, borla. ‖ *Fig.* y *fam.* *Animal de bellota*, bruto, zopenco.
BELLOTE m. Clavo largo de cabeza gruesa.
BELLOTEAR v. i. Comer bellotas.
BELLOTERO, RA m. y f. Persona que coge o vende bellotas. ‖ Tiempo en que se recoge la bellota y se ceban los cerdos. ‖ — F. Cosecha de bellotas.
BELLOTO m. *Chil.* Árbol lauráceo.
BEMBA f. *Amer.* Boca gruesa. ‖ Hocico, jeta. ‖ *Venez.* Bembo.
BEMBO m. *Cub.* Labio grueso.
BEMBO, BA adj. y s. *Méx.* Tonto.
BEMBÓN, ONA y **BEMBUDO, DA** adj. *Amer.* De labios gruesos.
BEMOL m. *Mús.* Signo que baja la nota un semitono. ‖ *Doble bemol*, el que baja medio tono la nota bemolada. ‖ — Adj. Dícese de la nota así alterada: *la bemol.* ‖ *Fig.* y *fam.* *Tener una cosa muchos bemoles*, ser muy difícil.
BEMOLADO, DA adj. Con bemoles.
BEMOLAR v. t. Señalar con bemol: *bemolar una nota, bemolar una clave.*
BEN m. Árbol moringáceo de los países tropicales, de fruto oleaginoso, usado en la industria.
BEN, pal. semítica que significa *hijo de*, y entra en la formación de muchos nombres orientales. Pl. *beni.*
BENCENO m. Hidrocarburo cíclico, líquido incoloro, volátil, inflamable que se obtiene por destilación de la hulla. (Se utiliza para disolver las grasas, barnices, caucho y para fabricar nitrobenceno, del que se extraen anilina y numerosos colorantes.)
BENCINA f. Mezcla de hidrocarburos, que se emplea como carburante en los motores de combustión interna y también para quitar manchas.
BENDECIDOR, RA adj. Que bendice.
BENDECIR v. t. (del lat *benedicere*, de *bene*, bien, y *dicere*, decir). Alabar, celebrar, ensalzar: *bendecir a su bienhechor.* ‖ Colmar de bienes la Providencia. ‖ Invocar en favor de una persona o cosa la bendición divina: *bendecir a sus hijos.* ‖ Consagrar al culto: *bendecir una iglesia.* ‖ Agradecer, dar las gracias: *bendigo tu venida.* ‖ CONTR. *Maldecir.* ‖ — IRREG. Se conjuga como *decir*, excepto en futuro, que es regular, y en imper. sing. *(bendice)*, pero tiene dos participios, uno regular y otro irregular: *bendito*, usado como adjetivo.
BENDICIÓN f. (lat. *benedictio*). Acción y efecto de bendecir. ‖ *Bendiciones nupciales*, ceremonia del matrimonio. ‖ *Fig.* y *fam.* *Echar la bendición*, renunciar a toda relación. ‖ *Fig.* y *fam.* *Ser una cosa una bendición*, ser muy abundante o excelente. ‖ — CONTR. *Maldición.*
BENDITO, TA p. p. irreg. de *bendecir: pan bendito.* ‖ — Adj. Bienaventurado. (SINÓN. V. *Santo.* CONTR. *Maldito.*) ‖ Dichoso. ‖ *Fig.* y *fam.* *Ser un bendito*, ser sencillo y de pocos alcances. ‖ — M. Nombre de una oración. ‖ *Arg.* Toldo improvisado con estacas y ponchos. ‖ *Riopl.* Hornacina para colocar la imagen de un santo.
BENEDÍCITE m. Licencia que piden los religiosos para viajar. ‖ Cántico que se reza en laudes. ‖ Bendición de la mesa: *rezar el benedícite.*
BENEDICTINO, NA adj. y s. Perteneciente a la orden de San Benito. ‖ *Fig.* *Obra de benedictino*, la muy larga y de paciencia. ‖ — M. Cierto licor fabricado por los monjes benedictinos.
BENEFACTOR, RA adj. y s. Bienhechor.
BENEFICENCIA f. Virtud de hacer bien. Ejercicio de la caridad. ‖ Conjunto de institutos benéficos y de los servicios gubernativos referentes a ellos.
BENEFICIACIÓN f. Acción de beneficiar.
BENEFICIADO, DA m. y f. Persona en cuyo beneficio se ejecuta un espectáculo. ‖ — M. El que posee un beneficio eclesiástico.
BENEFICIADOR, RA adj. y s. Que beneficia.
BENEFICIAR v. t. Hacer bien. ‖ Cultivar hacer fructificar una cosa: *beneficiar una tierra.* ‖ Extraer minerales. ‖ Someter estos minerales al tratamiento metalúrgico: *beneficiar el oro.* ‖ *Amer.* Descuartizar una res. ‖ — OBSERV. Es galicismo decir: *beneficiar de una cosa*, por *aprovecharla.*
BENEFICIARIO, RIA adj. Que goza de un beneficio: *beneficiarios de múltiples prebendas.*

BENEFICIO m. (lat. *beneficium*). Bien hecho o recibido: *agradecer los beneficios.* (SINÓN. V. *Servicio.*) || Utilidad, provecho. (SINÓN. V. *Ganancia.*) || Cultivo, explotación de los campos, árboles, etc. || Acción de beneficiar minas o minerales: *el beneficio de las piritas de cobre.* || Producto de un espectáculo, concedido a una persona, corporación, etc.: *función a beneficio de los damnificados.* || Dignidad eclesiástica que goza de renta. || *Amer.* Acción de beneficiar reses. || *Amér. C.* Ingenio o hacienda. || *Chil.* Abono. || *A beneficio de inventario,* dícese cuando se acepta la herencia con la condición de no quedar obligado a pagar a los acreedores más de lo que importa la herencia misma. || *No tener oficio ni beneficio,* no ser hombre de provecho. || — CONTR. *Pérdida, perjuicio.* || — PARÓN. *Veneficio.*

BENEFICIOSO, SA adj. Provechoso, útil.

BENÉFICO, CA adj. Que hace bien: *remedio benéfico.* || — CONTR. *Maléfico.* || — PARÓN. *Venéfico.*

BENEMÉRITO, TA adj. Digno de honor por sus méritos: *benemérito de la patria.* || — *La Benemérita,* nombre que suele darse a la Guardia Civil española.

BENEPLÁCITO m. (del lat. *bene placitus,* bien querido). Aprobación, permiso: *negar su beneplácito.* (SINÓN. V. *Aprobación.*)

BENÉVOLAMENTE adv. m. Con benevolencia.

BENEVOLENCIA f. Simpatía, buena voluntad: *hablar con benevolencia.* (SINÓN. V. *Bondad.* CONTR. *Malevolencia.*)

BENÉVOLO, LA adj. (lat. *benevolus,* de *bene,* bien, y *volo,* quiero). Que tiene buena voluntad a otro. (SINÓN. V. *Bueno.*) || Hecho gratuitamente, sin obligación: *lector benévolo.*

BENGALA f. Caña de Indias con que se hacen bastones. || Insignia antigua de mando militar. || *Luz de Bengala,* fuego artificial que arde con luz de color .

BENGALÍ adj. y s. De Bengala: *mujer bengalí.* || — M. Lengua derivada del sánscrito, y hablada en Bengala. || Pájaro pequeño originario de Bengala.

BENI, pal. semítica (pl. de *ben*) que significa *hijos de,* y entra en la formación de varios nombres orientales. Sing. *ben.*

BENIANO, NA adj. y s. De Beni (Bolivia).

BENIGNIDAD f. Calidad de benigno: *la benignidad de una enfermedad.* (SINÓN. V. *Bondad.*)

BENIGNO, NA adj. (lat. *benignus*). Afable, benévolo, piadoso: *carácter benigno.* (SINÓN. V. *Indulgente.*) || *Fig.* Templado, suave: *estación benigna.* || Sin gravedad: *fiebre benigna.* || *Fig.* Inofensivo. (SINÓN. V. *Inofensivo.*)

BENITO, TA adj. y s. Benedictino (monje).

BENJAMÍN m. (por alusión al hijo de Jacob) Hijo menor y preferido de sus padres. (SINÓN. V. *Menor.*)

BENJAMITA adj. Descendiente de la tribu de Benjamín o relativo a Benjamín.

BENJUÍ m. Bálsamo aromático que se saca de un árbol de las Indias: *el benjuí es usado en farmacia.*

BENTEVEO m. Bienteveo.

BENTÓNICO, CA adj. *Zool.* Que vive en contacto con el fondo del mar.

BENTONITA f. Arcilla coloidal utilizada en metalurgia y en diferentes industrias como colorante.

BENTOS m. Fauna del fondo de los mares.

BENZOATO m. Sal derivada del ácido benzoico.

BENZOICO, CA adj. *Quím.* Dícese del ácido que se saca del benjuí y algunas otras substancias.

BENZOL m. Carburante obtenido por una mezcla de bencina y tolueno.

BENZONAFTOL m. Benzoato de naftol.

BEOCIO, CIA adj. y s. De Beocia, región griega. || *Fig.* Torpe, grosero, por alusión a la proverbial estupidez de los beocios: *ese escritor es un beocio.*

BEODEZ f. Embriaguez o borrachera.

BEODO, DA adj. y s. Embriagado. (SINÓN. V. *Borracho.*)

BEORÍ m. Tapir americano.

BEQUE m. *Mar.* Obra exterior de proa. || *Mar.* Retrete de la marinería. || *Amer.* Excusado. (P. us.)

BEQUERIANA f. Poesía amorosa breve.

BERBÉN m. *Méx.* Escorbuto, mal de Loanda.

BERBERECHO m. Molusco bivalvo de España.

BERBERÍ adj. y s. Beréber.

BERBERÍA f. *Hond.* Una planta tintórea.

BERBERIDÁCEAS f. pl. *Bot.* Familia de arbustos dicotiledóneos que tiene por tipo el bérbero o agracejo.

BERBERISCO, CA adj y s. Beréber.

BÉRBERO y **BÉRBEROS** m. Agracejo, arbusto berberáceo. || Agracejina, fruto del agracejo.

BERBIQUÍ m. Instrumento para taladrar la madera, la piedra, etc.

BERCEUSE f. (pal. fr, pr. *bersés*). Canción de cuna.

BERCIANO, NA adj y s. Del Bierzo (León).

BERÉBER adj y s. De Berbería, región de África.

BEREBERE adj. Beréber.

BERENGARIO, RIA adj. y s. Sectario del heresiarca francés Berenger.

BERENGO, GA adj. *Méx.* Cándido, bobo.

BERENJENA f. Planta solanácea, de fruto comestible.

BERENJENAL m. Sitio plantado de berenjenas. || *Fig.* y *fam.* Negocio enredado y de difícil salida.

BERGADÁN, ANA adj. y s. De Berga.

BERGAMOTA f. Variedad de lima aromática. || Pera jugosa y aromática.

BERGAMOTO m. Árbol que produce la bergamota.

BERGANTE m. *Fam.* Pícaro, sinvergüenza, tunante.

BERGANTÍN m. (fr. *brigantin*). Buque de dos palos y vela cuadrada o redonda.

BERGINIZACIÓN f. Procedimiento de obtención del petróleo partiendo de la hulla.

BERI (Con las del) loc. *Fam.* Con malas intenciones.

BERIBERI m. Enfermedad debida a la carencia de vitaminas B y caracterizada por trastornos digestivos, edemas múltiples, parálisis y trastornos nerviosos.

BERILIO m. Metal alcalino térreo, llamado también *glucinio.*

BERILO m. Esmeralda verdemar.

BERKELIO m. Elemento químico (Bk), de número atómico 97, obtenido artificialmente bombardeando el curio con partículas alfa.

BERLINA f. Coche cerrado, comúnmente de dos asientos. || En las diligencias, departamento ce-

rrado en la parte delantera. || *Fig. En berlina,* en situación ridícula.

BERLINÉS, ESA adj. De Berlín.

BERLINGA f. *And.* Nombre de los palos que sostienen un cordel para tender ropa. || *Mar.* Percha.

BERMA f. *Fort.* Caminillo al pie de la muralla.

BERMEJAL m. Extensión grande de terreno bermejo.

BERMEJEAR v. t. Mostrar una cosa color bermejo: *el pelo de Juana bermejea.* || Tirar a bermejo.

BERMEJIZO, ZA adj. Que tira a bermejo. || — M. Especie de murciélago grande

BERMEJO, JA adj. Rubio rojizo: *pelo bermejo.* (SINÓN. V. *Rojo.*) || *Zool.* Especie de topo de México.

BERMEJURA f. Color bermejo de ciertas cosas.

BERMELLÓN m. Cinabrio en polvo, de color rojo vivo. (SINÓN. V. *Rojo.*)

BERMUDINA f. Octava endecasílaba o decasílaba, cuyos versos cuarto y octavo tienen rima común aguda.

BERNARDINA f. *Fam.* Mentira, baladronada.

BERNARDO, DA adj. y s. Monje o monja de la orden de San Bernardo. || *Ecuad. Estar hecho un bernardo,* estar muy airado.

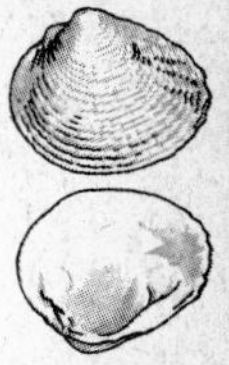

berberecho

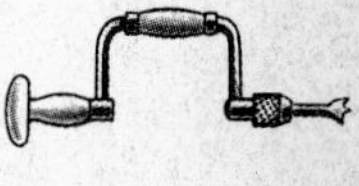

berbiquíes

berenjena

bengalíes

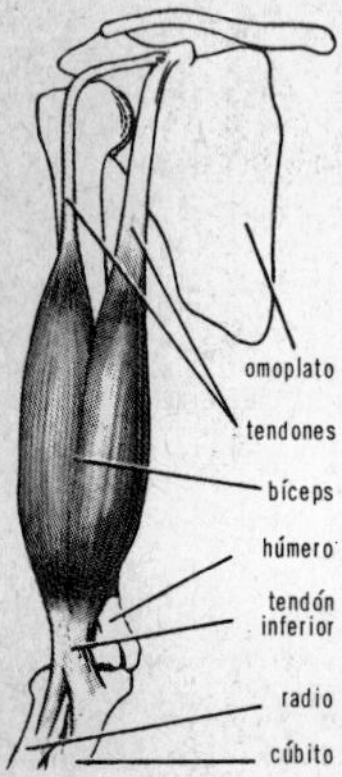

BÍCEPS

berro

BERNEGAL m. Taza ancha de boca ondeada. ‖ *Venez.* Tinaja que recibe el agua que destila el filtro.
BERNÉS, ESA adj. De Berna.
BERNIA f. Tejido basto de varios colores. ‖ Capa de esta tela. ‖ — Com. *Hond.* Haragán.
BERRA f. Berraza, berro crecido.
BERRACO m. *And.* Niño que berrea. ‖ — PARÓN. *Verraco.*
BERRAÑA f. Planta, variedad del berro común.
BERRAZA f. Berrera, berro crecido y talludo.
BERREAR v. i. (del lat. *barrire*, bramar). Dar berridos. ‖ Emberrenchinarse. ‖ *Fig.* Gritar o cantar desentonadamente. (SINÓN. V. *Cantar* y *gritar.*)
BERRENCHÍN m. Vaho o tufo que arroja el jabalí furioso. ‖ *Fig.* y *fam.* Berrinche.
BERRENDO, DA adj. (del lat. *variandus*, matizado). Manchado de dos colores, abigarrado. ‖ Dícese de una variedad de trigo. ‖ Dícese del toro que tiene manchas de color distinto. ‖ *P. Rico.* Colérico. ‖ — M. Animal mamífero rumiante de México: *el berrendo es parecido al ciervo.*
BERRENGUE m. *Col.* Vergajo, látigo.
BERREO m. Berrinche, berrido.
BERRERA f. Planta umbelífera acuática.
BERRIADORA f. *Col.* Borrachera.
BERRIDO m. Voz del becerro y otros animales que berrean. ‖ *Fig.* Grito desaforado de persona, o nota alta y desafinada al cantar.
BERRÍN m. *Fam.* Persona muy colérica.
BERRINCHE m. *Fam.* Coraje, enojo, disgusto. ‖*Ecuad.* Riña, disputa. ‖ *P. Rico.* Mal olor.
BERRINCHUDO, DA adj. *Amér C.* y *Méx.* Que se emberrincha con frecuencia.
BERRIZAL m. Sitio aguanoso donde abundan los berros.
BERRO m. Género de plantas crucíferas que crecen en lugares aguanosos: *el berro se come en ensalada.*
BERROCAL m. Sitio lleno de berruecos.
BERROCHAR v. i. *Col.* Alborotar, retozar.
BERROQUEÑA adj. Dícese de la piedra compacta y dura. ‖ *Piedra berroqueña*, el granito.
BERROQUEÑO, ÑA adj. y s. Duro como el granito.
BERRUECO m. Roca, peñasco. ‖ Barrueco, perla. ‖ — M. Tumor en el ojo.
BERSAGLIERO m. Soldado italiano de infantería. Pl. *bersaglieri.*
BERZA f. *Bot.* Col. ‖ *Fig.* y *fam. Mezclar berzas con capachos*, mezclar cosas inconexas.
BERZAL m. Campo de berzas.
BERZOTAS m. y f. *Fig.* y *fam.* Tonto, memo.
BESALAMANO m. Esquela encabezada con la abreviatura B. L. M., escrita en tercera persona y sin firma.
BESAMANOS m. Ceremonia que consiste en besar la mano a los príncipes y otras personas de elevada jerarquía. ‖ Modo de saludar a una persona acercando los labios a su mano derecha.
BESAMELA f. Bechamel.
BESANA f. Espacio entre dos surcos paralelos que se hacen con el arado. ‖ Primer surco que se abre en la tierra. ‖ Medida agraria de Cataluña. ‖ Tierra de labor.
BESANTE m. Antigua moneda bizantina de oro o plata. ‖ *Blas.* Figura del blasón.
BESAR v. t. Tocar con los labios una cosa en señal de amor, amistad o reverencia: *besar la mano.* (SINÓN. *Abrazar, besucar.*) ‖ *Fig.* y *fam.* Tocar unas a otras varias cosas: *los panes suelen besarse en el horno.* ‖ *Llegar y besar al santo*, querer hacer una cosa de prisa.
BESITO m. *Amer.* Cierto bizcocho.
BESO m. Acción de besar. ‖ *Fig.* Falsa manifestación de cariño. ‖ *Fig. Beso de Judas*, el que se da con doblez y falsa intención. ‖ *Beso de paz*, el que se da en muestra de cariño y amistad. ‖ *Fig.* y *fam. Comerse a besos* a uno, besarle con repetición, vehemencia y pasión. ‖ — PARÓN. *Bezo.*
BESTIA f. Animal cuadrúpedo: *bestia de carga.* (SINÓN. V. *Animal.*) ‖ — Com. *Fig.* Persona ruda y torpe. Ú. t. c. adj.: *Fulano es muy bestia.* ‖ *Gran bestia*, el anta o tapir.
BESTIAJE m. Conjunto de bestias de carga.
BESTIAL adj. Brutal, irracional: *apetito bestial.* ‖ *Fam.* Magnífico, extraordinario. ‖ *Fam.* Enorme, muy grande.
BESTIALIDAD f. Brutalidad o irracionalidad: *decir bestialidades.* ‖ Pecado de lujuria cometido con una bestia. ‖ Gran cantidad.
BESTIALIZAR v. t. Dar carácter bestial. ‖ — V. r. Hacerse bestial.
BESTIALMENTE adv. m. Con bestialidad.
BESTIARIO m. Hombre que luchaba con las fieras en los circos romanos. ‖ En la Edad Media, colección de fábulas de animales.
BÉSTOLA f. Arrejada del arado.
BEST SELLER m. (pal. ingl.). Libro que ha obtenido un gran éxito de venta.
BESUCADOR, RA adj. y s. Muy aficionado a besucar: *las personas besucadoras son empalagosas.*
BESUCAR v. t. *Fam.* Besar repetidamente. (SINÓN. V. *Besar.*)
BESUCÓN, ONA adj. y s. *Fam.* Besucador.
BESUGO m. Pez teleósteo muy común en el Cantábrico, de carne muy apreciada. ‖ *Fig* y *fam.* Tonto, necio: *no seas besugo.*
BESUGUERA f. La que vende besugos. ‖ Cazuela ovalada para el pescado.
BESUGUERO m. El que vende o lleva besugos.
BESUGUETE m. Besugo pequeño. ‖ Pagel.
BESUQUEAR v. t. *Fam.* Besucar, besar repetidamente: *no quiero que me besuqueen.*
BESUQUEO m. Acción de besuquear o besucar.
BETA f. Pedazo de cuerda o hilo. ‖ *Mar.* Cualquiera de los cabos empleados en los aparejos.
BETA f. Letra griega (β) que corresponde a nuestra *b.* ‖ *Rayos* β, radiaciones emitidas por los cuerpos radiactivos.
BETARRAGA y **BETARRATA** f. Remolacha.
BETATRÓN m. *Fís.* Acelerador de partículas β.
BETEL m. Planta reparadora piperácea, cuyas hojas tienen sabor a menta. ‖ Buyo.
BÉTICO, CA adj. De la Bética.
BETLEMITA adj. y s. De Belén. ‖ Religioso de una orden fundada en Guatemala en el siglo XVII.
BETÓN m. (pal. fr.) Hormigón. ‖ Cerrojo (fútbol).
BETÓNICA f. Planta labiada medicinal.
BETULÁCEAS f. pl. (del lat. *betula*, abedul). Familia de árboles angiospermos de hojas alternas.
BETUMINOSO, SA adj. Bituminoso.
BETÚN m. Nombre de varias sustancias compuestas de carbono e hidrógeno, que se encuentran en la naturaleza y arden con llama, humo espeso y olor peculiar. ‖ Pasta o líquido que se usa para lustrar el calzado. ‖ Zulaque, pasta que se usa para tapar las hendeduras de las cañerías. ‖ *Betún de Judea*, asfalto.
BETUNAR y **BETUNEAR** v. t. *Cub.* y *Ecuad.* Embetunar.
BETUNERÍA f. Fábrica, tienda de betún o de limpiabotas.
BETUNERO m. El que vende o embetuna el calzado. ‖ Limpiabotas.
BEY m. Gobernador turco. (Hoy se usa también como título honorífico y se pospone al nombre: *Ahmed bey.*)
BEYLICAL adj. Relativo al bey: *poder beylical.*
BEYLICATO m. Gobierno del bey.
BEZAAR y **BEZAR** m. Bezoar.
BEZANTE m. *Blas.* Besante.
BEZO m. Labio grueso. ‖ *Fig.* Carne que se levanta alrededor de una herida enconada. ‖ — PARÓN. *Beso.*
BEZOAR m. Concreción calculosa que suele encontrarse en el estómago y en las vías urinarias de algunos animales, considerada en otro tiempo como medicamento. ‖ *Bezoar mineral*, peróxido de antimonio.
BEZOÁRICO m. Contraveneno.
BEZOTE m. Adorno o arracada que se engastaban algunos indios en el labio inferior.
BEZUDO, DA adj. Grueso de labios.
BI o **BIS**, prefijo, del lat. *bis*, dos veces, que denota duplicación, como en *bicornio, bicarbonato, bifronte.*
BIABA f. *Arg.* y *Urug.* Arremetida, sopapo.
BIAJACA y **BIAJAIBA** f. Nombre de dos peces de Cuba.
BIANGULAR adj. Que tiene dos ángulos.
BIARTICULADO, DA adj. Dícese del mecanismo o aparato que presenta dos articulaciones.

BIATÓMICO, CA adj. *Quím.* Dícese de los cuerpos cuyo peso molecular es doble del peso atómico.
BIAURICULAR adj. Perteneciente a ambos oídos.
BIAZA f. Bizaza, alforja, saco.
BIBÁSICO, CA adj. *Quím.* Que posee dos veces la función base.
BIBELOT m. (pal. fr.). Pequeño objeto curioso, decorativo.
BIBERÓN m. (fr. *biberon*). Instrumento que se emplea para la lactancia artificial.
BIBÍ m. *Arg.* Planta liliácea.
BIBIJAGUA f. *Cub.* Especie de hormiga grande. ‖ *Fig.* Persona muy laboriosa.
BIBIJAGÜERA f. *Cub.* Hormiguero.
BIBLIA f. (del gr. *biblion*, libro, es decir, el libro por excelencia). La Sagrada Escritura: *la Biblia comprende el Viejo y Nuevo Testamento.* ‖ *Amér. C.* Viveza, maña.
BÍBLICO, CA adj. Relativo a la Biblia: *estilo bíblico.* ‖ *Sociedad bíblica*, sociedad protestante que se dedica a la propagación de la Biblia.
BIBLIOFILIA f. Pasión por los libros.
BIBLIÓFILO m. (del gr. *biblion*, libro, y *philos*, amigo). Aficionado a libros valiosos y raros.
BIBLIOGRAFÍA f. (del gr. *biblion*, libro, y *graphein*, describir). Descripción de los libros, de sus ediciones, etc. ‖ Conjunto de títulos de obras que versan sobre una cuestión: *bibliografía médica.*
BIBLIOGRÁFICO, CA adj. Relativo a la bibliografía: *conocimientos bibliográficos.*
BIBLIÓGRAFO m. El que posee gran conocimiento de los libros o se dedica a describirlos.
BIBLIOLOGÍA f. Estudio del libro en su aspecto histórico y técnico.
BIBLIOMANCIA f. Adivinación que se hace abriendo al azar un libro, generalmente la Biblia, e interpretando un pasaje de la página que sale.
BIBLIOMANÍA f. Pasión por los libros raros.
BIBLIÓMANO m. El que tiene bibliomanía.
BIBLIOTECA f. (del gr. *biblion*, libro, y *thêkê*, armario). Local donde se tienen libros ordenados para la lectura. ‖ Colección de libros, manuscritos, etc. ‖ Obra en que se da cuenta de los escritores de una nación o de un ramo: *la biblioteca de don Nicolás Antonio.* ‖ Colección de libros análogos: *biblioteca de jurisprudencia, de escritores españoles.* ‖ *Fig. Es una bibioteca viviente*, es un hombre muy sabio. ‖ — OBSERV. En el sentido de *armario* se deben preferir las palabras *librería* y *estante.*
BIBLIOTECARIO m. Director o empleado de una biblioteca.
BIBLIOTECONOMÍA f. Ciencia y arte de la conservación, ordenación, etc. de las bibliotecas.
BICAL m. Salmón macho.
BICAPSULAR adj. *Bot.* Dícese del fruto de dos carpelos.
BICARBONATADO, DA adj. Que contiene bicarbonato.
BICARBONATO m. *Quím.* Sal ácida del ácido carbónico y en particular sal de sodio ($NaHCO_3$): *el bicarbonato de sodio facilita la digestión.*
BICARBURO m. Carburo que contiene dos partes de carbono. ‖ *Bicarburo de hidrógeno*, el etileno.
BICÉFALO, LA adj. De dos cabezas: *águila bicéfala.*
BICENTENARIO m. Segundo centenario.
BÍCEPS adj. y s. m. (del lat. *biceps*, de dos cabezas). *Anat.* Que tiene dos cabezas. Pl. *bíceps.* ‖ Dícese de los músculos pares que tienen por arriba dos porciones o cabezas: *bíceps braquial.* ‖ Especialmente bíceps del brazo.
BICERRA f. Especie de cabra montés.
BICI f. *Fam.* Bicicleta.
BICICLETA f. Biciclo de dos ruedas iguales en que el movimiento de los pies se transmite a la rueda trasera por medio de una cadena o engranaje.
BICICLO m. Velocípedo de dos ruedas.
BICIPITAL adj. Relativo al músculo bíceps: *los tendones bicipitales.*
BICÍPITE adj. Que tiene dos cabezas.
BICLORURO m. Sal que contiene dos átomos de cloro: *bicloruro de mercurio.*
BICOCA f. (ital. *bicocca*). Fortificación pequeña. ‖ *Fig.* y *fam.* Cosa de poca importancia: *eso es una bicoca.* (SINÓN. V. *Nadería.*) ‖ *Chil.* y *Arg.* Solideo de los clérigos. ‖ *Chil.* Capirotazo. ‖ *¡Vaya bicoca!*, menuda suerte.
BICOLOR adj. De dos colores: *bandera bicolor.*
BICÓNCAVO, VA adj. *Ópt.* Que tiene dos superficies cóncavas: *los miopes usan lentes bicóncavos.*
BICONVEXO, XA adj. *Ópt.* Que tiene dos superficies convexas: *los ancianos usan lentes biconvexos.*
BICOQUE m. *Bol.* Capón, capirotazo.
BICOQUETA f., **BICOQUETE** y **BICOQUÍN** m. Papalina. ‖ *Per.* Bonete de algunos clérigos.
BICORNE adj. De dos cuernos o puntas.
BICORNIO m. Sombrero de dos picos.
BICOS m. pl. Adornos que se ponían en los birretes.
BICROMATADO, DA adj. Combinado con un bicromato: *gelatina bicromatada.*
BICROMATO m. Sal que contiene doble cantidad de ácido crómico que la sal neutra: *el bicromato de potasa se usa mucho en las pilas eléctricas.*
BICROMÍA f. Impresión en dos colores.
BICUADRADO, DA adj. *Mat.* Elevado a la cuarta potencia. ‖ *Ecuación bicuadrada*, la de cuarto grado que contiene únicamente términos de exponente par.
BICÚSPIDE adj. Que tiene dos cúspides. ‖ Dícese de la válvula mitral.
BICHA f. (ital. *biscia*). Culebra. ‖ Figura de animal fantástico. ‖ *Venez.* Ficha con que se cierra una partida de dominó.
BICHAR v. t. *Venez.* Labrar un madero.
BICHARRACO m. *Fam.* Animalucho. ‖ *Fig.* y *fam.* Persona despreciable: *éste es un bicharraco.*

bicornio

BICICLETA

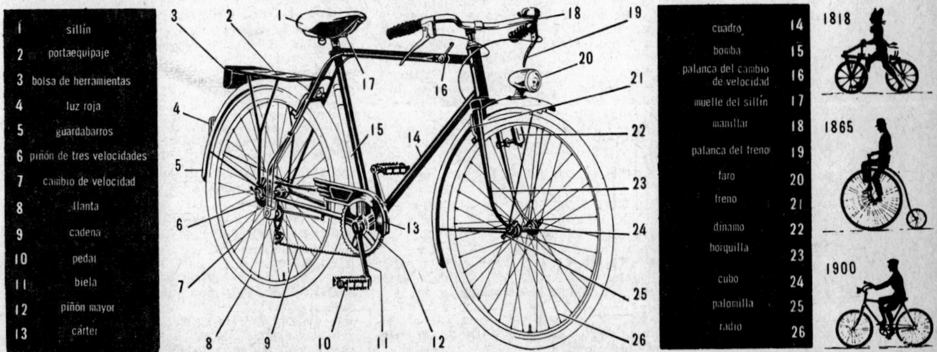

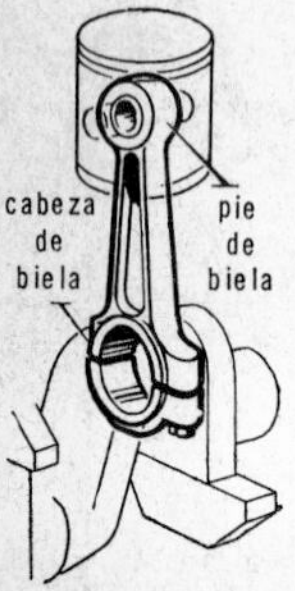

BIELA

bígaro

BICHE adj. *Col.* Dícese de la fruta verde, de las personas canijas y entecas. ‖ *Méx.* Vacío, fofo. ‖ — M. *Per.* Olla grande.
BICHENTO, TA adj. *Per.* Envidioso.
BICHERA f. *Urug.* Llaga que cría gusanos.
BICHERO m. *Mar.* Asta con gancho de hierro. (SINÓN. V. *Pértiga.*)
BICHÍN m. *Amér. C.* Labio leporino.
BICHO m. Sabandija o animal pequeño. (SINÓN. V. *Animal.*) ‖ Toro de lidia. ‖ *Per.* Despecho. ‖ *Fig.* Persona ridícula: *no sé a qué viene aquí ese bicho.* ‖ *Fig. Mal bicho* o *bicho malo,* persona o animal de perversa intención. ‖ *Todo bicho viviente,* todo el mundo.
BICHOCO, CA adj. *Arg.* y *Chil.* Viejo e inútil.
BICHOQUERA f. Dolencia del animal bichoco.
BICHORONGA f. *Venez.* Cosa insignificante.
BICHOZNO m. Quinto nieto.
BIDÉ m. Mueble de tocador a manera de asiento para ciertos lavados.
BIDENTE adj. De dos dientes. ‖ — M. Palo largo con una cuchilla de los primitivos españoles. ‖ — PARÓN. *Vidente.*
BIDÓN m. Recipiente bastante grande para toda clase de líquidos: *bidón de gasolina.*
BIELA f. (fr. *bielle*). Barra que transforma un movimiento de vaivén en otro de rotación. ‖ Palanca del pedal de la bicicleta.
BIELDAR v. t. Aventar las mieses trilladas.
BIELDO m. Instrumento para bieldar.
BIELORRUSO, SA adj. y s. De Bielorrusia.
BIEN m. (del lat. *bene,* bien). Valor supremo de la moral: *la idea del bien debe regir nuestros actos.* ‖ Aquello que se considera como fin de todas las cosas: *el bien supremo.* ‖ Aquello que la moral enseña que se ha de hacer: *discernir el bien del mal.* ‖ Lo que es conforme al deber: *ser hombre de bien.* ‖ Utilidad, beneficio: *el bien de la patria.* ‖ Aquello que se hace objeto de un derecho o de una obligación: *bien patrimonial.* ‖ — Pl. Hacienda, caudal: *hombre de pocos bienes.* ‖ *Bienes muebles,* los que pueden trasladarse. ‖ *Bienes inmuebles* o *raíces,* los que no pueden trasladarse. ‖ *Bienes gananciales,* los que adquieren los cónyuges durante el matrimonio. ‖ *Bienes mostrencos,* los que carecen de dueño conocido. ‖ *Bienes de la tierra,* producciones del suelo. ‖ *Bienes eternos,* el cielo. ‖ *Fig. Bienes del cuerpo,* la salud. ‖ *Bienes del alma,* la virtud. ‖ — PROV. **No hay bien ni mal que cien años dure,** no debe desesperarse nunca. ‖ **No hay mal que por bien no venga,** hay que aprovechar todos los sucesos. ‖ **Haz bien y no mires a quién,** se debe hacer el bien sin discernir de personas. ‖ — Adv. m. Según es debido: *Pedro lo hace todo bien.* ‖ Con gusto, de buena gana: *bien accedería a tu súplica.* ‖ Sin inconveniente o dificultad: *bien se puede hacer esta labor en un día.* ‖ Bastante o mucho: *bien hemos caminado hoy.* ‖ Próximamente: *bien tendrá cincuenta años.* ‖ Condescendencia, asentimiento: *¿Vienes conmigo? Bien.* ‖ De una forma u otra: *te avisaré bien por teléfono o bien por carta.* ‖ *Bien que,* loc. conj., aunque. ‖ *Si bien,* loc. conj., aunque. ‖ *Tener a bien,* estimar justo o conveniente. ‖ *Hacer bien:* socorrer, beneficiar. ‖ *Y bien,* expr. que indica extrañeza o admiración: *y bien, ¿qué sucedió?* ‖ *A bien que,* puesto que. ‖ *No bien,* tan pronto como. ‖ — Adj. *Gente bien,* personas decentes, acomodadas.
BIENAL adj. (del lat. *bis,* dos veces, y *annalis,* anual). Que sucede cada dos años o dura un bienio: *obligación bienal, sorteo bienal.* ‖ — F. Festival organizado cada dos años.
BIENALMENTE adv. t. Cada dos años.
BIENANDANTE adj. Feliz, dichoso.
BIENANDANZA f. Felicidad, suerte, fortuna
BIENAVENTURADAMENTE adv. m. Con felicidad.
BIENAVENTURADO, DA adj. y s. Que goza de Dios en el cielo. ‖ Afortunado. (SINÓN. V. *Feliz.* CONTR. *Desgraciado.*) ‖ *Fam.* Demasiado sencillo, tonto.
BIENAVENTURANZA f. Visión beatífica de Dios en el cielo. ‖ Prosperidad, felicidad. ‖ — Pl. Las ocho felicidades que prometió Jesús a sus discípulos.
BIENESTAR m. Comodidad, vida fácil, holgada: *gozar de cierto bienestar.* (SINÓN. V. *Euforia.* CONTR. *Malestar.*)
BIENGRANADA f. Planta quenopodiácea aromática.
BIENHABLADO, DA adj. Que habla cortésmente.
BIENHADADO, DA adj. Afortunado, feliz.
BIENHECHOR, RA adj. y s. Que hace bien a otro: *ser agradecido alguno con sus bienhechores.* (SINÓN. V. *Protector.*)
BIENINTENCIONADO, DA adj. y s. Que tiene buena intención. (CONTR. *Malintencionado.*)
BIENIO m. Período de dos años.
BIENLLEGADA f. Bienvenida, parabién.
BIENMANDADO, DA adj. Muy obediente y sumiso: *un niño bienmandado.* (CONTR. *Malmandado.*)
BIENMESABE m. Dulce de huevo y azúcar.
BIENOLIENTE adj. Fragante.
BIENQUERENCIA f. y **BIENQUERER** m. Buena voluntad, cariño. (CONTR. *Malquerencia.*)
BIENQUERER v. t. Querer, estimar, apreciar. ‖ — CONTR. *Malquerer.* ‖ — IRREG. Se conjuga como *querer.*
BIENQUISTAR v. t. Poner bien a varias personas unas con otras. ‖ — CONTR. *Malquistar.*
BIENQUISTO, TA p. p. irreg. de *bienquerer.* Que está bien con otro. ‖ — Adj. De buena fama, estimado: *bienquisto de sus vecinos.* ‖ — CONTR. *Malquisto.*
BIENTEVEO m. Candelecho, mirador. ‖ *Arg.* Pájaro de vientre amarillo de un palmo de longitud.
BIENVENIDA f. Llegada feliz. ‖ Parabién que se da al recién llegado: *le doy a Ud. la bienvenida.* (SINÓN. V. *Acogida.*)
BIENVIVIR v. i. Vivir con holgura. ‖ Vivir honestamente.
BIERZO m. Lienzo del Bierzo (León).
BIÉS m. Sesgo. ‖ Tira de tela cortada al sesgo que se pone en los cuellos y bocamangas de ciertos vestidos. ‖ *Al biés,* loc. adv., al sesgo. ‖ — OBSERV. Es galicismo.
BIFE m. *Amer.* Bistec. ‖ *Arg. Fam.* Guantada.
BIFÁSICO, CA adj. Dícese de un sistema de dos corrientes eléctricas alternas iguales que proceden del mismo generador.
BÍFERO, RA adj. *Bot.* Que fructifica dos veces al año.
BÍFIDO, DA adj. *Bot.* Hendido en dos: *hoja bífida.*
BIFOCAL adj. *Ópt.* De doble foco: *lente bifocal.*
BIFORME adj. De dos formas.
BÍFORO, RA adj. De dos puertas o dos entradas.
BIFRONTE adj. (del lat. *bis,* dos, y *frons,* frente). De dos frentes o dos caras: *Jano bifronte.*
BIFTEC m. (ingl. *beefsteak*). Bistec. ‖ — Pl. Biftecs.
BIFURCACIÓN f. División en dos partes: *la bifurcación de un camino.* (SINÓN. V. *Cruce.*)
BIFURCADO, DA adj. De figura de horquilla.
BIFURCARSE v. r. (del lat. *bifurcus,* ahorquillado). Dividirse en dos una cosa: *bifurcarse una rama.*
BIGA f. Carro romano de dos caballos. ‖ Tronco de caballos. ‖ — PARÓN. *Viga.*
BIGAMIA f. Estado del bígamo.
BÍGAMO, MA adj. y s. Casado con dos personas a un tiempo. ‖ Casado con viuda o casada con viudo.
BIGARDEAR v. i. *Fam.* Andar hecho un vago.
BIGARDÍA f. Burla, fingimiento.
BIGARDO, DA y **BIGARDÓN, ONA** adj. y s. *Fig.* Fraile desenvuelto y de vida libre. ‖ *Fig.* Vago, vicioso: *andar hecho un bigardo.*
BIGARDONEAR v. i. Bigardear.
BÍGARO m. Caracolillo marino comestible.
BIGARRADO, DA adj. Abigarrado, matizado, de varios colores.
BIGARRO m. Bígaro.
BIGNONIÁCEAS f. pl. Familia de dicotiledóneas angiospermas.
BIGORNIA f. (del lat. *bis,* dos, y *cornu,* cuerno). Yunque para la forja de los metales.
BIGOTE m. Pelo que cubre el labio superior: *quemarse los bigotes.* ‖ *Impr.* Línea horizontal, más gruesa por en medio que por los extremos, que sirve como adorno. ‖ *Min.* Abertura de los hornos de cuba por donde sale la escoria fundi-

da. || — Pl. *Min.* Infiltraciones del metal en las grietas del horno. || *Méx.* Croqueta. || *Tener uno bigotes o ser hombre de bigotes,* tener tesón y constancia, no dejarse dominar. || *Fam. Estar una cosa de bigotes,* estar estupenda, enorme.

BIGOTERA f. Tira de gamuza o tela con que se cubren los bigotes para dormir. || Bocera que queda en el labio cuando se bebe: *bigoteras de chocolate.* || Adorno de cintas que usaban las mujeres para el pecho. || Asiento de quita y pon en los coches. || Refuerzo puesto en la punta del calzado. || Compás pequeño.

BIGOTUDO, DA adj. Que tiene mucho bigote.

BIGUÁ m. *Riopl.* Ave acuática, palmípeda y de color negro.

BIGUDÍ m. Pinza o alfiler sobre el cual las mujeres enroscan sus cabellos para ondularlos.

BIJA f. Árbol bixáceo de América, de cuyo fruto cocido se hace una bebida medicinal. || Pasta tintórea que se prepara con semilla de bija. — De la semilla de la *bija* se extrae una substancia roja que empleaban los indios para teñirse el cuerpo y hoy se usa en pintura y en tintorería.

BIJÁGUARA m. *Cub.* Árbol ramnáceo de madera resistente.

BIJAO m. *Amer.* Planta musácea.

BIJIRITA f. *Cub.* Pajarito parecido al canario, pero de alas verdes. || Cubano de padre español. || *Cub.* Cometa pequeño. || — Adj. Chico, diminuto. || *Fig.* Pequeñez, cosa muy pequeña.

BIKINI m. Bañador de dos piezas.

BILABARQUÍN m. *Ecuad.* Berbiquí.

BILABIADO, DA adj. *Bot.* Dícese de las corolas o cálices divididos en dos.

BILABIAL adj. Que se pronuncia con ambos labios.

BILATERAL adj. Relativo a ambos lados: *parálisis bilateral.* (SINÓN. V. *Recíproco.*) || *Contrato bilateral,* el que compromete a los dos contratantes.

BILBAÍNA f. Boina.

BILBAÍNO, NA adj. y s. De Bilbao.

BILBILITANO, NA adj. y s. De Calatayud (Bílbilis).

BILENDA f. *Dom.* Provecho, utilidad.

BILHARZIA o **ESQUISTOSOMIASIS** f. *Med.* Enfermedad tropical ocasionada por los vermes trematodos del género *schistosomum.*

BILIAR o **BILIARIO, RIA** adj. Relativo a la bilis: *conductos biliares, cálculos biliarios.*

BILINGÜE adj. Que habla dos lenguas. || Escrito en dos idiomas: *diccionario bilingüe.*

BILINGÜISMO m. Coexistencia de dos lenguas: *el bilingüismo belga.*

BILIOSO, SA adj. Abundante en bilis o relativo a ella: *temperamento bilioso.* (SINÓN. V. *Desabrido.*)

BILIS f. (del lat. *bilis*). Humor viscoso, amarillo o verdoso, amargo, segregado por el hígado.

BILÍTERO, RA adj. Compuesto de dos letras.

BILMA f. *Amer.* Bizma, emplasto.

BILOBULADO, DA adj. De dos lóbulos.

BILOCACIÓN f. Presencia milagrosa de una misma persona en dos lugares al mismo tiempo.

BILOCARSE v. r. (del lat. *bis,* dos, y *locus,* lugar, sitio). Hallarse a un tiempo en dos lugares distintos. || *Arg. Fam.* Chiflarse, volverse loco.

BILOCULAR adj. *Bot.* Dícese de la cápsula que tiene dos cavidades.

BILOGÍA f. Libro, tratado, composición en dos partes.

BILONGO m. *Cub.* Brujería.

BILONGUEAR v. t. *Cub.* Embrujar, hechizar.

BILONGUERO, RA adj. *Cub.* Que ejerce la brujería.

BILL m. (pal. ingl., pr. *bil*). Proyecto de ley en Inglaterra; la ley misma. || *Bill de indemnidad,* voto de confianza emitido por el Parlamento inglés.

BILLA f. (fr. *bille*). En el billar, jugada que consiste en meter una bola por una de las troneras después de haber chocado con otra bola.

BILLAR m. (fr. *billard*). Juego que se ejecuta con bolas de marfil que se empujan con tacos sobre una mesa muy plana, forrada de paño verde, rodeada de barandas de caucho y con troneras o sin ellas. || Mesa en que se juega al billar. || Lugar donde está el billar. || Nombre de diversos juegos de habilidad que se ejecutan con bolas: *billar ruso, japonés.*

BILLARDA f. Cierto juego. || *Hond.* y *Guat.* Trampa para coger peces.

BILLARISTA m. Jugador de billar.

BILLETAJE m. Conjunto o totalidad de los billetes de un teatro, tranvía.

BILLETE m. Carta o esquela: *billete amoroso.* (SINÓN. V. *Carta.*) || Tarjeta o documento que da derecho para entrar en alguna parte, para viajar, etc.: *billete de teatro.* (SINÓN. *Ticket.*) || Cédula impresa o manuscrita que acredita la participación en una rifa o lotería. || Cédula emitida por un banco o por el Tesoro, en reemplazo de las monedas de oro y plata: *pagar en billetes.* (SINÓN. *Cupón, papel moneda, divisa.* Pop. *Pápiro.*) || *Blas.* Pequeña pieza rectangular. || *Billete kilométrico,* el que autoriza para recorrer por ferrocarril cierto número de kilómetros en un plazo determinado.

BILLETERA f. y **BILLETERO** m. Cartera para los billetes.

BILLÓN m. *Arit.* Millón de millones.

BILLONÉSIMO, MA adj. Dícese de las partes iguales de un todo dividido en un billón de ellas.

BIMANO, NA adj. y s. *Zool.* Dícese del ser que tiene dos manos: *sólo el hombre es bimano.* || — M. pl. *Zool.* Grupo del orden de los primates, al cual sólo pertenece el hombre.

BIMBA f. *Fam.* Chistera, sombrero de copa alta. || *Hond.* Persona alta. || *Méx.* Borrachera. || *Pop.* Puñetazo.

BIMBALETE m. Cigoñal. || Columpio. || Guimbalete de bomba.

BIMBRE m. *Fam.* Mimbre.

BIMENSUAL adj. Que sucede dos veces por mes.

BIMESTRAL adj. Que sucede cada bimestre. || Que dura un bimestre.

BIMESTRE adj. Bimestral. || — M. Período de tiempo de dos meses. || Renta, sueldo, etc., que se cobra o paga cada bimestre.

BIMETALISMO m. Sistema monetario que utiliza el oro y la plata. || — CONTR. *Monometalismo.*

BIMETALISTA adj. y s. Partidario del bimetalismo: *pueblo bimetalista.* || Relativo a este sistema.

BIMOTOR adj. y s. De dos motores.

BINA f. Acción de binar. (V. RENDA.)

BINACIÓN f. Acción de binar un sacerdote.

BINADERA f. Binador, herramienta agrícola.

BINADOR m. El que bina. || Instrumento de jardinero o de viñador para binar.

BINADURA f. Binazón.

BINAR v. t. (del lat. *binare,* de *binus,* doble). Dar segunda labor a las tierras y las viñas: *binar un campo de trigo.* || — V. i. Decir dos o tres misas un sacerdote el mismo día.

BINARIO, RIA adj. Compuesto de dos elementos: *número binario, compás binario.*

BINAZÓN f. Bina, binadura.

BINCHA f. *Riopl.* Cinta que se ata a las niñas en torno de la cabeza. || Pañuelo que llevan algunos hombres atado a la cabeza. || *Chil.* Cinta gruesa.

BINGARROTE m. *Méx.* Aguardiente.

BINOCULAR adj. Que se hace con ayuda de los dos ojos: *visión binocular.*

BINÓCULO m. Anteojo para ambos ojos. || Gemelos, anteojos que se fijan en la nariz. (SINÓN. V. *Quevedos.*)

BINOMIO m. (del lat. *bis,* dos veces, y el gr. *nomos,* distribución). *Álg.* Expresión algebraica formada por dos términos, como *a* — *b.* || *Binomio de Newton,* fórmula que da el desarrollo de las diferentes potencias a que puede elevarse un binomio.

BÍNUBO, BA adj. Casado por segunda vez.

BINZA f. Película del huevo, de la cebolla, etc.

BIOBIENSE adj. y s. De Bío-Bío (Chile).

BIODINÁMICA f. (del gr. *bios,* vida, y *dunamis,* fuerza). Ciencia de las fuerzas vitales.

BIOFÍSICA f. Ciencia que estudia las relaciones físicas en los objetos biológicos.

BIOGRAFÍA f. Historia de la vida de una persona. (SINÓN. V. *Historia.*)

BIOGRAFIADO, DA m. y f. Persona de quien se escribe una biografía.

bija

biguá

birretes

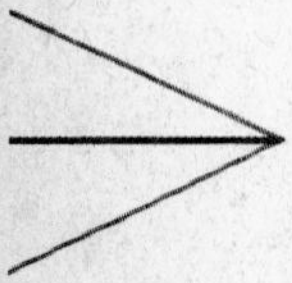

bisectriz

bisel

BIOGRAFIAR v. t. Hacer la biografía de uno: *biografiar a un artista.*
BIOGRÁFICO, CA adj. Relativo a la biografía: *diccionario biográfico.*
BIÓGRAFO, FA m. y f. (del gr. *bios,* vida, y *graphein,* escribir). Autor de biografías. (SINÓN. V. *Historiador.*)
BIOLOGÍA f. (del gr. *bios,* vida, y *logos,* doctrina). Ciencia que estudia especialmente las leyes de la vida. ‖ *Biología criminal,* estudio científico de la personalidad del delincuente.
BIOLÓGICO, CA adj. Relativo a la biología o perteneciente a ella: *laboratorio biológico.*
BIÓLOGO m. El que se dedica al estudio de la biología.
BIOMBO m. Mampara formada por varios bastidores articulados.
BIOMECÁNICA f. Explicación física y mecánica de cierto número de fenómenos vitales.
BIOMETRÍA f. Parte de la biología que aplica a los seres vivientes los métodos estadísticos y el cálculo de probabilidades.
BIOPSIA f. Examen microscópico de un fragmento cortado de un órgano vivo. (SINÓN. V. *Anatomía.*)
BIOQUÍMICA f. La química de los diversos fenómenos biológicos.
BIOQUÍMICO, CA adj. Relativo a la bioquímica.
BIOSFERA f. Capa ideal que forma alrededor de la corteza terrestre el conjunto de los seres vivos.
BIOSÍNTESIS f. Formación de una sustancia orgánica en la de otro ser vivo: *la secreción de las hormonas resulta de una biosíntesis.*
BIOTERAPIA f. Tratamiento de ciertas afecciones por sustancias vivas, en general administradas por vía bucal.
BIOTITA f. Mica negra.
BIOTROPISMO m. Propiedad de ciertos microbios o virus de no poder desarrollarse más que en los seres vivos.
BIÓXIDO m. *Quím.* Combinación de un radical con dos átomos de oxígeno.
BIPARTICIÓN f. Partición en dos.
BIPARTIDO, DA o **BIPARTITO, TA** adj. Partido en dos, bífido.
BIPARTIR v. t. Partir en dos.
BÍPEDE y **BÍPEDO, DA** adj. (del lat. *bis,* dos, y *pes, pedis,* pie). De dos pies. ‖ — M. *Fam.* Hombre.
BIPLANO m. Avión con cuatro alas que, dos a dos, forman planos paralelos.
BIPOLAR adj. De dos polos: *imán bipolar.*
BIPONTINO, NA adj. y s. De Dos Puentes (en al. *Zweibrücken*), ciudad alemana.
BIRIMBAO m. Instrumento músico formado por un arco de hierro con una lengüeta de acero; suele servir de diapasón.
BIRIMBÍ adj. *Col.* Débil, raquítico.
BIRINGO, GA adj. *Col.* Desnudo.
BIRLADOR, RA adj. y s. Que birla.
BIRLAR v. t. Tirar segunda vez la bola en el juego de bolos desde donde se paró. ‖ *Fig.* y *fam.* Matar o derribar a uno. ‖ *Fig.* y *fam.* Quitar a uno algo con maña: *le birlaron el destino que esperaba.* (SINÓN. V. *Hurtar.*)
BIRLÍ m. *Impr.* Parte inferior en blanco en las páginas de un impreso.
BIRLIBIRLOQUE (Por arte de) loc. adv. Mágica o extraordinariamente: *aparecer, desaparecer por arte de birlibirloque.*
BIRLOCHA f. Cometa, juguete de niños.
BIRLOCHO m. (del ing. *whirlicote,* carro abierto). Especie de carruaje ligero de cuatro ruedas y cuatro asientos, abierto por los costados.
BIRLONGA f. (fr. *brelan*). Variedad del juego de cartas. ‖ *Fam. A la birlonga,* descuidadamente.
BIRMANO, NA adj. y s. De Birmania.
BIRONDO, DA adj. *Col.* Lirondo, sin blanca.
BIRRECTÁNGULO adj. *Geom.* Que tiene dos ángulos rectos.
BIRREFRINGENCIA f. Calidad de un cuerpo birrefringente.
BIRREFRINGENTE adj. Dícese de un cuerpo que refracta doblemente la luz.
BIRREME f. Nave de dos órdenes de remos.
BIRRETA f. Solideo rojo de los cardenales.
BIRRETE m. Birreta o solideo de cardenal. ‖ Gorro con borla negra, propio de magistrados, jueces, etc. ‖ Bonete. (SINÓN. V. *Gorro.*)
BIRRETINA f. Gorro o birrete pequeño. ‖ Gorra de pelo de algunos cuerpos militares antiguos. (SINÓN. *Gorra.*)
BIRRIA f. *Fam.* Mamarracho, adefesio. ‖ Cosa grotesca, deforme o ridícula. ‖ *Col.* Tirria, odio. ‖ *Col. Jugar de birria,* jugar sin interés.
BIRRINGA f. *Amér. C.* Mujer casquivana.
BIRRINGUEAR v. i. *Amér. C.* Loquear.
BIS adv. c. (del lat. *bis,* dos veces). Se emplea para dar a entender que una cosa debe repetirse o está repetida. ‖ — Adj. Duplicado, repetido: *el tren 183 bis.*
BISABUELO, LA m. y f. Padre o madre del abuelo o de la abuela.
BISAGRA f. Conjunto de dos planchitas de metal articuladas que permite el movimiento de ciertas cosas unas respecto de otras: *poner bisagras a una puerta.* (SINÓN. *Charnela.*) ‖ Palo de boj con que el zapatero alisa los zapatos.
BISAR v. t. Repetir la ejecución de un trozo de música, canto, etc. (SINÓN. V. *Aclamar.*)
BISANUO, NUA adj. *Bot.* Dícese de las plantas que tardan dos años en florecer, fructificar y morir: *la zanahoria es planta bisanua.*
BISAYO, YA adj. y s. De las islas Visayas (Filipinas).
BISBÍS m. Juego de azar a manera de lotería.
BISBISAR v. t. *Fam.* Decir entre dientes.
BISBISEO m. Acción de bisbisar.
BISCAMBRA f. Brisca, juego de naipes.
BISCUIT m. (pal. fr., pr. *biscuí*). Bizcocho. ‖ Porcelana: *una estatuita de biscuit de Sevres.*
BISECAR v. t. *Geom.* Dividir en dos una cosa.
BISECCIÓN f. *Geom.* División en dos partes.
BISECTOR, TRIZ adj. (del lat. *bis,* dos veces, y *sector,* el que corta). *Geom.* Que divide en dos partes iguales: *plano bisector.* ‖ — F. Línea que divide un ángulo en dos partes iguales.
BISEGMENTACIÓN f. Acción de bisegmentar.
BISEGMENTAR v. t. Dividir en dos segmentos.
BISEL m. Borde cortado oblicuamente: *cristal cortado en bisel.* (SINÓN. *Chaflán.*)
BISELADO m. Acción de biselar.
BISELADOR m. El que tiene por oficio hacer biseles.
BISELAR v. t. Cortar en bisel: *biselar un espejo.* (SINÓN. *Achaflanar.*)
BISEMANAL adj. Que se hace, ocurre o aparece dos veces por semana: *una revista bisemanal.*
BISEMANARIO m. *Col.* Revista bisemanal.
BISEXUAL adj. y s. Dícese de las flores que tienen a la vez estambres y pistilos. ‖ Hermafrodita.
BISIESTO adj. Dícese del año de 366 días: *el año de 1964 fue bisiesto.*
— Entre los romanos contaba el año 365 días. Ahora bien, como la duración verdadera del año es 365 días y un cuarto, la acumulación de estas fracciones de día había acabado por acarrear, en tiempos de Julio César, una perturbación notable entre las fechas vulgares y las revoluciones celestes. Para enmendar esta diferencia, llamó Julio César a Roma a Sosígenes, célebre astrónomo de Alejandría. Este sabio propuso que siguiese siendo el año común de 365 días y que cada cuatro años se le agregara un día, haciéndolo de 366 días. Se agregó el día intercalar a febrero, haciéndolo de 29 en vez de 28 días. El año así modificado recibió el nombre de *bisiesto,* porque según el cómputo romano el día 25 de febrero, que en los años ordinarios era el *sexto kalendas Martii,* se convertía en *bisexto kalendas Martii.* Son bisiestos los años en los que la expresión numeral formada por los dos últimos números es divisible por 4: 1912, 1916, 1920, 1944, 1988. Los años seculares no son bisiestos, a no ser que sea divisible por 4 el número formado por sus dos primeras cifras; así por ejemplo no fue bisiesto 1900, pero lo será 2000.
BISILÁBICO, CA adj. Bisílabo.
BISÍLABO, BA adj. De dos sílabas.
BISMUTITA f. Carbonato de bismuto natural.
BISMUTO m. Metal (Bi) de número atómico 83, de color gris, fusible a 273° C, de densidad 9,8.

BISNIETO, TA m. y f. Hijo o hija del nieto.
BISO m. Secreción filamentosa de ciertos moluscos.
BISOJO, JA adj. y s. (del lat. *bis*, dos veces, y *oculus*, ojo). Dícese de la persona que tuerce la vista.
BISONTE m. (del gr. *bisôn*). Rumiante bóvido salvaje, parecido al toro, cubierto de pelo áspero.

BISOÑADA y **BISOÑERÍA** f. *Fig.* y *fam.* Acción o palabra que demuestra poca experiencia.
BISOÑÉ m. Peluca que cubre la parte anterior de la cabeza.
BISOÑO, ÑA adj. y s. Novicio: *un soldado bisoño.* (Sinón. V. *Nuevo.* Contr. *Veterano.*)
BISPÓN m. Rollo de encerado que emplean los espaderos para varios usos.
BISTÉ m. Bistec.
BISTEC m. Lonja de carne de vaca asada.
BISTORTA f. (del lat. *bis*, dos veces, y *torta*, torcida). Planta poligonácea de raíz astringente.
BISTRE m. (pal fr.). Color pardo amarillento, hecho de hollín y goma.
BISTURÍ m. *Cir.* Cuchilla pequeña, que sirve para sajar. Pl. *bisturíes.*
BISULCO, CA adj. (del lat. *bisulcus*, dos surcos). *Zool.* De pezuñas partidas: *el buey es un animal bisulco.*
BISULFITO m. Sal que forma el ácido sulfuroso.
BISULFURO m. Compuesto que tiene doble proporción de azufre que el sulfuro: *el bisulfuro de estaño se llama oro musivo.*
BISURCO adj. Dícese del arado doble.
BISUTERÍA f. Joyería de imitación.
BITA f. Cada tarugo en que se asegura el cable cuando se ha aferrado el áncora.
BITÁCORA f. (fr. *habitacle*). *Mar.* Aparato en que se suspende la brújula para que se mantenga horizontal en todas las posiciones del buque.
BITADURA f. *Mar.* Cable del ancla, dispuesto sobre cubierta antes de dar fondo.
BITANGO adj. *Pájaro bitango*, cometa.
BITAR v. t. Amarrar y asegurar la cadena del ancla a las bitas.
BITÍNICO, CA adj. De Bitinia.
BITNERIÁCEAS f. pl. *Bot.* Familia de plantas incluidas hoy en las esterculiáceas.
BITONGO adj. *Fam. Niño bitongo*, muchacho que quiere hacerse pasar por más joven.
BITOQUE m. Taruguillo con que se cierra la piquera de los toneles. || *Méx.* Grifo, llave. || *Amer.* Cánula de lavativa o jeringa. || *Amér. C.* Cloaca.
BITOR m. Rey de las codornices, ave zancuda.
BÍTTER m. (pal. ingl.). Licor alcohólico amargo con base de ginebra, usado como aperitivo.
BITUBULADO, DA adj. De doble tubuladura
BITUMINOSO, SA adj. Que tiene betún: *suelo bituminoso.*
BIVALENTE adj. *Quím.* De doble valencia.
BIVALVO, VA adj. y s. *Zool.* y *Bot.* Que tiene dos valvas: *la ostra es bivalva; fruto bivalvo.*
BIXÁCEAS f. pl. *Bot.* Familia de plantas angiospermas dicotiledóneas.
BIZANTINISMO m. Carácter bizantino.
BIZANTINO, NA adj. y s. De Bizancio, hoy Constantinopla. || *Imperio bizantino*, Estado formado de 330 a 395, en la parte oriental del Imperio Romano y que duró hasta 1461. || *Estilo bizantino, arte bizantino*, estilo y arte de los arquitectos del Imperio de Oriente. || *Fig.* Decadente, degenerado. || *Fig. Discusiones bizantinas*, las inútiles e intempestivas. || — F. *La Bizantina*, colección de documentos históricos relativos a la historia del Imperio Bizantino.
— Arte bizantino. Nacido de la combinación del arte grecorromano con el árabe, adquirió su gran desarrollo en tiempos de Justiniano. Tipo de este arte es la iglesia de Santa Sofía, edificada de 532 a 537 en Constantinopla. La caracterizan sus líneas curvas, su inmensa cúpula, su maravillosa decoración de mosaicos en fondo de oro y los calados en piedra de sus capiteles. Citaremos igualmente las iglesias de San Vital de Ravena, San Sergio y la de los Apóstoles en Constantinopla. Aparece el mismo lujo elegante en las miniaturas y la escultura en marfil. Al declinar se cristalizó el arte bizantino en cierto número de formas rígidas, hieráticas e inmutables, sometidas a reglas minuciosas. El arte bizantino ejerció en la Edad Media, sobre todo en Oriente, una influencia considerable. (V. ilustr. pág. 151.)
BIZARRAMENTE adv. m. Con bizarría.
BIZARREAR v. i. Ostentar bizarría.
BIZARRÍA f. Gallardía, valor. || Generosidad, lucimiento. || — Observ. Es galicismo en el sentido de *extravagancia, capricho.* || — Contr. *Cobardía.*
BIZARRO, RRA adj. (del ital *bizzarro*, singular). Valiente, animoso. (Contr. *Cobarde.*) || Generoso, espléndido. || — Observ. Es galicismo usar *bizarro* en el sentido de *extravagante, fantástico, caprichoso.*
BIZAZA f. Alforja de cuero.
BIZBIRINDO, DA adj. *Méx.* y *Guat.* Vivaracho.
BIZCAITARRA m. Vascófilo acérrimo. || Partidario de la independencia o autonomía de las provincias vascongadas.
BIZCAR v. i. Bizquear, mirar torcido. || — V. t. Guiñar: *bizcar el ojo.*
BIZCO, CA adj. y s. Que mira torcido. || *Fig. Dejarle a uno bizco*, sorprenderle mucho una cosa.
BIZCOCHADA f. Sopa de leche con bizcochos. || Especie de bollo. || Dulce de leche, huevos y bizcochos.
BIZCOCHAR v. t. Recocer el pan para conservarlo mejor. || Convertir la porcelana en bizcocho.
BIZCOCHERÍA f. Sitio donde se fabrican bizcochos y tienda donde se venden.
BIZCOCHERO, RA adj. y s. Persona que hace o vende bizcochos. || — F. Caja para bizcochos.
BIZCOCHO m. (del lat. *bis*, dos veces, y *coctus*, cocido). Pan que se cuece segunda vez, para que se seque y dure mucho: *el bizcocho sirve de pan a los marineros.* || Masa de harina, huevos y azúcar cocida al horno. || Objeto de loza o porcelana sin barnizar: *bizcocho de Sevres.* || *Bizcocho borracho*, el empapado en almíbar, licor o vino generoso. || — Adj. *Méx.* De mala calidad. || Cobarde.
BIZCORNEAR v. i. *Cub.* Bizcar.
BIZCORNETO, TA com. *Col. y Méx.* Bizco.
BIZCOTELA f. Especie de bizcocho muy ligero.
BIZMA f. Emplasto confortativo.
BIZMAR v. t. Poner bizmas: *bizmar un enfermo.*
BIZNAGA f. Planta umbelífera parecida al hinojo. || *And.* Ramillete de jazmines. || *Méx.* Planta cactácea de México, cuyas espinas se clavaban los indios en los sacrificios.
BIZNIETO, TA m. y f. Bisnieto, hijo del nieto.
BIZQUEAR v. i. *Fam.* Mirar bizco.
BIZQUERA f. Estrabismo.
BLANCA f. Moneda antigua de vellón. || Nota musical que vale la mitad de una redonda o dos negras o cuatro corcheas. || *Salv.* Aguardiente de caña. || *Fig. Sin blanca*, sin dinero. (Sinón. V. *Dinero.*)
BLANCAZO, ZA adj. *Fam.* Blanquecino.
BLANCO, CA adj. De color de nieve o leche: *la harina es blanca.* || De color más claro que otras cosas de la misma especie: *pan, vino blanco.* || Dícese de la raza europea o caucásica. || *Fig.* y *fam.* Cobarde. || *Fig. Blanco como la nieve*, inocente. || — M. Color blanco: *era blanco de color.* || *Ser el blanco de todas las miradas*, estar todos atentos a una persona. || Individuo de la raza blanca: *los blancos quisieron esclavizar a los indios de América.* || Tabla que sirve para ejercitarse en el tiro: *hacer blanco.* || *Por ext.* Todo objeto sobre el que se dispara un arma de fuego. || Hueco entre dos cosas. (Sinón. *Claro.*)

BITAS

Fot. Canadian Pacific Railways

|| Espacio que se deja blanco en un escrito: *dejar un blanco en la copia.* || *Fig.* Fin a que tienden nuestros deseos. || *Arma blanca,* la cortante o punzante. || *Papel blanco,* el que no tiene nada escrito. || *Agua blanca,* acetato de plomo diluido que se usa contra las contusiones. || *Calentar al blanco,* hasta que la materia calentada pase del rojo al blanco. || *Blanco del ojo,* la córnea. || *Blanco de la uña,* faja arqueada en el nacimiento de la uña. || *Blanco de España,* nombre común al carbonato básico de plomo, al subnitrato de bismuto y a la creta lavada. || *Blanco de plomo,* cerusa. || *Blanco de cinc,* óxido de cinc. || *Blanco de ballena,* materia grasa que se extrae de ciertos cetáceos y sirve para la fabricación de las velas. (SINÓN. *Esperma.*) || *En blanco,* loc. adv., sin escribir ni imprimir: *libros en blanco.* || *Fig.* Sin aquello que debía tener: *quedarse en blanco.* || *Fig.* y *fam. No distinguir lo blanco de lo negro,* ser uno muy lerdo o ignorante. || — CONTR. *Negro, sucio.*

BLANCONAZO, ZA adj. *Cub.* Dícese del mulato muy claro.

BLANCOR m. Blancura.

BLANCOTE, TA adj. Demasiado blanco para su condición: *cara blancota.* || — M. *Fig.* y *fam.* Cobarde.

BLANCURA f. Calidad de blanco.

BLANCUZCO, CA adj. Blanquecino.

BLANDAMENTE adv. m. Con blandura. || *Fig.* Con suavidad: *hablar blandamente.* || — CONTR. *Duramente.*

BLANDEADOR, RA adj. Que blandea.

BLANDEAR v. i. Aflojar, ceder: *blandear ante la amenaza.* || V. t. Hacer cambiar de parecer o propósito. || Blandir un arma.

BLANDENGUE adj. Blando, suave. || — M. Lancero de la provincia de Buenos Aires.

BLANDENGUERÍA f. Calidad de blandengue.

BLANDICIA f. Molicie, delicadeza. || Halago.

BLANDIENTE adj. Que se blande.

BLANDIR v. t. Mover alguna cosa con movimiento trémulo: *blandir el sable* (SINÓN. V. *Vibrar.*) || — V. i. Moverse una cosa de un lado a otro. || — OBSERV. Es defectivo.

BLANDO, DA adj. Tierno y suave: *almohada blanda.* (SINÓN. V. *Agradable.*) || Que no resiste a la presión. (SINÓN. V. *Flácido.*) || *Fig.* Suave, dulce, benigno: *palabras blandas.* (SINÓN. V. *Tierno.*) || Indulgente. || Cobarde. (SINÓN. *Débil, pasivo, abúlico, amorfo, remolón, pelmazo, pasmorote.*)

BLANDÓN m. (fr. *brandon*). Hacha de cera. || Candelero grande.

BLANDUCHO, CHA y **BLANDUJO, JA** adj. *Fam.* Algo blando.

BLANDURA f. Calidad de blando. || Emplasto madurativo. || Blanquete, afeite. || *Fig.* Regalo, deleite: *vivir con demasiada blandura.* || *Fig.* Palabra halagüeña. || Costra blanda de algunas piedras calizas. || — CONTR. *Dureza.*

BLANDUZCO, CA adj. Blanducho.

BLANQUEADO m. Blanqueo.

BLANQUEADOR, RA adj. y s. Que blanquea.

BLANQUEADURA f. y **BLANQUEAMIENTO** m. Blanqueo.

BLANQUEAR v. t. Poner blanca una cosa: *blanquear la cera.* || Dar de cal o yeso: *blanquear una fachada.* || Blanquear los metales. || Dar las abejas cierto betún a los panales. || — V. i. Mostrar blancura una cosa: *este chocolate blanquea* || Volverse blanca: *poner la cera a blanquear.* || Tirar a blanco. || — CONTR. *Ennegrecer.*

BLANQUECER v. t. Limpiar y bruñir el oro o la plata y otros metales. || Blanquear. || — IRREG. Se conjuga como *merecer.*

BLANQUECINO, NA adj. Que tira a blanco: *tez blanquecina.* (SINÓN. V. *Pálido.* CONTR. *Negruzco.*)

BLANQUEO m. Acción y efecto de blanquear: *el blanqueo de la seda.*

BLANQUETE m. Afeite que usan las mujeres.

BLANQUICIÓN f. Acción y efecto de blanquear metales.

BLANQUILLO, LLA adj. Candeal: *trigo blanquillo.* || *Fam.* Soldado de infantería que usaba uniforme blanco. || — M. *Méx.* Huevo. || *Bot.* Especie de pera. || *Perú* y *Chil.* Melocotón blanco. || Pez de Chile. || — F. Enfermedad de las perdices enjauladas.

BLASONES

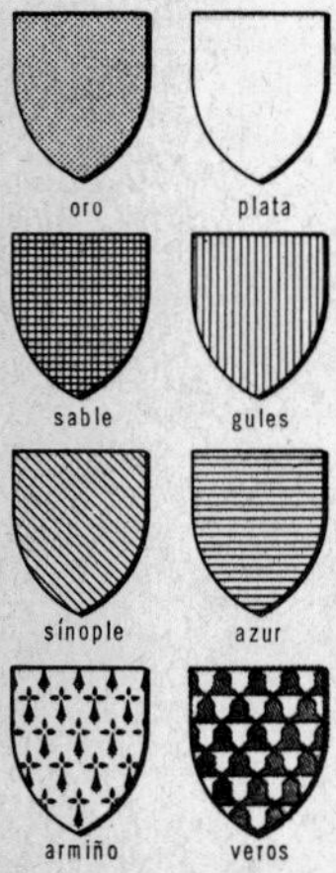

BLANQUIMENTO y **BLANQUIMIENTO** m. Disolución que se emplea para blanquear.

BLANQUINEGRO, GRA adj. De color mezclado de blanco y negro.

BLANQUINOSO, SA adj. Blanquecino.

BLANQUIZAL y **BLANQUIZAR** m. Gredal.

BLANQUIZCO, CA adj. Blanquecino.

BLAS n. p. *Lo dijo Blas, punto redondo,* loc. con que se replica al que cree llevar siempre la razón.

BLASFEMABLE adj. Vituperable.

BLASFEMADOR, RA adj. y s. Que blasfema.

BLASFEMAR v. i. (lat. *blasphemare*). Decir blasfemias: *blasfemar contra Dios, de la virtud.* || *Fig.* Maldecir, vituperar.

BLASFEMATORIO, RIA adj. Blasfemo, que contiene blasfemia: *quemar un escrito blasfematorio.*

BLASFEMIA f. (gr. *blasphêmia*). Insulto dirigido contra Dios o los santos: *proferir blasfemias.* (SINÓN. *Reniego, taco, terno, juramento, voto.*) || *Fig.* Palabra injuriosa contra una persona. (SINÓN. *Palabrota, vituperio.*)

BLASFEMO, MA adj. y s. Que blasfema o contiene blasfemia: *escrito blasfemo.*

BLASÓN m. Ciencia heráldica. || Cada pieza del escudo. || Honor o gloria. || Escudo de armas.

BLASONADO, DA adj. Ilustre por sus blasones.

BLASONADOR, RA adj. Que blasona o se jacta de una cosa.

BLASONAR v. t. Establecer un escudo de armas, según las reglas de la heráldica. || — V. i. *Fig.* Hacer ostentación de alguna cosa: *blasonar de sabio.*

BLASONERÍA f. Baladronada.

BLASONISTA m. Persona versada en heráldica.

BLASTEMA m. (del gr. *blastêma,* germinación). *Biol.* Conjunto de células embrionarias que llegan a formar un órgano determinado.

BLASTODERMO m. *Zool.* Conjunto de las células que proceden de la segmentación del huevo de los animales.

BLEDO m. (lat. *blitus*). Planta quenopodiácea comestible. || *Fig.* y *fam. No dársele a uno un bledo de alguna cosa,* hacer desprecio de ella. || *Fig.* y *fam. No importar,* o *no valer un bledo,* ser insignificante, no dar importancia.

BLEFARITIS f. (del gr. *blepharon,* párpado). *Med.* Inflamación de los párpados.

BLEFAROPLASTIA f. (del gr. *blepharon,* párpado y *plassein,* formar). *Cir.* Restauración del párpado por medio de la aproximación de la piel inmediata.

BLENDA f. Sulfuro de cinc natural cristalizado.

BLENIA f. Género de peces marinos que presentan formas raras y caprichosas.

BLENORRAGIA f. Inflamación de la mucosa de los órganos genitales, debido al gonococo.

BLENORRÁGICO, CA adj. *Med.* Relativo a la blenorragia.

BLENORREA f. Blenorragia crónica.

BLINCAR v. i. *Vulg.* Brincar.

BLINCO m. *Vulg.* Brinco.

BLINDA f. *Fort.* Abrigo de fajinas, zarzos o tierra.

BLINDADO, DA adj. Revestido con blindaje.

BLINDAJE m. Blinda. || Revestimiento de acero con que se blinda un buque o torre de artillería, un tanque, etc. || Conjunto de planchas para blindar.

BLINDAR v. t. Resguardar con blindaje: *blindar un barco.*

BLOC m. (ingl. *block*). Taco de calendario. || Taco de papel blanco para apuntes.

BLOCA f. Punta aguda en el centro del escudo.

BLOCAJE m. *Neol.* Acción de bloquear.

BLOCAO m. (al. *blockhaus*). Reducto fortificado, que se puede armar donde convenga. (SINÓN. V. *Fortificación.*)

BLONDA f. Cierto encaje.

BLONDO, DA adj. Rubio. || — OBSERV. Es error usar *blondo* por *suave, sedoso* o *rizado.*

BLOQUE m. Trozo grande de materia sin labrar: *bloque de mármol* || Conjunto. (SINÓN. V. *Acopio.*) || Grupo. (SINÓN. V. *Agrupación* y *coalición.*) || Manzana de casas. || En los motores de explosión, pieza que lleva dentro uno o

ARTE BIZANTINO

Iglesia de Santa Sofía, en Constantinopla 32); su cúpula domina la nave central y se cuentra a 55 m del suelo. Los alminares ron levantados en 1453; 2. Vaso de plata Emesa (s. VI); 3. Cáliz de plata de tioquía (s. V); 4. Iglesia de San Marcos de necia; la riqueza y variedad de su ornamen- ión dan a su interior un aspecto único; Una de las ventanas de la « loggia » de San al, en Ravena, templo octogonal del siglo VI, orgullo del arte bizantino

. Atlas-Photo, Giraudon, Alinari

ARQUITECTURA. El mausoleo de Gala Placidia y el Baptisterio de los Ortodoxos, en Ravena (mediados del s. V), son ejemplares anteriores a la edad de oro de la arquitectura bizantina. Pueden mencionarse como muestras notables de ésta los templos de Santa Sofía y Santa Irene, en Constantinopla, y los de San Apolinario y San Vital, en Ravena. Numerosas iglesias se inspiraron en esos modelos, como la de San Marcos de Venecia (s. XI), con mosaicos y cúpulas del más puro estilo bizantino. Aún se conserva un magnífico ejemplar de arquitectura civil : el depósito de aguas abovedado de Constantinopla, llamado de Bin Bir direk (568).

ESCULTURA. Aun cuando el alto relieve es raro (estatua de un emperador en Barletta, Italia), el relieve es generalmente practicado sobre los sarcófagos, lápidas y capiteles, llegándose incluso a emplear el taladro para labrar la piedra. Proliferan los objetos de marfil : catedral de San Maximino (s. VI), dípticos consulares (de Estilicón, de Barberini), así como los trabajos de orfebrería (cáliz de Antioquía, vaso de Emesa).

PINTURA. Se manifiesta primeramente en las viñetas y adornos de los manuscritos (Génesis de Viena, Josué), y luego en los frescos que adornan algunas iglesias de Mistra (s. XIV). No obstante, el arte del color se expresa sobre todo en los mosaicos que revisten el interior de los santuarios. Así se desarrolla una iconografía cristiana, de la que existen hermosas muestras en Ravena, Constantinopla, Dafne, San Marcos de Venecia y Sicilia (Palermo, Monreale, Cefalú). Pertenecen también al arte bizantino los magníficos tejidos y bordados de seda en colores.

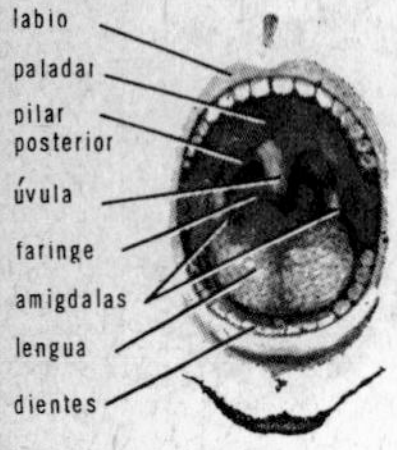

BOCA

varios cilindros. || *En bloque,* en conjunto. || *Bloque operatorio,* galicismo por *quirófano.*

BLOQUEADOR, RA adj. y s. Que bloquea.

BLOQUEAR v. t. Asediar: *bloquear una plaza fuerte.* || *Mil.* Cortar todo género de comunicaciones a una plaza fuerte, etc.: *bloquear un puerto.* (SINÓN. V. *Cercar.*) || *Fig.* Impedir: *bloquear la salida.* || Detener un tren, un automóvil, etc., apretando los frenos. || Inmovilizar la autoridad una cantidad o crédito.

BLOQUEO m. Acción y efecto de bloquear. || Fuerza marítima que bloquea. || *Declarar el bloqueo,* notificarlo oficialmente. || *Violar el bloqueo,* entrar o salir un buque neutral en un puerto o paraje bloqueado.

BLUES m. (pal. ingl., pr. *blus*). Especie de fox trot, de ritmo lento.

BLUFAR v. i. (del ingl. *to bluff*). Engañar con falsas apariencias: *en el póker es útil blufar.* (P. us.)

BLUFF m. (pal. ingl., pr. *bluf*). Palabra o acción propia para engañar o intimidar a otro: *muchos políticos deben su autoridad al bluff.*

BLUSA f. (fr. *blouse*). Vestidura exterior holgada y con mangas. || Vestidura de mujer externa ceñida al talle: *blusa con lunares azules.*

BLUSÓN m. Blusa larga.

BOA f. (lat. *boa*). Género de ofidios de gran tamaño. || — M. Adorno que usan al cuello las mujeres y tiene la forma de una serpiente de plumas o de pieles.

— La *boa* habita en América del Sur y Central; alcanza hasta diez metros de largo y se alimenta de mamíferos pequeños, que ahoga estrujándolos con los anillos de su cuerpo. Presta verdaderos servicios a la agricultura destruyendo los roedores. No es venenosa y no suele atacar al hombre.

BOAQUEÑO, ÑA adj. y s. de Boaco (Nicaragua).

boa

BOARDILLA f. Buhardilla.

BOATO m. Ostentación, lujo: *vivir con boato.*

BOBADA f. Bobería, necedad: *decir o hacer una bobada.*

BOBALÍAS com. *Fam.* Persona muy boba.

BOBALICÓN, ONA adj. *Fam.* Tonto, necio. (SINÓN. V. *Bobo.*)

BOBAMENTE adv. m. Con bobería. || Sin cuidado.

BOBATEL m. *Fam.* Hombre bobo.

BOBÁTICO, CA adj. Dícese de lo que se hace o dice bobamente.

BOBEAR v. i. Hacer tonterías o necedades: *pasar el tiempo bobeando.* || Decir boberías.

BOBERA y **BOBERÍA** f. Dicho o hecho necio.

BOBETA adj. *Arg.* y *Urug.* Bobalicón.

BÓBILIS, BÓBILIS (De) loc. adv. *Fam.* De balde. || *Fam.* Sin trabajo: *conseguir algo de bóbilis, bóbilis.*

BOBILLO m. Jarro vidriado y barrigudo. || Encaje que llevaban las mujeres alrededor del escote.

BOBINA f. Carrete: *bobina de película fotográfica, bobina eléctrica.*

BOBINADORA f. Máquina para hacer bobinas.

BOBITO m. Especie de papamoscas de Cuba.

BOBO, BA adj. y s. Sin entendimiento, torpe. (SINÓN. *Simple, cándido, tonto, simplón, inocente, memo, bendito, pánfilo, pavitonto, tontaina, lila, mirón, primo, gedeón, pazguato, botarate, panoli, majadero, percebe, Juan Lanas, papanatas, mastuerzo, melón, gaznápiro, primo.* V. tb. *absurdo, tonto* y *estúpido.*) || Demasiado candoroso. || — M. Adorno antiguo de las mujeres. || Gracioso de las farsas y entremeses. || *Cub.* Juego de naipes en el que pierde el que se queda con el as de oros. || Pez de río de México y Guatemala. || — PROV. **A los bobos se les aparece la madre de Dios,** a algunos les viene la fortuna sin esfuerzo. || **Entre bobos anda el juego,** se usa cuando se trata alguna cosa entre gente igualmente diestra y astuta.

BOBÓN, ONA adj. *Fam.* Bobote, muy bobo.

BOBOTE, TA adj. y s. *Fam.* Muy bobo, bobalicón.

bobsleigh

BOBSLEIGH m. (pal. ingl., pr. *bobsleg*). Trineo articulado para deslizarse por una pista de nieve.

BOCA f. (lat. *bucca*). Cavidad de la cabeza del hombre y los animales por la cual toman el alimento: *el paladar, los dientes, y la lengua se encuentran en la boca.* (SINÓN. *Pico.* Pop. *Tragadero.*) || Pinza de los crustáceos: *bocas de langostino.* || *Fig.* Entrada, orificio: *boca de horno, de cañón, de calle.* || *Fig.* Corte de ciertas herramientas: *sacar boca a un escoplo.* || *Fig* Gusto o sabor de los vinos: *este vino tiene buena boca.* || *Fig.* Órgano de la palabra: *no abrir la boca en la reunión.* || *Fig.* Persona o animal a quien se mantiene: *una boca más para alimentar.* || — Pl. Desembocadura de un río: *las bocas del Ródano.* (SINÓN. V. *Desembocadura.*) || *Boca de fuego,* pieza de artillería o arma que se carga con pólvora. || *Boca del estómago,* parte central de la región epigástrica. Cardias, abertura del estómago. || *Boca de espuerta,* la muy grande y rasgada. || *Fig. Boca de escorpión,* persona muy maldiciente. || *A boca de costal,* m. adv., sin medida. || *A boca de jarro,* m. adv. que denota acción de beber sin tasa. A quema ropa: *le disparó un tiro a boca de jarro.* || *A boca de noche,* m. adv., al anochecer. || *A pedir, a querer de boca,* según el deseo de uno. || *Boca abajo,* m. adv., tendido de bruces. || *Boca arriba,* m. adv., tendido de espaldas. || *Duro de boca,* se dice de las caballerías que sienten poco los toques del bocado. || *Blando de boca,* se dice de las caballerías muy sensibles al bocado, y, en sentido fig., de la persona habladora. || *Boca de oro,* pico de oro. || *Fig. Andar de boca en boca,* estar divulgada una noticia. || *Boca con boca,* estar muy juntos. || *Cerrar la boca* a uno, hacerle callar. || *Decir lo que se le viene a la boca,* no tener reparo en lo que dice. || *Meterse en la boca del lobo,* exponerse sin necesidad a un peligro cierto. || *Quedarse con la boca abierta,* o *con tanta boca abierta,* quedar en suspenso o admirado de alguna cosa. || *Hablar uno por boca de ganso,* decir lo que otro le ha sugerido, por llamarse *gansos* antiguamente los preceptores. || *Hacer boca,* tomar un alimento ligero y aperitivo: *las aceitunas son buenas para hacer boca.* || *No decir uno esta boca es mía,* no hablar palabra. || *Calentarse de boca,* irritarse. || *Calentársele a uno la boca,* extenderse sobre un asunto. || — PROV. **En boca cerrada no entran moscas,** enseña cuán útil es callar. || **Por la boca muere el pez,** enseña los peligros de la golosina y también lo poco que conviene hablar inconsideradamente.

BOCABAJO m. *Cub.* y *P. Rico.* Castigo de azotes a los negros esclavos.

BOCABARRA f. *Mar.* Nombre de los agujeros del cabestrante, donde se encaja la barra del mismo.

BOCACALLE f. Entrada de una calle.

BOCACAZ m. Abertura en la presa de un río.

BOCACÍ m. Una tela de lino entrefina.

BOCACHA f. *Fam.* Boca muy grande. || Trabuco de boca ensanchada.

BOCADEAR v. t. Partir en bocados una cosa.

BOCADILLO m. Lienzo delgado y entrefino. || Especie de cinta angosta. || Alimento que se toma entre almuerzo y comida. || Emparedado, panecillo con jamón, queso, etc., dentro. || *Amer.* Dulce de guayaba envuelto en hojas de plátano || *Amer.* Dulce de leche con azúcar y a veces coco, guayaba, batata, huevo, etc.

BOCADO m. Alimento que se toma de una vez en la boca: *un bocado de pan.* || Un poco de comida: *tomar un bocado.* || Mordedura, mordisco: *dar una bocado.* || Pedazo de una cosa que se arranca con la boca: *sacar bocado.* || Pedazo arrancado con el sacabocados. || Veneno propinado en la comida. || Parte del freno que entra en la boca de la caballería; también se dice del freno entero: *poner el bocado a la mula.* || *Amer.* Correa que se ata a la quijada del potro para domarlo. || — Pl. Fruta seca en conserva. || *Bocado de Adán,* nuez de la garganta. || *Buen bocado,* forma de encarecer la excelencia de ciertas cosas. || *Con el bocado en la boca,* acabado de comer. || *Fig.* y *fam. Te me comería a bocados,* loc. para expresar la vehemencia del cariño.

BOCAL m. Jarro de boca ancha y cuello corto. || — PARÓN. *Vocal.*

BOCALLAVE f. Ojo de la cerradura.

BOCAMANGA f. Parte de la manga cerca de la mano: *llevar galones en la bocamanga.*

BOCAMEJORA f. *Amer.* En minería pozo auxiliar.
BOCAMINA f. Boca o entrada de una mina.
BOCANA f. *Amer.* Desembocadura de un río.
BOCANADA f. La cantidad de líquido que se toma de una vez en la boca: *una bocanada de vino.* || Porción de humo que se tiene en la boca al fumar.
BOCATEJA f. Teja primera de los canales de un tejado.
BOCATERÍA f. *Venez.* Fanfarria, baladronada.
BOCATERO m. *Col.* y *Venez.* Fanfarrón jactancioso.
BOCATIJERA f. Parte del juego delantero de los coches donde se afirma y juega la lanza.
BOCATOMA f. *Amer.* Parte de un río donde se abre una presa o derivación. (SINÓN. *Bocacaz.*)
BOCATOREÑO, ÑA adj. y s. De Bocas de Toro (Panamá).
BOCAZA f. *Fam.* Boca grande || — M. pl. Hablador de las cosas que debe callar.
BOCAZO m. Explosión de un barreno que sale por la boca sin producir efecto.
BOCEAR v. i. Bocezar, mover el befo las bestias.
BOCEL m. *Arq.* Moldura redonda que rodea la base de la columna, y que se llama también *toro.* || *Arq.* Instrumento que sirve para hacer dicha moldura. || *Cuarto bocel,* moldura convexa cuyo corte forma un cuarto de círculo. || *Medio bocel* y comúnmente *bocel,* moldura convexa cuyo corte es un semicírculo.
BOCELAR v. t. Dar forma de bocel.
BOCERA f. Lo que suele quedarse pegado a los labios al comer o beber: *boceras de chocolate.* || — M. pl. Persona que habla alto y sin sentido. || Persona despreciable.
BOCETAR v. t. Esbozar, formar un boceto.
BOCETO m. (ital. *bozzetto*). Borrón o apunte que hace el artista antes de empezar una obra. (SINÓN. V. *Proyecto.*)
BOCEZAR v. i. Mover los labios las bestias.
BOCINA f. (lat. *buccina*). Instrumento de viento, especie de cuerno o trompa. || *Mar.* Trompeta de metal que se usa para hablar de lejos. || Aparato para avisar: *la bocina de un automóvil.* || Caracol marino que sirve de bocina. || Pabellón de los gramáfonos. || *Chil.* y *Col.* Cerbatana. || *Amer.* Trompetilla acústica para los sordos. || *Amer.* Pieza cilíndrica que cubre los extremos del eje del carruaje.
BOCINAR v. i. Tocar la bocina o cuerno.
BOCINAZO m. *Pop.* Grito desaforado.
BOCIO m. Tumor en el cuello producido por la hipertrofia de la glándula tiroides: *el bocio es común en los países montañosos.*
BOCK m. (pal. al.). Vaso de cerveza.
BOCÓN, ONA adj. y s. *Fam.* De boca muy grande. || *Fig.* y *fam.* Que habla mucho y echa bravatas. || — M. Especie de sardina grande de las Antillas.
BOCOY m. Barril grande para envase. (SINÓN. V. *Tonel.*)
BOCUDO, DA adj. De boca grande.
BOCHA f. Bola de madera con que se tira en el juego de bochas. || — Pl. Juego que consiste en arrojar bolas de madera según ciertas reglas.
BOCHAR v. t. En el juego de bochas dar, con la bola que se tira, un golpe a otra para apartarla. || *Amer. Fig.* y *fam.* **Dar boche, dar calabazas.** || *Arg.* No aprobar en un examen.
BOCHAZO m. Golpe dado con una bocha a otra.
BOCHE m. Hoyo que hacen los muchachos en el suelo para jugar a las canicas o bolitas. || *Venez.* Bochazo, golpe de la bocha. || *Venez. Fig.* y *fam.* Repulsa, desaire. || *Chil.* y *Per.* Pendencia. || *Chil. Fig.* Bochinche. *Venez. Fig.* y *fam. Dar boche,* o *un boche a uno,* rechazarle, desairarle.
BOCHECHE m. *P. Rico* Hinchazón.
BOCHINCHE m. *Pop.* Desorden, confusión: *armar un bochinche.* (SINÓN. V. *Alboroto.*) || Taberna. || *Col.* y *P. Rico.* Cuento, chisme. || *Méx.* Baile, fiesta casera.
BOCHINCHEAR v. t. *Amer.* Armar un bochinche.
BOCHINCHERO, RA adj. y s. Alborotador.
BOCHORNO m. Aire caliente y sofocante en el estío. || Calor grande. || *Fig.* Sofocación, mareo corto. || Encendimiento, vergüenza: *sufrir un bochorno.*
BOCHORNOSO, SA adj. Que causa bochorno.

BODA f. Casamiento, y fiesta que lo acompaña. || *Fig.* y *fam. Boda de negros,* función en que hay mucha bulla y confusión. || *Bodas de diamante, de oro, de plata,* aniversario sexagésimo, quincuagésimo, o vigésimo quinto, respectivamente, de una boda u otro acontecimiento.
BODEGA f. (de *botica*). Lugar destinado para guardar el vino o para servir de almacén a los mercaderes. || Cosecha o mucha abundancia de vino en un lugar: *la bodega de Valdepeñas.* || Troj o granero. || *Mar.* Espacio comprendido en los buques desde la cubierta inferior hasta la quilla. || Almacén donde se venden vinos buenos y licores al por mayor y menor. (SINÓN. V. *Taberna.*) || *Chil.* Almacén o depósito para guardar las mercancías en los ferrocarriles.
BODEGAJE m. Almacenaje. || *Chil.* Derecho que se paga por conservar algo en una bodega.
BODEGÓN m. Tienda donde se guisan y dan de comer viandas ordinarias. || Taberna. || Pintura o cuadro donde se representan cosas comestibles. || Vasijas y utensilios vulgares.
BODEGONEAR v. i. *Fam.* Andar de bodegón en bodegón.
BODEGONERO, RA m. y f. Persona que tiene a su cargo un bodegón o figón.
BODEGUERO, RA m. y f. Dueño de una bodega. || Persona que tiene a su cargo la bodega.
BODIGO m. Cierto panecillo de flor de harina.
BODIJO m. *Fam.* Boda desigual o sin pompa.
BODOCAL adj. Cierta uva de grano muy grueso.
BODOQUE m. Bola de barro endurecido que se dispara con ballesta. || Reborde de los ojales del colchón. || Relieve de adorno en los bordados. || *Fig.* y *fam.* Persona torpe. (SINÓN. V. *Tonto.*) || Burujo. || *Méx.* Chichón, bulto en el cuerpo.
BODOQUERA f. Molde para bodoques. || Escalerilla de la ballesta, que mantiene el bodoque. || Cerbatana, caña hueca para arrojar proyectiles pequeños.
BODORRIO m. *Fam.* Bodijo, boda ridícula.
BODRIO m. Guiso mal aderezado. || Sangre de cerdo preparada para morcillas. || *Fig.* Mezcla confusa.
BÓER adj. y s. Dícese de los habitantes del África Austral de origen holandés.
BOFE adj. *Amér. C.* Antipático. || — M. *Amer.* Trabajo llevadero. || — M. pl. *Fam.* Pulmones: *bofes de ternera.* || *Fig.* y *fam. Echar los bofes,* trabajar mucho.
BOFETADA f. y **BOFETÓN** m. Golpe dado en el rostro con la mano abierta. (SINÓN. *Sopapo, cachete, guantada, pescozón, soplamoco.* Pop. *Chuleta.* V. tb. *golpe.*) || *Fam.* Afrenta.
BOFO, FA adj. *Amér. C.* Bofe.
BOGA f. Nombre de dos peces teleósteos.
BOGA f. Acción de bogar o remar. || — Com. Bogador, remero. || *Fig.* y *fam.* Fama, aceptación: *estar en boga una novela.* (SINÓN. V. *Moda.*) || *Col.* Mal educado, gañán.
BOGADA f. Espacio que adelanta un barco con un solo golpe de remos.
BOGADOR m. Remero.
BOGAR v. i. y t. Remar. (SINÓN. V. *Navegar.*) || *Col.* Sorber, beber de un sorbo.
BOGAVANTE m. Primer remero de cada banco de la galera. || *Zool.* Crustáceo marino, del tamaño de la langosta y de pinzas muy grandes. (También se llama *cobrajo,* pero generalmente se confunde en España con la langosta.)
BOGIE o **BOGGIE** m. (pal. ingl.). Armazón o bastidor de cuatro o seis ruedas que forma el soporte de la carrocería de un vehículo (vagón, etc.) para que éste pueda girar alrededor de un eje vertical o central. (SINÓN. *Carretón.*)
BOGOTANO, NA adj. y s. De Bogotá.
BOHÉMICO, CA adj. Relativo a Bohemia.
BOHEMIO, MIA adj. y s. Dícese de la persona de costumbres libres y vida irregular y desordenada. || Bohemo. || Gitano. || Vida de bohemio. || — F. Conjunto de bohemios: *la bohemia de las letras.*
BOHEMO, MA adj. y s. De Bohemia.
BOHENA f. Longaniza de bofes del puerco.
BOHÍO m. *Amer.* Cabaña de ramas o cañas.
BOHORDO m. Lanza corta arrojadiza, usada en los torneos. || *Bot.* Tallo herbáceo de las liliáceas: *el bohordo de la pita.* (SINÓN. V. *Tallo.*)
BOICOTEAR v. t. Practicar el boicoteo.
BOICOTEO m. Cesación voluntaria de todas las

bodegón de Zurbarán (detalle)

bohío

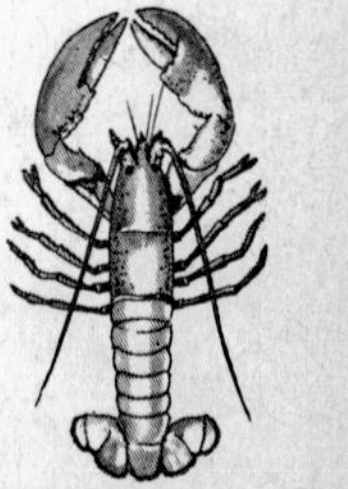

bogavante

Fot. Giraudon

boina

boj

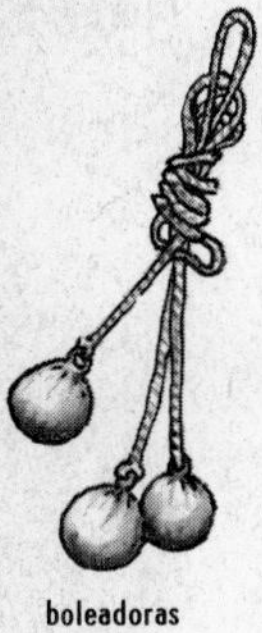

boleadoras

boliche

relaciones con un individuo, una empresa o una nación. (Es preferible esta palabra a *boicot.*)

BOÍL m. Boyera. (SINÓN. V. *Establo.*)

BOINA f. Gorra de lana, redonda y chata, hecha de una sola pieza. (SINÓN. V. *Tocado.*)

BOIQUIRA f. *Amer.* Uno de los nombres de la *culebra de cascabel.*

BOIRA f. Niebla. (SINÓN. V. *Niebla.*)

BOITE f. (pal. fr., pr. *buat*). Sala de baile elegante.

BOJ o **BOJE** m. Arbusto buxáceo siempre verde.

BOJA f. Abrótano.

BOJAR v. t. Raer el cordobán con la estira.

BOJAR y **BOJEAR** v. t. *Mar.* Medir el perímetro de una isla, cabo, etc. ‖ — V. i. Tener una isla, cabo, tal o cual dimensión en circuito.

BOJAZO m. *Col.* Golpe fuerte.

BOJEDAL m. Lugar poblado de bojes.

BOJEO m. *Mar.* Perímetro, circuito de isla o cabo.

BOJETE o **BOJOTE** m. *Venez.* Bulto, paquete.

BOJIGANGA f. Compañía de farsantes que en lo antiguo representaba en los pueblos pequeños.

BOJO m. *Mar.* Acción de bojar una isla o cabo.

BOJOTEAR v. t. *Venez.* Liar, envolver.

BOL m. (ingl. *bowl*). Taza redonda sin asa.

BOL m. (del lat. *bolus,* terrón). Bolo. ‖ Redada. ‖ Jábega o red.

BOLA f. (lat. *bulla*). Cuerpo esférico, de cualquier materia. ‖ En ciertos juegos de naipes, lance en que hace uno todas las bazas. ‖ Pelota grande, usada para señales en los buques y semáforos. ‖ Betún: *dar bola a las botas.* ‖ *Fig.* y *fam.* Mentira. (SINÓN. V. *Cuento.*) ‖ *Méx.* Reunión desordenada, bulla, tumulto. ‖ *Chil.* Cometa redonda. ‖ *Venez.* Tamal de figura esférica. ‖ Arma arrojadiza de los patagones: *la bola pampa.* ‖ Bala de piedra atada con una correa larga. ‖ *Col.* Carro de la policía. ‖ — Pl. *Chil.* Juego de la argolla. ‖ *Fig.* y *fam.* *¡Dale bola!,* expr. que denota enfado causado por una cosa que se repite muchas veces. ‖ *Ruede la bola,* expr. con que se manifiesta el deseo de que siga su camino un negocio. ‖ *No dar pie con bola,* no acertar.

BOLACEAR v. i. *Arg.* Decir disparates.

BOLACO m. *Chil.* Socaliña, ardid o artificio.

BOLACHA f. *Amer.* Bola de caucho en bruto.

BOLADA f. Tiro de bola. ‖ *Amer.* Encuentro, oportunidad para un negocio. ‖ *Chil.* Golosina. ‖ *Col.* Jugarreta.

BOLADO m. Azucarillo.

BOLARDO m. *Mar.* Noray.

BOLATE m. *Col.* Confusión, enredo.

BOLAZO m. Golpe de bola. ‖ *Arg.* Disparate. ‖ *De bolazo,* m. adv. sin esmero: *hacer algo de bolazo.*

BOLCHEVIQUE m. Miembro del sector mayoritario del partido socialdemócrata ruso. ‖ *Por ext.* Partidario del bolchevismo. ‖ Miembro del partido comunista ruso. ‖ — Adj. Relativo o este partido o doctrina: *las teorías bolcheviques.*

BOLCHEVIQUISMO m. Bolchevismo.

BOLCHEVISMO m. Tendencia mayoritaria del partido socialdemócrata ruso, representada por Lenin. ‖ *Por ext.* Doctrina del partido comunista ruso. (SINÓN. V. *Socialismo.*)

BOLCHEVIZAR v. t. Difundir o adoptar los principios del bolchevismo.

BOLEADA f. *Arg.* Partida de caza cuyo objeto es bolear gamos u otros animales.

BOLEADORAS f. pl. *Arg.* Arma arrojadiza que consiste en dos o tres bolas unidas con una cuerda.

BOLEAR v. t. *Col.* Reprobar por medio de bolitas: *bolear a un candidato.* ‖ *Méx.* Embetunar. ‖ *Arg.* Cazar con boleadoras. ‖ — V. i. Jugar al billar sin hacer partida. ‖ *Fam.* Mentir. ‖ *Arg.* Jugar una mala partida. ‖ — V. r. Volcarse el potro de espaldas, encabritar. ‖ *Fig.* Tropezar al caer. ‖ *Riopl.* Equivocarse. ‖ Enredarse.

BOLEO m. Acción de bolear. ‖ Sitio en que se bolea.

BOLERA f. Boliche, juguete. ‖ Juego de bolos. ‖ Lugar donde se juega a los bolos.

BOLERO, RA adj. Novillero, que hace novillos. ‖ Variedad de escarabajo. ‖ — Adj. y s. *Fig.* y *fam.* Que dice muchas mentiras. ‖ — M. Aire musical español. ‖ Chaquetilla que suelen usar las señoras. ‖ *Amer.* Boliche. ‖ *Méx.* y *Amér. C.* Sombrero de copa alta. ‖ *Col.* Volante ancho en las faldas. ‖ *Méx.* Limpiabotas. ‖ — M. y f. Persona que baila el bolero. ‖ *Urug.* Caballo delantero, en un tiro.

BOLETA f. (ital. *bolleta*). Cédula de entrada. ‖ Cédula que se da a los militares cuando entran en un lugar para indicarles su alojamiento. ‖ Libranza para tomar o cobrar alguna cosa. ‖ *Amer.* Cédula para votación o para otros usos: *boleta de sanidad.*

BOLETERÍA f. *Amer.* Taquilla de boletos.

BOLETERO, RA m. y f. *Amer.* El que despacha billetes en las taquillas de los teatros, trenes.

BOLETÍN m. Boleta, cédula, billete: *boletín de entrada.* ‖ Periódico que trata de asuntos especiales: *boletín comercial.* ‖ *Cub.* Billete de ferrocarril.

BOLETO m. *Amer.* Billete de teatro, de ferrocarril, etc. ‖ *Arg.* *Era de boleto,* era de risa.

BOLIAR v. i. *Arg.* Trabajar.

BOLICHADA f. Redada de boliche. ‖ *Fig.* y *fam.* Lance afortunado.

BOLICHE m. Bola pequeña usada en el juego de bochas. ‖ Juego de bolos. ‖ Juguete compuesto de un palo terminado en punta y una bola taladrada sujeta con un cordón, que se lanza al aire para ensartarla en el palo. ‖ Horno pequeño para fundir mineral de plomo. ‖ Almacén pequeño. ‖ Jábega pequeña. ‖ Pescado menudo. ‖ *Amer.* Figón, tabernucha. ‖ Tabaco de clase inferior.

BOLICHEAR v. i. *Arg.* Ocuparse una persona en negocios de poca monta: *andar bolicheando.*

BOLICHERO, RA m. y f. Persona que tiene de su cuenta el juego de bolas. ‖ *Arg.* El que vende en el boliche.

BÓLIDO m. (del gr. *bolidos,* choque). Meteorito de gran dimensión que se torna luminoso al cruzar rápidamente la atmósfera. ‖ *Fig.* Vehículo muy rápido, especialmente el automóvil de competición.

BOLÍGRAFO m. Lápiz estilográfico cuya punta es una bolita de acero.

BOLILLO m. Palito torneado para hacer encajes. ‖ Hueso a que está unido el casco de las caballerías. ‖ *P. Rico.* Carrete. ‖ *Arg.* Rodillo de pasteleros. ‖ — Pl. Barritas de masa dulce.

BOLÍN m. Boliche. ‖ *Fam.* *De bolín, de bolán,* loc. adv., inconsideradamente.

BOLINA f. *Mar.* Cabo con que se hala la relinga de una vela. ‖ *Mar.* Castigo de azotes que se daba a los marineros. ‖ Sonda. ‖ *Fig.* y *fam.* Ruido de pendencia. ‖ *Guat.* Borrachera en común.

BOLINCHE y **BOLINDRE** m. *And.* Canica.

BOLINEAR v. i. *Mar.* Halar de las bolinas.

BOLINERO, RA adj. *Chil.* Pendenciero.

BOLISA f. En algunas partes, pavesa.

BOLÍVAR m. Unidad monetaria de Venezuela.

BOLIVARENSE adj. y s. De Bolívar, prov. del Ecuador y dep. de Colombia.

BOLIVARIANO, NA adj. y s. Relativo a Bolívar. ‖ De Bolívar. Estado de Venezuela.

BOLIVARIENSE adj. y s. De Bolívar, c. de Venezuela.

BOLIVIANISMO m. Giro propio de Bolivia. ‖ Afecto a la nación boliviana.

BOLIVIANO, NA adj. y s. De Bolivia. ‖ — M. Unidad monetaria de Bolivia.

BOLO, LA adj. *Antill.* y *Col.* Que carece de cola. ‖ *Amér. C.* Ebrio.

BOLO m. Palito torneado que se pone derecho en el suelo: *juego de bolos.* ‖ Eje o nabo de las escaleras de caracol y de ciertas máquinas. ‖ Bola en los juegos de naipes. ‖ *Fig.* y *fam.* Hombre torpe y poco instruido: *Fulano es muy bolo.* ‖ *Farm.* Píldora más grande que la ordinaria. ‖ Cuchillo grande, especie de machete de los indios filipinos. ‖ *Cub.* *Fam.* Lo que se pide al padrino en un bautizo. ‖ *Bolo alimenticio,* alimento masticado e insalivado. ‖ *Fam.* *Echar a rodar los bolos,* promover disturbios.

BOLO m. *Fam.* Bolívar, moneda.

BOLÓN m. *Chil.* Piedra de mediano tamaño usada en las construcciones.

BOLONIO adj. y s. *Fam.* Dícese de los estudiantes del colegio español fundado en Bolonia en 1367 por el cardenal Carrillo de Albornoz, y que subsiste aún hoy día. ‖ *Fig.* y *fam.* Necio, ignorante.

BOLOÑÉS, ESA adj. y s. De Bolonia.

BOLSA f. (del gr. *bursa,* cuero). Especie de saco para guardar una cosa: *bolsa de cuero.* (SINÓN. V. *Zurrón.*) ‖ Saquillo para guardar el dine-

Fot. X.

ro: *no abrir fácilmente la bolsa.* || Taleguilla de tafetán en que se recogían el cabello los hombres. || Folgo, funda que sirve para abrigarse los pies. || Arruga en los vestidos: *el gabán hace bolsas* || Edificio donde se reúnen los bolsistas para sus negociaciones. || *Amer.* Bolsillo. || *Fig.* Caudal o dinero. || *Cir.* Cavidad llena de materia. || *Min.* En las minas, parte donde se halla metal puro. || *Bolsa de trabajo,* organismo que centraliza ofertas y peticiones de trabajo.

BOLSAZO m. *Arg. Fam.* Calabazas dadas a un novio o novia.

BOLSEAR v. i. *Ar.* Hacer bolsas la ropa. || *Méx.* y *Guat.* Robar a uno el bolsillo. || *Chil.* Sacar de gorra, de mogollón. || *Amer.* Dar calabazas.

BOLSERA f. Bolsa que se usaba para el pelo.

BOLSERO m. El que hace o vende bolsas. || *Chil.* Gorrón, mogollón, parásito. || *Méx.* Bolsista.

BOLSICÓN m. *Ecuad.* Saya de bayeta que llevan en el Ecuador las mujeres del pueblo.

BOLSICONA f. *Ecuad.* Mujer que usa bolsicón

BOLSILLERO m. *Fam.* Ratero.

BOLSILLO m. Bolsa para el dinero. || Saquillo cosido a los vestidos: *meterse las manos en los bolsillos.* || *Fam. Meterse a uno en el bolsillo,* conquistar su voluntad. || *Fam. Rascarse el bolsillo,* soltar dinero.

BOLSÍN m. Reunión de bolsistas, fuera de las horas y sitio de reglamento. || Lugar donde se verifica.

BOLSIQUEAR v. i. Bolsear.

BOLSISTA m. El que se dedica a la compra y venta de efectos públicos. || *Amer.* Ladrón de bolsillo.

BOLSO m. Bolsa que llevan las mujeres. || Bolsillo.

BOLSÓN m. Bolsa grande. || *Amer.* Vade de los niños de la escuela. || *Col.* Bolonio, tonto. || *Bol.* Masa considerable de mineral: *descubrir un bolsón.* || *Méx.* Laguna, y también depresión bastante extensa del terreno.

BOLLA f. Derecho pagado por fabricar naipes. || *Per.* Chistera.

BOLLADURA f. Abolladura, bollo.

BOLLAR v. t. Sellar los paños. || Abollonar, hacer bollos en algunas cosas: *bollar una cafetera.*

BOLLERO, RA m. y f. Persona que hace bollos.

BOLLO m. (del lat. *bulla,* bola). Panecillo amasado con huevos, leche, etc. || Hueco hecho por un golpe en un objeto: *le han hecho un bollo a la tetera.* || Plegado de tela, usado en vestidos y colgaduras. || *Fig.* Chichón: *hacerse un bollo en la frente.* || *Fam.* Lío, embrollo. || *Hond.* y *Riopl.* Puñetazo. || *Col.* Tamal. || *Bollo maimón,* roscón de bizcocho o mazapán relleno de conservas. || *Fig.* y *fam. Perdonar el bollo por el coscorrón,* causar una cosa más molestia que utilidad.

BOLLÓN m. Clavo de cabeza grande que sirve de adorno: *adornar un sillón con bollones.* || Pendiente de un solo botón. || Botón que echa la vid.

BOLLONADO, DA adj. Adornado con bollones: *silla bollonada.* || — PARÓN. *Abollonado.*

BOLLUELO m. Bollo pequeño.

BOMBA f. (del lat. *bombus,* ruido, zumbido). Máquina para elevar el agua u otro líquido, compuesta de un cinlindro, dentro del cual juega un émbolo, y de diferentes tubos con válvulas. || Proyectil hueco y lleno de un exposivo, con una espoleta, que lo hace estallar: *las bombas datan del siglo XVI.* || Aparato explosivo: *bomba de avión.* || Globo de cristal de algunas lámparas. || En los instrumentos músicos de metal, tubo que enchufa con otro y que sirve para afinarlos. || *Fig.* Noticia inesperada que causa sorpresa. || *Ecuad.* Globo aerostático. || *Provinc.* y *Amer.* Sombrero de copa. || *Antill., Col.* y *Guat.* Mentira. || *Cub.* Cucharón grande. || *Arg.* Burbuja. || *Arg.* Cometa redonda. || *Bomba aspirante,* la que eleva el líquido gracias a la presión atmosférica. || *Bomba aspirante e impelente,* la que aspira el agua y luego la impele con esfuerzo. || *Bomba atómica,* V. ATÓMICO. || *Bomba centrífuga,* aquella en que produce la elevación del agua el movimiento rápido de una rueda de paletas dentro de una caja cilíndrica. (Llámase también *ariete hidráulico.*) || *Bomba de cobalto,* generador de rayos gamma utilizados con fines terapéuticos. || *Bomba H* o *de hidrógeno,* V. TERMONUCLEAR. || *Bomba impelente,* la que eleva el agua más arriba que el plano de la máquina. || *Bomba neumática,* la que sirve para extraer o comprimir el aire. || — Adj. *Fam.* Grandioso, sensacional: *éxito, noticia bomba.* || *Fig.* y *fam. Estar echando bombas una cosa,* estar muy caldeada.

BOMBÁCEAS f. pl. Familia de árboles dicotiledóneos intertropicales que tienen por tipo el baobab.

BOMBACHAS f. pl. *Arg.* Pantalones bombachos.

BOMBACHO adj. y s. Dícese del calzón o pantalón ancho, abierto por la parte inferior de los perniles y con botones. (SINÓN. V. *Calzón.*)

BOMBARDA f. Cañón antiguo de gran calibre. || Fragata antigua destinada a arrojar bombas. || Especie de chirimía. || Registro del órgano que produce sonidos muy graves.

BOMBARDEAR v. t. Arrojar bombas contra una plaza fuerte o una ciudad: *bombardear un puerto.* || Someter un cuerpo a la acción de ciertas radiaciones.

BOMBARDEO m. Acción y efecto de bombardear: *bombardeo en picado.*

BOMBARDERO m. Artillero destinado al servicio especial del mortero y las bombardas. ||

Avión de bombardeo. || — Adj. *Lancha bombardera,* lancha armada de un mortero.

BOMBARDINO m. *Mús.* Instrumento músico parecido al bombardón, pero más pequeño.

BOMBARDÓN m. Instrumento músico de viento bastante grande, y que sirve de contrabajo. (SINÓN. *Barítono.*)

BOMBASÍ m. (del lat. *bombax,* algodón). Fustán, tela de algodón.

BOMBÁSTICO, CA adj. Dícese del lenguaje hinchado o ampuloso.

BOMBAZO m. Explosión que hace la bomba al caer. || *Arg.* Barbaridad.

BOMBÉ m. Carruaje ligero de dos ruedas y dos asientos, abierto por delante.

BOMBEADOR m. *Arg.* Bombero; explorador.

BOMBEAR v. t. Arrojar bombas de artillería. || *Fig.* y *fam.* Dar bombo a uno. (Ú. t. c. r.) || *Col.* Despedir, expulsar. || Sacar o trasegar con bomba. || Dar forma abombada. || *Arg.* y *Per.* Explorar el campo.

BOMBEO m. Convexidad: *bombeo de un cristal.*

BOMBERA f. *Cub.* Sosería.

BOMBERO m. Persona perteneciente a un cuerpo encargado de combatir los incendios y auxiliar en otros siniestros. || El que trabaja con la bomba hidráulica. || *And.* Fontanero. || *Arg.* Explorador, espía.

BÓMBICE o **BÓMBIX** m. Gusano de seda.

BOMBILLA f. Bombillo para sacar líquidos. || *Mar.* Farol de cristal casi esférico. || Globo de cristal que contiene el filamento de la lámpara eléctrica. || Tubito de caña o de metal para sorber el mate. || *Méx.* Cucharón.

BOMBILLO m. Aparato de sifón en los excusados. || Tubo delgado ensanchado en la parte in-

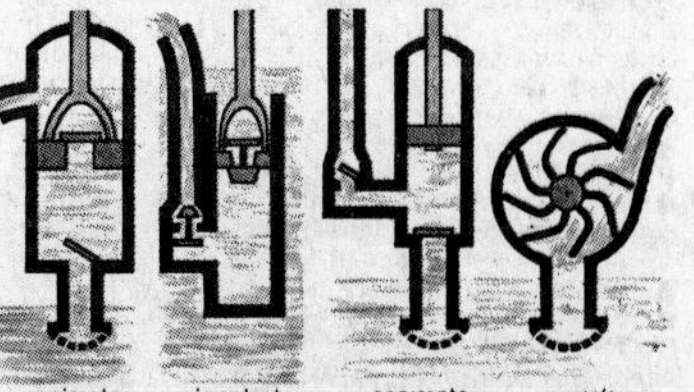

BOMBAS

bombachas

bombilla para sorber mate

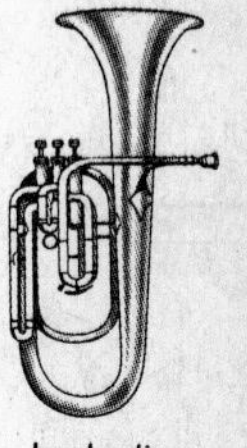

bombardino

bómbice

Fot. X, Cortesía de Mundo Hispánico

bombona

boneta

BOQUILLAS

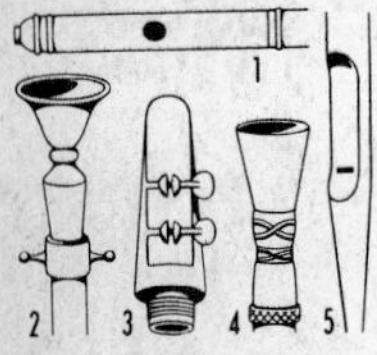

1. De flauta
2. De instrumento de cobre
3. De clarinete
4. De oboe
5. De tubo de órgano

bonito

ferior que sirve para sacar líquidos. || *Mar.* Bomba pequeña de mano. || *Antill., Amér. C.* y *Col.* Bombilla eléctrica.

BOMBÍN m. *Fam.* El sombrero hongo. || Pequeña bomba para hinchar los neumáticos de bicicleta.

BOMBITA f. *Col.* Rubor, vergüenza.

BOMBO, BA adj. *Fam.* Aturdido, atontado. || *Cub.* Dícese del agua ligeramente tibia. || — M. Tambor grande que se toca con maza: *se usa el bombo en las bandas miltares.* || El que toca este instrumento. || Barco de fondo chato. || Caja en que están los números de un sorteo. || *Fig.* Elogio exagerado. (SINÓN. V. *Publicidad.*) || *Fig.* y *fam. Dar bombo,* elogiar demasiado. || *A,* o *de, bombo y platillos,* muy aparatoso. || *Arg. Irse al bombo,* fracasar.

BOMBÓN m. Confite de chocolate. || *Fam.* Persona o cosa exquisita. || Vasija filipina hecha de un trozo de bambú. || *Cub.* Cucharón que se emplea en los ingenios para trasegar el guarapo.

BOMBONA f. Botellón, damajuana.

BOMBONAJE m. *Amer.* Paja para sombreros.

BOMBONERA f. Caja para guardar bombones. || *Fam.* Local pequeño y bonito.

BOMBONERÍA f. *Amer.* Confitería.

BOMBOTE m. *Venez.* Barco de fondo chato.

BONACHÓN, ONA adj. y s. *Fam.* Muy bueno. (SINÓN. V. *Bueno.*) || *Fig.* y *fam.* Crédulo, sencillote. || — CONTR. *Pícaro, tunante.*

BONACHONERÍA f. Calidad de bonachón. (SINÓN. V. *Bondad.*)

BONAERENSE adj. y s. De Buenos Aires.

BONANCIBLE adj. Tranquilo (tiempo).

BONANZA f. Tiempo sereno en el mar. (SINÓN. V. *Tranquilidad.*) || *Fig.* Prosperidad. || Veta muy rica, en una mina.

BONAPARTISMO m. Partido bonapartista.

BONAPARTISTA adj. y s. Partidario del sistema político o de la dinastía de Napoleón Bonaparte.

BONASÍ m. Pez venenoso de las Antillas.

BONDAD f. (lat. *bonitas*). Calidad de bueno: *hablar con bondad.* (SINÓN. *Benignidad, benevolencia, bonachonería.* V. tb. *dulzura.*) || Inclinación a hacer el bien. || Amabilidad: *tenga la bondad de venir.*

BONDADOSO, SA adj. Muy bueno, afectuoso: *palabras bondadosas.* (SINÓN. V. *Bueno* y *humano.* CONTR. *Malo, perverso.*)

BONETA f. *Mar.* Paño que se añade a una vela.

BONETE m. Gorro de los eclesiásticos, colegiales y graduados: *bonete de doctor.* || *Fig.* Clérigo secular. || Dulcera de vidrio. || *Fort.* Obra exterior de fortificación, que es una tenaza doble. || *Zool.* Redecilla de los rumiantes. || *Fig.* y *fam. A tente bonete,* m. adv., con empeño: *porfiar a tente bonete.*

BONETERÍA f. Oficio y taller de bonetero. || Tienda donde se venden bonetes. || *Amer.* Galicismo por *mercería.*

BONETERO, RA m. y f. El que hace o vende bonetes. || — M. Arbusto celastráceo de Europa.

BONETÓN m. *Chil.* Cierto juego de prendas.

BONGA f. *Filip. Bot.* Areca.

BONGO m. *Amer.* Canoa india. || Árbol panameño, de madera muy ligera.

BONGÓ m. Tambor que usan los negros para sus fiestas.

BONGOSERO m. Tocador de bongó.

BONIATO m. Planta convolvulácea y su tubérculo.

BONIFICACIÓN f. Mejora: *la bonificación de las tierras.* || Rebaja: *una bonificación de 3 %.* (SINÓN. V. *Disminución.*)

BONITAMENTE adv. m. Con tiento y maña. || Despacio, poco a poco: *su negocio anda bonitamente.*

BONITO m. Pez muy parecido al atún.

BONITO, TA adj. Bueno: *bonita renta.* || Lindo, agraciado, agradable: *cara bonita.* (SINÓN. V. *Bello.* CONTR. *Feo.*)

BONIZAL m. Campo de bonizo.

BONIZO m. Especie de panizo de grano menudo.

BONO m. *Com.* Vale: *presentar un bono al pago.* || Cualquier papel fiduciario: *bonos de la deuda.* || Tarjeta que dan a los pobres ciertas sociedades de beneficencia: *bono de pan.*

BONOTE m. Filamento de la corteza del coco.

BONZO m. Sacerdote budista.

BOÑIGA f. Excremento del ganado vacuno.

BOÑIGO m. Cada una de las piezas de excremento vacuno.

BOOKMAKER m. (del. ingl. *book,* libro, y *maker,* que hace, pr. *bukméker*). *Neol.* El que lleva un libro para apuntar las apuestas en las carreras.

BOOM m. (pal. ingl., pr. *bum*). Actividad exagerada y momentánea en un negocio. || Alza repentina de productos industriales, de valores de Bolsa.

BOOMERANG m. (pal. ingl., pr. *bumerang*). Arma arrojadiza australiana. || *Fig.* Acto de hostilidad que perjudica a su autor.

BOQUEADA f. Acción de abrir la boca al morir: *dar la última boqueada.*

BOQUEAR v. i. Abrir la boca. || Estar expirando. || *Fig.* y *fam.* Estar una cosa a punto de acabarse.

BOQUERA f. Boca que se hace en el caz para regar las tierras. || *Med.* Llaguita en los ángulos de la boca.

BOQUERÓN m. Abertura grande. || Bocaza, boca grande. || Pez pequeño del Mediterráneo: *el boquerón salado toma el nombre de anchoa.*

BOQUERONENSE adj. y s. De Boquerón (Paraguay).

BOQUETA m. *Col.* Labihendido.

BOQUETE m. Entrada o paso angosto. || Agujero, brecha: *abrir un boquete en la pared.*

BOQUETO m. *Venez.* Labihendido.

BOQUI m. Especie de enredadera de Chile.

BOQUIABIERTO, TA adj. Que tiene la boca abierta. || *Fig.* Que se queda embobado ante una cosa. (SINÓN. *Atónito, aturdido, atolondrado, pasmado, sorprendido, deslumbrado, turulato, patidifuso, pasmado.* V. tb. *desconcertado.*)

BOQUIANCHO, CHA adj. Muy ancho de boca.

BOQUIANGOSTO, TA adj. Estrecho de boca.

BOQUIBLANDO, DA adj. Que es blando de boca.

BOQUIDURO, RA adj. Duro de boca.

BOQUIFLOJO, JA adj. *Amer.* Boquirroto.

BOQUIFRESCO, CA adj. Que tiene la boca muy salivosa: *los caballos boquifrescos son obedientes al freno.* || *Fig.* y *fam.* Descarado.

BOQUIHENDIDO, DA adj. De boca rasgada.

BOQUIHUNDIDO, DA adj. De boca hundida.

BOQUILLA f. Abertura hecha en una presa o acequia para sacar las aguas de riego. || Abertura inferior de un pantalón. || Canuto que sirve para tocar varios instrumentos músicos de viento. || Tubo pequeño para fumar el cigarro. || Parte de la pipa que se introduce en la boca. || Escopleadura que se abre en un madero para meter otro. || Tercera abrazadera del fusil. || En el mortero, parte por donde se pone la pólvora. || Anillo que guarece la boca de la vaina de un arma. || Mechero de gas, de acetileno, etc. || *Ecuad.* Hablilla. || *De boquilla,* sin intención de cumplir.

BOQUILLERO, RA adj. *Cub.* Hablador.

BOQUIMUELLE adj. Blando de boca. || *Fig.* Fácil de manejar o engañar.

BOQUINEGRO, GRA adj. De hocico negro: *perro boquinegro.* || — M. Caracol terrestre de España, de color amarillento y de boca negra.

BOQUINETE adj. y . *Méx.* Labio leporino.

BOQUINETO, TA adj. y s. *Amer.* Labio leporino.

BOQUIRROTO, TA adj. *Fig.* y *fam.* Aficionado a hablar, parlanchín. || — CONTR. *Discreto.*

BOQUIRRUBIO, BIA adj. *Fig.* Que habla mucho y sin reserva. || — M. Mozalbete presumido.

BOQUISECO, CA adj. Dícese de la caballería que tiene seca la boca: *caballo boquiseco.*

BOQUITUERTO, TA adj. De boca torcida.

BORACITA f. (de *bórax*). *Miner.* Borato de magnesia natural: *la boracita tiene brillo vidrioso.*

BORATERA f. *Amer.* Mina de borato de sosa.

BORATERO, RA adj. *Amer.* Relativo al borato.

BORATO m. *Quím.* Sal de ácido bórico.

BÓRAX m. Sal blanca compuesta de ácido bórico, sosa y agua empleada en medicina y en industria.

BORBOLLAR y **BORBOLLEAR** v. i. Hacer borbollones el agua cuando hierve.
BORBOLLEO m. Acción de borbollar o borbollear.
BORBOLLÓN m. Agitación del agua en ebullición. || *Fig. A borbollones,* m. adv., atropelladamente.
BORBOLLONEAR v. i. Borbollar.
BORBÓNICO, CA adj. Perteneciente o relativo a los Borbones: *perfil borbónico.*
BORBORIGMO m. (gr. *borborugmos*). Ruido que producen los gases encerrados en el abdomen.
BORBOTAR y **BORBOTEAR** v. i. Hacer borbotones el agua.
BORBOTEO m. Ruido de una cosa que hierve.
BORBOTÓN m. Borbollón. || *Fig.* y *fam. Hablar una persona a borbotones,* hablar atropelladamente.
BORCEGUÍ m. Bota. (SINÓN. V. *Calzado.*)
BORDA f. Choza. || *Mar.* Vela mayor en las galeras. || *Mar.* Parte superior del costado del barco. || *Fig.* y *fam. Echar o tirar por la borda,* deshacerse de algo o alguien.
BORDADA f. *Mar.* Camino que recorre entre dos viradas el barco que navega de bolina. || *Fig.* y *fam.* Paseo repetido por un sitio. || *Mar. Dar bordadas,* navegar de bolina.
BORDADO m. Labor de relieve ejecutada en tela o piel con aguja: *un bordado de seda.*
BORDADOR, RA m. y f. Persona que borda.
BORDADURA f. Acción de bordar. || Bordado.
BORDAR v. t. Adornar con bordado: *bordar a tambor, en cañamazo, de realce, al pasado.* || *Fig.* Ejecutar una cosa con primor.
BORDE m. Orilla de alguna cosa: *al borde del mar.* (SINÓN. V. *Litoral* y *linde.*) || En las vasijas, orilla: *llenar un vaso hasta el borde.* || *A borde,* a pique. || *Borde de ataque,* parte frontal del ala de un avión.
BORDE adj. (lat. *burdus*). Dícese de las plantas silvestres: *ciruelo borde.* || — Adj. y s. Bastardo, ilegítimo.
BORDEAR v. i. *Mar.* Dar bordadas. || Ir por el borde. || *Fig.* Aproximarse.
BORDEJAR v. i. *Riopl.* y *Venez.* Bordear.
BORDELÉS, ESA adj. y s. De Burdeos. || — F. Tonel de 225 litros.
BORDILLO m. Borde de la acera.
BORDO m. Costado exterior de la nave. || *Guat.* y *Méx.* Reparo de césped para detener las aguas en las tierras. || *A bordo,* m. adv., en la embarcación: *dormir a bordo.* || *De alto bordo,* dícese de los buques mayores.
BORDÓN m. Bastón largo de los peregrinos. || Verso quebrado repetido al fin de cada copla. || *Fig.* Estribillo que repite con frecuencia una persona en su conversación. || *Fig.* El que guía y sostiene a otro. || En los instrumentos músicos, nombre de las cuerdas más gruesas que hacen el bajo. || *Col.* y *Pan.* Benjamín varón de una familia. || — Pl. Cuerdas que tiene el tambor en su cara inferior.
BORDONA f. *Arg.* Bordón de guitarra.
BORDONCILLO m. Bordón, estribillo.
BORDONEAR v. i. Tentar con el bordón. || *Fig.* Vagar. || Rasguear la guitarra. || Zumbar.
BORDONEO m. Zumbido. || Sonido ronco del bordón de la guitarra.
BORDONERÍA f. Vida ociosa y vagabunda.
BORDONERO, RA adj. y s. Vagabundo.
BORDURA f. (del fr. *bordure,* orilla). *Blas.* Pieza honorable que rodea el escudo interiormente.
BOREAL adj. Septentrional, del Norte: *polo, hemisferio boreal, aurora boreal.* (SINÓN. *Ártico.* CONTR. *Austral.*)
BÓREAS m. Viento norte.
BORGOÑA m. Vino francés de Borgoña.
BORGOÑÓN, ONA adj. y s. De Borgoña.
BORGOÑOTA f. Variedad de celada del siglo XVI que cubría las mejillas.
BORICADO, DA adj. Que cotiene ácido bórico.
BÓRICO adj. *Quím.* Dícese del ácido formado por el boro: *el ácido bórico se usa como antiséptico.*
BORINQUEÑO, ÑA adj. y s. De Puerto Rico.
BORLA f. Conjunto de hebras de lana, seda u otro hilado reunidas por uno de sus cabos. || Insignia de los doctores en las universidades. || Instrumento para aplicar al cutis los polvos de arroz. || — Pl. Uno de los nombres vulgares del *amaranto.* || *Tomar la borla,* graduarse de doctor.
BORLARSE v. r. *Amer.* Tomar la borla de doctor.
BORNE m. Extremo de la lanza de justar. || Codeso, arbusto. || Cada uno de los botones de cobre con tornillo que sirven para fijar los hilos de conexión de un aparato eléctrico: *los bornes de una pila.*
BORNEADIZO, ZA adj. Fácil de torcerse.
BORNEAR v. t. Torcer, ladear. || Labrar en contorno las columnas. || Mirar guiñando un ojo, para comprobar la rectitud de una línea, una superficie. || *Arq.* Colocar los sillares en su debido lugar. || — V. i. *Mar.* Girar el buque sobre el ancla fondeada. || — V. r. Alabearse la madera: *la madera verde se bornea.*
BORNEO m. Acción de bornearse o torcerse la madera. || Movimiento del cuerpo en el baile.
BORNÍ m. (pal. ár.). Ave rapaz diurna: *el borní habita en los lugares pantanosos.*
BORO m. Metaloide (B) de número atómico 5, de densidad 2,45, sólido, duro y de color negruzco, semejante al carbono.
BOROCOCO m. *And.* Pisto, guiso de tomate y huevos. || *Amer.* Amoríos escondidos.
BORONA f. Uno de los nombres del *mijo* y del *maíz.* || Pan de maíz. || *Amer.* Migaja de pan.
BORONÍA f. Alboronía, guiso de berenjenas.
BORRA f. Parte más basta de la lana o de la seda. || Pelo de cabra para henchir pelotas, cojines, etc. || Pelo que el tundidor saca del paño. || Pelusa del algodón. || Heces: *la borra del aceite.* || *Fig.* y *fam.* Palabras inútiles y sin sustancia.
BORRACHA f. *Fig.* y *fam.* Bota para el vino.
BORRACHEAR v. i. Beber mucho una persona.
BORRACHERA f. Efecto de emborracharse: *agarrar una borrachera.* (SINÓN. *Ebriedad, embriaguez, alcoholismo.* Pop. *Tajada, merluza, tablón, cogorza.*) || Banquete en que hay algún exceso en comer y beber. || *Fig.* y *fam.* Exaltación extremada.
BORRACHERÍA f. *Fam.* Establecimiento de bebidas.
BORRACHERO m. Arbusto solanáceo de América: *el fruto del borrachero causa delirio.*
BORRACHEZ f. Embriaguez. || *Fig.* Turbación del juicio o de la razón.
BORRACHÍN m. *Fam.* Aficionado a beber. (SINÓN. V. *Borracho.*)
BORRACHO, CHA adj. y s. Que ha bebido mucho: *estar borracho perdido.* (SINÓN. *Ebrio, mamado* (amer.), *borrachín.* Pop. *Negro, tajada, calamocano, ajumado, chispo.*) || Que se embriaga habitualmente. (SINÓN. *Alcohólico, alcoholizado, etílico, dipsómano.*) || Dícese de ciertos frutos y flores de color morado: *zanahoria borracha.* || *Fig.* y *fam.* Dominado por una pasión: *borracho de ira.* || *Chil.* Dícese de la fruta pasada y demasiado madura. || — M. Bizcocho mojado en ron.
BORRADOR m. Escrito de primera intención que se copia después de enmendado. || Libro en que el comerciante apunta sus operaciones para arreglar luego sus cuentas. || Goma de borrar.
BORRADURA f. Acción y efecto de borrar alguna cosa: *escrito lleno de borraduras.*
BORRAGINÁCEAS f. pl. Familia de dicotiledóneas que tiene por tipo la borraja.
BORRAJA f. (lat. *borrago*). Planta borraginácea de flores azules, usada en medicina como sudorífico.
BORRAJEAR v. t. Escribir sin asunto determinado o emborronar papel.
BORRAJO m. Rescoldo.
BORRAR v. t. Tachar lo escrito para que no pueda leerse. (SINÓN. *Tachar, rayar, obliterar.*) || Hacer que la tinta se corra, manchando lo escrito: *la lluvia borró su carta.* || Hacer desaparecer con la goma o la esponja lo escrito con lápiz, tiza, etc. (SINÓN. *Raspar.*) || *Fig.* Desvanecer, quitar: *se borró de mi memoria.*
BORRASCA f. Tempestad, tormenta. (SINÓN. *Temporal, torbellino, viento, huracán, ciclón, tromba, ráfaga, racha, vendaval, tornado, marejada, tifón, simún.*) || *Fig.* Riesgo, peligro: *las borrascas de la vida.* || *Arg.* y *Méx.* Ausencia de mineral en el criadero.

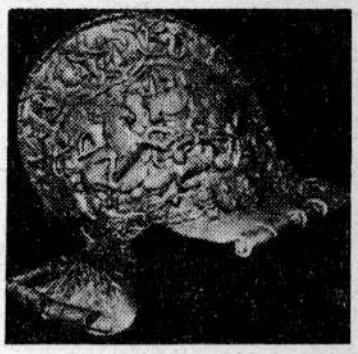

borgoñota

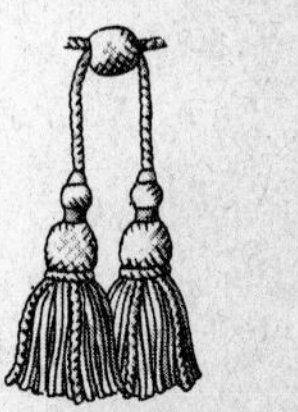

borlas

Fot. Larousse-Lacoste

BORRASCOSO, SA adj. Que causa borrascas: *brisa borrascosa.* || Propenso a ellas: *paraje borrascoso, cumbres borrascosas.* || *Fig. y fam.* Desordenado: *vida borrascosa.*

BORRASQUERO, RA adj. *Fig.* y *fam.* Aficionado a diversiones borrascosas.

BORREGADA f. Rebaño de borregos. || *Ecuad.* Siesta.

BORREGO, GA m. y f. Cordero o cordera de uno o dos años. || *Fig.* y *fam.* Persona muy sencilla o tonta: *esa mujer es una verdadera borrega.* || *Méx.* y *Cub.* Noticia falsa.

BORREGUIL adj. Propio del borrego. || *Fig* Que hace o piensa como los demás.

BORRÉN m. En las sillas de montar, encuentro del arzón y las almohadillas.

BORRICA f. Asna. || *Fig.* y *fam.* Mujer necia.

BORRICADA f. Conjunto de borricos. || Cabalgata hecha por diversión en borricos: *dar una borricada.* || *Fig.* y *fam.* Necedad, tontería: *soltar borricadas.*

BORRICAL adj. Propio de borrico: *gracia borrical.*

BORRICO m. Asno. (SINÓN. V. *Asno.*) || Armazón o caballete para apoyar la madera que labran los carpinteros. || *Fig.* y *fam.* Persona muy necia: *ser muy borrico.* (SINÓN. V. *Tonto.*)

BORRICÓN y **BORRICOTE** m. *Fig.* y *fam.* Hombre demasiado sufrido.

BORRIQUERO adj. Dícese de una variedad de cardo. || — M. Arriero de una borricada.

BORRIQUETE m. Borrico de carpinteros.

BORRO m. Cordero que no llega a los dos años.

BORRÓN m. Mancha de tinta: *hacer un borrón.* (SINÓN. V. *Mancha.*) || Borrador. || *Fig.* Nombre que por modestia aplican los autores a sus escritos: *haced buena acogida a estos borrones.* || *Pint.* Primer apunte en colores para un cuadro. || *Fig.* Imperfección, defecto. || *Fig.* Acción indigna, ignominiosa. || *Fig.* y *fam.* *Borrón y cuenta nueva,* olvido del pasado y propósito de comenzar vida nueva.

BORRONEAR v. t. Borrajear. (SINÓN. V. *Escribir.*)

BORROSIDAD f. Calidad de borroso.

BORROSO, SA adj. Lleno de borra o heces: *aceite borroso.* || Confuso, poco claro: *escritura borrosa.* (CONTR. *Claro, legible.*)

BORUCA f. *Fam.* Bulla, algazara: *armar boruca.*

BORUGA f. *Cub.* Requesón, leche cuajada.

BORUJO m. Burujo, bulto. || Orujo de la aceituna.

BORUJÓN m. Burujón, bulto o chichón.

BORUQUIENTO, TA adj. *Méx.* Bullicioso.

BORUSCA f. Seroja, hojarasca.

BOSCAJE m. Conjuto de árboles y plantas espesas: *un boscaje frondoso.* (SINÓN. V. *Bosque.*) || *Pint.* Paisaje que representa árboles, espesuras y animales.

BOSCOSO, SA adj. Cubierto de bosques.

BÓSFORO m. Canal que comunica dos mares.

BOSNIACO, CA y **BOSNIO, NIA** adj. y s. De Bosnia.

BOSOROLA f. *Amér. C.* Heces, poso.

BOSQUE m. Sitio poblado de árboles, monte. || *Bosque maderable,* el que da árboles maderables. || — SINÓN. *Bosquecillo, bosquete, boscaje, selva, oquedal, catinga* (amer.), *manigua* (amer.), *floresta* (poét.).

BOSQUECILLO m. Bosque pequeño. (SINÓN. V. *Bosque.*)

BOSQUEJAR v. t. Trazar rápidamente los rasgos principales de una pintura: *bosquejar un retrato.* (SINÓN. V. *Pintar.*) || Dar la primera mano a una obra de escultura. || Empezar a trabajar una obra sin concluirla: *bosquejar un proyecto.* || *Fig.* Indicar con vaguedad un concepto.

BOSQUEJO m. Primer apunte. || Idea. (SINÓN. V. *Proyecto.*)

BOSQUETE m. Bosquecillo, bosque artificial. (SINÓN. V. *Bosque.*)

bote de salvamento

BOSTA f. Excremento o estiércol del ganado.

BOSTEAR v. i. *Arg.* y *Chil.* Excretar los animales.

BOSTEZADOR, RA adj. Que bosteza.

BOSTEZAR v. i. Abrir convulsivamente la boca.

BOSTEZO m. Acto de bostezar: *el bostezo es indicio de tedio, debilidad o sueño.*

BOSTICAR v. i. *Amér. C.* y *Antill. Pop.* Refunfuñar.

BOTA f. Calzado que cubre el pie y la pierna: *bota de montar.* (SINÓN. V. *Calzado.*) || *Por ext.* Botina, borceguí de hombre o mujer. || Cuero pequeño empegado y con gollete, para guardar el vino. || Cuba o tonel de madera. || *Arg. Bota de potro,* bota rústica hecha con el cuero entero de la pierna de un potrillo. || *Fig.* y *fam. Ponerse uno las botas,* enriquecerse o tener suerte. || *Estar con las botas puestas,* estar dispuesto para un viaje.

BOTADA f. *Amer.* Despedida.

BOTADERO m. *Col.* y *Chil.* Lugar adonde se tiran las inmundicias. || *Amer.* Vado de un río.

BOTADO, DA adj. y s. *Amer.* Expósito, inclusero. || *Méx.* Borracho. || *Pop.* Expulsado.

BOTADOR, RA adj. Que bota: *caballo botador.* || — M. Palo largo que usan los barqueros para mover los barcos haciendo fuerza en la arena. || Instrumento de hierro para sacar clavos. || *Cir.* Instrumento de dentista. || *Amer.* Manirroto, derrochador.

BOTADURA f. Acción de echar al agua un buque.

BOTAFUEGO m. *Artill.* Palo que llevaba mecha encendida para pegar fuego a las piezas de artillería. || *Fig.* y *fam.* Persona que se irrita fácilmente. (SINÓN. V. *Guerrero.*)

BOTAFUMEIRO m. Incensario.

BOTAGUA f. Moldura de puerta o ventana para que no entre el agua llovediza.

BOTALÓN m. *Mar.* Palo largo que sale fuera de la embarcación. || *Venez.* y *Col.* Poste.

BOTAMEN m. Conjunto de botes de una farmacia. || *Mar.* Conjunto de botas que llevan la provisión de agua y vino y otros licores en los buques.

BOTANA f. Remiendo que se pone a los pellejos de vino para que no se salga el líquido. || Taruguito de madera que se pone en las cubas de vino. || *Fig.* y *fam.* Parche que se pone en una llaga. || *Fig.* y *fam.* Cicatriz de una llaga. || *Col.* y *Cub.* Vainita de cuero que se pone a los gallos en los espolones. || *Méx.* y *Guat.* Lo que se toma con la copa de vino, jamón, queso, aceitunas, etc.

BOTÁNICA f. (del gr. *botanê,* planta). Ciencia que trata de los vegetales.

BOTÁNICO, CA adj. Relativo a la botánica: *jardín botánico.* || — M. El que se dedica a la botánica.

BOTANISTA m. Botánico.

BOTAR v. t. Arrojar, tirar, echar fuera con violencia. (SINÓN. V. *Empujar.*) || *Fam.* Despedir a una persona de su empleo. || *Mar.* Dirigir el timón al rumbo que conviene: *botar a babor, a estribor.* || Lanzar al agua un barco || *Amer.* Arrojar, tirar: *botar el cigarro.* || *Amer.* Malgastar, derrochar: *botar su fortuna.* || — V. i. Saltar o levantarse la pelota u otra cosa después de chocar con el suelo. || Dar botes el caballo. || — V. r. Volverse, hacerse: *botarse a pillo.* || — PARÓN. *Votar.*

BOTARATADA f. Acción propia del botarate.

BOTARATE m. *Fam.* Hombre sin juicio. (SINÓN. V. *Bobo.*)

BOTAREL m. *Arq.* Contrafuerte.

BOTARETE adj. *Arq. Arco botarete,* arbotante

BOTARGA f. Calzón ancho usado antiguamente. || Vestido ridículo que se usa en las mojigangas. || Mamarracho.

BOTASILLA f. *Mil.* Toque de clarín para que los soldados ensillen los caballos.

BOTAVANTE m. Especie de chuzo que usan los marineros para defenderse del abordaje.

BOTAVARA f. *Mar.* Palo horizontal fijo en el mástil, donde se asegura la vela cangreja.

BOTE m. Golpe que se da con un arma de asta: *bote de lanza.* || Salto o brinco que da el caballo. || Salto que da la pelota al chocar con el suelo. (SINÓN. V. *Salto.*) || Boche, hoyuelo que hacen en el suelo los muchachos para jugar. ||

Vasija pequeña, comúnmente metálica, que se utiliza para guardar medicinas, aceites, pomadas, conservas, etc. || Barquito sin cubierta que se mueve remando. || *Bote de carnero,* salto que da el caballo metiendo la cabeza entre los brazos y coceando várias veces. || *Bote de salvamento,* el que suelen llevar los barcos para utilizarlo en caso de naufragio. || *Fig.* y *fam. De bote en bote,* completamente lleno.

BOTELLA f. Vasija de cuello largo: *una botella de vidrio.* || Su contenido: *beberse una botella de vino.* || *Antill. Fig.* Cargo público. || *Fís. Botella de Leyden,* botellita llena de hojuelas de oro, forrada con papel de estaño y tapada con un corcho atravesado por una varilla de latón: *la botella de Leyden es un condensador de electricidad.*

BOTELLAZO m. Golpe dado con una botella.

BOTELLERO m. El que hace o vende botellas. || *Antill.* El que prodiga las botellas o sinecuras.

BOTELLÍN m. Botella pequeña.

BOTELLÓN m. Botella grande. || *Méx.* Damajuana.

BOTERÍA f. *Mar.* En los buques, conjunto de botas o barriles. || Tienda donde se venden botas para el vino. || *Arg.* y *Chil.* Zapatería.

BOTERO m. El que hace o vende botas. || Patrón de un bote. || *Fam. Pedro Botero,* el demonio.

BOTICA f. Establecimiento donde se preparan y venden medicinas. (SINÓN. *Farmacia.*) || Conjunto de medicamentos: *dar médico y botica.* || Tienda de mercader o de mercero.

BOTICARIA f. Mujer del boticario. || Profesora de Farmacia.

BOTICARIO m. El que prepara o vende medicinas. (SINÓN. *Farmacéutico.*) || — PROV. **Como pedrada en ojo de boticario,** venir muy adecuadamente una cosa.

BOTIJA f. Vasija de barro, redonda y de cuello corto y angosto. || *Amér. C.* Tesoro oculto. || *Fig.* y *fam. Estar hecho una botija,* ser muy gordo.

BOTIJERO, RA m. y f. Persona que hace o vende botijos.

BOTIJO m. Vasija de barro de mucho vientre, con una boca para echar el agua y un pitón para beber. || *Fam. Tren botijo,* tren especial organizado para un festejo determinado.

BOTILLA f. Borceguí, especie de calzado.

BOTILLERÍA f. Tienda donde se venden toda clase de refrescos y bebidas heladas. || *Chil.* Comercio de vinos o licores embotellados.

BOTILLERO m. El que hace o vende bebidas heladas.

BOTILLO m. Pellejo pequeño que se emplea para llevar vino. || — Pl. Botas con elásticos.

BOTÍN m. Polaina de cuero, paño, lana, etc. || Botina, calzado. || *Chil.* Calcetín.

BOTÍN m. (fr. *butin*). Despojos de que se apoderan los soldados en el campo o país enemigo: *sacar rico botín.*

BOTINA f. Calzado que pasa algo del tobillo. (SINÓN. V. *Calzado.*)

BOTINERÍA f. Zapatería.

BOTINERO, RA adj. Dícese de la res vacuna que tiene negras las extremidades. || — M. El que hace o vende botines.

BOTIQUÍN m. Farmacia portátil. || *Venez.* Tienda de vinos al por menor.

BOTITO m. Bota de hombre, con elásticos o botones, ceñida al tobillo.

BOTIVOLEO m. Acción de jugar la pelota al mismo tiempo que bota en el suelo.

BOTO, TA adj. Romo de punta.

BOTO m. Bota alta para jinetes.

BOTOCUDO, DA adj. Dícese del individuo de una tribu del Brasil.

BOTÓN m. Yema de los vegetales. (SINÓN. V. *Brote.*) || Capullo, flor cerrada y cubierta por los sépalos. || Disco de metal, hueso, etc., que se pone en los vestidos para abrocharlos, o cualquier cosa que tenga forma de botón: *botón de florete, botón eléctrico.* || *Riopl.* y *Chil. Pop.* Agente de policía. || *Botón de fuego,* cauterio con hierro encendido. || *Botón de oro,* nombre del ranúnculo. || *Botón de muestra,* ejemplo. || *Chil.* y *Arg. Al botón,* en vano.

BOTONADURA f. Juego de botones: *una botonadura de camisa.*

BOTONAR v. t. *Amer.* Abotonar.

BOTONAZO m. Golpe o toque que se da con el botón de la espada o del florete.

BOTONERÍA f. Establecimiento donde se hacen o venden botones.

BOTONERO m. El que hace o vende botones.

BOTONES m. pl. Recadero en los hoteles y otros establecimientos.

BOTOQUE m. (voz port.). Disco de madera que se introducen en los labios, las orejas o la nariz los indios botocudos.

BOTOTO m. *Amer.* Calabaza o vasija para llevar agua. || — Pl. *Chil.* Zapatos toscos.

BOTULISMO m. Intoxicación producida por la ingestión de alimentos en malas condiciones.

BOTUTO m. Pezón de la hoja del lechoso o papayo. || Trompeta de guerra de los indios del Orinoco.

BOU m. Pesca en que dos barcas tiran de una red. || Embarcación destinada a esta pesca.

BOUDOIR m. (pal. fr., pr. *buduar*). Galicismo por *camarín, saloncito*: *un boudoir Luis XV.*

BOULEVARD m. (pal. fr., pr. *bulvar*). Bulevar.

BOUQUET m. (pal. fr., pr. *buqué*). Ramillete. || Perfume, gustillo, aroma del vino.

BOUTADE f. (pal. fr., pr. *butad*). Chiste, ocurrencia.

BOUTONNIERE m. (pal. fr., que sign. *ojal,* pr. *butonier*). Flor que se lleva en el ojal.

BÓVEDA f. *Arq.* Techo de fábrica para cubrir el espacio comprendido entre dos muros o varios pilares. || Habitación subterránea abovedada. || Cripta de las iglesias donde se depositan los difuntos. || *Bóveda celeste,* el firmamento. || *Bóveda claustral, de aljibe,* o *esquifada,* la de dos cañones cilíndricos que se cortan uno a otro. || *Bóveda en cañón,* la que tiene la forma de medio cilindro hueco. || *Bóveda craneal,* interior del cráneo. || *Bóveda palatina,* cielo de la boca. || *Bóveda vaída,* la que está constituida por un hemisferio cortado por cuatro planos verticales paralelos de dos en dos.

BOVEDILLA f. Espacio abovedado entre viga y viga en el techo de una habitación.

BÓVIDOS m. pl. Familia de rumiantes que comprende los bueyes, antílopes, búfalos, etc.

BOVINO, NA adj. Perteneciente al buey o a la vaca: *especie bovina.*

BOWLING m. (pal. ingl., pr. *boulin*). Juego de bolas.

BOW-WINDOW m. (pal. ingl., pr. *bou-uindou*). Balcón grande, mirador.

BOX m. (pal. ingl.). Departamento de una cuadra en que se deja un solo caballo.

BOXCALF m. (pal. ingl., pr. *boxcaf*). Becerro curtido con cromo.

BOXEADOR m. El que se dedica al boxeo.

BOXEAR v. i. Luchar a puñetazos.

BOXEO m. (ingl. *box*). Deporte de combate en el cual dos adversarios se acometen a puñetazos. [En la modalidad de *boxeo francés,* se utilizan también los pies.] (V. ilustr. pág. 161.)

BOY m. (pal. ingl.). Mozo, muchacho.

BOYA f. Cuerpo flotante amarrado al fondo del mar, río o lago provisto de dispositivos luminosos o acústicos para la señalización. || Corcho que se pone en las redes.

BOYACENSE adj. y s. De Boyacá (Colombia).

BOYADA f. Manada de bueyes.

BOYAL adj. Relativo al ganado vacuno.

BOYANTE adj. Dícese del toro fácil de torear. || *Fig.* Feliz, afortunado: *estar boyante.* || *Mar.* Dícese del buque que lleva poca carga y no cala lo que debe.

BOYAR v. i. *Mar.* Flotar.

BOYARDO m. Señor feudatario de la antigua Rusia o de Transilvania.

BOYAZO m. *Amér. C* y *Chil.* Puñetazo.

BOYCOTEAR v. t. (de *Boycott,* nombre del primer propietario irlandés así castigado). Boicotear.

BOYERA o **BOYERIZA** f. Establo para los bueyes. (SINÓN. V. *Establo.*)

BOYERO y **BOYERIZO** m. El que guarda bueyes o los conduce. || Cierto perro de ganado. || Estrella de la mañana.

BOY SCOUT m. (pal. ingl., pr. *boi scut*). Niño que forma parte de ciertas sociedades de carácter educativo y deportivo. (SINÓN. *Explorador*).

BOYUNO, NA adj. Propio del buey o de la vaca.

BOZA f. *Mar.* Cabo para amarrar una cosa.

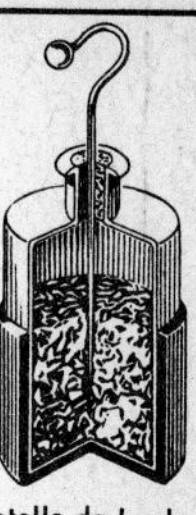
botella de Leyden

botijo

bóveda

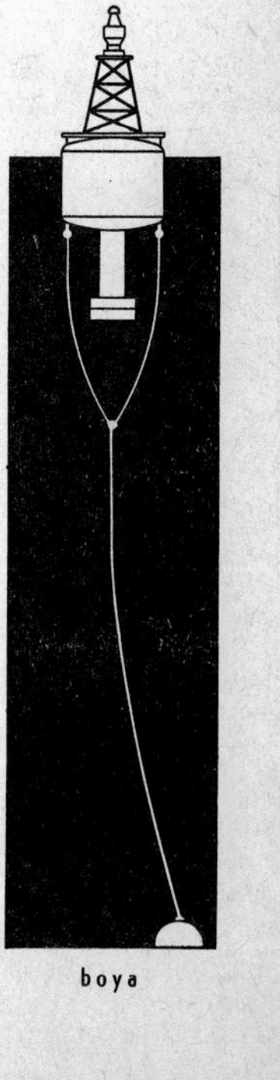
boya

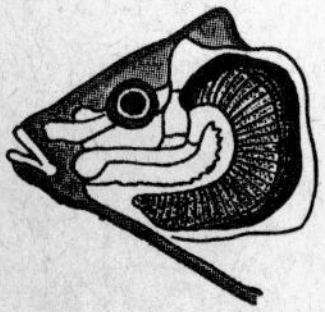

branquias

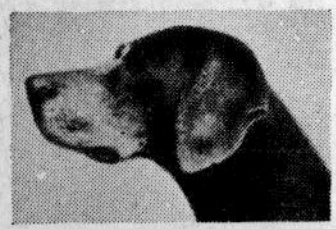

braco

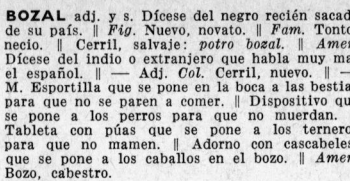

brasero

BOZAL adj. y s. Dícese del negro recién sacado de su país. ‖ *Fig.* Nuevo, novato. ‖ *Fam.* Tonto, necio. ‖ Cerril, salvaje: *potro bozal.* ‖ *Amer.* Dícese del indio o extranjero que habla muy mal el español. ‖ — Adj. *Col.* Cerril, nuevo. ‖ — M. Esportilla que se pone en la boca a las bestias para que no se paren a comer. ‖ Dispositivo que se pone a los perros para que no muerdan. ‖ Tableta con púas que se pone a los terneros para que no mamen. ‖ Adorno con cascabeles, que se pone a los caballos en el bozo. ‖ *Amer.* Bozo, cabestro.

BOZO m. Vello que apunta en el rostro antes de hacer la barba. ‖ Parte exterior de la boca. ‖ Cabestro que se echa a las caballerías para conducirlas.

BRABANTE m. Lienzo fabricado en Brabante.

BRABANZÓN, ONA adj. y s. De Brabante.

BRACEADA f. Movimiento de brazos ejecutado con cierto esfuerzo.

BRACEADOR adj. *Amer.* Dícese del caballo que bracea o levanta demasiado las manos al trotar.

BRACEAJE m. Trabajo y labor de la moneda. ‖ *Mar.* Profundidad del mar: *lugar de poco braceaje.*

BRACEAR v. i. Mover repetidamente los brazos. (SINÓN. V. *Agitar.*) ‖ Nadar. ‖ *Mar.* Halar de las brazas. ‖ Levantar mucho las manos el caballo en el trote corto.

BRACEO m. Acción de bracear: *braceo enérgico.*

BRACERO, RA adj. Dícese del arma que se arrojaba con el brazo: *chuzo bracero, lanza bracera.* ‖ — M. El que da el brazo a otro para que se apoye en él: *servir de bracero a una señora.* ‖ Peón que se emplea para cavar o labrar la tierra. (SINÓN. V. *Trabajador y jornalero.*) ‖ — PARÓN. *Brasero.*

BRACMÁN m. Brahmán.

BRACO, CA adj. y s. Variedad de perro de caza. ‖ *Fig.* y *fam.* Romo de nariz.

BRÁCTEA f. (lat. *bractea*). *Bot.* Hoja pequeña que nace en el pedúnculo de algunas flores.

BRACTÉOLA f. *Bot.* Bráctea pequeña.

BRADICARDIA f. Ritmo lento del corazón.

BRADILALIA f. Emisión lenta de la palabra.

BRADIPEPSIA f. Digestión lenta.

BRADIPO m. Mamífero desdentado, que se llama tb. *ai, perico ligero* y *perezoso.*

BRAFONERA f. Pieza de la armadura que cubría el brazo.

BRAGA f. Cuerda con que se ciñe un objeto pesado para suspenderlo en el aire. ‖ Metedor, pañal de los niños. ‖ — Pl. Especie de calzones anchos. (SINÓN. V. *Calzón.*) ‖ Calzón femenino que cubre de la cintura al arranque de los muslos.

BRAGADA f. Cara interna del muslo de algunos animales.

BRAGADO, DA adj. Dícese de los animales que tienen la bragadura de diferente color que el resto del cuerpo: *toro bragado* ‖ Enérgico y firme.

BRAGADURA f. Entrepiernas. ‖ Parte de las bragas o calzones que corresponde a las entrepiernas.

BRAGAZAS m. *Fig.* y *fam.* Hombre que se deja dominar con facilidad.

BRAGUERO m. Aparato o vendaje para contener las hernias o quebraduras. ‖ *Per.* Gamarra del caballo. ‖ *Artill.* Cabo grueso que sujetaba los cañones antiguos en su retroceso al disparar.

BRAGUETA f. Abertura delantera del calzón. ‖ *Per.* y *Riopl. Casamiento de bragueta,* casamiento por interés.

BRAGUETAZO m. Aum. de *bragueta.* ‖ *Fig.* y *fam. Dar braguetazo,* casarse con mujer rica.

BRAGUETERO adj. *Chil., Perú* y *Guat.* Dícese del hombre que se casa con mujer rica.

BRAGUETÓN m. Nervadura de bóveda ojival.

BRAGUILLAS m. *Fig.* Niño que empieza a usar calzones y también niño pequeño y mal dispuesto.

BRAHMÁN m. Sacerdote de Brahma.

BRAHMÁNICO, CA adj. Relativo al brahmanismo: *doctrina brahmánica.*

BRAHMANISMO m. Religión de la India, que reconoce a Brahma como dios. (V. *Parte hist.*)

BRAMA f. Estación en que los ciervos y otros animales salvajes están en celo.

BRAMADERA f. Tablita atada con una cuerda que, volteada en el aire, produce ruido semejante al del viento. ‖ Nombre de varios instrumentos músicos de viento rústicos. ‖ *Cub.* Bravera de un horno.

BRAMADERO m. *Mont.* Sitio a donde suelen acudir los animales salvajes, cuando están en celo. ‖ *Amer.* Poste al que se atan caballos, vacas, etc., para herrarlos, domesticarlos o matarlos.

BRAMADOR, RA adj. y s. Que brama.

BRAMANTE adj. y s. Que brama. ‖ — M. Hilo grueso o cordel delgado de cáñamo: *atar con bramante.*

BRAMAR v. i. Dar bramidos. ‖ *Fig.* Gritar de ira. (SINÓN. V. *Gritar.*) ‖ *Fig.* Hacer gran ruido el viento, el mar, etc., violentamente agitados: *el viento brama entre los árboles.*

BRAMERA f. *Chil.* Bramadera.

BRAMIDO m. Voz del toro y de otros animales. ‖ *Fig.* Grito de cólera: *dar bramidos.* ‖ *Fig.* Ruido grande que hacen el aire, el mar: *el bramido del viento.*

BRANCADA f. Red barredera.

BRANCAL m. Nombre de los largueros que en los carros enlazan los juegos delantero y trasero.

BRANDAL m. *Mar.* Nombre de los cabos que forman la escalera para subir a los mástiles.

BRANDY m. (pal. ingl.) Coñac.

BRANQUIA f. Órgano respiratorio de los peces, batracios, etc.

BRANQUIAL adj. Relativo a las branquias: *respiración branquial.*

BRANQUÍFERO, RA adj. Dícese del animal que tiene branquias: *batracio branquífero.*

BRAÑA f. *Ast.* y *Gal.* Pasto de verano con agua y prado.

BRAQUIAL adj. Perteneciente o relativo al brazo: *vena braquial.*

BRAQUICEFALIA f. Cualidad de braquicéfalo.

BRAQUICÉFALO, LA adj. (del gr. *brakhus,* corto, y *kephalê,* cabeza). *Antrop.* Dícese de los hombres de cráneo casi redondo. ‖ — CONTR. *Dolicocéfalo.*

BRAQUIGRAFÍA f. (del gr. *brakhus,* corto, y *graphein,* escribir). Arte de escribir en abreviatura.

BRAQUIOCEFÁLICO, CA adj. *Anat.* Dícese de los vasos que se extienden por la cabeza y los brazos.

BRAQUIÓPODOS m. pl. Clase de gusanos marinos, de concha bivalva, provistos de dos brazos arrollados en espiral.

BRAQUIUROS m. pl. *Zool.* Grupo de crustáceos decápodos, que tienen el abdomen muy reducido, como los cangrejos de mar.

BRASA f. Leña o carbón encendido y pasado del fuego. ‖ — PARÓN. *Braza.*

BRASCA f. *Tecn.* Mezcla de polvo de carbón y arcilla que se emplea en los hornos de reducción.

BRASERO m. Vasija de metal redonda en que se hace lumbre para calentarse. (SINÓN. V. *Hogar.*) ‖ *Méx.* Fogón de la cocina. ‖ *Col.* Hoguera. ‖ — PARÓN. *Bracero.*

BRASIL m. Palo brasil.. ‖ Afeite encarnado usado por las mujeres.

BRASILADO, DA adj. De color encarnado o de brasil: *madera brasilada.*

BRASILEÑO, ÑA adj. y s. Natural del Brasil.

BRASILERO, RA adj. y s. *Amer.* Brasileño.

BRASILETE m. Madera tintórea de color más bajo y menos apreciado que el brasil fino.

BRAVA f. *Cub.* Sablazo. ‖ *Cub.* y *Méx. A la brava,* a la fuerza.

BRAVAMENTE adv. m. Con bravura. ‖ Cruelmente. ‖ Bien, perfectamente: *canta bravamente.* ‖ Abundantemente: *hemos bebido bravamente.* ‖ — CONTR. *Mansamente, cobardemente.*

BRAVATA f. (pal. ital.). Amenaza arrogante: *echar bravatas.* ‖ Baladronada, fanfarria. ‖ — SINÓN. V. *Fanfarronada.*

BRAVEADOR, RA adj. y s. Fanfarrón, valentón.

Fot. Dim

Guardia inglesa

Uppercut o gancho de abajo arriba

Swing de izquierda a la cara, aprovechando una guardia demasiado baja

Gancho de derecha a la cara

Directo de izquierda esquivado y *contra* con la derecha

Finta para evitar un directo de derecha

Directo de izquierda y blocaje

Directo de izquierda desviado

Gancho de izquierda a la cara

Esquiva de un directo de izquierda y uppercut de izquierda al hígado

BOXEO

LÍMITE SUPERIOR DE CADA CATEGORÍA

categorías profesionales

mosca	50,802 kg
gallo	53,524 kg
pluma	57,152 kg
ligero	61,235 kg
semimedio	66,678 kg
medio	72,574 kg
semipesado	79,378 kg
pesado	encima de 79,378 kg

categorías aficionados

mosca	51 kg
gallo	54 kg
pluma	57 kg
ligero	60 kg
superligero	63,500 kg
semimedio	67 kg
super-welter	71 kg
medio	75 kg
semipesado	81 kg
pesado	encima de 81 kg

PESO DE LOS GUANTES

5 onzas 143 g	mosca a ligero
6 onzas 171 g	semimedio a pesado
7 onzas 200 g	pesado *en ciertos casos*
8 onzas 228 g	aficionados

BRAVEAR v. i. *Fam.* Echar fieros o bravatas. || Gritar *¡bravo!*, aplaudir.
BRAVERA f. Respiradero de algunos hornos.
BRAVEZA f. Bravura, fiereza de los elementos: *la braveza del mar, de la tempestad.*
BRAVÍO, VÍA adj. Feroz, indómito, salvaje: *toro bravío.* || *Fig.* Silvestre: *planta bravía.* || *Fig.* Cerril, rústico: *animal bravío.* || — M. Braveza o fiereza: *toro de mucho bravío.* || — CONTR. *Manso.*
BRAVO, VA adj. Valiente: *bravo soldado.* (CONTR. *Cobarde.*) || Bueno, excelente. || Salvaje o feroz: *toro bravo.* (CONTR. *Manso.*) || Dícese del mar alborotado. || Áspero, inculto: *paisaje muy bravo.* || *Fam.* Valentón, fanfarrón, guapo. || *Fig.* y *fam.* Áspero de genio. || *Fig.* y *fam.* Suntuoso, magnífico. || Irritado, muy enojado. || *Cub.* Ambicioso. || *¡Bravo!*, interj. de aplauso.
BRAVUCÓN, ONA adj. y s. *Fam.* Valiente sólo en la apariencia, fanfarrón. || — SINÓN. *Matamoros, baladrón, perdonavidas, rajabroqueles, fanfarrón, patrañero, valentón.*
BRAVUCONEAR v. i. Portarse como bravucón.
BRAVURA f. Fiereza de los brutos. || Esfuerzo, valentía. || Bravata, baladronada.
BRAZA f. (de *brazo*, por ser la medida de los brazos extendidos). Medida de longitud que equivale a 2 varas ó 1,6718 m: *la braza se usa aún en las medidas marinas.* || *Mar.* Cabo que se ata a los penoles de las vergas para fijarlas. || Modo de nadar en posición boca abajo donde el avance se obtiene mediante el impulso alternado de brazos y piernas. (V. NATACIÓN). || — PARÓN. *Brasa.*
BRAZADA f. Movimiento que se hace con los brazos extendidos. || Movimiento de natación. || *Amer.* Braza, medida.
BRAZADO m. Lo que se puede abarcar con los brazos: *recoger un brazado de leña.*
BRAZAL m. Pieza de la armadura, que cubría el brazo. || Embrazadura del escudo. || Cauce o sangría que se saca de un río. || Insignia que se lleva al brazo: *el brazal de la Cruz Roja.*
BRAZALETE m. Pulsera. || Brazal de la armadura antigua.
BRAZO m. (lat. *brachium*). Miembro superior del cuerpo humano. || *Anat.* Parte de dicho miembro desde el hombro hasta el codo. || Pata delantera de los cuadrúpedos: *los brazos del caballo.* || Cosa de figura de brazo: *los brazos de un sillón, de una cornucopia, de una balanza.* || *Fig.* Valor, esfuerzo: *nada resiste a su brazo.* || — Pl. *Fig.* Protectores, valedores: *valerse de buenos brazos.* || — *Fig.* Obreros, trabajadores: *faltan brazos a la industria americana.* || *Brazo de mar,* canal ancho y largo del mar, que penetra en las tierras. || *Brazo secular,* o *seglar,* autoridad temporal que se ejerce por los tribunales y magistrados reeales: *entregar al brazo secular.* || *A brazo partido,* loc. adv., con los brazos solos, sin armas. || *Fig.* A viva fuerza. || *Estarse con los brazos cruzados,* no hacer nada. || *Brazo de palanca,* distancia del punto de apoyo a la extremidad de la palanca. || *No dar uno su brazo a torcer,* mantenerse firme, no ceder. || *Ser el brazo derecho de uno,* ser la persona de su mayor confianza. || — RÉG. *Ir de [del] brazo con uno; cruzarse de brazos.*
BRAZOFUERTE m. Hormiguero, mamífero
BRAZOLARGO m. *Amer.* Mono araña.
BRAZUELO m. Parte del brazo de los cuadrúpedos comprendida entre el codo y la rodilla.
BREA f. Substancia resinosa extraída de varias coníferas: *se usa la brea en medicina como pectoral y antiséptico.* || Lienzo basto para fardos. || *Mar.* Mezcla de brea, pez y otros ingredientes que se usa para calafatear la nave y untar las maderas y jarcias. (SINÓN. V. *Alquitrán.*) || *Méx. Fig.* Excremento.
BREAK m. (pal. ingl., pr. *brek*). Coche de cuatro ruedas, con pescante elevado, y dos filas de asientos en la parte trasera.
BREAR v. t. *Fig.* y *fam.* Maltratar, fastidiar: *brear a golpes.* || *Fig.* y *fam.* Zumbar, molestar.
BREBAJE m. Bebida desagradable.
BRECA f. Nombre de dos peces comestibles.
BRECOLERA f. Especie de brécoles.
BRÉCOLES m. pl. Variedad de col, cuyas hojas no se apiñan y están algo recostadas.

brezo

BRECHA f. Boquete o abertura que hace la artillería: *abrir una brecha en la muralla.* || Abertura hecha en una pared: *abrir una brecha en un edificio.* || *Fig.* Impresión hecha en el ánimo de uno: *nada pudo hacer brecha en él.* (V. MÁRMOL *brecha.*) || *Mil.* *Abrir brecha,* destruir con la artillería las murallas de una plaza o castillo. || *Fig.* Persuadir a uno, hacer impresión en su ánimo. || *Mil. Batir en brecha,* percutir un muro con la artillería para abrir brecha. || *Fig. Estar siempre en la brecha,* estar siempre dispuesto para la defensa.
BREGA f. Acción y efecto de bregar. || *Andar a la brega,* trabajar afanosamente. || Riña o pendencia. || *Fig.* Chasco, zumba: *darle brega a uno.*
BREGAR v. i. Luchar, reñir, pelear. || Trabajar con afán: *pasar la vida bregando.* (SINÓN. V. *Trabajar.*) || *Fig.* Luchar con trabajos o dificultades. (SINÓN. V. *Cansar.*) || — V. t. Amasar con un rodillo.
BRENCA f. Poste que sujeta las compuertas en las acequias.
BREÑA f. Tierra quebrada y llena de maleza. (SINÓN. V. *Matorral.*)
BREÑAL m. Sitio lleno de breñas.
BREÑOSO, SA adj. Lleno de breñas.
BREQUE m. Breca, pez. || *Amer.* Brete, prisión. || *Amer.* Freno de mano del ferrocarril antiguo. || *Amer.* Vagón de equipajes en el ferrocarril. || *Amer.* Break.
BREQUERO m. *Amer.* Guardafrenos.
BRETAÑA f. Lienzo fino de Bretaña.
BRETE m. Cepo o prisión que se pone a los reos en los pies. || *Fig.* Aprieto: *poner en un brete.* || Uno de los nombres del *buyo* o *betel.* || *Riopl.* Sitio donde se marca o mata el ganado.
BRETÓN, ONA adj. y s. De Bretaña. || Variedad de col, cuyo tronco echa muchos tallos.
BRETÓNICA f. Betónica.
BREVA f. Primer fruto de la higuera: *la breva es mayor que el higo.* || Cigarro puro algo aplastado y flojo. || *Fig.* Ventaja, ganga: *se chupó una buena breva.* || *Amer.* Tabaco de mascar. || *Fig.* y *fam. Ponerse más blando que una breva,* amansarse mucho.
BREVAL adj. y s. Dícese de la higuera que produce las brevas. || *Higo breval,* breva.
BREVE adj. (lat. *brevis*). De corta extensión. (SINÓN. V. *Corto.*) || De corta duración: *discurso breve.* || *Gram.* Dícese de la palabra grave y de la vocal o sílaba no acentuada. || — M. Documento pontificio menos solemne que la bula. || — F. *Mús.* Nota musical, que vale dos compases mayores. || *En breve,* loc. adv., dentro de poco tiempo, muy pronto.
BREVEDAD f. (lat. *brevitas*). Corta extensión o duración: *la brevedad de una sílaba.* Concisión: *hablar con brevedad.* || — CONTR. *Prolijidad, difusión.*
BREVEMENTE adv. m. Con brevedad: *hablar muy brevemente.* || *Amer.* En breve.
BREVET m. (pal. fr., pr. *brevé*). Galicismo por *patente, privilegio.*
BREVETE m. Membrete o apunte.
BREVIARIO m. Libro que contiene el rezo eclesiástico. || *Fig.* Lectura habitual: *Cervantes es el breviario de los buenos escritores.* || Epítome o compendio.
BREVIPENNE adj. y s. f. *Zool.* Sinón. de *corredora.*
BREZAL m. Paraje donde abunda el brezo.
BREZO m. Arbusto ericáceo de flores pequeñas y rojizas: *las raíces del brezo sirven generalmente para hacer carbón de fragua.*
BRIAGA f. Maroma de esparto. || *Méx.* Borrachera.
BRIAL m. Saya de seda que usaban las mujeres. || Faldón corto que usaban los hombres de armas.
BRIBA f. Holgazanería picaresca: *andar,* o *vivir, a la briba.*
BRIBÓN, ONA adj. y s. Haragán, dado a la briba. || Pícaro, bellaco: *este niño es un bribón.* || — SINÓN. V. *Pillo, taimado* y *galopín.*
BRIBONADA f. Picardía, bellaquería.
BRIBONEAR v. i. Vivir como bribón, holgazanear. || Hacer bribonadas.
BRIBONERÍA f. Vida de bribón. || Bribonada.

BRICBARCA m. (ingl. *brig*). Bergantín grande que, además de los dos palos ordinarios, lleva otro menor a popa para la cangreja.
BRICHO m. Hoja delgada de plata u oro, que sirve para bordar.
BRIDA f. Freno del caballo con las riendas y demás correaje. (SINÓN. V. *Rienda.*) ‖ Filamentos membranosos en los labios de una herida. ‖ Anillo que une dos tubos.
BRIDGE m. (pal. ingl. que sign. *puente*, pr. *bridye*). Juego de naipes de invención moderna. ‖ Aparato de prótesis dental, puente de metal tendido entre dos dientes sanos para suplir una mella.
BRIDÓN m. Brida pequeña que se pone a los caballos, por si falta la grande. ‖ *Poét.* Caballo brioso.
BRIGADA f. *Mil.* Reunión de dos regimientos, cuyo mando se confía a un brigadier. ‖ *Mil.* Nombre de otras divisiones militares: *brigada de carabineros reales, brigada sanitaria.* ‖ *Mil.* Grado en la jerarquía militar comprendido entre los de sargento y alférez. ‖ *Mil.* Cierto número de bestias con sus tiros y conductores. ‖ Conjunto de obreros: *brigada de trabajadores.*
BRIGADIER m. General de brigada.
BRIGADIERA f. Mujer del brigadier.
BRIGANTINA f. Coraza en forma de jubón.
BRIGANTINO, NA adj. De La Coruña (ant. *Brigantium*).
BRIGHT [*brait*] **(Mal de)** m. *Patol.* V. NEFRITIS.
BRIJÁN n. pr. *Fig.* y *fam.* *Saber más que Briján*, ser muy listo y perspicaz.
BRILLADOR adj. Que brilla.
BRILLANTE adj. Que brilla: *estrella brillante.* ‖ *Fig.* Admirable, excelente: *brillante escritor.* ‖ — M. Diamante abrillantado. ‖ — CONTR. *Obscuro, pálido.*
BRILLANTEMENTE adv. m. De modo brillante.
BRILLANTEZ f. Brillo.
BRILLANTINA f. Cosmético para el cabello. ‖ *Venez:* Percal lustroso para forros.
BRILLAR v. t. Resplandecer, despedir rayos de luz: *las estrellas brillan en el cielo.* ‖ *Fig.* Lucir o sobresalir en talentos, prendas etc.: *brillar en el foro.* ‖ *Fig.* Resplandecer: *brilla la alegría en su rostro.* ‖ — SINÓN. *Lucir, relucir, relumbrar, resplandecer, refulgir, deslumbrar, espejear, tornasolar.*. V. tb. *destellar* y *llamear.*
BRILLAZÓN f. *Arg.* Espejismo, reflejo de luz.
BRILLO m. Lustre o resplandor: *el brillo del oro, de la virtud.* (SINÓN. *Resplandor, esplendor, lustre, brillantez, realce, centelleo.* V. tb. *luz.*) ‖ *Fig.* Lucimiento, gloria.
BRIN m. Lona fina. ‖ *Ar.* Brizna de azafrán.
BRINCADOR, RA adj. y s. Que brinca.
BRINCAR v. i. Dar brincos o saltos. ‖ *Fig.* y *fam.* Omitir, pasar por alto una cosa. ‖ *Fig.* y *fam.* Resentirse y alterarse mucho: *brincar por la menor cosa.*
BRINCO m. Salto: *pegar un brinco.* (SINÓN. V. *Cabriola* y *salto.*) ‖ Joya antigua que servía de adorno en las tocas. ‖ *Fig. En un brinco*, en un momento.
BRINCHO m. En el juego de quínolas, flux mayor.
BRINDADOR, RA adj. Que brinda.
BRINDAR v. i. Beber a la salud de uno. (SINÓN. V. *Beber.*) ‖ Ofrecer a uno alguna cosa: *los árboles brindaban dulce sombra.* (SINÓN. V. *Convidar.*) ‖ — V. r. Ofrecerse voluntariamente: *se brindó a pagar.* ‖ — RÉG. *Brindar con regalos, por un ausente.*
BRINDIS m. Acción de brindar o beber a la salud de una persona: *anunciar un brindis.* ‖ Lo que se dice al brindar. (SINÓN. V. *Discurso.*)
BRINQUILLO y **BRINQUIÑO** m. Alhajilla. ‖ *Ecuad.* Niño travieso.
BRIÑÓN m. Griñón, especie de ciruela.
BRÍO m. Pujanza: *hombre de bríos.* ‖ *Fig.* Espíritu, resolución: *hablar con brío.* (SINÓN. V. *Elocuencia.*) ‖ *Fig.* Garbo, gallardía. ‖ — CONTR. *Cobardía.*
BRIOCENSE adj. De Brihuega.
BRIOFITAS f. pl. *Bot.* Familia de plantas criptógamas que carecen de vasos y raíces, como los musgos.
BRIOL m. *Mar.* Nombre de las cuerdas que sirven para cargar o recoger las velas del buque.
BRIONIA f. Nueza, planta parásita.
¡BRIOS! (Voto a), interj. fam. que equivale a *¡voto a Dios!*
BRIOSO, SA adj. Que tiene brío: *caballo brioso.*
BRIQUETA f. Conglomerado de carbón en forma de ladrillo.
BRISA f. Viento fresco y suave: *brisa marina.* (SINÓN. V. *Viento.*)
BRISCA f. Cierto juego de naipes.
BRISCADO, DA adj. Dícese de la tela tejida con seda y oro o plata. (SINÓN. *Brochado.*)
BRISCÁN m. *Amer.* Brisca, juego de naipes.
BRISCAR v. t. Tejer o hacer labores briscadas.
BRISERA f. *Amer.* Guardabrisa, fanal.
BRISOTE m. *Mar.* Brisa bastante fuerte y fresca.
BRISTOL m. Especie de cartulina.
BRISURA f. Pieza que sirve en el blasón para distinguir a los segundones y bastardos.
BRITÁNICA f. Romaza de hojas de color morado.
BRITÁNICO, CA adj. Perteneciente o relativo a la Gran Bretaña: *costumbres británicas.*
BRITANO, NA adj y s. De la antigua Britania. ‖ Inglés, británico.
BRIZA f. Planta gramínea. (SINÓN. *Cedacillo.*)
BRIZNA f. Hilo delgado: *brizna de algodón.*
BRIZNOSO, SA adj. Que tiene briznas.
BROCA f. Rodajuela en que ponen los bordadores los hilos o torzales. ‖ Barrena para taladrar metales. ‖ Clavo redondo de cabeza cuadrada, usado por los zapateros. ‖ Varilla de hierro que sostiene el carrete en las máquinas de hilar.
BROCADILLO m. Tela de seda y oro más ligera que el brocado y de calidad inferior.
BROCADO, DA adj. Tejido con oro o plata. ‖ — M. Tela de seda tejida con oro o plata.
BROCAL m. Antepecho que rodea la boca del pozo. ‖ Boquilla de las vainas de las armas blancas. ‖ Gollete de madera o cuerno de la bota para beber. ‖ Ribete de acero del escudo. ‖ — PARÓN. *Broquel.*
BROCAMANTÓN m. Broche grande, que traían las mujeres al pecho.
BROCATEL m. (de *brocado*). Tejido de cáñamo y seda adamascado: *cortinas de brocatel.* ‖ Mármol de varios colores.
BROCEARSE v. r. *Amer.* Perderse o malearse el hilo de una veta metálica: *el filón se está broceando.* ‖ *Amer. Fig.* Echarse a perder un negocio
BROCENSE adj. y s. De las Brozas (villa de la prov. de Cáceres): *Francisco Sánchez, el Brocense.*
BROCEO m. *Amer.* Esterilidad de una mina.
BRÓCULI m. (ital. *broccoli*). Brécol.
BROCHA f. Escobilla de cerda con asta, que sirve para pintar ‖ Pincel para enjabonar la barba. ‖ *Cub.* Juego del tejo. ‖ *De brocha gorda*, dícese del pintor de puertas, ventanas, etc. *Fig.* y *fam.* Dícese de la obra del mal pintor, del mal poeta, etc.: *cuadro, versos de brocha gorda.*
BROCHADA f. Golpe dado con la brocha.
BROCHADO, DA adj. Dícese de los tejidos de seda con labores de oro o plata. (SINÓN. *Briscado.*)
BROCHAL m. *Arq.* Madero cruzado entre otras dos vigas de un suelo o armazón.
BROCHAR v. i. *Cub.* Jugar a la brocha.
BROCHAZO m. Brochada. ‖ *Col.* y *Guat.* Necedad.
BROCHE m. Conjunto de dos piezas de metal que se engancha una en otra. ‖ *Per.* y *P. Rico.* Corchete para unir papeles. ‖ — Pl. *Ecuad.* Gemelos de camisa.
BROCHETA f. Broqueta: *riñones en brocheta.*
BROCHÓN m. Brocha gorda: *pintar con brochón.*
BRODEQUÍN m. Galicismo por *borceguí.*
BROLLO m. *Col.*, *Venez.* y *Dom.* Embrollo.
BROMA f. Bulla, algazara: *estar de broma.* ‖ Chanza: *broma pesada.* (SINÓN. *Humorada, chiste, gracia, ocurrencia, jocosidad, chocarrería, guasa, cuchufleta, bufonada, pulla, rechifla, chirigota, novatada.* V. tb. *burla.*) ‖ Molusco lamelibranquio que roe las maderas bañadas por el mar: *la creosota preserva la madera de la broma.*
BROMAR v. t. Roer la broma la madera.
BROMATO m. Sal del ácido brómico.
BROMATOLOGÍA f. (del gr. *broma*, alimento,

brida

brugo

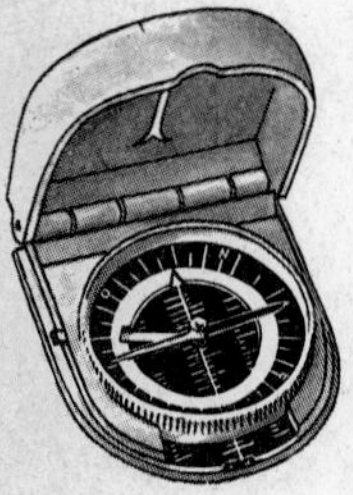

brújula

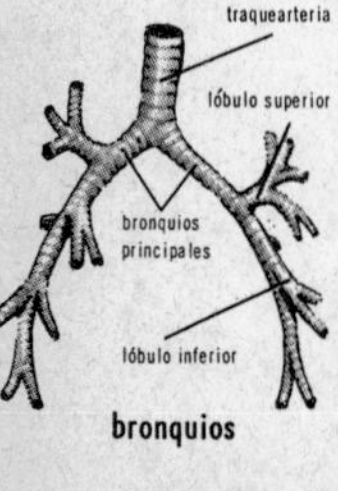

bronquios

y *logos,* tratado). *Hist. nat.* Tratado de los alimentos.

BROMATÓLOGO, GA adj. y s. Versado en el estudio de los alimentos.

BROMAZO m. Broma pesada: *dar un bromazo.*

BROMEAR v. i. Dar bromas o chanzas: *bromear con todo el mundo.* (SINÓN. V. *Embromar.*)

BROMELIÁCEAS f. pl. *Bot.* Familia de plantas monocotiledóneas originarias de América.

BROMHÍDRICO, CA adj. Dícese del ácido producido por la combinación del bromo con el hidrógeno.

BRÓMICO adj. Dícese de un ácido oxigenado del bromo.

BROMISTA adj. y s. Aficionado a dar bromas. (SINÓN. V. *Bufón.* CONTR. *Serio, formal.*)

BROMO m. *Quím.* Metaloide (Br.) de color rojo obscuro, líquido, que hierve a 58'8°C, y produce vapores muy densos y sofocantes. ‖ *Bot.* Gramínea forrajera.

BROMURO m. *Quím.* Combinación del bromo con otro radical simple o compuesto: *el bromuro de plata se usa en fotografía.*

BRONCA f. Riña: *se armó una bronca.* (SINÓN. V. *Disputa.*) ‖ Reprensión áspera: *echar una bronca.* ‖ Manifestación colectiva de desagrado.

BRONCE m. Aleación de cobre y estaño, de color amarillento rojizo: *el bronce es muy tenaz y sonoro.* ‖ Objeto de arte de bronce: *un bronce de Cellini.* ‖ *Fig. Poét.* El cañón, la campana, el clarín o la trompeta: *alzarse al ruido del bronce.* ‖ *Bronce de aluminio,* aleación de cobre y aluminio, de color dorado. ‖ *Fig. Corazón de bronce,* corazón muy duro.

BRONCEADO, DA adj. De color de bronce: *rostro bronceado, cuero bronceado.* (SINÓN. V. *Tostado.*) ‖ — M. Acción y efecto de broncear: *el bronceado de las medallas.*

BRONCEADURA f. Bronceado.

BRONCEAR v. t. Pintar de color de bronce: *broncear figuras de yeso.* ‖ Tostar el cutis al sol.

BRONCERÍA f. Conjunto de objetos de bronce.

BRONCÍNEO, A adj. De bronce o parecido a él.

BRONCISTA m. El que trabaja en bronce.

BRONCO, CA adj. Tosco, áspero. ‖ Dícese de los metales quebradizos. ‖ Dícese de la voz áspera y desagradable. ‖ *Fig.* De genio áspero. (SINÓN. V. *Desabrido.*)

BRONCONEUMONÍA f. Inflamación de los bronquiolos y los alveolos pulmonares.

BRONCORREA f. Flujo bronquial.

BRONQUEAR v. i. Reñir (SINÓN. V. *Reprender.*)

BRONQUEDAD y **BRONQUERA** f. Calidad de bronco o áspero: *la bronquedad de un sonido.*

BRONQUIAL adj. Relativo a los bronquios.

BRONQUIECTASIA f. Dilatación de los bronquios.

BRONQUINA f. *Fam.* Pendencia, riña.

BRONQUINOSO y **BRONQUISTA** adj. *Amer.* Camorrista.

BRONQUIO m. (del gr. *brogkhos,* garganta). Cada uno de los conductos en que se divide la tráquea.

BRONQUIOLO m. Última ramificación de los bronquios.

BRONQUÍTICO, CA adj. Dícese de la persona atacada de bronquitis.

BRONQUITIS f. *Med.* Inflamación de los bronquios: *bronquitis crónica.*

BROQUEL m. Escudo pequeño. ‖ *Fig.* Defensa o amparo. ‖ — PARÓN. *Brocal.*

BROQUELARSE v. r. Abroquelarse, escudarse.

BROQUELILLO m. Pendiente redondo.

BROQUETA f. Estaquilla con que se clavan pajarillos, riñones, carne de pescado, para asarlos: *perdices en broqueta.*

BROTADURA f. Acción de brotar una planta.

BROTAR v. i. Salir la planta de la tierra: *brotar el trigo.* (SINÓN. V. *Aparecer.*) ‖ Nacer renuevos, hojas, flores, etc. ‖ Echar la planta hojas o renuevos. (SINÓN. V. *Vegetar.*) ‖ Manar el agua de los manantiales. *Fig.: brotan lágrimas de sus ojos.* ‖ *Fig.* Salir al cutis: *brotar diviesos.* ‖ *Fig.* Comenzar a manifestarse una cosa. ‖ — SINÓN. *Resaltar, saltar, salpicar, surtir.*

BROTE m. Botón de una planta. (SINÓN. *Renuevo, botón, capullo.*) ‖ Acto de brotar. ‖ *Fig.* Comienzo, principio.

BROWNIANO adj. (de *Brown,* n. pr., pr. *brouniano*). Dícese del movimiento incesante que agita las partículas microscópicas en suspensión.

BROWNING f. (del nombre del fabricante, pr. *brounin*). Pistola americana de repetición. (SINÓN. V. *Pistola.*)

BROZA f. Despojo de los vegetales. ‖ Desecho de cualquier cosa, escoria. ‖ Maleza. (SINÓN. V *Matorral.*) ‖ *Fig.* Cosas inútiles: *esta obra es toda broza.* ‖ *Impr.* Bruza, cepillo.

BROZAR v. t. *Impr.* Cepillar con bruza.

BROZOSO, SA adj. Que tiene o cría broza.

BRUCERO m. El que hace o vende cepillos.

BRUCES (De) loc. adv. Boca abajo. ‖ *Caer, echarse de bruces,* caer de boca.

BRUCINA f. Álcali sacado de la nuez vómica: *la brucina es un veneno violento.*

BRUCITA f. Magnesia hidratada y cristalizada.

BRUGO m. (lat. *bruchus*). Larva de un lepidóptero que causa estragos en las encinas.

BRUJA f. Mujer que, según creencia vulgar, se ocupa en operaciones sobrenaturales y diabólicas: *no creer en brujas.* (SINÓN. V. *Furia.*) ‖ *Fig* y *fam.* Mujer fea y vieja. ‖ *Zool.* Lechuza. ‖ *Méx. Fam.* Miserable, pobre. ‖ *Cub.* Mariposa grande nocturna.

BRUJEAR v. i. Hacer brujerías.

BRUJERÍA f. Operaciones sobrenaturales a que se cree vulgarmente que se dedican las brujas.

BRUJIDOR m. Grujidor de vidrieros.

BRUJIR v. t. Grujir los vidrios.

BRUJO m. Hombre que hace cosas misteriosas y se cree tiene pacto con el diablo: *en la Edad Media se quemaron por brujos muchos infelices.* (SINÓN. V. *Adivino.*)

BRÚJULA f. (del ital. *bussola,* cajita). Círculo dividido, en cuyo centro gira una aguja imanada que se dirige siempre hacia el Norte: *la brújula sirve de guía a los navegantes.* ‖ *Fig. Perder la brújula,* perder el tino. ‖ *Fig.* Lo que sirve de norma.

— La *brújula* era desconocida de los antiguos, si bien se cree que la conocían los chinos más de mil años antes de la era cristiana. De ellos la tomaron los árabes, quienes a su vez la enseñaron a los occidentales durante las Cruzadas.

BRUJULEAR v. t. Descubrir el jugador poco a poco las cartas para conocerlas por las rayas o pintas. ‖ *Fig.* y *fam.* Adivinar. ‖ Vagar. ‖ Procurar por varios medios el logro de una pretensión.

BRUJULEO m. Acción de brujulear.

BRULOTE m. (fr. *brûlot*). Barco cargado de materias inflamables que se dirigía sobre los buques enemigos para incendiarlos. ‖ *Amer.* Palabrota ofensiva: *le dijo cuatro brulotes.* ‖ *Riopl.* Sátira dura.

BRUMA f. Niebla que se levanta en el mar. (SINÓN. V. *Niebla.*)

BRUMADOR, RA adj. Abrumador.

BRUMAL adj. Relativo a la bruma.

BRUMAR v. t. Abrumar: *brumar de trabajo.*

BRUMARIO m. Segundo mes del año republicano francés.

BRUMAZÓN f. Niebla espesa en el mar.

BRUMO m. Cera más pura con que se da el último baño a los cirios y velas.

BRUMOSO, SA adj. Nebuloso, nublado: *tiempo brumoso.* ‖ — CONTR. *Sereno, despejado.*

BRUNO m. Cierta clase de ciruela negra.

BRUNO, NA adj. De color negro u oscuro.

BRUÑIDO m. Acción y efecto de bruñir o abrillantar. ‖ Brillo de las cosas bruñidas.

BRUÑIDOR, RA adj. y s. Que bruñe. ‖ — M. Instrumento para bruñir.

BRUÑIDURA f. y **BRUÑIMIENTO** m. Bruñido.

BRUÑIR v. t. Abrillantar, sacar lustre o brillo: *bruñir un metal.* (SINÓN. *V. Pulir.*) ‖ *Amer. Fam.* Amolar, fastidiar. ‖ — V. r. *Fig.* y *fam.* Afeitarse, pintarse las mujeres. ‖ — IRREG. Se conjuga como *muñir.*

BRUÑO m. Bruno, especie de ciruela.

BRUSCA f. *Cub.* Hojarasca, chamarasca. ‖ *Venez.* Planta papilionácea usada en medicina.

BRUSCAMENTE adv. m. De manera brusca. ‖ De rondón, de repente.

BRUSCO, CA adj. Pronto, súbito: *ataque brusco.* ‖ Áspero, desapacible: *persona de carácter brusco.* (SINÓN. V. *Riguroso* y *desabrido.*)

BRUSELA f. Hierba doncella, planta herbácea.
BRUSELAS f. pl. Tenacillas pequeñas de acero que sirven para coger objetos menudos: *bruselas de relojero.* (SINÓN. *Pinzas.*)
BRUSELENSE adj. y s. De Bruselas.
BRUSQUEDAD f. Calidad de brusco: *hablar con brusquedad.* (CONTR. *Suavidad, dulzura.*) ‖ Acción o procedimiento bruscos.
BRUTAL adj. Que imita a los brutos: *conducta brutal.* (SINÓN. V. *Cruel y violento.* CONTR. *Cortés, amable.*) ‖ *Fig.* Colosal, formidable. ‖ — M. Bruto, animal.
BRUTALIDAD f. Calidad de bruto. ‖ *Fig.* Incapacidad, falta de inteligencia: *obrar con brutalidad.* ‖ *Fig.* Acción brutal. (SINÓN. V. *Barbarie.*) ‖ *Fam.* Enormidad, gran cantidad.
BRUTALIZAR v. r. Tratar con brutalidad. (SINÓN. V. *Maltratar.*)
BRUTEAR v. i. *Arg.* Disparatar.
BRUTEZA f. Brutalidad, grosería. ‖ Tosquedad.
BRUTO, TA adj. y s. (lat *brutus*). Necio, incapaz: *ese hombre es muy bruto.* (SINÓN. *Salvaje, bárbaro, inculto.*) ‖ Vicioso, torpe. (SINÓN. V. *Estúpido* y *grosero.*) ‖ Tosco y sin pulimento: *piedra bruta.* ‖ — M. Animal irracional. (SINÓN. V. *Animal.*) ‖ *Fig. Poét. Noble bruto,* el caballo. ‖ *En bruto,* loc. adv., sin pulir: *diamante en bruto.* ‖ *Peso bruto,* el de un objeto y su embalaje, por oposición a *peso neto.* ‖ *Fam.* Muy grande, enorme. ‖*Arg. A la bruta,* brutalmente.
BRUZA f. Cepillo fuerte.
BRUZAR v. t. Limpiar con la bruza un objeto.
BU m. *Fam.* Fantasma con que se asusta a los niños: *mira que viene el bu.* (SINÓN. V. *Espantapájaros.*)
BÚA f. Postilla, granillo de materia.
BUARILLO y **BUARO** m. Buharro, ave.
BUBA f. Tumor. ‖ Ganglio linfático inflamado.
BÚBALO, LA m. y f. Antílope africano.
BUBI m. Negro de Fernando Poo.
BUBÓN m. Tumor grande. ‖ Infarto de las glándulas inguinales: *la peste produce bubones.* (SINÓN. V. *Absceso.*)
BUBÓNICO, CA adj. Dícese de la enfermedad que se manifiesta con bubones: *peste bubónica.*
BUBOSO, SA adj. Que padece bubas.
BUCAL adj. De la boca: *cavidad bucal.*
BUCANERO m. (fr. *boucanier*). Nombre de los corsarios y filibusteros que en los siglos XVII y XVIII saquearon las posesiones españolas en América. (SINÓN. V. *Pirata.*)
BUCARAL m. Sitio plantado de bucares.
BUCARE m. Árbol papilionáceo americano: *el bucare sirve para proteger contra el sol los plantíos de café.* ‖ — PARÓN. *Búcaro.*
BÚCARO m. Arcilla que despide, cuando está mojada, olor agradable. ‖ Vasija hecha con esta arcilla. ‖ — PARÓN. *Bucare.*
BUCCINO m. Caracol marino cuya tinta mezclaban los antiguos con la púrpura.
BUCEAR v. i. Nadar bajo el agua. ‖ Trabajar como buzo. ‖ *Fig.* Explorar un asunto.
BUCÉFALO m. (nombre del caballo de Alejandro). *Fig.* y *fam.* Hombre rudo y necio.
BUCENTAURO m. Centauro con cuerpo de toro.
BUCEO m. Acción de bucear.
BUCERO, RA adj. y s. Sabueso de hocico negro.
BUCES (De) loc. adv. De bruces, de narices.
BUCLE m. Rizo helicoidad del cabello (SINÓN. V. *Mechón.*)
BUCÓLICA f. Composición poética de género bucólico: *las bucólicas de Teócrito.* (SINÓN. V. *Pastoral.*) ‖ *Fam.* Comida. ‖ *Col. Fam.* Hambre.
BUCÓLICO, CA adj. Pastoril: *existencia bucólica.* (SINÓN. V. *Campestre.*) ‖ Aplícase al género de poesía en que se trata de la vida campestre. ‖ Perteneciente a este género de poesía: *poeta bucólico.*
BUCOLISMO m. Afición a la poesía bucólica.
BUCUL m. *Guat.* Vasija grande hecha de calabaza.
BUCHACA f. *And.* y *Amer.* Bolsa.
BUCHADA f. Bocanada.
BUCHE m. *Zool.* Bolsa que tienen las aves en el cuello, donde reciben la comida antes de pasarla a la molleja. ‖ Estómago de ciertos animales. ‖ Porción de líquido que cabe en la boca, bocanada: *tomar buches de adormidera.* ‖ Bolsa que hace la ropa. ‖ *Fam.* Estómago: *llenar bien el buche.* ‖ *Fig.* y *fam.* Pecho, interior: *no le cupo en el buche tal cosa.* ‖ *Ecuad.* Sombrero de copa. ‖ *Méx.* Bocio. ‖ *Cub.* Golfo, pillete.
BUCHETE m. Mejilla inflada, carrillo.
BUCHÍ m. *Germ.* Verdugo.
BUCHINCHE m. Zaquizamí. ‖ *Cub.* Taberna. (SINÓN. V. *Taberna.*)
BUCHIPLUMA m. *Antill.* Persona que promete y no cumple.
BUCHÓN, ONA adj. Dícese del palomo o paloma que puede hinchar el buche de un manera desmesurada. ‖ *Cub.* Bonachón. ‖ *Venez.* Dícese del hombre que adquirió fortuna abusando de su cargo público.
BUDARE m. *Venez.* Plato para cocer la arepa. (SINÓN. *Comal.*)
BUGDET m. (pal. fr., pr. *budyé*). Presupuesto (Es un galicismo inútil).
BÚDICO, CA adj. Relativo al budismo.
BUDÍN m. Plato de dulce preparado con bizcocho, leche, azúcar, licor y frutas secas, cocido al baño de María. (Es el *pudding* inglés.)
BUDINERA f. Molde donde se prepara el budín.
BUDIÓN m. Cierto pez de cabeza grande, muy abundante en los mares de España.
BUDISMO m. Nombre de la religión fundada por Buda. (V. BUDA, *Parte hist.*)
BUDISTA com. Persona que profesa el budismo. ‖ — Adj.: *sacerdote budista.* ‖ Búdico: *símbolo budista, ceremonia budista.*
BUEN adj. Apócope de *bueno.* Úsase precediendo a sustantivo o verbo: *buen año, buen hablar.*
BUENABOYA f. Remero voluntario y asalariado en la galera.
BUENAMENTE adv. m. Fácilmente, cómodamente: *no hacer sino lo que buenamente se puede.* (SINÓN. V. *Voluntariamente.*)
BUENANDANZA f. Bienandanza.
BUENASTARDES f. Planta nictagínea de Cuba, de flores amarillas.
BUENAVENTURA f. Buena suerte, dicha. ‖ Adivinación supersticiosa: *decir a uno la buenaventura.*
BUENO, NA adj. Que tiene bondad: *buen padre.* (SINÓN. *Excelente, bondadoso.* V. tb. *humano.*) [El aumentativo *buenazo* y el superlativo *buenísimo* son frecuentes.] ‖ Conforme con la moral: *buenas lecturas.* ‖ Útil para una cosa: *buena ocasión para escribir.* ‖ Sano: *el enfermo ya está bueno.* ‖ Agradable, divertido. ‖ Grande: *buena calentura tiene.* ‖ No deteriorado: *esta capa todavía está buena.* ‖ Grande, suficiente: *una buena cantidad de dinero.* ‖ Sencillote: *buen hombre.* (SINÓN. *Bonachón.*) ‖ — M. Lo que es bueno: *preferir lo bueno a lo agradable.* ‖ *¡Bueno!* exclamación de sorpresa, aprobación o satisfacción. ‖ *A* [*o por*] *buenas,* de buen grado. ‖ *Por las buenas,* de pronto. ‖ *Bueno está,* basta. ‖ *De buenas a primeras,* en seguida. ‖ *De buenas,* de buen talante. ‖ *A la buena de Dios,* sin cuidado. ‖ *¡Buenas!* exclamación familiar de saludo, de bienvenida. ‖ *Librarse de una buena,* escapar de un gran peligro.
BUEY m. (lat. *bos*). Toro castrado. ‖ *Fig. Méx.* Cornudo, marido ultrajado. ‖ *Trabajar como un buey,* trabajar mucho y con gran ahínco. ‖ *Buey de cabestrillo,* buey detrás del cual se esconden los cazadores para tirar. ‖ — PROV. **El buey suelto bien se lame,** refrán que denota lo bueno que es la libertad. ‖ **El ruin buey holgando se descuerna,** se dice de los que se cansan con poco trabajo. ‖ **Habló el buey y dijo mu,** se aplica a los necios que, cuando hablan por casualidad, disparatan.
— El *buey* es uno de los animales más útiles para el hombre, que lo tiene domesticado desde la más remota antigüedad. Parece provenir del uro o buey salvaje, que existía aún en Europa a principios de la época histórica, y que muchos autores confunden equivocadamente con el bisonte. En cuanto a los bueyes americanos, provienen todos del ganado vacuno llevado por los primeros colonos españoles. Críase el buey principalmente en la India, donde sólo sirve como bestia de carga y de tiro, en los Estados Unidos, en el Canadá, el Brasil, la Argentina y el Uruguay. En Europa críase principalmente en Alemania, Francia y Gran Bretaña.
BUEYADA f. Boyada.

budión

búfalo

buganvilla

buharro

búho

buitre

BUEYUNO, NA adj. Bovino: *dehesa bueyuna.*
BUFA f. Bufonada. ‖ *Cub.* Borrachera.
BUFADO, DA adj. Dícese del vidrio soplado.
BUFALINO, NA adj. Relativo o perteneciente al búfalo.
BÚFALO, LA m. y f. (lat. *bubalos*). Buey salvaje de Asia y África. ‖ Bisonte de América.
BUFANDA f. Prenda que se suele llevar al cuello para abrigo.
BÚFANO, NA adj. *Cub.* Fofo.
BUFAR v. i. Resoplar con ira los animales. ‖ *Fig.* y *fam.* Manifestar del mismo modo el hombre su enojo: *bufar de coraje.* ‖ — V. r. *Méx.* Ahuecarse, arrugarse una superficie chapeada o enlucida.
BUFEO m. *Amer.* Marsopla o delfín.
BUFETE m. (fr. *buffet*). Mesa de escribir: *un bufete de madera de nogal.* ‖ *Fig.* Despacho y clientela de abogado: *abrir bufete.*
BUFFET m. (pal. fr., pr. *bufé*). En los bailes, mesa donde se sirven refrescos. ‖ En las estaciones de ferrocarril, fonda. ‖ Galicismo por *aparador.* ‖ *Chil.* Ambigú, comida nocturna. ‖ *Venez.* Convite, banquete, refresco.
BUFIDO m. Voz de animal que bufa: *el bufido del toro.* ‖ *Fig.* y *fam.* Expresión de enojo o enfado: *dar bufidos de rabia.*
BUFO, FA adj. (ital. *buffo*). Cómico, jocoso: *ópera bufa.* ‖ — M. Bufón, gracioso en la ópera italiana. (SINÓN. *Farsante, bromista, cómico, histrión, polichinela, chocarrero.* V. tb. *payaso.*)
BUFÓN, ONA adj. (ital. *buffone*). Chocarrero: *palabras bufonas.* ‖ — M. y f. Juglar que hace reir.
BUFONADA f. Dicho o hecho propio de bufón. ‖ Chanza satírica: *con buena bufonada te vienes.* (SINÓN. V. *Broma.*)
BUFONEARSE v. r. Burlarse, decir bufonadas.
BUFONESCO, CA adj. Bufo, chocarrero.
BUFONIZAR v. i. Decir bufonadas.
BUGANVILLA f. Arbusto ornamental.
BUGGY m. (pal. ingl.) Coche ligero de dos ruedas con varales largos y finos.

BUGLE m. Instrumento músico de viento provisto de pistones.
BUGLOSA f. Lengua de buey, planta.
BUHARDA y **BUHARDILLA** f. Ventana en el tejado de una casa. ‖ Desván: *vivir en una buhardilla.* (SINÓN. *Sotabanco, zaquizamí.*)
BUHARRO m. Ave de rapiña parecida al búho.
BÚHO m. (lat. *bubo*). Ave nocturna que lleva en la cabeza dos penachos de plumas alzadas. ‖ *Fig.* y *fam.* Persona poco sociable: *ese hombre es un verdadero búho.*
BUHONERÍA f. Tienda portátil con baratijas, como botones, agujas, cintas.
BUHONERO m. El que vende baratijas y cosas de buhonería.
BUIDO, DA adj. Aguzado, afilado. ‖ Acanalado, estriado.
BUILDING m. (pal. ingl., pr. *bíldin*). Edificio moderno de vastas dimensiones. (SINÓN. V. *Casa*).
BUITRE m. (lat. *vultur*). Género de aves rapaces.
— El *buitre* es un ave grande de presa, de cabeza y cuello desnudos, que abunda en las montañas de Europa y Asia; alcanza hasta 3 metros de envergadura. Se alimenta de carne muerta y vive generalmente en bandadas. En América, existen varias especies de buitres, el *cóndor* gigantesco de los Andes, el *gallinazo,* llamado también *zopilote, urubú* o *jote* según los países.
BUITREAR v. i. *Chil.* Cazar buitres. ‖ *Fig. Chil.* y *Per.* Vomitar.
BUITRERA f. Lugar donde se arma el cebo para coger buitres. ‖ *Fig.* y *fam. Estar ya para buitrera,* dícese de la bestia flaca que está cerca de morirse.
BUITRERO, RA adj. Perteneciente al buitre. ‖ — M. Cazador de buitres.
BUITRÓN m. Especie de red o nasa para pescar y cazar. ‖ *Amer.* Horno de manga para el mineral argentífero. ‖ *Amer.* Era donde se beneficia el mineral de plata con azogue y magistral. ‖ Cenicero del hogar en los hornos metalúrgicos.
BUJA f. *Méx.* Buje.
BUJARASOL m. Variedad de higo.
BUJARRÓN adj. y s. Sodomita.
BUJE m. Arandela interior que se pone en el cubo de las ruedas de los carruajes.
BUJEDA f., **BUJEDAL** y **BUJEDO** m. Lugar donde abunda el boj. (SINÓN. *Bojedal.*)
BUJERÍA f. Baratija, mercadería de poco valor. (SINÓN. V. *Fruslería.*)
BUJETA f. Caja de madera. (SINÓN. V. *Baúl.*) ‖ Pomo para perfumes.
BUJÍA f. (de *Bujía,* ciudad de África). Vela de cera o estearina. ‖ Dispositivo que produce la chispa en los motores de combustión. ‖ Unidad de medida luminosa: *lámpara de 20 bujías.*
BUJIERÍA f. Cerería.
BULA f. (lat. *bulla*). Medalla que en Roma llevaban al cuello los hijos de familias nobles. ‖ Sello de plomo de ciertos documentos pontificios. ‖ Letras apostólicas que llevan este sello: *una bula de excomunión.* ‖ *Bula de la Santa Cruzada,* la que concedía indulgencia a los que iban a la Cruzada o ayudaban a los gastos de ella. (Hoy se conceden estas indulgencias en España a los fieles que contribuyen con determinada limosna a las atenciones del culto divino.) ‖ *Fig.* y *fam. No poder con la bula,* estar sin fuerzas para nada.
BULARIO m. Colección de bulas.
BULBAR adj. Relativo al bulbo.
BULBO m. (del lat. *bulbus,* cebolla). *Bot.* Tallo subterráneo de algunas plantas, tierno y carnoso: *el bulbo de la cebolla.* ‖ *Anat.* Parte blanda y sensible de lo interior del diente. ‖ *Bulbo raquídeo,* abultamiento de la medula espinal en su parte superior. (V. grabado pág. sgte.)
BULBOSO, SA adj. *Bot.* Que tiene bulbos: *son plantas bulbosas.* ‖ De forma de bulbo.
BULDOG m. *Neol.* Cierto perro de presa.
BULDOZER m. (ingl. *bulldozer*). *Neol.* Excavadora, con grúa y cuchara, empleada principalmente para sacar, remover y distribuir tierras.

BULE m. *Méx.* Calabaza, vasija.
BULERÍAS f. pl. Cante y baile andaluz de ritmo vivo.
BULERO m. Repartidor de bulas de la Cruzada.
BULETO m. Breve pontificio.
BULEVAR m. Nombre de algunas avenidas grandes en ciertas ciudades: *los bulevares de París son animadísimos.* (SINÓN. V. *Alameda.*)
BÚLGARO, RA adj. y s. De Bulgaria.
BULIMIA f. (del gr. *bous,* buey, y *limos,* hambre). *Med.* Hambre canina, hambre insaciable: *la bulimia es una enfermedad grave.* (SINÓN. V. *Hambre.*)
BULÍMICO, CA adj. Que padece bulimia. (SINÓN. V. *Hambriento.*)
BULÍN m. *Arg. lunf.* Vivienda bien amueblada.
BULO m. Mentira, noticia falsa: *circula con muchos bulos sobre el asunto.* (SINÓN. V. *Cuento.*)

Fot. Bertin, Higham, Dragesco, U. S. I. S.

BULTERRIER m. *Neol.* Perro inglés que caza ratones.
BULTO m. (del lat. *vultus,* imagen, cara). Volumen, tamaño: *libro de poco bulto.* || Cuerpo que, por cualquier circunstancia, se distingue mal: *no veo más que un bulto.* || Chichón, tumor o hinchazón. (SINÓN. V. *Protuberancia.*) || Busto o imagen de escultura: *imagen de bulto.* || Fardo: *bulto de ropa.* (SINÓN. V. *Paquete* y *equipaje.*) || *Amer.* Cartapacio, bolsa. || *Fig. A bulto,* loc. adv., sin examinar bien las cosas: *tasar a bulto.* || *Fig.* y *fam. Buscar a uno el bulto,* ir detrás de él con mala intención. || *Coger a uno en el bulto,* haberle a las manos. || *Escurrir* el bulto, eludir un riesgo. || *De bulto,* de importancia.
BULULÚ m. Farsante que representa él solo una comedia, mudando la voz según los personajes. || *Venez.* Alboroto.
BULLA f. Gritería, ruido: *meter bulla.* (SINÓN. V. *Alboroto*). || Concurrencia de mucha gente: *había bulla en la plaza.* || *Fig.* Prisa.
BULLAJE m. Bulla, multitud.
BULLANGA f. Tumulto, motín. || *Arg.* Bulla.
BULLANGUERO, RA adj. y s. Alborotador.
BULLARANGA f. *Amer.* Bulla.
BULLARENGUE m. Prenda colocada bajo la falda para abultarla por detrás. || *Cub.* Cosa postiza. || *Murc.* Peinado en forma de rulos.
BULLEBULLE com. *Fam.* Persona inquieta y entremetida.
BULLICIO m. Ruido, rumor de la multitud: *el bullicio de la calle.* || Alboroto, tumulto.
BULLICIOSAMENTE adv. m. Con inquietud, con bullicio.
BULLICIOSO, SA adj. Que tiene bullicio o ruido: *asamblea, calle bulliciosa.* (SINÓN. V. *Poblado.*) || Inquieto, desasosegado, alborotador. || — CONTR. *Tranquilo, pacífico.*
BULLIDOR, RA adj. Que bulle con viveza.
BULLIR v. i. Hervir un líquido. || Moverse, agitarse un líquido u otra cosa: *bullir la sangre, el agua corriente.* || *Fig.* Moverse, agitarse una persona. || *Fig.* Frecuentar la sociedad. || — V. t. Mover, menear: *no bullir pie ni mano.* || — IRREG. Se conjuga como *mullir.*
BULLÓN m. Botón grueso de metal con que se adornan las cubiertas de ciertos libros grandes.
BUMANGUÉS, ESA adj. y s. De Bucaramanga.
BUMERANG m. Boomerang.
BUNDESTAG m. Asamblea legislativa de la República Federal Alemana, elegida cada cuatro años por sufragio universal directo.
BUNGA f. *Cub.* Pequeña orquesta.
BUNGALOW m. (pal. ingl., pr. *bungaló*). Casita de un piso.
BUNIATO m. Boniato.
BUNIO m. Nabo utilizado como simiente.
BUNKER m. (pal. ingl.). Refugio subterráneo contra bombardeos.
BUÑOLADA f. Cantidad de buñuelos que se fríen de una vez. || *Fig.* Fiesta en la que se sirven buñuelos.
BUÑOLERÍA f. Tienda o puesto del buñolero.
BUÑOLERO, RA m. y f. Persona que hace o vende buñuelos.
BUÑUELO m. Cierta fruta de sartén. || *Fam.* Cosa mal hecha.
BUQUE m. Barco de gran tamaño propio para navegaciones de importancia: *buque de guerra, de vela, de vapor, mercante.* (SINÓN. V. *Barco.*)
BUQUÉ m. Bouquet.
BURACA f. *Bol.* Petaca o zurrón de cuero que sirve para conducir la sal y el azúcar.
BURATO m. Tejido de lana, que sirve para alivio de luto. || Cendal o manto transparente.
BURBUJA f. Glóbulo de aire en los líquidos.
BURBUJEAR v. i. Hacer burbujas.
BURCHACA f. Burjaca, bolsa grande de cuero
BURDÉGANO m. Hijo de caballo y burra.
BURDEL adj. Lujurioso. || — M. Mancebía.
BURDEOS m. Vino francés estimado que se cría en la región de Burdeos (Francia). || — Adj. inv. De color rojo violado.
BURDO, DA adj. Tosco, grosero: *paño burdo*
BUREAR v. i. *Col.* Divertirse, entretenerse.
BUREL m. *Blas.* Faja cuyo ancho es la novena parte del escudo. || — Adj. Dícese del toro buriel.
BURELADO, DA adj. Dividido en bureles.

BUREO m. *Fam.* Entretenimiento, diversión.
BURETA f. (fr. *burette*). *Quím.* Tubo de vidrio graduado empleado para hacer análisis químicos.
BURGA f. Manantial de agua caliente: *las burgas de Orense.* (SINÓN. *Caldas.*)
BURGADO m. Caracol terrestre.
BURGALÉS, ESA adj. y s. De Burgos.
BURGO m. Población pequeña, dependiente de otra principal.
BURGOMAESTRE m. Primer magistrado municipal de algunas ciudades de Alemania, Holanda, Suiza y otros países.
BURGRAVE m. Señor de una ciudad, título antiguo de Alemania.
BURGRAVIATO m. Dignidad de burgrave.
BURGUÉS, ESA m. y f. Ciudadano de la clase media. || — Adj. Relativo a la burguesía: *costumbres burguesas.*
BURGUESÍA f. Cuerpo o conjunto de burgueses o ciudadanos de la clase media.
BURÍ m. Palma de Filipinas.
BURIEL adj. De color rojo oscuro.
BURIL m. (fr. *burin*). Instrumento de acero que usan los grabadores.
BURILADA f. Rasgo de buril en una lámina.
BURILADURA f. Acción de burilar una lámina.
BURILAR v. t. Grabar con el buril: *burilar una lámina de cobre, burilar un retrato.*
BURJACA f. Bolsa grande de cuero.
BURLA f. Mofa, desprecio: *hacer burla de alguien.* || Palabras con que se ridiculiza a uno. || Chanza: *gastar burlas con uno.* || Engaño: *de burlas o de veras.* || *Fam. Burla burlando,* loc. adv., sin advertirlo o disimuladamente: *burla burlando hemos acabado nuestra tarea.* || *De burlas,* loc. adv., no de veras: *jugar de burlas.* || — SINÓN. *Risa, sátira, irrisión, rechifla, ironía, sarcasmo.* Pop. *Chunga, sorna, chacota, chirigota.* V. tb. *broma.*
BURLADERO m. Entrada angosta en las barreras de las plazas de toros para que el torero pueda refugiarse.
BURLADOR, RA adj. y s. Que burla. || — M. Libertino: *el burlador de Sevilla.*
BURLAR v. t. Hacer burla. || Engañar, frustrar la esperanza: *las circunstancias burlaron sus deseos.* || — V. r. Hacer burla: *burlarse de sus amos.* || — SINÓN. *Satirizar, escarnecer, chiflar, rechiflar, embromar.* Pop. *Chacotear, chunguear, chocarrear, chotearse, chulearse, pitorrearse, mofarse, guasearse.* V. tb. *engañar.*
BURLERÍA f. Burla, engaño. || Cuento, conseja: *contar burlerías a uno.*
BURLESCO, CA adj. *Fam.* Festivo, jocoso: *historia burlesca.* (SINÓN. V. *Cómico* y *ridículo.*)
BURLETE m. (fr. *bourrelet*). Vaina de tela, rellena de estopa, que se pone al canto de puertas o ventanas para guardarse del viento.
BURLÓN, ONA adj. y s. Que indica burla: *aire burlón.* || Aficionado a decir o hacer burlas.
BURLOTE m. Entre jugadores, banca pequeña.
BURÓ m. (fr. *bureau*). Galicismo por *escritorio.* || *Méx.* Mesa de noche.
BUROCRACIA f. (fr. *bureaucratie*). Importancia excesiva de los empleados públicos: *la burocracia es la plaga de los Estados modernos.* || Clase social formada por esos empleados.
BURÓCRATA m. y f. Persona perteneciente a la burocracia. (SINÓN. V. *Empleado.*)
BUROCRÁTICO, CA adj. Relativo a la burocracia: *formalidades burocráticas.*
BURRA f. Asna. || *Fig.* y *fam.* Mujer necia e ignorante. (Úsase tb. c. adj.: *ser muy burra.*) || *Fig.* y *fam.* Mujer laboriosa y sufrida.
BURRADA f. Manada de burros. || *Fig.* En el juego del burro, jugada hecha contra regla. || *Fig.* y *fam.* Necedad: *decir burradas.* (SINÓN. V. *Tontería.*) || *Fam.* Acción forzuda. || *Fam.* Mucho: *una burrada de gente.*
BURRAJO m. Estiércol seco de las caballerías. || — Adj. Grosero, estúpido.
BURREAR v. t. *Guat.* Hacer que el burro cubra a la hembra.
BURRERO m. Arriero de burros, acemilero.
BURRICIEGO, GA adj. Cegato.
BURRILLO m. *Fam.* Añalejo, libro de memoria.
BURRIÓN m. *Hond.* Colibrí.

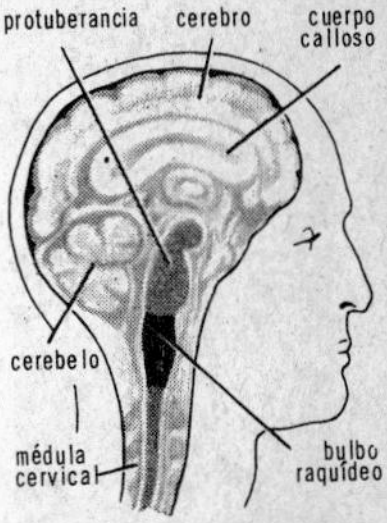

buldog

Fot. Dim

busto

butaca

BURRITO m. *Méx.* Rosetas de maíz.
BURRO m. Nombre vulgar del *asno.* (SINÓN. V. *Asno.*) ‖ Armazón para sujetar el madero que se ha de serrar. ‖ Cierto juego de naipes. ‖ Hombre de mucho aguante trabajando. ‖ Rueda del torno de la seda. ‖ Instrumento de gimnasia. ‖ *Mar.* Bomba de alimentación de las máquinas de vapor. ‖ *Méx.* Escalera doble de manos. ‖ *Méx.* Juego de muchachos. ‖ *Méx.* Cerquillo de pelo en la frente. ‖ *Fig.* Asno, borrico: *ser muy burro.* ‖ *Fig y fam. Burro cargado de letras,* persona que ha estudiado mucho pero carece de entendimiento. (SINÓN. V. *Ignorante.*) ‖ *Fig.* y *fam. Burro de carga,* hombre laborioso y sufrido. ‖ *Apearse* o *caerse del burro,* reconocer un error.
BURRUMBADA f. Barrumbada.
BURSÁTIL adj. *Com.* Concerniente a los negocios de bolsa: *combinación bursátil.*
BURSERÁCEAS f. pl. Plantas angiospermas dicotiledóneas, que destilan resinas y bálsamos.
BURUCUYÁ f. *Riopl.* Pasionaria o pasiflora.
BURUJO m. Bulto: *un burujo de lana.* ‖ Orujo.
BURUJÓN m. Hinchazón, chichón. ‖ Bulto, montón de cosas en desorden.
BURUNDANGA f. *Cub.* Morondanga.
BUSACA f. *Col.* Tronera de billar. ‖ *Venez.* Bolsa.
BUSCA f. Acción de buscar: *perro de busca.* (SINÓN. *Investigación, disquisición, indagación.*) ‖ *Mont.* Tropa de cazadores que corre el monte para levantar la caza. ‖ — Pl. *Ant.* y *Amer.* Provechos accesorios que se sacan de algún empleo o cargo. ‖ *Andar a la busca,* ingeniarse por ganarse la vida. ‖ — RÉG. *Ir a la [en] busca de.*
BUSCABULLA m. *Col., Cub.* y *P. Rico.* Buscarruidos.
BUSCADA f. Busca, acción de buscar, búsqueda.
BUSCADOR, RA adj. y s. Que busca. ‖ — M. Anteojo pequeño.
BUSCANIGUAS m. *Amer.* Buscapiés, cohete.
BUSCAPIÉ m. *Fig.* Especie que se suelta en medio de la conversación para rastrear o adivinar algo.
BUSCAPIÉS m. Cohete que corre por el suelo.
BUSCAPIQUE m. *Amer.* Buscapiés, cohete.
BUSCAPLEITOS m. *Amer.* Picapleitos.
BUSCAR v. t. Inquirir, hacer diligencia para encontrar algo. (SINÓN. *Rebuscar, explorar, ventear.* V. tb. *inquirir.*) ‖ *Fam.* Irritar, provocar. ‖ *Amer.* Llamar a uno. ‖ *Buscársela,* ingeniarse para hallar medios de subsistir. ‖ *Buscársela uno,* provocar. ‖ *Quién busca halla,* importa la inteligencia y actividad para conseguir algo.
BUSCARRUIDOS com. *Fig.* y *fam.* Persona inquieta y pendenciera.
BUSCAVIDAS com. *Fig.* y *fam.* Persona demasiado curiosa. ‖ *Fig.* y *fam.* Persona muy trabajadora. ‖ *Méx.* Acusón.
BUSCO m. Umbral de una puerta de esclusa.
BUSCÓN, ONA adj. y s. Que busca. ‖ Dícese de la persona que hurta rateramente. ‖ — F. *Fam.* Mujer de mala vida. (SINÓN. V. *Prostituta.*)
BUSCONEAR v. i. Escudriñar, huronear.
BUSHIDO m. (pal. jap.). Código de honor japonés.
BUSILIS m. *Fam.* Punto en que estriba una dificultad: *dar en el busilis ; ahí está el busilis.*
BUSINESS m. (pal. ingl., pr. *bisnes*). Negocio.
BUSINESSMAN m. (pal. ingl.). Hombre de negocios.
BÚSQUEDA f. Busca.
BUSQUILLO m. *Per., Chil.* y *Arg.* Buscavidas.
BUSTO m. (ital. *busto*). Parte superior del cuerpo humano. ‖ Escultura o pintura que representa medio cuerpo humano, sin brazos.
BUSTRÓFEDON m. Escritura en que se traza un renglón de izquierda a derecha y el siguiente de derecha a izquierda a semejanza de los surcos que trazan los bueyes arando.
BUTACA f. Sillón de brazos con respaldo echado hacia atrás. ‖ Asiento preferente de teatro: *tomar una butaca.*
BUTADIENO m. Hidrocarburo isómero empleado en la obtención del caucho sintético.
BUTANO m. Hidrocarburo gaseoso empleado como combustible y vendido, en forma de líquido a baja presión, en botellas metálicas.
BUTAQUE m. *Amer.* Asiento pequeño.
BUTEN (De) loc. adv. *Pop.* Excelente.
BUTIFARRA f. Longaniza catalana. ‖ *Per.* Emparedado, pan con jamón, ensalada, queso, etc. ‖ Media ancha y floja. ‖ *Riopl.* Farra. ‖ *Arg. Tomar para la butifarra,* tomar el pelo a uno.
BUTIFARRERO, RA m. y f. Que hace o vende butifarra.
BUTILENO m. Un carburo de hidrógeno.
BUTÍLICO, CA adj. Dícese de ciertos cuerpos derivados del butileno: *ácido butílico.*
BUTIRATO m. Sal del ácido butírico.
BUTÍRICO adj. Se dice de un ácido que se produce en la fermentación de la manteca.
BUTIRO m. Mantequilla. (P. us.)
BUTIROSO, SA adj. Mantecoso, craso.
BUTOMÁCEAS f. pl. (del lat. *butomus,* junco florido). Familia de plantas monocotiledóneas que tiene por tipo el junco florido.
BUTUCO, CA adj. *Amér. C.* Bonachón.
BUTUCÚ m. *Bol.* Fiesta que celebran los indios chiquitanos el día de la Candelaria, y que consiste en una especie de batalla con flechas embotadas.
BUXÁCEAS f. pl. Familia de plantas que tiene por tipo el boj.
BUYO m. Mixtura de areca, betel y cal, que mascan los naturales de algunos pueblos en Extremo Oriente.
BUZ m. Beso de reverencia.
BUZAMIENTO m. *Min.* Inclinación del filón.
BUZAR v. i. *Geol.* Inclinarse o bajar un filón metalífero o una capa de terreno.
BUZARDA f. *Mar.* Cada una de las piezas curvas con que se liga la proa de la embarcación.
BUZO m. (del gr. *buthios,* sumergido). Hombre que trabaja sumergido en el agua: *los buzos utilizan la escafandra y la campana de bucear.*
BUZÓN m. (del ital. *buco,* agujero). Conducto de desagüe de los estanques. ‖ Abertura para echar las cartas en el correo. ‖ *Por ext.* Receptáculo para depositar las cartas.
BUZONERO m. *Amér. C., Per.* y *Riopl.* Empleado de correos que recoge las cartas depositadas en los buzones.
BYRONIANO, NA adj. Que recuerda el estilo y las ideas del escritor romántico inglés lord Byron.

buzo

Fot. X, Larousse, Cousteau-Tailliez-Dumas

ntral térmica

C f. Tercera letra del abecedario castellano, sonido consonante: *una c minúscula.* || Letra numeral que vale 100 en la numeración romana; precedida de X (XC), vale 90.

C, símbolo químico del *carbono.* || Abreviatura del *culombio.* || Indicación de grados de temperaturas centígradas o Celsius.

CA f. *Pop.* Apócope de *casa: en ca Fulano.*

¡CA! interj. *Fam.* ¡Quia!.

Ca, símbolo químico del *calcio.*

CAÁ m. Voz guaraní que significa *hierba.*

CAACUPEÑO, ÑA adj. y s. De Caacupé.

CAAGUAZUENSE adj. y s. De Caaguazú.

CAAZAPEÑO, ÑA adj. y s. De Caazapá.

CABAL adj. Ajustado, exacto: *cuentas cabales.* || Que cabe a cada uno. || *Fig.* Completo, acabado: *un hombre cabal.* || — Adv. m. Cabalmente. || *Fig. En sus cabales,* en su juicio. || *Por sus cabales,* cabalmente.

CÁBALA f. Tradición oral de los hebreos que explicaba el sentido de la Sagrada Escritura. || Especie de adivinación supersticiosa: *estudiar la cábala.* || *Fig.* Cálculo supersticioso. || *Fig.* y *fam.* Trato secreto: *andar metido en una cábala.* (SINÓN. V. *Intriga.*) || *Fig.* Conjetura.

CABALGADA f. Tropa de jinetes que salía a correr el campo. || — PARÓN. *Cabalgata.*

CABALGADOR, RA m. y f. Persona que cabalga.

CABALGADURA f. Bestia de silla o carga.

CABALGAMIENTO m. *Poét.* Hipermetría.

CABALGAR v. i. Montar a caballo, pasear a caballo: *cabalgaron todo el día.*

CABALGATA f. Reunión de personas que con el objeto de pasear o divertirse van a caballo: *una cabalgata de máscaras.* (SINÓN. V. *Desfile.*)

CABALISTA m. El israelita que profesa la cábala. || *Fig.* Intrigante, metido en cábalas.

CABALÍSTICO, CA adj. Relativo a la cábala: *libro cabalístico.* || *Fig.* Misterioso: *signos cabalísticos.*

CABALMENTE adv. m. Completamente, perfectamente: *pagar cabalmente.*

CABALONGA f. *Méx.* Haba de San Ignacio.

CABALLA f. Pez común en los mares de España, de color azul y verde rayado de negro.

CABALLADA f. Manada de caballos. || *Amer.* Desatino, barbaridad: *decir caballadas.*

CABALLAR adj. Relativo al caballo: *raza caballar.* || Parecido a él: *rostro caballar.*

CABALLAZO m. *Amer.* Atropello que hace el jinete echando encima a uno el caballo.

CABALLEAR v. i. *Fam.* Andar mucho a caballo.

CABALLEJO m. Caballo malo, rocín.

CABALLERANGO m. *Méx.* Caballerizo.

CABALLERATO m. Dignidad de caballero que el rey concedía por privilegio a algunos catalanes.

CABALLERAZO m. *Per.* Caballero cumplido.

CABALLEREAR v. i. Presumir de caballero

CABALLERESCAMENTE adv. m. De modo caballeroso.

CABALLERESCO, CA adj. Propio de caballero. || Relativo a la caballería: *poema caballeresco.* || *Fig.* Elevado, sublime: *sentimientos caballerescos.*

CABALLERETE m. *Fam.* Joven muy presumido.

CABALLERÍA f. Caballo, borrico o mula que sirve para cabalgar. (Llámase *caballería mayor* si es mula o caballo, y, si es borrico, *menor.*) || Cuerpo de soldados a caballo: *una carga de caballería.* || Nombre de ciertas órdenes militares. || Orden honorífica creada por un soberano, como la orden de Isabel II. || Medida agraria que vale en Cuba 1 343 áreas, en Puerto Rico 7 858 áreas, y en México y Guatemala 4 279 áreas. || *Orden de caballería,* cuerpo militar y religioso instituido para combatir a los infieles, como la orden de Malta. || *Caballería andante,* orden de los caballeros aventureros. || *Fig.* y *fam. Andarse uno en caballerías,* hacer cumplidos inútiles.

CABALLERISMO m. Caballerosidad.

CABALLERIZA f. Cuadra para los caballos. || Conjunto de caballerías: *tener caballeriza numerosa.* (SINÓN. V. *Establo.*) || Conjunto de los criados que sirven la caballeriza.

CABALLERIZO m. El que cuida de la caballeriza. || *Caballerizo mayor del rey,* oficial de palacio encargado de las caballerizas y la armería reales.

CABALLERO, RA adj. Que cabalga: *caballero en un asno.* || *Fig.* Porfiado, terco: *caballero en su opinión, en su dictamen.* || — M. Hidalgo, noble. (SINÓN. *Señor.* V. tb. *aristócrata.*) || El que pertenece a una orden de caballería: *los caballeros de Malta.* || Persona condecorada con la

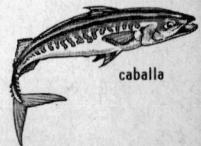

caballa

Fot. Durandand

cabaña

caballete de pintor

caballete de una tapia

insignia de alguna orden: *caballero de Carlos III.* || El que se porta con caballerosidad: *ser cumplido caballero.* || Persona de consideración o de buen porte: *se acercó a él un caballero.* || Señor, hombre. || Baile antiguo español. || *Fort.* Obra interior de fortificación. || *Caballero andante,* el que andaba por el mundo en busca de aventuras. *Fig.* y *fam.* Quijote. || *Caballero cubierto,* grande de España que tenía derecho a cubrirse en presencia del rey. *Fig.* y *fam.* Hombre descortés, que no se descubre cuando debe. || *Caballero de industria,* o *de la industria,* estafador que tiene todas las apariencias de un caballero. (SINÓN. V. *Estafador.*) || *Caballero en plaza,* torero a caballo armado solamente con garrochón o rejoncillo.

CABALLEROSAMENTE adv. m. Como caballero, de modo caballeroso. || — CONTR. *Villanamente.*

CABALLEROSIDAD f. Calidad de caballeroso. || Proceder caballeroso. || — CONTR. *Villanía, bajeza.*

CABALLEROSO, SA adj. Propio de caballero: *acción caballerosa.* || Que se porta como caballero: *hombre caballeroso.* (SINÓN. V. *Refinado.*) || — CONTR. *Villano, ruin.*

CABALLEROTE m. *Fam.* Caballero tosco y sin distinción. || *Fam.* Muy caballeroso, noblote.

CABALLETA f. Saltamontes.

CABALLETE m. Lomo de un tejado. || Madero horizontal apoyado por cada extremo en otros dos y que sirve para varios usos: *caballete de guarnicioneros.* || Caballón, lomo entre surco y surco, en lo arado. || Lomo de la nariz. || Banquillo de escultor. || *Pint.* Soporte en que descansa el lienzo que se pinta.

CABALLISTA com. Entendido en caballos. || El que monta bien.

CABALLITO m. Caballo pequeño. || *Hond.* Caballete de la nariz. || *Méx.* Metedor de los niños pequeños. || *Caballito del diablo,* insecto arquíptero de grandes alas azules. (SINÓN. *Libélula.*) || *Per.* Balsa formada por dos odres llenos de viento sobre los cuales cabalga el remero. || *Caballito de San Vicente,* la carraleja. || *Per. Caballito de siete colores,* bonito coleóptero. || *Guat.* Especie de cantárida. || — Pl. Tiovivo, aparato formado por caballitos de madera colgados de una armazón que gira. || *Gal.* y *Amer.* Volatines. || Juego en que se apuesta a unos caballitos mecánicos que corren en una pista redonda.

CABALLO m. Animal solípedo doméstico: *caballo de silla, caballo de tiro* (su fem. es *yegua*). (SINÓN. *Corcel, palafrén, potro, rocín, rocinante, jaca, semental, penco, matalón.*) || Jinete: *tropa de setecientos caballos.* || Pieza del juego de ajedrez. || Figura de los naipes que representa un caballo con su jinete. || Defensa que se pone a orillas de algunos ríos. || Burro, caballete de aserrador. || *Min.* Masa de roca que intercepta el filón. || *Fam.* Persona grande y desproporcionada. || *Fam.* Persona muy fuerte. || *Amer.* Persona tonta, brutal. || *Caballo de batalla,* el más fuerte y seguro de los que posee un militar. *Fig.* Aquello en que sobresale una persona: *la filosofía es su caballo de batalla. Fig.* Punto principal. || *Fig.* y *fam. Caballo de buena boca,* persona que se acomoda a todo. || *Caballo de frisa,* madero armado con púas de hierro, usado como defensa contra la caballería. || *Caballo de Troya,* gigantesco caballo de madera en cuyo interior se ocultaron los griegos para tomar la ciudad de Troya. *Por ext.* Regalo peligroso. || *Caballo de vapor,* unidad de medida de la potencia de una máquina. (El *caballo de vapor* equivale al esfuerzo necesario para levantar a un metro de altura, en un segundo, 75 kilogramos de peso. También se dice simplemente *caballo: conducir un automóvil de siete caballos.*) || *Caballo marino,* nombre del *hipopótamo* y el *hipocampo.* || *A caballo,* loc. adv., montado en una caballería. || *A mata caballo,* m. adv., muy de prisa. || *Fam. Caballo blanco,* el que paga los gastos de una empresa. || *Con mil,* o *con quinientos de a caballo,* con los demonios. || *Guat. Fam. Salir en caballo blanco,* salir bien de un negocio. || — PROV. **A caballo regalado, no hay que mirarle el diente,** las cosas que nada cuestan pueden admitirse sin inconveniente aunque tengan algún defecto.

CABALLÓN m. Lomo de tierra entre dos surcos.

CABALLUNO, NA adj. Semejante al caballo: *nariz caballuna; perfil caballuno.*

CABANGA f. *Amér. C.* Tristeza, nostalgia.

CABAÑA f. Casilla rústica: *una cabaña de madera.* (SINÓN. *Choza, chozo, bohío* [amer.]. V. tb. *barraca* y *vivienda.*) || Número de cabezas de ganado. || *Arg.* Finca rural donde se atiende a la cría y mejora del ganado fino.

CABAÑAL adj. Dícese del camino por donde pasan generalmente cabañas o rebaños trashumantes.

CABAÑERO, RA adj. Perteneciente a la cabaña o rebaño: *perro cabañero.* || — M. Pastor de la cabaña.

CABAÑENSE adj. y s. De Cabañas, dep. de El Salvador.

CABAÑIL adj. Cabañero.

CABAÑUELAS f. pl. Cálculo que suele hacer el vulgo, basándose en el tiempo que hace en los 24 primeros días de agosto (o en los 12, 18 ó 24 primeros de enero, o de septiembre, según los países), para pronosticar el tiempo que hará en el año. || *Bol.* Primeras lluvias de verano. || *Méx.* Lluvia en los meses de invierno.

CABARET m. (pal. fr.). Sala de fiestas. (SINÓN. V. *Café* y *restaurante.*)

CABÁS m. (pal. cat.). Sera o esportilla.

CABE m. En el juego de la argolla, golpe que da una bola con otra.

CABE prep. *Ant.* y *poét.* Cerca de, junto a.

CABECEADA f. *Amer.* Cabezada.

CABECEADO m. Grueso del palo de una letra.

CABECEADOR m. *Chil.* y *Méx.* Gamarra del caballo.

CABECEAMIENTO m. Cabeceo.

CABECEAR v. i. Mover la cabeza: *caballo que cabecea.* || Mover la cabeza en señal de negación. || Dar cabezadas el que está durmiendo. (SINÓN. V. *Dormir.*) || Inclinarse a una parte o a otra. (SINÓN. V. *Balancear.*) || — V. i. Moverse la embarcación bajando y subiendo la proa. || Ribetear una estera o tapiz. || Poner pie nuevo a las medias. || *Chil.* y *Guat.* Formar las cabezas de los cigarros.

CABECEO m. Acción y efecto de cabecear.

CABECERA f. Principio de algunas cosas. || Lugar principal: *la cabecera del tribunal, la cabecera de la mesa.* || Parte de la cama donde se pone la cabeza. || Origen de un río. || Punto fortificado de un puente. || Capital de una nación, provincia o distrito. || Grabado puesto en algunos libros en principio de capítulo. || Cada uno de los extremos del lomo de un libro. || Cada uno de los extremos de una habitación. || Título grande en la parte superior de una plana de periódico. || *Médico de cabecera,* el que asiste de modo continuo al enfermo.

CABECIANCHO, CHA adj. De cabeza ancha.

CABECIDURO, RA adj. *Col.* y *Cub.* Testarudo.

CABECILLA com. *Fig.* y *fam.* Persona revoltosa y de poco juicio. || — M. Jefe de rebeldes. (SINÓN. V. *Instigador.*)

CABELLERA f. El pelo de la cabeza: *una cabellera rizada.* (SINÓN. V. *Cabello.*) || *Astr.* Cola luminosa del cometa.

CABELLO m. (lat. *capillus*). Nombre de los pelos de la cabeza: *los cabellos de los negros suelen estar ensortijados.* || Conjunto de todos los cabellos: *tener el cabello rubio.* || — Pl. Barbas de la mazorca. || *Cabello de ángel,* dulce de almíbar y cidra cayote o de huevo. || *Amer.* Planta enredadera, especie de clemátide. || *Chil.* y *Per.* Planta convolvulácea, especie de cuscuta. || *En cabello,* loc. adv., con el cabello suelto. || *En cabellos,* loc. adv., con la cabeza descubierta. || *Fig.* y *fam. Asirse uno de un cabello,* aprovechar cualquier pretexto. || *Cortar uno un cabello en el aire,* ser muy perspicaz. || *Estar una cosa pendiente de un cabello,* estar en peligro. || *Ponérsele a uno los cabellos de punta,* erizársele o levantársele por algún susto o terror. || *Traer una cosa por los cabellos,* aplicar una sentencia a una materia con la cual no tiene relación ni conexión: *esa deducción está traída por los cabellos.*

CABELLUDO, DA adj. Que tiene mucho cabello: *Absalón era muy cabelludo.* (SINÓN. V. *Peludo.*) || *Bot.* Que presenta hebras largas y vellosas: *raíz cabelluda.* || *Cuero cabelludo,* piel del cráneo.

CABER v. i. (del lat. *capere,* coger). Poder entrar una cosa dentro de otra: *el libro cabe en*

Fot. Feher, Y. de la Fosse, David, Justin

CABALLO

anglo-árabe

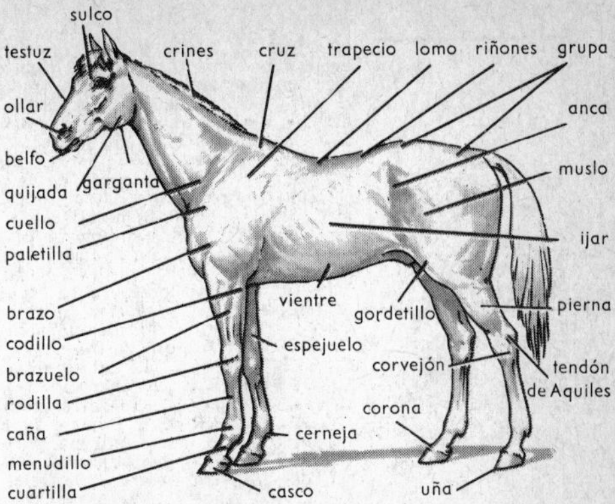

sulco
testuz
crines
cruz
trapecio
lomo
riñones
grupa
ollar
anca
belfo
muslo
quijada
garganta
cuello
ijar
paletilla
brazo
vientre
gordetillo
pierna
codillo
espejuelo
brazuelo
corvejón
tendón de Aquiles
rodilla
corona
caña
cerneja
menudillo
cuartilla
casco
uña

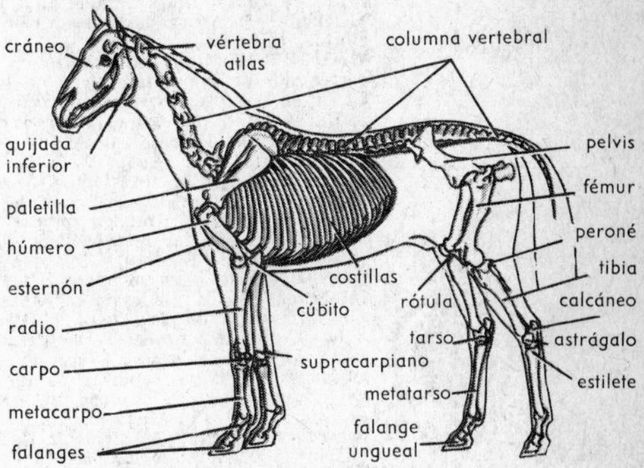

cráneo
vértebra atlas
columna vertebral
quijada inferior
pelvis
fémur
paletilla
peroné
húmero
tibia
costillas
esternón
rótula
calcáneo
cúbito
radio
tarso
astrágalo
supracarpiano
carpo
estilete
metatarso
metacarpo
falange ungueal
falanges

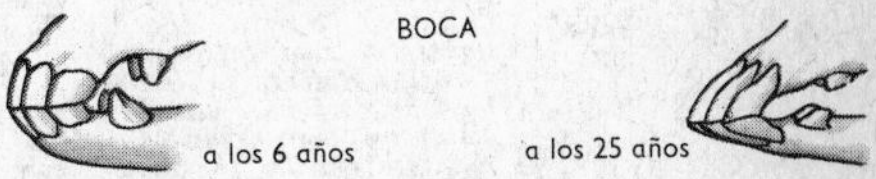

BOCA
a los 6 años
a los 25 años

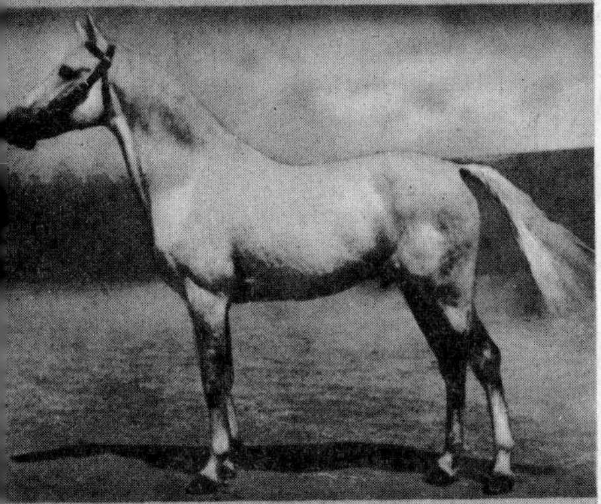

árabe

boulonnais

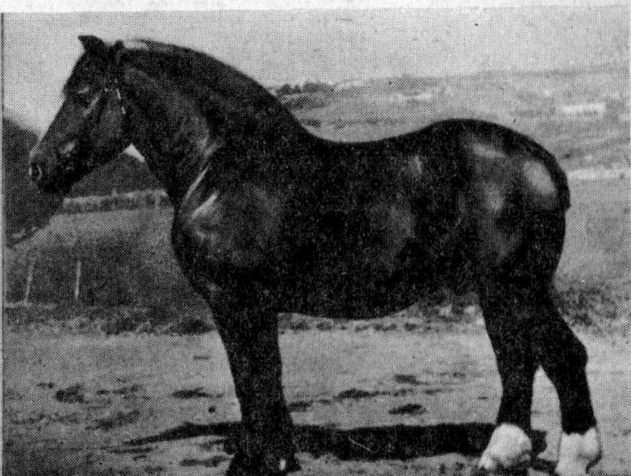

ardennais

cabezada

el cajón. || Tener lugar. || Tocarle o corresponderle a uno una cosa: *no me cupo tal suerte.* || Ser capaz de algo, ser posible: *todo cabe en ese chico.* || *No cabe más,* expresión que indica que ha llegado una cosa a su último punto. || *Fig. No caber uno en sí,* estar muy engreído, y también estar enajenado por el júbilo, la alegría, etc. || *Todo cabe en,* todo es posible en. || — IRREG. Pres. ind.: *quepo, cabes, cabe, cabemos, cabéis, caben;* imperf.: *cabía,* etc.; pret.: *cupe, cupiste, cupo, cupimos, cupisteis, cupieron;* fut.: *cabré,* etc.; imper.: *cabe, cabed;* pres. subj.: *quepa, quepas, quepa, quepamos, quepáis, quepan;* pret. subj.: *cupiera,* etc., o *cupiese,* etc.; pot.: *cabría,* etc.; fut. subj.: *cupiere,* etc.; ger.: *cabiendo;* p. p.: *cabido.*

CABERO, RA adj. Postrero.

CABESTRANTE m. Cabrestante.

CABESTRAR v. t. Poner cabestros a las caballerías. || *Amer.* Llevar del cabestro.

CABESTREAR v. i. Dejarse llevar dócilmente por el cabestro una caballería.

CABESTRERO, RA adj. *And.* Que se deja llevar del cabestro: *potro cabestrero.* || — M. El que hace o vende cabestros, cinchas, etc.

CABESTRILLO m. Venda sujeta al hombro para sostener la mano o el brazo enfermos: *brazo en cabestrillo.* || Cadenita que se llevaba al cuello. || Abrazadera de hierro que tienen ciertas máquinas.

CABESTRO m. (lat. *capistrum*). Ramal o correa que se ata a la cabeza de la caballería: *llevar un potro del cabestro* (SINÓN. V. *Rienda.*) || Buey manso que guía la torada.

CABETE m. Herrete, agujeta.

CABEZA f. (lat. *caput*). Parte superior del cuerpo del hombre y anterior del de los animales: *la cabeza contiene el cerebro y los órganos de varios sentidos.* || Cráneo: *romper la cabeza a uno.* (SINÓN. *Testa, testuz.* Pop. *Chola.* V. tb. *cráneo.*) || *Fig.* Espíritu, imaginación, mente: *tener algo metido en la cabeza.* || *Fig.* Talento, intelecto. || Vida: *le costó la cabeza.* || Razón, sangre fría: *perder la cabeza.* || Dirección: *estar a la cabeza de un negocio.* || Principio de una cosa: *la cabeza de una viga, de un clavo, de un monte.* || Corte superior de un libro: *libro de cabeza dorada.* || Primera fila: *ir a la cabeza del ejército.* || *Fig.* Persona, individuo: *a tanto por cabeza.* || *Fig.* Res: *rebaño de mil cabezas.* || Capital: *cabeza de distrito.* || Cumbre de un monte. || — M. Jefe de una comunidad, corporación, etc. || Jefe de la familia. (SINÓN. V. *Padre.*) || — Pl. *Ant.* y *Amer.* Fuentes de un río. || *Cabeza de ajo,* bulbo del ajo. || *Fig.* y *fam. Cabeza de chorlito,* persona sin juicio o sin memoria. || *Cabeza de la Iglesia,* el Papa. || *Cabeza de partido,* ciudad o pueblo del que dependen otros pueblos en lo judicial. || *Cabeza de puente,* posición provisional con objeto de una operación ulterior. || *Cabeza de tarro,* persona de cabeza grande, o persona muy necia. || *Cabeza redonda,* persona poco inteligente. || *Mala cabeza,* persona indisciplinada. || *Cabeza de negro,* planta anonácea de Cuba; planta ninfeácea de México; palma que produce el marfil vegetal, en el Perú. || *Cabeza de perro,* celidonia menor, planta ranunculácea. || *Cabeza de turco,* blanco de inculpaciones por cualquier pretexto. || *Méx. Cabeza de lobo,* pretexto que se echa para sacar algún provecho. || *A la cabeza,* al frente, delante. || *Alzar cabeza uno,* salir de la miseria, o restablecerse de una enfermedad. || *Andar,* o *ir, de cabeza,* estar atareado. || *Andársele,* o *írsele, a una la cabeza,* estar mareado. || *Metérsele a uno en la cabeza alguna cosa,* perseverar en un error o capricho. || *Calentarse la cabeza,* fatigarse mentalmente. || *Dar en la cabeza,* contradecir, llevar la contraria. || *De cabeza,* muy apurado: *ando de cabeza.* || *De mi cabeza,* de mi ingenio. || *Escarmentar en cabeza ajena,* aprovechar el ejemplo ajeno para evitar la misma suerte. || *Meter uno la cabeza en un puchero,* obstinarse en su error. || *Meterse de cabeza en un negocio,* entrar de lleno en él. || *No levantar uno cabeza,* estar muy atareado, o no acabar de restablecerse de una enfermedad o de salir de apuros. || *No tener uno dónde volver la cabeza,* no poder pedir ayuda a nadie. || *Fig.* y *fam. Pasarle a uno una cosa por la cabeza,* antojársele, imaginarla. || *Quebrarle a uno la cabeza,* aturdirle. || *Fig.* y *fam. Romperse uno la cabeza,* cansarse mucho con una cosa. || *Irse de la cabeza,* volverse loco. || *Sacar la cabeza,* dejarse ver una persona, y también atreverse a hablar el que callaba por timidez. || *Sentar uno la cabeza,* volverse juicioso. || *Subirse una cosa a la cabeza,* marearse, envanecerse con ella, engreírse. || *Tener la cabeza a las once,* o *a pájaros,* estar distraído. || *Tener mala cabeza,* obrar sin juicio. || *Tocado de la cabeza,* chiflado, alelado. || *Vestirse por la cabeza,* ser mujer o sacerdote. || — PROV. **Más vale ser cabeza de ratón, que cola de león,** es mejor ser el primero en un pueblo pequeño que el último en otro mayor.

CABEZADA f. Golpe dado con la cabeza o en ella. || *Mar.* Movimiento que hace el barco bajando y subiendo alternativamente la proa. (SINÓN. *Arfada.*) || Inclinación de cabeza a modo de saludo. || Correaje que ciñe la cabeza de una caballería. || *Ecuad.* y *Arg.* Arzón de la silla. || Cordel con que se cosen las cabeceras de los libros: *las cabezadas suelen ser de seda de colores.* || *Fig.* y *fam. Dar cabezadas,* inclinar la cabeza el que está sentado y empieza a dormirse. || *Darse uno de cabezadas,* cansarse en averiguar algo.

CABEZAL m. Almohada pequeña comúnmente cuadrada. || Vendaje puesto sobre la cisura de la sangría. || Almohada larga. || Cada una de las dos piezas que sirven para mantener el objeto que se trabaja en el torno. || Dispositivo, cuya posición se puede modificar, que tienen los sillones de dentistas, peluqueros, etc. para sujetar la cabeza. || *Méx.* Cabio de puerta o ventana. || Travesaño de carro.

CABEZAZO m. Cabezada, golpe con la cabeza. || En el fútbol, golpe dado al balón con la frente.

CABEZO m. Cerro alto o cumbre de una montaña. (SINÓN. V. *Cima.*) || Montecillo aislado. || Cabezón de la camisa. || *Mar.* Roca o escollo redondos en medio del mar.

CABEZÓN, ONA adj. y s. *Fam.* Cabezudo, obstinado. || *Chil.* Dícese del aguardiente muy fuerte. || — M. Tira de lienzo que se cose en el cuello de la camisa. || *Col.* Ola o remolino que forma el agua de los ríos al pasar sobre las rocas. || *Cub.* Pececillo de mar. || Cabezada del caballo.

CABEZONADA f. *Fam.* Acción testaruda.

CABEZORRO m. *Fam.* Cabeza grande y fea.

CABEZOTA f. Cabeza muy grande. || — Com. *Fam.* Persona cabezuda o terca. || *Fam.* Persona de cabeza grande.

CABEZUDO, DA adj. Que tiene mucha cabeza. || *Fig.* y *fam.* Terco, obstinado. || — M. Mújol, pez. || — Pl. Figuras de enanos con gran cabeza en algunas fiestas.

CABEZUELA f. Harina gruesa que sale después de la flor. || Planta compuesta, de flor purpúrea. || Botón de la rosa. || Inflorescencia de las plantas compuestas: *la margarita florece en cabezuela.*

CABIAI m. *Zool.* Capibara.

CABIBLANCO m. *Col.* y *Venez.* Belduque.

CABIDA f. Capacidad de una cosa: *esta sala tiene cabida para cien personas.* || — SINÓN. *Capacidad, tonelaje, arqueo, aforo.* V. tb. *superficie.*

CABILA f. Tribu de beduinos o de beréberes.

CABILDADA f. *Fam.* Acción atropellada cometida por un cabildo.

CABILDANTE m. Miembro de un cabildo.

CABILDEAR v. i. Procurar con maña ganar partidarios en una corporación o cabildo.

CABILDEO m. Acción y efecto de cabildear.

CABILDERO m. El que cabildea, intrigante.

CABILDO m. (lat. *capitulum*). Cuerpo de eclesiásticos capitulares de una iglesia. || Ayuntamiento. || Junta celebrada por el cabildo. || Sala donde se celebra. || Corporación que en Canarias representa a los pueblos de cada isla.

CABILEÑO, ÑA adj. Relativo a una cabila. || — M. Individuo de una cabila.

CABILLA f. Clavija de hierro.

CABILLO m. Pezón o rabillo de la flor o fruto.

CABIMIENTO m. Cabida, entrada.

CABINA f. (fr. *cabine*). Locutorio telefónico. || Camarote. || Recinto en un cine en que funciona un aparato de proyecciones. || Departamento en los aviones para la tripulación, y en otros vehículos para el conductor.

CABIO m. *Arq.* Madero sobre el que se asientan las tablas del suelo. || Cada uno de los maderos del suelo en que va ensamblado el brochal. ||

CABEZUELAS

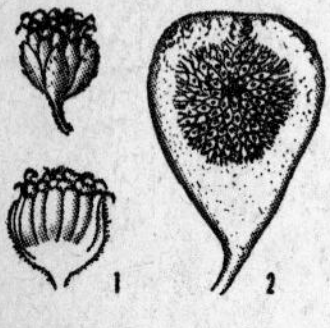

1. De la artemisa y su corte
2. Del higo

Travesaño superior e inferior que forma el marco de una puerta o ventana.
CABIZBAJO, JA adj. Que va con la cabeza inclinada hacia abajo, por abatimiento o melancolía.
CABLE m. (del lat. *capulus*, cuerda). Maroma gruesa: *hay cables de cáñamo y de alambre.* (SINÓN. V. *Cordaje.*) ‖ *Mar.* Medida de 185 metros. ‖ Cablegrama. ‖ Hilo metálico para la conducción de la electricidad, la telegrafía y la telefonía subterránea o submarina. ‖ *Fig.* y *fam. Echar un cable*, prestar ayuda.
CABLEGRAFIAR v. t. e i. Telegrafiar por cable.
CABLEGRÁFICO, CA adj. Relativo al cablegrama.
CABLEGRAMA m. Telegrama enviado por cable submarino.
CABLERO m. Buque que tiende y repara los

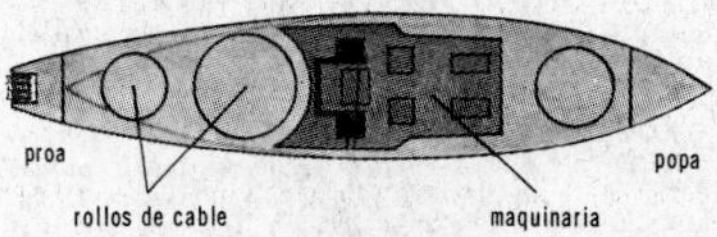

cables submarinos de conducción eléctrica o telegráfica.
CABO m. (del lat. *caput*, cabeza). Extremo de una cosa. ‖ Lo que sobra de alguna cosa: *cabo de vela.* (SINÓN. V. *Pedazo.*) ‖ Mango: *cabo de azadón.* ‖ Hilo, hebra. ‖ En aduanas, lío pequeño. ‖ Punta de tierra que avanza dentro del mar: *el cabo de Hornos.* ‖ Fin: *llegar al cabo de un trabajo.* ‖ *Mar.* Cuerda. (SINÓN. V. *Cordaje.*) ‖ Portaplumas. ‖ *Mil.* El que manda una escuadra de soldados: *el grado de cabo es el primero de la milicia.* ‖ Nombre de varios grados inferiores en la milicia y marina: *cabo de escuadra, cabo de fila, cabo de ronda.* ‖ — Pl. Piezas sueltas que acompañan el vestido, como medias, zapatos, etc. ‖ Cola y crines del caballo: *potro bayo con cabos negros.* ‖ *Fig.* Asunto, especie: *atar cabos.* ‖ *Amer.* Se suele tomar por las patas del caballo cuando son de distinto color que el cuerpo. ‖ Vivos, golpes, etc., del uniforme militar: *uniforme de cabos encarnados.* ‖ *Cabo de año*, oficio hecho por un difunto al año de su muerte. ‖ *Cabo de vara*, guardia de presidio. ‖ *Fig.* y *fam. Cabo suelto*, circunstancia imprevista o no resuelta en un negocio. ‖ *Al cabo*, loc. adv., al fin: *al cabo del día.* ‖ *Al cabo del mundo*, a cualquier parte: *seguir a uno hasta el cabo del mundo.* ‖ *Atar cabos*, reunir datos para sacar una consecuencia: ‖ *No dejar cabo suelto*, tomar las precauciones útiles. ‖ *Dar uno cabo a una cosa*, perfeccionarla. ‖ *Dar cabo de una cosa*, acabarla, destruirla. ‖ *Fam. De cabo a rabo* o *de cabo a cabo*, loc. adv., del principio al fin: *leer un libro de cabo a rabo.* ‖ *En mi solo cabo*, a mis solas, solito. ‖ *Estar al cabo de* o *al cabo de la calle*, estar muy enterado. ‖ *Llevar una cosa a* [mejor que *al*] *cabo*, ejecutarla, concluirla. ‖ *Ponerse al cabo*, enterarse. ‖ — PARÓN. *Cavo.*
CABOTAJE m. Navegación costanera o tráfico que se hace sin perder de vista la costa.
CABRA f. (lat. *capra*). Mamífero rumiante doméstico. (Sólo se dice, en el lenguaje ordinario, de la hembra.) ‖ Máquina militar antigua. ‖ *Cub., Col.* y *Venez.* Trampa que se hace en el juego de dados o en el dominó. ‖ Dado falso. ‖ *Chil.* Carruaje de dos ruedas. ‖ *Cabra de almizcle*, uno de los nombres del *almizclero.* ‖ — PROV. **La cabra siempre tira al monte**, regularmente obra uno según su naturaleza.
CABRA (El licenciado), personificación de la tacañería.
CABRAHIGADURA f. Acción de cabrahigar.
CABRAHIGAR v. t. Colgar cobrahígos en la higuera hembra para que la fecunden.
CABRAHÍGO m. Higuera macho silvestre. ‖ Fruto del cabrahígo.
CABREAR v. t. *Fig.* y *fam.* Molestar, irritar. ‖ — V. i. *Chil.* Jugar saltando y brincando ‖ — V. r. *Pop.* Enfadarse, irritarse.
CABREO m. *Pop.* Enfado, irritación.
CABRERIZO, ZA adj. Relativo a las cabras. ‖ — M. Cabrero, pastor de cabras.
CABRERO, RA m. y f. Pastor de cabras. (SINÓN. V. *Pastor.*) ‖ — M. Avecilla canora de Cuba, del género tanagra. ‖ *Arg. Fam.* Irritado.
CABRESTANTE m. Torno vertical, movido por palancas que obran en la parte superior: *se levantan las anclas de los barcos por medio del cabrestante.*
CABRIA f. Máquina que sirve para levantar pesos considerables.
CABRILLA f. Pez teleósteo pequeño, de los mares de Europa. ‖ Trípode de madera de carpintero. ‖ — Pl. Las siete estrellas principales de las Pléyades. ‖ Manchas que se hacen en las piernas por calentarlas mucho. ‖ Juego de muchachos que consiste en hacer rebotar piedrecitas sobre el agua. ‖ Pequeñas olas blancas.
CABRILLEAR v. i. *Mar.* Formarse olas pequeñas y numerosas en el mar. ‖ Bailar, rielar [la luz].
CABRILLEO m. *Mar.* Acción de cabrillear el mar.
CABRIO m. *Arq.* Madero que recibe la tablazón de un tejado. ‖ — PARÓN. *Cabio.*
CABRÍO, A adj. Perteneciente a las cabras. ‖ — M. Rebaño de cabras.
CABRIOLA f. Brinco, salto ligero: *dar cabriolas.* ‖ Voltereta. ‖ Salto que da el caballo coceando en el aire. ‖ — SINÓN. *Brinco, pirueta, vuelta de campana, trenzado.*
CABRIOLAR v. i. Dar cabriolas.
CABRIOLÉ m. (fr. *cabriolet*). Especie de bir-

locho o silla de volante. ‖ Automóvil convertible. ‖ Especie de capote antiguo. ‖ *Tecn.* Grúa móvil de puente.
CABRITILLA f. Nombre que se da a la piel curtida de cabrito, cordero, etc.: *guantes de cabritilla.*
CABRITO m. Cría de la cabra. ‖ — Pl. *Chil.* Rosetas de maíz.
CABRO m. *Amer.* Cabrón. ‖ *Chil.* Muchacho.
CABRÓN m. Macho de la cabra, macho cabrío. ‖ *Fig.* y *fam.* El que consiente el adulterio de su mujer. ‖ *Fig.* y *fam.* Persona de malas ideas, molesta. ‖ *Amer. Fam.* Rufián.
CABRONADA f. *Pop.* Injuria, molestia que aguanta uno por interés o por cualquier otra consideración.
CABRUNO, NA adj. Perteneciente o relativo a la cabra: *barba cabruna.*
CABUJÓN o **CABUCHÓN** m. *Amer.* (fr. *cabochon*). Piedra preciosa pulida sin tallar. ‖ Cabeza de clavo adornada.
CÁBULA f. *Amer.* Barb. por *cábala.* ‖ *Arg.* Trampa.
CABULEAR v. i. *Arg.* Armar cábulas.
CABURÉ m. *Arg.* Ave de rapiña, pequeña, fuerte y voraz: *los gauchos atribuyen muchas virtudes a las plumas del caburé.*
CABUYA f. Uno de los nombres de la *pita.* ‖ Fibra de la pita: *tela de cabuya.* ‖ Cuerda: *atar con cabuya.* ‖ *Mar.* Cabuyería. ‖ *Amer. Dar cabuya*, amarrar. ‖ *Amer. Ponerse en la cabuya*, enterarse de un asunto.
CABUYERA f. Cuerdas que sostienen la hamaca.
CABUYERÍA f. *Mar.* Conjunto de cabuyas.

cabra

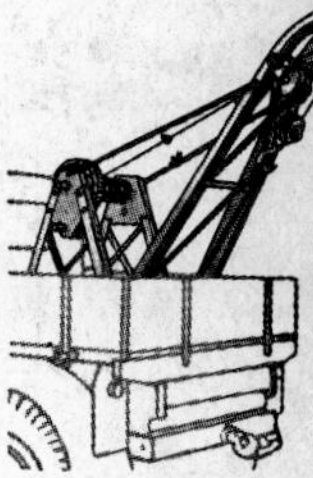
cabria

cabujón

CACA f. *Fam.* Excremento. (Es voz infantil.) (SINÓN. V. *Excremento.*) ‖ *Fig.* y *fam.* Defecto o vicio: *descubrir la caca.* ‖ *Fam.* Voz con que se prohibe a los niños tocar una cosa. ‖ *Fig.* y *fam.* Suciedad, inmundicia.
CACAHUAL m. Cacaotal.
CACAHUATE m. Cacahuete o maní.
CACAHUÉ m. Cacahuete.
CACAHUERO m. *Amer.* Dueño de un cacahual.
CACAHUETE m. Planta papilionácea de América y África cuyo fruto penetra en tierra para madurar: *el cacahuete se come tostado.* (SINÓN. *Maní.*)

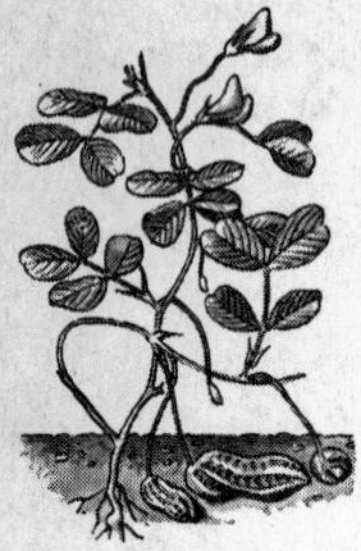
cacahuete

CACAHUEY m. Cacahuete.
CACALOTE m. *Méx.* Cuervo. ‖ *Méx.* y *Amér. C.* Rosetas de maíz tostado con almíbar. ‖ *Cub. Fam.* Disparate.
CACAO m. Árbol esterculiáceo originario de México, cuyo fruto sirve para fabricar el chocolate: *la manteca de cacao se emplea en medicina.* ‖ Moneda de los aztecas que consistía en granos de cacao. ‖ *Amer.* Chocolate. ‖ *Venez.* Bebida hecha con cacao y papelón. ‖ Infusión de cacao en polvo: *el cacao alimenta menos que el chocolate, pero es más ligero.* ‖ *No valer un cacao,* ser de escaso valor. ‖ *Amer. Pedir cacao,* implorar misericordia. ‖ *Guat. Tener mucho cacao,* tener mucha energía o valor.
— El nombre científico del *cacao* es *theobroma,* es decir, "alimento de los dioses". Originario de México, se cultiva hoy por todo el continente americano. Su fruto es una baya voluminosa que contiene 25 a 40 semillas o almendras. Dichas semillas, fermentadas y tostadas, se pulverizan *(cacao en polvo)* y se mezclan con azúcar y agua *(chocolate).* El cacao es un árbol muy delicado y, cuando nace, necesita la sombra de otros árboles como el bucare, el plátano, etc.

cacao

CACAOTAL m. Plantío de cacaos.
CACARAÑA f. Nombre que se da en algunas partes a los hoyos que dejan las viruelas en el rostro. ‖ *Amér. C. Letra cacaraña,* la mal hecha.
CACARAÑADO, DA adj. Lleno de cacarañas.
CACARAÑAR v. t. *Méx.* Arañar, pellizcar.
CACAREADOR, RA adj. Que cacarea: *gallina cacareadora.* ‖ *Fig.* y *fam.* Exagerado.
CACAREAR v. i. Cantar el gallo o la gallina. ‖ — V. t. *Fig.* y *fam.* Exagerar lo que uno hace: *¡Cómo cacarea lo poco que hace!*
CACAREO m. Acción de cacarear.
CACARICO, CA adj. *Amér. C.* Entumido.
CACARIZO, ZA *Méx.* y **CACARUSO, SA** adj. *Col.* Cacarañado, lleno de cacarañas.
CACASTE m. *Méx.* y *Amér. C.* Cacaxtle.
CACATÚA f. Ave trepadora de Oceanía, parecida al papagayo, con plumaje blanco y que lleva un moño grande de plumas.
CACAXTLE m. *Méx.* y *Amér. C.* Especie de alacena portátil para llevar algo a cuestas. ‖ *Amér. C.* Esqueleto.
CACAXTLERO m. *Méx.* El que transporta cargas en cacaxtle.
CACEAR v. t. Revolver con el cazo.
CACERA f. Canal para llevar el agua de riego.

cacto

CACEREÑO, ÑA adj. y s. De Cáceres.
CACERÍA f. Partida de caza: *ir de cacería.* ‖ Animales muertos en la caza. ‖ Caza: *me gusta mucho la cacería.* ‖ — PARÓN. *Casería.*
CACERINA f. Bolsa para llevar balas y cartuchos.
CACEROLA f. Vasija con mango para guisar.
CACETA f. Cazo que emplean los boticarios.
CACICA f. Mujer del cacique. ‖ Señora de vasallos en algunos poblados indios.
CACICAL adj. Relativo al cacique.
CACICAZGO y **CACICATO** m. Dignidad de cacique. ‖ Territorio que gobierna. ‖ *Fam.* Autoridad de cacique.
CACILLO m. Cazo pequeño.
CACIMBA f. Hoyo que se hace en la tierra para sacar agua potable. ‖ Balde, cubo.
CACIQUE m. Jefe en algunas tribus de indios. ‖ *Fig.* y *fam.* Persona de viso y excesiva influencia en un pueblo, sobre todo en asuntos políticos o administrativos. ‖ *Fig.* y *fam.* Déspota, autoritario. ‖ *Chil.* Persona que se da muy buena vida: *gordo como un cacique.* ‖ *Col.* Pájaro dentirrostro, parecido al mirlo, de color negro, con el lomo amarillo.

cacatúa

CACIQUEAR v. i. *Fam.* Mangonear, mandar.
CACIQUESCO, CA adj. Propio del cacique.
CACIQUIL adj. Cacical.
CACIQUISMO m. Influencia excesiva de los caciques en los pueblos.
CACLE m. *Méx.* Sandalia tosca de cuero. ‖ *Cub.* Chancleta.
CACO m. *Fig.* Ladrón. ‖ *Fam.* Hombre muy tímido y cobarde. ‖ *Guat.* Fruto del icaco.
CACODILATO m. Sal del ácido cacodílico empleado en terapéutica.
CACODILO m. *Quím.* Arseniuro de metilo.
CACOFONÍA f. (del gr. *kakos,* mal, y *phonê,* voz, sonido). Vicio del lenguaje que consiste en la repetición de unas mismas letras o sílabas, como: *no sé porqué está tan tonto Tomás.* (SINÓN. *Disonancia.* CONTR. *Eufonía.*) ‖ *Mús.* Mezcla de sonidos discordes. (SINÓN. *Discordancia.* CONTR. *Armonía.*)
CACOFÓNICO, CA adj. Que tiene cacofonía, discorde: *música cacofónica.* ‖ — CONTR. *Armónico.*
CACOGRAFÍA f. Mala ortografía.
CACOLOGÍA f. Solecismo.
CACOMITE m. Planta iridácea mexicana de flores muy hermosas, rojas y amarillas: *el tubérculo del cacomite es rico en fécula.*
CACOMIZTLE m. *Méx.* Basáride, mamífero.
CACOQUIMIA f. *Med.* Mala elaboración de los humores.
CACOQUÍMICO, CA adj. *Med.* Que padece cacoquimia: *un anciano cacoquímico.* ‖ *Fig.* Achacoso.
CACOQUIMIO, MIA m. y f. Melancólico.
CACRECO, CA adj. *Amér. C.* Vagabundo. ‖ *Amér. C.* Que no sirve, viejo.
CACTÁCEAS o **CÁCTEAS** f. pl. *Bot.* Familia de plantas de hojas carnosas, que comprende los cactos.
CACTO mejor que **CACTUS** m. (gr. *kaktos*). Nombre de varias plantas de hojas crasas y espinosas como el nopal o higuera chumba.
CACUMEN m. *Fig.* y *fam.* Agudeza, perspicacia, caletre. ‖ — CONTR. *Simpleza.*
CACUNDA f. *Arg.* Parte superior del espinazo cuando es algo abultada.
CACHA f. Cada una de las hojas que forman el mango de una navaja o cuchillo o pistola. ‖ Nalga. ‖ *Ant.* y *Amer.* Cuerno: *las cachas de un toro.* ‖ Mango de cuchillo o pistola. ‖ *Col.* Dinero. ‖ *Amér. C.* Abuso. ‖ *Amer.* Engaño. ‖ *Fig.* y *fam. Hasta las cachas,* loc. adv., hasta más no poder: *se ha metido en este asunto hasta las cachas.* ‖ *Guat. Hacer cachas,* procurar, hacer diligencias. ‖ *Chil.* Burlarse de uno con gestos y ademanes.
CACHACIENTO, TA adj. *Amer.* Cachazudo.
CACHACO adj. *Col., Ecuad.* y *Venez.* Elegante, petimetre. ‖ — M. *Per.* Policía.
CACHADA f. Golpe dado con un trompo en la cabeza de otro. ‖ *Amer.* Cornada. ‖ *Riopl.* Mofa.
CACHAFAZ adj. *Arg.* y *Chil.* Pícaro, descarado.
CACHALOTE m. Cetáceo de los mares templados parecido a la ballena y mucho más feroz.

— El *cachalote* tiene dientes en lugar de ballenas; su cabeza es enorme y su cuerpo mide hasta 25 metros de largo. Se saca de sus intestinos el ámbar gris, perfume muy apreciado, y, de su cabeza, el blanco o esperma de ballena.
CACHAMARÍN m. Quechemarín, cierto barco.
CACHANO m. *Fam.* El diablo.
CACHAÑA f. *Chil.* Rebatiña, pelea para apoderarse de algo. ‖ *Chil.* Majadería.
CACHAÑAR v. t. *Chil.* Hacer burla.
CACHAPA f. *Venez.* Panecillo de maíz.
CACHAR v. t. Hacer cachos una cosa: *cachar un plato.* ‖ Aserrar un madero paralelamente a su tabla. ‖ *Amér. C. Fam.* Conseguir, obtener: *ca-*

Fot. Noël Le Boyer, Rollet

char un real. || *Amer.* Burlar, ridiculizar. || *Amer.* Engañar, chasquear. || *Amer.* Acornear. || *Amér. C.* y *Urug.* Robar. || *Arg.* Tomar: *caché el autobús.* || *Urug.* Agarrar, sujetar a alguien. || *Chil., Méx.* y *Riopl.* Sorprender al que hace algo en secreto. || *Chil.* Comprender la razón. || *Méx.* Coger, recibir.
CACHARPARI m. *Arg., Per.* y *Bol.* Convite en honor del que emprende un viaje. || *Per.* Baile que se celebra.
CACHARPAS f. pl. *Amer.* Trebejos, trastos.
CACHARPAYA f. Cacharpari.
CACHARPEARSE v. r. *Chil.* Ostentar, lucir las cacharpas, endomingarse.
CACHARRAZO m. *Amer. Fam.* Trago, chisguete. || Golpe dado con un cacharro.
CACHARRERÍA f. Tienda de loza ordinaria.
CACHARRERO, RA m. y f. Persona que vende loza ordinaria.
CACHARRO m. Vasija de loza ordinaria. || Pedazo o tiesto de vasija. || *Fam.* Cosa sin ningún valor. || Máquina vieja que funciona mal. || *Amér. C.* Cárcel.
CACHAVA f. Juego en que se procura meter con un palo una pelota en ciertos agujeros abiertos en la tierra: *la cachava es análoga al moderno golf.* || Palo que sirve para este juego. || Cayado.
CACHAZA f. Lentitud, calma: *obrar con cachaza.* || Flema, frialdad. || Aguardiente de melaza, tafia. || *Amer.* Espuma del guarapo cuando empieza a cocerse.
CACHAZO m. *Amer.* Cornada.
CACHAZUDO, DA adj. y s. Que tiene mucha cachaza. || — M. *Cub.* Oruga que roe la hoja del tabaco.
CACHE adj. *Riopl.* Mal arreglado o ataviado.
CACHEAR v. t. Registrar a gente sospechosa. || *Chil.* Acornear.
CACHEMARÍN m. Quechemarín, cierto barco.
CACHEMIRA f. y **CACHEMIR** m. Forma afrancesada de *casimir.*
CACHEO m. Registro.
CACHERÍA f. *Amer. Fam.* Negocio pequeño. || *Riopl.* Falta de gusto en el vestir.
CACHERO, RA adj. *Venez.* Mentiroso, chancero, embustero. || *Salv.* Pedigüeño, ansioso.
CACHET m. (pal. fr., pr. *caché*). Galicismo por *distinción, elegancia*: *vestir con cachet.*
CACHETA f. Gacheta, engrudo.
CACHETADA f. *Can.* y *Amer.* Bofetada.
CACHETE m. Carrillo abultado. || Carrillada.: *pegarle a uno un cachete.* (SINÓN. V. *Bofetada.*) || Cachetero, puñal.
CACHETEAR v. t. Dar cachetes.
CACHETERO m. Puñal corto y agudo. || *Taurom.* El que remata al toro con la puntilla. || *Fig.* y *fam.* El que remata a una persona. || *Col.* Peso fuerte.
CACHETINA f. Riña a cachetes o bofetadas.
CACHETÓN, ONA adj. *Amer.* Cachetudo. || *Méx.* Descarado. || *Chil.* Orgulloso.
CACHETUDO, DA adj. De grandes cachetes, carrilludo, mofletudo: *chiquillo cachetudo.*
CACHICAMO m. *Amer.* El armadillo o tatuejo.
CACHICÁN m. Mayoral de labranza. || — Adj. y s. *Fig.* y *fam.* Hombre listo y astuto.
CACHICUERNO, NA adj. Dícese del cuchillo que tiene cachas o mango de cuerno.
CACHICHA f. *Hond.* Berrinche, enojo.
CACHIDIABLO m. *Fam.* El que se viste de diablo.
CACHIFO m. *Amér. C., Col. y Venez.* Jovenzuelo.
CACHIFOLLAR v. t. *Fam.* Humillar, apabullar.
CACHIGORDO, DA adj. *Fam.* Pequeño y gordo. (SINÓN. V. *Grueso.*)
CACHILAPO m. *Venez.* Res sin herrar.
CACHILO m. *Arg.* Pájaro conirrostro, llamado también *correcamino* y *grillito.*
CACHILLA f. *Chil.* Trigo cocido.
CACHIMBA f. Cachimbo, pipa. || *Riopl.* Pozo poco profundo.
CACHIMBAZO m. *Amér. C.* Balazo. || *Amér. C.* Bofetada. || *Amér. C.* Trago, golpe.
CACHIMBO m. *Amer.* Pipa. || *Cub.* Vasija grande de metal. || *Cub.* Ingenio de azúcar pequeño. || *Per.* Guardia nacional, y también, músico de una orquesta de aficionados. || *Venez. Chupar cachimbo,* fumar en pipa. *Fig.* Chuparse el niño el dedo.
CACHINA f. *Amer.* Alumbre en estado natural.
CACHINFLÍN m. *Amér. C.* Cohete, buscapiés.
CACHIPOLLA f. Insecto arquíptero: *la cachipolla habita junto a los ríos y apenas vive un día.* (SINÓN. *Efímera.*)
CACHIPORRA f. Porra, masa. || *Cub.* Ave zancuda. || — M. *Chil.* Farsante, vanidoso.
CACHIPORRAZO m. Golpe dado con cachiporra. || Caída.
CACHIRI m. *Venez.* Bebida fermentada de los indios.
CACHIRULA f. *Col.* Mantilla de punto.
CACHIRULO m. Vasija en que se guarda el aguardiente. || Embarcación pequeña de tres palos. || Adorno que llevaban las mujeres en la cabeza antiguamente. || En estilo bajo, cortejo, novio. || *Ar.* Pañuelo de cabeza. || *Fam.* Sombrero. || *Méx.* Forro exterior de gamuza que se pone al pantalón de montar. || — Pl. *Fam.* Trastos, chismes.
CACHIVACHE m. *Despect.* Vasija, utensilio: *los cachivaches de la cocina.* || *Fig.* y *fam.* Hombre ridículo y despreciable. || Trastos, cosa inútil.
CACHIYUYO m. *Arg.* Árbol cuya ceniza se usa en jabonería. (SINÓN. *Jume.*)
CACHIZO adj. Dícese del madero muy grueso.
CACHO, CHA adj. Gacho. || — M. Pedazo pequeño: *cacho de pan.* (SINÓN. V. *Pedazo.*) || Pez de río, común en España. || *Amer.* Cuerno, asta. || *Riopl.* Racimo de plátanos. || *Amer.* Vasija de cuerno. || *Amer.* Cubilete de los dados. || *Amer.* Cuentecillo, chascarrillo. || *Chil.* Clavo, cosa invendible. || *Nicar.* Conservador. || *Guat.* Panecillo de figura de cuerno. || *Venez.* Chanza, burla. || *C. Rica* y *Chil.* Embuste. || *Per.* Un juego de naipes. || *Fam. Estar fuera de cacho,* estar en seguridad. || *Un cacho,* loc. adv., un poco. || *Col. Echar cacho,* superar, aventajar.
CACHÓN m. Ola que rompe formando espuma. (SINÓN. V. *Ola.*) || — Adj. *Amér. C.* y *Col.* De grandes cuernos.
CACHONDEARSE v. r. *Pop.* Guasearse.
CACHONDEO m. *Pop.* Guasa, pitorreo.
CACHONDEZ f. Apetito carnal.
CACHONDO, DA adj. En celo. || *Fig.* y *vulg.* Dominado por el apetito carnal. || *Fig.* y *fam.* Gracioso.
CACHOPÍN m. Cachupín.
CACHORRADA f. *Cub.* y *Venez.* Perrería.
CACHORRILLO m. Pistola pequeña de bolsillo.
CACHORRO, RRA m. y f. Perro muy joven. (SINÓN. V. *Perro.*) || Cría de león, tigre, lobo, oso, etc. || Cachorrillo, pistola. || — Adj. *Amer.* Calificativo de desprecio. || *Cub.* y *Venez.* Terco, malcriado.
CACHUA mejor que **CACHÚA** f. Baile de los indios del Perú, Ecuador y Bolivia.
CACHUCHA f. Especie de gorra. || Baile popular de Andalucía y su música. || *Mar.* Bote, lancha. || *Bol.* Aguardiente de caña. || *Chil.* Bofetada.
CACHUCHEAR v. i. Mimar, adular, sobar.
CACHUCHO m. Medida ant. de aceite (8 centilitros). || Alfiletero. || Cachucha, bote: *atravesar el río en un cachucho.* || *And.* Pequeña vasija tosca, cachirulo. || Pez de Cuba, de carne estimada. || *Ecuad. Fam.* El sustento diario.
CACHUDO, DA adj. *Chil.* Astuto, mañero. || *Amer.* De cuernos grandes.
CACHUELA f. Nombre de varios guisados en que entra hígado o asadura. || Molleja. || *Bol.* y *Per.* Nombre que se da a los rompientes de río.
CACHUELO m. Pez pequeño de río, cuya carne es fina y apreciada. || *Per.* Propina.
CACHULERA f. *Murc.* Cueva, guarida.
CACHUMBA f. Planta compuesta, de Filipinas.
CACHUMBAMBÉ m. *Cub.* Juego de niños.
CACHUMBO m. Gachumbo, cubierta leñosa de varios frutos. || *Col.* Rizo de pelo.
CACHUNDE f. Pasta compuesta de cato, que se usa para perfumar la boca y como estomacal.
CACHUPÍN, INA y mejor **GACHUPÍN, INA** m. y f. Español que se establece en América.
CACHUPINADA f. Fiesta, guateque.
CACHURECO, CA adj *Méx.* Torcido, deformado. || *Amér. C.* Conservador.
CADA adj. invar. Se emplea para designar una o más cosas o personas entre otras: *a cada cual se le dará su merecido; vienen cada cuatro días.* Ú. elípticamente con sentido irónico: *se ven*

cachipolla

caduceo

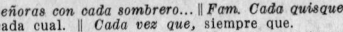

cadera

señoras con cada sombrero... || *Fam. Cada quisque,* cada cual. || *Cada vez que,* siempre que.
CADALSO m. Tablado erigido para un acto solemne. || Patíbulo para la ejecución de los condenados a muerte. || — PARÓN. *Cadarzo.*
CADARZO m. Seda basta de la camisa del capullo. || — PARÓN. *Cadalso.*
CADÁVER m. Cuerpo muerto. (SINÓN. V. *Muerto.*)
CADAVÉRICO, CA adj. Relativo al cadáver: *rigidez cadavérica.* || *Fig.* Pálido como un cadáver.
CADDY m. (pal. ingl.). Muchacho que en el juego de golf lleva los palos. Pl. *caddies.*
CADEJO m. Enredo en el cabello. || Madeja: *cadejo de seda.* || *Méx.* Guedeja, melena. || *Amér. C. Fam.* Animal fantástico que rondaba las calles por la noche.
CADENA f. (lat. *catena*). Conjunto de eslabones trabados: *cadena de oro.* || *Cadena de agrimensor,* cadena de diez metros de largo, que sirve para medir el terreno. || Cuerda de presidiarios. (SINÓN. V. *Fila.*) || *Fig.* Sujeción: *la cadena de la esclavitud.* || *Fig.* Continuación: *la cadena de los acontecimientos.* || Conjunto de emisoras de radiodifusión o de televisión que emiten simultáneamente el mismo programa, o de periódicos que publican la misma serie de artículos. || Grupo de empresas o establecimientos enlazados entre sí: *una cadena de hoteles.* || Figura de la danza. || *Quím.* Unión en una fórmula de los átomos de carbono. || *Arq.* Trabazón de maderos sobre la cual se levanta una fábrica. || *Arq.* Machón de sillería: *las cadenas esquineras deben ser muy sólidas.* || *For.* Pena mayor, después de la de muerte, según el código penal de algunos países: *condenar a cadena perpetua.* || *Chil.* Labor de cadeneta. || *Cadena de montañas,* serie de montañas enlazadas entre sí, cordillera. || *Cadena sin fin,* conjunto de piezas que forman un circuito cerrado. || *Reacción en cadena,* reacción que produce los elementos necesarios a su propagación. || *Cadena de fabricación* o *de montaje,* conjunto de trabajadores que participan en la realización de un producto industrial. || *Trabajo en cadena,* trabajo en el que el objeto laborado pasa sucesivamente por las manos de varios obreros que realizan cada uno una operación. || *Fig. Romper sus cadenas,* conquistar la libertad.
CADENCIA f. Repetición regular de sonidos o movimientos: *caminar con cadencia.* || Distribución de los acentos en la prosa o verso: *la cadencia del alejandrino.* || Medida que regula el movimiento del que danza: *ajustarse a la cadencia.* || Ritmo de un trabajo. || *Mús.* Final de una frase musical. || *Mús.* Ritmo de una pieza musical: *cadencia perfecta.* (SINÓN. V. *Ritmo.*)
CADENCIOSO, SA adj. Dícese de ciertas cosas que tienen cadencia: *paso, verso cadencioso.*
CADENERO m. Agrimensor. || *Arg.* Caballo enganchado con cadena.
CADENETA f. Labor en figura de cadenilla: *bordar a punto de cadeneta.* || Labor que hace el encuadernador en la cabecera del libro. || Adornos hechos con papel que se cuelgan.
CADENILLA f. Cadena estrecha de las guarniciones.
CADENTE adj. Cadencioso: *verso cadente.*
CADERA f. Parte del cuerpo donde se unen el muslo y el tronco. || — Pl. Caderillas, ahuecador.
CADERETA f. Órgano pequeño.
CADERILLAS f. pl. Tontillo que usaban las mujeres para ahuecar la falda por las caderas.
CADETADA f. *Fam.* Ligereza, muchachada, acción propia de un cadete: *hacer una cadetada.*
CADETE m. Alumno de una academia militar: *colegio de cadetes.* || *Riopl.* y *Bol.* Aprendiz, meritorio.
CADÍ m. Entre los turcos y moros, juez civil.
CADILLO m. Planta umbelífera.
CADMEO, A adj. Atribuido a Cadmo.
CADMÍA f. Costra metálica que se adhiere a una chimenea o a la bóveda de un horno.
CADMIO m. Cuerpo simple (Cd), de número atómico 48, de densidad 8, que funde a 321°C. (Es un metal blando, blanco azulado, empleado en aleaciones y bajo forma de sales.)
CADUCAR v. i. Hablar u obrar sin juicio por ser ya muy viejo, chochear. || Perder su fuerza un decreto o ley: *esta ordenanza ya caducó.* || Extinguirse un derecho, una facultad, etc. || *Fig.* Gastarse una cosa por el uso o por antigua.
CADUCEO m. (lat. *caduceum*). Varilla con dos alas en la punta y rodeada de dos culebras, atributo de Mercurio. (Emblema de la paz, la concordia y el comercio, y de la medicina.)
CADUCIDAD f. Acción y efecto de perder su fuerza una ley o de extinguirse un derecho o facultad. || Que está caduco o viejo. (SINÓN. V. *Vejez.*)
CADUCO, CA adj. (lat. *caducus*). Viejo, anciano: *la intemperancia hace al hombre caduco antes de tiempo.* (CONTR. *Joven, robusto, persistente.*) || *Bot.* Marcescente, que se marchita: *hojas caducas.* || Perecedero: *los bienes caducos de esta vida.* || Que ha caducado, nulo, anulado: *ley caduca.*
CADUQUEAR v. i. Caducar, ponerse caduco.
CADUQUEZ f. Edad caduca. (SINÓN. V. *Vejez.*)
CAEDIZO, ZA adj. Que cae fácilmente. || — *Amer.* Saledizo, tejadillo saliente.
CAEDURA f. Desperdicios de los tejidos.
CAER v. i. (lat. *cadere*). Ser arrastrado un cuerpo de arriba abajo por su propio peso: *caer del caballo.* (SINÓN. *Rodar.*) || Perder el equilibrio, venir al suelo: *se cayó bajando la escalera.* (SINÓN. *Desplomarse, hundirse.*) || Arrojarse: *caer a los pies de uno.* || Llegar inopinadamente: *caer sobre los enemigos.* || Inclinarse, colgar: *las ramas se caen por el peso de los frutos.* || *Fig.* Venir impensadamente una desgracia o peligro. || *Fig.* Incurrir en algún error. || *Fig.* Tocar o corresponder: *le cayó el premio.* || *Fig.* Morir: *caer en el combate.* || Ponerse: *caer enfermo.* || Desprenderse: *hacer caer las nueces del árbol, caerse el pelo.* || Venir a dar, dejarse coger: *caer en una emboscada.* || *Fig.* Desaparecer: *caer una dinastía.* || *Fig.* Perder la prosperidad, fortuna, empleo o valimiento: *caer una familia, una costumbre.* || *Fig.* Comprender: *caer en la cuenta.* || *Fig.* Disminuir, debilitarse: *caer la conversación.* || *Fig.* Perder su viveza el color o la voz: *dejar caer la voz al fin de la frase.* || *Fig.* Estar situado: *la ventana cae a la calle.* || *Fig.* Quedar incluido: *cae en esa categoría.* || *Fig.* Llegar, venir. || *Fig.* Llegar, acontecer: *la Pascua cae por abril, su cumpleaños cae en domingo.* || *Fig.* y *fam. Caer bien,* o *mal,* venir bien o mal alguna cosa o ser bien o mal acogida una persona. || *Caer en la cuenta,* comprender lo que no se comprendía. || *Fig* y *fam. Caer de un nido,* ser inocente, ingenuo. || *Fig. Caer de pie,* tener suerte. || *Caer pesado,* no hacerse simpática una persona. || *Estar al caer,* ser muy próxima una cosa. || *Caerse de,* ser muy: *caerse de tonto.* || *Caerse de suyo,* ser evidente. || *Dejarse caer,* obrar con disimulo. || *No tener dónde caerse muerto,* ser muy pobre. || — OBSERV. A pesar de ser verbo intransitivo se emplea a menudo en la forma reflexiva para indicar la participación del sujeto en la acción. || — IRREG. Pres. ind.: *caigo, caes, cae, caemos, caéis, caen;* imperf.: *caía,* etc.; pret. *caí, caíste, cayó, caímos, caísteis, cayeron;* fut.: *caeré,* etc.; imper.: *cae, caed;* pres. subj.: *caiga,* etc.; pret. subj.: *cayera,* etc. o *cayese,* etc.; pot.: *caería,* etc.; fut. subj.: *cayere,* etc.; ger. *cayendo;* p. p. *caído.*
CAFÉ m. (fr. *café,* del turco *cahvé*). Cafeto. || Semilla del cafeto: *el café del Brasil, el de Puerto Rico y el de Venezuela son muy estimados.* || Bebida que se hace por infusión, con café tostado y molido: *una taza de café; café con leche.* || Casa donde se vende y toma esta bebida: *el primer café se abrió en Londres en 1652.* (SINÓN. *Cervecería, fonda, bar, cabaret, cafetucho cantante, cafetín.*) Pl. *cafés* y nunca *cafeses.* || — Adj. De color de café: *cinta café.* || *Chil. Fam.* Reprensión. || *Café de recuelo,* el que se obtiene pasando agua hirviendo por la madre del café. || *Café cantante, concierto,* café en que se presentan cantores, músicos. || *Café crudo,* en cereza.
— El *café,* oriundo de Arabia, se extendió por todo Oriente desde el siglo XV. En el siglo XVII pasó de Europa a las Antillas francesas, desde donde no tardó en extenderse por la América del Sur. Hoy día son los principales productores el Brasil, Colombia, México, Venezuela, las Antillas, las repúblicas de Centro América y Angola.
CAFEÍNA f. Alcaloide extraído del café, del té, del mate y de otros vegetales, que se utiliza como estimulante.
CAFETAL m. Lugar poblado de cafetos.
CAFETALERO, RA adj. Relativo al café. || — M. Dueño de un cafetal.

Fot. Giraudon

CAFETALISTA com. *Cub.* Dueño de un cafetal.
CAFETERA f. Vasija para hacer o servir el café: *cafetera de porcelana.* ‖ Vasija para hervir agua. ‖ *Fam.* Automóvil o cosa viejos. ‖ *Fam. Estar como una cafetera,* estar medio loco.
CAFETERÍA f. Despacho de café y otras bebidas. ‖ Establecimiento donde se toman bebidas y se puede merendar o comer.
CAFETERO, RA adj. Relativo al café. ‖ *Fam.* Que le gusta mucho el café: *fulano es muy cafetero.* ‖ — M. y f. Persona que cosecha el café. ‖ Dueño de un café.
CAFETÍN m. Despacho de café de poca apariencia. (SINÓN. V. *Café.*)
CAFETO m. Árbol rubiáceo, cuya semilla es el café.
CAFETUCHO m. Cafetín.
CÁFILA f. *Fam.* Conjunto de personas, animales o cosas. ‖ *Fig.* y *fam.* Multitud, gran cantidad: *soltar una cáfila de disparates.*
CAFIROLETA f. *Cub.* Dulce de batata y coco.
CAFRE adj. y s. De la parte oriental del África del Sur. ‖ *Fig.* Bárbaro. (SINÓN. V. *Cruel.*) ‖ *Fig.* Zafio, rústico.
CAFTÉN m. *Arg.* Rufián.
CAFÚA f. *Arg. Fam.* La cárcel.
CAFUCHE m. *Col.* El saíno o pecarí. ‖ Nombre de una especie de café.
CAGAACEITE m. Pájaro parecido al tordo.
CAGACHÍN m. Mosquito más pequeño que el común y de color rojizo.
CAGADA f. Acción de cagar. ‖ Excremento. (SINÓN. V. *Excremento.*)
CAGADERO m. *Fam.* Lugar donde se caga.
CAGADO, DA adj. *Pop.* Apocado, cobarde.
CAGAFIERRO m. Escoria del hierro fundido.
CAGAJÓN m. Pelota de estiércol de caballo, etc. (SINÓN. V. *Excremento.*)
CAGALERA y **CAGALETA** f. *Pop.* Diarrea. ‖ *Pop.* Miedo.
CAGAR v. i. *Vulg.* Exonerar el vientre. ‖ — V. t. Echar a perder. ‖ — V. r. *Pop.* Acobardarse.
CAGARRIA f. Colmenilla.
CAGARRUTA f. Excremento del ganado. (SINÓN. V. *Excremento.*) ‖ Hombre pequeño y poco importante.
CAGATINTA y **CAGATINTAS** m. *Fam.* Chupatintas. (SINÓN. V. *Empleado.*)
CAGATORIO m. Cagadero.
CAGÓN, ONA adj. *Pop.* El que caga mucho. ‖ *Pop.* Miedoso. (SINÓN. V. *Cobarde.*)
CAGUAMA f. *Cub.* Especie de tortuga de mar.
CAGUANETE m. *Cub.* La borra del algodón.
CAGUARÁ m. *Cub.* Molusco de concha redonda.
CAGUARÉ m. *Parag.* Oso hormiguero.
CAGUAYO m. *Cub.* Iguana, reptil.
CAGUETA f. *And.* y *Col.* Diarrea. ‖ — Com. Miedoso, cobarde.
CAGÜIL m. *Chil.* Ave acuática, especie de gaviota.
CAGÜINGA f. *Col.* y *Ecuad.* Paleta para menear.
CAHÍZ m. Medida de capacidad para áridos.
CAHIZADA f. Porción de terreno que se puede sembrar con un cahíz de semilla.
CAHUIN m. *Chil.* Borrachera, jarana, diversión.
CAÍ m. *Amer.* Especie de mono pequeño.
CAICO m. *Cub.* Arrecife, escollo a flor de agua.
CAÍD m. Gobernador o juez en algunos países musulmanes.
CAÍDA f. Acción y efecto de caer: *la caída de una manzana reveló a Newton el sistema del universo.* ‖ Declinación o declive. ‖ Ruina: *la caída del imperio napoleónico fue un alivio para Europa.* (SINÓN. V. *Ruina.*) ‖ Cosa que cuelga, como tapices, cortinas, etc. ‖ *Filip.* Galería interior de las casas de Manila. ‖ Manera de caer los paños o la ropa. ‖ Parte donde termina una cosa. ‖ *Fig.* Pecado del primer hombre y de los ángeles malos. ‖ *Col.* Juego de naipes llamado también *tenderete.* ‖ — Pl. Lana inferior. ‖ Dichos oportunos. ‖ *A la caída de la tarde,* loc. adv., al concluirse la tarde. ‖ *A la caída del sol,* loc adv., al ponerse el sol. ‖ *Caída de ojos,* expresión de la mirada.
CAÍDO, DA adj. *Fig.* Desfallecido, alicaído. ‖ — M. pl. Muertos en la guerra: *funerales por los caídos.* ‖ Rayas del papel en que se aprende a escribir. ‖ Réditos ya devengados.
CAIGUA f. *Per.* Planta cucurbitácea comestible.
CAIMACÁN m. Lugarteniente del gran visir. ‖ *Col.* Persona de autoridad.
CAIMÁN m. Reptil de América parecido al cocodrilo: *el caimán alcanza hasta 6 metros de*

largo. ‖ *Fig.* Persona muy astuta y taimada.
CAIMIENTO m. Caída. ‖ Desfallecimiento, acción de desfallecer.
CAIMITAL m. *Amer.* Lugar plantado de caimitos.
CAIMITILLO m. Árbol sapotáceo de las Antillas.
CAIMITO m. Árbol sapotáceo de América y su fruto.
CAÍN n. pr. (V. *Parte hist.*). *Con las de Caín,* con mala intención. ‖ *Pasar las de Caín,* padecer mucho.
CAIQUE m. Barca ligera de los mares de Levante.
CAIREL m. Cerco de cabellera postiza. ‖ Fleco, guarnición de algunas ropas.
CAIRELAR v. t. Guarnecer con caireles.
CAIRINO, NA adj. y s. Cairota.
CAIRO m. *Cub.* Torcida de algodón.
CAIROTA adj. y s. De El Cairo.
CAITA adj. y s. *Chil.* Bravo, salvaje. ‖ *Fig. Chil.* Poco sociable, esquivo.
CAITE m. *Amér. C.* Sandalia tosca.
CAITO m. *Bol.* Cierto hilo de lana grosera.
CAJA f. Recipiente de madera, metal, etc.: *caja de cartón.* ‖ Su contenido. ‖ Mueble donde se guarda dinero: *caja de caudales.* (SINÓN. *Cajón, cofre, cofrecillo, arquilla, joyero, escriño, estuche, hucha.*) ‖ Ataúd: *meter a un muerto en la caja.* (SINÓN. V. *Féretro.*) ‖ Tambor: *tocar la caja.* (SINÓN. V. *Tambor.*) ‖ Hueco en que se introduce alguna cosa: *meter en su caja la espiga de un madero.* ‖ Pieza de la balanza donde entra el fiel. ‖ Culata de madera de las armas de fuego portátiles. ‖ Hueco en que está la escalera de un edificio o una chimenea. ‖ *Bot.* Receptáculo que contiene la semilla y se abre naturalmente. (SINÓN. *Cápsula.*) ‖ Sitio donde se recibe el dinero y se hacen los pagos. ‖ Parte exterior de madera que cubre algunos instrumentos. ‖ Caja de reclutamiento. ‖ *Impr.* Cajón dividido en donde se ponen los caracteres tipográficos: *se distinguen la caja baja, de las minúsculas, y*

cafeto

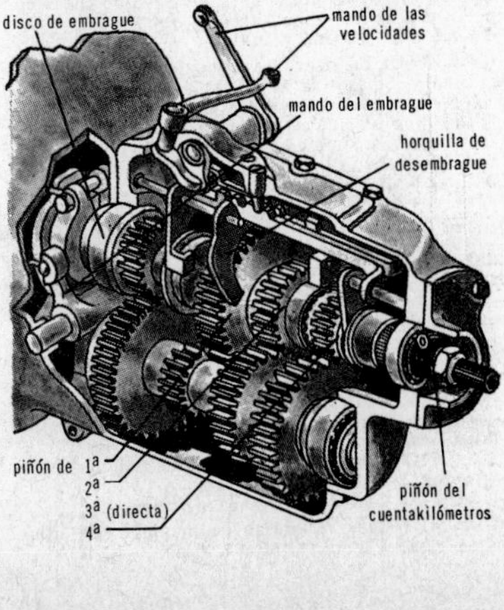

CAJA DE CAMBIOS

calabazas

calamar

cala

la caja alta, de las mayúsculas. || Nombre de diversos organismos de las máquinas: *caja de engranajes.* || Parte del coche donde se colocan las personas que transporta. || *Chil.* Lecho de un río. || *Per.* Arca de agua. || *Caja registradora,* máquina empleada para registrar las cantidades cobradas y abonadas. || *Caja de ahorros,* oficina pública que recibe cantidades pequeñas, pagando réditos a sus dueños. || *Caja de cambios,* órgano que encierra los engranajes de los cambios de velocidad en un automóvil. || *Caja de reclutamiento,* organismo militar para inscripción, clasificación y destino de los reclutas. || *Caja de resonancia,* la que cubre algunos instrumentos músicos. || *Caja del tímpano,* cavidad del oído medio. || *Fig.* y *fam. Despedir a uno con cajas destempladas,* despedirle o echarle de alguna parte con enojo.

CAJAMARQUINO, NA adj. y s. De Cajamarca.

CAJEAR v. t. *Amér. C.* Zurrar, azotar. || Abrir cajas en la madera.

CAJERA f. *Mar.* Abertura donde entra la roldana del motón. || Mujer que está al cuidado de la caja en una casa de comercio.

CAJERO m. El que hace cajas. || El que está al cuidado de la caja en una casa de comercio, en un banco, etc.

CAJETA f. *Mar.* Trenza de filástica. || *Amer.* Caja pequeña. || *Ecuad.* y *Per.* El que tiene el labio o la quijada inferior muy salientes; befo. || *Amer.* Caja redonda con tapa que se usa para echar dulces y jaleas: *cajeta de membrillo.* || *Amér. C. De cajeta,* loc. adv., excelente: *salir un negocio de cajeta.*

CAJETE m. *Amér. C.* Cazuela semiesférica.

CAJETILLA f. Paquete de cigarrillos: *una cajetilla habana.* || Cajita de fósforos. || — M. *Arg. Fam.* El elegante porteño.

CAJETÍN m. Compartimiento de la caja en que se colocan caracteres para imprimir a mano. || Listón de madera que protege los conductores del alumbrado eléctrico. || Caja metálica para llevar los tacos de los billetes.

CAJÍ m. Nombre de un pez de las Antillas.

CAJISTA com. Oficial de imprenta que, juntando y ordenando las letras, compone lo que se ha de imprimir.

CAJO m. Ceja de los libros encuadernados.

CAJÓN m. Caja grande. || Caja movible de los armarios, mesas y otros muebles. (SINÓN. V. *Caja.*) || En los estantes, espacio entre las tablas. || Casilla, tiendecilla. || *Amer.* Cañada por cuyo fondo corre algún río. || *Amer.* Tienda: *cajón de ropa.* || *Fig.* y *fam. Cajón de sastre,* conjunto de cosas desordenadas. || *Fam. Ser de cajón una cosa,* ser muy corriente.

CAJONERA f. Conjunto de cajones de una sacristía. || *Ecuad.* Vendedora ambulante.

CAJONERÍA f. Conjunto de cajones.

CAJONERO, RA adj. *Col., Cub.* y *Venez.* Que es de cajón o corriente. || — M. *Amer.* Dueño de un cajón o tienda.

CAKE m. (pal. ingl., pr. *kek*). Bizcocho compacto con frutas repartidas en su masa.

CAKI adj. y s. m. Caqui.

CAL f. Óxido de calcio, que forma la base del mármol, el yeso, la tiza, etc.: *la cal se obtiene calcinando en hornos especiales la piedra caliza.* || *Cal viva,* la que no contiene agua. || *Cal muerta,* la que está mojada y dispuesta para servir. || *Cal hidráulica,* la que se endurece rápidamente bajo el agua. || *Lechada de cal,* cal mezclada con agua, usada para revocar. || *Fig.* y *fam. De cal y canto,* fuerte, sólido. || *Una de cal y otra de arena,* alternar las cosas buenas con las malas.

cal, símbolo de la *caloría.*

CALA f. Acción y efecto de calar: *la cala de un melón.* || Pedazo que se corta de un melón para probarlo: *vender un melón a cala y cata.* || Pedazo de jabón que se usa para facilitar las evacuaciones del vientre. (SINÓN. *Supositorio.*) || La parte más baja del barco. || Bahía pequeña. (SINÓN. V. *Golfo.*) || *Bot.* Planta aroidea de grandes flores blancas: *la cala despide olor fragante.*

CALABA m. Calambuco.

CALABACEAR v. t. *Fam.* Dar calabazas: *un estudiante calabaceado.*

CALABACERA f. Calabaza, planta.

CALABACÍN m. Calabaza pequeña, de figura cilíndrica. || *Fam.* Tonto, idiota.

CALABACINATE m. Guisado de calabacines.

CALABACINO m. Calabaza seca y hueca.

CALABAZA f. Planta cucurbitácea, de fruto grande y de forma varia. || Fruto de esta planta: *la calabaza suele comerse cocida.* || Calabacino seco. || *Fig.* y *fam.* Tonto, ignorante. || *Fam.* Suspenso en un examen: *dar calabazas.* || *Fam.* Acción de rechazar la mujer al que la pretende.

CALABAZADA f. Cabezada: *darse de calabazadas por conseguir algo.*

CALABAZAR m. Plantío de calabazas.

CALABAZATE m. Dulce de calabaza confitada.

CALABAZAZO m. Golpe dado con una calabaza. || *Fam.* Golpe en la cabeza.

CALABAZO m. Calabaza.

CALABOBOS m. *Fam.* Llovizna menuda y continua.

CALABOCERO m. Carcelero, guardián de cárcel.

CALABOZO m. Prisión subterránea. || Aposento de cárcel. (SINÓN. V. *Cárcel.*) || Instrumento para podar y desmochar árboles.

CALABRÉS, ESA adj. y s. De Calabria (Italia).

CALABRIADA f. Mezcla de vino blanco y tinto. || *Fig.* Mezcolanza, batiborrillo.

CALABROTE m. *Mar.* Cabo hecho de tres cordones trenzados. || *Venez.* Calavera, hombre informal.

CALACUERDA f. *Mil. Ant.* Toque de tambor que se usaba en la milicia antigua para mandar acercar la mecha encendida al arcabuz.

CALACHE m. *Amér. C.* Cachivache, chirimbolo.

CALADA f. Acción de calar. || Vuelo rápido del halcón. || *Fig. Dar una calada,* reprender.

CALADO m. Labor que se hace sacando y atando hilos en una tela: *hacer calados en la cenefa de un pañuelo.* || Labor del papel, madera, etc., a modo de encaje. || *Mar.* Distancia entre la línea de flotación y la base de la quilla: *barco de mucho calado.* || *Mar.* Profundidad. || Acción de calarse un motor.

CALADOR m. El que cala. || *Amer.* Especie de sonda para sacar muestras de los fardos cerrados.

CALADORA f. *Venez.* Piragua grande.

CALAFATE m. Obrero que calafatea barcos.

CALAFATEADOR m. Calafate.

CALAFATEAR v. t. Tapar con estopa y brea las junturas de las tablas del casco de la nave. || *Por ext.* Cerrar junturas. (SINÓN. V. *Tapar.*)

CALAFATEO m. Acción de calafatear un barco.

CALAGUALA f. Helecho de América: *la raíz de la calaguala se usa en medicina.*

CALAGUASCA f. *Col.* Aguardiente.

CALAGURRITANO, NA adj. y s. De Calahorra.

CALAHORRA f. Sitio donde se repartía antiguamente el pan en tiempo de escasez.

CALAÍTA f. (lat. *callais*). *Miner.* Turquesa.

CALALÚ f. *Cub.* Un potaje de legumbres. || *Cub.* Planta amarantácea. || *Salv.* Quimbombó, árbol. || *P. Rico.* Alboroto, pelea.

CALAMACO m. Tela de lana delgada.

CALAMAR m. (del lat. *calamarium,* tintero). Molusco cefalópodo: *el calamar segrega un líquido negro con el que enturbia el agua cuando lo persiguen.*

CALAMBAC o **CALAMBAR** m. Árbol leguminoso de las Indias, empleado en taracea.

CALAMBRE m. Contracción involuntaria de un músculo. || Contracción de un músculo que dificulta o impide el funcionamiento normal de un miembro. || Corriente eléctrica en el cuerpo humano.

CALAMBUCO m. Árbol gutífero: *el calambuco produce el bálsamo de María.* || *Cub.* Beato, santurrón.

CALAMENTO m. Especie de toronjil.

CALAMIDAD f. (lat. *calamitas*). Desgracia general: *el hambre y la guerra son calamidades.* (SINÓN. V. *Desgracia.*) || *Fig.* y *fam.* Persona torpe, pobre de salud, descuidada: *ser una calamidad.*

CALAMINA f. Silicato natural de cinc. || Residuo de la combustión de los gases.

CALAMITA f. Brújula. || Piedra imán.

CALAMITOSO, SA adj. Desgraciado, infeliz. || Que causa calamidades o relativos a ellas.

CÁLAMO m. (lat. *calamus*). Caña con que es-

Fot. Larousse

cribían los antiguos. || Especie de flauta. || *Poét.* Pluma: *empuñar el cálamo.*

CALAMOCANO, NA adj. *Fam.* Borracho, chispa. (SINÓN. V. *Borracho.*)

CALAMOCO m. Canelón, carámbano.

CALAMOCHA f. Ocre amarillo.

CALAMÓN m. Ave zancuda: *el calamón tiene la cabeza roja y el cuerpo verde y morado.* || Clavo de cabeza redonda que usan los tapiceros.

CALANCHÍN m. *Col.* Pujador, testaferro.

CALANDRA f. Adorno metálico que suele cubrir el radiador de los automóviles.

CALANDRACA f. Sopa de mazamorra y galleta.

CALANDRACO m. *Col.* y *Arg.* Calandrajo, jirón: *ir vestido de calandracos.* || *Fam.* Atolondrado.

CALANDRADO m. Acción de calandrar.

CALANDRAJO m. *Fam.* Jirón, colgajo de una ropa desgarrada: *ir arrastrando calandrajos.* || *Fam.* Trapo sucio y roto. || *Fig.* y *fam.* Persona despreciable.

CALANDRAR v. t. Pasar por la calandria: *calandrar el papel, la tela, etc.*

CALANDRIA f. Alondra, ave. || *Riopl.* Ave de color ceniciento y canto melodioso. || Pájaro conirrostro de Centroamérica. || Máquina para lustrar el papel y las telas. || Especie de torno grande, usado en las canteras. || *Fam.* Enfermo fingido.

CALAÑA f. Modelo, tipo. || *Fig.* Índole: *muchacho de mala calaña.* || Abanico de caña ordinario.

CALAÑÉS, ESA adj. y s. De Calañas, pueblo de la prov. de Huelva. || *Sombrero calañés,* el de ala vuelta hacia arriba que usan los labriegos.

CÁLAO m. Ave trepadora de Filipinas.

CALAPATILLO m. Especie de gorgojo.

CALAR m. Cantera de donde se saca la caliza.

CALAR v. t. Penetrar un líquido en un cuerpo: *le caló la lluvia todo el vestido.* || Traspasar: *caló la tabla con la barrena.* (SINÓN. V. *Horadar.*) || Sacar y atar hilos en una tela para hacer una labor que imite el encaje. || Sacar un pedazo del melón para probarlo. || *Méx.* Sacar con el calador una muestra de un fardo. || *Col. Fig.* Apabullar, cachifollar. || *Riopl.* Mirar atentamente. || Poner un arma en posición de servir: *calar la bayoneta.* || *Fig.* y *fam.* Adivinar las intenciones de uno o la razón de una cosa: *le caló la intención.* || *Mar.* Arriar una cosa que se mete por un agujero: *calar el mastelero en la fogonadura.* || — V. i. Hundirse más o menos el barco en el agua: *buque que cala poco.* || Abalanzarse el ave volando sobre una presa. || — V. r. Mojarse mucho: *se caló hasta los huesos.* (SINÓN. V. *Mojar.*) || Ponerse, encasquetarse: *se caló el sombrero.* || Pararse un motor.

CALASANCIO, CIA adj. y s. Escolapio.

CALATRAVEÑO, ÑA adj. y s. De Calatrava.

CALATRAVO adj. y s. m. Caballero de Calatrava.

CALAVERA f. (del lat. *calvaria,* cráneo). Cráneo, cabeza de muerto. (SINÓN. V. *Cráneo.*) || Mariposa que lleva en el dorso manchas que semejan una calavera. || — M. *Fig.* Hombre sin juicio o vicioso: *ser un calavera.* (SINÓN. V. *Vicioso.*)

CALAVERADA f. Acción propia del calavera.

CALAVEREAR v. i. *Fam.* Hacer calaveradas. (SINÓN. V. *Desatino.*)

CALAZO m. *Amér. C.* Golpe de una cosa con otra.

CALCA f. *Per.* Granero, troje.

CALCADO m. Acción de calcar.

CALCADOR m. Instrumento que sirve para calcar. || Persona que calca.

CALCÁNEO m. (lat. *calcaneum*). Hueso del talón.

CALCAÑAL y **CALCAÑAR** m. Calcáneo, talón.

CALCAR v. t. Sacar una copia de un escrito o dibujo por un procedimiento mecánico: *calcar un mapa con papel transparente.* (SINÓN. V. *Copiar.*) || *Fig.* Imitar servilmente.

CALCÁREO, A adj. Que tiene cal.

CALCE m. (del lat. *calceus,* calzado). Llanta de hierro que protege la rueda. || Acero que se agrega al corte de ciertos instrumentos. || Cuña o alza: *poner un calce a un mueble cojo.* || *Méx.* y *Amér. C.* Pie de un documento: *firmar el calce.*

CALCEDONIA f. Ágata translúcida de color gris perla o lechoso.

CALCEDONIO, NIA adj. y s. De Calcedonia.

CALCEOLARIA f. Planta escrofulariácea, de hermosas flores, cultivada en los jardines.

CALCÉS m. *Mar.* Parte del palo mayor situada entre la cofa y el tamborete.

CALCETA f. Media que llega hasta la rodilla.

CALCETERÍA f. Fábrica de géneros de punto.

CALCETERO, RA m. y f. Persona que hace o vende géneros de punto. || Mujer que hace o remienda calcetas.

CALCETÍN m. Calceta que llega hasta media pantorrilla.

CALCETÓN m. Polaina de punto.

CÁLCICO, CA adj. De calcio: *sales cálcicas.*

CALCICOSIS f. Irritación pulmonar causada por el polvo de la cal.

CALCIFICACIÓN f. Depósito de sales calcáreas en los tejidos orgánicos.

CALCIFICAR v. t. Convertir en carbonato de cal. || Dar a un tejido orgánico propiedades calcáreas.

CALCINA f. Uno de los nombres del *hormigón.*

CALCINABLE adj. Que puede calcinarse.

CALCINACIÓN f. Acción de calcinar o quemar.

CALCINAR v. t. (del lat. *calx, calcis,* cal). Someter a fuego vivo la caliza y, por extensión, cualquier otro mineral. || *Fig.* Por exageración, carbonizar: *sólo quedaron del edificio ruinas calcinadas.* (SINÓN. V. *Quemar.*) || *Pop.* Fastidiar, quemar la sangre.

CALCIO m. Metal blanco (Ca) de número atómico 20, blando, de 1,54 de densidad, que se funde a 850° C; es obtenido al descomponer ciertas sales por medio de una corriente eléctrica.

CALCITA f. Carbonato de cal natural: *el espato de Islandia es una variedad de calcita.*

CALCO m. Copia que se saca calcando un original. (SINÓN. V. *Copia.*)

CALCOGRAFÍA f. (del gr. *chalkos,* cobre, y *graphein,* escribir). Grabado en metales.

CALCOGRAFIAR v. t. Estampar por medio de la calcografía.

CALCOMANÍA f. Procedimiento que permite pasar pinturas impresas con colores engomados del papel en que están a cualquier objeto. || Imagen así obtenida.

CALCOPIRITA f. Pirita de cobre.

CALCULABLE adj. Que puede calcularse.

CALCULADAMENTE adv. m. Con cálculo. || Premeditadamente.

CALCULADOR, RA adj. y s. Que sabe o que está encargado de calcular. || *Fig.* Que prevé, interesado: *persona calculadora.* || — F. Máquina de calcular.

CALCULAR v. t. Hacer cálculos: *calcular mentalmente.* (SINÓN. V. *Contar.*) || *Fig.* Apreciar, evaluar. || *Fig.* Proyectar, pensar, creer.

CALCULISTA adj. Proyectista.

CÁLCULO m. (del lat. *calculus,* piedrecilla, por contarse en otro tiempo con piedrecillas). Operación que se hace para conocer el resultado de la combinación de varios números: *error de cálculo.* (SINÓN. V. *Cuenta.*) || Arte de resolver los problemas de aritmética: *tener pocas disposiciones para el cálculo.* || Conjetura: *el resultado engañó nuestros cálculos.* || Reflexión, prudencia: *obrar con mucho cálculo.* || Concreción pétrea que se forma en la vejiga, los riñones, la vesícula biliar. (SINÓN. *Mal de piedra, litiasis.*) || *Mat. Cálculo diferencial,* parte de las matemáticas que estudia el cálculo de las derivadas y sus aplicaciones. || *Cálculo infinitesimal,* parte de las matemáticas que comprende el cálculo diferencial y el cálculo integral. || *Cálculo integral,* parte de las matemáticas que estudia la integración de las funciones. || *Cálculo mental,* el que se hace sin operaciones escritas.

CALCHA f. *Chil.* Cerneja del caballo, plumas de las aves calzadas. || — Pl. *Arg.* y *Chil.* Prendas de vestir.

CALCHAQUÍ adj. y s. V. *Parte hist.*

CALCHONA f. *Chil.* Fantasma.

CALCHUDO, DA adj. *Chil.* Mañoso, listo, hábil.

CALDA f. Acción de caldear. || — Pl. Baños termales. (SINÓN. V. *Baño.*)

cálao

calculadora

Fot. Bertin, Larousse

CALDAICO, CA adj. y s. De Caldea, caldeo.
CALDARIO m. Estufa de las termas romanas.
CALDEAMIENTO m. Acción y efecto de caldear.
CALDEAR v. t. (del lat. *caldus*, caliente). Calentar mucho: *está el horno caldeado.* || Hacer ascua el hierro. || *Fig.* Animar: *caldear el ambiente.*
CALDÉN m. *Arg.* Arbusto que da leña muy ligera.
CALDENSE adj. y s. De Caldas (Colombia).
CALDEO m. Acción de caldear o calentar.
CALDEO, A adj. y s. De Caldea. || — M. Lengua caldea.
CALDERA f. (lat. *caldaria*). Vasija grande en que se calienta cualquier cosa. || Su contenido: *una caldera de azúcar.* || *Riopl.* Pava, cafetera. || *Ecuad.* Cráter volcánico. || *Caldera de vapor,*

aparato generador del vapor en las máquinas: *la caldera tubular es la caldera de vapor más empleada hoy día en las locomotoras.* || *Las calderas de Pero Botero,* el infierno.
CALDERADA f. Lo que cabe en la caldera.
CALDERERÍA f. Oficio de calderero. || Industria de construcción de piezas metálicas.
CALDERERO m. El que fabrica las calderas.
CALDERETA f. Caldera chica. || Acetre, calderilla para el agua bendita. || Sopa de pescado. || Cierto guisado de cordero o cabrito.
CALDERILLA f. Moneda de metal de escaso valor.
CALDERO m. (lat *caldarium*). Caldera pequeña de metal, de fondo redondo, de asa móvil. || Su contenido: *un caldero de legumbres.*
CALDERÓN m. Caldera grande. || Signo ortográfico antiguo (¶): *el calderón se usaba en lugar del párrafo* (§). || *Mús.* Signo que marca detención del compás (𝄐) y floreo que suele acompañarlo.
CALDERONIANO, NA adj. Propio del escritor Calderón de la Barca: *versos calderonianos.*
CALDERUELA f. Vasija con una luz encendida que usan los cazadores para deslumbrar las perdices.
CALDIBACHE m. Caldo o caldillo muy claro.
CALDILLO m. Salsa.
CALDO m. (del lat. *calidus*, caliente). Líquido obtenido cociendo carne en agua: *caldo de gallina.* || Aderezo de la ensalada o el gazpacho. (SINÓN. V. *Gachas.*) || *Amer.* Jugo o guarapo de la caña. || — Pl. Nombre genérico de varios líquidos alimenticios, como vino, vinagre, aceite, etc. || *Caldo de cultivo,* líquido preparado para el desarrollo de un microbio. || *Fig.* y *fam. Hacer a uno el caldo gordo,* facilitarle medios de conseguir una cosa.
CALDOSO, SA adj. Que tiene mucho caldo.
CALDUCHO m. Caldo muy claro. || *Chil.* Asueto.
CALDUDO, DA adj. Que tiene mucho caldo. || — F. *Chil.* Empanada de huevo, ají, etc.
CALÉ m. *Germ.* Cuarto. || *Amer.* Cuartillo, moneda. || Gitano.
CALECER v. i. Ponerse caliente una cosa.
CALEDONIO, NIA adj. y s. De Caledonia.
CALEFACCIÓN f. Acción y efecto de calentar. || *Fís.* Fenómeno mediante el cual al caer una gota de agua en una placa de hierro candente, toma forma globosa, sostenida por el vapor que emite. || Conjunto de aparatos destinados a calentar un edificio: *calefacción individual, central.*
CALEFACTOR m. Persona que instala o repara aparatos de calefacción.
CALEIDOSCOPIO m. Calidoscopio.
CALEMBOUR m. (pal. fr., pr. *kalambur*). Galicismo por *retruécano, juego de palabras.*
CALENDARIO m. (lat. *calendarium*). Sistema de división del tiempo. || Cuadro de los días, meses, estaciones y fiestas del año. (SINÓN. *Almanaque, agenda, efemérides, añalejo, gallofa, epacta.*) || *Calendario exfoliador, americano* o *de taco,* el que tiene un taco con una hoja para cada día del año.
— El *calendario romano* debe su origen a Rómulo, quien estableció un año de 300 días, dividido en 10 meses. Numa Pompilio agregó otros dos meses. El año 708 de Roma, modificó Julio César el calendario para ponerlo de acuerdo con el curso del Sol; se da a esta modificación el nombre de *reforma juliana.* Habíase agregado un día suplementario cada cuatro años, pero resultaba el año de este modo algo mayor que el verdadero, de suerte que en 1582 había retrocedido el equinoccio de primavera unos 10 días. El papa Gregorio XIII ordenó que el 5 de octubre de aquel año se convirtiera en el 15 de octubre y suprimió tres de cada cuatro años bisiestos seculares, dejando sólo aquellos que caen en decena de siglo. Dicha reforma, llamada *gregoriana,* ha sido adoptada por casi todos los pueblos del mundo.
CALENDAS f. pl. (lat. *calendae*). Primer día del mes entre los romanos. || *Fam.* Tiempo pasado.
CALÉNDULA f. Maravilla, planta.
CALENTADOR, RA adj. Que calienta. || — M. Recipiente lleno de brasas, agua caliente, etc., para calentar la cama. || Aparato para calentar agua. || *Fam.* Reloj de bolsillo muy grande.
CALENTAMIENTO m. Acción de calentar. || Enfermedad de los caballos en la ranilla.
CALENTANO, NA adj. y s. *Col.* De Tierra Caliente.
CALENTAR v. t. Poner caliente: *calentar un horno.* (CONTR. *Enfriar, refrescar.*) || *Fig.* y *fam.* Avivar, activar: *calentar un negocio.* || *Fig.* Azotar, pegar. || *Chil.* Molestar, aporrear. || *Ecuad.* Empollar (lecciones). || — V. r. Animarse, exaltarse. || *Fig.* Enfervorizarse en la disputa. || *Amér. C.* Enfadarse.
CALENTÓN m. Calor brusco: *darse un calentón.*
CALENTURA f. Fiebre: *le dieron las calenturas al llegar a la costa.* || *Bot.* Planta silvestre de Cuba, de fruto emético. || *Cub.* Fermentación del tabaco apilado. || *Col.* Cólera, rabieta. || *Chil.* Tisis. || *Fig.* y *fam. Calentura de pollo,* enfermedad fingida.
CALENTURIENTO, TA adj. Que padece calentura. || Algo caliente, pero sin fiebre: *estar algo calenturiento.* || *Fig.* Exaltado: *imaginación calenturienta.* || *Chil.* Tísico.

CALEFACCIÓN

1. De fuego continuo
2. De petróleo
3. De gas butano
4. De gas
5. De rayos infrarrojos
6. De catálisis
7. Eléctrica

CALENTURÓN m. Calentura grande.
CALEÑO, ÑA adj. y s. De Cali.
CALEPINO m. (de *Calepino*, v. *Parte hist.*). *Fig.* Diccionario latino. (P. us.)
CALERA f. Cantera de caliza. || Horno de cal.
CALERO, RA adj. Relativo a la cal: *industria calera.* || — M. Dueño u obrero de una calera.
CALESA f. (fr. *calèche*). Carruaje de dos o

cuatro ruedas, con dos asientos y capota de vaqueta.
CALESERA f. Chaqueta de calesero. || Cante popular andaluz.
CALESERO m. El que conduce una calesa.
CALESÍN m. Calesa ligera.
CALESINERO m. El que alquila calesines.
CALETA f. *Mar.* Cala, ensenada. || Conjunto de los descargadores de barcos en un puerto de mar. || *Amer.* Puerto menor. || *Venez.* Gremio de los porteadores de mercancías en los puertos.
CALETEAR v. i. *Chil.* y *Per.* Hacer escala en todos los puertos.
CALETERO m. *Venez.* Descargador de barcos. || *Amer.* Vapor que hace escala en todos los puertos menores de la costa de Chile, Perú y Ecuador.
CALETRE m. *Fam.* Tino, acierto, perspicacia. (SINÓN. V. *Sentido.*)
CALIBRACIÓN f. Acción de calibrar.
CALIBRADOR m. Aparato usado para calibrar.
CALIBRAR v. t. Medir el calibre de una cosa. || Dar el calibre que se desea.
CALIBRE m. Diámetro del cañón de las armas de fuego: *cañón de grueso calibre.* || Diámetro del proyectil o de un alambre. || Diámetro interior de un objeto hueco. || Nombre de varios instrumentos que sirven de regla o escantillón: *un calibre de fotógrafo.* || *Fig.* Tamaño, importancia; clase.
CALICANTO m. Mampostería.
CALICATA f. *Tecn.* Sondeo de un terreno minero.
CALICIFLORA adj. Dícese de las plantas de perigonio doble, como el anís.
CALICIFORME adj. De forma de cáliz.
CALICÓ m. (fr. *calicot*). Una tela de algodón.
CALÍCULO m. *Bot.* Conjunto de brácteas que rodea el cáliz de algunas flores.
CALICHE m. Piedra que queda en la masa de un ladrillo. || Costra que se desprende de las paredes. || Maca. || *Bol., Chil.* y *Per.* Nitrato de primera calidad. || Mineral que contiene mucha caliza. || Calichera.
CALICHERA f. *Bol., Chil.* y *Per.* Terreno rico en nitrato.
CALIDAD f. (lat. *qualitas*). Conjunto de cualidades de una persona o cosa: *tela de mala calidad.* || Importancia, calificación: *hombre de calidad.* (SINÓN. V. *Importancia.*) || Carácter, índole. || Superioridad, excelencia de alguna cosa. || Condición social, civil, jurídica, etc. (SINÓN. V. *Estado.*) || Nobleza. || *Fig.* Importancia. || — Pl. Prendas morales: *persona de buenas calidades.* || *De calidad,* excelente. || *En calidad de,* loc. adv., con carácter de: *en calidad de testigo.* || — PARÓN. *Cualidad.*
CÁLIDO, DA adj. Que está caliente, caluroso: *países cálidos.* || Ardiente: *sabor cálido.*
CALIDOSCOPIO m. (del gr. *kallos,* bello, *eidos,* imagen, y *skopein,* ver). Instrumento compuesto de tres espejos dispuestos en ángulo que multiplican simétricamente la imagen de los objetos colocados entre ambos.
CALIENTACAMAS m. Calentador.
CALIENTAPIÉS m. Braserillo para los pies.
CALIENTAPLATOS m. Aparato que se pone en la mesa para mantener calientes los platos.
CALIENTE adj. Que tiene calor: *plato caliente.* || *Fig.* Acalorado: *una disputa caliente.* || *Col. Fig.* Valiente, atrevido. || *Fig. Caliente de cascos,* fácilmente irritable. || *En caliente,* al instante. En la fase aguda del mal (una operación). || *Fig. Estar caliente,* estar en celo. || — SINÓN. *Ardiente, tórrido, caluroso, hirviente.* || — CONTR. *Frío.*
CALIFA m. (del ár. *jalifa,* sucesor). Título de los príncipes sarracenos sucesores de Mahoma.
CALIFAL adj. De la época de los califas.
CALIFATO m. Dignidad de califa, tiempo que duraba su gobierno y territorio gobernado por él.
CALIFICABLE adj. Que puede calificarse.
CALIFICACIÓN f. Acción y efecto de calificar. || Nota que obtiene el que sufre un examen.
CALIFICADO, DA adj. De importancia: *sujeto calificado.* || Que tiene todos los caracteres de una cosa: *robo calificado.*
CALIFICADOR, RA adj. y s. Que califica. || *Calificador del Santo Oficio,* censor de la Inquisición.
CALIFICAR v. t. Expresar la calidad de: *calificar un acto de delito.* (SINÓN. V. *Llamar.*) || Dar o poner una nota a un alumno. || *Fig.* Ennoblecer, ilustrar. || — V. r. Probar uno la nobleza de su sangre.
CALIFICATIVO, VA adj. y s. Que califica. (SINÓN. V. *Sobrenombre.*) || *Adjetivo calificativo,* el que expresa una cualidad del sujeto. (SINÓN. V. *Adjetivo.*)
CALIFORNIANO, NA, CALIFÓRNICO, CA y **CALIFORNIO, NIA** adj. y s. De California
CALIFORNIO m. Elemento químico (Cf), de número atómico 98, obtenido artificialmente del curio.
CÁLIGA f. Sandalia de los soldados romanos.
CALÍGINE f. *Poét.* Niebla, oscuridad, tinieblas.
CALIGINOSO, SA adj. *Poét.* Nebuloso. (SINÓN. V. *Obscuro.*) || Bochornoso, cálido.
CALIGRAFÍA f. (del gr. *kallos,* hermoso, y *graphein,* escribir). Arte de escribir con hermosa letra. (SINÓN. V. *Escritura.*)
CALIGRAFIAR v. t. Escribir con esmero.
CALIGRÁFICO, CA adj. Relativo a la caligrafía.
CALÍGRAFO m. Perito en caligrafía.
CALILLA f. *Amer. Fam.* Molestia, pejiguera. || *Amer.* Individuo pesado, cargante. || *Chil.* Calvario, serie de molestias.
CALIMBA f. *Cub.* Carimba.
CALINA f. Niebla, neblina. || *And.* Calor.
CALINDA f. *Cub.* Un baile de negros.
CALINOSO, SA adj. Cargado de calina.
CALIPEDIA f. Arte supuesto de criar hijos hermosos.
CALISAYA f. Quina de las más estimadas.
CALISTENIA f. Gimnasia encaminada a desarrollar las fuerzas musculares y de la belleza.
CÁLIZ m. (lat. *calix*). Vaso que sirve para la celebración de la misa: *el interior del cáliz es de oro o dorado.* || *Poét.* Copa, vaso. || *Fig.* Conjunto de amarguras: *apurar el cáliz del sufrimiento.* || *Bot.* Cubierta exterior de las flores completas: *el cáliz está formado por la reunión de los sépalos.*
CALIZA f. Carbonato de cal natural: *la caliza produce efervescencia en contacto con los ácidos.*
CALIZO, ZA adj. Que tiene cal: *un terreno calizo.*
CALMA f. Falta de movimiento: *la calma del mar.* || Cesación: *experimentar una calma en el sufrimiento.* || Tranquilidad: *la calma de una noche serena.* (SINÓN. V. *Tranquilidad.*) || *Fam.* Pachorra, cachaza: *cuánta calma tiene Ud.* || *Calma chicha,* en el mar, la calma completa. || — CONTR. *Turbación, tumulto.*
CALMANTE adj. Que calma. || — M. *Med.* Medicamento que calma los dolores: *el láudano es un gran calmante.* || — CONTR. *Turbador, excitante*
CALMAR v. t. Sosegar: *calmar el dolor.* || — V. i. Estar en calma: *calmó el viento.* || — V. r. Sosegarse. || — SINÓN. V. *Moderar* y *apaciguar.* || — CONTR. *Agitar, irritar, excitar.*
CALMIL m. *Méx.* Sementera junto a una casa.
CALMO, MA adj. En barbecho, erial. || Tranquilo.
CALMOSO, SA adj. Tranquilo: *tiempo calmoso.* || *Fig.* y *fam.* Indolente, pachorrudo.
CALMUDO, DA adj. Calmoso, tranquilo.
CALÓ m. Lenguaje de los gitanos adoptado a veces en el habla popular. (SINÓN. V. *Jerga.*)

cáliz litúrgico

cáliz de flor

Fot. Neurdein, Giraudon

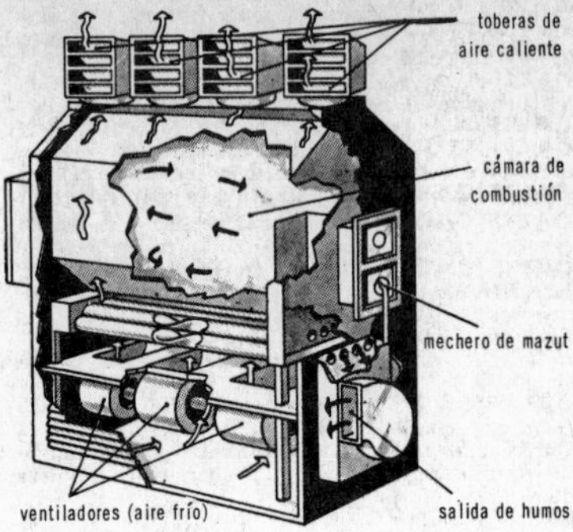

CALORÍFERO DE AIRE CALIENTE

— Distinguiéronse al principio en el español la *germanía*, lenguaje del hampa o truhanería picaresca, y el *caló*, lenguaje especial de los gitanos. La larga coexistencia, especialmente en Andalucía, de la raza gitana y de la comunidad picaresca, ha mezclado profundamente ambos lenguajes, llegando a sobreponerse el nombre de caló para indicar la jerga aflamencada actual. Pertenecen al caló voces hoy populares como *barbián, cate, curda, camelar, chalarse, chipén, churumbel, fetén, gachí, gachó, jindama, juncal, menda, najarse, randa.* Propias de la antigua germanía son otras como *afufar, birlar, cuatrero, chirlo, chulo, jacarandana, sornar, tasquera.* Jergas análogas son el *lunfardo* argentino, la *coa* chilena, la *replana* peruana.

calvario

CALOFRIARSE v. r. Sentir calofríos. (SINÓN. V. *Temblar.*)
CALOFRÍO m. Escalofrío.
CALOMEL m. y **CALOMELANOS** m. pl. Protocloruro de mercurio usado como purgante.
CALOR m. (lat. *calor*). Fenómeno físico que eleva la temperatura y dilata, funde, volatiliza o descompone un cuerpo. || Calidad de lo que está caliente. || Sensación que produce un cuerpo caliente. (SINÓN. V. *Ardor.*) || Elevación de la temperatura del cuerpo: *el calor de la fiebre* || Temperatura elevada: *los calores del estío.* || *Fig.* Actividad, viveza: *el calor de la improvisación.* || *Fig.* Favor, buena acogida. || *Fig.* Lo más vivo del combate. || *Calor animal,* temperatura propia de los seres vivos. || *Calor específico,* cantidad de calor que absorbe un kilogramo de un cuerpo para que aumente su temperatura un grado. || *Calor latente,* el que sin aumentar la temperatura de un cuerpo produce en él una modificación: *calor latente de fusión o de solidificación.* || *Calor natural,* el normal del cuerpo. || — CONTR. *Frío.*
CALORÍA f. Unidad de cantidad de calor (símb.: *cal*) que equivale a la cantidad de calor necesaria para elevar de 14,5° C a 15,5° C la temperatura de un gramo de agua, a la presión atmosférica normal (101 325 pascales). [Experimentalmente se ha comprobado su equivalencia a 4 185 5 julios.]
— El valor energético o poder nutritivo de los alimentos se determina en *calorías.* La ración alimenticia normal de un adulto que pesa 65 kg corresponde a 2 500 calorías diarias.

calzas

CALORICIDAD f. Propiedad que poseen los cuerpos vivos de desprender calor.
CALÓRICO m. *Fís.* Principio del calor. || Calor en general: *desprender mucho calórico.*
CALORÍFERO, RA adj. (del lat. *calor,* y *ferre,* llevar). Que produce el calor. || — M. Aparato de calefacción. (SINÓN. V. *Hogar.*)
CALORIFICACIÓN f. Producción en el organismo del calor animal.
CALORÍFICO, CA adj. (del lat. *calor,* y *facere,* hacer). Que da calor: *acción calorífica del sol.*
CALORÍFUGO, GA adj. y s. m. Que se opone a la transmisión del calor. || Incombustible.
CALORIMETRÍA f. Medición del calor.
CALORIMÉTRICO, CA adj. *Fís.* Relativo a la calorimetría: *unidad calorimétrica.*
CALORÍMETRO m. *Fís.* Instrumento para medir el calor cedido o absorbido por un cuerpo.
CALOROSO, SA adj. Caluroso.
CALOSTRO m. Primera leche de la hembra.
CALOTE m. *Riopl.* Engaño, estafa.
CALOTEAR v. t. *Riopl.* Engañar, estafar.
CALOTO m. *Amer.* Metal proveniente de una campana que poseía ciertas virtudes.
CALOYO m. Cordero o cabrito recién nacido.
CALPENSE adj. y s. De Calpe o Gibraltar.
CALPIXQUE m. *Méx.* Capataz de hacienda.
CALPUL m. *Guat.* Reunión, conciliábulo. || *Hond.* Montículo que señala los antiguos pueblos de indios.
CALQUÍN m. *Arg.* y *Chil.* Especie de gavilán.
CALTA f. Planta ranunculácea, de flores amarillas.
CALUMA f. *Per.* Garganta de los Andes. || *Per.* Puesto de indios.
CALUMNIA f. Acusación falsa contra la reputación de uno: *la calumnia es el arma de los cobardes.*
CALUMNIADOR, RA adj. y s. Que calumnia.
CALUMNIAR v. t. Acusar falsamente: *el mejor medio de no calumniar es no hablar mal de nadie.* (SINÓN. V. *Desacreditar.*)
CALUMNIOSO, SA adj. (lat. *calumniosus*). Que contiene calumnia: *imputación calumniosa.*
CALUNGO m. *Col.* Especie de perro chino.
CALURO m. Ave trepadora de América Central.
CALUROSAMENTE adv. m. Con calor y viveza.
CALUROSO, SA adj. Que tiene calor: *día caluroso.* (SINÓN. V. *Caliente.*) || *Fig.* Vivo, ardiente: *un caluroso ofrecimiento.* (SINÓN. V. *Fogoso.*)
CALUYO m. *Bol.* Baile indio.
CALVA f. Parte de la cabeza de donde se ha caído el pelo: *una calva muy grande.* || Espacio de tierra sin árboles en un bosque. || Especie de juego de bolos que se hace con un cuerno y piedras.
CALVARIO m. Lugar donde fue crucificado Jesucristo. || Pequeña eminencia donde se ha plantado una cruz. || Vía crucis: *las estaciones del Calvario.* || *Fig.* Sufrimiento moral: *sufrir su calvario con resignación.* || *Fig.* y *fam.* Deudas numerosas, que señala el tendero con cruces en la cuenta de su parroquiano.
CALVATRUENO m. *Fam.* Calva que coge toda la cabeza. || *Fig.* y *fam.* Calavera.
CALVERIZO m. Sitio donde hay muchos calveros.
CALVERO m. Calva o claro en una arboleda.
CALVEZ y mejor **CALVICIE** f. (lat. *calvities*). Falta de pelo: *la calvicie es muy difícil de curar.*
CALVINISMO m. Herejía de Calvino. (V. *Parte hist.*)
CALVINISTA adj. Relativo al calvinismo: *doctrina calvinista.* || — M. Partidario del calvinismo.
CALVO, VA adj. y s. (lat. *calvus*). Que ha perdido el pelo. || Pelado, desnudo, carente.
CALZA f. Cuña para calzar. || Liga que se pone en la pierna a ciertos animales. || Media. || *Blas.* Pieza honorable del escudo. (V. BLASÓN.) || — Pl. Especie de calzones que cubrían el muslo o parte de él. (SINÓN. V. *Calzón.*) || *Medias calzas,* las que sólo subían hasta las rodillas.
CALZADA f. (lat. *calcata*). Camino empe-

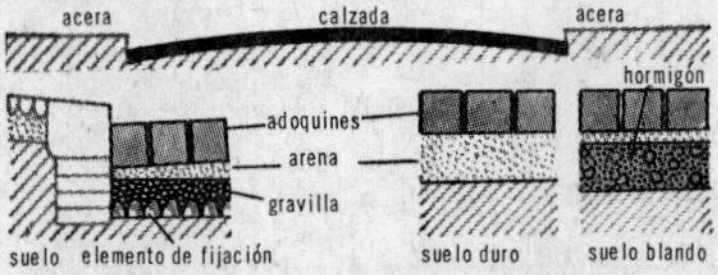

drado. (SINÓN. V. *Camino.*) || Parte de una calle o carretera reservada a los automóviles.
CALZADERA f. Cuerda de cáñamo para sujetar las abarcas. || Hierro que calza la rueda de un coche.
CALZADO, DA adj. Que usa zapatos: *reli-*

Fot. Roubier

gioso calzado. || Dícese del ave que tiene plumas hasta los pies: *pichón calzado.* || Dícese del cuadrúpedo que tiene las patas de distinto color que el resto del cuerpo: *yegua negra calzada.* || Provisto de un calzo o calce. || — M. Cualquier zapato, bota, abarca, etc., que cubre el pie: *calzado de cuero.* (SINÓN. *Zapato, sandalia, bota, botín, borceguí, zapatón.*) También se extiende a las medias, calcetas y ligas. || — OBSERV. No se diga: *un par de calzado, unos calzados de charol.*

CALZADOR m. Pala que sirve para encajar el pie en el zapato: *un calzador de cuerno.* || *Arg.* y *Bol.* Lapicero. || *Fig.* y *fam. Entrar una cosa con calzador,* ser dificultosa.

CALZADURA f. Acción de calzar.

CALZAR v. t. (lat. *calceare*). Poner el calzado, los guantes, las espuelas, etc.: *calzarse las botas.* || Poner calces: *calzar un mueble, calzar la rueda de un carro.* || Hablando de una escopeta, poder contener bala de un tamaño determinado: *calzar bala de carabina.* || Poner los neumáticos a un vehículo. || *Guat.* Aporcar: *calzar el maíz.*

CALZO m. Calce: *poner el calzo a una rueda.* || Fulcro, punto de apoyo de la palanca. || — Pl. Patas de la caballería cuando son de color distinto del pelo del cuerpo.

CALZÓN m. Prenda de vestir que cubre desde la cintura hasta la rodilla: *un traje de calzón corto.* Ú. generalmente en pl.: *calzones de ante.* || Pantalón. (SINÓN. *Bombacho, calzas, short, bragas*). || *Bol.* Guiso de cerdo con picante. || *Chil.* Calzoncillos. || *Amer.* Pantalones de mujer. || Lazo con que se sujetan los pintores y pizarreros que trabajan en alto. || *Méx.* Enfermedad de la caña de azúcar: *las cañas atacadas por el calzón se secan y no pueden utilizarse.* || *Fig.* y *fam. A calzón quitado,* sin miramientos, descaradamente.

CALZONARIAS f. pl. *Col.* Tirantes.

CALZONAZOS m. *Fig.* y *fam.* Hombre débil, y demasiado condescendiente. Pl. *calzonazos.*

CALZONCILLO m. *Venez.* Especie de loro.

CALZONCILLOS m. pl. Ropa interior masculina de tela ligera y en forma de pantalón corto.

CALZONERAS f. pl. *Méx.* Especie de pantalón abierto por los costados y cerrado con botones.

CALZONTES m. pl. *Guat.* Varas que forman la techumbre de los ranchos pobres.

CALZONUDO, DA adj. *Amer.* Calzonazos. || *Méx.* Enérgico, valiente. || *Amér. C.* Hombre.

CALZORRAS m. pl. *Fig.* y *fam.* Calzonazos.

CALLA f. *Chil.* Especie de palo puntiagudo usado para desplantar algunos vegetales.

CALLADA f. Silencio. Ú. solamente en las loc.: *dar la callada por respuesta,* no contestar, y *de callada,* secretamente. (SINÓN. V. *Secretamente.*)

CALLADAMENTE adv. m. Con secreto, callando. (SINÓN. V. *Secretamente.*)

CALLADO, DA adj. Silencioso: *ser muy callado.* (SINÓN. V. *Silencioso.*) || Omitido, tácito.

CALLAHUAYA m. *Bol.* y *Per.* Vendedor ambulante de medicinas. || — F. *Bol.* Danza india.

CALLAMPA f. *Chil., Ecuad.* y *Per.* Hongo o seta. || *Chil. Fam.* Sombrero de fieltro.

CALLANA f. *Chil., Arg., Per.* y *Col.* Vasija de barro, o tiesto de vasija rota. || *Per.* Residuos del mineral que se beneficia. || *Chil.* Reloj grande de bolsillo. || — Pl. *Per.* y *Chil.* Manchas que presentan en las nalgas algunos descendientes de negros.

CALLANDICO y **CALLANDITO** adv. m. *Fam.* En secreto, con disimulo. (SINÓN. V. *Secretamente.*)

CALLAO m. *Can.* y *Per.* Guijarro. || Terreno cubierto de cantos rodados.

CALLAPO m. *Bol.* y *Per.* Parihuela. || *Bol.* y *Per.* Reunión de dos balsas, en la navegación fluvial. || *Chil.* Entibo. || *Chil.* y *Bol.* Escalón de mina.

CALLAR v. i. No hablar, guardar silencio: *los niños deben callar cuando hablan las personas mayores.* || Dejar de hablar o gritar: *dicho esto calló.* || Dejar de hacer ruido: *callaron los violines de la orquesta; callar el mar.* || Abstenerse de manifestar algo. || — V. t. Guardar secreta una cosa: *callar un secreto.* || No decir: *ha callado un párrafo de la carta que te ha leído.* (SINÓN. *Ocultar, disimular, velar.*) || *¡Calla!* o *¡Calle!* interj. fam. que denoto extrañeza. || — PROV. **Al buen callar le llaman Sancho,** debe guardarse moderación extremada en el hablar. || **Quien calla, otorga,** el que no protesta da a entender que aprueba. || — RÉG. *Callar de* [*por*] *miedo.*

CALLE f. (del lat. *callis,* senda, camino). Camino que pasa entre dos filas de casas o edificios. (SINÓN. *Callejuela, callejón, calleja, sendero, pasaje.* V. tb. *avenida.*) || *Fam.* Moradores de una calle: *toda la calle lo sabe.* || Espacio por donde ha de ir un corredor pedestre o un nadador en una competición. || Serie de casillas en línea recta (ajedrez). || *Impr.* Línea de espacios en blanco que afea una composición. || *Calle de árboles,* espacio entre dos hileras de árboles. || *Fig. Dejar a uno en la calle,* quitarle la fortuna o el empleo. || *Echar por la calle de en medio,* atropellarlo todo. || *Hacer,* o *abrir, calle,* apartar la gente apiñada para dejar el paso libre. || *Llevarse a uno de calle,* atropellarle, arrollarle y, fig., convencerle, dominarle. || *Fig. La calle de la amargura,* situación difícil, por lo común aflictiva o angustiosa, que se prolonga durante algún tiempo.

CALLEAR v. t. Hacer calles en las viñas.

CALLECALLE m. *Chil.* Planta irídea de flores blancas.

CALLEJA f. Calle pequeña, callejuela.

CALLEJEAR v. i. Andar paseando las calles. || — SINÓN. *Vaguear, cancanear, curiosear.* V. tb. *andar* y *errar.*

CALLEJEO m. Acción de callejear. (SINÓN. V. *Paseo.*)

CALLEJERO, RA adj. Muy amigo de callejear. (SINÓN. V. *Paseante.*) || Relativo a la calle. || — M. Lista de las calles.

CALLEJÓN m. Calleja, callejuela. || Calle corta. (SINÓN. V. *Calle.*) || *Taurom.* Espacio entre barrera y contrabarrera. || *Callejón sin salida,* el que solo tiene una entrada. *Fig.* y *fam.* Negocio de difícil salida.

CALLEJUELA f. Calle pequeña. (SINÓN. V. *Calle.*) || *Fam.* Pretexto.

CALLICIDA m. Remedio contra los callos.

CALLISTA com. Persona que se dedica a cortar y curar los callos. (SINÓN. *Pedicuro.*)

CALLO m. Dureza que produce en la piel el roce de un cuerpo duro. (SINÓN. *Juanete, ojo de gallo.*) || Extremos de la herradura del caballo. || Cicatriz que se forma en un hueso fracturado. || *Fam.* Mujer fea. || — Pl. Pedazos del estómago de los rumiantes, que se comen guisados. || — PARÓN. *Cayo.*

CALLOSIDAD f. Callo grande y poco profundo.

CALLOSO, SA adj. Que tiene callos: *manos callosas.* || Algo parecido al callo: *excrecencia callosa.*

CALLUDO, DA adj. *Arg.* Calloso.

CAMA f. Mueble en que se acuesta uno para dormir: *una cama de caoba.* (SINÓN. *Lecho, tálamo, litera, camastro, catre.* Pop. *Piltra.*) || Cualquier sitio donde uno se puede acostar. || Sitio donde se echan los animales para dormir: *una cama de conejos.* || Plaza en una comunidad: *hospital o colegio de cien camas.* || Suelo de la carreta. || Parte sobre la que descansa el melón en la tierra. || Camada de los animales. || *Cama redonda,* aquella en que duermen varias personas. || *Cama turca,* la que no tiene ni cabecera ni pies. || *Caer en cama,* ponerse uno enfermo, || *Estar en cama, guardar cama,* acostarse por estar enfermo. || Parte del bocado a que están sujetas las riendas. || Pieza central del arado. || Pina de una rueda. || — Pl. Pedazo de tela que se agregan a la capa para redondearla.

CAMADA f. Hijuelos que cría de una vez un animal: *camada de lobos.* || *Fig.* y *fam.* Cuadrilla de ladrones. || Capa de ciertas cosas tendidas horizontalmente: *camada de huevos.*

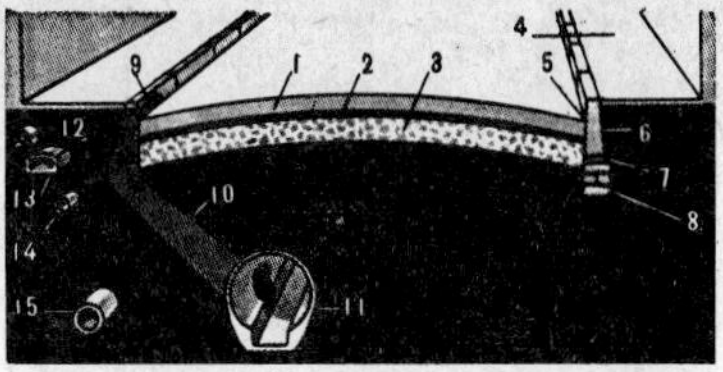

CALLE

1. Calzada
2. Arena
3. Hormigón
4. Acera
5. Reguera
6. Bordillo
7. Mortero
8. Cantos rodados
9. Sumidero
10. Acometida
11. Alcantarilla
12. Conducción eléctrica
13. Calefacción general
14. Conducción de gas
15. Conducción de agua

CALZADO

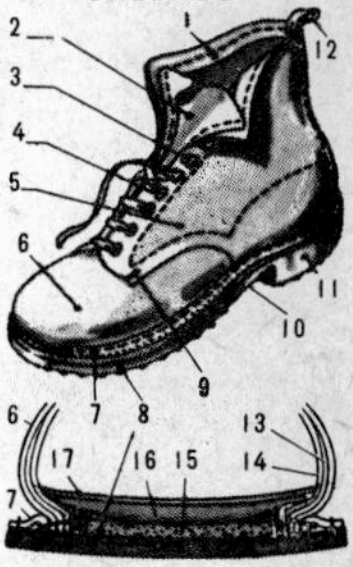

1. Caña
2. Lengua
3. Abrochador
4. Ojete
5. Pala
6. Empeine
7. Puntera
8. Suela
9. Costura
10. Puente
11. Tacón
12. Tirilla
13. Barreta
14. Forro
15. Relleno
16. Cubierta de badana
17. Plantilla

calzoneras

Fot. Cortesía Mundo Hispánico

CAMAFEO m. (ital. *cameo*). Piedra preciosa labrada de relieve.
CAMAGÓN m. Planta ebenácea de Filipinas.
CAMAGUA adj. *Amér. C., Col.* y *Méx.* Dícese del maíz que empieza a madurar.
CAMAGÜEYANO, NA adj. y s. De Camagüey (Cuba).
CAMAGÜIRA f. *Cub.* Árbol silvestre de buena madera.
CAMAHUETO m. *Chil.* Un animal fabuloso.
CAMAL m. Cabestro de las bestias. || *Bol., Ecuad.* y *Per.* Matadero de reses.
CAMALDULENSE adj. y s. Perteneciente y relativo a la Camáldula. (V. *Parte hist.*)
CAMALEÓN m. Género de reptiles saurios. || — Adj. y s. *Fig.* Que cambia fácilmente de opinión: *hombre político camaleón.*
— El color natural del *camaleón* cambia bajo la influencia de diversas causas y esta circunstancia le hace poco visible.

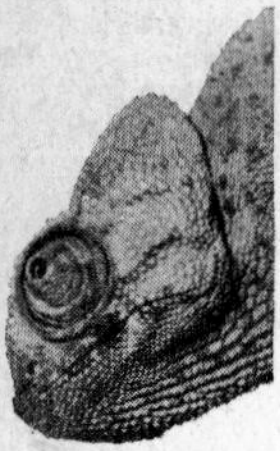
camaleón

CAMALERO m. *Per.* Jifero.
CAMALOTAL m. Sitio poblado de camalote.
CAMALOTE m. *Arg.* Planta pontederiácea: *el camalote forma en los ríos islas flotantes.* (SINÓN. *Aguapé.*) || *Méx., Cub.* y *Salv.* Planta gramínea.
CAMAMA f. *Pop.* Pamema, bola, embuste.
CAMAMBÚ m. *Amer.* Planta solanácea de flor amarilla y fruto comestible.
CAMANANCE m. *Amér. C.* Hoyuelo en la mejilla.
CAMANCHACA f. *Chil.* y *Per.* Niebla espesa y baja.
CAMÁNDULA f. Rosario de uno o tres dieces. || *Fam.* Hipocresía, trastienda, astucia.
CAMANDULENSE adj. y s. Camaldulense.
CAMANDULEAR v. i. Ostentar devoción. || Ser hipócrita, taimado.

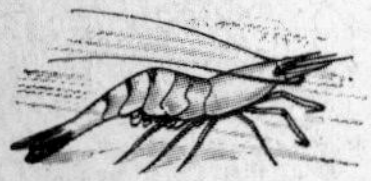
camarón

CAMANDULERO, RA adj. y s. *Fam.* Hipócrita. (SINÓN. V. *Beato* y *empalagoso.*)
CAMANEJO, JA adj. y s. De Camaná (Perú).
CAMAO m. *Cub.* Azulona, paloma.
CÁMARA f. (lat. *camera*). Sala, habitación: *cámara nupcial.* || Departamento, armario, recinto: *cámara frigorífica.* || Junta, reunión de personas principales: *cámara de comercio, cámara sindical.* || Nombre de ciertos cuerpos legislativos: *cámara de diputados.* || Granero, troj. || Sala principal en los barcos. || Nombre que se da a las divisiones de los hornos metalúrgicos: *cámara de calefacción.* || En la armas de fuego, lugar donde está la carga. || Morterete, pieza de artillería antigua. || Anillo tubular de goma de los neumáticos. || Tomavistas de cine o de televisión. || Nombre de diversos tribunales: *cámara de Castilla.* || *Anat.* Cada una de las dos partes en que está dividido el ojo por el cristalino. || — Pl. Flujos de vientre. || *Cámara de aire,* tubo de goma interior en los neumáticos de coches y bicicletas. || *Cámara clara,* prisma de cristal que permite reproducir las imágenes. || *Cámara de combustión,* parte de una turbina de gas en la que produce la combustión del carburante. || *Cámara de gas,* recinto en el que se da muerte a una persona por medio de gases tóxicos. || *Cámara lenta,* proyección lenta de ciertas escenas de una película. || *Cámara obscura,* aparato en que se reproducen, en el fondo de una caja obscura, los objetos exteriores: *la cámara obscura se emplea para la fotografía.* || *Cámara fotográfica,* máquina de retratar. || *Cámara de seda,* habitación donde se crían los gusanos de seda.

cámbaro

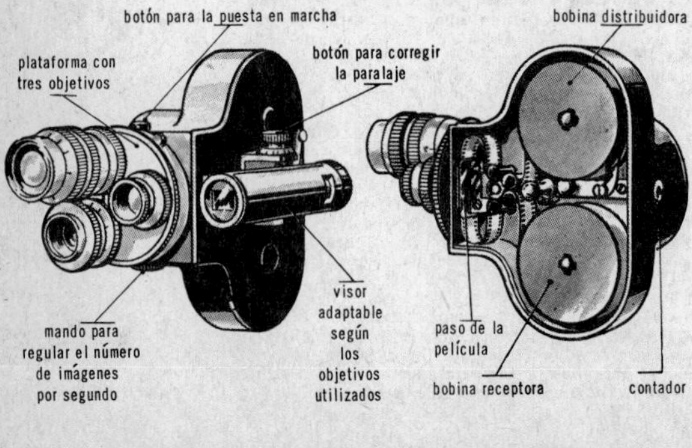

CÁMARA m. Operador de cine.
CAMARADA com. Persona que vive con otro compañero de colegio, de trabajo, etc. (SINÓN. V. *Compañero.*)
CAMARADERÍA f. Amistad entre camaradas. (SINÓN. V. *Frecuentación.*) || Solidaridad entre personas que tienen intereses comunes.
CAMARERA f. Doncella de casa o fonda. (SINÓN. V. *Criada.*)
CAMARERO m. Nombre de ciertos oficiales de la cámara del Papa, de palacio. || Criado de una fonda u hotel, barco, etc.
CAMARETA f. *Mar.* Cámara de los barcos pequeños. || *Amer.* Morterete para fuegos artificiales.
CAMARETO m. *Cub.* Especie de batata amarilla.
CAMARICO m. Regalo que hacían los indios a los clérigos. || *Chil. Fam.* Lugar preferido de una persona. || *Chil. Fam.* Amorío, enredo.
CAMARIENTO, TA adj. Que padece cámaras.
CAMARILLA f. Conjunto de personas que influyen en los asuntos del Estado y, por ext., en otras cosas.
CAMARÍN m. Nicho en que se coloca una imagen del altar. || *Teatr.* Pieza donde se visten los actores. || Tocador de señora. || Pieza retirada de una casa.
CAMARLENGO m. Cardenal que administra los asuntos de la Iglesia mientras está vacante la sede apostólica.
CAMARÓN m. Pequeño crustáceo decápodo marino y de río, comestible. || *Amér. C.* Propina. || Un árbol de Cuba. || *Col.* y *Pan.* Ganga.
CAMARONEAR v. t. *Amér.* Pescar camarones. || — V. i. *Per.* Comportarse veleidosamente en política.
CAMARONERO m. *Per.* Martín pescador, pájaro.
CAMAROTE m. Dormitorio en los barcos.
CAMAROTERO m. *Amer.* Camarero de barco.
CAMARÚ m. *Amer.* Especie de roble.
CAMASQUINCE com. *Fam.* Entremetido.
CAMASTRA f. *Chil.* Maña, astucia, ardid, treta.
CAMASTREAR v. i. *Chil.* Usar astucia o maña.
CAMASTRO m. *Despect.* Cama pobre y mala.
CAMASTRÓN, ONA adj. y s. *Fam.* Taimado.
CAMASTRONERÍA f. Carácter del camastrón.
CAMBA adj. y s. *Bol.* Indígena.
CAMBADO, DA adj. *Amer.* De piernas torcidas.
CAMBALACHE m. *Fam.* Trueque de poca importancia: *andar en cambalaches.* || *Arg.* Prendería.
CAMBALACHEAR v. t. *Fam.* Hacer cambalaches.
CAMBALACHERO, RA adj. y s. Aficionado a trocar o cambalachear. || *Arg.* Prendero.
CAMBAR v. t. *Venez.* y *Arg.* Combar, curvar.
CAMBARÁ m. *Arg.* Árbol de corteza febrífuga.
CÁMBARO m. (lat. *cammarus*). Cangrejo de mar de color verde: *el cámbaro es comestible.*
CAMBERA f. Red para la pesca de cámbaros.
CAMBETO, TA adj. *Venez.* Cambado.
CAMBIABLE adj. Que se puede cambiar.
CAMBIADIZO, ZA adj. Mudadizo.
CAMBIADOR, RA adj. y s. Que cambia. || *Méx.* y *Chil.* Guardagujas de ferrocarril.
CAMBIANTE adj. Que cambia: *carácter muy cambiante.* (SINÓN. *Tornadizo, inconstante, ligero, versátil, variable, voluble.* V. tb. *caprichoso.*) || — M. Viso de colores que hace la luz: *los cambiantes del moaré.* || Cambista.
CAMBIAR v. t. Ceder una cosa por otra: *cambiar de sombrero con una persona.* (SINÓN. *Trocar, permutar.*) || Reemplazar una cosa por otra: *cambiar una rueda de una máquina.* (SINÓN. V. *Trasladar.*) || Convertir: *cambiar los metales en oro.* (SINÓN. V. *Transformar.*) || Modificar: *nadie puede cambiar las leyes de la naturaleza.* || Dar o tomar una moneda o billete por su equivalente: *cambiar un billete de cien pesetas en billetes de cinco; cambiar francos por dólares.* || — V. i. Mudar el viento. || Pasar otra velocidad a un automóvil. || *Taurom.* Marcar la salida del toro

Fot. Dragesco

por un lado de la suerte y darla por el otro. || — OBSERV. Es galicismo decir *cambiarse* por *mudarse* (de casa o de ropa).

CAMBIAVÍA m. *Méx.* y *Cub.* Guardagujas.

CAMBIAZO (Dar un) loc. fam. Cambiar fraudulentamente una cosa por otra.

CAMBIJA f. Arca o depósito de agua elevados.

CAMBIO m. Acción de cambiar. || Modificación que resulta de ello: *cambio de tiempo.* (SINÓN. *Muda, mudanza, traslado.* V. tb. *metamorfosis, crisis* y *reemplazo.*) || Trueque: *perder en el cambio.* (SINÓN. *Canje, trueque, permuta.*) || Dinero menudo. || Precio de cotización de los valores mercantiles. || Operación que consiste en la compra y venta de valores, monedas y billetes. || Diferencia que se paga o cobra por cambiar moneda de un país por la de otro, o por cambiar moneda de plata o papel por moneda de oro. || Comisión que cobra el cambista. || Mecanismo para dirigir los vagones, locomotoras, etc., por las vías que se desea. || Sistema de engranajes que permite ajustar la velocidad de un vehículo al régimen de revoluciones del motor. || *Letra de cambio,* documento mediante el cual ordena el firmante a una persona que pague, en una época determinada, cierta cantidad a otra persona. || *En cambio,* en vez de. || *A las primeras de cambio,* de buenas a primeras.

CAMBISTA com. Que cambia. || Banquero.

CAMBIUM m. *Bot.* Tejido vegetal en vías de formación, de naturaleza mucilaginosa.

CAMBOYANO, NA adj. y s. De Camboya.

CAMBRAY m. Especie de lienzo muy delgado.

CAMBRIANO, NA y **CÁMBRICO, CA** adj. y s. m. Dícese del primer período de la era paleozoica y de los terrenos y fósiles pertenecientes a él.

CAMBRÓN m. Arbusto ramnáceo: *el cambrón suministra una materia colorante amarilla.* || Nombre de varias plantas como el *espino cerval,* la *zarza,* etc.

CAMBRONERA f. Arbusto solanáceo espinoso.

CAMBRÚN m. *Col.* Nombre de una tela de lana.

CAMBUCHO m. *Chil.* Cuchitril, cuarto pequeño. || *Chil.* Cucurucho. || *Chil.* Canasto.

CAMBUÍ m. *Riopl.* Árbol parecido al guayabo.

CAMBUJO, JA adj. Dícese del borrico morcillo. || *Amér. C.* y *Méx.* Persona muy morena.

CAMBULLÓN m. *Amer.* Enredo. || *Col., Méx.* y *Venez.* Cambalache.

CAMBUR m. Especie de plátano: *entre las variedades del cambur pueden citarse el criollo, el hartón o topocho, el manzano, el titiaro y el pigmeo.*

CAMBUTE m. *Bot.* Una planta gramínea tropical.

CAMBUTERA f. Un bejuquillo silvestre de Cuba.

CAMBUTO, TA adj. *Per.* Rechoncho, pequeño.

CAMEDRIO o **CAMEDRIS** m. (del gr. *chamai,* en tierra, y *drus,* encina). Labiada de hojas parecidas a las del roble: *el camedrio se usa como vulnerario.*

CAMELADOR, RA adj. y s. *Fam.* Que camela o adula: *un muchacho camelador.*

CAMELANCIA f. *Fam.* Cameleo.

CAMELAR v. t. *Fam.* Enamorar, requebrar. || *Fam.* Engañar con adulaciones. || *Fam.* Amar, querer. || *Fam.* Convencer. || *Méx.* Ver, mirar, acechar.

CAMELEAR v. t. *Fam.* Engañar con falsas apariencias.

CAMELEO m. *Fam.* Acción propia del camelista.

CAMELIA f. Arbusto teáceo originario del Japón y de flores muy bellas, inodoras: *las camelias blancas son las más estimadas.* || — PARÓN. *Camella.*

CAMÉLIDOS m. pl. Grupo de mamíferos al que pertenecen el camello, el dromedario, la alpaca, etc.

CAMELIEAS f. pl. *Bot.* Familia de dicotiledóneas que tienen por tipo la camelia.

CAMELINA f. Planta crucífera oleaginosa.

CAMELISTA adj. y s. Que camela o camelea.

CAMELO m. *Fam.* Galanteo, requiebro. || *Fam.* Chasco, vaya, burla: *dar camelo a una persona.* || *Fam.* Mentira, cuento.

CAMELOTE m. Tejido que se hacía antiguamente con pelo de camello, luego con pelo de cabra y por último con seda.

Fot. Dragesco

CAMELOTÓN m. Tela más basta que el camelote.

CAMELLA f. Hembra del camello. || Camellón en lo arado. || Gamella, artesa. || — PARÓN. *Camelia.*

CAMELLERO m. El que cuida de los camellos.

CAMELLO m. (lat. *camelus*). Género de mamíferos rumiantes de Asia Central y Turkestán que tienen dos jorobas: *el camello, por su sobriedad y resistencia, es el animal más útil del desierto.* || *Mar.* Dique flotante para levantar los barcos.

CAMELLÓN m. Caballón, lomo de tierra que se levanta con la azada o el arado. || *Méx.* Tierra cultivada en las isletas que flotan en la laguna de México.

CAMERÁ f. *Col.* Especie de conejo silvestre.

CAMERAMAN m. (pal. ingl.). Tomavistas, operador de cine. Pl. *cameramen.*

CAMERINO m. Cuarto de artista en un teatro.

CAMERO, RA adj. Que sirve para cama grande: *colchón camero.* (Dícese en contraposición a lo perteneciente al catre.) || *Cama camera,* la grande. || — M. El que hace o vende camas.

CAMÍBAR m. *C. Rica* y *Nicar.* Copayero. || *C. Rica* y *Nicar.* Bálsamo de copaiba.

CAMILUCHO m. *Amer.* Indio jornalero del campo.

CAMILLA f. Cama pequeña. || Mesa pequeña, bajo la cual se pone el brasero. || Cama pequeña, a modo de andas, para transportar enfermos y heridos. (SINÓN. *Parihuelas, angarillas.*)

CAMILLERO m. El que transporta heridos en una camilla.

CAMINADOR, RA adj. Que camina mucho.

CAMINANTE adj. y s. Viajero, que camina. (SINÓN. V. *Viajero.*)

CAMINAR v. i. Ir de viaje de un sitio a otro. || Ir de un sitio a otro: *aficionado a caminar.* (SINÓN. V. *Andar.*) || Seguir su curso: *los ríos caminan en dirección al mar.* || — V. t. Recorrer caminando.

CAMINATA f. Paseo por diversión. (SINÓN. V. *Paseo.*) || Recorrido largo a pie.

CAMINERO, RA adj. Relativo al camino o perteneciente al camino: *peón caminero.*

CAMINÍ m. *Riopl.* Especie de yerba mate.

CAMINO m. Tierra hollada y preparada de cierto modo, por donde se pasa para ir de un sitio a otro: *camino empedrado.* || Cualquier vía de comunicación: *el canal de Suez es el camino más corto para ir de Europa a Filipinas.* (SINÓN. *Carretera, estrada, calzada, vía, cañada, pista, paso, trocha.* V. tb. *trayecto.*) || Viaje: *ponerse en camino.* || *Fig.* Medio que se toma para conseguir una cosa: *en mal camino está usted.* || *Fig.* Vía, medio que conduce a un fin, a un resultado: *el camino de la gloria.* || *Camino trillado,* el muy frecuentado. *Fig.* y *fam.* Modo de obrar común y vulgar: *no salir del camino trillado.* || *Camino carretero,* el dispuesto para el paso de coches y carretas. || *Camino de herradura,* el que sólo sirve para caballerías. || *Camino de hierro,* el ferrocarril. || *Camino de Santiago,* la Vía Láctea. || *Camino de ronda,* el que da la vuelta a la fortaleza y por el cual circulan las rondas. || *Camino de sirga,* el que está a orillas de ríos y canales. || *Camino real,* el grande, construido por el Estado. || *Camino vecinal,* el construido por el municipio. || *Fig. Abrir camino,* facilitar la solución de una dificultad: *ya me iré abriendo camino.* || *De camino,* loc. adv., de paso: *de camino que vas a casa de tu amigo, pasarás por el correo.* || *Camino de,* loc. adv., hacia: *le hallé camino de casa.* || *Hacer de un camino dos mandados,* aprovechar bien una ocasión. || *Fig. Ir fuera de camino,* andar equivocado.

CAMIÓN m. Vehículo grande y fuerte que se usa

cambio de velocidades de bicicleta

camello

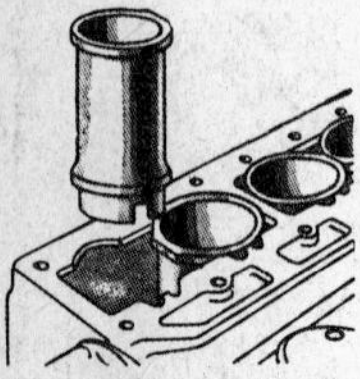
camisa de cilindro

CAMPANA

campana de salvamento

campanillas

campañol

para transportar mercancías pesadas. || *Camión cisterna*, el que se utiliza para el transporte de carburantes líquidos, vinos, agua, etc.
CAMIONAJE m. Transporte por camión. (SINÓN. V. *Transporte*.) || Precio de este transporte.
CAMIONERO m. Persona que conduce un camión.
CAMIONETA f. Camión pequeño.
CAMISA f. (lat. *camisia*). Vestido interior, de lienzo o de algodón. (SINÓN. *Camiseta, camisón*.) || Telilla de ciertos frutos: *la camisa de la castaña*. || Revestimiento de ladrillos refractarios que se pone a ciertos hornos. || Revestimiento interior de una pieza mecánica. || Envoltura de metal de un proyectil. || Cubierta de papel que protege un libro. || Envoltura de un legajo. || Manguito de gasa impregnado en sales metálicas que se coloca sobre una llama de gas para aumentar su brillo. || Epidermis de los ofidios que se desprende periódicamente. || *Fort.* Parte de la muralla que mira hacia la campaña. || *Chil.* Papel ordinario que se pone debajo del fino para empapelar una habitación. || *Camisa de fuerza*, especie de chaqueta de lienzo fuerte, con las mangas reunidas por su extremidad, y que ajustada por detrás, se pone a los locos furiosos. (En Amér. se llama *chaleco de fuerza*.) || *Camisas negras*, agrupación fascista italiana. || *Camisas rojas*, compañeros de Garibaldi. || *Fig.* y *fam.* *Dejar a uno sin camisa*, quitarle cuanto tenía. || *Meterse en camisa de once varas*, meterse uno en lo que no le importa. || *Fig.* y *fam.* *No llegarle la camisa al cuerpo*, estar lleno de miedo. || *Fig.* y *fam.* *Vender hasta la camisa*, venderlo todo.
CAMISERÍA f. Tienda donde se venden camisas.
CAMISERO, RA m. y f. Persona que hace o vende camisas. || — Adj. Traje o bata de mujer.
CAMISETA f. Camisa corta, de mangas anchas. || Camisa corta, de punto o de franela, que se suele llevar a raíz de la carne. || — SINÓN. V. *Camisa*.
CAMISOLA f. Vestido exterior de señora, corto y con mangas: *una camisola bordada*.
CAMISOLÍN m. Especie de pechera postiza.
CAMISÓN m. Camisa larga o grande. || En algunos puntos, camisa de hombre. || Camisa de dormir de señora. || *Amer.* Camisa larga sin mangas que usan las señoras. || *Col., Chil.* y *Venez.* Vestido o traje de mujer, excepto cuando es de seda negra (*saya*). || — SINÓN. V. *Camisa*.
CAMOATÍ m. *Bol.* y *Riopl.* Especie de avispa y panal fabricado por ésta.
CAMOCHAR v. t. *Hond.* Desmochar los árboles.
CAMOMILA f. (lat. *camomilla*). Manzanilla.
CAMÓN m. Trono en que asisten los reyes a misa. || Mirador, balcón cerrado. || *Cub.* Pina de una rueda. || *Arq.* Armazón para formar las bóvedas. || — Pl. Maderos con que se calzan las ruedas de carreta.
CAMORRA f. (pal. ital.). Riña o pendencia. (SINÓN. V. *Disputa*.)
CAMORREAR v. i. Armar camorra.
CAMORRERO, RA adj. y s. Camorrista.
CAMORRISTA adj. y s. Aficionado a riñas.
CAMOTAL m. Terreno sembrado de camotes.
CAMOTE m. *Amer.* Batata, planta comestible. || *Amer.* Bulbo, cebolla. || *Amer.* Enamoramiento. || *Amer.* Amante, querida. || *Amer.* Embuste, bola. || *Ecuad.* y *Méx.* Tonto, bobo. || *Salv.* Cardenal, verdugón. || *Méx.* *Fig.* y *fam.* *Tragar camote*, hablar con dificultad.
CAMOTILLO m. *Chil.* y *Per.* Dulce de camote machacado. || *Méx.* Madera de color violado veteada de negro. || *Guat.* y *Salv.* Cúrcuma, planta tintórea.
CAMPA adj. Dícese de la tierra sin arbolado.
CAMPAL adj. Dícese del combate importante que se da en campo raso: *una batalla campal*.
CAMPAMENTO m. Acción de acampar. || Lugar donde se acampa la tropa. (SINÓN. V. *Campo*.) || *Mil.* Tropa acampada. || *Por ext.* Instalación provisional.
CAMPANA f. (lat. *campana*). Instrumento de bronce, de forma de copa, que tiene en su interior un badajo que la hace sonar. (SINÓN. *Cencerro, campanilla, cascabel, sonajero*.) || *Fig.* Cosa que tiene semejanza con la campana. || En algunos sitios, queda: *tocar la campana*. || Vaso de cristal o de vidrio, grande y abierto por uno de sus extremos. || *Cub.* Floripodio. || *Arg. lunf.* El que acecha mientras otros cometen un robo. || *Campana de salvamento*, recipiente con aire a presión que se utiliza para el salvamento del personal de los submarinos. || *Bota de campana*, la de caña acampanada que suele llevarse vuelta. || *Fig.* y *fam.* *Oír campanas y no saber dónde*, entender mal una cosa.
CAMPANADA f. Toque y sonido de campana. || *Fig.* Escándalo, novedad ruidosa: *dar una campanada*.
CAMPANARIO m. Torre de iglesia en que se colocan las campanas. || — SINÓN. *Campanilo, espadaña*.
CAMPANAZO m. *Amer.* Campanada.
CAMPANEAR v. i. Tocar las campanas. (SINÓN. V. *Sonar*.)
CAMPANELA f. Cierto paso de danza.
CAMPANEO m. El repetido toque de campanas. || *Fig.* y *fam.* Contoneo.
CAMPANERO m. Fundidor de campanas. || El que toca las campanas en la iglesia. || *Venez.* y *Col.* Ave del género *cotinga*, de canto pausado y sonoro.
CAMPANIFORME adj. De forma de campana.
CAMPANIL adj. Dícese del bronce de campanas y de un hierro afamado de Vizcaya.
CAMPANILO m. Campanario de algunas iglesias italianas separado del edificio: *el campanilo más célebre es el de Florencia*. (SINÓN. V. *Campanario*.)
CAMPANILLA f. Campana pequeña: *campanilla de plata*. (SINÓN. V. *Campana*.) || Burbuja: *la lluvia forma campanillas en el agua*. || Úvula, galillo de la garganta. || Flor de la enredadera y otras plantas campanuláceas. || *Méx.* y *Per.* Datura, planta solanácea. || Campana o timbre. || Adorno de figura de campana: *fleco de campanillas*. || *Fam.* *De campanillas*, notable, importante.
CAMPANILLAZO m. Toque de la campanilla.
CAMPANILLEAR v. i. Tocar la campanilla.
CAMPANILLEO m. Acción de campanillear.
CAMPANO m. Esquila. || Especie de caoba.
CAMPANTE adj. Que campa o sobresale. || *Fig.* y *fam.* Ufano, satisfecho: *se quedó tan campante*.
CAMPANUDO, DA adj. Que tiene figura de campana: *falda campanuda*. || *Fig.* Dícese del vocablo muy sonoro y del lenguaje o estilo retumbante, así como del que los emplea: *orador campanudo*.
CAMPÁNULA f. Farolillo, planta.
CAMPANULÁCEAS f. pl. *Bot.* Familia de dicotiledóneas de flores en figura de campana, que tienen por tipo el farolillo o campánula.
CAMPAÑA f. Campo llano: *una campaña fértil*. || *Mar.* Tiempo que pasa entre la salida de un buque y su regreso: *una campaña de pesca*. || *Mil.* Expedición militar: *militar que cuenta cinco años de campaña*. (SINÓN. V. *Guerra*.) || *Amer.* Campo: *vivir en la campaña*. || Serie de esfuerzos encaminados a obtener un resultado: *campaña antialcohólica*. || Período en que se ejerce un cargo o se dedica a ocupaciones determinadas: *campaña parlamentaria*.
CAMPAÑISTA m. *Chil.* Pastor.
CAMPAÑOL m. Ratón de campo.
CAMPAR v. i. Acampar: *campar en el bosque*. || Sobresalir, distinguirse. || *Fig.* *Campar por sus respetos*, hacerse independiente.
CAMPATEDIJE m. *Ant.* y *Méx.* Fulano o zutano.
CAMPEADOR adj. Que se distingue o sobresale entre los demás: *el Cid Campeador*.
CAMPEAR v. i. (de *campo*). Salir los animales al campo. || Verdear las sementeras: *ya campean los trigos*. || *Amer.* Recorrer el campo: *fueron a campear para coger unos caballos*. || *Venez.* Salir a pacer el ganado. || *Fig.* Sobresalir, descollar.
CAMPECHANAMENTE adj. De manera franca.
CAMPECHANÍA y **CAMPECHANERÍA** f. Carácter campechano. (SINÓN. V. *Franqueza*.)
CAMPECHANO, NA adj. y s. De Campeche (México). || *Fig.* y *fam.* Amistoso. (SINÓN. V. *Franco*.) || Dadivoso, generoso.
CAMPECHE m. (de *Campeche*, n. geogr.). *Palo de campeche*, madera de un árbol leguminoso de América, capaz de hermoso pulimento.

CAMPEÓN m. El que en los duelos antiguos combatía por su causa o la ajena: *los caballeros andantes se hacían los campeones de la viuda y del huérfano.* || Luchador, combatiente. || Vencedor de un certamen deportivo: *campeón ciclista.* || *Fig.* Defensor: *campeón de la fe.*
CAMPEONATO m. Certamen para conseguir el título de campeón en ciertos deportes: *campeonato de natación.* (SINÓN. V. *Competición.*)
CAMPERO, RA adj. Relativo al campo. || Descubierto, al aire libre. || Dícese de los animales que duermen al aire libre: *ganado campero.* || *Riopl.* Hecho al campo; baqueano. || — M. Jeep.
CAMPESINO, NA adj. Propio del campo: *ratón campesino.* || — Adj. y s. Que vive en el campo: *baile de campesinos.* (SINÓN. *Aldeano, lugareño, siervo, villano.* Pop. *Destripaterrones.*) || Labrador. (SINÓN. V. *Agricultor.*)
CAMPESTRE adj. Campesino, del campo: *flor campestre.* (SINÓN. *Rústico, rural, agreste, bucólico, pastoril.*) || — M. Baile antiguo mexicano.
CAMPICHUELO m. *Arg.* Campo pequeño.
CAMPING m. (pal. ingl.). Deporte que consiste en vivir al aire libre guareciéndose de la intemperie por medio de una tienda de campaña. || Terreno reservado al camping.
CAMPIÑA f. Espacio grande de tierra cultivable. (SINÓN. V. *Campo.*)
CAMPIRANO, NA adj. y s. *Amer.* Entendido en las faenas campesinas, en el manejo del caballo.
CAMPISTA m. *Amer.* Arrendador de una mina. || *Neol.* Persona que hace camping.
CAMPO m. (lat. *campus*). Espacio de tierra labrantía: *un campo de trigo.* (SINÓN. V. *Terreno.*) || Sitio espacioso fuera de poblado. || Lo contrario de poblado: *salir a dar un paseo por el campo.* || Campiña en contraposición a *monte* o *sierra.* (SINÓN. *Pradera.*) || Sembrado, árboles, cultivos. || *Campo de batalla,* lugar donde combaten dos ejércitos. || Perspectiva, asunto, materia: *el campo de las hipótesis es ilimitado.* || *Fig.* Partido político, filosófico, etc. || *Campo de un anteojo,* espacio que se abraza con él: *el anteojo astronómico tiene campo muy pequeño.* || *Campo eléctrico,* región sometida a la influencia de una corriente eléctrica. || *Campo operatorio,* región a que se aplica la intervención quirúrgica || Fondo: *campo de un grabado.* || Fondo del blasón: *una mano de oro en campo de gules.* || *Mil.* Sitio que ocupa un ejército y, por ext., ejército: *un oficial del campo carlista.* (SINÓN. *Campamento, vivaque.*) || Lugar donde se celebra un encuentro deportivo: *campo de tenis, de fútbol.* || *Campo de aviación,* espacio descubierto reservado al despegue y al aterrizaje de aviones. || *Fig. Campo del honor,* el de batalla. || *Campo santo,* cementerio. || *A campo traviesa,* m. adv., atravesando el campo y todos los obstáculos para ganar terreno. || *Campo de concentración,* recinto en que se encierran, en tiempo de guerra, ciertas personas originarias de países enemigos, y también, en otros casos, por razones políticas.
CAMPOSANTO m. Campo santo, cementerio.
CAMPUS m. (pal. lat. que sign. *campo;* a través del norteamer.). Ciudad universitaria construida a proximidad de una población importante para la enseñanza y el alojamiento de los estudiantes.
CAMPUSANO, NA *Riopl.* y *Pan.* y **CAMPUSO, SA** adj. y s. *Amér. C.* Campesino.
CAMUESA f. Fruto del camueso.
CAMUESO m. Especie de manzano, de fruto muy perfumado. || *Fig.* y *fam.* Hombre necio.
CAMUFLAJE m. Galicismo que significa arte de ocultar el material de guerra o tropas. || *Fig.* Disimulo.
CAMUFLAR v. t. Galicismo por *ocultar, disimular, encubrir.*
CAN m. (lat. *canis*). Perro. || Gatillo de un arma de fuego. || *Arq.* Cabeza de una viga que sobresale del muro. || *Arq.* Modillón, adorno saliente bajo la cornisa. || *Astr.* Nombre de dos constelaciones: el *Can Mayor* y el *Menor.*
CAN m. Kan.
CANA f. Cabello blanco. Antigua medida catalana de dos varas. || *Cub.* Especie de palmito. || *Amer. Pop.* Presidio. || *Fig.* y *fam. Echar una cana al aire,* divertirse una persona.
CANABÍNEAS f. pl. *Bot.* Cannabáceas.
CANACA adj. *Chil.* Relativo a la raza amarilla. || — M. *Chil.* Chino. || *Chil.* Burdel.
CANADIENSE adj. y s. Del Canadá.
CANADILLO m. *Bot.* Belcho.
CANAL m. (lat. *canalis*). Río excavado o cauce artificial que, mediante esclusas, permite a los barcos salvar las diferencias de nivel. || Estrecho, angostura en el mar: *el canal de Mozambique.* (SINÓN. V. *Estrecho.*) || *Canal marítimo,* el que hace comunicar dos mares entre sí, como el canal de Panamá. || *Canal lateral,* el que se hace paralelamente al curso de un río poco navegable apretado entre dos orillas. || Vaso del organismo animal o vegetal: *canal excretor, canal medular.* || Parte más profunda de la entrada de un puerto: *se suele indicar el canal de los puertos por medio de fuegos o balizas.* || Conducto por donde pasan las aguas, el gas, etc., en la tierra: *el agua pasa por canales de plomo.* (SINÓN. V. *Tubo.*) || En los tejados, conducto por donde corren las aguas y también cada una de las tejas que lo forman. || Zona de frecuencia entre cuyos límites se efectúa una comunicación telefónica o telegráfica. || — F. Res muerta una vez quitado los despojos. || Corte de un libro opuesto al lomo. || *Arq.* Estría de una columna. || *Abrir en canal,* abrir por en medio, de arriba abajo: *abrir un cerdo en canal.*
CANALADO, DA adj. Acanalado, con estrías.
CANALADURA f. *Arq.* Estría, surco.
CANALEJA f. Canal chica.
CANALETA f. *Arg.* Canal inclinado a modo de tobogán para cargar los buques. || *Arg.* Arroyo de calle.
CANALETE m. Remo corto de pala ancha y ovalada: *el canalete sirve para bogar en las canoas.*
CANALÍCULO m. Canal, conducto pequeño.
CANALIZABLE adj. Que puede canalizarse.
CANALIZACIÓN f. Acción de canalizar: *la canalización de un río.* || Cañería: *canalización de gas.* || *Amer.* Alcantarillado. || — SINÓN. *Conducción.*
CANALIZAR v. t. Abrir canales. || Transformar un río en canal: *canalizar un río demasiado rápido.* || *Fig.* Orientar en una dirección.
CANALIZO m. *Mar.* Canal o estrecho.
CANALÓN m. Cañería que recoge en los tejados el agua de los canales. || Sombrero de teja.
CANALONES m. pl. Placas rectangulares de pasta, rellenas y arrolladas.
CANALLA f. Populacho vil. || *Fig.* y *fam.* Gente baja, ruin, de malos procederes. (SINÓN. V. *Granuja.*) || — M. Hombre despreciable y malo: *portarse como un canalla.* || — OBSERV. Es galicismo usar esta voz como adj.: *un aire canalla, una mirada canalla.*
CANALLADA f. Acción propia de un canalla.
CANALLESCO, CA adj. Digno de la canalla o de un canalla: *risa canallesca, diversión canallesca.*
CANANA f. Cinto para llevar los cartuchos. || *Col.* Camisa de fuerza. || *Amér. C.* Bocio.
CANANEO, A adj. y s. De Canaán.
CANAPÉ m. Sofá. (SINÓN. *Diván, confidente, otomana, turca.*)
CANARIENSE adj. y s. Canario.
CANARIERA f. Jaula para canarios.
CANARIO, RIA adj. y s. De las islas Canarias. || *Riopl.* Canelonense, de Canelones. || — M. Pájaro amarillo de canto armonioso. || Pito, juguete. || Especie de embarcación pequeña.
CANASTA f. Cesto de mimbres ancho de boca. (SINÓN. V. *Cesto.*) || Cierto juego de naipes con dos o más barajas francesas. || En dicho juego, lograr siete cartas del mismo número. || Tanto conseguido en el baloncesto.
CANASTERO, RA m. y f. Persona que hace o vende canastas. || *Chil.* Vendedor ambulante, que lleva su mercancía en canastas.
CANASTILLA f. Canastillo, cestillo. (SINÓN. V. *Cesto.*) || Ropa preparada para el niño que va a nacer: *hacer la canastilla.*
CANASTILLO m. Canasto pequeño y bajo. || Macizo de flores redondo: *un canastillo de geranios.* || *Amer.* Canastilla, ajuar.
CANASTO m. (lat. *canistrum*). Canasta recogida de boca. (SINÓN. V. *Cesto.*) || *¡Canastos!* interj. de enojo o de sorpresa.
CÁNCAMO m. *Mar.* Cabilla de hierro. || Armella de cabeza redondeada.
CANCAMUSA f. *Fam.* Engaño, artificio.
CANCÁN m. (pal. fr.). Baile de origen fran-

canaladura

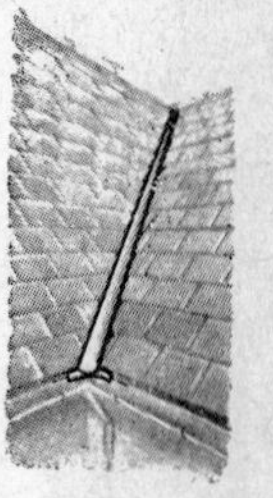
canalón

canario

canasta

Fot. Zuber-Multiphoto

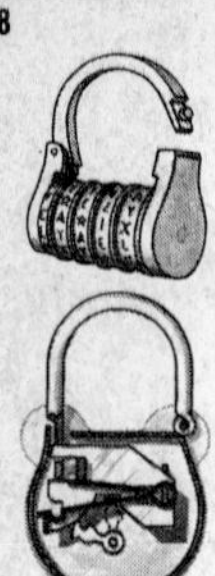

candados

candelabro

cancela

cés. || — Adj. y s. *Neol.* Enagua con muchos volantes.
CÁNCANA f. Banquilla que servía antiguamente de picota en los colegios. || Especie de araña gruesa. || *Arg.* y *Chil.* Asador.
CANCANEAR v. i. *Fam.* Andar uno sin saber adónde, vagar. (SINÓN. V. *Callejear.*) || *Amér. C., Col.* y *Méx. Fam.* Tartajear, tartalear. || *Riopl.* Bailar el cancán.
CANCANEO m. *Fam.* Tartamudeo.
CÁNCANO m. *Fam.* Piojo.
CANCEL m. Armazón de madera que se pone delante de las puertas de los edificios, por la parte interior, para impedir la entrada del viento. || Mueble compuesto de uno o más bastidores móviles que sirve para proteger contra el viento: *dividir una sala por medio de canceles.* || *Amer.* Biombo, mampara.
CANCELA f. Verjilla puesta en el umbral de una casa. || *Arg.* Puerta en el cerco de las estancias.
CANCELACIÓN f. Acción de cancelar.
CANCELAR v. t. Anular un documento. || Saldar, extinguir una deuda. || Anular el compromiso. || — SINÓN. V. *Anular.*
CANCELARÍA f. Tribunal donde se despachan, en Roma, las gracias apostólicas.
CANCELARIO m. El que confería los grados en las universidades. || *Bol.* Rector de universidad.
CÁNCER m. (del lat. *cancer*, cangrejo). Tumor maligno formado por la multiplicación desordenada de las células de un tejido o de un órgano. (SINÓN. V. *Tumor.*) || *Fig.* Lo que devora una sociedad, una organización, etc.: *la burocracia es el cáncer de muchos gobiernos.* || *Astr.* Signo y constelación zodiacales.
— El tejido canceroso está formado por las divisiones celulares (mitosis) anormales, que le confieren una estructura anárquica. Hay diferentes clases de cáncer: *epiteliomas,* de la mucosa, de las glándulas, de la piel; *sarcoma,* del tejido conjuntivo, músculos, tendones, huesos; *melanoma,* de las células que contienen el pigmento de la piel; *leucemia,* o cáncer de la sangre. El cáncer es indoloro cuando empieza su desarrollo, lo que hace difícil su rápido descubrimiento, pero a menudo provoca hemorragias. El tratamiento más eficaz para combatir el cáncer consiste en la ablación del tumor o su destrucción por medio de rayos X, el radio o isótopos radiactivos. Algunas formas del cáncer, como los glandulares (próstata) se curan por tratamientos hormonales.
CANCERADO, DA adj. Atacado de cáncer.
CANCERARSE v. r. Tomar carácter canceroso un tumor. || *Fig.* Corromperse, podrirse.
CANCERBERO m. Portero brutal y severo. || *Fig.* Guardián vigilante.
CANCERÍGENO, NA adj. Que provoca el cáncer.
CANCEROSO, SA adj. De la misma naturaleza que el cáncer: *una úlcera cancerosa.*
CANCILLA f. Puerta a modo de barrera.
CANCILLER m. (lat. *cancellarius*). Dignatario que guardaba el sello real. || Nombre de otras dignidades antiguas y modernas: *canciller mayor de Castilla.* || Empleado de consulado inferior al vicecónsul. || Magistrado supremo en ciertos países. || En algunos Estados, jefe o presidente del Gobierno.
CANCILLERESCO, CA adj. De cancillería.
CANCILLERÍA f. Oficio de canciller. || Oficina especial en las embajadas, consulados. || Centro en el cual se dirige la política exterior.
CANCIÓN f. (lat. *cantio*). Composición en verso que se puede cantar: *canción alegre.* || Música con que se canta. (SINÓN. V. *Canto.*) || Nombre de diferentes composiciones poéticas: *la canción de Herrera a la victoria de Lepanto.* || *Canción de cuna,* la entonada para hacer dormir a los niños. || *Canción de gesta,* cantar de gesta. || *Chil. Canción nacional,* himno nacional. || *Fig.* y *fam. Volver a la misma canción,* repetir lo que se dijo o hizo antes.
CANCIONERO m. Colección de canciones y poesías: *el cancionero de Baena contiene composiciones de 55 poetas españoles de los siglos XIV y XV.* (V. *Parte hist.*)
CANCIONISTA com. El que compone o canta canciones. (SINÓN. V. *Cantante.*)
CANCO m. *Chil.* Botija u olla de barro. || *Chil.* Maceta. || *Chil.* y *Bol.* Nalga. || *Fam.* Sodomita.
CANCÓN m. *Fam.* Bu. || *Méx. Hacer un cancón a una persona,* amenazarla con algo imaginario.
CANCRO m. Cáncer. || Úlcera de los árboles.
CANCROIDE m. Tumor canceroso de la piel.
CANCROIDEO, A adj. Semejante al cáncer.
CANCHA f. *Per.* Rosetas de maíz tostado. || *Amer.* Lugar destinado a cualquier clase de deporte: *cancha de pelota, cancha de caballos.* || *Col.* Lo que se paga al dueño de un garito o tablaje. || *Amer.* Patio, corral, espacio cercado: *cancha de mina.* || *Amer.* Lugar espacioso y desembarazado; trozo de un río entre dos recodos; sitio donde se descuartizan las reses en el matadero, donde se hacen adobes, etc. || *Urug.* Camino. || *Riopl. ¡Cancha!* interj. que se emplea para pedir que abran paso. || *Arg., Chil.* y *C. Rica. Abrir,* o *dar, cancha,* conceder ventaja. || *Chil.* y *Riopl. Estar en su cancha,* estar en su elemento.
CANCHALAGUA f. Planta gencianácea americana.
CANCHAMINA f. *Amer.* Cancha de mina.
CANCHAR v. i. *Per.* Negociar, vender servicios. || *Per.* Ganar mucho dinero. || *Chil.* Canchear.
CANCHE adj. *Amér. C.* Rubio. || *Col.* Mal sazonado.
CANCHEAR v. i. *Arg.* Jugar de manos a modo de esgrima. (V. VISTEAR.) || *Amer.* Buscar medios para no trabajar seriamente.
CANCHERO, RA m. y f. *Arg.* y *Chil.* Que canchea. || — M. *Per.* Clérigo que procura sacar dinero de sus feligreses por todos los medios. || *Amer.* El que cuida de una cancha. || — Adj. *Arg.* Ducho, experto.
CANCHO m. Peñasco grande. || *Chil.* Propina. || *Per. Fam.* Emolumentos, salario, ganancia: *pensar sólo en el cancho.*
CANDADO m. Cerradura móvil que, por medio de anillos o armellas, asegura puertas, tapas de cofre, etc. || *Col.* Perilla de la barba.
CANDALIZA f. *Mar.* Nombre de los cabos que sirven para halar de los brioles.
CANDALLERO m. *Amer. Tecn.* Cojinete que recibe los ejes de los tornos.
CANDAMO m. Antiguo baile rústico.
CANDANGA f. *Amér. C.* y *Cub.* El diablo.
CANDE adj. Dícese del azúcar cristalizado.
CANDEAL adj. (del lat. *candidus*, blanco). Dícese del trigo muy blanco y del pan que con él se hace. || *Riopl.* y *Chil.* Candiel.
CANDELA f. Vela de sebo, resina, etc. || *Amer.* Vela de cera o estearina. || Flor del castaño. || *Fam.* Lumbre: *pedir candela para encender el cigarro.* || *Fís.* Unidad de intensidad luminosa (símb.: cd) que equivale a la intensidad, en una dirección determinada, de una abertura perpendicular a esta dirección y que tenga una superficie de 1/60 de cm^2, difundiéndose como un radiador integral (*cuerpo negro*) a la temperatura de solidificación del platino. || — Pl. *Col.* Amoríos. || *Fam. Arrimar candela,* dar de palos.
CANDELABRO m. Candelero de varios brazos. (SINÓN. V. *Candelero.*) || *Arg.* Planta cactácea.
CANDELADA f. Hoguera, fogata.
CANDELARIA f. Fiesta de la Purificación (2 de febrero). || Gordolobo, planta. || Especie de enredadera del Perú.
CANDELARIO, RIA adj. *Per. Fam.* Tonto.
CANDELECHO m. Choza en alto utilizada para vigilar.
CANDELEJA f. *Chil.* y *Per.* Arandela.
CANDELEJÓN m. *Col., Chil.* y *Per. Fam.* Bobo, cándido, simple.
CANDELERO m. Utensilio que sirve para sostener la vela o candela. (SINÓN. *Palmatoria, candelabro, girándula, cornucopia, hachero.*) || Velón. || *Méx.* Planta cactácea de varios talos verticales. || *Mar.* Cabilla de hierro que sirve para asegurar alguna cuerda. || *Venez.* Especie de hiedra. || *Fig.* y *fam. En el candelero,* en posición elevada.
CANDELILLA f. Flor de algunos árboles, como el álamo blanco. || *Cir.* Sonda de goma. || Planta euforbiácea. || *Cub.* Especie de bastilla, costura. || *Amer.* Luciérnaga. || *Chil.* y *Arg.* Fuego fatuo.
CANDENCIA f. Calidad de candente.
CANDENTE adj. (del lat. *candere*, brillar). Dícese del metal calentado al rojo blanco: *el*

Fot. Kollar, Fiandd

hierro candente es maleable. || Ardiente, que quema. || *Fig. Cuestión candente,* la muy grave.

CANDI adj. Cande: *azúcar candi.*

CANDIAL adj. Candeal: *trigo candial.*

CÁNDIDAMENTE adv. m. Con candor.

CANDIDATO m. El que pretende algún cargo o título: *candidato al bachillerato.* (SINÓN. V. *Postulante.*) || Persona que se propone para un cargo: *candidato a la Academia, a la presidencia.*

CANDIDATURA f. Opción a un grado o empleo: *presentar su candidatura a una cátedra vacante.*

CANDIDEZ f. Calidad de cándido. (SINÓN. V. *Candor.*)

CÁNDIDO, DA adj. Que carece de astucia, sencillo. || *Fig.* Simple, poco advertido. (SINÓN. V. *Bobo.*)

CANDIEL m. Coñac mezclado con huevo, azúcar, etc.

CANDIL m. Lámpara de aceite muy sencilla: *el candil es la lámpara más primitiva que se conoce.* || Punta de las cuernas de los venados. || *Fig.* y *fam.* Pico del sombrero. || *Méx.* Araña, candelabro colgante. || — Pl. Especie de aristoloquia. || Nombre de una planta aroidea. || Uno de los nombres del *arísaro.*

CANDILADA f. Aceite derramado por un candil.

CANDILEJA f. Vaso interior de un candil. || Candil pequeño. || Lucérnula, neguilla, planta. || — Pl. Luces del proscenio del teatro. (SINÓN. V. *Teatro.*)

CANDILEJO m. Candileja. lucérnula, planta.

CANDILERA f. Planta labiada de España.

CANDILILLOS m. pl. Arísaro.

CANDINGA f. *Chil.* Majadería. || *Hond.* Enredo. || *Méx.* Diablo.

CANDIOTA adj. y s. De Candía.

CANDOMBE m. *Amer.* Cierto baile de negros. || *Amer.* Tamborcillo pequeño. || *Riopl.* Desgobierno político.

CANDOMBEAR v. i. Bailar el candombe. || *Riopl.* Actuar mal en política.

CANDOMBERO adj. *Riopl.* Inmoral.

CANDONGA f. Lisonja engañosa, zalamería. || *Fam.* Chasco o broma pesada: *dar candonga.* || *Fam.* Mula de tiro. || *Hond.* Lienzo doblado con que se faja a los niños el ombligo. || — Pl. *Col.* Arracadas o pendientes.

CANDONGO, GA adj. y s. *Fam.* Zalamero y astuto. || Holgazán, marrajo. (CONTR. *Activo.*)

CANDONGUEAR v. t. *Fam.* Dar candonga. || — V. i. *Fam.* Hacerse uno el marrajo por no trabajar.

CANDONGUERO, RA adj. *Fam.* Aficionado a candonguear, marrajo, holgazán.

CANDOR m. (del lat. *candor,* blancura). Sinceridad, sencillez: *una confesión llena de candor.* || — SINÓN. *Ingenuidad, candidez, inocencia, credulidad, simpleza.* || — CONTR. *Disimulo, hipocresía.*

CANDOROSO, SA adj. Que tiene candor.

CANÉ m. Juego parecido al monte. || Charla.

CANEAR v. i. Encanecer.

CANECA f. Frasco de barro vidriado: *una caneca de ginebra.* || *Cub.* Botella de barro. || *Arg.* Balde de madera. || *Amer.* Medida de capacidad (19 litros).

CANECO, CA adj. Ebrio, borracho, achispado.

CANÉFORA f. (del gr. *kaneon,* canastillo, y *phoros,* que lleva). Doncella que llevaba en la cabeza, en ciertas fiestas paganas, un canastillo con flores.

CANEICITO m. *Cub.* Festejo popular.

¡CANEJO! interj. *Arg.* ¡Caramba!

CANELA f. Corteza de canelo, de olor y sabor aromático: *la canela se emplea para perfumar el chocolate.* || *Fig.* y *fam.* Cosa exquisita.

CANELÁCEAS f. pl. Familia de plantas angiospermas.

CANELILLO m. Nombre de una planta rutácea de Chile, una sapindácea de Cuba, una euforbiácea de México y una lauràcea de Venezuela.

CANELO, LA adj. De color de canela. || — M. Árbol parecido al laurel, cuya corteza es la canela. || *Chil.* Árbol magnoliáceo. || *Fam. Hacer el canelo,* desaprovechar una oportunidad, hacer el primo.

CANELÓN m. Canalón, cañería || Carámbano que cuelga de las canales en invierno. || Labor de pasamanería: *los canelones de una charretera.* || Confite que contiene una raja de canela. || *Fam.* Punta de las correas de las disciplinas. || *Riopl.* Árbol de la familia de las mirsináceas. || *Venez.* Rizo hecho en el pelo.

CANELONENSE adj. y s. De Canelones (Uruguay).

CANELONES m. pl. Canalones.

CANEO m. *Amer.* Bohío, choza.

CANESÚ m. (fr. *canezou*). Cuerpo de vestido de mujer, sin mangas. || Pieza superior de la camisa.

CANEVÁ m. (fr. *canevas*). *Amer.* Cañamazo.

CANEY m. *Col.* Bohío de techo cónico. || *Cub.* Recodo que forma un río.

CANFÍN m. *C. Rica,* Petróleo.

CANFINFLERO m. *Arg.* Rufián.

CANGA f. En China, cepo con agujeros donde se introducen la cabeza y las manos del reo. || *Amer.* Mineral de hierro con arcilla.

CANGAGUA f. *Ecuad.* Cancagua.

CANGALLA com. *Col.* Persona o animal flacos. *Riopl.* Persona cobarde. || — F. *Arg.* y *Chil.* Desperdicios de minerales.

CANGALLAR v. t. *Chil.* Robar, hurtar cangalla.

CANGALLERO m. *Chil.* Ladrón de metales. || *Per.* Vendedor de objetos a bajo precio.

CANGILÓN m. Especie de cántaro. || Cantarillo de la noria. || Nombre de los pliegues de los cuellos escarolados. || Caja, tambor. || *Amer.* Carril, carrilera del camino. || *Col.* y *Cub.* Hoyo o bache: *camino lleno de cangilones.*

CANGRE m. *Cub.* Mata de la yuca.

CANGREJA f. *Mar.* Una vela de forma trapezoidal que va a la popa.

CANGREJAL m. *Riopl.* Terreno bajo y húmedo donde se suelen criar ciertos cangrejillos negruscos.

CANGREJERO, RA m. y f. Persona que vende cangrejos. || — F. Criadero de cangrejos.

CANGREJO m. (lat. *cancer*). Crustáceo acuático fluvial: *el cangrejo toma con la cochura un color rojo.* || Cámbaro, cangrejo de mar. || *Tecn.* Barrena de calafates. || Carrillo que rueda por los rieles del ferrocarril y sirve para transportar materiales. || Carro pequeño que rueda sobre rodillos en vez de ruedas. || Parte de la armadura antigua que cubría la sangría y las corvas.

CANGRENA f. *Ant.* Gangrena.

CANGRO m. Barb. por *cáncer.*

CANGUELO m. *Pop.* Miedo. (SINÓN. V. *Temor.*)

CANGÜESO m. Pez. teleósteo de mar.

CANGUIL m. *Ecuad.* Maíz pequeño muy estimado.

CANGURO m. Mamífero didelfo de Australia que anda a saltos. (Alcanza una altura máxima de 1,50 m.; la hembra, más pequeña, guarda sus crías durante seis meses en una bolsa en el vientre.)

CANÍBAL adj. y s. Nombre dado a los antiguos caribes por los españoles. || Antropófagos: *se encuentran aún caníbales en el centro de África.* || Que se come a otros de su misma especie. || *Fig.* Cruel, feroz.

CANIBALISMO m. Antropofagia. || *Fig.* Ferocidad.

CANICA f. *Cub.* Canela silvestre. || — Pl. Juego de muchachos que se hace con bolitas de barro, vidrio, etc. || Estas mismas bolitas.

CANICIE f. Blancura del pelo del hombre.

CANÍCULA f. (lat. *canicula*). Nombre de la estrella de *Sirio,* en el Can Mayor. || *Astr.* Tiempo en que la estrella Sirio nace y se pone con el Sol. || Período en que son más fuertes los calores.

CANICULAR adj. Perteneciente a la canícula.

CÁNIDOS m. pl. *Zool.* Familia de mamíferos carnívoros que comprende los perros y los lobos.

CANIJO, JA adj. *Fam.* Enclenque. || — SINÓN. *Raquítico, arrugado, avellanado.* V. tb. *débil.*

CANILLA f. Hueso largo de la pierna y, a veces, del brazo. || Caño pequeño de madera, por donde se vacía la cuba. || Carretillo de la lanzadera de la máquina de coser o de tejer. || Desigualdad en una tela. || *Col. Arg.* Pantorrilla muy delgada. || *Per.* Juego de dados. || *Arg.*

cangrejo de mar

cangrejo

canguro

canilla de máquina de coser

Fot. Dragesco

Grifo. ‖ *Méx.* Fuerza. ‖ *Fig.* y *fam.* *Irse de canilla,* padecer diarreа, o hablar demasiado.
CANILLERA f. Pieza de la armadura que defendía la canilla. ‖ *Col.* Pánico, terror. ‖ *Ecuad.* Temblor.
CANILLERO m. Agujero que se abre con barrena o berbiquí para poner la canilla en el tonel.
CANILLITA m. *Riopl.* y *Per.* Chiquillo vendedor de diarios.
CANILLUDO, DA adj. *Amer.* Zanquilargo.
CANIME m. *Col.* y *Per.* Copaiba.
CANINA f. Excremento de perro.
CANINO, NA adj. (lat. *caninus,* de *canis,* perro). ‖ Relativo al can: *las razas caninas son muy diversas.* ‖ Que parece de perro: *hambre canina.* ‖ *Diente canino,* colmillo. ‖ — M. Colmillo: *las fieras tienen caninos.*
CANISTEL m. *Cub.* y *Méx.* Árbol sapotáceo.
CANJE m. Trueque, sustitución: *canje de notas diplomáticas, de prisioneros, de periódicos.* (SINÓN. V. *Cambio.*)
CANJEABLE adj. Que puede canjearse.
CANJEAR v. t. Hacer canje: *canjear prisioneros.* (SINÓN. V. *Cambiar.*)
CANNABÁCEAS f. pl. Familia de plantas que tiene por tipo el cáñamo.
CANNÁCEAS f. pl. Familia de monocotiledóneas que tiene por tipo el cañacoro.
CANO, NA adj. Lleno de canas: *cabellera cana.* ‖ *Fig.* Viejo, antiguo. ‖ *Fig.* Blanco.
CANOA f. Embarcación de remo de los indios: *una canoa de corteza.* ‖ Embarcación ligera mo-

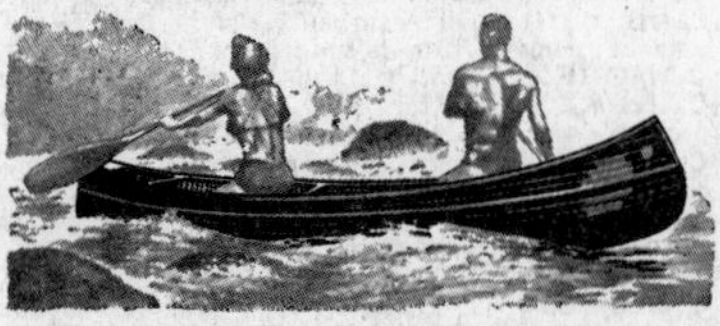

vida a remo. (SINÓN. V. *Embarcación.*) ‖ *Amer.* Canal de madera sostenida en alto para llevar agua. ‖ *Chil.* Canal del tejado. ‖ *Amer.* Artesa de madera.
CANÓDROMO m. Lugar para las carreras de galgos.
CANOERO m. El que guía la canoa.
CANON m. (del lat. *canon,* regla). Precepto: *los cánones de la Iglesia.* (SINÓN. V. *Regla.*) ‖ Decisión tomada por un concilio de la Iglesia: *los cánones del Concilio de Trento modificaron profundamente la Iglesia católica.* ‖ Catálogo de los libros sagrados declarados auténticos por la Iglesia. ‖ Catálogo, lista. ‖ Parte de la misa. ‖ Tipo de las proporciones humanas tomado como base por los artistas: *el Apolo del Belvedere es el canon de la belleza antigua.* ‖ *Mús.* Composición de contrapunto en que las varias voces repiten sucesivamente lo que cantaron las anteriores. ‖ Prestación pecuniaria periódica que grava una concesión. ‖ Lo que paga periódicamente el censatario al censualista. ‖ Alquiler. ‖ — Pl. Derecho canónico.
CANONICAL adj. De canónigo: *vida canonical.*
CANÓNICAMENTE adv. m. Conforme a los sagrados cánones: *consagrar canónicamente.*
CANONICATO m. Canonjía.
CANÓNICO, CA adj. (del lat. *canonicus,* regular). Hecho según los cánones: *horas canónicas.* ‖ Dícese de los libros auténticos de la Sagrada Escritura. ‖ — F. Vida conventual de los canónigos.
CANÓNIGA f. *Fam.* Siesta antes de comer.
CANÓNIGO m. El sacerdote que tiene una canonjía. ‖ — Adj. *Col.* Irascible, colérico.
CANONISTA m. El que conoce el derecho canónico.
CANONIZABLE adj. Digno de canonizarse.
CANONIZACIÓN f. Acción y efecto de canonizar: *el Papa pronuncia la canonización de los santos.*
CANONIZAR v. t. (gr. *kanonizein*). Declarar la Iglesia santo a un siervo de Dios ya beatificado. ‖ *Fig.* Aprobar y aplaudir una cosa. ‖ *Fig.* Calificar de buena a una persona o cosa.

cantárida

CANONJÍA f. Prebenda del canónigo. ‖ *Fig.* y *fam.* Empleo fácil y bien pagado.
CANORO, RA adj. Dícese del ave de canto melodioso: *los canoros ruiseñores encantan nuestros oídos.* ‖ *Fig.* Grato al oído: *voz canora.*
CANOSO, SA adj. Que tiene canas: *barba canosa.*
CANOTIER [*tié*] y **CANOTIÉ** (Acad.) m. (pal. fr.). Sombrero de paja de ala plana.
CANQUÉN mejor que **CAUQUÉN** m. *Chil.* Especie de ganso silvestre.
CANSADO, DA adj. Fatigado. (SINÓN. *Agobiado, molido, despeado, harto, rendido, agotado, extenuado, derrengado.*) ‖ Que ya sirve poco: *pluma cansada.* ‖ *Fig.* Fastidioso, latoso.
CANSANCIO m. Falta de fuerzas causada por el demasiado ejercicio o trabajo: *está muerto de cansancio.*
CANSAR v. t. Causar cansancio, fatiga. ‖ (SINÓN. *Agobiar, agotar, extenuar.* Fam. *Deslomar, ajetrear.* Pop. *Bregar, reventar.*) ‖ Quitar fertilidad a la tierra. ‖ Afectar desagradablemente: *el sol cansa la vista.* ‖ Importunar: *cansar a uno con reclamaciones.* (SINÓN. V. *Importunar.*) ‖ — V. r. Fatigarse: *cansarse en buscar.* (SINÓN. V. *Desalentar.*) ‖ — CONTR. *Descansar.*
CANSERA f. *Fam.* Molestia.
CANSINO, NA adj. Lento, perezoso: *paso cansino.* ‖ Molesto, enfadoso: *vida cansina.* ‖ Disminuido por el cansancio.
CANSO, SA adj. Cansado.
CANTÁBILE m. (pal. ital.). Cantable.
CANTABLE adj. Que se puede cantar: *un trozo cantable* ‖ Que se canta despacio. ‖ — M. Melodía fácil, graciosa, melancólica y de movimiento moderado. ‖ Letra de la música.
CANTÁBRICO, CA adj. (lat. *cantabricus*). Perteneciente a Cantabria: *mar Cantábrico.*
CÁNTABRO, BRA adj. y s. De Cantabria.
CANTACLARO adj. y s. Dícese del que dice lo que piensa.
CANTADOR, RA m. y f. Persona que canta coplas populares: *cantador flamenco.*
CANTAL m. Canto, peñasco. ‖ Cantizal.
CANTALETA f. Ruido y algazara que se hacen para burlarse de uno, y también, chasco, vaya.
CANTALETEAR v. i. *Amer.* Dar cantaleta o vaya. ‖ *Amer.* Repetir incansablemente.
CANTAMISANO m. *Méx.* Misacantano.
CANTANTE adj. Que canta. ‖ — Com. Cantor o cantora de profesión: *un cantante de ópera.* ‖ *Llevar la voz cantante,* ser el que manda.
CANTAOR, ORA m. y f. El que canta: *cantaor de flamenco.*
CANTAR m. Composición poética destinada a ser cantada: *un cantar bélico.* ‖ *Cantar de gesta,* poesía en que se referían hechos históricos, legendarios y tradicionales. ‖ *Cantar de los Cantares,* un libro canónico del Antiguo Testamento. ‖ *Chil.* Chisme. ‖ *Fig.* y *fam.* *Eso es otro cantar,* eso es otra cosa.
CANTAR v. t. e i. Formar con la voz sonidos modulados: *cantar armoniosamente.* (SINÓN. *Canturrear, tararear, arrullar, gorjear, vocalizar, salmodiar.* Fam. *Berrear, chillar.*) ‖ Componer, recitar: *cantar la belleza.* ‖ *Fig.* Celebrar, alabar: *cantar la virtud.* ‖ *Fig.* y *fam.* Confesar lo que se ocultaba: *el reo cantó en el potro.* ‖ *Fig.* Decir el punto o palo en ciertos juegos de naipes. ‖ *Fig.* Rechinar. ‖ *Fig.* y *fam.* Cantar de plano, confesarlo todo. (SINÓN. V. *Confesar.*) ‖ *Cantarlas claras,* decir las cuatro verdades.
CÁNTARA f. Cántaro más ancho que el ordinario. ‖ Medida para líquidos (1 613 centilitros).
CANTARADA f. Contenido del cántaro.
CANTARELA f. Prima del violín o de la guitarra. ‖ Especie de hongo comestible.
CANTARERA f. y **CANTARERO** m. Poyo para colocar los cántaros.
CANTÁRIDA f. Insecto coleóptero de Europa, que sirve para fabricar vejigatorios.
CANTARÍN, INA adj. Que está siempre cantando: *un muchacho muy cantarín.* ‖ — M. y f. Cantante.
CÁNTARO m. (lat. *cantharus*). Vasija grande de barro, ancha de barriga y estrecha de pie y cuello: *un cántaro de vino.* ‖ Su contenido. ‖ Medida antigua para líquidos. ‖ *Méx.* Piporro.

|| *Fig. Llover a cántaros,* llover copiosamente. || — PROV. **Tanto va el cántaro a la fuente que alguna vez se quiebra,** a fuerza de exponerse a un peligro se acaba por sucumbir a él.
CANTATA f. Composición poética cantable.
CANTATRIZ f. Cantante.
CANTAZO m. Pedrada, golpe con un canto.
CANTE m. Canto. (OBSERV. Úsase sobre todo en las expresiones *cante flamenco, cante hondo.*)
CANTEAR v. t. Poner de canto los ladrillos. || *Chil.* Labrar piedras.
CANTERA f. Sitio de donde se saca la piedra de construcción: *las canteras suelen establecerse a cielo abierto.* || *Fig.* Lugar que proporciona personas o elementos para el ejercicio de un trabajo o profesión. || *Méx.* Cantería, piedra.
CANTERÍA f. Arte de labrar piedras de construcción. || Obra de piedra labrada: *casa de cantería.*
CANTERO m. El que labra las piedras, o las saca de la cantera. || Extremo de una cosa generalmente dura: *un cantero de pan.* || Trozo de heredad o huerta.
CANTICIO m. Canto molesto.
CÁNTICO m. (lat. *canticum*). Canto religioso y particularmente el de acción de gracias: *el Magníficat es uno de los cánticos más hermosos.* (SINÓN. *Salmo, villancico, himno, antífona, responso.*) || *Fig.* Nombre de ciertas poesías profanas: *cántico de alegría.*
CANTIDAD f. (lat. *quantitas*). Todo lo que es capaz de aumento y disminución. (SINÓN. *Número, dosis.*) || Porción grande de una cosa. || Porción indeterminada de dinero. || Tiempo que se emplea en la pronunciación de una sílaba. || *Cantidad alzada,* la suma total de dinero para una cosa.
CANTIGA f. Antigua composición poética: *las cantigas del Rey Sabio.*
CANTIL m. Acantilado. || *Amer.* Borde de un despeñadero. || *Guat.* Especie de culebra grande.
CANTILENA f. Melodía de movimiento moderado, y generalmente sentimental. || *Fig.* y *fam.* Repetición molesta de alguna cosa.
CANTILLO m. Bolita para jugar.
CANTIMPLA adj. y s. *Fam.* Medio tonto.
CANTIMPLORA f. Vasija de metal para enfriar el agua. || Frasco aplanado para llevar la bebida. || *Guat.* Bocio, papera.
CANTINA f. Sitio donde se sirve de comer y de beber a los soldados, a los obreros de una fábrica o a los niños de una escuela. (SINÓN. V. *Refectorio.*) || Puesto público en que se venden bebidas y comestibles: *la cantina de la estación.* (SINÓN. V. *Restaurante* y *taberna.*) || Sótano o bodega donde se guardan los vinos. || Cajones, bolsas donde se suelen llevar las provisiones de camino. || *Ecuad.* y *Amer.* Portacomidas, fiambrera. || *Amer.* Taberna.
CANTINELA f. Cantilena. (SINÓN. V. *Repetición.*)
CANTINERO, RA m. y f. Encargado de la cantina.
CANTINFLADA f. *Fam.* Discurso largo y de poca enjundia.
CANTINFLEAR v. i. *Fam.* Hablar mucho y decir poco.
CANTIÑA f. *Fam.* Cantar.
CANTIZAL m. Terreno peñascoso.
CANTO m. (lat. *cantus*). Serie de sonidos modulados emitidos por la voz: *un canto armonioso.* || Palabra de un aire musical: *un canto guerrero.* || Cualquier composición poética: *los cantos del poeta refieren las hazañas de la patria.* (SINÓN. *Canción, copla, cuplé, melopea.*) || Arte de cantar: *dedicarse al canto.* || Cada una de las divisiones del poema épico: *traducir un canto de la "Divina Comedia".* || *Mús.* Parte melódica de una pieza de música concertante. (SINÓN. V. *Melodía* y *cántico.*) || *Canto llano* o *gregoriano,* canto tradicional de la liturgia católica, caracterizado por la notación por neumas, la tonalidad diatónica pura y el ritmo fundado en la acentuación y la división de la frase. || *Canto del cisne,* la última obra de un poeta, de un músico, etc.
CANTO m. Extremo o borde: *el canto de la mesa.* || Cantero de pan. || Parte del cuchillo opuesta al filo, corte del libro opuesto al lomo, etc. || Grueso de una cosa: *este madero tiene cuatro dedos de canto.* || Guijarro: *un canto blanco de la playa.* (SINÓN. V. *China.*) || *Col.* Regazo, falda. || *Canto rodado,* peñasco que se desprende de una altura y se alisa al rodar: *los ventisqueros suelen acarrear cantos rodados de gran dimensión.* || *De canto,* loc. adv., de lado: *colocar ladrillos de canto.* || *Prueba al canto,* de comprobación inmediata. || *Darse con un canto en los pechos,* darse por contento.
CANTÓN m. Esquina. || Región. || División administrativa de ciertos países. || *Arg., Chil.* y *Méx.* Cierta tela de algodón.
CANTONADA f. Úsase en la frase: *dar cantonada,* dejar a uno burlado, desapareciendo al volver una esquina o de otro modo.
CANTONADO, DA adj. *Blas.* Dícese de la pieza acompañada por otras en los cantones del escudo.
CANTONAL adj. Del cantón: *división cantonal.* || Partidario o relativo al cantonalismo.
CANTONALISMO m. Sistema político que aspira a dividir el Estado en cantones casi independientes. || *Fig.* Desconcierto político.
CANTONALISTA adj. y s. Partidario del cantonalismo.
CANTONAR v. t. Acantonar.
CANTONEAR v. i. Vagar ociosamente.
CANTONERA f. Pieza que protege la esquina de una cosa: *las cantoneras de un misal.*
CANTONERO, RA adj. y s. Ocioso, callejero.
CANTOR, RA m. y f. Que se dedica a cantar por oficio: *un cantor célebre.* || Compositor de cánticos. (SINÓN. V. *Poeta.*) || — Adj. *Zool.* Aplícase a un orden de aves, de canto armonioso, a que pertenecen el ruiseñor, el mirlo, etc. || — F. *Chil.* Bacín, orinal.
CANTORAL m. Libro de coro.
CANTÚ m. *Per.* Planta polemoniácea.
CANTÚA f. *Cub.* Dulce seco hecho con buniato.
CANTUARIENSE adj. y s. De Cantorbery.
CANTUESO m. Labiada semejante al espliego.
CANTÚO, ÚA adj. *Pop.* Excelente.
CANTURÍA f. Canto monótono. || *Mús.* Modo de cantar: *una composición que tiene buena canturía.*
CANTURREAR y **CANTURRIAR** v. i. *Fam.* Cantar a media voz y sin aplicación una persona. (SINÓN. V. *Cantar.*)
CANTUTA f. *Amer.* Clavellina.
CÁNULA f. Caña pequeña. || *Med.* Tubo que sirve para varios usos.
CANUTERO m. Cañutero. || *Amer.* Mango de la pluma de escribir, y también estilógrafo.
CANUTO m. En las cañas, parte que media entre nudo y nudo. || Cañón hueco que sirve para diferentes usos. (SINÓN. V. *Tubo.*) || Canutero. || *Méx.* Helado en forma hueca. || *Amér. C.* Mango de la pluma de escribir. || *Chil. Fam.* Pastor protestante.
CAÑA f. (lat. *canna*). Tallo de las gramíneas: *la caña del trigo.* (SINÓN. V. *Tallo.*) || Nombre de diversas plantas gramíneas que se crían a orillas de los ríos y estanques: *las cañas sirven para tejer cestos, celosías,* etc. || Caña de azúcar: *la caña es una de las riquezas de las Antillas.* || Bambú o caña de Indias: *un bastón de caña.* (SINÓN. V. *Pértiga.*) || Canilla de la pierna o del brazo. || Tuétano de los huesos: *la caña de buey da buen gusto a los guisados.* || Parte de la bota que cubre la pierna. || Vaso alto y cilíndrico: *una caña de manzanilla, de cerveza.* || Cierta canción popular andaluza. || Grieta en la hoja de una espada. || *Arq.* Fuste de la columna. || *Min.* Galería de mina. || *Col.* Cierto baile. || *Col., Ecuad.* y *Venez.* Noticia falsa. || *Col. Fam.* Ronca, bravata: *echar cañas.* || *Amer.* Ron, tafia. || — Pl. Cierta fiesta antigua de caballería: *correr cañas.* || *Aguardiente de caña,* tafia. || Cuerpo de varios instrumentos: *caña de la barrena, del timón.* || *Caña de pescar,* caña dividida en varios trozos, a la que se ata el sedal y que sirve para pescar. || Nombre de varias plantas: *caña amarga, caña brava,* gramíneas de América; *caña borde,* especie de carrizo; *caña de Bengala* o *de Indias,* la rota; *caña de cuentas* o *de la India,* el cañacoro; *caña de Batavia* o *caña espina,* especie de bambú.
CAÑACORO m. Planta cannácea de la India: *con las semillas del cañacoro se hacen cuentas de rosario.*

caña de azúcar

CAÑADA f. Vía pastoral por donde pasaban los rebaños trashumantes. (SINÓN. V. *Camino.*) ‖ Espacio de tierra entre dos alturas. (SINÓN. V. *Valle.*) ‖ *Amer.* Arroyo.

CAÑADILLA f. Especie de múrice comestible.

CAÑADÓN m. *Riopl.* y *Cub.* Cañada, arroyo profundo.

CAÑADUL f. *And.* y *Col.* Caña de azúcar.

CAÑADULZAL y **CAÑADUZAL** m. *Amer.* Cañaveral, plantío de caña de azúcar.

CAÑAFÍSTOLA o **CAÑAFÍSTULA** f. Árbol papilionáceo de los países intertropicales.

CAÑAHEJA y **CAÑAHERLA** f. Planta umbelífera: *de la cañaheja se saca por incisión una resina.*

CAÑAHUA f. Especie de mijo del Perú.

CAÑAHUATE m. *Col.* Guayacán amarillo.

CAÑAL m. Cañaveral. ‖ Cerco de cañas en una presa.

CAÑAMAL y **CAÑAMAR** m. Plantío de cáñamo.

CAÑAMAZO m. Tela tosca de cáñamo. ‖ Tela clara de cáñamo para bordar. ‖ Gramínea silvestre. ‖ *Fig.* Boceto, proyecto.

CAÑAMELAR m. Plantío de cañas de azúcar.

CAÑAMEÑO, ÑA adj. De cáñamo: *tela cañameña.*

CAÑAMERO, RA adj. Del cáñamo: *industria cañamera.*

CAÑAMIEL f. Caña de azúcar, caña dulce.

CAÑAMIZA f. Agramiza del cáñamo.

CÁÑAMO m. Género de plantas textiles con cuyas fibras se fabrican tejidos muy sólidos y cuerdas. ‖ Lienzo de cáñamo. ‖ Nombre que se da en América a varias plantas textiles. ‖ *Amer.* Bramante. ‖ *Cáñamo de Manila,* el abacá.

CAÑAMÓN m. Simiente del cáñamo.

CAÑAR m. Cañal, cañaveral.

CAÑARENSE adj. y s. de Cañar (Ecuador).

CAÑARROYA f. *Bot.* Parietaria.

CAÑAVERA f. Carrizo, planta gramínea.

CAÑAVERAL m. Sitio poblado de cañas. ‖ Plantío de caña de azúcar.

CAÑAZO m. Golpe dado con una caña. ‖ *Amer.* Aguardiente de caña. ‖ *Fig.* y *fam. Dar cañazo a una persona,* dejarla triste y cabizbaja.

CAÑERÍA f. Conducto por donde pasan las aguas, el gas, etc.: *una cañería de plomo.* (SINÓN. V. *Tubo.*)

CAÑERO m. El que hace cañerías o las cuida. ‖ *Méx.* Lugar donde se deposita la caña en el ingenio. ‖ *Cub.* Vendedor de caña dulce.

CAÑETANO, NA adj. y s. De Cañete (Perú).

CAÑÍ adj. y s. Gitano, en el dialecto suyo.

CAÑIFLA f. *Amér. C.* El brazo o pierna flacos.

CAÑILAVADO, DA adj. Dícese de los caballos de canillas delgadas: *una yegua cañilavada.*

CAÑIQUE adj. *Amer.* Enclenque o enfermizo.

CAÑIZA adj. Dícese de la madera que tiene la veta dispuesta a lo largo. ‖ — F. Especie de lienzo.

CAÑIZAL y **CAÑIZAR** m. Cañaveral.

CAÑIZO m. Tejido o zarzo de caña: *los gusanos de seda se crían en cañizos.*

CAÑO m. Tubo corto: *un caño de barro.* ‖ *Arg.* Cañería. ‖ Albañal para las aguas sucias. ‖ Chorro de agua: *llenar un vaso en el caño de la fuente.* ‖ *And.* Grifo, llave de pila. ‖ Bodega, cueva. ‖ Canal angosto de un puerto o bahía. ‖ Conducto del aire que produce el sonido en el órgano.

CAÑÓN m. Tubo que sirve para varios usos: *cañón de anteojo, de órgano.* ‖ Pieza de artillería: *cañones de campaña, antiaéreo, antitanque o anticarro.* ‖ Tubo de la escopeta, o del fusil: *los cañones rayados aumentan el alcance de las armas de fuego.* ‖ Parte hueca de la pluma del ave. ‖ Pliegue redondo en la ropa. ‖ Pluma del ave cuando aún no está desarrollada. ‖ La parte más dura de la barba, que está inmediata a la piel. ‖ Paso estrecho entre montañas: *el Cañón del Colorado.* (SINÓN. V. *Desfiladero.*) ‖ Pieza del bocado del caballo. ‖ *Col.* Tronco del árbol. ‖ *Per.* Camino. ‖ Tubo de la chimenea. ‖ *Cañón de chimenea,* conducto que da salida al humo.

capa

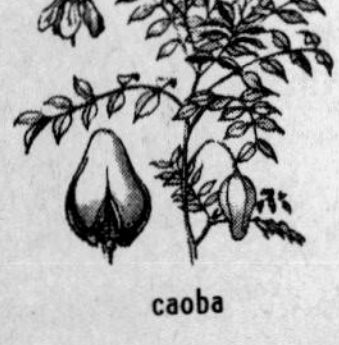

caoba

CAÑONAZO m. Tiro de cañón de artillería. ‖ Ruido que produce: *oír cañonazos.* ‖ Estrago que causa. ‖ *Fam.* Noticia inesperada. ‖ *Fam.* Balonazo, chut fuerte.

CAÑONEAR v. t. Batir a cañonazos.

CAÑONEO m. Acción y efecto de cañonear.

CAÑONERA f. Espacio en las murallas entre almena y almena, y en las baterías, entre cestón y cestón, para poner los cañones. ‖ *Amer.* Pistolera. ‖ *Mar.* Porta.

CAÑONERÍA f. Conjunto de cañones de un órgano o de artillería: *la cañonería de un órgano.*

CAÑONERO, RA adj. y s. Dícese de la embarcación que monta algún cañón: *lancha cañonera.*

CAÑOTA f. Planta gramínea silvestre.

CAÑUCELA f. Caña delgada.

CAÑUELA f. Nombre vulgar de varias gramíneas.

CAÑUTAZO m. *Fig.* y *fam.* Soplo o chisme.

CAÑUTERÍA f. Labor de oro o plata hecha con cañutillo.

CAÑUTERO m. Alfiletero.

CAÑUTILLO m. Tubito de vidrio: *guarnición de canutillo.* ‖ Hilo de oro o plata rizado para bordar. ‖ Labor de ciertas telas como el piqué.

CAÑUTO m. Canuto. ‖ *Fig.* y *fam.* Soplón, acusón.

CAO m. *Cub.* Especie de cuervo.

CAOBA f. Árbol de América, cuya madera es muy estimada en ebanistería: *la caoba es capaz de hermoso pulimento.* ‖ La madera de caoba: *un armario de caoba.* (También se llama *caobano* y *caobo.*)

CAOBILLA f. *Cub.* Planta euforbiácea. ‖ Madera parecida a la caoba.

CAOBO m. Caoba, árbol.

CAOLÍN m. (voz china). Arcilla blanca muy pura con que se fabrica la porcelana: *el caolín resulta de la alteración del feldespato de los granitos.*

CAOS m. (del gr. *khaos,* abertura). Confusión primitiva de los elementos del universo: *Dios sacó el mundo del caos.* ‖ *Fig.* Desorden. (SINÓN. V. *Confusión.*)

CAÓTICO, CA adj. Relativo al caos, desordenado.

CAPA f. (lat *capa*). Manto largo, suelto y sin mangas: *una ancha capa de color negro.* ‖ Lo que cubre o baña: *una capa de azúcar, de pintura.* ‖ Porción de una cosa colocada horizontalmente: *una capa de terreno.* ‖ Hoja de tabaco que envuelve el cigarro. ‖ Cubierta con que se protege una cosa. ‖ *Fig.* Encubridor. ‖ Trozo de tela encarnada que usan los toreros para lidiar los toros. ‖ *Fig.* Pretexto. ‖ Galicismo por *clase, categoría: las capas sociales.* ‖ *Mar.* Lo que se paga al capitán por un transporte de géneros. ‖ *Geol.* Estrato. ‖ Vestidura sacerdotal: *capa consistorial, capa magna, capa pluvial.* ‖ *Fam. Capa rota,* persona que se envía disimuladamente para ejecutar alguna negociación importante. ‖ *So,* o *bajo, capa de,* con el pretexto de. ‖ *Fig.* y *fam. Andar de capa caída,* andar mal de negocios o de salud. ‖ — PROV. **Debajo de una mala capa hay un buen bebedor,** no se debe juzgar por las apariencias. ‖ **El que tiene capa escapa,** el que cuenta con recursos sale bien de todos los apuros. ‖ **Hacer de su capa un sayo,** hacer uno lo que quiere con lo suyo. ‖ **Una buena capa todo lo tapa,** una buena apariencia encubre muchos defectos.

CAPÁ m. Árbol de las Antillas, parecido al roble.

CAPACETE m. Pieza de la armadura antigua, que cubría la cabeza: *el capacete era una especie de bacinete sin visera.* ‖ *Amer.* Capota de coche.

CAPACIDAD f. Contenido: *la capacidad de un vaso.* (SINÓN. V. *Volumen.*) ‖ Espacio de un sitio o local: *teatro de mucha capacidad.* (SINÓN. V. *Cabida* y *espacio.*) ‖ *Fig.* Inteligencia, talento: *persona de gran capacidad.* ‖ Aptitud o suficiencia. ‖ *For.* Aptitud legal para gozar de un derecho.

CAÑONES

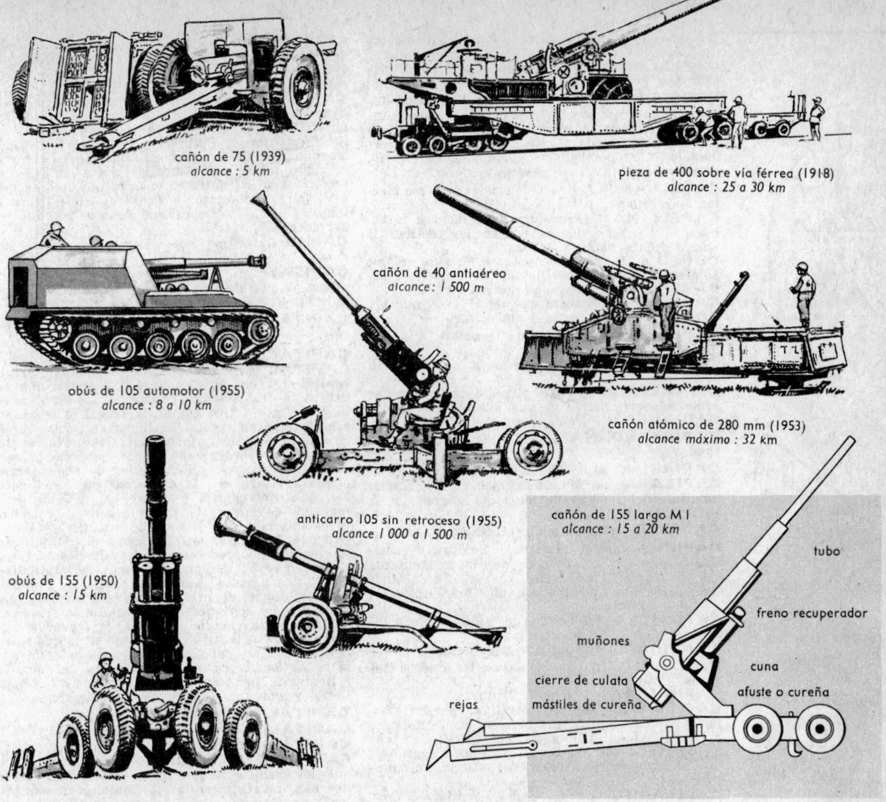

CAPACITACIÓN f. Acción y efecto de capacitar.

CAPACITAR v. t. Habilitar. ‖ — V. i. Tener aptitud o disposición para hacer algo.

CAPACHA f. Capacho, espuerta. ‖ *Fig.* y *fam.* Nombre de la orden de San Juan de Dios.

CAPACHERO m. El que lleva algo en capachos.

CAPACHO m. Espuerta de juncos o mimbres: *un capacho de higos.* ‖ Sera de esparto que sirve para varios usos. ‖ *Amer.* Bolsillo o alforja. ‖ Zumacaya o zumaya, ave zancuda. ‖ *Venez.* Especie de cañacoro, de fruto comestible. ‖ *Amer.* Sombrero viejo. ‖ *Fig* y *fam.* Nombre de los religiosos de San Juan de Dios.

CAPADA f. Lo que cabe en la capa recogida.

CAPADOR m. El que tiene por oficio capar animales. ‖ Pito que toca el capador.

CAPADURA f. Acción y efecto de capar. ‖ Cicatriz que queda. ‖ Hoja de tabaco que sirve para hacer la tripa del puro.

CAPAR v. t. Volver impropio para la reproducción. ‖ *Fig* y *fam.* Disminuir, cercenar: *capar la autoridad.* ‖ *Col.* Hacer novillos, faltar los muchachos a clase. ‖ *Bol.* Empezar, encentar: *capar un queso.* ‖ *Col., Cub.* y *Per.* Podar.

CAPARAROCH m. *Amer.* Ave de rapiña nocturna.

CAPARAZÓN m. Armadura de adorno con que se viste el caballo: *los caparazones de torneo solían ser de maravillosa riqueza.* ‖ Cubierta que se pone a una cosa: *caparazón de coche.* ‖ Serón en que se da el pienso a los caballos. ‖ Cuerpo del ave sin piernas, pescuezo ni alas. ‖ Cubierta dura que protege ciertos animales: *caparazón de cangrejo, de tortuga.*

CAPARIDÁCEAS f. pl. *Bot.* Familia de plantas dicotiledóneas que tiene por tipo la alcaparra.

CAPARRO m. *Col., Per.* y *Venez.* Mono lanoso de pelo blanco.

CAPARRÓN m. Botón o yema de árbol.

CAPARROSA f. Nombre vulgar de diversos sulfatos: *caparrosa azul,* sulfato de cobre; *caparrosa verde,* el de hierro; *caparrosa blanca,* el de cinc.

CAPATAZ m. El que dirige cierto número de operarios: *capataz de cultivo.*

CAPAZ adj. (lat. *capax*). Que puede contener alguna cosa: *una caja capaz de diez botellas.* ‖ Grande: *iglesia muy capaz.* ‖ *Fig.* Que puede hacer una cosa, apto: *hombre capaz de robar, capaz para un empleo.* ‖ *Fig.* De talento o instrucción. (SINÓN. V. *Diestro.*) ‖ *For.* Apto legalmente para una cosa. ‖ Barb. por *posible: es capaz que esté tu hermano mañana en su casa.*

CAPAZO m. Capacho. ‖ Golpe que se da con la capa.

CAPCIOSIDAD f. Calidad de capcioso.

CAPCIOSO, SA adj. Insidioso, engañoso. (SINÓN. V. *Embustero.*)

CAPEA f. Lidia de becerros por aficionados.

CAPEADOR m. El que capea. ‖ Torero que capea.

CAPEAR v. t. Robar la capa. ‖ Hacer el torero suertes con la capa para engañar al toro. ‖ *Fig.* y *fam.* Entretener con mentiras y pretextos: *a mí no me capea nadie.* ‖ Eludir un compromiso o trabajo ingratos. ‖ *Mar.* Mantenerse el barco durante el temporal sin perder mucho terreno. ‖ Sortear algún peligro.

CAPELINA f. *Cir.* Capellina, vendaje.

CAPELO m. (lat. *capellus*). Sombrero rojo de los cardenales. ‖ Dignidad de cardenal: *el papa solo puede conferir el capelo.* ‖ *Amer.* Fanal,

capirote

capirote femenino de la Edad Media

capibara

campana de cristal. || *Amer.* Capirote o muceta de doctor.

CAPELLADA f. Remiendo que se echa al calzado por encima cuando está roto.

CAPELLÁN m. Eclesiástico que tiene capellanía. || Cualquier sacerdote, aunque no tenga ninguna capellanía. || Sacerdote que dice misa en una capilla privada y está a sueldo de una corporación o un particular: *capellán de un colegio, de un regimiento.* || — SINÓN. V. *Sacerdote.*

CAPELLANÍA f. Beneficio eclesiástico con ciertas obligaciones. || *Col. Fam.* Ojeriza, antipatía

CAPELLINA f. Armadura antigua para la cabeza. || Capucha que se ponían los rústicos. || *Cir.* Vendaje para la cabeza.

CAPEO m. Acción de capear. || Corrida en que sólo se capea a los novillos.

CAPERO m. Cuelgacapas, percha.

CAPERUZA f. Bonete que termina en punta.

CAPETA f. Capa corta y sin esclavina.

CAPÍ m. *Chil.* Vaina de una legumbre. || *Amer.* Maíz.

CAPIA f. *Amer.* Especie de maíz. || *Arg.* y *Col.* Dulce de maíz.

CAPIALZADO m. *Arq.* Especie de bóveda que suele colocarse detrás de una puerta o ventana.

CAPIANGO m. *Riopl.* Animal fantástico.

CAPIATEÑO, ÑA adj. y s. De Capiatá (Paraguay).

CAPIATÍ m. *Arg.* Planta medicinal.

CAPIBARA m. Mamífero roedor de América del Sur, del tamaño de un cerdo pequeño y de carne sabrosa.

CAPICATÍ m. Planta ciperácea americana.

CAPICÚA f. (voz catalana). Palabra o cantidad que se lee lo mismo de derecha a izquierda que de izquierda a derecha: *oro, 27072.* || Modo de ganar en el dominó con una ficha aplicable a ambos extremos.

CAPICHOLA f. Tejido de seda a modo de burato.

CAPIGORRISTA y **CAPIGORRÓN** m. *Fam.* Holgazán. || Clérigo que no pasa a las órdenes mayores.

CAPIGUARA m. *Riopl.* Capibara.

CAPILAR adj. (del lat. *capillus,* cabello). Relativo al cabello: *pigmento capilar.* || Relativo a la capilaridad. || Delgado como un cabello: *tubo capilar.* || *Vasos capilares,* o subst. *capilares,* las últimas ramificaciones del sistema circulatorio.

CAPILARIDAD f. Calidad de capilar. || Conjunto de las propiedades de los tubos capilares: *la ascensión de la savia en los vegetales es un fenómeno de capilaridad.* || Parte de la física que estudia estos fenómenos.

CAPILLA f. Especie de capucha prendida al cuello de algunas prendas de vestir y de algunos hábitos religiosos. || *Fig.* y *fam.* Religioso, fraile. || *Impr.* Hojas impresas de un libro, antes de doblarlas y encuadernarlas: *leer un libro en capillas.* || Edificio pequeño destinado al culto. (SINÓN. V. *Iglesia.*) || Parte de una iglesia que tiene altar. || Cuerpo de músicos de una iglesia: *los cantores de la Capilla Sixtina.* || Oratorio portátil de un regimiento. || *Capilla ardiente,* en la que se celebran las honras fúnebres. || *Estar en capilla,* dícese del reo que pasa en una capilla la noche que precede a la ejecución. || *Fig.* y *fam.* Esperar alguno el resultado de un negocio que le da mucho cuidado.

CAPILLEJO m. Cofia antigua. || Madeja de seda.

CAPILLERO m. Encargado de una capilla.

CAPILLETA f. Nicho en figura de capilla.

CAPILLO m. (lat. *capidulum*). Gorro de lienzo que se pone a los niños en la cabeza. || Vestidura de tela blanca que se pone a los niños que se acaban de bautizar. || Punta sobrepuesta que tienen algunos zapatos. || Rocadura del huso. || Red para cazar conejos. || Manga para colar: *pasar la cera por el capillo.* || Capullo de seda. || *Amer.* Vasija de barro en la que se derrite el estaño o el plomo.

CAPINCHO m. *Arg.* Carpincho, capibara.

CAPINGO m. *Amer.* Capa corta.

CAPIROTADA f. Aderezo de hierbas, huevos, ajos, especias, etc., para rebozar los manjares: *chuletas con capirotada.* || *Amer.* Plato criollo que se hace con carne, maíz tostado y queso.

CAPIROTAZO m. Golpe que se da con el dedo del corazón apoyándolo en la yema del pulgar y soltándolo con fuerza. (SINÓN. V. *Papirote* y *golpe.*)

CAPIROTE m. Especie de gorro antiguo y de diversas formas. || Muceta de los doctores de la universidad: *el capirote es de distinto color según las facultades.* || Cucurucho de cartón que usan los que van en algunas procesiones. || Cubierta de cuero que se pone sobre los ojos a las aves de cetrería y se les quita en el momento de echarlas a volar. || Capirotazo. || *Tonto de capirote,* muy tonto. || — Adj. De cabeza de color distinto al del cuerpo.

CAPIRUCHO m. *Fam.* Capirote, especie de gorro.

CAPISAYO m. Vestidura corta que servía a un mismo tiempo de capa y sayo. || Vestidura de los obispos. || *Col.* Camiseta.

CAPITÁ m. *Amer.* Pajarillo negro de cabeza roja.

CAPITACIÓN f. Repartimiento por cabezas.

CAPITAL adj. Esencial, fundamental: *punto capital.* (SINÓN. V. *Principal.*) || Relativo a la cabeza. || Que es como cabeza de una cosa: *ciudad capital.* || Que cuesta la cabeza o la vida: *sentencia, pena capital.* || Importantísimo: *error capital.* || — M. Lo principal: *lo capital en la vida es la honradez.* || Caudal que uno posee: *comerse el capital.* || Fondos de que dispone una empresa comercial: *la industria vive mediante la unión del capital y el trabajo.* || Valor permanente de una cantidad de dinero en relación a los intereses que ésta puede producir. || Entidad que designa al mismo tiempo el conjunto de los medios de producción y de aquellos que los poseen. || *Fig.* Conjunto de recursos intelectuales de una persona. || *Pecados capitales,* aquellos que son como el principio de los demás: *los siete pecados capitales son el orgullo, la avaricia, la lujuria, la envidia, la gula, la ira y la pereza.* || — F. Ciudad de un Estado en la que residen los poderes públicos: *Buenos Aires es la capital de la Argentina.* || Bisectriz del ángulo saliente de una obra de fortificación. || *Impr.* Letra mayúscula. (SINÓN. V. *Mayúscula.*)

CAPITALEÑO, ÑA adj. De la capital.

CAPITALIDAD f. Calidad de capital.

CAPITALINO, NA adj. De la capital.

CAPITALISMO m. Régimen económico en el que los medios de producción pertenecen a los que han invertido capital. || Conjunto de capitales y capitalistas.

CAPITALISTA adj. Relativo al capital y al capitalismo: *socio capitalista; principio capitalista.* || — Com. Persona que posee dinero o que coopera con su capital a un negocio. (SINÓN. V. *Rico* y *socio.*)

CAPITALIZABLE adj. Que puede capitalizarse.

CAPITALIZACIÓN f. Acción de capitalizar. || Estimación del valor de un capital por el interés o rendimiento que produce.

CAPITALIZAR v. t. Convertir en capital: *capitalizar los intereses.* || — V. i. Atesorar.

CAPITÁN m. (del. lat. *caput,* cabeza). Jefe de una tropa. || Jefe de una compañía, escuadrón o batería: *capitán de artillería.* || Comandante de un barco, puerto, avión, etc. || General distinguido. || Jefe de un grupo de gente, de un equipo deportivo. || *Capitán general,* grado supremo de la milicia española; jefe supefior de una región militar.

CAPITANA f. Mujer del capitán. || Buque principal de una escuadra. || Galera del capitán general.

CAPITANEAR v. t. Gobernar, conducir gente militar: *capitanear una expedición.* || *Fig.* Dirigir cualquiera gente: *obreros capitaneados por un capataz.*

CAPITANÍA f. Cargo de capitán. || Compañía al mando de un capitán. || Derecho que se paga al capitán de un puerto. || Oficina del capitán: *capitanía del puerto.* || *Capitanía general,* cargo y territorio de un capitán general. En América, demarcación territorial gobernada por un capitán general en la época colonial. (V. *Parte Hist.*)

CAPITEL m. (lat. *capitellum*). Coronamiento de la columna: *capitel corintio, dórico.*

CAPITOLINO, NA adj. Relativo al Capitolio: *Júpiter Capitolino.*
CAPITOLIO m. *Fig.* Edificio majestuoso y elevado: *el Capitolio de Washington.*
CAPITÓN m. Cabezudo, mújol.
CAPITONÉ adj. Galicismo por *acolchado* y por vehículo para transportar muebles.
CAPITONEAR v. t. *Arg.* Galicismo por *acolchar.*
CAPÍTULA f. Pasaje de la Escritura que se reza en el oficio divino.
CAPITULACIÓN f. Convenio. (SINÓN. V. *Convenio.*) || Entrega de una plaza o ejército. (SINÓN. V. *Derrota.*) || — Pl. Contrato de matrimonio.
CAPITULAR adj. Relativo a un capítulo o a un cabildo.
CAPITULAR v. i. Pactar, convenir: *capitular con el enemigo.* || Entregarse una plaza o ejército. (SINÓN. V. *Ceder.*) || Cantar las capítulas en los oficios. || Disponer, resolver. || *Fig.* Abandonar una posición intransigente, ceder. || — V. t. Hacer a uno capítulo de cargos: *capitular a un gobernador.*
CAPITULARIO m. Libro en que están las capítulas que se cantan en los oficios.
CAPITULEAR v. i. *Amer.* Cabildear.
CAPITULERO m. *Per.* Cacique de pueblo.
CAPÍTULO m. Cada una de las divisiones principales de un libro. || Consejo o reunión de canónigos o religiosos: *el obispo reunió el capítulo.* || Lugar donde se reúne: *se dirigió al capítulo.* || Asamblea o reunión. || Entre religiosos, reprensión grave y pública. || Determinación, resolución. || *Fig.* Tema del que habla. || *Capítulo de culpas,* cargo que se hace a uno sobre el cumplimiento de sus obligaciones. || *Fig. Llamar,* o *traer, a capítulo,* obligar a dar cuenta de una conducta.
CAPÓ m. (fr. *capot*). Cubierta del motor de automóvil.
CAPÓN m. Pollo que se castra y se ceba para comerlo. || *Arg.* y *Urug.* Carnero. || Hacecillo de sarmientos. || *Fam.* Golpe que se da en la cabeza con el nudillo del dedo. || *Mar.* Cabo grueso y aforrado de que cuelga el ancla en la serviola.
CAPONA adj. Dícese de la llave de gentilhombre de cámara que sólo es honoraria. || — F. Pala de charretera sin canelones.
CAPONADA f. *Arg.* Conjunto de carneros
CAPONEARSE v. r. *Col.* Abrirse al fuego las rositas de maíz.
CAPONERA f. Jaula donde se encierran los capones para cebarlos. || *Fig.* y *fam.* Sitio donde uno encuentra comida y regalo sin gasto alguno. || *Fig.* y *fam.* Cárcel: *meter en caponera a uno.* || *Fort.* Camino practicado para unir la tenaza a la media luna.
CAPORAL m. Capataz: *caporal de una hacienda.* || Cabo de escuadra.
CAPORORОCA m. *Riopl.* Árbol mirsináceo.
CAPOTA f. Especie de sombrero de mujer. || Cubierta plegadiza de algunos coches. || Capa corta, capeta. || *Arg.* Manteo.
CAPOTAR v. i. Volcar un vehículo automóvil quedando en posición invertida o dar por la tierra un aparato de aviación.
CAPOTAZO m. *Taurom.* Pase con el capote.
CAPOTE m. Capa ancha y con mangas: *los militares suelen vestir capote.* || Capa de los toreros. || *Fig.* Ceño, enfado: *poner capote.* || En algunos juegos, suerte en que un jugador hace todas las bazas: *dar capote a su adversario.* || *Chil.* y *Méx.* Paliza, tunda. || *Capote de monte,* manta con un agujero en medio para pasar la cabeza. || *A,* o *para, mi capote,* a mi modo de entender. || *Decir algo para su capote,* decirlo interiormente. || *Méx.* y *Chil. Fam. Dar un capote a uno,* capotearlo. || *Méx. De capote,* loc. adv., ocultamente. || *Echar un capote,* ayudar al que se halla en apuro.
CAPOTEAR v. t. Capear. || *Arg.* Mantear. || *Fig.* Entretener, engañar a uno con vanas promesas. || Eludir las dificultades y compromisos. || *Hond.* Usar a diario una prenda de vestir. || *Méx. Capoteárselas,* arreglárselas.
CAPOTEO m. Capeo.
CAPOTERA f. *Amer.* Percha para la ropa. || *Col., Cub.* y *Venez.* Maleta de viaje abierta por las puntas.
CAPOTILLO m. Especie de capote corto.
CAPRICORNIO m. Signo y constelación zodiacales. || *Zool.* Nombre científico del *algavaro.*
CAPRICHO m. (ital. *capricio,* de *capra,* cabra). Deseo irreflexivo: *no se debe ceder a los caprichos de un niño.* || Antojo, deseo vehemente: *tener capricho por una cosa.* (SINÓN. *Fantasía, antojo, amoría, devaneo, flirteo, coqueteo, encaprichamiento.* V. tb. *manía* y *afección.*) || Inconstancia, irregularidad: *los caprichos de la moda.* || Obra de arte llena de ingenio e imaginación: *los caprichos de Goya.* || Composición musical fantasiosa y alegre.
CAPRICHOSAMENTE adv. m. Con capricho.
CAPRICHOSO, SA y **CAPRICHUDO, DA** adj. Que obra por capricho: *niña caprichosa.* || Que se hace por capricho. || *Pint.* Hecho con capricho: *adorno caprichoso.* || Inconstante, fantasioso: *moda caprichosa.* (SINÓN. *Raro, antojadizo, lunático.* V. tb. *cambiante.*)
CAPRIFOLIÁCEAS f. pl. (del lat. *caprifolium,* madreselva). Familia de plantas angiospermas que tienen por tipo la madreselva.
CAPRINO, NA adj. (lat. *caprinus*). Cabruno.
CAPRÍPEDE y **CAPRÍPEDO, DA** adj. *Poét.* De pies de cabra: *un fauno caprípedo.*
CÁPSULA f. (del lat. *capsula,* cajita). Casquete de estaño que se pone a algunas botellas. || Mixto de cobre con un fulminante para las armas de fuego. || *Bot.* Fruto seco dehiscente: *la cápsula de la adormidera se usa como calmante y soporífero.* || *Farm.* Envoltura soluble en que se encierran algunas medicinas: *la brea y el aceite de ricino son fáciles de tomar en cápsulas.* || *Quím.* Vasija de bordes bajos usada para evaporaciones. || *Anat.* Membrana en forma de saco que se halla en el cuerpo: *las cápsulas sinoviales facilitan el juego de las articulaciones.* || Cabina en la que se encuentran los mandos de un avión supersónico o de un cohete: *las cápsulas pueden ser desprendidas en caso de emergencia.*
CAPSULAR adj. De cápsula: *forma capsular.*
CAPSULAR v. t. Cerrar con cápsulas.
CAPTACIÓN f. Acción de captar: *la captación del testamento acarrea la nulidad del mismo.*
CAPTADOR, RA adj. y s. Que capta.
CAPTAR v. t. (lat. *captare*). Atraer a sí: *captar la confianza, la amistad de uno.* (SINÓN. V. *Cautivar.*) || Recoger las aguas. || Percibir, comprender: *captó la retención de sus palabras* || Recibir una emisión: *captar un mensaje radiofónico.*
CAPTURA f. (lat. *captura,* de *capere,* coger). Acción y efecto de capturar o prender.
CAPTURAR v. t. Prender: *capturar a un ladrón.* || Galicismo por *coger: capturar una liebre.*
CAPUANA f. *Fam.* Zurra, paliza.
CAPUCHA f. Especie de capilla unida a varias prendas de vestir: *echarse la capucha por la cabeza.* || Acento circunflejo.
CAPUCHINA f. Planta de adorno, de la familia de las tropeoláceas, originaria del Perú. || *And.* Balsamina. || Lamparilla con apagador cónico. || Cierto dulce de yema. || *Zool.* Mariposa nocturna, especie de esfinge.
CAPUCHINO, NA adj. y s. Religioso o religiosa de la orden de San Francisco, que trae sobre el hábito un capucho. || Relativo a la orden de los capuchinos. || *Chil.* Dícese de la fruta muy pequeña: *naranja capuchina.* || — M. *Zool.* Mono de la familia de los cebos: *el capuchino tiene cola prensil.*
CAPUCHO m. (ital. *capuccio*). Pieza del vestido que cubre la cabeza y va fija a la capa o manto.
CAPUCHÓN m. Manto con capucho o capilla.
CAPULÍ m. Árbol rosáceo de América: *el fruto del capulí es agradable.* || *Per.* Planta solanácea cuyo fruto se parece a una uva.
CAPULINA f. *Amer.* Fruto del capulí. || Araña muy venenosa de México: *la picadura de la capulina puede producir la muerte.* || *Méx. Fam Vida capulina,* vida regalada, comodona.
CAPULTAMAL m. *Méx.* Tamal de capulí.
CAPULLO m. (del lat. *capitulum,* cabecita). Envoltura en que se encierran las orugas para transformarse en mariposas: *el gusano de seda hila un capullo del tamaño de un huevo de paloma.* || Botón de flor: *capullo de rosa.* (SINÓN. V. *Brote.*) || Cascabillo de la bellota. || Prepucio.
CAPUZ m. Capucho o capucha. || Capa o capo-

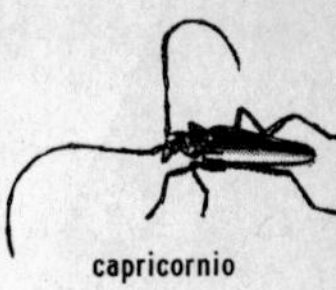
capricornio

capucha

capuchón

Padre capuchino

capuchino

cara de un triedro

cárabo

caracoles

te antiguos. || Chapuz, zambullida: *dar un capuz.*

CAQUÉCTICO, CA adj. y s. Relativo a la caquexia. || — M. f. Persona que padece esta enfermedad.

CAQUETÁ m. *Col.* Mono llamado también *viudita.*

CAQUETENSE adj. y s. De Caquetá (Colombia).

CAQUEXIA f. (del gr. *kakhexia,* mal estado). Alteración profunda en la nutrición, que produce un adelgazamiento extremado. || *Bot.* Descoloración.

CAQUI m. Árbol del Japón; su fruto. || Color que va desde el amarillo de ocre al verde gris.

CAQUINOS m. pl. *Ant.* y *Amer.* Carcajadas.

CARA f. (lat. *cara*). El rostro del hombre: *una cara ovalada.* || Parte anterior de la cabeza de ciertos animales. || Semblante: *poner mala cara.* (SINÓN. *Aire, faz, fisonomía, facies.* Pop. *Jeta, facha, morro.*) || Fachada, frente o superficie de algunas cosas. || *Geom.* Cada una de las superficies que forman o limitan un poliedro. || Anverso: *jugar a cara o cruz.* || *Fig.* Presencia de alguno. || *Fig.* Aspecto, estado. || *Fam.* Caradura. || — Adv. l. Hacia: *cara adelante.* || *Cara de pascua,* la muy alegre. || *Cara de acelga, de hereje, de viernes, de vaqueta, de vinagre,* etc., la triste, desagradable o adusta. || *Cara de rallo,* persona que tiene la cara señalada de viruela. || *Cara y cruz,* el juego de las chapas. (En Colombia dicen: *cara y sello;* en Argentina: *cara y castillo.*) || *Fig. A cara descubierta,* loc. adv., descubiertamente. || *Cara a cara,* loc. adv., en presencia de otro: *se lo dijo cara a cara.* || *Cruzar la cara,* abofetear. || *Dar la cara por otro,* responder por otro. || *De cara,* loc. adv., enfrente: *da el sol de cara.* || *Echar en cara,* vituperar y también recordar un beneficio que a otro se ha hecho. || *Hacer cara,* oponerse, resistir: *hacer cara al enemigo.* || *Lavar la cara a uno,* adularle. || *Poner buena* o *mala cara,* acoger bien o mal. || *Querer algo uno por su linda cara,* solicitarlo sin ningún derecho a ello. || *Sacar la cara en un asunto,* aparecer como interesado en él. || *Sacar la cara uno por otro,* salir en su defensa. || *Saltar a la cara,* ser evidente. || *Tener uno cara de corcho,* tener poca vergüenza. || *Verse las caras,* verse para reñir.

CÁRABA f. Barco grande usado en Levante.

CARABAO m. Especie de búfalo de Oceanía: *el carabao es la principal bestia de carga usada en la islas Filipinas.*

CÁRABE m. Ámbar.

CARABELA f. Antigua embarcación de vela pequeña y muy ligera: *las carabelas de Colón.*

CARÁBIDOS m. pl. *Zool.* Insectos coleópteros.

CARABINA f. (pal. ital.). Arma de fuego menor que el fusil: *la carabina suele tener el cañón rayado.* (SINÓN. V. *Fusil.*) || *Fig.* y *fam.* Mujer que servía de acompañante a una joven. || *Cub.* Apuesta pequeña en el juego. || *Ser la carabina de Ambrosio,* no valer nada.

CARABINAZO m. Ruido del disparo de carabina. || Tiro de carabina: *matar de un carabinazo.*

CARABINAR v. i. *Cub.* Jugar carabina o apostar poco.

CARABINERO m. Soldado armado con una carabina. || Guardia destinado a la persecución del contrabando. || Crustáceo comestible algo mayor que la gamba. || *Fam.* Persona severa y adusta.

CARABINAS

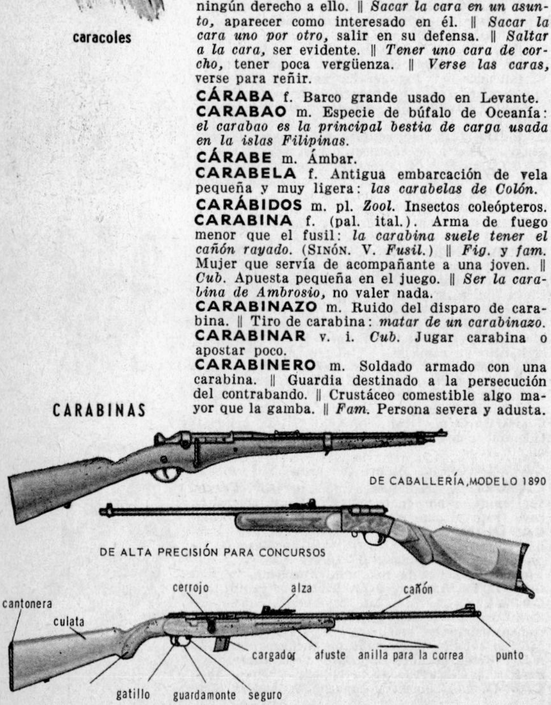

CARABLANCA m. *C. Rica* y *Col.* Mono maicero.

CÁRABO m. Una embarcación pequeña morisca.

CÁRABO m. (del lat. *corvus,* cuervo). Autillo, ave nocturna. || Insecto coleóptero de alas verdes, muy común en España: *el cárabo es enemigo del abejorro.*

CARABOBEÑO, ÑA adj. y s. De Carabobo.

CARACA f. *Cub.* Bollo de maíz.

CARACAL m. *Zool.* Especie de lince muy feroz que habita en los climas cálidos.

CARACARÁ m. Ave de rapiña de América del Sur: *el caracará se alimenta de carne muerta.* (SINÓN. *Carancho.*)

CARACAS m. (de *Caracas,* n. geogr.). *Fam.* Chocolate.

CARACATEY m. *Cub.* Crequeté.

CARACEÑO, ÑA adj. y s. De Carazo (Nicaragua).

CARACOA f. Embarcación de remo filipina.

CARACOL m. Nombre que se da a las conchas en espiral: *playa cubierta de caracoles.* || Molusco gasterópodo terrestre comestible. || Escalera de forma espiral. || Especie de judía. || Rizo de pelo. || Vuelta o torno que hace el caballo. || *Anat.* Cavidad del oído interno. || *Tecn.* Pieza del reloj en que se arrolla la cadena. || *Méx.* Camisón de dormir. || *Méx.* Blusa de mujer. || *Fam. ¡Caracoles!,* interj., igual a *¡caramba!*

CARACOLA f. Bocina, caracol de forma cónica.

CARACOLADA f. Guisado de caracoles.

CARACOLEAR v. i. Hacer caracoles el caballo.

CARACOLEO m. Acto de caracolear el caballo.

CARACOLÍ m. *Col.* Anacardo.

CARACOLILLO m. Planta leguminosa de América: *la flor del caracolillo es olorosa.* || Especie de café: *el caracolillo es uno de los cafés más estimados.* || Especie de caoba muy veteada. || *Riopl.* Fideo en forma de caracol.

CARÁCTER m. (gr. *kharakter,* de *kharassein,* grabar). Signo escrito o grabado. || Letra o signo de la escritura: *caracteres góticos.* || Forma de letra: *carácter legible.* || Índole o condición de un persona o cosa: *carácter generoso.* (SINÓN. V. *Natural.*) || Rasgo distintivo: *los caracteres dominantes de la raza humana.* || Modo de ser de una persona o pueblo: *el carácter español es más indolente que el inglés.* || Energía, elevación de ánimo. || Genio de una persona: *Fulano tiene carácter insoportable.* (SINÓN. V. *Humor.*) || Expresión personal, originalidad: *fisonomía sin carácter.* || Condición: *el carácter eclesiástico.* (SINÓN. V. *Esencia.*) || Estilo y originalidad de una obra literaria: *el carácter dramático de una pieza.* (SINÓN. V. *Estilo.*) || Señal espiritual que imprimen algunos sacramentos. || Dignidad: *con carácter de embajador.* || Persona considerada en su individualidad: *pintar caracteres.* || — Pl. Letras de imprenta. || — OBSERV. Hace en pl. *caracteres* y no *carácteres.*

CARACTERÍSTICO, CA adj. Que pertenece al carácter: *detalle característico.* (SINÓN. V. *Particular.*) || Que caracteriza: *signo característico.* || — M. y f. Actor o actriz que representa papeles cómicos de persona de edad. || — F. Lo que da carácter distintivo, particularidad de una persona o cosa: *las características de una máquina.* || *Mat.* Primera parte del logaritmo que precede la coma. (La otra parte es la *mantisa.*)

CARACTERIZADO, DA adj. Muy distinguido, muy notable: *hombre político muy caracterizado.*

CARACTERIZAR v. t. Determinar con precisión. || Representar un actor su papel expresivamente. || — V. r. Manifestar diferentes caracteres. || Vestirse y componer su fisonomía el actor.

CARACTEROLOGÍA f. Estudio del carácter.

CARACÚ m. *Amer.* Tuétano, medula de los huesos. || Casta de ganado vacuno argentino, más útil para carne que para el trabajo.

CARACUCHO m. *Col.* Balsamina.

CARACUL m. Variedad de carnero y su piel, parecida al astracán pero menos rizada: *el caracul es la parte del astracán correspondiente al vientre del animal.*

CARACHA f. y **CARACHE** m. Sarna o roña.

CARACHENTO, TA adj. *Riopl.* Sarnoso.

CARACHO, CHA adj. Violáceo, morado, cárdeno.
CARACHOSO, SA adj. *Per.* Sarnoso, roñoso.
CARACHUPA f. *Per.* Zarigüeya, mucamuca.
CARADO, DA adj. Con los adverbios *bien* o *mal,* que tiene buena, o mala, cara.
CARADURA adj. y s. *Fam.* Desvergonzado, descarado.
CARAGUATÁ f. *Amer.* Especie de agave.
CARAGUAY m. *Bol.* Lagarto grande.
CARAIRA f. *Cub.* Caracará o carancho.
CARAMA f. Escarcha.
CARAMANCHEL m. *Mar.* Especie de tejadillo colocado sobre las escotillas de los buques. || Tugurio, desván. || *Per.* Cobertizo. || *Arg.* y *Chil.* Figón, merendero. || *Ecuad.* Caja del vendedor ambulante. || *Venez.* Montón.
CARAMAÑOLA f. *Arg.* y *Chil.* Cantimplora.
CARAMBA f. Moño que llevaban antiguamente las mujeres. || *Arg.* y *Méx.* Canto popular antiguo. || *Amér. C.* Instrumento músico.
¡CARAMBA! interj. Denota extrañeza o enfado.
CARAMBANADO, DA adj. Hecho carámbano.
CARÁMBANO m. Hielo que cuelga de una gotera.
CARAMBOLA f. Lance del juego de billar en que la bola atacada toca a las otras dos. || *Fig.* y *fam.* Doble resultado que se consigue sin buscarlo: *obtener algo por carambola.* || Casualidad.
CARAMBOLEAR v. i. Hacer carambolas.
CARAMBOLERO, RA m. y f. *Arg.* y *Chil.* Carambolista.
CARAMBOLISTA com. Persona que hace carambolas.
CARAMBOLO m. Árbol oxalidáceo de la India.
CARAMEL m. Una especie de sardina.
CARAMELIZAR v. t. Convertir en caramelo.
CARAMELO m. Azúcar fundida endurecida al enfriarse. || *Fam. De caramelo,* excelente.
CARAMENTE adv. m. Costosamente. || Encarecidamente. || Rigurosamente.
CARAMERA f. *Venez.* Dentadura mal plantada.
CARAMERO m. *Col.* Palizada.
CARAMILLO m. (lat. *calamellus*). Flautilla de caña. (SINÓN. V. *Flauta.*) || Montón de cosas mal puestas unas sobre otras. || *Fig.* Chisme, enredo.
CARAMURU m. Lepidosirena, pez grande de los ríos del Brasil y Argentina.
CARANCHO m. *Amer.* Uno de los nombres del *caracará,* ave de rapiña. || *Per.* Búho.
CARANDAÍ o **CARANDAY** m. *Bot.* Palmera alta de América del Sur, de la que se extrae una cera.
CARANEGRA m. *Col.* y *Venez.* Especie de mono de rostro negro.
CARANGA f. *Hond.* y **CARÁNGANO** m. *Amer.* Piojo, cáncano. || *Col.* Instrumento músico.
CARANTAMAULA f. *Fam.* Máscara fea de cartón. || *Fig.* y *fam.* Persona muy fea.
CARANTOÑA f. *Fam.* Carantamaula. || Mujer vieja muy pintada. || — Pl. *Fam.* Halagos y caricias. (SINÓN. *Gatería, muecas, gestos.*)
CARANTOÑERO, RA adj. y s. Que hace carantoñas.
CARAÑA f. Nombre de varios árboles gutíferos de América. || Resina que producen.
CARAÑUELA f. *Cub.* Trampa, hurto disimulado.
CARAO m. *Amér. C.* Árbol papilionáceo.
CARAPA f. Planta meliácea antillana: *el aceite de carapa servía como tinte.*
CARAPACHO m. Caparazón de los crustáceos.
¡CARAPE! interj. ¡Caramba!
CARAPEGUEÑO, ÑA adj. y s. De Carapeguá (Paraguay).
CARAPULCA f. *Per.* Guiso de carne con patatas.
CARAQUEÑO, ÑA adj. y s. De Caracas.
CARATE m. *Amer.* Especie de sarna o empeine con manchas rojizas.
CARATO m. *Amer.* Jagua, árbol.
CARÁTULA f. Careta. (SINÓN. V. *Máscara.*) || *Fig.* Profesión de comediante. || *Amer.* Portada de un libro.
CARAÚ m. *Arg.* Carrao, ave.
CARAVANA f. (persa *karuán*). Tropa de viajeros que se reúnen para atravesar juntos el desierto. || *Fig.* y *fam.* Tropa, multitud de gente: *no me gusta viajar en caravana.* (SINÓN. V. *Tropa.*) || *Col.* Alcaraván, ave. || — Pl. *Méx. Fam.* Cortesías. || *Amer.* Pendientes, aretes.
CARAVANERO m. El que guía las caravanas.
¡CARAY! interj. ¡Caramba!
CARAYÁ m. *Col.* y *Riopl.* Mono aullador.
CÁRBASO m. Nombre antiguo del *lino.*
CARBINOL m. Alcohol metílico.
CARBODINAMITA f. Materia explosiva derivada de la nitroglicerina.
CARBOL m. *Quím.* Fenol.
CARBÓN m. (lat. *carbo*). Producto que se obtiene de la combustión incompleta de la madera: *el carbón es carbono casi puro.* (Llámase tb. *carbón de leña* [amer., *de palo*].) || *Carbón de tierra* o *de piedra,* hulla. (V. esta pal.) || Brasa o ascua después de apagada. || Honguillo parásito del trigo. || Carboncillo del dibujante: *retrato al carbón.* || *Carbón animal,* el que se obtiene quemando huesos: *el carbón animal sirve para blanquear el azúcar.*
CARBONADA f. El carbón que se echa de una vez en la hornilla. || Pasta de huevo, leche y dulce, frita en manteca. || *Arg., Chil.* y *Per.* Guisado nacional, hecho con carne, choclos, zapallo, papas y arroz.
CARBONADO m. Diamante negro.
CARBONAR v. t. Hacer carbón.
CARBONARIO m. (ital. *carbonaro*). Individuo de una sociedad secreta enemiga del absolutismo. (V. *Parte hist.*)
CARBONATADO, DA adj. Dícese del mineral que contiene ácido carbónico: *cal carbonatada.*
CARBONATAR v. t. Convertir en carbonato.
CARBONATO m. *Quím.* Sal formada por el ácido carbónico: *el mármol es carbonato de cal.*
CARBONCILLO m. Carbón ligero para dibujar. || *Chil.* Carbonilla.
CARBONEAR v. t. Hacer carbón de leña.
CARBONEO m. Acción y efecto de carbonear.
CARBONERA f. Pila de leña dispuesta para el carboneo. || Lugar donde se guarda el carbón. || Vendedora de carbón. || Mina de hulla. || Parte del ténder en que va el carbón.
CARBONERÍA f. Tienda donde se vende carbón.
CARBONERO, RA adj. Relativo al carbón: *industria carbonera.* || — M. El que hace o vende carbón. || *Guat.* Ave del género tanagra. || Árbol de Cuba, Colombia y Venezuela.
CARBÓNICO, CA adj. Dícese del anhídrido que resulta de la unión del carbono y el oxígeno: *el anhídrido carbónico fue definido por Lavoisier.* — El *ácido carbónico* produce los carbonatos, tan abundantes en la naturaleza. Prodúcese el gas carbónico en las combustiones, en la fermentación de los líquidos, la respiración del hombre, los animales y las plantas, etc. Es un gas inodoro, incoloro, asfixiante, más pesado que el aire.
CARBÓNIDOS m. pl. Grupo de substancias que comprenden los cuerpos formados de carbono puro o combinado.
CARBONÍFERO, RA adj. Que contiene carbón mineral: *terreno carbonífero.*
CARBONILO m. *Quím.* Óxido de carbono considerado como radical.
CARBONILLA f. Carboncillo a medio quemar que cae con la ceniza. || Residuos menudos de carbón que se desprenden de las locomotoras. || *Arg.* Carboncillo para dibujar.
CARBONIZACIÓN f. Transformación en carbón.
CARBONIZAR v. t. Convertir en carbón. (SINÓN. V. *Quemar.*)
CARBONO m. (del lat. *carbo,* carbón). Cuerpo simple (C) que se encuentra en la naturaleza puro, cristalizado en el diamante y el grafito, y más o menos alterado en los diversos carbones. — El *carbono* forma parte de la composición de casi todos los tejidos vegetales y animales. Sus átomos pueden unirse entre sí en cadenas que dan lugar a los compuestos estudiados por la química orgánica. (V. ilustr. pág. 198.)
CARBONOSO, SA adj. Dícese de lo que tiene carbón o es parecido al carbón: *aspecto carbonoso.*
CARBORUNDO m. *Quím.* Carburo de silicio.
CARBUNCAL adj. Relativo al carbunco.
CARBUNCLO m. Carbúnculo. || Carbunco.
CARBUNCO m. (lat. *carbunculus*). *Med.* En-

caranday

Fot. Aubert de la Rüe

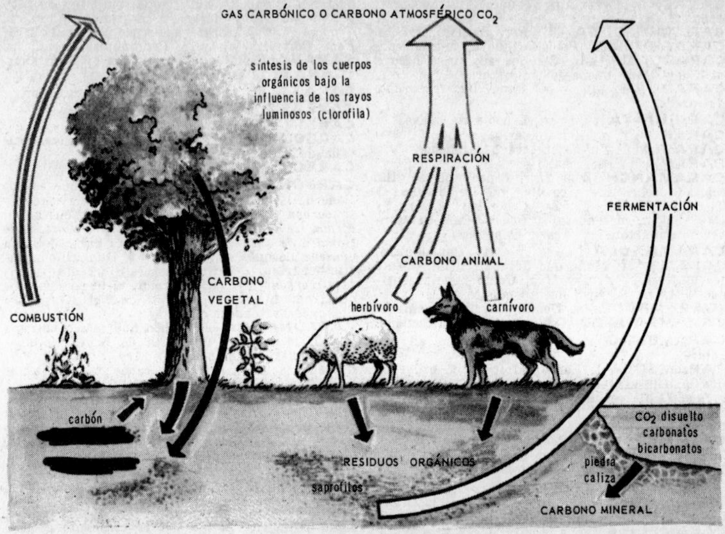

CICLO DEL CARBONO

CARBURADOR

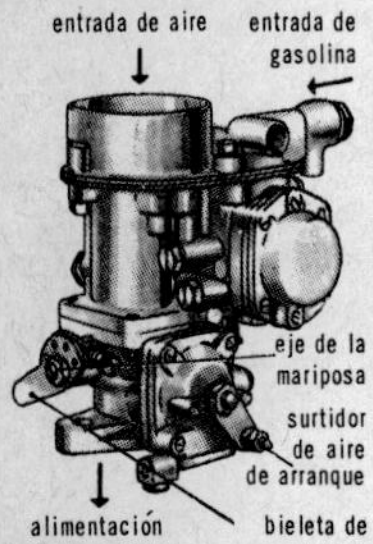

cardán

fermedad contagiosa común al hombre y a los animales: *el carbunco produce algunas veces la muerte por infección general de la sangre.*
CARBUNCOSIS f. Infección carbuncosa.
CARBUNCOSO, SA adj. *Med.* Relativo al carbunco o que lo produce: *mosca carbuncosa.*
CARBÚNCULO m. Rubí.
CARBURACIÓN f. Operación de someter ciertos cuerpos a la acción del carbono: *la carburación del hierro lo transforma en acero.* || Acción de mezclarse el aire a un carburante para hacerlos combustibles.
CARBURADOR m. Depósito donde se mezcla la bencina pulverizada y el aire en los motores de explosión.
CARBURANTE m. Hidrocarburo empleado en los motores de explosión o de combustión interna.
CARBURAR v. t. Mezclar con carburo: *carburar el hierro.* || Saturar el aire o el gas del alumbrado de vapores de hidrocarburos para dar a su llama brillo más intenso o para facilitar la formación de una mezcla detonante, como la que producen las explosiones en los motores de alcohol o petróleo. || *Fam.* Funcionar, andar.
CARBURO m. *Quím.* Combinación de carbono con un cuerpo simple: *carburo de hidrógeno, de calcio.*
CARCA adj. y s. *Fam.* Carlista. || *Fam.* Viejo, lleno de prejuicios, extremadamente conservador.
CARCAHUESAL m. *Col.* Terreno pantanoso.
CARCAJ m. Aljaba. || *Méx.* Funda del rifle.
CARCAJADA f. Risa violenta y ruidosa, risotada: *soltar la carcajada, reír a carcajadas.*
CARCAJEAR v. i. Reír a carcajadas. (SINÓN. V. *Reír.*)
CARCAMAL m. *Fam.* Persona vieja y achacosa. (SINÓN. V. *Anciano.*)
CARCAMÁN m. *Mar.* Buque grande y pesado. || *Cub.* Extranjero de poco viso. || *Per.* Carcamal. || *Urug.* y *Col.* Persona de muchas pretensiones y muy poco mérito. || *Méx.* Un juego de azar.
CARCARAÑÁ f. *Arg.* Un ave de rapiña.
CÁRCAVA f. Zanja o foso. || Sepultura.
CARCAVÓN m. Barranco que deja una avenida.
CARCAVUEZO m. Hoyo profundo.
CARCAZA f. Carcaj.
CÁRCEL f. (lat. *carcer*). Edificio donde se custodian los presos. (SINÓN. *Presidio, prisión, celda, calabozo, mazmorra, in pace.* Pop. *Loquera, chirona, banasto.*) || Instrumento de carpintería que sirve para mantener apretadas mientras se van secando dos piezas de madera encoladas.
CARCELARIO, RIA adj. Relativo a la cárcel.
CARCELERA f. Un aire popular andaluz.
CARCELERÍA f. Detención forzada en un punto: *el reo condenado a guardar carcelería no debe salir sin permiso del pueblo designado para su detención.*
CARCELERO m. El que está encargado del cuidado de la cárcel y de los presos.
CARCINOMA m. *Med.* Una forma de cáncer.
CARCINOMATOSO, SA adj. Canceroso.
CÁRCOLA f. Pedal de los telares.
CARCOMA f. Insecto coleóptero muy pequeño que roe la madera. || Polvo de la madera. || *Fig.* Cuidado grave y continuo: *esta cuestión es para él una verdadera carcoma.* || Persona o cosa que consume la hacienda.
CARCOMER v. t. Roer la madera la carcoma. (SINÓN. V. *Roer.*) || *Fig.* Consumir lentamente la salud, la fortuna, etc. || — V. r. Llenarse de carcoma.
CARCUNDA adj. y s. Carca.
CARCHENSE adj. y s. De Carchi (Ecuador).
CARCHÍ m. *Col.* Carne salada.
CARDA m. Acción de cardar. || Cabeza de la cardencha: *la carda sirve para sacar el pelo a los paños.* || Instrumento con púas de hierro que sirve para cardar la lana. || *Fig.* Reprensión, regaño. || *Arg.* Especie de cacto.
CARDADA f. Lo que se carda de una vez.
CARDADO m. Acción de cardar.
CARDADOR, RA m. y f. Persona que carda la lana. || — M. Uno de los nombres de la *escolopendra.*
CARDADURA f. Acción de cardar.
CARDAL m. *Parag.* Caraguatá, agave. || *Riopl.* Sitio poblado de cardos.
CARDAMINA f. El mastuerzo, planta crucífera.
CARDAMOMO m. Especie de amomo medicinal.
CARDÁN m. (de *Cardán*, n. pr.). Articulación mecánica que permite la transmisión de un movimiento de rotación en direcciones diferentes. || Suspensión que consiste en dos círculos concéntricos cuyos ejes forman ángulo recto.
CARDAR v. t. Preparar para el hilado las materias textiles. || Sacar el pelo con la carda a los paños.
CARDARIO m. Pez selacio.
CARDELINA f. Jilguero.
CARDENAL m. Cada uno de los prelados que componen el Sacro Colegio y son electores y consejeros del papa: *la púrpura es el color oficial*

de los cardenales. || *Amer.* Pájaro de color ceniciento con un penacho rojo en la cabeza: *el cardenal vive bien en cautiverio.* (Aplícase el nombre de *cardenal* a varios pájaros más o menos encarnados.) || *Fam.* Equimosis, mancha producida por un golpe en la piel. (SINÓN. V. *Contusión.*)

CARDENALATO m. Dignidad de cardenal: *elevar al cardenalato.*

CARDENALICIO, CIA adj. Perteneciente o relativo al cardenal: *dignidad cardenalicia.*

CARDENCHA f. Planta dipsacácea cuyas cabezas espinosas sirven para cardar el paño. || Carda, intrumento que sirve para cardar.

CARDENILLA f. Planta grosulariea de España.

CARDENILLO m. Carbonato o acetato de cobre venenoso, de hermoso color verde: *las cacerolas de cobre se manchan fácilmente de cardenillo.* || Color verde claro.

CÁRDENO, NA adj. Morado, violáceo: *lirio cárdeno.* || Dícese del toro cuyo color es parecido al del caballo tordo. || Opalino, dícese del agua u otro licor.

CARDIACO, CA o **CARDÍACO, CA** adj. *Med.* Relativo al corazón.

CARDIALGIA f. (del gr. *kardia,* corazón, y *algein,* padecer). *Med.* Dolor en el cardias o en el corazón.

CARDIÁLGICO, CA adj. Perteneciente a la cardialgia: *dolor cardiálgico.*

CARDIAS m. Orificio superior del estómago.

CARDILLO m. Planta compuesta de hojas comestibles. || *Méx.* Escardillo, reflejo del sol.

CARDINAL adj. (lat. *cardinalis*). Fundamental: *virtudes cardinales.* (SINÓN. V. *Principal.*) || *Puntos cardinales,* el Norte, el Sur, el Este y el Oeste. || *Adjetivo numeral cardinal,* el que expresa el número, la cantidad, como *uno, dos, seis,* etc.

CARDIOGRAFÍA f. Descripción del corazón. || Gráfico que representa los movimientos del corazón.

CARDIÓGRAFO m. (del gr. *kardia,* corazón, y *graphein,* describir). El médico que se ocupa en estudios de cardiografía. || Aparato que sirve para registrar los movimientos del corazón.

CARDIOGRAMA m. Trazado que se obtiene con el cardiógrafo.

CARDIOLOGÍA f. Parte de medicina que trata del corazón.

CARDIÓLOGO m. *Med.* Especialista del corazón.

CARDIÓPATA adj. y s. Que padece una afección cardiaca.

CARDIOPATÍA f. Enfermedad del corazón.

CARDITIS f. *Med.* Inflamación del corazón.

CARDIZAL m. Sitio cubierto de cardos.

CARDO m. (lat. *carduus*). Nombre vulgar de varias plantas espinosas: *algunos cardos son comestibles.* (Entre las principales especies de cardos deben citarse el *borriquero,* el *corredor,* el *estrellado,* el *lechero,* el *mariano,* el *santo,* el *cabezudo,* etc.) || *Fig.* Persona arisca.

CARDÓN m. Cardencha para cardar el paño. || Carda, acción de cardar el fieltro o paño. || *Per.* y *Venez.* Cardo. || *Amer.* Nombre de varias plantas de México y el Perú y de una bromeliácea de Chile.

CARDONA f. *Cub.* Especie de cacto de la costa.

CARDONA n. pr. *Fam. Ser más listo que Cardona,* ser excesivamente listo y astuto.

CARDONCILLO m. Planta compuesta, que también se llama *cardo mariano.*

CARDUME y **CARDUMEN** m. Multitud de peces que caminan juntos: *el arenque viaja en cardumen.* || *Amer.* Multitud, abundancia.

CARDUZAR v. t. Cardar la lana, el algodón.

CAREADOR m. *Dom.* El que cuida del gallo durante la riña.

CAREAR v. t. Confrontar, poner en presencia dos personas para comparar sus afirmaciones, o dos escritos para cotejarlos. || — V. r. Juntarse dos personas para tratar algún negocio. || Encararse resueltamente con otro. || *Amer.* Poner dos gallos frente a frente para juzgarlos. || — PARÓN. *Cariar.*

CARECER v. i. (lat. *carere*). No tener algo: *carecer de recursos.* || *Urug.* Requerir, ser necesario. || — IRREG. Se conjuga como *merecer.*

CARECIMIENTO m. Carencia, falta de una cosa.

CAREL m. Borde de un barco, plato, etc.

CARENA f. (del lat. *carina,* casco). *Mar.* Reparación que se hace al casco de la nave: *dar carena a una lancha.* || *Fig.* y *fam.* Burla, chasco.

CARENADURA f. Acción y efecto de carenar.

CARENAJE m. Galicismo por *carena, carenadura.*

CARENAR v. t. *Mar.* Reparar el casco de una nave. || *Neol.* Dar a la carrocería de un vehículo una forma aerodinámica.

CARENCIA f. Privación de alguna cosa: *la carencia de datos nos imposibilita estos estudios.* (SINÓN. V. *Falta.*) || *Med. Enfermedad por carencia,* debida a una insuficiencia alimenticia.

CARENCIAL adj. *Med.* Relativo a la carencia.

CARENERO m. Sitio donde se carenan buques.

CARENTE adj. Careciente.

CAREO m. Acción de carear: *el careo de los testigos no dio resultado.* || *Amer.* Pausa en la pelea de gallos.

CARERO, RA adj. Que vende o es caro.

CARESTÍA f. Falta y escasez de una cosa: *la carestía ha subido los precios.* || Hambre, falta de trigo o demás comestibles: *los años muy secos provocan la carestía.* || Precio subido de una cosa.

CARETA f. Antifaz: *una careta de cartón.* (SINÓN. V. *Máscara.*) || Mascarilla de alambre que usan los apicultores y los esgrimidores, bomberos, mineros, etc. || *Quitarle a uno la careta,* desenmascararle.

CARETO, TA adj. Dícese del caballo o toro que tiene la cara blanca y la frente y el resto de la cabeza de color oscuro.

CAREY m. Tortuga de mar, de concha muy apreciada: *abunda el carey en el golfo de México.* || Concha de carey: *peineta de carey.* || Una mariposa. || *Cub.* Nombre de varias plantas. Pl. *careyes.*

CARGA f. Acción y efecto de cargar: *la carga de un barco.* || Peso grande: *una carga considerable.* || Lo que puede llevar encima un hombre o animal: *una carga excesiva.* (SINÓN. *Peso, fardo.*) || Unidad de medida de la leña, el carbón, etc. || *Fig.* Obligación: *tener cargas muy pesadas.* (SINÓN. V. *Deber.*) || *Fig.* Lo que causa molestia. || Pólvora y plomo con que se carga el arma de fuego. || *Mil.* Ataque impetuoso de una tropa: *carga de caballería.* || Cantidad de electricidad contenida en un condensador: *la carga de una botella de Leyden.* || Acción de producir esta carga. || Demanda de energía en los motores. || *Carga útil,* peso que puede transportar un vehículo además de su peso propio. || *carga de una botella de Leyden.* || Acción de do del mar para la lucha antisubmarina. || *Buque de carga,* el que se destina al transporte de mercancías. || *Llevar la carga de una cosa,* soportar

cardenal

cardo

cardo corredor

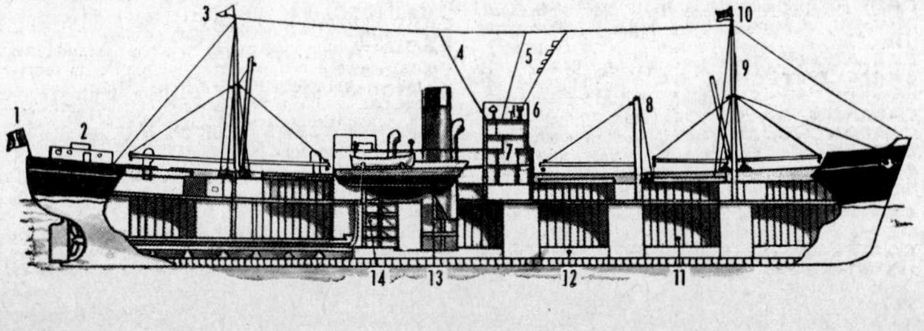

BUQUE DE CARGA

1. Pabellón nacional
2. Toldilla
3. Pabellón del armador
4. Antena de radio
5. Drizas
6. Puente de mando
7. Camarotes
8. Mástil de carga
9. Trinquete
10. Pabellón de destino
11. Bodega
12. Tanque de petróleo
13. Caldera y máquinas
14. Cocinas

el peso y consecuencias de ella. || *Fig. Ser en carga a uno*, serle molesto. || *Volver a la carga*, insistir.

CARGADERA f. *Mar.* Candaliza de las velas cangrejeras. || — Pl. *Col.* Tirantes.

CARGADERO m. Sitio donde se cargan y descargan las mercancías. || *Arq.* Dintel de una puerta o ventana. || Boca del horno metalúrgico.

CARGADILLA f. *Fam.* Aumento de una deuda. || *Col.* Tirriar, tema, aversión a una persona.

CARGADO, DA adj. Fuerte, dicho del té, el café, el color, etc. || Bochornoso: *tiempo cargado.* || *Fig.* y *fam.* Matado, liquidado. || — M. Un movimiento de la danza.

CARGADOR m. El que embarca mercancías para exportarlas y el que conduce cargas de un punto a otro. (SINÓN. V. *Portador.*) || Bieldo para cargar la paja. || Instrumento para cargar los cañones, fusiles y ametralladoras. || El que carga las armas. || *Guat.* Cohete muy ruidoso. || *Amer.* Mozo de cordel.

CARGAMENTO m. Conjunto de mercancías cargadas en un barco: *el capitán de un barco mercante responde del cargamento.*

CARGANTE adj. Que carga. || *Fig.* y *fam.* Pesado, molesto: *un niño que se pone muy cargante.* (SINÓN. V. *Empalagoso.*)

CARGAR v. t. (del b. lat. *carricare*, acarrear). Poner una carga sobre una persona, animal, carro, etc.: *cargar en un mulo.* || Embarcar o poner en un vehículo mercancías. || Poner la carga en un arma de fuego. || Llenar, poner lo necesario: *cargar una estilográfica.* || Acumular electricidad en: *cargar una batería.* || *Fig.* Aumentar una carga u obligación: *cargar los impuestos.* (SINÓN. V. *Imponer.*) || Atacar con ímpetu: *cargar al enemigo.* || *Fig.* Apuntar lo que debe uno: *le cargo en cuenta mi facturo del 5 del cte.* || Comer o beber mucho. || *Fig.* y *fam.* Incomodar, molestar. (SINÓN. V. *Aburrir.*) || *Fig.* Achacar a uno una cosa: *le cargaron toda la culpa a él.* (SINÓN. V. *Imputar.*) || *Mar.* recoger las velas. || Acometer un animal. || — V. i. Soportar una carga: *cargó con el paquete.* || Estribar una cosa en otra: *el armario carga en la pared.* || Llevarse, tomar: *cargó con todo.* || Concurrir mucha gente. || Tomar una obligación. || — V. r. Tomar sobre sí una carga. (SINÓN. V. *Llevar.*). || Nublarse mucho el horizonte: *el cielo se ha cargado mucho.* || Echar el cuerpo hacia alguna parte. || Llenarse, tener en abundancia: *se cargó de hijos.* || *Fig.* y *fam.* Dar muerte, liquidar.

CARGAREME m. Recibo.

CARGATASAJO m. *Cub.* Juego de naipes.

CARGAZÓN f. Carga, cargamento. || Pesadez de cabeza, de estómago. || Copia, cúmulo de nubes. || *Arg.* Obra mal terminada. || *Chil.* Abundancia de frutos.

CARGO m. Acción de cargar. || Peso, carga. || Cantidad de uva o aceituna que se pisa de una vez. || En las cuentas, conjunto de partidas que uno ha recibido. (SINÓN. V. *Cuenta.*) || *Fig.* Dignidad, oficio. (SINÓN. V. *Empleo.*) || *Fig.* Gobierno o dirección de una cosa. || *Fig.* Falta que se echa en cara a uno: *hacerle cargos a un funcionario.* || *Fig.* Obligación. || *Mar.* Anglicismo por *buque de carga.* || *Cargo de conciencia*, remordimiento: *no se le hace cargo de conciencia cometer ese atropello.* || *A cargo de*, al cuidado de, a expensas de. || *Con cargo a*, a cuenta de. || *Hacerse cargo de una cosa*, encargarse de ella, darse cuenta de ella.

CARGOSEAR v. t. *Chil.* y *Riopl.* Importunar.

CARGOSO, SA adj. Molesto, gravoso.

CARGUERO, RA adj. y s. *Amer.* Acémila. || — M. Buque de carga.

CARI m. Pimienta de la India. || — Adj. *Chil.* Dícese de la lana parda. || *Arg.* De color pardo claro.

CARIACO m. Baile popular de Cuba.

CARIACONTECIDO, DA adj. Turbado, sobresaltado, con el semblante afligido.

CARIADO, DA adj. Con caries.

CARIANCHO, CHA adj. De cara ancha.

CARIAR v. t. Producir la caries: *una muela dañada suele cariar las demás.* || — V. r. Padecer caries un hueso. || —PARÓN. *Carear.*

CARIÁTIDE f. Estatua de hombre o de mujer que suele colocarse para sostener una cornisa.

CARIBE adj. y s. De las Antillas. || — M. Lengua de los caribes. || *Fig.* Hombre cruel, inhumano. — La *lengua caribe* ha dejado multitud de voces en diversos países americanos, especialmente en las Antillas, Venezuela y Colombia, extendiéndose algunas por casi todo el continente, como *ají, arepa, bahareque, baquiano, bohío, nigua, tuna.* Muchas han pasado al español peninsular desde muy antiguo: *batea, bejuco, butaca, cabuya, comején, maní, mico, nagua, tiburón.* Otras, en fin, pertenecen hoy al vocabulario universal: *cacique, caimán, canoa, caucho, cazabe, cocuyo, curare, guayaba, hamaca, huracán, iguana, maíz, manatí, piragua, sabana, tabaco, yuca.*

cariátide

CARIBITO m. *Col.* Palometa, pez.

CARIBLANCO m. *C. Rica.* Especie de jabalí pequeño y fiero.

CARICÁCEAS f. pl. Familia de plantas angiospermas dicotiledóneas con tallo poco ramificado.

CARICATO m. El cómico bajo. || *Amer.* Caricatura. || *Cub.* Manera de cortar el pelo.

CARICATURA f. Reproducción grotesca de una persona o cosa. || Obra de arte en que se ridiculiza una persona o cosa. || Persona ridícula.

CARICATURAL adj. Caricaturesco.

CARICATURAR v. t. Caricaturizar.

CARICATURESCO, CA adj. Que parece una caricatura: *retrato caricaturesco.*

CARICATURIZAR v. t. Hacer una caricatura.

CARICATURISTA m. Dibujante de caricaturas.

CARICIA f. Halago, demostración de cariño.

CARIDAD f. (lat. *caritas*). Una de las virtudes teologales: *la caridad comprende el amor de Dios y del prójimo.* (SINÓN. *Beneficencia, generosidad, piedad, humanidad, filantropía, altruismo.*) || Limosna: *hacer la caridad a los pobres.* (SINÓN. V. *Limosna.*) *Méx.* Comida que se da a los presos. || — PROV. **La caridad bien ordenada empieza por uno mismo**, máxima que significa: "Antes de pensar en los demás, pensemos en nosotros." || — CONTR. *Egoísmo.*

CARIDOLIENTE adj. Cariacontecido.

CARIES f. (lat. *caries*). Úlcera de un hueso: *la caries dentaria suele ser muy dolorosa.* || Tizón del trigo.

CARIFRESCO, CA adj. *Cub.* y *P. Rico.* Descarado.

CARIGORDO, DA adj. *Fam.* Muy gordo de cara.

CARILARGO, GA adj. *Fam.* Largo de cara. || *Chil.* y *Riopl.* Apenado. (SINÓN. V. *Desabrido.*)

CARILAMPIÑO, ÑA adj. Sin barba.

CARILIMPIO, PIA adj. *Amer.* Carifresco.

CARILUCIO, CIA adj. *Fam.* De cara lustrosa.

CARILLA f. Cara, página: *carta de dos carillas.*

CARILLENO, NA adj. *Fam.* De cara abultada.

CARILLÓN m. (pal. fr.). Conjunto de campanas acordadas. || Sonido que producen.

CARIMBA f. Marca que en el Perú se ponía a los esclavos en otro tiempo, con hierro candente.

CARIMBAR v. t. Marcar con carimba.

CARIMBO m. *Amer.* Hierro para marcar terneros.

CARINCHO m. Guisado americano.

CARINEGRO, GRA adj. Que tiene muy morena la cara.

CARIÑENA m. Vino tinto muy dulce y oloroso.

CARIÑO m. Afecto, amor: *profesar cariño a una persona.* || — Pl. Saludos, recuerdos. || Manifestaciones de afecto, carantoñas. || Esmero con que se hace una cosa. || — CONTR. *Odio.*

CARIÑOSAMENTE adv. m. Con cariño.

CARIÑOSO, SA adj. Afectuoso: *niño cariñoso.* (SINÓN. *Tierno, acariciador, mimoso.*)

CARIOCA adj. y s. De Rio de Janeiro: *la Prensa carioca.*

CARIOCINESIS f. *Biol.* División indirecta de la célula.

CARIOFILÁCEAS f. pl. Familia de plantas que tienen por tipo el clavel.

CARIÓPSIDE f. (del gr. *karuon*, nuez, y *opsis*, aspecto). *Bot.* Fruto seco parecido al grano de trigo.

CARIPAREJO, JA adj. Dícese de la persona de cara imperturbable.

CARIPELADO m. *Col.* Especie de mono.

Fot. Larousse

CARIRRAÍDO, DA adj. *Fam.* Descarado.
CARIRREDONDO, DA adj. *Fam.* Dícese de la persona redonda de cara.
CARISMA m. Don gratuito que concede Dios a una criatura.
CARISMÁTICO, CA adj. Relativo al carisma.
CARITATIVAMENTE adv. m. Con caridad.
CARITATIVO, VA adj. Que ejerce la caridad: *niño caritativo.* ‖ Relativo a la caridad. (SINÓN. V. *Humano.*)
CARITA f. *Dom.* Individuo gorrón. ‖ *Méx. Dar o hacer carita,* admitir una mujer los galanteos. *Guat., Hond.* y *Salv.* Provocar la envidia. ‖ *Hacer caritas,* hacerse caricias en la cara.
CARITE m. Pez comestible de Venezuela.
CARIUCHO m. *Ecuad.* Guisado de carne y ají.
CARIZ m. Aspecto de la atmósfera. ‖ *Fig.* y *fam.* Aspecto de un asunto: *esto toma mal cariz.*
CARLANCA f. Collar con púas que se pone a los mastines. ‖ *Ecuad.* Taragallo, palo que se cuelga a los animales para que no entren en los sembrados. ‖ *Hond.* y *Chil.* Molestia. ‖ *Amér. C., Col.* y *Pan.* Grillete de presidiario.
CARLANCÓN, ONA adj. y s. Astuto.
CARLEAR v. i. Jadear, respirar con dificultad.
CARLÍN m. Moneda de plata antigua.
CARLINA f. Especie de angélica, planta.
CARLENSE adj. y s. De San Carlos (Venezuela).
CARLEÑO, ÑA adj. y s. De San Carlos (Nicaragua).
CARLINGA f. *Mar.* Madero que refuerza la quilla. ‖ Parte del avión donde toman asiento los pasajeros y la tripulación.
CARLISMO m. V. Carlista, *Parte hist.*
CARLISTA adj. V. *Parte hist.*
CARLOTA f. Pastel de crema con bizcochos.
CARLOVINGIO, GIA adj. Relativo a Carlomagno o a sus descendientes: *dinastía carlovingia.*
CARMAÑOLA f. Chaquetón de paño con cuello estrecho. ‖ Canto revolucionario francés de la época del Terror (1793).
CARMELINA f. Lana de vicuña.
CARMELITA adj. y s. Dícese del religioso de la orden del Carmen. ‖ *Amer.* De color de café o tabaco, como el traje de los carmelitas. ‖ — F. Flor de la capuchina.
CARMELITANO, NA adj. y s. De la orden del Carmen. ‖ De Carmelo (Uruguay).
CARMENADOR m. Que carmena. ‖ Batidor.
CARMENADURA f. Acción de carmenar.
CARMENAR v. t. Desenredar, desenmarañar el cabello, la lana o la seda. ‖ *Fig.* y *fam.* Repelar, tirar del pelo. ‖ *Fig.* y *fam.* Robar, desplumar a uno.
CARMENTINA f. Planta acantácea medicinal.
CARMESÍ adj. y s. Color rojo subido que se extrae del quermes: *una tela carmesí.* (SINÓN. V. *Rojo.*)
CARMÍN m. Color rojo de la cochinilla. ‖ *Fig.: labios de carmín.* ‖ Rosal de flor encarnada. ‖ — Adj. De color rojo: *flores carmín.*
CARMINATIVO, VA adj. y s. Dícese del medicamento que favorece la expulsión de los gases.
CARMÍNEO, A adj. De carmín: *laca carmínea.*
CARMINOSO, SA adj. Carmíneo.
CARNADA f. Cebo de carne para cazar o pescar (SINÓN. V. *Cebo.*)
CARNADURA f. Carnes, musculatura de una persona o res. ‖ — PARÓN. *Encarnadura.*
CARNAL adj. Perteneciente a la carne. ‖ Lascivo o lujurioso. ‖ Dícese de los parientes colaterales en primer grado: *tío carnal, sobrino carnal.* ‖ *Fig.* Terrenal. ‖ — CONTR. *Espiritual.*
CARNALIDAD f. Vicio y deleite de la carne.
CARNAUBA f. *Amer.* Carandaí.
CARNAVAL m. (ital. *carnevale*). Tiempo que se destinaba a las diversiones desde el día de los Reyes hasta el miércoles de Ceniza. ‖ También se aplica sólo a los tres días que preceden el miércoles de Ceniza. ‖ Diversiones que tienen lugar en carnaval: *el carnaval de Río de Janeiro.*
CARNAVALADA f. Broma propia de carnaval.
CARNAVALEAR v. i. *Ecuad., Per.* y *P. Rico.* Jugar al carnaval.
CARNAVALESCO, CA adj. Propio del carnaval: *locuras carnavalescas.*
CARNAZA f. Parte de la piel que toca la carne. ‖ Carne abundante y mala. (SINÓN. V. *Carne.*) ‖ *Méx. y Chil.* Carnada, cebo.

CARNE f. (lat. *caro, carnis*). Parte blanda del cuerpo de los animales. (SINÓN. *Carnaza, carroña.*) ‖ Carne de vaca, ternera, carnero y de cualquier otro animal comestible. ‖ Alimento animal: *en los días de vigilia no se puede comer carne.* ‖ Parte blanda de la fruta: *la carne del melocotón es sabrosa.* ‖ *Amer.* Parte dura y sana de un tronco de árbol. ‖ Vicio de la lujuria: *la carne es uno de los enemigos del alma.* ‖ El cuerpo, en contraposición al espíritu: *el espíritu es fuerte pero la carne es flaca.* ‖ Una de las partes de la taba. ‖ *Riopl. Carne con cuero,* la asada con el cuero del animal, que ha de ser vacuno, asado con cuero. ‖ *Fig. Carne de cañón,* los soldados. ‖ *Carne de gallina,* la piel humana, cuyos pelos se erizan con el frío. Daño de algunas maderas. ‖ *Carne de membrillo,* dulce hecho con esta fruta. ‖ *Cobrar carnes,* engordar el que está flaco. ‖ *En carne viva,* desollado. ‖ *Echar carnes,* engordar. *Méx.* Maldecir. ‖ *No ser carne ni pescado una persona,* no tener carácter determinado. ‖ *Metido en carnes,* que está algo grueso. ‖ *Fig.* y *fam. Ser uno de carne y hueso,* sentir como los demás las incomodidades. ‖ *Fig.* y *fam. Poner toda la carne en el asador,* arriesgarlo todo de una vez.
CARNÉ m. Carnet.
CARNEADA f. *Arg.* Acción de carnear y lugar donde se carnea.
CARNEAR v. t. *Amer.* Matar y descuartizar las reses. ‖ *Chil.* y *Arg. Fil.* Engañar o estafar. ‖ *Arg. y Urug.* Matar, degollar.
CARNECERÍA f. Carnicería.
CARNERAJE m. Contribución por los carneros.
CARNEREAR v. t. *Arg.* Eliminar un candidato. ‖ Matar un carnero en castigo.
CARNERIL adj. Relativo al carnero.
CARNERO m. Osario. ‖ Lugar donde se depositaban en otro tiempo los cuerpos de los muertos. ‖ *Arg., Bol.* y *Urug. Cantar para el carnero,* morir.
CARNERO m. (b. lat. *carnerus*). Animal rumiante, de cuernos oblicuos, arrugados y en espiral: *el carnero se cría por su carne y su lana.* ‖ Carne de este animal. ‖ *Amer.* Llama, animal. ‖ *Amer.* El que sigue ciegamente el ejemplo ajeno. ‖ *Fam. No haber tales carneros,* no ser cierta una cosa.
CARNERUNO, NA adj. Semejante al carnero.
CARNESTOLENDAS f. pl. (del lat. *caro, carnis,* carne, y *tollere,* quitar). Nombre de los tres días de carne antes del miércoles de Ceniza. ‖ Carnaval.
CARNET o **CARNÉ** m. Tarjeta o documentación de identidad. (Es galicismo rechazable en el sentido de *licencia, cuaderno, libreta.*) Pl. *carnés.*
CARNICERÍA f. Sitio donde se vende al por menor la carne. (Es vulgarismo decir *carnecería.*) ‖ *Ecuad.* Matadero, rastro. ‖ *Fig.* Destrozo, mortandad grande. (SINÓN. *Matanza, degollina, hecatombe.*)
CARNICERA f. *Chil.* Jaula para la carne.
CARNICERO, RA adj. y s. Dícese del animal que mata a otros para devorarlos: *el tigre es uno de los más feroces carniceros.* ‖ *Fam.* Inhumano. ‖ — M. El que vende carne al por menor. ‖ *Ecuad.* Jifero o matarife.
CÁRNICO, CA adj. Relativo a la carne destinada al consumo: *industria cárnica.*
CARNICOL m. Uña de los animales de pie hendido.
CARNIFICACIÓN f. Alteración morbosa de algunos tejidos, como el pulmón, que toman consistencia carnosa.
CARNINA f. Principio amargo contenido en el extracto de carne.
CARNISECO, CA adj. Delgado.
CARNÍVORO, RA adj. (del lat. *caro, carnis,* carne, y *vorare,* devorar). Que se alimenta de carne: *el hombre es carnívoro.* ‖ — M. pl. Orden de mamíferos que se alimentan de carne.
CARNIZA f. *Fam.* Desperdicio o desecho de la carne. ‖ *Fam.* Carne muerta.
CARNOSIDAD f. Carne superflua que cría una llaga, o que nace en una parte del cuerpo donde no es natural. (SINÓN. *Excrecencia.*) ‖ Gordura extremada.
CARNOSO, SA y **CARNUDO, DA** adj. De carne: *apéndice carnoso.* ‖ De muchas carnes.
CARNUZA f. Carne abundante y basta.
CARO, RA adj. Que cuesta mucho: *este diccio-*

carnero

carmañola

Fot. Justin

nario no es caro. (SINÓN. V. *Costoso.*) ‖ Querido, amado. ‖ — M. *Cub.* Comida de huevos de cangrejo y cazabe. ‖ — Adv. m. Precio muy subido: *este tendero vende muy caro.*

CAROCA f. Decoración de bastidores y lienzos pintados: *las carocas del Corpus.* ‖ *Fig* y *fam.* Arrumaco, carantoña: *hacer carocas.* ‖ Composición bufa.

carpa

CAROCHA f. Carrocha.

CAROLA f. Danza antigua. ‖ *Chil.* Carona.

CAROLENO m. *Méx.* Jerga convencional entre novios.

CAROLINGIO, GIA adj. V. CARLOVINGIO.

CAROLINO, NA adj. De las Carolinas. ‖ De San Carlos (Uruguay).

CAROMOMIA f. Carne de momia: *la caromomia se usó antiguamente en medicina.*

CARÓN, ONA adj. *Amer.* Carigordo. ‖ *Col.* Descarado.

CARONA f. Tela acolchada que se pone a las bestias bajo la silla o albarda. ‖ Parte de la albarda que cae sobre el lomo. ‖ Parte del lomo sobre la cual cae la albarda: *caballo blando de carona.*

CAROÑOSO, SA adj. Dícese del caballo viejo.

CAROSO, SA adj. y s. *Per.* De pelo rubio.

CAROTA f. *Fam.* Cara. ‖ *Fam.* Caradura.

CAROTENO f. Vitamina sacada de la zanahoria.

carrera

CARÓTIDA f. *Anat.* Nombre de las dos arterias principales que llevan la sangre del corazón a la cabeza: *la sección de las carótidas es casi siempre mortal.*

CAROTINA f. Hidrocarburo rojo anaranjado que existe en la clorofila y en ciertos órganos vegetales.

CAROZO m. Raspa de la panoja del maíz. ‖ Hueso de la aceituna. ‖ *Amer.* Hueso de fruta.

CARPA f. (lat. *carpa*). Pez de agua dulce, de la familia de los ciprínidos.

— La *carpa,* cuya carne es muy estimada, es un pez de fondo, que gusta de los parajes cenagosos. No excede un metro de largo y su peso no pasa de veinte kilogramos. Es prodigiosa su fecundidad, y en cuanto a su longevidad pasa a veces de cien años.

CARPA f. *Amer.* Tienda de campaña.

CARPANEL adj. Variedad de arco. (V. ARCO.)

CARPANTA f. *Fam.* Hambre muy viva. ‖ *Méx.* Pandilla de gente alegre y maleante.

pájaro carpintero

CARPE m. (lat. *carpinus*). Hojaranzo, arbusto betuláceo: *la madera del carpe se emplea en tornería.*

CARPELAR adj. Del carpelo: *hojas carpelares.*

CARPELO m. (del gr. *karpos,* fruto). *Bot* Hoja transformada que forma el pistilo.

CARPETA f. Especie de cartapacio: *una carpeta de cuero.* ‖ Cubierta de un legajo‖ Tapete pequeño.

CARPETANO, NA adj. De Carpetania (Reino de Toledo).

CARPETAZO (Dar) loc. *Fig.* No dar curso a un expediente o solicitud. ‖ Dar por terminado un asunto.

CARPETEAR v. t. *Venez.* Esconder. ‖ Estafar.

CARPIANO, NA adj. Del carpo: *huesos carpianos.*

CARPIDOR m. *Amer.* Instrumento para carpir. ‖ — PARÓN. *Escarpidor.*

CARPINCHO m. *Amer.* Roedor anfibio.

CARPINTEAR v. t. Trabajar la madera.

CARPINTERÍA f. Oficio y taller del carpintero.

CARPINTERO m. (lat. *carpentarius*). El que por oficio labra la madera, generalmente en obras gruesas. ‖ *Pájaro carpintero,* el pico.

CARPIR v. t. Dejar a uno pasmado. ‖ *Amer.* Escardar.

carraca

CARPO m. (gr. *karpos*). *Anat.* Conjunto de los huesos de la muñeca.

CARPOLOGIA f. *Bot.* Ciencia que estudia el fruto de las plantas.

CARQUESA f. Horno que sirve para templar el vidrio.

CARQUESIA f. Planta papilioniácea.

CARRACA f. Nave antigua de transporte. ‖ Barco grande y destartalado. (SINÓN. V. *Embarcación.*) ‖ Astillero. (Hoy sólo se aplica este nombre al de Cádiz.) ‖ Instrumento de madera de sonido seco y desapacible que se usa en Semana Santa. ‖ *Col.* Mandíbula, quijada.

CARRACO, CA adj. *Fam.* Achacoso. ‖ *Col* Gallinazo, ave.

CARRACUCA n. pr. Personaje en las comparaciones, designando pobreza, dificultad, vicios: *más pobre, más perdido, que Carracuca.*

CARRADA f. Carretada.

CARRAL m. Tonel para llevar el vino en carros.

CARRALEJA f. Insecto coleóptero parecido a la cantárida.

CARRAMPLA f. *Ecuad.* Pobreza extremada.

CARRAMPLÓN m. *Col.* Instrumento músico de negros. ‖ *Col.* Clavo para los tacones. ‖ *Col.* y *Méx.* Chopo, rifle viejo.

CARRANCA f. Carlanca.

CARRANCHOSO, SA adj. *Cub.* Áspero, rudo.

CARRANZA f. Púa de carranca.

CARRAO m. *Venez.* Ave zancuda de pico largo.

CARRAÓN m. Trigo parecido a la escanda.

CARRARA m. Mármol blanco de los alrededores de Carrara (Italia).

CARRASCA f. Coscoja, nombre de una especie de encina. ‖ *Col.* Instrumento músico rústico que usan los negros.

CARRASCAL m. Monte poblado de carrascas. (SINÓN. V. *Landa.*) ‖ *Chil.* Pedregal, sitio donde abundan las piedras.

CARRASPADA f. Vino mezclado con miel y especias.

CARRASPEAR v. i. Tener carraspera.

CARRASPEO m. Carraspera.

CARRASPERA f. *Fam.* Ronquera en la garganta.

CARRASPIQUE m. Género de plantas crucíferas, de flores moradas o blancas en corimbos.

CARRASPOSO, SA adj. *Amer.* Áspero y acre. ‖ Que padece carraspera. ‖ — F. *Col.* Planta de hojas ásperas.

CARRASQUEÑO, ÑA adj. De carrasca: *madera carrasqueña.* ‖ *Fig.* y *fam.* Áspero y duro.

CARRASQUILLA f. Camedrio, planta labiada.

CARRERA f. Acción de correr: *emprender la carrera.* ‖ Espacio recorrido corriendo: *una carrera de seis leguas.* ‖ Sitio destinado para correr: *ejercitarse en la carrera.* ‖ Camino real o calle que antes fue camino: *la carrera de San Jerónimo, en Madrid.* ‖ Calles que recorre una comitiva. ‖ Certamen de velocidad: *carrera de caballos, de ciclistas.* ‖ El turf: *el mundo de las carreras.* ‖ *Fig.* Hilera: *carrera de dientes.* ‖ Acción de deshacerse las mallas: *una carrera en la media.* ‖ *Fig.* Curso de la vida humana: *una carrera bien aprovechada.* ‖ *Fig.* Profesión: *carrera liberal.* (SINÓN. V. *Profesión.*) ‖ *Arq.* Viga larga colocada horizontalmente. ‖ *Carrera de armamentos,* competencia en la producción de armas. ‖ *Carrera de Indias,* comercio que se hacía con las Indias por medio de naves que iban y venían. ‖ *Fig. Dar carrera a uno,* costearle los estudios. ‖ *Fig. No poder hacer carrera con una persona,* no poder hacer nada con ella. ‖ *Tomar carrera,* retroceder para avanzar con más ímpetu. ‖ *Cub.* y *P. Rico. Meterse en carrera,* meterse en juerga. ‖ — OBSERV. Es galicismo la frase: *dar libre carrera a su imaginación,* por *darle rienda suelta.*

CARREREAR v. t. *Méx.* Urgir. ‖ — V. i. *Guat.* Correr.

CARRERILLA f. Un movimiento de la danza española. ‖ *Mús.* Subida o bajada de una octava que hace el que toca o canta. ‖ Notas que la indican.

CARRERISTA com. Persona aficionada a las carreras y la que apuesta en ellas. ‖ La que hace carreras.

CARRERO m. Carretero.

CARRETA f. Carro de dos ruedas con un madero largo, que sirve de lanza, donde se sujeta el yugo: *carreta de bueyes.* ‖ Carro cerrado por los lados que no tiene las ruedas herradas.

Fot. Nova-Press, Ed. Nelson

CARRETADA f. Carga de una carreta. ‖ *Fam.* Gran cantidad de una cosa: *llegaba la gente a carretadas.* ‖ *Méx.* Carga de 120 arrobas.
CARRETE m. Cilindro taladrado en que se arrollan el hilo, la seda, etc. ‖ Ruedecilla unida a la caña de pescar y que sirve para acortar el sedal. ‖ *Electr.* Cilindro hueco de madera o metal al que se arrolla un alambre envuelto. (SINÓN. *Bobina.*) ‖ Rollo de película para hacer fotografías. ‖ *Carrete de inducción,* carrete formado de dos circuitos de alambre, recorrido uno de ellos por una corriente eléctrica que ejerce influencia sobre el otro circuito. ‖ *Carrete de Ruhmkorff,* carrete de inducción con electroimán e interruptor automático, que permite obtener efectos muy intensos. ‖ *Fig. Dar carrete a uno,* entretenerle. ‖ *Dar carrete,* soltar el sedal.
CARRETEAR v. t. Conducir en carro o carreta. ‖ Gobernar el carro o carreta. ‖ — V. i. *Cub.* Gritar las cotorras y loros. ‖ — V. r. Tirar los bueyes y mulas de un modo irregular.
CARRETEL m. Carrete que suele ponerse a las cañas de pescar. ‖ *Mar.* Carrete de la corredera.
CARRETELA f. (ital. *carrettella*). Coche de cuatro asientos y de capota movible. ‖ *Chil.* Ómnibus.
CARRETERA f. Camino empedrado o enguijado. (SINÓN. V. *Camino.*)
CARRETERÍA f. Industria y taller del carretero. ‖ Conjunto de carretas.
CARRETERIL adj. Relativo a los carreteros.
CARRETERO m. El que hace carros o carretas. ‖ El que guía el carro: *jurar como un carretero.*
CARRETIL adj. Para carretas: *camino carretil.*
CARRETILLA f. Carro pequeño de mano con una rueda y dos pies o con dos, tres o cuatro ruedas. ‖ *Riopl.* Carro de carga tirado por tres mulas. ‖ Aparato de madera en que se colocan los niños que aprenden a andar. ‖ *Arg.* y *Chil.*

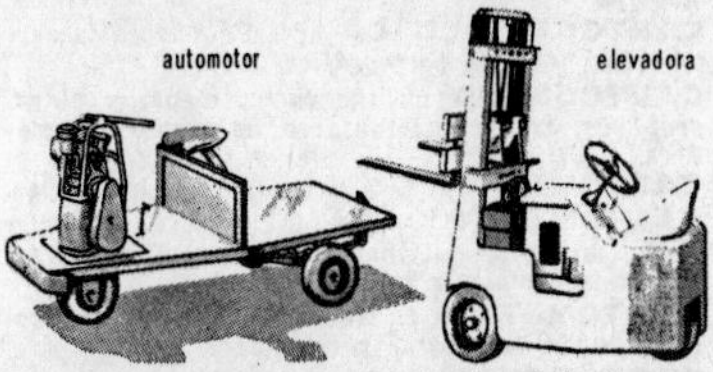

Mandíbula, quijada. ‖ *Guat.* Necedad. ‖ *Arg.* Fruto del trébol. ‖ Buscapiés, cohete. ‖ Pintadera para adornar el pan. ‖ *Saber de carretilla una cosa,* saberla de memoria y sin reflexión.
CARRETILLADA f. Lo que cabe en una carretilla.
CARRETÓN m. Carro pequeño. ‖ Coche pequeño en que lleva su rueda el afilador. ‖ Carretilla para los niños. ‖ Bogie. ‖ *Hond., Guat.* y *P. Rico.* Carrete de hilo.
CARRETONERO m. *Amer.* Carretero. ‖ *Col.* Especie de trébol.
CARRIC m. (pal. ingl). Especie de levita o gabán largo y con varias esclavinas.
CARRICERA f. Planta gramínea de flor blanca.
CARRICOCHE m. *Fam.* Coche viejo o malo. (SINÓN. V. *Coche.*)
CARRICUBA f. Carro de riego.
CARRIEGO m. Buitrón, arte de pesca. ‖ Cesta grande.
CARRIEL m. *Amér. C., Col., Ecuad.* y *Venez.* Bolsa de cuero, maleta de mano, cartera.
CARRIL m. Surco que hacen en la tierra las ruedas. (SINÓN. V. *Huella.*) ‖ Camino muy estrecho. ‖ Cada una de las barras de hierro paralelas por donde corren los coches del ferrocarril. ‖ *Chil.* y *P. Rico.* Tren, ferrocarril.
CARRILANO m. *Chil.* Operario de vías férreas. ‖ *Fig.* Ladrón, bandolero.
CARRILERA f. Carril que hacen las ruedas en un camino. ‖ *Cub.* Apartadero de una vía férrea. ‖ *Col.* Emparrillado.
CARRILLADA f. Mejilla del cerdo que se come guisada. ‖ — Pl. Tiritón que hace temblar las mandíbulas.
CARRILLERA f. Quijada, mandíbula. ‖ Correa que sujeta el casco o morrión.
CARRILLO m. (dimin. de *carro*). Parte carnosa

carro romano

de la cara, debajo de la mejilla. ‖ Garrucha, polea. ‖ *Fig.* y *fam. Comer a dos carrillos,* comer con gula. Sacar provecho de dos personas o partidos contrarios.
CARRILLUDO, DA adj. De carrillos abultados.
CARRIOLA f. (pal. ital.). Carro pequeño con tres ruedas. ‖ Tarima con ruedas.
CARRIQUÍ m. *Col.* Pájaro de hermoso canto.
CARRIZAL m. Sitio donde abunda el carrizo.
CARRIZO m. (lat. *carex, caricis*). Planta gramínea de Europa: *el carrizo se cría en la orilla de los ríos.* ‖ *Col., Venez.* y *Amér. C. ¡Carrizo!,* interj. usada para expresar sorpreso o admiración.

carrizo

CARRO m. (lat. *carrus*). Vehículo de diversas formas. (Generalmente se aplica este nombre al carro grande, de dos ruedas, que sirve para transportar cargas.) ‖ Carga de un carro: *un carro de paja.* ‖ Constelación de la Osa Mayor. ‖ Parte móvil de varios aparatos: *el carro de una cámara fotográfica, de un torno,* etc. ‖ *Amer.* Automóvil. (SINÓN. V. *Coche.*) ‖ *Carro falcado,* carro de guerra antiguo que llevaba cuchillas fijas en los ejes. ‖ *Mil.* Tanque: *carro de combate.* ‖ *Amer. Carro urbano,* tranvía. ‖ *Fam. Untar el carro,* pagar para conseguir algo.

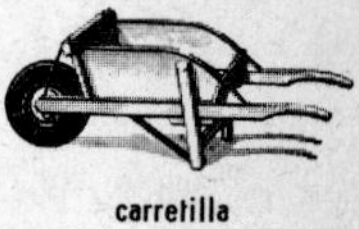

carretilla

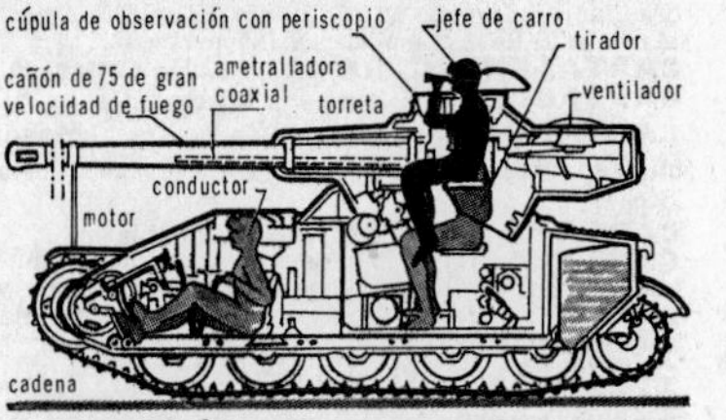

CARRO DE COMBATE

CARROCERÍA f. Taller del carrocero. ‖ Caja de un automóvil. (V. ilustr. pág. 205.)
CARROCERO m. Constructor de carruajes.
CARROCHA f. Cresa, huevecillos que ponen las abejas y otros insectos.
CARROCHAR v. i. Poner huevos los insectos.
CARROMATERO m. Conductor de carromato.
CARROMATO m. Carro fuerte de dos ruedas con bolsas para la carga y toldo de lona.
CARRONADA f. *Artill. Ant.* Cañón corto y grueso.

carronada

CARROÑA f. Carne corrompida. (SINÓN. V. *Carne.*)
CARROÑO, ÑA adj. Corrompido. ‖ *Col. Fam.* Cobarde, miedoso.
CARROÑOSO, SA adj. Lleno de carroña.
CARROUSEL m. (pal. fr., pr. *karrusel*). Carrusel.
CARROZA f. (ital. *carrozza*). Coche grande y lujoso. ‖ *Mar.* Cubierta en la popa de las embarcaciones. ‖ *Per.* Carro fúnebre.
CARRUAJE m. Vehículo montado sobre ruedas.
CARRUAJERO m. El que conduce un carruaje. ‖ *Amer.* El que fabrica carruajes.
CARRUCHA f. Garrucha, polea.

carroza

Fot. Anderson-Giraudon

cartuchera

cartucho de guerra

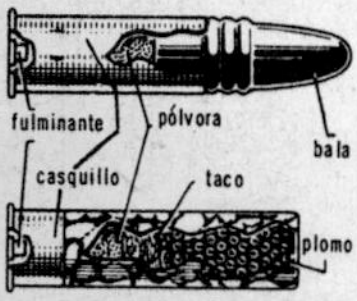

cartucho de caza

cartera

CARRUJADO, DA adj. y s. Encarrujado, rizado.

CARRUJO m. Cogollo de la copa del árbol.

CARRUSEL m. Ejercicio ecuestre. || Tiovivo.

CARTA f. (lat. *charta*). Papel escrito que se manda a una persona para darle cuenta de algo: *carta de felicitación.* (SINÓN. *Epístola, misiva, mensaje, pliego, esquela, billete.*) || Naipe de la baraja: *juego de cartas.* || Constitución escrita de un país: *la Carta Magna de Inglaterra fue concedida en 1215.* (SINÓN. V. *Ley.*) || *Ant.* Pergamino, documento antiguo. || *Carta de ajuste,* figura que aparece en la pantalla de televisión para encuadrar perfectamente la recepción de la imagen. || *Carta blanca,* facultad amplia que se da a uno para que lleve a cabo una misión. || *Carta credencial,* la que acredita a un embajador o enviado. || *Carta de crédito,* la que se da a una persona para que disfrute cierto crédito, por cuenta del que la da. || *Carta de hidalguía,* ejecutoria. || *Carta de marear,* mapa marino. || *Carta de naturaleza,* documento que acredita que un extranjero ha conseguido su naturalización. || *Carta falsa,* en el juego, la de poco o ningún valor. || *Carta partida,* contrato escrito en doble sobre un pergamino que después se corta, quedando una parte en manos de cada uno de los firmantes. || *Carta pastoral,* escrito por el cual un prelado comunica con sus diocesanos. || *Amer. Carta postal,* tarjeta postal (es galicismo). || *A carta cabal,* loc. adv., perfectamente, enteramente: *honrado a carta cabal.* || *Carta canta,* expresión que significa que no hay mejor prueba que la escrita. || *Echar las cartas,* adivinar lo porvenir por medio de los naipes. || *Jugar a cartas vistas,* obrar a ciencia cierta en un asunto. || *Tomar cartas en un asunto,* intervenir. || — PROV. **Hablen cartas y callen barbas,** es inútil hablar cuando hay pruebas.

CARTABÓN m. Instrumento a modo de escuadra que se emplea en el dibujo lineal. || *Amer.* Marca o talla para medir a las personas.

CARTAGENERO, RA adj. y s. De Cartagena.

CARTAGINENSE adj. y s. Cartaginés.

CARTAGINÉS, ESA adj. y s. De Cartago, ciudad antigua de África. || De Cartago (Costa Rica).

CÁRTAMA f. y **CÁRTAMO** m. Alazor.

CARTAPACIO m. Funda o saco en que los muchachos que van a la escuela llevan cuadernos y libros. || Cuaderno de apuntes. || *Amer.* Carta muy abultada.

CARTAPEL m. Papel o escrito inútil.

CARTAZO m. Carta que censura o reprende.

CARTEADO, DA adj. Dícese de los juegos de naipes en que se recogen las bazas.

CARTEAR v. i. Jugar las cartas falsas para tantear el juego. || — V. r. Escribirse dos personas: *me carteo frecuentemente con mis primos.*

CARTEL m. Anuncio que se pega en sitio público: *un cartel artístico.* (SINÓN. *Pasquín.* V. tb. *letrero.*) || Cuadro mural para la enseñanza en las escuelas. || Documento en que se estipulan proposiciones, entre enemigos, al entablar negociaciones. || Escrito de desafío: *enviar un cartel.* || Cártel. || *Fig. Tener cartel,* tener buena reputación en algo.

CÁRTEL m. Convenio entre empresas destinado a evitar la mutua competencia. (SINÓN. V. *Sociedad.*)

CARTELA f. Tarjeta para apuntes. || Ménsula de mucho vuelo: *sostener un balcón con dos cartelas.*

CARTELERA f. Armatoste para pegar carteles: *poner carteleras en las paredes de un edificio.* || En los periódicos, sección donde aparecen los anuncios de espectáculos.

CARTELERO m. Obrero que pega los carteles.

CARTELISTA m. Artista especializado en la concepción y realización de carteles.

CARTELÓN m. Cartel grande, de común feo.

CARTEO m. Acción y efecto de cartearse.

CÁRTER m. Envoltura que protege un engranaje, un motor, etc.

CARTERA f. Utensilio de bolsillo para llevar papeles, documentos, etc.: *una cartera de becerro encarnado.* || Bolsa análoga de forma mayor, en que los comerciantes meten valores y documentos. || *Fig.* Conjunto de clientes de una compañía de seguros. || Cubierta de cartón para llevar dibujos, estampas, etc. || Tira de tela que cubre el bolsillo. || *Fig.* Ministerio: *cartera de Hacienda.* || *Fig.* Ejercicio de un ministerio: *ministro sin cartera.* || *Fig. Tener en cartera una cosa,* tenerla preparada para ejecución.

CARTERÍA f. Empleo de cartero. || Oficina de correos donde se recibe y despacha la correspondencia.

CARTERISTA m. Ladrón de carteras. (SINÓN. V. *Ladrón.*)

CARTERO m. Empleado de la administración de correos que reparte las cartas a los destinatarios. (SINÓN. V. *Mensajero.*)

CARTESIANISMO m. Sistema filosófico de Descartes (lat. *Cartesius*). V. DESCARTES. (*Parte hist.*) || Racionalismo a ultranza.

CARTESIANO, NA adj. Relativo al cartesianismo.

CARTILAGÍNEO, A adj. *Zool.* Dícese de los peces de esqueleto cartilaginoso.

CARTILAGINOSO, SA adj. *Hist. nat.* De la naturaleza del cartílago: *tejido cartilaginoso.*

CARTÍLAGO m. (lat. *cartilago*). *Zool.* Tejido elástico, menos duro que el hueso: *el esqueleto de muchos peces está formado por cartílagos.*

CARTILLA f. Cuaderno pequeño que contiene el alfabeto. (SINÓN. V. *Abecedario.*) || *Fig. No saber la cartilla,* ser muy ignorante. || Cuaderno con diferentes indicaciones que sirve para usos diversos: *cartilla militar, de racionamiento, de la Caja de Ahorros.* || *Fig. Leerle a uno la cartilla,* reprenderle severamente. || Añalejo que señala el orden de las ceremonias de la Iglesia durante el año.

CARTIVANA f. Tira de tela o papel para encuadernar las hojas sueltas de un libro.

CARTOGRAFÍA f. Arte de trazar mapas geográficos: *Mercator es el padre de la cartografía moderna.*

CARTOGRÁFICO, CA adj. Relativo a la cartografía: *ciencia cartográfica.*

CARTÓGRAFO m. (de *carta,* mapa, y el gr. *graphein,* trazar). Dibujante de mapas geográficos.

CARTOMANCIA f. Adivinación por los naipes.

CARTOMÁNTICO, CA m. y f. (de *carta,* y el gr. *manteia,* adivinación). Persona que practica la cartomancia o adivinación por los naipes.

CARTOMETRÍA f. Medición de las líneas trazadas sobre las cartas geográficas.

CARTÓMETRO m. Curvímetro para medir las líneas sobre las cartas geográficas.

CARTÓN m. (ital. *cartone*). Conjunto de varias hojas superpuestas de pasta de papel endurecido: *una caja de cartón.* || *Cartón paja,* cartón amarillo fabricado con paja. || Caja de cartón: *meter un sombrero en su cartón.* || *Pint.* Dibujo que se ejecuta antes de hacer un cuadro, tapicería o vidriería. || *Cartón piedra,* pasta de papel, yeso y aceite secante, que es tan dura como la piedra.

CARTONAJE m. Trabajos que se hacen en cartón: *está empleado en cartonaje.*

CARTONÉ (En) m. adv. Tipo de encuadernación: *libros en cartoné.*

CARTONERA f. *Amer.* Avispa cuyo nido parece una cajita de cartón.

CARTONERÍA f. Arte del cartonero. || Fábrica de cartón.

CARTONERO m. Obrero que trabaja el cartón.

CARTUCHA adj. *Chil.* Dícese de la mujer doncella.

CARTUCHERA f. *Mil.* Caja para llevar los cartuchos.

CARTUCHERÍA f. Fábrica de cartuchos para armas de fuego.

CARTUCHO m. Carga de un arma de fuego, encerrada en un cilindro de cartón o de metal. || Lío cilíndrico de monedas: *un cartucho de plata.* || Bolsa de papel fuerte o de cartulina en la que se meten ciertos géneros. || Cucurucho de dulces, alcartaz. || *Fig. Quemar el último cartucho,* acudir al último recurso.

CARTUJA f. Orden religiosa fundada por San Bruno en el año 1084. || Convento de cartujos: *la cartuja de Miraflores.*

CARTUJANO, NA adj. Perteneciente a la orden de la Cartuja. || — Adj. y s. Cartujo, religioso. || Dícese del caballo de pura raza andaluza.

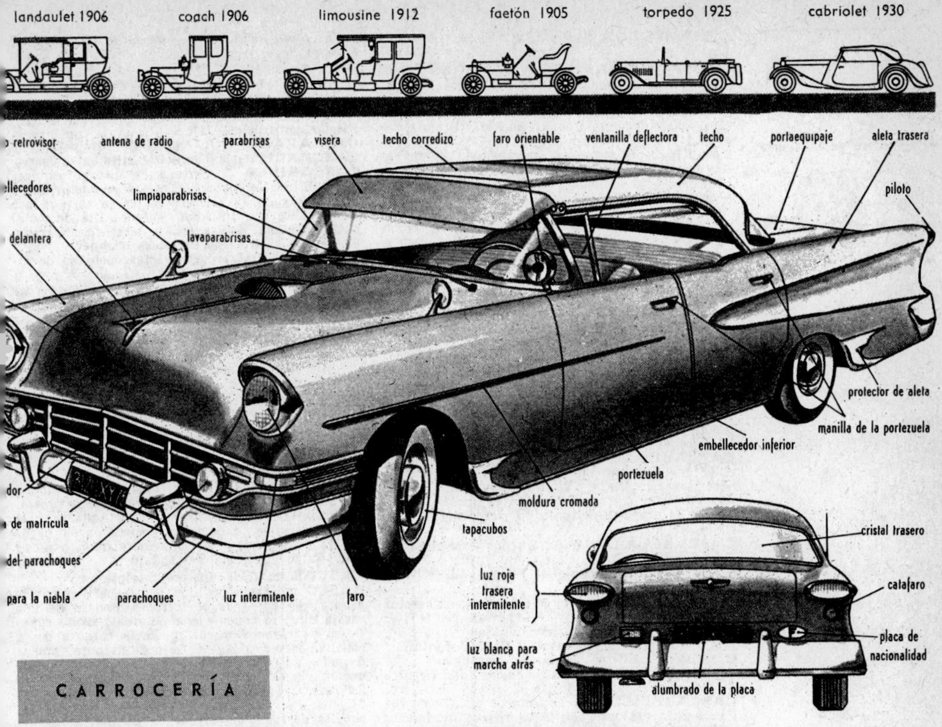

CARROCERÍA

CARTUJO adj. y s. m. Religioso de la Cartuja. ‖ *Fig. Vivir como un cartujo,* vivir lejos del trato social.
CARTULARIO m. (b. lat. *cartularium*). *Ant.* Libro becerro o tumbo. ‖ Escribano.
CARTULINA f. Una especie de cartón delgado, muy fino: *una tarjeta de cartulina.* (SINÓN. *Bristol.*)
CARUATA f. *Venez.* Especie de pita o agave.
CARÚNCULA f. *Anat.* Carnosidad: *la carúncula lagrimal está colocada en el ángulo interno del ojo.*
CARURÚ m. *Riopl.* Planta amarantácea.
CARUTO m. *Venez.* Género de plantas rubiáceas.
CARVALLO m. Roble.
CARVI m. Semilla de la alcaravea: *el carvi entra en la composición de varios licores.*
CAS f. *Vulg.* Apócope de *casa.* ‖ — PARÓN. *Caz.*
CASA f. (del lat. *casa,* choza). Edificio que sirve de habitación: *me gusta más quedarme en casa que salir.* (SINÓN. *Building, rascacielos.* V. tb. *villa* y *vivienda.* [V. ilustr. pág. 207.] ‖ Conjunto de personas que viven juntas: *una casa numerosa.* (SINÓN. V. *Familia.*) ‖ Conjunto de los asuntos domésticos: *esta mujer gobierna bien su casa.* (SINÓN. *Hogar, lares.*) ‖ Descendencia: *una casa soberana de Europa.* (SINÓN. V. *Raza.*) ‖ Cuadro o escaque del ajedrez, de la damas, etc. ‖ *Casa consistorial,* casa pública donde se reúne el cabildo o ayuntamiento. ‖ *Casa de banca,* banco. (SINÓN. V. *Establecimiento.*) ‖ *Casa cuna,* guardería de niños. ‖ *Casa de campo,* casa fuera de poblado que sirve para atender al cultivo o para recreo. ‖ *Casa de Dios,* la iglesia. ‖ *Casa de huéspedes,* aquella en que mediante pensión se da alojamiento y a veces comida a los que en ella viven. (SINÓN. *Hotel.*) ‖ *Casa de locos,* manicomio. ‖ *Casa de tócame Roque,* aquella en que hay mucha confusión. ‖ *Casa de vecindad,* la que está dividida en muchos aposentos distintos y donde habitan varias familias. ‖ *Casa mortuoria,* casa donde ha muerto alguno y de donde sale la comitiva para ir al entierro. ‖ *Casa religiosa,* convento. ‖ *Casa solariega,* la más antigua y noble de una familia. ‖ *Casa de corrección,* correccional. ‖ *Casa de fieras,* establecimiento donde se custodian fieras para instrucción y diversión del público. ‖ *Fig.* y *fam. Echar,* o *tirar, la casa por la ventana,* gastar con exceso. ‖ *Estar de casa,* estar vestido con llaneza. ‖ *Poner casa,* tomarla y amueblarla. ‖ *Mujer de su casa,* mujer que se ocupa de lo concerniente a su hogar.
CASABE m. Cazabe.
CASABILLO m. *Cub.* Lunar blanco en el rostro.
CASACA f. (ital. *casacca*). Vestidura de mangas anchas, con faldones y ceñida al cuerpo: *uniforme de casaca.* ‖ *Fig. Volver casaca,* cambiar de partido.
CASACIÓN f. *For.* Anulación de una sentencia.
CASADERO, RA adj. Que está ya en edad de casarse: *muchacha casadera.* ‖ — PARÓN. *Cazadero.*
CASADO, DA adj. y s. Que ha contraído casamiento: *joven mal casado.* ‖ — PROV. **Casado y arrepentido,** dícese, además del sentido recto, de los que siempre se arrepienten de lo que hacen. ‖ **El casado casa quiere,** refrán que significa que cada matrimonio debe vivir independiente. ‖ — M. *Impr.* Acción de colocar los pliegos en la platina de manera que al doblarlos queden las páginas numeradas correlativamente.
CASAISACO m. *Cub.* Planta parásita de la palma.
CASAL m. Casería. ‖ *Riopl.* La pareja de macho y hembra.
CASALICIO m. Casa, edificio.
CASAMATA f. *Fort.* Subterráneo abovedado. (SINÓN. V. *Refugio.*)
CASAMENTERO, RA adj. y s. Dícese de la persona muy aficionada a casar a los demás.
CASAMIENTO m. Acción de casar. ‖ Boda, ceremonia del matrimonio: *un casamiento muy lujoso.* (SINÓN. V. *Matrimonio.*)

cartujo

casco de caballería

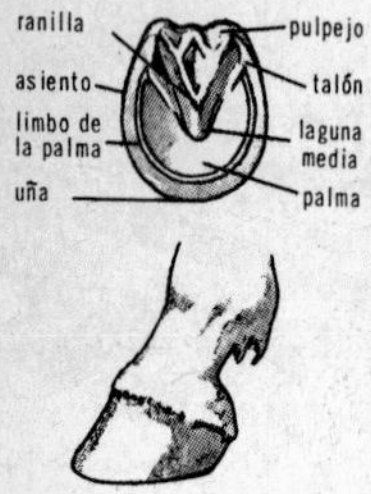

CASAMPULGA f. *Hond.* y *Salv.* Araña venenosa.

CASANAREÑO, ÑA o **CASANARENSE** adj. y s. De Casanare (Colombia).

CASAPUERTA f. Zaguán o portal de una casa.

CASAR m. Conjunto de casas en el campo, bastante más pequeño que el pueblo. (SINÓN. *Caserío.*)

CASAR v. i. Contraer matrimonio: *casar con una viuda.* ‖ — V. t. Celebrar el matrimonio un sacerdote o la autoridad municipal. ‖ *Fig.* Unir o juntar dos cosas de modo que hagan juego: *casar los colores.* ‖ — V. r. Unirse por medio del matrimonio: *casarse por la Iglesia, en segundas nupcias.* ‖ *Fig. No casarse con nadie,* mantenerse independiente en su opinión o actitud. ‖ — PROV. **Antes que te cases mira lo que haces,** significa, además del sentido recto, que deben meditarse largamente las decisiones importantes. ‖ — PARÓN. *Cazar.*

CASAR v. t. (b. lat. *cassare*). *For.* Anular: *casar un testamento, una sentencia.*

CASARÓN m. Caserón.

CASATIENDA f. Tienda donde vive el tendero.

CASBAH f. Galicismo por *alcazaba.*

CASCA f. Hollejo de la uva. ‖ Corteza de ciertos árboles: *la casca se emplea para curtir las pieles.* ‖ Rosca de mazapán y cidra: *es célebre la casca de Valencia.*

CASCABEL m. Bolita metálica, hueca y horadada que contiene un pedacito de metal que la hace sonar. (SINÓN. V. *Campana.*) ‖ *Fig.* y *fam. Ponerle el cascabel al gato,* poner en ejecución un proyecto peligroso. ‖ *Serpiente de cascabel,* el crótalo.

CASCABELA f. *C. Rica.* Serpiente de cascabel.

CASCABELADA f. Fiesta muy ruidosa. ‖ *Fig.* y *fam.* Tontería, simpleza: *soltar una cascabelada.*

CASCABELEAR v. t. *Fig.* y *fam.* Alborotar con esperanzas engañosas, soliviantar. ‖ — V. i. Sonar los cascabeles. (SINÓN. V. *Sonar.*) ‖ *Fig.* y *fam.* Portarse con ligereza. ‖ *Chil.* Refunfuñar.

CASCABELEO m. Ruido de cascabeles.

CASCABELERO, RA adj. *Fig.* y *fam.* Se dice de la persona de poco juicio. ‖ — M. Sonajero.

CASCABELILLO m. Especie de ciruela de color obscuro: *el cascabelillo se reduce fácilmente a pasa.*

CASCABILLO m. Cascabel. ‖ Cascarilla del grano de los cereales. ‖ Cúpula de la bellota.

CASCACIRUELAS com. *Fig.* y *fam.* Persona que para nada sirve. ‖ *Fig.* y *fam. Hacer lo que Cascaciruelas,* afanarse alguno sin resultado apreciable.

CASCADA f. (ital. *cascata*). Salto de agua: *a lo largo del río se ven innumerables cascadas.* ‖ (SINÓN. *Catarata, salto.*) ‖ — Adj. Dícese de la voz que carece de sonoridad y entonación.

CASCADO, DA adj. Viejo, enclenque.

CASCADURA f. Acción de cascar o romper alguna cosa.

CASCAJAL y **CASCAJAR** m. Sitio donde hay mucho cascajo. ‖ Vertedero de la casca de la uva.

CASCAJERO m. *Col.* Cascajal. ‖ *Col.* Mina ya explotada.

CASCAJO m. Guijo y piedra menuda. ‖ Fruta de cáscara seca: *comer cascajo.* ‖ *Fam.* Chisme, trasto roto o viejo. ‖ Casa vieja. ‖ *P. Rico* y *Dom.* Dinero. ‖ *Fig.* y *fam.* Moneda de vellón. ‖ *Fig.* y *fam. Estar hecho un cascajo,* estar decrépito.

CASCAJOSO, SA adj. Lleno de cascajo o guijo.

CASCALOTE m. Nombre de una planta americana mimosácea que sirve para curtir.

CASCAMAJAR v. t. Quebrantar machacando.

CASCAMBRUCA f. *Cub. Fam.* Riña o pelea.

CASCAMIENTO m. Cascadura, acción de cascar.

CASCANUECES m. Cascapiñones, partenueces. ‖ *Zool.* Pájaro conirrostro de la familia de los fringílidos.

CASCAPIÑONES m. El que saca los piñones de las piñas. ‖ Instrumento que sirve para partir en la mesa piñones y otros frutos secos.

CASCAR v. t. (lat. *quassicare*). Quebrantar, romper: *cascar una vasija.* ‖ *Fam.* Golpear, pegar a uno. ‖ *Fig.* y *fam.* Quebrantar la salud de uno. ‖ *Fam.* Hablar mucho. (SINÓN. V. *Charlar.*)

CÁSCARA f. Corteza o envoltura dura de algunas cosas: *cáscara de huevo, de nuez,* etc. ‖ Corteza de árbol u otra cosa: *cáscara de árbol, de queso.* ‖ *Fig.* y *fam. De, de la, cáscara amarga,* travieso y valentón. De ideas avanzadas. ‖ *¡Cáscaras!* interj. de sorpresa o admiración.

CASCARAÑADO, DA adj. *Cub.* y *P. Rico.* Picado de viruelas.

CASCARAZO m. *P. Rico* y *Col.* Golpe fuerte.

CASCARELA f. Juego del tresillo entre cuatro.

CASCARILLA f. Corteza de una euforbiácea de América: *la cascarilla se usa en medicina.* ‖ Quina delgada. ‖ Cáscara de cacao tostada con que se hace una infusión. ‖ Laminilla de metal batido: *botones de cascarilla, flores de cascarilla.* ‖ Afeite blanco hecho con clara de huevo.

CASCARILLAL m. *Per.* Lugar poblado de árboles de quina.

CASCARILLERO, RA adj. Persona que recoge o vende la cascarilla.

CASCARÓN m. Cáscara del huevo, particularmente cuando está rota. ‖ *Urug.* Árbol parecido al alcornoque. ‖ *Guat., Méx., Per.* y *P. Rico.* Cápsula ovoide rellena de papel, etc., para tirar en carnaval. ‖ *Arq.* Bóveda cuya superficie es un cuarto de esfera. ‖ *Cascarón de nuez,* embarcación pequeña. ‖ *Aún no ha salido del cascarón,* tiene poca experiencia. ‖ — PARÓN. *Cascarrón.*

CASCARRABIAS com. *Fam.* Persona que se irrita fácilmente. (SINÓN. V. *Colérico.*)

CASCARRIA f. Cazcarria.

CASCARRÓN, ONA adj. *Fam.* Bronco, áspero.

CASCARUDO, DA adj. De cáscara muy gruesa.

CASCARULETA f. *Fam.* Ruido que se hace con los dientes, dándose golpecitos en la barba con la mano: *hacer la cascaruleta a un niño.* ‖ *Agr.* Trigo cuchareta de Andalucía.

CASCÁS m. *Chil.* Insecto coleóptero.

CASCO m. Armadura que se usa para cubrir la cabeza: *un casco de bombero.* ‖ Pedazo de una vasija rota: *se ponen cascos de vidrio en los caballetes de algunos muros.* ‖ Parte carnosa de la cebolla. ‖ *And.* y *Amer.* Gajo de naranja, granada, etc. ‖ Tonel, pipa: *el vino cuesta tanto la arroba sin casco.* ‖ Botella vacía: *devolución de los cascos.* ‖ Cuerpo de la nave. ‖ Embarcación filipina. ‖ Uña del pie de las caballerías: *caballo de casco derramado.* ‖ Recinto de la población: *dentro del casco de Buenos Aires hay muchos habitantes.* ‖ *Blas.* Yelmo, celada. ‖ *Chil., Arg.* y *Méx.* Suelo de una propiedad rústica. ‖ *Geom.* Superficie de revolución: *hiperboloide de dos cascos.* ‖ *Salv. Casco de burro,* pie de burro, molusco. ‖ *Guat. Casco de mula,* especie de tortuga. ‖ *Fig.* y *fam. Ser ligero de cascos,* ser poco juiciosa una persona. ‖ *Fig. Romperse* o *calentarse los cascos por una cosa,* fatigarse mucho en su estudio. ‖ — Pl. Cabeza de carnero o vaca, despojada de sesos y lengua. ‖ *Fam.* La cabeza: *romperle a uno los cascos.* (SINÓN. V. *Cráneo.*)

CASCOL m. Resina de un árbol de la Guayana.

CASCOTE m. Fragmento de yeso o piedra de una fábrica derribada. (SINÓN. V. *Ruina.*)

CASCOTEAR v. t. *Amer.* Tirar cascotes.

CASCUDO, DA adj. De casco muy grande.

CASEACIÓN f. Acción de cuajarse la leche.

CASEICO adj. *Quím.* Caseoso. ‖ Dícese del ácido producido por la descomposición del queso.

CASEIFICAR v. t. Convertir en queso.

CASEIFORME adj. Que tiene el aspecto de queso.

CASEÍNA f. (del lat. *caseus,* queso). *Quím.* Substancia albuminoidea que unida a la manteca forma el queso.

CASEOSO, SA adj. Relativo al queso: *parte caseosa de la leche.* ‖ Parecido al queso: *aspecto caseoso.*

CASERÍA f. Casa aislada situada en el campo. ‖ *Amer.* Clientela de un tendero. ‖ — PARÓN. *Cacería.*

CASERÍO m. Conjunto de casas en el campo. (SINÓN. V. *Población.*) ‖ Casería, cortijo, alquería, casa de campo.

CASERNA f. *Fort.* Bóveda bajo los baluartes.

CASERO, RA adj. Que se hace en casa: *pan casero.* ‖ *Fam.* De confianza, de casa: *remedio casero.* ‖ — M. y f. Dueño de la casa, que la alquila a otros: *pagar al casero.* (SINÓN. V. *Propietario.*) ‖ Persona que cuida de la casa de otro. ‖ Inquilino. ‖ Persona que está mucho en casa.

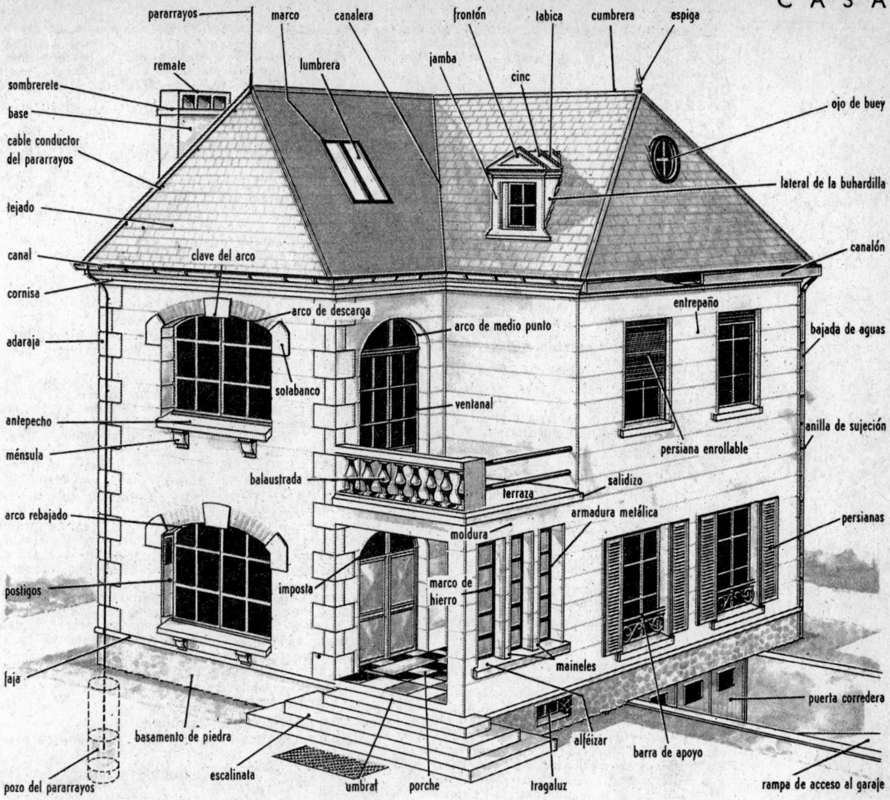
pararrayos
marco
canalera
frontón
tabica
cumbrera
espiga
remate
lumbrera
jamba
cinc
sombrerete
base
ojo de buey
cable conductor
del pararrayos
lateral de la buhardilla
tejado
canal
clave del arco
canalón
cornisa
arco de descarga
entrepaño
adaraja
arco de medio punto
bajada de aguas
sotabanco
ventanal
antepecho
anilla de sujeción
ménsula
persiana enrollable
balaustrada
salidizo
terraza
arco rebajado
armadura metálica
persianas
moldura
postigos
imposta
marco de
hierro
maineles
faja
puerta corredera
basamento de piedra
alféizar
barra de apoyo
escalinata
pozo del pararrayos
umbral
porche
tragaluz
rampa de acceso al garaje

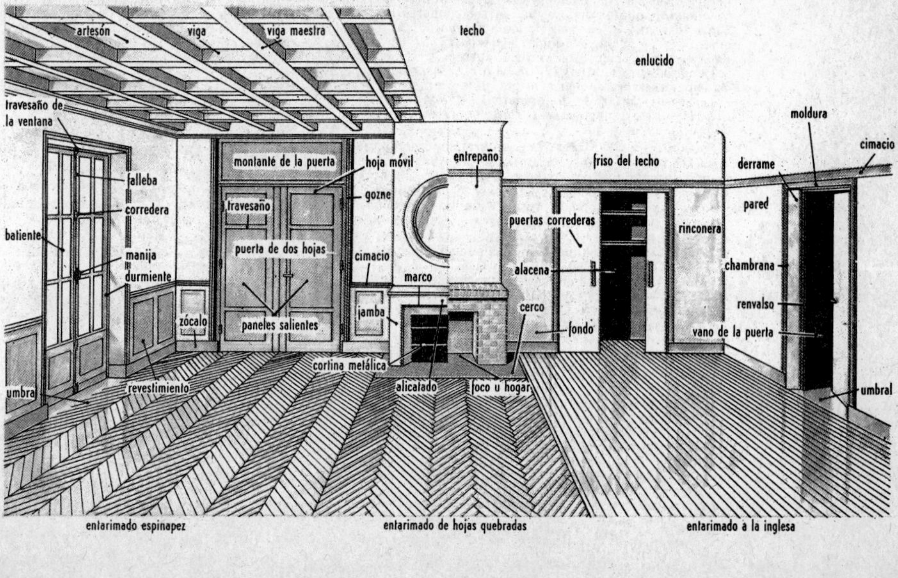
artesón
viga
viga maestra
techo
enlucido
travesaño de
la ventana
moldura
cimacio
montante de la puerta
hoja móvil
entrepaño
friso del techo
derrame
falleba
gozne
travesaño
pared
corredera
puertas correderas
rinconera
batiente
puerta de dos hojas
manija
cimacio
alacena
chambrana
durmiente
marco
cerco
renvalso
zócalo
jamba
paneles salientes
fondo
vano de la puerta
cortina metálica
umbral
revestimiento
alicatado
foco u hogar
umbral
entarimado espinapez
entarimado de hojas quebradas
entarimado a la inglesa

‖ Arrendatario de una casería. ‖ *Amer.* Parroquiano de una tienda. ‖ *Cub.* Comerciante que lleva a las casas regularmente ciertos artículos de consumo.

CASERÓN m. Casa grande y destartalada.

CASETA f. Casilla: *una caseta de madera.* ‖ Garita donde se desnudan los bañistas en los balnearios. ‖ Barraca, a menudo desmontable, de feriantes, etc.

CASI adv. c. (lat. *quasi*). Cerca de, con poca diferencia, aproximadamente: *un vaso casi lleno de vino.*

CASIA f. (lat. *casia*). *Bot.* Arbusto papilionáceo de la India, de flores amarillas y olorosas.

CASICONTRATO m. *For.* V. CUASICONTRATO.

CASILLA f. Casa pequeña: *una casilla de camineros.* ‖ Despacho de billetes de teatro, taquilla. ‖ División de un papel cuadriculado: *escribir un número en cada casilla.* ‖ División de un casillero, escaque de un tablero de ajedrez, etc. ‖ *Amer.* Apartado postal. ‖ *Fam. Salir uno de sus casillas,* irritarse mucho. ‖ Prevención, puesto de policía. ‖ *Ecuad.* Excusado, retrete. ‖ *Cub.* Trampa para coger aves.

CASILLERO m. Mueble con divisiones para guardar papeles, cartas, etc. (SINÓN. *Archivo.*)

CASIMBA f. Cacimba.

CASIMIR m. Tela de lana muy fina.

CASIMIRO, RA adj. Burlesco. ‖ *Chil., Per.* y *P. Rico.* Bizco.

CASINETE m. *Amer.* Casimir barato.

CASINO m. (del ital. *casino,* casa de campo). Casa de campo. ‖ Lugar de reunión y diversión, especialmente en los balnearios: *el casino de San Sebastián.* ‖ Centro de recreo, club: *en casi todos los pueblos de España hay casinos.* ‖ Asociación de hombres de las mismas ideas o clase: *casino agrícola.* (SINÓN. V. *Cenáculo.*) ‖ Edificio donde se reúnen.

CASIS f. Planta parecida al grosellero. ‖ — M. Molusco gasterópodo.

CASITÉRIDOS m. pl. *Quím.* Grupo del estaño, el antimonio, el cinc y el cadmio.

CASITERITA f. (del gr. *kassiteros,* estaño). Bióxido de estaño natural: *de la casiterita se extrae casi todo el estaño del mundo.*

CASO m. (lat. *casus*). Acontecimiento: *un caso fortuito.* (SINÓN. V. *Aventura.*) ‖ Circunstancia, lance: *dado el caso de que venga, le hablaré.* (SINÓN. *Concomitancia, coyuntura, ocasión, ocurrencia.*) ‖ Punto de consulta: *un caso intrincado.* ‖ En términos de medicina, invasión individual de una enfermedad: *hay pocos casos mortales.* ‖ *Gram.* Relación que guardan las palabras declinables. (Los *casos* son seis: nominativo, vocativo, genitivo, acusativo, dativo y ablativo.) ‖ *Caso de conciencia,* punto dudoso en materia moral. ‖ *Dado caso que,* o *en caso de que,* si sucede tal o cual cosa. ‖ *Fam. No hacer* [o *venir*] *al caso una cosa,* no servir o no venir a cuento. ‖ *Hacer caso omiso,* prescindir. ‖ *Fig.* y *fam. Hacer caso de uno,* prestar atención a lo que dice o quiere. ‖ *Ir al caso,* tratar de lo principal. ‖ *Poner por caso una cosa,* suponerla. ‖ *Caso que,* loc. adv., dado que, puesto que.

CASÓN m. y **CASONA** f. Casa grande, caserón.

CASORIO m. *Fam.* Casamiento poco lucido o muy desproporcionado. (SINÓN. *Bodorrio.*)

CASPA f. Escamilla de piel que se cría en la cabeza. ‖ Lo que queda después de las hinchazones. ‖ Óxido que se desprende del cobre.

CASPALETEAR v. i. *Col.* Rabiar, desesperar.

CASPERA f. Peine que tiene las púas apretadas.

CASPETE m. *Col.* Rancho, sancocho.

CASPICIAS f. pl. *Fam.* Sobras, restos, residuos.

CASPIROLETA f. *Amer.* Bebida que se fabrica con leche, huevos, canela y azúcar.

¡CÁSPITA! interj. *Fam.* Denota sorpresa o admiración.

CASPOSO, SA adj. Lleno de caspa.

CASQUERÍA f. Tienda del casquero o tripicallero.

CASQUERO m. Tripicallero, vendedor de tripas o callos. ‖ Lugar donde se cascan los piñones.

CASQUETAZO m. Cabezada.

CASQUETE m. Casco antiguo de armadura. ‖ Gorro que se aplica exactamente a la cabeza: *un casquete de punto.* ‖ Empegado de pez que se pone en la cabeza a los tiñosos. ‖ Media peluca. ‖ *Casquete esférico,* parte de la superficie de una esfera cortada por un plano que no pasa por el centro.

castaño de indias

casquete

CASQUIACOPADO, DA adj. Aplícase al caballo que tiene el casco muy alto y hueco.

CASQUIDERRAMADO, DA adj. Dícese del caballo ancho de casco.

CASQUIJO m. Guijo: *echar casquijo en un camino.*

CASQUILUCIO, CIA adj. *Fam.* Casquivano.

CASQUILLA f. Cubierta de las celdas de las abejas reinas.

CASQUILLO m. Anillo o abrazadera de metal: *el casquillo del eje de un coche.* ‖ Hierro de la saeta. ‖ *Amer.* Herradura del caballo. ‖ Parte metálica del cartucho de cartón. ‖ Cartucho vacío: *un casquillo de carabina.* ‖ *Guat.* y *Hond.* Forro de cuero que se pone a los sombreros. ‖ *C. Rica.* Portapluma.

CASQUIMULEÑO, ÑA adj. Dícese del caballo de casco pequeño y alto como el de las mulas.

CASQUÍN m. *Amér. C.* Coscorrón.

CASQUITE adj. *Venez.* Agriado, quisquilloso.

CASQUIVANO, NA adj. *Fam.* Alegre, atolondrado.

CASTA f. (del lat. *castus,* puro). Especie, linaje: *persona de elevada casta.* (SINÓN. V. *Rango.*) ‖ Cada una de las clases cerradas en que se divide una sociedad: *la casta de los brahmanes.* ‖ *Fig.* Especie o calidad de una cosa. ‖ *Méx.* Fundición de letra de imprenta.

CASTALIO, LIA adj. Perteneciente a la fuente Castalia o a las musas: *las ondas castalias.*

CASTAÑA f. Fruto del castaño: *la castaña es un alimento de gran utilidad para las regiones montañosas.* ‖ Vasija grande de cristal, de forma redonda: *una castaña de aguardiente.* (SINÓN. *Damajuana.*) ‖ *Méx.* Barril pequeño. ‖ Mata o moño de pelo de las mujeres. ‖ *Castaña pilonga,* la seca y avellanada. ‖ *Fig.* y *fam. Arrear una castaña,* pegar a uno un puñetazo. (SINÓN. V. *Golpe.*) ‖ *Fig.* y *fam. Dar a uno la castaña,* pegársela, engañarle. ‖ *Sacar las castañas del fuego,* exponerse a un peligro o molestia para provecho de otro.

CASTAÑAL y **CASTAÑAR** m. y f. Sitio poblado de castaños.

CASTAÑAZO m. Puñetazo.

CASTAÑEDA f. Castañar.

CASTAÑERO, RA m. y f. Vendedor de castañas.

CASTAÑETA f. Chasquido producido con los dedos. ‖ Castañuela.

CASTAÑETAZO m. Golpe recio con las castañuelas o dedos. ‖ Chasquido hecho por las articulaciones de los huesos al hacer un movimiento violento. ‖ Estallido que da la castaña que revienta en las ascuas.

CASTAÑETEADO m. Sonido de las castañuelas.

CASTAÑETEAR v. t. Tocar las castañuelas ‖ Hacer chasquear: *castañetear los dedos.* ‖ — V. i. Sonarle a uno los dientes o las choquezuelas de las rodillas. ‖ Cantar el macho de la perdiz.

CASTAÑETEO m. Acción de castañetear, repiqueteo: *se oía el castañeteo de sus dientes.*

CASTAÑO, ÑA adj. De color de la cáscara de la castaña: *tela castaña.* ‖ — M. Árbol cupulífero cuyo fruto es la castaña: *la madera de*

castaño es muy usada para la fabricación de enrejados, medidas, etc. ‖ *Castaño de Indias,* árbol de adorno, de la familia de las hipocastanáceas cuyo fruto es parecido en su forma a la castaña, pero que tiene gusto amargo. || *Fig.* y *fam.* *Pasar algo de castaño obscuro,* ser demasiado grave.

CASTAÑOLA f. Pez teleósteo comestible.

CASTAÑUELA f. Instrumento compuesto de dos tablillas que se fijan a los dedos y se repican vivamente: *las castañuelas sirven para acompañar diversos bailes españoles.* || Planta ciperácea, larga y negruzca. || *Fig.* y *fam.* *Estar como unas castañuelas,* estar muy alegre.

CASTELLANA f. Señora de un castillo. || Mujer del castellano. || Copla de romance octosílabo.

CASTELLANÍA f. Territorio independiente.

CASTELLANISMO m. Modo de hablar propio de Castilla.

CASTELLANIZAR v. t. Dar forma castellana a una palabra extranjera.

CASTELLANO, NA adj. y s. De Castilla: *las llanuras castellanas.* || — M. Idioma o lengua oficial de España y de la América hispana. || Dueño o gobernador de un castillo. || Soldado armado con lanza.

CASTELLONENSE adj. y s. De Castellón de la Plana.

CASTICIDAD f. y **CASTICISMO** m. Calidad de castizo: *casticismo literario.*

CASTICISTA com. Purista del idioma.

CASTIDAD f. Virtud opuesta a los afectos carnales. (SINÓN. V. *Pudor.*) || Continencia absoluta: *hacer voto de castidad.*

CASTIGADOR, RA adj. y s. Que castiga.

CASTIGAR v. t. (lat. *castigare*). Imponer castigo al que ha incurrido en una falta. (SINÓN. *Sancionar, reprimir.*) || Escarmentar. || Mortificar, afligir: *castigar su cuerpo.* || *Fig.* Corregir. (SINÓN. *Enmendar.*) || *Fig.* Enamorar por pasatiempo o jactancia. || *Méx.* Apretar una cosa. || Herir al toro con picas o banderillas.

CASTIGO m. Pena impuesta por delito o falta: *castigo ejemplar.* (SINÓN. *Penitencia, pena, expiación, sanción, penalidad, penalización.*) || *Taurom.* Herida que se inflige al toro.

CASTILLA f. *Chil.* Bayetón.

CASTILLA n. pr. Úsase en algunas expr., como *Ancha es Castilla,* que sirve para animarse a sí mismo, o animar a otros a que obren sin reparo. || *Ecuad.* *¡Castilla cosa!,* cosa excelente.

CASTILLEJO m. Carretón en que se pone a los niños que aprenden a andar. || Andamio que se levanta para la construcción de una casa. || *Méx.* y *Venez.* Armazón vertical.

CASTILLO m. (lat. *castellum*). Edificio fuerte con murallas, baluartes, fosos, etc.: *los castillos feudales se edificaban en lugares elevados.* (SINÓN. *Alcazaba, alcázar.* V. tb. *fortaleza.*) || Máquina de guerra antigua. || *Blas.* Figura con una o más torres. || *Mar.* Cubierta de los barcos, en la proa. || Pollera, andador. || *Castillo de fuego,* armazón para fuegos artificiales. || *Fig.* y *fam.* *Castillo de naipes,* proyecto descabellado. || *Castillos en el aire,* ilusiones con poco fundamento.

— El *castillo feudal* se edificaba generalmente en un lugar elevado, y estaba rodeado de fosos y de sólidas murallas, flanqueado por torres y defendido por obras avanzadas, como palenques y barbacanas. La torre del homenaje, más sólida que las demás, era el centro de la resistencia. Daba acceso al castillo un puente levadizo defendido por torreones. (V. ilustr. pág. 211.)

CASTINA f. Fundente calcáreo que se usa para fundir un mineral de hierro muy arcilloso.

CASTIZO, ZA adj. y s. De buena casta. || Dícese de la persona que representa bien los caracteres de su raza, país, ciudad, etc.: *madrileño castizo.* || Aplícase al lenguaje puro y al escritor que lo usa. || *P. Rico.* Hijo de mestizo y española. || — M. *Col.* Animal muy fecundo.

CASTO, TA adj. (lat. *castus*). Honesto y opuesto a la sensualidad. (SINÓN. *Juicioso, virtuoso.*) || Limpio: *una casta imagen.* (SINÓN. *Puro.*)

CASTOR m. (lat. *castor*). Mamífero roedor, cubierto de pelo muy fino, con pies palmeados y cola oval, aplastada y muy robusta, que le sirve para fabricar sus chozas de arcilla. || Sombrero de pelo de castor.

CASTÓREO m. Materia untuosa que se saca del castor: *el castóreo se usa como antiespasmódico.*

castor

CASTRA y **CASTRACIÓN** f. Acción y efecto de castrar.

CASTRADERA f. Cuchilla de castrar colmenas.

CASTRADO adj. y s. m. Que ha sufrido la castración. || — SINÓN. *Eunuco, capón.*

CASTRADOR m. El que tiene por oficio castrar.

CASTRAMETACIÓN f. Arte de establecer y ordenar los campamentos militares.

CASTRAPUERCAS m. Silbato de los capadores.

CASTRAR v. t. Capar, hacer impropio para la reproducción. || Quitar a las colmenas la miel superflua: *se castran las colmenas para que las abejas produzcan nueva miel.* || Podar los árboles. || Secar las llagas. || *Fig.* Debilitar, apocar.

CASTRAZÓN f. Acción de castrar las colmenas.

CASTRENSE adj. Perteneciente al ejército y a la profesión militar: *costumbre castrense.*

CASTRO m. Campamento. || Juego de muchachos. || Castrazón de las colmenas.

CASTRÓN m. *Cub.* Puerco grande castrado. || Macho cabrío castrado.

CASTRUERA f. *Col.* Instrumento músico rústico.

CASUAL adj. (lat. *casualis*). Que sucede por casualidad, imprevisto, fortuito. (CONTR. *Previsto.*) || — M. Casualidad.

CASUALIDAD f. Combinación de circunstancias imprevistas: *dio la casualidad que en aquel momento saliera de casa.* || Caso imprevisto o impensado: *encontrar un libro por* [no *de*] *casualidad.* || — PARÓN. *Causalidad.*

CASUALIZAR v. i. *Guat.* Suceder algo casualmente.

CASUALMENTE adv. m. Por casualidad. (SINÓN. V. *Accidentalmente.*)

CASUÁRIDAS f. pl. Aves corredoras con tres dedos en cada pie.

CASUARINÁCEAS f. pl. Plantas angiospermas leñosas.

CASUARIO m. Ave casuárida parecida al avestruz y que lleva en la frente una protuberancia ósea.

CASUISTA m. Teólogo que se dedica a resolver casos de conciencia: *un casuista sutil.*

CASUÍSTICA f. Parte de la teología que estudia los casos de conciencia. || Casos particulares en cualquier materia.

CASUÍSTICO, CA adj. Relativo a la casuística.

CASULLA f. Vestidura sagrada que se pone el sacerdote sobre el alba. || *Hond.* Grano de arroz con cáscara.

CASUMBA f. *Col.* Casucha.

CATA f. Acción de probar una cosa: *los melones suelen venderse a cala y cata.* || *Col.* Cosas ocultas o encerradas. || *Chil.* y *Arg.* Cotorra.

CATA prep. insep., del gr. *kata,* que significa *hacia abajo* o *debajo,* como en *catacumba, cataclismo.*

CATABÓLICO, CA adj. Perteneciente al catabolismo.

CATABOLISMO m. *Biol.* Conjunto de reacciones bioquímicas que transforman la materia viva en desecho.

CATABRE o **CATABRO** m. *Col.* y *Venez.* Vasija de calabaza en que se lleva el grano para sembrar.

CATABRÓN m. *Col.* Canasto ancho y alto.

CATACALDOS com. *Fig.* y *fam.* Persona muy aficionada a empezar cosas nuevas y que no las acaba.

CATACLISMO m. (gr. *kataklusmos*). Diluvio,

castañuelas

castillo de proa

casuario

Fot. National Parks Service, Savitry-Rapho, Rol

terremoto, etc.: *el hundimiento de la Atlántida fue uno de los cataclismos más terribles de que habla la historia.* (SINÓN. V. *Catástrofe, inundación* y *seísmo.*) || Gran trastorno político o social.

CATACRESIS f. (gr. *katakhrêsis*). Figura de retórica que consiste en emplear una palabra en sentido distinto del propio, por carecer de vocablo que traduzca literalmente la idea: *los brazos de un sillón; una hoja de papel.*

CATACUMBAS f. pl. (del gr. *kata,* debajo, y *kumbê,* excavación). Cementerios subterráneos que utilizaban los primitivos cristianos como templos y lugar de reunión: *las catacumbas de Roma.* (SINÓN. V. *Cementerio.*) || — V. *Parte. hist.*

CATADIÓPTRICA f. Parte de la física que comprende el estudio de los espejos y los lentes.

CATADOR m. El que cata o prueba por oficio.

CATADURA f. Acción de catar. || Gesto o semblante: *tipo de mala catadura.*

CATAFALCO m. (ital. *catafalco*). Decoración fúnebre que se levanta para las exequias de una persona de cierta consideración. (SINÓN. V. *Féretro.*)

CATAJARRIA f. *Venez.* Sarta, retahila, serie.

CATALÁN, ANA adj. y s. De Cataluña. || — M. Idioma hablado en Cataluña. || *Ecuad.* Gorro de paño.

— El *idioma catalán* se habla, además de en Cataluña, en el antiguo reino de Valencia, islas Baleares, Rosellón (Francia) y ciudad de Alguer (Cerdeña).

CATALANIDAD f. Carácter de lo que es catalán.

CATALANISMO m. Giro o vocablo catalán. || Doctrina favorable a la autonomía catalana.

CATALANISTA adj. y s. Partidario del catalanismo.

CATALÉCTICO, CA y **CATALECTO, TA** adj. (gr. *katalektikos*). Dícese del verso de la poesía griega y latina que termina en pie incompleto.

CATALEJO m. Anteojo de larga vista.

CATALEPSIA f. (gr. *katalêpsis,* sorpresa). Estado particular en que quedan suspendidos la sensibilidad exterior y el movimiento: *la catalepsia difiere de la muerte en la ausencia de putrefacción.* (SINÓN. V. *Parálisis.*)

CATALÉPTICO, CA adj. Relativo a la catalepsia: *el sueño cataléptico.* || — Adj. y s. Atacado de catalepsia.

CATALICORES m. Pipeta para catar líquidos.

CATALINA f. La rueda principal de los relojes.

CATALINETA f. Nombre de un pez de Cuba.

CATÁLISIS f. (del gr. *katalusis,* disolución). *Quím.* Acción que ejercen ciertos cuerpos sobre la composición de otros sin sufrir ellos mismos modificación.

CATALÍTICO, CA adj. Relativo a la catálisis.

CATALIZADOR m. Cuerpo que provoca la catálisis.

CATALNICA f. *Fam.* Cotorra pequeña.

CATALOGACIÓN f. Acción y efecto de catalogar.

CATALOGADOR, RA adj. y s. Que cataloga. || Persona que forma catálogos.

CATALOGAR v. t. Apuntar por orden libros, manuscritos, objetos de arte, etc.

CATÁLOGO m. (del gr. *katalogos,* padrón). Lista hecha ordenadamente: *un catálogo de librería.* (SINÓN. V. *Lista.*)

catalpa

CATALPA f. Árbol de América, de la familia de las bignoniáceas de bonitas flores rojas y blancas: *la catalpa es un hermoso árbol de adorno.*

CATALUFA f. Tejido de lana para alfombras. || Catalineta, pez de Cuba.

CATAMARQUEÑO, ÑA adj. y s. De Catamarca.

CATÁN m. Especie de alfanje.

CATANA f. *Arg.* y *Chil.* Sable viejo. || *Cub.* Cosa pesada, tosca. || *Venez.* Loro verde y azul.

CATANGA f. *Chil.* y *Arg.* Escarabajo pelotero. || *Arg. Bol.* y *Urug.* Especie de carreta. || *Col.* y *Ecuad.* Canasto para pescar.

CATAPLASMA f. (del gr. *kataplasma,* aplicación). Pasta medicinal que se aplica sobre cualquier parte del cuerpo: *las cataplasmas aligeran la resolución de los abscesos.* || *Fig.* y *fam.* Pesado, pelmazo.

¡CATAPLUM! o **¡CATAPLÚN!** interj. Onomatopeya que expresa el ruido que hace una cosa cuando cae.

CATAPULTA f. Máquina de guerra antigua

para arrojar piedras. || Máquina para lanzar aviones desde un buque.

CATAPULTAR v. t. Disparar con catapulta: *catapultar un avión.*

CATAR v. t. Probar: *catar una salsa.* (SINÓN. V. *Saborear.*) || Ver, examinar, mirar, observar. || Castrar las colmenas.

CATARAÑA f. Especie de garza.

CATARATA f. (del *gr. kataraktês,* ruptura). Salto grande de agua: *la catarata del Niágara.* (SINÓN. V. *Cascada*). || Opacidad del cristalino o de su membrana que produce la ceguera: *la catarata se cura extirpando el cristalino.* || — Pl. Las nubes cargadas de agua: *abrirse las cataratas del cielo.*

CATARINITA f. *Méx.* Periquito, variedad de la cotorra. || *Méx.* Coleóptero pequeño.

CÁTAROS m. pl. Herejes de los siglos XI y XII que defendían la existencia de dos principios: *el bien y el mal.* Rechazaban los sacramentos y justificaban el suicidio.

CATARRAL adj. Relativo al catarro: *tos catarral.*

CATARRO m. (gr. *katarhein*). Inflamación de las mucosas. || Constipado: *un catarro muy fuerte.*

CATARROSO, SA adj. y s. Que padece habitualmente catarro: *anciano catarroso.* || Acatarrado.

CATARSIS f. Purificación de las pasiones mediante la emoción estética. || *Med.* Expulsión de sustancias nocivas.

CATÁRTICO, CA adj. (del gr. *kathartikos,* purgante). Dícese del medicamento purgante.

CATASALSAS m. *Fig.* y *fam.* Catacaldos.

CATÁSTASIS f. *Ret.* Punto culminante de un tema.

CATASTRAL adj. Del catastro: *lista catastral.*

CATASTRO m. Censo de las fincas de un país.

CATÁSTROFE f. (del gr. *katastrophê,* vuelta). Acontecimiento imprevisto y funesto: *la erupción del Vesubio en el año 79 fue una terrible catástrofe.* (SINÓN. *Desgracia, azote, desastre, cataclismo.*) || Desenlace del poema dramático.

CATASTRÓFICO, CA adj. Muy grave e imprevisto.

CATATAR v. t. *Amer.* Hechizar, fascinar.

CATAURE y **CATAURO** m. *Cub.* y *Venez.* Caja rústica hecha de jagua.

CATAVIENTO m. *Mar.* Grímpola.

CATAVINO m. Taza que sirve para probar el vino en las bodegas. || Tubo con que se saca vino de un tonel por la piquera para probarlo.

CATAVINOS m. El que tiene por oficio probar el vino para apreciarlo. || *Fig.* y *fam.* Bribón y borracho.

CATCH m. (pal. ingl.). Lucha libre.

CATE m. *Pop.* Bofetada, golpe. || Suspenso.

CATEADOR m. *Chil.* y *Méx.* El que catea.

CATEAR v. t. *Amer.* Tantear el terreno, buscando minas. || *Amer.* Allanar la casa de alguno. || Catar o cachear, registrar. || *Fam.* Suspender a un candidato, darle calabazas.

CATECISMO m. (gr. *katêkhismos*). Libro que contiene la explicación de la doctrina cristiana, en forma de preguntas y respuestas: *enseñar el catecismo a los niños.*

CATECÚMENO, NA m. y f. (del gr. *katêkhoumenos,* el que se instruye). Persona que se instruye en la doctrina católica para bautizarse.

CASTILLO

CÁTEDRA f. (lat. *cathedra*). Asiento del profesor. || Aula, clase: *una cátedra de latín.* || *Fig.* Empleo y ejercicio de catedrático. || Materia que enseña un catedrático. || *Fig.* y *fam.* *Poner cátedra uno*, hablar en tono magistral. || *Fig.* Dignidad pontificia o episcopal: *la cátedra de San Pedro.*

CATEDRAL f. Iglesia episcopal de una diócesis. || *Fig.* *Ser obra de catedral*, ser cosa muy difícil y larga.

CATEDRALICIO, CIA adj. De la catedral.

CATEDRÁTICA f. Mujer que desempeña una cátedra. || *Fam.* Mujer del catedrático.

CATEDRÁTICO m. Profesor que desempeña una cátedra en una facultad, instituto, liceo, etc.

CATEGOREMA f. *Lóg.* Cualidad por la que se clasifica un objeto.

CATEGORÍA f. (del gr. *katêgoria*, atributo). Según Aristóteles, cada una de las nociones más generales: *el lugar y el tiempo son categorías.* || Según Kant, cada una de las formas del entendimiento. || *Fig.* Condición social de una persona respecto a otra. (SINÓN. V. *Rango.*) || Clase de objetos semejantes: *estas cosas no son de la misma categoría.* (SINÓN. V. *Clase.*) || *Fig.* *De categoría*, de elevada condición.

CATEGÓRICAMENTE adv. m. Decisivamente: *negar categóricamente.*

CATEGÓRICO, CA adj. Claro, preciso: *una declaración categórica.* || — SINÓN. *Claro, limpio, preciso, explícito.* V. tb. *imperioso.* || — CONTR. *Equívoco, evasivo.*

CATENARIA f. *Geom.* Curva que forma una cuerda colgada de dos puntos fijos. (SINÓN. *Trocoide.*)

CATEO m. *Amer.* Acción de catear.

CATEQUESIS f. y **CATEQUISMO** m. (gr. *katêkhismos*). Enseñanza de la religión.

CATEQUISTA com. Persona que instruye a los catecúmenos o que enseña el catecismo.

CATEQUÍSTICO, CA adj. Relativo a la catequesis.

CATEQUIZAR v. t. Instruir en la doctrina cristiana. || *Fig.* Procurar persuadir a uno.

CATERÉTICO, CA adj. *Cir.* Dícese del medicamento que cauteriza sólo superficialmente.

CATERVA f. Multitud, copia: *caterva de pillos.* (SINÓN. V. *Pandilla.*)

CATETADA f. Dicho o hecho propio de cateto o paleto.

CATETE m. *Chil.* Harina cocida con grasa. || *Fam. Amer.* Demonio.

CATÉTER m. (gr. *kathetêr*). *Cir.* Tienta, sonda.

CATETERISMO m. *Cir.* Exploración con catéter en algún conducto del cuerpo.

CATETO m. *Geom.* Cada lado del ángulo recto en el triángulo rectángulo.

CATETO, TA adj. y s. Rústico. (SINÓN. V. *Palurdo.*)

CATETÓMETRO m. *Fís.* Instrumento para medir la altura.

CATEY m. *Cub.* Papagayo. || *Antill.* Palmera.

CATGUT m. (pal. ingl. que sign. *tripa de gato*). *Cir.* Cuerda de tripa usada en suturas quirúrgicas.

CATIBÍA f. *Cub.* Raíz de la yuca rallada.

CATIBO m. *Cub.* Pez de Cuba parecido a la murena. || Persona rústica.

CATILINARIA f. Sátira violenta, en recuerdo de las *Catilinarias* de Cicerón. (V. *Parte hist.*)

CATIMBAO m. *Chil.* y *Per.* Máscara que sale en las procesiones del Corpus. || *Per.* Persona rechoncha. || *Chil.* Payaso.

CATINGA f. *Amer.* Mal olor del cuerpo. || Bosque del Brasil. (SINÓN. V. *Bosque.*)

CATIÓN m. *Fís.* Ion de carga positiva que en la electrólisis va al cátodo. || — CONTR. *Anión.*

CATIRE adj. *Amer.* Dícese del individuo rubio, hijo de blanco y mulata o viceversa.
CATIRRINOS m. pl. *Zool.* Grupo de simios.
CATITA f. *Ecuad., Chil.* y *Arg.* Cotorrita.
CATITE m. Pilón de azúcar. ‖ *Méx.* Especie de tela de seda. ‖ *Sombrero de catite,* el de forma cónica. ‖ *Dar catite,* darle golpes.
CATITEAR v. t. *Arg.* Enredar una cometa con la cuerda de otra. ‖ *Fig.* Cabecear ‖ *Fig.* Andar apurado.
CATIVÍ m. *Hond.* Enfermedad a modo de herpe.
CATIZUMBA f. *Amér. C.* Multitud.
CATO m. Substancia astringente que se extrae de una acacia. ‖ *Bol.* Medida agraria.
CATOCHE m. *Méx. Fam.* Mal humor.
CATÓDICO, CA adj. Que emana del cátodo: *los rayos catódicos atraviesan los cuerpos opacos.*
CÁTODO m. *Fís.* Polo negativo de un aparato eléctrico. ‖ — CONTR. *Ánodo.*
CATOLICIDAD f. Catolicismo. ‖ Conjunto de los fieles católicos: *el papa es el jefe de la catolicidad.*
CATOLICISMO m. Creencia de la Iglesia católica. ‖ Comunidad de los que viven en ella.
CATÓLICO, CA adj. (del gr. *katholikos,* universal). Que pertenece a la religión romana: *el dogma católico.* ‖ — M. y f. Que profesa el catolicismo. ‖ Renombre muy antiguo de los reyes de España: *Su Majestad Católica.* ‖ *Los Reyes Católicos,* Fernando V e Isabel I. ‖ *Fig.* y *fam. No estar muy católico,* no estar muy claro, sano o convencido.
CATOLICÓN m. Diacatolicón.
CATOLIZAR v. t. Dar carácter católico.
CATÓN m. (de *Catón,* n. pr.). *Fig.* Censor severo. ‖ Silabario, primer libro de lectura.
CATÓPTRICA f. (del gr. *katoptron,* espejo). Parte de la óptica que estudia la reflexión de la luz.
CATOPTROSCOPIA f. *Med.* Reconocimiento del cuerpo mediante espejos.
CATORCE adj. Diez más cuatro: *el catorce de abril.*
CATORCENO, NA adj. Decimocuarto.
CATORRAZO m. *Méx.* Golpe.
CATRACA f. *Méx.* Especie de faisán.
CATRACHO, CHA adj. y s. *Amér. C.* De Honduras.
CATRE m. Cama ligera para una persona, y más generalmente el de tijera, sostenido por cuatro pies colocados en aspa. ‖ *Amer. Catre de viento,* el catre de tijera. ‖ *Riopl. Catre de balsa,* jangada.
CATRECILLO m. Silla pequeña de tijera.
CATRICOFRE m. Mueble que contiene la armazón del catre y la ropa de cama, y que se deja cerrado durante el día.
CATRÍN adj. *Méx.* Elegante, pulido.
CATRINTRE m. *Chil.* Cierta clase de queso. ‖ *Chil.* Pobre, mal vestido.
CATUTO m. *Chil.* El trigo cocido y machacado.
CATZO m. *Ecuad.* Especie de abejorro.
CAUBA f. *Arg.* Arbolito de adorno.
CAÚCA m. *Col.* y *Ecuad.* Hierba forrajera. *Bol.* Bizcocho hecho con harina sacada del trigo.
CAUCANO adj. y s. De Cauca (Colombia).
CAUCARA f. *Ecuad.* Carne de costillas.
CAUCÁSEO, A y **CAUCÁSICO, CA** adj. y s. Del Cáucaso. ‖ *Raza caucásica,* la raza blanca o europea.
CAUCAU m. *Per.* Guiso de papas con verduras, picante e intestinos.
CAUCE m. Lecho de un río. ‖ Acequia para riegos. (SINÓN. V. *Reguera.*)
CAUCEL m. *Hond.* y *C. Rica.* Triguillo americano.
CAUCENSE adj. De Coca.
CAUCIÓN f. (lat. *cautio*). Precaución, prevención. ‖ *For.* Fianza que da una persona por otra. (SINÓN. V. *Garantía.*)
CAUCIONAR v. t. *For.* Dar una caución o fianza. ‖ Precaver cualquier daño.
CAUCOS m. pl. Antiguo pueblo de Germania.
CAUCHA f. *Chil.* Especie de cardo.
CAUCHAL m. *Col.* Parte de una selva donde hay muchas plantas de caucho: *descubrir un cauchal.*
CAUCHERO, RA adj. Del caucho: *industria cauchera.* ‖ — M. El que busca o labra el caucho.
CAUCHO m. (indio *cahuchu*). Substancia elástica y resistente que se extrae por incisión de varios árboles. (SINÓN. *Goma.*) ‖ Planta euforbiácea que produce el caucho. ‖ *Col.* Manta impermeable. ‖ *Caucho vulcanizado,* el tratado por medio del sulfuro de carbono, y que sirve para fabricar objetos de tocador, accesorios de máquinas eléctricas, neumáticos de automóvil, etc. — El *caucho,* de origen americano, se empleó primero para impermeabilizar las telas y para fabricar tejidos elásticos; el descubrimiento de la vulcanización ha permitido, desde 1846, obtener por vaciado multitud de objetos. Desde 1890, gracias a su aplicación a las llantas de ciclos y automóviles, ha adquirido dicho producto un desarrollo considerable. Los principales países productores son actualmente Malasia, Ceilán, Indonesia y Brasil. Desde 1930, y sobre todo a consecuencia de la segunda guerra mundial, el *caucho sintético* ha tomado importancia considerable.
CAUDA f. Cola de la capa consistorial.
CAUDAL adj. Caudaloso: *río caudal.* ‖ — M. Hacienda, fortuna: *hombre de mucho caudal.* (SINÓN. V. *Haber.*) ‖ Cantidad de agua que lleva un río: *aforar el caudal de un arroyo.* ‖ *Fig.* Copia, abundancia: *un caudal de notas.*
CAUDALOSO, SA adj. De mucho caudal: *río, lago, manantial caudaloso.* ‖ Acaudalado, rico.
CAUDILLAJE m. Mando de un caudillo. ‖ *Arg.* y *Chil.* Sucesión de caudillos. ‖ *Amer.* Caciquismo.
CAUDILLISMO m. Sistema de caudillaje.
CAUDILLO m. Jefe, capitán: *Bolívar fue el caudillo de la Independencia americana.* (SINÓN. V. *Jefe.*) ‖ *Arg.* Cacique.
CAUDINO, NA adj. De Caudio, antigua ciudad samnita.
CAUJAZO m. *Bot.* Planta americana borraginácea, empleada en la construcción.
CAULA f. *Amer.* Cábala, treta.
CAULESCENTE adj. (lat. *caulescens*). *Bot.* Dícese de la planta cuyo tallo se distingue con gran facilidad de sus raíces. ‖ — CONTR. *Acaule.*

FABRICACIÓN DEL CAUCHO SINTÉTICO

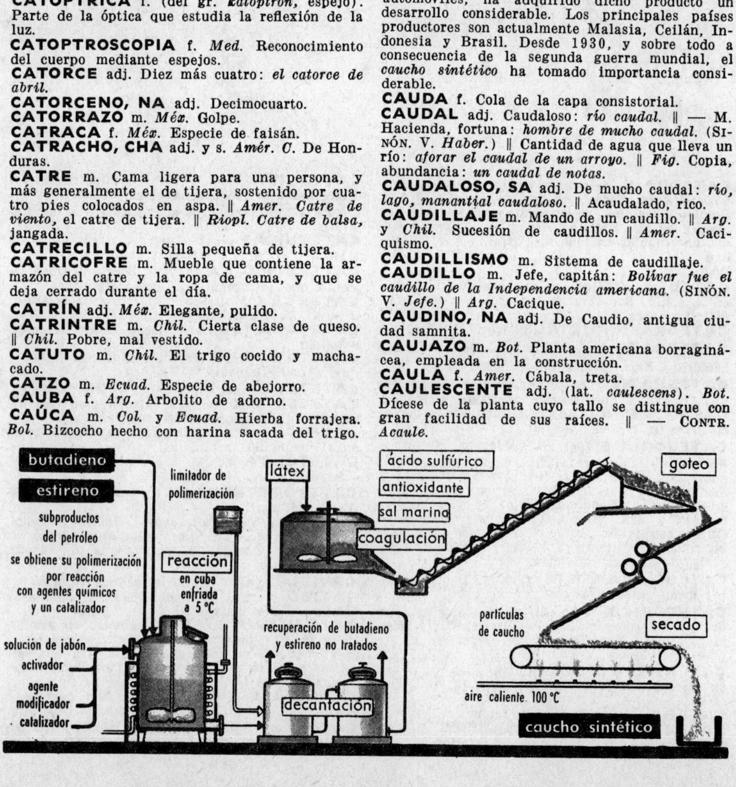

CAULÍCULO m. *Arq.* Adorno del capitel corintio.
CAUNCE m. *Col.* Árbol hermoso de flores amarillas.
CAUNO m. *Amer.* Ave zancuda.
CAUQUE m. *Chil.* Especie de pejerrey. ‖ *Fig.* Persona lista y viva.
CAUQUENINO, NA adj. y s. De Cauquenes (Chile).
CAURI m. Molusco gasterópodo, cuya concha sirve de moneda a ciertos pueblos de África.
CAURO m. Noroeste, viento.
CAUSA f. (lat *causa*). Principio, razón de una cosa. (CONTR. *Efecto, resultado, consecuencia.*) ‖ Motivo: *hablar sin causa.* (SINÓN. *Móvil, razón, pretexto, porqué.*) ‖ Interés, partido: *defender la causa de la inocencia.* ‖ *For.* Pleito: *este abogado defiende causas importantes.* (SINÓN. V. *Proceso.*) ‖ *Formar causa,* encausar. ‖ *Causa final,* razón por la cual se supone que ha sido creada una cosa. ‖ *Causa pública,* utilidad del común. ‖ *Hacer causa común,* aunarse para un fin. ‖ *A causa de,* por efecto. ‖ *Per.* Ensalada de patatas machacadas, con huevos duros, ají, aceitunas, etc. ‖ *Chil.* Golosina o fiambre que se come a deshora: *echar una causa.*
CAUSADOR, RA adj. y s. Que causa.
CAUSAHABIENTE m. *For.* Persona a quien han sido transmitidos los derechos de otra.
CAUSAL adj. (lat. *causalis*). Que anuncia relación de causa a efecto: *conjunción causal.* ‖ — F. Razón o motivo en que se funda una cosa.
CAUSALIDAD f. Relación de la causa al efecto: *principio de causalidad.* ‖ Origen, principio. ‖ — PARÓN. *Casualidad.*
CAUSANTE adj. Que causa o provoca una cosa. ‖ — M. Testador o persona de quien proviene el derecho que alguno tiene.
CAUSAR v. t. Producir la causa su efecto. ‖ Ser causa de: *las cosas pequeñas suelen causar grandes efectos.* ‖ — SINÓN. *Ocasionar, originar, motivar, acarrear, crear, producir, provocar, suscitar.*
CAUSATIVO, VA adj. Causal.
CAUSEAR v. i. *Chil.* Comer golosinas a deshora. ‖ Comer, en general. ‖ *Fig.* Vencer con facilidad.
CAUSEO m. *Chil.* Causa. ‖ Merienda.
CAUSÓN m. Calentura fuerte y de corta duración.
CÁUSTICA f. *Geom.* Curva formada por los rayos luminosos emanados de un punto y reflejados o refractados por una superficie curva.
CÁUSTICAMENTE adv. m. Con causticidad.
CAUSTICIDAD f. Calidad de cáustico: *la causticidad del vitriolo es muy conocida.* ‖ *Fig.* Malignidad, mordacidad: *la causticidad de un escritor.*
CÁUSTICO, CA adj. Que quema y desorganiza, corrosivo: *remedio cáustico; sustantivamente, un cáustico.* ‖ *Fig.* Maligno, mordaz: *una observación muy cáustica.* (SINÓN. V. *Sarcástico.*) ‖ — M. Vejigatorio.
CAUTAMENTE adv. m. Con precaución o cautela: *obrar cautamente.* ‖ — CONTR. *Imprudentemente.*
CAUTELA f. (lat. *cautela*). Astucia, prudencia: *obrar con cautela.* ‖ — CONTR. *Imprudencia, sencillez.*
CAUTELARSE v. r. Prevenirse, precaverse: *cautelarse de un daño.*
CAUTELOSO, SA adj. Que obra con cautela: *espíritu cauteloso.* ‖ — CONTR. *Desconfiado, sencillo.*
CAUTERIO m. (gr. *kautêrion*). Cauterización. ‖ *Fig.* Lo que ataja algún mal.
CAUTERIZACIÓN f. Acción de cauterizar: *la cauterización con hierro candente es la más eficaz contra las mordeduras de víbora.*
CAUTERIZADOR, RA adj. y s. Que cauteriza.
CAUTERIZAR v. t. *Cir.* Quemar con un cáustico o un hierro candente: *es preciso cauterizar rápidamente la mordedura de un perro que se cree rabioso.* ‖ *Fig.* Corregir con aspereza.
CAUTIVADOR, RA adj. *Fig.* Que cautiva: *palabra cautivadora.* (SINÓN. V. *Encantador* e *interesante.*)
CAUTIVANTE adj. Que cautiva, cautivador.
CAUTIVAR v. t. Aprisionar: *cautivar al enemigo.* ‖ *Fig.* Atraer, ganar: *cautivar a su auditorio.* ‖ *Fig.* Ejercer irresistible influencia. (SINÓN. *Captar, seducir, hechizar, embelesar, arrobar, encantar.* Pop. *Embelecar, engatusar.* Fig. *Conquistar.* V. tb. *gustar.*)
CAUTIVERIO m. y **CAUTIVIDAD** f. Prisión, falta de libertad: *vivir en cautiverio.* (SINÓN. V. *Presidio.*)
CAUTIVO, VA adj. y s. (lat. *captivus*). Prisionero: *la orden de la Merced se dedicaba a librar cautivos.* (SINÓN. V. *Preso.*)
CAUTO, TA adj. Que obra con cautela, prudente.
CAVA adj. f. Dícese de las dos venas gruesas que van a parar en la aurícula derecha del corazón: *se distinguen la vena cava superior y la inferior.*
CAVA f. Acción de cavar: *dar una cava a las viñas.* ‖ Foso.
CAVACOTE m. Montón de tierra puesto de señal.
CAVADIZA adj. Dícese de la tierra o arena que se saca cavando.
CAVADIZO, ZA adj. Fácil de cavar.
CAVADO, DA adj. Cóncavo.
CAVADOR m. El que por oficio cava la tierra.
CAVADURA f. Acción y efecto de cavar la tierra.
CAVAR v. t. (lat. *cavare*). Mover la tierra, hacer hoyos. ‖ — V. i. Ahondar una cosa. (SINÓN. V. *Profundizar.*)
CAVATINA f. (ital. *cavatina*). *Mús.* Especie de aria de corta duración.
CAVAZÓN f. Acción de cavar las tierras.
CÁVEA f. Jaula romana. ‖ Cada división del graderío en teatros y circos romanos.
CÁVEAT m. (pal. lat.). Recomendación expresa.
CAVEDIO m. Patio de la casa romana.
CAVERNA f. (lat. *caverna*). Excavación profunda: *el hombre prehistórico habitó largo tiempo en las cavernas.* (SINÓN. *Gruta, antro, espelunca.*) ‖ Cueva de ladrones: *la caverna de Alí Babá.* ‖ Hueco en un órgano por pérdida de sustancia: *la tuberculosis produce cavernas en los pulmones.*
CAVERNARIO, RIA adj. Cavernícola.
CAVERNÍCOLA adj. y s. Que vive en las cavernas. ‖ *Fig.* y *fam.* Retrógrado.
CAVERNOSIDAD f. Oquedad natural de la tierra, cueva.
CAVERNOSO, SA adj. Perteneciente a la caverna: *oscuridad cavernosa.* ‖ Bronco: *voz cavernosa.* (SINÓN. V. *Sordo.*) ‖ Lleno de cavernas: *montañas cavernosas.*
CAVETO m. *Arq.* Moldura cóncava.

CAVÍ m. Raíz de la oca del Perú.
CAVIA m. Conejillo de Indias. ‖ Especie de excavación.
CAVIAL y **CAVIAR** m. Huevas de esturión aderezadas: *el caviar es un manjar ruso muy estimado.*
CAVICORNIOS m. pl. *Zool.* Familia de rumiantes que comprende los bueyes, carneros, antílopes, etc.
CAVIDAD f. Vacío, hueco. (SINÓN. *Anfractuosidad, hoyo, fosa, excavación.* V. tb. *agujero.*)
CAVILACIÓN f. Acción y efecto de cavilar o pensar.
CAVILAR v. i. Pensar mucho en alguna cosa. (SINÓN. V. *Pensar.*)
CAVILOSAMENTE adv. m. Con cavilación.
CAVILOSEAR v. i. Cavilar. ‖ Forjarse ilusiones. ‖ *Amér. C.* Chismear.
CAVILOSO, SA adj. *Fam.* Desconfiado. (CONTR. *Despreocupado.*) ‖ *Col.* Quisquilloso. ‖ *Amér. C.* Chismoso.
CAVUL m. *Chil.* Nombre vulgar del *cardón* o *cirio.*
CAY m. V. CAÍ.
CAYADA f. Cayado o bastón de pastor.
CAYADO m. (del lat. *caia,* báculo). Palo de los pastores. (SINÓN. V. *Palo.*) ‖ Báculo pastoral del obispo: *el cayado es el signo del poder episcopal.* ‖ *Cayado de la aorta,* arco que describe esta arteria. ‖ — PARÓN. *Callado.*
CAYAMA f. Ave zancuda de Cuba.
CAYANA f. Callana, cazuela.
CAYAPEAR v. i. *Venez.* Reunirse muchos para atacar a uno con más seguridad, acuadrillar.

CAYASCHO o **CAYASCHI** m. *Arg.* Lo que queda en la chacra o la vid después de la cosecha.
CAYAYA f. *Cub.* Planta borraginea cuya semilla se parece a la pimienta.
CAYEPUTI m. Árbol de Oceanía: *el aceite de cayeputi se emplea en medicina.*
CAYO m. Peñasco en medio del mar, escollo: *estrellarse en un cayo.* ‖ — PARÓN. *Callo.*
CAYOTA y **CAYOTE** m. Chayote, fruto de la chayotera.
CAYUCA f. *Cub. Fam.* Cabeza.
CAYUCO m. Embarcación pequeña usada en Venezuela y El Salvador: *el cayuco se mueve con canalete.*
CAYUTANA f. Planta rutácea de Filipinas.
CAZ m. Sangría para tomar agua de un río.
CAZA f. Acción de cazar. ‖ Animales que se cazan: *hay caza menor y caza mayor.* ‖ —

caza Convair 102-A

M. Avión de guerra: *atacaron los cazas.* ‖ *Fig.* y *fam. Andar a caza de gangas,* buscar provecho o ganancia a poca costa. ‖ *Dar caza,* perseguir. ‖ — PARÓN. *Casa.*
CAZABE m. *Amer.* Torta de harina de mandioca.
CAZACLAVOS m. Instrumento para sacar clavos.
CAZADERO m. Sitio dispuesto para cazar.
CAZADOR, RA adj. y s. Que caza: *San Huberto es el patrón de los cazadores.* ‖ Nombre de ciertos soldados de tropas ligeras. ‖ *Fam. Cazador de alforja,* el que caza con lazos y trampas. ‖ *Cazador furtivo,* el que caza en terreno vedado.
CAZADORA f. Americana, saco, prenda de vestir. ‖ *Amér. C.* Camioneta. ‖ *C. Rica.* Avecilla de lindo plumaje.
CAZAGUATE m. Planta de México.
CAZAMOSCAS m. *Venez.* Papamoscas, ave.
CAZAR v. t. (lat. *captiare*). Perseguir la caza: *se cazaba en otro tiempo con halcones.* ‖ *Fig.* y *fam.* Adquirir una cosa con maña: *ha sabido cazar un buen destino.* ‖ *Fig.* y *fam.* Prender la voluntad de alguno. ‖ *Fig.* y *fam.* Sorprender en un descuido, error o acción. ‖ *Mar.* Estirar las velas para que reciban bien el viento. ‖ — PARÓN. *Casar.*
CAZATORPEDERO m. Barco de guerra destinado para dar caza a los torpederos.
CAZCALEAR v. i. Andar de una parte a otra.
CAZCARRIA f. Lodo, barro: *estar lleno de cazcarrias.* ‖ *Riopl.* Excremento del ganado ovejuno, sirle.
CAZCARRIENTO, TA adj. *Fam.* Lleno de lodo o cazcarrias.
CAZCORVO, VA adj. Dícese de la caballería que tiene las patas corvas.
CAZO m. Vasija metálica de forma semiesférica y con mango. ‖ Recipiente en que calientan la cola los carpinteros. ‖ — PARÓN. *Caso.*
CAZOLADA f. Cantidad de comida de una cazuela.
CAZOLERO adj. Cominero, entremetido.
CAZOLETA f. Pieza de las antiguas armas de fuego donde se colocaba la pólvora. ‖ Guarda en figura de cazo de algunas espadas. ‖ Especie de perfume. ‖ Pebetero, vaso para quemar perfumes: *una cazoleta china de bronce.*
CAZOLETEAR v. i. *Fam.* Cominear.
CAZÓN m. Pez selacio marino muy voraz.
CAZONAL m. Red para pescar cazones. ‖ *Fig.* y *fam.* Negocio malo, enredo: *meterse en un cazonal.*
CAZUDO, DA adj. Que tiene mucho recazo.
CAZUELA f. Vasija que sirve para guisar: *una cazuela vidriada.* ‖ Cierto guisado. ‖ Parte del teatro a que sólo concurrían las mujeres. ‖ Paraíso en los teatros. ‖ En las imprentas, componedor ancho.
CAZUMBRAR v. t. Cerrar con cazumbre o estopa una cosa: *cazumbrar una cuba.*
CAZUMBRE m. Estopa utilizada para cerrar las hendeduras entre las duelas de un tonel.

cazadora

cebollas

CAZUÑAR v. t. *Amér. C.* Hurtar.
CAZURRO, RRA adj. y s. Encerrado en sí.
CAZUZO, ZA adj. *Chil.* Hambriento.
Cd, símbolo químico del *cadmio.* ‖ Símbolo físico de *candela.*
Ce, símbolo químico del *cerio.*
CE f. Nombre de la letra C. ‖ *Ce por be,* m. adv., muy circunstanciadamente, con todos los pormenores. ‖ — Adv. *Fig.* y *fam. Por ce o por be,* de un modo o de otro.
¡CE! interj. Sirve para llamar a una persona.
CEBA f. Alimentación que se da al ganado que se quiere cebar. ‖ *Fig.* Acción de alimentar los hornos. ‖ *Amer.* Cebo de escopeta. ‖ *Amer.* Acción de cebar: *ganado de ceba.*
CEBADA f. (lat. *civada*). Género de gramíneas. ‖ *Cebada perlada,* la redondeada y mondada a máquina.
CEBADAL m. Campo de cebada.
CEBADAR v. t. Dar cebada a las bestias: *cebadar una mula.*
CEBADAZO, ZA adj. Perteneciente a la cebada: *paja cebadaza.*
CEBADERA f. Manta que sirve de pesebre para dar la cebada a las bestias. ‖ Arca para la cebada. ‖ *Mar.* Vela que va sobre una verga atravesada en el bauprés. ‖ *Min.* Especie de embudo que sirve para echar la carga en los hornos.
CEBADERO m. El que vende cebada. ‖ Mozo de posada. ‖ Caballería que en la recua va cargada con la cebada. ‖ Lugar para cebar animales. ‖ El que tenía por ocupación adiestrar aves de cetrería. ‖ *Min.* Tragadero de un horno.
CEBADILLA f. Especie de cebada silvestre. ‖ Fruto de una planta americana parecida al eléboro blanco: *la cebadilla se emplea como estornutatorio.*
CEBADO, DA adj. *Amer.* Dícese de la fiera que por haber probado carne humana es más temible.
CEBADOR, RA adj. Que ceba. ‖ — M. Frasquito de pólvora para cebar.
CEBADURA f. Acción y efecto de cebar.
CEBAR v. t. (lat. *cibare*). Echar cebo a los animales: *se ceba a los carneros para engordarlos.* (SINÓN. V. *Nutrir.*) ‖ *Fig.* Alimentar el fuego, la lumbre, un molino, etc.: *cebar un horno.* ‖ *Fig.* Poner pólvora en la escopeta, el cohete, etc. ‖ *Fig.* Poner en movimiento una máquina: *cebar una máquina de vapor.* ‖ *Fig.* Fomentar una pasión: *cebar la ira.* ‖ *Riopl. Cebar el mate,* prepararlo. ‖ — V. i. *Fig.* Penetrar: *el tornillo no ha cebado.* ‖ — V. r. *C. Rica* y *Méx.* Fallar. ‖ Encarnizarse, ensañarse: *cebarse en su víctima.*
CEBELLINA f. Variedad de marta muy estimada.
CEBICHE m. *Per.* Guiso de pescado con ají.
CEBIL m. *Bot.* Árbol leguminoso de América.
CEBO m. (lat *cibus*). Alimento que se da a los animales para engordarlos o para atraerlos. (SINÓN. *Carnada, esca, raba.*) ‖ *Fig.* Pólvora con que se ceba el arma de fuego. ‖ *Fig.* Mineral para cebar el horno. ‖ *Fig.* Fomento de una pasión. (SINÓN. *Señuelo, añagaza.*) ‖ — PARÓN. *Sebo.*
CEBO m. Cefo, mono.
CEBOLLA f. Planta liliácea, de raíz bulbosa comestible. ‖ Bulbo: *cebolla de tulipán.* ‖ *Fig.* Parte del velón en que se echa el aceite. ‖ *Fig.* Bola con agujeros que se pone en las cañerías, en el caño de la regadera, etc. ‖ *Amér. C. Fam.* Mando, autoridad: *agarrar la cebolla.* ‖ *Cebolla albarrana,* planta liliácea medicinal.
CEBOLLANA f. Planta liliácea muy parecida a la cebolla y de flores violadas: *los bulbos de la cebollana se comen en ensalada.*
CEBOLLAR m. Sitio sembrado de cebollas.
CEBOLLETA f. Planta liliácea comestible. ‖ Cebolla común que se come antes de florecer. ‖ *Cub.* Especie de juncia, llamada también *cebollín.*
CEBOLLINO m. Sementero y simiente de cebollas. ‖ Cebollana, planta liliácea. ‖ *Fig.* y *fam. Escardar cebollinos,* no hacer nada de provecho. ‖ *Fig.* y *fam. Enviar a uno a escardar cebollinos,* echarle en hora mala.
CEBOLLÓN m. Variedad de cebolla dulzona. ‖ — M y f. *Riopl.* y *Chil. Fam.* Solterón.
CEBOLLUDO, DA adj. Bulboso: *flor cebolluda.*
CEBÓN, ONA adj. y s. Dícese del animal que está cebado: *pavo cebón.* ‖ — M. Puerco.

Fot. X.

CEBRA f. Animal solípedo de África, parecido al asno, de piel blanca amarillenta, rayada de negro: *la cebra se domestica fácilmente.*
CEBRADO, DA adj. Dícese del caballo o yegua que tiene las piernas rayadas.
CEBRIÓN m. Cierto coleóptero.
CEBRUNO, NA adj. Cervuno.
CEBÚ m. Variedad del toro común, que tiene una giba adiposa sobre el lomo: *el cebú vive y ha sido domesticado en Asia y Madagascar.*
CEBUANO, NA adj. De Cebú (Filipinas): *lengua cebuana.*
CEBURRO adj. Candeal, especie de trigo.
CECA f. Casa de moneda. ‖ *Fam. Ir de la Ceca a la Meca,* ir de una parte a otra.
CECAL adj. *Anat.* Relativo al ciego: *apéndice cecal.*
CECEANTE adj. Que cecea.
CECEAR v. i. Pronunciar la *s* como *c: los niños pequeños suelen cecear.* ‖ — V. t. Llamar a uno diciéndole *¡ce! ¡ce!* ‖ — PARÓN. *Sesear, sisear.*
CECEO m. Acción de cecear: *el ceceo es un defecto frecuente en Andalucía.* ‖ — PARÓN. *Seseo, siseo.*
CECIAL m. Nombre del pescado seco y curado.
CECINA f. Carne salada y seca: *el abuso de las cecinas puede causar enfermedades graves.* ‖ *Riopl.* Tira delgada de carne seca sin sal.
CECINAR v. t. Acecinar la carne.
CECOGRAFÍA f. Escritura de los ciegos.
CÉCUBO m. Vino célebre en la Roma antigua.
CEDA f. Zeda, letra última del alfabeto español.
CEDACERÍA f. Sitio donde se hacen o venden cedazos.
CEDACILLO m. Planta anua de los prados.
CEDAZO m. Tamiz con marco de madera: *pasar la harina por el cedazo.* ‖ Cierta red para pescar. ‖ *Cub.* Especie de vals.
CEDER v. t. (lat. *cedere*). Dar, transferir: *ceder un comercio, ceder el paso.* (SINÓN. *Transmitir y vender.*) ‖ — V. i. Rendirse, obedecer: *ceder en su empeño.* (SINÓN. *Capitular, consentir, claudicar, plegarse, doblegarse, allanarse, sucumbir.* V. tb. *abandonar.*) ‖ Disminuir: *cede la fiebre a la quinina.* ‖ Convertirse una cosa en bien o mal: *ceder en su derecho.* ‖ Ser inferior una persona o cosa a otra semejante.
CEDILLA f. Letra de la antigua escritura española, usada en francés y otros idiomas, que es una *C* con una virgulilla debajo (Ç). ‖ Esta virgulilla.
CEDIZO, ZA adj. Dícese de algunas cosas que empiezan a corromperse: *las carnes cedizas son peligrosas.*
CEDOARIA f. Raíz medicinal amarga y aromática.
CEDRIA f. Resina que se extrae del cedro.
CÉDRIDE f. Piña del cedro.
CEDRINO, NA adj. De cedro: *madera cedrina.*
CEDRO m. (lat. *cedrus*). Árbol abietáceo de Asia, de tronco grueso y ramas horizontales: *los cedros del Líbano alcanzan a veces cuarenta metros de altura.* ‖ Madera de este árbol.
CEDRÓN m. *Per.* y *Riopl.* Árbol de la familia de las verbenáceas.
CÉDULA f. (lat. *schedula*). Escrito o documento: *cédula de vecindad o personal.* ‖ Documento en que se reconoce una deuda. ‖ *Cédula real,* despacho del rey.
CEDULARIO m. Colección de cédulas reales.
CEDULÓN m. Edicto, anuncio, cartel generalmente satírico. ‖ *Fig.* Pasquín. ‖ *Méx.* Albarán.
CEFALALGIA f. Dolor de cabeza.
CEFALÁLGICO, CA adj. Relativo a la cefalalgia.
CEFALEA f. (gr. *kephalê,* cabeza). *Med.* Cefalalgia violenta: *la antipirina se usa contra la cefalea.*
CEFÁLICO, CA adj. De la cabeza: *vena cefálica.*
CEFALITIS f. Inflamación de la cabeza.
CEFALÓPODOS m. pl. (del gr. *kephale,* cabeza, y *pous, podos,* pie). Clase de moluscos que tienen el cuerpo envuelto en una especie de saco, la cabeza rodeada de tentáculos y pico córneo (pulpo, jibia).
CEFALORRAQUÍDEO, A adj. Del cerebro y la medula espinal: *líquido cefalorraquídeo.*
CEFALOTÓRAX m. Parte anterior del cuerpo de los arácnidos, que reúne la cabeza y el tórax.
CEFEIDA f. *Astr.* Estrella de luz variable.
CÉFIRO m. (gr. *zephuros*). *Poét.* Viento suave: *el blando céfiro.* (SINÓN. V. *Viento.*) ‖ Cierto lienzo fino listado.
CEFO m. Especie de mono de África.
CEGADOR, RA adj. Que ciega o vislumbra.
CEGAJOSO, SA adj. Que tiene llorosos los ojos.
CEGAR v. i. (lat. *caecare*). Perder la vista: *cegar a consecuencia de una oftalmía.* ‖ — V. t. Quitar la vista a alguno: *le cegó de una pedrada.* ‖ Turbar la razón: *le ciega la ira.* ‖ Cerrar: *cegar una cañería.* (SINÓN. V. *Tapar.*) ‖ — IRREG. Se conjuga como *acertar.* ‖ — PARÓN. *Segar.*
CEGARRA, CEGARRITA, CEGATO, TA y **CEGATÓN, ONA** adj. y s. *Fam.* Corto de vista.
CEGATOSO, SA adj. Cegajoso, de ojos llorosos.
CEGESIMAL adj. Dícese del sistema de medidas científico llamado también C. G. S.
CEGRÍES m. Una familia del reino musulmán de Granada.
CEGUEDAD f. Privación de la vista. ‖ *Fig.* Alucinación: *una ceguedad súbita se apoderó de él.*
CEGUERA f. Ceguedad. ‖ Especie de oftalmía.
CEIBA f. Árbol americano de la familia de las bombacáceas: *el fruto de la ceiba contiene algodón.*
CEIBAL m. Lugar plantado de ceibos.
CEIBO m. *Bot.* Ceiba. ‖ *Bot.* Árbol americano de flores rojas y brillantes.
CEIBÓN m. Árbol de Cuba, especie de ceiba: *el ceibón se eleva a 25 metros de altura.*
CEJA f. (lat. *cilia*). Parte curvilínea cubierta de pelo sobre la cuenca del ojo. ‖ Pelo que la cubre: *unas cejas bien pobladas.* ‖ Parte que sobresale de ciertas cosas: *la ceja de un libro encuadernado; la ceja de una rueda de ferrocarril.* ‖ Lista de nubes sobre la cumbre de una montaña. ‖ Cumbre de una sierra. (SINÓN. V. *Cima.*) ‖ *Cub.* Camino estrecho, vereda. ‖ *Riopl.* Arco de bosque que corta un camino. ‖ *Mús.* Listón que tienen los instrumentos de cuerdas entre el mástil y el clavijero. ‖ Abrazadera que se pone en el mástil de la guitarra para hacer subir la entonación de todas las cuerdas. ‖ *Fig.* y *fam. Tener a uno entre ceja y ceja,* no poder con él. ‖ *Fam. Arquear las cejas,* ponerlas en forma de arco. ‖ *Fig.* y *fam. Meterse una cosa entre ceja y ceja,* fijarse en un pensamiento, idea o propósito.

CEDROS

del Líbano

de Marruecos

ceiba

cebú

Fot. Bailly Michel, Doumic-Atlas-Photo, Viollet, Ministère de la France d'Outre-Mer

celada

CEJADERO y **CEJADOR** m. Correa de la guarnición para hacer retroceder el caballo.
CEJAR v. i. Caminar hacia atrás la caballería. || *Fig.* Aflojar en un negocio o empeño. || — SINÓN. V. *Retroceder.*
CEJIJUNTO, TA adj. Que tiene las cejas muy pobladas y casi juntas. || Ceñudo.
CEJILLA f. Traste de la guitarra que separa el mástil de la cabeza.
CEJO m. Niebla que se levanta sobre las aguas por la mañana. || Ceño. || Atadero de esparto: *liar con un cejo.*
CEJUDO, DA adj. De cejas muy pobladas.
CELADA f. Pieza de la armadura antigua que cubría la cabeza: *la celada de Don Quijote.* || *Fig.* Trampa: *caer en una celada.* (SINÓN. V. *Emboscada.*)
CELACANTO m. (del gr. *koilós,* hueco, y *akanthos,* espina). Pez curioso, que sólo se conocía como fósil y del que se han hallado individuos vivos en el océano Índico.
CELADOR adj. y s. Vigilante.
CELADURÍA f. Cargo y oficina de celador.
CELAJE m. Claraboya o ventana. || *Fig.* Presagio, indicio: *se ven celajes de buen éxito.* || — Pl. Nubecillas de colores que surcan el cielo: *los celajes al anochecer presagian buen tiempo.* || *Mar.* Conjunto de nubes. || *Per., P. Rico* y *Dom.* Aparición fantástica de una persona.
CELANDÉS, ESA adj. y s. Zelandés.
CELAR v. t. (del lat. *zelare,* emular). Esmerarse en el cumplimiento de las leyes, deberes, etc. || Vigilar. || Tener celos de una persona amada.
CELAR v. t. Ocultar, esconder, encubrir. (SINÓN. V. *Callar* y *esconder.*) || Esculpir o cortar con buril.
CELASTRÁCEAS f. pl. Familia de plantas dicotiledóneas que tienen por tipo el bonetero.
CELDA f. Aposento destinado al religioso en el convento: *las celdas de los cartujos son austeras y desnudas.* || Cada uno de los aposentos pequeños de una cárcel celular. (SINÓN. V. *Cárcel.*) || Celdilla de un panal de abejas. || Aposento individual en colegios y establecimientos análogos. || Compartimiento formado por la intersección de una columna y una línea horizontal en un cuadro estadístico.
CELDILLA f. Celda pequeña. || Cada una de las casillas de un panal de abejas. || *Fig.* Nicho. || *Bot.* Cada una de las divisiones de ciertas frutas.
CELE adj. *Amer.* Tierno, verde.
CELEBÉRRIMO, MA adj. Muy célebre.
CELEBRACIÓN f. Acción de celebrar: *la celebración de un matrimonio.* || Aplauso o aclamación.
CELEBRADOR, RA adj. Que celebra.
CELEBRANTE adj. Que celebra. || — M. Sacerdote que dice la misa: *el celebrante era un paúl.*
CELEBRAR v. t. (lat. *celebrare*). Exaltar, alabar: *celebrar la gloria de un héroe.* (SINÓN. *Festejar, santificar.*) || Hacer solemnemente una ceremonia: *celebrar el matrimonio.* (SINÓN. *Solemnizar, conmemorar.*) || — V. i. Decir misa. || Verificar una sesión, una entrevista. || *Cub.* Enamorar.
CÉLEBRE adj. (lat. *celeber*). Famoso: *escritor célebre.* (SINÓN. V. *Ilustre.*) || *Fam.* Gracioso, festivo: *¡qué célebre es ese chico!* || *Amér. C., Col.* y *Venez.* Precioso, agraciado.
CELEBRIDAD f. Fama grande: *la celebridad de Homero es universal.* (SINÓN. V. *Gloria.*) || Personaje célebre: *una celebridad del mundo médico.*
CELEMÍN m. Medida de capacidad para áridos (4,625 litros): *el celemín se devidía en cuatro cuartillos.* || Grano que contiene: *un celemín de cebada.*
CELEMINADA f. Lo que cabe en el celemín.
CELENTÉREOS m. pl. (del gr. *koilos,* hueco, y *enteron,* intestino). Grupo de animales de simetría radiada, cuyo cuerpo contiene una sola cavidad digestiva.
CELEQUE adj. *Hond.* y *Salv.* Dícese de las frutas tiernas o en leche.
CÉLERE adj. Pronto, rápido. || — M. pl. Cuerpo de caballería romana creado por Rómulo. || — F. pl. *Mitol.* Las horas.
CELERIDAD f. (lat. *celeritas*). Prontitud, velocidad: *caminar con celeridad.* (SINÓN. V. *Velocidad.* CONTR. *Lentitud.*)
CELERÍFERO m. Vehículo de dos ruedas unidas por un armazón, precursor de la bicicleta.
CELESCOPIO m. Aparato para iluminar las cavidades de un cuerpo orgánico.
CELESTE adj. Del cielo: *cuerpos celestes, azul celeste.* (V. AZUL.) || Dícese de un registro del órgano. || Relativo a la China: *el celeste imperio.*
CELESTIAL adj. Del cielo o paraíso: *los coros celestiales.* || *Fig.* Perfecto, delicioso. || *Música celestial,* palabras agradables y bien dichas. || *Fam.* Bobo, tonto.
CELESTINA f. *Fig.* Alcahueta. (SINÓN. V. *Alcahueta.*) [V. *Parte hist.*]
CELESTINA f. Sulfato de estronciana.
CELESTINESCO, CA adj. Propio de celestina.
CELESTINO m. Religioso de una orden fundada en 1251 por Celestino V.
CELIACO, CA adj. (del gr. *koilia,* entrañas). *Anat.* Relativo a los intestinos: *arteria celiaca.*
CELIBATARIO m. Galicismo por *soltero, célibe.*
CELIBATO m. (lat. *celibatus*). Estado de soltero: *el celibato de los religiosos.* || *Fam.* Hombre célibe. || — CONTR. *Matrimonio.*
CÉLIBE adj. y s. Que no está casado. (SINÓN. *Soltero, solterón.*)
CELICAL y **CÉLICO, CA** adj. *Poét.* Celeste: *los coros célicos.*
CELÍCOLA m. Habitante del cielo.
CELIDONIA f. Género de papaveráceas.
CELINDA f. Jeringuilla.
CELINDRATE m. Cierto guiso aderezado con cilantro.
CELO m. (lat. *zelus*). Cuidado, esmero que se pone en el cumplimiento de un deber. (SINÓN. *Diligencia, emulación.*) || Gran actividad inspirada por la fe religiosa o por el afecto a una persona: *el celo de un buen servidor.* (SINÓN. *Entusiasmo, animación, asiduidad.*) || Recelo que inspira el bien ajeno. (SINÓN. V. *Envidia.*) || Época de cubrirse los animales: *estar en celo.* || — Pl. Inquietud de la persona que teme que aquella a quien ama dé la preferencia a otra: *tener celos infundados.* || *Dar celos,* dar motivos para que otra los sienta.
CELOFÁN m. Tejido delgado y flexible, a manera de papel transparente.
CELOIDINA f. Preparación sensible para papeles fotográficos.
CELOMA m. Cavidad del cuerpo del animal.
CELOMADOS f. pl. Animales con celoma.
CELOSAMENTE adv. m. Con celo o vigilancia.
CELOSÍA f. Enrejado que se pone en las ventanas para ver sin ser visto. (SINÓN. V. *Postigo.*) || Celotipia.
CELOSO, SA adj. Que tiene celo o celos: *estar celoso de todos.* || *Amer.* Mal equilibrado (barco), muy sensible (mecanismo).
CELOTE m. *Hist. bíbl.* Sinónimo de *celador.*
CELOTIPIA f. Pasión de los celos.
CELSITUD f. Elevación, excelencia de una cosa.
CELTA adj. Dícese del individuo de un pueblo antiguo. (V. *Parte hist.*) || — M. Idioma de este pueblo.
CELTIBÉRICO, CA adj. Relativo a los celtíberos.
CELTÍBERO, RA o **CELTIBERO, RA** adj. y s. De Celtiberia. (V. *Parte hist.*)
CÉLTICO, CA adj. De los celtas: *las invasiones célticas penetraron hasta el Asia Menor.*
CELTÍDEAS f. pl. (del lat. *celtis,* almez). *Bot.* Familia de plantas ulmáceas como el almez.
CELTISMO m. Doctrina relativa a los celtas. || Amor al estudio de los celtas.
CELTISTA com. Persona que se dedica al estudio de la lengua y literatura de los celtas.
CELTOHISPANO, NA adj. Relativo a la vez a los celtas y a los españoles.
CELTOLATINO, NA adj. Dícese de las palabras de origen céltico incorporadas al latín.
CÉLULA f. (lat. *cellula*). Celda, cavidad. || *Bot.* y *Zool.* Elemento fundamental de los vegetales y animales: *la célula se compone de un protoplasma envuelto por una membrana y que encierra un núcleo.* || *Fig.* Agrupación de militantes políticos: *una célula del partido comunista.*

CELULADO, DA adj. Provisto de células o de forma de ellas.
CELULAR adj. Formado por células o celdas: *tejido celular.* || *Prisión celular,* aquella donde hay celdas para guardar a los presos incomunicados.
CELULITA f. Especie de pasta, muy usada en la industria.
CELULITIS f. Irritación del tejido celular subcutáneo que simula obesidad.
CELULOIDE m. (del gr. *cellula,* celda, y *eidos,* forma). Substancia fabricada con una mezcla de alcanfor y de algodón pólvora.
— El *celuloide* es duro, transparente como el cuerno. Calentado, toma todas las formas y sirve para fabricar peines, bolas de billar, pelotas, cajas, etc. Es inflamable.
CELULOSA f. Cuerpo sólido, blanco, insoluble en el agua, que forma la membrana envolvente de las células vegetales.
CELULÓSICO, CA adj. De celulosa.
CELULOSO, SA adj. Formado por células.
CELLA f. Espacio del templo clásico, entre el pronaos y el pórtico.
CELLENCO, CA adj. *Fam.* Achacoso, baldado.
CELLISCA f. Temporal de agua y nieve.
CELLISQUEAR v. impers. Haber cellisca.
CELLO m. Aro de hierro que se pone a una cuba.
CEMENTACIÓN f. Acción de cementar: *la cementación del hierro produce un acero muy duro.*
CEMENTAR v. t. Modificar la composición de un metal calentándolo fuertemente en contacto con otra substancia en polvo: *se cementa el hierro con el carbón, para convertirlo en acero.*
CEMENTERIO m. Sitio destinado a enterrar cadáveres: *las catacumbas fueron los primeros cementerios de los cristianos de Roma.* || — SINÓN. *Necrópolis, columbario, osario, catacumba, cripta, campo santo.*
CEMENTO m. (lat. *cementum*). Cal hidráulica que sirve para fabricar una especie de argamasa. || *Cemento romano,* el que se endurece muy rápidamente al aire y en el agua. || *Cemento armado,* fábrica hecha de argamasa en la que quedan aprisionadas barras de hierro o alambres: *el cemento armado es muy resistente.* (También se llama *hormigón armado.*) || Substancia que cubre el esmalte en la raíz de los dientes. || — PARÓN. *Cimiento.*
CEMENTOSO, SA adj. Que tiene los caracteres del cemento.
CEMPASÚCHIL y **CEMPOAL** m. *Méx.* Clavel de las Indias. (Se llama también *flor de los muertos.*)
CENA f. (pal. lat.). Comida que se toma por la noche. (SINÓN. V. *Comida.*) || Acción de cenar: *la cena duró tres horas.* || Última comida que hizo Cristo con sus apóstoles: *durante la Cena fue instituida la eucaristía.*
CENAAOSCURAS com. *Fig.* y *fam.* Persona que huye del trato de las demás. || *Fig.* y *fam.* Persona que por miseria se priva de todo.
CENÁCULO m. (lat. *cenaculum*). Sala en que celebró Jesús la última cena: *la reunión de los discípulos en el Cenáculo ha sido admirablemente pintada por Leonardo de Vinci.* || *Fig.* Reunión de literatos, artistas, etc.: *un cenáculo literario.* (SINÓN. *Círculo, casino, club.*)
CENACHO m. Espuerta, cesta de esparto o de juncos: *transportar un cenacho de legumbres.*
CENADA f. *Méx.* Cenata.
CENADERO m. Sitio a propósito para cenar, cenador: *tener un cenadero en el jardín.*
CENADO, DA adj. Que ha cenado: *estar cenado.*
CENADOR, RA adj. Que cena: *estaba la fonda llena de cenadores.* || — M. Pabellón de hierro o cañas, adornado de follaje, que se arma en un jardín. || En Granada, galería en la planta baja de las casas.
CENADURÍA f. *Méx.* Figón, fonda.
CENAGAL m. Sitio cenagoso. (SINÓN. V. *Cloaca.*) || *Fig.* y *fam.* Negocio de difícil solución: *estar metido en un cenagal.*
CENAGOSO, SA adj. Lleno de cieno o lodo: *camino cenagoso.*
CENAR v. i. Tomar la cena: *ya es hora de cenar.* || — V. t. Comer en la cena: *cenar un par de huevos.*
CENATA f. *Col.* y *Cub.* Cena copiosa y alegre.
CENCA f. *Per.* Cresta de las aves.
CENCAPA f. *Per.* Jáquima de llama.
CENCEÑO, ÑA adj. Delgado de carnes, flaco.
CENCERRADA f. *Fam.* Ruido hecho con cencerros: *en algunos lugares suele darse una cencerrada en la noche de boda a los viudos que se vuelven a casar.* (SINÓN. V. *Alboroto.*)
CENCERREAR v. i. Hacer ruido con cencerros. || *Fig.* y *fam.* Tocar mal un instrumento músico o tocar uno destemplado: *esa niña no sabe más que cencerrear.* || *Fig.* y *fam.* Hacer ruido una aldaba u otro herraje cuando no está bien ajustado. || *Fig.* y *fam.* Moverse un diente que se va a caer.
CENCERREO m. Acción y efecto de cencerrear: *el cencerreo de las vacas.*
CENCERRO m. Campanilla que se cuelga algunas veces al cuello de las reses: *un cencerro de latón.* (SINÓN. V. *Campana.*)
CENCERRÓN m. Racimo de uvas que quedan en la parra después de la vendimia, redrojo.
CENCUATE m. Culebra venenosa de México.
CENDAL m. Tela de seda o lino delgada. || Humeral, vestidura sacerdotal. || Barbas de la pluma. || — Pl. Algodones del tintero.
CENDOLILLA f. Chiquilla alocada.
CENDRA y **CENDRADA** f. Pasta de ceniza de huesos con que se hacen las copelas de afinación.
CENDRAZO m. Restos de copelas en que se ha fundido metal fino.
CENEFA f. Borde o ribete: *la cenefa de una cortina.* || *Mar.* Madero grueso que rodea una cofa.
CENESTESIA f. Sensación general que tenemos de la existencia de nuestro cuerpo, independiente de los sentidos.
CENESTÉSICO, CA adj. Relativo a la cenestesia.
CENETES m. pl. Tribu berberisca del África septentrional.
CENICERO m. Sitio del hogar donde caen las cenizas. || Platillo donde se echa la ceniza del cigarro: *un cenicero de cristal.*
CENICIENTA f. (de la protagonista de un cuento de hadas de Perrault). Persona injustamente postergada.
CENICIENTO, TA adj. De color de ceniza.
CENICILLA f. Oídio de la vid.
CENIT m. *Astr.* Punto del cielo a que corresponde verticalmente otro de la Tierra. || — CONTR. *Nadir.*
CENITAL adj. Relativo al cenit: *luz cenital.*
CENIZA f. (lat. *cinis*). Polvo que queda después de una combustión completa: *las cenizas de las plantas terrestres contienen potasa, y sosa las de las plantas marítimas.* || Cenicilla, oídio. || Restos de un cadáver. (SINÓN. V. *Reliquia.*) || *Fig.* Recuerdo de los muertos: *no debe removerse la ceniza de los muertos.* || *Pint.* Cernada para imprimar en la pintura al temple. || *Ceniza azul, verde,* etc., colores con base de cobre, usados en pintura. || *Reducir a cenizas,* destruir. || *Tomar la ceniza,* recibirla en la frente el día primero de cuaresma.
CENÍZARO m. Un árbol de Costa Rica.
CENIZO, ZA adj. Ceniciento. || — M. Planta quenopodiácea. || Cenicilla, oídio. || *Fam.* Aguafiestas. || *Fam. Tener el cenizo,* tener mala suerte.
CENIZOSO, SA adj. Que tiene ceniza o está cubierto de ella. || Ceniciento.
CENOBIO m. Monasterio.
CENOBITA m. (del gr. *koinos,* común, y *bios,* vida). Fraile, monje, anacoreta. (SINÓN. V. *Ermitaño* y *religioso.*)
CENOBÍTICO, CA adj. Perteneciente al cenobita: *vida cenobítica.* (SINÓN. *Conventual.*)
CENOBITISMO m. Vida cenobítica.
CENOJIL m. Liga.
CENOTAFIO m. (del gr. *kenos,* vacío, y *taphos,* sepulcro). Sepulcro vacío erigido para conservar la memoria de un personaje: *el cenotafio de Gustavo Adolfo se yergue en los campos de Lutzen.* (SINÓN. V. *Féretro* y *tumba.*)
CENOTE m. *Méx.* Pozo de agua.
CENSAR v. i. *Arg.* y *Urug.* Hacer el censo.
CENSATARIO, RIA m. y f. Persona que paga los réditos de un censo. || — CONTR. *Censualista.*
CENSO m. (lat. *census*). Padrón o lista de personas y bienes, que se hacía cada cinco años

cencerro

entre los romanos: *los censores estaban encargados de establecer el censo.* || Padrón o lista estadística de un país. (SINÓN. V. *Empadronamiento.*) || Contribución o tributo: *redimir un censo.* || *For.* Contrato por el cual se sujeta un inmueble al pago de una pensión anual. || Registro general de ciudadanos con voto activo. || *Fig.* y *fam. Ser un censo,* ocasionar gastos repetidos o continuos.

centinodia

CENSOR m. (lat. *censor*). Antiguo magistrado de Roma. (V. *Parte hist.*) || Crítico: *censor muy severo.* (SINÓN. V. *Crítico.*) || El que está encargado, por la autoridad competente, del examen de libros, periódicos, etc., desde el punto de vista moral o político. || En los colegios, individuo encargado de cuidar de la observancia de estatutos, reglamentos, etc.
CENSORIO, RIA adj. Relativo al censor.
CENSUAL adj. Relativo al censo: *renta censual.*
CENSUALISTA com. Persona que percibe la renta del censo. || — CONTR. *Censatario.*
CENSUARIO m. *Chil.* Censatario, que paga censo.
CENSURA f. Cargo y funciones del censor: *la censura de Catón fue extraordinariamente severa.* || Juicio, criterio que se hace de una obra. || Intervención de la autoridad en las cosas públicas o privadas: *censura del correo, de los espectáculos.* || Crítica, murmuración: *exponerse a la censura pública.* (SINÓN. V. *Reproche.*)
CENSURABLE adj. Digno de censura.
CENSURADOR, RA adj. Que censura.
CENSURAR v. t. Formar juicio de una obra. || Corregir, reprobar, criticar: *la comedia censura nuestros vicios y defectos.* (SINÓN. V. *Desaprobar.*) || Murmurar, vituperar. || — CONTR. *Alabar, celebrar.*

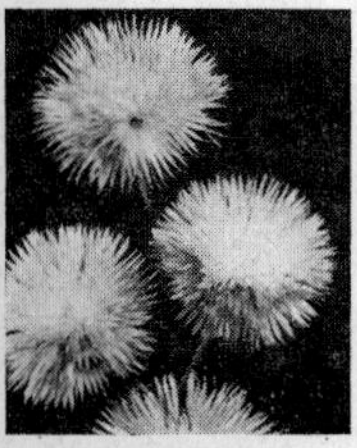
centaura

CENTAURA f. Planta compuesta muy común: *la centaura común es febrífuga.*
CENTAUREA f. Centaura.
CENTAURINA f. *Quím.* Substancia de ciertas plantas amargas.
CENTAURO m. Ser fabuloso, que era medio hombre y medio caballo. || — Pl. V. *Parte hist.*
CENTAVERÍA f. *Ecuad.* Corral para animales.
CENTAVO, VA adj. Centésimo. || — M. Moneda de cobre americana que vale la centésima parte del peso.
CENTELLA f. Rayo: *cayó una centella sobre el pararrayos de la torre.* || Chispa: *la lumbre echa centellas.* (SINÓN. V. *Chispa.*) || *Fig.* Restos de amor, de odio, etc. || *Chil.* Ranúnculo.
CENTELLAR v. impers. Centellear.
CENTELLEANTE adj. Que centellea o chispea.
CENTELLEAR v. impers. Despedir centellas: *centellear un objeto con el sol.* (SINÓN. V. *Destellar.*)

centauro

CENTELLEO m. Acción y efecto de centellear: *el centelleo del mar fosforescente.* (SINÓN. V. *Brillo.*)
CENTÉN m. Moneda antigua de oro de cien reales. || *Cub.* Moneda de oro de cinco pesos.
CENTENA f. *Arit.* Conjunto de cien unidades: *diez decenas componen la centena.*
CENTENADA f. Centena, centenar.
CENTENAL y **CENTENAR** m. Campo de centeno.
CENTENAR m. Centena. || *A centenares,* m. adv. en gran cantidad, en gran número.
CENTENARIO, RIA adj. Perteneciente a la centena. || — Adj. y s. Que tiene cien años de edad. || — M. Fiesta que se celebra cada cien años: *el cuarto centenario del descubrimiento de América se celebró en 1892.*
CENTENAZA adj. f. Dícese únicamente de la paja de centeno.
CENTENILLA f. Género de plantas primuláceas de América.

centeno

CENTENO m. Planta anua, de la familia de las gramíneas, parecida al trigo.
CENTESIMAL adj. Dividido en cien partes: *la escala normal del termómetro es centesimal.*
CENTÉSIMO, MA adj. Que ocupa el orden correspondiente al número ciento: *página centésima.* || — M. Cada una de las cien partes iguales en que se divide un todo: *centésimo de gramo.* || Moneda del Uruguay, de Panamá y antiguamente de Venezuela, centavo. || Moneda de Italia.
CENTI, pref. insep., del lat. *centum,* que sign. *cien* (*centímano*), o *centésima parte* (*centímetro*).
CENTIÁREA f. Centésima parte del área, equivalente a un metro cuadrado.
CENTIBARIO m. Unidad de presión atmosférica (unos 7,5 mm de mercurio).
CENTÍGRADO, DA adj. Dividido en cien grados: *termómetro centígrado.*
CENTIGRAMO m. Centésima parte del gramo.
CENTILITRO m. Centésima parte de un litro.
CENTILLERO m. Candelabro de siete luces para la exposición del Santísimo.
CENTIMANO o **CENTÍMANO** adj. De cien manos: *el gigante Briareo era centímano.* || — OBSERV. La Academia hace ahora grave esta palabra, pero no *cuadrúmano* y *bímano.*
CENTÍMETRO m. Centésima parte del metro.
CÉNTIMO, MA adj. Centésimo: *un céntimo de gramo.* (P. us.) || — M. Moneda que vale la centésima parte de la unidad monetaria: *el céntimo de peseta es la moneda menor del sistema monetario español.*
CENTINELA amb. (ital. *sentinella*). Soldado que se coloca de guardia en un sitio. || *Fig.* Persona que vigila una cosa: *hacer centinela en el balcón.* || *Estar de centinela,* estar de guardia. || — SINÓN. *Guardia, atalayero, plantón.*
CENTINODIA f. Planta poligonácea medicinal: *las aves apetecen la semilla de la centinodia.*
CENTIPLICADO, DA adj. Centuplicado.
CENTOLLA f. (del lat. *centocula,* de cien ojos). Crustáceo decápodo marino, de carne muy apreciada.
CENTOLLO m. Centolla.
CENTÓN m. Manta de muchas piececillas de diversos colores. || *Fig.* Obra literaria compuesta en su mayor parte de trozos y sentencias ajenas.
CENTONAR v. t. Amontonar cosas en desorden. || *Fig.* Componer un centón.
CENTRADO, DA adj. Cuyo centro está bien colocado: *una máquina mal centrada.* || *Fig.* Que está en su elemento.
CENTRAL adj. Perteneciente al centro: *oficina central.* || Que está en el centro: *núcleo central.* || — F. Establecimiento central: *central térmica, telefónica.* || Casa principal o rectora de una empresa o comunidad. || *Ant.* y *Per.* Hacienda importante de azúcar.
CENTRALISMO m. Doctrina de los centralistas.
CENTRALISTA adj. y s. Partidario de la centralización política y administrativa en un país.
CENTRALITA f. Central telefónica.
CENTRALIZACIÓN f. Acción y efecto de centralizar.
CENTRALIZADOR, RA adj. y s. Que centraliza.
CENTRALIZAR v. t. Reunir en un centro común: *centralizar datos estadísticos.* || Tomar para sí el gobierno central toda la autoridad.
CENTRAR v. t. Hacer que se reúnan en un punto los proyectiles, rayos luminosos, etc. || Hacer que una cosa coincida con el centro de otra. || Determinar el punto céntrico. || Poner en el centro.
CÉNTRICO, CA adj. Central.
CENTRIFUGADORA f. Máquina para centrifugar.
CENTRIFUGAR v. t. Aplicar la fuerza centrífuga para separar los constituyentes de una mezcla.
CENTRÍFUGO, GA adj. (del lat. *centrum,* centro, y *fugere,* huir). Que tiene tendencia a alejarse del centro. (Todo cuerpo que gira alrededor de un centro tiene tendencia a escaparse por la tangente. La fuerza que a ello le impele se llama *fuerza centrífuga.* Sobre este principio descansa la teoría de la honda.) || — CONTR. *Centrípeto.*
CENTRINA f. *Zool.* Pez selacio escuálido.
CENTRÍPETO, TA adj. (del lat. *centrum,* centro, y *petere,* ir, dirigir). *Mec.* Que atrae hacia el centro: *la fuerza centrípeta nos mantiene adheridos a la superficie de la Tierra.* || — CONTR. *Centrífugo.*
CENTRISCO m. Pez del Mediterráneo.
CENTRISMO m. *Neol.* Política de los centristas.
CENTRISTA m. Partidario de un partido político situado en el centro. (Ú. t. c. adj.)

Fot. Brofi, Downward

CENTRO m. (lat. *centrum*). Punto situado a igual distancia de todos los puntos de una línea curva o una superficie esférica. (SINÓN. V. *Medio.*) || *Centro de figura,* en las figuras regulares, punto tal que todos los de la figura sean simétricos dos a dos con relación a él: *el centro de figura de un rectángulo es el encuentro de sus dos diagonales.* || Lo más distante de lo exterior de una cosa. || Lugar de donde parten o convergen acciones particulares. || Ministerio, dirección general de la administración del Estado: *centro administrativo.* || *Fig.* Fin u objeto principal a que se aspira: *mi centro es ella.* || *Fig.* Calles más concurridas de una población: *lo compraré en el centro.* || En fútbol, pase largo. || *Fig.* Lugar donde es más intensa la actividad: *el centro de los negocios.* || *Centro de atracción* o *de gravitación,* punto que ejerce constante atracción sobre un cuerpo celeste. || Punto de reunión: *centro literario.* || *Centro de gravedad,* punto de un cuerpo situado de tal suerte que, si se le suspendiese por él, permanecería en equilibrio en cualquier posición que se le diere. || *Ecuad.* Traje corto de bayeta que usan las mujeres del pueblo. || *Col.* Fondo. || *Bol.* y *Cub.* Enagua. || *Bol.* Alfombra pequeña. || *Guat.* y *Pan.* Chaleco. || *Centro de mesa,* adorno o florero que se coloca en medio de la mesa. || *Estar en su centro,* estar contento y satisfecho en algún lugar.

CENTROAMERICANO, NA adj. y s. De Centro América: *Honduras es una república centroamericana.*

CENTROEUROPEO, EA adj. Dícese de los países de Europa Central y lo relativo a ellos.

CENTROLENSE adj. y s. Del dep. Central (Paraguay).

CENTUNVIRO m. Miembro de un tribunal civil de la Roma antigua, compuesto de cien miembros.

CENTUPLICAR v. t. Hacer cien veces mayor.

CÉNTUPLO, PLA adj. Cien veces mayor.

CENTURIA f. Número de cien años. || En Roma, compañía de cien hombres. || En Roma, unidad política y administrativa formada por cien hombres: *comicios por centurias.*

CENTURIÓN m. Jefe de una centuria romana.

CÉNZALO m. Uno de los nombres del *mosquito.*

CENZONTE m. *C. Rica,* y **CENZONTLE** m. *Méx.* Sinsonte, ave de canto muy hermoso.

CEÑIDERAS f. pl. Prenda para cubrir los pantalones.

CEÑIDOR m. Faja, cintura: *un ceñidor de seda.*

CEÑIGLO m. *Arg.* Especie de cenizo.

CEÑIR v. t. Rodear o ajustar la cintura: *esta chaqueta no me ciñe bien.* || Cerrar o rodear. (SINÓN. V. *Abrazar* y *rodear.*) || *Fig.* Abreviar. || — V. r. Limitarse. || *Fig.* Moderarse en los gastos, en las palabras, etc. || — IRREG. Pres. ind.: *ciño, ciñes, ciñe, ceñimos, ceñís, ciñen;* imperf.: *ceñía,* etc.; pret.: *ceñí, ceñiste, ciñó, ceñimos, ceñisteis, ciñeron;* fut.: *ceñiré,* etc.; imper.: *ciñe, ceñid;* pres. subj.: *ciña, ciñas,* etc.; pret. subj.: *ciñera,* etc., y *ciñese,* etc.; pot.: *ceñiría,* etc.; fut. subj.: *ciñere,* etc.; ger.: *ciñendo;* p. p.: *ceñido.*

CEÑO m. Demostración de disgusto que se hace arrugando la frente. || *Fig.* Aspecto amenazador.

CEÑOSO, SA y **CEÑUDO, DA** adj. Con ceño. (SINÓN. V. *Desabrido.*)

CEPA f. (lat. *ceppa*). Parte del tronco de una planta inmediata a las raíces y que está metida en tierra. || Tronco de la vid: *las cepas americanas han permitido reconstituir gran parte de las vides de Europa atacadas por la filoxera.* || Tronco o arranque del machón, del suelo hasta la imposta. (SINÓN. V. *Tallo.*) || *Hond., Guat.* y *P. Rico.* Conjunto de varios árboles o plantas que tienen tronco común. || *Méx.* Foso. || *Fig.* Linaje, casta: *ser de buena cepa.* (SINÓN. V. *Raza.*)

CEPEDA f. Lugar donde abunda el brezo.

CEPEJÓN m. (de *cepa*). Raíz gruesa.

CEPELLÓN m. *Agr.* Tierra que queda pegada a las raíces de una planta que se arranca de cuajo.

CEPILLADO m. y **CEPILLADURA** f. Acepilladura.

CEPILLAR v. t. Acepillar: *cepillar la ropa.* || *Fam.* Suspender en un examen.

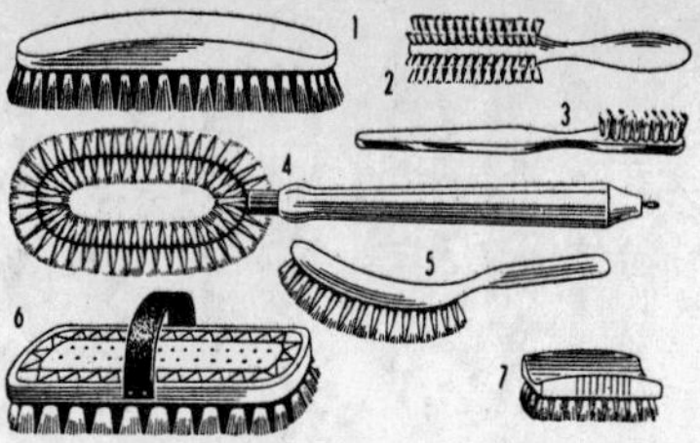

CEPILLOS

1. De la ropa
2. De la cabeza
3. De dientes
4. Para el baño
5. De sombrero
6. Para el suelo
7. Para las uñas

CEPILLO m. Cajoncito para echar las limosnas: *el cepillo de las ánimas.* || Instrumento de carpintero que sirve para alisar las maderas. || Instrumento formado de cerdas o filamentos análogos, fijos en una chapa de forma variable: *cepillo para la ropa, para los dientes, cepillo de seda, de alambre, de grama,* etc. || *C. Rica. Fam.* Adulador.

CEPO m. (lat. *cippus*). Rama de árbol. || Madero grueso en que se asientan el yunque, la bigornia, etc. || Madero que, fijo a la pierna del reo, le servía de prisión. || Instrumento para devanar la seda. || Armadijo, trampa para cazar alimañas. || Caja de madera con una abertura pequeña para depositar las limosnas. || Madero que se pone al ancla en la caña: *el cepo ayuda a que prendan las uñas en el fondo.* || Tronco de árbol cortado. || Varilla para sujetar periódicos y revistas. || *Amer. Cepo de campaña,* suplicio usado antiguamente en la milicia, que consistía en amarrar al paciente, sentado, con un fusil entre los brazos y las corvas.

CEPO m. Cefo, género de monos.

CEPORRO m. *Despect.* Cepa vieja que ya no sirve. || *Fam.* Persona muy gruesa. || *Fam.* Persona poco inteligente. (SINÓN. V. *Palurdo.*)

CEQUÍ m. Moneda árabe de oro.

CEQUIA f. Acequia. || — PARÓN. *Sequía.*

CEQUIÓN m. *Chil.* y *Venez.* Acequia caudalosa. || *Venez.* Arroyo.

CERA f. (lat. *cera*). Substancia con que las abejas forman las celdillas de los panales. || Nombre de algunas substancias parecidas a la cera: *cerilla de los oídos.* || Substancia para dar brillo. || *Cub.* Especie de bejuco. || *Méx.* Vela de cera, cirio. || *Cera vegetal,* producto que se extrae de varios vegetales americanos. || Conjunto de velas o hachas de cera que sirven en alguna función: *hubo mucha cera en este entierro.* || *Venez. Sacar cera,* hacer novillos. || Obtener gangas. || *Cera amarilla,* la que tiene ese color al sacarla del panal. || *Cera blanca,* la blanqueada al sol. || *Fig.* y *fam. No hay más cera que la que arde,* ya no hay más de esto. || — PARÓN. *Sera, acera.*

CERACIÓN f. *Quím.* Operación de fundir metales.

CERAFOLIO m. Perifollo.

CERÁMICA f. (del gr. *keramos,* arcilla). Arte de fabricar vasijas y objetos de barro: *las estatuitas de Tanagra son las joyas de la cerámica griega.* || Conocimiento científico de estos mismos objetos, desde el punto de vista arqueológico.
— Las vasijas toscas se hacen con arcilla común y se barnizan con una mezcla de minio, arcilla y arena, que al cocer forma una capa de cristal; la loza se cubre con un barniz blanco opaco; la porcelana se hace con una arcilla pura y blanca que se llama *caolín.*

CERÁMICO, CA adj. Relativo a la cerámica. || — PARÓN. *Cerúleo, cereal, céreo.*

CERAMISTA com. Persona que fabrica objetos de cerámica.

CERAPEZ f. Cerote de zapateros.

CERASITA f. Silicato de alúmina y magnesia.

CERASTA f. (gr. *kerastês*). Víbora cornuda.

CERATO m. (del lat. *ceratum,* que contiene cera). *Fam.* Composición de cera y aceite: *el cerato se usa para curar las cortaduras producidas por el frío.*

CERÁUNEO, A adj. Del rayo: *fulgor ceráuneo.*

CERAUNOMANCIA f. Adivinación por medio de las tempestades. || — OBSERV. La Academia admite también la forma acentuada *ceraunomancía.*

cepillos de carpintero

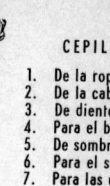

cerasta

CEREALES

1. Avena
2. Trigo
3. Maíz
4. Cebada
5. Arroz
6. Alforfón
7. Centeno

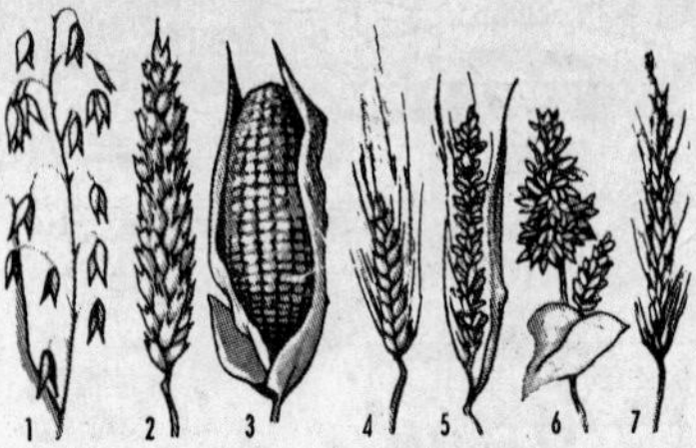

cercopiteco

cerdo

CERAUNÓMETRO m. *Fís.* Aparato para medir la intensidad de los relámpagos.
CERBATANA f. Tubo largo que sirve para lanzar, soplando, pequeños proyectiles: *la cerbatana es el arma de algunos indios de América.* ‖ Trompetilla acústica que usan los sordos.
CERBERO m. Cancerbero. (SINÓN. V. *Conserje.*)
CERCA f. Vallado, barrera: *una cerca mal cerrada.* ‖ — SINÓN. *Barrera, empalizada, estacada, enrejado, rejilla, verja, reja, alambrado, seto.*
CERCA adv. t. y l. Próximamente, junto a: *estar cerca de la pared; son cerca de las once.* ‖ — M. pl. Objetos pintados en el primer término de un cuadro. ‖ *Cerca de,* loc. adv., próximamente, unos: *hace cerca de tres años;* ante: *embajador cerca de la Santa Sede.* ‖ — OBSERV. Es galicismo la frase: *tocarle a uno de cerca una cosa,* por *interesarle mucho.*
CERCADO m. Huerto rodeado de una valla. ‖ Cerca, valla: *un cercado de espino blanco.* ‖ *Per.* División territorial que comprende la capital de un Estado o provincia y los pueblos que de ella dependen.
CERCADOR, RA adj. y s. Que cerca. ‖ — M. Hierro sin corte para dibujar contornos.
CERCANAMENTE adv. l. y t. A poca distancia.
CERCANÍA f. Calidad de cercano. ‖ — Pl. Contornos, alrededores: *vivir en las cercanías de la ciudad.* (SINÓN. V. *Afueras.*)
CERCANO, NA adj. Próximo, inmediato: *ir a un pueblo cercano.* (SINÓN. *Próximo, vecino, inmediato, contiguo, lindante, aledaño, adyacente, limítrofe, rayano.*) ‖ — F. *Cub.* Juego infantil.
CERCAR v. t. Rodear con cerca o vallado. ‖ Poner cerco a una plaza o fortaleza. (SINÓN. *Bloquear, asediar, sitiar.*) ‖ Rodear. (SINÓN. *Perfilar.*)
CERCÉN o **CERCEN (A)** loc. adv. A raíz: *cortar a cercén.*
CERCENADURA f. y **CERCENAMIENTO** m. Acción de cercenar. ‖ Parte cortada al cercenar una cosa.
CERCENAR v. t. (del lat. *circinare,* redondear). Cortar el borde, la orilla: *cercenar una torta.* ‖ Disminuir o acortar: *cercenar el gasto, la familia.* (SINÓN. *Cortar* y *suprimir.*)
CERCETA f. Ave palmípeda, común en Europa, de color pardo ceniciento: *la carne de la cerceta es bastante apreciada.* ‖ — Pl. Pitones blancos, de cuerno, que nacen en la frente a los ciervos.
CERCIORAR v. t. Asegurar a alguno la verdad de una cosa. ‖ — V. r. Asegurarse de la exactitud de una cosa: *cerciorarse de un hecho.*
CERCO m. (lat. *circus*). Lo que ciñe. (SINÓN. V. *Círculo.*) ‖ Aro de un tonel. ‖ Asedio de una plaza fuerte: *poner cerco a una ciudad.* ‖ Corrillo. ‖ Giro o movimiento circular. ‖ Halo. ‖ Aureola alrededor del Sol. ‖ Marco de puerta. ‖ *Ant.* y *Amer.* Seto. ‖ *Poner cerco,* sitiar una plaza. ‖ *Levantar o alzar el cerco,* desistir del asedio.
CERCOPITECO m. Género de monos de cola larga que viven en África.
CERCHA f. Regla plana y flexible para medir y trazar superficies curvas. ‖ Patrón de perfil curvo para labrar los sillares. ‖ Aro de hierro, de perfil determinado, que sirve para varios usos. ‖ *Carp.* Cada una de las partes de que se compone un aro de mesa, un arco, una baranda, etc.
CERCHÓN m. Cimbra de madera de un arco.
CERDA f. Pelo grueso y duro de la cola y crines de la caballería, y el del cuerpo del jabalí y cerdo: *la cerda se emplea para fabricar brochas y cepillos.* ‖ Hembra del cerdo. ‖ Mies segada: *trillar la cerda.* ‖ Lazo para cazar perdices. ‖ *Venez.* Ganga. ‖ *Col.* Pista. ‖ *Ir en cerda,* participar en un negocio.
CERDAMEN m. Manojo de cerdas.
CERDEAR v. i. Flaquearle los brazuelos al animal: *un caballo que cerdea.* ‖ Sonar desagradablemente las cuerdas de un instrumento. ‖ *Fig.* y *fam.* Hacer algo sucio. ‖ *Fig.* y *fam.* Resistirse a hacer o dar algo. ‖ *Arg.* y *Urug.* Cortar la cerda a un caballo.
CERDO m. Mamífero paquidermo doméstico, de cabeza grande, orejas caídas y jeta casi cilíndrica. ‖ — SINÓN. *Cochino, guarro, gorrino, puerco.*

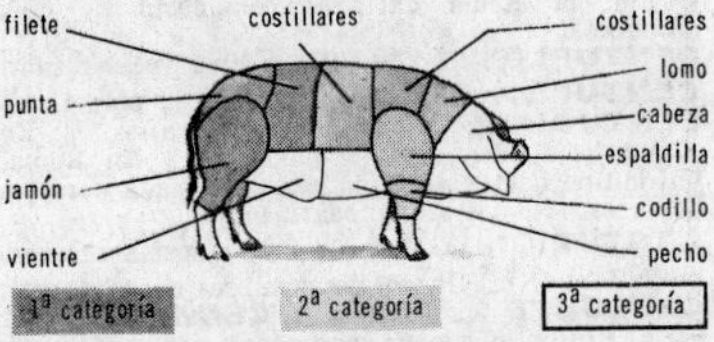

— El *cerdo* es un animal muy útil, pues todas sus partes son comestibles. Su carne es estimada, así como su grasa (*tocino*), de la que se prepara una manteca. Sus pelos o *cerdas* se utilizan para la fabricación de cepillos y escobas.
CERDOSO, SA adj. Que cría muchas cerdas. ‖ Parecido a la cerda: *barba cerdosa.*
CEREAL adj. y s. m. (de *Ceres,* diosa de las cosechas). Dícese de las plantas cuya semilla, reducida a harina, sirve para la alimentación del hombre y de los animales domésticos.
— Los *cereales* son: el trigo, el maíz, el centeno, la cebada, la avena, el arroz y el alforfón.
CEREALISTA adj. Relativo a la producción y tráfico de los cereales: *congreso cerealista.*
CEREBELO m. Centro nervioso del encéfalo que ocupa la parte posterior de la cavidad craneana. (SINÓN. V. *Cerebro.*)
CEREBELOSO, SA adj. Relativo o perteneciente al cerebelo: *arteria cerebelosa.*
CEREBRAL adj. Del cerebro: *fiebre cerebral.*
CEREBRO m. (del lat. *cervix,* cabeza). ‖ *Anat.* Materia nerviosa que ocupa el cráneo de los vertebrados y es el asiento de las sensaciones, así como el principio de los movimientos voluntarios: *en los mamíferos presenta el cerebro numerosas circunvoluciones separadas por surcos.* (SINÓN. *Sesos, encéfalo, cerebelo.*) ‖ Espíritu, inteligencia: *Bolívar fue uno de los cerebros más poderosos de su tiempo.* ‖ *Cerebro electrónico,* clase de máquinas (calculadoras, electrónicas, etc.) que efectúan operaciones parecidas a las realizadas por el cerebro humano.
CEREBROESPINAL adj. Que interesa el cerebro y la medula: *la meningitis cerebroespinal es una enfermedad muy grave.*
CEREMONIA f. Forma exterior y regular de un culto: *las ceremonias del culto romano son majestuosas.* ‖ Pompa, aparato: *recibir con gran ceremonia.* ‖ Cumplido, ademán afectado de cortesía: *hacer ceremonias.* ‖ *De ceremonia,* muy ceremonioso. ‖ *Por ceremonia,* por cumplido.

CEREBRO

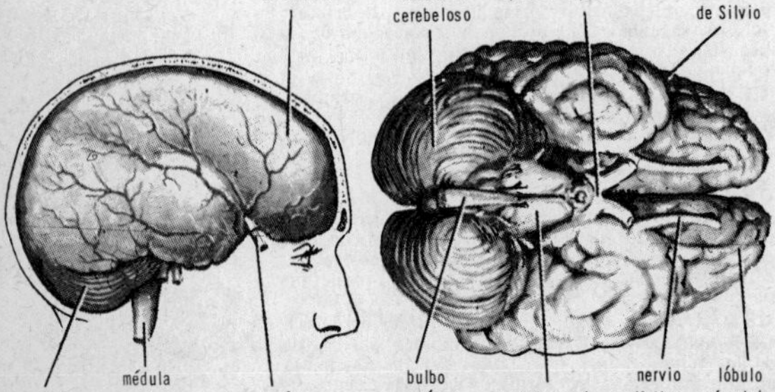

Fot. *Agence Intercontinentale*

CEREMONIAL adj. De ceremonia. || — M. Conjunto de ceremonias seguidas en algunos actos públicos: *el ceremonial de la corte imperial.* || Libro en que están escritas las ceremonias. || — SINÓN. V. *Protocolo* y *aparato.*
CEREMONIÁTICO, CA adj. Muy ceremonioso.
CEREMONIERO, RA adj. Ceremonioso.
CEREMONIOSAMENTE adv. m. Con ceremonia.
CEREMONIOSO, SA adj. Que gusta de ceremonias y cumplidos: *los chinos son muy ceremoniosos.* (SINÓN. V. *Afectado.*) || Con mucha ceremonia: *recepción ceremoniosa.*
CÉREO, A adj. De cera.
CERERÍA f. Taller y oficio del cerero.
CERERO, RA m. y f. Persona que labra o vende cera y cirios.
CEREZA f. Fruto del cerezo: *los huesos de cereza contienen un poco de ácido cianhídrico.* || Color rojo obscuro de algunos minerales. || *C. Rica.* Fruta empalagosa, distinta de la europea. || *Amer.* Cáscara del grano de café.
CEREZAL m. Sitio poblado de cerezos.
CEREZO m. (lat. *cerasus*). Árbol frutal de la familia de las rosáceas, de fruto comestible. || Nombre de varios árboles americanos.
CERÍFERO, RA adj. Que produce cera.
CERIFLOR f. Planta borraginácea de España.
CERILLA f. Vela de cera, larga y muy estrecha, que se arrolla en forma de librillo: *la cerilla se usa especialmente en las bodegas.* || Fósforo: *un caja de cerillas.* || Cerumen de los oídos.
CERILLERA f. y **CERILLERO** m. Caja para guardar los fósforos o cerillas. || Persona que vende cerillas o tabaco.
CERILLO m. Árbol rubiáceo de Cuba: *las ramas del cerillo sirven de teas a los pescadores.* || Cerilla, fósforo: *encender un cerillo.* || *C. Rica.* Planta gutífera de los países cálidos.
CERINA f. Especie de cera del alcornoque. || Substancia de la cera blanca.
CERIO m. Metal de color pardo rojizo: *el cerio se oxida en el agua hirviendo.*
CERITA f. Silicato hidratado natural de cerio: *la cerita sirve para hacer manguitos incandescentes.*
CERMEÑA f. Fruto del cermeño, especie de pera.
CERMEÑO m. Especie de peral silvestre: *el fruto del cermeño es aromático.* || *Fig.* Hombre tosco y rudo.
CERNADA f. Parte no disuelta de la ceniza que queda de la lejía. || *Veter.* Cataplasma de ceniza. || *Bol.* Vomitivo.
CERNADERO m. Lienzo grueso que se pone entre la ropa y la ceniza, en el coladero. || Lienzo fino antiguo.
CERNE m. Parte más dura de una madera que forma el tronco de los árboles.
CERNEDERA f. Marco de madera para cerner.
CERNEDERO m. Delantal. || Sitio donde se cierne la harina.
CERNEDOR, RA m. y f. Persona que cierne. || Aparato para cerner.
CERNEJA f. Cerdas de las cuartillas del caballo.
CERNER v. t. Separar con el cedazo las partes gruesas de una cosa pulverizada: *cerner harina, yeso.* (SINÓN. V. *Tamizar.*) || Observar, examinar. || Depurar. || — V. i. Fecundarse las flores de la vid, del olivo, etc.: || *Fig.* Llover suave y menudo || — V. r. Caminar contoneándose. || Mantenerse las aves en el aire, sin moverse apenas del sitio en que están. || *Fig.* Amenazar: *sentía cernerse mil desgracias sobre su cabeza.* || — IRREG. Se conjuga como *entender.*
CERNÍCALO m. Ave de rapiña de Europa. || *Fig.* y *fam.* Hombre ignorante y rudo. || *Pop.* Borrachera.
CERNIDILLO m. Lluvia fina, calabobos. || *Fig.* Paso menudo.
CERNIDO m. Acción de cerner. || Harina cernida: *amasar el cernido.*
CERNIDOR m. Cedazo.
CERNIDURA f. Cernido, acción de cerner. || — Pl. Cribaduras, aecho, lo que sobra después de cernir.
CERNIR v. t. Cerner: *cernir harina.* || — IRREG. Se conjuga como *discernir.*

CERNO m. Corazón de algunas maderas duras.
CERO m. Signo aritmético: *el cero colocado a la derecha de una cifra significativa aumenta diez veces su valor.* || Cosa que, por sí sola, no tiene valor: *ese hombre es un cero a la izquierda.* || Punto de partida de una escala: *el cero termométrico.* || Fallo en el tiro de pichón o plato. || *Fís.* En la diversas escalas, punto desde donde se cuentan los grados. || *Fís. Cero absoluto,* lugar de la escala termométrica a 273 grados centígrados por debajo del *cero* normal.
CEROLLO, LLA adj. Aplícase a las mieses segadas cuando están aún algo verdes: *cebada cerolla.*
CEROMA f. Ungüento de los atletas antiguos.
CERÓN m. El residuo de los panales de cera. || — PARÓN. *Serón.*
CEROPLÁSTICA f. Arte de modelar la cera.
CEROSO, SA adj. Blando como la cera. || *Amer.* y *Méx. Huevo ceroso,* el pasado por agua.
CEROTE m. Mezcla de pez y cera con que los zapateros enceran los hilos con que cosen. || *Fig.* y *fam.* Miedo. || *Bol.* Torzal de cera usado para encender.
CEROTEAR v. t. Dar cerote los zapateros. || — V. i. *Chil.* Gotear la cera.
CERQUILLO m. Corona de cabello de algunos religiosos. || Flecos que usan las mujeres.
CERRADA f. Parte del cuero del animal que corresponde al cerro o lomo.
CERRADERO, RA adj. Que se puede cerrar. || — M. Chapa de hierro en que se mete el pestillo o cerrojo al cerrar. || Cordones de la bolsa.
CERRADO, DA adj. *Fig.* Incomprensible: *el sentido cerrado de una carta.* || *Fig.* Se dice del cielo muy cargado de nubes. || Dícese de la barba poblada. || *Fig.* y *fam.* Muy callado: *es persona muy cerrada.* || *Fam.* Muy torpe: *un muchacho muy cerrado.* (Dícese también: *cerrado de mollera.*) || *Fam.* Que conserva todo el acento de su provincia: *andaluz cerrado.* || Unánime y muy nutrido: *un aplauso cerrado.* || — M. Cercado. || — CONTR. *Expansivo, franco.*
CERRADOR, RA adj. y s. Que cierra. || — M. Cosa con que se cierra otra; aldaba o pestillo.
CERRADURA f. Acción de cerrar. || Mecanismo que sirve para cerrar: *la cerradura de un cofre, de una puerta.*
CERRAJA f. Cerradura de cofre, arca, etc.
CERRAJEAR v. i. Trabajar de cerrajero.
CERRAJERÍA f. Oficio y taller de cerrajero.
CERRAJERO m. El que fabrica cerraduras, llaves, cerrojos y otros objetos de metal.
CERRAJÓN m. Cerro muy alto y escarpado.
CERRAMIENTO m. Acción y efecto de cerrar, cierre. || Cercado y coto. || División con tabique.
CERRAR v. t. (lat. *serare*). Asegurar con cerradura. || Encajar las hojas de una puerta, ventana, etc. || Hacer que un interior quede incomunicado al exterior: *cierra la habitación.* || Juntar los extremos abiertos: *cerrar las piernas, tijeras, etc.* || Cercar, vallar. (SINÓN. V. *Tapar.*) || Tapar, macizar huecos. || Encoger, doblar, plegar: *cerrar el paraguas.* || Pegar una carta o paquete. || Cesar en su profesión: *cerrar el bufete, el comercio.* || Hacer que lo que está abierto deje de estarlo. (SINÓN. *Condenar, atrancar.*) || *Fig.* Impedir la entrada: *cerrar un puerto.* || *Fig.* Detener, terminar: *cerrar una discusión.* (SINÓN. V. *Acabar.*) || Cicatrizar: *cerrar una llaga.* || *Cerrar la marcha,* caminar detrás de los demás. || *Cerrar los ojos,* dormirse, morir. || — V. i. Cerrarse una cosa: *esta puerta no cierra.* || Igualarse los dientes de la caballería, de suerte que no se pueda distinguir su edad. || Recogerse un coche en la cochera. || Llegar a su plenitud: *cerrar la noche.* || Encapotarse. || Mantenerse firme en su propósito. || — IRREG. Se conjuga como *acertar.* || — CONTR. *Abrir.* || — PARÓN. *Serrar.*
CERRAZÓN f. Obscuridad que precede a las tempestades cuando se cubre el cielo de nubes muy negras. || Incapacidad de comprender algo. || *Col.* Contrafuerte de una cordillera.
CERREJÓN m. Cerro pequeño.
CERRERO, RA adj. Que anda libre y suelto. || Cerril, no domado: *potro cerrero.* || *Venez.* Que no está dulce: *café cerrero.*
CERRETA f. *Mar.* Percha.
CERRIL adj. Áspero, escabroso: *terreno cerril.* || Dícese del ganado salvaje: *toro cerril.* || *Fig.*

cerezas

cerezo silvestre

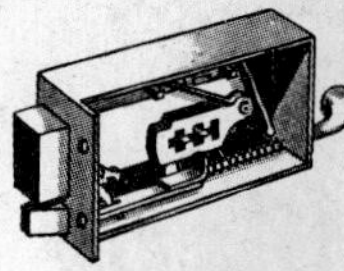
cerradura

cernícalo

Fot. Higham

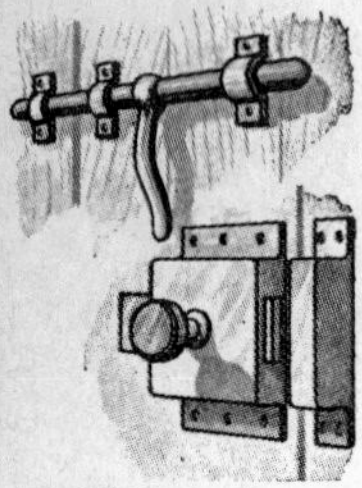
cerrojos

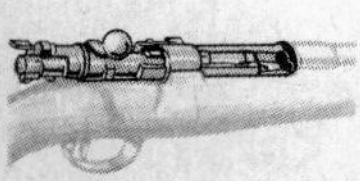
cerrojo de fusil

máquina para igualar el césped

cervato

cesta

y *fam.* Grosero, tosco: *un hombre muy cerril.*
CERRILLADA f. *Amér. C.* Cordillera de cerros pequeños.
CERRILLO m. Grama del Norte.
CERRIÓN m. Canelón, carámbano de hielo.
CERRO m. Loma, colina, altura: *un cerro peñascoso.* (SINÓN. *Montículo, mota, altozano.* V. tb. *montaña* y *colina.*) || Cuello del animal. || Espinazo o lomo. || *Fig.* y *fam. Echar por los cerros de Úbeda,* decir despropósitos, desafinar al cantar.
CERRO m. (del lat. *cirrus,* mechón). El manojo de lino o cáñamo después de rastrillado.
CERROJAZO m. Acción de cerrar con brusquedad.
CERROJILLO m. Herreruelo, pájaro.
CERROJO m. Barreta de hierro, movible entre dos armellas, que cierra una puerta o ventana. || Bloque de acero móvil que cierra la parte posterior del cañón en un arma de fuego. || En fútbol, repliegue de los jugadores a la defensa.
CERROLARGUENSE adj. y s. De Cerro Largo (Uruguay).
CERRÓN m. Lienzo basto parecido a la estopa.
CERRUMA f. Cuartilla del caballo.
CERTAMEN m. Concurso literario: *la Real Academia Española abre con frecuencia certámenes.*
CERTERO, RA adj. Hábil, diestro en el tiro: *tirador certero.* || Acertado: *golpe certero.* || Cierto, sabedor.
CERTEZA f. Conocimiento cierto: *tengo la certeza de que sucedió tal como te lo digo.* (SINÓN. V. *Evidencia* y *seguridad.*)
CERTIDUMBRE f. Certeza: *obrar con certidumbre.* (SINÓN. V. *Seguridad.* CONTR. *Incertidumbre.*)
CERTIFICACIÓN f. Acción y efecto de certificar: *la certificación de una carta.* || Instrumento que certifica la verdad de un hecho.
CERTIFICADO m. Certificación.
CERTIFICADOR, RA adj. y s. Que certifica.
CERTIFICAR v. t. Dar una cosa por segura, afirmar: *Galileo certificaba que la Tierra daba vueltas.* (SINÓN. V. *Atestiguar.*) || *For.* Hacer cierta una cosa por medio de documento público: *certificar una fianza.* || *Certificar una carta, un paquete,* obtener, mediante pago, un certificado con que pueda acreditarse haber depositado la carta, y que permita reclamar una indemnización en caso de pérdida.
CERTIFICATIVO, VA y **CERTIFICATORIO, RIA** adj. Que certifica: *documento certificatorio.*
CERTITUD f. Certeza. (SINÓN. V. *Evidencia.*)
CERÚLEO, A adj. (lat. *caeruleus*). Azul celeste. || — PARÓN. *Céreo, cereal.*
CERUMEN m. (pal. lat.). Materia amarilla pegajosa y espesa que segregan los oídos: *el cerumen protege el oído contra la introducción de los insectos.*
CERUMINOSO, SA adj. Relativo al cerumen. || Parecido a la cera: *materia ceruminosa.*
CERUSA f. *Quím.* Albayalde, blanco de plomo.
CERUSITA f. Carbonato de plomo nativo.
CERVAL adj. Cervuno. || Dícese del miedo grande.
CERVANTESCO, CA adj. Propio de Cervantes: *la bibliografía cervantesca.*
CERVANTINO, NA adj. Relativo a Cervantes.
CERVANTISTA m. Persona que se dedica especialmente al estudio de las obras de Cervantes.
CERVANTÓFILO, LA adj. Devoto, amigo de Cervantes. (Ú. t. c. s.)
CERVATILLO m. *Zool.* Almizclero, rumiante.
CERVATO m. Ciervo pequeño.
CERVECEO m. Fermentación de la cerveza. || Acción de beber cerveza.
CERVECERÍA f. Sitio donde se fabrica cerveza. || Tienda donde se vende: *una cervecería alemana.* (SINÓN. V. *Café* y *restaurante.*)
CERVECERO, RA adj. Relativo a la cerveza: *compañía cervecera.* || — M. y f. Persona que hace cerveza.
CERVEZA f. (lat. *cervisia*). Bebida fermentada, hecha con granos de cebada germinados y fermentados: *la cerveza se suele aromatizar con lúpulo, boj, casia amarga, etc.*
CERVICABRA f. *Zool.* Antílope.
CERVICAL adj. Perteneciente o relativo a la cerviz, a la parte posterior del cuello.
CÉRVIDOS m. pl. *Zool.* Familia de mamíferos que tiene por tipo el ciervo.
CERVIGÓN m. Cerviz muy abultada, cervigullo.
CERVIGUDO, DA adj. De cerviz muy abultada. || *Fig.* Porfiado, terco.
CERVINO, NA adj. Cervuno.
CERVIZ f. (lat *cervix*). Parte posterior del cuello, cogote: *la cerviz consta de siete vértebras.* || *Fig. Bajar* o *doblar la cerviz,* someterse, humillarse.
CERVUNO, NA adj. Perteneciente al ciervo, parecido a él: *color cervuno.* || Dícese del caballo intermedio entre el obscuro y el zaino.
CESACIÓN f. Acción y efecto de cesar. (SINÓN. V. *Tregua.*)
CESAMIENTO m. Cesación, acción de cesar.
CESANTE adj. Que cesa. || — Adj. y s. Dícese del empleado que queda sin empleo.
CESANTÍA f. Estado de cesante. || Paga que disfruta en ciertos casos el empleado cesante. || Privación momentánea de destino que se impone como correctivo a un empleado.
CESAR v. i. (lat *cessare*). Suspenderse, terminar. || Dejar de desempeñar algún empleo. || Dejar de hacer lo que se está haciendo: *cesa ya de trabajar.* || *Sin cesar,* continuamente. (SINÓN. V. *Interrumpir.*)
CÉSAR m. Emperador de la familia romana Julia: la *"Historia de los Doce Césares", de Suetonio, está llena de curiosas anécdotas.* (SINÓN. V. *Monarca.*) || Título que se dio, desde Diocleciano, al heredero presunto del Imperio Romano. || Emperador, príncipe soberano. || *Fig.* y *fam. O César o nada,* frase con que se indica la ambición exagerada de algunas personas, que con nada se contentan.
CESARAUGUSTANO, NA adj. De Cesaraugusta (Zaragoza).
CESÁREA adj. y s. f. Operación quirúrgica que consiste en extraer el feto por incisión de la pared abdominal y del útero, cuando el parto no se puede verificar por sus vías normales.
CESÁREO, A adj. Perteneciente al emperador o al imperio: *pompa cesárea.*
CESARIANO, NA adj. Relativo a Julio César o a otro César, imperial: *orgullo cesariano.*
CESARISMO m. Gobierno de los césares. || Sistema de gobierno en el que una sola persona asume todos los poderes. (SINÓN. V. *Dictadura.*)
CESARISTA m. Partidario del cesarismo.
CESE m. Nota que se pone en una credencial para que se suspenda el pago de alguna asignación. || Revocación de un funcionario.
CESIBILIDAD f. Calidad de cesible.
CESIBLE adj. *For.* Que se puede ceder.
CESIO m. (lat. *caesius,* azul). Metal raro (Cs), de número atómico 55, parecido al potasio.
CESIÓN f. Acción de ceder: *cesión de un crédito.* || *Cesión de bienes,* abandono que los deudores hacen de sus bienes a los acreedores. || — SINÓN. *Concesión, desasimiento, renuncia.* || — PARÓN. *Sesión.*
CESIONARIO, RIA m. y f. Persona en cuyo favor se hace cesión de bienes.
CESIONISTA com. Persona que hace cesión de bienes.
CÉSPED m. (lat. *cespes*). Hierba menuda: *una alfombra de césped.* || *Césped inglés,* ballico.
CESPEDERA f. Prado de donde se sacan céspedes.
CESPITAR v. i. Titubear, vacilar.
CESTA f. (lat. *cista*). Utensilio portátil, de mimbre o junco trenzado, que sirve para transportar o guardar cualquier cosa: *una cesta de lavandera.* || Su contenido: *una cesta de ciruelas.* || Cochecillo ligero de mimbre. || Especie de pala de madera que sirve para jugar a la pelota. || Aro de hierro, fijado a un tablero, colocado a cierta altura, del que cuelga una red, y por el que hay que introducir la pelota en el juego del baloncesto. || Tanto o punto logrado en este juego. || *Fam. Llevar la cesta,* acompañar, vigilar a una jovencita. || — PARÓN. *Sexta.*
CESTADA f. Lo que cabe en la cesta.
CESTERÍA f. Taller y tienda del cestero.
CESTERO, RA m. y f. Persona que hace o vende cestos. || — PARÓN. *Sestero.*

Fot. Barbier-Petit

CESTIARIO m. Gladiador o pugilista que usaba el cesto.
CESTO m. Cesta grande. (SINÓN. *Canasto, canasta, canastilla, banasta.*) ‖ Especie de manopla de correa que usaban los antiguos pugilistas.
CESTODOS m. pl. Orden de gusanos platelmintos, de cuerpo aplanado y largo como una cinta.
CESTÓN m. Cesto grande que, relleno de tierra o piedra, sirve de defensa en la fortificación. (SINÓN. *Gavión.*) ‖ *Col.* Montón.
CESTONADA f. *Mil.* Fortificación hecha con cestones.
CESURA f. (del lat. *caesura,* cortadura). Corte o pausa hecha en un verso. ‖ — PARÓN. *Cisura.*
CETÁCEOS adj. (lat. *cetus*). m. pl. Orden de mamíferos pisciformes de gran tamaño a que pertenecen la ballena, el cachalote, el delfín, etc.
CÉTICO, CA adj. Dícese del ácido extraído de la cetina.
CETINA f. Esperma o blanco de ballena.
CETONA f. Cuerpo análogo a la acetona.
CETONIA f. Coleóptero de reflejos metálicos que vive en las flores y los árboles: *la cetonia dorada habita en los rosales.*
CETRERÍA f. (del lat. *accipiter,* halcón, gavilán). Arte de criar halcones y demás aves de caza. ‖ Caza con halcones y otras aves de presa: *la caza de cetrería estuvo muy de moda en Europa durante la Edad Media.*
CETRERO, RA adj. De cetrería: *ave cetrera.* ‖ — M. Sacerdote que asiste con capa y cetro a la iglesia. ‖ Cazador con halcones y aves de presa.
CETRINO, NA adj. De color verdoso amarillento: *rostro cetrino.* ‖ Compuesto con cidra. ‖ *Fig.* Melancólico.
CETRO m. (lat. *sceptrum*). Bastón de mando, insignia del poder supremo: *el cetro real.* ‖ Vara de plata que usan algunos dignatarios de la Iglesia como insignia. ‖ *Fig.* Reinado, gobierno: *un cetro detestado.* ‖ *Fig.* Superioridad: *el cetro de los mares.* ‖ *Fig. Empuñar el cetro,* empezar a reinar. ‖ *Cetro de bufón,* cetro que remata en una cabeza burlesca con cintas y cascabeles.
CEUTÍ adj. y s. De Ceuta. ‖ — M. Moneda antigua de Ceuta.
CF, abreviatura de *confiérase.*
Cf, símbolo químico del *californio.*
C. G. S., sistema de medidas cuyas unidades son el centímetro (C.), el gramo (G.) y el segundo (S.).
Ci, símbolo del *curie,* unidad de medida de actividad nuclear.
CÍA f. (gr. *ischion*). Hueso de la cadera.
CIABOGA f. Maniobra de dar vuelta a una embarcación.
CIANAMIDA f. Fertilizante de color gris negro.
CIANATO m. Sal del ácido ciánico.
CIANHÍDRICO, CA adj. Nombre científico del *ácido prúsico* (HCN), tóxico violentísimo.
CIÁNICO, CA adj. Relativo al cianógeno: *el ácido ciánico tiene olor irritante.*
CIANITA f. Turmalina azul.
CIANÓGENO m. (del gr. *kuanos,* azul, y *genos,* generación). *Quím.* Gas tóxico ($C_2 N_2$) compuesto de carbono y de ázoe.
CIANOSIS f. (del gr. *kuanos,* azul). *Med.* Coloración azul, negruzca o lívida de la piel: *la cianosis es característica de ciertas lesiones de la piel.*
CIANÓTICO, CA adj. Relativo a la cianosis. ‖ Que la padece.
CIANURACIÓN f. Transformación en cianuro.
CIANURO m. *Quím.* Sal del ácido cianhídrico: *cianuro de potasio.*
CIAR v. i. Retroceder. (CONTR. *Avanzar.*) ‖ *Mar.* Remar hacia atrás. ‖ *Fig.* Aflojar, ceder en un negocio, pararse: *ciar en sus pretensiones.* (SINÓN. *Cejar.*)
CIÁTICA f. *Med.* Dolor violento y crónico del nervio ciático. ‖ *Per.* Arbusto de hojas largas y estrechas.
CIÁTICO, CA adj. De la cadera: *nervio ciático.*
CIBELINA f. Cebellina, especie de marta.
CIBERA adj. Que sirve para cebar. ‖ — F. Trigo que se echa en la tolva y va cebando la rueda del molino. ‖ Cualquier grano que sirve para la alimentación. ‖ *Moler una cosa como cibera* molerla mucho.

CIBERNÉTICA f. (del gr. *kubernêsis,* pilotaje). Estudio del funcionamiento de las conexiones nerviosas del animal y de las transmisiones eléctricas en las máquinas de calcular modernas.
CIBICA f. Cabilla, barreta de hierro.
CÍBOLO m. Uno de los nombres del *bisonte.*
CIBORIO m. Baldaquino que corona un altar.
CICÁDIDOS m. pl. Familia de insectos hemípteros que comprende las cigarras.
CICATEAR v. i. *Fam.* Andar uno con cicaterías.
CICATERÍA f. Mezquindad, miseria, avaricia.
CICATERO, RA adj. y s. Mezquino, miserable. (SINÓN. V. *Tacaño.*)
CICATRIZ f. (lat. *cicatrix*). Señal que queda después de curada una herida o llaga (SINÓN. *Costurón, estigma.*) *Fig.* Impresión que deja en el ánimo algún sentimiento.
CICATRIZACIÓN f. Acción y efecto de cicatrizar.
CICATRIZANTE adj. Que cicatriza una herida.
CICATRIZAR v. t. e i. Cerrar una herida. ‖ *Fig.* Calmar: *el tiempo cicatriza los dolores.*
CICATRIZATIVO, VA adj. Que cicatriza.
CICÉRCULA f. Almorta, planta.
CÍCERO m. *Impr.* Tipo de letra de 12 puntos (4,5 mm), que sirve de unidad tipográfica. (SINÓN. *Lectura.*)
CICERONE m. Individuo que sirve de guía a otros para mostrarles una ciudad, un museo, etc. (SINÓN. V. *Guía.*)
CICERONIANO, NA adj. Característico del orador romano Cicerón: *período ciceroniano.*
CICINDELA f. Coleóptero zoófago de coloración metálica.
CICINDÉLIDOS m. pl. Familia de coleópteros de élitros verdes, como la cicindela.
CICLAMEN o **CICLAMINO** m. Pamporcino.
CICLAMOR m. Árbol de la familia de las papilionáceas de hermosas flores rojas: *el ciclamor es un árbol de adorno muy común en España.*
CICLATÓN m. Vestidura de lujo medieval.
CÍCLICO, CA adj. (gr. *kuklikos*). Relativo al ciclo astronómico: *año cíclico.* ‖ Aplícase al poeta que forma parte de un ciclo literario épico. ‖ Dícese de la enseñanza gradual.
CICLISMO m. Deporte y utilización de la bicicleta.
CICLISTA adj. Relativo al ciclismo: *carrera ciclista.* ‖ — Com. Persona que practica el ciclismo.
CICLO m. (del gr. *kuklos,* círculo). Serie de fenómenos que se siguen en un orden determinado: *el ciclo de las metamorfosis de las mariposas se compone de tres etapas.* (SINÓN. V. *Serie* y *época.*) ‖ Período después del cual se repiten los mismos fenómenos en el mismo orden: *ciclo lunar, ciclo solar.* ‖ Conjunto de operaciones que concurren a un mismo fin: *ciclo de estudios, de fabricación.* ‖ *Ciclo literario,* grupo de poemas relativos a la misma leyenda: *el ciclo de la Mesa redonda, el ciclo troyano.* ‖ *Ciclo lunar,* período de diecinueve años, después del cual vuelven a repetirse en el mismo orden todas las fases de la Luna. ‖ *Ciclo solar,* período de veintiocho años, a cuya expiración vuelve a empezar el año con el mismo día.
CICLOCROS m. Deporte derivado del ciclismo y del pedestrismo.
CICLOIDAL adj. *Geom.* Relativo a la cicloide.
CICLOIDE f. *Geom.* Curva descrita por un punto de una circunferencia que rueda sobre una recta.
CICLOMOTOR m. Bicicleta con motor.
CICLÓN m. (del gr. *kuklos,* círculo). Huracán que se traslada girando con extremada velocidad: *hay ciclones que nacen en el mar de las Antillas y atraviesan el océano Atlántico entero.* (SINÓN. V. *Borrasca.*)
CICLONAL y **CICLÓNICO, CA** adj. Relativo a los ciclones. ‖ De forma de ciclón.
CÍCLOPE m. V. *Parte hist.*
CICLÓPEO, A adj. (de *cíclope*). Relativo a los cíclopes. ‖ Dícese de ciertas construcciones antiquísimas, de piedras enormes y macizas, unidas sin argamasa. ‖ *Fig.* Gigantesco. (SINÓN. V. *Colosal.*)
CICLOSTILO m. Aparato para copiar muchas veces un escrito o dibujo.
CICLÓSTOMOS m. pl. Orden de peces de forma cilíndrica y oblonga, cuyo tipo es la lamprea.

cetro de bufón

cicindela

cibelina

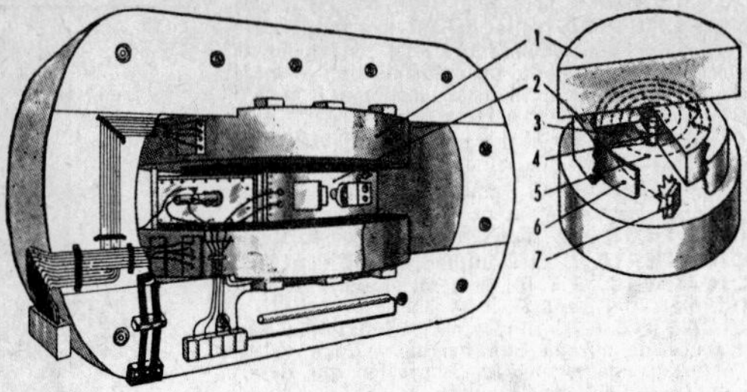

CICLOTRÓN

1. Masa polar
2. Vacío
3. Electrodo
4. Fuente de iones
5. Trayectoria de las partículas
6. Deflector
7. Objetivo

cicuta

cierva

ciervo

ciervo volante

CICLOTIMIA f. *Med.* Psicosis maniacodepresiva.

CICLOTÍMICO, CA adj. Relativo a la ciclotimia, que la padece.

CICLOTRÓN m. Acelerador electromagnético de alta frecuencia que comunica a partículas electrizadas gran velocidad para obtener de este modo transmutaciones y desintegraciones de átomos.

CICUA f. *Méx.* Vainas foliares.

CICUTA f. (lat. *cicuta*). Planta umbelífera venenosa parecida al perejil: *Sócrates bebió animosamente la cicuta.*

CICUTINA f. Alcaloide que se saca de la cicuta.

CID m. *Fig.* Hombre fuerte y valiente.

CIDIANO, NA adj. Relativo al Cid.

CIDRA f. Fruto del cidro, parecido al limón, pero de corteza gruesa y olorosa. ‖ *Cidra cayote,* variedad de sandía. ‖ — PARÓN. *Sidra.*

CIDRADA f. La conserva o confitura de cidra.

CIDRATO m. Otro nombre de la *azamboa.*

CIDRO m. Árbol rutáceo que produce la cidra.

CIDRONELA f. Toronjil.

CIEGAMENTE adv. m. Con ceguedad.

CIEGO, GA adj. y s. (lat. *caecus*). Privado de la vista: *ser ciego de nacimiento.* ‖ *Fig.* Enloquecido de alguna pasión: *ciego de rabia.* ‖ *Fig.* Cerrado, cegado: *una cañería ciega.* ‖ — M. Parte del intestino grueso entre el íleon y el colon. ‖ *Arg., Per.* y *Urug.* Jugador sin triunfos en los naipes. ‖ *Cub.* Terreno montuoso. ‖ *Fig.* Hacienda, casería. ‖ *A ciegas,* loc. adv., ciegamente, sin ver: *caminar a ciegas. Fig.* Sin reflexión: *obrar a ciegas.* ‖ *Dar palos de ciego,* dar palos al aire. ‖ — PROV. **En tierra de ciegos el tuerto es el rey,** donde todos son ignorantes sobresale el que sabe un poco más.

CIELITO m. *Riopl.* Baile y canto popular.

CIELO m. (lat. *caelum*). Espacio indefinido en el cual se mueven los astros: *los antiguos suponían la Tierra en el centro del cielo.* (SINÓN. *Firmamento.*) ‖ Parte del espacio que parece formar una bóveda encima de nosotros. ‖ Aire, atmósfera: *está el cielo sereno.* ‖ Mansión de los bienaventurados: *subió su alma al cielo.* (SINÓN. *Paraíso, olimpo, empíreo, Campos Elíseos, Edén.*) ‖ *Fig.* Dios, la Providencia: *quiera el Cielo que tal suceda.* ‖ *Fig.* Parte superior de algo: *el cielo de la cama.* ‖ *Arg.* y *Urug.* Cielito, baile. ‖ *Cielo de la boca,* paladar. ‖ *Cielo raso,* techo interior de superficie lisa. ‖ *El fuego del cielo,* el rayo. ‖ *A cielo abierto,* a descubierto. ‖ *Bajado del cielo,* prodigioso, raro. ‖ *Llovido del cielo,* muy oportunamente llegado. ‖ *Mover cielo y tierra,* hacer todos sus esfuerzos para conseguir una cosa. ‖ *Tomar uno el cielo con las manos,* recibir gran enojo por una cosa. ‖ *Ver uno el cielo abierto,* descubrir el medio de salir de apuro. ‖ *Pop. Juntársele a uno el cielo con la tierra,* estar muy apurado. ‖ *Fig. Volar al cielo,* separarse el alma del cuerpo. ‖ *A cielo raso,* al aire libre. ‖ *Ser un cielo,* ser admirable, agradable. ‖ *Poner el grito en el cielo,* exagerar una acción, gritar mucho. ‖ *Mi cielo,* expresión de cariño. ‖ — PROV. **Al que al cielo escupe en la cara le cae,** es peligrosa la excesiva arrogancia.

CIEMPIÉS m. Nombre vulgar de los *miriápodos.* ‖ *Fig.* y *fam.* Obra sin pies ni cabeza.

CIEN adj. Apócope de *ciento,* que se usa antes de substantivo: *cien libros, cien soldados valientes.* ‖ — PARÓN. *Sien.*

CIÉNAGA f. Sitio lleno de cieno o lodo, lodazal. (SINÓN. V. *Pantano.*)

CIENCIA f. (lat. *scientia*). Conocimiento exacto y razonado de ciertas cosas: *la ciencia de las cosas exteriores.* ‖ Conjunto de conocimientos fundados en el estudio: *los adelantos de la ciencia.* ‖ Conjunto de conocimientos relativos a un objeto determinado: *las ciencias naturales.* ‖ *Fig.* Erudición. ‖ *Fig.* Habilidad, conjunto de conocimientos: *la ciencia del hombre vividor.* (SINÓN. V. *Saber.*) ‖ *A ciencia cierta,* con seguridad. ‖ *Ciencia cristiana,* V. CHRISTIAN SCIENCE. (*Parte hist.*) ‖ *Ciencia infusa,* la que viene de Dios, por inspiración: *los apóstoles recibieron la ciencia infusa.* ‖ *Ciencias ocultas,* la alquimia, la astrología, la cábala, etc.: *en la Edad Media se daba a las ciencias ocultas el nombre de "ciencias infernales".* ‖ *Ciencias exactas,* las matemáticas. ‖ *Ciencias naturales,* las que se ocupan en el estudio de los reinos animal, vegetal y mineral. ‖ *Gaya ciencia,* la poesía. (V. *cuadros de las páginas siguientes.*)

CIÉNEGA f. *Ant.* y *Amer.* Ciénaga, lodazal.

CIENFUEGUERO, RA adj. y s. De Cienfuegos (Cuba).

CIENMILÍMETRO m. Centésima de milímetro.

CIENO m. Lodo que se deposita en las aguas estancadas: *el cieno despide olor fétido.* (SINÓN. V. *Lodo.*)

CIENTÍFICAMENTE adv. m. Según las reglas científicas: *trabajar científicamente.*

CIENTIFICISMO m. Tendencia a valorizar demasiado las nociones científicas.

CIENTÍFICO, CA adj. Relativo a la ciencia. ‖ — Adj. y s. Que posee alguna ciencia.

CIENTO adj. (lat. *centum*). Diez veces diez: *un ciento de huevos.* ‖ Centésimo: *número ciento.* ‖ — M. Signo o conjunto de signos que expresan la cantidad de ciento: *en la numeración romana se figura el ciento con una C.* ‖ Centena: *un ciento de personas.* ‖ Tributo antiguo. ‖ — Pl. Juego de naipes entre dos. ‖ *El ciento y la madre,* dícese en forma indefinida y ponderativa de una cantidad de personas en demasía.

CIERNA f. Estambre de la flor del trigo o la vid.

CIERNE m. Acción de cerner o fecundarse las plantas. ‖ *En cierne,* m. adv., dícese de las mieses, de la vid, etc., en flor. ‖ *Fig. Estar en cierne una cosa, estar* en sus principios. ‖ — OBSERV. Suele decirse equivocadamente *en ciernes.*

¡CIERRA! interj. Ant. grito de guerra español.

CIERRE m. Acción de cerrar: *el cierre de tiendas es un procedimiento usado en las huelgas.* ‖ Lo que cierra: *cierre hermético.* ‖ *Cierre metálico,* cortina de hierro para cerrar las tiendas.

CIERRO m. Cierre. ‖ *Arg.* y *Chil.* Sobre de carta: *poner el cierro a una carta.* ‖ *Chil.* Cerca. ‖ *Cierro de cristales,* mirador.

CIERTAMENTE adv. m. Con certeza o seguridad. (SINÓN. V. *Seguramente.*)

CIERTO, TA adj. Seguro: *una cosa cierta.* (SINÓN. V. *Verdadero.*) ‖ Determinado, fijo: *reunirse a cierta hora.* ‖ Seguro, que no puede faltar: *una promesa cierta.* ‖ Uno, alguno: *ciertos autores escriben con demasiado desaliño.* ‖ — M. Cosa cierta: *preferir lo cierto a lo incierto.* ‖ *De cierto,* m. adv., ciertamente. (SINÓN. V. *Seguramente.*) ‖ *Por cierto,* loc. adv., ciertamente, a propósito. ‖ *Guat.* y *Hond. Ciertos lienzos,* persona a quien se refiere uno sin nombrarla: *que no se entere ciertos lienzos.* (En Colombia se suele decir *ciertas hierbas,* y en otras partes *mi alférez.*) ‖ — OBSERV. Hace en superlativo *certísimo* y, más comúnmente, *ciertísimo.*

CIERVA f. Hembra del ciervo: *la cierva carece de cuernos.*

CIERVO m. (lat. *cervus*). Género de mamíferos rumiantes, de color pardo rojizo y de cuernos ramosos: *el ciervo renueva los cuernos cada año.* ‖ *Ciervo volante,* coleóptero de gran tamaño y de pinzas muy desarrolladas. ‖ — PARÓN. *Siervo.*

CIERZO m. Viento frío que sopla del Norte. (SINÓN. V. *Viento.*)

CIFOSIS f. *Med.* Curvatura anormal del espinazo.

CIFRA f. Número: *una cifra árabe.* ‖ Escritura secreta: *escribir en cifra.* ‖ Monograma, letras enlazadas: *papel sellado con la cifra de una persona.* ‖ Abreviatura. (SINÓN. V. *Abreviatura.*) *En cifra,* m. adv., obscura, ininteligiblemente, abreviadamente, en compendio. (SINÓN. V. *Secreto.*) ‖ — OBSERV. Es galicismo en el sentido

Fot. Anders, Rödle

de *cantidad, suma: ascendió la deuda a una cifra enorme.*
CIFRAR v. t. Escribir en cifra: *cifrar un documento diplomático.* || *Fig.* Compendiar, resumir una cosa. || *Cifrar su ambición en una cosa,* ansiarla.
CIGALA f. Crustáceo marino comestible.
CIGARRA f. (lat. *cicada*). Género de insectos hemípteros de color verdoso amarillento: *la cigarra produce un ruido estridente y monótono.*
CIGARRAL m. En Toledo, huerta de recreo.
CIGARRERA f. Mujer que hace cigarros. || Caja para guardar cigarros puros. || Petaca.
CIGARRERÍA f. *Amer.* Tienda de tabacos.
CIGARRERO m. El que hace o vende cigarros.
CIGARRILLO m. Cigarro de papel, pitillo.
CIGARRO m. Rollo de hojas de tabaco que se fuma: *los cigarros habanos son los más estimados.* || Cigarrillo de papel. || *Ecuad.* Libélula o caballito del diablo. || *Cigarro puro* o *puro,* el que no tiene papel. || *Cigarro de papel,* el de picadura envuelta en papel.
CIGARRÓN m. Saltamontes, insecto. || *P. Rico.* Abejorro.
CIGOFILÁCEAS f. pl. Familia de plantas dicotiledóneas a que pertenecen la morsana y el abrojo.
CIGOMA m. *Anat.* Arco óseo formado por el hueso temporal y la mandíbula.
CIGOMÁTICO, CA adj. Relativo al cigoma.
CIGOÑAL m. Aparato primitivo empleado para extraer agua de los pozos.
CIGOÑINO m. Pollo de cigüeña.
CIGOÑUELA f. Ave zancuda, parecida a la cigüeña.
CIGOTO m. *Biol.* Óvulo fertilizado, huevo.
CIGUA f. Árbol lauráceo de las Antillas. || *Cub.* Especie de caracol. || *Hond.* Ser fantástico de los cuentos y leyendas populares.
CIGUANABA f. *Amér. C.* Cigua, ser fantástico.
CIGUAPA f. *Cub.* Especie de mochuelo.
CIGUAPATE m. *Hond.* Umbelífera medicinal.
CIGUARAYA f. *Cub.* Baya, planta meliácea.
CIGUATARSE v. r. Aciguatarse.
CIGUATERA f. *Amer.* Enfermedad producida por la ingestión de ciertos peces y moluscos.
CIGUATO, TA adj. y s. Que padece ciguatera.
CIGÜEÑA f. (lat. *ciconia*). Género de aves zancudas migradoras que alcanzan más de dos metros de envergadura: *la cigüeña se alimenta de sabandijas.* || Hierro de la campana, al que se ata la cuerda. || Manubrio. || *Hond.* Organillo de manubrio.
CIGÜEÑAL m. Manubrio. || *Mec.* Árbol acodado de un motor sobre el cual actúan los émbolos mediante sus respectivas bielas.
CILAMPA f. *Amér. C.* Llovizna, lluvia menuda.
CILANCO m. Charco a orillas de los ríos.
CILANTRO m. Planta umbelífera medicinal.
CILIADO, DA adj. *Biol.* Dícese de las células o microorganismos provistos de cilios. || — M pl. *Zool.* Clase de protozoos provistos de cilios.
CILIAR adj. De las pestañas: *glándula ciliar.*
CILICIO m. Saco o cintura de crin que se lleva a raíz de la carne por penitencia. || — PARÓN. *Silicio.*
CILINDRADA f. Capacidad de los cilindros de un motor de explosión.
CILINDRAR v. t. Comprimir con un cilindro algunas cosas: *cilindrar una tela, cilindrar el papel.* || Pasar un rodillo pesado sobre una carretera.
CILÍNDRICO, CA adj. Relativo al cilindro: *superficie cilíndrica.* || Que tiene la forma de un cilindro.
CILINDRO m. (gr. *kulindros*). Sólido limitado por una superficie cilíndrica y dos planos paralelos que la cortan. || *Mec.* Tubo en que se mueve el émbolo de una máquina: *motor de dos cilindros.* || Rodillo compresor para aplastar guijo, para laminar metales, etc. || *Fam.* Sombrero de copa. || *Méx.* Organillo. || *Cilindro de revolución,* el engendrado por la rotación de un rectángulo alrededor de uno de sus lados.
CILINDROAXIL adj. Relativo al cilindroeje.
CILINDROEJE m. Prolongación de una célula nerviosa que mide a veces varios decímetros.
CILIO m. *Biol.* Filamento protoplasmático de ciertos protozoos y otras células.
CILLA f. Granero. || Renta del diezmo.
CILLERERO m. Mayordomo de un monasterio.
CILLERÍA f. Mayordomía de un convento.
CILLERIZO m. Cillero.
CILLERO m. (lat. *cellarius*). El que cuidaba de los frutos de la cilla. || Despensa. || — PARÓN. *Sillero.*
CIMA f. (lat. *cyma*). Vértice de una montaña, de un árbol, de una roca, etc.: *el Illimani es una de las cimas más altas de los Andes.* (SINÓN. *Cúspide, copa, pináculo, cresta, cumbre, cabezo, alto, punta, pico, picacho, loma, ceja.* V. tb. *montaña.*) || *Fig.* Complemento o remate de una cosa. || Tallo del cardo y otras plantas. || *Bot.* Modo de inflorescencia en que los diferentes pedúnculos salidos de un mismo punto se ramifican según una ley definida: *la inflorescencia del saúco es una cima.* || *Por cima,* por encima. || *Dar cima a una cosa,* concluirla. || — PARÓN. *Sima.*
CIMACIO m. (lat. *cymatium*). *Arq.* Gola, moldura.
CIMARRA (Hacer la) loc. fam. *Chil.* y *Arg.* Hacer novillos, faltar a clase los muchachos.
CIMARRÓN, ONA adj. *Amer.* Salvaje, montaraz: *cerdo cimarrón.* || Aplícase a la planta silvestre de que se conoce una especie cultivada. || *Chil.* Perezoso, rehacio al trabajo. || Dícese del mate sin azúcar: *tomar un cimarrón.* || V. BAGUAL. || Dícese de los esclavos negros.
CIMARRONADA f. *Amer.* Manada salvaje.
CIMARRONEAR v. i. *Arg.* Tomar mate cimarrón. || *Amer.* Huir, fugarse.
CIMATE m. *Méx.* Planta usada como condimento.
CIMBA f. *Arg., Bol.* y *Per.* Trenza. || Cierta embarcación utilizada por los romanos.
CIMBADO m. *Bol.* Látigo.
CIMBALARIA f. Hierba escrofulariácea: *la cimbalaria se cría comúnmente en las peñas y murallas.*
CIMBALERO y **CIMBALISTA** m. El que toca los címbalos o platillos.
CÍMBALOS m. pl. Platillos, instrumento músico.
CIMBEL m. Ave que sirve de señuelo para cazar. || *Fig.* Aliciente, lo que sirve para atraer. || *Fig.* y *fam.* Soplón, informador.
CIMBOGA f. Acimboga, azamboa, fruta.
CIMBORIO y **CIMBORRIO** m. (lat. *ciborium*). Cuerpo que sirve de base a la cúpula. || *Arq.* Cúpula.
CIMBRA f. Armazón de madera en que se construye un arco o bóveda. || *Mar.* Curvatura de los tablones del barco. || *Riopl.* Trampa de caza.
CIMBRADO m. Paso de la danza española.
CIMBRAR v. t. Mover una cosa flexible con movimiento trémulo: *cimbrar una vara.* (SINÓN. V. *Vibrar.*) || Colocar las cimbras de un arco. || *Fig.* y *fam.* Dar a uno un palo que le doble el cuerpo: *le cimbró de un bastonazo.* (SINÓN. V. *Pegar.*)
CIMBREANTE adj. Que se cimbra fácilmente. (SINÓN. V. *Flexible.*)
CIMBREAR v. t. Cimbrar. (SINÓN. V. *Vibrar.*)
CIMBREÑO, ÑA adj. Que se cimbra. || *Fig.* y *fam.* Dícese de la persona esbelta: *un talle cimbreño.*
CIMBREO m. Acción de cimbrar o cimbrear.
CÍMBRICO, CA adj. Perteneciente a los cimbros.
CIMBRO, BRA adj. y s. De un pueblo antiguo que habitaba en Jutlandia.
CIMBRÓN m. *Ecuad.* Punzada, dolor lancinante. || *Amer.* Cintarazo, cimbronazo.
CIMBRONAZO m. Cintarazo. || *Amer.* Estremecimiento, sacudida nerviosa muy violenta.
CIMENTACIÓN f. Acción y efecto de cimentar.
CIMENTAR v. t. Echar los cimientos de un edificio o fábrica: *cimentar una pared.* || Fundar: *cimentar una sociedad.* || *Fig.* Afirmar: *cimentar la paz.* (CONTR. *Turbar, agitar, conmover.*) || — IRREG. Se conjuga como *alentar.*
CIMENTO m. Cemento.
CIMERA f. Adorno en la parte superior del casco. || *Blas.* Adorno que se pone sobre el yelmo o celada.
CIMERO, RA adj. Que está en alto: *piso cimero.* || *Fig.* Eximio: *figura cimera de las letras.*

cigarra

cigüeña

cigüeñal

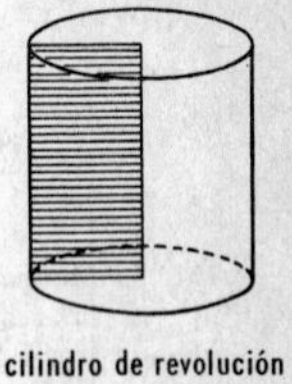
cilindro de revolución

cimera

Prehistoria y Antigüedad

ENERGÍA — MATERIAS PRIMAS — METALURGIA		TRANSPORTES — COMUNICACIONES — MEDIOS DE EXPRESIÓN		OTRAS CIENCIAS Y TÉCNICAS	
— 500000	Fuego. Talla rudimentaria de la piedra (núcleos bifaces o hachas de mano).		Piragua.		
— 150000	Talla de la piedra y de los huesos. Colores.			— 150000	Aguja de coser y botones. Arpón, anzuelo. Antorcha. Puñal. Propulsor.
— 15000	Pulimento de la piedra. Muela. Alfarería.				
— 6000	Cobre (Egipto).	— 6000	Transporte sobre rodillos.	— 6000	Hoz, arado, molino de grano. Alfarería. Tejido. Viviendas de madera. Megalitos.
		— 4245	Calendario (Egipto).		
— 4000	Torno de alfarero.				
— 3800	Forja (cobre, oro y plata).				
		— 3500	Escritura en tablillas (Sumer).		
— 3000	Vidrio (Egipto). Bronce (Sumer). Hierro (Ur).	— 3000	Escritura en papiro (Egipto). Rueda (China). Carro (Sumer).		
				— 2695	Pirámide de *Keops* (Egipto).
— 2000	Sistema de numeración decimal (Egipto).			— 2000	Seda (China). Riego por canales (Babilonia).
		— 1800	Cifras. Ecuaciones de primer grado (Egipto).		
— 1700	Fuelle de fragua (Egipto).				
				— 1500	Reloj de sol (Egipto).
				— 1425	Telar (Egipto).
				— 1400	Clepsidra (Egipto).
		— 1300	Escritura alfabética (Fenicia).		
		— 1250	Canal navegable, *Ramsés II* (Egipto).		
— 1100	Acero (Egipto).				
— 1100	Púrpura (Fenicia).				
				— 690	Acueducto.
— 600	Soldadura de los metales: *Glaucos de Quío*.	— 600	Puente de piedra, *Prisco* (Roma).		
				— 585	Propiedades eléctricas del ámbar, *Tales de Mileto* (Grecia).
		— 575	Mapamundi, *Anaximandro* (Grecia).		
				— 540	Esfericidad de la Tierra, *Pitágoras* (Grecia).
— 450	Polea fija (Grecia).				
		— 424	Aguja imantada (China).		
				— 400	La medicina, ciencia de observación, *Hipócrates* (Grecia).
		— 285	Faro marítimo de Alejandría.		
— 250	Leyes de la palanca, polea combinada, tornillo sin fin, *Arquímedes* (Grecia).				
				— 180	Astrolabio, *Hiparco* (Grecia).
— 150	Molino de agua (Roma).				
50	Malacate hipomóvil (para moler el trigo) [Roma].				
		105	Papel, *Tsai Lun* (China).		

Edad Media

ENERGÍA — MATERIAS PRIMAS — METALURGIA		TRANSPORTES — COMUNICACIONES — MEDIOS DE EXPRESIÓN		OTRAS CIENCIAS Y TÉCNICAS	
				605-614	Primeros fuegos artificiales (China).
		a. de 947	Imprenta (xilografía) [China].	673	Fuego griego (Bizancio).
a. de 1000	Molino de viento en Europa. (Tal vez inventado en Asia hacia el s. VII.)	hacia 1000	Brújula (China).	966	Reloj de pesas, *Gerbert*.
				a. de 1000	Arado de reja y vertedera.
		1041	Caracteres de imprenta, *Pi Ching* (China), e independ., en 1423, *Coster* (Hol.).		

ENERGÍA — MATERIAS PRIMAS — METALURGIA		TRANSPORTES — COMUNICACIONES — MEDIOS DE EXPRESIÓN		OTRAS CIENCIAS Y TÉCNICAS	
		Edad Media			
a. de 1200	Pólvora (China).				
hacia 1200	Hierro colado (Ruhr).				
1224	Primera mina de hulla (Bélgica) [otras fechas posibles, 1189 ó 1197].				
				hacia 1285	Gafas, *Salvino Degli Armati* (Florencia).
				1298	Rueca (Espira).
a. de 1300	Alcohol, *Arnau de Vilanova* (Cataluña).	a. de 1300	Timón con bisagras.	hacia 1300	Arma de fuego (cañón rudumentario) [árabes]. Vela de sebo.
		a. de 1300	Carretilla.		
1400	Cabrestante, *Rofolfo de Nuremberg* (Alem.).			a. de 1400	Reloj de arena.
		1436	Prensa tipográfica e impresión con caracteres metálicos, *Gutenberg* (Alemania).		
		1452	Grabado en hueco sobre metal, *Finiguerra* (Florencia).		
hacia 1470	Cristal (Venecia).				
		Renacimiento			
				a. de 1500	Muelle (relojes).
				1515	Sistema de *Copérnico* (Pol.).
				1525	Reloj con rueda espiral, *Zach* (Alem.).
		1534	Barco de ruedas.	1536-1590	Comienzo de la cirugía moderna, *Paré* (Fr.).
		1538	Proyección de *Mercator*.		
		1550	Puente colgante.		
1552	Laminador, *Bruler* (Nuremberg).				
		1565	Lápiz de mina de plomo (G. B.).		
				1581	Péndulo, *G. Galilei* (It.).
				1590	Microscopio, *Zacharias* (Hol.).
		Siglos XVII y XVIII			
				1601	Sistema de *Tico Brahe* (Din.)
				1609	Anteojo astronómico, *Galileo* (It.).
				1609	Leyes sobre el movimiento de los planetas, *Kepler* (Alem.).
				1614	Logaritmos, *Neper* (G. B.).
		1617	Triangulación, *Snellius* (Hol.).	1628	Circulación de la sangre, *Harvey* (G. B.). [Precursor: 1546, *Servet* (Esp.).]
		1641	Máquina de calcular, *Pascal* (Fr.).	1643	Barómetro, *Torricelli* (It.).
1650	Máquina electrostática, *Otto de Guericke* (Alem.).				
				1657	Reloj de péndulo, *Huygens* (Hol.). [Precursor: 1583, *Galileo* (It.).]
1660	Ácido nítrico, *J. Glauber* (Alemania).			1660	Cálculo diferencial, *Leibniz* (Alem.) y *Newton* (G. B.) [1665].
				1665	Leyes de la atracción universal, *Newton* (G. B.).
				1672	Telescopio, *Newton* (G. B.).
1690	Máquina de vapor experimental, *Papin* (Fr.).				
1698	Bomba de vapor, *Savery* (G. B.) .				
1711	Primer ensayo de utilización del coque para reducir el mineral de hierro, *Darby* (G. B.).				
1711	Máquina de vapor atmosférica, *Newcomen* (G. B.).				
				1714	Termómetro, *Fahrenheit* (Alemania). [Precursores: 1597, *Galileo* (It.); 1630, *Drebbel* (Hol.).]
		1721	Campana de buzo, *Halley* (G. B.).		
		1742	Calzada empedrada y apisonada (macadán), *Tresaguet* (Fr.).		
				1745	Botella de Leiden, *van Musschenbroek* (Alem.) y *von Kleist* (Alem.).

ENERGÍA — MATERIAS PRIMAS — METALURGIA	TRANSPORTES — COMUNICACIONES — MEDIOS DE EXPRESIÓN	OTRAS CIENCIAS Y TÉCNICAS
	Siglo XVIII	
		1752 Pararrayos, *Franklin* (Estados Unidos). 1764 Máquina de hilar, *Hargreaves* (G. B.).
1769 Máquina de vapor, *Watt* (G. B.).		
	1770 Automóvil de vapor, *Cugnot* (Fr.).	
1772 Nitrógeno, *Rutherford* (G. B.). 1774 Oxígeno, *Priestley* (G. B.). 1774 Calibrador, *Wilkinson* (G. B.).		
1778 Torno de estirar, *Wilkinson* (G. B.).		1775 Vacuna, *Jenner* (G. B.).
	1779 Puente metálico, *Darby* (G. B.).	
		1780-1789 Bases de la química moderna, *Lavoisier* (Fr.).
	1783 Globo aerostático, hermanos *Montgolfier* (Fr.). 1783 Globo de hidrógeno, *Charles* (Fr.).	
1784 Pudelación (horno de reverbero), *Cort* (G. B.). 1785 Máquina de vapor de doble efecto, *Watt* (G. B.).		
		1785 Telar mecánico (para tejidos unidos), *Cartwright* (G. B.).
	1786 Taquigrafía moderna, *Taylor* (G. B.). 1787 Barco de casco de hierro, *Wilkinson* (G. B.).	
1789 Uranio, *Klaproth* (Alem.).		1788 Trilladora, *Meikle* (G. B.). 1789 Homeopatía, *Hahnemann* (Alemania).
1791 Producción industrial de la sosa sintética, *Leblanc* (Fr.).	1790 Celerífero, *de Sivrac* (Fr.).	
		1791 El metro, unidad de base del sistema métrico. 1792 Alumbrado de gas de hulla, *Murdock* (G. B.) y en 1799, *Lebon* (Fr.).
1796 Prensa hidráulica, *Bramah* (G. B.).	1794 Telégrafo óptico, *Chappe* (Fr.). 1796 Litografía, *Senefelder* (Alem.).	
	1798 Máquina para la fabricación del papel continuo, *Robert* (Fr.).	
	Siglo XIX	
1800 Pila eléctrica, *Volta* (It.).		
	1801 Submarino, *Fulton* (EE. UU.); perfeccionado por *Monturiol* (Esp.) [1859] y *Peral* (Esp.) [1885]. 1803 Barco de vapor, *Fulton* (EE. UU.). [Precursor: *Papin* (Fr.), 1707.]	1801 Telar mecánico, *Jacquard* (Fr.). 1801 Azúcar de remolacha, *Delessert* (Fr.).
		1810 Conservas alimenticias en bocales esterilizados, *Appert* (Fr.) [en latas metálicas, 1814].
	1811 Prensa mecánica de imprimir, *König* (Alem.). 1814 Locomotora de vapor, *Stephenson* (G. B.).	
		1816 Lámparas de seguridad para las minas, *Davy* (G. B.). 1819 Estetoscopio, *Laennec* (Fr.).
1820 Electromagnetismo, *OErsted* (Din.).		
	1821 Escritura para ciegos, *Braille* (Fr.). 1822 Máquina calculadora, *Babbage* (G. B.). hacia 1824 Fotografía, *Niepce* (Fr.).	
1824 Cemento Portland, *Apsdin* (G. B.). 1825 Caldera tubular, *Seguin* (Fr.). 1825 Electroimán, *Sturgeon* (G. B.).		
1827 Aluminio de la alúmina, *Wöhler* (Alem.). 1828 Comienzo de la química orgánica (síntesis de la urea), *Wöhler* (Alem.).		1826 Anilina, *Unverdorben*. 1827 Fósforos de fricción, *Walker* (G. B.). 1828 Segadora, *Bell* (G. B.) y, 1833-1834, *Obed Hussey* (Estados Unidos) y *Cyrus McCormick* (Estados Unidos).

Siglo XIX

	ENERGÍA — MATERIAS PRIMAS — METALURGIA		TRANSPORTES — COMUNICACIONES — MEDIOS DE EXPRESIÓN		OTRAS CIENCIAS Y TÉCNICAS
1830	Nitrocelulosa, *Braconnot* (Fr.).	1830	Escafandra con casco y vestido estanco, *Siebe* (Alem.).	1830	Máquina de coser, *Thimonnier* (Fr.).
1831	Inducción, *Faraday* (G. B.).				
1832	Turbina hidráulica, *Fourneyron* (Fr.).	1832	Hélice de propulsión, *Sauvage* (Fr.).		
1833	Electrólisis (Leyes de la), *Faraday* (G. B.).				
				1835	Revólver, *Colt* (EE. UU.).
1837	Galvanoplastia, *Jacobi* (Alem.).	1837	Telégrafo eléctrico, *Morse* (EE. UU.), y también *Wheatstone* y *Cooke* (G. B.) y *Steinheil* (Alem.).		
1839	Vulcanización del caucho, *Goodyear* (EE. UU.).	1839	Daguerrotipo (perfeccionamiento de la fotografía de *Niepce*), *Daguerre* (Fr.).	1839	Teoría celular, *Schleiden* y *Schwann* (Alem.).
		1841	Papel fotográfico, *Talbot* (G. B.).		
		1842	Bicicleta de pedales, *Michaux* (Fr.).	1842	Superfosfatos (abonos), *Lawes* (G. B.) según las investigaciones de *Liebig* (Alem.) [1840].
1846	Algodón pólvora, *Schönbein* (Alem.).			1846	Anestesia con éter, *Morton* (EE. UU.).
1847	Nitroglicerina, *Sobrero* (It).			1847	Anestesia con cloroformo, *Simpson* (G. B.).
				1847	Medida de la tensión arterial, *Ludwig* (Alem.).
				1849	Velocidad de la luz, *Fizeau* (Fr.).
				1851	Reducción de fracturas, *Mathysen.*
		1852	Dirigible, *Giffard* (Fr.), perfeccionado por *Santos Dumont* (Bras.) [1898].		
		1852	Ascensor hidráulico, *Otis* (EE. UU.).		
1854	Preparación industrial del aluminio, *Sainte-Claire Deville* (Fr.).				
		1855	Telégrafo impresor, *Hughes* (G. B.).		
1856	Convertidor, *Bessemer* (G. B.).			1856	Primer colorante sintético (mauveína), *Perkin* (G. B.).
				1856	Leche condensada, *Borden* (G. B.).
		1857	Cochecama, *Pullman* (Estados Unidos).		
1859	Acumulador eléctrico, *Planté* (Fr.).	1859	Freno neumático *Westinghouse* (EE. UU.).	1859	Análisis espectral, *Kirchhoff* y *Bunsen* (Alem.).
1859	Pozos de petróleo, *Drake* (Estados Unidos).			1859	Selección natural, *Darwin* (G. B.).
		1859	Submarino, *N. Monturiol* (España).		
1860	Motor de explosión, *Lenoir* (Fr.).			1860	Antisepsia quirúrgica, *Lister* (G. B.).
1861	Prensa hidráulica, *Haswell* (G. B.).				
1861	Horno eléctrico, *Siemens* (Alemania).				
1863	Sosa (industria), *Solvay* (Bélgica).			1863	Máquina frigorífica, *Tellier* (Fr.).
1864	Horno para la producción de acero moldeado, *Martin* (Fr.).			1864	Fermentos organizados y pasteurizados, *Pasteur* (Fr.).
		1865	Ferrocarril de cremallera, *Riggenbach* (Suiza).	1865	Leyes sobre la herencia, *Mendel* (Austria).
				1865	Medicina experimental, *Bernard* (Fr.).
		1866	Prensa rotativa, *Marinoni* (Fr.).	1866	Torpedo automóvil, *Whitehead* (G. B.).
1867	Hormigón armado, *Monier* (Fr.).	1867	Máquina de escribir, *Sholes* y *Soule* (EE. UU.).		
1867	Dinamita, *Nóbel* (Suecia).				
1868	Dinamo eléctrica, *Gramme* (Bélg.). [Precursor: 1861, *Pacinotti* (It.) y *Siemens* (Alemania).]	1868	Servomotor *Farcot,* (Fr.).	1868	Perfume sintético, *Perkin* (G. B.).
1869	Hulla blanca, *Bergès* (Fr.).	1869	Canal de Suez, *Lesseps* (Fr.).	1869	Clasificación periódica de los elementos, *Mendeleev* (Rusia).
1870	Celuloide, *Hyatt* (EE. UU.).				
1872	Motor de dos tiempos, *Brayton* (EE. UU.).	1872	Escafandra autónoma de aire comprimido, *Rouquayrol* y *Denayrouze* (Fr.).		
1873	Centrales hidroeléctricas, *Bergès* (Fr.).				
				1875	Cromosomas, *Strassburger* y *Fleming* (G. B.).

ENERGÍA — MATERIAS PRIMAS — METALURGIA		TRANSPORTES — COMUNICACIONES — MEDIOS DE EXPRESIÓN		OTRAS CIENCIAS Y TÉCNICAS	
		Siglo XIX			
1876	Carburador, *Daimler* (Alem.).	1876	Teléfono, *Bell* (EE. UU.). [Precursor: 1861, *Reiss* (Alemania).]		
1877	Motor de 4 tiempos, *Otto* (Alem.).	1877	Fonógrafo, *Edison* (EE. UU.).		
1877	Soldadura eléctrica, *Thomson* (EE. UU.).				
		1878	Micrófono, *Berlines* (Estados Unidos).		
1878	Alumbrado eléctrico, *Edison* (EE. UU.).	1878	Micrófono, *Hughes* (EE. UU.).	1878	Microbios, *Sedillot* (Fr.).
				1878	Lámpara incandescente, *Edison* (EE. UU.).
1879	Convertidor básico, *Thomas* (G. B.).	1879	Locomotora eléctrica, *Siemens* (Alem.).		
		1880	Bicicleta, *Lawson* y *Starley* (G. B.).		
		1881	Tranvía eléctrico, *Siemens* (Alemania).	1881	Transmisión de la fiebre amarilla, *Finlay* (Cuba).
		1881	Similigrabado, *Meisenbach* (Alem.).		
		1883	Automóvil moderno (motor de gasolina), *Delamare-Deboutteville* (Fr.).	1883	Ametralladora automática, *Maxim* (EE. UU.).
1884	Turbina de vapor de reacción, *Parsons* (G. B.).	1884	Linotipia, *Mergenthaler* (EE. UU.).		
1884	Transformador eléctrico, *Gaulard* (Fr.).	1884	Pluma estilográfica, *Waterman* (EE. UU.).		
1884	Pólvora sin humo, *Vieille* (Fr.).				
1885	Aluminio por electrólisis, *Héroult* (Fr.) y *Hall* (EE. UU.).	1885	Submarino de *I. Peral* (Esp.).	1885	Vacuna antirrábica, *Pasteur* (Fr.).
1886	Alternador, *Tesla* (Croacia).				
		1887	Monotipia, *Lanston* (EE. UU.).		
		1887	Ondas electromagnéticas, *Hertz* (Alem.).		
		1888	Película fotográfica, *Eastman* (EE. UU.).	1888	Sueroterapia, *Richet* y *Héricourt* (Fr.).
				1888	Hormonas, *Brown-Séquard* (Fr.).
1890	Turbina de vapor de acción, *de Laval* (Suecia).	1890	Neumático, *Dunlop* (G. B.)		
1893	Célula fotoeléctrica, *Elster* y *Geitel* (Alem.).	1893	Fotograbado, *Ives* (EE. UU.).		
1893	Motor diesel, *Diesel* (Alem.).				
				1894	Antitoxinas, *R. Koch* (Alem.).
1895	Licuefacción del aire, *Linde* (Alem.).	1895	Cinematógrafo, hermanos *Lumière* (Fr.).	1895	Rayos X, *Röntgen* (Alem.).
1895	Viscosa, *Cros* y *Bevan* (G. B.).	1895	Telegrafía sin hilos, *Popov* (Rus.) y *Marconi* (It.), con el oscilador de *Hertz* (1887) y el cohesor de *Branly* (Fr.) [1890].	1895	Alumbrado de gas por incandescencia, *Auer* (Austria).
1896	Radiactividad del uranio, *Becquerel* (Fr.).			1896	Suero diagnóstico, *Widal* y *Sicard* (Fr.).
		1897	Avión, *Ader* (Fr.).	1897	Vitaminas, *Eijkman* (Hol.).
1898	Polonio y radio, *M.* y *P. Curie* (Fr.).	1898	Dirigible, *Santos Dumont* (Brasil).		
				1899	Aspirina, *Dreser* (Alem.).
		Siglo XX			
1900	Teoría de los cuanta, *Planck* (Alem.).	1900	Dirigible rígido, *Zeppelin* (Alem.).	1900	Grupos sanguíneos, *Lansteiner* (EE. UU.).
1901	Soldadura autógena, *Menna.*			1901	Adrenalina, *J. Takamine* (Japón).
		1902	Radiofonía, *Stubblefield.*	1902	Hormonas, *Bayliss* y *Starling* (G. B.).
				1902	Reflejos condicionados, *Pavlov* (Rusia.)
		1903	Aeroplano de motor, hermanos *Wright* (EE. UU.).		
		1903	Transmisión de imágenes por telégrafo, *Korn* (Alem.).		
		1904	Impresión en offset.		
		1904	Fotografía en colores naturales, hermanos *Lumière* (Fr.).		
		1904	Válvula termoiónica, *Fleming* (G. B.).		
1905	Relatividad restringida, *Einstein* (Alem.).	1905	Antena de radio, *Marconi* (It.).		
1907	Duraluminio, *Wilm* (Alem.).			1907	Quimioterapia, *Ehrlich* (Alemania).

Siglo XX

	ENERGÍA — MATERIAS PRIMAS — METALURGIA		TRANSPORTES — COMUNICACIONES — MEDIOS DE EXPRESIÓN		OTRAS CIENCIAS Y TÉCNICAS
1908	Licuefacción del helio, *Kamerling Onnes* (Hol.).	1908	Teoría de vuelos interplanetarios de *Tsiolkovsky* (Rusia).	1908	Neurocirugía moderna, *Cushing* (EE. UU.).
		1909	Travesía del canal de La Mancha.	1909	Psicoanálisis, *Freud* (Austria).
1911	Estructura planetaria del átomo, *Rutherford* (G. B.).	1911	Hidroavión, *Fabre* (Fr.).	1911	Teoría cromosómica de la herencia, *Morgan* (EE. UU).
1912	Núcleo del átomo, *Rutherford* (G. B.).			1912	Cultivo de tejidos, *Carrel* (Fr.).
				1912	Fotografía de las partículas atómicas, *Wilson* (G. B.).
1913	Fabricación en cadena, *Ford* (EE. UU.).				
		1914	Apertura al comercio del canal de Panamá.		
1915	Relatividad generalizada, *Einstein* (Alem.).				
				1918	Electrón, *Thomson* (G. B.).
1919	Caucho sintético, *Hoffmann* (Alem.).				
1919	Transmutación provocada, *Rutherford* (G. B.).	1920	Autogiro, *La Cierva* (Esp.).		
		1921	Telefotografía, *Belin* (Fr.).	1921	Vacuna antituberculosa, *Calmette* y *Guérin* (Fr.).
1923	Mecánica ondulatoria, *L. de Broglie* (Fr.).				
1924	Mecánica cuántica, *Heisenberg* (Alem.).				
1925	Rayos cósmicos, *Milikan* (EE. UU.).	1925	Televisión.		
		1927	Cine sonoro.	1927	Óptica electrónica, *Busch* (Alemania).
				1927	Mutaciones artificiales, *Muller* (EE. UU.).
1928	Ecuación de ondas del electrón, *Dirac* (G. B.).	1928	Fotografía en color, *Manes-Godowsky* (EE. UU.).		
1928	Teoría del campo unitario, *Einstein* (Alem.).				
				1929	Electroencefalografía, *Berger* (Alem.).
		1930	Batisfera, *Barton* y *Beebe* (EE. UU.).		
1931	Neutrino, *Pauli* (Austria).	1931	Globo estratosférico, *Piccard* (Suiza).	1931	Ciclotrón, *Lawrence* (EE. UU.).
1932	Agua pesada, *Urey* (EE. UU.).			1932	Microscopio electrónico, *Knoll* y *Ruska* (Alem.).
1932	Neutrón, *Chadwick* (G. B.).				
1934	Radiactividad artificial, *I.* y *F. Joliot-Curie* (Fr.).	1934	Iconoscopio, *Zworykin* (EE. UU.).		
		1935	Radar, *Watson-Watt* (G. B.).	1935	Sulfamidas, *Domagk* (Alem.); *Fourneau* y *Trefouel* (Fr.).
1938	Nylón (ya inventado en 1930), *Carothers* (EE. UU.).				
1939	Fisión del uranio, *Hahn* (Alem.) y *Meitner* (Austria).			1939	Difracción de la luz por los ultrasonidos, *Brillouin* (Fr.).
		1941	Avión de turborreactor, *Wittle* (G. B.).	1941	Penicilina (ya descubierta por *Fleming* en 1928), *Fleming*, *Florey* y *Chain* (G. B.).
1942	Pila atómica, *Fermi* (It.).				
1942	Primer elemento transuránico (plutonio), *Seaborg* y *Segre* (EE. UU.).				
1942	Reactor nuclear, *Fermi* (It.).				
				1944	Bombas volantes (V1, V2) [Alem.]
		1945	Avión de turbopropulsión.	1945	Bomba atómica (EE. UU.).
				1945	Estreptomicina, *Waksman* (Estados Unidos).
1946	Sincrotrón, *McMillan* (EE. UU.) y *Oliphant* (G. B.).	1946	Calculadora electrónica, *Mauchly* y *Eckert* (EE. UU.).		
		1947	Avión supersónico, *Sociedad Bell* (EE. UU.).	1947	Cloromicetina, *Rebstuck* (Estados Unidos).
		1947	Cibernética, *Wiener* (EE. UU.).		
		1948	Batiscafo, *Piccard* (Suiza).	1948	Aureomicina, *B. M. Duggar* (EE. UU.).
		1948	Avión estatorreactor, *Leduc* (Francia).		
		1948	Transistor, *Bardeen* y *Brattain* (EE. UU.) [según las teorías de *Shockley* (EE. UU.)].		
				1950	Terramicina, *Finlay* y *Coll* (EE. UU.).
				1953	Vacuna antipoliomelítica, *Salk* (EE. UU.).
1954	Central nuclear (U.R.S.S.).	1954	Submarino atómico (EE. UU.).		
1955	Antiprotón, *Chamberlain* y *Segré* (EE. UU.).	1957	Satélite artificial (U.R.S.S.).		
		1961	Primer satélite artificial ocupado por un hombre (U.R.S.S.).		
		1966	Aterrizaje de « Luna IX » en la Luna (U. R. S. S.).		
		1969	Aterrizaje de *Armstrong* y *Aldrin* (EE. UU.) en la Luna por medio de un módulo lunar desprendido del cohete Apolo XI.	1967	Primer trasplante de corazón humano, *Barnard* (África del Sur).

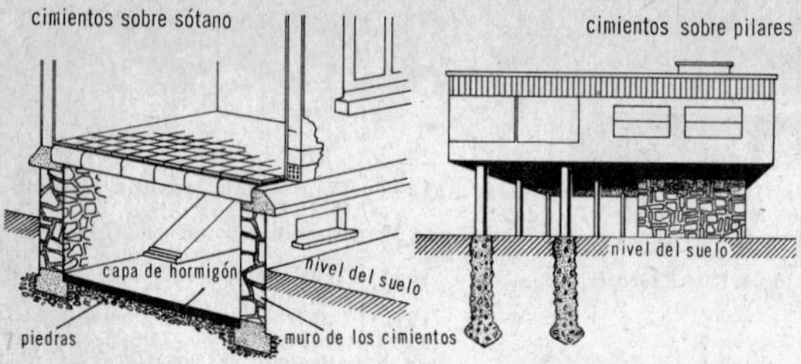

CIMIENTOS DE UNA CASA

CIMIENTO m. (lat. *caementum*). Parte del edificio que está debajo de tierra: *los cimientos sostienen el edificio.* || *Fig.* Principio y base de una cosa: *la pereza es cimiento de todos los vicios.* (SINÓN. *Base, fundamento, basamento, asiento.*) || *Amer. Cimiento romano,* cal hidráulica. || — PARÓN. Cemento.

CIMITARRA f. Alfanje, sable curvo que usan los pueblos orientales. (SINÓN. V. *Espada.*)

CIMOFANA f. *Miner.* Aluminato de glucina: *la cimofana es una piedra preciosa.*

CIMPA f. *Per.* Cimba o trenza.

CINA f. Nombre de una planta gramínea del Ecuador.

CINABRIO m. Sulfuro de mercurio natural, de color encarnado, y del que se saca el mercurio por destilación: *el bermellón es cinabrio puro.*

CINACINA f. *Riopl.* Arbusto papilionáceo de flor olorosa y cuya semilla es medicinal.

CINÁMICO adj. Dícese de un ácido sacado del bálsamo del Perú. || Relativo a la canela.

CINAMOMO m. (lat. *cinnamomum*). Árbol de la familia de las meliáceas, de madera aromática: *las semillas del cinamomo se usan como cuentas de rosario.* || *Filip.* Nombre de la *alheña.*

CINC mejor que **ZINC** m. (al. *zink*). Cuerpo simple, metálico (Zn), de número atómico 30 y de color blanco azulado. Pl. *cines.*

— El *cinc* adquiere con el pulimento un brillo muy hermoso. Su densidad es 7,14; punto de fusión 419,4°C y punto de ebullición 929°C. Encuéntrase en la naturaleza bajo la forma de sulfuro o *blenda* y de carbonato o *calamina.* Se usa en la construcción de tejados. Recubierto de una capa de latón, constituye el bronce de imitación. El hierro galvanizado es hierro bañado en cinc. Entra en la composición de gran número de aleaciones: latón, maillechort, etc.

CINCA f. Cualquiera de ciertas faltas en el juego de bolos, que hace perder cinco rayas.

CINCEL m. (b. lat. *cisellum*). Herramienta que sirve para labrar a martillo piedra, madera o metal: *un cincel de escultor.*

CINCELADO m. Cinceladura.

CINCELADOR m. El artífice que cincela.

CINCELADURA f. Acción de cincelar.

CINCELAR v. t. Labrar o grabar con el cincel.

CINCO adj. (lat. *quinque*). Cuatro y uno: *los cinco dedos de la mano.* || Quinto: *el año cinco.* || — M. Cifra que representa el número cinco: *un cinco mal hecho.* || Guitarrilla venezolana de cinco cuerdas. || *Fig.* y *fam. Esos cinco,* la mano: *choque usted esos cinco.*

CINCOENRAMA f. Planta rosácea de flores amarillas: *la cincoenrama se usa mucho en medicina.*

CINCOGRAFÍA f. (de *cinc,* y el gr. *graphein,* dibujar). Arte de grabar láminas en cinc.

CINCOMESINO, NA adj. Que tiene cinco meses.

CINCONINA f. Alcaloide derivado de la quina.

CINCUENTA adj. (lat *quinquaginta*). Cinco veces diez. || Quincuagésimo: *año cincuenta.*

CINCUENTAVO, VA adj. y s. Dícese de cada una de las cincuenta partes en que se divide un todo.

CINCUENTENA f. Conjunto de cincuenta unidades: *una cincuentena de pesos.*

CINCUENTENARIO m. Conmemoración al cumplirse los cincuenta años de un suceso.

CINCUENTENO, NA adj. Quinquagésimo.

CINCUENTÓN, ONA adj. y s. Que tiene cincuenta años cumplidos: *mujer cincuentona.*

cimitarra

CINCHA f. Faja con que se asegura la silla o albarda a la caballería. (SINÓN. V. *Correa* y *banda.*) || *A revienta cinchas,* loc. adv., de mal grado.

CINCHADA f. *Amer.* Cinchadura.

CINCHADURA f. Acción de cinchar el caballo.

CINCHAR v. t. Asegurar la silla con las cinchas. || Asegurar con cinchos: *cinchar un barril o fardo.*

CINCHAZO m. *Amer.* Cintarazo, cimbronazo.

CINCHERA f. Parte del cuerpo de las caballerías en donde se pone la cincha.

CINCHO m. (lat. *cinctus*). Faja o cintura de la gente del pueblo. || Aro de hierro que sirve de refuerzo para alguna cosa. (SINÓN. *Zuncho.*) || *Amer.* Cincha del caballo. || *Arq.* Porción de arco saliente en el intradós de una bóveda en cañón. || *Veter.* Ceño.

CINCHÓN m. *Ecuad.* Aro o fleje de cuba. || *Col.* Sobrecarga de una caballería. || *Riopl.* y *Chil.* Guasca que sirve de sobrecincha.

CINE m. *Fam.* Cinematógrafo.

CINEASTA m. Creador o actor de cintas cinematográficas.

CINEGÉTICA f. (del gr. *kuôn,* perro, y *agein,* llevar, conducir). El arte de cazar.

CINEGÉTICO, CA adj. Relativo a la cinegética.

CINEMASCOPE m. (n. comercial). Procedimiento cinematográfico de proyección en pantalla panorámica.

CINEMATECA f. Depósito donde se guardan cintas cinematográficas notables.

CINEMÁTICA f. (del gr. *kinêma,* movimiento). *Fís.* Parte de la mecánica que estudia el movimiento.

CINEMATOGRAFÍA f. Arte de la reproducción fotográfica de imágenes en movimiento.

CINEMATOGRAFIAR v. t. Fotografiar una escena en movimiento destinada a ser reproducida en una pantalla. || — SINÓN. *Filmar, rodar, impresionar, proyectar.*

CINEMATOGRÁFICO, CA adj. Relativo al cinematógrafo: *proyección cinematográfica.*

CINEMATÓGRAFO m. Aparato que reproduce en proyección vistas animadas: *el cinematógrafo está fundado en la persistencia de las imágenes en la retina.* || Sala en que se presentan vistas cinematográficas.

— En 1890, presentó el francés Marey un aparato que podía fotografiar 16 veces por segundo; en 1892, el *kinetoscopio* de Edison permitía hacer desfilar ante el observador una serie de fotografías que producían la ilusión del movimiento. El *cinematógrafo,* aparato de proyección, tal como lo conocemos, fue inventado por los hermanos franceses Lumière en 1895. En 1927, el sonido complementó a las imágenes, y posteriormente, tras varias tentativas, se ha conseguido filmar películas en color.

CINERAMA m. (n. comercial). Procedimiento cinematográfico basado en la proyección yuxtapuesta de tres imágenes procedentes de tres proyectores.

CINERARIO, RIA adj. De la ceniza. || *Urna cineraria,* urna para guardar la ceniza de un cadáver.

CINÉREO, A adj. De ceniza.

CINESITERAPIA f. Terapéutica a base de gimnasia y masajes.

CINÉTICA f. Ciencia que estudia el movimiento.

CINÉTICO, CA adj. Propio del movimiento.

CINGALÉS, ESA adj. y s. De la isla de Ceilán.

CÍNGARO, RA adj. y s. (ital. *zingaro*). Gitano.

CINGIBERÁCEAS f. pl. (del lat. *zingiber,* jengibre). Familia de monocotiledóneas, de rizoma rastrero, a que pertenecen el jengibre y el amomo.

CINGLADOR m. *Tecn.* Martillo grande de fragua.

CINGLAR v. t. Forjar el hierro con el cinglador. || Remar con un solo remo en la popa.

CÍNGULO m. Cordón con que se ciñe el alba.

CÍNICAMENTE adv. m. Con cinismo.

CÍNICO, CA adj. (del gr. *kyôn,* perro). Dícese del filósofo perteneciente a una antigua escuela que despreciaba las reglas sociales. (V. *Parte hist.*) || Impudente: *discurso cínico.* (SINÓN. V. *Impúdico.* CONTR. *Casto, decente.*) || — M. Filósofo cínico: *Diógenes es el más célebre de los cínicos.*

CINEMATOGRAFÍA

jirafa y micrófono
director de la fotografía
operador
cámara
2º operador
director
claquetas
anotadora
proyector
fotógrafo de plató
maquilladora
resistencia
maquinista
portador del micrófono
« travelling »
actores de la escena

rodaje exterior de « Sin familia » producción Francinex

ESQUEMA DE LAS OPERACIONES ANEJAS AL RODAJE DE UNA PELÍCULA

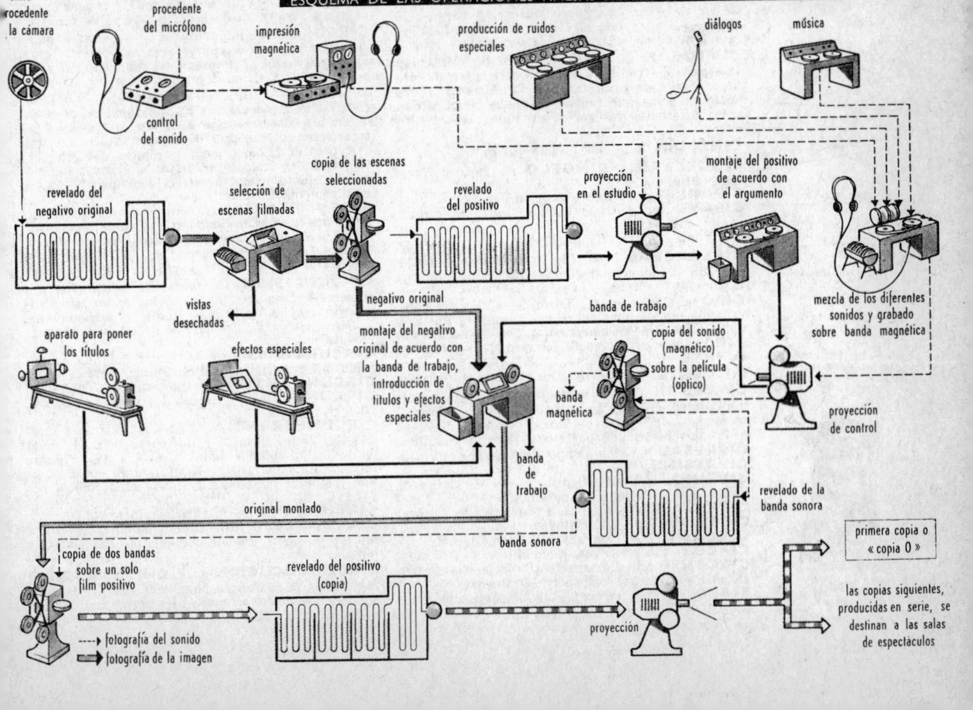

cinta
rocedente
la cámara
sonido procedente del micrófono
control del sonido
impresión magnética
producción de ruidos especiales
diálogos
música
revelado del negativo original
selección de escenas filmadas
copia de las escenas seleccionadas
revelado del positivo
proyección en el estudio
montaje del positivo de acuerdo con el argumento
mezcla de los diferentes sonidos y grabado sobre banda magnética
vistas desechadas
negativo original
banda de trabajo
aparato para poner los títulos
efectos especiales
montaje del negativo original de acuerdo con la banda de trabajo, introducción de títulos y efectos especiales
copia del sonido (magnético) sobre la película (óptico)
banda magnética
proyección de control
banda de trabajo
revelado de la banda sonora
original montado
banda sonora
copia de dos bandas sobre un solo film positivo
revelado del positivo (copia)
proyección
primera copia o « copia 0 »
las copias siguientes, producidas en serie, se destinan a las salas de espectáculos
fotografía del sonido
fotografía de la imagen

CÍNIFE m. Mosquito: *la agalla es producida en la encina por la picadura de un cínife.*
CINISMO m. Doctrina de los filósofos cínicos. ‖ Impudencia, desvergüenza, procacidad: *portarse con cinismo.* (CONTR. *Pudor, reserva, decencia.*)
CINOCÉFALO m. (del gr. *kuôn,* perro, y *kephalê,* cabeza). Especie de mono grande de África, cuya cabeza recuerda la de los perros: *los egipcios adoraban a los cinocéfalos.*
CINÓDROMO m. Canódromo.
CINOGLOSA f. (del gr. *kuôn,* perro, y *glossa,* lengua). Planta borraginácea: *la corteza de cinoglosa se usa en medicina como pectoral.*
CINTA f. Tejido largo y angosto: *una cinta de seda.* ‖ Lo que tiene aspecto de cinta o tira: *cinta cinematográfica; metro de cinta.* ‖ Red para pescar atunes. ‖ Hilera de baldosas de un suelo, pegada a la pared. ‖ Planta gramínea de adorno. ‖ Punto de partida o de llegada. ‖ *Arq.* Filete, adorno en forma de tira estrecha. ‖ *Top.* Cinta de acero dividida que sirve para sus medidas a los agrimensores. ‖ *Veter.* Corona del casco. ‖ Película cinematográfica. ‖ *Cinta magnetofónica,* cinta de materia plástica cubierta de un óxido magnético que se utiliza para grabar el sonido en ciertos magnetófonos. ‖ *En cinta,* m. adv., en sujeción, o con sujeción. ‖ — OBSERV. Es un error frecuente decir que una mujer está *en cinta* en lugar de *encinta* (lat. *incincta*).
CINTAGORDA f. Red para la pesca del atún.
CINTARAZO m. Golpe dado de plano con la espada.
CINTEADO, DA adj. Guarnecido de cintas.
CINTERÍA f. Conjunto de cintas. ‖ Comercio de ellas.
CINTERO m. Ceñidor de mujer. ‖ Soga o maroma que ciñe una cosa: *poner un cintero.*
CINTILAR v. t. Centellear. (SINÓN. V. *Destellar.*)
CINTILLO m. Cordoncillo o cinta pequeña que se usa por adorno. ‖ Sortija pequeña.
CINTO m. Cintura o ceñidor: *llevar la espada al cinto.* ‖ *Arg.* Especie de tuna pequeña y colorada. ‖ *Cinto de oro,* ceñidor con dinero que se lleva interiormente.
CINTRA f. Curvadora de arco o bóveda.
CINTRADO, DA adj. Que forma cintra.
CINTURA f. Parte del cuerpo humano encima de las caderas: *tener poca cintura.* ‖ Cinto o ceñidor. ‖ *Fig.* y *fam. Meter a uno en cintura,* sujetarle, hacerle entrar en razón, someterle.
CINTURÓN m. Cinto de cuero de que cuelga la espada o el sable. ‖ Cintura de cuero o de tela: *un cinturón de raso.* (SINÓN. V. *Correa.*) ‖ *Fig.* Serie de cosas que rodean a otra. ‖ Nombre dado a las diferentes categorías en judo: *ser cinturón negro.*
CINZOLÍN m. Color violeta rojizo.
CIÑUELERO y **CIÑUELO** m. *Bol.* y *Riopl.* Buey guía.
CIPARISO m. Nombre poético del *ciprés.*
CIPAYO m. Antiguo soldado indio al servicio de los ingleses.
CIPE adj. *Amér. C.* Enclenque.
CIPERÁCEAS f. pl. (del lat. *cyperos,* juncia). Familia de monocotiledóneas que tiene por tipo la juncia.
CIPO m. (lat. *cippus*). Trozo de columna con inscripción que se pone sobre una tumba. ‖ Poste de un camino: *cipo kilométrico.* ‖ *Col.* Trozo grande.
CIPOLINO adj. Especie de mármol muy veteado.
CIPOTE adj. *Col.* Tonto, zonzo. ‖ *Guat.* Rechoncho, obeso. ‖ *Amer.* Chiquillo, muchacho, pilluelo.
CIPRÉS m. (lat. *cypressus*). Árbol cupresáceo muy común en Europa, de madera rojiza y olorosa: *la madera del ciprés es incorruptible.* ‖ *Méx.* El altar mayor formado por cuatro altares reunidos.
CIPRESAL m. Sitio donde abundan los cipreses.
CIPRESINO, NA adj. De ciprés.
CIPRINO, NA adj. Ciprio. ‖ — M. Carpa de China, pez de color rojo dorado.
CIPRIO, PRIA adj. y s. Chipriota, de Chipre.
CIPRIOTA adj. y s. Chipriota.
CIRCASIANO, NA adj. y s. De Circasia.
CIRCE f. Mujer astuta y engañosa.
CIRCENSE adj. Perteneciente o relativo al circo romano o al actual: *espectáculo circense.*
CIRCO m. (lat. *circus*). Lugar destinado a los juegos públicos entre los romanos: *los romanos de la decadencia no pedían a sus emperadores sino pan y juegos del circo.* ‖ Recinto circular y cubierto donde se representan ejercicios ecuestres y acrobáticos: *en todos los circos hay payasos.* ‖ Erosión de forma arqueada en un país montañoso.
CIRCÓN m. Silicato de circonio, de color amarillo rojizo: *el circón se utiliza como piedra fina.*
CIRCONIO m. Metal gris (Zr), de número atómico 40 y densidad 6,53, parecido al titanio y al silicio.
CIRCUIR v. t. Rodear, cercar: *circuir una figura.* ‖ — IRREG. Se conjuga como *huir.*
CIRCUITO m. Contorno: *esta ciudad tiene una legua de circuito.* ‖ Movimiento circular. ‖ Viaje circular. (SINÓN. V. *Vuelta.*) ‖ Serie ininterrumpida de conductores eléctricos: *cortar, restablecer el circuito.* ‖ *Corto circuito,* accidente que se produce cuando dos conductores eléctricos entran en contacto.
CIRCULACIÓN f. Movimiento de lo que circula: *la circulación de la savia en el árbol es sobre todo activa en primavera.* (SINÓN. V. *Movimiento.*) ‖ Ordenación del tráfico: *la circulación es difícil en las viejas ciudades.* ‖ Transmisión, propagación: *la circulación de las ideas democráticas fue muy activa en el siglo XIX.* ‖ *Circulación de la sangre,* movimiento continuo de la sangre que va del corazón a las extremidades y de éstas al corazón: *la circulación de la sangre fue presentida por el médico español Miguel Servet.* ‖ *Circulación del dinero,* su transmisión de mano en mano.
CIRCULANTE adj. Que circula de mano en mano: *las bibliotecas circulantes son muy útiles.*
CIRCULAR adj. De figura de círculo: *sala circular.* ‖ — F. Carta dirigida a muchos: *circular de comercio.* ‖ *Amer. Jubileo circular,* el de las cuarenta horas.
CIRCULAR v. i. (lat. *circulare*). Moverse de un modo continuo, volviendo siempre al punto de partida: *la sangre circula en los vasos.* ‖ Pasar de mano en mano: *el dinero circula.* ‖ Ir y venir: *circulan los coches.* ‖ *Fig.* Propagarse: *circulan rumores de guerra.*
CIRCULARMENTE adv. m. En círculo.
CIRCULATORIO, RIA adj. Relativo a la circulación de la sangre: *el torrente circulatorio.* ‖ Relativo a la circulación de vehículos: *los problemas circulatorios de una ciudad.* ‖ *Aparato circulatorio,* conjunto de las arterias y las venas.
CÍRCULO m. (lat. *circulus*). Superficie plana limitada por una circunferencia: *la superficie del círculo es igual al producto del cuadrado del radio por 3,1416.* ‖ Circunferencia: *describir un círculo.* (SINÓN. *Órbita, cerco, redondel.*) ‖ Casino. (SINÓN. V. *Cenáculo.*) ‖ *Fig.* Extensión: *el círculo de los conocimientos humanos.* ‖ *Círculos polares,* círculos menores de la esfera terrestre, tan distantes del Polo como los trópicos del ecuador: *círculo polar ártico o antártico.* ‖ *Círculo vicioso,* razonamiento en que se ofrece como prueba lo que precisamente se debe probar.
CIRCUMPOLAR adj. Que está alrededor del Polo: *navegación circumpolar; región circumpolar.*
CIRCUN, prep. insep. que significa *alrededor: circunnavegación, circunscribir.*
CIRCUNCIDAR v. t. Verificar la circuncisión.
CIRCUNCISIÓN f. Operación quirúrgica que consiste en seccionar el prepucio; es un rito obligatorio en las religiones judía y mahometana. ‖ *Circuncisión de Jesucristo,* fiesta de la Iglesia (1º de enero).
CIRCUNCISO adj. y s. Dícese del que ha sufrido la circuncisión. ‖ *Fig.* Judío, moro.
CIRCUNDANTE adj. Que circunda o rodea.
CIRCUNDAR v. t. Cercar una cosa. (SINÓN. V. *Rodear.*)
CIRCUNFERENCIA f. (del lat. *circum,* alrededor, y *ferre,* llevar). Línea curva cerrada, cuyos puntos están todos a igual distancia de un punto interior llamado *centro: se obtiene la longitud de una circunferencia multiplicando el diámetro por 3,1416.* (SINÓN. V. *Círculo.*)
CIRCUNFERIR v. t. Circunscribir, limitar.
CIRCUNFLEJO adj. Dícese de un acento (^) que ya no tiene uso en español, pero sí en otras lenguas.
CIRCUNLOCUCIÓN f. y **CIRCUNLOQUIO** m. Rodeo de palabras, que implica prolijidad: *emplear prudentes circunloquios para anunciar una mala noticia.* (SINÓN. V. *Ambage* y *perífrasis.*)

cínife

cinocéfalo

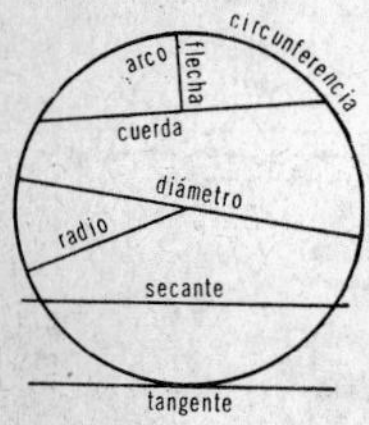

CÍRCULO

cipo

Fot. Dragesco

CIRCUNNAVEGACIÓN f. Viaje marítimo alrededor de un continente: *los fenicios fueron los primeros que efectuaron la circunnavegación de África.*
CIRCUNSCRIBIR v. t. (del lat. *circum*, alrededor, y *scribere*, escribir). Encerrar en ciertos límites: *circunscribir la extensión de un desastre.* (SINÓN. V. *Limitar.*) ‖ *Geom. Circunscribir una figura a un círculo*, trazar una figura cuyos lados toquen exteriormente al círculo. ‖ — V. r. Ceñirse.
CIRCUNSCRIPCIÓN f. Acción de circunscribir, encerrar o limitar: *circunscripción electoral.* ‖ División administrativa.
CIRCUNSCRITO, TA adj. *Geom.* Dícese de la figura que circunscribe a otra.
CIRCUNSPECCIÓN f. (lat. *circunspectio*). Atención, prudencia: *la circunspección mide las palabras del sabio.* ‖ — SINÓN. *Discreción, reserva, recato, comedimiento, reticencia.* ‖ — CONTR. *Aturdimiento, ligereza.*
CIRCUNSPECTO, TA adj. Discreto, prudente: *lenguaje circunspecto.* ‖ — CONTR. *Ligero, alocado.*
CIRCUNSTANCIA f. Cierta particularidad que acompaña un acto: *tener en cuenta las circunstancias atenuantes.* ‖ Situación: *una circunstancia crítica.* (SINÓN. V. *Momento.*)
CIRCUNSTANCIADO, DA adj. Detallado: *relato circunstanciado.*
CIRCUNSTANCIAL adj. Que depende de alguna circunstancia: *seguridad circunstancial.*
CIRCUNSTANTE adj. Que está alrededor. ‖ — Adj. y s. Dícese de las personas presentes a alguna cosa: *recibió el aplauso de todos los circunstantes.*
CIRCUNVALACIÓN f. (del lat. *circunvallare*, rodear). *Mil.* Obras de atrincheramiento. ‖ *Línea de circunvalación*, ferrocarril, tranvía o autobús que recorre el perímetro de una ciudad.
CIRCUNVALAR v. t. Cercar, ceñir, rodear.
CIRCUNVECINO, NA adj. Próximo, cercano, que está vecino: *lugares circunvecinos.*
CIRCUNVOLUCIÓN f. Vuelta que se da alrededor de un centro común: *las circunvoluciones de los intestinos.* ‖ Dícese de las sinuosidades del cerebro: *la facultad del lenguaje ha sido localizada en la segunda circunvolución izquierda del cerebro.*
CIRIAL m. Candelero alto. ‖ *Méx.* Planta bignoniácea.
CIRINEO m. (por alusión a *Simón Cirineo*). *Fig.* y *fam.* Persona que ayuda o alivia a otra.
CIRIO m. (del lat. *cereus*, de cera). Vela grande de cera que se usa en las iglesias. ‖ *Cirio pascual*, gran cirio bendito que se enciende durante el tiempo pascual en los oficios solemnes. ‖ *Bot.* Planta cactácea de América.
CIRIRÍ m. *Col.* Especie de gavilán muy atrevido.
CIROLERO m. Uno de los nombres del *ciruelo.*
CIRQUERO m. *Méx.* Acróbata, volatinero.
CIRRÍPEDOS o **CIRRÓPODOS** m. pl. *Zool.* Crustáceos que viven en el mar pegados a las rocas, como los percebes.
CIRRO m. *Bot.* Zarcillo de la vid. ‖ *Med.* Tumor duro e indoloro. ‖ *Meteor.* Nube que presenta el aspecto de una masa de filamentos. ‖ *Zool.* Cada una de las patas de los cirrópodos.
CIRROSIS f. Enfermedad del hígado caracterizada por granulaciones de color rosado.
CIRROSO, SA adj. De la naturaleza del cirro.
CIRUELA f. Fruto comestible del ciruelo.
CIRUELO m. Árbol rosáceo, cuyo fruto es la ciruela. ‖ *Amer.* y *Filip.* Jobo, árbol terebintáceo
CIRUGÍA f. (del gr. *kheir*, mano, y *ergon*, obra). Parte de la medicina que tiene por objeto la curación de las enfermedades por medio de operaciones hechas con instrumentos generalmente cortantes. ‖ *Cirugía plástica*, aquella que corrige defectos físicos con el objeto de embellecer.
CIRUJANO m. El que se dedica a la cirugía.
CIS, prep. insep. del lat. *cis*, que significa *de la parte de acá: cismontano.* ‖ — CONTR. *Trans.*
CISALPINO, NA adj. Decíase de las comarcas situadas entre los Alpes y Roma. ‖ — CONTR. *Transalpino.*
CISANDINO, NA adj. Del lado de acá de los Andes.
CISCO m. Carbón menudo. ‖ *Fig.* y *fam.* Alboroto, jaleo: *meter cisco en una reunión.* (SINÓN. V. *Disputa.*) ‖ *Fig.* y *fam. Hacer cisco*, hacer polvo, destruir.
CISCÓN, ONA adj. Dícese del que se avergüenza fácilmente.
CISIÓN f. Cisura, incisión. ‖ — PARÓN. *Escisión.*
CISMA m. (gr. *schisma*). Disentimiento y separación entre los miembros de una comunidad: *el cisma griego.* [V. *Parte hist.*] (SINÓN. V. *Disidencia.*) ‖ Discordia. ‖ *Col.* Dengue, remilgo.
CISMÁTICO, CA adj. y s. Perteneciente al cisma: *cristianos cismáticos griegos.* (SINÓN. V. *Apóstata.*) ‖ *Col.* Melindroso.
CISMONTANO, NA adj. De la parte de acá de los montes. ‖ — CONTR. *Ultramontano.*
CISNE m. (lat. *cycnus*). Ave palmípeda, de cuello largo y de plumaje blanco comúnmente y, en una especie, negro: *el cisne se domestica fácilmente.* ‖ *Arg.* Borla, polvera de plumón de cisne. ‖ *Fig.* Gran poeta: *el cisne de Mantua* (Virgilio). ‖ *Canto del cisne*, la última obra de un ingenio próximo a extinguirse. ‖ *Cuello de cisne*, el muy blanco y flexible.
CISORIA adj. Dícese del arte de cortar o trinchar las viandas: *el "Arte Cisoria" de Enrique de Villena.*
CISPLATINO, NA adj. De este lado del Plata.
CISQUERO m. Muñequilla de lienzo, llena de carbón, que sirve para pasar dibujos estarcidos.
CISTÁCEAS f. pl. *Bot.* Familia de dicotiledóneas con fruto en cápsula, como la jara y la estepa blanca.
CISTEL y **CISTER** m. Orden de San Bernardo.
CISTERCIENSE adj. Perteneciente al Cister.
CISTERNA f. Depósito subterráneo para agua llovediza: *el agua de cisterna es de calidad inferior.*
CISTICERCO m. *Zool.* Estado que atraviesan los embriones de algunos gusanos parásitos mientras están enquistados en la substancia de un animal.
CISTITIS f. (del gr. *kustis*, vejiga). *Med.* Inflamación aguda o crónica de la vejiga urinaria.
CISTOSCOPIO m. Endoscopio empleado para explorar el interior de la vejiga de la orina.
CISTOTOMÍA f. *Cir.* Incisión de la vejiga.
CISURA f. (lat. *caesura*). Rotura, abertura sutil, sangría que se hace en una vena. ‖ — PARÓN. *Cesura.*
CITA f. Hora y lugar en que convienen encontrarse dos personas. (SINÓN. *Citación, intimación, emplazamiento, convocatoria, entrevista.*) ‖ Pasaje textual que se reproduce de un libro. ‖ *Cita espacial*, encuentro de dos vehículos espaciales.
CITACIÓN f. Acción de citar ante un juez. (SINÓN. V. *Cita.*)
CITADOR, RA adj. y s. Que cita.

hexágono circunscrito a un círculo

cisne

cirio

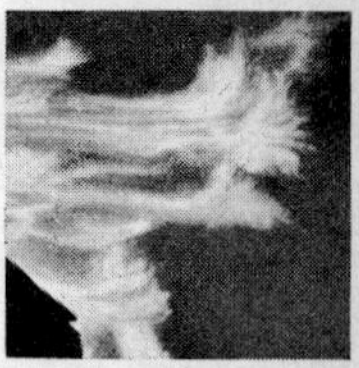

cirro

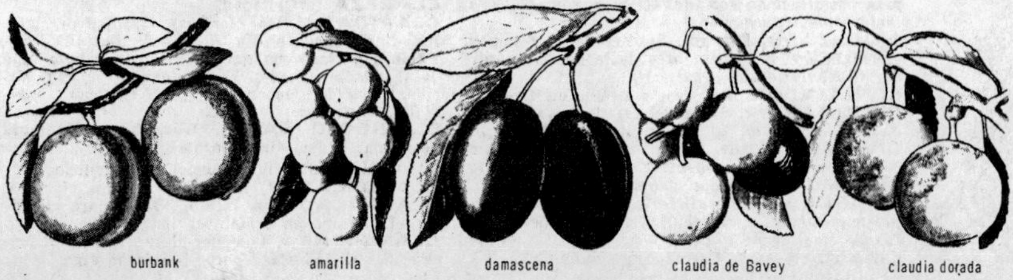

CIRUELAS

burbank — amarilla — damascena — claudia de Bavey — claudia dorada

Fot. U. S. I. S., Rudaux

citara

clámide

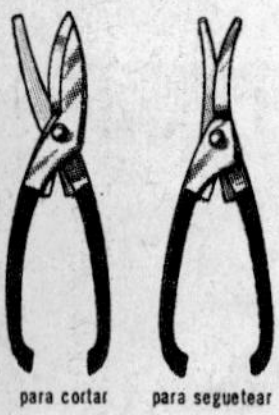

CIZALLAS

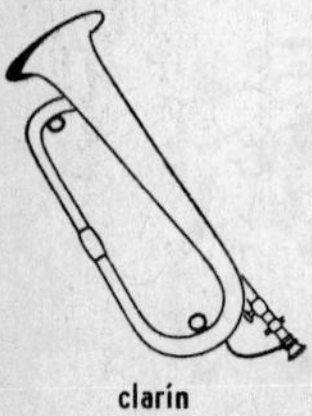

clarín

CITAR v. t. (lat. *citare*). Señalar a uno día y lugar para tratar con él algún negocio. (SINÓN. *Avisar, convocar, anotar, referir.*) ‖ Referir textualmente lo que otro ha dicho o escrito: *citar un pasaje de Cervantes.* ‖ Provocar el torero al toro para que embista. ‖ *For.* Emplazar a uno ante un juez.

CITARA f. Pared del grueso de un ladrillo. ‖ — PARÓN. *Cítara.*

CÍTARA f. (lat. *cithara*). Instrumento músico de cuerdas usado en la Antigüedad. ‖ — PARÓN. *Citara.*

CITARILLA f. *Arq.* Paredilla de ladrillos colocados alternativamente de plano y de canto u oblicuamente.

CITARISTA com. Tocador de cítara.

CITATORIO, RIA adj. y s. *For.* Aplícase al mandamiento con que se cita o emplaza a alguno.

CITEREO, A adj. *Poét.* Relativo a Venus.

CITERIOR adj. De la parte de acá: *los romanos llamaban "España Citerior" a la Tarraconense.*

CÍTISO m. (lat. *cytisus*). Codeso, leguminosa.

CÍTOLA f. Tablilla que golpea continuamente contra la piedra del molino. (SINÓN. *Tarabilla.*)

CITOLOGÍA f. Parte de la biología que estudia la célula y sus funciones.

CITOPLASMA m. *Zool.* Parte fundamental de la célula que rodea al núcleo.

CITRATO m. *Quím.* Sal formada por el ácido cítrico: *el papel de citrato de plata se usa en fotografía.*

CÍTRICO, CA adj. (del lat. *citrus*, limón). Dícese de un ácido que se extrae del limón. ‖ — Adj. y s. m. pl. Agrios: *exportación de cítricos.*

CITRINA f. *Quím.* Esencia del limón.

CIUDAD f. Población grande: *una ciudad industrial.* (SINÓN. V. *Población.*) ‖ *La Ciudad Eterna,* Roma. ‖ *La Ciudad Santa,* Jerusalén, Roma, Medina, La Meca, etc., según las religiones.

CIUDADANÍA f. Calidad, derecho de ciudadano.

CIUDADANO, NA adj. y s. De la ciudad. ‖ Habitante de la ciudad. ‖ Que goza de ciertos derechos políticos que le permiten tomar parte en el gobierno de un país.

CIUDADELA f. Fortaleza que defiende una ciudad. (SINÓN. V. *Fortaleza.*) ‖ *Can.* y *Cub.* Casa de vecindad para gente pobre.

CIUDADREALEÑO, ÑA adj. y s. De Ciudad Real.

CIÚTICO m. *Riopl.* Siútico, cursi.

CIVETA f. Gato de algalia.

CÍVICO, CA adj. Relativo al civismo. ‖ Civil, de la ciudad. ‖ *Fig.* Patriótico: *virtud cívica.* ‖ — M. *Amer.* Guardia cívico.

CIVIL adj. (lat. *civilis*, de *civis*, ciudadano). Ciudadano. ‖ Sociable, urbano. (CONTR. *Incivil, grosero.*) ‖ Que concierne a los ciudadanos: *guerras civiles.* ‖ Perteneciente a las relaciones privadas entre ciudadanos: *lo civil y lo criminal.* ‖ *Muerte civil,* privación de los derechos civiles y cívicos. ‖ — M. Guardia civil. ‖ Paisano, no militar. ‖ — PARÓN. *Sibil.*

CIVILIDAD f. Cortesía, sociabilidad. (SINÓN. V. *Urbanidad.*)

CIVILISMO m. *Amer.* Gobierno confiado a civiles.

CIVILISTA m. Profesor de Derecho civil. ‖ *Amer.* Enemigo de la influencia religiosa o militar en política.

CIVILIZACIÓN f. Acción y efecto de civilizar. ‖ Conjunto de caracteres propios de un pueblo o raza: *civilización romana.* ‖ — SINÓN. *Cultura, instrucción, educación.*

CIVILIZADO, DA adj. Se dice del que emplea el lenguaje y las costumbres de la gente instruida. (SINÓN. *Educado, culto.*)

CIVILIZADOR, RA adj. y s. Que civiliza.

CIVILIZAR v. t. Sacar del estado salvaje: *civilizar a un pueblo.* ‖ Educar, ilustrar.

CIVILMENTE adv. m. Con civilidad o cortesía. ‖ Conforme al Derecho civil: *juzgar civilmente.*

CIVISMO m. Celo por la patria, virtud cívica.

CIZALLA f. (fr. *cisailles*). Tijeras que se emplean para cortar metal. ‖ Cortadura de metal: *fundir cizallas de plata.*

CIZALLAR v. t. Cortar con cizalla.

CIZAÑA f. (lat. *zizania*). Planta gramínea: *la harina de cizaña es venenosa.* (SINÓN. *Joyo.*) ‖ *Fig.* Vicio: *separar la cizaña del buen grano.* ‖ *Fig.* Lo que daña o echa a perder otra cosa. ‖ *Fig.* Disensión o enemistad: *sembrar cizaña.*

CIZAÑAR v. t. *Fig.* Sembrar la discordia, meter cizaña: *ser aficionado a cizañar.*

CIZAÑERO, RA adj. Aficionado a cizañar.

Cl, símbolo químico del *cloro.*

CLA... V. TLA..., para ciertas voces mexicanas.

CLAC m. Sombrero de muelles que puede plegarse para llevarlo debajo del brazo. ‖ Sombrero de tres picos que podía doblarse. ‖ Claque.

CLACO m. *Méx.* V. TLACO.

CLACUACHE m. *Méx.* V. TLACUACHE.

CLACHIQUE m. *Méx.* V. TLACHIQUE.

CLADÓCEROS m. pl. *Zool.* Crustáceos de agua dulce provistos de un caparazón bivalvo, como la pulga de agua.

CLAMAR v. t. (lat. *clamare*). Quejarse, llamar a gritos: *clamar al cielo.* (SINÓN. V. *Exclamar.*) ‖ *Fig.* Desear vivamente.

CLÁMIDE f. (lat. *chlamys*). Capa corta y ligera que usaron los griegos y los romanos: *la clámide se usaba para montar a caballo.*

CLAMOR m. Grito: *un clamor de angustia.* ‖ Toque de campanas por los difuntos.

CLAMOREADA f. Clamor, grito grande y largo.

CLAMOREAR v. t. Gritar, suplicar, quejarse. ‖ — V. i. Doblar a muerto las campanas.

CLAMOREO m. Clamor continuo: *el clamoreo de la multitud.* ‖ Súplica importuna y repetida.

CLAMOROSO, SA adj. Quejoso, lastimoso: *un rumor clamoroso.* ‖ Vocinglero, gritón, chillón.

CLAN m. Tribu o familia en Escocia. (SINÓN. V. *Pueblo.*) ‖ *Fig.* Partido, grupo de personas unidas por cualquier interés. (SINÓN. V. *Pandilla y partido.*)

CLANDESTINAMENTE adv. m. Secretamente.

CLANDESTINIDAD f. Carácter de clandestino.

CLANDESTINO, NA adj. (lat. *clandestinus*). Secreto: *reunión clandestina.* (SINÓN. V. *Oculto.* CONTR. *Público, patente.*)

CLANGOR m. (lat. *clangor*). Sonido vibrante.

CLAPA f. Nombre mexicano del *ricino.*

CLAQUE f. *Teatr.* Alabarderos.

CLAQUETAS f. pl. Instrumento de percusión formado por dos tablillas articuladas.

CLARA f. Parte transparente y líquida del huevo: *la clara del huevo se compone casi exclusivamente de albúmina.* ‖ Parte de la cabeza que clarea por falta de pelo: *tener muchas claras en la frente.* ‖ *Fam.* Parada momentánea de la lluvia: *aprovechar una clara para salir.* ‖ *Chil.* Clarisa, monja. ‖ *Fam.* Claridad.

CLARABOYA f. Ventana de forma redonda. (SINÓN. V. *Tragaluz.*)

CLARAMENTE adv. m. Con claridad: *hablar claramente.* ‖ — CONTR. *Obscuramente.*

CLARAR v. t. Aclarar, hacer clara una cosa.

CLAREA f. Bebida antigua compuesta con vino blanco, azúcar o miel, canela, etc.

CLAREAR v. t. (lat. *clarare*). Dar claridad, poner más claro: *clarear un color.* ‖ *Méx.* Atravesar de un balazo. ‖ — V. impers. Empezar a amanecer: *despertarse al clarear el día.* ‖ Despejarse las nubes. ‖ — V. r. Transparentarse: *esta tela se clarea.* ‖ *Fig.* y *fam.* Descubrir uno involuntariamente sus intenciones.

CLARECER v. impers. Amanecer, salir el sol. ‖ — IRREG. Se conjuga como *merecer.*

CLARENS m. Cierto coche de punto, cerrado.

CLARETE adj. y s. Vino tinto algo claro.

CLAREZA f. Claridad.

CLARIDAD f. (lat. *claritas*). Calidad de claro, luz: *la claridad del día.* (SINÓN. V. *Luz.*) ‖ *Fam.* Palabra o frase con que se dice sin rebozo algo desagradable. (SINÓN. V. *Franqueza.*) ‖ *Fig.* Nitidez: *claridad del estilo.* ‖ — CONTR. *Obscuridad, confusión.*

CLARIDOSO, SA adj. *Méx.* Que acostumbra decir claridades, sin rebozo.

CLARIFICACIÓN f. Acción de clarificar.

CLARIFICADOR, RA adj. y s. Que clarifica.

CLARIFICADORA f *Cub.* Vasija para clarificar el guarapo en la fabricación del azúcar.

CLARIFICAR v. t. Poner claro: *clarificar azúcar.* (SINÓN. V. *Purificar.*) ‖ Aclarar algo.

CLARIFICATIVO, VA adj. Que clarifica.
CLARÍN m. Trompeta de sonido muy agudo: *toque de clarines.* (SINÓN. V. *Trompeta.*) ‖ Persona que toca el clarín. ‖ Tela de hilo delgada: *pañuelo de clarín.* ‖ *Clarín de la selva,* pájaro americano del tamaño del tordo: *el clarín se domestica fácilmente.*
CLARINADA f. *Fam.* Tontería, sandez, necedad.
CLARINADO, DA adj. *Blas.* Dícese del animal que se representa con cencerro al cuello.
CLARINETE m. Instrumento músico de viento, de llaves. ‖ Persona que toca el clarinete.
CLARINETISTA m. El que toca el clarinete.
CLARIÓN m. Pasta de yeso mate que se usa para escribir en los encerados.
CLARISA f. Religiosa de Santa Clara.
CLARIVIDENCIA f. Claridad de percepción: *juzgar con clarividencia.* ‖ — SINÓN. *Lucidez, penetración, sutileza, perspicacia, sagacidad, agudeza.* Fam. *Olfato, pupila.*
CLARIVIDENTE adj. Dícese del que ve o percibe las cosas con claridad: *espíritu clarividente.*
CLARO, RA adj. (lat. *clarus*). Que recibe mucha luz: *una habitación clara.* ‖ Que se distingue bien: *voz clara.* ‖ Límpido, puro: *agua clara.* (SINÓN. V. *Transparente.*) ‖ De color poco subido: *color de rosa claro.* ‖ Poco consistente: *jarabe claro.* ‖ Poco apretado, ralo: *tela clara.* ‖ Fácilmente inteligible: *estilo claro.* (SINÓN. V. *Comprensible* y *fluido.*) ‖ Manifiesto: *prueba clara.* (SINÓN. V. *Evidente.*) ‖ Expresado sin rebozo. ‖ *Fig.* Ilustre: *clara prosapia.* ‖ — M. Abertura: *los claros de un edificio.* ‖ Espacio entre dos palabras: *dejar un claro en una línea.* ‖ Espacio, intersticio, intervalo: *haber claros en un sembrado.* ‖ *Pint.* Parte más luminosa de una figura o de un cuadro: *cuadro con pocos claros.* ‖ *Col.* Caldo de la mazamorra. ‖ *Per.* Bebida espumosa. ‖ *Venez.* Aguardiente de caña. ‖ — Adv. m. Claramente: *hablar claro.* (SINÓN. V. *Categórico.*) ‖ *Claro obscuro,* v. CLAROSCURO. ‖ *A las claras,* loc. adv., evidentemente. ‖ *Poner* o *sacar en claro,* aclarar una cosa.
CLAROR m. Resplandor, claridad.
CLAROSCURO m. *Pint.* Imitación del efecto que produce la luz iluminando las superficies que hiere y dejando en la sombra las que no hiere: *Rembrandt ha sacado del claroscuro admirables efectos.* ‖ Mezcla de sombra y de luz: *el claroscuro de las selvas.*
CLARUCHO, CHA adj. *Fam.* Muy claro: *caldo clarucho.*
CLASE f. (lat. *classis*). Orden en que se colocan las personas o cosas según su naturaleza, su condición, importancia, etc.: *la clase media suele ser la más sufrida.* (SINÓN. *Estado, condición, suerte, categoría.* V. tb. *rango* y *especie.*) ‖ Escuela, estudios en general: *libro para las clases.* ‖ Sala de lección, aula: *ventilar la clase.* ‖ Reunión de discípulos que escuchan a un maestro: *una clase turbulenta.* ‖ Lección, curso: *clase de francés.* ‖ *Hist. nat.* Grupo taxonómico que comprende varios órdenes de animales o plantas con caracteres comunes: *clase de las angiospermas.* ‖ — Pl. *Chil.* Individuo de tropa situado entre el oficial y el soldado raso. ‖ *De clase,* notable, distinguido. ‖ *Clases pasivas,* personas que disfrutan haber pasivo (pensión, jubilación, etc.). ‖ *Lucha de clases,* pugna entre el proletariado y la burguesía.
CLÁSICAMENTE adv. m. De modo clásico.
CLASICISMO m. Sistema literario o artístico que preconiza la imitación de los modelos antiguos, especialmente los grecolatinos. ‖ Carácter de lo que, por equilibrado y elegante, está conforme con la tradición literaria o artística.
CLASICISTA m. Partidario del clasicismo.
CLÁSICO, CA adj. Dícese del escritor o de la obra que se considera como modelo en cualquier literatura: *Calderón y Lope de Vega son escritores clásicos.* ‖ Muy notable y digno de imitación: *una oda clásica.* ‖ Perteneciente a la literatura y al arte antiguos y a los que en tiempos modernos los han imitado: *la escultura clásica de principios del siglo diecinueve era muy fría.* ‖ *Fig.* Partidario del clasicismo. ‖ *Fig.* Corriente, común: *llevar un traje clásico.*
CLASIFICACIÓN f. Acción de clasificar: *clasificación heterogénea.* (SINÓN. V. *Reparto.*)
CLASIFICADOR, RA adj. y s. Que clasifica. ‖ Mueble de despacho para guardar papeles.
CLASIFICADORA f. Máquina que permite la clasificación a gran velocidad de tarjetas perforadas.
CLASIFICAR v. t. Ordenar por clases: *clasificar papeles, plantas,* etc. (SINÓN. V. *Ordenar.*)
CLASIFICATORIO, RIA adj. Que clasifica.
CLAUDICACIÓN f. Acción y efecto de claudicar.
CLAUDICAR v. i. Cojear. (P. us.) ‖ *Fig.* Faltar a sus deberes. (SINÓN. V. *Ceder.*)
CLAUSTRAL adj. Relativo al claustro: *disciplina claustral.* (SINÓN. V. *Monástico.*) ‖ Dícese del religioso que vive en el claustro.
CLAUSTRO m. Galería interior del patio de un monasterio: *un claustro ojival.* (SINÓN. V. *Abadía.*) ‖ Junta de los profesores de una universidad. ‖ *Fig.* Estado religioso: *entrar en el claustro.* ‖ *Claustro materno,* matriz.
CLAUSTROFOBIA f. *Med.* Sensación de angustia producida por la permanencia en lugares cerrados.
CLÁUSULA f. *For.* Cada una de las disposiciones de un contrato, documento, etc. (SINÓN. V. *Condición.*) ‖ Frase: *hay cláusulas simples y compuestas.*
CLAUSULADO, DA adj. Dícese del estilo cortado.
CLAUSULAR v. t. Terminar lo que se decía.
CLAUSURA f. Encierro en que viven ciertos religiosos: *quebrantar la clausura.* ‖ Vida religiosa o en clausura. ‖ Acto con que terminan las deliberaciones de un tribunal, asamblea o reunión, etcétera: *la clausura de un congreso.* ‖ *Amer.* Cierre: *la clausura de un banco, de un puerto.*
CLAUSURAR v. t. Cerrar una sesión, un tribunal, etc.: *clausurar las clases.* ‖ Cerrar por orden gubernativa: *el establecimiento fue clausurado.*
CLAVA f. Palo más grueso por un extremo que por otro: *la clava de Hércules.* (SINÓN. *Cachiporra.*)
CLAVADO, DA adj. Guarnecido con clavos. ‖ Puntual, fijo. ‖ *Fig.* Pintiparado: *este traje le está clavado.* ‖ *Fig.* Parecido: *este hijo es clavado a su padre.*
CLAVADURA f. Herida que se hacen los caballos cuando se meten un clavo en el casco.
CLAVAR v. t. Introducir un clavo en algún cuerpo: *clavar una tabla.* ‖ Asegurar con clavos: *clavar una caja.* (SINÓN. *Asegurar, fijar.*) ‖ Inutilizar los cañones metiéndoles un clavo en el oído: *los artilleros antiguos clavaban los cañones antes de abandonarlos.* ‖ *Fig.* Fijar: *clavar los ojos en una persona.* ‖ *Fig.* y *fam.* Engañar. ‖ — V. r. Introducirse una cosa puntiaguda: *me clavé una espina.* ‖ *Per.* Colarse sin ser llamado.
CLAVAZÓN f. Conjunto de clavos de algo.
CLAVE f. (del lat. *clavis,* llave). Explicación de los signos empleados para escribir en cifra: *emplear clave telegráfica para corresponder.* ‖ Explicación que necesitan algunos libros para ser comprendidos: *la clave de un método de inglés.* ‖ Sentido y alusiones disimuladas que encierran algunas obras: *una novela de clave.* ‖ *Arq.* Piedra principal que cierra un arco o bóveda: *una clave esculpida.* ‖ *Mús.* Signo que se pone al principio del pentágrama para determinar el nombre de las notas. ‖ — M. *Mús.* Clavicordio. ‖ — Adj. Esencial, capital, que depende todo de él: *industria, palabra clave.*
CLAVECÍN m. Galicismo por *clavicordio.*
CLAVEL m. Planta cariofilácea, cuyas flores, de hermosos colores, son muy apreciadas. ‖ *Riopl. Clavel del aire,* género de plantas bromeliáceas.
CLAVELITO m. Planta cariofilácea de flores pequeñas, de color de rosa y aroma grato.
CLAVELÓN m. Planta herbácea compuesta de México: *la raíz del clavelón es purgante.*
CLAVELLINA f. Clavel de florecitas sencillas.
CLAVEQUE m. Cristal de roca tallado.
CLAVERA f. Molde para hacer cabezas de clavos. ‖ Agujero por donde se introduce el clavo.
CLAVERÍA f. Dignidad de clavero. ‖ Oficina que recauda las rentas de un cabildo.
CLAVERO m. Llavero, el que tiene a su cargo la custodia de las llaves. ‖ Dignatario superior de algunas órdenes religiosas militares. ‖ *Bot.* Árbol mirtáceo *que da unas flores róseas en corimbo: los capullos secos de la flor del clavero son los clavos de especia.* ‖ *Méx.* Clavijero, percha.

clarinete

clava

clarisa

clavel

clavicordio

CLAVOS

1. Bellote
2. De espiga
3. De rosca
4. De gota de sebo
5. De ensambladura
6. Calamón
7. Tachuela
8. Tachuela de bota
9. Grapa

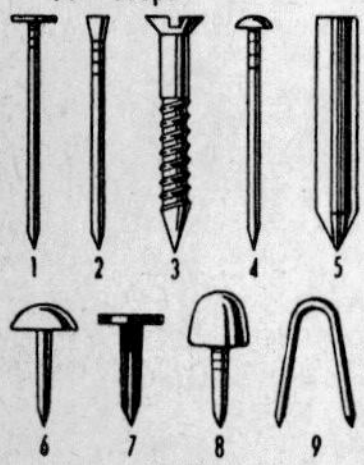

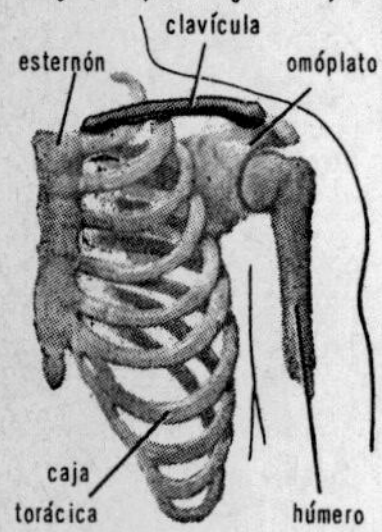

CLAVÍCULA

clemátide

CLAVETE m. Clavillo pequeño. ‖ *Mús.* Púa para tocar la bandurria.

CLAVETEAR v. t. Guarnecer con clavos: *clavetear una caja, un zapato.* ‖ Herretear la punta de las cintas. ‖ *Fig.* Terminar un negocio en todos sus pormenores: *dejar bien claveteado un negocio.*

CLAVETEO m. Acción de clavetear.

CLAVICEMBALISTA com. Persona que toca el clavicémbalo.

CLAVICÉMBALO m. Instrumento músico de cuerdas.

CLAVICORDIO m. (del lat. *clavis,* llave, y *chorda,* cuerda). Instrumento músico parecido al piano: *el sonido del clavicordio es más agudo que el del piano.*

CLAVÍCULA f. (del lat. *clavicula,* llavecilla). Cada uno de los dos huesos largos y algo curvos que unen el pecho con los dos hombros: *son frecuentes las luxaciones de la clavícula.*

CLAVICULAR adj. De la clavícula.

CLAVIJA f. (lat. *clavicula*). Taruguillo de madera u otra materia que se usa para ensamblajes o para tapar un agujero: *clavijas de guitarra.* ‖ *Clavija maestra,* la principal de un carruaje, que fija la caja sobre el juego delantero. ‖ *Fam. Apretar a uno las clavijas,* ponerle en un aprieto.

CLAVIJERO m. Pieza en que están las clavijas de un instrumento músico. ‖ Colgadero.

CLAVILLO m. Pasador.

CLAVO m. (lat. *clavus*). Piececilla de hierro, con cabeza y punta, que se hunde en un cuerpo para asegurar alguna cosa. ‖ Capullo de la flor del clavero: *la esencia de clavo se usa como anestésico local.* ‖ Materia que sale del divieso. ‖ *Pop.* Deuda. ‖ *Col.* Mal negocio. ‖ *Méx.* y *Hond.* Veta rica en metales. ‖ *Arrimar el clavo a un caballo,* clavarle hasta lo vivo al herrarlo. ‖ *Fig.* y *fam. Dar en el clavo,* acertar. ‖ *Dar una en el clavo y ciento en la herradura,* acertar por casualidad, equivocarse a menudo. ‖ *Fam. Agarrarse a un clavo ardiendo,* valerse de cualquier medio en un apuro. ‖ *Fam. Ser de clavo pasado una cosa,* ser muy evidente o muy fácil. ‖ *Fam. Remachar el clavo,* empeñarse en un error, agravándolo. ‖ — PROV. **Por un clavo se pierde una herradura,** el descuido en cosas pequeñas suele acarrear daños graves. ‖ **Un clavo saca otro clavo,** un mal hace olvidar otro.

CLAXON m. Bocina de los automóviles.

CLAXONAZO m. *Neol.* Toque de claxon.

CLAZOL m. *Méx.* Bagazo de la caña, estiércol.

CLEARING m. (pal. ingl.). Compensación en las operaciones financieras o comerciales.

CLEMÁTIDE f. Planta ranunculácea trepadora de Europa, de flores muy hermosas.

CLEMENCIA f. (lat. *clementia*). Virtud que consiste en perdonar: *la clemencia divina.* (SINÓN. V. *Perdón.* CONTR. *Inclemencia.*)

CLEMENTE adj. Que tiene clemencia: *un hombre muy clemente.* (SINÓN. V. *Indulgente.* CONTR. *Despiadado.*)

CLEPSIDRA f. (gr. *klepsudra*). Reloj de agua.

CLEPTOMANÍA f. Tendencia impulsiva al hurto, de origen patológico.

CLEPTÓMANO, NA adj. y s. (del gr. *kleptein,* robar). Persona que tiene la manía del robo. (SINÓN. V. *Ladrón.*)

CLERECÍA f. Clero, personas eclesiásticas. ‖ Oficio y ocupaciones de los clérigos. (V. MESTER.)

CLERICAL adj. Propio de clérigo: *vida clerical* ‖ Relativo al clericalismo. ‖ — M. y f. Partidario del clericalismo.

CLERICALISMO m. Influencia del clero en la vida política.

CLERICATO m. y **CLERICATURA** f. Estado clerical: *dedicarse a la clericatura.*

CLÉRIGO m. (lat. *clericus*). El que ha recibido las sagradas órdenes: *los clérigos y los seglares.* (SINÓN. V. *Religioso.*) ‖ En la Edad Media se aplicaba a todo hombre de estudios.

CLERIZONTE m. Persona vestida de clérigo, pero que no ha recibido las órdenes sagradas. ‖ *Fam.* Clérigo mal vestido y de malos modales.

CLERO m. Conjunto de eclesiásticos: *el clero español.* ‖ Clase sacerdotal en la Iglesia católica. ‖ *Clero regular,* el que se liga con los votos de pobreza, obediencia y castidad. ‖ *Clero secular,* el que vive en el siglo sin estos votos.

CLEROFOBIA f. Odio manifiesto al clero.

CLERÓFOBO, BA adj. y s. Enemigo del clero.

CLEUASMO m. *Ret.* Sarcasmo, figura retórica.

CLICHÉ m. Plancha o grabado en metal para la impresión. ‖ Imagen fotográfica negativa. ‖ *Fig.* Frase hecha: *dejarse de clichés.*

CLIENTE com. Persona que está bajo la protección o tutela de otra. ‖ Respecto de una persona que ejerce una profesión, la que utiliza sus servicios. ‖ Respecto a un comerciante, el que compra en su establecimiento. (SINÓN. V. *Comprador.*) ‖ — OBSERV. Es barbarismo el f. *clienta.*

CLIENTELA f. Conjunto de clientes: *la clientela de un abogado, de un comercio.*

CLIMA m. (gr. *klima*). Conjunto de los caracteres atmosféricos que distinguen una región (SINÓN. V. *Tiempo.*) ‖ *Fig.* Atmósfera moral: *la conferencia se desarrolla en un clima de desconfianza.* (SINÓN. V. *Medio.*)

CLIMATÉRICO, CA adj. *Año climatérico,* cada séptimo o noveno año de la vida, que consideraban los antiguos como críticos. ‖ *Fam.* Peligroso. ‖ *Fig.* y *fam.* De mal talante.

CLIMATERIO m. Período de la vida que precede y sigue a la extinción de la función genital.

CLIMÁTICO, CA adj. Relativo al clima.

CLIMATOLOGÍA f. *Fís.* Tratado de los climas.

CLIMATOLÓGICO, CA adj. Relativo al clima.

CLÍMAX m. Gradación. ‖ Momento culminante de un poema o de una acción dramática.

CLÍNICA f. (del gr. *klinê,* lecho). Enseñanza práctica de la medicina. ‖ Hospital en que los estudiantes aprenden la práctica de la medicina. ‖ Hospital privado, generalmente quirúrgico. (SINÓN. V. *Hospital.*)

CLÍNICO, CA adj. Perteneciente a la clínica: *enseñanza clínica.* ‖ — M. Médico.

CLINÓMETRO m. Especie de nivel de agua.

CLIP m. Zarcillo que no atraviesa la oreja. ‖ Sujetapapeles de alambre.

CLÍPER m. (ingl. *clipper*). Buque de vela fino y ligero. ‖ Avión grande de pasajeros.

CLISADO m. *Impr.* Acción y efecto de clisar.

CLISAR v. t. *Impr.* Reproducir en planchas de metal la composición tipográfica y los grabados con objeto de efectuar la tirada.

CLISÉ m. (fr. *cliché*). Cliché.

CLISTEL y **CLISTER** m. Ayuda. (SINÓN. V. *Lavativa.*)

CLÍTORIS m. Pequeño órgano eréctil situado en la parte superior de la vulva.

CLIVOSO, SA adj. *Poét.* Que está en cuesta.

CLOACA f. (lat. *cloaca*). Alcantarilla o sumidero para las aguas inmundas de una ciudad. (SINÓN. *Alcantarilla, albañal, sentina.*) ‖ *Fig.* Lugar sucio e infecto. (SINÓN. *Cenagal.*) ‖ *Zool.* Porción final del intestino de las aves.

CLOCAR v. i. Cloquear las gallinas. ‖ — IRREG. Se conjuga como *contar.*

CLON m. *Chil.* Maqui, arbusto.

CLONQUI m. *Chil.* Una planta espinosa.

CLOQUE m. (del fr. *croc,* garfio). *Mar.* Garfio.

CLOQUEAR v. i. Cacarear las gallinas.

CLOQUEO m. Cacareo de la gallina clueca.

CLOQUERA f. Estado del ave que quiere empollar.

CLORAL m. Compuesto que se obtiene haciendo pasar una corriente de cloro seco en alcohol concentrado y enfriado hasta 0°.

CLORATO m. Sal que deriva del ácido clórico

CLORHIDRATO m. *Quím.* Sal que se obtiene mediante la acción del ácido clorhídrico sobre una base: *clorhidrato de amoniaco.*

CLORHÍDRICO adj. *Ácido clorhídrico,* combinación de cloro e hidrógeno, que se obtiene haciendo obrar el ácido sulfúrico sobre la sal marina. (Sirve para preparar el hidrógeno, el cloro, etcétera.)

CLÓRICO adj. Dícese de un ácido del cloro.

CLORITA f. Silicato y aluminato de magnesia y hierro: *la clorita presenta color verdoso anacarado.*

CLORO m. (del gr. *khlôros,* verde). Cuerpo simple (C = 35,5), gaseoso a la temperatura ordinaria, de color amarillo verdoso y olor fuerte muy sofocante: *la sal común tiene sodio.*

— Se obtiene el *cloro* por electrólisis del cloruro de sodio. Gaseoso o disuelto en el agua, el cloro destruye la parte colorante de los tejidos vegetales y animales, apoderándose del hidrógeno de dichos principios colorantes. La industria utiliza el cloro en el blanqueo de los tejidos. Sirve para fabricar los hipocloritos y es un excelente desinfectante.

CLOROFILA f. (del gr. *khlôros*, verde, y *phullon*, hoja). Pigmento verde de los vegetales: *la acción de la luz es necesaria para la producción de la clorofila.*

CLOROFÍLICO, CA adj. Relativo a la clorofila: *función clorofílica.*

CLOROFÓRMICO, CA adj. Relativo al cloroformo y a sus efectos.

CLOROFORMIZACIÓN f. Acto de cloroformizar.

CLOROFORMIZAR v. t. Someter a la acción anestésica del cloroformo: *es peligroso cloroformizar a los que padecen dolencia cardíaca.*

CLOROFORMO m. Líquido incoloro, de olor etéreo, que resulta de la acción del cloro sobre el alcohol, que se utiliza como anestésico.

CLOROSIS f. Enfermedad de la adolescencia caracterizada por el empobrecimiento de la sangre y la palidez amarillenta del rostro: *el hierro es el medicamento específico de la clorosis.*

CLORÓTICO, CA adj. Relativo a la clorosis o que la padece. ‖ — OBSERV. Es barbarismo aplicar este adj. a los hombres; debe decirse en este caso *anémico.*

CLORURAR v. t. Transformar en cloruro.

CLORURO m. Combinación del cloro con un cuerpo simple o compuesto que no sea el hidrógeno o el oxígeno: *el cloruro de sodio es la sal común.*

CLOWN m. (pal. ingl., pr. *klun* o *klon*). Payaso. (SINÓN. V. *Payaso.*)

CLUB m. (pal. ingl.). Asamblea política: *club revolucionario.* ‖ Forma de asociación voluntaria en la cual los miembros están organizados en torno a ciertos objetivos específicos comunes de carácter recreativo o cultural: *club literario, club artístico.* Pl. *clubes.* (SINÓN. V. *Cenáculo.*)

CLUBISTA com. Miembro de un club o círculo.

CLUECA adj. Dícese del ave que quiere empollar. ‖ — F. Gallina que quiere empollar: *echar una clueca.*

CLUNIACENSE adj. y s. Del monasterio o congregación benedictina de Cluny, en Borgoña: *monje cluniacense.*

Cm, símbolo químico del *curio.*

CO, prep. insep. que significa *con*: *coacusado.*

COA f. *Cub.* Palo aguzado tostado por la punta, que servía a los indios para labrar la tierra. ‖ *Méx.* Pala fuerte con mango largo en su mismo plano. ‖ *Méx.* y *Guat.* Curucú, ave. ‖ *Chil.* Jerga chilena hablada por ciertos delincuentes.

COACCIÓN f. Violencia que se hace a alguno para que ejecute una cosa contra su voluntad. ‖ — SINÓN. *Coerción, presión.*

COACCIONAR v. t. Forzar a una persona a obrar de manera determinada.

COACERVAR v. t. Juntar, reunir, amontonar.

COACREEDOR, RA m. y f. Acreedor con otro.

COACTIVO, VA adj. (del lat. *coactus*, constreñido). *For.* Que apremia u obliga: *emplear medios coactivos.*

COACUSADO, DA adj. y s. Acusado con otro.

COADJUTOR, RA m. y f. Persona que ayuda a otra en sus funciones. (Se usa mucho en la Iglesia.)

COADJUTORÍA f. Cargo, dignidad de coadjutor.

COADQUIRIDOR, RA m. y f. *For.* Aquel que adquiere una misma cosa con otra persona.

COADQUISICIÓN f. Adquisición en común.

COADUNAR v. t. (del lat. *coadunare*, reunir). Unir o mezclar unas cosas con otras. ‖ — CONTR. *Separar.*

COADYUTOR m. Coadjutor.

COADYUTORIO, RIA adj. Que ayuda.

COADYUVANTE adj. Que coadyuva.

COADYUVAR v. t. e i. (lat. *coadjuvare*). Contribuir o ayudar: *coadyuvar las miras del gobierno.*

COAGENTE m. Ayudante, cooperador.

COAGULABLE adj. Que se puede coagular.

COAGULACIÓN f. Acción de coagular.

COAGULADOR, RA adj. Que coagula o puede cuajar: *el aguardiente tiene efecto coagulador.*

COAGULANTE adj. Que coagula.

COAGULAR v. t. (lat. *coagulare*). Cuajar, solidificar un líquido: *la sangre se coagula al aire.* ‖ — SINÓN. *Cuajar, solidificar, cortar.*

COÁGULO m. (lat *coagulum*). Masa de substancia coagulada. ‖ Sangre coagulada: *la embolia es producida por la detención de un coágulo en una vena.*

COAITA m. *Zool.* Mono araña.

COALICIÓN f. Unión de varias potencias o individuos contra otros. ‖ — SINÓN. *Liga, haz, frente, bloque.* ‖ — PARÓN. *Colisión.*

COALICIONISTA m. Miembro de una coalición.

COALIGAR v. t. Forma incorrecta de *coligar.*

COARTACIÓN f. Acción de coartar o limitar.

COARTADA f. *For.* Prueba que hace el reo de haber estado ausente del sitio en el momento en que se cometió el delito: *probar la coartada.*

COARTAR v. t. (lat. *coarctare*). Limitar, restringir, obligar a algo. ‖ — PARÓN. *Cuartar.*

COATÍ m. Pequeño mamífero carnicero de América, de la familia de los ursídeos, llamado vulgarmente en varios países *cuchuche, tejón, pizote, soncho, zorro guache.*

COAUTOR, RA m. y f. Autor con otro u otros.

COAXIAL, adj. Que tiene el mismo eje que otro cuerpo: *cilindros coaxiales.* ‖ *Cable coaxial,* el constituido por dos conductores concéntricos, separados por una substancia dieléctrica.

COBA f. *Fam.* Embuste ‖ Adulación. ‖ *Fam. Dar coba,* adular.

COBÁLTICO, CA adj. De cobalto: *sal cobáltica.*

COBALTINA f. Sal de cobalto usada en pintura.

COBALTO m. Metal blanco rojizo (Co), de número atómico 27, densidad 8,9 y punto de fusión a 1490° C. Se emplea en aleaciones con cobre, hierro y acero, y en la preparación de ciertos colorantes, generalmente azules. ‖ *Bomba de cobalto,* generador de rayos gamma terapéuticos emitidos por una carga de radiocobalto. (V. RADIOCOBALTO.)

COBANERO, RA adj. y s. De Cobán (Guatemala).

COBARDE adj. y s. Pusilánime: *sentimientos cobardes.* ‖ — SINÓN. *Miedoso.* Fig. *Rajado, gallina.* Pop. *Mandria, cagón, follón.* ‖ — CONTR. *Valiente, animoso.*

COBARDEAR v. i. Tener o mostrar cobardía.

COBARDÍA f. Falta de ánimo y valor, miedo.

COBARDÓN, ONA adj. *Fam.* Muy cobarde.

COBAYO m. mejor que **COBAYA** f. Conejillo de indias.

COBEA f. Planta convolvulácea enredadera de América Central, de flores violáceas muy bonitas.

COBEAR v. i. *Fam.* Dar coba.

COBERO, RA adj. *Fam.* Amigo de dar coba.

COBERTERA f. Tapadera de la olla, cazuela, etcétera.

COBERTIZO m. Tejado saledizo para guarecerse de la lluvia. ‖ Sitio cubierto, generalmente tosco y sencillo: *un cobertizo de cañas.* (SINÓN. V. *Cochera.*)

COBERTOR m. Colcha, manta para la cama.

COBERTURA f. Cubierta, cosa que cubre a otra. (SINÓN. V. *Envoltura.*) ‖ *Provinc.* Cobertor de cama. ‖ Ceremonia en que tomaban las grandes de España posesión de su dignidad, poniéndose el sombrero delante del rey.

COBIJA f. Teja que abraza dos canales del tejado. ‖ Nombre de las plumas pequeñas que cubren el arranque de las grandes del ave. ‖ Cubierta. ‖ *Amer.* Manta de la cama. ‖ *Cub.* Techo de paja o palma. ‖ *Venez.* Nombre de una palma.

COBIJADOR, RA adj. y s. Que cobija.

COBIJAMIENTO m. Acción de cobijar o tapar.

COBIJAR v. t. Cubrir o tapar. ‖ *Fig.* Albergar, recoger. ‖ *Cub.* Techar con palma una casa.

COBIJEÑO, ÑA adj. y s. De Cobija (Bolivia).

COBIJERA f. *Venez.* Mujer provocativa y audaz.

COBIJO m. Cobijamiento. (SINÓN. V. *Refugio.*)

COBIJÓN m. *Col.* Cuero grande con que se cubre la carga transportada sobre una caballería.

coatí

cobertizo

Fot. Baufle

cobra

coca

cóccix

COBISTA adj. Que da coba: *es un cobista.*
COBLA f. *Cat.* Banda de músicos.
COBRA f. Coyunda para los bueyes. || Tronco de yeguas enlazadas para la trilla. || *Zool.* Culebra venenosa del género naja. || Acción de coger el perro la pieza muerta en una cacería.
COBRABLE adj. Cobradero.
COBRADERO, RA adj. Que puede cobrarse.
COBRADOR, RA adj. Dícese del perro que sabe cobrar y traer la caza. || — M. Empleado que tiene a su cargo cobrar alguna cosa: *un cobrador de tranvía.*
COBRANZA f. Acción de cobrar.
COBRAR v. t. Percibir uno lo que otro le debe: *cobrar un cheque.* (SINÓN. *Embolsar, recibir.*) || Adquirir, sentir cierto movimiento del ánimo: *cobrarle odio a una persona.* || Tirar de una soga: *ir cobrando un cordel.* || Adquirir: *cobrar buena reputación.* || *Mont.* Recoger la res que se ha herido o muerto. || — V. r. Pagarse, resarcirse.
COBRATORIO, RIA adj. Relativo al cobro.
COBRE m. (lat. *cuprum*). Metal de color rojo cuando está puro: *el cobre fue el primer metal descubierto por el hombre.* || *Amer.* Moneda de cobre de escaso valor. || *Cobre rojo,* cobre puro. || *Cobre amarillo,* el latón o azófar. || Batería de cocina de cobre. || — Pl. *Mús.* Instrumentos músicos de cobre. || *Fig.* y *fam. Batirse el cobre,* luchar denodadamente.
— El *cobre* existe en la naturaleza en estado nativo o combinado con diferentes cuerpos, especialmente con el azufre. Su densidad es 8,92 y su punto de fusión 1083° C.; blando, dúctil y maleable; mezclado con el estaño constituye el *bronce,* y con el cinc, el latón. Excelente conductor de la electricidad, inalterable a la acción del agua, se utiliza para la fabricación de tubos, cables, calderas, etc. Bajo la acción del aire húmedo cargado de ácido carbónico, se cubre con una capa de hidrocarbonato o *cardenillo,* muy venenoso.
COBREÑO, ÑA adj. De cobre: *maravedí cobreño.*
COBRIZO, ZA adj. Que contiene cobre: *pirita cobriza.* (SINÓN. V. *Tostado.*) || Parecido al cobre en el color: *raza cobriza.*
COBRO m. Cobranza, acción de cobrar.
COCA f. Arbusto del Perú, de la familia de las eritroxiláceas, de cuyas hojas se extrae la cocaína.
COCA f. Cada una de las porciones en que se dividen el pelo las mujeres. || *Fam.* Cabeza. || *Fam.* Golpe que se da en la cabeza con los nudillos. || Vuelta de un cabo o hilo enredado: *hacerse cocas en una cuerda.* || *Col.* Boliche, juego. || *Méx. De coca,* loc. adv., de balde.
COCACHO m. *Amér.* Coscorrón.
COCADA f. *Amer.* Dulce de coco y azúcar.
COCAÍNA f. *Farm.* Alcaloide que se extrae de la coca: *la cocaína es un excelente anestésico local.*
COCAÍSMO f. Abuso de la cocaína.
COCAL m. *Amer.* Cocotal. || *Per.* Campo de coca.
COCAR v. t. *Fam.* Hacer cocos, adular, mimar.
COCARAR v. t. *Per.* Proveer de hojas de coca.
COCAVÍ m. *Chil.* y *Per.* Comestibles que se llevan para un viaje: *meter el cocaví en las alforjas.*
COCCIDIOS m. pl. *Zool.* Género de protozoos que viven parásitos dentro de las células de otros animales.
COCCÍGEO, A adj. Del cóccix.
COCCINÉLIDOS m. pl. *Zool.* Familia de insectos coleópteros útiles a la agricultura, como la mariquita.
COCCIÓN f. Acción de cocer. || — SINÓN. *Cochura, cocimiento.*
CÓCCIX m. *Anat.* Hueso que termina el espinazo.
COCEADOR, RA adj. Que tira muchas coces.
COCEADURA f. Acción y efecto de cocear.
COCEAR v. i. Dar coces los animales. || *Fig.* y *fam.* Resistir, no querer convenir en una cosa.
COCEDERO, RA y **COCEDIZO, ZA** adj. Fácil de cocer: *legumbre poco cocedera.*
COCEDOR m. El que se ocupa en cocer una cosa.
COCEDURA f. Cocción, cochura.
COCER v. t. (lat. *coquere*). Preparar los alimentos por medio del fuego: : *cocer patatas.* || Someter una substancia a la acción del fuego: *cocer ladrillos.* (SINÓN. *Recocer, escalfar.*) || — V. i. Hervir un líquido. || Fermentar un líquido: *el mosto cuece en las cubas.* || — V. r. Padecer largo tiempo un dolor o molestia. || — PARÓN. *Coser.* || — IRREG. Se conjuga como *mover.*
COCIDO m. Plato muy popular en España que consiste en un guisado de carne magra, tocino y chorizo, junto con garbanzos y algunas hortalizas. || —PARÓN. *Cosido.*
COCIENTE m. *Mat.* Resultado obtenido al dividir una cantidad por otra.
COCIMIENTO m. Cocción, cochura. || Líquido medicinal que se obtiene cociendo alguna substancia.
COCINA f. (lat. *coquina*). Lugar donde se prepara la comida: *una cocina espaciosa.* || Aparato para cocer los alimentos: *una cocina eléctrica.* || Arte de preparar los manjares: *cocina francesa, china.* || *Cocina económica,* especie de fogón que consume poco combustible.
COCINAR v. t. Guisar. || *Col.* Cocer: *cocinar el pan.* || — V. i. Meterse uno en lo que no le importa.
COCINEAR v. i. Meterse en cosas de cocina.
COCINERÍA f. *Chil.* Casa de comidas, figón.
COCINERO, RA m. y f. Persona que tiene por oficio guisar la comida. || — SINÓN. *Ranchero, pinche, marmitón.*
COCINILLA f. Lamparilla de alcohol para calentar agua y hacer pequeñas preparaciones de cocina: *una cocinilla de alcohol.* || Infiernillo.
COCK-TAIL m. (pal. ingl., pr. *kok-tel.*) Cóctel.
COCLEARIA f. Hierba crucífera medicinal: *la coclearia se usa mucho como antiescorbútico.*
COCLESANO, NA adj. y s. De Coclé (Panamá).
COCO m. Palmera de los países tropicales que produce el coco. (Dícese más bien *cocotero.*) || Fruto de este árbol. || Gusanillo que se cría en ciertos frutos. || Insecto coleóptero cuyas larvas viven dentro de las lentejas y guisantes. || Micrococo, bacteria redondeada. || Cuenta, bolita. || Fantasma con que se mete miedo a los niños. (SINÓN. V. *Espantajo.*) || *Parecer un coco una persona,* ser muy fea. || *Pop.* Cabeza. || Moño de pelo. || *Col.* Sombrero hongo. || *Fig. Hacer cocos,* hacer carantoñas, adular. || *Cub.* Ibis, ave.
— El *coco* es una palma americana que crece hasta veinticinco metros de altura y produce anualmente su fruto dos o tres veces; éste, de tamaño de un melón pequeño, tiene una pulpa jugosa, de la que se extrae una materia grasa, el *aceite de coco,* y un líquido lechoso refrescante.
COCOBOLO m. Árbol poligonáceo de América cuya madera rojiza se utiliza en ebanistería.
COCODRILO m. (lat. *crocodilus*). Reptil del orden de los emidosaurios de cuatro a cinco metros de largo, cubierto de escamas, que habita

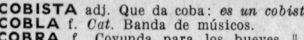

las regiones intertropicales y es temible por su voracidad. || *Lágrimas de cocodrilo,* lágrimas hipócritas.
COCOL m. *Méx.* Pan que tiene figura de rombo. || *Méx.* Nombre vulgar del *rombo.*
COCOLERA f. Especie de tórtola de México.
COCOLERO m. *Méx. Fam.* Panadero.
COCOLÍA f. *Méx.* Ojeriza: *tener cocolía a uno.*
COCOLICHE m. *Arg.* Jerga italianizada. || *Arg. Fam.* Italiano.
COCONETE adj. *Fam. Méx.* Pequeñito.
CÓCORA com. *Fam.* Persona molesta e impertinente. || *Per.* Ojeriza: *tener cócora a uno.* || *Cub.* Incomodidad, molestia. || *Col.* Rabia, cólera.

PINTURA CLÁSICA DEL SIGLO XVII

LE NAIN. FAMILIA DE CAMPESINOS. *Louvre*

Pieter DE HOOCH. LOS JUGADORES DE CARTAS

LE BRUN. EL CANCILLER SEGUIER. *Louvre*

REMBRANDT. LOS DISCÍPULOS DE EMAÚS (detalle). *Louvre*

RUBENS
ELENA FOURMENT Y SUS HIJOS
Louvre

POUSSIN
VENUS Y ENEAS
(detalle)
Ruán

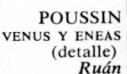

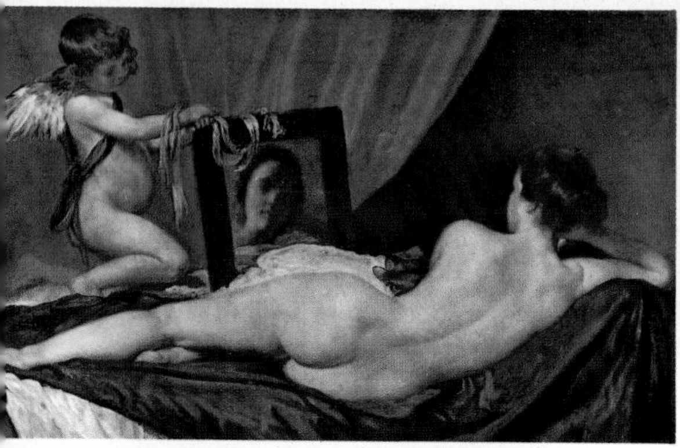

GRECO. SAN JERÓNIMO DE CARDENAL (detal
Colección Lehman, Nueva York

VELÁZQUEZ. LA VENUS DEL ESPEJO
National Gallery, Londres

◀ MURILLO
LA VIRGEN DEL ROSARIO
Museo Goya, Castres

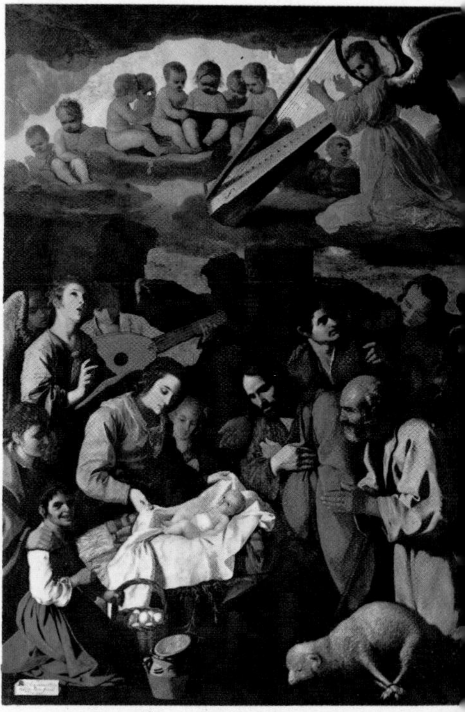

ZURBARÁN. ADORACIÓN DE LOS PASTORES
Museo de Bellas Artes, Grenoble

◀ RIBERA. SAN BARTOLOMÉ. *Prado*

COCOROCÓ m. Onomatopeya del canto del gallo.
COCOROTE m. *Col.* Coco o fantasma.
COCOTAL m. Sitio poblado de cocoteros.
COCOTAZO m. *Fam.* Golpe en la cabeza.
COCOTERO m. Palmera que produce los cocos.
COCOTUDO, DA adj. Descocado, tenaz.
COCOYOL m. *Méx.* Coyol, fruta.
CÓCTEL m. Combinación de bebidas alcohólicas, jarabes y hielo. (SINÓN. V. *Mezcla.*) ‖ Reunión de sociedad donde se beben cócteles: *se celebró un cóctel en el casino.* ‖ *Cóctel Molotov,* botella explosiva a base de gasolina.
COCTELERA f. Recipiente para hacer cócteles. ‖ *Fig.* Mezcla, reunión de personas heterogéneas.
COCUIZA f. *Amer.* Cuerda de cocuy.
COCUMA f. *Per.* Mazorca de maíz asada.
COCUY m. Cocuyo. ‖ *Amer.* Agave o pita.
COCUYO m. Insecto coleóptero de la América tropical: *el cocuyo despide de noche una luz bastante viva.* ‖ *Cub.* Planta sapotácea.
COCHA f. *Per.* Espacio grande llano y despejado; cancha, era. ‖ *Ecuad.* y *Chil.* Charco, laguna, pantano.
COCHABAMBINO, NA adj. y s. De Cochabamba (Bolivia).
COCHADA f. *Col.* Cochura, cocción.
COCHAMBRE f. *Fam.* Suciedad, mugre.
COCHAMBRERÍA f. *Fam.* Conjunto de cosas cochambrosas, mugrientas o asquerosas.
COCHAMBROSO, SA y **COCHAMBRIENTO, TA** adj. Lleno de cochambre, mugre o suciedad.
COCHARRO m. Cacharro de madera o piedra.
COCHASTRO m. Jabato de leche.
COCHAYUYO m. *Per.* y *Chil.* Alga marina fucácea, bastante usada en la cocina americana. ‖ *Chil. Fig. Ser como cochayuyo,* ser negruzco o moreno.
COCHE m. Carruaje generalmente de cuatro ruedas: *un coche de caballos.* ‖ *Coche de punto,* el matriculado y destinado al servicio del público. ‖ *Por ext.* Automóvil. (SINÓN. *Carro* [amer.], vehículo, carricoche. Pop. *Chocolatera.*) ‖ Tranvía o vagón de ferrocarril. (SINÓN. *Vagón.*) ‖ *Coche cama,* vagón de ferrocarril provisto de lo necesario para dormir. ‖ *Méx. Coche de sitio,* el de punto. ‖ *Fig* y *fam. Ir en el coche de San Fernando,* ir a pie. (V. VEHÍCULO y AUTOMÓVIL.)

coche de caballos

COCHE m. *Ant.* y *Amér. C.* Cerdo, cochino. ‖ *Guat. Coche de monte,* el saíno o pecarí.
COCHERA adj. Dícese de la puerta grande por donde pueden pasar los carruajes. ‖ — F. Paraje donde se encierran los coches: *mozo de cochera.* (SINÓN. *Hangar, cobertizo, garaje.*)
COCHERADA f. *Méx.* Expresión soez.
COCHERÍA f. *Arg.* Cochera.
COCHERIL adj. *Fam.* De cochero: *traje cocheril.*
COCHERO m. El que por oficio guía carruajes. ‖ — SINÓN. *Automedonte, auriga, postillón, conductor.*
COCHIFRITO m. Guisado de cabrito o cordero muy sabrosamente aderezado.
COCHIGATO m. Ave zancuda de México.
COCHINADA f. *Fig.* y *fam.* Cochinería, porquería, acción indecente: *hacer una cochinada.*
COCHINAMENTE adv. m. *Fig.* y *fam.* Con bajeza, de modo cochino: *portarse cochinamente.*
COCHINATA f. *Mar.* Nombre de los maderos interiores de popa endentados en el codaste.
COCHINEAR v. i. *Fam.* Hacer cosas sucias.
COCHINERÍA f. *Fig.* y *fam.* Porquería, suciedad. ‖ *Fig.* y *fam.* Bajeza, grosería: *hacer o decir cochinerías.* (SINÓN. V. *Indecencia.*)
COCHINERO, RA adj. Dícese de los frutos tan malos que sólo sirven para los cochinos: *haba cochinera.* ‖ *Fam. Trote cochinero,* trotecillo corto. ‖ *Fam.* Rutina: *no salir uno de su trotecillo cochinero.*
COCHINILLA f. Insecto hemíptero oriundo de México, que suministra un hermoso color de grana: *la cochinilla vive sobre las pencas del nopal o tuna.* ‖ Materia colorante producida por dicho insecto. ‖ Pequeño crustáceo isópodo terrestre, de color ceniciento, que se arrolla en bola cuando se le toca: *la cochinilla vive en parajes húmedos.*
COCHINILLO m. Cochino de leche, cochino pequeño.
COCHINO, NA m. y f. Uno de los nombres del puerco. (SINÓN. V. *Cerdo.*) ‖ *Fig.* y *fam.* Persona sucia y desaseada. ‖ *Fig.* y *fam.* Cicatero, ruin. (SINÓN. V. *Abyecto.*) ‖ Cierto pez de los mares de Cuba. ‖ — Adj. *Fam.* Desagradable, sin valor: *cochinos dos días; cinco pesetas cochinas.*
COCHIQUERA f. *Fam.* Cochitril, pocilga, chiquero.
COCHITE HERVITE loc. fam. Con prisa, muy rápidamente: *hacer algo cochite hervite.* ‖ — M. Persona atolondrada.
COCHITRIL m. *Fam.* Pocilga, chiquero. ‖ *Fig.* y *fam.* Vivienda pequeña y poco aseada.
COCHIZO m. *Min.* Parte más rica de una mina.
COCHO, CHA p. p. irreg. de *cocer.* ‖ — Adj. Cocido: *miel cocha.* ‖ Sucio. ‖ *Col.* Crudo. ‖ — M. y f. *Ast.* y *León.* Cerdo, cochino. ‖ — M. *Chil.* Mazamorra hecha con harina tostada.
COCHOTE m. Especie de loro de México.
COCHURA f. Acción de cocer: *una cochura imperfecta.* (SINÓN. V. *Cocción.*) ‖ Masa de pan que se cuece de una vez: *hacer tres cochuras al día una panadería.*
CODA f. (del ital. *coda,* cola). Período musical vivo y brillante que termina un trozo: *la coda de un vals.*
CODA f. *Carp.* Zoquetillo de madera que se encola en el ángulo entrante de dos tablas.
CODAL adj. Que tiene medida o figura de un codo. ‖ — M. Parte de la armadura antigua que protegía el codo. ‖ Mugrón de la vid. ‖ *Arq.* Madero que sirve de sostén. ‖ *Carp.* Brazo de la sierra, del nivel de albañil, etc. ‖ *Méx.* Vela más gruesa y corta que la común.
CODASTE m. *Mar.* Madero grueso, ensamblado en la quilla, y que sostiene la armazón de la popa.
CODAZO m. Golpe dado con el codo. ‖ *Méx. Dar codazo a uno,* avisarle secretamente alguna cosa.
CODEADOR, RA adj. y s. *Amer.* Pedigüeño.
CODEAR v. i. Mover mucho los codos: *abrirse paso codeando.* ‖ *Amer.* Sonsacar, socaliñar. ‖ — V. r. Tratarse de igual con otras personas.
CODEÍNA f. Alcaloide que se extrae del opio.
CODELINCUENCIA f. Calidad de codelincuente.
CODELINCUENTE adj. y s. *For.* Dícese de la persona que delinque con otra u otras.
CODEO m. Acción de codear. ‖ *Amer.* Sablazo.
CODERA f. Remiendo echado al codo de una prenda. ‖ *Mar.* Cabo grueso con que se amarra el buque.
CODESO m. Mata de la familia de las papilionáceas, de tallo ramoso y hojas compuestas.
CODEUDOR, RA m. y f. Deudor con otro.
CÓDICE m. Manuscrito antiguo: *el códice del poema del Cid es probablemente del siglo XIII.*
CODICIA f. Ambición desordenada de riquezas: *nada es capaz de saciar la codicia.* (SINÓN. *Avidez, ansia, rapacidad, concupiscencia.* V. tb. *ambición.*) ‖ Deseo vehemente. ‖ *Taurom.* Acometividad del toro. ‖ — PROV. **La codicia rompe el saco,** muchas veces se pierde una ganancia segura por querer conseguir otra mayor.
CODICIADOR, RA adj. y s. Que codicia.
CODICIAR v. t. Desear con vehemencia, envidiar, ansiar: *no debemos codiciar los bienes ajenos.* ‖ — SINÓN. *Querer, apetecer, anhelar, suspirar.* Pop. *Lampar.* V. tb. *ambicionar* y *acuciar.*
CODICILAR adj. *For.* Perteneciente al codicilo.
CODICILO m. *For.* Acto posterior a un testamento y que lo modifica: *la caducidad del testamento no arrastra necesariamente la del codicilo.*
CODICIOSAMENTE adv. m. Con codicia.
CODICIOSO, SA adj. y s. Que tiene codicia, ambicioso: *el codicioso no es nunca completamente feliz.* ‖ *Fig.* y *fam.* Laborioso, trabajador.
CODIFICACIÓN f. Acción por la cual se codifican las costumbres o las normas o leyes.

cochinilla

cocotero

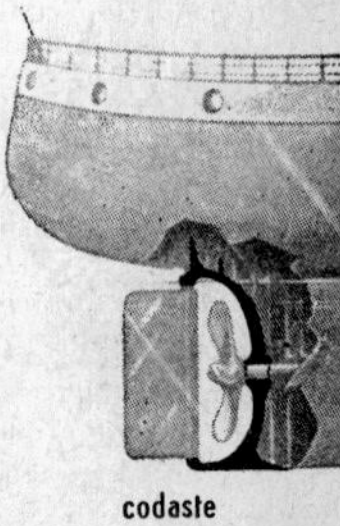
codaste

codorniz

cofa

CODIFICADOR, RA adj. y s. Que codifica.
CODIFICAR v. t. (del lat. *codex*, código, y *facere*, hacer). Formar un cuerpo o código con leyes dispersas: *codificar reglamentos comerciales.*
CÓDIGO m. (lat. *codex, icis*). Cuerpo de leyes que forma un sistema completo de legislación sobre alguna materia. || Recopilación de las leyes de un país: *código civil, penal,* etc. || *Fig.* Lo que sirve de regla: *el código de la cortesía.* || — SINÓN. V. *Ley.*
CODILLERA f. *Veter.* Tumor en el codillo.
CODILLO m. En los animales, articulación del brazo inmediata al codo. || Entre cazadores, parte de la res debajo del brazuelo: *tirar al codillo.* || Codo, tubo acodado. || Parte del jamón que toca a la articulación. || En el juego del tresillo, lance en que pierde el que ha entrado, por haber hecho otro de los jugadores más bazas que él.
CODIRECCIÓN f. Dirección en común.
CODIRECTOR, RA adj. y s. Director con otro.
CODO m. Parte exterior de la articulación del brazo con el antebrazo. || Codillo de los cuadrúpedos. || Trozo de cañón de barro o plomo, usado en una cañería. (SINÓN. V. *Ángulo.*) || Medida lineal, de unos 42 cm, desde el codo hasta el extremo de los dedos. || *Codo a codo,* al mismo nivel. || *Fig.* y *fam. Empinar el codo,* beber mucho. || *Hablar por los codos,* hablar demasiado.
CODOÑATE m. Carne de membrillo.
CODORNIZ f. Gallinácea de paso, parecida a la perdiz: *la carne de la codorniz es muy suculenta.* || Ave gallinácea algo diferente, que habita en América.
COEDUCACIÓN f. Educación en común: *la coeducación de los sexos.*
COEFICIENCIA f. Reunión de dos o más causas unidas para producir un efecto común.
COEFICIENTE adj. Que obra juntamente con otra causa. || — M. Número que se coloca delante de una cantidad para multiplicarla: 2 $(a + b)$. || Valor relativo que se atribuye a cada prueba de un examen. || Relación o proporción entre una variable sinificativa y cierta base arbitrariamente fijada dentro de un área espacial determinada y cierto período de tiempo convencional: *coeficientes de producción, de natalidad, de criminalidad, de mortalidad, de divorcios.*
COENDÚ m. Mamífero roedor de América.
COEPÍSCOPO m. Obispo con otro en la misma diócesis.
COERCER v. t. (lat *coercere*). Contener, reprimir, sujetar, restringir.
COERCIBLE adj. Que puede ser coercido.
COERCIÓN f. *For.* Acción de coercer o contener: *ejercer coerción sobre la conducta de una persona.* (SINÓN. V. *Coacción.*)
COERCITIVO, VA adj. Que coerce.
COETÁNEO, A adj. Dícese de las personas que viven o coinciden durante un mismo período de tiempo.
COETERNIDAD f. Calidad de coeterno.
COETERNO, NA adj. Que es eterno al mismo tiempo que otro: *las tres personas de la Santísima Trinidad son coeternas.*
COEVO, VA adj. Que fue coetáneo.
COEXISTENCIA f. Existencia simultánea.
COEXISTENTE adj. Que coexiste.
COEXISTIR v. i. Existir al mismo tiempo dos personas o cosas. (SINÓN. V. *Ser.*)
COEXTENDERSE v. r. Extenderse igualmente. || — IRREG. Se conjuga como *entender.*
COFA f. *Mar.* Plataforma pequeña, en el cuello de un mastelero, a la que se sujeta la obencadura.
COFIA f. Antiguo tocado mujeril, de encaje o blonda. || Red para el pelo. || Gorro blanco que usan algunas mujeres. || *Bot.* Cubierta membranosa que protege la extremidad de las raíces.
COFÍN m. Cesto o capacho de esparto: *un cofín lleno de higos.*
COFRADE com. Miembro de una cofradía o hermandad. || — SINÓN. *Colega, par.*
COFRADÍA f. Congregación o hermandad de personas devotas. || Gremio o asociación. || — SINÓN. V. *Comunidad.*
COFRE m. Especie de caja a propósito para guardar cualquier cosa. (SINÓN. V. *Caja.*) || *Cofre fuerte,* galicismo por *caja de caudales.* || *Zool.* Género de peces plectognatos, de cuerpo poligonal, de los mares tropicales: *el cofre suele medir hasta 50 centímetros de largo.*
COFRERO m. El que hace cofres, baúles, etc.
COFTO, TA adj. y s. Copto.
COGEDERA f. Nombre de diversos instrumentos que sirven para coger o asir ciertas cosas: *cogedera de apicultor.* || *Col.* Jáquima, ronzal.
COGEDERO, RA adj. Que puede cogerse: *fruta cogedera.* || — M. Mango o agarradero.
COGEDIZO, ZA adj. Que fácilmente se coge.
COGEDOR, RA adj. y s. Que coge. || — M. Cajón de madera que sirve para recoger la basura. || Paleta o badila de hierro para coger el carbón, la ceniza, etc.
COGEDURA f. Acción de coger alguna cosa.
COGER v. t. (lat. *colligere*). Agarrar: *coger una manzana.* (SINÓN. V. *Asir.*) || Recoger los frutos de la tierra: *coger la aceituna.* (SINÓN. V. *Cosechar* y *apropiarse.*) || Contener: *este cajón lo coge todo.* || Ocupar: *la casa coge cien metros cuadrados.* || Adelantar: *el coche cogió al camión.* (SINÓN. V. *Alcanzar.*) || Encontrar: *cogerle a uno descuidado.* || Sorprender: *dejarse coger por la noche.* || Contraer enfermedad: *cogió un catarro.* (SINÓN. V. *Contraer.*) || Cubrir el macho a la hembra. || *Amér. C.* Tomar por un camino. || Atropellar: *ser cogido por un toro, un coche.* || — OBSERV. El significado de este verbo se ha degradado en Argentina, por lo cual debe evitarse su empleo y sustituirlo por alguno de sus sinónimos como *tomar, agarrar, alcanzar,* etc. || — RÉG. *Coger a mano, con el hurto, de buen humor, de [por] la mano, entre puertas.* || — IRREG. Este v. muda la *g* en *j* delante de *a* y *o: cojo, coja, cojamos,* etc.
COGIDA f. Cosecha de frutos: *la cogida de la uva.* || *Fam.* Acción de coger: *el torero tuvo dos cogidas.*
COGIDO m. Pliegue en la ropa, en cortinas, etc.
COGIENDA f. *Col.* Reclutamiento. || Cosecha.
COGITABUNDO, DA adj. Preocupado, pensativo.
COGNAC (pal. fr., pr. *koñak*), **COÑAC** (Acad.) m. Aguardiente de uva francés muy estimado: *un vaso de coñac.* Pl. *cognacs* o *coñaques.*
COGNACIÓN f. Parentesco de consanguinidad.
COGNADO, DA m. y f. Pariente por cognación.
COGNICIÓN f. Conocimiento. (SINÓN. V. *Saber.*)
COGNOMENTO m. (lat. *cognomentum*). Sobrenombre, apodo, calificativo como: *Felipe el Hermoso.*
COGNOSCITIVO, VA adj. Dícese de lo que es capaz de conocer.
COGOLLAR v. i. *Col.* Acogollar las plantas.
COGOLLERO m. *Cub.* Parásito del tabaco.
COGOLLO m. Parte interior de la lechuga, la col, etc. || Renuevo de un árbol. || *Arg.* Chicharra grande. || *And.* Renuevo, esqueje. || *Amer.* Punta de la caña de azúcar. || *Col.* Parte superficial del mineral de una mina. || *Chil.* Lisonja, alabanza.
COGÓN m. Planta gramínea de Filipinas: *el cogón se usa para cubrir las casas de los indios.*
COGONAL m. *Filip.* Terreno donde crece cogón.
COGORZA f. *Pop.* Curda. (SINÓN. V. *Borrachera.*)
COGOTAZO m. Golpe que se en el cogote. (SINÓN. V. *Golpe.*)
COGOTE m. Parte superior y posterior del cuello.
COGOTERA f. Cubrenuca de una gorra.
COGOTUDO m. *Amer. Fig.* y *fam.* Ricacho de pueblo. || Persona que tiene mucho orgullo.
COGUCHO m. Azúcar de inferior calidad.
CÓGUIL m. *Chil.* Fruto del boqui.
COGUJADA f. Cierta especie de alondra copetuda.
COGUJÓN m. Punta de colchón, saco, etc.
COGULLA f. (lat. *cuculla*). Hábito de ciertos religiosos monacales: *cogulla de trapense.*
COGULLADA f. Papada del cerdo: *un guiso de cogullada.*
COHABITACIÓN f. Acción de cohabitar.
COHABITAR v. i. Habitar o vivir una persona con otra. || Hacer vida marital hombre y mujer.
COHECHADOR, RA adj. y s. *For.* Que cohecha.

COHETES Y ARTEFACTOS BALÍSTICOS ESPECIALES

Cohete intercontinental norteamericano « SNARK »

Cohetes rusos

Cohete alemán V 2, 1944

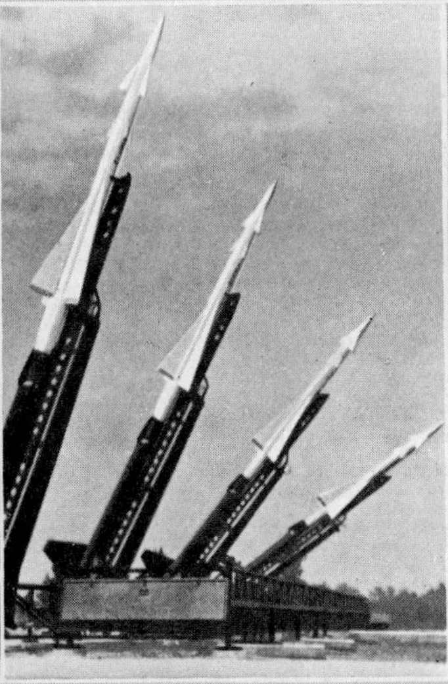

Cohetes norteamericanos « NIKE »

Cohete antiaéreo francés « PARCA » sobre la plataforma de lanzamiento

COHECHAR v. t. (del lat. *confectare*, arreglar, preparar). Sobornar, corromper: *cohechar a un magistrado.* ‖ *Agr.* Alzar el barbecho.

COHECHO m. Acción de cohechar; soborno o corrupción.

COHEN m. (voz hebrea). Adivino, hechicero.

COHEREDERO, RA m. y f. Heredero con otro.

COHERENCIA f. Conexión, relación de varias cosas entre sí. ‖ *Fís.* Cohesión. (SINÓN. V. *Adherencia.*) ‖ — CONTR. *Incoherencia.*

COHERENTE adj. Que tiene coherencia.

COHESIÓN f. (del lat *cohaesum*, unido). Adherencia, fuerza que une las moléculas de un cuerpo: *la inmersión aumenta la cohesión del cemento hidráulico.* (SINÓN. V. *Adherencia.*) ‖ *Fig.* Unión: *la cohesión de los miembros de un equipo.*

COHESIVO, VA adj. Que produce cohesión.

COHESOR m. (del lat. *cohaerere*, adherir). Detector de ondas, en la telegrafía sin hilos primitiva.

COHETE m. Artificio de pólvora que se eleva por sí solo en el aire, donde estalla produciendo una luz de color y forma diversos: *los cohetes se usan como señales en la marina.* ‖ Artificio de uno o más cuerpos que se mueve en el aire por propulsión a chorro con fines de guerra o científicos: *cohete espacial de combustible sólido.* ‖ *Fig.* y *fam. Escapar como un cohete*, huir a todo correr. ‖ *Arg. Fam. Al cohete*, en vano.

COHETERO m. El que fabrica los cohetes.

COHIBICIÓN f. Acción de cohibir o refrenar.

COHIBIR v. t. (lat. *cohibire*). Refrenar, contener, reprimir: *las leyes cohiben al malvado.*

avión provisto de cohetes de guerra

Fot. Agence Intercontinentale, U. S. I. S., Service d'Information de l'Air, Russell Adams

cola de caballo

cola de milano

coipo

COJINETES

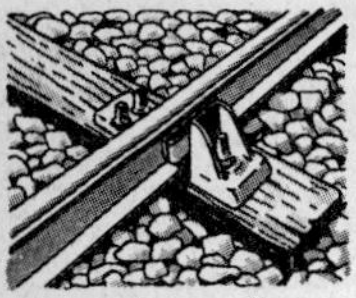

de ferrocarril

de rodamiento

col

COHOBAR v. t. *Quím.* Destilar repetidas veces una substancia para obtener mayor concentración.
COHOBO m. *Per.* Ciervo.
COHOMBRILLO m. Planta cucurbitácea cuyo fruto, del tamaño de un huevo, estalla cuando se le toca estando maduro y arroja a lo lejos las semillas. (SINÓN. *Pepino del diablo.*)
COHOMBRO m. Variedad de pepino de fruto bastante grande. || Churro. || *Cohombro de mar,* holoturia, animal radiado: *el cohombro de mar es comestible apreciado en China.*
COHONESTAR v. t. (lat. *cohonestare*). Dar semejanza de buena a una acción mala.
COHORTE f. (lat. *cohors, cohortis*). Cuerpo de infantería romana, décima parte de la legión: *las cohortes pretorianas.* || *Poét.* Tropa: *las hispanas cohortes.* || *Las cohortes celestes,* los ángeles.
COIHUE m. *Arg.* Variedad de jara.
COIHUÉ m. *Per.* Árbol fagáceo de madera semejante a la del roble.
COIMA f. (del ár. *coime,* mozo). Lo que cobra el dueño del garito. || *Cub.* y *Chil.* Gratificación. || *Arg.* Prevaricato.
COINCIDENCIA f. Acción y efecto de coincidir: *la coincidencia de dos figuras geométricas.* || — SINÓN. *Simultaneidad, encuentro.*
COINCIDENTE adj. Que coincide.
COINCIDIR v. i. (del lat. *cum,* con, e *incidere,* caer en). Ajustarse, convenir o ajustar una cosa con otra: *coincidir dos superficies geométricas.* || Ocurrir varias cosas a un mismo tiempo: *el descubrimiento de América coincidió casi con el invento de la imprenta.* || Concurrir dos o más personas en un mismo lugar.
COINQUILINO, NA adj. y s. Inquilino con otro.
COINTERESADO, DA adj. y s. Dícese del que tiene intereses comunes con otro.
COIPO o **COIPU** m. *Chil.* Roedor grande de Chile, llamado en otros países *perro de agua* y *quiyá.*
COIRÓN m. Nombre de una planta gramínea de Chile.
COITO m. Ayuntamiento carnal del hombre con la mujer.
COJATE m. *Cub. Bot.* Planta silvestre de la familia de las cingiberáceas, cuyas raíces son diuréticas.
COJEAR v. i. Caminar de un modo desigual por algún defecto de la pierna. (SINÓN. *Renquear.*) || No asentar bien un mueble todos sus pies en el suelo: *silla que cojea.* || *Fig.* y *fam.* No obrar una persona como es debido. || *Fig.* y *fam.* Adolecer de algún vicio.
COJEDENSE adj. y s. De Cojedes (Venezuela).
COJERA f. Accidente o enfermedad que impide andar con igualdad.
COJIJO m. Desazón, disgusto. || Sabandija, bicho.
COJIJOSO, SA adj. Dícese de la persona que se queja por poca cosa.
COJÍN m. Almohadón.
COJINETE m. Almohadilla, cojín pequeño. || Pieza de hierro del ferrocarril que soporta los rieles. || *Mec.* Pieza en la que se apoya y gira un eje.
COJINÚA f. *Cub.* Pez de color plateado y carne muy apreciada.
COJITRANCO, CA adj. y s. *Fam.* Cojo travieso. (SINÓN. V. *Cojo.*)
COJO, JA adj. y s. (lat. *coxus*). Que camina con desigualdad por algún defecto en la pierna o pata. || Se dice de la pierna que tiene este defecto. || Falto de una pierna o pata. || Dícese de los muebles cuyas patas no se asientan bien en el suelo: *esta silla está coja.* || — SINÓN. *Patituerto, cojitranco, paticojo, zambo, patizambo, rengo.*
COJOBO m. *Cub.* Jabí.
COJOLITE m. Especie de faisán real de México.
COJUTEPEQUENSE adj. y s. De Cojutepeque.
COK m. Coque, especie de carbón.
COL f. (lat. *caulis*). Planta crucífera hortense, de la que hay muchas variedades comestibles, como la *col común,* la *de Milán,* la *rizada,* la *murciana,* etc. || *Amer. Col palma,* palma de cogollo comestible. || — PROV. **El que quiere a la col, quiere a las hojas de alrededor,** la amistad que se profesa a una persona se suele extender a los parientes y amigos de ella. || **Entre col y col, lechuga,** hace falta, para que no fastidien las cosas, variarlas con otras.

COLA f. (lat. *cauda*). Prolongación de la espina dorsal en los cuadrúpedos: *Alcibíades cortó la cola a su perro.* (SINÓN. *Rabo.*) || Plumas que tienen las aves en la rabadilla: *las plumas de la cola del avestruz son muy estimadas.* || En los reptiles, serpientes, etc., extremidad del cuerpo opuesta a la cabeza: *la cola del lagarto vuelve a crecer cuando se le corta.* || Apéndice que termina algunas cosas: *la cola de un cometa; la cola de un vestido.* || Hilera de personas que esperan algo: *hacer cola para tomar el tren.* (SINÓN. V. *Fila.*) || Último lugar en una clasificación. || *Mús.* Detención en la última sílaba de lo que se canta. || *Cola de caballo,* planta equisetácea: *la cola de caballo sirve, después de seca, para limpiar las matrices de las letras de imprenta.* || *Cola de milano,* espiga de ensamblaje más ancha por la punta que por el arranque. *Chil.* Nombre del *ginerio argentado,* gramínea. || *A la cola,* m. adv., al fin: *ir siempre a la cola.* || *Fig.* y *fam. Ser arrimado a la cola,* ser poco inteligente. || *Traer cola un negocio,* traer consecuencias graves.
COLA f. (gr. *kolla*). Pasta de gelatina que se hace con raeduras y retazos de pieles y sirve para pegar. || *Cola de boca,* la más fina y preparada en pastillas. || *Cola de pescado,* la que se saca de la vejiga del esturión.
COLABORACIÓN f. Acción de colaborar. (SINÓN. V. *Complicidad.*)
COLABORACIONISMO m. Ayuda prestada por un colaboracionista.
COLABORACIONISTA adj. y s. Dícese del que presta su apoyo a un régimen político instaurado por los enemigos de su país.
COLABORADOR, RA m. y f. Persona que colabora: *los colaboradores de una revista.* (SINÓN. V. *Asociado.*)
COLABORAR v. i. (del lat. *collaborare,* trabajar). Trabajar con otros en obras literarias, artísticas, etc. || Actuar como colaboracionista. || — SINÓN. *Cooperar, ayudar, contribuir.* V. tb. *secundar.*
COLACIÓN f. Acto de conferir un beneficio eclesiástico, un grado universitario, etc. || Cotejo, comparación: *una colación escrupulosa.* || Alimento ligero que se toma por la tarde, y también el que se toma por la noche en los días de ayuno. (SINÓN. *Merienda, lunch, refrigerio, refacción.* V. tb. *comida.*) || *Amer.* Confite o bombón. *Méx.* Mezcla de confites diversos. || *Fig. Sacar, o traer, a colación a una persona o cosa,* hacer mención de ella.
COLACIONAR v. t. Cotejar, comparar dos cosas.
COLACTÁNEO, A m. y f. Hermano de leche.
COLADA f. Acción y efecto de colar, especialmente la ropa: *hacer una gran colada.* || Lejía en que se cuela la ropa. || Ropa colada. || *Min.* Piquera que hay en los altos hornos para que salga el hierro en fusión. || *Col.* Especie de arroz con leche. || *Fig.* y *fam. Todo saldrá en la colada,* ya se averiguará todo. || *Fig.* y *fam.* Buena espada, por alusión a la del Cid. || *Fam.* Lío, enredo, negocio: *andar en la colada.* || *Taurom.* Acción de colarse el toro.
COLADERA f. Filtro o colador. || *Méx.* Sumidero, boca de alcantarilla. || *Amer.* Sumidero con agujeros.
COLADERO m. Cedazo para colar líquidos. || Camino o paso estrecho. || *Fam.* Sitio por donde se cuela uno fácilmente. || *Fam.* Tribunal de examen muy benigno.
COLADO, DA adj. V. HIERRO *colado.*
COLADOR m. Coladero, cedazo. || El que confiere un beneficio eclesiástico o grado universitario.
COLADORA f. La que hace coladas. || Máquina para colar la ropa.
COLADURA f. Acción de colar líquidos por un colador. || Residuos que quedan de una cosa colada. || *Fig.* Equivocación.
COLÁGENA f. *Quím.* Substancia albuminoidea que se transforma en gelatina por efecto de cocción.
COLAGOGO m. *Farm.* Purgante que se emplea contra la bilis.
COLAINA f. Acebolladura que se observa en la madera.
COLAMBRE f. Corambre, conjunto de cueros.
COLANILLA f. Pasador de puertas o ventanas.

COLAÑA f. Tabique de poca altura, que sirve de antepecho o separación.
COLAPEZ y **COLAPISCIS** f. Cola de pescado.
COLAPSO m. Disminución rápida de las fuerzas sin síncope: *el colapso es un síntoma grave y frecuente de los envenenamientos.*
COLAR v. t. Pasar un líquido por cedazo o colador: *colar el vino.* (SINÓN. V. *Tamizar.*) ‖ Blanquear la ropa en la lejía caliente. (SINÓN. V. *Lavar.*) ‖ Conferir un beneficio eclesiástico o un grado universitario. ‖ Vaciar: *hierro colado.* ‖ — V. i. Pasar por un lugar angosto: *cuela el aire por este agujero.* ‖ *Fam.* Beber vino. ‖ *Fam.* Pasar una cosa con engaño o artificio: *le colaron un chisme roto por el doble de su valor.* ‖ — V. r. Introducirse en un sitio sin ser llamado. ‖ *Taurom.* Meterse el toro bajo el engaño. ‖ *Fig.* y *fam.* Equivocarse, meter la pata. (SINÓN. V. *Equivocar.*) ‖ *Colarse por alguien,* enamoriscarse. (SINÓN. V. *Enamorar.*) ‖ — IRREG. Se conjuga como *consolar.*
COLARGOL m. Plata coloidal, usada en medicina como antiséptico.
COLATERAL adj. (lat. *collateralis*). Adyacente por un lado: *las naves colaterales de una iglesia.* ‖ — Adj. y s. Familiar que no lo es por línea recta: *los tíos y primos son parientes colaterales.* (SINÓN. V. *Pariente.*)
COLATIVO, VA adj. Dícese de los beneficios que exigen la colación canónica: *una dignidad colativa.*
COLAYO m. Pimpido, pez del Mediterráneo.
COLAZO m. Coletazo.
COLCOL m. *Arg.* Nacurutú, búho.
COLCÓTAR m. *Quím.* Peróxido de hierro pulverizado: *el colcótar se usa mucho en pintura.*
COLCHA f. Cobertura exterior de la cama.
COLCHADO m. Colchadura o cosa colchada.
COLCHADURA f. Acción de colchar.
COLCHAGÜINO, NA adj. y s. De Colchagua (Chile).
COLCHAR v. t. Acolchar.
COLCHERO, RA m. y f. Persona que hace colchas o coberturas para camas.
CÓLCHICO m. Barb. por *cólquico.*
COLCHÓN m. Saco o cojín grande, relleno de lana, pluma, cerda, etc., cosido y basteado o no, que sirve para dormir sobre él: *los colchones demasiado blandos son perjudiciales para la salud.* ‖ *Colchón de aire,* sistema de sustentación de un vehículo o de un barco en movimiento, que se obtiene mediante la insuflación de aire a poca presión debajo del chasis. ‖ *Colchón de muelles,* armadura de madera o hierro, con muelles, en la que se colocan los colchones de la cama.
COLCHONERO, RA m. y f. Persona que se dedica a fabricar, componer y cardar los colchones.
COLCHONETA f. Cojín o colchoncillo que se coloca por lo regular sobre un banco u otro mueble. ‖ Colchón delgado.
COLD CREAM m. (pal. ingl. que sign.: *crema fría,* pr. *kolkrem*). Cierta pomada hecha con espermaceti, cera blanca y aceite de almendras dulces, que se emplea como afeite.
COLEADA f. Sacudida que da con la cola un animal. ‖ *Amer.* Acción de colear una res.
COLEADO, DA adj. *Chil.* Dícese del que ha sido suspendido en un examen.
COLEADOR m. *Amer.* Jinete que colea los toros.
COLEAR v. i. Mover la cola. ‖ — V. t. En las corridas de toros, sujetar por la cola al toro que embiste al torero caído. ‖ *Amer.* Derribar el jinete al toro que huye, cogiéndole la cola. ‖ *Fam. Col.* Fastidiar. ‖ *Guat.* Seguir a una persona. ‖ *Chil.* Reprobar en un examen. ‖ *Fig. Colear un negocio,* no haberse concluido aún.
COLECCIÓN f. Conjunto de varias cosas de una misma clase: *una colección de sellos de correo.* ‖ — SINÓN. *Recopilación, cuerpo, miscelánea, compilación.* V. tb. *antología.*
COLECCIONADOR, RA m. y f. Persona que colecciona: *coleccionador de objetos raros.*
COLECCIONAR v. t. Formar colección de alguna cosa: *coleccionar tarjetas postales ilustradas.*
COLECCIONISTA m. Coleccionador: *los coleccionistas de sellos de correo son innumerables.*
COLECTA f. Recaudación hecha por lo común con un fin caritativo. ‖ Oración de la misa que reza el sacerdote antes de la epístola.
COLECTACIÓN f. Acción de colectar, recaudo.
COLECTAR v. t. Recaudar, reunir, juntar.
COLECTICIO, CIA adj. Dícese de la tropa compuesta de gente nueva, sin disciplina.
COLECTIVAMENTE adv. m. En conjunto.
COLECTIVIDAD f. Conjunto de los seres que forman un todo colectivo: *la colectividad social.* ‖ Posesión en común: *la colectividad de los medios de producción.*
COLECTIVISMO m. Sistema político que busca la solución del problema social en la comunidad de todos los medios de producción: *Carlos Marx fue uno de los teóricos del colectivismo.* (SINÓN. V. *Socialismo.*)
COLECTIVISTA adj. Relativo al colectivismo: *teoría colectivista.* ‖ — M. Partidario del colectivismo.
COLECTIVIZACIÓN f. Acción y efecto de colectivizar.
COLECTIVIZAR v. t. Poner los medios de producción y de intercambio al servicio de la colectividad. ‖ Aplicar los métodos colectivistas.
COLECTIVO, VA adj. Formado por varias personas o cosas. ‖ Hecho por varios: *trabajo colectivo.* ‖ Que presenta al espíritu la idea de conjunto: *sentido colectivo.* ‖ — M. *Gram.* Palabra que presenta al espíritu una idea de conjunto, como: *multitud, montón.* ‖ *Arg.* Pequeño ómnibus urbano.
COLECTOR m. Recaudador, el que colecta: *colector de impuestos.* ‖ El que recibe las cotizaciones. ‖ Aparato que frota con las escobillas de una dinamo para recoger la corriente. ‖ Alcantarilla principal. (SINÓN. V. *Conducción.*) ‖ *Colector de basuras,* instalación doméstica que permite arrojar las basuras directamente por medio de un conducto a un depósito común.
COLECTURÍA f. Oficio de colector o recaudador.
COLÉDOCO adj. Se dice del canal que conduce la bilis hasta el duodeno.
COLEGA m. Compañero en un colegio, iglesia, corporación o ejercicio. (SINÓN. V. *Cofrade.*) ‖ — OBSERV. Es error hacer esdrújula esta palabra.
COLEGATARIO, RIA m. y f. Legatario con otro.
COLEGIADO adj. Dícese del individuo que pertenece a un colegio de su profesión.
COLEGIAL adj. Relativo a un colegio. ‖ Que pertenece a un capítulo de canónigos: *iglesia colegial.* ‖ *Méx.* Novato, inexperto. ‖ — M. Estudiante en un colegio. (SINÓN. V. *Discípulo.*)
COLEGIALA f. La que tiene plaza en un colegio.
COLEGIARSE v. r. Reunirse en colegio o sociedad los médicos, abogados, etc.
COLEGIATA adj. Iglesia colegial.
COLEGIATURA f. Beca o plaza en un colegio.
COLEGIO m. (del lat. *colligere,* reunir). Comunidad de personas revestidas de la misma dignidad: *el colegio de los cardenales elige al papa.* ‖ *Colegio electoral,* reunión de electores que nombran un diputado, senador, etc. ‖ Casa destinada a la enseñanza: *un colegio de niñas.* (SINÓN. V. *Escuela.*) ‖ Sociedad de personas de una misma profesión: *colegio de médicos.* (SINÓN. V. *Corporación.*)
COLEGIR v. t. Juntar, reunir. ‖ Inferir, deducir: *colegir de lo dicho.* ‖ — IRREG. Se conjuga como *pedir.*
COLEGISLADOR, RA adj. Dícese de la asamblea que tiene parte, con otra, en la formación de las leyes: *el Senado y el Congreso de los Diputados son cuerpos colegisladores.*
COLEMIA f. *Med.* Presencia de bilis en la sangre.
COLEO m. Acción de colear o mover la cola.
COLEÓPTERO adj. y s. (del gr. *koleos,* estuche, y *pteron,* ala). Dícese de los insectos provistos de cuatro alas, dos de ellas córneas y que sirven como de estuche a las otras dos (escarabajo, gorgojo). ‖ — M. pl. Orden de estos insectos: *los coleópteros comprenden más de cien mil especies.*
CÓLERA f. (lat. *cholera*). Movimiento desordenado del alma ofendida: *la cólera es mala consejera.* (SINÓN. V. *Irritación.*) ‖ Dícese también de los animales: *el elefante tiene cóleras terribles.* ‖ *Fig.: la cólera de los elementos.* ‖ *Fisiol.* Bilis. ‖ — M. *Med.* Enfermedad

coliflor

colimador

colgantes

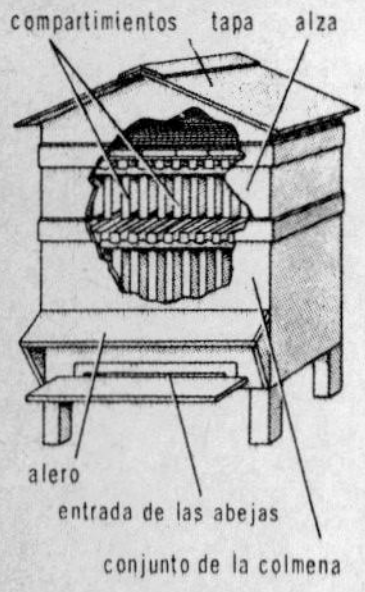

COLMENA

colibrí

epidémica, caracterizada por vómitos, deyecciones frecuentes y violentos dolores intestinales: *el cólera es originario de la India.* || *Montar en cólera,* encolerizarse, enfadarse.
COLÉRICO, CA adj. Perteneciente a la cólera: *carácter colérico.* || Relativo al cólera: *síntomas coléricos.* || — Adj. y s. Enfermo de cólera: *hospital de coléricos.* || Que se deja llevar de la ira: *no se puede discutir con un colérico.* (SINÓN. *Rabioso, cascarrabias, airado, violento.* V. tb. *irritado.*) || — CONTR. *Moderado, plácido.*
COLERINA f. Enfermedad parecida al cólera.
COLESTEROL o **COLESTERINA** m. Substancia similar a las grasas que se halla en todas las células, en la sangre, que contiene 1,5 a 2 por mil, y en un mayor porcentaje en la bilis.
COLETA f. Parte posterior del cabello: *los toreros se dejaban crecer la coleta.* || *Fig.* y *fam.* Adición breve a un escrito. || *Ecuad.* Percalina. || *Méx.* Mahón, tela amarilla. || *Amer.* Lona o crehuela. || *Cub.* Cañamazo. || *Cortarse la coleta,* dejar el torero el oficio. *Por ext.* Retirarse de una actividad.
COLETAZO m. Golpe dado con la cola.
COLETEAR v. t. *Cub.* Dar coletazos.
COLETILLO m. Corpiño sin mangas: *el coletillo lo usan las serranas de Castilla.*
COLETO m. Vestidura de piel que se ajustaba al cuerpo a modo de chaqueta. || *Fig.* y *fam.* Cuerpo: *echarse un vaso de vino al coleto.* || *Fig.* y *fam.* Interior, adentros: *decir algo para su coleto.*
COLETÓN m. *Venez.* Tela basta de estopa. || *Fig.* Persona despreciable.
COLGADERO, RA adj. Que puede colgarse: *melón colgadero.* || — M. Gancho o clavo que sirve para colgar una cosa: *enganchar la carne en el colgadero.*
COLGADIZO, ZA adj. Dícese de las cosas que sólo se usan colgadas. || — M. Tejadillo saliente de un edificio: *abrigarse de la lluvia bajo un colgadizo.* || *Cub.* Edificio pequeño cuyo techo tiene una sola corriente.
COLGADO, DA adj. *Fig.* y *fam.* Engañado en sus pretensiones: *dejar colgada a una persona.*
COLGADOR m. *Impr.* Tabla con que se cogen los pliegos recién impresos para colgarlos en las cuerdas donde se han de secar. || Colgadero, percha.
COLGADURA f. Conjunto de tapices o cortinas con que se adorna una cama, una habitación, etc.: *colgaduras de terciopelo labrado.*
COLGAJO m. Trapo o andrajo que cuelga: *llevar colgajos en la falda.* || Frutas que se cuelgan para secarlas: *colgajo de uvas.* || *Cir.* Porción de piel que se reserva en las operaciones para cubrir la herida.
COLGAMIENTO m. Acción de colgar una cosa.
COLGANDEJO m. *Col.* Colgajo, cosa que cuelga.
COLGANDERO, RA adj. Colgante.
COLGANTE adj. Que cuelga: *los racimos colgantes de la vid.* || — M. *Arq.* Festón: *adornar con colgantes.* || Adorno colgante: *colgantes de araña.* (SINÓN. V. *Fruslería.*)
COLGAR v. t. (lat. *collocare*). Suspender una cosa de otra: *colgar la ropa de un clavo, en la percha.* (SINÓN. V. *Enganchar* y *tender.*) || Adornar con colgaduras y tapices: *colgar un edificio.* || *Fig.* y *fam.* Ahorcar: *colgaron a los facinerosos del primer árbol que encontraron.* (SINÓN. V. *Estrangular* y *matar.*) || *Fig.* Regalar a una persona algo el día de su santo o de su aniversario. || *Fig.* Achacar: *todo se lo cuelgan a él.* || — V. i. Estar colgada una cosa.
COLIAMARILLO m. *Amer.* Diostedé, ave.
COLIBACILO m. Bacilo parásito normal del intestino: *el colibacilo no es patógeno en estado normal.*
COLIBACILOSIS f. Enfermedad causada por los colibacilos.
COLIBRÍ m. Nombre genérico del *pájaro mosca: el colibrí es una verdadera joya alada de la naturaleza.*
CÓLICA f. Cólico pasajero: *padecer cólicas.*
CÓLICO, CA adj. (de *colon*). Perteneciente al intestino colon: *arteria cólica.* || — M. Dolor de entrañas: *la fruta verde y las bebidas heladas causan frecuentemente cólicos.* || *Cólico miserere,* el causado por un cálculo intestinal, una hernia diafragmática y que casi siempre es mortal. || *Cólico de plomo,* o *saturnino,* el causado por el saturnismo. || *Cólico hepático, nefrítico,* el causado por un cálculo hepático, renal, etc.
COLICOLI m. *Chil.* Especie de tábano.
COLICUACIÓN f. Acción de colicuar o desleír.
COLICUAR v. t. Derretir, desleír alguna cosa.
COLICUATIVO, VA adj. *Med.* Que produce rápido enflaquecimiento: *diarrea colicuativa.*
COLICUECER v. t. Colicuar, derretir, desleír alguna cosa. || — IRREG. Se conjuga como *merecer.*
COLICHE m. *Fam.* Fiesta a que acuden los amigos de quien la da, sin necesidad de ser convidados.
COLIFLOR f. Variedad de col cuyos pedúnculos nacientes forman una masa blanca y grumosa.
COLIGACIÓN f. Acción de coligarse o unirse. || Unión, ligazón de varias cosas entre sí.
COLIGADO, DA adj. y s. Que está unido o confederado con otros: *naciones coligadas.*
COLIGADURA f. y **COLIGAMIENTO** m. Coligación, unión, ligazón de dos cosas entre sí.
COLIGARSE v. r. Confederarse, ligarse. (SINÓN. V. *Unir.*)
COLIGUACHO m. *Chil.* Especie de tábano. || — Adj. *Chil.* De color pardo obscuro. || *Chil. Fam.* Muy grande
COLIGUE m. *Chil.* Planta gramínea gigantesca.
COLILLA f. Punta del cigarrillo que se tira.
COLILLERO m. Individuo que recoge por las calles las colillas que tiran los fumadores.
COLIMACIÓN f. *Fís.* Acción de dar a la vista una dirección determinada.
COLIMADOR m. Parte de un anteojo astronómico destinada a asegurar la colimación. || Parte del espectroscopio donde se concentra la luz.
COLIMBO m. Somorgujo.
COLIMENSE, COLIMEÑO, ÑA o **COLIMOTE, TA** adj. y s. De Colima (México).
COLÍN adj. Dícese del caballo de cola escasa.
COLINA f. Elevación de terreno, menor que la montaña: *Roma fue edificada sobre siete colinas.* (SINÓN. *Collado, eminencia, altura, alto.* V. tb. *montaña* y *cerro.*) || Simiente de coles: *sembrar colina en una huerta.*
COLINABO m. Variedad de col de raíz gruesa.
COLINCHO, CHA adj. y s. *Amer.* Reculo.
COLINDANTE adj. Contiguo: *campo colindante.*
COLINDAR v. i. Lindar, tocarse.
COLINETA f. Ramillete, fuente de dulce.
COLINO m. Plantío de coles pequeñas.
COLIRIO m. (lat. *collyrium*). *Med.* Medicamento que se aplica sobre la conjuntiva del ojo.
COLIRROJO m. Ruiseñor de paredes.
COLISA f. (del fr. *coulisse,* corredera). *Mar.* Plano giratorio sobre el que se coloca la cureña del cañón. || *Mar.* Cañón montado en cureña giratoria. || *Chil.* Sombrero de paja.
COLISEO m. Nombre que se da a varios teatros en recuerdo del anfiteatro Flavio. (SINÓN. V. *Teatro.*) [V. *Parte hist.*]
COLISIÓN f. (lat. *collisio*). Choque, golpe: *colisión de barcos.* (SINÓN. V. *Choque.*) || *Fig.* Choque u oposición de las ideas: *evitar una colisión.* (SINÓN. V. *Refriega.*) || — PARÓN. *Coalición, colusión.*
COLISTA adj. y s. Dícese del que está en el último lugar en una clasificación.
COLITIGANTE com. Litigante con otro.
COLITIS f. *Med.* Inflamación del colon.
COLMADO m. Figón o taberna donde venden frituras y algunos otros comestibles. (SINÓN. V. *Restaurante.*)
COLMAR v. t. Llenar hasta el borde: *colmar un vaso.* || *Fig.* Dar con abundancia: *colmar de favores.* (SINÓN. V. *Abrumar.*) || Llenar un hueco: *colmar el lecho de un lago.* || *Fig.* Satisfacer plenamente. (SINÓN. V. *Satisfacer.*)
COLMENA f. Habitación preparada en forma de cesto para las abejas. || Conjunto de las abejas que hay en la colmena: *reina gran actividad en la colmena.* || *Fig.* Aglomeración de personas: *una colmena humana.* || *Pop.* Sombrero de copa, chistera. || *Méx.* Barb. por *abeja.*
— Las *colmenas* se suelen hacer de corcho, de mimbre, de paja, etc. El agujero inferior, o *piquera,* permite a los insectos salir y entrar. Las

Fot. Cristalerías de Baccarat

colmenas deben colocarse al aire libre o en un lugar cubierto, siempre que estén defendidas contra los vientos violentos.
COLMENAR m. Sitio donde hay varias colmenas.
COLMENEAR v. i. *Hond.* Buscar en los bosques colmenas de abejas silvestres.
COLMENERO, RA m. y f. Persona que se dedica a la cría de abejas, apicultor. || — Adj. Dícese del oso aficionado a robar la miel de las colmenas. || *Cub.* y *Hond.* Dícese del caballo que despapa. || — M. *Méx.* Oso hormiguero.
COLMENILLA f. Nombre de varios hongos comestibles de color amarillento obscuro.
COLMILLADA f. Colmillazo.
COLMILLAZO m. Mordedura que se da con el colmillo.
COLMILLO m. Diente canino, el colocado entre los incisivos y la primera muela. (SINÓN. V. *Diente.*) || Cada uno de los dos dientes largos del elefante. || *Fig.* y *fam. Enseñar los colmillos,* infundir respeto una persona por su actitud amenazadora. || *Escupir por el colmillo,* echárselas de valiente alguna persona.
COLMILLUDO, DA adj. Que tiene los colmillos muy gruesos. || *Fig.* Sagaz, astuto y ladino.
COLMO m. Lo que puede colocarse en una medida o recipinte ya lleno: *llenar un cesto de fruta con colmo.* || *Fig.* Último grado: *el colmo de la locura.* (SINÓN. *Exceso, complemento.*)
COLMO, MA adj. Con colmo: *celemín colmo.*
COLOBO m. Especie de mono de América.
COLOCACIÓN f. Acción de colocar: *la colocación de un cuadro.* || Situación, destino: *conseguir una colocación en el Ayuntamiento.* (SINÓN. V. *Empleo.*)
COLOCAR v. t. Poner a una persona o cosa en un lugar: *colocar los muebles en una habitación.* (SINÓN. *Situar, instalar, meter.* V. tb. *poner.*) || Poner a uno en un destino o empleo: *colocarse en una casa de comercio.*
COLOCASIA f. Nombre de una planta arácea de rizoma tuberoso.
COLOCOLO m. *Chil.* Especie de gato montés.
COLOCHO m. *Guat.* y *Salv.* Rizo, Viruta. || *Salv.* Favor o servicio.
COLODIÓN m. (del gr. *kollodês,* pegajoso). Disolución de algodón pólvora en éter y alcohol, usada en medicina para preparar vendajes, y en fotografía.
COLODRA f. Vasija de madera. || Cuerna, vasija de cuerno.
COLODRILLO m. Parte posterior de la cabeza. (SINÓN. *Cogote.*)
COLOFÓN m. *Impr.* Nota que se pone al final de un libro para indicar el nombre del impresor y la fecha en que se concluyó. (SINÓN. *Pie de imprenta.*)
COLOFONIA f. (de *Colofón,* ciudad de Asia). Resina amarilla sólida y transparente, que se emplea para frotar las cerdas de los arcos de violín.
COLOFONITA f. Granate verde claro.
COLOGARITMO m. *Mát.* Complemento de un logaritmo.
COLOGÜINA f. *Guat.* Ave gallinácea de América Central.
COLOIDAL y **COLOIDEO, A** adj. Perteneciente o relativo a los coloides de la gelatina.
COLOIDE m. *Quím.* Nombre dado a las substancias que tienen la apariencia de la cola de gelatina.
COLOMBIANISMO m. Voz o giro propios del español hablado en Colombia.
— El español colombiano, uno de los más puros, comprende cierto número de voces dialectales, especialmente andaluzas, así como algunos arcaísmos. El elemento indio consta principalmente de voces chibchas, voces de origen caribe (muchas de las cuales pertenecen al caudal común de los primeros países colonizados por los españoles), voces de la lengua quechua. De otros idiomas europeos, el francés ha introducido bastantes galicismos, sobre todo literarios; el inglés, contadas palabras.
COLOMBIANO, NA adj. y s. De Colombia.
COLOMBINO, NA adj. Perteneciente o relativo a Cristóbal Colón: *biblioteca colombina.*
COLOMBO m. Nombre de la raíz amarga y amarillenta de una planta de Asia y Africa tropical.
COLOMBÓFILO, LA adj. Aficionado a las palomas mensajeras: *sociedad colombófila.*
COLON m. Parte del intestino entre el ciego y el recto. || *Gram.* Parte o miembro principal del período.
COLÓN m. Unidad monetaria en Costa Rica y El Salvador.
COLONATO m. Sistema de explotación de las tierras por medio de arrendatarios o colonos.
COLONCHE m. *Méx.* Aguardiente de tuna.
COLONENSE adj. y s. De Colón (Panamá).
COLONEÑO, ÑA adj. y s. De Colón (Honduras).
COLONIA f. Gente que sale de un país para ir a habitar otro: *Cartago fue fundada por una colonia de fenicios.* || Establecimiento fundado por una nación en otro país y gobernado por la metrópoli. || Individuos de un país que viven en una ciudad extranjera: *la colonia argentina de París.* || Reunión de personas o animales que viven juntos: *una colonia de pintores, de abejas, colonia penitenciaria.* || Grupo de niños que pasan juntos las vacaciones fuera de la ciudad. || Cinta estrecha de seda. || *Méx.* Ensanche, barrio nuevo de la capital. || Agua de Colonia: *perfumar con Colonia.*
COLONIAJE m. *Amer.* Tiempo en que fueron varios países americanos colonias españolas.
COLONIAL adj. Relativo a la colonia: *el régimen colonial.* || — *Com.* Ultramarino: *frutos coloniales.* Ú. m. c. s. y en pl.
COLONIALISMO m. Doctrina imperialista que considera sólo la colonización como medio de provecho de las naciones colonizadoras.
COLONIALISTA adj. y s. Relativo al colonialismo o que lo sostiene.
COLONIENSE adj. y s. De Colonia (Uruguay).
COLONIZACIÓN f. Forma de movimiento de población de un país (metrópoli) a otro (la colonia). || Transformación de un país en un territorio dependiente de la metrópoli.
COLONIZADOR, RA adj. y s. Que coloniza: *los ingleses son un pueblo colonizador.*
COLONIZAR v. t. Establecer una colonia: *gran parte de América fue colonizada por los españoles.*
COLONO m. Habitante de una colonia. || Arrendatario. || Labrador que cultiva una heredad arrendada. (SINÓN. V. *Granjero.*)
COLOQUIAL adj. Perteneciente o relativo al coloquio.
COLOQUÍNTIDA f. Planta cucurbitácea, especie de cohombro muy amargo, que se emplea en medicina como purgante.
COLOQUIO m. Plática: *un amable coloquio.* (SINÓN. V. *Conversación.*) || Composición literaria dialogada. || Reunión o conferencia en la que se discuten problemas. || *Col.* Sainete representado en la plaza pública.
COLOR m. (lat. *color*). Impresión que hace en la retina del ojo la luz reflejada por los cuerpos: *la luz solar se descompone con el prisma en siete colores principales.* (V. PRISMA.) || Materia colorante: *moler colores.* || Lo que no es blanco ni negro: *ropa de color.* (SINÓN. *Colorido, coloración, matiz, tinte, tono, tonalidad.*) || *De color,* negro, pardo o mulato. || Carácter propio de una opinión: *el color de un periódico.* || *Color local,* exactitud con que describe un escritor o pintor las costumbres y otras particularidades del asunto que trata. || — Pl. Bandera de un país: *saludar los colores nacionales.* || *Fig. Mudar de color,* palidecer o sonrojarse. || *Sacarle a uno los colores a la cara,* avergonzarle. || *So color,* loc. adv., bajo pretexto. || *Ver las cosas de color de rosa,* considerarlo todo de un modo halagüeño. || — OBSERV. Debe decirse una *cinta de color de rosa* y no *cinta color de rosa, cinta de color rosa,* etc.
COLORACIÓN f. Acción de colorar. || Estado de un cuerpo colorado. (SINÓN. V. *Color.*) || — CONTR. *Descoloración.*
COLORADO, DA adj. Que tiene color. || Cuyo color tira a rojo. || *Fig.* Algo deshonesto: *broma colorada.* || — M. *Cub.* La escarlatina. || *Amer.* Especie de mono.
COLORADOTE, TA adj. *Fam.* Colorado de cara. (SINÓN. V. *Rojo.*)
COLORANTE adj. y s. m. Que colora o tiñe: *substancias colorantes* || — CONTR. *Descolorante.*

colmillo de jabalí

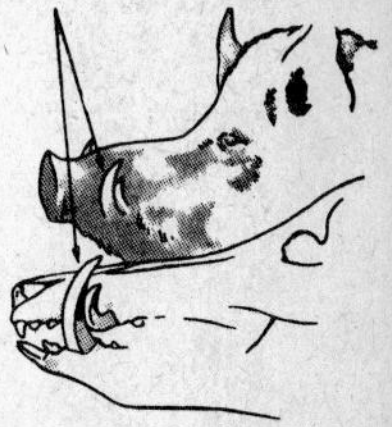

COLUMNA VERTEBRAL

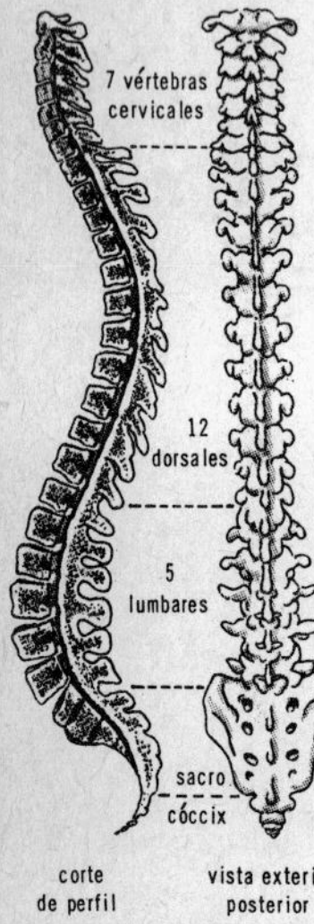

COLORAR v. t. (lat. *colorare*). Dar de color o teñir una cosa: *la clorofila colora de verde las hojas de los árboles.* ‖ — PARÓN. *Colorear.*

COLOREAR v. t. Dar color. (SINÓN. V. *Pintar.*) ‖ *Fig.* Dar apariencia de razón o verdad a lo que no la tiene: *colorear una mentira.* ‖ Cohonestar una mala acción, paliarla, disimularla. ‖ — V. i. Mostrar una cosa el color rojo que tiene: *las guindas empiezan a colorear.* ‖ — PARÓN. *Colorar.*

COLORETE m. Arrebol, afeite colorado.

COLORIDO m. Arte de dar los colores: *aprender el colorido.* ‖ Efecto que resulta de la mezcla y el empleo de los colores. ‖ *Fig.* Color: *el colorido de las mejillas.* (SINÓN. V. *Color.*) ‖ *Fig.* Brillo del estilo: *frase de poco colorido.*

COLORÍMETRO m. Aparato que sirve para medir la intensidad de colorido de ciertos líquidos.

COLORÍN m. Jilguero, pájaro. ‖ Color vivo: *este cuadro tiene demasiados colorines.*

COLORINCHE m. *Arg.* Combinación ridícula de colores chillones.

COLORIR v. t. Dar color: *colorir estampas.* ‖ *Fig.* Colorar. ‖ Colorear, cohonestar. ‖ — OBSERV. Es verbo defectivo.

COLORISMO m. Tendencia artística que da al colorido mayor importancia que al dibujo.

COLORISTA adj. y s. Pintor que usa bien el colorido: *Murillo fue excelente colorista.* (SINÓN. V. *Pintor.*)

COLOSAL adj. De tamaño extraordinario: *Nerón se hizo levantar una estatua colosal.* ‖ Muy grande: *empresa colosal.* (SINÓN. *Gigantesco, titánico, monumental, ciclópeo, babilónico.* CONTR. *Pequeño, microscópico.*) ‖ *Fig.* Buenísimo, extraordinario.

COLOSO m. (lat. *colossus*). Estatua de magnitud extraordinaria: *el coloso de Rodas era una estatua de Apolo.* ‖ Hombre muy grande: *Pedro el Grande era un coloso.* ‖ *Fig.* Persona o cosa muy poderosa: *el coloso napoleónico cayó en Waterloo.* ‖ — SINÓN. V. *Fenómeno.*

COLOTE m. *Méx.* Canasto cilíndrico.

COLPA f. Colcótar usado en la amalgamación del mineral de plata. ‖ *Chil.* Trozo de mineral puro.

COLQUICÁCEAS f. pl. Familia de plantas liliáceas perennes que tiene por tipo el cólquico: *las colquicáceas suelen ser venenosas.*

CÓLQUICO m. (lat. *colchicum*). Planta liliácea: *la raíz del cólquico se emplea en medicina.*

COLÚBRIDOS m. pl. *Zool.* Familia de reptiles cuyo tipo es la culebra.

COLUMBARIO m. Entre los romanos, edificio donde se conservaban las urnas funerarias (SINÓN. V. *Cementerio.*)

COLUMBEAR v. t. *Ecuad.* y *Chil.* Columpiar.

COLUMBINO, NA adj. (del lat. *columba*, paloma). Perteneciente a la paloma.

COLUMBRAR v. t. Divisar, percibir. ‖ *Fig.* Adivinar: *columbro que esto ha de salir mal.*

COLUMBRETE m. Mogote en medio del mar.

COLUMELAR adj. *Diente columelar*, el colmillo.

COLUMNA f. (lat. *columna*). Pilar cilíndrico, con base y capitel, que sostiene un edificio: *columna dórica, jónica.* (SINÓN. *Pilar, pilastra, contrafuerte.*) ‖ *Fig.* Apoyo, sostén: *una firme columna de la monarquía.* ‖ Monumento conmemorativo en forma de columna: *una columna triunfal.* ‖ Parte de una página de libro o diario dividida verticalmente. ‖ *Fís.* Masa de fluido de forma cilíndrica: *la columna de mercurio del barómetro tiene el mismo peso que la columna de aire atmosférico de igual sección. Mil.* Línea de tropas apretadas: *caminar en columna.* (SINÓN. V. *Fila.*) ‖ *Columna vertebral*, conjunto de huesos soldados que se extiende desde la base del cráneo hasta el nacimiento de los miembros inferiores. (En el hombre, la *columna vertebral* está formada por la superposición de 33 vértebras.) [SINÓN. *Espina dorsal, espinazo.*] ‖ *Quinta columna*, conjunto de partidarios de una causa que en período de guerra se encuentran en territorio enemigo.

COLUMNARIO, RIA adj. Que tiene columnas: *templo columnario.* ‖ Moneda de plata acuñada antiguamente en América, y que llevaba al reverso dos columnas y el lema: *Plus ultra.*

COLUMNATA f. *Arq.* Serie de columnas de un edificio.

COLUMNISTA m. *Neol.* Periodista.

COLUMPIAR v. t. Mecer en el columpio: *columpiar a un niño.* ‖ — V. r. Mecerse en el columpio. ‖ Mover el cuerpo una persona al andar, anadear.

COLUMPIO m. Asiento suspendido entre dos cuerdas para mecerse. ‖ *Cub.* Mecedora.

COLURO m. (gr. *kolouros*). Nombre de los dos círculos máximos de la esfera, perpendiculares al ecuador, que pasan uno por los puntos equinocciales y otro por los puntos solsticiales.

COLUSIÓN f. Convenio o trato entre varios, con intención de perjudicar a otro. (SINÓN. V. *Complicidad.*) ‖ — PARÓN. *Colisión.*

cólquico

columnata

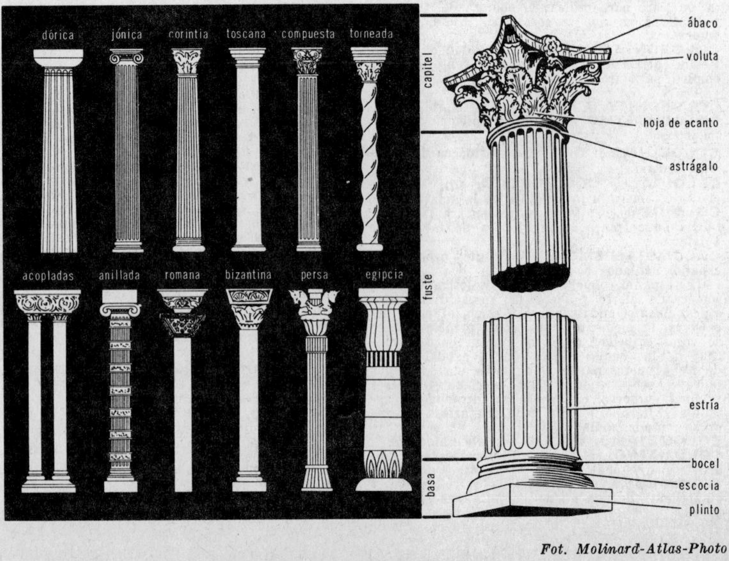

COLUMNAS

Fot. Molinard-Atlas-Photo

COLUSORIO, RIA adj. Que implica colusión, convenio, confabulación entre varios: *contrato colusorio.*
COLUTORIO m. *Far.* Medicamento que debe obrar sobre la mucosa bocal, enjuagatorio.
COLUVIE f. Gavilla de pícaros.
COLZA f. Especie de col, cuya semilla produce un aceite para el alumbrado.
COLLA f. Gorjal o gola.
COLLA f. *Filip.* Temporal de chubascos que precede a las monzones.
COLLA m. *Bol.* Habitante de las mesetas andinas. || *Arg.* Boliviano.
COLLA f. Cuadrilla de cargadores o descargadores de barcos.
COLLADO m. Cerro. (SINÓN. V. *Colina.*)
COLLAR m. (lat. *collum,* cuello). Adorno que se lleva alrededor del cuello: *un collar de coral.* || Cadena de oro que llevan al cuello los dignatarios de algunas órdenes: *el collar del Toisón.* || Plumas del cuello de algunas aves. || Aro de hierro que se ponía al cuello de los malhechores, de los esclavos, etc. || Aro que se pone al cuello a los animales domésticos para adorno y defensa: *los mastines tienen collares armados con puntas de hierro.* || *Mec.* Anillo, abrazadera circular. || *Méx.* y *Cub.* Collera, arreo.
COLLAREJA f. *Col.* Especie de paloma común en Colombia. || *Méx.* Especie de comadreja. || *Col. Alma collareja,* alma candorosa.
COLLARÍN m. Collar pequeño. || Alzacuello de los eclesiástcos. || Sobrecuello de una casaca. || Reborde que rodea el orificio de las espoletas de las bombas. || Etiqueta que se adapta al cuello de la botella.
COLLARINO m. *Arq.* Anillo que termina el fuste de la columna y sobre el cual descansa el capitel.
COLLAZO m. Hermano de leche. || Compañero o compañera de servicio en una casa. || — M. Palo con el que se recogen las gavillas.
COLLEJA f. Hierba cariofilácea de flores blancas: *la colleja suele comerse como legumbre.* (SINÓN. *Conejera.*) || — Pl. Nervios que se encuentran en el cuello del carnero.
COLLERA f. Collar de cuero que se pone a caballerías y bueyes. || *Fig.* Cadena de presidiarios. || *Amer.* Yunta de animales. || *And.* y *Amer.* Pareja. || — Pl. *Arg.* y *Chil.* Gemelos para camisa.
COLLERÓN m. Collera ligera que se pone a los caballos de los coches.
COLLIR v. t. *Per.* Asar una cosa envuelta en un palo húmedo.
COLLOCHO m. *Chil.* Tallo o troncho de algunas hortalizas.
COLLOTA f. *Per.* Mano de almirez.
COMA f. (lat. *comma*). Signo ortográfico (,): *la coma sirve para indicar las divisiones menores de la oración.* || *Mús.* Intervalo poco apreciable al oído que existe entre dos notas enarmónicas, como entre el *do* sostenido y el *re* bemol.
COMA m. (gr. *kôma*). *Med.* Sopor profundo, depresión física vecina de la muerte: *el coma es con frecuencia preludio de la agonía.* (SINÓN. V. *Adormecimiento.*)
COMADRE f. La madrina de un niño con relación al padrino y a los padres. || *Fam.* Vecina y amiga muy íntima: *chismes de comadres.* || *Fam.* Alcahueta. (SINÓN. V. *Alcahueta.*) || Partera.
COMADREAR v. i. *Fam.* Chismear, murmurar.
COMADREJA f. Animal carnicero nocturno de cuerpo prolongado y pelo pardo rojizo: *la comadreja es perjudicial a los gallineros.* || *Arg.* Zarigüeya, mamífero didelfo.
COMADREO m. *Fam.* Charla.
COMADRERO, RA adj. Amigo de comadrear.
COMADRÓN m. *Fam.* Cirujano o médico que asiste a los partos, partero.
COMADRONA f. Partera.
COMAL m. Disco de barro, usado en Méjico y América Central, para cocer las tortillas de maíz.
COMALIA f. *Veter.* Enfermedad del ganado lanar, que es una especie de hidropesía general.
COMANDANCIA f. Cargo de comandante. || División militar sujeta al mando de un comandante. || Edificio donde radica.
COMANDANTA f. *Fam.* Mujer del comandante. || *Mar.* Nave en la que iba el comandante.
COMANDANTE m. Oficial que manda una plaza, un puesto, batallón, buque de guerra, etc. (SINÓN. V. *Jefe.*)
COMANDAR v. t. *Mil.* Mandar, gobernar un cuerpo de tropa: *comandar un destacamento de tropas.*
COMANDITA f. (fr. *commandite*). *Com. Sociedad en comandita,* dícese de la sociedad comercial en que parte de los socios suministran los fondos sin participar en la gestión de la misma.
COMANDITAR v. t. Adelantar los fondos necesarios para la marcha de una empresa comercial o industrial: *comanditar una casa de banca.*
COMANDITARIO, RIA adj. Relativo a la comandita: *sociedad comanditaria.* || — M. El que suministra los fondos en una sociedad en comandita. (SINÓN. V. *Socio.*)
COMANDO m. Grupo armado especializado en el combate de choque: *un comando de la marina.* || *Amer.* Mando militar.
COMARCA f. Región, territorio, provincia. (SINÓN. V. *País.*)
COMARCAL adj. De la comarca.
COMARCANO, NA adj. Cercano, inmediato.
COMARCAR v. i. Confinar, lindar: *dos campos que comarcan uno con otro.* || — V. t. Plantar los árboles formando calles.
COMATOSO, SA adj. *Med.* Relativo al coma: *estar un enfermo en estado comatoso.*
COMAYAGÜENSE adj. y s. De Comayagua (Honduras).
COMBA f. Inflexión, convexidad, alabeo de una cosa: *la comba de una tabla.* || Juego que consiste en saltar con una cuerda: *la comba es juego de niñas.* || *Per.* Martillo grueso.
COMBADURA f. Efecto de combarse o torcerse alguna cosa, alabeo.
COMBAR v. t. Torcer, alabear: *combar un hierro.*
COMBATE m. Lucha entre gente armada. || Lucha de hombres o animales entre sí o contra el hombre: *los combates de gladiadores eran los espectáculos preferidos de los romanos.* (SINÓN. *Lidia, pugna, batalla, acción, refriega, pelea.* V. tb. *lucha.*) || *Fig.* Agitación, inquietud del espíritu: *la vida es un combate perpetuo.* || *Fuera de combate,* loc. adv., incapaz de luchar.
COMBATIBLE adj. Que puede ser combatido.
COMBATIENTE m. Luchador. || Cada uno de los soldados que componen un ejército.
COMBATIR v. i. y t. Pelear: *combatir el enemigo, un incendio.* || *Fig.* Luchar contra una persona o cosa: *combatir una tendencia funesta.* || — SINÓN. V. *Luchar.*
COMBATIVIDAD f. Afición a la lucha.
COMBATIVO, VA adj. Aficionado a la lucha, a la pelea: *ánimo combativo.* (SINÓN. V. *Guerrero.*)
COMBÉS m. Espacio descubierto. || *Mar.* Parte de la cubierta desde el palo mayor hasta la proa.
COMBI y **COMBINA** f. *Fam.* Combinación.
COMBINACIÓN f. Arreglo y disposición ordenada de varias cosas análogas: *combinación de colores poco feliz.* (SINÓN. *Acoplamiento.* V. tb. *mezcla.*) || *Quím.* Unión íntima de las moléculas de dos cuerpos: *el agua es una combinación de hidrógeno y oxígeno.* || Especie de cóctel. || Prenda femenina de uso interior. || *Fig.* Medidas para asegurar el éxito de una empresa: *el azar se suele burlar de las más sabias combinaciones.*
COMBINADO m. *Quím.* Cuerpo que resulta de un combinación: *el alcohol es un combinado.* || Cóctel. || Complejo industrial.
COMBINAR v. t. (lat. *combinare*). Unir cosas diversas de modo que formen un compuesto. || Disponer en orden: *combinar sus medidas.* (SINÓN. V. *Preparar.*) || *Quím.* Determinar la combinación de dos cuerpos: *combinar el cloro con el hidrógeno para formar ácido clorhídrico.*
COMBINATORIA f. Parte de las matemáticas que estudia las propiedades de los elementos en cuanto a su posición y grupos que pueden formarse entre ellos.
COMBO, BA adj. Combado. || — M. Asiento sobre el cual se colocan los toneles y las cubas. (SINÓN. *Poíno.*) || *Chil.* y *Arg.* Martillo de minero, almádana.
COMBRETÁCEAS f. pl. *Bot.* Familia de árboles dicotiledóneos a que pertenece el mirobálano.
COMBURENTE adj. y s. (del lat. *comburere,*

comadreja

quemar). *Fís.* Que provoca una combustión, que la activa: *el oxígeno es comburente pero no combustible.*

COMBUSTIBILIDAD f. Calidad de una cosa combustible: *la combustibilidad del carbón varía con su densidad.* ‖ — CONTR. *Incombustibilidad.*

COMBUSTIBLE adj. Que puede arder con facilidad: *el algodón pólvora es muy combustible.* ‖ — M. Cualquier cosa que sirve para hacer lumbre, como la leña, el carbón: *la turba es un combustible de inferior calidad.* ‖ — SINÓN. *Comburente, inflamable.* ‖ — CONTR. *Incombustible.*

COMBUSTIÓN f. Acción y efecto de quemar o arder: *el aire es indispensable para la combustión.* ‖ *Quím.* Conjunto de los fenómenos que acompañan la combinación de un cuerpo con el oxígeno. ‖ *Combustión espontánea,* la que se produce en un cuerpo naturalmente y sin necesidad de aplicarle fuego. ‖ — SINÓN. *Deflagración, ignición.* V. tb. *incendio.*

COMEDERO, RA adj. Que se puede comer: *este pollo no es comedero.* ‖ — M. Sitio donde se echa la comida a los animales: *el canario no tiene grano en el comedero.* (SINÓN. *Pesebrera, pesebre, artesa, bebedero.*) ‖ Comedor, habitación donde se come. ‖ *Fig.* y *fam. Limpiarle a uno el comedero,* dejarle sin destino.

COMEDIA f. (lat. *comoedia*). Poema dramático, de desenlace festivo o placentero, que suele presentar los errores o vicios de la sociedad con objeto de ridiculizarlos: *se distinguen en el teatro español comedias de capa y espada, de enredo, de carácter, de figurón, de magia.* ‖ Cualquier poema dramático. (SINÓN. *Ficción, sainete, entremés.* V. tb. *drama.*) ‖ Género cómico. ‖ Teatro: *ir a la comedia.* ‖ *Fig.* Fingimiento: *sus lágrimas son comedia.* (SINÓN. V. *Disimulo.*)

COMEDIANTE, TA m. y f. Actor o actriz que desempeña papeles cómicos. (SINÓN. V. *Actor.*) ‖ *Fig.* y *fam.* Intrigante, hipócrita.

COMEDIDAMENTE adv. m. Con comedimiento.

COMEDIDO, DA adj. Cortés, moderado. ‖ *Amer.* Entremetido. ‖ *Amer.* Servicial. (SINÓN. V. *Complaciente.*) ‖ — CONTR. *Descortés, descomedido.*

COMEDIMIENTO m. Moderación, urbanidad, cortesía: *hablar a una persona con poco comedimiento.* (SINÓN. V. *Circunspección* y *retención.* CONTR. *Grosería.*)

COMEDIO m. Centro o medio de lugar. ‖ Espacio de tiempo entre dos épocas.

COMEDIÓGRAFO m. Autor de comedias.

COMEDIRSE v. r. Arreglarse, moderarse: *comedirse en las palabras.* ‖ *Ecuad.* y *Arg.* Entremeterse. ‖ — IRREG. Se conjuga como *pedir.*

COMEDÓN m. Granillo con un puntito negro que se forma en la piel del rostro: *el comedón se debe a una obstrucción de las glándulas sebáceas.*

COMEDOR, RA adj. Que come mucho, comilón. ‖ — M. Pieza destinada para comer, y muebles que la alhajan: *un comedor de nogal esculpido.* ‖ Establecimiento para servir comidas. (SINÓN. V. *Refectorio.*)

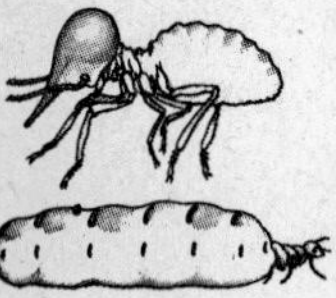

comején

COMEJÉN m. Insecto arquíptero originario de los países cálidos que destruye cuanto encuentra: *los nidos del comején suelen tener hasta dos metros de alto.* (En América se llama *hormiga blanca* y en Filipinas *anay.*)

comejenera

COMEJENERA f. Lugar donde se cría comején. ‖ *Fig.* y *fam. Venez.* Reunión de gente de mal vivir.

COMELENGUA f. Culebra grande de América Central.

COMENDADOR m. Caballero de una orden militar que tiene encomienda. ‖ Dignatario de ciertas órdenes, entre caballero y gran cruz. ‖ Prelado de algunas órdenes religiosas.

COMENDADORA f. Superiora de un convento de las órdenes militares o religiosas de la Merced. ‖ Monja de ciertas órdenes militares antiguas: *las comendadoras de Santiago.*

COMENDERO m. El que recibía una encomienda.

cometas

COMENSAL com. (del lat. *cum,* con, y *mensa,* mesa). Persona que come en la misma mesa que otra. (SINÓN. V. *Convidado.*)

COMENTADOR m. El que comenta una obra. ‖ Persona inventora de falsedades.

COMENTAR v. t. (lat. *commentari*). Hacer comentarios sobre una cosa: *comentar el Quijote.* (SINÓN. V. *Explicar.*)

COMENTARIO m. Observaciones acerca de un texto: *los comentarios al Quijote de Clemencín son una obra de gran interés literario.* (SINÓN. V. *Nota.*) ‖ — Pl. Memorias históricas: *los comentarios de César.* ‖ *Fam.* Interpretación maligna: *dar presa a los comentarios.*

COMENTARISTA m. Autor de comentarios.

COMENTO m. Acción de comentar alguna obra.

COMENZANTE adj. Que comienza.

COMENZAR v. t. Empezar, principiar: *comenzar un trabajo.* (SINÓN. *Emprender, preludiar, entablar, debutar.* Fig. *Atacar.* ‖ — V. i. Empezar, tener principio: *comienza el cuento.* ‖ —IRREG. Se conjuga como *acertar.*

COMEPIOJO m. *Arg.* Mamoretá.

COMER v. t. (del lat. *cum,* con, y *edere,* comer). Mascar y tragar: *comer frutas.* (SINÓN. *Ingerir, devorar.* Pop. *Apiparse, jamar, manducar.* V. tb. *tragar.*) ‖ Gastar: *el orín come el hierro.* (SINÓN. *Roer.*) ‖ Gastar, consumir: *este horno come mucha leña.* ‖ *Fig.* En el juego de ajedrez y damas, ganar una pieza al contrario. ‖ *Fig.* Hablando del color, ponerlo la luz desvaído Disipar: *comerse el capital.* ‖ — V. i. Tomar alimento: *no se puede vivir sin comer.* ‖ Tomar la comida principal del día: *como a las ocho.* ‖ — V. r. Saltar, pasar, al leer o copiar un escrito. ‖ — M. La comida: *quitárselo uno del comer.* ‖ *Ser de buen comer,* comer mucho. ‖ *Fig.* y *fam. Sin comerlo ni beberlo,* sin saber cómo. ‖ *Tener qué comer,* tener lo necesario para vivir. ‖ — PROV. **El comer y el rascar, todo es empezar,** lo más difícil en ciertas cosas es empezarlas. ‖ — RÉG. *Comer a dos carrillos, de todo, de vigilia, por cuatro, comerse de envidia.*

COMERCIABLE adj. Dícese de aquello con que se puede comerciar. ‖ *Fig.* Sociable, afable.

COMERCIAL adj. Relativo al comercio.

COMERCIALIDAD f. Carácter comercial.

COMERCIALISMO m. Espíritu comercial excesivo.

COMERCIALIZACIÓN f. Acción y efecto de comercializar.

COMERCIALIZAR v. t. Dar carácter comercial. ‖ Ordenar los ideales, hábitos y métodos de una persona, asociación o comunidad en el marco exclusivo del espíritu y maneras de la vida mercantil y del afán de lucro.

COMERCIALMENTE adv. m. De modo comercial: *obrar comercialmente.*

COMERCIANTE adj. Que comercia: *nación muy comerciante.* ‖ — M. y f. Persona que se dedica al comercio: *comerciante en vinos, al por mayor.* (SINÓN. *Vendedor, negociante, tendero, traficante.* Despect. *Mercachifle.*)

COMERCIAR v. i. Negociar comprando y vendiendo géneros: *comerciar con, o en, naranjas.* ‖ Tratar unas personas con otras.

COMERCIO m. (lat. *commercium*). Tráfico: *el comercio enriqueció a Cartago.* (SINÓN. *Negocio.* V. tb. *trato.*) ‖ El gremio de los comerciantes. ‖ Comunicación y trato: *el comercio de las personas instruidas es provechoso.* ‖ Establecimiento comercial. (SINÓN. V. *Tienda.*) ‖ Cierto juego de naipes. ‖ *Cámara de Comercio,* organismo consultivo de los comerciantes. ‖ *Código de comercio,* conjunto de leyes que rigen el comercio.

COMESTIBLE adj. Dícese de lo que se puede comer: *planta comestible.* ‖ — M. Alimento: *tienda de comestibles.*

COMETA m. (lat. *cometa*). *Astr.* Astro errante que describe alrededor del Sol una curva muy excéntrica y que va acompañada por un rastro luminoso llamado *cola* o *cabellera.* (SINÓN.

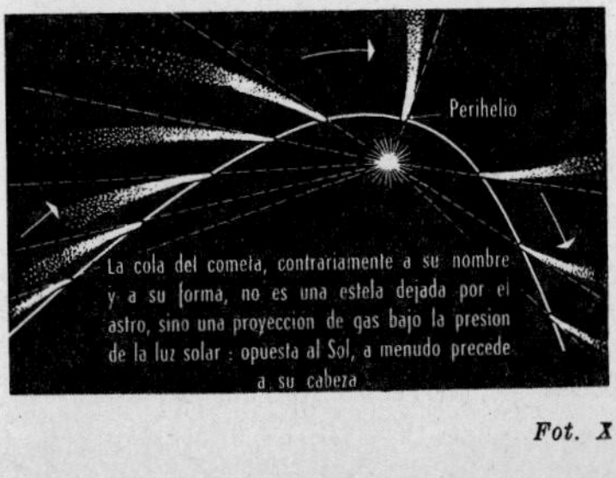

La cola del cometa, contrariamente a su nombre y a su forma, no es una estela dejada por el astro, sino una proyección de gas bajo la presión de la luz solar: opuesta al Sol, a menudo precede a su cabeza

Fot. X

V. *Estrella.*) ‖ — F. Juguete formado por una armazón ligera de papel o tela y cañas, y que se mantiene en el aire sujeta por una cuerda. ‖ Juego de naipes.
— Los *cometas* describen una elipse prolongada o una parábola cuyo foco está ocupado por el Sol. Algunos cometas reaparecen periódicamente. El de Halley vuelve a visitarnos cada 76 años.
COMETEDOR, RA adj. y s. Que comete alguna acción: *castigar severamente al cometedor del delito.*
COMETER v. t. (lat. *committere*). Encargar a uno un negocio: *le cometió la ejecución de mi encargo.* ‖ Hacer, caer o incurrir en un error: *cometer un crimen; cometer un solecismo.* (SINÓN. *Perpetrar, consumar.*)
COMETIDO m. Encargo: *desempeñar su cometido.*
COMETÓN m. *Cub.* Cometa, juguete de niños.
COMEZÓN f. Picazón, escozor: *los mariscos causan comezón a algunas personas.* ‖ *Fig.* Desazón interior, inquietud: *sentir comezón por decir una cosa.* (SINÓN. V. *Deseo.*)
COMIBLE adj. *Fam.* Que puede comerse aunque no sea muy bueno: *esta carne es apenas comible.*
COMICASTRO m. Mal cómico.
COMICIAL adj. De los comicios.
COMICIDAD f. Carácter cómico.
COMICIO m. (lat. *comitium*). Asamblea del pueblo romano para tratar de los negocios públicos. (SINÓN. V. *Reunión.*) ‖ Reuniones y actos electorales.
CÓMICO, CA adj. Relativo a la comedia: *autor cómico.* ‖ Gracioso: *una aventura cómica.* (SINÓN. *Chistoso, chusco, festivo, jocoso, hilarante, burlesco.* V. tb. *divertido.*) ‖ — M. y f. Comediante. (SINÓN. V. *Actor* y *bufón.*) ‖ *Cómico de la legua*, el que viaja de pueblo en pueblo representando comedias.
COMIDA f. Alimento: *ganar la comida de cada día.* (SINÓN. V. *Alimento.*) ‖ Alimento que se toma de costumbre: *hacer tres comidas al día.* (SINÓN. *Almuerzo, desayuno, cena, banquete, ágape.* V. tb. *colación* y *festín.*) ‖ Alimento principal de cada día: *la comida es a las dos.* ‖ Acción de comer: *una comida interminable.* ‖ *Col.* Medula de ciertas plantas. ‖ — PROV. **Comida hecha, compañía deshecha,** no debe uno olvidar a los amigos cuando ya no sirven.
COMIDILLA f. *Fig.* y *fam.* Cosa a que es uno muy aficionado: *el juego es su comidilla.* ‖ *Fam.* Objeto de conversación: *fue durante algunos días la comidilla de la ciudad* .
COMIDO, DA adj. Que ha comido: *estar comido y bebido.* ‖ *Fig.* y *fam.* *Comido por servido,* frase que censura lo mal pagado de un oficio o empleo.
COMIENZO m. Principio de una cosa. ‖ — SINÓN. *Nacimiento, primicias.*
COMILITONA f. *Fam.* Comilona.
COMILÓN, ONA adj. y s. Que come mucho.
COMILONA f. *Fam.* Comida muy abundante. (SINÓN. V. *Festín.*)
COMILLAS f. pl. Signo ortográfico (" "): *las comillas se ponen al principio y al fin de las citas.*
COMINEAR v. i. *Fam.* Entremeterse el hombre en cosas propias de mujeres.
COMINERÍA f. *Fam.* Chisme.
COMINERO adj. y s. *Fam.* Que cominea.
COMINILLO m. Joyo, cizaña, gramínea. ‖ *Chil.* y *Riopl.* Escozor. ‖ *Chil.* y *Arg.* Bebida alcohólica.
COMINO m. Hierba umbelífera de semillas aromáticas usadas en medicina y cocina. ‖ *Col.* Especie de laurel. ‖ *Fig.* y *fam.* *No valer un comino,* valer poco.
COMIQUEAR v. i. Representar comedias por entretenimiento y sin gran talento.
COMIQUERÍA f. *Fam.* Conjunto de cómicos.
COMISAR v. t. Declarar una cosa en comiso.
COMISARÍA f. y **COMISARIATO** m. Empleo o cargo de comisario. ‖ Oficina del comisario. ‖ *Amer.* Territorio administrado por un comisario.
COMISARIO m. El que tiene poder para hacer ejecutar alguna orden o reglamento: *comisario de policía.* ‖ *Amer.* Inspector de policía.
COMISCAR v. t. Comer a menudo de varias cosas y en cortas cantidades. (SINÓN. *Comisquear.*)
COMISIÓN f. Acción de cometer: *la comisión de un delito.* ‖ Orden que se da a una persona para que ejecute algún encargo. ‖ Cantidad que cobra un comerciante por ejecutar un encargo ajeno. (SINÓN. *Tanto por ciento, descuento.*) ‖ Conjunto de individuos escogidos por una asamblea para encargarse de un negocio: *comisión administrativa.* (SINÓN. V. *Delegación.*) ‖ *Com.* Negocio de comprar y vender mercancías por cuenta ajena. (SINÓN. *Corretaje.*)
COMISIONADO, DA adj. y s. Encargado para entender en algún negocio. ‖ *Comisionado de apremio,* individuo que ejecuta los apremios. ‖ *Cub.* Alguacil.
COMISIONAR v. t. Dar comisión a una persona para que se encargue de algún asunto. (SINÓN. V. *Delegar.*)
COMISIONISTA m. El que vende y compra por cuenta de otra persona. (SINÓN. V. *Intermediario.*)
COMISO m. (del lat. *commissum*). *For.* Pena de confiscación. ‖ Cosa decomisada.
COMISORIO, RIA adj. *For.* Que es válido hasta determinado tiempo o fecha: *pacto comisorio.*
COMISQUEAR v. i. Comer poco y a menudo.
COMISTRAJO m. *Fam.* Comida extraña y mala.
COMISURA f. (lat. *commisura*). Unión de ciertas partes del cuerpo: *la comisura de los labios.*
COMITÉ m. (ingl. *committee*). Reunión de miembros escogidos en una asamblea para examinar ciertos asuntos: *comité administrativo.*
COMITECO m. *Méx.* Cierta bebida embriagadora.
COMITENTE adj. y s. Que comete una cosa.
COMITIVA f. Acompañamiento. ‖ — SINÓN. *Cortejo, séquito, corte.* V. tb. *entierro.*
CÓMITRE m. El que gobernaba a los galeotes.
COMO adv. m. (lat. *quomodo*). Lo mismo que, del modo que: *atrevido como un león.* ‖ Tal como: *un hombre como él no retrocede ante ningún obstáculo.* ‖ En calidad de: *como madre y esposa es admirable esta mujer.* ‖ Casi: *está como muerto.* ‖ Según: *como fácilmente puede deducirse.* ‖ — Conj. condic. Si: *como seas malo te castigaré.* ‖ — Conj. causal. Porque: *lo sé, como que lo vi.* ‖ — OBSERV. Es barbarismo frecuente en América la loc. *como ser* [*como son*] *por como: se venden muebles, como ser camas, mesas, etc.*
CÓMO adv. m. (lat. *quomodo*). De qué manera, por qué modo: *¿cómo vive?.* ‖ Por qué: *¿cómo no se ha dirigido a mí?* ‖ — M. El modo como se hace algo: *no sabe el hombre el por qué ni el cómo de la vida.* ‖ *¡Cómo!,* interj. que expresa la sorpresa. ‖ *Amer.* y *Can.* *¡Cómo no!,* ya lo creo, ciertamente.
CÓMODA f. Mueble de cajones que se suele poner en las alcobas: *las cómodas, de origen francés, datan del siglo* XVII. (SINÓN. V. *Armario.*)
CÓMODAMENTE adv. m. Con comodidad.
COMODATO m. *For.* Préstamo gratuito.
COMODIDAD f. Calidad de cómodo: *la comodidad de una casa.* (CONTR. *Incomodidad, molestia.*) ‖ Utilidad, interés: *Fulano sólo busca su comodidad.* ‖ — Pl. Conveniencias, cosas agradables y cómodas: *las comodidades de la vida.*
COMODÍN m. En algunos juegos, carta que sirve para cualquier lance favorable. ‖ Lo que puede servir para todo. ‖ — Adj. y s. *Amer.* Regalón, comodón.
COMODISTA adj. *Fam.* Comodón.
CÓMODO, DA adj. (lat. *commodus*). De fácil uso: *mueble cómodo.* ‖ — CONTR. *Incómodo, molesto.*
COMODÓN, ONA adj. Aficionado a su comodidad.
COMODORO m. En Inglaterra, Estados Unidos, Argentina y México, oficial de marina que manda una división naval de más de tres barcos.
COMOQUIERA adv. m. De cualquier modo.
COMPACIDAD f. Calidad de compacto.
COMPACTACIÓN f. Acción de compactar.
COMPACTAR v. t. Poner compacto.
COMPACTO, TA adj. (del lat. *compingere,* unir, juntar). ‖ De estructura apretada y poco porosa: *la estructura del nogal es más compacta que la del pino.* (SINÓN. V. *Duro* y *sólido.*) ‖ *Fig.* Apretado, apiñado: *multitud compacta.*
COMPADECER v. t. Experimentar compasión

CÓMODAS

Luis XIV

Luis XV

Luis XVI

Imperio

moderna

Fot. Arch. Phot., X, Giraudon, Ollivier, Knoll

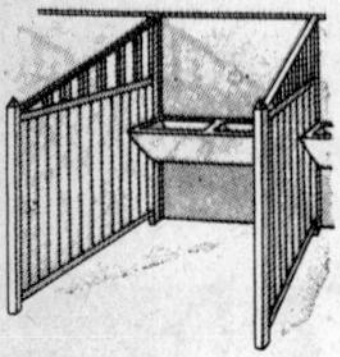

compartimiento de cuadra

por el mal ajeno: *compadezco los sufrimientos de los desgraciados.* Ú. t. c. r.: *compadecerse del daño ajeno.* || — IRREG. Se conjuga como *merecer.*

COMPADRAJE m. Amistad entre compadres.

COMPADRAR v. i. Contraer compadrazgo. || Hacerse compadre o amigo: *compadrar bien con uno.*

COMPADRAZGO m. Parentesco que contrae con los padres el padrino de una criatura. || Compadraje. || *Méx.* Confabulación, enredo.

COMPADRE m. Padrino del niño respecto de los padres y la madrina de éste. (SINÓN. V. *Padrino.*) || *Fam.* Amigo o conocido. (SINÓN. V. *Amigo.*) || *Arg.* Fanfarrón procaz, chulo. (También se usa como adj.)

COMPADREAR v. i. Llamarse compadre muy a menudo. || Tratarse familiarmente. || *Arg.* Baladronear.

COMPADRERÍA f. Compadraje, amistad.

COMPADRITO m. *Fam. Arg.* Chulo.

COMPAGINACIÓN f. Acción de compaginar.

COMPAGINADOR m. El que compagina.

COMPAGINAR v. t. *Fig.* Ordenar, reunir pliegos u otras cosas unas con otras. || *Impr.* Ajustar. || — V. r. Conformarse.

COMPANAGE y **COMPANGO** m. Fiambre que se come con el pan.

COMPAÑA f. Compañía.

COMPAÑERISMO m. Amistad entre compañeros.

COMPAÑERO, RA m. y f. (del lat. *cum,* con, y *panis,* pan). Camarada, el que vive con otro: *compañero de colegio, de oficina.* (SINÓN. *Camarada, acólito, condiscípulo.* V. tb. *esposo.*) || El que hace alguna cosa con otro: *compañero de*

COMPÁS

1. De lápiz y tinta
2. De espesor
3. Bigotera
4. De navegación

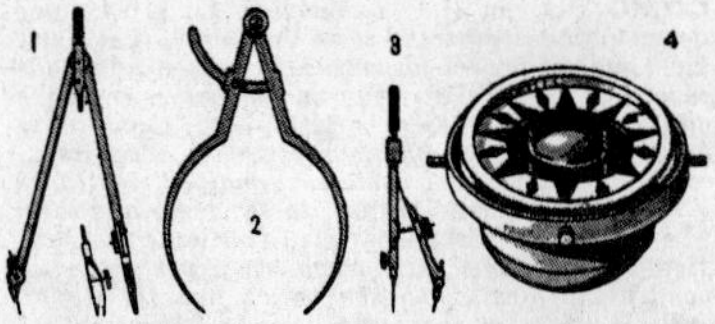

destierro. (SINÓN. V. *Amigo.*) || *Fig.* Cosa que hace juego con otra: *este cuadro tiene compañero.*

COMPAÑÍA f. Asamblea de personas reunidas || Reunión de personas que forman un cuerpo. (SINÓN. *Consejo, cuerpo, areópago.*) || Sociedad industrial o comercial: *compañía ferroviaria.* (SINÓN. V. *Sociedad.*). || Tropa de infantería mandada por un capitán. || Tropa de actores cómicos: *la compañía de este año no es muy buena.* || *Compañía de Jesús,* la orden de los jesuitas, fundada por San Ignacio de Loyola. || *Compañía de la legua,* la de cómicos que anda representando por los pueblos pequeños. || *Y compañía,* expresión que se añade al nombre de una razón social después de los asociados (abrev. *y Cía*): *Rodríguez, Pérez* y *Cía.*

COMPARABLE adj. Que puede compararse o cotejarse: *estas dos cosas son comparables.* || *Amer.* Barb. por *decible: no ser comparable una cosa.*

COMPARACIÓN f. (lat. *comparatio*). Acción de comparar. (SINÓN. *Paridad, similitud, paralelo, cotejo, confrontación.* V. tb. *examen.*) || *Ret.* Símil. || *Gram. Grados de comparación,* el positivo, el comparativo y el superlativo.

COMPARANZA f. Barb. por *comparación.*

COMPARAR v. t. (lat. *comparare*). Establecer la relación que hay entre los seres: *comparar una persona con otra.* (SINÓN. V. *Analizar.*) || Cotejar: *comparar dos cartas.* (SINÓN. *Confrontar, conferir.* V. tb. *verificar.*)

COMPARATIVAMENTE adv. m. Con comparación, de un modo comparativo.

COMPARATIVO, VA adj. Que indica comparación: *adverbio comparativo.* || —M. Segundo grado de comparación en los adjetivos: MEJOR *es el comparativo de* BUENO y PEOR *el de* MALO. — Los *adjetivos comparativos* son muy escasos en nuestra lengua (*mayor, menor, mejor, peor, superior, inferior*). Súplese su falta con los adverbios *tan, más, menos,* antepuestos al positivo: *no hay hombre tan bueno como él, ni más caritativo.*

COMPARECENCIA f. *For.* Acto de comparecer una persona en justicia: *la comparecencia personal es obligatoria en muchos casos.*

COMPARECER v. i. *For.* Parecer, presentarse en virtud de una orden: *comparecer ante un tribunal.* || — IRREG. Se conjuga como *merecer.*

COMPARECIENTE com. *For.* Que comparece.

COMPARENCIA f. *Riopl.* y *Chil.* Comparecencia.

COMPARENDO m. *For.* Orden de comparecer.

COMPARICIÓN f. *For.* Comparecencia. || *For.* Auto, orden de comparecencia.

COMPARSA f. Acompañamiento, séquito: *comparsa numerosa.* || Tropa o banda de máscaras: *una comparsa de moros.* || — M. y f. Persona que forma parte del acompañamiento en una representación teatral. (SINÓN. V. *Actor.*)

COMPARSERÍA f. Conjunto de comparsas.

COMPARTE com. *For.* Dícese de la persona que es parte con otra en un pleito.

COMPARTIDOR m. El que comparte una cosa.

COMPARTIMENTO *Amer.* y **COMPARTIMIENTO** m. Acción de compartir. || Departamento de un coche, de un casillero, etc.: *un compartimiento de primera clase.*

COMPARTIR v. t. Repartir, dividir una cosa con otro: *compartir una cantidad con otra persona.* (SINÓN. V. *Distribuir* y *participar.*)

COMPARTO m. *Col.* Especie de contribución de guerra que impone a los vencidos, en las disensiones civiles, el partido vencedor.

COMPÁS m. Instrumento de dos piernas articuladas, que sirve para trazar circunferencias o transportar medidas. || *Fig.* Regla o medida de alguna cosa. || *Mar.* Brújula. || Territorio o distrito alrededor de un monasterio. || *Mús.* División de la duración de una frase musical en partes iguales, indicadas de modo sensible en la ejecución: *llevar el compás.* (SINÓN. V. *Ritmo.*) || *Compás de espera,* pausa.

COMPASADAMENTE adv. m. De modo compasado, con arreglo a compás: *hablar compasadamente.*

COMPASADO, DA adj. Arreglado, mesurado.

COMPASAR v. t. Medir con compás. || Disponer, arreglar. || *Mús.* Dividir en compases.

COMPASILLO m. *Mús.* Compás menor.

COMPASIÓN f. (lat. *compassio*). Movimiento del alma que nos hace sensibles al mal que padece alguna persona. (SINÓN. V. *Piedad.* CONTR. *Insensibilidad.*)

COMPASIVAMENTE adv. m. Con compasión.

COMPASIVO, VA adj. Que siente compasión: *alma compasiva.* || — CONTR. *Duro, insensible.*

COMPATIBILIDAD f. Calidad de compatible: *compatibilidad de humor, de carácter.*

COMPATIBLE adj. Que puede existir con otro o entenderse con él: *caracteres compatibles, cosas compatibles entre sí.* || — CONTR. *Incompatible.*

COMPATRIOTA com. De la misma patria: *los compatriotas deben ayudarse en el extranjero.* || — SINÓN. *Conciudadano, paisano.*

COMPELER v. t. (del lat. *cum,* con, y *pellere,* arrojar). Obligar a uno a algo: *le compelieron a hablar.* (SINÓN. V. *Obligar.*)

COMPENDIADOR, RA adj. y s. Que compendia.

COMPENDIAR v. t. Reducir a compendio. (SINÓN. V. *Disminuir.*)

COMPENDIO m. (lat. *compendium*). Breve exposición de una materia: *estudiar un compendio de gramática.* || *En compendio,* m. adv., abreviadamente. || — SINÓN. *Sumario, resumen, abreviación, extracto, suma, análisis, síntesis, sinopsis, epítome, esquema.*

COMPENDIOSAMENTE adv. m. En compendio.

COMPENDIOSO, SA adj. Abreviado, resumido.

COMPENDIZAR v. t. Compendiar o resumir

COMPENETRACIÓN f. Acción y efecto de compenetrarse.

COMPENETRARSE v. r. Penetrarse mutuamente dos cosas: *dos sólidos que se compenetran.* || *Fig.* Identificarse, confundirse.

COMPENSACIÓN f. Acción de compensar. || (SINÓN. *Contrapeso, consuelo, consolación.*) || Extinción de obligaciones vencidas entre varias personas recíprocamente acreedoras y deudoras: *la compensación ahorra el manejo de grandes cantidades de moneda.* || Indemnización pecuniaria. (SINÓN. *Resarcimiento, recompensa.*) || Reacción orgánica para evitar o neutralizar un defecto o necesidad y restablecer el equilibrio.

COMPENSADOR, RA adj. Que compensa. || — M. Péndulo de reloj que corrige los efectos de las variaciones de temperatura.

COMPENSAR v. t. Igualar una cosa con otra: *compensar las pérdidas con las ganancias.* (SINÓN. V. *Equilibrar.*) || Indemnizar. (SINÓN. V. *Devolver.*)

COMPENSATORIO, RIA adj. Que compensa.

COMPETENCIA f. Disputa o rivalidad entre dos sujetos: *la competencia arruina a muchos comerciantes.* || Incumbencia: *esto no es de mi competencia.* || Aptitud para algo. (CONTR. *Incompetencia.*) || *Amer.* Competición deportiva.

COMPETENTE adj. Propio, conveniente: *recompensa competente.* || Capaz de entender en un asunto: *tribunal competente, autoridad competente.* || Apto, idóneo.

COMPETER v. i. (del lat. *competere.*) Incumbir a una persona. || — PARÓN. *Competir.*

COMPETICIÓN f. Competencia o rivalidad. || Certamen deportivo. (SINÓN. *Partido, contienda, campeonato.*)

COMPETIDOR, RA adj. y s. Que aspira a una cosa con otros. (SINÓN. V. *Rival.*)

COMPETIR v. i. (lat. *competere*). Contender las personas que aspiran a la misma cosa: *muchas personas compiten para este destino; competir en fuerzas.* (SINÓN. V. *Luchar.*) || Hacerle una persona o cosa la competencia a otra: *esta tela puede competir con aquélla.* || — IRREG. Se conjuga como *pedir.* || — PARÓN. *Competer.*

COMPETITIVO, VA adj. Capaz de competir.

COMPILACIÓN f. Obra formada con extractos de obras ajenas: *escribir una compilación histórica.* (SINÓN. V. *Colección.*)

COMPILADOR, RA adj. y s. Que compila.

COMPILAR v. t. Reunir extractos de varias obras para formar una.

COMPINCHE com. *Fam.* Camarada. (SINÓN. V. *Amigo.*)

COMPITALES f. pl. (lat. *compitalia*). Fiestas que los romanos celebraban en honor de los dioses lares protectores de las encrucijadas.

COMPLACEDOR, RA adj. y s. Que complace.

COMPLACENCIA f. Satisfacción, placer, gusto, agrado: *tener mucha complacencia en una cosa.*

COMPLACER v. t. Procurar ser agradable a una persona: *los cortesanos procuran complacer a los soberanos.* || — V. r. Tener gusto en una cosa: *complacerse en el estudio.* || — CONTR. *Herir, desagradar.* || — IRREG. Se conjuga como *placer.*

COMPLACIDO, DA adj. Contento, satisfecho.

COMPLACIENTE adj. y s. Que muestra complacencia. || Propenso a complacer: *los amigos más complacientes no son siempre los más seguros.* || — SINÓN. *Servicial, solícito, atento, oficioso, deferente, comedido.* V. tb. *conciliador.*

COMPLEJIDAD f. Carácter complejo.

COMPLEJO, JA adj. (lat. *complexus*). Que se compone de elementos diversos: *idea compleja.* (SINÓN. V. *Complicado.*) || *Arit. Número complejo,* el compuesto de unidades de diferente especie. || — M. Conjunto de industrias destinadas a una producción particular: *el complejo siderúrgico de Avilés.* || *Fil.* Asociación de sentimientos inconscientes: *complejo de inferioridad.* || *Complejo cultural,* dícese del conjunto de características culturales unidas por una idea central. || — CONTR. *Sencillo.*

COMPLEMENTAR v. t. Completar.

COMPLEMENTARIO, RIA adj. Que completa: *proposición complementaria.* (SINÓN. V. *Secundario.*) || *Geom. Ángulos complementarios,* ángulos cuya suma iguala un recto. || *Colores complementarios,* los que mezclados producen el blanco: *el rojo y el verde son complementarios.*

COMPLEMENTO m. Lo que hace falta agregar a una cosa para completarla: *complemento de una suma.* (SINÓN. V. *Colmo* y *suplemento.*) || *Geom.* Lo que le falta a un ángulo para igualar un recto. || *Gram.* Palabra o frase en que recae o se aplica la acción del verbo: *se dividen los complementos gramaticales en directos e indirectos.*

COMPLETAMENTE adv. m. De modo completo. (SINÓN. V. *Absolutamente.*)

COMPLETAR v. t. Volver completa una cosa, agregarle lo que le faltaba: *completar una suma.* || — SINÓN. *Añadir, suplir.* V. tb. *acabar.*

COMPLETAS f. pl. *Liturg.* Parte del oficio divino que se reza después de vísperas.

COMPLETIVO, VA adj. Que sirve de complemento a alguna cosa: *una proposición completiva.*

COMPLETO, TA adj. (lat. *completus*). Cabal. (SINÓN. V. *Entero.*) || Acabado, perfecto: *un atleta completo.* || *Por completo,* loc. adv., completamente. || — CONTR. *Incompleto.*

COMPLEXIDAD f. Complejidad.

COMPLEXIÓN f. (lat *complexio*). *Fisiol.* Constitución: *persona de débil complexión.* (SINÓN. V. *Naturaleza.*)

COMPLEXIONAL adj. Relativo a la complexión.

COMPLEXO, XA adj. y m. Complejo.

COMPLICACIÓN f. Estado de una cosa complicada: *la complicación de una máquina.* || Concurso de cosas de naturaleza diferente: *las complicaciones de la política europea.* (SINÓN. *Contratiempo, tropiezo, engorro, rémora.* V. tb. *dificultad.*) || *Med.* Síntoma distinto de los habituales de una enfermedad y que agrava el pronóstico de ésta: *sobrevenir complicaciones.*

COMPLICADO, DA adj. Mezclado con otras cosas: *enfermedad complicada con otra.* || Compuesto de gran número de piezas: *máquina complicada.* || *Fig.* Muy difícil: *problema complicado.* (SINÓN. V. *Complejo.* CONTR. *Sencillo.*)

COMPLICAR v. t. (lat *complicare*). Mezclar cosas diversas. || *Fig.* Embrollar: *ser capaz de complicar las cosas más sencillas.* || — V. r. Embrollarse, enmarañarse. (SINÓN. *Enredar, dificultar, obstaculizar, entorpecer.* CONTR. *Simplificar.*)

CÓMPLICE adj. y s. (lat. *complex, icis*). Que toma parte en el delito o crimen de otro: *descubrir los cómplices de un delito.* || *Fig.* Que ayuda o favorece: *ser cómplice de una sedición popular.*

COMPLICIDAD f. Calidad de cómplice: *demostrar la complicidad de un acusado en un delito.* || — SINÓN. *Convivencia, colusión, colaboración.*

COMPLOT m. (pal. fr.). *Fam.* Convención secreta, con fin culpable: *un complot anarquista.* || *Fam.* Trama, intriga. Pl. *complots.* || — SINÓN. *Conspiración, conjuración, confabulación.*

COMPLOTAR v. i. Formar complot, conspirar.

COMPLUTENSE adj. y s. De Alcalá de Henares.

COMPONEDOR, RA m. y f. Persona que compone. || Árbitro que pone de acuerdo a los que tienen alguna diferencia: *buscar un amigable componedor.* || — M. *Impr.* Tablilla en que el tipógrafo coloca las letras para formar sus renglones. || *Amer.* Algebrista, curandero.

COMPONENDA f. Modo de evitar un daño, haciendo algún sacrificio: *buscar una componenda.*

COMPONENTE adj. y s. Que compone: *los componentes del agua son el oxígeno y el hidrógeno.*

COMPONER v. t. (lat. *componere*). Formar un todo con diferentes partes: *componer una palabra nueva.* (SINÓN. V. *Formar.*) || Crear, inventar una obra: *componer un libro.* (SINÓN. V. *Producir.*) || *Impr.* Reunir caracteres para imprimir: *componer en versalitas.* || Aderezar y preparar un manjar o bebida: *una bebida compuesta.* || Adornar, ataviar: *esta mujer es demasiado aficionada a componerse.* || Ajustar y concordar: *componer a dos enemigos, componerse con los acreedores.* (SINÓN. V. *Reconciliar.*) || Arreglar algún asunto que presenta mal cariz. || Reparar una cosa rota, descompuesta, etc.: *componer unas botas.* (SINÓN. V. *Reparar.*) || *Riopl.* Preparar un caballo para una carrera, un gallo para la riña. || *Chil.* y *Méx.* Castrar. || — V. i. Hacer versos o composiciones musicales. || *Fig.* y *fam. Componérselas,* arreglarse: *allá te las compongas con tu familia.* || — IRREG. Se conjuga como *poner.*

COMPONIBLE adj. Que puede componerse.

COMPORTA f. Cuba o canasta que sirve para transportar la uva en la vendimia.

COMPORTABLE adj. Soportable, llevadero: *una carga comportable.* || — CONTR. *Insufrible.*

COMPORTAMIENTO m. Conducta, modo de ser. (SINÓN. V. *Proceder.*)

COMPORTAR v. t. (del lat. *cum,* con, y *portare,* llevar). *Fig.* Sufrir, sobrellevar, tolerar: *no poder*

COMPRESOR

orden compuesto

comportar una cosa. (SINÓN. V. *Admitir.*) || Galicismo por *traer consigo, llevar, acarrear, causar.* || — V. r. Portarse, conducirse.

COMPORTE m. Comportamiento, conducta.

COMPOSICIÓN f. Acción y efecto de componer. || Modo como forman un todo diferentes cosas: *la composición de algunos medicamentos varía según los países* (SINÓN. *Constitución, estructura, contenido, tenor.*) || Obra científica, literaria o artística. || Combinación de los elementos que entran en un cuerpo compuesto: *Lavoisier estudió la composición del agua.* (SINÓN. V. *Mezcla.*) || Tarea que se da a los estudiantes como asunto de certamen: *escribir una composición de Historia.* (SINÓN. V. *Redacción.*) || Parte de la música que estudia la formación del canto y del acompañamiento: *asistir a una clase de composición.* || *Impr.* Conjunto de líneas, galeradas y páginas antes de la imposición. || *Gram.* Procedimiento para formar nuevas palabras que consiste en la yuxtaposición de vocablos ya existentes: *anteponer, aguardiente, blanquiazul.* || *Hacer composición de lugar,* estudiar las circunstancias de un asunto con objeto de formar un plan.

COMPOSITIVO, VA adj. *Gram.* Dícese de las partículas invariables que forman las palabras compuestas: *anti, pro, epi,* etc.

COMPOSITOR, RA adj. y s. Que compone: *un obrero compositor.* || Que hace composiciones musicales: *Beethoven y Mozart fueron dos famosos compositores.* (SINÓN. V. *Músico.*) || *Riopl.* El que prepara un caballo para la carrera. || *Chil.* Algebrista.

COMPOSTELANO, NA adj. y s. De Santiago de Compostela: *los peregrinos compostelanos.*

COMPOSTURA f. Construcción de un todo compuesto de partes diversas. || Arreglo, reparación de una cosa rota o descompuesta: *la compostura de un vestido.* || Aseo o adorno de una persona: *tener mucha compostura.* (SINÓN. *Porte, prestancia, continente, modales, presencia.* Pop. *Facha, pinta.* V. tb. *decencia.*) || Mezcla o aderezo con que se adultera algo: *echar compostura a un vino.* || Ajuste, arreglo: *hacer una compostura con los acreedores.* || Modestia, circunspección (SINÓN. V. *Actitud* y *gravedad.*) || *Riopl.* Acción de componer caballos o gallos.

COMPOTA f. Fruta cocida con azúcar. (SINÓN. V. *Mermelada.*)

COMPOTERA f. Vasija en que se sirve compota.

COMPOUND adj. (pal. ingl. que sign. *compuesta*). *Máquina compound,* máquina de vapor de varios cilindros desiguales en los que obra el vapor sucesivamente: *locomotora compound.*

COMPRA f. Acción de comprar: *una compra ventajosa.* (SINÓN. V. *Adquisición.*) || Conjunto de comestibles comprados para el consumo diario. || Cualquier objeto comprado. || — CONTR. *Venta.*

COMPRABLE y **COMPRADERO, RA** adj. Que puede comprarse o adquirirse.

COMPRADOR, RA adj. y s. Que compra algo. || — SINÓN. *Adquiridor, cliente, parroquiano, marchante, importador.*

COMPRAR v. t. Adquirir por dinero la propiedad de una cosa: *comprar muy caro; comprar al contado.* (SINÓN. *Mercar, regatear, chamarilear, importar.*) || *Fig.* Sobornar.

COMPRAVENTA f. Contrato de compra y venta.

COMPREHENSIVO, VA adj. Comprensivo.

COMPRENDEDOR, RA adj. Que comprende.

COMPRENDER v. t. (lat. *comprenhendere*). Contener: *este libro comprende cuatro tomos.* (SINÓN. V. *Contener.*) || Entender, penetrar: *no comprender el francés.* (SINÓN. *Concebir, discernir, descifrar.* Pop. *Chanelar.*)

COMPRENSIBLE adj. Que puede comprenderse: *comprensible para mí.* || — SINÓN. *Inteligible, accesible, fácil.* || — CONTR. *Incomprensible.*

COMPRENSIÓN f. Facultad de comprender. || Conocimiento perfecto de una cosa. || *Fil.* Totalidad de los caracteres encerrados en una idea general.

COMPRENSIVO, VA adj. Que comprende: *idea comprensiva.* || Inteligente, que comprende.

COMPRENSOR, RA adj. y s. Que comprende.

COMPRESA f. (lat. *compressa*). Lienzo con varios dobleces que se emplea para usos médicos.

COMPRESIBILIDAD f. Calidad de compresible: *la compresibilidad de los líquidos es casi nula.* || — CONTR. *Incompresibilidad.*

COMPRESIBLE adj. Que se puede comprimir o apretar: *gas compresible.* || — CONTR. *Incompresible.*

COMPRESIÓN f. Acción y efecto de comprimir: *bomba de compresión.* || *Gram.* Sinéresis. || En un motor, presión alcanzada por la mezcla en el cilindro antes de la explosión.

COMPRESIVO, VA adj. Que comprime o aprieta una cosa: *aparato compresivo.*

COMPRESO, SA p. p. irreg. de *comprimir.*

COMPRESOR, RA adj. Que comprime: *rodillo compresor.* || — M. Aparato que sirve para comprimir un gas.

COMPRIMIBLE adj. Compresible.

COMPRIMIDO, DA adj. Reducido a menor volumen: *aire comprimido.* || Aplastado: *frente comprimida.* || — M. *Farm.* Pastilla pequeña obtenida por compresión de sus ingredientes.

COMPRIMIR v. t. (del lat. *comprimere,* apretar con). Apretar un cuerpo de manera que se reduzca su volumen. || *Fig.* Reprimir: *comprimir las lágrimas, una sedición.* || — CONTR. *Dilatar, extender.*

COMPROBACIÓN f. Acción de comprobar.

COMPROBANTE adj. Que prueba o demuestra una cosa: *documento comprobante.* || — M. Prueba: *presentar todos los comprobantes de sus operaciones.*

COMPROBAR v. t. (lat. *comprobare*). Cotejar, confirmar una cosa: *comprobar con testigos las afirmaciones de una persona.* (SINÓN. V. *Verificar.*) || — IRREG. Se conjuga como *contar.*

COMPROBATORIO, RIA adj. Que comprueba.

COMPROMETEDOR, RA adj. Que compromete: *persona demasiado comprometedora.*

COMPROMETER v. t. Exponer, poner en peligro: *comprometer sus intereses con especulaciones arriesgadas.* || Perder la reputación de una persona: *comprometer a una persona.* || Poner de común acuerdo en manos de un tercero la resolución de una diferencia: *comprometer un negocio en un árbitro.* || Obligar a uno a una cosa: *le comprometió a que saliera.* (SINÓN. *Contratar, enrolar, reclutar, enganchar.* V. tb. *obligar.*) || — V. r. Obligarse a una cosa: *comprometerse a defender una causa.* (SINÓN. V. *Prometer.*)

COMPROMETIMIENTO m. Acción de comprometer: *un comprometimiento desagradable.*

COMPROMISARIO m. Persona a la que confían otras la solución de un conflicto. || El que representa a otros en una elección.

COMPROMISO m. Modo de elección en que los electores se hacen representar por compromisarios. || Convenio entre dos litigantes que confían a un tercero la solución de su diferencia: *un mal compromiso es siempre preferible a un pleito.* || Obligación contraída, palabra dada: *compromiso ineludible.* (SINÓN. V. *Deber.*) || Dificultad, embarazo: *poner en un compromiso.* || Desposorios, esponsales. || — Pl. *Méx.* Rizos ensortijados que se dejan las mujeres en el pelo.

COMPROMISORIO, RIA adj. Relativo al compromiso: *elección compromisoria.*

COMPROVINCIANO, NA m. y f. Persona de la misma provincia que otra.

COMPUERTA f. Puerta movible que se coloca en las esclusas de los canales y en los portillos de las presas de río para detener o dejar pasar las aguas. || Media puerta que se coloca en algunas casas para no quitar luz. || Pedazo de tela a manera de escapulario en que los comendadores de las órdenes militares llevaban la cruz al pecho.

COMPUESTAMENTE adv. m. Con compostura.

COMPUESTO, TA adj. Formado por varias partes. || Dícese de los tiempos de un verbo que se conjugan con el participio pasado precedido de un auxiliar. || *Nombre compuesto,* aquel que, aunque formado de palabras distintas, representa en nuestra mente un objeto único: *sacacorchos es un nombre compuesto.* || *Arq.* Dícese de un orden formado por la mezcla del jónico y el corintio. || — M.: *el agua es un compuesto de oxígeno e hidrógeno.* || — F. pl. Familia de plantas cuyas flores forman una o más filas sobre el receptáculo.

COMPULSA f. *For.* Copia compulsada con su original.

COMPULSACIÓN f. Acción de compulsar.

COMPULSAR v. t. *For.* Comparar documentos. (SINÓN. V. *Hojear.*) || *Ant.* y *Amer.* Compeler.
COMPULSIÓN f. *For.* Apremio.
COMPUNCIÓN f. Sentimiento o dolor de haber ofendido a Dios. || *Fig.* Tristeza.
COMPUNGIRSE v. r. (del lat. *cum,* con, y *pungere,* punzar). Afligirse: *compungirse por la multitud de sus pecados.* || — IRREG. Se conjuga como *pungir.*
COMPURGACIÓN f. *For.* Purgación jurídica.
COMPURGAR v. t. *Amer.* Cumplir el reo la pena.
COMPUTACIÓN f. Cómputo, cálculo. (SINÓN. V. *Cuenta.*)
COMPUTADOR m. V. ORDENADOR.
COMPUTAR v. t. (lat. *computare*). Calcular, contar: *computar el tiempo para formar un calendario.*
CÓMPUTO m. Cálculo. (SINÓN. V. *Cuenta.*) || Cálculo de los tiempos para la formación del calendario.
COMUCHO m. *Chil.* Cumucho.
COMULGANTE adj. y s. Que comulga.
COMULGAR v. t. Dar la sagrada comunión. || — V. i. Recibirla. || *Fig.* Compartir las ideas de otra persona. || *Fam. Comulgar con ruedas de molino,* admitirlo todo, ser muy crédula una persona.
COMULGATORIO m. En las iglesias, sitio donde se da a los fieles la sagrada comunión.
COMÚN adj. (lat. *communis*). Dícese de las cosas que a todo el mundo pertenecen: *pozo común.* || General: *sentido común.* (SINÓN. V. *Universal.*) || Ordinario: *uso común.* || Desprovisto de nobleza, de distinción: *modales comunes.* (SINÓN. V. *Vulgar.*) || *Nombre común,* el que conviene a todo los seres de la misma especie. || — M. Todo el pueblo de una ciudad o provincia. || Comunidad: *separarse del común.* || Retrete. || *Méx. Fam.* Asentaderas, nalgas. || *Común de dos,* dícese del género gramatical de los nombres que tienen una misma terminación para ambos géneros, como *testigo, mártir.* || *El común de las gentes,* la mayor parte. || *En común,* conjuntamente, en sociedad: *vivir en común.* || *Cámara de los Comunes,* asamblea de diputados en Gran Bretaña. || *Por lo común,* m. adv., generalmente.
COMUNA f. *Amer.* Municipio.
COMUNAL adj. Del común. || — M. Común, pueblo.
COMUNERO, RA adj. Popular, agradable. || — M. El que tiene alguna hacienda en comunidad con otro. || — Adj. y s. Partidario de las comunidades de Castilla. (V. *Parte hist.*) || *Col.* Nombre que se dio a los primeros partidarios de la independencia de Colombia y de Paraguay.
COMUNICABILIDAD f. Calidad de comunicable.
COMUNICABLE adj. Que se puede comunicar. (CONTR. *Incomunicable.*) || *Fam.* Tratable, sociable.
COMUNICACIÓN f. Acción de comunicar: *la comunicación de un movimiento.* || Enlace entre dos puntos: *una comunicación telefónica.* (SINÓN. V. *Aviso* y *noticia.*) || — Pl. Correspondencia postal, telegráfica, telefónica. || Medios de enlace: *vías de comunicaciones.*
COMUNICADO m. Aviso oficioso que se transmite a la prensa: *publicar un comunicado oficial.* (SINÓN. V. *Aviso.*)
COMUNICANTE adj. Que comunica: *el líquido se eleva a la misma altura en los vasos comunicantes.*
COMUNICAR v. t. (lat. *communicare*). Transmitir: *el imán comunica al hierro sus propiedades magnéticas.* (SINÓN. V. *Inocular.*) || Dar parte de una cosa: *comunicar un aviso.* (SINÓN. V. *Informar.*) || Estar en relaciones: *comunicar con una persona.* || — V. i. Existir paso entre dos lugares: *las dos casas comunican.* || — V. r. Tener correspondencia unas personas o cosas con otras: *comunicarse por señas.*
COMUNICATIVO, VA adj. Que se comunica: *risa comunicativa.* || Tratable: *persona comunicativa.* (SINÓN. *Expansivo, exuberante.*)
COMUNIDAD f. Estado de lo que es común: *la comunidad de nuestros intereses.* || Sociedad religiosa sometida a una regla común: *una comunidad de clarisas.* (SINÓN. *Congregación, orden, cofradía.* V. tb. *corporación.*) || — Pl. *Ant.* Levantamientos populares: *las comunidades de Castilla.* || *For. Comunidad de bienes,* régimen de gananciales.
COMUNIÓN f. Unión en la misma fe. || Recepción del sacramento de la Eucaristía: *recibir la comunión.* || Comunicación entre las personas. || *Comunión de los santos,* relación entre los fieles de la tierra, del purgatorio y del cielo.
COMUNISMO m. Doctrina que aspira a la colectivización de los medios de producción, a la repartición, según las necesidades, de los bienes de consumo, y a la supresión de las clases sociales. || Política del Partido Comunista, que se funda, en Rusia, en la dictadura del proletariado, y en otros países tiende al establecimiento del mismo sistema. (SINÓN. V. *Socialismo.*)
COMUNISTA adj. y s. Perteneciente o relativo al comunismo. || Partidario de este sistema o doctrina.
COMÚNMENTE adv. m. Generalmente.
COMUÑA f. Trigo mezclado con ceteno. (SINÓN. *Tranquillón.*) || Contrato de aparcería, en Asturias.
CON prep. (lat. *cum*). Indica el medio o la manera de hacer alguna cosa: *comer con una cuchara.* || Con un infinitivo equivale a un gerundio: *con llegar tan tarde se quedó sin cenar.* || Juntamente: *salir con un amigo.* || Es también preposición inseparable que significa *unión*: *convenir, conciudadano.* || A pesar de: *con ser tan antiguo lo han postergado.* || U. enfáticamente en locs. fam.: *¡vaya con el niño!*
CONATO m. (lat. *conatus*). Empeño, esfuerzo: *poner conato en su trabajo.* || Intento: *conato de robo.* || Acto que se inicia y no se acaba: *conato de incendio.*
CONAZA f. Especie de bambú común en Panamá. (SINÓN. *Seje.*)
CONCADENAR v. t. Unir varias cosas entre sí.
CONCATENACIÓN f. Encadenamiento.
CONCAUSA f. Cosa que unida a otra produce un determinado efecto.
CONCAVIDAD f. Calidad de cóncavo: *la concavidad de un espejo.* || Sitio cóncavo: *una concavidad de la montaña.* || — CONTR. *Convexidad.*
CÓNCAVO, VA adj. (lat. *concavus*). Que tiene la superficie más deprimida en el centro que por el borde: *espejo cóncavo.* (CONTR. *Convexo, abombado.*) || — M. y f. Concavidad, hueco.
CONCEBIBLE adj. Que puede concebirse: *hipótesis concebible.*
CONCEBIR v. i. (lat. *concipere*). Quedar preñada la hembra. || *Fig.* Formar idea de una cosa, comprenderla: *lo que bien se concibe se explica con claridad.* (SINÓN. V. *Comprender, proyectar* y *sentir.*) || — IRREG. Se conjuga como *pedir.*
CONCEDENTE adj. Que concede u otorga.
CONCEDER v. t. (lat. *concedere*). Dar, otorgar: *conceder algún favor.* || — CONTR. *Rehusar, rechazar.*
CONCEJAL, ALA m. y f. Individuo de un concejo.
CONCEJIL adj. Perteneciente al concejo: *cargo concejil.* || *Ecuad.* Dícese del empleo no remunerado.
CONCEJO m. (lat. *concilium*). Ayuntamiento: *el alcalde preside el Concejo.* || — PARÓN. *Consejo.*
CONCENTO m. Canto armonioso de varias voces.
CONCENTRABILIDAD f. Calidad de lo que puede ser concentrado.
CONCENTRABLE adj. Que puede concentrarse.
CONCENTRACIÓN f. Acción de concentrar: *concentración de un ejército.* || Efecto que produce: *la concentración del calor.*
CONCENTRADO, DA adj. Reunido en un centro. || Privado de su parte acuosa: *alcohol concentrado.* (SINÓN *Condensado, reducido.* V. tb. *espeso.*) || *Fig.* Poco comunicativo: *carácter concentrado.*
CONCENTRAR v. t. Reunir en un centro: *concentrar el fuego sobre un objetivo.* || Reunir en un mismo punto: *concentrar las tropas.* (SINÓN. V. *Reunir.*) || *Concentrar un ácido,* despojarlo de su agua. || — V. r. Reflexionar profundamente. || — CONTR. *Dispersar, diseminar.*

CONCÉNTRICO, CA adj. Dícese de las figuras geométricas que tienen el mismo centro.

CONCEPCIÓN f. Acción de concebir. || *Inmaculada Concepción,* dogma católico según el cual la Santísima Virgen fue concebida sin mancha de pecado original. (La Iglesia celebra esta fiesta el 8 de diciembre.) || Producto de la inteligencia: *una concepción sublime del espíritu.* (SINÓN. V. *Idea.*)

CONCEPCIONERO, RA adj. y s. De Concepción (Paraguay).

CONCEPTEAR v. i. Usar frecuentemente en el estilo o la conversación conceptos ingeniosos.

CONCEPTIBLE adj. Que se puede concebir.

CONCEPTISMO m. Doctrina o estilo conceptista: *el conceptismo tiene en la literatura española del siglo XVII su más alto representante en Quevedo.* (SINÓN. V. *Afectación.*)

CONCEPTISTA adj. y s. Que emplea un estilo conceptuoso o demasiado ingenioso.

CONCEPTIVO, VA adj. Que puede concebir.

CONCEPTO m. Objeto que concibe el espíritu: *la abstracción es un concepto puro.* (SINÓN. V. *Idea.*) || Sentencia, agudeza, dicho ingenioso. || Juicio, opinión: *en mi concepto se equivoca usted.* || Crédito, opinión: *tener en buen concepto a una persona.* || Título, motivo.

CONCEPTUAL adj. Relativo al concepto.

CONCEPTUALISMO m. Sistema filosófico que defiende la realidad de las nociones abstractas en cuanto son conceptos de la mente.

CONCEPTUALISTA adj. Del conceptualismo.

CONCEPTUAR v. t. Formar concepto de una persona o cosa: *conceptuar de,* o *por, docto.*

CONCEPTUOSO, SA adj. Sentencioso, ingenioso, agudo, lleno de conceptos: *estilo conceptuoso.* (SINÓN. V. *Afectado.*)

CONCERNIENTE adj. Que concierne: *los reglamentos concernientes a los transportes.*

CONCERNIR v. i. (lat. *concernere*). Atañer: *esto concierne los intereses de la nación.* (SINÓN. *Tocar, corresponder, interesar.*) || — IRREG. Se conjuga como *discernir;* es defectivo.

CONCERTADAMENTE adv. m. Con orden y concierto.

CONCERTADO, DA adj. Arreglado: *fiesta bien concertada.* || — M. *C. Rica.* Criado.

CONCERTADOR, RA adj. y s. Que concierta

CONCERTANTE adj. Que concierta. || *Mús.* Que canta su parte en un concierto: *voces concertantes.*

CONCERTAR v. t. Componer, arreglar: *concertar una compra, en* [*por*] *un precio.* (SINÓN. V. *Preparar.*) || Traer a identidad de fines cosas diversas: *concertar los esfuerzos.* (SINÓN. V. *Conciliar.*) || Acordar voces o instrumentos músicos. || — V. i. Concordar: *dos pasajes que no conciertan.* || — V. r. *Amer.* Ajustarse un criado. || — IRREG. Se conjuga como *acertar.*

CONCERTINA f. Acordeón de forma hexagonal.

CONCERTINO m. Violinista primero que no toca sino en los solos.

CONCERTISTA com. El que toca en un concierto en calidad de solista.

CONCESIBLE adj. Que puede ser concedido.

CONCESIÓN f. (lat. *concessio*). Privilegio, derecho que se obtiene del Estado para una explotación: *obtener la concesión de un ferrocarril.* (SINÓN. V. *Cesión.*) || Terreno concedido a un colono por el Gobierno: *las concesiones sólo se dan a condición de que las hagan valer los concesionarios.* || Cosa que se concede en una discusión: *las personas pacíficas se ven continuamente obligadas a hacer concesiones.*

CONCESIONARIO, RIA m. y f. *For.* Persona a quien se hace una concesión: *los concesionarios de una mina.* || — Com. Persona o entidad que recibe del productor el derecho exclusivo de venta en una zona determinada. || — Adj.: *sociedad concesionaria.*

CONCESIVO, VA adj. Que puede concederse. || *Gram. Oración concesiva,* la que indica oposición o restricción con respecto a lo expresado en la principal.

CONCIENCIA f. (lat. *conscientia*). Conocimiento, noción: *tener conciencia de sus derechos.* || Sentimiento interior por el cual aprecia el hombre sus acciones: *nuestra conciencia es nuestro juez.* || Moralidad, integridad: *hombre sin conciencia.* || *Fig. Libertad de conciencia,* derecho que reconoce el Estado a cada ciudadano de pensar como quiera en materia de religión. || *A conciencia,* m. adv., según conciencia: *trabajo hecho a conciencia.* || *Ancho de conciencia,* que excusa fácilmente el mal en sí y en los demás.

CONCIENZUDAMENTE adv. m. A conciencia, de un modo concienzudo: *obrar concienzudamente.*

CONCIENZUDO, DA adj. Que trabaja con atención y cuidado. (SINÓN. *Escrupuloso, minucioso, meticuloso, puntilloso.* V. tb. *honrado.*) || Aplícase a lo que se hace a conciencia.

CONCIERTO m. Buen orden y disposición de las cosas. || Ajuste: *el concierto europeo.* (SINÓN. V. *Convenio.*) || Armonía de voces o instrumentos. || Función de música: *dar un concierto clásico.* (SINÓN. *Audición, recital, alborada, serenata.*) || Composición musical para varios instrumentos de los cuales uno desempeña la parte principal: *el concierto para violín y orquesta de Beethoven.* || *De concierto,* m. adv., de común acuerdo: *obrar de concierto.*

CONCILIABLE adj. Que puede conciliarse: *estas opiniones son conciliables.*

CONCILIÁBULO m. Conferencia secreta e ilegítima: *reunirse en conciliábulo.* (SINÓN. V. *Reunión* y *conversación.*)

CONCILIACIÓN f. Acción de conciliar. (SINÓN. V. *Arbitraje.*) || Favor.

CONCILIADOR, RA adj. Que concilia: *el papel del juez de paz debe ser ante todo conciliador.* || — SINÓN. *Indulgente, transigente, complaciente, acomodaticio, acomodadizo, fácil.*

CONCILIAR v. t. (lat. *conciliare*). Poner de acuerdo: *conciliar a dos enemigos, dos doctrinas,* etc. (SINÓN. *Acomodar, concordar, concertar.*) || — V. r. Ganarse, granjearse, merecer: *conciliarse la amistad de todo el mundo.* (SINÓN. *Simpatizar, fraternizar.*)

CONCILIAR adj. Propio de un concilio o establecido por él: *seminario conciliar.* || Persona que asiste a un concilio.

CONCILIATIVO, VA y **CONCILIATORIO, RIA** adj. Propio para conciliar: *palabras conciliatorias.*

CONCILIO m. (lat. *concilium*). Asamblea de obispos y doctores en teología que discuten cuestiones de doctrina y disciplina eclesiástica: *divídense los concilios, según su importancia, en concilios ecuménicos, nacionales y provinciales, según se reúnan los obispos del mundo o sólo los de una nación o provincia.* (V. *Parte hist.*) || — SINÓN. *Consistorio, sínodo.* V. tb. *reunión.*

CONCISIÓN adj. Brevedad, laconismo: *la concisión del estilo.* || — CONTR. *Difusión, prolijidad.*

CONCISO, SA adj. (lat. *concisus*). Breve, que tiene concisión: *el lenguaje de Tucídides era conciso y enérgico.* || — SINÓN. *Preciso, lacónico.* V. tb. *corto.* || — CONTR. *Difuso, prolijo.*

CONCITAR v. t. Incitar a uno contra otro. || Promover discordias. || — CONTR. *Pacificar.*

CONCIUDADANO, NA m. y f. Habitante de una misma ciudad o nación, respecto de los demás. (SINÓN. V. *Compatriota.*)

CÓNCLAVE o **CONCLAVE** m. (de *con,* y *clavis,* llave). Lugar donde se reúnen los cardenales para elegir un papa. || Esta misma asamblea: *durante toda la duración del cónclave, los cardenales permanecen encerrados.*

CONCLAVISTA m. Persona que entra en el cónclave para servir a un cardenal.

CONCLUIR v. t. (lat. *concludere*). Terminar, acabar: *concluir dos palabras con, en,* o *por, las mismas letras.* || Rematar una obra: *concluir la representación.* (SINÓN. V. *Acabar.*) || Sacar una consecuencia: *de aquí se concluye la verdad.* (SINÓN. *Inducir, inferir, deducir.*) || — V. i. Presentar sus conclusiones una persona. || — IRREG. Se conjuga como *huir.*

CONCLUSIÓN f. Acción de concluir: *la conclusión de un negocio.* || Consecuencia de un argumento: *la conclusión de un silogismo no debe exceder las premisas.* (SINÓN. V. *Consecuencia* y *resultado.*) || *En conclusión,* m. adv., por último.

CONCLUSIVO, VA adj. Que concluye o termina una cosa: *proposición conclusiva.*

CONCLUSO, SA p. p. irreg. de *concluir.* || Acabado.

CONCLUYENTE adj. Que concluye, conclusi-

vo, terminante: *argumento concluyente.* (SINÓN. V. *Decisivo.*)
CONCLUYENTEMENTE adv. m. De un modo concluyente, terminante: *obrar concluyentemente.*
CONCOIDE f. *Geom.* Curva que en su prolongación se aproxima constantemente a una recta sin tocarla nunca.
CONCOIDEO, A adj. Semejante a la concha: *la fractura del pedernal o del vidrio es concoidea.*
CONCOMERSE v. r. *Fam.* Mover los hombros y espaldas por sentir en ellos comezón.
CONCOMIMIENTO m. Acción de concomerse.
CONCOMIO m. *Fam.* Concomimiento.
CONCOMITANCIA f. Unión, coexistencia.
CONCOMITANTE adj. Que acompaña otra cosa: *circunstancias concomitantes.*
CONCOMITAR v. t. Acompañar una cosa a otra.
CONCÓN m. *Chil.* Ave nocturna de rapiña.
CONCORDACIÓN f. Concordancia, relación.
CONCORDADOR, RA adj. y s. Que concuerda.
CONCORDANCIA f. Correspondencia, acuerdo: *concordancia de testimonios.* || *Gram.* Conformidad entre las palabras variables: *la concordancia de los tiempos.* (SINÓN. V. *Armonía.* CONTR. *Discordancia.*) || *Mús.* Justa proporción entre las voces de un coro. || — Pl. Índice alfabético de todas las palabras contenidas en un libro, así como de todas las citas de los lugares en que figuran: *las concordancias de la Biblia.* || — OBSERV. El adjetivo que se refiere a dos nombres de distinto género se pone en plural y concuerda con el masculino: *el padre y sus hijas están buenos.* Si dos pronombres, uno de primera y otro de tercera persona, que designa la misma persona, rigen un verbo en singular, éste concierta con cualquiera de los dos: *yo soy quien lo digo, o lo dice.* En plural concierta con la primera: *nosotros somos quienes lo decimos.*
CONCORDAR v. t. Poner de acuerdo a personas o cosas: *concordar a dos litigantes.* (SINÓN. V. *Conciliar.*) || — V. i. Estar de acuerdo dos personas o cosas: *el verbo concuerda con el sujeto.* || — IRREG. Se conjuga como *acordar.*
CONCORDATARIO adj. Del concordato.
CONCORDATO m. Convenio sobre asuntos eclesiásticos entre la Santa Sede y un Estado.
CONCORDE adj. Conforme, que está de acuerdo: *poner concordes a dos personas.* || — CONTR. *Discorde.*
CONCORDIA f. Conformidad, unión de voluntades: *turbar la concordia.* (SINÓN. V. *Unión.*) || Buena inteligencia. || Unión, sortija. || — CONTR. *Discordia, desunión.*
CONCRECIÓN f. Reunión de varias partículas en una masa sólida: *concreción salina.* || *Med.* Cálculo: *concreción biliar.*
CONCRECIONARSE v. r. Formar concreciones.
CONCRETAMENTE adv. m. De modo concreto.
CONCRETAR v. t. Combinar, concordar. || Reducir a lo más importante: *concretar una idea.* || Hacer concreto lo que es abstracto: *concretar una idea.* || — V. r. Reducirse: *me concretaré a hablar de un solo caso.*
CONCRETO, TA adj. (lat. *concretus*). Dícese de todo objeto considerado en sí mismo con exclusión de lo extraño o accesorio. (SINÓN. V. *Real.* CONTR. *Abstracto.*) || *Gram.* Dícese de las palabras que designan un ser o un objeto perceptible por los sentidos. || *Música concreta,* técnica de composición que consiste en realizar una obra a partir de varios sonidos grabados en una cinta magnetofónica. || *Mat. Número concreto,* aquel cuya unidad está determinada, como *cien árboles.* || — M. Concreción. (SINÓN. V. *Espeso* y *sólido.*) || *Amer.* Hormigón.
CONCUBINA f. Mujer que cohabita con un hombre sin estar casada con él.
CONCUBINATO m. Vida que hacen el hombre y la mujer que habitan juntos sin estar casados.
CONCULCAR v. t. Hollar, pisotear.
CONCUNA f. *Col.* Especie de paloma torcaz.
CONCUÑADO, DA m. y f. Hermano o hermana del cuñado o cuñada.
CONCUÑO, ÑA adj. y s. *Amer.* Concuñado.
CONCUPISCENCIA f. Deseo inmoderado de los bienes terrenos y de los goces sensuales. (SINÓN. V. *Codicia.*)
CONCUPISCENTE adj. y s. Poseído de la concupiscencia: *un hombre concupiscente.*
CONCUPISCIBLE adj. Que hace desear alguna cosa: *apetito concupiscible.*
CONCURRENCIA f. Reunión de varias personas o cosas: *una concurrencia numerosa.* (SINÓN. V. *Auditorio.*) || Simultaneidad de varios sucesos: *la concurrencia de dos muertes.*
CONCURRENTE adj. Que concurre o se junta.
CONCURRIDO, DA adj. Dícese del sitio adonde concurre mucha gente: *un paseo muy concurrido.*
CONCURRIR v. i. (lat. *concurrere*). Juntarse en un mismo lugar o tiempo varias personas o cosas: *concurrir varias virtudes en un sujeto.* || Cooperar: *concurrir al éxito de un negocio.* || Estar de acuerdo en un dictamen. || Tomar parte en un concurso o examen.
CONCURSANTE m. y f. Concurrente, candidato a un concurso o examen.
CONCURSAR v. t. *For.* Ordenar que los bienes del deudor se pongan en concurso de acreedores. || — V. i. Concurrir, presentarse a un examen o concurso.
CONCURSO m. (lat. *concursus*). Reunión: *concurso de gente, de circunstancias,* etc. || Asistencia o ayuda: *prestar su concurso para una buena obra.* || Oposición que se hace a algún cargo o dignidad: *obtener una cátedra por concurso.* (SINÓN. V. *Examen.*) || Prueba deportiva: *concurso hípico.* || *Concurso de acreedores,* cesión que el deudor hace de sus bienes para que se los repartan los acreedores.
CONCUSIÓN f. Exacción cometida por un funcionario público: *la concusión se castiga severamente.* || — SINÓN. *Exacción, malversación, depredación, peculado, extorsión, prevaricación, bandidaje.*
CONCUSIONARIO, RIA adj. y s. Que comete concusión: *un ministro concusionario.*
CONCHA f. Parte dura que cubre el cuerpo de muchos moluscos y crustáceos: *la concha del carey es muy estimada.* || Carey: *un peine de concha.* || *Fig.* Cosa que tiene forma de concha: *la concha del apuntador, en los teatros.* || Seno, playa muy cerrada: *la Concha de San Sebastián.* (SINÓN. V. *Golfo.*) || *Arg., Per., P. Rico* y *Méx. Pop.* El órgano sexual femenino. || *Anat. Concha auditiva,* cavidad de la oreja donde nace el canal auditivo.
CONCHABANZA f. Acomodo: *buscar su conchabanza.* || *Fam.* Acción de conchabarse o unirse.
CONCHABAR v. t. Unir, juntar, mezclar: *conchabar la lana.* || *Amér. Merid.* y *Méx.* Asalariar, contratar el personal doméstico. || — V. r. *Fam.* Confabularse varias personas: *esos pillos se han conchabado contra mí.*
CONCHABO m. *Amer.* Acción de conchabar o conchabarse.
CONCHADO, DA adj. *Zool.* Provisto de conchas.
CONCHAL adj. Dícese de una seda superior.
CONCHAVAR v. t. *Amer.* Barb. por *conchabar.*
CONCHAVO m. *Amer.* Barb. por *conchabo.*
CONCHÍFERO, RA adj. *Geol.* Dícese del terreno donde abundan las conchas fósiles.
CONCHIL m. Molusco gasterópodo de concha rugosa: *el conchil produce una especie de púrpura.*
CONCHO adj. *Ecuad.* De color de heces de chicha o cerveza: *mula concha.* || — M. *Amer.* Poso, sedimento. || Túnica de la espiga de maíz. || *Chil.* Final de una cosa: *ver la función hasta el concho.* || — Pl. *Chil.* Sobras de comida.
CONCHUDO, DA adj. Cubierto de conchas: *animal conchudo.* || *Fig.* y *fam.* Astuto, cauteloso, sagaz. || *Méx. Ecuad.* y *Per.* Sinvergüenza.
CONDADO m. Título o dignidad de conde. || Territorio en que ejercía jurisdicción un conde.
CONDAL adj. Relativo al conde: *corona condal.*
CONDE m. (del lat. *comes, comitis,* compañero). En la Edad Media, comandante militar de un territorio. || Dignatario de la nobleza, entre el marqués y el vizconde. || En Andalucía, el que manda una cuadrilla de trabajadores del campo.
CONDECIR v. i. Convenir.
CONDECORACIÓN f. Acción de condecorar. || Cruz, insignia de distinción.
CONDECORAR v. t. Conceder una condecoración: *el general fue condecorado con una cruz.*

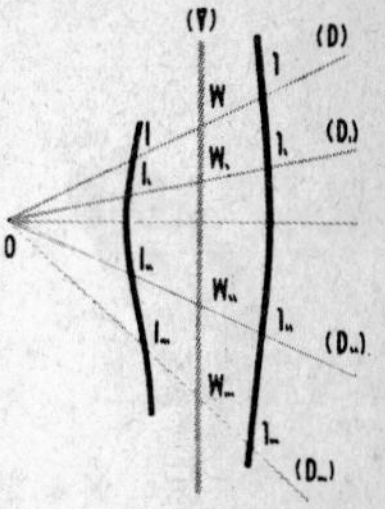

CONCOIDE

CONDENA f. Juicio, sentencia: *sufrir condena.*
CONDENABLE adj. Digno de ser condenado.
CONDENACIÓN f. Acción de condenar. ‖ Condena, sentencia: *pronunciar una condenación.* ‖ *Fig.* Desaprobación. ‖ Por antonomasia, condenación eterna.
CONDENADO, DA adj. y s. Que sufre condena. ‖ Réprobo: *sufrir como un condenado.* (SINÓN. V. *Réprobo.*) ‖ *Fam.* Perverso: *genio condenado.* (SINÓN. V. *Abominable.*) ‖ *Chil.* Sagaz, astuto.
CONDENADOR, RA adj. Que condena, reprueba.
CONDENAR v. t. (lat. *condemnare*). Pronunciar el juez sentencia contra uno: *le condenaron a una multa, en costas del proceso, por ladrón.* ‖ Reprobar una doctrina u opinión: *condenar una herejía.* (SINÓN. *Maldecir, estigmatizar, proscribir, anatematizar.*) ‖ Desaprobar: *condeno su conducta.* (SINÓN. V. *Desaprobar.*) ‖ Cerrar una habitación o puerta, tapiándola o colocando cualquier obstáculo que dificulte su acceso: *condenar una puerta; condenar un pasadizo.* ‖ — V. r. Incurrir en la pena eterna.
CONDENATORIO, RIA adj. *For.* Que condena: *sentencia condenatoria.*
CONDENSABLE adj. Que puede condensarse
CONDENSACIÓN f. Acción y efecto de condensar: *la condensación del vapor se obtiene por el enfriamiento.*
CONDENSADOR, RA adj. Que condensa. ‖ — M. *Fís.* Aparato para condensar una fuerza: electricidad, vapor, etc.: *la botella de Leiden es un condensador eléctrico.* ‖ Recipiente en que se recibe el vapor y se condensa después que ha obrado sobre el pistón: *el condensador aumenta la acción del vapor.*
CONDENSANTE adj. Que condensa o reduce.
CONDENSAR v. t. Reducir a menor volumen: *condensar un gas.* ‖ Volver líquido un vapor. ‖ *Fig.* Expresar con concisión: *condensar su pensamiento.*
CONDESA f. Mujer del conde. ‖ Mujer que posee por derecho propio el título de conde.
CONDESCENDENCIA f. Complacencia, bondad.
CONDESCENDER v. i. Acomodarse por complacencia a la voluntad de otro: *condescender a los ruegos, en ir a verle.* ‖ — IRREG. Se conjuga como *tender.*
CONDESCENDIENTE adj. Que condesciende.
CONDESIL adj. *Fam.* Condal, del conde.
CONDESTABLE m. (del lat. *comes stabuli*, conde de la caballeriza). Antiguo oficial superior del ejército. ‖ Sargento de artillería de marina.
CONDESTABLESA f. La mujer del condestable.
CONDESTABLÍA f. Dignidad de condestable.
CONDICIÓN f. Índole, naturaleza o calidad de una cosa: *una mercancía de mala condición.* ‖ Base fundamental: *el oxígeno es una condición de la vida.* (SINÓN. *Cláusula, modalidad.*) ‖ Convención de que depende la ejecución de un contrato. ‖ Posición social: *saber contentarse con su condición es el primer elemento de la felicidad.* (SINÓN. V. *Clase, estado y rango.*) ‖ Carácter: *perversa condición.* ‖ Origen: *humilde condición.* ‖ Nobleza: *persona de condición.* ‖ — Pl. Aptitud. ‖ Circunstancias: *en estas condiciones nada digo.* ‖ *A condición que,* siempre que: *a condición que vengas.*
CONDICIÓN f. *Arg.* Cierta danza del noroeste.
CONDICIONADO, DA adj. Acondicionado: *trabajo mal condicionado.* ‖ Condicional, que depende de una condición: *aceptación condicionada.*
CONDICIONAL adj. Que implica condición: *una cláusula condicional.* ‖ *Oración condicional,* la subordinada que establece una condición para que se efectúe la acción expresada en la principal. ‖ — CONTR. *Firme, formal.*
CONDICIONALMENTE adv. m. Con condición.
CONDICIONAR v. t. Convenir dos cosas. ‖ Acondicionar, disponer: *producto mal condicionado.* ‖ — V. t. Analizar las fibras textiles. ‖ Hacer depender una cosa de alguna condición.
CONDIGNO, NA adj. (lat. *condignus*). Correspondiente: *el premio es condigno de la virtud.*
CÓNDILO m. (gr. *kondulos*). Eminencia redondeada en una articulación: *el cóndilo del fémur.*

cóndor

CONDIMENTAR v. t. Aderezar los manjares. (SINÓN. V. *Aderezar.*)
CONDIMENTO m. (lat. *condimentum*). Lo que sirve para sazonar la comida: *los principales condimentos son la sal, el pimiento, ají o chile, el ajo y la cebolla.* (SINÓN. V. *Aliño.*)
CONDISCÍPULO, LA m. y f. (lat. *condiscipulus*). Camarada de estudios, de colegio. (SINÓN. V. *Compañero.*)
CONDOLENCIA f. Pésame.
CONDOLERSE v. r. (lat. *condolere*). Compadecerse del pesar ajeno: *condolerse de los miserables, por sus aflicciones.* ‖ — IRREG. Se conjuga como *mover.*
CONDOMINIO m. *For.* Dominio en común de una cosa: *el condominio anglofrancés de las Nuevas Hébridas.*
CONDONACIÓN f. Acción y efecto de condonar.
CONDONAR v. t. Perdonar, remitir: *condonar la deuda el acreedor.*
CONDONGUEARSE v. r. *Col.* y *P. Rico.* Contonearse.
CÓNDOR m. Ave de rapiña, especie de buitre de América del Sur: *el cóndor tiene hasta tres metros de envergadura y alza el vuelo a gran altura.* ‖ Moneda de oro de Colombia y Chile.
CONDOTIERO m. (ital. *condottiere*). Jefe de los soldados mercenarios de Italia. ‖ *Por ext.* Mercenario en cualquier país. (SINÓN. V. *Intrigante.*)
CONDRILA f. Planta compuesta, de flores amarillas: *de la raíz de la condrila se saca liga.*
CONDRÍN m. Cierto peso filipino usado generalmente para los metales preciosos (gramos 0,3768).
CONDROGRAFÍA f. (del gr. *khondos*, cartílago, y *graphein*, describir). Descripción de los cartílagos.
CONDROMA m. Tumor producido a expensas del tejido cartilaginoso.
CONDUCCIÓN f. Acción y efecto de conducir. (SINÓN. V. *Transporte.*) ‖ Conjunto de conductos para el paso de un fluido. (SINÓN. *Canalización, colector, tubería, oleoducto.*)
CONDUCENTE adj. Que conduce o guía.
CONDUCIR v. t. (lat. *conducere*). Guiar: *conducir un coche.* (SINÓN. V. *Dirigir y guiar.*) ‖ Dirigir, mandar: *conducir un ejército.* ‖ Llevar: *este camino conduce a la carretera.* (SINÓN. *Ir.*) ‖ Convenir, ser a propósito una cosa para algún fin: *este negocio no conduce a nada.* ‖ — V. r. Portarse, proceder: *conducirse como un pillo.* ‖ — IRREG. Pres. ind.: *conduzco, conduces, conduce, conducimos, conducís, conducen*; imperf.: *conducía,* etc.; pret.: *conduje, condujiste, condujo, condujimos condujisteis, condujeron*; fut.: *conduciré,* etc.; pot.: *conduciría,* etc.; imper.: *conduce, conducid*; pres. subj.: *conduzca, conduzcas, conduzca, conduzcamos, conduzcáis, conduzcan*; imperf. subj.: *condujera, condujeras condujera, condujéramos, condujerais, condujeran,* o *condujese,* etc.: fut. subj.: *condujere,* etc.; ger.: *conduciendo*; p. p.: *conducido.*
CONDUCTA f. Acción de conducir: *la conducta de un rebaño.* ‖ Mando, dirección: *la conducta de un Estado; la conducta de una empresa.* ‖ Modo de portarse: *conducta ejemplar.* (SINÓN. V. *Proceder.*) ‖ Recua y carros con que se transportan algunas cosas.
CONDUCTIBILIDAD f. *Fís.* Propiedad que tienen los cuerpos de transmitir el calor y la electricidad.
CONDUCTIBLE adj. Que puede ser conducido.
CONDUCTIVIDAD f. Calidad de conductivo.
CONDUCTIVO, VA adj. Que tiene virtud de conducir: *el cobre es el más conductivo de los metales.*
CONDUCTO m. Canal, tubo. ‖ *Fig.* Persona por cuyo medio se encamina un negocio o pretensión: *conseguir un destino por conducto de su diputado.* ‖ *Anat.* Canal: *conducto auditivo.* ‖ *Por conducto regular,* trámite de un expediente a través de un orden jerárquico ascendente.
CONDUCTOR, RA adj. y s. Que conduce: *un conductor de automóvil.* (SINÓN. V. *Cochero, guía, maquinista y piloto.*) ‖ *Fís.* Dícese de los cuerpos susceptibles de transmitir el calor y la electricidad: *los metales son buenos conductores de*

la electricidad. || *Amer.* Cobrador en un vehículo público.

CONDUCHO m. Comida, bastimento.

CONDUEÑO com. Dueño con otro.

CONDUMIO m. *Fam.* Comida. || *Méx.* Cierto turrón. || *Ecuad.* Relleno de tamal, humita.

CONDUPLICACIÓN f. (lat. *conduplicatio*). *Ret.* Figura que consiste en repetir al principio de una cláusula la última palabra de la anterior.

CONECTADOR m. Mecanismo que conecta.

CONECTAR v. t. *Mec.* Comunicar el movimiento de una máquina a otro aparato. || Enlazar.

CONECTIVO, VA adj. Que sirve para conectar.

CONEJA f. Hembra del conejo. || *Fig.* y *fam.* Dícese de la mujer que tiene muchos hijos.

CONEJAL y **CONEJAR** m. Vivar para conejos.

CONEJERA f. Madriguera de conejos. || *Fig.* Cueva o galería estrecha y profunda. || *Fig.* y *fam.* Casa donde se junta gente sospechosa. || *Fig.* y *fam.* Lugar donde viven demasiadas personas juntas.

CONEJERO, RA adj. Que sirve para cazar conejos.

CONEJILLO DE INDIAS m. Pequeño mamífero roedor originario de América del Sur que se cría principalmente como animal de laboratorio. (Se llama también *cuí, curí.*) || *Fig.* y *fam.* Individuo en quien se experimenta algo.

CONEJO m. (lat. *cuniculus*). Mamífero roedor del género liebre: *el conejo es muy prolífico.* || *Amer.* Nombre que suele darse a algunos roedores, como el *cobayo* y el *agutí.* || Pez salmónido de Cuba.

CONEJUNA f. Pelo de conejo.

CONEJUNO, NA adj. De conejo: *pelo conejuno.*

CONEXIDADES f. pl. Cosas anejas a otra principal: *ceder una propiedad con sus conexidades.*

CONEXIÓN f. (lat. *connexio*). Enlace, trabazón: *conexión de ideas.* || *Electr.* Unión eléctrica de dos circuitos oscilantes. || Pl. Comunidad de ideas o intereses.

CONEXIONAR v. r. Contraer conexiones o enlaces.

CONEXIVO, VA adj. Que puede unir o juntar.

CONEXO, XA adj. Ligado, unido: *ideas conexas.*

CONFABULACIÓN f. Acción de confabular o *confabularse.* (SINÓN. V. *Complot.*)

CONFABULADOR, RA m. y f. Que confabula.

CONFABULAR v. i. (del lat. *cum,* con, y *fabulari,* hablar). Tratar un asunto con otras personas. (SINÓN. V. *Hablar.*) || — V. r. Ponerse de acuerdo varias personas en algún negocio ilícito: *confabularse con el enemigo.*

CONFECCIÓN f. (lat. *confectio*). Acción de confeccionar: *la confección de un vestido.* || *Farm.* Medicamento blando. || Galicismo por *ropa hecha.*

CONFECCIONAR v. t. Hacer, fabricar: *confeccionar ropa blanca.* (OBSERV. Es galicismo decirlo de cosas inmateriales, como *confeccionar leyes.*) || Preparar confecciones farmacéuticas.

CONFEDERACIÓN f. (lat. *confederatio*). Unión de varios Estados que se someten a ciertas leyes comunes: *la Confederación Helvética comprende veintidós cantones.* || Liga o asociación.

CONFEDERADO, DA adj. y s. Que forma parte de una confederación: *potencias confederadas.* (SINÓN. V. *Aliado.*)

CONFEDERAR v. t. Reunir en confederación. (SINÓN. V. *Unir.*)

CONFEDERATIVO, VA adj. Perteneciente a la confederación.

CONFER pal. lat. que significa *comparad.* Se utiliza para indicar una obra que se ha de consultar. (Se suele abreviar CONF. o CF.)

CONFERENCIA f. Reunión de varias personas para discutir un asunto: *conferencia diplomática.* (SINÓN. V. *Conversación.*) || Lección pública: *conferencia literaria.* (SINÓN. V. *Discurso.*) || Comunicación telefónica interurbana. || *Conferencia de prensa,* reunión en la que una personalidad responde a las preguntas de los periodistas.

CONFERENCIANTE com. El que da una conferencia: *un conferenciante elocuente.* (SINÓN. V. *Orador.*)

CONFERENCIAR v. i. Estar en conferencia varias personas para tratar de algún negocio. (SINÓN. V. *Hablar.*)

CONFERENCISTA com. *Amer.* Conferenciante.

CONFERIR v. t. (lat. *conferre,* de *cum,* con, y *ferre,* llevar). Conceder: *conferir una dignidad.* (SINÓN. *Atribuir, otorgar, adjudicar.*) || Cotejar, comparar: *conferir una cosa con otra.* || — V. i. Conferenciar, tratar algún negocio: *conferir con su abogado.* (SINÓN. V. *Hablar.*) || — IRREG. Se conjuga como *herir.*

CONFESANTE adj. Que confiesa.

CONFESAR v. t. Reconocer que es uno autor de una cosa: *una falta confesada está medio perdonada.* (SINÓN. *Reconocer.* Fam. *Desembuchar.* Pop. *Cantar.*) || Declarar los pecados en confesión. (SINÓN. V. *Revelar.*) || Oír el confesor al penitente. || Proclamar: *confesar la fe.* || — IRREG. Se conjuga como *acertar.*

CONFESIÓN f. (lat. *confessio*). Reconocimiento de un hecho. || Credo religioso y personas que lo profesan. || Declaración de los pecados en el tribunal de la penitencia: *una confesión sincera.* (SINÓN. *Confidencia, declaración, mea culpa.*) || *For.* Declaración del litigante o reo en un juicio.

CONFESIONAL adj. Relativo a una confesión religiosa: *disputas confesionales.*

CONFESIONARIO m. Especie de garita donde se coloca el sacerdote para oír confesiones en la iglesia. || Tratado que contiene reglas para la confesión.

CONFESO, SA adj. Que ha confesado su delito. || Judío convertido. || — M. Lego, donado.

CONFESONARIO m. Confesionario.

CONFESOR m. Cristiano que confesaba su fe en tiempo de persecuciones. || Sacerdote que confiesa.

CONFETI m. pl. (ital. *confetti*). Pedacitos redondos de papel de color que se arrojan en tiempo de carnaval.

CONFIABLE adj. De confianza: *mujer confiable.*

CONFIADAMENTE adv. m. Con seguridad.

CONFIADO, DA adj. Presumido, vanidoso. (CONTR. *Modesto.*) || Crédulo, sencillo. (CONTR. *Desconfiado.*)

CONFIANZA f. Esperanza firme que se tiene en una persona o cosa: *tener confianza en lo porvenir.* (SINÓN. V. *Esperanza* y *seguridad.*) || Aliento, ánimo: *obrar con confianza.* || Presunción, vana opinión de sí mismo. || Familiaridad en el trato. (SINÓN. V. *Intimidad* y *sencillez.*) || *En confianza,* m. adv., fiado en la palabra de uno. || En secreto: *le digo esto en confianza.*

CONFIANZUDO, DA adj. *Fam.* Dícese del que obra con demasiada confianza.

CONFIAR v. i. (del lat. *confidere,* tener confianza). || Esperar con confianza: *confío en que vendrá.* (SINÓN. *Fiarse de, abrirse con.* V. tb. *esperar.*) || — V. t. Encargar a uno algún negocio: *confío este asunto a,* o *en, usted.* || Entregar una cosa en manos de otra persona: *le confío a usted el cuidado de este negocio.* (SINÓN. *Dejar, prestar, desahogar.*)

CONFIDENCIA f. (lat. *confidentia*). Confianza. || Comunicación de un secreto: *hacer confidencias a alguien.* (SINÓN. V. *Confesión.*)

CONFIDENCIAL adj. Que se hace o dice en confianza: *remitir una nota confidencial.*

CONFIDENCIALMENTE adv. m. De manera confidencial.

CONFIDENTA f. *Fam.* Mujer de confianza.

CONFIDENTE adj. Fiel y seguro. || Canapé de dos asientos. (SINÓN. V. *Canapé.*) || — M. y f. Persona en quien se confía: *buscar un confidente discreto.*

CONFIDENTEMENTE adv. m. Confidencialmente.

CONFIGURACIÓN f. (lat. *configuratio*). Forma exterior de un cuerpo: *la configuración del globo terrestre es la de una esfera algo aplastada* (SINÓN. V. *Forma.*)

CONFIGURAR v. t. (lat. *configurare*). Dar forma y figura a una cosa.

CONFÍN adj. Confinante. || — M. Límite: *los Pirineos son los confines entre Francia y España.* (SINÓN. V. *Frontera* y *linde.*) || Horizonte. (SINÓN. V. *Término.*)

CONFINACIÓN f. Acción de confinar o limitar.

CONFINADO m. Presidiario, preso, desterrado.

conejillo de Indias

CONEJOS

de campo

casero

confesionario

confidente

Fot. Larousse, Stella-Presse

CONFINAMIENTO m. Acción y efecto de confinar. || *For.* Relegamiento del condenado en cierto lugar, sometido a vigilancia.
CONFINANTE adj. Que confina o linda, vecino.
CONFINAR v. i. Lindar un pueblo con otro: *Chile confina con la República Argentina.* (SINÓN. V. *Limitar.*) || — V. t. Desterrar a uno: *confinar en un monasterio.* (SINÓN. V. *Desterrar.*) || — V. r. Galicismo por *encerrarse, limitarse.*
CONFINIDAD f. Cercanía, proximidad.
CONFIRMACIÓN f. (lat. *confirmatio*). Lo que hace una cosa más segura: *la confirmación de una noticia.* (SINÓN. V. *Aprobación.*) || Nueva prueba o seguridad de una cosa. || Sacramento de la Iglesia que confirma en la fe católica: *el obispo es quien tiene facultad para administrar la confirmación.*
CONFIRMADO, DA m. y f. El que ha recibido el sacramento de la confirmación.
CONFIRMADOR, RA adj. y s. Que confirma.
CONFIRMANDO, DA m. y f. Persona que va a ser confirmada.
CONFIRMANTE adj. y s. Que confirma una cosa.
CONFIRMAR v. t. (lat. *confirmare*). Hacer más cierto, más estable: *confirmar una noticia.* (SINÓN. V. *Probar.*) || Ratificar. (SINÓN. *Verificar, corroborar.* V. tb. *sancionar.*) || *Teol.* Conferir la confirmación.
CONFIRMATORIO, RIA adj. Que confirma o ratifica alguna cosa: *sentencia confirmatoria.*
CONFISCABLE adj. Que puede ser confiscado.
CONFISCACIÓN f. Acción de confiscar: *pronunciar la confiscación de un arma prohibida.*
CONFISCADO, DA m. y f. *And.* y *Amer. Fam.* Bribón, pícaro.
CONFISCAR v. t. (lat. *confiscare*). Quitarle a uno alguna cosa en virtud de ley o reglamento: *confiscar en la aduana las mercancías de contrabando.* (SINÓN. V. *Quitar.*)
CONFISGADO, DA m. y f. Confiscado.
CONFITADO, DA adj. Bañado con azúcar o cocido en ella: *nueces confitadas.* || *Fam.* Muy satisfecho.
CONFITAR v. t. Cubrir las frutas con un baño de azúcar o cocerlas en almíbar para conservarlas: *confitar ciruelas.* || *Fig.* Endulzar, suavizar.
CONFITE m. Dulce pequeño de forma diversa.
CONFÍTEOR m. Oración que empieza con esta palabra, y se reza en misa y al principiar la confesión.
CONFITERA f. Caja para guardar confites.
CONFITERÍA f. Tienda donde se hacen o venden dulces. || *Amer.* En algunos puntos, especie de café donde se venden además dulces, cigarros, etc.
CONFITERO, RA m. y f. Persona que hace o vende dulces o confituras.
CONFITILLO m. *Cub.* Pelo rizado de los negros. || *Cub.* Artemisa silvestre.
CONFITURA f. Fruta u otra cosa confitada. (SINÓN. V. *Mermelada.*)
CONFLAGRACIÓN f. Incendio. || *Fig.* Perturbación violenta entre naciones. (SINÓN. V. *Guerra.*)
CONFLAGRAR v. t. Inflamar, incendiar.
CONFLICTO m. (lat. *conflictus*). Choque, combate: *conflicto entre dos naciones.* || Lucha, antagonismo: *conflicto de intereses.* (SINÓN. V. *Contestación.*) || *Fig.* Apuro, angustia del ánimo: *verse en un conflicto.* || *Fig.* Lance apurado.
CONFLUENCIA f. (lat. *confluentia*). Acción de confluir. || Paraje donde confluyen dos ríos o caminos. (SINÓN. V. *Cruce.*)
CONFLUENTE adj. Que confluye: *viruelas confluentes* || — M. Punto de unión de dos ríos o caminos: *Aranjuez está en el confluente del Tajo y el Jarama.*
CONFLUIR v. i. (del lat. *cum,* con, y *fluere,* correr). Desaguar uno en otro dos ríos. || *Fig.* Juntarse dos caminos. || *Fig.* Concurrir en un sitio mucha gente. || — IRREG. Se conjuga como *huir.*
CONFORMACIÓN f. (lat. *conformatio*). Disposición, distribución de las partes que forman un todo: *la conformación de los órganos.* (SINÓN. V. *Forma.*) || *Vicio de conformación,* defecto físico.
CONFORMADOR m. Aparato utilizado por los sombrereros para medir la cabeza.
CONFORMAR v. t. Dar una forma: *conformar un zapato.* || Poner de acuerdo: *es preciso conformar su conducta con sus palabras.* || —V. i. Convenir una persona con el dictamen de otra: *conformo con usted en esta materia.* || — V. r. Sujetarse voluntariamente a hacer o soportar algo que desagrada: *hay que conformarse con las desgracias.*
CONFORME adj. Que tiene la misma forma. (SINÓN. V. *Semejante.*) || Que conviene con una cosa: *conforme con la razón.* || Acorde con el parecer de otro: *estamos conformes en este punto.* || *Fig.* Resignado y paciente: *estar conforme con el mal éxito de una empresa.* || — M. Asentimiento que se pone al pie de un escrito. || — Adv. m. Con arreglo a: *mi hermano obró conforme a su derecho.* || Tan pronto como: *conforme amanezca, iré.*
CONFORMEMENTE adv. m. De modo conforme.
CONFORMIDAD f. Estado de dos cosas parecidas o análogas. || Semejanza: *conformidad de humor.* (SINÓN. V. *Analogía.*) || Tolerancia o paciencia: *aceptar con conformidad las pruebas de la vida.* || *De conformidad, y en conformidad,* m. adv., conformemente.
CONFORMISTA adj. y s. En Inglaterra, partidario de la religión oficial o anglicanismo. || *Por ext.* De acuerdo con lo establecido.
CONFORT m. (pal. fr., pr. *konfor*). Todo lo que constituye el bienestar material: *ser muy aficionado al confort.*
CONFORTABLE adj. Que conforta o consuela. || Cómodo, fácil, agradable: *habitar en una casa muy confortable.*
CONFORTABLEMENTE adv. m. De un modo confortable: *vivir confortablemente.*
CONFORTACIÓN f. Acción de confortar.
CONFORTADOR, RA adj. Que puede confortar.
CONFORTAMIENTO m. Confortación, conforte.
CONFORTANTE adj. Que conforta. || — M. Mitón.
CONFORTAR v. t. (lat. *confortare*). Dar vigor: *el chocolate conforta.* (SINÓN. V. *Reanimar.*) || Animar: *confortar al afligido.* (SINÓN. V. *Consolar.*)
CONFORTATIVO, VA adj. y s. Lo que conforta.
CONFORTE m. Confortación, vigorización.
CONFRATERNAL adj. Propio de los colegas: *amistad confraternal.*
CONFRATERNIDAD f. Buenas relaciones entre colegas: *existe una buena confraternidad entre casi todos los sabios de la Tierra.*
CONFRATERNIZAR v. i. Fraternizar, establecer confraternidad.
CONFRONTACIÓN f. Careo entre dos o más personas: *la confrontación del acusado con su víctima.* || Cotejo de una cosa con otra. (SINÓN. V. *Comparación.*)
CONFRONTADOR y **CONFRONTANTE** adj. Que confronta o compara dos cosas.
CONFRONTAR v. t. (del lat. *cum,* con, y *frons,* frente). Poner a dos personas en presencia una de otra para comparar sus asertos: *confrontar con un testigo.* (SINÓN. *Carear.*) || Comparar: *confrontar dos escrituras.* (SINÓN. V. *Comparar.*) || — V. i. Estar contiguo, confinar: *este campo confronta con el camino.*
CONFUCIANISMO m. Doctrina de Confucio.
CONFUCIANO, NA adj. Perteneciente o relativa al confucianismo.
CONFUNDIMIENTO m. Confusión o desorden.
CONFUNDIR v. t. (del lat. *cum,* con, y *fundere,* fundir). Mezclar sin orden: *confundir los libros de una biblioteca.* || Reunir en un solo todo: *los ríos confunden sus aguas con las del mar.* || Tomar por: *confundir una calle con otra.* || *Fig.* Cubrir de confusión: *Daniel confundió a los ancianos que acusaban a Susana.* (SINÓN. V. *Humillar.*) || *Fig.* Turbar, asombrar considerablemente.
CONFUSAMENTE adv. m. De un modo confuso: *distinguir confusamente un objeto.* (SINÓN. V. *Desconcertar.*)
CONFUSIÓN f. Reunión de cosas inconexas: *esta obra es una confusión.* || Falta de orden: *en esta casa reina la mayor confusión.* (SINÓN. *Desconcierto, trapatiesta, estropicio, caos, trastorno,*

desbarajuste. V. tb. *desorden.*) || Falta de claridad: *la confusión del estilo nace de la falta de sobriedad.* (SINÓN. V. *Enigma.*) || Acción de tomar una cosa por otra: *confusión de fechas.* || *Fig.* Vergüenza, humillación: *cubierto de confusión.* (SINÓN. *Tribulación, turbación.*) || *Fig.* Perplejidad, desasosiego. || — CONTR. *Claridad, precisión.*
CONFUSIONISMO m. Confusión de ideas.
CONFUSO, SA adj. Mezclado, revuelto: *montón confuso.* || Dudoso: *sentido confuso.* (SINÓN. V. *Obscuro.*) || Que no puede distinguirse: *rumores confusos.* || Avergonzado: *permanecer confuso.* (SINÓN. V. *Desconcertado.*) || Incierto: *recuerdo confuso.* || — CONTR. *Claro, neto, preciso.*
CONFUTACIÓN f. Acción de confutar o refutar.
CONFUTAR v. t. Impugnar, refutar alguna cosa.
CONGA f. *Col.* Hormiga grande. || *Venez.* Tupé. || *Antill.* Cierto baile popular y su música.
CONGELABLE adj. Que se puede congelar.
CONGELACIÓN f. Acción de congelar: *durante la congelación permanece estacionaria la temperatura de la masa líquida.* || Resultado de esta acción.
CONGELADOR m. Vasija usada para congelar. || Compartimiento de congelación en una nevera.
CONGELAMIENTO m. Congelación.
CONGELANTE adj. Que congela o hiela.
CONGELAR v. t. (lat. *congelare*). Transformar un líquido en sólido por la acción del frío: *el alcohol se congela a la temperatura de —130 grados.* (SINÓN. V. *Enfriar.*) || Coagular: *congelar un jarabe.* || Enfriar mucho para facilitar la conservación: *carne congelada.* || *Com.* Bloquear, inmovilizar una cantidad o crédito. || — V. r. Helarse, cuajarse.
CONGÉNERE adj. y s. (del lat. *cum*, con, y *genus, eris*, género). Del mismo género, de la misma specie: *plantas congéneres.* (SINÓN. V. *Semejante.*)
CONGENIAL adj. De igual genio que otro.
CONGENIAR v. i. Tener caracteres que concuerdan fácilmente: *congeniar una persona con otra.*
CONGÉNITO, TA adj. Hereditario, de nacimiento: *enfermedad congénita.* (SINÓN. V. *Innato.*)
CONGERIE f. Cúmulo o montón.
CONGESTIÓN f. (lat. *congestio*). *Med.* Acumulación mórbida de sangre en alguna parte del cuerpo: *congestión cerebral.* (SINÓN. *Apoplejía.*) || *Fig.* Aglomeración anormal de vehículos o mercancías. (SINÓN. *Acumulación.*)
CONGESTIONAR v. t. Producir una congestión: *el calor congestiona el cerebro.* || — V. r. Experimentar congestión una parte del cuerpo.
CONGESTIVO, VA adj. Relativo a la congestión.
CONGIARIO m. *Antig.* Distribución extraordinaria hecha por los emperadores al pueblo romano.
CONGIO m. (lat. *congius*). Medida antigua para líquidos (unos tres litros).
CONGLOBACIÓN f. (del lat. *conglobare*). Montón. || *Ret.* Acumulación de pruebas o argumentos.
CONGLOBAR v. t. Reunir en globo o montón.
CONGLOMERACIÓN f. Acción de conglomerar.
CONGLOMERADO m. *Geod.* Roca formada por la aglomeración de materiales diversos reunidos por un cemento. || Masa compacta de materiales unidos artificialmente.
CONGLOMERAR v. t. (lat. *conglomerare*). Aglomerar, reunir en una sola masa.
CONGLUTINACIÓN f. Acción de conglutinar.
CONGLUTINANTE adj. y s. Que conglutina.
CONGLUTINAR v. t. (lat. *conglutinare*). Unir, pegar dos cosas. || — V. r. Reunirse varios fragmentos o corpúsculos de una manera compacta mediante substancias viscosas o bituminosas.
CONGLUTINATIVO, VA adj. Que conglutina.
CONGLUTINOSO, SA adj. Que conglutina.
CONGO m. *Salv.* y *C. Rica.* Mono aullador. || *Hond.* Pez acantopterigio rayado de negro. || *Méx.* Hueso fémur del puerco.
CONGOJA f. Desmayo. || Angustia y aflicción.
CONGOJAR v. t. Acongojar, causar congoja.
CONGOJOSAMENTE adv. m. Con angustia.
CONGOJOSO, SA adj. Que causa congoja.
CONGOLA f. *Col.* Pipa de fumar.
CONGOLÉS, ESA y **CONGOLEÑO, ÑA** adj. y s. Del Congo.
CONGOLO y más corrientemente **CÓNGOLO** m. *Col.* Especie de bejuco americano.
CONGOROCHO m. *Venez.* Especie de ciempiés.
CONGOSTO m. Desfiladero, entre dos montañas.
CONGRACIADOR, RA adj. Que se congracia.
CONGRACIAMIENTO m. Acto de congraciarse.
CONGRACIARSE v. r. Ganar la benevolencia de uno: *congraciarse con su superior, las voluntades.*
CONGRATULACIÓN f. Felicitación, parabién.
CONGRATULAR v. t. Cumplimentar. (SINÓN. V. *Felicitar.*) || — V. r. Felicitarse: *congratularse de o por algo.*
CONGRATULATORIO, RIA adj. Que implica congratulación: *epístola congratulatoria.*
CONGREGACIÓN f. (lat. *congregatio*). Conjunto de religiosos de la misma orden. (SINÓN. V. *Comunidad.*) || Reunión de personas seglares que viven bajo una misma regla. || *La congregación de los fieles*, el conjunto de los católicos. || Asamblea de prelados para juzgar ciertos asuntos: *congregación de ritos.*
CONGREGANTE, TA m. y f. Individuo que pertenece a una congregación. (SINÓN. V. *Religioso.*)
CONGREGAR v. t. (lat. *congregare*). Juntar, reunir.
CONGRESAL *Amer.* y **CONGRESISTA** com. Miembro de un congreso.
CONGRESO m. (lat. *congressus*). Junta de varias personas para deliberar sobre asuntos de gobierno o para regular las relaciones internacionales. || En algunos países, asamblea nacional. || Reunión de personas que deliberan sobre intereses o estudios comunes: *un congreso científico.* (SINÓN. V. *Reunión.*)
CONGRÍ m. *Cub.* Guiso de arroz con frijoles.
CONGRIO m. Pez de mar llamado también *anguila de mar: el congrio es un pescado comestible pero muy espinoso.*
CONGRUA f. Renta que debe tener en cada diócesis el que se ordena *in sacris.*
CONGRUAMENTE adv. m. Congruentemente.
CONGRUENCIA f. Conveniencia, oportunidad. || *Arit.* Fórmula que expresa que dos números son congruentes con relación a un tercero.
CONGRUENTE adj. (del lat. *congruens*, que conviene). Conveniente: *expresiones congruentes.* (SINÓN V. *Apropiado.*) || *Arit.* Dícese que dos números son congruentes con relación a un tercero, cuando su diferencia es divisible por dicho tercero. || — CONTR. *Incongruente.*
CONGRUO, GRUA adj. Congruente. (SINÓN. V. *Apropiado.*)
CONICIDAD f. *Geom.* Calidad de cónico.
CÓNICO, CA adj. (del gr. *konos*, cono). Que tiene forma de cono. || *Secciones cónicas* o *cónicas* las obtenidas cortando, en diferentes posiciones, un cono por un plano (son la elipse, la parábola y la hibérpola).
CONIDIA f. *Bot.* Espora de hongo.
CONÍFERO, RA adj. Dícese de los árboles y arbustos gimnospermos con hojas aciculares y frutos en cono, como el pino y el abeto: *los árboles coníferos abundan en los países fríos.* || — F. pl. Clase de estas plantas.
CONIFORME adj. Cónico, de forma de cono.
CONIRROSTRO, TRA adj. y s. Dícese de los pájaros de pico cónico, como el gorrión y el cuervo.
CONIVALVO, VA adj. *Zool.* De concha cónica: *caracol conivalvo.*
CONJETURA f. (lat. *conjectura*). Presunción fundada en probabilidades: *hacer conjeturas sobre el futuro.* (SINÓN. V. *Suposición.*)
CONJETURABLE adj. Que se puede conjeturar: *el resultado es fácilmente conjeturable.*
CONJETURAL adj. Basado en conjeturas: *la medicina es con frecuencia una ciencia conjetural*
CONJETURAR v. t. Juzgar por conjetura. (SINÓN. V. *Augurar.*)
CONJUEZ m. *For.* Juez con otro en un negocio.
CONJUGABLE adj. Que puede conjugarse: YACER *no es conjugable en todos sus tiempos.*

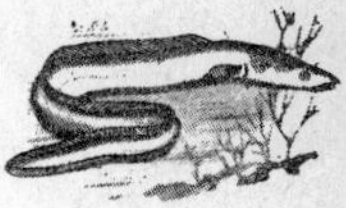
congrio

CÓNICAS

1. Si se corta un cono de revolución por un plano de inclinación variable se obtiene una cónica
2. Elipse
3. Parábola
4. Hipérbola

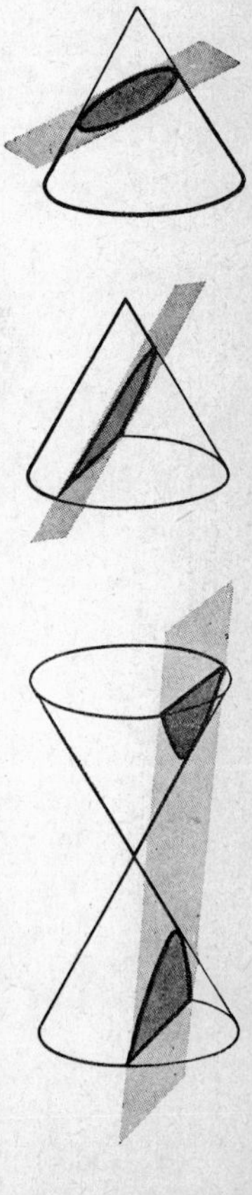

CONJUGACIÓN f. *Gram.* Modo de conjugar un verbo. || Clase de verbos: *hay en castellano tres conjugaciones terminadas respectivamente en infinitivo por* AR, ER *e* IR.
— La lengua española contiene unos diez mil verbos, de los cuales pertenecen nueve mil a la primera conjugación y quinientos a cada una de las otras dos, las cuales, por lo demás, sólo difieren en algunas personas de ciertos tiempos.
CONJUGADO, DA adj. *Mat.* Dícese de las líneas o cantidades enlazadas por alguna ley o relación determinada. || *Mec. Máquinas conjugadas,* las reunidas para producir el mismo trabajo. || *Anat. Nervios conjugados,* los que concurren a la misma operación. || — F. pl. Subclase de algas verdes unicelulares y filamentosas.
CONJUGAR v. t. (lat. *conjugare*). Reunir. || *Gram.* Recitar o escribir un verbo con sus diferentes inflexiones de modo, tiempo, número y persona.
CONJUNCIÓN f. (lat. *conjunctio*). Reunión, aproximación. || *Astr.* Encuentro aparente de dos astros en la misma parte del zodiaco: *las conjunciones de Venus con el Sol tienen gran importancia en astronomía.* || *Gram.* Palabra invariable que sirve para ligar las palabras o las proposiciones.
CONJUNTADO, DA adj. Dícese del grupo de personas o cosas que forman un cuerpo bien unido para el fin a que se destina: *un coro bien conjuntado.*
CONJUNTAMENTE adv. m. Juntamente: *obrar conjuntamente con otras personas.*
CONJUNTAR v. t. Reunir de una manera armoniosa: *conjuntar un equipo.*
CONJUNTIVA f. Mucosa que tapiza la cara posterior del párpado y la superficie anterior del ojo.
CONJUNTIVAL adj. Relativo a la conjuntiva.
CONJUNTIVITIS f. Inflamación de la conjuntiva: *la conjuntivitis sencilla se trata con baños de agua boricada.*
CONJUNTIVO, VA adj. *Gram.* Que une: *partícula conjuntiva.* || *Modo conjuntivo,* locución que hace veces de conjunción, como: *a fin de que, con tal que.*
CONJUNTO, TA adj. Unido. || Mezclado con otra cosa. || — M. Reunión de varias personas o cosas que forman un todo: *un conjunto vocal.* (SINÓN. *Agrupación.*) || Reunión de prendas de vestir destinadas a llevarse al mismo tiempo: *un conjunto de falda y blusa.*
CONJURA y **CONJURACIÓN** f. (lat. *conjuratio*). Conspiración, complot dirigido contra el Estado, el soberano u otra autoridad. (SINÓN. V. *Complot.*)
CONJURADO, DA adj. y s. Que entra en una conjuración: *los senadores conjurados asesinaron a César.* || Alejado, impedido: *un peligro conjurado.*
CONJURADOR m. El que conjura o suplica.
CONJURAMENTAR v. t. Tomar juramento a una persona. || — V. r. Juramentarse.
CONJURANTE adj. y s. Que conjura o suplica.
CONJURAR v. t. (lat. *conjurare*). Suplicar con instancia: *os conjuro que vengáis.* (SINÓN. V. *Rogar.*) || Exorcizar: *conjurar el diablo.* || *Fig.* Alejar un daño o peligro; *conjurar la tempestad.* || — V. i. Complotar, conspirar: *Catilina conjuró contra la República.* || — V. r. Unirse varias personas para conjurar.
CONJURO m. Exorcismo. (SINÓN. V. *Exorcismo.*) || Imprecación o sortilegio de los hechiceros. || Ruego, súplica encarecida.
CONLLEVAR v. t. Ayudar a uno a sufrir un trabajo. || Sufrir a uno, soportarle, tolerarle.
CONMEMORACIÓN f. (lat. *commemoratio*). Ceremonia que recuerda un acontecimiento importante. (SINÓN. *Evocación, aniversario, rememoración.* V. tb. *memoria.*) || Mención que hace la Iglesia de un santo, cuando cae su fiesta el mismo día que la de otro más notable. || *Conmemoración de difuntos,* fiesta de la Iglesia en honor de los muertos, el 2 de noviembre.
CONMEMORAR v. t. Hacer conmemoración de algo: *la Iglesia conmemora a todos los santos el día primero de noviembre.* (SINÓN. V. *Celebrar.*)
CONMEMORATIVO, VA adj. Que recuerda o hace conmemorar: *monumento conmemorativo.*
CONMEMORATORIO, RIA adj. Conmemorativo.
CONMENSURABLE adj. Que puede medirse. || *Mat.* Dícese de la cantidad que tiene con otra medida común: *el círculo y su radio no son conmensurables.* || — CONTR. *Inconmensurable.*
CONMENSURAR v. t. Medir con igualdad.
CONMIGO, ablativo sing. del pron. pers. de la primera persona: *ven conmigo.*
CONMILITÓN m. Soldado compañero de otro.
CONMINACIÓN f. (lat. *comminatio*). Amenaza.
CONMINAR v. t. (lat. *comminari*). Amenazar.
CONMINATIVO, VA y **CONMINATORIO, RIA** adj. Que amenaza: *un mandato conminatorio.*
CONMINUTA adj. *Fractura conminuta,* aquella en que el hueso se reduce a menudos fragmentos.
CONMISERACIÓN f. (lat. *commiseratio*). Compasión: *mover a conmiseración.* (SINÓN. V. *Piedad.* CONTR. *Indiferencia.*)
CONMISERARSE v. r. *Per.* Tener compasión con el prójimo.
CONMISERATIVO, VA adj. Que siente conmiseración.
CONMISTIÓN y **CONMIXTIÓN** f. Mezcolanza.
CONMOCIÓN f. (lat. *conmotio*). Sacudimiento: *los temblores de tierra son conmociones de la corteza terrestre.* || Sacudida interior, perturbación del ánimo: *aquella muerte me causó violenta conmoción.* (SINÓN. V. *Estremecimiento.*) || *Fig.* Tumulto, alteración: *la Revolución Francesa causó una conmoción profunda en el mundo entero.* || *Conmoción cerebral,* pérdida del conocimiento producida por un golpe en la cabeza, una descarga eléctrica o una explosión.
CONMONITORIO m. Relación de una cosa.
CONMORACIÓN f. *Ret.* Expolición, repetición de un mismo pensamiento con formas diversas.
CONMOVEDOR, RA adj. Que conmueve. (SINÓN. V. *Emocionante.*)
CONMOVER v. t. Perturbar, inquietar: *la Revolución Francesa conmovió los cimientos de las monarquías europeas.* (SINÓN. *Trastornar, revolucionar.*) — V. r. Turbarse, sentir agitación, inquietud o compasión: *no le conmueve el dolor ajeno.* (SINÓN. *Enternecer, impresionar, emocionar.* V. tb. *agitar* y *estremecer.*) || — IRREG. Se conjuga como *mover.*
CONMUTA f. *Chil., Per.* y *Ecuad.* Conmutación.
CONMUTABILIDAD f. Calidad de conmutable.
CONMUTABLE adj. Que puede ser conmutado.
CONMUTACIÓN f. Cambio de una cosa por otra. (SINÓN. V. *Reemplazo.*) || *For.* Reducción de una pena a otra menor.
CONMUTADOR, RA adj. Que conmuta. || — M. *Fís.* Aparato eléctrico que sirve para cambiar la dirección de una corriente.
CONMUTAR v. t. Trocar, cambiar una cosa por otra: *conmutar una cosa en, con, o por, otra.*
CONMUTATIVO, VA adj. Que se relaciona con el cambio.
CONMUTATRIZ f. Máquina que convierte una corriente alterna en continua o viceversa.
CONNATURAL adj. Que está conforme con la naturaleza de una persona o cosa.
CONNATURALIZACIÓN f. Acción de connaturalizarse, acostumbrarse o aclimatarse.
CONNATURALIZAR v. t. Aclimatar. || — V. r. Acostumbrarse, hacerse, aclimatarse: *es difícil para los españoles connaturalizarse con el espíritu alemán.*
CONNIVENCIA f. Tolerancia del superior para las faltas de sus subordinados. || Acción de confabularse. (SINÓN. V. *Complicidad.*)
CONNIVENTE adj. *Bot.* Dícese de las partes de una planta que tienden a aproximarse. || Culpable de connivencia.
CONNOTACIÓN f. Acción de connotar o tener dos significados una voz. || Parentesco remoto.
CONNOTADO m. Connotación, parentesco. || — Adj. Notable: *connotado escritor.*
CONNOTAR v. t. *Gram.* Significar una misma palabra dos ideas diferentes.
CONNOTATIVO, VA adj. *Gram.* Dícese de la palabra que connota dos ideas diferentes.

CONNUBIO m. (lat. *connubium*). Matrimonio.
CONNUMERAR v. t. Contar una cosa con otras.
CONO m. (del gr. *conos*, piña). *Bot.* Fruto de las coníferas: *un cono de abeto.* || *Geom.* Sólido engendrado por un triángulo rectángulo que gira alrededor de uno de sus catetos. (A este *cono* se da el nombre de *cono recto.*) || Más generalmente, superficie engendrada por una recta que se mueve en el espacio apoyándose constantemente en una curva cualquiera fija en el espacio y en un punto, igualmente fijo, pero no situado en el mismo plano. (El punto fijo es el *vértice del cono,* la recta que se mueve es la *generatriz* y la línea curva, la *directriz.*) || *Cono oblicuo,* aquel cuya altura es oblicua al plano de la base. || *Cono truncado,* parte de un cono comprendida entre la base y otro plano que lo corta por todas sus generatrices. || Montaña o agrupación de lavas, cenizas, etc., de forma cónica. || *Cono de sombra de un planeta,* sombra en forma de cono que proyecta un planeta iluminado por el Sol.
— Si se considera un *cono* de revolución obtenido por la rotación de un triángulo rectángulo alrededor de uno de sus catetos, el otro cateto engendra un círculo, que es la base del cono; el primero es el eje o altura del cono; la hipotenusa, llamada *arista* o *apotema del cono,* engendra la superficie lateral del cono. (Ésta equivale a la circunferencia de la base multiplicada por la mitad del apotema.) El volumen del cono equivale a la base multiplicada por la tercera parte de la altura.
CONOCEDOR, RA adj. y s. Que conoce bien una cosa: *ser conocedor de caballos.* (SINÓN. V. *Aficionado.*) || — M. Mayoral en una ganadería.
CONOCER v. t. Tener la idea o la noción de una persona o cosa: *conocer la dirección de alguien.* || Estar en relaciones con una persona: *le conozco sólo de vista.* (SINÓN. V. *Frecuentar.*) || Entender: *conocer el griego.* (SINÓN. *Saber, dominar.*) || Distinguir, reconocer: *por la conducta se conocen los hombres.* || Conjeturar: *conocer que va a llover dado el estado atmosférico.* || *Fig.* Tener el hombre acto carnal con la mujer. || Ser competente para juzgar, entender de un negocio. || — V. r. Juzgar propiamente de uno mismo: *"conócete a ti mismo" era la máxima de Sócrates.* || — IRREG. Pres. ind.: *conozco, conoces, conoce, conocemos, conocéis, conocen;* imperf.: *conocía,* etc.; pret.: *conocí,* etc.; fut.: *conoceré,* etc.; imper.: *conoce, conoced;* pot.: *conocería,* etc.; pres. subj.: *conozca, conozcas, conozca, conozcamos, conozcáis, conozcan;* imperf. subj.: *conociera, conociese,* etc.; fut. subj.: *conociere,* etc.; ger.: *conociendo;* p. p.: *conocido.*
CONOCIBLE adj. Que se puede conocer: *la noción de tiempo es noción directamente conocible.*
CONOCIDAMENTE adv. m. Claramente.
CONOCIDO, DA adj. Distinguido: *es persona muy conocida.* (SINÓN. V. *Ilustre.*) || — M. y f. Persona con quien se tiene trato superficial: *le escribo a un conocido mío.* (SINÓN. V. *Amigo.*)
CONOCIMIENTO m. Acción de conocer. (SINÓN. V. *Saber.*) || Facultad de sentir: *perder el conocimiento.* (SINÓN. *Entendimiento, inteligencia, sabiduría.* V. tb. *sentido.*) || *Com.* Documento que contiene el estado de las mercancías cargadas en un barco. || — Pl. Noción, ciencia. (SINÓN. V. *Experiencia.*)
CONOIDAL adj. *Geom.* Perteneciente al conoide.
CONOIDE f. *Geom.* Superficie engendrada por una recta que se apoya constantemente sobre una recta fija, queda paralela a un plano fijo y satisface a una tercera condición cualquiera.
CONOIDEO, A adj. De forma cónica.
CONOPEO m. Velo que cubre el sagrario.
CONOPIAL adj. *Arq. Arco conopial,* el muy rebajado y con una escotadura en el centro de la clave.
CONQUE conj. ilativa. Enuncia una consecuencia: *lo mando, conque lo harás.* || Úsase en principio de cláusula para apoyar el sentido de la frase: *conque ¿nos vamos o nos quedamos?* || — PARÓN. *Con qué.*
CONQUENSE adj. De Cuenca.
CONQUIFORME adj. Que tiene figura de concha.
CONQUILIOLOGÍA f. (del gr. *kogkhylion,* conchita, y *logos,* tratado.) *Zool.* Ciencia que estudia las conchas y los moluscos.
CONQUILIÓLOGO, GA m. y f. Perito en conquiliología.
CONQUISTA f. Acción y efecto de conquistar.
CONQUISTABLE adj. Que se puede conquistar: *un premio conquistable. Fig.* Que es fácil de conseguir.
CONQUISTADOR, RA adj. y s. Que conquista.
CONQUISTAR v. t. Adquirir a fuerza de armas: *conquistar un reino.* (SINÓN. V. *Obtener.*) || *Fig.* Ganar la voluntad de uno. (SINÓN. V. *Cautivar.*)
CONREAR v. t. Adobar, preparar (paño, etc.).
CONSABIDO, DA adj. Sabido, muy conocido.
CONSABIDOR, RA adj. Que sabe algo con otro.
CONSAGRACIÓN f. Acción de consagrar: *la consagración de un vocablo.*
CONSAGRADO, DA adj. Que ha recibido la consagración religiosa: *lugar consagrado.* (SINÓN. V. *Sagrado.*) || Dedicado: *templo consagrado a Apolo.* || Destinado, aplicado: *ocios consagrados al estudio.* || Sancionado, ratificado: *expresión consagrada.*
CONSAGRANTE adj. y s. Que consagra o sanciona una cosa. || — M. El sacerdote que consagra.
CONSAGRAR v. t. (lat. *consecrare*). Dedicar a Dios o a los dioses: *consagrar un templo a Júpiter.* (SINÓN. V. *Dedicar.*) || Realizar en la misa la consagración del pan y el vino en el cuerpo y sangre de Jesucristo. (SINÓN. V. *Consagrar.*) || Sancionar, hacer duradero. *Fig.* Emplear: *consagrar sus ocios a la lectura.* || Autorizar: *el Diccionario de la Academia Española consagra oficialmente las palabras nuevas.* || — V. r. Ofrecerse, dedicarse: *consagrarse a la oración, al socorro de los enfermos,* etc.
CONSANGUÍNEO, A adj. (lat. *consanguineus*). Dícese de la persona que tiene parentesco de consanguinidad con otra. || Entre hermanos, los que lo son de padre solamente.
CONSANGUINIDAD f. Parentesco de varias personas que descienden de un mismo tronco. || — SINÓN. *Parentesco, parentela, afinidad.* V. tb. *progenie.*
CONSCIENTE adj. Que tiene conciencia o noción de una cosa: *consciente de sus derechos.*
CONSCIENTEMENTE adv. m. De manera consciente: *el hombre debe obrar conscientemente.*
CONSCRIPCIÓN f. *Amer.* Reclutamiento.
CONSCRIPTO adj. m. *Padre conscripto,* senador romano. || — M. *Amer.* Quinto, recluta.
CONSECUCIÓN f. Acción de conseguir.
CONSECUENCIA f. Proposición que se deduce de otra. || Resultado que puede tener una cosa: *la pérdida de su fortuna fue consecuencia de su mala conducta.* (SINÓN. *Corolario, conclusión, efecto.* V. tb. *resultado.*) || Correspondencia entre la conducta de un individuo y los principios que profesa. || *Fil.* Ilación, enlace entre el consiguiente y sus premisas. || *En consecuencia,* m. adv., conforme a lo acordado. || *Ser de consecuencia una cosa,* ser de importancia. || *Tener consecuencias,* tener resultados una cosa. || — CONTR. *Causa, principio.*
CONSECUENTE adj. (lat. *consequens*). Que sigue en orden a otra cosa: *los resultados consecuentes.* (CONTR. *Antecedente.*) || Dícese de la persona que obra conforme a sus teorías: *no ser consecuente consigo mismo.* (CONTR. *Inconsecuente.*) || — M. Proposición que se deduce de otra principal. || *Mat.* Segundo término de una razón.
CONSECUENTEMENTE adv. m. Por consecuencia: *obrar consecuentemente con sus principios.* || Por consiguiente.
CONSECUTIVAMENTE adv. m. Inmediatamente después, sin interrupción, en seguida.
CONSECUTIVO, VA adj. Que sigue inmediatamente. (SINÓN. V. *Posterior.*)
CONSEGUIMIENTO m. Consecución.
CONSEGUIR v. t. (lat. *consequi*). Alcanzar: *conseguir una victoria sobre sus pasiones* (SINON. V. *Obtener.*) || — IRREG. Se conjuga como *pedir.*
CONSEJA f. Cuento, patraña: *no se debe llenar de consejas la cabeza de los niños.*
CONSEJERO, RA adj. Que aconseja o sirve para aconsejar. || — M. Miembro de un consejo, de una asamblea judicial. || — F. Mujer del consejero.

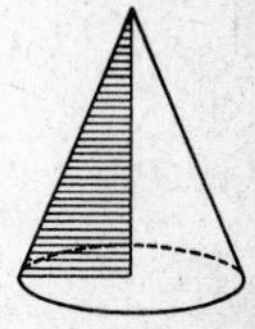
cono de revolución

CONSEJO m. (lat. *consilium*). Parecer o dictamen que se da o toma acerca de una cosa: *pedir consejo a las personas de experiencia.* (SINÓN. V. *Advertencia.*) ‖ Nombre de diferentes tribunales superiores: *Consejo de Hacienda.* ‖ Corporación consultiva encargada de informar al Gobierno sobre determinadas materias: *Consejo Superior de Instrucción Pública.* (SINÓN. V. *Compañía.*) *Consejo de Ciento,* antigua corporación municipal de Barcelona. ‖ *Consejo de Estado,* cuerpo consultivo que entiende en los negocios más importantes del Estado. ‖ *Consejo de familia,* reunión de los parientes de un menor, que cuida de los intereses de éste. ‖ *Consejo de guerra,* tribunal militar. ‖ *Consejo de ministros,* reunión deliberante de los ministros. ‖ *Consejo de Seguridad,* v. *Parte hist.* ‖ — PARÓN. *Concejo.*
CONSENSO m. Asenso, consentimiento unánime. (SINÓN. V. *Aprobación.*)
CONSENSUAL adj. *For. Contrato consensual,* el formado por el consentimiento de los contrayentes.
CONSENSUS m. (pal. lat.). Consenso.
CONSENTIDO, DA adj. Mimado, caprichoso, mal educado: *niño consentido.* ‖ Dícese del marido que sufre la infidelidad de su mujer.
CONSENTIDOR, RA adj. y s. Que consiente lo que debiera rechazar. ‖ *Fam.* Que mima a los niños.
CONSENTIMIENTO m. Acción y efecto de consentir. (SINÓN. V. *Aprobación.* CONTR. *Negativa.*)
CONSENTIR v. t. e i. (lat *consentire*). Permitir, autorizar: *consentir una venta, consentir en una cosa.* ‖ — V. t. Tolerar, admitir: *no consiento que me ridiculicen.* (SINÓN. V. *Ceder.*) ‖ Mimar los hijos: *los niños consentidos son insoportables.* ‖ — V. r. Resentirse, aflojarse las piezas de un artefacto, cascarse, romperse: *el jarro se consintió.* ‖ — CONTR. *Oponerse, resistirse.* ‖ — IRREG. Se conjuga como *sentir.*
CONSERJE m. El que tiene a su cuidado la custodia y limpieza de una casa. ‖ — SINÓN. *Portero, guarda, cerbero.*
CONSERJERÍA f. Oficio o habitación de conserje.
CONSERVA f. Confitura seca. ‖ Substancia alimenticia conservada en un recipiente herméticamente cerrado, y que se puede guardar mucho tiempo: *conserva de carne, de legumbres.* ‖ *Navegar en conserva,* navegar juntos varios barcos.
CONSERVABLE adj. Que se puede conservar.
CONSERVACIÓN f. Acción y efecto de conservar: *los animales tienen el instinto de conservación muy desarrollado.* ‖ Estado de lo que se conserva: *un baño de brea asegura la conservación de la madera.*
CONSERVADOR, RA adj. Que conserva: *la higiene es conservadora de la salud.* ‖ — Adj. y s. Que pertenece al partido político enemigo de las innovaciones ‖ Prudente, moderado: *espíritu conservador.* ‖ — M. Título de ciertos funcionarios: *conservador de museo.*
CONSERVADURÍA f. Cargo y oficina del conservador: *la conservaduría del museo.*
CONSERVADURISMO m. Actitud o tendencia de los que son contrarios a las innovaciones políticas y sociales.
CONSERVAR v. t. (lat *conservare*). Mantener en buen estado: *la sobriedad es el mejor modo de conservar la salud.* ‖ Guardar cuidadosamente: *conservar un secreto.* ‖ No perder: *conservar sus amigos.* ‖ Hacer conservas. ‖ *Bien conservado,* dícese de la persona que, a pesar de su edad, parece aún joven. ‖ — V. r. Durar, permanecer en buen estado: *conservarse en, o con, salud.* ‖ Guardar para sí: *conservarse recursos.* ‖ No malgastar la vida o la salud. ‖ — SINÓN. *Reservar, guardar, mantener, cuidar de.*
CONSERVATISMO m. *Amer.* Conservadurismo.
CONSERVATIVO, VA adj. Que conserva: *la virtud conservativa del alcanfor.*
CONSERVATORÍA f. Cargo de conservador.
CONSERVATORIO, RIA adj. Que tiene por objeto conservar: *la colocación de sellos es una medida conservatoria.* ‖ — M. Establecimiento público para la enseñanza de ciertas artes: *conservatorio de música.* ‖ *Arg.* Academia, colegio particular.
CONSERVERÍA f. Fabricación de conservas.

consola

CONSERVERO, RA adj. Relativo a la conservería: *industria conservera.* ‖ — M. y f. Persona que hace conservas.
CONSIDERABLE adj. Poderoso: *hombre considerable.* ‖ Muy grande: *suma considerable.* (SINÓN. V. *Estimable.*) ‖ Numeroso, importante: *ejército, trabajo considerables.*
CONSIDERABLEMENTE adv. m. Con notable abundancia. (SINÓN. V. *Mucho.*)
CONSIDERACIÓN f. Examen atento: *asunto digno de consideración.* ‖ *Fig.* Razón, motivo: *esta consideración me ha decidido.* (SINÓN. V. *Observación.*) ‖ Estimación: *persona digna de consideración.* (SINÓN. V. *Importancia.*) ‖ Urbanidad, respeto: *hablarle a uno sin consideración.* (SINÓN. V. *Miramiento.*) ‖ Asunto o materia para meditar: *la consideración de este día.* ‖ *En consideración a,* loc. adv., en atención a una cosa. ‖ *Ser una cosa de consideración,* ser de importancia. ‖ *Tomar en consideración,* tomar en cuenta.
CONSIDERADO, DA adj. Que obra con reflexión. ‖ Que por su mérito o situación es digno de atención y respeto.
CONSIDERANDO m. Motivo que precede y explica el texto de una ley, fallo o dictamen.
CONSIDERAR v. t. (lat. *considerare*). Pensar, reflexionar una cosa: *todo bien considerado.* ‖ Juzgar: *considerar como sabio.* (SINÓN. V. *Estimar.*) ‖ Tratar con respeto: *todo el mundo considera a los ancianos.*
CONSIGNA f. Órdenes que se dan al que manda o vigila un puesto: *dar la consigna a un centinela.* ‖ Órdenes recibidas: *respetar la consigna.* ‖ Depósito donde los viajeros pueden dejar las maletas.
CONSIGNACIÓN f. Acción y efecto de consignar. ‖ Cantidad consignada en presupuesto.
CONSIGNADOR com. El que hace la consignación.
CONSIGNAR v. t. (lat *consignare*). Poner en depósito: *consignar una cantidad, una mercancía.* ‖ Dirigir a un consignatario: *consignar una mercancía a un consignatario.* ‖ Destinar un sitio para colocar algo. ‖ Citar en un escrito: *consignar un hecho.* ‖ Destinar el rédito de una finca para el pago de una cantidad o renta.
CONSIGNATARIO m. Depositario de una cosa consignada. ‖ Negociante al que se dirige una mercancía para que la recoja o la venda: *los consignatarios abundan en los puertos importantes.*
CONSIGO, ablat. de la forma reflexiva *se, si* del pron. pers. de 3ª pers.: *no llevar dinero consigo.*
CONSIGUIENTE adj. Que resulta, se deduce de otra cosa: *los gastos consiguientes a mi instalación.* ‖ — M. *Lóg.* Segunda proposición del entimema. ‖ *Por consiguiente,* loc. conjunt., por consecuencia, en fuerza de lo antecedente.
CONSIGUIENTEMENTE adv. m. Por consecuencia, en consecuencia, por consiguiente.
CONSINTIENTE adj. Que consiente una cosa.
CONSISTENCIA f. Duración, estabilidad, fijeza. ‖ Trabazón, coherencia de una masa: *consistencia sólida, consistencia viscosa.*
CONSISTENTE adj. Que tiene consistencia o cohesión: *pasta consistente.* (SINÓN. V. *Sólido.* CONTR. *Inconsistente.*)
CONSISTIR v. i. (lat. *consistere*). Estribar una cosa en otra: *la felicidad consiste en la moderación.* (SINÓN. *Residir, fundamentar.*) ‖ Ser efecto de una causa. ‖ Estar compuesto de: *consiste su fortuna en tierras.*
CONSISTORIAL adj. Relativo al consistorio.
CONSISTORIO m. (lat *consistorium*). Asamblea de cardenales presidida por el Papa: *la canonización de los santos se verifica en consistorio público.* (SINÓN. V. *Concilio.*) ‖ Junta directiva de rabinos o pastores protestantes. (SINÓN. V. *Reunión.*) ‖ Consejo de los emperadores romanos. ‖ En algunas ciudades de España, casa consistorial. (SINÓN. V. *Ayuntamiento.*)
CONSOCIO, CIA m. y f. Socio con respecto a otro.
CONSOLA f. (fr. *console*). Mesa arrimada a la pared, que sirve para sostener cualquier adorno.
CONSOLABLE adj. Capaz de ser consolado: *viuda demasiado consolable.* ‖ — CONTR. *Inconsolable.*
CONSOLACIÓN f. Acción y efecto de consolar. ‖ En algunos juegos, lo que paga a los demás

Fot. X

jugadores el que entra solo y pierde. || — SINÓN. V. *Compensación.*

CONSOLADOR, RA y **CONSOLANTE** adj. Que consuela: *reflexión consoladora.* || — SINÓN. *Reconfortante, lenitivo.*

CONSOLAR v. t. (lat. *consolari*). Aliviar la pena o aflicción: *consolar a los desgraciados.* (SINÓN. *Reconfortar, confortar.* V. tb. *apaciguar.*) || Recrear. || — V. r. Poner fin a su dolor: *consolarse de una desgracia con el estudio.* || — IRREG. Se conjuga como *contar.*

CONSOLATIVO, VA y **CONSOLATORIO, RIA** adj. Consolador, que consuela.

CONSOLIDACIÓN f. Acción y efecto de consolidar. || *Consolidación de la deuda flotante,* conversión de las rentas reembolsables en rentas perpetuas.

CONSOLIDADO, DA adj. y s. Se dice de la deuda pública que goza una renta fija inalterable.

CONSOLIDAR v. t. Dar firmeza y solidez a una cosa: || *Fig.* Asegurar: *consolidar la amistad.* || — V. r. *For.* Reunirse el usufructo con la propiedad.

CONSOMÉ m. (pal. fr.). Caldo de carne.

CONSONANCIA f. Reunión de sonidos acordes: *la octava es la más sencilla de las consonancias.* || Uniformidad de sonido en la terminación de las palabras, como *colmena, pena.* (SINÓN. *Asonancia, rima.*) || *Ret.* Vicio que consiste en la repetición innecesaria de sonidos consonantes. || *Fig.* Conformidad de algunas cosas entre sí. (SINÓN. V. *Relación.*)

CONSONANTADO, DA adj. Escrito en consonantes: *versos consonantados.*

CONSONANTE adj. y s. Dícese de las letras que sólo pueden pronunciarse combinadas con una vocal, como la *b.* || Formado de consonancias: *acordes consonantes, versos consonantes.* || *U consonante,* la *v.*

CONSONANTISMO m. Conjunto de los sonidos consonantes de un idioma.

CONSONAR v. i. *Mús.* Formar consonancia. || Aconsonantar, formar consonancia dos palabras. || Tener igualdad dos cosas. || — IRREG. Se conjuga como *contar.*

CONSORCIO m. (lat. *consortio*). Asociación: *un consorcio de banqueros.* (SINÓN. V. *Sociedad.*) || Unión de los que viven juntos: *vivir en buen consorcio.*

CONSORTE com. (lat. *consortis*). Cada uno de los esposos respecto del otro. (SINÓN. V. *Esposo.*) || Persona que comparte la suerte de otra. || *Príncipe consorte,* el marido de una reina.

CONSPICUO, CUA adj. (lat. *conspicuus*). Ilustre, sobresaliente.

CONSPIRACIÓN f. Acuerdo de voluntades para la comisión de un delito: *conspiración contra el Estado.*

CONSPIRADOR, RA m. y f. Persona que conspira: *los carbonari formaban una vasta asociación de conspiradores.*

CONSPIRAR v. i. (lat. *conspirare*). *Fig.* Concurrir a una cosa: *todo conspira para su desgracia; conspirar a un mismo fin.* || Unirse contra alguien: *conspirar con el enemigo, dos en un intento.*

CONSTANCIA f. Firmeza del ánimo: *trabajar con constancia.* (SINÓN. V. *Perseverancia* y *fidelidad.*) || Certeza, exactitud de un hecho: *no hay constancia de ello.* || Acción de hacer constar: *dejar constancia de una cosa.* || *Amer.* Prueba de la verdad o falsedad de un hecho.

CONSTANTE adj. Que consta. || Que tiene constancia. (SINÓN. *Firme, inquebrantable, inflexible.* V. tb. *duradero.*) || — F. *Mat.* Cantidad que guarda valor fijo. || Factor que es o se supone inmutable: *el tema del honor es una de las constantes del teatro clásico español.*

CONSTANTEMENTE adv. m. Con constancia. (SINÓN. V. *Siempre.*) || Con notoria certeza.

CONSTAR v. impers. (lat. *constare.*) Ser cierta y manifiesta una cosa: *me consta que no vino; consta en los archivos.* || Estar formado de diferentes partes: *este libro consta de diez capítulos.* || Tener los versos la medida y acentuación necesaria. || — PARÓN. *Costar.*

CONSTATAR v. t. Galicismo por *comprobar, observar, hacer constar.*

CONSTELACIÓN f. (lat. *constellatio*). *Astr.* Grupo de estrellas fijas que representan más o menos una figura: *la constelación de la Virgen.*

CONSTELADO, DA adj. Estrellado, lleno de estrellas: *cielo constelado.* || *Fig.* Sembrado, lleno, cubierto: *manto constelado de pedrerías.*

CONSTELAR v. t. Galicismo por *cubrir, llenar.* || Estrellar: *los astros que constelan la bóveda celeste.*

CONSTERNACIÓN f. Desolación, espanto.

CONSTERNAR v. t. (lat. *consternare*). Causar consternación: *esta noticia me ha consternado.* (SINÓN. *Entristecer.*)

CONSTIPADO m. Resfriado o catarro.

CONSTIPAR v. t. (del lat. *constipare,* constreñir). Cerrar y apretar los poros. || — V. r. Resfriarse o acatarrarse.

CONSTITUCIÓN f. (lat. *constitutio*). Composición: *la constitución del aire fue descubierta por Lavoisier.* (SINÓN. V. *Composición.*) || Acción de constituir o establecer: *la constitución de una renta.* || Complexión física del individuo: *constitución a toda prueba.* (SINÓN. V. *Naturaleza.*) || Ley fundamental de una nación: *la Constitución de los EE. UU. ha servido de modelo para la de varias repúblicas americanas.* (SINÓN. V. *Ley.*) || Forma o sistema de gobierno. (SINÓN. V. *Institución.*) || Estatuto con que se gobierna una corporación.

CONSTITUCIONAL adj. y s. Perteneciente a la Constitución: *ley constitucional.* || Sometido a una constitución: *reino constitucional.*

CONSTITUCIONALIDAD f. Carácter constitucional.

CONSTITUCIONALMENTE adv. m. De modo constitucional: *gobernar constitucionalmente.*

CONSTITUIR v. t. (lat. *constituere*). Formar, componer: *el espíritu y el cuerpo constituyen el hombre.* (SINÓN. V. *Formar.*) || Organizar: *constituir una sociedad.* || Poner: *constituir en una obligación, constituir en dignidad.* || Establecer, ordenar: *constituir una renta vitalicia.* || — IRREG. Se conjuga como *huir.*

CONSTITUTIVO, VA y **CONSTITUYENTE** adj. Que constituye: *los elementos constitutivos del agua son el oxígeno y el hidrógeno.*

CONSTREÑIMIENTO m. Apremio, obligación.

CONSTREÑIR v. t. Apremiar: *constreñir a uno a que salga de su casa.* (SINÓN. V. *Obligar.*) || *Med.* Apretar, cerrar y estreñir. || IRREG. Se conjuga como *ceñir.*

CONSTRICCIÓN f. Encogimiento, estado de una cosa que se encoge. || — PARÓN. *Contrición.*

CONSTRICTIVO, VA adj. Que constriñe.

CONSTRICTOR, RA adj. Que produce constricción. || *Med.* Dícese del medicamento para constreñir.

CONSTRINGENTE adj. Que oprime o aprieta.

CONSTRUCCIÓN f. (lat. *constructio*). Arte de construir: *la construcción de las catedrales de la Edad Media duraba a veces varios siglos.* || Edificio: *se ven construcciones magníficas.* (SINÓN. V. *Edificio.*) || *Gram.* Disposición de las palabras en la frase: *la lengua española es la lengua cuya construcción se aproxima más a la latina.* || — CONTR. *Demolición, destrucción.*

CONSTRUCTIVO, VA adj. y **CONSTRUCTOR, RA** adj. y s. Que construye.

CONSTRUIR v. t. (lat. *construere*). Fabricar, edificar: *en los Estados Unidos se pueden construir casas de gran altura.* (SINÓN. V. *Edificar.*) || Hacer, trazar: *construir un polígono.* || *Gram.* Arreglar, ordenar las palabras de una frase. || — CONTR. *Derribar, demoler, destruir.* || — IRREG. Se conjuga como *huir.*

CONSUBSTANCIACIÓN f. Presencia de J. C. en la eucaristía, coexistiendo la substancia divina con las del pan y del vino, según los luteranos.

CONSUBSTANCIAL adj. Que es de la misma substancia: *las tres personas de la Santísima Trinidad son consubstanciales.*

CONSUBSTANCIALIDAD f. Calidad de consubstancial: *los arrianos negaban la consubstancialidad del Hijo con el Padre.*

CONSUEGRO, GRA m. y f. Padre o madre de uno de los esposos respecto de los del otro.

CONSUELDA f. Planta borraginácea cuyo rizoma mucilaginoso se emplea en medicina.

CONSUELO m. Descanso y alivio de la pena o fatiga: *la lectura es un consuelo.* (SINÓN. V. *Compensación.*) || Alegría: *el consuelo de mi vejez.* || *Fig.* y *fam.* *Sin consuelo,* sin medida ni tasa.

CONTADORES

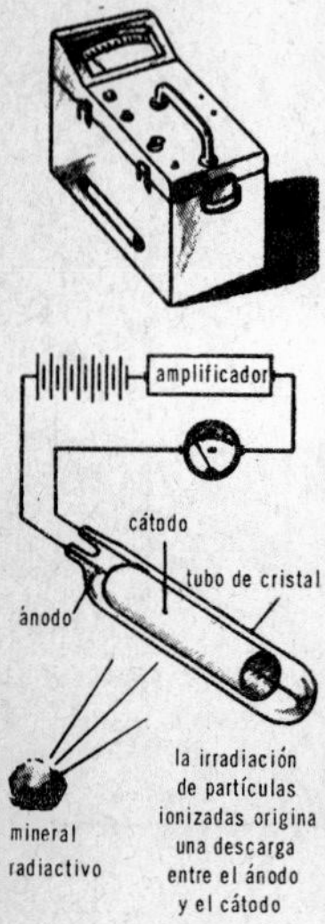

GEIGER

DE CENTELLEO

CONSUETUDINARIO, RIA adj. Acostumbrado. || Relativo a las costumbres: *derecho consuetudinario.*

CÓNSUL m. (pal. lat.) *Antig. rom.* Magistrado romano que compartía con otro durante un año la magistratura suprema de la República: *los cónsules fueron, en un principio, verdaderos reyes anuales.* || Nombre de los tres magistrados que componían el Consulado francés de la Primera República (1799-1804). || *El primer Cónsul,* Bonaparte. (V. *Parte hist.*) || Agente diplomático que tiene por misión proteger a sus compatriotas en el extranjero. || *Por ext.* Nombre que se da a cualquier ministro diplomático. || *Cónsul general,* jefe del servicio consular.

CONSULADO m. Dignidad de cónsul romano: *el consulado se estableció en Roma después de la caída de Tarquino el Soberbio.* || Su duración. || Cargo de cónsul y oficina en que reside. || Territorio donde ejerce el cónsul su autoridad.

CONSULAR adj. Relativo al cónsul: *dignidad consular; jurisdicción consular.*

CONSULTA f. Parecer o dictamen que da una persona sobre una cosa: *una consulta de abogado.* || Conferencia entre abogados, médicos, etc.

CONSULTACIÓN f. Consulta, parecer.

CONSULTANTE adj. Que consulta.

CONSULTAR v. t. (lat. *consultare*). Tomar aviso o consejo: *consultar con el médico.* || Someter una duda al parecer de una persona. || Buscar un dato en: *se debe consultar el diccionario siempre que se encuentra una palabra desconocida.* || Darse cuenta de: *consultar sus fuerzas.* || Pedir consejo o parecer: *consultar con la almohada.* (SINÓN. V. *Hablar.*)

CONSULTIVO, VA adj. Que debe consultarse. || Dícese de los cuerpos establecidos para ser consultados por los que gobiernan: *comité consultivo.*

CONSULTOR, RA adj. Que da su parecer sobre una cosa. || Consultante. || *Consultor del Santo Oficio,* doctor nombrado por el papa para dar su parecer sobre ciertos puntos de doctrina.

CONSULTORIO m. Lugar donde se dan consultas: *consultorio médico; consultorio técnico.*

CONSUMACIÓN f. Acción de consumar. || Extinción, acabamiento: *la consumación de los siglos.* || — PARÓN. *Consumición.*

CONSUMADAMENTE adv. m. Perfectamente.

CONSUMADO, DA adj. Perfecto: *sabiduría consumada.*

CONSUMAR v. t. (del lat. *cum,* con, y *summa,* total). Llevar a cabo enteramente: *consumar un sacrificio.* (SINÓN. V. *Cometer* y *acabar.*) || *For.* Dar cumplimiento a un contrato.

CONSUMIBLE adj. Que puede consumirse.

CONSUMICIÓN f. Consumo. || Bebida que se toma en un café, sala de fiestas, etc.

CONSUMIDO, DA adj. *Fig.* y *fam.* Muy flaco.

CONSUMIDOR, RA adj. y s. Dícese del que utiliza las mercancías o artículos que compra. || — CONTR. *Productor.*

CONSUMIR v. t. (lat. *consumere*). Destruir: *el fuego consumió la casa.* (SINÓN. V. *Destruir* y *quemar.*) || Gastar comestibles u otros géneros. || Comulgar. || *Fig.* y *fam.* Apurar, afligir. || *Amér. C.* y *Col.* Sumergir. || — V. r. Extinguirse. || — RÉG. *Consumirse a fuego lento, con la fiebre, de fastidio, en meditaciones.* || — CONTR. *Producir.* || — PARÓN. *Consumar.*

CONSUMO m. Utilización de los bienes o servicios producidos: *gran consumo de pan.* || *Sociedad de consumo,* se dice de las sociedades de los países industriales avanzados en los cuales, dado que las necesidades elementales se consideran como aseguradas para la mayoría de la población, los medios de producción y de comercialización están orientados para satisfacer necesidades diversas en muchos casos superficiales y superfluas. || — Pl. Contribución sobre ciertos géneros.

CONSUNCIÓN f. Acción de consumir. || Enflaquecimiento y demacración progresivos: *la tisis causa casi siempre la consunción.*

CONSUNO (De) m. adv. De común acuerdo.

CONSUNTIVO, VA adj. Que consume.

CONSUSTANCIAL adj. Consubstancial.

CONSUSTANCIALIDAD f. Consubstancialidad.

CONTABILIDAD f. Arte de llevar las cuentas con exactitud. || Parte de una administración encargada especialmente de las cuentas. — Se dice *contabilidad por partida simple* cuando el comerciante establece sólo las cuentas de sus acreedores y sus deudores, y *por partida doble* cuando se representa a sí mismo por cuentas especiales, como caja, almacén, mercancías, efectos a pagar, gastos generales, etc.

CONTABILIZAR v. t. *Com.* Apuntar en los libros de cuentas.

CONTABLE adj. Que puede ser contado. || — M. y f. Persona que lleva una contabilidad.

CONTACTO m. (del lat. *cum,* con, y *tactus,* tacto). Estado de dos cuerpos que se tocan: *ciertas enfermedades se transmiten por simple contacto.* (SINÓN. V. *Tacto.*) || Parte por donde se tocan dos cuerpos. || *Fig.* Frecuentación, relación: *el contacto de la sociedad.* || *Geom. Punto de contacto,* punto en que se tocan dos figuras. || Dispositivo que permite la abertura o cierre de un circuito eléctrico.

CONTADERO, RA adj. Que se puede contar.

CONTADO, DA adj. Raro: *son contadas las personas que saben el griego.* || Determinado, señalado. || *Al contado,* m. adv., con dinero contante. || *Por de contado,* por supuesto. || — M. *Col.* Plazo: *pagar una deuda en tres contados.*

CONTADOR, RA adj. y s. Que cuenta, o sirve para contar: *tablero contador.* || — M. El que tiene por oficio llevar las cuentas en una casa de comercio. || Mesa de madera en que los comerciantes suelen recibir y dar el dinero. || Aparato que sirve para medir o contar cualquier cosa: *contador de gas, de agua.* || *Contador Geiger, de centelleo,* instrumentos que se utilizan para detectar y contar las partículas emitidas por un cuerpo radiactivo. || — M. y f. *Ecuad.* Prestamista. || *Sin contador,* sin tasa ni medida.

CONTADURÍA f. Oficio y oficina del contador. || Contabilidad: *estudiar la contaduría.* || Nombre de ciertas administraciones: *Contaduría General del Estado.* || Administración de un espectáculo público donde se venden los billetes por anticipado. || *Ecuad.* Casa de empeños.

CONTAGIAR v. t. Comunicar una enfermedad. (SINÓN V. *Inocular.*) || *Fig.* Inficionar con el mal ejemplo. || — V. r. Sufrir contagio: *contagiarse de una enfermedad.*

CONTAGIO m. (lat. *contagio*). *Med.* Transmisión de una enfermedad por contacto inmediato o mediato: *el contagio de la peste es muy rápido.* (SINÓN. *Contaminación, infección, corrupción.*) || La misma enfermedad contagiosa: *ciertas medidas higiénicas preservan del contagio.* || *Fig.* Imitación involuntaria: *el contagio de la risa.*

CONTAGIOSIDAD f. Calidad de contagioso.

CONTAGIOSO, SA adj. Que se comunica por contagio: *la viruela es muy contagiosa.* || Que tiene mal que se pega. || *Fig.* Dícese de los vicios que se comunican con el trato.

CONTAL m. Sartal de cuentas.

CONTAMINACIÓN f. Acción de contaminar: *el agua es el principal agente de contaminación en la fiebre tifoidea.* (SINÓN. V. *Contagio.*)

CONTAMINADOR, RA adj. Que contamina.

CONTAMINAR v. t. (lat. *contaminare*). Ensuciar, manchar: *vestidos contaminados.* || Inficionar: *agua contaminada.* || *Fig.* Corromper, viciar: *contaminar un texto.* || *Fig.* Pervertir, corromper. || — V. r. Corromperse: *contaminarse con el mal ejemplo.*

CONTANTE adj. Dícese del dinero efectivo. (También se dice *dinero contante y sonante.*)

CONTAR v. t. (lat. *computare*). Calcular, computar: *contar dinero.* (SINÓN. *Enumerar, inventariar.*) || Poner en el número de: *contar entre sus amigos a una persona.* || Tener: *contar pocos años.* || Referir, narrar: *contar su vida.* (SINÓN. V. *Explicar.*) || — V. i. Hacer cálculos: *contar con los dedos.* || *Contar con,* tener en cuenta: *no contó con que podía llover.* || *Contar con una persona o cosa,* confiar en que podrá servir cuando se necesite: *no se debe contar demasiado con los amigos, para no tener desengaños.* || *Contar sobre,* galicismo por *contar con.* || — IRREG. Pres. ind.: *cuento, cuentas, cuenta, contamos, contáis, cuentan;* imperf.: *contaba,* etc.; pret.: *conté,* etc.; fut.: *contaré,* etc.; imper.: *cuenta, contad;* pot.: *contaría;* pres. subj.: *cuente, cuentes, cuente, contemos, contéis, cuenten;* imperf. subj.: *contara* o *contase,* etc.; fut.

subj.: *contare*, etc.; ger.: *contando*; p. p.: *contado*.
CONTEMPERAR v. t. Atemperar.
CONTEMPLACIÓN f. Acción de contemplar: *la contemplación de la naturaleza tranquiliza el espíritu*. || Meditación profunda de asuntos religiosos.
CONTEMPLADOR, RA adj. y s. Que contempla. || Contemplativo.
CONTEMPLAR v. t. (lat. *contemplare*). Considerar con atención: *contemplar el mar*. (SINÓN. V. *Mirar*.) || Complacer mucho a una persona. || Meditar: *pasar la vida contemplando*.
CONTEMPLATIVO, VA adj. Que contempla. (lat. *contemplativus*.) || *Teol.* Muy dado a la contemplación. || *Vida contemplativa*, la pasada en la contemplación y la meditación. || Aficionado a contemplar a todo el mundo.
CONTEMPORANEIDAD f. Calidad de contemporáneo.
CONTEMPORÁNEO, A adj. y s. Que existe al mismo tiempo que otra persona o cosa: *Voltaire y Franklin fueron contemporáneos*. || Del tiempo actual: *la historia contemporánea*.
CONTEMPORIZACIÓN f. Acción de contemporizar o acomodarse al parecer ajeno.
CONTEMPORIZADOR, RA adj. y s. Que contemporiza o se acomoda muy fácilmente.
CONTEMPORIZAR v. i. (del lat. *cum*, con, y *tempus, temporis*, tiempo). Acomodarse uno al parecer ajeno para ganar tiempo o con otro fin: *contemporizar con una persona*.
CONTENCIÓN f. Acción y efecto de contener: *un muro de contención*. || *For.* Litigio trabado entre partes. || Contienda, emulación, esfuerzo: *la demasiada contención cansa el espíritu*.
CONTENCIOSO, SA adj. Litigioso: *asunto contencioso*. || *For.* Dícese de las materias sobre que se contiende en juicio.
CONTENDER v. i. (lat. *contendere*). Batallar. (SINÓN. V. *Luchar*.) || *Fig.* competir, rivalizar. || *Fig.* Disputar, discutir: *contender con uno sobre cierto asunto*. || — IRREG. Se conjuga como *tender*.
CONTENDIENTE adj. y s. Que contiende. (SINÓN. V. *Rival*.)
CONTENEDOR, RA adj. Que contiene.
CONTENENCIA f. Acción de cernerse las aves.
CONTENER v. t. Comprender en su extensión, en su capacidad: *el decalitro contiene diez litros*. (SINÓN. *Comprender, abarcar, englobar*.) || Mantener en ciertos límites: *contener a la multitud*. || Encerrar: *este libro contiene profundas verdades*. (SINÓN. *Entrañar, ocultar*.) || *Fig.* Mantener en la sumisión: *contener un pueblo*. || Reprimir, moderar refrenar: *contener la cólera*. (SINÓN. V. *Retener*.) || — V. r. Estar contenido. || *Chil.* Significar. || — IRREG. Se conjuga como *tener*.
CONTENIDO, DA adj. Encerrado dentro. || *Fig.* Que se conduce con moderación. || — M. Lo que se contiene dentro de una cosa: *el contenido de una carta*. (SINÓN V. *Composición*.)
CONTENIENTE adj. Que contiene.
CONTENTA f. Agasajo con que se contenta a uno. || Endoso. || *For. Amer.* Documento en que el acreedor se da por contento con la paga del deudor. || *Per.* Premio máximo de las universidades que exonera del pago de derechos. || *Dar la contenta*, contentar.
CONTENTADIZO, ZA adj. Dícese de la persona que fácilmente se contenta. || Con los adverbios *bien* o *mal*, fácil o difícil de contentar.
CONTENTAMIENTO m. Contento, alegría.
CONTENTAR v. t. Poner contento o satisfecho: *contentar a sus amos*. || *Amer.* Reconciliar, avenir. || *Per.* Otorgar la contenta. || — V. r. Estar satisfecho: *contentarse con poco*. || — CONTR. *Disgustar*.
CONTENTIBLE adj. Despreciable.
CONTENTIVO, VA adj. Que contiene. *Cir.* Que sirve para contener: *vendaje contentivo*.
CONTENTO, TA adj. Satisfecho: *hombre contento con su suerte o de su suerte*. (SINÓN. *Encantado, feliz, plácido*. V. tb. *alegre*.) || *Bol. Guat.* y *P. Rico.* Reconciliado. || — M. Alegría, satisfacción o placer: *sentir gran contento*. (SINÓN. V. *Júbilo*.) || *Fig.* y *fam. No caber uno de contento*, sentir gran placer.
CONTERA f. Remate de metal que se pone en el extremo del bastón o de la vaina de la espada. || Cascabel. || Fin o remate de alguna cosa. || Estribillo. || *Fig.* y *fam. Por contera*, m. adv., por remate.
CONTERO m. *Arq.* Moldura en forma de cuentas.
CONTERRÁNEO, NEA adj. De la misma tierra.
CONTERTULIANO, NA y **CONTERTULIO, LIA** m. y f. Persona que concurre con otras a una tertulia.
CONTESTA f. *Méx.* y *Pan.* Conversación, plática. || *Amer.* Contestación.
CONTESTABLE adj. Que se puede contestar o impugnar: *mérito contestable*. || — CONTR. *Incontestable*.
CONTESTACIÓN f. Acción y efecto de contestar: *una contestación satisfactoria*. || Altercación o disputa. (SINÓN. *Litigio, desavenencia, conflicto*. V. tb. *discusión*.)
CONTESTAR v. t. (lat. *contestari*). Responder: *contestar una carta*. (SINÓN. V. *Responder*.) || Declarar uno lo mismo que otros. || Comprobar. || — V. i. Convenir una cosa con otra. || *Méx.* Conversar, discutir. || Galicismo por *impugnar*: *contestar un derecho*; sin embargo la Academia ha admitido *contestable* en este sentido.
CONTESTE adj. (del lat. *cum*, con, y *testis*, testigo). Dícese del testigo que declara lo mismo que otro.
CONTEXTO m. (lat. *contextus*). Enredo, maraña, trabazón. || *Fig.* Serie del discurso; hilo de una narración, una historia: *el contexto permite adivinar los pasajes obscuros de un autor*.
CONTEXTUAR v. t. Acreditar con textos.
CONTEXTURA f. Unión de las partes de un todo: *la contextura de los músculos, de un discurso*.
CONTIENDA f. Pelea, altercado, disputa o riña. (SINÓN. V. *Disputa*.)
CONTIGO, ablat. sing. del pron. pers. de 2ª pers.: *iré contigo a donde quieras*.
CONTIGÜIDAD f. Inmediación de una cosa a otra.
CONTIGUO, GUA adj. Que toca a otra cosa o linda con ella: *dormir en habitaciones contiguas*. (SINÓN. V. *Cercano*.)
CONTINENCIA f. Castidad. || Abstinencia de los deleites carnales. || Acción de contener.
CONTINENTAL adj. Relativo al continente: *guerra continental*. || *Geogr.* Propio de los continentes: *clima continental*.
CONTINENTE adj. (lat. *continens*). Que contiene. || Dícese de la persona que practica la continencia. || — M. Cosa que contiene en sí a otra: *el continente y el contenido*. || Aire: *modesto continente*. (SINÓN. V. *Compostura*.) || Gran extensión de tierra rodeada de mar: *Australia es un verdadero continente*. || *Viejo Continente*, Europa, Asia y África. || *Nuevo Continente*, América.
CONTINGENCIA f. Carácter de contingente. || Cosa que puede suceder: *las contingencias de la vida*.
CONTINGENTE adj. (lat. *contingens*). Que puede suceder o no suceder. || — M. Contingencia. || Parte que corresponde a uno en un repartimiento limitado: *los contingentes de importación son la ruina del comercio exterior*. || *Chil., Per.* y *Riopl.* Conjunto de forzados. || Cupo de mercancías.
CONTINGENTEMENTE adv. m. Por acaso.
CONTINUACIÓN f. Acción y efecto de continuar. || Prolongación: *este sendero es la continuación del camino*. || — SINÓN. *Sucesión, decurso, continuidad, prosecución, prolongamiento, prolongación, permanencia, prórroga, prorrogación*. V. tb. *después*. || — CONTR. *Cesación, interrupción*.
CONTINUADOR, RA adj. y s. Que continúa o prosigue una cosa empezada por otro.
CONTINUAMENTE adv. m. Sin intermisión. || Constantemente, siempre.
CONTINUAR v. t. (lat. *continuare*). Seguir lo comenzado: *continuar hablando, en sus pesquisas, con su trabajo*. || — V. i. Durar, permanecer: *la miseria continúa*. || — V. r. Seguir, extenderse. || — SINÓN. *Proseguir, perseverar, persistir, mantener*. V. tb. *durar*. || — CONTR. *Cesar, interrumpir*.
CONTINUATIVO, VA adj. Que implica idea de continuación: *conjunción continuativa*.

CONTINUIDAD f. (lat. *continuitas*). Unión natural que tienen las partes del todo: *la continuidad de las vértebras forma el espinazo.* (SINÓN. V. *Continuación.*) ‖ Reproducción prolongada: *la continuidad de un ruido.* ‖ *Solución de continuidad,* interrupción.

CONTINUO, NUA adj. (lat. *continuus*). Que dura sin interrupción: *vivir en continua zozobra.* ‖ Perseverante en ejercer algún acto. ‖ No interrumpido: *papel continuo.* ‖ *De continuo,* m. adv., continuamente. ‖ — SINÓN. *Incesante, interrumpido.* V. tb. *duradero* y *eterno.* ‖ — CONTR. *Momentáneo, transitorio.*

CONTONEARSE v. r. Mover con afectación una persona al andar los hombros y caderas. (SINÓN. V. *Balancear.*)

CONTONEO m. Acción de contonearse al andar.

CONTORCERSE v. r. Hacer contorsiones o ademanes. ‖ — IRREG. Se conjuga como *mover.*

CONTORCIÓN f. (lat. *contortio*). Retorcimiento, torcedura. ‖ — PARÓN. *Contursión.*

CONTORNADO, DA adj. *Blas.* Dícese de los animales cuyas cabezas miran a la siniestra del escudo. ‖ Dícese de la medalla rodeada de un cerquillo.

CONTORNAR y **CONTORNEAR** v. t. Dar vueltas alrededor: *contornear una montaña.* ‖ Perfilar: *contornear una columna.*

CONTORNEO m. Acción y efecto de contornear.

CONTORNO m. Circuito, recinto: *los contornos de una población.* (SINÓN. V. *Alrededores.*) ‖ Línea cuya forma determina la del relieve: *una figura de contornos agradables.* (SINÓN. V. *Vuelta.*) ‖ Canto de la moneda o medalla. ‖ *En* [no *al*] *contorno,* loc. adv., alrededor.

CONTORSIÓN f. (lat. *contorsio*). Torsión violenta de los músculos o de los miembros. (SINÓN. V. *Torsión.*) ‖ Ademán grotesco, mueca: *las contorsiones de los payasos hacen reir a los niños.* ‖ — PARÓN. *Contorción.*

CONTORSIONISTA com. Persona que hace contorsiones acrobáticas en los circos.

CONTRA prep. (lat. *contra*) Denota oposición, encuentro, choque: *no debemos nunca hablar contra nuestro pensamiento, tropezar contra una esquina, caminar contra el enemigo.* ‖ Enfrente: *su casa está contra la iglesia.* ‖ Úsase como prefijo inseparable: *contrabando, contraataque.* ‖ — M. Lo opuesto: *hay personas que lo mismo sostienen el pro que el contra.* ‖ *Mús.* Pedal del órgano. ‖ — Pl. *Mús.* Bajos más profundos de algunos órganos. ‖ — F. *Fam.* Dificultad, inconveniente: *ahí está la contra.* ‖ Oposición: *ese hombre se ha empeñado en llevarme [hacerme] siempre la contra.* ‖ *Esgr.* Movimiento de la espada que, pasando bajo la del adversario, va a tocarla por el lado opuesto a aquel de donde partió. ‖ *En contra,* m. adv., *en oposición.* ‖ *Hacer* o *llevar la contra,* oponerse. ‖ *Cub.* y *P. Rico.* Dádiva. ‖ *Amer.* Contraveneno. ‖ — OBSERV. Es galicismo emplear *contra* en el sentido de *contiguo: su casa está contra la mía* por está *contigua a la mía.*

CONTRAACUSACIÓN f. Acusación contraria.

CONTRAALMIRANTE m. Oficial general de la armada, inmediatamente inferior al vicealmirante.

CONTRAAMURA f. Cabo que ayuda la amura.

CONTRAAPROCHES m. pl. *Fort.* Trabajos de los sitiados dirigidos contra los de los sitiadores.

CONTRAATACAR v. t. Efectuar un contraataque.

CONTRAATAQUE m. *Fort.* Nombre de los trabajos de defensa que oponen los sitiados a los ataques de los sitiadores. ‖ Acción de pasar bruscamente de la defensiva a la ofensiva.

CONTRAAVISO m. Aviso contrario al primero. (SINÓN. V. *Contraorden.*)

CONTRABAJO m. (ital. *contrabasso*). *Mús.* El mayor y más grave de los instrumentos músicos de cuerda y arco. ‖ Persona que toca este instrumento. ‖ Voz más grave que la del bajo ordinario. ‖ Cantor que tiene esta voz.

CONTRABALANCEAR v. t. Hacer equilibrio en la balanza. ‖ *Fig.* Equilibrar, compensar: *sus buenas cualidades contrabalancean sus defectos.* (SINÓN. V. *Igualar* y *equilibrar.*)

CONTRABANDEAR v. i. Hacer contrabando.

CONTRABANDISTA adj. y s. Que ejerce el contrabando. ‖ — M. El que se dedica a la defraudación de aduanas.

CONTRABANDO m. Introducción y venta clandestina de mercancías prohibidas o sometidas a derechos arancelarios de que se defrauda al Tesoro: *los derechos de aduanas demasiado elevados provocan el contrabando.* ‖ Las mismas mercancías así introducidas: *contrabando de guerra.* ‖ *Fig.* y *fam.* Lo ilícito: *llevar algo de contrabando.* ‖ Cosa hecha contra el uso ordinario.

CONTRABARRERA f. Segunda barrera que hay en las plazas de toros: *saltar la contrabarrera.*

CONTRABATERÍA f. *Mil.* Batería opuesta a otra. ‖ *Fig.* Medio que se opone a la intriga ajena.

CONTRABATIR v. t. *Mil.* Responder la artillería al fuego de la batería enemiga.

CONTRABLOQUEO m. *Mar.* Conjunto de operaciones contra el bloqueo.

CONTRABOCEL m. *Arq.* Caveto.

CONTRABRACEAR v. t. *Mar.* Bracear las velas en sentido contrario.

CONTRACALCAR v. t. Calcar al revés para obtener un dibujo en sentido contrario del original.

CONTRACAMBIO m. Trueque. ‖ *Com.* Gasto que sufre el dador de una letra por el segundo cambio.

CONTRACANDELA f. *Cub.* Contrafuego.

CONTRACCIÓN f. (lat. *contractio*). Acción y efecto de contraer o contraerse: *las contracciones de la corteza terrestre han originado las montañas y los valles.* (SINÓN. *Crispamiento, calambre, convulsión, atrofia, espasmo.*) ‖ *Gram.* Metaplasmo que consiste en hacer una sola sílaba o palabra de dos: *al* por *a el; del* por *de el.* ‖ *Gram.* Sinéresis.

CONTRACEPTIVO, VA adj. Dícese de los métodos o productos destinados a evitar la fecundación.

CONTRACLAVE f. *Arq.* Nombre de la dovela inmediata a la clave de un arco o bóveda.

CONTRACORRIENTE f. Corriente de sentido contrario: *la circulación marina comprende corrientes superficiales y contracorrientes profundas.*

CONTRACTABLE adj. Que puede contraerse.

CONTRÁCTIL adj. Capaz de contraerse o encogerse: *la fibra de los músculos es contráctil.*

CONTRACTILIDAD f. Facultad de contraerse que poseen ciertos cuerpos: *la contractilidad muscular persiste algún tiempo después de la muerte.* ‖ — CONTR. *Dilatabilidad.*

CONTRACTIVO, VA adj. Que contrae.

CONTRACTO, TA p. p. irreg. de *contraer.* ‖ Dícese de las palabras que encierran una contracción.

CONTRACTUAL adj. Estipulado por contrato.

CONTRACHAPEAR v. t. Disponer un chapeado sobre otro y en sentido contrario: *madera contrachapeada.*

CONTRADANZA f. (fr. *contredanse*). Baile que ejecutan varias parejas al mismo tiempo. ‖ *Venez.* Comida de frijoles y arroz.

CONTRADECIR v. t. Decir lo contrario: *nuestros actos no deben contradecir nunca nuestras palabras.* (SINÓN. *Desdecir, desmentir, refutar, rebatir, atacar, discutir, opugnar.* V. tb. *contrariar.*) ‖ — V. r. Estar en contradicción ‖ — IRREG. Se conjuga como *decir.*

CONTRADECLARACIÓN f. Declaración contraria: *hacer una contradeclaración ante el juez.*

CONTRADENUNCIA f. *For.* Denuncia contraria.

CONTRADICCIÓN f. Acción y efecto de contradecir: *los poderosos admiten difícilmente las contradicciones.* ‖ Acción de ponerse en oposición con lo que se hizo o dijo antes: *las contradicciones de un acusado son prueba de su mala fe.* ‖ Palabras o acciones que resultan de ello: *observar muchas contradicciones en una carta.* (SINÓN. *Antinomia, antilogía.* V. tb. *objeción.*) ‖ Incompatibilidad de ciertas cosas: *dos caracteres en contradicción.* ‖ *Espíritu de contradicción,* disposición a contradecir a todo el mundo.

CONTRADICTOR, RA adj. y s. Que contradice.

CONTRADICTORIAMENTE adv. m. Con contradicción: *oir contradictoriamente dos testigos.*

contrabajo

CONTRADICTORIO, RIA adj. Que expresa contradicción: *proposiciones contradictorias.* (SINÓN. V. *Opuesto.*) || *For.* Hecho ante los interesados: *juicio contradictorio.*
CONTRADIQUE m. Dique pequeño que sirve de refuerzo a otro más grande.
CONTRADRIZA f. *Mar.* Segunda driza.
CONTRAEMBOSCADA f. Emboscada que se hace contra otra emboscada.
CONTRAENVITE m. Envite falso.
CONTRAER v. t. (lat. *contrahere*). Reducir a menor volumen: *el frío contrae los cuerpos.* (SINÓN. *Crispar, retraer.* V. tb. *apretar.*) || Reducir: *contraer dos sílabas en una.* || Comprometerse a una cosa: *contraer un compromiso.* || *Fig.* Adquirir: *contraer hábito de templanza; contraer una enfermedad.* (SINÓN. Pop. *Agarrar, atrapar.*) || *Contraer deudas,* entramparse. || — V. r. Encogerse una cosa: *se contraen los músculos con el frío.* || *Amer.* Aplicarse mucho en un trabajo: *este muchacho se contrae mucho en sus estudios.* || — IRREG. Se conjuga como *traer.*
CONTRAESCARPA f. *Fort.* Talud del foso situado por el lado de la campaña.
CONTRAESCOTA f. *Mar.* Nombre de cierto cabo sencillo que sirve de ayuda a la escota de las velas.
CONTRAESCRITURA f. *For.* Instrumento otorgado para anular una escritura anterior.
CONTRAESPIONAJE m. Organización encargada de descubrir y reprimir la actividad de los agentes extranjeros.
CONTRAFAJADO, DA adj. *Blas.* Que tiene fajas contrapuestas en metales y colores.
CONTRAFALLAR v. t. En algunos juegos de naipes, poner triunfo superior al jugado por el que falló antes.
CONTRAFAZ f. Reverso de moneda o medalla.
CONTRAFILO m. El filo que se saca a las armas blancas por la parte opuesta al filo y junto a la punta.
CONTRAFOSO m. *Fort.* Foso exterior paralelo a la contraescarpa. || Segundo foso en el teatro.
CONTRAFUEGO m. Fuego que se prende en un bosque para cortar los adelantos de un incendio.
CONTRAFUERO m. Quebrantamiento de fuero.
CONTRAFUERTE m. Pilar que sirve de apoyo a una pared que soporta una carga: *los contrafuertes de una bóveda.* (SINÓN. V. *Columna.*) || Cadena secundaria de montañas: *los contrafuertes de los Alpes.* || *Fort.* Fuerte que se hace enfrente de otro. || Pieza de cuero que sirve de refuerzo al zapato.
CONTRAFUGA f. *Mús.* Especie de fuga en que la imitación del tema se hace en sentido inverso.
CONTRAGOLPE m. *Med.* Repercusión de un golpe en sitio distinto del que lo recibió.
CONTRAGUERRILLA f. Tropa ligera contra las guerrillas.
CONTRAGUÍA f. Mula delantera de izquierda.
CONTRAHACEDOR, RA adj. Que contrahace.
CONTRAHACER v. t. Imitar: *contrahacer el canto del gallo.* || *Fig.* Falsificar: *contrahacer un libro.* || Fingir: *contrahacer el dolor.* || — V. r. Fingirse. || — IRREG. Se conjuga como *hacer.*
CONTRAHAZ f. Revés de una tela, etc. (SINÓN. V. *Revés.*)
CONTRAHECHO, CHA p. p. irreg. de *contrahacer.* || — Adj. Deforme: *Esopo era contrahecho.* (SINÓN. V. *Deforme.*)
CONTRAHECHURA f. Acción de contrahacer.
CONTRAHIERBA f. *Amer.* Planta de la familia de las moráceas cuya raíz se usa como contraveneno. || *Fig.* Contraveneno, antídoto.
CONTRAHÍLO (A) loc. adv. En dirección opuesta al hilo: *cortar una tela a contrahílo.*
CONTRAINDICACIÓN f. *Med.* Circunstancia que se opone al empleo de un remedio médico.
CONTRAINDICANTE m. *Med.* Síntoma que se opone al empleo del remedio que parecía conveniente.
CONTRAINDICAR v. t. *Med.* Disuadir de la utilidad de un remedio.
CONTRALECHO (A) loc. adv. *Arq.* Aplícase a los sillares sentados en una obra con las capas de estratificación verticales.
CONTRALMIRANTE m. Contraalmirante.
CONTRALOR m. Oficio de la casa real. || *Mil.* Oficial tesorero. || Control, inspección, examen. || En América, funcionario que examina la contabilidad oficial.
CONTRALTO m. (pal. ital.). *Mús.* Voz media entre tiple y tenor. || — Com. Persona que tiene esta voz.
CONTRALUZ m. Luz de frente u oblicua: *fotografiar a contraluz.*
CONTRAMAESTRE m. (fr. *contremaître*). Vigilante que dirige en un taller a los oficiales y obreros: *el contramaestre de un taller de carpintería.* || Jefe de uno o más talleres. || *Mar.* Oficial de mar que manda las maniobras bajo las órdenes del oficial de guerra.
CONTRAMALLA f. Red para pescar, de malla ancha puesta detrás de otra de malla más estrecha.
CONTRAMANDAR v. t. Revocar una orden.
CONTRAMANDATO m. Mandato contrario. (SINÓN. V. *Contraorden.*)
CONTRAMANIOBRA f. Maniobra contraria.
CONTRAMANO (A) m. adv. En dirección contraria a la corriente.
CONTRAMARCA f. Segunda marca que se pone a ciertas cosas.
CONTRAMARCAR v. t. Poner contramarca a ciertas cosas: *contramarcar un bulto.*
CONTRAMARCO m. *Carp.* Marco clavado en el cerco de la pared, para fijar las puertas y ventanas.
CONTRAMARCHA f. Marcha en sentido inverso. || *Mar.* Movimiento sucesivo de los buques de una línea. || *Mil.* Evolución de la tropa que muda de frente.
CONTRAMARCHAR v. i. Hacer contramarcha.
CONTRAMAREA f. Marea contraria a otra.
CONTRAMATAR v. t. *Amer.* Dar un golpe fuerte. || — V. r. *Méx.* Arrepentirse.
CONTRAMINA f. *Mil.* Mina que hacen los sitiados para volar la de los sitiadores. || *Min.* Comunicación entre dos minas. || *Fig.* Intriga destinada a burlar la intriga de otro.
CONTRAMINAR v. t. *Mil.* Hacer contraminas los sitiados. || *Fig.* Burlar la intriga de otro.
CONTRAMUELLE m. Muelle opuesto a otro.
CONTRAMURALLA f. y **CONTRAMURO** m. Muralla adosada a un muro para reforzarlo.
CONTRANATURAL f. Contrario al orden de la naturaleza.
CONTRAOFENSIVA f. *Mil.* Ofensiva para contrarrestar la del enemigo.
CONTRAOPERACIÓN f. Operación contraria.
CONTRAORDEN f. Orden contraria: *dar una contraorden a un comisionista.* || — SINÓN. *Contraaviso, contramandato, anulación, abrogación.* V. tb. *retractación.*
CONTRAPAR m. *Arq.* Cabrio.
CONTRAPARTIDA f. *Com.* Asiento para corregir un error en la contabilidad por partida doble. || Asiento del haber compensado en el debe.
CONTRAPASAR v. i. Pasar al bando contrario.
CONTRAPASO m. Paso dado en sentido opuesto.
CONTRAPEAR v. t. *Carp.* Aplicar dos maderos uno sobre otro, de manera que queden sus fibras cruzadas.
CONTRAPECHAR v. t. Hacer un jinete que su caballo dé con el pecho en el del caballo de otro.
CONTRAPELO (A) loc. adv. Contra la dirección natural del pelo: *acariciar un gato a contrapelo.* || *Fig.* y *fam.* Contra lo natural de una cosa.
CONTRAPESAR v. t. Hacer contrapeso: *dos objetos que se contrapesan.* || *Fig.* Igualar, equilibrar dos cosas: *contrapesar una cosa con otra.*
CONTRAPESO m. Peso que sirve para contrabalancear otro: *el contrapeso de un reloj.* (SINÓN. V. *Compensación* y *equilibrio.*) || Añadidura para completar el peso. || *Fig.* Fuerza que contrabalancea otra: *el miedo al castigo sirve de contrapeso a los vicios.* || Palo largo o barra que usan los volatineros. || *Chil.* Inquietud, zozobra.
CONTRAPILASTRA f. *Arq.* Resalto que se hace en el muro a ambos lados de una columna empotrada.
CONTRAPONER v. t. Comparar una cosa con otra contraria. || Oponer: *contraponer su voluntad a la de otra persona.* || — IRREG. Se conjuga como *poner.*

contrafuerte

contramuro

CONTRAPORTADA f. Página anterior a la portada.

CONTRAPOSICIÓN f. Acción de contraponer.

CONTRAPRESIÓN f. Presión contraria.

CONTRAPRINCIPIO m. Aserción contraria a un principio.

CONTRAPRODUCENTE adj. Contrario a lo que se quiere obtener: *prueba contraproducente.*

CONTRAPROPOSICIÓN f. Proposición contraria a otra proposición anterior.

CONTRAPROPUESTA f. Contraproposición.

CONTRAPROYECTO m. Proyecto contrario.

CONTRAPRUEBA f. Prueba segunda o en contra.

CONTRAPUERTA f. Portón. || *Fort.* Segunda puerta de las fortalezas. || Puerta inmediatamente detrás de otra.

CONTRAPUESTO, TA p. p. irreg. de *contraponer.* (SINÓN. V. *Opuesto.*)

CONTRAPUNTA f. *Mec.* Pieza del torno opuesta al cabezal.

CONTRAPUNTARSE v. r. Contrapuntearse, disputarse dos personas: *contrapuntarse con su padre.*

CONTRAPUNTEAR v. t. *Mús.* Cantar de contrapunto. || *Fig.* Decir cosas picantes: *estar siempre contrapunteando.* || — V. i. *Amer.* Cantar versos improvisados. || Rivalizar. || — V. r. *Fig.* Resentirse dos personas entre sí.

CONTRAPUNTEO m. Acción de contrapuntear. || *Cub., Per., P. Rico* y *Riop.* Disputa.

CONTRAPUNTISMO m. *Mús.* Práctica predominante del contrapunto. || Simultaneidad de dos o más melodías.

CONTRAPUNTISTA m. *Mús.* Compositor de música que practica el contrapunto.

CONTRAPUNTO m. *Mús.* Arte de componer música para varias voces: *aprender el contrapunto.* || *Amer.* Desafío poético. || *Fig.* Nota final, desenlace.

CONTRAQUILLA f. *Mar.* Pieza que cubre la quilla por dentro de la nave.

CONTRARIAMENTE adv. m. En contrario.

CONTRARIAR v. t. Oponerse a las palabras, acciones o voluntad de otro: *los padres contrarían con demasiada frecuencia la vocación de sus hijos.* (SINÓN. *Contradecir.*) || Causar despecho: *esto me contraría mucho.* (SINÓN. V. *Enfadar.*) || Poner obstáculo a: *los vientos contrarían la marcha del barco.* (SINÓN. *Entorpecer, estorbar.*) || — OBSERV. Es galicismo en el sentido de *combinar, encontrar: contrariar colores.*

CONTRARIEDAD f. Oposición que tienen dos cosas entre sí. || Obstáculo, impedimento: *tropezar con una contrariedad.* || Desazón, disgusto. (SINÓN. V. *Molestia* y *decepción.*)

CONTRARIO, RIA adj. y s. (lat. *contrarius*). Opuesto: *el lado contrario.* (SINÓN. V. *Opuesto* y *revés.*) || Que no es partidario de una cosa. || *Fig.* Nocivo: *el vino es contrario a la artritis.* || Adverso: *suerte contraria.* (SINÓN. V. *Desfavorable.*) || — M. y f. Persona enemiga de otra. || Persona que lucha con otra. (SINÓN. V. *Rival.*) || — M. Impedimento, embarazo. || *Al contrario,* m. adv., al revés. || *Por el contrario,* m. adv., al revés. || *Llevar la contraria a una persona,* contradecirle.

CONTRARREFORMA f. Movimiento político y religioso que combatió la reforma luterana.

CONTRARRÉPLICA f. Contestación que se hace a una réplica. || Dúplica.

CONTRARRESTAR v. t. Resistir, oponerse a alguna cosa: *contrarrestar los progresos de una enfermedad.* || Volver la pelota desde el saque.

CONTRARRESTO m. Acción de contrarrestar. || Persona que vuelve la pelota desde el saque. || *Chil.* Composición poética.

CONTRARREVOLUCIÓN f. Segunda revolución que destruye los efectos de una revolución anterior.

CONTRARRIEL m. Segundo riel puesto junto al ordinario en un paso a nivel o cruce de líneas.

CONTRARRONDA f. *Mil.* Segunda ronda.

CONTRASALIDA f. *Mil.* Resistencia que hacen los sitiadores a una salida intentada por los sitiados.

CONTRASEGURO m. Seguro que completa un seguro anterior.

CONTRASELLAR v. t. Poner contrasello.

CONTRASELLO m. Sello pequeño que se suele aplicar junto al principal en algunos documentos.

CONTRASENTIDO m. Sentido contrario al sentido natural: *cometer un contrasentido en una traducción.* || Deducción opuesta a sus antecedentes: *su conducta constituye un verdadero contrasentido.* || Disparate: *escribir un contrasentido.* (SINÓN. *Sinrazón, despropósito, paradoja.*)

CONTRASEÑA f. Seña reservada entre varias personas. (SINÓN. V. *Firma.*) || Contramarca, segunda marca o señal. || *Mil.* Señal o palabra para conocerse unos a otros: *contraseña del centinela.* || *Contraseña de salida,* tarjeta que se da en los espectáculos a los espectadores que quieren salir, para poder luego entrar.

CONTRASTABLE adj. Que se puede contrastar.

CONTRASTADOR m. El que contrasta.

CONTRASTAR v. i. Formar contraste: *dos personas que contrastan mucho entre sí.* || — V. t. Resistir, hacer frente: *contrastar los ataques del enemigo.* || Ensayar la ley de las monedas y la exactitud de las pesas y medidas. (SINÓN. V. *Verificar.*)

CONTRASTE m. Acción y efecto de contrastar || Oposición entre dos personas o cosas: *un contraste violento de colores.* (SINÓN. V. *Oposición.* CONTR. *Parecido, analogía.*) || El que contrasta las pesas y medidas. || Oficina donde se contrastan las pesas y medidas. (SINÓN. *Almotacén.*)

CONTRATA f. Escritura con que se asegura un contrato. || Contrato, convenio. || Contrato que se hace para ejecutar una obra por precio determinado: *las obras por contrata suelen resultar más baratas.*

CONTRATACIÓN f. Comercio, negocio.

CONTRATERRORISMO m. Conjunto de acciones encaminadas a responder al terrorismo.

CONTRATERRORISTA adj. Relativo al contraterrorismo. || — M. y f. Persona que ejecuta actos de contraterrorismo.

CONTRATAR v. t. Negociar. || Ajustar. (SINÓN. V. *Comprometer.*)

CONTRATIEMPO m. Accidente imprevisto y perjudicial. (SINÓN. V. *Complicación.*) || *Mús.* Ataque del sonido en la parte débil del tiempo o del compás: *tocar a contratiempo.*

CONTRATISTA com. Persona que ejecuta una obra por contrata: *un contratista poco honrado.*

CONTRATO m. (lat. *contractus*). *For.* Pacto entre dos o más personas: *son nulos los contratos conseguidos con violencia.* || Documento que lo acredita: *contrato notarial.*

CONTRATORPEDERO m. Cazatorpedero.

CONTRATRINCHERA f. Contraaproches.

CONTRAVALACIÓN f. *Fort.* Foso y trinchera construidos alrededor de una plaza que se sitia.

CONTRAVALAR v. t. (del lat. *contra,* y *vallare,* fortificar). *Fort.* Construir una contravalación.

CONTRAVALOR m. Valor dado a cambio de otro.

CONTRAVAPOR m. Modo de distribución del vapor que permite invertir su acción para detener la marcha si es locomóvil.

CONTRAVENCIÓN f. Acción y efecto de contravenir, infracción. (SINÓN. V. *Desobediencia.*)

CONTRAVENENO m. Remedio contra el veneno: *administrar un contraveneno.* (SINÓN. *Antídoto, alexifármaco, vomitivo.*) || *Fig.: el trabajo es el contraveneno del vicio.*

— Entre los principales *contravenenos* debemos citar: en los envenenamientos por el *fósforo,* la leche; por el *láudano,* el café; por el *cardenillo,* la leche; por el *arsénico,* el agua de cal y las claras de huevo; por los *hongos,* el zumo de limón; por los *mariscos,* el éter y el alcanfor, y por el *sublimado corrosivo,* las claras de huevo.

CONTRAVENIR v. i. Obrar contra lo mandado: *contravenir a una ley.* (SINÓN. V. *Desobedecer.*) || — IRREG. Se conjuga como *venir.*

CONTRAVENTANA f. Puertaventana. (SINÓN. V. *Postigo.*)

CONTRAVENTOR, RA adj. y s. Que contraviene.

CONTRAVEROS m. pl. *Blas.* Esmalte constituido por campanillas de azul y plata, reunidas de dos en dos.

CONTRAVIDRIERA f. Segunda vidriera en las ventanas para abrigo de las viviendas.

CONTRAVISITA f. Visita que sirve para comprobar otra visita: *una contravisita médica.*

contraveros

CONTRAY m. Paño fino usado antiguamente.
CONTRAYENTE adj. y s. Que contrae o compromete: *el acta de matrimonio debe ser firmada por los dos contrayentes.*
CONTRETE m. *Ecuad.* Puntal.
CONTRECHO, CHA adj. Baldado, tullido.
CONTRI m. *Chil.* Molleja del ave. ‖ Entrañas.
CONTRIBUCIÓN f. (lat. *contributio*). Lo que cada uno paga por su parte en un gasto común. ‖ Carga que se impone a una persona o comunidad: *los invasores suelen exigir contribuciones de guerra a las ciudades en que entran.* ‖ Impuesto pagado al Estado. (SINÓN. V. *Impuesto.*) ‖ *Contribuciones directas,* las percibidas directamente de los contribuyentes. ‖ *Contribuciones indirectas,* las percibidas en razón de ciertos actos, del consumo de ciertos artículos, etc. ‖ *Contribución territorial,* la que ha de tributar la riqueza rústica. ‖ *Contribución urbana,* la que se impone a la propiedad inmueble. ‖ *Contribución industrial,* la que se impone a las industrias.
CONTRIBUIDOR, RA adj. y s. Que contribuye.
CONTRIBUIR v. t. (lat. *contribuere*). Satisfacer cada uno la parte que le cabe por un impuesto o carga: *todos los ciudadanos deben contribuir a la defensa nacional.* (SINÓN. *Pagar.*) ‖ Ayudar a la ejecución de una cosa: *contribuir para,* o *a, la fundación de un hospicio.* (SINÓN. *Participar, subvenir.* V. tb. *colaborar.*) ‖ — IRREG. Se conjuga como *huir.*
CONTRIBULADO, DA adj. Atribulado.
CONTRIBUTIVO, VA adj. Relativo a la contribución: *parte contributiva.*
CONTRIBUYENTE adj. y s. Que contribuye.
CONTRICIÓN f. Dolor profundo de haber ofendido a Dios: *hacer acto de contrición.* ‖ — CONTR. *Empedernimiento, impenitencia.* ‖ — PARÓN. *Constricción.*
CONTRINCANTE m. Cada uno de los que forman parte de una trinca en las oposiciones. ‖ El que pretende una cosa con otros o discute con ellos.
CONTRISTAR v. t. Afligir. (SINÓN. V. *Entristecer.*)
CONTRITO, TA adj. Que tiene contrición o aflicción. ‖ *Fig.* Triste, compungido: *rostro contrito.*
CONTROL m. Comprobación, inspección: *el control de una caja.* ‖ *Fig.* Examen, crítica: *ser encargado del control de alguien.* ‖ Dominio, supremacía: *el control del Estado.* ‖ Lugar donde se controla: *pasar por el control.*
CONTROLAR v. t. Comprobar, inspeccionar: *controlar las cuentas.* (SINÓN. V. *Verificar.*) ‖ Examinar, revisar: *controlar el correo.* ‖ Tener bajo su dominio, dirigir: *la U. R. S. S. controla la economía de algunos países.* (Aplícase a esta palabra la misma observación que a *control.*)
CONTROVERSIA f. (lat. *controversia*). Debate, sobre todo en materia de religión. (SINÓN. V. *Discusión.*)
CONTROVERSISTA m. El que trata puntos de controversia.
CONTROVERTIBLE adj. Que puede discutirse.
CONTROVERTIR v. i. Discutir, debatir. ‖ Sostener controversia. ‖ — IRREG. Se conjuga como *divertir.*
CONTUBERNIO m. Cohabitación ilícita. ‖ *Fig.* Alianza vituperable.
CONTUMACIA f. Porfía, obstinación en el error. ‖Rebeldía del reo que se niega a comparecer ante el tribunal: *la contumacia es considerada generalmente como una confesión del delito.*
CONTUMAZ adj. (lat. *contumax*). Rebelde, porfiado y tenaz. ‖ *For.* Rebelde: *condenar por contumaz.*
CONTUMELIA f. (lat. *contumelia*). Injuria, ofensa, oprobio dicho a una persona en su cara: *fue acusado de contumelia.* ‖ *Chil. Sacar a uno la contumelia,* golpearlo con fuerza.
CONTUMELIOSO, SA adj. Injurioso.
CONTUNDENCIA f. Carácter de lo contundente.
CONTUNDENTE adj. Que produce contusión: *un arma contundente.* ‖ *Fig.* Que produce gran impresión: *argumento contundente.*
CONTUNDIR v. t. Golpear, magullar.
CONTURBACIÓN f. Inquietud, turbación.
CONTURBADO, DA adj. Revuelto, intranquilo.
CONTURBAR v. t. (lat. *conturbare*). Turbar. ‖ *Fig.* Intranquilizar, alterar el ánimo.
CONTUSIÓN f. (lat. *contusio*). Magulladura producida por un cuerpo contundente. ‖ — SINÓN. *Equimosis, cardenal, moretón.* V. tb. *herida.*
CONTUSIONAR v. t. Barb. por *contundir.*
CONTUSO, SA adj. Magullado: *herida contusa.*
CONUCO m. *Amer.* Plantío de frutos, huerta.
CONVALECENCIA f. Estado del que recobra las fuerzas perdidas por la enfermedad. (SINÓN. *Mejoría, restablecimiento.*) ‖ Casa destinada para convalecer.
CONVALECER v. i. (lat. *convalescere*). Entrar en convalecencia: *convalecer de una calentura.* ‖ *Fig.* Fortificarse. ‖ — IRREG. Se conjuga como *merecer.*
CONVALECIENTE adj. y s. Que convalece.
CONVALIDACIÓN f. Acción y efecto de convalidar.
CONVALIDAR v. t. Hacer válido, confirmar: *convalidar unos estudios por otros.*
CONVECCIÓN f. Producción de corrientes en un líquido o gas en contacto con un cuerpo caliente.
CONVECINO, NA adj. Vecino, próximo, inmediato: *lugares convecinos.* ‖ Vecino con otra persona en un pueblo: *entenderse bien con sus convecinos.*
CONVELERSE v. r. (lat. *convellere*). *Med.* Agitarse, temblar los miembros o músculos.
CONVENCEDOR, RA adj. y s. Que convence.
CONVENCER v. t. (lat. *convincere*). Reducir a uno a que reconozca una cosa: *convencer a un incrédulo.* (SINÓN. *Persuadir.*) ‖ Probar una cosa sin poderla negar. (SINÓN. *Demostrar.* V. tb. *probar.*)
CONVENCIDO, DA adj. Persuadido, de buena fe: *espíritu convencido.* ‖ Culpable: *convencido de crimen.*
CONVENCIMIENTO m. Acción y efecto de convencer. (SINÓN. V. *Evidencia.*)
CONVENCIÓN f. Ajuste, acuerdo: *toda convención contraria a la ley es nula de derecho.* (SINÓN. V. *Convenio.*) ‖ *De convención,* admitido por acuerdo tácito: *lenguaje de convención.* ‖ Conveniencia, conformidad. ‖ Asamblea que asume el poder legislativo y ejecutivo en un país: *la Convención Francesa duró de 1792 a 1795.* ‖ *Chil.* Reunión política o electoral.
CONVENCIONAL adj. Perteneciente al convenio o convención. ‖ Que se establece en virtud de la costumbre: *signo convencional.* ‖ — M. Miembro de una convención. ‖ *Armas convencionales,* dícese de las armas que no son atómicas, biológicas o químicas.
CONVENCIONALISMO m. Conjunto de ideas o procedimientos convencionales.
CONVENCIONALISTA adj. Adicto al convencionalismo.
CONVENCIONALMENTE adv. m. Por convención.
CONVENENCIERO, RA adj. *Méx.* y *Per.* Acomodaticio.
CONVENIBLE adj. Dócil, tratable: *hombre poco convenible.* ‖ Razonable: *precio convenible.*
CONVENIDO adv. m. Que expresa conformidad.
CONVENIENCIA f. Conformidad: *conveniencia de caracteres.* (SINÓN. V. *Relación.*) ‖ Utilidad, comodidad: *buscar sólo su conveniencia en la vida.* ‖ Acomodo de un criado en una casa: *buscar conveniencia.* ‖ Ajuste, concierto. ‖ — F. pl. Haberes, rentas. ‖ — OBSERV. Son galicismos usuales las formas: *respetar las conveniencias* por *respetar la decencia, el decoro; razones de conveniencia* por *razones de utilidad* o *comodidad.*
CONVENIENCIERO, RA adj. Que sólo busca su conveniencia, egoísta.
CONVENIENTE adj. Provechoso, útil: *negocio conveniente.* ‖ Conforme, concorde. ‖ Proporcionado: *conducta conveniente.* (SINÓN. V. *Decente.*) ‖ — CONTR. *Inconveniente.*
CONVENIO m. Pacto, ajuste. ‖ *Com.* Acuerdo entre un comerciante en quiebra y sus acreedores. ‖ —SINÓN. *Arreglo, capitulación, acuerdo, concierto, contrato, transacción, tratado, pacto, ajuste, alianza, protocolo, unión, convención.*
CONVENIR v. i. (lat. *convenire*). Estar de acuerdo: *convino con su amigo que vendrían*

juntos; convenir en una cuestión, con el dictamen de otro. || Corresponder, pertenecer: *al sabio conviene la sensatez.* || Ser conveniente o útil: me convendría mucho este destino. || — V. impers. Importar, ser a propósito: *conviene no perder tiempo.* || — V. r. Convenirse, concordarse. || — IRREG. Se conjuga como *venir.*

CONVENTÍCULO m. Junta secreta o ilícita.

CONVENTILLERO, RA m. y f. *Arg.* Persona chismosa e intrigante.

CONVENTILLO m. *Amér.* Casa de vecindad donde vive mucha gente pobre.

CONVENTO m. (lat. *conventus*). Casa de religiosos o religiosas; los que en ellas habitan: *un convento de capuchinos.* (SINÓN. V. *Abadía.*) || *Ecuad.* y *Per.* Casa del cura.

CONVENTUAL adj. Propio del convento: *vida conventual.* || — M. Religioso que vive en convento. || En algunas órdenes, predicador de la casa.

CONVENTUALIDAD f. Carácter de una comunidad religiosa que vive en convento.

CONVENTUALMENTE adv. m. En comunidad.

CONVERGENCIA f. Acción de convergir, dirección común a un punto. || *Fig.* Tendencia común: *la convergencia de los esfuerzos es una garantía del éxito.* || — CONTR. Divergencia.

CONVERGENTE adj. Que converge: *sistema de lentes convergentes.*

CONVERGER y **CONVERGIR** v. i. (lat. *convergere*). Dirigirse a un mismo punto. || *Fig.* Concurrir varias cosas a un fin: *sus esfuerzos deben converger con los de su hermano.*

CONVERSA f. *Fam.* Charla, plática: *mudar de conversa.*

CONVERSABLE adj. Tratable, sociable.

CONVERSACIÓN f. (lat. *conversatio*). Plática familiar entre varias personas: *la conversación no admite ningún pedantismo.* || Manera de conversar: *su conversación es agradable.* || *Dar conversación,* entretener a una persona hablando. || *Fig.* y *fam. Dejar caer en la conversación,* decir una cosa afectando descuido. || — SINÓN. *Conferencia, negociación, coloquio, conciliábulo, entrevista, diálogo, charla, palique, interviu.* Pop. *Cháchara, parleta.*

CONVERSADOR, RA adj. y s. Que conversa. (SINÓN. V. *Charlatán.*)

CONVERSAR v. i. Hablar familiarmente con otro, platicar: *Sócrates, después de beber la cicuta, siguió conversando tranquilamente con sus amigos; conversar sobre algo.* (SINÓN. V. *Hablar.*) || Tratar, comunicar. || *Chil.* y *Ecuad.* Contar, referir.

CONVERSATA f. *Chil.* Charla larga.

CONVERSIÓN f. (lat. *conversio*). Acción y efecto de convertir. || Mutación, cambio: *la conversión de la plata en oro fue el sueño de los alquimistas.* || Mudanza de vida: *nunca es tarde para la conversión.* || Cambio del interés de una renta. || *Mil.* Mutación de frente.

CONVERSIVO, VA adj. Convertible.

CONVERSO, SA p. p. irreg. de *convertir.* || — Adj. Nombre que se da a los moros y judíos convertidos. ||— M. Lego o lega, en algunas órdenes religiosas.

CONVERTIBILIDAD f. Calidad de convertible: *convertibilidad de las monedas.*

CONVERTIBLE adj. Que puede convertirse: *fracción convertible en decimales.*

CONVERTIDOR m. *Tecn.* Aparato que sirve para transformar el hierro fundido en acero: *el convertidor fue inventado por el ingeniero inglés Bessemer en el año 1859.*

CONVERTIR v. t. (lat. *convertere*). Mudar o cambiar una cosa en otra: *convertir el mal en bien, el agua en vino.* (SINÓN. V. *Transformar.*) || *Fig.* Hacer mudar de religión, parecer u opinión: *San Pablo convirtió a los gentiles.* || Volver: *convertir los ojos hacia algo.* || — V. r. Mudar de vida, religión o partido: *convertirse al catolicismo.* || Substituirse una palabra por otra. || — IRREG. Se conjuga como *divertir.*

CONVEXIDAD f. Carácter de convexo: *la convexidad de un espejo.* || Parte convexa. || — CONTR. *Concavidad.*

CONVEXO, XA adj. (lat. *convexus*). Esférico, abombado exteriormente: *los espejos convexos dan una imagen más pequeña que los objetos reflejados.* || — CONTR. *Cóncavo.*

CONVICCIÓN f. (lat. *convictio*). Convencimiento. (SINÓN. V. *Creencia* y *evidencia.*)

CONVICTO, TA p. p. irreg. de *convencer.* || — Adj. *For.* Dícese del reo a quien legalmente se ha probado el delito. || En Inglaterra, delincuente deportado: *los convictos colonizaron Australia.*

CONVICTORIO m. En los colegios de jesuitas, departamento donde viven los jóvenes que educan.

CONVIDADA f. *Fam.* Invitación a beber entre gente del pueblo: *dar una convidada.*

CONVIDADO, DA m. y f. Persona que ha recibido una invitación: *la exactitud es la primera cualidad de un buen convidado.* (SINÓN. *Invitado, comensal, huésped.* Fam. *Parásito, gorrón, gañote.*) || *Fig.* y *fam. Estar como el convidado de piedra,* estar como una estatua (alusión sacada de la comedia de Tirso: *el Burlador de Sevilla y convidado de piedra*).

CONVIDADOR, RA y **CONVIDANTE** adj. y s. Persona que convida a otra.

CONVIDAR v. t. Rogar a una persona que asista a una comida o función: *convidar a cenar.* (SINÓN. V. *Invitar.*) || *Fig.* Mover, incitar: *los alimentos salados convidan a beber.* || — V. r. Brindarse, ofrecerse a algo. || *Convidar con algo,* ofrecérselo.

CONVINCENTE adj. Que convence: *esa razón es enteramente convincente.*

CONVITE m. (del lat. *convictus,* banquete, festín). Acción y efecto de convidar: *rehusar un convite.* || Comida o banquete a que se convida: *un alegre convite.* || *Amér. C.* y *Méx.* Mojiganga que recorre las calles.

CONVIVENCIA f. Vida en común.

CONVIVIENTE com. Persona con quien se vive.

CONVIVIR v. i. Vivir con otra persona, compartir su vida o sus ideas.

CONVOCACIÓN f. (lat. *convocatio*). Acción de convocar: *convocación de una asamblea.*

CONVOCADOR, RA adj. y s. Que convoca.

CONVOCAR v. t. (lat. *convocare*). Hacer reunir: *convocar las Cortes.* (SINÓN. *Invitar, llamar, hacer venir, emplazar.* V. tb. *citar* y *reunir.*) || Aclamar.

CONVOCATORIO, RIA adj. Que convoca. || — F. Escrito con que se convoca: *repartir convocatorias.* || Tiempo en que se celebran exámenes: *la convocatoria de junio.*

CONVOLVULÁCEAS f. pl. *Bot.* Familia de plantas angiospermas, que tienen por tipo la enredadera o convólvulo: *la batata y la cuscuta son dos convolvuláceas.*

CONVÓLVULO m. (lat. *convolvulus*). *Bot.* Nombre científico de la *enredadera* o *correhuela.* || *Zool.* Oruga muy dañina para la vid.

CONVOY m. (fr. *convoi*). Escolta o guardia. || Taller, vinagreras. || *Fig.* y *fam.* Séquito, acompañamiento: *un convoy fúnebre.* || Grupo de naves, vehículos, personas que se dirigen hacia un mismo punto. || Tren.

CONVOYAR v. t. Escoltar: *convoyar caravanas.* || *Chil.* Ayudar en algún negocio. || — V. r. *P. Rico* y *Venez.* Confabularse.

CONVULSIÓN f. Contracción violenta e involuntaria de los músculos. (SINÓN. V. *Contracción.*) || *Fig.* Movimiento violento causado por la pasión: *las convulsiones del dolor.* || Trastorno, agitación: *convulsiones políticas.* || Sacudida de la corteza terrestre.

CONVULSIONAR v. t. Producir convulsiones.

CONVULSIONARIO, RIA adj. Que padece convulsiones. || — M. pl. Supersticiosos franceses del siglo XVIII.

CONVULSIVAMENTE adv. m. De un modo convulsivo: *agitarse convulsivamente.*

CONVULSIVO, VA adj. Dícese de lo que está acompañado de convulsiones: *tos convulsiva.*

CONVULSO, SA adj. (lat. *convulsus*). Que padece convulsiones: *mostraba un rostro convulso de terror.* || *Fig.* Muy excitado.

CONYUGAL adj. (lat. *conjugalis*). Relativo a los cónyuges: *fidelidad conyugal.* (SINÓN. V. *Matrimonial.*)

CONYUGALMENTE adv. m. Con unión conyugal.

CÓNYUGE com. (lat. *conjux, conjugis*). Consorte: *los cónyuges se deben amor y fidelidad.* (SINÓN. V. *Esposo.*) || — OBSERV. Es barbarismo frecuente escribir *cónyugue.*

COÑAC m. Aguardiente de graduación alcohólica elevada, envejecido en toneles de roble.
COÑETE adj. *Chil.* y *Per.* Tacaño, cicatero.
COOLÍ m. (del ingl. *coolee*, pr. *kulí*). Trabajador indio o chino empleado en una colonia.
COOPERACIÓN f. Acción y efecto de cooperar. (SINÓN. V. *Portador.*)
COOPERADOR, RA adj. y s. Que coopera. (SINÓN. V. *Asociado.*)
COOPERAR v. i. Obrar juntamente con otras personas: *cooperar al buen éxito de alguna empresa.* (SINÓN. V. *Colaborar.*)
COOPERATIVA f. Sociedad formada por productores o consumidores para vender o comprar en común: *cooperativa vinícola.*
COOPERATIVISMO m. Doctrina favorable a la cooperación en el orden económico y social.
COOPERATIVISTA adj. Relativo a la cooperación. || — M. y f. Persona partidaria del cooperativismo.
COOPERATIVO, VA adj. Fundado en la cooperación: *sociedad cooperativa.*
COOPOSITOR, RA m. y f. Persona que hace con otras oposición a cualquier cargo o dignidad.
COORDENADAS f. pl. *Geom.* Elementos necesarios para fijar la posición de un punto en el espacio: *coordenadas rectilíneas, esféricas.* || *Coordenadas geográficas,* en los globos terráqueos y mapas, conjunto de líneas (meridianos y paralelos) que permiten localizar un punto en la superficie de la tierra.
COORDINACIÓN f. Acción y efecto de coordinar: *las lesiones del cerebelo impiden la coordinación de los movimientos voluntarios.* || Estado de las cosas coordinadas: *hábil coordinación.* (SINÓN. V. *Ordenación.*)
COORDINADOR adj. y s. Que coordina u ordena.
COORDINAMIENTO m. Coordinación.
COORDINAR v. t. Ordenar metódicamente. || Reunir esfuerzos tendentes a un objetivo determinado. (SINÓN. V. *Ordenar.*)
COORDINATIVO, VA adj. Que puede coordinar.
COPA f. (lat. *cuppa*). Vaso con pie para beber: *una copa de cristal.* || El líquido que cabe en ella: *beber una copa de champaña.* || Conjunto de las ramas y follaje del árbol: *las encinas tienen copa espesa.* (SINÓN. V. *Cima.*) || Parte hueca del sombrero: *sombrero de copa alta.* || Premio en certámenes deportivos. || Clase de brasero. || — Pl. Uno de los palos de la baraja. || *Méx.* y *P. Rico. Fam. Echar por copas,* exagerar.
COPADO, DA adj. Que tiene copa: *árbol muy bien copado.* || *Col.* Sin blanca. || — F. Cogujada, ave.
COPAIBA f. Copayero. || Bálsamo del copayero.
COPAÍNA f. *Quím.* Principio sacado de la copaiba.
COPAL m. Resina que se extrae de diversos árboles de las regiones tropicales: *el copal sirve para la preparación de barnices y como incienso.*
COPALILLO m. *Cub.* Árbol sapindáceo de buena madera. || *Hond.* Curbaril.
COPANECO, CA adj. y s. De Copán (Honduras).
COPANTE m. *Guat., Hond.* y *Méx.* Tabla o serie de piedras para atravesar un riachuelo.
COPAQUIRA f. *Bol., Chil.* y *Per.* Sulfato de cobre.
COPAR v. t. Hacer en ciertos juegos una puesta equivalente a la de la banca. || *Mil.* Cortar la retirada a una tropa. || *Fig.* Conseguir todos los puestos.
COPARTICIPACIÓN f. Participación entre varios.
COPARTÍCIPE com. Que participa con otro.
COPAYERO m. Árbol papilionáceo de América, cuyo tronco suministra el bálsamo de copaiba.
COPE m. Parte más tupida de la red de pescar.
COPEAR v. i. Vender por copas. || Tomar copas. (SINÓN. V. *Beber.*)
COPECK, KOPECK m. o **KOPEKA** f. Moneda rusa que vale 1/100 de rublo.
COPELA f. Crisol hecho con huesos calcinados.
COPELACIÓN f. Acción de copelar los metales.
COPELAR v. t. Fundir los metales finos en copela: *copelar el oro.*
COPEO m. Consumo de vinos por copas.
COPERNICANO, NA adj. Relativo a Copérnico o a su sistema.
COPERO m. Oficial que daba de beber al príncipe. || Mueble para colocar las copas.
COPETE m. Cabello levantado sobre la frente. || Moño de plumas de algunas aves: *el copete del pavo real.* || Mechón de crines que tiene el caballo sobre la frente. (SINÓN. V. *Mechón.*) || Colmo de un sorbete. || *Fig. Tener mucho copete,* ser presuntuoso. || *De alto copete,* de importancia.
COPETÍN m. Copita.
COPETÓN, ONA adj. *Amer.* Copetudo. || *Venez.* Cobarde. || *Col.* Achispado. || — M. *Col.* Gorrión moñudo. || — F. *Méx.* La mujer elegante.
COPETUDO, DA adj. Que tiene copete. || Vanidoso, altanero. || — F. Alondra. || *Cub.* Maravilla, caléndula, flor.
COPEY m. Árbol gutífero de las Antillas que produce una gomorresina medicinal.
COPIA f. (lat *copia*). Multitud: *una copia de tonterías.* (SINÓN. V. *Abundancia.*) || Reproducción de un escrito: *comparar una copia con el original.* (SINÓN. *Duplicado, calco, plagio, imitación.* V. tb. *reproducción.*) || Reproducción exacta de una obra artística: *es una copia romana.* || *Fig.* Imitación servil: *su conducta no es sino la copia de la de su hermano.* || Imitación de una persona: *es una copia de su madre.* || Retrato.
COPIADOR, RA adj. Que copia. || — Adj. y s. *Libro copiador,* libro donde el comerciante copia sus cartas.
COPIANTE adj. y s. Que copia.
COPIAPEÑO, ÑA y **COPIAQUIÑO, ÑA** adj. y s. De Copiapó (Chile).
COPIAR v. t. Hacer una copia: *copiar un retrato de un buen modelo; copiar a plana y renglón.* (SINÓN. *Transcribir, reproducir, calcar.*) || Escribir lo que dice otro en un discurso o dictado. || Imitar: *copiar los modales de los grandes señores.* (SINÓN. V. *Imitar.*)
COPIHUE m. Planta trepadora liliácea.
COPILOTO m. Piloto auxiliar.
COPINA f. *Méx.* Envoltura de una cosa.
COPINAR v. t. *Méx.* Sacar entera la piel de un animal. || *Méx.* Soltar, desatar.
COPINOL m. *Guat.* Curbaril, algarroba.
COPIOSAMENTE adv. m. De manera copiosa. (SINÓN. V. *Mucho.*)
COPIOSIDAD f. Copia excesiva de una cosa. (SINÓN. V. *Abundancia.*)
COPIOSO, SA adj. (lat *copiosus*). Abundante: *comida copiosa.* || — CONTR. *Mezquino, escaso.*
COPISTA com. Copiador: *copista fiel.*
COPLA f. Canción popular: *pasar la vida cantando coplas.* (SINÓN. V. *Canto.*) || Estrofa. || — Pl. *Fam.* Versos: *escribir coplas.* || *Coplas de ciego,* versos malos.
COPLANARIO, RIA adj. *Mat.* Situado en un mismo plano: *dos rectas paralelas son coplanarias.*
COPLEAR v. i. Hacer o cantar coplas.
COPLERO, RA m. y f. y **COPLISTA** com. Persona que hace o vende coplas. || *Fig.* Mal poeta.
COPLÓN m. *Fam.* Mala copla.
COPO m. (del lat. *copum,* pedazo). Mechón de cáñamo dispuesto para el hilado. || Masa pequeña de nieve trabada que cae al nevar. || Grumo o coágulo. || *Arg.* y *Urug.* Nubes acumuladas. || *Col.* Copa del árbol. || Acción de copar. || Bolsa que forman algunas redes de pesca.
COPÓN m. Copa grande de oro o plata donde se guarda en el sagrario el Santísimo Sacramento. || *Col.* Red.
COPOSESIÓN f. Posesión de una cosa entre varias personas.
COPOSESOR m. El que posee una cosa al mismo tiempo que otra persona.
COPOSO, SA adj. Copado, que tiene copa: *árbol coposo.*
COPRA f. Medula del coco.
COPRODUCCIÓN f. Producción en común.
COPRÓFAGO, GA adj. Que se alimenta de excrementos: *escarabajo coprófago.*
COPROLITO m. Excremento fosilizado. || Cálculos intestinales formados por excrementos endurecidos.

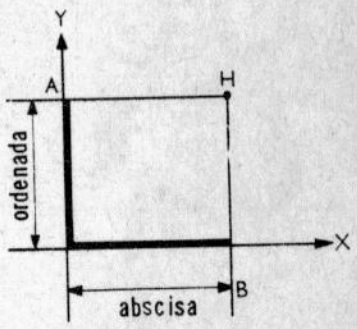

COORDENADAS RECTILÍNEAS

copón

Fot. Inventario de Obras de Arte

coracero

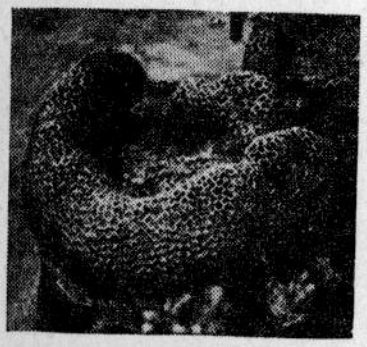

coral

coraza

COPROPIEDAD f. Condominio de una cosa.
COPROPIETARIO, RIA adj. y s. Coposesor.
COPTO, TA adj. y s. Raza egipcia que ha conservado los caracteres de los antiguos habitantes. ‖ Lengua de dicha raza. ‖ Cristiano jacobita egipcio.
COPUCHA f. *Chil.* Vejiga que sirve para varios usos. ‖ *Chil. Hacer copuchas,* inflar los carrillos.
COPUCHAR v. i. *Chil.* Mentir.
COPUDO, DA adj. Con copa: *árbol copudo.*
CÓPULA f. Unión. ‖ Atadura, trabazón. ‖ Acción de copularse, unión sexual. ‖ *Lóg.* Término que une el predicado con el sujeto. ‖ — PARÓN. *Cúpula.*
COPULARSE v. r. Juntarse carnalmente.
COPULATIVO, VA adj. Que liga y junta dos cosas: *conjunción copulativa.* ‖ — CONTR. *Disyuntivo.*
COPYRIGHT m. (pal. ingl., pr.—*rait*). Derecho de propiedad literaria.
COQUE m. (ingl. *coke*). Carbón poroso, residuo de la calcinación de la hulla en la fabricación del gas.
COQUERA f. Cabeza de trompo. ‖ Hueco en una piedra. ‖ Cajón para el coque. ‖ *Bol.* Sitio para la coca.
COQUERO, RA adj. *Bol* y *Per.* Aficionado a la coca o que la vende o cultiva.
COQUETA adj. y s. (fr. *coquette*). Dícese de la mujer aficionada a agradar a los hombres. ‖ — F. Tocador.
COQUETEAR v. i. Obrar con coquetería. ‖ Cortejar, cambiar propósitos galantes.
COQUETEO m. Acción y efecto de coquetear. (SINÓN. V. *Capricho.*)
COQUETERÍA f. m. Deseo de gustar. ‖ Afición a los adornos en las mujeres o los hombres: *la coquetería es un defecto costoso.* ‖ Estudiada afectación en los modales y adornos.
COQUETISMO m. Coquetería.
COQUETO, TA adj. *Fam.* Que tiene aspecto agradable, cuidadoso: *apartamento coqueto.*
COQUETÓN, ONA adj. *Fam.* Gracioso, agradable. ‖ Dícese del hombre que procura agradar a todas las mujeres. Ú. t. c. s.
COQUÍ m. *Cub.* Insecto de lugares pantanosos.
COQUILLO m. *Cub.* Cierta clase de tejido muy blanco de aldogón.
COQUIMBANO, NA adj. y s. De Coquimbo (Chile).
COQUINA f. Molusco acéfalo pequeño comestible.
COQUINO m. *Bot.* Árbol de madera laborable y fruto comestible.
COQUIPELADO, DA adj. *P. Rico.* Pelado al rape.
COQUITO m. Gesto que se hace al niño para que ría. ‖ *Méx.* Coco tierno. ‖ *Méx.* Género de gallináceas parecidas a la tórtola. ‖ *Amer.* Fruto de la palma.
COQUIZAR v. t. Convertir en coque la hulla.
CORA f. *Per.* Yerbecilla inútil que se escarda. ‖ División territorial pequeña entre los árabes.
CORACERO m. Soldado armado de coraza. *Fig.* y *fam.* Cigarro puro muy fuerte y malo.
CORACINA f. Especie de coraza ligera antigua.
CORACOIDES adj. (del gr. *korax,* cuervo, y *eidos,* aspecto). *Anat.* Dícese de la apófisis del omóplato.
CORACHA f. Saco de cuero que se emplea para empacar géneros, como tabaco, cacao, mate, etc.
CORAJE m. (lat. *coragium*). Irritación, ira: *el coraje le volvía loco.* ‖ Ánimo, valor.
CORAJINA f. *Fam.* Rabieta, cólera.
CORAJINOSO, SA y **CORAJOSO, SA** adj. Rabioso, enojado.
CORAJUDO, DA adj. *Fam.* Colérico, rabioso.
CORAL m. (gr. *korallion*). *Zool.* Celentéreo antozoo cuyo soporte calizo, blanco, rosado o encarnado, sirve para fabricar joyas: *la pesca del coral se practica mucho en las costas de Sicilia.* ‖ Árbol de Cuba, de la familia de las leguminosas. ‖ — F. Culebra venenosa de Venezuela. ‖ — Pl. Sartas de cuentas de coral. ‖ Carúnculas rojas del pavo. ‖ *Fig. Más fino que un coral,* muy astuto.
CORAL adj. Relativo al coro: *canto coral.* ‖ — F. Composición musical para coro: *una coral de Bach.*
CORALARIOS m. pl. *Zool.* Clase de pólipos a la que pertenecen los corales.
CORALERO, RA m. y f. Persona que trabaja o trafica en corales.
CORALÍFERO, RA adj. Que tiene corales.
CORALIFORME adj. De forma de coral.
CORALÍGENO, NA adj. Que produce el coral.
CORALILLO m. Pequeña serpiente venenosa de América del Sur.
CORALINA f. Zoófito que produce el coral. ‖ Alga marina que se usa como vermífugo.
CORALINO, NA adj. De coral: *arrecife coralino.* ‖ De color de coral: *labios coralinos.*
CORALITO m. Planta americana.
CORAMBRE f. Conjunto de cueros de animales: *un carro de corambre.* ‖ Cuero: *una corambre de vaca.*
CORAMBRERO m. El que comercia en cueros.
CORÁN m. Libro sagrado de los mahometanos.
CORÁNICO, CA adj. Del Corán.
CORANVOBIS m. (del lat. *coram,* delante, y *vobis,* de vosotros). *Fam.* Persona gruesa y formalota.
CORAR v. i. *Col.* Labrar chacras, cavar la tierra.
CORASÍ m. Mosquito de Cuba muy temido por su picadura.
CORAZA f. (de *cuero,* por haberse hecho antiguamente de esta materia). Armadura que protege el pecho y la espalda: *la coraza se compone de un peto y un espaldar unidos con correas y hebillas.* ‖ Revestimiento metálico de un barco: *la coraza de un buque.* ‖ *Zool.* Envoltura que protege el cuerpo de ciertos animales: *la coraza de la tortuga.*
CORAZÓN m. (lat *cor*). Víscera torácica, hueca y muscular, de forma cónica, que es el órgano

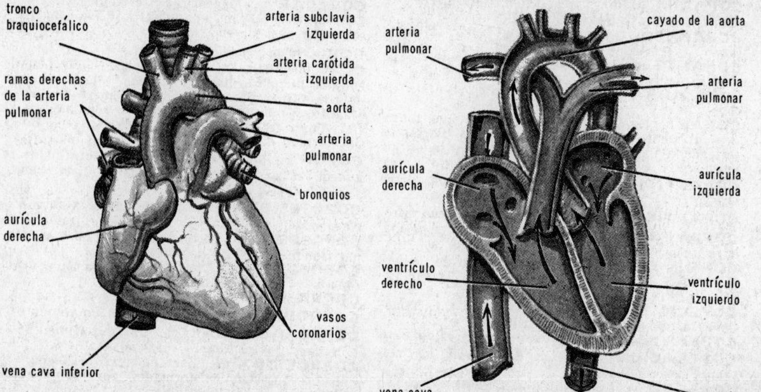

CORAZÓN

Fot. Instituto Oceánico de Indochina

RECOLECCIÓN DEL CORCHO

principal de la circulación de la sangre: *el corazón del hombre está dividido en cuatro cavidades: dos aurículas y dos ventrículos.* || *Fig.* Ánimo, valor: *hay que tener corazón para emprender semejante cosa.* || *Fig.* Representación convencional del corazón. || Centro de una cosa: *el corazón de un madero.* || *Fig.* Carácter, espíritu: *un mal corazón.* || *Fig.* Amor, afecto: *amar a uno de todo corazón.* || *Blas.* Parte central del escudo. || *Anunciar el corazón una cosa,* presentirla. || *De corazón,* con verdad y afecto: *te lo digo de corazón.* || *Fig.* y *fam. Llevar el corazón en la mano,* ser franco, abierto. || *Fig* y *fam. Con el corazón en la mano,* muy francamente. || *No caberle a uno el corazón en el pecho,* estar muy inquieto. || *No tener corazón para una cosa,* sentirse sin valor para ella. || *No tener corazón,* ser insensible.

— El *corazón* se divide en dos partes separadas, el corazón derecho y el izquierdo, que comprenden cada cual una aurícula y un ventrículo que se comunican. La sangre de las venas de la circulación general llega a la aurícula derecha, y de allí pasa al ventrículo derecho, que la envía a los pulmones, donde se regenera. Pasa luego de los pulmones a la aurícula izquierda y de ésta al ventrículo izquierdo, del cual, por la aorta, pasa al resto del cuerpo.

CORAZONADA f. Impulso espontáneo o irreflexivo que nos mueve a ejecutar cosas arriesgadas o imprudentes. || Presentimiento: *tener una corazonada.* || *Fam.* Asadura, entrañas de algunos animales.

CORAZONCILLO m. *Bot.* Género de gutíferas.

CORAZONISTA adj. Relativo al corazón: *apostolado corazonista.*

CORBACHO m. Vergajo, látigo, azote.

CORBATA f. Tira de tela que se anuda al cuello para adorno. || Nudo hecho de diferentes formas que se fija con broches o hebillas y figura una corbata ordinaria. || Cinta adornada atada al asta de una bandera. || Insignia propia de las encomiendas. || Una parte del teatro. || *Col.* Parte del cuello de los gallos. || *Arg.* Pañuelo que se atan al cuello los gauchos.

CORBATÍN m. Corbata pequeña.

CORBATO m. Parte del alambique que rodea el serpentín y sirve para enfriarlo. (SINÓN. *Refrigerante.*)

CORBATUDO adj. *Col.* Hombre de pro.

CORBEILLE f. (pal. fr., pr. *korbell*). Suele usarse por *canastilla de boda.*

CORBELA f. Alga fucácea. (SINÓN. V. *Alba.*)

CORBETA f. (lat. *corbita*). Embarcación ligera de guerra, parecida a la fragata. || — PARÓN. *Corveta.*

CORBONA f. Cesto, canasto.

CORCEL m. Caballo muy ligero: *un brioso corcel.* (SINÓN. V. *Caballo.*)

CORCESCA f. Especie de partesana antigua.

CORCINO m. Corzo pequeño.

CORCOLÉN m. *Bot.* Arbusto verde bixáceo de Chile.

CORCOR m. *Amér. C.* y *P. Rico.* Ruido del líquido al pasar por la garganta.

CORCOVA f. Joroba. || *Amer.* Prolongación de una fiesta por uno o más días.

CORCOVADO, DA adj. y s. Que tiene corcova o joroba.

CORCOVAR v. t. Encorvar o torcer alguna cosa.

CORCOVEAR v. i. Dar corcovos un animal. || *Amer.* Refunfuñar. || *Méx.* Tener miedo.

CORCOVEO m. *Col., Chil.* y *Venez.* Corcovo.

CORCOVETA com. Persona corcovada.

CORCOVO m. Salto que da un animal encorvando el lomo. || *Fig.* y *fam.* Torcedura.

CORCUNCHO, CHA adj. *Amér. C.* Jorobado.

CORCHAR v. t. *Mar.* Entretejer los ramales de cuerda para formar cables. || Tapar las botellas con corcho. || *Col.* Deslucir, chafar a uno.

CORCHEA f. (fr. *croche*). *Mús.* Nota musical cuyo valor es la mitad de una negra. || *Doble corchea,* nota que vale la mitad de una corchea.

corchea

CORCHERA f. Cubeta de corcho empegado llena de nieve donde se ponen a refrescar las bebidas: *garrafa corchera.*

CORCHERO, RA adj. Relativo al corcho: *industria corchera.* || — M. Obrero que descorcha los alcornoques.

CORCHETA f. Hembra del corchete.

CORCHETE m. Especie de broche compuesto de macho y hembra que sirve para sujetar. || También se usa por el macho solo. || Taruguillo con dientes con que sujetan los carpinteros la pieza que labran. || Signo de estas figuras ([ ) usado en los escritos para reunir diferentes cosas. || Parte final de una dicción que se pone encima o debajo de un renglón. || *Fig.* Ministro inferior de justicia. (SINÓN. V. *Agente.*)

corchete

CORCHO m. Parte exterior de la corteza del alcornoque, que sirve para fabricar tapones, suelas para el calzado, flotadores para las redes de pescar, linóleo, etc. || Tapón de corcho: *los corchos húmedos dan mal gusto al vino.* || Corchera. || *Arg.* Especie de enredadera. || *Cub.* Colmena hecha con un tronco de palma real o de cedro. || *Dom.* El jute, árbol.

— La *industria del corcho* florece especialmente en España y Portugal, en Córcega, Sicilia, Cerdeña y el sur de Italia. La recolección del corcho se hace en primavera, por medio de incisiones que dividen en grandes hojas la corteza del árbol.

CORCHO, CHA adj. Dícese de las hortalizas acorchadas: *rábanos corchos.*

¡CÓRCHOLIS! interj. ¡Caramba!

CORCHOSO, SA adj. Semejante al corcho: *madera de consistencia corchosa.* (SINÓN. *Suberoso.*)

CORCHOTAPONERO, RA adj. Relativo a la industria de los tapones de corcho: *la industria corchotaponera de Cataluña.*

CORDADOS m. pl. *Zool.* Tipo de metazoos celomados que tienen notocordio.

CORDAJE m. *Mar.* Jarcia de barco: *cordaje embreado.* (SINÓN. *Cable, maroma, cuerda, soga, cabo.*) || *Mús.* Conjunto de cuerdas de la guitarra.

CORDAL adj. *Muela cordal,* la del juicio. || — PARÓN. *Cordial.*

CORDAL m. Pieza de los instrumentos de cuerda donde se atan todas las cuerdas.

cordero

orden corintio

cornamusa

CORDEL m. Cuerda, generalmente delgada. ‖ *A cordel,* m. adv., en línea recta: *plantar a cordel.* ‖ Distancia de cinco pasos. ‖ Camino para el ganado trashumante. ‖ *Chil.* Juego de la comba. ‖ *Cub.* Medida agraria.
CORDELADO, DA adj. Parecido al cordel, de figura de cordel: *cinta cordelada.*
CORDELAZO m. Golpe dado con cordel o cuerda.
CORDELEJO m. *Fig.* Chasco, zumba: *dar cordelejo.* ‖ *Méx.* Larga, dilación: *dar cordelejo al asunto.*
CORDELERÍA f. Oficio de cordelero y taller en que trabaja. ‖ Tienda donde se venden cordeles. ‖ Cordería, conjunto de cordeles.
CORDELERO, RA m. y f. Persona que hace o vende cordeles.
CORDERA f. Oveja que no pasa de un año. ‖ *Fig.* Mujer sumamente mansa y humilde.
CORDERÍA f. Conjunto de cuerdas o cordeles.
CORDERILLO m. La piel de cordero adobada.
CORDERINO, NA adj. Perteneciente al cordero: *lana corderina.* ‖ — F. Piel de cordero.
CORDERO m. Cría de la oveja que no pasa de un año. ‖ Piel de cordero adobada: *ponerse guantes de cordero.* ‖ *Fig.* y *fam.* Hombre muy manso.
CORDIAL adj. (del lat. *cor, cordis,* corazón). Confortante: *remedio cordial.* ‖ Afectuoso, amistoso: *hacer un convite cordial.* (SINÓN. V. *Afable* y *franco.*) ‖ — M. Bebida o poción confortante. ‖ — PARÓN. *Cordal.*
CORDIALIDAD f. Calidad de cordial: *la cordialidad de una invitación.* (SINÓN. V. *Afabilidad.*) ‖ Franqueza, sinceridad.
CORDIALMENTE adv. m. Afectuosamente, de modo cordial: *tratar cordialmente a un amigo.*
CORDIFORME adj. Que tiene forma de corazón.
CORDILA f. Atún recién nacido.
CORDILLA f. Tripas de carnero trenzadas, que suelen darse de comer a los gatos.
CORDILLERA f. Cadena de montañas. (SINÓN. V. *Montaña.*) ‖ *Amer. Por cordillera,* loc. adv., pasando de uno a otro.
CORDILLERANO, NA adj. Relativo a la cordillera y espec. a la de los Andes. ‖ — Adj. y s De las Cordilleras (Paraguay).
CÓRDOBA m. El peso, moneda de Nicaragua.
CORDOBÁN m. (de *Córdoba,* ciudad famosa por sus cueros). Piel de cabra curtida. ‖ *Cub.* Árbol melastomatáceo.
CORDOBANA (Andar a la) loc. fam. Ir en cueros.
CORDOBANERO m. Curtidor de cordobán.
CORDOBENSE adj. y s. Cordobés, de Córdoba (Colombia).
CORDOBÉS, ESA adj. y s. De Córdoba.
CORDÓN m. Cuerda pequeña: *un cordón de seda.* ‖ Cuerda que llevan alrededor del cuerpo algunos religiosos. ‖ *Mar.* Cada una de las cuerdas que componen un cabo corchado. ‖ Bocel. ‖ *Per.* Cierta calidad de aguardiente. ‖ *Riopl.* Encintado de la acera. ‖ — Pl. Divisa que llevan al hombro algunos oficiales. ‖ Serie de personas o cosas destinada a proteger o vigilar: *cordón sanitario, de policía, de tropa.* (SINÓN. V. *Obstáculo.*) ‖ *Anat.* Fibra: *cordón nervioso.* ‖ *Zool. Cordón umbilical,* conjunto de vasos que unen la placenta con el vientre del feto.
CORDONADURA f. Adorno de cordones.
CORDONAZO m. Golpe que se da con un cordón. ‖ *Cordonazo de San Francisco,* borrasca que suele ocurrir en el equinoccio de otoño.
CORDON BLEU m. (pal. fr. que signif. cordón azul). Cocinero o cocinero muy hábil, excelente.
CORDONCILLO m. Labor de ciertos tejidos. ‖ Orla labrada de ciertas monedas: *el cordoncillo impide que se puedan cercenar las monedas.*
CORDONERÍA f. Cordones, flecos, borlas, etc. ‖ Oficio y tienda del cordonero.
CORDONERO, RA m. y f. Persona que hace o vende cordones, flecos, etc. ‖ — M. *Mar.* Cordelero.
CORDURA f. Prudencia, juicio. ‖ — CONTR. *Locura.*
COREA f. (lat. *chorea*). Danza antigua que se acompañaba con canto. ‖ *Med.* Baile de San Vito.
COREANO, NA adj. y s. De Corea.
COREAR v. t. Componer, cantar música coreada. ‖ Acompañar cantando a coro. ‖ *Fig.* Asentir ostensiblemente al parecer ajeno. (SINÓN. V. *Aprobar.*) ‖ *Per.* Escardar.
COREGA o **COREGO** m. Ciudadano que en Grecia costeaba una representación teatral.
COREICO, CA adj. *Med.* Relativo a la corea o que la padece: *movimientos coreicos.*
COREO m. Pie de la poesía antigua compuesto de dos sílabas, una larga y otra breve. ‖ Juego, combinación de los coros en la música.
COREOGRAFÍA f. Arte de la danza o del baile. (SINÓN. V. *Baile.*) ‖ Arte de representar en el papel un baile por medio de signos.
COREOGRÁFICO, CA adj. Relativo a la coreografía: *ejercicios coreográficos.*
COREÓGRAFO m. Compositor de bailes. ‖ El que dirige la representación de un ballet.
COREPÍSCOPO m. Nombre que se dio en otro tiempo a algunos vicarios delegados por el obispo para sustituirle en sus funciones.
COREZUELO m. Cochinillo. ‖ Pellejo del cochinillo asado.
CORIA (El bobo o tonto de), personaje proverbial, símbolo de tontería.
CORIÁCEO, CEA adj. (del lat. *coriaceus,* de *corium,* cuero). Relativo al cuero o parecido a él. (SINÓN. V. *Duro.*)
CORIÁCEAS f. pl. Plantas angiospermas leñosas o herbáceas.
CORIAMBO m. Pie de la poesía antigua, compuesto de un coreo y un yambo.
CORIANA f. *Col.* Cobertor, manta.
CORIANO, NA adj. y s. De Coro (Venezuela).
CORIBANTE m. *Antig.* Sacerdote de Cibeles.
CORIFEO m. (lat. *coryphaeus*). Jefe del coro en las tragedias antiguas. ‖ *Fig.* Jefe de una secta o partido.
CORILÁCEAS f. pl. (del lat. *corylus,* avellana). Familia de plantas que tienen por tipo el avellano.
CORIMBO m. (lat. *corymbus*). *Bot.* Inflorescencia indefinida en que los pedúnculos, de longitud desigual, terminan todos casi en el mismo plano, imitando la umbela. (V. PLANTA.)
CORINDÓN m. Piedra fina muy dura y de diversos colores: *el corindón es alúmina cristalizada.*
CORINO, NA adj. *P. Rico.* De pies torcidos.
CORINTIO, TIA y **CORÍNTICO, CA** adj. y s. De Corinto. *Orden corintio,* el más rico de los órdenes de arquitectura. (V. COLUMNA y ORDEN.)
CORION m. Membrana que envuelve el huevo.
CORISANTO m. Planta orquídea de Chile.
CORISCO, CA adj. *Venez.* Rabioso. ‖ Iracundo.
CORISTA m. Religioso que asiste al coro. ‖ — Com. *Teatr.* Persona que forma parte del coro. (SINÓN. V. *Cantante.*)
CORITO, TA adj. Desnudo, en cueros. ‖ *Fig.* Tímido, pusilánime.
CORIZA f. (Acad.) o m. (gr. *koruza*). Inflamación de la mucosa nasal, llamada tambien *romadizo.*
CORLADURA f. *Tecn.* Cierto barniz que se da a los objetos plateados para que parezcan dorados.
CORLAR y **CORLEAR** v. t. *Tecn.* Dar corladura.
CORMA f. Especie de prisión o cepo. ‖ *Fig.* Molestia, embarazo, entorpecimiento.
CORMOFITAS f. pl. Plantas que tiene cormos.
CORMORÁN m. Cuervo marino.
CORMOS m. Aparato vegetativo de una planta.
CORNAC y **CORNACA** m. El que guía y cuida un elefante. (SINÓN. V. *Guía.*)
CORNÁCEAS f. pl. Familia de plantas a la que pertenece el cornejo.
CORNADA f. Golpe dado con el cuerno.
CORNADO m. Moneda antigua pequeña de cobre.
CORNADURA f. Cornamenta de un animal.
CORNAL m. Correa con que se ata la cabeza de los bueyes al yugo. (SINÓN. *Coyunda.*)
CORNALINA f. Ágata de color rojo obscuro.
CORNALÓN adj. Que tiene cuernos muy grandes.
CORNAMENTA f. Conjunto de los cuernos de un animal: *la cornamenta del ciervo.* (SINÓN. V. *Cuerno.*)
CORNAMUSA f. Trompeta larga de metal enroscada en el medio. ‖ Gaita: *la cornamusa es el instrumento favorito de los pastores escoceses.* (SINÓN. V. *Gaita.*)

Fot. Fox-Atlas-Photo

CORNATILLO m. Cierta variedad de aceituna.
CÓRNEA f. Membrana dura y transparente situada en la parte anterior del globo del ojo.
CORNEADO, DA adj. Encornado.
CORNEAR v. t. Acornear, dar cornadas.
CORNEJA f. Pájaro de la misma especie que el cuervo, pero algo menor. ‖ Ave rapaz nocturna parecida al búho.
CORNEJO m. Arbusto de la familia de las cornáceas: *la madera del cornejo es muy dura.*
CÓRNEO, A adj. De cuerno o semejante al cuerno. ‖ — F. pl. Familia de plantas arborescentes dicotiledóneas a que pertenece el cornejo.
CÓRNER m. En fútbol, saque de esquina. Pl. *córners.*
CORNETA f. Instrumento músico de viento parecido al clarín. ‖ Trompa de caza. ‖ Cuerno que usan los porqueros. ‖ Banderita de dos puntas. ‖ *Mil.* Especie de clarín para los toques reglamentarios. ‖ — M. El que toca la corneta en las charangas o en el ejército. ‖ *Corneta de llaves,* instrumento músico parecido a la corneta, pero con llaves. ‖ *Corneta pistón,* galicismo por *corneta de llaves.*
CORNETE m. Cuerno pequeño. ‖ — Pl. *Anat.* Huesecillos interiores de la nariz.
CORNETÍN m. Instrumento músico de llaves.
CORNETO, TA adj. *Amér. C.* Patizambo. ‖ *Méx.* y *Venez.* Dícese del animal vacuno de cuernos hacia abajo o hacia atrás. ‖ *Venez.* Tronzo, que tiene cortadas una o ambas orejas.
CORNEZUELO m. Aceituna de cornatillo. ‖ Honguillo parásito del centeno.
CORNIABIERTO, TA adj. Dícese del animal que tiene los cuernos muy abiertos.
CORNIAPRETADO, DA adj. De cuernos muy juntos: *vaca corniapretada.*
CORNICABRA f. Terebinto. ‖ Aceituna puntiaguda. ‖ Higuera silvestre. ‖ *Can.* Planta asclepiadácea.
CORNIFORME adj. De figura de cuerno.
CORNIGACHO, CHA adj. De cuernos inclinados hacia abajo: *toro cornigacho.* ‖ — CONTR. *Corniveleto.*
CORNÍGERO, RA adj. *Poét.* Que tiene cuernos.
CORNIJAL m. Punta, ángulo: *un cornijal de colchón.*
CORNISA f. *Arq.* Adorno compuesto de molduras saledizas, que corona un entablamento.
CORNISAMENTO m. *Arq.* Conjunto de molduras que coronan un edificio. (SINÓN. *Entablamento.*)
CORNIVELETO, TA adj. Que tiene los cuernos altos y derechos: *toro corniveleto.*
CORNIVUELTO, TA adj. De cuernos vueltos hacia atrás.
CORNO m. Cornejo, arbusto. ‖ *Corno inglés,* instrumento músico de viento, más grande y de sonido más grave que el oboe.
CORNUCOPIA f. Vaso en figura de cuerno retorcido y rebosando frutas y flores, que representa la abundancia. ‖ Espejo de marco labrado, que lleva varios brazos para colocar las velas. (SINÓN. V. *Candelero.*)
CORNUDILLA f. Nombre que se da al *pez martillo.*
CORNUDO, DA adj. Que tiene cuernos. ‖ — M. *Fig.* Dícese del marido cuya mujer ha faltado a la fidelidad conyugal.
CORNÚPETA adj. (lat. *cornupeta*). Dícese del animal que embiste con los cuernos. ‖ — M. *Fam.* Toro.
CORNUTO adj. *Argumento cornuto,* el dilema.
CORO m. (lat. *chorus*). Reunión de personas que juntas ejecutan danzas y cantos: *los coros de la tragedia antigua.* ‖ Conjunto de cantores que ejecutan una obra musical: *el coro de voces mixtas.* ‖ Composición musical para varias voces. ‖ Parte de la iglesia donde se cantan los oficios: *la sillería del coro de la catedral de Burgos es magnífica.* ‖ Conjunto de espíritus angélicos que componen un orden: *hay nueve coros de ángeles.* ‖ *A coro,* cantando o diciendo la misma cosa varias personas simultáneamente.
COROCERO, RA adj. *P. Rico.* Cicatero.
COROCHA f. Casaca antigua, larga y hueca. ‖ *Zool.* La larva del escarabajuelo.
COROGRAFÍA f. *Geogr.* Descripción de un país.
COROIDEO, A adj. *Anat.* Relativo a la coroides: *membrana, humor, vena coroideos.*
COROIDES f. Membrana interior del globo del ojo entre la córnea transparente y la retina.
COROJAL m. *Cub.* Lugar poblado de corojos.
COROJITO, TA adj. *Cub.* Rechoncho.
COROJO m. Planta americana de cuyo fruto se saca una substancia grasa que se usa como manteca.
COROLA f. (del lat. *corolla,* coronilla). *Bot.* Cubierta exterior de las flores completas, que protege los estambres y el pistilo: *la corola está generalmente adornada de hermosos colores.*
COROLARIO m. (lat. *corollarium*). Proposición que se deduce de lo demostrado anteriormente. (SINÓN. V. *Consecuencia.*)
COROLIFLORA adj. *Bot.* Dícese de las plantas que tienen los estambres soldados con la corola.
CORONA f. (lat. *corona*). Guirnalda de flores, de follaje, etc., que rodea la cabeza: *la corona de laurel es símbolo de victoria.* ‖ Señal distintiva de la nobleza: *corona ducal.* ‖ Tonsura de los eclesiásticos. ‖ Círculo o zuncho metálico: *corona de cabrestante.* ‖ Círculo de una rueda. ‖ Superficie que se extiende entre dos circunferencias concéntricas. ‖ Fortificación de forma semicircular. ‖ Parte visible de una muela. ‖ Moneda inglesa, austriaca, alemana, etc. ‖ Nombre de varias monedas españolas antiguas. ‖ *Astr.* Halo, meteoro luminoso que suele rodear al Sol y a la Luna. (SINÓN. V. *Nimbo.*) ‖ *Fig.* Dignidad real. ‖ Reino o monarquía. ‖ Honor esplendor. ‖ Monarquía, imperio: *la corona imperial.* ‖ Soberanía: *abdicar la corona.* ‖ Gloria: *la corona del martirio.* ‖ *Triple corona,* la tiara pontificia. ‖ *Corona de espinas,* tormento, aflicción profunda. ‖ *Ceñirse la corona,* comenzar a reinar.
— El uso de las *coronas* era muy frecuente en la Antigüedad y se coronaba muchas veces con diademas de follaje a los vencedores, a las estatuas de los dioses, a los sacerdotes y a las víctimas. Los convidados entraban en la sala del festín coronados de flores. En el ejército romano se concedían diferentes clases de coronas a los triunfadores. A partir de Constantino se convirtió la corona en emblema de la dignidad soberana. Los emperadores, reyes, príncipes, duques, condes, vizcondes, barones y caballeros tuvieron cada uno su corona de forma particular.
CORONACIÓN f. Acto de coronar un soberano. ‖ Coronamiento, remate, fin de una cosa.
CORONADO adj. *Cub.* y *Riopl.* Cornudo.
CORONAL adj. *Anat.* Frontal (hueso).
CORONAMENTO y **CORONAMIENTO** m. Remate de una obra. ‖ Adorno que remata un edificio.
CORONAR v. t. Poner una corona en la cabeza: *coronar de laureles.* ‖ Elegir por soberano. ‖ Premiar, recompensar: *coronar la virtud, coronar una obra.* ‖ *Fig.* Perfeccionar, completar. (SINÓN. V. *Acabar.*) ‖ Dominar, servir de remate: *este edificio corona la ciudad.* ‖ *Ant., Per.* y *Riopl.* Poner los cuernos. ‖ — V. r. Ponerse una corona: *Napoleón se coronó a sí mismo.* ‖ Cubrirse: *los árboles se coronan de flores.*
CORONARIA f. *Tecn.* Ruedecilla de los relojes.
CORONARIO, RIA adj. Perteneciente a la corona. ‖ *Bot.* De figura de corona. ‖ Dícese de las dos arterias que llevan la sangre al corazón.
CORONDA m. *Arg.* Árbol leguminoso espinoso.
CORONDEL m. *Impr.* Regleta que se usa para dividir la plana impresa en columnas.
CORONEL m (ital. *colonello*). Oficial que manda un regimiento. ‖ *Blas.* Corona heráldica.
CORONELA adj. Aplícase a la compañía del coronel. ‖ — F. *Fam.* Mujer del coronel.
CORONELÍA f. Empleo de coronel.
CORONILLA f. Parte superior de la cabeza. ‖ *Urug.* y *Arg.* Árbol ramnáceo. ‖ *Fig.* y *fam.* *Andar o bailar de coronilla,* hacer una cosa con diligencia. ‖ *Fig.* y *fam.* *Hasta la coronilla,* harto de una cosa.
CORONTA f. *Amer.* Zuro de mazorca.
COROSOL m. Nombre de una variedad de anona.
COROTA f. *Bol.* Cresta de gallo. ‖ *Arg.* Bolsa testicular.
COROTOS m. pl. *Amer.* Trastos, trebejos.
COROZA f. Cucurucho de papel pintado que se ponía por afrenta en la cabeza a los reos. ‖ Capa de paja que suelen usar los labradores en Galicia.
COROZAL m. Plantío de corozos.
COROZO m. Corojo. ‖ *Bol.* Hueso de las frutas.

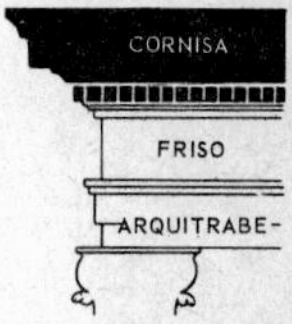

CORNISA

CORONAS

emperador

rey

duque

marqués

conde

vizconde

barón

caballero

corpiño

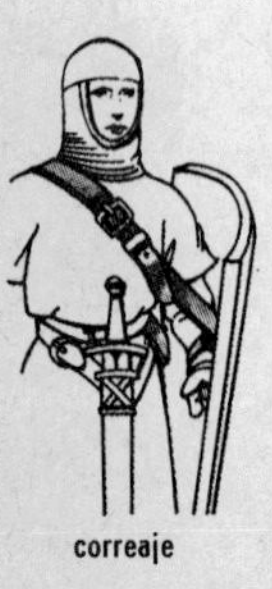

correaje

CORPA m. *Bol.* Arriero que lleva coca. || *Bol.* *A lo corpa,* a lo bruto.
CORPACHÓN y **CORPANCHÓN** m. *Fam.* Cuerpo grande. || Caparazón del ave.
CORPAZO m. *Fam.* Cuerpo grande y desgarbado.
CORPIÑO m. Jubón sin mangas. || *Arg.* Sostén.
CORPORACIÓN f. Asociación o comunidad de personas regida por alguna ley o estatuto: *una corporación literaria.* || — SINÓN. *Sociedad, organismo, entidad, mutualidad, colegio.* V. tb. *comunidad.*
CORPORAL adj. (lat. *corporalis*). Relativo al cuerpo: *ejercicios corporales.* || — M. Lienzo sobre el cual coloca el sacerdote la hostia y el cáliz.
CORPORALIDAD f. Calidad de corporal.
CORPORALMENTE adv. m. Con el cuerpo.
CORPORATIVISMO m. Sistema que defiende la reunión de todos los individuos de una misma profesión.
CORPORATIVO, VA adj. Relativo a una corporación: *informe corporativo.*
CORPOREIDAD f. Calidad de corpóreo.
CORPOREIZAR v. t. *Neol.* Dar vida, materializar.
CORPÓREO, A adj. Que tiene cuerpo. || Corporal.
CORPORIFICAR v. i. Tomar cuerpo, consistencia.
CORPS m. Palabra francesa que se introdujo en España para designar algunos empleos de palacio.
CORPUDO, DA adj. Corpulento.
CORPULENCIA f. Magnitud de un cuerpo.
CORPULENTO, TA adj. Que tiene mucho cuerpo. (SINÓN. V. *Grueso.*)
CORPUS m. (del lat. *corpus,* cuerpo). Día en que la Iglesia católica celebra la institución de la Eucaristía.
CORPUSCULAR adj. Relativo a los corpúsculos.
CORPÚSCULO m. (lat. *corpusculum*). *Fís.* Cuerpo muy pequeño: *los microbios son corpúsculos.* (SINON. V. *Partícula.*)
CORRADINA f. *Col.* Cierta pieza de música.
CORRAL m. Sitio cerrado y descubierto en las casas o en el campo. || Circo de montañas de nieves perpetuas. || Atajadizo hecho en la costa para encerrar la pesca. || Patio descubierto donde se representaban las comedias. || *Cub.* Hacienda pequeña. || *Corral de madera,* almacén de maderas. || *Fig.* y *fam. Corral de vacas,* casa destartalada.
CORRALADA f. Corral grande.
CORRALIZA, f. Corral, patio.
CORRALÓN m. Corral grande de una casa de campo. || Almacén de maderas, barracón. || *Per.* Terreno cercado.
CORREA f. Tira de cuero. (SINÓN. *Correhuela, túrdiga* (p. us.), *guasca* (amer.), *cincha, cinturón, correaje.*) || Flexibilidad de una cosa correosa: *esta cera tiene correa.* || *Arq.* Madero horizontal en que se aseguran los contrapares. || *Correa de transmisión,* correa sin fin que transmite de un sitio a otro un movimiento circular. || — Pl. Zorros de cuero para quitar el polvo. || *Fig.* y *fam. Tener mucha correa,* ser muy sufrido. *Fig.* y *fam.* Tener fuerza y resistencia.
CORREAJE m. Conjunto de correas de una cosa. (SINÓN. V. *Correa.*)
CORREAL m. Piel curtida que se emplea para hacer vestidos: *calzones de correal.* (SINÓN. *Estezado.*)
CORREAR v. t. Poner correosas algunas cosas.
CORREAZO m. Golpe que se da con una correa.
CORRECALLES m. *Fam.* Vago, holgazán, ocioso.
CORRECCIÓN f. Acción y efecto de corregir. || Reprensión, castigo: *recibir una severa corrección.* || Calidad de lo que es correcto: *la corrección es una de las cualidades más agradables en una persona.* (SINÓN. V. *Urbanidad.*) || Indicación que hace de las faltas en las pruebas el corrector. (SINÓN. *Enmienda, rectificación, reparación.*)
CORRECCIONAL adj. Relativo a la corrección: *pena correccional.* || — M. Establecimiento penitenciario.
CORRECTAMENTE adv. m. De un modo correcto: *escribir, hablar correctamente.*
CORRECTIVO, VA adj. Que corrige o atenúa: *medicamento correctivo.* || — M. Castigo: *le impuso un correctivo.*
CORRECTO, TA p. p. irreg. de *corregir.* || — Adj. Conforme a las reglas: *hablar un lenguaje correcto.* (SINÓN. V. *Decente* y *puro.*)
CORRECTOR, RA adj. y s. Que corrige. || — M. *Impr.* El encargado de corregir las pruebas tipográficas.
CORREDENTOR, RA adj. Redentor con otro u otros.
CORREDERA f. Tabla que corre en una ranura y permite abrir o cerrar alguna cosa. || Muela superior del molino. || Cucaracha, insecto. || *Col.* Diarrea. || *Arg.* Rápido de río. || Nombre que se da a algunas calles: *la corredera de san Pablo.* || *Mec.* Pieza que en las máquinas abre y cierra alternativamente los orificios de entrada y salida del vapor. || *Mar.* Instrumento para medir la velocidad de la nave.
CORREDERO m. *Méx.* Lugar para carreras de caballos. || Cauce antiguo de un río. || *Venez.* Lugar predilecto de una persona.
CORREDIZO, ZA adj. Que se desata o se corre fácilmente: *lazo corredizo.*
CORREDOR, RA adj. y s. Que corre: *galgo corredor.* || — M. El que interviene por oficio en las compras y ventas de ciertos artículos: *corredor de comercio, de bolsa,* etc. (SINÓN. V. *Intermediario.*) || Soldado que hacía correrías en tierra enemiga. || Pasillo de una casa. (SINÓN. V. *Paso.*) || Balcón corrido. || *Fort.* Camino cubierto. || — F. pl. *Zool.* Orden de aves, generalmente grandes, cuyas alas no están dispuestas para volar, como el avestruz y el casuario.
CORREDURA f. Lo que rebosa de un líquido.
CORREDURÍA f. Oficio de corredor. || Corretaje, lo que cobra el corredor. (SINÓN. *Comisión.*)
CORREERÍA f. Oficio del correero.
CORREERO m. El que hace o vende correas y objetos de cuero: *el demagogo Cleón era correero.*
CORREGENCIA f. Empleo de corregente.
CORREGENTE adj. Que ejerce la regencia con otro.
CORREGIBLE adj. Capaz de corrección: *hay delincuentes corregibles.* || — CONTR. *Incorregible.*
CORREGIDOR, RA adj. Que corrige. || — M. *Ant.* Oficial de justicia en algunas poblaciones. || Alcalde con funciones gubernativas. || *Amer.* Mirlo burlón, ave.
CORREGIDORA f. Mujer del corregidor.
CORREGIMIENTO m. Empleo de corregidor y territorio en que ejercía su jurisdicción. || Oficina del mismo.
CORREGIR v. t. (lat. *corrigere*). Enmendar, volver mejor: *la educación consigue corregir muchos malos hábitos.* (SINÓN. *Mejorar, reformar, regenerar, remediar, enderezar, rectificar.* V. tb. *revisar.*) || Castigar: *sólo se debe corregir a los niños cuando lo merecen.* (SINÓN. V. *Castigar.*) || Disminuir, templar: *corregir la amargura de un remedio.* || *Cub.* y *P. Rico.* Evacuar el vientre. || — V. r. Enmendarse. || — IRREG. Se conjuga como *pedir.*
CORREHUELA f. *Bot.* Centinodia. || Planta convolvulácea de tallos largos.
CORREINADO m. Gobierno simultáneo.
CORREJEL m. Cuero grueso y muy flexible.
CORRELACIÓN f. Relación recíproca. (SINÓN. V. *Relación.*)
CORRELACIONAR v. t. Relacionar varias cosas.
CORRELATIVAMENTE adv. m. Con correlación, de un modo correlativo.
CORRELATIVO, VA adj. Que implica relación recíproca: PADRE e HIJO *son términos correlativos.* (SINÓN. V. *Siguiente.*)
CORRELIGIONARIO, RIA adj. y s. Que profesa la misma religión o tiene la misma opinión que otro.
CORRELÓN, ONA adj. *Col., Guat.* y *Venez.* Corredor. || *Guat., Méx.* y *Venez.* Cobarde.
CORRENCIA f. *Fam.* Flujo de vientre, diarrea.
CORRENTADA f. *Amer.* Corriente impetuosa.
CORRENTÍA f. *Fam.* Correncia.
CORRENTINO, NA adj. y s. De Corrientes.
CORRENTÍO adj. Corriente. || *Fig.* y *fam.* Suelto.
CORRENTÓN, ONA adj. Amigo de corretear. || Bromista, chancero. || *Col.* y *P. Rico.* Corriente fuerte de agua.
CORRENTOSO, SA adj. *Amer.* Dícese del río de corriente muy rápida.

CORREO m. El que tiene por oficio conducir la correspondencia de un sitio a otro. (SINÓN. V. *Mensajero.*) ‖ Tren correo. ‖ Servicio público que está encargado del transporte de la correspondencia: *la administración de correos.* ‖ Oficina de dicha administración: *poner una carta en correos.* ‖ Correspondencia que se recibe o expide: *hoy no hay mucho correo.* ‖ *For.* Cómplice, reo con otro.
— La institución de los *correos* es antiquísima, pero, durante siglos, quedaron éstos limitados a los servicios oficiales o a las comunicaciones entre ciertas corporaciones poderosas. Como servicio realmente público, no aparece el correo en España hasta el siglo XVI. En 1518 se otorgó su monopolio a los Tassis, que eran ya maestros de postas en los Países Bajos. Por la misma época se implantó en América. Las estampillas o sellos de correo aparecieron en 1840, en Inglaterra.

CORREÓN m. Correa grande. ‖ Sopanda de los coches antiguos.

CORREOSO, SA adj. Flexible y elástico al mismo tiempo: *la cera es una substancia correosa.* ‖ *Fig.* Dícese de lo que se mastica con dificultad.

CORRER v. i. (lat. *currere*). Caminar con velocidad: *el avestruz corre muy rápidamente.* (SINÓN. *Trotar.* Fig. *Volar.* V. tb. *acelerar.*) ‖ Tomar parte en una carrera: *mi caballo no corre hoy.* ‖ Fluir los líquidos: *corren las aguas por el arroyo.* (SINÓN. V. *Derramar.*). ‖ Soplar: *¡Vaya viento que corre!* ‖ Ir, pasar, extenderse: *el camino corre de Norte a Sur.* ‖ Transcurrir el tiempo: *el mes que corre.* ‖ Devengarse una paga: *correrá tu sueldo desde primero de marzo.* ‖ Pasar: *esta moneda no corre.* ‖ Encargarse: *correr con los gastos; eso corre de mi cuenta.* ‖ — V. t. Hacer correr: *correr un caballo.* ‖ Perseguir, acosar: *correr un jabalí, un toro.* ‖ Deslizar: *correr una silla.* ‖ Echar: *correr el pestillo.* ‖ Estar expuesto: *correr peligro.* ‖ Avergonzar, turbar: *correrse de vergüenza.* ‖ Recorrer: *ha corrido medio mundo.* (SINÓN. V. *Viajar.*) ‖ *Méx.* y *Venez.* Echar fuera a uno sin miramientos. ‖ *A todo correr,* m. adv., con gran velocidad. ‖ *Fam. Correrla,* andar divirtiéndose por la noche. ‖ — V. r. Derretirse con exceso: *la vela se corre.* ‖ *Fam.* Excederse: *no hay que correrse al prometer.* ‖ Hacer algo corriendo. ‖ Apartarse: *no te corras.*

CORRERÍA f. Incursión armada en tierra enemiga. (SINÓN. V. *Incursión.*) ‖ Viaje corto.

CORRESPONDENCIA f. Relación de conformidad: *la correspondencia de las partes con el todo.* (SINÓN. V. *Relación.*) ‖ Comunicación entre dos localidades, dos vehículos. ‖ Medio de transporte que asegura esta comunicación: *esperar la correspondencia.* ‖ Cartas que se escriben dos o más personas una a otra: *tiene mucha correspondencia.* ‖ Significado de una palabra en otro idioma.

CORRESPONDER v. i. (del lat. *cum,* con, y *respondere,* responder). Estar en comunicación: *estas dos habitaciones se corresponden.* ‖ Estar colocado simétricamente. ‖ Pagar: *corresponder un beneficio con otro.* (SINÓN. V. *Recompensar.*) ‖ Tocar: *esto te corresponde a ti.* (SINÓN. *Pertenecer.* V. tb. *concernir.*) ‖ Tener proporción una cosa con otra. ‖ — V. r. Estar en relación epistolar: *corresponderse con sus amigos.* (SINÓN. *Relacionar, escribirse.*) ‖ Atenderse y amarse.

CORRESPONDIENTE adj. Que corresponde: *ideas correspondientes.* ‖ *Geom. Ángulos correspondientes,* ángulos formados por una secante y dos paralelas, y que son interno uno y externo otro, de un mismo lado de la secante: *los ángulos correspondientes son iguales.* ‖ Que tiene correspondencia con una persona o corporación: *académico correspondiente.*

CORRESPONSAL adj. y s. Correspondiente, el que escribe a otro: *un corresponsal de periódico.* (SINÓN. V. *Periodista.*)

CORRESPONSALÍA f. Cargo de corresponsal: *la corresponsalía de un diario.*

CORRETAJE m. Profesión de corredor. ‖ Lo que cobra por su diligencia. (SINÓN. V. *Comisión.*) ‖ *Hond.* Cantidad de fruto que paga el arrendatario.

CORRETEAR v. i. *Fam.* Andar de calle en calle. (SINÓN. V. *Errar.*) ‖ Correr jugando. (SINÓN. V. *Retozar.*) ‖ *Amer.* Perseguir a uno. ‖ *Amér. C.* Ahuyentar, despedir. ‖ *Chil.* Activar un despacho.

CORRETEO m. Acción y efecto de corretear.

CORREVEDILE y CORREVEIDILE com *Fig.* y *fam.* Persona que lleva chismes de unos a otros.

CORREVERÁS m. *Fam.* Juguete de niños que se mueve con un muelle invisible.

CORRIDA f. Carrera. ‖ *Corrida de toros,* fiesta en que se lidian toros en una plaza cerrada. ‖ *Chil., P. Rico* y *Dom.* Juerga. ‖ *Amer.* Afloramiento de un filón. ‖ *De corrida,* loc. adv., corridamente. ‖ Playeras, canto popular andaluz.

CORRIDO, DA adj. Que excede un poco el peso o la proporción: *una medida algo corrida.* ‖ Dícese de la letra cursiva. ‖ *Fig.* Avergonzado: *estar corrido de vergüenza.* (SINÓN. V. *Desconcertado.*) ‖ *Fig.* Experimentado: *más corrido que zorro viejo.* ‖ Contiguo, seguido: *balcón corrido.* ‖ *Amer.* Cabal, completo. ‖ — M. Cobertizo. ‖ Especie de jácara o romance. ‖ *Per.* Fugitivo de la justicia. ‖ Música y baile mexicano. ‖ Loc. adv. *De corrido,* de corrida: *leer de corrido.*

CORRIENDO adv. En seguida; deprisa.

CORRIENTE adj. Que corre. ‖ Dícese del tiempo que transcurre: *el cinco del corriente.* (Es barbarismo americano decir: *los corrientes.*) ‖ Seguro, sabido: *eso es cosa corriente.* ‖ Admitido: *es corriente hacer una visita en tal caso.* ‖ De calidad ordinaria. (SINÓN. V. *Ordinario.*) ‖ Fluido: *estilo corriente.* ‖ *Corriente y moliente,* dícese de lo llano y usual. ‖ — F. Movimiento progresivo de las aguas: *dejarse arrastrar por la corriente.* ‖ *Fig.* Curso que llevan algunas cosas. ‖ *¡Corriente!,* interj., de acuerdo. ‖ *Moneda corriente,* la que tiene curso en un país. ‖ *Cuenta corriente,* situación respectiva de dos comerciantes. ‖ *Corriente eléctrica,* electricidad que se transmite a lo largo de un conductor. ‖ *Corriente continua,* aquella cuya dirección no cambia y cuya intensidad es sensiblemente constante. ‖ *Corriente alterna,* aquella cuya dirección e intensidad varían rápida y periódicamente. ‖ *Corrientes polifásicas,* conjunto de varias corrientes alternativas, de igual período e intensidad, pero cuyos puntos máximos no se siguen a intervalos iguales. ‖ *Dejarse llevar de la corriente,* conformarse con la opinión de los demás. ‖ *Estar al corriente de una cosa,* estar al tanto de ella. ‖ *Al corriente,* sin atraso: *cobro al corriente.*

CORRIENTEMENTE adv. m. Sin dificultad, fácilmente: *se expresa corrientemente en francés.*

CORRIGENDA f. (pal. lat. inv.). Lo que se ha de corregir en una obra, fe de erratas.

CORRIGENDO, DA adj. Que sufre pena de corrección en un establecimiento penal.

CORRILLO m. Corro donde se juntan varias personas para hablar.

CORRIMIENTO m. Acción de correrse una cosa. ‖ Deslizamiento (de tierras). ‖ Fluxión de humores. ‖ *Fig.* Vergüenza, empacho. ‖ *Amer.* Reumatismo.

CORRINCHO m. Junta de gente ruin.

CORRIVACIÓN f. Canalización de las aguas.

CORRO m. Cerco que forman varias personas para divertirse. ‖ Espacio redondo. ‖ *Fig.* y *fam. Hacer corro aparte,* formar o seguir otro partido.

CORROBORACIÓN f. Acción de corroborar.

CORROBORAR v. t. Fortificar: *el vino corrobora el estómago.* ‖ Aprobar, apoyar un argumento u opinión: *la confesión del reo corrobora la acusación.* (SINÓN. V. *Afirmar* y *confirmar.*)

CORROBORATIVO, VA adj. Que corrobora.

CORROER v. t. (lat. *corrodere*). Roer: *el agua fuerte corroe el metal.* (SINÓN. V. *Roer.*) ‖ *Fig.* Sentir los efectos de una gran pena o remordimiento: *le corroe la envidia.* ‖ — IRREG. Se conjuga como *roer.*

CORROMPER v. t. (lat. *corrumpere*). Echar a perder: *el calor corrompe la carne.* (SINÓN. V. *Estropear* y *falsear.*) ‖ *Fig.* Depravar: *Sócrates fue acusado de corromper a la juventud.* ‖ Seducir: *corromper a una mujer.* ‖ *Fig.* y *fam.* Incomodar, fastidiar: *ya me está corrompiendo.* ‖ — V. i. Oler mal. (V. ALTERAR y DEPRAVAR.)

CORRONCHA f. *Amer.* Concha.

CORRONCHO, CHA adj. *Venez.* Tardo, lento. ‖ *Col.* Recio, áspero.

CORRONCHOSO, SA adj. *Amer.* Áspero, rudo.

CORRONGO, GA adj. *C. Rica* y *Cub.* Lindo.

CORROSAL m. Uno de los nombres de la *anona.*

CORROSCA f. *Col.* Sombrero de paja.

CORROSIÓN f. Acción y efecto de corroer. (SINÓN. V. *Erosión.*)

corsé

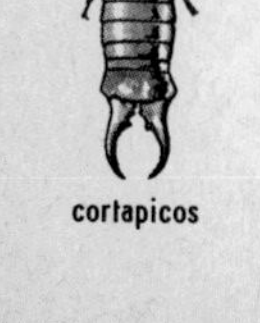
cortapicos

CORROSIVO, VA adj. (lat. *corrosivus*). Que corroe: *el vitriolo es un corrosivo.* || *Sublimado corrosivo,* nombre vulgar del *bicloruro de mercurio.*
CORRUGACIÓN f. Contracción, encogimiento.
CORRUPCIÓN f. (lat. *corruptio*). Putrefacción: *la corrupción de las carnes es muy rápida en verano.* (SINÓN. V. *Contagio.*) || Alteración: *corrupción de la sangre.* || Alteración en un escrito. (SINÓN. V. *Falsificación.*) || *Fig.* Seducción, cohecho: *corrupción de funcionarios.* || *Fig.* Vicio o abuso: *la corrupción de Corinto causó su pérdida.*
CORRUPTELA f. Corrupción. || Mala costumbre.
CORRUPTIBILIDAD f. Calidad de corruptible.
CORRUPTIBLE adj. Que puede corromperse: *substancia corruptible.* || — CONTR. *Incorruptible.*
CORRUPTIVO, VA adj. Que corrompe.
CORRUPTO, TA p. p. irreg. de *corromper.*
CORRUPTOR, RA adj. y s. Que corrompe o echa a perder, depravador: *los efectos corruptores del lujo.*
CORRUSCO m. Mendrugo.
CORSARIO, RIA adj. y s. Dícese de la embarcación armada en *corso* y del que la manda: *un atrevido corsario.* (SINÓN. V. *Pirata.*)
CORSÉ m. (fr. *corset*). Prenda interior con ballenas que usan las mujeres para ajustarse el cuerpo. Pl. *corsés.*
CORSEAR v. i. *Mar.* Ir a corso.
CORSETERÍA f. Fábrica y tienda de corsés.
CORSETERO, RA m. y f. Persona que hace o vende corsés.
CORSO m. (lat. *corsus*). Expedición de corsarios: *la guerra de corso no está ya admitida entre las naciones civilizadas.*
CORSO, SA adj. y s. De Córcega.
CORTA f. La acción de cortar o talar los árboles.
CORTACALLOS m. Navaja para cortar callos.
CORTACÉSPED m. Máquina para cortar e igualar el césped.
CORTACIGARROS m. Instrumento que sirve para cortar la punta a los cigarros puros.
CORTACIRCUITOS m. Alambre fusible que se intercala en un circuito eléctrico para que, si la corriente se vuelve demasiado fuerte, se derrita aquél y se corte la corriente.
CORTACORRIENTE m. Conmutador eléctrico.
CORTADA f. *Amer.* Cortadura, herida.
CORTADERA f. Cincel de acero que sirve para cortar a martillazos las barras de hierro. || Cuchilla de colmeneros. || *Amer.* Planta gramínea de hojas cortantes. (SINÓN. *Paja brava.*)
CORTADERO, RA adj. Que es fácil de cortar.
CORTADILLO m. Vaso pequeño y cilíndrico.
CORTADO, DA adj. Ajustado, proporcionado. || Dícese del estilo cuyos períodos no están encadenados entre sí. || *Chil.* y *Riopl.* Sin dinero. || *Amer.* Dícese del cuerpo con escalofrío. || — M. Taza o vaso de café con algo de leche.
CORTADOR, RA adj. Que corta. || — M. El que corta las piezas en una sastrería, zapatería, etc. || Carnicero. || Diente incisivo.
CORTADURA f. Incisión hecha en un cuerpo con un instrumento cortante: *hacerse una cortadura en la mano.* (SINÓN. V. *Corte.*) || Paso entre dos montañas. || Recortado: *cortadura de periódico.* || *Fort.* Parapeto de tierra o ladrillo. || — Pl. Desperdicios que quedan de cortar algo.
CORTAFIERRO m. pl. *Arg.* Cortafrío, cincel.
CORTAFRÍO m. Cincel que se usa para cortar el hierro en frío a martillazos.
CORTAFUEGO m. *Agr.* Vereda que se deja en los montes para limitar los incendios. || *Arq.* Pared gruesa que con el mismo objeto divide un edificio.
CORTALÁPICES m. Aparato que sirve para sacar punta a los lápices.
CORTAMENTE adv. m. Escasa, limitadamente.
CORTANTE adj. Que corta: *instrumento cortante.* (SINÓN. V. *Tajante.*) || — M. Cuchilla grande que usan los carniceros.
CORTAPAPEL y **CORTAPAPELES** m. Plegadera, cuchillo para cortar papel.
CORTAPICOS m. Insecto ortóptero cuyo abdomen está terminado por dos uñas móviles a modo de alicates.
CORTAPICOS Y CALLARES loc. fam. Se usa para mandar a los niños que se callen.
CORTAPIÉS m. *Fam.* Tajo o cuchillada que se tira a los pies.
CORTAPISA f. Guarnición que se ponía a las sayas. || *Fig.* Gracia, sal: *tener cortapisa.* || *Fig.* Limitación: *poner cortapisas a una persona.*
CORTAPLUMAS m. Cuchillo pequeño de bolsillo. (SINÓN. V. *Cuchillo.*)
CORTAR v. t. (lat. *curtare*). Dividir con un instrumento cortante: *cortar pan.* (SINÓN. *Recortar, picar, tajar, rebanar, cercenar, tronzar, seccionar, sajar.* V. tb. *partir* y *mutilar.*) || Preparar las piezas de tela que, cosidas, constituyen el vestido: *cortar una falda.* || Dividir la baraja: *a usted le toca cortar.* || Hender un fluido o líquido: *una flecha corta el aire.* || Interponer, separar: *las sierras cortan la provincia.* || Suavizar por medio de otro líquido: *cortar el vino.* || Suprimir: *cortar un pasaje del discurso.* || Atajar, interrumpir: *le cortó la inspiración.* (SINÓN. V. *Interrumpir.*) || Hacer que cese la continuidad o unión: *cortar una conversación, un puente,* etc. || — V. r. Turbarse, faltarle a una persona las palabras: *los niños pequeños suelen cortarse fácilmente.* || Abrirse la piel por efecto del frío: *para impedir que se corten las manos conviene secarlas cuidadosamente cuando se lavan.* || Separarse la parte sólida de la líquida en ciertas substancias: *la leche se corta en tiempo de tormenta porque se forma en el aire un poco de ácido nítrico.* (SINÓN. V. *Coagular.*) || Tratándose de salsas, natillas, etc., separarse los ingredientes. || *Cortar vestidos,* murmurar.
CORTAVIENTO m. Aparato colocado delante de un vehículo para cortar el viento.
CORTE m. Filo de un arma: *el corte de una espada.* (SINÓN. *Filo, tajo, filván.*) || Acción y efecto de cortar. (SINÓN. *Entalladura, cortadura, muesca, cran, ranura, escopleadura.*) || *Arg.* Contoneo. || Arte de cortar las piezas de un vestido: *academia de corte y confección.* || *Arq.* Sección. || Tela necesaria para una prenda: *corte de vestido.* || Superficie lisa que presentan las hojas del libro cortado: *cortes dorados.* || Lesión producida por el filo de un arma. (SINÓN. V. *Herida.*) || *Arg. Darse corte,* darse humos.
CORTE f. (lat. *curtis*). Residencia del soberano: *la corte de Italia estaba en Roma.* || Su consejo y su acompañamiento: *la corte y la ciudad.* (SINÓN. V. *Comitiva.*) || *La corte celestial,* el cielo. || Corral, patio. || *Amer.* Tribunal de justicia: *corte suprema.* (SINÓN. V. *Tribunal.*) || — Pl. Reunión del Senado y el Congreso de los diputados. || *Hacer la corte,* tributar a una persona homenaje y respeto. Cortejar.
CORTEDAD f. Pequeñez, poca extensión: *la cortedad de un discurso.* || *Fig.* Escasez de talento, instrucción, fortuna, etc. || Encogimiento de ánimo, pusilanimidad, timidez.
CORTEJADOR, RA adj. y s. Que corteja.
CORTEJAR v. t. Asistir, obsequiar, halagar: *cortejar a los poderosos.* || Galantear, requebrar.
CORTEJO m. Requiebro o galanteo. || Agasajo, regalo. || *Fam.* Persona que tiene relaciones amorosas con otra. || Personas de acompañamiento. (SINÓN. V. *Comitiva.*) || — M. y f. *P. Rico.* Amante.
CORTERO, RA adj. y s. *Chil.* Ganapán.
CORTÉS adj. Atento, afable. (SINÓN. V. *Refinado.*) || *Lo cortés no quita lo valiente,* que es compatible la educación con la energía para defender sus derechos.
CORTESANAMENTE adv. m. Con cortesanía.
CORTESANESCO, CA adj. De cortesanos.
CORTESANÍA f. Atención, urbanidad, cortesía.
CORTESANO, NA adj. Perteneciente a la corte: *costumbres cortesanas.* || Cortés, urbano. || — M. Palaciego: *los halagos de los cortesanos pueden pervertir a los mejores soberanos.* || — F. Mujer de mala vida, pero que se distingue por su elegancia o su talento.
CORTESÍA f. Atención, respeto. (SINÓN. V. *Afabilidad.*) || Regalo. || Gracia, merced. || (SINÓN. V. *Homenaje.*) || Tratamiento. || *Impr.* Hoja, página o parte de ella en blanco. || — CONTR. *Grosería.*
CORTÉSMENTE adv. m. Con cortesía.
CORTEZA f. (del lat. *cortex*, corteza). Parte exterior del árbol y, por extensión, de algunas cosas: *la corteza del pan.* || *Fig.* Exterior de una cosa. || *Fig.* y *fam.* Rusticidad, grosería. || *Zool.* Ortega, ave gallinácea.

CORTEZUDO, DA adj. Que tiene corteza: *árbol cortezudo.* || *Fig.* Rústico, inculto: *hombre cortezudo.*
CORTICAL adj. De la corteza: *capa cortical.*
CORTIJADA f. Conjunto de habitaciones que pertenecen a un cortijo. || Conjunto de cortijos.
CORTIJERO, RA m. y f. El dueño del cortijo. (SINÓN. V. *Granjero.*) || — M. Capataz que lo cuida.
CORTIJO m. Finca, campo con casa de labor.
CORTINA f. Paño con que se cubren y adornan algunas cosas: *cortinas de cama.* (SINÓN. *Tapiz, toldo, toldilla, estor, velo, velario.* V. tb. *dosel.*) || *Fig.* Lo que encubre algo. || *Fort.* Lienzo de muralla entre baluarte y baluarte. || Muro de sostenimiento de un dique. || *Cortina de humo,* masa densa de humo para ocultarse. || *Fig. Correr la cortina,* descubrir lo oculto.
CORTINAJE m. Conjunto de cortinas.
CORTINAL m. Huerta inmediata a una casa.
CORTISONA f. Medicamento extraído de la glándula suprarrenal.
CORTITO adv. *Chil.* Suavemente, ligero.
CORTO, TA adj. De poca extensión o duración: *novela corta.* (SINÓN. *Bajo, pequeño, lapidario, sucinto, breve, abreviado, sumario.*) || Escaso o defectuoso. || *Fig.* De escaso talento. || *Fig.* Tímido, apocado: *ser muy corto.* || *Quedarse corto,* no calcular bien. || *Corto de vista, de oído,* que ve u oye poco. || *A la corta o a la larga,* más tarde o más temprano.
CORTOCIRCUITO m. Circuito producido accidentalmente por contacto entre los conductores sin que la corriente pase por la resistencia: *incendio provocado por un cortocircuito.*
CORTÓN m. Insecto ortóptero parecido al grillo, y de patas delanteras semejantes a las manos del topo.
CORÚA f. Ave palmípeda de Cuba.
CORUJA f. Especie de lechuza.
CORUÑA f. Tela basta de hilo de Galicia.
CORUSCACIÓN f. *Poét.* Brillo, resplandor de algunas cosas: *la coruscación de un meteoro.*
CORUSCAR v. impers. *Poét.* Brillar, resplandecer.
CORVA f. Parte de la pierna que se halla situada detrás de la rodilla. || *P. Rico.* Flor.
CORVADURA f. Parte por donde se dobla una cosa. || Curvatura. || *Arq.* Parte arqueada del arco.
CORVAR v. t. Encorvar: *corvar una rama.*
CORVATO m. Pollo del cuervo.
CORVAZA f. Tumor en el corvejón del caballo.
CORVEJÓN m. (de *cuervo*). Cuervo marino. || Parte de la caña del animal donde se dobla la pierna. || Espolón que tienen los gallos.
CORVEJOS m. pl. Articulación del corvejón.
CORVETA f. Movimiento del caballo que camina con los brazos en el aire. || — PARÓN. *Corbeta.*
CORVETEAR v. i. Hacer corvetas los caballos.
CÓRVIDOS m. pl. Familia de pájaros dentirrostros como el cuervo.
CORVINA f. Pez teleósteo marino de carne comestible.
CORVINERO m. *Ecuad.* Matón, asesino.
CORVINO, NA adj. Perteneciente al cuervo.
CORVO, VA adj. Arqueado, curvo. || — M. Garfio, gancho. || *Chil.* Especie de navaja de dos filos.
CORZO, ZA m. y f. Cuadrúpedo rumiante de Europa, de la familia de los cérvidos. || — PARÓN. *Corso.*
CORZUELO m. Granos de trigo que no despidieron la cascarilla al ser trillados.
COSA f. (lat. *causa*). Todo lo que es o existe. || Dícese por oposición a persona: *las personas y las cosas.* || *Fam.* Idea, ocurrencia, chiste. || En oraciones negativas, nada: *no valer cosa alguna.* || — Conj. *Amer.* De modo, de suerte, de tal manera que, en. || *Amer.* Para qué, a fin de que: *vete, cosa que así se arregle todo.* || *Guat. ¡Ah, cosa!,* negación irónica. || *No ser cosa del otro jueves,* hecho insignificante o vulgar. || *No hacer cosa a derechas,* no hacer nada con acierto. || *Fig.* y *fam. Las cosas de palacio van despacio,* las cosas oficiales tardan en resolverse. || *A cosa hecha,* m. adv., de intento. || *Como quien no quiere la cosa,* con disimulo. || *Tener cosas,* ser ocurrente. || *Como si tal cosa,* como si no hubiera sucedido nada. || *No sea cosa que,* expresión de desconfianza. || *¿Qué es cosa y cosa?,* frase con que principian algunas adivinanzas.
COSACO m. (del kirghiz, *kosak*). Soldado de un cuerpo de caballería ruso reclutado entre los pueblos tártaros. (V. *Parte hist.*) || *Fig.* Hombre duro y feroz: *portarse como un cosaco.* || *Fig.* y *fam. Beber como un cosaco,* beber mucho alcohol.
COSARIO adj. *Ant.* y *Col.* Dícese del caballo amansado y ya hecho y en que puede emprenderse un viaje. || — M. Ordinario, trajinero, mandadero. || — PARÓN. *Corsario.*
COSCACHO m. *Amer.* Coscorrón.
COSCARRÓN m. Árbol de Puerto Rico.
COSCARSE v. r. *Fam.* No comprender, no enterarse de una cosa. || Concomerse.
COSCOJA f. Especie de encina achaparrada: *la coscoja es la encina preferida del quermes.* || Hoja seca de encina. || *Amer.* Coscojo.
COSCOJAL y **COSCOJAR** m. Plantío de coscojas.
COSCOJERO, RA adj. *Riopl.* Dícese de la caballería que agita mucho los coscojos del freno.
COSCOJO m. Agalla de la *coscoja.* || — Pl. Cuentas de hierro ensartadas que forman parte del freno.
COSCOLINA f. *Méx.* Mujer de malas costumbres.
COSCOLINO, NA adj. *Méx.* Arisco, descontentadizo. || Travieso, inquieto.
COSCOMATE m. *Méx.* Troje de barro y zacate que servía para guardar el maíz.
COSCÓN, ONA adj. *Fam.* Socarrón, hábil.
COSCOROBA f. *Arg.* y *Chil.* Especie de cisne.
COSCORRÓN m. Golpe en la cabeza. (SINÓN. V. *Golpe.*)
COSCURRÓN m. Pedazo de pan frito.
COSECANTE f. *Trig.* Secante del complemento de un ángulo o de un arco (símb.: cosec).
COSECHA f. Recolección de los frutos de la tierra: *la cosecha de la aceituna.* || Tiempo en que se hace: *llegará por la cosecha.* || *Fig.* Acopio de ciertas cosas: *una buena cosecha de apuntes.* (SINÓN. V. *Rendimiento.*) || *Eso es de su propia cosecha,* es invención suya.
COSECHADORA f. Máquina para segar y liar la cosecha de cereales.
COSECHAR v. i. y t. Hacer la cosecha.
COSECHERO, RA m. y f. El que tiene cosecha de una cosa: *cosechero de aceite.*
COSELETE m. Coraza ligera: *coselete de malla.* || Soldado que llevaba coselete. || *Zool.* Tórax del insecto.
COSENO m. *Trig.* Seno del complemento de un ángulo (símb.: cos).
COSER v. t. (lat. *cusire*). Unir por medio de una aguja y de un hilo. || *Fig.* Unir una cosa a otra. || *Fig.* Atravesar: *le cosió a puñaladas.* || *Máquina de coser,* máquina que reemplaza el trabajo manual de la costurera: *las máquinas de coser permiten hacer toda clase de labores y de bordados.* || *Fig.* y *fam. Ser una cosa coser y cantar,* ser sumamente fácil. || — PARÓN. *Cocer.*
COSI interj. *Arg. Pop.* Es decir.
COSIACA f. *Amér. C., Col.* y *Chil.* y **COSIATA** f. *Col.* Cosa menuda.
COSIBLE adj. Dícese de lo que puede coserse.

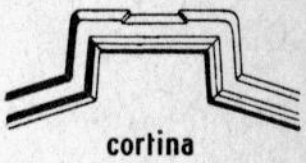
cortina

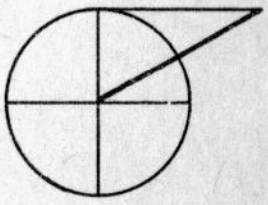
cosecante

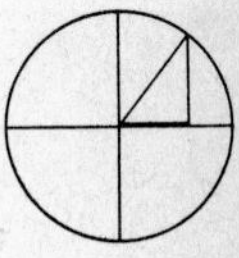
coseno

corzo

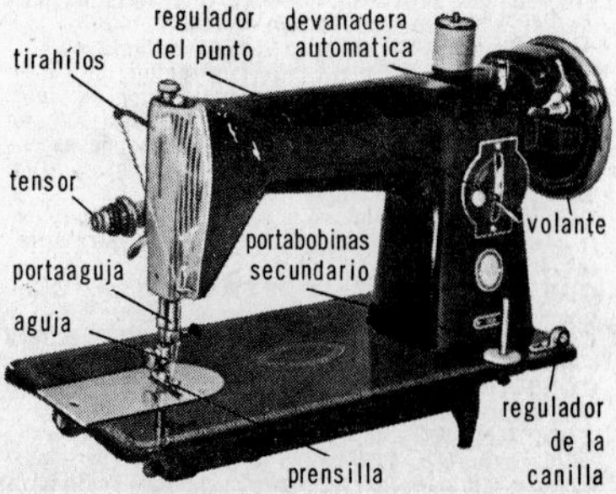

MÁQUINA DE COSER

Fot. Singer

COSIDO m. Acción y efecto de coser. ‖ Calidad que presenta la costura: *hacer cosidos muy finos.* ‖ — PARÓN. *Cocido.*
COSIJO m. *Amer.* Cojijo, desazón.
COSIJOSO, SA adj. *Amer.* Cojijoso.
COSMÉTICO m. (del gr. *kosmein,* adornar). Substancia para hermosear la tez. ‖ — Adj. Relativo a la belleza.
CÓSMICO, CA adj. Perteneciente al cosmos. ‖ *Rayos cósmicos,* radiaciones muy penetrantes que existen en las masas sidéreas del universo.
COSMOGONÍA f. (del gr. *kosmos,* mundo, y *goneia,* generación). Teoría de la formación del universo.
COSMOGÓNICO, CA adj. Relativo a la cosmogonía.
COSMOGRAFÍA f. (del gr. *kosmos,* mundo, y *graphein,* describir). Descripción astronómica de la Tierra, del universo: *las leyes de Newton sobre la gravitación universal adelantaron mucho la cosmografía.*
COSMOGRÁFICO, CA adj. Relativo a la cosmografía: *dedicarse a estudios cosmográficos.*
COSMÓGRAFO m. Versado en cosmografía.
COSMOLOGÍA f. Ciencia de las leyes generales que rigen el universo.
COSMOLÓGICO, CA adj. Relativo a la cosmología.
COSMÓLOGO m. Persona que profesa la cosmología.
COSMONAUTA com. Piloto interplanetario.
COSMOPOLITA adj. y s. (del gr. *kosmos,* mundo, y *politês,* ciudadano). Dícese de la persona que considera al universo como patria suya. (SINÓN. V. *Universal.*) ‖ *Fig.* Muy aficionado a viajar: *los americanos suelen ser cosmopolitas.* ‖ Común a varios países.
COSMOPOLITISMO m. Modo de vivir y de pensar de los cosmopolitas.
COSMORAMA m. (del gr. *kosmos,* mundo, y *orama,* vista). Especie de panorama en que se ven los paisajes y monumentos más notables del universo.
COSMOS m. (gr. *kosmos*). El mundo, el universo. (SINÓN. V. *Universo.*)
COSMOTRÓN m. Máquina destinada a acelerar partículas.
COSO m. Plaza de toros. ‖ Calle principal en algunas poblaciones: *el Coso de Zaragoza.*
COSO m. Carcoma.
COSPE m. Corte de azuela en un madero para desbastarlo.
COSPEL m. Disco de metal para hacer moneda.
COSQUI *And.* y **COSQUE** m. *Fam.* Coscorrón.
COSQUILLAR v. t. Cosquillear.
COSQUILLAS f. pl. Sensación nerviosa que se experimenta cuando le tocan a uno en ciertas partes del cuerpo. ‖ *Fig.* y *fam. Buscarle a uno las cosquillas,* hacer lo posible por impacientarle. ‖ *Hacerle a uno cosquillas una cosa,* excitarle el deseo o la curiosidad.
COSQUILLEAR v. t. Hacer cosquillas.
COSQUILLEO m. Sensación de las cosquillas.
COSQUILLOSO, SA adj. Que siente mucho las cosquillas. ‖ *Fig.* Muy delicado, quisquilloso.
COSTA f. Cantidad que se paga por una cosa: *conseguir algo a poca costa.* ‖ Orilla del mar: *pasearse por la costa.* (SINÓN. V. *Litoral.*) ‖ Alisador de los zapateros. ‖ — Pl. *For.* Gastos judiciales: *salir condenado en costas.* ‖ *A costa de,* loc. adv., que pondera lo difícil de una cosa. ‖ *A toda costa,* m. adv., sin limitación de gasto.
COSTADO m. Lado del cuerpo: *tener un dolor de costado.* (SINÓN. V. *Lado.*) ‖ Lado de un ejército. ‖ — Pl. En genealogía, línea de ascendientes: *ser noble por los cuatro costados.* ‖ *Méx.* Andén del ferrocarril.
COSTAL adj. Relativo a las costillas: *ligamento costal.* ‖ — M. Saco grande. ‖ Pisón para apretar la tierra.
COSTALADA f. y **COSTALAZO** m. Golpe que se da con el cuerpo al caer al suelo.
COSTALERO m. Mozo de cuerda. ‖ El que lleva a hombros los pasos en las procesiones.
COSTANERA f. Cuesta. ‖ — Pl. Palos largos que cargan sobre el caballete de un edificio.
COSTANERO, RA adj. Que está en cuesta: *calle costanera.* ‖ Relativo a la costa: *se da el nombre de cabotaje a la navegación costanera.*

costado

COSTANILLA f. Calle estrecha y pendiente. (SINÓN. V. *Subida.*)
COSTAR v. i. Ser comprado por determinado precio: *¿cuánto cuesta esto?* ‖ Causar gastos. ‖ *Fig.* Causar cuidado, trabajo: *las promesas cuestan poco.* ‖ Ser penoso hacer una cosa: *me cuesta mucho confesarlo.* ‖ — V. t. Causar, ocasionar: *este trabajo me ha costado muchos esfuerzos.* ‖ *Fam. Costar los ojos de la cara,* costar muy caro. ‖ *Cueste lo que cueste,* a toda costa. ‖ — IRREG. Se conjuga como *contar.*
COSTARRICENSE adj. y s. Costarriqueño.
COSTARRIQUEÑISMO m. Vocablo o giro propio de los costarriqueños.
COSTARRIQUEÑO, ÑA adj. y s. Habitante de Costa Rica.
COSTE m. Precio en dinero: *coste de un automóvil.* ‖ — OBSERV. No hay que confundir con *costo,* que se aplica generalmente al conjunto de una obra importante y es usado por los economistas: *costo de una carretera, costo de fabricación.*
COSTEADO, DA adj. *Riopl.* Dícese del ganado amansado y dispuesto para el engorde.
COSTEAR v. t. (de *coste*). Pagar el gasto: *costear la instrucción a un niño.* (SINÓN. V. *Pagar.*) ‖ *Riopl.* Pastorear el ganado, amansándole para que vaya engordando. ‖ Pasar junto a. ‖ *Mar.* Navegar cerca de la costa. ‖ — V. r. Producir una cosa lo suficiente para cubrir sus gastos: *ese negocio apenas se costea.* ‖ *Per.* Burlarse de uno. ‖ *Chil.* y *Arg.* Llegar hasta un sitio con mucho trabajo.
COSTEÑO, ÑA adj. Costanero: *pueblo costeño.* ‖ — Adj. y s. Zelayense, de Zelaya. ‖ *Costeño del Cabo,* de Cabo Gracias a Dios (Nicaragua).
COSTERO, RA adj. Costanero: *navegación costera.* ‖ — M. Habitante de la costa. ‖ Tabla inmediata a la corteza de un tronco aserrado, y de cara convexa. ‖ Muro lateral de un horno alto. ‖ *Min.* Hastial, sostén. ‖ — F. Cuesta, pendiente.
COSTILLA f. (lat. *costa*). Hueso de las partes laterales del pecho: *el hombre tiene doce pares de costillas.* ‖ Protuberancia lateral: *las costillas de una rueca.* ‖ *Fig.* y *fam.* Mujer propia: *lo consultaré con mi costilla.* (SINÓN. V. *Esposo.*) ‖ *Mar.* Nombre de las maderas que forman los costados de la embarcación. (SINÓN. *Cuaderna.*) ‖ — Pl. *Fam.* Espalda: *te voy a dar un palo en las costillas.* (SINÓN. V. *Espalda.*) [Se llama *costilla falsa* la que no se apoya en el esternón y *costilla verdadera* la que se apoya en dicho hueso.]
COSTILLAJE m. *Fam.* Costillar.
COSTILLAR m. Conjunto de costillas. ‖ Parte del cuerpo donde están.
COSTILLUDO, DA adj. *Fam.* Ancho de espaldas.
COSTINO, NA adj. *Chil.* Costanero, costero.
COSTO m. Costa: *mercancía de gran costo.* (SINÓN. V. *Gasto y precio.*) ‖ *Arg.* Trabajo que cuesta una cosa. ‖ *Bot.* Planta compuesta tropical: *la raíz del costo es tónica y diurética.* ‖ Coste: *a costo y costa.* (V. COSTE.)
COSTOMATE m. Nombre de una planta solanácea mexicana, llamada también *capulí de México.*
COSTOSO, SA adj. Que cuesta mucho: *la caza de ojeo es un deporte costoso.* (SINÓN. *Caro, oneroso, dispendioso, ruinoso.*) ‖ *Fig.* De consecuencias penosas: *error costoso.*
COSTRA f. Corteza exterior: *costra salina.* ‖ Postilla: *arrancarse una costra.* ‖ Bizcocho que se daba en las galeras. ‖ Moco del pabilo de una vela. ‖ *Med. Costra láctea,* usagre de los niños.
COSTROSO, SA adj. Que tiene costra.
COSTUMBRE f. Hábito, uso: *cada país tiene sus costumbres.* ‖ Práctica que ha adquirido fuerza de ley: *regirse por la costumbre.* ‖ Lo que se hace más comúnmente. (SINÓN. V. *Hábito.*) ‖ — Pl. Conjunto de cualidades, inclinaciones y usos que forman el fondo del carácter de un país: *las costumbres francesas son más libres que las españolas.* ‖ *De costumbre,* usualmente. ‖ *La costumbre es una segunda naturaleza,* la fuerza de la costumbre es a menudo considerable.
COSTUMBRISMO m. Género literario que se dedica a la narración de las costumbres de una región o país determinados.
COSTUMBRISTA m. Escritor que se dedica a describir las costumbres de un país. ‖ — Adj. Relativo al costumbrismo: *literatura costumbrista.*

Fot. Giraudon

COSTURA f. Acción y efecto de coser. ‖ Unión o sutura de dos piezas cosidas: *sentar las costuras con la plancha.* ‖ Labor que se cose: *dejar la costura en una silla.* ‖ *Mar.* Empalmadura. ‖ *Meter en costura,* someter.
COSTURAJO m. *Méx.* Costurón, costura tosca.
COSTURAR v. t. *Amér. C.* Coser.
COSTURERA f. Mujer que cose por oficio: *costurera de ropa blanca.* ‖ — SINÓN. *Modista, sastra.* V. tb. *modistilla.*
COSTURERO m. Cajón o mueble con almohadilla que sirve para la costura. ‖ Cuarto donde suelen retirarse las mujeres para coser.
COSTURÓN m. Costura grosera. ‖ *Fig.* Señal: *llenar a alguno el rostro de costurones.* (SINÓN. V. *Cicatriz.*)
COTA f. (lat. *cotta*). Armadura antigua a modo de jubón de mallas. ‖ Vestidura de los reyes de armas, que llevaba bordados los escudos reales. ‖ *Chil.* Roquete de mangas cortas.
COTA f. *Topogr.* Número que en los planos y mapas indica la altura a que se halla un punto sobre el nivel del mar. ‖ Esta misma altura.
COTANA f. Muesca que se abre en un madero para encajar en ella la punta de otro.
COTANGENTE f. *Trig.* Nombre dado a la tangente del complemento de un ángulo (símb.: cotg).
COTARDÍA f. Especie de jubón cerrado antiguo.
COTARRO m. Recinto donde se alberga por la noche a los vagabundos. ‖ Ladera de un barranco. ‖ *Fig.* y *fam. Alborotar el cotarro,* turbar una reunión.
COTEJABLE adj. Comparable, que se puede cotejar.
COTEJAR v. t. Confrontar dos cosas: *cotejar dos ediciones del Quijote; cotejar dos textos.* (SINÓN. V. *Comparar.*)
COTEJO m. Acción y efecto de cotejar, confrontación. (SINÓN. V. *Comparación.*) ‖ *Venez.* Especie de lagartija.
COTENSE m. *Méx.* y *Chil.* y **COTENSIA** f. *Arg.* Cierta tela gruesa para sacos.
COTERRÁNEO, A adj. De la misma tierra.
COTÍ m. (fr. *coutil*). Una tela de lienzo rayada.
COTIDIANAMENTE adv. t. Diariamente.
COTIDIANO, NA adj. Diario: *trabajo cotidiano.*
CÓTILA o **COTILA** (Acad.) f. Cavidad de un hueso en que entra otro.
COTILEDÓN m. (del gr. *kotulê,* cavidad). *Bot.* Lóbulo que en muchas plantas rodea el embrión.
COTILEDÓNEO, A adj. *Bot.* Relativo al cotiledón: *cuerpo cotiledóneo.* ‖ — Adj. y s. *Bot.* Que tiene cotiledones. ‖ — F. pl. *Bot.* Uno de los dos grupos antiguos del reino vegetal. ‖ — CONTR. *Acotiledóneas, criptógamas.*
COTILLA f. Apretador de lienzo con ballenas. ‖ — M. y f. *Fam.* Chismoso, parlanchín.
COTILLEAR v. i. Chismorrear.
COTILLEO m. *Fam.* Chisme, chismorreo, murmuración.
COTILLO m. Parte del martillo con que se golpea.
COTILLÓN m. (pal. fr.). Danza con figuras en la cual se distribuyen obsequios.
COTINGA m. Género de pájaros dentirrostros de América: *los cotingas son notables por la belleza de sus colores.*
COTIZA f. *Blas.* Banda de poco ancho. ‖ *Venez.* Sandalia usada por la gente rústica.
COTIZABLE adj. Que se puede cotizar.
COTIZACIÓN f. Acción y efecto de cotizar. (SINÓN. V. *Cuota.*) ‖ Parte de un gasto. ‖ Galicismo en el sentido de *cuota, escote.*
COTIZAR v. t. *Com.* Publicar en la bolsa el precio de los valores públicos: *valores que no se cotizan.* ‖Valorar, señalar el valor. ‖ Repartir un pago, fijar una cuota. ‖ — V. i. Pagar o recaudar una cuota.
COTO m. (lat. *cotus*). Terreno acotado. ‖ Mojón o señal que deslinda dos campos. ‖ Población en terreno de señorío. ‖ Medida que consta del ancho del puño con el pulgar extendido. ‖ Partida de billar en que uno de los jugadores ha de ganar tres mesas antes que el otro. ‖ Pez pequeño de río: *el coto es un pececillo espinoso que anida entre las rocas.* ‖ *Zool.* Mono aullador. ‖ Término, límite: *poner coto a los excesos de un funcionario.* ‖ Campo reservado de caza. ‖ *Amer.* Bocio, papera.
COTOMONO m. *Per.* Mono aullador.
COTÓN m. Tela de algodón, especie de indiana. ‖ *Amer.* Camisa de trabajo.
COTONA f. *Méx.* Chaqueta de gamuza. ‖ *Amer.* Camisa tosca de tela ligera.
COTONADA f. Tela de algodón.
COTONÍA f. Tela fuerte de algodón.
COTOPAXENSE adj. y s. De Cotopaxi (Ecuador).
COTORRA f. Loro pequeño de color verde. ‖ Urraca. ‖ *Fig.* y *fam.* Persona habladora. (SINÓN. V. *Charlatán.*)
COTORREAR v. i. Hablar con exceso. (SINÓN. V. *Charlar.*)
COTORREO m. *Fig.* y *fam.* Charla, habladuría.
COTORRERA f. *Fig.* y *fam.* Cotorra, habladora.
COTORRO m. *Arg.* Cotarro.
COTORRÓN, ONA m. y f. Persona de edad madura.
COTOSO, SA adj. *Amer.* Que tiene bocio.
COTOTO m. *Arg.* y *Chil.* Hinchazón o chichón.
COTTAGE m. (pal. ingl., pr. *kotedch*). Casita de campo de género inglés.
COTÚA f. *Venez.* Mergo, cormorano, ave marina.
COTUDO, DA adj. *Amer.* Que tiene bocio o coto.
COTUFA f. Tubérculo de la aguaturma. ‖ Golosina, dulce, gollería. ‖ Chufa.
COTURNO m. Entre los griegos y romanos, zapato de suela muy elevada que usaban los actores trágicos para parecer mayores. ‖ *Fig.* y *fam. Calzar el coturno,* adoptar el estilo sublime.
COTUTOR m. Tutor con otro.
COTUZA f. *Guat.* y *Salv.* Agutí.
COULOMB m. Culombio.
COVACHA f. Cueva pequeña. ‖ *Ecuad.* Tienda de productos agrícolas. (Empezaron a llamarse así las que se establecieron en los sótanos de la catedral de Quito.) ‖ *Bol.* Poyo de adobes que sirve de cama en un tambo o posada. ‖ *Per.* y *Riopl.* Aposento situado debajo de la escalera, desván. (SINÓN. V. *Barraca.*)
COVACHUELA f. *Fam.* Nombre que se dio antiguamente a las secretarías del despacho universal, situadas en las bóvedas del real palacio, en Madrid. ‖ *Fam.* Oficina pública.
COVACHUELISTA y **COVACHUELO** m. *Fam.* Oficial de una covachuela.
COVADERA f. *Per.* y *Chil.* Yacimiento de guano.
COVIN m. *Chil.* Maíz tostado, trigo tostado.
COW-BOY [*kao boy*] m. (pal. ingl.). Vaquero en los ranchos norteamericanos.
COXAL adj. De la cadera: *hueso coxal.*
COXALGIA f. (del lat. *coxa,* cadera, y el gr. *algos,* dolor, sufrimiento). Artritis tuberculosa de la cadera.
COXÁLGICO, CO adj. y s. Que padece coxalgia.
COXCOJILLA y **COXCOJITA** f. Juego de chicos que consiste en saltar a pata coja empujando con el pie una piedrecita por ciertas rayas trazadas en el suelo. ‖ *A coxcojita,* m. adv., a pata coja.
COXIS m. Cóccix.
COY m. *Mar.* Pedazo de lona que sirve de hamaca.
COYA f. Mujer del emperador o princesa entre los antiguos peruanos. (V. COLLA.)
COYABRA f. *Col.* Cuyabra.
COYAMEL m. *Méx.* Saíno o pecarí.
COYOCHO m. *Chil.* Troncho o raíz de hortaliza.
COYOL m. *Amér. C.* y *Méx.* Especie de palmera y su fruto.
COYOLAR m. *Guat.* y *Méx.* Coyol.
COYOLEO m. Especie de codorniz de América.
COYOLSÚCHIL m. Planta amarilidácea de México.
COYOTE m. Lobo de México y Centro América. ‖ *Méx.* Corredor de comercio. ‖ — Adj. *Méx.* De color gris amarillento.
COYOTEAR v. i. *Méx.* Operar en corretaje.
COYOTERO, RA adj. *Amer.* Dícese del perro

cota de mallas

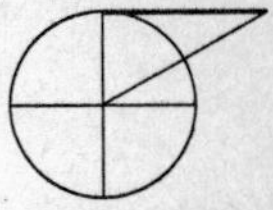
cotangente

cotinga

coturno

coyote

Fot. Larousse, Wide World

CRÁNEO

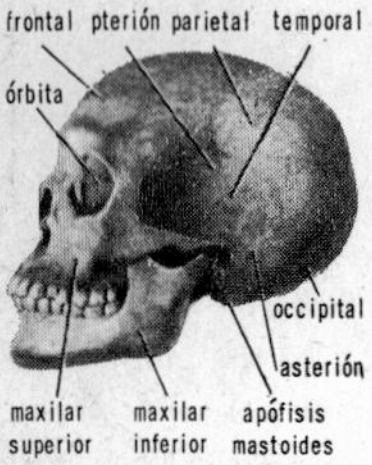

amaestrado para perseguir a los coyotes. || — F. Manada de coyotes. || Trampa para coyotes.

COYUNDA f. Correa o soga para uncir los bueyes. || Correa para atar las abarcas. || *Fig.* Unión conyugal. || *Fig.* Dominio. || *Amér. C.* Soga, correa.

COYUNTURA f. Articulación de dos huesos. (SINÓN. V. *Articulación.*) || *Fig.* Oportunidad: *esperar alguna coyuntura favorable.* || Ocasión, concurso de circunstancias. (SINÓN. V. *Caso.*) || Pronóstico sobre la evolución de los acontecimientos económicos, sociales, políticos o demográficos. || Conjunto de elementos que constituyen la situación presente.

COYUYO m. *Arg.* Cigarra grande.

COZ f. (lat. *calx, calcis*). Patada violenta que dan las bestias: *tirar coces.* || Golpe que da una persona echando con violencia el pie hacia atrás. || Retroceso del arma de fuego cuando se dispara. || Culata de la escopeta. || *Fig.* y *fam.* Acción o palabra injuriosa: *soltar o pegar una coz.* || *Mar.* Cabo inferior del mastelero.

Cr, símbolo químico del *cromo.*

CRAC m. Krach, quiebra: *un crac financiero.* || Onomatopeya de ciertos ruidos.

CRACKING m. Procedimiento de transformación de los aceites pesados del petróleo en esencias.

CRACOVIANO, NA adj. y s. De Cracovia.

CRAN m. Muesca de los caracteres de imprenta. (SINÓN. V. *Corte.*)

CRANEAL y **CRANEANO, NA** adj. Perteneciente al cráneo: *hueso craneano.*

CRÁNEO m. (lat. *cranium*). Caja ósea en que está contenido el encéfalo. || — SINÓN. *Calavera, casco.* Pop. *Mollera, capa de los sesos.* V. tb. *cabeza.*

CRANEOLOGÍA f. Estudio del cráneo.

CRANEOPATÍA f. Enfermedad del cráneo.

CRANEOSCOPIA f. Estudio de la superficie exterior del cráneo para conocer las facultades intelectuales y afectivas.

CRANIANO, NA adj. Craneal.

CRÁPULA f. (lat. *crapula*). Embriaguez, ebriedad. || *Fig.* Disipación, libertinaje. (SINÓN. V. *Desenfreno.*) || — Adj. y s. Crapuloso.

CRAPULOSO, SA adj. y s. Dado a la crápula.

CRASAMENTE adv. m. Con ignorancia crasa.

CRASCITAR v. i. (lat. *crocitare*). Graznar.

CRASIENTO, TA adj. Grasiento.

CRASIS f. *Gram.* Contracción.

CRASITUD f. Gordura.

CRASO, SA adj. (lat. *crassus*). Grueso, gordo: *aceite craso.* || *Fig.* Muy grave: *error craso.*

CRASULÁCEAS f. pl. *Bot.* Familia de plantas a que pertenece la uva de gato.

CRÁTER m. Boca de volcán.

CRÁTERA f. Copa de los antiguos.

CRATERIFORME adj. En forma de cráter.

CRATÍCULA f. Ventanilla por donde se da en algunos conventos la comunión a las monjas.

CRAWL [*krol*] m. (pal. ingl.). Forma de nadar que consiste en una rotación alternativa de los brazos y movimiento de arriba abajo de los pies.

CREA f. Cierta clase de lienzo entrefino.

CREABLE adj. Que puede ser creado.

CREACIÓN f. (lat. *creatio*). Acto de crear: *la creación del hombre está referida en el Génesis.* || Universo, conjunto de los seres creados. || Fundación, establecimiento: *creación de una dignidad.* || *Fig.* Obra literaria o artística original: *las creaciones de la moda parisiense dan el tono al mundo entero.* || — SINÓN. V. *Invención* y *producción.*

CREACIONISMO m. Doctrina poética que proclama la total autonomía del poema: *el chileno Vicente Huidobro fue fundador del creacionismo.*

CREACIONISTA adj. y s. Del creacionismo.

CREADOR, RA adj. y s. (lat. *creator*). Que crea. || *El Creador,* por antonomasia, Dios. (SINÓN. V. *Dios.*) || *Fig.* Que crea: *poeta creador.* (SINÓN. V. *Autor.*) || — PARÓN. *Criador.*

CREAR v. t. (lat. *creare*). Producir una cosa que no existía: *el hombre no puede crear ni anonadar nada.* || Engendrar. (SINÓN. *Hacer.* Pop. *Parir.* V. tb. *causar.*) || *Fig.* Inventar: *Breal creó la palabra "semántica".* || Fundar: *crear una academia.* || Establecer: *crear un orden político.* || Hacer nacer: *creó necesidades.* || Nombrar: *crear cardenal a un obispo.*

crátera

CRECEDERO, RA adj. Que puede crecer. || Dícese del vestido muy holgado que se hace a los niños.

CRECER v. i. (lat. *crescere*). Hacerse mayor, aumentar: *los días crecen; crecer en conocimientos.* || Tomar estatura: *los niños crecen.* || Desarrollarse los vegetales: *árbol que crece poco.* || Aumentar la parte iluminada de la Luna. || — V. r. Tomar mayor autoridad. || — SINÓN. V. *Aumentar* y *desarrollar.* || — CONTR. *Disminuir.* || — IRREG. Se conjuga como *merecer.*

CRECES f. pl. Aumento: *pagar algo con creces.*

CRECIDA f. Aumento de caudal de los ríos y arroyos: *la fusión de las nieves produce crecidas.* (SINÓN. V. *Inundación.*)

CRECIDAMENTE adv. m. Con aumento o ventaja: *pagar crecidamente.*

CRECIDO, DA adj. Grande, importante: *una cantidad crecida, muchacho crecido de cuerpo.* || — M. pl. Puntos que se aumentan en la labor de media, calceta, jersey, etc.: *haber llegado a los crecidos en una media.*

CRECIENTE adj. Que crece. || — M. *Blas.* Media luna: *figura el creciente en las armas turcas.* || — F. Crecida: *la creciente del mar.* || Tiempo en que crece la Luna: *la creciente dura del novilunio al plenilunio.*

CRECIMIENTO m. Acción de crecer y su efecto, proceso de desarrollo.

CREDENCIA f. (ital. *credenza*). Aparador que se ponía en los comedores. || Mesa o repisa junto al altar.

CREDENCIAL adj. Que acredita: *carta credencial.* || — F. Documento que da a un empleado posesión de su plaza. (SINÓN. V. *Diploma.*)

CREDIBILIDAD f. Calidad de lo que es creíble.

CRÉDITO m. (lat. *creditum*). Reputación de solvencia: *este comerciante no tiene crédito.* || Plazo para el pago: *tres meses de crédito.* || Autoridad, aceptación: *este escritor goza de gran crédito en España.* (SINÓN. V. *Influencia y favor*). || Asenso: *dar crédito.* || *A crédito,* loc. adv., fiado, a plazos. || *Abrir crédito a uno,* autorizarle a cobrar cierta cantidad con algún fin. || *Dar crédito a una cosa,* creerla.

CREDO m. Oración, símbolo de la fe. || Programa, doctrina: *credo político.*

CREDULIDAD f. Calidad de crédulo. (SINÓN. V. *Candor* y *creencia.*)

CRÉDULO, LA adj. Que cree fácilmente.

CREEDERAS f. pl. *Fam.* Demasiada credulidad.

CREEDERO, RA adj. Creíble, verosímil: *la aventura que le sucedió a mi amigo no es creedera.* || — CONTR. *Increíble, inverosímil.*

CREEDOR, RA adj. Crédulo, sencillo.

CREENCIA f. Acción de creer. || Lo que se cree. (SINÓN. *Opinión, idea, pensamiento.*) || Fe religiosa: *es preciso respetar todas las creencias, cuando son sinceras.* (SINÓN. *Fe, credulidad.* V. tb. *religión.*) || — CONTR. *Desconfianza, duda.* || — PARÓN. *Credencia.*

CREER v. t. (lat. *credere*). Tener por cierto: *creer una calumnia.* || Tener fe: *creo en Dios.* || Tener por verosímil o probable: *creo que lo hará después.* || Imaginarse: *lo creo hábil; creo de mi deber; creer sobre palabra.* (SINÓN. *Pensar, juzgar, estimar.* V. tb. *suponer.*) || — V. i. Tener por cierto: *creer en la astrología.* || *¡Ya lo creo!,* loc. fam., es evidente. || *Creérselas,* estimarse bien a sí mismo. || — IRREG. Se conjuga como *poseer.*

CREHUELA f. Crea ordinaria.

CREÍBLE adj. Que puede ser creído: *la disculpa que alega no es creíble.* || — CONTR. *Increíble.*

CREÍDO, DA adj. Confiado, crédulo. || Vanidoso, presumido.

CREMA f. Nata de la leche cruda: *la manteca se obtiene batiendo la crema.* || Dulce de leche, huevos, azúcar, etc.: *una crema de chocolate.* || Confección cosmética para el cutis. || *Fig.* Lo mejor, la nata. || Líquido extraído de ciertos frutos: *crema de cacao.* || Betún: *crema para el calzado.* || — Adj. inv. De color blanco amarillento.

CREMA f. *Gram.* Diéresis: *la crema hace pronunciar la* U *en las sílabas* GÜE *y* GÜI.

CREMÁ f. En Valencia, quema de las fallas la noche de San José.

Fot. Giraudon

CREMACIÓN f. Acción de quemar o incinerar. (Dícese, sobre todo, de los cadáveres.)
CREMALLERA f. (fr. *crémaillère*). *Mec.* Barra con dientes que engranan con un piñón. || Cierre que consiste en dos tiras flexibles con dientes que se traban y destraban automáticamente. || Ferrocarril de montaña con rieles dentados en los que engranan las ruedas.
CREMATÍSTICA f. (del gr. *khrêmatistikê*, negociación). Uno de los nombres de la *economía política*.
CREMATÍSTICO, CA adj. Económico.
CREMATORIO, RIA adj. Relativo a la cremación de los cadáveres: *un horno crematorio*. || — M. Edificio para la incineración de cadáveres.
CREMERÍA f. *Arg.* Quesería, mantequería.
CRÉMOR m. *Quím.* Tartrato, ácido de potasa.
CREMOSO, SA adj. Que tiene aspecto de crema. || Que tiene mucha crema.
CRENCHA f. (del lat. *crinis*, cabellera). Raya que divide el cabello en dos partes. || Cada una de estas partes. || Barb. por *cabellera*.
CRENOTERAPIA f. Tratamiento por las aguas minerales naturales.
CREOSOTA f. Líquido incoloro, de olor fuerte, antiséptico y cáustico, que se extrae del alquitrán y se emplea como desinfectante y antiséptico.
CREOSOTAR v. t. Inyectar creosota a la madera: *se creosotan los postes telegráficos para protegerlos contra los ataques de los insectos*.
CREPÉ m. (pal. fr.). Tela ligera y fina. || Caucho esponjoso empleado en las suelas de zapatos.
CREPITACIÓN f. Ruido de una cosa que chisporrotea el fuego. || *Med.* Ruido que produce los dos extremos del hueso fracturado. || *Med.* ruido que produce el aire al penetrar en los pulmones.
CREPITANTE adj. Que crepita.
CREPITAR v. i. (lat. *crepitare*). Producir crepitación alguna cosa: *la leña que arde crepita mucho*. (SINÓN. V. *Chisporrotear* y *quemar*.)
CREPUSCULAR y **CREPUSCULINO, NA** adj. Perteneciente al crepúsculo: *mariposa crepuscular*.
CREPÚSCULO m. (lat. *crepusculum*). Luz que precede a la salida del sol (se dice mejor en este caso *aurora*) y la que sigue desde que éste se pone hasta que es de noche. || *Fig.* Decadencia.
CREQUETÉ m. *Cub.* Ave parecida al chotacabras.
CRESA f. Larva de insecto. || Semilla de la abeja reina.
CRESCENDO m. (pal. ital., pr. *krechendo*). *Mús.* Aumentación gradual de los sonidos. || — Adv. m. Subiendo: *la música va crescendo*.
CRESO m. *Fig.* Hombre muy rico. (SINÓN. V. *Rico* y *acaudalado*.)
CRESPAR v. t. Encrespar.
CRESPILLA f. Cagarria, colmenilla, hongo.
CRESPILLO m. *Hond.* Clemátide.
CRESPO, PA adj. (lat. *crispus*). Dícese del cabello ensortijado. || Dícese de las hojas rizadas de algunas plantas: *las hojas de la col son crespas*. || *Fig.* Aplícase al estilo obscuro y enrevesado. || *Fig.* Irritado, alterado. || — M. Rizo, bucle.
CRESPÓN m. Nombre que se da a una gasa cuya urdimbre está más retorcida que la trama.
CRESTA f. (lat. *crista*). Carnosidad que tienen sobre la cabeza algunas aves: *la cresta del gallo*. || Copete, moño de las aves: *una cresta de plumas*. || *Fig.* Cumbre de las montañas. (SINÓN. V. *Cima*.) || Cima de una ola. || *Dar en la cresta*, mortificar.
CRESTADO, DA adj. Que tiene cresta.
CRESTERÍA f. *Arq.* Adorno de calados, que se usó en el estilo ojival: *las cresterías adornan las obras altas de los edificios góticos*. || *For.* Parte superior de las obras de defensa almenadas.
CRESTOMATÍA f. Colección de trozos selectos. (SINÓN. V. *Antología*.)
CRESTÓN m. Cresta de la celada o morrión. || *Min.* Parte de un filón que sale a flor de tierra. || *Col. Fam.* Muchacho muy enamoricado.
CRETA f. (lat. *creta*). Carbonato de cal terroso.
CRETÁCEO, A adj. (del lat. *cretaceus*, gredoso). Gredoso. || — M. *Geol.* Terreno posterior al jurásico.
CRETENSE adj. y s. De la isla de Creta.
CRÉTICO, CA adj. Cretense. || — M. *Poét.* Anfímacro, pie compuesto de una sílaba breve entre dos largas.
CRETINISMO m. Estado patológico caracterizado por trastornos psíquicos que afectan al desarrollo normal de la inteligencia. || *Fig.* y *fam.* Necedad, estupidez.
CRETINO, NA adj. y s. Que padece cretinismo. || *Fig.* Necio, estúpido.
CRETONA f. Tela de algodón estampada.
CREYENTE adj. y s. Que cree en una cosa. || — SINÓN. V. *Crédulo, piadoso, religioso, místico, devoto*.
CRÍA f. Acción de criar a los hombres y animales: *dedicarse a la cría de gusanos de seda*. || Niño o animal mientras se está criando: *la cría de una oveja*. || *Per.* y *Venez.* *De cría*, de estirpe.
CRIADERO m. Sitio donde se transportan los arbolillos nacidos en la sementera. || Sitio donde abunda un mineral: *hallar un criadero de oro*.
CRIADILLA f. *Fig.* Panecillo redondo y grueso. || Testículo.
CRIADO, DA adj. Con los adverbios *bien* o *mal*, de buena o mala educación: *niño mal criado*. || — M. y f. Persona que sirve a otra por salario. (SINÓN. *Moza, sirvienta, camarera, asistenta, azafata*. Despect. *Fregona*. V. tb. *servidor*.) || — F. Pala de las lavanderas. || *Fig.* *Salirle a uno la criada respondona*, verse confundido por la persona a quien creía uno dominada y vencida.
CRIADOR, RA adj. y s. Que cría: *criador de gallinas*. || Vinicultor. || — M. *El Criador*, Dios. || — PARÓN. *Creador*.
CRIAMIENTO m. Acción de criar y cuidar algo.
CRIANDERA f. *Amer.* Nodriza, ama de cría.
CRIANZA f. Acción y efecto de criar a los niños. || Época de la lactancia. || Urbanidad, cortesía: *buena o mala crianza*. || *Chil.* Criadero de animales o árboles. || *Crianza del vino*, proceso de su formación.
CRIAR v. t. (de *crear*). Producir algo: *la tierra cría plantas para sustento del hombre y de los animales*. || Nutrir la madre o la nodriza al niño: *criar con biberón, a los pechos*. (SINÓN. V. *Nutrir*.) || Alimentar y cuidar: *criar gallinas*. || Instruir y educar. || Dar motivo para algo: *no críes motivo para que te castiguen*. || — V. r. Fabricarse, hacerse: *criarse el vino, el vinagre*.
CRIATURA f. Cosa criada: *el criador y la criatura*. || Niño: *llorar como una criatura*. (SINÓN. V. *Niño*.) || *Fig.* Hechura: *ese hombre es criatura del ministro*.
CRIBA f. Instrumento usado para cribar. || *Como una criba*, lleno de agujeros.
CRIBADO m. Acción de cribar o tamizar una cosa: *el cribado de las semillas*. || *Arg.* Especie de bordado. || *Arg.* Fleco del calzoncillo que asoma debajo del chiripá.
CRIBAR v. t. Limpiar con criba: *cribar mineral*. (SINÓN. V. *Tamizar*.)
CRIBAS! (**¡Voto a**) loc. fam. Se usa algunas veces para no decir *¡Voto a Cristo!*
CRIBOSO, SA adj. Lleno de agujeros como una criba: *el hueso criboso del cráneo*.
CRIC m. Galicismo por *gato*, instrumento para levantar pesos. (Acad.) || Onomatopeya de ciertos ruidos: *el monótono cric cric de la carcoma*.
CRICKET y **CRICQUET** (Acad.) m. Juego de pelota de origen inglés que se juega con paletas de madera.
CRICOIDES adj. y s. (del gr. *krikos*, anillo, y *eidos*, forma). Uno de los cartílagos de la laringe.
CRIMEN m. (lat. *crimen*). Delito grave: *cometer un crimen imperdonable*. || *Fig.* y *fam.* Cosa muy mal hecha. || — SINÓN. *Atentado, fechoría, asesinato, homicidio*. V. tb. *delito*.
CRIMINAL adj. Relativo al crimen: *juicio criminal*. || — Adj. y s. Que ha cometido un crimen: *castigar a un criminal*. (SINÓN. V. *Asesino* y *malhechor*.)
CRIMINALIDAD m. Calidad de criminal. || Conjunto de los hechos criminales ocurridos en un medio determinado: *en todos los países aumenta la criminalidad con el alcoholismo*.
CRIMINALISTA adj. y s. Jurista especializado en materia penal.
CRIMINALMENTE adv. m. *For.* Por la vía criminal. || Con criminalidad.

cremallera

cresta de gallo

crestería

Fot. Editions Tel

crisantemo

CRISOLES

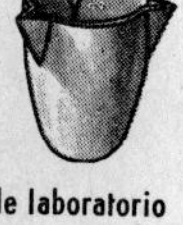

de laboratorio

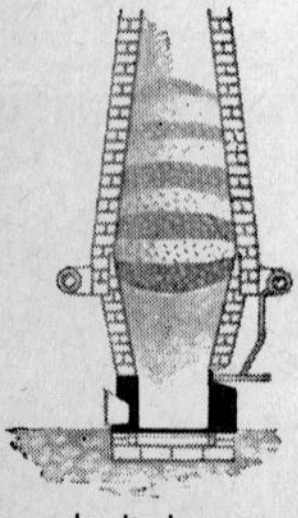

de alto horno

CRIMINOLOGÍA f. Estudio de la criminalidad.
CRIMINOLÓGICO, CA adj. Relativo a la criminología.
CRIMINOSO, SA adj. Criminal.
CRIN f. (lat *crinis*). Cerdas de algunos animales: *crin de caballo*. (SINÓN. V. *Cabello*.) || *Crin vegetal*, filamento de algunas plantas que reemplaza a veces la crin ordinaria.
CRINADO, DA adj. *Poét.* De cabello muy largo.
CRINEJA f. *And.* y *Amer.* Crizneja.
CRINERA f. Parte superior del cuello de las caballerías donde nace la crin.
CRINOLINA f. Galicismo por *miriñaque*.
CRÍO com. *Fam.* Muchacho que se está criando.
CRIOLITA f. Fluoruro doble de alúmina y sosa.
CRIOLLISMO m. Carácter criollo. || Afición a las cosas criollas.
CRIOLLO, LLA adj. y s. Dícese del blanco nacido en las colonias, y de los españoles nacidos en América. || Dícese del negro nacido en América. (SINÓN. V. *Mestizo*.) || Dícese en América de los animales, plantas y otras cosas que proceden del país, cuando hay que distinguirlos de los extranjeros: *caballo criollo, pan criollo*. || — M. Cierto cambur de fruto verdoso.
— Llámanse *lenguas criollas* los dialectos derivados de lenguas europeas y usados por las razas de color. Dichos dialectos adoptan el vocabulario de la lengua europea, pero siguen muy libremente su gramática. Los más conocidos son la *lengua franca* del Oriente mediterráneo, el *malayo-español* de Filipinas, el *negro-español* antillano, el *papiamento* de Curazao, el *broken english* del África Occidental, el *pidgin english* de Extremo Oriente, el *beech de mer* del Pacífico meridional inglés.
CRIOTERAPIA f. Procedimiento curativo basado en el empleo de bajas temperaturas.
CRIPTA f. Subterráneo de una iglesia. || Lugar subterráneo para enterrar a los muertos. (SINÓN. V. *Cementerio*.)
CRIPTÓGAMO, MA adj. y s. (del gr. *kryptos*, oculto, y *gamos*, unión). *Bot.* Dícese de las plantas que tienen ocultos los órganos reproductores, como los hongos y los helechos. (SINÓN. *Acotiledóneo*.)
CRIPTOGRAFÍA f. Escritura secreta.
CRIPTOGRAMA m. Documento cifrado.
CRIPTÓN m. Uno de los gases descubiertos por Ramsay en el aire (símb.: Kr).
CRIS m. Especie de puñal de Filipinas.
CRISÁLIDA f. (gr. *khrysallis*, de *khrysos*, oro). *Zool.* Ninfa, estado intermedio del insecto entre oruga y mariposa: *la crisálida del gusano de seda se encierra en un capullo*. (V. MARIPOSA.)
CRISANTEMO m. o **CRISANTEMA** f. (del gr. *khrysos*, oro, *yanthemon*, flor, flor de oro). Planta compuesta, cuyas hermosas flores de colores variados aparecen a fines de otoño.
CRISELEFANTINO, NA adj. (del gr. *khrysos*, oro, y *elephas*, marfil). De marfil y oro: *Fidias hizo una estatua criselefantina de Minerva*.
CRISIS f. (gr. *krisis*, de *krinein*, juzgar). Cambio favorable o desfavorable, sobrevenido en una enfermedad: *se observan crisis en todas las enfermedades agudas*. (SINÓN. *Mutación, vicisitud*.) || Período de manifestación aguda de una afección: *crisis de apendicitis*. (SINÓN. *Ataque*.) || Momento decisivo y peligroso en la evolución de las cosas: *crisis financiera*. || Falta, carencia, escasez: *crisis de obreros*. || Conflicto, tensión: *crisis política*. || *Crisis ministerial*, período intermedio entre la dimisión y la formación de un nuevo gobierno y *por ext.* la dimisión de un gobierno.
CRISMA amb. (gr. *khrisma*). Aceite consagrado que se usa en la administración de algunos sacramentos. || *Fig.* y *fam.* La cabeza: *romper a uno la crisma*.
CRISMAS m. V. CHRISTMAS.
CRISMERA f. Vaso para guardar el crisma.
CRISOBERILO m. (del gr. *khrysos*, oro, y *bêrullos*, berilo). Piedra preciosa verde amarillenta.
CRISOL m. Vaso de barro refractario, porcelana, hierro o platino, que sirve para fundir o calcinar algunas substancias. || Parte inferior de los hornos de fundición. || *Fig.* Prueba: *el crisol de la experiencia*.
CRISÓLITO m. (gr. *khrysolithos*, de *khrysos*, oro, y *lithos*, piedra). Piedra preciosa del género peridoto, de color amarillo verdoso.
CRISOMÉLIDOS m. pl. Insectos coleópteros.
CRISOPEYA f. (del gr. *khrysos*, oro, y *poiein*, hacer). Arte de cambiar los metales en oro.
CRISOPRASA f. (del gr. *khrysos*, oro, y *prasios*, verde claro). Ágata de color verde claro.
CRISPADURA y **CRISPAMIENTO** m. Crispatura. (SINÓN. V. *Contracción*.)
CRISPAR v. t. (lat. *crispare*). Causar contracción repentina en un tejido. (SINÓN. V. *Contraer*.) || *Fig.* y *fam.* Impacientar, poner nervioso. (SINÓN. V. *Irritar*.)
CRISPATURA f. Efecto de crispar. Contracción muscular: *el tétanos causa crispatura espasmódica*.
CRISPIR v. t. Salpicar la pintura o el enlucido con una brocha para que no quede liso.
CRISTA f. *Blas.* Crestón de casco.
CRISTAL m. (gr. *krystallos*). Substancia mineral que tiene naturalmente la forma de un poliedro regular o simétrico: *el cristal de roca es sílice pura*. (SINÓN. V. *Vidrio*.) || Vidrio incoloro y transparente: *cristal de Baccarat*. || Objeto de cristal: *los cristales de Venecia son célebres en el mundo entero*. || Hoja de vidrio que se pone en las ventanas: *romper un cristal de un codazo*. || *Fig.* Espejo. || *Fig.* Agua: *el cristal de la fuente*. || *Amer.* y *And.* Vaso, copa. || *Cub.* Jalea.
CRISTALERA f. Armario con cristales. || Vidriera, ventanal o puerta de cristales.
CRISTALERÍA f. Arte de fabricar objetos de cristal. || Sitio en que se hacen o venden. || Conjunto de estos objetos. || Conjunto de cristales de un armario. || Servicio de vasos y copas de cristal.
CRISTALERO m. Cristalera. || El que pone cristales.
CRISTALINO, NA adj. De cristal o parecido al cristal: *cuerpo cristalino, sonido cristalino*. (SINÓN. V. *Diáfano*.) || — M. Parte lenticular del ojo que reproduce en la retina la imagen de los objetos: *la curvatura del cristalino se modifica según la distancia a que se halla uno del objeto mirado*. (La demasiada convexidad del cristalino produce la miopía, y su falta de convexidad, la presbicia. La opacidad del cristalino se llama *catarata*.)
CRISTALIZABLE adj. Que cristaliza.
CRISTALIZACIÓN f. Acción de cristalizar: *la cristalización produce siempre formas geométricas*. || Cosa cristalizada: *gruta llena de cristalizaciones*.
CRISTALIZADO, DA adj. Que tiene la forma de cristales: *azúcar cristalizado*.
CRISTALIZADOR m. *Quím.* Vasija ancha donde se hacen cristalizar las disoluciones salinas.
CRISTALIZAR v. i. Tomar forma cristalina. || *Fig.* Tomar forma clara y precisa, determinar lo que era confuso. || — V. t. Hacer tomar forma cristalina: *la sal cristaliza en forma cúbica*. || — V. r. Tomar una substancia forma cristalina. || Precisarse, hacerse claro.
CRISTALOGRAFÍA f. (del gr. *krystallos*, cristal, y *graphein*, describir). *Miner.* Ciencia que estudia los cristales y las leyes de su formación.
CRISTALOIDE m. *Quím.* Substancia no coloidal, cuya disolución pasa por los tabiques porosos.
CRISTALOIDEO, A adj. Que se parece a un cristal: *piedra cristaloidea, aspecto cristaloideo*.
CRISTIANAMENTE adv. m. De modo cristiano.
CRISTIANAR v. t. *Fam.* Bautizar.
CRISTIANDAD f. Conjunto de los fieles cristianos: *la Reforma dividió en dos a la cristiandad*. || Observancia de la ley de Cristo.
CRISTIANISMO m. Religión cristiana: *Constantino declaró el cristianismo religión oficial del Imperio*. || Conjunto de los cristianos. (V. *Parte hist.*)
CRISTIANIZACIÓN f. Acción y efecto de cristianizar.
CRISTIANIZAR v. t. Dar carácter cristiano.
CRISTIANO, NA adj. y s. Que está bautizado y profesa la religión de Cristo: *los cristianos se dividen en católicos, protestantes y cismáticos*. || Propio de la religión de Cristo o perteneciente a ella: *virtudes cristianas*. || *Fam.* Español, en

Fot. Nadau

contraposición a otro idioma: *hable usted en cristiano.* || *Fam.* Persona: *no se ve un cristiano por las calles a esta hora.*
CRISTINO, NA adj. y s. Partidario de Isabel II, bajo la regencia de María Cristina de Borbón, contra el pretendiente Don Carlos.
CRISTO m. (lat. *christus*). El Hijo de Dios. || Crucifijo: *un cristo de marfil.* || *Donde Cristo dio las tres voces,* en sitio muy lejano o muy apartado. || *Ni Cristo que lo fundó,* loc. fam. que se usa para negar rotundamente. || *Chil. Estar sin cristo,* estar sin un cuarto.
CRISTOBALENSE adj. y s. De San Cristóbal (Venezuela).
CRISTOFUÉ m. *Venez.* Un pájaro amarillo y verde.
CRISTOLOGÍA f. Tratado de lo referente a Cristo.
CRISTUS m. Cartilla o abecedario, por la cruz que suele llevar en la cubierta. || *Fig.* y *fam. No saber el cristus,* ser muy ignorante alguna persona.
CRISUELA f. Cazoleta del candil.
CRITERIO m. (gr. *kritêrion*). Regla para conocer la verdad: *la evidencia es criterio de la verdad.* || Juicio, discernimiento: *persona de buen criterio.* || Prueba deportiva parecida a un campeonato.
CRÍTICA f. Arte de juzgar las obras literarias o artísticas: *la crítica ha hecho grandes adelantos gracias a la prensa.* || Juicio emitido sobre ellas. || Examen del valor de los documentos: *la crítica histórica ha destruido muchos errores.* || Restitución de los textos: *crítica verbal.* || Censura: *la crítica es fácil, pero el arte difícil.* (SINÓN. V. *Sátira.*) || Murmuración.
CRITICABLE adj. Que puede criticarse.
CRITICADOR, RA adj. y s. Que critica.
CRITICAR v. t. Juzgar una cosa según las reglas del arte. (SINÓN. *Analizar, epilogar.*) || Censurar, vituperar. (SINÓN. V. *Desaprobar.*) || Murmurar. (SINÓN. V. *Desacreditar.*)
CRITICASTRO m. *Despect.* El que sin fundamento suficiente censura las obras de ingenio.
CRITICISMO m. Sistema filosófico de Kant que procura determinar los límites entre los cuales puede ejercerse legítimamente el entendimiento humano.
CRÍTICO, CA adj. (lat. *criticus*). Perteneciente a la crítica: *disertación crítica.* || *Med.* Perteneciente a la crisis: *sudor crítico.* || Que puede ocasionar crisis: *momento crítico.* || — M. y f. El que juzga las obras de arte o literarias: *Aristarco es el modelo de los críticos imparciales.* (SINÓN. *Censor, juez, aristarco, zoilo.*)
CRITICÓN, ONA adj. y s. Que todo lo critica.
CRITIQUEO m. *Fam.* Murmuración.
CRITIQUIZAR v. t. *Fam.* Criticar demasiado.
CRIZNEJA f. Trenza de cabello. || Soga de esparto.
CROAR v. i. (voz imitativa). Cantar las ranas.
CROATA adj. y s. De Croacia.
CROCANTE m. Guirlache, especie de turrón.
CROCITAR v. i. Crascitar, graznar el cuervo.
CROCO m. Planta parecida al azafrán.
CROCHET m. (pl. fr.). Labor de gancho: *hacer un cuello de crochet.* || Gancho en boxeo.
CROMADO m. Acción de cromar.
CROMAR v. t. Cubrir con una capa de cromo.
CROMÁTICO, CA adj. (del gr. *khrôma, atos,* color). Relativo a los colores. || Dícese del cristal o instrumento óptico que presenta los objetos contorneados con los colores del arco iris: *los lentes formados de una sola pieza son cromáticos.* || Dícese de una serie de sonidos que proceden por semitonos: *escala cromática.*
CROMATINA f. Substancia que se encuentra en el núcleo de las células y se tiñe por los colorantes básicos.
CROMATISMO m. *Fís.* Coloración.
CROMITA f. Mineral negroparduzco de brillo semimetálico.
CRÓMLECH m. Monumento megalítico formado por una serie circular de piedras verticales.
CROMO m. (del gr. *khrôma,* color). Cuerpo simple (Cr) metálico, blanco, gris, duro, inoxidable, capaz de hermoso pulimento. (Se emplea como cubierta protectora y en ciertas aleaciones.) || Cromolitografía, estampa: *algunos almacenes regalan cromos a sus compradores.*
CROMÓGENO, NA adj. Que engendra el color.
CROMOLITOGRAFÍA f. Arte de litografiar en varios colores, mediante impresiones sucesivas. || Estampa obtenida por este procedimiento.
CROMOSFERA f. *Astr.* Zona superior de la atmósfera del Sol, de color rojo.
CROMOSOMA m. Elemento que existe en el núcleo de las células en el momento de su división o mitosis.
— El número de *cromosomas* en forma de corpúsculos, filamentos o bastoncillos, es siempre constante (par) en todas las células de un mismo individuo y en todos los individuos de una misma especie.
CROMOTIPOGRAFÍA y **CROMOTIPIA** f. Impresión en color por procedimientos tipográficos: *la cromotipografía permite tiradas económicas.*
CRÓNICA f. (del gr. *khronos,* tiempo). Historia que sigue el orden de los tiempos. (SINÓN. V. *Anales.*) || Artículo de prensa sobre temas de actualidad: *una crónica literaria, crónica escandalosa.* (SINÓN. V. *Artículo.*)
CRÓNICAMENTE adv. m. De un modo crónico.
CRONICIDAD f. Carácter de una cosa crónica.
CRÓNICO, CA adj. (del gr. *khronos,* tiempo). Aplícase a las enfermedades muy largas o habituales. || Que dura mucho tiempo.
CRONICÓN m. Crónica breve antigua.
CRONISTA com. Autor de una crónica. (SINÓN. V. *Historiador* y *periodista.*)
CRONÍSTICO, CA adj. Relativo a la crónica o al cronista.
CRÓNLECH m. Crómlech.
CRONOGRAFÍA f. Cronología.
CRONÓGRAFO m. (del gr. *khronos,* tiempo, y *graphein,* escribir). Aparato que sirve para medir con exactitud tiempos sumamente pequeños: *el cronógrafo se usa en las observaciones astronómicas.*
CRONOLOGÍA f. (del gr. *khronos,* tiempo, y *logos,* tratado). Ciencia de las fechas históricas. || Modo de computar los tiempos: *la cronología de Moisés.* || Serie de personas o acontecimientos históricos por orden de fechas. (SINÓN. V. *Anales.*)
CRONOLÓGICO, CA adj. Perteneciente o relativo a la cronología: *resumen cronológico.*
CRONOMETRADOR, RA m. y f. Persona que mide el tiempo en la realización de un trabajo o en una prueba deportiva.
CRONOMETRAR v. t. Medir con cronómetro.
CRONOMETRAJE m. y **CRONOMETRÍA** f. *Fís.* Medición del tiempo.
CRONOMÉTRICO, CA adj. Relativo a la cronometría o al cronómetro: *observaciones cronométricas.*
CRONÓMETRO m. (del gr. *khronos,* tiempo, y *metrón,* medida). Reloj de precisión.
CROQUET m. (pal. ingl.). Juego que consiste en impulsar con un mazo bolas de madera, pasando bajo unos aros con arreglo a un orden determinado.
CROQUETA f. (fr. *croquette*). Fritura de carne, pescado u otro ingrediente, rebozada con huevo y pan rallado.
CROQUIS m. (pal. fr.). Diseño ligero, boceto. (SINÓN. V. *Proyecto.*)
CROSCITAR v. i. Crascitar, graznar los cuervos.

crómlech

crótalo

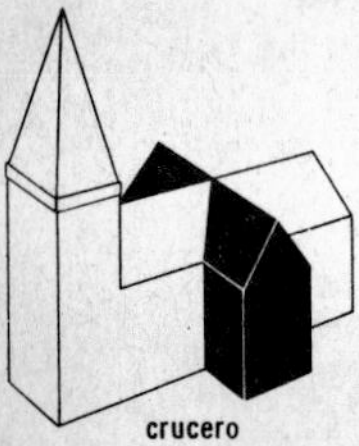

crucero

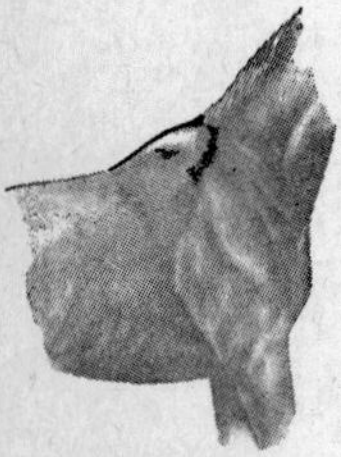

cruz de caballo

CRUCES

1. Egipcia
2. Griega
3. Latina
4. Gamada
5. De San Antonio
6. De San Andrés
7. De Lorena
8. De Malta
9. Trebolada
10. Potenzada
11. Ancorada
12. Papal

CROSS-COUNTRY m. (pal. ingl., pr. *kros-kontre*). Carrera de obstáculos a campo traviesa.

CRÓTALO m. (gr. *krotalon*). Especie de castañuelas de los sacerdotes de Cibeles. ‖ Reptil ofidio de América.
— El *crótalo* o *serpiente de cascabel* habita América del Sur; su mordedura es casi siempre mortal. Mide hasta dos m de largo y su cola está provista de un apéndice córneo que produce un ruido muy particular cuando la agita.

CROTORAR v. i. Hacer ruido la cigüeña con el pico.

CROUPIER m. (pal. fr.). Empleado de una casa de juego que paga o recoge el dinero apostado en una mesa.

CRUCE m. Acción de cruzar. ‖ Acción por la cual dos cosas que van en direcciones opuestas se encuentran: *cruce de dos automóviles.* ‖ Punto donde se cortan varias vías: *detenerse en un cruce.* (SINÓN. *Crucero, encrucijada, cruzamiento, confluencia, bifurcación.* Ferroc. *Empalme.*) ‖ Reproducción sexual a partir de dos seres de razas diferentes.

CRUCEIRO m. Cruzeiro.

CRUCEÑO, ÑA adj. y s. Cruz. ‖ De Santa Cruz (Bolivia).

CRUCERÍA f. Sistema constructivo propio del estilo gótico: *bóveda de crucería.*

CRUCERO adj. Dícese del arco que va de un ángulo al opuesto, en las bóvedas por aristas. ‖ — M. El que lleva la cruz en ciertas ceremonias. ‖ Encrucijada. (SINÓN. V. *Cruce.*) ‖ *Gal.* Cruz grande erigida en un camino. ‖ *Arq.* Espacio comprendido por las dos naves de la iglesia en su punto de cruzamiento. ‖ Nave transversal. ‖ *Mar.* Determinada extensión por la que cruzan barcos. ‖ Viaje de turismo por mar o por aire. ‖ Barco de guerra rápido con fuerte armamento: *un crucero acorazado.* ‖ *Miner.* Dirección por la que resulta más fácil la división de las rocas: *el diamante se parte siempre por los planos de crucero.* ‖ Vigueta de la sierra. ‖ Doblez del pliego de papel. ‖ *Amer.* Armazón colocada sobre el pozo y de donde cuelgan los cubos. ‖ Cruz del Sur, constelación. ‖ *Velocidad de crucero,* la más rápida de un buque o avión consumiendo el mínimo de carburante.

CRUCETA f. Nombre de las intersecciones de dos series de líneas paralelas: *las crucetas de un enrejado.* ‖ *Mar.* Meseta en la cabeza de los masteleros. ‖ *Mec.* Pieza que sirve de articulación entre el vástago del émbolo y la biela. ‖ *Per.* Molinete, torno, en las chacras.

CRUCIAL adj. En forma de cruz: *incisión crucial.* ‖ Que permite elegir definitivamente: *experimento crucial.* ‖ Fundamental, esencial. (SINÓN. V. *Decisivo.*)

CRUCIFERARIO m. El que lleva la cruz.

CRUCÍFERO, RA adj. *Poét.* Que lleva una cruz. ‖ — F. pl. Familia de plantas cuyas flores tienen cuatro pétalos en cruz, como la col. ‖ — M. Cruciferario.

CRUCIFICADO, DA adj. Que está clavado en cruz. ‖ — M. *El Crucificado,* por antonomasia, Jesucristo.

CRUCIFICAR v. t. (del lat *crux, crucis,* cruz, y *figere,* fijar). Clavar en una cruz. ‖ *Fig.* Mortificar, hacer sufrir.

CRUCIFIJO m. Imagen de Jesucristo crucificado.

CRUCIFIXIÓN f. Acción y efecto de crucificar.

CRUCIFORME adj. De forma de cruz.

CRUCIGRAMA m. Enigma que consiste en inscribir, en las casillas de un papel cuadriculado, palabras que puedan leerse lo mismo vertical que horizontalmente.

CRUCIGRAMISTA y **CRUCIVERBISTA** com. Persona que hace o resuelve crucigramas.

CRUDEZA f. Estado de lo que está crudo: *crudeza de las frutas.* ‖ *Fig.* Rigor, aspereza: *hablar con crudeza.* ‖ — Pl. Alimentos difíciles de digerir.

CRUDILLO m. Tela áspera y dura.

CRUDO, DA adj. Que no está cocido: *las ostras se comen crudas.* ‖ No maduro: *fruta cruda.* ‖ De difícil digestión. ‖ Dícese del agua que contiene yeso en disolución: *el agua cruda no cuece las legumbres.* ‖ Dícese del color de la seda cruda, blanco amarillento. ‖ Dícese de ciertas cosas no preparadas: *seda cruda.* ‖ Frío, dicho del tiempo. ‖ *Fig.* Cruel, áspero. ‖ *Fam.* Que afecta guapeza, valentía: *mozo crudo.* ‖ *Fam.* Amodorrado tras una borrachera. ‖ — M. Tela de estopa gruesa.

CRUEL adj. (lat. *crudelis*). Despiadado: *Domiciano fue un tirano cruel.* (SINÓN. *Desalmado, feroz, brutal, cafre.* V. tb. *inhumano.*) ‖ Aficionado a la sangre: *el tigre es cruel.* ‖ Que hace sufrir: *dolor cruel.* ‖ Riguroso, severo: *suerte cruel.* ‖ — CONTR. *Dulce, clemente, humano.*

CRUELDAD f. Inhumanidad, ferocidad. (SINÓN. V. *Barbarie.*) ‖ Acción cruel: *cometer crueldades un tirano.* ‖ Rigor: *la crueldad de la suerte.* ‖ — CONTR. *Dulzura, clemencia.*

CRUELMENTE adv. m. Con crueldad.

CRUENTO, TA adj. Sangriento: *drama cruento.* (SINÓN. V. *Sangriento.*)

CRUJÍA f. Corredor, pasillo. ‖ Sala de hospital, con camas a ambos lados. ‖ *Arg.* Espacio entre dos muros de carga. ‖ *Mar.* Camino en medio del barco, de proa a popa. ‖ Fila de habitaciones seguidas a continuación. ‖ Corredor o galería. ‖ *Fig.* y *fam. Pasar una crujía,* padecer trabajos.

CRUJIDERO, RA adj. Que cruje.

CRUJIDO m. Acción de crujir y ruido que hace.

CRUJIDOR, RA adj. Que cruje: *follaje crujidor.*

CRUJIENTE adj. Que cruje.

CRUJIR v. i. Hacer cierto ruido un cuerpo al romperse, al estallar o al chocar: *crujir la seda, los dientes.*

CRÚOR m. *Poét.* Sangre.

CRUP m. (fr. *croup*). Difteria.

CRUPAL adj. Relativo al crup: *una tos crupal.*

CRURAL adj. Relativo al muslo.

CRUSTÁCEOS m. pl. (del lat. *crusta,* costra). Clase de animales articulados, de respiración branquial y tegumento sólido, cubiertos con un caparazón calizo: *el cangrejo, la langosta, el camarón y la cochinilla son crustáceos.*

CRÚSTULA f. Cortezuela.

CRUZ f. (lat *crux*). Patíbulo formado por dos maderos, al que se clavaban en otro tiempo los criminales: *se imponía el suplicio de la cruz a los esclavos fugitivos.* ‖ Figura que representa la cruz de N. S. Jesucristo. ‖ Figura formada por dos rayas cortadas perpendicularmente. ‖ Distintivo de muchas órdenes y condecoraciones religiosas, militares o civiles: *la cruz de Isabel II* ‖ Reverso de las medallas o monedas: *jugar a cara o cruz.* ‖ Parte más alta del espinazo de los animales: *la altura de los animales se mide desde el suelo hasta la cruz.* ‖ Parte del árbol en que empiezan las ramas horizontales. ‖ *Fig.* Aflicción, carga: *llevar su cruz con paciencia.* ‖ *Blas.* Pieza formada por el cruce del palo y de la banda. ‖ Unión de la caña del ancla con los brazos. ‖ *Cruz de San Andrés,* aspa. ‖ *Cruz patriarcal,* la de dos travesaños horizontales, como la de Caravaca. ‖ *Cruz roja,* cruz roja sobre fondo blanco que indica neutralidad y es emblema de la institución internacional que se ocupa de la asistencia y socorro de enfermos y heridos. ‖ *Gran cruz,* la mayor distinción de algunas órdenes: *caballero gran cruz de Isabel la Católica.* ‖ *Cruz de mayo,* fiesta de la invención de la Santa Cruz (3 de mayo). ‖ *Cruz y raya,* expresión empleada para dar por concluido un asunto, una amistad. ‖ *En cruz,* dispuesto en forma de cruz. ‖ *Hacerse uno cruces,* demostrar admiración o extrañeza. ‖ *Fam. Por esta cruz, por éstas que son cruces,* modo de afirmar con solemnidad.

CRUZA f. *Chil.* y *Riopl.* Bina. ‖ *Chil. Hacer la cruza,* resistir, oponerse.

CRUZADA f. Expedición a Tierra Santa contra los infieles. (V. *Parte hist.*). ‖ Tropa que iba en ella. ‖ *Fig.* Campaña o serie de esfuerzos en pro de una reforma: *la cruzada antialcohólica.*

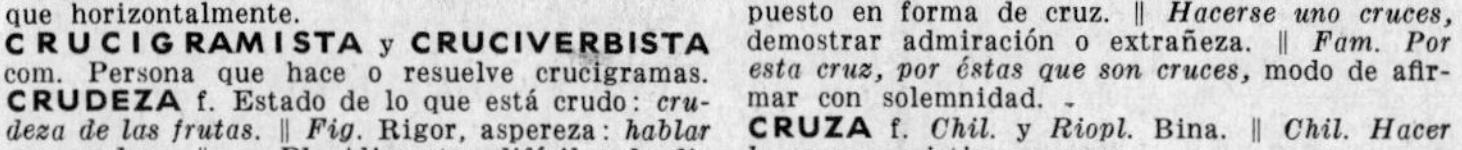

1 2 3 4 5 6 7 8 9 10 11 12

CRUZADO, DA adj. En cruz: *líneas cruzadas.* || *Tela cruzada,* la de hilos muy apretados. || Rayado (cheque). || — M. Soldado que tomaba parte en una cruzada. || Dícese del animal nacido de padres de raza distinta. (SINÓN. V. *Mestizo.*) || Nombre de varias monedas antiguas españolas. || Moneda de plata portuguesa. || Cierta postura de la guitarra. || — Pl. En el dibujo, rayitas cruzadas con que se sombrean los dibujos.
CRUZAMEN m. *Mar.* Nombre que se da al cruce del mastelero con las vergas.
CRUZAMIENTO m. Acción y efecto de cruzar. (SINÓN. V. *Cruces.*)
CRUZAR v. t. Atravesar en forma de cruz: *cruzar las piernas.* || Atravesar: *cruzó la calle.* || Cortar: *este camino cruza la carretera.* || Dar a las hembras de los animales, machos de distinta raza. || Investir a una persona con la cruz y el hábito de una orden. || Arar por segunda vez. || Encontrar a uno que viene en dirección opuesta. || Trazar en un cheque dos rayas paralelas para que éste sólo pueda ser cobrado por medio de una cuenta corriente. || *Fig. Cruzar a uno la cara,* darle un latigazo en el rostro. || — V. i. *Mar.* Ir y venir en un mismo paraje para vigilar la navegación. || Ser suficientemente ancho para cruzarse: *este chaleco no cruza bien.* || *Cruzar palabras con uno,* conversar brevemente o disputar con él. || — V. r. Tomar parte en una cruzada. || Ingresar en una orden militar. || *Fig. Cruzarse de brazos,* permanecer inactivo.
CRUZEIRO m. Unidad monetaria del Brasil.
Cs, símbolo químico del *cesio.*
Cu, símbolo químico del *cobre.*
CUABA f. *Cub.* Género de árboles rutáceos.
CUACAR v. i. *Col.* y *Chil. Fam.* Cuadrar, gustar.
CUÁCARA f. *Col.* y *Venez. Fam* Levita. || *Chil. Fam.* Chaqueta.
CUACO m. *Méx.* Caballo, rocín. || *Col.* Pulpa exprimida de la yuca.
CUADERNA f. *Mar.* Costilla de la nave. || Pareja doble en el juego de tablas. || Moneda antigua. || *Cuaderna vía,* estrofa monorrima de cuatro versos utilizada por los escritores del Mester de Clerecía.
CUADERNAL m. *Mar.* Conjunto de varias poleas en una misma armadura.
CUADERNILLO m. Conjunto de cinco pliegos de papel. || Añalejo, librillo para el rezo eclesiástico. (SINÓN. V. *Cuaderno.*)
CUADERNO m. (lat. *quaterni*). Conjunto de varios pliegos de papel, doblados y cosidos en forma de libro. || Libro pequeño de apuntes. (SINÓN. *Libreta, cuadernillo, agenda.* V. tb. *folleto.*)
CUADRA f. (del lat. *quadra,* cuadrado). Caballeriza, sitio donde se recogen los caballos. (SINÓN. V. *Establo.*) || Conjunto de caballos de un mismo propietario. || Grupo de corredores de caballos del mismo equipo. || Sala grande y especialmente la de un cuartel u hospital. || *Amer.* Manzana de casas. || *Amer.* Longitud de esta manzana de casas. || *Amer.* Medida itineraria de 125 metros ó 150 varas.
CUADRADA f. Nota de la música antigua.
CUADRADILLO m. Cuadrado, regla. || Barra de hierro de sección cuadrada. || Azúcar partida en terrones cuadrados. || Tela de cuadros.
CUADRADO, DA adj. De forma cuadrangular: *vela cuadrada.* || *Fig.* Perfecto, cabal. || *Col. Fam.* Gallardo, airoso. || — M. *Geom.* Cuadrilátero de lados y ángulos iguales: *el cuadrado es el paralelogramo regular.* || *Mat.* Producto de una cantidad por sí misma: *dieciséis es el cuadrado de cuatro.* || *Raíz cuadrada de un número,* el número que multiplicado por sí mismo reproduce aquél. || Regla cuadrada para rayar el papel. || *Impr.* Barrita de metal que sirve para formar los blancos, espacios, etc. || *Cuadrado mágico,* cuadrado formado por números que arrojan una misma suma adicionados en cualquier sentido.
CUADRAGENARIO, RIA adj. y s. De cuarenta años.
CUADRAGÉSIMA f. Cuaresma.
CUADRAGESIMAL adj. Perteneciente a la cuadragésima o cuaresma: *ayuno cuadragesimal.*
CUADRAGÉSIMO, MA adj. (lat. *quadragesimus*). Que ocupa el orden indicado por el número cuarenta. || — M. La cuadragésima parte de un todo.
CUADRANGULAR adj. Que forma cuatro ángulos: *edificar una pirámide cuadrangular.*
CUADRÁNGULO, LA adj. De cuatro ángulos
CUADRANTE m. *Geom.* Cuarta parte del círculo limitada por dos radios. || Reloj solar trazado en un plano. || *Mar.* Cada una de las cuatro partes en que se divide la rosa náutica. || *Méx.* Oficina de la sacristía.
CUADRAR v. t. Dar a una cosa figura cuadrada. || *Mat.* Elevar una cantidad al cuadrado. || *Geom.* Determinar el cuadrado de superficie equivalente a la de otra figura. || *Carp.* Trabajar un madero en cuadro. || Cuadricular. || — V. i. Conformarse una cosa con otra: *no cuadra la persona con las señas.* (SINÓN. V. *Adaptar.*) || Agradar una cosa. || Salir exactas las cuentas. || *Amer.* Parecer, sentar una cosa en una persona. || *Méx.* Gustar: *no me cuadra hacer eso.* || — V. r. Quedarse parada una persona con los pies en escuadra: *cuadrarse un soldado, un torero.* || Pararse el caballo con los cuatro remos en firme. || *Fig.* y *fam.* Mostrar de pronto gran seriedad o resistencia. (SINÓN. V. *Resistir.*) || *Venez.* Lucirse, quedar airosa una persona, o conseguir algo de mucha importancia. || *Chil.* Estar listo. || *Chil.* Subscribirse con una cantidad de dinero.
CUADRATÍN m. *Impr.* Cuadrado.
CUADRATURA f. Acción y efecto de cuadrar una figura geométrica: *la cuadratura del círculo es un problema insoluble.* || *Astr.* Situación de dos cuerpos celestes, cuando distan uno o tres cuartos de círculo.
CUADRERO, RA adj. *Arg.* Dícese del caballo que corre mucho en línea recta.
CUADRICENAL adj. Que sucede cada cuarenta años.
CUADRICEPS adj. y s. Dícese del músculo con cuatro inserciones que forma la parte anterior del muslo.
CUADRICICLO m. Velocípedo de cuatro ruedas, generalmente con motor.
CUADRÍCULA f. Conjunto de cuadrados contiguos: *la cuadrícula se usa para copiar dibujos.*
CUADRICULACIÓN f. Acción de cuadricular.
CUADRICULADO, DA adj. Dividido en cuadrículas.
CUADRICULAR adj. Relativo a la cuadrícula.
CUADRICULAR v. t. Trazar una cuadrícula.
CUADRIENAL adj. Que sucede o se reproduce cada cuadrienio: *los juegos olímpicos son cuadrienales.* || Que dura un cuadrienio.
CUADRIENIO m. Espacio de cuatro años.
CUADRÍFIDO, DA adj. De cuatro divisiones.
CUADRIFOLIADO, DA adj. Planta que se compone de cuatro hojas.
CUADRIFOLIO, A adj. Que tiene cuatro hojas.
CUADRIFORME adj. (lat. *quadriformis*). Que tiene cuatro formas. || De figura de cuadro.
CUADRIGA f. (lat. *quadriga*). Carro tirado por cuatro caballos de frente: *los triunfadores roma-*

nos iban en una cuadriga de caballos blancos.
CUADRIGÉMINOS adj. m. pl. *Anat. Tubérculos cuadrigéminos,* nombre de ciertas eminencias de la medula prolongada, en número de cuatro.
CUADRIL m. El hueso del anca. || Anca, cadera.
CUADRILATERAL adj. De cuatro lados.
CUADRILÁTERO, RA adj. Que tiene cuatro lados. || — M. *Geom.* Polígono de cuatro lados.
CUADRILITERAL y **CUADRILÍTERO, RA** adj. Que consta de cuatro letras.
CUADRILOBULADO, DA adj. Que está dividido en cuatro lóbulos: *hoja cuadrilobulada.*

cruzado

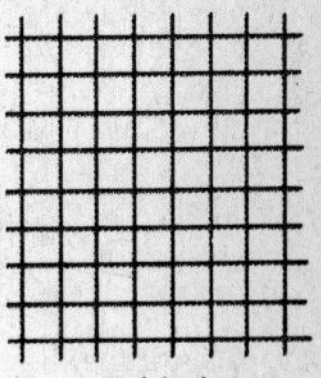

cuadrícula

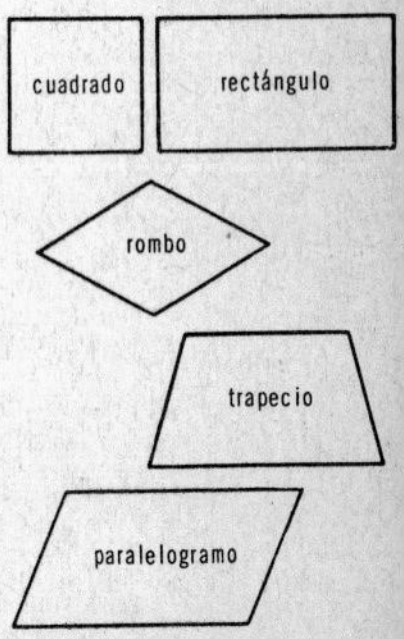

CUADRILÁTEROS

Fot. Anderson-Giraudon

CUADRILOCULAR adj. De cuatro divisiones.
CUADRILONGO, GA adj. Rectangular: *libro de forma cuadrilonga.* ‖ — M. Rectángulo.
CUADRILLA f. Reunión de varias personas que cooperan en una misma obra: *cuadrilla de albañiles, de toreros.* ‖ Banda: *cuadrilla de bandidos.* (SINÓN. V. *Tropa.*) ‖ Cierto baile de salón: *cuadrilla de lanceros.*
CUADRILLAZO m. *Chil.* Ataque de varias personas contra una.
CUADRILLERO m. Cabo que dirige una cuadrilla. ‖ *Filip.* Guardia de policía rural. ‖ *Chil.* El que da un cuadrillazo.
CUADRINGENTÉSIMO, MA adj. Que ocupa el orden indicado por el número cuatrocientos. ‖ — M. Cada una de las cuatrocientas partes iguales en que se divide un todo.
CUADRINOMIO m. Expresión algebraica que comprende cuatro términos.
CUADRIPÉTALO, LA adj. *Bot.* Que tiene cuatro pétalos: *una flor cuadripétala.* (SINÓN. *Crucífera.*)
CUADRIPLICAR v. t. Cuadruplicar.
CUADRISÍLABO, BA adj. y s. Cuatrisílabo.
CUADRIVIO m. (lat *quadrivium*). Encrucijada. ‖ En la Edad Media, división de las artes liberales, que comprendía las cuatro artes matemáticas: *aritmética, música, geometría* y *astrología.*
CUADRO, DRA adj. Cuadrado: *vela cuadra.* (P. us.) ‖ — M. Rectángulo. ‖ Lienzo: *un cuadro de Murillo.* (SINÓN. *Pintura.* V. tb. *representación.*) ‖ Marco de una pintura: *un cuadro dorado.* ‖ Parte de un jardín labrada en forma de cuadro: *un cuadro de alhelíes.* ‖ Dibujo en forma de cuadrícula, en un tejido: *tela de* (mejor que *a*) *cuadros.* ‖ Armazón cuadrangular de la bicicleta: *cuadro recto.* ‖ Cada una de las divisiones de la acción teatral que exige cambio de decoración: *un drama en tres actos y diez cuadros.* ‖ Descripción muy viva y animada: *Pereda nos presenta en sus novelas admirables cuadros de la vida de la Montaña.* ‖ *Fig.* Espectáculo de la naturaleza, o agrupación de personas o cosas, capaz de mover el ánimo. ‖ *Fig.* Equipo, formación. ‖ *Mil.* Formación de la infantería en forma de cuadrilátero. ‖ Conjunto de los jefes de un regimiento. ‖ Conjunto de nombres, cifras, etc., presentados gráficamente. ‖ *Chil.* Matadero. ‖ *En cuadro,* m. adv., en forma de cuadrado. ‖ *Cuadro de distribución,* conjunto de aparatos de una central eléctrica o telefónica para establecer o interrumpir comunicaciones. ‖ *Cuadro vivo,* escena representada por comparsas que guardan inmovilidad. ‖ *Estar,* o *quedarse, en cuadro,* haber perdido todo o encontrarse casi sin nada.
CUADRUMANO, NA adj. y s. *Zool.* Dícese de los mamíferos que tienen cuatro manos, como el mono.
CUADRÚPEDO, DA adj. y s. Que tiene cuatro pies.
CUÁDRUPLE adj. (lat *quadruplex*). Cuatro veces mayor: *tamaño cuádruple.*
CUADRUPLICACIÓN f. Multiplicación por cuatro.
CUADRUPLICAR v. t. (lat *quadruplicare*). Hacer cuádruple: *cuadruplicar una cantidad.*
CUÁDRUPLO, PLA adj. y s. Cuádruple.
CUAIMA f. Serpiente venenosa de Venezuela. ‖ *Fig.* y *fam. Venez.* Persona muy lista y perversa.
CUAJADA f. Parte caseosa y sólida de la leche, que se separa cuando se cuaja ésta. ‖ Requesón.
CUAJADILLO m. Cierta labor menuda que se hace en algunos tejidos de seda.
CUAJADO, DA adj. *Fig.* y *fam.* Inmóvil, asombrado: *se quedó cuajado al oír aquello.* ‖ *Fig.* y *fam.* Dormido. ‖ — M. Especie de pastel de carne.
CUAJADURA f. Acción de cuajar un líquido.
CUAJAMIENTO m. Coagulación, cuajadura.
CUAJANÍ m. Árbol rosáceo de Cuba.
CUAJAR m. Última de las cuatro divisiones del estómago de los rumiantes.
CUAJAR v. t. (lat. *coagulare*). Trabar las partes de un líquido tornándolo sólido: *cuajar la leche agregándole un ácido.* (SINÓN. V. *Coagular.*) ‖ — V. i. *Fig.* y *fam.* Lograr una pretensión: *no cuajó su negocio.* ‖ *Fig.* y *fam.* Gustar: *no me cuaja su proposición.* ‖ *Méx. Fam.* Pasar el tiempo charlando. ‖ *Méx.* Decir mentiras. ‖ *And.* Sazonarse un fruto en leche. ‖ — V. r. Coagularse: *se cuaja la clara de huevo cuando se calienta.* ‖ Llenarse: *cuajado de gente.* ‖ Dormirse profundamente. ‖ Quedarse inactivo. ‖ *Guat.* Emborracharse.
CUAJARÁ m. *Cub.* Árbol silvestre de Cuba.
CUAJARÓN m. Porción de un líquido cuajado: *un cuajarón de sangre.* ‖ *Fam.* Persona inactiva.
CUAJICOTE m. Especie de abejón de México que habita generalmente en los troncos de los árboles.
CUAJILOTE m. Género de plantas bignoniáceas de México: *el fruto del cuajilote es comestible.*
CUAJINICUIL m. *Salv.* Guaba, fruta.
CUAJIOTE m. Planta terebintácea de Centro América: *la goma del cuajilote es medicinal.*
CUAJO m. (lat. *coagulum*). Materia contenida en el cuajar de las terneras de leche: *el cuajo sirve para coagular la leche.* ‖ También se da este nombre al mismo cuajar y a otras substancias con que se cuaja la leche. ‖ *Fig.* y *fam.* Calma, pachorra. ‖ *Méx. Fam.* Charla ociosa; recreación en los colegios; embuste o bola. ‖ *Cub.* Cuajadura del guarapo. ‖ *De cuajo,* m. adv., de raíz: *arrancar de cuajo.*
CUAKERISMO m. Cuaquerismo.
CUÁKERO, RA m. y f. Cuáquero.
CUAL, pron. relativo de ambos géneros. Hace en pl. *cuales.* ‖ Se emplea con artículo cuando le antecede un substantivo: *llamó a su criado, el cual dormía.* ‖ Carece de artículo cuando significa *como* o *según*: *le detuvieron sucesos imprevistos, cuales a menudo ocurren; cual el padre, tal el hijo.* ‖ — Adv. m. Como: *la cosecha, cual se presenta, será mediana.* ‖ De qué modo.
CUÁL, pron. relativo de ambos géneros que se usa en frases de sentido interrogativo o dubitativo: *¿cuál de los dos te gusta más?, ignoro cuál de los dos será el elegido.* En este caso no lleva nunca antepuesto el artículo. ‖ — Pron. indet. Se emplea de manera disyuntiva: *cuál más cuál menos, toda la lana es pelo.* ‖ — Adv. m. Cómo, cuán, en sentido ponderativo: *¡cuál infeliz se sentiría, al verse abandonado!*
CUALESQUIER pron. indet. Pl. de *cualquier.*
CUALESQUIERA pron. indet. Pl. de *cualquiera.*
CUALIDAD f. (lat. *qualitas*). Lo que hace que una persona o cosa sea lo que es, propiedad, carácter: *una buena cualidad.* (SINÓN. *Propiedad, atributo, don, virtud, modalidad, modo.*) ‖ — PARÓN. *Calidad.*
CUALIFICAR v. t. Atribuir o apreciar cualidades.
CUALITATIVO, VA adj. Que denota cualidad. ‖ *Quím. Análisis cualitativo,* el que investiga la naturaleza de los elementos que componen el cuerpo.
CUALQUIER pron. indet. Cualquiera. (Sólo se emplea antepuesto al nombre.)
CUALQUIERA pron. indet. Designa una persona indeterminada, alguno: *llamar a un médico cualquiera; cualquiera de los dos.* ‖ *Ser un cualquiera,* ser persona poco importante. ‖ — OBSERV. Antes de un substantivo suele perder la *a* final: *cualquier día viene a casa.* Hace en pl. *cualesquiera* o *cualesquier,* pero es barbarismo usar estas formas en singular.
CUAMIL m. *Méx.* Huerta.
CUAN m. *Col.* Tomiza, lía. ‖ *Hond.* Chacha, ave.
CUAN y **CUÁN** adv. c. (lat. *quam*). Apócope de *cuanto,* que encarece la idea expresada por el adjetivo: *¡cuán triste estaba cuando llegué a su casa!; se tendió cuan largo era.* (Lleva acento cuando es admirativo o interrogativo.)
CUANDO adv. t. (lat. *quando*). En el tiempo en que: *será ya de noche cuando lleguemos a casa.* ‖ En qué tiempo: *no sé aún cuando.* ‖ En caso de que, o si. ‖ — Conj. Aunque: *cuando no fuera por darle gusto lo haría; lo confesaría aun cuando en ello me fuera la vida.* ‖ Puesto que: *cuando lo dice tu padre, sus razones tendrá.* ‖ Unas veces y otras veces: *cuándo con razón, cuándo sin ella.* ‖ — M.: *el cómo y el cuándo.* ‖ *Cuando más* [*Chil.*: *cuando mucho*] m. conj., a lo más. ‖ *De cuando en cuando* [*Nic.*: *de cuando en vez*] m. adv. algunas veces. ‖ *¿De cuándo acá?,* expr. de extrañeza.

CUANDÚ m. *Zool.* Coendú, mamífero roedor.
CUANTA m. Quanta.
CUANTÍA f. Cantidad. ‖ Importancia. ‖ *For.* Valor en materia litigiosa.
CUANTIAR v. t. Valuar: *cuantiar una hacienda.*
CUÁNTICO, CA adj. Relativo a los quanta o unidades de energía: *mecánica cuántica.*
CUANTIDAD f. *Mat.* Cantidad.
CUANTIMÁS adv. m. Contrac. de *cuanto* y *más.*
CUANTIOSAMENTE adv. m. En gran cantidad.
CUANTIOSO, SA adj. Grande, abundante, numeroso: *cuantiosa fortuna.* ‖ — CONTR. *Escaso.*
CUANTITATIVO, VA adj. (del lat. *quantitas,* cantidad). De la cantidad. ‖ *Quím. Análisis cuantitativo,* el que dosifica los elementos de un cuerpo compuesto.
CUANTO m. V. QUANTUM.
CUANTO adv. m. Tan pronto como: *iré a verle cuanto anochezca.* ‖ *Cuanto antes,* m. adv., lo más pronto posible. ‖ *Cuanto a,* m. adv., respecto de, por lo tocante a. ‖ *Cuanto más,* m. adv. y conj. que indica ponderación: *lo pagaré cuanto más que tenía la intención de hacerlo.* ‖ *En cuanto,* m. adv., tan pronto: *en cuanto venga te escribiré.* ‖ Mientras: *en cuanto cantaba, ella le escuchaba.* (P. us.) ‖ *En cuanto a,* m. adv., por lo tocante a: *en cuanto a ti, ya sabes lo que te espera.* ‖ *Por cuanto,* m. adv., por esta razón.
CUÁNTO adv. c. Qué cantidad, en qué grado: *¿cuánto cuesta esta mesa?* ‖ De qué manera: *¡cuánto me alegro de que mejores!* ‖ — Adv. t.: *¿cuánto ha que se marchó?; ¡cuánto ha durado este sermón!*
CUANTO, TA adj. (lat. *quantus*). Que incluye cantidad indeterminada. ‖ Es correlativo de *tanto*: *le dio tanto pan cuanto quiso.* ‖ Todo lo que, todos los que: *entraron cuantas personas quisieron.*
CUÁNTO, TA adj. Que sirve para ponderar la magnitud de una cosa: *¡cuánto trabajo cuesta salir de estos apuros!; ¡cuánta gente hay en la calle!; ¡cuántas estampas tiene este libro!*
CUAPASTLE adj. *Méx.* De color leonado obscuro.
CUAQUERISMO m. Secta de los cuáqueros.
CUÁQUERO, RA m. y f. (del ingl. *quaker,* temblador). Miembro de una secta religiosa esparcida principalmente en Inglaterra y los Estados Unidos.
CUARANGO m. *Per.* Especie de quina.
CUARCITA f. Roca silícea que se emplea en la construcción de edificios.
CUARENTA adj. num. (lat. *quadraginta.*) Cuatro veces diez: *cuarenta días después del miércoles de Ceniza cabe la Pascua de Resurrección.* ‖ Cuadragésimo: *página cuarenta.* ‖ Conjunto de cifras o signos que representan el número cuarenta. ‖ — F. pl. En el tute, reunión del rey y del caballo del palo que es triunfo: *acusar las cuarenta.* ‖ *Fig.* y *fam. Acusarle* o *cantarle a uno las cuarenta,* decirle las cuatro verdades.
CUARENTAVO, VA adj. Cuadragésimo.
CUARENTENA f. Conjunto de cuarenta unidades, días, meses, años, etc. ‖ Cuaresma: *la santa cuarentena.* ‖ Permanencia que hacen en un lugar determinado las personas y objetos que provienen de país donde reina epidemia: *poner un barco en cuarentena.* ‖ *Fig.* y *fam.* Aislamiento impuesto a una persona. ‖ *Fig.* y *fam.* Suspensión de la creencia de una noticia o hecho por un período de tiempo.
CUARENTENAL adj. Relativo al cuarenta.
CUARENTÓN, ONA adj. y s. *Fam.* Persona que tiene ya más de cuarenta años.
CUARESMA f. Tiempo de abstinencia, para los católicos, entre el miércoles de Ceniza y la Pascua de Resurrección. ‖ Conjunto de sermones para la cuaresma: *es famosa la Cuaresma de Massillon.*
CUARESMAL adj. Relativo a la Cuaresma.
CUARTA f. Cada una de las cuatro partes iguales en que se divide un todo. ‖ Medida de un palmo, desde el pulgar hasta el meñique de la mano extendida. ‖ Serie de cuatro naipes que se siguen en algunos juegos: *una cuarta al caballo.* ‖ *And.* Mula de guía en los coches. ‖ *Méx.* y *Cub.* Tralla, látigo grande. ‖ *And.* y *Amer.* Caballería que se agrega a las de un vehículo para ayudarlas; encuarte. ‖ *Mar.* División de la rosa náutica. ‖ *Mús.* Intervalo entre una nota y la cuarta anterior o posterior: *la cuarta comprende dos tonos y un semitono mayor.*
CUARTAGO m. Rocín de mediano cuerpo.
CUARTANA f. Nombre que se da a la calentura intermitente que sucede de cuatro en cuatro días.
CUARTANARIO, RIA adj. Que padece cuartanas.
CUARTAZO m. *Méx.* Latigazo.
CUARTEAR v. t. Dividir en cuartas partes. ‖ *Por ext.* Descuartizar, dividir en trozos. ‖ Echar la puja del cuarto en una subasta. ‖ Dirigir los caballos haciendo eses, en las cuestas, para subir más fácilmente. ‖ *Méx.* Azotar con la cuarta. ‖ — V. i. *Taurom.* Hacer un esguince para evitar el derrote. ‖ *Venez.* Contemporizar entre dos partidos que luchan. ‖ — V. r. Henderse, agrietarse: *se cuartea la pared.* ‖ *Méx.* No cumplir lo ofrecido.
CUARTEL m. Edificio destinado para el alojamiento de la tropa. ‖ Alojamiento del ejército en campaña: *tomar sus cuarteles de invierno.* ‖ Cuarta parte: *escudo dividido en cuatro cuarteles.* ‖ Barrio, distrito. ‖ Cuadro de jardín. ‖ *Blas.* Cualquier división del escudo. ‖ Gracia concedida a los vencidos: *no dar cuartel.* ‖ *Cuartel general,* lugar ocupado por el Estado Mayor de un ejército. ‖ *De cuartel,* loc. adv., se dice de los oficiales sin empleo y con sueldo reducido.
CUARTELADA f. y **CUARTELAZO** m. *Amer.* Motín militar.
CUARTELAR v. t. *Blas.* Dividir en cuarteles.
CUARTELERO, RA adj. De cuartel. ‖ — M. *Mil.* Soldado que cuida del aseo y orden de su compañía. ‖ *Ecuad.* y *Per.* Camarero, mozo.
CUARTELESCO, CA adj. De cuartel.
CUARTEO m. Esguince, o rápido movimiento que hace el torero para evitar la cogida. ‖ Grieta en una pared que se cuartea. (SINÓN. V. *Hendedura.*) ‖ *Col.* Suspensión de la lluvia en el invierno. ‖ *Venez.* Acción de cuartear.
CUARTERÍA f. *Chil.* y *Cub.* Casa de vecindad.
CUARTEROLA f. Barril que contiene la cuarta parte de un tonel. ‖ Medida para líquidos (130 litros). ‖ *Chil.* Cubeta de aguador. ‖ *Amer.* Tercerola corta.
CUARTERÓN, ONA adj. Nacido de blanco y mestizo. (SINÓN. V. *Mestizo.*) ‖ — M. Cuarta parte. ‖ Cuarta parte de la libra. ‖ Postigo alto de una ventana. ‖ *Carp.* Adorno cuadrado que se hace en las puertas.
CUARTETA f. (ital. *quartetta.*) Redondilla. ‖ Combinación métrica de cuatro versos endecasílabos.
CUARTETO m. (ital. *quartetto*). Combinación métrica de cuatro versos endecasílabos o de arte mayor. ‖ *Mús.* Composición para cuatro voces o instrumentos. ‖ Conjunto de estas voces o instrumentos: *un cuarteto vocal.*
CUARTILLA f. Nombre de varias medidas de capacidad, cuarta parte de la cántara, de la fanega o de la arroba. ‖ Cuarta parte de un pliego de papel: *los escritores suelen escribir sus obras en cuartillas sueltas.* ‖ Parte del pie de la caballería, entre los menudillos y la corona del casco. ‖ Pequeña moneda antigua de plata en México.
CUARTILLERO m. Encargado, entre otros menesteres, de recoger y traer a la redacción de un periódico los originales de un artículo.
CUARTILLO m. Nombre de varias medidas. ‖ Cuarta parte del celemín o del azumbre: *el cuartillo para líquidos equivale a medio litro.* ‖ Moneda antigua de vellón.
CUARTILLUDO, DA adj. *Veter.* Dícese de la caballería larga de cuartillas: *yegua cuartilluda.*
CUARTO, TA adj. (lat. *quartus*). Que ocupa el cuarto lugar. ‖ — M. Dícese de cada una de las cuatro partes iguales en que se divide un todo: *un cuarto de hora.* ‖ Parte de una casa, donde habita una familia. (SINÓN. V. *Vivienda.*) ‖ Cuarto piso: *vive en el cuarto.* ‖ Aposento, habitación: *cuarto de dormir.* (SINÓN. V. *Pieza.*) ‖ Moneda de vellón española antigua (3 céntimos de peseta). ‖ Cada una de las cuatro partes principales de una chaqueta. ‖ Cada una de las cuatro partes en que se considera dividido el cuerpo de los animales: *un cuarto trasero de cabrito.* ‖ *Mil.* Tiempo que está un soldado de centinela. ‖ — Pl. *Fam.* Dinero: *es hombre de muchos cuartos.* (SINÓN. V. *Dinero.*) ‖ *Cuarto de banderas,* en los

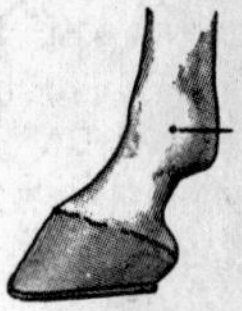
cuartilla

cuarta

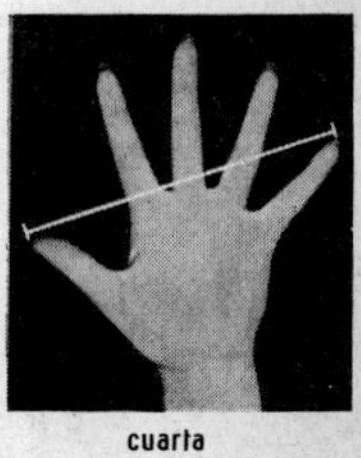
cuarta

Fot. Larousse

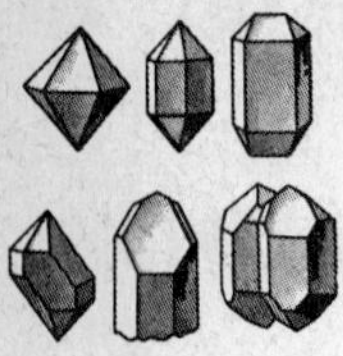

cristales de cuarzo

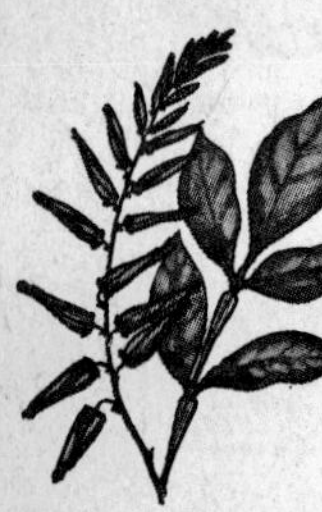

cuasia

CUBAS

ordinaria

de fermentación

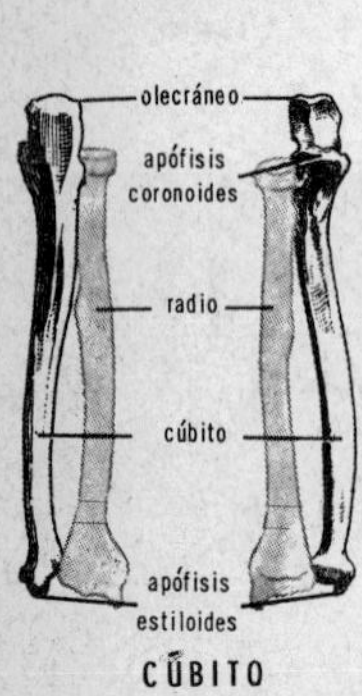

CÚBITO

cuarteles, sala donde se custodian éstas. || *Astr.* Cuarta parte del tiempo que transcurre entre dos lunas nuevas: *cuarto menguante, cuarto creciente.* || *Cuarto de estar,* habitación en que se reúne la familia y donde se reciben las personas de confianza. || *Cuarto de final,* cada una de las cuatro antepenúltimas competiciones de un campeonato o concurso. || *Cuatro cuartos,* poco dinero. || *Fig.* y *fam. Dar un cuarto al pregonero,* divulgar una cosa. || *Fig.* y *fam. De tres al cuarto,* de poco valor. || *En cuarto,* loc. adv. que se aplica a los libros en que el pliego de papel está doblado en cuatro: *el tamaño en cuarto ordinario es doble del tamaño del presente Diccionario Larousse.* || *Fig.* y *fam. Echar uno su cuarto a espadas,* meter baza en la conversación. || *Fig.* y *fam. No tener un cuarto,* estar muy alcanzado de recursos. || *¡Qué..., ni qué cuatro* (u *ocho*) *cuartos!,* expr. fam. de incredulidad.

CUARTÓN m. Nombre de diversos maderos cuya magnitud varía con las provincias.

CUARTUCO y **CUARTUCHO** m. Cuarto malo.

CUARZO m. (al. *quarz*). Nombre que se da a varias especies de sílice más o menos pura: *el cuarzo se llama a veces "cristal de roca".*

CUARZOSO, SA adj. Que tiene cuarzo o sílice.

CUASCLE m. *Méx.* Manta que se echa al caballo.

CUASI adv. c. Casi. (P. us.)

CUASIA f. Género de plantas simarubáceas cuya madera se usa mucho en medicina como tónico.

CUASICONTRATO m. Cosa que se ejecuta sin convenio previo, como por ejemplo la gestión de los bienes de uno durante su ausencia.

CUASIDELITO m. Hecho ilícito que, cometido sin mala intención, causa perjuicio al prójimo y puede ser perseguido en justicia.

CUASIMODO m. (de las palabras *quasi modo,* con que empieza la misa este domingo). *Domingo de Cuasimodo,* el primero después de Pascua.

CUASIUSUFRUCTO m. Derecho usufructuario sobre una cosa fungible.

CUATE, TA adj. y s. *Méx.* Gemelo. || *Méx.* Parecido.

CUATEQUIL m. *Méx.* Maíz.

CUATERNA f. Suerte de la lotería antigua cuando salían cuatro números de la combinación elegida.

CUATERNARIO, RIA adj. y s. m. Que consta de cuatro unidades. || *Geol.* Perteneciente al último terreno sedimentario: *en el período cuaternario se inició la extensión de los grandes glaciares.*

CUATERNO, NA adj. De cuatro números.

CUATEZÓN, ONA adj. *Méx.* Descornado.

CUATÍ m. *Riopl.* Coatí.

CUATORVIRO m. (lat. *quattuorvir*). Nombre de los cuatro magistrados romanos que presidían el gobierno de algunas ciudades.

CUATRALBO, BA adj. Que tiene blancos los cuatro pies: *caballo cuatralbo; yegua cuatralba.*

CUATREÑO, ÑA adj. De cuatro años.

CUATREREAR v. t. *Arg.* Robar, hurtar.

CUATRERO, RA adj. y s. Ladrón de ganado. || *Per.* Pícaro, bribón. || *Méx. Fam.* Que dice disparates. || *Amér. C.* Traidor, desleal.

CUATRIENIO m. Cuadrienio.

CUATRILLIZO, ZA adj. y s. Dícese de cada uno de cuatro hermanos nacidos de un parto.

CUATRILLO m. Juego de naipes entre cuatro.

CUATRILLÓN m. Millón de trillones.

CUATRIMESTRAL adj. Que sucede o se repite cada cuatrimestre. || Que dura cuatro meses.

CUATRIMOTOR m. Avión con cuatro motores.

CUATRINCA f. Reunión de cuatro personas o cosas: *cuatrinca de opositores.*

CUATRISÍLABO, BA adj. y s. De cuatro sílabas.

CUATRO adj. (lat. *quattuor*). Tres y uno. || Cuarto: *el día cuatro de mayo.* || — M. Signo que representa el número cuatro. || Naipe de cuatro figuras: *cuatro de copas.* || *Las cuatro,* la cuarta hora desde media noche o desde mediodía. || *Col.* y *Venez.* Guitarrillo que sólo tiene cuatro cuerdas. || *Méx. Fam.* Disparate. || *Fam. Cuatro gatos, gotas* o *letras,* expresiones que significan en forma indefinida una pequeña cantidad.

CUATROCENTISTAS m. pl. (del ital. *quatrocento*). Nombre que se da a los artistas y literatos del siglo XV, particularmente a los italianos.

CUATROCIENTOS, TAS adj. Cuatro veces ciento: *cuatrocientos soldados.* || Cuadringentésimo: *página cuatrocientas.* || — M. Signo o conjunto de signos que representa el número cuatrocientos.

CUATROPEADO m. Movimiento en la danza.

CUATROTANTO m. Cuádruplo.

CUBA f. (lat. *cupa*). Recipiente de madera, cerrado por ambos extremos, tonel. || Recipiente grande de madera abierto por su cara superior: *cuba de fermentación.* || Su contenido. || *Fig.* y *fam.* Persona de mucho vientre o que bebe mucho vino. || *Col.* Nombre que se da al hermano o hijo menor. || *Cuba libre,* bebida hecha con coca cola y ron. || *Fig.* y *fam. Estar hecho una cuba,* estar muy borracho.

CUBACIÓN f. Cubicación, acción de cubicar.

CUBAGÜÉS, ESA adj. y s. Antiguo hab. de Cubagua (Venezuela).

CUBANICÚ m. *Cub.* Planta eritroxilácea silvestre.

CUBANISMO m. Modismo propio de Cuba.

CUBANIZAR v. t. Dar carácter cubano a una cosa.

CUBANO, NA adj. y s. De Cuba.

CUBEBA f. Arbusto piperáceo medicinal de Java.

CUBERA f. *Cub.* Pez parecido a la perca.

CUBERÍA f. Oficio del cubero.

CUBERO m. El que fabrica cubas, cubos, etc.

CUBETA f. Recipiente de madera a modo de herrada. (SINÓN. V. *Cubo.*) || Cuba pequeña de aguador. || Recipiente del barómetro. || Recipiente que se usa en operaciones químicas y fotográficas. || *Méx. Fam.* Sombrero de copa.

CUBETO m. Cubeta o herrada pequeña.

CUBICACIÓN f. Acción y efecto de cubicar.

CUBICAR v. t. *Mat.* Elevar una cantidad a la tercera potencia. || *Geom.* Medir el volumen de un cuerpo, o la capacidad de un hueco.

CÚBICO, CA adj. *Geom.* Perteneciente al cubo. || De figura de cubo geométrico. || *Raíz cúbica de un número,* número que, multiplicado dos veces por sí mismo, reproduce aquél: *dos es raíz cúbica de ocho.*

CUBIERTA f. Lo que cubre: *cubierta de cama.* || Sobre: *poner la cubierta a una carta.* || Banda que protege las cámaras de los neumáticos. || Documento impreso que en Colombia se adhería a los sobres de cartas certificadas. || Forro de un libro. (SINÓN. V. *Envoltura.*) || *Fig.* Pretexto. || *Mar.* Cada uno de los suelos o puentes del barco, especialmente el superior: *subir a cubierta.*

CUBIERTO p. p. irreg. de *cubrir.* || — M. Servicio de mesa para cada persona: *el cubierto se compone de cuchillo, cuchara, tenedor, vaso, pan y servilleta.* || Comida de los restaurantes a precio fijo. || Abrigo, albergue, protección, techumbre. || *Estar a cubierto,* estar protegido.

CUBIL m. Guarida de las fieras. (SINÓN. V. *Madriguera.*)

CUBILETE m. Vaso de cobre o de hojalata que sirve para diversos usos y especialmente para la cocina, para hacer juegos de manos y para jugar a los dados. || Pastel de carne, de figura de cubilete. || Flor del nenúfar. || *Amér. C., Col.* y *Venez.* Sombrero de copa.

CUBILETEAR v. i. Intrigar, maquinar, usar subterfugios.

CUBILETEO m. Acción de cubiletear.

CUBILETERO m. Jugador de cubiletes, prestidigitador. || Cubilete, vasija.

CUBILOTE m. Horno donde se verifica en las fundiciones la segunda fusión del hierro colado.

CUBILLO m. Pieza de vajilla para mantener fría el agua. || *Ant.* Palco de platea.

CUBISMO m. Escuela moderna de arte que se caracteriza por la representación de los objetos bajo formas geométricas: *Picasso, Gris y Braque fueron los iniciadores del cubismo.*

CUBISTA adj. y s. Relativo al cubismo y el que lo practica.

CUBITAL adj. (lat. *cubitalis*). Relativo al codo: *nervio cubital.*

CÚBITO m. *Anat.* Hueso mayor de los dos del antebrazo.

CUBO m. Recipiente de diversas formas y materias, que sirve para el uso doméstico: *sacar un cubo de agua.* (SINÓN. *Cubeta, tina, balde.*) || Parte hueca de algunos objetos en la que se encaja otro: *cubo de bayoneta, de candelero,* etc. ‖ Pieza central de la rueda, donde encajan los radios. ‖ Tambor donde se arrolla la cuerda de un reloj de bolsillo. ‖ Torreón circular en las fortalezas antiguas. ‖ *Mat.* Tercera potencia de una cantidad: *el cubo de un número se obtiene multiplicándolo dos veces por sí mismo (3 × 3 × 3 = = 27).* ‖ *Geom.* Sólido limitado por seis cuadrados: *el cubo es el hexaedro regular.*

CUBOIDES adj. (del gr. *kubos,* cubo, y *eidos,* forma). *Anat. Hueso cuboides,* uno de los huesos del tarso.

CUBRECADENA m. Pieza que protege la cadena de las bicicletas.

CUBRECAMA m. Colcha de la cama.

CUBRECORSÉ m. Prenda de lienzo o seda que se pone sobre el corsé para ocultarlo.

CUBREFUEGO m. Galicismo por *toque de queda.*

CUBRENUCA m. Cogotera de algunas gorras.

CUBREPIANO m. Tapetillo bordado con que se cubre algunas veces el teclado del piano.

CUBREPIÉ m. *Amer.* Cubrecama.

CUBRIMIENTO m. Acción y efecto de cubrir. ‖ Lo que cubre.

CUBRIR v. t. Poner una cosa sobre otra para ocultarla o protegerla. ‖ Poner una cosa sobre otra en gran cantidad: *cubrir la mesa de flores.* ‖ *Fig.* Llenar, colmar: *cubrir de injurias.* ‖ *Mil.* Defender una plaza: *cuatro fuertes cubren aquella plaza.* ‖ Compensar: *las ganancias no cubren los gastos en esta empresa.* ‖ Ahogar, dominar: *la música cubría sus gritos.* ‖ Juntarse el macho con la hembra. (SINÓN. V. *Acoplar.*) ‖ *Fig.* Ocultar, disimular una cosa. (SINÓN. V. *Esconder.*) ‖ Proteger, defender: *cubrió su cuerpo con una armadura.* ‖ Establecer un cordón de soldados, policías, etc. ‖ — V. r. Ponerse el sombrero. ‖ Precaverse de un riesgo o pérdida. ‖ *Fig.* Pagar o satisfacer una deuda, gastos, etc. ‖ Subscribirse un empréstito.

CUCA f. Chufa, planta. ‖ Cuco, oruga. ‖ *Fam.* Mujer aficionada al juego. ‖ *Venez.* Una especie de torta. ‖ *Chil.* Ave zancuda semejante a la garza.

CUCALÓN m. *Chil.* Curioso, entrometido.

CUCAMBÉ m. *Col.* y *Venez.* Juego del escondite.

CUCAMONAS f. pl. *Fam.* Carantoñas.

CUCAÑA f. (ital. *cuccagna*). Palo alto y escurridizo en cuyo extremo hay algún objeto que es preciso alcanzar trepando por él. ‖ *Fig.* y *fam.* Ganga, cosa que se consigue con poco trabajo.

CUCAÑERO, RA adj. y s. *Fig.* y *fam.* Dícese del que sabe conseguir las cosas con poco trabajo.

CUCAR v. t. Guiñar.

CUCARACHA f. Insecto ortóptero nocturno, que corre con gran agilidad: *la cucaracha devora toda clase de comestibles.* ‖ Cochinilla, pequeño crustáceo. ‖ Tabaco en polvo de color avellanado. ‖ *Méx.* Remolque de un tranvía. ‖ *Méx.* Coche viejo y feo.

CUCARACHEAR v. i. *Chil.* Bailar mal el trompo. ‖ *Cub.* Mariposear. ‖ *Ecuad.* Rebuscar.

CUCARACHERO m. *Venez.* Pájaro insectívoro de canto armonioso. ‖ *Amer.* Cucareño, astuto.

CUCARACHO m. *Chil.* Especie de cárabo.

CUCARDA f. Escarapela.

CUCARRA f. *Chil.* Coscorrón.

CUCARREAR v. i. *Chil.* Bailar mal el trompo.

CUCARRO adj. y s. *Chil.* Achispado, borracho.

CUCARRÓN m. *Col.* Escarabajo, coleóptero.

CUCAYO m. *Ecuad.* y *Bol.* Provisiones de viaje.

CUCLILLAS (En) m. adv. Acurrucado de suerte que las asentaderas descansen en los talones.

CUCLILLO m. Ave trepadora insectívora: *el cuclillo pone sus huevos en los nidos de otras aves.*

CUCO, CA adj. *Fig.* y *fam.* Bonito, mono: *una situación muy cuca.* ‖ — Adj. y s. *Fig.* y *fam.* Taimado, hipócrita. (SINÓN. V. *Astuto.*) ‖ — M. Oruga de una mariposa nocturna. ‖ Cuclillo, ave. ‖ Malcontento, juego. ‖ *Fam.* Tahúr. ‖ *Bol.* y *Arg.* Durazno. ‖ *Méx.* Coco, bu. ‖ *Reloj de cuco* o *de cuclillo,* reloj de madera del que sale un cuclillo para dar la hora.

CUCÚ m. Onomatopeya del canto del cuclillo.

CUCUBÁ m. *Cub.* Ave parecida a la lechuza.

CUCUCHE (A) m. adv. *Amér. C.* A horcajadas.

CUCUFATO m. *Bol.* y *Per.* Santurrón, beato.

CUCUIZA f. *Amer.* Cocuiza.

CUCULÍ m. *Amer.* Tórtola de canto agradable.

CUCÚRBITA f. Retorta del alambique.

CUCURBITÁCEAS f. pl. *Bot.* Familia de dicotiledóneas, de fruto carnoso, a que pertenecen la calabaza, el melón y el pepino.

CUCURUCHO m. Papel arrollado en forma de cono: *un cucurucho de dulces, de nazareno.* ‖ *Cub.* Azúcar prieta. ‖ *Amér. C.* y *Col.* Cima, cumbre.

CUCUTEÑO, ÑA adj. y s. De Cúcuta (Colombia).

CUCUY y **CUCUYO** m. Cocuyo.

CUCHALELA f. *Col. Fam.* Dolencia fingida.

CUCHARA f. Instrumento compuesto de un mango y una pala hueca, que sirve para comer o servir alimentos líquidos o poco consistentes. ‖ Instrumento parecido a la cuchara y usado en varias artes. ‖ Su contenido. ‖ *Ant.* y *Amer.* Llana de albañil. ‖ *Méx.* Badila. ‖ *Méx.* Ladrón, ratero. ‖ *Fig.* y *fam. Media cuchara,* persona de cortos alcances. ‖ *Amer. Fig.* y *fam. Hacer cucharas,* hacer pucheros. ‖ *Fam. Meter con cuchara,* explicar prolijamente al que no entiende.

CUCHARADA f. Lo que cabe en una cuchara: *tomar una cucharada de jarabe.* ‖ *Fig.* y *fam. Meter [echar] su cucharada,* meterse uno en lo que no le importa.

CUCHAREAR v. t. Sacar con cuchara. ‖ Cabecear un barco. ‖ — V. i. Cucharetear.

CUCHARERO m. Cucharetero de cocina.

CUCHARETA f. Especie de trigo de Andalucía, de espigas muy anchas. ‖ *Veter.* Enfermedad del hígado en el ganado lanar. ‖ Nombre de varias zancudas.

CUCHARETAZO m. Golpe dado con la cuchara.

CUCHARETEAR v. i. *Fam.* Revolver la olla con la cuchara. ‖ Hacer ruido con la cuchara al comer. ‖ *Fig.* y *fam.* Meterse en negocios ajenos.

CUCHARETERO m. Lista de lienzo o tabla de madera que sirve en las cocinas para colgar las cucharas. ‖ *Fam.* Fleco en las enaguas.

CUCHARILLA f. Cuchara pequeña: *cucharilla de café.* ‖ *Veter.* Enfermedad del hígado en los cerdos.

CUCHARÓN m. Cuchara grande: *repartir sopa con el cucharón.* ‖ *Arg.* Un ave zancuda.

CUCHE m. *Amer.* Cuchi o cuchí.

CUCHÉ adj. (fr. *couché*). Dícese de un papel de impresión cubierto de una capa de caolín satinada.

CUCHETA f. *Bol.* y *Riopl.* Camarote.

CUCHI *Salv.* y **CUCHÍ** m. *Per.* Cochino, cerdo. ‖ *Guat. Cuche de monte,* saíno o pecarí.

CUCHICHEAR v. i. Hablar al oído. (SINÓN. V. *Charlar.*)

CUCHICHEO m. Acción y efecto de cuchichear.

CUCHICHIAR v. i. Cantar la perdiz.

CUCHILLA f. Cuchillo de hoja ancha: *cuchilla de encuadernador.* (SINÓN. V. *Cuchillo.*) ‖ Hoja de un arma blanca: *la cuchilla de un alfanje* ‖ *Fig.* y *fam.* Espada. ‖ Hoja de afeitar. ‖ *Amer.* Ceja de la sierra o cadena de montañas. ‖ *Riopl.* Loma, cumbre o meseta prolongadas. ‖ *Chil.* Cuchillo que se agrega a un vestido. ‖ *Amer.* Cortaplumas.

CUCHILLADA f. Golpe que se da con cuchillo y herida que resulta de él. ‖ — Pl. Aberturas que se hacían en ciertos vestidos, para que se viese el forro por ellas. ‖ *Fig.* Pendencia, riña.

CUCHILLAZO m. Cuchillada.

CUCHILLERÍA f. Oficio de cuchillero. ‖ Taller donde se hacen cuchillos y tienda donde se venden. ‖ Barrio donde están los cuchilleros.

CUCHILLERO adj. *Hierro cuchillero,* el que sirve para hacer cuchillos. ‖ — M. El que hace cuchillos o los vende. ‖ *Amer.* Pendenciero.

CUCHILLO m. (lat. *cultellus*). Instrumento cortante compuesto de una hoja y un mango. (SINÓN. *Cuchilla, puñal, daga, estilete, cortaplumas, navaja.* Pop. *Faca.*) ‖ Colmillos inferiores del jabalí. ‖ *Fig.* Añadidura triangular que se hace a una prenda para agrandar su vuelo. ‖ *Fig.* Derecho de gobernar y castigar: *señor de horca y cuchillo.* ‖ *Arq.* Maderos verticales que sostienen la cubierta de un edificio. ‖ *Cetr.* Cada una de las seis plumas del ala del halcón inmediatas a la tijera. ‖ *Mar.* Vela de figura triangular: *los cuchillos se envergan en el sentido de la longitud del barco.* ‖ *Cuchillo de monte,* cuchillo grande de caza. ‖ *Pasar a cuchillo,* dar muerte.

cubo

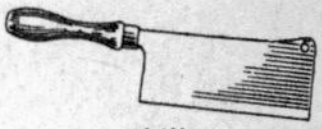
cuchilla

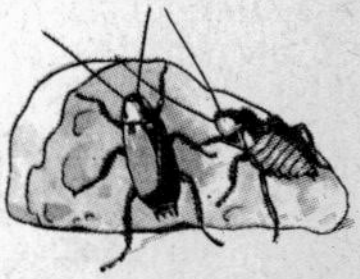
cucarachas

cuclillo

reloj de cuco

Fot. E. Radot

CUCHIPANDA f. *Fam.* Francachela, comilona. (SINÓN. V. *Festín.*)
CUCHITRIL m. Cochitril, agujero, tabuco.
CUCHO, CHA adj. *Méx.* Desnarigado. ‖ — M. *Chil.* Gato. ‖ *Ecuad.* y *Per.* Rincón. ‖ *Amer. C.* Jorobado. ‖ *Col.* Tabuco, cuchitril.
CUCHUBAL m. *Amér. C.* Confabulación, negocio.
CUCHUCO m. *Col.* Sopa que se prepara con cebada mondada y mezclada con carne de cerdo.
CUCHUCHE m. *Ecuad.* El coatí.
CUCHUFLETA f. *Fam.* Burla, zumba o chanza. (SINÓN. V. *Tontería* y *trampa.*) ‖ *Méx.* Cierto bizcocho.
CUCHUFLETEAR v. i. *Fam.* Decir cuchufletas.
CUCHUFLETERO, RA adj. y s. Persona que es muy aficionada a decir cuchufletas.
CUCHUGO m. *Amer.* Cada una de las cajas de cuero que suelen llevarse al arzón de la silla de montar. (También suele decirse *cuchubo, cuchuvo* y *cuchugo.*)
CUCHUMBO m. *Amér. C.* Embudo. ‖ Cubo.
CUECA f. Baile popular de Bolivia, Perú y Chile.
CUECHA f. *Amér. C.* Tabaco mascado.
CUELGA f. Uvas, peras, manzanas y demás frutas que se cuelgan para conservarlas en invierno. ‖ *Fam.* Regalo que se suele dar a uno por su cumpleaños.
CUELGACAPAS m. Mueble o percha para colgar las capas, los abrigos, los paraguas, etc.
CUELGAPLATOS m. Instrumento para colgar en las paredes platos artísticos.
CUELLICORTO, TA adj. De cuello corto.
CUELLIERGUIDO, DA adj. Tieso de cuello.
CUELLILARGO, GA adj. Largo de cuello.
CUELLO m. (lat. *collum*). Parte del cuerpo que une la cabeza con el tronco. ‖ Parte más angosta de una vasija. ‖ Tira de tela sobrepuesta a una prenda por la parte que corresponde al cuello. ‖ Parte más estrecha de un objeto: *el cuello de un mastelero.* ‖ *Cuello de pajarita,* el almidonado con las puntas dobladas hacia afuera.
CUENCA f. Hortera o escudilla de madera. ‖ Cavidad del cráneo en que están los ojos. ‖ Territorio rodeado de alturas. ‖ Territorio cuyas aguas afluyen a un mismo río, lago o mar: *la cuenca del Ebro.* ‖ Territorio que abrazan las ramificaciones de una mina: *una cuenca carbonífera.*
CUENCANO, NA adj. y s. De Cuenca (Ecuador).

cuenco

CUENCO m. Vaso de barro o de madera, hondo y ancho. ‖ Concavidad.
CUENDA f. Cordoncillo que recoge la madeja.
CUENTA f. Acción y efecto de contar. ‖ Cálculo: *hacer la cuenta de su fortuna.* ‖ Resumen de varias partidas que se suman. (SINÓN. *Cálculo, balance, cómputo, cargo, importe, factura.*) ‖ Razón, satisfacción: *no doy cuenta a nadie de mi conducta.* ‖ Cada una de las bolitas ensartadas del rosario. ‖ Cargo, cuidado: *esto corre de mi cuenta.* ‖ *Fam. La cuenta de la vieja,* la que se hace contando con los dedos. ‖ *Cuenta atrás,* cuenta en orden decreciente que indica en cada momento el intervalo que queda antes de una operación importante. ‖ *Cuenta corriente,* estado de las partidas de *debe* y *haber* de las operaciones entre dos personas. ‖ *Fam. Cuentas galanas,* cálculos lisonjeros y sin fundamento. ‖ *Fam. Las cuentas del Gran Capitán,* las exorbitantes y poco fundadas. ‖ *Abrir cuenta,* formar cuenta particular a un cliente el comerciante. ‖ *A buena cuenta,* o *a cuenta,* loc. adv., que se aplica a la cantidad que se abona en la cuenta sin saldarla. ‖ *Fig.* y *fam. Ajustarle a uno las cuentas,* decirle las cuatro verdades, increparle. ‖ *Caer en la cuenta,* venir en conocimiento de una cosa. ‖ *Fig.* y *fam. Dar cuenta de una cosa,* acabar con ella, destruirla. ‖ *Dar cuenta de,* referir contar: *dar cuenta de un suceso.* ‖ *Darse cuenta de una cosa,* enterarse de ella. ‖ *Arg. Hacer de cuenta,* figurarse. ‖ *De cuenta,* loc. adv., de importancia: *pícaro de cuenta.* ‖ *En resumidas cuentas,* en conclusión. ‖ *No salirle a uno la cuenta,* no salirle un negocio como lo esperaba. ‖ *Perder la cuenta de una cosa,* no acordarse de ella. ‖ *Pedir la cuenta,* pedir la razón o motivo. ‖ *Por cuenta de uno,* en su nombre o a su costo. ‖ *Por mi cuenta,* a mi juicio. ‖ *Tener cuenta una cosa,* ser útil y provechosa. ‖ *Tener en cuenta una cosa,* no olvidarla. ‖ *Tener cuenta de,* cuidarse de. ‖ *Llamarse a cuentas,* reflexionar.
CUENTACACAO f. *Hond.* Araña venenosa cuya picadura produce un salpullido en la piel.
CUENTACORRENTISTA com. Persona que tiene cuenta corriente en el banco.
CUENTACHILES m. *Méx. Fam.* Hombre cominero.
CUENTADANTE adj. y s. Dícese de la persona que da cuenta de fondos que le han sido confiados.
CUENTAGOTAS m. Aparato que se emplea para verter un líquido gota a gota. ‖ *Fig.* y *fam. Dar con cuentagotas,* dar poco a poco.
CUENTAHÍLOS m. Instrumento provisto de un lente que permite contar los hilos que entran en la trama de un tejido.
CUENTAKILÓMETROS m. Aparato que registra el número de kilómetros recorridos por un vehículo.
CUENTAPASOS m. Instrumento que sirve para medir los pasos que se dan. (SINÓN. *Podómetro.*)
CUENTARREVOLUCIONES m. Instrumento para medir el número de revoluciones de un eje o de una máquina.
CUENTEAR v. i. *Amér. C.* Chismorrear.
CUENTERO, RA adj. y s. Cuentista, chismoso.
CUENTISTA adj. y s. Escritor que escribe cuentos. ‖ *Fam.* Chismoso. ‖ *Fam.* Que dice muchas mentiras, jactancioso.
CUENTO m. Relato: *un cuento de hadas, de viejas.* (SINÓN. *Narración.* V. tb. *fábula.*) ‖ Cómputo. ‖ *Fam.* Chisme o enredo: *a mí, que no me vengan con cuentos.* ‖ *Fam.* Embuste. (SINÓN. *Bulo, bola, hablilla, filfa.* V. tb. *mentira.*) ‖ *Fam.* Quimera, disgusto: *tener cuentos con otro.* ‖ *Arit.* Millón: *cuento de cuentos es millón de millones.* ‖ *Fam. Cuento de viejas,* cuento falso y fabuloso, conseja. ‖ *Arg. Cuento del tío, del tocomocho,* estafa que consiste en sacar dinero a un incauto, prometiéndole parte en una herencia, un premio de lotería, etc., fingidos. ‖ *Es el cuento de nunca acabar,* es cosa interminable. ‖ *Venir a cuento una cosa,* venir al caso, a propósito: *todo esto no viene a cuento.* ‖ *Quitarse,* o *dejarse, de cuentos,* dejarse de cosas inútiles. ‖ *Fig. Sin cuento,* sin número: *disgustos sin cuento.* ‖ *Traer a cuento,* referir especies remotas con oportunidad o sin ella.
CUENTO m. (lat. *contus*). Regatón o contera: *el cuento de la lanza.* ‖ Pie derecho o puntal.
CUEPA f. *Amér. C.* y *Col.* Disco cóncavo de cera con que juegan los muchachos.
CUEQUEAR v. i. *Chil.* Bailar la cueca.
CUERA f. *Hond.* Polaina burda. ‖ *Amer.* Azotaina.
CUERAZO m. *Amer.* Latigazo.
CUERDA f. (lat. *chorda*). Ensambladura de hilos de cáñamo, lino u otra materia flexible, torcidos juntos: *escala de cuerda.* (SINÓN. V. *Cordaje.*) ‖ Hilo de tripa o de entorchado que se usa para ciertos instrumentos músicos: *Paganini tocaba con un violín de una sola cuerda.* ‖ Órgano de un reloj que comunica el movimiento a toda la máquina: *dar cuerda a un reloj.* ‖ Conjunto de presos atados juntos: *Don Quijote libertó una cuerda de presidiarios.* ‖ Divisoria de aguas en las montañas. ‖ *Amer.* Medida agraria; medida para la leña. ‖ *Geom.* Línea recta que une los dos extremos de un arco. ‖ *Anat.* Tendón: *torcerse una cuerda.* ‖ *Mús.* Extensión de la voz: *hay cuatro cuerdas que son: bajo, tenor, contralto y tiple.* ‖ *Fig. Tocar la cuerda sensible,* encontrar el medio más acertado para decidir o convencer a uno. ‖ *Fig.* Suplicio de la horca: *perecer con la cuerda.* ‖ Límite interior de una pista de deportes. ‖ *Cuerda guía,* cable que en ciertos casos dejan arrastrar por el suelo los aeronautas. ‖ *Cuerdas vocales,* ligamentos de la laringe cuyas vibraciones producen la voz. ‖ *Fig. Aflojar la cuerda al arco,* cambiar de trabajo o descansar. ‖ *Fig. Apretar la cuerda,* aumentar la severidad. ‖ *Fig.* y *fam. Bailar en la cuerda floja,* proceder con vacilación entre dificultades. ‖ *De la misma cuerda,* de las mismas ideas. ‖ *Fig.* y *fam. Dar cuerda a uno,* halagar su pasión o su manía. ‖ *Por debajo de cuerda* o *bajo cuerda,* disimuladamente. ‖ *Fam. Tener cuerda para rato,* hablar o durar mucho. ‖ *Fig. Tirar de la cuerda,* abusar.
CUERDO, DA adj. y s. Juicioso, sabio, prudente.
CUEREADA f. *Amér. C., Col.* y *Méx.* Azotaina. ‖ *Amer.* Acción y temporada en que se obtienen los cueros secos.

CUEREAR v. t. *Amer.* Azotar, dar una paliza. ‖ *Amer.* Desollar una res para sacarle el cuero. ‖ *Riopl.* Despellejar al prójimo.
CUERIZA f. *Amer. Fam.* Azotaina, paliza.
CUERNA f. Cuerno de vaca que sirve de vaso. ‖ Cuerno de otros animales. ‖ Trompa de cuerno.
CUERNAVAQUENSE adj. y s. De Cuernavaca (México).
CUERNO m. (lat. *cornu*). Parte dura y cónica que se forma en la cabeza de ciertos rumiantes. (SINÓN. *Cornamenta, asta, mogote, candil.*) ‖ Materia de que se compone el cuerno de los rumiantes: *calzador de cuerno.* ‖ Protuberancia nasal del rinoceronte. ‖ Bocina hecha con un cuerno. ‖ *Fig.* Punta de la luna creciente o menguante. ‖ Lado. ‖ Ala de un ejército. ‖ Extremidad de una cosa que termina en punta. ‖ Vasija de cuerno. ‖ *¡Cuerno!*, interj. de sorpresa o asombro. ‖ *Cuerno de la abundancia*, cornucopia. ‖ *Fig.* y *fam. Poner en los cuernos del toro*, poner en peligro. ‖ *Levantar* o *poner a uno hasta los cuernos de la luna*, ensalzarle mucho. ‖ *Mandar al cuerno*, mandar a paseo. ‖ *Fam. Poner los cuernos*, engañar una mujer a un hombre. ‖ *Fig.* y *fam. Saber* u *oler a cuerno quemado*, hacer impresión desagradable.
CUERO m. (lat *corium*). Pellejo de los animales: *el cuero del rinoceronte resiste las balas ordinarias.* ‖ Pellejo curtido y preparado: *vestido de cuero.* (SINÓN. V. *Piel.*) ‖ Odre: *estar borracho como un cuero.* ‖ *Amer.* Látigo, correa. ‖ *Amer. Arrimar el cuero* o *dar* o *echar cuero*, azotar. ‖ *Venez. Arrastrar un cuero*, fanfarronear ‖ *Cuero cabelludo*, piel del cráneo. ‖ *En cueros*, desnudo.
CUERPEAR v. i. *Riopl.* Hurtar el cuerpo para esquivar un golpe. ‖ *Fig.* Eludir un compromiso.
CUERPO m. (lat. *corpus*). Toda substancia orgánica o inorgánica: *todos los cuerpos son pesantes.* (SINÓN. V. *Substancia.*) ‖ Parte material de un ser animado: *el cuerpo de un animal.* ‖ Tronco del cuerpo. ‖Talle o aspecto de una persona: *tener buen cuerpo.* ‖ Distancia equivalente a un cuerpo: *le sacó dos cuerpos de ventaja.* ‖ Parte del vestido que cubre hasta la cintura: *un cuerpo de seda.* ‖ Volumen: la *Biblioteca Nacional de París contiene dos millones y medio de cuerpos.* (SINÓN. V. *Volumen.*) ‖ Colección de leyes: *cuerpo jurídico.* (SINÓN. V. *Colección.*) ‖ Grueso: *esta tela tiene mucho cuerpo.* ‖ Espesura de un líquido. ‖ Cadáver. ‖ Corporación, comunidad (SINÓN. V. *Compañía.*) ‖ Cada una de las partes de un todo: *armario de dos cuerpos.* ‖ Cada una de las partes que componen un cohete. ‖ Parte de una casa que forma una habitación distinta. ‖ *Impr.* Tamaño de letra. ‖ *Cuerpo del delito*, objeto que prueba la existencia del delito. ‖ *Cuerpo de baile*, conjunto de bailarines y bailarinas de un teatro. ‖ *Cuerpo de caballo*, largo de un caballo. ‖ *En cuerpo de camisa*, en mangas de camisa. ‖ *Fig.* y *fam. Cuerpo glorioso*, persona que pasa largo tiempo sin satisfacer necesidades corporales. ‖ *Cuerpo muerto*, boya a que se amarra un barco. ‖ *A cuerpo de rey*, loc. adv., con todo regalo. ‖ *Cuerpo a cuerpo*, loc. adv., a brazo partido. ‖ *De cuerpo de casa*, dícese de la criada que hace las faenas penosas de la casa. ‖ *Dar cuerpo*, esperar una cosa. ‖ *De cuerpo presente*, dícese del cadáver expuesto al público. ‖ *De medio cuerpo*, dícese del retrato que reproduce la cabeza y el busto y del traje de baño que llega sólo a la cintura. ‖ *A cuerpo*, loc. adv., sin prenda de abrigo: *salir a cuerpo.* ‖ En comunidad. ‖ *En cuerpo y alma*, por completo. ‖ *Tomar cuerpo*, crecer: *el rumor toma cuerpo.* ‖ *Fam. Hacer del cuerpo*, exonerar el vientre.
CUERUDO, DA adj. *Amer.* Dícese del caballo muy lerdo y sin brío. ‖ *Amér. C.* Descarado.
CUERVO m. (lat. *corvus*). Pájaro dentirrostro carnívoro, de pico fuerte y plumaje negro: *el cuervo se alimenta de carnes podridas.* ‖ *Amer.* El iribú. ‖ *Cuervo marino*, el mergo, ave palmípeda que nada y vuela. (Se llama tb. *cormorano.*)
CUESCO m. Hueso de la fruta. ‖ *Fam.* Pedo ruidoso. ‖ *Chil.* Enamorado.
CUESTA f. (del lat. *costa*, costilla). Terreno en pendiente. (SINÓN. V. *Pendiente.*) ‖ *A cuestas*, loc. adv., sobre los hombros: *llevar un bulto a cuestas.* ‖ *Fig.* y *fam. Hacérsele a uno cuesta arriba una cosa*, hacerla con repugnancia. ‖ *Fig. Ir cuesta abajo*, decaer. ‖ *Fig. La cuesta de enero*, período de dificultades económicas que coincide con el primer mes del año y que es el resultado de los gastos extraordinarios motivados por las fiestas de Navidad.
CUESTACIÓN f. Acción de pedir para un objeto piadoso o benéfico.
CUESTIÓN f. (lat. *quaestio*). Materia, objeto de discusión: *una cuestión interesante.* ‖ Cosa: *es cuestión de pocas horas.* ‖ Punto dudoso o discutible. ‖ Riña, pendencia: *tener una cuestión con los vecinos.* ‖ *For.* Tormento: *someter a la cuestión.* (P. us.) ‖ Pregunta. (P. us.) ‖ *Mat.* Problema. ‖ *Fam. Cuestión batallona* o *candente*, la muy reñida. ‖ *Cuestión de confianza*, la planteada por el Gobierno al Parlamento; en algunos países su no aprobación acarrea la dimisión de aquél. ‖ — OBSERV. Son galicismos las frases: *el asunto en cuestión*, el asunto de que se trata; *ser cuestión de una cosa*, tratarse de una cosa.
CUESTIONABLE adj. Dudoso, problemático.
CUESTIONAR v. t. (lat *quaestionare*). Controvertir, discutir una cuestión. ‖ — OBSERV. Es galicismo en el sentido de *preguntar.*
CUESTIONARIO m. Serie de cuestiones o asuntos de discusión. ‖ Programa de examen u oposición. ‖ Interrogatorio. ‖ Impreso o formulario para recoger datos.
CUESTOR m. (lat. *quaestor*). Antiguo magistrado romano encargado, sobre todo, de asuntos financieros. ‖ El que pide limosna con un fin benéfico.
CUESTURA f. Dignidad de cuestor romano.
CUETE adj. y s. *Méx.* Borracho. ‖ — M. *Méx.* Borrachera. ‖ *Guat., Méx.* y *Per.* Pistola. ‖ *Méx.* Lonja de carne del muslo.
CUETEARSE v. r. *Col.* Reventar, saltar.
CUETO m. Sitio alto y fácil de defender.
CUEVA f. Cavidad subterránea, caverna, gruta: *una cueva natural.* ‖ Sótano, bodega.
CUÉVANO m. (lat. *cophinus*). Cesto grande de mimbres, que sirve generalmente para la vendimia. ‖ Cesto que se lleva a la espalda.
CÚFICO, CA adj. (de *Cufa*, ciudad de Siria). Nombre que se da a ciertos caracteres arábigos.
CUGUAR m. *Zool.* Puma.
CUÍ m. *Amer.* Cuy.
CUICA f. *Amer.* Nombre vulgar de la *lombriz.*
CUICACOCHE f. Ave canora común en México y Centro América.
CUICO m. *Arg.* Chino, mestizo de indio. ‖ *Amer.* Apodo despreciativo que en diversos puntos de América se da a los extranjeros. ‖ *Méx.* Agente de policía.
CUIDADO m. Esmero: *trabajar con cuidado.* (SINÓN. *Interés, curiosidad, exactitud, vigilancia, solicitud.* V. tb. *atención* y *observación.*) ‖ Negocio a cargo de uno: *eso es cuidado tuyo.* ‖ Miedo, recelo: *estoy con cuidado cuando duermo en esa casa.* ‖ — Interj., que denota enfado o amenaza: *¡Cuidado con la niña, qué pesada se pone! ¡Cuidado contigo si me engañas!* ‖ *Allá cuidados*, no me importa. ‖ *De cuidado*, peligroso. ‖ *Enfermar de cuidado*, gravemente. ‖ *Salir de cuidado*, parir. ‖ *Ser de cuidado*, ser grave. ‖ Tener mala intención. ‖ Galicismo por *atención, esfuerzo, afán: el éxito no correspondió a sus cuidados.*
CUIDADOR, RA adj. Que cuida. ‖ — M. Entrenador. ‖ *Arg.* Enfermero. ‖ — F. *Méx.* Niñera.
CUIDADOSO, SA adj. Que pone cuidado en hacer una cosa: *las personas cuidadosas ahorran tiempo y dinero.* ‖ Atento, vigilante.
CUIDAR v. t. Poner atención y esmero en una cosa: *cuidar de sus obligaciones.* (SINÓN. *Atender, velar, mimar, esmerarse.*) ‖ Asistir: *en esa casa me cuidan mucho; cuidar la ropa.* ‖ — V. r. Darse buena vida, mirar por su salud: *las personas delicadas deben cuidarse mucho.* (SINÓN. V. *Conservar.*) ‖ *Cuidarse de una cosa*, preocuparse por ella: *cuidarse del qué dirán.*
CUIDO m. Acción de cuidar una cosa.
CUIJA f. *Méx.* Lagartija pequeña y delgada.
CUIJE m. *Salv.* Persona que secunda o ayuda a otra. ‖ *Hond.* Bribón.
CUILAPEÑO, ÑA adj. y s. De Cuilapa (Guatemala).
CUITA f. Aflicción. (SINÓN. V. *Pena.*) ‖ *Amér. C.* Excremento de las aves.
CUITADO, DA adj. Afligido. ‖ Apocado.
CUITEAR v. i. *Amér. C.* Defecar las aves.
CUITLACOCHE m. *Méx.* Cuicacoche.

CUERO
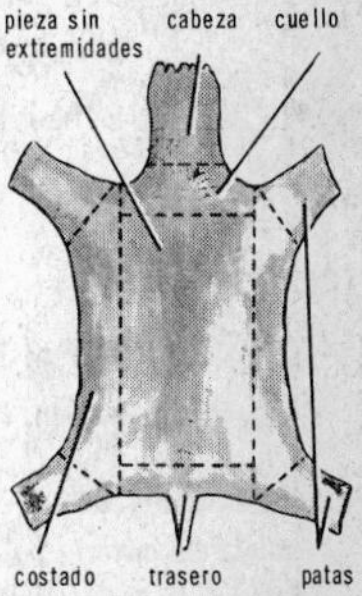

cuévano

cuervo

cuervo marino

Fot. Mission oenologique Moulin, Downward, Dragesco

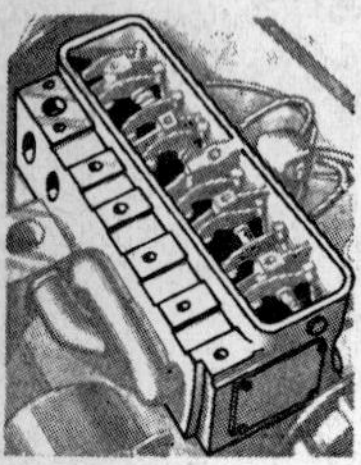

culata del motor

culebra

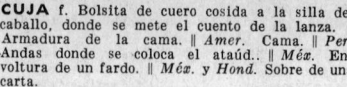

culote de cartucho

CUJA f. Bolsita de cuero cosida a la silla del caballo, donde se mete el cuento de la lanza. || Armadura de la cama. || *Amer.* Cama. || *Per.* Andas donde se coloca el ataúd.. || *Méx.* Envoltura de un fardo. || *Méx.* y *Hond.* Sobre de una carta.

CUJE m. *Amer.* Vara flexible. || *Col.* Voz empleada para azuzar a los perros. || *Col. No hay cuje,* no hay remedio.

CUJEAR v. t. *Col.* Azuzar, excitar. || *Cub.* Castigar.

CUJÍ m. *Cub.* Uno de los nombres del *aromo.*

CULADA f. Golpe dado con el culo.

CULANTRILLO m. Helecho que se cría en los sitios húmedos, llamado también *adianto.*

CULANTRO m. Planta umbelífera medicinal.

CULATA f. Anca de las caballerías. || Parte posterior de la caja de la escopeta: *la culata se apoya en el hombro.* || Tornillo de la recámara de la escopeta, pistola, etc. || *Fig. Salir el tiro por la culata,* fracasar un negocio. || Recámara del cañón de artillería. || *Fig.* Parte posterior de una cosa. || *Mec.* Parte superior de los cilindros en los motores de explosión. || *Ecuad.* Hastial de un edificio. || *Arg.* Parte trasera del carro.

CULATADA f. Culatazo, coz que dan las armas.

CULATAZO m. Golpe dado con la culata del arma. || Coz que da la escopeta al dispararla.

CULEBRA f. (lat. *colubra*). Reptil sin pies. || Serpentín de alambique. || *Amer.* Nombre de varias plantas. || *Méx. Fig.* y *fam.* Chasco, broma. || *Fig.* y *fam.* Desorden, alboroto. || *Fig.* y *fam. Saber más que las culebras,* ser muy listo.

CULEBRAZO m. Culebra, chasco o broma.

CULEBREAR v. i. Andar haciendo eses una cosa. || *Antill.* Eludir la dificultad.

CULEBREO m. Acción de culebrear o hacer eses una cosa: *el culebreo del rayo.*

CULEBRILLA f. Enfermedad cutánea de los países tropicales. || Papel de seda muy fino. || Dragontea, planta aroidea. || Grieta en un cañón de arma de fuego.

CULEBRINA f. Pieza de artillería antigua. || Meteoro eléctrico y luminoso de figura de línea ondulada.

CULEBRÓN m. Culebra grande. || *Fig.* y *fam.* Persona astuta. || *Cub., Ecuad.* y *Méx. Fam.* Comedia mala.

CULÉN m. *Chil.* Arbusto leguminoso medicinal.

CULEQUERA f. *Col., Méx.* y *Per.* Cloquera. || *Col., Méx.* y *Per.* Enamoramiento, ilusión. || *Amér. C.* Pereza.

CULERA f. Mancha que se hace en las mantillas de los niños. || Remiendo en los calzones.

CULERO, RA adj. Que siempre lo hace todo después de los demás. || — M. Pañal que se pone a los niños. || Helera, granillo que sale a las aves en la rabadilla. || *Riopl.* Faja de cuero de los mineros.

CULI m. Coolí, jornalero chino.

CULIACANO, NA adj. y s. De Culiacán.

CULÍCIDOS m. pl. Familia de insectos dípteros que tienen por tipo el mosquito.

CULINARIO, RIA adj. Relativo a la cocina.

CULMINACIÓN f. Acción y efecto de culminar || *Astr.* Paso de un astro por el punto más elevado encima del horizonte.

CULMINANTE adj. Aplícase a lo más elevado de una cosa: *el punto culminante de una montaña.* || *Fig.* Sobresaliente, principal. || *Astr.* Dícese de la mayor altura de un astro sobre el horizonte.

CULMINAR v. i. Llegar al punto culminante. || Pasar un astro por su punto culminante.

CULO m. (lat. *culus*). Parte posterior del hombre y los animales, que comprende las asentaderas. (SINÓN. V. *Trasero.*) || Ancas. || Ano. || *Fig.* Extremidad posterior de una cosa: *un culo de botella.* || Parte de la taba opuesta a la carne. || *Fig.* y *fam.* Fondo de líquido que queda en un recipiente. || *And. Culo de mal asiento,* persona bulliciosa. || *A culo pajarero,* a culo desnudo. || *Fig. Culo de pollo,* zurcido mal hecho y que no queda sentado. || *Culo de vaso,* piedra falsa: *adornarse con culos de vaso.*

CULOMBIO m. Unidad de cantidad de electricidad (símb.: C). [Es la cantidad de electricidad que transporta en un segundo una corriente de un amperio.]

CULÓN, ONA adj. *Fig.* y *fam.* Que tiene las posaderas muy abultadas.

CULOTE m. *Artill.* Refuerzo que existe en la parte inferior de las granadas y proyectiles.

CULPA f. (lat. *culpa*). Falta más o menos grave: *se deben castigar las culpas con justicia.* (SINÓN. V. *Delito.*) || Causa, responsabilidad: *tú tienes la culpa de mi equivocación.*

CULPABILIDAD f. Calidad de culpable.

CULPABLE adj. y s. Que tiene culpa. || Acusado. (SINÓN. V. *Inculpado.*) || Dícese también de las cosas: *un deseo culpable.*

CULPACIÓN f. Acción de culpar o acusar.

CULPADO, DA adj. y s. Culpable, que tiene culpa. (SINÓN. V. *Inculpado.*) || Acusado.

CULPAR v. t. Acusar, atribuir la culpa: *culpar de indolente.* || Censurar: *culpar el atrevimiento.*

CULPÉU o **CULPEO** m. *Chil.* Cierta zorra grande.

CULPOSO, SA adj. Que origina responsabilidades.

CULTALATINIPARLA f. *Fam.* Lenguaje afectado de los cultiparlistas.

CULTAMENTE adv. m. Con cultura, esmeradamente: *escribir cultamente.* || *Fig.* Con afectación.

CULTEDAD f. *Fam.* Calidad de culterano.

CULTERANISMO m. Falta de sencillez y naturalidad en el estilo, afición a los giros rebuscados y violentos, a las voces nuevas y peregrinas introducidas en la literatura española por el poeta cordobés Góngora y Argote y sus discípulos (SINÓN. *Gongorismo.* V. tb. *afectación.*)

CULTERANO, NA adj. y s. Que muestra culteranismo.

CULTIPARLAR v. i. Hablar como un culterano.

CULTIPARLISTA adj. y s. Culterano.

CULTISMO m. Culteranismo, afectación. || Palabra culta o erudita.

CULTIVABLE adj. Que se puede cultivar.

CULTIVACIÓN f. Cultivo de la tierra. (P. us.)

CULTIVADOR, RA adj. y s. Que cultiva. (SINÓN. V. *Agricultor.*)

CULTIVAR v. t. Hacer los trabajos convenientes para fertilizar la tierra. || Plantar, cuidar el desarrollo de las plantas: *cultivar cereales.* || *Fig.* Entregarse a: *cultivar las bellas artes.* || Mantener, estrechar: *cultivar la amistad.* || Desarrollar, ejercitar facultades o aptitudes. || Criar, desarrollar microbios.

CULTIVO m. Acción y efecto de cultivar: *campos destinados para el cultivo.* || Desarrollo de los microbios: *caldo de cultivo.* || *Cultivo intensivo,* el que hace, por medio de abonos y riegos, que la tierra, sin descansar, produzca cosechas.

CULTO, TA adj. (lat. *cultus*). Que tiene cultura: *lenguaje culto.* (SINÓN. V. *Instruido* y *civilizado.*) || *Fig.* Culterano, gongorino. || Cultivado: *un terreno culto.* || — M. Homenaje religioso: *se llama culto de dulía el que se tributa a los ángeles y a los santos; de hiperdulía, el que se tributa a la Santísima Virgen, y de latría, el que se tributa a Dios.* || Religión: *cambiar de culto.* || *Fig.* Veneración, admiración: *rendir culto a la belleza.*

CULTOR, RA adj. y s. Que adora o tributa culto.

CULTURA f. (lat. *cultura*). *Fig.* Desarrollo intelectual o artístico: *hombre de gran cultura.* (SINÓN. V. *Saber.*) || Civilización: *cultura clásica.* (SINÓN. V. *Civilización.*) || Acción de cultivar las letras, ciencias, etc. || Cultivo. (P. us.) || *Cultura física,* desarrollo racional del cuerpo por medio de ejercicios apropiados.

CULTURAL adj. Relativo a la cultura.

CUMA f. *Amér. C.* Cuchillo o machete largo. || *Riopl.* y *Per. Fam.* Comadre.

CUMANAGOTO, TA adj. y s. Cumanés.

CUMANENSE y **CUMANÉS, ESA** adj. y s. De Cumaná (Venezuela).

CUMBA f. *Hond.* Jícara o calabaza de boca ancha.

CUMBAMBA f. *Col.* Barba, la quijada inferior.

CUMBANCHAR v. t. *Antill.* Divertirse.

CUMBANCHERO, RA adj. *Antill.* Juerguista.

CUMBARÍ adj. *Arg.* Dícese de un ají picante.

CUMBIAMBA f. Baile popular.

CUMBO m. *Salv.* Totuma de boca cuadrada. || *Hond.* Calabaza de boca angosta o calabaza vinatera.
CUMBRE f. (lat. *culmen*). Cima de monte. (SINÓN. V. *Cima.*) || Punto culminante: *llegar a la cumbre de la fortuna.*
CUMBRERA f. (de *cumbre*). Hilera, caballete de tejado. || Cumbre, cima, punto culminante.
CÚMEL m. Bebida alcohólica alemana y rusa muy dulce y aromatizada con cominos.
CUMICHE com. *Amér. C.* Cuneco.
CUMÍNICO adj. Dícese de un ácido que se obtiene del comino.
CUMINOL m. Aceite extraído del comino.
CUMPA m. *Amer. Fam.* Camarada.
CÚMPLASE m. Fórmula que se pone al pie de un documento para confirmarlo: *poner el cúmplase en una ley.* || *Chil.* Ejecutoria.
CUMPLEAÑOS m. Aniversario de nacimiento: *regalar algo a uno por su cumpleaños.*
CUMPLIDAMENTE adv. m. Completa, cabalmente.
CUMPLIDERO, RA adj. Que ha de cumplir: *plazo cumplidero.* || Que conviene para alguna cosa.
CUMPLIDO, DA adj. Completo: *pago cumplido.* || Largo o abundante: *abrigo demasiado cumplido.* || Cortés, urbano: *persona muy cumplida.* || Dícese del soldado que ha terminado el servicio. || — M. Muestra de urbanidad o cortesía: *deshacerse en cumplidos.*
CUMPLIDOR, RA adj. y s. Que cumple.
CUMPLIMENTAR v. t. Dar parabién a una persona. (SINÓN. V. *Felicitar.*) || *For.* Poner en ejecución una orden. (SINÓN. V. *Observar.*)
CUMPLIMENTERO, RA adj. y s. *Fam.* Que hace demasiados cumplimientos.
CUMPLIMIENTO m. Acción y efecto de cumplir: *el cumplimiento de un deber suele a veces ser difícil.* || Cumplido. || Parabién, felicitación. || Ofrecimiento que se hace por pura urbanidad. || Perfección, acabamiento. || Complemento.
CUMPLIR v. t. (lat. *cumplire*). Ejecutar: *cumplir un deseo.* (SINÓN. *Realizar, efectuar.*) || Alcanzar cierta edad: *he cumplido treinta años.* || — V. i. Hacer uno lo que debe: *cumplir con Dios.* (SINÓN. V. *Observar.*) || Terminar el servicio militar: *este soldado ha cumplido ya.* || Llegar el tiempo en que termina un plazo u obligación, vencer: *la letra cumple dentro de un mes.* || Importar, convenir. || — V. r. Realizarse, verificarse: *cumplióse en él la profecía.* (SINÓN. V. *Consumar.*) || *Por cumplir,* m. adv., por mero cumplimiento. || — RÉG. *Cumplir a uno hacer algo; cumplir con uno, por otro.*
CUMQUIBUS m. (lat. *cum quibus*). *Fam.* Dinero. (SINÓN. V. *Dinero.*)
CUMUCHO m. *Chil.* Agrupamiento, multitud.
CUMULAR v. t. (lat. *cumulare*). Acumular.
CUMULATIVO, VA adj. *For.* Acumulativo, que implica acumulación: *donación cumulativa.*
CÚMULO m. (lat. *cumulus*). Montón: *un cúmulo de objetos.* || *Fig.* Gran cantidad de cosas no materiales: *escribir un cúmulo de simplezas.* || Nube que tiene aspecto de montaña de nieve con bordes brillantes: *los cúmulos se resuelven generalmente en lluvia.* (SINÓN. V. *Nube.*)
CUNA f. (lat. *cuna*). Cama para niños, pequeña y que puede mecerse. || Inclusa, casa donde se recogen los niños expósitos (o *casa cuna*). || Pieza convexa en que descansa y puede deslizarse la caña del cañón de artillería moderno. || *Fig.* Patria, lugar de nacimiento, estirpe, familia. || *Fig.* Origen de una cosa. || *Fig.* Espacio entre los cuernos.
CUNAGUARO m. Gato tigre de Venezuela.
CUNCUNA f. *Col.* Paloma silvestre. || *Chil.* Oruga.
CUNCHO m. *Col.* Concho.
CUNDA m. *Per. Fam.* Persona alegre y bromista.
CUNDEAMOR y **CUNDIAMOR** m. *Amer.* Nombre de una planta cucurbitácea.
CUNDIDO m. (del lat. *conditus,* guiso). Aceite, vinagre y sal o cualquier cosa que se come con el pan.
CUNDINAMARQUÉS, ESA adj. y s. De Cundinamarca (Colombia).
CUNDIR v. i. Extenderse: *las manchas de aceite cunden rápidamente.* || Propagarse una cosa: *cundió la noticia.* || Dar algo mucho de sí: *el arroz cunde al cocerse.* || Adelantar, progresar un trabajo.
CUNEAR v. t. Mecer la cuna de un niño pequeño. (SINÓN. V. *Balancear.*) || — V. r. *Fig.* y *fam.* Mecerse.
CUNECO, CA adj. y s. *Venez.* Hijo menor.
CUNEIFORME adj. (del lat. *cuneus,* cuña, y *forma,* figura). De figura de cuña. || Aplícase principalmente a la escritura de los asirios, persas y medos. || *Hist. nat.* De figura de cuña: *pétalos, huesos cuneiformes.*
CUNEO m. Acción y efecto de cunear o cunearse.
CÚNEO m. (lat. *cuneus*). En los anfiteatros romanos, espacio entre dos vomitorios. || *Mil.* Formación triangular de un cuerpo que atacaba a otro.
CUNERO, RA adj. y s. Expósito, inclusero. || *Fig.* Dícese del toro cuya ganadería no se conoce. || *Fig.* Sin marca conocida, que no se conoce su autor. || *Fam.* Dícese del diputado elegido por influencia del Gobierno y casi desconocido en su distrito.
CUNETA f. Zanja en los fosos de fortificación. || Zanja al lado de un camino: *rodó el coche a la cuneta.* (SINÓN. V. *Reguera.*)
CUNICULTOR, RA adj. y s. Que cría conejos.
CUNICULTURA f. Cría de conejos.
CUÑA f. (lat. *cuneus*). Instrumento de madera o metal que sirve para hender cuerpos sólidos o para apretar dos cuerpos, para calzarlos o para rellenar un hueco, etc.: *poner una cuña debajo de un mueble.* || Lo que sirve para estos menesteres. || Adoquín de figura de pirámide truncada. || *Anat.* Cada uno de los huesos del tarso. || *Fig.* Recomendación, apoyo: *tener una buena cuña.* || Palanca. || — PROV. **No hay peor cuña que la de la misma madera,** no hay peor enemigo que el que antes fue amigo, o es del mismo oficio, o pariente.
CUÑADÍA f. Afinidad, parentesco de los cuñados.
CUÑADO, DA m. y f. (lat. *cognatus*). Hermano o hermana de uno de los esposos respecto del otro.
CUÑETE m. Barril pequeño, tonelillo.
CUÑO m. (de *cuña*). Troquel con que se sellan la moneda y las medallas. || Impresión que deja este sello. || *Fig.* Huella, señal: *poner en una obra el cuño de su personalidad.* || *Fig. De nuevo cuño,* moderno, nuevo.
CUOCIENTE m. Cociente.
CUODLIBETO m. (del lat. *quodlibet,* lo que agrada, lo que se quiere). Discusión sobre un punto científico elegido por el autor. || *Fam.* Cuchufleta.
CUOTA f. (del lat. *quotus,* cuanto). Parte o cantidad fija o proporcionada. || — SINÓN. *Parte, cupo, cotización, escote, prorrateo.* V. tb. *impuesto.*
CUPANA f. *Venez.* Árbol de la familia de las sapindáceas, y bebida confortante hecha con su fruto.
CUPAY m. *Cub.* y *Venez.* Árbol del Paraíso.
CUPÉ m. Coche cerrado de cuatro ruedas y dos asientos. || Parte anterior de una diligencia.
CUPIDO m. *Fig.* Hombre muy enamoradizo.
CUPILCA f. *Chil.* Mazamorra preparada con harina de trigo tostada, mezclada con chacolí o chicha.
CUPLÉ m. (fr. *couplet*). Copla, cancioncilla. (SINÓN. V. *Canto* y *estrofa.*)
CUPLETISTA com. Cantor, cantora de cuplés. (SINÓN. V. *Cantante.*)
CUPO m. (del fr. *coupe,* corte). Parte que corresponde de un impuesto o servicio. (SINÓN. V. *Cuota.*) || Porcentaje, parte. || *Méx.* Cabida, lo que cabe en una cosa. || *Méx. Fam.* La cárcel.
CUPÓN m. (fr. *coupon*). *Com.* Parte de una acción, obligación, etc., que se corta a cada vencimiento y sirve para cobrar los intereses. (SINÓN. V. *Billete.*)
CUPRESÁCEAS f. pl. (del lat. *cupressus,* ciprés). *Bot.* Tribu de coníferas que tiene por tipo el ciprés.
CUPRESINO, NA adj. *Poét.* Relativo al ciprés.
CÚPRICO, CA adj. *Quím.* De cobre.
CUPRÍFERO, RA adj. (del lat. *cuprum,* co-

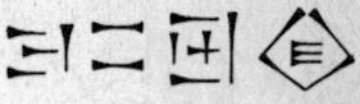
escritura cuneiforme

cumbrera

cúmulo

Fot. Météorologie nationale (Francia)

cúpula y cupulino

cúpulas de bellota

curruca

bre, y *ferre*, llevar). Que tiene cobre: *mineral cuprífero.*
CUPRITA f. Óxido cuproso natural.
CUPRONÍQUEL m. Aleación de cobre y níquel, usada para acuñación de monedas.
CUPROSO, SA adj. *Quím.* Aplícase a ciertas sales de cobre: *carbonato cuproso.*
CÚPULA f. *Arq.* Bóveda semiesférica de algunos edificios. || *Bot.* Involucro que envuelve el fruto de ciertas plantas: *la cúpula de la bellota.* || *Mar.* Torre de hierro redonda de los navíos de guerra.
CUPULÍFERO, RA adj. y s. f. *Bot.* Dícese de los árboles y arbustos cuyo fruto está cubierto por una cúpula. || Familia de estas plantas.
CUPULINO m. *Arq.* Remate superior de la cúpula.
CUQUEAR v. t. *Col.* y *Cub.* Azuzar.
CUQUERÍA f. *Fam.* Pillería.
CUQUILLO m. Cuclillo.
CURA m. (del lat. *cura*, cuidado). Sacerdote encargado del cuidado espiritual de una feligresía. || *Fam.* Sacerdote católico. (SINÓN. V. *Sacerdote.*) || *Fam.* Partícula de saliva que salta al hablar. || *Col.* y *Venez.* Aguacate. || — F. Curación: *la cura de una llaga.* || Método curativo: *una cura de limones.* || Aplicación de apósitos y remedios: *cura antiséptica.* || *Cura de almas*, párroco, y también el cargo que tiene de sus feligreses. || *Cura de misa y olla*, el poco instruido. || *Fam. Este cura*, yo. || *Tener cura*, poderse curar. || *No tener cura*, ser incorregible. || *Ponerse en cura*, empezar un tratamiento curativo.
CURABLE adj. Que se puede curar.
CURACA m. *Per., Arg.* y *Chil.* Cacique.
CURACIÓN f. Acción y efecto de curar.
CURADILLO m. Uno de los nombres del *bacalao.*
CURADO, DA adj. *Fig.* Endurecido, curtido. || *Amer. Fam.* Ebrio.
CURADOR, RA adj. y s. (lat. *curator*). Que cuida de alguna cosa. || — M. y f. Persona nombrada para cuidar de los bienes del menor, o del incapaz de gobernarlos. || Persona que cura pescado, carne, etc.
CURADURÍA f. Cargo de curador.
CURAGUA f. *Amer.* Un maíz de grano muy duro.
CURAMAGÜEY m. Bejuco venenoso de Cuba.
CURANDERÍA f. Arte y práctica de los curanderos.
CURANDERIL adj. Relativo al curandero.
CURANDERISMO m. Intrusión de los curanderos en el ejercicio de la medicina. || Oficio de curandero.
CURANDERO, RA m. y f. Persona que hace de médico sin serlo.
CURAR v. i. (del lat. *curare*, cuidar). Sanar: *curar de sus heridas.* (SINÓN. *Restablecerse, reponerse.*) || Tener cuidado: *poco me curo de sus amenazas.* || — V. t. Aplicar al enfermo los remedios, etc. || Disponer lo necesario para la curación de un enfermo. || Preparar las carnes y pescados para conservarlos: *curar al humo.* || Curtir las pieles para sus usos industriales. || *Fig.* Sanar las dolencias del alma. || *Fig.* Remediar un mal. || Preparar diversas materias para su uso ulterior: *curar la madera, las pieles, el tabaco, la tela.* || — V. r. *Chil. Fam.* Emborracharse.
CURARE m. Veneno muy activo que los indios de América sacan de la raíz de una loganiácea: *los contravenenos del curare son el cloro y el bromo.*
CURASAO m. (de *Curasao* o *Curazao*, una de las Antillas). Licor fabricado con cortezas de naranja.
CURATELA f. Curaduría, cargo de curador.
CURATIVO, VA adj. Que sirve para curar: *un nuevo método curativo.* || — F. Método curativo.
CURATO m. Cargo de cura de almas. || Parroquia.
CURAZAO m. Curasao, licor.
CURAZOLEÑO, ÑA adj. De Curazao.
CÚRBANA f. *Cub.* Árbol que substituye la canela.
CURBARIL m. Árbol papilionáceo de América, de cuyo tronco se extrae la resina anime.
CURCO, CA adj. y s. *Ecuad., Per.* y *Chil.* Jorobado. || — F. *Chil.* Joroba.
CURCUCHO, CHA adj. *Guat.* Jorobado, giboso.
CÚRCUMA f. Cingiberácea de la India, cuya raíz se usa como tintura y para preparar el arrurruz.
CURCUNCHA f. *Arg.* Joroba.
CURCUNCHO, CHA adj. *Amer.* Corcovado.
CURCUSÍ m. *Bol.* Especie de cocuyo.
CURCUSILLA f. Rabadilla de las aves.
CURDA f. *Fam.* Borrachera. || — M. *Fam.* Borracho.
CURDO, DA adj. y s. Del Curdistán.
CUREÑA f. (del lat. *currus*, carro). Carro sobre el que se monta el cañón. || Palo de ballesta.
CUREO m. *Chil.* Especie de tordo.
CURESCA f. Borra inútil que se saca del paño.
CURETUÍ m. *Riopl.* Pajarillo blanco y negro.
CURÍ m. *Riopl.* Araucaria, árbol conífero. || *Col.* Cobayo.
CURIA f. Subdivisión de la tribu romana. || Lugar donde se reunía la curia. || Lugar donde se reunía el Senado. || El mismo Senado. || Tribunal de lo contencioso. || Conjunto de abogados, jueces, escribanos, etc.: *gente de curia.* || Conjunto de los tribunales y congregaciones que en Roma se ocupan en el gobierno de la Iglesia católica.
CURÍA f. *Col.* Hembra del curí. || *Dom.* Curí.
CURIAL adj. Perteneciente a la curia. || — M. Oficial de la curia.
CURIALESCO, CA adj. De la curia.
CURIANA f. Cucaracha.
CURIARA f. *Amer.* Embarcación menor que la canoa.
CURIBAY m. *Riopl.* Un pino de fruto purgante.
CURICANO, NA adj. y s. De Curicó (Chile).
CURICHE m. *Chil.* Negro. || *Bol.* Pantano o laguna.
CURIE m. (de Curie, n. pr.). Unidad de actividad nuclear (símb.: Ci), que equivale a la actividad nuclear de una cantidad de radioelementos para la cual el número de desintegraciones por segundo es de $3{,}7 \times 10^{10}$.
CURIO m. Elemento radiactivo (Cm), de número atómico 96, descubierto en 1945 en los productos de transmutación del uranio.
CURIOSEAR v. i. *Fam.* Ocuparse una persona en averiguar lo que no le importa. || *Fam.* Ver. (SINÓN. V. *Callejear.*)
CURIOSIDAD f. Deseo de ver, de conocer. || Indiscreción. || Aseo, limpieza. (SINÓN. V. *Cuidado.*) || Cosa curiosa.
CURIOSO, SA adj. y s. Que tiene curiosidad. (SINÓN. V. *Indiscreto.*) || Que provoca la curiosidad: *asunto curioso.* (SINÓN. V. *Excepcional.*) || Limpio y aseado. || *Amer.* Curandero.
CURIQUINGUE m. *Ecuad.* Ave parecida al buitre.
CURIYÚ m. *Riopl.* Boa acuática de América: *el curiyú mide hasta siete metros de largo.*
CURRICÁN m. Aparejo de pesca.
CURRICULUM VITÆ m. (pal. lat.). Conjunto de datos relativos al estado civil, a la situación de un candidato, historial profesional.
CURRINCHE m. *Fam.* Escritor principiante.
CURRUCA f. Pájaro insectívoro, de plumaje pardo y verdoso: *la curruca canta agradablemente.*
CURRUTACO, CA adj. y s. *Fam.* Elegante con afectación. (SINÓN. V. *Galán.*) || *Amer.* Regordete, rechoncho. || — Pl. *Amér. C.* Diarrea.
CURSADO, DA adj. Versado, experimentado.
CURSANTE adj. y s. Que cursa.
CURSAR v. t. (del lat. *cursare*, correr). Frecuentar un paraje. || Estudiar una materia en una clase: *cursar teología.* || Dar curso a una solicitud o expediente. || — OBSERV. Es barbarismo decir *el 5 del mes que cursa* por *el 5 del corriente.*
CURSI adj. Que presume de fino sin serlo. || Ridículo, de mal gusto. || — OBSERV. Úsanse también los derivados *cursilón, cursería, cursilada* y *cursilería.* El pl. vulgar *cúrsiles* debe substituirse por *cursis.*
CURSILLISTA com. Persona que hace un cursillo.
CURSILLO m. En las universidades, curso corto. || Breve serie de conferencias sobre una materia.
CURSIVO, VA adj. y s. f. Dícese de la letra o de la escritura rápida y corrida: *escribir en cursiva.*
CURSO m. (lat. *cursus*). Movimiento de las

Fot. A. Roy, L. P. Hosking

aguas: *el curso del Paraná es majestuoso.* ‖ Dirección: *seguir el curso de un río.* ‖ *Fig.* Serie, continuación: *el curso del tiempo, de la vida.* ‖ Sucesión, desarrollo de las cosas: *la enfermedad sigue su curso.* ‖ Resolución, trámite: *dar curso a una petición.* ‖ Enseñanza: *un curso de la universidad.* ‖ Tiempo que dura una lección en el día o en el año. ‖ Tratado especial: *curso de química.* (SINÓN. V. *Tratado.*) ‖ Circulación regular de una mercancía, de un valor, de una moneda: *este billete tiene curso legal.*
CURSOR m. Corredera de algunos instrumentos.
CURTACIÓN f. *Astr.* Acortamiento.
CURTIDO m. Acción de curtir: *la casca se usa para el curtido.* (SINÓN. V. *Tostado.*) ‖ — Pl Cueros curtidos.
CURTIDOR m. El que curte pieles por oficio.
CURTIDURÍA f. Taller donde curten las pieles.
CURTIEMBRE f. Curtimiento. ‖ *Amer.* Curtiduría, tenería.
CURTIENTE adj. y s. Dícese de lo que sirve para curtir: *el tanino es un curtiente poderoso.*
CURTIMIENTO m. Acción de curtir.
CURTIR v. t. (del lat. *cortex*, corteza). Adobar, aderezar las pieles. ‖ *Fig.* Tostar el sol el cutis: *el aire del mar curte el rostro.* ‖ *Fig.* Acostumbrar a la vida dura: *la miseria curte los temperamentos delicados.* ‖ — V. r. *Amér. C.* Ensuciarse.
CURUBO m. *Col.* Especie de enredadera.
CURUCÚ m. *Amér. C.* Quetzal.
CURUGUÁ m. *Riopl.* Especie de enredadera.
CURUL adj. (lat. *curulis*). Decíase de la silla de marfil en que se sentaban ciertos magistrados romanos, y por ext., de dichos magistrados: *edil curul.*
CURUNDA f. *Ecuad.* El zuro o raspa del maíz.
CURUPAY m. *Riopl.* Árbol de corteza curtiente.
CURUPÍ m. *Arg.* Lecherón, árbol euforbiáceo.
CURURO m. *Chil.* Rata campestre.
CURURÚ m. *Amer.* Batracio anuro.
CURVA f. Línea curva. ‖ Representación esquemática de las fases de un fenómeno: *curva de temperatura, de natalidad.* ‖ Vuelta, recodo (caminos). ‖ *Curva de nivel,* línea imaginaria que se utiliza en los mapas, formada por la unión de los puntos que tienen igual altura.
CURVADO, DA adj. De forma curva.
CURVAR v. t. Encorvar.
CURVATURA f. (lat. *curvatura*). Desvío de la línea recta: *la curvatura de las duelas de un tonel.* (SINÓN. V. *Redondez.*)
CURVEAR v. i. Hacer una curva.
CURVILÍNEO, A adj. *Geom.* Formado de líneas curvas: *ángulo, triángulo curvilíneos.*
CURVO, VA adj. En forma de arco: *línea curva.*
CUSCA f. *Col.* Borrachera. ‖ *Fam. Hacerle la cusca a alguien,* molestarle o causarle grave perjuicio.
CUSCUNGO m. Especie de búho del Ecuador.
CUSCURRO y **CUSCURRÓN** m. Mendrugo pequeño de pan. ‖ — PARÓN. *Coscorrón.*
CUSCURREAR v. i. Crujir al mascar.
CUSCURROSO, SA adj. Que cuscurrea.
CUSCUTA f. Planta convolvulácea, parásita del cáñamo, de la alfalfa y otras plantas.
CUSMA f. *Per.* y *Ecuad.* Camisa sin mangas.
CUSPA f. *Venez.* Arbusto que produce la angostura.
CUSPE *Chil.* y **CUSPI** m. *Col.* Trompo, peonza. ‖ *Chil. Fam.* Persona chica y bulliciosa.
CÚSPIDE f. (lat. *cuspis*). Punto culminante de un monte: *la cúspide del Himalaya.* (SINÓN. V. *Cima.*) ‖ *Geom.* Punta del cono o de la pirámide opuesta a la base.
CUSTODIA f. Acción de custodiar o vigilar. ‖ Persona que custodia a otra. ‖ Pieza, generalmente de oro o plata, en la que se expone el Santísimo Sacramento. ‖ Tabernáculo.
CUSTODIAR v. t. Guardar, vigilar.
CUSTODIO adj. y s. Que custodia: *ángel custodio.*
CUSUCO m. *Salv.* El armadillo o cachicamo.
CUSUMBÉ *Ecuad.* y **CUSUMBO** m. *Col.* Coatí.
CUSUSA f. *Amér. C.* Aguardiente de caña.
CUTACHA f. *Amér. C.* Cuchillo largo y recto.
CUTAMA f. *Chil.* Saco de cuero, talego. ‖ *Fig.* y *Chil.* Persona muy torpe y pesada.
CUTÁNEO, A adj. Del cutis: *erupción cutánea.*
CUTARRA o **CUTARA** f. *Amér. C.* Chancleta.
CÚTER m. (ingl. *cutter*). Nombre de una embarcación ligera que tiene un solo palo.
CUTÍ m. Cotí.
CUTÍCULA f. Película, piel muy fina. ‖ *Zool.* Zona superficial del tegumento de los animales articulados. ‖ Membrana que cubre las células.
CUTIRREACCIÓN f. Reacción cutánea utilizada en medicina para descubrir ciertas enfermedades.
CUTIS m. Cuero o piel del cuerpo humano. (SINÓN. V. *Piel.*)
CUTO, TA adj. *Amér. C.* Manco, falto de un miembro.
CUTUSA f. *Col.* Especie de alondra.
CUY m. *Amer.* Cobayo. ‖ *Ecuad.* Cohete, buscapiés.
CUYÁ f. *Cub.* Planta sapotácea de fruto comestible. ‖ *Chil.* Especie de hurón.
CUYABRA f. *Col.* Vasija de calabaza o güira.
CUYAMEL m. *Hond.* Pez de río, estimado.
CUYANO, NA adj. y s. De Cuyo (Argentina).
CUYO, YA (lat. *cujus*). Pronombre relativo posesivo: *el hombre cuya mujer hemos visto.* ‖ — M. *Fam.* Galán, enamorado. (P. us.) ‖ — OBSERV. *Cuyo* tiene siempre carácter posesivo, de suerte que son incorrectas las frases siguientes: *vio venir dos hombres, cuyos hombres llevaban escopetas; le regaló un aderezo, cuyo aderezo era de brillantes; llegó a Madrid, en cuya ciudad se encontró con un amigo; escríbeme si vienes, en cuyo caso te visitaré.*
¡CUZ, CUZ! interj. Sirve para llamar a los perros.
CUZCATLECO, CA adj. y s. De Cuzcatlán.
CUZCO m. Gozquecillo. perro ladrador.
CUZCUZ m. V. ALCUZCUZ.
CUZQUEÑO, ÑA adj. y s. Del Cuzco.
CV, abreviatura de *caballo de vapor.*
CZAR y sus derivados, v. ZAR y los suyos.

línea curva

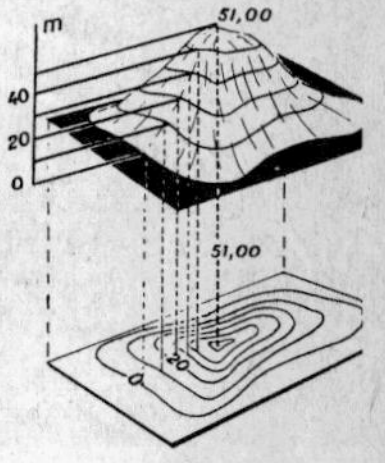

curvas de nivel

custodia

Custodia (Catedral de Santiago de Compostela)

Fot. X, Larousse

Ch

Charros mexicanos

CH f. Cuarta letra y tercera consonante del abecedario castellano.
CHA m. Nombre que suele darse al té en Filipinas y algunos países de América. ‖ Nombre que se da al soberano de Persia. (También se escribe *sha.*)
CHABACANADA f. Chabacanería.
CHABACANAMENTE adv. m. Con chabacanería: *hablar y conducirse chabacanamente.*
CHABACANEAR v. i. Obrar con chabacanería.
CHABACANERÍA f. Falta de gusto. ‖ Grosería, vulgaridad: *decir chabacanerías.*
CHABACANO, NA adj. Sin gusto, grosero: *aire chabacano.* ‖ — M. *Méx.* Árbol parecido al albaricoquero.
CHABELA f. *Bol.* Bebida de vino y chicha.
CHABELÓN m. *Guat. Fam.* Cobarde, amujerado.
CHABOLA f. Choza, caseta en el campo. ‖ Barraca en las afueras de una ciudad donde vive la gente pobre. (SINÓN. V. *Barraca.*)
CHABOLISMO m. *Neol.* Aglomeración de barracas pobres.
CHACA f. *Chil.* Una variedad de marisco comestible. (SINÓN. *Taca.*) ‖ *Bol.* Puente o arco.
CHACAL m. Mamífero carnicero de Asia y África bastante parecido al lobo. ‖ *Méx.* Especie de camarón. ‖ *Per.* Un árbol resinoso.
CHACALÍN m. Camarón, cierto crustáceo. ‖ *Amér. C.* Rorro, nene.
CHACANA f. *Ecuad.* Parihuela o camilla.
CHACANEAR v. i. *Chil.* Espolear. ‖ — V. i. *Bol.* y *Riopl.* Usar habitualmente.
CHÁCARA f. *Amer.* Chacra. ‖ *Col.* y *Venez.* Bolsa, garniel. ‖ *Amér. C. Fam.* Llaga.
CHACARANDÁ m. *Venez.* Árbol bignoniáceo.
CHACAREAR v. i. *Arg.* Trabajar en el campo.
CHACARERÍA f. *Chil.* Conjunto de chacras. ‖ *Chil., Ecuad.* y *Per.* Cultivo de una chacra.
CHACARERO, RA adj. y s. *Amer.* Campesino. ‖ — F. *Bol.* y *Riopl.* Cierto baile y su música.
CHACARONA f. Cierto pez teleósteo.

chacal

CHACARRACHACA f. *Fam.* Ruido molesto de disputa.
CHACATE m. Planta poligalácea de México.
CHACEAR v. i. *Venez.* Hacer chazas el caballo.
CHACINA f. Carne de cerdo preparada.
CHACINERÍA f. Tienda de chacinas.
CHACINERO m. El que hace o vende chacina.
CHACO m. *Amer.* Caza de ojeo de los indios.
CHACÓ m. Morrión de caballería ligera.
CHACOLÍ m. Vino ligero y algo agrio que se hace en las provincias vascongadas, en Santander y en Chile.
CHACOLOTEAR v. i. Sonar la herradura floja.
CHACOLOTEO m. Acción de chacolotear.
CHACÓN m. Lagarto parecido a la salamanquesa que vive en Filipinas. ‖ *Per.* Cacique.
CHACONA f. Cierto baile antiguo español. ‖ Su música y la letra de ésta.
CHACONADA f. (fr. *jaconas*). Tela de algodón intermedia entre el percal y la muselina.
CHACOTA f. Bulla, algazara, alegría demasiado ruidosa. ‖ Burla: *hacer chacota de algo.* ‖ *Echar, o tomar, a chacota,* tomar a broma.
CHACOTE m. *Bol.* Daga larga y filosa.
CHACOTEAR v. i. Burlarse, divertirse con algazara.
CHACOTEO m. Acción y efecto de chacotear.
CHACOTERÍA f. Chacota.
CHACOTERO, RA adj. y s. Aficionado a chacotear.
CHACRA f. *Amer.* Finca rústica pequeña.
CHACUACO m. Horno para mineral de plata. ‖ *Salv.* y *Méx.* Colilla de cigarro.
CHACUAL m. Chistera con que juegan a la pelota los indios mexicanos.
CHACUALEAR v. t. *Méx.* Chacolotear.
CHACUALOLE m. *Méx.* Un dulce de calabaza.
CHACUAQUERÍA f. *Arg.* Chapucería.
CHACHA f. *Fam.* Niñera. ‖ *Fam.* Criada. ‖ *Guat.* Chachalaca.
CHACHACASTE m. *Amér. C.* Aguardiente.
CHACHACO, CA adj. *Amér. C.* Cascarañado.
CHACHACOMA f. *Chil.* Planta compuesta.
CHACHAL m. *Per.* Lápiz plomo.
CHACHALACA f. Ave gallinácea de México: *cuando la chachalaca está volando, no cesa de gritar.* ‖ *Hond.* Especie de langosta grande. ‖ *Fig. Amér. C.* y *Méx.* Persona locuaz.

Fot. René Ferlet, Lebrun

CHACHAPOYENSE adj. y s. De Chachapoyas (Perú).
CHACHAPUYNO, NA adj. y s. Chachapoyense.
CHÁCHARA f. *Fam.* Charla inútil. (SINÓN. V. *Conversación.*) || — *Ecuad.* Broma. || — Pl. Baratijas, chucherías.
CHACHAREAR v. i. *Fam.* Charlar inútilmente. (SINÓN. V. *Charlar.*)
CHACHARERO, RA adj. y s. *Fam.* Que charla inútilmente. || *Méx.* Buhonero.
CHACHARITA f. El cerdo montés de la Guayana.
CHACHO, CHA m. y f. *Fam.* Muchacho. || *Méx.* Sirviente. || *Hond.* Gemelo, mellizo.
CHAFALDETE m. *Mar.* Cabo para cargar los puños de gavias y juanetes.
CHAFALDITA f. *Fam.* Broma, pulla ligera e inofensiva: *decir chafalditas.*
CHAFALMEJAS com. *Fam.* Pintamonas.
CHAFALONÍA f. Objetos de plata u oro fuera de uso, que se vende al peso.
CHAFALOTE m. *Amer.* Chafarote. || *Bol.* Caballo pesado. || — Adj. *Arg.* Ordinario, grosero.
CHAFALLAR v. t. *Fam.* Hacer algo sin arte.
CHAFALLO m. *Fam.* Remiendo mal echado.
CHAFALÓN, ONA adj. y s. *Fam.* Chapucero.
CHAFAR v. t. Aplastar: *chafar la hierba.* || Arrugar la ropa. || *Fig.* y *fam.* Deslucir, maltratar. || Echar a perder. || *Chil.* Despedir.
CHAFAROTAZO m. Golpe dado con el chafarote.
CHAFAROTE m. Alfanje corto y ancho. || *Fam.* Sable ancho. || *Fig.* y *fam.* Arma blanca.
CHAFARRINADA f. Borrón, mancha, cosa que desluce: *hacer una chafarrinada.*
CHAFARRINAR v. t. Afear con manchas o borrones.
CHAFARRINÓN m. Chafarrinada.
CHAFE m. *Arg. Pop.* Vigilante, policía.
CHAFIRRO m. *C. Rica.* Cuchillo o machete.
CHAFLÁN m. Cara de un sólido, que se obtiene cortando por un plano una esquina del mismo: *suelen hacerse chaflanes en las lunas de los espejos.* || Plano que, en lugar de esquina, une dos superficies planas que forman ángulo. || *Venez. De chaflán,* de soslayo.

chaflán

CHAFLANAR v. t. Hacer chaflanes.
CHAGOLLA f. *Méx.* Moneda falsa o muy gastada.
CHAGORRA f. *Méx.* Mujer muy humilde.
CHAGRA m. *Ecuad.* Campesino. || — Adj. *Ecuad.* Dícese de la persona inculta, grosera, y suele aplicarse a los no nacidos en la capital. || — F. *Cub.* Chaira de zapatero. || *Col.* Chacra, huerta, finca de campo.
CHAGRILLO m. *Ecuad.* Mezcla de pétalos de flores rociados con perfumes.
CHAGUAL m. *Arg., Chil.* y *Per.* Planta bromeliácea cuya medula es comestible y sus fibras sirven para hacer cordeles.
CHAGUALA f. *Col.* Zapato viejo. || *Méx.* Chancleta. || *Col.* Chirlo o herida. || Nariguera de los indios.
CHAGUALÓN m. *Col.* Árbol que produce incienso.
CHAGUAR v. t. *Arg.* Exprimir esponjas, ropa mojada, etc.
CHAGUAR (no **CHÁGUAR**) m. *Amer.* Especie de pita. (SINÓN. *Caraguatá.*)
CHÁGUARA f. *Riopl.* Piola con que hacen bailar el trompo los muchachos.
CHAGUARAMA f. *Amér. C.* Especie de palma.
CHAGÜETO, TA adj. *Col.* Torcido, tuerto.
CHAGÜÍ m. *Ecuad.* Pajarito que abunda en el litoral y es algo parecido al gorrión.
CHAGÜISCLE m. *Méx.* Chahuistle.
CHAGÜITE o **CHAHUITE** m. *Amér. C.* Lodazal, pantano. || *C. Rica.* Sementera de maíz.
CHAH m. V. CHA.
CHAHUISTLE m. Roya, enfermedad del maíz.
CHAINA f. *Per.* Jilguero. || *Per.* Quena.
CHAIRA f. Cuchilla de zapatero. || Afilador de acero de los carniceros. || *Bol.* Guiso de chuño y carne.
CHAIRO m. *Bol.* Chupe.
CHAISE-LONGUE f. (pal. fr., pr. *ches-long*). Especie de sillón de asiento muy prolongado; otomana, tumbona, sofá sin brazos.
CHAJÁ m. *Riopl.* Ave zancuda de color ceniciento, que tiene un copete de plumas en la cabeza.
CHAJAL m. *Ecuad.* y *Guat.* Criado al servicio del cura.
CHAJUÁ y **CHAJUÁN** m. *Col.* Bochorno.
CHAL m. Pañuelo largo que se ponen las mujeres en los hombros.
CHALA f. *Amer.* Hoja que envuelve la mazorca del maíz. (SINÓN. *Farfolla.*) || *Arg.* Dinero. || *Riopl. Pelar la chala a uno,* robarle el dinero.
CHALACO, CA adj. y s. *Per.* Natural de El Callao.
CHALADO, DA adj. *Fam.* Tonto, alelado. || *Fam.* Muy enamorado, chiflado.
CHALALA f. *Chil.* Sandalia basta de los indios.
CHALÁN, ANA adj. y s. Tratante, negociante, que tiene maña para el comercio. || — M. *Amer.* Picador de caballos.
CHALANA f. Embarcación de fondo muy plano. (SINÓN. V. *Embarcación.*)
CHALANEAR v. i. Negociar, cambalachear, comerciar con maña. || *Amer.* Adiestrar caballos. || *Arg.* Abusar de uno. || *Amér. C.* Bromear.
CHALANEO m. Acción de chalanear.
CHALANERÍA f. Astucia de los chalanes.
CHALANESCO, CA adj. Propio de chalanes.
CHALAR v. t. Chiflar, alelar. || — V. r. Enamorarse, perder el seso: *chalarse por una muchacha.*
CHALATE m. *Méx.* Caballejo, matalote.
CHALATECO, CA adj. y s. De Chalatenango.
¡CHALAY! interj. *Arg. Fam.* ¡Qué bien huele!
CHALAZA f. Nombre de los dos filamentos que mantienen la yema del huevo en medio de la clara.
CHALCHA f. *Chil.* Papada.
CHALCHAL m. *Riopl.* Árbol abietáceo.
CHALCHIHUITE m. *Méx.* Especie de esmeralda. || *Amér. C.* Baratija, cachivache.
CHALCHUDO, DA adj. *Chil. Fam.* Mofletudo.
CHALÉ m. Chalet.
CHALECO m. Prenda de vestir, sin mangas, que se pone sobre la camisa: *chaleco de terciopelo.* || *Méx. A chaleco,* loc. adv., a la fuerza, por capricho. || *Amer. Chaleco de fuerza,* camisa de fuerza. || *Chaleco salvavidas,* prenda usada como medio de flotación en caso de naufragio.
CHALEQUERO, RA m. y f. Persona que hace chalecos.
CHALET m. Casa de madera de estilo suizo. || Casa de recreo, hotelito. (SINÓN. V. *Villa.*)

chalet

CHALILONES m. pl. *Chil.* Regocijos de carnaval.
CHALINA f. Corbata de caídas largas. || Chal estrecho que usan las mujeres en América.
CHALÓN m. *Riopl.* y *Chil.* Pañolón que se lleva al cuello.
CHALONA f. *Per.* Cecina, tasajo, carne de carnero curada al hielo. || *Bol.* Carne de carnero salada.
CHALOTE m. (fr. *échalote*). Planta liliácea usada como condimento.
CHALUDO, DA adj. *Arg.* Que tiene mucha chala o dinero.
CHALUPA f. (fr. *chaloupe*). *Mar.* Embarcación pequeña, lancha o canoa de diversas formas y para diferentes usos. (SINÓN. V. *Embarcación.*) || *Méx.* Tortilla de maíz con algún condimento.

CHALLA f. *Chil.* Chaya.
CHALLENGE m. (pal. ingl.). Prueba o competición deportiva.
CHALLENGER m. (pal. ingl.). Aspirante.
CHALLULLA f. *Per.* Cierto pez de río.

CHAMA f. *Pop.* Cambalache, cambio, trueque.
CHAMACO, CA y no **CHÁMACO** (Acad.) m. y f. *Méx.* Muchacho, niño.
CHAMADA f. Chamarasca, leña menuda. ‖ *And.* Sucesión de acontecimientos adversos.
CHAMAGOSO, SA adj. *Méx.* Mugriento, sucio, mal arreglado. ‖ *Méx.* Bajo, vulgar.
CHAMAGUA f. *Méx.* Camagua.
CHAMAL m. *Arg., Bol.* y *Chil.* Paño que usan los indios araucanos para cubrirse de la cintura abajo.
CHAMANTO m. *Chil.* Poncho de lana burda.
CHAMAR v. t. *Pop.* Cambalachear, cambiar.
CHÁMARA y **CHAMARASCA** f. Leña menuda que levanta mucha llama. ‖ Esta misma llama.
CHAMARILEAR v. i. Chamar. (SINÓN. V. *Comprar.*)
CHAMARILEO m. Acción y efecto de chamarilear.
CHAMARILERO, RA m. y f. Persona que se ocupa en la compra y venta de trastos viejos. ‖ — SINÓN. *Prendero, ropavejero, trapero.*
CHAMARÍN *Cub.* y **CHAMARIZ** m. Pajarillo parecido al canario, de plumaje verdoso y amarillento: *el chamariz se acomoda a la cautividad.*
CHAMARÓN m. Especie de curruca, pájaro.
CHAMARRA f. Chaquetón de paño burdo. ‖ *Amér. C.* y *Venez.* Manta o frazada. ‖ *Amér. C.* Engaño.
CHAMARREAR v. i. *Amér. C.* Engañar.
CHAMARRETA f. Casaquilla larga hasta más abajo de la cintura y con mangas.
CHAMARRO m. *Amér. C.* y *Méx.* Manta burda.
CHAMBA f. *Fam.* Chiripa. ‖ *Ecuad.* Tepe o césped. ‖ *Col.* Zanja. ‖ *Méx.* Trabajo, negocio. ‖ *Bol.* Sulfato de cinc natural.
CHAMBADA f. y **CHAMBADO** m. *Chil.* y *Arg.* Vaso de cuerno.
CHAMBEAR v. t. *Ecuad.* Tapar o cerrar con césped o tepes una presa o portillo. ‖ *Col.* Cortar, afeitar. ‖ — V. i. *Méx.* Cambiar, trabajar.
CHAMBELÁN m. Gentilhombre de cámara.
CHAMBERGA f. *Hond.* Planta trepadora. ‖ *Cub.* Nombre de una especie de caléndula. ‖ *Col.* Cuerna.
CHAMBERGO m. Sombrero blando de ala ancha. ‖ *Cub.* Pájaro de color amarillo y negro.
CHAMBERGO, GA adj. (del mariscal *Schomberg*). Dícese de cierto regimiento creado en Madrid durante la menor edad de Carlos II, así como de los soldados que lo componían y de las prendas de uniforme que usaban. ‖ *Sombrero chambergo,* el de copa campanuda y de ala ancha levantada por un lado y sujeta con presilla.
CHAMBERINADA f. *Per.* Ostentación, lujo.
CHAMBÓN, ONA adj. y s. *Fam.* Torpe en el juego. ‖ *Fam.* Chapucero, torpe, desmañado. ‖ *Fam.* Que consigue por suerte o casualidad una cosa: *persona chambona.*
CHAMBONADA f. *Fam.* Torpeza del chambón. ‖ Ventaja obtenida por chiripa. ‖ *Amer.* Chapucería.
CHAMBONEAR v. i. Jugar como chambón. ‖ *Amer.* Hacer chambonadas.
CHAMBOROTE adj. *Ecuad.* Dícese de un pimiento blanco. ‖ *Fam. Ecuad.* Narigón.
CHAMBRA f. Vestidura casera a modo de blusa que usan las mujeres. ‖ *Venez.* Algazara.
CHAMBRANA f. Marco de puerta. ‖ *Col.* y *Venez.* Algazara, jaleo. ‖ *Col.* Pendencia.
CHAMBURGO m. *Col.* Remanso, charco.
CHAMBURO m. *Bot.* Una especie de papayo.
CHAMELICO m. *Amer.* Trebejo: *liar los chamelicos.*
CHAMICADO, DA adj. *Chil.* y *Per.* Taciturno, turbado por la bebida.
CHAMICERA f. Pedazo de monte quemado.
CHAMICO m. Estramonio americano: *el chamico es un veneno violento.* ‖ *Fig. Dar chamico a uno,* hechizarle, seducirle.
CHAMIZA f. Hierba gramínea medicinal: *la chamiza se usa para techar chozas.* ‖ Chamarasca, leña menuda.
CHAMIZAR v. t. Cubrir con chamiza.
CHAMIZO m. Tizón, leño medio quemado. ‖ Choza cubierta de chamiza. (SINÓN. V. *Cabaña.*) ‖ *Fig.* y *fam.* Tugurio sórdido.
CHAMÓN m. *Col.* Especie de quiscal.
CHAMORRA f. *Fam.* Cabeza trasquilada.
CHAMORRO, RRA adj. Pelado, esquilado. ‖ Dícese de una especie de trigo mocho.
CHAMPA f. *Chil.* y *Per.* Chamba, tepe. ‖ Cosa enmarañada. ‖ *Ecuad.* Agave o pita. ‖ *Amér. C.* Tienda de palmas para defenderse del agua.
CHAMPAGNE m. (pal. fr.) V. CHAMPAÑA.
CHAMPÁN m. Champaña. ‖ *Amer.* Barco fluvial.
CHAMPAÑA m. (fr. *champagne*). Vino blanco y espumoso de Champagne, región del E. de Francia: *una copa de champaña.*
CHAMPAÑAZO m. *Chil.* Fiesta en la que se bebe champaña.
CHAMPAÑIZAR v. t. Volver espumoso un vino.
CHAMPAR v. t. *Fam.* Echar en cara un beneficio o decir a uno una cosa desagradable.
CHAMPEAR v. t. *Chil., Ecuad.* y *Per.* Tapar con césped.
CHAMPIÑÓN m. Hongo agaricáceo comestible.
CHAMPOLA f. *Amér. C.* y *Cub.* Refresco hecho con pulpa de guanábana, azúcar y agua.
CHAMPÚ m. (ingl. *shampoo*). Jabón líquido para el lavado de la cabeza. ‖ Lavado de la cabeza. Pl. *champúes.*
CHAMPURRADO m. Mezcla de licores.
CHAMPURRAR v. t. *Fam.* Chapurrar licores.
CHAMPURRO m. *Fam.* Mezcla de licores o vinos.
CHAMPÚS o **CHAMPUZ** m. *Ecuad.* y *Per.* Gacha de harina de maíz, mote, azúcar y jugo de naranjilla.
CHAMUCHINA f. *Amer.* Populacho, turba de gente. ‖ *Ecuad.* y *Venez.* Riña. ‖ *Arg., Hond.* y *Méx.* Reunión de gente menuda o chiquillos. ‖ *Bol.* Pequeñez, quisicosa, tontería.
CHAMULLAR v. i. *Pop.* Charlar, decir. (SINÓN. V. *Hablar.*)
CHAMUSCAR v. t. Quemar o tostar superficialmente. (SINÓN. V. *Quemar.*) ‖ *Méx.* Vender mercancías a bajo precio. ‖ — V. r. *Col.* Amoscarse, enfadarse mucho.
CHAMUSCO m. Chamusquina, quemazón.
CHAMUSQUINA f. Acción y efecto de chamuscar. ‖ *Fig.* y *fam.* Riña, camorra. ‖ *Fig.* y *fam. Oler a chamusquina,* dícese de los discursos o teorías contrarios a la fe, por quemarse en otro tiempo a los herejes.
CHAN m. *Guat.* y *Salv.* Chía.
CHANADA f. *Fam.* Engaño, trampa, chasco.
CHANCA f. *Bol.* Guiso de pollo o conejo con ají. ‖ *Amer.* Trituración de metales, maíz, etc. ‖ *Chil.* y *Per.* Paliza.
CHANCACA f. *Amer.* Nombre del azúcar mascabado. ‖ *Amér. C.* Pasta de maíz o trigo tostado y molido con miel.
CHANCADORA f. *Amer.* Trituradora.
CHANCAQUITAS f. pl. *Amer.* Pastillas de chancaca mezclada con nueces, coco, etc.
CHANCAR v. t. *Amer.* Triturar, moler.
CHANCAY m. *Per.* Bizcocho esponjoso.
CHANCE m. (pal. ingl.) *Amer.* Oportunidad, ocasión, suerte.
CHANCEAR v. i. Usar de chanzas o bromas.
CHANCERO, RA adj. Aficionado a chancear.
CHANCILLER m. Canciller.
CHANCILLERÍA f. Tribunal superior de justicia donde se conocía por apelación de todas las causas de los demás tribunales. (Había dos chancillerías en España, una en Valladolid y otra en Granada.)
CHANCLA f. Zapato viejo y roto. ‖ Chancleta.
CHANCLETA f. Chinela sin talón o con el talón doblado: *salir a la calle en chancleta.* (SINÓN. V. *Zapatilla.*) ‖ *Amer. Fam.* Nombre que se da a la niña recién nacida. ‖ — Com. *Fam.* Persona inepta.
CHANCLETAZO m. Golpe dado con la chancleta.
CHANCLETEAR v. i. Andar en chancletas. ‖ *Cub.* Huir.
CHANCLETEO m. Ruido o golpeteo de las chancletas al andar con ellas.
CHANCLETERO, RA adj. *Ant., Col.* y *Méx.* Dícese de la persona de baja clase social.
CHANCLETUDO, DA adj. y s. *Chil., Ecuad., Per.* y *Venez.* Chancletero.

CHANCLO m. Sandalia de madera que se pone debajo del calzado y se sujeta con correas para preservarse del lodo. || Zapato de goma en que entra el pie calzado. || Parte inferior del calzado cuando tiene forma de chanclo: *zapato de chanclo.*
CHANCRO m. *Med.* Úlcera de origen venéreo.
CHANCUA f. *Arg.* Maíz de mazamorra chirle.
CHANCUCO m. *Col.* El tabaco de contrabando.
CHANCHA f. *Amer.* Cerda. || *Bol., Col.* y *Chil. Hacer la chancha,* hacer novillos.
CHANCHADA f. *Amer.* Porquería, suciedad.
CHÁNCHARRAS MÁNCHARRAS f. pl. Rodeos, efugios, para dejar de hacer una cosa: *andar en cháncharras máncharras.*
CHANCHARRETA f. *Per.* Calzado roto y viejo.
CHANCHERÍA f. *Chil* y *Arg.* Salchichería.
CHANCHO, CHA adj. *Amer.* Sucio, cerdo, puerco. || — M. Cerdo. || *Chil., Per.* y *Riopl.* Pieza muerta o encerrada en el ajedrez o en las damas.
CHANCHULLERO, RA adj. y s. Dícese de la persona aficionada a andar en chanchullos.
CHANCHULLO m. *Fam.* Manejo ilícito, negocio sucio: *andar en chanchullos.*
CHANDA f. *Col.* Sarna. (SINÓN. *Caracha.*)
CHANE adj. y s. *Hond.* Baquedano.
CHANELAR v. i. *Pop.* Saber, entender. (SINÓN. V. *Comprender.*)
CHANEQUE adj. *Guat. Fam.* Corriente, jovial. || — M. *Salv.* Guía, baqueano.
CHANFAINA f. Guisado de bofes. || Guiso mal hecho. || *Col.* Sueldo de destino público.
CHANFLE m. *Méx.* Chaflán. || *Arg.* Chafe, policía.
CHANFLÓN, NA adj. Grosero, basto.
CHANGA f. *Fam.* Trato, trueque o negocio sin importancia. || *Cub.* Broma, chanza, burla: *andar con changas.* || *Arg.* Trabajo del changador. || *Arg. Fam.* Retribución, sueldo.
CHANGADOR m. *Arg.* y *Chil.* Mozo de cuerda.
CHANGALLA f. *Chil.* Especie de camarón.
CHANGANGO m. *Arg.* Guitarra.
CHANGAR v. i. *Arg.* Trabajar de changador. || Picholear, hacer pequeños negocios.
CHANGARRO m. *Fam.* Tendejón.
CHANGLE m. *Chil.* Especie de hongo comestible.
CHANGO m. *Amer.* Mono: *hacer el chango.* || *Chil.* Hombre pesado o fastidioso. || *Méx.* Muchacho.
CHANGUEAR v. i. *Amer.* Bromear con alguno.
CHANGUERO, RA adj. y s. *Amer.* Bromista.
CHANGÜÍ m. *Fam.* Chasco, engaño: *dar changüí a una persona.* || *Cub.* Cierto baile de la plebe.
CHANO, CHANO m. adv. *Fam.* Paso a paso.
CHANQUETE m. Pez pequeño comestible que se pesca sobre todo en la costa de Málaga.
CHANTAJE m. (fr. *chantage*) Delito que consiste en obtener dinero u otro provecho, bajo la amenaza de revelaciones escandalosas.
CHANTAJISTA com. Persona que hace chantaje: *su proposición era la de un chantajista.*
CHANTAR v. t. Vestir, poner. || *Fam.* Decir algo cara a cara sin reparo ni miramiento: *le chantó sus verdades.* || *Arg.* Tirar. || *Riopl.* y *Chil.* Dar, golpear. || *Riopl.* Plantar, dejar plantado a alguien.
CHANTILLÍ m. Crema de nata batida.
CHANTRE m. (pal. fr. que sign. *cantor*). Antigua dignidad de las iglesias catedrales.
CHANZA f. Broma, burla.
CHAÑA f. *Chil.* Rebatiña.
CHAÑADO, DA adj. *Chil. Fam.* Desaliñado, de mala muerte.
CHAÑAL o **CHAÑAR** m. *Amer.* Árbol papilionáceo de fruto comestible.
CHAÑAR v. t. *Chil.* Arrebatar una cosa.
CHAÑO m. *Chil.* Manta gruesa de lana burda.
¡CHAO! interj. *Arg. Fam.* ¡Chau!, ¡adiós!
CHAPA f. (fr. *chape*). Hoja o lámina de madera, metal, etc.: *una chapa de metal.* || Chapeta que sale al rostro, y también manchas artificiales que se ponían las mujeres en el rostro. || Insignia distintiva de una profesión, de un cargo: *chapa de policía.* || *Amer.* Cerradura. || *Ecuad.* Policía, agente de orden público. || Caracol terrestre de Valencia, de forma aplanada. || *Fig.* Seso, formalidad: *hombre de chapa.* || — Pl. Juego parecido al de cara o cruz. || *Per. Fam.* Buenos colores en el rostro.
CHAPACACA m. *Ecuad. Fam.* Empleadillo que abusa de su autoridad para cometer exacciones.
CHAPADO, DA adj. Cubierto con chapas. || *Chapado a la antigua,* muy apegado a las costumbres rancias.
CHAPALEAR v. i. (de *chapaleteo*). Sonar el agua batida con los pies o las manos. (SINÓN. V. *Chapotear.*) || Chacolotear.
CHAPALEO m. Acción de chapalear.
CHAPALETA f. Válvula de bomba.
CHAPALETEO m. Ruido que hace el agua al chocar con la orilla o al llover.
CHAPANECO, CA adj. *Méx. Fam.* Chaparro, bajito.
CHAPAPOTE m. *Col., Cub.* y *Venez.* Asfalto más o menos espeso.
CHAPAR v. t. Cubrir algo con chapas: *un baúl chapado de cobre.* || *Ecuad.* Mirar, atisbar o acechar. || *Per.* Apresar.
CHAPARRA f. Coscoja, nombre de una especie de encina. || Coche antiguo de caja ancha.
CHAPARRADA f. Chaparrón.
CHAPARRAL m. Matorral de chaparros.
CHAPARRAZO m. *Hond.* Chaparrón o aguacero.
CHAPARREAR v. i. Caer chaparrones.
CHAPARRERAS f. pl. *Méx.* Zahones de piel.
CHAPARRO, RRA adj. Achaparrado: *higuera chaparra.* || — M. Mata baja de encina. || Arbusto malpigiáceo de América Central: *las ramas del chaparro sirven para hacer bastones.* || *Ecuad.* Matorral, maleza. || Rechoncho. || *Méx.* Chiquillo.
CHAPARRÓN m. Lluvia fuerte y corta. (SINÓN. V. *Lluvia.*) || *Fig.* y *fam.* Lo que cae en gran cantidad: *un chaparrón de injurias.*
CHAPATAL m. Lodazal, ciénaga.
CHAPE m. *Col.* y *Chil.* Trenza de pelo. || *Chil.* Babosa, molusco. || *Chil.* Lapa, marisco. || *Chil. Gente de chape,* gente de pro.
CHAPEADO m. Acción de chapear muebles, metales, etc. || — Adj. Cubierto con chapas. || *Chil.* Rico, adinerado.
CHAPEAR v. t. Guarnecer alguna cosa con chapas. || *Amér. C., Antill., Chil.* y *Méx.* Desyerbar. || — V. i. Chacolotear la herradura.
CHAPECÁN m. *Chil.* Trenza.
CHAPEO m. (fr. *chapeau*). Sombrero. (SINÓN. V. *Tocado.*)
CHAPERA f. (de *chapa*). *Albañ.* Plano inclinado hecho de tablas que sirve de escalera en las obras.
CHAPETA f. Mancha de color en las mejillas.
CHAPETEAR v. i. Chapotear.
CHAPETÓN, ONA adj. y s. *Amer. Ant.* Soldado recién llegado de España y por consiguiente poco diestro en la guerra contra los indios. || *Amer.* Español o europeo recién llegado. || *Amer. Fig.* Torpe, poco diestro: *ser algo chapetón en un oficio.* || *Arg.* Baladrón, fanfarrón. || Chaparrón, aguacero. || Chapetonada, enfermedad. || *Méx.* Rodaja de plata que adorna los arreos de una caballería, los alzapaños, etc.
CHAPETONADA f. Acción propia de chapetón. || *Pagar la chapetonada,* padecer calenturas antes de aclimatarse los europeos al llegar a América. (Es anticuado.) || *Amer.* Bisoñería, falta de experiencia.
CHAPETONAR v. i. *Chil.* y *Riopl.* Obrar inexpertamente.
CHAPICO m. *Chil.* Arbusto solanáceo tintóreo.
CHAPÍN m. Chanclo de corcho. || Pez parecido al cofre. || Planta orquídea. || *Col.* Escaro, que tiene los pies torcidos. || *Hond., C. Rica* y *Salv.* Guatemalteco. || *Hond.* Patojo.
CHAPINAZO m. Golpe que se da con el chapín.
CHAPINO, NA adj. *Arg.* Patojo.
CHÁPIRO m. *Fam.* Voz que se usa en algunas exclamaciones de enojo: *¡por vida del chápiro! ¡por vida del chápiro verde!* y *¡voto al chápiro!*
CHAPISCA f. *Amér. C.* Cosecha del maíz.
CHAPISTA adj. y s. Persona que hace chapas. || Obrero que arregla las carrocerías de automóviles.
CHAPITEL m. Remate piramidal que corona

chanclo

una torre. || *Arq.* Capitel de columna: *chapitel dórico.*
CHAPODAR v. t. Podar los árboles ligeramente para airearlos. || *Fig.* Cercenar.
CHAPODO m. Trozo de rama chapodada.
CHAPOLA f. *Col.* Mariposa.
CHAPÓN m. Borrón de tinta: *hacer un chapón.*
CHAPOPOTE m. *Méx.* Chapapote.
CHAPOTEAR v. t. Remojar, humedecer: *chapotear una pared.* || — V. i. Golpear el agua para que salpique: *a los niños les gusta chapotear.* || Sonar el agua batida por los pies o las manos. || — SINÓN. *Chapalear, salpicar.*
CHAPOTEO m. Ruido que se hace chapoteando.
CHAPUCEAR v. t. Frangollar, trabajar mal y de prisa. || Chafallar. || *Méx.* Engañar, trampear.
CHAPUCERÍA f. Tosquedad, imperfección: *este mueble es una chapucería.* || Obra frangollada, mal hecha. || Embuste, mentira. (P. us.)
CHAPUCERO, RA adj. Tosco, grosero: *obra chapucera.* || — Adj. y s. Dícese del que trabaja groseramente: *escritor muy chapucero.* || — M. Herrero que fabrica clavos y cosas bastas de hierro.
CHAPUL m. *Col.* Libélula.
CHAPULÍN m. *Amer.* Cigarrón. || *Amér. C.* Niño, chiquitín.
CHAPUPO m. *Guat.* Chapapote, asfalto.
CHAPURRADO m. Champurrado.
CHAPURRAR y **CHAPURREAR** v. t. Hablar con dificultad un idioma extranjero: *chapurrar el inglés.* (SINÓN. V. *Balbucir.*) || *Fam.* Mezclar licores.
CHAPUZ m. Obra de poca importancia: *ese hombre no sirve más que para un chapuz.* || Acción de chapuzar. || Chapucería.
CHAPUZA f. *Fam.* Chapuz.
CHAPUZAR v. t. Meter a uno de cabeza en el agua.
CHAPUZÓN m. Zambullida.
CHAQUÉ (Acad.) o **CHAQUET** m. Especie de levita usada en las grandes solemnidades.
CHAQUEAR v. t. *Arg.* Desmontar un terreno.
CHAQUEÑO, ÑA adj. y s. Del Chaco.
CHAQUETA f. Prenda de vestir, con mangas, que se ajusta al cuerpo y llega a la cintura. || *Méx.* Apodo que se daba durante la guerra de la Independencia a los partidarios de los españoles.
CHAQUETE m. (fr. *jacquet*). Cierto juego que se hace en un tablero con peones y dados.
CHAQUETEAR v. i. Tener miedo, volverse atrás. || Mudar de opinión. || Huir, escapar.
CHAQUETEO m. Acción y efecto de chaquetear: *su chaqueteo fue vergonzoso.*
CHAQUETERO, RA adj. y s. Que chaquetea.
CHAQUETILLA f. Chaqueta más corta que la ordinaria. || La que usan los toreros.
CHAQUETÓN m. Prenda de vestir de abrigo.
CHAQUIÑÁN m. *Ecuad.* Atajo, sendero corto.
CHAQUIRA f. Abalorios que llevaban los españoles a América, en otro tiempo, para comerciar con los indios.
CHARA f. *Arg.* y *Chil.* Avestruz o ñandú joven.
CHARADA f. Adivinanza en que se deben acertar las diferentes sílabas de una palabra y la palabra entera mediante ciertas explicaciones.
CHARAL m. Pez que se cría con abundancia en los lagos de México. || *Méx. Fig.* y *fam. Estar hecho un charal,* estar uno muy flaco.
CHARAMUSCA f. *Méx.* Confitura en forma de tirabuzón. || *Amer.* Chamarasca.
CHARANGA f. Orquesta militar: *la charanga consta sólo de instrumentos de metal.* || *C. Rica, Méx.* y *Per.* Baile familiar.
CHARANGO m. *Amer.* Especie de bandurria. || *Cub.* Cosa muy pequeña.

charango

CHARANGUERO, RA adj. y s. Chapucero.
CHARAPA f. *Per.* Especie de tortuga.
CHARAPE m. *Méx.* Bebida fermentada de pulque.
CHARATA f. *Arg.* La chacha o pava de monte.
CHARCA f. Charco grande, natural o artificial.
CHARCAL m. Sitio lleno de charcos.
CHARCO m. Agua detenida en un hoyo del suelo. || *Fig.* y *fam. Pasar uno el charco,* atravesar el mar.
CHARCÓN m. *Arg.* Animal que nunca engorda.
CHARCUTERÍA f. Galicismo por *tienda de embutidos, salchichería.*
CHARCHINA f. *Méx.* Matalote, caballejo.
CHARLA f. (ital. *ciarla*). Acción de charlar. (SINÓN. V. *Conversación*). || Conferencia simple y sin pretensiones: *asistimos a una serie de charlas sobre arte muy interesantes.* (SINÓN. V. *Discurso.*) || *Zool.* Cagaaceite, especie de tordo.
CHARLADOR, RA adj. y s. Aficionado a charlar.
CHARLADURÍA f. Prurito de charlar.
CHARLAR v. i. (ital. *ciarlare*). *Fam.* Hablar mucho y sin ninguna utilidad: *pasarse el día charlando.* || *Fam.* Conversar, platicar por mero pasatiempo. || — SINÓN. *Chacharear, parlotear, cuchichear, secretear, cotorrear, charlatanear, charlotear.* Pop. *Cascar, rajar.* V. tb. *discursear* y *hablar.*
CHARLATÁN, ANA adj. y s. Que habla mucho y sin necesidad: *no hay nada más intolerable que los charlatanes.* (SINÓN. *Parlanchín, conversador.* Fig. *Bachiller, comadre.* Pop. *Cotorra, chicharra, sacamuelas.*) || Hablador indiscreto. || Embaidor, curandero, vendedor ambulante: *no debe nunca fiarse uno de los charlatanes.* (SINÓN. V. *Impostor.*)
CHARLATANEAR v. i. Hablar mucho. (SINÓN. V. *Charlar.*)
CHARLATANERÍA f. Locuacidad. (SINÓN. V. *Charlatanismo.*) || Calidad de charlatán.
CHARLATANISMO m. Explotación de la credulidad pública: *el charlatanismo de los políticos.* || — SINÓN. *Charlatanería, palabreo, faramalla.*
CHARLESTÓN m. Baile de moda en 1925.
CHARLISTA com. El que da charlas, conferenciante: *un charlista ameno.*
CHARLÓN, ONA adj. y s. *Ecuad. Fam.* Charlatán.
CHARLOTEAR v. i. *Fam.* Hablar mucho. (SINÓN. V. *Charlar.*)
CHARLOTEO m. *Fam.* Charla, cháchara.
CHARNECA f. Lentisco.
CHARNELA f. Bisagra. || Gozne. || *Zool.* Articulación de las valvas de algunos moluscos.
CHAROL m. Barniz brillante y adherente. || El cuero con este barniz. || *Amer.* Bandeja de maque o laca. || *Fig. Darse charol,* darse tono.
CHAROLA f. *Cub., Méx.* y *Arg.* Charol, bandeja. || *Amér. C. Fam.* Dícese del ojo grande y feo.
CHAROLADO, DA adj. Lustroso.
CHAROLAR v. t. Aplicar charol: *cuero charolado.*
CHAROLISTA m. El obrero que dora y charola.
CHARPA f. (fr. *écharpe*). Faja de cuero a modo de tahalí del que se cuelgan varias armas de fuego.
CHARQUE m. *Méx.* y *Arg.* Charqui, tasajo.
CHARQUEADOR m. *Arg.* El que charquea carne.
CHARQUEAR v. t. *Amer.* Acecinar la carne. || *Arg. Fam.* Herir o matar a una persona.
CHARQUECILLO m. *Per.* Anguila o congrio.
CHARQUI m. *Amer.* Cecina, tasajo, carne salada y secada al sol. || *Chil.* Fruta cortada en lonjas y secada para guardarla.
CHARQUICÁN m. Nombre de un guiso americano preparado con charqui, ají, porotos o frijoles, etc.
CHARRA f. *Hond.* Sombrero bajo, ancho de ala.
CHARRADA f. Acción o dicho charro: *hacer una charrada.* || *Fig.* y *fam.* Obra charra, de mal gusto.
CHARRÁN adj. y s. Bribón, tunante, persona grosera e indecete: *portarse como un charrán.* (SINÓN. V. *Malo.*)
CHARRANADA f. Bribonada, acción indecente.
CHARRANEAR v. i. Bribonear.
CHARRANERÍA f. Condición, acción de charrán.
CHARRANESCO, CA adj. Propio de charranes.
CHARRASCA f. *Fam.* Sable. || Navaja.
CHARRASQUEO m. Ruido metálico: *charrasqueo de espuelas.*

CHARRETERA f. (del fr. *jarretière,* liga). Adorno que llevan los oficiales en el hombro. ‖ Albardilla que llevan al hombro los aguadores.
CHARRO, RRA adj. y s. Aldeano de Salamanca. ‖ *Fig.* Rústico, inculto. ‖ *Fig.* y *fam.* De mal gusto: *adornos charros.* (SINÓN. V. *Feo.*) ‖ — M. *Guat.* Sombrero bajo. ‖ *Méx.* Caballista que usa un traje especial. ‖ Sombrero que lleva. ‖ — Adj. *Méx.* Diestro en el manejo del caballo. ‖ *Méx.* Pintoresco, curioso.
CHARRÚA adj. De los charrúas.
CHARTER m. (pal. ingl.). Avión fletado por una compañía de turismo o un grupo de personas, cuyas tarifas son menos elevadas que en las líneas regulares.
CHARTREUSE f. (pal. fr., pr. *chartrés*). Licor fabricado por los padres cartujos.
CHAS m. Onomatopeya que representa el ruido de una cosa que se rompe, de un latigazo.
CHASCA f. Leña menuda. ‖ *Amer.* Pelo enredado. ‖ *Amer.* Greña, maraña.
CHASCÁ m. Chascás.
CHASCADA f. *Hond.* Adehala, regalo.
CHASCAR v. i. Dar chasquidos.
CHASCARRILLO m. *Fam.* Anécdota picante, cuentecillo malicioso: *contar chascarrillos.* (SINÓN. V. *Anécdota.*)
CHASCÁS m. (polaco *czapcka*). Morrión usado en muchos países por los regimientos de lanceros.
CHASCO m. Burla, engaño: *dar un chasco a una persona.* (SINÓN. V. *Trampa.*) ‖ Suceso contrario a lo que uno esperaba: *llevar chasco en un negocio.*
CHASCÓN, ONA adj. *Chil.* Enmarañado.
CHASCONEAR v. t. *Chil.* Enredar, enmarañar.
CHASIS m. (fr. *chassis*). Armazón que sostiene el motor y la carrocería de un automóvil: *chasis de automóvil.* ‖ *Fotogr.* Bastidor donde se colocan las placas para exponerlas en la cámara obscura.
CHASPARREAR v. t. *Amér. C.* Chamuscar.
CHASPONAZO m. Huella que deja la bala al rozar con un cuerpo: *herida hecha por un chasponazo.*
CHASQUE m. *Amer.* Chasqui.
CHASQUEAR v. t. Dar chasco, burlarse: *chasquear a un incauto.* ‖ Faltar a lo prometido. ‖ — V. i. Frustrar las esperanzas. ‖ — V. r. Llevar un desengaño.
CHASQUEAR v. t. Dar chasquidos con el látigo. ‖ — V. i. Chascar la madera. (SINÓN. V. *Chisporrotear.*) ‖ *Col.* Tascar el freno.
CHASQUETEO m. Chasquidos repetidos.
CHASQUI m. *Amer.* Mensajero, correo.
CHASQUIDO m. Estallido que se hace sacudiendo una correa o que hace la madera cuando se abre.
CHATA f. Embarcación de poco calado. ‖ Carro o vagón plano. ‖ Bacín plano con mango hueco.
CHATARRA f. Hierro viejo.
CHATARRERÍA f. Baratillo.
CHATARRERO, RA m. y f. El que coge y vende hierro viejo.
CHATASCA f. *Riopl.* Charquicán.
CHATEAR v. t. *Fam.* Beber vino en chatos.
CHATEDAD f. Calidad de chato.
CHATEO m. *Fam.* Acción de chatear: *irse de chateo.*
CHATO, TA adj. y s. De nariz llana y aplastada. (SINÓN. *Desnarigado, aplastado.* CONTR. *Narigudo.*) ‖ *Fig.* De poca altura: *plato chato, embarcación chata.* ‖ *Amer. Fam.* Pobre, insignificante. ‖ *Amer. Dejar chato,* vencer, abochornar. ‖ *Amer. Quedarse chato,* frustrarse los empeños. ‖ *Fam.* Expresión de cariño: *¡chata mía!* ‖ — M. *Fam.* Vaso de vino pequeño.
CHATÓN m. Piedra preciosa engastada.
CHATRE adj. *Amer.* Ricamente ataviado.
CHATRIA m. Miembro de la segunda casta india, que comprende los guerreros o nobles.
CHATUNGA adj. y s. *Fam.* Chata.
CHATURA f. Calidad de chato.
¡CHAU! interj. *Arg. Fam.* ¡Adiós!, expr. de despedida o saludo.
CHAUCHA f. *Amer.* Moneda chica de plata o níquel, moneda antigua de baja ley. ‖ *Arg.* Judía verde. ‖ — Adj. *Arg. Fam.* Pobre, deslucido.
CHAUCHERA f. *Chil* y *Ecuad.* Portamonedas.
CHAUVINISMO m. (pal. fr.). Patriotería.
CHAVAL, LA adj. y s. Joven, muchacho. (SINÓN. V. *Niño.*)
CHAVALERÍA f. *Fam.* Chiquillería.
CHAVALONGO m. *Chil.* y *Arg.* Tifus.
CHAVEA m. *Fam.* Chiquillo.
CHAVETA f. Clavija que une dos piezas. ‖ *Fig.* y *fam. Perder la chaveta,* perder el juicio. (SINÓN. V. *Loco.*)
CHAVO m. Aféresis de *ochavo.*
CHAVÓ m. (voz gitana). *Pop.* Chaval.
CHAYA f. *Arg., Bol.* y *Chil.* Challa.
CHAYE m. *Salv.* Pedazo de vidrio cortante.
CHAYO m. *Cub.* Planta euforbiácea medicinal.
CHAYOTADA f. *Guat. Fam.* Tontería, desatino.
CHAYOTE m. Fruto de la chayotera: *el chayote es comestible muy apreciado.* ‖ Chayotera. ‖ *Amér. C. Fam.* Tonto. ‖ *Hond.* Cobarde.
CHAYOTERA f. Planta cucurbitácea americana, cuyo fruto es el chayote.
CHAZA f. (fr. *chasse*). En el juego de pelota, suerte en que ésta vuelve contrarrestada y se para o la detienen antes de que llegue al saque.
CHE f. Nombre de la letra *ch.*
¡CHE! interj. Sirve para llamar la atención a una persona a quien se tutea. ‖ — M. *And.* Hincote, juego.
CHECA f. Primera policía secreta de la U. R. S. S. ‖ Organismo semejante en otros países que sometía a los presos a crueles torturas. ‖ Local donde estaba.
CHECO, CA adj. y s. De Bohemia, y, por ext., de Checoslovaquia. ‖ — M. Lengua checa.
CHECOSLOVACO, CA adj. y s. De Checoslovaquia.
CHECHE m. *Cub.* Jaque, perdonavidas.
CHÉCHERES m. pl. *Amér. C.* y *Col.* Cachivaches.
CHEIK m. Forma francesa de la palabra *jeque.*
CHEF-D'ŒVRE m. (pal. fr., pron. *chedevre*). Obra maestra: *El Escorial es el chef-d'œvre de Herrera.*
CHEJE m. *Salv.* Eslabón de una cadena.
CHELE m. *Amér. C.* Legaña.
CHELÍN m. (ingl. *shilling*). Moneda inglesa que vale la vigésima parte de una libra o doce peniques.
CHEMA m. *Guat. Fam.* Quetzal, moneda.
CHENCHA adj. *Méx.* Haragán, holgazán.
CHEPA f. *Fam.* Joroba.
CHEPE m. *Hond.* Libro de consulta.
CHÉPICA f. *Chil.* Nombre de varias gramíneas.
CHEQUE m. (ingl. *check*). Documento en forma de mandato que permite retirar, a la orden propia o a la de un tercero, los fondos disponibles que se tienen en poder de otro. ‖ *Cheque cruzado,* el que tiene dos rayas paralelas y no puede ser cobrado sino por intermedio de un banco. ‖ *Cheque de viaje,* el que se puede cobrar en bancos de diversos países.
CHEQUEAR v. i. *Amér. C.* Girar cheques. ‖ *Amer.* Controlar, confrontar, cotejar. ‖ *Amér. C.* Facturar un equipaje.
CHEQUEO m. *Amer.* Control.
CHERCÁN m. *Chil.* Gachas de harina de maíz. ‖ *Chil.* Pájaro de canto agradable.
CHERCHA f. *Venez.* Burla. ‖ *Hond.* Chacota.
CHERNA f. Mero, pez de carne estimada.
CHERVA f. Ricino.
CHÉSTER m. Queso inglés muy apreciado.
CHEUQUE m. *Chil.* Flamenco, ave zancuda.
CHEURÓN m. *Blas.* Cabrío.
CHEUTO, TA adj. *Chil.* Labihendido.
CHEVIOT m. (pal. ingl.). Lana de cordero de Escocia y tela que se hace con ella.
CHÍA f. Manto negro de bayeta usado en los lutos antiguos. ‖ Parte de la beca formada por una rosca que se ponía en la cabeza y de la que colgaban tiras de distinta longitud: *la chía era insignia de nobleza y autoridad.* ‖ *Méx.* Semilla de una especie de salvia: *el mucílago de chía, con azúcar y limón, es refresco agradable.* ‖ *Méx. Fam. Meter chía,* meter discordia.
CHIANTI m. Vino cosechado en Chianti (Italia).
CHIBA f. *Col.* y *Venez.* Mochila.
CHIBALETE m. (fr. *chevalet*). *Impr.* Armazón donde se colocan las cajas de caracteres.
CHIBCHAS m. pl. V. *Parte hist.*
CHIBOLO m. *Amer.* Chichón.

chascás

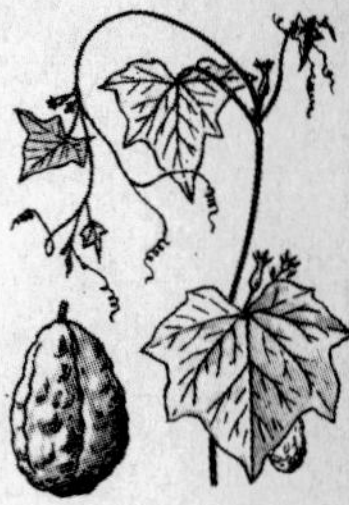
chayote

CHIBUQUÍ m. Pipa turca de tubo largo y recto.
CHIC m. (pal. fr.). Gracia, elegancia. Ú. tb. como adj.
CHICA f. Chicha. ‖ Cierto baile de negros. ‖ Botella pequeña. ‖ Criada o doncella. ‖ *Fam.* Perra chica, moneda.
CHICADA f. Niñada.
CHICALÉ m. *Amér. C.* Pájaro de lindos colores.
CHICALOTE m. Argemone, papaverácea.
CHICANA f. Galicismo por *triquiñuela, argucia.* (Úsase, sobre todo, en América esta palabra, lo mismo que sus derivados *chicanear* y *chicanero.*)
CHICANEAR v. t. Galicismo usado en América por *sofisticar, sutilizar, tergiversar.*
CHICAO m. *Col.* Cacique, ave.
CHICAR v. i. (fr. *chiquer*). *Arg.* Mascar tabaco.
CHICARRÓN, ONA m. y f. *Fam.* Muchachote robusto.
CHICLAYANO, NA adj. y s. De Chiclayo (Perú).
CHICLE m. Goma de mascar perfumada. ‖ *Méx* y *Salv.* Leche que se saca del tronco del zapote y del chicozapote. ‖ *Méx.* Mugre, suciedad.
CHICLEAR v. i. *Méx.* Mascar chicle.
CHICO, CA adj. Pequeño: *libro chico.* ‖ A veces, antepuesto al nombre, significa grande: *chica fortuna.* ‖ — Adj. y s. Niño, muchacho. (SINÓN. V. *Niño.*) ‖ *Fam.* Persona joven: *buen chico, los chicos de la prensa.* ‖ — M. Medida para el vino (168 mililitros). ‖ *Fam.* Vaso pequeño. ‖ *Amer.* En el billar, tanda. ‖ *Guat.* y *Hond.* El chicozapote. ‖ *Chil.* Medio centavo.
CHICOCO, CA adj. y s. *Chil.* Muchacho pequeño.
CHICOLEAR v. i. *Fam.* Decir chicoleos. ‖ — V. r. *Arg.* y *Per.* Divertirse.
CHICOLEO m. *Fam.* Requiebro: *decir chicoleos*
CHICOLONGO m. *Cub.* Chócolo, hoyuelo, boche, un juego de muchachos.
CHICORIA f. Achicoria.
CHICORIÁCEO, A adj. Perteneciente a la achicoria.
CHICORROTILLO, LLA y **CHICORROTÍN, INA** adj. *Fam.* Dimin. de *chico.*
CHICOTAZO m. *Amer.* Latigazo, azote.
CHICOTE m. *Amer.* Látigo corto. ‖ *Mar.* Remate o punta de cuerda o cabo. ‖ *Fig.* y *fam.* Cabo de cigarro puro: *fumar un chicote.* ‖ *Amér. C.* Sarta, serie.
CHICOTE, TA m. y f. *Fam.* Chico robusto y lleno de salud, muchachote: *un chicote rollizo.*
CHICOTEAR v. t. *Amer.* Dar chicotazos o latigazos. ‖ *Amer.* Sobar, zurrar. ‖ *Col.* Matar, despachar a uno.
CHICOZAPOTE m. Zapote.
CHICUELO, LA adj. y s. *Fam.* Dimin. de *chico.*
CHICHA f. Bebida alcohólica, especie de cerveza hecha generalmente con maíz fermentado, que se usa en América: *en Chile hacen chicha de uva, manzana o pera, y en Guatemala, de jocote.* ‖ *Fam.* Carne comestible (voz del lenguaje infantil). ‖ *Fam.* Gracia: *esto tiene poca chicha.* ‖ *Amér. C.* y *Ecuad.* Berrinche, mal humor: *estar de chicha.* ‖ *Fig.* y *fam. De chicha y nabo,* de poca importancia, despreciable: *leer una novela de chicha y nabo.* ‖ *Calma chicha,* en el mar, calma completa. ‖*No ser una cosa ni chicha ni limonada,* no valer nada.
CHICHAGÚY m. *Col.* Nacido, divieso.
CHÍCHARO m. Guisante. ‖ *Fam. Col.* Cigarro malo.
CHICHARRA f. Cigarra, insecto. ‖ Juguete que produce un ruido desapacible. ‖ *Fig.* y *fam.* Persona muy habladora: *hablar como una chicharra.* (SINÓN. V. *Charlatán.*) ‖ *And.* Molestia.
CHICHARRERO m. Sitio o paraje muy caluroso: *esta casa es un chicharrero.*
CHICHARRO m. Uno de los nombres del *jurel,* pez. ‖ Chicharrón.
CHICHARRÓN m. Residuo de las pellas del cerdo derretidas para sacar manteca. ‖ *Fig.* Manjar tostado, requemado: *está la carne hecha un chicharrón.* ‖ *Fig.* y *fam.* Persona de cutis muy tostado. ‖ *Arg.* Tira de carne seca y frita.
CHICHE m. *Amer.* Pecho, mama de la nodriza. ‖ *Méx.* Nodriza. ‖ *Chil.* y *Arg.* Alhaja, monería. ‖ *Arg.* Juguete de los niños pequeños. ‖ — Adj. *Amér. C.* Fácil, cómodo, sencillo.

chilaba

CHICHEAR v. i. Sisear. Ú. t. c. t.
CHICHEO m. Siseo.
CHICHERÍA f. *Amer.* Tienda donde venden chicha.
CHICHERO m. *Amer.* Fabricante de chicha.
CHICHI m. *Amer.* Chiche.
CHICHICASTE m. *Amér. C.* y *Méx.* Especie de ortiga.
CHICHICUILOTE m. *Méx.* Avecita zancuda.
CHICHIGUA adj. *Méx.* y *Amér. C.* Nodriza.
CHICHILASA f. *Méx.* Cierta hormiga roja muy feroz. ‖ *Fig. Méx.* Mujer hermosa, pero arisca.
CHICHILO m. *Bol.* Especie de tití, mono.
CHICHIMECA m. pl. V. *Parte hist.*
CHICHIRIMICO m. *Amer.* Juego de muchachos parecido al de la rata. ‖ *Per. Hacer chichirimico,* burlarse de alguno, y también malgastar, derrochar.
CHICHISBEO m. (ital. *cicisbeo*). Galantería continua de hombre a mujer. ‖ Hombre que la hace.
CHICHITO m. *Fam.* Niño pequeño. ‖ *Fam.* Criollo, hispanoamericano.
CHICHO m. Rizo de pelo sobre la frente.
CHICHOLO m. *Riopl.* Dulce envuelto en chala.
CHICHÓN m. (del lat. *cicer,* garbanzo). Bulto que hace un golpe en la cabeza. (SINÓN. V. *Protuberancia.*)
CHICHÓN, ONA adj. *Arg.* Bromista. ‖ *Amér. C.* Fácil, chiche.
CHICHONEAR v. i. *Arg. Fam.* Zumbar, burlar.
CHICHONERA f. Especie de gorro acolchado para preservar la cabeza de los golpes.
CHICHOTA f. Tito, legumbre. ‖ *Fig. Sin faltar chichota,* sin faltar nada.
CHICHOTE m. *Amér. C.* Chichón, bulto.
CHIERA f. *Méx.* La que vende chía.
CHIFARRADA f. *And.* Herida, señal.
CHIFLA f. Acción de chiflar o silbar. ‖ Pito, silbato. ‖ *Méx.* Mal humor.
CHIFLA f. Cuchilla ancha de encuadernadores.
CHIFLADERA f. Chiflo, silbato.
CHIFLADO, DA adj. *Fam.* Algo loco. (SINÓN. V. *Loco.*) ‖ *Fam.* Muy enamorado, con el seso sorbido.
CHIFLADURA f. Acción de chiflar. ‖ *Fam.* Locura. (SINÓN. V. *Manía.*)
CHIFLAR v. i. (lat. *siflare*). Silbar. ‖ *Méx.* Cantar los pájaros. ‖ — V. t. Mofar, hacer burla: *chiflar un actor.* ‖ *Fam.* Beber mucho y con presteza: *ser aficionado a chiflar vino.* (SINÓN. V. *Beber.*) ‖ — V. r. *Fam.* Volverse medio loco. ‖ *Fam.* Tener sorbido el seso. (SINÓN. V. *Enamorarse.*) ‖ *Fam.* Gustar mucho.
CHIFLAR v. t. Adelgazar con la chifla las pieles.
CHIFLATO m. Silbato, pito.
CHIFLE m. Chiflo, silbato. ‖ Frasco de cuerno para llevar la pólvora.
CHIFLETA f. *Amér. C.* Cuchufleta, burla.
CHIFLIDO m. Silbido.
CHIFLÓN m. *Amer.* Viento colado, corriente de aire: *los chiflones son peligrosos.* ‖ *Méx.* Canal por donde sale agua con fuerza. ‖ *Méx.* Derrumbe (minas). ‖ *Chil.* Galería de mina muy pendiente. ‖ *Amér. C.* Cascada.
CHIFURNIA f. *Salv.* Paraje lejano, barrancoso y áspero.
CHIGUA f. *Chil.* y *Bol.* Especie de serón o cesto.
CHIGÜIL m. *Ecuad.* Masa de maíz, manteca y huevos con queso, envuelta en chala y cocida al vapor.
CHIGÜÍN m. *Hond.* Muchacho canijo.
CHIGÜIRO m. *Venez.* y *Col.* El capibara.
CHIHUA f. *Chil.* y *Arg.* Chigua.
CHIHUAHUA m. *Ecuad.* Armazón de figura humana, llena de pólvora, en los fuegos artificiales.
CHIHUAHUENSE adj. y s. De Chihuahua.
CHIÍTA adj. y s. Dícese de los musulmanes que consideran a Alí y sus descendientes como únicos califas legítimos.
CHILABA f. Vestidura con capucha que suelen usar los moros.
CHILACAYOTE m. Planta cucurbitácea de México, cuyo fruto, de carne fibrosa, sirve para preparar el *cabello de ángel.*

CHILACOA f. *Col.* Especie de chochaperdiz.
CHILAQUIL m. *Méx. Fig.* Sombrero viejo deshecho y alicaído. ‖ *Méx.* Tortilla en caldo de chile.
CHILAQUILA f. *Guat.* Tortilla de maíz con relleno de queso, hierbas y chile.
CHILAR m. Plantío de chiles.
CHILATE m. Bebida de Centroamérica, hecha con maíz tostado, chile y cacao.
CHILATOLE m. *Méx.* Guiso de maíz, chile y carne de cerdo.
CHILCA f. *Amer.* Planta compuesta resinosa.
CHILCO m. *Chil.* Planta parecida a la fucsia.
CHILCHI m. *Bol.* Llovizna, garúa.
CHILCHOTE m. *Méx.* Un ají o chile muy picante.
CHILE m. *Amer.* Ají, pimiento. ‖ *Amér. C.* Mentira, bola.
CHILENISMO m. Vocablo, giro o modo de hablar propio de los chilenos: *un diccionario de chilenismos.*
— Comprenden los *chilenismos,* en su gran mayoría, voces de origen indio que designan casi todas plantas, animales indígenas, objetos y acciones de la vida doméstica. La lengua quechua es la que más voces ha suministrado. El mapuche o araucano. (v. ARAUCANISMO) ha dejado, sobre todo, nombres de historia natural, como *boldo, coipu, colihue, colocolo, culpéu, chilco, degu, diuca, güemul, pangue, pudú* y voces del vocabulario doméstico o familiar como *chamal, chape, chavalongo, huata, pololo, calchas, maloca.* Agréguense a estas voces algunas otras de origen guaraní y las de uso general, procedentes de los idiomas antillanos y mexicanos esparcidas por toda América.
CHILENIZAR v. t. Dar carácter chileno.
CHILENO, NA mejor que **CHILEÑO, ÑA** adj. y s. De Chile: *las costas chilenas.*
CHILICO m. *Col.* Especie de pato, ave.
CHILICOTE m. *Arg.* Guazú, ciervo.
CHILIHUEQUE m. *Chil.* Nombre indio de la *llama.*
CHILILLO m. *Amér. C.* Látigo, azote, chicote.
CHILINDRINA f. *Fam.* Cosa sin importancia. ‖ *Fam.* Anécdota ligera, chiste, chafaldita: *contar chilindrinas.*
CHILINDRINERO, RA adj. y s. Chafalditero.
CHILINDRÓN m. Cierto juego de naipes. ‖ Preparación culinaria a base de tomate y pimiento con la que se aderezan pollos, corderos, etc. ‖ *Hond.* Árbol euforbiáceo de Centro América.
CHILINGUEAR v. t. *Col.* Columpiar, mecer.
CHILMECATE m. *Méx.* Planta solanácea.
CHILMOLE m. *Méx.* Salsa de chile.
CHILOTE, TA adj. y s. *Chil.* De Chiloé. ‖ — M. *Méx.* Bebida que se hace con pulque y chile. ‖ *Amér. C.* Elote tierno.
CHILPE m. *Ecuad.* Tira de hoja de cabuya, hoja seca de maíz; tira desgarrada de una cosa. ‖ *Chil.* Trapo viejo, y también trasto viejo.
CHILTEPE *Guat.,* **CHILTEPÍN** *Méx.* y **CHILTIPIQUÍN** m. *Méx.* Ají, pimiento muy picante.
CHILTOTE m. *Guat.* Turpial, pájaro.
CHILTUCA f. *Salv.* Casampulga, especie de araña.
CHILLA f. Reclamo que sirve para imitar el chillido de los animales. ‖ Tabla delgada de baja calidad. ‖ *Arg.* Pelusa de algunas plantas.
CHILLADO m. Techo de tablas de chilla.
CHILLADOR, RA adj. y s. Que chilla.
CHILLANEJO, JA adj. y s. De Chillán (Chile).
CHILLAR v. i. Dar chillidos: *la zorra chilla.* ‖ *Fam.* Alborotar, protestar. (SINÓN. V. *Cantar* y *gritar.*) ‖ Chirriar. ‖ Destacarse demasiado o estar mal combinados los colores. ‖ — V. r. Avergonzarse, enojarse. ‖ *Amer.* Ofenderse.
CHILLERÍA f. Conjunto de chillidos. ‖ Reprensión, regaño.
CHILLIDO m. Grito muy agudo y desagradable. (SINÓN. V. *Grito* y *ladrido.*)
CHILLO m. Chilla. ‖ *Amér. C.* Deuda. ‖ *Ecuad.* Enojo. ‖ — Adj. *Per.* Muy negro.
CHILLÓN, ONA adj. *Fam.* Que chilla mucho: *un niño muy chillón.* ‖ Agudo, desagradable: *sonido chillón, voz chillona.* (SINÓN. *Agudo, agrio, estridente, vocinglero.*) ‖ *Fig.* Demasiado vivo o mal combinado: *colores chillones.*

CHIMA f. *Bol.* Salvado de trigo con manteca.
CHIMACHIMA *Arg.* y **CHIMANGO** m. *Arg., Chil.* y *Per.* Ave de rapiña.
CHIMALTECO, CA adj. y s. De Chimaltenango (Guatemala).
CHIMANGO m. *Riopl.* Ave de rapiña de 40 cm de largo.
CHIMAR v. t. *Méx.* Molestar, fastidiar. ‖ — V. r. *Amér. C.* Lastimarse.
CHIMBA f. *Chil.* y *Per.* Banda de un río opuesta a aquella en que se está. ‖ *Chil.* Barrio menor de un pueblo cortado en dos por un río. ‖ *Per.* Vado. ‖ *Col.* y *Ecuad.* Trenza.
CHIMBADOR m. *Per.* Guía para vadear un río.
CHIMBAR v. t. *Ecuad.* Mohatrar. ‖ *Per.* Vadear un río. ‖ — V. i. *Per.* Salir bien.
CHIMBILÁ m. *Col.* Murciélago.
CHIMBO, BA adj. *Col.* Gastado, desgastado. ‖ — M. *Col.* Pedazo de carne. ‖ *Hond.* Máquina que se usa en los hornos para soplar. ‖ *Amer. Huevos chimbos* o *quimbos,* cierto dulce de yemas de huevo.
CHIMBORACENSE adj. y s. De Chimborazo.
CHIMENEA f. (lat. *caminus*). Conducto para dar salida al humo del hogar: *las chimeneas de las fábricas deben ser muy elevadas.* ‖ Hogar en el que se hace fuego de costumbre. (SINÓN. V. *Hogar.*) ‖ Parte de la chimenea que se ve desde la habitación (también se llama *chimenea francesa*): *una chimenea de mármol.* ‖ En las armas de fuego de pistón, cañoncito donde se encaja la cápsula. ‖ *Amer.* Pique que comunica las galerías entre sí.
CHIMINANGO m. Nombre de un árbol grande de Colombia.
CHIMISCOL m. *C. Rica.* Aguardiente de caña.
CHIMISCOLEAR v. i. *Méx.* Chismosear.
CHIMÓ o **CHIMOJO** m. *Cub.* y *Venez.* Pasta de tabaco y sal de urao, que suelen mascar algunos indios.
CHIMOLE m. *Amér. C.* Chilmole.
CHIMPANCÉ m. Mono antropomorfo de África.
CHINA f. Piedra pequeña: *recoger chinas en el arroyo.* (SINÓN. *Piedrecita, guijarro, canto rodado.* V. tb. *piedra.*) ‖ Tela o porcelana de China. ‖ *Fig.* y *fam. Poner chinas,* suscitar dificultades. ‖ *Tocarle a uno la china,* tocarle la suerte.
CHINA f. (voz quechua). *Chil.* Muchacha plebeya, criada. ‖ *Salv.* y *Guat.* Niñera. ‖ *Amer.* Dícese en algunos puntos de la mujer guapa, en otros de la india soltera. ‖ *Méx.* y *Arg.* Criada mestiza. ‖ *Col.* y *Ecuad.* Criada, sirvienta. ‖ *Col.* Soplador o peonza. ‖ Raíz de una especie de zarzaparrilla de América.
CHINACA f. *Méx.* Gente pobre.
CHINACATE m. *Méx.* Gallo sin plumas.
CHINANDEGANO, NA adj. y s. De Chinandega (Nicaragua).
CHINAMA f. *Guat.* Cobertizo de ramas y cañas.
CHINAMPA f. *Méx.* Huerto en las lagunas vecinas a la ciudad de México.
CHINAMPEAR v. i. *Méx.* Huir el gallo en la pelea.
CHINAMPERO, RA adj. y s. Cultivador de chinampas. ‖ Que se cría en las chinampas: *flores chinamperas.* ‖ *Fig.* Dícese del gallo cobarde.
CHINANA f. *Méx. Fam.* Supositorio. ‖ *Méx. Fig.* Molestia.
CHINANTA f. Peso común usado en Filipinas y que equivale a 6,326 kg.
CHINATA f. *Cub.* Juego en que se tiran al aire unas chinitas. ‖ Bolitas con que juegan los niños.
CHINAZO m. Golpe dado con una china.
CHINCOL m. *Amer.* Pajarillo cantor, parecido al gorrión.
CHINCOLITO m. *Chil.* El agua con aguardiente.
CHINCUAL m. *Méx.* Sarampión, salpullido.
CHINCHA f. *Antill.* y *Amér. C.* Chinche.
CHINCHAL m. *Méx.* Ventorrillo, tenducho.
CHINCHANO, NA adj. y s. De Chincha (Perú).
CHINCHAR v. t. *Pop.* Molestar. ‖ *Pop.* Matar. ‖ — V. r. *Pop.* Fastidiarse.
CHÍNCHARO m. *Col.* Dado de jugar.
CHINCHARRAZO m. *Fam.* Cintarazo.
CHINCHARRERO m. Sitio donde hay muchas chinches. ‖ *Amer.* Barco pequeño de pesca.
CHINCHE f. [no m.] (lat. *cimex*). Insecto hemíptero, fétido, y que se cría principalmente en las casas viejas y en las camas. ‖ Nombre de

chimpancé

Fot. Caméra

chinchilla

algunos insectos o arácnidos de América, de picadura dolorosa. || Clavito metálico que sirve para fijar el papel de dibujo en el tablero. || — Com. *Fig.* y *fam.* Persona chinchosa: *¡qué chinche es esa mujer.* (SINÓN. V. *Importuno.*) || *Fig.* y *fam. Morir como chinches,* haber gran mortandad.

CHINCHEL m. *Chil.* Taberna ordinaria.

CHINCHEMOLLE f. *Chil.* Especie de cucaracha hedionda que se cría en el molle.

CHINCHERO m. Lugar donde hay muchas chinches. || *Guat.* Lado del sol en la plaza de toros.

CHINCHETA f. Chinche, clavito corto.

CHINCHIBÍ m. *Amér. C., Bol.* y *Chil.* Bebida fermentada de jengibre.

CHINCHIBIRA f. (ingl. *ginger beer*). *Amer.* Nombre bárbaro que se aplica a una cerveza análoga a la cerveza de jengibre.

CHINCHILLA f. Mamífero roedor de la América meridional parecido a la ardilla. || Su piel: *la piel de la chinchilla es muy estimada.*

CHINCHIMÉN m. *Chil.* Especie de nutria.

CHINCHÍN m. *Fam.* Ruido de música. || Música callejera. || *Cub.* Calabobos, lluvia menuda. || *Amér. C.* Sonajero de niño. || *Chil.* Planta poligalácea.

CHINCHINEAR v. t. *Amér. C.* Acariciar, mimar.

CHINCHINTOR m. *Hond.* Víbora muy venenosa. || *Hond.* Persona enojosa.

CHINCHOLERO m. El escaramujo.

CHINCHONA f. *Amer.* Quina.

CHINCHORRERÍA f. *Fig.* y *fam.* Impertinencia. || Chisme, cuento: *venir con chinchorrerías.*

CHINCHORRERO, RA adj. y s. *Fam.* Chismoso.

CHINCHORRO m. Red pequeña y semejante a la jábega. || Embarcación muy chica de remos. || *Col.* y *Venez.* Hamaca de red. || *Méx.* Recua pequeña. || *P. Rico.* Ventorrillo. || *C. Rica.* Grupo de casuchas de alquiler.

CHINCHOSO, SA adj. *Fam.* Molesto y pesado.

CHINCHUDO, DA adj. *Arg.* Chinchoso.

CHINCHULINES m. pl. *Arg.* Tripas de vaca que se comen generalmente asadas.

CHINÉ adj. (pal. fr.). Dícese de las telas salpicadas de varios colores: *una falda de seda chiné.*

CHINEAR v. i. (de *china*). *Amér. C.* Llevar en brazos o a cuestas. || *Amér. C.* Consentir, mimar. || *Riopl.* y *Chil.* Requebrar.

CHINELA f. Calzado casero a modo de zapato. (SINÓN. V. *Zapatilla.*) || Nombre de una especie de chapín.

CHINELAZO m. Golpe dado con una chinela.

CHINELÓN m. Zapato con orejas que se usa en Venezuela, más alto que la chinela.

CHINERÍA f. *Chil.* Reunión de gentualla.

CHINERÍO m. *Arg.* Conjunto de chinas.

CHINERO m. Armario o vitrina en que se guardan objetos de china o de cristal, etc.

CHINESCO, CA adj. Chino, de la China: *dibujos de aspecto chinesco.* || — M. Instrumento músico a modo de sombrero de cobre con campanillas. || *Sombras chinescas,* figurillas de cartón recortado que se proyectan sobre una pantalla.

CHINGA f. Lo que pagan los jugadores al garitero. || *Amér. C.* y *Venez.* Colilla de cigarro. || *Amer.* Mofeta. || *Venez.* Borrachera.

CHINGADURA f. *Amér.* Fracaso. || *Fam.* Enojo, molestia.

CHINGANA f. *Amer.* Tabernucha. || *Arg.* Fiesta entre gente baja.

CHINGANEAR v. i. *Arg.* y *Per.* Parrandear.

CHINGAR v. t. *Pop.* Molestar. || *Pop.* Beber, embriagarse. || *C. Rica.* Cortar el rabo. || *Amér. C.* Bromear. || — V. r. *Pop.* Llevarse un chasco. || Embriagarse. || *Chil* Fracasar, frustrarse.

CHINGASTE m. *Amér. C.* Poso, residuo.

CHINGO, GA adj. *Amér. C.* Pequeño, corto, cortado. || *C. Rica.* Dícese del animal rabón. || *Venez.* Chato, de pocas narices. || *Amér. C.* Romo (cuchillo); corto (vestido). || *Amér. C.* Chico, diminuto.

CHINGOL m. Chincol.

CHINGOLINGO m. *Guat.* Rifa de las ferias.

CHINGOLO m. Chincol.

CHINGOYO m. *Per.* Género de plantas compuestas.

CHINGUE m. *Chil.* Zorrillo, mofeta.

CHINGUEAR v. i. *C. Rica.* Chingar.

CHINGUERO m. *C. Rica.* Garitero.

chinescos

CHINGUIRITO m. *Méx.* y *Cub.* Aguardiente malo. || *Cub.* Trago de licor: *tomar un chinguirito.*

CHINO, NA adj. y s. De China. || *Perro chino,* variedad de perrillo que está continuamente tiritando. || — M. Idioma chino: *el chino es una lengua esencialmente monosilábica.* || *Fam. Engañar como a un chino,* dícese de la persona muy crédula o simple. || *Trabajar como un chino,* trabajar con exceso.

— La *lengua china* se caracteriza por el monosilabismo, es decir, que cada palabra está constituida por una sola sílaba. Por otra parte, las palabras son invariables, de suerte que su valor gramatical depende, teóricamente, de su posición en la frase. Otra característica del chino, es su pobreza fonética, de la cual deriva un gran número de homófonos, a menudo difíciles de distinguir. La lengua china se escribe con caracteres o ideogramas perfeccionados. La lengua escrita, vehículo de cultura, es mucho más rica que la lengua hablada.

CHINO, NA adj. y s. *Amer.* Según los países, tiene la palabra *chino* significados muy diversos En unos países se llama *chino* al hijo de mulato y negra, en otros al de indio y zambo. || *Col., Chil., Ecuad.* y *Venez.* Niño, rapaz. || *Amer.* Criado. || *Amér.* Calificativo cariñoso y familiar. || — M. *Arg.* Enfado, enojo. || *Amer.* Hombre plebeyo. || — Adj. *Col.* De color amarillento. || *Amér. C.* Pelón, pelado. || *Méx.* Crespo: *pelo chino.* || *Amér. C.* Rabioso, colérico. || — F. *Arg.* y *Amér. C.* Niñera. || *Chil., Ecuad.* y *Per.* Sirvienta. || *Col.* Peonza. || *Amér. C. Estar chino,* desear ardientemente.

CHIPA f. *Col.* Rosca o rodete que sirve para sostener una vasija. || *Arg.* Envoltura de paja o de totora que se usa para ciertas cosas. || *Arg Fam.* La cárcel.

CHIPÁ m. *Riopl.* Pan de maíz o mandioca.

CHIPACO m. *Arg.* y *Bol.* Torta de acemita. || *Fig. Cara de chipaco,* cara lánguida y triste.

CHIPAO m. *Arg.* Entrañas de res asada.

CHIPE adj. *Guat. Fam.* Que por todo gime y lloriquea. || *Amér. C.* Encanijado. || — M. *Guat.* Género de pájaros dentirrostros.

CHIPÉ, CHIPÉN o **CHIPENDI (De)** loc. adv. *Pop.* De órdago, excelente. || *Fam. La chipén,* la verdad.

CHIPIAR v. t. *Amér. C.* Molestar, fastidiar.

CHIPICHAPE m. *Fam.* Zipizape.

CHIPICHIPI m. *Amer.* Llovizna.

CHÍPIL m. *Méx.* El hijo penúltimo de la familia.

CHIPILE *Méx.* y **CHIPILÍN** m. *Guat.* Género de plantas leguminosas.

CHIPILO m. *Bol.* Rodajas de plátano frito que se llevan con frecuencia como provisiones de viaje.

CHIPIÓN m. *Amér. C.* Reprimenda.

CHIPIRÓN m. En el Cantábrico, calamar.

CHIPOJO m. *Cub.* Camaleón.

CHIPOLO m. *Ecuad.* y *Per.* Especie de tresillo.

CHIPOTE y **CHIPOTAZO** m. *Amér. C.* Manotada que se da en el dorso de la mano.

CHIPOTEAR v. t. *Amér. C.* Manotear.

CHIPRIOTA y **CHIPRIOTE** adj. y s. De Chipre.

CHIPUSTE m. *Guat.* Bulto que nace en el cuerpo. || *Guat. Fam.* Persona regordeta. || *Salv.* Mendrugo, pedacillo. || *Salv.* Granillo en el rostro.

CHIQUEADORES m. pl. *Méx.* Rodajas de papel ensebado que se pegan en las sienes para curar la jaqueca. || *Guat.* Hojaldres largos y delgados.

CHIQUEAR v. t. *Cub.* y *Méx.* Mimar, acariciar mucho. || *Méx.* Hacerse de rogar, solicitar caricias. || *Per.* Confrontar. || — V. r. *Hond.* Contonearse al andar.

CHIQUEO m. *Cub.* y *Méx.* Mimo, halago.

CHIQUERO m. Zahurda, pocilga donde se recogen los cerdos. || Toril. || *Riopl.* Establo, corral.

CHIQUICHAQUE m. Aserrador.

CHIQUIGÜITE m. *Méx.* y *Venez.* Cesto de carrizo. || — Adj. *Méx.* Apocado, inútil.

CHIQUILICUATRO m. *Fam.* Chisgarabís.

CHIQUILÍN m. *Fam.* Chiquillo.

CHIQUILLADA f. Acción propia de chiquillos.

Fot. X

ARTE CHINO

ARQUITECTURA. La arquitectura a base de madera ha desaparecido completamente y la conocemos sólo por referencias. Existen algunas pagodas de ladrillo : la de Song Yue-seu, en Honán, construida hacia el año 525; otras datan de las épocas Tang y Song. Los reyes Ming (comienzos del s. XV) construyeron la ciudad de Pekín y restauraron la Gran Muralla levantada en el s. III a. de J. C.

ESCULTURA. La escultura se manifiesta desde los tiempos más remotos en los vasos sagrados de bronce (época Cheu, 1050-249 a. de J. C.) que presentan motivos animales, vegetales o geométricos. Leones y quimeras en relieve guardaban la sepultura de Han (206 a. de J. C. - 220); en el interior de la tumba había figuras de terracota. Las grutas de Yun-kang y de Long-men (s. V-VII), tapizadas de relieves decorativos contienen efigies de Buda y otras deidades budistas. Durante el período de los Song (960-1280), el empleo de la madera vuelve a tomar importancia. A partir de la época de los Ming (1368-1644), la escultura, reducida a un papel secundario, se limita a copiar las obras del pasado (sepulturas de los Ming).

PINTURA. Las escenas que pueden verse en el santuario de Tuen-huang (s. VII), así como los estandartes tibetanos, pintados en seda o algodón, muestran ya un arte bien maduro. De la época Tang (618-907), muy fértil en artistas, no queda ninguna obra, mientras que la época Song presenta una escuela de pintores, que emplean la tinta y la aguada, sobresaliendo los paisajistas Tong-Yuan, Mi-Fei, Li Long-mien, Ma-Yuan e Hia-Kuei. Flores y animales son delicadamente tratados por Ma-Fen y Huei-Tsong. Bajo los Ming, la escuela de los letrados se opone a la de los profesionales. En la época de los manchúes, la escuela de Lu-Tong, de la que forman parte el paisajista Vang-Huei y el letrado Vang Yuan-ki, se enfrenta a la de Ngan-huei.

CERÁMICA. La cerámica es el arte donde China no tiene rival. Son notables las vasijas de la época Han, porcelanas de Tang, con matices variados que anuncian ya las obras maestras de los Song : celadones gris verdoso, blancos translúcidos, tazas de té color « piel de liebre » o « pluma de perdiz ». Bajo los Ming triunfa la porcelana blanca con decorado azul, y en la época Tsing, las tonalidades verde y rosa.

A la izquierda, de arriba a abajo : « *Camellero* », *terracota funeraria (estilo Wei); vaso sagrado* « *Yi* », *de bronce (s. VIII a. de J. C.); vaso* « *kou* » *de cerámica (época Kang-hi); plato del siglo XVIII; vaso de jade (época Kien-long); fénix de porcelana policroma (s. XVIII)*. A la derecha, *pintura a tinta de Mi-Fei (1102); pagoda de Long-chan (hacia 525)*. Debajo, *entrada de la Ciudad Prohibida, en Pekín, vista desde el Tai Ho-men*

Fot. Museo Guimet, Chavannes, Larousse, Gauthier, Topical Press Agency, Sinen

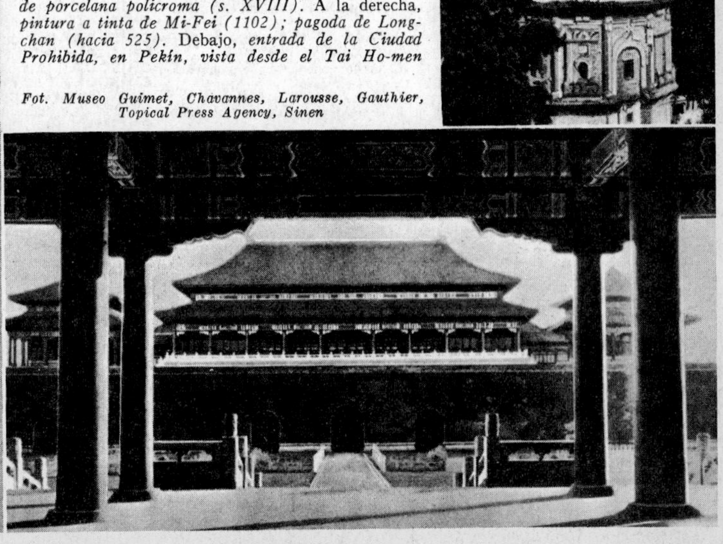

CHIQUILLERÍA f. *Fam.* Multitud de chiquillos.
CHIQUILLO, LLA adj. y s. Chico. (SINÓN. V. *Niño.*)
CHIQUIMULTECO, CA adj. y s. De Chiquimula (Guatemala).
CHIQUIRÍN m. *Guat.* Insecto parecido al saltón.
CHIQUIRRITILLO, LLA adj. *Fam.* Muy chico.
CHIQUIRRITÍN, INA adj. *Fam.* Chico.
CHIQUIRRITITO, TA adj. *Fam.* Muy chico.
CHIQUISÁ m. *Amér.* Abejón.
CHIQUITÍN, INA adj. y s. Pequeñuelo.
CHIQUITO, TA adj. y s. Muy pequeño: *un niño chiquito.* || Vaso de vino. || *Riopl.* Un poco: *espérese un chiquito.* || *Fig.* y *fam. Andarse en,* o *con chiquitas,* usar de pretextos o rodeos.
CHIQUITURA f. *Arg.* Pequeñez.
CHIRA f. *Salv.* Llaga. || *C. Rica.* Espata del plátano. || *Col.* Jirón.
CHIRAJO m. *Amér. C.* Trastos.
CHIRAPA f. *Per.* Lluvia con sol. || *Bol.* Prenda de vestir andrajosa, andrajo: *vestido de chirapas.*
CHIRCA f. *C. Rica.* Yegua mala. || *Arg.* Chilca.
CHIRCAL m. *Col.* Tejar. || *Arg.* Plantío de chilca.
CHIRCALEÑO m. *Col.* Tejero, adobero.
CHIRCATE m. *Col.* Especie de saya de tela tosca.
CHIRIBICO m. *Cub.* Nombre de cierto pez.
CHIRIBITA f. Chispa. || — Pl. Moscas volantes, partículas flotantes en el ojo, que ofuscan la vista. || *Fig.* y *fam. Echar chiribitas,* estar furioso.
CHIRIBITAL m. *Col.* Erial, tierra inculta.
CHIRIBITIL m. Desván, rincón, tabuco: *vivir en un chiribitil.* || *Fam.* Cuarto muy pequeño y malo.
CHIRICANO, NA adj. y s. De Chiriquí (Panamá).
CHIRICATANA f. *Ecuad.* Poncho muy grueso.
CHIRICAYA f. *Hond.* Dulce de leche y huevos.
CHIRIGAITA f. *Murc.* Cidracayote.
CHIRIGOTA f. *Fam.* Cuchufleta, broma. (SINÓN. V. *Burla.*)
CHIRIGOTEAR v. i. *Fam.* Decir chirigotas.
CHIRIGOTERO, RA adj. y s. Aficionado a las chirigotas.
CHIRIGUARE m. *Venez.* Nombre de un ave de rapiña muy voraz. || *Venez. Fig.* Penuria general.
CHIRIGÜE m. *Chil.* Avecilla común.
CHIRIMBAINA f. *And.* Tarambana.
CHIRIMBOLO m. *Fam.* Trebejo, chisme.
CHIRIMÍA f. (de *churumbela*). Instrumento músico de madera bastante parecido al clarinete. (SINÓN. V. *Flauta.*)
CHIRIMOYA f. Fruto del chirimoyo: *la chirimoya es una de las frutas más exquisitas.*
CHIRIMOYO m. Árbol anonáceo de América.
CHIRINADA f. *Arg.* Fracaso.
CHIRINGA f. *P. Rico.* Volantín chico.
CHIRINGO m. *Méx.* Pedazo, fragmento pequeño de una cosa.
CHIRINO m. *Hond.* Un cangrejillo.
CHIRINOLA f. Juego de muchachos parecido al de bolos. || *Fig.* Cosa de poca importancia: *no me entretengo en chirinolas.* || Conversación larga. || *Col.* Pelotera.
CHIRIPA f. En el billar, suerte que se gana por casualidad. || *Fig.* y *fam.* Casualidad favorable, ganga, suerte: *salió bien por [de] chiripa.*
CHIRIPÁ m. *Chil.* y *Riopl.* Chamal con la punta de atrás levantada entre las piernas y sujeta por delante.
CHIRIPAZO m. *Amer.* Chiripa.
CHIRIPEAR v. i. Ganar una cosa por chiripa.
CHIRIPERO m. El que gana por chiripa.
CHIRIVÍA f. Planta umbelífera de raíz carnosa y comestible. (SINÓN. *Pastinaca.*) || Aguzanieve, ave.
CHIRIVISCO m. *Guat.* Zarzas o matorrales secos.
CHIRLA f. Almeja, molusco comestible. || *Ecuad.* Golpe que se da con la parte palmar de los dedos.
CHIRLAR v. i. *Fam.* Hablar a gritos, chillar.

chirimoya

chiripá

chirla

CHIRLATA f. *Fam.* Garito, casa de juego.
CHIRLAZO m. *Ecuad.* Chirlo, golpe.
CHIRLE adj. *Fam.* Insípido, insubstancial. || — M. Sirle, excremento del ganado.
CHIRLEAR v. t. *Amer.* Dar chirlos.
CHIRLO m. Herida larga, generalmente en el rostro, producida por un arma blanca; su cicatriz.
CHIRLOMIRLO m. Cosa sin valor.
CHIRMOL m. *Guat.* Chilmole.
CHIROLA f. *Arg.* Moneda pequeña. || *Arg.* La moneda boliviana o chilena. || *Amér. C.* Chirona, cárcel. || *And.* Cabeza.
CHIRONA f. *Fam.* Prisión: *meter en chirona.* (SINÓN. V. *Cárcel.*)
CHIROSO, SA adj. *Amér. C.* y *Col.* Astroso.
CHIROTA m. *Hond. Fam.* Marimacho.
CHIROTADA f. *Ecuad.* y *C. Rica.* Tontería.
CHIROTE m. *Amer.* Pardillo. || *Fig.* Tonto.
CHIROTEAR v. i. *C. Rica.* Callejear.
CHIRPINOL m. *C. Rica.* Condimento de maíz tostado con chile y pepitas de chiverre.
CHIRRACA m. Árbol resinoso de Costa Rica.
CHIRREAR v. i. Chirriar.
CHIRRIA f. *Col.* Jarana, jaleo, diversión ruidosa.
CHIRRIADERO, RA adj. Chirriador.
CHIRRIADO, DA adj. *Col.* Gracioso, salado.
CHIRRIADOR, RA y **CHIRRIANTE** adj. Que chirría. || — M. *Cub.* Nombre de una especie de estornino.
CHIRRIAR v. i. Producir cierto sonido discordante: *las ruedas de este carro chirrían.* || *Fig.* Chillar algunas aves. || *Fam.* Cantar mal. || *Col.* Andar de jarana. || *Col.* Tiritar.
CHIRRIDO m. Sonido de una cosa que chirría: *el chirrido de un grillo, de una rueda,* etc.
CHIRRINGO m. *Col.* Chiquitín.
CHIRRIÓN m. Carro fuerte de dos ruedas y eje móvil: *los chirriones de la basura.* || *Amer.* Látigo. || *Amér. C.* Sarta, retahila.
CHIRRIQUITÍN, INA adj. *Fam.* Chiquitín.
CHIRRISCO, CA adj. *Méx. Fam.* Alegre de cascos. || *C. Rica.* Pequeño.
CHIRULA f. Planta vascongada.
CHIRULÍ m. Pájaro de Venezuela.
CHIRUMEN m. *Fam.* Caletre.
CHIRUSA o **CHIRUZA** f. *Arg.* Mujer muy aplebeyada.
¡CHIS! interj. ¡Chitón! || *Guat.* ¡Pu!, ¡puf!, interj. que se usa para expresar la repugnancia.
CHISA f. *Col.* Chiza.
CHISACÁ m. *Col.* Cierta especie de crisantemo.
CHISCARRA f. *Min.* Roca caliza poco sólida.
CHISCO m. *Per.* Corregidor, ave.
CHISCÓN m. *Pop.* Tabuco, cuartucho, chiribitil.
CHISCHÁS m. Ruido de espadas, etc., que chocan.
CHISCHISCO m. *Arg.* Arrebatiña.
CHISGA f. *Col.* Género de pájaros conirrostros.
CHISGARABÍS m. *Fam.* Hombre entremetido.
CHISGO m. *Méx. Fam.* Gracia, donaire.
CHISGUA f. *Col.* Mochila, saco.
CHISGUETE m. *Fam.* Trago de vino: *echar un chisguete.* || *Fam.* Chorro que sale violentamente. || *Amer.* Tubo de caucho.
CHISMAR v. i. Chismear.
CHISME m. Murmuración, hablilla: *mujer aficionada a chismes.* (SINÓN. V. *Cuento.*) || *Fam.* Baratija, trasto, trebejo: *en la mudanza se han roto muchos chismes.*
CHISMEAR v. i. Contar chismes, murmurar. (SINÓN. V. *Desacreditar.*)
CHISMERÍA f. Chisme, hablilla, habladuría.
CHISMERO, RA adj. y s. Chismoso.
CHISMOGRAFÍA f. *Fam.* Afición a los chismes. || Relación de los chismes.
CHISMORREAR v. i. Chismear. (SINÓN. V. *Desacreditar.*)
CHISMORREO m. Acción de chismorrear.
CHISMOSEAR v. i. Chismorrear.
CHISMOSO, SA adj. y s. Aficionado a chismear. || — SINÓN. Fam. *Chivato, soplón, acusica, acusón.*
CHISPA f. Partícula encendida que salta de la lumbre, del pedernal herido por el hierro, etc. || Fenómeno luminoso que acompaña una descarga eléctrica. (SINÓN. *Rayo, centella, pavesa.*) || Diamante muy pequeño. || Gota de lluvia menuda: *caen chispas.* || *Fig.* Parte menuda de algo.

Fot. N. P. A.

(Sinón. V. *Pedazo.*) ‖ *Fig.* Penetración, viveza de ingenio: *tiene mucha chispa.* ‖ *Col.* Bola, embuste. ‖ *Méx. Dar chispa,* dar resultado alguna cosa. ‖ *Fig.* y *fam. Echar uno chispas,* estar furioso.
CHISPARSE v. r. Emborracharse.
CHISPAZO m. Chispa que salta del fuego: *le saltó un chispazo a la cara.* ‖ Cuento, chisme: *fue en seguida a buscarle con el chispazo.* ‖ *Fig. Chispazo de ingenio.*
CHISPEANTE adj. Que chispea. ‖ *Fig.* Agudo, ingenioso: *imaginación chispeante.*
CHISPEAR v. i. Echar chispas: *el ascua chispea.* (Sinón. V. *Quemar.*) Relucir, brillar. (Sinón. V. *Destellar.*) ‖ Lloviznar muy poco: *empieza a chispear.* ‖ Salpicar. ‖ *Fig.* Brillar: *su discurso chispea.*
CHISPERO adj. Dícese del cohete que produce chispas. ‖ — M. Herrero de grueso. ‖ *Fam.* Pícaro del pueblo bajo de Madrid a principios del siglo XIX.
CHISPO, PA adj. *Fam.* Achispado, bebido, ligeramente. (Sinón. V. *Borracho.*) ‖ *Cub.* Vivo, malicioso. ‖ — M. *Fam.* Chisguete, trago: *beber un chispo.*
CHISPOLETO, TA adj. Vivo, despierto.
CHISPORROTEAR v. i. Producir chispas al arder: *la leña chisporrotea.* ‖ — Sinón. *Crepitar, chasquear.* V. tb. *destellar.*
CHISPORROTEO m. *Fam.* Acción de chisporrotear: *el chisporroteo del aceite frito.*
CHISPOSO, SA adj. Dícese de lo que arroja muchas chispas al quemarse: *madera chisposa.*
CHISQUERO m. Esquero. ‖ Encendedor.
¡CHIST! interj. Sirve para mandar callar a uno.
CHISTAR v. i. Hablar o hacer ademán de hablar: *no chistó mientras estuvimos allí.* ‖ *Fam. Sin chistar ni mistar,* sin paular ni maular.
CHISTE m. Dicho agudo y gracioso. ‖ Gracia, broma: *no le veo el chiste a lo que ha dicho.* ‖ Suceso gracioso: *buen chiste nos ha pasado.* ‖ Burla, chanza. ‖ *Caer en el chiste,* acertar el fin disimulado con que otro hace o dice una cosa.
CHISTERA f. Cestilla de los pescadores. ‖ *Fig.* y *fam.* Sombrero de copa alta. ‖ Cesta del pelotari.
CHISTIDO m. Silbido.
CHISTOSO, SA adj. Que usa de chistes: *un hombre muy chistoso.* ‖ Gracioso: *un lance chistoso.* (Sinón. V. *Cómico.*)
CHISTU m. (pal. vasca). Instrumento musical vasco de sonido parecido a una flauta o pito agudos.
CHISTULARI m. El que toca el chistu.
¡CHIT! interj. ¡Chist!
CHITA f. Astrágalo, hueso del pie. ‖ Juego que consiste en colocar en el suelo una chita y tirar a ella con tejos. ‖ Un pez de Perú. ‖ *A la chita callando,* o *callanda,* a la chiticallando.
CHITAR v. i. Chistar.
CHITE m. *Col.* Arbusto que suministra carboncillo ligero usado generalmente para dibujar.
¡CHITE! interj. ¡Chito!
CHITEARSE v. r. *Col.* Saltarse la loza al fuego.
CHITICALLA com. *Fam.* Persona muy callada.
CHITICALLANDO adv. m. *Fam.* En silencio, sin ruido: *a la chiticallando salieron de la casa.*
CHITO m. Juego parecido a la chita, en el que se coloca dinero sobre el chito y hay que derribarlo igualmente con unos tejos.
¡CHITO! interj. Sirve para imponer silencio.
¡CHITÓN! interj. *Fam.* ¡Chito!, ¡silencio!
CHITREANO, NA adj. y s. De Chitré (Panamá).
CHIVA f. *Guat.* y *Hond.* Manta, cobertor. ‖ *Hond.* Borrachera; berrinche. ‖ *Amer.* Perilla.
CHIVAR v. t. *Pop.* Fastidiar. ‖ *Fam.* Delatar, acusar, soplar. ‖ — V. r. *Fam.* Fastidiarse. ‖ *Amér.* Enfadarse.
CHIVARRAS f. pl. *Méx.* Calzones de cuero de chivo.
CHIVATA f. *And.* Porra de los pastores.
CHIVATEADO, DA adj. *Fam.* Contante y sonante.
CHIVATEAR v. i. *Fam.* Chivar. ‖ *Amer.* Vocinglear.
CHIVATEO m. *Fam.* Soplo, delación, acusación. ‖ *Amer.* Vocinglería.
CHIVATO m. Chivo de menos de un año. ‖ *Fam.* Soplón, delator. (Sinón. V. *Chismoso* y *espía.*) ‖ *Col.* Variedad de ají muy fuerte. ‖ — Adj. *Col.* Bellaco, ruin.
CHIVERRE m. *Salv.* Chilacayote.
CHIVICOYO m. *Méx.* Ave gallinácea.
CHIVILLO m. *Per.* Especie de estornino.
CHIVO, VA m. y f. Macho de cabrío, cabrón: *barbas de chivo.* ‖ — M. Poza donde se recogen las heces del aceite. ‖ *Col.* Berrinche, rabieta, cólera. ‖ *Amér. C.* Carnero. ‖ *And.* Indigestión. ‖ *Arg.* Enjuague, intriga. ‖ *Cub.* y *P. Rico.* Tráfico ilícito.
CHIZA f. *Col.* Cierto gusano que ataca la patata.
¡CHO! interj. ¡So!
CHOCADOR, RA adj. y s. Que choca.
CHOCANTE adj. Que choca: *voz chocante.* ‖ Indigno, impropio. ‖ Ofensivo. (Sinón. V. *Desagradable.*) ‖ Fastidioso, empalagoso. ‖ *Amer.* Majadero, impertienente.
CHOCANTERÍA f. *Amer.* Grosería, extravagancia, impertinencia.
CHOCAR v. i. Dar violentamente una cosa con otra: *chocó el automóvil con,* o *contra, una farola.* (Sinón. *Golpear, pegar, percutar, topar, tropezar, trompicar, trompillar.*) ‖ *Fig.* Encontrarse, pelear: *los dos ejércitos chocaron pronto.* ‖ *Fam.* Causar disgusto y extrañeza: *las costumbres francesas suelen chocar a los españoles.* ‖ *Fam. Chocarla,* darse la mano dos personas.
CHOCARREAR v. i. Decir chocarrerías.
CHOCARRERÍA f. Broma grosera, grosería.
CHOCARRERO, RA adj. Que tiene chocarrería: *chiste chocarrero.* ‖ — M. Aficionado a decir chocarrerías. (Sinón. V. *Bufón.*)
CHOCLAR v. i. En el juego de la argolla, meter la bola por las barras.
CHOCLO m. Chanclo. ‖ *Amer.* Mazorca de maíz no maduro aún. (Sinón. *Elote.*)
CHOCLÓN m. Acción de choclar. ‖ *Amer.* Chócolo, juego de boche. ‖ *Chil.* Reunión popular política. ‖ *Arg.* Billar con troneras.
CHOCO m. Jibia pequeña. ‖ *Chil.* y *Per.* Perro de aguas. ‖ *Chil. Fig.* Persona de pelo ensortijado. ‖ *Amer.* El que carece de un miembro de su cuerpo. ‖ *Bol.* Color rojo obscuro. ‖ *Col.* Persona de tez muy morena. ‖ *Col.* Cuyabra. ‖ *Guat.* Tuerto. ‖ *Per.* Caparro, mono de pelo blanco. ‖ *Chil.* Muñón de un miembro cortado, y también zapata de freno. ‖ — Adj. *Hond.* Tuerto.
CHOCOANO, NA adj. y s. De Chocó (Colombia.)
CHÓCOLA f. *Amer.* Chócolo, juego.
CHOCOLATE m. Pasta hecha de cacao molido con azúcar, generalmente perfumada con canela o vainilla. ‖ Bebida hecha con chocolate y agua o leche: *una jícara de chocolate.* ‖ — Adj. De color chocolate. ‖ *Fig. Amer. Sacar chocolate* [no *chocolata*], hacer saltar sangre de las narices a uno, hacer la mostaza.
CHOCOLATERA f. Vasija para hacer chocolate. ‖ *Fam.* Barco malo. ‖ Automóvil viejo. (Sinón. V. *Coche.*)
CHOCOLATERÍA f. Casa donde se hace o vende chocolate.
CHOCOLATERO, RA m. y f. El que labra o vende chocolate. ‖ — Adj. y s. Que le gusta mucho el chocolate.
CHOCOLATÍN m. Bombón de chocolate.
CHOCOLERA f. *Col.* Roza de un terreno.
CHÓCOLO m. *Col.* Juego del hoyuelo o boche. ‖ *Col.* Mazorca tierna con los granos ya formados.
CHOCOLÓN m. *C. Rica.* y *Salv.* Chócolo, juego.
CHOCOLONGO m. *Cub.* Chócolo.
CHOCOYO m. *Guat.* Ave trepadora de canto bastante agradable. ‖ *Hond.* Hoyuelo de las mejillas.
CHOCHA f. (de *chorcha*). Ave zancuda muy común en España: *la carne de la chocha es muy sabrosa.*
CHOCHAPERDIZ f. Chocha.
CHOCHAR v. i. *Amer.* Chochear, perder el juicio.
CHOCHEAR v. i. Debilitarse las facultades mentales: *los viejos suelen chochear.* (Sinón. V. *Desatinar.*) ‖ *Fig.* y *fam.* Estar locamente enamorado de una persona o cosa: *el amor hace chochear con frecuencia a los hombres.*
CHOCHERA y **CHOCHEZ** f. Calidad de chocho. ‖ Acción o palabra que denota chochera o locura. ‖ — Sinón. *Atontamiento, machaqueo, sermoneo, imbecilidad.*
CHOCHITO m. Planta enredadera de Venezuela.

chocha

chorreras

chotacabras

chova

chorlito

CHOCHO m. Altramuz. || Nombre de diversos confites. || *Cub.* Especie de frijol.
CHOCHO, CHA adj. Que chochea: *viejo chocho.* || Que está loco por algo. || — M. *Col.* Árbol de la familia de las leguminosas, especie de eritrina.
CHOCHOCOL m. *Méx.* Cántaro, tinaja.
CHÓFER m. Mecánico que conduce un automóvil. (En algunos países pronuncian *chofer.*)
CHOFETA f. Calientapiés.
CHOJÍN m. Picadillo de carne de cerdo, chile, rábanos, hierbabuena, etc.
CHOLA f. *Fam.* Cholla. (SINÓN. V. *Cabeza.*)
CHOLADA f. Acción propia de un cholo.
CHOLCO, CA adj. y s. *Salv.* y *Guat.* Mellado.
CHOLERÍO m. Conjunto de cholos.
CHOLETA f. *Amer.* Cierta clase de lienzo.
CHOLO, LA adj. y s. *Amer.* Mestizo de blanco e india. || *Amer.* Dícese del indio civilizado. || *Chil.* Indio puro. || *Arg., Bol., Chil., Ecuad.* y *Per.* Gente de sangre mezclada.
CHOLOQUES m. pl. *Per.* Frutos del jaboncillo.
CHOLULTECO, CA adj. y s. De Cholula.
CHOLUTECA y **CHOLUTECANO, NA** adj. y s. De Choluteca (Honduras).
CHOLLA f. *Fam.* Cabeza: *llevar un golpe en la cholla.* || *Salv., Guat.* y *Col.* Pachorra, serenidad, calma excesiva: *hombre de mucha cholla.*
CHOLLAR v. t. *Hond.* Lastimar, desollar, herir.
CHOLLO m. *Fam.* Ganga, cosa ventajosa.
CHOMPA f. *Arg., Chil.* y *Per.* Jersey.
CHONCHOLÍ m. *Per.* Chinchulines.
CHONCHÓN, ONA m. y f. *Chil.* Persona fea, de mal agüero.
CHONGO m. *Guat.* Rizo. || *Méx.* Moño de pelo. || *Méx.* Cierto plato dulce. || *Méx. Fam.* Broma, chanza.
CHONGUEAR v. i. *Méx. Fam.* Chunguear.
CHONTA f. *Amer.* Especie de palmera de madera dura. || *Col.* Especie de serpiente.
CHONTAL adj. *Col.* y *Salv.* Inculto, rústico.
CHONTALEÑO, ÑA adj. y s. De Chontales.
CHONTARURO m. *Ecuad.* Palma americana: *el fruto del chontaruro sirve de alimento a los indios.*
CHOPA f. Pez marino semejante a la dorada.
CHOPA f. *Mar.* Cobertizo colocado en la popa.
CHOPAZO m. *Per.* y *Chil.* Puñetazo.
CHOPE m. *Chil.* Guantada, puñetazo, manotada. || *Chil.* Especie de azadón, de garfio.
CHOPERA f. Sitio plantado de chopos.
CHOPÍ m. *Arg.* Nombre de una especie de tordo.
CHOPO m. Álamo negro. || *Fam.* Fusil.
CHOQUE m. Encuentro violento de dos cosas o personas: *un choque de trenes.* (SINÓN. *Colisión, percusión, golpe, impacto.*) || *Mil* Combate, pelea: *un choque de caballería.* || *Fig.* Disputa, riña, contienda. (SINÓN. V. *Refriega.*) || *Med.* Shock, conmoción: *choque nervioso.* (SINÓN. V. *Estremecimiento.*)
CHOQUEZUELA f. Rótula, hueso de la rodilla.
CHORCHA f. Chocha. || *Guat.* Pájaro dentirrostro de América. || *Salv.* y *Hond.* Cacique, ave. || *Méx.* Pandilla de gente joven y bulliciosa.
CHORDÓN m. Frambuesa, fruto.
CHOREAR v. i. *Chil. Fam.* Protestar, refunfuñar, gruñir.
CHOREO m. *Chil. Fam.* Protesta, refunfuño.
CHORICERÍA f. Tienda del choricero.
CHORICERO, RA m. y f. Persona que hace chorizos o los vende. || *Fig.* y *fest.* Extremeño. || *Fam.* Persona vulgar, ordinaria.
CHORIZO m. Pedazo de tripa lleno de carne de cerdo, picada y adobada. || Contrapeso de volatineros. || *Pop.* Ladrón. || *Méx.* Rollo de monedas. || *Col.* Mentecato, bobo. || *Riopl.* Pasta de barro para revocar. || *Méx.* Malvado. || *Arg.* Lomo bajo.
CHORLA f. Ave parecida a la ganga. || *Fam.* Cabeza.
CHORLITO m. Ave zancuda: *el chorlito anida junto a los ríos.* || *Fig.* y *fam. Cabeza de chorlito,* persona tonta o distraída.
CHORLO m. Turmalina. || *Amér. C.* y *Col.* Chozno, cuarto nieto.
CHORNO, NA m. y f. *Antill.* Tataranieto.
CHORONAZO m. *Bol.* Papirote, golpe.
CHOROTE m. *Col.* Chocolatera de loza sin vidriar; cazuela de barro. || *Cub.* Chocolate u otra bebida muy espesa. || *Venez.* Chocolate hecho con cacao puro y papelón.
CHOROY m. *Chil.* Especie de papagayo chiquito.
CHORRA f. *Pop.* Suerte, casualidad.
CHORRADA f. Porción de líquido que se agrega después de dar la medida. || *Pop.* Tontería.
CHORREADO, DA adj. Dícese de la res que tiene rayas verticales. || *Amer.* Sucio, manchado. || *Ecuad.* Mojado. || — M. *P. Rico.* Un baile jíbaro.
CHORREADURA f. Chorreo. || Mancha que deja un líquido que ha chorreado.
CHORREAR v. i. Caer o salir un líquido a chorros: *un líquido que chorrea.* || *Fig.* y *fam.* Ir viniendo o yéndose algunas cosas poco a poco: *el dinero chorrea en esta casa.* || — V. t.: *chorrear agua por el suelo.* (SINÓN. V. *Derramar.*) || *Fig. Chorrear sangre,* dícese de algo extremadamente injusto. || *Col. Chorrear algo,* apropiárselo.
CHORREO m. Acción de chorrear algunas cosas.
CHORREÓN m. Chorreadura: *chorreón de aceite.*
CHORRERA f. Paraje por donde chorrea un líquido y señal que deja al chorrear. || Cierta guarnición de encajes que se ponía en la abertura de la camisola. || Adorno de que pendía la venera. || *Arg.* Serie de cosas: *chorrera de desatinos.*
CHORRETADA f. *Fam.* Chorro de un líquido que sale de pronto. || Chorrada.
CHORRILLO m. *Fig.* y *fam.* Chorro continuo: *un chorrillo de dinero.* || *Arg.* Cierto modo de sembrar, echando la semilla en el surco por medio de un embudo.
CHORRO m. Golpe de agua u otro líquido que sale con fuerza: *con los botijos suele beberse a chorro.* || Salida violenta de gas o vapor, utilizada como fuerza propulsora. || *Arg.* Ramal de látigo. || *Amér. C.* Grifo. || *Fig.* Caída continua de ciertas cosas: *un chorro de pesetas.* || *A chorros,* copiosamente: *llueve a chorros.* || *Como los chorros del oro,* muy hermoso, muy limpio.
CHORRÓN m. Cáñamo sacado al repasar la estopa.
CHORTAL m. Manantial a flor de tierra.
CHOTACABRAS m. Ave trepadora insectívora que se suponía mamaba de las cabras y ovejas.
CHOTEARSE v. r. *Fam.* Poner en ridículo, mofarse de uno, pitorrearse.
CHOTEO m. *Fam.* Burla, mofa, pitorreo.
CHOTIS f. Baile por parejas típico de Madrid.
CHOTO, TA m. y f. Cría de la cabra. || Dícese del toro pequeño y de malas condiciones. || *Hond.* Amarillo rojizo. || — Adj. *Col.* Manso. || *Arg.* Feo, fulero.
CHOTUNO, NA adj. Relativo al ganado cabrío.
CHOUCROUTE f. (pal. fr., pr. *chukrut*). Manjar compuesto con coles picadas y fermentadas.
CHOVA f. Especie de cuervo. || Corneja, ave.
CHOZ f. Golpe, novedad: *le dio choz la noticia.*
CHOZA f. Cabaña cubierta generalmente de paja. (SINÓN. V. *Cabaña.*)
CHOZNO, NA m. y f. Cuarto nieto.
CHOZO m. Choza. (SINÓN. V. *Cabaña.*)
CHOZPAR v. i. Saltar los corderos y cabritos.
CHOZPO m. Salto o brinco de algunos animales.
Christian Science, secta religiosa fundada en los Estados Unidos (1879), cuya sede está en Boston.
CHRISTMAS m. (pal. ingl., pr. *kristmas*). Navidad en los países anglosajones. || Tarjeta o felicitación de Navidad. (En este sentido esta palabra se ortografía a la española *crismas*).
¡CHSS! interj. V. ¡CHIS!
CHUASCLE m. *Méx.* Trampa.
CHUBASCO m. Chaparrón, aguacero. (SINÓN. V. *Lluvia.*) || *Fig.* Adversidad o contratiempo.
CHUBASCOSO, SA adj. Tormentoso, lluvioso.
CHUBASQUEAR v. i. Caer chubascos.
CHUBASQUERO m. Impermeable. (SINÓN. V. *Abrigo.*)
CHUBESQUI m. Estufa.
CHUBILLO m. *Guat.* Pájaro dentirrostro.
CHUBUTENSE adj. y s. De Chubut.
CHUCA f. Uno de los cuatro lados de la taba.
CHUCÁN, ANA adj. *Guat. Fam.* Bufón, chocarrero.
CHUCANEAR v. i. *Guat.* Bufonear, bromear
CHUCAO m. *Chil.* Pájaro parecido al zorzal.
CHÚCARO, RA adj. *Amer.* Bravío, salvaje:

Fot. Markham

potro chúcaro. ‖ *Amer.* Esquivo, huraño. ‖ — M. y f. *Ecuad.* Mulo o mula indómitos.
CHUCE m. *Arg.* y *Per.* Especie de alfombra india.
CHUCEAR v. t. *Amer.* Herir con chuzo.
CHUCLLA f. *Per.* Choza de paja.
CHUCO, CA adj. *Amér. C.* Fermentado, podrido.
CHÚCUA f. *Col.* Lodazal, pantano.
CHUCURU m. *Ecuad.* Especie de comadreja.
CHUCUTO, TA adj. *Venez.* Rabón: *perro chucuto.* ‖ — M. *Fam. Venez.* El diablo.
CHUCHA f. *Col.* Mamífero marsupial de América, bastante parecido a la nutria. (SINÓN. *Runcho.*) ‖ *Col.* Maraca, instrumento músico. ‖ *Pop.* Peseta.
CHUCHADA f. *Guat.* Tacañería.
CHUCHAR v. t *Cub.* Azuzar.
CHUCHEAR v. i. (de *cuco,* astuto). Cazar con señuelos, lazos, redes, etc. ‖ Cuchichear, hablar bajito. ‖ *And.* Comer chucherías.
CHUCHERÍA f. Baratija bonita: *comprar chucherías en la feria.* (SINÓN. V. *Fruslería.*) ‖ Dulce: *comer chucherías.* (SINÓN. V. *Golosina.*) ‖ *Col.* Buhonería.
CHUCHERO m. Cazador con lazos y redes. ‖ *Col.* Buhonero. ‖ *Cub.* Guardagujas del ferrocarril.
CHUCHO m. *Fam.* Can. (SINÓN. V. *Perro.*) ‖ *¡Chucho!* interj. que se usa para espantar a los perros. ‖ *Col.* Buhonería. ‖ *Amer.* Escalofrío. ‖ *Cub.* y *Venez.* Vergajo, látigo. ‖ — Adj. *Col.* Dícese de la fruta arrugada o dañada. ‖ *Guat.* y *Hond.* Tacaño. ‖ *Arg.* Fiebre intermitente. ‖ *Cub.* Aguja de ferrocarril. ‖ Nombre de varios peces. ‖ *Chil.* Ave rapaz nocturna. ‖ *Chil.* Cárcel. ‖ *Arg.* Miedo, susto. ‖ *Arg.* Chiche, pecho.
CHUCHOCA *Chil.* y *Per.* y **CHUCHUCA** f. *Ecuad.* Choclo seco que se conserva todo el año. ‖ *Ecuad. Fam.* Persona muy arrugada: *vieja chuchuca.* ‖ *Arg.* Tamalito de frijol.
CHUCHUMECO m. *Despect.* Hombre pequeño y feo, monigote. ‖ *Per.* Sadunguero, gracioso. ‖ *Col.* Viejo.
CHUCHURRIDO, DA adj. Mustio, arrugado.
CHUECA f. Hueso redondo o parte de un hueso que encaja en otro, apófisis: *la chueca de la rodilla, de la cadera.* ‖ Juego entre dos bandos que consiste en impeler una pelota con un palo para que pase una raya determinada en el campo adverso. ‖ Tocón, tronco que queda de un árbol cortado. ‖ *Fig.* y *fam.* Burla, chasco.
CHUECO, CA adj. *Amer.* Estevado, patituerto. ‖ *Amer.* Dícese de los zapatos que tienen los tacones torcidos.
CHUELA f. *Chil.* Azuela.
CHUEQUEAR v. i. *Amer.* Andar como los chuecos.
CHUETA com. Nombre que se da en las islas Baleares a los descendientes de judíos conversos.
CHUFA f. Tubérculo de una especie de juncia: *con la chufa se hace una horchata refrescante.*
CHUFAR v. i. Burlarse de una cosa.
CHUFLA f. Chifla, chufleta.
CHUFLARSE v. r. Burlarse.
CHUFLAY m. *Chil.* Grog.
CHUFLETA f. *Fam.* Cuchufleta.
CHUFLETEAR v. i. *Fam.* Decir chufletas.
CHUFLETERO, RA adj. y s. Cuchufletero.
CHUICO m. *Chil.* Damajuana.
CHULADA f. Acción indecorosa y baja. ‖ *Fam.* Gracia y desenfado: *obrar con chulada.* ‖ *Fam.* Dicho o hecho jactancioso, grosero.
CHULAPEAR v. i. Vivir, portarse a lo chulo.
CHULAPERÍA f. *Fam.* Chulería.
CHULAPESCO, CA adj. Propio del chulapo.
CHULAPO, PA y **CHULAPÓN, ONA** adj. y s. *Fam.* Chulo.
CHULCO m. *Amer.* Planta oxalidácea. ‖ *Bol.* Hijo menor.
CHULÉ m. *Pop.* Duro, moneda de cinco pesetas.
CHULEAR v. t. Burlar con gracia. ‖ *Méx.* Requebrar. ‖ *Fam.* Gastar bromas. ‖ — V. r. Burlarse: *chulearse de uno.* ‖ *Fam.* Envanecerse, darse pisto.
CHULERÍA f. *Fam.* Gracia, donaire, chiste. ‖ *Fam.* Desfachatez, descaro. (SINÓN. V. *Fanfarronada.*)
CHULESCO, CA adj. y s. De chulo: *gesto chulesco.*
CHULETA f. Costilla de carnero, cerdo, etc., frita o asada: *chuleta empanada.* ‖ Pieza que se agrega para llenar faltas. ‖ *Fig.* y *fam.* Bofetada. ‖ *Fam.* Chulo. ‖ *Fam.* Apunte o papelito que llevan los estudiantes a los exámenes para consultarlo disimuladamente.
CHULO, LA adj. y s. Gracioso, picaresco. ‖ *Méx., Hond.* y *Guat.* Bonito, lindo. ‖ Pícaro. (SINÓN. V. *Granuja.*) ‖ Descarado, atrevido. ‖ — M. Ayudante en la plaza de toros. ‖ *Amer.* Gallinazo o aura. ‖ Individuo del pueblo bajo de Madrid. ‖ Rufián. ‖ *Bol.* y *Per.* Shullo.
CHULLA adj. *Ecuad.* Sin valor.
CHULLECO, CA adj. *Chil.* Chueco.
CHULLO m. *Bol.* y *Per.* Shullo.
CHULLPA f. Monumento funerario aymará.
CHUMA f. *Arg.* Borrachera.
CHUMACERA f. Tejuelo, cojinete del eje de una máquina. ‖ *Mar.* Tablita en la que se fija el tolete.
CHUMARSE v. r. *Arg.* Embriagarse.
CHUMBA f. *Chil.* Chaleco de lana.
¡CHÚMBALE! interj. *Arg.* Voz para azuzar.
CHUMBAR v. t. *Arg.* Azuzar. ‖ *Bol.* Disparar con bala.
CHUMBE m. *Amer.* Faja de los indios. ‖ *Bol.* Sulfuro de cinc. ‖ *Venez.* Refajo de las indias guajiras.
CHUMBERA f. Higuera chumba.
CHUMBO, BA adj. *Higo chumbo,* fruto del nopal. ‖ *Higuera chumba,* el nopal. ‖ — M. *Arg.* Bala de plomo. ‖ *Col.* Chumpipe, pavo.
CHUMPIPE m. *Méx.* Pavo.
CHUNCO, CA adj. *Amér. C.* Choco.
CHUNCHES m. pl. *Amér. C.* Cachivaches.
CHUNCHO m. *Per.* Flor amarilla llamada también *flor de muerto.* ‖ *Chil.* Especie de lechuza.
CHUNCHULES *Chil.* o **CHUNCHULLOS** m. pl. *Col.* Chinchulines.
CHUNGA f. *Fam.* Burla, broma: *tomar a chunga.* ‖ *Arg.* Mujer de baja estofa.
CHUNGUEARSE v. r. *Fam.* Burlarse.
CHUNGUEO m. *Fam.* Chunga.
CHUÑA f. *Arg.* Nombre de una zancuda fácil de domesticar. ‖ *Chil.* Arrebatiña.
CHUÑO m. *Amer.* Fécula de patata.
CHUPA f. Pieza de vestir con faldillas y mangas ajustadas. ‖ *Fig.* y *fam. Poner a uno como chupa de dómine,* ponerle como un trapo. ‖ Medida de capacidad para líquidos en Filipinas (37 centil.). ‖ Medida filipina para áridos (37 centil.). ‖ *Amér. C.* y *Riopl.* Borrachera.
CHUPACIRIOS m. *Fam.* Santurrón.
CHUPADA f. Acción de chupar alguna cosa.
CHUPADERO, RA adj. Dícese de lo que chupa. ‖ — M. Chupador.
CHUPADO, DA adj. *Fig.* y *fam.* Muy flaco: *rostro chupado.* ‖ Escurrido, estrecho: *falda chupada.* ‖ *Arg., Cub.* y *Chil.* Ebrio, borracho.
CHUPADOR, RA adj. y s. Que chupa. ‖ — M. Pieza que se da a los niños para que chupen. ‖ Pezón de biberón. ‖ *Arg.* Bebedor.
CHUPADURA f. Acción de chupar, chupada.
CHUPAFLOR m. *Venez.* El picaflor o colibrí.
CHUPALÁMPARAS m. *Fam.* Sacristán, monago.
CHUPALLA f. *Chil.* Achupalla. ‖ *Méx.* y *Chil.* Sombrero tosco de paja.
CHUPAMIRTO m. *Méx.* Colibrí.
CHUPAR v. t. Sacar con los labios el jugo de una cosa: *chupar el biberón.* ‖ Absorber: *las plantas chupan el agua de la tierra.* (SINÓN. V. *Absorber.*) ‖ *Fig.* y *fam.* Ir quitando a otro una cosa: *chuparle a uno el caudal.* ‖ — V. r. Enflaquecer, adelgazar. ‖ *Fam.* Aguantar, soportar una cosa. ‖ *Amer.* Embriagarse. ‖ *Col. Chupar para cuerdas,* salir escarmentado. ‖ *Fam. Chuparse el dedo,* ser cándido. ‖ *Fam. Chuparse los dedos,* gustar una cosa con fruición. ‖ *Fam. ¡Chúpate esa!,* ¡tómate esa!
CHUPATINTAS m. *Fam.* Oficinista. (SINÓN. V. *Empleado.*)
CHUPE m. *Col.* y *Per.* Plato compuesto de papas cocidas con huevos, carne, pescado u otras cosas. ‖ *Fam.* Chupador, chupete.
CHUPENDO m. *Fam.* Chupetón.
CHUPETA f. *Mar.* Cámara pequeña en la popa. ‖ *Chil.* Borrachera. ‖ *Amér. C.* Chupete.
CHUPETE m. Pezón del biberón. ‖ Chupador de los niños. ‖ *Arg.* Niño que se chupa los dedos. ‖ *Amér. C.* Chupadura. ‖ *Arg.* Caramelo con palito.
CHUPETEAR v. i. Chupar poco y muchas veces.
CHUPETEO m. Acción de chupetear algo.

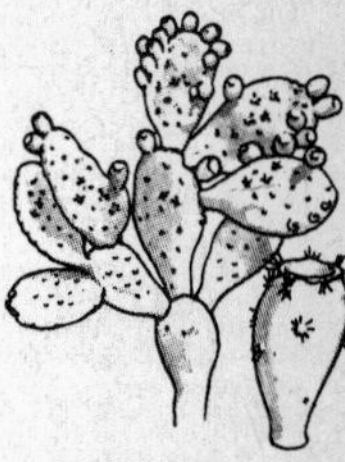
chumbera

chupa

CHUPETÓN m. Chupada fuerte.
CHUPILCA f. *Chil.* Harina desleída en zumo de sandía.
CHUPINAZO m. *Fam.* Chut fuerte.
CHUPO m. *Amer.* Divieso. ‖ *Col.* Chupador.
CHUPÓN, ONA adj. y s. Que chupa. ‖ — M. Vástago que echan los árboles y que chupa jugo sin dar fruto: *deben cortarse los chupones.* ‖ Pluma no enteramente formada, en las aves. ‖ *Fam.* Beso chupado. ‖ *Min.* Émbolo de bomba. ‖ *Amer.* Biberón. ‖ *Amer.* Chupete o chupador de los niños. ‖ Pezón de biberón. ‖ *Chil.* Planta bromeliácea. ‖ *Arg.* y *Chil.* Divieso.
CHUPÓPTERO m. *Fam.* Persona que sin hacer gran cosa disfruta uno o más sueldos.
CHUPULÚN m. *Amer.* Cataplún.
CHUQUIRAGUA f. Planta compuesta de los Andes: *la chuquiragua se usa como febrífugo.*
CHUQUISA f. *Chil.* Chusquisa.
CHUQUISAQUEÑO, ÑA adj. y s. De Chuquisaca (Bolivia).
CHURANA f. *Amer.* Aljaba de los indios.
CHURCO m. *Chil.* Chulco.
CHURDÓN m. Jarabe de frambuesa.
CHURLA f. y **CHURLO** m. *Amer.* Saco de lienzo de pita que se usa para transportar algo.
CHURO m. *Ecuad.* Rizo de pelo. ‖ *Ecuad.* Escalera de caracol. ‖ *Bol.*, *Ecuad.* y *Per.* Instrumento musical de viento en forma de caracol.
CHURO, RA adj. *Arg.* Chulo, bien puesto, majo.
CHURRASCADO, DA adj. Quemado.
CHURRASCO m. *Amer.* Carne asada en las brasas.
CHURRASQUEAR v. i. *Arg.* Comer un churrasco. ‖ *Arg.* Hacer un churrasco.
CHURRE m. *Fam.* Pringue gruesa y sucia. ‖ *Fam.* Mugre.
CHURREAR v. i. *Arg.* Tener diarrea.
CHURRERÍA f. Lugar en que se venden churros.
CHURRERO, RA m. y f. Persona que hace o vende churros.
CHURRETA f. Churrete. ‖ *Col.* Especie de tralla de cuerda trenzada. ‖ *Col.* Jeringa de caña.
CHURRETE m. Mancha de pringue u otra cosa.
CHURRETEAR v. t. Manchar con churretes.
CHURRETOSO, SA adj. Que tiene churretes.
CHURRIA f. *Col.* Chiripa, bambarria. ‖ *Méx.* Mancha alargada. ‖ — Pl. Diarrea.
CHURRIENTO, TA adj. Que tiene mucho churre. ‖ *Amer.* Churroso.
CHURRIGUERESCO, CA adj. *Arq.* Dícese del género de arquitectura recargada con adornos, introducido en España por Churriguera, Ribera y sus discípulos a principios del s. XVIII.
CHURRIGUERISMO m. Genio artístico de Churriguera y carácter distintivo de sus obras. ‖ Exceso de ornamentación.
CHURRIGUERISTA m. Arquitecto de gusto extravagante.
CHURRINCHE m. *Arg.* Pájaro dentirrostro americano llamado también *fueguero* y *cardenal.*
CHURRO, RRA adj. Dícese de la lana muy basta y grosera. ‖ — M. Cohombro, cierta fruta de sartén. ‖ *Fam.* Chapuza, obra mal hecha: *hacer un churro.*
CHURROSO, SA adj. *Amer.* Que tiene diarrea.
CHURRULLERO, RA adj. y s. Muy hablador.
CHURRUSCARSE v. r. Empezar a quemarse.
CHURRUSCO m. Mendrugo tostado.
CHURUMBEL m. *Fam.* Niño.
CHURUMBELA f. Instrumento músico, especie de chirimía. ‖ *Col.* Pipa. ‖ *Amer.* Bombilla para mate. ‖ *Col.* Preocupación, cuidado.
CHURUMO m. *Fam.* Jugo: *tener poco churumo.*
CHUSCADA f. Dicho o hecho chusco.
CHUSCO, CA adj. Que tiene gracia y picardía. ‖ *Per.* Ordinario. ‖ — M. *Fam.* Panecillo. ‖ *Per.* Perro cruzado, sin casta.
CHUSCHAR v. t. *Arg.* Tirar del pelo.
CHUSMA f. (ital. *ciurma*). Conjunto de galeotes y forzados: *el cómitre dirigía la chusma.* ‖ Conjunto de gente soez. ‖ *Fam.* Multitud, muchedumbre. ‖ *Riopl.* Muchedumbre de indios.
CHUSMAJE m. *Amér.* Chusma.
CHUSPA f. *Arg.* y *Per.* Bolsa para coca, mate, monedas o tabaco.
CHUSQUE m. Planta gramínea de Colombia.
CHUSQUISA f. *Chil.* Mujer de vida alegre.
CHUSTE m. *C. Rica.* Cera amarilla.
CHUT m. Acción de chutar, su resultado.
CHUTAR v. t. (ingl. *shoot*). En el fútbol, lanzar el balón de un puntapié.
CHUTE m. *Salv.* y *Guat.* Púa, aguijón.
CHUTO, TA adj. *Amer.* Rabón.
CHUZA f. *Méx.* En el billar y en los boliches, acción de derribar todos los palos de una vez.
CHUZAR v. t. *Col.* Punzar, pinchar, herir.
CHUZAZO m. Golpe dado con el chuzo o pica.
CHUZNIETO m. *Ecuad.* Chozno, cuarto nieto.
CHUZO m. Pica. ‖ Bastón que lleva el sereno. ‖ *Chil.* Rocín. ‖ *Amer.* Látigo de jinete. ‖ *Chil.* Surtidor de agua. ‖ *Ecuad.* Cuerpo punzante. ‖ *Fam.* *Llover a chuzos,* llover con mucha fuerza.
CHUZÓN m. Zuizón. ‖ *Col.* Punzada o pinchazo.
CHUZÓN, ONA adj. y s. Astuto, taimado. ‖ Que tiene gracia para burlarse de otros.

Arte churrigueresco: Casa Consistorial de Salamanca

Fot. Turismo Español

«La llegada de la diligencia», por L. L. Boilly (1807)

D f. Quinta letra y cuarta consonante del abecedario castellano: *la* D *es una letra dental.* ‖ Cifra romana que vale 500. ‖ Símbolo químico del *deuterio.* ‖ Símbolo de *diferencial,* en matemáticas.
DABLE adj. Posible. (SINÓN. V. *Hacedero.*)
DACA, voz compuesta de verbo y adverbio. Da, o dame, acá: *daca tu dinero.* ‖ *Al toma y daca,* doy para que dés.
DA CAPO m. adv. (loc. ital. que sign. *desde la cabeza*). *Mús.* Locución que indica que en cierto punto de un trozo hay que volver al principio.
DACIO, CIA adj. y s. De Dacia.
DACIÓN f. Acción y efecto de dar.
DACTILAR adj. Digital.
DACTÍLICO, CA adj. *Poét.* Compuesto de dáctilos.
DÁCTILO m. (lat. *dactylus*). Pie de la poesía antigua, compuesto de una sílaba larga seguida de dos breves. (SINÓN. *Esdrújulo.*)
DACTILOGRAFÍA f. Mecanografía.
DACTILÓGRAFO, FA m. y f. Mecanógrafo.
DACTILOLOGÍA f. Arte de hablar con los dedos: *los sordomudos usan la dactilología.*
DACTILOSCOPIA f. Estudio de las huellas digitales con fines de identificación.
DACHA f. (pal. rusa). Finca de recreo en Rusia.
DADAÍSMO m. Escuela de arte o literatura, nacida en 1917, que tendía a suprimir cualquier relación entre el pensamiento y la expresión.
DADAÍSTA adj. y s. Del dadaísmo.
DÁDIVA f. Regalo o cosa que se da: *aficionado a favores y dádivas.* (SINÓN. V. *Don.*)
DADIVAR v. t. Hacer dádivas.
DADIVOSIDAD f. Calidad de dadivoso o generoso.
DADIVOSO, SA adj. y s. Liberal, generoso.
DADO m. (lat. *datum*). Cubo pequeño en cuyas caras hay señalados puntos desde uno hasta seis, y que sirve para varios juegos. ‖ Pieza cúbica que en las máquinas sirve de apoyo a tornillos, ejes, etc. ‖ *Arq.* Neto o pedestal de la columna.
DADO, DA p. p. de *dar.* ‖ *Dado que,* conj. condic., siempre que, con tal que: *dado que así sea, lo veré.*
DADOR, RA adj. y s. Que da. ‖ — M. Portador de una carta: *el dador de la presente.* ‖ *Com.* El que firma la letra de cambio.

Fot. Giraudon

DAGA f. Espada antigua, de hoja corta. ‖ *P. Rico.* Machete. ‖ — SINÓN. V. *Cuchillo.*
DAGAME m. *Amer.* Árbol rubiáceo.
DAGUERROTIPAR v. t. Reproducir la imagen por medio del daguerrotipo.
DAGUERROTIPIA f. Arte de daguerrotipar.
DAGUERROTIPO m. (de *Daguerre,* n. pr., y el gr. *tupos,* impresión). Procedimiento que permitía fijar en una placa metálica sensible las imágenes obtenidas con la cámara obscura. ‖ Imagen así obtenida. ‖ Aparato para obtener estas imágenes.
DAGUILLA f. *C. Rica.* Hoja del izote. ‖ *Cub.* Planta timeleácea cuyo líber forma como un encaje.
DAHÍR m. Decreto del rey de Marruecos.
DAIFA f. Concubina.
DAIMIO m. Nombre de los príncipes feudales del Japón, que perdieron sus privilegios durante la revolución de 1868.
DAJAO m. *Cub.* y *Dom.* Un pez de río.
DALA f. *Mar.* Canal de desagüe de la bomba.
DALE m. *Cub.* Juego que hacen los niños con bolitas o mates.
DALIA f. (de *Dahl,* botánico sueco). Planta compuesta de flores muy hermosas pero sin olor. ‖ Flor de esta planta.
DÁLMATA adj. y s. De Dalmacia.
DALMÁTICA f. (lat. *dalmatica*). Túnica blanca adornada de púrpura, de los emperadores romanos. ‖ Vestidura sagrada a modo de casulla con mangas anchas y abiertas. ‖ Túnica abierta por los lados, que llevan los reyes de armas y maceros.
DALMÁTICO, CA adj. Dálmata. ‖ — M. Lengua muerta que se habló en Dalmacia.
DALTONIANO, NA adj. y s. Que padece daltonismo. ‖ Relativo al daltonismo.
DALTONISMO m. (de *Dalton,* físico inglés). Enfermedad de la vista que impide distinguir ciertos colores al que la padece, sobre todo la confusión del rojo y el verde.
DALLAR v. t. Segar con el dalle o la guadaña
DALLE m. Guadaña.
DAMA f. (fr. *dame*). Mujer noble o de calidad. ‖ Mujer galanteada o pretendida de un caballe-

dalmática

damero

damajuana

perro danés

ro: *los caballeros andantes solían llevar la divisa de su dama.* || Señora que acompaña o sirve a la reina o las princesas: *dama de honor, de palacio.* || Actriz que hace los papeles principales, fuera de la graciosa y la característica: *primera dama, segunda dama.* || Manceba. || Peón coronado en el juego de damas. || Reina en el ajedrez y en los naipes. || Especie de cigarro puro. || *Juego de damas,* juego que se hace con peones redondos en un tablero escaqueado.
DAMA f. (del al. *damm,* dique). Muro que cierra por delante el crisol de un horno.
DAMACENO, NA adj. Damasceno, de Damasco.
DAMAJUANA f. Botellón grande de cuerpo abultado y cuello estrecho, cubierto generalmente de mimbre.
DAMASANA f. *Amer.* Damajuana.
DAMASCADO, DA adj. Adamascado.
DAMASCENO, NA adj. y s. De Damasco.
DAMASCO m. (de *Damasco,* ciudad de Siria) Tejido de seda con dibujos del mismo color que el de la tela, pero distintamente tejidos. || Variedad de albaricoquero y fruto que produce.
DAMASQUILLO m. Cierto tejido de lana o seda, parecido al damasco, pero menos fuerte. || Albaricoque.
DAMASQUINA f. *Méx.* Planta compuesta.
DAMASQUINADO m. Ataujía, incrustación de oro o plata sobre hierro o acero.
DAMASQUINAR v. t. Labrar de ataujía.
DAMASQUINO, NA adj. Damasceno.
DAMERO m. Tablero del juego de damas.
DAMESANA f. *Amer.* Damajuana.
DAMISELA f. Moza que presume de dama. (SINÓN. V. *Mujer.*)
DAMNACIÓN f. Condenación.
DAMNIFICAR v. t. Causar daño o perjuicio. (SINÓN. V. *Perjudicar.*)
DÁNCING m. (pal. ingl.). Sala de baile.
DANCHADO, DA adj. *Blas.* Dentado.
DANDI m. Dandy.
DANDISMO m. Elegancia de los dandíes.
DANDY m. (pal. ingl.). Hombre a la moda, petimetre. Pl. *dandíes.* (SINÓN. V. *Elegante.*)
DANÉS, ESA adj. y s. Dinamarqués. || Dícese del perro alano. || — M. Lengua de Dinamarca.
DANTA f. Anta. || Tapir.
DANTELLADO, DA adj. *Blas.* Dentellado.
DANTESCO, CA adj. Que recuerda la grandiosa energía de Dante: *poesía dantesca.* (SINÓN. V. *Espantoso.*)
DANTO m. *Amér. C.* Pájaro de la selva.
DANUBIANO, NA adj. Del Danubio.
DANZA f. Serie de movimientos cadenciosos del cuerpo, al son de la voz o de instrumentos músicos: *la danza formaba parte, entre los griegos, de la educación nacional.* (SINÓN. V. *Baile.*) || Un baile cubano. || *Fig.* y *fam.* Negocio poco limpio o desacertado: *¿por qué te has metido en la danza?, ¿por dónde va la danza?* || *Fig.* y *fam.* Riña, pendencia: *¡buena danza se armó!* || Acción: *meter,* o *entrar, en danza.*
DANZADOR, RA adj. y s. Que danza.
DANZANTE adj. Que danza. || — M. y f. Persona que danza en procesiones y bailes: *cuatro parejas de danzantes.* || *Fig.* y *fam.* Persona activa y mañosa. || *Fig.* y *fam.* Persona casquivana: *ese hombre es un danzante.*
DANZAR v. t. Bailar. || — V. i. *Ejecutar* movimientos rápidos, temblar. || *Fig.* y *fam.* Mezclarse una persona en un asunto: *¿qué danza usted en este negocio?*
DANZARÍN, INA m. y f. Danzante, el que danza.
DANZÓN m. Baile nacional cubano, derivado de la contradanza. || Su música.
DAÑABLE adj. Que puede dañar, perjudicial.
DAÑADO, DA adj. Malo, perverso: *hombre muy dañado.* || Echado a perder: *una fruta dañada.*
DAÑADOR, RA adj. y s. Que daña.
DAÑAR v. t. Causar daño: *la sequía daña las cosechas.* || Echar a perder una cosa. (SINÓN. V. *Estropear.*) || — V. r. Lastimarse. (SINÓN. V. *Herir.*)
DAÑINO, NA adj. Que hace daño, perjudicial: *animal dañino.* || — CONTR. *Benéfico.*
DAÑO m. (lat. *damnum*). Efecto de dañar, perjuicio: *hacerse daño al caer.* (SINÓN. *Deterioro, nocividad, avería, destrozo.* V. tb. *molestia* y *pérdida.*) || *Daños y perjuicios,* indemnización que se debe a uno para reparar un perjuicio causado. || *Hacer daño,* lastimar.
DAÑOSO, SA adj. Que daña: *ejemplo dañoso.*
DAR v. t. (lat. *dare*). Hacer don: *dar sus bienes a los pobres; dar una cosa a,* o *en, cambio de otra.* (SINÓN. *Ofrecer, presentar.*) || Proponer: *dar asunto para una disertación.* || Conferir, proveer. || Entregar: *el cartero me dio el periódico.* (SINÓN. *Soltar, aflojar.* V. tb. *entregar.*) || Conceder: *le doy a usted licencia.* || Producir: *la encina da bellota.* || Declarar: *dar por libre.* || Causar: *dar poco trabajo.* || Sacrificar: *dar su vida por la defensa de una idea.* (SINÓN. V. *Dedicar.*) || Tener, considerar: *dar por hecha una cosa.* || Imponer: *dar leyes a un país.* || Aplicar: *dar un puntapié; dar a uno de bofetadas.* || Administrar: *dar una medicina.* || Proporcionar: *dar trabajo a un obrero.* || Untar: *dar de barniz un mueble.* || Tratándose de ciertos substantivos, hacer lo que significan: *dar saltos, dar barreno.* || Causar, ocasionar: *dar gusto a una persona.* || Golpear: *darle a uno en la cabeza.* || Empeñarse: *dio en salir.* || Repartir los naipes. || Comunicar: *dar el pésame.* || Sonar las campanadas: *el reloj dio las doce.* || Fastidiar: *me diste el día.* || *Amer. Dar dada una cosa,* darla por nada, regalarla. || — V. i. Importar, valer: *lo mismo me da.* || Caer: *dio en la trampa que le habían preparado.* || Tocar, tropezar: *dio con la frente en la puerta, dar con uno en tierra.* || Encontrar: *dar con lo que se buscaba.* || Poner en movimiento: *darle a una máquina, a los pies.* || Empeñarse: *dio en hacer aquello.* || Sobrevenir: *le dio un escalofrío.* || Acertar: *dar en el chiste.* || Caer sobre: *dar de espaldas en el suelo.* || Estar situado hacia: *la casa da al jardín.* || Ocurrir: *si da el caso.* || *Fig.* Presagiar: *le da el corazón que esto será un fracaso.* || — V. r. Entregarse: *el malhechor no quiso darse.* || *Fig.* Ocuparse: *darse al estudio.* || Pegarse: *darse de cabezazos; darse contra un poste.* || Considerarse: *darse por muerto.* || Producirse las plantas: *en México se da bien el tabaco.* || *Ahí me las den todas,* expr. fam. que indica lo poco que le importa a uno una cosa. || *¡Dale!,* interj. que se emplea para ponderar la obstinación o terquedad de alguno Dícese también: *¡dale que dale!* y *¡dale que le das!* || *Dar con una persona,* encontrarla. || *Dar de sí,* ensancharse o extenderse: *hay telas que dan mucho de sí.* || *Dar en qué pensar una cosa,* despertar sospechas. || *Fam. No dar golpe,* no hacer nada. || *Dar que decir,* ofrecer motivo a la murmuración. || *Dar que hacer,* causar trabajo, molestia. || *Dé donde diere,* loc. adv., sin tino ni reflexión. || — PROV. **Donde las dan las toman,** el que hace algún daño suele ser pagado con la misma moneda. || — IRREG. Pres. ind.: *doy, das, da, damos, dais, dan;* imperf.: *daba,* etc.; pret.: *di, diste, dio, dimos, disteis, dieron;* fut.: *daré,* etc.; imper.: *da, dad;* pot.: *daría,* etc.; pres. subj.: *dé, des, dé, demos, deis, den;* imperf. subj.: *diera,* y *diese,* etc.; fut. subj.: *diere,* etc.; ger.: *dando;* p. p.: *dado.*
DARDO m. Arma arrojadiza, como lanza pequeña. (SINÓN. V. *Flecha.*) || *Fig.* Sátira, dicho agresivo y molesto.
DARES Y TOMARES loc. fam. Cantidades que se dan y reciben. || *Fig.* y *fam.* Disputas, debates, altercaciones: *andar en dares y tomares con alguno.*
DARIENITA adj. y s. De Darién (Panamá).
DÁRSENA f. Parte interior y resguardada de un puerto de mar: *descargar en la dársena.* (SINÓN. V. *Puerto.*)
DARVINIANO, NA adj. Relativo al darvinismo.
DARVINISMO m. Doctrina de Darwin explicada en el libro *Del origen de las especies* (1859), donde el autor sostiene que la lucha por la vida y la selección natural se pueden considerar como los mecanismos esenciales de la evolución de los seres vivos. (V. DARWIN, *Parte hist.*) [SINÓN. *Evolucionismo.*]
DARVINISTA com. Partidario del darvinismo.
DASOCRACIA f. Ciencia del aprovechamiento de los bosques.
DASONOMÍA f. Ciencia de la cría, cultivo, conservación y aprovechamiento de los bosques.

DATA f. (pal. lat. que sign. *dada*). Fecha de una carta o documento. || *Com.* Conjunto de partidas de descargo. || Orificio de salida en un depósito de agua.
DATAR v. t. Poner la data: *datar una carta.* || Poner en las cuentas las partidas de data: *me dató de mi remesa.* || — V. i. Remontar a tal o cual fecha.
DATARÍA f. Cancillería del Vaticano donde se despachan los asuntos que no son consistoriales.
DÁTIL m. (lat. *dactylus*). Fruto de la palmera. || Molusco bivalvo de forma de dátil: *el dátil perfora las rocas porosas.* || *Pop.* Dedo.
DATILADO, DA adj. Que tiene forma o color de dátil.
DATILERA adj. y s. f. Dícese de la palma que produce los dátiles.
DATISMO m. (de *Datis*, personaje de Aristófanes). || *Ret.* Nombre que se da a la repetición fastidiosa de vocablos sinónimos. (SINÓN. V. *Pleonasmo.*)
DATIVO m. *Gram.* En las lenguas declinables, caso que indica la atribución, la destinación. (En español se expresa con las preposiciones *a* y *para*: *el libro es para ti; se lo doy a tu madre.*)
DATO m. Antecedente que permite llegar más fácilmente al conocimiento de una cosa: *carecer de datos.* || Documento: *los datos históricos deben ser rigurosamente comprobados.* || Información, noción susceptible de ser estudiada por un ordenador.
DATURA f. Estramonio.
DATURINA f. Nombre del alcaloide que se extrae del estramonio.
DAUDÁ m. *Chil.* Contrahierba.
DAVIDEÑO, ÑA adj. y s. De David (Panamá).
DAVÍDICO, CA adj. Perteneciente a David.
DAZA f. *Bot.* Zahína, adaza.
D. D. T. m. (abrev. de *diclorodifeniltricloroetano*). Poderoso insecticida.
DE prep. Indica la posesión: *la casa de mis padres;* el origen: *soy de Aranjuez;* la materia: *vaso de cristal;* la extracción: *carbón de tierra;* el modo de hacer una cosa: *dibujo de pluma;* el contenido: *una botella de jerez;* la separación: *lejos de su madre;* las cualidades personales: *hombre de talento.* || Por: *está corrido de vergüenza.* || Desde: *de París a Buenos Aires.* || Durante: *llegó de noche.* || Con: *lo hice de intento.* || Para: *pluma de escribir.* || Se usa a veces para reforzar la expresión: *el tonto de tu hermano; como garbanzos de grandes,* o irónicamente como tratamiento: *Sr. de González.* || *De que,* loc. adv., desde que. || *De no,* loc. conj., si no.
— La preposición *de* se usa a veces innecesariamente (los militares deben *de* obedecer a sus superiores; los nombres de padre y *de* madre); substituye indebidamente a otras preposiciones: regalos *de* señoras, paso *de* peatones, en lugar de *para;* se ocupa *de* visitar a los pobres, comerciante *de* productos alimenticios, en lugar de *en;* evangelio *de* San Mateo, en lugar de *según;* diputado *de* la Asamblea, en lugar de *a;* cariñoso *de* sus hijos, en lugar de *con,* y se omite erróneamente (está debajo [*de*] la silla; se dio cuenta [*de*] que no era verdad; debe [*de*] ser grave).
DE f. Nombre de la letra *d.*
DEA f. (lat. *dea*). *Poét.* Diosa.
DEAMBULAR v. i. Pasear, vagar. (SINÓN. V. *Andar.*)
DEAMBULATORIO m. Nave que rodea una parte del coro de la iglesia.
DEÁN m. Cabeza del cabildo en las catedrales.
DEANATO y **DEANAZGO** m. Dignidad de deán.
DEBACLE f. (pal. fr.). Catástrofe, ruina, desastre.
DEBAJERO m. *Ecuad.* Refajo.
DEBAJO adv. l. En lugar inferior: *estar por debajo de otro.* (SINÓN. V. *Abajo.*) || Cubierto por: *debajo de techado.* || Galicismo por *bajo*: *debajo del velo de la devoción.*
DEBATE m. Controversia, discusión. (SINÓN. V. *Proceso.*)
DEBATIR v. t. Altercar, discutir: *debatir un proyecto de reformas.* || Combatir, pelear por una cosa. || — V. r. Galicismo por *luchar, forcejear.*
DEBE m. *Com.* Una de las dos partes en que se dividen las cuentas corrientes: *el debe comprende todas las sumas que se cargan a un mismo individuo.*
DEBELACIÓN f. Acción de debelar o vencer.
DEBELADOR, RA adj. y s. Que debela.
DEBELAR v. t. (lat. *debellare*). Rendir con las armas el enemigo.
DEBER v. t. (lat. *debere*). Estar obligado a pagar: *deber cien pesos a un amigo.* (SINÓN. *Carga, deuda.*) || Estar obligado a algo por alguna ley divina o moral: *un buen hijo debe respeto a sus padres.* (SINÓN. *Responsabilidad, obligación, compromiso.*) || Tener por causa, ser consecuencia: *esto se debe a tu incuria.* || *Deber de,* haber sucedido o haber de suceder una cosa: *debe de haber cinco heridos.*
DEBER m. Aquello a que está uno obligado: *cumplir con sus deberes de ciudadano.* || Galicismo por *ejercicio, tema, trabajo escolar.*
DEBIDAMENTE adv. m. Como es debido.
DÉBIL adj. y s. (lat. *debilis*). De poco vigor o fuerza: *la gimnasia es excelente para los débiles.* (SINÓN. *Debilitado, delicado, deficiente, anémico, linfático, asténico, adinámico, enclenque.* V. tb. *canijo.* CONTR. *Robusto, fuerte, animoso.*) || *Fig.* Que cede siempre cuando encuentra resistencia. (SINÓN. V. *Blando.*) || *Fig.* Escaso, deficiente. || — OBSERV. Son galicismos las locuciones: *débil consuelo* por *triste consuelo; débiles esperanzas* por *tristes esperanzas.*
DEBILIDAD f. (lat. *debilitas*). Falta de vigor: *debilidad muscular.* || *Fig.* Falta de energía: *debilidad de ánimo.* || *Fam.* Hambre: *caer de debilidad.* || Galicismo por *flaqueza, afecto, cariño*: *debilidades del ser humano; tenía por él gran debilidad.*
DEBILITACIÓN f. y **DEBILITAMIENTO** m. Acción de debilitar. || Debilidad, falta de vigor.
DEBILITADOR, RA adj. Que debilita.
DEBILITANTE adj. y s. Que debilita.
DEBILITAR v. t. Disminuir la fuerza de una persona o cosa: *la enfermedad me ha debilitado.* || — SINÓN. *Enervar, reblandecer, quebrantar, extenuar, agotar.*
DÉBITO m. (lat. *debitum*). Deuda, deber.
DEBLA f. Cante popular andaluz.
DEBOCAR v. i. *Arg.* y *Bol.* Vomitar.
DEBUT m. (fr. *début*). Principio, primeros pasos. || Presentación o primera actuación de un artista. || Estreno de una obra. (Es galicismo.)
DEBUTANTE adj. y s. Que debuta. (Es galicismo.)
DEBUTAR v. i. (fr. *débuter*). Principiar, ensayar. (SINÓN. V. *Comenzar.*) || Estrenarse una obra. || Presentarse un artista. (Es galicismo.)
DECA, prefijo gr. que significa *diez*: *decámetro, decagramo.*
DÉCADA f. (del gr. *dekas,* decena). Decena. || Período de diez días o años: *la última década del siglo.* || Parte de una obra compuesta de diez capítulos: *Las Décadas, de Tito Livio.* || Historia de diez personajes.
DECADENCIA f. (lat. *cadentia,* de *cadere,* caer). Principio de la ruina, de la degradación: *la decadencia del Imperio Romano.* || — CONTR. *Progreso.*
DECADENTE adj. Que decae: *monarquía decadente.* || — Adj. y s. Dícese de los artistas y literatos que buscan un refinamiento exagerado.
DECADENTISMO m. Estilo literario de un refinamiento exagerado en el empleo de las palabras.
DECADENTISTA adj. y s. Partidario del decadentismo: *Verlaine, Mallarmé, Baudelaire, Oscar Wilde fueron decadentistas.*
DECAEDRO m. Sólido de diez caras.
DECAER v. i. Ir a menos, disminuir: *decaer de ánimo, en la salud.* || — IRREG. Se conjuga como *caer.*
DECAGONAL adj. Relativo al decágono.
DECÁGONO m. *Geom.* Polígono de diez lados.
DECAGRAMO m. Diez gramos.
DECAÍDO, DA adj. Que está en decadencia. || Triste, débil. (SINÓN. *Postrado, desanimado, abatido, desfallecido.* V. tb. *débil.*)
DECAIMIENTO m. Decadencia. || Desaliento.
DECALITRO m. Medida que contiene diez litros.
DECÁLOGO m. Los diez mandamientos de la ley de Dios.
DECALVACIÓN f. Acción de decalvar.

datilera

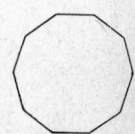

decágono regular

Fot. Fiando

DECALVAR v. t. (lat. *decalvare*). Afeitar el cabello en pena de un delito.
DECAMERÓN m. (del gr. *deka*, diez, y *hêmera*, día). Relato de acontecimientos sobrevenidos durante un período de diez días: *el Decamerón de Boccaccio.*
DECÁMETRO m. (del gr. *deka*, diez, y *metron*, metro). Medida de diez metros.
DECAMPAR v. i. Levantar el campo un ejército.
DECANATO m. Dignidad de decano. || Despacho del decano.
DECANO m. (lat. *decanus*). El más antiguo de una comunidad: *el decano de la Facultad de Derecho.* (Cuando se trata del cargo, no siempre la persona elegida es la más antigua.)
DECANTACIÓN f. Acción de decantar.
DECANTAR v. t. Ponderar, engrandecer: *decantar las proezas de un héroe.* || Trasegar un líquido sin que salga el poso: *decantar una disolución.*
DECAPANTE adj. y s. m. Producto utilizado para decapar.
DECAPAR v. i. *Tecn.* Desoxidar la superficie de un metal: *se decapan los metales con ácido nítrico.*
DECAPITACIÓN f. Acción de decapitar.
DECAPITAR v. t. (de *de* priv. y el lat. *caput, capitis*, cabeza). Cortar la cabeza: *Herodes hizo decapitar a San Juan Bautista para complacer a su hija.* (SINÓN. V. *Matar.*)
DECÁPODOS m. pl. *Zool.* Familia de crustáceos que tienen cinco pares de patas, como el cangrejo.
DECÁREA f. Diez áreas.
DECASÍLABO, BA adj. y s. (del gr. *deka*, diez, y *sullabê*, sílaba). De diez sílabas: *verso decasílabo.*
DECATIR v. t. *Tecn.* Quitar el brillo a los paños.
DECATLÓN m. Competición atlética que consta de diez pruebas.
DECELERACIÓN f. Aceleración negativa de un movimiento retardado.
DECENA f. *Arit.* Conjunto de diez unidades.
DECENAL adj. (lat. *decennalis*). Que se repite cada decenio o dura diez años: *exposición decenal.*
DECENARIO, RIA adj. Relativo al número diez. || — M. Decenio. || Rosario pequeño de diez cuentas.
DECENCIA f. (lat. *decentia*). Aseo de una persona: *vestir con decencia.* (SINÓN. *Compostura.*) || Recato, buenas costumbres: *portarse con decencia.* (SINÓN. *Honestidad, pudor, pudicicia.*) || Dignidad: *vivir con decencia.* (SINÓN. *Decoro, modestia.*) || — CONTR. *Indecencia.*
DECENIO m. Período de diez años.
DECENO, NA adj. Décimo.
DECENTAR v. t. Empezar: *decentar un pastel.* || Empezar a mermar: *decentar la salud.* || — V. r. Ulcerarse una parte del cuerpo por haber estado echado mucho tiempo de un mismo lado en la cama. || — IRREG. Se conjuga como *alentar.*
DECENTE adj. (lat. *decens*, de *decet*, conviene). Conforme a la decencia. (SINÓN. *Decoroso, conveniente, correcto, honesto.*) || Correspondiente al estado de uno: *colocación decente.* || Limpio, aseado: *ropa decente.* || Que obra con decencia: *personas decentes.* || De buena calidad o en cantidad suficiente.
DECENTEMENTE adv. m. Con decencia.
DECENVIR m. Decenviro.
DECENVIRAL adj. Relativo a los decenviros.
DECENVIRATO m. Empleo y dignidad de los decenviros. || Tiempo que dura esta magistratura.
DECENVIRO m. (lat. *decemvir*). Cada uno de los diez magistrados romanos que compusieron las leyes de las Doce Tablas. || Magistrado antiguo romano que servía de consejero a los pretores.
DECEPCIÓN f. (lat. *deceptio*). Engaño. || — OBSERV. Suele usarse en el sentido de *desengaño*, pues la *decepción* es en realidad el *engaño* reconocido por quien lo sufría. || — SINÓN. *Contrariedad, desilusión, desencanto, desazón, sinsabor, desengaño.* Pop. *Chasco.*
DECEPCIONAR v. t. Desengañar, desilusionar.
DECESO m. (lat. *decessus*). Muerte: *seguro sobre decesos.*
DECI, prefijo que en los vocablos compuestos significa *décima parte*: *deciárea, decímetro.*
DECIÁREA f. Medida de superficie, igual a diez metros cuadrados.
DECIBEL o **DECIBELIO** m. Décima parte del *bel*, unidad de medida para expresar la intensidad de los sonidos (símb.: dB).
DECIBLE adj. Que se puede decir.
DECIDERAS f. pl. Facundia, facilidad en hablar.
DECIDERO, RA adj. Que se puede decir sin inconveniente: *ese cuento no es decidero.*
DECIDIDO, DA adj. Resuelto, enérgico. || Audaz, valeroso.
DECIDIR v. t. (del lat. *decidere*, cortar). Formar juicio sobre una cosa discutida: *el árbitro decidirá en este asunto.* (SINÓN. *Decretar, deliberar.* V. tb. *juzgar.*) || Determinar: *decidir de todo, sobre una cosa.* (SINÓN. *Resolver, zanjar, acordar.*) || Mover a alguien a obrar. || — V. r. Tomar un partido, una resolución: *no me decido a escribir a mi hermano.* (SINÓN. V. *Escoger.*) || — PARÓN. *Disidir.*
DECIDOR, RA adj. y s. Que dice: *decidor de sinceridades.* || Conversador agradable.
DECIGRAMO m. La décima parte de un gramo.
DECILITRO m. La décima parte de un litro.
DÉCIMA f. (lat. *decima*). Cada una de las diez partes iguales en que se divide un todo. || Diezmo: *recoger las décimas.* || Composición poética que consta de diez versos octosílabos. || Décima parte de un grado en un termómetro.
DECIMACUARTA, DECIMANONA, etc. adj. f. V. DECIMOCUARTA, DECIMONONA, etc.
DECIMAL adj. Que tiene por base el número diez: *la numeración decimal es la de casi todos los países civilizados.* || Perteneciente al diezmo: *contribución decimal.* || Dícese de la fracción cuyo denominador es exactamente divisible por 10.
DECÍMETRO m. La décima parte de un metro.
DÉCIMO, MA adj. (lat. *decimus*). Que sigue inmediatamente al noveno. || Dícese de cada una de las diez partes iguales en que se divide un todo. || — M. Décima parte de un billete de lotería. || Moneda de plata de Colombia, México y Ecuador.
DECIMOCTAVO, VA adj. Que sigue inmediatamente al decimoséptimo.
DECIMOCUARTO, TA adj. Que sigue inmediatamente al decimotercero.
DECIMONONO, NA y **DECIMONOVENO, NA** adj. Que sigue inmediatamente al decimoctavo.
DECIMOQUINTO, TA adj. Que sigue inmediatamente al decimocuarto.
DECIMOSEGUNDO, DA adj. Barb. por *duodécimo.*
DECIMOSÉPTIMO, MA adj. Que sigue inmediatamente al decimosexto.
DECIMOSEXTO, TA adj. Que sigue inmediatamente al decimoquinto.
DECIMOTERCERO, RA y **DECIMOTERCIO, CIA** adj. Que sigue inmediatamente al duodécimo.
DECIR m. Cosa que se dice. || Modo de hablar. || Suposición: *esto es un decir.*
DECIR v. t. (lat. *dicere*). Expresar el pensamiento con palabras: *decir su opinión.* || Manifestar por escrito: *este historiador no tiene reparo en decir lo que piensa.* || Hablar: *decir de uno; digan, que de Dios dijeron.* (SINÓN. V. *Hablar*). || Asegurar, afirmar: *no hay que decir nada sin pruebas.* || Divulgar: *decir un secreto.* || Relatar, contar: *dime lo que sucedió.* (SINÓN. V. *Enunciar.*) || Ordenar: *le digo que se vaya.* || Predecir: *decir la buenaventura.* || Celebrar: *decir misa.* || Significar, denotar: *ésto dice su desgracia.* (SINÓN. V. *Revelar.*) || *Venez.* Comenzar, echar a: *dice a llorar.* || *Decir bien* o *mal una cosa con otra*, armonizar o no convenir con ella. || *Decirle a uno cuántas son cinco*, o *las cuatro verdades*, decirle algunas claridades, increparle. || *¡Digo, digo!*, expr. fam. con que se pondera la importancia de lo que se dice u oye. || *¿Diga?*, expr. para invitar a hablar al que llama por teléfono. || *Decir por decir*, hablar sin fundamento. || *Dar que decir*, hacer hablar. || *El qué dirán*, la opinión ajena: *burlarse del qué dirán.* || *Ello dirá*, loc fam., ya se verá el resultado. || *Es decir*, loc.

esto es: *se lo dije, es decir, se lo hice comprender.* || *Ni que decir tiene,* ser evidente. || *No haber más que decir,* ser insuperable una cosa. || *Que digamos,* expresión enfática con que se pondera una cosa: *¡no es tonto que digamos!* || *Como quien dice,* como. || *¡Digo!,* interj. fam. de sorpresa. || *¡No le digo nada!,* loc. fam. de encarecimiento. || *Por decirlo así,* expr. fam. explicativa. || — PROV. **Dime con quien andas y te diré quién eres,** deben evitarse las malas compañías. || — IRREG. Pres. ind.: *digo, dices, dice, decimos, decís, dicen;* imperf.: *decía,* etc.; pret.: *dije,* etc.; fut.: *diré,* etc.; imper.: *di, decid;* pot.: *diría,* etc.; pres. subj.: *diga,* etc.; imperf. subj.: *dijera* y *dijese,* etc.; fut. subj.: *dijere,* etc.; ger.: *diciendo;* p. p.: *dicho.* Es barbarismo corriente el imper. fam.: *díceselo.*

DECISIÓN f. Acción de decidir: *tomar una decisión definitiva.* (SINÓN. *Resolución.* CONTR. *Indecisión, vacilación.*) || Ánimo, firmeza de carácter: *mostrar gran decisión.* || Sentencia de un tribunal. (SINÓN. V. *Ley.*)

DECISIVO, VA adj. Que resuelve un asunto: *argumento decisivo.* || Que conduce a un resultado definitivo: *combate decisivo.* || Que da muestras de decisión, tajante: *tono decisivo.* (SINÓN. *Crucial, perentorio, terminante, concluyente.*)

DECISORIO, RIA adj. Decisivo.

DECLAMACIÓN f. (lat. *declamatio*). Arte de declamar: *aprender la declamación.* || *Fig.* Empleo de expresiones demasiado enfáticas: *evitar la declamación.* || Entre los romanos, ejercicio de la oratoria. || Arte de representar en el teatro.

DECLAMADOR adj. y s. (lat. *declamator*). Que declama: *Juvenal es con frecuencia declamador.* (SINÓN. V. *Orador.*)

DECLAMAR v. t. (lat. *declamare*). Recitar en voz alta, con la entonación adecuada: *declamar versos en público.* (SINÓN. V. *Recitar.*) || Hablar con vehemencia: *declamar contra el vicio.* || Hablar con tono enfático.

DECLAMATORIO, RIA adj. Enfático.

DECLARABLE adj. Que puede ser declarado.

DECLARACIÓN f. Acción de declarar. || Enunciación: *declaración de bienes.* (SINÓN. V. *Enunciación.*) || Confesión: *declaración de amor.* (SINÓN. V. *Confesión.*) || Afirmación de la existencia de una situación jurídica o de un hecho: *declaración en quiebra.* ||*Declaración de guerra,* acto mediante el cual declara una potencia la guerra a otra. || *For.* Deposición del reo o del testigo o perito: *tuvieron que prestar declaración bajo juramento.*

DECLARADAMENTE adv. m. Manifiestamente: *estar declaradamente en contra de uno.*

DECLARANTE adj. y s. Que declara.

DECLARAR v. t. (lat. *declarare*). Hacer conocer: *declarar sus intenciones.* (SINÓN. V. *Anunciar.*) || Significar: *declarar la guerra.* || *For.* Hacer declaración los reos y testigos: *el reo declaró en el tormento.* (SINÓN. V. *Confesar.*) || — V. r. Manifestarse abiertamente: *se declaró una epidemia.* || Dar a conocer sus sentimientos: *declararse a favor de uno, por un partido, a una persona.* (SINÓN. V. *Enunciar.*)

DECLARATIVO, VA o **DECLARATORIO, RIA** adj. Que declara: *auto declaratorio.*

DECLINABLE adj. *Gram.* Dícese de las partes de la oración que se declinan.

DECLINACIÓN f. (lat. *declinatio*). Caída, bajada. || *Gram.* En las lenguas de flexión, modificación de las desinencias según los casos, géneros y números: *la declinación latina tiene seis casos.* (SINÓN. V. *Terminación.*) || *Astr.* Distancia angular de un astro o de un punto cualquiera del firmamento al ecuador celeste. || *Declinación magnética,* ángulo que forma la aguja magnética con relación al meridiano de un punto: *consultar las tablas de declinación.*

DECLINANTE adj. Que declina: *poder declinante.*

DECLINAR v. i. (lat. *declinare*). Inclinarse. || Ir hacia su fin: *declinar el día.* || Decaer, disminuir: *las fuerzas declinan con la edad.* || Alejarse del meridiano la aguja imanada. || Alejarse un astro del ecuador celeste. || — V. t. Rehusar, no admitir, renunciar: *declinar la competencia de un tribunal.* (SINÓN. V. *Rechazar.*) || *Gram.* Enunciar la serie de los casos de un sustantivo, de un pronombre o de un adjetivo.

DECLINATORIO m. Brújula de declinaciones.

DECLIVE m. Inclinación: *el declive de una ladera.* (SINÓN. V. *Pendiente.*)

DECLIVIDAD f. y **DECLIVIO** m. Declive.

DECOCCIÓN f. (lat. *decoctio*). Acción de cocer en un líquido drogas o plantas. || Producto líquido que resulta de esta operación. || Amputación.

DECOLORACIÓN f. Acción y efecto de decolorar.

DECOLORANTE m. Substancia que decolora.

DECOLORAR v. t. Descolorar, quitar el color.

DECOMISAR v. t. Comisar, declarar que una cosa ha caído en comiso.

DECOMISO m. Comiso, confiscación. || Cosa decomisada.

DECORACIÓN f. Acción de decorar: *la decoración de un salón.* || Arte del decorador. || Cosa que decora: *decoración de gusto.* || Representación del lugar en que pasa la escena en el teatro. || Acto de decorar: *la decoración de la lección.*

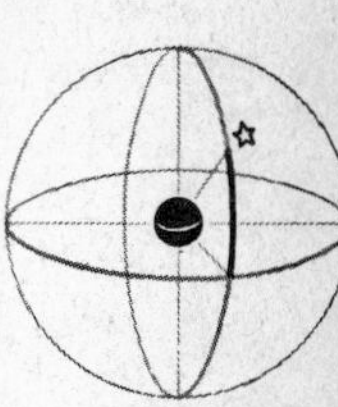

declinación de un astro

DECLINACIÓN

En castellano no existe declinación desinencial. Las diferentes funciones del sustantivo se han de expresar mediante preposiciones, o por el lugar que éste ocupa en la frase. Sin embargo, se puede adoptar la nomenclatura de los casos, como en el latín, con el fin de sistematizar las funciones sintácticas del sustantivo. Estos casos son: el *nominativo,* que señala el sustantivo al cual se atribuye algo; el *genitivo,* que denota propiedad, posesión o dependencia; el *dativo,* que expresa la adjudicación de alguna cosa, daño o beneficio; el *acusativo,* que indica la persona o cosa sobre la cual recae directamente la acción; el *vocativo,* que expresa la persona o cosa que se invoca o llama, y el *ablativo,* que indica el modo o tiempo de realizar una acción, el instrumento que se emplea, el lugar donde está una persona o cosa, de donde procede o a donde va, etc.

Caso	Función	Preposición	Ejemplos
Nominativo	Sujeto	——	*El palacio* es hermoso
Genitivo	Complemento de nombre, adjetivo o adverbio	de	La casa *de mi padre*
Dativo	Complemento indirecto	a, para	El niño regaló un juguete *a su primo*
Acusativo	Complemento directo	——, a	Juan lee *un libro;* él mira *a su madre*
Vocativo	Sirve para llamar o exclamar	——	*¡Oh Dios! Niños,* sed obedientes
Ablativo	Complemento circunstancial	con, de, en, hacia, por, sin, sobre, tras, etc.	
	— de lugar		Estoy *en la casa*
	— de tiempo		Te espero *hacia las tres*
	— de modo		Le trató *con cariño*

Los *pronombres personales* son los únicos vocablos que varían su forma según las diversas funciones sintácticas que desempeñan. Por ejemplo: nominativo, *yo;* genitivo, de *mí;* acusativo, *me,* etc.

DECORADO m. Decoración de teatro, adorno.
DECORADOR, RA adj. y s. Que decora o adorna una cosa o un sitio: *pintor decorador.* (SINÓN. V. *Escultor.*)
DECORAR v. t. Adornar, hermosear: *decorar una habitación.* ‖ Tomar de memoria una lección. ‖ Silabear: *deletrear antes de decorar.*
DECORATIVO, VA adj. Relativo a la decoración: *pintura decorativa.* ‖ Que adorna. ‖ *Fig.* y *fam.* Que sólo interesa su presencia y no su calidad: *personaje decorativo.*
DECORO m. (lat. *decorum*). Honor, respeto que se debe a una persona. ‖ Recato, circunspección: *hablar con decoro.* ‖ Pureza, honestidad: *el decoro de una joven.* (SINÓN. V. *Decencia.*) ‖ *Arq.* Arte de adornar los edificios.
DECOROSO, SA adj. Que tiene decoro: *hombre decoroso.* (SINÓN. V. *Decente.*)
DECRECER v. i. (lat. *decrescere*). Menguar, disminuir: *las aguas de los ríos decrecen en verano.* ‖ — IRREG. Se conjuga como *merecer.*
DECRECIENTE adj. Que decrece.
DECRECIMIENTO m. Disminución.
DECREMENTO m. Disminución, mengua.
DECREPITACIÓN f. Acción de decrepitar.
DECREPITAR v. i. Crepitar por la acción del fuego.
DECRÉPITO, TA adj. (del lat. *decrepere,* dar los últimos destellos). Viejo y chocho: *anciano decrépito.*
DECREPITUD f. Suma vejez. (SINÓN. V. *Vejez.*) ‖ *Fig.* Decadencia.
DECRESCENDO adv. m. (pal. ital., pr. *dekrechendo*). *Mús.* Disminuyendo progresivamente la intensidad de los sonidos. ‖ — M.: *un decrescendo.*
DECRETAL adj. Relativo a las *decretales.* ‖ — F. Epístola de los papas en la que se resuelve un punto en litigio. ‖ — Pl. Libro en que están compiladas las decisiones pontificias.
DECRETAR v. t. Resolver con autoridad. (SINÓN. V. *Decidir.*) ‖ Ordenar por decreto. (SINÓN. V. *Mandar.*)
DECRETO m. (lat. *decretum*). Resolución del jefe de un Estado, del Papa, de un tribunal. ‖ Resolución o decisión de carácter político o gubernativo. (SINÓN. V. *Ley.*) ‖ Libro del Derecho canónico, recopilado por Graciano. ‖ *Decreto ley,* disposición de carácter legislativo promulgada por el poder ejecutivo.
DECÚBITO m. Posición del cuerpo cuando descansa en un plano horizontal. ‖ *Decúbito supino,* descansando sobre la espalda.
DECUPLAR y **DECUPLICAR** v. t. Multiplicar por diez. ‖ *Fig.* Aumentar considerablemente
DÉCUPLO, PLA adj. (lat. *decuplus*). Diez veces mayor: *cantidad décupla.*
DECURIA f. Tropa de diez soldados o de diez ciudadanos, entre los romanos.
DECURIÓN m. Jefe de una decuria en Roma.
DECURRENTE adj. *Bot.* Dícese de la hoja o pecíolo que se prolonga a lo largo del tallo adhiriéndose a él: *algunos cardos tienen hojas decurrentes.*
DECURSO m. (lat. *decursus*). Sucesión del tiempo.
DECHADO m. (lat. *dictatus*). Ejemplo, modelo que puede imitarse: *un dechado de virtudes.*
DEDADA f. Porción que se toma de una cosa con el dedo: *una dedada de almíbar.*
DEDAL m. Estuche de metal que puesto en la extremidad del dedo sirve para empujar la aguja
DEDALERA f. La digital.
DÉDALO m. *Fig.* Laberinto, sitio donde puede uno perderse. ‖ *Fig.* Cosa embrollada.
DEDEO m. Destreza en el manejo de los dedos al tocar un instrumento: *tener mucho dedeo.*
DEDICACIÓN f. Acción de dedicar. ‖ Consagración de un templo: *sólo los obispos pueden hacer la dedicación de las iglesias.* ‖ Fiesta que recuerda dicha dedicación. ‖ *Amer.* Aplicación: *dedicación al estudio.*
DEDICAR v. t. (lat. *dedicare*). Consagrar al culto divino un oratorio. (SINÓN. *Destinar.*) ‖ Dirigir a una persona, como homenaje, una obra del ingenio: *dedicar un libro.* ‖ Emplear. Ú.t.c.r.: *dedicarse al comercio.* (SINÓN. *Darse, entregarse, aplicarse, ocuparse de.*)
DEDICATIVO, VA adj. Dedicatorio.
DEDICATORIA f. Homenaje que hace un autor de un libro suyo: *poner una amistosa dedicatoria.*
DEDICATORIO, RIA adj. Que contiene dedicación: *epístola dedicatoria.*
DEDIL m. Funda que se pone en los dedos.
DEDILLO m. Dedo pequeño. ‖ *Fig.* y *fam Saber una cosa al dedillo,* saberla perfectamente.
DEDO m. (lat. *digitus*). Cada una de las partes móviles que terminan la mano o el pie del hombre y de los animales. ‖ Porción del ancho de un dedo. ‖ Entra en la composición de frases y modos adverbiales: *A dos dedos de,* muy cerca de. ‖ *Antojársele a uno los dedos huéspedes,* ser muy suspicaz y receloso. ‖ *Chuparse los dedos,* hacer, comer o decir una cosa con sumo placer. ‖ *Mamarse el dedo,* ser simple o bobo. ‖ *Meterle a uno los dedos,* averiguarle con maña lo que quisiera ocultar. ‖ *Morderse los dedos,* arrepentirse de algo. ‖ *No mamarse el dedo,* ser muy listo. ‖ *No tener dos dedos de frente,* ser muy poco inteligente. ‖ *Poner el dedo en la llaga,* señalar el punto difícil, el origen de un mal. ‖ *Señalar a uno con el dedo,* escarnecer en público.
DEDUCCIÓN f. Acción de deducir. ‖ Conclusión.
DEDUCIR v. t. (lat. *deducere*). Sacar consecuencias: *deduzco de,* o *por, lo que acabo de oír que es inútil que vayamos.* (SINÓN. V. *Concluir.*) ‖ Rebajar: *deduciendo los gastos de la ganancia no queda gran cosa.* (SINÓN. V. *Substraer.*) ‖ — IRREG. Se conjuga como *conducir.* ‖ — PARÓN. *Aducir.*
DEDUCTIVO, VA adj. Que obra por deducción: *el silogismo es el tipo del razonamiento deductivo.*
DE FACTO adv. m. De hecho.
DEFALCAR v. t. Desfalcar, quitar.
DEFASAJE m. Diferencia de fase entre dos fenómenos alternativos de la misma frecuencia.
DEFECACIÓN f. Acción de defecar.
DEFECAR v. t. (lat. *defecare*). Quitar las heces. ‖ — V. i. Expeler las materias fecales.
DEFECCIÓN f. Acción de abandonar su partido: *la defección en presencia del enemigo se castiga con la pena de muerte.*
DEFECTIBILIDAD f. Carácter de lo defectivo: *la defectibilidad de la naturaleza humana.*
DEFECTIBLE adj. Que puede faltar. ‖ Imperfecto: *todos los hombres son defectibles.*
DEFECTIVO, VA adj. (lat. *defectivus*). Defectuoso. ‖ *Gram. Verbo defectivo,* el que no se emplea en todos los tiempos, modos y personas. como *balbucir.*
DEFECTO m. (lat. *defectus*). Ausencia de las cualidades que debe tener una cosa: *el defecto de fecha invalida esta procuración.* ‖ Imperfección moral o material: *deben corregirse los defectos de los niños cuando aún son muy pequeños.* (SINÓN. *Defectuosidad, imperfección, vicio, borrón, lunar.* V. tb. *falta* y *mancha.*) ‖ — Pl. *Impr.* Pliegos sobrantes en la impresión de un libro.
DEFECTUOSIDAD f. Calidad de lo que es defectuoso, imperfección, defecto. (SINÓN. V. *Defecto.*)
DEFECTUOSO, SA adj. Imperfecto, que carece de las condiciones que debía tener: *dibujo defectuoso.* ‖ — CONTR. *Perfecto, correcto.*
DEFENDEDOR, RA adj. y s. Que defiende. (SINÓN. V. *Defensor.*)
DEFENDER v. t. (lat. *defendere*). Sostener a uno contra un ataque: *defender a un niño.* ‖ Proteger: *defender contra el frío o del frío.* (SINÓN. V. *Proteger.*) ‖ Abogar en favor de uno: *defender a un acusado.* ‖ — V. i. Resistir un ataque. Ú.t.c.r.: *defenderse del enemigo.* (SINÓN. V. *Resistir.*) ‖ — IRREG. Se conjuga como *tender.* ‖ — CONTR. *Atacar.*
DEFENDIBLE adj. Que puede defenderse.
DEFENDIDO, DA adj. y s. Persona defendida por un abogado.
DEFENESTRACIÓN f. Acción de tirar por la ventana. (V. *Parte hist.*)
DEFENSA f. Acción de defenderse. ‖ Resistencia: *la plaza opuso heroica defensa.* ‖ Instrumento con que uno se defiende. ‖ Amparo, protección. ‖ Medio de justificación de un acusado. (SINÓN. V. *Apología.*) ‖ Parte que se defiende en justicia y sus representantes. ‖ Medidas contra

los ataques de aviones enemigos. || En deportes, parte del equipo que defiende su meta de los ataques adversos. || Miembro de esta línea de un equipo. || Colmillo de los elefantes, morsas, etc. Cuerno del toro. || — Pl. Fortificaciones: *las defensas de una plaza.* || *Defensa pasiva,* protección de la población civil contra los ataques aéreos. || *Legítima defensa,* causa eximente de culpabilidad.

DEFENSIVA f. Estado de defensa: *ponerse a la defensiva.* || — CONTR. *Ofensiva.*

DEFENSIVO, VA adj. Que sirve para defender: *armas defensivas.* || — M. Defensa, resguardo. || — Pl. *Hond.* Parches que se colocaban en las sienes con fin medicinal.

DEFENSOR, RA adj. Que defiende: *ser defensor de los oprimidos.* (SINÓN. *Campeón, paladín, mantenedor, defendedor.*) || — M. *For.* Que defiende a un acusado. (SINÓN. V. *Abogado.*)

DEFENSORIO m. Escrito que defiende.

DEFERENCIA f. Condescendencia, respeto: *deferencia a un anciano.* || — PARÓN. *Diferencia.*

DEFERENTE adj. (lat. *deferens*). Condescendiente, respetuoso. (SINÓN. V. *Complaciente.*) || Que lleva fuera: *canal deferente.*

DEFERIR v. i. (del lat. *deferre,* conceder). Ceder, condescender: *deferir al dictamen ajeno.* || — V. t. Atribuir a una jurisdicción: *deferir la causa al tribunal.* (SINÓN. V. *Conferir.*) || — IRREG. Se conjuga como *herir.* || — PARÓN. *Diferir.*

DEFICIENCIA f. (lat. *deficientia*). Imperfección: *este libro contiene muchas deficiencias.* (SINÓN. V. *Falta.*) || *Deficiencia mental,* estado de retraso o incompleto desarrollo mental.

DEFICIENTE adj. Falto o incompleto, insuficiente. (SINÓN. V. *Débil.*)

DÉFICIT m. Lo que falta a las ganancias para que se equilibren con los gastos. || — CONTR. *Superávit.* || — OBSERV. El plural de esta palabra es *déficit* o *deficits.*

DEFINIBLE adj. Que puede definirse.

DEFINICIÓN f. (lat. *definitio*). Enunciación de las cualidades y caracteres de un objeto: *las definiciones deben principalmente ser claras y breves.* (SINÓN. V *Demostración.*) || Decisión o determinación de una duda. || Artículo de un vocablo en un diccionario. || En televisión, número de líneas en que se divide la imagen transmitida.

DEFINIDO, DA adj. Explicado, determinado: *término mal definido.* || — CONTR. *Indefinido, vago.* || — M. La cosa que se define.

DEFINIDOR, RA adj. y s. Que define.

DEFINIR v. t. (lat. *definire*). Dar la definición de una cosa: *definir un vegetal.* || Hacer conocer el carácter: *definir a un individuo.* || Indicar de manera precisa. || Resolver una duda: *los concilios definen ciertos puntos de la doctrina.* || *Pint.* Concluir, acabar una obra.

DEFINITIVO, VA adj. Que termina: *dictar una sentencia definitiva.* || *En definitiva,* m. adv., después de todo, decididamente. || — CONTR. *Provisorio, provisional.*

DEFLACIÓN f. Reducción de la circulación fiduciaria. || — CONTR. *Inflación.*

DEFLAGRACIÓN f. Combustión activa: *la deflagración del algodón pólvora es instantánea.* (SINÓN. V. *Combustión.*)

DEFLAGRADOR m. Aparato que hace deflagrar un explosivo: *la dinamita estalla con deflagrador.*

DEFLAGRAR v. i. Arder súbitamente con llama y sin explosión: *el sodio deflagra al caer en el agua.*

DEFLECTOR m. Aparato que sirve para desviar la dirección de un fluido.

DEFLEGMAR v. t. Extraer la flema.

DEFOLIACIÓN f. Caída prematura de las hojas por enfermedad o por influjo del tiempo.

DEFORMACIÓN f. Acción de deformar. || *Deformación profesional,* apreciación equivocada o costumbres que se tienen debidas al ejercicio de ciertas profesiones.

DEFORMADOR, RA adj. y s. Que deforma.

DEFORMAR v. t. Alterar la forma de una cosa. || *Fig.* Alterar, cambiar: *deformar uno la verdad.* (SINÓN. V. *Desfigurar.*)

DEFORMATORIO, RIA adj. Que deforma.

DEFORME adj. Desfigurado, que tiene forma desproporcionada, contrahecho. || — SINÓN. *Informe, contrahecho, irregular, anómalo, anormal, grotesco.* || — PARÓN. *Disforme.*

DEFORMIDAD f. (lat. *deformitas*). Imperfección, defecto en la forma. || *Fig.* Error, desorden moral.

DEFRAUDACIÓN f. Acción y efecto de defraudar, engaño.

DEFRAUDADOR, RA adj. y s. Que defrauda.

DEFRAUDAR v. t. (lat. *defraudare*). Usurpar, robar: *defraudó de sus bienes a los herederos naturales.* || *Fig.* Frustrar: *defraudar la esperanza de uno.* (SINÓN. V. *Engañar.*) || Eludir el pago de los impuestos. || *Fig.* Turbar, quitar.

DEFUERA adv. m. Exteriormente.

DEFUNCIÓN f. Muerte: *esquela de defunción.* (SINÓN. V. *Fallecimiento.*)

DEGENERACIÓN f. (lat. *degeneratio*). Estado de lo que degenera. || Paso de un estado a otro inferior: *estudiar la degeneración alcohólica del hígado.*

DEGENERADO, DA adj. y s. Que muestra degeneración.

DEGENERANTE adj. Que degenera.

DEGENERAR v. i. (lat. *degenerare*). Desdecir, declinar, no corresponder a su origen una persona o cosa: *degenerar de sus mayores.* || Perder el mérito, el valor físico o moral: *hombre degenerado.* || Cambiar de naturaleza: *la disputa degeneró en riña.*

DEGENERATIVO, VA adj. Que degenera.

DEGLUCIÓN f. La acción de deglutir o tragar.

DEGLUTIR v. t. e i. (lat. *deglutire*). Tragar.

DEGOLLACIÓN f. Acción de degollar o matar.

DEGOLLADERO m. Sitio donde se degüellan ciertos animales. || Escote del vestido. || Cadalso, patíbulo.

DEGOLLADO m. Degolladura de ciertos vestidos.

DEGOLLADURA f. Herida que se hace en la garganta. || Escote de un vestido. || Garganta de los balaustres. || Junta entre los ladrillos.

DEGOLLAMIENTO m. Degollación.

DEGOLLAR v. t. (lat. *decollare*). Cortar la garganta o el cuello: *degollar un cabrito.* (SINÓN. V. *Matar.*) || Escotar el cuello de un vestido: *este cuerpo está muy degollado.* || *Fig.* Destruir, arruinar. || *Taurom.* Dar al toro una estocada delantera y caída. || *Fig.* y *fam.* Ser extremadamente cargante: *¡cómo degüella ese caballero!* || — IRREG. Se conjuga como *hollar.*

DEGOLLINA f. *Fam.* Matanza. (SINÓN. V. *Carnicería.*)

DEGRADACIÓN f. Destitución ignominiosa de un grado, de una dignidad: *sufrir la degradación militar.* || Humillación, envilecimiento: *caer en una degradación abyecta.* || *Pint.* Desvanecimiento, disminución progresiva: *la degradación de los colores.*

DEGRADADOR m. Desvanecedor fotográfico.

DEGRADANTE adj. Que degrada, rebaja.

DEGRADAR v. t. Despojar de un grado o dignidad: *degradar a un militar.* || Rebajar, envilecer. (SINÓN. V. *Humillar.*) || *Fig.* Debilitar progresivamente: *degradar los colores.* (SINÓN. V. *Deteriorar.*)

DEGREDO m. *Venez.* Hospital de enfermos contagiosos.

DEGU m. Octodonte, roedor de Chile, llamado vulgarmente *ratón de las tapias.*

DEGÜELLO m. Acción de degollar, matanza: *entrar en una población a degüello.* || Parte más delgada de un arma. || *Fig.* y *fam.* *Tirar a uno a degüello,* procurar perjudicarle en sus intereses.

DEGUL m. Planta leguminosa de Chile.

DEGUSTACIÓN f. (lat. *degustatio*). Acción de gustar o probar una cosa: *degustación de licores.*

DEHESA f. Tierra destinada a pastos. (SINÓN. V. *Pasto.*) || *Fam.* *Soltar el pelo de la dehesa,* civilizarse las personas incultas.

DEHESERO m. Guarda de la dehesa.

DEHISCENCIA f. (del lat. *dehiscere,* abrirse). *Bot.* Modo de abrirse naturalmente un órgano cerrado.

DEHISCENTE adj. (lat. *dehiscens*). *Bot.* Dícese del fruto cuyo pericarpio se abre naturalmente, cuando llega a la madurez. || — CONTR. *Indehiscente.*

DEFENSAS

de narval

de babirusa

de rinoceronte

de morsa

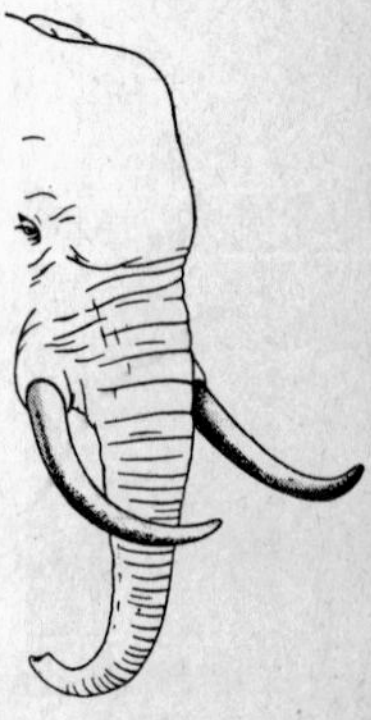

de elefante

dele

DEICIDA adj. y s. (lat. *Deus,* Dios, y *caedere,* matar). Dícese de los que dieron la muerte a Jesucristo: *los judíos fueron deicidas.*
DEICIDIO m. Crimen del deicida.
DEIDAD f. (lat. *deitas*). Ser divino: *la deidad de Jesucristo.* || Nombre de los falsos dioses. (SINÓN. V. *Dios.*)
DEIFICACIÓN f. Acción y efecto de deificar.
DEIFICAR v. t. Divinizar: *la Convención francesa deificó a la razón.* || *Fig.* Ensalzar en sumo grado. (SINÓN. V. *Glorificar.*)
DEÍFICO, CA adj. Relativo a Dios.
DEÍSMO m. Doctrina de los que sólo creen en la existencia de un Dios como autor de la naturaleza, pero sin admitir revelación ni culto externo.
DEÍSTA adj. y s. Que profesa el deísmo.
DEJA f. *Carp.* Parte entre dos muescas.
DEJACIÓN f. Acción de dejar. || *For.* Cesión de bienes, abandono. (SINÓN. V. *Renuncia.*) || *Amér. C.* y *Col.* Dejadez.
DEJADERO, RA adj. Que se ha de dejar.
DEJADEZ f. (de *dejado*). Pereza, desidia, abandono: *obrar con dejadez.* (SINÓN. V. *Apatía.*)
DEJADO, DA adj. Flojo, desidioso, negligente. (CONTR. *Cuidadoso.*) || Caído de ánimo.
DEJADOR m. El que deja.
DEJAMIENTO m. Dejación. || Flojedad, descaecimiento de fuerzas. || Desapego.
DEJANTE adv. m. *Col.* y *Chil.* Además de.
DEJAR v. t. Abandonar una cosa: *dejó su paraguas en un rincón, dejar a uno de su mano.* (SINÓN. *Repudiar, soltar, desembarazarse, deshacerse* de. V. tb. *abandonar* y *entregar.*) || Omitir: *dejó de escribir; dejar algo por,* o *sin, hacer.* || Consentir: *dejó a su hijo que saliera.* || Producir: *el negocio le dejó poca ganancia.* || Desamparar, abandonar. || Faltar, ausentarse: *dejé la capital* (SINÓN. *Marcharse, separarse, despedirse.* Fam. *Plantar.*) || No inquietar, no perturbar: *déjalo tranquilo.* || Encargar: *te dejo el cuidado de mi casa.* || Designar, considerar: *le dejó por heredero, dejar a uno por loco.* || Cesar: *dejar el trabajo a las seis.* || *Dejar correr,* permitir. || *Dejar en cuadro,* dejar con sólo lo imprescindible. || *Dejar en blanco una cosa,* omitirla. || *Fam. Dejar fresco,* no preocupar. || — V. i. En frase negativa, sirve para afirmar: *no deja de extrañarme tu conducta.* || — V. r. Descuidarse, no tener el aseo debido. || Cesar: *dejarse de molestar; dejarse de cuentos.* || Abandonarse. || *Dejarse caer,* insinuar. || *Fig.* y *fam. Dejarse pedir,* pedir, como cosa corriente y con naturalidad, un precio a todas luces excesivo.
DEJE m. Dejo, acento en el hablar. || *Deje de cuenta,* no aceptación de una mercancía pedida.
DEJILLO m. Dejo, acentuación: *hablar con cierto dejillo andaluz.* || Dejo, gustillo.
DEJO m. Dejación, acción de dejar. || Fin de una cosa. || Acento particular de algunas personas: *los americanos suelen tener un dejo especial.* || Acento peculiar del habla de una región. || Inflexión descendente en el habla. || Gustillo que queda de la comida o bebida: *este vino tiene un dejo desagradable.* || Flojedad, dejamiento. || *Fig.* Sentimiento que queda después de hecha una cosa.
DEJURAMENTE adv. m. *Arg.* Barb. por *ciertamente.*
DE JURE loc. adv. lat. De derecho.
DEL, contracción de la prep. *de* y el artículo *el*: *la cabeza del hombre; la naturaleza del alma.*
DELACIÓN f. Acusación, denuncia.
DELANTAL m. Prenda de vestir, de tela, de cuero, etc., que preserva los vestidos.
DELANTE adv. l. En la parte anterior: *ponerse delante de la ventana.* || Enfrente: *delante de nosotros hay un jardín.* || — Adv. m. En presencia, a la vista de: *descubrirse delante de una señora; hacer una declaración delante de testigos.* (V. ADELANTE.)
DELANTERA f. Parte anterior de una cosa: *la delantera de un carro.* (SINÓN. V. *Frente.*) || Primera fila de asientos en un local de espectáculos. || Espacio o distancia con que uno se adelanta a otro. || Línea de ataque en un equipo deportivo. || Cuarto delantero de una prenda de vestir. || Canal de un libro encuadernado. || — Pl. Zahones. || *Coger,* o *tomar, la delantera,* adelantarse. Anticiparse.

delfín

DELANTERO, RA adj. Que va delante: *cuarto delantero.* || — M. Zagal que guía las mulas delanteras. || En los deportes de equipo, jugador que forma parte de la línea de ataque.
DELATAR v. t. (del lat. *delatus,* acusado). Denunciar un delito o a su autor. || Descubrir, poner de manifiesto una cosa oculta.
DELATOR, RA adj. y s. Denunciador.
DELCO m. En los automóviles, sistema de encendido que utiliza la corriente dada por una batería de acumuladores.
DELE m. (lat. *dele,* imper. de *delere,* borrar). *Impr.* Signo tipográfico de corrección que indica que ha de quitarse alguna letra o palabra.
DELEBLE adj. Que puede borrarse.
DELECTACIÓN f. Deleitación, deleite.
DELEGACIÓN f. Acción y efecto de delegar y cargo del delegado. (SINÓN. *Misión, gestión, comisión.* V. tb. *mandato.*) || Oficina del delegado. (SINÓN. V. *Dependencia.*) || Reunión de delegados.
DELEGADO, DA adj. y s. Dícese de la persona a quien se confía un mandato. (SINÓN. V. *Enviado.*)
DELEGAR v. t. (lat. *delegare.*) Transmitir por delegación: *delegar en* [o *a*] *uno su poder.* || Enviar, mandar: *delegar a un inspector.*
DELEGATORIO, RIA adj. y s. Que delega.
DELEITABLE adj. Deleitoso.
DELEITACIÓN f. y **DELEITAMIENTO** m. Deleite, placer, satisfacción.
DELEITAR v. t. (lat. *delectare*). Producir deleite: *la música deleita el oído.* || — V. r. Sentir gran placer: *deleitarse con,* o *en, la contemplación, la lectura.*
DELEITE m. Placer. (SINÓN. V. *Placer.*)
DELEITOSO, SA adj. Que causa deleite. (SINÓN. V. *Agradable.*)
DELETÉREO, A adj. (gr. *dêlêtêrios,* destructor.) Venenoso, que destruye la salud: *el óxido de carbono es un gas deletéreo.* (SINÓN. V. *Perjudicial.*)
DELETREADOR, RA adj. y s. Que deletrea.
DELETREAR v. i. Pronunciar separadamente las letras y las sílabas de una palabra. || *Fig.* Adivinar lo obscuro y oculto: *deletrear jeroglíficos.*
DELETREO m. Acción de deletrear o leer letra por letra. || Procedimiento para enseñar a leer.
DELEZNABLE adj. (lat *delebilis*). Que se rompe fácilmente: *arcilla deleznable.* || Resbaladizo: *un suelo deleznable.* || *Fig.* Poco duradero, sin consistencia. || *Fig.* Despreciable.
DÉLFICO, CA adj. De Delfos.
DELFÍN m. (lat *delphin*). Mamífero cetáceo que vive en todos los mares y mide hasta tres metros de largo. || Estilo de nadar en el que la propulsión se realiza mediante la ondulación del cuerpo y la brazada se hace por encima del agua. || Título que se daba al primogénito del rey de Francia desde 1349.
DELGA f. Cada una de las laminillas de cobre de un colector eléctrico.
DELGADEZ f. Calidad de delgado. || Peso por debajo del normal.
DELGADO, DA adj. Flaco, de pocas carnes. (SINÓN. *Grácil, menudo, espigado, esbelto.* V. tb. *flaco.*) || *Fig.* Agudo, sutil. || Tenue, de poco espesor. || Dícese del agua que contiene en disolución corta cantidad de sales. || Parte inferior del vientre de los cuadrúpedos, hacia las ijadas
DELGADUCHO, CHA adj. Bastante delgado. (SINÓN. V. *Flaco.*)
DELIBERACIÓN f. Examen y discusión oral de un asunto. || Resolución tomada después de una discusión.
DELIBERADAMENTE adv. m. Con deliberación: *cometió su crimen deliberadamente.*
DELIBERADO, DA adj. Voluntario, intencionado.
DELIBERANTE adj. Que delibera.
DELIBERAR v. i. (lat. *deliberare*). Consultar y discutir una cosa: *los jueces deliberaron a puerta cerrada: deliberar sobre una materia.* (SINÓN. V. *Pensar.*) || — V. t. Resolver una cosa: *deliberó quedarse en casa.* (SINÓN. V. *Decidir.*)
DELIBERATIVO, VA y **DELIBERATORIO, RIA** adj. Relativo a la deliberación.
DELICADEZ f. Debilidad, flaqueza. || Escrupulosidad. || Flojedad, indolencia, pereza. || Delicadeza.

Fot. Viollet

DELICADEZA f. Calidad de lo que es delicado: *la delicadeza de su rostro.* || Finura, elegancia. || Calidad de lo que es tenue. || Habilidad, ligereza: *delicadeza de pincel.* || Debilidad: *delicadeza de estómago.* || Carácter delicado: *delicadeza de pensamiento.* || Perfección de gusto o juicio: *delicadeza de ingenio.* || Escrupulosidad: *delicadeza de conciencia.* || Discreción: *falta de delicadeza.* (SINÓN. *Tacto, juicio.*) || Amabilidad, prevención: *tratar a alguien con delicadeza.* (SINÓN. V. *Fineza.*)

DELICADO, DA adj. Agradable al gusto, exquisito, tierno: *carne delicada.* || Fino, atento. || Primoroso, exquisito. || Bien parecido, agraciado: *facciones delicadas.* || Hecho con gusto, con extremado cuidado: *trabajo delicado.* (SINÓN. *Agudo, fino, sutil.*) || Embarazoso: *situación delicada.* || Ingenioso: *alabanza delicada.* || De buen juicio: *gusto delicado.* (SINÓN. V. *Sensible.*) || Escrupuloso: *conciencia delicada.* || Endeble: *miembros delicados.* (SINÓN. V. *Débil, tierno, frágil* y *enfermizo.*) || Fácilmente enojadizo: *ser demasiado delicado.* (SINÓN. V. *Difícil* y *exigente.*) || Quebradizo, fácil de deteriorarse.

DELICADUCHO, CHA adj. Débil, enfermizo.

DELICIA f. Encanto, voluptuosidad: *una existencia llena de delicias.* (SINÓN. V. *Placer.*)

DELICIOSAMENTE adv. m. Con delicia o encanto; de modo delicioso: *cantar deliciosamente.*

DELICIOSO, SA adj. Muy agradable, que causa delicias: *un olor delicioso.* (SINÓN. V. *Agradable.*)

DELICTIVO, VA y **DELICTUOSO, SA** adj. Relativo al delito. || Que implica delito.

DELICUESCENCIA f. Calidad de delicuescente.

DELICUESCENTE adj. (del lat. *deliquescere*, liquidarse). Dícese de los cuerpos que se liquidan absorbiendo la humedad del aire: *la potasa cáustica es delicuescente.* || — CONTR. *Eflorescente.*

DELIMITAR v. t. Fijar límites, deslindar: *la psicología delimita las funciones del espíritu.* (SINÓN. V. *Limitar.*)

DELINCUENCIA f. Calidad de delincuente. || Conjunto de delitos considerado en un plano social: *delincuencia juvenil.*

DELINCUENTE adj. y s. Que comete un delito. (SINÓN. V. *Inculpado* y *malhechor.*)

DELINEACIÓN f. Acción de delinear. (SINÓN. V. *Trazo.*)

DELINEADOR, RA adj. y s. Que delinea.

DELINEAMENTO y **DELINEAMIENTO** m. Delineación, acción de delinear, dibujo.

DELINEANTE m. Persona que tiene por oficio trazar planos.

DELINEAR v. t. (lat *delineare*). Trazar, dibujar una cosa: *delinear el plano de un edificio.* (SINÓN. V. *Dibujar.*)

DELINQUIMIENTO m. Acción de delinquir.

DELINQUIR v. i. (lat. *delinquere*). Cometer un delito: *delinquir por ignorancia.*

DELIO, LIA adj. y s. De la isla de Delos.

DELIQUIO m. Desmayo, desfallecimiento.

DELIRANTE adj. Que delira: *fantasía delirante.*

DELIRAR v. i. (lat *delirare*). Desvariar, sufrir delirio: *el enfermo empieza a delirar.* || *Fig.* Decir o hacer despropósitos: *está usted delirando.* (SINÓN. V. *Desatinar.*)

DELIRIO m. (lat. *delirium*). Perturbación mental causada por la calentura, por una enfermedad. || *Fig.* Agitación grande causada por las pasiones del alma: *el delirio de la ambición.* (SINÓN. *Divagación, devaneo, transporte.* V. tb. *entusiasmo.*) || *Fam.* Disparate, despropósito: *lo que dice son delirios.* || *Delirio de grandezas*, creencia de una persona que se sobrestima y que habla de cosas que en realidad le son inasequibles.

DELIRIOSO, SA adj. *Fam.* Loco.

DELÍRIUM TREMENS m. (del lat. *delirium*, delirio, y *tremens*, temblón). Delirio con agitación y temblor de miembros, frecuente en los alcohólicos.

DELITO m. (lat. *delictum*). Violación de la ley, de importancia menor que la del crimen. || *El cuerpo del delito*, lo que sirve para hacerlo constar. || — SINÓN. *Falta, culpa, infracción, violación.* V. tb. *crimen* y *pecado.*

DELTA f. (gr. *delta*). Cuarta letra del alfabeto griego, que corresponde a nuestra *d* y tiene la forma de un triángulo (Δ). || — M. Isla triangular en la desembocadura de algunos ríos: *el delta del Amazonas.* (SINÓN. V. *Desembocadura.*)

DELTOIDES m. Músculo triangular del hombro. || — Adj. De forma de delta mayúscula.

DELUSIVO, VA y **DELUSORIO, RIA** adj. (del lat. *delusio*, engaño). Engañoso, falso.

DEMACRACIÓN f. Enflaquecimiento extremado, pérdida de carnes: *la demacración es frecuente en las enfermedades de la nutrición.*

DEMACRADO, DA adj. Que muestra demacración.

DEMACRARSE v. r. Enflaquecer: *un rostro demacrado por el dolor.*

DEMAGOGIA f. (gr. *dêmagôgia*). Dominación de la plebe: *después de Pericles cayó Atenas en la demagogia.* || Política que halaga las pasiones de la plebe.

DEMAGÓGICO, CA adj. Perteneciente a la demagogia: *discurso demagógico.*

DEMAGOGO m. (del gr. *dêmos*, pueblo, y *agein*, conducir). El que aparenta sostener los intereses del pueblo para conquistar su favor: *Aristófanes se burló de los demagogos de su tiempo.* || Orador revolucionario.

DEMANDA f. Súplica: *demanda de auxilio.* (SINÓN. *Petición, ruego.*) || Limosna que se pide con un fin de beneficencia. || Busca: *ir en demanda de alguna cosa.* || Pregunta. || Empresa: *salir desairado en su demanda.* || *For.* Petición a un tribunal del reconocimiento de un derecho: *presentar una demanda por injurias.* || *For.* Acción que se deduce en juicio: *contestar la demanda.* (SINÓN. V. *Recurso.*) || *Com.* Pedido de mercancías: *la ley de la oferta y la demanda.*

DEMANDADO, DA m. y f. *For.* Persona a quien se pide algo en juicio. || — CONTR. *Demandante, actor.*

DEMANDADOR, RA adj. y s. *For.* Que demanda o pide. || El que demanda en juicio. || — SINÓN. *Actor.*

DEMANDANTE adj. y s. *For.* Que demanda. (SINÓN. V. *Postulante.*)

DEMANDAR v. t. Pedir, desear. (SINÓN. V. *Interpelar.*) || *For.* Formular una demanda judicial: *demandar ante el juez, en juicio.*

DEMARCACIÓN f. Acción de limitar: *línea de demarcación.* || Terreno demarcado: *demarcación minera.*

DEMARCADOR, RA adj. y s. Que demarca.

DEMARCAR v. t. Delinear, limitar, determinar: *demarcar los límites de un terreno.*

DEMÁS adj. Se emplea generalmente precedido del artículo *lo, la, los, las*, y significa *lo otro, la otra, las otras*: *hemos comido los demás panes*: *ha venido la demás gente.* || También suele usarse, en ciertos casos, sin artículo: *vendrán Antonio, Juan y demás.* || *Por demás*, loc. adv., inútilmente: *está por demás que le escribas.* || En demasía: *es por demás cobarde.* || *Por lo demás*, loc. adv., por lo que toca a las otras cosas: *le saludé, por lo demás, no tengo motivo para enojarme con él.*

DEMASÍA f. Exceso: *cometer demasías.* || Atrevimiento, insolencia. || *En demasía*, m. adv., excesivamente: *es hablador en demasía.*

DEMASIADO, DA adj. Que tiene en demasía o es en demasía: *comer demasiado pan.* (SINÓN. V. *Excesivo.*) || — Adv. c. En demasía: *beber demasiado en las comidas.* || *Amer.* Barb. por *muy, mucho, bastante* (*demasiado* implica siempre la idea de exceso).

DEMASIARSE v. r. Excederse.

DEMENCIA f. (lat *dementia*). Locura, enajenación mental: *la demencia de Juana la Loca.*

DEMENCIAL adj. Propio de la demencia.

DEMENTADO, DA adj. *Amer.* Demente.

DEMENTAR v. t. Hacer perder el juicio.

DEMENTE adj. y s. (lat. *demens*). Que padece demencia. (SINÓN. V. *Loco.*)

DEMÉRITO m. Falta de mérito. || Cosa que acarrea desaprobación o vituperio.

DEMERITORIO, RIA adj. Que desmerece.

DEMISIÓN f. (lat *demissio*). Sumisión, abatimiento. || — OBSERV. Galicismo por *dimisión.*

DEMIURGO m. (gr. *dêmiurgos*). Nombre del dios creador en la filosofía platónica.

DEMO m. División administrativa de Grecia.

DEMOCIÓN f. Disminución de los derechos y privilegios de una persona.

DEMOCRACIA f. (del gr. *dêmos*, pueblo, y *kratos*, autoridad). Gobierno en que el pueblo ejerce la soberanía: *Pericles organizó la democracia en Atenas.* || Las clases populares: *las aspiraciones de la democracia.* (CONTR. *Aristocracia.*)

DEMÓCRATA adj. y s. Partidario de la democracia o gobierno del pueblo.

DEMOCRÁTICO, CA adj. Relativo a la democracia: *gobierno democrático.*

DEMOCRATIZACIÓN f. Acción y efecto de democratizar.

DEMOCRATIZAR v. t. Introducir las ideas, las instituciones democráticas: *democratizar una nación.* || Poner al alcance de todas las clases sociales: *democratizar la enseñanza.*

DEMÓDEX m. Género de acáridos que producen diversas afecciones cutáneas.

DEMOGRAFÍA f. (del gr. *dêmos*, pueblo, y *graphein*, describir). Ciencia que trata del estudio cuantitativo de la población humana.

DEMOGRÁFICO, CA adj. Relativo a la demografía: *estadísticas demográficas.*

DEMÓGRAFO m. El que estudia la demografía.

DEMOLEDOR, RA adj. y s. Que demuele o arruina: *crítica demoledora.*

DEMOLER v. t. Deshacer, arruinar: *demoler una doctrina.* (SINÓN. V. *Derrivar.*) || — IRREG. Se conjuga como *mover.*

DEMOLICIÓN f. Acción de demoler o derribar.

DEMONCHE m. *Fam.* Demonio.

DEMONIACO, CA adj. Relativo al demonio. || Endemoniado: *exorcizar a un demoniaco.*

DEMONIO m. (lat. *daemon* y *daemonium*, del gr. *daimón*). Ángel malo: *se representa generalmente al demonio con cola y cuernos.* (SINÓN. V. *Demonio.*) || Nombre dado a los genios buenos o malos entre los gentiles. (SINÓN. V. *Furia.*) || *Fig.* y *fam.* Persona perversa o traviesa: *ese niño es el mismísimo demonio.* (SINÓN. V. *Travieso.*) || Ú. enfáticamente en locs. como: *¿dónde demonios?, ¿cómo demonios?, ¿cuándo demonios?* || *Fig.* y *fam. Llevarle a uno el demonio*, encolerizarse, irritarse.

DEMONISMO m. Creencia en la existencia de seres espirituales y las prácticas correspondientes de magia o culto para su dominación.

DEMONOLOGÍA f. Ciencia que trata de los demonios.

DEMONOLATRÍA f. Adoración del demonio.

DEMONOMANÍA f. Manía del que se cree endemoniado: *la demonomanía es una locura mística.*

DEMONTRE y **DEMOÑO** m. *Fam.* Demonio.

DEMORA f. Tardanza, dilación. (SINÓN. *Plazo, respiro, tregua, prórroga, aplazamiento, moratoria.*) || Temporada de ocho meses que debían trabajar los indios americanos en las minas. || Tiempo que hay que esperar para la obtención de una conferencia telefónica interurbana.

DEMORAR v. t. (lat. *demorare*). Retardar: *demorar la contestación.* || — V. i. Detenerse en una parte. || — SINÓN. *Retrasar, diferir, atreguar, posponer, sobreseer, remitir, aplazar, entretener.*

DEMOS m. (pal. gr.). Grupo humano identificado por su unidad política.

DEMOSOFÍA f. Folklore.

DEMÓSTENES m. *Fig.* Hombre muy elocuente.

DEMOSTRABLE adj. Que se puede demostrar.

DEMOSTRACIÓN f. Razonamiento mediante el cual se establece la verdad de una proposición: *se debe a Newton la demostración de la ley de la gravitación universal.* || Acción de explicar o comprobar por medio de experimentos un principio o una teoría. || Prueba de una cosa. (SINÓN. *Exposición, explicación, definición, testimonio.*) || Manifestación: *hacer a uno demostraciones de cariño.* (SINÓN. V. *Prueba.*)

DEMOSTRADOR, RA adj. y s. Que demuestra o prueba.

DEMOSTRAR v. t. (lat. *demonstrare*). Probar de un modo evidente. (SINÓN. V. *Convencer.*) || Atestiguar: *su turbación demuestra su culpa.* || — IRREG. Se conjuga como *mostrar.*

DEMOSTRATIVO, VA adj. Que demuestra: *razón demostrativa.* || *Gram. Adjetivo demostrativo*, el que determina el nombre agregándole una idea de demostración. Los adjetivos demostrativos son:

MASC. SING.: este, ese, aquel.
MASC. PL.: estos, esos, aquellos.
FEM. SING.: esta, esa, aquella.
FEM. PL. estas, esas, aquellas.

Pronombre demostrativo, el que substituye al nombre incluyendo además la idea de designación. Los pronombres demostrativos son:

MASC. SING.: éste, ése, aquél.
MASC. PL.: éstos, ésos, aquéllos.
FEM. SING.: ésta, ésa, aquélla.
FEM. PL.: éstas, ésas, aquéllas.
NEUTRO.: esto, eso, aquello.

Como se ve, se pone acento a los pronombres demostrativos cuando pueden confundirse con los adjetivos: *esta* (adj.) *casa es más grande que aquélla* (pron.). Úsanse igualmente como adjetivos y pronombres demostrativos, adjetivos y pronombres compuestos, como *estotro, esotro, aquesta*, etc.; *tal, semejante, tanto, dicho: no he visto nunca tal cosa; no lo decía por tanto; saludé a dicho hombre.*

DEMÓTICO, CA adj. (del gr. *dêmotikos*, popular). Dícese de la escritura cursiva popular del antiguo Egipto. || Demográfico.

DEMUDACIÓN f. Acción de demudar.

DEMUDAR v. t. (lat. *demutare*). Mudar, cambiar. || — V. r. Cambiarse repentinamente el color, la expresión del rostro: *un semblante demudado por la ira.* || — V. r. Alterarse, inmutarse.

DEMULCENTE adj. y s. *Med.* Emoliente.

DENANTES adv. t. Antes.

DENARIO, RIA adj. y s. (lat. *denarius*, de *deni*, diez). Que contiene diez unidades: *sistema denario.* || — M. Moneda romana de plata equivalencia a diez ases.

DENDRITA f. (del gr. *dendron*, árbol). Concreción mineral de forma arborescente. || Árbol fósil: *las dendritas abundan en las Montañas Rocosas.*

DENDRÍTICO, CA adj. *Miner.* De figura de dendrita: *concreción dendrítica.*

DENDROGRAFÍA f. Tratado de los árboles.

DENEGACIÓN f. (lat. *denegatio*). Acción de denegar o rehusar: *denegación de una demanda.* (SINÓN. V. *Negativa.*)

DENEGAR v. t. (lat. *denegare*). No conceder lo que se pide: *denegar una declaración de herederos.* (SINÓN. V. *Negar.*) || — IRREG. Se conjuga como *acertar.*

DENEGATORIO, RIA adj. Que rehusa.

DENEGRECER y **DENEGRIR** v. t. Ennegrecer. || — IRREG. Se conjuga como *merecer.*

DENGOSO, SA adj. Melindroso, delicado.

DENGUE m. Melindre, delicadeza afectada: *no me vengas con dengues.* || Esclavina de paño que llevan las mujeres, cruzada sobre el pecho. || *Med.* Enfermedad contagiosa febril de los países cálidos. || *Pop.* Demonio, diablo. || *Chil.* Jalapa, planta.

DENGUEAR v. i. Hacer melindres.

DENGUERO, RA adj. Dengoso, melindroso.

DENIGRACIÓN f. Acción de denigrar, ofensa.

DENIGRADOR, RA y **DENIGRANTE** adj. Que denigra o desacredita: *escrito denigrante.*

DENIGRAR v. t. (del lat. *denigrare*, poner negro). Deslustrar la fama o mérito de persona o cosa: *los envidiosos lo denigran todo.* || (SINÓN. V. *Desacreditar.*) || Injuriar.

DENIGRATIVO, VA adj. Que denigra.

DENODADO, DA adj. Atrevido, esforzado, valiente: *un corazón denodado.* || — CONTR. *Cobarde.*

DENOMINACIÓN f. (lat. *denominatio*). Designación de una persona o cosa por su título o nombre. (SINÓN. V. *Nombre.*)

DENOMINADO adj. Dícese del número complejo.

DENOMINADOR, RA adj. y s. Que denomina. || — M. *Arit.* Parte de una fracción que indica en cuantas partes se divide un todo: *reducir dos fracciones al mismo denominador.* (El *denominador* se coloca debajo del numerador, separado de él por una raya horizontal.)

DENOMINAR v. t. (lat. *denominare*). Indicar, especificar, señalar con título particular: *deno-*

minar una persona en un documento. (SINÓN. V. *Llamar.*)
DENOMINATIVO, VA adj. Que implica denominación: *término denominativo.*
DENOSTADOR, RA adj. y s. Que denuesta.
DENOSTAR v. t. Injuriar, insultar u ofender de palabra. ‖ — IRREG. Se conjuga como *costar.*
DENOTACIÓN f. Acción de denotar o indicar.
DENOTAR v. t. (lat. *denotare*). Señalar: *su conducta denota poca experiencia.* (SINÓN. V. *Indicar.*)
DENOTATIVO, VA adj. Que denota o indica.
DENSIDAD f. (lat. *densitas*). Calidad de denso: *el hierro tiene menos densidad que el oro.* ‖ *Fís.* Relación entre el peso de un cuerpo y el de igual volumen de agua: *la densidad del platino es 21.* ‖ *Densidad de población,* número de habitantes por kilómetro cuadrado.

Densidad de algunos cuerpos a 20° C

Aceite de oliva .	0,92	Hulla	1,30
Agua	1,00	Iridio	22,42
Alcohol etílico . .	0,79	Lignito	1,20
Aluminio	2,70	Litio	0,53
Antimonio	6,71	Magnesio	1,74
Azufre	2,07	Manganeso . . .	7,20
Benceno	0,88	Mercurio	13,55
Bismuto	9,79	Níquel	8,92
Calcio	1,54	Oro	19,30
Cinc	7,14	Plata	10,50
Cobalto	8,90	Platino	21,45
Cobre	8,92	Plomo	11,34
Cristal ordinario.	3,35	Potasio	0,86
Cromo	7,14	Sal gema	2,17
Diamante	3,52	Silicio	2,40
Estaño gris	7,28	Sodio	0,97
Fósforo rojo	2,20	Tungsteno . . .	19,32
Glicerina	1,26	Uranio	18,70
Hielo	0,91	Vidrio	2,53
Hierro	7,88	Yodo	4,93

Densidad de algunos gases

Aire	1,00	Hidrógeno	0,07
Amoniaco (gas) .	0,60	Neón	0,70
Argón	1,38	Nitrógeno	0,97
Butano	2,00	Óxido nitroso .	1,53
Cloro	2,49	Óxido de carbono.	0,97
Gas carbónico . .	1,53	Oxígeno	1,10
Helio	0,14	Ozono	1,72

DENSIFICAR v. t. Hacer densa una cosa.
DENSIMETRÍA f. La medida de las densidades
DENSÍMETRO m. Aparato para medir la densidad de un líquido.
DENSO, SA adj. Compacto, apretado, muy pesado en relación con su volumen: *el plomo es más denso que el aluminio.* (SINÓN. V. *Sólido.*) ‖ Espeso: *humo denso.* (SINÓN. V. *Denso.*) ‖ Apiñado, apretado: *una densa multitud llenaba la calle.* ‖ *Fig.* Obscuro, confuso.
DENTADO, DA adj. Con dientes: *rueda dentada.*
DENTADURA f. Conjunto de dientes y muelas de una persona o animal. ‖ Dentadura postiza: *colocarse la dentadura.*
DENTAL m. Palo donde encaja la reja del arado. ‖ Cada una de las piedras cortantes del trillo.
DENTAL adj. Relativo o perteneciente a los dientes: *nervio dental, cirugía dental.* ‖ — Adj. y s. Dícese de las consonantes que como la *d* se pronuncian tocando los dientes con la lengua.
DENTAR v. t. Formar dientes en algunas cosas: *dentar una rueda.* ‖ Endentecer, echar dientes. ‖ — IRREG. Se conjuga como *alentar.*
DENTARIO, RIA adj. Dental: *bulbo dentario.*
DENTELLADA f. Bocado, mordedura: *le arrancó una oreja de una dentellada.*
DENTELLADO, DA adj. Que tiene dientes.
DENTELLAR v. i. Dar diente con diente, castañetear los dientes: *el miedo le hacía dentellar.*
DENTELLEAR v. t. Mordiscar, dar mordiscos.
DENTELLÓN m. Diente grande de la cerradura maestra. ‖ *Arq.* Dentículo, adorno. ‖ Diente, adaraja.
DENTERA f. Sensación desagradable que experimentan algunas personas en los dientes al comer o ver ciertas cosas o al oir ciertos ruidos: *me da dentera de ver cortar un corcho.* ‖ *Fig.* y *fam.* Envidia. ‖ *Darle a uno dentera una cosa,* causarle gran deseo.
DENTICINA f. Medicamento que facilita la dentición en los niños.
DENTICIÓN f. (lat. *dentitio*). Acción de endentecer y tiempo en que salen los dientes: *las muelas de la primera dentición carecen de raíces.*
DENTICULADO, DA adj. Provisto de dentículo o dientes menudos: *el orden compuesto está siempre denticulado.*
DENTICULAR adj. De figura de dientes.
DENTÍCULO m. (lat. *denticulus*). *Arq.* Adorno de figura de dientes, que se usa en arquitectura.
DENTÍFRICO, CA adj. y s. m. (del lat. *dens, dentis,* diente, y *fricare,* frotar). Que sirve para limpiar la dentadura: *pasta dentífrica.*
DENTINA f. Esmalte de los dientes.
DENTIRROSTROS m. pl. *Zool.* Suborden de pájaros, como los mirlos, currucas y cuervos, cuyo pico está más o menos dentado hacia su extremidad.
DENTISTA m. Cirujano que se ocupa en lo relativo a los dientes y las enfermedades de la boca. ‖ — SINÓN. *Odontólogo, estomatólogo.* Pop. *Sacamuelas.*
DENTIVANO, NA adj. De dientes anchos y claros.
DENTÓN, ONA adj. y s. Dentudo, de dientes muy grandes. ‖ — M. Pez marino comestible del Mediterráneo.
DENTRERA f. (de *dentro*). *Col.* Doncella, criada.
DENTRÍFICO m. Barb. por *dentífrico.*
DENTRO adv. l. y t. (de *de,* y el lat. *intro,* dentro). A la parte interior, o en el interior: *meter un libro dentro del cajón; se fue hacia dentro; dentro de una semana.* ‖ — OBSERV. En América suele construirse sin preposición: *dentro el cajón.*
DENTUDO, DA adj. Que tiene dientes muy grandes. ‖ *Cub.* Pez de las Antillas, especie de tiburón.
DENUDACIÓN f. (lat. *denudatio*). Estado de un árbol despojado de su corteza. ‖ Estado de un hueso puesto al desnudo. ‖ Estado de la tierra privada de vegetación.
DENUDAR v. t. (lat. *denudare*). *Hist. nat.* Desnudar, despojar: *hueso denudado.* ‖ — PARÓN. *Desnudar.*
DENUEDO m. Valor, ánimo. ‖ — CONTR. *Cobardía.*
DENUESTO m. Ofensa grave. (SINÓN. V. *Injuria.*) ‖ Insulto.
DENUNCIA f. Acción de denunciar o acusar: *la ley castiga la denuncia calumniosa.*
DENUNCIABLE adj. Que se puede denunciar.
DENUNCIACIÓN f. Denuncia, acusación.
DENUNCIADOR, RA y **DENUNCIANTE** adj. Que denuncia. ‖ M. y f. El que hace una denuncia.

dental

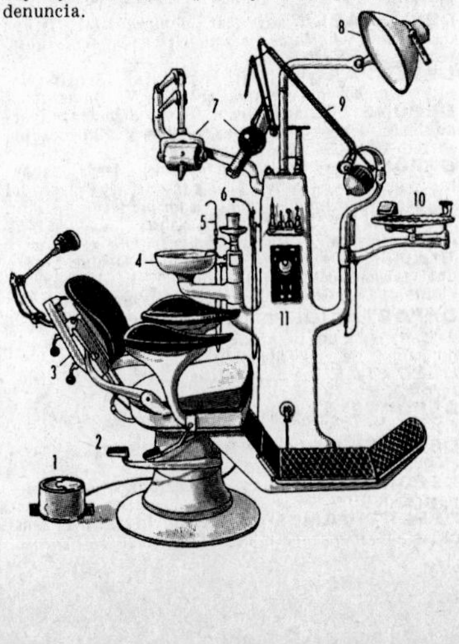

MATERIAL DEL DENTISTA

1. Pedal para accionar el torno
2. Pedal de maniobra del sillón
3. Sillón
4. Escupidera
5. Aspirador de saliva
6. Jeringa de agua
7. Aparato de radiografía
8. Lámpara reflectora
9. Torno eléctrico
10. Plato de los instrumentos
11. Tablero de mando

DENUNCIAR v. t. (lat. *denuntiare*). Declarar, publicar: *denunciar la guerra.* (SINÓN. V. *Divulgar.*) ‖ Acusar ante la autoridad: *denunciar a un criminal por medio de una carta anónima.* ‖ Pronosticar. ‖ Anular: *denunciar un tratado.* ‖ *Fig.* Indicar, revelar. ‖ *Amer.* Declarar una mina para poder explotarla.

DENUNCIATORIO, RIA adj. Que denuncia o acusa: *escribir una carta denunciatoria.*

DENUNCIO m. Acción de solicitar la concesión de una mina. ‖ Concesión minera.

DEODARA m. Nombre científico de una variedad de cedro, llamado también *cedro de la India.*

DEO GRACIAS, expr. de saludo, del lat. *Deo gratias,* gracias a Dios, que suele usarse al entrar en una casa. ‖ — M. *Fam.* Semblante, ademán devoto y sumiso.

DEONTOLOGÍA f. Tratado de los deberes y derechos: *deontología médica.*

DEO VOLENTE loc. lat. *Fam.* Dios mediante, si Dios quiere: *iré Deo volente.*

DEPARAR v. t. Suministrar, proporcionar. (SINÓN. V. *Distribuir.*) ‖ Poner delante: *entró en la primera tienda que le deparó la suerte.* ‖ — PARÓN. *Reparar.*

DEPARTAMENTAL adj. Del departamento.

DEPARTAMENTO m. División territorial de ciertos países: *Colombia está dividida en departamentos.* ‖ Ministerio o ramo de administración. ‖ Cada una de las partes en que se dividen algunas cosas: *un departamento de ferrocarril; caja dividida en tres departamentos.* (SINÓN. *Compartimiento.*) ‖ Piso, apartamento. (SINÓN. V. *Alojamiento.*)

DEPARTIDOR, RA adj. y s. Que departe.

DEPARTIR v. i. Hablar, conversar, platicar: *departir con unos amigos de,* o *sobre, un asunto.*

DEPAUPERACIÓN f. *Med.* Debilitación del organismo, enflaquecimiento, extenuación.

DEPAUPERAR v. t. (lat. *depauperare*). Empobrecer. ‖ *Med.* Debilitar, extenuar.

DEPENDENCIA f. Sujeción, subordinación: *vivir bajo la dependencia de uno.* ‖ Oficina que depende de una superior. (SINÓN. *Delegación, negociado.*) ‖ Negocio, encargo. (SINÓN. V. *Sucursal.*) ‖ Relación de parentesco o amistad. ‖ Conjunto de dependientes. ‖ — Pl. Cosas accesorias de la principal.

DEPENDER v. i. Estar bajo la dependencia de uno: *el ambicioso depende de todo el mundo.* ‖ Ser consecuencia: *nuestra felicidad depende de nuestra conducta.* ‖ Provenir: *el efecto depende de la causa.*

DEPENDIENTE adj. Que depende: *acto dependiente.* ‖ — M. Empleado: *un dependiente de comercio.* (Se usa también el f. *dependienta.*) [SINÓN. V. *Empleado.*]

DEPILACIÓN f. Acción y efecto de depilar.

DEPILAR v. t. Quitar el vello: *depilarse los brazos con unas pinzas.* (SINÓN. V. *Pelar.*)

DEPILATORIO, RIA adj. y s. m. (del lat. *depilare,* pelar). Pasta o untura para hacer caer el vello.

DEPLORABLE adj. (lat. *deplorabilis*). Digno de lástima: *hallarse en una situación deplorable.* (SINÓN. V. *Lastimoso.*)

DEPLORAR v. t. (lat. *deplorare*). Sentir: *deploro mucho lo ocurrido.* (SINÓN. V. *Lamentar.*)

DEPONENTE adj. *Gram. Verbo deponente,* verbo latino que tiene forma pasiva y significación activa. ‖ — M. Testigo, declarante.

DEPONER v. t. (lat. *deponere*). Dejar, apartar: *deponer la cólera una persona.* ‖ Privar del empleo o dignidad: *deponer a un príncipe.* (SINÓN. V. *Destituir.*) ‖ Afirmar, asegurar: *deponer ante los tribunales.* ‖ Bajar: *deponer una estatua.* ‖ *Méx., Guat.* y *Hond.* Vomitar. ‖ Declarar ante una autoridad judicial. ‖ — V. i. Evacuar el vientre. ‖ — IRREG. Se conjuga como *poner.*

DEPORTACIÓN f. (lat. *deportatio*). Pena de destierro en un lugar determinado. ‖ Prisión en un campo de concentración en el extranjero.

DEPORTAR v. t. Confinar. (SINÓN. V. *Desterrar.*)

DEPORTE m. Práctica metódica de ejercicios físicos.

DEPORTISMO y **DEPORTIVISMO** m. Afición a los deportes.

DEPORTISTA adj. y s. Aficionado a los deportes.

DEPORTIVAMENTE adv. m. Lealmente, honradamente: *reconocer deportivamente su fracaso.*

DEPORTIVIDAD f. *Neol.* Carácter deportivo; lealtad.

DEPORTIVO, VA adj. Relativo al deporte: *periódico deportivo.*

DEPOSICIÓN f. Privación o degradación de una dignidad: *la deposición de un rey.* ‖ Declaración jurídica: *recibir la deposición de los testigos.* ‖ Evacuación de vientre. (SINÓN. V. *Excremento.*)

DEPOSITADOR, RA adj. y s. Que deposita.

DEPOSITANTE adj. y s. Que deposita.

DEPOSITAR v. t. Poner en depósito: *depositar fondos en casa de un banquero.* ‖ Colocar en un sitio determinado: *depositar mercancías en un almacén.* (SINÓN. V. *Poner.*) ‖ Abandonar el poso un líquido: *ese aceite deposita mucho.* ‖ *For.* Sacar a una joven de casa de su familia y colocarla el juez en lugar donde pueda manifestar libremente su voluntad: *suelen depositarse las jóvenes cuando los padres se oponen a su casamiento o las quieren forzar a él.* ‖ *Fig.* Encomendar, confiar a uno. ‖ *Méx.* Reservar en la iglesia el Santísimo Sacramento. ‖ — V. r. Sedimentarse.

DEPOSITARÍA f. Oficina donde se hace un depósito, tesorería.

DEPOSITARIO, RIA m. y f. Persona a quien se confía un depósito: *ser depositario de un secreto.*

DEPÓSITO m. (lat. *depositum*). Acción de depositar y cosa depositada: *apropiarse un depósito.* ‖ Recipiente destinado a contener un líquido: *depósito de agua, de gasolina.* (SINÓN. *Cisterna, aljibe, arca de agua.* V. tb. *estanque.*) ‖ Poso de un líquido. (SINÓN. V. *Sedimento.*) ‖ Lugar donde se deposita una cosa. (SINÓN. *Almacén.* V. tb. *reserva.*) ‖ *Méx.* Reserva del Santísimo Sacramento. ‖ *Depósito de cadáveres,* lugar destinado a la conservación temporal de cadáveres hasta su inhumación.

DEPRAVACIÓN f. (lat. *depravatio*). Alteración: *la depravación de los humores.* ‖ *Fig.* Corrupción, vicio: *la depravación de las costumbres.*

DEPRAVADO, DA adj. (lat. *depravatus*). Pervertido, corrompido, lleno de vicios: *corazón depravado.* (SINÓN. V. *Vicioso.*)

DEPRAVADOR, RA adj. y s. Que deprava o corrompe: *lectura depravadora.*

DEPRAVAR v. t. (lat. *depravare*). Alterar, echar a perder: *el alcohol deprava el estómago.* ‖ *Fig.* Corromper: *depravar el alma.* (SINÓN. V. *Pudrir.*)

DEPRECACIÓN f. Ruego, súplica: *una deprecación vehemente.* ‖ — PARÓN. *Imprecación.*

DEPRECANTE adj. y s. Que depreca o suplica.

DEPRECAR v. t. (lat. *deprecare*). Suplicar.

DEPRECATIVO, VA adj. Que está en forma de deprecación: *una fórmula deprecativa.*

DEPRECATORIO, RIA adj. Deprecativo.

DEPRECIACIÓN f. (del lat. *depretiare,* menospreciar). Disminución del valor o precio. (SINÓN. V. *Abaratamiento.*)

DEPRECIAR v. t. (lat. *depretiare*). Rebajar el precio o valor de una cosa: *depreciar una mercancía.* ‖ — SINÓN. *Desapreciar, desestimar, envilecer.* V. tb. *bajar.*

DEPREDACIÓN f. (lat. *depraedatio*). Pillaje, robo hecho con devastación. (SINÓN. V. *Destrucción y rapiña.*) ‖ Malversación, exacción: *la depredación de los caudales de un menor.* (SINÓN. V. *Concusión.*)

DEPREDADOR m. El que depreda o roba.

DEPREDAR v. t. Cometer depredaciones.

DEPRESIÓN f. (lat. *depressio*). Hundimiento: *los valles son depresiones de la corteza terrestre.* (SINÓN. V. *Erosión.*) ‖ Pérdida de las fuerzas: *ciertas enfermedades causan gran depresión al enfermo.* ‖ Estado de melancolía que hace perder el ánimo. (SINÓN. *Languidez, postración, torpor, anonadamiento.* V. tb. *abatimiento.*) ‖ Hondonada. ‖ Descenso de la columna barométrica: *la depresión del mercurio en el barómetro es debida a la presión atmosférica.* (Es signo de mal tiempo.) ‖ Zona de baja presión. ‖ Período de baja económica que precede o sigue a una crisis.

DEPRESIVO, VA adj. Que deprime.

DEPRESOR, RA adj. y s. Que deprime.

DEPRIMENTE adj. Que deprime o debilita

DEPRIMIDO, DA adj. Que padece depresión.

DEPRIMIR v. t. (lat. *deprimere*). Hundir: *la presión barométrica deprime la altura de la co-*

lumna de mercurio del barómetro. || *Fig.* Rebajar, humillar. || Quitar las fuerzas: *la fiebre deprime mucho.*
DEPRISA adv. m. De prisa: *ir deprisa.*
DE PROFUNDIS m. (pal. lat. que sign. *desde las profundidades*). Salmo que se reza por los difuntos.
DEPURACIÓN f. Acción de depurar o purificar alguna cosa: *la depuración de la sangre.* || — SINÓN. *Purificación, refinación, refino.* V. tb. *saneamiento.*
DEPURADOR m. Aparato para la depuración.
DEPURAR v. t. Limpiar. || Rehabilitar. || — SINÓN. *Expurgar, limpiar.* V. tb. *purificar.*
DEPURATIVO, VA adj. y s. m. *Med.* Dícese del medicamento que depura la sangre.
DEPURATORIO, RIA adj. Que depura.
DEQUE adv. t. *Fam.* Después que, luego que.
DERBY m. (pal. ingl.). Gran carrera de caballos que se verifica cada año en Epsom, en Inglaterra.
DERECHAZO m. Golpe dado con la mano derecha. || *Taurom.* Pase de muleta dado con la mano derecha.
DERECHERA f. Senda derecha.
DERECHISMO m. Doctrina política de derecha.
DERECHISTA com. Miembro de un partido político de derecha.
DERECHO m. (lat. *directum*). Conjunto de las leyes y disposiciones que determinan las relaciones sociales desde el punto de vista de las personas y de la propiedad. (SINÓN. V. *Justicia y libertad.*) || Facultad de hacer una cosa, de disponer de ella o de exigir algo de una persona: *el padre tiene derecho de castigar a su hijo cuando éste lo merece.* || Estudio del Derecho: *segundo año de Derecho.* || — Pl. Honorarios: *cobrar derechos de autor por un libro.* || *Derechos civiles,* aquellos cuyo ejercicio garantiza el Código civil a todos los ciudadanos: *el derecho de testar es un derecho civil.* || *Derecho natural,* conjunto de reglas basadas en la justicia natural. || *Derecho positivo,* el establecido por las leyes: *el Derecho positivo está destinado a suplir las deficiencias del Derecho natural.* || *Derecho de gentes* o *internacional,* el que determina las relaciones entre los pueblos. || Conjunto de leyes pertenecientes a una materia determinada: *Derecho canónico, administrativo, municipal,* etc.
DERECHO, CHA adj. (lat. *directus*). Recto, que no está doblado ni encorvado: *línea derecha.* || Perpendicular, vertical: *ese árbol no está derecho.* || Dícese de lo que está colocado en el cuerpo del hombre, del lado opuesto al del corazón: *la mano derecha es generalmente más hábil que la izquierda.* || — Adv. m. Derechamente: *ir derecho a su ocupación.* || — F. Lado derecho: *la derecha de una figura.* || La mano derecha. || — Lado mejor labrado de una tela. || La parte más moderada o conservadora en las colectividades políticas. || *A derecha,* m. adv., a mano derecha, al lado derecho. || *No hacer nada a derechas,* hacer todo mal.
DERECHOSO, SA adj. *Guat.* y *Hond.* Copropietario de algo.
DERECHURA f. Calidad de derecho, rectitud: *comprobar la derechura de una regla.* (SINÓN. V. *Justicia.*) || *En derechura,* m. adv., directamente. || *Amér. C.* y *Per.* Buena suerte.
DERIVA f. *Mar.* Desvío de la nave de su rumbo por efectos del viento. || *Ir a la deriva,* estar a merced de las olas o del viento. || *Fig.* Carecer de rumbo.
DERIVACIÓN f. Acción de derivar: *la derivación de un arroyo.* || *Med.* Acción de remover de su asiento una inflamación, irritación, etc.: *los sinapismos y vejigatorios producen una derivación de la inflamación.* || *Gram.* Procedimiento mediante el cual se forman unos vocablos de otros. || *Electr.* Pérdida de fluido en una línea eléctrica.
DERIVADA f. *Mat. Derivada de una función, de una variable,* límite hacia el cual tiende la relación entre el aumento de la función y el atribuido a la variable cuando éste último tiende a cero.
DERIVADO, DA adj. y s. m. Dícese de la palabra formada por derivación: *dedal es un derivado de dedo.* || *Quím.* Dícese del producto que se obtiene de otro: *los derivados de la hulla.*
DERIVAR v. i. (lat. *derivare*). Traer su origen de una cosa: *esto deriva de lo que decía.* || *Mar.* Abatir el rumbo. || — V. t. Sacar una cosa de otra: *derivar* HORMIGA *del latín* FORMICA. (SINÓN. V. *Resultar.*)
DERIVATIVO, VA adj. Que indica derivación. || *Med.* Dícese del medicamento que llama a un punto la inflamación o los humores acumulados en otra parte.
DERIVO m. Origen, procedencia.
DERMALGIA f. (del gr. *derma,* piel, y *algos,* dolor). Dolor nervioso que se experimenta en la piel.
DERMATITIS f. *Med.* Inflamación de la piel.
DERMATOESQUELETO m. *Anat.* Nombre del esqueleto exterior de los crustáceos y quelonios.
DERMATOLOGÍA f. (del gr. *derma,* piel, y *logos,* tratado). *Med.* Estudio de las enfermedades de la piel.
DERMATÓLOGO m. Médico especialista para las enfermedades de la piel.
DERMATOSIS f. Nombre de las enfermedades de la piel en general: *la sarna es una dermatosis.*
DERMESTO m. (gr. *desmêstês*). Género de insectos coleópteros que atacan las pieles, la carne salada, etc.
DÉRMICO, CA adj. Relativo a la piel.
DERMIS f. Capa conjuntiva que forma parte de la piel, más gruesa que la epidermis y situada debajo de ésta.
DERMITIS f. Dermatitis.
DEROGACIÓN f. (lat. *derogatio*). Abolición, anulación: *la derogación de un reglamento.* || Disminución, deterioración.
DEROGAR v. t. Abolir, destruir, quitar: *derogar un reglamento.* (SINÓN. V. *Anular.*) || Galicismo por *ofender; ir contra*: *derogar a su dignidad;* o por *faltar*: *derogar a un principio.* || — PARÓN. *Erogar.*
DEROGATORIO, RIA adj. *For.* Que deroga: *cláusula derogatoria.* || — F. *Amer.* Derogación.
DERRABAR v. t. Cortar la cola a un animal: *se suelen derrabar ciertas castas de perros.*
DERRAMA f. Repartimiento de un impuesto o gasto. || Contribución extraordinaria.
DERRAMADERO m. Vertedero.
DERRAMADO, DA adj. *Fig.* y *fam.* Pródigo, gastoso, derrochador, manirroto. || — CONTR. *Tacaño.*
DERRAMADOR, RA adj. y s. Que derrama.
DERRAMAMIENTO m. Acción y efecto de derramar.
DERRAMAR v. t. Verter cosas líquidas o menudas: *derramar cebada.* || *Fig.* Extenderse, cundir una noticia. || — V. r. Desparramarse, esparcirse: *la muchedumbre se derramó por las calles.* || — SINÓN. *Correr, salirse, ahilarse, chorrear, fluir.* V. tb. *verter* y *dispersar.*
DERRAME m. Derramamiento: *el derrame de una vasija.* || Porción de líquido o de árido que se desperdicia al medirlo. || Lo que se sale y pierde del recipiente que lo contiene. || Sesgo en el hueco de una puerta o ventana que permite abrirla mejor. || *Med.* Acumulación de humor en una cavidad o salida de éste fuera del cuerpo. || — Pl. *Chil.* Aguas sobrantes de un predio.
DERRAMO m. Derrame de una puerta o ventana.
DERRAPAR v. i. Galicismo por *patinar, resbalar.*
DERREDOR m. Contorno de una cosa: *sentarse al,* o *en, derredor de una mesa.*
DERRELICTO m. Buque u objeto abandonado en el mar.
DERRELINQUIR v. t. Abandonar, desamparar.
DERRENEGAR v. i. *Fam.* Aborrecer, detestar.
DERRENGADO, DA adj. Torcido. || *Fig.* Molido. (SINÓN. V. *Cansado.*)
DERRENGADURA f. Lesión de un cuerpo derrengado o deslomado.
DERRENGAR v. t. Descaderar, deslomar: *le derrengaron a palos.* || Torcer, desviar más a un lado que a otro.
DERRENIEGO m. *Fam.* Reniego.
DERRETIDO, DA adj. *Fig.* Enamorado, amartelado. || — M. Hormigón.
DERRETIMIENTO m. Acción y efecto de derretir. || *Fig.* Afecto vehemente, amor intenso.
DERRETIR v. t. Liquidar por medio del calor una cosa sólida: *derretir plomo en una cuchara.* || *Fig.* Consumir, gastar la hacienda. || — V. r. Enamorarse locamente. || *Fig.* y *fam.* Estar lleno

derrame de una ventana

de impaciencia o inquietud. ‖ — Irreg. Se conjuga como *pedir*.
DERRIBADOR m. El que derriba o echa abajo alguna cosa: *los derribadores de la monarquía*. ‖ El que derriba reses vacunas.
DERRIBAR v. t. Echar abajo: *derribar una casa*. (Sinón. *Demoler, desmantelar, arrasar, destruir*.) ‖ Tirar al suelo: *derribar a un adversario*. (Sinón. *Abatir, tumbar*.) ‖ Echar abajo lo que estaba en alto: *derribar la monarquía*. (Sinón. *Trastornar, subvertir*.) ‖ Tirar al suelo las reses con la garrocha. ‖ Postrar, abatir, humillar. ‖ — V. r. Tirarse a tierra.
DERRIBO m. Acción de derribar: *derribo de una casa*. ‖ Materiales sacados de la demolición: *edificar una casa con derribos*. ‖ Lugar donde se derriba. (Sinón. V. *Ruina*.)
DERRICK m. Armazón que se establece para perforar un pozo de petróleo. (Es mejor decir en castellano *torre de sondeo* o *de perforación*.)

derrick

DERRISCO m. *Cub*. Barranco profundo.
DERROCADERO m. Despeñadero, sima.
DERROCAMIENTO m. Acción de derrocar.
DERROCAR v. t. Despeñar, hacer rodar por un precipicio: *la gamuza herida se derrocó por el barranco*. ‖ *Fig*. Derribar, arruinar: *derrocar un edificio*. ‖ *Fig*. Hacer caer a uno de su elevada posición: *le derrocaron de su destino*. ‖ *Fig*. Derribar, hacer caer: *derrocar de la cumbre*.
DERROCHADOR, RA adj. y s. Que derrocha o malgasta. ‖ — Contr. *Aprovechado, ahorrador*.
DERROCHAR v. t. Malgastar, dilapidar: *derrochar un caudal*. ‖ — Contr. *Ahorrar, aprovechar*.
DERROCHE m. Efecto de derrochar o malgastar.
DERROTA f. *Mil*. Vencimiento completo de un ejército. (Sinón. *Desastre, capitulación*. V. tb. *fracaso*.) ‖ *Fig*. Desorden, ruina. ‖ *Mar*. Rumbo o ruta que lleva una embarcación. ‖ Camino, sendero.
DERROTADO, DA adj. Roto, andrajoso.
DERROTAR v. t. Destrozar, romper: *derrotar la ropa*. ‖ Destruir, arruinar: *una salud muy derrotada*. ‖ *Mar*. Apartar la embarcación de su rumbo la tempestad. ‖ *Mil*. Vencer y hacer huir al ejército contrario: *el general Castaños derrotó a los franceses en Bailén*. (Sinón. V. *Vencer*.)
DERROTE m. Cornada: *dar un derrote el toro*.
DERROTERO m. Camino, ruta que lleva el barco. ‖ *Fig*. Dirección, camino, modo de obrar: *mudar de derrotero según las circunstancias se presentan*. ‖ Tesoro oculto.
DERROTISMO m. Tendencia a propagar el desaliento con noticias o ideas pesimistas: *su derrotismo me desespera*.
DERROTISTA adj. y s. Que manifiesta derrotismo. (Sinón. V. *Pesimista*.)
DERRUBIAR v. t. Robar, desgastar las aguas corrientes la tierra de las riberas.
DERRUBIO m. Acción de derrubiar. ‖ Tierra que se derrubia: *los derrubios han aumentado esta finca*.
DERRUIR v. t. (lat. *deruere*). Derribar, arruinar: *derruir casas*. ‖ — Irreg. Se conjuga como *huir*.
DERRUMBADERO m. Despeñadero, derrocadero: *caer en un derrumbadero*.
DERRUMBAMIENTO m. Acción y efecto de derrumbar.
DERRUMBAR v. t. Precipitar, despeñar: *se derrumbó por el despeñadero*. ‖ *Amér*. Derribar.
DERRUMBE y **DERRUMBO** m. Derrumbamiento.
DERVICHE m. (del persa *dervix*, religioso). Religioso mahometano.

derviche

DES, prep. insep., del lat. *dis*, que denota negación, oposición o privación.
DESABARRANCAR v. t. Sacar de un barranco: *desabarrancar un carro*. ‖ *Fig*. Sacar de una dificultad.
DESABASTECER v. t. Desproveer, privar del abastecimiento. ‖ — Irreg. Se conjuga como *merecer*.
DESABILLÉ m. (del fr. *deshabillé*, traje de mañana). Deshabillé.
DESABOLLAR v. t. Quitar las abolladuras: *desabollar una cafetera*.
DESABONARSE v. r. Cesar una persona el abono o subscripción: *desabonarse de una revista*.
DESABONO m. La acción de desabonarse. ‖ Perjuicio, daño que se causa a uno hablando mal de él.
DESABOR m. Insipidez, desabrimiento.
DESABORDARSE v. r. *Mar*. Separarse dos embarcaciones que se habían abordado.
DESABORIDO, DA adj. Sin sabor, sin substancia: *pepino desaborido*. ‖ *Fig*. y *fam*. Soso, sin gracia: *muchacha desaborida*. (Sinón. V. *Soso*.) ‖ — Parón. *Desabrido*.
DESABOTONAR v. t. Desabrochar: *desabotonarse los guantes*. ‖ — V. i. Abrirse los botones de las flores.
DESABRIDAMENTE adv. m. Con desabrimiento.
DESABRIDO, DA adj. (de *desaborido*). Que tiene poco sabor o lo tiene malo: *melón desabrido*. ‖ Duro de disparar: *escopeta desabrida*. ‖ Destemplado, desagradable: *tiempo desabrido*. ‖ *Fig*. Áspero, desapacible: *mujer desabrida*. (Sinón. *Malhumorado, avinagrado, atrabiliario, bilioso, hipocondríaco, agrio, mohíno, arisco, arrogante, hosco, ceñudo, carilargo, brusco, bronco*. V. tb. *desagradable*.) ‖ — Parón. *Desaborido*.
DESABRIGADO, DA adj. *Fig*. Abandonado.
DESABRIGAR v. t. Descubrir, desarropar, quitar el abrigo: *no debe uno desabrigarse cuando está sudando*. (Sinón. V. *Desnudar*.)
DESABRIGO m. Acción y efecto de desabrigar ‖ *Fig*. Desamparo, abandono, aislamiento.
DESABRIMIENTO m. Falta de sabor o sazón. ‖ *Fig*. Dureza, aspereza: *contestar con desabrimiento*. ‖ Disgusto, desazón: *sentir desabrimiento interior*.
DESABRIR v. t. No sazonar: *desabrir la comida*. ‖ *Fig*. Disgustar, desazonar el ánimo.
DESABROCHAR v. t. Desasir los broches, corchetes, botones, etc.: *desabrocharse las botas*. ‖ *Fig*. Abrir, descubrir. ‖ — V. r. *Fig*. y *fam* Confiar un secreto: *desabrocharse con un amigo*.
DESACALORARSE v. r. Desahogarse del calor.
DESACATADOR, RA adj. Que desacata.
DESACATAMIENTO m. Desacato.
DESACATAR v. t. Cometer un desacato: *desacatar a la autoridad*.
DESACATO m. Irreverencia, falta de respeto: *cometer desacato*. ‖ *For*. Delito que se comete insultando o amenazando a un representante de la autoridad.
DESACEITADO, DA adj. Que está sin aceite o grasa: *una máquina desaceitada*.
DESACEITAR v. t. Quitar el aceite a una cosa.
DESACERAR v. t. Quitar acero de una herramienta: *desacerar una cuchilla de cepillo*. ‖ Quitar la aceración al hierro: *hierro colado desacerado*.
DESACERTADO, DA adj. Que obra sin acierto
DESACERTAR v. i. No acertar. (Sinón. *Errar*.) ‖ — Irreg. Se conjuga como *acertar*.
DESACIERTO m. Acción de desacertar. ‖ Dicho o hecho desacertado: *decir desaciertos*.
DESACLIMATAR v. t. Cambiar de clima a una persona o a un animal. ‖ — Contr. *Aclimatar*.
DESACOBARDAR v. t. Quitar la cobardía o el miedo. ‖ — Sinón. *Alentar, animar*.
DESACOLLARAR v. t. *Arg*. Separar lo que está acollarado.
DESACOMEDIDO, DA adj. *Col., Chil., Guat*. y *Méx*. Que no es servicial.
DESACOMODADO, DA adj. Apurado, que no vive con desahogo. ‖ Que está sin acomodo: *un cochero desacomodado*. ‖ Que incomoda. ‖ *Chil*. Desordenado.
DESACOMODAR v. t. Privar de la comodidad. ‖ Quitar el acomodo o empleo: *desacomodar un criado*.
DESACOMODO m. Acción y efecto de desacomodar.
DESACOMPAÑAR v. t. Dejar a uno sólo, apartándose de su compañía.
DESACONDICIONAR v. t. *Chil*. Quitar la condición en que estaba. ‖ *Guat*. Desordenar.
DESACONSEJADO, DA adj. Que obra sin consejo, imprudente, caprichoso.
DESACONSEJAR v. t. Disuadir, persuadir a uno de lo contrario de lo que pensaba hacer.
DESACOPLAR v. t. Desajustar, separar lo que estaba acoplado.
DESACORDADO, DA adj. *Pint*. Dícese de la obra que está falta de armonía: *colorido desacordado*.
DESACORDAR v. t. Destemplar un instrumento músico o la voz: *desacordar un piano*. (Sinón. *Desafinar*.) ‖ — V. r. Olvidarse, desmemoriarse ‖ — Irreg. Se conjuga como *acordar*.

Fot. Esso, Abdullah Hermanos

DESACORDE adj. Que no conforma o concuerda, que no está acorde: *instrumentos desacordes.*
DESACORRALAR v. t. Sacar del corral a un animal: *desacorralar un toro.*
DESACOSTUMBRADAMENTE adv. m. Sin costumbre.
DESACOSTUMBRADO, DA adj. No acostumbrado, insólito, raro: *un suceso desacostumbrado.*
DESACOSTUMBRAR v. t. Hacer perder la costumbre que se tenía: *desacostumbrar a uno del café.*
DESACOTAR v. t. Levantar el coto. || *Fig.* Apartarse de lo que se está tratando. || *Fig.* Entre muchachos, suspender las leyes de sus juegos. || *Fig.* Rechazar, no admitir una cosa.
DESACOTO m. Acción y efecto de desacotar.
DESACREDITADO, DA adj. Que ha perdido la buena opinión.
DESACREDITADOR, RA adj. y s. Que desacredita a una persona o cosa.
DESACREDITAR v. t. Disminuir la reputación: *desacreditar entre los compañeros.* || — SINÓN. *Desprestigiar, denigrar, deslustrar, calumniar, chismear, chismorrear, murmurar, difamar, desautorizar, criticar, manchar.*
DESACUARTELAR v. t. Sacar del cuartel: *desacuartelar un regimiento.*
DESACUERDO m. Falta de conformidad, discordia: *reina el desacuerdo en esta familia.* (SINÓN. V. *Disidencia.*) || Olvido, error, falta de memoria.
DESACHIRARSE v. r. *Col.* Despejarse el cielo.
DESADEUDAR v. t. Librar a uno de sus deudas, desentrampar, desempeñar.
DESADORMECER v. t. Despertar. || Desentorpecer, desentumecer. || — IRREG. Se conjuga como *merecer.*
DESADORNAR v. t. Quitar el adorno de alguna cosa: *desadornar un palacio.*
DESADORNO m. Falta de adorno.
DESADVERTIR v. t. No reparar, no advertir, no fijarse. || — IRREG. Se conjuga como *divertir.*
DESAFEAR v. t. Quitar la fealdad.
DESAFECCIÓN f. Desafecto.
DESAFECTO, TA adj. Que no siente afecto a una persona o cosa. || Opuesto, contrario. || — M. Malquerencia, enemistad: *mostrar desafecto a alguno.*
DESAFERRAR v. t. Soltar lo que está aferrado. || *Fig.* Sacar a uno del error o capricho a que se aferraba. || *Mar.* Levantar las áncoras.
DESAFIADOR, RA adj. y s. Que desafía.
DESAFIANZAR v. t. Quitar la fianza.
DESAFIAR v. t. Provocar, retar: *desafiar a un rival.* (SINÓN. *Arrostrar, afrontar.*) || Competir, contender: *a volar se desafiaron un pavo y un cuervo.* || *Fig.* Competir, oponerse.
DESAFICIÓN f. Desafecto, falta de afición a una persona o cosa: *sentir desafición a la música.*
DESAFICIONAR v. t. Quitar la afición que se tiene a una cosa. Ú. t. c. r.: *es difícil desaficionarse del tabaco.*
DESAFILAR v. t. Embotar el filo de un arma.
DESAFINACIÓN f. Acción y efecto de desafinar.
DESAFINAR v. i. *Mús.* Desacordarse, perder la afinación la voz o un instrumento músico: *piano desafinado.* || *Fig.* y *fam.* Hablar con inoportunidad.
DESAFÍO m. Acción y efecto de desafiar, reto: *tener un desafío a pistola.* (SINÓN. V. *Duelo.*) || Rivalidad, competencia.
DESAFORADAMENTE adv. m. Con exceso: *comer desaforadamente.* || Con atrevimiento y descortesía: *gritar desaforadamente.*
DESAFORADO, DA adj. Grande, excesivo: *dar voces desaforadas.* || Que obra sin ley ni fuero o se hace contra fuero o privilegio.
DESAFORAR v. t. Quebrantar el fuero, o privar de él a uno. || — V. r. Descomponerse, perder todo reparo: *es hombre que por todo se desafuera.* || — IRREG. Se conjuga como *acordar.*
DESAFORO m. *Cub.* Ardor, arrebato.
DESAFORRAR v. t. Quitar el forro a una cosa.
DESAFORTUNADO, DA adj. Sin fortuna.
DESAFUERO m. Acto contra ley o fuero, o que priva del fuero o privilegio. || Acción contraria a la razón o prudencia, desacato: *cometer un desafuero.*
DESAGARRAR v. t. *Fam.* Soltar lo agarrado.
DESAGRACIADO, DA adj. Infeliz, desdichado. || Sin gracia, insulso, feo: *obra desagraciada.*
DESAGRACIAR v. t. Quitar la gracia, afear.
DESAGRADABLE adj. Que desagrada: *música desagradable; fruta desagradable al paladar* || — SINÓN. *Aburrido, enojoso, enfadoso, molesto, desapacible, fastidioso, triste, descortés, ofensivo, chocante, indigesto.* V. tb. *desabrido, feo y repugnante.*
DESAGRADABLEMENTE adv. m. Con desagrado.
DESAGRADAR v. i. Disgustar, causar desagrado: *una palabra que desagrada.* || — SINÓN. *Fastidiar, ofender.* V. tb. *enfadar.*
DESAGRADECER v. t. No agradecer el beneficio que se recibe, desconocerlo. || — IRREG. Se conjuga como *merecer.*
DESAGRADECIDO, DA adj. Que desagradece, ingrato: *los egoístas son siempre desagradecidos.*
DESAGRADECIMIENTO m. Ingratitud.
DESAGRADO m. Disgusto, descontento: *esta noticia me causó desagrado.* || Expresión de disgusto que se muestra en el semblante: *mostrar desagrado.* (SINÓN. V. *Descontento.*)
DESAGRAVIAR v. t. Reparar el agravio o resarcir el daño causado: *desagraviar a uno el daño que se le causó.* || — V. r. Resarcirse, desquitarse del daño o perjuicio recibidos.
DESAGRAVIO m. Acción y efecto de desagraviar: *hacer algo en desagravio de una ofensa.* || — Pl. *Méx.* Ejercicios piadosos que se verifican en la iglesia en el mes de septiembre para reparar los agravios hechos a Dios.
DESAGREGACIÓN f. Acción y efecto de desagregar o desagregarse.
DESAGREGAR v. t. Separar las partes de un todo: *la humedad desagrega determinados cuerpos.* (SINÓN. V. *Descomponer.*)
DESAGUADERO m. Conducto o canal de desagüe. || *Fig.* Cosa que ocasiona continuo gasto.
DESAGUADOR m. Canal de desagüe.
DESAGUAR v. t. Sacar el agua de un sitio: *desaguar una galería de mina.* || — V. i. Desembocar los ríos en el mar: *el Tajo desagua en el Atlántico.* || — V. r. *Fig.* Exonerarse por vómito o cámara o por ambas vías.
DESAGUAZAR v. t. Sacar el agua que encharcaba o inundaba un lugar: *desaguazar un huerto*
DESAGÜE m. Acción y efecto de desaguar: *grifo de desagüe.* || Desaguadero.
DESAGUISADO, DA adj. Hecho contra ley o razón. || — M. Agravio, injusticia, insolencia, acción descomedida: *cometer un desaguisado.* || *Arg.* Desorden.
DESAHERROJAR v. t. Quitar los hierros al que está aherrojado. Ú. t. c. r.
DESAHIJAR v. t. Separar en el ganado las crías de las madres: *desahijar una oveja.* || — V. r. Enjambrar las abejas: *desahijarse una colmena.*
DESAHITARSE v. r. Quitarse el ahíto.
DESAHOGADAMENTE adv. m. Con desahogo, libremente: *hablar con uno muy desahogadamente.*
DESAHOGADO, DA adj. Descarado: *un muchacho muy desahogado.* (SINÓN. V. *Atrevido.* CONTR. *Recatado.*) || Despejado, desembarazado: *una calle desahogada.* || Que vive con desahogo: *existencia desahogada.* (CONTR. *Apurado.*)
DESAHOGAR v. t. Aliviar la pena o el trabajo a una persona. || Dar rienda suelta: *desahogar un deseo, una pasión.* || — V. r. Descansar, aliviarse del cansancio o el calor: *quitarse la ropa para desahogarse.* || Desempeñarse, desentramparse: *no acaba uno nunca de desahogarse.* || Confiarse a una persona: *desahogarse con un amigo.*
DESAHOGO m. Alivio, descanso: *servirle a uno una cosa de desahogo.* || Dilatación, ensanche: *esta habitación sirve de desahogo.* || Desembarazo, libertad: *hablar con demasiado desahogo.* || Comodidad: *vivir con desahogo.*
DESAHUCIADAMENTE adv. m. Sin esperanza.
DESAHUCIAR v. t. (de *des* priv., y el lat. *fiducia*, confianza). Quitar toda esperanza, condenar: *los médicos han desahuciado a este enfermo.* || Despedir el casero al inquilino o arrendatario. (SINÓN. V. *Despedir.*)
DESAHUCIO m. Acto de desahuciar: *desahucio de los inquilinos de mi casa de alquiler.*

DESAHUMADO, DA adj. Dícese del licor debilitado por la evaporación: *aguardiente desahumado.*
DESAHUMAR v. t. Quitar el humo que llena una cosa: *desahumar una habitación.*
DESAINADURA f. *Veter.* Enfermedad de las caballerías, especie de inflamación del vientre.
DESAINAR v. t. Desengrasar, quitar el saín o grasa: *desainar a un animal.* ‖ *Cub.* Debilitar.
DESAIRADAMENTE adv. m. Sin aire ni garbo. ‖ Con desaire.
DESAIRADO, DA adj. Desgarbado: *traje desairado.* ‖ *Fig.* Que queda mal: *salió desairado.*
DESAIRAR v. t. Deslucir, dejar desairado. ‖ Desestimar una cosa o desatender a una persona. (SINÓN. V. *Despreciar* y *rechazar.*)
DESAIRE m. Falta de garbo o gentileza. (CONTR. *Gracia, donaire.*) ‖ Acción de desairar, afrenta, vergüenza: *sufrir un desaire.* (SINÓN. V. *Negativa* y *ofensa.*)
DESAJUSTAR v. t. Desconcertar lo que estaba ajustado: *desajustar una máquina.* ‖ — V. r. Desconvenirse, no cumplir un ajuste.
DESAJUSTE m. Acción de desajustar, desconcierto, desarreglo: *el desajuste de un negocio.*
DESALABANZA f. Acción de desalabar, crítica, censura. ‖ Vituperio, menosprecio.
DESALABAR v. t. Vituperar, menospreciar.
DESALADO, DA adj. Apresurado, ansioso.
DESALADURA f. Acción de desalar una cosa.
DESALAR v. t. Quitar la sal: *desalar pescado.* ‖ Quitar las alas. ‖ — V. i. *Fig.* Correr con aceleración. ‖ — V. i. *Fig.* Sentir un anhelo vehemente: *se desalaba por conseguir un destino.*
DESALBARDAR v. t. Desenalbardar.
DESALENTADOR, RA adj. Que causa desaliento.
DESALENTAR v. t. Dificultar el aliento, la fatiga o cansancio: *llegar desalentado del mucho correr.* ‖ *Fig.* Quitar el ánimo, acobardar: *no debemos desalentarnos ante las adversidades.* (SINÓN. *Desanimar, descorazonar, cansarse.*) ‖ — IRREG. Se conjuga como *alentar.*
DESALFOMBRAR v. t. Levantar las alfombras o tapices: *desalfombrar una casa.*
DESALHAJAR v. t. Desamueblar, quitar los muebles o las alhajas: *desalhajar un cuarto.*
DESALIENTO m. Falta de ánimo o de aliento. ‖ — SINÓN. *Desanimación, desmoralización, desesperación.* V. tb. *abatimiento.*
DESALINEACIÓN f. Acción y efecto de desalinear.
DESALINEAR v. t. Hacer perder la alineación o el orden: *los soldados se desalinearon.*
DESALIÑADO, DA adj. Que muestra desaliño.
DESALIÑAR v. t. Descomponer el adorno o compostura de persona o cosa.
DESALIÑO m. Descompostura, falta de aliño: *ir vestida una mujer con desaliño.* ‖ *Fig.* Negligencia, descuido: *libro escrito con demasiado desaliño.* ‖ — M. pl. Especie de pendientes largos.
DESALIVAR v. i. Arrojar mucha saliva.
DESALMADO, DA adj. Inhumano, sin conciencia: *hombre desalmado.* (SINÓN. V. *Cruel* y *malo.* CONTR. *Generoso.*)
DESALMAMIENTO m. Inhumanidad.
DESALMAR v. t. *Fig.* Quitar la fuerza o virtud a una cosa. ‖ Desasosegar. ‖ — V. r. *Fig.* Desalarse.
DESALMENADO, DA adj. Falto de almenas o que las ha perdido: *un viejo torreón desalmenado.*
DESALMIDONAR v. t. Quitar el almidón a una cosa: *desalmidonar la ropa.*
DESALOJAMIENTO m. Acción de desalojar.
DESALOJAR v. t. Sacar de un lugar a una persona o cosa: *desalojar al enemigo a cañonazos.* ‖ Abandonar: *desalojaron la posición.* ‖ Desplazar. ‖ — V. i. Salir de un sitio, dejarlo voluntariamente.
DESALOJO m. Desalojamiento.
DESALQUILAR v. t. Dejar o hacer dejar lo alquilado: *hay en la casa dos pisos desalquilados.* ‖ — V. r. Quedar sin inquilinos una vivienda.
DESALTERAR v. t. Quitar la alteración: *desalterar los ánimos irritados.*
DESAMAR v. t. Dejar de amar. ‖ Aborrecer, odiar.
DESAMARRAR v. t. Quitar las amarras: *desamarrar un barco.* ‖ *Fig.* Desasir, desviar.
DESAMARTELAR v. t. Desenamorar. Ú. t. c. r.
DESAMBIENTAR v. t. *Neol.* Quitar el ambiente.
DESAMOBLAR v. t. Desamueblar, desalhajar. ‖ — IRREG. Se conjuga como *contar.*
DESAMONTONAR v. t. Deshacer lo amontonado.
DESAMOR m. Falta de afecto o de correspondencia al cariño de otra persona. (SINÓN. *Ingratitud.*) ‖ Enemistad, odio: *mirar a uno con algún desamor.*
DESAMORADO, DA adj. Que no tiene amor.
DESAMORAR v. t. Hacer perder el amor a una persona. Ú. t. c. r. ‖ — CONTR. *Enamorar.*
DESAMORTIZABLE adj. Que puede desamortizarse.
DESAMORTIZACIÓN f. Acción y efecto de desamortizar: *la desamortización de Mendizábal fue en 1836.*
DESAMORTIZAR v. t. Dejar libres los bienes que estaban antes amortizados. ‖ Poner en venta los bienes de manos muertas.
DESAMOTINARSE v. r. Apartarse del motín comenzado.
DESAMPARADOR, RA adj. Que desampara.
DESAMPARAR v. t. Dejar sin amparo: *desamparar a un anciano.* (SINÓN. V. *Abandonar.*)
DESAMPARO m. Abandono, acción de desamparar: *vivir un anciano en completo desamparo.*
DESAMUEBLAR v. t. Dejar sin muebles una casa: *desamueblar un palacio.* (SINÓN. *Desalhajar.*)
DESANCLAR y **DESANCORAR** v. t. *Mar.* Levantar las áncoras que sujetan la nave.
DESANDAR v. t. Volver atrás: *desandar el camino.* (SINÓN. V. *Retroceder.*) ‖ — IRREG. Se conjuga como *andar.*
DESANGRAMIENTO m. Acción de desangrar.
DESANGRAR v. t. Sacar la sangre. ‖ *Fig.* Agotar un lago, estanque, charca, etc.. ‖ *Fig.* Arruinar, empobrecer, desplumar. ‖ — V. r. Perder mucha sangre.
DESANIDAR v. i. Abandonar el nido las aves ya crecidas. ‖ — V. t. *Fig.* Echar de un sitio, desalojar: *desanidaron a los ladrones de su guarida.*
DESANIMACIÓN f. Falta de ánimo, cobardía. (SINÓN. V. *Desaliento.*)
DESANIMADO, DA adj. Falto de ánimo o valor. (SINÓN. V. *Decaído.*) ‖ Poco animado: *reunión desanimada.*
DESANIMAR v. t. Desalentar: *no debemos dejarnos desanimar por las adversidades.* (SINÓN. V. *Acobardar.*)
DESÁNIMO m. Falta de ánimo, desaliento. (SINÓN. V. *Abatimiento* y *desaliento.*)
DESANUBLAR v. t. Aclarar, disipar. ‖ — V. r. Despejarse el cielo.
DESANUDAR y **DESAÑUDAR** v. t. Desatar un nudo. ‖ *Fig.* Aclarar algún enredo. ‖ — SINÓN *Desenredar, desenmarañar.*
DESAOJAR v. t. Curar el mal de ojo.
DESAPACIBILIDAD f. Calidad de desapacible.
DESAPACIBLE adj. Que causa disgusto, incómodo: *ruido desapacible.* (SINÓN. V. *Desagradable.*)
DESAPADRINAR v. t. *Fig.* Desaprobar, censurar. ‖ Retirar a una persona el apoyo o protección.
DESAPAREAR v. t. Separar dos animales u objetos que estaban apareados: *desaparear un tronco de mulas.*
DESAPARECER v. i. Dejar de aparecer o verse: *desaparece el sol por Occidente.* (SINÓN. *Evaporarse, esfumarse, eclipsarse, desvanecerse.*) ‖ Ocultarse, quitarse de la vista: *desapareció en seguida.* (SINÓN. V. *Ausentar* y *huir.*) ‖ No parecer, no encontrarse: *han desaparecido mis guantes.* ‖ — IRREG. Se conjuga como *merecer.*
DESAPARECIMIENTO m. Desaparición.
DESAPAREJAR v. t. Quitar el aparejo: *desaparejaron los caballos; desaparejar la embarcación.*
DESAPARICIÓN f. Acción y efecto de desaparecer. (SINÓN. V. *Ausencia.*)
DESAPARROQUIAR v. t. Quitar los parroquianos a una tienda.
DESAPARTAR v. t. *Amer.* Apartar.
DESAPASIONADAMENTE adv. m. Sin pasión: *la amaba desapasionadamente.*

DESAPASIONADO, DA adj. Falto de pasión, imparcial.
DESAPASIONAR v. t. Quitar la pasión que se tiene a una cosa: *desapasionarse del juego.*
DESAPEGAR v. t. Despegar. || *Fig.* V. r. Perder el apego o la afición a una persona o cosa, desaficionarse de ella: *está muy desapegado de su familia.*
DESAPEGO m. *Fig.* Falta de apego o afición, desvío: *mostrar desapego a una persona.*
DESAPERCIBIDO, DA adj. Desprevenido, desprovisto de lo necesario. || — OBSERV. Es galicismo en el sentido de *inadvertido.*
DESAPERCIBIMIENTO m. Desprevención, falta de lo necesario.
DESAPESTAR v. t. Desinfectar, purificar.
DESAPIADADO, DA adj. Despiadado.
DESAPLACIBLE adj. Desagradable, antipático.
DESAPLICACIÓN f. Falta de aplicación.
DESAPLICADO, DA adj. y s. Que no se aplica a lo que hace: *castigar al estudiante por su conducta desaplicada.*
DESAPLICAR v. t. Quitar, hacer perder la aplicación.
DESAPODERADO, DA adj. Precipitado, desalado: *correr desapoderado.* || *Fig.* Excesivo, violento, furioso: *tempestad desapoderada.*
DESAPODERAR v. t. Desposeer, privar de una cosa. || Privar a una persona del poder que se le había otorgado para el desempeño de alguna comisión.
DESAPOLILLAR v. t. Quitar la polilla: *desapolillar la ropa.* || — V. r. *Fig.* y *fam.* Salir de casa cuando se ha pasado mucho tiempo sin salir de ella.
DESAPORCAR v. t. Quitar la tierra con que está aporcada una planta.
DESAPOSENTAR v. t. Echar de la habitación. || *Fig.* Apartar, echar de sí.
DESAPOYAR v. t. Quitar el apoyo o sostén a una cosa: *desapoyar una declaración.*
DESAPRECIAR v. t. Desestimar o no apreciar. (SINÓN. V. *Despreciar.*)
DESAPRENDER v. t. Olvidar lo aprendido.
DESAPRENSAR v. t. Quitar el lustre u otras cosas de la prensa. || *Fig.* Librar de una apretura.
DESAPRENSIÓN f. Falta de aprensión o de escrúpulos.
DESAPRENSIVO, VA adj. Sin conciencia.
DESAPRETAR v. t. Aflojar lo apretado: *desapretar la prensa.* || — IRREG. Se conjuga como *apretar.*
DESAPRISIONAR v. t. Quitar las prisiones: *desaprisionar a un reo.*
DESAPROBACIÓN f. Acción y efecto de desaprobar: *manifestar su desaprobación a la decisión tomada.* (SINÓN. V. *Reproche.*)
DESAPROBADOR, RA adj. Que desaprueba: *oyóse en la asistencia un murmullo desaprobador.*
DESAPROBAR v. t. Reprobar: *desaprobar la conducta de alguno.* || — IRREG. Se conjuga como *contar.* || — SINÓN. *Desautorizar, improbar, reprobar, criticar, censurar, vituperar, reprender* V. tb. *condenar.*
DESAPROPIARSE v. r. Privarse de la propiedad de alguna cosa: *desapropiarse de una casa.* || — V. t. Quitar la propiedad de algo: *desapropiar a uno de una finca, mercancía.*
DESAPROPIO m. Acción de desapropiarse.
DESAPROVECHADO, DA adj. Dícese del que pudiendo adelantar en algo no lo hace: *estudiante desaprovechado.* || Que no produce lo que debería.
DESAPROVECHAMIENTO m. Acción de desaprovechar o desperdiciar alguna cosa.
DESAPROVECHAR v. t. Desperdiciar: *desaprovechar la ocasión.* || — V. i. Perder lo que se había adelantado: *este estudiante no hace sino desaprovechar.*
DESAPUNTALAR v. t. Quitar los puntales que sostienen algo: *desapuntalar un edificio ruinoso.*
DESAPUNTAR v. t. Quitar la puntería: *desapuntar un cañón.* || Descoser o cortar las puntadas a lo que estaba cosido con ellas.
DESARBOLAR v. t. *Mar.* Cortar o derribar los árboles o mástiles de la embarcación. || *Antill.* y *Per.* Destartalar.
DESARENAR v. t. Quitar la arena que obstruye un lugar: *desarenar la entrada del puerto.*
DESARMADO, DA adj. Desprovisto de armas.
DESARMADURA f. y **DESARMAMIENTO** m. Desarme, acción de desarmar. (P. us.)
DESARMAR v. t. Quitar las armas: *desarmar la guarnición de una plaza.* || Desmontar, desunir las piezas de un artefacto: *desarmar un reloj, una cama.* || *Fig.* Templar, mitigar: *desarmar la cólera.* || *Mar.* Quitar a un buque el aparejo o la artillería: *desarmar un barco de pesca.* || Licenciar fuerzas de tierra o mar, o reformarlas. || *Esgr.* Quitar o arrancar el arma del adversario.
DESARME m. Acción de desarmar o quitar las armas: *los partidarios del desarme universal.* || Reducción o supresión de las fuerzas armadas. || Acción de desarmar una máquina, etc.
DESARMONÍA f. Falta de armonía.
DESARMONIZAR v. t. Destruir la armonía que existía entre dos cosas.
DESARRAIGADO, DA adj. y s. *Fig.* Dícese del que vive sin respeto a leyes o costumbres. || Que vive fuera de su país de origen.
DESARRAIGAR v. t. Arrancar o sacar de raíz: *desarraigar un árbol.* (SINÓN. *Descepar.*) || *Fig.* Extinguir una pasión o un vicio. (SINÓN. *Extirpar.*) || *Fig.* Apartar a uno de su opinión. || *Fig.* Echar, desterrar. (SINÓN. *Alejar.*)
DESARRAIGO m. Acción de desarraigar algo. (SINÓN. V. *Arrancadura.*)
DESARRAJAR v. t. *Amer.* Descerrajar.
DESARRANCARSE v. r. Alejarse, separarse una persona de una asociación.
DESARRAPADO, DA adj. Andrajoso, harapiento, desharrapado.
DESARREBUJAR v. t. Descubrir, desarropar al que está arrebujado. || *Fig.* Descubrir lo oculto.
DESARREGLADO, DA adj. Que no tiene arreglo, desordenado: *una mujer muy desarreglada.*
DESARREGLAR v. t. Trastornar, descomponer, desordenar: *desarreglar un reloj.*
DESARREGLO m. Falta de arreglo, descompostura, desorden: *vivir en el más completo desarreglo.* (SINÓN. V. *Trastorno.*)
DESARRENDAR v. t. Quitar la rienda al caballo. || Dejar lo que se tenía arrendado. || — IRREG. Se conjuga como *arrendar.*
DESARRIMAR v. t. Apartar lo que está arrimado. || *Fig.* Disuadir a uno de su opinión.
DESARRIMO m. Falta de arrimo o de apoyo.
DESARROLLABLE adj. Que puede desarrollarse o desenvolverse: *superficie desarrollable.*
DESARROLLAR v. t. Deshacer un rollo, desenvolver una cosa arrollada: *desarrollar un mapa.* || *Fig.* Aumentar, acrecentar, perfeccionar, mejorar: *desarrollar la industria.* (SINÓN. *Crecer, desenvolver.* V. tb. *extender.*) || *Mat.* Efectuar operaciones para cambiar la forma de una expresión analítica. || *Quím.* Extender una fórmula. || *Fig.* Explicar y sacar las consecuencias de una teoría: *desarrollar una tesis.* (SINÓN. V. *Explicar.*) || — V. r. Tener lugar, transcurrir: *todo se desarrolló sin consecuencias.*
DESARROLLO m. Acción y efecto de desarrollar o desarrollarse. (SINÓN. V. *Adelanto.*)
DESARROPAR v. t. Quitar la ropa que cubre a una persona: *desarroparse en la cama.* (SINÓN. V. *Desnudar.*)
DESARRUGAR v. t. Quitar las arrugas.
DESARRUMAR v. t. *Mar.* Deshacer la carga.
DESARTICULACIÓN f. Acción y efecto de desarticular algún hueso: *la desarticulación del hombro.*
DESARTICULAR v. t. Separar dos huesos articulados: *desarticular el codo.* (SINÓN. V. *Dislocar.*) || *Fig.* Separar las piezas de una máquina. || *Fig.* Quebrantar, deshacer: *desarticular una organización secreta.*
DESARTILLAR v. t. Quitar la artillería: *desartillar un buque, una fortaleza.*
DESARZONAR v. t. Hacer saltar al jinete de la silla: *el caballo desarzonó al jinete.*
DESASADO, DA adj. Dícese de la vasija que tiene rotas las asas: *puchero desasado.*
DESASEADO, DA adj. Falto de aseo, sucio. || — SINÓN. *Descuidado, abandonado, desastrado, desidioso.* V. tb. *sucio.*
DESASEAR v. t. Ensuciar, quitar el aseo, limpieza o compostura.
DESASEGURAR v. t. Hacer perder la seguridad. || Extinguir un contrato de seguro.
DESASENTAR v. t. *Fig.* Desagradar, sentar mal una cosa: *eso me desasienta.* || — V. r. Levantarse del asiento. || — IRREG. Se conjuga como *alentar.*
DESASEO m. Falta de aseo, suciedad.

DESASIMIENTO m. Acción de desasir. (SINÓN. V.*Cesión.*) ‖ *Fig.* Desinterés, generosidad.
DESASIMILACIÓN f. Catabolismo.
DESASIMILAR v. t. Producir la desasimilación. ‖ Privar de los elementos asimilables.
DESASIR v. t. Soltar lo que estaba asido. ‖ — V. r. *Fig.* Desprenderse de una cosa, cederla, abandonarla. ‖ — IRREG. Se conjuga como *asir.*
DESASISTIR v. t. Desamparar.
DESASNAR v. t. *Fig. y fam.* Hacer perder la rudeza por medio de la enseñanza: *desasnar a un muchacho.*
DESASOCIAR v. t. Disolver.
DESASOSEGAR v. t. Privar de sosiego o tranquilidad: *desasosegar un enfermo.* Ú. t. c. r. ‖ — CONTR. *Tranquilizar.* ‖ — IRREG. Se conjuga como *acertar.*
DESASOSIEGO m. Falta de sosiego. (SINÓN. V. *Preocupación.*)
DESASTAR v. t. Romper las astas.
DESASTRADAMENTE adv. m. De un modo desastrado o desarreglado: *vestirse desastradamente.*
DESASTRADO, DA adj. y s. Sucio, desarreglado: *muchacha desastrada.* (CONTR. *Hacendoso, limpio.*) ‖ Desgraciado, infeliz, desastroso. (CONTR. *Feliz.*)
DESASTRE m. Desgracia grande, calamidad: *el desastre de Cannas no abatió el valor romano.* (SINÓN. V. *Catástrofe* y *derrota.*)
DESASTROSAMENTE adv. m. De una manera desastrosa: *aquel negocio acabó desastrosamente.*
DESASTROSO, SA adj. Infeliz, desgraciado: *una guerra desastrosa.* ‖ — CONTR. *Ventajoso, feliz.*
DESATACAR v. t. Sacar el taco de un arma: *desatacar una pistola.*
DESATADOR, RA adj. y s. Que desata una cosa.
DESATADURA f. Acción y efecto de desatar una cosa.
DESATANCAR v. t. Limpiar, desembarazar un conducto. ‖ — V. r. Desatascarse.
DESATAR v. t. Deshacer una atadura: *desatar un lío.* (SINÓN. V. *Soltar.*) ‖ *Fig.* Deshacer, aclarar: *desatar una intriga.* ‖ — V. r. Hablar con exceso. ‖ *Fig.* Obrar sin medida, descomedirse: *se desató en injurias.* ‖ Proceder desordenadamente. ‖ *Fig.* Perder la timidez y el encogimiento. ‖ *Fig.* Desencadenarse: *se desataron las más terribles calamidades sobre él.*
DESATASCAR v. t. Sacar de un atolladero: *desatascar un carro.* ‖ Desatancar: *desatascar una cañería.* ‖ *Fig.* Sacar de un apuro.
DESATASCO m. Acción y efecto de desatascar.
DESATAVIAR v. t. Quitar el atavío, desaliñar.
DESATAVÍO m. Desaliño, descompostura.
DESATE m. Acción y efecto de descomedirse: *un desate de palabras.*
DESATENCIÓN f. Falta de atención. ‖ Descortesía, grosería: *tratar a una persona con desatención.* (SINÓN. V. *Incorrección.*)
DESATENDER v. t. No prestar atención, no atender: *desatender sus deberes.* ‖ No hacer caso de una persona: *desatender a las visitas.* (SINÓN. V. *Despreciar.*) ‖ — IRREG. Se conjuga como *tender.*
DESATENTADO, DA adj. Que habla u obra sin tino ni concierto. ‖ Excesivo, desordenado.
DESATENTAMENTE adv. m. Descortésmente.
DESATENTAR v. t. Hacer perder el tiento a una persona. ‖ — IRREG. Se conjuga como *alentar.*
DESATENTO, TA adj. Que no pone en una cosa la atención debida. ‖ Grosero, mal criado: *hombre desatento.* (SINÓN. V. *Descortés.* CONTR. *Urbano, atento, cortés.*)
DESATERRAR v. t. *Amer.* Vaciar los escombros de las minas, quitar la tierra que obstruye algo.
DESATIENTO m. Pérdida del tacto: *los moribundos suelen mostrar desatiento.* ‖ *Fig.* Inquietud.
DESATIERRE m. *Amer.* Escombrera.
DESATINADAMENTE adv. m. Inconsideradamente, desmedidamente: *obrar desatinadamente.*
DESATINADO, DA adj. Que obra sin tino o acierto. ‖ Que no tiene juicio, insensato.
DESATINAR v. t. Hacer perder el tino: *esta noticia me desatina.* ‖ — V. i. Decir o hacer desatinos: *no hacer más que desatinar.* (SINÓN. *Disparatar, divagar, chochear, delirar, desvariar.* Fam. *Desbarrar.* V. tb. *enloquecer.*)
DESATINO m. Falta de tino. ‖ Locura, despropósito: *decir muchos desatinos.* ‖ — SINÓN. *Disparate, dislate, necedad, calaverada.* ‖ — CONTR. Acierto.
DESATONTARSE v. r. Salir del atontamiento.
DESATORAR v. t. *Mar.* Desarrumar. ‖ *Min.* Quitar los escombros que atoran una galería de mina.
DESATORNILLADOR m. *Amer.* Destornillador.
DESATORNILLAR v. t. Destornillar.
DESATRACAR v. t. *Mar.* Soltar las amarras de un barco. ‖ — V. i. *Mar.* Separarse la nave de la costa cuando hay peligro.
DESATRAILLAR v. t. Quitar la traílla: *desatraillar a los perros.*
DESATRAMPAR v. t. Limpiar, desatascar.
DESATRANCAR v. t. Quitar la tranca: *desatrancar la puerta.* ‖ Desatrampar: *desatrancar un pozo.*
DESATUFARSE v. r. Quitarse el tufo: *salió a tomar el aire al balcón para desatufarse.* ‖ *Fig.* Desenojarse, desenfadarse.
DESATURDIR v. t. Quitar el aturdimiento.
DESAUTORIZACIÓN f. Acción y efecto de desautorizar.
DESAUTORIZADO, DA adj. Falto de autoridad, de crédito o de importancia.
DESAUTORIZAR v. t. Quitar la autoridad o la autorización a una persona, o la estimación a una cosa. (SINÓN. V. *Desaprobar* y *desautorizar.*)
DESAVASALLAR v. t. Libertar del vasallaje.
DESAVECINDARSE v. r. Mudarse una persona de un lugar para ir a vivir en otro.
DESAVENENCIA f. Oposición, enemistad. ‖ — SINÓN. *Desunión, cizaña, divorcio, desacuerdo, disentimiento, discusión, división, discordia, ruptura.* Pop. *Pique.* V. tb. *contestación.*
DESAVENIDO, DA adj. Discorde, no conforme: *conductas desavenidas.*
DESAVENIR v. t. Desconcertar, enemistar, desajustar: *desavenir a dos compañeros.* ‖ — IRREG. Se conjuga como *venir.*
DESAVENTAJADO, DA adj. Poco ventajoso.
DESAVENTURA f. Desventura.
DESAVIAR v. t. Apartar del camino, desviar, ‖ Quitar o no dar el avío necesario para algo.
DESAVÍO m. Acción de desaviar o apartar.
DESAVISADO, DA adj. Inadvertido, ignorante.
DESAVISAR v. t. Dar aviso contrario a otro.
DESAYUDAR v. t. Estorbar, embarazar.
DESAYUNADO, DA adj. Que se ha desayunado: *a las ocho estoy yo casi siempre desayunado.*
DESAYUNARSE v. r. Tomar el desayuno: *desayunarse con chocolate.* ‖ *Fig.* Tener la primera noticia de un suceso: *¿ahora se desayuna usted?* ‖ — OBSERV. Puede usarse como transitivo (*he desayunado un café con churros*), y también como intransitivo (*todavía no he desayunado*).
DESAYUNO m. Primer alimento tomado por la mañana: *los ingleses toman un desayuno abundante.* (SINÓN. V. *Comida.*)
DESAZOGAR v. t. Quitar el azogue a una cosa: *desazogar un espejo.*
DESAZÓN f. Falta de sazón o sabor: *la desazón de un guisado.* ‖ Falta de sazón en las tierras cultivadas. ‖ *Fig.* Disgusto, molestia: *este chico no me causa sino desazones.* (SINÓN. V. *Decepción y pesadumbre.*) ‖ *Fig.* Molestia, mala disposición de salud: *sentir una desazón en el estómago.*
DESAZONADO, DA adj. Que siente desazón: *sentirse desazonado después de una comida.* ‖ Dícese de la tierra que no está en sazón.
DESAZONAR v. t. *Fig.* Disgustar, enfadar: *su conducta me tiene desazonado.* ‖ Quitar la sazón a una comida. ‖ — V. r. Sentirse indispuesto.
DESAZUFRAR v. t. Quitar a una cosa el azufre que tenía: *desazufrar un mineral.*
DESBABAR v. i. Echar la baba: *los caracoles deben desbabar antes de comerse.* ‖ *Venez.* y *Méx.* Perder el cacao la baba o jugo pegajoso que tiene.
DESBAGAR v. t. Sacar de la baga la linaza.
DESBALAGAR v. i. *Méx.* Desbaratar, deshacer. ‖ *Hond.* Malbaratar.

DESBAMBARSE v. r. *Méx.* Destejerse una tela.
DESBANCAR v. t. Ganar al banquero todo el dinero que puso. || *Fig.* Suplantar a uno en la amistad o confianza de otra persona.
DESBANDADA f. Acción de desbandarse: *la retirada se convirtió en una desbandada.* || *A la desbandada*, m. adv., confusamente, en desorden. (SINÓN. V. *Huida.*)
DESBANDARSE v. r. Desparramarse, huir en desorden: *las tropas se desbandaron.* || Desertar. || *Fig.* Dispersarse: *combatientes desbandados.* (SINÓN. V. *Dispersar.*)
DESBARAJUSTAR v. t. Desordenar.
DESBARAJUSTE m. Desorden, desconcierto. (SINÓN. V. *Confusión.*)
DESBARATADO, DA adj. y s. Desordenado. || Roto, deshecho. || *Fig.* y *fam.* De mala vida.
DESBARATADOR, RA adj. y s. Que desbarata una cosa: *desbaratador de proyectos.*
DESBARATAR v. t. Deshacer, descomponer: *desbaratar una máquina.* || Disipar, malgastar: *desbaratar la fortuna.* || *Fig.* Estorbar, impedir: *desbaratar un proyecto.* || *Mil.* Desordenar, desconcertar: *desbaratar a los adversarios.* || — V. i. Disparatar. || — V. r. Descomponerse.
DESBARBADO, DA adj. Que no tiene barba.
DESBARBAR v. t. Cortar las barbas o los filamentos parecidos a ellas: *desbarbar una planta.* || *Fam.* Afeitar, hacer la barba.
DESBARBILLAR v. t. *Agr.* Desbarbar las vides: *se desbarbillan las vides para darles más vigor.*
DESBARDAR v. t. Quitar la barda a una tapia.
DESBARNIZAR v. t. Quitar el barniz a una cosa: *desbarnizar un mueble.*
DESBARRANCADERO m. *Amer.* Despeñadero.
DESBARRANQUE m. *Col.* y *Per.* Despeñamiento.
DESBARRAR v. i. Escurrirse, deslizar. || *Fig.* Equivocarse, discutir sin razón: *no hacer más que desbarrar en una discusión.* (SINÓN. V. *Desatinar.*) || Tirar con la barra o lanzarla lo más lejos posible.
DESBARRIGADO, DA adj. De poca barriga.
DESBARRIGAR v. t. *Fam.* Romper o herir a alguno la barriga: *le desbarrigó de un navajazo.* || — V. i. *Cub.* Parir.
DESBARRO m. Acción de desbarrar, desliz.
DESBASTADOR m. Herramienta que sirve para desbastar.
DESBASTADURA f. Efecto de desbastar.
DESBASTAR v. t. Labrar someramente una cosa basta: *desbastar un madero con la azuela.* || Desgastar, disminuir, cercenar. || *Fig.* Quitar la tosquedad, educar a una persona. || — PARÓN. *Devastar.*
DESBASTE m. Acción de desbastar: *el desbaste de un tronco de árbol.* || Estado de una pieza desbastada, pero no labrada aún: *una piedra en desbaste.*
DESBASTECIDO, DA adj. Sin bastimentos.
DESBAUTIZAR v. t. Cambiar el nombre de una persona o cosa: *desbautizar una calle.* || — V. r. *Fig.* y *fam.* Deshacerse, irritarse mucho.
DESBAZADERO m. Lugar resbaladizo.
DESBECERRAR v. t. Destetar los becerros.
DESBENZOLAR v. t. Extraer el benzol del gas del alumbrado.
DESBLOQUEAR v. t. Alzar el bloqueo.
DESBLOQUEO m. Acción y efecto de desbloquear.
DESBOCADO, DA adj. Que tiene la boca rota o deshecha: *martillo, cañón desbocado.* || *Fig.* y *fam.* Desvergonzado, descarado, que habla de un modo indecente.
DESBOCAMIENTO m. Acción de desbocarse.
DESBOCAR v. t. Quitar la boca a una cosa: *desbocar una vasija.* || — V. i. Desembocar: *la calle desboca en la avenida.* || — V. r. Dejar el caballo de obedecer al freno y dispararse. || *Fig.* Prorrumpir en injurias y desvergüenzas.
DESBOQUILLAR v. t. Quitar la boquilla a una cosa: *desboquillar una pipa.*
DESBORDABLE adj. Que se puede desbordar.
DESBORDAMIENTO m. Acción y efecto de desbordar: *el desbordamiento de un río.* (SINÓN. V. *Inundación.*)
DESBORDANTE adj. Que desborda: *manifestó al verle una alegría desbordante.* || Que sale de sus límites o medida.
DESBORDAR v. i. Salir de los bordes, derramarse un líquido: *el río desbordó por los campos.* (SINÓN. V. *Inundar.*) || *Fig.* Rebosar: *su alegría desborda.* || Poder más que, sobrepasar. (SINÓN. V. *Exceder.*) || — V. r. Exaltarse, desmandarse.
DESBORDE m. Desbordamiento.
DESBORRAR v. t. Quitar la borra al paño.
DESBOTONAR v. t. Quitar el botón a un florete. || *Antill.* y *Per.* Quitar los botones a las matas de tabaco.
DESBRAGADO adj. *Fam.* Sin bragas: *niño desbragado.* || — Adj. y s. *Fig.* Descamisado, desharrapado.
DESBRAGUETADO adj. *Fam.* Que trae mal abotonada o ajustada la bragueta.
DESBRAVADOR m. Domador de potros.
DESBRAVAR v. t. Domar el ganado cerril: *desbravar potros.* || — V. i. Perder la braveza: *este toro ha desbravado.* || *Fig.* Disminuir: *la corriente ha desbravado.* || — V. r. Perder la fuerza o la braveza. || Aflojarse un licor, aventarse.
DESBRAVECER v. i. Desbravar, aflojar. || — IRREG. Se conjuga como *merecer.*
DESBRAZARSE v. r. Extender brusca y violentamente los brazos una persona.
DESBRIDAR v. t. Quitar la brida a un caballo. || *Cir.* Cortar ciertos tejidos para agrandar una herida.
DESBRIZNAR v. t. Hacer briznas. || Sacar la brizna de una cosa: *desbriznar legumbres, azafrán.*
DESBROZAR v. t. Quitar la broza a una cosa. (SINÓN. V. *Aclarar.*)
DESBROZO m. Acción de desbrozar o quitar la broza. || Broza: *sacar el desbrozo de una acequia.*
DESBRUJAR v. t. Desmoronar, deshacer.
DESBUCHAR v. t. Desembuchar. || Bajar el buche de las aves.
DESBULLA f. Concha de la ostra desbullada.
DESBULLADOR m. Tenedor para ostras.
DESBULLAR v. t. Sacar la ostra de su concha
DESCABAL adj. No cabal: *botonadura descabal.*
DESCABALAMIENTO m. Acción y efecto de descabalar.
DESCABALAR v. t. Dejar descabal o incompleta alguna cosa. || — SINÓN. *Desparejar, desemparejar.*
DESCABALGADURA f. Acción de descabalgar o desmontar de una caballería.
DESCABALGAR v. i. Desmontar de la caballería: *el jinete descabalgó a la puerta de la posada.* || — V. t. Desmontar de su cureña el cañón o destruir la cureña el tiro enemigo.
DESCABELLADAMENTE adv. m. *Fig.* De un modo descabellado: *obrar descabelladamente.*
DESCABELLADO, DA adj. *Fig.* Sin orden ni concierto, desrazonable: *un proyecto descabellado.*
DESCABELLAR v. t. Despeinar, desgreñar: *una mujer descabellada.* || *Taurom.* Matar al toro, hiriéndolo en la cerviz con el estoque.
DESCABELLO m. Acción y efecto de descabellar al toro.
DESCABESTRAR v. t. Quitar el cabestro.
DESCABEZADO, DA adj. y s. *Fig.* Que va fuera de razón. || Sin cabeza: *pez descabezado.*
DESCABEZAMIENTO m. Acción y efecto de descabezar o descabezarse.
DESCABEZAR v. t. Cortar la cabeza o la parte superior, decapitar: *descabezar un árbol.* || *Fig.* y *fam.* Empezar a vencer una dificultad: *descabezar un trabajo.* || — V. i. Terminar una tierra en otra. || *Descabezar el sueño,* echar un sueño muy breve. || — V. r. Romperse la cabeza, descalabazarse. || *Agr.* Desgranarse las espigas de las mieses.
DESCABULLIRSE v. r. Escabullirse. || *Fam.* Huir de una dificultad. || — IRREG. Se conjuga como *mullir.*
DESCACARAÑADO, DA adj. *Chil.* Descascarado.
DESCACHALANDRADO, DA adj. *Amer.* Descuidado, desaliñado: *mujer descachalandrada.*
DESCACHAR v. t. *Amer.* Descornar.
DESCACHARRADO, DA adj. *Guat.* y *Hond.* Desaseado.
DESCACHARRAR v. t. *P. Rico.* Escacharrar.
DESCACHAZAR v. t. *Amer.* Quitar la cachaza o espuma al guarapo.
DESCADERAR v. t. Hacer daño en las caderas. Ú. t. c. r.: *se descaderó al caer.*
DESCADILLAR v. t. Limpiar o sacar la lana de los cadillos, pajillas, etc.

DESCAECER v. i. Ir a menos, decaer: *descaeció su salud en breve.* || — IRREG. Se conjuga como *merecer.*
DESCAECIMIENTO m. Debilidad, merma que se experimenta en la salud, las fuerzas, etc.
DESCAFEINAR v. t. Suprimir la cafeína.
DESCAFILAR v. t. *Albañ.* Limpiar los ladrillos que provienen de derribo, para utilizarlos de nuevo.
DESCAIMIENTO m. Decaimiento, merma, caída.
DESCALABAZARSE v. r. *Fig.* y *fam.* Romperse la cabeza por averiguar una cosa.
DESCALABRADO, DA adj. y s. Herido en la cabeza. || *Fig.* Mal parado: *salir descalabrado de un negocio.*
DESCALABRADURA f. Herida que se recibe en la cabeza y cicatriz que queda de ella.
DESCALABRAR v. t. Herir en la cabeza y, por extensión, en otra parte del cuerpo: *descalabrarse contra la esquina.* || *Fam.* Causar daño o perjuicio. || *Cub.* Chasquearse.
DESCALABRO m. Contratiempo, desventura, infortunio: *sufrir muchos descalabros en la vida.*
DESCALANDRAJAR v. t. Romper un vestido, hacerlo andrajos: *descalandrajar una falda.*
DESCALCADOR m. Herramienta para descalcar.
DESCALCAR v t. *Mar.* Sacar las estopas viejas que guarnecían el casco de un buque.
DESCALCE m. Socava, acción de socavar.
DESCALCEZ f. Calidad de descalzo: *los capuchinos están obligados a la descalcez.*
DESCALCIFICACIÓN f. *Med.* Acción y efecto de descalcificar.
DESCALCIFICAR v. t. Hacer desaparecer la cal del organismo.
DESCALIFICACIÓN f. Pérdida de calificación: *su descalificación fue injusta.*
DESCALIFICAR v. t. Privar de calificación o derecho: *descalificar a un competidor.*
DESCALZADOR m. Instrumento para socavar.
DESCALZAR v. t. (lat. *discalceare*). Quitar el calzado: *descalzarse las botas.* || Quitar un calzo o calce: *descalzar una rueda, un mueble.* || Socavar, ahondar: *descalzar un árbol.* || — V. r. Desherrarse las caballerías.
DESCALZO, ZA adj. Que trae desnudos los pies: *fraile descalzo.* || — Adj. y s. *Fig.* Desnudo, desharrapado. || Dícese del religioso que profesa descalcez.
DESCAMACIÓN f. *Med.* Caída de la epidermis.
DESCAMARSE v. r. Caerse la epidermis.
DESCAMBIAR v. t. Destrocar, deshacer el cambio.
DESCAMINAR v. t. Sacar del camino recto: *descaminar a un viajero.* (SINÓN. V. *Extraviar.*) || Apartar a uno de su buen propósito.
DESCAMINO m. Acción y efecto de descaminar. (SINÓN. V. *Rodeo.*) || *Fig.* Desatino: *decir un descamino.*
DESCAMISADO, DA adj. *Fam.* Sin camisa. || — Adj. y s. Muy pobre, desharrapado. || *Arg.* Proletario.
DESCAMISAR v. t. *Col., Guat.* y *Per.* Arruinar a una persona.
DESCAMPADO, DA adj. y s. m. Dícese del terreno descubierto y desembarazado: *un robo en descampado.* || — Adv. m. *En descampado,* a campo raso.
DESCAMPAR v. i. Escampar
DESCANAR v. t. *Chil.* y *Guat.* Quitar las canas.
DESCANSADAMENTE adv. m. Sin trabajo.
DESCANSADERO m. Sitio donde se descansa.
DESCANSADO, DA adj. Tranquilo, sin trabajo ni molestia: *vida descansada.*
DESCANSAR v. i. Cesar el trabajo: *descansar después del esfuerzo.* || *Fig.* Tranquilizarse, calmarse: *estoy tan preocupado que no descanso un minuto.* || Reposar: *el enfermo descansa algunas horas por día.* (SINÓN. V. *Dormir.*) || Fiarse de otro para una cosa: *en usted descanso.* || Apoyarse una cosa en otra. || Estar la tierra sin cultivo: *debe dejarse descansar la tierra de cuando en cuando.* || Estar enterrado: *aquí descansa...* || — V. t. Ayudar: *descansar a un compañero.* || Apoyar: *descansar la cabeza sobre la almohada.*
DESCANSILLO m. Descanso de escalera.
DESCANSO m. Quietud: *tomar un rato de descanso.* (SINÓN. V. *Quietud* y *vacación.*) || Cosa que alivia: *esta lectura es un descanso para el espíritu.* || Rellano de un tramo de escalera. || Asiento en que estriba o descansa una cosa. || *Chil.* Retrete.
DESCANTAR v. t. Limpiar de cantos o piedras.
DESCANTILLAR v. t. Romper o quebrantar: *descantillar una piedra.* || *Fig.* Rebajar, quitar: *descantillar el pico de una cuenta.* || — PARÓN. *Escantillar.*
DESCANTONAR v. t. Descantillar.
DESCAÑONAR v. t. Quitar los cañones a las aves: *descañonar un pollo.* || Dar un segundo rape el barbero para cortar más de raíz la barba. || *Fig.* y *fam.* Desplumar, sacar todo el dinero a uno.
DESCAPOTABLE adj. y s. m. Dícese del automóvil cuya capota puede ser plegada.
DESCAPOTAR v. t. Plegar o bajar la capota en los coches.
DESCARADAMENTE adv. m. Con descaro.
DESCARADO, DA adj. y s. Desvergonzado: *mujer descarada.* (SINÓN. V. *Impúdico.*)
DESCARARSE v. r. Hablar u obrar con descaro: *descararse con una persona de respeto.*
DESCARBONATAR v. t. Quitar el ácido carbónico: *se descarbonata la caliza para obtener la cal.*
DESCARBURACIÓN f. Operación que consiste en privar el hierro colado de parte de su carbono.
DESCARBURANTE adj. Que tiene la propiedad de quitar el carbono de un cuerpo.
DESCARBURAR v. t. Hacer la descarburación.
DESCARGA f. Acción de descargar: *la descarga de un barco; una descarga de artillería.* || *Arq.* Aligeramiento que se da a una pared.
DESCARGADERO m. Sitio donde se descarga.
DESCARGADOR m. El que por oficio descarga mercancías: *descargador de barcos.* (SINÓN. V. *Portador.*) || Sacatrapos.
DESCARGADURA f. Parte de hueso que separa el carnicero de la carne mollar cuando la vende.
DESCARGAR v. t. Quitar la carga: *descargar un carro de paja.* || Disparar un arma: *descargó un tiro contra el ladrón.* (SINÓN. V. *Lanzar.*) || Extraer la carga a un arma de fuego. || Dar un golpe con violencia: *le descargó un puñetazo.* || Anular la carga de un conductor eléctrico, de una pila o acumulador: *descargar una botella de Leiden.* || Libertar a uno de una obligación. (SINÓN. V. *Justificar.*) || — V. i. Desaguar, desembocar los ríos. || Deshacerse una nube en lluvia o granizo. || — V. r. Dejar el cargo que se tiene. || Cometer a otra persona las obligaciones que uno tenía: *descargarse en su secretario.* || *For.* Dar satisfacción a los cargos de los reos.
DESCARGO m. Acción de descargar: *el descargo de una lancha.* || En las cuentas, partida de data o salida. || Satisfacción o excusa de un cargo: *alegó en su descargo que no estaba allí el día del delito.* (SINÓN. V. *Dispensa.*)
DESCARGUE m. Descarga de un peso o carga.
DESCARIÑARSE v. r. Perder el cariño.
DESCARIÑO m. Falta de cariño.
DESCARNADAMENTE adv. m. *Fig.* Con franqueza.
DESCARNADOR m. Instrumento de dentista que sirve para despegar la muela de la encía.
DESCARNADURA f. Acción de descarnar.
DESCARNAR v. t. Quitar la carne al hueso: *descarnar una muela para sacarla más fácilmente.*
DESCARO m. Desvergüenza, insolencia: *mirar con descaro.* || — CONTR. *Recato, respeto.*
DESCAROZADO m. *Arg.* y *Chil.* Melocotón sin hueso, puesto al sol.
DESCAROZAR v. t. *Arg.* Quitar el carozo o hueso a las frutas.
DESCARRANCARSE v. r. Descomponerse.
DESCARRIAR v. t. Separar del carril o camino. || Apartar cierto número de carneros de un rebaño. || — V. r. Apartarse, alejarse. (SINÓN. V. *Extraviar.*) || *Fig.* Apartarse de la razón y del buen juicio.
DESCARRILADURA f. y **DESCARRILAMIENTO** m. Acción de descarrilar. || *Fig.* Desviación, descarrío.
DESCARRILAR v. i. Salir un vehículo fuera del carril: *un tren que descarrila.*
DESCARRÍO m. Acción y efecto de descarriar.
DESCARTAR v. t. *Fig.* Desechar, apartar: *descartar todos los obstáculos.* || — V. r. En algunos juegos, separarse de ciertas cartas, sustituyéndolas o no con otras. || *Fig.* Excusarse de hacer alguna cosa: *descártame de tu proyecto.*

DESCARTE m. Acción de descartarse y cartas que así se apartan. || *Fig.* Excusa, evasiva.
DESCARTUCHAR v. t. *Chil.* Quitar la virginidad a una mujer. || — V. r. *Chil.* Realizar el coito el hombre por vez primera.
DESCASAR v. t. Separar a los casados, anular el matrimonio. || Descomponer cosas que casaban bien. || *Impr.* Alterar la colocación de las planas para ordenarlas. || *Guat., Per.* y *P. Rico.* Deshacer lo pactado.
DESCASCAR v. t. Descascarar. || — V. r. Romperse, hacerse cascos. || *Fig.* Charlar mucho.
DESCASCARAR v. t. Quitar la cáscara de una cosa. || *Méx.* Desconchar una cosa. || — V. r. *Fig.* Caerse la cáscara.
DESCASCARILLAR v. t. Quitar la cascarilla
DESCASTADO, DA adj. y s. Que manifiesta poco apego a la familia. || Que no corresponde al cariño y la amistad que se le demuestra.
DESCASTAR v. t. Acabar con una casta de animales: *los lobos están casi descastados en España.*
DESCATOLIZAR v. t. Quitar a una cosa el carácter católico que tenía.
DESCEBAR v. t. Quitar el cebo a un arma.
DESCENDENCIA f. Posteridad, filiación: *tener una numerosa descendencia.* (SINÓN. V. *Posteridad.*) || Casta, linaje: *¿de qué descendencia es?* (SINÓN. V. *Raza.*)
DESCENDENTE adj. Que desciende o baja: *escala descendente.* || — CONTR. *Ascendente.*
DESCENDER v. i. (lat. *descendere*). Bajar, caer. (SINÓN. *Apear, rodar.* Fig. *Desembarcar.*) || Proceder, tener origen: *descender de abuelos ilustres.* || *Fig.* Derivarse, proceder una cosa de otra. || — V. t. Bajar. || — IRREG. Se conjuga como *tender.*
DESCENDIENTE adj. Descendente. || — Com. Persona que desciende de otra: *un descendiente de los moros.* || *Línea descendiente,* la descendencia.
DESCENDIMIENTO m. Acción de descender o bajar. || Representación del descendimiento de Cristo de la cruz: *un descendimiento de mármol.*
DESCENSIÓN f. Acción de descender o bajar.
DESCENSO m. Bajada, descensión. || *Fig.* Caída de un estado a otro más bajo.
DESCENTRACIÓN f. La acción de descentrar.
DESCENTRADO, DA adj. Dícese del instrumento o de la máquina cuyo centro está fuera de la posición debida: *un objetivo fotográfico descentrado.* || *Fig.* Fuera de su centro.
DESCENTRALIZACIÓN f. Acción y efecto de descentralizar. || Sistema político que tiende a descentralizar.
DESCENTRALIZADOR, RA adj. Que descentraliza.
DESCENTRALIZAR v. t. Transferir a diversas corporaciones parte de la autoridad que antes ejercía el Estado.
DESCENTRAMIENTO m. Acción de descentrar.
DESCENTRAR v. t. Sacar de su centro.
DESCEÑIDO, DA adj. Que no está ceñido.
DESCEÑIR v. t. Desatar el ceñidor o la faja: *desceñir a un niño.* || — IRREG. Se conjuga como *ceñir.*
DESCEPAR v. t. Arrancar algo de raíz: *descepar los árboles.* || *Fig.* Extirpar, exterminar. (SINÓN. V. *Desarraigar.*)
DESCEPAR v. t. *Mar.* Quitar el cepo al ancla.
DESCERCAR v. t. Quitar la cerca: *descercar un campo.* || Levantar el cerco: *descercar una fortaleza.*
DESCERCO m. Acción de descercar una fortaleza.
DESCEREZAR v. t. Quitar a la semilla del café la cereza en que está envuelta.
DESCERRAJADURA f. Acción de descerrajar.
DESCERRAJAR v. t. Romper, forzar o arrancar la cerradura o el cerrojo: *descerrajar un armario.* || *Fig.* y *fam.* Descargar: *le descerrajó un tiro.*
DESCERRUMARSE v. r. Desarticularse el caballo la articulación del menudillo y la cerruma.
DESCERVIGAR v. t. Torcer la cerviz.
DESCIFRABLE adj. Que se puede descifrar o explicar: *una escritura difícilmente descifrable.*
DESCIFRADOR m. El que descifra o explica.
DESCIFRAMIENTO m. La acción de descifrar.
DESCIFRAR v. t. Leer lo que está escrito en cifra: *descifrar una criptograma.* || *Fig.* Aclarar lo obscuro o ininteligible: *descifrar un jeroglífico.* (SINÓN. V. *Comprender.*)
DESCIMBRAR v. t. *Arq.* Quitar las cimbras.
DESCINCHAR v. t. Soltar o aflojar las cinchas.
DESCLAVADOR m. Cincel usado para desclavar.
DESCLAVAR v. t. Quitar los clavos: *desclavar un mueble.* || Desengastar: *desclavar una esmeralda.*
DESCLAVIJAR v. t. Quitar las clavijas.
DESCLORURAR v. t. Eliminar el cloruro de sodio: *régimen desclorurado.*
DESCOAGULANTE adj. Que descoagula.
DESCOAGULAR v. t. Liquidar lo que estaba coagulado: *la albúmina no puede descoagularse.*
DESCOBAJAR v. t. Quitar el escobajo o palillos a la uva.
DESCOCADO, DA adj. y s. *Fam.* Desenvuelto: *es un niño demasiado descocado.* (SINÓN. V. *Juguetón.*) || — M. *Chil.* Melocotón secado al sol.
DESCOCADOR m. Instrumento que sirve para descocar.
DESCOCAR v. t. Limpiar los árboles de los cocos o insectos. || — V. r. Mostrar desenvoltura.
DESCOCER v. t. Digerir la comida. || — IRREG. Se conjuga como *mover.* || — PARÓN. *Escocer.*
DESCOCO m. *Fam.* Descaro, desvergüenza.
DESCOCHOLLADO, DA adj. *Chil.* Andrajoso. || Vicioso. || Irascible.
DESCOGER v. t. Soltar una cosa que está cogida o plegada: *descoger una alforza.*
DESCOGOLLAR v. t. Quitar los cogollos a una planta: *descogollar un árbol.*
DESCOGOTADO, DA adj. *Fam.* De cogote pelado.
DESCOLAR v. t. Cortar la cola: *descolar un perro.* (SINÓN. *Desrabar.*) || *Méx. Fam.* Despreciar.
DESCOLCHAR v. t. *Mar.* Destrenzar un cabo.
DESCOLGAR v. t. Bajar lo que está colgado: *descolgar un cuadro.* || Quitar las colgaduras: *descolgar una casa.* || — V. r. Soltarse, dejarse caer de arriba abajo: *descolgarse de un segundo piso.* || *Fig.* Bajar de un sitio muy pendiente: *decolgarse de lo alto de una montaña.* || Salir: *se descolgó con una noticia.* || Presentarse inesperadamente en una parte. || — IRREG. Se conjuga como *holgar.*
DESCOLIGADO, DA adj. Separado de una liga o confederación.
DESCOLOCACIÓN f. Falta de colocación.
DESCOLOCADO, DA adj. Sin colocación.
DESCOLÓN m. *Méx.* Descolada, desaire.
DESCOLORAMIENTO m. Acción de descolorar: *la obscuridad produce el descoloramiento de los vegetales.* || — CONTR. *Coloración.*
DESCOLORANTE adj. Que descolora o quita el color: *el negro animal es un buen descolorante.*
DESCOLORAR v. t. Quitar el color a una cosa: *el sol descolora los matices delicados.*
DESCOLORIDO, DA adj. De color pálido, sin color: *este autor tiene estilo descolorido.* (SINÓN. V. *Pálido.*)
DESCOLORIMIENTO m. Acción de descolorir.
DESCOLORIR v. t. Descolorar, quitar el color.
DESCOLLAR v. i. Sobresalir: *este poeta descuella entre los de su tiempo.* || — IRREG. Se conjuga como *acordar.*
DESCOMBRAR v. t. Desembarazar de escombros. || *Fig.* Despejar, desembarazar.
DESCOMBRO m. Acción de descombrar.
DESCOMEDIDAMENTE adv. m. Con descomedimiento: *hablar descomedidamente.* || Con exceso: *beber descomedidamente.*
DESCOMEDIDO, DA adj. Excesivo, desproporcionado. || Grosero, descortés: *hombre descomedido.*
DESCOMEDIMIENTO m. Desacato, descortesía.
DESCOMEDIRSE v. r. Faltar al respeto, mostrarse grosero. || — IRREG. Se conjuga como *pedir.*
DESCOMER v. i. *Fam.* Exonerar el vientre.
DESCOMPADRAR v. t. *Fam.* Descomponer, enemistar a las personas que eran amigas. || — V. i. *Fam.* Desavenirse, disgustarse los que eran amigos.
DESCOMPAGINAR v. t. Descomponer, desordenar.
DESCOMPÁS m. Falta de compás o proporción.

descocador

DESCOMPASADO, DA adj. Descomedido.
DESCOMPASAR v. t. Hacer perder el compás. ‖ — V. r. Descomedirse, ser grosero.
DESCOMPONER v. t. Desordenar. (SINÓN. *Desarreglar, desagregar*. V. tb. *trastornar.*) ‖ Separar los diversos elementos de un todo: *descomponer un cuerpo.* (SINÓN. V. *Analizar.*) ‖ *Fig.* Indisponer los ánimos. ‖ — V. r. Corromperse: *las carnes se descomponen fácilmente en verano.* (SINÓN. V. *Deteriorar y pudrir.*) ‖ Desazonarse el cuerpo. ‖ *Fig.* Perder la serenidad. ‖ Irritarse una persona: *rostro descompuesto por la ira.* ‖ — IRREG. Se conjuga como *poner.*
DESCOMPONIBLE adj. Que puede descomponerse: *substancia descomponible.*
DESCOMPOSICIÓN f. Acción y efecto de descomponer: *la descomposición del agua se obtiene con la pila eléctrica.* ‖ Alteración: *la descomposición de las facciones.* ‖ Putrefacción: *la descomposición es el signo más seguro de la muerte.*
DESCOMPOSTURA f. Descomposición, desarreglo. ‖ Desaseo, desaliño: *la descompostura es el defecto más desagradable en los niños.* ‖ *Fig.* Descaro, descomedimiento.
DESCOMPRESIÓN f. Acción de descomprimir: *la descompresión brusca de los gases produce frío.*
DESCOMPRIMIR v. t. Suprimir la compresión.
DESCOMPUESTO, TA adj. Que ha sufrido descomposición: *cuerpo descompuesto.* ‖ *Fig.* Alterado: *rostro descompuesto.* ‖ *Fig.* Descarado, atrevido, descortés.
DESCOMULGAR v. t. Excomulgar.
DESCOMUNAL adj. Extraordinario, monstruoso, muy grande: *gigante de estatura descomunal.* (SINÓN. V. *Excesivo.*)
DESCOMUNALMENTE adv. m. De modo descomunal o excesivo: *beber descomunalmente.*
DESCONCEPTUAR v. t. Desacreditar, descalificar.
DESCONCERTADO, DA adj. *Fig.* Desbaratado. ‖ — SINÓN. *Confuso, consternado, corrido.* V. tb. *boquiabierto.*
DESCONCERTADOR, RA adj. Que desconcierta: *una imposibilidad desconcertadora.*
DESCONCERTANTE adj. Que desconcierta: *lleva una política desconcertante.*
DESCONCERTAR v. t. Desarreglar, descomponer el orden o concierto de una cosa: *desconcertar una máquina.* ‖ Dislocar: *desconcertar una articulación.* ‖ Sorprender: *mi pregunta le desconcertó.* (SINÓN. *Confundir, desorientar.* Fig. *Enredar.* V. tb. *turbar.*) ‖ — V. r. Desavenirse, enemistarse. ‖ *Fig.* Descomedirse. ‖ — IRREG. Se conjuga como *acertar.*
DESCONCIERTO m. Descomposición, desarreglo: *el desconcierto de una máquina.* ‖ *Fig.* Desorden, desavenencia. ‖ *Fig.* Falta de medida y gobierno: *vivir con desconcierto.* ‖ Falta de gobierno y economía. (SINÓN. V. *Confusión.*)
DESCONCORDIA f. Desunión, falta de concordia.
DESCONCHABAR v. t. *Chil., Guat.* y *Méx.* Descoyuntar.
DESCONCHADO m. y **DESCONCHADURA** f. Parte en que se ha caído el enlucido o revestimiento de una pared.
DESCONCHAR v. t. Quitar a una pared, vasija, etc., parte de su enlucido. Ú.t.c.r.: *desconcharse el techo.*
DESCONCHINFLADO, DA adj. *Chil., Guat.* y *Méx.* Desarreglado, descuajaringado.
DESCONCHÓN m. Trozo de enlucido que salta de una pared o caída de la pintura de una superficie.
DESCONECTAR v. t. Interrumpir la comunicación eléctrica. ‖ *Fig.* Faltar unión, trato, desunir: *desconectado con ese público.*
DESCONFIADO, DA adj. y s. Que desconfía, receloso, prudente: *hombre desconfiado.* ‖ — SINÓN. *Receloso, suspicaz, sospechoso, cauteloso, taimado.* V. tb. *huraño.*
DESCONFIANZA f. Falta de confianza. (SINÓN. V. *Sospecha.*)
DESCONFIAR v. i. No fiarse de una persona o cosa: *desconfiar de una mujer.* (SINÓN. V. *Sospechar.*)
DESCONFORMAR v. i. Disentir, no convenir en algo: *en esto desconformamos.* ‖ — V. r. Discordar. ‖ — CONTR. *Conformar.*
DESCONFORME adj. Disconforme.
DESCONFORMIDAD f. Disconformidad.
DESCONGELAR v. t. Deshelar.
DESCONGESTIONAR v. t. Hacer desaparecer la congestión. ‖ Disminuir la aglomeración.
DESCONOCEDOR, RA adj. Que desconoce.
DESCONOCER v. t. No conocer: *desconoce el inglés por completo.* ‖ No recordar. ‖*Fig.* No reconocer: *le desconozco en esta ocasión; estaba tan cambiado que le desconocí.* ‖ Negar uno haber hecho una cosa: *desconocer una obra.* ‖ Darse por desentendido de alguna cosa. ‖ Encontrar muy diferente lo que habíamos conocido: *desconozco a Antonio en esta ocasión.* ‖ — IRREG. Se conjuga como *conocer.*
DESCONOCIDO, DA adj. Ingrato, desagradecido. ‖ Ignorado, no conocido: *viajar en país desconocido.* (SINÓN. *Inexplorado, obscuro, olvidado.*) ‖ Muy cambiado: *estar desconocido.*
DESCONOCIMIENTO m. Acción de desconocer, ignorancia: *mostrar completo desconocimiento de la gramática.* ‖ Falta de agradecimiento, ingratitud. (SINÓN. V. *Olvido.*)
DESCONSENTIR v. t. No consentir en una cosa. ‖ — IRREG. Se conjuga como *sentir.*
DESCONSIDERACIÓN f. Falta de consideración.
DESCONSIDERADO, DA adj. Falto de consideración: *hablar de un modo desconsiderado.*
DESCONSIDERAR v. t. No guardar la consideración debida.
DESCONSOLADO, DA adj. Que no recibe consuelo: *una viuda desconsolada.* ‖ *Fig.* Triste y melancólico: *un rostro desconsolado.* ‖ *Fig.* Dícese del estómago desfallecido.
DESCONSOLADOR, RA adj. Que desconsuela o aflige mucho: *una noticia desconsoladora.*
DESCONSOLAR v. t. Privar de consuelo, afligir: *esta noticia desconsuela a sus padres.* (SINÓN. V. *Entristecer.*) ‖ — IRREG. Se conjuga como *consolar.*
DESCONSUELO m. Angustia, aflicción profunda. (SINÓN. V. *Pena.*)
DESCONTAR v. t. Rebajar una cantidad de una suma: *descontar del sueldo.* ‖ *Fig.* Rebajar: *hay mucho que descontar en las alabanzas que le tributan.* ‖ *Fig.* Dar por cierto o por acaecido. ‖ *Com.* Pagar un documento no vencido, rebajándole la cantidad estipulada como interés del dinero. ‖ *Dar par descontado que,* suponer que. ‖ — IRREG. Se conjuga como *contar.*
DESCONTENTADIZO, ZA adj. y s. Difícil de contentar o que se disgusta fácilmente.
DESCONTENTAMIENTO m. Falta de contento.
DESCONTENTAR v. t. Disgustar. (SINÓN. V. *Enfadar.*)
DESCONTENTO, TA adj. Disgustado: *estar descontento de un contrato.* ‖ — M. Disgusto o desagrado: *se pintaba el descontento sobre su rostro.* (SINÓN. *Fastidio, enojo, sinsabor, despecho.* V. tb. *favor.*)
DESCONTINUO, NUA adj. No continuo.
DESCONVENIENCIA f. Falta de conveniencia, perjuicio.
DESCONVENIENTE adj. Que desconviene, que no es conveniente: *una conducta desconveniente.*
DESCONVENIR v. i. No convenir o convenirse dos personas o cosas: *dos proyectos que desconvienen.* ‖ — IRREG. Se conjuga como *venir.*
DESCONVIDAR v. t. Anular un convite.
DESCORAZONAMIENTO m. *Fig.* Caimiento de ánimo. (SINÓN. V. *Abatimiento.*)
DESCORAZONAR v. t. Arrancar el corazón. ‖ *Fig.* Desanimar: *aquella noticia le descorazonó.* (SINÓN. V. *Desalentar.*)
DESCORCHADOR m. El que descorcha. ‖ Sacacorchos, instrumento que sirve para descorchar.
DESCORCHAR v. t. Quitar el corcho al alcornoque. ‖ Romper el corcho de las colmenas para sacar la miel. ‖ Quitarle el corcho a una botella.
DESCORCHE m. Acción y efecto de descorchar
DESCORDAR v. t. Desencordar, quitar las cuerdas. ‖ Herir al toro en la medula espinal, sin matarlo. ‖ — IRREG. Se conjuga como *acordar.*
DESCORNAR v. t. Quitar los cuernos. ‖ — V. r. *Fig.* y *fam.* Descalabazarse. ‖ — IRREG. Se conjuga como *acornar.*
DESCORONAR v. t. Quitar la corona.
DESCORREAR v. i. Perder el ciervo la piel que cubría las astas, cuando van éstas creciendo.
DESCORRER v. t. Volver a correr en sentido inverso al camino corrido. ‖ Plegar la cortina

corrida. || — V. i. Correr o escorrer un líquido. Ú. t. c. r.

DESCORRIMIENTO m. Efecto de desprenderse o correr un líquido.

DESCORTÉS adj. y s. Falto de cortesía, grosero. || — SINÓN. *Desatento, incivil, desagradable.* V. tb. *grosero, impúdico* e *insolente.*

DESCORTESÍA f. Falta de cortesía, grosería. (SINÓN. V. *Incorrección.*)

DESCORTÉSMENTE adv. m. Sin cortesía.

DESCORTEZADURA f. Corteza que se quita a una cosa. || Parte descortezada de un árbol.

DESCORTEZAMIENTO m. Acción de descortezar o arrancar la corteza a una cosa.

DESCORTEZAR v. t. Quitar la corteza a una cosa: *descortezar un árbol.* (SINÓN. V. *Mondar.*) || *Fig.* y *fam.* Desbastar.

DESCOSEDURA f. Descosido.

DESCOSER v. t. Soltar alguna cosa que estaba cosida. || — V. r. *Fig.* Descubrir uno lo que convenía callar. || *Fig.* y *fam.* Ventosear.

DESCOSIDO, DA adj. Que habla demasiado, indiscreto, imprudente. || *Fig.* Desordenado, desastrado. Ú.t.c.s.: *esta mujer es una descosida.* || — M. Parte descosida en un vestido: *ir lleno de descosidos.* || *Fig.* y *fam.* *Como un descosido,* con ahínco o exceso.

DESCOSTILLAR v. t. Dar golpes en las costillas. || — V. r. Romperse las costillas.

DESCOSTRAR v. t. Quitar la costra o corteza.

DESCOTORRAR v. t. *Cub.* Descomponer algo.

DESCOYUNTAMIENTO m. Acción y efecto de descoyuntar: *el descoyuntamiento de un hueso.* || Desazón grande, derrengamiento: *la gripe produce a veces descoyuntamiento.*

DESCOYUNTAR v. t. Desencajar los huesos: *descoyuntarse la cadera.* (SINÓN. V. *Dislocar.*) || *Fig.* Molestar, fastidiar.

DESCRÉDITO m. Disminución del crédito, pérdida de la reputación: *caer en descrédito.*

DESCREER v. t. Dejar de creer alguna cosa.

DESCREÍDO, DA adj. y s. Incrédulo, falto de fe. (SINÓN. V. *Pagano* e *irreligioso.*)

DESCREIMIENTO m. Falta de fe, incredulidad.

DESCRESTADERA f. *Col.* Timo, trapisonda.

DESCRESTAR v. t. Quitar o cortar la cresta || *Col.* Timar, engañar.

DESCRIBIBLE adj. Que puede describirse: *escenas apenas describibles.* || — CONTR. *Indescriptible.*

DESCRIBIR v. t. (lat. *describere*). Hacer la descripción de una cosa: *describir un monumento.* || *Geom.* Trazar, delinear: *describir una elipse.* || Definir una cosa por sus predicados no esenciales.

DESCRIPCIÓN f. Acción y efecto de describir. (SINÓN. V. *Imagen.*)

DESCRIPTIBLE adj. Describible.

DESCRIPTIVO, VA adj. Que tiene por objeto describir: *poesía descriptiva.* || *Geometría descriptiva,* la que tiene por objeto la representación de los cuerpos por medio de proyecciones. || *Anatomía descriptiva,* parte de la anatomía que se ocupa principalmente en la descripción de los órganos.

DESCRIPTO, TA p. p. irreg. de *describir.*

DESCRIPTOR, RA adj. y s. (lat. *descriptor*). Que describe: *Pereda es un excelente descriptor.*

DESCRISMAR v. t. Quitar el crisma. || *Fam.* Dar un golpe en la cabeza. Ú.t.c.r.: *cayó al suelo y por poco se descrisma.* || — V. r. Enfadarse.

DESCRISTIANAR v. t. Descrismar.

DESCRISTIANIZAR v. t. Quitar el carácter de cristiano. || Apartar de la fe cristiana.

DESCRITO, TA p. p. irreg. de *describir.*

DESCRUZAR v. t. Deshacer las cosas que estaban cruzadas: *descruzar los brazos, las piernas.*

DESCUADERNAR v. t. Desencuadernar. || *Fig.* Desbaratar, descomponer: *descuadernar la cabeza.*

DESCUADRAR v. i. *P. Rico.* Desagradar, no gustar.

DESCUADRILLARSE v. r. Derrengarse la caballería por el cuadril.

DESCUAJAR v. t. Liquidar lo que estaba cuajado: *es imposible descuajar la albúmina coagulada.* || *Fig.* y *fam.* Quitar la esperanza de una cosa. || Arrancar de raíz las plantas: *descuajar un arbusto.* (SINÓN. V. *Desarraigar.*)

DESCUAJARINGARSE v. r. *Fam.* Relajarse, cansarse mucho. || Desvencijarse.

DESCUAJE m. Descuajo.

DESCUAJILOTADO, DA adj *Amér. C.* Pálido.

DESCUAJO m. Acto de descuajar una planta. (SINÓN. V. *Arrancadura.*)

DESCUARTIZAMIENTO m. Acción y efecto de descuartizar o dividir en cuartos.

DESCUARTIZAR v. t. Dividir en cuartos: *descuartizar un cabrito.* (SINÓN. V. *Trinchar.*) || *Fam.* Hacer pedazos una cosa.

DESCUBIERTA f. Reconocimiento, inspección: *emprender un viaje de descubierta.*

DESCUBIERTAMENTE adv. m. Claramente, en descubierto: *obrar descubiertamente.*

DESCUBIERTO, TA adj. Que no está cubierto: *ir con la cabeza descubierta.* || — M. Déficit. || *Com.* Adv. m. *Al descubierto,* sin tener disponible. || Loc. adv. *A descubierto,* sin ninguna protección: *combatir a descubierto.* Sin garantía de lo que se adelanta: *vender a descubierto.* || — CONTR. *Cubierto.*

DESCUBRIDERO m. Lugar elevado, desde donde se puede descubrir lo que pasa en otra parte.

DESCUBRIDOR, RA adj. y s. Que descubre, indaga o averigua: *Volta fue el descubridor de la pila eléctrica.* || El que descubre un país nuevo, explorador: *Cristóbal Colón fue el descubridor de América.* || — M. *Mil.* Batidor, explorador de campo.

DESCUBRIMIENTO m. Hallazgo, encuentro: *realizar un descubrimiento científico.* (SINÓN. V. *Invención.*) || Acto de descubrir un país ignorado. || Cosa descubierta.

DESCUBRIR v. t. Manifestar lo que estaba oculto o destapar lo que estaba tapado: *descubrir un puchero.* (SINÓN. V. *Sacar* y *ver.*) || Hallar lo que estaba ignorado: *descubrir un tesoro.* || Inventar: *Gutenberg descubrió la imprenta.* (SINÓN. *Detectar, penetrar, rastrear.* V. tb. *encontrar.*) || Alcanzar a ver: *desde esta roca se descubre mucho campo.* || *Fig.* Enterarse de lo que se ignoraba: *descubrir una conspiración.* (SINÓN. V. *Divulgar.*) || — V. r. Quitarse el sombrero.

DESCUENTO m. Acción y efecto de descontar: *hay bancos que se dedican al descuento de letras.* (SINÓN. V. *Comisión.*) || Rebaja: *conceder un descuento a un cliente.* (SINÓN. V. *Disminución.*)

DESCUERAR v. t. Despellejar una res. || *Amer. Fig.* Desollar, criticar: *descuerar a un amigo.*

DESCUERNO m. *Fam.* Desaire.

DESCUIDADO, DA adj. y s. Negligente, poco cuidadoso: *un comerciante descuidado.* || Desaliñado: *una mujer descuidada.* (SINÓN. V. *Desaseado.*) || Desprevenido: *cogieron descuidados a los ladrones.*

DESCUIDAR v. t. Descargar a uno del cuidado que tenía. || Engañar a uno para que descuide su obligación. || No cuidar de una cosa: *descuida sus obligaciones para satisfacer sus caprichos.* (SINÓN. V. *Abandonar.*)

DESCUIDO m. Falta de cuidado, inadvertencia, omisión: *hacer una cosa con descuido.* (SINÓN. V. *Negligencia* y *distracción.*) || Desliz, falta. (SINÓN. V. *Error.*) || *Amer. En un descuido,* loc. adv., cuando menos se piensa.

DESCUITADO, DA adj. Que vive sin cuitas.

DESCULAR v. t. Romper el culo o la parte inferior de una cosa: *descular un vaso.*

DESCULATAR v. t. Quitar la culata al arma.

DESCURTIR v. t. Blanquear la piel curtida.

DESCHALAR v. t. *Arg.* Quitar la chala al maíz.

DESCHAPAR v. t. *Bol., Ecuad.* y *Per.* Descerrajar.

DESCHARCHAR v. t. *Amér. C.* Despojar a una persona de su destino.

DESCHAVETADO, DA adj. *Amer.* Sin juicio, chiflado.

DESCHAVETARSE v. r. Perder la chaveta.

DESDE prep. Indica el punto, tiempo u orden de que procede o se origina una cosa: *desde la creación; desde Madrid; desde ahora; desde que nací; desde mi casa.* || Es parte de muchos modos adverbiales: *desde entonces; desde luego; desde allí.* || Después de. || *Arg. Desde ya,* ahora mismo, desde este momento. || *Desde que,* a partir del tiempo en que.

DESDECIR v. i. No corresponder una persona o cosa a su origen o educación: *desdecir de sus abuelos.* || *Fig.* No convenir una cosa con otra: *estas dos telas desdicen una de otra.* || Venir a menos. || — V. r. Decir lo contrario, retractarse: *no debe uno desdecirse nunca de lo que promete.* (SINÓN. V. *Contradecir.*) || — IRREG. Se conjuga como *decir.*

DESDÉN m. Indiferencia despreciativa. (SINÓN. *Desprecio.*) || *Al desdén,* m. adv., al descuido con desaliño: *ir una muchacha vestida al desdén.*

DESDENTADO, DA adj. Que ha perdido los dientes. || — M. pl. *Zool.* Orden de los animales que carecen de dientes o por lo menos de incisivos: *los desdentados son casi todos animales americanos.*

DESDENTAR v. t. Quitar o sacar los dientes.

DESDEÑABLE adj. Que es digno de desdén o desprecio: *persona desdeñable.*

DESDEÑADOR, RA adj. Que desdeña o desprecia: *le respondió con tono desdeñador.*

DESDEÑAR v. t. Tratar con desdén: *no debemos desdeñar a los pobres.* (SINÓN. V. *Despreciar* y *rechazar.*) || — V. r. No dignarse hacer algo: *desdeñábase de estudiar aquello.*

DESDEÑOSO, SA adj. y s. Que muestra desdén. (SINÓN. V. *Orgulloso.*)

DESDIBUJADO, DA adj. Borroso, confuso

DESDIBUJARSE v. r. *Fig.* Perder una cosa la precisión de sus contornos, esfumarse.

DESDICHA f. Desgracia: *sufrir continuas desdichas.* || Gran pobreza, miseria: *vivir en la desdicha.*

DESDICHADO, DA adj. Desgraciado, infeliz. (SINÓN. V. *Pobre.*) || — M. y f. Infelizote, cuitado: *ese hombre es un desdichado.*

DESDOBLAMIENTO m. Acción y efecto de desdoblar. || Fraccionamiento de un compuesto en sus elementos.

DESDOBLAR v. t. Desplegar lo que estaba doblado: *desdoblar una sábana.* (SINÓN. V. *Extender.*) || Separar los elementos de un compuesto.

DESDORAR v. t. Quitar el oro o lo dorado de una cosa. || *Fig.* Deslustrar: *desdorar la reputación.*

DESDORO m. Baldón, mancha en la reputación.

DESEABLE adj. Digno de ser deseado o codiciado: *una posición deseable.*

DESEADOR, RA adj. y s. Que desea, deseoso.

DESEAR v. t. (lat. *desiderare*). Aspirar a la posesión, disfrute o conocimiento de una cosa: *desear la fortuna.* (SINÓN. V. *Codiciar* y *ambicionar.*) || Expresar bajo la forma de deseo, de cumplimiento: *desear felices pascuas, desear que ella venga.* || Querer: *desear el bien de todos.* || Anhelar que acontezca o no algún suceso. || *Hacerse desear,* hacerse esperar. || *Me veo y me deseo,* encarecer el afán por conseguir algo. || *No dejar nada que desear,* ser perfecta una cosa.

DESEBAR v. t. *Méx.* Desensebar un animal.

DESECACIÓN f. Acción de desecar o secar algo.

DESECAR v. t. (lat. *desiccare*). Poner seco: *el calor deseca los torrentes.* (SINÓN. V. *Secar.*) || *Fig.* Volver insensible: *la envidia deseca los corazones.* || — PARÓN. *Disecar.*

DESECATIVO, VA adj. Que tiene propiedad de desecar: *el aceite de linaza es muy desecativo.*

DESECHA f. *Col.* Desecho, atajo.

DESECHAR v. t. Excluir, menospreciar: *desechar un consejo.* (SINÓN. V. *Rechazar.*) || Renunciar a un cargo o dignidad. || Apartar una sospecha, temor, etc.: *desechar un mal pensamiento.* || Expeler, arrojar. (SINÓN. V. *Echar.*) || Abandonar una prenda de vestir: *desechar unos zapatos por estrechos.*

DESECHO m. Lo que se desecha, residuo: *los desechos de una mercancía.* (SINÓN. *Heces, espuma, despojos.* V. tb. *desperdicio.*) || *Fig.* Desprecio, desestimación. || *Cub.* La primera clase del tabaco de calidad. || *Amer.* Desecha, atajo. || — PARÓN. *Deshecho.*

DESEDIFICACIÓN f. *Fig.* Mal ejemplo.

DESEDIFICAR v. t. *Fig.* Dar mal ejemplo.

DESELECTRIZAR v. t. Descargar de electricidad.

DESEMBALAJE m. Acción de desembalar.

DESEMBALAR v. t. Deshacer el embalaje, desempaquetar: *desembalar vajilla.*

DESEMBALDOSAR v. t. Quitar las baldosas.

DESEMBANASTAR v. t. Sacar de una banasta: *desembanastar naranjas.*

DESEMBARAZADO, DA adj. Despejado, sin estorbos: *ir por un camino muy desembarazado.* || Que obra con expedición y desenvoltura.

DESEMBARAZAR v. t. Quitar los embarazos que estorban una cosa: *desembarazar el camino.* (SINÓN. *Limpiar, despejar, librar, desenredar.*) || *Amer.* Dar a luz la mujer. || Evacuar, abandonar: *desembarazar la sala.* || — V. r. *Fig.* Separarse desechar lo que estorbaba para hacer una cosa: *desembarazarse de gorrones.* (SINÓN. V. *Dejar.*)

DESEMBARAZO m. Despejo, desenfado. || *Amer.* Parto de mujer.

DESEMBARCADERO m. Lugar destinado para desembarcar. (SINÓN. V. *Puerto.*)

DESEMBARCAR v. t. Sacar del barco el cargamento y llevarlo a tierra: *desembarcar un cargamento de naranjas.* || — V. i. Salir del barco las personas: *desembarcar los pasajeros.* || *Fig.* y *fam.* Salir de un carruaje. (SINÓN. V. *Descender.*)

DESEMBARCO m. Acción de desembarcar los pasajeros. || *Mar.* Operación militar realizada en tierra por la dotación de un buque o de una escuadra, o las tropas que llevan: *el desembarco de Normandía.* || — PARÓN. *Desembarque.*

DESEMBARGAR v. t. Quitar un embargo o impedimento. || *For.* Alzar el embargo.

DESEMBARGO m. *For.* Acción de desembargar una cosa embargada, alzamiento del embargo.

DESEMBARQUE m. Acción de desembarcar mercancías: *el desembarque fue estorbado por la marea.* || — PARÓN. *Desembarco.*

DESEMBARRANCAR v. t. Sacar a flote la nave varada.

DESEMBARRAR v. t. Limpiar el barro o lodo.

DESEMBAULAR v. t. Sacar lo que está en un baúl, y, por extensión, lo que está en una caja, talego, etc. || *Fig.* y *fam.* Decir uno a otro lo que le causa desazón interior.

DESEMBEBECERSE v. r. Salir uno de su embebecimiento. || — IRREG. Se conjuga como *merecer.*

DESEMBELESARSE v. r. Salir del embeleso

DESEMBLANTADO, DA adj. Que tiene demudado el semblante.

DESEMBOCADERO m. Lugar por donde se sale de una calle o camino a otro. || Desembocadura de río.

DESEMBOCADURA f. Sitio por donde un río desemboca en otro o en el mar. (SINÓN. *Boca, estuario, delta.*) || Desembocadero.

DESEMBOCAR v. i. Salir por un sitio estrecho. || Dar una calle en otra. || Desaguar un río o canal en otro o en el mar: *el Tajo desemboca en el Atlántico.*

DESEMBOJAR v. t. Quitar los capullos de seda del embojo o enramada.

DESEMBOLSAR v. t. Sacar lo que está dentro de la bolsa. || *Fig.* Pagar o sacar dinero de la bolsa. (SINÓN. V. *Gastar.*)

DESEMBOLSO m. *Fig.* Entrega que se hace de una cantidad de dinero. || Dispendio, pago. (SINÓN. V. *Gasto.* CONTR. *Cobro.*)

DESEMBOQUE m. Desembocadero.

DESEMBOSCARSE v. r. Salir del bosque o emboscada.

DESEMBOTAR v. t. *Fig.* Aguzar lo embotado. || *Fig.* Avivar, despertar: *desembotar el espíritu.*

DESEMBOZAR v. t. Quitar el embozo.

DESEMBRAGAR v. t. *Mec.* Desconectar del eje motor un mecanismo.

DESEMBRAGUE m. *Mec.* Acción y efecto de desembragar.

DESEMBRAVECER v. t. Amansar, suavizar. || — IRREG. Se conjuga como *merecer.*

DESEMBRAZAR v. t. Quitar del brazo una cosa. || Arrojar un arma con toda la fuerza del brazo.

DESEMBRIAGAR v. t. Quitar la embriaguez.

DESEMBROCAR v. t. *Méx.* Sacar los panes al sol. || *Guat.* y *Hond.* Poner boca arriba una vasija.

DESEMBROLLAR v. t. *Fam.* Desenredar lo embrollado: *desembrollar un misterio.* (SINÓN. V. *Aclarar.*)

DESEMBUCHAR v. t. Vaciar las aves el buche. (SINÓN. V. *Vomitar.*) || *Fig.* Soltar uno cuanto sabe acerca de una cosa. (SINÓN. V. *Confesar.*)

DESEMEJADO, DA adj. Desfigurado.

DESEMEJANTE adj. Diferente, diverso: *dos objetos desemejantes.* || — CONTR. *Semejante análogo.*

DESEMEJANZA f. Diversidad. (SINÓN. V. *Diferencia.*)

DESEMEJAR v. i. No parecerse una cosa a otra, diferenciarse de ella. || — V. t. Desfigurar, mudar de figura: *la enfermedad le desemejó.*

DESEMPACAR v. t. Sacar de las pacas las mercaderías.
DESEMPACHAR v. t. Quitar el empacho del estómago. ‖ — V. r. *Fig.* Desembarazarse, perder el encogimiento.
DESEMPACHO m. *Fig.* Desahogo o desenfado.
DESEMPAJAR v. t. *Col., Chil.* y *P. Rico.* Despajar. ‖ *Col.* y *Guat.* Quitar el techo de paja.
DESEMPALAGAR v. t. Quitar el hastío o el empalagamiento: *beber un trago para desempalagarse.*
DESEMPAÑAR v. t. Quitar el vaho o paño a un cristal. ‖ Quitar los pañales a un niño.
DESEMPAPELAR v. t. Quitar a una cosa el papel que la cubría: *desempapelar una habitación.*
DESEMPAQUE m. Acción de desempacar.
DESEMPAQUETAR v. t. Desenvolver una cosa que estaba empaquetada: *desempaquetar una caja.*
DESEMPAREJAR v. t. Desigualar dos cosas (SINÓN. V. *Descabalar.*)
DESEMPATAR v. t. Deshacer el empate: *desempatar un partido de fútbol.* ‖ *Col., P. Rico* y *Cub.* Desamarrar.
DESEMPEDRADOR m. El que desempiedra.
DESEMPEDRAR v. t. Remover las piedras del empedrado. ‖ *Fig. Ir desempedrando calles,* caminar muy de prisa. ‖ — IRREG. Se conjuga como *empedrar.*
DESEMPEGAR v. t. Quitar la pez a alguna cosa: *desempegar una tinaja.*
DESEMPEÑAR v. t. Sacar lo que estaba empeñado en poder de otro: *desempeñar el reloj.* ‖ Libertar a uno de sus deudas, desentramparle. ‖ Cumplir con lo que debe uno hacer: *desempeñar sus obligaciones.* ‖ Sacar a uno airoso de un empeño. ‖ Hacer un papel dramático: *desempeñar mal,* o *bien, un papel.*
DESEMPEÑO m. Acción de desempeñar.
DESEMPEREZAR v. i. Sacudir o perder una persona la pereza. ‖ — PARÓN. *Desperezarse.*
DESEMPERNAR v. t. Quitar los pernos que sujetan una armazón mecánica.
DESEMPLEO m. Paro.
DESEMPLUMAR v. t. Quitar las plumas a un ave o a una cosa: *desemplumar una flecha, un ave.*
DESEMPOLVAR v. t. y r. Quitar el polvo. ‖ Traer a la memoria lo olvidado.
DESEMPONZOÑAR v. t. Quitar a una cosa la ponzoña, las calidades ponzoñosas que tenía.
DESEMPOTRAR v. t. Arrancar lo empotrado.
DESEMPUÑAR v. t. Dejar de empuñar.
DESENALBARDAR v. t. Quitar la albarda.
DESENAMORAR v. t. Hacer perder el amor o el afecto que se tenía a una persona o cosa.
DESENCADENAMIENTO m. Acción de desencadenar o desencadenarse.
DESENCADENAR v. t. Quitar la cadena: *desencadenar un preso.* ‖ *Fig.* Romper la cadena o vínculo: *desencadenar los corazones.* (SINÓN. V. *Sublevar.*) ‖ — V. r. *Fig.* Desenfrenarse: *se desencadenó la tempestad.*
DESENCAJAMIENTO m. Acción de desencajar.
DESENCAJAR v. t. Sacar de su encaje una cosa. (SINÓN. V. *Dislocar.*) ‖ — V. r. Demudarse, descomponerse el semblante: *ojos desencajados.*
DESENCAJE m. Desencajamiento.
DESENCAJONAMIENTO m. Acción y efecto de desencajonar: *ir al desencajonamiento de los toros.*
DESENCAJONAR v. t. Sacar algo de un cajón. ‖ Sacar a los toros de lidia del cajón en que han sido transportados.
DESENCALCAR v. t. Aflojar lo recalcado.
DESENCALLAR v. t. Sacar el barco del lugar donde se hallaba encallado.
DESENCAMINAR v. t. Descaminar, extraviar.
DESENCANALLAR v. t. Sacar del encanallamiento: *persona muy difícil de desencanallar.*
DESENCANTADOR, RA adj. Que desencanta o deshechiza: *palabras desencantadoras.*
DESENCANTAR v. t. Deshacer el encanto. ‖ Desilusionar. (SINÓN. V. *Desengañar.*)
DESENCANTO m. Acción de desencantar. ‖ *Fig.* Desilusión, desengaño: *sufrir un desencanto.* (SINÓN. V. *Decepción.*)
DESENCAPOTAR v. t. Quitar el capote. ‖ *Fig.* y *fam.* Descubrir, hacer patente. ‖ — V. r. Aclararse o despejarse el cielo que estaba nublado. ‖ *Fig.* Desenojarse, deponer el ceño.
DESENCAPRICHAR v. t. Disuadir del capricho. Ú. m. c. r.: *se desencaprichó de su antojo.*
DESENCARCELAR v. t. Sacar a uno de la cárcel.
DESENCARECER v. t. Abaratar.
DESENCARGAR v. t. Revocar un encargo.
DESENCARNAR v. t. Quitar a los perros el cebo de las reses muertas. ‖ *Fig.* Perder la afición a algo.
DESENCARTONAR v. t. Quitar el cartón a algunas cosas: *desencartonar un libro.*
DESENCASQUILLAR v. t. *Amér. C., P. Rico, Venez.* Desherrar. ‖ — V. r. *Col.* Caérsele la suela al tacón del zapato.
DESENCASTILLAR v. t. Echar de un castillo o lugar fuerte. ‖ *Fig.* Aclarar lo oculto.
DESENCERRAR v. t. Sacar del encierro. ‖ *Fig.* Descubrir lo cerrado. ‖ — IRREG. Se conjuga como *cerrar.*
DESENCINCHAR v. t. *Méx.* Descinchar, quitar o aflojar las cinchas a una caballería.
DESENCINTAR v. t. Quitar las cintas o el encintado.
DESENCLAVAR v. t. Desclavar, quitar los clavos.
DESENCLAVIJAR v. t. Quitar las clavijas a una cosa: *desenclavijar la guitarra.* ‖ *Fig.* Desasir, desencajar.
DESENCOGER v. t. Estirar, soltar lo encogido. ‖ — V. r. Perder uno el encogimiento.
DESENCOGIMIENTO m. *Fig.* Desembarazo, desenfado, desparpajo. ‖ — CONTR. *Timidez, cortedad.*
DESENCOLAR v. t. Despegar lo que estaba pegado con cola: *esta mesa se ha desencolado.*
DESENCOLERIZAR v. t. Apaciguar, calmar la cólera al que está encolerizado. ‖ — CONTR *Irritar.*
DESENCONAR v. t. Templar o quitar el encono o inflamación. ‖ *Fig.* Desahogar, moderar el encono: *desenconar los ánimos.* ‖ — V. r. Suavizarse una cosa: *desenconarse los odios con el tiempo.*
DESENCONO m. Acción y efecto de desenconar.
DESENCORDAR v. t. Quitar las cuerdas a un instrumento: *desencordar un arpa.* ‖ — IRREG. Se conjuga como *acordar.*
DESENCORVAR v. t. Enderezar lo que estaba encorvado: *desencorvar un alambre doblado.*
DESENCUADERNAR v. t. Deshacer lo encuadernado: *desencuadernar un libro.*
DESENCUARTAR v. t. *Méx.* Desencabestrar.
DESENCHUFAR v. t. Separar lo enchufado
DESENDEMONIAR v. t. Arrojar los demonios del cuerpo de los posesos. (SINÓN. *Exorcizar.*)
DESENDIABLAR v. t. Desendemoniar.
DESENDIOSAR v. t. Humillar a una persona muy vanidosa, bajarle los humos, abatirla.
DESENFADADO, DA adj. Desembarazado, libre, desahogado: *hablar con tono desenfadado.* (SINÓN. V. *Atrevido.*)
DESENFADAR v. t. Desenojar, quitar o mitigar el enfado.
DESENFADO m. Desahogo, despejo, desparpajo: *hablar con mucho desenfado.*
DESENFALDAR v. t. Bajar el enfaldo de un vestido.
DESENFARDAR y **DESENFARDELAR** v. t. Desatar los fardos o bultos de mercancías.
DESENFILAR v. t. *Mil.* Proteger contra los tiros directos del enemigo.
DESENFOQUE m. Enfoque defectuoso.
DESENFRAILAR v. i. Dejar de ser fraile.
DESENFRENADAMENTE adv. m. Con desenfreno, sin freno: *vivir desenfrenadamente.*
DESENFRENAMIENTO m. Desenfreno.
DESENFRENAR v. t. Quitar el freno: *desenfrenar un caballo.* ‖ — V. r. *Fig.* Entregarse desordenadamente a un vicio. ‖ Desencadenarse los elementos: *desenfrenóse la tempestad.*
DESENFRENO m. *Fig.* Acción de desenfrenarse. ‖ Libertinaje. (SINÓN. *Desvergüenza, disolución, liviandad, relajamiento, crápula.* Pop. *Parranda, jarana, parrandeo, parra.* V. tb. *festín.*)
DESENFUNDAR v. t. Quitar la funda.
DESENFURECER v. t. Calmar el furor de una persona o cosa. ‖ — IRREG. Se conjuga como *merecer.*
DESENFURRUÑAR v. t. Desenfadar, desenojar.
DESENGANCHAR v. t. Soltar una cosa enganchada. ‖ Quitar las caballerías de un carruaje.

DESENGAÑADO, DA adj. Aleccionado por la experiencia. || *Chil.* y *Ecuad.* Muy feo.

DESENGAÑADOR, RA adj. y s. Que desengaña: *la desengañadora experiencia.*

DESENGAÑAR v. t. Hacer comprender a uno el engaño o el error en que está, desilusionar: *desengañarse de la vanidad de la gloria humana.* || — SINÓN. *Abrir* (los ojos), *desilusionar, desencantar.*

DESENGAÑO m. Conocimiento del error o engaño en que se estaba: *llevar un gran desengaño.* (SINÓN. V. *Decepción.*) || Verdad, claridad: *decirle a una persona unos cuantos desengaños.* || — Pl. Lecciones de la experiencia: *haber llevado muchos desengaños en la vida.*

DESENGARGOLAR v. t. *Col.* Desenredar.

DESENGARZAR v. t. Deshacer el engarce de una cosa: *desengarzar una cadenilla.*

DESENGASTAR v. t. Quitar el engaste que sostiene una piedra preciosa: *desengastar un brillante.*

DESENGOMAR v. t. Quitar la goma a una tela, desgomar.

DESENGOZNAR v. t. Desgoznar.

DESENGRANAR v. t. Separar ruedas dentadas.

DESENGRASAR v. t. Quitar la grasa: *desengrasar la carne.* (SINÓN. V. *Limpiar.*) || *Chil.* Tomar el desengraso. || — V. i. *Fig.* Enflaquecer. || *Fam.* Comer cosas saladas o agrias, para quitar el sabor de un manjar grasiento: *las aceitunas ayudan a desengrasar.* || *Fig.* Variar de ocupación para hacer más descansado el trabajo.

DESENGRASO m. *Col.* y *Chil.* Postre, sobremesa.

DESENGROSAR v. t. Enflaquecer, adelgazar: || — IRREG. Se conjuga como *contar.*

DESENGRUDAR v. t. Quitar el engrudo: *desengrudar una tela.*

DESENGUANTARSE v. r. Quitarse los guantes.

DESENGUARACAR v. t. *Chil.* Desenrollar.

DESENHEBRAR v. t. Sacar la hebra de la aguja.

DESENHORNAR v. t. Sacar del horno la cosa que se está cociendo: *desenhornar el pan.*

DESENJAEZAR v. t. Quitar los jaeces a una caballería: *desenjaezar el caballo.*

DESENJALMAR v. t. Quitar la enjalma.

DESENJAULAR v. t. Sacar un pájaro de la jaula: *desenjaular un papagayo.*

DESENLACE m. Acción y efecto de desenlazar o desatar. || Solución del nudo de un poema dramático, de una novela, etc.: *un desenlace imprevisto.* (SINÓN. V. *Resultado.*)

DESENLADRILLAR v. t. Quitar los ladrillos.

DESENLAZAR v. t. Desatar los lazos que ataban una cosa. || *Fig.* Desatarse el nudo de un drama o novela: *esta comedia se desenlaza ridículamente.*

DESENLODAR v. t. Quitar el lodo o barro.

DESENLOSAR v. t. Quitar el enlosado del suelo.

DESENLUTAR v. t. Quitar el luto.

DESENMALLAR v. t. Sacar de la malla el pescado.

DESENMARAÑAR v. t. Desenredar lo que está enmarañado: *desenmarañar el pelo.* || *Fig.* Aclarar algo embrollado: *yo desenmarañaré este asunto.* (SINÓN. V. *Aclarar.*)

DESENMASCARAR v. t. Quitar la máscara. || *Fig.* Descubrir los propósitos de una persona que los encubría o dar a conocer su verdadera calidad y carácter: *desenmascarar a un hipócrita, a un estafador.*

DESENMOHECER v. t. Quitar el moho: *desenmohecer la cerradura.* || — IRREG. Se conjuga como *merecer.*

DESENMUDECER v. i. Romper a hablar el que no podía o no había querido hacerlo por mucho tiempo. || *Fig.* Romper el silencio. || — IRREG. Se conjuga como *merecer.*

DESENOJAR v. t. Calmar, sosegar el enojo, desenfadar. || — V. r. Esparcir el ánimo, distraer.

DESENOJO m. Cesación del enojo o del enfado.

DESENREDAR v. t. Deshacer el enredo: *desenredar una cinta.* (SINÓN. V. *Desembarazar.*) || *Fig.* Poner en orden lo que está enredado o enmarañado: *desenredar una tramoya.* (SINÓN. V. *Aclarar.*) || — V. r. Salir de una dificultad o enredo: *no acaba nunca Juan de desenredarse.*

DESENREDO m. Acto y efecto de desenredar o desenredarse. || Desenlace.

DESENROLLAR v. t. Desarrollar, desenvolver.

DESENROSCAR v. t. Deshacer lo enroscado.

DESENSAMBLAR v. t. Separar dos piezas de madera que estaban ensambladas.

DESENSAÑAR v. t. Quitar la saña o enojo.

DESENSARTAR v. t. Soltar lo que se hallaba ensartado: *desensartar un collar de perlas.*

DESENSEBAR v. t. Quitar el sebo. || *Fig.* y *fam.* Quitar el sabor de alguna cosa grasa comiendo aceitunas, pepinillos, almendras, etc.

DESENSEÑAR v. t. Hacer que olvide con una buena enseñanza lo malo que había aprendido.

DESENSILLAR v. t. Quitar la silla al caballo.

DESENSIBILIZAR v. t. Privar de sensibilidad.

DESENSOBERBECER v. t. Quitar o aplacar la soberbia. || — IRREG. Se conjuga como *merecer.*

DESENSORTIJADO, DA adj. Dícese de los rizos del pelo cuando se deshacen.

DESENTABLAR v. t. Arrancar las tablas, deshacer un tablado. || *Fig.* Descomponer, desarreglar una cosa. || *Fig.* Deshacer: *desentablar una amistad.*

DESENTALINGAR v. t. *Mar.* Zafar el cable del arganeo del ancla.

DESENTARIMAR v. t. Quitar el entarimado.

DESENTEJAR v. t. *Amer.* Destejar.

DESENTENDENCIA f. *Per.* Despego.

DESENTENDERSE v. r. No tomar parte en un asunto: *me desentiendo por completo de ese negocio.* || — IRREG. Se conjuga como *tender.*

DESENTERRADOR m. El que desentierra.

DESENTERRAMIENTO m. Acción de desenterrar. (SINÓN. *Exhumación.* CONTR. *Entierro.*)

DESENTERRAR v. t. Sacar lo enterrado: *desenterrar un tesoro.* || *Fig.* y *fam.* Sacar a relucir cosas ya olvidadas. || — IRREG. Se conjuga como *acertar.*

DESENTIERRAMUERTOS com. *Fig.* y *fam.* Persona que ataca la memoria de los muertos.

DESENTOLDAR v. t. Quitar el toldo. || *Fig* Quitar el adorno y compostura a una cosa || — V. r. *Méx.* Despejarse el cielo, aclarar.

DESENTONACIÓN f. Desentono.

DESENTONADAMENTE adv. m. Con desentono.

DESENTONAMIENTO m. Desentono.

DESENTONAR v. t. Abatir el tono o el orgullo de uno, humillarle. || — V. i. Salir del tono: *un instrumento músico que desentona.* || — V. r. Alterarse, descomedirse, faltar al respeto debido.

DESENTONO m. Desproporción en el tono de la voz o de un instrumento. || *Fig.* Descompostura, descomedimiento en el modo de hablar.

DESENTORNILLAR v. t. Destornillar.

DESENTORPECER v. t. Sacudir la torpeza de un miembro: *desentorpecer el brazo.* || Hacer capaz al que antes era torpe. || — IRREG. Se conjuga como *merecer.*

DESENTRAMAR v. t. *Arg.* Deshacer el armazón de madera.

DESENTRAMPAR v. t. *Fam.* Desempeñar. || — V. r. Salir de deudas una persona.

DESENTRAÑAR v. t. Sacar las entrañas. || *Fig.* Averiguar un secreto: *desentrañar un misterio.* || —V. r. Privarse de todo cuanto se posee en provecho de otro.

DESENTUMECER v. t. Quitar el entumecimiento a un miembro: *dar un paseo para desentumecerse las piernas.* || — IRREG. Se conjuga como *merecer.*

DESENTUMECIMIENTO m. Acción de desentumecer o quitar el entumecimiento de un miembro.

DESENTUMIR v. t. Desentumecer.

DESENVAINAR v. t. Sacar de la vaina: *desenvainar el sable.* || *Fig.* Sacar las garras el animal. || *Fig.* y *fam.* Sacar a relucir algo que estaba oculto.

DESENVERGAR v. t. *Mar.* Desatar las velas que estaban envergadas.

DESENVOLTURA f. *Fig.* Despejo, desparpajo, desenfado: *hablar con mucha desenvoltura.* || *Fig.* Despejo, facilidad de elocución. || *Fig.* Desvergüenza en las mujeres. || — CONTR. *Timidez, recato, vergüenza.*
DESENVOLVEDOR, RA adj. y s. *Fig.* Que desenvuelve o escudriña, curioso.
DESENVOLVER v. t. Desarrollar o deshacer lo arrollado o envuelto: *desenvolver un lío.* || *Fig.* Desenredar un negocio enmarañado: *desenvolver un mal negocio.* || Desarrollar una cuestión, explicar: *desenvolver una idea.* (SINÓN. V. *Desarrollar.*) || Ejercer una actividad. || — V. r. Desempacharse, perder el empacho o encogimiento. || Desenredarse. || — IRREG. Se conjuga como *mover.*
DESENVOLVIMIENTO m. Acción de desenvolver: *el desenvolvimiento de un negocio embrollado.*
DESENVUELTAMENTE adv. m. *Fig.* Con desenvoltura o desenfado: *hablar muy desenvueltamente.* || *Fig.* Con mucha claridad.
DESENVUELTO, TA adj. *Fig.* Que tiene desenvoltura: *un niño muy desenvuelto.* (SINÓN. V. *Atrevido.*)
DESENYUGAR v. t. *Amer.* Quitar el yugo.
DESENZARZAR v. t. Sacar de las zarzas: *desenzarzar un cabrito.* || *Fig.* y *fam.* Separar a las personas que riñen. (CONTR. *Enzarzar, azuzar.*)
DESEO m. Movimiento del alma que aspira a la posesión de alguna cosa: *expresar un deseo.* || Acción de desear: *deseo de riquezas.* (SINÓN. *Gana, anhelo, ansia, tentación, comezón, apetito, sed.*) || Lo que se desea. || *Coger a deseo,* lograr lo que se apetecía con vehemencia. || *Venir en deseo de,* desear. || *A medida de sus deseos,* según su gusto.
DESEOSO, SA adj. y s. Que desea: *estoy deseoso de satisfacer a usted.* || *Fam.* Ansioso, que todo lo desea.
DESEQUIDO, DA adj. Reseco, muy seco.
DESEQUILIBRADO, DA adj. y s. Que ha perdido el equilibrio mental: *los criminales están todos más o menos desequilibrados.* (SINÓN. V. *Loco.*)
DESEQUILIBRAR v. t. Romper el equilibrio.
DESEQUILIBRIO m. Falta de equilibrio.
DESERCIÓN f. (lat. *desertio*). Acción de desertar. || *For.* Abandono que hace la parte apelante de una apelación. || Ausencia de competidores a un concurso.
DESERTAR v. i. (del lat. *desertum,* supino de *deserere,* abandonar). Abandonar el soldado sus banderas: *el soldado que deserta es un traidor.* (SINÓN. V. *Huir.*) || Pasarse al enemigo. || *Fig.* y *fam.* Abandonar la sociedad que frecuentaba uno: *desertar del casino.* || *For.* Abandonar la apelación. || — RÉG. *Desertar al campo contrario, de sus banderas.*
DESÉRTICO, CA adj. Desierto. || Relativo al desierto.
DESERTOR m. Soldado que deserta: *condenar a un desertor.* || *Fig.* y *fam.* El que abandona la sociedad que antes frecuentaba. (SINÓN. V. *Apóstata.*)
DESERVICIO m. Falta que comete una persona en el servicio a que está obligada.
DESERVIR v. t. Faltar alguno a su obligación. || — IRREG. Se conjuga como *pedir.*
DESESPALDAR v. t. Romper la espalda.
DESESPAÑOLIZAR v. t. Hacer perder el carácter de español.
DESESPERACIÓN f. Pérdida de la esperanza. (SINÓN. V. *Desaliento.*) || Cólera, enojo: *ese chico me causa desesperación.* || *Ser una desesperación,* ser insoportable.
DESESPERADAMENTE adv. m. Con desesperación, sin esperanza: *obrar desesperadamente.*
DESESPERADO, DA adj. y s. Lleno de desesperación: *familia desesperada.* || Que no tiene esperanzas, desahuciado: *está ya el enfermo desesperado.* || *A la desesperada,* como último recurso.
DESESPERADOR, RA adj. Que desespera.
DESESPERANTE adj. Que desespera o quita la esperanza: *una obstinación desesperante.*
DESESPERANZA f. Desesperación.
DESESPERANZAR v. t. Quitar la esperanza: *desesperanzar a un candidato.* || — V. r. Quedarse sin esperanza.
DESESPERAR v. t. Desesperanzar, afligir mucho: *desesperarse por no recibir una noticia.* || *Fam.* Impacientar, exasperar: *esta música me desespera.* || — V. r. Despecharse uno hasta odiar la vida.
DESESPERO m. Desesperación.
DESESTANCAR v. t. Dejar libre lo que estaba estancado: *desestancar el tabaco, el aguardiente.*
DESESTAÑAR v. t. Quitar el estaño a una cosa: *esta vasija se ha desestañado.*
DESESTERAR v. t. Levantar las esteras que cubren el suelo: *desesterar un cuarto en verano.*
DESESTIMA y **DESESTIMACIÓN** f. Acción y efecto de desestimar o no estimar una cosa.
DESESTIMAR v. t. Tener en poco, no estimar. || Denegar, desechar: *desestimar una solicitud.*
DESFACHATADO, DA o **DESFACHADO, DA** adj. *Fam.* Descarado, desvergonzado.
DESFACHATEZ f. *Fam.* Descaro, desvergüenza.
DESFAJAR v. t. Quitar la faja.
DESFALCAR v. t. Quitar parte de una cosa, rebajar: *desfalcar el descuento de una suma.* || Tomar para sí un caudal que se custodia.
DESFALCO m. Acción y efecto de desfalcar.
DESFALLECER v. t. Causar desfallecimiento: *la falta de alimento desfallece rápidamente.* || — V. i. Experimentar desfallecimiento: *el dolor le hizo desfallecer.* || Padecer desmayo. || — IRREG. Se conjuga como *merecer.*
DESFALLECIDO, DA adj. Exánime. (SINÓN. V. *Decaído.*)
DESFALLECIMIENTO m. Disminución de ánimo o fuerza, desmayo: *sentir gran desfallecimiento.* (SINÓN. V. *Abatimiento* y *desvanecimiento.*)
DESFAMAR v. t. Difamar.
DESFASADO, DA adj. *Neol.* Fuera de fase.
DESFASAR v. t. *Electr.* Establecer una diferencia de fase entre dos fenómenos alternativos de igual frecuencia.
DESFAVOR m. *Chil.* Disfavor. (SINÓN. V. *Desgracia.*)
DESFAVORABLE adj. Contrario, que no es favorable: *recibir una noticia desfavorable.* || — SINÓN. *Adverso, hostil.*
DESFAVORECER v. t. Dejar de favorecer a una persona. || Contradecir favoreciendo lo contrario. || — IRREG. Se conjuga como *merecer.*
DESFIBRADO m. *Tecn.* La acción de desfibrar.
DESFIBRADORA f. *Tecn.* Máquina utilizada para desfibrar.
DESFIBRAR v. t. Quitar las fibras.
DESFIBRINACIÓN f. Destrucción o separación de la fibrina de la sangre.
DESFIGURACIÓN f. Acción y efecto de desfigurar.
DESFIGURAMIENTO m. Desfiguración.
DESFIGURAR v. t. Cambiar la figura, afearla: *las viruelas suelen desfigurar el rostro.* || Disfrazar el propio semblante, la intención, etc. || *Fig.* Alterar, cambiar: *desfigurar un suceso.* (SINÓN. *Deformar, disimular, cambiar, falsear.*) || — V. r. Demudarse, inmutarse.
DESFIGURO m. *Méx.* Cosa extravagante. || *Arg.* y *Per.* Desfiguramiento.
DESFIJAR v. t. Arrancar una cosa fijada en algún sitio: *desfijar un clavo.*
DESFILADERO m. Paso estrecho entre montañas: *Leónidas pereció en el desfiladero de las Termópilas.* (SINÓN. *Puerto, quebrada, portillo, garganta, angostura, paso, cañón.*) || Paso estrecho por donde la tropa pasa desfilando.
DESFILAR v. i. Caminar en fila: *las tropas desfilaron delante del rey.* || Pasar o salir uno tras otro.
DESFILE m. Acción de desfilar: *desfile de tropas.* || — SINÓN. *Procesión, parada, cabalgata, mascarada.* V. tb. *revista.*
DESFLECAR v. t. Sacar los flecos a una tela || — *Cub.* y *P. Rico.* Azotar.
DESFLECHARSE v. r. *Ecuad.* Dispararse.
DESFLEMAR v. t. Expeler la flema. || *Quím.* Separar la flema de un líquido.
DESFLORACIÓN f. y **DESFLORAMIENTO** m. Acción de desflorar. (SINÓN. V. *Violación.*)

desfiladero

Fot. Ella Maillart

DESFLORAR v. t. Quitar la flor o la novedad a un asunto: *desflorar una noticia.* ‖ Desvirgar.
DESFLORECER v. i. Perder la flor una planta, marchitarse. ‖ — IRREG. Se conjuga como *merecer.*
DESFLORECIMIENTO m. Acción y efecto de desflorecer.
DESFOGAR v. t. Dar salida al fuego o a otras cosas. ‖ *Fig.* Dar rienda suelta a una pasión. ‖ Apagar la cal. ‖ — V. i. *Mar.* Deshacerse en lluvia una tempestad.
DESFOGONAR v. t. Romper el fogón a un arma de fuego: *desfogonar el cañón de una escopeta.*
DESFOGUE m. Acción y efecto de desfogar. ‖ *Méx.* Agujero por donde desagua una canal cubierta.
DESFOLLONAR v. t. Despampanar la vid.
DESFONDAMIENTO m. Acción de desfondarse.
DESFONDAR v. t. Quitar el fondo: *desfondar un tonel.* ‖ *Mar.* Romper el fondo de una embarcación. ‖ *Agr.* Arar profundamente: *arado de desfondar.* ‖ — V. r. Perder el fondo. ‖ Perder las últimas fuerzas, agotarse.
DESFONDE m. Acción y efecto de desfondar.
DESFORMAR v. t. Deformar.
DESFORRAR v. t. Quitar el forro a una cosa.
DESFORTALECER v. t. Demoler una fortaleza. ‖ — IRREG. Se conjuga como *merecer.*
DESFORTIFICAR v. t. Quitar la fortificación.
DESFRENAR v. t. Desenfrenar.
DESFRUNCIR v. t. Desplegar.
DESGAIRE m. Desaliño y desgarbo: *hacer una cosa al desgaire.* ‖ Ademán de desprecio: *mirar una cosa al desgaire.* ‖ Descuido afectado. ‖ *Al desgaire,* con descuido.
DESGAJADURA f. Rotura de una rama desgajada.
DESGAJAR v. t. Arrancar una rama de árbol, desgarrar. ‖ Despedazar, romper. ‖ — V. r. Apartarse, desprenderse: *desgajarse de una compañía.*
DESGAJE m. Acción y efecto de desgajar.
DESGALGAR v. t. Despeñar, precipitar.
DESGALICHADO, DA adj. *Fam.* Desgarbado, desaliñado: *hombre desgalichado.* ‖ — CONTR. *Airoso.*
DESGALILLARSE v. r. *Amer.* Desgañitarse.
DESGALONAR v. t. Quitar los galones.
DESGANA f. Falta de gana o apetito. (SINÓN. V. *Apatía.*) ‖ Disgusto o repugnancia: *hacer una cosa a desgana.*
DESGANADO, DA adj. Que no tiene apetito.
DESGANAR v. t. Quitar la gana de una cosa. ‖ — V. r. Perder el apetito: *sentirse desganado.* ‖ *Fig.* Disgustarse, cansarse de alguna cosa.
DESGANCHAR v. t. Quitar los ganchos o chupones de los árboles. ‖ *Amér. C.* y *P. Rico.* Desenganchar.
DESGANO m. Desgana.
DESGAÑITARSE v. r. Esforzarse uno violentamente gritando o voceando. (SINÓN. V. *Gritar.*) ‖ Enronquecerse.
DESGAÑOTAR v. t. *P. Rico* y *Dom.* Cortar el gaznate.
DESGARBADO, DA adj. Falto de garbo o gracia, desgalichado: *una joven desgarbada.* ‖ — CONTR. *Airoso.*
DESGARBO m. Falta de garbo.
DESGARGANTARSE v. r. *Fam.* Gritar o vocear, desgañitarse.
DESGARGOLAR v. t. Quitar al lino o cáñamo la linaza o el cañamón. ‖ Sacar de los gárgoles: *desgargolar una tabla.*
DESGARITAR v. i. Perderse, descarriarse: *oveja desgaritada.*
DESGARRADO, DA adj. y s. *Fam.* Desvergonzado.
DESGARRADOR, RA adj. Que desgarra o destroza: *oíanse gritos desgarradores.*
DESGARRAMIENTO m. Desgarro.
DESGARRAR v. t. Rasgar: *desgarrar una tela.* (SINÓN. *Desmenuzar, dilacerar, despedazar.*) ‖ *Fig.* Destrozar: *desgarrarle a uno el alma.* ‖ Expectorar. ‖ — V. r. Apartarse, separarse.
DESGARRIATE m. *Méx.* Destrozo, desastre.
DESGARRO m. Rompimiento, acción de desgarrar o romper. ‖ *Fig.* Fanfarronada, baladronada. ‖ Arrojo, desvergüenza. ‖ *Amer.* Esputo, flema.
DESGARRÓN m. Desgarro grande en la ropa: *hacerse un desgarrón con un clavo.* ‖ Jirón que queda al desgarrarse una tela.
DESGASTAR v. t. Gastar poco a poco una cosa. ‖ *Fig.* Pervertir, echar a perder. ‖ — V. r. *Fig.* Perder fuerza y vigor.
DESGASTE m. Acción y efecto de desgastar. (SINÓN. V. *Erosión* y *piedra.*)
DESGAZNATARSE v. r. *Fig.* Desgargantarse.
DESGERMINAR v. t. *Tecn.* Quitar el germen a la cebada en las cervecerías.
DESGLOSAR v. t. Quitar la glosa que se puso a un escrito. ‖ Separar un escrito de otros: *desglosar una hoja de una pieza de autos.* ‖ *Cin.* Hacer el desglose.
DESGLOSE m. Acción y efecto de desglosar. ‖ *Cin.* División de un guión cinematográfico en un número determinado de escenas.
DESGOBERNADO, DA adj. Que se gobierna mal: *mujer desgobernada.* (SINÓN. *Desarreglado.*)
DESGOBERNAR v. t. Destruir el buen gobierno de una cosa. ‖ Descoyuntar, desencajar los huesos: *desgobernarse la cadera.* ‖ *Mar.* Descuidar el gobierno del timón. ‖ — IRREG. Se conjuga como *gobernar.*
DESGOBIERNO m. Falta de gobierno u orden: *el desgobierno de una casa.* (SINÓN. V. *Desorden.*)
DESGOLLETAR v. t. Quitar o romper el gollete o cuello.
DESGOMAR v. t. Quitar la goma: *se desgoman los tejidos de seda para que tomen bien el tinte.*
DESGONZAR y mejor **DESGOZNAR** v. t. Quitar los goznes a una cosa: *desgoznar una puerta.*
DESGRACIA f. Mala suerte: *verse perseguido por la desgracia.* (SINÓN. *Tribulación, pena, infortunio, adversidad, disfavor, calamidad, miseria, peligro, desventura, percance.* CONTR. *Felicidad, gracia, placer.*) ‖ Acontecimiento funesto: *le cayeron encima muchas desgracias.* (SINÓN. V. *Catástrofe* y *fracaso.*) ‖ Pérdida de gracia o favor: *este cortesano cayó en desgracia.* ‖ Desagrado, aspereza en el trato: *hablar con desgracia.* ‖ Falta de gracia o maña.
DESGRACIADAMENTE adv. m. Con desgracia: *vivir desgraciadamente.* ‖ — CONTR. *Felizmente.*
DESGRACIADO, DA adj. y s. Que padece desgracia. ‖ Desafortunado. (SINÓN. V. *Pobre.*) ‖ Que no tiene gracia: *es un chico muy desgraciado.* ‖ Desagradable: *una música desgraciada.* (CONTR. *Feliz, gracioso.*) ‖ — Adj. y s. m. *Ecuad., Guat., Arg.* y *Per.* Uno de los peores insultos. ‖ *Desgraciado en el juego, afortunado en amores,* expresión de consuelo del que pierde en las cartas. ‖ *Ser un desgraciado,* ser un pobre diablo.
DESGRACIAR v. t. Disgustar, desagradar, enfadar. ‖ Echar a perder, malograr: *desgraciar a una criatura.* (SINÓN. V. *Herir.*) ‖ — V. r. Desavenirse, desviarse de uno. ‖ Salir mal, malograrse: *desgracióse el negocio.*
DESGRAMAR v. t. Quitar la grama.
DESGRANADOR, RA adj. y s. Que desgrana. ‖ — F. Máquina para desgranar.
DESGRANAR v. t. Sacar el grano o los granos: *desgranar un racimo de uvas.* ‖ — V. r. Desgastarse el oído de las armas de fuego. ‖ Soltarse lo ensartado: *desgranarse un collar.* ‖ *Arg.* y *Chil.* Disgregarse.
DESGRANE m. Acción y efecto de desgranar.
DESGRANZAR v. t. Quitar las granzas.
DESGRASAR v. t. Quitar la grasa o la mugre a una cosa: *desgrasar un tejido de lana.*
DESGRASE m. Acción y efecto de desgrasar.
DESGRAVACIÓN f. Disminución, exención de impuestos.
DESGRAVAR v. t. Rebajar o eximir un derecho o impuesto. ‖ Hacer menos pesado, aligerar.
DESGREÑADO, DA adj. Despeinado.
DESGREÑAR v. t. Descomponer los cabellos: *una mujer desgreñada.* (SINÓN. V. *Despeinar.* CONTR. *Peinar, alisar.*) ‖ — V. r. Andar a la greña.
DESGREÑO m. *Arg.* y *Chil.* Despeluzamiento. ‖ *Arg.* y *Col.* Desorden, despilfarro.
DESGUACE m. *Mar.* Acción y efecto de desguazar: *el desguace de un barco.*

DESGUANZAR v. t. *Méx.* Descuajaringar. || — V. r. Cansarse. || *Amér. C.* Desfallecer.
DESGUANZO m. *Méx.* Falto de fuerza y vigor.
DESGUAÑANGADO, DA adj. *Chil.* Desarreglado, desgalichado, sin gracia.
DESGUARDO m. *Arg.* Relicario o talismán.
DESGUARNECER v. t. Quitar la guarnición: *desguarnecer un vestido.* || Quitar la fuerza a una plaza fuerte: *desguarnecer un castillo.* || Des armar un instrumento: *desguarnecer un martillo.* || Quitar las guarniciones a un caballo. || — IRREG. Se conjuga como *merecer.*
DESGUATAR v. t. *Chil.* Destripar.
DESGUAZAR v. t. Desbastar la madera. || *Mar.* Deshacer un buque. || — PARÓN. *Esguazar.*
DESGUINCE m. Cuchillo con que se corta el trapo destinado para la fabricación del papel. || Esguince, movimiento del cuerpo.
DESGUINDAR v. t. *Mar.* Bajar lo que está guindado o colgado. || — V. r. Descolgarse: *desguindarse de un mastelero.*
DESGUINZAR v. t. Cortar con el desguince.
DESHABILLÉ m. Galicismo por *bata, traje de casa: me recibió en deshabillé.*
DESHABITADO, DA adj. Que ya no está habitado: *una casa deshabitada.* (SINÓN. V. *Inhabitado.*)
DESHABITAR v. t. Dejar la habitación. || Dejar sin habitantes: *la guerra deshabitó la provincia.*
DESHABITUACIÓN f. La acción de deshabituar.
DESHABITUAR v. t. Hacer perder el hábito o costumbre que tenía una persona, desacostumbrar.
DESHACEDOR, RA adj. y s. Dícese del que deshace: *deshacedor de agravios.*
DESHACER v. t. Destruir lo que está hecho (SINÓN. V. *Destruir.*) || Derrotar, poner en fuga: *deshacer a los enemigos.* || (SINÓN. V. *Vencer.*) || Dividir, despedazar: *deshacer un vestido.* || Liquidar: *deshacer el azúcar en el agua.* (SINÓN. V. *Desleír.*) || *Fig.* Descomponer un tratado o negocio. || — V. r. Desbaratarse, descomponerse: *se deshizo la máquina al caer.* || Estar muy inquieto o impaciente: *estoy deshecho esperando que me llame.* || Trabajar mucho por una cosa: *se deshace por acabar pronto.* || *Fig.* Maltratarse mucho: *deshacerse las narices.* || *Fig.* Extenuarse. || *Deshacerse de una cosa,* venderla, desembarazarse de ella. (SINÓN. V. *Dejar.*) || *Deshacerse en una cosa,* entregarse a ella con exceso: *deshacerse en cumplidos, en alabanzas.* || — IRREG. Se conjuga como *hacer.*
DESHALDO m. *Arg.* Marceo de las colmenas.
DESHARRAPADO, DA adj. Andrajoso, vestido de harapos: *niño desharrapado.* || *Hond.* Descarado.
DESHARRAPAMIENTO m. Miseria, estado de la persona desharrapada o andrajosa.
DESHEBILLAR v. t. Soltar la hebilla.
DESHEBRAR v. t. Sacar las hebras, deshilar: *deshebrar una tela.* || *Fig.* Deshacer una cosa en partes muy delgadas.
DESHECHA f. Disimulo, precaución. || Despedida cortés. || *Fig.* Salida forzada de un lugar. || *Hacer uno la deshecha,* disimular.
DESHECHIZAR v. t. Deshacer el hechizo.
DESHECHO, CHA adj. Dícese de la lluvia muy recia o de la tormenta violenta. || Muy grande: *tener suerte deshecha.* Úsase a veces irónicamente. || — M. *Col., Chil.* y *Venez.* Desecha, atajo. || — PARÓN. *Desecho.*
DESHELAR v. t. Liquidar lo que está helado: *los ríos se deshielan por primavera.* || — IRREG. Se conjuga como *acertar.*
DESHERBAR v. t. Quitar las hierbas que cubren un terreno. || — IRREG. Se conjuga como *acertar.*
DESHEREDACIÓN f. Desheredamiento.
DESHEREDADO, DA adj. y s. Persona desprovista de dones naturales o de las ventajas que todo el mundo posee: *los desheredados de la vida.* (SINÓN. V. *Pobre.*)
DESHEREDAMIENTO m. Acción y efecto de desheredar.
DESHEREDAR v. t. Privar a una persona de la herencia: *desheredar a un hijo.* (SINÓN. *Exheredar, preterir, desposeer.*) || — V. r. *Fig.* Apartarse uno de su familia.
DESHERMANAR v. t. Quitar la igualdad o semejanza entre dos cosas. || — V. r. Faltar a los deberes fraternales.
DESHERRADURA f. *Veter.* Daño que se hace en la palma una caballería desherrada.
DESHERRAR v. t. Quitar los hierros o prisiones: *desherrar a un presidiario.* || Quitar las herraduras. Ú.t.c.r.: *este caballo se desherró una pata.* || — IRREG. Se conjuga como *cerrar.*
DESHERRUMBRAR v. t. Quitar la herrumbre: *desherrumbrar una herramienta.*
DESHIDRATACIÓN f. Acción de deshidratar.
DESHIDRATAR v. t. Privar de agua a un organismo o a una cosa. (SINÓN. V. *Secar.*)
DESHIDROGENAR v. t. Quitar el hidrógeno contenido en una substancia: *el aldehído es alcohol deshidrogenado.*
DESHIELO m. Acción de deshelar los ríos, lagos: *en el momento del deshielo suelen crecer los ríos.*
DESHIERBA f. Desyerba.
DESHIJAR v. t. Apartar en el ganado las crías de las madres. || *Cub., Hond.* y *Méx.* Quitar los chupones: *deshijar el tabaco.*
DESHIJUELAR v. t. Cortar los hijuelos o renuevos que nacen en una planta.
DESHILACHAR v. t. Sacar las hilachas o los hilos a una tela: *deshilachar un trapo.*
DESHILADO, DA adj. Dícese de los que desfilan unos detrás de otros. || — M. Labor que se hace sacando hilos de un tejido y formando con los que quedan huecos y calados: *las indias mexicanas hacen preciosos deshilados.* || *A la deshilada,* loc. adv., en fila. *Fig.* Con disimulo: *hacer una cosa a la deshilada.*
DESHILADURA f. Acción y efecto de deshilar un tejido.
DESHILAR v. t. Hacer deshilados en una tela. || Sacar hilos de una tela: *deshilar trapos de lienzo viejo para sacar hilas.* || Cortar la fila de las abejas cambiando de sitio la colmena a medio llenar y poniendo una vacía en su lugar. || *Fig.* Reducir a hilos.
DESHILVANADO, DA adj. *Fig.* Sin enlace, mal trabado, sin unión: *discurso deshilvanado.*
DESHILVANAR v. t. Quitar los hilvanes a una prenda: *deshilvanar una labor.*
DESHINCAR v. t. Arrancar lo que está hincado o clavado: *deshincar una estaca del suelo.*
DESHINCHAR v. t. Quitar la hinchazón: *se te ha deshinchado la cara.* || Desinflar: *deshinchar un balón.* || *Fig.* Desahogar la cólera. || — V. r. Deshacerse la hinchazón. || *Fig.* y *fam.* Bajar los humos, deponer una persona el orgullo extremado que tenía. || — PARÓN. *Descinchar.*
DESHINCHAZÓN f. Acción de deshinchar, disminución de la hinchazón.
DESHIPOTECA f. La acción de deshipotecar.
DESHIPOTECAR v. t. Librar de hipoteca: *deshipotecar una casa.*
DESHOJADOR, RA adj. Que deshoja.
DESHOJADURA f. y **DESHOJAMIENTO** m. Acción de deshojar, deshoje.
DESHOJAR v. t. Quitar las hojas: *deshojar un árbol, un calendario.* || — PARÓN. *Desojar.*
DESHOJE m. Caída de las hojas de los árboles, de las plantas.
DESHOLLEJAR v. t. Quitar el hollejo.
DESHOLLINADERA f. Deshollinador, escoba.
DESHOLLINADOR, RA adj. y s. Que deshollina. || *Fig.* y *fam.* Escudriñador, que en todo repara. || — M. Instrumento para deshollinar chimeneas. || Escobón de mango largo que sirve para deshollinar.
DESHOLLINAR v. t. Limpiar de hollín las chimeneas; limpiar con el deshollinador. || *Fig.* Escudriñar, registrar.
DESHONESTAMENTE adv. m. De un modo deshonesto.
DESHONESTIDAD f. Calidad de deshonesto o indecente. || Palabra o acción deshonesta, vil. (SINÓN. V. *Impudicia.*)
DESHONESTO, TA adj. Falto de honestidad, indecente: *decir palabras deshonestas.* (SINÓN. V. *Impúdico.*)
DESHONOR m. Pérdida del honor: *vale más la muerte que el deshonor.* || Afrenta, deshonra: *su conducta es el deshonor de la familia.*

DESHONRA f. Pérdida de la honra. (SINÓN. V. *Oprobio.*) || Cosa deshonrosa. || *Tener uno a deshonra una cosa,* juzgarla deshonrosa.
DESHONRABUENOS com. *Fam.* Calumniador. || *Fam.* Persona que degenera de sus ascendientes.
DESHONRADOR, RA adj. y s. Que deshonra, infamador: *entregarse a un tráfico deshonrador.*
DESHONRAR v. t. Quitar o hacer perder la honra: *eso te deshonra a mis ojos.* || Injuriar. (SINÓN. V. *Manchar.*) || Desflorar o forzar a una mujer. (SINÓN. V. *Violar.*)
DESHONROSAMENTE adv. m. Con deshonra.
DESHONROSO, SA adj. Afrentoso, indecente, infame: *entregarse a tráficos deshonrosos.*
DESHORA f. Tiempo inoportuno: *siempre te presentas a deshora.*
DESHORNAR v. t. Desenhornar, sacar del horno.
DESHUESADORA f. Máquina o instrumento para quitar el hueso.
DESHUESAR v. t. Quitar el hueso a una cosa: *deshuesar una ciruela, deshuesar la carne.*
DESHUMANIZAR v. t. Desproveer del carácter humano.
DESHUMANO, NA adj. Inhumano.
DESHUMEDECER v. t. Quitar la humedad, secar. || — IRREG. Se conjuga como *merecer.*
DESIDERABLE adj. Deseable, digno de deseo.
DESIDERATA f. Lista de objetos que se desean.
DESIDERATIVO, VA adj. Dícese de lo que indica deseo: *verbo desiderativo.*
DESIDERÁTUM m. (del lat. *desideratum,* lo deseado). Objeto de un constante deseo. || Lo más digno de ser apetecido. Pl. *desiderata.*
DESIDIA f. (lat. *desidia*). Negligencia, pereza: *la desidia es la madre de la miseria.*
DESIDIOSO, SA adj. y s. (lat. *desidiosus*). Que tiene desidia o negligencia: *mujer desidiosa.*
DESIERTO, TA adj. (lat. *desertus*). Despoblado, solitario: *estaba la casa desierta.* (SINÓN. V. *Inhabitado.* CONTR. *Habitado, frecuentado, poblado.*) || Dícese del concurso o subasta a que nadie se presenta o a nadie se adjudica: *declarar desierto un certamen.* || — M. Lugar despoblado y árido: *el desierto del Sahara.* || *Fig.* y *fam. Predicar en el desierto,* predicar a un auditorio que no se quiere dejar convencer.
DESIGNACIÓN f. Acción de designar o señalar una persona o cosa: *designación de un sucesor.* (SINÓN. V. *Nombre.*)
DESIGNAR v. t. (lat. *designare*). Tener propósito de hacer una cosa. || Señalar, destinar: *designar a un sucesor.* (SINÓN. V. *Indicar.*) || Fijar: *designar la hora de la cita.*
DESIGNATIVO, VA adj. Que designa.
DESIGNIO m. Proyecto: *designio descabellado.* || — SINÓN. *Empresa, plan, programa.* V. tb. *objeto* y *voluntad.*
DESIGUAL adj. No igual. || Barrancoso, que no es llano, lleno de asperezas: *un terreno muy desigual.* (SINÓN. V. *Rugoso.*) || Arduo, dificultoso. || Inconstante, vario: *tiempo desigual* (SINÓN. V. *Irregular.*)
DESIGUALAR v. t. Hacer desigual: *desigualar dos cantidades.* || — V. r. Preferirse, adelantarse a otra persona.
DESIGUALDAD f. Calidad de desigual, falta de igualdad. || Aspereza de un terreno: *la desigualdad de un campo.* (SINÓN. *Disparidad, desproporción.*) || Expresión algebraica que indica la falta de igualdad: *la desigualdad se indica con los signos* (<) *y* (>) : $a > b = a$ mayor que b; $a < b = a$ menor que b.
DESIGUALMENTE adv. m. Con desigualdad: *tratar desigualmente.*
DESILUSIÓN f. Pérdida de la ilusión. || Desengaño. (SINÓN. V. *Decepción.*)
DESILUSIONAR v. t. Desengañar. || Hacer perder la ilusión que se tenía. || — V. r. Desengañarse.
DESIMANAR v. t. Desimantar.
DESIMANTACIÓN f. Acción y efecto de desimantar o desimantarse.
DESIMANTAR v. t. Hacer perder la imantación al hierro o al acero: *desimantar un reloj.*
DESIMPRESIONAR v. t. Desengañar, sacar del error. Ú. t. c. r.
DESINCLINAR v. t. Apartar a uno de una inclinación.
DESINCORPORAR v. t. Separar lo que estaba incorporado.
DESINCRUSTANTE m. Substancia que se agrega al agua de las calderas de vapor para impedir la formación de incrustaciones calizas.
DESINCRUSTAR v. t. Quitar las incrustaciones: *desincrustar una caldera de vapor.*
DESINENCIA f. (del lat. *desinere,* acabar, finalizar). *Gram.* Terminación: *la desinencia de una palabra.*
DESINENCIAL adj. Relativo a la desinencia.
DESINFECCIÓN f. Acción y efecto de desinficionar o de desinfectar: *la desinfección de una aguja.* (SINÓN. V. *Saneamiento.*)
DESINFECTANTE adj. y s. Que desinfecta: *el cloro es un desinfectante muy poderoso.*
DESINFECTAR v. t. Hacer cesar la infección del aire, de un objeto, etc.: *desinfectar una habitación.*
DESINFECTORIO m. *Chil.* Establecimiento público donde se desinfecta.
DESINFICIONAR v. t. Desinfectar.
DESINFLAMAR v. t. Quitar la inflamación o irritación: *la herida se desinflamó muy rápidamente.*
DESINFLAR v. t. Sacar el aire que inflaba o llenaba alguna cosa: *desinflar un globo aerostático.* || — V. r. *Fam.* Tener miedo, rajarse.
DESINQUIETUD f. *Cub.* y *Dom.* Inquietud.
DESINSACULAR v. t. Sacar las bolillas en que se halla el nombre de las personas insaculadas para ejercer un oficio.
DESINSECTAR v. t. Limpiar de insectos.
DESINTEGRACIÓN f. Acción y efecto de desintegrar.
DESINTEGRAR v. t. Descomponer un cuerpo en sus elementos integrantes. (SINÓN. V. *Analizar.*) || *Amer.* Descompletar.
DESINTELIGENCIA f. Mala inteligencia, desacuerdo.
DESINTERÉS m. Desapego al provecho personal, desprendimiento: *obrar con mucho desinterés.*
DESINTERESADO, DA adj. Desprendido, apartado del interés: *dar a uno consejos desinteresados.* || Liberal, generoso.
DESINTERESARSE v. r. Perder el interés por una cosa.
DESINTOXICACIÓN f. Acción y efecto de desintoxicar o desintoxicarse.
DESINTOXICAR v. i. Curar de la intoxicación. Ú. t. c. r.
DESINVERNAR v. i. Salir las tropas de los cuarteles de invierno.
DESINVERTIR v. t. Restablecer lo invertido.
DESISTIMIENTO m. Acción y efecto de desistir. (SINÓN. V. *Renuncia.*)
DESISTIR v. i. (lat. *desistere*). Renunciar a una empresa o a un intento ya comenzado: *desistir de su empeño.* || *For.* Abdicar, abandonar un derecho: *desistir de una herencia.*
DESJARRETADERA f. Cuchilla para desjarretar.
DESJARRETAR v. t. Cortar el jarrete: *desjarretar una fiera.* || *Fig.* y *fam.* Debilitar, dejar sin fuerzas: *ese medicamento ha desjarretado al enfermo.*
DESJUGAR v. t. Sacar el jugo a cualquier cosa.
DESJUICIADO, DA adj. Falto de juicio.
DESJUNTAR v. t. Separar, apartar.
DESLABONAR v. t. Soltar un eslabón de otro: *deslabonar una cadenilla de oro.* || *Fig.* Desunir, desconcertar, deshacer: *deslabonar un proyecto.*
DESLANAR v. t. Quitar la lana de una piel.
DESLASTRAR v. t. Quitar el lastre que cargaba una cosa: *deslastrar un barco.*
DESLAVADURA f. Acción y efecto de deslavar una cosa.
DESLAVAR v. t. Limpiar y lavar ligeramente. || Quitar a una cosa color y vigor: *tela deslavada.* || *Méx.* Derrubiar, desmoronar el río la ribera o la tapia.
DESLAVAZAR v. t. Deslavar.
DESLAVE m. *Amer.* Derrubio (en un ferrocarril).
DESLAZAR v. t. Desenlazar.

DESLEAL adj. y s. Sin lealtad: *una acción desleal.* || — SINÓN. *Infiel, pérfido, malvado, alevoso, traidor, felón, Judas.*
DESLEALMENTE adv. m. Con deslealtad o falsedad: *romper deslealmente una tregua.*
DESLEALTAD f. Falta de lealtad, alevosía. (SINÓN. V. *Traición.*)
DESLECHAR v. t. *Col.* Ordeñar.
DESLECHUGAR v. t. *Agr.* Despampanar las vides. || Desfollonar.
DESLEIDURA f. y mejor **DESLEIMIENTO** m. Acción de desleír, o disolver en un líquido.
DESLEIR v. t. Disolver: *desleír azúcar en agua.* (SINÓN. *Aguar, diluir, disolver, deshacer.*) || *Fig.* Expresar las ideas con demasiadas palabras: *un discurso desleído.* || — IRREG. Se conjuga como *freír.*
DESLENDRAR v. t. Quitar las liendres y piojos de la cabeza. || — IRREG. Se conjuga como *acertar.*
DESLENGUADO, DA adj. *Fig.* Desbocado, mal hablado, grosero y soez: *una pescadera deslenguada.*
DESLENGUAMIENTO m. *Fig.* y *fam.* Acción y efecto de deslenguarse.
DESLENGUAR v. t. Cortar la lengua. || — V. r. *Fig.* y *fam.* Desbocarse, desvergonzarse.
DESLIAR v. t. Deshacer el lío: *desliar un bulto.* || Separar las lías del mosto.
DESLIGADURA f. Acción y efecto de desligar o desligarse.
DESLIGAR v. t. Soltar la ligadura. || *Fig.* Desenredar. || *Fig.* Dispensar: *desligar de un juramento.* || *Fig.* Absolver de las censuras eclesiásticas. || *Mús.* Picar.
DESLINDADOR m. El que deslinda o señala los límites de algunas cosas: *deslindador de heredades.*
DESLINDAMIENTO m. Deslinde.
DESLINDAR v. t. Señalar los lindes de una heredad. (SINÓN. V. *Limitar.*) || *Fig.* Aclarar una cosa.
DESLINDE m. Acción de deslindar o delimitar.
DESLIÑAR v. t. Quitar las hilachas al paño.
DESLIZ m. Acción de escurrir. || *Fig.* Descuido, falta: *todo el mundo está expuesto a un desliz.* (SINÓN. V. *Pecado.*)
DESLIZABLE adj. Que se desliza: *error deslizable.*
DESLIZADERO, RA adj. Deslizadizo, escurridizo. || — M. Lugar resbaladizo.
DESLIZADIZO, ZA adj. Que hace deslizar: *está hoy el piso muy deslizadizo.*
DESLIZAMIENTO m. Desliz.
DESLIZAR v. t. Escurrir sobre una superficie lisa o mojada. (SINÓN. V. *Resbalar.*) || *Fig.* y *fam.* Hacer una cosa con descuido. || — V. r. Escaparse, evadirse. || *Fig.* Caer en una flaqueza.
DESLOMADURA f. Acción de deslomar.
DESLOMAR v. t. Derrengar, despaldar, romper los lomos. || — V. r. *Fam.* Trabajar mucho (SINÓN. V. *Cansar.*)
DESLUCIDO, DA adj. Que no luce lo que hace.
DESLUCIMIENTO m. Falta de lucimiento o brillo: *hacer alguna cosa con deslucimiento.*
DESLUCIR v. t. Quitar la gracia a una cosa: *con su mal genio desluce lo bueno que hace.* || — IRREG. Se conjuga como *lucir.*
DESLUMBRADOR, RA adj. Que deslumbra u ofusca: *la luz del arco voltaico es muy deslumbradora.*
DESLUMBRAMIENTO m. Turbación que se experimenta cuando hiere la vista una luz muy viva: *experimentar un deslumbramiento súbito.* Preocupación del ánimo causada por una pasión.
DESLUMBRANTE adj. Deslumbrador.
DESLUMBRAR v. t. Ofuscar la vista una luz muy viva: *la luz del acetileno deslumbra.* || *Fig.* Dejar a uno en la incertidumbre de lo que se quiere hacer, entretenerle: *le deslumbró con promesas engañosas.* || *Fig.* Producir una impresión excesiva. (SINÓN. V. *Maravillar* y *brillar.*)
DESLUSTRAR v. t. Quitar el lustre. || *Fig.* Deslucir. || Quitar la transparencia al vidrio mediante el esmeril u otro procedimiento. || *Fig.* Deshonrar. (SINÓN. V. *Desacreditar.*)
DESLUSTRE m. Falta de lustre. || Acción de quitar el lustre. || *Fig.* Descrédito, mancha en la honra o la reputación.
DESLUSTROSO, SA adj. *Fig.* Deslucido, feo.
DESMADEJADO, DA adj. *Fig.* Que siente desmadejamiento: *tener el cuerpo desmadejado.*
DESMADEJAMIENTO m. *Fig.* Flojedad, quebrantamiento en el cuerpo, derrengamiento.
DESMADEJAR v. t. *Fig.* Causar flojedad en el cuerpo: *todas estas emociones me han desmadejado.*
DESMADRADO, DA adj. Abandonado por la madre: *cachorro desmadrado.*
DESMADRINARSE v. r. *Arg.* Desamorarse.
DESMAJOLAR v. t. Arrancar los majuelos o espinos. || Aflojar las majuelas del zapato. || — IRREG. Se conjuga como *consolar.*
DESMALEZAR v. t. Desembarazar de maleza.
DESMALLADURA f. Acción de desmallar.
DESMALLAR v. t. Deshacer mallas de un tejido: *desmallar una red de pescar.* || — PARÓN. *Desmayar.*
DESMAMAR v. t. Destetar: *desmamar un ternero.*
DESMAMONAR v. t. Quitar los mamones a las plantas: *desmamonar la vid.*
DESMÁN m. Exceso, demasía, malos modos: *no tolerar desmanes de nadie.* || Desgracia. || *Zool.* Mamífero insectívoro parecido al musgaño: *el desmán despide olor almizcleño.*
DESMANARSE v. r. Apartarse el ganado del rebaño o manada.
DESMANCHAR v. t. *Amer.* Quitar las manchas. || — V. r. *Amér. C., Col., Per.* y *Ecuad.* Apartarse de la gente con que se va.
DEMANDADO, DA adj. Desobediente, indócil.
DESMANDAR v. t. Revocar la orden que antes se dio. || — V. r. Descomedirse, portarse una persona groseramente con sus superiores. || Desmanarse.
DESMANEAR v. t. Quitar las maneras o trabas a un animal: *desmanear un caballo.*
DESMANGAR v. t. Quitar el mango o el cabo a una herramienta: *desmangar una azuela.*
DESMANIGUAR v. t. *Cub.* Limpiar de manigua. || *Cub. Fig.* Cambiar los hábitos campesinos por los de la ciudad.
DESMANO (A) m. adv. A trasmano.
DESMANOTADO, DA adj. y s. *Fig.* y *fam.* Encogido, apocado, torpe. || — CONTR. *Vivo, despabilado.*
DESMANTECAR v. t. Quitar la manteca.
DESMANTELADO, DA adj. Mal cuidado, desamueblado, abandonado: *un palacio desmantelado.*
DESMANTELAMIENTO m. La acción de desmantelar: *el desmantelamiento de una plaza fuerte.*
DESMANTELAR v. t. Echar por tierra los muros de una plaza fuerte: *desmantelar una fortaleza.* (SINÓN. V. *Derribar.*) || *Fig.* Abandonar o desamueblar una casa. || *Mar.* Desarbolar, desarmar una embarcación.
DESMAÑA f. o **DESMAÑO** m. Falta de maña.
DESMAÑADO, DA adj. y s. Falto de maña y habilidad: *hombre desmañado en sus trabajos.* (SINÓN. V. *Torpe.*)
DESMARAÑAR v. t. Desenmarañar.
DESMARCAR v. t. Borrar una marca. || — V. r. En el fútbol y otros deportes, burlar la vigilancia del adversario.
DESMAROJAR v. t. Quitar a los árboles el marojo o el muérdago que crece en sus ramas.
DESMARRIDO, DA adj. Mustio, alicaído, flojo.
DESMATAR y **DESMATONAR** v. t. Arrancar las matas.
DESMAYADAMENTE adv. m. Con desmayo, sin fuerza: *gritar desmayadamente.*
DESMAYADO, DA adj. Dícese del color apagado. || Sin fuerzas, muy hambriento.
DESMAYAMIENTO m. Desmayo.
DESMAYAR v. t. Causar desmayo: *aquella noticia le desmayó.* || — V. i. *Fig.* Perder el valor, desfallecer: *desmayar en una empresa.* || — V. r. Perder el sentido: *desmayarse a consecuencia de una herida.* || — PARÓN. *Desmallar.*
DESMAYO m. Acción y efecto de desmayar. (SINÓN. V. *Vértigo.*)
DESMAZALADO, DA adj. Flojo, caído, abatido: *la enfermedad le dejó todo el cuerpo desmazalado.*
DESMECHAR v. t. *Méx.* Arrancar, mesar el cabello.
DESMEDIDAMENTE adv. m. Sin medida.
DESMEDIDO, DA adj. Desproporcionado, excesivo, falto de medida: *una ambición desmedida para su caso.* || — CONTR. *Moderado.*

DESMEDIRSE v. r. Desmandarse, descomedirse, excederse. (SINÓN. V. *Exagerar.*) || — IRREG. Se conjuga como *pedir.*
DESMEDRAR v. t. Deteriorar. || — V. i. Descaecer, menoscabarse: *este negocio ha desmedrado mucho.*
DESMEDRO m. Acción y efecto de desmedrar, menoscabo o deterioro. || — CONTR. *Progreso, mejora.*
DESMEJORA f. y **DESMEJORAMIENTO** m. Deterioro, menoscabo: *sufrir una gran desmejora.*
DESMEJORAR v. t. Desmedrar o menoscabar. || — V. i. Ir perdiendo la salud.
DESMELAR v. t. Quitar la miel: *desmelar una colmena.* || — IRREG. Se conjuga como *melar.*
DESMELENADURA f. Acción de desmelenar.
DESMELENAR v. t. Desordenar el cabello: *una mujer desmelenada.* (SINÓN. *Desgreñar.*) || — V. r. Dejarse arrebatar por una pasión.
DESMEMBRACIÓN f. y **DESMEMBRAMIENTO** m. Acción y efecto de desmembrar: *la desmembración de un territorio.*
DESMEMBRAR v. t. Dividir los miembros del cuerpo. || *Fig.* Dividir: *desmembrar un país.* (SINÓN. V. *Separar.*) || — IRREG. Se conjuga como *acertar.*
DESMEMORIADO, DA adj. y s. Que tiene poca memoria y olvida las cosas con mucha facilidad.
DESMEMORIARSE v. r. Olvidarse, perder uno la memoria: *los ancianos suelen desmemoriarse.*
DESMENGUAR v. t. Amenguar, disminuir.
DESMENTIDA f. Acción de desmentir o contradecir: *dar una desmentida a su contradictor.*
DESMENTIDO m. *Arg.* Desmentida.
DESMENTIR v. t. Decir a uno que ha mentido: *desmentir a un testigo.* || Contradecir: *una previsión desmentida por los acontecimientos.* (SINÓN. V. *Contradecir.*) || Proceder contrariamente a algo: *desmentir uno su carácter.* || — IRREG. Se conjuga como *sentir.*
DESMENUDEAR v. t. *Col.* Vender por menor.
DESMENUZABLE adj. Fácil de desmenuzar.
DESMENUZADOR, RA adj. Que desmenuza.
DESMENUZAMIENTO m. Acción y efecto de desmenuzar o desmenuzarse.
DESMENUZAR v. t. Deshacer una cosa en partes menudas: *desmenuzar pan a los patos.* (SINÓN. V. *Desgarrar.*) || *Fig.* Examinar atentamente, criticar severamente.
DESMEOLLAR v. t. Sacar el meollo a ciertas cosas: *desmeollar un hueso.*
DESMERECEDOR, RA adj. Que desmerece.
DESMERECER v. t. Hacerse indigno de alabanza. || — V. i. Perder una cosa su mérito. || Resultar una cosa inferior a otra con la cual se compara. || — IRREG. Se conjuga como *merecer.*
DESMERECIMIENTO m. Demérito.
DESMESURA f. Descomedimiento, exceso.
DESMESURADAMENTE adv. m. Excesivamente.
DESMESURADO, DA adj. Excesivo, descomedido: *ambición desmesurada.* (SINÓN. V. *Terrible.*) || Insolente, descortés.
DESMESURAR v. t. Desordenar, descomponer. || — V. r. *Fig.* Excederse, descomedirse.
DESMIGAJAR v. t. Hacer migajas una cosa: *el pan duro se desmigaja con mucha facilidad.*
DESMIGAR v. t. Desmigajar el pan.
DESMILITARIZAR v. t. Quitar el carácter militar a una cosa: *desmilitarizar un país.*
DESMINERALIZACIÓN f. *Med.* Pérdida de los principios minerales del organismo como fósforo, potasa, cal, etc.
DESMIRRIADO, DA adj. *Fam.* Flaco, extenuado: *un muchacho desmirriado.*
DESMOCHAR v. t. Cortar la parte superior de una cosa: *desmochar un árbol.* (SINÓN. V. *Podar.*) || *Fig.* Suprimir parte de una obra artística o literaria.
DESMOCHE m. Acción de desmochar un árbol.
DESMOCHO m. Ramas que se cortan de los árboles al podarlos: *quemar desmochos.*
DESMOGAR v. i. Mudar los cuernos el venado.
DESMOGUE m. Acción y efecto de desmogar.
DESMOLADO, DA adj. Que carece de muelas: *abrir una boca desmolada.*
DESMOLAR v. t. *Arg.* Derrengar.
DESMOLDAR v. t. Sacar del molde una cosa.
DESMOLER v. t. Desgastar, corromper.
DESMONETIZAR v. t. *Arg.* Desvalorizar la moneda.
DESMONTABLE adj. Dícese de lo que se puede desmontar o desarmar: *coche desmontable.* || — M. Especie de palanca para desmontar los neumáticos.
DESMONTADURA f. Acción de desmontar.
DESMONTAJE m. Acción de desmontar.
DESMONTAR v. t. Talar el monte, cortar los árboles: *no se deben desmontar los terrenos montañosos.* || Deshacer un montón. || Bajar el terreno para mantener el nivel de un camino. (CONTR. *Terraplenar.*) || Desarmar: *desmontar la escopeta.* || Deshacer: *desmontar una instalación.* || Quitar el caballo: *desmontar a un oficial.* || Bajar de caballo: *desmontar a una amazona.* || — V. i. y r. Bajar del caballo, apearse.
DESMONTE m. Acción de desmontar: *el desmonte de un terreno.* || Paraje desmontado. || *Hond.* y *Chil.* Piedras que se desechan en las minas. || *Col.* Capa superficial en una mina a cielo abierto.
DESMOÑAR v. t. *Fam.* Quitar el moño.
DESMORALIZACIÓN f. Acción de desmoralizar: *la desmoralización de la juventud.* (SINÓN. *Corrupción.*) || Falta de ánimo. (SINÓN. V. *Desaliento.*)
DESMORALIZADOR, RA adj. y s. Que desmoraliza: *doctrina desmoralizadora.*
DESMORALIZAR v. t. Corromper las costumbres y la moral. || Desalentar: *la retirada desmoraliza los mejores ejércitos.* || — OBSERV. En esta última acepción es considerado por muchos como galicismo.
DESMORECERSE v. r. Sentir con violencia una pasión o afecto. || Desternillarse de risa. || Ahogarse de dolor.
DESMORONADIZO, ZA adj. Que se desmorona con mucha facilidad: *arena desmoronadiza.*
DESMORONAMIENTO m. Acción de desmoronar: *desmoronamiento en una cantera de arena.*
DESMORONAR v. t. Deshacer lentamente una cosa formada de partes agregadas entre sí. || — V. r. Venir a menos, arruinarse.
DESMORONO m. *Col.* Desmoronamiento.
DESMOTADERA f. Instrumento para desmotar.
DESMOTADOR, RA m. y f. Persona que desmota la lana o el paño. || — F. Máquina para desmotar.
DESMOTAR v. t. Quitar las motas a la lana y al paño. || *Amer.* Quitar la semilla al algodón.
DESMOTE m. Acción y efecto de desmotar.
DESMOVILIZAR v. t. Licenciar a las tropas.
DESMULLIR v. t. Descomponer lo que estaba mullido. || — IRREG. Se conjuga como *mullir.*
DESNACIONALIZACIÓN f. Acción de desnacionalizar.
DESNACIONALIZAR v. t. Quitar el carácter nacional a una persona o cosa.
DESNARIGADO, DA adj. Dícese de la persona que no tiene narices o las tiene muy pequeñas. (SINÓN. V. *Chato.*)
DESNARIGAR v. t. Quitar las narices.
DESNATADORA f. Máquina para desnatar.
DESNATAR v. t. Quitar la nata a la leche. || *Fig.* Sacar lo mejor de una cosa.
DESNATURALIZACIÓN f. Acción de desnaturalizar: *la desnaturalización de una intención.*
DESNATURALIZADO, DA adj. Que carece de los sentimientos que inspira generalmente la naturaleza: *un hijo desnaturalizado.*
DESNATURALIZAR v. t. Privar del derecho de naturaleza y patria. || Desfigurar: *desnaturalizar las intenciones de uno.* || Variar la forma, propiedades o condiciones de una cosa. (SINÓN. V. *Alterar.*)
DESNERVAR v. t. Enervar.
DESNEVADO, DA adj. Limpio de nieve.
DESNEVAR v. impers. Deshacerse la nieve. || — IRREG. Se conjuga como *plegar.*
DESNITRIFACIÓN f. Acción de desnitrificar.
DESNITRIFICAR v. t. Extraer el nitrógeno contenido en una cosa: *desnitrificar el aire.*
DESNIVEL m. Falta de nivel. || Diferencia de altura entre dos puntos.
DESNIVELACIÓN f. Acción de desnivelar.
DESNIVELAR v. t. Sacar de su nivel una cosa: *desnivelar un parque para hacerlo más pintoresco.*
DESNUCAR v. t. Romper la nuca, el cogote. Ú. t. c. r.
DESNUDAMENTE adv. m. Muy claramente.

DESNUDAR v. t. (lat. *denudare*). Quitar el vestido o la ropa: *desnudar a un niño.* (SINÓN. *Desvestir, desabrigar, desarropar.*) ‖ *Fig.* Despojar una cosa de lo que la viste y adorna: *el invierno desnuda los árboles de sus hojas.* ‖ — V. r. Librarse de: *desnudarse de los vicios.* ‖ — PARÓN. *Denudar.*
DESNUDEZ f. Calidad de desnudo: *la desnudez de un terreno, del estilo.* ‖ Cuerpo desnudo.
DESNUDISMO m. Práctica de los que andan desnudos para exponerse a los agentes naturales.
DESNUDO, DA adj. Sin ropa, sin vestido: *llevar las piernas desnudas.* ‖ *Fig.* Despojado de su adorno: *una habitación desnuda.* ‖ *Fig.* Muy pobre. ‖ *Fig.* Falto de una cosa: *desnudo de mérito.* ‖ *Fig.* Claro, sin rebozo: *la verdad desnuda.* ‖ — M. *Pint.* y *Esc.* Representación artística de una figura humana desnuda.
DESNUTRICIÓN f. *Med.* Desorden muy grave de la nutrición en que la desasimilación es mayor que la asimilación.
DESNUTRIRSE v. r. Experimentar desnutrición.
DESOBEDECER v. t. No obedecer: *desobedecer una orden del superior.* ‖ — SINÓN. *Contravenir, infringir, transgredir, violar.* ‖ — IRREG. Se conjuga como *merecer.*
DESOBEDIENCIA f. Acción de desobedecer: *la desobediencia de los niños debe ser castigada severamente.* ‖ — SINÓN. *Contravención, indisciplina, rebelión, resistencia.* ‖ — CONTR. *Obediencia.*
DESOBEDIENTE adj. y s. Que desobedece.
DESOBLIGAR v. t. Libertar de la obligación. ‖ *Fig.* Enajenar el ánimo de una persona.
DESOBLIGO m. *Ecuad.* Desengaño.
DESOBSTRUIR v. t. Quitar la obstrucción: *desobstruir un canal.* ‖ — IRREG. Se conjuga como *huir.*
DESOCUPACIÓN f. Ociosidad, falta de ocupación: *la desocupación es funesta para los jóvenes.* (SINÓN. V. *Inacción.*)
DESOCUPADO, DA adj. y s. Sin ocupación, ocioso.
DESOCUPAR v. t. Desembarazar, dejar vacío o libre: *desocupar un cajón.* ‖ — V. r. Librarse de un trabajo. ‖ *Arg., Chil.* y *Venez.* Parir.
DESODORANTE adj. y s. m. Que quita el mal olor.
DESODORIZAR v. t. Quitar el olor.
DESOIR v. t. No hacer caso, desatender.
DESOJAR v. t. Romper el ojo de un instrumento: *desojar una aguja.* ‖ — V. r. Cansarse la vista para distinguir una cosa. ‖ — PARÓN. *Deshojar.*
DESOLACIÓN f. (lat. *desolatio*). Acción de desolar. ‖ Gran aflicción: *estar sumido en la desolación.* (SINÓN. V. *Abatimiento* y *pena.*)
DESOLADOR, RA adj. Asolador: *la peste es una epidemia desoladora.*
DESOLAR v. t. (lat. *desolare*). Asolar: *la guerra desoló la comarca.* ‖ — V. r. *Fig.* Afligirse: *desolarse por poco.* (SINÓN. V. *Entristecer.*) ‖ — IRREG. Se conjuga como *contar.*
DESOLDAR v. t. Quitar o romper la soldadura: *una lata desoldada.* ‖ — IRREG. Se conjuga como *soldar.*
DESOLIDARIZARSE v. r. Cesar de ser solidario: *desolidarizarse de sus colegas.*
DESOLLADERO m. Sitio del matadero donde se desuellan las reses.
DESOLLADO, DA adj. *Fam.* Descarado.
DESOLLADOR, RA adj. y s. Que desuella. ‖ *Fig.* Que vende las cosas muy caras: *ese comerciante es un desollador.* ‖ — M. Alcaudón, pega reborda, ave.
DESOLLADURA f. Acción de desollar. ‖ Herida superficial de la piel. ‖ — SINÓN. *Rasguño, excoriación.* V. tb. *herida.*
DESOLLAR v. t. Quitar el pellejo: *desollar un conejo.* ‖ *Fig.* Hacer pagar muy cara una cosa, o causar grave daño a una persona: *desollarle a uno vivo en una tienda.* ‖ *Fig.* y *fam.* Murmurar acerbamente de una persona. ‖ — IRREG. Se conjuga como *hollar.*
DESOLLÓN m. *Fam.* Desolladura que se hace en la piel: *hacerse un desollón en la mano.*
DESOPILACIÓN f. Acción de desopilar.
DESOPILAR v. t. Curar la opilación. ‖ — OBSERV. Es galicismo que debe evitarse el usar *desopilante* y *desopilar* en el sentido de *risible* y *hacer reír.*
DESOPILATIVO, VA adj. Que desopila.
DESOPRIMIR v. t. Librar de la opresión: *desoprimir a un pueblo tiranizado.*
DESORBITAR v. t. Salir una cosa de su órbita natural. ‖ *Arg.* Enloquecer.
DESORDEN m. Falta de orden: *vestidos en desorden.* ‖ Confusión: *reina gran desorden en la administración del país.* (SINÓN. *Enredo, lío, embrollo, fárrago, revoltijo, desgobierno, Babel.* Pop. *Baturrillo.* V. tb. *confusión* y *trastorno.*) ‖ *Fig.* Malas costumbres, mala vida: *vivir en el desorden.* ‖ Trastorno funcional: *el alcohol produce graves desórdenes en el organismo.*
DESORDENADAMENTE adv. m. Con desorden o confusión: *hablar desordenadamente.*
DESORDENADO, DA adj. Que no tiene orden, descuidado: *castigar a un muchacho desordenado* (SINÓN. V. *Irregular.*)
DESORDENAR v. t. Poner en desorden: *desordenar un armario de libros.* ‖ — V. r. Salir de la regla, vivir en el desorden.
DESOREJADO, DA adj. *Fam.* Infame, abyecto. ‖ *Fam. Per.* Que canta muy mal; que tiene mal oído.
DESOREJAMIENTO m. Acción de desorejar.
DESOREJAR v. t. Cortar las orejas: *antiguamente se desorejaba a ciertos criminales.*
DESORGANIZACIÓN f. Acción de desorganizar. (SINÓN. V. *Trastorno.*)
DESORGANIZADOR, RA adj. Que desorganiza.
DESORGANIZAR v. t. Destruir la organización: *el cloro desorganiza los tejidos.* ‖ Llenar de confusión y desorden: *desorganizar una administración.* (SINÓN. V. *Trastornar.*)
DESORIENTACIÓN f. Acción de desorientar.
DESORIENTAR v. t. Hacer perder la orientación. (SINÓN. V. *Extraviar.*) ‖ *Fig.* Desconcertar: *mi pregunta le desorientó.* (SINÓN. V. *Desconcertar.*)
DESORILLAR v. t. Quitar las orillas a ciertas cosas: *desorillar el paño.*
DESORNAMENTAR v. t. Desadornar.
DESORTIJADO, DA adj. *Veter.* Dislocado.
DESORTIJAR v. t. *Agr.* Dar la primera labor a las plantas, después de nacidas.
DESOSAR v. t. Deshuesar: *desosar un pollo.* ‖ — IRREG. Se conjuga como *contar* y agrega *h* antes de la *u: deshueso,* etc.
DESOVAR v. i. Poner sus huevos ciertos peces y anfibios.
DESOVE m. Acción de desovar los animales. ‖ Época en que se efectúa.
DESOVILLAR v. t. Deshacer un ovillo: *desovillar la lana.* ‖ *Fig.* Aclarar una cosa muy obscura. ‖ *Fig.* Dar ánimo a una persona.
DESOXIDACIÓN f. Acción de desoxidar.
DESOXIDANTE adj. y s. *Quím.* Que desoxida.
DESOXIDAR v. t. Quitar el oxígeno a una substancia con la cual estaba combinado. ‖ Limpiar un metal del óxido que lo cubre.
DESOXIGENAR v. t. Quitar el oxígeno mezclado con una cosa: *desoxigenar el aire, la sangre.*
DESPABILADERAS f. pl. Tijeras que sirven para despabilar las luces.
DESPABILADO, DA adj. Que no tiene sueño, despierto. ‖ *Fig.* Vivo, despejado: *un chiquillo despabilado.* (SINÓN. V. *Listo.*)
DESPABILADOR, RA adj. y s. Que despabila.
DESPABILADURA f. Pavesa que se quita de la luz al despabilarla.
DESPABILAR v. t. Quitar el pabilo quemado a una luz: *despabilar una vela.* ‖ *Fig.* y *fam.* Despachar, acabar pronto con una cosa: *despabilar la fortuna.* ‖ *Fig.* Robar, quitar. ‖ *Fig.* Avivar el entendimiento, excitar el ingenio: *despabilar a una persona.* ‖ — V. r. Despertarse, quitarse el sueño. ‖ *Amer.* Marcharse, irse.
DESPACIO adv. m. Poco a poco: *caminar muy despacio.* (SINÓN. V. *Lentamente.*) ‖ *¡Despacio!* interj. usada para aconsejar moderación o prudencia. ‖ *Amer.* Barb. por *en voz baja: hable despacio.*
DESPACITO adv. m. *Fam.* Muy despacio. ‖ *¡Despacito!* interj. *Fam.* ¡Despacio!
DESPACHADERAS f. pl. *Fam.* Modo de responder muy áspero: *tener una persona muy buenas despachaderas.* ‖ Modo de despachar a uno.
DESPACHADOR, RA adj. Que despacha mucho. ‖ — M. *Amer.* Obrero encargado de llenar las vasijas de extracción en las minas.

DESPACHANTE m. *Arg.* Dependiente de comercio. ‖ *Arg. Despachante de aduana,* el que se ocupa de los trámites aduaneros.
DESPACHAR v. t. Resolver, concluir un negocio: *despachar un trabajo.* ‖ Enviar: *despachar un correo.* ‖ Vender: *despachar azúcar.* ‖ Despedir: *despachar a los pedigüeños.* ‖ *Fig.* y *fam.* Dar muerte: *despachar a su adversario.* (SINÓN. V. *Matar.*) ‖ — V. i. Darse prisa. (SINÓN. V. *Acelerar.*) ‖ Hablar sin miramiento.
DESPACHO m. Acción de despachar. ‖ Lugar donde se despachan mercancías: *despacho de bebidas.* (SINÓN. V. *Tienda.*) ‖ Comunicación: *despacho telegráfico.* (SINÓN. V. *Redacción.*) ‖ Título que se da para ejercer un empleo. ‖ Oficina y muebles que la componen. ‖ *Chil.* Pulpería. ‖ *Amer.* Ensanche contiguo a las cortaduras de las minas.
DESPACHURRAMIENTO m. Acción de despachurrar o reventar una cosa.
DESPACHURRAR v. t. *Fam.* Aplastar una cosa, reventarla. ‖ *Fig.* y *fam.* Embrollar una persona lo que explica: *despachurrar un cuento.* ‖ *Fig.* y *fam.* Dejar a alguno cortado, apabullarlo.
DESPAJADURA f. Acción de despajar el grano
DESPAJAR v. t. *Agr.* Apartar la paja del grano.
DESPALDAR v. t. Despaldillar.
DESPALDILLADURA f. Acción de despaldillar.
DESPALDILLAR v. t. Romper la espaldilla al animal: *despaldillar un ciervo de un escopetazo.*
DESPALETAR v. t. *Chil., Ecuad.* y *Venez.* Despaletillar.
DESPALETILLAR v. t. Despaldillar, romper la paletilla. ‖ *Fig.* y *fam.* Romper las espaldas.
DESPALILLADOR m. El que despalilla tabaco.
DESPALILLAR v. t. Sacar los palillos al tabaco, los palillos a las pasas o los escobajos a la uva.
DESPALMADOR m. Sitio donde se despalman los barcos. ‖ Cuchillo que usa el herrador para despalmar.
DESPALMADURA f. Acción de despalmar.
DESPALMAR v. t. Desbrozar el casco de un barco. ‖ Cortar la palma córnea de los animales.
DESPALME m. Despalmadura.
DESPAMPANADURA f. Acción de despampanar.
DESPAMPANANTE adj. *Fam.* Sorprendente.
DESPAMPANAR v. t. *Agr.* Cortar los pámpanos de la vid. ‖ *Agr.* Despimpollar, cortar los pimpollos de las plantas. ‖ *Fig.* y *fam.* Desconcertar, dejar atónito, aturrullar: *aquella noticia me despampanó.* ‖ — V. i. *Fig.* y *fam.* Desahogarse, hablar una persona con toda libertad. ‖ — V. r. Lastimarse de resultas de una caída.
DESPAMPLONAR v. t. Apartar los vástagos de una planta para que circule el aire por ellos. ‖ — V. r. Dislocarse la mano.
DESPANCAR v. t. *Amer.* Separar la panca del maíz.
DESPANCIJAR v. t. *Fam.* Despanzurrar.
DESPANZURRAR o **DESPANCHURRAR** v. t. *Fam.* Romper la panza o barriga, despachurrar, reventar. (SINÓN. V. *Matar.*)
DESPANZURRO m. *Chl.* Disparate.
DESPAPAR v. i. *Equit.* Levantar demasiado el caballo la cabeza al andar.
DESPAPUCHO m. *Per.* Sandez, disparate.
DESPAREJAR v. t. Descomponer una pareja: *desparejar dos cuadros.* (SINÓN. V. *Descabalar.*)
DESPAREJO, JA adj. Desigual, no parejo.
DESPARPAJADO, DA adj. Dícese de la persona despachada y desenvuelta.
DESPARPAJAR v. t. Desbaratar, descomponer alguna cosa. ‖ — V. i. Hablar mucho, charlar, cotorrear.
DESPARPAJO m. *Fam.* Facilidad en hablar u obrar. ‖ *Amer. Fam.* Desorden, desbarajuste.
DESPARRAMADO, DA adj. Muy ancho, abierto.
DESPARRAMADOR, RA adj. Que desparrama.
DESPARRAMAR v. t. Esparcir por el suelo: *desparramar flores por el suelo.* (SINÓN. V. *Dispersar.*) ‖ *Fig.* Malbaratar, malgastar el caudal: *desparramar su fortuna.* ‖ — CONTR. *Aprovechar, ahorrar.*
DESPARRAMO m. *Amer.* Acción de desparramar. ‖ *Chil.* Desconcierto.
DESPARRANCADO, DA adj. Esparrancado.
DESPARTIDOR, RA adj. Que desparte.
DESPARTIMIENTO m. La acción de despartir.
DESPARTIR v. t. Separar, apartar, repartir.
DESPARVAR v. t. Deshacer la parva.
DESPASAR v. t. Sacar la cinta o cordón que se había pasado por un ojal, jareta, etc.
DESPATARRADA f. *Fam.* Mudanza en algunos bailes que se hace abriendo mucho las piernas.
DESPATARRARSE v. r. *Fam.* Abrirse demasiado de piernas: *despatarrarse al caer.*
DESPATILLAR v. t. Hacer rebajos en un madero para que entre en las muescas.
DESPATURRAR v. i. *Venez.* Despachurrar.
DESPAVESADERAS f. pl. *Col., Chil.* y *Ecuad.* Despabiladeras.
DESPAVESAR v. t. Despabilar. ‖ Quitar, soplando, las cenizas de la superficie de las brasas.
DESPAVORIDO, DA adj. Lleno de pavor.
DESPAVORIR v. i. Llenarse de pavor, asustarse. (SINÓN. V. *Temer.*) ‖ — OBSERV. Es defectivo, y se conjuga como *abolir.*
DESPEADURA f. y **DESPEAMIENTO** m. Acción de despearse o maltratarse los pies.
DESPEARSE v. r. Maltratarse los pies.
DESPECTIVAMENTE adv. m. Con desprecio.
DESPECTIVO, VA adj. (del lat. *despectus* desprecio). Despreciativo: *tono despectivo.* ‖ *Gram.* Palabra que expresa la significación del positivo de que procede, agregándole una significación despreciativa, como *libraco, monigote, villorrio, calducho.*
DESPECHAR v. t. Causar despecho o disgusto. ‖ *Fam.* Destetar a un niño de pecho.
DESPECHO m. (del lat. *despectus,* menosprecio). Disgusto originado por un desengaño: *hacer una cosa por despecho.* (SINÓN. V. *Descontento.*) ‖ Desesperación. (SINÓN. V. *Pesadumbre.*) ‖ *Hacer una cosa a despecho de uno,* hacerla a pesar suyo. ‖ *And.* y *Chil.* Destete.
DESPECHUGADURA f. Acción de despechugar.
DESPECHUGAR v. t. Quitar la pechuga: *despechugar una gallina.* ‖ — V. r. *Fig.* y *fam.* Descubrirse el pecho una persona.
DESPEDAZADOR, RA adj. y s. Que despedaza.
DESPEDAZAMIENTO m. Acción de despedazar.
DESPEDAZAR v. t. Hacer pedazos: *despedazar un animal.* (SINÓN. V. *Trinchar.*) ‖ *Fig.* Maltratar: *despedazar la honra.* (SINÓN. V. *Desgarrar.*)
DESPEDIDA f. Acción de despedir o despedirse.
DESPEDIMIENTO m. Despedida.
DESPEDIR v. t. Soltar, arrojar: *la cereza despide fácilmente el hueso.* (SINÓN. V. *Dejar* y *empujar.*) ‖ Quitar a uno el empleo que tenía: *despedir a un criado.* (SINÓN. *Despachar, deshauciar, echar, licenciar.* Pop. *Largar.* V. tb. *destituir* y *expulsar.*) ‖ Dar orden a uno de que se marche: *despedir a los importunos.* ‖ *Fig.* Difundir, esparcir: *la rosa despide perfume agradable.* ‖ Acompañar por cortesía al que se va a marchar. ‖ — V. r. Emplear alguna fórmula de cortesanía para separarse de una persona. ‖ *Despedirse a la francesa,* marcharse sin saludar a nadie. ‖ — IRREG. Se conjuga como *pedir.*
DESPEDREGAR v. t. Limpiar de piedras.
DESPEGABLE adj. Que se puede despegar.
DESPEGADO, DA adj. *Fig.* Áspero, desabrido.
DESPEGADURA f. Acción de despegar.
DESPEGAMIENTO m. Despego, desapego.
DESPEGAR v. t. Separar dos cosas pegadas: *despegar un sobre.* ‖ *Méx.* Desenganchar los caballos. ‖ — V. i. Alzarse del suelo un avión. ‖ — V. r. Desapegarse, perder el apego hacia una persona.
DESPEGO m. Desapego.
DESPEGUE m. Acción de despegar el avión.
DESPEINAR v. t. Descomponer el peinado. ‖ — SINÓN. *Desmelenar, desgreñar.*
DESPEJADO, DA adj. Que habla con soltura y desembarazo: *chico despejado.* (SINÓN. V. *Listo.*) ‖ Libre de nubes: *cielo despejado.* ‖ *Fig.* Claro, inteligente: *espíritu despejado.* ‖ Espacioso, dilatado: *frente despejada.*
DESPEJAR v. t. Desocupar: *el viento despejó de nubes el cielo.* (SINÓN. V. *Desembarazar.*) ‖ *Mat.* Separar por medio del cálculo la incógnita de la ecuación. ‖ *Fig.* Aclarar. ‖ — V. r. Adquirir o manifestar soltura en el trato. ‖ Acla-

rarse, serenarse: *se ha despejado el tiempo.* || Limpiarse de calentura un enfermo.
DESPEJO m. Acción de despejar: *hacer el despejo de la plaza de toros.* || Desembarazo y soltura en el trato, desparpajo. (CONTR. *Encogimiento, timidez.*) || *Fig.* Talento, inteligencia.
DESPELOTADO, DA adj. *And.* Grueso y de buen color.
DESPELUCAR v. t. Despeluzar.
DESPELUZAMIENTO m. Acción de despeluzar.
DESPELUZAR v. t. Enmarañar el cabello, espeluznar. || *Cub.* Despojar a uno de todo lo que tiene.
DESPELUZNANTE adj. Pavoroso, horrible.
DESPELUZNAR v. t. Despeluzar.
DESPELLEJADURA f. Desolladura, desollón.
DESPELLEJAR v. t. Quitar el pellejo, desollar: *despellejar un conejo.* || *Fig.* Murmurar malamente de uno.
DESPENAR v. t. Consolar. || *Fig.* y *fam.* Dar muerte. (SINÓN. V. *Matar.*)
DESPENDEDOR, RA adj. y s. Derrochador, gastoso, que malgasta la hacienda. || — PARÓN. *Expendedor.*
DESPENDER v. t. Malgastar, gastar, desperdiciar: *despender el tiempo en tonterías.*
DESPENSA f. (lat. *dispensum*, supino de *dispendire*). Lugar de la casa donde se guardan las cosas de comer. || Provisiones: *una abundante despensa.* || Oficio de despensero, y cosas que compra el despensero para el gasto diario: *gastar poco en la despensa.* || *Arg.* Almacén.
DESPENSERÍA f. Oficio o cargo del despensero.
DESPENSERO, RA m. y f. Persona encargada de la despensa: *un despensero honrado.*
DESPEÑADERO, RA adj. Que puede servir para despeñarse. || — M. Precipicio, lugar escarpado: *cayó el caballo por un despeñadero.* || *Fig.* Riesgo, peligro.
DESPEÑADIZO, ZA adj. Dícese del lugar que es muy a propósito para despeñarse.
DESPEÑAMIENTO m. Despeño, caída.
DESPEÑAR v. t. Precipitar, arrojar: *despeñar a un hombre por un precipicio.* || — V. r. Precipitarse: *despeñarse desde lo alto de un barranco.* || *Fig.* Entregarse sin freno a cualquier vicio.
DESPEÑO m. Acción de despeñar o despeñarse, caída precipitada. || Desconcierto de vientre, diarrea. || *Fig.* Caída, ruina: *el despeño de un negocio.*
DESPEO m. Despeadura.
DESPEPITAR v. t. Quitar las pepitas de algún fruto. || — V. r. Gritar con vehemencia y sin consideración, desgañitarse. || Desvivirse por alguna cosa, desearla con ansia.
DESPERCUDIR v. t. Limpiar lo que está percudido. || *Amer.* Avivar a una persona.
DESPERDICIADO, DA adj. Mal empleado, perdido.
DESPEDICIADOR, RA m. y f. Que desperdicia. || *Ecuad. Fig.* Sinvergüenza, calavera.
DESPERDICIAR v. t. Malgastar, emplear mal una cosa: *desperdiciar el tiempo.*
DESPERDICIO m. (lat. *desperditio*). Acción de desperdiciar, desorden, malbaratamiento. || Residuo inutilizable de una cosa: *desperdicios de piel.* (SINÓN. *Retal, escoria, residuo, ripio, detrito.* V. tb. *desecho* y *sedimento.*) || *No tener desperdicio*, ser muy útil.
DESPERDIGAR v. t. Esparcir: *todos los miembros de la familia andan desperdigados por el mundo.* (SINÓN. V. *Dispersar.*)
DESPERECER v. i. Perecer: *esta flor desperece.* || — V. r. Deshacerse por conseguir una cosa. || — PARÓN. *Desperezarse.* || — IRREG. Se conjuga como *merecer.*
DESPEREZARSE v. r. Estirar los miembros para librarlos del entumecimiento: *es una grosería desperezarse en público.* || — PARÓN. *Desperecerse.*
DESPEREZO m. Acción de desperezarse.
DESPERFECTO m. Ligero deterioro: *sufrir algunos desperfectos.* || Falta, defecto en alguna cosa: *este cuadro tiene muchos desperfectos.*
DESPERFILAR v. t. *Pint.* Suavizar los perfiles, esfumándolos. || — V. r. Dejar una cosa de estar de perfil.
DESPERNADO, DA adj. Sin piernas. || *Fig.* Dícese de la persona que tiene las piernas muy cansadas, cansado, harto de andar.
DESPERNANCARSE v. r. Esparrancarse.
DESPERNAR v. t. Cortar las piernas o estropearlas. || — IRREG. Se conjuga como *gobernar.*
DESPERTADOR, RA adj. Que despierta. || — M. y f. Persona que tiene obligación de despertar a las demás: *la despertadora de un convento.* || — M. Reloj que suena a la hora que se quiere, para despertar al que duerme. || *Fig.* Aviso, estímulo.
DESPERTAMIENTO m. Acción de despertar.
DESPERTAR v. t. Interrumpir el sueño: *el ruido del trueno lo despertó.* (SINÓN. *Avivar.*) || *Fig.* Traer una cosa a la memoria: *despertar un paisaje recuerdos antiguos.* || *Fig.* Mover, excitar el apetito. || Hacer que uno vuelva sobre sí. (SINÓN. V. *Reanimar.*) || — V. i. Dejar de dormir: *quiero despertar a las cinco.* || Empezar a ser más advertido el que antes se dejaba engañar fácilmente. || — IRREG. Se conjuga como *acertar.*
DESPESAR m. Disgusto, pesar.
DESPESTAÑAR v. t. Quitar las pestañas. || — V. r. *Fig.* Desvelarse por conseguir algo.
DESPEZAR v. t. Adelgazar: *despezar dos tubos para que enchufen.* || *Arq.* Dividir los muros, arcos, etc., en las diferentes piezas que han de componerlos. || — IRREG. Se conjuga como *empezar.*
DESPEZO m. Rebajo hecho a un tubo para enchufarlo con otro. || *Arq.* Despiezo de una obra.
DESPEZONAR v. t. Quitar el pezón: *despezonar un limón.* || Dividir o separar dos cosas. || — V. r. Perder el pezón o la pezonera.
DESPEZUÑARSE v. r. Inutilizarse la pezuña a un animal. || *Amer.* Ir muy de prisa. || *Col.* Estar ansioso por hacer una cosa.
DESPIADADAMENTE adv. m. Sin piedad.
DESPIADADO, DA adj. Que no tiene piedad o compasión. (SINÓN. V. *Inhumano.*)
DESPICAR v. t. Dar satisfacción a uno que está picado. || — V. r. Satisfacerse de una pérdida u ofensa. (SINÓN. *Desquitarse.*) || Romperse el pico el gallo de pelea. || *Fig. Venez.* Caer en desgracia.
DESPICHAR v. t. Despedir el humor o zumo, secar: *despichar una naranja.* || *And.* Desgranar la uva al hacer el vino. || — V. i. *Fam.* Morir, espichar.
DESPIDO m. Expulsión. || Ruptura unilateral del contrato de trabajo.
DESPIERTAMENTE adv. m. Con ingenio y viveza.
DESPIERTO, TA adj. *Fig.* Vivo, despabilado: *un muchacho muy despierto.* (SINÓN. V. *Listo.*)
DESPIEZO m. *Arq.* Acción de despezar.
DESPIGMENTACIÓN f. Pérdida del pigmento.
DESPILARAR v. t. *Amer.* Derribar los pilares que sostienen una mina.
DESPILFARRADO, DA adj. y s. Derrochador, malgastador: *mujer despilfarrada.* || Roto, andrajoso.
DESPILFARRADOR, RA adj. Que despilfarra.
DESPILFARRAR v. t. Gastar sin arreglo, malgastar. || — V. r. *Fam.* Hacer un gasto excesivo.
DESPILFARRO m. Desidia, desaseo, descuido: *el despilfarro es la ruina de las familias.* || Gasto superfluo, derroche: *hacer un despilfarro.*
DESPIMPOLLAR v. t. *Agr.* Quitar a la vid los brotes o pimpollos superfluos.
DESPINOCHAR v. t. Deshojar maíz.
DESPINTAR v. t. Borrar lo pintado: *la lluvia ha despintado esta pared.* || *Fig.* Desfigurar, cambiar. || — V. i. Desdecir o degenerar: *ese muchacho no despinta de su familia.* || — V. r. Borrarse los colores: *ciertas telas se despintan con el sol.* || *Fig.* y *fam. No despintársele a uno una persona o cosa*, no borrársele de la memoria.
DESPINTE m. *Min. Chil.* Porción de mineral de ley inferior a la que le corresponde.
DESPINZAR v. t. Desborrar, desmotar el paño.
DESPIOJAR v. t. Quitar los piojos a una persona. || *Fig.* y *fam.* Sacar a uno de miseria.
DESPIQUE m. Satisfacción que se toma de una ofensa: *tomar su despique.* (SINÓN. *Desquite.*)
DESPISTADO, DA adj. y s. Pasmado, sin estar al tanto: *una persona despistada.*
DESPISTAR v. t. Hacer perder la pista al perseguidor: *el jabalí despistó a los perros.* Ú. t. c. r. || — V. r. *Fam.* Desorientar, desconcertar: *no hay que despistarse en momentos tan graves.*

desplantador

DESPISTE m. Acción de despistarse, desorientación. || Movimiento brusco que saca al vehículo de la dirección que seguía.

DESPITORRADO, DA adj. Dícese del toro que tiene roto uno o dos cuernos.

DESPIZCAR v. t. Hacer pizcas, desmenuzar.

DESPLACER m. Disgusto.

DESPLACER v. t. Disgustar, descontentar.

DESPLANTACIÓN f. Desarraigo.

DESPLANTADOR m. *Agr.* Instrumento que se usa para desplantar vegetales pequeños.

DESPLANTAR v. t. Desarraigar ciertos vegetales: *desplantar hortalizas.* || — V. r. *Danz.* y *Esgr.* Perder la planta.

DESPLANTE m. *Danz.* y *Esgr.* Postura irregular. || Audacia, descaro, desfachatez.

DESPLATAR v. t. *Tecn.* Separar la plata que está mezclada con otro metal: *desplatar el plomo argentífero por medio de la copelación.*

DESPLATE m. Acción de desplatar un mineral.

DESPLATEAR v. t. Sacar la plata que cubre un objeto. || *Amer.* Sacar dinero a una persona.

DESPLAYADO m. *Riopl.* Playa de arena que suele dejar el mar al retirarse.

DESPLAYAR v. i. Retirarse el mar de la playa.

DESPLAZAMIENTO m. *Mar.* Volumen de agua que desaloja un buque. || Traslado.

DESPLAZAR v. t. *Mar.* Desalojar el buque cierto volumen de agua. || Trasladar una persona o cosa de un lugar a otro.

DESPLEGADURA f. Acción de desplegar.

DESPLEGAR v. t. Desdoblar lo que estaba plegado: *desplegar un papel.* || *Fig.* Aclarar algo que estaba oculto. || *Fig.* Hacer alarde: *desplegar celo por el cumplimiento de un deber.* || *Mil.* Hacer pasar del orden compacto al abierto: *la tropa se desplegó al llegar a la colina.* || — IRREG. Se conjuga como *acertar.*

DESPLEGUETEAR v. t. *Agr.* Quitar los pleguetes o tijeretas a los sarmientos.

DESPLIEGUE m. Acción de desplegar o desdoblar: *un gran despliegue de fuerzas militares.*

DESPLOMAR v. t. Hacer perder la posición vertical: *las excavaciones producidas por la inundación han desplomado esta pared.* (SINÓN. V. *Caer.*) || *Venez.* Regañar, reconvenir. || — V. r. Perder la posición vertical: *una pared se desplomó.* || Caerse un edificio. (SINÓN. *Venirse abajo, derrumbarse.*) || *Fig.* Caer sin vida o sin conocimiento: *su madre se desplomó al saber la noticia.*

DESPLOME m. Acción de desplomar.

DESPLOMO m. Desviación de la vertical: *el desplomo de una pared.* || *Venez.* Regaño, reconvención.

DESPLUMADURA f. Acción de desplumar.

DESPLUMAR v. t. Quitar las plumas a un ave: *desplumar un pato.* || *Fig.* Sacar a una persona con engaño lo que tiene: *dejarse desplumar en un garito.* (SINÓN. V. *Desposeer.*)

DESPOBLACIÓN f. Estado de la comarca que se encuentra despoblada.

DESPOBLADO m. Sitio no poblado: *el robo en despoblado constituye una circunstancia agravante.* (SINÓN. V. *Inhabitado.*)

DESPOBLADOR, RA adj. y s. Que despuebla.

DESPOBLAMIENTO m. Despoblación.

DESPOBLAR v. t. Tornar desierto lo poblado: *el hambre ha despoblado a este país.* || *Fig.* Despojar un sitio de lo que lo poblaba: *despoblar un bosque de su caza.* || — IRREG. Se conjuga como *poblar.*

DESPOETIZAR v. t. Quitar el carácter poético a una cosa: *despoetizar la existencia.*

DESPOJADOR, RA adj. y s. Que despoja.

DESPOJAR v. t. (lat. *despoliare*). Privar a uno de lo que tiene: *le despojaron de todo cuanto llevaba.* (SINÓN. V. *Desposeer* y *robar.*) || Quitar: *despojar a un árbol de su corteza.* || — V. r. Desnudarse: *despojarse del manto.* || *Fig.* Desposeerse voluntariamente de una cosa: *despojarse de su fortuna para consagrarse a Dios.*

DESPOJO m. Acción de despojar. || Todo cuanto el vencedor quita al enemigo. || Vientre, entrañas, cabeza y patas de las reses muertas en el matadero. || Alones, patas, pescuezo y molleja de un ave muerta. || *Fig.* Lo que se ha perdido por el tiempo o la muerte. || — Pl. Materiales de una casa derribada: *construir una casa con despojos.* (SINÓN. V. *Desecho.*) || Restos mortales, cadáver.

DESPOLARIZACIÓN f. Acción de despolarizar.

DESPOLARIZADOR adj. y s. *Fís.* Que sirve para despolarizar: *el bicromato de potasa sirve de despolarizador en las pilas eléctricas.*

DESPOLARIZAR v. t. Quitar la polarización: *despolarizar una pila.*

DESPOLVAR v. t. Desempolvar, quitar el polvo.

DESPOLVOREAR v. t. Quitar el polvo que cubría una cosa. || *Ant.* y *Amer.* Espolvorear.

DESPOPULARIZACIÓN f. Pérdida de la popularidad.

DESPOPULARIZAR v. t. Privar a una persona o cosa de la popularidad: *despopularizar una ley, una tienda.*

DESPORRONDINGARSE v. r. *Col.* y *Guat. Fam.* Echar la casa por la ventana, despilfarrar.

DESPORTILLADURA f. Acción de desportillar.

DESPORTILLAR v. t. Abrir un portillo o abertura en alguna cosa: *desportillar un cántaro.* (SINÓN. V. *Deteriorar.*)

DESPOSADO, DA adj. y s. Recién casado o que ha contraído esponsales. || Aprisionado con esposas.

DESPOSAR v. t. (del lat. *sponsare,* contraer esponsales, prometer). Autorizar el párroco un matrimonio. || — V. r. Contraer esponsales. || Contraer matrimonio.

DESPOSEER v. t. Privar de lo que se posee: *el Estado puede a veces desposeer a los propietarios.* (SINÓN. *Despojar, expoliar.* Pop. *Desplumar, pelar.* V. tb. *desheredar* y *robar.*) || — V. r. Renunciar a lo que se posee.

DESPOSEIMIENTO m. La acción de desposeer.

DESPOSORIOS m. pl. Promesa mutua de matrimonio. (SINÓN. *Esponsales.*) || Matrimonio.

DESPOSTAR v. t. *Amer.* Descuartizar las reses o aves.

DESPOSTILLAR v. t. *Méx.* Desportillar.

DÉSPOTA m. (del gr. *despotês,* jefe, señor). Soberano que gobierna de un modo arbitrario: *Nerón fue un déspota cruel.* || *Fig.* Persona que abusa de su poder o autoridad, tiranuelo: *ese niño es un déspota.*

DESPÓTICAMENTE adv. m. Con despotismo.

DESPÓTICO, CA adj. Arbitrario, sin ley: *derribar un gobierno despótico.* (SINÓN. *Tiránico.* V. tb. *absoluto.*)

DESPOTISMO m. Autoridad absoluta y arbitraria: *Hobbes ha ensalzado el despotismo.* (SINÓN. V. *Dictadura.*) || *Despotismo ilustrado,* forma de gobierno durante el siglo XVIII, cuya divisa era "todo para el pueblo, pero sin el pueblo".

DESPOTIZAR v. t. *Arg., Chil.* y *Per.* Gobernar despóticamente.

DESPOTRICAR v. i. *Fam.* Hablar una persona sin reparo, sin ton ni son. || *Méx.* Destrozar.

DESPRECIABLE adj. Dícese de lo que es digno de desprecio: *hombre despreciable.* (SINÓN. V. *Abyecto.*)

DESPRECIAR v. t. No estimar, tener en poco, desdeñar. || — V. r. Desdeñarse: *despreciarse de hacer una cosa.* || — SINÓN. *Desdeñar, desairar, menospreciar, desatender.*

DESPRECIATIVO, VA adj. Dícese de lo que indica desprecio: *dirigir una mirada despreciativa.*

DESPRECIO m. Falta de estimación, desdén.

DESPREJUICIARSE v. r. *Amer.* Librarse de prejuicios.

DESPRENDER v. t. Desatar, separar, saltar. || Galicismo por *despedir, emitir* (gases, olores, etc.). || — V. r. Separarse, privarse de algo: *desprenderse de su fortuna en favor de los pobres.* || Caerse: *se desprendió una piedra de la cornisa.* || *Fig.* Deducirse, inferirse.

DESPRENDIDO, DA adj. Generoso, espléndido. (SINÓN. V. *Indiferente.*)

DESPRENDIMIENTO m. Desapego, desinterés. || *Fig.* Largueza. (SINÓN. V. *Generosidad.*) || Acción de desprenderse. || Caída de tierra.

DESPREOCUPACIÓN f. Tranquilidad de ánimo.

DESPREOCUPADO, DA adj. y s. Que no tiene preocupaciones, indiferente: *ser muy despreocupado.*

DESPREOCUPARSE v. r. Salir una persona de su preocupación: *se despreocupó con la lectura.*

DESPRESAR v. t. *Chil.* Trinchar un ave.

DESPRESTIGIAR v. t. Quitar el prestigio. (SINÓN. V. *Desacreditar.*)
DESPRESTIGIO m. Acción de desprestigiar. || Pérdida del prestigio, menoscabo: *desprestigio causado por una mala administración.*
DESPREVENCIÓN f. Falta de prevención.
DESPREVENIDO, DA adj. Que no está prevenido, desproveído: *coger a una persona desprevenida.*
DESPROPORCIÓN f. Falta de proporción: *hay entre ambos esposos gran desproporción de edad.* (SINÓN. V. *Desigualdad.*)
DESPROPORCIONADO, DA adj. Que no guarda la proporción debida: *un artículo desproporcionado.*
DESPROPORCIONAR v. t. Quitar la proporción a una cosa.
DESPROPOSITADO, DA adj. Fuera de sazón.
DESPROPÓSITO m. Lo qe se dice o hace fuera de sazón: *escribir despropósitos.* (SINÓN. V. *Contrasentido.*)
DESPROVEER v. t. Despojar de lo necesario.
DESPROVISTO, TA adj. Falto de lo necesario: *un cuento desprovisto de ingenio.*
DESPUEBLE y **DESPUEBLO** m. Despoblación.
DESPUÉS adv. t. y l. Indica posterioridad de lugar, de tiempo o de jerarquía: *vino después, le colocaron después del jefe.* || — SINÓN. *Luego, a continuación, posteriormente, ulteriormente, inmediatamente, seguidamente.* || — CONTR. *Antes.* || — RÉG. *Después de comer, después que vino, después de mi salida.*
DESPULMONARSE v. r. *Fam.* Desgañitarse.
DESPULPADOR m. *Tecn.* Aparato que sirve para deshacer la pulpa de la remolacha y de otras raíces.
DESPULPAR v. t. Sacar o deshacer la pulpa.
DELPULSARSE v. r. Ansiar una cosa, desearla con vehemencia. || *Méx.* Afanarse mucho por una cosa.
DESPUMAR v. t. Espumar.
DESPUNTADOR m. *Méx.* Martillo o aparato usado en las minas.
DESPUNTADURA f. Acción de despuntar.
DESPUNTAR v. t. Quitar la punta: *despuntar un arma.* || Cortar la cera vana de la colmena. || Doblar una punta o cabo. || — V. i. Empezar a brotar las plantas: *ya empiezan a despuntar los maizales.* || Manifestar agudeza una persona. || *Fig.* Descollar entre otros. (SINÓN. V. *Sobresalir.*) || Empezar: *ya despunta el alba.*
DESPUNTE m. Acción de despuntar. || *Amer.* Desmocho.
DESQUEBRAJAR v. t. Resquebrajar.
DESQUEJAR v. t. Formar esquejes de una planta.
DESQUEJE m. Acción de desquejar una planta.
DESQUERER v. t. Dejar de querer. || — IRREG. Se conjuga como *querer.*
DESQUICIADOR, RA adj. y s. Que desquicia.
DESQUICIAMIENTO m. Acción de desquiciar.
DESQUICIAR v. t. Sacar de quicio una puerta, ventana, etc. || *Fig.* Descomponer, desconcertar: *una sociedad desquiciada.* || *Fig.* y *fam.* Quitar a uno la confianza o la privanza de que gozaba: *desquiciar a un cortesano.* || — PARÓN. *Esquiciar.*
DESQUICIO m. *Arg.* Desquiciamiento.
DESQUIJARAR v. t. Deshacer las quijadas. (SINÓN. V. *Dislocar.*)
DESQUIJERAR v. t. *Carp.* Serrar la punta de un madero para sacar la espiga de una ensambladura.
DESQUILATAR v. t. Bajar de ley el oro. || *Fig.* Disminuir el valor a una cosa.
DESQUITARSE v. r. Resarcirse de una pérdida. || Tomar satisfacción de un agravio, desquitarse de él.
DESQUITE m. Acción de desquitar: *tomar un desquite brillante.* (SINÓN. V. *Venganza.*)
DESRABAR y **DESRABOTAR** v. t. Cortar el rabo a las ovejas.
DESRAIZAR v. t. *Amer.* Desenraizar.
DESRANCHARSE v. r. Dejar el rancho, separarse los soldados que estaban antes arranchados.
DESRASPAR v. t. Descobajar.
DESRASTROJAR v. t. *Agr.* Quitar el rastrojo.
DESRATIZAR v. t. Destruir las ratas.
DESRAZONABLE adj. *Fam.* Que no es razonable. || — SINÓN. *Irrazonable, irracional.* V. tb. *absurdo.*
DESRIELAR v. t. *Amer.* Descarrilar.
DESRIÑONAR v. t. Derrengar.
DESRISCARSE v. r. *Chil.* Despeñarse.
DESRIZAR v. t. Deshacer lo rizado: *la lluvia desriza el pelo.* || *Mar.* Soltar los rizos de las velas.
DESROBLAR v. t. Quitar la robladura.
DESRODRIGAR v. t. *Agr.* Quitar los rodrigones.
DESTACAMENTO m. *Mil.* Tropa destacada.
DESTACAR v. t. *Mil.* Separar una porción de tropa: *destacar soldados para una escolta.* || — V. r. *Fig.* Descollar. (SINÓN. V. *Sobresalir.*) || *Pint.* Resaltar los objetos de un cuadro con la perspectiva, el claroscuro o la contraposición de colores: *lo rojo se destaca mejor en fondo verde que en fondo pardo.*
DESTACE m. Acción de destazar.
DESTACONAR v. t. Gastar el tacón del calzado.
DESTAJADOR m. Martillo grande de herrero.
DESTAJAR v. t. Ajustar de antemano las condiciones en que se ha de ejecutar una cosa. || En los juegos de naipes, cortar la baraja. || *Ecuad* y *Méx.* Tajar, cortar algunas cosas.
DESTAJERO, RA adj. y s. Que trabaja a destajo.
DESTAJISTA com. Destajero.
DESTAJO m. Trabajo que se contrata por un tanto alzado. || *Fig.* Cosa que uno toma por su cuenta. || *Chil.* A bulto. || *A destajo,* m. adv., por un tanto convenido de antemano: *el obrero que trabaja a destajo va generalmente más de prisa que el que trabaja a jornal. Fig.* y *fam.* Apresuradamente, sin descanso. || *Hablar una persona a destajo,* hablar demasiado.
DESTALONAR v. t. Romper o quitar el talón: *destalonar el zapato.* || Arrancar un documento de un libro talonario: *destalonar un billete.* || *Veter.* Rebajar el talón del casco de una caballería.
DESTALLAR v. t. Podar los tallos inútiles.
DESTANTEO m. *Méx.* Desorientación, confusión.
DESTAPADA f. Descubierta, pastel de hojaldre.
DESTAPADURA f. Acción de destapar.
DESTAPAR v. t. Quitar la tapadera o tapón: *destapar una botella.* || *Fig.* Descubrir lo tapado, lo cubierto. || *Méx.* Arrancar a correr los animales. || — V. r. Descubrir el estado de ánimo: *se destapó con su amigo.*
DESTAPE m. Acción de destapar.
DESTAPIAR v. t. Derribar las tapias que rodean una finca: *destapiar una heredad.*
DESTAPONAR v. t. Quitar el tapón. || *Per.* Destapar.
DESTARA f. Acción de destarar.
DESTARAR v. t. Rebajar la tara del peso.
DESTARTALADO, DA adj. Desproporcionado, mal dispuesto: *vivir en un caserón destartalado.*
DESTAZADOR m. El que destaza las reses.
DESTAZAR v. t. Despedazar las reses muertas.
DESTECHAR v. t. Quitar el techo a una casa.
DESTEJAR v. t. Quitar las tejas, deshacer el tejado: *destejar una casa.*
DESTEJER v. t. Deshacer lo tejido: *Penélope destejía por la noche la tela que tejía durante el día.* || *Fig.* Desbaratar, deshacer, descomponer.
DESTELLAR v. t. Despedir o emitir una cosa vivos destellos de luz. (SINÓN. *Centellear, chispear, chisporrotear, rielar.* V. tb. *brillar.*) || *Ant.* Destilar, gotear.
DESTELLO m. Rayo de luz. || Resplandor, ráfaga: *los últimos destellos de una luz moribunda*
DESTEMPLADO, DA adj. Falto de temple, disonante: *arpa destemplada.* || Que tiene destemplanza.
DESTEMPLANZA f. Falta de templanza, desigualdad del tiempo. || Calentura ligera, desazón. || *Fig.* Falta de moderación en lo que se dice o hace.
DESTEMPLAR v. t. Alterar el orden o templanza. || Desafinar: *destemplar una guitarra.* || — V. r. Experimentar calentura ligera: *la tormenta me ha destemplado.* || Perder el temple: *el acero calentado se destempla.* || *Ecuad.* Experimentar dentera. || *Fig.* Descomponerse, alterarse en acciones o palabras: *se destempló de manera poco correcta en aquella ocasión.*
DESTEMPLE m. Desafinación de un instrumento músico. || Indisposición ligera, calentura leve. || *Fig.* Alteración, desconcierto, desorden.
DESTENTAR v. t. Quitar la tentación. || — IRREG. Se conjuga como *alentar.*

DESTEÑIR v. t. Quitar el tinte o color: *el cloro destiñe los colores.* || — IRREG. Se conjuga como *ceñir.*
DESTERNERAR v. t. *Amer.* Desbecerrar.
DESTERNILLARSE v. r. Romperse las ternillas: *se desternillaba de risa.* || — PARÓN. *Destornillar.*
DESTERRAR v. t. Arrojar a uno de un país. (SINÓN. *Confinar, extrañar, exilar, deportar, relegar, alejar, proscribir, internar.*) || *Fig.* Alejar: *desterrar un pesar.* (SINÓN. V. *Rechazar.*) || Quitar la tierra: *desterrar una planta.* || — V. r. Expatriarse. || — IRREG. Se conjuga como *cerrar.*
DESTERRONAR v. t. Romper los terrones: *desterronar la tierra.*
DESTETADERA f. Instrumento que se pone en las tetas de las vacas para destetar las crías.
DESTETAR v. t. Quitar la teta, hacer que deje de mamar un niño o la cría de un animal (SINÓN. V. *Privar.*)
DESTETE m. Acción de destetar.
DESTETO m. Conjunto del ganado destetado.
DESTIEMPO (A) m. adv. Fuera de tiempo.
DESTIENTO m. Sobresalto, emoción, alteración.
DESTIERRO m. Pena que consiste en alejar a una persona de un país: *vivir en el destierro.* || Efecto de estar desterrada una persona. || Lugar donde reside el desterrado. || *Fig.* Lugar muy apartado: *tu barrio es un destierro.*
DESTILABLE adj. Que puede destilarse.
DESTILACION f. (lat. *destillatio*). Acción de destilar. || Flujo de humores serosos o mucosos.
DESTILADERA f. Instrumento usado para destilar o filtrar. || *Méx.* Armario.
DESTILADOR, RA adj. Que destila. || — M. y f. Persona que destila licores. || — M. Especie de filtro para el agua. || Alambique, aparato para destilar los licores.
DESTILAR v. t. (lat. *distillare*). Vaporizar los líquidos por medio del calor para separar las partes más volátiles, enfriando luego éstas para volverlas a liquidar: *destilando el vino se obtiene el aguardiente.* || Filtrar: *el techo de las grutas destila a veces agua cargada de sales que forma las estalactitas.* || — V. i. Correr un líquido gota a gota. || — PARÓN. *Estilar.*
DESTILATORIO, RIA adj. Que sirve para la destilación: *aparato destilatorio.* || — M. Local en que se destila, destilería. || Destilador, alambique.
DESTILERÍA f. Local donde se destila.
DESTINACIÓN f. Acción y efecto de destinar.
DESTINAR v. t. (lat. *destinare*). Fijar, determinar la utilización de una persona o cosa: *destinar a un obrero para un trabajo.* (SINÓN. V. *Dedicar.*) || Enviar a un empleado: *le destinaron a ultramar.*
DESTINATARIO, RIA m. y f. Persona a quien va dirigida una cosa: *el destinatario de una carta.*
DESTINO m. Hado, suerte: *no debemos acusar al destino de nuestras desgracias.* (SINÓN. *Estrella, sino, fortuna, fatalidad.*) || Encadenamiento necesario y desconocido de los acontecimientos: *creen los fatalistas en la omnipotencia del destino.* || Destinación: *ese barco sale con destino a Cuba.* || Empleo u ocupación: *pedir un importante destino en Hacienda.* (SINÓN. V. *Empleo.*)
DESTIÑO m. Parte del panal que carece de miel. (SINÓN. *Macón.*)
DESTITUCIÓN f. (lat. *destitutio*). Acción de destituir: *pronunciar la destitución de un oficial.*
DESTITUIBLE adj. Que puede ser destituido.
DESTITUIR v. t. (lat. *destituere*). Privar a uno de su cargo: *destituir a un magistrado.* || — SINÓN. *Revocar, suspender, echar, destronar, deponer.* V. tb. *despedir.* || — IRREG. Se conjuga como *huir.*
DESTOCAR v. t. Deshacer el tocado o peinado. || — V. r. Descubrirse la cabeza.
DESTOCONAR v. t. *Venez.* Recortar los cuernos del toro o de la vaca.
DESTORCER v. t. Deshacer lo torcido: *destorcer un cabo.* || *Fig.* Enderezar: *destorcer una vara.* || — V. r. *Mar.* Descaminarse la embarcación. || — IRREG. Se conjuga como *mover.*
DESTORLONGADO, DA adj. *Méx.* Aplícase al que obra sin orden ni concierto, atolondrado.
DESTORLONGO m. *Méx.* Despilfarro.
DESTORNILLADO, DA adj. y s. Atolondrado.
DESTORNILLADOR m. Instrumento que sirve para destornillar.
DESTORNILLAR v. t. Dar vueltas a un tornillo para sacarlo: *destornillar una bisagra.* || — V. r. *Fig.* Perder la cabeza, el juicio, desconcertarse. || — PARÓN. *Desternillarse.*
DESTORRENTARSE v. r. *Méx.* Perder el tino, desorientarse.
DESTOSERSE v. r. Fingir la tos una persona.
DESTRABAR v. t. Quitar las trabas, desatar.
DESTRAL m. (lat. *dextralis*). Hacha pequeña. (SINÓN. V. *Hacha.*)
DESTRAMAR v. t. Sacar la trama de un tejido.
DESTRATAR v. t. *Col.* Destrocar lo cambiado.
DESTRENZAR v. t. Deshacer la trenza: *destrenzar el pelo a una niña.*
DESTREZA f. Habilidad, arte: *obrar con destreza.* (SINÓN. *Pericia, maestría, ingenio, industria, maña, tacto, tiento, tino, experiencia.* Fig. *Estrategia.* Fam. *Facilidad, mano.*) || Nombre que se daba antiguamente a la esgrima.
DESTRINCAR v. t. *Mar.* Soltar lo trincado.
DESTRIPACUENTOS m. *Fam.* Persona aficionada a destripar cuentos.
DESTRIPADOR m. El que destripa.
DESTRIPAMIENTO m. La acción de destripar.
DESTRIPAR v. t. Sacar las tripas: *destripar una res.* || Sacar lo interior: *destripar un cigarro.* || *Fig.* Despachurrar. (SINÓN. V. *Matar.*) || *Fig.* y *fam.* Impedir a uno que siga el cuento que refería, contando en pocas palabras el desenlace del mismo. || *Méx.* Abandonar los estudios.
DESTRIPATERRONES m. *Fig.* y *fam.* Gañán, trabajador del campo. (SINÓN. V. *Campesino.*)
DESTRIUNFAR v. t. Obligar un jugador de naipes a los otros a que echen los triunfos que tenían.
DESTRIZAR v. t. Hacer trizas, desmenuzar. || — V. r. Consumirse, enfadarse por una cosa.
DESTROCAR v. t. Deshacer el cambio. || — IRREG. Se conjuga como *contar.*
DESTRÓN m. Lazarillo de ciego.
DESTRONAMIENTO m. Acción de destronar.
DESTRONAR v. t. Quitar el reino, echar del trono: *Jacobo II fue destronado por Guillermo de Orange.* (SINÓN. V. *Destituir.*) || *Fig.* Quitar una persona a otra su autoridad.
DESTRONCADORA f. Máquina que sirve para destroncar.
DESTRONCAMIENTO m. Acción y efecto de destroncar.
DESTRONCAR v. t. Descuajar, cortar, arrancar un árbol por el tronco. || *Fig.* Descoyuntar el cuerpo. || *Fig.* Arruinar, perjudicar considerablemente a uno. || Cansar con exceso a los animales.
DESTRONQUE m. La acción de destroncar.
DESTROYER m. (pal. ingl.). *Mar.* Destructor.
DESTROZADOR, RA adj. y s. Que destroza.
DESTROZAR v. t. Hacer trozos o pedazos alguna cosa: *destrozar un libro.* || *Fig.* Deteriorar, estropear. || *Mil.* Derrotar: *destrozar al enemigo.* (SINÓN. V. *Vencer.*)
DESTROZO m. Acción de destrozar o romper: *hacer un gran destrozo de ropa.* (SINÓN. V. *Daño*)
DESTROZÓN, ONA adj. *Fig.* Que destroza o rompe mucho: *un niño muy destrozón.* || — CONTR. *Cuidadoso.*
DESTRUCCIÓN f. (lat. *destructio*). Acción y efecto de destruir. || Ruina, asolamiento. (SINÓN. *Devastación, depredación, estrago.*)
DESTRUCTIBLE adj. Que puede ser destruido.
DESTRUCTIVIDAD f. Inclinación a la destrucción: *tener la manía de la destructividad.*
DESTRUCTIVO, VA adj. (lat. *destructivus*). Que destruye: *la fuerza destructiva de las aguas.*
DESTRUCTOR, RA adj. y s. Que destruye. || — M. Navío ligero de guerra destinado principalmente a servir de escolta.
DESTRUECO m. Destrueque.
DESTRUEQUE m. Acción de destrocar.
DESTRUIR v. t. (lat. *destruere*). Arruinar, deshacer: *destruir una ciudad.* (SINÓN. *Anonadar, aniquilar, exterminar, pulverizar, consumir.* V. tb. *derribar.*) || *Fig.* Deshacer: *destruir las esperanzas.* || — V. r. *Mat.* Anularse dos cantidades iguales y de sentido contrario. || — IRREG. Se conjuga como *huir.*
DESTRUYENTE adj. Que destruye o deshace.
DESTUSAR v. t. *Amér. C.* y *Col.* Deshojar la mazorca de maíz.

DESUBSTANCIAR v. t. Desustanciar.
DESUCAR v. t. *Quím.* Desjugar.
DESUDACIÓN f. Acción de desudar.
DESUDAR v. t. Quitar o limpiar el sudor.
DESUELLACARAS m. *Fam.* Barbero malo. ‖ — Com. *Fig.* y *fam.* Persona descarada y desvergonzada.
DESUELLO m. Acción de desollar, desolladura. ‖ *Fig.* Desvergüenza, descaro.
DESUERADORA f. Máquina para desuerar.
DESUERAR v. t. Quitar el suero a una cosa.
DESUERO m. Acción de desuerar la manteca.
DESUETUD f. Galicismo por *desuso.*
DESULFURACIÓN f Acción de desulfurar o quitar el azufre: *la desulfuración de las lanas.*
DESULFURAR v. t. Quitar el azufre a ciertas cosas: *se desulfura el hierro colado con cal.*
DESUNCIR v. t. Quitar del yugo los bueyes.
DESUNIÓN f. Separación de las partes que formaban un todo. (SINÓN. V. *Separación*). ‖ *Fig.* Desacuerdo, discordia: *reina la desunión en esa familia.* (SINÓN. V. *Desavenencia.*) ‖ — CONTR. *Unión, concordia.*
DESUNIR v. t. Apartar lo que estaba unido. (SINÓN. V. *Separar.*) ‖ Romper la buena inteligencia: *la cuestión de la esclavitud desunió a los norteamericanos.* (SINÓN. *Malquistar, divorciar.*)
DESUÑAR v. t. Arrancar las uñas. ‖ Arrancar las raíces de una planta. ‖ — V. r. Empeñarse mucho en una cosa: *desuñarse por ganarle la vida a sus hijos.*
DESURDIR v. t. Deshacer la urdimbre: *desurdir una tela.* ‖ *Fig.* Desbaratar, deshacer: *desurdir una intriga.* ‖ — CONTR. *Urdir, tramar.*
DESURTIDO, DA adj. *Amer.* Desprovisto de surtido.
DESUSADO, DA adj. No usado, fuera de uso. (SINÓN. V. *Antiguo* y *raro.*)
DESUSAR v. t. Desacostumbrar.
DESUSO m. Falta de uso: *voz caída en desuso*
DESUSTANCIAR v. t. Quitar la substancia
DESVAHAR v. t. Quitar lo marchito a una planta.
DESVAÍDO, DA adj. Alto y desairado, desgalichado: *mujer desvaída.* ‖ Dícese del color apagado.
DESVAINAR v. t. Sacar de la vaina. (SINÓN. V. *Mondar.*)
DESVALIDO, DA adj. Desamparado. (SINÓN. V. *Mendigo.*)
DESVALIJADOR m. El que desvalija o roba.
DESVALIJAMIENTO o **DESVALIJO** m. Acción de desvalijar.
DESVALIJAR v. t. Robar en los caminos a los viajeros o caminantes. ‖ Despojar. (SINÓN. V. *Robar.*)
DESVALIMIENTO m. Desamparo o abandono.
DESVALORAR v. t. Quitar valor a una cosa. (SINÓN. V. *Bajar.*) ‖ Despreciar.
DESVALORIZACIÓN f. Acción y efecto de desvalorizar. (SINÓN. V. *Abaratamiento.*)
DESVALORIZAR v. t. Desvalorar.
DESVALUACIÓN f. Desvalorización. (SINÓN. V. *Abaratamiento.*)
DESVÁN m. Parte más alta de algunas casas, que se encuentra debajo del tejado. (SINÓN. V. *Buhardilla.*) ‖ — PARÓN. *Diván.*
DESVANECEDOR m. Aparato usado para desvanecer parte de una fotografía al sacarla en papel: *los retratos suelen sacarse con desvanecedores.*
DESVANECER v. t. Atenuar una cosa de suerte que se torne invisible: *el humo se desvaneció lentamente.* ‖ Envanecer: *la fortuna le ha desvanecido.* ‖ *Fig.* Deshacer: *desvanecer las sospechas de uno.* ‖ *Chil* Entibiar el agua. ‖ — V. r. Evaporarse, airearse: *el aguardiente expuesto al aire se desvanece.* (SINÓN. V. *Desaparecer.*) ‖ Perder el conocimiento, turbarse el sentido. ‖ — IRREG. Se conjuga como *merecer.*
DESVANECIMIENTO m. Pérdida de conocimiento: *algunas personas padecen frecuentes desvanecimientos.* (SINÓN. *Síncope, desfallecimiento, desmayo, mareo, soponcio, patatús.* V. tb. *vértigo.*) ‖ Vanidad, altanería. (CONTR. *Humildad, modestia.*) ‖ En radiotelefonía, debilitamiento del sonido en la recepción.
DESVARAR v. t. Resbalar, deslizarse. ‖ *Mar.* Remover la nave que está varada o encallada.
DESVARIADO, DA adj. Que desvaría: *enfermo desvariado.* ‖ Que está fuera de regla, desordenado.
DESVARIAR v. i. Delirar, decir despropósitos: *el cloroformo hace desvariar.* (SINÓN. V. *Desatinar.*)
DESVARÍO m. Delirio, locura: *un ligero desvarío.* ‖ *Fig.* Cosa fuera de razón, desorden: *los desvaríos de una imaginación enfermiza.* (SINÓN. V. *Sueño.*) ‖ *Fig.* Monstruosidad, capricho, cosa inaudita.
DESVEDAR v. t. Quitar la prohibición.
DESVELAMIENTO m. Desvelo.
DESVELAR v. t. Quitar el sueño: *el café desvela a las personas que no suelen tomarlo.* ‖ Galicismo por *revelar, descubrir.* ‖ — V. r. Poner gran empeño en una cosa: *desvelarse una madre por sus hijos.*
DESVELO m. Acción de desvelar o desvelarse. ‖ Solicitud, celo, vigilancia.
DESVENAR v. t. Quitar las venas: *desvenar el tabaco.* ‖ Sacar de la vena el mineral. ‖ Hacer el desveno en el bocado de un caballo.
DESVENCIJAR v. t. Aflojar, descomponer, desconcertar una cosa: *una puerta desvencijada.*
DESVENDAR v. t. Quitar la venda: *desvendar los ojos.*
DESVENO m. Arco que se forma en el medio de la embocadura del freno: *la lengua del caballo se aloja en el desveno del bocado.*
DESVENTAJA f. Perjuicio, inferioridad: *el negocio resultó en su desventaja.*
DESVENTAJOSO, SA adj. Sin ventaja: *negocio desventajoso.* ‖ — CONTR. *Ventajoso.*
DESVENTURA f. Mala suerte o desgracia. (SINÓN. V. *Desgracia.*)
DESVENTURADAMENTE adv. m. Con desventura o desgracia: *obrar desventuradamente.*
DESVENTURADO, DA adj. Desgraciado, infeliz.
DESVERGONZADO, DA adj. y s. Que habla u obra con desvergüenza: *mujer muy desvergonzada.* (SINÓN. V. *Impúdico.*)
DESVERGONZARSE v. r. Hablar u obrar con desvergüenza. ‖ — IRREG. Se conjuga como *avergonzar.*
DESVERGÜENZA f. Falta de vergüenza, descaro, insolencia: *obrar con demasiada desvergüenza.* (SINÓN. V. *Impudicia.*) ‖ Insolencia grosería: *decir desvergüenzas.*
DESVESTIR v. t. y r. Desnudar. ‖ — IRREG. Se conjuga como *pedir.*
DESVIACIÓN f. Acción de desviar: *desviación de la luz.* (SINÓN. V. *Separación.*) ‖ Separación de la aguja imantada ocasionada por la presencia de una masa de hierro. ‖ *Med.* Paso de los humores fuera de su conducto natural: *la desviación de la bilis.* ‖ *Med.* Cambio de la dirección natural: *la desviación de un hueso.* ‖ Cambio en la dirección normal de un camino. (SINÓN. V. *Rodeo.*) ‖ *Fig.* Error de juicio.
DESVIACIONISMO m. *Neol.* Acción de apartarse de una línea de conducta.
DESVIACIONISTA adj. y s. *Neol.* Que practica el desviacionismo.
DESVIADOR, RA adj. Que desvía o aparta.
DESVIAR v. t. (lat. *desviare*). Hacer salir de su dirección: *desviar a uno del camino recto.* (SINÓN. V. *Extraviar.*) ‖ *Fig.* Disuadir, apartar: *le desvió de las malas compañías.* ‖ — V. r. Mudar de dirección.
DESVINCULAR v. t. Deshacer los vínculos que unían dos cosas, dos personas. ‖ *Arg.* y *Chil.* Amortizar.
DESVÍO m. Desviación. (SINÓN. V. *Rodeo.*) ‖ *Fig.* Despego, desagrado. ‖ *Arg.* Apartadero (ferrocarril).
DESVIRAR v. t. Recortar lo sobrante de la suela del zapato. ‖ Recortar el libro el encuadernador.
DESVIRGAR v. t. Quitar la virginidad a una doncella.
DESVIRTUAR v. t. Quitar la virtud a una cosa, echarla a perder: *los licores se desvirtúan al aire.*
DESVITRIFICACIÓN f. Transformación que sufre el vidrio recocido largo tiempo: *la desvitrificación da al cristal aspecto de porcelana.*

DESVITRIFICAR v. t. Hacer la desvitrificación.
DESVIVIRSE v. r. Mostrar vivo interés: *tu hijo se desvive por agradarme.*
DESVOLCANARSE v. r. *Col.* Derrumbarse.
DESVOLVEDOR m. Instrumento para apretar o aflojar las tuercas, especie de llave inglesa.
DESVOLVER v. t. Alterar, cambiar. ‖ — IRREG. Se conjuga como *mover.* ‖ — PARÓN. *Devolver.*
DESYEMAR v. t. Quitar las yemas de un árbol.
DESYERBA f. Escarda.
DESYERBAR v. t. Desherbar.
DESYUGAR v. t. Desuncir los bueyes.
DESZOCAR v. t. Herir, maltratar el pie. ‖ Suprimir el zócalo de una columna.
DETAL y **DETALL (Al)** m. adv. Al por menor.
DETALLADAMENTE adv. m. Con todos sus detalles o pormenores; circunstanciadamente.
DETALLAR v. t. (fr. *détailler*). Referir una cosa con todos sus detalles o pormenores.
DETALLE m. (fr. *détail*). Pormenor, circunstancia. ‖ *Amer.* Comercio de menudeo. ‖ Amabilidad, gesto agradable.
DETALLISTA com. Pintor que cuida mucho de los detalles. ‖ Comerciante que vende al por menor, minorista. ‖ Persona que tiene detalles.
DETASA f. Disminución o rebaja en una tasa.
DETECCIÓN f. Acción de detectar.
DETECTAR v. t. (ingl. *to detect*). Revelar. (SINÓN. V. *Descubrir.*)
DETECTIVE m. Persona cuya misión consiste en hacer investigaciones policiacas. (SINÓN. V. *Policía.*)
DETECTOR m. *Electr.* Aparato que revela las ondas hertzianas, las radiaciones eléctricas, etc. ‖ *Detector de mentiras,* instrumento que permite registrar los cambios involuntarios que experimenta una persona cuando se le somete a un interrogatorio.
DETENCIÓN f. Acción de detener. (SINÓN. V. *Estancamiento y pausa.*) ‖ Tardanza, dilación: *venga sin detención* ‖ Arresto, encarcelamiento: *dos meses de detención.* (SINÓN. V. *Prisión.*)
DETENEDOR, RA adj. y s. Que detiene o para.
DETENER v. t. (lat. *detinere*). Parar: *detener los progresos de una enfermedad.* (SINÓN. *Ahogar, estancar, atajar, neutralizar, reprimir, refrenar, moderar, enfrenar.* V. tb. *interrumpir.*) ‖ Poner en la cárcel; arrestar: *detuvieron pronto al asesino.* (SINÓN. *Aprehender.* V. tb. *aprisionar.*) ‖ Conservar, guardar: *detener un objeto en su poder.* (SINÓN. V. *Retener.*) ‖ — V. r. Pararse: *detenerse ante los escaparates.* ‖ Ir despacio, retardarse. ‖ *Fig.* Pararse a considerar algo: *detenerse en la meditación de un suceso.* ‖ — IRREG. Se conjuga como *tener.*
DETENIDAMENTE adv. m. Con detención o cuidado: *estudiar un negocio detenidamente.*
DETENIDO, DA adj. Apocado, tímido, sin resolución. (CONTR. *Resuelto.*) ‖ Escaso, miserable. ‖ — Adj. y s. Arrestado. (SINÓN. *V. Preso.*)
DETENIMIENTO m. Detención.
DETENTACIÓN f. *For.* La acción de detentar.
DETENTADOR m. *For.* El que retiene una cosa que no es suya: *el detentador de una herencia.*
DETENTAR v. t. (lat. *detentare*). *For.* Retener uno lo que no es suyo. (SINÓN. V. *Poseer.*)
DETENTE m. Imagen del corazón de Jesús, con la leyenda "detente, bala" que usaron los soldados carlistas.
DETENTOR, RA m. y f. Que detiene o guarda.
DETERGENTE adj. y s. m. Que deterge.
DETERGER v. t. Limpiar un objeto sin producir abrasión ni corrosión.
DETERIORACIÓN f. Acción de deteriorar, menoscabo, merma. ‖ — CONTR. *Perfeccionamiento.*
DETERIORADOR, RA adj. Que deteriora.
DETERIORAR v. t. (del lat. *deterius, oris,* peor). Degradar, menoscabar: *deteriorar los muebles.* ‖ — SINÓN. *Degradar, menoscabar, estragar, descomponer, mellar, desportillar, desvencijar.* Neol. *Sabotear.* V. tb. *estropear.* ‖ — CONTR. *Mejorar, perfeccionar.*
DETERIORO m. Deterioración, menoscabo. (SINÓN. V. *Daño.*)
DETERMINACIÓN f. (lat. *determinatio*). Acción de determinar: *la determinación de una fecha.* ‖ Osadía, valor: *mostrar determinación.* (SINÓN. V. *Resolución.*)
DETERMINADO, DA adj. Atrevido: *soldado determinado.* ‖ Preciso, cierto: *un día determinado.* ‖ *Artículo determinado,* el que determina con precisión el nombre a que va unido: *el, la, lo, los, las.* ‖ *Verbo determinado,* el que va regido por otro.
DETERMINANTE adj. Que determina. ‖ — M. *Mat.* Expresión que se forma con arreglo a ciertas leyes y con ayuda de cantidades colocadas en hileras y columnas. ‖ *Verbo determinante,* el que rige a otro.
DETERMINAR v. t. (lat. *determinare*). Indicar con precisión: *Lavoisier determinó la composición del aire.* ‖ Hacer tomar una resolución: *este acontecimiento le determinó a hacer su petición.* (SINÓN. V. *Decidir.*) ‖ Señalar, fijar: *determinar el día de una reunión.* ‖ *For.* Sentenciar: *determinar un pleito.*
DETERMINATIVO, VA adj. Que determina o indica con precisión: *adjetivo determinativo.*
DETERMINISMO m. Sistema filosófico que niega la influencia personal sobre la determinación y la atribuye a la fuerza de los motivos.
DETERMINISTA adj. y s. Partidario del determinismo: *filósofo determinista.*
DETERSIÓN f. Acción de limpiar o deterger algunas cosas: *la detersión de una llaga.*
DETERSIVO, VA y **DETERSORIO, RIA** adj. y s. Detergente.
DETESTABLE adj. (lat. *detestabilis*). Que debe detestarse. ‖ Muy malo: *hace hoy un tiempo detestable.* (SINÓN. V. *Abominable.*)
DETESTACIÓN f. Acción de detestar u odiar.
DETESTAR v. t. (lat. *detestari*). Aborrecer, odiar, execrar: *detesto los chismes.* ‖ — SINÓN. *Aborrecer, execrar, abominar, maldecir.* ‖ — CONTR. *Querer.*
DETIENEBUEY m. Gatuña, planta.
DETONACIÓN f. Acción de detonar. ‖ Ruido producido por una explosión: *detonación sonora de una pistola.*
DETONADOR m. Artificio capaz de hacer detonar un explosivo: *detonador de fulminato.*
DETONANTE adj. Capaz de detonar o hacer explosión: *mezcla detonante.*
DETONAR v. i. (lat. *detonare*). Dar un estampido.
DETORSIÓN f. Extensión muscular violenta.
DETRACCIÓN f. Acción de detraer o denigrar.
DETRACTAR v. t. Detraer, infamar.
DETRACTOR, RA adj. y s. (lat. *detractor*). Maldiciente, infamador: *los envidiosos son detractores.*
DETRAER v. t. (lat. *detraere*). Infamar, denigrar, criticar injustamente. (SINÓN. V. *Desacreditar.*) ‖ Apartar o desviar ‖ — IRREG. Se conjuga como *traer.*
DETRÁS adv. l. En la parte posterior: *está detrás de la puerta.* ‖ *Fig.* En ausencia de una persona: *le alaba por delante y le desuella por detrás.*
DETRIMENTO m. (lat. *detrimentum*). Daño perjuicio: *causar gran detrimento a una persona.* (SINÓN. V. *Perjuicio.*)
DETRÍTICO, CA adj. *Geol.* Compuesto de detritos o residuos: *formación detrítica.*
DETRITO o **DETRITUS** m. (lat. *detritus*). Residuo de la desagregación de un cuerpo. (SINÓN. V. *Desperdicio y basura.*)
DEU m. *Chil.* Planta geraniácea, de fruto venenoso, usada en curtiduría.
DEUDA f. (lat. *debita*). Lo que se debe: *abrumado de deudas.* (SINÓN. V. *Deber.*) ‖ Falta: *perdónanos nuestras deudas.* (SINÓN. V. *Pecado.*) ‖ *Deuda pública,* obligaciones de un Estado.
DEUDO, DA m. y f. Pariente.
DEUDOR, RA adj. y s. Que debe.
DEUTERIO m. *Quím.* Isótopo pesado del hidrógeno, de doble masa atómica que aquél.
DEUTO m. (del gr. *deuteros,* segundo). *Quím.* Partícula que indica la segunda proporción de un cuerpo, como *deutocloruro.*
DEUTÓN m. Núcleo del átomo de deuterio.

DEUTÓXIDO m. Combinación del oxígeno con un cuerpo en su segundo grado de oxidación.
DEVALAR v. i. *Mar.* Derivar del rumbo.
DEVALUACIÓN f. Disminución del valor de una moneda.
DEVALUAR v. t. Disminuir el valor de una moneda.
DEVANADERA f. Instrumento que sirve para devanar. ‖ Artefacto con el cual se hacen las mutaciones en los escenarios.
DEVANADO m. Alambre aislado y arrollado de modo conveniente, que forma parte de un circuito eléctrico.
DEVANADOR, RA adj. y s. Que devana. ‖ — M. Alma del ovillo. ‖ *Amer.* Devanadera.
DEVANAGARI m. Escritura moderna del sánscrito clásico.
DEVANAR v. t. Liar hilo en ovillo o carrete. ‖ — V. r. *Cub.* Retorcerse de risa, dolor, etc. ‖ *Fig. Devanarse los sesos,* cavilar mucho.
DEVANEAR v. i. Disparatar, delirar.
DEVANEO m. Locura. (SINÓN. V. *Delirio.*) ‖ Distracción pasajera. ‖ Amorío pasajero. (SINÓN. V. *Capricho.*)
DEVASTACIÓN f. Acción de devastar o asolar una comarca: *llorar las devastaciones de la guerra.* (SINÓN. V. *Destrucción.*)
DEVASTADOR, RA adj. y s. Que devasta o destruye alguna cosa: *Atila fue un gran devastador.*
DEVASTAR v. t. (lat. *devastare*). Destruir, asolar: *la peste devastó varias veces a Europa durante la Edad Media.* ‖ — PARÓN. *Desbastar.*
DEVELAR v. t. Galicismo por *revelar, descubrir.*
DEVENGAR v. t. (del pref. *de,* y el lat. *vendicare,* atribuirse). Adquirir, ganar: *devengar un salario.* ‖ Barb. por *causar: devengar agravios.*
DEVENGO m. Lo que se devenga.
DEVENIR v. i. Sobrevenir, suceder. ‖ *Fig.* Llegar a ser.
DEVERBAL adj. *Gram.* Dícese del substantivo derivado de verbo, como *habla,* de *hablar.*
DEVIACIÓN f. Desviación.
DEVISA f. (del lat. *divisa,* dividida). Señorío que tenían los hijosdalgo en las tierras que heredaban y dividían entre sí. ‖ — PARÓN. *Divisa.*
DEVOCIÓN f. (lat. *devotio*). Amor de Dios, fervor religioso: *la hipocresía de la devoción es la más culpable de todas.* (SINÓN. V. *Fidelidad.*) ‖ *Fig.* Inclinación, afición: *no le tengo mucha devoción a esa persona.* ‖ Costumbre: *tengo por devoción pasear todos los días.* ‖ *Estar a la devoción de uno,* estar enteramente sometido o él.
DEVOCIONARIO m. Libro de oraciones.
DEVOLUCIÓN f. Acción y efecto de devolver.
DEVOLUTIVO, VA adj. *For.* Que devuelve.
DEVOLUTORIO, RIA adj. *Neol.* Devolutivo.
DEVOLVER v. t. (lat. *devolvere*). Volver una cosa a su estado primitivo o restituirla a su dueño: *volver a su dueño un objeto perdido.* (SINÓN. *Restituir, reintegrar, retornar, compensar, reenviar, reexpedir.*) ‖ Corresponder a un favor o a un agravio: *devolver la visita.* ‖ *Fam.* Arrojar por la boca. (SINÓN. V. *Vomitar.*) ‖ — V. r. *Amer.* Volverse: *fui hasta la plaza y de allí me devolví a casa.* ‖ — IRREG. Se conjuga como *mover.*
DEVONIANO, NA y **DEVÓNICO, CA** adj. (del condado de *Devon,* en Inglaterra). *Geol.* Dícese del terreno comprendido entre el siluriano y el carbonífero.
DEVORADOR, RA adj. y s. (lat. *devorator*). Que devora: *experimentar un hambre devoradora.*
DEVORANTE adj. Devorador.
DEVORAR v. t. (lat. *devorare*). Tragar con ansia. (SINÓN. V. *Comer*). ‖ Consumir: *el fuego devoró el edificio.* (SINÓN. V. *Quemar.*) ‖ Disipar: *devorar su fortuna.* ‖ Arruinar: *gastos que devoran una familia.* ‖ *Devorar un libro,* leerlo con apresuramiento. ‖ *Devorar sus lágrimas,* retenerlas, contenerlas.
DEVOTAMENTE adv. m. Con devoción.
DEVOTERÍA f. *Fam.* Beatería.
DEVOTO, TA adj. Que se dedica con fervor a la piedad: *es un hombre muy devoto.* (SINÓN. V. *Creyente.*) ‖ Que mueve a devoción: *imagen devota.* ‖ Aficionado a una persona: *persona devota del ministro.*
DEVUELTO, TA p. p. irreg. de *devolver.*
DEXIOCARDIA f. (del gr. *dexios,* derecho, y *kardia,* corazón). Desviación del corazón hacia la derecha.
DEXTERIDAD f. *Neol.* Destreza.
DEXTRINA f. *Quím.* Substancia gomosa que se extrae del almidón y cuyas disoluciones son dextrógiras: *la dextrina sirve para engomar las telas.*
DEXTRO m. (lat. *dextrum*). *Ant.* Espacio alrededor de una iglesia donde se gozaba derecho de asilo.
DEXTRÓGIRO, RA adj. Que desvía a la derecha la luz polarizada: *la dextrina es dextrógira.*
DEXTRORSO, SA adj. Que va de izquierda a derecha.
DEXTRÓRSUM adv. lat. Hacia la derecha. ‖ — CONTR. *Sinistrórsum.*
DEXTROSA f. Variedad de glucosa que con la levulosa forma el azúcar de caña o sacarosa.
DEY m. (del turco *dey,* tío materno). Jefe que gobernaba la regencia de Argel: *el último dey de Argel, Hussein, fue destronado por los franceses en 1830.*
DEYECCIÓN f. *Med.* Evacuación de los excrementos. ‖ Los excrementos mismos. Úsase en pl. ‖ *Geol.* Materias arrojadas por un volcán en erupción: *Pompeya y Herculano fueron sepultados por las deyecciones del Vesubio.*
DEYECTAR v. i. Evacuar el excremento.
DEYECTOR m. Aparato que sirve para evitar la incrustación que suele producirse en las calderas.
DEZMABLE adj. Sujeto al diezmo.
DEZMAR v. t. Diezmar.
DEZMERÍA f. Territorio cuyo diezmo correspondía a una iglesia o persona determinada.
DEZMERO, RA adj. Relativo al diezmo.
DI, prep. insep., del lat. *dis* y *di,* que denota oposición, como en *disentir;* origen, como en *dimanar;* extensión, como en *difundir.*
DI, prefijo (gr. *dis*), que da el significado de doble y se utiliza, sobre todo, en la terminología científica: *diatónico, dimorfo* .
DIA, prep. insep. que significa separación, como en *diálisis;* a través de, como en *diámetro;* entre, como en *diagonal;* con, como en *diacodión.*
DÍA m. (lat. *dies*). Tiempo que tarda la Tierra en dar una vuelta sobre sí misma: *el año se divide en trescientos sesenta y cinco días y cuarto.* ‖ Tiempo que dura la claridad del sol: *en los países que están situados sobre el ecuador los días son tan largos en verano como en invierno.* ‖ Tiempo que hace: *hace mal día.* ‖ Día en que la Iglesia celebra la memoria de un santo: *el día de santa Clara.* ‖ — Pl. Cumpleaños o día en que se celebra el santo cuyo nombre lleva una persona: *hoy son los días de Pepe.* ‖ *Fig.* Vida: *llegó al fin de sus días.* ‖ *Astr. Día astronómico,* tiempo comprendido entre dos pasos consecutivos del Sol por el meridiano. ‖ *Día civil,* tiempo comprendido entre dos medias noches consecutivas. (SINÓN. *Jornada, fecha.*) ‖ *Día del juicio,* último día en que Dios juzgará a los vivos y a los muertos. ‖ *Fig.* y *fam.* Muy tarde, nunca. ‖ *Al día,* loc. adv., al corriente. ‖ *De día en día,* loc. adv., de un día para otro, pronto: *estoy esperándole de día en día.* (Tb.: *día a día* [Amér.].) Ú. expletivamente en Amér.: *un día sábado.* ‖ *Amer. Los otros días,* días pasados, hace días. ‖ *Día por medio,* un día sí y otro no. ‖ *De días,* loc. adv., hace tiempo: *esta cuestión es ya de días.* De poco tiempo: *es cosa de días.* ‖ *Hoy día, hoy en día, en el día de hoy,* locs. advs., actualmente, en el día presente, esta época. ‖ *A tantos días fecha* o *vista,* expresión que se emplea en las letras y pagarés para indicar que serán abonados en el plazo indicado desde la fecha o la presentación de los mismos. ‖ *Buenos días,* expresión que se usa como salutación familiar durante el día: *dar los buenos días a una persona.* (Arg.: *¡buen día!*) [SINÓN. V. *Adiós.*] ‖ *Dar los días a uno,* felicitarle por su cumpleaños o por el día de su santo. ‖ *Estar al día,* estar al corriente en el conocimiento de una materia. ‖ *Estar de días una persona,* ser su santo. ‖ *El día menos pensado* cuando menos se piense. ‖ *El mejor día,* loc. con que se previene o amenaza algún percance: *el mejor día tropiezas y te matas.* ‖ *El día de mañana,* en un tiempo venidero. ‖ *En su día,* a su

tiempo: *cada cosa llegará en su día.* || *Cualquier día,* nunca. || *Romper el día,* amanecer. || *Vivir al día,* gastar todo lo que se gana, sin ahorrar nada. || — PROV. **Día de mucho, víspera de nada,** la fortuna es muy inestable, tras la mucha abundancia suele venir la escasez. || **Hay más días que longanizas,** no corre prisa hacer o decir ciertas cosas.

DIABETES f. (gr. *diabêtês*). *Med.* Enfermedad caracterizada por abundante secreción de orina cargada de glucosa.

— Los síntomas de la *diabetes* son una sed frecuente y el enflaquecimiento progresivo. || — OBSERV. Es galicismo decir *el diabetes* y barbarismo decir *diabetis.*

DIABÉTICO, CA adj. *Med.* Relativo a la diabetes: *demacración diabética.* || *Med.* Que padece diabetes: *los diabéticos no deben comer farináceos.*

DIABETO m. Aparato hidráulico a modo de sifón intermitente.

DIABLA f. *Fam.* Diablo hembra. || Carrito de dos ruedas. || Batería de luces en el teatro. || *Fam. A la diabla,* muy mal, sin cuidado.

DIABLEAR v. i. *Fam.* Hacer diabluras.

DIABLEJO m. Diablo.

DIABLESA f. *Fam.* Diabla.

diafragma

DIABLESCO, CA adj. Del diablo.

DIABLILLO m. El que se viste de diablo en procesiones y máscaras. || *Fig.* y *fam.* Persona traviesa. (SINÓN. V. *Travieso.*) || — Pl. *Fam.* Pelos del cogote, tolanos.

DIABLO m. (gr. *diabolos*). Ángel malo. (SINÓN. *Demonio, diantre.*) || *Fig.* Persona mala o traviesa. (SINÓN. V. *Travieso.*) || *Fig.* Persona muy fea. || *Diablo encarnado,* persona perversa. || Carromato para arrastrar troncos de árbol. || *Pobre diablo,* buen hombre, infeliz. || *Como el diablo,* mucho: *esto amarga como el diablo.* || *¡Diablo!,* interj. de admiración. || *¡Qué diablos!,* interj. de impaciencia o admiración. || *Tener el diablo en el cuerpo,* ser revoltoso. || — PROV. **Más sabe el diablo por viejo que por diablo,** la larga experiencia vale más que otra cosa.

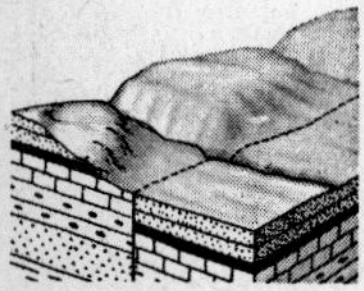

bloque diagrama

DIABLURA f. Travesura grande, trastada: *niño que hace muchas diabluras.*

DIABÓLICAMENTE adv. m. Con diablura.

DIABÓLICO, CA adj. Relativo al diablo. || *Fig.* y *fam.* Muy malo, muy perverso: *invención diabólica.* || *Fig.* Difícil, complicado.

DIABOLÍN m. Pastilla de chocolate envuelta en un papel con mote.

DIÁBOLO o **DIÁVOLO** m. Juguete de forma de carrete que se arroja al aire, imprimiéndole un movimiento de rotación muy rápido.

DIACATOLICÓN m. *Fam.* Electuario purgante.

DIACODIÓN m. (del gr. *dia,* con, y *kodeia,* adormidera). Nombre científico del *jarabe de adormideras.*

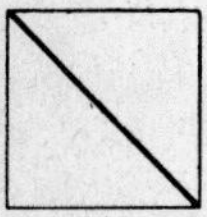

diagonal

DIACONADO m. Diaconato.

DIACONAL adj. Perteneciente al diácono.

DIACONATO m. Orden inmediata al sacerdocio que se confiere a los diáconos.

DIACONÍA f. Distrito de una iglesia que estaba al cargo de un diácono. || Casa en que vivía el diácono.

DIACONISA f. (lat. *diaconissa*). Mujer que se dedicaba al servicio de la Iglesia.

DIÁCONO m. (lat. *diaconus*). Ministro eclesiástico de grado inmediato al sacerdocio: *el diácono ayuda al sacerdote en el altar.*

diadema

DIACRÍTICO, CA adj. Dícese de ciertos signos ortográficos que modifican las letras en que se colocan: *la diéresis sobre la ü es un signo diacrítico.* || *Med.* Dícese del síntoma característico de una enfermedad que permite reconocerla.

DIACÚSTICA f. Parte de la acústica que estudia la refracción de los sonidos.

DIADELFOS adj. *Bot.* Dícese de los estambres de una flor cuando están soldados entre sí por sus filamentos. Úsase sólo en pl.

DIADEMA f. (lat. *diadema*). Cinta que antiguamente ceñía la cabeza de los reyes. || Corona: *una diadema de esmeraldas.* (SINÓN. V. *Nimbo.*) || Adorno femenino de cabeza.

DIADEMADO, DA adj. Que tiene diadema.

DIADOCO m. (gr. *diadokhos*). Título de los generales que se disputaron el imperio de Alejandro después de su muerte. || Título del príncipe heredero de Grecia.

DIAFANIDAD f. Calidad de diáfano.

DIAFANIZAR v. t. Hacer diáfana una cosa: *diafanizar la porcelana.*

DIÁFANO, NA adj. (del gr. *dia,* a través, y *phanein,* parecer). Que deja pasar la luz sin que puedan sin embargo percibirse al través los objetos: *la porcelana es diáfana.* || *Fig.* Transparente: *agua diáfana.* || — SINÓN. *Translúcido, transparente, cristalino, límpido.*

DIÁFISIS f. Parte media de los huesos largos.

DIAFORESIS f. *Med.* Sudor, transpiración.

DIAFORÉTICO, CA adj. y s. *Med.* Sudorífico.

DIAFRAGMA m. (del gr. *dia,* entre, y *phrassein,* separar con un tabique). Músculo ancho y delgado que separa el pecho del abdomen: *las contracciones involuntarias del diafragma constituyen el hipo.* || Tabique, separación. || Lámina vibrátil del fonógrafo. || *Fotogr.* Disco horadado que deja pasar una cantidad mayor o menor de luz: *diafragma de iris.*

DIAFRAGMAR v. t. *Fotogr.* Abrir más o menos el diafragma.

DIAGNOSIS f. (gr. *diagnôsis*). *Med.* Conocimiento de los signos de las enfermedades. || *Bot.* Característica abreviada de una planta.

DIAGNOSTICAR v. t. Determinar por los síntomas el carácter de una enfermedad.

DIAGNÓSTICO, CA adj. (del gr. *diagnôsis,* conocimiento). Dícese de los signos que permiten reconocer las enfermedades: *los signos diagnósticos de la fiebre tifoidea.* || — M. Parte de la medicina que se ocupa en la determinación de las enfermedades por los síntomas de las mismas: *el diagnóstico indica el tratamiento de la enfermedad.* || Calificación que el médico da de una enfermedad.

DIAGONAL adj. y s. f. (del gr. *dia,* a través, y *gônia,* ángulo). Dícese de la recta que se traza de un ángulo a otro ángulo no contiguo en una figura geométrica. || — F. Nombre de varias telas. || *En diagonal,* oblicuamente.

DIAGONALMENTE adv. m. De modo diagonal.

DIÁGRAFO m. (del gr. *dia,* a través, y *graphein,* dibujar). Instrumento que sirve para reproducir los objetos sin saber dibujar, con ayuda de la cámara clara.

DIAGRAMA m. Figura gráfica que explica un fenómeno determinado. || *Bloque diagrama,* representación de una región en corte y perspectiva.

DIAL m. (pal. ingl.) Placa con letras o números sobre la cual se efectúan las selecciones en radiotelefonía.

DIALECTAL adj. Perteneciente al dialecto.

DIALECTALISMO m. Forma dialectal: *un dialectalismo de América.*

DIALÉCTICA f. (del gr. *dialegomai,* raciocinio). Arte de razonar metódica y justamente. || — SINÓN. *Lógica, razonamiento.*

DIALÉCTICO, CA adj. Perteneciente o relativo a la dialéctica. || — M. El que enseña la dialéctica.

DIALECTISMO m. Dialectalismo.

DIALECTO m. (gr. *dialektos*). Variedad regional de una lengua: *el ático es un dialecto griego.*

— Coexisten con las lenguas los *dialectos,* formas que tienen igual origen que la lengua oficial, pero se distinguen de ella por particularidades de vocabulario, fonética y gramática, y que no han tenido fuerza política, tradición ni literatura bastantes para vencer la preeminencia de la lengua nacional, ni aun para mantener su propia unidad. Si es fácil delimitar las fronteras de una lengua, es imposible fijar las de un dialecto, pues sus particularidades lingüísticas no son uniformes en su territorio y suelen confundirse, en su periferia, con las de los dialectos vecinos.

Considéranse en el área de extensión hispánica varios dialectos, como son el bable asturiano, el leonés, el montañés, el extremeño, el murciano y el aragonés. Son, en cambio, lenguas románicas independientes el catalán (con sus dialectos valenciano y mallorquín), y el portugués, mientras que el vascuence es una reminiscencia de las lenguas prerromanas. En cuanto al andaluz, el canario y el español hispanoamericano, son simples variantes fonéticas del castellano.

DIALECTOLOGÍA f. Estudio de los dialectos.

DIALIPÉTALA adj. *Bot.* Dícese de la corola cuyos pétalos no están soldados entre sí.

DIALISÉPALO, LA adj. *Bot.* Dícese de los cálices cuyos sépalos no están soldados entre sí.

DIÁLISIS f. Análisis químico fundado en la propiedad que tienen algunos cuerpos de atravesar las membranas porosas.

DIALIZADOR m. Aparato para dializar.

DIALIZAR v. t. Efectuar la diálisis.

DIALOGADO, DA adj. Dícese de lo que está escrito en forma de diálogo: *un cuento dialogado.*

DIALOGAL adj. Dialogístico. || Dialogado.

DIALOGAR v. i. Hablar en diálogo. || — V. t. Escribir en forma de diálogo: *dialogar una fábula.*

DIALOGÍSTICO, CA adj. Relativo al diálogo. || Dialogado, escrito en diálogo.

DIALOGIZAR v. i. Dialogar.

DIÁLOGO m. (del gr. *dia,* con, y *logos,* discurso). Conversación entre varias personas. (SINÓN. V. *Conversación.*) || Obra literaria escrita en forma de conversación: *Sócrates es el principal actor de los diálogos de Platón.*

DIALOGUISTA m. Aplícase al que escribe diálogos: *este escritor es muy mal dialoguista.*

DIALTEA f. Ungüento de raíz de altea.

DIAMAGNÉTICO, CA adj. Dícese de ciertos cuerpos que gozan de la propiedad de rechazar el imán.

DIAMANTADO, DA adj. Parecido al diamante.

DIAMANTAR v. t. Dar el brillo del diamante: *los rayos del sol diamantan el rocío.*

DIAMANTE m. (del gr. *adamas, antos,* indomable). Piedra preciosa formada por carbono cristalizado, el más brillante, más duro y más límpido en todos los minerales.

— El *diamante* es insoluble en todos los agentes químicos, raya todos los cuerpos y no puede ser rayado por ninguno; por eso no puede labrarse sino utilizando su propio polvo. Empléase como adorno en las joyas, y sus variedades menos finas sirven a los vidrieros para cortar vidrio, a los lapidarios para labrar las demás piedras finas, en las minas para perforar las rocas más duras, etc. Extráese hoy día el diamante principalmente del África meridional, de la India, del Brasil y de Australia.

DIAMANTÍFERO, RA adj. Que contiene diamante: *los terrenos diamantíferos del Transvaal.*

DIAMANTINO, NA adj. Relativo al diamante: *brillo diamantino.* || *Fig.* y *Poét.* Duro, inquebrantable. || *Eje diamantino,* parte más importante de un asunto.

DIAMANTISTA com. Persona que labra o vende diamantes y otras piedras preciosas. (SINÓN. V. *Joyero.*)

DIAMELA f. Gemela, jazmín de Arabia.

DIAMETRAL adj. Perteneciente o relativo al diámetro: *línea diametral.*

DIAMETRALMENTE adv. m. De extremo a extremo: *dos cosas diametralmente opuestas.* (SINÓN. V. *Absolutamente.*)

DIÁMETRO m. (gr. *diametros*). *Geom.* Línea recta que pasa por el centro del círculo y termina por ambos extremos en la circunferencia: *el diámetro es el doble del radio.* || *Geom.* Eje de la esfera. || *Geom.* Recta que pasa por el centro de cualquier curva y divide en dos partes iguales un sistema de cuerdas paralelas. || *Diámetro aparente de un astro,* arco del ángulo formado por dos visuales encaminadas a los extremos del diámetro del astro: *el diámetro aparente de las estrellas es casi nulo.*

DIANA f. *Mil.* Toque militar al amanecer. *Mil.* Punto central de un blanco de tiro.

DIANCHE m. *Fam.* Diantre.

DIANTRE m. (pal. fr.) *Fam.* Diablo.

DIAPALMA f. (del gr. *diapallein,* agitar) *Farm.* Emplasto de litargirio.

DIAPASÓN m. (del gr. *dia,* a través, y *pasôn,* todas las notas.) *Mús.* Instrumento de acero en forma de horquilla que sirve para dar la nota la_3. (Según el Convenio internacional de 1953, la nota la_3 tendrá una frecuencia de 440 vibraciones por segundo.)

DIAPÉDESIS f. Salida fuera de los vasos de los glóbulos blancos de la sangre.

DIAPENTE m. *Mús.* Intervalo de quinta.

DIAPOSITIVA f. Imagen fotográfica positiva sobre soporte transparente para la proyección.

DIAPREA f. (del fr. *diaprée,* especie de ciruela). Cierta clase de ciruela pequeña muy gustosa.

DIAPREADO, DA adj. (del gr. *diaprea, jaspeado*). *Blas.* Que está matizado de diferentes colores.

DIAQUILÓN m. (del gr. *dia,* con, y *khylos,* jugo). Ungüento ablandativo, emplasto resolutivo.

DIARIAMENTE adv. t. Cada día.

DIARIERO m. *Amer.* Vendedor de diarios.

DIARIO, RIA adj. (lat. *diarius*). De todos los días: *el gasto diario* || — M. Publicación que aparece cada día. (SINÓN. V. *Periódico.*) || *Diario hablado,* emisión por la radio de las noticias de actualidad. || Relación de los sucesos ocurridos de día en día durante una expedición, un reinado, etc.: *el "Diario de un testigo de la guerra de África" es una de las obras más notables de Alarcón.* || Gasto diario de una casa: *en esta casa se necesitan cuatro duros para el diario.* || Ganancia diaria. || *Com.* Libro en que el comerciante apunta día por día las operaciones que efectúa. || — Adv. *De,* o *a diario,* diariamente.

DIARISMO m. *Amer.* Periodismo.

DIARISTA com. Persona que compone o publica un diario.

DIARQUÍA f. Sistema de gobierno en el cual dos personas ejercen el Poder.

DIARREA f. (del gr. *dia,* a través, y *rhein,* fluir). Fenómeno morboso que consiste en evacuaciones líquidas y frecuentes: *la fruta verde da diarrea.* || *Diarrea infantil,* nombre genérico de varias enfermedades de los niños.

DIARREICO, CA adj. *Med.* Relativo a la diarrea: *detener el flujo diarreico.*

DIARTROSIS f. (gr. *diartrôsis*). *Zool.* Articulación movible: *la diartrosis del codo.*

DIASCORDIO m. (del gr. *dia,* con, y *skordion,* escordio). Electuario astringente cuya base es el escordio.

DIASÉN m. (del gr. *dia,* con, y *sen*). Electuario astringente y purgante, cuya base son las hojas de sen.

DIÁSPORA f. Dispersión.

DIÁSPORO m. (del gr. *diaspora,* dispersión). Alúmina hidratada de color gris, que se pulveriza con el calor.

DIASPRO m. (del ital. *diaspro,* jaspe). Nombre que se da a algunas variedades de jaspe.

DIASTASA f. *Quím.* Fermento soluble que transforma diversas substancias amiláceas: *la ptialina de la saliva es una diastasa.*

DIASTÁTICO, CA adj. Relativo a la diastasa: *la acción diastática de la pepsina.*

DIÁSTOLE f. (del gr. *diastole,* dilatación). Licencia poética que consiste en usar como larga una sílaba breve. || *Fisiol.* Movimiento de dilatación del corazón y de las arterias. || — CONTR. *Sístole.*

DIASTÓLICO, CA adj. Relativo a la diástole del corazón y las arterias: *soplo diastólico.*

DIATÉRMANO, NA adj. (del gr. *dia,* a través, y *thermos,* calor). *Fís.* Que deja pasar fácilmente el calor: *la mica es muy diatérmana.* || — CONTR. *Atérmano.*

DIATERMIA f. *Med.* Empleo de corrientes eléctricas para elevar la temperatura interior del cuerpo.

DIÁTESIS f. (del gr. *diathesis,* disposición). *Med.* Predisposición orgánica a una enfermedad: *la diátesis artrítica es hoy día casi universal.*

DIATOMEAS f. pl. Familia de algas unicelulares de color pardo. (SINÓN. *Bacilarias.*)

DIATÓNICO, CA adj. *Mús.* Formado de tonos y semitonos: *escala diatónica.*

DIATONISMO m. Práctica de la música diatónica.

DIATRIBA f. (del gr. *diatribê,* aplastamiento). Crítica violenta e injuriosa. (SINÓN. V. *Sátira.*) || Libelo insultante.

DIATROPISMO m. Tendencia de ciertos vegetales a orientarse transversalmente a la acción de un estímulo.

DIÁVOLO m. Diábolo.

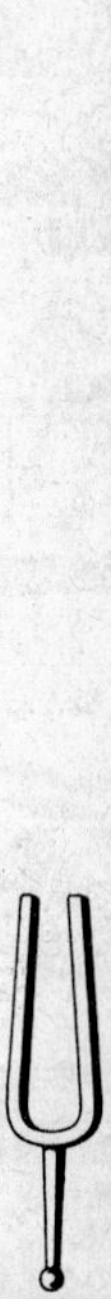
diapasón

DIBUJANTE adj. y s. Que dibuja: *Leonardo de Vinci era un hábil dibujante.*
DIBUJAR v. t. Reproducir con el lápiz, la pluma, etc., la forma de los objetos: *dibujar una cosa.* (SINÓN. *Apuntar, diseñar, abocetar, esbozar, delinear.*) ‖ *Fig.* Trazar, indicar: *dibujar un carácter.* ‖ — V. r. Manifestarse lo que estaba oculto.
DIBUJO m. Representación, con ayuda del lápiz, la pluma, etc., de un objeto: *Leonardo de Vinci nos ha dejado dibujos admirables.* ‖ Arte que enseña los procedimientos del dibujo. ‖ *Fig.* y *fam. No meterse en dibujos,* no complicar inútilmente. ‖ *Dibujos animados,* serie de dibujos que, una vez cinematografiados, producen la sensación de movimiento.
DICACIDAD f. Agudeza, mordacidad.
DICAZ adj. (lat. *dicax, acis*). Agudo, mordaz.
DICCIÓN f. (lat. *dictio*). Palabra: *una dicción viciosa.* ‖ Modo de hablar: *tener una dicción muy clara.* (SINÓN. V. *Elocución.*)
DICCIONARIO m. Reunión, por orden alfabético o ideológico, de todas las palabras de un idioma o de una ciencia: *comprar un diccionario de medicina.* ‖ — SINÓN. *Glosario, vocabulario léxico, enciclopedia.*
DICCIONARISTA m. Lexicógrafo.
DÍCERES m. pl. Barb. por *murmuraciones.*
DICIEMBRE m. (lat. *december*). Duodécimo mes del año, que cuenta 31 días: *el mes de diciembre era el décimo según la cuenta de los antiguos romanos.*
DICLINO, NA adj. (de *di,* y el gr. *klinê,* lecho). *Bot.* Dícese de las plantas en que los órganos macho y hembra se hallan en flores diferentes.
DICOTILEDÓN y **DICOTILEDÓNEO, A** adj. y s. (del gr. *dis,* dos, y *kotylêdôn,* cotiledón). *Bot.* Dícese de las plantas cuyas semillas tienen dos cotiledones. ‖ — F. pl. *Bot.* Clase de las angiospermas constituida por plantas con dos cotiledones en su embrión, como la malva y la judía.
DICOTOMÍA f. Bifurcación, división en dos. ‖ Comisión que un especialista o cirujano suele pagar al médico de cabecera.
DICÓTOMO, MA adj. (gr. *dikhotomos*). Que se divide o bifurca en dos: *rama dicótoma.*
DICROICO, CA adj. Dícese de las substancias que presentan dicroísmo: *la anilina es dicroica.*
DICROÍSMO m. Propiedad de ciertas substancias cuyo color varía con las circunstancias de observación.
DICROMÁTICO, CA adj. Que tiene dos colores.
DICTADO m. (lat. *dictatus*). Título de dignidad o nobleza. ‖ Acción de dictar: *un dictado ortográfico, escribir al dictado.* ‖ — Pl. *Fig.* Inspiraciones, preceptos: *seguir los dictados de la razón.*
DICTADOR m. (lat. *dictator*). Magistrado supremo romano nombrado por el Senado en tiempos peligrosos para que mandase como soberano. ‖ Jefe supremo que ejerce un poder absoluto.
DICTADURA f. (lat. *dictatura*). Dignidad de dictador. ‖ Tiempo que dura: *la dictadura de Rosas.* ‖ Gobierno que se ejerce fuera de las leyes constitutivas de un país. (SINÓN. *Autocracia, tiranía, despotismo, cesarismo, omnipotencia, totalitarismo.*) ‖ *Dictadura del proletariado,* principio marxista del ejercicio del poder del Estado por una minoría que actúa en interés de la clase trabajadora.
DICTÁFONO m. Aparato que graba la voz y sirve principalmente para dictar el correo.
DICTAMEN m. (lat. *dictamen*). Opinión, juicio, parecer: *tomar dictamen de un amigo íntimo.*
DICTAMINAR v. i. Dar dictamen, consejo.
DÍCTAMO m. (gr. *diktammon*). Planta labiada de flores moradas.
DICTAR v. t. (lat. *dictare*). Decir algo para que otro vaya escribiéndolo. ‖ Pronunciar un fallo o sentencia. (SINÓN. V. *Imponer.*) ‖ Sugerir: *la sabiduría dicta sus palabras.* (SINÓN. V. *Inspirar.*)
DICTATORIAL adj. Dictatorio. ‖ *Fig.* Arbitrario: *gobernar con autoridad dictatorial.* (SINÓN. V. *Absoluto.*)
DICTATORIO, RIA adj. (lat. *dictatorius*). Perteneciente o relativo al dictador.
DICTERIO m. (lat. *dicterium*). Insulto. (SINÓN. V. *Injuria.*)
DICHA f. Felicidad, suerte: *tener dicha.* ‖ *Por dicha,* loc. adv., por ventura, por casualidad. ‖ — SINÓN. *Felicidad, beatitud, prosperidad fortuna, ventura, suerte, placer.* ‖ — CONTR. *Desventura, desdicha, desgracia.*
DICHARACHERO, RA adj. y s. *Fam.* Aficionado a decir dicharachos, bromista. ‖ *Fam.* Hablador.
DICHARACHO m. Dicho bajo, vulgar. ‖ Palabras fútiles.
DICHERO, RA adj. y s. *And. Fam.* Que suele tener dichos oportunos, ocurrente, gracioso.
DICHO, CHA (lat. *dictus*). p. p. irreg. de *decir.* ‖ — M. Frase o sentencia: *un dicho sentencioso.* (SINÓN. V. *Pensamiento.*) ‖ Ocurrencia, chiste: *ese muchacho tiene dichos ocurrentes.* ‖ *Fam.* Expresión insultante. ‖ *For.* Deposición del testigo. ‖ Declaración de la voluntad de los contrayentes, cuando van a celebrar el matrimonio. Ú. m. en pl.: *tomarse los dichos.* ‖ *Dicho y hecho,* expresión que indica la prontitud con que se hace una cosa. ‖ — PROV. **Del dicho al hecho hay un gran trecho,** no hay que fiarse demasiado de las promesas.
DICHOSAMENTE adv. m. Con dicha.
DICHOSO, SA adj. (de *dicha*). Feliz. ‖ Dícese de lo que incluye o trae consigo dicha: *dichosa virtud; dichosa soledad.* ‖ *Fam.* Enfadoso: *dichoso trabajo.*
DIDÁCTICA f. Arte de enseñar.
DIDÁCTICO, CA adj. (del gr. *didaskein,* enseñar). Relativo a la enseñanza: *un buen método didáctico.*
DIDÁCTILO, LA adj. Que tiene dos dedos: *el hormiguero es un animal didáctilo.*
DIDASCÁLICO, CA adj. Didáctico. (P. us.)
DIDELFOS m. pl. (del gr. *dis,* dos, y *delphus,* matriz). *Zool.* Orden de mamíferos cuyas hembras tienen una bolsa donde están las mamas y donde permanecen encerradas las crías durante algún tiempo, como la zarigüeya y el canguro. (SINÓN. *Marsupiales.*)
DIDIMIO m. (del gr. *didymos,* gemelo). Metal raro, terroso, de color de acero: *el didimio se halla generalmente unido al cerio.*
DÍDIMO, MA adj. (del gr. *didymos,* gemelo). *Bot.* Dícese de los órganos formados por dos partes iguales y simétricas: *cotiledones dídimos.* ‖ *Zool.* Testículo.
DIDRACMA f. Moneda hebrea (medio siclo).
DIECINUEVEAVO, VA adj. y s. Dícese de cada una de las 19 partes iguales en que se divide un todo.
DIECIOCHAVO, VA adj. y s. Dícese de cada una de las 18 partes iguales en que se divide un todo. ‖ *En dieciochavo,* o *en 18º,* dícese del libro cuyo pliego de impresión forma 18 páginas.
DIECIOCHENO, NA adj. Décimoctavo. ‖ Dícese de paño cuya urdimbre tiene centenares de hilos.
DIECIOCHESCO, CA adj. Perteneciente o relativo al siglo XVIII.
DIECISEISAVO, VA adj. y s. Dícese de cada una de las 16 partes iguales en que se divide un todo. ‖ *En dieciseisavo,* o *en 16º,* dícese del libro cuyo pliego de impresión forma 16 páginas.
DIECISEISENO, NA adj. Decimosexto.
DIECISIETEAVO, VA adj. y s. Dícese de cada una de las 17 partes iguales en que se divide un todo.
DIEDRO m. (del gr. *dis,* dos, y *edra,* plano). Nombre del ángulo formado por dos planos que se cortan. ‖ — Adj.: *ángulo diedro.*
DIEGO m. Dondiego, flor.
DIELÉCTRICO, CA adj. *Fís.* Dícese del cuerpo aislador de la electricidad: *la resina es dieléctrica.*
DIENTE m. (lat. *dens, dentis*). Cada uno de los huesecillos encajados en las quijadas y que sirven para mascar los alimentos, para morder, etc.: *el hombre tiene treinta y dos dientes: ocho incisivos, cuatro colmillos y veinte muelas.* (SINÓN. *Muela, colmillo, sobrediente, raigón.*) ‖ Punta o resalto de una cosa: *los dientes de una sierra.* ‖ Adaraja, piedra que se deja sobresaliente en la pared de un edificio para poder continuar la construcción. ‖ Cada una de las partes en que se divide la cabeza del ajo. ‖ *Dientes de leche,* los de la primera dentición. ‖ *Bot. Diente de león,* planta compues-

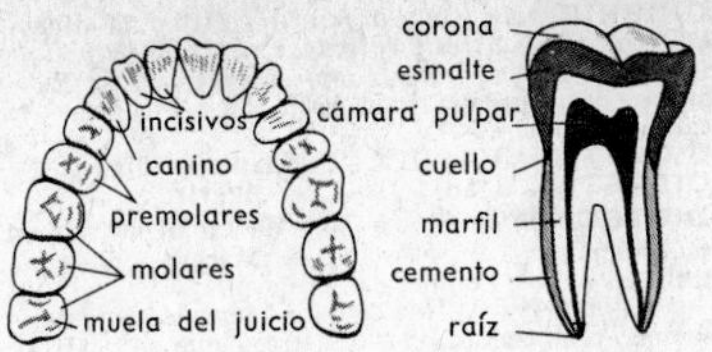

ta, de flores amarillas y semilla menuda con abundante vilano. ‖ *Tecn. Diente de lobo*, bruñidor de ágata. Especie de clavo grande. ‖ *Diente de perro*, formón de boca hendida. *Fam.* Costura mal hecha. ‖ *Fam. Dientes de embustero*, los muy separados. ‖ *Fig.* y *fam. Alargársele a uno los dientes*, desear algo con vehemencia. ‖ *Dar diente con diente*, tener mucho frío o temblar de miedo. ‖ *Enseñar los dientes*, hacer rostro a un enemigo. ‖ *Amer. Pelar el diente*, coquetear.

DIÉRESIS f. (del gr. *diaireois*, división). Figura que consiste en deshacer un diptongo, haciendo de una sílaba dos, v. gr.: *ru-i-do*, por *ruido*: *la diéresis se usa en poesía.* ‖ *Gram.* Signo ortográfico (¨) que se coloca sobre la *u*, en las sílabas *güe*, *güi* para indicar que debe pronunciarse la *u*, así como en la primera vocal del diptongo disuelto, cuando dicha vocal es débil: v. gr.: *vïuda.* Cuando la primera vocal es fuerte se acentúa la vocal débil: v. gr. *reímos.*

DIESEL m. (del nombre del inventor). Motor de combustión interna, sin explosión, en que el líquido combustible se inyecta en un aire muy fuertemente calentado por una previa compresión.

DIESI f. *Mús.* Sostenido.

DIESTRO, TRA adj. (lat. *dexter, dextra*). Derecho. ‖ Hábil, sagaz. (SINÓN. *Capaz, experimentado, experto, perito, ingenioso, inteligente, listo, industrioso, mañoso, entendido.* V. tb. *esgrimidor.*) ‖ — M. Espada (torero). ‖ — F. Mano derecha. ‖ *A diestro y siniestro*, sin tino.

DIETA f. (del lat. *diaeta*, régimen). Abstinencia completa o parcial de alimento, impuesta como medio terapéutico: *poner a dieta.* ‖ *Venez. Tener dieta*, tener paciencia. ‖ *Dieta láctea*, alimentación reducida a la leche. ‖ *Dieta hídrica*, aquella en que sólo se permite al enfermo beber agua: *la dieta hídrica no debe prolongarse más de cuarenta y ocho horas.* ‖ — PROV. **Más cura la dieta que la lanceta**, el buen régimen es más útil para la conservación de la salud que el empleo de medicinas.

DIETA f. (del lat. *dies*, día). Asamblea política en que se discuten los asuntos públicos en ciertos países: *Lutero compareció ante la Dieta de Worms.* (V. *Parte hist.*) ‖ — Pl. Honorarios que cobran ciertos funcionarios mientras desempeñan algún encargo fuera de su residencia. (SINÓN. V. *Retribución.*)

DIETARIO m. Agenda. ‖ Libro en que los cronistas de Aragón escribían los sucesos históricos más notables.

DIETÉTICA f. (lat. *diaetetica*). Ciencia que tiene por objeto el estudio del valor nutritivo de los alimentos, de las enfermedades ocasionadas por la nutrición, y la determinación racional de los regímenes alimenticios convenientes a cada persona.

DIETÉTICO, CA adj. (lat. *diaeteticus*). Perteneciente a la dieta: *seguir un régimen dietético.* (SINÓN. V. *Higiene.*)

DIETINA f. Dieta particular de una provincia: *las dietinas de Polonia.*

DIEZ adj. (lat. *decem*). Nueve y uno: *diez hombres.* ‖ Décimo: *Alfonso diez.* ‖ — M. La cifra diez: *el diez del mes.* ‖ Cada una de las divisiones del rosario, y cuenta gruesa que las separa. ‖ *Chil.* Moneda de 10 centavos.

DIEZMAR v. t. (lat. *decimare*). Castigar de diez uno: *los dictadores diezmaban las tropas que huían.* ‖ Pagar el diezmo a la Iglesia. ‖ *Fig.* Causar gran mortandad en una multitud: *la peste diezmó el ejército de San Luis durante la octava Cruzada.* ‖ Sacar o separar de cada diez uno.

DIEZMERO, RA m. y f. Persona que pagaba o percibía el diezmo.

DIEZMILÉSIMO, MA adj. y s. Cada una de las diez mil partes iguales en que se divide un todo: *la diezmilésima parte del metro.*

DIEZMILÍMETRO m. Décima de milímetro.

DIEZMILLO m. *Méx.* Solomo o solomillo.

DIEZMO m. Décima parte de los frutos que pagaban los fieles a la Iglesia o al rey.

DIFAMACIÓN f. (lat. *diffamatio*). Acción de difamar: *la ley castiga severamente la difamación.*

DIFAMADOR, RA adj. Que difama o desacredita: *perseguir un libelo difamador.*

DIFAMAR v. t. (lat. *diffamare*). Hacer perder el crédito y la buena fama a una persona. (SINÓN. V. *Desacreditar.*)

DIFAMATORIO, RIA adj. Que difama o desacredita: *escrito difamatorio.*

DIFARREACIÓN f. Ceremonia en que disolvían los romanos un matrimonio por confarreación

DIFÁSICO adj. Que tiene dos fases.

DIFERENCIA f. (lat. *differentia*). Falta de similitud. (SINÓN. *Matiz, desemejanza, diversidad, variedad.*) ‖ Residuo de una sustracción: *dos es la diferencia entre cinco y tres.* (SINÓN. V. *Resto.*) ‖ Controversia, debate, disensión: *arreglar una diferencia.* ‖ *A diferencia*, loc. prep., diferentemente. ‖ — CONTR. *Analogía, similitud.* ‖ — PARÓN. *Deferencia.*

DIFERENCIACIÓN f. Acción de diferenciar. ‖ *Mat.* Operación por la cual se determina la diferencia de una función.

DIFERENCIAL adj. *Mat.* Que procede por diferencias muy pequeñas. ‖ *Cálculo diferencial*, el de las cantidades infinitamente pequeñas. ‖ *Engranaje diferencial*, o *diferencial*, en los automóviles, mecanismo que permite transmitir a una rueda un movimiento igual a la suma o a la diferencia de otros dos. ‖ — F. *Mat.* Diferencia infinitamente pequeña de una variable.

DIFERENCIAR v. t. Hacer diferencia entre dos cosas. (SINÓN. V. *Distinguir.*) ‖ Variar el uso que se hace de una cosa. ‖ *Mat.* Buscar la diferencial de una cantidad. ‖ — V. i. Discordar: *en este punto diferenciamos usted y yo.* ‖ — V. r. Distinguirse, hacerse notable.

DIFERENDO m. *Chil.* Galicismo por *diferencia, discusión.*

DIFERENTE adj. Diverso, desigual: *su conducta es indiferente de* (no *a*) *la mía.* ‖ — Pl. Varios: *diferentes veces me ha ocurrido esto.*

DIFERENTEMENTE adv. De modo diferente.

DIFERIR v. t. (lat. *differre*). Dilatar, retrasar: *lo que se difiere no se pierde.* (SINÓN. V. *Demorar* e *interrumpir.*) ‖ — V. i. Ser diferente. ‖ — IRREG. Se conjuga como *herir.* ‖ — PARÓN. *Deferir.*

DIFÍCIL adj. (lat. *difficilis*). Que no se logra sin gran trabajo: *un trabajo difícil.* (SINÓN. *Dificultoso, delicado, escabroso, espinoso, arduo, peliagudo, penoso, trabajoso, duro, laborioso, rudo.* CONTR. *Fácil.*) ‖ Descontentadizo.

DIFÍCILMENTE adv. m. Con dificultad.

DIFICULTAD f. (lat. *difficultas*). Lo que hace una cosa difícil: *expresarse con dificultad.* ‖ Obstáculo, embarazo: *luchar con dificultades.* (SINÓN. *Molestia, trabajo, mal.* V. tb. *impedimento.*) ‖ Objeción, duda: *resolver todas las dificultades.* (SINÓN. *Complicación.* Pop. *Pejiguera.* V. tb. *enredo.*) ‖ — CONTR. *Facilidad.*

DIFICULTAR v. t. (lat. *difficultare*). Poner dificultades: *dificultar la resolución de un problema.* (SINÓN. V. *Complicar* y *estorbar.*)

DIFICULTOSO, SA adj. Difícil: *una comisión dificultosa.* ‖ *Fig.* y *fam.* Cariacontecido: *cara dificultosa.* ‖ *Fam.* Que a todo pone dificultades.

DIFIDACIÓN f. Declaración de guerra.

DIFIDENCIA f. (lat. *diffidentia*). Desconfianza.

DIFLUENTE adj. Que se difunde por todas partes.

DIFLUIR v. i. (del lat. *diffluere*, extenderse). Difundirse, derramarse. ‖ — IRREG. Se conjuga como *huir.*

DIFRACCIÓN f. Desviación de la luz al rozar los bordes de un cuerpo opaco: *Fresnel ha explicado la difracción con la teoría de las interferencias.*

DIFRACTAR v. t. Efectuar el fenómeno de la difracción de la luz: *difractar los rayos luminosos.*

DIFRANGENTE adj. Que produce la difracción: *superficie difrangente.*

DIFTERIA f. (del gr. *diphthera*, membrana). Enfermedad caracterizada por la producción de falsas membranas en las mucosas del cuerpo humano.

DIFERENCIAL DE AUTOMÓVIL

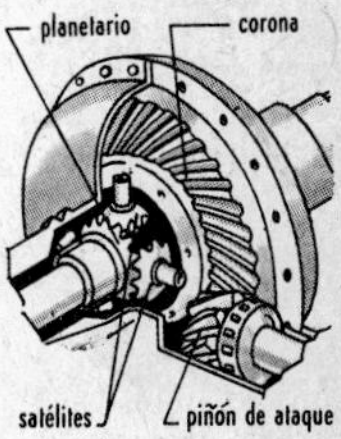

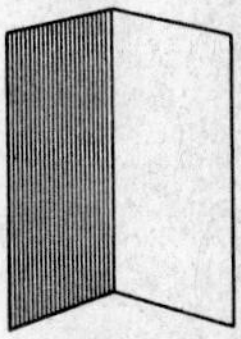

diedro

diente de león

digital

— Las membranas diftéricas, debidas a un microbio muy violento, se desarrollan en las mucosas de las encías, la boca, las fauces, la laringe, la nariz y los oídos. Cuando estas membranas invaden la garganta acaban por producir la sofocación (garrotillo). La invasión de la enfermedad suele ser tan rápida que acaba en pocas horas con el enfermo. El tratamiento médico consiste en inyecciones cutáneas de suero antidiftérico.

DIFTÉRICO, CA adj. *Med.* Perteneciente o relativo a la difteria: *angina diftérica.*

DIFTERITIS f. *Med.* La inflamación diftérica.

DIFUMAR v. t. Esfumar.

DIFUMINAR v. t. Frotar con difumino, esfumar.

DIFUMINO m. Esfumino del dibujante.

DIFUNDIR v. t. (lat. *diffundere*). Extender, derramar, esparcir: *el agua se difunde por los cuerpos porosos.* || Divulgar: *difundir la enseñanza.* (SINÓN. V. *Propagar.*)

DIFUNTO, TA adj. y s. (lat. *defunctus*). Muerto.

DIFUSAMENTE adv. m. Con difusión, prolijamente: *hablar difusamente de una cosa.*

DIFUSIÓN f. Acción de difundir: *la difusión del vapor de agua en la atmósfera.* || Distribución de una substancia en el organismo. || Prolijidad: *la difusión del estilo.* || Propagación. (SINÓN. V. *Publicación.*) || — CONTR. *Concentración.*

DIFUSIVO, VA adj. Que se difunde fácilmente.

DIFUSO, SA adj. (lat. *diffusus*). Ancho, dilatado. || Demasiado prolijo en palabras: *un escritor difuso.* || — SINÓN. *Extenso, prolijo, nimio, redundante, farragoso, ocioso.*

DIFUSOR, RA adj. y s. Que difunde o propaga.

DIGERIBLE adj. Que puede ser digerido.

APARATO DIGESTIVO

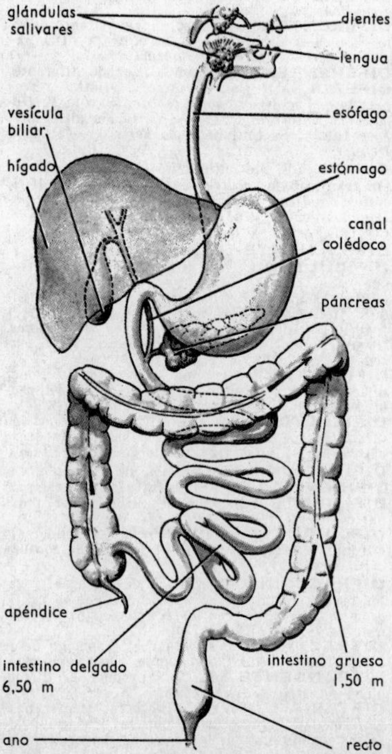

DIGERIR v. t. (lat. *digerere*). Hacer la digestión: *digerir difícilmente la comida.* || *Fig.* Sufrir, sobrellevar: *digerir una afrenta.* || *Fig.* Examinar con cuidado una cosa. || — IRREG. Se conjuga como *herir.*

DIGESTIBILIDAD f. Calidad de digestible.

DIGESTIBLE adj. Fácil de digerir.

DIGESTIÓN f. Elaboración de los alimentos en el estómago y el intestino. || Maceración en un líquido a una temperatura elevada.

— La *digestión,* cuyo objeto final es la asimilación, comprende todos los actos que se realizan desde la ingestión de los alimentos hasta su transformación y absorción por la sangre. Los actos mecánicos son la prensión de los alimentos, su masticación y su deglución. Pasan los alimentos de la boca al estómago por el esófago, y sufren en aquél una primera elaboración. Luego pasan a los intestinos, donde, bajo la acción de los jugos biliares y pancreáticos, se transforman en *quilo,* que absorben las paredes intestinales. Las partes no asimiladas prosiguen su camino y llegan al intestino grueso, constituyendo los excrementos.

DIGESTIVO, VA adj. Que ayuda a la digestión: *el bicarbonato de sosa es un excelente digestivo.* || *Aparato digestivo,* conjunto de órganos que concurren a la digestión. || — CONTR. *Indigesto, pesado.*

DIGESTO m. (del lat. *digestus,* distribuido, ordenado). Colección de las decisiones del Derecho romano: *el Digesto fue compilado por orden de Justiniano.*

DIGESTOR m. Vasija metálica, herméticamente cerrada, y en la que se puede elevar mucho la temperatura: *el digestor sirve para extraer por completo el jugo de la carne, la gelatina de los huesos,* etc.

DIGITADO, DA adj. (lat. *digitatus*). Recortado en forma de dedos: *hoja digitada.* || *Zool.* Aplícase a los mamíferos que tienen sueltos los dedos de los cuatro pies.

DIGITAL adj. Perteneciente al dedo: *músculo digital.*

DIGITAL f. Planta escrofulariácea, de flores purpúreas que tienen forma de dedal. (SINÓN. *Dedalera.*)

DIGITALINA f. Glucósido que se saca de las hojas de la digital: *la digitalina se usa en medicina en las enfermedades del corazón.*

DIGITIFORME adj. Que tiene forma de dedo.

DIGITÍGRADO, DA adj. (del lat. *digitus,* dedo, y *gradior,* caminar). *Zool.* Dícese de los mamíferos carniceros que sólo apoyan los dedos al andar, como el gato, el perro, etc. || — CONTR. *Plantígrado.*

DÍGITO m. (del lat. *digitus,* dedo). *Arit.* Número que puede expresarse con un solo guarismo, como 5,9.

DIGNACIÓN f. (lat. *dignatio*). Condescendencia.

DIGNAMENTE adv. m. De una manera digna.

DIGNARSE v. r. (lat. *dignare*). Servirse hacer una cosa: *no se dignó acceder a mi petición.*

DIGNATARIO m. Persona que desempeña un cargo o una dignidad: *los dignatarios de la Iglesia.*

DIGNIDAD f. Funciones elevadas, cargo o título eminente: *la dignidad episcopal.* || Nobleza en los modales: *hablar con dignidad.* (SINÓN. *Gravedad y trato.*) || Respeto de sí mismo: *perder la dignidad.* || — CONTR. *Indignidad.*

DIGNIFICANTE adj. *Teol.* Que dignifica o hace digno: *gracia dignificante.*

DIGNIFICAR v. t. (del lat. *dignus,* digno, y *facere,* hacer). Hacer digna de algo una persona o cosa.

DIGNO, NA adj. (lat. *dignus*). Que merece: *digno de castigo.* || Bueno, honrado: *un digno caballero.* || Grave, mesurado: *conducta digna.* || — CONTR. *Indigno.*

DIGRESIÓN f. (lat. *digressio*). Parte de un discurso extraña al asunto de que se trata: *las digresiones, para no ser viciosas, han de ser motivadas.*

DIHUEÑE m. *Chil.* Especie de hongo comestible.

DIJE m. Adorno, joyas, alhajas pequeñas que suelen llevarse por adorno: *tener muchos dijes en la cadena del reloj.* (SINÓN. V. *Fruslería.*) || *Fig.* y *fam.* Persona de relevantes cualidades: *esa* *criada es un dije.* || *Fig.* y *fam.* Persona que va muy compuesta. || *Fig.* y *fam.* Persona que sabe hacer muchas cosas. || — Pl. *Fam.* Bravatas.

DILACERACIÓN f. Acción de dilacerar.

DILACERAR v. t. (lat. *dilacerare*). Desgarrar.

DILACIÓN f. (lat. *dilatio*). Retraso, detención, demora: *venga usted a verme sin dilación.*

DILAPIDACIÓN f. Acción de dilapidar.

DILAPIDADOR, RA adj. y s. Que dilapida.

DILAPIDAR v. t. (lat. *dilapidare*). Malgastar, disipar, derrochar: *dilapidar una fortuna.* (SINÓN. V. *Gastar.*)

DILATABILIDAD f. Calidad de dilatable.

DILATABLE adj. Que puede dilatarse: *los gases son muy dilatables.* || — CONTR. *Coercible, compresible.*

DILATACIÓN f. (lat. *dilatatio*). Acción de dilatar o dilatarse. || *Fís.* Aumento de volumen de un cuerpo: *el calor produce la dilatación de los cuerpos.* || *Fig.* Desahogo, tranquilidad de ánimo.

DILATADOR, RA adj. Que dilata o extiende. || — M. *Cir.* Aparato que sirve para dilatar.

DILATAR v. t. (lat. *dilatare*). Aumentar el volumen de un cuerpo, ensancharlo, extenderlo separando sus moléculas: *el calor dilata los cuerpos.* || *Fig.* Diferir, retrasar: *dilató mucho su salida.* (SINÓN. V. *Prolongar.*) || *Fig.* Propagar, extender: *dilatar la fama de un héroe.* || — V. r. Extenderse, ser demasiado prolijo en un discurso. || *Amer.* Tardar, demorar.

DILATORIA f. Dilación: *andar con dilatorias.*

DILATORIO, RIA adj. *For.* Que sirve para prolongar un pleito o retrasar el juicio.

DILECCIÓN f. (lat. *dilectio*). Amor tierno y puro. (SINÓN. V. *Afección.*)

DILECTO, TA adj. Amado con dilección.

DILEMA m. (gr. *dilêmma*, de *dis*, dos, y *lambanein*, tomar). Argumento que presenta al adversario una alternativa de dos proposiciones tales que resulte confundido cualquiera que sea la suposición que escoja: *encerrar a su adversario en un dilema.*

DILENIÁCEAS f. pl. *Bot.* Familia de plantas angiospermas dicotiledóneas, leñosas y cuyo fruto se presenta en baya, como el vacabuey.

DILETTANTE mejor que **DILETANTE** m. (pal. ital.). Persona apasionada por el arte. Pl. *dilettanti.* (SINÓN. V. *Aficionado.*)

DILETTANTISMO m. *Neol.* Gusto refinado, afición muy grande a un arte.

DILIGENCIA f. Esmero en ejecutar una cosa. (SINÓN. V. *Cuidado* y *celo.*) || Prisa, apresuramiento. (SINÓN. V. *Velocidad.*) || Coche grande para el transporte de viajeros y mercancías. ||

Fam. Negocio, empeño. || *For.* Ejecución de un auto o decreto judicial: *olvidó una diligencia indispensable.*

DILIGENCIAR v. t. Poner los medios para conseguir el logro de una cosa.

DILIGENTE adj. (lat. *diligens*). Cuidadoso y activo: *un muchacho poco diligente.* || Pronto, ágil, ligero en el obrar. || — CONTR. *Lento, indolente.*

DILIGENTEMENTE adv. m. Con diligencia

DILOGÍA f. Ambigüedad, equívoco.

DILUCIDACIÓN f. Aclaración.

DILUCIDADOR, RA adj. y s. Que dilucida.

DILUCIDAR v. t. Aclarar, explicar.

DILUCIÓN f. (lat. *dilutio*). Acción de diluir: *la dilución de azúcar en el agua es muy rápida.*

DILÚCULO m. Última de las seis partes en que se dividía la noche. (SINÓN. V. *Alba.*)

DILUENTE o **DILUYENTE** adj. Que diluye.

DILUIR v. t. (lat. *diluere*). Desleír: *diluir azúcar en alcohol.* || *Quím.* Añadir líquido a una disolución: *vinagre diluido.* || — IRREG. Se conjuga como *huir.*

DILUVIAL adj. Relativo o perteneciente al diluvio: *sedimento diluvial.*

DILUVIANO, NA adj. Que tiene relación con el diluvio: *época diluviana.* || — M. Un terreno geológico.

DILUVIAR v. impers. Llover abundantemente.

DILUVIO m. (lat. *diluvium*). Inundación universal de que habla la Biblia: *Noé se salvó del diluvio en el arca.* || Lluvia torrencial. (SINÓN. V. *Inundación* y *lluvia.*) || *Fig.* Gran cantidad: *un diluvio de males.*

DILLE m. *Chil.* Chicharra.

DIMANAR v. i. (lat. *dimanare*). Proceder, provenir, radicar: *su éxito dimana de su constancia.*

DIMENSIÓN f. (lat. *dimensio*). *Geom.* Tamaño: *objeto de gran dimensión.* || Cada una de las tres direcciones en que se mide la extensión de un cuerpo (largo, ancho, hondo). || *Fig.* Importancia, magnitud: *error de tales dimensiones.* || — SINÓN. *Medida, extensión, volumen, proporción.*

DIMENSIONAL adj. Relativo a las dimensiones.

DIMES Y DIRETES loc. fam. Disputas, altercaciones: *andar en dimes y diretes con alguno.*

DIMICADO m. *Arg.* Calado.

DIMINUCIÓN f. (lat. *diminutio*). Disminución.

DIMINUIR v. t. Disminuir.

DIMINUTAMENTE adv. m. Menudamente.

DIMINUTIVO, VA adj. y s. (lat. *diminutivus*). Que disminuye o reduce una cosa. || — M. Aplícase a las palabras que disminuyen la significación de los positivos de que proceden: MUJERCITA *es diminutivo de* MUJER. || — CONTR. *Aumentativo.*

— Las terminaciones de los *diminutivos* españoles son *ito, illo, ico, uelo, ín, ino, iño, ajo, ejo, ijo,* con sus correspondencias femeninas y, a veces, con incrementos colocados entre el nombre positivo y la desinencia. Estos incrementos son *c, ec, ecec.* Reciben la desinencia *ecec* algunos monosílabos terminados por vocal, como *piecezuelo,* de *pie.* Toman el incremento *ec* la mayor parte de los monosílabos acabados por consonante, como *panecillo,* de *pan, pececito,* de *pez.* Se exceptúan los diminutivos de nombres propios, como *Luisito,* de *Luis;* los bisílabos cuya primera sílaba es diptongo de *ei, ie, ue,* como *reinecita,* de *reina, hierbecilla,* de *hierba, ruedecita,* de *rueda,* o cuya segunda sílaba es diptongo de *ia, io, ua,* como *bestiecita,* de *bestia, geniecillo,* de *genio, lengüecita,* de *lengua* (exceptúanse *agua, rubio, pascua*); los bisílabos terminados por *io* (como *friecillo,* de *frío, riachuelo,* de *río*); los bisílabos terminados por *e,* como *bailecito,* de *baile, pobrecito,* de *pobre* (*prado, llano* y *mano* hacen *pradecito* y *pradillo, llanecillo* y *llanito, manecita* y *manita*). Toman el incremento *c* las voces agudas terminadas en *n* o *r,* como *jardincito,* de *jardín, pintorzuelo,* de *pintor,* así como las voces graves en *n*: *imagencilla,* de *imagen.* Abundan las excepciones: *alfilerillo, azucarillo, Joaquinito.* Todas las demás voces se contentan con la terminación normal.

Estas reglas admiten por lo demás otras modificaciones, sobre todo en andaluz y en hispanoamericano. Las más frecuentes son las relativas al grupo de voces con diptongo o con *e* final: *viejito, cuerpito, cuerdita, lueguito, padrillo;* los mono sílabos terminados en consonante: *pancito, florcita, Juancito;* las voces en *n* o *r*: *cojinillo;* los diminutivos de voces acabadas por vocal acentuada: *pagaresito, chiripacito, papacito. Mano* da *manito; pie, piecito.*

DIMINUTO, TA adj. Muy pequeño: *pie diminuto.* (SINÓN. V. *Enano.*)

DIMISIÓN f. (lat. *dimissio*). Renuncia de una cosa que se posee: *hacer dimisión de algún cargo.*

DIMISIONARIO, RIA adj. Que presenta la dimisión: *ministro dimisionario.*

DIMISORIAS f. pl. Letras por las que permiten los prelados a sus súbditos que reciban de un obispo extraño las sagradas órdenes.

DIMITENTE adj. y s. Que dimite o renuncia.

DIMITIR v. t. (lat. *dimittere*). Renunciar una cosa, hacer dimisión: *dimitir el destino, la dignidad.* (SINÓN. V. *Abdicar.*)

DIMORFISMO m. Calidad de dimorfo.

DIMORFO, FA adj. (del gr. *dis*, dos, y *morphê*, forma). Dícese de lo que puede presentarse de dos formas diferentes. || Dícese del cuerpo que puede cristalizar según dos sistemas diferentes: *el carbonato de cal es dimorfo.*

dionea

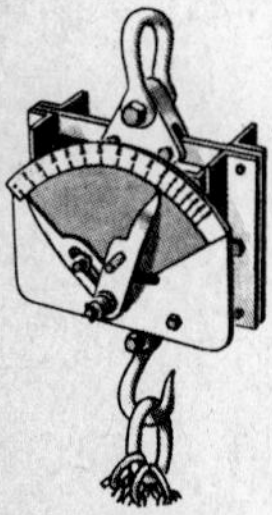

dinamómetro

DINAMO

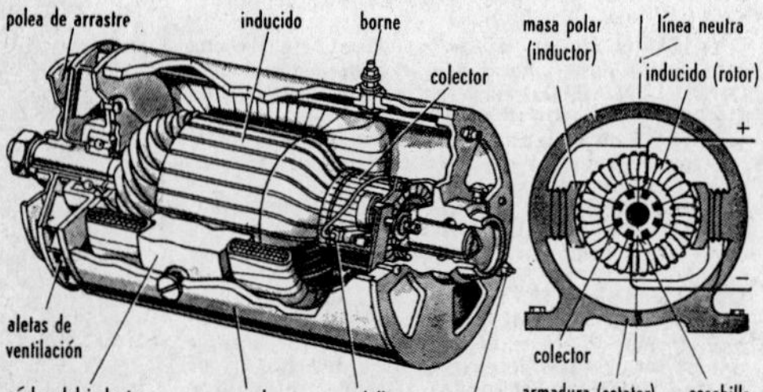

DIN m. Unidad práctica del grado de sensibilidad de las emulsiones fotográficas.
DINA f. Unidad de fuerza C. G. S. que aplicada a la masa de 1 gr. le comunica velocidad de 1 cm por s.
DINAMARQUÉS, ESA adj. y s. De Dinamarca.
DINÁMICA f. Parte de la mecánica que estudia y calcula el movimiento y las fuerzas. ‖ *Fig.* Cambio, fuerza, movimiento: *dinámica social.*
DINÁMICO, CA adj. (del gr. *dynamis*, fuerza). Relativo a la fuerza, a la dinámica: *unidad dinámica.* ‖ *Fig.* y *fam.* Dícese de la persona que se distingue por su actividad y energía.
DINAMISMO m. (del gr. *dynamis*, fuerza). Doctrina que no reconoce en los elementos materiales sino fuerzas cuya acción combinada determina los fenómenos. ‖ *Fig.* Energía, actividad. (Sinón. V. *Fuerza.*)
DINAMISTA m. Partidario del dinamismo.
DINAMITA f. (del gr. *dynamis*, fuerza). Explosivo compuesto de nitroglicerina y una substancia neutra (ladrillo molido) que hace menos fácil la explosión: *la dinamita puede hacer explosión debajo del agua.*
DINAMITAR v. t. *Neol.* Hacer saltar por medio de la dinamita: *dinamitar una roca.*
DINAMITAZO m. Explosión de dinamita.
DINAMITERO m. Persona que comete atentados con la dinamita.
DINAMO o **DÍNAMO** f. Nombre abreviado de la máquina dinamoeléctrica que transforma la energía mecánica en energía eléctrica, o viceversa, por inducción electromagnética.
DINAMOELÉCTRICO adj. V. dinamo.
DINAMOMÉTRICO, CA adj. Perteneciente al dinamómetro.
DINAMÓMETRO m. (del gr. *dynamis*, fuerza, y *metron*). *Mec.* Instrumento que sirve para medir las fuerzas o los pesos.
DINAR m. Unidad monetaria de Yugoslavia y Túnez. ‖ Antigua moneda árabe.
DINASTA y **DINASTES** m. (del gr. *dynastês*, príncipe, señor). Príncipe, reyezuelo antiguo. (Sinón. V. *Monarca.*)
DINASTÍA f. (gr. *dynasteia*). Serie de soberanos pertenecientes a una familia: *dinastía de los Borbones.* ‖ Serie de hombres célebres pertenecientes a una misma familia: *la dinastía de los Bach.*
DINÁSTICO, CA adj. Perteneciente o relativo a la dinastía: *orgullo dinástico.*
DINASTISMO m. Adhesión a una dinastía.
DINERADA f. y mejor **DINERAL** m. Cantidad grande de dinero: *gastar un dineral en una boda.*
DINERILLO m. Moneda antigua de vellón (próximamente un ochavo). ‖ *Fam.* Pequeña suma de dinero: *la criada tiene algunos dinerillos.*
DINERO m. (lat. *denarius*). Moneda: *un bolsillo lleno de dinero.* (En América se dice *plata.*) [Sinón. *Numerario, pecunia.* Fam. *Fondos.* Pop. *Perras, cuartos, guita, moní, monises, parné, cumquibus, blanca, níquel, mosca, morusa, pasta.*] ‖ *Fig.* y *fam.* Caudal, fortuna: *es hombre de dinero.* ‖ Nombre de varias monedas antiguas. ‖ Moneda del Perú. ‖ — Prov. **De dinero y calidad, la mitad de la mitad,** se exagera con frecuencia la riqueza y linaje de las personas.
DINGOLONDANGO m. *Fam.* Mimo, halago, arrumaco: *hacer dingolondangos a un niño.*
DINORNIS m. Especie de avestruz antediluviano de gran tamaño.
DINOSAURIO m. Un reptil fósil gigantesco.
DINOTERIO m. Género de proboscidios gigantescos del terreno mioceno.
DINTEL m. *Arq.* Parte superior de las puertas y ventanas que descansa sobre las jambas. ‖ — Observ. Es disparate frecuente tomarlo por *umbral.*
DINTELAR v. t. Hacer el dintel a una puerta.
DINTORNO m. *Pint.* Contorno de una figura.
DIÑARLA v. t. *Pop.* Morirse.
DIOCESANO, NA adj. y s. Perteneciente a la diócesis: *cabildo diocesano.*
DIÓCESI y mejor **DIÓCESIS** f. (gr. *dioikêsis*) Territorio en que ejerce jurisdicción espiritual un prelado: *la diócesis de Madrid-Alcalá.*
DIODO m. *Electr.* Válvula electrónica de dos electrodos, por la cual la corriente pasa en un solo sentido.
DIOICO, CA adj. (del gr. *dis*, dos, y *oikos*, casa, morada). *Bot.* Dícese de las plantas que tienen las flores machos y hembras en pies separados.
DIONEA y **DIONE** f. Planta carnívora droserácea, cuyas hojas dobles, cerrándose, aprisionan los insectos que en ellas se posan.
DIONISIA f. (del lat. *Dionysus*, Baco). Piedra que, según los antiguos, era buena contra la embriaguez.
DIONISIACO, CA adj. Relativo a Baco o Dionisio. ‖ — F. pl. Fiestas celebradas en su honor.
DIOPTRÍA f. *Fís. Med.* Unidad de vergencia de los sistemas ópticos (símb.: δ), que equivale a la vergencia de un sistema óptico cuya distancia focal es de 1 metro, en un medio cuyo índice de refracción es 1.
DIÓPTRICA f. Parte de la óptica que estudia la propagación de la luz por refracción.
DIORAMA m. Cuadro o conjunto de vistas pintadas en un lienzo grande y bien iluminado.
DIORITA f. (del gr. *dia*, a través, y *orân*, ver). Roca eruptiva formada por cristales blancos (feldespato), obscuros o verdes (anfíbol).
DIOS m. (lat. *deus*). Ser supremo y conservador del universo: *los ateos no creen en Dios.* (Sinón. *Creador, todopoderoso, divinidad, deidad, providencia.*) ‖ Deidad pagana: *Júpiter era el padre de los dioses.* (V. *Parte hist.*). ‖ *Fig.* Persona o cosa a quien se venera por encima de todo: *el oro es su dios.* ‖ *A Dios*, interj. de despedida. ‖ *A la buena de Dios*, sin malicia, buenamente. ‖ *A Dios gracias*, felizmente. ‖ *Dios sabe*, interj. que se usa para expresar duda o incertidumbre. ‖ *De menos nos hizo Dios*, expresión familiar que se emplea para significar que no debe uno rechazar una esperanza por infundada que parezca. ‖ *Digan, que de Dios dijeron*, debemos despreciar la murmuración. ‖ *Méx. De Dios y Libertad*, m. adv., muy grande, tremendo. ‖ *¡Vaya Ud. con Dios!* expr. de despedida. (Sinón. V. *Adiós.*) ‖ *Como Dios manda*, como es debido. ‖ *Si Dios quiere*, si nada se opone a lo que uno espera. ‖ *Fam. Todo Dios*, todo el mundo. ‖ *¡Dios!*, *¡Por Dios!*, *¡Válgame Dios!* expr. de impaciencia. ‖ — Prov. **A Dios rogando y con el mazo dando,** debemos poner de nuestra parte todo lo que podamos sin pedir milagros a Dios.
DIOSA f. Deidad fabulosa del sexo femenino.
DIOSCOREÁCEAS f. pl. (de *Dioscórides*, médico griego). Familia de plantas monocotiledóneas, de rizoma voluminoso, como el aje.
DIOSMA f. *Arg.* Planta rutácea muy fragante.
DIOSTEDÉ m. *Venez* y *Col.* Variedad del tucán.
DIPÉTALA adj. *Bot.* Dícese de la corola que tiene dos pétalos y de la flor que tiene esta clase de corola.
DIPLODOCO m. Especie de dinosaurio.
DIPLOMA m. (del gr. *diploma*, cosa doblada). Documento oficial que establece un privilegio. ‖ Título conferido por un cuerpo o facultad: *un diploma de bachiller.* ‖ — Sinón. *Pergamino, título, nombramiento, credencial.*
DIPLOMACIA f. Ciencia de los intereses y las relaciones internacionales. ‖ Cuerpo o carrera diplomática: *entrar en la diplomacia.* ‖ *Fig.* y *fam.* Disimulo, astucia: *obrar con mucha diplomacia.*
DIPLOMADO, DA adj. y s. Que ha obtenido un diploma: *profesora diplomada.*

Fot. Popper-Atlas-Photo

DIPLOMAR v. t. Graduar, dar un diploma.
DIPLOMÁTICA f. Ciencia que estudia los diplomas u otros documentos oficiales. || Diplomacia.
DIPLOMÁTICAMENTE adv. m. *Fam.* Con disimulo, astutamente.
DIPLOMÁTICO, CA adj. Relativo a la diplomacia: *comunicación diplomática.* || Perteneciente a los diplomas. || *Fig.* y *fam.* Misterioso, astuto, disimulado: *Fulano es muy diplomático.* || — M. Persona encargada de ciertas funciones diplomáticas.
DIPLOPÍA f. (del gr. *diploos*, doble, y *ops*, vista). *Med.* Fenómeno que hace ver dobles los objetos.
DIPNEO, A adj. *Zool.* Dícese de los animales dotados de respiración branquial y pulmonar.
DIPSACÁCEAS f. pl. (del gr. *dipsas*, cardencha). Familia de dicotiledóneas que tienen por tipo la cardencha.
DIPSOMANÍA f. Manía de beber a cada momento, sed violenta: *la dipsomanía es síntoma de diabetes.* (SINÓN. V. *Sed.*)
DIPSOMANIACO, CA o **DIPSÓMANO, NA** adj. Dícese del que padece dipsomanía. (SINÓN. V. *Borracho.*)
DÍPTERO, RA adj. y s. (gr. *dipteros*). Dícese de un edificio antiguo caracterizado por dos alas salientes y doble fila de columnas: *el templo de Artemis, en Éfeso, era díptero.* || — M. pl. Orden de insectos con dos alas membranosas y aparato bucal dispuesto para chupar, como la mosca.
DIPTEROCARPÁCEAS f. pl. (del gr. *dipteros*, de dos alas, y *karpos*, fruto). Familia de plantas arborescentes a que pertenece el mangachapuy.
DÍPTICO m. o **DÍPTICA** f. (del gr. *dis*, dos veces, y *ptukhê*, pliegue). Cuadro o bajorrelieve compuesto de dos tableros que se cierran lo mismo que un libro: *pintar un díptico.*
DIPTONGACIÓN f. *Gram.* Acción de diptongar: *en muchos verbos irregulares sufren diptongación la* e *o la* o *del radical bajo la influencia del acento, v. gr.*: morder, muerdo; acertar, aciertas.
DIPTONGAR v. t. *Gram.* Unir dos vocales pronunciándolas en una sola sílaba: *ai-re, cue-ro.* || — V. r. Convertirse en diptongo una vocal.
DIPTONGO m. (gr. *diphthongos*). *Gram.* Reunión de dos vocales que forman una sola sílaba.
DIPUTACIÓN f. (lat. *deputatio*). Acción de diputar. || Conjunto de diputados: *Diputación provincial.* || Cargo de diputado: *ejercer la diputación.* || Duración del cargo de diputado. || *Méx.* Casa consistorial, palacio municipal: *ir a la Diputación.*
DIPUTADO, DA m. y f. Persona nombrada para representar a otras: *diputado a Cortes.* (SINÓN. V. *Enviado.*)
DIPUTADOR, RA adj. y s. Que diputa.
DIPUTAR v. t. Elegir un cuerpo a uno de sus miembros para que le represente en una asamblea. (SINÓN. V. *Delegar.*)
DIQUE m. (hol. *dijk*). Muro hecho para contener las aguas: *una parte de Holanda está protegida por diques contra la invasión del mar.* (SINÓN. *Malecón, muelle, estacada, rompeolas, escollera, espolón.*) || Parte de un puerto donde se puede achicar el agua para examinar y componer el casco de las naves: *dique de carena.* (Suelen emplearse para las reparaciones menores *diques flotantes* que levantan el barco sobre su nivel de flotación.) || *Fig.* Cosa que detiene o comprime: *poner un dique a las pasiones.* (SINÓN. V. *Obstáculo.*) || *Geol.* Filón de roca que forma muro en medio de otros terrenos.
DIQUELAR v. t. *Germ.* Comprender, ver.
DIRCEO, A adj. (lat. *dircaeus*). Tebano: *se dio el nombre de cisne dirceo a Píndaro.*
DIRECCIÓN f. (lat. *directio*). Acción de dirigir. || Línea de movimiento de un cuerpo: *los proyectiles siguen una dirección parabólica.* || Persona o conjunto de personas encargadas de dirigir una sociedad, empresa, etc. (SINÓN. V. *Gobierno.*) || Empleo o cargo de director. || Tendencia a dirigirse hacia un punto determinado: *la dirección de la aguja imanada.* || Señas que se ponen a una carta o paquete. (SINÓN. V. *Morada.*) || Mecanismo para guiar un vehículo automóvil.
DIRECTAMENTE adv. m. De un modo directo.
DIRECTIVO, VA adj. Que puede dirigir. || — F. Línea de conducta, orden o mandato que prescribe el comportamiento que se ha de seguir. Mesa o junta de dirección.
DIRECTO, TA adj. (lat. *directus*). Derecho, en línea recta: *seguir el camino más directo.* || Que va de un punto a otro sin detenerse en los puntos intermedios: *tomar un tren directo.* || *Fig.* Que se encamina a la consecución de una cosa. || Que se sigue de padre a hijo: *descendiente en línea directa.* || *Gram.* *Complemento directo*, el que recibe la acción del verbo: *Colón descubrió* AMÉRICA. || — M. Golpe derecho de los boxeadores. || *En directo*, emisión de radiodifusión o televisión no diferida.
DIRECTOR, RA adj. (lat. *director*). Que dirige. || *Geom.* Dícese de la línea o superficie que determina las condiciones de generación de otras; su femenino es *directriz.* || — M. y f. Persona que dirige una administración, establecimiento, una película cinematográfica, etc. (SINÓN. V. *Guía* y *patrono.*) || *Director espiritual*, confesor ordinario de una persona.
DIRECTORADO m. Funciones de director.
DIRECTORAL adj. Relativo al director.
DIRECTORIO, RIA adj. A propósito para dirigir. || — M. Lo que sirve de norma: *directorio médico.* || Junta directiva. (V. *Parte hist.*).
DIRECTRIZ adj. f. *Geom.* V. DIRECTOR.
DIRIGENTE adj. y s. Que dirige: *los dirigentes de un país.*
DIRIGIBLE adj. Que puede dirigirse: *torpedo dirigible.* || — M. Aeronave más ligera que el

aire provista de hélices propulsoras y de un sistema de dirección. (SINÓN. V. *Globo.*)
DIRIGIR v. t. (lat. *dirigere*). Encaminar, enderezar hacia cierto punto: *dirigir la mirada a un punto.* || Encaminar, gobernar: *dirigir una barca; dirigir una empresa.* (SINÓN. *Conducir, mandar, regentar, administrar, gobernar, regir.* V. tb. *guiar.*) || Poner la dirección a una carta, fardo, etc.: *este paquete va mal dirigido.* (SINÓN. V. *Enviar.*) || Aconsejar la conciencia de alguien. || — V. r. Ir: *me dirijo hacia Madrid.*
DIRIGISMO m. Sistema en que el Estado pretende dirigir la actividad económica del país.
DIRIMENTE adj. Que dirime o anula una cosa: *impedimento dirimente.*
DIRIMIR v. t. (lat. *dirimere*). Anular, disolver: *dirimir el matrimonio.* || Ajustar una controversia.
DIS, prep. insep. que indica negación, contrariedad, separación, como en: *disgustar, disfavor.*
DISANTO m. Día festivo.
DISARTRIA f. *Med.* Dificultad de articulación.
DISCANTADA adj. *Per.* Dícese de la misa rezada con acompañamiento de música.
DISCANTAR v. t. (lat. *discantare*). Cantar. || *Fig.* Recitar o hacer versos. || *Fig.* Glosar, comentar una materia. || *Mús.* Echar el contrapunto sobre un paso.
DISCANTE m. Tiple, guitarrillo.
DISCERNIBLE adj. Que puede discernirse: *los microbios no son discernibles a simple vista.*
DISCERNIMIENTO m. Acción de discernir o distinguir: *el discernimiento del bien y del mal.* || Juicio: *obrar una persona sin discernimiento.* (SINÓN. V. *Sentido.*)
DISCERNIR v. t. (lat. *discernere*). Distinguir: *no saber discernir un color de otro.* (SINÓN. V. *Percibir.* CONTR. *Confundir.*) || *For.* Encargar el juez a uno una tutela. || — IRREG. Pres. ind.: *discierno, disciernes, discierne, discernimos, discernís, disciernen;* imperf.: *discernía*, etc.; pret. indef.: *discerní*, etc.; fut.: *discerniré*, etc.; imper.: *discierne, discernid;* pot.: *discerniría*, etc.; pres. subj.: *discierna, disciernas, discierna, discernamos, discernáis, disciernan;* imperf.

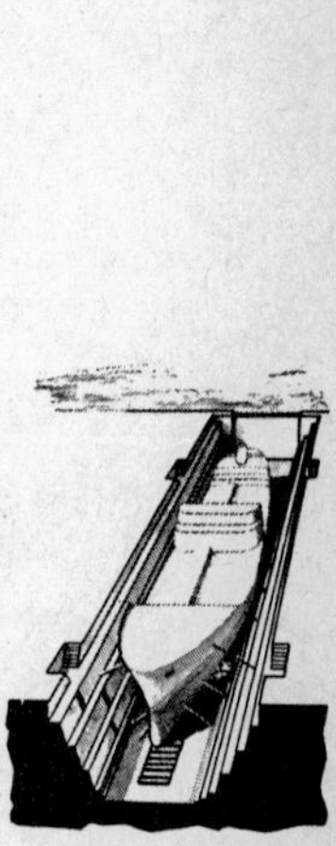

corte de un dique

subj.: *discerniera* y *discerniese*, etc.; fut. subj.: *discerniere*, etc.; ger.: *discerniendo*; p. p.: *discernido*.

DISCIPLINA f. Conjunto de leyes o reglamentos que rigen ciertos cuerpos, como la magistratura, la Iglesia, el ejército: *la disciplina escolar se ha suavizado mucho recientemente.* || Doctrina: *la disciplina aristotélica.* (SINÓN. V. *Enseñanza.*) || Asignatura. || Sumisión a un reglamento. (SINÓN. V. *Obediencia* y *orden.*) || Instrumento de flagelación, azote: *dar la disciplina a un niño.* || Acción y efecto de disciplinar o disciplinarse.

DISCIPLINABLE adj. Dócil, obediente. || Capaz de disciplina. || — CONTR. *Indisciplinable, rebelde.*

DISCIPLINADO, DA adj. Sometido a disciplina: *los soldados espartanos estaban muy bien disciplinados.* || *Fig.* Dícese de las flores matizadas de varios colores: *clavel disciplinado.*

DISCIPLINAL adj. Relativo a la disciplina.

DISCIPLINANTE adj. y s. Que se disciplina: *los disciplinantes de las procesiones de Semana Santa.*

DISCIPLINAR v. t. (lat. *disciplinare*). Instruir, enseñar; acostumbrar a la disciplina: *disciplinar un ejército.* || Azotar. U. t. c. r.: *disciplinarse por penitencia.* (SINÓN. V. *Mortificar.*) || *Fig.* Doblegar, dominar: *disciplinar sus instintos.*

DISCIPLINARIO, RIA adj. Relativo a la disciplina: *castigo disciplinario.* || Dícese de los cuerpos militares formados con soldados condenados a alguna pena: *batallón disciplinario.*

DISCIPLINAZO m. Golpe dado con disciplinas.

DISCÍPULO, LA m. y f. (lat. *discipulus*). Persona que sigue las lecciones de un maestro. (SINÓN. *Alumno, escolar, colegial, estudiante.* Pop. *Pipiolo.* Chil. *Peneca.*) || Persona que sigue la enseñanza filosófica de otra: *Platón fue discípulo de Sócrates.*

DISCO m. (lat. *discus*). Tejo de piedra, metal o madera que se utiliza en los juegos atléticos; pesa 2 kg, en las pruebas masculinas y 1 kg. en las femeninas. || Objeto plano y circular: *un disco de porcelana.* || Señal que en los ferrocarriles indica que la vía está libre o no. || Señal luminosa para el tráfico. || Placa circular de materia plástica en la que se graba y reproduce el sonido. || *Fig.* y *fam.* Rollo, lata, cosa pesada.

DISCÓBOLO m. Atleta que lanzaba el disco.

DISCOIDAL o **DISCOIDEO, A** adj. En forma de disco.

DISCÓFILO, LA adj. y s. Amante de los discos fonográficos.

DÍSCOLO, LA adj. Avieso, indócil: *un muchacho díscolo.* (SINÓN. V. *Indócil.*)

DISCOLORO, RA adj. De dos colores.

DISCONFORME adj. No conforme.

DISCONFORMIDAD f. Falta de conformidad.

DISCONTINUAR v. t. Interrumpir la continuación de una cosa. (SINÓN. V. *Interrumpir.*)

DISCONTINUIDAD f. Calidad de discontinuo.

DISCONTINUO, NUA adj. No continuo, cortado: *cantidad discontinua.* (SINÓN. *Intermitente, irregular.*) || Compuesto de elementos separados.

DISCONVENIR v. i. Desconvenir, no convenir. || — IRREG. Se conjuga como *venir.*

DISCORDANCIA f. Contrariedad, discrepancia, divergencia: *la discordancia de opiniones.* (SINÓN. V. *Cacofonía.*)

DISCORDANTE adj. Que discuerda.

DISCORDAR v. i. (lat. *discordare*). Ser discordes dos cosas: *estos instrumentos discuerdan* || Estar en desacuerdo dos personas. || — IRREG. Se conjuga como *acordar.*

DISCORDE adj. (lat. *discors, -ordis*). Desconforme: *hallarse discordes dos personas.* || *Mús.* Disonante: *estos violines están discordes.*

DISCORDIA f. (lat. *discordia*). Oposición, división: *sembrar la discordia.* (SINÓN. V. *Desavenencia* y *guerra.*) || *Manzana de la discordia,* objeto de disputa.

DISCOTECA f. Mueble para guardar discos de fonógrafo. || Colección de discos.

DISCRECIÓN f. (lat. *discretio*). Rectitud, juicio para hablar u obrar. (SINÓN. *Delicadeza* y *prudencia.*) || Exactitud para guardar los secretos. (SINÓN. V. *Circunspección* y *silencio.*) || Agudeza, ingenio. || Loc. adv. *A discreción,* a la disposición de alguien: *estar a discreción de alguno.* Al propio albedrío: *comer a discreción.* Sin condiciones: *entregóse la fortaleza a discreción.* || — CONTR. *Indiscreción.*

DISCRECIONAL adj. Que se hace libremente.

DISCREPANCIA f. Diferencia, desigualdad. || Disentimiento en opiniones o conducta. (SINÓN. V. *Disidencia.*)

DISCREPANTE adj. Que discrepa o se distingue.

DISCREPAR v. i. (lat. *discrepare*). Diferenciarse, ser desiguales dos cosas. || Disentir dos o más personas.

DISCRETAMENTE adv. m. Con discreción.

DISCRETEAR v. i. Ostentar discreción, ingenio.

DISCRETEO m. Acción de discretear.

DISCRETO, TA adj. (lat. *discretus,* p. p. de *discernire,* discernir). Que presenta separaciones, discontinuo: *cantidad discreta.* || Que no llama la atención: *un traje discreto.* || *Fig.* Moderado en sus palabras o acciones: *un muchacho discreto y comedido.* || Agudo, ingenioso: *dicho discreto.* || Que sabe guardar un secreto: *confidente discreto.* (SINÓN. V. *Prudente.*) || *Med.* Aplícase a las enfermedades eruptivas en que las pústulas están bien separadas: *viruelas discretas.* || — M. y f. Religioso que asiste al superior de una comunidad en el gobierno de la misma.

DISCRETORIO m. Sala donde se reúnen los discretos de una comunidad.

DISCRIMEN m. (lat. *discrimen*). Riesgo, peligro.

DISCRIMINACIÓN f. Acción de discriminar, trato desigual: *discriminación racial.*

DISCRIMINANTE m. *Álg.* Relación existente entre los coeficientes de una ecuación de segundo grado que permite conocer el número y clase de las raíces de la misma.

DISCRIMINAR v. t. Diferenciar, separar. (SINÓN. V. *Distinguir.*) || Dar trato de inferioridad a una persona o colectividad.

DISCROMATOPSIA f. Incapacidad para distinguir los colores.

DISCULPA f. (de *dis,* neg., y *culpa*). Razón que se da para excusarse de una culpa: *ni ausente sin culpa ni presente sin disculpa.* (SINÓN. V. *Pretexto.*)

DISCULPABLE adj. Que merece disculpa, excusable: *su pecado es disculpable.*

DISCULPAR v. t. Dar o presentar una disculpa. (SINÓN. V. *Justificar* y *pretextar.*)

DISCURRIR v. i. (lat. *discurrere*). Correr, caminar, andar por un sitio. || *Fig.* Reflexionar: *¿en qué estás discurriendo?* (SINÓN. V. *Pensar.*) || — V. t. Imaginar: *discurrir un arbitrio para salir de apuro.*

DISCURSANTE adj. Que discursa o discursea.

DISCURSAR o **DISCURSEAR** v. i. Discurrir, hablar sobre una materia. || — SINÓN. *Disertar, perorar, bachillerear.* Fam. *Pontificar.* V. tb. *hablar* y *charlar.*

DISCURSISTA com. Persona aficionada a hablar sobre toda clase de asuntos que no entiende.

DISCURSIVO, VA adj. Muy dado a discurrir. || Propio del discurso: *método discursivo.*

DISCURSO m. (lat. *discursus*). Facultad de discurrir. || Serie de palabras, convenientemente enlazadas, que sirven para expresar el pensamiento: *perder el hilo del discurso.* || Razonamiento de alguna extensión, dirigido por una persona a otra u otras, generalmente con el fin de persuadir: *los Discursos de Cicerón son la obra maestra de la elocuencia latina.* (SINÓN. *Arenga, conferencia, charla, oración, alocución, perorata, brindis.* Neol. *Speech.* Pop. *Palabrería.* V. tb. *sermón.*) || Escrito o tratado: *el "Discurso sobre el estilo" de Buffon.* || Oración: *las partes del discurso.* || Espacio de tiempo, transcurso: *el discurso de los años.*

DISCUSIÓN f. (lat. *discussio*). Acción y efecto de discutir una cosa: *la discusión de un proyecto de ley.* || — SINÓN. *Debate, controversia, disputa, porfía, contienda, polémica, logomaquia.* V. tb. *contestación.*

DISCUTIBLE adj. Que se puede discutir.

DISCUTIDOR, RA adj. y s. Que es muy aficionado a disputas y discusiones.

DISCUTIR v. t. (del lat. *discutere,* sacudir). Examinar con mucho cuidado una cuestión. || Debatir: *discutir el pro y el contra de una proposición.* (SINÓN. V. *Contradecir* y *responder.*)

DISECACIÓN f. Disección, acción de disecar.
DISECADOR m. Disector.
DISECAR v. t. (lat. *dissecare*). Hacer la anatomía de un cuerpo organizado, de una planta, etc.: *disecar un cadáver.* || *Fig.* Analizar cuidadosamente: *disecar una novela.* || Preparar los animales muertos de suerte que conserven la apariencia que tenían cuando vivos. || — PARÓN. *Desecar.*
DISECCIÓN f. (lat. *dissectio*). Acción de disecar: *la disección del cuerpo humano fue considerada largo tiempo como un sacrilegio.* (SINÓN. V. *Anatomía.*) || *Fig.* Análisis escrupuloso.
DISECTOR m. El que diseca y ejecuta ciertas operaciones anatómicas.
DISEMINACIÓN f. Acción de diseminar: *el viento facilita la diseminación de las semillas.*
DISEMINAR v. t. (lat. *disseminare*). Sembrar, esparcir: *los insectos diseminan el polen.* (SINÓN. V. *Dispersar.*)
DISENSIÓN f. (lat. *dissensio*). Oposición, contrariedad. || *Fig.* Disputa, discordia, altercación: *Solón puso fin a las disensiones de Atenas.* (SINÓN. V. *Desavenencia.*)
DISENSO m. Disentimiento.
DISENTERÍA f. (gr. *dysenteria*). Diarrea dolorosa con mezcla de sangre: *lo disentería es común en los países cálidos.*
DISENTÉRICO, CA adj. Relativo a la disentería.
DISENTIMIENTO m. Acción y efecto de disentir. (SINÓN. V. *Desavenencia.*)
DISENTIR v. i. (lat. *dissentire*). No pensar o sentir como otro. || — IRREG. Se conjuga como *sentir.*
DISEÑAR v. t. (ital. *disegnare*). Delinear, trazar, dibujar: *diseñar la planta de un edificio.*
DISEÑO m. (ital. *disegno*). Trazo, dibujo, delineación. (SINÓN. V. *Proyecto.*)
DISÉPALO, LA adj. *Bot.* Que tiene dos sépalos.
DISERTACIÓN f. Examen detallado de una cuestión científica, histórica, artística. etc. || Ejercicio literario sobre un tema: *una disertación de historia.* (SINÓN. V. *Tratado.*)
DISERTADOR, RA adj. Aficionado a disertar (SINÓN. V. *Orador.*)
DISERTANTE adj. y s. Que diserta. (SINÓN. V. *Orador.*)
DISERTAR v. i. (lat. *dissertare*). Hacer una disertación: *disertar acerca de un texto gramatical.* (SINÓN. V. *Discursear.*)
DISERTO, TA adj. (lat. *dissertus*). Dícese del que habla bien y con facilidad: *un orador diserto.* (SINÓN. V. *Elocuente.*)
DISFAGIA f. *Med.* Dificultad para tragar.
DISFAMAR v. t. Difamar.
DISFASIA f. *Med.* Anomalía en el lenguaje, causada por alguna lesión cerebral.
DISFAVOR m. Desaire, desatención.
DISFORME adj. Sin forma ni proporción, desproporcionado: *una construcción disforme.* || Feo, horrible: *un monstruo disforme.* || — PARÓN. *Deforme.*
DISFORMIDAD f. Deformidad.
DISFORZARSE v. r. *Per.* Andar una persona con remilgos o melindres.
DISFRAZ m. Estado de una cosa disfrazada, cosa que disfraza u oculta. || Vestido de máscara: *un disfraz de moro.* || *Fig.* Simulación: *hablar sin disfraz.*
DISFRAZADAMENTE adv. m. Con disfraz.
DISFRAZAR v. t. Desfigurar la forma y figura de una persona o cosa: *se disfrazó de carbonero para poder entrar en la casa.* (SINÓN. *Enmascarar, disimular, paliar.* Mil. *Camuflar.* Neol. *Maquillar.* V. tb. *esconder y vestir.*) || *Fig.* Disimular, desfigurar los sentimientos: *disfrazar su bondad.* (SINÓN. V. *Falsear.*)
DISFRUTAR v. t. Gozar, aprovechar: *disfrutar los productos de una finca, disfrutar de salud.* (SINÓN. V. *Poseer.*) || — V. i. Sentir placer: *disfruta con la música.*
DISFRUTE m. Acción y efecto de disfrutar o gozar. (SINÓN. V. *Goce.*)
DISFUERZO m. *Per.* Melindre, remilgo, descoco.
DISFUMAR v. t. Esfumar.
DISFUMINO m. Esfumino, difumino.
DISGREGACIÓN f. Acción de disgregar.
DISGREGAR v. t. y r. (lat. *disgregare*). Separar, apartar las partes de un todo: *algunos cuerpos se disgregan con la humedad.* || — CONTR. *Agregar.*
DISGREGATIVO, VA adj. Que tiene facultad de disgregar: *la fuerza disgregativa de las aguas.*
DISGUSTADO, DA adj. Incomodado, desazonado, que experimenta algún disgusto. || *Méx.* Que es difícil de contentar. || — CONTR. *Contento.*
DISGUSTAR v. t. Causar disgusto: *la carta que he recibido hoy me ha disgustado.* (SINÓN. V. *Entristecer.*) || — V. r. Perder la amistad que se tenía con otro o desazonarse con él: *disgustarse con los vecinos.* (SINÓN. V. *Reñir.*)
DISGUSTO m. Desazón, desabrimiento. (SINÓN. V. *Molestia.*) || Contienda, disputa, diferencia: *he tenido un disgusto con mi hermano.* || Inquietud: *me ha causado mucho disgusto ese accidente.* (SINÓN. V. *Pesadumbre.*) || *Fig.* Enfado, tedio, desagrado: *comer un manjar a disgusto.* (SINÓN. V. *Descontento.*)
DISGUSTOSO, SA adj. Desagradable.
DISIDENCIA f. (lat. *dissidentia*). Separación. || Grave desacuerdo de opiniones. || — SINÓN. *Discrepancia, desacuerdo, escisión, cisma, secesión.*
DISIDENTE adj. y s. Que diside o se separa. || Que no pertenece a la Iglesia oficial.
DISIDIR v. i. (lat. *dissidere*). Separarse de una doctrina, creencia u opinión. || — PARÓN. *Decidir.*
DISILÁBICO, CA y **DISÍLABO, BA** adj. Bisílabo.
DISIMETRÍA f. Asimetría.
DISIMÉTRICO, CA adj. Que carece de simetría: *esta colocación es disimétrica.*
DISÍMIL adj. Desemejante, diferente.
DISIMILACIÓN f. Alteración de un sonido que se diferencia de otro análogo que influye sobre él, como en *escrebir*, de *escribir.*
DISIMILAR v. t. Producir una disimilación.
DISIMILITUD f. Desemejanza.
DISIMULABLE adj. Que se puede disimular
DISIMULACIÓN f. Acción de disimular. || Carácter de la persona que disimula: *para Maquiavelo debe ser la disimulación una de las cualidades del príncipe.* (SINÓN. V. *Disimulo.*)
DISIMULADO, DA adj. Que disimula: *hombre disimulado.* || — CONTR. *Franco, sincero.*
DISIMULADOR adj. y s. Que disimula o finge.
DISIMULAR v. t. (lat. *dissimulare*). Ocultar: *disimular su fortuna.* (SINÓN. V. *Esconder.*) || Paliar, encubrir: *disimular las culpas de un amigo.* (SINÓN. V. *Callar.*) || Fingir que no se ve o se siente algo: *disimular el disgusto.* || Disfrazar, desfigurar: *disimular la vejez.* || Perdonar, dispensar: *disimule usted lo mucho que le molesto.* || — CONTR. *Divulgar.*
DISIMULO m. Arte con que se oculta una cosa: *obrar una persona con mucho disimulo.* (SINÓN. *Disimulación, simulación, fingimiento, ocultación.* Fig. *Comedia, mojigatería.* V. tb. *falsedad.* CONTR. *Franqueza, sinceridad.*) || Indulgencia, tolerancia.
DISIPACIÓN f. Evaporación: *la disipación de una nube.* || Acción de gastar locamente: *la disipación de una fortuna.* || Estado de una persona que se entrega únicamente a los placeres: *vivir en la disipación.*
DISIPADO, DA adj. y s. Disipador. || Distraído, amigo de divertirse: *un muchacho muy disipado.*
DISIPADOR, RA adj. y s. Que disipa su fortuna.
DISIPAR v. t. (lat. *dissipare*). Hacer desaparecer: *el sol disipa las nubes.* || Hacer cesar: *el tiempo disipa las ilusiones.* || Derrochar: *disipar una fortuna.* (SINÓN. V. *Gastar.*)
DISLACERAR v. t. Barb. por *dilacerar.*
DISLALIA f. Dificultad de hablar.
DISLATE m. (del lat. *dis*, neg., y *latum*, llevado). Locura: *no decir más que dislates.* (SINÓN. V. *Disparate.*)
DISLOCACIÓN f. Acción de dislocar o dislocarse algunas cosas: *la dislocación de un hueso.* || Separación: *la dislocación de un cortejo.* || *Fig.* Desmembramiento: *la dislocación de un imperio.*

DISLOCADURA f. Dislocación.
DISLOCAR v. t. (de *dis*, neg., y lat. *locare*, colocar). Sacar alguna cosa de su lugar: *dislocarse el codo*. (SINÓN. *Descoyuntar, desencajar, desarticular, desquijarar*.) || Separar, dispersar: *dislocar una reunión*. || *Fig.* Desmembrar: *dislocar un imperio*.
DISLOQUE m. *Fam.* El colmo.
DISMENORREA f. *Med.* Menstruación dolorosa o difícil.
DISMINUCIÓN f. Acción y efecto de disminuir. (SINÓN. *Reducción, baja, descuento, bonificación, comisión*. V. tb. *abaratamiento*.) || Enfermedad que padecen las bestias en los cascos.
DISMINUIR v. t. (lat. *diminuere*). Hacer menor, achicar: *a medida que pasan los días disminuye mi esperanza*. (Ú. t. c. i. y r.) || — IRREG. Se conjuga como *huir*. || — SINÓN. *Acortar, achicar, estrechar, compendiar*. V. tb. *adelgazar, reducir* y *substraer*.
DISMNESIA f. (del gr. *dyx*, mal, y *mnêsis*, memoria). *Med.* Debilidad de la memoria.
DISNEA f. (gr. *duspnoia*). Dificultad en respirar.
DISOCIABLE adj. Que puede disociarse: *el oxígeno y el hidrógeno del agua son disociables*.
DISOCIACIÓN f. Acción de disociar dos cosas. (SINÓN. V. *Separación*.)
DISOCIAR v. t. (lat. *dissociare*). Separar una cosa de otra o los componentes de una substancia: *el platino incandescente disocia el vapor de agua*. || *Fig.* Desunir, desorganizar.
DISOLUBLE adj. Que se puede disolver: *sal disoluble*. (SINÓN. *Soluble*).
DISOLUCIÓN f. *Fís.* Descomposición de los cuerpos por la acción de un agente que los penetra. || Resultado de dicha mezcla. || Solución viscosa de caucho que se emplea para reparar las cámaras de neumáticos. || *Fig.* Relajación de vida y costumbres. (SINÓN. V. *Desenfreno*.) || *Fig.* Rompimiento de vínculos existentes: *disolución de la familia*. || Acción de poner fin legalmente a las funciones de un organismo: *la disolución del Parlamento*. || Supresión: *la disolución de una asociación*. || Ruptura: *disolución de un contrato*.
DISOLUTAMENTE adv. m. Con disolución. || De un modo disoluto: *vivir disolutamente*.
DISOLUTIVO, VA adj. Dícese de lo que tiene virtud de disolver: *aplicar un remedio disolutivo*.
DISOLUTO, TA adj. (lat. *dissolutus*). Licencioso: *hombre disoluto*. (SINÓN. V. *Vicioso*. CONTR. *Austero, virtuoso*.)
DISOLVENTE adj. y s. Dícese del líquido que disuelve: *el alcohol es un disolvente muy activo*. || *Fig.* Que es causa de corrupción: *doctrina disolvente*.
DISOLVER v. t. (lat. *dissolvere*). Penetrar y dividir las moléculas de un cuerpo sólido: *el agua disuelve las sales*. (SINÓN. V. *Desleír*.) || Suprimir: *disolver un partido*. || Anular: *disolver un matrimonio*. || Echar a perder: *disolver las costumbres*. || — IRREG. Se conjuga como *volver*.
DISÓN m. y mejor **DISONANCIA** f. Sonido o acorde desagradable. (SINÓN. V. *Cacofonía*. CONTR. *Consonancia, asonancia*.)
DISONANTE adj. Que disuena: *producir un sonido disonante*. (CONTR. *Asonante*.) || *Fig.* Que no está de acuerdo con lo que lo rodea.
DISONAR v. i. Sonar desapaciblemente, discordar. || *Fig.* No sentar bien una cosa con otra: *las dos partes del libro disuenan*. || — CONTR. *Concordar*. || — IRREG. Se conjuga como *contar*.
DÍSONO, NA adj. Disonante, que disuena.
DISOSMIA f. Dificultad en oler.
DISPAR adj. (lat. *dispar*). Desigual o diferente.
DISPARADA f. *Amer.* Fuga, corrida. || *A la disparada*, a todo correr.
DISPARADAMENTE adv. m. Precipitadamente: *salió disparadamente*. || *Fam.* Disparatadamente.
DISPARADERO m. Disparador de un arma
DISPARADOR m. El que dispara. || Llave de las armas de fuego que sirve para dispararlas. || Pieza que hace funcionar el obturador automático de una cámara fotográfica. || Escape del reloj. || Nuez de la ballesta. || *Méx.* Manirroto. || *Fig.* y *fam.* || *Poner a uno en el disparador*, provocarle, incitarle.
DISPARAR v. t. Arrojar, tirar con violencia: *disparar una piedra*. (SINÓN. V. *Tirar*.) || Hacer que las armas despidan el proyectil: *disparar una escopeta*. || Enviar el balón con fuerza hacia la meta contraria. || — V. i. Decir o hacer disparates. || Apretar el disparador. || *Amer.* Huir los animales en direcciones distintas. || *Arg.* Salir corriendo. || *Méx.* Derrochar. || — V. r. Partir con gran velocidad: *el caballo se disparó*.
DISPARATADAMENTE adv. m. De un modo disparatado: *obrar disparatadamente*.
DISPARATADO, DA adj. Que disparata, que es contrario a la razón: *obrar disparatado*. || *Fam.* Excesivo, muy grande.
DISPARATAR v. i. Decir o hacer disparates. (SINÓN. V. *Desatinar*.)
DISPARATE m. Hecho o dicho disparatado. (SINÓN. V. *Contrasentido* y *desatino*.) || *Fam.* Atrocidad, exceso, demasía.
DISPARATERO, RA adj. y s. *Amer.* Dícese del que hace o dice disparates.
DISPARATORIO m. Discurso o escrito que está lleno de disparates: *ese libro es un disparatorio*.
DISPAREJO, JA adj. Desparejo, desigual.
DISPARIDAD f. Desemejanza entre dos cosas que se comparan. (SINÓN. V. *Desigualdad*.)
DISPARO m. Acción de disparar: *se oyó un disparo de fusil*. || *Fig.* Disparate, locura, tontería.
DISPENDIO m. Gasto considerable, derroche. (SINÓN. V. *Gasto*.)
DISPENDIOSO, SA adj. Que ocasiona mucho gasto: *una construcción muy dispendiosa*. (SINÓN. V. *Costoso*.)
DISPENSA f. Excepción a la regla: *obtener dispensa de edad para un examen*. || Papel en que consta. || — SINÓN. *Exención, inmunidad, descargo, gracia*. || — PARÓN. *Despensa*.
DISPENSABLE adj. Que se puede dispensar: *culpa dispensable*. || — CONTR. *Indispensable*.
DISPENSACIÓN f. Acción de dispensar. || Dispensa.
DISPENSADOR, RA adj. y s. Que dispensa.
DISPENSAR v. t. (de *dis*, *priv.*, y el lat. *pensum*, tarea). Administrar: *dispensar elogios*. (SINÓN. V. *Distribuir*.) || Eximir de una obligación: *los enfermos están dispensados de ayunar*. || Absolver de una falta leve: *dispense Ud. mi osadía*. || — CONTR. *Obligar*.
DISPENSARÍA f. *Chil.* y *Per.* Dispensario.
DISPENSARIO m. Establecimiento destinado a prestar asistencia médica sin que los enfermos puedan residir en él. (SINÓN. V. *Hospital*.)
DISPEPSIA f. (del gr. *dus*, mal, y *pepsis*, cochura). *Med.* Digestión difícil y dolorosa.
DISPÉPTICO, CA adj. *Med.* Que es relativo a la dispepsia. || — Adj. y s. *Med.* Enfermo de dispepsia.
DISPERSAR v. t. Diseminar, apartar lo que estaba unido. (SINÓN. *Desparramar, desperdigar, diseminar, esparcir, derramar*. V. tb. *sembrar*.) || *Fig.* *Dispersar sus esfuerzos*, aplicarlos a demasiadas cosas a la vez. || Disipar, poner en fuga: *dispersar una manifestación*. || — V. r. Esparcirse, diseminarse aquí y allá: *los soldados se dispersaron*. (SINÓN. V. *Desbandar*.) || — CONTR. *Reunir, concentrar*.
DISPERSIÓN f. (lat. *dispersio*). Acción de dispersar: *la dispersión de un ejército*. || *Fís.* Descomposición de un haz luminoso en sus diferentes radiaciones.
DISPERSIVO, VA adj. Que dispersa la luz: *la potencia dispersiva del prisma*.
DISPERSO, SA adj. y s. Que está dispersado. || *Mil.* Dícese del militar que no pertenece a ningún cuerpo determinado y reside en el pueblo que elige.
DISPERSOR, RA adj. Que dispersa.
DISPLACER v. t. Desplacer.
DISPLICENCIA f. Desagrado, indiferencia: *tratar a alguno con displicencia*. (CONTR. *Amabilidad*.) || Desaliento en la ejecución de un trabajo.
DISPLICENTE adj. Que desagrada y disgusta: *tono displicente*. || Desabrido, de mal humor.
DISPONDEO m. Pie de la poesía antigua que consta de dos espondeos.
DISPONEDOR, RA adj. y s. Que dispone o arregla una cosa: *el disponedor de una ceremonia*.

DISPONER v. t. (lat. *disponere*). Poner en cierto orden: *disponer flores en un florero.* (SINÓN. V. *Arreglar* y *ordenar.*) || Preparar a alguien a una cosa: *disponer a bien morir.* || Preparar una cosa para alguna circunstancia : *disponer una habitación.* || Deliberar, determinar: *disponer lo necesario para el caso.* || — V. i. Hacer lo que se quiere con una persona o cosa: *disponer de un amigo.* || Tener posesión de: *dispone de un automóvil.* || — V. r. Prepararse : *disponerse a [para] marchar.* || — IRREG. Se conjuga como *poner.*
DISPONIBILIDAD f. Calidad de lo que está disponible. || Galicismo por *cesantía.*
DISPONIBLE adj. Dícese de aquello que puede usarse o utilizarse: *tener pocos fondos disponibles.* (SINÓN. V. *Vacante.*) || Dícese del militar o funcionario sin destino a quien se le puede dar uno inmediatamente.
DISPOSICIÓN f. Arreglo, distribución: *la disposición de un edificio.* (SINÓN. V. *Preparación* y *modo.*) || Facultad de disponer : *tener la libre disposición de sus bienes.* || *Fig.* Inclinación: *manifestar disposiciones para el teatro.* || *Ret.* Arreglo de las partes de un discurso. || Preparativo: *tomar sus disposiciones para un acontecimiento.* || *Última disposición,* testamento. || Precepto legal o reglamentario. || *Arq.* Distribución de las partes de un edificio. || *Hallarse en disposición de hacer una cosa,* hallarse dispuesto a hacerla.
DISPOSITIVO, VA adj. Que dispone o arregla una cosa. || — M. Mecanismo: *un dispositivo ingenioso.*
DISPUESTO, TA p. p. irreg. de *disponer.* || — Adj. Gallardo, apuesto, bien condicionado. || Hábil, despejado: *un espíritu dispuesto.* (SINÓN. V. *Ágil.*) || *Bien* o *mal dispuesto,* con salud o sin ella: *hoy me levanté mal dispuesto.*
DISPUTA f. Debate. (SINÓN. V. *Discusión.*) || Altercado: *disputa violenta.* (SINÓN. *Contienda, escaramuza, querella, pendencia.* Fam. *Agarrada, camorra, gresca, cisco, hollín.* V. tb. *alboroto* y *lucha.*)
DISPUTABLE adj. Que se puede disputar, discutible: *punto disputable.* || — CONTR. *Seguro, cierto.*
DISPUTADOR, RA adj. y s. Que disputa.
DISPUTAR v. t. (lat. *disputare*). Debatir, discutir. || — V. i. Altercar, porfiar: *dos borrachos disputaban en la calle.* || — V. r. Contender: *estos dos discípulos se disputan el primer puesto.* (SINÓN. V. *Luchar.*)
DISQUISICIÓN f. (lat. *disquisitio*). Investigación. (SINÓN. V. *Busca.*) || Análisis y exposición razonadas.
DISTANCIA f. Intervalo que separa dos puntos del espacio o del tiempo: *el sonido se debilita a medida que aumenta la distancia.* (SINÓN. *Equidistancia, separación, alejamiento, lejanía.* V. tb. *espacio.*) || *Fig.* Diferencia entre una cosa y otra: *hay gran distancia entre un hombre honrado y un ladrón.* || *A distancia, a la distancia,* de lejos.
DISTANCIAR v. t. Separar, apartar.
DISTANTE adj. Que dista: *punto distante de un centro.* || Apartado, remoto.
DISTAR v. i. (lat. *distare*). Estar una cosa apartada de otra en el espacio o tiempo: *dista 50 kilómetros.* || *Fig.* Diferenciarse mucho una cosa de otra.
DISTENDER v. t. Causar una tensión excesiva. || — IRREG. Se conjuga como *tender.*
DISTENSIÓN f. Acción y efecto de distender. || Estado doloroso de un músculo o articulación producido por un traumatismo.
DÍSTICO, CA adj. (del gr. *dis,* dos, y *stikos,* hilera). *Bot.* Dícese de las hojas, flores y espigas dispuestas en dos hileras. || — M. *Poét.* Composición poética de dos versos que expresan un concepto cabal.
DISTINCIÓN f. Acción de distinguir. || División, separación. || Diferencia: *hacer distinción entre el bien y el mal.* || Honor, prerrogativa: *recibir muchas distinciones.* (SINÓN. V. *Miramiento.*) || Aspecto, carácter distinguido. || Consideración hacia una persona: *tratar con distinción.* || *Lóg.* Proposición con dos sentidos. || *A distinción,* m. adv., a diferencia.
DISTINGO m. Distinción que concede una cosa y niega otra. || Reparo, restricción.
DISTINGUIDO, DA adj. Notable: *escritor distinguido.* (SINÓN. *Brillante, ilustre, esclarecido, superior, eminente.*) || De cortesía elegante. (SINÓN. V. *Elegante* y *refinado.*)
DISTINGUIR v. t. (lat. *distinguere*). Discernir, divisar: *se distingue en el mar el humo de un vapor que se aleja.* (SINÓN. *Discriminar, seleccionar, diferenciar.* V. tb. *aclarar* y *percibir.* CONTR. *Confundir.*) || Separar, establecer la diferencia entre las cosas: *estos dos perros se distinguen por el color del collar.* || Caracterizar: *la razón distingue al hombre.* || Hacer estimación preferente de una persona. || Otorgar alguna prerrogativa. || — V. r. Ser distinto. || Descollar: *distinguirse un escritor.* (SINÓN. V. *Sobresalir.*)
DISTINTAMENTE adv. m. De modo distinto: *hablar distintamente.* || — CONTR. *Confusamente.*
DISTINTIVO, VA adj. Que distingue: *signo distintivo.* || — M. Insignia.
DISTINTO, TA adj. Diferente, separado. || Inteligible, claro. || — CONTR. *Confuso, idéntico.*
DISTOMATOSIS f. Enfermedad del ganado producida por un gusano del género *dístoma* (saguaipé).
DÍSTOMO, MA adj. *Zool.* Que tiene dos bocas.
DISTORSIÓN f. Torsión. || Deformación de una onda luminosa o sonora. || *Med.* Esguince.
DISTRACCIÓN f. (del lat. *distractio,* separación). || Acción de distraer. || Diversión: *entregarse a distracciones inocentes.* (SINÓN. V. *Espectáculo* y *recreo.*) || Falta de atención o aplicación: *trabajar con mucha distracción.* (SINÓN. *Inadvertencia, descuido, olvido.*)
DISTRAER v. t. (lat. *distrahere*). Divertir, alejar: *distraer a uno de un proyecto.* || Divertir, recrear: *ese chico se distrae con poca cosa.* (SINÓN. V. *Entretener.*) || Apartar el ánimo de una idea: *el paseo distrae.* || Malversar fondos. (SINÓN. V. *Apropiar.*) || — V. r. Entretenerse, divertirse: *distraerse jugando a la pelota.* || Apartar la imaginación de una cosa: *se distrajo mirando por la ventana.* || — IRREG. Se conjuga como *traer.*
DISTRAÍDAMENTE adv. m. Con distracción, sin atención: *responder distraídamente.*
DISTRAÍDO, DA adj. Poco atento a lo que se hace o dice: *ese niño es muy distraído.* (CONTR. *Atento, reflexivo.*) || *Méx.* y *Chil.* Roto, mal vestido, descuidado.
DISTRAIMIENTO m. Distracción.
DISTRIBUCIÓN f. Acción de distribuir: *distribución de víveres.* (SINÓN. V. *Reparto.*) || Disposición: *la distribución de un piso.* || *Méx.* Artificio que regula la admisión, encendido y escape en los motores de explosión. || Reparto de actores en el teatro y cine. || Difusión de películas cinematográficas.
DISTRIBUIDOR, RA adj. y s. Que distribuye. || *Distribuidor automático,* aparato que distribuye ciertos objetos mediante la introducción de monedas.
DISTRIBUIR v. t. (lat. *distribuere*). Repartir una cosa entre varios: *distribuir un trabajo entre los obreros.* (SINÓN. *Deparar, dispensar, partir, compartir, adjudicar.*) || Dividir, disponer: *distribuir un edificio.* || *Impr.* Deshacer los moldes repartiendo las letras en los cajetines. || — IRREG. Se conjuga como *huir.*
DISTRIBUTIVO, VA adj. Que se refiere a la distribución. || *Justicia distributiva,* la que da a cada cual lo que merece.
DISTRITO m. (del lat. *districtus,* recogido). División administrativa o judicial de una provincia, territorio o población.
DISTROFIA f. *Med.* Estado patológico que afecta a la nutrición y al crecimiento.
DISTURBAR v. t. Perturbar.
DISTURBIO m. Alteración o perturbación.
DISUADIR v. t. (lat *dissuadere*). Inducir a uno con razones a que mude de dictamen o propósito. || Alejar de una idea.
DISUASIÓN f. Acción de disuadir de una cosa. || Acción estratégica de represalia preparada por un Estado con objeto de disuadir a un adversario de iniciar un ataque.
DISUASIVO, VA adj. Que disuade.
DISUELTO, TA p. p. irreg. de *disolver.*
DISURIA f. (del gr. *dus,* mal, y *ouron,* orina). *Med.* Dificultad que se experimenta en orinar.

DISYUNCIÓN f. (del lat. *disjunctio*, desunión). Desunión, desenlace de dos cosas unidas. (SINÓN. V. *Separación.*)
DISYUNTA f. *Mús.* Mutación de la voz que pasa de una propiedad a otra.
DISYUNTIVA f. Alternativa entre dos cosas.
DISYUNTIVO, VA adj. Que desune o separa. ‖ *Gram.* Conjunción disyuntiva, la que, uniendo las palabras, separa las ideas, como *o, ni.*
DISYUNTOR m. Aparato que abre y cierra automáticamente un circuito eléctrico.
DITA f. Lo que se da como fianza de un pago. ‖ *And.* Crédito: *vender a dita.* ‖ *Guat.* y *Chil.* Deuda.
DITÁ m. Árbol apocináceo de las islas Filipinas.
DITAÍNA f. Alcaloide sacado de la corteza del ditá: *se usa la ditaína en medicina como febrífugo.*
DITEÍSMO m. Sistema de religión que admite dos deidades.
DITERO, RA s. *And.* Persona que vende a dita.
DITIRÁMBICO, CA adj. Relativo al ditirambo: *poeta ditirámbico.* ‖ *Fam.* Muy elogioso.
DITIRAMBO m. (del gr. *dithurambos*, sobrenombre de Baco). Composición poética en honor de Baco. ‖ Composición poética excesivamente elogiosa. ‖ *Fig.* Elogio exagerado. (SINÓN. V. *Elogio.*)
DÍTONO m. *Mús.* Intervalo de dos tonos.
DIUCA f. *Arg.* y *Chil.* Pájaro conirrostro de color gris. ‖ — M. *Arg.* y *Chil. Fig.* Alumno mimado.
DIURESIS f. Secreción abundante de la orina.
DIURÉTICO, CA adj. (del gr. *diourein*, orinar). *Med.* Que facilita la orina: *el cólquico es un diurético.*
DIURNO, NA adj. Perteneciente al día: *luz diurna.* ‖ Que dura un día: *el movimiento diurno de la Tierra.* ‖ Dícese de las flores que, como el dondiego de día, sólo se abren durante el día. ‖ *Zool.* Dícese de los animales que sólo viven un día, como la cachipolla, o que, como ciertas mariposas, sólo vuelan de día. ‖ — CONTR. *Nocturno.*
DIUTURNIDAD f. Gran espacio de tiempo.
DIUTURNO, NA adj. Que dura mucho tiempo.
DIVAGACIÓN f. Acción de divagar. (SINÓN. V. *Delirio* y *sueño.*)
DIVAGADOR, RA adj. y s. Que divaga: *imaginación divagadora.*
DIVAGAR v. i. Vagar a la ventura. (SINÓN. V. *Errar.*) ‖ Hablar sin concierto: *los alcohólicos suelen divagar.* (SINÓN. V. *Desatinar.*)
DIVÁN m. (del turco *diuán*, reunión). Especie de sofá (SINÓN. V. *Canapé.*) ‖ Consejo del sultán y sala donde se reúne. ‖ *Por ext.* El gobierno turco. ‖ — PARÓN. *Desván.*
DIVERGENCIA f. Situación de dos líneas que se apartan una de otra: *la divergencia de dos rayos de luz.* ‖ *Fig.* Diversidad de opinión.
DIVERGENTE adj. Que diverge o se aparta.
DIVERGIR v. i. (lat. *divergere*). Irse apartando una de otra dos líneas. ‖ *Fig.* Disentir: *divergen mucho nuestras opiniones.*
DIVERSAMENTE adv. m. Con diversidad.
DIVERSIDAD f. (lat. *diversitas*). Variedad: *gran diversidad de ocupaciones.* (SINÓN. V. *Diferencia.*) ‖ Abundancia de cosas distintas.
DIVERSIFICACIÓN f. Separación.
DIVERSIFICAR v. t. Cambiar, variar.
DIVERSIFORME adj. Que presenta diversidad de formas o es de forma variable.
DIVERSIÓN f. (del lat. *diversum*, supino de *divertere*, alejar). Pasatiempo: *los deportes constituyen una diversión.* (SINÓN. V. *Recreo.*) ‖ Operación militar para alejar al enemigo de un punto: *los sitiados intentaron una diversión.*
DIVERSIVO, VA adj. y s. *Med.* Aplícase al medicamento que sirve para alejar o apartar los humores de un punto del cuerpo. (SINÓN. *Revulsivo.*)
DIVERSO, SA adj. Diferente, desemejante: *llegaron algunas personas de diversa categoría.* ‖ — Pl. Varios.
DIVERTÍCULO m. *Anat.* Apéndice hueco y cerrado en el esófago o el intestino.
DIVERTIDO, DA adj. Alegre, de buen humor: *un libro muy divertido.* (SINÓN. *Agradable, gracioso, salado, ingenioso.* V. tb. *cómico* y *alegre.*) ‖ *Amer.* Achispado, ebrio.
DIVERTIMENTO m. (pal. ital.). *Mús.* Composición ligera.
DIVERTIR v. t. Recrear: *el espectáculo de la locura humana divertía a Diógenes.* (SINÓN. V. *Entretener.*) ‖ Apartar, alejar: *divertir los humores.* ‖ *Mil.* Hacer una diversión. ‖ — IRREG. Se conjuga como *sentir.*
DIVIDENDO m. (lat. *dividendus*, ger. de *dividere*, dividir). Cantidad que ha de dividirse por otra. ‖ Parte de interés que corresponde a cada acción.
DIVIDIR v. t. (lat. *dividere*). Separar por partes: *dividir un campo.* (SINÓN. V. *Separar.*) ‖ Repartir. (SINÓN. V. *Partir* y *distribuir.*) ‖ *Fig.* Desunir, sembrar la discordia: *dividir una familia.* ‖ *Mat.* Hallar las veces que una cantidad llamada *divisor* está contenida en otra, llamada dividendo. ‖ — CONTR. *Multiplicar, reunir.* ‖ — RÉG. *Dividir con* [*entre*] *muchos, una cosa de otra, en* [*por*] *partes.*
DIVIDIVI m. Árbol de Venezuela cuyo fruto se usa en tintorería. (SINÓN. *Guarango.*)
DIVIERTA f. *Guat.* Baile de la gente vulgar.
DIVIESO m. Tumor producido por una inflamación del tejido celular subcutáneo. (SINÓN. V. *Furúnculo.*)
DIVINAMENTE adv. m. Con divinidad, por virtud divina. ‖ *Fig.* Admirablemente, perfectamente, muy bien: *ese artista toca divinamente el violín.*
DIVINATORIO, RIA adj. Relativo al arte de adivinar: *varilla divinatoria.*
DIVINIDAD f. Esencia, naturaleza divina: *la divinidad del Verbo.* (SINÓN. V. *Dios.*) ‖ *Fig.* Persona o cosa que es objeto de adoración. ‖ — Pl. Dioses y diosas del paganismo.
DIVINIZAR v. t. Suponer divino: *Roma divinizaba a los emperadores muertos.* ‖ *Fig.* Exaltar. (SINÓN. V. *Glorificar.*)
DIVINO, NA adj. Perteneciente a Dios: *bondad divina.* ‖ *Fig.* Excelente, perfecto.
DIVISA f. Señal exterior que permite distinguir personas y cosas: *los toros de lidia llevan la divisa del ganadero* (SINÓN. V. *Símbolo.*) ‖ *Blas.* Lema o mote debajo del escudo. (SINÓN. V. *Pensamiento.*) ‖ *For.* Parte de la herencia paterna que corresponde a cada hijo. ‖ Dinero en moneda extranjera. (SINÓN. V. *Billete.*) ‖ — PARÓN. *Devisa.*
DIVISAR v. t. Percibir alguna cosa. (SINÓN V. *Ver.*)
DIVISIBILIDAD f. La calidad de divisible: *la divisibilidad de la materia.* ‖ — CONTR. *Indivisibilidad.*
DIVISIBLE adj. (lat. *divisibilis*). Que puede dividirse. ‖ *Número divisible por otro*, el que puede dividirse exactamente por él. ‖ — CONTR. *Indivisible.*
DIVISIÓN f. (lat. *divisio*). Acción de dividir. ‖ Parte de un todo dividido. ‖ *Arit.* Operación mediante la cual se separa un todo en cierto número de partes iguales. (SINÓN. V. *Reparto* y *separación.*) ‖ *Mil.* Parte de un cuerpo de ejército. ‖ *Mar.* Parte de una escuadra. ‖ *Ret.* Acción de repartir en varios puntos la materia de un discurso. ‖ *Fig.* Desunión, discordia: *sembrar la división en una asamblea.* (SINÓN. V. *Desavenencia.*)
DIVISIONAL adj. Relativo a la división.
DIVISIONARIO, RIA adj. Divisional. ‖ Dícese de la moneda que es fracción exacta de la unidad legal.
DIVISIONISMO m. Técnica de los pintores impresionistas que consiste en yuxtaponer los colores sobre el lienzo en vez de mezclarlos previamente en la paleta.
DIVISMO m. *Neol.* Calidad de divo.
DIVISO, SA p. p. irreg. de *dividir.* ‖ — Adj. Partido. (SINÓN. *Seccionado.* CONTR. *Indiviso.*)
DIVISOR m. Número que divide a otro que se llama *dividendo.* ‖ *Común divisor*, número que divide exactamente a otros: *3 es común divisor de 9 y de 27.* ‖ *Máximo común divisor*, el mayor de los divisores comunes de varios números: *15 es el máximo común divisor de 30 y de 45.* ‖ — CONTR. *Dividendo*
DIVISORIO, RIA adj. y s. Que divide. ‖ *Línea divisoria de las aguas*, la que se considera en un terreno como separación de las aguas de dos cuencas diferentes: *la línea divisoria de las aguas sigue la cresta de las montañas y colinas.* ‖ — CONTR. *Vaguada.*

DIVO, VA adj. (lat *divus*). *Poét.* Divino. ‖ — M. y f. Cantante de ópera destacado. (SINÓN. V. *Cantante.*) ‖ *Fig.* Persona afamada.

DIVORCIAR v. t. Separar legalmente a dos casados. ‖ *Fig.* Separar, apartar. (SINÓN. V. *Desunir.*) ‖ — V. r. Separarse dos casados. ‖ — OBSERV. Es galicismo usar este verbo como intransitivo: *Juan y María han divorciado.*

DIVORCIO m. (lat. *divortium*). Acción de divorciar o divorciarse. (SINÓN. *Separación, repudiación, repudio.* V. tb. *desavenencia.*) ‖ *Col.* Cárcel para mujeres.

DIVULGACIÓN f. Acción de divulgar o publicar una cosa: *la divulgación de un secreto de Estado.* (SINÓN. V. *Publicación.*)

DIVULGADOR, RA adj. y s. Que divulga algo.

DIVULGAR v. t. (lat. *divulgare*). Publicar una cosa que estaba ignorada: *divulgar un secreto.* ‖ — SINÓN. *Revelar, descubrir, anunciar.* Fig. *Traicionar, denunciar.* V. tb. *propagar.*

DIYAMBO m. (del gr. *dis*, dos, e *iambos*, yambo). Pie de la poesía antigua compuesto de dos yambos.

DO m. (ital. *do*). *Mús.* Primera voz de la escala música. ‖ *Do de pecho,* nota muy aguda que alcanza la voz del tenor. ‖ *Fig.* y *fam.* El mayor esfuerzo que se puede hacer para obtener algo.

DO adv. l. Donde. (Se usa en poesía.)

DOBLA f. (de *doble*). Moneda antigua española de oro. ‖ *Fam.* Acción de doblar la puesta en el juego. ‖ *Chil.* Beneficio otorgado por el dueño de una mina.

DOBLADAS f. pl. *Cub.* Toque de ánimas.

DOBLADILLAR v. t. Hacer un dobladillo.

DOBLADILLO m. Pleguecillo cosido que se hace en la orilla de una tela para evitar que se deshilache: *se llama dobladillo de ojo el que tiene un calado pequeño.* ‖ Hilo fuerte de hacer media.

DOBLADO, DA adj. De cuerpo pequeño y recio: *hombre doblado.* ‖ Desigual, quebrado: *terreno doblado.* ‖ Plegado. (SINÓN. V. *Curvo.*) ‖ *Fig.* Disimulado, taimado.

DOBLADOR m. *Guat.* Hoja del maíz, tusa, chala.

DOBLADURA f. Parte por donde se ha doblado una cosa, y señal que queda: *es muy difícil borrar las dobladuras del paño.*

DOBLAJE m. *Cin.* Acción de doblar.

DOBLAMIENTO m. Acción de doblar una cosa.

DOBLAR v. t. Hacer una cosa doble. ‖ Aplicar una sobre otra dos partes de una cosa flexible. ‖ Torcer: *doblar un hierro.* (SINÓN. *Plegar, encorvar, cimbrar.*) ‖ *Fig.* Inclinar a uno a que haga lo contrario de lo que pensaba. (SINÓN. V. *Oprimir.*) ‖ *Cub.* Avergonzar. ‖ *Mar.* Franquear: *doblar un promontorio.* ‖ *Méx.* Derribar a uno de un balazo. ‖ — V. i. Tocar a muerto. ‖ *Cin.* Grabar la traducción de la voz de una cinta extranjera. ‖ — V. r. Plegarse. ‖ Ceder: *se dobló a mis argumentos.*

DOBLE adj. (lat. *duplex*). Dícese de lo obtenido al multiplicar por dos, duplo: *pagar el doble por una cosa.* ‖ De más cuerpo: *paño doble.* ‖ De más pétalos que las flores ordinarias: *claveles dobles.* ‖ Dícese de varias cosas más importantes que las sencillas de la misma clase: *rito doble, letra doble, fiesta doble.* ‖ *Fig.* Disimulado, taimado. ‖ — M. Doblez: *hacer dobles a un papel.* ‖ Cantidad dos veces más grande. ‖ Vaso de cerveza. ‖ Toque de difuntos. ‖ Copia, reproducción. ‖ En el cine, actor parecido a la estrella, que lo substituye en ciertas escenas. (SINÓN. V. *Actor.*)

DOBLEGABLE y **DOBLEGADIZO, ZA** adj. Fácil de doblegar: *carácter fácilmente doblegable.*

DOBLEGAR v. t. (lat. *duplicare*). Doblar, torcer. ‖ Blandear, suavizar: *carácter difícil de doblegar.* (SINÓN. V. *Ceder.*)

DOBLEMENTE adv. m. Dos veces: *culpable doblemente.* ‖ Maliciosamente: *portarse doblemente.*

DOBLESCUDO m. Planta crucífera de flores amarillas y frutos en vainillas aplastadas, unidas de dos en dos como anteojos.

DOBLETE adj. Entre doble y sencillo: *paño doblete.* ‖ — M. Piedra falsa hecha con dos cristales pegados. ‖ Palabra de igual etimología que otra: SÓLIDO *y* SUELDO, *derivados ambos de* SOLIDUS, *son dobletes.*

DOBLEZ m. Parte que se dobla en una cosa: *planchar los dobleces de un vestido.* ‖ — Amb. Disimulo: *obrar con doblez.* (SINÓN. V. *Falsedad.*)

DOBLILLA f. Moneda de oro que valía 20 reales.

DOBLÓN m. Moneda antigua de oro que valía cuatro duros.

DOCA f. *Chil.* Planta rastrera aizoácea.

DOCE adj. (lat. *duodecim*). Diez y dos: *los doce apóstoles.* ‖ Duodécimo: *capítulo doce; doce de enero.* ‖ *Las doce del día,* o *la noche,* mediodía, media noche.

DOCEAÑISTA adj. *Hist.* Nombre que se aplicaba a los partidarios de la Constitución española de 1812.

DOCENA f. Conjunto de doce cosas iguales: *una docena de huevos.* ‖ *Fam. La docena del fraile,* conjunto de trece objetos iguales.

DOCENCIA f. Enseñanza.

DOCENTE adj. (lat. *docens, entis*). Que enseña: *las universidades son centros docentes.* ‖ Relativo a la enseñanza.

DÓCIL adj. (lat. *docilis*). Fácil de conducir, de enseñar: *muchacho dócil.* ‖ Obediente. ‖ Dúctil, que se deja labrar con facilidad: *el cobre es un metal dócil.*

DOCILIDAD f. (lat. *docilitas*). Calidad de dócil. (SINÓN. V. *Obediencia.*)

DOCILITAR v. t. Hacer dócil, amansar.

DÓCILMENTE adv. m. Con docilidad.

DOCIMASIA f. (gr. *dokimasia*). Determinación del contenido de metal en un mineral determinado.

DOCIMÁSTICA f. Docimasia, experimentación.

DOCK m. (pal. ingl.). Puerto, dársena: *desembarcar en un dock.* ‖ *Mar.* Almacén de depósito para el comercio.

DOCKER m. Trabajador portuario, cargador. (SINÓN. V. *Portador.*)

DOCTAMENTE adv. m. Con erudición.

DOCTO, TA adj. y s. (lat. *doctus*). Muy instruido. (SINÓN. V. *Sabio.*)

DOCTOR, RA m. y f. Persona que ha obtenido el último grado que confieren las universidades. ‖ El que enseña públicamente. ‖ Hombre muy sabio en cualquier arte o ciencia. ‖ Teólogo de gran autoridad: *doctor de la Iglesia.* ‖ *Fam.* Médico: *llamar al doctor.* ‖ — F. Mujer que ejerce la medicina. ‖ *Fam.* Mujer del médico. ‖ *Fam* Mujer que se las echa de sabia. ‖ *Doctor honoris causa,* título honorífico que las universidades conceden a personalidades eminentes.

DOCTORADO m. Grado de doctor.

DOCTORAL adj. Relativo al doctor, magistral: *hablar con tono doctoral.* ‖ *Fam.* Pedantesco.

DOCTORALMENTE adv. m. Con tono doctoral: *hablar doctoralmente.* (SINÓN. *Magistralmente.*)

DOCTORAMIENTO m. Acción de doctorar o doctorarse.

DOCTORANDO m. El que está próximo a recibir la borla de doctor en una universidad.

DOCTORARSE v. r. Graduarse de doctor en una universidad: *doctorarse en la Facultad de Letras.*

DOCTRINA f. (lat. *doctrina*). Conjunto de las opiniones de una escuela literaria o filosófica o de los dogmas de una religión. (SINÓN. V. *Enseñanza.*) ‖ *Por ext.* Doctrina cristiana: *enseñar la doctrina a los niños.* ‖ *Ant.* En América, pueblo de indios no convertido aún en curato.

DOCTRINAL adj. Perteneciente a la doctrina: *las decisiones doctrinales de los papas hacen ley en la Iglesia.* ‖ — M. Libro que contiene diversos preceptos.

DOCTRINAR v. t. Enseñar una doctrina.

DOCTRINARIO, RIA adj. y s. Consagrado o relativo a una doctrina, especialmente en política. ‖ Nombre dado, durante la Restauración francesa a los partidarios de teorías políticas de un liberalismo sistemático: *Guizot fue el jefe de los doctrinarios.*

DOCTRINARISMO m. Sistema doctrinario.

DOCTRINERO m. El que explica a los niños la doctrina cristiana. ‖ *Ant.* En América, párroco regular de un curato de indios.

DOCTRINO m. Huérfano que se recoge en un colegio. ‖ *Fig.* y *fam. Parecer un doctrino,* ser tímido.

DOCUMENTACIÓN f. Acción de documentar: *una documentación inexacta.* ‖ Conjunto de documentos.

DOCUMENTADO, DA adj. Dícese del memorial que va acompañado de los documentos necesarios. ‖ Muy bien informado.

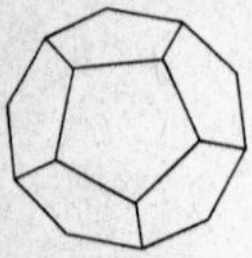

dodecaedro

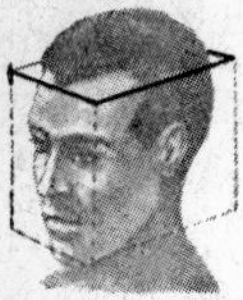

dolicocéfalo

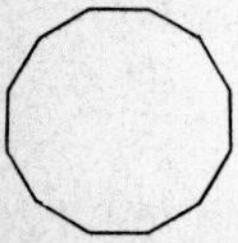

dodecágono

dogo

dolmen

DOCUMENTAL adj. Que está fundado en documentos: *crítica documental.* ‖ — M. Película cinematográfica tomada de la realidad, con finalidad pedagógica o informativa.
DOCUMENTALISTA com. Profesional que busca, selecciona, clasifica, utiliza y difunde documentos.
DOCUMENTALMENTE adv. m. Con documentos.
DOCUMENTAR v. t. Probar alguna cosa con documentos. ‖ Informar sobre un asunto. (SINÓN. V. *Educar.*)
DOCUMENTO m. (lat. *documentum*). Título o prueba escrita: *un documento histórico.* ‖ Cualquier cosa que sirve de prueba.
DODECAEDRO m. (del gr. *dôdeka*, doce, y *edra*, cara). *Geom.* Sólido de doce caras: *en el dodecaedro regular las doce caras son pentágonos.*
DODECAFÓNICO, CA adj. Relativo al dodecafonismo: *música dodecafónica.*
DODECAFONISMO m. Forma musical atonal fundada por el empleo de doce sonidos de la gama cromática, con exclusión de otra escala sonora.
DODECÁGONO, NA adj. y s. (del gr. *dôdeka*, doce, y *gonos*, ángulo). *Geom.* Polígono de doce ángulos y doce lados.
DODECASÍLABO, BA adj. (del gr. *dôdeka*, doce, y *silaba*). Que consta de doce sílabas: *poema escrito en versos dodecasílabos.*
DOGAL m. (del lat. *jugale*, lo que sujeta el cuello). Cuerda o soga con que se atan las caballerías por el cuello. ‖ Cuerda para ahorcar a un reo. ‖ *Fig. Estar con el dogal a la garganta*, hallarse en muy gran apuro.
DOGARESA f. (ital. *dogaressa*). La mujer del dux.
DOG-CART m. Coche especial que permite transportar perros de caza.
DOGMA m. (gr. *dogma*). Punto fundamental de doctrina religiosa o filosófica. ‖ Conjunto de dogmas: *el dogma católico.*
DOGMÁTICA f. Conjunto de los dogmas.
DOGMÁTICAMENTE adv. m. Conforme al dogma. ‖ Con tono sentencioso: *hablar dogmáticamente.*
DOGMÁTICO, CA adj. Relativo al dogma: *teología dogmática.* ‖ Dícese del filósofo que profesa el dogmatismo. Ú. t. c. s.: *los dogmáticos se oponen a los escépticos.*
DOGMATISMO m. Filosofía que admite la certidumbre. ‖ Disposición para creer o afirmar.
DOGMATISTA m. Partidario del dogmatismo.
DOGMATIZADOR, RA adj. y s. Dogmatizante.
DOGMATIZANTE adj. Que dogmatiza.
DOGMATIZAR v. t. (lat. *dogmatizare*). Enseñar dogmas. ‖ Afirmar alguna cosa con presunción.
DOGO, GA m. y f. (del ingl. *dog*, perro). Perro de guardia, de cabeza grande y hocico chato.
DOGRE m. (hol. *dogger*). Embarcación de pesca parecida al queche, usada en los mares del norte de Europa.
DOLADERA f. *Tecn.* Herramienta que usan los toneleros.
DOLADOR m. (lat. *dolator*). Desbastador.
DOLADURA f. Desbastadura.
DOLAJE m. (de *duela*). Nombre que se da al vino absorbido por la madera de las cubas.
DOLAMAS f. pl. y **DOLAMES** m. pl. Enfermedades de las bestias. ‖ *Amer.* Achaque de las personas.
DOLAR v. t. (lat. *dolare*). Desbastar con la doladera. ‖ — IRREG. Se conjuga como *consolar.*

doma, en Uruguay

DÓLAR m. (ingl. *dollar*). Unidad monetaria de los Estados Unidos, Canadá, etc. símbolo $). Pl. *dólares.*
DOLENCIA f. Indisposición, achaque. (SINÓN. V. *Enfermedad.*)
DOLER v. i. (lat. *dolere*). Padecer, sufrir: *me duele la cabeza.* ‖ Causar disgusto: *me duele mucho su conducta.* (SINÓN. V. *Entristecer.*) ‖ — V. r. Arrepentirse de una cosa: *dolerse de sus pecados.* ‖ Pesarle a uno una cosa. ‖ Compadecerse del mal ajeno. ‖ Quejarse: *dolerse a gritos.* ‖ — IRREG. Se conjuga como *mover.*
DOLICOCEFALIA f. Carácter dolicocéfalo.
DOLICOCÉFALO, LA adj. (del gr. *dolikos*, largo, y *kephalê*, cabeza). De cabeza más larga que ancha.
DOLIENTE adj. Enfermo. ‖ Dolorido.
DOLMEN m. (gaél. *tolmen*). Monumento megalítico compuesto de una gran laja horizontal, colocada sobre dos o cuatro piedras verticales: *los dólmenes son muy numerosos en Bretaña.*
DOLO m. (lat. *dolus*). Engaño, fraude, trampa: *todo contrato tachado de dolo puede ser anulado.*
DOLOBRE m. *Tecn.* Pico para labrar la piedra.
DOLOMÍA f. (de *Dolomieu*, sabio francés). Roca caliza, carbonato doble natural de cal y magnesia.
DOLOMÍTICO, CA adj. *Geol.* Semejante a la dolomía, o que la contiene: *una roca dolomítica.*
DOLOR m. (lat. *dolor*). Sensación molesta de una parte del cuerpo: *dolor de muelas.* ‖ Sentimiento, congoja: *me causa dolor separarme de ti.* (SINÓN. V. *Pena.*). ‖ Pesar y arrepentimiento de una cosa: *el dolor de los pecados.*
DOLORA f. Composición poética inventada por Campoamor: *la dolora es sentimental.*
DOLORENSE adj. y s. De Dolores (Uruguay).
DOLORIDO, DA adj. Que padece: *tener el brazo dolorido.* ‖ Desconsolado. ‖ — M. Pariente del difunto.
DOLOROSA f. La Virgen de los Dolores.
DOLOROSAMENTE adv. m. De modo doloroso.
DOLOROSO, SA adj. Lamentable, lastimoso. ‖ Que causa dolor, sensible: *llaga muy dolorosa.* (SINÓN. V. *Intolerable.*)
DOLOSO, SA adj. (lat. *dolosus*). Engañoso, fraudulento: *anular un contrato doloso.*
DOLLAR [pr. *dólar*] m. Dólar.
DOM m. Título que se da a ciertos religiosos (benedictinos, cartujos).
DOMA f. Domadura de potros: *una doma difícil.*
DOMABLE adj. Que puede domarse.
DOMADOR, RA m. y f. Persona que se dedica a domar animales feroces: *domador de fieras.*
DOMADURA f. Acción y efecto de domar.
DOMAR v. t. (lat. *domare*). Vencer, subyugar, hacer dócil a un animal: *domar fieras.* (SINÓN. V. *Amansar.*) ‖ *Fig.* Sujetar, reprimir, vencer: *domar sus pasiones.*
DOMBO m. *Arq.* Domo, cúpula.
DOMEÑAR v. t. Sujetar, domar: *domeñar fieras.*
DOMESTICABLE adj. Que puede ser domesticado.
DOMESTICACIÓN f. Acción de domesticar: *la domesticación del caballo y del perro es antiquísima.*
DOMESTICAR v. t. Reducir a la domesticidad, hablando de un animal: *domesticar un caballo.* (SINÓN. V. *Amansar.*) ‖ *Fig.* Moderar el carácter de una persona.
DOMESTICIDAD f. Condición del animal doméstico: *la domesticidad hace degenerar a los animales.*
DOMÉSTICO, CA adj. (lat. *domesticus*, de *domus*, casa). Relativo a la casa: *quehaceres domésticos.* ‖ Dícese del animal que se cría en casa: *el conejo doméstico es menos sabroso que el conejo de monte.* ‖ — M. y f. Criado.
DOMICILIAR v. t. Dar domicilio: *domiciliarse en un pueblo.* ‖ *Méx.* Poner sobrescrito a una carta. ‖ — V. r. Fijar domicilio, establecerse.
DOMICILIARIO, RIA adj. Perteneciente al domicilio. ‖ — M. y f. Persona domiciliada en un lugar.
DOMICILIO m. (lat. *domicilium*, de *domus*, casa). Casa: *elegir domicilio en un pueblo.* (SINÓN. V. *Morada.*) ‖ *Domicilio legal*, punto donde se supone, según la ley, que tiene una persona su morada y sus intereses.

Fot. X, Schall, Almasy

DOMINACIÓN f. (lat. *dominatio*). Acción de dominar. ‖ Señorío, imperio: *la dominación romana se extendió a todas las orillas del Mediterráneo.* ‖ *Fig.* Influencia moral: *la dominación del genio.* (SINÓN. V. *Autoridad.*) ‖ *Mil.* Posición elevada desde la cual se domina una plaza. ‖ —Pl. Primer orden de la jerarquía de los ángeles.
DOMINADOR, RA adj. y s. Que domina: *tener un carácter dominador.* (Tb. se usa el f. *dominatriz.*)
DOMINANTE adj. Que domina: *el catolicismo es la religión dominante en América del Sur.* (SINÓN. V. *Principal.*) ‖ Orgulloso y avasallador: *un espíritu dominante* (Ú. tb. familiarmente el f. *dominanta*). ‖ *Fig.* Sobresaliente, característico: *el carácter dominante de una persona.* ‖ — F. *Mús.* Quinta nota de la escala.
DOMINAR v. t. (lat. *dominari*). Ejercer la dominación: *Napoleón quiso dominar a Europa.* (SINÓN. V. *Mandar* y *oprimir.*) ‖ Sobresalir: *el color que domina.* (SINÓN. V. *Superar.*) ‖ Sujetar, comprimir: *dominar sus pasiones.* ‖ *Fig.* Saber a fondo una cosa: *domina el francés.* (SINÓN. V. *Conocer.*) ‖ — V. i. *Mil.* Ocupar posición más elevada: *el montecillo que domina la ciudad.* ‖ — V. r. Reprimirse, contener sus pasiones.
DOMINATRIZ adj. y s. Dominadora.
DÓMINE m. *Fam.* Maestro de latín. (SINÓN. V. *Maestro.*) ‖ *Despect.* Persona que adopta el tono de maestro sin estar calificada para ello.
DOMINGADA f. Fiesta dada un domingo.
DOMINGO m. (del lat. *dominicus dies*, día del Señor). Primer día de la semana.
DOMINGUEJO m. *Amer.* Dominguillo. ‖ *Amer.* Persona de poca monta.
DOMINGUERO, RA adj. *Fam.* Que se usa o hace en domingo: *ropa dominguera.* ‖ Que acostumbra componerse y divertirse los domingos.
DOMINGUILLO m. Muñeco que lleva un contrapeso en la base y que siempre queda derecho. ‖ *Fig. y fam. Traer a uno como un dominguillo*, mandarle muchas cosas al mismo tiempo.
DOMÍNICA f. (lat. *dominica*). En lenguaje eclesiástico, domingo. ‖ Texto de la Escritura que corresponde a cada domingo.
DOMINICAL adj. Perteneciente al domingo: *respetar el descanso dominical.*
DOMINICANO, NA adj. y s. Dominico. ‖ De la República Dominicana.
DOMINICO, CA adj. y s. Dícese del religioso de la orden de Santo Domingo. ‖ *Amér. C.* y *Cub.* Variedad de plátano. ‖ *Cub.* Especie de pajarillo. ‖ — OBSERV. Es barbarismo hacer esdrújula esta voz.
DOMINIO m. (lat. *dominium*). Poder que tiene uno sobre una cosa. ‖ Superioridad sobre las personas: *el dominio del rey sobre sus súbditos.* ‖ Tierras que pertenecen a un soberano: *dominios riquísimos.* ‖ Nombre que se dio a varios territorios del Imperio Británico que gozaban de autonomía: *el dominio del Canadá.*
DOMINÓ m. (fr. *domino*). Juego que se hace con veintiocho fichas rectangulares, blancas y marcadas con puntos. ‖ Traje con capucha, que se usa en los bailes de máscara: *un dominó azul.*
DOMO m. *Arq.* Cúpula.
DOMPEDRO m. Dondiego, flor. ‖ *Fam.* Orinal.
DON m. (lat. *donum*). Dádiva, liberalidad: *recibir un don.* (SINÓN. *Dádiva, donativo, regalo, presente, obsequio, aguinaldo, ofrenda, homenaje, oblación, donación.* V. tb. *limosna.*) ‖ Gracia especial que se tiene para hacer una cosa: *tener el don de hablar.* (SINÓN. V. *Cualidad.*)
DON m. (del lat. *dominus*, señor). Título de dignidad, que hoy se aplica a casi todos los hombres de cierta dignidad y sólo se antepone al nombre de pila. (Antiguamente se usó con los apellidos: *Don Gómez;* ú. aún así en América en el lenguaje popular: *Don Laguna.*)
DONA f. *Chil.* Don, regalo. ‖ — F. pl. Regalos de boda con que el novio obsequia a la novia.
DONACIÓN f. (lat. *donatio*). Acción de donar, liberalidad: *la donación entre vivos es irrevocable.* (SINÓN. V. *Don.*)
DONADÍO m. Hacienda que trae su origen de alguna donación real.
DONADO, DA m. y f. Lego de un monasterio.
DONADOR, RA adj. y s. Que hace donación.
DONAIRE m. Discreción y gracia de una persona: *hablar con donaire.* ‖ Gallardía, gentileza.
DONAIROSO, SA adj. Que tiene donaire o gracia y gentileza: *una persona donairosa.*
DONANTE adj. y s. Que dona. (SINÓN. *Donador.*)
DONAR v. t. (lat. *donare*). Traspasar una persona a otra el dominio de una cosa.
DONATARIO m. Aquel a quien se hace donación.
DONATIVO m. (lat. *donativum*). Regalo: *hacer un donativo a la Iglesia.* (SINÓN. V. *Don.*)
DONCEL m. (b. lat. *domicellus*). Joven noble que aún no estaba armado caballero y solía servir de paje a los reyes. ‖ Hombre que no ha conocido mujer. (SINÓN. *Adolescente* y *galán.*) ‖ — Adj. Suave, dulce: *vino doncel.* ‖ *Pino doncel*, uno de los nombres del *pino piñonero.*
DONCELLA f. (b. lat. *domicella*). Mujer que no ha conocido varón. ‖ Criada. ‖ Budión, pez. ‖ *Col.* y *Venez.* Panadizo.
DONCELLERÍA f. *Fam.* Doncellez.
DONCELLEZ f. Estado de doncella o soltera.
DONCELLUCA f. *Fam.* Doncella ya madura.
DONDE adv. l. (lat. *de unde*). En un lugar: *vengo de donde estuviste ayer.* ‖ Cuando es interrogativo o dubitativo se acentúa: *¿Dónde vives?* ‖ En que: *la casa donde vives.* ‖ Lo cual: *de donde se infiere que se equivocaron; por donde se deduce tu error.* ‖ Adonde: *el sitio donde voy.* ‖ *¿Por dónde?* m. adv., ¿por qué razón? ‖ *Provin.* y *Amer.* Barb. por *a casa de,* o *en casa de: compré el libro donde Fulano.* ‖ Barb. por *cómo: ¿dónde me iba a figurar que eras tú?*
DONDEQUIERA adv. l. En cualquiera parte.
DONDIEGO o **DONDIEGO DE NOCHE** m. Planta nictaginácea originaria del Perú, cuyas flores amarillas o rojas se abren al anochecer y se cierran al salir el sol. ‖ *Dondiego de día*, planta convolvulácea de flores azules que se cierran al anochecer.
DONGÓN m. Árbol esterculiáceo de Filipinas, cuya madera fuerte y correosa se usa en construcciones.
DONGUINDO m. Peral de fruta muy grande.
DONJUÁN m. Dondiego, flor.
DONJUANESCO, CA adj. Propio de un Tenorio.
DONJUANISMO m. Conducta, carácter que recuerdan los de don Juan Tenorio.
DONOSAMENTE adv. m. Con donosura.
DONOSIDAD f. Donosura, gracia, donaire.
DONOSO, SA adj. *Fam.* Gracioso: *donosa idea.*
DONOSTIARRA adj. y s. De San Sebastián.
DONOSURA f. Donaire, gracia, chiste.
DOÑA f. Distintivo de las mujeres de calidad, en España, antepuesto al nombre de pila. ‖ *Ecuad.* India.
DOÑEAR v. i. *Fam.* Tener trato con mujeres.
DOÑEGAL y **DOÑIGAL** adj. y s. Dícese de cierta clase de higo muy colorado por dentro.
DOPADO, DA adj. y s. Drogado.
DOPAR v. t. Drogar.
DOPING m. (pal. ingl.). Estimulante que se da a un hombre o animal antes de una prueba deportiva.
DOQUIER y **DOQUIERA** adv. l. Dondequiera.
DORADA f. Pez marino acantopterigio de color negro azulado y vientre blanco: *la dorada es comestible estimado.* ‖ *Cub.* Especie de mosca venenosa.
DORADILLA f. Helecho usado en medicina como vulnerario y diurético. ‖ Dorada, pez.
DORADILLO m. Hilo de latón. ‖ Aguzanieve ‖ Cierto aderezo que se da a la cabritilla y que le comunica reflejos dorados: *zapatos de doradillo.* ‖ *Amer.* Caballo de color melado.
DORADO, DA adj. De color de oro. ‖ *Fig.* Esplendoroso: *edad dorada.* ‖ *Amer.* Dícese del caballo de color de almagre acaobado. ‖ — M. Pez acantopterigio de colores vivos con reflejos dorados. ‖ Doradura: *el dorado galvánico es menos sólido que el dorado al fuego.* ‖ — Pl. Conjunto de adornos metálicos.
DORADOR m. El que tiene por oficio dorar.
DORADURA f. Acción de dorar.
DORAL m. Pájaro, especie de papamoscas.
DORAR v. t. (lat. *deaurare*). Cubrir con una capa de oro: *dorar los cortes de un libro.* ‖ *Fig.* Tostar ligeramente un alimento. ‖ *Fig.* Paliar, hacer aceptar con amabilidades una cosa desagradable: *dorar la píldora.* ‖ — CONTR. *Desdorar.*

dominico

dorada

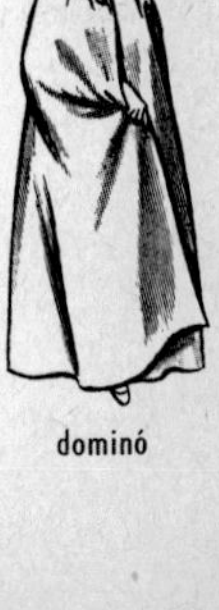
dominó

orden dórico

dorífera

dovela

dragón

DRAGA

DÓRICO, CA adj. Dorio, de la Dóride. || *Orden dórico*, orden arquitectónico caracterizado por la ausencia de adornos: *el dórico es el más antiguo de los órdenes de arquitectura.* || — M. Dialecto griego de los dorios.

DORÍFERA o **DORÍFORA** f. Insecto parásito de la patata.

DORIO, RIA adj. y s. *Geogr.* De Dóride.

DORMÁN m. (croata *dolmán*). Chaqueta con alamares y vueltas de piel, usada por los húsares.

DORMIDA f. Paraje donde pasan la noche los animales. || *Provin.* Sueño. || *Col.* Jornada.

DORMIDERA f. Adormidera. || *Cub.* La sensitiva. || — Pl. *Fam.* Facilidad para dormir: *buenas dormideras.*

DORMIDERO, RA adj. Que hace dormir. || — M. Sitio donde duerme el ganado. || *Arg.* Sueño excesivo.

DORMILÓN, ONA adj. *Fam.* Aficionado a dormir. || — M. *Amer.* Chotacabras. || — F. pl. Aretes redondos.

DORMIR v. i. (lat. *dormire*). Descansar con el sueño. (SINÓN. *Reposar, dormitar, echar un sueño, cabecear, adormecerse.*) || *Fig.* Permanecer sin movimiento. || Pernoctar. || *Dormir la mona,* dormir después de una borrachera. || — V. r. Entregarse al sueño. || Tornarse insensible un miembro. || *Dejar dormir un asunto,* no hacer caso de él || *Dormirse sobre los laureles,* abandonarse después del triunfo. || — IRREG. Pres. ind.: *duermo, duermes, duerme, dormimos, dormís, duermen;* imperf.: *dormía,* etc.; pret.: *dormí, dormiste, durmió, dormimos, dormisteis, durmieron;* fut.: *dormiré,* etc.; imper.: *duerme, dormid;* pot.: *dormiría,* etc.; pres. subj.: *duerma, duermas, duerma, durmamos, durmáis, duerman;* imperf. subj.: *durmiera* y *durmiese,* etc.; fut. subj.: *durmiere,* etc.; ger..: *durmiendo;* p. p.: *dormido.*

DORMITAR v. i. Estar medio dormido. (SINÓN. V. *Dormir.*)

DORMITIVO, VA adj. Soporífero, que da sueño. (SINÓN. V. *Narcótico.*)

DORMITORIO m. Habitación para dormir.

DORNAJO o **DORNILLO** m. Artesa redonda.

DORSAL adj. Relativo a la espalda: *espina dorsal.* || Dícese de la consonante que se articula con el dorso de la lengua (ch, ñ, k). Ú. t. c. s. f. || — M. Trozo de tela con un número que se suele coser o sujetar en la camiseta de los atletas, futbolistas, etc., a fin de distinguirlos.

DORSO m. (lat. *dorsum*). Revés: *el dorso de una carta.* || Parte superior y convexa de una cosa. (SINÓN. V. *Espalda.*)

DOS adj. (lat. *duo*). Número doble de la unidad. || Segundo: *tomo dos.* || — M. Guarismo que representa el número dos. || Segundo día del mes. || Naipe que presenta dos figuras: *dos de bastos.* || *De dos en dos,* loc. adv., apareado: *juntar objetos de dos en dos.* || *En [un] dos por tres,* loc. adv., muy rápidamente: *escribir una carta en un dos por tres.* || *Pop. Tomar el dos,* largarse.

DOSAÑAL adj. De dos años: *un cordero dosañal.*

DOSCIENTOS, TAS adj. pl. Dos veces ciento: *doscientos hombres.* || Ducentésimo: *el año doscientos antes de Jesucristo.*

DOSEL m. Especie de palio o colgadura que se coloca detrás del sitial o del altar. (SINÓN. *Baldaquín, palio, pabellón.*) || Antepuerta o tapiz.

DOSELERA f. Cenefa del dosel.

DOSELETE m. Dosel pequeño.

DOSIFICACIÓN f. Acción de dosificar.

DOSIFICAR v. t. *Farm.* Determinar la cantidad de un medicamento que se toma de una vez.

DOSIS f. (del gr. *dôsis,* acción de dar). Cantidad de medicina que se toma de una vez. || *Fig.* Cantidad de una cosa cualquiera: *una buena dosis de tontería.* (SINÓN. V. *Cantidad.*)

DOS PIEZAS m. Traje femenino compuesto de chaqueta y falda del mismo tejido. || Bikini, bañador.

DOSSIER m. (pal. fr., pr. *dosié*). Expediente.

DOTACIÓN f. Acción de dotar. || Aquello con que se dota. || *Mar.* Tripulación de un buque de guerra. || Personal de un taller, oficina, finca.

DOTAL adj. Perteneciente al o a la dote de la mujer: *casarse bajo el régimen dotal.*

DOTAR v. t. (lat. *dotare*). Señalar dote a una mujer. || Señalar bienes para una fundación. || *Fig.* Asignar a una oficina, barco, etc., el número de empleados o marinos necesarios para el servicio. (SINÓN. V. *Suministrar.*) || Dar, proveer: *dotado de resistencia.*

DOTE amb. (lat. *dos, dotis*). Caudal que lleva la mujer en matrimonio. || — M. En el juego, número de tantos que toma cada uno para saber lo que gana o pierde. || — F. Prenda, cualidad relevante de una persona.

DOUBLÉ m. (pal. fr., pr. *dublé*). Plata dorada.

DOVELA f. (fr. *douelle*). *Arq.* Piedra labrada con que se forman los arcos o bóvedas.

DOVELAR v. t. Labrar las dovelas de un arco.

DOXOLOGÍA f. Fórmula de alabanza en honor de la Santísima Trinidad.

DOZAVO, VA adj. Duodécimo. || *En dozavo,* dícese del libro cuyo tamaño es la dozava parte del pliego de papel ordinario. (Se escribe abreviadamente *en 12º.*)

DRAC m. *Arg.* Draque.

DRÁCENA f. *Bot.* Nombre científico del *drago.*

DRACMA f. (gr. *drakhmê*). Moneda griega que valía cuatro sestercios. || *Farm.* Octava parte de una onza (3 grs. 59): *la dracma vale tres escrúpulos.* || — OBSERV. Hay quien hace esta palabra masculina.

DRACONIANO, NA adj. (de *Dracón,* legislador de Atenas). Perteneciente a Dracón: *el código Draconiano castigaba con la muerte faltas relativamente ligeras.* || *Fig.* Excesivamente severo: *ley draconiana.*

DRAGA f. (del ingl. *to drag,* arrastrar). Máquina para limpiar de fango y arena los puertos de mar, los ríos, etc. || Barco que lleva esta máquina.

DRAGADO m. Acción y efecto de dragar.

DRAGAMINAS m. Barco para dragar minas.

DRAGAR v. t. Ahondar y limpiar de fango y arena los puertos, los ríos, etc., con la draga.

DRAGO m. Árbol elevado, de la familia de las liliáceas, originario de Canarias.

DRAGOMÁN m. Trujamán, intérprete.

DRAGÓN m. (gr. *drakôn*). Monstruo fabuloso: *un dragón guardaba el jardín de las Hespérides.* || Reptil del orden de los saurios cuya piel forma a los lados del cuerpo una especie de paracaídas, que ayuda a los saltos del animal: *el dragón habita en los árboles de Filipinas.* || Planta escrofulariácea de flores hermosas encarnadas o amarillas. || Mancha opaca en las niñas de los ojos de los caballos. || Soldado de un cuerpo que se creó en un principio para servir lo mismo a pie que a caballo. || Pez teleósteo acantopterigio, de color blanco amarillento con el lomo rojizo, que se cría en las costas de España.

DRAGONA f. *Mil.* Especie de charretera. || *Méx.* Capa con esclavina y capucha.

DRAGONEAR v. i. *Amer.* Mangonear. || *Amer.* Ejercer a veces una persona otra profesión que la propia. || *Amer.* Alardear.

DRAGONTEA f. Planta herbácea de la familia de las aráceas que se cultiva como adorno.

DRAISINA f. (del inventor *Drais*). Especie de bicicleta antigua.

DRAMA m. (lat. *drama*). Acción teatral. || Pieza de teatro cuyo asunto puede ser a la vez cómico y trágico. (SINÓN. *Melodrama, tragedia, tragicomedia.* V. tb. *comedia.*) || *Fig.* Suceso terrible, catástrofe.

DRAMÁTICA f. Arte de componer obras dramáticas. (SINÓN. *Dramaturgia.*)

Fot. Downward

DRAMÁTICAMENTE adv. De modo dramático.
DRAMÁTICO, CA adj. Relativo al drama. ‖ Propio de la poesía dramática: *estilo dramático.* ‖ — Adj. y s. Autor o actor de obras dramáticas. ‖ *Fig.* Que es capaz de conmover: *situación dramática.* (SINÓN. V. *Emocionante.*)
DRAMATISMO m. Carácter dramático.
DRAMATIZAR v. t. Dar forma dramática a una cosa: *dramatizar un relato.*
DRAMATURGIA f. Dramática.
DRAMATURGO m. Autor de obras dramáticas. (SINÓN. V. *Autor.*)
DRAMÓN m. *Fam.* Drama malo.
DRAQUE m. *Col.* y *Cub.* Ron.
DRÁSTICO, CA adj. y s. (del gr. *drastikos,* que obra). *Med.* Purgante violento.
DRAWBACK m. (pal. ingl.). Reembolso, a la salida de algunos productos fabricados, de los derechos que pagaron en aduanas las primeras materias que sirvieron para fabricarlo.
DRENAJE m. Galicismo por *avenamiento.* ‖ *Med.* Procedimiento para hacer el desagüe de una llaga.
DRENAR v. t. Galicismo por *encañar, avenar.* ‖ *Med.* Hacer un drenaje.
DRÍADA y mejor **DRÍADE** f. (del gr. *drus,* encina). *Mitol.* Ninfa de los bosques. (SINÓN. V. *Ninfa.*)
DRIBLAR v. i. (ingl. *to dribble*). *Neol.* En el fútbol, engañar al adversario sin perder el balón.
DRIL m. (ingl. *drilling*). Tela de hilo o algodón crudos. ‖ *Zool.* Cierto mono cinocéfalo africano.
DRIZA f. *Mar.* Cuerda para izar las vergas.
DRIZAR v. t. *Mar.* Izar las vergas.
DROG m. *Ecuad.* Cualquier bebida alcohólica.
DROGA f. Cualquier substancia mineral, vegetal o animal medicamentoso de efecto estimulante, deprimente o narcótico. (SINÓN. V. *Medicamento.*) ‖ *Fig.* Embuste, trampa. ‖ *Fig.* Cosa desagradable o molesta. ‖ *Amer.* Deuda, trampa. ‖ *Hond. Echar a la droga,* mandar a paseo.
DROGAR v. t. Dar drogas a un enfermo.
DROGMÁN m. Dragomán, intérprete.
DROGUERÍA f. Comercio en drogas. ‖ Botica o farmacia, tienda en que se venden las drogas.
DROGUERO, RA m. y f. Persona que comercia en drogas. ‖ *Méx.* y *Per.* Tramposo, engañador.
DROGUETE m. Tela de lana listada.
DROGUISTA com. Droguero. ‖ *Fig.* Embustero.
DROMEDARIO m. (lat. *dromedarius,* del gr. *dromás,* carrera). Rumiante de África semejante el camello pero con sólo una giba en el dorso: *el dromedario sirve para la travesía del desierto.*
DROPE m. *Fam.* Hombre despreciable, mamarracho.
DROSERA f. Planta droserácea carnívora cuyas flores se cierran y aprisionan a los insectos y los digieren.
DROSERÁCEAS f. pl. *Bot.* Familia de plantas dicotiledóneas que tienen por tipo la drosera.
DRUGSTORE m. (pal. ingl., pr. *dragstor*). En Estados Unidos, tienda que vende productos farmacéuticos, comestibles, tabacos, periódicos, etc.
DRUIDA m. *Hist.* Sacerdote de los antiguos galos y britanos.
DRUPA f. *Bot.* Pericarpio carnoso que tiene un solo hueso: *el melocotón es una drupa.*
DRUPÁCEO, A adj. *Bot.* Parecido a la drupa.
DRUSA f. *Miner.* Conjunto de cristales pequeños que cubren una superficie.
DRUSO, SA adj. y s. De las cercanías del Líbano.
DRY adj. (pal. ingl., pr. *drai*). Dícese del vino seco.
DUAL adj. (lat. *dualis*). *Gram. Número dual,* el que en ciertas lenguas, como el griego, designa dos personas o dos cosas.
DUALIDAD f. Carácter de una cosa doble: *la dualidad del hombre* (el alma y el cuerpo). ‖ *Chil.* Empate.
DUALISMO m. Sistema religioso o filosófico que admite dos principios, como el del bien y el del mal, el alma y el cuerpo, etc. ‖ Reunión bajo un soberano de dos países que conservan su autonomía.
DUBITACIÓN f. (lat. *dubitatio*). ‖ Duda. ‖ *Ret.* Figura que consiste en fingir el orador duda o perplejidad para evitar objeciones.
DUBITATIVAMENTE adv. m. De una manera dubitativa: *hablar dubitativamente.*
DUBITATIVO, VA adj. Que implica duda: *la palabra* SI *es una conjunción dubitativa.*
DUBLÉ m. Doublé, plata dorada.
DUCADO m. Título de duque y territorio sobre que recaía. ‖ Moneda de oro española antigua.
DUCAL adj. Perteneciente al duque: *corona ducal.*
DUCAS f. pl. *Pop.* Penas: *pasar ducas.*
DUCE m. (pal. ital., pr. *duche*). Jefe, guía, título que tomó Mussolini de 1922 a 1945.
DUCENTÉSIMO, MA adj. Que sigue en orden al centésimo nonagésimo nono.
DÚCTIL adj. (lat. *ductilis*). Que puede alargarse, estirarse y adelgazarse: *el oro es el más dúctil de los metales.* ‖ *Fig.* Acomodadizo, que se aviene a todo. (SINÓN. V. *Flexible.*)
DUCTILIDAD f. Calidad de dúctil: *la ductilidad del platino y del oro es muy notable.*
DUCHA f. (fr. *douche*). Baño de chorro: *ducha medicinal.* (SINÓN. V. *Baño.*) ‖ Lista en los tejidos.
DUCHARSE v. r. Tomar una ducha. Ú. t. c. t.
DUCHO, CHA adj. Experimentado, diestro.
DUDA f. Incertidumbre, irresolución: *en la duda vale más abstenerse.* (SINÓN. V. *Indecisión* y *sospecha.*) ‖ *Duda filosófica,* escepticismo voluntario. ‖ *Sin duda,* loc. adv., ciertamente.
DUDABLE adj. Que se puede dudar, inseguro. (SINÓN. V. *Dudoso.*)
DUDAR v. i. (lat. *dubitare*). No saber si una cosa es cierta: *dudo si vendrá o no vendrá.* (SINÓN. V. *Sospechar, temer* y *vacilar.*) ‖ — V. t. No creer alguna cosa: *dudo mucho lo que dices.* ‖ — RÉG. *Dudar una cosa, de una cosa.*
DUDOSAMENTE adv. m. Con duda.
DUDOSO, SA adj. Que ofrece duda: *problema dudoso.* ‖ Que tiene duda: *estar dudoso.* ‖ — SINÓN. *Dudable, incierto, aleatorio, problemático.* V. tb. *sospechoso.*
DUELA f. Nombre de las tablas encorvadas y unidas que forman la cuba o el tonel.
DUELISTA m. El que se bate con frecuencia en duelo o desafía a otros fácilmente. (SINÓN. V. *Esgrimidor.*)
DUELO m. (lat. *duellum*). Combate entre dos adversarios: *el duelo es vestigio de barbarie.* ‖ — SINÓN. *Desafío, encuentro, reto, lance de honor.*
DUELO m. (lat. *dolium*). Dolor, aflicción. (SINÓN. V. *Pena.*) ‖ Demostraciones de sentimiento por la muerte de una persona. ‖ Parientes y amigos que asisten a los funerales: *un duelo numeroso.* ‖ — Pl. Fatigas y trabajos. ‖ *Duelos y quebrantos,* fritada de huevos y torreznos que se permitía comer los sábados en Castilla.
DUENDE m. Espíritu travieso, diablillo familiar: *no creer en duendes.* (SINÓN. *Elfo, gnomo, trasgo, genio.* V. tb. *fantasma.*) ‖ Restaño, cierta tela arrasada. ‖ *And.* Encanto: *los duendes del flamenco.*
DUENDESCO, CA adj. Propio de duendes.
DUENDO, DA adj. Doméstico: *paloma duenda.*
DUEÑA f. (lat. *domina*). Propietaria de una cosa. ‖ Beata que solía vivir en comunidad. ‖ En otro tiempo, ama de llaves. ‖ *Fig.* Señora o mujer principal. ‖ *Fam. Ponerle a uno cual digan dueñas,* criticarle mucho.
DUEÑO m. (lat. *dominus*). Posesor de una cosa, amo. (SINÓN. V. *Propietario.*) ‖ *Hacerse dueño de una cosa,* apoderarse de ella. ‖ *Ser muy dueño de hacer una cosa,* poder hacerla con toda libertad.
DUETISTA com. Persona que canta en un dúo.
DUETO m. (ital. *duetto*). *Mús.* Dúo.
DUFFLE-COAT m. (pal. ingl., pr. *dafel-cot*). Abrigo tres cuartos, de tejido fuerte y provisto de un capuchón.
DUGO m. *Amér. C.* Ayuda, auxilio. Úsase en las loc.: *echar, correr dugos.* ‖ *De dugo,* de balde.
DUGONG m. Cetáceo llamado también *vaca marina*: *el dugong vive en el océano Índico.*
DULA f. (del ár. *dula,* turno). Trozos de tierra que por turno reciben riego de una misma acequia.
DULCAMARA f. (del lat. *dulcis,* dulce, y *amarus,* amargo). Planta de la familia de las solanáceas, de flores violadas.
DULCE adj. (lat. *dulcis*). De sabor agradable: *dulce como la miel.* (SINÓN. *Dulzón, dulzarrón, azucarado.*) ‖ Que halaga los sentidos: *voz dulce.*

dromedario

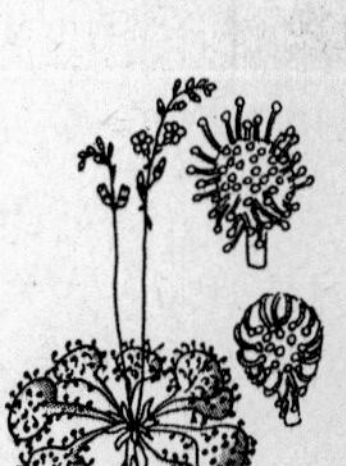

drosera

Fot. Dragesco

‖ Afable, complaciente: *tener un carácter muy dulce.* (SINÓN. V. *Agradable.*) ‖ Dúctil: ***hierro dulce.*** ‖ *Agua dulce,* la que no contiene sal. ‖ *Manjar dulce,* cierto dulce de almíbar. ‖ — M. Confite: *a nadie le amarga un dulce.* (SINÓN. V. *Golosina.*) ‖ *Amér. C.* Panela.

DULCEDUMBRE f. Dulzura, suavidad.

DULCEMENTE adv. m. Con dulzura o suavidad.

DULCERA f. Vaso para dulce: *dulcera de cristal.*

DULCERÍA f. Confitería, tienda de dulces.

DULCERO, RA adj. Aficionado al dulce. ‖ — M. y f. Confitero, el que hace dulces.

DULCIFICACIÓN f. Acción y efecto de dulcificar.

DULCIFICAR v. t. (del lat. *dulcis,* dulce, y *facere,* hacer). Volver dulce: *dulcificar una medicina amarga.* (SINÓN. V. *Endulzar.*) ‖ *Fig.* Mitigar la acrimonia de una cosa: *dulcificar el carácter.* ‖ — CONTR. *Agriar.*

DULCINEA f. *Fam.* Mujer amada. (V. *Parte hist.*) ‖ *Fig.* Aspiración que uno persigue.

DULCÍSONO, NA adj. *Poét.* De sonido dulce.

DULÍA f. (del gr. *doulos,* esclavo). Culto a los ángeles y santos. (SINÓN. V. *Adoración.*)

DULZAINA f. (lat. *dulcisona*). Instrumento músico de viento bastante parecido a la chirimía. (SINÓN. V. *Gaita.*)

DULZAINA f. (de *dulce*). *Fam.* Gran cantidad de dulce: *nos sirvieron a los postres una dulzaina.*

DULZAINO, NA adj. *Fam.* Dulzarrón o dulzón.

DULZARRÓN, ONA y **DULZÓN, ONA** adj. *Fam.* Que tiene un sabor dulce pero empalagoso. (SINÓN. V. *Dulce* y *empalagoso.*)

DULZURA f. Calidad de dulce: *la dulzura del almíbar.* ‖ *Fig.* Suavidad: *la dulzura de un clima.* ‖ *Fig.* Afabilidad en el trato: *nos habló con dulzura.* (SINÓN. *Mansedumbre, unción.* V. tb. *afabilidad* y *bondad.*) ‖ — CONTR. *Dureza, aspereza.*

DUM-DUM f. Bala de fusil, con unas incisiones en la punta, que se abre al penetrar en la carne y produce heridas muy peligrosas. (Su uso está prohibido por la Convención de la Haya de 1899.)

DUMPING m. (pal. ingl.). Método que consiste en vender a precio artificialmente bajo una mercancía en el extranjero para conquistar el mercado.

DUNA f. (fr. *dune*). Montecillo de arena que se forma a la orilla del mar: *las plantaciones de pinos detienen las dunas.* (SINÓN. *Médano.*)

DUNDERA f. *Amer.* Tontería.

DUNDO, DA adj. y s. *Amer.* Tonto, bobo.

DÚO m. (ital. *duo*). *Mús.* Composición escrita para dos voces o instrumentos. (SINÓN. *Dueto.*)

DUODECIMAL y **DUODÉCIMO, MA** adj. Que sigue a lo undécimo.

DUODÉCUPLO, PLA adj. y s. Doce veces mayor.

DUODENAL adj. *Anat.* Relativo al duodeno.

DUODENO, NA adj. (del lat. *duodeni,* doce). Duodécimo. ‖ — M. *Anat.* Primera sección del intestino delgado: *el duodeno tiene unos doce dedos de largo.*

DUPLEX m. *Tecn.* Sistema en radiotelefonía que permite por un solo hilo la transmisión simultánea en los dos sentidos. (En radiodifusión y televisión, las emisiones en *duplex* permiten oír o ver programas emitidos simultáneamene a partir de dos estaciones diferentes.)

DUPLICACIÓN f. Acción de duplicar o doblar.

DUPLICADO m. Copia de un documento. ‖ Ejemplar repetido de una obra. (SINÓN. V. *Copia.*)

DUPLICADOR, RA adj. y s. Que duplica. ‖ — M. Aparato para sacar copias de un escrito.

DUPLICAR v. t. (del lat. *duplicare,* doblar). Hacer doble una cosa. ‖ Multiplicar por dos.

DUPLICATA m. *Neol.* Duplicado, doble.

DUPLICATIVO, VA adj. Que duplica o dobla.

DUPLICIDAD f. (lat. *duplicitas*). Doblez: *hablar con duplicidad.* (SINÓN. V. *Falsedad.*)

DUPLO, PLA adj. (lat. *duplus*). Que contiene un número doble de veces: *ocho es el duplo de cuatro.*

DUQUE m. (lat. *dux, ducis*). Título de honor que viene inmediatamente después del de príncipe. ‖ *Duque de alba,* pilote clavado en el fondo de un puerto, para servir de noray.

DUQUESA f. Mujer que posee un título ducal, o mujer del duque.

DURABILIDAD f. Calidad de durable.

DURABLE adj. (lat. *durabilis*). Duradero.

DURACIÓN f. Acción de durar. ‖ Tiempo que dura una cosa.

DURADERO, RA adj. Que dura: *tela duradera.* ‖ — SINÓN. *Durable, permanente, persistente, fijo, constante, estable.* V. tb. *continuo* y *eterno.*

DURALUMINIO m. Liga de aluminio y cobre con algo de magnesio, manganeso y silicio, de gran dureza, ligereza y resistencia; muy empleado en la construcción de aviones.

DURAMADRE y **DURAMÁTER** f. (del lat. *dura mater,* madre dura). *Anat.* Membrana exterior y más resistente del aparato cerebroespinal.

DURAMEN m. (lat. *duramen*). *Bot.* Parte más seca y dura del tronco de un árbol.

DURAMENTE adv. m. Con dureza o severidad.

DURANGUÉS, ESA adj. y s. De Durango.

DURANTE adv. t. Mientras dura una cosa: *tocó durante una hora.*

DURAR v. i. (lat. *durare*). Continuar siendo: *el sitio de Troya duró diez años.* ‖ Subsistir: *aún duran en pie las pirámides de Egipto.* ‖ — SINÓN. *Permanecer, quedar, perpetuarse.*

DURAZNENSE adj. y s. De Durazno (Uruguay).

DURAZNERO m. Árbol, variedad de melocotón.

DURAZNILLO m. Planta poligonácea. (SINÓN. *Persicaria.*) ‖ *Amer.* Árbol tiliáceo. ‖ *Amer.* Planta solanácea febrífuga.

DURAZNO m. (del gr. *dôrakinon,* melocotón). Duraznero, especie de melocotonero y su fruto.

DUREZA f. Calidad de duro: *la dureza del agua, del mármol.* ‖ *Fig.* Insensibilidad: *dureza de corazón.* ‖ *Med.* Tumor o callosidad.

DURILLO m. Arbusto caprifoliáceo, de flores blancas, cuya madera rojiza y compacta se usa en obras de taracea. ‖ Cornejo, arbusto.

DURMIENTE adj. y s. Que duerme. ‖ — M. Madero horizontal sobre el cual se apoyan otros. ‖ *Tecn.* Traviesa de la vía férrea.

DURO, RA adj. (lat. *durus*). Sólido, difícil de cortar, romper o doblar: *el hierro es más duro que el plomo.* (SINÓN. *Compacto, firme, pétreo, coriáceo.* V. tb. *sólido* y *recio.*) ‖ *Fig.* Fuerte, resistente: *hombre muy duro.* ‖ *Fig.* Violento, cruel: *no hay que ser duro con los animales.* (SINÓN. *Inhumano* y *severo.*) ‖ Penoso: *es duro levantarse a las tres de la mañana.* ‖ Dícese del agua cuando el grado hidrométrico es elevado. ‖ *Fig.* Áspero, rígido: *estilo duro.* ‖ — M. Moneda de cinco pesetas, peso. También se llama *peso duro.* ‖ — Adv. m. Con fuerza: *pégale duro.* ‖ — PROV. **Más da el duro que el desnudo,** más puede esperarse del avaro que del generoso que nada tiene.

DUUNVIR o **DUUNVIRO** m. (lat. *duumvir*). Nombre de varios magistrados de Roma antigua.

DUX m. (ital *dux*). Magistrado supremo en Venecia y Génova: *el dux de Venecia* (f. *dogaresa;* invar. en pl.).

DUZ adj. Dulce. ‖ *Palo duz,* el regaliz.

DUNA

Formación de dunas

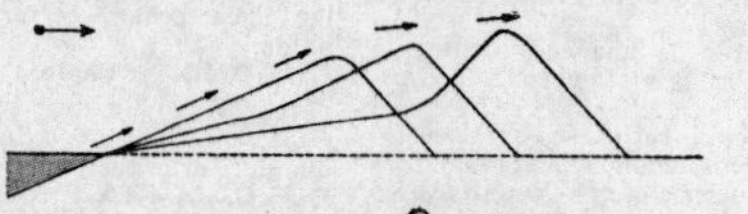

Fijación de dunas: estacas y plantaciones contribuyen a detener la arena

Circuitos electrónicos por múltiplex.

E

E f. Sexta letra del abecedario castellano y segunda de sus vocales: *una E mayúscula.*
E conj. copul. Se usa en vez de la *y* para evitar el hiato antes de palabras que empiezan por *i* o *hi: templos e iglesias, madre e hija.* ‖ — OBSERV. No puede la *e* reemplazar a la *y* en principio de interrogación o admiración, ni cuando la voz siguiente empieza por *y* o por *hie: ¿Y Isidoro?, vid y yedra; agua y hielo.*
E, prep. insep. que denota origen, como en *emanar;* extensión o dilatación, como en *efundir.*
¡EA! interj. (lat. *eia*). Denota resolución o sirve para animar o estimular: *¡ea, a ver si sales!*
EASONENSE adj. y s. Donostiarra.
EBANISTA m. El que trabaja en ébano y otras maderas finas. ‖ Constructor de muebles.
EBANISTERÍA f. Arte o taller del ebanista. ‖ Muebles hechos por un ebanista.
ÉBANO m. (lat. *ebenus*). Árbol de la familia de las ebenáceas, cuya madera, maciza, pesada y negra, es muy estimada para la fabricación de muebles.
EBENÁCEAS f. pl. *Bot.* Familia de plantas angiospermas dicotiledóneas intertropicales, con hojas generalmente alternas y enteras y madera negra y pesada, que tienen por tipo el ébano.
EBONITA f. (del ingl. *ebony,* ébano). Caucho endurecido por la vulcanización: *la ebonita sirve para hacer peines, aisladores eléctricos, discos,* etcétera.
EBRIEDAD f. Embriaguez. (SINÓN. V. *Borrachera.*)
EBRIO, A adj. y s. (lat. *ebrius*). Embriagado. (SINÓN. V. *Borracho.*) ‖ *Fig.* Ciego: *ebrio de pasión.*
EBRIOSO, SA adj. y s. (lat. *ebriosus*). Aficionado a emborracharse o que se embriaga muy fácilmente.
EBULLICIÓN f. (lat. *ebullitio*). Hervor. ‖ *Fig.* Efervescencia, agitación pasajera: *multitud en ebullición.*
EBULLÓMETRO y **EBULIOSCOPIO** m. *Fís.* Aparato que sirve para medir la temperatura a la cual hierve un cuerpo.
EBÚRNEO, A adj. (del lat. *eburneus,* de marfil). De marfil, parecido a él: *blancura ebúrnea.*
ECARTÉ m. (del fr. *écarté,* descarte). Juego de naipes que se juega entre dos personas.

ECCEHOMO o **ECCE HOMO** m. (del lat. *ecce,* he aquí, y *homo,* el hombre). Imagen de Jesucristo, coronado de espinas. ‖ *Fig.* Persona de lastimoso aspecto.
ECCEMA f. Eczema.
ECLAMPSIA f. *Med.* Enfermedad convulsiva que a veces padecen las mujeres recién paridas.
ECLÁMPTICO, CA adj. Relativo a la eclampsia o que padece esta enfermedad: *crisis eclámptica.*
ECLECTICISMO m. (del gr. *eklegein,* escoger). Método que consiste en reunir lo mejor de la doctrina de varios sistemas. ‖ *Fig.* Solución intermedia.
ECLÉCTICO, CA adj. y s. Partidario del eclecticismo. ‖ Que adopta entre varias opiniones o cosas lo que mejor le parece: *coleccionista muy ecléctico.* ‖ — Adj. Formado de elementos tomados a diversos sistemas: *gusto ecléctico.*
ECLESIASTÉS m. Libro del Antiguo Testamento, escrito por Salomón.
ECLESIÁSTICAMENTE adv. m. De un modo propio del eclesiástico: *vivir eclesiásticamente.*
ECLESIÁSTICO, CA adj. (lat. *ecclesiasticus,* de *ecclesia,* iglesia). Relativo a la Iglesia: *traje eclesiástico.* ‖ — M. Clérigo. (SINÓN. V. *Sacerdote.*) ‖ Uno de los libros del Antiguo Testamento.
ECLESIASTIZAR v. t. Espiritualizar.
ECLÍMETRO m. (del gr. *klinein,* inclinar, y *metron,* medida). *Topogr.* Instrumento empleado para medir la inclinación de las pendientes.
ECLIPSAR v. t. *Astr.* Interceptar un astro la luz de otro. ‖ Ocultar: *nube que eclipsa el Sol.* ‖ *Fig.* Deslucir: *la gloria de César eclipsó la de Pompeyo.* (SINÓN. V. *Obscurecer.*) ‖ — V. r. Ausentarse. ‖ Dejar de existir. (SINÓN. V. *Desaparecer.*)
ECLIPSE m. (del gr. *ekleipein,* faltar). Desaparición total o parcial de un astro por la interposición de otro cuerpo celeste. ‖ *Fam.* Ausencia. — Hay *eclipse de Luna* cuando, estando la Tierra interpuesta entre el Sol y la Luna, atraviesa ésta el cono de sombra que aquélla proyecta en

ecce homo

Fot. C. S. F.-Bovillot, Neurdein-Giraudon

ECLIPSES

Los planos de las órbitas lunar y terrestre se cortan, según un ángulo α, por la línea de los nodos nn', cuya dirección varía constantemente. Esto explica el que no haya dos eclipses en cada lunación, sino solamente cuando la línea de los nodos está orientada hacia el Sol (A). En ese caso habrá eclipse de Sol en n por interposición de la Luna entre la Tierra y el Sol, o eclipse de Luna en n', cuando el satélite atraviese el cono de sombra de la Tierra

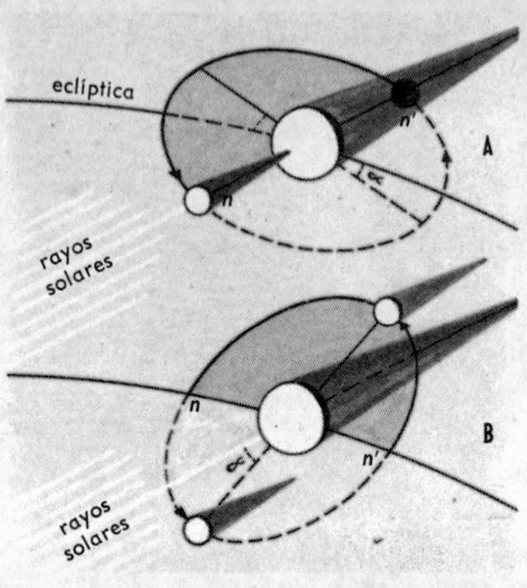

el espacio. La interposición de la Luna entre la Tierra y el Sol produce el *eclipse de Sol.* Los eclipses son *totales* o *parciales,* conforme desaparece todo el astro o parte de él. Los eclipses se reproducen periódicamente.

ECLIPSIS f. *Gram.* Elipsis.

ECLÍPTICA f. (de *eclipse*). Círculo máximo que el Sol describe en su movimiento anual sobre la esfera celeste. ‖ Órbita que describe la Tierra en su movimiento anual y en la cual se verifican los eclipses.

ECLISA f. *Tecn.* Plancha que une dos rieles de ferrocarril que se siguen. También se llama *mordaza.*

ECLOSIÓN f. (fr. *éclosion*). Galicismo por *brote, nacimiento* de una flor, *aparición* de un fenómeno, etc.

ECO m. (del gr. *ekho,* sonido). Repetición de un sonido reflejado por un cuerpo duro: *ciertos ecos repiten hasta veinte veces una sílaba.* ‖ Sonido lejano: *los ecos del tambor.* ‖ *Fig.* Noticia: *ecos de sociedad de un periódico.* (SINÓN. V. *Anécdota.*) ‖ Composición poética en que se repite la última sílaba de algunos versos en forma de eco. ‖ Persona que repite lo que otra dice: *ser el eco de otro.* ‖ *Fig.* Lo influido por un antecedente. ‖ Buena acogida: *petición que no tuvo ningún eco.* ‖ Onda electromagnética emitida por un radar que vuelve a él después de haber sido reflejada por un obstáculo. ‖ *Hacer eco,* tener efecto.

ECOICO, CA adj. Relativo al eco: *poesía ecoica.*

ECOLALIA f. *Med.* Repetición involuntaria de las palabras o frases oídas, en lugar de dar una respuesta.

ECOLOGÍA f. Estudio de las relaciones entre los organismos y el medio en que viven.

ECOLÓGICO, CA adj. Relativo a la ecología.

ECONOMATO m. Cargo del ecónomo. ‖ Almacén donde se expenden géneros o mercancías de cooperativas, sindicatos, etc.

ECONOMÍA f. Orden en el gasto de una casa: *economía doméstica.* ‖ Virtud que consiste en evitar los gastos inútiles: *la economía es el único medio de llegar a la fortuna.* (SINÓN. *Administración, parsimonia, parquedad.*) ‖ Lo que se ha economizado, ahorro: *perder sus economías.* (SINÓN. *Ahorro, peculio.*) ‖ Conjunto de actividades de una colectividad humana en lo que respecta a la producción y al consumo de las riquezas. ‖ Escasez, miseria. ‖ Buena distribución. ‖ Pl. Ahorros. ‖ Reducción de gastos. ‖ *Economía política,* ciencia que trata de la producción, la repartición y el consumo de las riquezas. ‖ *Economía social,* ciencia de las leyes que rigen la sociedad y sus intereses. ‖ *Economía rural,* ciencia que estudia los mejores medios de aprovechar la tierra. ‖ *Economía dirigida,* la intervenida por el Estado.

ECONÓMICAMENTE adv. m. De una manera económica: *vivir económicamente.*

ECONÓMICO, CA adj. Relativo a la economía: *vida económica.* ‖ Relativo a la economía política: *los problemas económicos.* ‖ Que gasta poco ahorrador. ‖ Poco costoso, barato.

ECONOMISTA m. Escritor o experto en economía política.

ECONOMIZAR v. t. Ahorrar, guardar para más adelante. ‖ *Fig.* No prodigar: *economizar tiempo.*

ECÓNOMO m. (del gr. *oikonomos,* de *oikos,* casa, y *nomos,* administración). El que está encargado de la administración y el gasto de una casa.

ECOTADO, DA adj. (fr. *écoté*). *Blas.* Aplícase a los troncos privados de sus ramas.

ECTASIA f. *Med.* Dilatación de un órgano hueco.

ÉCTASIS f. (del gr. *ektasis,* extensión). Licencia poética que consiste en alargar la sílaba breve para la medida del verso.

ECTODERMO m. Hoja externa de las células del blastodermo.

ECTOPARÁSITO adj. y s. Dícese del parásito que vive en la superficie de otro organismo.

ECTOPLASMA m. Emanación material que pretenden producir ciertos espiritistas. ‖ Parte externa de la célula.

ECTROPIÓN m. *Med.* Inversión hacia afuera del párpado inferior.

ECUACIÓN f. (del lat. *aequare,* igualar). Igualdad que contiene una o más incógnitas: *resolver una ecuación.* ‖ *Astr.* Tiempo variable que se agrega cada día al tiempo medio, o se sustrae de él, para tener el tiempo verdadero.

ECUADOR m. (del lat. *aequare,* igualar). *Ecuador celeste,* círculo máximo de la esfera celeste, perpendicular a la línea de los polos. ‖ *Ecuador terrestre,* círculo máximo de la Tierra perpendicular a la línea de los polos: *el ecuador divide la Tierra en dos hemisferios.* ‖ *Ecuador magnético,* línea trazada en la Tierra por los puntos donde es nula la inclinación de la aguja imantada.

ECUÁNIME adj. Que muestra ecuanimidad.

ECUANIMIDAD f. Igualdad de ánimo. (SINÓN. V. *Prudencia.*) ‖ Imparcialidad.

ECUATORIAL adj. Relativo al ecuador: *línea ecuatorial.* ‖ — M. *Astr.* Aparato que se compone de un anteojo móvil y que sirve para medir las ascensiones y declinaciones de los astros.

ECUATORIANISMO m. Voz o giro propios del Ecuador.

ECUATORIANO, NA adj. y s. Del Ecuador.

ECUESTRE adj. (lat. *equestris,* de *equus,* caballo). Relativo a la equitación: *ejercicio ecuestre.* ‖ Que representa un personaje a caballo: *estatua ecuestre.* ‖ *Orden ecuestre,* orden de los caballeros romanos.

ECUMENE m. Parte habitada y cultivada de la Tierra.

ECUMENICIDAD f. Universalidad de una cosa.

ECUMÉNICO, CA adj. (del gr. *oikoumenê,* la tierra habitada). Dícese de los concilios generales a los que se convocan todos los obispos del mundo. ‖ Universal, que se extiende a todo el orbe. (SINÓN. V. *Universal.*)

ECUMENISMO m. Movimiento para la unión de las Iglesias cristianas.

ECUÓREO, A adj. Del mar: *llanura ecuórea.*

ECZEMA m. (del gr. *ekzema,* hervor). *Med.* Nombre de diversas enfermedades de la piel caracterizadas por vesículas, secreción y descamación epidérmica. (Esta palabra, que la Academia ortografía *eccema* y le da género femenino, se escribe usualmente *eczema* y se la hace masculina.)

ECZEMATOSO, SA adj. *Med.* Relativo al eczema.

ECHACANTOS m. *Fam.* Hombre despreciable.

ECHACUERVOS m. Alcahuete. ‖ Hombre embustero y despreciable.

ECHADA f. Acción y efecto de echar. ‖ Espacio que ocupa un hombre tendido en el suelo: *dar un corredor a otro dos echadas de ventaja.* ‖ *Arg.* y *Méx. Fam.* Mentira.

ECHADERO m. Sitio a propósito para echarse.

ECHADIZO, ZA adj. Enviado con disimulo para rastrear alguna cosa. ‖ Esparcido con arte y disimulo. ‖ Inútil, que se desecha. ‖ *Fam.* Expósito, inclusero.

ECHADO m. *Min.* Buzamiento del filón.

ECLÍPTICA

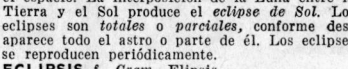

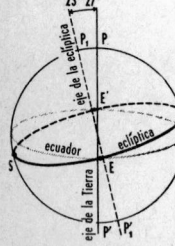

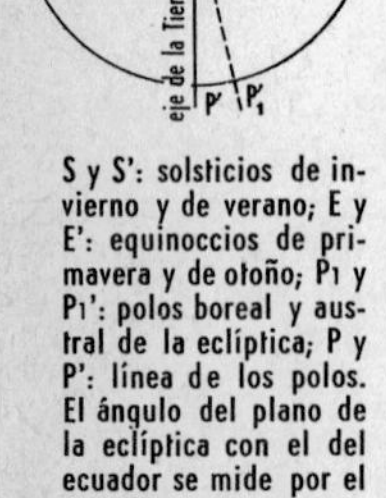

S y S': solsticios de invierno y de verano; E y E': equinoccios de primavera y de otoño; P1 y P1': polos boreal y austral de la eclíptica; P y P': línea de los polos. El ángulo del plano de la eclíptica con el del ecuador se mide por el arco PP1.

ECHADOR, RA adj. y s. Que echa. || — M. Mozo de café que sirve con la cafetera. || *Cub.* y *Méx.* Fanfarrón.
ECHADURA f. Acción de echarse las gallinas cluecas para empollar. || — Pl. Aechaduras.
ECHAMIENTO m. Acción de echar o arrojar.
ECHAR v. t. (del lat. *iectare,* arrojar). Lanzar: *echar un papel por la ventana.* (SINÓN. *Tirar, arrojar, desechar.*) || Despedir: *echar sangre por las narices.* || Dejar caer una cosa en un sitio: *echar aceite en una tinaja.* || Hacer salir, arrojar: *le echaron de la iglesia por borracho.* (SINÓN. V. *Expulsar.*) || Quitar el destino: *le echaron de su destino porque robó.* || Brotar: *echar raíz una estaca.* || Salir: *echar los dientes un niño.* || *Fam.* Comer o beber: *echar un trago* || Correr: *echar la llave.* || Imponer: *echar tributo.* || Jugar: *echar una mano al tute.* || Inclinar : *echar el cuerpo atrás.* || Tender, acostar. || Empezar : *echar a correr.* || Jugar, apostar: *echar a una rifa.* || Dar, entregar: *echar de comer.* || Poner en el buzón de correos: *echó la carta.* || Hacer: *echar cuentas.* || Conjeturar, suponer: *le echo tres años.* || Pronunciar: *echar un discurso.* || Ir: *echar por la izquierda.* || Aumentar, criar, tener: *echar barriga.* || *Fam.* Poner, proyectar: *echar una película.* || *Fam.* Elevar, dirigir, presentar: *echar una instancia.* || *Fam.* Dar: *echar la bendición.* || Representar: *echar una comedia.* || Hacer o decir: *echar maldiciones, bravatas.* || Prorrumpir: *echar a reír.* || — V. r. Arrojarse, tirarse: *echarse al río.* || Tenderse, acostarse: *se echó en la cama.* || Calmarse el viento. || Dedicarse a una cosa. || *Amér. C.* Gastar una prenda de vestir: *echarse zapatos.* || *Echar a perder, deteriorar.* Malograr un negocio. || *Echar de menos una cosa,* reparar la falta de ella. || *Echar de ver,* reparar, advertir. || *Echarla de* o *echársela de,* preciarse, jactarse de: *echarla de valiente.* || *Echarlo todo a rodar,* desbaratar un negocio o dejarse llevar de la ira. || *Echarse a perder,* perder sus buenas cualidades.
ECHARPE m. Galicismo por *chal, mantón.*
ECHAZÓN f. Echada, acción de echar. || *Mar.* Acción de arrojar al mar la carga o parte de ella.
ECHÓN, ONA adj. *Venez.* Fanfarrón, petulante.
ECHONA *Chil.* y **ECHUNA** f. *Arg.* Hoz pequeña.
EDAD f. (lat. *aetas*). Tiempo transcurrido desde el nacimiento: *un niño de corta edad.* || Duración de la vida. || Duración de una cosa material. || Cada uno de los períodos de la vida: *la infancia es la más feliz de las edades.* || Período histórico: *la Edad Moderna, la Edad del Bronce.* || Época, tiempo: *en la edad de nuestros mayores.* || Vejez, edad madura: *es un hombre de edad.* || *Edad adulta,* la de un organismo que se ha desarrollado completamente. || *Edad crítica,* la de la mujer en la época de la menopausia. || *Edad Media,* tiempo transcurrido desde el siglo V hasta el siglo XV de nuestra era. || *Mayor edad,* la exigida por la ley para la independencia completa del individuo. || *Menor edad,* la del hijo o pupilo que no puede aún disponer por completo de su persona ni de sus bienes. || *Mayor de edad,* persona que ha llegado a la mayor edad. || *Menor de edad,* persona que está en la menor edad. || *Edad de Oro,* tiempo durante el cual los hombres conservaron gran pureza de costumbres y durante el que reinó en la Tierra una primavera perpetua. || *Fam. Edad del pavo* o *Edad del chivateo* (amer.), edad de la pubertad en que algunos muchachos manifiestan pesadez, tontería.
EDECÁN m. (fr. *aide de camp*). *Mil.* Ayudante. || *Fig.* y *fam.* Auxiliar, acompañante.
EDELWEISS m. Género de plantas compuestas que se encuentran en los Alpes y los Pirineos.
EDEMA m. (del gr. *oidêma,* hinchazón). *Med.* Tumefacción de la piel, producida por infiltración de serosidad en el tejido celular.
EDEMATOSO, SA adj. Perteneciente al edema.
EDÉN m. (del hebr. *eden,* huerto delicioso). Paraíso terrenal. (SINÓN. V. *Cielo.*) || *Fig.* Lugar delicioso.
EDÉNICO, CA adj. Propio del Edén o Paraíso: *una vida edénica.* (SINÓN. *Paradisiaco.*)
EDICIÓN f. (lat. *editio*). Impresión y publicación de un libro. (SINÓN. *Tirada, impresión, estampación, publicación.*) || Colección de los ejemplares de la misma obra impresos de una vez. || Conjunto de ejemplares de periódicos o diarios impresos en una sola vez : *edición especial.* || *Edición príncipe* o *princeps,* la primera de las que que se han hecho de una obra.
EDICTO m. (lat. *edictum,* de *edicere,* pronunciar). Ordenanza: *publicar un edicto de persecución.* (SINÓN. V. *Ley.*)
EDÍCULO m. Edificio pequeño.
EDIFICACIÓN f. Acción de edificar: *la edificación del templo de Jerusalén fue obra de Salomón.* (CONTR. *Destrucción.*) || Construcciones. (SINÓN. V. *Edificio.*) || *Fig.* Sentimientos de piedad y de virtud que se inspiran con el buen ejemplo. (CONTR. *Escándalo.*) || Galicismo por *conocimiento.*
EDIFICADOR, RA adj. y s. Que edifica. || Edificativo.
EDIFICANTE adj. Que edifica o incita a la virtud: *lectura edificante.* || — CONTR. *Escandaloso.*
EDIFICAR v. t. (del lat. *aedes,* construcción, y *facere,* hacer). Construir : *Vespasiano mandó edificar el Coliseo de Roma.* (SINÓN. *Erigir, levantar.* CONTR. *Destruir, derribar.*) || *Fig.* Combinar, fundar: *edificar una sociedad.* || Incitar a la virtud con el ejemplo: *edificar al prójimo con su conducta.* (CONTR. *Escandalizar.*)
EDIFICATIVO, VA adj. *Fig.* Que edifica o incita al bien: *un ejemplo edificativo.* (SINÓN. *Edificante.*)
EDIFICATORIO, RIA adj. Perteneciente al arte de edificar o construir.
EDIFICIO m. Construcción generalmente grande. (SINÓN. *Edificación, obra, fábrica, inmueble.* V. tb. *casa.*) || *Fig.* Resultado de un conjunto de combinaciones y convenciones: *el edificio social está asentado en el respeto de la libertad humana.*
EDIL m. (lat. *aedilis*). Magistrado romano que estaba encargado de la inspección y conservación de los monumentos públicos. || Concejal.
EDILICIO, CIA adj. Relativo al cargo del edil: *desempeñar funciones edilicias.*
EDILIDAD f. Cargo del edil y tiempo que duraba.
EDITAR v. t. Publicar y poner a la venta la obra de un escritor, compositor o grabador. (SINÓN. V. *Imprimir.*)
EDITOR m. (lat. *editor*). El que edita o publica una obra literaria, musical o artística. || — Adj. Que edita: *casa editora.*
EDITORIAL adj. Relativo al editor o a la edición: *casa editorial.* || — M. Artículo de fondo en un periódico, que emana de su dirección. || — F. Casa editora.
EDREDÓN m. Plumón muy fino que producen ciertas aves. || Almohadón relleno de plumón, que se suele colocar a modo de cobertor en las camas.
EDUCABLE adj. Capaz de educación: *el perro es un animal fácilmente educable.*
EDUCACIÓN f. (lat. *educatio*). Acción de desarrollar las facultades físicas, intelectuales y morales: *la educación es el complemento de la instrucción.* (SINÓN. V. *Enseñanza.*) || Resultado de esta acción. || Conocimiento de los usos de la sociedad: *un hombre sin educación.* (SINÓN. *Civilización* y *urbanidad.*) || *Educación física,* gimnasia. || *Educación nacional,* instrucción pública.
EDUCACIONISTA m. *Neol.* Educador.
EDUCADO, DA adj. Correcto, fino. (SINÓN. V. *Civilizado.*)
EDUCADOR, RA adj. y s. Que educa.
EDUCANDO, DA adj. y s. Que recibe educación en un colegio. (SINÓN. *Colegial.*)
EDUCAR v. t. (lat. *educare*). Dirigir, enseñar. (SINÓN. *Instruir, iniciar, profesar, documentar, perfeccionar.*) || Desarrollar las facultades intelectuales y morales del niño: *educar cristianamente.* (SINÓN. V. *Formar.*) || Desarrollar las facultades físicas. || *Fig.* Perfeccionar los sentidos: *educar el oído.* || Enseñar la urbanidad.
EDUCATIVO, VA adj. Relativo a la educación: *principios educativos.*
EDUCIR v. t. (lat. *educere*). Sacar una cosa de otra, deducir. || — IRREG. Se conjuga como *conducir.*
EDULCORACIÓN f. Acción de edulcorar.
EDULCORAR v. t. *Farm.* Endulzar.
EFE f. Nombre de la letra *f*: *una efe mayúscula.*
EFEBO m. (gr. *ephebos*). Joven, muchacho, mancebo. (SINÓN. V. *Adolescente.*)

EFECTISMO m. Abuso de los detalles y situaciones capaces de producir gran impresión.
EFECTISTA adj. y s. Aficionado al efectismo. || — Adj. Que causa efecto.
EFECTIVAMENTE adv. Con efecto, realmente.
EFECTIVIDAD f. Calidad de efectivo. || *Mil.* Posesión del empleo de que sólo se tenía el grado.
EFECTIVO, VA adj. Real, verdadero: *autoridad efectiva.* (SINÓN. V. *Eficaz.*) || Dícese del empleo o cargo de plantilla. || — M. Número de los componentes de una colectividad. || Dinero disponible. || *En efectivo,* en numerario: *pago en efectivo.* || — CONTR. *Aparente, ilusorio.*
EFECTO m. Resultado de una causa: *no hay efecto sin causa.* (SINÓN. V. *Consecuencia.*) || Documento mercantil. || Impresión: *el efecto producido por sus palabras fue muy grande.* (SINÓN. *Motivo, objeto.*) || Potencia transmitida por una máquina. || Artículo de comercio. || Rotación que se da a una bola de billar, a un balón, para obtener un recorrido o botes anormales. || — Pl. Bienes, muebles, enseres: *efectos de escritorio.* || *Efectos públicos,* documentos de crédito emitidos por una corporación pública. || *Con,* o *en, efecto,* efectivamente; en conclusión. || *Hacer* o *surtir efecto,* dar una cosa el resultado que se esperaba de ella.
EFECTUAR v. t. Realizar o ejecutar una cosa: *efectuar una operación.* (SINÓN. V. *Cumplir.*) || — V. r. Cumplirse, hacerse efectiva. || — CONJUG. *efectúo, efectuamos,* etc.
EFEDRÁCEAS f. pl. Plantas gimnospermas como el belcho.
EFEDRINA f. Alcaloide sacado del belcho.
EFÉLIDE f. *Med.* Peca.
EFEMÉRIDES f. pl. Tablas astronómicas que dan para cada día del año la situación de los planetas. || Libro que contiene la memoria de los acontecimientos sobrevenidos en un mismo día en diferentes épocas: *calendarios con efemérides.* (SINÓN. V. *Anales* y *calendario.*) || Sucesos notables ocurridos en diferentes épocas. || — OBSERV. Suele usarse en singular: *efeméride* o *efemérides.*
EFÉMERO m. Lirio hediondo.
EFENDI m. Título de los funcionarios civiles, los ministros del culto y los sabios entre los turcos.
EFERENTE adj. *Anat.* Que lleva: *vaso eferente.*
EFERVESCENCIA f. Desprendimiento de gas a través de un líquido. || *Fig.* Agitación extremada: *calmar la efervescencia popular.* || *Fig.* Agitación, emoción viva: *la efervescencia de las pasiones.*
EFERVESCENTE adj. Que está en efervescencia: *magnesia efervescente.*
EFESINO, NA y **EFESIO, SIA** adj. y s. De Éfeso: *hubo muchos efesios célebres.*
EFICACIA f. (lat. *efficacia*). Virtud, actividad, fuerza: *la eficacia de un remedio.* || — CONTR. *Ineficacia.*
EFICAZ adj. (lat. *efficax*). Activo, que produce efecto: *administrar un remedio eficaz.*
EFICAZMENTE adv. m. Con eficacia.
EFICIENCIA f. Virtud para lograr algo.
EFICIENTE adj. (lat. *efficiens*). Que produce realmente un efecto: *el Sol es causa eficiente del calor.* (SINÓN. V. *Eficaz.*) || Competente: *hombre eficiente.*
EFIGIE f. (lat. *effigies*). Representación o imagen de una persona: *quemar a un reo en efigie.* || Imagen representada en una medalla o moneda. (SINÓN. V. *Retrato.*) || *Fig.* Personificación, imagen viva: *la efigie de la angustia.*
EFÍMERA f. Cachipolla, insecto.
EFÍMERO, RA adj. (del gr. *ephemeros,* de un día). Que dura un solo día: *insecto efímero.* || De corta duración: *la belleza es cosa efímera.* (SINÓN. V. *Pasajero.*)
EFLORECERSE v. r. *Quím.* Ponerse en eflorescencia.
EFLORESCENCIA f. (de *e,* y el lat. *florescere,* florecer). Transformación de ciertas sales que se convierten en polvo: *la eflorescencia del vitriolo azul.* || Erupción en la piel. || Polvo que cubre ciertas frutas. || — CONTR. *Delicuescencia.* || — PARÓN. *Florescencia.*
EFLORESCENTE adj. Capaz de eflorecerse.

eider

EFLUVIO m. (lat. *effluvium,* de *e,* fuera, y *fluere,* correr). Especie de emanación que se exhala del cuerpo del hombre y de los animales y en general de los cuerpos organizados. || *Efluvio eléctrico,* emisión que se manifiesta con una corriente eléctrica débilmente luminosa u obscura. || — SINÓN. *Emanación, exhalación, miasma.*
EFOD m. (del hebr. *ephod,* vestidura). Vestidura de lino corta y sin mangas de los sacerdotes israelitas.
ÉFORO m. (del gr. *ephoros,* inspector). Nombre de los cinco magistrados que elegía anualmente el pueblo en Esparta para contrapesar el poder del Senado y de los reyes.
EFRACCIÓN f. Galicismo por *fractura* (robo).
EFUGIO m. (lat. *effugium*). Evasión, recurso.
EFUSIÓN f. (lat. *effusio*). Derramamiento de un líquido: *efusión de sangre.* || *Fig.* Manifestación de sentimientos muy viva: *le abrazó con efusión.*
EFUSIVIDAD f. Carácter de efusivo.
EFUSIVO, VA adj. Que manifiesta efusión.
EGERIA f. Nombre que se suele dar familiarmente a la persona que aconseja a otra, en recuerdo de la ninfa Egeria. (V. *Parte hist.*)
ÉGIDA f. (del gr. *aigis,* piel de cabra). Piel de la cabra Amaltea, adornada con la cabeza de Medusa, que servía de coraza o escudo a Júpiter y a Minerva. || *Fig.* Protección, defensa: *ponerse bajo su égida.* (SINÓN. V. *Auspicio.*)
EGÍLOPE f. (gr. *aigilops*). Nombre científico de una especie de avena parecida a la ballueca.
EGIPÁN m. *Mitol.* Sátiro.
EGIPCIACO, CA y **EGIPCIANO, NA** adj. y s. Egipcio: *Santa María Egipciaca.*
EGIPCIO, CIA adj. y s. De Egipto: *el pueblo egipcio.* || — M. Lengua egipcia.
EGIPTOLOGÍA f. Estudio de las antigüedades de Egipto.
EGIPTÓLOGO, GA m. y f. Sabio que ha estudiado las antigüedades o la lengua egipcias.
ÉGLOGA f. *Poét.* Composición poética del género bucólico: *Virgilio imitó las églogas de Teócrito.* (SINÓN. V. *Pastoral.*)
EGLÓGICO, CA adj. Propio de la égloga.
EGO m. *Fil.* El ser individual. || La parte consciente del individuo.
EGOCÉNTRICO, CA adj. Propio del egocentrismo. (SINÓN. V. *Personal.*)
EGOCENTRISMO m. Tendencia del hombre a considerarse como centro del universo.
EGOÍSMO m. (del lat. *ego,* yo). Inmoderado amor de sí mismo, que hace pensar sólo en el interés personal: *el egoísmo es una imperfección del corazón y de la inteligencia.*
EGOÍSTA adj. y s. Que tiene o muestra egoísmo: *vivir de un modo egoísta.* (SINÓN. V. *Personal.* CONTR. *Altruista.*)
EGOÍSTAMENTE adv. m. De un modo egoísta.
EGOISTÓN, ONA adj. Muy egoísta.
EGÓLATRA adj. Que profesa la egolatría.
EGOLATRÍA f. Culto de sí mismo.
EGOLÁTRICO, CA adj. De la egolatría.
EGOTISMO m. Sentimiento exagerado de la propia personalidad.
EGOTISTA adj. y s. Partidario del egotismo. (SINÓN. V. *Personal.*)
EGREGIO, GIA adj. (lat. *egregius*). Ilustre.
EGRESADO, DA adj. y s. *Amer.* Universitario.
EGRESAR v. i. *Amer.* Salir de un establecimiento de enseñanza.
EGRESO m. (lat. *egressus*). Salida. || — CONTR. *Ingreso.*
¡EH! interj. Se emplea para llamar o advertir.
EIDER m. (pal. sueca). Especie de pato que produce el *edredón.* Tb. se llama *pato de flojel.*
EIRÁ m. V. EYRÁ.
EJE m. Línea recta que pasa por el centro de un cuerpo, y alrededor de la cual se supone que gira éste. || Barra que une dos ruedas de opuesto lado de un carruaje. || Línea que divide por la mitad cualquier cosa: *el eje de una calle.* || *Geom.* Línea alrededor de la cual se supone que gira una figura. || *Fig.* Idea fundamental. || *Fig.* Tema preponderante. || *Fig.* Sostén o apoyo principal de una empresa. || *Fig.* y *fam.* *Partir por el eje,* perjudicar gravemente.

ARTE EGIPCIO

:UITECTURA. Ya en los tiempos del Antiguo Imperio onstruyeron pirámides en Saquara, Dachur, Meidum y h, acompañadas de vastos conjuntos funerarios. Durante uevo Imperio, en la región de Tebas se realizaron impor-es construcciones : sala hipóstilo de Carnac, templos o los de Abidos, Deir el Bahri y Luxor; santuarios :stres como en Abú Simbel y tumbas en el valle de los es. De la época de Ptolomeo datan los templos de Hator, en Dendera; de Horus, en Edfú, y de Isis, en Filae.

:ULTURA. A través de todas las épocas se producen .s maestras en el campo escultórico : estatuas de los s Kefrén y Jeser, El escriba sentado (Louvre), el Jeque :eled, la Portadora de ofrenda (Antiguo Imperio) ; las tuas de Sesostris I y Sesostris III; de las XVIII y XIX stías, la estatua de la reina Hachepsut, retratos de :nofis IV, Nefertiti y Seti I. La evolución del bajorre-e continúa desde la estela del Rey-serpiente (Louvre) :a las decoraciones de los templos de Carnac y Abidos. › la dinastía de los Lagidas, la influencia griega transforma el arte egipcio y no permite su renovación.

TURA. La pintura mural es corriente durante las III / dinastías. Durante el Imperio Medio, las artes pic-:as rivalizan con la decoración en relieve de las capillas astabas, de donde toman muchos motivos; aún se des-llan más durante el Nuevo Imperio, debido a la gran cantidad de tumbas que se construyen en Tebas.

:ES MENORES. Las diademas, collares, brazaletes y :orales, así como la copa de oro de Ramsés II, el tesoro Tutankamón y otros son de una gran riqueza. El mobi-:o de este último rey, al igual que el de la reina Heteferes dinastía), se distingue por la elegancia de la técnica y la ornamentación.

'irámides de Kefrén y de Micerino, reyes de la IV dinas-2. Bajorrelieve : Seti I (XIX dinastía) orando ante 'ios Gheperi; 3. El Gran Halcón Horus, guardián del :lo de Edfú; 4. Cabeza de madera adaptada a las formas a momia (XXI dinastía); 5. El gran templo de Abú :bel, edificado por Ramsés II (1298-1232 a. de J. C.), en los confines del Alto Egipto y el Sudán

Fot. Audrain-Mission Samivel, Beaucour-Montel

eje

eléboro

EJECUCIÓN f. Acción y efecto de ejecutar: *pasar del proyecto a la ejecución.* || Manera de realizar una idea. || Modo de interpretar una obra de arte. || Suplicio de un reo de muerte. || *For.* Embargo y venta de los bienes de un deudor.

EJECUTABLE adj. Que puede ser ejecutado.

EJECUTANTE m. Músico que ejecuta un trozo musical: *orquesta de pocos ejecutantes.* || — Adj. y s. *For.* Que ejecuta judicialmente.

EJECUTAR v. t. (lat. *exsecutum*, supino de *exsequi*, seguir). Poner por obra una cosa: *ejecutar una obra de arte.* (SINÓN. V. *Cumplir.*) || Tocar: *ejecutar una sonata.* || Ajusticiar: *ejecutar a un condenado.* (SINÓN. V. *Matar.*) || *For.* Obligar a una persona a que pague lo que debe.

EJECUTIVAMENTE adv. m. Con gran prisa.

EJECUTIVO, VA adj. Que no da tregua, apremiante: *no sea usted tan ejecutivo.* || Que aplica las leyes: *poder ejecutivo.* || — M. El poder ejecutivo. || — F. Junta directiva.

EJECUTOR, RA adj. y s. Que ejecuta: *el ejecutor de un proyecto.* || *Ejecutor testamentario,* albacea. || *Ejecutor de la justicia,* verdugo.

EJECUTORIA f. Título de nobleza de una persona o familia. || *For* Despacho que libra el tribunal de la sentencia pasada en autoridad de cosa juzgada. || Historial.

EJECUTORÍA f. Oficio de ejecutor.

EJECUTORIAR v. t. Obtener sentencia que causa ejecutoria. || Comprobar la certeza de algo.

EJECUTORIO, RIA adj. *For.* Perteneciente a la ejecución del deudor: *juicio ejecutorio.*

¡EJEM! interj. Denota duda o ironía.

EJEMPLAR adj. Que da buen ejemplo: *vida ejemplar.* (SINÓN. V. *Modelo.*) || Lo que debe servir de escarmiento: *hace falta un castigo ejemplar.* || — M. Cada una de las copias de un escrito o grabado que se sacan de un tipo común: *un ejemplar de la Biblia.* || Individuo. || Objeto de una colección.

EJEMPLARIDAD f. Calidad de ejemplar.

EJEMPLARIZAR v. t. *Neol.* Barb. por *dar ejemplo, servir de ejemplo.*

EJEMPLARMENTE adv. m. De un modo ejemplar: *castigar ejemplarmente una sedición.*

EJEMPLIFICACIÓN f. Acción y efecto de ejemplificar.

EJEMPLIFICAR v. t. Demostrar, probar o explicar con ejemplos.

EJEMPLO m. (lat. *exemplum*). Lo que puede servir de modelo. (SINÓN. *Patrón, regla, paradigma.*) || Persona que se toma por modelo: *este escolar es un ejemplo para sus camaradas.* || Desgracia, castigo que puede servir de lección: *es menester hacer un ejemplo.* || Frase que apoya una regla: *un diccionario sin ejemplos es un esqueleto.*

EJERCER v. t. (lat. *exercere*). Practicar un oficio o facultad: *ejercer la medicina.* (SINÓN. V. *Practicar.*) || — PARÓN. *Ejercitar.* || — OBSERV. Es barbarismo decir *ejercer de médico.*

EJERCICIO m. (lat. *exercitum*). Acción y efecto de ejercer: *el ejercicio de la medicina.* || Acción de ejercitarse en una cosa. || Trabajo intelectual que sirve de aplicación a las lecciones: *un ejercicio de gramática.* || Paseo, gimnasia, etc., que se hace para conservar la salud: *la bicicleta es un excelente ejercicio.* || Tiempo en el cual rige una ley. || Prueba en una oposición. || *Mil.* Movimientos y evoluciones con que se adiestra la tropa: *hacer el ejercicio.* || Acción de practicar: *el ejercicio de todas las virtudes.* || *Ejercicios espirituales,* período de retiro dedicado a la oración y meditación.

EJERCITACIÓN f. Acción de ejercitarse.

EJERCITANTE adj. Que ejercita. || — Com. Persona que hace los ejercicios de una oposición o los ejercicios espirituales.

EJERCITAR v. t. (lat. *exercitare*). Dedicarse a un arte o profesión. || Hacer que uno aprenda una cosa con el ejercicio: *ejercitar en un oficio.* (SINÓN. V. *Practicar.*) || — V. r. Adiestrarse: *ejercitarse en el dibujo.*

EJÉRCITO m. (lat. *exercitus*). Gran multitud de soldados unida en un cuerpo al mando de un general. (SINÓN. V. *Tropa.*) || Conjunto de las fuerzas militares de una nación. || *Fig.* Gran cantidad, multitud. || *Ejército de Salvación,* institución religiosa y filantrópica inglesa.

EJIDO m. (del lat. *exitus*, salida). Campo común de todos los vecinos de un pueblo, lindante con él, que no se labra, y donde suelen reunirse los ganados o establecerse las eras.

EJIÓN m. *Arq.* Zoquetillo de madera en que se apoyan las piezas horizontales de la armadura.

EJOTE m. *Méx.* y *Amér. C.* Vaina del frijol verde. || *Guat.* Puntada grande hecha en una costura.

EL, art. determ. en gén. m. y núm. singular.

ÉL, pron. pers. de 3ª pers. m. singular. (V. SÍ.)

ELABORABLE adj. Que se puede elaborar.

ELABORACIÓN f. Acción de elaborar: *la elaboración de la savia.* (SINÓN. V. *Producción.*) || Trabajo interior que hace asimilables los alimentos. || Composición, preparación, construcción: *elaboración de un sistema.*

ELABORADOR, RA adj. y s. Que elabora.

ELABORAR v. t. (lat. *elaborare*). Preparar: *elaborar el hierro.* (SINÓN. V. *Trabajar.*) || Hacer asimilable: *el estómago elabora los alimentos.* || Disponer: *elaborar un proyecto.* (SINÓN. V. *Preparar.*)

ELAN m. (pal. fr.). Impulso. || *Fil. Elan vital,* impulso espontáneo o tendencia interna que considera la vida en el seno de la materia, que produce, según Bergson, todos los seres organizados.

ELÁSTICA f. Prenda de punto que cubre el torso.

ELASTICIDAD f. Propiedad que tienen los cuerpos que recobran su primera forma cuando deja de obrar la fuerza que modificaba dicha forma. || *Fig.* Flexibilidad: *elasticidad de los miembros.* || *Fig.* Falta de rigor: *elasticidad moral.*

ELASTICIMETRÍA f. Medida de la elasticidad.

ELÁSTICO, CA adj. (del gr. *elastikos*, que empuja). Que tiene elasticidad: *los gases son muy elásticos.* || *Fig.* Que fácilmente cambia: *carácter elástico.* (SINÓN. V. *Flexible* y *tierno.*) || *Fig.* Que fácilmente puede interpretarse de modo diverso: *reglamento elástico.* || *Goma elástica,* el caucho. || — M. Tejido elástico hecho generalmente con caucho. || Cinta o cordón elástico. || Parte superior del calcetín que se ajusta a la pierna. || — Pl. Tirantes.

ELATERIO m. *Bot.* Género de cucurbitáceas americanas. || Nombre científico del *cohombro silvestre.*

ELAYÓMETRO m. *Tecn.* Instrumento que sirve para reconocer la pureza y densidad de los aceites.

ELE f. Nombre de la letra *l.*

ELEAGNÁCEAS f. pl. (del gr. *elaiagnos*, sauzgatillo). Familia de plantas dicotiledóneas que tienen por tipo el árbol del Paraíso.

ELEÁTICO, CA adj. Relativo a la escuela filosófica de Elea: *escepticismo eleático.* || — M. Filósofo eleático.

ELEATISMO m. Filosofía eleática.

ELÉBORO m. (lat. *elleborus*). Género de plantas ranunculáceas de raíz fétida, amarga, que suele usarse como purgante. || Vedegambre, planta.

ELECCIÓN f. Acción y efecto de elegir. || Nombramiento por sufragio o votación: *elección de diputados.* (SINÓN. *Selección, opción, cooptación.* V. tb. *votación.*) || Libertad para obrar.

ELECCIONARIO, RIA adj. *Amer.* Electoral, relativo al elector: *libertad eleccionaria.*

ELECTIVO, VA adj. Que se hace o se da por elección: *monarquía electiva.*

ELECTO, TA adj. Elegido. || — M. El elegido o nombrado para una dignidad, empleo, etc., mientras no toma posesión.

ELECTOR, RA adj. y s. Que tiene derecho de elegir. || — M. *Hist.* Nombre dado a cada uno de los príncipes alemanes que tenían derecho a elegir al Emperador. (En este caso suele escribirse con mayúscula. Su f. es *electriz.*)

ELECTORADO m. Estado de Alemania gobernado por un Elector: *el electorado de Brandeburgo.* || Conjunto de electores.

ELECTORAL adj. Perteneciente o relativo al elector, los electores o la elección: *perder los derechos electorales.*

ELÉCTRICAMENTE adv. m. Por medio de la electricidad: *reloj movido eléctricamente.*

ELECTRICIDAD f. (del gr. *elektron*, ámbar, por haber revelado a los antiguos el frotamiento de este cuerpo, los fenómenos eléctricos). Forma elemental de la materia, que se manifiesta por varios fenómenos: atracción, repulsión, calor, luz, reacciones químicas.
— Cuando se frotan entre sí dos cuerpos se producen dos clases de *electricidad:* una *positiva* y otra *negativa;* cada una de ellas se manifiesta en uno de los cuerpos. La creación de estas cargas eléctricas se debe a que los átomos están formados de un núcleo central, electrizado positivamente, rodeado de electrones, corpúsculos cargados de electricidad negativa. Estas cargas, de signos contrarios, se compensan en los cuerpos eléctricamente neutros; un exceso de electrones determina una carga negativa, y cuando los electrones son menos poderosos que el núcleo central hay una carga residual positiva. La electricidad creada por frotamiento se llama *estática.* Las cargas eléctricas en los conductores, bajo forma de corriente eléctrica, constituyen la *electricidad dinámica.*
La electricidad es un forma de energía de empleo particularmente cómodo por lo fácil que es su transporte; se puede transformar, además, en otra clase de energía: mecánica, en los motores; térmica, en las resistencias de calefacción; luminosas, en el alumbrado eléctrico; química, en la electrólisis. Por estos motivos las aplicaciones industriales y domésticas de la electricidad son numerosas.

ELECTRICISTA adj. y s. Que se ocupa en el estudio y las aplicaciones de la electricidad.

ELÉCTRICO, CA adj. Relativo a la electridad: *contador eléctrico.* || Que funciona con electricidad: *plancha, cocina, tranvía eléctricos.* || *Fig.* Que se transmite rápidamente.

ELECTRIFICACIÓN f. Utilización, instalación de la electricidad en una región, en una línea de ferrocarril, etc.

ELECTRIFICAR v. t. Dotar de una instalación eléctrica: *línea electrificada.*

ELECTRIZ f. Mujer de un príncipe elector.

ELECTRIZABLE adj. Dícese del cuerpo que puede electrizarse: *hay muchos cuerpos fácilmente electrizables.*

ELECTRIZACIÓN f. Acción de electrizar.

ELECTRIZADOR, RA adj. y s. Que electriza.

ELECTRIZANTE adj. Que electriza. || *Fig.* Que apasiona.

ELECTRIZAR v. t. Comunicar o producir en un cuerpo la energía eléctrica: *se electriza una barra de lacre frotándola con un pedazo de paño.* || *Fig.* Entusiasmar, exaltar: *electrizar una asamblea con la palabra.* (SINÓN. V. *Inflamar.*)

ELECTRO m. (del gr. *elektron*, succino). Ámbar.

ELECTROACÚSTICA f. *Fís.* Rama de la electrotecnia que trata de las corrientes eléctricas alternas. || Producción y transmisión de sonidos por medios eléctricos.

ELECTROCARDIOGRAFÍA f. Técnica de la obtención e interpretación de los electrocardiogramas.

ELECTROCARDIÓGRAFO m. Aparato que registra las corrientes eléctricas emitidas por el músculo cardiaco.

ELECTROCARDIOGRAMA m. Gráfico obtenido eléctricamente que representa los latidos del corazón.

ELECTROCINÉTICA f. Parte de la física que trata de los fenómenos de la electricidad en movimiento.

ELECTROCOAGULACIÓN f. *Med.* Técnica de destrucción de tejidos por corrientes de alta frecuencia.

ELECTROCUCIÓN f. Nombre que se da a la muerte producida por la electricidad: *la electrocución es el suplicio usado en algunos Estados de los Estados Unidos.*

ELECTROCUTAR v. t. Dar muerte por medio de una corriente o descarga eléctrica. (SINÓN. V. *Matar.*)

ELECTROCHOQUE m. *Med.* Descarga eléctrica usada como medio terapéutico: *las enfermedades mentales se curan a veces con electrochoques.*

ELECTRODINÁMICA f. *Fís.* Parte de la física que estudia la acción de las corrientes eléctricas.

ELECTRODINÁMICO, CA adj. Relativo a la electrodinámica: *teoría electrodinámica.*

ELECTRODINAMISMO m. Conjunto de los fenómenos producidos por las corrientes eléctricas.

ELECTRODO m. (de *electro*, y el gr. *odos*, camino). En un voltámetro o en un tubo de gas enrarecido, extremidad de cada uno de los conductores fijados en los polos de un generador eléctrico. (La que comunica con el polo positivo es el *ánodo*, la otra el *cátodo.*) || *Med.* Cuerpo conductor empleado en la aplicación de un tratamiento eléctrico en una parte del organismo o para recoger las corrientes emitidas por éste.

ELECTRODOMÉSTICO, CA adj. Dícese de los aparatos eléctricos destinados al uso doméstico (plancha eléctrica, aspirador, nevera, etc.).

ELECTROENCEFALOGRAFÍA f. Registro y estudio de las oscilaciones producidas por la actividad del encéfalo.

ELECTROENCEFALÓGRAFO m. Aparato que registra las corrientes producidas por el encéfalo.

ELECTROENFALOGRAMA m. Gráfico obtenido por el registro de la actividad eléctrica de los neurones encefálicos.

ELECTROESTÁTICO, CA adj. Electrostático.

ELECTROFISIOLOGÍA f. Nombre dado al estudio de las reacciones de los seres vivos bajo la influencia de las chispas eléctricas.

ELECTRÓFONO m. Aparato que reproduce los sonidos grabados en un disco por procedimientos electromecánicos. (Se compone de un tocadiscos y un amplificador con altavoz.)

electrófono

ELECTROFÓRESIS f. Método de separación de los constituyentes de soluciones coloidales por la utilización de la acción de un campo eléctrico.

ELECTRÓFORO m. (de *electro*, y el gr. *phoros*, que lleva). Aparato de física que sirve en los laboratorios para condensar la electricidad.

ELECTROGALVÁNICO, CA adj. *Fís.* Producido por una pila eléctrica: *una corriente electrogalvánica.*

ELECTRÓGENO, NA adj. Que engendra electricidad: *grupo electrógeno.* || — M. Generador eléctrico.

ELECTROIMÁN m. Barra de hierro dulce, encerrada en un carrete eléctrico y que se convierte en imán cada vez que pasa una corriente eléctrica por el alambre del carrete: *el electroimán goza de todas las propiedades del imán natural y las pierde en cuanto se detiene la corriente.*

ELECTRÓLISIS f. *Quím.* Descomposición de un cuerpo verificada por medio de la electricidad: *las sales de cobre se descomponen por medio de la electrólisis.*

ELECTROLÍTICO, CA adj. Efectuado por la electrólisis: *descomposición electrolítica.*

ELECTRÓLITO m. *Quím.* y *Fís.* Cuerpo que se somete a la electrólisis.

ELECTROLIZACIÓN f. Acción y efecto de electrolizar.

ELECTROLIZADOR, RA adj. Que electroliza. || — M. *Fís.* Aparato para efectuar la electrolización.

ELECTROLIZAR v. t. *Fís.* Descomponer por electrólisis.

ELECTROMAGNÉTICO, CA adj. Relativo al electromagnetismo: *fenómenos electromagnéticos.*

ELECTROMAGNETISMO m. Ciencia que estudia las relaciones entre los imanes y las corrientes eléctricas.

ELECTROMECÁNICO, CA adj. Dícese del dispositivo mecánico que se gobierna por medio de la electricidad. || — F. Ciencia de las aplicaciones de la electricidad y de la mecánica.

ELECTROMETALURGIA f. Metalurgia que aplica procedimientos eléctricos.

CONTADOR ELÉCTRICO

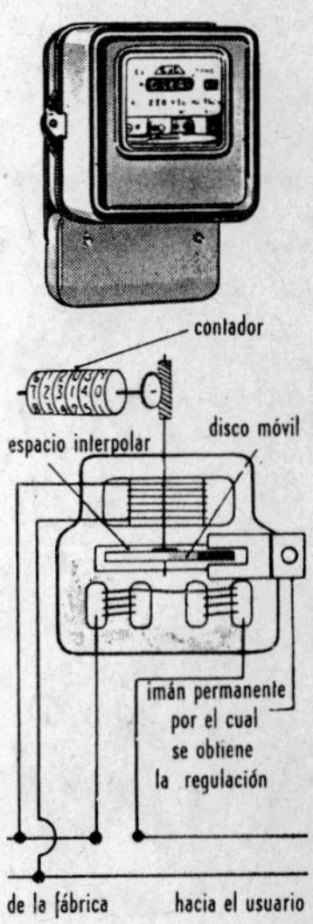

ELECTROMETRÍA f. Arte de medir la intensidad eléctrica.
ELECTROMÉTRICO, CA adj. Relativo a la electrometría.
ELECTRÓMETRO m. Aparato que sirve para medir la cantidad de electricidad de que se halla cargado un cuerpo.
ELECTROMOTOR, TRIZ adj. Que desarrolla electricidad bajo la influencia de una acción química o mecánica. || *Fuerza electromotriz*, la que determina la corriente eléctrica en la pila. || — M. Aparato que transforma la energía eléctrica en motriz.
ELECTRÓN m. Corpúsculo de electricidad negativa, uno de los elementos constitutivos del átomo. || *Electrón positivo*, positrón. || *Electrón-voltio*, unidad de energía utilizada en física nuclear (símb.: eV), que equivale a la energía adquirida por un electrón acelerado bajo una diferencia de potencial de 1 voltio.
ELECTRONEGATIVO, VA adj. Dícese del cuerpo que en la electrólisis se dirige al ánodo.
ELECTRÓNICO, CA adj. Relativo a los electrones. || — F. Ciencia que estudia los fenómenos en que intervienen los electrones.
ELECTROÓSMOSIS f. Filtración de un líquido a través de una masa coloidal bajo el efecto de una corriente eléctrica.
ELECTROPOSITIVO, VA adj. Dícese del cuerpo que en electrólisis va al polo negativo.
ELECTROPUNTURA f. *Med.* Tratamiento que consiste en hacer pasar una corriente eléctrica en los tejidos por medio de agujas.
ELECTROQUÍMICA f. Parte de la química que estudia los fenómenos en que desempeña papel preponderante la electricidad.
ELECTROQUÍMICO, CA adj. Relativo a la electroquímica: *fenómenos electroquímicos.*
ELECTROSCOPIO m. Instrumento que sirve para indicar la presencia y la clase de electricidad de que está cargado un cuerpo.
ELECTROSHOCK m. (pal. ingl.). Tratamiento de algunas enfermedades mentales que consiste en hacer pasar una corriente eléctrica por las estructuras del cerebro.
ELECTROSIDERURGIA f. Conjunto de procedimientos de siderurgia que utiliza la electricidad como fuente de calor.
ELECTROSTÁTICO, CA adj. Relativo a la electricidad estática. || — F. Parte de la física que estudia las propiedades de la electricidad estática.
ELECTROTECNIA f. Técnica de la electricidad.
ELECTROTÉCNICO, CA adj. Relativo a la electrotecnia.
ELECTROTERAPIA f. *Med.* Empleo de la electricidad en el tratamiento de las enfermedades.
ELECTROTERÁPICO, CA adj. Relativo a la electroterapia.
ELECTROTERMIA f. Estudio de los fenómenos en que intervienen el calor y la electricidad.
ELECTROTIPIA f. *Tecn.* Arte de reproducir por medio de la galvanoplastia grabados y composiciones tipográficas ordinarias.
ELECTROTIPO m. *Tecn.* Reproducción galvanoplástica de un grabado o composición tipográfica.
ELECTUARIO m. (lat. *electuarium*). Medicamento que presenta la consistencia de la miel.
ELEFANCÍA f. Elefantiasis.
ELEFANCIACO, CA adj. Elefantiásico.
ELEFANTA f. Hembra del elefante. (P. us.)
ELEFANTE m. (gr. *elephas*). Género de mamíferos proboscidios, el mayor de los cuadrúpedos, que tiene trompa prensil, piel rugosa y dos incisivos prolongados, a los que se da el nombre de colmillos. || *Elefante marino*, morsa. || *Amer. Fig. Elefante blanco*, cosa costosa y poco útil.
— Se encuentra el *elefante* en el Asia tropical, en África y en las islas de la Sonda. Alcanza de 2 a 3,70 m de altura, y sus colmillos, que llegan a pesar hasta cien kilogramos, suministran el marfil. Los elefantes son herbívoros y viven en grandes manadas. Se los caza para aprovechar sus colmillos. El elefante se domestica fácilmente, y, gracias a su inteligencia y a su fuerza prodigiosa, es de gran utilidad en la India, donde los elefantes blancos son además objeto de un culto especial.

elefante de Asia

elefante de África

ELEFANTIÁSICO, CA adj. Relativo a la elefantiasis. || — Adj. y s. Que la padece.
ELEFANTIASIS f. Enfermedad caracterizada por el aumento enorme de algunas partes del cuerpo y por la rugosidad de la piel.
ELEFANTINO, NA adj. Relativo al elefante.
ELEGANCIA f. Gracia y distinción en el porte, la vestimenta y los modales: *las parisienses tienen reputación de elegancia muy merecida.* (SINÓN. V. *Encanto.*) || Delicadeza de expresión: *elegancia ciceroniana.* || — CONTR. *Grosería, vulgaridad.*
ELEGANTE adj. Que tiene elegancia: *mueble elegante.* || Persona que se ajusta mucho a la moda. (SINÓN. *Distinguido, petimetre, gomoso, figurín, currutaco.* Pop. *Majo, niño gótico.*) || De buen gusto, agradable y bello. || — CONTR. *Grosero, basto, vulgar, pesado.*
ELEGANTEMENTE adv. m. Con elegancia. || *Fig.* Con esmero y cuidado.
ELEGANTIZAR v. t. Dar elegancia. Ú. t. c. r.
ELEGANTÓN, ONA adj. Muy elegante.
ELEGÍA f. (gr. *elegeia*). Cierta composición poética del género lírico y de asunto triste.
ELEGIACO, CA adj. Relativo a la elegía o parecido a ella: *versos elegiacos.* || Triste, lastimero.
ELEGIBILIDAD f. Capacidad legal para un cargo.
ELEGIBLE adj. Que se puede elegir o que tiene capacidad legal para serlo.
ELEGIDO m. Predestinado. (SINÓN. V. *Santo.*)
ELEGIR v. t. (lat. *eligere*). Preferir. (SINÓN. V. *Escoger.*) || Nombrar por elección. || — IRREG. Se conjuga como *corregir.*
ELEMENTADO, DA adj. *Chil.* y *Col. Fam.* Distraído, alelado, que no piensa en lo que hace.
ELEMENTAL adj. Que participa de los elementos: *cuerpo elemental.* || *Fig.* Fundamental, que encierra los elementos de una ciencia: *libro elemental.* || Claro, obvio, evidente: *esto era elemental.* || Muy sencillo, reducido a lo esencial.
ELEMENTARSE v. r. *Chil.* y *Col.* Alelarse, embobarse.
ELEMENTO m. (lat. *elementum*). Substancia constituida de átomos del mismo número atómico: *el oxígeno, el hierro, el azufre son elementos.* || Cuerpo simple. || *Fís.* Par de una pila eléctrica, de un acumulador. || *Fig.* Objeto que concurre a la formación de un todo: *los elementos de la felicidad.* (SINÓN. V. *Substancia.*) || Medio en que vive un ser: *el agua es el elemento de los peces.* || Medio favorito o natural: *estar en su elemento.* || Cada persona que pertenece a un grupo. || Grupo de individuos que pertenecen a una agrupación mayor. || Fundamento, móvil o parte integrante de una cosa. || *Chil.* y *Per.* Tonto, alelado. || — Pl. Dícese de las primeras nociones de una materia: *estudiar los elementos de la física.* || *Fig.* Medios, recursos. || Conjunto de fuerzas naturales: *luchar contra los elementos.* || *Los cuatro elementos*, el aire, el fuego, la tierra y el agua.
ELEMÍ m. Resina sólida que se saca de un árbol burseráceo y se usa para hacer barnices.
ELENCO m. (lat. *elenchus*). Catálogo, índice. || Se emplea también por *personal* de una compañía de teatro.
ELEQUEME m. mejor que **ELÉQUEMA** f. (Acad.). *C. Rica* y **ELEQUEMITO** m. *Nicar.* Uno de los nombres del *bucare.*
ELEUSINO, NA adj. De Eleusis.
ELEVACIÓN f. Acción y efecto de elevar: *elevación de un monumento.* || Altura, eminencia: *elevación de terreno.* (SINÓN. *Altitud.*) || *Fig.* Exaltación a un puesto muy elevado. (SINÓN. *Ascensión, superioridad.*) || El alzar, en el sacrificio de la misa. || *Fig.* Suspensión, enajenamiento de los sentidos. || *Artill.* Modo de tirar de manera que describa el proyectil una curva muy elevada. || Distinción, nobleza.
ELEVADAMENTE adv. m. Con elevación.
ELEVADO, DA adj. (lat. *elevatus*). Alto: *edificio elevado.* (SINÓN. V. *Alto.* CONTR. *Bajo.*) || *Fig.* Sublime: *estilo elevado.* (SINÓN. *Grande, noble, trascendental, épico.*)
ELEVADOR, RA adj. Que sirve para elevar: *músculo elevador de los párpados.* || — M. Músculo elevador. || Aparato que sirve para subir mercancías. || *Amer.* Ascensor.
ELEVAMIENTO m. Elevación.

CLASIFICACIÓN DE LOS ELEMENTOS QUÍMICOS

Cada casilla del cuadro corresponde a un elemento químico, y en ella aparece el número atómico (número de electrones del átomo) en la parte superior izquierda, y la masa o peso atómico en la parte superior derecha.
Los electrones del átomo están dispuestos en capas u órbitas sucesivas; los elementos correspondientes a una misma línea, o período, tienen igual número de órbitas : una el hidrógeno y el helio, dos el segundo período, comprendido entre el litio y el neón, y así sucesivamente.
Los elementos que figuran en una misma columna vertical poseen igual número de electrones en la órbita externa, desde 1 que tiene la columna del hidrógeno hasta 8 la del helio; estos elementos presentan grandes analogías.
Una sola casilla ha sido reservada a los elementos metálicos de las tierras raras (lantánidos), de propiedades muy similares, cuyo detalle se da más abajo; igualmente se ha procedido con los elementos que siguen al radio (actínidos).

1 1 **H** HIDRÓGENO																	2 4 **He** HELIO
3 6,9 **Li** LITIO	4 9 **Be** BERILIO											5 10,8 **B** BORO	6 12 **C** CARBONO	7 14 **N** NITRÓGENO	8 16 **O** OXÍGENO	9 19 **F** FLÚOR	10 20,2 **Ne** NEÓN
11 23 **Na** SODIO	12 24,3 **Mg** MAGNESIO											13 27 **Al** ALUMINIO	14 28,1 **Si** SILICIO	15 31 **P** FÓSFORO	16 32,1 **S** AZUFRE	17 35,5 **Cl** CLORO	18 39,9 **A** ARGÓN
19 39,1 **K** POTASIO	20 40,1 **Ca** CALCIO	21 45 **Sc** ESCANDIO	22 47,9 **Ti** TITANIO	23 51 **V** VANADIO	24 52 **Cr** CROMO	25 54,9 **Mn** MANGANESO	26 55,8 **Fe** HIERRO	27 58,9 **Co** COBALTO	28 58,7 **Ni** NÍQUEL	29 63,5 **Cu** COBRE	30 65,4 **Zn** CINC	31 69,7 **Ga** GALIO	32 72,6 **Ge** GERMANIO	33 74,9 **As** ARSÉNICO	34 79 **Se** SELENIO	35 79,9 **Br** BROMO	36 83,8 **Kr** CRIPTÓN
37 85,5 **Rb** RUBIDIO	38 87,6 **Sr** ESTRONCIO	39 88,9 **Y** ITRIO	40 91,2 **Zr** CIRCONIO	41 92,9 **Nb** NIOBIO	42 96 **Mo** MOLIBDENO	43 96 **Tc** TECNECIO	44 101,7 **Ru** RUTENIO	45 102,9 **Rh** RODIO	46 106,7 **Pd** PALADIO	47 107,9 **Ag** PLATA	48 112,4 **Cd** CADMIO	49 114,8 **In** INDIO	50 118,7 **Sn** ESTAÑO	51 121,8 **Sb** ANTIMONIO	52 127,6 **Te** TELURIO	53 126,9 **I** YODO	54 131,3 **Xe** XENÓN
55 132,9 **Cs** CESIO	56 137,4 **Ba** BARIO	57 à 71 TIERRAS RARAS SERIE DE LOS LANTÁNIDOS	72 178,6 **Hf** HAFNIO	73 180,9 **Ta** TANTALIO	74 183,9 **W** TUNGSTENO	75 186,3 **Re** RENIO	76 190,2 **Os** OSMIO	77 193,1 **Ir** IRIDIO	78 195,2 **Pt** PLATINO	79 197,2 **Au** ORO	80 200,6 **Hg** MERCURIO	81 204,4 **Tl** TALIO	82 207,2 **Pb** PLOMO	83 209 **Bi** BISMUTO	84 210 **Po** POLONIO	85 210 **At** ASTATO	86 222 **Rn** RADÓN
87 221 **Fr** FRANCIO	88 226 **Ra** RADIO	89 à 102 ELEMENTOS RAROS SERIE DE LOS ACTÍNIDOS															

LANTÁNIDOS

57 138,9 **La** LANTANO	58 140,1 **Ce** CERIO	59 140,9 **Pr** PRASEODIMIO	60 144,3 **Nd** NEODIMIO	61 145 **Pm** PROMECIO	62 150,4 **Sm** SAMARIO	63 152 **Eu** EUROPIO	64 156,9 **Gd** GADOLINIO	65 159,2 **Tb** TERBIO	66 162,5 **Dy** DISPROSIO	67 164,9 **Ho** HOLMIO	68 167,2 **Er** ERBIO	69 169,4 **Tm** TULIO	70 173 **Yb** ITERBIO	71 175 **Lu** LUTECIO

ACTÍNIDOS

89 227 **Ac** ACTINIO	90 232,1 **Th** TORIO	91 231 **Pa** PROTACTINIO	92 238,1 **U** URANIO	93 237 **Np** NEPTUNIO	94 242 **Pu** PLUTONIO	95 243 **Am** AMERICIO	96 243 **Cm** CURIO	97 249 **Bk** BERKELIO	98 249 **Cf** CALIFORNIO	99 253 **Es** EINSTENIO	100 255 **Fm** FERMIO	101 256 **Mv** MENDELEVIO	102 **No** NOBELIO	103 **Lw** LAURENCIO

ELIPSE

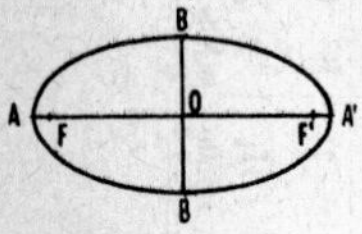

FF', distancia focal
AA', eje mayor
BB', eje menor

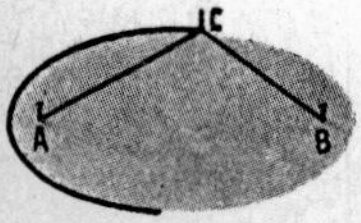

Trazado de una elipse por medio de una cuerda y dos estacas

Elzevir

élitro

ELEVAR v. t. Alzar: *elevar una carga.* (SINÓN. *Erigir, plantar, enarbolar, enderezar.* V. tb. *levantar.*) ‖ *Fig.* Colocar en puesto elevado: *elevar a una dignidad.* ‖ — V. r. Transportarse, enajenarse. ‖ *Fig.* Engreírse, envanecerse.

ELFINA f. Hada o mujer de un elfo.

ELFO m. En la mitología escandinava, genio que simboliza la tierra, el fuego, etc. (SINÓN. V. *Duende.*)

ELIDIR v. t. (lat. *elidere*). *Gram.* Suprimir la vocal final de una palabra cuando la palabra siguiente empieza por la misma vocal, v. gr.: *del* por *de el, estotro* por *este otro* o *esto otro.* ‖ — PARÓN. *Eludir.*

ELIMINACIÓN f. Acción de eliminar o apartar.

ELIMINADOR, RA adj. y s. Que elimina.

ELIMINAR v. t. (lat. *eliminare*). Poner fuera, apartar: *eliminar a un candidato.* (SINÓN. V. *Separar.*) ‖ Hacer salir del organismo: *eliminar un veneno.* (SINÓN. V. *Suprimir.*) ‖ *Mat.* Hacer desaparecer de una ecuación: *eliminar una incógnita.*

ELIMINATORIO, RIA adj. Que elimina o separa: *composición eliminatoria.* ‖ — F. Prueba selectiva que sirve para eliminar a los concursantes más débiles.

ELINVAR m. Variedad de acero con níquel y cromo, cuya elasticidad es prácticamente insensible a las variaciones de temperatura.

ELIPSE f. (gr. *elleipsis*). *Geom.* Curva cerrada que resulta cuando se corta un cono por un plano que cruza todas las generatrices: *la órbita de la Tierra es una elipse.*
— La suma de las distancias de un punto cualquiera de la *elipse* a dos puntos interiores llamados *focos* es constante. Para trazar una elipse en el suelo se clavan dos estaquillas, A y B, y se unen ambas estacas por una cuerda sin fin ACB, que se estira con ayuda de otra estaca móvil C. Manteniendo la cuerda tirante, se traza con dicha estaca móvil una elipse completa.

ELIPSIS f. (gr. *elleipsis*). *Gram.* Figura de construcción que consiste en suprimir en la oración aquellas palabras que no son indispensables para la claridad de la misma: *¿Qué tal? Así, así, ¿Y aquello, qué?* son oraciones elípticas.

ELIPSÓGRAFO m. Instrumento que permite trazar elipses con un movimiento continuo.

ELIPSOIDAL adj. *Geom.* De figura de elipsoide.

ELIPSOIDE m. Sólido engendrado por la revolución de media elipse alrededor de uno de sus ejes: *casi todos los astros son elipsoides.*

ELÍPTICAMENTE adv. m. Con elipsis, de un modo elíptico: *expresarse elípticamente.*

ELIPTICIDAD f. Forma elíptica de algunas cosas: *la elipticidad de la órbita terrestre.*

ELÍPTICO, CA adj. Perteneciente a la elipse. ‖ De figura de elipse: *trazar una curva elíptica.* ‖ Perteneciente a la elipsis: *proposición elíptica.*

ELÍSEO, A adj. Perteneciente al Elíseo: *sombras elíseas.* ‖ — M. *Mitol.* Estancia de los héroes y los hombres virtuosos después de su muerte. También se le daba el nombre de *Campos Elíseos.*

ELISIÓN f. *Gram.* Supresión, en la escritura y la pronunciación, de la vocal final de una palabra delante de otra vocal igual: *del,* por *de él; salió paralmorzar* por *para almorzar.*

ÉLITE f. Galicismo por *lo selecto, lo mejor.*

ÉLITRO m. (del gr. *elytron,* estuche). Cada una de las dos alas anteriores córneas que cubren las alas de los coleópteros y ortópteros, y protegen el par de alas posteriores.

ELIXIR m. (del ár. *elicsir,* piedra filosofal). Licor medicinal compuesto de una o varias substancias disueltas en alcohol. ‖ *Fig.* Medicamento maravilloso: *elixir de larga vida.* ‖ Piedra filosofal.

ELOCUCIÓN f. (lat. *elocutio*). Manera de expresarse: *una elocución fácil.* (SINÓN. *Dicción, palabra, estilo.*) ‖ Parte de la retórica que contiene las reglas del estilo.

ELOCUENCIA f. (lat. *eloquentia*). Talento de hablar o escribir para deleitar y persuadir: *estudiar la elocuencia sagrada.* (SINÓN. *Brío, vehemencia, verbosidad, facundia, prolijidad, locuacidad.* Pop. *Labia, pico.*) ‖ *Fig.* Lo que conmueve o impresiona: *la elocuencia del corazón.* ‖ *Fig.* Fuerza de expresión: *la elocuencia de las cifras.*

ELOCUENTE adj. Que tiene elocuencia: *orador elocuente.* (SINÓN. *Diserto, facundo, grandilocuente.* Pop. *Pico de oro.*) ‖ Convincente: *hablar en términos elocuentes.* (SINÓN. *Persuasivo.*) ‖ *Por ext.* Expresivo: *silencio elocuente.* ‖ Que prueba por sí mismo: *cifras elocuentes.*

ELOCUENTEMENTE adv. m. Con elocuencia.

ELOGIABLE adj. Digno de elogio.

ELOGIADOR, RA adj. y s. Que elogia.

ELOGIAR v. t. Hacer elogios: *elogiar un autor.* ‖ — CONTR. *Censurar, vituperar, criticar.*

ELOGIO m. (lat. *elogium*). Alabanza, testimonio del mérito de una persona o cosa. ‖ — SINÓN. *Alabanza, encomio, panegírico, ditirambo, loor.* V. tb. *apología.* ‖ — CONTR. *Censura.*

ELOGIOSO, SA adj. Que celebra o alaba. ‖ — SINÓN. *Laudatorio, encomiástico, lisonjero.*

ELONGACIÓN f. Aumento accidental o terapéutico de la longitud de un miembro o un nervio. ‖ *Astr.* Distancia angular de un astro al Sol, o de un planeta a otro.

ELOTE m. (del méx. *elotl,* mazorca de maíz verde). *Méx* y *Amér. C.* Mazorca de maíz tierno. ‖ *Amér. C. Fam. Pagar los elotes,* pagar el pato.

ELUCIDACIÓN f. Declaración, explicación.

ELUCIDAR v. t. Poner en claro, dilucidar.

ELUCTABLE adj. Eludible.

ELUCUBRACIÓN f. Lucubración.

ELUCUBRADOR, RA adj. Lucubrador.

ELUDIBLE adj. Que se puede eludir o evitar.

ELUDIR v. t. (lat. *eludere*). Huir, librarse de algo: *eludir una dificultad.* (SINÓN. V. *Evitar.*)

ELUSIVO, VA adj. Que elude.

ELZEVIR o **ELZEVIRIO** m. Libro impreso por los Elzevirios. ‖ Tipo usado por ellos.

ELZEVIRIANO, NA adj. Perteneciente o relativo a los Elzevirios: *edición elzeviriana.*

ELLA (lat. *illa*), pron. personal de 3ª pers. en gén. f. núm. sing. ‖ — F. *Fam.* Lance o conflicto: úsase en frases como ésta: *mañana será ella, allí fue ella.*

ELLE f. Nombre de la letra *ll.*

ELLO (lat. *illud*), pron. personal de 3ª pers. en gén. neutro. ‖ *Fam.* Úsase con el mismo sentido que ella.

ELLOS, ELLAS, m. y f. del pron. pers. de 3ª pers. en núm. pl.

EMACIACIÓN f. Demacración.

EMACIADO, DA adj. *Neol.* Demacrado.

EMANACIÓN f. Desprendimiento de substancias volátiles: *los olores son emanaciones.* ‖ Efluvio. ‖ *Fig.* Expresión, manifestación. ‖ Elemento gaseoso que proviene de la desintegración de otros elementos, como el radio, el torio, el actinio.

EMANANTE p. p. Que emana.

EMANAR v. i. (lat. *emanare*). Proceder, derivarse una cosa de otra: *perfume que emana de una flor.* (SINÓN. V. *Resultar.*) ‖ Desprenderse las substancias volátiles.

EMANCIPACIÓN f. Acción de emancipar; resultado de esta acción. ‖ Acto jurídico solemne —o efecto legal del matrimonio— que confiere a un menor el libre gobierno de sí mismo y cierta capacidad jurídica.

EMANCIPADOR, RA adj. y s. Que emancipa.

EMANCIPAR v. t. (lat. *emancipare*). Libertar de la patria potestad, de la tutela o servidumbre; *emancipar a un menor.* ‖ Librar de alguna traba o tiranía: *la ciencia emancipa a los hombres.* (SINÓN. V. *Liberar.*) ‖ — V. r. *Fig.* Salir una cosa de la sujeción en que estaba.

EMASCULACIÓN f. Castración.

EMASCULAR v. t. Castrar.

EMBABIAMIENTO m. *Fam.* Embobamiento.

EMBABUCAR v. t. Embaucar.

EMBADURNADOR, RA adj. y s. Que embadurna.

EMBADURNAR v. t. Untar, embarrar: *embadurnar una pared.* (SINÓN. V. *Ensuciar.*) ‖ *Fam.* Pintarrajear: *embadurnar de tinta.*

EMBAIDOR, RA adj. y s. Embaucador.

EMBAIMIENTO m. Embeleso, engaño, ilusión.

EMBAIR v. t. Embelesar, engañar: *dejarse embair por un charlatán.* ‖ — OBSERV. Es verbo defectivo.

EMBAJADA f. (ital. *ambasciata*). Cargo de embajador. ‖ Casa en que reside el embajador: *el portero de la embajada.* ‖ Conjunto de empleados de una embajada. ‖ Mensaje, comisión: *encárguese usted de la embajada.* ‖ Cosa desagra-

ABUE
MADONA
ÁNGELES
Louvre

Primitivo catalán. SAN JUAN EN PATMOS
Museo Goya, Castres

ESTRO DE MOULINS. LA DONANTE SOMZÉE
Y SANTA MAGDALENA. *Louvre*

Fot. Giraudon
Scala

GIOTTO. SAN FRANCISCO PREDICA A LOS PÁJAROS
(fragmento). *Iglesia de San Francisco, Asís*

A ANGÉLICO. LA SANTA CENA (detalle). *Florencia* ▶

Bernardo DADDI. LA ANUNCIACIÓN (detalle). *Louvre*

Van der WEYDEN. EL JUICIO FINAL (tabla central del tríptico). *Hospital de Beaune*

Esteban LOCHNER. LA VIRGEN DEL ROSAL. *Colonia*

BERMEJO. SANTO DOMINGO DE SILOS *Prado*

Fot. Giraudon

dable o molesta: *con buena embajada me viene usted.*

EMBAJADOR m. (ital *ambasciatore*). Representante de un Estado cerca de una potencia extranjera: *el embajador representa la persona misma del jefe del Estado que le envía.* || *Fig.* y *fam.* Mensajero. (SINÓN. V. *Enviado.*)

EMBAJADORA f. Mujer que lleva una embajada. || Mujer del embajador. || *Fam.* Mensajera.

EMBALADOR m. El que embala o empaqueta.

EMBALADURA f. *Chil.* y *Per.* Embalaje.

EMBALAJE m. Acción y efecto de embalar una cosa. || Lo que sirve para embalar (papel, caja, etc.) [SINÓN. V. *Envoltura.*] || Lo que cuesta esta envoltura.

EMBALAR v. t. Poner en balas o paquetes, empaquetar: *embalar una mercancía frágil.* (SINÓN. V. *Envolver.* CONTR. *Desembalar.*) || — Galicismo por *acelerar* (motor); *correr, ir de prisa* (hablando); *apretar* (carrera); *entusiasmarse* (una persona).

EMBALDOSADO m. Pavimento de baldosas. || Operación de embaldosar.

EMBALDOSADURA f. Embaldosado.

EMBALDOSAR v. t. Solar con baldosas.

EMBALSADERO m. Lugar hondo y pantanoso donde se recogen las aguas llovedizas.

EMBALSADO m. *Arg.* Red de plantas acuáticas flotantes.

EMBALSAMADOR, RA adj. y s. Que embalsama.

EMBALSAMAMIENTO m. Acción de embalsamar.

EMBALSAMAR v. t. Llenar de un olor suave: *embalsamar una caja de guantes.* (SINÓN. V. *Perfumar.*) || Llenar de aromas un cuerpo muerto para impedir la corrupción.

EMBALSAR v. t. Meter una cosa en balsa. || — V. r. Rebalsar, detenerse el agua, encharcarse.

EMBALSE m. Acción y efecto de embalsar. || Gran depósito artificial en que se recogen las aguas de un río para su aprovechamiento por el hombre.

EMBALUMAR v. t. Disponer una carga con desigualdad. || — V. r. *Fig.* Cargarse de negocios, embarazarse con varias cosas.

EMBALLENADO, DA adj. Con ballenas. || — M. Armazón de ballenas.

EMBALLENADOR, RA adj. y s. Persona que tiene por oficio emballenar.

EMBALLENAR v. t. Armar una cosa con ballenas: *emballenar un corsé.*

EMBALLESTADO, DA adj. *Veter.* Que tiene encorvados los menudillos de las manos: *un caballo emballestado.*

EMBANASTAR v. t. Meter en una banasta. || *Fig.* Poner mucha gente en un recinto.

EMBANCARSE v. r. *Chil.* y *Ecuad.* Cegarse un río. || *Méx.* Adherirse a las paredes de un horno los materiales escoriados.

EMBANDERAR v. t. Adornar con banderas.

EMBANQUETADO m. *Méx.* Banqueta, acera.

EMBANQUETAR v. t. *Méx.* Poner banquetas o aceras a las calles.

EMBARAZADO, DA adj. Confuso, molesto. || Dícese de la mujer preñada.

EMBARAZADAMENTE adv. m. Con embarazo o dificultad: *hablar embarazadamente.*

EMBARAZADOR, RA adj. Que embaraza.

EMBARAZAR v. t. Impedir, retardar, poner dificultades a una cosa: *embarazar el paso.* Ú.t.c.r.: *embarazarse con* [*por*] *algo.* (SINÓN. V. *Estorbar.*) || *Fig.* Molestar, poner en situación difícil. (SINÓN. V. *Turbar.*) || Poner encinta a una mujer.

EMBARAZO m. Preñado de la mujer y tiempo que dura. || Estorbo, dificultad, obstáculo. (SINÓN. V. *Dificultad.*) || Falta de soltura en los modales o en la acción. || *Embarazo gástrico,* empacho, perturbación gastrointestinal de forma diversa.

EMBARAZOSO, SA adj. Que embaraza o estorba: *paquete embarazoso.*

EMBARBASCARSE v. r. Enredarse el arado en las raíces. || *Fig.* Confundirse, enredarse: *embarbascarse en sus explicaciones.*

EMBARBECER v. i. Salir la barba. || — IRREG. Se conjuga como *merecer.*

EMBARBILLADO m. Acción de embarbillar.

EMBARBILLAR v. t. *Carp.* Ensamblar a muesca y barbilla: *embarbillar dos maderos.* || — V. i. *Carp.* Ensamblarse a muesca y barbilla.

EMBARCACIÓN f. Barco sin cubierta, de remo, de velas o de vapor. (SINÓN. *Bote, barca, barcaza, pontón, chalana, chalupa, lancha, gabarra, carraca, esquife, nave, piragua, canoa, falucha, barquichuelo.* V. tb. *barco.*) || Embarco, acción de embarcar. || Tiempo que dura un viaje en barco.

EMBARCADERO m. Lugar destinado para embarcar personas, animales, mercaderías, etc.

EMBARCADOR m. El que embarca, cargador.

EMBARCAR v. t. Poner en un barco: *embarcar carbón.* || *Fig.* Meter a uno en un negocio: *le embarcaron en una empresa poco ventajosa.* || *Amer.* Engañar. || — V. r. Subir a un barco. (SINÓN. V. *Navegar.*) || *Fig.* Meterse, enredarse: *embarcarse en un pleito, en un negocio.*

EMBARCO m. Acción de embarcar. (Dícese sólo de las personas.) || — PARÓN. *Embarque.*

EMBARDAR v. t. Bardar.

EMBARGABLE adj. Que puede embargarse.

EMBARGADOR m. El que embarga o secuestra

EMBARGANTE adj. Que estorba o impide.

EMBARGAR v. t. (del lat. *imparare,* secuestrar). Embarazar, detener. || Suspender: *embargar un negocio.* || *Fig.* Quitar el conocimiento: *embargar los sentidos.* || *For.* Retener una cosa judicialmente.

EMBARGO m. Indigestión, empacho. (P. us.) || *For.* Retención de bienes por mandamiento del juez. || *Mar.* Prohibición de salir un barco del puerto. || Estado del que está embargado. || *Sin embargo,* m. adv., no obstante, a pesar.

EMBARNIZAR v. t. Barnizar.

EMBARQUE m. Acción de embarcar géneros, mercancías. || — PARÓN. *Embarco.*

EMBARRADA f. *Arg., Chil.* Desbarro, disparate.

EMBARRADILLA f. *Méx.* Especie de oblea grande, que se rellena con algún dulce.

EMBARRADOR, RA adj. y s. Que embarra o mancha. || Enredador, mentiroso, embustero.

EMBARRADURA f. Acción de embarrar.

EMBARRANCARSE v. r. Atascarse en un barranco: *el carro se embarrancó.* || Encallar un buque.

EMBARRAR v. t. Untar o manchar de barro. || Untar o manchar de cualquier cosa. || *Amer.* Fastidiar. || *Amer.* Cometer un desacierto. || *Amér. C.* Complicar un asunto. || — V. r. Enlodarse. || Subirse las perdices a los árboles.

EMBARRIALARSE v. r. *Amér. C.* Enlodarse.

EMBARRILADO m. Colocación en barriles.

EMBARRILADOR m. El que embarrila.

EMBARRILAR v. t. Meter en barriles o toneles ciertas cosas: *embarrilar vino, aceitunas.*

EMBARRIZARSE v. r. Enlodarse.

EMBARROTAR v. t. *Mar.* Abarrotar, apretar.

EMBARULLAR v. t. *Fam.* Confundir unas cosas con otras. || *Fam.* Hacer las cosas atropelladamente.

EMBASAMIENTO m. *Arg.* Basa del edificio.

EMBASTAR v. t. (de *em,* y *basta*). Coser al bastidor la tela que se ha de bordar. || Poner bastas a los colchones. || Hilvanar, coser con hilvanes.

EMBASTE m. Hilván, costura a puntadas largas. || Acción y efecto de embastar.

EMBASTECER v. i. Engrosar. || — V. r. Ponerse basto. || — IRREG. Se conjuga como *merecer.*

EMBATE m. Golpe, ataque: *los embates del mar.* || Acometida impetuosa.

EMBAUCADOR, RA adj. y s. Engañador.

EMBAUCAMIENTO m. Engaño, seducción. (SINÓN. V. *Trampa.*)

EMBAUCAR v. t. Engañar, alucinar.

EMBAULADO, DA adj. *Fig.* Apretado.

EMBAULAR v. t. Meter en un baúl algunas cosas: *embaular ropa.* || *Fig.* y *fam.* Comer mucho. || *Fig.* Meter muchas cosas o personas en un recinto pequeño.

EMBAUSAMIENTO m. Abstracción, suspensión, enajenamiento de ánimo.

embasamiento

ÉMBOLOS

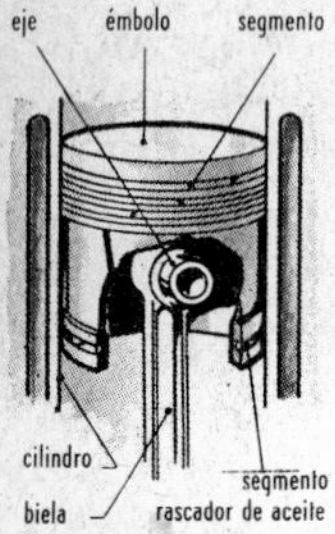

de motor

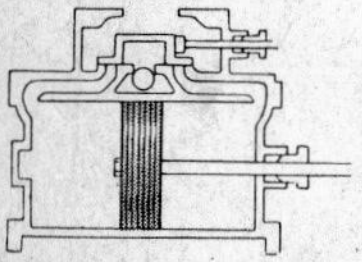

de máquina de vapor

EMBAZADURA f. Acción de embazar o teñir de bazo. || Asombro, admiración. (P. us.)
EMBAZAR v. t. Teñir de color bazo. || Detener, embarazar, suspender. || *Fig.* Dejar admirado o pasmado. || — V. r. Hartarse. || En el juego, meterse en bazas. || Cansarse de una cosa, empacharse. || — PARÓN. *Envasar.*
EMBEBECER v. t. Entretener, divertir. || — V. r. Quedarse admirado y pasmado. || — IRREG. Se conjuga como *merecer.*
EMBEBECIMIENTO m. Embeleso, abstracción.
EMBEBEDOR, RA adj. y s. Que embebe.
EMBEBER v. t. Absorber un cuerpo sólido uno líquido, empaparse en él: *los cuerpos porosos embeben el agua.* (SINÓN. V. *Absorber.*) || Contener, encerrar. || *Fig.* Incorporar, incluir. || Estrechar, reducir. || — V. i. Encoger, disminuir: *las telas de lana suelen embeber cuando se lavan.* || Absorber el lienzo el aceite de los colores en la pintura al óleo. || — V. r. Embebecerse, embelesarse. || *Fig.* Empaparse, instruirse bien en una materia.
EMBEJUCAR v. t. *Amer.* Envolver con bejuco. || *Col.* Desorientar.
EMBELECADOR, RA adj. y s. Que embeleca.
EMBELECAMIENTO m. Embeleco.
EMBELECAR v. t. Engañar, embaucar. (SINÓN. V. *Cautivar.*)
EMBELECO m. Embuste, engaño, ilusión. || *Fig.* y *fam.* Persona o cosa fútil o enfadosa.
EMBELEÑAR v. t. Adormecer con beleño.
EMBELEQUERO, RA adj. Embelesador.
EMBELESADOR, RA adj. Que embelesa. (SINÓN. V. *Encantador.*)
EMBELESAMIENTO m. Embeleso, encanto.
EMBELESAR v. t. Arrebatar el sentido, encantar. (SINÓN. V. *Cautivar.*)
EMBELESO m. Efecto de embelesarse. || Cosa que embelesa: *esto es un verdadero embeleso.*
EMBELLAQUECERSE v. r. Hacerse bellaco. || — IRREG. Se conjuga como *merecer.*
EMBELLECER v. t. Hacer o poner bello: *embellecer su estilo con las flores de la retórica.* || — IRREG. Se conjuga como *merecer.*
EMBELLECIMIENTO m. Acción de embellecer. || Lo que embellece: *los embellecimientos de una cosa.*
EMBERMEJAR y **EMBERMEJECER** v. t. Teñir de bermejo. || Poner colorado, avergonzar. || — V. i. Ponerse bermejo. || — IRREG. Se conjuga como *merecer.*
EMBERRENCHINARSE y **EMBERRINCHARSE** v. r. *Fam.* Enfadarse, encolerizarse una persona: *este niño se emberrinchina con facilidad.*
EMBESTIDA f. Ataque: *la embestida de un toro.* (SINÓN. V. *Acometimiento.*)
EMBESTIDOR, RA adj. Que embiste. || — M. *Fig.* y *fam.* El que pide prestado por costumbre, sablista.
EMBESTIR v. t. (del lat. *impetere,* acometer) Acometer: *embestir al enemigo.* || *Fig.* y *fam.* Acometer a uno pidiéndole prestado. || — V. i. *Fig.* y *fam.* Arremeter. || — PARÓN. Envestir. || — IRREG. Se conjuga como *pedir.*
EMBETUNAR v. t. Dar betún.
EMBICAR v. t. *Mar.* Inclinar una verga en señal de luto. || *Cub.* Acertar a introducir una cosa en un agujero. || *Mar.* Dirigir la nave sobre la costa.
EMBIJADO, DA adj. *Méx.* Dispar.
EMBIJAR v. t. Pintar con bija: *hay salvajes que se embijan el rostro.* || *Amer.* Ensuciar.
EMBIJE m. Acción y efecto de embijar.
EMBIQUE m. *Cub.* Acción de embicar o meter.
EMBIZCAR v. i. Quedar bizco.
EMBIZMAR v. t. Poner bizma o parche.
EMBLANDECER v. t. Ablandar, reblandecer.
EMBLANQUECER v. t. Blanquear, poner blanca alguna cosa. || — IRREG. Se conjuga como *merecer.*
EMBLEMA m. (del gr. *emblêma,* taracea). Jeroglífico o símbolo acompañado de una sentencia o lema. || Símbolo: *el gallo es emblema de la vigilancia.* || Atributo: *los emblemas de la monarquía.*
EMBLEMÁTICO, CA adj. Relativo al emblema.
EMBOBAMIENTO m. Admiración o embeleso.
EMBOBAR v. t. Embelesar, atontar: *embobar con patrañas.* || — V. r. Quedarse uno absorto.
EMBOBECER v. t. Volver bobo: *embobecerse con novelas.* || — IRREG. Se conjuga como *merecer.*
EMBOBECIMIENTO m. Bobería, bobada.
EMBOCADERO m. Portillo, hueco.
EMBOCADO, DA adj. Dícese del vino abocado.
EMBOCADURA f. Acción de embocar. || Boquilla de un instrumento músico. || Parte del bocado del caballo que entra en la boca. || Gusto de un vino: *vino de mala embocadura.* || Desembocadura de un río. || Boca del escenario de un teatro. || *Fig.* Madera, buena disposición.
EMBOCAMIENTO m. Acción de embocar.
EMBOCAR v. t. Meter por la boca. || Meter por una parte estrecha: *embocarse por un corredor.* || *Fig.* Hacer creer: *embocar a uno una noticia falsa.* || *Fig.* y *fam.* Tragar mucho, engullir. || *Fam.* Echar a uno algo. || Comenzar. || Poner los labios en la boquilla.
EMBOCINADO, DA adj. Abocinado.
EMBOCINARSE v. r. *Chil.* Enredarse.
EMBOCHINCHAR v. t. *Amer.* Alborotar.
EMBODEGAR v. t. Meter en la bodega.
EMBOJAR v. t. Colocar ramas para que suban los gusanos de seda para hilar el capullo.
EMBOJO m. Enramada para gusanos de seda.
EMBOJOTAR v. t. *Venez.* Liar. || Engañar.
EMBOLADA f. Cada uno de los movimientos de vaivén del émbolo de un motor.
EMBOLADO m. *Teatr.* Papel corto o desairado. || Toro embolado. || *Fig.* y *fam.* Artificio engañoso. || Embrollo.
EMBOLAR v. t. Poner bolas de madera en los cuernos: *en Portugal se suele embolar los toros de lidia.* || Dar bola o betún al calzado. || Dar bola a lo que se dora. || *Méx.* Emborrachar.
EMBOLIA f. Obstrucción de un vaso por un coágulo que circula en la sangre.
EMBOLSICAR v. t. *Amer.* Embolsar.
EMBOLISMADOR, RA adj. y s. Que embolisma.
EMBOLISMAL adj. Intercalado, añadido. || *Mes embolismal,* el intercalado por los atenienses en ciertos años. || *Año embolismal,* aquel en que se agregaba un mes o lunación.
EMBOLISMAR v. t. *Fam.* Chismear, enredar.
EMBOLISMÁTICO, CA adj. Confuso, enredado.
EMBOLISMO m. (gr. *embolismos*). Intercalación de un mes en el calendario griego para restablecer la concordancia entre el año solar y el lunar. || *Fig.* Confusión, enredo. || *Fig.* Mezcla y confunsión. || *Fig.* Mentira, chisme.
ÉMBOLO m. (gr. *embolos*). Disco cilíndrico que se mueve alternativamente en el interior del cuerpo de bomba o del cilindro de una máquina de vapor, de un motor de explosión. (SINÓN. V. *Pistón.*)
EMBOLSAR v. t. Guardar en la bolsa: *embolsar dinero.* (SINÓN. V. *Cobrar.*) || Reembolsar, pagar. (P. us.)
EMBOLSO m. Acción de embolsar.
EMBONAR v. t. Mejorar una cosa, bonificarla. (P. us.) || *Mar.* Ensanchar a un buque la manga forrándolo con tablas. || *Amer.* Empalmar, ensamblar, unir dos cosas. || *Amer.* Ajustar, acomodar, convenir. || *Amer.* Abonar (tierras).
EMBONO m. *Mar.* Forro de tablones con que se embona o ensancha la manga de un barco.
EMBOÑIGAR v. t. Untar con boñiga.
EMBOQUE m. Paso de una cosa por un portillo estrecho. || *Fam.* Engaño. || *Chil.* Boliche, juego.
EMBOQUILLADO adj. Dícese del cigarrillo que tiene en un extremo un rollito de papel que impide o dificulta el paso de la nicotina del tabaco.
EMBOQUILLAR v. t. Poner la boquilla a los cigarrillos de papel. || Labrar la boca a un barreno.
EMBORNAL m. *Mar.* Imbornal.
EMBORRACHAMIENTO m. *Fam.* Embriaguez.
EMBORRACHAR v. t. Causar embriaguez. (SINÓN. *Embriagar, alcoholizar.* Pop. *Achisparse, ajumarse.*) || Atontar, adormecer: *los frutos de ciertas plantas emborrachan a los animales.* || — V. r. Beber algún vino o licor hasta perder el uso de la razón. || *Fig.* Perder el juicio.
EMBORRAR v. t. Llenar de borra una cosa: *emborrar una albarda.* || *Fig.* y *fam.* Embocar, tragar.
EMBORRASCAR v. t. Irritar a uno. || — V. r. Hacerse borrascoso. || Echarse a perder un negocio, agotarse una mina, etc.

EMBORRAZAR v. t. Poner albardilla al ave.

EMBORRICARSE v. r. Aturdirse, atontarse. || *Fam.* Enamorarse perdidamente.

EMBORRIZAR v. t. Cardar la lana. || Envolver en huevo y harina lo que ha de freírse.

EMBORRONADOR, RA adj. Que emborrona.

EMBORRONAR v. t. Llenar de borrones un papel. || *Fig.* Escribir de prisa y sin cuidado: *emborronar unas cuartillas.*

EMBORRULLARSE v. r. *Fam.* Reñir, alborotar.

EMBOSCADA f. Ataque por sorpresa. || *Fig.* Asechanza, maquinación. (SINÓN. *Trampa, armadijo, celada, avispero.*) || Tropa emboscada.

EMBOSCAR v. t. Poner oculta una tropa para sorprender al enemigo. || — V. r. Entrar u ocultarse entre el ramaje. || *Fig.* Procurarse una ocupación ventajosa para no hacer otra.

EMBOSQUECER v. i. Hacerse bosque. || — IRREG. Se conjuga como *merecer.*

EMBOSTAR v. t. *Riopl.* Emboñigar, revocar las paredes con estiércol de caballo mezclado con tierra.

EMBOTADOR, RA adj. Que embota.

EMBOTADURA f. Efecto de embotar un arma.

EMBOTAMIENTO m. Acción y efecto de embotar. (SINÓN. V. *Adormecimiento.*)

EMBOTAR v. t. Desafilar las armas cortantes: *las navajas de afeitar se embotan fácilmente si no se cuidan.* || *Fig.* Debilitar, entorpecer: *embotar los sentidos.* || Poner dentro de un bote: *embotar el tabaco.* || — V. r. *Fam.* Ponerse las botas.

EMBOTELLADO, DA adj. En botella. || *Fig.* Dícese de lo que se tiene aprendido, en la memoria. || — M. Acción de embotellar.

EMBOTELLADOR, RA m. y f. Persona que embotella por oficio. || — F. Máquina para embotellar.

EMBOTELLAMIENTO m. Acción de embotellar. || *Fig.* Obstrucción, entorpecimiento de la circulación en la vía pública. || *Fig.* Acción de meterse en la cabeza un discurso, etc.

EMBOTELLAR v. t. Echar o meter en botellas: *embotellar vino.* || *Fig.* Obstruir, entorpecer la circulación. || *Fig.* Acorralar a una persona. || *Fig.* Inmovilizar un negocio. || *Fig.* Aprender de memoria.

EMBOTICARSE v. r. *Fam.* Medicinarse mucho.

EMBOTIJAR v. t. Echar en un botijo. || Poner una tongada de botijas debajo del suelo de una habitación para evitar la humedad. || — V. r. *Fig.* y *fam.* Hincharse, inflarse. || *Fig.* y *fam.* Irritarse, encolerizarse, indignarse mucho.

EMBOVEDADO m. Obra en forma de bóveda.

EMBOVEDAR v. t. Abovedar.

EMBOZALAR v. t. Embozar, poner un bozal.

EMBOZAR v. t. Cubrir la parte inferior del rostro. Ú.t.c.r.: *embozarse en la capa.* || Poner el bozal a un animal. || *Fig.* Disfrazar, ocultar: *embozar la intención.*

EMBOZO m. Parte de la capa o ropa que sirve para embozarse. || Doblez de la sábana por la parte que toca al rostro: *un embozo bordado.* || *Fig.* Recato, disimulo: *hablar con embozo.* || — CONTR. *Franqueza.*

EMBRACILADO, DA adj. *Fam.* Dícese del niño a quien traen continuamente en brazos.

EMBRAGAR v. t. Establecer comunicación entre el motor y los órganos que debe poner en movimiento.

EMBRAGUE m. Acción de embragar. || Mecanismo que permite poner una máquina en movimiento uniéndola al motor: *embrague automático.* || Aparato para embragar.

EMBRAMAR v. t. *Arg.* Atar al bramadero.

EMBRAVECER v. t. Irritar, encolerizar. || — V. r. Enfurecerse: *embravecerse el mar.* || — IRREG. Se conjuga como *merecer.*

EMBRAVECIMIENTO m. Cólera, furor, ira.

EMBRAZADURA f. Asa del escudo.

EMBRAZAR v. t. Asegurar el escudo al brazo.

EMBREADO m. Embreadura, acción de embrear: *el embreado de una embarcación.*

EMBREADURA f. Acción de embrear.

EMBREAR v. t. Untar con brea: *se embrean los cables usados en el mar para evitar que se pudran.*

EMBREGARSE v. r. Enredarse en discusiones.

EMBREÑARSE v. r. Meterse entre breñas.

EMBRETAR v. t. *Amer.* Encerrar los animales en el brete o corral. || — V. r. *Venez.* Afanarse.

EMBRIAGADOR, RA y **EMBRIAGANTE** adj. Que embriaga: *líquido embriagador.*

EMBRIAGAR v. t. Poner ebrio: *embriagado con aguardiente.* (SINÓN. V. *Emborrachar.*) || *Fig.* Enajenar, enloquecer: *embriagado de amor.* (SINÓN. *Encantar, arrebatar, extasiar.*)

EMBRIAGUEZ f. Pérdida de la razón causada por el alcohol: *la embriaguez es el más repugnante de los vicios.* (SINÓN. V. *Borrachera.*) || *Fig.* Enajenamiento del ánimo: *la embriaguez de la gloria.* (SINÓN. *Exaltación, enloquecimiento, éxtasis, arrebato.*)

EMBRIDAR v. t. Poner la brida: *embridar un asno.* || *Fig.* Hacer que el caballo lleve bien la cabeza.

EMBRIOGENIA f. Serie de formas por las cuales pasa un organismo desde el huevo o esporo hasta el estado adulto.

EMBRIOGÉNICO, CA adj. *Fisiol.* Relativo a la embriogenia: *estado embriogénico.*

EMBRIOLOGÍA f. Estudio de la evolución de un embrión desde el óvulo hasta su nacimiento.

EMBRIOLÓGICO, CA adj. *Fisiol.* Relativo a la embriología: *enseñanza embriológica.*

EMBRIÓN m. (gr. *embruon*). Germen de un cuerpo organizado: *el embrión de una planta.* (SINÓN. *Feto, huevo, óvulo, engendro.*) || *Fig.* Germen, origen: *la familia es el embrión del Estado.* || *Fig.* Causa, origen, principio informe de una cosa.

EMBRIONARIO, RIA adj. Relativo al embrión: *estado embrionario.* || *Fig.* No decidido, no acabado: *proyecto embrionario.*

EMBROCA f. (gr. *embrokhê*). *Fam.* Cataplasma.

EMBROCACIÓN f. *Farm.* Embroca. || *Med.* Loción de una parte del cuerpo con un líquido medicinal. || Este mismo líquido. (SINÓN. V. *Linimento.*)

EMBROCAR v. t. Vaciar una vasija en otra. || Devanar los hilos y torzales en la broca. || Asegurar con brocas las suelas de los zapatos. || Coger el toro al torero entre las astas. || Poner una vasija boca abajo. || — V. r. *Méx.* Ponerse el zarape por la cabeza.

EMBROCHALADO m. Armazón de vigas que forma el hueco de una chimenea.

EMBROLLA f. *Fam.* Embrollo, enredo, lío.

EMBROLLADOR, RA adj. y s. Que embrolla

EMBROLLAR v. t. Desordenar. (SINÓN. V. *Enredar.*)

EMBROLLISTA m. Embrollón.

EMBROLLO m. Enredo, confusión. (SINÓN. V. *Desorden.*) || Embuste, mentira. || *Fig.* Situación embarazosa en que se encuentra una persona: *no saber cómo salir del embrollo.*

EMBROLLÓN, ONA adj. y s. *Fam.* Embrollador.

EMBROLLOSO, SA adj. *Fam.* Que embrolla.

EMBROMADOR, RA adj. y s. Que embroma.

EMBROMAR v. t. Meter broma. || Engañar, enredar. || Bromear, chancear. (SINÓN. *Ridiculizar, punzar, zaherir.* V. tb. *burlar.*) || *Amer.* Fastidiar. || *Chil.* y *Méx.* Hacer perder el tiempo. || *Arg.* y *Chil.* Perjudicar, hacer daño.

EMBROMISTA m. *Chil.* Bromista.

EMBROQUELARSE v. r. Abroquelarse.

EMBRUJAMIENTO m. Acción de embrujar.

EMBRUJAR v. t. Hechizar.

EMBRUJO m. Hechizo.

EMBRUTECEDOR, RA adj. Que embrutece.

EMBRUTECER v. t. Volver bruto: *hombre embrutecido por el vino.* || — SINÓN. *Entorpecer, atontar, atolondrar.* || — IRREG. Se conjuga como *merecer.*

EMBRUTECIMIENTO m. Acción de embrutecer.

EMBUCHADO m. Tripa que se rellena de carne de cerdo picada. (SINÓN. *Embutido.*) || *Fig.* Asunto engañoso. || *Fig.* Enojo disimulado. || *Fig.* Introducción fraudulenta de votos. || *Fig.* Morcilla, añadidura abusiva de texto.

EMBUCHAR v. t. Meter alguna cosa en el buche. || Embutir carne picada. || *Fam.* Embocar, tragar. || — V. r. *Cub.* Enojarse sin motivo y tener que disimular.

EMBUDADO, DA adj. De forma de embudo.

EMBUDAR v. t. Poner el embudo en una vasija para llenarla mejor. || *Fig.* Hacer embudos y trampas. || Acorralar la caza en lugar cercado para que vaya al sitio donde están los cazadores.

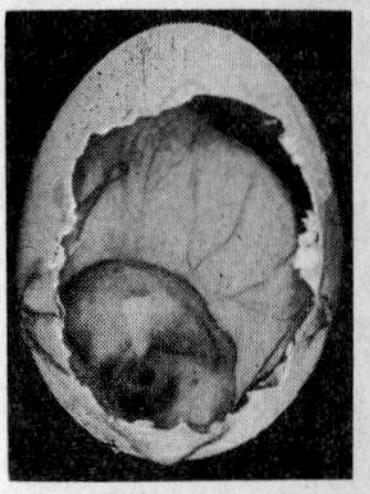

embrión

EMBRAGUE

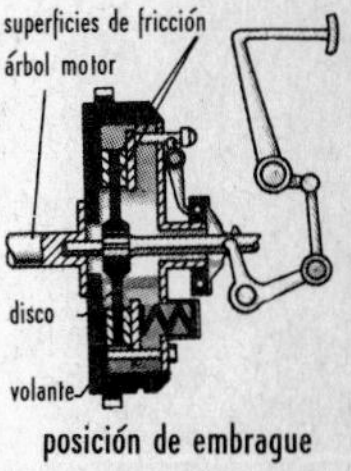

posición de embrague

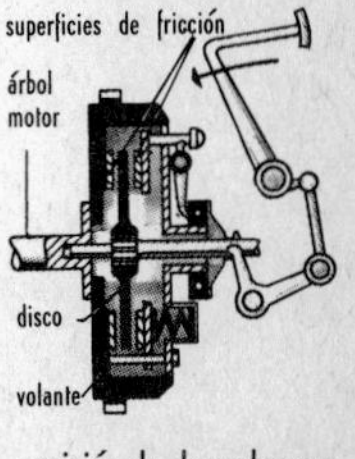

posición de desembrague

Fot. Noailles

EMBUDISTA adj. y s. Tramposo, enredador.
EMBUDO m. Instrumento hueco de forma cónica que sirve para trasegar líquidos. ‖ *Fig.* Trampa, enredo: *meterse en un embudo.* ‖ *Fig.* y *fam.* *Ley del embudo,* la que se emplea con desigualdad.
EMBULLAR v. t. Meter bulla o ruido, animar. ‖ Meter en un jaleo o diversión.
EMBULLO m. *Amer.* Bulla, jarana.
EMBURUJAR v. t. *Fam.* Amontonar, apelmazar, hacer burujos algunas cosas: *emburujar lana.* ‖ — V. r. *Amer.* Arrebujarse.
EMBUSTE m. (lat. *impositum*). Impostura. (SINÓN. V. *Mentira.*) ‖ — Pl. Bujerías, alhajas de poco valor.
EMBUSTEAR v. i. Decir mentiras.
EMBUSTERÍA f. *Fam.* Embuste, engaño.
EMBUSTERO, RA adj. y s. Que dice embustes, mentiroso: *un niño embustero.* ‖ — SINÓN. *Mentiroso, engañador, embaucador, capcioso, insidioso.* ‖ — CONTR. *Sincero.*
EMBUTIDERA f. Tejo para remachar los clavos.
EMBUTIDO f. Acción de embutir. ‖ Obra de taracea o marquetería. ‖ Embuchado: *los embutidos extremeños son muy sabrosos.* ‖ Entredós.
EMBUTIR v. t. (lat. *imbutum*). Hacer embutidos, taracear: *embutir nácar en la madera.* ‖ Llenar, meter una cosa dentro de otra: *embutir un trozo de un libro en una memoria.* ‖ *Fam.* Embocar, tragar. ‖ *Venez. Encaje de embutir* entredós, bordado.
EME f. Nombre de la letra *m.*
EMERGENCIA f. Acción de emerger, lo que acontece cuando, en la combinación de factores conocidos, surge un fenómeno que no se esperaba. ‖ *Punto de emergencia,* punto por donde sale un rayo luminoso del medio que atraviesa.
EMERGENTE adj. Que emerge. ‖ Que nace de otra cosa: *daño emergente.* ‖ *Fís.* Dícese del rayo luminoso que sale de un medio después de atravesarlo.
EMERGER v. i. (lat. *emergere*). Brotar del agua: *roca que emerge poco.* (SINÓN. V. *Salir* y *flotar.*) ‖ Salir de un medio: *rayo luminoso que emerge.* ‖ *Fig.* Mostrarse, manifestarse.
EMERITENSE adj. y s. De Mérida (España).
EMÉRITO, TA adj. Jubilado: *profesor emérito.* ‖ En Roma, soldado que disfrutaba una pensión.
EMERSIÓN f. (lat. *emersio*). *Astr.* Reaparición de un astro eclipsado. ‖ — PARÓN. *Inmersión.*
EMÉTICO, CA adj. y s. m. (del gr. *emein,* vomitar). *Med.* Vomitivo. ‖ — M. Tartrato de potasa y de antimonio.
EMETROPIA f. *Fisiol.* Visión normal.
EMÍDIDOS m. Familia de reptiles quelonios como el galápago.
EMIDOSAURIOS m. pl. Reptiles que tienen por tipo la tortuga.
EMIGRACIÓN f. Movimiento de población contemplado desde el punto de vista del país de origen. (Desde el punto de vista del país de destino se llama *inmigración.*) ‖ — SINÓN. *Migración, éxodo, peregrinación, destierro.*
EMIGRADO m. El que reside fuera de su patria por causas políticas o económicas.
EMIGRANTE adj. y s. Individuo que emigra. ‖ — CONTR. *Inmigrante.*
EMIGRAR v. t. (del lat. *emigrare,* irse). Salir de su país para ir a establecerse en otro. ‖ Cambiar de clima ciertos animales. ‖ — CONTR. *Inmigrar.*
EMIGRATORIO, RIA adj. Relativo a la emigración.
EMINENCIA f. Elevación de terreno. (SINÓN. V. *Colina.*) ‖ *Fig. Por ext.* Cualquier cosa que sobresale. ‖ Título de honor de los cardenales. ‖ Persona eminente. ‖ — CONTR. *Depresión, hueco.*
EMINENCIALMENTE adv. De modo eminente.
EMINENTE adj. (lat. *eminens*). Alto, elevado: *colocar en lugar eminente.* ‖ *Fig.* Superior, sobresaliente: *sabio eminente.* (SINÓN. V. *Distinguido.*) ‖ — PARÓN. *Inminente.*
EMINENTEMENTE adv. m. Excelentemente.
EMINENTÍSIMO, MA adj. Muy eminente. ‖ Título de honor que se aplica a los cardenales.
EMIR m. Príncipe o jefe árabe.
EMISARIO m. Desaguadero de un estanque o de un lago. ‖ Mensajero generalmente encargado de una misión secreta: *fueron prevenidos por un emisario.* (SINÓN. V. *Mensajero.*)
EMISIÓN f. (lat. *emissio*). Acción y efecto de emitir. ‖ Difusión por radio o televisión. ‖ Puesta en circulación de monedas o valores.
EMISOR, RA adj. y s. Que emite. ‖ — M. Aparato de emisión radiofónica. ‖ — F. Estación de emisión de radio.
EMITIR v. t. (lat. *emittere*). Poner en circulación: *emitir moneda falsa.* ‖ *Fig.* Dar, manifestar, expresar: *emitir un voto, una opinión.* (SINÓN. V. *Enunciar.*) ‖ Expeler (orina, etc.). ‖ Lanzar (ondas luminosas, eléctricas, etc.). ‖ — V. i. Hacer una emisión de radio o televisión.
EMOCIÓN f. Agitación, turbación del ánimo. ‖ — SINÓN. *Sobresalto, sobrecogimiento, turbación, desconcierto, agitación, trastorno.*
EMOCIONAL adj. Relativo a la emoción.
EMOCIONANTE adj. Conmovedor. ‖ — SINÓN. *Patético, dramático, trágico, impresionante.*
EMOCIONAR v. t. Conmover. Ú. t. c. r.
EMOLIENTE adj. y s. m. (lat. *emolliens*). *Med.* Ablandativo, que ablanda: *cataplasma emoliente.*
EMOLUMENTOS m. pl. (lat. *emolumentum*). Gajes, sueldo de un cargo o empleo. (SINÓN. V. *Retribución.*)
EMOTIVIDAD f. Calidad de emotivo. (SINÓN. V. *Sensibilidad.*)
EMOTIVO, VA adj. Relativo a la emoción. ‖ Que produce emoción. ‖ Sensible a las emociones.
EMPACADOR, RA adj. Que empaca. ‖ — F. Máquina para empacar.
EMPACAMIENTO m. Acción de empacarse.
EMPACAR v. t. Empaquetar, embalar. ‖ *Amer.* Enfadar. ‖ — V. r. Emperrarse, obstinarse. ‖ Turbarse, cortarse. ‖ *Amer.* Pararse los animales resistiéndose a seguir adelante.
EMPACÓN, ONA adj. *Amer.* Terco, reacio.
EMPACHADO, DA adj. Desmañado, torpe.
EMPACHAR v. t. Ahitar, hartar: *me ha empachado la comida.* ‖ Estorbar, impedir. (P. us.) ‖ Disfrazar, encubrir. (P. us.) ‖ — V. r. Avergonzarse, turbarse. ‖ *Méx.* Cegarse con la cera el cubo de un candelero.
EMPACHO m. Turbación, vergüenza. ‖ Ahíto, indigestión. ‖ Estorbo, impedimento. (P. us.)
EMPACHOSO, SA adj. Que causa empacho: *un dulce empachoso.* ‖ Vergonzoso: *conducta empachosa.*
EMPADRARSE v. r. Encariñarse el niño con sus padres.
EMPADRONADOR m. El que forma un padrón.
EMPADRONAMIENTO m. Acción y efecto de empadronar o registrar con fines estadísticos en el padrón o censo. ‖ — SINÓN. *Censo, padrón, inscripción, estadística, inventario, enumeración, recuento.*
EMPADRONAR v. t. Asentar en un padrón.
EMPAJADA f. Pajada de las caballerías.
EMPAJAR v. t. Cubrir con paja. ‖ *Amer.* Techar con paja: *empajar una choza.* ‖ *Chil.* Mezclar con paja el barro. ‖ — V. r. *Amer.* Hartarse de cosas insubstanciales. ‖ *Méx.* Conseguir una buena ganancia.
EMPALAGAMIENTO m. Empalago.
EMPALAGAR v. t. Empachar, ahitar: *dulce que empalaga.* ‖ Fastidiar: *libro que empalaga.*
EMPALAGO m. Hartura, asco, repugnancia.
EMPALAGOSO, SA adj. Que empalaga: *comer un guiso empalagoso.* (SINÓN. *Dulzón, dulzarrón, almibarado, meloso.*) ‖ Fastidioso, pesado, cargante: *ponerse empalagoso un niño.* (SINÓN. *Zalamero, camandulero, melifluo, pesado, cargante.*)
EMPALAMIENTO m. La acción de empalar.
EMPALAR v. t. Espetar a uno en un palo puntiagudo, suplicio empleado antiguamente en algunos países. ‖ — V. r. *Chil.* Encapricharse. ‖ *Chil.* Entumecerse.
EMPALIZADA f. Estacada. (SINÓN. V. *Cerca.*)
EMPALIZAR v. t. Poner empalizadas.
EMPALMADURA f. Empalme.
EMPALMAR v. t. Juntar dos cabos, sogas, cordón eléctrico o tubos entrelazándolos por las puntas. ‖ *Fig.* Ligar, combinar. ‖ — V. i. Unirse o corresponder uno con otro dos ferrocarriles, dos carreteras, etc. ‖ Suceder a continuación.
EMPALME m. Acción y efecto de empalmar dos cosas y punto en que empalman: *empalme de ferrocarril.* (SINÓN. V. *Cruce.*) ‖ Cosa que empalma con otra. ‖ Manera de hacer el empalme.
EMPALOMAR v. t. *Mar.* Coser la relinga a la vela por medio de empalomaduras.

EMPALLETADO m. Especie de colchón que se hace en el costado de las embarcaciones con la ropa de los marineros cuando van a trabar combate.
EMPAMPANARSE *Arg.* y **EMPAMPARSE** v. r. *Amer.* Extraviarse en la pampa.
EMPANADA f. Manjar compuesto de una vianda cualquiera encerrada en masa y cocida después en el horno. ‖ *Fig.* Engaño o trampa en un negocio.
EMPANADILLA f. Pastel pequeño y relleno.
EMPANADO, DA adj. y s. *Fig.* Aplícase al aposento que sólo tiene segunda luz. ‖ Rebozado con pan rallado.
EMPANAR v. t. Encerrar una vianda en masa o pan para cocerla después. ‖ Rebozar con pan rallado. ‖ *Agr.* Sembrar las tierras con trigo. ‖ — V. r. *Agr.* Sofocarse un sembrado demasiado apretado.
EMPANDAR v. t. Doblar algo dejándolo pando.
EMPANDILLAR v. t. *Fam.* Poner un naipe junto con otro para hacer una trampa.
EMPANIZADO m. *Bol.* Chancaca.
EMPANTANAR v. t. Dejar un terreno hecho un pantano, inundarlo. ‖ Meter en un pantano: *se empantanó la carreta.* ‖ *Fig.* Detener, estorbar: *se empantanó el pleito.*
EMPANTURRARSE v. r. *Per.* Repantigarse. ‖ *Méx.* Atracarse. ‖ *Col.* Quedarse pequeño.
EMPANZARSE v. r. *Hond.* y *Chil.* Ahitarse.
EMPAÑADURA f. Envoltura (P. us.)
EMPAÑAMIENTO m. Acción de empañar.
EMPAÑAR v. t. Envolver a las criaturas en pañales. ‖ Obscurecer lo terso: *empañar un espejo.* ‖ *Fig.* Manchar: *empañar la honra con un crimen.*
EMPAÑETADO m. *Amer.* Enlucido de la pared.
EMPAÑETAR v. t. *Amer.* Enlucir, encalar.
EMPAPAMIENTO m. Acción y efecto de empapar y empaparse.
EMPAPAR v. t. Humedecer, remojar: *empapar en agua la esponja.* (SINÓN. V. *Mojar.*) ‖ Absorber dentro de sus poros. (SINÓN. V. *Absorber.*) ‖ Penetrar un líquido los poros de un cuerpo. ‖ — V. r. Penetrarse: *empaparse en una doctrina.* ‖ *Fam.* Ahitarse, empacharse.
EMPAPELADO m. Acción y efecto de empapelar habitaciones. ‖ Papel empleado.
EMPAPELADOR, RA m. y f. Persona que empapela: *empapelador de paredes.*
EMPAPELAR v. t. Envolver en papel. ‖ Recubrir alguna cosa de papel: *empapelar un baúl.* ‖ *Fig.* y *fam.* Formar causa criminal a uno.
EMPAPIROTAR v. t. *Fam.* Emperejilar.
EMPAPUJAR v. t. *Fam.* Empachar, hartar.
EMPAQUE m. Acción de empacar. ‖ *Fam.* Aspecto, figura de una persona. ‖ Seriedad, distinción, gravedad. ‖ *Amer.* Frescura, desfachatez.
EMPAQUETADOR, RA m. y f. Persona que empaqueta.
EMPAQUETAR v. t. Encerrar en paquetes cualquier mercancía. ‖ *Fig.* Acomodar, colocar. ‖ *Fig.* Ataviar, emperejilar.
EMPARAMARSE v. r. *Col.* Helarse, arrecirse.
EMPARCHAR v. t. Poner parches a un enfermo.
EMPARDAR v. i. *Arg.* Empatar, igualar.
EMPAREDADO, DA adj. Recluso, encerrado entre paredes. ‖ — M. *Fig.* Lonja pequeña de jamón, queso, etc., encerrada entre dos pedazos de pan.
EMPAREDAMIENTO m. Acción de emparedar.
EMPAREDAR v. t. Encerrar a una persona o cosa entre paredes. ‖ Aprisionar entre dos cosas.
EMPAREJADOR m. El que empareja.
EMPAREJADURA f. y **EMPAREJAMIENTO** m. Acción y efecto de emparejar dos cosas.
EMPAREJAR v. t. Poner parejas dos cosas. ‖ Formar una pareja. (SINÓN. V. *Acoplar.*) ‖ Juntar las hojas de una ventana de modo que ajusten sin cerrarlas. ‖ — V. i. Alcanzar a uno que iba delante. ‖ *Fig.* Ponerse al nivel de otro. ‖ Ser pareja una cosa con otra. ‖ — V. r. *Méx.* Procurar, conseguir algo.
EMPARENTAR v. i. Contraer parentesco: *estar bien emparentado.* ‖ — IRREG. Se conjuga como *alentar.*
EMPARRADO m. Parra que se extiende sobre una armazón de madera o hierro que la sostiene: *sentarse debajo de un emparrado.*
EMPARRANDARSE v. r. *Amer.* Parrandear.
EMPARRAR v. t. Hacer un emparrado.
EMPARRILLADO m. Conjunto de maderos trabados que afirma los cimientos en los terrenos flojos. ‖ Ringorrangos caligráficos.
EMPARRILLAR v. t. Asar carne en parrillas.
EMPARVAR v. t. Poner en parva las mieses.
EMPASTADOR, RA adj. Dícese del pintor que empasta mucho sus obras. ‖ — M. Pincel para empastar. ‖ *Amer.* Encuadernador.
EMPASTAR v. t. Cubrir de pasta. ‖ Encuadernar los libros en pasta. ‖ *Pint.* Aplicar el color en cantidad suficiente para ocultar el lienzo. ‖ *Arg.* Meteorizarse las bestias. ‖ *Amer.* Empradizar. ‖ Rellenar con pasta un diente picado.
EMPASTE m. *Pint.* Unión perfecta de los colores. ‖ Pasta con que se llena un diente cariado. ‖ *Arg.* Meteorismo.
EMPASTELAR v. t. *Fig.* y *fam.* Arreglar un negocio, transigir para salir del paso. ‖ *Impr.* Mezclar las letras de una composición.
EMPATADERA f. *Fam.* Acción de empatar o detener un negocio: *salir con alguna empatadera.*
EMPATADURA f. *Cub.* Añadidura.
EMPATAR v. t. (lat. *impedire*). Obtener el mismo número de votos, puntos, etc. ‖ Obtener el mismo número de tantos los contrincantes en un encuentro deportivo. ‖ Suspender o estorbar el curso de una resolución. ‖ *Amer.* Unir o empalmar dos cosas perfectamente. ‖ *Salv.* Meter, clavar. ‖ *C. Rica.* Atar, amarrar. ‖ — V. r. Anularse la votación por haber iguales votos en pro y en contra. ‖ *Empatársela a uno,* igualarle. ‖ *Hond.* Engañarle.
EMPATE m. Acción y efecto de empatar. ‖ *Col.* Mango o palillero para la pluma.
EMPAVAR v. t. *Per. Fam.* Burlarse de uno, tomarle el pelo. ‖ — V. r. *Venez.* Avergonzarse.
EMPAVESADA f. Reparo que hacía la tropa con los paveses o escudos. ‖ *Mar.* Faja de lona o paño azul o encarnado que sirve para adornar las bordas y cofas del buque.
EMPAVESADO, DA adj. Armado de pavés. ‖ — M. Soldado que llevaba pavés. ‖ *Mar.* Conjunto de banderas que adornan los barcos en ciertas fiestas.
EMPAVESAR v. t. Formar empavesadas. ‖ Engalanar una embarcación con banderas y gallardetes: *se empavesan los barcos en las grandes festividades.* ‖ *Chil.* Preparar el pabilo de las velas.
EMPAVONAR v. t. Pavonar. ‖ *Amer.* Pringar, untar. ‖ — V. r. *Guat.* Emperejilarse.
EMPECATADO, DA adj. Muy travieso, incorregible: *muchacho empecatado.* ‖ Desgraciado, dejado de la mano de Dios. ‖ *Fam.* Muy malo.
EMPECER v. t. Dañar, perjudicar. ‖ — V. i. Impedír, obstar. ‖ — IRREG. Se conjuga como *merecer.*
EMPECINADO m. Peguero.
EMPECINADO, DA adj. Empeñado, terco.
EMPECINAMIENTO m. Terquedad.
EMPECINAR v. t. Empegar, untar con pez. ‖ — V. r. Obstinarse, encapricharse.
EMPEDARSE v. r. *Riopl.* y *Méx. Fam.* Emborracharse.
EMPEDERNIDO, DA adj. *Fig.* Insensible, duro: *tener un corazón empedernido.*
EMPEDERNIR v. t. Endurecer, poner muy duro. ‖ — V. r. *Fig.* Hacerse insensible: *empedernirse con el dolor.* ‖ — OBSERV. Es verbo defectivo.
EMPEDRADO m. Pavimento hecho con piedras.
EMPEDRADOR m. El que tiene por oficio empedrar las calles.
EMPEDRAMIENTO m. Acción de empedrar.
EMPEDRAR v. t. Cubrir el suelo con piedras o adoquines: *empedrar una carretera.* ‖ *Fig.* Llenar, cubrir: *empedrar de citas un libro.* ‖ — IRREG. Se conjuga como *acertar.*
EMPEGA f. Pega, liga, substancia viscosa. ‖ Señal que se hace con pez al ganado.
EMPEGADO m. Tela untada de pez, encerado.
EMPEGADURA f. Baño de pez que se aplica a ciertas cosas: *la empegadura conserva la madera.*
EMPEGAR v. t. (lat. *impicare*). Bañar un objeto con pez: *empegar un pellejo.* ‖ Señalar con pez: *empegar el ganado lanar.*
EMPEGO m. Acción de empegar el ganado.
EMPEGUNTAR v. t. Empegar el ganado lanar.
EMPEINE m. (del lat. *in,* en, y *pecten,* bajo vientre). Parte inferior del vientre. ‖ Parte superior del pie. ‖ Parte superior del calzado.

empeine

EMPEINE m. (lat. *impetigo*). Enfermedad cutánea, herpe. || Hepática, especie de musgo.
EMPELAR v. i. Criar pelo. || — V. t. *Méx.* Formar una pareja de bestias de igual color.
EMPELECHAR v. t. Cubrir con chapas de mármol: *empelechar una pared.* || — PARÓN. *Pelechar.*
EMPELOTAR v. t. *Fam.* Envolver, arrollar. || — V. r. *Fam.* Enredarse, reñir. || *Amer.* Quedarse en pelota, en cueros. || *Cub.* y *Méx.* Enamorarse.
EMPELTRE m. Injerto de escudete.
EMPELLA f. Pala del zapato. || *Amer.* Pella de manteca.
EMPELLAR v. t. Dar empellones, empujar.
EMPELLEJAR v. t. Forrar con pellejo.
EMPELLER v. t. Empellar, dar empellones.
EMPELLÓN m. Empujón que se da con el cuerpo a una persona. || *Fig.* y *fam. A empellones,* loc. adv., bruscamente, con violencia.
EMPENACHADO, DA adj. Que tiene penacho.
EMPENACHAR v. t. Adornar con penachos.
EMPENTA f. Puntal, apoyo, sostén.
EMPENTAR v. t. Unir dos galerías de mina.
EMPEÑAR v. t. (del lat. *in,* en, y *pignorare,* dar en prenda). Dejar una cosa en prenda del pago de una deuda o empréstito: *empeñar el reloj.* || Obligar, precisar. || Poner a uno por medianero para conseguir algo. || — V. r. Entramparse, endeudarse: *empeñarse hasta la camisa.* || Insistir: *puesto que te empeñas te lo diré.* || Interceder, servir de mediador por otro: *empeñarse con [por] uno.* || Trabarse: *empeñóse la lucha.* || — CONTR. *Desempeñar.*
EMPEÑERO m. *Méx.* Prestamista, usurero.
EMPEÑO m. Acción y efecto de empeñar. || Obligación: *no saber cómo salir del empeño.* || Deseo vehemente: *tengo empeño en acabar mi trabajo esta noche.* || Tesón, constancia: *trabajar con mucho empeño.* || Protector, padrino. || Recomendación. || *Méx.* Casa de empeños.
EMPEÑOLARSE v. r. *Méx.* Subirse los indios a los cerros y hacerse fuertes en ellos.
EMPEÑOSO, SA adj. *Amer.* Que muestra tesón.
EMPEORAMIENTO m. Acción y efecto de empeorar. || — CONTR. *Mejora.*
EMPEORAR v. t. Volver peor: *empeorar la situación.* || — V. i. Ponerse peor: *el enfermo empeora.*
EMPEQUEÑECER v. t. Minorar, disminuir una cosa. || — IRREG. Se conjuga como *merecer.*
EMPEQUEÑECIMIENTO m. Disminución.
EMPERADOR m. (lat. *imperator*). Jefe supremo del imperio: *Napoleón fue nombrado emperador por el Senado.* (El f. es *emperatriz.*) [SINÓN. V. *Monarca.*] || *Cub* Pez espada.
EMPERATRIZ f. La mujer del emperador.
EMPERCHAR v. t. Colgar algo en la percha.
EMPERDIGAR v. t. Perdigar las carnes.
EMPEREJILAR v. t. *Fam.* Adornar con mucho esmero: *una mujer que se emperejila demasiado.* (SINÓN. V. *Adornar.*)
EMPEREZAR v. i. Dejarse llevar de la pereza una persona. Ú. t. c. r. || — V. t. *Fig.* Retardar, entorpecer una cosa.
EMPERGAMINAR v. t. Cubrir con pergamino.
EMPERICARSE v. r. *Col. Fam.* Emborracharse.
EMPERIFOLLAR v. t. Emperejilar. (SINÓN. V. *Adornar.*)
EMPERNAR v. t. Asegurar una cosa con pernos.
EMPERO conj. advers. Pero, sin embargo.
EMPERRADA f. Renegado, cierto juego antiguo.
EMPERRAMIENTO m. *Fam.* Rabia, cólera.
EMPERRARSE v. r. *Fam.* Obstinarse, empeñarse. || *Fam.* Irritarse, encolerizarse.
EMPERTIGAR v. t. *Chil.* Uncir los bueyes.
EMPESTILLARSE v. r. *Arg.* Empeñarse.
EMPETATAR v. t. *Amer.* Esterar, cubrir con petate.
EMPETRO m. Hinojo marino.
EMPEZAR v. t. Comenzar, principiar: *empezar a leer una novela.* || — V. i. Tener principio una cosa. || — IRREG. Se conjuga como *acertar.*
EMPICARSE v .r. Aficionarse mucho a una cosa.
EMPICOTAR v. t. Poner en la picota.
EMPICHARSE v. r. *Venez.* Pudrirse.
EMPIECE m. *Fam.* Comienzo.
EMPIEMA m. (del gr. *en,* en, y *puon,* materia). *Med.* Acumulación de pus en la cavidad de la pleura.
EMPIEZO m. *Arg.* Empiece.
EMPILONAR v. t. *Col.* y *Cub.* Apilar.
EMPILUCHAR v. t. *Chil.* Desnudar.
EMPINADO, DA adj. Muy alto: *torre empinada.* || *Fig.* Estirado, orgulloso.
EMPINADURA f. y **EMPINAMIENTO** m. Acción y efecto de empinar o poner derecho.
EMPINAR v. t. Poner derecho. || *Fig.* y *fam.* Beber mucho: *es muy aficionado a empinar el codo.* || — V. r. Ponerse sobre las puntas de los pies para ver mejor. || Encabritarse el caballo.
EMPINGOROTADO, DA adj. Engreído.
EMPINGOROTAR v. t. *Fam.* Colocar una cosa en alto sobre otra. || — V. r. Subirse en alto: *empingorotarse en una silla.* || *Fam.* Engreírse.
EMPINO m. *Arq.* Vértice de la bóveda por arista.
EMPIPADA f. *Amer. Fam.* Artazgo, atracón.
EMPIPARSE v. r. *Fam. Amer.* Hartarse.
EMPÍREO, REA adj. (gr. *empurios,* de *en,* en, y *pur,* fuego). Perteneciente al cielo o empíreo. || — M. Parte más elevada de los cielos habitada por los dioses del paganismo. || *Fig.* El firmamento. (SINÓN. V. *Cielo.*)
EMPIREUMA m. (gr. *empureuma,* de *en,* en, y *pur,* fuego). Olor y sabor acre y nauseabundo que toman las substancias orgánicas sometidas al fuego.
EMPIREUMÁTICO, CA adj. Que tiene empireuma: *el olor empireumático del cuero quemado.*
EMPÍRICAMENTE adv. m. De modo empírico.
EMPÍRICO, CA adj. (gr. *empeirikos*). Basado en la experiencia, sin teoría ni razonamiento: *medicina empírica.* || Filósofo que hace derivar todos nuestros conocimientos de la experiencia: *Condillac fue un empírico.*
EMPIRISMO m. Uso exclusivo de la experiencia, sin la teoría ni el razonamiento. || *Filos.* Sistema que coloca en la experiencia el origen de nuestros conocimientos. || — CONTR. *Dogmatismo, metodismo.*
EMPITAR v. t. *Per.* Trincar con pita o cordel.
EMPITONAR v. t. Alcanzar el toro al torero con los pitones.
EMPIZARRADO m. Techo de pizarras.
EMPIZARRAR v. t. Cubrir con pizarras.
EMPLANTILLAR v. t. *Chil.* Rellenar con cascotes.
EMPLASTADURA f. y **EMPLASTAMIENTO** m. Acción de emplastar o poner un emplasto.
EMPLASTAR v. t. Poner un emplasto. || *Fig.* Componer con afeites y adornos. || *Fig.* y *fam.* Detener el curso de un negocio: *emplastar un negocio.* || — V. r. Ensuciarse con algo pegajoso.
EMPLASTECER v. t. *Pint.* Igualar las asperezas de una superficie para pintar después sobre ella. || — IRREG. Se conjuga como *merecer.*
EMPLÁSTICO, CA adj. Pegajoso, glutinoso. || *Med.* Supurativo, disolutivo. || *Méx. Tela emplástica,* el esparadrapo.
EMPLASTO m. (gr. *emplastron*). Ungüento o tópico extendido en un lienzo, y aplicado en la parte enferma: *la base de los emplastos es el sebo o la cera.* || *Fig.* y *fam.* Persona delicada y sin fuerzas. || *Fig.* y *fam.* Componenda. || *Amer.* Parche, pegote. || *Fam. Emplasto de ranas,* dinero.
EMPLAZADOR m. *For.* El que emplaza o cita.
EMPLAZAMIENTO m. *For.* Acción de emplazar. (SINÓN. V. *Cita.*) || Situación, posición, ubicación.
EMPLAZAR v. t. *For.* Citar ante un juez en señalado día y hora. (SINÓN. V. *Convocar.*) || Colocar, disponer algunas cosas. (SINÓN. V. *Localizar.*)
EMPLEA f. *Col.* Empleita, pleita de esparto.
EMPLEADO, DA m. y f. Persona que desempeña un empleo público o privado. || — SINÓN. *Agente, dependiente, funcionario, encargado, burócrata, escriba, amanuense, escribiente, oficinista, pendolista.* Pop. *Chupatintas, cagatintas.*
EMPLEADOR, RA adj. Que emplea. || — M. Patrono.
EMPLEAR v. t. (lat. *implicare*). Usar: *emplear términos impropios.* || Ocupar: *emplear mil obreros.* || Gastar, consumir.
EMPLEBEYECER v. t. Dar carácter plebeyo.
EMPLEITA f. Pleita o trenza de esparto.
EMPLEITERO m. El que hace o vende empleita.

EMPLENTA f. Trozo de tapia hecho de una vez.
EMPLEO m. Acción y efecto de emplear, uso. ‖ Destino u ocupación: *conseguir un buen empleo en un ministerio.* (SINÓN. *Función, plaza, colocación, destino, puesto, cargo, oficio, ministerio, sinecura.* V. tb. *grado* y *profesión.*)
EMPLEOMANÍA f. *Fam.* Afán desmedido por desempeñar empleos públicos.
EMPLOMAR v. t. Asegurar, techar, soldar con plomo. ‖ Poner sellos de plomo a una cosa: *emplomar un fardo.* ‖ *Amer.* Empastar (diente). ‖ *Col.* y *Guat.* Engañar.
EMPLUMAR v. t. Poner plumas a una cosa: *emplumar un sombrero.* ‖ *Hond.* Dar una zurra o paliza. ‖ *Amér. C.* Engañar. ‖ *Ecuad.* y *Venez.* Enviar a un sitio de castigo. ‖ *Cub.* Despedir. ‖ — V. i. Emplumecer. ‖ *Amer.* Huir, fugarse.
EMPLUMECER v. i. Echar plumas las aves. ‖ — IRREG. Se conjuga como *merecer.*
EMPOBRECER v. t. Volver pobre: *la pereza empobrece.* ‖ — V. i. Venir a pobre una persona. ‖ Decaer, venir a menos. ‖ — CONTR. *Enriquecer.* ‖ — IRREG. Se conjuga como *merecer.*
EMPOBRECIDO, DA adj. Sin recursos.
EMPOBRECIMIENTO m. Acción y efecto de empobrecer: *el empobrecimiento de una lengua.*
EMPODRECER v. i. Pudrir, echar a perder ‖ — IRREG. Se conjuga como *merecer.*
EMPOLVAR v. t. Echar polvo, llenar de polvo: *venir con vestidos empolvados.* Ú. t. c. r.: *empolvarse el rostro.*
EMPOLVORAMIENTO m. Acto de empolvorar.
EMPOLVORAR v. t. Empolvar, cubrir de polvo.
EMPOLVORIZAR v. t. Empolvar.
EMPOLLAR v. t. Calentar el ave los huevos. ‖ *Fig.* y *fam.* Meditar profundamente en cualquier asunto. ‖ *Fam.* Estudiar con ahínco. (SINÓN. V. *Estudiar.*) ‖ *Amer.* Ampollar.
EMPOLLÓN, ONA adj. y s. Que estudia mucho.
EMPONCHADO, DA adj. *Amer.* Que está envuelto en el poncho. ‖ *Arg.* y *Per. Fig.* Sospechoso; astuto.
EMPONCHARSE v. r. *Amer.* Ponerse el poncho.
EMPONZOÑAMIENTO m. Acción y efecto de emponzoñar.
EMPONZOÑAR v. t. Dar ponzoña. (SINÓN. V. *Envenenar.*) ‖ *Fig.* Inficionar: *país emponzoñado por el vicio.*
EMPOPAR v. i. *Mar.* Calar mucho de popa un buque. ‖ *Mar.* Volver un barco la popa al viento.
EMPORCAR v. t. Ensuciar. Ú.t.c.r.: *emporcarse el vestido.* ‖ — IRREG. Se conjuga como *contar.*
EMPORIO m. (lat. *emporium*). Centro comercial. ‖ Lugar famoso por las ciencias, artes, etc. ‖ *Amer.* Nombre dado a ciertos almacenes grandes y elegantes.
EMPOTRAMIENTO m. Acción de empotrar.
EMPOTRAR v. t. Fijar una cosa asegurándola con fábrica: *empotrar unos puntales en la pared.*
EMPOTRERAR v. t. *Amer.* Convertir un terreno en potrero. ‖ *Amer.* Meter ganado en potrero.
EMPOZAR v. t. Meter en un pozo. ‖ *Amer.* Depositar una cantidad en una administración. ‖ — V. r. *Fig.* y *fam.* Sepultarse, estancarse un expediente. ‖ Macerar el cáñamo o el lino en pozas. ‖ *Provinc.* y *Amer.* Encharcarse el agua.
EMPRADIZAR v. t. Convertir en prado.
EMPRENDEDOR, RA adj. Que emprende cosas difíciles, atrevido. ‖ — CONTR. *Pusilánime.*
EMPRENDER v. t. Empezar: *emprendí ayer este trabajo.* (SINÓN. V. *Comenzar.*) ‖ *Fam.* Meterse con una persona: *esta noche pienso emprenderla con mi tío.*
EMPREÑAR v. t. Hacer concebir a la hembra.
EMPRESA f. Acción de emprender y cosa que se emprende: *el canal de Panamá fue una empresa colosal.* (SINÓN. V. *Designio.*) ‖ Sociedad comercial o industrial: *una empresa de ferrocarriles.* ‖ Lema o divisa. (SINÓN. V. *Establecimiento.*)
EMPRESARIADO m. Conjunto de los empresarios.
EMPRESARIAL adj. *Neol.* De la empresa.
EMPRESARIO, RIA m. y f. Persona que dirige cualquier empresa: *un empresario de teatros.*
EMPRESTAR v. t. *Provinc.* y *Amer.* Tomar prestado. ‖ *Ant.* y *Provinc.* Prestar.
EMPRÉSTITO m. Acción de pedir prestado: *contraer empréstito.* ‖ Cosa prestada. ‖ Préstamo público contratado por el Estado.
EMPRETECER v. i. *Ant.* y *Ecuad.* Ennegrecer.
EMPRIMAR v. t. Dar a la lana segunda carda. ‖ *Fam.* Abusar de uno, burlarse de él.
EMPRINGAR v. t. Pringar, untar de pringue.
EMPUJADA f. *Venez.* Empujón.
EMPUJAR v. t. Impeler, remover una persona o cosa de su puesto: *empuja esa silla.* ‖ *Fig.* Echar a una persona de su puesto o empleo. ‖ Hacer presión. ‖ — SINÓN. *Rechazar, repeler, achuchar, despedir, expulsar, botar, arrojar.*
EMPUJE m. Acción y efecto de empujar, empujón. ‖ Vigor, eficacia: *hombre de empuje.*
EMPUJÓN m. Golpe que se da para empujar una cosa con fuerza. ‖ Avance rápido. ‖ *Fig.* y *fam. A empujones,* bruscamente, sin cuidado: *tratar a uno a empujones.* ‖ Con intermitencia.
EMPULGAR v. t. Armar la ballesta. ‖ Llenar de pulgas.
EMPULGUERA f. Punta de la verga de la ballesta donde se afianza la cuerda. ‖ — F. pl. Instrumento de tormento con que se apretaban los dedos al reo.
EMPUNTAR v. t. Sacar punta: *empuntar los alfileres.* ‖ *Provinc.* y *Col.* Despedir a uno dirigiéndolo a otros. ‖ *Col. Empuntarlas,* escaparse, huir, fugarse.
EMPUÑADOR, RA adj. Que empuña.
EMPUÑADURA f. Puño de la espada. ‖ Puño del bastón o paraguas. ‖ *Fig.* y *fam.* Principio de un cuento, como: *érase que se era.*
EMPUÑAR v. t. Asir por el puño: *empuñar el bastón.* ‖ Asir con la mano: *empuñar una cuchara.* ‖ *Fig.* Alcanzar un empleo. ‖ *Chil.* Cerrar la mano.
EMPUÑIDURA f. *Mar.* Cabo que sirve para sujetar los puños de la vela.
EMPURPURADO, DA adj. Vestido de púrpura.
EMPURRARSE v. r. *Hond.* y *Guat.* Irritarse.
EMPUTECER v. t. Prostituir.
EMÚ mejor que **EMEU** m. Género de aves corredoras de Australia, que miden hasta 2 m de alto.
EMULACIÓN f. Sentimiento que nos impulsa a rivalizar con algunos o con alguna cosa: *la emulación es un aliciente muy poderoso para la virtud.* (SINÓN. V. *Celo.*)
EMULADOR, RA adj. y s. (lat. *emulator*). Persona que compite con otra. (SINÓN. V. *Rival.*)
EMULAR v. t. Imitar lo que otro hace, procurando aventajarle.
EMULGENTE adj. (del lat. *emulgere,* ordenar). *Anat.* Dícese de la arteria y la vena de los riñones.
ÉMULO, LA adj. y s. (lat. *aemulus*). Rival, dícese del competidor que procura igualarse con otro.
EMULSIÓN f. Preparación química obtenida por la separación de un líquido en glóbulos microscópicos en otro líquido con el cual no puede mezclarse. ‖ *Emulsión fotográfica,* preparación sensible a la luz que recubre las películas fotográficas.
EMULSIONAR v. t. Convertir un líquido en emulsión: *emulsionar una poción.*
EMULSIVO, VA adj *Farm.* Dícese del medicamento que sirve para hacer emulsiones.
EMULSOR m. Aparato para hacer emulsiones.
EMUNTORIO m. (lat. *emunctorium*). Conducto evacuatorio del cuerpo de los animales.
EN prep. (lat. *in*). Sirve para indicar el lugar, la posición, el tiempo: *estar en casa, sucedió en domingo.* ‖ Seguido de gerundio, luego que: *en saliendo a la calle lo compro.* ‖ Sobre. ‖ Seguido de infinitivo, por: *lo supe en el hablar.* — OBSERV. A menudo la preposición *en* se emplea indebidamente por *a:* en tiempo y lugar; *como:* habló *en* jefe; *con:* salí *en* dirección de Madrid; *de:* me admiré *en* oir tal cosa; *para:* *en* el comerciante no es lícito tal cosa; *por:* *en* lo que a mi concierne. A veces *en* se emplea innecesariamente o se omite erróneamente: el año [en] que esto ocurrió.
EN prep. insep., del gr. *en,* que significa *dentro: encéfalo, encíclica.*
ENACEITAR v. t. Lubrificar. ‖ — V. r. Ponerse aceitosa.
ENAGUACHAR v. t. Llenar de agua una cosa: *terreno enaguachado.* ‖ Empachar el estómago el beber mucho o el comer mucha fruta.

emú

enagüillas griegas

"Enano", cuadro de Velázquez

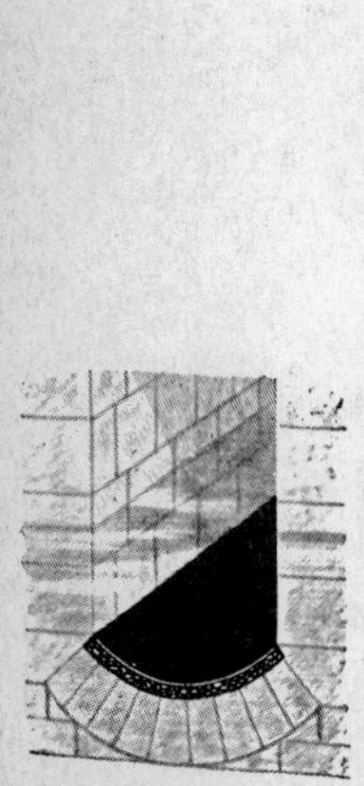

encachado

ENAGUAR v. t. Enaguachar, llenar de agua.

ENAGUAS f. pl. Falda interior de las mujeres: *unas enaguas blancas*. (También se usa el singular *enagua*.)

ENAGUAZAR v. t. Enaguachar.

ENAGÜILLAS f. pl. Enaguas pequeñas. ‖ Falda pequeña usada por los hombres, que forma parte del traje nacional griego.

ENAJENABLE adj. Que se puede enajenar.

ENAJENACIÓN f. Acción de enajenar o enajenarse. ‖ *Fig.* Distracción, embelesamiento. ‖ *Enajenación mental*, locura, desvarío.

ENAJENADOR, RA adj. y s. Que enajena una cosa.

ENAJENAMIENTO m. Enajenación.

ENAJENAR v. t. (lat. *in*, en, y *alienare*, enajenar). Pasar a otro el dominio de una cosa. ‖ *Fig.* Privar a uno del uso de la razón: *la cólera le enajena*. (SINÓN. V. *Embriagar.*) ‖ — V. r. Privarse de algo. ‖ Malquistarse: *enajenarse los ánimos*.

ENÁLAGE f. (gr. *enallagê*). *Gram.* Figura que consiste en mudar las partes de la oración o sus accidentes.

ENALBAR v. t. (del lat. *inalbare*, blanquear). Caldear, blanquear el hierro en la fragua.

ENALBARDAR v. t. Echar o poner la albarda: *enalbardar un borrico*. ‖ *Fig.* Rebozar con harina y huevos cualquier manjar que se ha de freír. ‖ *Fig.* Emborrazar.

ENALFOMBRAR v. t. *Ecuad.* Alfombrar.

ENALTECEDOR, RA adj. Que enaltece.

ENALTECER v. t. Ensalzar, elevar mucho. ‖ — IRREG. Se conjuga como *merecer*.

ENALTECIMIENTO m. Acción de enaltecer. (SINÓN. V. *Respeto.*)

ENAMORADAMENTE adv. m. Con amor.

ENAMORADIZO, ZA adj. Fácil de enamorarse.

ENAMORADO, DA adj. y s. Dícese de la persona que tiene amor. ‖ Enamoradizo. (SINÓN. V. *Pretediente.*)

ENAMORADOR, RA adj. y s. Que enamora.

ENAMORAMIENTO m. Acción y efecto de enamorar o enamorarse.

ENAMORAR v. t. Excitar el amor. ‖ Decir requiebros. ‖ — V. r. Sentir amor por una persona. (SINÓN. *Seducir, enamoriscar, encariñarse, encapricharse*. Fam. *Flecharse, colarse, chiflarse, amartelarse*. V. tb. *amar* y *cautivar.*) ‖ Aficionarse a una cosa.

ENAMORICARSE y **ENAMORISCARSE** v. r. *Fam.* Enamorarse sin gran pasión de una persona. (SINÓN. V. *Enamorar.*)

ENANCARSE v. r. *Amer.* Subir en ancas.

ENANCHAR v. t. *Fam.* Ensanchar.

ENANGOSTAR v. t. Angostar.

ENANISMO m. Defecto fisiológico de los enanos.

ENANO, NA adj. (lat. *nanus*). *Fig* Muy pequeño: *los japoneses saben criar árboles enanos*. ‖ — M. y f. Persona muy pequeña. (SINÓN. *Pequeño, diminuto, gnomo, pigmeo, mirmidón, liliputiense*. Pop. *Chisgarabís.*)

ENÁNTICO, CA adj. Relativo al vino.

ENARBOLAR v. t. Levantar: *enarbolar la bandera*. (SINÓN. V.*Elevar.*) ‖ — V. r. Encabritarse el caballo.

ENARCAR v. t. Arquear: *enarcar una rama*. ‖ Echar arcos al tonel. ‖ — V. r. *Méx.* Encabritarse el caballo.

ENARDECEDOR, RA adj. Que enardece.

ENARDECER v. t. (lat. *inardescere*). *Fig.* Excitar o avivar: *enardecer las pasiones*. (SINÓN. V. *Animar* e *inflamar*. CONTR. *Apagar.*) ‖ — IRREG. Se conjuga como *merecer*.

ENARDECIMIENTO m. Acción de enardecer.

ENARENAR v. t. Echar arena o cubrir con ella: *enarenar un jardín*. ‖ — V. r. Encallar las embarcaciones en la arena.

ENARMONÍA f. Entre los griegos, sucesión melódica por cuartas partes de tono.

ENARMÓNICO, CA adj. *Mús.* Dícese de las notas que, aunque de nombre diferente, bajo la influencia de los bemoles y sostenidos, tienen el mismo sonido, como *do* sostenido y *re* bemol.

ENARTROSIS f. *Med.* Nombre de las articulaciones móviles de forma esférica.

ENASTAR v. t. Poner asta o mango a un arma.

ENCABADOR m. *Col.* Mango de la pluma.

ENCABALGAMIENTO m. Cureña de artillería. ‖ Armazón donde se apoya alguna cosa.

ENCABALGAR v. i. Apoyarse una cosa sobre otra. ‖ — V. t. Montar, proveer de caballos.

ENCABALLAR v. i. *Impr.* Estar mal alineados los renglones de un impreso o desordenadas las letras de un molde: *planas encaballadas*.

ENCABAR v. t. *Amer.* Poner mango a una cosa.

ENCABELLECERSE v. r. Criar cabello o pelo. ‖ — IRREG. Se conjuga como *merecer*.

ENCABESTRAR v. t. Poner el cabestro a una bestia. ‖ *Fig.* Atraer, seducir a uno. ‖ — V. r. Enredarse la bestia la mano en el cabestro.

ENCABEZAMIENTO m. Acción de encabezar o empadronar. ‖ Registro o padrón. ‖ Fórmula con que se empieza un testamento, memorial, carta, etc. ‖ Advertencia al principio de un libro o escrito.

ENCABEZAR v. t. Registrar, matricular, empadronar a uno. ‖ Poner el encabezamiento a un libro o escrito. ‖ Aumentar la parte espiritosa de un vino. ‖ Dar principio, iniciar una suscripción o lista. ‖ *Fig.* Estar a la cabeza, dirigir. ‖ — V. r. Convenirse en cierta cantidad para un pago cualquiera. ‖ *Col.* Acaudillar, mandar.

ENCABRITARSE v. r. Levantarse el caballo sobre los pies. ‖ *Fig.* Levantarse la parte delantera de un vehículo súbitamente hacia arriba.

ENCABRONAR v. t. *Cub.* Enfurecer.

ENCABUYAR v. t. *Amer.* Liar con cabuya.

ENCACHADO m. Revestimiento de piedra entre las pilas de un puente o de una alcantarilla.

ENCACHAR v. t. Hacer un encachado. ‖ *Chil.* Agachar el toro la cabeza para acometer.

ENCACHILARSE v. r. *Arg.* Enojarse mucho.

ENCACHORRARSE v. r. *Cub.* Emperrarse.

ENCADENACIÓN, ENCADENADURA f., y **ENCADENAMIENTO** m. Acción de encadenar. ‖ Enlace y trabazón: *el encadenamiento de los sucesos*.

ENCADENADO m. *Carp.* Trabazón de maderos. ‖ Procedimiento que consiste en unir entre sí dos escenas de una película. ‖ — Adj. Dícese de la estrofa cuyo primer verso repite el último de la estrofa precedente.

ENCADENAR v. t. Atar con cadena. ‖ *Fig.* Trabar, enlazar: *los sucesos se encadenan entre sí*. ‖ *Fig.* Dejar a uno sin movimiento y sin acción. ‖ Retener en algún lugar por la fuerza. (SINÓN. V. *Atar.*)

ENCAJADOR m. El que encaja. ‖ Instrumento que sirve para encajar.

ENCAJADURA f. Acción de encajar o meter. ‖ Sitio donde encaja una cosa. (SINÓN. *Encaje.*)

ENCAJAR v. t. Meter una cosa en otra o juntar dos cosas de modo que ajusten: *encajar una espiga en su muesca, una tapadera, una puerta*. ‖ Decir una cosa aunque no sea oportuna: *encajar un cuento*. ‖ *Fig.* y *fam.* Hacer tomar una cosa mala o gravosa: *le encajaron un duro falso en el estanco*. ‖ *Fam.* Soportar; recibir golpes. ‖ *Fam* Dar, arrojar, dar: *le encajé un garrotazo*. ‖ *Fam.* Meter, obligar a soportar: *me encajó un discursito*. ‖ Estar bien o mal en un sitio: *está mal encajado en su nueva profesión* ‖ — V. i. Juntarse bien dos cosas: *la puerta no encaja*. ‖ *Fig* y *fam.* Venir al caso: *no encaja ese cuento*. ‖ Ir a disgusto: *se encajó tan lejos*. ‖ Vestir una prenda: *se encajó el sombrero*. ‖ — V. r. Introducirse. ‖ *Arg.* Atollarse (coche).

ENCAJE m. Tejido muy ligero y labrado, de hilo, de seda, etc.: *una mantilla de encaje*. ‖ Acción de encajar y cosas que encajan. ‖ — Pl. *Blas.* Particiones triangulares del escudo encajadas unas en otras. ‖ *Encaje de la cara*, conjunto de las facciones. ‖ *Amer.* Existencia en caja: *encaje metálico*.

ENCAJERA f. Mujer que hace encajes por oficio.

ENCAJETAR v. t. Encajar, meter.

ENCAJETILLAR v. t. Empaquetar en cajetillas.

ENCAJONADO m. *Arq.* Tapia de tierra.

ENCAJONAMIENTO m. Acción y efecto de encajonar.

ENCAJONAR v. t. Meter una cosa dentro de un cajón. ‖ Estrechar: *un río encajonado entre rocas*. ‖ *Fig.* Estar en posición difícil o estrecha. ‖ *Albañ.* Construir cimientos en cajones o cajas abiertas. ‖ *Arq.* Reforzar un muro con machones que formen encajonados.

ENCALABERNARSE v. r. *Cub.* Obstinarse.

Fot. Anderson-Giraudon

ENCALABOZAR v. t. *Fam.* Meter en calabozo.
ENCALABRINAR v. t. Turbar la cabeza: *el vino le encalabrinó.* || Excitar, irritar. || — V. r. Encapricharse, empeñarse en una cosa.
ENCALADO m. Blanqueo con cal.
ENCALADOR, RA adj. y s. Que encala.
ENCALADURA f. Acción y efecto de encalar o dar de cal.
ENCALAMBRARSE v. r. *Amer.* Aterirse, entumirse un miembro del cuerpo.
ENCALAMOCAR v. t. *Amer.* Alelar, confundir, atontar.
ENCALAR v. t. Dar de cal: *encalar las paredes.*
ENCALILLARSE v. r. *Chil.* Entramparse.
ENCALMADURA f. *Veter.* Enfermedad de las caballerías ocasionada por el cansancio y el calor.
ENCALMARSE v. r. Sofocarse las bestias por el cansancio y el demasiado calor. || Tranquilizarse, calmarse el tiempo, el viento, las personas.
ENCALVECER v. i. Quedar calvo, perder el cabello una persona. || — IRREG. Se conjuga como *merecer.*
ENCALLADERO m. Paraje donde puede encallar un barco. (SINÓN. V. *Escollo.*) || *Fig.* Atolladero, mal negocio.
ENCALLADURA f. Acción de encallar un barco.
ENCALLAR v. i. Dar la embarcación en la arena sin poder salirse de ella. || *Fig.* Meterse en un negocio enmarañado, enredarse. || — V. r. Endurecerse los alimentos por falta de cocción.
ENCALLECER v. i. y **ENCALLECERSE** v. r. Endurecerse la piel. || *Fig.* Acostumbrarse a los trabajos. || — IRREG. Se conjuga como *merecer.*
ENCALLECIDO, DA adj. Avezado, acostumbrado, endurecido: *encallecido en los trabajos.*
ENCALLEJONAR v. t. Hacer entrar por un callejón.
ENCAMACIÓN f. *Min.* Entibación.
ENCAMARAR v. t. Guardar en la cámara o granero los granos. (SINÓN. *Entrojar.*)
ENCAMARSE v. r. Meterse en la cama el enfermo. || Echarse en la cama la caza: *se encamó la liebre.* || Echarse o tenderse los panes y las mieses.
ENCAMBRONAR v. t. Cercar con cambrones : *encambronar una heredad.* || Fortificar con hierros.
ENCAMINADURA f. Encaminamiento.
ENCAMINAMIENTO m. Acción y efecto de encaminar: *encaminamiento de un paquete.*
ENCAMINAR v. t. Enseñar el camino, o poner en camino: *encaminarse a la ciudad.* (SINÓN. V. *Ir.*) || Dirigir: *encaminar un paquete a su destino.* || *Fig.* Dirigir.
ENCAMISADA f. Sorpresa que se ejecutaba de noche, cubriéndose los soldados con camisas blancas para no confudirse con los enemigos.
ENCAMISADO m. Nombre dado a las máscaras que salían antiguamente en ciertas procesiones. || *Mec.* Acción y efecto de encamisar.
ENCAMISAR v. t. Poner la camisa. || Enfundar. || Envolver: *bombones encamisados.* || *Mec.* Poner camisas nuevas.
ENCAMONADO, DA adj. *Arq.* Hecho o armado con camones: *bóveda encamonada.*
ENCAMOTADO, DA adj. *Amer. Fam.* Enamorado.
ENCAMOTARSE v. r. *Amer. Fam.* Enamorarse.
ENCAMPANAR v. t. Dar forma de campana. || *Col.* y *Venez.* Elevar, encumbrar. || *Méx.* y *Per.* Dejar a uno en la estacada. || — V. r. Ensancharse, ponerse hueco. || *Per.* Complicarse, enredarse una situación.
ENCANALAR y **ENCANALIZAR** v. t. Conducir por canales.
ENCANALLAMIENTO m. Acción y efecto de encanallar o encanallarse.
ENCANALLARSE v. r. Volverse canalla una persona. || Alternar con gente canalla.
ENCANAR v. t. *Arg. lunf.* Meter en la cárcel.
ENCANASTAR v. t. Poner algo en una canasta
ENCANCERARSE v. r. Cancerarse un tumor.
ENCANDECER v. t. Hacer ascua: *encandecer el hierro.* || — IRREG. Se conjuga como *merecer.*
ENCANDELAR v. i. (de *candela,* flor del castaño). *Agr.* Florecer el castaño, el avellano, etc. || — V. t. *Cub.* Molestar.
ENCANDELILLAR v. t. *Arg., Chil.* y *Per.* Sobrehilar. || *Amer.* Encandilar, deslumbrar.
ENCANDILADO, DA adj. *Fam.* Erguido, alto.
ENCANDILAR v. t. Deslumbrar con el candil u otra luz. || *Fig.* Deslumbrar con razonamientos falsos. || *Cub.* Pescar con candil. || *Per.* Hacer perder el sueño. || — V. r. Encenderse los ojos: *encandilarse con la bebida.* || *Col.* y *Per.* Asustarse, espantarse.
ENCANECER v. i. Ponerse cano. || *Fig.* Envejecer. || — V. t. Hacer encanecer. || — IRREG. Se conjuga como *merecer.*
ENCANIJAMIENTO m. Acción de encanijarse.
ENCANIJARSE v. r. Ponerse canija y flaca una persona. || *Ecuad.* y *Per.* Arrecirse, aterirse.
ENCANILLAR v. t. Poner o liar en canillas un hilo: *encanillar una madeja de seda.*
ENCANTACIÓN f. Encantamiento, encanto.
ENCANTADO, DA adj. Muy satisfecho: *estoy encantado con mi traje nuevo.* (SINÓN. V. *Contento.*) || Distraído, bobo: *parece que estás encantado.* || Grande y deshabitado: *un palacio encantado.*
ENCANTADOR, RA adj. Que encanta: *música encantadora.* || — M. y f. Hechicero: *el encantador Merlín.* (SINÓN. *Seductor, arrebatador, embelesador, cautivador, fascinador.*)
ENCANTAMIENTO m. Acción y efecto de encantar. || — SINÓN. *Arrobamiento, hechizo, aojo, sortilegio, maleficio.* V. tb. *encanto.*
ENCANTAR v. t. (lat. *incantare*). Obrar maravillas por arte sobrenatural. (SINÓN. V. *Cautivar.*) || *Fig.* Embelesar: *la belleza encanta.* || Causar placer: *me encanta este libro.*
ENCANTARAR v. t. Meter en un cántaro.
ENCANTE m. (del lat. *in quantum,* en cuanto). Venta de una cosa a quien más dé: *vender muebles al encante.* (SINÓN. V. *Subasta.*) || Lugar en que se hacen estas ventas.
ENCANTO m. Encantamiento: *salir del encanto.* || *Fig.* Cosa que encanta: *este niño es mi encanto.* || — Pl. Atractivos. (SINÓN. *Gracia, elegancia, seducción.*)
ENCANTUSAR v. t. *Fam.* Engatusar, engañar.
ENCANUTAR v. t. Dar forma de canuto. || Meter en un canuto. || Emboquillar los cigarrillos.
ENCAÑADA f. Cañón de un río encajonado.
ENCAÑADO m. Conducto que se establece para el agua. || Enrejado que se hace con cañas. || *Chil.* Abertura en un cerro.
ENCAÑAR v. t. Conducir el agua por encañados. || Sanear las tierras con encañados. (SINÓN. *Avenar.*)
ENCAÑAR v. t. Poner cañas a las plantas para sostenerlas: *encañar un clavel.* || — V. i. Empezar a formar caña los cereales: *ya encaña el centeno.*
ENCAÑIZADA f. Cerco de cañas para la pesca. || Encañado, enrejado de cañas.
ENCAÑONADO m. Planchado en forma de pliegues.
ENCAÑONAR v. t. Hacer correr por una tubería. || Apuntar con un arma. || Planchar en forma de cañones. || — V. i. Empezar a tener plumas.
ENCAPACHAR v. t. Meter algunas cosas en capachos: *encapachar aceituna.*
ENCAPARAZONAR v. t. Poner un caparazón
ENCAPAZAR v. t. Encapachar.
ENCAPILLAR v. t. *Mar.* Enganchar un cabo a un penol de verga por medio de una gaza. || *Min.* Formar en una galería un ensanche de donde arranque otra labor. || Poner al reo de muerte en capilla. || — V. r. Ponerse la ropa.
ENCAPOTADO, DA adj. *Cub.* Alicaído, triste.
ENCAPOTADURA f. y **ENCAPOTAMIENTO** m. Ceño.
ENCAPOTAR v. t. Cubrir con el capote. || — V. r. *Fig.* Poner rostro ceñudo. || Cubrirse el cielo de nubes negras o tempestuosas. || Bajar el caballo la cabeza demasiado. || *Cub.* Enfermar o entristecerse las aves.
ENCAPRICHAMIENTO m. Acción de encapricharse. (SINÓN. V. *Capricho.*)
ENCAPRICHARSE v. r. Obstinarse, empeñarse uno en un capricho. || Tomar capricho por alguna cosa. (SINÓN. V. *Enamorar.*)
ENCAPUCHAR v. t. Cubrir con capucha.
ENCARADO, DA adj. Con los advs. *bien* o *mal,* de buena o mala cara: *hombre mal encarado.*
ENCARAMAR v. t. Levantar: *encaramarse a un árbol muy alto.* (SINÓN. V. *Subir.*) || *Fig.* y *fam.* Elevar: *le encaramaron en un puesto demasiado difícil.* || *Col.* Abochornar.

ENCARAMIENTO m. Acción y efecto de encarar o encararse.
ENCARAPITARSE v. r. *Amer.* Encaramarse.
ENCARAR v. i. Ponerse cara a cara, enfrente y cerca de otro: *encararse con una persona.* ‖ — V. t. Apuntar: *le encaró el arcabuz.* ‖ Mirar cara a cara. ‖ *Fig.* Hacer frente a una dificultad.
ENCARATULARSE v. r. Ponerse una carátula.
ENCARCELACIÓN f. y **ENCARCELAMIENTO** m. Acción de encarcelar o meter en la cárcel.
ENCARCELAR v. t. Meter a uno en la cárcel. (SINÓN. V. *Aprisionar.*) ‖ *Albañ.* Empotrar: *encarcelar una verja.* ‖ *Carp.* Sujetar dos piezas encoladas, en la cárcel de carpintero, para que se sequen y ajusten bien.
ENCARECEDOR, RA adj. Que encarece.
ENCARECER v. t. Aumentar, subir el precio de alguna cosa: *encarecer el pan.* ‖ *Fig.* Ponderar, recomendar. ‖ — IRREG. Se conjuga como *merecer.*
ENCARECIDAMENTE adv. m. Con encarecimiento: *se lo ruego a usted encarecidamente.*
ENCARECIMIENTO m. Acción de encarecer.
ENCARGADO, DA adj. Que ha recibido encargo de una cosa. ‖ — M. y f. Persona que tiene a su cargo un negocio, un establecimiento, etc. (SINÓN. V. *Empleado.*) ‖ ***Encargado de negocios,*** agente diplomático inferior al ministro.
ENCARGAR v. t. Encomendar una cosa a uno: *le encargué a usted que escribiera aquellas cartas.* (SINÓN. V. *Delegar.*) ‖ — V. r. Cuidar, tomar la responsabilidad de algo.
ENCARGO m. Acción de encargar y cosa encargada: *hacer encargos por cuenta de una persona.* (SINÓN. V. *Mandato.*) ‖ ***Como de encargo,*** hecho en las mejores condiciones.
ENCARGUE m. *Riopl.* Barb. por *encargo.*
ENCARIÑAR v. t. Despertar, excitar el cariño. ‖ — V. r. Aficionarse, cobrar cariño. (SINÓN. V. *Enamorar.*)
ENCARNA f. *Mont.* Acto de encarnar los perros.
ENCARNACENO, NA adj. y s. De Encarnación (Paraguay).
ENCARNACIÓN f. (lat. *incarnatio*). Acto misterioso de haber tomado carne humana el Verbo Divino. ‖ *Fig.* Personificación, representación, símbolo. ‖ *Pint.* y *Esc.* Color de carne.
ENCARNADINO, NA adj. Encarnado bajo.
ENCARNADO, DA adj. y s. m. De color de carne, colorado: *una rosa encarnada.* (SINÓN. V. *Rojo.*)
ENCARNADURA f. Calidad de la carne viva con respecto a la curación de las heridas: *tener muy mala encarnadura.* ‖ Efecto que hace en la carne el instrumento que la hiere y penetra. ‖ *Mont.* Acción de encarnarse el perro en la caza.
ENCARNAMIENTO m. Efecto de encarnar bien o mal una herida.
ENCARNAR v. i. (lat. *incarnare*). Haber tomado carne humana el Verbo Divino. ‖ Criar carne una herida: *esta llaga no consigue encarnar.* ‖ *Fig.* Hacer gran impresión. ‖ Entrar en las carnes un arma blanca. ‖ — V. t. *Fig.* Dar forma material, ser la personificación: *persona que encarna la justicia.* ‖ *Mont.* Cebarse el perro en la caza. ‖ *Esc.* Dar color de carne a las esculturas. ‖ — V. r. Mezclarse, unirse dos cosas.
ENCARNE m. *Mont.* Encarna, cebo que se da a los perros. ‖ *Pint.* Encarnación, color de carne.
ENCARNECER v. i. Tomar carnes, engordar una persona. ‖ — IRREG. Se conjuga como *merecer.*
ENCARNIZADO, DA adj. Encendido, ensangrentado: *ojos encarnizados.* ‖ Muy porfiado y sangriento: *combate encarnizado.* (SINÓN. V. *Testarudo.*)
ENCARNIZAMIENTO m. Acto de encarnizarse. (SINÓN. V. *Fogosidad.*) ‖ *Fig.* Crueldad, saña: *herir con encarnizamiento.* (SINÓN. V. *Furor.*)
ENCARNIZAR v. t. Cebar al perro en la carne de un animal. ‖ *Fig.* Encruelecer, enfurecer: *la guerra suele encarnizar a los hombres.* ‖ — V. r. Cebarse en la carne de un animal: *el lobo se encarnizó en el cordero.* ‖ *Fig.* Mostrarse cruel: *el asesino se encarnizó con su víctima.* ‖ Pelear con furor.
ENCARO m. Acción de encararse con uno. ‖ Acción de encarar el arma, puntería. ‖ Especie de trabuco. ‖ Parte de la culata donde se apoya la mejilla.
ENCARPETAR v. t. Guardar en carpeta: *encarpetar un papel.* ‖ Dar carpetazo, dejar detenido un expediente.
ENCARRILADERA f. Aparato para encarrilar la locomotora y los vagones.
ENCARRILAR v. t. Encaminar, dirigir: *encarrilar un expediente.* ‖ Colocar sobre rieles. ‖ *Fig.* Seguir el sendero conveniente, el camino indicado. ‖ — V. r. Encarrilarse la rueda de una polea.
ENCARRILLAR v. t. Encarrilar, encaminar. ‖ — V. r. Enredarse la cuerda en la garrucha.
ENCARROÑAR v. t. Inficionar, pudrir.
ENCARRUJADO, DA adj. Rizado, ensortijado: *hilo encarrujado.* ‖ *Méx.* Quebrado (terreno).
ENCARRUJAR v. t. Encarrilar, encaminar. ‖ *Amer.* Rizar, hacer pliegues. ‖ — V. r. Torcerse, ensortijarse: *las hojas tiernas de algunos árboles suelen encarrujarse.*
ENCARTACIÓN f. Empadronamiento. ‖ Cierto tributo que se pagaba antiguamente. ‖ Territorio al que en virtud de carta o privilegio se extienden los fueros de la comarca vecina.
ENCARTAMIENTO m. Acción de encartar. ‖ Despacho judicial que condena al reo ausente.
ENCARTAR v. t. Condenar en rebeldía a un reo. ‖ Llamar a juicio por medio de pregón. ‖ Incluir: *encartar un prospecto en una revista.* (SINÓN. V. *Introducir.*) ‖ Implicar, tomar parte: *las personas encartadas en este asunto.* ‖ *Fig.* y *fam.* Venir a cuento, ser conveniente. ‖ Sentar en padrón. ‖ En el juego, jugar carta a la que pueda el compañero servir del palo. ‖ — V. r. Tomar cartas o quedarse con ellas.
ENCARTE m. Acción de encartar o encartarse en los juegos de naipes. ‖ Hoja que se intercala en un libro o revista.
ENCARTONADOR m. El que encartona libros para encuadernarlos.
ENCARTONAR v. t. Poner entre cartones o resguardar con cartones. ‖ Encuadernar con cartones.
ENCARTUCHARSE v. r. *Amer.* Arrollarse una cosa a modo de cartucho o cucurucho.
ENCASAR v. t. *Cir.* Volver a encajar un hueso.
ENCASCABELAR v. t. Poner cascabeles o adornar con ellos.
ENCASCOTAR v. t. Rellenar con cascotes.
ENCASILLABLE adj. Que puede encasillarse.
ENCASILLADO m. Conjunto de casillas. ‖ Lista de los candidatos oficiales o adeptos al gobierno en algunas elecciones.
ENCASILLADO m. Conjunto de casillas. ‖ Lista de candidatos oficiales. ‖ — Adj. *Chil.* y *Per.* Ajedrezado.
ENCASILLAR v. t. Poner en casillas: *encasillar los números de una elección.* ‖ Clasificar personas o cosas. ‖ Señalar el Gobierno un candidato. ‖ *Amer.* Escaquear.
ENCASQUETAR v. t. Encajarse bien el sombrero: *encasquetarse la gorra.* ‖ *Fig.* Meter a uno algo en la cabeza. ‖ *Fig.* Encajar, hacer oir: *nos encasquetó su discurso.* ‖ — V. r. Obstinarse, empeñarse una persona en alguna cosa. ‖ Ir, encajarse.
ENCASQUILLADOR m. *Amer.* Herrador.
ENCASQUILLAR v. t. Poner casquillos. ‖ *Amer.* Herrar, poner herraduras. ‖ Quedarse la bala en el cañón del arma de fuego. ‖ *Cub. Fam.* Acobardarse.
ENCASTAR v. t. Mejorar una casta de animales. ‖ — V. i. Procrear, hacer casta.
ENCASTILLADO, DA adj. *Fig.* Soberbio.
ENCASTILLAMIENTO m. Acto de encastillarse.
ENCASTILLAR v. t. Fortificar con castillos. ‖ Apilar, amontonar. ‖ Hacer un andamio. ‖ — V. r. Fortificarse en un castillo. ‖ Empeñarse en algo: *encastillarse en su dictamen.*
ENCASTRAR v. t. *Mec.* Endentar dos piezas. ‖ Empotrar.
ENCATRADO m. *Arg.* y *Chil.* Andamio.
ENCAUCHADO m. Tela encauchada o engomada.
ENCAUCHAR v. t. Cubrir con caucho o goma.
ENCAUSAR v. t. Formar causa a uno, enjuiciarlo. ‖ — PARÓN. *Encauzar.*
ENCAUSTE m. Encausto.
ENCÁUSTICO, CA adj. (gr. *egkaustikos*). *Pint.* Dícese de la pintura al encausto. ‖ — M. Disolución de cera en esencia de trementina: *encerar una tabla con encáustico.*

ENCAUSTO m. (lat. *encaustum*). Tinta roja con que sólo escribían los emperadores. || Combustión. || *Pintura al encausto,* sinón. de *pirograbado.*
ENCAUZAMIENTO m. Acción de encauzar.
ENCAUZAR v. t. Dirigir por un cauce una corriente de agua. || *Fig.* Dirigir o encaminar cualquier cosa: *encauzar el torrente popular.* (SINÓN. V. *Guiar.*)
ENCAVARSE v. r. Ocultarse en una cueva .
ENCEBADAMIENTO m. *Veter.* Enfermedad que contraen los caballos por comer demasiada cebada.
ENCEBADAR v. t. Dar a las bestias demasiada cebada. || — V. r. *Veter.* Contraer encebadamiento.
ENCEBOLLADO m. Guisado de carne, partida en trozos, mezclada con cebollas.
ENCEBOLLAR v. t. Echar abundante cebolla.
ENCEFÁLICO, CA adj. Perteneciente o relativo al encéfalo: *dolor encefálico.*
ENCEFALITIS f. Inflamación del encéfalo.
ENCÉFALO m. (de *en,* y el gr. *kephalê,* cabeza). *Zool.* Conjunto de los órganos nerviosos (cerebro, cerebelo, bulbo raquídeo) contenidos en la cavidad del cráneo. (SINÓN. V. *Cerebro.*)
ENCEFALOCELE f. Tumor en el cráneo.
ENCEFALOGRAFÍA f. Radiografía que se hace del encéfalo.
ENCEFALOGRAMA m. Electroencefalograma.
ENCEFALOPATÍA f. Afección orgánica del encéfalo.
ENCELAMIENTO m. Celo.
ENCELAR v. i. Dar celos a una persona. || — V. r. Concebir celos. || Estar en celo un animal.
ENCELDAR v. t. Encerrar en una celda.
ENCELLA f. Molde de mimbres para requesones.
ENCELLAR v. t. Formar el queso en la encella.
ENCENAGADO, DA adj. Revuelto, manchado con cieno. || *Fig.* Enviciado, sumido en el vicio.
ENCENAGAMIENTO m. Acción y efecto de encenagarse.
ENCENAGARSE v. r. Meterse en el cieno. (SINÓN. V. *Estancar* y *pudrir.*) || *Fig.* Entregarse a los vicios una persona.
ENCENCERRADO, DA adj. Que lleva cencerro.
ENCENDAJAS f. pl. *Min.* Ramas secas que se emplean para encender los hornos.
ENCENDEDOR m. El que enciende los faroles públicos. || Aparato que sirve para encender cigarrillos u otra cosa: *encendedor de gas, de gasolina.* (SINÓN. *Mechero, chisquero, yesquero.*)
ENCENDER v. t. Hacer que una cosa arda: *encender una vela.* (SINÓN. V. *Quemar.*) || Causar ardor: *el alcohol enciende la sangre.* || *Fig.* Incitar, excitar: *le encendió con sus promesas engañosas.* (SINÓN. V. *Inflamar.*) || *Fig.* Suscitar, ocasionar: *encendió la guerra.* || *Cub.* Castigar. || — V. r. Ruborizarse. || — IRREG. Se conjuga como *tender.*
ENCENDIDAMENTE adv. m. *Fig.* Con ardor y viveza. || — CONTR. *Fríamente.*
ENCENDIDO, DA adj. Encarnado, irritado, inflamado: *tenía el rostro encendido por el vino.* || Hecho ascua: *hierro encendido.* || — M. Acción de inflamar, por medio de una chispa, la mezcla gaseosa de un motor de explosión. || Dispositivo que efectúa esta inflamación.
ENCENDIMIENTO m. Ardor, abrasamiento. || *Fig.* Inflamación, altercación: *el encendimiento de la sangre, del rostro.* || *Fig.* Viveza y ardor de las pasiones: *el encendimiento de la ira.*
ENCENIZAR v. t. Echar ceniza a una cosa.
ENCENTADOR, RA adj. Que encienta.
ENCENTADURA f. y **ENCENTAMIENTO** m. Acción y efecto de encentar alguna cosa.
ENCENTAR v. t. Decentar o empezar una cosa. || — IRREG. Se conjuga como *alentar.*
ENCENTRAR v. t. Centrar.
ENCEPADURA f. *Carp.* Acción de encepar.
ENCEPAR v. t. Meter en el cepo. || *Carp.* Reunir dos piezas por medio de cepos. || *Mar.* Poner cepo a las anclas. || — V. i. Arraigar las plantas y los árboles.
ENCERADO, DA adj. De color de cera. || Untado con cera. || Trabado: *huecos encerados.* || — M. Lienzo preparado con alguna substancia impermeable: *cubrir un carro con un encerado.* || Marco de papel que se solía poner en las ventanas cuando no había cristales. || Emplasto de cera. || Cuadro de hule o de madera o lienzo barnizados que sirve en las escuelas para escribir con tiza o yeso: *pasar al encerado.* || Capa de cera que cubre los entarimados y muebles.
ENCERADOR, RA m. y f. Persona que encera. || — F. Máquina eléctrica para dar cera y lustre al entarimado.
ENCERAMIENTO m. Acción de encerar.
ENCERAR v. t. Aderezar o untar con cera: *encerar el hilo para que resista mejor.* || Manchar con cera. || *Albañ.* Trabar la cal. || — V. i. Tomar color de cera.
ENCERRADA f. *Chil.* y *Per.* Encerrona.
ENCERRADERO m. Sitio donde se encierra el ganado. || Encierro, toril.
ENCERRADOR, RA adj. y s. Que encierra.
ENCERRADURA f. y **ENCERRAMIENTO** m. Encierro, sitio donde se encierra.
ENCERRAR v. t. Meter a una persona o cosa en un sitio de donde no puede salir: *encerrar a un preso en la cárcel.* (SINÓN. *Reducir, estrechar, secuestrar, recluir, enclaustrar, acorralar.* V. tb. *aprisionar* y *rodear.*) || *Fig.* Incluir. (SINÓN. V. *Contener.*) || En los juegos de tablero, como las damas o ajedrez, poner al contrario en imposibilidad de moverse. || — V. r. Retirarse a un convento o clausura. || — IRREG. Se conjuga como *cerrar.*
ENCERRONA f. *Fam.* Retiro voluntario: *hacer la encerrona una persona.* || Situación en que se pone a una persona para que realice algo que no le gusta.
ENCESPEDAR v. t. Cubrir con césped.
ENCESTAR v. t. Meter una cosa en un cesto. || Hacer un tanto en el juego de baloncesto.
ENCÍA f. Carne que cubre la base de la dentadura.
ENCÍCLICA f. (de *en,* y el gr. *kuklos,* círculo). Carta solemne que dirige el Sumo Pontífice al clero del mundo católico o a los obispos de una nación.
ENCICLOPEDIA f. (del gr. *egluklos,* circular, y *paideia,* instrucción). Conjunto de todos los conocimientos humanos. || Obra en que se trata de muchas ciencias y enseñanzas. (SINÓN. V. *Diccionario.*) || Enciclopedismo.
ENCICLOPÉDICO, CA adj. Relativo a la enciclopedia: *comprar un diccionario enciclopédico.* || De erudición universal: *mente enciclopédica.*
ENCICLOPEDISMO m. Conjunto de las doctrinas profesadas en la Enciclopedia publicada en Francia en el s. XVIII por Diderot y D'Alembert.
ENCICLOPEDISTA adj. y s. Partidario de las doctrinas profesadas por los autores de la Enciclopedia francesa del siglo XVIII. || Autor de una enciclopedia.
ENCIERRA f. *Chil.* Encierro. || *Chil.* Invernadero.
ENCIERRO m. Acción de encerrar: *un encierro voluntario.* || Lugar donde se encierra. || Clausura, recogimiento. || Prisión estrecha. || Acto de conducir los toros para encerrarlos en el toril. || Toril.
ENCIGUATARSE v. r. *Cub.* Aciguatarse.
ENCIMA adv. l. En lugar superior respecto del inferior: *poner un libro encima de la mesa.* || — Adv. c. Además: *y encima lo quiso.* || *Por encima,* loc. adv., superficialmente: *leyó el libro muy por encima.* || *Chil. De encima,* loc. adv., de añadidura.
ENCIMAR v. t. Poner encima. || Añadir, dar de más. || En el tresillo, añadir una puesta a la anterior. || — V. i. *Chil.* Llevar a la cima. || — V. r. Levantarse una cosa por encima de otras. || *Amer.* Dar encima: *encimar dinero.*
ENCIMERO, RA adj. Que está encima. || — F. *Arg.* Pieza de cuero del recado, con dos correones que sirven para cinchas. || *Arg.* Parte superior del pegual.
ENCINA f. Árbol de la familia de las fagáceas, de madera muy dura: *la encina puede alcanzar una altura de 35 metros.* || Madera de este árbol.
ENCINAL y **ENCINAR** m. Plantío de encinas.
ENCINO m. Encina, árbol.
ENCINTA adj. Embarazada, preñada.
ENCINTADO m. Faja de piedra que forma el borde de la acera de una calle: *un encintado de granito.*
ENCINTAR v. t. Adornar con cintas: *encintar un sombrero.* || Poner el encintado a una acera.

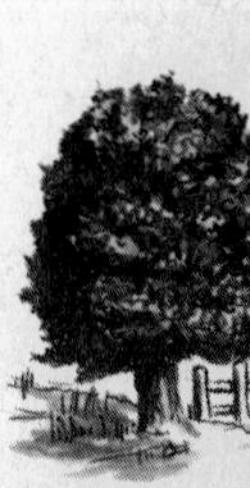
encina

ENCISMAR v. t. Promover un cisma o división.
ENCIZAÑAR v. t. Cizañar.
ENCLANCHARSE v. r. *Hond.* Ponerse una prenda.
ENCLAUSTRAR v. t. Meter en un claustro. ‖ *Fig.* Esconder. (SINÓN. V. *Encerrar.*)
ENCLAVACIÓN f. Acción de enclavar.
ENCLAVADO, DA adj. Clavado, encajado: *un madero enclavado en otro.* ‖ — Adj. y s. m. Dícese del territorio que avanza en la frontera extranjera.
ENCLAVADURA f. Clavadura. ‖ Muesca o hueco.
ENCLAVAR v. t. Fijar con clavos: *enclavar una caja.* ‖ Herir con el clavo al caballo al herrarlo. ‖ *Fig.* Traspasar, atravesar. ‖ *Fig.* y *fam.* Clavar, engañar. ‖ Situar, ubicar.
ENCLAVE m. Territorio perteneciente a un Estado situado en otro extranjero: *el enclave de Llivia.* (La Acad. prefiere *enclavado,* pero *enclave* es la palabra más usada.)
ENCLAVIJAR v. t. Trabar, enlazar con clavijas una cosa. ‖ Poner clavijas a un instrumento.
ENCLENQUE adj. y s. Enfermizo. (SINÓN. V. *Débil.*)
ENCLÍTICO, CA adj. (del gr. *egklitos,* de *egklinein,* inclinar). *Gram.* Dícese de la parte de la oración que se une con el vocablo precedente, formando una sola palabra, como los pronombres pospuestos al verbo: *acercósele.*
ENCLOCAR v. i. Ponerse clueca un ave: *una gallina que enclueca.* ‖ — IRREG. Se conjuga como *contar.*
ENCLOQUECER v. i. Enclocar las aves de corral. ‖ — IRREG. Se conjuga como *merecer.*
ENCOBAR v. i. (lat. *incubare*). Empollar las aves los huevos. ‖ — PARÓN. *Encovar.*
ENCOBERTADO, DA adj. Tapado con un cobertor.
ENCOBIJAR v. t. Cobijar, cubrir.
ENCOBRADO, DA adj. Cobrizo, de color de cobre. (P. us.) ‖ — M. Acción de encobrar.
ENCOBRAR v. t. Cubrir con una capa de cobre.
ENCOCLAR v. i. Enclocar, poner clueca una gallina. ‖ — IRREG. Se conjuga como *clocar.*
ENCOCORAR v. t. *Fam.* Fastidiar, exasperar.
ENCOFRADO m. Revestimiento para evitar los desprendimientos de tierras en una mina o para que se fragüe el cemento en una obra.
ENCOFRAR v. t. Poner un encofrado.
ENCOGER v. t. Contraer: *encoger el brazo.* ‖ *Fig.* Apocar el ánimo: *el miedo le encoge.* ‖ — V. i. Contraerse una tela cuando se moja: *la franela encoge con el lavado.* ‖ Disminuir algunas cosas al secarse: *la madera encoge a veces.* ‖ — V. r. Contraer una parte del cuerpo: *encogerse de hombros.* ‖ *Fig.* Ser alguna persona muy corta de genio. ‖ — PARÓN. *Encojar.*
ENCOGIDO, DA adj. y s. Corto de ánimo, apocado, tímido, pusilánime: *un hombre muy encogido.*
ENCOGIMIENTO m. Acción y efecto de encoger o encogerse: *el encogimiento de una cinta.* ‖ *Fig.* Cortedad de ánimo.
ENCOJAR v. t. Poner cojo: *encojar a uno de una pedrada.* ‖ *Fig.* y *fam.* Caer enfermo o fingir enfermedad. ‖ — PARÓN. *Encoger.*
ENCOLADO, DA adj. *Fig. Chil.* y *Méx.* Gomoso. (SINÓN. V. *Gazmoño.*) ‖ — M. Clarificación de los vinos turbios.
ENCOLADOR, RA adj. y s. Que encola.
ENCOLADURA f. Encolamiento, acto de encolar.
ENCOLAMIENTO m. Acción y efecto de encolar. (SINÓN. V. *Adherencia.*)
ENCOLAR v. t. Pegar con cola: *encolar una mesa.* (SINÓN. V. *Engomar.*) ‖ Clarificar los vinos con clara de huevo.
ENCOLERIZAR v. t. Poner colérico.
ENCOMENDADO m. Dependiente del comendador.
ENCOMENDAMIENTO m. Encargo.
ENCOMENDAR v. t. Confiar: *le encomiendo a usted mi petición.* (SINÓN. V. *Recomendar.*) ‖ Dar encomienda a uno. (SINÓN. V. *Delegar.*) ‖ — V. r. Entregarse, confiarse a uno: *en vuestras manos me encomiendo.* ‖ — IRREG. Se conjuga como *arrendar.*
ENCOMENDARÍA f. *Per.* Tienda de ultramarinos, menor que la pulpería.
ENCOMENDERO m. Mandadero, comisionista. ‖ El que tenía indios en encomienda (V. *Parte hist.*). ‖ *Cub.* Suministrador de carne de una ciudad. ‖ *Per.* Abacero.
ENCOMIADOR, RA adj. y s. Que encomia.
ENCOMIAR v. t. Alabar, celebrar mucho a una persona o cosa: *encomiar el mérito de un escritor.*
ENCOMIASTA m. Panegirista.
ENCOMIÁSTICO, CA adj. Que alaba o celebra: *tono encomiástico.* (SINÓN. V. *Elogioso.* CONTR. *Denigrador.*)
ENCOMIENDA f. Encargo, comisión. ‖ Dignidad de las órdenes militares. ‖ Cruz de los caballeros de las órdenes militares: *una encomienda bordada.* ‖ Merced o renta. ‖ Recomendación, elogio, amparo. ‖ *Amer.* Envío por correo: *encomienda postal.* ‖ Pueblo de indios que estaba a cargo de un encomendero. (V. *Parte hist.*)
ENCOMIO m. Alabanza: *habló de ti con encomio.* (SINÓN. V. *Elogio.*)
ENCOMIOSO, SA adj. *Chil.* Encomiástico.
ENCOMPADRAR v. i. *Fam.* Contraer compadrazgo. ‖ *Fam.* Hacerse muy amigos.
ENCONAMIENTO m. Inflamación de una llaga o herida: *el enconamiento se debe siempre a la falta de asepsia.* ‖ *Fig.* Encono. ‖ *Chil.* y *Col.* Llaga.
ENCONAR v. t. Inflamar una llaga. Ú.t.c.r.: *la herida se enconó con el polvo.* ‖ *Fig.* Irritar: *enconar el ánimo.* (Ú.t.c.r.) [SINÓN. V. *Envenenar.*] ‖ Cargar la conciencia.
ENCONCHADO m. *Per.* Embutido con nácar.
ENCONGARSE v. r. *Méx.* Encolerizarse.
ENCONO m. Mala voluntad, rencor, odio. ‖ *Chil.* Enconamiento de una llaga.
ENCONOSO, SA adj. *Fig.* Dícese del que se encona fácilmente contra uno. ‖ Enconado (llaga).
ENCONTRADIZO, ZA adj. Que se encuentra. ‖ *Hacerse el encontradizo,* buscar a uno para encontrarse con él como por casualidad.
ENCONTRADO, DA adj. Dícese de las cosas puestas enfrente una de otra: *dos figuras encontradas.* ‖ Opuesto, contrario.
ENCONTRAR v. t. Tropezar una persona con otra: *encontrar a un amigo en la calle.* (SINÓN. *Topar.* V. tb. *chocar.*) ‖ Hallar lo que se buscaba: *encontrar la solución del problema.* (SINÓN. *Descubrir, adivinar, acertar.* V. tb. *inventar.*) ‖ Hallar: *no encontrar palabras para expresar su indignación.* ‖ — V. i. Tropezar con uno. ‖ — V. r. Tropezar: *se encontraron los dos coches.* ‖ Concurrir juntas a un lugar dos personas: *se encontraron en el casino.* ‖ Ser contrarios dos pareceres: *sus opiniones se encuentran.* ‖ Oponerse, enemistarse. ‖ Coincidir, convenir, conformar. ‖ Sentirse: *encontrarse mal de salud.* ‖ — IRREG. Se conjuga como *contar.*
ENCONTRÓN y **ENCONTRONAZO** m. Golpe, choque, empellón: *los dos coches se dieron un encontronazo.* ‖ Riña, choque.
ENCOPETADO, DA adj. *Fig.* Altanero, presumido: *una señora muy encopetada.* ‖ De alto copete. ‖ — CONTR. *Modesto.*
ENCOPETAR v. t. Elevar, alzar. ‖ — V. r. Alzarse, engreírse.
ENCORACHAR v. t. Meter algo en una coracha.
ENCORAJAR v. t. Animar, excitar, azuzar. ‖ — V. r. Encenderse en coraje, irritarse.
ENCORAJINARSE v. r. *Fam.* Encolerizarse. ‖ *Chil.* Echarse a perder un negocio.
ENCORAR v. t. Cubrir con cuero: *encorar un arca.* ‖ Encerrar dentro de un cuero. ‖ Hacer que las llagas se cicatricen. ‖ — V. i. Cicatrizarse las llagas. ‖ — IRREG. Se conjuga como *agorar.*
ENCORAZAR v. t. Cubrir con coraza.
ENCORCHADORA f. Máquina para taponar las botellas.
ENCORCHAR v. t. Meter abejas en la colmena. ‖ Poner tapones de corcho.
ENCORCHETAR v. t. Poner corchetes: *encorchetar un corpiño.* ‖ Sujetar con corchetes.
ENCORDADURA f. Conjunto de cuerdas de los instrumentos de música.
ENCORDAR v. t. Poner cuerdas a los instrumentos de música: *encordar una guitarra.* ‖ Apretar con una cuerda. ‖ — IRREG. Se conjuga como *acordar.*
ENCORDELAR v. t. Atar con cordeles.
ENCORDONADO, DA adj. Que tiene cordones.
ENCORDONAR v. t. Poner cordones a una cosa o atarla con ellos.

ENCORIACIÓN f. Acción de encorar la llaga.
ENCORNADO, DA adj. Con los adverbios *bien o mal*, que tiene buena o mala encornadura: *toro mal encornado.*
ENCORNADURA f. Forma de los cuernos de un animal: *la encornadura de un toro.* || Cornamenta.
ENCOROZAR v. t. Poner la coroza a un reo.
ENCORRALAR v. t. Meter ganado en el corral.
ENCORSELAR y **ENCORSETAR** v. t. Poner el corsé. || *Fig.* Poner una faja.
ENCORSETAMIENTO m. Acción y efecto de encorsetar.
ENCORTINAR v. t. Adornar con cortinas.
ENCORVADA f. Acción de encorvar el cuerpo. || Cierta danza descompuesta. || — Pl. *Bot.* Género de plantas papilionáceas. || *Fig.* y *fam. Hacer la encorvada,* fingirse enfermo para evitar algún trabajo.
ENCORVADURA f. Acción de encorvar o doblar.
ENCORVAMIENTO m. Encorvadura.
ENCORVAR v. t. Doblar una cosa poniéndola corva: *tener la espalda encorvada por la edad.* (SINÓN. V. *Doblar.*) || — V. r. *Fig.* Inclinarse, ladearse.
ENCOSTRAR v. t. Cubrir con costra o corteza. || — V. i. Formar costra.
ENCOVADURA f. Acto de encovar o encovarse
ENCOVAR v. t. Meter una cosa en una cueva. || *Fig.* Guardar, encerrar. || — PARÓN. *Encobar.* || — IRREG. Se conjuga como *contar.*
ENCRASAR v. t. Poner craso, espesar un licor. || Fertilizar las tierras con abonos.
ENCRESPADOR m. Instrumento para encrespar.
ENCRESPADURA f. Acción y efecto de encrespar o rizar el cabello.
ENCRESPAR v. t. (lat. *increspare*). Ensortijar, rizar el cabello. (SINÓN. V. *Rizar.*) || Erizar. || — V. r. Alzarse las olas del mar con el viento. || *Fig.* Agitarse, enardecerse las pasiones. || *Fig.* Enredarse un negocio.
ENCRESTADO, DA adj. Ensoberbecido, altivo.
ENCRESTARSE v. r. Erguir las aves la cresta.
ENCRISTALAR v. t. Poner cristales.
ENCRUCIJADA f. Punto donde se cruzan varias calles o caminos. (SINÓN. V. *Cruce.*) || *Fig.* Emboscada, asechanza. || *Fig.* Dilema.
ENCRUDECER v. t. Hacer que una cosa se ponga cruda. || *Fig.* Exasperar, irritar. || — V. i. Ponerse crudo: *el tiempo encrudeció.* || — IRREG. Se conjuga como *merecer.*
ENCRUELECER v. t. Instigar a uno a que sea cruel. || — V. r. Hacerse cruel. || — IRREG. Se conjuga como *merecer.*
ENCUADERNABLE adj. Que puede encuadernarse.
ENCUADERNACIÓN f. Acción y efecto de encuadernar. || Forro o cubierta que se pone a los libros.
ENCUADERNADOR, RA m. y f. El que tiene por oficio encuadernar libros. || — M. Clavillo o pasador que sirve para encuadernar o reunir legajos de papeles.
ENCUADERNAR v. t. Reunir varios pliegos o cuadernos poniéndoles un forro o cubierta: *encuadernar en rústica.*
ENCUADRAMIENTO y **ENCUADRE** m. En fotografía, enfoque de la imagen, buena disposición de ella.
ENCUADRAR v. t. Poner en un marco: *encuadrar un retrato.* || *Fig.* Encajar, ajustar. || *Fig.* Encerrar, comprender. || *Fig.* Determinar los límites de una cosa.
ENCUARTARSE v. r. *Méx.* Enredar la bestia en un tirante. || *Méx.* Enredarse un asunto.
ENCUARTE m. Caballerías de refuerzo que se agregan a un tiro en las cuestas.
ENCUARTELAR v. t. *Amer.* Acuartelar.
ENCUATAR v. t. *Méx.* Aparear.
ENCUBAR v. t. Echar en cubas: *encubar el vino.* || — PARÓN. *Incubar.*
ENCUBERTAR v. t. Cubrir con paños u otra cosa: *encubertar un caballo con gualdrapas.* || — V. r. Vestirse o armarse con la armadura. || — IRREG. Se conjuga como *acertar.*
ENCUBIERTO, TA adj. Cubierto o tapado.
ENCUBRIDIZO, ZA adj. Que se puede encubrir u ocultar fácilmente.
ENCUBRIDOR, RA adj. y s. Que encubre o tapa.
ENCUBRIMIENTO m. Acción de encubrir: *el encubrimiento de un delito constituye complicidad.*
ENCUBRIR v. t. Ocultar, disimular, tapar una cosa: *encubrir sus intenciones.* (SINÓN. V. *Esconder* y *fingir.* CONTR. *Revelar.*)
ENCUCURUCHARSE v. r. *Amér. C.* Encaramarse.
ENCUELLAR v. t. *Col.* Apercollar, acogotar.
ENCUENTRO m. Choque de dos cosas. || Acto de encontrarse dos personas: *un encuentro concertado.* (SINÓN. V. *Coincidencia.*) || Oposición o contradicción en el parecer de dos personas. || En los juegos, concurrencia de dos puntos o cartas iguales. || *Mil.* Choque: *un encuentro de caballería.* (SINÓN. V. *Refriega.*) || Competición deportiva. || Hallazgo. || *Zool.* Axila, sobaco. || Parte correspondiente a la axila en el animal: *cortar un pollo por los encuentros.* || *Salir al encuentro a uno,* salir a recibirle o hacerle frente.
ENCUERADO, DA adj. *Amer.* Desnudo.
ENCUERAR v. t. *Cub.* y *Méx.* Desnudar. || *Amer.* Enchalecar.
ENCUESTA f. Averiguación, indagación. || Reunión de opiniones recogidas por medio de un cuestionario para aclarar un asunto.
ENCUEVAR v. t. Encovar, meter en cueva.
ENCUITARSE v. r. Afligirse, apesadumbrarse.
ENCULATAR v. t. Poner un sobrepuesto a la colmena. || Poner la culata a un arma de fuego.
ENCUMBRADO, DA adj. Elevado, alto.
ENCUMBRAMIENTO m. Acción y efecto de encumbrar o levantar alto una cosa. || Altura, elevación. || *Fig.* Ensalzamiento, exaltación.
ENCUMBRAR v. t. Levantar en alto. || *Fig.* Ensalzar, engrandecer: *encumbrar a un hombre.* (SINÓN. *Elevar.* CONTR. *Rebajar, humillar.*) || — V. i. Subir a la cumbre. || — V. r. Envanecerse, engreírse. || Elevarse mucho.
ENCUNAR v. t. Poner al niño en la cuna. || *Taurom.* Coger el toro al lidiador entre las astas. || — V. r. Plantarse el torero entre las astas.
ENCURDELARSE v. r. Emborracharse.
ENCUREÑAR v. t. Poner en la cureña.
ENCURRUCARSE v. r. *Amer.* Acurrucarse.
ENCURTIDO m. Fruto o legumbre en vinagre.
ENCURTIR v. t. Conservar ciertos frutos o legumbres en vinagre. || *Ecuad.* Curtir los cueros.
ENCHALECAR v. t. *Amer.* Encuerar.
ENCHAMARRAR v. t. *Col.* Embrollar, enredar.
ENCHAMBRANAR v. t. *Venez.* Meter zambra.
ENCHAMICAR v. t. *Amer.* Dar chamico.
ENCHANCLETAR v. t. Llevar los zapatos a modo de chancletas: *enchancletar unas zapatillas.*
ENCHANCHARSE v. r. *Arg.* Emborracharse.
ENCHAPADO m. Chapa.
ENCHAPAR v. t. Chapear, cubrir con chapas.
ENCHAPARRARSE v. r. *Ecuad.* Embosquecer.
ENCHARCADA f. Charco, agua estancada.
ENCHARCAMIENTO m. Formación de charcos.
ENCHARCAR v. t. Llenar de agua un terreno.
ENCHICHARSE v. r. *Amer.* Embriagarse con chicha. || *Guat.* Emberrenchinarse, irritarse mucho.
ENCHILADA f. *Méx.* Torta de maíz aderezada con chile y rellena de carne, queso, etc. || En el tresillo, puesta común que recoge quien gana el solo u otro lance.
ENCHILADO, DA adj. *Méx.* De color de chile, bermejo: *toro enchilado.* || *Méx.* Colérico, rabioso, emberrenchinado. || — M. *Cub.* y *Méx.* Guisado de mariscos hecho con chile.
ENCHILAR v. t. *Amer.* Untar con chile. || *Méx.* Irritar, encolerizar, emberrenchinar. || *C. Rica.* Dar o recibir un chasco.
ENCHINAR v. t. Empedrar con chinas el suelo. || *Méx.* Hacer rizos en el pelo.
ENCHINCHAR v. t. *Méx.* Hacer perder el tiempo.
ENCHIPAR v. t. *Per.* Forrar con paja los panes de azúcar para explotarlos. || *Col.* Poner en la chipa o red.
ENCHIQUERAMIENTO m. Encierro de los toros en los chiqueros. || *Fam.* Prisión, encarcelamiento.
ENCHIQUERAR v. t. Encerrar el toro en el chiquero. || *Fig.* y *fam.* Meter a uno en la cárcel. (SINÓN. V. *Aprisionar.*)
ENCHIRONAR v. t. *Fam.* Encarcelar. (SINÓN. V. *Aprisionar.*)
ENCHISPAR v. t. *Arg., Guat.* y *Méx.* Embriagar, achispar. Ú. t. c. r.

endibia

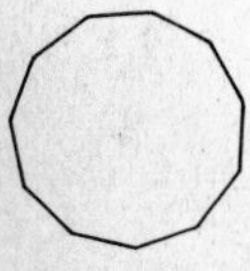
endecágono

ENDOSCOPIOS

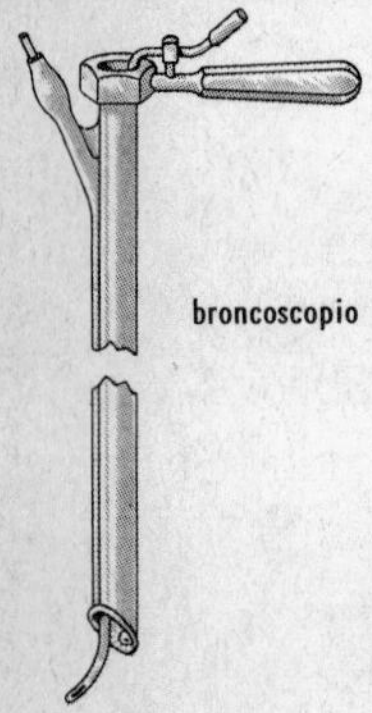
broncoscopio

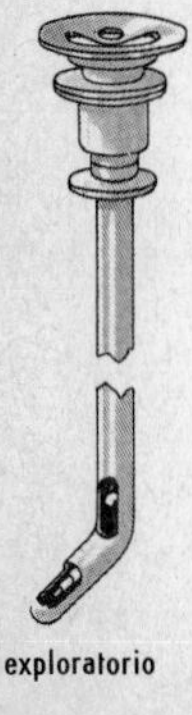
exploratorio

ENCHIVARSE v. r. *Col.* y *Ecuad.* *Fam.* Emberrenchinarse.
ENCHUECAR v. t. *Chil.* y *Méx.* Torcer una cosa.
ENCHUFADO, DA adj. y s. *Fam.* Que goza de un puesto o cargo obtenido por influencia.
ENCHUFAR v. t. Meter la boca de un caño o tubo en la de otro: *enchufar dos cañerías de gas.* ‖ *Fig.* Enlazar un negocio con otro. ‖ Establecer una conexión eléctrica. (SINÓN. V. *Juntar.*) ‖ — V. r. *Fam.* Obtener un puesto o cargo por influencia.
ENCHUFE m. Efecto de enchufar, punto en que se enchufan dos tubos o cañerías. ‖ *Fam.* Hecho de ocupar dos o más destinos para aumentar sus recursos. ‖ *Fam.* Puesto obtenido por influencia. ‖ Conexión eléctrica y aparato para obtenerla.
ENCHUTAR v. t. *Amér. C.* Introducir.
ENCHUTE m. *Hond.* Juego de boliche.
ENDE (Por) m. adv. Por tanto.
ENDEBLE adj. De poca resistencia: *tela endeble.* (SINÓN. V. *Débil* y *frágil.* CONTR. *Fuerte.*)
ENDEBLEZ f. Calidad de endeble, debilidad.
ENDEBLUCHO, CHA adj. Debilucho.
ENDÉCADA f. Período de once años.
ENDECÁGONO adj. y s. m. (del gr. *endeka,* once, y *gonos,* ángulo). *Geom.* Polígono que tiene once ángulos y por lo tanto once lados.
ENDECASILÁBICO, CA adj. De once sílabas.
ENDECASÍLABO, BA adj. y s. m. (del gr. *endeka,* once, y *sullabè,* sílaba). Verso de once sílabas.
ENDECHA f. Canción triste y lamentosa. (SINÓN. V. *Melodía.*) ‖ Combinación métrica de cuatro versos de seis o siete sílabas, generalmente asonantados. ‖ *Endecha real,* la que consta de tres versos heptasílabos y otro que es endecasílabo y forma asonancia con el segundo.
ENDECHADERA f. Plañidera.
ENDECHAR v. t. Cantar endechas. ‖ — V. r. *Fig.* Afligirse.
ENDEMIA f. (de *en,* y el gr. *dêmos,* pueblo). *Med.* Enfermedad que reina habitualmente en un país o comarca.
ENDÉMICO, CA adj. *Med.* Dícese de una enfermedad que reina habitualmente en un país: *el cólera es endémico en la India.* (SINÓN. V. *Epidémico.*) ‖ *Fig.* Que se repite constantemente.
ENDEMONIADO, DA adj. Poseído del demonio: *exorcización de un endemoniado.* (SINÓN. V. *Fogoso.*) ‖ *Fam.* Muy perverso.
ENDEMONIAR v. t. Introducir los demonios en el cuerpo de una persona. ‖ *Fig.* y *fam.* Irritar, encolerizar: *estos chicos acabarán por endemoniarme.*
ENDENANTES adv. t. *Ant.* Antes. ‖ *Amer. Fam.* Hace poco.
ENDENTADO, DA adj. *Blas.* Aplícase a las piezas que tienen dientes triangulares muy menudos.
ENDENTAR v. t. Encajar una cosa en otra: *endentar dos ruedas.* ‖ — IRREG. Se conjuga como *alentar.*
ENDENTECER v. i. Empezar a echar los dientes: *quien presto endentece, presto hermanece.* ‖ — IRREG. Se conjuga como *merecer.*
ENDEREZADO, DA adj. Favorable, propicio.
ENDEREZADOR, RA adj. y s. Que endereza.
ENDEREZAMIENTO m. Acción de enderezar.
ENDEREZAR v. t. Poner derecho: *enderezar un alambre, un árbol.* (SINÓN. *Alinear, enfilar, destorcer.* V. tb. *elevar.*) ‖ *Fig.* Dirigir, gobernar bien. ‖ Enmendar. (SINÓN. *Rectificar.* V. tb. *corregir.*) ‖ Encaminar, dirigir: *sus menores acciones estaban enderezadas a la realización de su propósito.*
ENDESPUÉS adv. t. *Ant.* y *Amer.* Después.
ENDEUDARSE v. r. Llenarse de deudas. ‖ Reconocerse obligado.
ENDEVOTADO, DA adj. Devoto, dado a la devoción. ‖ Muy prendado de alguna persona. (P. us.)
ENDIABLADA f. Función en que se disfrazan algunas personas de diablos: *hacer una endiablada.*
ENDIABLADO, DA adj. *Fig.* Muy feo. ‖ *Fig.* y *fam.* Colérico: *chiquillo endiablado.* ‖ Muy animado. (SINÓN. V. *Fogoso.*)
ENDIABLAR v. t. Pervertir. ‖ — V. r. Revestírsele a uno el diablo, irritarse, enfurecerse.
ENDÍADIS f. (lat. *hendiadys*). *Ret.* Pleonasmo.
ENDIBIA f. Escarola, especie de achicoria.
ENDILGADOR, RA adj. y s. Que endilga.
ENDILGAR v. t. *Fam.* Encaminar, dirigir, enviar. ‖ *Fam.* Encajar, endosar.
ENDINO, NA adj. *Fam.* Indino, malo.
ENDIÑAR v. t. *Pop.* Meter, dar.
ENDIOSAMIENTO m. *Fig.* Orgullo, altivez. ‖ *Fig.* Enajenamiento: *sacar a uno de su endiosamiento.*
ENDIOSAR v. t. Convertir en dios. ‖ — V. r. *Fig.* Entonarse, engreírse. ‖ *Fig.* Suspenderse, enajenarse: *endiosarse en la lectura.*
ENDITARSE v. r. *Amer.* Entramparse.
ENDOBLE m. *Min.* Jornada doble que hacen los mineros y fundidores para cambiar cada semana las horas del trabajo.
ENDOCARDIO m. *Anat.* La membrana interior del corazón.
ENDOCARDITIS f. *Med.* Inflamación de la membrana interior del corazón.
ENDOCARPIO m. (del gr. *endon,* dentro, y *karpos,* fruto). *Bot.* Nombre de la capa interior del pericarpio: *el endocarpio es leñoso en el melocotón.*
ENDOCRINO, NA adj. Dícese de las glándulas de secreción interna, como la tiroides.
ENDOCRINOLOGÍA f. Parte de la biología y de la medicina que estudia el desarrollo, las funciones y las afecciones de las glándulas endocrinas.
ENDODERMO m. Hoja embrionaria interna que formará el tubo digestivo y las glándulas anejas.
ENDOGAMIA f. Norma que restringe el matrimonio a los miembros de la misma tribu, aldea, casta u otro grupo social.
ENDOGÉNESIS f. División de una célula.
ENDÓGENO, NA adj. *Anat.* Dícese del elemento que nace en el interior del órgano que lo engendra.
ENDOMINGARSE v. r. Ponerse la ropa de fiesta: *iba muy endomingado.*
ENDOPARÁSITO adj. y s. m. Dícese del parásito que vive dentro del cuerpo de un animal o planta.
ENDOSABLE adj. Que puede endosarse.
ENDOSANTE adj. y s. Que endosa.
ENDOSAR v. t. (fr. *endosser*). Ceder a otro un documento de crédito, haciéndolo constar al dorso. ‖ *Fig.* Echarle encima a uno alguna carga.
ENDOSATARIO m. Aquel a quien se endosa.
ENDOSCOPIO m. Aparato que sirve para iluminar una cavidad interior del cuerpo humano.
ENDOSE m. *Ecuad.* y *Chil.* Endoso.
ENDOSELAR v. t. Formar dosel.
ENDÓSMOSIS f. (del gr. *endon,* dentro, y *ôsmos,* empuje). *Fís.* Corriente de fuera adentro entre dos líquidos de densidad diferente, separados por un tabique membranoso delgado. ‖ — CONTR. *Exósmosis.*
ENDOSMÓTICO, CA adj. Relativo a la endósmosis: *corriente endosmótica.*
ENDOSO m. *Com.* Fórmula que, para endosar un documento de crédito, se escribe al dorso del mismo.
ENDOTELIO m. *Anat.* Cubierta epitelial de los vasos y las cavidades serosas.
ENDOTÉRMICO, CA adj. *Quím.* Que se efectúa con absorción de calor. ‖ — CONTR. *Exotérmico.*
ENDOVENOSO, SA adj. Que está o se pone dentro de una vena.
ENDRIAGO m. Monstruo fabuloso.
ENDRINA f. Fruto del endrino.
ENDRINO, NA adj. De color negro, parecido al de la endrina. ‖ — M. Ciruelo silvestre.
ENDROGARSE v. r. *Amer.* Entramparse.
ENDULZADURA f. Acción de endulzar.
ENDULZAR v. t. Poner dulce: *endulzar una bebida.* (SINÓN. *Azucarar, edulcorar, dulcificar.*) ‖ *Fig.* Suavizar: *endulzar el sufrimiento de uno.* (SINÓN. V. *Aliviar.*)
ENDURECER v. t. Poner duro: *la albúmina se endurece con* [*por*] *el calor.* ‖ *Fig.* Robustecer, acostumbrar al trabajo y a la fatiga: *endurecer los soldados al cansancio.* ‖ *Fig.* Hacer a uno severo, cruel. ‖ — V. r. Volverse duro, encruelecerse. ‖ — IRREG. Se conjuga como *merecer.*

ENDURECIMIENTO m. Dureza, calidad de duro. || Aumento de dureza. || *Fig.* Obstinación, terquedad.
ENE f. Nombre de la letra *n*. || Un número indeterminado (escríbese generalmente *n*).
ENEA f. Anea, planta. || *Cub.* Nombre que se da a la corteza correosa de algunos vegetales.
ENEÁGONO, NA adj. y s. m. (del gr. *ennea*, nueve, y *gonos*, ángulo). *Geom.* Polígono que tiene nueve ángulos y nueve lados.
ENEASÍLABO, BA adj. De nueve sílabas: *un verso eneasílabo.*
ENEBRAL m. Sitio poblado de enebros.
ENEBRINA f. Fruto del enebro.
ENEBRO m. (lat. *juniperus*). Arbusto cupresáceo de Europa, de fruto aromático y madera rojiza muy olorosa.
ENEJAR v. t. Poner eje a un carro. || Poner una cosa en el eje: *enejar una rueda.*
ENELDO m. (lat. *anethum*). Planta umbelífera cuya semilla se ha usado como carminativo.
ENEMA f. *Med.* Lavativa o ayuda. || — M. *Med.* Medicamento secante que se aplicaba a las heridas sangrientas.
ENEMIGA f. Enemistad, odio, inquina: *tenerle enemiga a una persona.*
ENEMIGO, GA adj. y s. (lat. *inimicus*). Contrario: *dos naciones enemigas.* (SINÓN. *Adversario, antagonista, opositor.* V. tb. *rival.*) || Que tiene aversión a una cosa: *enemigo del tabaco.* || Nación armada con quien se está en guerra. || — PROV. **Al enemigo que huye puente de plata,** en ciertas ocasiones conviene facilitar la fuga del enemigo. || — CONTR. *Amigo.*
ENEMISTAD f. Aversión, odio: *tener enemistad hacia una persona.* (SINÓN. V. *Resentimiento.* CONTR. *Amistad.*)
ENEMISTAR v. t. Causar enemistad entre dos personas: *enemistar un amigo con otro.* || — CONTR. *Amistar.*
ÉNEO, A adj. *Poét.* De cobre o bronce.
ENEOLÍTICO m. Período prehistórico de transición entre el Neolítico y la Edad del Bronce.
ENERGÉTICO, CA adj. Relativo a la energía. || — F. Ciencia que trata de la energía.
ENERGETISMO m. Teoría que considera a la energía como la única substancia del universo.
ENERGÍA f. (del gr. *en*, y *ergon*, acción). Potencia: *energía militar.* (SINÓN. V. *Fuerza.*) || Virtud, eficacia: *la energía de un remedio.* || *Fig.* Fuerza, firmeza: *la energía del alma.* (SINÓN. *Entereza, firmeza, fortaleza, resolución, voluntad, vigor.* V. tb. *ánimo.*) || *Fís.* Facultad que tiene un cuerpo de producir trabajo. || — CONTR. *Debilidad, blandura.*
— Además de la *energía mecánica*, que puede presentar las formas de *energía potencial* (peso levantado, muelle arrollado, gas comprimido) y *energía cinética* (masa en movimiento), se pueden citar también la *energía calorífica*, la *energía eléctrica*, la *energía química*, la *energía térmica*, la *energía radiante* y la *energía atómica* o *nuclear*. La energía total de un sistema aislado es siempre constante a pesar de las transformaciones que haya sufrido (principio de la conservación de la energía). [V. ilustr. pág. 401.]
ENÉRGICAMENTE adv. m. Con energía o firmeza: *sostener enérgicamente su opinión.*
ENÉRGICO, CA adj. Que tiene energía: *hablar con tono enérgico.* || — CONTR. *Débil, indolente, flojo.*
ENERGÚMENO, NA m. y f. (gr. *energoumenos*). Persona poseída del demonio. || *Fig.* Persona muy exaltada: *gritar como un energúmeno.* (SINÓN. V. *Furibundo.*)
ENERO m. (lat. *januarius*). Mes primero del año civil: *enero consta de treinta y un días.*
ENERVACIÓN f. y **ENERVAMIENTO** m. Acción de enervar, debilitación. || Afeminación.
ENERVADOR, RA y **ENERVANTE** adj. Que enerva o debilita: *entregarse a placeres enervantes.*
ENERVAR v. t. (lat. *enervare*). Debilitar: *el abuso de los placeres enerva a los hombres.* || *Fig.* Debilitar una razón o argumento. || Incorrección por *poner nervioso.* || — CONTR. *Fortificar.*
ENÉSIMO, MA adj. Dícese de un número indeterminado de veces (escríbese generalmente *n*º).
ENFADADIZO, ZA adj. Fácil de enfadar. (SINÓN. V. *Susceptible.*)
ENFADAR v. t. Causar enfado: *enfadarse una persona por poca cosa, de algo, con [contra] uno.* || — SINÓN. *Disgustar, contrariar, descontentar, enojar.* V. tb. *desagradar, entristecer, irritar* y *reñir.* || — CONTR. *Alegrar.*
ENFADO m. Enojo, disgusto: *manifestar enfado.* || Impresión desagradable y fastidiosa.
ENFADOSO, SA adj. Que causa enfado, enojoso. (SINÓN. V. *Desagradable.*)
ENFAENADO, DA adj. Entregado al trabajo.
ENFAJAR v. t. Poner una faja.
ENFAJILLAR v. t. *Méx.* Poner faja a un periódico.
ENFALDADO, DA adj. Muy apegado a las mujeres.
ENFALDAR v. t. Recoger las faldas: *enfaldarse para saltar.* || Cortar las ramas bajas de los árboles.
ENFALDO m. Falda recogida. || Seno o bolsa que hacen las ropas enfaldadas.
ENFANGAR v. t. Cubrir de fango. || — V. r. *Fig.* y *fam.* Meterse en negocios sucios. || *Fig.* Entregarse con afán a los placeres.
ENFARDAR v. t. Hacer fardos, empaquetar.
ENFARDELAR v. t. Hacer fardeles o fardos.
ÉNFASIS m. (de *en*, y el gr. *phasis*, aparición). Fuerza de expresión o de entonación: *hablar con énfasis.* || Afectación. (SINÓN. V. *Ampuloso.*)
ENFÁTICAMENTE adv. m. Con énfasis.
ENFÁTICO, CA adj. (gr. *enphatukos*). Que denota énfasis: *responder con un tono enfático.* (SINÓN. V. *Ampuloso.*)
ENFERMAR v. i. Contraer enfermedad: *enfermó de calenturas.* || — V. t. Causar enfermedad. || *Fig.* Debilitar, quitar las fuerzas.
ENFERMEDAD f. (lat. *infirmitas*). Alteración en la salud: *enfermedad contagiosa.* (SINÓN. *Afección, achaque, mal, padecimiento, dolencia, indisposición.*) || *Fig.* Anormalidad en el funcionamiento. || *Fig.* Pasión excesiva, manía. || *Enfermedad azul*, comunicación anormal entre los dos ventrículos del corazón que hace mezclarse la sangre venosa con la arterial.
— En medicina se llama *enfermedad* a una afección bien definida, ya sea por su *causa* cuando ésta es conocida (la mayoría de las enfermedades infecciosas, de las enfermedades orgánicas, de las enfermedades provocadas por intoxicación, etc.) ya sea, cuando la causa es desconocida, por *manifestaciones semejantes* que crean una entidad clínica (la diabetes, ciertas enfermedades del corazón, de los nervios o mentales). La enfermedad es diferente del síndrome, de la afección, de la lesión, pero todos ellos forman, o pueden formar, parte de la enfermedad.
ENFERMERÍA f. Casa destinada para enfermos. (SINÓN. V. *Hospital.*) || Conjunto de enfermos. || Dependencia de algún establecimiento para curar a los enfermos o heridos.
ENFERMERO, RA m. y f. Persona que tiene por oficio asistir a los enfermos.
ENFERMIZO, ZA adj. Que tiene mala salud y está enfermo con frecuencia: *muchacha enfermiza.* (SINÓN. *Delicado, achacoso, lisiado, valetudinario.* Fam. *Malucho.* V. tb. *débil* y *enfermo.*). || Capaz de ocasionar enfermedades. || *Fig.* Alterado: *tener imaginación enfermiza.* || Propio de un enfermo. || — CONTR. *Sano, saludable.*
ENFERMO, MA adj. y s. (lat. *infirmus*). Que padece enfermedad: *asistir a los enfermos.* || (SINÓN. *Malo, indispuesto, doliente, paciente.* V. tb. *enfermizo.*) || *Fig.* Atacado, alterado: *árbol enfermo.*
ENFERMOSO, SA adj. *Amer.* Enfermizo.
ENFERMUCHO, CHA adj. *Fam.* Algo enfermo.
ENFERVORIZAR v. t. Animar, alentar: *el éxito le enfervorizó en su empresa.*
ENFEUDACIÓN f. Acción de enfeudar.
ENFEUDAR v. t. Dar en feudo.
ENFIELAR v. t. Poner en fiel.
ENFIERECERSE v. r. Ponerse hecho una fiera.
ENFIESTARSE v. r. *Amer.* Andar en fiestas.
ENFILAMIENTO m. Estado de las cosas enfiladas.
ENFILAR v. t. Poner en fila. (SINÓN. V. *Enderezar.*) || Ensartar: *enfilar perlas.* || *Mil.* Batir de flanco. || Seguir tal o cual dirección. || Apuntar.

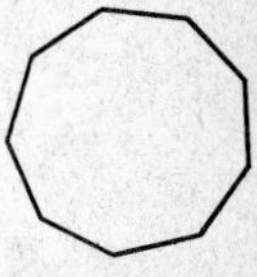
eneágono

enebro

ENFISEMA m. (del gr. *emphysêma*, hinchazón). *Med.* Tumefacción producida por la presencia de aire o gas en el tejido celular. ‖ *Enfisema pulmonar*, dilatación anormal de las ramificaciones bronquiales.
ENFISTOLARSE v. r. *Med.* Tornarse fistuloso.
ENFITEUSIS f. Cesión de un predio rústico o urbano mediante una renta que se paga al cedente, quien conserva el dominio directo.
ENFITEUTA com. *For.* Persona que tiene el dominio útil de la enfiteusis.
ENFITÉUTICO, CA adj. Relativo a la enfiteusis: *dominio enfitéutico.*
ENFLAQUECER v. t. Poner flaco. (SINÓN. V. *Adelgazar.*) ‖ *Fig.* Debilitar, enervar. ‖ — V. i. Ponerse flaco: *la diabetes hace generalmente enflaquecer.* ‖ *Fig.* Desmayar, desanimarse: *enflaquecer en su propósito.* ‖ — IRREG. Se conjuga como *merecer.*
ENFLAQUECIMIENTO m. Acción y efecto de enflaquecer: *padecer un enflaquecimiento rápido.*
ENFLATARSE v. r. *Amer.* Afligirse. ‖ *Méx.* Malhumorarse
ENFLAUTADA f. *Amer.* Extravagancia.
ENFLAUTADO, DA adj. *Fam.* Hinchado o retumbante: *tono enflautado.* ‖ — F. *Hond.* y *Per.* Disparate.
ENFLAUTADOR, RA adj. y s. *Fam.* Tramposo.
ENFLAUTAR v. t. *Fam.* Engañar. ‖ *Méx.* Encajar algo inoportuno.
ENFLECHADO, DA adj. Dícese del arco en que se ha puesto la flecha para arrojarla.
ENFLORAR v. t. Adornar con flores.
ENFLORECER v. i. Florecer.
ENFOCAR v. t. Hacer que la imagen de un objeto producida por un lente coincida con un punto determinado en los aparatos fotográficos. ‖ *Fig.* Examinar, considerar los puntos de un asunto.
ENFOQUE m. Operación que consiste, en un aparato de óptica, en dar mayor nitidez a la imagen y reproducir un plano determinado. ‖ *Fig.* Manera de considerar o tratar un asunto.
ENFOSADO m. *Veter.* Encebadamiento.
ENFOSCAR v. t. *Arq.* Tapar los agujeros de una pared y también cubrir con mortero un muro. ‖ — V. r. Ponerse hosco. ‖ Meterse, engolfarse en un negocio. ‖ Encapotarse el cielo.
ENFRAILAR v. t. Hacer fraile. ‖ — V. i. Meterse o hacerse fraile una persona.
ENFRANQUE m. Parte más estrecha de la suela del calzado.
ENFRASCAMIENTO m. Acción y efecto de enfrascarse.
ENFRASCAR v. t. Echar en frascos un licor. ‖ — V. r. Intrincarse en una espesura. ‖ *Fig.* Aplicarse con gran intensidad a una cosa: *enfrascarse en la lectura.*
ENFRENAR v. t. Poner el freno: *enfrenar el caballo, enfrenar un tren.* ‖ Contener al caballo y guiarle con el freno. ‖ *Fig.* Refrenar, dominar. (SINÓN. V. *Detener.*)
ENFRENTAR v. i. Estar enfrente. ‖ —V. t. Poner enfrente. ‖ — V. r. Hacer frente o cara a una cosa.
ENFRENTE adv. l. Delante, a la parte opuesta: *enfrente de mi ventana está la iglesia.* ‖ — Adv. m. En contra: *él se le puso enfrente.*
ENFRIADERA f. Vasija usada para enfriar una bebida.
ENFRIADERO m. Sitio para enfriar.
ENFRIADOR, RA adj. Que enfría. ‖ — M. Enfriadero.
ENFRIAMIENTO m. Acción y efecto de enfriar. ‖ Ligero catarro.
ENFRIAR v. t. Poner fría una cosa: *enfriar el vino en la nevera.* (SINÓN. *Refrescar, refrigerar, helar, congelar.* CONTR. *Calentar.*) ‖ *Fig.* Entibiar las pasiones. (SINÓN. *Templar.*) ‖ *Fig.* y *fam.* Matar. — V. r. Contraer un ligero catarro.
ENFRIJOLARSE v. r. *Méx.* Enredarse una cosa.
ENFRONTAR v. t. e i. Llegar al frente. ‖ Afrontar, hacer frente.
ENFUETARSE v. r. *Venez.* Destorcerse una cuerda, cable, etc.
ENFULLAR v. t. *Fam.* Hacer fullerías al jugar.
ENFULLINARSE v. r. *Amer* Enfadarse.
ENFUNDADURA f. Acción de enfundar.
ENFUNDAR v. t. Poner en una funda: *enfundar una almohada.* ‖ Llenar, henchir. (P. us.)
ENFUÑARSE v. t. *Cub.* Enfurruñarse, gruñir.
ENFURECER v. t. Irritar, causar furor o cólera: *las burlas le enfurecieron.* (CONTR. *Calmar.*) ‖ — V. r. *Fig.* Alborotarse, irritarse: *el mar se enfurece.* ‖ — IRREG. Se conjuga como *merecer.*
ENFURECIMIENTO m. Cólera, furor, irritación.
ENFURRUÑAMIENTO m. Malhumor, enfado, disgusto.
ENFURRUÑARSE y **ENFURRUSCARSE** v. r. *Provinc.* y *Chil. Fam.* Enfadarse, gruñir. ‖ *Fam.* Encapotarse el cielo.
ENFURTIDO m. Acción de enfurtir.
ENFURTIR v. t. Abatanar los paños o el fieltro para que adquieran el cuerpo correspondiente.
ENGABANADO, DA adj. Cubierto con gabán: *vi a tres hombres engabanados.*
ENGACE m. Engarce. ‖ *Fig.* Relación, conexión.
ENGAFAR v. t. Armar la ballesta con la gafa. ‖ *Mar.* Enganchar un objeto con gafas.
ENGAITAR v. t. *Fam.* Engañar, embaucar.
ENGALABERNAR v. t. *Ant.* y *Col.* Ensamblar.
ENGALANADO m. *Mar.* Empavesado.
ENGALANADOR, RA m. y f. El que engalana.
ENGALANAR v. t. Adornar, embellecer una cosa: *engalanarse para ir a paseo.*
ENGALGADO, DA adj. Dícese del conejo o liebre que se ve perseguido por los galgos. (P. us.)
ENGALGADURA f. Acción de engalgar la rueda.
ENGALGAR v. t. Apretar la galga contra el cubo de la rueda de un carro para detenerla. ‖ Calzar las ruedas con la rastra o plancha con el mismo fin.
ENGALLADO, DA adj. *Fig.* Erguido, arrogante.
ENGALLADOR m. Correa que va del bocado al cuello del caballo, obligándole a levantar la cabeza.
ENGALLADURA f. Galladura del huevo.
ENGALLARSE v. r. *Fig.* Ponerse arrogante, ensoberbecerse una persona. (SINÓN. V. *Pavonear.* CONTR. *Humillarse.*) ‖ *Equit.* Alzar la cabeza el caballo.
ENGALLE m. Engallador.
ENGANCHADOR, RA adj. Que engancha.
ENGANCHAMIENTO m. Enganche.
ENGANCHAR v. t. Agarrar con un gancho o colgar de él: *enganchar el gabán en la percha.* (SINÓN. *Abrochar, prender, colgar, suspender.*) ‖ Sujetar las caballerías a los carruajes para que tiren de ellos. ‖ *Fig.* y *fam.* Obligar a uno con maña a que haga una cosa: *le engancharon para el paseo.* (SINÓN. V. *Abordar* y *comprometer.*) ‖ *Fig.* y *fam.* Coger en una oportunidad: *enganchó una borrachera.* ‖ *Mil.* Hacer que un individuo siente plaza de soldado. ‖ *Taurom.* Empitonar. ‖ — V. r. Sentar plaza de soldado.
ENGANCHE m. Acción y efecto de engancharse ‖ Lo que sirve para enganchar. ‖ *Mil* Reclutamiento.
ENGANDUJO m. Hilo que cuelga de una franja.
ENGANGRENARSE v. r. *Ecuad.* Gangrenarse.
ENGAÑABOBOS com. *Fam.* Embaucador. ‖ — Cosa engañosa.
ENGAÑADIZO, ZA adj. Fácil de engañar.
ENGAÑADOR, RA adj. Que engaña, engañoso.
ENGAÑAOJOS m. *Col.* Mesa revuelta, dibujo.
ENGAÑAPASTORES m. El chotocabras, ave.
ENGAÑAPICHANGA f. *Arg.* y *Chil.* Engaño.
ENGAÑAR v. t. (ital. *ingannare*). Hacer caer en un error: *engañar a un cliente es el peor negocio que puede hacer un comerciante.* (SINÓN. *Mentir, embaucar, engatusar, desengañar, frustrar, defraudar, traicionar, trampear, hacer trampas, burlar.* Fam. *Abusar de, timar, enredar, liar.*) ‖ Producir ilusión: *la perspectiva suele engañar nuestros sentidos.* ‖ Entretener, distraer: *engañar el hambre.* ‖ Violar la fe conyugal. ‖ — V. r. Equivocarse: *se engaña usted en sus apreciaciones.* (SINÓN. V. *Equivocar.*) ‖ Cerrar los ojos a la verdad.
ENGAÑIFA f. y **ENGAÑIFLA** f. *And.* y *Chil Fam.* Engaño, trampa.

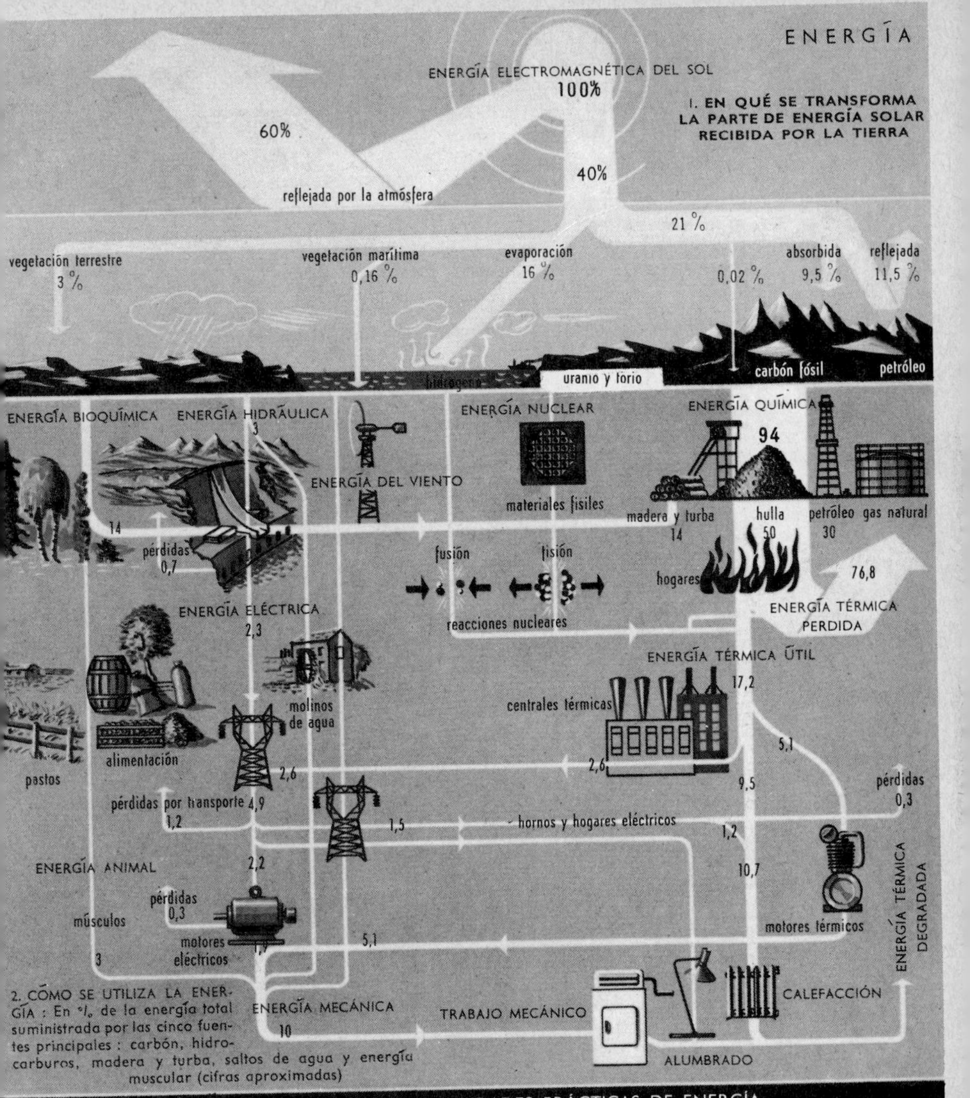

1. EN QUÉ SE TRANSFORMA LA PARTE DE ENERGÍA SOLAR RECIBIDA POR LA TIERRA

2. CÓMO SE UTILIZA LA ENERGÍA : En % de la energía total suministrada por las cinco fuentes principales : carbón, hidrocarburos, madera y turba, saltos de agua y energía muscular (cifras aproximadas)

EQUIVALENCIA DE ALGUNAS UNIDADES PRÁCTICAS DE ENERGÍA

UNIDADES		KILOGRÁMETRO (kgm)	CABALLO-HORA (c. h.)	CABALLO DE VAPOR-HORA (HP. h.)**	KILOVATIO-HORA (kWh)	JULIO (J)	KILOCALORÍA (kcal)
1 kilográmetro	=	1	*$37{,}04 \times 10^{-7}$	$36{,}5 \times 10^{-7}$	$27{,}238 \times 10^{-7}$	9,80597	$23{,}42 \times 10^{-4}$
1 caballo-hora	=	270 000	1	0,98632	0,73545	2 647 610	632,467
caballo de vapor-hora	=	273 745	1,01387	1	0.74570	2 684 340	641,240
1 kilovatio-hora	=	367 200	1,35972	1,34111	1	3 600 000	859,975
1 julio	=	0,10198	$37{,}77 \times 10^{-8}$	$37{,}25 \times 10^{-8}$	$27{,}78 \times 10^{-8}$	1	$238{,}9 \times 10^{-6}$
1 kilocaloría	=	426,900	158×10^{-5}	156×10^{-5}	$11{,}63 \times 10^{-4}$	4 186,17	1

* El exponente de 10 se emplea para simplificar los números demasiado grandes. En el caso presente, 37,04 debe dividirse por la unidad seguida de siete ceros. La razón kilográmetro / caballo-hora es, por lo tanto, 0,000 003 65. ** HP son las iniciales de HORSE POWER, caballo de vapor, en inglés

ENGRANAJES

de tornillo sin fin

recto

helicoidal

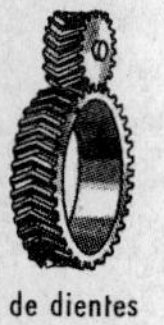
de dientes en ángulo

ENGAÑO m. Error: *salir del engaño.* (SINÓN. *Ficción, trapacería, falacia, estafa, supercheria.* V. tb. *astucia, falsedad, mentira* y *trampa.*) ‖ Acción de engañar. ‖ *Taurom.* La capa o la muleta con que se engaña al toro. ‖ *Llamarse a engaño,* negarse a cumplir un convenio alegando haber sufrido engaño.

ENGAÑOSO, SA adj. Que engaña: *ilusión engañosa.* ‖ — CONTR. *Verídico, sincero.*

ENGARABATAR v. t. Agarrar con garabato. ‖ — V. r. Ponerse una cosa en forma de garabato.

ENGARABITARSE v. r. *Fam.* Subir a lo alto. ‖ Entumecerse, aterirse de frío.

ENGARATUSAR v. t. *Amer.* Engatusar.

ENGARBARSE v. r. Subirse las aves a lo más alto de un árbol o de otra cosa.

ENGARBULLAR v. t. *Fam.* Confundir unas cosas con otras, enredarlas.

ENGARCE m. Acción y efecto de engarzar. ‖ Metal en que se engarza: *engarce de collar.* ‖ *Col.* Agarrada, riña. ‖ Encadenamiento, unión.

ENGARGANTAR v. t. Meter por la garganta: *engargantar las aves con grano.* ‖ — V. i. Engranar.

ENGARGANTE m. Engranaje.

ENGARGOLADURA f. Gárgol, ranura.

ENGARGOLAR v. t. Ajustar con piezas provistas de gargoles o ranuras.

ENGARITAR v. t. *Fam.* Engañar, embaucar.

ENGARNIO m. *Fam.* Plepa, persona inútil.

ENGARRAFAR v. t. *Fam.* Agarrar fuertemente.

ENGARRIAR v. i. Trepar, encaramar.

ENGARROTAR v. t. Entumecer.

ENGARRUÑAR v. t. *Col.* y *Hond.* Engurruñar.

ENGARZADOR, RA adj. y s. Que engarza.

ENGARZADURA f. Engarce.

ENGARZAR v. t. Reunir con un hilo: *engarzar piedras preciosas.* ‖ Rizar. ‖ Engastar. ‖ *Fig.* Trabar, encadenar. ‖ — V. r. *Col.* Pelearse.

ENGASAR v. t. Cubrir de gasa.

ENGASTADOR, RA adj. y s. Que engasta.

ENGASTADURA f. Engaste.

ENGASTAR v. t. Encajar una cosa en otra: *engastar en oro, perlas.*

ENGASTE m. Acción de engastar. ‖ Cerco de metal para engastar: *el engaste de los diamantes suele ser de platino.* ‖ Perla desigual llana por un lado.

ENGATADO, DA adj. Aficionado a hurtar.

ENGATAR v. t. *Fam.* Engañar, embaucar.

ENGATILLADO, DA adj. Aplícase al animal que tiene pescuezo grueso y levantado: *toro engatillado.* ‖ — M. *Arq.* Obra en que las piezas están trabadas por medio de gatillos de hierro.

ENGATILLAR v. t. *Arq.* Sujetar con gatillos. ‖ — V. i. *Ecuad.* Encapotar el caballo.

ENGATUSADOR, RA adj. y s. *Fam.* Que engatusa.

ENGATUSAMIENTO m. Acción de engatusar.

ENGATUSAR v. t. *Fam.* Ganar la voluntad de uno con halagos. (SINÓN. V. *Cautivar* y *engañar.*)

ENGAZUZAR v. t. *Amér. C.* Armar jaleo.

ENGENDRADOR, RA adj. y s. Que engendra.

ENGENDRAMIENTO m. Acción de engendrar.

ENGENDRAR v. t. (del lat. *in,* en, y *generare,* engendrar). Procrear, dar la existencia. (SINÓN. *Fecundar, reproducir.*) ‖ Producir: *la pereza engendra todos los vicios.* (SINÓN. V. *Crear.*) ‖ *Geom.* Producir moviéndose: *un semicírculo que gira alrededor de su diámetro engendra una esfera.*

ENGENDRO m. Criatura informe. (SINÓN. V. *Embrión.*) ‖ *Fig.* Producción: *los engendros de un cerebro destornillado.* ‖ *Fig.* y *fam. Mal engendro,* muchacho perverso.

ENGENTARSE v. r. *Méx.* Marearse por la muchedumbre.

ENGERIDOR m. Abridor, cuchilla de injertar.

ENGIBAR v. t. Hacer jorobada a una persona.

ENGINEERING m. (pal. ingl., pr. *anyínerin*). Estudio de un proyecto industrial bajo todos sus aspectos, y que necesita un trabajo de síntesis para coordinar los trabajos de varios equipos.

ENGLOBAR v. t. Reunir, considerar juntas varias cosas: *a todos los englobó en su censura.* (SINÓN. V. *Contener.*)

ENGOLADO, DA adj. Que tiene gola. ‖ *Fig.* Presuntuoso, ampuloso.

ENGOLFAR v. i. Entrar un barco muy adentro del mar. ‖ — V. r. Entregarse por completo a alguna ocupación: *engolfarse en la lectura.*

ENGOLILLADO, DA adj. *Fam.* Que lleva la golilla puesta. ‖ *Fig* y *fam.* Chapado a la antigua.

ENGOLILLARSE v. r. *Cub.* Entramparse.

ENGOLONDRINARSE v. r. *Fam.* Envanecerse, engreírse. ‖ *Fam.* Enamoricarse, enamorarse.

ENGOLOSINADOR, RA adj. Que engolosina. (SINÓN. V. *Apetitoso.*)

ENGOLOSINAR v. t. Excitar el apetito de uno con algún aliciente. ‖ — V. r. Acostumbrarse a una cosa. (SINÓN. V. *Tentar.*) ‖ Aficionarse, tomar gusto.

ENGOLLAMIENTO m. *Fig.* Presunción, altivez.

ENGOLLETADO, DA adj. *Fam.* Altivo.

ENGOLLETARSE v. r. *Fam.* Engreírse, envanecerse.

ENGOMADO, DA adj. Gomoso. ‖ — M. Engomadura.

ENGOMADURA f. Acción de engomar.

ENGOMAR v. t. Untar con goma una cosa: *engomar un sobre, engomar una tela.* ‖ — SINÓN. *Pegar, colar, adherir.*

ENGOMINAR v. t. Poner gomina.

ENGORDA f. *Amer.* Ganado que se engorda.

ENGORDADERO m. Sitio donde se tienen los cerdos para engordarlos y tiempo en que se engordan. (SINÓN. V. *Pasto.*)

ENGORDADOR, RA adj. y s. Que se dedica a engordar o cebar animales domésticos.

ENGORDAR v. t. Cebar, poner gordo: *engordar ganado.* ‖ — V. i. Ponerse gordo. ‖ *Fam.* Hacerse rico.

ENGORDE m. Acción de engordar ganado.

ENGORDERO m. *Chil.* Engordador.

ENGORRAR v. t. *Venez.* Molestar.

ENGORRO m. Embarazo, estorbo, molestia. (SINÓN. V. *Complicación.*)

ENGORROSO, SA adj. Embarazoso, fastidioso, molesto: *entregarse a un trabajo engorroso.*

ENGOZNAR v. t. Sujetar con goznes una cosa.

ENGRANAJE m. *Mec.* Efecto de engranar. ‖ *Mec.* Piezas que engranan unas con otras: *cogerse el dedo en un engranaje.* ‖ Conjunto de los dientes de una máquina. ‖ *Fig.* Concurso de circunstancias unidas entre sí.

ENGRANAR v. i. *Mec.* Unir dos ruedas dentadas. ‖ *Fig.* Enlazar, trabar.

ENGRANDAR y **ENGRANDECER** v. t. Aumentar, agrandar: *engrandecer el mérito de uno.* ‖ Alabar, exagerar. ‖ *Fig.* Exaltar, elevar. Ú. t. c. r.: *engrandecerse gracias al propio mérito.* ‖ — IRREG. Se conjuga como *merecer.*

ENGRANDECIMIENTO m. Elevación, exaltamiento. ‖ Incremento de una cosa. (SINÓN. V. *Aumento.*)

ENGRANERAR v. t. Encerrar en el granero.

ENGRANUJARSE v. r. Llenarse de granos una persona o cosa: *tener la cara engranujada.* ‖ Hacerse granuja.

ENGRAPAR v. t. Asegurar con grapas.

ENGRASADO m. Engrase.

ENGRASADOR, RA adj. y s. Que engrasa.

ENGRASAMIENTO m. Engrase.

ENGRASAR v. t. Untar con grasa. (SINÓN. *Untar.* V. tb. *ensuciar.*) ‖ Aceitar. (SINÓN. *Lubricar.*) ‖ — V. r. *Méx.* Contraer la enfermedad del saturnismo.

ENGRASE m. Acción y efecto de engrasar. ‖ Materia lubricante.

ENGREIMIENTO m. Envanecimiento, orgullo.

ENGREIR v. t. Envanecer, llenar de vanidad: *un tonto se deja engreir por el menor éxito.* ‖ (SINÓN. V. *Vanagloriar.*) ‖ *Amer.* Mimar, consentir. ‖ — V. r. *Amer.* Ensoberbecerse. ‖ *Chil.* Encariñarse, apegarse. ‖ — IRREG. Se conjuga como *freir.*

ENGRESCAR v. t. Incitar a disputa o gresca. ‖ *Fig.* Excitar a los demás: *engrescar a los jugadores.* ‖ — CONTR. *Calmar, apaciguar.*

ENGRIFAR v. t. Encrespar, erizar.

ENGRILLAR v. t. Meter en grillos. ‖ *Amer.* Encapotarse el caballo.

ENGRINCHARSE v. r. *Cub.* Ponerse muy serio.

ENGRINGARSE v. r. *Amer.* Volverse gringo.

ENGROSAMIENTO m. Acción y efecto de engrosar.

ENGROSAR v. t. Hacer gruesa una cosa. ‖ *Fig.* Aumentar. ‖ — V. i. Tomar carnes, engordar. ‖ *Fig.* Crecer. ‖ — IRREG. Se conjuga como *desosar.*

ENGRUDADOR, RA adj. y s. Que engruda.

ENGRUDAR v. t. Untar con engrudo algunas cosas: *engrudar papel, engrudar telas.* || — V. r. Tomar consistencia de engrudo.
ENGRUDO m. (del lat. *gluten*, cola). Masa de harina o almidón cocidos: *el engrudo sirve para pegar papeles u otras cosas.*
ENGRUESAR v. i. Engrosar.
ENGRUMECERSE v. r. Hacerse grumos.
ENGUACHINAR v. t. Enaguachar.
ENGUALDRAPAR v. t. Poner la gualdrapa.
ENGUANTARSE v. r. Ponerse los guantes.
ENGUATAR v. t. Acolchar, entretelar con manta de algodón o guata: *los camiones de mudanza tienen su interior enguatado para proteger los muebles.*
ENGUEDEJADO, DA adj. Hecho guedejas: *pelo enguedejado.* || Que trae la cabellera hecha guedejas.
ENGUEDEJAR v. t. Poner el pelo en guedejas.
ENGUIJARRAR v. t. Empedrar con guijarros.
ENGUILLOTARSE v. t. Enfrascarse.
ENGUIRNALDAR v. t. Adornar con guirnaldas: *enguirnaldaron el jardín con cadenetas.*
ENGULLIDOR, RA adj. y s. Que engulle.
ENGULLIR v. t. Tragar atropelladamente: *engullir la comida.* (SINÓN. V. *Tragar.*) || — IRREG. Se conjuga como *mullir.*
ENGURRUÑAR v. t. Encoger. (SINÓN. V. *Arrugar.*) || — V. r. *Fam.* Enmantarse. (P. us.)
ENGURRUÑIR v. i. *Fam.* Engurruñar.
ENHACINAR v. t. Hacinar, amontonar.
ENHARINAR v. t. Llenar de harina o cubrir con harina una cosa: *enharinar el pan, el pescado.*
ENHASTIAR v. t. Causar hastío, hastiar.
ENHATIJAR v. t. Tapar las colmenas con hatijos de esparto para transportarlas con más facilidad.
ENHEBILLAR v. t. Sujetar con hebillas.
ENHEBRAR v. t. Pasar la hebra por el ojo de la aguja. || Ensartar: *enhebrar perlas en un alambre.* || *Fig.* y *fam.* Ensartar: *enhebrar refranes.*
ENHESTADOR m. El que enhiesta o levanta.
ENHESTADURA f. y **ENHESTAMIENTO** m. Acción de enhestar o levantar.
ENHESTAR v. t. Levantar en alto: *enhestar la bandera.* || — IRREG. Se conjuga como *manifestar.*
ENHIELAR v. t. Mezclar con hiel, volver amargo.
ENHIESTO, TA adj. Levantado, derecho, erguido: *roca, torre enhiesta.*
ENHILAR v. t. Enhebrar: *enhilar la aguja.* || *Fig.* Ordenar: *discurso bien enhilado.* || *Fig.* Dirigir, encaminar. || Enfilar, poner en fila. (P. us.)
ENHORABUENA f. Felicitación: *dar a uno la enhorabuena.* (SINÓN. *Parabién.*) || — Adv. m. Felizmente. || Con mucho gusto: *venga usted enhorabuena.*
ENHORAMALA adv. m. Que denota disgusto o desaprobación: *mandar a una persona enhoramala.*
ENHORCAR v. t. Formar horcos de ajos o cebollas.
ENHORNAR v. t. Meter en el horno alguna cosa.
ENHORQUETAR v. t. Poner a horcajadas.
ENHUECAR v. t. Ahuecar, poner hueca.
ENHUERAR v. t. Volver huero: *enhuerarle a uno la cabeza.* || — V. i. Volverse huero: *este huevo enhueró con la tormenta.*
ENIGMA m. (lat. *aenigma*). Adivinanza, cosa que se da a acertar, describiéndola en términos obscuros: *Edipo adivinó el enigma de la esfinge.* (SINÓN. *Charada, logogrifo.*) || *Fig.* Cosa difícil de comprender: *los enigmas del universo.* (SINÓN. V. *Problema, confusión.*)
ENIGMÁTICAMENTE adv. m. De manera enigmática, misteriosamente.
ENIGMÁTICO, CA adj. (lat. *aenigmaticus*). Que encierra enigma: *pronunciar palabras enigmáticas.* || Obscuro y misterioso: *conducta enigmática.*
ENJABEGARSE v. r. *Mar.* Enredarse un cable en el fondo del mar.
ENJABONADO m. Jabonadura.
ENJABONADURA f. Jabonadura.
ENJABONAR v. t. Jabonar, dar de jabón. || *Fig.* y *fam.* Dar jabón, adular. || *Fig.* y *fam.* Reprender.
ENJAEZAR v. t. Poner los jaeces o los arreos al caballo. || *Amer.* Ensillar o enalbardar el caballo.
ENJAGÜE m. Adjudicación hecha a los interesados en una nave, en satisfacción de sus créditos. || Enjuague.
ENJALBEGADURA f. Acción de enjalbegar.
ENJALBEGAR v. t. (de *en*, y el lat. *albicare*, blanquear). Blanquear con cal, yeso, etc.: *enjalbegar una pared.* || *Fig.* Afeitar, componer el rostro.
ENJALMA f. Aparejo para las bestias de carga.
ENJALMAR v. t. Poner la enjalma a una caballería: *enjalmar una mula.* || Hace enjalmas.
ENJAMBRAR v. t. Sacar un nuevo enjambre de la colmena. || — V. i. Salir de la colmena parte de sus abejas para formar una nueva colonia. || *Fig.* Multiplicar o producir en abundancia.
ENJAMBRAZÓN f. La acción de enjambrar.
ENJAMBRE m. (lat. *examen*). Grupo de abejas que viven juntas: *las colonias de abejas, cuando se vuelven demasiado numerosas, se dividen en enjambres.* || *Por ext.* Gran cantidad de hombres o animales. (SINÓN. V. *Multitud.*) || *Astr.* Familia de estrellas fugaces que aparecen formando un grupo.
ENJAMINADO, DA adj. *Cub.* y *Venez.* Ataviado.
ENJAQUIMAR v. t. Poner la jáquima.
ENJARANADO, DA adj. *Guat.* y *C. Rica.* Entrampado, lleno de deudas, empeñado.
ENJARCIAR v. t. Poner la jarcia a un barco.
ENJARDINAR v. t. Disponer los árboles y las flores como suele hacerse en los jardines.
ENJARETADO m. *Mar.* Enrejado de tabloncillos cortados en ángulo recto que cierra las escotillas.
ENJARETAR v. t. Pasar por una jareta: *enjaretar un cordón.* || *Fig.* y *fam.* Hacer o decir algo de prisa y sin cuidado: *enjaretó su trabajo para salirse a paseo.* || *Fig.* y *fam.* Endilgar, encajar. || *Fam.* Intercalar, incluir.
ENJAULAR v. t. Encerrar dentro de una jaula: *enjaular un pájaro.* || *Fig.* y *fam.* Meter en la cárcel.
ENJEBAR v. t. Meter los paños en alumbre antes de teñirlos. || Blanquear un muro.
ENJERGAR v. t. *Fam.* Principiar un negocio.
ENJERTACIÓN f. Acción de enjertar, injerto.
ENJERTAR v. t. Injertar.
ENJERTO m. Injerto. || *Fam.* Mezcla.
ENJICAR v. t. *Cub.* Poner los jicos a la hamaca.
ENJIQUERAR v. t. *Col.* Meter en una mochila.
ENJOTARSE v. r. *Fam.* Animarse, empeñarse.
ENJOYAR v. t. Adornar con joyas. || *Fig.* Adornar, enriquecer. || Engastar piedras preciosas en una joya.
ENJOYELADO, DA adj. Convertido en joyas: *oro enjoyelado.* || Que está adornado con joyeles.
ENJUAGADIENTES m. Agua que se toma para enjuagar la boca. (SINÓN. *Enjuague.*)
ENJUAGADURA f. Acción de enjuagar o enjuagarse. || El agua con que se ha enjuagado.
ENJUAGAR v. t. Limpiar la boca con agua o un licor: *debe uno enjuagarse la boca con frecuencia.* || Aclarar lo lavado con agua clara: *enjuagar los platos fregados.* (SINÓN. V. *Lavar.*)
ENJUAGATORIO m. Enjuague.
ENJUAGUE m. Acción de enjuagar. || Licor que sirve para enjuagarse la boca. || Recipiente que sirve para este uso. || *Fig.* Negociación oculta y artificiosa. (SINÓN. V. *Enredo.*)
ENJUGADERO m. Enjugador.
ENJUGADOR adj. Que enjuga. || — M. Camilla hecha de aros y tablas delgadas que sirve para enjugar y calentar la ropa. || *Fotogr.* Secador para placas.
ENJUGAMANOS m. *Amer.* Toalla, servilleta.
ENJUGAR v. t. Secar, quitar la humedad a una cosa. Ú.t.c.r.: *enjugarse las manos con una toalla.* || Limpiar, secar el sudor, las lágrimas, etc. (Ú.t.c.r.) || *Fig.* Extinguir una deuda o déficit.
ENJUICIABLE adj. Sujeto a juicio.
ENJUICIAMIENTO m. *For.* Acción y efecto de enjuiciar. || *For.* Instrucción de una causa.
ENJUICIAR v. t. *For.* Instruir una causa. || *For.* Deducir en juicio una acción. || *For.* Juzgar, sentenciar una causa. || *For.* Sujetar a juicio.
ENJULIO y **ENJULLO** m. (del gr. *egkuklios*, redondo). Madero redondo, en los telares de paños, donde se va arrollando la urdimbre.
ENJUNCAR v. t. *Mar.* Atar con juncos una cosa. || *Mar.* Substituir los tomadores con filásticas.
ENJUNDIA f. (lat. *axungia*). Gordura de las aves. || Unto y gordura de otros animales. || *Fig.* Substancia, energía: *hombre de poca enjundia.*

enjuta

ENJUNDIOSO, SA adj. De mucha enjundia. || *Fig.* Substancioso, importante.
ENJUNQUE m. Carga puesta en el fondo del barco.
ENJUTA f. (del lat. *injuncta*, añadida). *Arq.* Cada uno de los triángulos que deja en un cuadrado el círculo inscripto. || *Arq.* Porción de bóveda situada entre los grandes arcos de una cúpula.
ENJUTAR v. t. Enjugar, secar, poner enjuto.
ENJUTEZ f. Sequedad, falta de humedad.
ENJUTO, TA adj. Seco. || *Fig.* Delgado, flaco: *un hombre enjuto.* || — Pl. Tascos y palillos que sirven para encender. || Bocado ligero que excita la sed.
ENLABIAR v. t. Seducir con palabras y promesas, engañar con labia. (SINÓN. *Embaucar.*)
ENLABIO m. Engaño, embaucamiento.
ENLACE m. Unión, conexión: *romper el enlace entre dos asuntos.* (SINÓN. *Lazo, vínculo, relación, conexidad.*) || *Fig.* Casamiento: *un enlace feliz.* (SINÓN. V. *Matrimonio.*) || Empalme (trenes). || Intermediario. || *Quím.* Unión de dos átomos en una combinación.
ENLACIAR v. t. Ponerse lacia una cosa.
ENLADRILLADO m. Pavimento de ladrillos.
ENLADRILLADOR m. Solador que enladrilla.
ENLADRILLADURA f. Enladrillado.
ENLADRILLAR v. t. Solar con ladrillos.
ENLAGUNAR v. t. Cubrir de agua.
ENLAJAR v. t. *Venez.* Cubrir el suelo con lajas.
ENLAMAR v. t. Cubrir de lama o cieno.
ENLANADO, DA adj. Cubierto de lana.
ENLARDAR v. t. Lardar o lardear.
ENLATAR v. t. *Amer.* Poner latas al techo. || Meter en botes de lata.
ENLAZADOR, RA adj. y s. El que enlaza.
ENLAZADURA f. y **ENLAZAMIENTO** m. Enlace.
ENLAZAR v. t. Coger con lazo. || Dar enlace a unas cosas con otras: *enlazar los pensamientos.* (SINÓN. V. *Abrazar* y *juntar.*) || *Amer.* Agarrar una bestia con el lazo: *enlazar un toro.* || — V. r. *Fig.* Casar. || *Fig.* Unirse las familias por medio de casamientos.
ENLEGAJAR v. t. Reunir los papeles en legajos.
ENLEJIAR v. t. Meter en lejía: *enlejiar la ropa.*
ENLIGAR v. t. Cazar con liga. || — V. r. Prenderse el pájaro en la liga.
ENLOBREGUECER v. t. Obscurecer.
ENLODADURA f. y **ENLODAMIENTO** m. Acción y efecto de enlodar.
ENLODAR v. t. Manchar con lodo o barro: *enlodarse hasta las rodillas.* || *Fig.* Manchar, envilecer.
ENLODAZAR v. t. Enlodar, llenar de lodo.
ENLOMAR v. t. Hacer los encuadernadores el lomo a los libros.
ENLOQUECEDOR, RA adj. Que enloquece o vuelve loco, seductor: *una belleza enloquecedora.*
ENLOQUECER v. t. Volver loco: *la música me enloquece.* || — V. i. Volverse loco. (SINÓN. *Trastornarse.* Pop. *Chalarse, guillarse.* V. tb. *desatinar.*) || *Agr.* Dejar un árbol de dar fruto. || — IRREG. Se conjuga como *merecer.*
ENLOQUECIMIENTO m. Acción de enloquecer. (SINÓN. V. *Embriaguez* y *espanto.*)
ENLOSADO m. Suelo cubierto de losas.
ENLOSADOR m. Obrero que enlosa.
ENLOSAR v. t. Cubrir el suelo con losas.
ENLOZANARSE v. r. Lozanear, ponerse lozano.
ENLOZAR v. t. *Amer.* Cubrir de esmalte vítreo.
ENLUCIDO, DA adj. Blanqueado con yeso. || — M. Capa de yeso o estuco que se da a las paredes: *enlucido que se desconcha.*
ENLUCIDOR m. El que enluce o blanquea.
ENLUCIMIENTO m. Enlucido, capa de yeso.
ENLUCIR v. t. Poner una capa de yeso en las paredes, techos, etc. || Limpiar, acicalar la plata, las armas, etc. || — IRREG. Se conjuga como *lucir.*
ENLUSTRADO, DA adj. Cubierto de lustre (bizcocho).
ENLUTADO, DA adj. De luto.
ENLUTAR v. t. Cubrir de luto. || *Fig.* Obscurecer, entristecer: *se enlutó su alma con el dolor* || — V. r. Vestirse de luto.
ENLLANTAR v. t. Poner llanta a la rueda.
ENLLENTECER v. t. Reblandecer, ablandar una cosa. || — IRREG. Se conjuga como *merecer.*
ENMADERADO y **ENMADERAMIENTO** m. Acción de enmaderar. || Cualquier obra de madera, maderamen.
ENMADERAR v. t. Cubrir con madera algunas cosas: *enmaderar un techo, una pared.*
ENMADRARSE v. r. Encariñarse mucho el niño con su madre.
ENMALECERSE y **ENMALEZARSE** v. r. *Amer.* Llenarse de maleza.
ENMALLARSE v. r. Quedarse un pez sujeto entre las mallas de la red.
ENMANGAR v. t. Poner mango.
ENMANIGUARSE v. r. *Cub.* Crecer la manigua en un terreno. || *Cub.* Acostumbrarse al campo.
ENMANTAR v. t. Cubrir con manta: *enmantar un caballo.* || — V. r. Ponerse melancólico, triste.
ENMARAÑAMIENTO m. Acción y efecto de enmarañar.
ENMARAÑAR v. t. Enredar: *enmarañar el cabello.* || *Fig.* Confundir, enredar: *enmarañar un asunto.*
ENMARARSE v. r. *Mar.* Engolfarse.
ENMARCAR v. t. Encuadrar.
ENMARIDAR v. i. Casarse la mujer.
ENMARILLECERSE v. r. Amarillearse.
ENMAROMAR v. t. Atar o amarrar con una maroma o cuerda: *enmaromar un toro.*
ENMASCARADO, DA m. y f. Máscara.
ENMASCARAMIENTO m. Acción y efecto de enmascarar.
ENMASCARAR v. t. Cubrir con máscara o carátula. || *Fig.* Encubrir. (SINÓN. V. *Disfrazar.*)
ENMASILLAR v. t. Sujetar con masilla (cristales).
ENMELAR v. t. Untar con miel; agregar miel: *enmelar una tisana.* || Hacer miel la abeja. || *Fig.* Endulzar, suavizar. || — IRREG. Se conjuga como *melar.*
ENMELOTAR v. t. *Col.* Enmelar, untar con miel.
ENMENDABLE adj. Que puede enmendarse.
ENMENDACIÓN f. Enmienda.
ENMENDADOR, RA adj. y s. Que enmienda.
ENMENDADURA y **ENMENDATURA** f. *Amer.* Enmienda, corrección.
ENMENDAR v. t. (del lat. *e* priv., y *menda*, falta, error). Corregir los defectos a una cosa: *enmendar un libro.* (SINÓN. V. *Corregir.*) || Resarcir: *enmendar el perjuicio causado.* || *For.* Reformar un tribunal la sentencia dada por él mismo. || — IRREG. Se conjuga como *arrendar.*
ENMIENDA f. Corrección: *ese chico no tiene enmienda.* || Satisfacción de un daño. || Propuesta de variante a un proyecto o informe. || Abono mineral, como la cal, la marga, el yeso, etc.
ENMOHECER v. t. Cubrir de moho. || — V. r. *Fig.* Inutilizarse, caer en desuso. || — IRREG. Se conjuga como *merecer.*
ENMOHECIMIENTO m. Acción de enmohecer.
ENMOLLECER v. t. (lat. *emollescere*). Ablandar. || — IRREG. Se conjuga como *merecer.*
ENMONARSE v. r. *Amér.* Emborracharse.
ENMONDAR v. t. (del lat. *emundare*, limpiar, purificar). || Desmotar, deshilachar los paños.
ENMONTARSE v. r. *Amér. C.* y *Col.* Llenarse un campo de maleza, volverse monte.
ENMORDAZAR v. t. Poner mordaza, amordazar.
ENMUDECER v. t. Hacer callar a uno. || — V. i. Quedar mudo: *el susto le hizo enmudecer.* || *Fig.* Callarse: *hay veces en que es prudente enmudecer.* Ú. t. c. r. || — IRREG. Se conjuga como *merecer.*
ENMUGRAR *Amer.* y **ENMUGRECER** v. t. Emporcar. (SINÓN. V. *Ensuciar.*)
ENNEGRECER v. t. Teñir de negro o poner negro. (SINÓN. V. *Ahumar.*) || — IRREG. Se conjuga como *merecer.*
ENNEGRECIMIENTO m. Acto de ennegrecer.
ENNOBLECER v. t. Hacer noble: *hay dignidades que ennoblecen.* || *Fig.* Dar lustre y esplendor. || — IRREG. Se conjuga como *merecer.*
ENNOBLECIMIENTO m. Acción de ennoblecer.
ENOJADA f. *Méx.* Acción de enojarse.
ENOJADIZO, ZA adj. Que se enoja con facilidad.
ENOJAR v. t. Causar enojo, disgustar: *su conducta me enoja.* || — V. r. *Fig.* Irritarse, enfurecerse.
ENOJO m. Ira, cólera: *sentir enojo contra uno.* || Molestia: *cuánto enojo me ha causado Juan.*

ENOJÓN, ONA adj. *Amer.* Que se enoja fácilmente.
ENOJOSAMENTE adv. m. Con enojo o cólera.
ENOJOSO, SA adj. Que causa enojo, fastidioso. (SINÓN. V. *Desagradable.*)
ENOLOGÍA f. (del gr. *oinos,* vino, y *logos,* tratado). Conocimientos relativos a la elaboración del vino.
ENOLÓGICO, CA adj. Perteneciente o relativo a la enología.
ENÓLOGO m. El que entiende de enología.
ENÓMETRO m. (del gr. *oinos,* vino, y *metron,* medida). *Tecn.* Pesalicores para el vino.
ENORGULLECER v. t. y r. Llenar de orgullo: *enorgullecerse con su fortuna.* ‖ — IRREG. Se conjuga como *merecer.*
ENORME adj. (lat. *enormis*). Desmedido, excesivo: *el baobab es un árbol enorme.* ‖ Perverso, torpe. ‖ — CONTR. *Pequeño, leve.*
ENORMEMENTE adv. m. Con enormidad.
ENORMIDAD f. (lat. *enormitas*). Exceso, tamaño desmedido. ‖ *Fig.* Gravedad: *enormidad de una falta.* ‖ *Fig.* Desatino.
ENOTECNIA f. Arte de elaborar los vinos.
ENQUICIAR v. t. Poner en el quicio alguna cosa: *enquiciar una puerta.* ‖ — CONTR. *Desquiciar.*
ENQUILLOTRARSE v. r. Engreírse, envanecerse. ‖ *Fam.* Enamorarse.
ENQUISTADO, DA adj. De forma de quiste. ‖ Embutido, encajado.
ENQUISTARSE v. r. *Med.* Envolverse en un quiste o membrana: *un tumor que se enquista.*
ENRABIAR v. i. Encolerizar, irritar.
ENRAIZAR v. i. Arraigar, echar raíces.
ENRALECER v. i. Tornar ralo.
ENRAMADA f. Conjunto de ramas espesas entrelazadas. (SINÓN. V. *Ramaje.*) ‖ Adorno de ramas de un árbol: *hacer una enramada para una fiesta.* ‖ Cobertizo de ramas de árbol.
ENRAMADO m. *Mar.* Cuadernas de un buque.
ENRAMAR v. t. Entretejer varios ramos.
ENRAMBLAR v. t. Colocar paños en la rambla.
ENRAME m. Acción de enramar.
ENRANCIAR v. t. Poner rancia alguna cosa. Ú. t. c. r.: *la manteca se enrancia rápidamente en verano.*
ENRARECER v. t. Dilatar un cuerpo haciéndolo menos denso que antes: *el aire se enrarece a medida que se eleva uno en la atmósfera.* ‖ Hacer que escasee algo. ‖ — IRREG. Se conjuga como *merecer.*
ENRARECIMIENTO m. Acción y efecto de enrarecer.
ENRASAR v. t. Igualar una obra de albañilería: *enrasar una pared.*
ENRASE m. *Albañ.* Acción de enrasar una obra.
ENRATONARSE v. r. *Fam.* Ratonarse una cosa.
ENRAYAR v. t. Fijar los rayos de una rueda.
ENRAZADO, DA adj. *Col.* Mestizo.
ENRAZAR v. t. *Col.* Cruzar (animales) o mezclarse (personas).
ENREDADERA f. Planta convolvulácea, de flores en campanillas róseas, que abunda en los campos. ‖ — Adj. f. Dícese de las plantas que trepan por las varas, cuerdas, etc.: *las plantas enredaderas se enredan siempre en un mismo sentido.*
ENREDADOR, RA adj. y s. Que enreda. ‖ *Fig.* y *fam.* Chismoso, mentiroso: *ser muy enredador.* (SINÓN. V. *Intrigante.*)
ENREDAR v. t. Prender con red, tender redes para cazar. ‖ Enmarañar, mezclar: *enredar un ovillo.* ‖ Travesear, revolver: *este niño está enredando todo el día.* ‖ Meter discordia, enemistar. (SINÓN. *Ergotizar, intrigar.* V. tb. *desconcertar.*) ‖ *Fig.* Meter en un mal negocio: *lo enredaron en un asunto peligroso.* (SINÓN. *Trapisondear, enmarañar.* V. tb. *complicar* y *engañar.*) ‖ — V. r. Sobrevenir enredos en un negocio. ‖ Amancebarse.
ENREDIJO m. *Fam.* Enredo.
ENREDISTA adj. *Amer.* Enredador, chismoso.
ENREDO m. Maraña, lío: *hacerse un enredo el ovillo.* ‖ *Fig.* Travesura: *enredo de muchachos.* ‖ *Fig.* Engaño, mentira: *ser muy aficionado a hacer enredos.* (SINÓN. *Enredijo, trapisonda.*) ‖ *Fig.* Complicación en un negocio. (SINÓN. V. *Desorden.*) ‖ *Fig.* Nudo del poema épico o dramático o de la novela: *el enredo termina con el desenlace.* (SINÓN. V. *Intriga.*) ‖ — Pl. *Fam.* Trebejos.
ENREDOSO, SA adj. Lleno de enredos, obscuro, enmarañado: *negocio enredoso.* ‖ *Chil.* y *Méx.* Enredista.
ENREHOJAR v. t. Blanquear la cera en hojas
ENREJADO m. Conjunto de rejas: *el enrejado de un edificio.* (SINÓN. V. *Cerca* y *red.*) ‖ Celosía de cañas: *poner un enrejado en la ventana.*
ENREJAR v. t. Cercar con rejas o verjas: *enrejar un huerto.* ‖ Poner la reja al arado. ‖ *Amer.* Atar con el rejo o soga. ‖ *Méx.* Zurcir la ropa.
ENREVESADO, DA adj. Revesado. ‖ *Fig.* Obscuro.
ENRIAMIENTO m. Acción de enriar.
ENRIAR v. t. Meter en el agua el lino, cáñamo o esparto para su maceración.
ENRIELAR v. t. Hacer rieles de metal: *enrielar la plata.* ‖ *Chil.* Poner rieles. ‖ Encarrilar.
ENRIENDAR v. t. *Arg.* Poner la rienda.
ENRIPIADO m. Acción de enripiar.
ENRIPIAR v. t. *Albañ.* Echar cascote o ripio para rellenar.
ENRIQUECEDOR, RA adj. Que enriquece.
ENRIQUECER v. t. Hacer rico: *la industria enriquece los países trabajadores.* ‖ *Fig.* Adornar, engrandecer. ‖ — V. i. Hacerse rico. ‖ Prosperar un país, una empresa, etc. ‖ — IRREG. Se conjuga como *merecer.*
ENRISCADO, DA adj. Lleno de riscos.
ENRISCAMIENTO m. Acción de enriscarse.
ENRISCAR v. t. *Fig.* Levantar, alzar. ‖ — V. r. Meterse entre riscos o peñascos: *la fiera se enriscó.*
ENRISTRAR v. t. Hacer ristras: *enristrar ajos.*
ENRISTRAR v. t. (de *ristre*). Poner la lanza en el ristre. ‖ *Fig.* Ir derecho a una parte.
ENRISTRE m. La acción de enristrar la lanza.
ENRIZAR v. t. *Arg.* y *Chil.* Rizar el pelo.
ENROCAR v. t. En el ajedrez, mudar el rey de lugar al mismo tiempo que uno de los roques.
ENROCAR v. t. Revolver el copo en la rueca. ‖ — V. r. Trabarse algo en las rocas del fondo del mar: *el ancla se enrocó.* ‖ — IRREG. Se conjuga como *contar.*
ENRODAR v. t. Imponer al reo el suplicio de la rueda. ‖ — IRREG. Se conjuga como *contar.*
ENRODRIGAR y **ENRODRIGONAR** v. t. Poner rodrigones: *enrodrigonar una planta.*
ENROJAR y, mejor, **ENROJECER** v. t. Poner rojo: *enrojecer el hierro al fuego.* ‖ Dar color rojo. ‖ — V. r. Sonrojarse, encenderse el rostro. ‖ — IRREG. Se conjuga *enrojecer* como *merecer.*
ENROJECIMIENTO m. Acción y efecto de enrojecer.
ENROLAR v. t. *Mar.* Inscribir un individuo en la lista de tripulantes de un barco. ‖ Galicismo por *alistar.* (SINÓN. V. *Comprometer.*)
ENROLLAMIENTO m. Acción de enrollar.
ENROLLAR v. t. Arrollar, dar forma de rollo. (SINÓN. V. *Envolver.*)
ENROMAR v. t. Poner romo: *enromar un arma.*
ENRONQUECER v. t. Poner ronco: *el frío le enronqueció.* ‖ — IRREG. Se conjuga como *merecer.*
ENRONQUECIMIENTO m. Ronquera.
ENROÑAR v. t. Llenar de roña.
ENROQUE m. Acto de enrocar el rey en el ajedrez.
ENROSCADURA f. Acción de enroscar.
ENROSCAR v. t. Torcer una cosa en forma de rosca: *enroscar un alambre.* ‖ Introducir a vuelta de rosca.
ENRUBIAR v. t. Poner rubia alguna cosa: *el cabello se enrubia con agua oxigenada.*
ENRUBIO m. Acción de enrubiar. ‖ Ingrediente que se usa para enrubiar: *los principales enrubios son la alheña y el agua oxigenada.*
ENRUDECER v. t. Hacer rudo, entorpecer, embrutecer: *la soledad enrudece al hombre.* ‖ — IRREG. Se conjuga como *merecer.*
ENRULAR v. t. *Amer.* Hacer rulos con el pelo.
ENSABANADA f. Encamisada.
ENSABANADO adj. Dícese del toro que tiene el cuerpo blanco y la cabeza y patas negras.
ENSABANAR v. t. Envolver con sábanas. ‖ *Albañ.* Dar una mano de yeso blanco a una pared. ‖ — V. r. *Venez.* Declararse en completa libertad de acción, alzarse.
ENSACADOR m. El que ensaca.
ENSACAR v. t. Meter algo en un saco: *ensacar la harina.*
ENSAIMADA f. Bollo formado por una tira de pasta hojaldrada revuelta en espiral.

ENSALADA f. Hortaliza aderezada con aceite, vinagre, sal, etc.: *una ensalada de pimientos y tomates.* || *Fig.* y *fam.* Lío, enredo: *has armado una ensalada que nadie la entiende.* (SINÓN. V. *Mezcla.*) || *Ensalada rusa,* la compuesta de varias legumbres frías, con salsa parecida a la mayonesa. || *Cub.* Refresco de piña y limón.
ENSALADERA f. Fuente en que se sirve la ensalada: *una ensaladera de porcelana.*
ENSALADILLA f. Especie de ensalada rusa. || Bocados de dulces diferentes mezclados. || Conjunto de piedras preciosas pequeñas y diferentes, dispuestas en una misma joya.
ENSALIVAR v. t. Llenar de saliva.
ENSALMADOR m. Algebrista, el que curaba huesos rotos y dislocados. || El que curaba por ensalmo.
ENSALMAR v. t. Curar por ensalmo.
ENSALMISTA m. Empírico que cura por ensalmo.
ENSALMO m. Modo supersticioso de curar con palabras mágicas y medicamentos empíricos: *curar por ensalmo.* || *Hacer una cosa como por ensalmo,* hacerla con suma rapidez.
ENSALOBRARSE v. t. Ponerse salobre.
ENSALZADOR, RA adj. Que ensalza.
ENSALZAMIENTO m. Acción de ensalzar.
ENSALZAR v. t. Exaltar, celebrar: *ensalzar a un héroe.* (SINÓN. V. *Glorificar.*) || Alabar, celebrar: *no debe uno ensalzarse a sí mismo.* || — CONTR. *Rebajar.* || — PARÓN. *Enzarzar.*
ENSAMBENITAR v. t. Poner un sambenito.
ENSAMBLADOR m. El que ensambla.
ENSAMBLADURA f. Acción de ensamblar. || — SINÓN. *Montaje, ajuste, ajustado, ajustamiento, acoplamiento, juntura, unión.*
ENSAMBLAJE m. Ensambladura, ensamble.
ENSAMBLAR v. t. (del fr. *assembler,* juntar). Unir piezas de madera o de otra materia: *ensamblar dos tablas.*
ENSAMBLE m. Ensambladura.
ENSANCHA f. Ensanche, dilatación.
ENSANCHADOR, RA adj. Que ensancha. || — M. Instrumento con que se ensanchan los guantes.
ENSANCHAMIENTO m. Acción de ensanchar.
ENSANCHAR v. t. Extender, hacer más ancho: *ensanchar una población.* (SINÓN. V. *Aumentar.*) || — V. r. Ponerse muy ancho, engreírse: *ensancharse uno con el buen éxito.* || — CONTR. *Estrechar.*
ENSANCHE m. Dilatación, extensión: *el ensanche de sus operaciones.* (SINÓN. V. *Aumento.*) || Tela que se remete en las costuras del vestido para poderlo ensanchar. || Terreno donde se crean nuevos barrios en las afueras de una población.
ENSANDECER v. i. Volverse sandio y bobo: *ha ensandecido con la lectura de tanto folletín.* || — IRREG. Se conjuga como *merecer.*
ENSANGOSTAR v. t. Angostar, volver angosto.
ENSANGRENTAR v. t. Manchar con sangre: *lady Macbeth creía siempre ver sus manos ensangrentadas.* || Manchar con un asesinato: *ensangrentar su victoria.* || — V. r. *Fig.* Encenderse, irritarse mucho. || — IRREG. Se conjuga como *alentar.*
ENSAÑAMIENTO m. Acción de ensañarse.
ENSAÑAR v. t. Irritar, encolerizar, enfurecer. || — V. r. Deleitarse en hacer daño: *es cobarde el ensañarse en el enemigo vencido.*
ENSARMENTAR v. t. Sarmentar. || — IRREG. Se conjuga como *alentar.*
ENSARNECER v. i. Llenarse de sarna. || — IRREG. Se conjuga como *merecer.*
ENSARTA f. *Amer.* y **ENSARTE** m. *And.* Sarta, hilera.
ENSARTAR v. t. Pasar por un hilo perlas, cuentas, etc. || *Fig.* Hablar sin orden ni medida: *ensartar tonterías.* || Enhebrar: *ensartar la aguja.* || Atravesar, espetar.
ENSAYADOR m. El que ensaya metales preciosos.
ENSAYAR v. t. Probar, hacer el ensayo de una cosa: *ensayar una máquina.* (SINÓN. *Experimentar, tratar.*) || Hacer prueba de una función antes de representarla: *esta escena no fue bastante ensayada.* || Probar la calidad de un mineral o metal precioso: *ensayar un lingote.* || Galicismo por *intentar*: *ensayar hacer algo.* || — V. r. Ejercitarse en hacer una cosa antes de ejecutarla definitivamente.
ENSAYE m. Ensayo o prueba de los metales.
ENSAYISTA m. Autor de ensayos.
ENSAYO m. Examen de una cosa: *el ensayo del arma fue satisfactorio.* (SINÓN. V. *Prueba.*) || Análisis de un producto químico: *hacer el ensayo de un mineral.* || Título de ciertas obras que no pretenden estudiar a fondo una materia: *los Ensayos de Macaulay.* (SINÓN. V. *Tratado.*) || Representación de una obra dramática antes de presentarla al público: *ensayo general.* || Prueba preparatoria. || En rugby, acción de llevar el balón y colocarlo detrás de la línea de meta adversaria (3 puntos).
ENSEBAR v. t. Untar con sebo algunas cosas: *ensebar un tornillo para que entre en la madera.*
ENSEGUIDA adv. En seguida.
ENSELVADO, DA adj. Lleno de selvas o bosques.
ENSELVAR v. t. Emboscar.
ENSENADA f. Recodo, seno que suelen formar las costas del mar. (SINÓN. V. *Golfo.*) || *Riopl.* Potrero pequeño cercado.
ENSEÑA f. Insignia: *las enseñas romanas.*
ENSEÑABLE adj. Que es fácil de enseñar.
ENSEÑADO, DA adj. Educado, acostumbrado: *un niño bien enseñado.*
ENSEÑADOR, RA adj. y s. Que enseña.
ENSEÑANTE adj. Que enseña: *religioso enseñante.*
ENSEÑANZA f. Acción, arte de enseñar: *dedicarse a la enseñanza.* (SINÓN. *Apostolado, doctrina, educación, instrucción, pedagogía, magisterio.* V. tb. *institución.*) || Método de dar la enseñanza: *la enseñanza directa es el medio más práctico para el estudio de las lenguas vivas.* (SINÓN. *Sistema, disciplina, lección.*) || *Primera enseñanza,* la de primeras letras y nociones elementales de todas las ciencias: *la primera enseñanza es obligatoria y gratuita en muchos países.* || *Segunda enseñanza* o *enseñanza media,* la que comprende los estudios de cultura general. || *Enseñanza superior,* la que comprende estudios especiales para cada carrera o profesión.
ENSEÑAR v. t. (del lat. *insignere,* señalar, distinguir). Instruir: *enseñar a los niños.* (SINÓN. V. *Educar* e *informar.*) || Dar advertencia, ejemplo o escarmiento. || Indicar: *enseñar el camino de la estación.* (SINÓN. V. *Mostrar.*) || — V. r. Acostumbrarse, avezarse, hacerse a una cosa.
ENSEÑORAMIENTO m. Acción y efecto de enseñorearse.
ENSEÑOREARSE v. r. Hacerse dueño de una cosa, apoderarse: *se enseñoreó de toda la casa.*
ENSERAR v. t. Forrar una cosa con sera de esparto: *enserar una botella.* || — PARÓN. *Encerar.*
ENSERES m. pl. Efectos, muebles o accesorios necesarios para algún fin: *enseres domésticos; los enseres de un carpintero.*
ENSERIARSE v. r. *Amer.* Ponerse serio.
ENSIFORME adj. (del lat. *ensis,* espada, y *forma,* figura). *Bot.* En forma de espada: *hoja ensiforme.*
ENSILAJE m. Acción y efecto de ensilar.
ENSILAR v. t. Encerrar en silo: *ensilar granos.*
ENSILVECERSE v. r. Convertirse en selva un país. || — IRREG. Se conjuga como *merecer.*
ENSILLADA f. Loma que reúne dos cerros.
ENSILLADO, DA adj. Dícese del caballo o de la yegua que tiene el lomo muy hundido.
ENSILLADURA f. Acción y efecto de ensillar || Parte del lomo en que se pone la silla a la caballería. || Encorvadura de la columna vertebral en la región lumbar.
ENSILLAR v. t. Poner la silla a la caballería.
ENSIMISMADO, DA adj. Pensativo, cabizbajo: *ir muy ensimismado.* || Envanecido, engreído.
ENSIMISMAMIENTO m. Abstracción, distracción. || Engreimiento, orgullo.
ENSIMISMARSE v. r. Abstraerse, quedar pensativo. (SINÓN. V. *Pensar.*) || Envanecerse, engreírse.
ENSOBERBECER v. t. Causar soberbia o vanidad: *ensoberbecido por la fortuna.* || — V. r. *Fig.* Endurecerse, agitarse el mar, las olas, etc. || — IRREG. Se conjuga como *merecer.*
ENSOGAR v. t. Atar con soga una cosa. || Forrar con soga: *ensogar una redoma.*
ENSOLERAR v. t. Echar soleras a las colmenas.
ENSOLVER v. t. Incluir. || *Med.* Resolver.

ENSOMBRECER v. t. Poner sombría una cosa. (SINÓN. V. *Obscurecer.*) ‖ — V. r. *Fig.* Entristecerse.
ENSOÑADOR, RA adj. y s. Soñador.
ENSOPAR v. t. Mojar el pan: *ensopar pan en vino.* ‖ *Fam.* Poner hecho una sopa.
ENSORDECEDOR, RA adj. Que ensordece o vuelve sordo: *producir un ruido ensordecedor.*
ENSORDECER v. t. Causar sordera: *los cañonazos pueden ensordecer.* ‖ Hacer menos fuerte un ruido: *ensordecer un sonido.* ‖ — V. i. Contraer sordera. ‖ Enmudecer. ‖ — IRREG. Se conjuga como *merecer.*
ENSORDECIMIENTO m. Acción de ensordecer: *un ensordecimiento momentáneo.*
ENSORTIJAMIENTO m. Acción de ensortijar.
ENSORTIJAR v. t. Rizar en forma de sortijas o tirabuzones el cabello, un hilo, etc. (SINÓN. V. *Rizar.*)
ENSOTARSE v. r. Meterse en un soto.
ENSUCIADOR, RA adj. Que ensucia o mancha.
ENSUCIAMIENTO m. Acción de ensuciar.
ENSUCIAR v. t. Manchar una cosa. (SINÓN. *Engrasar, enmugrecer, pringar, macular, embadurnar, emporcar, tiznar.* CONTR. *Limpiar.*) ‖ *Fig.* Manchar: *ensuciar su reputación con su mala conducta.* ‖ — V. r. Hacer las necesidades corporales en la cama o los vestidos. ‖ *Fig.* y *fam.* Dejarse sobornar: *un juez que se ensucia.*
ENSUEÑO m. Sueño, cosa que se sueña. ‖ Fantasía. (SINÓN. V. *Ilusión.*)
ENSULLO m. Enjullo.
ENTABACARSE v. r. Abusar del tabaco.
ENTABICAR v. t. *Cub., Riopl.* y *Chil.* Tabicar
ENTABLACIÓN f. La acción de entablar.
ENTABLADO m. Entarimado.
ENTABLADURA f. Efecto de entablar.
ENTABLAMENTO m. *Arq.* Parte superior que corona una obra de arquitectura, cornisamento.

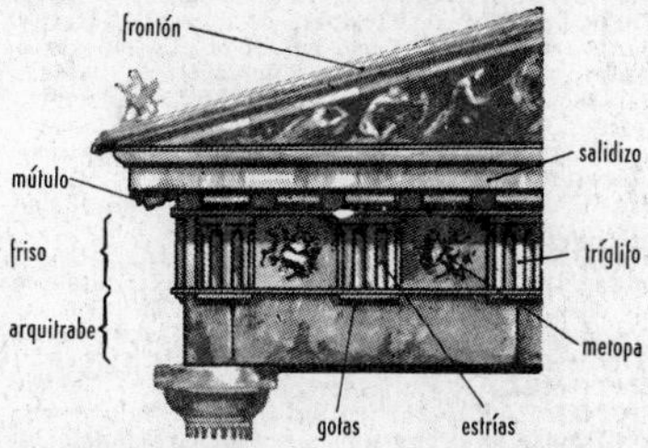

ENTABLAR v. t. Cubrir con tablas. ‖ Entablillar un miembro herido. ‖ Colocar en su puesto las piezas del ajedrez o de las damas. ‖ Disponer, preparar: *entablar una acción judicial.* (SINÓN. V. *Comenzar.*) ‖ *Arg.* Acostumbrar al caballo a que ande en tropilla. ‖ *Per.* Fanfarronear, imponer su capricho a los demás. ‖ — V. i. *Amer.* Hacer tablas, empatar. ‖ — V. r. Resistirse el caballo a torcer la cabeza. ‖ Fijarse el viento en una dirección. ‖ Fijarse, establecerse una cosa.
ENTABLE m. Entabladura. ‖ Disposición del juego de damas, ajedrez, etc. ‖ *Col.* Negocio.
ENTABLERARSE v. r. Aquerenciarse el toro a los tableros del redondel.
ENTABLILLADURA f. y **ENTABLILLAMIENTO** m. *Cir.* Acción de entablillar.
ENTABLILLAR v. t. *Cir.* Sujetar con tablillas y vendaje un hueso roto.
ENTABLÓN, ONA adj. *Per.* Dícese del que pretende imponer su capricho a los demás.
ENTABLONADA f. *Ecuad.* y *Per.* Fanfarronada, bravata.
ENTADO, DA adj. (fr. *enté*). Dícese de las piezas del escudo que entran unas en otras.
ENTALAMADURA f. Toldo que se pone sobre los carros, sujeto a unos arcos de madera.
ENTALEGAR v. t. Meter en talegos: *entalegar oro.* ‖ Atesorar dinero.
ENTALINGAR v. t. *Mar.* Amarrar el chicote del cable al arganeo del ancla.
ENTALLADURA f. y **ENTALLAMIENTO** m. Acción y efecto de entallar. ‖ Corte que se hace en los pinos para resinarlos o en las maderas para ensamblarlas.
ENTALLAR v. t. Esculpir o grabar en madera, bronce, mármol, etc.: *entallar una estatua, una lámina.* ‖ Hacer incisiones en ciertos árboles para extraer la resina. ‖ Hacer cortes en la madera para ensamblarla. ‖ — V. i. Venir bien o mal el vestido al talle: hacer el talle: *este vestido entalla mal.*
ENTALLECER v. i. Echar tallos: *patata entallecida.* ‖ — IRREG. Se conjuga como *merecer.*
ENTAPAR v. t. *Chil.* Encuadernar.
ENTAPARADO m. *Venez.* Asunto oculto, secreto.
ENTAPIZAR v. t. Cubrir con tapices o alfombras una cosa: *sala ricamente entapizada.*
ENTAPUJAR v. t. Tapujar, embozar.
ENTARASCAR v. t. *Fam.* Adornar demasiado a una persona, sobre todo cuando es muy fea.
ENTARIMADO m. Conjunto de tablas de madera destinado a cubrir el suelo de las habitaciones. (SINÓN. V. *Suelo.*)
ENTARIMADOR m. El que entarima.
ENTARIMAR v. t. Cubrir el suelo con tablas o tarimas.
ENTARUGADO m. Pavimento hecho de tarugos de madera.
ENTARUGAR v. t. Solar con tarugos de madera. ‖ — V. r. *Venez.* Encasquetarse (sombrero).
ÉNTASIS f. Parte más gruesa de una columna.
ENTE m. (lat. *ens, entis*). Ser, el que es o existe: *ente racional.* ‖ *Fam.* Sujeto ridículo. ‖ *Ente de razón,* el que sólo existe en la razón y no tiene ser verdadero.
ENTECO, CA adj. Enfermizo, flaco, delgaducho.
ENTECHAR v. t. *Amer.* Techar, hacer un techo.
ENTEJAR v. t. *Amer.* Tejar, cubrir con tejas.
ENTELARAÑADO, DA adj. Lleno de telarañas.
ENTELEQUIA f. En la filosofía de Aristóteles, lo que es para cada ser la posesión de su perfección.
ENTELERIDO, DA adj. Sobrecogido de frío o miedo. ‖ *Amer.* Flojo, débil. ‖ Enteco.
ENTENA f. *Mar.* Verga larga para la vela latina.
ENTENADO, DA m. y f. Alnado.
ENTENDEDERAS f. pl. *Fam.* Entendimiento.
ENTENDEDOR, RA adj. y s. Que entiende. ‖ — PROV. **Al buen entendedor, pocas palabras,** la persona de buen entendimiento comprende fácilmente lo que se le indica.
ENTENDER v. t. (del lat. *intendere,* dirigir hacia). Comprender una cosa: *entiende algo el ruso.* (SINÓN. V. *Comprender.*) ‖ Interpretar: *esta frase puede entenderse de dos modos.* ‖ Conocer perfectamente: *entender mucho en agricultura.* ‖ Querer, tener intención: *entiendo que se me obedezca.* ‖ Creer: *entiendo que mejor sería no decir nada.* ‖ — V. r. Conocerse a sí mismo. ‖ Tener motivo oculto para hacer algo: *yo me entiendo cuando así obro.* ‖ — V. rec. Estar de acuerdo dos en un negocio: *te entenderás con José para este trabajo.* ‖ Tener hombre y mujer alguna relación amorosa. ‖ *A mi entender,* m. adv., según mi modo de pensar. ‖ *Entender en una cosa,* tener aptitud para ella, o jurisdicción para conocer de ella. ‖ — IRREG. Se conjuga como *tender.*
ENTENDIDAMENTE adv. m. Con inteligencia.
ENTENDIDO, DA adj. Sabio, docto. (SINÓN. V. *Aficionado* y *diestro.*)
ENTENDIMIENTO m. Facultad de comprender: *el entendimiento y la razón son una misma cosa.* (SINÓN. V. *Alma.*) ‖ Juicio, buen sentido: *tener entendimiento.* (SINÓN. V. *Conocimiento.*)
ENTENEBRECER v. t. Obscurecer. ‖ — CONTR. *Aclarar.* ‖ — IRREG. Se conjuga como *merecer.*
ENTENTE f. (pal. fr., pr. *antant*). Buena armonía entre personas, entidades o Estados. (SINÓN. V. *Unión.*)
ENTEQUE m. *Arg.* Una enfermedad del ganado, diarrea.
ENTERADO, DA adj. Informado. (SINÓN. V. *Instruido.*) ‖ *Chil.* Orgulloso.
ENTERALGIA f. (del gr. *entera,* intestinos, y *algos,* dolor). *Med.* Dolor agudo en los intestinos.
ENTERAMENTE adv. m. Cabal, plenamente. (SINÓN. V. *Absolutamente.*)
ENTERAR v. t. Instruir: *enterarse de un asunto.* (SINÓN. V. *Informar* y *notificar.*) ‖ *Col.* y *Méx.* Entregar una suma en una oficina pública. ‖ *Arg.* y *Chil.* Completar una cantidad.

ENTERCARSE v. r. Empeñarse, obstinarse.
ENTERCIAR v. t. *Amer.* Preparar o disponer una mercancía en tercios.
ENTEREZA f. Integridad, perfección. ‖ *Fig.* Constancia, fortaleza: *mostrar gran entereza en su conducta.* (SINÓN. V. *Energía.*) ‖ *Fig.* Severa observación de la disciplina.
ENTÉRICO, CA adj. *Med.* Perteneciente o relativo a los intestinos.
ENTERITIS f. (del gr. *entera,* intestinos, y el sufijo *itis,* inflamación). *Med.* Inflamación del intestino.
ENTERIZO, ZA adj. Entero. ‖ De una pieza: *columna enteriza.*
ENTERNECEDOR, RA adj. Que enternece o conmueve: *oír un relato enternecedor.*
ENTERNECER v. t. Ablandar, poner blanda una cosa: *los garbanzos se enternecen remojándolos en agua salada.* ‖ *Fig.* Mover a ternura: *sus lágrimas me enternecieron.* (SINÓN. V. *Conmover.*) ‖ — CONTR. *Endurecer.* ‖ — IRREG. Se conjuga como *merecer.*
ENTERNECIMIENTO m. Acción de enternecer. ‖ Emoción, ternura: *experimentar enternecimiento.* ‖ — CONTR. *Dureza, insensibilidad.*
ENTERO, RA adj. (lat. *integer*). Completo: *leerse un libro entero.* (SINÓN. *Intacto, absoluto, total, integral, íntegro, plenario.*) ‖ *Fig.* Recto, justo: *juez muy entero.* ‖ *Fig.* Firme, terco: *un carácter muy entero.* ‖ *Fig.* Virtuoso, incorruptible. ‖ Aplícase al animal no castrado. ‖ *Número entero,* número que no contiene fracciones de unidad. ‖ *Por entero,* enteramente. ‖ *Amer. Fam.* Idéntico, parecidísimo. ‖ — M. *Amer.* Acción de enterar una suma. ‖ *Chil.* Complemento, saldo de una cantidad. ‖ — CONTR. *Incompleto, parcial.*
ENTEROCOLITIS f. *Med.* Inflamación del intestino delgado, del ciego y del colon.
ENTEROSO, SA adj. *Hond.* Enterizo, entero.
ENTEROTOMÍA f. *Cir.* Sección del intestino.
ENTERRADOR m. Sepulturero. ‖ *Zool.* Necróforo, coleóptero.
ENTERRAMIENTO m. Entierro. ‖ Sepulcro. ‖ Sepultura.
ENTERRAR v. t. Poner debajo de tierra: *enterrar un tesoro.* (SINÓN. *Soterrar.*) ‖ Dar sepultura a un cadáver: *la enterraron en un magnífico mausoleo.* (SINÓN. *Inhumar, sepultar.*) ‖ *Fig.* Arrinconar, olvidar: *enterrar las ilusiones.* ‖ Clavar un instrumento punzante: *enterró la espada en el pecho de la víctima.* ‖ Sobrevivir a alguno: *ese hombre ha enterrado a toda su familia.* ‖ — V. r. *Fig.* Retirarse del trato social: *se enterró en una aldea.* ‖ — IRREG. Se conjuga como *cerrar.*
ENTERRATORIO m. *Chil.* y *Arg.* Cementerio de indígenas.
ENTESAR v. t. Poner tiesa, dar mayor fuerza a una cosa. ‖ — IRREG. Se conjuga como *confesar.*
ENTESTADO, DA adj. Testarudo, cabezudo.
ENTIBACIÓN f. *Min.* Acto de entibar: *la vida del minero depende de la buena entibación de la mina.*
ENTIBADOR m. Obrero que entiba las galerías de las minas.
ENTIBAR v. i. Estribar. ‖ — V. t. *Min.* Apuntalar las galerías a medida que se va sacando el mineral.
ENTIBIAR v. t. Poner tibio: *entibiar el agua.* (SINÓN. V. *Enfriar.*) ‖ *Fig.* Templar, moderar: *entibiar las pasiones.*
ENTIBO m. *Arq.* Estribo, puntal. ‖ *Min.* Madero que en las minas sirve para entibar. ‖ *Fig.* Fundamento, sostén, apoyo. ‖ Caudal de aguas que posee una presa.
ENTIDAD f. (lat. *entitas*). *Fil.* Lo que constituye la esencia del ser. ‖ Ente o ser. ‖ Valor o importancia de una cosa. ‖ Colectividad considerada como unidad. (SINÓN. V. *Corporación.*)
ENTIERRO m. Acción y efecto de enterrar. (SINÓN. *Enterramiento, soterramiento.*) ‖ Exequias, funerales: *un entierro solemne.* (SINÓN. *Inhumación, sepelio.*) ‖ Convoy fúnebre: *por esta calle pasan muchos entierros.* (SINÓN. *Comitiva.*) ‖ *Fam.* Tesoro oculto: *descubrir un entierro.*
ENTIESAR v. t. *Amer.* Atiesar, poner tieso.
ENTIGRECERSE v. r. *Fig.* Irritarse, enfurecerse, ponerse como un tigre. ‖ — IRREG. Se conjuga como *merecer.*
ENTILAR v. t. *Hond.* Tiznar, enegrecer.
ENTIMEMA m. (del gr. *enthumêma,* reflexión). *Fil.* Silogismo reducido a dos proposiciones: la antecedente y la consiguiente, v. gr.: *pienso, luego existo.*
ENTINAR v. t. Poner en tina.
ENTINTADO m. Acción y efecto de entintar.
ENTINTADOR, RA adj. Que entinta: *rodillos entintadores.*
ENTINTAR v. t. Manchar o untar con tinta: *entintar una lámina grabada.* ‖ *Fig.* Teñir.
ENTISAR o **ENTIRSAR** v. t. *Cub.* Ensogar una vasija.
ENTISE o **ENTIRSE** m. *Cub.* Cinta con que suelen atarse el calzado las mujeres.
ENTIZAR v. t. *Amer.* Poner tiza al taco de billar.
ENTIZNAR v. t. Tiznar.
ENTOLDAR v. t. Cubrir con toldos: *entoldar una calle.* ‖ Cubrir con tapices: *entoldar una iglesia.* ‖ — V. r. *Fig.* Engreírse, desvanecerse. ‖ Encapotarse el cielo.
ENTOMATADO, DA adj. Guisado con tomate.
ENTOMIZAR v. t. Liar con tomizas las tablas de los techos y las paredes para que agarre el yeso.
ENTOMÓFAGO, GA adj. Insectívoro.
ENTOMOLOGÍA f. (del gr. *entomon,* insecto, y *logos,* tratado). Ciencia que estudia los insectos.
ENTOMOLÓGICO, CA adj. Relativo a la entomología: *dedicarse a la ciencia entomológica.*
ENTOMÓLOGO m. El que estudia los insectos.
ENTOMPEATADA f. *Méx. Fam.* Engaño.
ENTOMPEATAR v. t. *Méx. Fam.* Engañar.
ENTONACIÓN f. Acción de entonar. ‖ Tono: *entonación falsa.* ‖ *Fig.* Arrogancia, vanidad.
ENTONADERA f. Palanca que sirve para mover los fuelles del órgano.
ENTONADOR, RA adj. Que entona. ‖ — M. y f. Persona que mueve los fuelles del órgano.
ENTONAMIENTO m. Entonación.
ENTONAR v. t. Ajustarse al tono al cantar. ‖ Dar cierto tono: *voz mal entonada.* ‖ Empezar a cantar: *entonar un himno a la libertad.* ‖ *Med.* Dar tonicidad al organismo. ‖ *Pint.* Dar cierto acorde a los tonos del cuadro. ‖ — V. r. Engreírse, enorgullecerse sin motivo: *esa mujer se entona ridículamente.*
ENTONATORIO adj. *Libro entonatorio,* el que sirve para entonar en el coro.
ENTONCES adv. t. (del lat. *in,* en, y *tunc,* entonces). En aquel tiempo u ocasión: *entonces fue cuando debí salir.* ‖ — Adv. m. En tal caso, siendo así: *entonces puede ir.* ‖ *En [por] aquel entonces,* loc. adv., entonces.
ENTONELAR v. t. Meter en toneles.
ENTONGAR v. t. Apilar. ‖ *Col.* Enloquecer.
ENTONO m. Entonación. ‖ *Fig.* Arrogancia.
ENTONTAR v. t. *Amer.* Entontecer, atontar.
ENTONTECER v. t. Poner tonto: *la pasión le entontece.* ‖ — V. i. Volverse tonto: *entonteció con la vida que llevaba.* ‖ — IRREG. Se conjuga como *merecer.*
ENTONTECIMIENTO m. Acción de entontecer.
ENTORCHADO m. Cuerda o cordoncillo de seda cubierta con hilo de metal: *bordar con entorchado.* ‖ Bordado en oro o plata que llevan como distintivo en el uniforme los generales.
ENTORCHAR v. t. Retorcer varias velas formando una antorcha. ‖ Cubrir un hilo o cuerda con otro de plata u oro.
ENTORILAR v. t. Meter el ganado en el toril.
ENTORNAR v. t. Medio cerrar la puerta o la ventana: *entornar la puerta de un armario.*
ENTORPECEDOR, RA adj. Que entorpece.
ENTORPECER v. t. Poner torpe: *entorpecerse con la holganza.* ‖ *Fig.* Turbar el entendimiento: *el vino entorpece los sentidos.* (SINÓN. V. *Embrutecer.*) ‖ *Fig.* Retardar, dificultar alguna cosa: *entorpecer un expediente.* (SINÓN. V. *Complicar* y *estorbar.*) ‖ — IRREG. Se conjuga como *merecer.*
ENTORPECIMIENTO m. Acción de entorpecer. (SINÓN. V. *Parálisis.*)
ENTORTADURA f. Acción de entortar.
ENTORTAR v. t. Poner tuerto: *entortar un alambre.* (CONTR. *Enderezar.*) ‖ Hacer tuerto a uno sacándole o cegándole un ojo. ‖ — IRREG. Se conjuga como *contar.*
ENTORTIJARSE v. r. Retorcerse.
ENTOSIGAR v. t. Atosigar, envenenar.
EN-TOUT-CAS m. (pal. fr., pr. *antuká*). Quitasol grande que puede servir de paraguas.

ENTOZOARIOS m. pl. (del gr. *entos*, dentro, y *zôon*, animal). Animales parásitos en el interior de otros.
ENTRABAR v. t. *And.* y *Col.* Trabar, estorbar.
ENTRADA f. Acción de entrar: *una entrada solemne.* || Sitio por donde se entra: *la entrada de una cueva.* || Antesala de un aposento. (SINÓN. V. *Vestíbulo.*) || Concurso de personas que asisten a un espectáculo: *hubo una gran entrada en el teatro.* || Billete que da derecho a entrar en un espectáculo. || Principio. || Amistad, favor: *tener entrada en una familia.* || Privilegio de entrar en los aposentos reales. || Principios de una comida. || Ingreso, caudal que entra en una caja: *las entradas han superado las salidas.* || Ángulo entrante que hace el pelo en las sienes. || Principio de un año, de una estación, etc. || *Fam.* Embestida, zurra. || — CONTR. *Salida.*
ENTRADO, DA adj. *Chil.* Entremetido.
ENTRADOR, RA adj. *Amer.* Animoso, brioso.
ENTRAMADO m. *Arq.* Armazón de madera que sirve para establecer una pared, tabique o suelo.
ENTRAMAR v. t. *Arq.* Hacer un entramado.
ENTRAMBOS, BAS adj. pl. Ambos, los dos.
ENTRAMPAR v. t. Hacer caer un animal en la trampa. || *Fig.* Engañar. || *Fig.* y *fam.* Enredar un negocio. || — V. r. *Fig.* y *fam.* Llenarse de deudas.
ENTRANTE adj. Que entra: *ángulo entrante.* || *Fam. Entrantes y salientes*, personas que frecuentan mucho una casa. || — CONTR. *Saliente.*
ENTRAÑA f. (lat. *interanea*). Víscera, intestinos. Úsase generalmente en pl.: *los arúspices romanos examinaban las entrañas de las víctimas.* || — Pl. *Fig.* Lo más oculto: *las entrañas de la Tierra encierran tesoros inagotables.* || *Fig.* Lo más íntimo: *desgarrar las entrañas de la patria.* || *Fig.* Índole, genio: *hombre de buenas entrañas, mujer sin entrañas.*
ENTRAÑABLE adj. Íntimo, muy querido: *perder un amigo entrañable.*
ENTRAÑABLEMENTE adv. Con sumo cariño y ternura: *querer entrañablemente a una persona.*
ENTRAÑAR v. t. Introducir en lo más hondo: *entrañarse en una cueva.* || Llevar en sí: *entrañar malos pensamientos.* (SINÓN. V. *Contener.*) || — V. r. Unirse estrechamente con una persona.
ENTRAPADA f. Especie de paño carmesí que sirve para cortinas, para vestir coches, etc.
ENTRAPAJAR v. t. Envolver con trapos: *entrapajar un brazo enfermo.* || — V. r. Entraparse, ensuciarse un paño.
ENTRAPAR v. t. Empolvar la cabeza. || Enterrar trapos viejos en la raíz de cada cepa. || — V. r. Llenarse de mugre un lienzo de suerte que resulte casi imposible limpiarlo.
ENTRAR v. i. (lat. *intrare*). Pasar de fuera adentro: *entrar en una habitación.* (SINÓN. *Pasar, invadir, irrumpir.*) || Ser admitido: *entrar en la Academia.* || Penetrar: *el clavo entra en la pared.* (SINÓN. V. *Introducir.*) || Encajar, caber: *el sombrero no entra en la caja.* || Formar parte de: *el hierro entra en la composición de ciertos medicamentos.* (SINÓN. V. *Participar.*) || Abrazar una profesión: *entrar en religión.* || Emplearse en una cosa: *entra poca tela en este vestido.* || Comenzar a manifestarse alguna cosa: *le entró dolor de cabeza.* || — V. t. Introducir: *entrar a una persona en la sala.* || *Fig.* Atacar, pegar: *no hay por donde entrar a Fulano.* || *Mús.* Empezar a cantar o a tocar en el momento preciso. || — V. r. Meterse en alguna parte. || *Méx. De entrar y salir*, externo (colegiales, criadas). || — RÉG. *Entrar a saco, con todo, de criada, en la casa, por la puerta.*
ENTRE prep. (lat. *inter*). En medio de. || Dentro: *pensé entre mí si lo haría.* || En el número de: *entre mis amigos no hay ninguno seguro.* || Denota cooperación de personas o cosas: *entre cuatro se comieron el pavo.* || En el intervalo: *entre las dos y las tres de la tarde.* || Unida a otra palabra debilita generalmente su idea: *entrefino, entrever;* también significa mediano o intermedio: *entretela.*
ENTREABIERTO, TA p. p. irreg. de *entreabrir.*
ENTREABRIR v. t. Dejar a medio abrir una cosa: *entreabrir una puerta, los párpados,* etc.
ENTREACTO m. Intermedio en una representación escénica. || Cigarro puro pequeño.
ENTREANCHO, CHA adj. Dícese de lo que no es ni ancho ni angosto: *una tela entreancha.*
ENTREAYUDARSE v. r. Ayudarse mutuamente.
ENTREBARRERA f. *Taurom.* En las plazas de toros, espacio entre la barrera y la contrabarrera.
ENTRECALLE f. *Arq.* Intervalo entre molduras.
ENTRECANAL f. *Arq.* Espacio que existe entre las estrías de una columna.
ENTRECANO, NA adj. Dícese del cabello o barba medio canos y del sujeto que así los tiene.
ENTRECAVA f. Cava o labor ligera que se da a las plantas: *dar una entrecava a la vid.*
ENTRECAVAR v. t. Cavar ligeramente.
ENTRECEJO m. Espacio entre ceja y ceja. || *Fig.* Ceño: *mirar con entrecejo.* || — PARÓN. *Entresijo.*
ENTRECERRAR v. t. Entornar.
ENTRECINTA f. *Arq.* Madero que se coloca paralelo al tirante entre dos pares de una armadura.
ENTRECLARO, RA adj. Medio claro, que no es claro del todo: *tela entreclara.*
ENTRECOGEDURA f. La acción de entrecoger.
ENTRECOGER v. t. Coger, agarrar. || *Fig.* Estrechar o apremiar: *le entrecogió con sus argumentos.*
ENTRECOMILLAR v. t. Poner entre comillas.
ENTRECORO m. Espacio entre el coro y la capilla mayor en las catedrales.
ENTRECORTADURA f. Corte incompleto.
ENTRECORTAR v. t. Cortar de un modo incompleto. || Interrumpir a trechos: *sollozos entrecortados.*
ENTRECORTE m. Entrecortadura.
ENTRECORTEZA f. Defecto que presenta la madera cuando, por haber adherido dos ramas, queda en lo interior de la madera alguna corteza.
ENTRECOTE m. (pal. fr., pr. *antrecot*). Galicismo por *solomillo.*
ENTRECRUZADO, DA adj. Dícese de los hilos, cuerdas, etc., que se cruzan.
ENTRECRUZAR v. t. Cruzar dos o más cosas: *entrecruzar los hilos de un bordado.* Ú. t. c. r.
ENTRECUBIERTAS f. pl. *Mar.* Espacio entre las cubiertas de un barco. (SINÓN. *Entrepuente.*)
ENTRECHOCARSE v. r. Chocar dos cosas una con otra: *los dos trenes se entrechocaron.*
ENTREDECIR v. t. Poner entredicho: *entredecir a un sacerdote.* || — IRREG. Se conjuga como *decir.*
ENTREDÍA m. *Ecuad.* Piscolabis.
ENTREDICHO, CHA p. p. irreg. de *entredecir.* || — M. Prohibición: *poner entredicho.* || Censura eclesiástica que prohibe el uso de los sacramentos.
ENTREDOBLE adj. Dícese de ciertas cosas que son entre dobles y sencillas: *tela entredoble.*
ENTREDÓS m. Tira bordada que se cose entre dos telas: *adornar un vestido con entredoses.* || Especie de armario de poca altura. || Grado de letra de imprenta entre breviario y lectura.
ENTREFILETE m. *Neol.* Pequeño artículo o nota en un periódico, intercalado entre sus columnas y que suele estar enmarcado por filetes.
ENTREFINO, NA adj. Dícese de lo que es entre fino y basto: *paño entrefino.*
ENTREFORRO m. Entretela.
ENTREGA f. Acción de entregar: *la entrega de una plaza fuerte.* || Cuaderno de una obra que se vende suelto: *novela por entregas.* || *Arq.* Parte de un sillar o madero que entra en una pared.
ENTREGADO, DA adj. Embrujado.
ENTREGADOR, RA adj. y s. Que entrega.
ENTREGAMIENTO m. Entrega, acción de entregar: *el entregamiento de una cantidad.*
ENTREGAR v. t. Poner en poder de otro: *le entregué la carta que me diste.* (SINÓN. *Dar, facilitar, abandonar, ceder, dejar.* V. tb. *confiar.*) || — V. r. Ponerse a la disposición de uno. || Recibir, encargarse de una cosa. || Hacerse cargo de una persona o cosa. || *Fig.* Abandonarse a una pasión, vicio, etc.: *entregarse a la embriaguez.* (SINÓN. V. *Dedicar.*)
ENTREJUNTAR v. t. *Carp.* Juntar y ensamblar los entrepaños de las puertas, ventanas, etc. con sus travesaños o peinazos.

ENTRELARGO, GA adj. Algo, o un poco, largo.
ENTRELAZAMIENTO m. Enlace.
ENTRELAZAR v. t. Enlazar, cruzar, entretejer una cosa con otra: *entrelazar mimbres.* (SINÓN. V. *Trenzar.*)
ENTRELINEAR v. t. Escribir entre renglones.
ENTRELIÑO m. Espacio de tierra que se deja sin plantar entre liño y liño en las viñas y olivares.
ENTRELISTADO, DA adj. Que presenta listas de diferente color: *tela entrelistada.*
ENTRELUCIR v. i. Traslucir una cosa entre otra. ‖ — IRREG. Se conjuga como *lucir.*
ENTREMEDIAS adv. t. y l. Entre dos cosas: *descansar entremedias de su labor.*
ENTREMEDIO m. *Amer.* Intermedio.
ENTREMÉS m. (del ital. *intermezzo,* intermedio). Pieza dramática jocosa de un solo acto que solía servir de entreacto en el teatro antiguo. (SINÓN. V. *Comedia.*)
ENTREMÉS m. (fr. *entremets*). *Ant.* Encurtidos, aceitunas, etc., que se sirven en una comida.
ENTREMESEAR v. t. Representar en un entremés. ‖ *Fig.* Mezclar cosas graciosas en una conversación: *discurso entremeseado.*
ENTREMESISTA com. Autor de entremeses.
ENTREMETER v. t. Meter una cosa entre otras. ‖ — V. r. Meterse uno donde no le llaman o mezclarse en lo que no debe: *ser aficionado a entremeterse en la conversación.* (SINÓN. V. *Inmiscuirse.*)
ENTREMETIDO, DA adj. y s. Dícese del que se mete donde no le llaman: *hombre muy entremetido.* (SINÓN. V. *Intrigante.*)
ENTREMETIMIENTO m. Acción de entremeter o entremeterse.
ENTREMEZCLAR v. t. Mezclar, unir dos cosas. (SINÓN. V. *Abigarrar* y *mezclar.*)
ENTREMORIR v. i. Apagarse una luz cuando le falta alimento: *entremuere la candela.* ‖ — IRREG. Se conjuga como *morir.*
ENTRENADOR m. El que entrena.
ENTRENAMIENTO m. Acción y efecto de entrenar.
ENTRENAR v. t. Ejercitar, preparar para un deporte: *ciclista mal entrenado.*
ENTRENCAR v. t. Poner trencas a la colmena.
ENTRENUDO m. Internodio, espacio entre dos nudos.
ENTRENZAR v. t. Trenzar: *entrenzar dos cabos.*
ENTREOIR v. t. Oir una cosa sin entenderla bien: *algo tengo entreoído.* ‖ — IRREG. Se conjuga como *oir.*
ENTREOSCURO, RA adj. Medio oscuro.
ENTREPALMADURA f. *Veter.* Enfermedad que padecen las caballerías en el casco.
ENTREPANES m. pl. Tierras sin sembrar que se encuentran entre otras sembradas de trigo.
ENTREPAÑO m. Parte o lienzo de pared entre dos columnas o pilastras. ‖ Anaquel de estante. ‖ *Carp.* Cada uno de los cuarterones que se colocan entre los peinazos de una puerta o ventana.
ENTREPARECERSE v. r. Traslucirse. ‖ — IRREG. Se conjuga como *merecer.*
ENTREPASO m. Nombre de un paso del caballo parecido al portante: *tomar el entrepaso.*
ENTREPECHUGA f. Carne que tienen las aves entre la pechuga y el caballete.
ENTREPEINES m. pl. Nombre que se suele dar a la lana que queda enganchada en los peines.
ENTREPELAR v. i. Estar mezclado el color del pelo: *caballo entrepelado de negro y blanco.*
ENTREPIERNA f. y **ENTREPIERNAS** f. pl. Parte interior de los muslos. ‖ Refuerzo que se pone a los calzones por la parte de la entrepierna. ‖ *Chil.* Traje de baño.
ENTREPISO m. Espacio entre piso y piso.
ENTRÉPITO, TA adj. *Venez.* Entremetido.
ENTREPRETADO, DA adj. *Veter.* Lastimado de los pechos o brazuelos: *caballo entrepretado.*
ENTREPUENTES m. pl. *Mar.* Entrecubiertas. Úsase también en sing.: *bajar el entrepuente.*
ENTREPUNZADURA f. Latido y dolor intermitente que causa un tumor.
ENTREPUNZAR v. t. Punzar con intermisión.
ENTRERRENGLONADURA f. Lo escrito entre los renglones: *leer la entrerrenglonadura.*
ENTRERRENGLONAR v. t. Escribir entre los renglones: *entrerrenglonar una carta.*
ENTRERRIANO, NA adj. y s. De Entre Ríos.
ENTRERRIELES m. Entrevía.
ENTRESACA f. Acción de entresacar una cosa entre otras: *hacer una entresaca en el monte.*
ENTRESACADURA f. Entresaca.
ENTRESACAR v. t. Escoger una cosa entre muchas: *entresacar árboles para aclarar un bosque.* ‖ Aclarar o hacer menos espesos los cabellos de una persona.
ENTRESIJO m. Mesenterio, redaño. ‖ *Fig.* Cosa oculta y escondida. ‖ *Fig.* y *fam.* *Tener muchos entresijos,* tener una cosa mucha dificultad. ‖ Tener una persona mucha cautela y disimulo. ‖ — PARÓN. *Entrecejo.*
ENTRESUELO m. Habitación entre un cuarto bajo y el principal: *vivir en un entresuelo.*
ENTRESURCO m. Espacio entre surco y surco.
ENTRETALLA y **ENTRETALLADURA** f. Media talla, bajo relieve.
ENTRETALLAR v. t. Labrar a medio relieve. ‖ Calar o recortar una tela. ‖ Estrechar, detener a uno.
ENTRETANTO adv. t. Entre tanto, mientras. ‖ — M. Intermedio: *en el entretanto se me ocurrió salir.*
ENTRETECHO m. *Amer.* Desván, guardilla.
ENTRETEJEDURA f. Enlace de una cosa que está entretejida con otra u otras. (SINÓN. V. *Tejido.*)
ENTRETEJER v. t. Meter en la tela que se teje hilos diferentes para hacer una labor. ‖ Trabar, enlazar. ‖ *Fig.* Incluir, meter.
ENTRETELA f. Lienzo fuerte que se pone entre la tela y el forro del vestido. ‖ *Fig.* y *fam.* Entrañas, corazón. ‖ *Impr.* Acción de entretelar.
ENTRETELAR v. t. Poner entretela: *entretelar un vestido.* ‖ *Impr.* Lustrar el pliego impreso prensándolo entre cartones.
ENTRETENCIÓN f. *Amer.* Entretenimiento.
ENTRETENEDOR, RA adj. y s. Que entretiene.
ENTRETENER v. t. Tener a uno detenido y en espera. ‖ Divertir, recrear: *este libro me entretiene.* (SINÓN. *Distraer, alegrar, animar, alborozar, regocijar.*) ‖ Hacer más llevadera una cosa. ‖ Dar largas al despacho de un negocio. (SINÓN. V. *Demorar.*) ‖ Mantener, conservar. ‖ — V. r. Perder tiempo, divertirse. ‖ — IRREG. Se conjuga como *tener.*
ENTRETENIDO, DA adj. Divertido, alegre: *un hombre muy entretenido.* ‖ *Blas.* Enlazado: *dos llaves de oro entretenidas.*
ENTRETENIMIENTO m. Acción de entretener o entretenerse: *un entretenimiento peligroso.* (SINÓN. V. *Recreo.*) ‖ Cosa que sirve para entretener. (SINÓN. V. *Bagatela.*) ‖ Manutención, conservación de una persona.
ENTRETIEMPO m. Nombre que se da al tiempo de primavera y otoño: *un traje de entretiempo.*
ENTREVENARSE v. r. Introducirse un líquido por las venas.
ENTREVENTANA f. Lienzo de pared que hay en un edificio entre dos ventanas.
ENTREVER v. t. Divisar confusamente una cosa: *ya entreveo sus proyectos.* (SINÓN. V. *Ver.*) ‖ — IRREG. Se conjuga como *ver.*
ENTREVERADO, DA adj. Mezclado, que contiene cosas diversas mezcladas: *tocino entreverado.* ‖ — M. *Venez.* Cierto asado de entrañas de cordero.
ENTREVERAR v. t. Mezclar en desorden.
ENTREVERO m. *Arg., Chil.* y *Urug.* Acción y efecto de entreverarse. ‖ *Arg.* y *Chil.* Confusión, desorden. (SINÓN. V. *Mezcla.*)
ENTREVÍA f. Nombre que se da al espacio comprendido entre dos vías del camino de hierro.
ENTREVISTA f. Encuentro concertado entre varias personas para tratar de un asunto. (SINÓN. V. *Cita* y *conversación.*)
ENTREVISTADOR, RA m. y f. *Neol.* El que entrevista.
ENTREVISTARSE v. r. Visitar a uno para interrogarle sobre un asunto.
ENTREVUELTA f. *Agr.* Surco corto que se da por un lado de la besana para enderezarla.
ENTRIPADO, DA adj. Que está en las tripas: *dolor entripado.* ‖ Dícese del animal muerto a quien no se han sacado las tripas. ‖ *Fig.* y *fam.* Enojo o disgusto disimulados.
ENTRIPAR v. t. *Arg.* y *Col.* Enfadar.

ENTRISTECER v. t. Causar tristeza: *la noticia le entristeció.* ‖ — V. r. Ponerse triste. ‖ — SINÓN. *Contristar, apenar, disgustar, fastidiar, afligir, afectar, acongojar, apesadumbrar, doler, desolar, desconsolar, consternar.* V. tb. *enfadar.* ‖ — CONTR. Alegrar. ‖ — IRREG. Se conjuga como *merecer.*
ENTRISTECIMIENTO m. Tristeza.
ENTROJAR v. t. Guardar en la troja frutos y especialmente cereales: *entrojar trigo.*
ENTROMETER y sus deriv., v. ENTREMETER.
ENTROMPARSE v. r. *Amer.* Enojarse. ‖ *Fig.* y *fam.* Emborracharse, embriagarse.
ENTROMPETAR v. t. *Méx.* Emborracharse.
ENTRÓN, ONA adj. *Méx.* Entrador, animoso.
ENTRONCAMIENTO m. Acción de entroncar.
ENTRONCAR v. t. Probar que una persona tiene igual origen que otra. ‖ *Méx.* Reunir dos caballos del mismo pelo. ‖ — V. i. Contraer parentesco con una familia. ‖ *Amer.* Reunirse dos ferrocarriles.
ENTRONERAR v. t. Meter la bola en la tronera de la mesa cuando se juega a los trucos.
ENTRONIZACIÓN f. y **ENTRONIZAMIENTO** m. Acción y efecto de entronizar.
ENTRONIZAR v. t. Colocar en el trono. ‖ *Fig.* Ensalzar, celebrar mucho a uno. ‖ — V. r. *Fig.* Engreírse, envanecerse. ‖ — CONTR. *Humillar.*
ENTRONQUE m. Parentesco con el tronco de una familia. ‖ Empalme de dos vías férreas.
ENTROPILLAR v. t. *Riopl.* Acostumbrar a los caballos a vivir en tropilla.
ENTROPIÓN m. Inversión del borde libre de un párpado hacia el globo del ojo.
ENTRUCHADA f. y **ENTRUCHADO** m. *Fam.* Trampa, engaño: *armarle una entruchada.*
ENTRUCHAR v. t. *Fam.* Atraer a uno engañándole, para meterle en un negocio. ‖ — V. r. *Méx.* Meterse en negocios ajenos sin ser llamado.
ENTRUCHÓN, ONA adj. y s. *Fam.* Que hace entruchadas, tramposo, pillo.
ENTRUJAR v. t. Guardar en la truja: *entrujar aceituna.* ‖ Entrojar: *entrujar trigo.* ‖ *Fam.* Embolsar.
ENTUBACIÓN o **ENTUBAMIENTO** f. Acción y efecto de entubar.
ENTUBAR v. t. Poner un tubo.
ENTUERTO m. Agravio, injuria: *meterse a deshacedor de entuertos.* ‖ — Pl. Dolores después del parto.
ENTULLECER v. t. *Fig.* Suspender, entorpecer el movimiento de una cosa. ‖ — V. i. Tullirse, baldarse. ‖ — IRREG. Se conjuga como *merecer.*
ENTUMECER v. t. (lat. *intumescere*). Impedir, entorpecer el movimiento de un miembro: *brazo entumecido.* ‖ — V. r. Hincharse, alterarse los ríos, el mar, etc. ‖ — IRREG. Se conjuga como *merecer.*
ENTUMECIMIENTO m. Acción de entumecer. (SINÓN. V. *Adormecimiento* y *parálisis.*)
ENTUMIRSE v. r. Entorpecerse un miembro por haber permanecido inmóvil o en mala postura.
ENTUNARSE v. r. *Col.* Pincharse, punzarse.
ENTUNICAR v. t. *Pint.* Preparar la pared que se ha de pintar al fresco.
ENTUPIR v. t. Obstruir o tapar un conducto: *entupir una cañería.* ‖ Comprimir, tupir una cosa.
ENTURBIAR v. t. Poner turbio: *enturbiar el agua.* ‖ *Fig.* Turbiar, obscurecer: *enturbiar un asunto.* ‖ — V. r. Ponerse turbia alguna cosa.
ENTUSARSE v. r. *Ecuad.* Acongojarse.
ENTUSIASMAR v. t. Causar entusiasmo: *entusiasmar a la multitud.* ‖ — V. r. Experimentar entusiasmo: *entusiasmarse por el progreso.*
ENTUSIASMO m. (del gr. *enthousiasmos*, inspiración divina). Exaltación producida por la inspiración divina: *el entusiasmo de la Sibila le dictaba sus oráculos.* ‖ Inspiración exaltada del poeta, del artista. ‖ *Fig.* Emoción extraordinaria del alma: *acoger con entusiasmo.* ‖ *Fig.* Gran admiración: *sentir entusiasmo por la poesía.* ‖ — SINÓN. *Admiración, lirismo, capricho, arrebato, exaltación, delirio, frenesí.* V. tb. *celo.*
ENTUSIASTA adj. Que experimenta entusiasmo por algo: *espíritu entusiasta.* ‖ Entusiástico. ‖ — SINÓN. *Ferviente, fervoroso, apasionado.* ‖ — CONTR. *Apático, frío.*
ENTUSIÁSTICO, CA adj. Relativo al entusiasmo o que lo denota: *una exclamación entusiástica.*
ENTUTUMARSE v. r. *Col.* Confundirse.

ENUCLEACIÓN f. Extirpación de un órgano que se saca de una cavidad: *enucleación del ojo.*
ÉNULA CAMPANA f. (lat. *inula*). El helenio.
ENUMERACIÓN f. Expresión o enunciación sucesiva de las partes de un todo o de diferentes cosas: *la enumeración de las cualidades de una persona.* ‖ Cuenta numeral de las cosas. (SINÓN. V. *Empadronamiento.*) ‖ *Ret.* Figura que consiste en enumerar las circunstancias de un hecho.
ENUMERADOR, RA adj. Que enumera.
ENUMERAR v. t. (lat. *enumerare*). Hacer enumeración sucesiva de las cosas: *enumerar fechas.* (SINÓN. V. *Contar.*)
ENUMERATIVO, VA adj. Que implica enumeración: *establecer una lista enumerativa.*
ENUNCIACIÓN f. (lat. *enuntiatio*). Acción, modo de enunciar o expresar: *la enunciación de un hecho.* ‖ — SINÓN. *Enunciado, explicación, manifestación, mención, discurso, declaración* y *exposición.*
ENUNCIADO m. Enunciación.
ENUNCIAR v. t. (lat. *enuntiare*). Expresar una idea en términos concisos. ‖ — SINÓN. *Decir, declarar, exponer, emitir, formular, mencionar.* V. tb. *expresar.*
ENUNCIATIVO, VA adj. Que enuncia o expresa.
ENVAINADOR, RA adj. Que envaina o envuelve como una vaina: *hoja envainadora.*
ENVAINAR v. t. Meter un arma blanca en la vaina: *envainar la espada.* (CONTR. *Desenvainar.*) ‖ Envolver. ‖ — V. i. Sucumbir.
ENVALENTAR v. t. *Chil* y *Col.* Envalentonar.
ENVALENTONAMIENTO m. Valentía súbita.
ENVALENTONAR v. t. Infundir valentía. ‖ — V. r. Jactarse de valiente: *envalentonarse con un pequeño éxito.*
ENVALLICAR v. t. *Chil.* Cizañar.
ENVANECEDOR, RA adj. Que envanece.
ENVANECER v. t. Infundir vanidad. ‖ — V. r. Engreírse, ponerse vanidoso: *se envaneció con el triunfo.* (CONTR. *Humillarse.*) ‖ — IRREG. Se conjuga como *merecer.*
ENVANECIMIENTO m. Acción de envanecer.
ENVARAMIENTO m. Acción de envarar, entumecimiento: *sentir envaramiento en un brazo.*
ENVARARSE v. r. Entorpecerse, entumecerse.
ENVARBASCAR v. t. Inficionar el agua con verbasco.
ENVASADOR, RA adj. y s. Que envasa cualquier líquido. ‖ — M. Embudo grande que sirve para envasar.
ENVASAR v. t. Echar un líquido en vasos o vasijas: *envasar aceite.* ‖ Beber con exceso: *está siempre envasando.* ‖ Meter en costales o envases. ‖ — PARÓN. *Embazar.*
ENVASE m. Acción de envasar. ‖ Recipiente en que se envasan líquidos. ‖ Envoltorio.
ENVEDIJARSE v. r. Hacerse el pelo vedijas, enmarañarse. ‖ *Fam.* Enzarzarse, reñir unos con otros.
ENVEGARSE v. r. *Chil.* Encharcarse un terreno.
ENVEJECER v. t. Hacer viejo: *los muchos trabajos le han envejecido.* ‖ — V. i. Hacerse viejo: *ha envejecido mucho desde el año último.* ‖ — IRREG. Se conjuga como *merecer.*
ENVEJECIDO, DA adj. Viejo, anciano. ‖ *Fig.* Acostumbrado, experimentado.
ENVEJECIMIENTO m. Acción de envejecer: *apresurar el envejecimiento de un licor.*
ENVENADO m. *Arg.* y *Bol.* Puñal.
ENVENENADOR, RA adj. y s. Que envenena.
ENVENENAMIENTO m. Acción de envenenar o dar veneno: *en los casos de envenenamiento conviene, ante todo, hacer vomitar al enfermo.*
ENVENENAR v. t. Dar veneno para hacer morir: *envenenar a un perro.* (SINÓN. V. *Matar.*) ‖ Poner veneno en una cosa: *envenenar un manjar.* ‖ Producir envenenamiento: *el cardenillo envenena.* (SINÓN. *Intoxicar, enconar, emponzoñar, infectar.*) ‖ *Fig.* Llenar de amargura: *la envidia envenena la existencia.*
ENVERAR v. i. Empezar las frutas a tomar color de maduras: *ya empiezan las uvas a enverar.*
ENVERDECER v. i. Reverdecer, crecer la hierba o las plantas. ‖ — IRREG. Se conjuga como *merecer.*

ENVERGADURA f. *Mar.* Ancho de una vela o de una verga. ‖ Ancho de las alas de un ave completamente abiertas. ‖ Ancho de un avión.
ENVERGAR v. t. *Mar.* Sujetar la vela a la verga.
ENVERGUE m. *Mar.* Nombre que se da a los cabos que afirman la vela a la verga.
ENVERO m. Color dorado o rojizo que toman los frutos al madurar. ‖ Uva que tiene este color.
ENVÉS m. Revés: *mirar una tela por el envés.*
ENVESADO, DA adj. Dícese de ciertas cosas que presentan el envés: *cordobán envesado.*
ENVESTIR v. t. Investir. ‖ — PARÓN. *Embestir.* ‖ — IRREG. Se conjuga como *pedir.*
ENVETARSE v. r. *Per.* Comenzar a asfixiarse por las emanaciones de las vetas de una mina.
ENVIADA f. Envío.
ENVIADIZO, ZA adj. Que se envía.
ENVIADO m. Persona que se envía con un mensaje. ‖ *Enviado extraordinario,* agente diplomático de la categoría de los ministros plenipotenciarios. ‖ *Enviado de prensa* o *radio,* periodista encargado de un reportaje especial. ‖ — SINÓN. *Delegado, representante, diputado, mandatario, embajador, legado.*
ENVIAR v. t. Mandar una persona o cosa a alguna parte. (SINÓN. *Dirigir, expedir, mandar, despachar, remitir, exportar.*) ‖ *Fig.* y *fam. Enviar a uno a paseo,* despedirle con enfado.
ENVICIAR v. t. Corromper con un vicio: *las malas compañías le tienen enviciado.* ‖ — V. i. Echar las plantas muchas hojas y poco fruto. ‖ — V. r. Aficionarse demasiado a una cosa.
ENVIDADOR, RA m. y f. Que envida.
ENVIDAR v. t. (lat. *invitare*). Hacer envite en el juego. ‖ *Fig. Envidar en falso,* convidar a uno con alguna cosa deseando que no la acepte.
ENVIDIA f. (lat. *invidia*). Disgusto o pesar del bien ajeno: *la envidia es un vicio de las almas viles.* (SINÓN. *Rivalidad, aborrecimiento, celos.*) ‖ Emulación, deseo: *me da envidia ver lo bien que comes.*
ENVIDIABLE adj. Digno de envidia o deseo: *situación envidiable.*
ENVIDIAR v. t. Tener envidia: *no debemos envidiar a los que son más ricos que nosotros.* ‖ *Fig.* Desear, apetecer: *envidiar la fortuna ajena.* (SINÓN. V. *Ambicionar.*)
ENVIDIOSO, SA adj. y s. Que tiene envidia: *el envidioso no es nunca feliz.*
ENVIGAR v. t. Colocar las vigas de un techo.
ENVILECEDOR, RA adj. Que envilece.
ENVILECER v. t. Hacer vil: *la envidia envilece al hombre.* ‖ — V. r. Abatirse, perder uno su dignidad: *envilecerse en la embriaguez.* (SINÓN. V. *Depreciar* y *humillar.*) ‖ — IRREG. Se conjuga como *merecer.*
ENVILECIMIENTO m. Acción de envilecer, estado vil, abyección: *caer en el más completo envilecimiento.* (SINÓN. V. *Bajeza.*)
ENVINADO, DA adj *Méx.* De color de vino.
ENVINAGRAR v. t. Poner vinagre en una cosa: *envinagrar la ensalada.*
ENVINAR v. t. Echar vino al agua.
ENVÍO m. Acción de enviar: *el envío de un comisario.* ‖ *Com.* Remesa: *hacer un envío asegurado.*
ENVIÓN m. Empujón: *dar a alguno un envión.*
ENVISCAR v. t. (del lat. *viscum,* liga). Untar con liga ramas de árbol para cazar pájaros. ‖ — V. r. Pegarse con liga: *se enviscó un gorrión.*
ENVISCAR v. t. Azuzar. ‖ *Fig.* Enconar los ánimos.
ENVITE m. Apuesta que se hace en ciertos juegos, parando, además de la apuesta ordinaria, cierta cantidad a un lance determinado. ‖ *Fig.* Ofrecimiento: *aceptar un envite.* ‖ Empellón, empujón.
ENVIUDAR v. i. Quedar viudo o viuda.
ENVOLATADO, DA adj. *Col.* Afanado, ocupado.
ENVOLTIJO m. *Ecuad.* y **ENVOLTORIO** m. Lío: *un envoltorio de trapos.*
ENVOLTURA f. Capa exterior de una cosa: *la envoltura de un paquete.* (SINÓN. *Cubierta, covertura, embalaje, vaina, funda.*) ‖ Conjunto de paños que envuelven al niño: *quitar a un niño la envoltura.*
ENVOLVEDERO y **ENVOLVEDOR** m. Cosa para envolver. ‖ Mesa donde se envuelve a los niños.

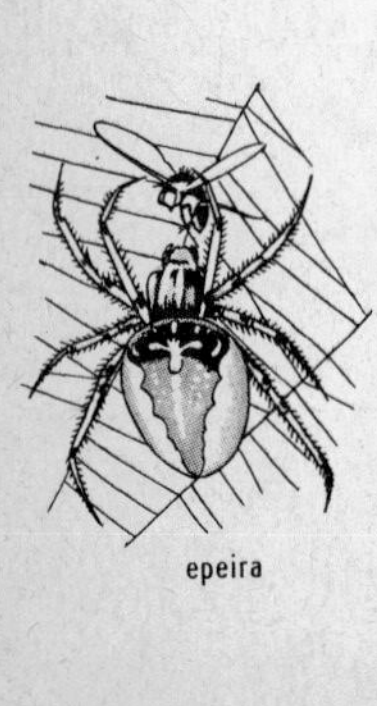
epeira

ENVOLVENTE adj. Que envuelve o rodea
ENVOLVER v. t. (lat. *involvere*). Cubrir exactamente una cosa con otra: *el chocolate suele envolverse en papel de estaño.* (SINÓN. *Enrollar, liar, embalar, empaquetar.* CONTR. *Desenvolver.*) ‖ *Fig.* Ocultar, disimular: *envolver su pensamiento con hábiles perífrasis.* ‖ Cubrir al niño con pañales. (SINÓN. V. *Arropar.*) ‖ *Fig.* Mezclar a uno en un asunto. ‖ — V. r. Amancebarse. ‖ *Fig.* Rodear: *envolver al enemigo.* (SINÓN. V. *Abrazar.*) ‖ — IRREG. Se conjuga como *volver.*
ENVOLVIMIENTO m. Acción de envolver: *el enemigo no supo evitar el envolvimiento.*
ENVUELTO, TA p. p. irreg. de *envolver.* ‖ — M. *Méx.* Tortilla de maíz que tiene dentro algún relleno.
ENYERBAR v. t. *Méx.* Hechizar, dar chamico. ‖ — V. r. *Amer.* Llenarse de hierba un campo, huerto, etc.
ENYESAR v. t. Tapar o cubrir algo con yeso: *enyesar una pared.* ‖ Agregar yeso a alguna cosa. ‖ Escayolar.
ENYETAR v. t. *Arg. lunf.* Dar la yeta.
ENYUGAR y **ENYUNTAR** v. t. Poner el yugo a un animal.
ENZACATARSE v. r. *Amér. C.* y *Méx.* Llenarse un campo de zacate y de otras malezas.
ENZAPATAR v. t. *Col., Venez.* y *P. Rico.* Calzar.
ENZARZAR v. t. Poner zarzas: *enzarzar una tapia.* ‖ *Fig.* Enredar a uno en una discusión. ‖ — V. r. Enderezarse en zarzas o matorrales. ‖ *Fig.* Meterse en un negocio de mala salida. ‖ *Fig.* Reñir, pelearse.
ENZÁRZAR v. t. (de *zarzo*). Poner zarzos para los gusanos de seda. ‖ — PARÓN. *Ensalzar.*
ENZIMA f. *Quím.* Substancia orgánica soluble que actúa como catalizador en los procesos de metabolismo.
ENZOCAR v. t. *Chil.* Encajar, meter.
ENZOLVARSE v. r. *Amer.* Cegarse un conducto.
ENZOOTIA f. (del gr. *en,* y *zôon,* animal). *Veter.* Epidemia local.
ENZORRAR v. t. *P. Rico.* Fastidiar.
ENZUNCHAR v. t. Asegurar algo con zunchos.
ENZURDECER v. i. Volverse zurda una persona. ‖ — IRREG. Se conjuga como *merecer.*
ENZURIZAR v. t. Azuzar, incitar, sembrar la discordia.
ENZURRONAR v. t. Meter alguna cosa dentro de un zurrón. ‖ *Fig.* y *fam.* Meter o incluir una cosa en otra.
EÑE f. Nombre de la letra *ñ.*
EOCENO m. (del gr. *eos,* aurora, y *kainos,* reciente). *Geol.* Primer período de la era terciaria: *los monos aparecen al fin del Eoceno.*
EÓLICO, CA adj. Eolio. ‖ — M. Uno de los principales dialectos de la lengua griega.
EOLIO, LIA adj. y s. (lat. *aeolius*). De la Eólida, región de Asia Menor. ‖ Perteneciente o relativo a Eolo.
EOLÍPILO m. (de *Eolo,* dios de los vientos y el gr. *pulê,* puerta). Aparato de física que consiste en una esfera hueca de metal que contiene agua y que calentada produce dos chorros de vapor diametralmente opuestos que originan la rotación de la esfera por el principio de reacción
EOLITO m. Sílex terciario utilizado en los instrumentos de los hombres primitivos.
EÓN m. (del gr. *aiôn,* el tiempo). En el gnosticismo, inteligencia eterna emanada de la divinidad suprema.
¡EPA! interj. *Amer.* ¡Ea!, ¡hola!
EPACIGÜIL m. *Méx.* Ricino, crotón, planta euforbiácea cuya semilla es un purgante violento.
EPACTA f. (del gr. *epaktos,* agregado). Número de días en que excede el año solar al lunar. ‖ Añalejo para el orden del rezo divino. (SINÓN. V. *Calendario.*)
EPANÁSTROFE f. (del gr. *epanastrephein,* tornar, invertir). *Ret.* Concatenación o conduplicación.
EPAZOTE m. *Méx.* Pazote, planta.
EPEIRA f. Género de arañas muy comunes en los jardines de Europa.
EPÉNDIMO m. (del gr. *ependyma,* vestido exterior). *Anat.* Membrana fina que tapiza los ventrículos cerebrales y el canal de la medula espinal.

EPÉNTESIS f. (de *epi,* y el gr. *thesis,* colocación). *Gram.* Intercalación de una letra en medio de un vocablo, v. gr.: *corónica por crónica.*
EPENTÉTICO, CA adj. Que se añade por medio de una epéntesis.
EPERLANO m. (fr. *eperlan,* del al. *spierling*). Pez de los mares de Europa parecido a la trucha.
EPI, prep. insep., del gr. *epi,* que significa *sobre,* como en *epicarpio, epígrafe.*
ÉPICA f. Poesía épica: *la épica española.*
EPICARDIO m. Membrana serosa que cubre el corazón de los vertebrados.
EPICARPIO m. (del gr. *epi,* sobre, y *karpos,* fruto). *Bot.* Telilla o piel fina que cubre el fruto.
EPICEDIO y **EPICEYO** m. (de *epi,* y el gr. *kêdos,* exequias). Composición poética que se recitaba antiguamente delante de un cadáver.
EPICENO adj. (de *epi,* y el gr. *koinos,* común). *Género epiceno,* el de los nombres que tienen una forma para ambos sexos, v. gr.: *águila, lince.*
EPICENTRO m. Centro de propagación de un temblor de tierra.
EPICÍCLICO, CA adj. Perteneciente o relativo al epiciclo: *movimiento epicíclico.*
EPICICLO m. (de *epi,* y el gr. *kuklos,* círculo). Círculo cuyo centro, según la opinión de los antiguos astrónomos, estaba en un punto de la circunferencia de otro mayor.
EPICICLOIDE f. (de *epi,* y *cicloide*). *Geom.* Curva que describe un punto de un círculo que rueda sobre otro círculo.
ÉPICO, CA adj. (del gr. *epos,* poema). Perteneciente a la epopeya: *poema épico.* || Propio de la epopeya: *estilo épico.* || Dícese del poeta que se dedica al género épico. || Digno de ser cantado por los poetas: *las hazañas épicas de la guerra de la Independencia.* (SINÓN. V. *Elevado* y *excepcional.*)
EPICUREÍSMO m. Filosofía de Epicuro. || *Fig.* Búsqueda del placer exento de todo dolor.
EPICÚREO, A adj. y s. Que sigue la doctrina de Epicuro. || Perteneciente a Epicuro: *moral epicúrea.* || *Fig.* Que sólo busca el placer.
EPIDEMIA f. (de *epi,* y el gr. *dêmos,* pueblo). Enfermedad que ataca en un mismo punto a varios individuos a la vez, como el cólera, la fiebre tifoidea, etc.: *las malas condiciones higiénicas favorecen el desarrollo de las epidemias.* (SINÓN. V. *Infección.*)
— Difiere la *epidemia* de la *endemia* en que la primera depende de causas accidentales, mientras que la segunda tiene por causa circunstancias constantes o periódicas.
EPIDEMIAL adj. Epidémico: *fiebre epidemial.*
EPIDEMICIDAD f. Carácter epidémico de una enfermedad: *la epidemicidad de la peste.*
EPIDÉMICO, CA adj. Relativo a la epidemia: *el cólera es una enfermedad epidémica.* || — SINÓN. *Endémico, epizoótico.*
EPIDEMIOLOGÍA f. Estudio o ciencia que trata de las epidemias.
EPIDEMIÓLOGO m. El versado en epidemiología.
EPIDÉRMICO, CA adj. Perteneciente o relativo a la epidermis: *tejido epidérmico.*
EPIDERMIS f. (pal. gr.). Membrana epitelial que cubre la superficie de todos los cuerpos organizados: *la epidermis de un animal, de una planta.* (SINÓN. V. *Piel.*)
EPIFANÍA f. (del gr. *epiphaneia,* aparición). Manifestación de Cristo a los Reyes magos, que celebra la Iglesia católica el 6 de enero. Llámase vulgarmente *día de los Reyes.*
EPÍFISIS f. (del gr. *epifusis,* excrecencia). *Anat.* Extremidad de un hueso largo.
EPIFITO, TA adj. *Bot.* Que crece sobre una planta: *el muérdago es un vegetal epifito.*
EPIFONEMA f. *Ret.* Exclamación sentenciosa que resume un relato.
EPIGÁSTRICO, CA adj. *Zool.* Relativo al epigastrio: *tener dolor en la región epigástrica.*
EPIGASTRIO m. (de *epi,* y el gr. *gastêr,* estómago). *Zool.* Parte superior del abdomen.
EPIGLOTIS f. (de *epi,* y el gr. *glôttis,* glotis). *Zool.* Cartílago que cubre y tapa la glotis.
EPÍGONO m. El que sigue las huellas de otro en cualquier arte.
EPÍGRAFE m. (de *epi,* y el gr. *graphein,* escribir). Inscripción sobre un edificio. (SINÓN. V. *Inscripción.*) || Cita de un autor que sirve de encabezamiento a un libro, a un capítulo, etc. || Resumen que precede a veces a cada uno de los capítulos de una obra. || Título de un capítulo.
EPIGRAFÍA f. Ciencia que tiene por objeto el estudio de las inscripciones: *la epigrafía es un precioso auxiliar en el estudio de la Antigüedad.*
EPIGRÁFICO, CA adj. Relativo o perteneciente a la epigrafía.
EPIGRAFISTA m. El versado en epigrafía.
EPIGRAMA m. Entre los antiguos, inscripción que se ponía en un monumento. || Composición poética satírica: *son célebres los epigramas de Marcial.* || Crítica, burla mordaz e ingeniosa. (SINÓN. V. *Sátira.*)
EPIGRAMÁTICO, CA adj. Que pertenece al epigrama o participa de su carácter: *chiste epigramático.* || Dícese del poeta que compone epigramas.
EPILEPSIA f. (del gr. *epilambanein,* agarrar). *Med.* Enfermedad caracterizada por convulsiones y pérdida del sentido. (SINÓN. *Mal caduco.*)
EPILÉPTICO, CA adj. y s. *Med.* Dícese del que padece de epilepsia. || *Med.* Perteneciente a esta enfermedad: *convulsiones epilépticas.*
EPILOGACIÓN f. Epílogo.
EPILOGAR v. t. Resumir, recapitular. (SINÓN. V. *Criticar.*)
EPILOGISMO m. *Astr.* Cálculo o cómputo.
EPÍLOGO m. (de *epi,* y el gr. *logos,* discurso). Conclusión de una obra literaria y, sobre todo, de un drama. (CONTR. *Prólogo.*) || Conjunto, compendio. || *Ret.* Peroración.
EPÍMACO m. Especie de ave del paraíso de Nueva Guinea.
EPÍMONE f. (de *epi,* y el gr. *menein,* insistir). *Ret.* Figura que consiste en repetir enfáticamente una misma palabra o una misma expresión.
EPINICIO m. (de *epi,* y el gr. *nikè,* victoria) Canto de victoria, himno triunfal.
EPIPLÓN m. *Anat.* Repliegue del peritoneo que enlaza el estómago con el colon.
EPIQUEREMA m. (de *epi,* y el gr. *kheir,* mano). *Lóg.* Silogismo en que las premisas van acompañadas de su prueba.
EPISCOPADO m. (lat. *episcopatus*). Dignidad de obispo: *ser elevado al episcopado.* || Tiempo que dura el gobierno de un obispo. || Conjunto de obispos: *el episcopado español.*
EPISCOPAL adj. (lat. *episcopalis*). Relativo al obispo: *dignidad episcopal.* || — M. Ritual de los obispos. || *Iglesia episcopal,* iglesia anglicana que conserva el episcopado.
EPISCOPALISMO m. Sistema religioso que prefiere la potestad episcopal a la pontificia.
EPISCOPOLOGIO m. Lista de los obispos de una iglesia: *el episcopologio español.*
EPISÓDICO, CA adj. Pertenciente al episodio: *personaje episódico.* (SINÓN. *Accesorio.*)
EPISODIO m. (del gr. *epeisodion,* lo que viene de fuera). Acción secundaria de un poema, de una novela. || *Por ext.* Hecho que pertenece a una serie de acontecimientos que juntos forman un todo. (SINÓN. V. *Aventura.*)
EPISTAXIS f. (de *epi,* y el gr. *stazein,* fluir, correr gota a gota). *Med.* Hemorragia nasal.
EPISTEMOLOGÍA f. Doctrina de los fundamentos y métodos del conocimiento científico.
EPÍSTOLA f. (lat. *epistola*). Carta: *dirigir una epístola a un amigo.* || Carta en verso: *son célebres las Epístolas de Horacio.* || Carta escrita por un apóstol y que forma parte de la Sagrada Escritura: *las epístolas de San Pablo.* || Lección sacada de las Epístolas de los Apóstoles y que se canta o dice en la misa antes del evangelio
EPISTOLAR adj. Perteneciente o relativo a la epístola o carta: *un modelo de estilo epistolar.*
EPISTOLARIO m. Libro en que se hallan reunidas varias cartas de un autor. || Libro que contiene las epístolas de la misa.
EPISTOLERO m. Clérigo que canta la epístola.
EPISTOLÓGRAFO, FA m. y f. El que escribe muchas cartas.
EPITAFIO m. (de *epi,* y el gr. *taphê,* sepultura). Inscripción que se pone sobre una sepultura. (SINÓN. V. *Inscripción.*)

epífisis

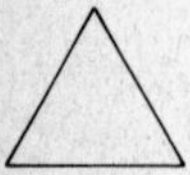

triángulo equilátero

equidna

EPITALÁMICO, CA adj. Relativo al epitalamio: *entonar un canto epitalámico.*

EPITALAMIO m. (de *epi*, y el gr. *thalamos*, tálamo). Poema compuesto en celebración de una boda: *Catulo compuso el epitalamio de Tetis y Peleo.*

EPÍTASIS f. (de *epi*, y el gr. *tasis*, extensión). Parte del poema dramático que sigue a la prótasis y precede a la catástrofe. (SINÓN. *Enredo.*)

EPITELIAL adj. Relativo al epitelio; formado por el epitelio: *tejido epitelial.*

EPITELIO m. *Zool.* Tejido tenue que cubre el cuerpo y los órganos: *la epidermis es un epitelio.*

EPITELIOMA m. *Med.* Nombre que se da a un tumor canceroso constituido por el tejido epitelial.

EPÍTEMA f. (de *epi*, y el gr. *thema*, acción de poner). *Med.* Tópico confortante que se aplica en forma de fomento, cataplasma o polvo. (SINÓN. *Apósito.*)

EPÍTETO m. (de *epi*, y el gr. *tithêmi*, coloco). Adjetivo o equivalente que no determina ni califica al sustantivo sino que acentúa su carácter: *la negra noche.* (SINÓN. V. *Adjetivo.*)

EPÍTIMA m. *Med.* Epítema, tópico o apósito.

EPÍTIMO m. Planta parásita parecida a la cuscuta, que vive de preferencia sobre el tomillo.

EPITOMAR v. t. (lat. *epitomare*). Reducir una obra a epítome: *epitomar una gramática latina.*

EPÍTOME m. (de *epi*, y el gr. *tomê*, sección). Resumen o compendio de una obra extensa. (SINÓN. V. *Compendio.*)

EPÍTROPE f. *Ret.* Concesión.

EPIZOARIO m. Animal parásito.

EPIZOOTIA f. Epidemia del ganado: *la epizootia es siempre contagiosa.*

EPIZOÓTICO, CA adj. Relativo a la epizootia: *el muermo es enfermedad epizoótica.* (SINÓN. V. *Epidémico.*)

ÉPOCA f. (gr. *epokhê*). Punto fijo en la historia. ‖ Fecha en que sucedió un hecho notable. ‖ *Por ext.* Cualquier espacio de tiempo: *la época actual.* (SINÓN. *Momento, tiempo, estación, sazón, período, ciclo, era.*) ‖ *Hacer época una cosa,* dejar recuerdo duradero.

EPODA f. y mejor **EPODO** m. (de *epi*, y el gr. *ôdê*, canto). Último verso de la estancia. ‖ En la poesía griega, última parte del poema lírico, que se cantaba después de la antistrofa.

EPÓNIMO, MA adj. (de *epi*, y el gr. *onoma*, nombre). Que da su nombre: *héroe epónimo.* ‖ *Arconte epónimo,* en Atenas, aquel de los arcontes que daba su nombre al año.

EPOPEYA f. (del gr. *epos*, discurso, y *poiein*, hacer). Poema extenso, de asunto heroico, como *La Ilíada, La Eneida, Los Lusiadas, La Cristiada.* ‖ *Fig.* Serie de sucesos heroicos: *la epopeya napoleónica.*

ÉPSILON f. Nombre de la *e* breve griega.

EPSOMITA f. (de *Epsom*, c. de Inglaterra). Sulfato de magnesia natural, sal de la Higuera.

EPTÁGONO, NA adj. y s. *Geom.* Heptágono.

ÉPULIS f. Tumorcillo que sale en las encías.

EPULÓN m. (lat. *epulo*). Comilón.

EQUI, part. insep., del lat. *aequus*, que denota igualdad, como en *equidistar, equilibrio.*

EQUIÁNGULO, LA adj. *Geom.* Dícese de las figuras y sólidos que tienen ángulos iguales.

EQUIDAD f. (lat. *aequitas*). Moderación, templanza. ‖ Justicia natural, por oposición a la justicia legal. (SINÓN. V. *Justicia.* CONTR. *Iniquidad, injusticia.*)

EQUIDIFERENCIA f. *Mat.* Igualdad de dos razones por diferencia.

EQUIDISTANCIA f. Igualdad de distancia. (SINÓN. V. *Distancia.*)

EQUIDISTANTE adj. Que equidista: *los puntos de una circunferencia son equidistantes del centro.*

EQUIDISTAR v. i. *Geom.* Hallarse a igual distancia.

EQUIDNA m. (del gr. *ekhidna*, víbora). Género de mamíferos monotremas de Australia, parecidos al erizo.

ÉQUIDOS m. pl. Familia de mamíferos que comprende los caballos, asnos, cebras.

EQUILÁTERO, RA adj. (lat. *aequilaterus*). *Geom.* De lados iguales entre sí: *un triángulo equilátero.*

EQUILIBRADO, DA adj. Sensato, ecuánime.

EQUILIBRAR v. t. Poner en equilibrio: *equilibrar una balanza.* ‖ *Fig.* Armonizar, proporcionar: *equilibrar las suertes.* ‖ — SINÓN. *Contrabalancear, nivelar, compensar.* V. tb. *pesar.*

EQUILIBRIO m. (lat. *aequilibrium*). Estado de reposo de un cuerpo solicitado por dos fuerzas que se destruyen recíprocamente. (SINÓN. *Aplomo, igualdad, armonía, contrapeso, estabilidad.*) ‖ *Equilibrio estable,* aquel en que el cuerpo, movido de su posición de equilibrio, vuelve a recobrarla por sí solo. ‖ *Equilibrio inestable,* aquel en que el cuerpo, movido ligeramente, busca su equilibrio en una posición diferente. ‖ *Perder el equilibrio,* caer o estar a punto de hacerlo. ‖ *Fig.* Combinación ajustada de fuerzas o elementos: *equilibrio político.* ‖ *Fig.* Ecuanimidad en los actos y juicios. ‖ — Pl. *Per. Fam.* Dificultades, nimiedades: *andar con equilibrios.*

EQUILIBRISMO m. Arte del equilibrista.

EQUILIBRISTA com. Persona diestra en hacer equilibrios. (SINÓN. V. *Saltimbanqui.*)

EQUIMOSIS f. (gr. *ekkhumôsis*). *Med.* Mancha lívida de la piel que resulta de un golpe, de una ligadura fuerte, de una caída o de otras causas. (SINÓN. V. *Contusión.*)

EQUINO m. (del gr. *ekhinos*, erizo). Nombre científico del *erizo marino.* ‖ *Arq.* Moldura convexa, más ancha por el fin que por el arranque.

EQUINO, NA adj. Relativo al caballo: *pie equino.* ‖ — M. *Arg.* Caballo o yegua.

EQUINOCACTO m. Cáctea americana.

EQUINOCCIAL adj. Relativo o perteneciente al equinoccio: *línea equinoccial.*

EQUINOCCIO m. (del lat. *aequus*, igual, y *nox*, noche). Momento del año en que los días son iguales a las noches.

— El *equinoccio* ocurre dos veces por año, el 21 ó 22 de marzo y el 22 ó 23 de septiembre, épocas en que los dos polos de la Tierra se encuentran a igual distancia del Sol, cayendo la luz solar por igual sobre ambos hemisferios.

EQUINOCOCO m. *Zool* Larva de tenia que vive en el intestino del perro y que puede pasar al hombre produciendo un quiste hidatídico.

EQUINODERMO adj. y s. *Zool.* Dícese de los animales de piel espinosa, como el erizo de mar.

EQUIPAJE m. Conjunto de objetos que se llevan de viaje o que tiene cada uno para su uso personal: *equipaje de soldado.* (SINÓN. *Equipo, pertrechos, tren, impedimenta, bultos.* Pop. *Arreos, trastos.*) ‖ *Mar.* Tripulación.

EQUIPAL m. *Méx.* Silla de bejuco con asiento de cuero o de palma tejida.

EQUIPAR v. t. Proveer a una persona o cosa de todo lo necesario: *equipar para un viaje.* (SINÓN. V. *Suministrar.*)

EQUIPARABLE adj. Que se puede equiparar.

EQUIPARAR v. t. Comparar dos cosas iguales.

EQUIPO m. Acción de equipar. ‖ Conjunto de ropas, etc., para uso particular de una persona: *equipo de novia.* (SINÓN. V. *Equipaje.*) ‖ Grupo de personas para un fin determinado: *un equipo de redactores, de fútbol,* etc. ‖ Lo que sirve para equipar: *equipo eléctrico.*

EQUIPOLADO adj. *Blas.* Escaqueado.

EQUIPOLENCIA f. *Lóg.* Equivalencia.

EQUIPONDERAR v. i. (del lat. *aequus*, igual, y *ponderare*, pesar). Pesar una cosa lo mismo que otra.

EQUIS f. Nombre de la *x*. ‖ Número desconocido. ‖ Una víbora americana. ‖ *Amér. C., Col.* y *Ecuad. Estar en la equis,* estar muy flaco.

EQUISETÁCEAS f. pl. (del lat. *equisetum*, cola de caballo). *Bot.* Familia de plantas equisetíneas como la cola de caballo.

EQUISETÍNEAS f. pl. Clase de plantas criptógamas pteridofitas, con rizoma feculento y fruto en ramillete.

EQUISONANCIA f. Igualdad de sonido.

EQUITACIÓN f. (lat. *equitatio*). Arte de montar a caballo: *aprender la equitación.*

EQUITATIVAMENTE adv. m. De modo equitativo.

EQUITATIVO, VA adj. (del lat. *aequitas, atis*, igualdad). Que tiene equidad, justo. ‖ — SINÓN. *Justo, recto, razonable, legítimo, imparcial.* ‖ — CONTR. *Injusto.*

ÉQUITE m. (lat. *eques, equitis*). Ciudadano romano perteneciente a la clase de los caballeros.
EQUIVALENCIA f. Igualdad en el valor, estimación, potencia o eficacia de dos o más cosas.
EQUIVALENTE adj. Que equivale: *cantidades equivalentes.* (SINÓN. V. *Semejante* y *sinónimo.*) ‖ *Figuras equivalentes*, las que tienen igual superficie sin tener la misma forma. ‖ — M. *Quím.* Peso de un cuerpo necesario para formar con otro una combinación, y número que indica dicha proporción: *la notación por equivalentes está ya completamente abandonada.* ‖ *Equivalente mecánico del calor*, relación constante que existe entre una cantidad de calor y la de trabajo consumido para producirla.
EQUIVALER v. i. Tener igual valor una cosa que otra. (SINÓN. V. *Igualar.*) ‖ — IRREG. Se conjuga como *valer.*
EQUIVOCACIÓN f. Error: *sufrir equivocación.*
EQUIVOCADAMENTE adv. m. Erradamente, con equivocación: *obrar equivocadamente.*
EQUÍVOCAMENTE adv. m. De un modo equívoco: *escribir equívocamente.*
EQUIVOCAR v. t. Tomar una cosa por otra: *equivocar la vocación.* (SINÓN. *Errar, fallar.*) ‖ Barb. por *engañar.* ‖ — V. r. Tomar una cosa por otra. (SINÓN. V. *Engañarse, confundirse, juzgar mal.* Pop. *Colarse.*)
EQUÍVOCO, CA adj. (lat. *aequivocus*). De doble sentido: *palabra equívoca.* (SINÓN. V. *Ambiguo.* CONTR. *Claro, preciso, categórico.*) ‖ *Fig.* Sospechoso: *conducta equívoca.* ‖ — M. Palabra cuya significación conviene a diferentes cosas. ‖ *Ant.* y *Amer.* Equivocación, error.
EQUIVOQUISTA com. Persona que usa demasiados equívocos o confusiones.
Er, símbolo químico del *erbio.*
ERA f. (lat. *aera*). Punto de partida de cada cronología particular: *la era cristiana, la era mahometana.* ‖ *Fig.* Tiempo, período: *el régimen de gobierno que salió de la revolución inauguró una era de tranquilidad.* (SINÓN. V. *Época.*)
ERA f. (lat. *area*). Espacio descubierto, llano y a veces empedrado, donde se trillan las mieses o se aparta el carbón en las minas. ‖ Cuadro de hortalizas: *era de nabos.* ‖ *Bol.* Cántaro donde fermenta la chicha.
ERAL, LA m. y f. Vacuno que sobrepasa un año sin llegar a dos.
ERARIO m. (lat. *aerarium*). Tesoro público y lugar donde se guarda.
ERASMIANO, NA adj. y s. Que sigue la pronunciación griega atribuida a Erasmo, y que está basada en la traslación fonética literal.
ERASMISMO m. Doctrina de Erasmo.
ERASMISTA adj. Partidario del erasmismo.
ÉRBEDO m. *Ast.* y *Gal.* Madroño, árbol.
ERBIO m. Metal raro de número atómico 68 (Er) del cual se conoce un óxido terroso, la *erbina.*
ERE f. Nombre de la letra *r* suave (*ara, arena*).
ERECCIÓN f. (lat. *erectio*). Acción de erigir o levantar: *la erección de una estatua, de un monumento.* ‖ Fundación, institución: *la erección de un tribunal.* ‖ Tensión de ciertos tejidos.
ERÉCTIL adj. Capaz de levantarse, enderezarse o ponerse rígido.
ERECTILIDAD f. Calidad de eréctil.
ERECTO, TA adj. Erguido, rígido.
ERECTOR, RA adj. y s. (lat. *erector*). Que erige.
EREMITA m. Ermitaño.
EREMÍTICO, CA adj. (lat. *eremiticus*). Relativo al ermitaño: *la vida eremítica nació en Egipto.*
EREMITORIO m. Sitio donde hay una ermita.
ERETISMO m. (del gr. *erethizein*, estimular, irritar). *Med.* Excitación de las propiedades vitales de un órgano.
ERG m. Ergio, en la nomenclatura internacional.
ERGÁSTULO m. o **ERGÁSTULA** f. (lat. *ergastulum*). Cárcel subterránea destinada en Roma a los esclavos.
ERGIO m. Unidad de trabajo en el sistema cegesimal, que corresponde al trabajo efectuado por una fuerza de 1 dina cuyo punto de aplicación se desplaza 1 cm en la dirección de la fuerza: *el julio vale 10^7 ergios.*
ERGO conj. lat. Por tanto, luego, pues.
ERGOTINA f. (del fr. *ergot*, cornezuelo). Alcaloide sacado del cornezuelo de centeno, y que se emplea en medicina contra las hemorragias.
ERGOTISMO m. Sistema de los ergotistas. ‖ *Med.* Envenenamiento por el cornezuelo de centeno.
ERGOTISTA adj. y s. Que ergotiza.
ERGOTIZAR v. i. (del lat. *ergo*, pues). Discutir. (SINÓN. V. *Enredar.*)
ERGUÉN m. Árbol espinoso de Marruecos.
ERGUIMIENTO m. Acción de erguir, erección.
ERGUIR v. t. Alzar: *erguir la cabeza, el cuello.* (SINÓN. V. *Levantar.*) ‖ — V. r. *Fig.* Engreírse, envanecerse: *erguirse con una dignidad.* ‖ — IRREG. Pres. ind.: *irgo* o *yergo, irgues* o *yergues, irgue* o *yergue, erguimos, erguís, irguen* o *yerguen*; imperf.: *erguía*, etc.; pret.: *erguí, erguiste, irguió, erguimos, erguisteis, irguieron*; fut.: *erguiré*, etc.; imper.: *irgue* o *yergue, erguid*; pres. subj.: *irga* o *yerga, irgas* o *yergas, irga* o *yerga, irgamos* o *yergamos, irgáis* o *yergáis, irgan* o *yergan*; pot.: *erguiría*, etc.; imperf. subj.: *irguiera*, etc.; *irguiese*, etc.; fut. subj.: *irguiere*, etc.; ger.: *irguiendo*; p. p.: *erguido.*
ERIAL adj. (del lat. *eremus*, yermo). Dícese de la tierra sin cultivar ni labrar. ‖ — M. Campo sin labrar.
ERIAZO, ZA adj. y s. Erial.
ERICA f. *Bot.* Nombre científico del *brezo.*
ERICÁCEAS f. pl. (del lat. *erice*, jara, brezo). *Bot.* Familia de dicotiledóneas que tienen por tipo el brezo.
ERIGIR v. t. (lat. *erigere*). Construir, instituir: *erigir un templo.* (SINÓN. V. *Edificar* y *establecer.*) ‖ Dar a una persona o cosa un carácter que antes no tenía: *erigir un territorio en provincia.* (SINÓN. V. *Elevar.*) ‖ — V. r. Tomar el carácter de: *se erigió en juez.*
ERINA f. *Cir.* Pinzas que usan los cirujanos para mantener separados los tejidos en las operaciones.
ERINGE f. (gr. *êruggê*). *Bot.* Cardo corredor.
ERISIPELA f. (gr. *erusipelas*). Inflamación cutánea superficial acompañada comúnmente de fiebre.
ERISIPELATOSO, SA adj. Que caracteriza la erisipela: *exantema erisipelatoso.*
ERÍSTICO, CA adj. (del gr. *eris*, disputa). Nombre que se aplica a la escuela socrática de Megara.
ERITEMA m. (del gr. *eruthêma*, rubicundez). *Med.* Inflamación superficial de la piel: *las ortigas producen un eritema pasajero.*
ERITROCITO m. Glóbulo rojo de la sangre.
ERITROSINA f. Substancia colorante que se obtiene haciendo obrar el yodo sobre la fluoresceína.
ERITROXILÁCEAS f. pl. (del gr. *eruthros*, rojo y *xulon*, madera). Familia de árboles y arbustos dicotiledóneos a la que pertenece la coca del Perú.
ERIZADO, DA adj. Rígido, tieso: *tener el pelo erizado.* ‖ Cubierto de púas o espinas.
ERIZAMIENTO m. Acción de erizar o erizarse.
ERIZAR v. t. Levantar y poner tiesos el pelo, el vello, etc.: *el león eriza la melena cuando le irritan.* ‖ Armar de púas o pinchos: *una muralla erizada de puntas de hierro.* ‖ Llenar de obstáculos y dificultades: *un dictado erizado de dificultades.* ‖ — V. r. Ponerse rígida y tiesa una cosa: *se erizan sus cabellos de horror.*
ERIZO m. (lat. *hericius*). Género de mamíferos roedores cuyo cuerpo está cubierto de púas: *el erizo es un animal útil porque destruye gran cantidad de ratones, caracoles, abejorros,* etc. ‖ Planta papilonácea muy espinosa, que abunda en los Pirineos. ‖ Zurrón espinoso de la castaña. ‖ *Fig.* y *fam.* Persona de carácter muy huraño. ‖ *Fort.* Puntas de hierro que se ponen como defensa en lo alto de una muralla o tapia. ‖ *Erizo de mar*, equinodermo globoso, de caparazón espinoso: *los erizos de mar son comestibles.* ‖ *Méx.* Una planta cactácea.
ERIZÓN m. *Bot.* Asiento de pastor.
ERMITA f. (de *eremita*). Santuario o capilla en despoblado: *ir en romería a una ermita.* ‖ *Fig.* Habitación solitaria en el campo.
ERMITAÑO m. Religioso que vive solitario: *los ermitaños de la Tebaida.* ‖ El que vive en la soledad. (SINÓN. *Solitario, anacoreta, cenobita, eremita, penitente.*) ‖ Paguro, crustáceo.

erizo

erizo arrollado

erizo de mar

Fot. Bille, Vienne-Atlas-Photo

ESCAFANDRAS

ERMUNIO m. El que estaba libre de todo tributo o de todo género de servicio.
EROGACIÓN f. Acción de erogar o repartir. || || *Per* y *Venez.* Donativo, contribución.
EROGANTE adj. y s. *Amer.* Persona que eroga.
EROGAR v. t. (lat. *erogare*). Distribuir, repartir. || *Per.* y *Venez.* Contribuir con una cantidad. || — PARÓN. *Derogar.*
EROSIÓN f. (lat. *erosio*). Desgaste producido por algo que roza: *una erosión de la piel.* (SINÓN. *Corrosión, abrasión, usura.*) || Destrucción lenta producida por algún agente físico: *erosión fluvial, erosión eólica, erosión marina, valle de erosión.* (SINÓN. *Depresión.*)
EROSIVO, VA adj. Que produce erosión: *el poder erosivo de los heleros es muy considerable.*
ERÓTICO, CA adj. (del gr. *erós,* amor). Relativo al amor: *leer un poema erótico.* (SINÓN. *Voluptuoso, libidinoso.* V. tb. *lujurioso, obsceno* y *vicioso.*) || — F. Poesía erótica.
EROTISMO m. (del gr. *erós,* amor). Amor enfermizo. || Calidad de erótico. || Afición desmedida y enfermiza a todo lo que concierne el amor.
EROTOMANÍA f. Delirio erótico.
EROTÓMANO, NA adj. y s. Que padece erotomanía.
ERRABUNDO, DA adj. Vagabundo, errante.
ERRADAMENTE adv. m. Equivocadamente.
ERRADICACIÓN f. Acción de erradicar. (SINÓN. V. *Arrancadura.*)
ERRADICAR v. t. Arrancar de raíz, descuajar.
ERRADIZO, ZA adj. Errante y vagabundo.
ERRADO, DA adj. Que yerra o está equivocado.
ERRAJ m. Carbón hecho con huesos de aceituna.
ERRANTE adj. (lat. *errans, antis*). Que yerra. || Vagabundo: *los gitanos forman tribus errantes.*
ERRAR v. t. (lat. *errare*). Obrar con error: *errar el tiro.* (SINÓN. V. *Equivocar.*) || — V. i. Andar vagando una persona: *errar por los caminos.* (SINÓN. *Vagar, divagar, vagabundear, rondar, dar vueltas.* Fam. *Corretear.* Pop. *Pendonear.* V. tb. *andar.*) || *Fig.* Divagar el pensamiento. || — PARÓN. *Herrar.* || — IRREG. Se conjuga como *cerrar.*
ERRATA f. (del lat. *errata,* equivocaciones). Falta que se deja en un impreso. (SINÓN. V. *Error.*) || *Fe de erratas,* lista de las faltas olvidadas en la corrección de pruebas, y que se suele colocar al final de un libro.
ERRÁTICO, CA adj. (lat. *erraticus*). Vagabundo, errante. || *Med.* Errante: *dolor errático.* || *Geol.* Dícese de las rocas de gran tamaño y de constitución distinta de las del suelo vecino, que son arrastradas y abandonadas por los heleros.
ERRÁTIL adj. (lat. *erratilis*). Errante, incierto.
ERRE f. Nombre de la letra *r* fuerte *(ramo, carro).* || *Fam. Erre que erre,* porfiada, obstinadamente.
ERRONA f. *Chil.* Suerte en que no acierta el jugador.
ERRÓNEAMENTE adv. m. Con error.
ERRÓNEO, A adj. (lat. *erroneus*). Equivocado, que contiene error: *emitir una proposición errónea.* || — CONTR. *Cierto, seguro.*
ERROR m. Opinión falsa o errónea: *está usted en un error.* (CONTR. *Certidumbre, realidad, verdad.*) || Falsa doctrina: *vivir en el error.* || Equivocación: *un error de cálculo.* (SINÓN. *Descuido, inexactitud, errata, falta, lapsus, yerro, aberración.* Pop. *Gazapo, pifia.*) || Culpa, defecto.
ERUBESCENCIA f. (lat. *erubescentia*). Rubor, vergüenza. || *Med.* Acción de enrojecer.
ERUBESCENTE adj. Que se sonroja o ruboriza. || *Med.* Que enrojece: *un tumor erubescente.*
ERUCTACIÓN f. (lat. *eructatio*). Eructo.
ERUCTAR v. i. (lat. *eructare*). Expeler con ruido por la boca los gases contenidos en el estómago.
ERUCTO m. (lat. *eructus*). Acción de eructar.
ERUDICIÓN f. (lat. *eruditio*). Conocimiento e instrucción en una o varias materias. (SINÓN. V. *Saber.*)
ERUDITAMENTE adv. m. Con erudición.
ERUDITO, TA adj. y s. (lat. *eruditus*). Que tiene mucha erudición: *hombre erudito.* (SINÓN. V. *Sabio.*) || *Fam. Erudito a la violeta,* el que tiene una ciencia muy superficial.
ERUGINOSO, SA adj. Ruginoso, herrumbroso.
ERUPCIÓN f. (lat. *eruptio*). Emisión violenta, salida brusca: *la erupción de un volcán suele ir acompañada de temblor de tierra.* || *Med.* Aparición de granos, manchas, etc., en la piel: *una erupción cutánea.* || — PARÓN. *Irrupción.*
ERUPTIVO, VA adj. Que se verifica por erupción: *enfermedad eruptiva.* || Relativo a la erupción: *el granito es una roca eruptiva.*
ESBATIMENTAR v. i. *Pint.* Causar esbatimento.
ESBATIMENTO m. (ital. *sbattimento*). *Pint.* Sombra que hace un cuerpo sobre otro.
ESBELTEZ y **ESBELTEZA** f. Forma esbelta. || Cualidad de lo que es esbelto: *esbeltez de formas.* || Delicadeza, finura, elegancia de una cosa.
ESBELTO, TA adj. (ital. *svelto*). Airoso, descollado, bien formado: *cuerpo esbelto, talle esbelto.*
ESBIRRO m. (ital. *sbirro*). Alguacil. (SINÓN. V. *Delegado.*) || El que tiene por oficio prender a las personas.
ESBOZAR v. t. Hacer un esbozo, bosquejar: *esbozar un retrato literario.* (SINÓN. V. *Dibujar.*)
ESBOZO m. (ital. *sbozzo*). Bosquejo, boceto. (SINÓN. V. *Proyecto.*)
ESCA f. *Ant.* Cebo.
ESCABECHADO, DA adj. *Fam.* Dícese de la persona que se tiñe o se pinta el pelo o el rostro: *vieja escabechada.*
ESCABECHAR v. t. Echar en escabeche algún pescado: *atún escabechado.* || *Fig.* y *fam.* Matar. || *Fig.* y *fam.* Suspender en un examen.
ESCABECHE m. (ár. *cicbech*). Salsa de vinagre, laurel y otros ingredientes en que se conserva el pescado. || Pescado escabechado: *escabeche de atún.*
ESCABECHINA f. *Fig.* Destrozo, estrago.
ESCABEL m. (lat. *scabellum*). Asiento de madera sin respaldo. || Taburete para reposar los pies.
ESCABIOSA f. (del lat. *scabiosus,* áspero). Planta herbácea dipsacácea, de flores en cabezuela azulada, cuya raíz se empleó antiguamente en medicina.
ESCABIOSO, SA adj. Relativo a la sarna.
ESCABRO m. Roña de las ovejas. || Enfermedad análoga en la corteza de los árboles.
ESCABROSAMENTE adv. m. Ásperamente.
ESCABROSIDAD f. Desigualdad, aspereza: *la escabrosidad de un terreno.* || *Fig.* Dureza y aspereza.
ESCABROSO, SA adj. (lat. *scabrosus*). Desigual, agrio: *terreno escabroso.* || *Fig.* Áspero, duro. (SINÓN. V. *Difícil.*) || Atrevido, inmoral: *un cuento escabroso.* (SINÓN. V. *Obsceno.*)
ESCABUCHE m. Azada pequeña.
ESCABULLARSE v. r. *Amer.* Escabullirse.
ESCABULLIRSE v. r. Irse, escaparse una persona o cosa: *el ladrón aprovechó un descuido para escabullirse.* (SINÓN. V. *Marcharse.*) || — IRREG. Se conjuga como *mullir.*
ESCACADO, DA adj. Escaqueado, ajedrezado.
ESCACHALANDRADO, DA adj. *Amér. C.* y *Col.* Desgarbado, descuidado.
ESCACHAR v. t. *Pop.* Reventar, deshacer, aplastar una cosa: *escacharse un dedo con una puerta.* (SINÓN. V. *Moler.*) V. DESCACHAR.
ESCACHARRAR v. t. Romper un cacharro. || *Fig.* Estropear una cosa.
ESCAFANDRA f. o **ESCAFANDRO** m. (del gr. *skaphê,* barco, y *anêr, andros,* hombre). Aparato compuesto de un vestido de goma y un casco de bronce herméticamente cerrado y provisto de tubos para la renovación del aire, que sirve a los buzos para trabajar debajo del agua.
ESCAFILAR v. t. Descafilar.
ESCAFOIDES adj. (del gr. *skaphê,* esquife, y *eidos,* forma). || *Hueso escafoides,* uno de los de la muñeca y del pie.
ESCAGÜITE y **ESCAGÜIL** m. *Méx.* Árbol que produce la sangre de drago usada en pintura.
ESCAJOCOTE m. Árbol de Centroamérica, de madera compacta, que produce un fruto agridulce.
ESCALA f. (lat. *scala*). Escalera de mano: *una escala de cuerda.* || Sucesión ordenada: *escala de sonidos.* || *Fís.* Graduación de un termómetro, aparato, etc. || *Mar.* Paraje donde toca una embarcación: *los barcos transatlánticos suelen hacer escala en las Canarias cuando van al Brasil.* (SINÓN. V. *Etapa.*) || Línea recta dividida en cierto número de partes iguales, en proporción con las uni-

escala mayor

escala menor

dades de medida: *la escala de un mapa.* || *Mil.* Escalafón. || *Mús.* Serie de las siete notas musicales. || *Escala móvil,* sistema que consiste en pagar los salarios en función de los precios. || — OBSERV. Es galicismo decir *robar en grande escala* por *robar en gran cantindad, cometer robos de importancia;* la *escala social* es la *jerarquía social.*

ESCALABRAR v. t. Descalabrar.

ESCALADA f. Acción y efecto de escalar: *intentar la escalada de la ventana.*

ESCALADO, DA adj. Dícese de los bacalaos abiertos y dispuestos para salarlos.

ESCALADOR, RA adj. y s. Que escala.

ESCALAFÓN m. Lista de los individuos de un cuerpo clasificados por orden de grado o antigüedad. (SINÓN. V. *Grado.*)

ESCALAMIENTO m. Acción de escalar.

ESCÁLAMO m. *Mar.* Estaquilla que en el borde de la galera mantenía el remo. (SINÓN. *Tolete.*)

ESCALAR v. t. Entrar en un sitio por medio de escalas: *escalar una plaza fuerte.* || Entrar en una parte con escalo: *escalar una casa para robar.* || Trepar a una cumbre. (SINÓN. V. *Subir.*) || *Fig.* Alcanzar altas dignidades por cualquier procedimiento.

ESCALARIO m. Pez de América del Sur con cuerpo aplanado.

ESCALDADO, DA adj. *Fig.* y *fam.* Escarmentado, receloso: *gato escaldado del agua fría huye.* || *Fig.* y *fam.* Libre, deshonesto: *una mujer escaldada.*

ESCALDADURA f. Acción de escaldar.

ESCALDAR v. t. Bañar en agua hirviendo. || Abrasar, caldear: *escaldar una barra de hierro.* (SINÓN. V. *Quemar.*)

ESCALDO m. (del escandinavo *skald,* poeta). Nombre de los antiguos poetas escandinavos.

ESCALENO adj. (del gr. *skalênos,* oblicuo). *Geom.* Dícese del triángulo que tiene sus tres lados desiguales. || *Anat.* Dícese de los músculos situados a la altura de las vértebras cervicales.

ESCALENTAMIENTO m. *Veter.* Enfermedad que padecen en los pies y manos las caballerías. || *Ecuad.* Cierta inflamación de la piel.

ESCALERA f. Serie de escalones para subir y bajar: *escalera de caracol.* (SINÓN. *Peldaño, escalón, escalerilla, grada, gradilla, escalinata, estribo.*) || Reunión de naipes de valor correlativo. || *Escalera de mano,* la portátil, generalmente de madera. (SINÓN. *Escala.*) || *Escalera mecánica,* la de peldaños movidos por un mecanismo eléctrico, utilizada en sitios de gran aglomeración, como estaciones, almacenes, etc. || *Escalera de tijera,* la compuesta de dos de mano unidas por bisagras. || *De escalera abajo,* dícese de los criados inferiores de una casa.

ESCALERILLA f. Escalera de pocos escalones. (SINÓN. V. *Escalera.*) || Serie de tres cartas seguidas en algunos juegos. || *Veter.* Instrumento de hierro para mantener abierta la boca a las caballerías.

ESCALETA f. Aparato que sirve para mantener levantado el eje de un coche y arreglar las ruedas del mismo.

ESCALFADO, DA adj. Dícese de la pared mal encalada.

ESCALFADOR m. Jarro de metal en que calientan el agua los barberos. || Braserillo que se pone en la mesa para calentar la comida.

ESCALFAR v. t. Echar en agua hirviendo los huevos sin su cáscara. (SINÓN. V. *Cocer.*) || Barb. por *estrellar.*

ESCALINATA f. (ital. *scalinata*). Escalera exterior de piedra y que comprende un solo tramo. (SINÓN. V. *Escalera.*)

ESCALMO m. Escálamo.

ESCALO m. Acción de escalar: *robo con escalo.*

ESCALOFRÍO m. Estremecimiento del cuerpo caracterizado por calor y frío simultáneos y anormales: *sentir escalofríos de miedo.*

ESCALÓN m. Peldaño. (SINÓN. V. *Escalera.*) || *Fig.* Grado de un empleo: *los escalones de un empleo.* || *Fig.* Paso que da uno para adelantar la consecución de su deseo. (SINÓN. V. *Fase.*) || *En escalones,* cortado con desigualdad: *pelado en escalones.*

ESCALONA f. Escaloña, ascalonia.

ESCALONAR v. t. Colocar personas o cosas de trecho en trecho: *escalonar centinelas en el campo.* Ú. t. c. r. || Distribuir en tiempos sucesivos las partes de una serie: *escalonar las salidas de las fábricas.*

ESCALONIA y **ESCALOÑA** f. La ascalonia.

ESCALOPE m. Loncha delgada de vaca o de ternera que se presenta empanada o frita.

ESCALPAR v. t. Cortar la piel del cráneo: *los pieles rojas escalpaban a sus víctimas.*

ESCALPE y **ESCALPO** m. *Neol.* Cabellera arrancada con la piel, que era trofeo de guerra entre los pieles rojas.

ESCALPELO m. (lat. *scalpellum*). Navaja muy cortante que se usa para disecciones anatómicas.

ESCAMA f. (lat. *squama*). Membrana córnea u ósea, imbricada con otras, que cubre la piel de ciertos reptiles y peces: *las escamas del albur sirven para fabricar perlas falsas.* || *Fig.* Lo que tiene forma de escama: *las escamas de una loriga.* || *Fig.* Resentimiento, desazón. || *Fig.* Recelo, sospecha: *quitarse la escama.* || *Fam. Tener escamas,* ser astuto.

ESCAMADO, DA adj. *Fam.* Desconfiado, receloso: *andar muy escamado.* || — F. Bordado de plata y oro en figura de escamas.

ESCAMADURA f. Acción de escamar.

ESCAMANTE adj. Que inspira recelo.

ESCAMAR v. t. Quitar las escamas: *escamar un pescado.* || *Fig.* y *fam.* Hacer a uno desconfiado: *la experiencia le ha escamado.* || Labrar en figura de escamas. || — V. r. Entrar en recelo de algo.

ESCAMOCHAR v. t. Quitar las hojas no comestibles a una legumbre.

ESCAMOCHO m. Sobras de la comida.

ESCAMÓN, ONA adj. Receloso, desconfiado.

ESCAMONDA f. Monda de ramas de árboles.

ESCAMONDADURA f. Ramas inútiles que se cortan a los árboles.

ESCAMONDAR v. t. Limpiar, podar los árboles de las ramas inútiles. (SINÓN. V. *Podar.*) || *Fig.* Limpiar una cosa de lo inútil. || Lavar, limpiar: *escamondar la cara.*

ESCAMONDO m. Limpia, poda de los árboles.

ESCAMONEA f. (lat. *scammonea*). Gomorresina purgante que se extrae de una planta de Siria.

ESCAMONEADO, DA adj. Que tiene las cualidades de la escamonea: *una poción escamoneada.*

ESCAMONEARSE v. r. *Fam.* Escamarse.

ESCAMOSO, SA adj. Que tiene escamas: *la piel de las culebras y los lagartos es escamosa.*

ESCAMOTAR v. t. Escamotear.

ESCAMOTEADOR, RA adj. y s. Que escamotea: *un hábil escamoteador.* (SINÓN. V. *Prestidigitador.*)

ESCAMOTEAR v. t. Hacer desaparecer un objeto sin que lo noten los espectadores. || *Fig.* Robar sutilmente: *me han escamoteado el reloj.* (SINÓN. V. *Hurtar.*) || *Fig.* Eludir, evitar: *escamotear un asunto.*

ESCAMOTEO m. Acción de escamotear o hacer desaparecer: *juegos de escamoteo.*

ESCAMPADA f. Interrupción de la lluvia.

ESCAMPADO, DA adj. Descampado.

ESCAMPAR v. t. (de *es,* fuera, y *campo*). Despejar, desembarazar un sitio. || — V. impers. Dejar de llover: *espera que escampe.* (En Colombia y América Central suele decirse *escamparse del aguacero,* por *librarse de él, evitarlo.*)

escamas

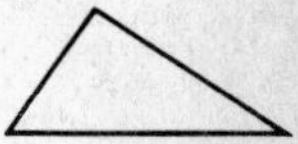
triángulo escaleno

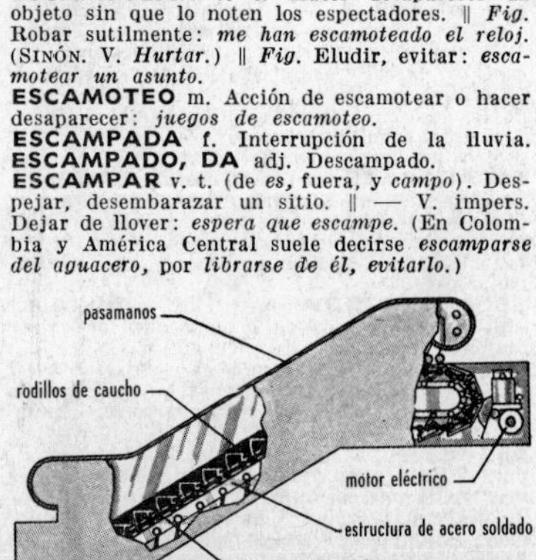

ESCALERA MECÁNICA

escarabajo

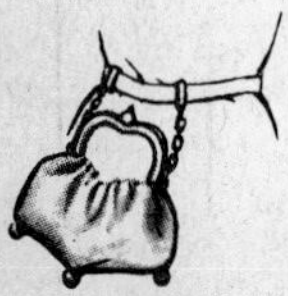

escarcela

ESCAMPAVÍA f. Barco pequeño y ligero, que sirve de explorador: *el resguardo marítimo emplea escampavías para perseguir el contrabando.*
ESCAMUDO, DA adj. Escamoso.
ESCAMUJAR v. t. Podar los olivos.
ESCAMUJO m. Rama de olivo que se poda.
ESCANCIA f. Acción de escanciar un líquido.
ESCANCIAR v. t. Servir el vino en las mesas y convites. || Beber vino: *escanciar la copa.*
ESCANDA f. (lat. *scandula*). Trigo de paja muy dura cuyo grano se separa difícilmente del cascabillo.
ESCANDALERA f. Reprensión áspera. (SINÓN. V. *Escándalo.*)
ESCANDALIZAR v. t. Causar escándalo: *escandalizar a los niños con el mal ejemplo.* || Alborotar, armar tumulto: *escandalizar la vecindad.* || — V. r. Ofenderse, irritarse.
ESCÁNDALO m. (lat. *scandalum*). Ocasión de pecar que causa el mal ejemplo: *ser ocasión de escándalo para una persona.* || Indignación que excita el mal ejemplo. || *Fig.* Alboroto, ruido grande: *armar un escándalo en la calle.* (SINÓN. *Escandalera, rebumbio, molina.* V. tb. *alboroto.*) || *Fig.* Asombro, admiración.
ESCANDALOSA f. *Mar.* Vela pequeña que se coloca sobre la cangreja. || *Fig.* y *fam.* Palabras duras: *echar a uno la escandalosa.*
ESCANDALOSAMENTE adv. m. Con escándalo: *no hay que vivir escandalosamente.*
ESCANDALOSO, SA adj. y s. Que causa escándalo: *proceso escandaloso.* || Revoltoso: *muchacho escandaloso.* || — CONTR. *Edificante, tranquilo.*
ESCANDALLAR v. t. Sondear con el escandallo.
ESCANDALLO m. *Mar.* Sonda o plomada. || *Fig.* Prueba de una cosa, ensayo. || *Com.* Determinación del precio de coste o de venta de una mercancía con relación a los factores que lo integran.
ESCANDIA f. Trigo parecido a la escanda con doble hilera de granos en la espiga.
ESCANDIO m. Cuerpo simple metálico (Sc) de número atómico 21.
ESCANDINAVO, VA adj. y s. De Escandinavia.
ESCANDIR v. t. (lat. *scandere*). Medir el verso.
ESCANSIÓN f. (lat. *scansio*). Medida de los versos: *procurar buena escansión de un verso.*
ESCANTILLAR v. t. *Arq.* Tomar una medida o plantilla. || — PARÓN. *Descantillar.*
ESCANTILLÓN m. Regla, plantilla o patrón.
ESCAÑA f. Escanda, especie de trigo.
ESCAÑO m. (lat. *scammum*). Banco grande con respaldo. || *Amer.* Banco o banca de un paseo.
ESCAÑUELO m. Banquillo para los pies.
ESCAPADA f. Acción de escapar o escaparse, escapatoria: *una escapada de muchachos.* (SINÓN. V. *Huida.*)
ESCAPAMIENTO m. Escapada.
ESCAPAR v. t. Hacer correr un caballo con gran velocidad. || — V. i. Salir de un encierro o de un peligro: *escapar de una cárcel; escapar a la muerte.* || Salir muy apresuradamente: *escapó por la calle abajo.* || — V. r. Librarse de un encierro o peligro: *se ha escapado un canario de la jaula.* || Salirse un líquido o gas de un depósito o cañería. || *Escapársele a uno una cosa,* decirla por inadvertencia.
ESCAPARATE m. Especie de alacena o armario, con cristales, para poner imágenes, loza, etc. || Hueco cerrado con cristales, en la fachada de una tienda, que sirve para exponer muestras de las mercancías vendidas en ella. || *Amer.* Armario, ropero.
ESCAPARATISTA m. y f. Especialista que expone los artículos de manera que formen un conjunto armónico y de buen gusto.
ESCAPATORIA f. Acción de escaparse: *hacer una escapatoria.* || *Fam.* Excusa, pretexto, salida para eludir algo: *buscar una escapatoria.* (SINÓN. V. *Huida.*)
ESCAPE m. Acción de escapar: *un escape de gas.* || Fuga apresurada. || Pieza que detiene la marcha de una máquina hasta que la levantan: *el escape de un reloj.* || En los motores de explosión, salida de los gases quemados y tubo que los conduce al exterior. || *A escape,* loc. adv., a todo correr: *salir de casa a escape.*
ESCAPO m. (lat. *scapus*). *Arq.* Fuste de la columna. || *Bot.* Bohordo o tallo de la cebolla.
ESCÁPULA f. (lat. *scapula*). Omóplato, paletilla.
ESCAPULARIO m. (del lat. *scapulae,* las espaldas). Pedazo de tela que llevan sobre el hábito ciertos religiosos. || Objeto de piedad, compuesto de dos pedacitos de paño, reunidos con cintas, que se lleva sobre el pecho y las espaldas.
ESCAQUE m. (del ár. *as-sikak*). Cada una de las casillas del tablero de ajedrez o damas. || — Pl. Ajedrez.
ESCAQUEADO, DA adj. Que forma escaques, ajedrezado: *tablero escaqueado.*
ESCARA f. (lat. *eschara*). *Cir.* Costra que se forma en las llagas y que resulta de la desorganización de una parte viva: *producir una escara artificial por medio de un cáustico.*
ESCARABAJEAR v. i. Andar, moverse desordenadamente. || *Fig.* Escribir haciendo escarabajos, garabatear. || *Fig.* y *fam.* Molestar, disgustar, fastidiar mucho: *esa cuestión me escarabajea.*
ESCARABAJEO m. Acción y efecto de escarabajear.
ESCARABAJO m. (lat. *scarabeus*). Insecto coleóptero, de color negro y que se alimenta de estiércol. || Cualquier coleóptero de forma redonda: *un escarabajo dorado.* || Cierto defecto de los tejidos y de los cañones de artillería. (SINÓN. *Magaña.*) || *Fig.* y *fam.* Persona pequeña y de poca importancia. || — Pl. *Fam.* Rasgos y letras mal formados; garabatos.
ESCARABAJUELO m. Insecto coleóptero de color verde azulado que roe las hojas de la vid.
ESCARAMUCEAR v. i. Escaramuzar, trabar escaramuza.
ESCARAMUJO m. Rosal silvestre. || *Zool.* Percebe, molusco. || *Cub.* Mal de ojo.
ESCARAMUZA f. (ital. *scaramuccia*). Combate ligero entre las avanzadas de dos ejércitos enemigos. || *Fig.* Contienda. (SINÓN. V. *Disputa.*) || *Arg.* Rodeo, vuelta o regate.
ESCARAMUZADOR m. El que escaramuza.
ESCARAMUZAR v. i. Trabar una escaramuza.
ESCARAPELA f. Adorno redondo de varios colores que se pone como divisa en el morrión del soldado. || Riña y quimera entre mujeres. || En el tresillo, tres cartas falsas de palo distinto de aquel a que se juega.
ESCARAPELAR v. i. Reñir, enredarse. || — V. t. *Col.* Ajar, manosear, deslustrar. || *Amér. C.* Desconchar. || — V. r. Reñir. || *Per.* y *Méx.* Horripilarse.
ESCARBADERO m. Sitio donde escarban los animales: *el escarbadero de un jabalí.*
ESCARBADIENTES m. Mondadientes.
ESCARBADOR, RA adj. Que escarba. || — M. Instrumento que sirve para escarbar.
ESCARBAOREJAS m. Instrumento pequeño que suele usarse para limpiar los oídos.
ESCARBAR v. t. Arañar, rascar el suelo ahondando algo: *la gallina escarba la tierra para buscar su alimento.* (SINÓN. V. *Profundizar.*) || Limpiar los dientes u oídos. || Avivar, remover la lumbre. || *Fig.* Averiguar, inquirir lo que está oculto.
ESCARBO m. Acción de escarbar.
ESCARCEADOR, RA adj. *Amer.* Dícese del caballo brioso que hace muchos escarceos.
ESCARCEAR v. i. *Amer.* Hacer escarceos.
ESCARCELA f. Especie de bolsa que se llevaba colgada de la cintura. || Mochila del cazador. || Especie de cofia que llevan las mujeres. || Parte de la armadura que cubría la cadera.
ESCARCEO m. (ital. *scherzo*). Cabrilleo de las olas. || — Pl. Vueltas y caracoles que da el caballo. || *Arg.* Cabeceo del caballo. || *Fig.* Rodeo, divagación.
ESCARCINA f. Espada corta.
ESCARCHA f. Rocío helado de la noche que se adhiere a las plantas: *hojas cubiertas de escarcha.*
ESCARCHADA f. Planta crasa de la familia de las aizoáceas, cuyas hojas están cubiertas de numerosas vejiguitas llenas de agua.
ESCARCHADO, DA adj. Cubierto de escarcha: *un prado escarchado.* || Dícese del aguardiente cuando se hace cristalizar azúcar en un ramo de anís metido dentro de la botella. || — M. Cierta labor de oro o plata.
ESCARCHAR v. impers. Formarse escarcha en las noches frías: *esta noche ha escarchado.* || —

V. t. Preparar confituras de modo que queden cubiertas de azúcar cristalizada: *comer fresas escarchadas.* || — V. r. *Col.* Desconcharse una pared.
ESCARCHE m. El escarchado de oro o plata.
ESCARCHILLA f. *Amer.* Hielo menudo que cae como nieve.
ESCARCHO m. (lat. *scarus*). Rubio, pez.
ESCARDA f. Azada pequeña para escardar. || Labor de escardar el campo.
ESCARDADERA f. Almocafre.
ESCARDADOR, RA m. y f. Persona que escarda.
ESCARDADURA f. Escarda.
ESCARDAR v. t. Arrancar las malas hierbas de los sembrados. || *Fig.* Separar lo malo de lo bueno.
ESCARDILLA f. *Agr.* Escardillo, herramienta.
ESCARDILLAR v. t. Escardar la tierra.
ESCARDILLO m. Instrumento que sirve para escardar. || En algunas partes, vilano del cardo. || Luz que refleja un cuerpo brillante en la sombra: *hacer escardillo una ventana.* || *Lo ha dicho el escardillo,* frase con que se incita a los niños a que confiesen algo suponiendo que ya se sabe.
ESCARIADOR m. Herramienta que sirve para agrandar y alisar los agujeros hechos en metal.
ESCARIAR v. t. Agrandar y alisar un agujero.
ESCARIFICACIÓN f. (lat. *scarificatio*). Producción de una escara artificial. || Incisiones superficiales hechas en la piel con el escarificador.
ESCARIFICADOR m. Instrumento de agricultura que sirve para cortar la tierra sin volverla. || *Cir.* Especie de ventosa con puntas aceradas que sirve para escarificar.
ESCARIFICAR v. t. (lat. *scarificare*). Labrar la tierra con el escarificador. || *Cir.* Hacer con el escarificador incisiones muy poco profundas para producir una sangría. || *Cir.* Escarizar.
ESCARIOSO, SA adj. *Bot.* Que tiene el color y la consistencia de la hoja seca: *frondas escariosas.*
ESCARIZAR v. t. *Cir.* Quitar la escara de una llaga para que encarne bien.
ESCARLADOR m. Navaja que usan los peineros para pulir las guardillas de los peines.
ESCARLATA f. (b. lat. *scarletum*). Color carmesí, menos subido que el de la grana. (SINÓN. V. *Rojo.*) || Tela de este color. || *Med.* Escarlatina, enfermedad.
ESCARLATINA f. Enfermedad febril, contagiosa, caracterizada por la aparición de manchas escarlatas en la piel.
— La *escarlatina* es sobre todo una enfermedad infantil. Su incubación es rápida y apenas dura cuatro días; luego aparece una angina más o menos intensa y 24 horas más tarde una erupción general escarlata, constituida por manchas no prominentes. La escarlatina es siempre una enfermedad grave; dura unos 40 días, termina con una descamación intensa y entonces es cuando más contagiosa se vuelve.
ESCARMENAR v. t. Carmenar el pelo. || *Fig.* Castigar una persona. || *Fig.* Estafar poco a poco.
ESCARMENTADO, DA adj. y s. Que escarmienta.
ESCARMENTAR v. t. Corregir rigurosamente: *escarmentar a un niño.* || — V. i. Servirle a uno de lección una cosa: *escarmentar en cabeza ajena.* || — IRREG. Se conjuga como *alentar.*
ESCARMIENTO m. Prudencia y cautela adquirida por la experiencia del daño propio o ajeno. || Castigo, pena, ejemplo: *hacer un escarmiento.*
ESCARNECEDOR, RA adj. y s. Que escarnece.
ESCARNECER v. t. Hacer burla de una persona, afrentarla. || — IRREG. Se conjuga como *merecer.*
ESCARNECIMIENTO m. Escarnio, burla.
ESCARNIO m. Burla afrentosa. (SINÓN. V. *Injuria.*)
ESCARNIR v. t. *Ant.* Escarnecer, hacer burla.
ESCARO m. (lat. *scarus*). Pez acantopterigio del Mediterráneo oriental: *la carne del escaro era muy apreciada por los antiguos.*
ESCARO, RA adj. y s. Que tiene pies torcidos.
ESCAROLA f. Nombre vulgar de la *achicoria cultivada.* || *Ant.* Valona alechugada.
ESCAROLADO, DA adj. Dícese de las cosas rizadas como la escarola: *cuello escarolado.*
ESCAROLAR v. t. Alechugar, rizar alguna cosa.
ESCARÓTICO, CA adj. *Cir.* Caterético.

ESCARPA f. (ital. *scarpa*). Declive de terreno. || Plano inclinado que forma la muralla de un fuerte. || *Arq.* Lo que se levanta una pared saliendo de la plomada. || *Méx.* Acera de la calle.
ESCARPADO, DA adj. Que tiene escarpa: *una muralla escarpada.* || Dícese de las subidas muy empinadas: *un caminillo escarpado.* (SINÓN. *Abrupto, inclinado.* V. tb. *pendiente.*)
ESCARPADURA f. Escarpa, declive de terreno.
ESCARPAR v. t. Raspar con escarpelo o escofina. || Cortar un terreno, poniéndolo en plano inclinado: *escarpar una zanja.*
ESCARPE m. Escarpa. || Pieza de la armadura antigua que cubría el pie. || *Chil.* Acción de limpiar la veta de una mina.
ESCARPELO m. *Cir.* Escalpelo. || *Tecn.* Instrumento de hierro a modo de escofina que usan los carpinteros, entalladores y escultores.
ESCARPIA f. Clavo con cabeza acodillada que sirve para sujetar: *colgar un cuadro de una escarpia.* (SINÓN. *Alcayata.*)
ESCARPIDOR m. Peine que tiene las púas largas y ralas. (SINÓN. *Batidor.*)
ESCARPÍN m. (b. lat. *scarpus*). Zapato descubierto y de suela delgada: *escarpines de charol.* || Calzado interior que se coloca encima de la media o calcetín.
ESCARRANCHARSE v. r. Esparrancarse.
ESCARTIVANA f. Cartivana.
ESCARZA f. *Veter.* Herida en los pies o manos de las caballerías causada por un clavo, china, etc.
ESCARZANO adj. (del ital. *scarso,* corto). *Arq.* Dícese del arco menor que el semicírculo del mismo radio.
ESCARZAR v. t. Castrar las colmenas.
ESCARZO m. Panal sin miel, negro y verdoso, que queda en la colmena. || Acción de escarzar o castrar las colmenas. || Hongo yesquero.
ESCASAMENTE adv. m. Con escasez. || Con dificultad, apenas.
ESCASEAR v. t. Dar poco y de mala gana. || *Tecn.* Cortar un sillar por un plano oblicuo a sus caras. || — V. i. Faltar: *escasea el trigo este año.*
ESCASERO, RA adj. *Fam.* Que escasea algo.
ESCASEZ f. Cortedad, mezquindad: *dar con escasez.* || Poca cantidad de una cosa: *escasez de dinero.* || Pobreza: *vivir con escasez.* || — CONTR. *Abundancia, generosidad.*
ESCASO, SA adj. (del lat. *excarpsus,* escogido). Poco abundante: *está escasa la comida.* || Falto, no cabal: *tengo una libra escasa de harina.* || Mezquino, agarrado, poco liberal. || — CONTR. *Abundante, generoso.*
ESCATIMAR v. t. Cercenar, rebajar lo que se da: *escatimarle a uno la comida.*
ESCATIMOSO, SA adj. y s. Mezquino. (SINÓN. V. *Tacaño.*)
ESCATOFAGIA f. Hábito de comer excrementos.
ESCATÓFAGO, GA adj. *Zool.* Dícese de los animales que comen excrementos.
ESCATÓFILO, LA adj. *Zool.* Dícese de los insectos cuyas larvas se desarrollan entre excrementos: *un escarabajo escatófilo.*
ESCATOLOGÍA f. (del gr. *skor, skatos,* excremento, y *logos,* tratado). Tratado de los excrementos. || Broma soez, indecencia.
ESCATOLOGÍA f. (del gr. *eskatos,* último). Doctrina referente a la vida de ultratumba.
ESCATOLÓGICO, CA adj. Relativo a la escatología. || Soez, indecente.
ESCAUPIL m. Sayo acolchado con algodón, que usaban los indios mexicanos como coraza contra las flechas. || *C. Rica.* Mochila o morral.
ESCAVANAR v. t. *Agr.* Entrecavar los sembrados para ahuecar la tierra y escardarla.
ESCAYOLA f. (ital. *scagliuola*). Yeso calcinado. || Estuco, masa de yeso con goma. || Yeso que se pone a una persona para reducir una fractura o un desplazamiento de huesos.
ESCAYOLAR v. t. Endurecer las vendas con escayola de manera que puedan mantener en una posición fija los huesos rotos o dislocados.
ESCAYOLISTA m. Especialista que decora con molduras, florones y otros adornos los aposentos.
ESCENA f. (del gr. *skênê,* tienda). Parte del teatro donde representan los actores: *una escena bien iluminada.* (SINÓN. V. *Espectáculo.*) || Conjunto de los decorados que representan el lugar donde pasa la acción: *cambio o mutación de*

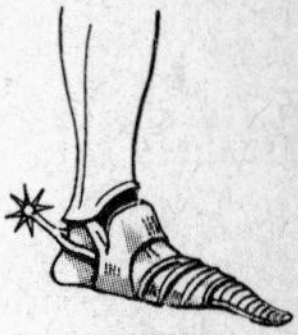
escarpe

escariador

escena. || Arte dramático: *dedicarse a la escena.* || Subdivisión de un acto en que no cambian los personajes: *la escena tercera del segundo acto es un dúo.* || *Fig.* Acción que representa algo interesante: *una escena entristecedora.* || Lugar en que pasa una acción: *la escena del crimen.* || *Poner en escena,* disponer para la representación teatral. || *Fam. Hacer una escena,* armar un escándalo.

ESCENARIO m. Escena del teatro donde representan los actores. (SINÓN. V. *Teatro.*) || *Fig.* Conjunto de circunstancias en torno a un suceso.

ESCÉNICO, CA adj. De la escena: *el arte escénico.*

ESCENIFICACIÓN f. Disposición para la representación teatral o la toma de vistas cinematográficas.

ESCENIFICAR v. t. Dar forma escénica a una obra, adaptar para el teatro.

ESCENOGRAFÍA f. Arte de poner en perspectiva un objeto. || Arte de pintar decoraciones escénicas.

ESCENOGRÁFICO, CA adj. Relativo a la escenografía: *perspectiva escenográfica.*

ESCENÓGRAFO m. El perito en escenografía. || Pintor escenográfico.

ESCEPTICISMO m. Doctrina que descansa en la suspensión del juicio afirmativo o negativo mientras no se tienen pruebas materiales, sobre todo en materia de metafísica: *Pirrón defendió el escepticismo universal.* || Estado de ánimo de los que niegan su adhesión a las creencias de la mayoría: *acoger una noticia con escepticismo.*

ESCÉPTICO, CA adj. y s. (del gr. *skeptomai,* examino). Partidario del escepticismo: *filósofo escéptico.* || El que afecta no creer en ciertas cosas: *espíritu escéptico.* (SINÓN. V. *Incrédulo.* CONTR. *Creyente.*)

ESCIENA f. Pez acantopterigio.

ESCILA f. (lat. *scilla*). Cebolla albarrana.

ESCINCO m. (gr. *skigkos*). Saurio acuático de gran tamaño. || Estinco, lagarto terrestre.

ESCINDIR v. t. Dividir, efectuar escisión.

ESCIRRO m. (del gr. *skirros,* duro). *Med.* Tumor duro de naturaleza cancerosa.

ESCIRROSO, SA adj. Relativo al escirro: *hacer la ablación de un tumor escirroso.*

esclavina

ESCISIÓN f. (lat. *scissio*). Rompimiento; división en una asamblea. (SINÓN. V. *Disidencia.*) || — PARÓN. *Incisión, cisión.*

ESCITA adj. y s. De Escitia, región de Asia.

ESCÍTICO, CA adj. Perteneciente a los escitas.

ESCIÚRIDOS m. pl. Mamíferos roedores de pelo largo y suave, como la ardilla.

ESCLAREA f. Amaro, planta labiada.

ESCLARECER v. t. Iluminar, aclarar. || *Fig.* Ennoblecer, ilustrar: *varón esclarecido por sus virtudes.* || *Fig.* Dilucidar un asunto. || — V. i. Empezar a clarear el día: *en verano esclarece a las cuatro.* || — IRREG. Se conjuga como *merecer.*

ESCLARECIDAMENTE adv. m. Noblemente.

ESCLARECIDO, DA adj. Ilustre, notable: *persona de esclarecida fama.* (SINÓN. V. *Distinguido.*)

ESCLARECIMIENTO m. Acción de esclarecer. (SINÓN. V. *Explicación.*)

ESCLAVATURA f. *Amer. Ant.* Conjunto de esclavos de una finca.

ESCLAVINA f. Prenda de vestir a modo de capa muy corta que se lleva sobre los hombros, pegada con frecuencia a otra prenda: *una capa con esclavina.*

ESCLAVISTA adj. Partidario de la esclavitud.

ESCLAVITUD f. Estado de esclavo: *vivir en la esclavitud.* (SINÓN. V. *Servidumbre.*) || Nombre de ciertas congregaciones devotas. || *Fig.* Sujeción a las pasiones: *la esclavitud del tabaco es una de las más tiránicas.*

escobén

ESCLAVIZAR v. t. Reducir a esclavitud. || *Fig.* Dominar, subyugar: *estar esclavizado por una pasión.* (SINÓN. V. *Oprimir.*)

ESCLAVO, VA adj. y s. (del lat. *esclavus,* esclavo). Persona que está bajo la dependencia absoluta de otra que la ha comprado: *Esopo fue esclavo.* (SINÓN. V. *Sumiso.*) || Que está bajo la dominación de una persona o enteramente dominado por alguna cosa: *esclavo de su deber.* || — M. y f. Miembro de alguna cofradía de esclavitud. || *Fig. Ser esclavo de su palabra,* cumplirla.

ESCLAVÓN, ONA y **ESCLAVONIO, NIA** adj. y s. De Esclavonia. || *Cub.* Servil.

ESCLERÓMETRO m. Aparato para medir la dureza de los minerales.

ESCLEROSIS f. *Med.* Induración patológica de un tejido: *la esclerosis de los tejidos acompaña generalmente la vejez.*

ESCLEROSO, SA adj. Duro, espeso.

ESCLERÓTICA f. (del gr. *sklêros,* duro). *Anat.* Membrana dura, de color blanco, que envuelve el globo del ojo, salvo la córnea transparente.

ESCLUSA f. (del lat. *exclusa,* cerrada). Recinto de fábrica, con sus puertas movibles, que se construye en un río, presa o canal para detener o dejar correr el agua: *los holandeses, amenazados por Luis XIV, abrieron las esclusas de sus canales para inundar todo el país.*

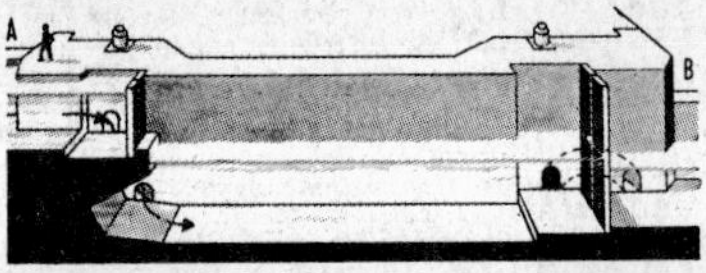

Compartimiento llenándose para alcanzar el nivel superior A

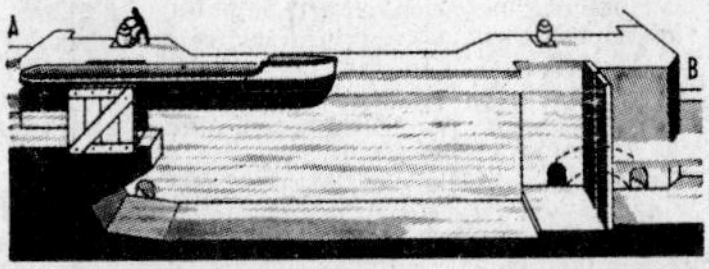

Alcanzado el nivel, la puerta A se abre y el barco entra

La puerta A se cierra y el compartimiento se vacía gracias a las compuertas B

Llegado al nivel de B, la puerta se abre y el barco sale

— Las *esclusas* forman tramos de dos puertas, colocados en los puntos de mayor desnivel y, abriéndolas o cerrándolas con cierto orden, se hacen pasar los barcos de uno a otro tramo.

ESCOA f. *Mar.* Punto de mayor curvatura que presentan las cuadernas de un barco.

ESCOBA f. (lat. *scopae*). Manojo de palma, de crin, de plumas, etc., con mango, que sirve para limpiar. || Planta papilionácea, con que suelen hacerse escobas. || Aparato mecánico que sirve para barrer. || *Amer.* Nombre de diversas plantas.

ESCOBADA f. Barredura: *dar una escobada.*

ESCOBAJO m. (lat. *scopio*). Escoba vieja. || Raspa del racimo de uvas después de desgranado.

ESCOBAR m. Sitio donde abunda la escoba.

ESCOBAR v. t. (lat. *scopare*). Barrer con escoba: *escobar la cocina.* || *Agr.* Abalear el trigo.

ESCOBAZAR v. t. Regar, rociar con una rama mojada: *escobazar el suelo.*

ESCOBAZO m. Golpe dado con la escoba. || *Fam. Echar a escobazos,* despedir a uno sin miramientos. || Barrido ligero.

ESCOBÉN m. *Mar.* Nombre de los agujeros que en la proa del buque dan paso a los cables o cadenas.

ESCOBERA f. Nombre vulgar de la *retama común.* || Mujer que hace o vende escobas.

ESCOBERO m. El que hace escobas o las vende.

ESCOBETA f. Escobilla, escoba pequeña. || *Méx.* Mechón de pelos que sale a los pavos viejos en el papo.
ESCOBILLA f. Escoba pequeña. || Escobita de cerdas o alambre: *una escobilla de platero.* || *Electr.* Haz de hilos de cobre o pieza de carbón aglomerado que sirve de contacto móvil en los generadores y motores eléctricos. || *Provinc.* y *Amer.* Cepillo: *limpiar la ropa con la escobilla.* || *Ecuad.* Adulador. || Cardencha, y también la cabeza del cardo silvestre, que sirve para cardar.
ESCOBILLAR v. t. *Provinc.* y *Amer.* Cepillar. || *Amer.* Mover rápidamente los pies al bailar.
ESCOBILLEO m. *Amer.* Zapateo.
ESCOBILLÓN m. *Artill.* Palo rematado en una escoba cilíndrica, que sirve para limpiar los cañones.
ESCOBINA f. Serrín que se hace con la barrena. || Limadura de un metal.
ESCOBÓN m. Escoba de palo largo, que sirve para deshollinar. || Escoba de mango muy corto.
ESCOCEDURA f. Acción de escocerse la piel.
ESCOCER v. i. Percibir una sensación como de quemadura: *la picadura de las ortigas escuece.* || *Fig.* Sentir en el ánimo desazón: *me escuece su modo de proceder.* || — V. r. Sentirse, dolerse. || Ponerse rubicunda una parte del cuerpo: *los niños pequeños mal cuidados suelen escocerse.* || — IRREG. Se conjuga como *mover.*
ESCOCÉS, ESA adj. y s. De Escocia. || Dícese de las telas de grandes cuadros de colores. || — M. Dialecto céltico hablado en Escocia.
ESCOCIA f. (lat. *scotia*). *Arq.* Moldura cóncava, generalmente entre dos toros, que tiene mucho más vuelo por un lado que por otro.
ESCOCIMIENTO m. Escozor, comenzón.
ESCOCHERAR v. t. *Amér. C.* Escacharrar.
ESCODA f. Especie de martillo con corte en ambos lados: *la escoda sirve para labrar piedras.* || Cilindro dentado que sirve para labrar la superficie del mortero o el asfalto.
ESCODADERO m. *Mont.* Sitio donde los venados suelen ir a escodar.
ESCODAR v. t. Labrar una cosa con la escoda: *escodar una piedra.* || *Mont.* Estregar la cuerna los venados, para descorrearla.
ESCOFIETA f. Tocado antiguo de las mujeres. || *Cub.* Gorro que se suele poner a los niños.
ESCOFINA f. (lat. *scobina*). Lima que tiene los dientes gruesos y se usa en diversos oficios para desbastar: *escofina de escultor.*
ESCOFINAR v. t. Limar, desbastar con escofina.
ESCOFIÓN m. Cierto tocado antiguo.
ESCOGEDOR, RA adj. y s. Que escoge algo.
ESCOGER v. t. Tomar una persona o cosa entre otras: *escoger una fruta de un cesto; escoger por* [*como*] *esposo.* || — SINÓN. *Elegir, tomar, preferir, optar, decidir, seleccionar, adoptar, prohijar, echar el ojo.*
ESCOGIDO, DA adj. Selecto: *obras escogidas de Galdós.* || Muy excelente o perfecto: *una sociedad escogida.* || — M. Acción de escoger. || — F. *Cub.* Escogido, especialmente el del tabaco. || *Cub.* Lugar donde se efectúa esta operación y obreros a ella dedicados.
ESCOGIMIENTO m. La acción de escoger.
ESCOLANO m. Nombre de los educandos de ciertos monasterios de Aragón, Cataluña y Valencia.
ESCOLAPIO m. Sacerdote o estudiante de las Escuelas Pías. || — PARÓN. *Esculapio.*
ESCOLAR adj. (lat. *scholaris*). Perteneciente a la escuela: *adquirir libros escolares.* || — M. Estudiante que asiste a la escuela. (SINÓN. V. *Discípulo.*) || Cierto pez de Cuba.
ESCOLARIDAD f. Conjunto de los cursos que un estudiante sigue en un colegio.
ESCOLÁSTICA f. Escolasticismo.
ESCOLASTICISMO m. Enseñanza filosófica propia de la Edad Media, en la que dominan los preceptos de Aristóteles. || Espíritu exclusivo de escuela en las doctrinas, en los métodos o en el tecnicismo científico.
— Los principales doctores del *escolasticismo* son Escoto Erígena, San Anselmo, Guillermo de Champeaux, Abelardo, Pedro Lombardo, Alberto Magno, Santo Tomás de Aquino, Duns Escoto, San Buenaventura, Bacon, Raimundo Lulio, Guillermo de Occam, etc.
ESCOLÁSTICO, CA adj. Que se enseña según el método de la escolástica: *teología escolástica.* || Relativo a las escuelas: *disciplina escolástica.*
ESCOLERO, RA m. y f. *Per.* Escolar.
ESCÓLEX m. *Zool.* Cabeza de los gusanos cestodos, provista de ventosas o ganchos para adherirse al cuerpo del huésped.
ESCOLIADOR m. El que escolia una obra literaria.
ESCOLIAR v. t. Poner escolios u observaciones: *escoliar una obra filosófica.*
ESCOLIASTA m. Escoliador.
ESCOLIMADO, DA adj. *Fam.* Muy delicado, enclenque: *un muchacho muy escolimado.*
ESCOLIMOSO, SA adj. (del gr. *skolumos*, cardo). *Fam.* Desagradable: *hombre escolimoso.*
ESCOLIO m. (del gr. *skholê*, observación docta). Nota u observación que se pone a un texto antiguo. || *Mat.* Observación relativa a un problema anteriormente demostrado. (SINÓN. V. *Nota.*) || — PARÓN. *Escollo.*
ESCOLIOSIS f. (del gr. *skolios*, torcido). *Anat.* Desviación lateral sufrida por la columna vertebral: *la escoliosis es debida muchas veces a las malas posiciones tomadas al escribir.*
ESCÓLITO m. Género de insectos coleópteros del hemisferio norte: *la larva del escólito o barrenillo destruye la madera del olmo.*
ESCOLOPENDRA f. (gr. *skolopendra.*) *Zool.* Nombre científico del *ciempiés*, miriápodo. || *Bot.* Lengua de ciervo, especie de helecho. || Anélido marino de cuerpo vermiforme.
ESCOLTA f. (ital. *scorta*). Soldados o barcos que sirven para escoltar: *tener una escolta numerosa.* || Acompañamiento.
ESCOLTAR v. t. Acompañar para proteger o vigilar: *escoltar a un soberano, a un prisionero.* (SINÓN. V. *Seguir.*)
ESCOLLAR v. i. Dar el barco en un escollo. || *Arg.* y *Chil.* Fracasar.
ESCOLLERA f. Dique de defensa que se forma en el mar contra el oleaje. (SINÓN. V. *Dique.*)
ESCOLLO m. (lat. *scopulus*). Peñasco a flor de agua que no se descubre bien: *los escollos del Cantábrico son peligrosos.* (SINÓN. *Arrecife, roca, rompiente, encalladero.*) || *Fig.* Peligro, riesgo: *el mundo está lleno de escollos para la virtud.* (SINÓN. V. *Impedimento.*) || — PARÓN. *Escolio.*
ESCOMBRA f. Acción de escombrar.
ESCOMBRAR v. t. Limpiar un lugar de escombros. || *Fig.* Desembarazar, limpiar.
ESCOMBRERA f. Sitio donde se vacian los escombros de una mina o de una fábrica.
ESCOMBRO m. (de *ex*, y el lat. *cumulus*, montón). Cascote y desecho que quedan en un edificio arruinado o derribado. (SINÓN. V. *Ruina.*) || Desechos de la explotación de una mina, de una cantera o de una fábrica. || Pasa menuda y mala que suele usarse para hacer vino.
ESCOMBRO m. (gr. *skombros*). *Zool.* Nombre científico de la *caballa*, pez.
ESCOMERSE v. r. Irse gastando una cosa: *el hierro se escome con la humedad.*
ESCONCE m. Rincón, ángulo.
ESCONDECUCAS m. *Ar.* Juego de escondite.
ESCONDEDERO m. Escondite, escondrijo, lugar bueno para esconder.
ESCONDER m. Escondite, juego.
ESCONDER v. t. (lat. *abscondere*). Encubrir, ocultar: *esconderse en una cueva.* (SINÓN. *Celar, velar, cubrir, disfrazar.*) || *Fig.* Encerrar en sí una cosa algo oculto: *estas palabras esconden una profunda verdad.* || — CONTR. *Descubrir.*
ESCONDIDAMENTE adv. m. A escondidas, ocultamente. || — CONTR. *Abiertamente.*
ESCONDIDAS y **ESCONDIDILLAS** f. pl., y **ESCONDIDOS** m. pl. *Amer.* Nombres diversos del juego del escondite.
ESCONDIDAS (A) y **ESCONDIDILLAS (A)** m. adv. Ocultamente, en secreto: *hacer una cosa a escondidas de sus padres.* (SINÓN. V. *Secretamente.*)
ESCONDIJO m. Escondrijo.
ESCONDIMIENTO m. Acción de esconder algo.
ESCONDITE m. Escondrijo, lugar a propósito para esconder. || Juego de muchachos en que unos se esconden y otros los buscan.
ESCONDRIJO m. Lugar propio para esconder: *un escondrijo muy difícil de descubrir.* (SINÓN. V. *Madriguera* y *rincón.*)
ESCONZADO, DA adj. Que tiene esconces.

escobillón

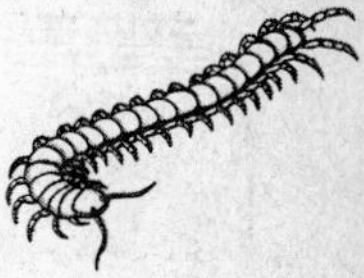
escolopendra

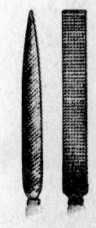

escofinas

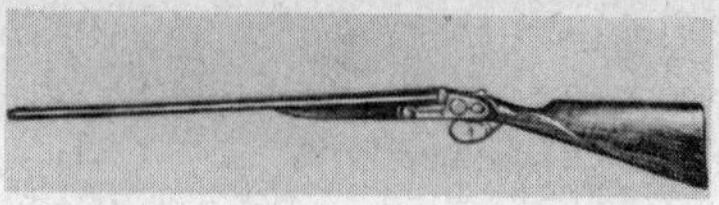

ESCOPETA f. Arma de fuego de uno o dos cañones, que se usa generalmente para cazar: *escopeta de pistón.* || *Fig.* y *fam.* *Aquí te quiero escopeta,* ha llegado el momento de vencer una dificultad que se esperaba.
ESCOPETAR v. t. (del lat. *scopare,* limpiar). *Min.* Sacar la tierra de las minas de oro, escombrarlas.
ESCOPETAZO m. Tiro o disparo de escopeta: *oír un escopetazo.* || *Fig.* Noticia súbita y desagradable.
ESCOPETEAR v. t. Tirar con escopeta. || — V. r. *Fig.* y *fam.* Dirigirse dos personas alternativamente cumplimientos o insultos.
ESCOPETEO m. Acción de escopetear o escopetearse: *un escopeteo de cortesías.*
ESCOPETERÍA f. Tropa armada de escopetas. || Multitud de escopetazos: *escopetería ensordecedora.*
ESCOPETERO m. Soldado armado de escopeta. || El que fabrica escopetas o las vende. || *Zool.* Insecto coleóptero que, cuando se ve perseguido, arroja por el trasero un vapor cáustico y fosforescente.
ESCOPLADURA o **ESCOPLEADURA** f. Corte hecho con el escoplo. (SINÓN. V. *Corte.*)
ESCOPLEAR v. t. Hacer escopleaduras.
ESCOPLO m. *Carp.* Herramienta a modo de cincel que usan los carpinteros.
ESCORA f. *Mar.* (fr. *accore*). Línea que pasa por el punto de mayor anchura de las cuadernas. || *Mar.* Inclinación que toma un buque con el viento. || *Mar.* Cada uno de los puntales que sostienen los costados del buque en construcción.

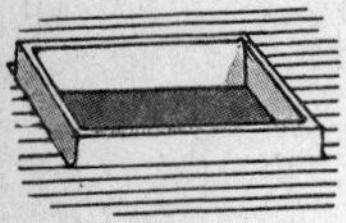

escotilla

ESCORAJE m. *Mar.* Acción de escorar el barco.
ESCORAR v. t. *Mar.* Apuntalar un barco con escoras. (SINÓN. V. *Asegurar.*) || — V. i. *Mar.* Inclinarse el buque con el viento. || *Mar.* Llegar la marea a su nivel más bajo. || *León.* y *Cub.* Apuntalar una cosa. (SINÓN. V. *Sostener.*) || — V. r. *Cub.* y *Hond.* Esconderse en un rincón para no ser visto de otra persona en la calle. || *Ecuad.* Echar la culpa de algo a quien no la tiene.
ESCORBÚTICO, CA adj. Perteneciente o relativo al escorbuto: *síntoma escorbútico.*
ESCORBUTO m. (del ruso *skrobota*). Enfermedad producida por la carencia de vitamina C en la alimentación, que se manifiesta por medio de hemorragias, caída de los dientes y alteraciones en las articulaciones. La padecen principalmente los marinos y gente que se alimenta casi exclusivamente de conservas. Se combate mediante la administración de ácido ascórbico o vitamina C.
ESCORCHAPÍN m. (ital. *scorciapino*). Embarcación de vela antigua.
ESCORDIO m. (lat. *scordium*). Planta labiada.
ESCORIA f. (lat. *scoria*). Substancia vítrea que sobrenada en los metales fundidos: *la escoria está formada por la ganga y los fundentes.* || Óxido que a los martillazos salta del hierro candente en la fragua. || Lava esponjosa de los volcanes. || *Fig.* Cosa vil, desecho: *una escoria de la humanidad.* (SINÓN. V. *Desperdicio.*)
ESCORIACIÓN f. Excoriación.
ESCORIAL m. Sitio donde se echan las escorias de las fábricas metalúrgicas. || Montón de escorias. || *Bol.* Monte cortado a tajo.
ESCORIAR v. t. Excoriar.
ESCORIFICACIÓN f. Acción de escorificar.
ESCORIFICAR v. t. *Neol.* Convertir en escoria: *escorificar las materias extrañas de un mineral.*
ESCORPENA y **ESCORPINA** f. (lat. *scorpaena*). Pez acantopterigio llamado vulgarmente *diablo de mar,* cuya aleta dorsal está erizada de espinas fuertes que producen picaduras muy dolorosas: *la carne de la escorpina es poco apreciada.*
ESCORPIO m. *Astr.* Escorpión.
ESCORPIOIDE f. (del gr. *skorpios,* escorpión, y *eidos,* forma). Alacranera, planta.
ESCORPIÓN m. (lat. *scorpio*). Alacrán, arácnido. || Pez parecido a la escorpina, pero de mayor tamaño. || Máquina de guerra, especie de ballesta. || Azote formado de cadenas terminadas por puntas o garfios retorcidos como la cola del escorpión. || *Astr.* Octavo signo del Zodiaco que el Sol recorre al mediar el otoño.

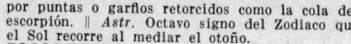

escorpión

ESCORROCHO m. *C. Rica.* Adefesio, trasto.
ESCORROGIO *Venez.* y **ESCORROFIO** m. *Col.* Ser raquítico y despreciable, mequetrefe. (V. MOSCORROFIO.)
ESCORROZO m. *Fam.* Regodeo. || Estropicio. || *Amer.* Bulla.
ESCORZADO m. *Pint.* Escorzo.
ESCORZAR v. t. *Pint.* Reducir la longitud de una figura según las reglas de la perspectiva.
ESCORZO m. (ital. *scorcio*). *Pint.* Reducción del largo de una figura, según la regla de la perspectiva.
ESCORZONERA f. (del ital. *scorza,* corteza, y *nera,* negra). Planta compuesta de flores amarillas y raíz carnosa, de corteza negra: *la raíz de escorzonera se usa en medicina y como alimento.*
ESCOSCARSE v. r. Coscarse, concomerse.
ESCOTA f. *Mar.* Cabo para atiesar las velas.
ESCOTADO m. y mejor **ESCOTADURA** f. Corte que se hace en un vestido por la parte del cuello. || Cortadura, cercenadura de una cosa: *la escotadura de una bacía de barbero.* || *Teatr.* Escotillón grande.
ESCOTAR v. t. Cortar y cercenar una cosa para que ajuste a lo que se necesita: *escotar un vestido.* || Sacar agua de un río, acequia o presa. || Pagar la cuota que le toca a cada uno en un gasto común.
ESCOTE m. Escotadura de un vestido. (SINÓN. *Descote.*) || Adorno de encajes que se pone en el cuello de las camisas de mujer. || Parte que cabe a cada uno en un gasto común: *pagar a escote.*
ESCOTILLA f. (ingl. *scuttle*). *Mar.* Abertura que se hace en las cubiertas, para el servicio del buque. || Puerta de acceso a un carro de combate, avión, etc.
ESCOTILLÓN m. Puerta o trampa en el suelo. || *Teatr.* Abertura en el suelo del escenario por donde salen a escena o desaparecen de ella personas o cosas.
ESCOTÍN m. *Mar.* Escota de una vela de cruz.
ESCOTISMO m. Doctrina filosófica de Escoto.
ESCOTISTA adj. y s. Partidario de Escoto.
ESCOTOMA m. *Med.* Lesión ocular caracterizada por una mancha que cubre parte del campo visual.
ESCOZOR m. (de *escocer*). Sensación dolorosa como la de una quemadura. || *Fig.* Sentimiento que causa una pena o desazón: *siento escozor de su conducta.*
ESCRIBA m. Doctor de la ley entre los judíos. || *Fam.* Escribano. (SINÓN. V. *Empleado.*)
ESCRIBANA f. Mujer del escribano. || Mujer que ejerce la escribanía.
ESCRIBANÍA f. Oficio de escribano. || Papelera, escritorio: *meter papeles en una escribanía.* || Recado de escribir: *una escribanía de bronce.*
ESCRIBANO m. El que por oficio público está autorizado para dar fe de los actos que pasan ante él: *escribano de Ayuntamiento.* || Secretario. || Pendolista. || *Escribano del agua,* girino. || Pez de Cuba.
ESCRIBIDO, DA adj. Sólo se usa en la loc. fam. *leído y escribido.*
ESCRIBIDOR m. *Fam.* Mal escritor. (SINÓN. V. *Autor.*)
ESCRIBIENTE m. El que tiene por oficio copiar o escribir al dictado. (SINÓN. V. *Empleado.*)
ESCRIBIR v. t. (lat. *scribere*). Figurar el pensamiento por medio de signos convencionales: *los asirios escribían con caracteres cuneiformes.* (SINÓN. V. *Copiar.*) || Redactar, componer: *escribir un libro.* (SINÓN. *Liberar, anotar, apuntar, señalar.* Fam. *Borronear, garabatear.*) || Ortografiar: *¿cómo escribe usted esta palabra?* || Señalar: *tiene la indignidad escrita en la frente.* || Comunicar por escrito. (SINÓN. V. *Corresponder.*) || *Máquina de escribir,* instrumento con el cual se escribe tocando con ambas manos un pequeño teclado, cuyas teclas representan letras, cifras o signos.
ESCRIÑO m. Cesta de paja. || Cofrecito para joyas. (SINÓN. V. *Caja.*)
ESCRITA f. Pez parecido a la raya, con manchas blancas, pardas y negras en el lomo.
ESCRITILLAS f. pl. Criadillas de carnero.
ESCRITO, TA p. p. irreg. de *escribir.* || — M. Carta o cualquier papel manuscrito. || Obra literaria: *leemos esta observación en los escritos*

Fot. Gastinne-Renette, Baufle

de *Feijoo.* (SINÓN. V. *Libro.*) ‖ Conjunto de pruebas escritas en un examen. ‖ *For.* Pedimento o alegato. ‖ *Por escrito,* loc. adv., por medio de la escritura: *prometer algo por escrito.* ‖ *Estaba escrito,* así lo tenía dispuesto la Providencia.

ESCRITOR, RA m. y f. Persona que escribe. ‖ Autor de obras escritas o impresas. (SINÓN. V. *Autor.*)

ESCRITORIO m. Mueble que suele servir para guardar papeles o para escribir en él. ‖ Aposento donde tiene su despacho una persona: *recibir a un empleado en el escritorio.* ‖ Mueble de cajones para guardar joyas: *un escritorio embutido de marfil.*

ESCRITORZUELO, LA m. y f. Escritor sin valor.

ESCRITURA f. (lat *scriptura*). Acción y efecto de escribir: *la escritura de la carta le costó mucho trabajo.* ‖ Arte de escribir: *clase de escritura.* (SINÓN. *Grafía, caligrafía.*) ‖ Escrito. (SINÓN. V. *Redacción.*) ‖ Caracteres con que se escribe: *las escrituras griega y latina derivan del fenicio.* ‖ Instrumento público de que da fe el notario: *hacer una escritura.* (Dícese también *escritura pública.*) ‖ *Sagrada escritura,* la Biblia. — Para comunicarse los hombres empezaron con dibujos mágicos, que constituían un ideograma: 1º Los días, en azteca, estaban representados por un objeto, una idea y un sonido. 2º Los jeroglíficos egipcios consistían en una idea o una sílaba, y posteriormente cada signo representaba una sílaba; 3º La escritura cuneiforme es ejemplo de la representación de las sílabas por signos, y la siguiente etapa está determinada por la escritura consonántica, donde solamente se consideran las consonantes: 4º Escritura fenicia, ejemplo de esta etapa. Aparición de la escritura alfabética, como en el griego.

ESCRITURACIÓN f. *Arg.* y *P. Rico.* Acción y efecto de escriturar.

ESCRITURAR v. t. *For.* Asegurar un contrato mediante escritura pública: *escriturar una venta.* ‖ Contratar un artista.

ESCRITURARIO, RIA adj. Perteneciente a la escritura pública: *obligación escrituraria.*

ESCRÓFULA f. *Med.* Tumor frío causado por la hinchazón y supuración de los ganglios linfáticos del cuello. (SINÓN. *Lamparones.*)

ESCROFULARIA f. Planta escrofulariácea medicinal, que se usó contra los lamparones.

ESCROFULARIÁCEAS f. pl. *Bot.* Familia de plantas a la que pertenece la escrofularia.

ESCROFULISMO m. Enfermedad caracterizada por la formación de escrófulas.

ESCROFULOSIS f. Escrofulismo.

ESCROFULOSO, SA adj. Perteneciente a la escrófula: *tumor escrofuloso.* ‖ — Adj. y s. Que la padece.

ESCROTO m. *Zool.* Bolsa de piel que cubre los testículos de los mamíferos.

ESCRUPULEAR v. i. *Méx.* Escrupulizar.

ESCRUPULILLO m. Granillo del cascabel.

ESCRUPULIZAR v. i. Hacer escrúpulo o duda.

ESCRÚPULO m. (lat. *scrupulum*). Duda, inquietud de conciencia: *una conciencia sin escrúpulo.* (SINÓN. V. *Indecisión.*) ‖ Escrupulosidad: *hacer algo con escrúpulo.* ‖ China que se mete en el zapato. ‖ *Fam.* Peso antiguo equivalente a veinticuatro granos o 1,198 miligramos. ‖ *Fam. Escrúpulos de monja,* los nimios o pueriles.

ESCRUPULOSAMENTE adv. m. Con escrupulosidad: *cuenta escrupulosamente exacta.*

ESCRUPULOSIDAD f. Exactitud en el examen de las cosas y en el cumplimiento de los deberes. (SINÓN. V. *Exactitud.*)

ESCRUPULOSO, SA adj. Que padece escrúpulos: *hombre escrupuloso.* ‖ Que causa escrúpulos. ‖ *Fig.* Exacto, minucioso: *una cuenta muy escrupulosa* (SINÓN. V. *Conzienzudo* y *exigente.*)

ESCRUTADOR, RA adj. (lat. *scrutator*). Escudriñador: *mirada escrutadora.* ‖ — M. El que en las elecciones escruta los votos.

ESCRUTAR v. t. Comprobar un escrutinio. ‖ Indagar, escudriñar. (SINÓN. V. *Examinar.*)

ESCRUTINIO m. (del lat. *scrutinium,* acción de registrar). Votación hecha por medio de bolas o escritos metidos en una urna. (SINÓN. V. *Votación.*) ‖ Examen y averiguación de una cosa.

ESCRUTIÑADOR, RA m. y f. Examinador, escudriñador, el que hace escrutinio de una cosa.

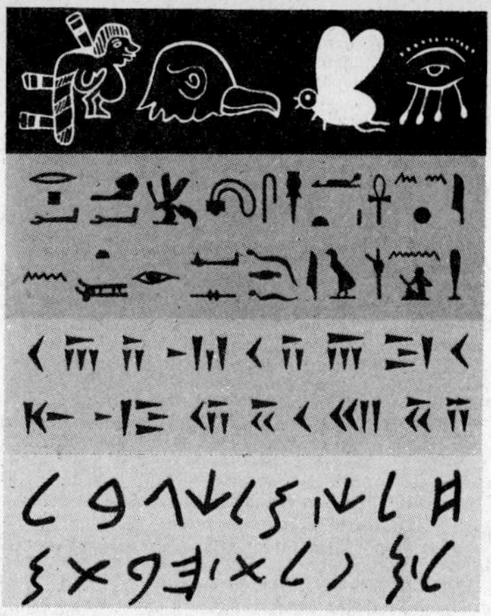

1.°
2.°
3.°
4.°

ESCRITURA

ESCUADRA f. (lat. *ex,* y *quadrare*). Instrumento de madera o de metal que sirve para trazar ángulos rectos. ‖ Pieza de hierro, de figura de L o de T, que sirve para asegurar una ensambladura. ‖ *De escuadra,* en ángulo recto. ‖ *Escuadra de agrimensor,* instrumento para trazar perpendiculares en el terreno. (Se compone de un prisma octogonal de latón en cuyas caras están abiertas ocho hendiduras laterales, por donde se pueden dirigir visuales.) ‖ Conjunto de buques de guerra que maniobran juntos. ‖ Cierto número de soldados mandados por un cabo. ‖ Plaza de cabo de estos soldados. ‖ *Col.* Pistola automática.

ESCUADRAS

1. De dibujante
2. De albañil
3. De carpintero

ESCUADRAR v. t. Labrar a escuadra un objeto: *escuadrar un madero, un tronco de árbol.*

ESCUADREO m. Medición de una superficie en unidades cuadradas.

ESCUADRÍA f. Las dos dimensiones que presenta el corte de un madero labrado a escuadra.

ESCUADRILLA f. Escuadra de buques pequeños. ‖ Grupo de aviones que vuelan juntos a las órdenes de un jefe.

ESCUADRO m. Escrita, especie de raya (pez).

ESCUADRÓN m. Parte de un regimiento de caballería.

ESCUADRONAR v. t. *Mil.* Formar en escuadrón, escuadrones.

ESCUADRONISTA m. *Mil.* Oficial práctico en las maniobras de caballería.

ESCUALIDEZ f. Calidad de escuálido.

ESCUÁLIDO, DA adj. (lat. *squalidus*). Sucio, repugnante. ‖ Pálido, macilento. (SINÓN. V. *Flaco.*) ‖ *Zool.* Suborden de peces selacios fusiformes, como la lija y el cazón.

ESCUALO m. (lat. *squalus*). Cualquiera de los peces selacios pertenecientes al suborden de los escuálidos.

ESCUCHA f. Acción de escuchar. ‖ En los conventos y colegios, religiosa que asiste en el locutorio para oír lo que allí se habla. ‖ Centinela que se adelanta para sorprender los secretos del enemigo. ‖ Ventana pequeña en las salas de los consejos y tribunales, desde donde podía el rey escuchar lo que se decía. ‖ — Pl. *Fort.* Galerías radiales que sirven para reconocer y detener a los minadores enemigos. ‖ *Estación de escucha,* instalación que permite el control de las conversaciones radiotelefónicas.

ESCUCHADOR, RA adj. Que escucha.

escudete

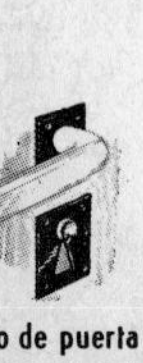
escudo de puerta

ESCUCHAR v. t. (lat. *auscultare*). Oír con atención: *escuchar un concierto.* (SINÓN. V. *Oír.*) || Prestar atención a lo que dice otro: *se debe escuchar siempre a los superiores.* || — V. r. Hablar con pausa y afectación, como deleitándose en lo que dice uno.

ESCUCHIMIZADO, DA adj. Muy flaco y endeble: *tenía un niño escuchimizado.*

ESCUCHÓN, ONA adj. *Ecuad.* Curioso.

ESCUDAR v. t. Amparar con el escudo u otra cosa. || *Fig.* Resguardar o proteger: *le escudó con su cuerpo.* || — V. r. Ampararse, excusarse.

ESCUDEREAR v. t. Servir como escudero: *escuderear a una dama.*

ESCUDERÍA f. Servicio y ministerio del escudero. || Conjunto de coches de carrera que corren por una misma marca.

ESCUDERIL adj. Perteneciente o relativo al escudero o a sus funciones: *las costumbres escuderiles.*

ESCUDERO m. Paje que llevaba el escudo al caballero. || Título que llevaban los que sólo eran hidalgos. || Nombre que se daba a los que recibían estipendio del señor para asistirle en ciertos casos. || Criado que acompañaba a una señora.

ESCUDERÓN m. *Despect.* El que pretende representar por ostentación más de lo que le corresponde, fantasmón.

ESCUDETE m. Escudo pequeño. || Pedazo de lienzo de forma de triángulo que se pone como refuerzo en la ropa blanca. || Pedazo de corteza con una yema, que se injerta en otro árbol. || El nenúfar, planta.

ESCUDILLA f. (lat. *scutella*). Vasija ancha y semiesférica. (SINÓN. V. *Plato.*) || *Cub.* Taza semiesférica para té o café.

ESCUDILLAR v. t. Echar en escudillas el caldo o la comida. || *Ar.* Remojar la sopa. || *Fig.* Disponer y manejar una cosa, mangonear.

ESCUDILLO m. Doblilla, moneda antigua.

ESCUDO m. (lat. *scutum*). Arma defensiva con que se cubría el cuerpo o parte de él y que se llevaba al brazo izquierdo. || Chapa de acero que llevan las piezas de artillería para protección de sus sirvientes. || Antigua moneda de oro y moneda actual en algunos países, como Chile y Portugal. || Cuerpo de blasón generalmente de figura de escudo. || Rodaja de metal que cubre el ojo de la cerradura. || *Fig.* Amparo, defensa: *una madre es el escudo natural de sus hijos.* || Espaldilla del jabalí.

ESCUDRIÑABLE adj. Que puede escudriñarse.

ESCUDRIÑADOR, RA adj. y s. Que tiene curiosidad por escudriñar o registrar.

ESCUDRIÑAMIENTO m. Acción y efecto de escudriñar.

ESCUDRIÑAR v. t. (lat. *scrutinare*). Inquirir minuciosamente: *escudriñar la vida de una persona.* (SINÓN. V. *Rebuscar.*)

ESCUELA f. (lat. *schola*). Establecimiento de enseñanza: *escuela de artes y oficios.* (SINÓN. *Colegio, liceo, instituto, academia, conservatorio, gimnasio.*) || Tómase generalmente por la de primera enseñanza: *los niños de la escuela.* || *Fig.* Conjunto de los discípulos de un maestro: *un cuadro de la escuela de Rafael.* || La doctrina de un maestro: *la escuela positivista.* || Estilo de los grandes pintores: *la escuela holandesa.* || *Fig.* Lo que da experiencia: *la escuela de la desgracia.* || *Escuela normal,* la que otorga títulos de maestro de primera enseñanza. || *Escuelas Pías,* congregación de sacerdotes destinados a la enseñanza, fundada en 1597 por San José de Calasanz.

ESCUELANTE m. *Col., Venez.* y *Méx.*. Escolar, colegial.

ESCUELERO, RA m. y f. *Amer. Despect.* Maestro. || *Col.* y *Venez.* Escolar.

ESCUERZO m. (del lat. *scortum,* pellejo). Sapo, batracio. || *Fam.* Persona demasiado flaca y esmirriada.

ESCUETO, TA adj. Desnudo, seco, sin adornos: *me dio informes muy escuetos.*

ESCUINPACLE m. *Bot. Méx.* Especie de hierba cana.

ESCUINTLECO, CA adj. y s. De Escuintla.

ESCULAPIO m. (de *Esculapio,* médico de la Antigüedad.) || *Fam.* Médico.

ESCULCAR v. t. *Ant.* Espiar, acechar. || *And.* y *Amer.* Registrar: *le esculcó los bolsillos.*

ESCULPIDOR m. El que esculpe.

ESCULPIR v. t. Labrar una obra de arte en relieve: *esculpió en mármol a los hombres más eminentes de su época.* || Grabar.

ESCULTOR, RA m. y f. Artista que se dedica a la escultura: *hábil escultor.* || — SINÓN. *Estatuario, modelador, imaginero, tallista, decorador.*

ESCULTÓRICO, CA adj. Escultural.

ESCULTURA f. Arte de esculpir: *la escultura griega.* || Obra esculpida: *una inmensa escultura de granito.*

ESCULTURAL adj. Relativo a la escultura: *arte escultural.* || Que participa de los caracteres y de la belleza de las estatuas: *formas esculturales.*

ESCULLIRSE v. r. Escabullirse, escaparse. || — IRREG. Se conjuga como *mullir.*

ESCUNA f. (ingl. *schooner*). *Mar.* Goleta.

ESCUPETINA f. Escupitina.

ESCUPIDA f. *Arg.* Salivazo.

ESCUPIDERA f. Vasija para escupir. || *And.* y *Amer.* Bacín, orinal. || *Col.* Ruedo, esterilla.

ESCUPIDERO m. Sitio donde se escupe mucho. || *Fig.* Situación despreciable: *estar en el escupidero.*

ESCUPIDO, DA adj. Dícese del que tiene un gran parecido con sus ascendientes directos: *Fulana es su madre escupida.* || — M. Esputo.

ESCUPIDOR, RA adj. y s. Que escupe con frecuencia. || — M. *Col.* Ruedo de esparto. || *And.* y *Amer.* Escupidera. || *Hond.* y *Méx.* Candela romana, fuego artificial.

ESCUPIDURA f. Lo que se escupe. || Excoriación en los labios a consecuencia de una calentura.

ESCUPIR v. t. (lat. *ex* y *conspuere*). Arrojar fuera de la boca: *escupir sangre.* (SINÓN. *Expectorar, esputar, esgarrar, arrancar, gargajear.*) || *Fig.* Echar de sí con desprecio una cosa. || Despedir, soltar: *el metal escupe la escoria en el horno.* || *Fig.* Arrojar, lanzar: *los cañones escupían sin tregua la metralla.* || *Fig.* Salir en el cutis postillas u otras señales del humor ardiente que causó calentura.

ESCUPITAJO m. **ESCUPITINA** f. y **ESCUPITINAJO** m. Escupidura.

ESCUPO m. *And.* y *Amer.* Esputo.

ESCURANA f. *Col.* y *Chil.* Oscuridad.

ESCURIALENSE adj. Perteneciente o relatico a El Escorial: *biblioteca escurialense.*

ESCURRE m. *Cub.* Especie de pimiento picante.

ESCURREPLATOS m. Mueble de fregadero para escurrir los platos.

ESCURRIBANDA f. *Fam.* Escapatoria. || *Fam.* Desconcierto, flujo de vientre. || *Fam.* Corrimiento de un humor. || *Fam.* Zurribanda: *dar una escurribanda.*

ESCURRIDA adj. Dícese de la mujer muy ajustada o muy estrecha de caderas. || *Hoja escurrida,* la hoja sentada y algo envainadora.

ESCURRIDERA f. Cucharero de cocina. || — Pl. *Méx.* y *Guat.* Aguas sobrantes que escurren de un riego.

ESCURRIDERO m. Mesa inclinada que sirve para escurrir en diversas industrias.

ESCURRIDIZO, ZA adj. Que se escurre fácilmente: *está hoy el suelo bastante escurridizo.*

ESCURRIDO, DA adj. Dícese de la persona muy escurrida de caderas. || *Méx.* y *Cub.* Corrido, avergonzado.

ESCURRIDOR m. Aparato usado para escurrir: *los escurridores de la cocina.*

ESCURRIDURAS f. pl. Últimas gotas de un licor que quedan en un vaso, botella, etc.

ESCURRIMBRES f. pl. *Fam.* Escurriduras.

ESCURRIMIENTO m. *Fig.* Desliz.

ESCURRIR v. t. Apurar las últimas gotas que quedan en una vasija: *escurrir una alcuza de aceite.* || Hacer que una cosa mojada deje chorrear el líquido: *escurrir los platos fregados.* || — V. i. Destilar y caer gota a gota: *poner panales de miel a escurrir.* || Deslizar: *este suelo escurre.* || — V. r. Deslizarse: *escurrirse en el hielo.* || *Fam.* Escaparse.

ESCUSA f. Derecho concedido por el dueño de una ganadería a sus pastores para que puedan apacentar un cierto número de cabezas de ganado de su propiedad, como parte de la retribución convenida. || Conjunto de este ganado.

ESCUSADO, DA adj. Reservado.

ESCUTELARIA f. Planta labiada de China.

ESDRUJULIZAR v. t. Hacer o dar acentuación esdrújula a una voz.

ESDRÚJULO, LA adj. y s. (ital. *sdrucciolo*). Dícese del vocablo acentuado en la antepenúltima sílaba, como *gramática, kilómetro*. ‖ *Verso esdrújulo*, el que termina en voz esdrújula.

ESE f. Nombre de la letra *s*. ‖ Eslabón de cadena de figura de *s*. ‖ *Fam. Andar haciendo eses*, estar borracho. ‖ *Echar a uno una ese y un clavo*, granjearse por completo su amistad. (Alude al jeroglífico de la *s* atravesada por un clavo, que significaba: *esclavo*.)

ESE, ESA, ESOS, ESAS adj. dem. (lat. *ipse*). Sirven para designar lo que está más cerca de la persona a quien se habla que de la que habla: *ese libro que tienes a tu lado*. ‖ *Fam.* Precedido del nombre suele indicar desprecio, contrariedad: *¡qué cargante es el niño ese!* ‖ — OBSERV. En América y en algunas partes de España se toma con frecuencia por *aquél*.

ÉSE, ÉSA, ESO, ÉSOS, ÉSAS pron. dem. (lat. *ipse*). Significan la persona o cosa que está más cerca de la persona a quien se habla que de la que habla: *esta casa es más grande que ésa, eso sí que es bueno*. ‖ *Ésa* designa la ciudad en que reside la persona a quien nos dirigimos por escrito: *llegaré a ésa el sábado próximo*. ‖ *¡A ése!*, interj. que se usa cuando se persigue a uno, para que le atajen otros el paso. ‖ *Choque usted ésa*, deme usted la mano. ‖ *Eso mismo*, m. adv., asimismo. ‖ *Ni por ésas*, de ninguna manera. ‖ *Ésas tenemos*, de eso se trata. ‖ *¡Eso!* o *¡eso es!*, interj., es verdad, perfectamente. ‖ — OBSERV. Acentúanse *ése, ésa, ésos, ésas*, pronombres (no *eso*), para distinguirlos de *ese, esa, esos, esas*, adjetivos.

ESECILLA f. Alacrán de un broche.

ESENCIA f. (lat. *essentia*). Lo que constituye la naturaleza de una cosa: *la esencia divina*. (SINÓN. *Ser, naturaleza, propiedad, carácter, particularidad, importancia, substancia*.) ‖ *Fil.* Naturaleza ideal de un ser: *el existencialismo admite que la existencia precede a la esencia*. ‖ Líquido obtenido por medio de la destilación: *esencia de rosas*. (SINÓN. V. *Perfume*.) ‖ Extracto concentrado: *esencia de café*. ‖ *Quím.* Cualquiera de las substancias volátiles producidas por plantas de diversas familias: *esencia de trementina*. ‖ *Quinta esencia*, entre los alquimistas, principio fundamental de la transmutación de los cuerpos. *Fig.* Lo más puro de una cosa: *la quinta esencia del talento*.

ESENCIAL adj. De la esencia de una cosa: *la razón es esencial en el hombre*. ‖ Necesario: *condición esencial*. (SINÓN. V. *Principal*.) ‖ *Aceite esencial*, esencia.

ESENCIALMENTE adv. m. Por esencia, por naturaleza.

ESENCIERO m. Frasco para esencia.

ESENIO, NIA adj. y s. Dícese de una secta judía que practicaba la comunidad de bienes y sencillez de costumbres.

ESENISMO m. Doctrina religiosa practicada por los esenios.

ESFACELARSE v. r. *Med.* Gangrenarse un tejido orgánico.

ESFACELO m. (gr. *sphakelos*). *Med.* Gangrena que interesa a un miembro entero.

ESFENOIDAL adj. Relativo o perteneciente al hueso esfenoides.

ESFENOIDES adj. y s. (del gr. *sphên*, cuña, y *eidos*, forma). Hueso esfenoides, uno de los del cráneo.

ESFERA f. (del gr. *sphaira*, bola). Globo, cuerpo sólido regular, en el que todos los puntos de la superficie distan igualmente de un punto interior llamado *centro*. ‖ *Esfera celeste*, orbe inmenso que rodea nuestro globo por todas partes y al que parecen adheridas las estrellas. ‖ *Esfera armilar*, v. ARMILAR. ‖ Espacio en que los antiguos suponían que recorría su curso cada planeta: *la esfera de Saturno*. ‖ *Fig.* Medio en que la autoridad, el talento o la influencia de una persona o cosa producen todo su efecto: *no debe uno salir nunca de su esfera*. ‖ *Esfera de actividad*, espacio en donde se ejerce la autoridad o la influencia de una persona. ‖ Círculo en que giran las manecillas del reloj.

— La superficie de una *esfera* se obtiene multiplicando 4 veces 3,1416 por el cuadrado del radio, y el volumen tomando los 4/3 de 3,1416 y multiplicando el resultado por el cubo del radio.

ESFERICIDAD f. *Geom.* Calidad de esférico: *la esfericidad de la Tierra*. (SINÓN. V. *Redondez*.)

ESFÉRICO, CA adj. *Geom.* Perteneciente a la esfera: *forma esférica, triángulo esférico*.

ESFEROGRÁFICA f. *Arg.* Bolígrafo.

ESFEROIDAL adj. *Geom.* Relativo al esferoide o parecido a él: *la Tierra tiene forma esferoidal*.

ESFEROIDE m. (del gr. *sphaira*, esfera, y *eidos*, forma). *Geom.* Cuerpo de forma semejante a la esfera.

ESFERÓMETRO m. Aparato para medir la curvatura de las superficies esféricas.

ESFIGMÓGRAFO m. (del gr. *sphugmos*, pulso). Aparato que mide las pulsaciones de las arterias.

ESFINGE amb. (gr. *sphigx*). Animal fabuloso, con cabeza y pecho de mujer, cuerpo y pies de león. (V. *Parte hist.*) ‖ *Fig.* Personaje impenetrable, individuo que propone problemas difíciles y extraños. ‖ Especie de mariposa nocturna, llamada también *calavera*.

ESFÍNTER m. (del gr. *sphiggein*, cerrar). *Anat.* Anillo muscular que cierra un orificio: *el esfínter anal*.

ESFORROCINO m. Sarmiento bastardo.

ESFORZADAMENTE adv. m. Con esfuerzo.

ESFORZADO, DA adj. Valiente, animoso: *un corazón esforzado*. ‖ — CONTR. *Cobarde, débil*.

ESFORZAR v. t. (lat. *exfortiare*). Dar fuerza o vigor. ‖ Alentar, infundir ánimo. ‖ — V. r. Hacer esfuerzos física o moralmente con algún fin: *esforzarse en [por] algo*. ‖ — IRREG. Se conjuga como *almorzar*.

ESFUERZO m. Acción enérgica del cuerpo o del espíritu: *el esfuerzo da el sentimiento de la libertad*. ‖ Valor, vigor. ‖ Empleo de medios costosos para obtener un fin.

ESFUMAR y **ESFUMINAR** v. t. *Pint.* Extender el lápiz con el esfumino. ‖ *Fig.* Desvanecer. (SINÓN. V. *Desaparecer*.)

ESFUMINO m. (ital. *sfumino*). *Pint.* Rollito de papel o de piel para esfumar.

ESGARRAR v. t. Escupir con esfuerzo. (SINÓN. V. *Escupir*.)

ESGARRO m. Desgarro, esputo.

ESGRAFIAR v. t. (ital. *sgraffiare*). Grabar con el grafio la superficie estofada.

ESGRIMA f. Arte de manejar la espada, el sable y demás armas blancas: *esgrima de florete*. (V. ilustr. pág. 427.)

ESGRIMIDOR m. El que sabe esgrimir. ‖ — SINÓN. *Espadachín, esgrimista, diestro, batallador, duelista*.

ESGRIMIR v. t. Manejar un arma blanca: *esgrimir el sable*. ‖ *Fig.* Servirse de algo para lograr un objetivo.

ESGRIMISTA adj. y s. *Amer.* Esgrimidor.

ESGUAZAR v. t. (ital. *sguazzare*). Vadear, atravesar una corriente de agua: *esguazar un río*. ‖ — PARÓN. *Desguazar*.

ESGUCIO m. (lat. *scotia*). *Arq.* Moldura cóncava cuyo perfil abraza la cuarta parte de un círculo.

ESGUÍN m. La cría del salmón.

ESGUINCE m. Ademán que se hace hurtando el cuerpo para evitar un golpe o caída. ‖ Ademán o gesto de disgusto o desdén. ‖ Torcedura de una coyuntura.

ESGUNFIAR v. t. *Arg. lunf.* Cansar.

ESLABÓN m. Hierro en forma de anillo o de ese que, trabado con otros, forma una cadena. ‖ Hierro con que se saca fuego del pedernal. ‖ Chaira que sirve para afilar. ‖ *Zool.* Especie de alacrán. ‖ *Veter.* Tumor óseo que nace debajo del corvejón y de la rodilla.

ESLABONAMIENTO m. Acción de eslabonar.

ESLABONAR v. t. Unir los eslabones formando cadena. ‖ *Fig.* Enlazar y unir: *eslabonar un discurso*.

ESLAVISMO m. Estudio de lo eslavo y afición a las cosas eslavas.

ESLAVIZAR v. t. Volver eslavo.

ESLAVO, VA adj. Perteneciente o relativo a los eslavos. (V. *Parte hist.*) ‖ — M. Lengua eslava.

ESLAVÓFILO, LA adj. Amigo de los eslavos.

ESLAY m. *Dom.* Tapas que se suelen servir al mismo tiempo que un vaso de vino.

ese

esfinge

eslabón giratorio

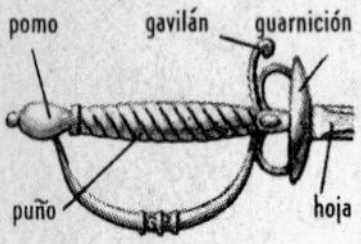

ESPADA

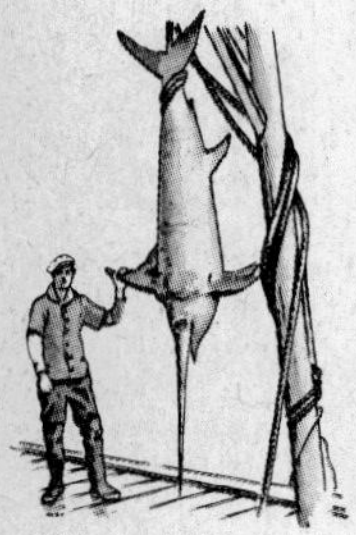
pez espada

espadilla

ESLINGA f. Maroma provista de ganchos para levantar pesos.

ESLIZÓN m. Reptil escíndido, especie de lagarto.

ESLORA f. *Mar.* Longitud del barco desde el codaste hasta la roda por la parte interior. ‖ — Pl. *Mar.* Maderos que se ponen endentados en los baos para mayor solidez de la nave.

ESLOVACO, CA adj. y s. De Eslovaquia.

ESLOVENO, NA adj. y s. De Eslovenia.

ESMALTADOR m. El que esmalta.

ESMALTAR v. t. Aplicar esmalte: *esmaltar un jarro.* ‖ *Fig.* Adornar con colores varios: *las flores que esmaltan los campos por primavera.*

ESMALTE m. (lat. *smalt*). Barniz vítreo, opaco o transparente, que se aplica sobre la loza, la porcelana o los metales: *el esmalte se compone generalmente de arena silícea, de una mezcla de óxido de potasio y de sodio y de óxidos metálicos.* ‖ Obra esmaltada. ‖ Color azul obtenido con el óxido de cobalto. ‖ *Anat.* Materia dura que cubre la superficie de los dientes. ‖ *Fig.* Lustre, esplendor. ‖ *Blas.* Nombre que se da a los colores en heráldica, especialmente cuando no son metales.

ESMALTÍN m. Esmalte, color azul.

ESMALTINA f. Arseniuro natural de cobalto.

ESMÉCTICO, CA adj. (gr. *smêktikos*). *Miner.* Detersivo, que limpia: *arcilla esméctica.*

ESMERADAMENTE adv. m. Con esmero.

ESMERADO, DA adj. Hecho con esmero: *labor esmerada.* (SINÓN. V. *Perfecto.*) ‖ Que se esmera: *un muchacho esmerado.* (SINÓN. *Aseado, curioso, culto, primoroso.*)

ESMERALDA f. (gr. *smaragdos*). Piedra fina, silicato de alúmina y glucina, que debe su color verde al óxido de cromo. ‖ *Cub.* Nombre de un pez del mar de las Antillas. ‖ *Col.* Especie de colibrí.

ESMERALDEÑO, ÑA adj. y s. De Esmeraldas (Ecuador).

ESMERALDINO, NA adj. De color de esmeralda.

ESMERARSE v. r. Poner extremado cuidado y esmero en una cosa. (SINÓN. V. *Cuidar.*) ‖ Obrar con acierto.

ESMEREJÓN m. (ital. *smeriglione*). Ave de rapiña del género azor. ‖ *Ant.* Pequeña pieza de artillería.

ESMERIL m. (gr. *smyris*). Roca negruzca compuesta de corindón granoso, mica y óxido de hierro: *el esmeril es tan duro que raya todos los cuerpos excepto el diamante.*

ESMERIL m. (del ital. *smeriglio*, esmerejón). Cañón antiguo, algo mayor que el falconete.

ESMERILADO m. Acción y efecto de esmerilar: *con el esmerilado se pulen los metales.*

ESMERILADOR m. Obrero que esmerila.

ESMERILAR v. t. Pulir un objeto con esmeril: *esmerilar un cristal.* (SINÓN. V. *Pulir.*)

ESMERO m. Sumo cuidado que se pone en hacer las cosas: *escribir con mucho esmero.*

ESMILÁCEAS f. pl. *Bot.* Subfamilia de plantas liliáceas que tienen por tipo la zarzaparrilla.

ESMIRRIADO, DA adj. Desmirriado.

ESMOQUIN m. Smoking.

ESMORECERSE v. r. *And.* y *Amer.* Desmayarse, desfallecer, debilitarse.

ESMORECIDO, DA adj. Aterido de frío.

ESNOB m. Snob.

ESNOBISMO m. Snobismo.

ESO pron. dem. V. ESE.

ESOFÁGICO, CA adj. Relativo al esófago.

ESÓFAGO m. *Anat.* Conducto que va de la faringe al estómago, y por donde pasan los alimentos.

ESÓPICO, CA adj. Perteneciente o relativo a Esopo: *fábulas esópicas.*

ESOTÉRICO, CA adj. (del gr. *esôterikos*, interior). Secreto. (SINÓN. V. *Oculto.*) ‖ Dícese de la doctrina profesada por los sabios de la Antigüedad cuyo conocimiento no debía ser poseído sino por muy pocos.

ESOTERISMO m. Doctrina esotérica.

ESOTRO, TRA pron. dem. Ese otro, esa otra.

ESPABILAR v. t. Despabilar. ‖ *Pop.* Echar fuera.

ESPACIADOR m. Tecla de la máquina de escribir que deja un espacio en blanco.

ESPACIAL adj. Relativo al espacio: *nave espacial.*

ESPACIAR v. t. Poner espacio entre dos cosas en el tiempo o en el lugar: *espaciar sus visitas.* ‖ Divulgar: *espaciar una noticia.* ‖ *Impr.* Separar las palabras o letras en un impreso. ‖ — V. r. Extenderse, dilatarse: *espaciarse mucho en una carta.* ‖ Esparcirse, solazarse.

ESPACIO m. (lat. *spatium*). Extensión indefinida. ‖ Extensión superficial limitada: *un pequeño espacio de terreno.* (SINÓN. *Intervalo, intersticio, hueco, capacidad.* V. tb. *medio.*) ‖ Porción de tiempo. ‖ Distancia que describe un punto en movimiento: *cuando cae un cuerpo libremente, los espacios que recorre son proporcionales a los cuadrados de los tiempos empleados en recorrerlos.* (SINÓN. *Extensión.* V. tb. *trayecto.*) ‖ *Fig.* Tardanza, lentitud: *hacer las cosas con demasiado espacio.* ‖ *Impr.* Pieza de metal, del cuerpo de las letras y más baja que éstas, que sirve para separar las dicciones y a veces las mismas letras en lo impreso. ‖ *Mús.* Separación que hay en las rayas del pentagrama. ‖ Porción de tiempo en una emisión de radio o televisión. ‖ *Ast.* Descampado. ‖ — Adv. m. *Méx.* Despacio. ‖ *Geometría del espacio,* la que estudia las figuras de tres dimensiones. ‖ *Espacio tiempo,* medio de cuatro dimensiones, incluyendo el tiempo, que según la teoría de la relatividad es necesario para determinar la posición de un fenómeno. ‖ *Espacio vital,* territorio que una nación juzga indispensable adquirir para su desarrollo.

ESPACIOSAMENTE adv. m. Lentamente.

ESPACIOSO, SA adj. (lat. *spatiosus*). Ancho, amplio: *habitación espaciosa.* ‖ Lento, pausado: *un hombre muy espacioso.*

ESPACLE m. *Méx.* Sangre de drago, árbol.

ESPACHURRAR v. t. Despachurrar.

ESPADA f. (lat. *spatha*). Arma blanca, recta, de punta y filo, con empuñadura: *batirse a espada.* (SINÓN. *Sable, machete, florete, estoque, espadón, cimitarra, alfanje, yatagán.*) ‖ Persona hábil en el manejo de la espada: *Fulano es una buena espada.* ‖ En el juego de naipes, palo que representa una o más espadas: *no he tenido en esta mano más que dos espadas; el as de espadas.* ‖ *Zool.* Pez espada. ‖ — M. Torero que mata los toros con espada: *primer espada.* ‖ *Fig. Entre la espada y la pared,* en trance apurado. ‖ *Salir uno con su media espada,* entrar en una discusión sin autoridad para ello. ‖ *Espada de Damocles,* riesgo de peligro persistente. ‖ *Fig. Espada de dos filos,* dícese de lo que puede producir dos efectos opuestos. ‖ *Fam. Colgar la espada,* jubilarse, renunciar a un trabajo u ocupación.

ESPADACHÍN m. (ital. *spadaccino*). Que maneja bien la espada y es amigo de riñas y de pendencias. (SINÓN. V. *Esgrimidor.*)

ESPADAÑA f. (del lat. *spadix*, rama de palmera). Planta tifácea, especie de junco con una mazorca cilíndrica al extremo: *las hojas de la espadaña se emplean como las de la anea.* ‖ Campanario de una pared con huecos para las campanas. (SINÓN. V. *Campanario.*) ‖ Armadura de hierro de donde cuelgan los cubos de un pozo.

ESPADAÑADA f. Golpe de sangre o agua que sale bruscamente por la boca.

ESPADAÑAR v. t. Abrir el ave, en forma de abanico, las plumas de la cola.

ESPADAR v. t. Quebrantar con la espadilla el lino o el cáñamo.

ESPADERO m. El que hace o vende espadas.

ESPÁDICE m. (lat. *spadix*). *Bot.* Inflorescencia en forma de espiga, con eje carnoso y encerrada generalmente en un espata, como la cola y el aro.

ESPADILLA f. Insignia de los caballeros de Santiago. ‖ Especie de sable de madera que sirve para espadar. ‖ Remo grande que sirve al mismo tiempo de timón en ciertas embarcaciones chicas: *remar con espadilla.* (SINÓN. V. *Remo.*) ‖ As de espadas. ‖ Aguja o rascador que llevan en la cabeza las mujeres.

ESPADILLAR v. t. Espadar el lino o cáñamo.

ESPADILLAZO m. En algunos juegos, lance en que se ve obligado el jugador a perder la espadilla.

ESPADÍN m. Espada delgada que se usa en ciertos casos con algunos uniformes de ceremonia.

ESPADISTA m. *Germ.* Ladrón que usa ganzúa

ESPADÓN m. Espada grande, mandoble.

ESGRIMA

en guardia, de frente

extensión del brazo y tocado, a pesar de la parada de primera

en guardia para la línea externa

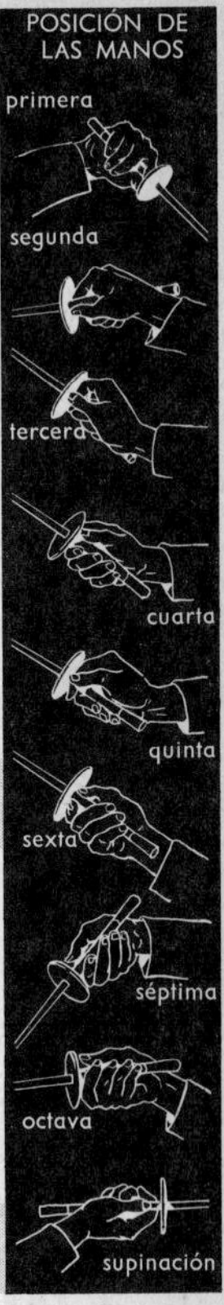

cuerpo a cuerpo

golpe doble

estocada al cuerpo y parada

arresto en línea alta sobre un golpe bajo, en primera posición

ataque a la cara y retroceso del cuerpo para esquivar

filo al flanco

uno-dos vertical (en punteado, 2° tiempo : tocado)

toma de hierro sobre el brazo extendido. Golpe recto al cuerpo

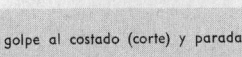

golpe al costado (corte) y parada

asalto, revés y parada

guardia de tercera

espahí

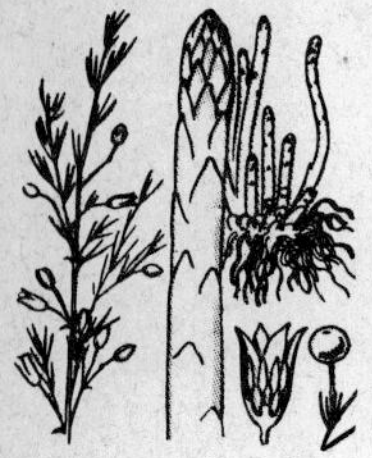

espárrago

esparraguera

ESPAGÍRICA f. (del gr. *spaô,* extraer, y *aguris,* reunión). *Ant.* Arte de depurar los metales.

ESPAGÍRICO, CA adj. Relativo a la espagírica.

ESPAHÍ m. (persa *cipahi*). Soldado de caballería turco. ‖ Nombre dado a los soldados de caballería del antiguo ejército francés en Argelia.

ESPALDA f. (lat. *spathula*). Parte posterior del cuerpo, de los hombros a la cintura: *tener la espalda encorvada.* Ú. tb. en pl.: *echarse una cosa a las espaldas.* ‖ Lomo de un animal. (SINÓN. *Lomo, espinazo, costillas.*) ‖ Parte posterior de un vestido, que corresponde a la espalda. ‖ Estilo de natación en el que se nada boca arriba. ‖ — Pl. Envés de una cosa. (SINÓN. *Dorso.*) ‖ Tropa que guardaba la retaguardia de una expedición: *llevar espaldas de arcabucería.* ‖ *Fig. Echarse una cosa sobre las espaldas,* cargar voluntariamente con ella. ‖ *Tener buenas espaldas,* tener mucho aguante. ‖ *Tener guardadas las espaldas,* sentirse protegido por otro o por alguna cosa. ‖ *Dar* o *volver la espalda a uno,* presentarle la espalda. *Fig.* Apartarse de él. ‖ *Cargado de espaldas,* algo jorobado. ‖ *Fig. Hablar por las espaldas,* hablar mal de uno en su ausencia.

ESPALDAR m. Parte de la coraza que sirve para defender la espalda. ‖ Respaldo: *el espaldar de una silla.* ‖ Armazón de madera en que se fija un árbol frutal, emparrado, jazmín, etc. ‖ *Zool.* Parte superior de la coraza de la tortuga. ‖ — Pl. Colgaduras que se fijaban en las paredes a manera de frisos.

ESPALDARAZO m. Golpe dado con la espada de plano o con la mano en la espalda. (SINÓN. *Cintarazo.*) ‖ *Dar el espaldarazo,* aceptar como igual, refrendar.

ESPALDARCETE m. Pieza de la armadura antigua que cubría el hombro. (SINÓN. *Hombrera.*)

ESPALDARÓN m. Pieza de la armadura antigua que servía para cubrir las espaldas.

ESPALDEAR v. t. *Mar.* Romper las olas con ímpetu en la popa del barco. ‖ *Chil* Guardar las espaldas a una persona.

ESPALDERA f. Espaldar en las huertas. ‖ Serie de barras paralelas adosadas generalmente a la pared sobre las cuales se pueden ejecutar ciertos ejercicios gimnásticos.

ESPALDERO m. *Venez.* El que sigue a otro.

ESPALDILLA f. Omóplato, hueso del hombro. (SINÓN. *Paletilla.*) ‖ Cuarto delantero del cerdo.

ESPALDÓN m. Parte saliente que queda en un madero cuando se entalla. ‖ *Fort.* Valla que se forma artificialmente. ‖ — Adj. *Col.* Espaldudo.

ESPALDONAR v. t. Defender con un espaldón.

ESPALDUDO, DA adj. De grandes espaldas.

ESPALERA f. Espaldar de huerto.

ESPALTO m. (al. *spalt*). *Pint.* Color obscuro, transparente y dulce para las veladuras, que se hace con betún de Judea. ‖ Piedra que se usa como fundente. (SINÓN. *Aspalto.*)

ESPANTADA f. Huida repentina de un animal. ‖ Desistimiento repentino causado por el miedo: *las célebres espantadas del Gallo.*

ESPANTADIZO, ZA adj. Que fácilmente se espanta: *ese caballo es muy espantadizo.*

ESPANTADOR, ORA adj. Que espanta o causa terror. ‖ *Amer.* Dícese del caballo espantadizo.

ESPANTAGUSTOS m. Aguafiestas.

ESPANTAJO m. Lo que se pone en un sitio para espantar: *se ponen espantajos en los sembrados para alejar los pájaros.* ‖ *Fig.* Cosa que infunde temor. (SINÓN. *Coco, tarasca, pelele.*) ‖ *Fig.* Persona fea o que está mal arreglada: *esa mujer va hecha un espantajo.*

ESPANTALOBOS m. Arbusto de la familia de las papilionáceas, de flores amarillas, en grupos axilares, cuyas vainas producen ruido al chocar.

ESPANTAPÁJAROS m. Espantajo.

ESPANTAR v. t. Causar espanto, dar susto. (SINÓN. V. *Acobardar.*) ‖ Echar de un sitio a un animal. ‖ — V. r. Maravillarse, admirarse: *ese hombre por nada se espanta.* ‖ Sentir espanto.

ESPANTAVILLANOS m. *Fam.* Alhaja de poco valor y mucho brillo.

ESPANTE m. Confusión producida por el ganado desmandado.

ESPANTO m. Terror, asombro: *los eclipses de sol causaban espanto a los antiguos.* (SINÓN. *Susto, temor, pavor, enloquecimiento, pánico, horror.*) ‖ Fantasma, aparecido, alma en pena. ‖ *Per. Dar un espanto al caballo,* espantarse, asustarse. ‖ *Estar curado de espanto,* tener experiencia, estar escarmentado.

ESPANTOSAMENTE adv. m. Con espanto.

ESPANTOSO, SA adj. Que causa espanto o terror: *la peste es una epidemia espantosa.* (SINÓN. *Aterrador, horroroso, pavoroso, horrendo, horrible, tremendo, dantesco, monstruoso, atroz, terrible.*) ‖ *Fig.* Asombroso, maravilloso. ‖ *Venez.* Dícese de la casa donde aparecen fantasmas.

ESPAÑOL, LA adj. y s. De España: *un poeta español.* ‖ — M. Lengua hablada en España y parte de América. ‖ — F. pl. *Bol.* Las patillas.

ESPAÑOLADO, DA adj. Que parece español. (P. us.) ‖ — F. Dicho o hecho propio de españoles. ‖ *Despect.* Acción, obra literaria o espectáculo que exagera y deforma el carácter español.

ESPAÑOLETA f. Cierto baile español antiguo. ‖ Falleba.

ESPAÑOLIDAD f. Carácter español.

ESPAÑOLISMO m. Amor de los españoles a las cosas de su patria. ‖ Hispanismo, giro propio de la lengua española. ‖ Carácter español.

ESPAÑOLIZAR v. t. Dar forma española: *españolizar una palabra.* ‖ — V. r. Tomar costumbres españolas: *españolizarse rápidamente.*

ESPARADRAPO m. (fr. *sparadrap*). Tela adherente que se aplica directamente a la piel.

ESPARAVÁN m. (del celt. *sparr,* zarpa, pierna). Gavilán, ave de rapiña. ‖ *Veter.* Tumor que se forma en la parte interna del corvejón del caballo: *el esparaván suele producir cojera incurable.*

ESPARAVEL m. (celt. *sparfel*). Red redonda provista de plomos en su circunferencia, para pescar en los ríos. ‖ *Albañ.* Tabla de madera que sirve para tener la mezcla que se ha de aplicar con la llana.

ESPARCETA f. Planta leguminosa. (SINÓN. *Pipirigallo.*)

ESPARCIATA adj. y s. Espartano.

ESPARCIDO, DA adj. Diseminado. ‖ *Fig.* Alegre, festivo.

ESPARCIMIENTO m. Acción de esparcir. ‖ Diversión.

ESPARCIR v. t. (lat. *spargere*). Echar, derramar: *esparcir el grano por el suelo.* (SINÓN. V. *Dispersar* y *verter.*) ‖ Divulgar: *esparcir una noticia.* (SINÓN. V. *Propagar.*) ‖ — V. r. Divertirse, alegrarse.

ESPARRAGADO m. Guisado de espárragos.

ESPARRAGAR v. t. Criar o cuidar espárragos.

ESPÁRRAGO m. (gr. *asparagos*). Planta liliácea cuyos tallos tiernos son comestibles. ‖ Palo largo que sostiene un entoldado. ‖ *Min.* Madero atravesado por estacas que sirve de escalera en un pozo. ‖ Varilla metálica que sirve de tirador en las campanillas. ‖ *Fig.* y *fam. Mandar a uno a freír espárragos,* despedirlo sin miramientos.

ESPARRAGUERA f. Espárrago. ‖ Campo de espárragos: *plantar una esparraguera.* ‖ Plato oblongo para servir los espárragos.

ESPARRAGUINA f. Fosfato de cal cristalizado de color verdoso.

ESPARRANCADO, DA adj. Muy abierto de piernas: *hombre esparrancado.* ‖ Dícese de las cosas muy separadas o abiertas.

ESPARRANCARSE v. r. *Fam.* Abrirse de piernas.

ESPARTAL m. Espartizal, campo de esparto.

ESPARTANO, NA adj. y s. De Esparta. ‖ *Fig.* Severo, disciplinado. (SINÓN. V. *Austero.*)

ESPARTAR v. t. Cubrir de esparto (vasijas).

ESPARTEÍNA f. Alcaloide de la retama que se usa en medicina como tónico y diurético.

ESPARTEÑA f. Alpargata de esparto.

ESPARTERÍA f. Oficio o tienda del espartero.

ESPARTERO, RA m. y f. Persona que fabrica o vende obras de esparto.

ESPARTILLA f. Rollito de esparto que sirve de escobilla: *limpiar un caballo con la espartilla.*

ESPARTILLO m. Esparto untado de liga: *cazar pájaros al espartillo.*

ESPARTIZAL m. Campo de esparto.

ARTE ESPAÑOL

ITECTURA. Ejemplos de arquitectura románica paña se encuentran en Santiago de Compostela, y Zamora. El arte gótico brilla en las catedrales rgos, León, Toledo y Sigüenza, y el musulmán en ezquita de Córdoba, el Alcázar de Sevilla y la ıbra de Granada. El plateresco surge al principio enacimiento, y la influencia italiana se manifiesta reinados de los primeros Austrias. El Monasterio Escorial se debe a J. B. de Toledo y a Juan de ra. En el s. XVIII imperan el churrigueresco y el sicismo. Los s. XIX y XX ven el ensayo de fórmulas eclécticas.

LTURA. La « Dama de Elche » es un testimonio cional del arte ibero (hacia el s. V a. de J. C.). rales e iglesias contienen valiosas estatuas y retaıagníficos (Gil de Siloé, en Miraflores). En el s. XVI alen Berruguete, Juni y Forment. Martínez Mony Hernández crean la imaginería policroma, conla por Cano y Mena. Salzillo brilla en el s. XVIII, os s. XIX y XX se distinguen Bellver, Suñol, Blay, o, J. González, Gargallo, Mateo Hernández, Benlliure.

URA. Los primitivos catalanes se inspiran a veces escuelas de Florencia y Siena, y se advierte tama influencia italiana en los pintores de Carlos I. y Pantoja de la Cruz anuncian el Siglo de Oro pintura española : El Greco, Velázquez, Murillo, a, Zurbarán y Valdés Leal. Goya da un nuevo so al arte español en la segunda mitad del s. XVIII meros años del s. XIX. El período moderno ve a Madrazo, Fortuny, Sorolla, Sert y Zuloaga, y riormente a Juan Gris, Pablo Picasso, Salvador Dalí y Juan Miró.

ILUSTRACIONES

lezquita de Córdoba; 2. *Catedral de Santiago de postela;* 3. *Deambulatorio de la Catedral de Burgos; Escorial;* 5. *Detalle del « Cristo » de El Greco; ostro de Santa Inés, de Ribera;* 7. *« El mendigo », 'urillo;* 8. *La Infanta Margarita, figura central de s Meninas », obra de Velázquez;* 9. *« El matador Romero », de Goya;* 10. *« Pierrot sentado », de Picasso.*

Mas X, Phaure, D. Gral. de Turismo Español, Giraudon, Alinari, Anderson Giraudon, Anderson, Roseman

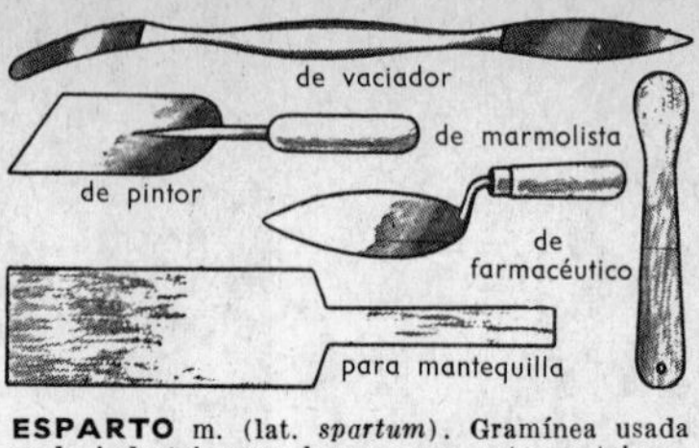

ESPÁTULAS

ESPARTO m. (lat. *spartum*). Gramínea usada en la industria para hacer sogas, esteras, tripe y papel. (Se produce principalmente en España y África del Norte.)

ESPASMO m. (lat. *spasmus*). Pasmo. ‖ Contracción brusca e involuntaria de los músculos. (SINÓN. V. *Contracción.*)

ESPASMÓDICO, CA adj. *Med.* Perteneciente al espasmo o que es parecido al espasmo: *experimentar una contracción espasmódica.*

ESPATA f. (del lat. *spatha*, ramo de dátiles). *Bot.* Bráctea que envuelve el espádice.

ESPATARRARSE v. r. Despatarrarse.

ESPÁTICO, CA adj. Dícese de los minerales que tienen la naturaleza del espato.

ESPATO m. (al. *spath*). Mineral de estructura laminosa. ‖ *Espato de Islandia*, espato calizo muy transparente: *el espato de Islandia presenta el fenómeno de la doble refracción.*

ESPÁTULA f. Paleta pequeña de que se sirven los farmacéuticos, pintores, etc. ‖ *Zool.* Ave zancuda de pico ancho en la punta.

ESPAVIENTO m. (ital. *spavento*). Aspaviento.

ESPAY m. V. ESPAHÍ.

ESPECERÍA f. Especiería.

ESPECIA f. Substancia aromática que sirve de condimento, como clavo, pimienta, azafrán, etc.: *las especias vienen casi todas de Oriente.* (SINÓN. V. *Aliño.*) ‖ — Pl. Postres que servían generalmente para beber vino.

ESPECIAL adj. (lat. *specialis*). Que se aplica particularmente a una cosa: *hacer estudios especiales.* (SINÓN. V. *Particular.*) ‖ *En especial*, loc. adv., especialmente.

ESPECIALIDAD f. Particularidad de una persona o cosa. ‖ Rama de una ciencia o arte a la cual se dedica una persona.

ESPECIALISTA adj. y s. Que se dedica a una especialidad: *consultar con un médico especialista.* (SINÓN. V. *Técnico.*)

ESPECIALIZACIÓN f. Acción de especializar o especializarse.

ESPECIALIZADO, DA adj. Que efectúa un trabajo que requiere una cierta formación profesional: *obrero especializado.*

ESPECIALIZARSE v. r. Dedicarse especialmente a una cosa.

ESPECIALMENTE adv. m. Con especialidad.

ESPECIE f. (lat. *species*). *Hist. nat.* División de un género: *la especie se subdivide en variedades.* (SINÓN. *Orden, familia.*) ‖ Reunión de varios seres o cosas que distingue un carácter común: *la especie humana.* ‖ Calidad: *una especie de cereza.* (SINÓN. *Clase, suerte, género, variedad, tipo, manera, modo, naturaleza.*) ‖ *Fig.* Caso, asunto: *no tengo noticia de semejante especie.* ‖ Noticia: *una especie inverosímil.* ‖ *Teol.* Apariencias de pan y vino después de la transubstanciación: *las especies sacramentales.* ‖ — Pl. *Ant.* Especias. ‖ *En especie*, loc. adv., en mercancías o productos naturales: *pagar en especie.* Galicismo por *en metálico.*

ESPECIERÍA f. Tienda en que se venden especias. ‖ *Amer.* Especias: *comprar especierías.* ‖ — OBSERV. Es galicismo en el sentido de *tienda de ultramarinos* o *de abarrotes.*

ESPECIERO, RA m. y f. El que trata en especias. ‖ Armarito para guardar las especias.

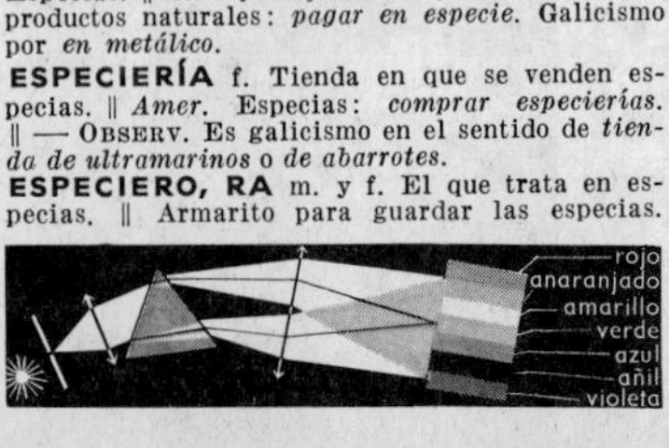

ESPECTRO SOLAR

ESPECIFICACIÓN f. La acción de especificar.

ESPECIFICAR v. t. Determinar, explicar, declarar en particular una cosa: *la ley no especifica todos los delitos.*

ESPECIFICATIVO, VA adj. Que especifica.

ESPECIFICIDAD f. Calidad de específico.

ESPECÍFICO, CA adj. Que pertenece a la especie: *carácter específico; nombre específico.* ‖ Característico de una especie morbosa: *el microbio específico de la tuberculosis.* ‖ *Peso específico*, relación entre la masa o peso de un cuerpo y su volumen. (SINÓN. *Densidad.*) ‖ — M. Medicamento que obra especialmente en una enfermedad: *la quinina es el específico de la malaria.* ‖ Medicamento preparado industrialmente en forma y con envase especial. (SINÓN. V. *Medicamento.*)

ESPÉCIMEN m. Muestra: *un espécimen de una familia de insectos.* Pl. *especímenes.* (SINÓN. V. *Modelo.*)

ESPECIOSAMENTE adv. m. De un modo especioso: *defender especiosamente una teoría.*

ESPECIOSO, SA adj. (lat. *speciosus*). Hermoso, perfecto. (P. us.) ‖ *Fig.* Aparente, engañoso.

ESPECIOTA f. *Fam.* Proposición extravagante o ridícula: *soltar una especiota.*

ESPECTACULAR adj. Que llama la atención, que puede constituir un espectáculo.

ESPECTACULARIDAD f. Carácter espectacular.

ESPECTÁCULO m. (lat. *spectaculum*). Función o diversión pública de cualquier género: *ser aficionado a los espectáculos.* (SINÓN. *Fiesta, distracción, representación, escena, función.*) ‖ Todo lo que atrae la atención: *el espectáculo de la debilidad humana.* ‖ Acción que causa escándalo: *dar un espectáculo en la calle.*

ESPECTADOR, RA adj. y s. (lat. *spectator*). Testigo ocular de un acontecimiento. ‖ Persona que asiste a un espectáculo público. ‖ — Pl. Público. (SINÓN. V. *Auditorio.*)

ESPECTRAL adj. Perteneciente o relativo al espectro luminoso. ‖ Fantasmal.

ESPECTRO m. (lat. *spectrum*). Figura fantástica y horrible: *no creer en espectros.* (SINÓN. V. *Fantasma.*) ‖ Horror: *el espectro de la guerra.* ‖ *Fig.* y *fam.* Hombre alto y delgado. ‖ *Fís.* Conjunto de rayos procedentes de la descomposición de una luz compuesta.

— La descomposición de la luz solar produce el *espectro solar*, constituido por los siete colores del arco iris. Pueden distinguirse también los *espectros de emisión*, originados por fuentes luminosas, y los *espectros de absorción*, obtenidos mediante haces luminosos que atraviesan cuerpos no perfectamente transparentes.

ESPECTROFOTOMETRÍA f. Empleo del espectrofotómetro en el análisis.

ESPECTROFOTÓMETRO m. Aparato destinado a componer la intensidad de los correspondientes lugares de dos espectros luminosos.

ESPECTRÓGRAFO m. Espectroscopio con placa fotográfica.

ESPECTROGRAMA m. Fotografía o diagrama de un espectro luminoso.

ESPECTROHELIÓGRAFO m. Espectroscopio destinado a estudiar la superficie del Sol mediante una luz monocroma.

ESPECTROSCOPIA f. Estudio del espectro luminoso: *la espectroscopia nos permite conocer la composición de los astros.*

ESPECTROSCÓPICO, CA adj. Relativo a la espectroscopia: *el método de análisis espectroscópico.*

ESPECTROSCOPIO m. (del lat. *spectrum*, imagen, y el gr. *skopein*, observar). Instrumento óptico usado para estudiar el espectro de los cuerpos luminosos.

ESPECULACIÓN f. (lat. *speculatio*). Examen o estudio teórico. ‖ Teoría, por oposición a práctica: *esto sólo es bueno en la especulación.* ‖ Operaciones bancarias o comerciales: *arruinarse en especulaciones.* (SINÓN. *Negocio, tráfico, agio.*)

ESPECULADOR, RA adj. y s. Que especula.

ESPECULAR v. t. e i. (lat. *speculari*). Meditar, raciocinar: *especular en una materia.* (SINÓN. V. *Pensar.*) ‖ Hacer operaciones de banco o comercio: *especular sobre los granos.* ‖ Procurar provecho o ganancia por cualquier medio. (SINÓN. V. *Traficar.*)

ESPECULAR adj. Que parece un espejo.
ESPECULATIVA f. Facultad del alma que permite especular o raciocinar.
ESPECULATIVO, VA adj. Que tiene por objeto la especulación. ‖ Pensativo.
ESPÉCULO m. *Cir.* Instrumento que sirve para examinar las cavidades del cuerpo.
ESPEJADO, DA adj. Claro, terso como un espejo. ‖ Que refleja la luz: *la espejada superficie del lago.*
ESPEJEAR v. i. Relucir o reverberar una cosa como un espejo: *las olas del mar espejeaban al sol.* (SINÓN. V. *Brillar.*)
ESPEJEO m. Espejismo.
ESPEJERA f. *Cub.* Llaga que hacen al caballo la cincha o las espuelas.
ESPEJERÍA f. Tienda de espejos.
ESPEJERO m. El que hace espejos o los vende.
ESPEJISMO m. Fenómeno de óptica especial a los países cálidos que consiste en que los objetos lejanos producen una imagen invertida como si se reflejasen en una superficie líquida. (Este fenómeno óptico es debido al caldeo o a la densidad desigual de las capas de aire y a la reflexión de los rayos lminosos.) [SINÓN. V. *Visión.*] ‖ — *Fig.* Ilusión engañosa: *el espejismo de las promesas.*
ESPEJO m. (lat. *speculum.*) Superficie lisa y pulida, y especialmente luna de cristal azogada, en que se reflejan los objetos. ‖ *Por ext.* Superficie que refleja los objetos: *el espejo de las aguas.* ‖ Lo que representa una cosa: *el teatro es el espejo de las costumbres.* ‖ *Fig.* Modelo digno de imitación: *espejo de la caballería andante.* ‖ *Mar. Espejo de popa,* superficie plana de la popa. ‖ *Espejo ustorio,* espejo cóncavo que concentra la luz en su foco, produciendo calor capaz de quemar los objetos que allí se coloquen. ‖ *Espejo de cuerpo entero,* el grande que llega hasta el suelo.
ESPEJUELA f. Arco que tiene el bocado del caballo en la parte inferior.
ESPEJUELO m. Yeso cristalizado de estructura hojosa. ‖ Hoja de talco. ‖ Espejo móvil que suele usarse para cazar alondras. ‖ Conserva de cidra o calabaza. ‖ Planchuela córnea que tienen las caballerías en las extremidades. ‖ — Pl. Anteojos: *calarse los espejuelos.*
ESPELEOLOGÍA f. (del gr. *spêlaion,* caverna). Estudio de las grutas o cavernas.
ESPELEÓLOGO m. Especialista en espeleología.
ESPELTA f. (lat. *spelta*). Nombre de una variedad de escanda.
ESPELUCAR v. t. *Amer.* Despeluzar o despelucar.
ESPELUNCA f. (lat. *spelunca*). Gruta.
ESPELUZAR v. t. Despeluzar.
ESPELUZNANTE adj. Que hace erizarse el cabello: *refirió el viajero una anécdota espeluznante.*
ESPELUZNAR v. t. Espeluzar, despeluzar.
ESPELUZNO m. Escalofrío.
ESPEQUE m. (del hol. *speck,* palanca). Palanca recta de madera de que se sirven los artilleros para varios usos.
ESPERA f. Acción de esperar. (SINÓN. *Expectativa, expectación, acecho.*) ‖ Plazo señalado para una cosa. (SINÓN. V. *Tregua.*) ‖ Calma y paciencia: *ser hombre de espera.* ‖ Puesto donde el cazador espera la res. ‖ *Estar en espera,* estar en observación esperando algo. ‖ *Sala de espera,* en las estaciones de ferrocarril, habitación para el público.
ESPERADOR, RA adj. y s. Que espera. (P. us.)
ESPERANTISTA adj. y s. Partidario del esperanto o relativo a él.
ESPERANTO m. Lengua internacional inventada en 1887 por Zamenhof, basada en la internacionalidad máxima de las raíces y en la invariabilidad de los elementos lexicológicos.
ESPERANZA f. Confianza que se tiene de recibir una cosa: *la esperanza es gran consoladora.* (SINÓN. *Promesa, perspectiva.*) ‖ Objeto de dicha confianza: *ésta es toda mi esperanza.* ‖ Una de las tres virtudes teologales.
ESPERANZANO, NA adj. y s. De La Esperanza (Honduras).
ESPERANZAR v. t. Dar esperanza.
ESPERAR v. t. (lat. *sperare*). Tener esperanza de algo: *espero sacar un premio en esta lotería.* (CONTR. *Desesperar.*) ‖ Permanecer en el sitio donde se cree que ha de venir alguien o suceder una cosa: *espero aquí a un amigo.* (SINÓN. *Aguardar, acechar.*) ‖ Creer que ha de pasar una cosa: *espero que vendrá.* (SINÓN. *Confiar en, fiar.*) ‖ Detenerse en el obrar: *esperó a que sonase la hora para hablar.* ‖ Ser inminente alguna cosa: *los fuertes calores nos esperan.*
ESPERIEGO, GA adj. y s. Asperiego.
ESPERMA amb. (del gr. *sperma,* simiente). Líquido producido y emitido por las glángulas reproductoras masculinas, que contiene espermatozoides.
ESPERMACETI m. Esperma de ballena.
ESPERMÁTICO, CA adj. Perteneciente o relativo al esperma.
ESPERMATORREA f. *Med.* Emisión involuntaria del esperma.
ESPERMATOZOIDE m. *Hist. nat.* Gameto masculino de los animales y plantas.
ESPERNADA f. Último eslabón de la cadena.
ESPERNANCARSE v. r. *León* y *Amer.* Barb. por *esparrancarse.*
ESPERÓN m. *Mar.* Espolón de la nave. ‖ *Cub.* Acción y efecto de esperar.
ESPERPENTO m. *Pop.* Persona fea y ridícula. ‖ Desatino, absurdo.
ESPERRIACA f. *And.* Último mosto que se saca de la uva.
ESPESADO m. *Bot.* Especie de gachas hechas con harina.
ESPESAMIENTO m. Acción de espesar.
ESPESAR m. Parte más espesa de un bosque.
ESPESAR v. t. Condensar, poner espeso: *espesar una salsa.* ‖ Apretar un tejido, hacerlo más tupido: *espesar la media.* ‖ — V. r. Unirse ciertas cosas haciéndose más tupidas: *espesarse la salsa.*
ESPESO, SA adj. Denso, trabado: *el aceite es más espeso que el agua.* ‖ Apretado: *arboleda espesa.* ‖ Grueso, macizo: *muros espesos.* ‖ — SINÓN. *Compacto, concreto.* V. tb. *concentrado.*
ESPESOR m. Grueso: *tabla de poco espesor.*
ESPESURA f. Calidad de espeso. ‖ *Fig.* Paraje muy poblado de árboles: *internarse en la espesura.* (SINÓN. V. *Matorral.*)
ESPETAPERRO (A) m. adv. A toda velocidad.
ESPETAR v. t. Meter en el espetón o asador: *espetar una pava.* ‖ Atravesar, clavar: *le espetó la espada por el cuerpo.* ‖ *Fig.* y *fam.* Decir algo causando molestia o sorpresa: *me espetó un sermón.* ‖ — V. r. *Fig.* Ponerse tieso, grave. ‖ *Fig.* y *fam.* Asegurarse, afianzarse.
ESPETERA f. Tabla de la que se cuelga en la cocina la batería de metal: *tener una espetera bien provista.* ‖ *Fig.* y *fam.* Pecho de la mujer. ‖ *Guat.* y *Hond.* Pretexto, disculpa.
ESPETÓN m. Hierro largo utilizado como asador. ‖ Alfiler grande. ‖ Golpe que se da con un espetón. ‖ Aguja, pez.
ESPÍA m. y f. Persona que observa con disimulo lo que pasa, para referirlo a otro. (SINÓN. *Confidente.* Fam. *Soplón, chivato.*) ‖ Persona encargada de recoger las informaciones de una potencia extranjera. (SINÓN. *Agente secreto.*) ‖ *Mar.* Acción de espiar.
ESPIAR v. t. Observar lo que pasa para referirlo a otra persona, acechar: *espiar al enemigo.* (SINÓN. V. *Vigilar.*) ‖ — V. t. Halar una embarcación de un cabo a un punto fijo. ‖ — PARÓN. *Expiar, despear.*
ESPIBIA f. *Veter.* Torcedura del cuello.
ESPIBIO y **ESPIBIÓN** m. *Veter.* Espibia.
ESPICA f. *Med.* Venda cruzada cuyas vueltas están dispuestas simétricamente.
ESPICANARDI f. y **ESPICANARDO** m. (lat. *spicanardi,* espiga y nardo). Nombre de dos plantas, una gramínea y otra valerianácea de raíz aromática.
ESPICIFORME adj. De forma de espiga.
ESPICILEGIO m. Colección de diplomas, tratados, etc. (SINÓN. V. *Antología.*)
ESPÍCULA f. Nombre de los corpúsculos silíceos o calcáreos que forman el esqueleto de la esponja
ESPICHAR v. t. Pinchar. ‖ *Chil.* Soltar dinero. ‖ *Chil.* y *Per.* Espitar. ‖ — V. i. *Fam.* Morir. ‖ — V. r. *Méx.* Avergonzarse. ‖ *Arg.* Salirse el líquido de una vasija. ‖ *Guat.* Acobardarse. ‖ *Col.* Desinflarse.
ESPICHE m. Estaquilla para tapar agujeros. ‖ Arma, instrumento puntiagudo.

espejuelo para cazar alondras

espino albar

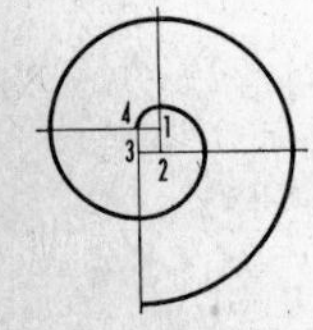

espiral de cuatro centros

espirea

espinaca

espineta

ESPICHÓN m. Herida causada con el espiche.

ESPIGA f. (lat. *spica*). Cabeza del tallo del trigo, donde se contienen los granos. ‖ Flores dispuestas en espiga a lo largo de un tallo común. ‖ Parte superior de la espada que se clava en la guarnición. ‖ Extremo rebajado de un madero o eje, que entra en un hueco de otro. ‖ Espoleta. ‖ *Chil.* Pezón al que se ata el yugo.

ESPIGADERA f. Espigadora.

ESPIGADO, DA adj. Dícese de las plantas anuales cuando se las deja crecer hasta completa madurez. ‖ *Fig.* Alto: *muchacha muy espigada.* (SINÓN. V. *Delgado.*) ‖ En forma de espiga.

ESPIGADOR, RA m. y f. Persona que espiga.

ESPIGAR v. t. (lat. *spicare*). Recoger las espigas que dejan los segadores olvidadas en el campo. ‖ En Castilla la Vieja, hacer un regalo a la mujer que se casa, el día de los desposorios. ‖ Buscar, rebuscar: *espigar datos para un libro.* ‖ *Carp.* Hacer la espiga en las maderas que han de ensamblarse. ‖ — V. i. Empezar las mieses a echar espigas. ‖ — V. r. Crecer mucho: *esta muchacha se ha espigado este año.*

ESPIGÓN m. Aguijón. ‖ Punta, espiga de una cosa: *el espigón del cuchillo.* ‖ Mazorca de maíz. ‖ Cerro puntiagudo. ‖ Diente de ajo. ‖ Macizo que protege las orillas del río o la entrada del puerto, rompeolas.

ESPIGUEAR v. i. *Méx.* Mover el caballo la cola de arriba abajo.

ESPIGUEO m. Acción de espigar. ‖ Tiempo o sazón de espigar.

ESPIGUILLA f. Cinta angosta y con picos. ‖ Espiga secundaria: *las espiguillas del arroz.* ‖ Planta anua de la familia de las gramíneas. ‖ Dibujo parecido a la espiga: *tela de espiguilla.*

ESPÍN m. Puerco espín. ‖ *Mil.* Formación antigua en que presentaba por todos lados al enemigo las puntas de las lanzas.

ESPINA f. (lat. *spina*). Púa que tienen algunas plantas: *espina de rosal.* ‖ Astilla pequeña: *clavarse una espina en un dedo.* ‖ Cada uno de los huesos puntiagudos de los peces. ‖ *Anat.* Columna vertebral: *las lesiones de la espina son siempre gravísimas.* (Se dice más comúnmente *espina dorsal*) [SINÓN. V. *Columna.*] ‖ En el circo romano, muro bajo, coronado de estatuas, alrededor del cual corrían los carros y caballos. ‖ *Fig.* Escrúpulo, sospecha: *me da mala espina ese hombre.* ‖ *Fig.* Pesar íntimo y duradero. ‖ *Espina de pescado,* cierta labor de pasamaneros. ‖ *Espina blanca,* toba, planta. ‖ *Espina santa,* arbusto ramnáceo. ‖ *Fig.* y *fam. Sacarse uno la espina,* desquitarse de algo.

ESPINACA f. Planta anual comestible, de la familia de las quenopodiáceas, de hojas anchas, puntiagudas y tiernas: *tortilla de espinacas.*

ESPINADURA f. Acción y efecto de espinar.

ESPINAL adj. Perteneciente al espinazo: *meningitis espinal.* ‖ — M. *Col.* y *Cub.* Espinar.

ESPINAPEZ m. (del ital. *spina pesce,* espina de pez). Labor que se hace en los solados y entarimados.

ESPINAR m. Sitio poblado de espinos. ‖ *Fig.* Dificultad, enredo: *ahí está el espinar.*

ESPINAR v. t. Herir con espina. ‖ Proteger con espinos o zarzas: *espinar un árbol.* ‖ *Fig.* Herir, punzar con palabras picantes. (SINÓN. *Zaherir.*)

ESPINAZO m. Nombre vulgar de la *columna vertebral: romperse el espinazo.* (SINÓN. V. *Columna* y *espalda.*) ‖ *Arq.* Clave de una bóveda o de un arco. ‖ *Fig.* y *fam. Doblar el espinazo,* humillarse.

ESPINEL m. *Mar.* Palangre de ramales cortos.

ESPINELA f. (de *Vicente Espinel*). *Poét.* Décima, combinación métrica de diez versos que usó por primera vez el escritor español V. Espinel.

ESPINELA f. (ital. *spinella*). Nombre vulgar de una variedad de rubí de color rojo vivo.

ESPÍNEO, A adj. Hecho de espinas.

ESPINETA f. Clavicordio pequeño.

ESPINGARDA f. Cañón de artillería mayor que el falconete. ‖ Escopeta muy larga que usan los moros. ‖ *Fam.* Persona alta y desgarbada.

ESPINILLA f. Canilla de la pierna. ‖ Barro, tumorcillo de la cara: *sacarse una espinilla de la frente.*

ESPINILLERA f. Pieza de la armadura antigua que cubría la espinilla. ‖ Pieza que preserva la espinilla: *la espinillera de un futbolista.*

ESPINILLO m. Especie de mimosa de América.

ESPINO o **ESPINO ALBAR** m. Arbusto rosáceo de flores blancas: *la corteza del espino se emplea en tintorería.* ‖ *Espino artificial,* alambrada con pinchos. ‖ *Ecuad.* Barb. por *espina: meterse un espino en el dedo.* ‖ Nombre de otras varias plantas, como el *espino cerval* y el *espino negro,* de la familia de las ramnáceas, el *espino marjoleto* y el *espino majuelo.*

ESPINOSISMO m. Doctrina filosófica de Benito Espinosa: *el espinosismo afirma la unidad de substancia y considera los seres como formas de dicha substancia única.*

ESPINOSISTA adj. y s. Partidario del espinosismo.

ESPINOSO, SA adj. Dícese de lo que tiene espinas: *pez espinoso.* ‖ *Fig.* Enmarañado, embrollado: *resolver un asunto espinoso.*

ESPINUDO, DA adj. *Amer.* Espinoso.

ESPIONAJE m. Delito contra la seguridad de un Estado consistente en obtener el conocimiento de secretos políticos, económicos y militares con el objeto de comunicarlos a otra potencia.

ESPIRA f. (lat. *spira*). Vuelta de hélice, de espiral: *las espiras del caracol.* ‖ *Geom.* Espiral. ‖ *Arq.* Parte de la basa de la columna que descansa sobre el plinto.

ESPIRACIÓN f. Acción de espirar.

ESPIRÁCULO m. Orificio de algunos peces para respirar.

ESPIRADOR, RA adj. *Anat.* Que espira o sirve para espirar: *músculo espirador.*

ESPIRAL adj. Perteneciente a la espira: *línea espiral.* ‖ — F. Curva abierta que se aleja cada vez más de su centro. ‖ — M. Muelle espiral de un reloj.

ESPIRANTE adj. Que espira.

ESPIRAR v. t. (lat. *spirare*). Expeler el aire aspirado. (CONTR. *Aspirar.*) ‖ Respirar, alentar. ‖ *Poét.* Soplar blandamente el viento. ‖ — V. t. Exhalar: *espirar un olor desagradable.* ‖ *Teol.* Producir el Padre y el Hijo al Espíritu Santo por medio de su amor recíproco. ‖ — PARÓN. *Expirar.*

ESPIREA f. Planta rosácea.

ESPIRILO m. (de lat. *spira*). Bacteria que tiene forma de filamento largo arrollado en hélice.

ESPIRITADO, DA adj. (de *espíritu*). *Fam.* Que está flaco y extenuado: *un hombre espiritado.*

ESPIRITAR v. t. Endemoniar. ‖ — V. r. Agitarse, conmoverse.

ESPIRITISMO m. Doctrina que consiste en provocar la manifestación de seres inmateriales o espíritus, sobre todo las almas de los difuntos.

ESPIRITISTA adj. Relativo al espiritismo: *revista espiritista.* ‖ — Adj. y s. Que profesa el espiritismo.

ESPIRITOSO, SA adj. Vivo, eficaz. ‖ Muy alcohólico: *licor espiritoso.*

ESPÍRITU m. (del lat. *spiritus,* soplo). Substancia incorpórea: *Dios, los ángeles y el alma humana son espíritus.* (SINÓN. V. *Alma.*) ‖ Ente imaginario, como los aparecidos, los genios, los gnomos: *los espíritus del aire.* (SINÓN. V. *Fantasma.*) ‖ Soplo vital, alma: *exhalar el espíritu.* ‖ Principio del pensamiento: *el espíritu humano es capaz de hermosas concepciones.* ‖ Tendencia propia y característica: *el espíritu de un siglo.* ‖ *Fig.* Principio: *el espíritu de una ley.* ‖ Demonio: *arrojar los espíritus del cuerpo de un endemoniado.* ‖ *Espíritu maligno* o *inmundo,* el demonio. ‖ Alma individual, sobre todo la de un muerto: *evocar los espíritus.* ‖ *Fig.* Ánimo, brío, valor: *levantar el espíritu, cobrar ánimo.* ‖ *Gram.* Signo que se escribe sobre algunas palabras griegas. ‖ *Espíritu de vino,* el alcohol. ‖ *Espíritu de sal,* ácido clorhídrico. ‖ *Espíritu Santo,* tercera persona de la Santísima Trinidad. ‖ *Espíritus vitales* o *animales,* según la antigua fisiología, espíritus sutiles que se suponía llevaban la vida del corazón y el cerebro a los miembros. ‖ *Pobre de espíritu,* apocado, tímido. ‖ *Ser el espíritu de la golosina,* estar muy delgado.

ESPIRITUAL adj. Relativo al espíritu: *los ángeles son seres espirituales.* ‖ Galicismo por *ingenioso.*

ESPIRITUALIDAD f. Calidad de lo espiritual.

ESPIRITUALISMO m. Doctrina filosófica que admite la existencia del espíritu como realidad substancial: *el espiritualismo de Leibniz.* (CONTR. *Materialismo.*) ‖ Tendencia a la vida espiritual.

ESPIRITUALISTA adj. y s. Partidario del espiritualismo: *filosofía espiritualista.*
ESPIRITUALIZACIÓN f. Acción de espiritualizar. || Interpretación en el sentido espiritual.
ESPIRITUALIZAR v. t. Dar un espíritu o alma: *espiritualizar la materia.* || Dar un carácter espiritual. || Considerar como espiritual lo que de suyo es corpóreo. || Interpretar en sentido espiritual: *espiritualizar un texto.* || Reducir ciertos bienes a la condición de eclesiásticos.
ESPIRITUALMENTE adv. m. Con el espíritu.
ESPIROIDAL adj. En forma de espiral.
ESPIRÓMETRO m. *Med.* Aparato para medir la capacidad respiratoria.
ESPIROQUETA f. Bacilo de forma espiral.
ESPITA f. Canuto que se pone a la cuba para sacar su contenido. || Grifo pequeño. || *Fig.* y *fam.* Borracho, bebedor.
ESPITAR v. t. Poner espita a una cuba.
ESPLANCNOLOGÍA f. (del gr. *splagkhnon,* víscera). Parte de la anatomía que estudia las vísceras.
ESPLENDENTE adj. Que esplende o brilla.
ESPLENDER v. i. (lat. *splendere*). Resplandecer. Ú. m. en poesía.
ESPLÉNDIDAMENTE adv. m. Con esplendidez: *me recibió espléndidamente.*
ESPLENDIDEZ f. Magnificencia, largueza.
ESPLÉNDIDO, DA adj. (lat. *splendidus*). Magnífico, generoso, liberal. || Resplandeciente.
ESPLENDOR m. (lat. *splendor*). Resplandor: *el esplendor del sol.* (SINÓN. V. *Brillo* y *luz.*) || *Fig.* Lustre, gloria, honor: *el esplendor del trono.* (SINÓN. V. *Lujo.*)
ESPLENDOROSO, SA adj. Espléndido, que resplandece.
ESPLÉNICO, CA adj. (gr. *splênikos*). Relativo al bazo: *arteria esplénica.* || — M. *Anat.* Esplenio, músculo.
ESPLENIO m. (lat. *splenium*). *Anat.* Músculo largo y aplanado de la parte posterior de la cabeza.
ESPLENITIS f. (del lat. *splen,* bazo). *Med.* Inflamación del bazo.
ESPLENOMEGALIA f. Aumento de volumen del bazo.
ESPLIEGO m. (lat. *spicula*). Planta labiada de florecillas azules, muy aromática, y cuya semilla se emplea como sahumerio. (SINÓN. *Alhucema.*)
ESPLÍN m. (ingl. *spleen*). Humor sombrío, aburrimiento profundo, tedio de la vida. (SINÓN. V. *Melancolía.*)
ESPOLADA f. Picadura que se da con la espuela al caballo. || *Fig.* y *fam. Espolada de vino,* trago de vino.
ESPOLEADURA f. Herida que hace la espuela.
ESPOLEAR v. t. Picar con la espuela al caballo. || *Fig.* Avivar, estimular: *me espolea para que salga.* (SINÓN. V. *Animar.*) || *P. Rico.* Pelear los gallos.
ESPOLEO m. Acción de espolear.
ESPOLETA f. (ital. *spoletta*). Detonador de bomba, granada, torpedo, etc.: *espoleta de percusión.* || Horquilla formada por las clavículas de las aves.
ESPOLIAR v. t. Despojar.
ESPOLÍN m. Espuela que se clava en el tacón de la bota. || Planta gramínea de flores blancas.
ESPOLÍN m. (fr. *espolin*). Lanzadera con que se labran las flores que se entretejen en las telas de seda, oro o plata. || Tela de seda brocada.
ESPOLINAR v. t. Tejer con espolín un brocado.
ESPOLIO m. (lat. *spolium,* despojo). Bienes que deja al morir un prelado. || *Ant.* Entierro: *el espolio del Conde de Orgaz.*
ESPOLIQUE m. Mozo que camina a pie junto a la caballería de su amo.
ESPOLÓN m. Protuberancia ósea que tienen ciertas aves en los tarsos: *los espolones del gallo.* || Tajamar de la nave: *el espolón de una galera.* || Tajamar de un puente. || Malecón para contener las aguas de los ríos o mares. || Andén elevado en algunos pueblos: *el espolón de Burgos.* || Ramal corto de una sierra. || *Arq.* Contrafuerte. || *Fam.* Sabañón en el talón. || *Mil.* Reja de la cureña del cañón.
ESPOLONADA f. Arremetida de la caballería.
ESPOLONAZO m. Golpe de espolón.
ESPOLVOREAR v. t. Despolvorear. || Esparcir una cosa en polvo: *espolvorear azúcar.*
ESPOLVORIZAR v. t. Espolvorear, esparcir.
ESPONDAICO, CA adj. Relativo al espondeo o formado de espondeos: *verso espondaico.*
ESPONDEO m. (lat. *spondeus*). Pie de la poesía antigua compuesto de dos sílabas largas.
ESPÓNDIL y mejor **ESPÓNDILO** m. (gr. *spondulos*). *Anat.* Vértebra.
ESPONGIARIOS m. pl. *Zool.* División de los celentéreos que comprende las esponjas.
ESPONGINA f. Substancia orgánica filamentosa.
ESPONJA f. (lat. *spongia*). Cualquier animal espongiario. || Substancia ligera y porosa que proviene de un celentéreo marino y sirve para diversos usos: *las esponjas son colonias de animales pequeños.* || Masa porosa: *esponja de platino.* || *Quím.* Substancia esponjosa. || *Fig.* y *fam.* Persona que chupa con maña los bienes a otra. || *Fig. Pasar la esponja,* dar al olvido.
ESPONJADO m. Azucarillo, dulce.
ESPONJADURA f. Acción de esponjar una cosa.
ESPONJAR v. t. Ahuecar, poner esponjoso y fofo: *esponjar la lana.* || — V. r. Hincharse, engreírse, envanecerse. || *Fam.* Adquirir una persona salud y lozanía: *esponjarse con la buena vida.*
ESPONJEAR v. i. *Cub.* Secar con esponja. || Curiosear chismes.
ESPONJERA f. Redecilla para las esponjas.
ESPONJOSIDAD f. Calidad de esponjoso.
ESPONJOSO, SA adj. Poroso y hueco: *la piedra pómez es esponjosa.* (SINÓN. V. *Fláccido.* CONTR. *Compacto.*)
ESPONSALES m. pl. (lat. *sponsalia*). Promesa mutua de casamiento revestida de las solemnidades que requiere el derecho.
ESPONSALICIO, CIA adj. Perteneciente a los esponsales: *contrato esponsalicio.*
ESPONTÁNEAMENTE adv. m. Voluntariamente, de un modo espontáneo.
ESPONTANEARSE v. t. Descubrir voluntariamente una persona lo que tenía oculto, revelar un secreto.
ESPONTANEIDAD f. La calidad de espontáneo. || Expresión natural y fácil de pensamiento.
ESPONTÁNEO, A adj. (lat. *spontaneus*). Voluntario, de propio movimiento. (SINÓN. *Natural, franco, libre.*) || *Bot.* Dícese de las plantas que crecen naturalmente en un sitio. || *Generación espontánea,* aparición de seres vivos en la materia inerte: *Pasteur demostró la falsedad de esta teoría.*
ESPORA f. (del gr. *spora,* semilla). *Bot.* Corpúsculo reproductor de las plantas criptógamas.
ESPORÁDICO, CA adj. (del gr. *sporadikos,* de *sporas,* disperso). Dícese de las enfermedades que atacan a varios individuos aisladamente y que no tienen carácter epidémico: *el cólera existe continuamente en estado esporádico en la India.* || Que aparece aquí y allá, aisladamente: *resistencias esporádicas.*
ESPORANGIO m. (del gr. *sporos,* semilla, y *aggos,* vaso). *Bot.* Saquito que contiene libres las esporas.
ESPORIDIO m. Nombre de las esporas que provienen de la espora de invierno de los hongos.
ESPORO m. *Bot.* Espora.
ESPOROCARPIO m. *Bot.* Cápsula que contiene las esporas sujetas por medio de filamentos.
ESPOROFITO, TA adj. Dícese de las plantas que se reproducen por esporas.
ESPOROGONIO m. Resultado de la fecundación de la oosfera que origina las esporas.
ESPORRONDINGARSE v. r. *Amér. C.* y *Col.* Tirar la casa por la ventana. || Desvencijarse.
ESPORTADA f. Lo que cabe en una espuerta.
ESPORTEAR v. t. Llevar, transportar una mercancía en espuertas: *esportear sal.*
ESPORTILLA f. Espuerta pequeña.
ESPORTILLERO m. Mozo que lleva en su espuerta los mandados que se le confían. (SINÓN. V. *Mozo.*) || Operario que acarrea materiales.
ESPORTILLO m. Capacho pequeño de esparto.
ESPORTIVO, VA adj. *Pan.* Generoso, obsequioso.
ESPORTONADA f. Contenido de una espuerta.
ESPORULACIÓN f. Formación de las células.
ESPOSA f. *Amer.* Anillo de obispo. || — F. pl. Manillas que se ponen a los presos en las muñecas.
ESPOSADO, DA adj. y s. Desposado.
ESPOSAR v. t. Sujetar con esposas.

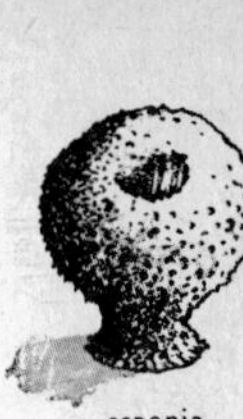
esponja

espliego

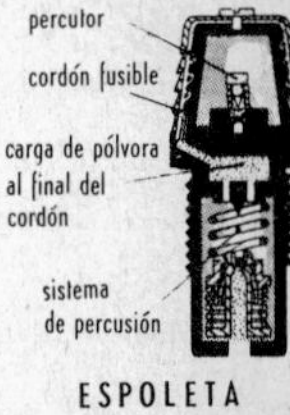

ESPOLETA

ESPORANGIOS

lirio clavel adormidera

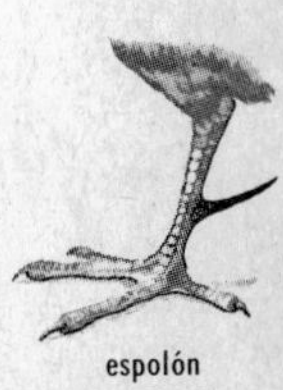
espolón

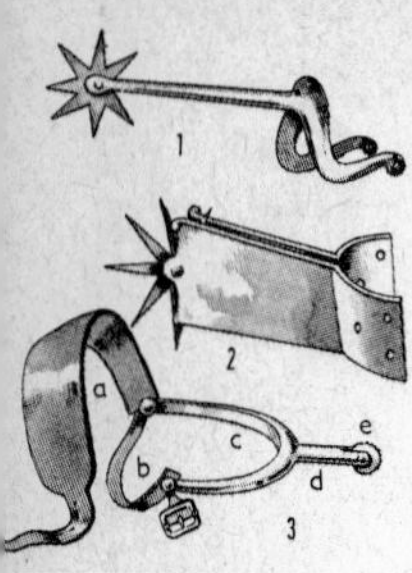

ESPUELAS

1. De estrella, siglo XV
2. Brasileña
3. Movible
   a, correa
   b, trabilla
   c, cuello
   d, espiga
   e, rodaja

esquife

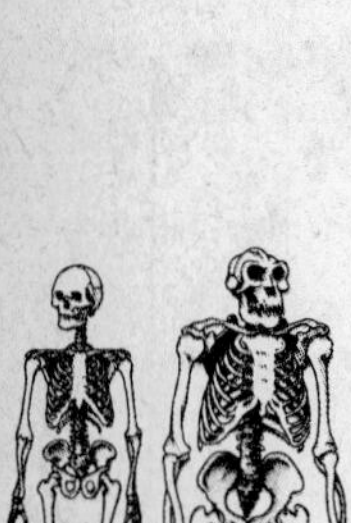

esqueletos comparados de hombre y mono

ESPOSO, SA m. y f. (lat. *sponsus*). Persona unida con otra por los lazos del matrimonio. || Persona casada en relación con su cónyuge. || — SINÓN. *Marido, cónyuge, consorte, hombre, compañero, mujer* (f.), *compañera* (f.). Fam. *Costilla, media naranja.*

ESPRESSIONE (Con) loc. adv. (pal. ital.). *Mús.* De un modo expresivo: *tocar con espressione.*

ESPRESSIVO adj. (pal. ital.). *Mús.* Lleno de expresión, de sentimiento.

ESPRIT m. (pal. fr., pr. *espri*). Ingenio, agudeza, sal.

ESPUELA f. Clavo de metal con puntas, ajustado al talón, para picar la cabalgadura: *las espuelas sin rodaja se llaman acicates.* || *Fig.* Estímulo, incitativo: *sentirse aguijonado por la espuela del deseo.* (SINÓN. *Aliciente.*) || *Espuela de caballero,* planta ranunculácea de flores terminadas en una especie de pico. || *Amer.* Espolón del gallo, espoleta de las aves.

ESPUELAZO m. Espolazo.

ESPUELEAR v. t. *Amer.* Espolear.

ESPUERTA f. Cesta flexible de esparto o palma. || *A espuertas,* a montones.

ESPULGADOR, RA adj. y s. Que espulga.

ESPULGAR v. t. Limpiar de pulgas o piojos: *espulgar a un perro.* || *Fig.* Examinar una cosa minuciosamente: *espulgar un libro.* || — PARÓN. *Expurgar.*

ESPULGO m. Acción y efecto de espulgar.

ESPUMA f. (lat. *spuma*). Burbujas más o menos trabadas entre sí que se forman en un líquido: *las olas del mar forman espuma al estrellarse en las rocas.* || Impurezas que sobrenadan en algunos líquidos cuando hierven: *la espuma del puchero.* (SINÓN. V. *Desecho.*) || Espumilla, tela. || *Espuma de mar,* silicato de magnesia hidratado, blanco y suave que sirve para hacer pipas.

ESPUMADERA f. Paleta con agujeros que sirve para espumar.

ESPUMADOR, RA m. y f. Persona que espuma.

ESPUMAJE m. Abundancia de espuma.

ESPUMAJEAR v. i. Arrojar espumajos o espumarajos una persona: *espumajear de ira.*

ESPUMAJO m. Espumarajo.

ESPUMAJOSO, SA adj. Lleno de espuma.

ESPUMANTE adj. Dícese del licor que hace espuma: *el vino de champaña es muy espumante.*

ESPUMAR v. t. Quitar la espuma: *espumar caldo.* || — V. i. Hacer espuma: *el mosto espuma en las cubas.* || *Fig.* Crecer, aumentar.

ESPUMARAJO m. Saliva muy trabada que arroja una persona por la boca: *echar espumarajos de ira.*

ESPUMILLA f. Especie de lienzo muy delicado. || *Amer.* Merengue tostado en el horno.

ESPUMILLÓN m. Tela de seda muy delicada.

ESPUMOSO, SA adj. Que hace mucha espuma: *vino muy espumoso.* || Que se convierte en espuma: *jabón muy espumoso.*

ESPUMUY f. *Guat.* Especie de paloma.

ESPUNDIA f. (ant. fr. *éponde.*) *Veter.* Úlcera carnosa en las caballerías cuando están tendidas, producida por el roce de la herradura. || *Amer.* Enfermedad de la piel. || *P. Rico.* Púa, espina.

ESPÚREO, REA adj. Barb. por *espurio.*

ESPURIO, RIA adj. (lat. *spurius*). Bastardo: *hijo espurio.* || *Fig.* Contrahecho, falso: *obra espuria.*

ESPURREAR y **ESPURRIAR** v. t. Rociar con un líquido expelido por la boca.

ESPUTACIÓN f. *Med.* Acción de esputar, esputo.

ESPUTAR v. t. Expectorar. (SINÓN. V. *Escupir.*)

ESPUTO m. (lat. *sputum*). Lo que se escupe.

ESQUEBRAJAR v. t. Desquebrajar.

ESQUEJE m. Tallo o gajo que se planta en tierra para multiplicar una planta. || — SINÓN. *Vástago, brote, acodo, mugrón, injerto.* V. tb. *tallo.*

ESQUELA f. (lat. *schedula*). Carta breve: *esquela amorosa.* (SINÓN. V. *Carta.*) || Carta impresa en que se dan citas o se comunican ciertas noticias: *esquela de defunción.*

ESQUELÉTICO, CA adj. De esqueleto: *pieza esquelética.* || *Fam.* Muy delgado: *tenía una cara esquelética.*

ESQUELETO m. (gr. *skeletos,* de *skellein,* secar, disecar). Armazón ósea del cuerpo: *sólo los vertebrados tienen un verdadero esqueleto.* || *Fig.* y *fam.* Persona muy flaca. || *Fig.* Armadura || *Amer.* Modelo, patrón impreso. (V. ilustr. HOMBRE.)

ESQUEMA m. (del gr. *skhêma,* forma). Representación gráfica de una cosa inmaterial o representación de las relaciones y el funcionamiento de un objeto: *el esquema de un problema, de una máquina.* (SINÓN. V. *Compendio* y *proyecto.*)

ESQUEMÁTICAMENTE adv. m. Por medio de esquemas: *representar esquemáticamente.*

ESQUEMÁTICO, CA adj. Perteneciente o relativo al esquema: *trazar una figura esquemática.*

ESQUEMATISMO m. (de *esquema*). Procedimiento esquemático.

ESQUEMATIZAR v. t. Dar forma de esquema.

ESQUENA f. *Anat.* Espinazo de los peces.

ESQUENANTO m. Planta gramínea, de flores pequeñas y rojizas, cuya raíz es aromática y medicinal. (SINÓN. *Junco oloroso.*)

ESQUERO m. Bolsa para la yesca.

ESQUÍ m. Plancha larga y estrecha de madera usada para patinar sobre nieve o agua: *esquí acuático.* || Deporte practicado sobre estos patines: *campeonato de esquí.* Pl. *esquís.*

ESQUIADOR, RA m. y f. Persona que esquía.

ESQUIAR v. i. Patinar con esquís.

ESQUICIO m. *Pint.* Esbozo, apunte.

ESQUIFADA adj. (de *esquife*). *Arq. Bóveda esquifada,* la bóveda claustral. || — F. Carga de un esquife.

ESQUIFE m. (lat. *scapha*). Barco pequeño. (SINÓN. V. *Embarcación.*) || Especie de piragua larga y estrecha, con un solo tripulante, utilizada en competiciones deportivas. || *Arq.* Cañón de bóveda cilíndrico.

ESQUIJUCHE m. *C. Rica.* Una flor aromática.

ESQUILA f. (del al. *schellen,* sonar). Cencerro: *colgar una esquila al manso.* || Campana pequeña.

ESQUILA f. (de *esquilar*) Esquileo del ganado.

ESQUILA f. (lat. *squilla*). Camarón, crustáceo pequeño. || Insecto coleóptero que corre por las aguas estancadas. || *Bot.* Cebolla albarrana.

ESQUILADOR, RA m. y f. Persona que esquila. || — F. Maquinilla para esquilar.

ESQUILAR v. t. Cortar con las tijeras la lana o pelo del animal: *esquilar carneros.*

ESQUILEO m. Acción de esquilar el ganado y tiempo en que se esquila. (SINÓN. *Esquila.*)

ESQUILMAR v. t. Coger los frutos de la tierra. || Chupar las plantas el jugo de la tierra, agotándola: *planta que esquilma los campos.* || *Fig.* Agotar, menoscabar.

ESQUILMO m. Fruto que se saca de la tierra, cosecha: *sacar un abundante esquilmo.* || *Amer.* Provechos accesorios en el cultivo, la ganadería.

ESQUILÓN m. Esquila grande.

ESQUIMAL adj. y s. V. *Parte hist.*

ESQUINA f. Ángulo exterior que forman dos superficies: *la esquina de una calle.* (SINÓN. V. *Ángulo.*) || *Las cuatro esquinas,* un juego de muchachos. || *Amer. Doblar la esquina,* morir.

ESQUINADO, DA adj. Que hace esquinas o ángulos: *una mesa esquinada.* || *Fig.* Difícil, molesto: *persona esquinada.*

ESQUINAR v. t. e i. Hacer o formar esquina. || Poner en esquina alguna cosa. || Escuadrar un madero. || *Fig.* Poner a mal, indisponer.

ESQUINAZO m. *Fam.* Esquina. || *Arg.* y *Chil.* Serenata, alboroto. || *Fam. Dar esquinazo,* burlar uno al que le sigue, doblando la esquina de una calle. || Dejar a uno plantado.

ESQUINERA f. y **ESQUINERO** m. Rinconera.

ESQUINZAR v. t. En los molinos de papel, desmenuzar los trapos viejos.

ESQUIRLA f. Astilla del hueso roto.

ESQUIROL m. (voz. cat.). *Despect.* Obrero que substituye a un huelguista. || *Ar.* Ardilla.

ESQUISTO m. (del gr. *skhistos,* dividido). Roca de textura pizarrosa.

ESQUISTOSO, SA adj. De la naturaleza del esquisto.

ESQUISTOSOMIASIS f. V. BILHARZIA.

ESQUITE m. *C. Rica, Hond.* y *Méx.* Grano de maíz reventado al tostarlo en el comal: *las palomitas son esquites envueltos en miel.* (SINÓN. *Roseta.*)

ESQUIVAR v. t. (ital. *schivare*). Rehusar: *esquivar una invitación.* (SINÓN. V. *Evitar.*) || — V. r. Retraerse, excusarse de hacer una cosa.

ESQUIVEZ f. Despego, aspereza, desdén.

salto

descenso

slalom

ESQUIVO, VA adj. Desdeñoso, áspero, huraño.
ESQUIZADO, DA adj. Con pintas (mármol).
ESQUIZOFITAS f. pl. Plantas unicelulares sin plastos.
ESQUIZOFRENIA f. Desorden psíquico caracterizado por la incoherencia mental.
ESQUIZOMANÍA f. Forma atenuada de la esquizofrenia.
ESQUIZOMICETOS m. pl. Esquizofitas sin clorofila.
ESTABILIDAD f. Calidad de estable o firme. (SINÓN. V. *Equilibrio.*)
ESTABILIZACIÓN f. Acción de estabilizar.
ESTABILIZADOR m. Aparato que sirve para dar estabilidad a una cosa.
ESTABILIZAR v. t. Mantener en equilibrio estable: *estabilizar los cambios.* ‖ Fijar el valor de una moneda.
ESTABLE adj. (lat. *stabilis*). Constante, permanente: *situación estable.* (SINÓN. V. *Duradero.*) CONTR. *Inestable.*)
ESTABLEAR v. t. Encerrar en el establo.
ESTABLECEDOR, RA adj. y s. Que establece
ESTABLECER v. t. (del lat. *stabilis,* estable). Fundar, hacer de nuevo: *establecer una república.* (SINÓN. *Erigir, instaurar, instituir, basar, poner, instalar, implantar, sentar, asentar.* CONTR. *Abolir, destruir.*) ‖ Ordenar, decretar. (SINÓN. V. *Otorgar.*) ‖ — V. r. Avecindarse en un sitio: *establecerse en la capital.* ‖ Abrir un establecimiento. ‖ — IRREG. Se conjuga como *merecer.*
ESTABLECIMIENTO m. Acción y efecto de establecer: *el establecimiento de un banco de Estado.* ‖ Cosa fundada o establecida. (SINÓN. V. *Institución.*) ‖ Lugar donde se ejerce un comercio o profesión: *establecimiento comercial.* (SINÓN. *Casa, factoría, almacén, empresa.* Neol. *Firma.* V. tb. *tienda.*)
ESTABLO m. (lat. *stabulum*). Sitio cubierto para encerrar el ganado. (SINÓN. *Cuadra, caballeriza, aprisco, redil, pocilga, porqueriza, boyera, boíl, boyeriza, vaquería.*) ‖ *Cub.* Cochera.
ESTABULACIÓN f. (lat. *stabulatio*). Estancia de los ganados en el establo: *estabulación prolongada.*
ESTACA f. (del al. *stach,* bastón). Palo con punta para clavarlo: *una valla de estacas.* (SINÓN. *Poste, jalón.*) ‖ Rama verde que se clava en tierra para que eche raíces. ‖ Garrote, palo: *darle a uno con una estaca.* (SINÓN. *Tranca.* V. tb. *palo.*) ‖ Clavo largo. ‖ *Chil., Col., Per.* y *Arg.* Pertenencia minera. ‖ *Chil.* Espolón, garrón. ‖ *Venez.* Pulla, indirecta.
ESTACADA f. Valla hecha de estacas clavadas en tierra. (SINÓN. V. *Cerca* y *dique.*) ‖ Palenque, lugar de desafío. ‖ Plantío de estacas. ‖ *Amér. C.* Punzada, herida. ‖ *Fam. Quedar en la estacada,* ser vencido, perecer o salir mal en una empresa. ‖ *Fig. Dejar en la estacada,* abandonar.
ESTACADURA f. Conjunto de estacas.
ESTACAR v. t. Atar una bestia a una estaca: *estacar una cabra.* ‖ Señalar una línea en el suelo con estacas: *estacar un camino.* ‖ *Amer.* Fijar con estaquillas: *estacar cueros.* ‖ *Arg.* Estaquear. ‖ — V. r. *Fig.* Quedarse tieso. ‖ *Amer.* Clavarse, pincharse. ‖ *Ecuad.* Repropiarse el caballo.

esquí acuático

ESTACAZO m. Golpe dado con estaca, garrotazo.
ESTACIÓN f. (lat. *statio*). Estado actual de una cosa: *estación vertical.* ‖ Cada una de las cuatro partes en que se divide el año: *las cuatro estaciones del año.* (SINÓN. V. *Época.*) ‖ Visita que se hace a las iglesias en determinadas ocasiones: *rezar las estaciones.* ‖ Cierto número de preces rezadas visitando al Santísimo. ‖ Tiempo, temporada: *la estación de las lluvias.* ‖ Estancia, residencia. ‖ Oficina de emisión de telecomunicaciones. ‖ Sitio donde paran los trenes de ferrocarril y suben o bajan viajeros o mercancías: *la estación del Norte.* ‖ Edificio en que están las oficinas y dependencias de una estación de ferrocarril. ‖ *Astr.* Detención aparente de algunos astros en su órbita. ‖ *Amer. De media estación,* de entretiempo. ‖ Centro de estudios aplicados: *estación agronómica.* ‖ *Estación de radio,* emisora. — La diferencia de las *estaciones* es debida a la inclinación del eje de la Tierra sobre la eclíptica. Si durante su revolución anual conservara la Tierra la misma inclinación respecto del Sol, no habría ningún cambio de estación. (V. ilustr. pág. 436.)
ESTACIONAL adj. Propio de cualquier estación del año: *calenturas estacionales.* ‖ *Astr.* Estacionario, parado: *planeta estacional.*
ESTACIONAMIENTO m. Acción y efecto de estacionarse: *estacionamiento de coches.*

Fot. D. Gral. de la Juventud y los Deportes (Francia), Boucher-Adep, U. S. I. S.

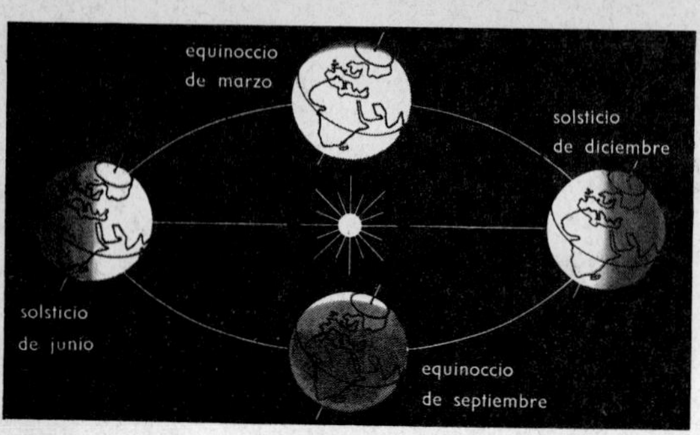

ESTACIONES

ESTACIONAR v. t. Colocar, asentar. || Aparcar los automóviles. || — V. r. Quedar estacionario, estancarse. (SINÓN. V. *Parar.*) || Echar los carneros a las ovejas.
ESTACIONARIO, RIA adj. Que permanece en el mismo estado, sin moverse ni cambiar: *una situación estacionaria.* || *Astr.* Dícese del planeta que está como parado. || — M. Nombre antiguo de los libreros. || Nombre que se daba en Salamanca al bibliotecario.
ESTACIONERO, RA adj. y s. Persona que anda las estaciones en las iglesias.
ESTACHA f. *Mar.* Cable usado en varias faenas.
ESTADA f. Mansión, permanencia en un sitio.
ESTADAL m. Medida de longitud de 3,334 m. || *Estadal cuadrado,* medida agraria de 11,1756 m². || Cinta bendita que se suele llevar al cuello
ESTADÍA f. Detención. (SINÓN. V. *Estancia.*) *Com.* Tiempo que transcurre después del plazo estipulado para la carga o descarga del barco.
ESTADIO m. (lat. *stadium*). Recinto con graderías para competiciones deportivas. || Entre los griegos, longitud de 600 pies equivalente a 147 m, y pista de aquella longitud en donde se verificaban carreras y diferentes ejercicios: *estadio olímpico.* || Período: *los diversos estadios de su desarrollo.* (SINÓN. V. *Fase.*)
ESTADISTA m. Hombre versado en negocios de Estado, de política, etc. || Hombre perito en estadística.
ESTADÍSTICA f. Ciencia que tiene por objeto agrupar metódicamente todos los hechos que se prestan a una valuación numérica (población, riqueza, impuestos, cosechas, etc.). || Conjunto de estos hechos. (SINÓN. V. *Empadronamiento.*)
ESTADÍSTICO, CA adj. Relativo a la estadística: *ciencia estadística.* || — M. Perito en estadística.
ESTÁDIUM m. Latinismo por *estadio.*
ESTADO m. (lat. *status*). Modo de ser, situación de una persona o cosa: *estado de salud; edificio en mal estado.* || Condición: *estado militar; estado de soltero.* (SINÓN. *Posición, situación, calidad.* V. tb. *clase.*) || Forma de gobierno: *Estado republicano.* || Nación (o grupo de naciones) sometidas a un solo gobierno: *útil al Estado; los Estados Unidos de América.* (SINÓN. V. *Nación.*) || *Asunto de Estado,* asunto importante. || *Golpe de Estado,* medida que viola la Constitución establecida. || *Razón de Estado,* consideración de interés público que justifica una acción injusta. || Lista enumerativa, inventario, cuenta: *estado del personal.* (SINÓN. V. *Lista.*) || *Estado de alma,* disposición particular de las facultades mentales. || *Estado de cosas,* circunstancias, coyunturas particulares. || *Estado civil,* condición de un individuo en lo que toca a sus relaciones con la sociedad. || *Estado de alarma,* situación oficial de grave inquietud. || *Estado llano,* el común de los habitantes de un país, fuera de los nobles. || *Estado interesante,* preñez. || *Estado mayor,* oficiales que dirigen el ejército. || *Estado honesto,* el de la mujer soltera. || *Tomar estado,* casarse. || *Estar en estado de,* ser capaz de. || *Estado de sitio,* suspensión de las libertades individuales.
ESTADOUNIDENSE adj. y s. De los Estados Unidos de América del Norte.
ESTAFA f. Acción de estafar. (SINÓN. V. *Robo.*)
ESTAFADOR, RA m. y f. Persona que estafa. || — SINÓN. *Timador, tramposo, petardista, caballero de industria, pillo.* V. tb. *ladrón* y *malhechor.*)
ESTAFAR v. t. Apoderarse del bien ajeno por medio de engaño y artificio: *estafar a un tendero.* (SINÓN. V. *Robar.*)
ESTAFERMO m. (del ital. *esta fermo,* está firme). Muñeco armado con un palo, movible en su eje, y al que los jinetes en los torneos procuraban herir con su lanza sin que les tocara con el palo. || *Fig.* Persona ridícula o sin acción.
ESTAFETA f. (ital. *stafetta*). Correo. || Casa u oficina del correo. || Correo especial diplomático.
ESTAFILOCOCIA f. Infección producida por estafilococos.
ESTAFILOCOCO m. Microbio de forma redondeada que se agrupan como en racimos. (Producen el furúnculo, el ántrax, la osteomielitis.)
ESTAFILOMA m. Tumor en el globo del ojo.
ESTAFISAGRIA f. (del gr. *staphis agria,* uva silvestre). Planta ranunculácea de flores azules.
ESTAGIRITA adj. y s. De Estagira (ant. ciudad de Macedonia). || *El Estagirita,* Aristóteles.
ESTAJEAR v. t. *Amér. C.* Ajustar una obra.
ESTAJO m. Destajo.
ESTALA f. Escala, puerto donde para el barco. || Establo.
ESTALACTITA f. (del gr. *stalaktos,* que cae gota a gota). Concreción calcárea que se forma en la bóveda de los subterráneos, y está formada por la acción de las aguas que, después de fitrarse por la tierra, llegan a una cavidad subterránea y depositan, al evaporarse, el carbonato de cal que las impregnaba. El agua que no se evapora en el techo y cae al suelo forma la *estalagmita.* Con frecuencia la estalactica y la estalagmita, creciendo a un tiempo en sentido inverso, se juntan y forman una columna.
ESTALAGMITA f. (del gr. *stalagma,* líquido filtrado gota a gota). Estalactita que se forma en el suelo con la punta hacia arriba.
ESTALLANTE adj. Que estalla.
ESTALLAR v. i. Reventar de golpe una cosa con ruido estrepitoso: *estallar una bomba.* (SINÓN. *Explotar, reventar, deflagrar, volar.* V. tb. *romper.*) || Restallar el látigo. || *Fig.* Sobrevenir de repente: *estalló un incendio en la granja.* || Sentir o manifestar repentinamente una pasión o afecto: *aquellas palabras le hicieron estallar.* || *Fig.* Sobrevenir, ocurrir violentamente: *estallar la revolución.*
ESTALLIDO y **ESTALLO** m. Acción y efecto de estallar: *la bomba dio un estallido.* (SINÓN. *Explosión.*) || *Dar estallido,* causar ruido extraordinario.
ESTAMBRAR v. t. Torcer la lana convirtiéndola en estambre.
ESTAMBRE amb. y mejor m. (lat. *stamen*). Hebra larga del vellón de lana. || Lana torcida y esponjada, que sirve para hacer media y otras labores. || Urdimbre. || — M. *Bot.* Órgano sexual masculino de las plantas fanerógamas: *el estambre está terminado por la antera.*
ESTAMENTO m. (b. lat. *stamentum*). Cada uno de los cuatro Estados que concurrían a las Cortes de Aragón. || Cada uno de los dos cuerpos colegisladores establecidos en España por el Estatuto Real: *los dos estamentos eran el de los próceres y el de los procuradores del reino.*
ESTAMEÑA f. Tejido basto hecho con estambre.
ESTAMÍNEO, A adj. *Bot.* Relativo al estambre.

estalactitas

estalagmitas

ESTAMINÍFERO, RA adj. *Bot.* Que lleva únicamente estambres: *planta estaminífera.*
ESTAMINODIO m. *Bot.* Estambre estéril.
ESTAMPA f. (ital. *stampa*). Imagen o figura impresa: *estampa de un santo.* ‖ *Fig.* Aspecto, traza: *persona de buena estampa.* ‖ *Fig.* Imprenta: *dar un libro a la estampa.* ‖ Huella, señal: *dejar la estampa de sus pasos.* ‖ *Fam. Tener mala estampa,* ser feo. ‖ *¡Maldita sea su estampa!,* expr. para maldecir a uno.
ESTAMPACIÓN f. Acción y efecto de estampar o imprimir: *la estampación de una lámina.* (SINÓN. V. *Edición.*)
ESTAMPADO, DA adj. Dícese de los tejidos en que se estampan dibujos: *un vestido estampado.* ‖ — M. Estampación, la acción de estampar.
ESTAMPADOR m. El que estampa o imprime.
ESTAMPAR v. t. Imprimir, sacar en estampa. *estampar un dibujo.* (SINÓN. V. *Imprimir.*) ‖ Señalar una cosa en otra: *estampar el pie en la tierra mojada.* ‖ *Fam.* Arrojar, hacer chocar: *estampar contra la pared.*
ESTAMPERÍA f. Imprenta donde se estampan láminas. ‖ Tienda del estampero. ‖ Comercio de estampas: *estampería religiosa.*
ESTAMPERO m. El que hace o vende estampas.
ESTAMPÍA (de) m. adv. De repente, bruscamente: *salir de estampía.*
ESTAMPIDA f. Estampido, estallido. ‖ *Amer.* Fuga precipitada; dícese generalmente de los animales.
ESTAMPIDO m. Ruido fuerte producido por una detonación: *el estampido de un cañón.*
ESTAMPILLA f. Sello que contiene en facsímil la firma y rúbrica de una persona: *poner estampilla a un documento.* (SINÓN. V. *Firma.*) ‖ Sello con letrero. ‖ *Amer.* Sello de correos o fiscal.
ESTAMPILLADO m. Acción y efecto de estampillar.
ESTAMPILLAR v. t. Poner una estampilla.
ESTANCACIÓN f. Acción y efecto de estancar. ‖ — SINÓN. *Estancamiento, marasmo, parada, detención.*
ESTANCAMIENTO m. Estancación.
ESTANCAR v. t. Detener, parar: *las aguas se estancan en los parajes de poca pendiente.* (SINÓN. *Atascarse, encenagarse, corromperse.*) ‖ Prohibir la venta libre de ciertas mercaderías. ‖ *Fig.* Suspender el curso, detener: *un negocio estancado.*
ESTANCIA f. Mansión, habitación en un lugar. ‖ Aposento, sala donde se habita ordinariamente. (SINÓN. V. *Morada.*) ‖ Tiempo que permanece un enfermo en un hospital o casa de reposo y cantidad que por ello devenga. (SINÓN. *Estadía, hospedaje, vacación.*) ‖ *Poét.* Estrofa. ‖ *Amer.* Hacienda o finca de campo. ‖ *Riopl.* y *Chil.* Establecimiento de ganadería.
ESTANCIERO m. *Amer.* Dueño de una estancia.
ESTANCO, CA adj. Que no deja rezumar o filtrar el agua: *recipiente estanco.* ‖ — M. Prohibición de la venta libre de una mercancía: *el estanco del tabaco.* ‖ Sitio donde se venden los géneros estancados. ‖ *Por ext.* En España y otros países, sitio donde se vende tabaco. ‖ *Fig.* Depósito, archivo. ‖ *Ecuad.* Aguardentería.
ESTANDARTE m. Insignia o pabellón. (SINÓN. V. *Bandera.*)
ESTANGURRIA o **ESTRANGURRIA** f. (del gr. *stragx,* gota, y *ourein,* orinar). *Med.* Enfermedad de la vejiga cuando gotea la orina frecuentemente. ‖ Cañoncito o vejiga para recoger estas gotas.
ESTANNATO m. Sal del ácido estánnico.
ESTÁNNICO, CA adj. (del lat. *stannum,* estaño). Dícese de un ácido oxigenado del estaño.
ESTANNÍFERO, RA adj. Que produce estaño.
ESTANQUE m. Receptáculo de agua artificial: *un estanque para el riego.* ‖ — SINÓN. *Lago, laguna, piscina, alberca, depósito.*
ESTANQUERO, RA m. y f. Persona encargada de la venta del tabaco y demás géneros estancados.
ESTANQUILLERO, RA m. y f. Estanquero.
ESTANQUILLO m. Estanco donde se vende el tabaco. ‖ *Méx.* Mercería de tabaco y objetos menudos. ‖ *Ecuad.* Taberna.
ESTANTAL m. *Albañ.* Estribo de pared.
ESTANTE adj. (lat. *stans, stantis*). Que está presente y fijo en un lugar. ‖ — M. Armario con anaqueles o entrepaños y por lo común sin puertas: *un estante de libros.* ‖ Cada uno de los cuatro pies derechos que sostienen ciertas máquinas: *los estantes de un torno.* ‖ *Arg.* Anaquel. ‖ *Amer.* Puntal, estacón.
ESTANTERÍA f. Juego de estantes: *la estantería de un despacho.*
ESTANTIGUA f. Visión, fantasma horrible. ‖ *Fig.* y *fam.* Persona alta y seca. (SINÓN. V. *Flaco*). Persona fea y mal vestida.
ESTANTILLO m. *Col.* Poste, columna.
ESTAÑADOR m. El que estaña las vasijas.
ESTAÑADURA f. Acción y efecto de estañar.
ESTAÑAR v. t. Bañar con estaño: *estañar un perol de azófar.* ‖ Soldar o asegurar con estaño: *estañar una lata.*
ESTAÑERO m. El que trabaja el estaño o lo vende.
ESTAÑO m. (lat. *stannum*). Uno de los metales usuales, blanco, relativamente ligero y muy maleable.
— El *estaño* (Sn), de número atómico 50, de densidad 7,3, es poco tenaz y muy fusible. Su punto de fusión es 231,9° C y de ebullición 2 270° C. Es inalterable al aire y se encuentra en la naturaleza, sobre todo en estado de óxido (casiterita), principalmente en Bolivia, Malasia e Indonesia. El estaño reducido a hojas sirve para la fabricación de espejos y para cubrir sustancias alimenticias preservándolas del aire y de la humedad. Unido al cobre forma el bronce y, mezclado con el plomo, sirve para fabricar juguetes, etc. También se emplea para preservar las cacerolas de cobre de la oxidación y para preparar la hojalata.
ESTAQUEADA f. *Amer. Fam.* Paliza, vapuleo.
ESTAQUEAR v. t. *Riopl.* Estirar un cuero entre estacas. ‖ Amarrar a un hombre entre cuatro estacas por medio de correas atadas a los pies y las manos.
ESTAQUEO m. *Riopl.* Acción de estaquear.
ESTAQUILLA f. Espiga de madera con que se fortalecen los tacones de un zapato. ‖ Estaca, puntal.
ESTAQUILLADOR m. Lezna muy gruesa.
ESTAQUILLAR v. t. Clavar con estaquillas.
ESTAR v. i. (lat. *stare*). Existir en un lugar, en una situación: *estar en casa, en Madrid; estar enfermo.* ‖ Correr tal o cual día: *¿a cuántos estamos?* ‖ Caer bien o mal: *la chaqueta le está bien.* ‖ Costar: *los tomates están a buen precio.* ‖ *Fam.* Entender: *¿está usted?, ¿estamos?* ‖ *Estar de...,* estar haciendo una cosa: *estamos de mudanza, de viaje.* ‖ *Estar en una cosa,* estar dispuesto a hacerla. ‖ *Estar para,* estar dispuesto a una cosa: *estar para salir.* ‖ *Estar por...,* estar casi determinado a una cosa: *estaba por comprar ese libro.* (También significa no estar hecha una cosa: *está la carta por escribir,* o estar uno a favor de otro: *estoy por Pepe.*) ‖ *Estar de más,* sobrar. ‖ *Estar en una cosa,* entenderla, estar enterado de ella: *en ello estamos.* ‖ *Estar uno en todo,* atender a todo. ‖ *Fam. Estar verde una cosa,* desdeñar una persona lo que no puede conseguir. ‖ *Estar a matar,* estar muy enemistadas dos personas. ‖ *Fam. Estar que bota,* estar muy indignado. ‖ *Fam. Estar a la que salta,* estar dispuesto a aprovechar las ocasiones. ‖ *Fam. Estar al caer,* tratándose de horas, estar para sonar: *están a caer las doce.* ‖ *Fig.* y *fam. Estar a oscuras,* estar ignorante. ‖ *Estar bien,* disfrutar de buena salud, comodidades, etc. ‖ — IRREG. Pres. ind.: *estoy, estás, está, estamos, estáis, están;* imperf.: *estaba,* etc.; pret.: *estuve,* etc.; fut.: *estaré,* etc.; imper.: *está, estad;* pot.: *estaría,* etc.; pres. subj.: *esté, estés, esté, estemos, estéis, estén;* imperf. subj.: *estuviera* y *estuviese,* etc.; fut. subj.: *estuviere,* etc.; ger.: *estando;* p. p.: *estado.* ‖ — RÉG. *Estar a [bajo] las órdenes de uno, con cuidado, en ánimo de salir, de vuelta, sobre sí.*
ESTARCIR v. t. (lat. *extergere*). Reproducir un dibujo pasando una brocha o cisquero por un modelo previamente picado o recortado.
ÉSTASIS f. Detención o estancamiento de un líquido que circula, como la sangre. ‖ — PARÓN. *Éxtasis.*
ESTATAL adj. Perteneciente al Estado.
ESTÁTICA f. (gr. *statikê*). Parte de la mecánica que estudia el equilibrio de los cuerpos.

ESTÁTICO, CA adj. Relativo a la estática. ‖ Que permanece en un mismo estado. ‖ *Fig.* Que se queda asombrado. ‖ — PARÓN. *Extático.*
ESTATIFICAR v. t. Pasar algo a la administración del Estado: *estatificar los ferrocarriles.*
ESTATISMO m. Inmovilidad de lo estático. ‖ Tendencia a exaltar la plenitd del poder del Estado en todos los órdenes.
ESTATOR m. En las dinamos, circuito fijo.
ESTATORREACTOR adj. y s. Dícese de un tipo de motor de reacción constituido por una sola tobera sin órgano móvil.
ESTATOSCOPIO m. Aparato para medir las variaciones de altura sobre el nivel del mar.
ESTATUA f. (lat. *statua*). Figura de piedra, madera, metal, etc., labrada a bulto: *una estatua de mármol.* ‖ *Fig.* y *fam.* Persona fría y sin energía.
ESTATUARIA f. (lat. *statuaria*). Escultura.
ESTATUARIO, RIA adj. Perteneciente a la estatuaria o que sirve para hacer estatuas: *mármol estatuario.* ‖ — M. El que hace estatuas (SINÓN. V. *Escultor.*)
ESTATÚDER m. (hol. *stathouder*). Título llevado en los Países Bajos por los gobernadores de cada provincia y posteriormente por los jefes militares de la Unión, especialmente por los príncipes de Orange.
ESTATUDERATO m. El cargo de estatúder.
ESTATUIR v. t. (lat. *statuere*). Establecer, ordenar. (SINÓN. V. *Juzgar.*) ‖ — IRREG. Se conjuga como *huir.*
ESTATURA m. (lat. *statura*). Altura de una persona medida desde los pies a la cabeza.
ESTATUTARIO, RIA adj. Conforme a los estatutos: *gerente estatutario.*
ESTATUTO m. (lat. *statutum*). Regla: *los estatutos de una compañía.* ‖ *For.* Disposición o regla legal. ‖ Ley básica o Constitución de un Estado. ‖ Ley básica por la cual un Estado concede autonomía a una de sus regiones. ‖ *Estatuto real,* ley fundamental del Estado español, que rigió de 1834 a 1836.
ESTAY m. (del flam. *staye,* apoyo). *Mar.* Cabo que sujeta la cabeza de un mastelero. Pl. *estayes.*
ESTE m. Oriente, punto cardinal.
ESTE, ESTA, ESTOS, ESTAS adj. dem. Sirve para designar la persona o cosa que se halla más cerca de la persona que habla que de aquella a quien se habla: *este libro, la casa esta.*
ÉSTE, ÉSTA, ESTO, ÉSTOS, ÉSTAS pron. dem. Corresponden al adjetivo anterior, y designan la persona o cosa que está más cerca de la persona que habla: *aquella casa no es tan hermosa como ésta.* ‖ *Fam. Ésta y no más,* frase para indicar que queda uno escarmentado. ‖ *En esto,* m. adv., en este tiempo, mientras esto sucede: *en esto llegó su padre y le dio una paliza.* ‖ *Éste era..., esto era...,* frase con que suelen empezar los cuentos infantiles. ‖ — OBSERV. Acentúanse *éste, ésta, éstos, éstas,* pronombres, para distinguirlos de *este, esta, estos, estas,* adjetivos.
ESTEARATO m. Sal del ácido esteárico.
ESTEÁRICO, CA adj. De estearina: *ácido esteárico.* ‖ Hecho con estearina: *vela esteárica.*
ESTEARINA f. (del gr. *stear,* sebo). *Quím.* Substancia blanca, insípida, fusible sólo a 64° C, que da a los cuerpos grasos mayor consistencia: *la estearina sirve para fabricar velas.*
ESTEATITA f. (gr. *steatitês*). Mineral suave y blando que es un silicato natural de magnesia: *la esteatita o jabón de sastre sirve para hacer señales en las telas.*
ESTEATOMA m. *Med.* Tumor sebáceo.
ESTEATOPIGIA f. Acumulación anormal de grasa en las nalgas.
ESTEBA f. (del lat. *stipes,* estaca). Pértiga gruesa. ‖ — PARÓN. *Estiba, estibia, esteva.*
ESTEBA f. Planta gramínea que sirve de pasto.
ESTEBAR v. t. Entre tintoreros, meter en la caldera el paño para teñirlo.
ESTEFANOTE m. *Venez.* Planta asclepiadácea de jardín.
ESTEGOMIA f. Género de mosquitos que comprende el transmisor de la fiebre amarilla.
ESTELA f. (ital. *stella*). Señal que deja en el agua el barco que navega, o en el aire un cuerpo luminoso. ‖ Estelaria, pie de león, planta.
ESTELA f. (lat. *stela*). Monumento en forma de lápida o pedestal: *erigir una estela funeraria.*

estela

ESTELAR adj. (lat. *stellaris*). De las estrellas. ‖ *Fig.* Más importante: *el combate estelar.*
ESTELÍFERO, RA adj. *Poét.* Estrellado.
ESTELIÓN m. (lat. *stellio*). Salamanquesa, reptil saurio. ‖ Piedra fabulosa que, según los antiguos, se hallaba en la cabeza de los sapos.
ESTELIONATO m. *For.* Delito que comete el que oculta en un contrato la obligación o gravamen que pesa sobre una finca, alhaja, etc.
ESTEMA m. (del gr. *stemma,* corona). Nombre que se da a los ojos sencillos de los insectos.
ESTEMPLE m. (ingl. *stempel*). *Min.* Ademe.
ESTENIO m. (del gr. *sthênos,* fuerza). Unidad de fuerza en el sistema M. T. S.: *el estenio es la fuerza que comunica en 1 segundo a una masa de 1 tonelada un aumento de velocidad de 1 metro por segundo.* Vale 10^3 newtons o 10^8 dinas (sím.: *sn*).
ESTENOGRAFÍA f. (del gr. *stenos,* apretado, y *graphein,* escribir). Taquigrafía.
ESTENOGRAFIAR v. t. Taquigrafiar.
ESTENOGRÁFICO, CA adj. Relativo a la estenografía: *copia estenográfica.*
ESTENÓGRAFO, FA m. y f. Taquígrafo, persona que sabe la estenografía: *hábil estenógrafo.*
ESTENOGRAMA m. Texto estenografiado.
ESTENOCARDIA. *Med.* Angina de pecho.
ESTENOSIS f. *Med.* Estrechez, estrechamiento
ESTENOTIPIA f. Estenografía mecánica: *máquina de estenotipia.*
ESTÉNTOR m. *Fam.* Hombre de voz muy fuerte.
ESTENTÓREO, A adj. (de *Esténtor,* guerrero griego muy famoso del sitio de Troya). Muy fuerte: *voz estentórea, grito estentóreo.*
ESTEPA f. Erial llano y muy extenso: *las estepas rusas.* ‖ Llanura con vegetación herbácea.
ESTEPA f. (del lat. *stipes,* ramo). Planta cistácea de hojas pecioladas elípticas, agudas, de color verde obscuro y flores blancas. (Se da el nombre de *estepa blanca* a la estepilla y de *estepa negra* al jaguarzo.)
ESTEPAL m. *Méx.* Especie de jaspe rojo.
ESTEPARIO, RIA adj. Propio de las estepas: *región esteparia.*
ESTEPILLA f. Planta cistácea de España, llamada también *jara blanca* o *estepa blanca.*
ÉSTER m. *Quím.* Cuerpo que resulta de la acción de un ácido sobre un alcohol, con eliminación de agua. (SINÓN. *Éter, sal.*)
ESTERA f. Tejido de esparto, o juncos: *se cubre con esteras el suelo de las habitaciones.*
ESTERADOR m. El que estera las habitaciones.
ESTERAL m. *Riopl.* Estero, estuario.
ESTERAR v. t. Tender esteras en el suelo: *se esteran las casas en otoño.* ‖ — V. i. Vestirse de invierno.
ESTERCOLADURA f. Acción de estercolar.
ESTERCOLAMIENTO m. Estercoladura.
ESTERCOLAR m. Estercolero, basurero.
ESTERCOLAR v. t. Echar estiércol en las tierras para beneficiarlas. ‖ — IRREG. Se conjuga como *contar.*
ESTERCOLERO m. Mozo que recoge el estiércol. ‖ Lugar donde se recoge el estiércol.
ESTERCÓREO, A adj. De los excrementos.
ESTERCULIÁCEAS f. pl. *Bot.* Familia de plantas dicotiledóneas, como el cacao.
ESTÉREO m. (del gr. *stereos,* sólido). Unidad de medida para leña, igual a un metro cúbico.
ESTEREÓBATO m. *Arq.* Basa sin molduras.
ESTEREOFOTOGRAFÍA f. Fotografía estereoscópica.
ESTEREOGRAFÍA f. (del gr. *stereos,* sólido, y *graphein,* dibujar.) Arte de representar los sólidos proyectados en un plano.
ESTEREOGRÁFICO, CA adj. Perteneciente o relativo a la estereografía. ‖ Dícese de la proyección de la superficie esférica.
ESTEREÓGRAFO m. El que se dedica a la estereografía.
ESTEREOMETRÍA f. (del gr. *stereos,* sólido, y *metron,* medida). Parte de la geometría que trata de la medición de los sólidos: *estudiar la estereometría.*
ESTEREOQUÍMICA f. Representación geométrica de diversos cuerpos químicos.

Fot. Alinari-Giraudon

ESTEREORRADIÁN m. Unidad de ángulo sólido, equivalente al ángulo sólido que, con su vértice en el centro de una esfera, determina sobre la superficie de esta esfera un área equivalente a la de un cuadrado cuyo lado es igual al radio de la esfera.
ESTEREOSCÓPICO, CA adj. Que concierne al estereoscopio: *una vista estereoscópica.*
ESTEREOSCOPIO m. (del gr. *stereos,* sólido y *skopein,* mirar, ver). Instrumento óptico en el cual dos imágenes planas, sobrepuestas una a otra por la visión binocular, dan la sensación del relieve.
ESTEREOTIPAR v. t. Convertir en formas sólidas, por medio de un metal en fusión, las páginas compuestas con caracteres tipográficos. (SINÓN. *Clisar.*) || *Fig.* Fijar, hacer inmutable, del mismo modo: *una sonrisa estereotipada en sus labios.*
ESTEREOTIPIA f. (del gr. *stereos,* firme, y *typos,* molde, modelo). Arte de estereotipar o clisar.
ESTEREOTIPO m. Cliché. de imprenta. || *Fig.* Imagen o idea aceptada por un grupo, opinión o concepción muy simplificada de algo o de alguien.
ESTEREOTÍPICO, CA adj. Relativo a la estereotipia: *impresión estereotípica.*
ESTEREOTOMÍA f. (del gr. *stereos,* duro, sólido, y *tomê,* talla, sección). Ciencia que estudia el modo de cortar los sólidos usados en las construcciones.
ESTEREOTÓMICO, CA adj. Relativo a la estereotomía: *procedimiento estereotómico.*
ESTERERÍA f. Sitio donde se hacen esteras.
ESTERERO m. El que hace esteras o las vende. || El que fija las esteras en las habitaciones.
ESTÉRIL adj. (lat. *sterilis*). Que no da fruto: *mujer, trabajo estéril.* (SINÓN. *Impotente, infructuoso, pobre.*) || *Tierra o campo estéril,* que nada produce. (SINÓN. *Árido, yermo, infecundo.*) || Que produce pocas obras: *escritor estéril.* || *Fig.* Que no produce resultado: *entablar una discusión estéril.* || — CONTR. *Fecundo, fértil.*
ESTERILIDAD f. (lat. *sterilitas*). Calidad de estéril: *la esterilidad de un asunto.*
ESTERILIZACIÓN f. Acción y efecto de esterilizar. (SINÓN. V. *Saneamiento.*)
ESTERILIZADOR, RA adj. Que esteriliza.
ESTERILIZAR v. t. Hacer estéril: *esterilizar una tierra.* || *Fig.*: *esterilizar el talento.* || Destruir los gérmenes patógenos: *esterilizar el bisturí, la leche, el agua.* || — CONTR. *Fertilizar.*
ESTÉRILMENTE adv. m. De un modo estéril.
ESTERILLA f. Galón angosto de oro o plata. || Pleita estrecha de paja. || Rejilla para asientos.
ESTERLINA adj. (ingl. *sterling*). *Libra esterlina,* unidad monetaria inglesa, compuesta de 20 chelines o 240 peniques.
ESTERNAL adj. *Anat.* Relativo al esternón.
ESTERNÓN m. (gr. *sternon*). *Anat.* Hueso plano del pecho, con el cual se articulan las costillas.
ESTERO m. Acción de esterar las habitaciones.
ESTERO m. (lat. *aestuarium*). Estuario o desembocadura de un río. || *Chil.* y *Ecuad.* Riachuelo, arroyo. || *Ecuad.* Cauce seco de un río antiguo. || *Riopl.* Terreno bajo y pantanoso, cubierto de hierbas. || *Amer.* Aguazal, charca.
ESTERTOR m. (del lat. *stertere,* roncar). Respiración anhelosa y ronca de los moribundos. || Ruido al pasar el aire por las vías respiratorias obstruidas.
ESTESIÓMETRO m. *Fisiol.* Instrumento que sirve para medir la sensibilidad del tacto.
ESTETA m. Hombre aficionado a lo hermoso y que busca en todo la elegancia.
ESTÉTICA f. Teoría de la sensibilidad. || Ciencia que trata de la belleza y de los sentimientos que hacen nacer lo bello en nosotros. || *Estética trascendental,* según Kant, doctrina de nuestra facultad de conocer. || *Cirugía estética,* la que tiene por fin volver a su aspecto normal las alteraciones no patológicas.
ESTÉTICAMENTE adv. De modo estético.
ESTETICISMO m. Reducción de todos los valores humanos a la categoría estética.
ESTÉTICO, CA adj. Relativo a la estética: *principios estéticos.* || Relativo a la belleza: *placer estético.* || — M. El que estudia la belleza.
ESTETISMO m. Escuela literaria y artística anglosajona de tendencias estéticas y arcaicas.
ESTETOSCOPIA f. *Med.* Exploración del pecho por medio del estetoscopio.
ESTETOSCOPIO m. (del gr. *stêthos,* pecho, y *skopein,* examinar). *Med.* Instrumento con que se ausculta el pecho: *el estetoscopio fue inventado por el francés Laennec.*
ESTEVA f. (lat. *stiva*). Pieza curva por donde se empuña el arado. || — PARÓN. *Esteba.*
ESTEVADO, DA adj. y s. Que tiene las piernas torcidas o arqueadas.
ESTEZADO m. Cuero flexible: *traje de estezado.*
ESTEZAR v. t. Curtir las pieles en seco.
ESTIAJE m. (de *estío*). Nivel más bajo que tienen las aguas de un río en el verano. || Período que dura.
ESTIBA f. Lugar en donde se aprieta la lana. || *Mar.* Lastre o carga que se pone en la bodega de los barcos: *una estiba insuficiente.* || Disposición de dicha carga. || *Amer.* Rimero. || — PARÓN. *Esteba.*
ESTIBACIÓN f. Acción y efecto de estibar.
ESTIBADOR m. El que estiba alguna cosa.
ESTIBAR v. t. (lat. *stipare*). Apretar la lana en los sacos. || *Mar.* Colocar la estiba o carga en un barco: *los barcos mal estibados suelen perecer.* || *Amer.* Arrumar mercancías en un local.
ESTIBIADO, DA adj. Que contiene antimonio.
ESTIBINA f. Sulfuro de antimonio natural: *la estibina tiene color gris de plomo.*
ESTIBIO m. (lat. *stibium*). Antimonio, metal.
ESTIÉRCOL m. (lat. *stercus*). Excremento de un animal: *el estiércol de camello se usa como combustible en el desierto.* || Materias vegetales podridas y residuos excrementicios que se usan en agricultura como abono. (SINÓN. *Abono, enmienda, humus, guano.*)
ESTIGARRIBEÑO, ÑA adj. y s. De Mariscal Estigarribia (Paraguay).
ESTIGIO, GIA adj. De la laguna Estigia.
ESTIGMA m. (del gr. *stigma,* picadura). Marca: *los estigmas de las viruelas.* (SINÓN. V. *Cicatriz.*) || Señal que se hacía con hierro candente: *el estigma de la esclavitud.* || Señal: *los vergonzosos estigmas del vicio.* (SINÓN. *V. Huella.*) || *Bot.* Parte superior del pistilo. || *Hist. nat.* Orificio respiratorio de los insectos. || — M. pl. Marcas parecidas a las de las cinco llagas de Jesús, recibidas por ciertos santos. || Características físicas que se cree influyen en la conducta del delincuente.
ESTÍGMATA m. Barb. por *estigma.*
ESTIGMÁTICO, CA adj. Que se refiere al estigma.
ESTIGMATIZAR v. t. (del gr. *stigmatizein,* marcar, señalar). Marcar con hierro candente: *estigmatizar a un criminal.* || *Fig.* Infamar, censurar. (SINÓN. V. *Condenar.*) || Imprimir milagrosamente las llagas de Cristo.
ESTILAR v. i. (de *estilo*). Usar, acostumbrar: *no se estila llevar sombrero de paja en invierno.* || — V. t. Extender una escritura, despacho, etc., conforme al estilo que corresponde. || Destilar.
ESTILETE m. Aguja de algunos instrumentos: *es estilete de un reloj de sol.* || Puñal. (SINÓN. V. *Cuchillo.*)
ESTILISMO m. Tendencia literaria a cuidar exageradamente el estilo.
ESTILISTA com. Escritor que se distingue por lo esmerado del estilo: *Azorín es un estilista.*
ESTILÍSTICO, CA adj. Relativo al estilo. || — F. Estudio del estilo.
ESTILITA adj. y s. Anacoreta que habitaba sobre una columna: *San Simeón Estilita.*
ESTILIZAR v. t. Interpretar la forma de un objeto haciendo resaltar sus rasgos característicos: *dibujos, figuras estilizados.*
ESTILO m. Punzón que usaban los antiguos para escribir en sus tablillas. || *Fig.* Modo de escribir: *un estilo fácil.* (SINÓN. *Forma.* V. tb. *elocución.*) || Modo particular de un artista, de una época: *el estilo churrigueresco.* (SINÓN. *Método, carácter.*) || Modo, manera. || Moda, costumbre: *es una tela al estilo de hoy.* || Clase: *persona que tiene mucho estilo.* || Modo de practicar un deporte. || *Bot.* Prolongación del ovario, que sostiene el estigma. || Varilla del reloj de sol. || *Por el estilo,* parecido. || *Urug.* Música y baile típicos.

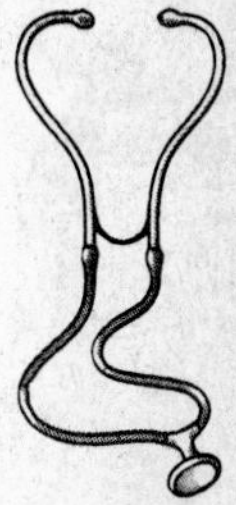

estetoscopio

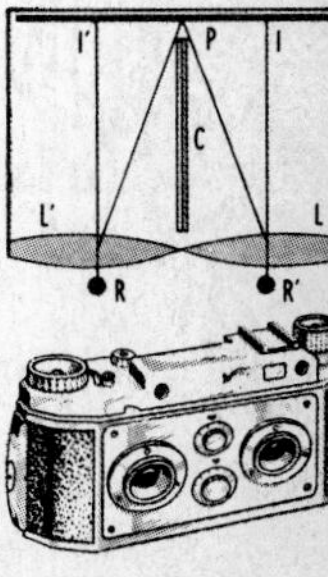

ESTEREOSCOPIO

R, R'. Ojos del observador;
L, L'. Secciones de las lentes biconvexas;
I, I'. Imágenes del mismo objeto;
P. Imagen estereoscópica en relieve o imagen virtual por superposición de imágenes reales; C. Separación en el centro de la caja

estilete

estilóbato

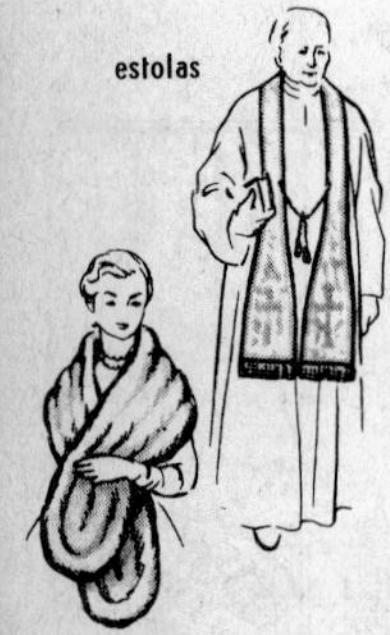
estolas

estinco

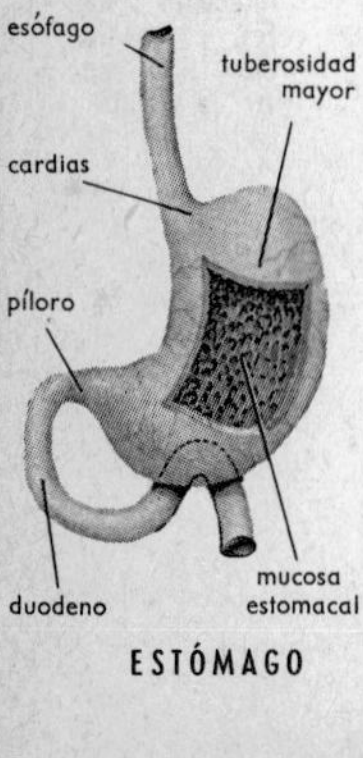

ESTÓMAGO

ESTILIANO, NA ad. y s. De Estelí (Nicaragua).
ESTILÓBATO m. (gr. *stulobatês*). *Arq.* Macizo corrido en que se apoya una columnata.
ESTILOGRÁFICA f. Pluma con depósito interior de tinta.
ESTILOGRÁFICO, CA adj. Que sirve para la estilográfica: *tinta estilográfica.*
ESTILOSO, SA adj. *Guat.* Vanidoso.
ESTIMA f. Consideración, aprecio: *hacer poca estima de una persona.* (SINÓN. V. *Simpatía.*) || *Mar.* Concepto que se forma el marino de la situación del barco.
ESTIMABILIDAD f. Calidad de estimable.
ESTIMABLE adj. (lat. *aestimabilis*). Que admite estimación: *cantidad estimable.* (SINÓN. *Apreciable, recomendable.*) || Digno de estimación o aprecio: *hombre estimable.* (SINÓN. *Recomendable, valioso, plausible.*)
ESTIMACIÓN f. (lat. *aestimatio*). Aprecio y valor en que se tasa una cosa. || Aprecio, aceptación: *ha merecido esta novela la estimación del público.*
ESTIMADOR, RA adj. Que estima.
ESTIMAR v. t. (lat. *aestimare*). Apreciar, juzgar. (SINÓN. *Valorar, considerar.*) || Juzgar, hacer aprecio de una persona o cosa. (SINÓN. V. *Amar* y *creer.*)
ESTIMATIVA f. Facultad con que se aprecia el valor de las cosas. || Instinto.
ESTIMATORIO, RIA adj. Relativo a la estimación.
ESTIMULANTE adj. y s. Que estimula o excita: *el café es un estimulante.*
ESTIMULAR v. t. Aguijonear, punzar. || *Fig.* Incitar, excitar: *le estimuló a que se presentara.*
ESTÍMULO m. (lat. *stimulus*). *Fig.* Incitamiento, excitación para obrar: *sentir un noble estímulo.*
ESTINCO m. Especie de lagarto.
ESTÍO m. Verano, estación más caliente del año.
ESTIPE m. *Bot.* Tronco recto y sin ramificar: *un estipe de palmera.*
ESTIPENDIAR v. t. Dar estipendio o paga.
ESTIPENDIO m. (lat. *stipendium*). Salario, remuneración: *cobrar el estipendio de su trabajo.*
ESTÍPITE m. (del lat. *stipes, stipitis*, tronco). *Arq.* Soporte en forma de pirámide truncada que descansa en la base menor. || *Bot.* Estipe. (SINÓN. V. *Tallo.*)
ESTIPTICIDAD f. *Med.* Calidad de estíptico o astringente.
ESTÍPTICO, CA adj. (gr. *stuptikos*). De sabor metálico astringente. || *Fig.* Estreñido.
ESTIPTIQUEZ f. Estipticidad.
ESTÍPULA f. (lat. *stipula*). *Bot.* Apéndice foliáceo situado en el punto de nacimiento de las hojas.
ESTIPULACIÓN f. Convenio verbal. || Cláusula.
ESTIPULANTE adj. Que estipula o conviene.
ESTIPULAR v. t. *For.* Hacer una estipulación. || Convenir, acordar.
ESTIQUE m. Palillo que usan los escultores.
ESTIRIQUÍN m. *Hond.* Nombre vulgar del *búho.*
ESTIRA f. Cuchilla que usan los zurradores para raer el cordobán de colores.
ESTIRACÁCEAS f. pl. (del lat. *styrax*, estoraque). *Bot.* Familia de plantas dicotiledóneas a que pertenecen el estoraque y el aceitunillo.
ESTIRADAMENTE adv. m. *Fig.* Con dificultad, apenas: *tener estiradamente para comer.*
ESTIRADO, DA adj. Que afecta gravedad o mucho esmero en el vestir: *caballero muy estirado.* || *Fig.* Orgulloso, vanidoso. || *Fig.* y *fam.* Cicatero, tacaño. || — F. Acción de lanzarse un guardameta de fútbol para detener el balón.
ESTIRAJAR v. t. *Fam.* Estirar, alargar.
ESTIRAMIENTO m. La acción de estirar: *el estiramiento de los tejidos.* || — CONTR. *Encogimiento.*
ESTIRAR v. t. Alargar una cosa extendiéndola: *estirar una liga.* (SINÓN. V. *Extender.*) || *Fig.* Alargar, ensanchar: *estirar los poderes que se tienen.* || *Per.* Engañar en un trato. || *Bol.* Azotar. || *Amer.* Matar. || *Fig.* y *fam.* *Estirar la pata*, morir. || — V. r. Desperezarse.
ESTIRÓN m. Acción de estirar, tirón: *le dio un estirón a la correa.* || Crecimiento rápido: *dar un estirón.*
ESTIRPE f. (lat. *stirps, stirpis*). Raíz o tronco de una familia o linaje: *noble estirpe.*
ESTIVAL adj. Del estío.
ESTO pron. V. ESTE.
ESTOCADA f. Golpe que se da de punta con la espada o estoque y herida que produce.
ESTOCAFÍS m. (ingl. *stock fish*). El pejepalo.
ESTOCAR v. t. *Col.* Estoquear.
ESTOFA f. Tela o tejido labrado: *estofa recamada.* || *Fig.* Calidad: *pícaros de baja estofa.*
ESTOFADO, DA adj. Aliñado, engalanado. || — M. Acción de estofar. || Guisado de carne hecho a fuego lento, con poco caldo y tapando la olla. (SINÓN. V. *Guiso.*)
ESTOFAR v. t. Hacer el guiso llamado *estofado.*
ESTOFAR v. t. Bordar rellenando la labor de estopa o algodón. || *Tecn.* Pintar sobre dorado, o dar de blanco a las maderas que se han de dorar.
ESTOICAMENTE adv. m. Con estoicismo.
ESTOICISMO m. Doctrina filosófica de Zenón, llamada también *doctrina del Pórtico.* || *Fig.* Austeridad, dominio sobre la propia sensibilidad: *soportar sus males con estoicismo.*
— El *estoicismo* es una especie de panteísmo que hace consistir la substancia en fuego sutil, a la vez materia y fuerza. Es célebre su moral, que hace residir el bien soberano en obedecer sólo a la razón, y en ser indiferente al placer o al dolor.
ESTOICO, CA adj. (lat. *stoicus*). Perteneciente al estoicismo: *doctrina estoica.* || Que sigue la doctrina del estoicismo: *filósofo estoico.* || *Fig.* Frío, indiferente. (SINÓN. V. *Austero.*)
ESTOLA f. (lat. *stola*). Vestidura de los griegos y romanos, parecida a la túnica. || Uno de los ornamentos sagrados. || Banda larga de piel que usan las mujeres: *estola de visón.*
ESTOLIDEZ f. Falta de inteligencia.
ESTÓLIDO, DA adj. (lat. *stolidus*). Falto de inteligencia y de razón, estúpido.
ESTOLÓN m. (lat. *stolo*). *Bot.* Vástago rastrero que echa raíces que producen nuevas plantas: *la fresa se reproduce por estolones.*
ESTOMA m. (del gr. *stoma*, boca). *Bot.* Nombre de las aberturas microscópicas que hay en la epidermis de las hojas de los vegetales.
ESTOMACAL adj. Perteneciente o relativo al estómago. || Digestivo: *un elixir estomacal.* Ú. t. c. s. m.
ESTOMAGAR v. t. Empachar. || *Fam.* Causar fastidio o empalago: *ese hombre me estomaga.* (SINÓN. V. *Aburrir.*)
ESTÓMAGO m. (lat. *stomachus*). Víscera membranosa en la que empieza la digestión: *el estómago de los rumiantes tiene cuatro divisiones.* || *Fam. Estómago de avestruz*, persona que todo lo traga. || *Fig.* y *fam. Tener mucho estómago*, sufrir los desaires sin inmutarse.
ESTOMAGUERO m. Bayeta que se suele poner a los niños en la boca del estómago para abrigo.
ESTOMATOLOGÍA f. Tratado de las enfermedades de la boca. (SINÓN. V. *Dentista.*)
ESTOMATÓPODOS m. pl. Familia de crustáceos marinos zoófagos.
ESTONIO, NIA adj. y s. De Estonia. || — M. Lengua hablada por los estonios.
ESTOPA f. (lat. *stupa*). Parte basta del cáñamo que queda en el peine cuando se rastrilla. || Tela gruesa que se fabrica con la hilaza de la estopa. || *Mar.* Jarcia vieja que sirve para carenar barcos.
ESTOPEÑO, ÑA adj. Perteneciente a la estopa o hecho de estopa: *tela estopeña.*
ESTOPEROL m. *Mar.* Clavo corto de cabeza grande. || *Mar.* Especie de torcida hecha de filástica vieja. || *Col.* Perol, cazo. || *Amer.* Clavo grande, bollón.
ESTOPILLA f. Parte del cáñamo más fina que la estopa. || Hilado o tela de estopa fina. || Lienzo delgado ralo y claro. || Tela ordinaria de algodón.
ESTOPÍN m. *Artill.* Mixto que se introducía en el oído del cañón antiguo. || Cápsula de latón.
ESTOPÓN m. La parte más gruesa y basta de la estopa: *arpilleras de estopón.*
ESTOPOR m. *Mar.* Aparato de hierro que detiene la cadena del ancla.

ESTOPOSO, SA adj. *Fig.* Parecido a la estopa.
ESTOQUE m. (del al. *stock,* bastón). Espada angosta y sin filo. (SINÓN. V. *Espada.*) ‖ Bastón que tiene una espada interiormente y que se usa como arma defensiva. ‖Espada de toreo. ‖ *Bot.* Planta iridácea de flores rojas.
ESTOQUEADOR m. El que estoquea los toros.
ESTOQUEAR v. t. Herir o matar con estoque: *estoquear un toro.*
ESTOQUEO m. Acto de estoquear.
ESTOQUILLO m. *Chil.* Planta ciperácea de tallo triangular y cortante.
ESTOR m. Cortinón para cubrir una ventana o puerta. (SINÓN. V. *Cortina.*)
ESTORAQUE m. (gr. *sturax*). Árbol estiracáceo de tronco torcido y flores blancas: *la resina muy olorosa del estoraque se usa en perfumería y en medicina.*
ESTORBADOR, RA adj. Que estorba.
ESTORBAR v. t. (lat. *exturbare*). Embarazar, poner obstáculo: *estorbar el paso de los transeúntes.* ‖ *Fig.* Molestar, incomodar. ‖ — SINÓN. *Dificultar, entorpecer, obstaculizar, poner trabas.*
ESTORBO m. Cosa que estorba.
ESTORBOSO, SA adj. Que estorba.
ESTORNINO m. (lat. *sturnus*). Pájaro con plumaje negro, de reflejos verdes: *el estornino se domestica y aprende a cantar fácilmente.*
ESTORNUDAR v. t. (lat. *sternutare*). Despedir violenta y ruidosamente aire por la boca y las narices.
ESTORNUDO m. Acción y efecto de estornudar: *un estornudo fuerte.*
ESTORNUTATORIO, RIA adj. y s. Que provoca a estornudar: *polvo estornutatorio.*
ESTOTRO, TRA pron. dem. Contracción de *este, esta* o *esto* y *otro* u *otra.*
ESTOVAÍNA f. Clorhidrato de amileína, usado como anestésico.
ESTRABISMO m. Deformidad de los bizcos.
ESTRABOTOMÍA f. Sección de los músculos del ojo que se suele hacer para curar el estrabismo.
ESTRACILLA f. Trapo, guiñapo.
ESTRADA f. (lat. *strata*). Camino. ‖ *Mil. Batir la estrada,* reconocer, registrar la campaña.
ESTRADIOTA f. Lanza de unos tres metros de longitud, con hierro en ambos extremos, que usaban los estradiotes. ‖ *Equit. A la estradiota,* loc. adv., con estribos largos y silla de borrenes, como los estradiotes.
ESTRADIOTE m. (gr. *stratiôtês*). Antiguo jinete mercenario originario de Albania.
ESTRADO m. Tarima elevada sobre la que se coloca el trono. ‖ Sala donde solían recibir las visitas las señoras. ‖ Muebles que la alhajaban. ‖ — Pl. Salas de los tribunales.
ESTRAFALARIAMENTE adv. m. *Fam.* De manera estrafalaria: *vestir estrafalariamente.*
ESTRAFALARIO, RIA adj. y s. *Fam.* Desaliñado. ‖ *Fig.* y *fam.* Extravagante, ridículo: *persona estrafalaria.* (SINÓN. V. *Absurdo* y *raro.*)
ESTRAGADOR, RA adj. Que estraga.
ESTRAGAMIENTO m. Estrago.
ESTRAGAR v. t. Viciar, corromper. ‖ Causar estrago. (SINÓN. V. *Deteriorar.*)
ESTRAGO m. (lat. *strages*). Daño. (SINÓN. V. *Destrucción.*)
ESTRAGÓN m. Planta compuesta que se usa bastante como condimento.
ESTRAMADOR m. *Méx.* Peine, carmenador.
ESTRAMBOTE m. (ital. *strambotto*). Versos que se agregan al final de alguna composición poética: *soneto con estrambote.*
ESTRAMBÓTICAMENTE adv. m. *Fam.* De manera estrambótica: *vestir estrambóticamente.*
ESTRAMBÓTICO, CA adj. *Fam.* Extravagante, irregular: *versos estrambóticos.* (SINÓN. V. *Raro.*)
ESTRAMONIO m. (lat. *stramonium*). Planta solanácea de flores grandes y blancas a manera de embudo.
ESTRANGUL m. Pipa o lengüeta que se pone en ciertos instrumentos músicos para tocar.
ESTRANGULACIÓN f. Acción y efecto de estrangular o ahogar.
ESTRANGULADO, DA adj. *Med.* Muy oprimido, apretado: *hernia estrangulada.*
ESTRANGULADOR, RA adj. y s. Que estrangula. ‖ — M. Starter.
ESTRANGULAR v. t. (lat. *strangulare*). Hacer perder la respiración a alguno oprimiendo el cuello. ‖ Ahogar, impedir la respiración: *su corbata le estrangula.* (SINÓN. *Colgar, agarrotar, ahorcar.* V. tb. *matar.*) ‖ *Cir.* Oprimir, apretar: *estrangular una vena.*
ESTRANGURIA f. *Med.* Micción dolorosa.
ESTRAPALUCIO m. *Fam.* Estropicio.
ESTRAPERLISTA adj. y s. *Fam.* El que se dedica al comercio de contrabando.
ESTRAPERLO m. *Fam.* Mercado clandestino.
ESTRÁS o **STRASS** m. (del n. del inventor) Cristal muy denso que imita el diamante.
ESTRASIJADO, DA adj. *Amer.* Trasijado.
ESTRATAGEMA f. (gr. *stratêgêma*). Ardid, treta. ‖ *Fig.* Astucia.
ESTRATEGA m. Persona versada en estrategia: *Bolívar fue un gran estratega.*
ESTRATEGIA f. (gr. *stratêgia,* de *stratêgos,* general). Arte de dirigir las operaciones militares. (SINÓN. *Táctica, maniobra.*) ‖ *Fig.* Habilidad para dirigir un asunto: *la estrategia política.* (SINÓN. V. *Destreza.*) ‖ *Amer.* Estratagema: *usar muchas estrategias.*
ESTRATÉGICAMENTE adv. m. Con estrategia.
ESTRATÉGICO, CA adj. Perteneciente a la estrategia. ‖ — Adj. y s. Que conoce la estrategia.
ESTRATEGO m. Estratega.
ESTRATIFICACIÓN f. *Geol.* Disposición geológica en capas paralelas: *la estratificación de un terreno.* ‖ *Fig.* Disposición de los elementos de algo en capas situadas en diferentes planos.
ESTRATIFICAR v. t. *Geol.* Formar estratos o capas sobrepuestas: *un sedimento estratificado.*
ESTRATIFORME adj. En forma de estratos.
ESTRATIGRAFÍA f. *Geol.* Parte de la geología que estudia las rocas estratificadas.
ESTRATO m. (del lat. *stratum,* manta). *Geol.* Masa mineral dispuesta en capa uniforme que constituye los terrenos sedimentarios. ‖ *Anat.* Capa o serie de capas en un órgano. ‖ *Meteor.* Nube que presenta la forma de una faja larga en el horizonte: *los estratos crepusculares.*
ESTRATOSFERA f. Región de la atmósfera, entre la troposfera y la mesosfera, que ocupa unos treinta kilómetros en los que la temperatura es constante.
ESTRATOSFÉRICO, CA adj. Relativo a la estratosfera. ‖ Que puede mantenerse en la estratosfera: *avión estratosférico.*
ESTRAVE m. *Mar.* Remate de la quilla del navío, que va en línea curva hacia la proa.
ESTRAZA f. Trapo de tela basta: *papel de estraza.*
ESTRECHAMENTE adv. m. Con estrechez: *vivir estrechamente.* ‖ *Fig.* Puntualmente, con exactitud: *ejecutar estrechamente las órdenes recibidas.* ‖ Con rigor y eficacia. ‖ Con íntima relación o parentesco.
ESTRECHAMIENTO m. Acción y efecto de estrechar: *el estrechamiento de un vestido.*
ESTRECHAR v. t. Hacer más estrecho: *estrechar un vestido.* (SINÓN. V. *Disminuir.*) ‖ *Fig.* Apretar: *estrechar a uno entre los brazos.* (SINÓN V. *Abrazar* y *encerrar.*) ‖ *Fig.* Reducir: *estrechar una plaza sitiada.* ‖ *Fig.* Obligar a uno a que haga lo que no quiere. ‖ — V. r. Ceñirse, apretarse: *estrecharse en un banco con alguien.* ‖ Reducir el gasto: *nos hemos estrechado mucho este mes.* ‖ *Fig.* Trabar estrecha amistad con una persona.
ESTRECHEZ f. Escasa anchura. (SINÓN. V. *Pequeñez.*) ‖ *Fig.* Enlace estrecho de una cosa con otra. ‖ *Fig.* Gran amistad entre dos personas. ‖ *Fig.* Aprieto, apuro: *hallarse en gran estrechez.* *Fig.* Retiro, austeridad. ‖ *Fig.* Escasez, privación de lo necesario: *pasar estrecheces.* (SINÓN. V. *Pobreza.*)
ESTRECHO, CHA adj. (lat. *strictus*). Que tiene poca anchura: *carretera estrecha.* (SINÓN. V. *Angosto.*) ‖ Apretado: *zapato estrecho.* ‖ *Fig.* Limitado, apocado: *espíritu estrecho.* ‖ Íntimo: *amistad estrecha.* ‖ *Fig.* Rígido, severo: *vigilancia estrecha.* ‖ — M. Estrechez: *pasar un grave estrecho.* ‖ Paso angosto entre dos tierras: *el estrecho de Gibraltar.* (SINÓN. *Paso, canal.*)
ESTRECHÓN m. *Mar.* Socollada que da la vela.
ESTRECHURA f. Estrechez.

estornino

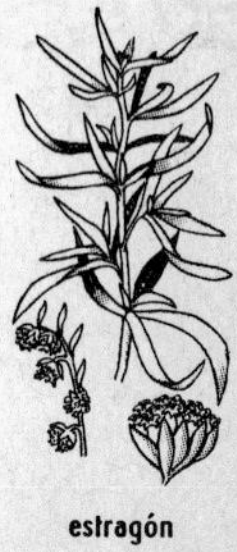
estragón

Fot. Dragesco

estrellamar

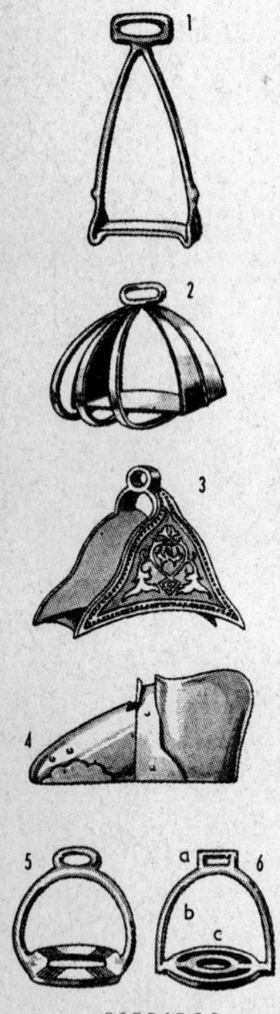

ESTRIBOS

1. Del siglo X
2. De rejilla
3. Árabe
4. De justa
5. Moderno
6. A la francesa
   a, ojo
   b, ramas
   c, rejilla

ESTREGADERA f. Cepillo de cerdas cortas y duras. || Aparato qus suele ponerse para estregar los pies a la entrada de las casas.

ESTREGADERO m. Lugar donde los animales se estriegan.

ESTREGADOR, RA adj. y s. Que estriega.

ESTREGADURA f. y **ESTREGAMIENTO** m. Acción y efecto de estregar o frotar una cosa.

ESTREGAR v. t. (del lat. *stringere*, rozar). Frotar con fuerza una cosa con otra para limpiarla, pulirla, etc.: *los venados se estriegan las cuernas.* || — IRREG. Se conjuga como *acertar.*

ESTREGÓN m. Roce fuerte, estregadura.

ESTRELLA f. (lat. *stella*). Cualquier astro, a excepción del Sol y la Luna. (SINÓN. *Astro, planeta, cometa, lucero.*) || Asterisco. || Moneda cubana. || *Fig.* Influencia que se atribuía en otro tiempo a los astros sobre la suerte de los hombres: *haber nacido con buena estrella.* (SINÓN. V. *Destino* y *suerte.*) || *Fig.* Objeto que tiene forma de estrella. || Lunar de pelo blanco, menor que el lucero, que tienen en la frente los caballos. || *Fig.* Persona que sobresale en un arte. (Aplícase, sobre todo, a las artistas de cine o teatro.) [SINÓN. V. *Actor.*] || *Fig.* y *fam.* Hado, destino: *tener buena o mala estrella.* || *Fig. Ver las estrellas*, sentir vivo dolor físico. || *Nacer con estrella*, tener suerte. || *Estrella errante*, planeta. || *Estrella polar*, la que está en el extremo de la lanza de la Osa Menor. || *Estrella fugaz*, pequeño meteoro luminoso que se ve brillar durante poco tiempo en la atmósfera y se mueve con gran velocidad. || *Estrella doble* o *triple*, conjunto de varias estrellas que parecen a simple vista no formar sino una sola. || *Estrella de mar*, estrellamar.
— Las *estrellas* parecen ser los centros o soles de otros tantos sistemas planetarios. Las estrellas están a una distancia inmensa de nosotros; las más próximas tardan tres o cuatro años en mandarnos su luz, a pesar de que ésta recorre 300 000 kilómetros por segundo; otras estrellas tardan 36 000 años, y la luz de algunas de ellas no ha llegado aún a la Tierra. Las estrellas fugaces son fragmentos de algún planeta roto que penetran en nuestra atmósfera con velocidad suficiente para recorrerla en algunos segundos, y que el roce de aquélla calienta hasta la incandescencia. Cuando la atracción terrestre es suficiente, caen dichos cuerpos sobre nuestro globo, constituyendo entonces los aerolitos o bólidos. || — PROV. **Unos nacen con estrella y otros nacen estrellados**, es diversa la suerte de los hombres.

ESTRELLADA f. Amelo, planta compuesta.

ESTRELLADERA f. Cuchara plana y agujereada, que se usa en la cocina para freir huevos.

ESTRELLADO, DA adj. De forma de estrella. || Lleno de estrellas: *cielo estrellado.* || Dícese del caballo que lleva una estrella en la frente: *una yegua negra estrellada.*

ESTRELLAMAR f. Animal radiado marino de forma de estrella de cinco puntas. (SINÓN. *Asteria.*) || Especie de llantén cuyas hojas estrechas se extienden por el suelo a manera de estrella.

ESTRELLAR adj. (lat. *stellaris*). Perteneciente a las estrellas: *luz estrellar.*

ESTRELLAR v. t. *Fam.* Arrojar con violencia una persona o cosa contra otra. || Freir los huevos. || — V. r. Caer brutalmente: *se estrelló en el fondo del precipicio.* || Oponerse con tesón: *estrellarse con uno.* || *Fig.* Quedar malparado. (SINÓN. V. *Fracasar.*) || Matarse por efecto de un choque: *estrellarse contra un árbol.* || — PARÓN. *Estallar.*

ESTRELLATO m. *Neol.* Conjunto de estrellas de cinematografía.

ESTRELLERO, RA adj. Dícese del caballo que levanta demasiado la cabeza.

ESTRELLÓN m. Fuego artificial de la figura de una estrella grande que se coloca en lo alto de una decoración: *el estrellón de un Nacimiento.* || *Bol.* Porrazo, choque. || *Amer.* Choque, estrujón, refregón.

ESTREMECEDOR, RA adj. Que estremece.

ESTREMECER v. t. (de *es* expletivo, y el lat. *tremere*, temblar). Conmover, hacer temblar: *el terremoto estremeció la casa.* || *Fig.* Alterar: *la noticia me estremeció.* (SINÓN. *Sobresaltar, conmover, turbar.*) || — V. r. Temblar repentinamente. (SINÓN. V. *Temblar.*) || — IRREG. Se conjuga como *merecer.*

ESTREMECIMIENTO m. Acción de estremecer o estremecerse. || — SINÓN. *Alteración, conmoción, choque, sobresalto, sacudida.*

ESTREMEZÓN m. *Amer.* Estremecimiento.

ESTRENA f. (lat. *strena*). Regalo que se da en señal de felicidad o en recompensa de un servicio. || Acción de empezar a usar una cosa: *la estrena de un sombrero.*

ESTRENAR v. t. Hacer uso por primera vez de una cosa: *estrenar un traje.* || Representar por primera vez: *estrenar una comedia.* || — V. r. Empezar a desempeñar un empleo o darse a conocer por primera vez en un arte: *nuestro amigo se estrenó con esta novela.*

ESTRENO m. Acción de estrenar o estrenarse: *el estreno de la comedia fue un fracaso.*

ESTRENQUE m. Maroma gruesa de esparto.

ESTRENUIDAD f. Calidad de estrenuo.

ESTRENUO, NUA adj. (lat. *strenuus*). Fuerte.

ESTREÑIDO, DA adj. Que padece estreñimiento. || *Fig.* Avaro, mezquino.

ESTREÑIMIENTO m. Acción y efecto de estreñir: *el chocolate suele causar estreñimiento.*

ESTREÑIR v. t. (del lat. *stringere*, apretar). Retrasar o dificultar la evacuación del vientre. || — IRREG. Se conjuga como *ceñir.*

ESTREPADA f. (ital. *strappata*). *Mar.* Tirón que se da a un cabo. || *Mar.* Arrancada, aumento brusco de la velocidad de un barco.

ESTREPITARSE v. r. *Cub.* Alborozarse.

ESTRÉPITO m. (lat. *strepitus*). Ruido considerable, estruendo: *el estrépito de un trueno.* (SINÓN. V. *Alboroto.*) || Ostentación.

ESTREPITOSAMENTE adv. m. Con estrépito: *vencer estrepitosamente.*

ESTREPITOSO, SA adj. Que causa estrépito. (SINÓN. V. *Sonoro.*)

ESTREPTOCOCO m. Microbio del grupo de los cocos, cuyos individuos se presentan en cadena y producen enfermedades graves.

ESTREPTOMICINA f. *Med.* Antibiótico que posee acción contra el bacilo de la tuberculosis y contra otros microbios.

ESTRÍA f. (lat. *stria*). *Arq.* Mediacaña o acanaladura hueca que se labra en la columna. || Acanaladura, raya en algunos cuerpos: *las estrías de una roca.*

ESTRIADO, DA adj. Que presenta estrías.

ESTRIAR v. t. *Arq.* Formar estrías.

ESTRIBACIÓN f. *Geogr.* Estribo de montañas.

ESTRIBADERO m. Parte donde estriba algo.

ESTRIBAR v. i. Descansar una cosa en otra: *estriba la bóveda en cuatro columnas.* || *Fig.* Fundarse, apoyarse: *mis razones estriban en eso.* (SINÓN. V. *Consistir.*)

ESTRIBERA f. Estribo. || *Riopl.* Correa de que pende el estribo.

ESTRIBERÍA f. Taller donde se hacen estribos. || Sitio donde se guardan los arreos de las caballerías, y también pesebre.

ESTRIBERÓN m. Paso firme que se establece en un terreno pantanoso.

ESTRIBILLO m. Verso o versos que se repiten al fin de cada estrofa de ciertas composiciones. || *Fig.* y *fam.* Palabra que alguna persona emplea por hábito vicioso con demasiada frecuencia. (SINÓN. V. *Repetición.*)

ESTRIBITOS m. pl. *P. Rico.* Remilgos, carantoñas; pucheros.

ESTRIBO m. Anillo de metal en que el jinete apoya el pie cuando está montado: *los estribos árabes son anchos y profundos.* || Especie de escalón para subir y bajar del coche. (SINÓN. V. *Escalera.*) || Chapa de hierro que se usa para asegurar ciertas armazones. || *Anat.* Uno de los huesos del oído interno. || *Fig.* Apoyo, fundamento. || *Arq.* Macizo, contrafuerte: *el estribo de un puente.* || *Carp.* Madero horizontal en el que embarbillan los pares de una armadura. || *Geogr.* Ramal corto de montañas que arranca de una cordillera. || *Fig. Perder los estribos*, desbarrar en una conversación. || *Estar con un pie en el estribo*, estar a punto de morir.

ESTRIBOR m. *Mar.* Costado derecho del navío. || — CONTR. *Babor.*

ESTRIBOTE m. Composición poética en estrofas con estribillo.

ESTRICCIÓN f. *Tecn.* Constricción.

Fot. Baufle

ESTRICNINA f. (del gr. *strukhnos*, morera negra). *Quím.* Alcaloide que se extrae de la nuez vómica y el haba de San Ignacio: *la estricnina es uno de los venenos más violentos.*
ESTRICOTE (Al) m. adv. Al retortero: *traer a uno al estricote.* || — M. *Venez.* Vida desordenada.
ESTRICTAMENTE adv. m. De modo estricto. (SINÓN. V. *Absolutamente.*)
ESTRICTEZ f. *Amer.* Calidad de estricto.
ESTRICTO, TA adj. (lat. *strictus*). Estrecho, riguroso: *deber estricto.* || Severo, riguroso: *persona estricta en los negocios.*
ESTRIDENCIA f. Calidad de estridente.
ESTRIDENTE adj. (lat. *stridens*). Agudo, desapacible: *voz estridente.* (SINÓN. V. *Chillón.*) || Que hace ruido. || Que es fuera de lo normal: *persona estridente.*
ESTRIDOR m. Sonido agudo y desapacible.
ESTRIDULOSO, SA adj. *Med.* Que produce estridor: *respiración estridulosa.*
ESTRIGE f. (lat. *strix*). Lechuza.
ESTRILAR v. i. *Arg.* Rabiar.
ESTRILO m. *Arg.* Enojo, enfado.
ESTRINQUE m. Estrenque.
ESTRIPAZÓN f. *Amér. C.* Apretura, destrozo.
ESTRO m. (del lat. *oestrus*, tábano). *Poét.* Estímulo, ardor, inspiración: *sentir el estro poético.* || *Zool.* Moscardón. || Ardor sexual de los mamíferos.
ESTRÓBILO m. (del gr. *strobilos*, trompo). *Bot.* Fruto de algunas coníferas.
ESTROBO m. *Mar.* Cabo para suspender vergas, palos, etc.
ESTROBOSCOPIA f. Método de observación óptica de ciertos fenómenos que permite examinar lentamente sus diversas fases.
ESTROBOSCOPIO m. Dispositivo óptico que al girar da la sensación de movimiento.
ESTROFA f. (del gr. *strophê*, vuelta). División regular de una obra lírica: *las estrofas de un himno.* (SINÓN. V. *Estancia, cuplé.*) || Primera parte del canto lírico griego compuesto de *estrofa* y *antistrofa.*
ESTROFANTO m. Género de plantas apocináceas del África tropical, de las que se extrae una substancia que tonifica el corazón.
ESTRÓFICO, CA adj. Propio de la estrofa: *forma estrófica.*
ESTROMA m. *Anat.* Trama conjuntiva de un órgano o tejido.
ESTRONCIANA f. Óxido de estroncio.
ESTRONCIANITA f. Carbonato natural de estronciana: *la estroncianita se emplea en pirotecnia.*
ESTRONCIO m. Metal amarillo (Sr.) de número atómico 38, análogo al calcio.
ESTROPAJEAR v. t. *Albañ.* Limpiar en seco las paredes de las casas con un estropajo mojado.
ESTROPAJEO m. *Albañ.* Acción y efecto de estropajear.
ESTROPAJO m. Lío de esparto que sirve para fregar. || *Fig.* Cosa inútil o despreciable: *tratar a uno como un estropajo.* || *Cub.* Esponja vegetal.
ESTROPAJOSO, SA adj. *Fig.* y *fam.* Que no pronuncia bien: *lengua estropajosa.* || *Fig.* y *fam.* Desaseado y andrajoso: *mujer estropajosa.* || *Fig.* y *fam.* Aplícase a la carne muy difícil de mascar.
ESTROPEAR v. t. Maltratar: *se estropeó un brazo al caer.* (SINÓN. *Deteriorar.* V. tb. *herir.*) || Batir por segunda vez el mortero. || Echar a perder, malograr: *estropear un plan.* (SINÓN. *Corromper, dañar.* V. tb. *pudrir.*)
ESTROPICIO m. *Fam.* Destrozo, rotura estrepitosa: *se armó un estropicio en la cocina.* || Trastorno ruidoso, algazara, jaleo. (SINÓN. V. *Confusión.*) || — PARÓN. *Tropiezo.*
ESTRUCTURA f. (lat. *structura*). Modo como está construido un edificio. || Armadura que sostiene un conjunto: *estructura metálica.* || Arreglo o disposición de las diversas partes de un todo: *la estructura de un cuerpo.* (SINÓN. V. *Composición.*) || *Fig.* Disposición, arreglo: *la estructura de un poema dramático.* (SINÓN. V. *Forma.*)
ESTRUCTURACIÓN f. *Neol.* Estructura.
ESTRUCTURAL adj. Relativo a la estructura.
ESTRUCTURAR v. t. Disponer, ordenar las partes de una obra.
ESTRUENDO m. Ruido grande: *el estruendo de un cañonazo.* || *Fig.* Confusión, alboroto, bullicio. (SINÓN. V. *Cacofonía.*) || Pompa.

ESTRUENDOROSO, SA adj. *Col.* Estruendoso.
ESTRUENDOSO, SA adj. Estrepitoso.
ESTRUJADOR, RA adj. y s. Que estruja. || — F. Exprimidera.
ESTRUJADURA f. y **ESTRUJAMIENTO** m. Acción y efecto de estrujar o apretar una cosa.
ESTRUJAR v. t. Apretar una cosa: *estrujar un limón.* (SINÓN. V. *Exprimir.*) || Apretar y magullar a uno: *le estrujó el cuello.* || *Fig.* y *fam.* Agotar, sacar todo lo que era posible de una persona o cosa.
ESTRUJÓN m. Vuelta que se da en el lagar al pie de la uva ya exprimida para sacar el aguapié. || *Fam.* Estrujadura, acción de estrujar.
ESTUACIÓN f. Flujo de mar.
ESTUANTE adj. Demasiado caliente.
ESTUARIO m. (lat. *aestuarium*). Estero, desembocadura de un río. (SINÓN. V. *Desembocadura.*)
ESTUCADO m. Acción y efecto de estucar.
ESTUCADOR m. Estuquista, obrero que estuca.
ESTUCAR v. t. Dar con estuco a una cosa: *estucar una pared.*
ESTUCO m. (ital. *stucco*). Masa de yeso y cola: *el estuco adquiere fácilmente gran brillo.* || Pasta de cal y mármol pulverizado con que se cubren las paredes interiores de las casas.
ESTUCURÚ m. *Amér. C.* Estiquirín.
ESTUCHE m. Caja o envoltura: *estuche de joyas.* || Utensilios que se guardan en el estuche. || *Por ext.* Cualquier envoltura que reviste o protege.
ESTUCHISTA m. El que hace estuches.
ESTUDIANTE m. y f. Persona que estudia en una universidad u otro centro de enseñanza. (SINÓN. V. *Discípulo.*) || *Estudiante de la tuna*, el que forma parte de una estudiantina.
ESTUDIANTIL adj. *Fam.* Perteneciente o relativo a los estudiantes: *costumbres estudiantiles.*
ESTUDIANTINA f. Cuadrilla de estudiantes que salen tocando música de lugar en lugar, para divertirse o recoger algún dinero.
ESTUDIANTINO, NA adj. *Fam.* Estudiantil.
ESTUDIANTÓN m. *Despect.* Estudiante aplicado, pero poco inteligente.
ESTUDIADO, DA adj. Galicismo por *fingido, afectado.*
ESTUDIAR v. t. Trabajar para aprender las letras, una ciencia o arte: *estudiar música.* (SINÓN. *Instruirse.*) || Cursar en los centros de enseñanza: *estudiar Filosofía y Letras.* || Procurar comprender: *estudiar un texto antiguo.* (SINÓN. *Meditar*, V. tb. *analizar* y *reconocer.*) || Aprender de memoria: *estudiar sus lecciones* (SINÓN. Fam. *Empollarse.*) || Preparar: *estudiar un proyecto de ley* (SINÓN. *Examinar.*) || Observar con cuidado: *estudiar a una persona.*
ESTUDIO m. (lat. *studium*). Aplicación del espíritu para comprender o profundizar: *entregarse al estudio.* || Conocimientos que se adquieren estudiando. || Aposento donde trabajan ciertas personas: *el estudio de un profesor, de un escultor.* (SINÓN. V. *Vivienda.*) || *Fig.* Aplicación, diligencia: *hacer una cosa con estudio.* || Trabajos que preparan la ejecución de un proyecto: *el estudio de un ferrocarril.* (SINÓN. V. *Investigación.*) || — M. pl. Serie completa de cursos, seguidos en un centro de instrucción: *terminar sus estudios.* || *Tener estudios*, ser persona que ha recibido instrucción o seguido una carrera. || *Estudios de cine*, local donde se hacen las tomas de vista o de sonido para los filmes o películas. || *Dar estudios a una persona*, mantenerla o costearle los estudios.
ESTUDIOSIDAD f. Inclinación al estudio.
ESTUDIOSO, SA adj. Dado al estudio, aplicado.
ESTUFA f. Calorífero que sirve para calentar las habitaciones. (SINÓN. V. *Hogar.*) || Aparato para secar o desinfectar por medio del calor. || En los baños termales, sala destinada para sudar. || Invernáculo: *plantas de estufa.* || Estufilla, braserillo. || Carroza grande con cristales.
ESTUFILLA f. Manguito para las manos. || Braserillo para los pies. || Chofeta para encender el cigarro.
ESTUFISTA m. El que hace o vende estufas.
ESTULTICIA f. Necedad, estupidez, sandez.
ESTULTO, TA adj. (lat. *stultus*). Necio, estúpido.
ESTUPEFACCIÓN f. Sorpresa, asombro grande, extrañeza: *su llegada me causó estupefacción.*

estructura metálica

ESTUFAS

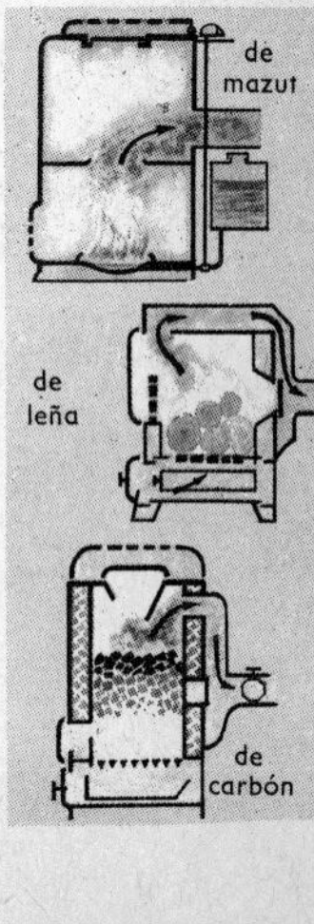

Fot. J. de Beaupré

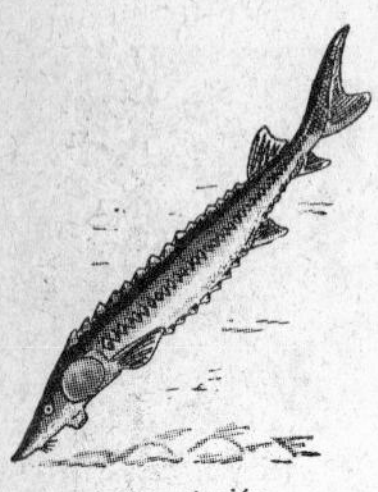

esturión

ESTUPEFACIENTE adj. Que produce estupefacción. || — M. Substancia narcótica como la morfina, cocaína. (SINÓN. V. *Narcótico.*)
ESTUPEFACTIVO, VA adj. Que causa estupor o pasmo.
ESTUPEFACTO, TA adj. Atónito, pasmado. (SINÓN. V. *Sorprendido.*)
ESTUPENDAMENTE adv. De modo estupendo.
ESTUPENDO, DA adj. (lat. *stupendus*). Bueno, asombroso, sorprendente: *una noticia estupenda.* (SINÓN. V. *Admirable.*)
ESTÚPIDAMENTE adv. m. Con estupidez.
ESTUPIDEZ f. Torpeza, falta de inteligencia || Dicho o hecho propio de un estúpido. (SINÓN. V. *Tontería.*)
ESTÚPIDO, DA adj. y s. (lat. *stupidus*). Muy torpe, falto de inteligencia: *palabra estúpida.* || — SINÓN. *Bruto, idiota, inepto, tonto, incapaz, excéntrico, original, cretino.* Pop. *Tarugo, leño, badulaque.* V. tb. *absurdo, bobo, palurdo* y *tonto.*
ESTUPOR m. (lat. *stupor*). Entorpecimiento, suspensión de las facultades intelectuales: *la embriaguez causa estupor.* || *Fig.* Pasmo, asombro causado por una mala noticia o un dolor súbito.
ESTUPRO m. Violación de una doncella menor, mediante engaño o abuso de confianza. (SINÓN. V. *Violación.*)
ESTUQUERÍA f. Arte u obra de estuco.
ESTUQUISTA m. Obrero que trabaja el estuco.
ESTURGAR v. t. (del lat. *extergere,* limpiar). Alisar el alfarero las piezas de barro.
ESTURIÓN m. (lat. *sturio*). Pez ganoideo de cinco metros de longitud: *con las huevas del esturión se prepara el caviar.*
ESVÁSTICA f. Cruz gamada.
ESVIAJE m. (de *desviar*). *Arq.* Oblicuidad de un muro o del eje de una bóveda.
ETA f. La letra *e* larga del alfabeto griego.
ETALAJE m. Parte del horno alto entre la obra y el vientre.
ETANO m. Carburo de hidrógeno saturado, cuya fórmula es C_2H_6.
ETAPA f. (del flam. *stapel,* lugar de escala). *Mil.* Ración que se da a la tropa en marcha. || *Mil.* Lugar en que se detiene de noche la tropa cuando marcha. || Lugar de llegada de un grupo en marcha, de un equipo de corredores ciclistas, etc. (SINÓN. *Alto, escala.*) || Distancia de uno de estos lugares a otros. || Avance parcial en el desarrollo de una acción o una obra. (SINÓN. V. *Fase.*) || *Ganar una etapa,* franquear el primero esta distancia.
ETCÉTERA f. (del lat. *et,* y, y *cetera,* lo que falta). Lo demás. Se escribe generalmente con la abreviatura *etc.* o la cifra *&.*
ÉTER m. (gr. *aithêr,* aire puro). Fluido sutil que llenaba, según los antiguos, los espacios situados más allá de la atmósfera. || *Fís.* Fluido hipotético imponderable y elástico imaginado por los antiguos físicos para explicar la transmisión de la luz, del calor, de la electricidad, etc. || *Quím.* Oxido de etilo $(C_2H_5)_2O$, líquido muy volátil e inflamable, llamado también *éter sulfúrico.* Se emplea como anestésico. || *Poét.* Espacios celestes.
ETÉREO, A adj. (lat. *aethereus*). Perteneciente al éter: *olor etéreo, ondas etéreas.* || *Poét.* Perteneciente al cielo: *bóveda etérea.*
ETERISMO m. *Med.* Anestesia producida por el éter. || Intoxicación producida por el abuso del éter.
ETERIZACIÓN f. Acción y efecto de eterizar.
ETERIZAR v. t. *Med.* Administrar éter para suspender la sensibilidad. || *Quím.* Combinar con éter una substancia.
ETERNAL adj. (lat. *aeternalis*). Eterno.
ETERNAMENTE adv. m. Sin fin, siempre.
ETERNIDAD f. (lat. *aeternitas*). Tiempo que no tiene principio ni tendrá fin. || *Fig.* Tiempo largo: *ha pasado una eternidad sin venir.*
ETERNIZAR v. t. Hacer durar demasiado alguna cosa. || Perpetuar la duración de una cosa.
ETERNO, NA adj. (lat. *aeternus*). Dícese de lo que no tuvo principio ni tendrá fin: *Dios es eterno.* (SINÓN. *Sempiterno, imperecedero, perenne, perdurable.*) || Que no tendrá fin: *la vida eterna.* (SINÓN. *Inmortal.*) || *Fig.* Que dura por largo tiempo: *odio eterno.* (SINÓN. V. *Duradero* y *continuo.*) || — M. *El Padre Eterno,* Dios.
ETEROMANÍA f. Hábito morboso de aspirar vapores de éter.
ETERÓMANO, NA adj. y s. Dícese de la persona que tiene la manía de tomar éter.
ETESIO adj. y s. (del gr. *etêsios,* anual). Cada uno de los dos vientos del Norte que soplan cada año, durante seis semanas, en el Mediterráneo.
ÉTICA f. (gr. *êthikos*). Parte de la filosofía, que trata de la moral y de las obligaciones del hombre.
ÉTICO, CA adj. Perteneciente a la ética. || — M. Moralista.
ÉTICO, CA adj. Hético, tísico.
ETILAMINA f. Líquido básico que deriva del amoníaco y del etilo.
ETILENO m. Gas incoloro, que se obtiene deshidratando el alcohol por el ácido sulfúrico.
ETÍLICO, CA adj. Dícese de los compuestos derivados del etano o hidruro de etilo: *alcohol etílico.* || *Fig.* Alcohólico. (SINÓN. V. *Borracho.*)
ETILISMO m. Embriaguez etílica.
ETILO m. Carburo de hidrógeno que entra en la composición del vino.
ETIMOLOGÍA f. (del gr. *etumos,* verdadero, y *logos,* dicción, palabra). Origen de las palabras: *muchas voces españolas tienen etimología latina.*
ETIMOLÓGICO, CA adj. Relativo a la etimología: *discusión etimológica.*
ETIMOLOGISTA com. Persona que se dedica al estudio de la etimología de las palabras.
ETIMOLOGIZAR v. i. Sacar o averiguar la etimología de las palabras.
ETIMÓLOGO m. Etimologista.
ETIOLOGÍA f. (del gr. *aition,* causa, y *logos,* tratado). *Fil.* Estudio acerca de las causas de las cosas. || *Med.* Parte de la medicina que estudia las causas de las enfermedades: *la etiología del cáncer.*
ETÍOPE y **ETIOPE** adj. y s. De Etiopía.
ETIÓPICO, CA adj. Perteneciente a Etiopía.
ETIQUETA f. (fr. *étiquette*). Ceremonial que se observa en los palacios y en actos públicos solemnes: *la etiqueta de la corte española era muy minuciosa.* (SINÓN. V. *Protocolo.*) || Ceremonia en la manera de tratarse: *recibir a uno con etiqueta.* (CONTR. *Familiaridad.*) || Rótulo, inscripción. (SINÓN. V. *Letrero.*)
ETIQUETERO, RA adj. De muchos cumplidos.
ETIQUEZ f. *Med.* Hetiquez, tisis.
ETITES f. (del gr. *aetites,* de *aetos,* águila). Concreción de óxido de hierro llamada vulgarmente *piedra del águila.*
ETMOIDAL adj. Relativo al hueso etmoides.
ETMOIDES adj. (del gr. *ethmos,* criba, y *eidos,* forma). *Hueso etmoides,* hueso del cráneo situado en la base de la nariz.
ETNARCA m. Jefe de una provincia romana.
ETNARQUÍA f. Provincia administrada por un etnarca, entre los romanos. || Dignidad de etnarca.
ETNIA f. Agrupación natural de individuos de igual idioma y cultura.
ÉTNICO, CA adj. (gr. *ethnikos,* de *ethnos,* pueblo). Gentil. || Perteneciente a una nación o raza: *carácter étnico.* || *Gram.* Gentilicio: *nombre étnico.*
ETNOGRAFÍA f. Ciencia que estudia, describe y clasifica las razas o pueblos.
ETNOGRÁFICO, CA adj. Referente a la etnografía: *dedicarse a estudios etnográficos.*
ETNÓGRAFO m. El que estudia la etnografía.
ETNOLOGÍA f. (del gr. *ethnos,* pueblo, y *logos,* tratado). Ciencia que estudia la formación y los caracteres físicos de las razas humanas.
ETNOLÓGICO, CA adj. Relativo a la etnología: *una discusión etnológica sin interés.*
ETNÓLOGO m. El que estudia la etnología.
ETNOS m. (pal. gr.). Grupo humano unido por lazos de raza o de nacionalidad.
ETOLIO, LIA adj. De Etolia (Grecia antigua).
ETOLOGÍA f. (del gr. *êthos,* costumbres, y *logos,* discurso). Ciencia de las costumbres.
ETOPEYA f. Descripción del carácter, acciones y costumbres de una persona.
ETRUSCO, CA adj. y s. (lat. *etruscus*). De Etruria: *vaso etrusco.* || — M. Lengua etrusca.

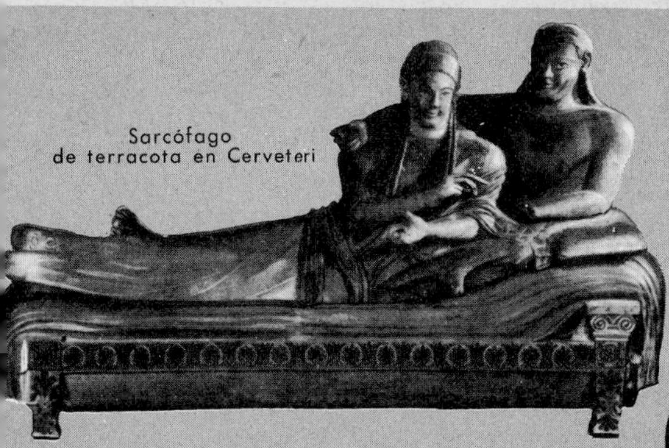

Sarcófago de terracota en Cerveteri

Acrotera en forma de caballo alado

Vaso de la segunda mitad del siglo VII a. de J. C.

Estatuilla de hombre

Cipo funerario

La loba romana (s. IV a. de J. C.). Los dos gemelos pertenecen al siglo XVI

principal fuente de información que tenemos sobre la lización etrusca se encuentra en grandes necrópolis.

CULTURA. Comprende numerosos bajorrelieves que oran los monolitos y los cipos (escena de banquete, l del s. VI a. de J. C., en Clusium); existe también relieve en forma de leones, esfinges, centauros, fragntos de estatuas de hombres y mujeres, a menudo adas en una especie de piedra local, el « nenfro ». La nica del bronce se expresa de manera variada : más- funeraria repujada (Clusium, s. VII a. de J. C.), tuillas, oráculo de Perusa (s. VI y V a. de J. C.), el Marte de Todi (s. IV a. de J. C.).

NTURA. Los principales vestigios aparecen en las edes de las tumbas : tumba de Francisco, en Vulci tumba del Triclinio, en Tarquinia, cuya escena principal es un funeral.

RÁMICA. Del siglo VII a. de J. C. se conservan os funerarios de barro, en los que se trata de reproir la imagen del difunto, cuya cabeza sirve como adera. Esa forma evolucionó hasta constituir la tumba como se puede observar en el sarcófago de Cerveteri.

FEBRERIA. Colgantes, collares, broches y pulsemuestran un labrado fino y minucioso donde triunfan técnicas del repujado, grabado, granulado y filigrana (fíbula de Corsini y broche de Palestrina).

Fot. Giraudon, Alinari-Giraudon

talle de un fresco de la tumba del Festín en Tarquinia (primera mitad del s. V a. de J. C.)

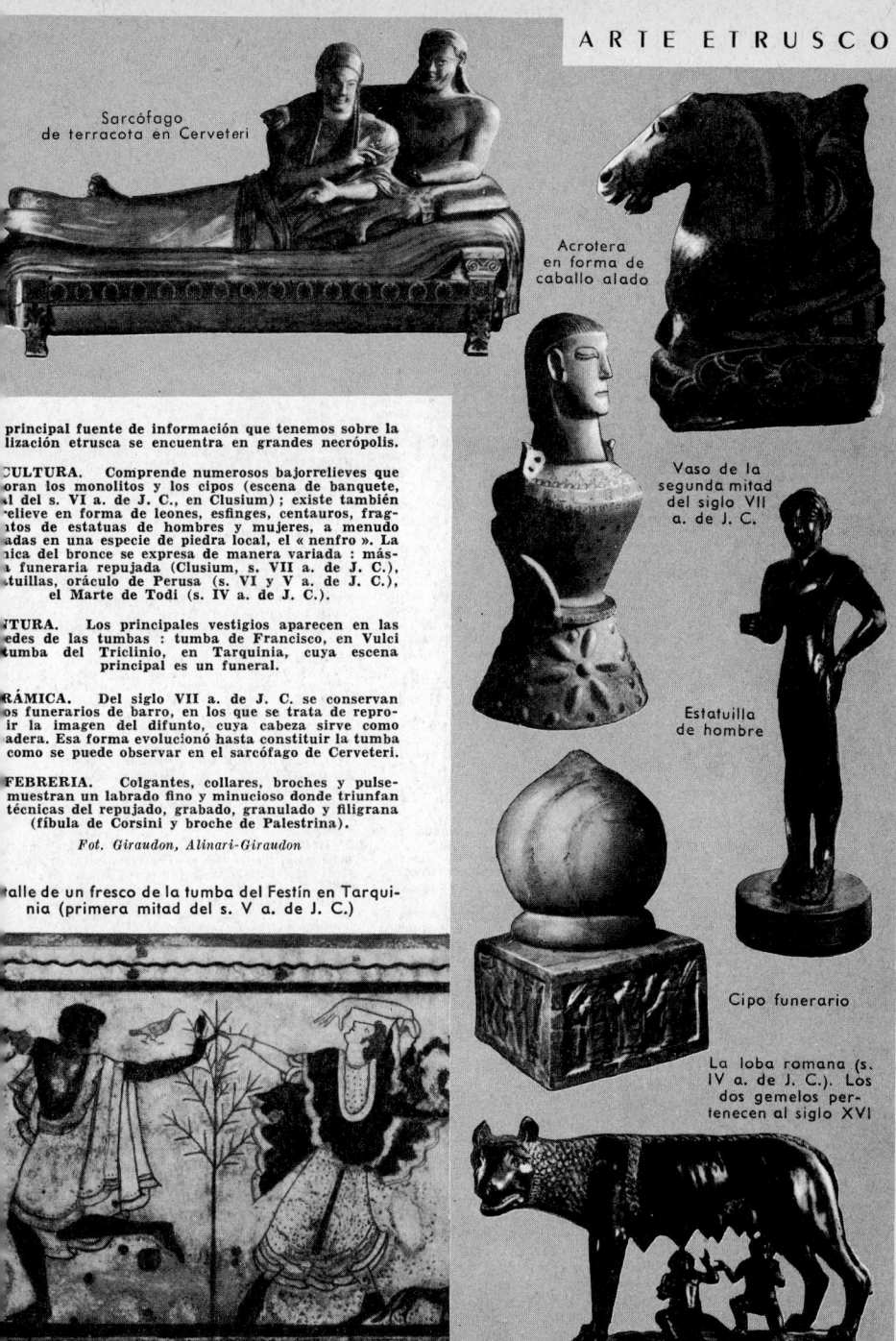

ETUSA f. (gr. *athousa*). Cicuta menor.
Eu, símbolo químico del *europio*.
EUBEO, A adj. y s. De Eubea, isla de Grecia.
EUBOLIA f. Virtud que ayuda a hablar con prudencia.
EUCALIPTO m. Árbol de la familia de las mirtáceas. (El *eucalipto* llega a tener hasta 100 metros de alto. Originario de Australia, se ha aclimatado rápidamente en Europa, donde es de gran utilidad para sanear terrenos pantanosos.)

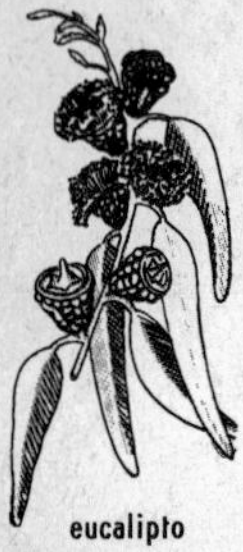

eucalipto

EUCARISTÍA f. (del gr. *eukharistia*, acción de gracias). Sacramento instituido por Jesucristo.
EUCARÍSTICO, CA adj. Perteneciente o relativo a la Eucaristía: *sacramento eucarístico*. ‖ Aplícase a las obras literarias de acción de gracias.
EUCLIDIANO, NA adj. Dícese de la geometría ordinaria, según los principios establecidos por Euclides.
EUCOLOGIO m. (del gr. *eukhê*, oración, y *logos*, discurso). Libro de oraciones, devocionario.
EUCRASIA f. *Med.* Buena constitución.
EUCRÁTICO, CA adj. (del gr. *eukratos*, bien constituido). *Med.* Dícese del buen temperamento y constitución de un sujeto.
EUDEMONISMO m. Doctrina moral que identifica la virtud con la alegría de realizar el bien.
EUDIOMETRÍA f. Arte de analizar las mezclas gaseosas con el eudiómetro.
EUDIÓMETRO m. *Fís.* Tubo de vidrio que se usa para el análisis o la síntesis de los cuerpos gaseosos.

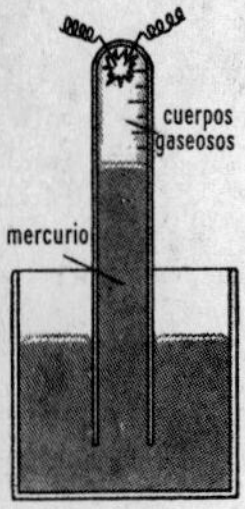

eudiómetro

EUFEMISMO m. (gr. *euphêmismos*). *Ret.* Modo de expresar con suavidad o decoro ciertas ideas. (SINÓN. V. *Circunloquio*.)
EUFONÍA f. (del gr. *eu*, bien, y *phonê*, sonido). Sucesión armoniosa de sonidos.
EUFÓNICO, CA adj. Que tiene eufonía.
EUFORBIÁCEAS f. pl. *Bot.* Familia de plantas angiospermas dicotiledóneas que tienen por tipo el euforbio.
EUFORBIO m. (de *Euforbo*, médico antiguo). Planta euforbiácea, de tallo carnoso, del cual se saca por presión un zumo muy acre usado en medicina como purgante. ‖ Resina de esta planta.
EUFORIA f. Estado de confianza o satisfacción. (SINÓN. V. *Júbilo*.) ‖ Sensación de bienestar, resultado de una buena salud o provocado por drogas. (SINÓN. *Bienestar, lozanía, gusto*.)
EUFÓRICO, CA adj. Relativo a la euforia: *estado eufórico*.
EUFÓTIDA f. Roca de adorno compuesta de diálaga y feldespato.
EUFRASIA f. (del gr. *euphrasia*, alegría). Hierba de la familia de las escrofulariáceas.
EUFUISMO m. Corriente literaria barroca puesta de moda en Inglaterra por Lyly.
EUGENESIA f. Aplicación de las leyes biológicas al perfeccionamiento de la especie humana.
EUGENÉSICO, CA adj. De la eugenesia.
EUGENISMO m. Ciencia de la eugenesia.
EUNUCO m. (del gr. *eunê*, lecho, y *ekhein*, tener, guardar). Hombre castrado. ‖ Guardián de un serrallo.
EUPATORIO m. (de *Eupátor*, sobrenombre de Mitrídates, rey de Ponto). Planta de la familia de las compuestas, cuya raíz picante y amarga se ha usado como purgante.
EUPEPSIA f. Buena digestión.
EURASIÁTICO, CA adj. De Europa y Asia.
¡EUREKA!, exclamación de alegría y satisfacción atribuida a Arquímedes.
EURITMIA f. (del gr. *eu*, bien, y *rhuthmos*, ritmo). Combinación armoniosa de las líneas y las proporciones en una obra de arte. ‖ Feliz combinación de los sonidos. ‖ *Fig.* Justo equilibrio de las facultades.

euforbio

EURÍTMICO, CA adj. Armonioso.
EURO m. (gr. *euros*). *Poét.* El viento de Oriente.
EUROAFRICANO, NA adj. Relativo a la vez a Europa y África.
EUROPEÍSMO m. Doctrina de los europeístas.
EUROPEÍSTA adj. y s. Partidario o relativo a la unión europea.
EUROPEIZACIÓN f. Acción y efecto de europeizar.
EUROPEIZAR v. t. Hacer adoptar a una nación las costumbres europeas.
EUROPEO, A adj. y s. De Europa.
EUROPIO m. Cuerpo simple (Eu), de número atómico 63, que se encuentra en las tierras raras.
EUSCALDUNA o **EUSKALDUNA** f. Lengua éuscara.
ÉUSCARO, RA y **EUSQUERO, RA** adj. Perteneciente al vascuence. ‖ — M. Lengua vascuence.
ÉUSTILO m. *Arq.* Intercolumnio en que el claro entre columna y columna es de cuatro módulos y medio.
EUTANASIA f. Muerte suave, sin dolor. ‖ Teoría que defiende la licitud de acortar la vida de un enfermo incurable.
EUTIQUIANISMO m. Doctrina de Eutiques.
EUTIQUIANO, NA adj. y s. Sectario del heresiarca Eutiques. (V. *Parte hist.*)
EUTRAPELIA f. (gr. *eutropelia*). Virtud de la moderación. ‖ Donaire o jocosidad inofensiva. ‖ Recreo inocente.
eV, símbolo del *electrón-voltio*.
EVA n. pr. La primera mujer. ‖ *Fig. Las hijas de Eva*, las mujeres. ‖ *Fig. Traje de Eva*, desnudez.
EVACUACIÓN f. Acción y efecto de evacuar.
EVACUANTE adj. y s. *Med.* Evacuativo.
EVACUAR v. t. (lat. *evacuare*). Desocupar. (SINÓN. V. *Vaciar*.) ‖ Expeler un ser orgánico o extraer el médico humores, excrementos: *evacuar al vientre*. ‖ Salir de un país, de una plaza. ‖ *For.* Cumplir un trámite: *evacuar un traslado*.
EVACUATIVO, VA adj. y s. *Med.* Que tiene virtud de evacuar.
EVACUATORIO, RIA adj. *Med.* Evacuativo. ‖ — M. Lugar destinado para evacuar. ‖ Retrete.
EVADIR v. t. (lat. *evadere*). Evitar un peligro, eludir una dificultad prevista. ‖ — V. r. Fugarse, escaparse: *el preso se evadió de la cárcel*. (SINÓN. V. *Huir*.)
EVALUACIÓN f. Valuación, tasa.
EVALUAR v. t. Valorar. ‖ Fijar valor a una cosa: *evaluar un comercio*.
EVANESCENTE adj. Que se desvanece.
EVANGELIARIO m. Libro que contiene los evangelios propios para cada día.
EVANGÉLICAMENTE adv. m. Conforme a la doctrina evangélica: *vivir evangélicamente*.
EVANGÉLICO, CA adj. (lat. *evangelicus*). Perteneciente o relativo al Evangelio: *caridad evangélica*. ‖ Perteneciente al protestantismo: *sociedad evangélica*. ‖ — F. *Arg.* Cola de león, planta.
EVANGELIO m. (lat. *evangelium*, del gr. *euaggelion*, buena nueva). Doctrina de Jesucristo: *predicar el Evangelio*. ‖ Libro que la contiene. ‖ Parte del Evangelio que se lee o canta en la misa. ‖ *Fig.* Religión cristiana: *convertirse al Evangelio*. ‖ *Fig.* y *fam.* Verdad indiscutible: *sus palabras son el Evangelio*.
EVANGELISMO m. Espíritu, carácter evangélico.
EVANGELISTA m. Cada uno de los cuatro escritores sagrados que escribieron el Evangelio: San Mateo, San Marcos, San Lucas y San Juan. (V. *Parte hist.*) ‖ Clérigo que canta el Evangelio en las iglesias. ‖ *Méx.* Memorialista.
EVANGELIZACIÓN f. Acción de evangelizar.
EVANGELIZADOR, RA adj. y s. Que evangeliza: *San Pablo fue el evangelizador de los gentiles*.
EVANGELIZAR v. t. Predicar el Evangelio.
EVAPORABLE adj. Que puede evaporarse.

"Los Cuatro Evangelistas", por Jordaens (*detalle*)

Fot. Giraudon

EVAPORACIÓN f. (lat. *evaporatio*). Transformación de un líquido en vapor. (SINÓN. V. *Vaporización.*)
EVAPORAR v. t. (lat. *evaporare*). Convertir en vapor: *el calor evapora los líquidos.* || — V. r. Convertirse en vapor. || *Fig.* Disiparse, desvanecerse. (SINÓN. V. *Desaparecer.*) || *Fig.* Fugarse, desaparecer sin ser notado. || *Col.* Alelarse.
EVAPORATORIO, RIA adj. *Med.* Que provoca la evaporación de un líquido.
EVAPORIZAR v. t. Vaporizar, evaporar.
EVASIÓN f. (lat. *evasio*). Fuga: *evasión de un preso.* (SINÓN. V. *Huida.*) || Evasiva. || *Amer.* Despacho de un negocio.
EVASIVA f. Efugio, salida: *buscar una evasiva.* (SINÓN. V. *Pretexto.*)
EVASIVAMENTE adv. m. De modo evasivo.
EVASIVO, VA adj. Dícese de lo que sirve para eludir o evitar: *respuesta evasiva.*
EVASOR, RA adj. Que se evade.
EVECCIÓN f. *Astr.* Desigualdad de los movimientos de la Luna.
EVENTO m. (lat. *eventus*). Acontecimiento imprevisto. (SINÓN. V. *Suceso.*) || *A todo evento,* loc. adv., en todo caso.
EVENTRACIÓN f. *Med.* Hernia ventral.
EVENTUAL adj. Sujeto a evento o contingencia: *hacer una promesa eventual.* || Parte de los emolumentos de un empleo que son independientes de su dotación fija. || — CONTR. *Cierto, seguro, obvio, evidente.*
EVENTUALIDAD f. Calidad de eventual. || Hecho incierto o eventual: *prever eventualidades.*
EVENTUALMENTE adv. m. Casualmente. || Anglicismo por *posiblemente, tal vez.*
EVERSIÓN f. Destrucción, ruina.
EVICCIÓN f. (lat. *evictio*). *For.* Privación, despojo que sufre el que compró una cosa de buena fe.
EVIDENCIA f. (lat. *evidentia*). Certeza clara, manifiesta, de una cosa: *la evidencia de un axioma.* (SINÓN. *Certitud, certidumbre, certeza, convicción, convencimiento, seguridad.* CONTR. *Improbabilidad, incertidumbre.* || Anglicismo por *prueba.* || — OBSERV. Son galicismos los giros: *rendirse a la evidencia* por *reconocerla; poner en evidencia* por *evidenciar; ponerse en evidencia* por *llamar la atención.*
EVIDENCIAR v. t. Hacer patente la evidencia de una cosa, probar y mostrar que es evidente. (SINÓN. V. *Probar.*)
EVIDENTE adj. (lat. *evidens*). Cierto, de un modo claro: *verdad evidente.* (SINÓN. *Claro, manifiesto, notorio, patente, positivo, formal, flagrante, público.* V. tb. *visible.* CONTR. *Dudoso, improbable, incierto.*) || Expresión de asentimiento.
EVIDENTEMENTE adv. m. Con evidencia. (SINÓN. V. *Seguramente.*)
EVITABLE adj. Que se puede o debe evitar.
EVITACIÓN f. Acción de precaver, evitar.
EVITAR v. t. (lat. *evitare*). Apartar algún daño, precaver: *evitar un peligro.* || Excusar: *evitar una discusión.* (SINÓN. *Esquivar, huir, rehuir, eludir, prevenir, obviar.*) || Huir de tratar a uno: *evitar a un amigo.* || — CONTR. *Buscar.*
EVITERNO, NA adj. (lat. *aeviternus*). Que habiendo tenido principio no tendrá fin: *los ángeles son eviternos.* || — PARÓN. *Eterno.*
EVO m. (lat. *aevum*). *Teol.* Duración de las cosas eternas. || *Poét.* Duración ilimitada.
EVOCABLE adj. Que puede evocarse.
EVOCACIÓN f. Acción y efecto de evocar. (SINÓN. V. *Conmemoración.*)
EVOCADOR, RA adj. Que evoca o recuerda.
EVOCAR v. t. (lat. *evocare*). Llamar, hacer aparecer: *evocar espíritus.* (SINÓN. V. *Invocar.*) || Traer a la memoria: *evocar lo pasado.* (SINÓN. V. *Recordar.*)
EVOCATIVO, VA adj. Evocador.
¡EVOHÉ! interj. (lat. *evohe*). Grito de las bacantes en honor de Baco.
EVOLUCIÓN f. (lat. *evolutio*). Acción y efecto de evolucionar. (SINÓN. V. *Adelanto.*) || Desarrollo de las cosas o de los organismos. || Movimiento, maniobras ejecutadas por las tropas o los buques. || *Fig.* Mudanza de conducta, de propósito o de actitud. || *Fig.* Desarrollo de las ideas: *la evolución de una teoría.* || *Fig.* Transformación. || Serie de transformaciones sucesivas. || Teoría biológica que admite la transformación progresiva de las especies: *Darwin ha sostenido la teoría de la evolución.* || *Fil.* Evolucionismo.
EVOLUCIONAR v. t. Pasar por una serie progresiva de transformaciones. || Hacer evoluciones.
EVOLUCIONISMO m. Doctrina filosófica o científica basada en la evolución: *Spencer es el principal representante del evolucionismo inglés.*
EVOLUCIONISTA adj. Relativo a la evolución. || — M. Partidario del evolucionismo.
EVOLUTIVO, VA adj. Susceptible de evolución o que produce la evolución.
EVOLVENTE adj. *Geom.* Dícese de la curva trazada por la extremidad de un hilo arrollado sobre una curva en la que se ha fijado por la otra extremidad, y que se desenrolla manteniéndolo tirante.
EVÓNIMO m. (lat. *evonymus*). Bonetero, arbusto celastráceo que se cultiva como planta ornamental en los jardines.

evónimo

EX, pal. lat., que significa *fuera de* y, como prefijo, se coloca delante de algunos nombres para indicar lo que ha sido una persona, como *ex ministro.*
EXABRUPTO m. Salida de tono, brusquedad.
EX ABRUPTO m. adv. Expresa la viveza cuando uno prorrumpe a hablar sin esperarlo. || *For.* Arrebatadamente.
EXACCIÓN f. (lat. *exactio*). Acción y efecto de exigir impuestos, multas, etc. || Cobro ilegal y violento: *Cicerón censuró las exacciones de Verres.* (SINÓN. V. *Concusión.*)
EXACERBACIÓN f. Acción y efecto de exacerbar. (SINÓN. V. *Irritación.*)
EXACERBAR v. t. (lat. *exacerbare*). Enojar: *exacerbar los ánimos.* (SINÓN. V. *Irritar.*) || Avivar una pasión, molestia, etc.
EXACTAMENTE adv. m. Con exactitud o fidelidad. (SINÓN. V. *Literalmente.*)
EXACTITUD f. Calidad de lo que es exacto: *la exactitud de una cifra.* || — SINÓN. *Puntualidad, precisión, regularidad, rigor, escrupulosidad.* V. tb. *cuidado.*
EXACTO, TA adj. (del lat. *exactus,* acabado). Justo, conforme a la regla o a la verdad: *cálculo exacto.* (SINÓN. V. *Verdadero.*) || Riguroso. || Regular, puntual: *empleado exacto.* || *Ciencias exactas,* las matemáticas. || *¡Exacto!,* expresión de asentimiento. || — CONTR. *Inexacto.*
EXACTOR m. Cobrador de los impuestos.
EX AEQUO m. adv. lat. Con igual mérito, en el mismo lugar. || Es inv.: *dos ex aequo.*
EXAGERACIÓN f. Acción de exagerar o de traspasar los límites de lo justo y verdadero en los pensamientos, palabras o actos. (SINÓN. V. *Abuso.* CONTR. *Atenuación.*)
EXAGERADO, DA adj. Que contiene exageración: *relato, precio exagerado.* (SINÓN. V. *Excesivo.*) || Que exagera: *una persona muy exagerada.* || — CONTR. *Moderado, regular.*
EXAGERADOR, RA adj. y s. Que exagera.
EXAGERANTE adj. Que exagera.
EXAGERAR v. t. (lat. *exaggerare*). Encarecer excesivamente las cosas de que se habla: *exagerar su relato.* || — SINÓN. *Abultar, aumentar, inflar, hinchar, extremar, desmedir.* Fam. *Farolear.* || — CONTR. *Atenuar, debilitar.*
EXAGERATIVO, VA adj. Exagerado.
EXALTACIÓN f. Glorificación: *exaltación de la virtud.* || Aumento de actividad en las funciones de los sentidos: *el café produce una exaltación momentánea.* || Sobrexcitación del espíritu. (SINÓN. V. *Embriaguez.*) || Estado de una persona generalmente exaltada. (CONTR. *Tranquilidad.*) || Elevación al pontificado. || *Exaltación de la Santa Cruz,* fiesta celebrada en Jerusalén en tiempo de Heraclio, en honor de la verdadera cruz.
EXALTADO, DA adj. y s. Que está acometido de una especie de delirio: *una cabeza exaltada.*
EXALTADOR, RA adj. Que exalta.
EXALTAMIENTO m. Exaltación o elevación.
EXALTAR v. t. (del lat. *exaltare,* levantar). Celebrar mucho: *exaltar a un héroe.* (SINÓN. V. *Glorificar.* CONTR. *Menospreciar, vilipendiar.*) || Elevar a mayor auge o dignidad. (CONTR. *Rebajar.*) || — V. r. Dejarse arrebatar por una pasión, entusiasmarse: *hay personas que se exaltan.*
EXAMEN m. (lat. *examen*). Investigación, indagación: *examen de conciencia.* (SINÓN. V. *Refle-*

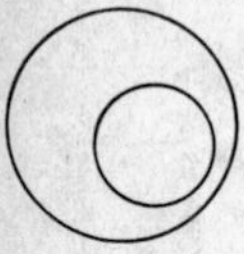

círculos excéntricos

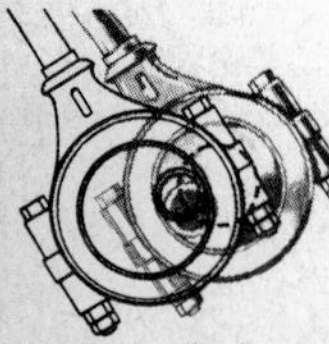

excéntrica

excavadora

xión.) ‖ Prueba a que se somete el candidato a un grado o empleo: *el examen del bachillerato.* (SINÓN. *Concurso, prueba, comparación.* V. tb. *revista.*) ‖ *Libre examen,* el que se hace de los dogmas con sólo el criterio de la Biblia, interpretada personalmente. Derecho que tiene todo hombre de no creer más que aquello que su razón puede comprender.

EXÁMETRO m. Hexámetro.

EXAMINADOR, RA m. y f. (lat. *examinator*). Persona que examina: *un examinador severo.*

EXAMINANDO m. El que se presenta a examen.

EXAMINANTE adj. Que examina.

EXAMINAR v. t. (lat. *examinare*). Hacer el examen de una persona o cosa. (SINÓN. *Inspeccionar, escrutar, sondear, visitar.* V. tb. *analizar* y *estudiar.*) ‖ Interrogar a un candidato. ‖ Mirar atentamente: *examinar la casa.* (SINÓN. V. *Verificar.*)

EXANGÜE adj. (lat. *exsanguis*). Desangrado, falto de sangre: *cadáver exangüe.* ‖ *Fig.* Aniquilado, sin fuerzas. ‖ *Fig.* Muerto. ‖ — CONTR. *Pletórico.*

EXÁNIME adj. (de *ex,* y el lat. *animus,* espíritu). Sin vida: *cuerpo exánime.* ‖ *Fig.* Sumamente debilitado, desmayado: *cayó exánime al oír aquello.*

EXANTEMA m. (gr. *exanthêma*). *Med.* Erupción de la piel, como el sarampión, la escarlatina, etc.

EXANTEMÁTICO, CA adj. *Med.* De la naturaleza del exantema: *tifus exantemático.*

EXARCA m. (gr. *exarkhos*). El que mandaba en Italia o en África en nombre de los emperadores de Constantinopla. ‖ En la Iglesia griega, dignidad inmediatamente inferior a la de patriarca.

EXARCADO m. Dignidad de exarca, territorio en que mandaba y tiempo que duraba su gobierno. ‖ Período histórico de los exarcas.

EXASPERACIÓN f. (lat. *exasperatio*). Estado de una persona exasperada: *la exasperación es el último grado de la cólera.* ‖ Agravación excesiva: *la exasperación de una enfermedad.*

EXASPERADOR, RA adj. Que exaspera.

EXASPERAR v. t. (lat. *exasperare*). Irritar con exceso. ‖ Hacer más intenso: *exasperar un dolor.* ‖ *Fig.* Enfurecer, dar motivo de enojo: *su manera de proceder me exaspera.* (SINÓN. V. *Irritar.*) ‖ — CONTR. *Calmar.*

EXCARCELAR v. t. Liberar al preso.

EX CÁTHEDRA m. adv. lat. Dícese cuando el Papa define verdades relativas a la fe o a las costumbres. ‖ *Fig.* y *fam.* En tono magistral, decisivo: *parece que habla ex cáthedra.*

EXCAVA f. *Agr.* Acción de excavar las plantas.

EXCAVACIÓN f. (lat. *excavatio*). Acción de excavar. ‖ Resultado de dicha acción, hoyo, agujero: *las cavernas son excavaciones naturales.* (SINÓN. V. *Cavidad.*)

EXCAVADOR, RA adj. y s. Que excava. ‖ — F. Máquina para excavar.

EXCAVAR v. t. Hacer un hoyo o una cavidad. (SINÓN. V. *Minar* y *profundizar.*) ‖ *Agr.* Quitar la tierra alrededor de una planta.

EXCEDENCIA f. Sobrante, excedente. ‖ Haber que percibe la persona excedente.

EXCEDENTE adj. Que excede. ‖ — Adj. y s. Excesivo, sobrante. ‖ — CONTR. *Déficit.*

EXCEDER v. t. (lat. *excedere,* de *ex,* fuera, y *cedere,* ir). Pasar el nivel, ser mayor: *esta cantidad excede aquélla en cinco pesetas.* ‖ — V. r. Propasarse, ir más allá de lo justo. ‖ — SINÓN. *Desbordar, rebosar, pasar, sobrepasar, sobresalir.* V. tb. *pasar* y *adelantar.*

EXCELENCIA f. Grado eminente de perfección: *excelencia del gusto.* ‖ Título honorífico de los ministros, embajadores, etc. (En este caso con mayúscula.) ‖ *Por excelencia,* m. adv., en muy alto grado, por antonomasia.

EXCELENTE adj. (lat. *excellens, entis*). Sobresaliente en su clase. (SINÓN. V. *Alto, admirable* y *bueno.* CONTR. *Malo.*) ‖ Muy agradable: *dulce excelente.* (CONTR. *Abominable, detestable.*) ‖ — M. Moneda antigua española.

EXCELENTEMENTE adv. m. Con excelencia.

EXCELENTÍSIMO, MA adj. (sup. de *excelente*). Tratamiento que se emplea hablando o escribiendo a la persona a quien debe darse el de excelencia.

EXCÉLSIOR adv. lat. Más alto.

EXCELSITUD f. Suma alteza.

EXCELSO, SA adj. (lat. *excelsus*). Muy alto, eminente: *cima excelsa. Fig.: majestad excelsa.* ‖ *El Excelso,* Dios, el Altísimo. ‖ — CONTR. *Ínfimo.*

EXCENTRACIÓN f. *Mec.* Cambio de posición del centro de un sistema o de una máquina.

EXCÉNTRICAMENTE adv. m. De un modo excéntrico: *conducirse excéntricamente.*

EXCENTRICIDAD f. (de *ex,* y el lat. *centrum,* centro). Estado de lo que se halla lejos de su centro: *la excentricidad de un barrio.* ‖ Rareza o extravagancia de carácter. ‖ Dicho o hecho raro, anormal o extravagante. ‖ *Geom. Excentricidad de una elipse,* relación entre la distancia focal y el eje mayor de la elipse. ‖ Distancia del centro de una elipse a su foco. ‖ *Astr. Excentricidad de un planeta,* la de la elipse que forma la órbita de dicho planeta.

EXCENTRICISMO m. Calidad de excéntrico.

EXCÉNTRICO, CA adj. Dícese de los círculos que no tienen el mismo centro, aunque estén uno dentro de otro. (CONTR. *Concéntrico.*) ‖ Que está lejos del centro: *barrio excéntrico.* ‖ Extravagante, original: *porte excéntrico.* (SINÓN. V. *Estúpido.*) ‖ — F. *Mec.* Pieza cuyo eje es distinto del centro de figura y que tiene por objeto transformar un movimiento circular continuo en movimiento rectilíneo alternativo. ‖ Uno de los varios artistas que intervienen en el espectáculo del circo.

EXCEPCIÓN f. Acción de exceptuar. ‖ La cosa que se exceptúa: *las excepciones confirman la regla.* (CONTR. *Regla, norma, principio.*) ‖ *For.* Medio de defensa que procura dilatar la terminación del pleito o criticar su forma: *se distinguen la excepción dilatoria y la perentoria.* ‖ *A excepción de, con excepción de,* excepto.

EXCEPCIONAL adj. Que forma excepción: *circunstancias excepcionales.* ‖ Que ocurre rara vez o se aparta de lo ordinario. ‖ — SINÓN. *Único, raro, curioso, extraordinario, singular, épico.* V. tb. *raro.*

EXCEPCIONALMENTE adv. m. De un modo excepcional, muy rara vez.

EXCEPTIVO, VA adj. Que exceptúa.

EXCEPTO prep. A excepción de, menos. ‖ — SINÓN. *Fuera de, con excepción de, salvo.*

EXCEPTUACIÓN f. Acción de exceptuar.

EXCEPTUAR v. t. (lat. *exceptare*). Excluir, no comprender: *exceptuar de la regla.*

EXCESIVAMENTE adv. m. Con exceso.

EXCESIVO, VA adj. Que pasa los límites ordinarios o excede la medida: *mostrar una tolerancia excesiva.* (SINÓN. *Demasiado, exagerado, exorbitante, sobrado, descomunal, garrafal, abusivo, extremo.*) ‖ Que lleva las cosas al exceso. (SINÓN. V. *Intolerable.*)

EXCESO m. (lat. *excessus*). Cantidad que se encuentra de más: *el exceso de equipaje.* ‖ Lo que pasa los límites. (SINÓN. V. *Colmo.*) ‖ Delito, crimen: *los excesos de un gobernante.* (SINÓN. V. *Abuso.*) ‖ Abuso en el comer o beber. ‖ *En exceso,* m. adv., excesivamente. ‖ — CONTR. *Defecto, falta.*

EXCIPIENTE m. (lat. *excipere,* recoger). *Farm.* Substancia propia para incorporar o disolver medicamentos: *la miel es un excelente excipiente.*

EXCISIÓN f. Amputación de una parte pequeña. (SINÓN. V. *Amputación.*) ‖ — PARÓN. *Escisión.*

EXCITABILIDAD f. Facultad de entrar en acción bajo la influencia de un estimulante.

EXCITABLE adj. Que puede ser excitado. ‖ Que se excita fácilmente.

EXCITACIÓN f. Acción y efecto de excitar. ‖ Actividad anormal del organismo: *el café produce excitación.* (SINÓN. V. *Nerviosidad.*) ‖ *Fig.* Acción de animar las pasiones.

EXCITADOR, RA adj. Que excita. ‖ — M. *Fís.* Instrumento formado de dos varillas de metal aisladas que sirve para descargar un aparato eléctrico sin recibir conmoción. ‖ *Fís.* Aparato para producir corrientes oscilatorias.

EXCITANTE adj. y s. Que excita el organismo: *el café, el té, el mate y la coca son excitantes.*

Fot. Ets. Richier

EXCITAR v. t. (lat. *excitare*). Activar la acción de: *excitar el sistema nervioso.* || Estimular, provocar, inspirar algún sentimiento, pasión o movimiento: *excitar las pasiones, a los combatientes.* (SINÓN. *Soliviantar, provocar, exacerbar.* V. tb. *animar.*) || — V. r. Animarse por el enojo, el entusiasmo, la alegría. || — CONTR. *Calmar, apaciguar.*
EXCITATIVO, VA adj. y s. m. Que puede excitar, excitante: *aplicar un remedio excitativo.*
EXCLAMACIÓN f. Grito de alegría, indignación, asombro, etc.: *una exclamación de cólera.* (SINÓN. *Clamar, prorrumpir.* V. tb. *gritar.*) || Signo ortográfico de admiración (¡!).
EXCLAMAR v. i. (lat. *exclamare*). Expresarse con palabras fuertes y vehementes.
EXCLAMATIVO, VA y mejor **EXCLAMATORIO, RIA** adj. Propio de la exclamación: *hablar con tono exclamatorio.*
EXCLAUSTRADO, DA m. y f. Religioso a quien se ha hecho abandonar el claustro.
EXCLAUSTRAR v. t. (de *ex*, fuera de, y *claustro*). Permitir u ordenar a un religioso que abandone el claustro.
EXCLUIR v. t. (lat. *excludere*). Quitar o echar a una persona de una sociedad o reunión. (CONTR. *Incluir, admitir, recibir.*) || *Fig.* Ser incompatible con. || Descartar: *la bondad excluye la hipocresía.* (SINÓN. V. *Negar* y *rechazar.*) || — CONTR. *Incluir, admitir, recibir.* || — IRREG. Se conjuga como *huir.*
EXCLUSIÓN f. (lat. *exclusio*). Acción y efecto de excluir.
EXCLUSIVA f. Imposibilidad para admitir a uno en un empleo o cargo. || Privilegio: *dar la exclusiva para la venta de algo.*
EXCLUSIVAMENTE adv. m. Con exclusión: *estudiar exclusivamente la historia de América.* (SINÓN. V. *Únicamente.*)
EXCLUSIVE adv. m. (lat. *exclusive*). Exclusivamente. || No comprendiendo o incluyendo: *hasta el primero de enero exclusive.* || — OBSERV. Es barbarismo usarlo como adjetivo: *hasta nosotros exclusives.* || — CONTR. *Inclusive.*
EXCLUSIVISMO m. Ciega adhesión a una idea, o una persona, con exclusión de las demás. || — CONTR. *Eclecticismo.*
EXCLUSIVISTA adj. y s. Que muestra exclusivismo.
EXCLUSIVO, VA adj. Que excluye: *esta forma es exclusiva de las demás.* (CONTR. *Inclusivo.*) || Único, solo.
EXCOGITAR v. t. Discurrir, meditar.
EXCOMULGADO, DA m. y f. Persona que ha sido excomulgada. || *Fig.* y *fam.* Indigno, endiablado. || *Excomulgado vitando,* aquel a quien se debe evitar según las prohibiciones de la excomunión mayor.
EXCOMULGAR v. t. Suprimir a una persona de la comunión de los fieles: *excomulgar a un hereje.*
EXCOMUNIÓN f. Censura eclesiástica que suprime de la comunión de la Iglesia. || Carta o edicto con que se publica esta censura.
EXCORIACIÓN f. Desolladura, desollón.
EXCORIAR v. t. (lat. *excoriare*). Gastar o arrancar la piel: *se le excorió la cara.*
EXCRECENCIA f. (del lat. *excrescens*, que crece). Carnosidad o tumor que se cría en ciertos tejidos animales y vegetales (verrugas, pólipos, agallas).
EXCRECIÓN f. Acción y efecto de excretar.
EXCREMENTAR v. i. Arrojar los excrementos.
EXCREMENTICIO, CIA adj. Perteneciente o relativo al excremento: *los residuos excrementicios.*
EXCREMENTO m. (lat. *excrementum*). Materia que se arroja por las vías naturales. || — SINÓN. *Deyección, deposición, heces, mierda, cagarruta, cagajón, boñiga, cagada, caca, guano.*
EXCREMENTOSO, SA adj. Excrementicio.
EXCRESCENCIA f. Excrecencia o carnosidad.
EXCRETAR v. i. Despedir el excremento.
EXCRETO, TA adj. Que se excreta o arroja.
EXCRETOR, RA y **EXCRETORIO, RIA** adj. *Anat.* Aplícase a los conductos que sirven para las excreciones.
EXCULPACIÓN f. Acción y efecto de exculpar o disculpar. || Circunstancia que exonera de culpa.
EXCULPAR v. t. Descargar de culpa, disculpar.

EXCURSIÓN f. (lat. *excursio*). Correría, incursión. || Ida a algún lugar para estudio, recreo o ejercicio físico. (SINÓN. V. *Paseo.*)
EXCURSIONISMO m. Ejercicio y práctica de las excursiones, como deporte.
EXCURSIONISTA adj. y s. Persona que hace una excursión. (SINÓN. V. *Viajero.*)
EXCUSA f. Motivo de disculpa: *buscar excusa.* (SINÓN. V. *Pretexto.*)
EXCUSABARAJA f. Especie de cesta de mimbres con tapadera.
EXCUSABLE adj. Que admite excusa o disculpa. || Que se puede evitar.
EXCUSADAMENTE adv. m. Sin necesidad.
EXCUSADO, DA adj. (lat. *excusatus*). Libre de pagar tributo. || Superfluo, inútil: *excusado es que yo te diga esto.* || Reservado, particular. || — M. Retrete. || Cierto diezmo antiguo.
EXCUSADOR, RA adj. y s. Que excusa o disculpa. || — M. El que exime a otro de un cargo o servicio desempeñándolo por él.
EXCUSAR v. t. (lat. *excusare*). Disculpar o perdonar: *deben excusarse las faltas de los jóvenes.* || Evitar, precaver: *excusar disturbios.* || Rehusar.
EXCUSIÓN f. (lat. *excussio*). Procedimiento judicial que se dirige contra los bienes del deudor principal antes de proceder contra los del fiador.
EXCUSO m. Acción y efecto de excusar.
EXEAT m. (pal. lat.). Orden o permiso de salida.
EXECRABLE adj. Digno de execración. (SINÓN. V. *Abominable.*)
EXECRABLEMENTE adv. De modo execrable.
EXECRACIÓN f. (lat. *exsecratio*). Acción y efecto de execrar: *condenar a la execración pública.* || Imprecación: *proferir execraciones.* || — CONTR. *Bendición.*
EXECRADOR, RA adj. y s. Que execra.
EXECRANDO, DA adj. Execrable, que debe ser execrado: *conducta execranda.*
EXECRAR v. t. (lat. *exsecrari*). Aborrecer, odiar. (SINÓN. V. *Detestar.*) || Maldecir. || — CONTR. *Bendecir, adorar.*
EXECRATORIO, RIA adj. Que sirve para execrar: *juramento execratorio.*
EXEDRA f. *Arq.* Construcción descubierta de planta semicircular.
EXÉGESIS f. Explicación, interpretación: *exégesis de la Biblia.* (SINÓN. V. *Explicación.*)
EXEGETA m. (gr. *exêgêtês*). Intérprete o expositor de la Biblia.
EXEGÉTICO, CA adj. Relativo a la exégesis.
EXENCIÓN f. (lat. *exemptio*). Privilegio que exime de una obligación. (SINÓN. V. *Dispensa* y *privilegio.*)
EXENTAR v. t. Libertar. (SINÓN. V. *Eximir.*) || — V. r. Eximirse.
EXENTO, TA adj. Libre, desembarazado: *estar exento de inquietud.* || Dícese de lo que no está sometido a jurisdicción: *lugar, obispo exento.* || Aplícase al edificio descubierto por todas partes.
EXEQUÁTUR m. (pal. lat. que sign. *que ejecute*). Pase que da la autoridad civil a las bulas y rescriptos pontificios. || Autorización del jefe de un Estado a los agentes extranjeros para que puedan ejercer sus funciones.
EXEQUIAS f. pl. (lat. *exsequiae*). Funerales.
EXÉRESIS f. *Cir.* Ablación, extirpación.
EXERGO m. (de *ex*, fuera, y el gr. *ergon*, obra). Parte de una medalla donde se pone la leyenda. (SINÓN. V. *Inscripción.*)
EXFOLIACIÓN f. Acción y efecto de exfoliar: *la exfoliación de una roca.* || Caída de la corteza de un árbol. || *Med.* Caída de la epidermis.
EXFOLIADOR m. Calendario de taco, del que se arranca una hoja cada día.
EXFOLIAR v. t. (del lat. *exfoliare*, deshojar) Dividir en láminas: *exfoliar una pizarra.* || — V. r. Dividirse en laminillas: *exfoliarse un hueso.*
EXHALACIÓN f. (lat. *exhalatio*). Acción y efecto de exhalar o exhalarse. || Rayo, centella: *huyó como una exhalación.* || Vapor o vaho que despide un cuerpo. (SINÓN. V. *Efluvio* y *vapor.*)
EXHALADOR, RA adj. Que exhala.
EXHALAR v. t. (lat. *exhalare*). Despedir, arrojar: *el ácido sulfhídrico exhala un olor infecto.* || *Fig.* Lanzar, proferir: *exhalar suspiros.*

excusabaraja

EXHAUSTIVO, VA adj. Que agota o apura.
EXHAUSTO, TA adj. (lat. *exhaustus*, de *exhaurire*, agotar). Apurado y agotado: *erario exhausto.*
EXHEREDAR v. t. Desheredar.
EXHIBICIÓN f. (lat. *exhibitio*). Acción y efecto de exhibir. || Acción de enseñar: *exhibición de cuadros.* || Reunión de cosas interesantes para el público, exposición. || Galicismo por *espectáculo, estreno.*
EXHIBICIONISMO m. Manía de exhibirse, fenómeno psicológico caracterizado por la tendencia exagerada a revelar o destacar los rasgos y características peculiares de sí mismo. || Impulso mórbido que lleva a desnudarse y a exhibirse de este modo.
EXHIBICIONISTA com. Persona aficionada a exhibirse.
EXHIBIR v. t. (lat. *exhibere*). Presentar, manifestar: *exhibir un título auténtico.* || Manifestar: *exhibir un pasaporte.* || Enseñar: *exhibir fenómenos.* (SINÓN. V. *Mostrar.*) || *Méx.* Pagar. || — V. r. Mostrarse en público. || — CONTR. *Ocultar, disimular.*
EXHORTACIÓN f. Discurso con que se exhorta. (SINÓN. V. *Sermón.*)
EXHORTADOR, RA adj. y s. Que exhorta.
EXHORTAR v. t. (lat. *exhortar*). Excitar, alentar con palabras: *exhortar a uno a la paciencia.* || — CONTR. *Alejar, disuadir.*
EXHORTATORIO, RIA adj. Relativo a la exhortación: *dirigir un discurso exhortatorio.*
EXHORTO m. *For.* Despacho que libra un juez a otro para rogarle que cumpla lo que le pide.
EXHUMACIÓN f. Acción de exhumar.
EXHUMAR v. t. (de *ex*, fuera, y el lat. *humus*, tierra). Desenterrar, sacar de la sepultura: *exhumar un cadáver.* || — CONTR. *Inhumar.*
EXIGENCIA f. (lat. *exigentia*). Acción y efecto de exigir. || Pretensión caprichosa o desmedida.
EXIGENTE adj. y s. Que pide con exigencia: *un amo exigente.* || — SINÓN. *Delicado, puntilloso, rígido, severo, escrupuloso.*
EXIGIBILIDAD f. Carácter de exigible.
EXIGIBLE adj. Que puede exigirse o pedirse: *deuda exigible.*
EXIGIR v. t. (lat. *exigere*). Pedir en virtud de un derecho o por fuerza. (SINÓN. V. *Reclamar.*) || *Fig.* Necesitar: *su estado exige mucho cuidado.* (SINÓN. V. *Obligar.* CONTR. *Dispensar, perdonar.*) || Cobrar, percibir: *exigir los tributos.* || Demandar imperiosamente.
EXIGÜIDAD f. Pequeñez, escasez.
EXIGUO, GUA adj. (lat. *exiguus*). Muy pequeño, escaso: *sala exigua.* (SINÓN. V. *Pequeño.*) || — CONTR. *Desmedido, enorme.*
EXILADO, DA adj. Galicismo por *exiliado.*
EXILAR v. t. Galicismo por *exiliar.*
EXILIADO, DA adj. Desterrado.
EXILIAR v. t. Desterrar.
EXILIO m. Destierro.
EXIMENTE adj. y s. Dícese de aquellas circunstancias personales o de hecho que producen como consecuencia la exención de responsabilidad y de pena de los autores, cómplices o encubridores de un delito: *la enajenación mental y la legítima defensa son circunstancias eximentes en derecho penal.*
EXIMIO, MIA adj. Muy excelente.
EXIMIR v. t. (lat. *eximere*). Libertar, exentar de cargo u obligación: *le eximieron del trabajo.* || — SINÓN. *Franquear, exonerar, perdonar.* V. tb. *liberar.*
EXINA f. Membrana exterior del polen.
EXINANICIÓN f. Debilidad, falta de vigor.
EXISTENCIA f. Estado de lo que existe. || Vida: *terminar su existencia en el descanso.* || — Pl. Mercancías que no han sido vendidas en cierto momento: *existencias en almacén.*
EXISTENCIAL adj. Perteneciente al acto de existir.
EXISTENCIALISMO m. Sistema filosófico que tiene por objeto el análisis y descripción de la existencia concreta, considerada como el acto de una libertad, que se afirma a sí misma, creando la personalidad del individuo.
EXISTENCIALISTA adj. Relativo al existencialismo. || — M. y f. Persona partidaria del existencialismo.
EXISTENTE adj. Que existe, que vive.
EXISTIMAR v. t. Formar opinión de una cosa.
EXISTIR v. i. (lat. *existere*). Vivir, tener el ser: *todos los animales que existen.* || Ser en realidad. (SINÓN. V. *Ser.*) || Durar: *esta ley existe desde hace tres siglos.*
ÉXITO m. (lat. *exitus*). Fin o salida de un negocio o asunto: *salió con mal éxito.* || Resultado feliz de un negocio, actuación, etc. (SINÓN. *Acierto, ventaja, victoria, triunfo.* V. tb. *suerte.*)
EXITOSO, SA adj. Con éxito.
EX LIBRIS m. (pal. lat. que sign. *de entre los libros*). Grabado pequeño con las palabras latinas *ex libris* y el nombre del propietario, que se pega en los libros para indicar su dueño.
EXOCRINA adj. *Zool.* Dícese de las glándulas de secreción externa.
ÉXODO m. (del gr. *exodos*, salida). *Fig.* Emigración de un pueblo: *Moisés guió el éxodo de los hebreos.*
EXOESQUELETO m. *Zool.* Dermatoesqueleto.
EXOFTALMÍA f. Defecto del ojo saltón.
EXÓGENO, NA adj. Dícese del órgano que se forma en el exterior de otro.
EXONERACIÓN f. La acción de exonerar.
EXONERAR v. t. (lat. *exonerare*). Aliviar, descargar, libertar de un peso, carga u obligación: *exonerar el vientre.* (SINÓN. V. *Eximir.*) || Separar, destituir.
EXORABLE adj. (lat. *exorabilis*). Que se deja vencer fácilmente por los ruegos y súplicas.
EXORAR v. t. Pedir una cosa con empeño.
EXORBITANCIA f. Exceso, enormidad.
EXORBITANTE adj. (lat. *exorbitans, antis*). Que sale de los límites convenientes: *mostrar pretensiones exorbitantes.* (SINÓN. V. *Excesivo.*)
EXORCISMO m. Conjuro con que se exorciza. || — SINÓN. *Conjuro, encanto, sortilegio.*
EXORCISTA m. El que exorciza. || Clérigo que ha recibido la tercera orden menor.
EXORCIZAR v. t. (lat. *exorcizare*). Usar exorcismos contra el demonio maligno.
EXORDIO m. (lat. *exordium*). Principio, introducción del discurso oratorio: *un exordio vehemente.* || Preámbulo del discurso familiar. (SINÓN. V. *Preliminar.*)
EXORNAR v. t. (lat. *exornare*). Adornar, hermosear: *exornar su lenguaje con galas de retórica.*
EXÓSMOSIS mejor que **EXOSMOSIS** f. (de *ex*, fuera, y el gr. *ôsmos*, acción de empujar). *Fís.* Corriente de dentro afuera, entre líquidos de distinta densidad separados por una membrana. || — CONTR. *Endósmosis.*
EXOSTOSIS f. Excrecencia ósea.
EXOTÉRICO, CA adj. (gr. *exôtêrikos*). Común, vulgar. || Dícese de la doctrina que los filósofos antiguos enseñaban públicamente. || — CONTR. *Esotérico.*
EXOTÉRMICO, CA adj. *Quím.* Que despide calor: *combinación exotérmica.* || — CONTR. *Endotérmico.*
EXOTICIDAD y **EXOTIQUEZ** f. Exotismo.
EXOTICIDAD f. Calidad de exótico.
EXÓTICO, CA adj. (lat. *exoticus*). Extranjero, peregrino: *animal exótico, palabra exótica.* (CONTR. *Indígena, nacional.*) || Extraño, chocante.
EXOTISMO m. Carácter de lo exótico.
EXOTISTA adj. Aficionado al exotismo.
EXPANDIRSE v. r. Dilatarse. (SINÓN. V. *Extender.*)
EXPANSIBILIDAD f. *Fís.* Tendencia que tiene un gas a ocupar mayor espacio.
EXPANSIBLE adj. Susceptible de expansión.
EXPANSIÓN f. Desarrollo en volumen o en superficie: *la expansión de los gases.* || Desarrollo de ciertos órganos. || *Fig.* Propagación: *la expansión colonial de Inglaterra.* || Recreo, asueto, solaz. || *Fig.* Manifestación efusiva de un afecto.
EXPANSIONARSE v. r. Espontanearse, desahogarse. || Divertirse, recrearse.
EXPANSIONISMO m. Tendencia a la expansión en política, etc.
EXPANSIONISTA adj. y s. Relativo o partidario del expansionismo.
EXPANSIVO, VA adj. Que se puede dilatar: *los gases son expansivos.* || *Fig.* Afable: *alma expansiva.* (SINÓN. V. *Comunicativo.*) || — CONTR. *Compresible, coercible.*
EXPATRIACIÓN f. Acción y efecto de expatriarse o ser expatriado.

EXPATRIARSE v. r. Abandonar su patria: *Arístides se vio obligado a expatriarse.*
EXPECTABLE adj. Espectable.
EXPECTACIÓN f. Espera de una cosa: *reina la expectación en la ciudad.* (SINÓN. V. *Espera.*) || *Med.* Método que consiste en esperar, antes de decidir una intervención, que haya dado indicaciones suficientes la marcha de la enfermedad.
EXPECTANTE adj. Que espera o aguarda: *actitud expectante.* || *Medicina expectante,* la que deja obrar siempre que es posible la naturaleza. || *For.* Dícese de lo que se tiene conocimiento como venidero.
EXPECTATIVA f. Espera fundada en promesas o probabilidades: *estar a la expectativa de un suceso.* (SINÓN. V. *Espera.*) || Posibilidad de conseguir algo que se prevé.
EXPECTATIVO, VA adj. Que permite esperar.
EXPECTORACIÓN f. Acción y efecto de expectorar. || Lo que se expectora.
EXPECTORANTE adj. y s. *Med.* Que hace expectorar: *tisana expectorante.*
EXPECTORAR v. i. (lat. *expectorare,* de *ex,* fuera, y *pectus,* pecho). Arrojar por la boca las mucosidades que se depositan en la garganta o los pulmones. (SINÓN. *Esputar.*)
EXPEDICIÓN f. Acción de expedir o cosa expedida. || Facilidad y prontitud en hacer o decir. || Excursión para realizar una empresa: *expedición militar, científica.* (SINÓN. V. *Viaje.*) || Conjunto de personas que la realizan. || Despacho, indulto, etc., de la curia romana.
EXPEDICIONARIO, RIA adj. y s. Que lleva a cabo una expedición: *un ejército expedicionario.*
EXPEDICIONERO m. El que trata y cuida de las expediciones en la curia romana.
EXPEDIDOR, RA m. y f. Persona que expide.
EXPEDIENTE m. Medio que se emplea para conseguir algún fin: *un hábil expediente.* || Negocio que se sigue sin juicio contradictorio en un tribunal. || Procedimiento administrativo sobre un funcionario: *formar expediente.* || Conjunto de los papeles referentes a un asunto. || Facilidad, desembarazo. || *Fig.* y *fam. Cubrir el expediente,* aparentar que se cumple una obligación. *Fig.* Cometer un fraude. || *Dar expediente,* dar pronto despacho a un negocio.
EXPEDIENTEO m. Tendencia exagerada a prolongar y complicar los expedientes. || *For.* Tramitación del expediente.
EXPEDIR v. t. Mandar, remitir: *expedir mercancías.* (SINÓN. V. *Acelerar* y *enviar.*) || Despachar un negocio. || Despachar un documento: *expedir una bula.* || Pronunciar un auto. || — PARÓN. *Despedir.* || — IRREG. Se conjuga como *pedir.*
EXPEDITAR v. t. *Amer.* Dejar expedito.
EXPEDITIVO, VA adj. Que obra rápidamente: *hombre expeditivo.* || Que permite obrar rápidamente: *procedimiento expeditivo.*
EXPEDITO, TA adj. (lat. *expeditus*). Desembarazado, libre de estorbos: *expedito para obrar.*
EXPELENTE adj. Que expele: *bomba expelente.*
EXPELER v. t. (lat. *expellere*). Arrojar, echar, despedir: *expeler sangre por una herida.*
EXPENDEDOR, RA adj. y s. Que expende. || — M. y f. Persona que vende ciertas mercancías: *expendedor de tabaco, de billetes de teatro.* || El que expende moneda falsa o cosas hurtadas.
EXPENDEDURÍA f. Tienda en que se venden al por menor ciertas mercancías, como tabaco.
EXPENDER v. t. Gastar: *expender su fortuna.* || Vender al menudeo: *expender vino.* (SINÓN. V. *Vender.*) || *For.* Hacer circular moneda falsa.
EXPENDIO m. Gasto, consumo: *expendio de un género.* || *Arg., Chil., Méx.* y *Per.* Venta al menudeo. || *Amer.* Despacho, tienda: *expendio de harinas.*
EXPENSAR v. t. *Guat.* y *Méx.* Costear.
EXPENSAS f. pl. (lat. *expensa*). Gastos, costas: *las expensas de un pleito.* || *A expensas,* a costa, por cuenta, a cargo.
EXPERIENCIA f. (lat. *experientia*). Conocimiento que se adquiere gracias a la práctica y la observación: *la experiencia es madre de la ciencia.* || — SINÓN. *Práctica, conocimiento.* V. tb. *destreza, observación* y *prueba.* || — CONTR. *Inexperiencia.* || — PARÓN. *Experimento.*
EXPERIMENTACIÓN f. Experimento. || Método científico de indagación.
EXPERIMENTADO, DA adj. De experiencia: *hombre experimentado.* (SINÓN. V. *Diestro.*)
EXPERIMENTADOR, RA adj. Que experimenta.
EXPERIMENTAL adj. Fundado en la experiencia: *física experimental.*
EXPERIMENTALISMO m. Método experimental.
EXPERIMENTALMENTE adv. m. Por medio de la experiencia: *demostrar experimentalmente.*
EXPERIMENTAR v. t. Probar prácticamente una cosa. (SINÓN. V. *Ensayar.*) || Notar, observar: *experimentar una sensación desagradable.* (SINÓN. V. *Percibir.*) || Sufrir, padecer: *experimentar una pérdida.* (SINÓN. V. *Sentir.*)
EXPERIMENTO m. Acción de experimentar: *un experimento de química.* || Determinación voluntaria de un fenómeno. || — PARÓN. *Experiencia.*
EXPERTICIA f. *Venez.* Prueba pericial.
EXPERTO adj. (lat. *expertus*). Práctico, experimentado: *es hombre muy experto en la materia.* (SINÓN. V. *Diestro.* CONTR. *Inexperto.*) || — M. Perito.
EXPIABLE adj. Que puede expiarse.
EXPIACIÓN f. Acción y efecto de expiar: *la expiación del crimen.* (SINÓN. V. *Castigo.*)
EXPIAR v. t. (lat. *expiare*). Reparar un crimen o culpa por medio de un castigo o sacrificio. || Ser castigado por: *expiar una imprudencia.* || *Fig.* Padecer trabajos. || — PARÓN. *Espiar.*
EXPIATIVO, VA adj. Que hace expiar.
EXPIATORIO, RIA adj. Que se hace por expiación: *la misa es un sacrificio expiatorio.*
EXPIRACIÓN f. Acción y efecto de expirar.
EXPIRAR v. i. (lat. *expirare*). Morir. || *Fig.* Acabar: *expirar un plazo.* || — PARÓN. *Espirar.*
EXPLANACIÓN f. Aplanamiento, allanamiento. || *Fig.* Aclaración: *presentar la explanación de un texto.* (SINÓN. V. *Explicación.*)
EXPLANADA f. Terreno allanado. || *Fort.* Superficie plana de gran extensión situada delante de una fortificación. || Plaza de alguna extensión.
EXPLANAR v. t. (lat. *explanare*). Allanar, terraplenar: *explanar un terreno.* || *Fig.* Declarar, explicar: *explanar el sentido de una frase.*
EXPLAYADO, DA adj. *Blas.* Dícese del ave que está representada con las alas abiertas.
EXPLAYAR v. t. Ensanchar, extender. || — V. r. *Fig.* Dilatarse: *explayarse en un discurso.* || *Fig.* Irse a divertir al campo. || *Fig.* Confiarse de una persona.
EXPLETIVO, VA adj. (lat. *expletivus*). Aplícase a las voces que sólo se emplean para hacer más armoniosa o fuerte la locución: *partícula expletiva.*
EXPLICABLE adj. Que se puede explicar: *fenómeno fácilmente explicable.* || — CONTR. *Inexplicable.*
EXPLICACIÓN f. (lat. *explicatio*). Exposición destinada a hacerse comprender. (SINÓN. *Explanación, exposición, exégesis, interpretación.* V. tb. *demostración, enumeración* y *nota.*) || Satisfacción dada para justificarse. (SINÓN. *Aclaración, esclarecimiento.*)
EXPLICADERAS f. pl. *Fam.* Manera de explicarse: *tener muy buenas explicaderas.*
EXPLICADOR, RA adj. y s. Que explica o comenta.
EXPLICAR v. t. (lat. *explicare*). Declarar, manifestar, hacer comprender una cosa. (SINÓN. *Interpretar, traducir, desarrollar, comentar, contar, referir, narrar, relatar.* V. tb. *aclarar.*) || Enseñar en la cátedra. || Justificar palabras o acciones. || Dar a conocer: *explicar su sistema.* || — V. r. Darse cuenta: *ahora me explico todo.*
EXPLICATIVO, VA adj. Que explica o aclara una cosa: *poner una nota explicativa.*
EXPLÍCITAMENTE adv. m. Expresa y claramente: *indicar explícitamente.*
EXPLÍCITO, TA adj. Que expresa clara y formalmente: *cláusula explícita.* (SINÓN. V. *Categórico.* CONTR. *Implícito.*)
EXPLICOTEAR v. i. *Fam.* Explicar.
EXPLORACIÓN f. Acción y efecto de explorar. (SINÓN. V. *Viaje* e *investigación.*)
EXPLORADOR adj. y s. Que explora: *un atrevido explorador.* || — M. Muchacho afiliado a cierta asociación educativa.

EXPLORAR v. t. (lat. *explorare*). Registrar, investigar. (SINÓN. V. *Buscar* y *reconocer*.)
EXPLORATORIO, RIA adj. Que sirve para explorar. ‖ *Med.* Dícese del instrumento que sirve para explorar un órgano.
EXPLOSIBLE adj. Dícese de lo que puede hacer explosión: *bala explosible.*
EXPLOSIÓN f. (lat. *explosio*). Conmoción acompañada de detonación y producida por el desarrollo repentino de una fuerza o la expansión súbita de un gas: *la explosión de un torpedo.* ‖ *Fig.* Manifestación viva y súbita: *explosión colérica.*
EXPLOSIONAR v. t. Hacer estallar. ‖ — V. i. Estallar.
EXPLOSIVO, VA adj. Que acompaña la explosión o la produce. ‖ — M. Cuerpo que produce explosión: *la dinamita es un explosivo muy poderoso.*
EXPLOTABLE adj. Que puede explotarse.
EXPLOTACIÓN f. Acción y efecto de explotar: *dirigir una explotación agrícola.* ‖ Conjunto de elementos: *instalar una explotación.* ‖ Utilización para su beneficio propio de un grupo subordinado.
EXPLOTADOR, RA adj. y s. Que explota.
EXPLOTAR v. t. Aprovechar: *explotar una mina, un bosque.* (SINÓN. *Utilizar.*) ‖ Abusar de uno: *ese hombre explota a todo el mundo.* (SINÓN. *Vender, lucrarse.* V. tb. *robar.*) ‖ *Fig.* Sacar provecho de algo: *explotar una circunstancia.* ‖ Hacer explosión. (SINÓN. V. *Estallar.*)
EXPOLIACIÓN f. Acción y efecto de expoliar.
EXPOLIADOR, RA adj. y s. Que expolia.
EXPOLIAR v. t. Despojar con violencia o con iniquidad. (SINÓN. V. *Desposeer* y *usurpar.*)
EXPOLICIÓN f. *Ret.* Figura por la cual se repite un pensamiento bajo formas distintas.
EXPONENCIAL adj. y s. f. *Mat.* Que tiene un exponente: *función exponencial.*
EXPONENTE adj. y s. Que expone. ‖ — M. *Álg.* y *Arit.* Número que indica la potencia a que se ha de elevar una cantidad. ‖ Expresión de una cosa.
EXPONER v. t. (lat. *exponere*). Poner a la vista. ‖ Poner en un lugar de exposición pública: *exponer un cuadro en un museo.* (SINÓN. V. *Mostrar.*) ‖ Explicar: *exponer un sistema.* (SINÓN. V. *Anunciar* y *enunciar.*) ‖ Poner en peligro: *exponer la vida.* ‖ En fotografía, someter una placa a la acción de la luz. ‖ — IRREG. Se conjuga como *poner.*
EXPORTABLE adj. Que puede exportarse: *mercancía exportable.*
EXPORTACIÓN f. (lat. *exportatio*). Acción y efecto de exportar. ‖ Mercancías exportadas. ‖ *Fig.: la exportación de las ideas.* ‖ — CONTR. *Importación.*
EXPORTADOR, RA adj. y s. Que exporta: *negociante exportador.* ‖ — CONTR. *Importador.*
EXPORTAR v. t. (lat. *exportare*). Enviar géneros de un país a otro. (SINÓN. V. *Enviar.* CONTR. *Importar.*)
EXPOSICIÓN f. Acción y efecto de exponer: *exposición de pinturas.* (SINÓN. V. *Demostración.*) ‖ Representación hecha por escrito a una autoridad para pedir algo. (SINÓN. V. *Explicación.*) ‖ Orientación: *esta casa tiene mala exposición.* ‖ Narración: *la exposición de un hecho.* (SINÓN. V. *Relato.*) ‖ Parte de la obra literaria, particularmente del discurso, en que se da a conocer el asunto. (SINÓN. V. *Enunciación.*) ‖ Tiempo durante el cual recibe la luz una placa fotográfica: *exposición demasiado larga.* ‖ *Mús.* Parte inicial donde se presenta el tema. ‖ Manifestación pública de artículos de industria, ciencias o artes: *la Exposición Internacional de Barcelona.* ‖ Asunción de un riesgo, o sometimiento a él.
EXPOSITIVO, VA adj. Que expone.
EXPOSÍMETRO m. Aparato que permite calcular la exposición que exige un clisé fotográfico.
EXPÓSITO, TA adj. y s. Dícese del niño recién nacido abandonado en un paraje público.
EXPOSITOR, RA adj. Que expone y declara una cosa: *un expositor de la Sagrada Escritura.* ‖ — M. y f. Persona que concurre a una exposición pública.
EXPRESADO, DA adj. Antedicho, mencionado: *en el capítulo expresado.*
EXPRESAMENTE adv. m. De modo expreso.
EXPRESAR v. t. Manifestar los pensamientos o impresiones por medio de la palabra, de los gestos o las actitudes. ‖ — V. r. Dar a conocer sus pensamientos por medio de palabras: *Antonio se expresa bien.* ‖ — SINÓN. *Manifestar, exteriorizar.* V. tb. *enunciar.*
EXPRESIÓN f. (lat. *expressio*). Manera de expresarse: *expresión fácil.* ‖ Palabra, frase. (SINÓN. V. *Dicción* y *palabra.*) ‖ Manifestación de un sentimiento: *la expresión del dolor.* ‖ Manifestación de los sentimientos en la fisonomía: *rostro lleno de expresión.* ‖ Acción de exprimir y zumo exprimido. ‖ *Mat.* Fórmula: *una expresión algébrica.* ‖ *Fig. Reducir a la mínima expresión,* mermar, disminuir.
EXPRESIONISMO m. Doctrina artística que traspone la realidad según su propia sensibilidad.
EXPRESIVAMENTE adv. m. De modo expresivo: *me recibió muy expresivamente.*
EXPRESIVO, VA adj. Que expresa lo que se quiere decir: *la lengua de Homero es muy expresiva.* ‖ Que tiene expresión: *mirada expresiva.* ‖ Afectuoso: *persona expresiva.*
EXPRESO, SA p. p. de *expresar.* ‖ — Adj. Claro, evidente: *voluntad expresa.* ‖ — Adj. y s. Muy veloz: *tren expreso.* ‖ — M. Correo extraordinario.
EXPRÉS m. (pal. ingl.). Tren expreso. ‖ *Méx.* Empresa de transportes. ‖ Manera de preparar el café.
EXPRIMIBLE adj. Que puede exprimirse.
EXPRIMIDERA f. y **EXPRIMIDERO** m. Instrumento para exprimir.
EXPRIMIDOR m. Aparato para exprimir.
EXPRIMIR v. t. (lat. *exprimere*). Extraer el zumo de una cosa: *exprimir un limón.* (SINÓN. *Estrujar.*) ‖ *Fig.* Expresar con viveza.
EX PROFESO m. adv. (lat. *ex professo*). De propósito: *un agujero abierto ex profeso.*
EXPROPIACIÓN f. Acción y efecto de expropiar. ‖ Cosa expropiada.
EXPROPIADOR, RA adj. y s. Que expropia.
EXPROPIAR v. t. Desposeer a uno de su propiedad en forma legal y por motivos de utilidad pública.
EXPUESTO, TA p. p. irreg. de *exponer.* ‖ — Adj. Peligroso.
EXPUGNABLE adj. Que se puede expugnar o tomar por asalto. ‖ — CONTR. *Inexpugnable.*
EXPUGNACIÓN f. La acción de expugnar.
EXPUGNAR v. t. (lat. *expugnare*). Tomar por asalto una ciudad, plaza, castillo, etc.
EXPULSAR v. t. (lat. *expulsare*). Expeler, despedir, echar fuera: *expulsar a un agitador público.* ‖ — SINÓN. *Echar, desalojar, despedir.*
EXPULSIÓN f. Acción de expeler o expulsar.
EXPULSO, SA p. p. irreg. de *expeler* y *expulsar.*
EXPURGACIÓN f. (lat. *expurgatio*). Acción y efecto de expurgar o purificar: *la expurgación de un libro.*
EXPURGAR v. t. (lat. *expurgare*). Limpiar o purificar. (SINÓN. V. *Depurar.*) ‖ *Fig.* Borrar de los libros o impresos, por orden de la autoridad competente, algunas palabras, pasajes, etc. ‖ — PARÓN. *Espulgar.*
EXPURGATIVO, VA adj. Que expurga o limpia.
EXPURGATORIO, RIA adj. Que expurga. ‖ — M. Índice de los libros prohibidos por la Iglesia.
EXPURGO m. Expurgación: *hacer un expurgo.*
EXQUISITAMENTE adv. m. De modo exquisito.
EXQUISITEZ f. Calidad de exquisito.
EXQUISITO, TA adj. (lat. *exquisitus*). Delicado, distinguido: *hacer una cosa con un primor exquisito.* ‖ Delicioso: *manjar exquisito.* (SINÓN. V. *Agradable.*)
EXSANGÜE adj. Exangüe, desangrado.
EXTASIARSE v. r. Arrobarse, caer en éxtasis. (SINÓN. V. *Embriagar.*) ‖ Maravillarse: *extasiarse ante un cuadro hermoso.*
ÉXTASIS m. (de *ex* priv., y el gr. *stasis,* acción de estar). Arrobamiento del alma, que se siente transportada fuera del cuerpo: *los éxtasis de Santa Teresa.* (SINÓN. V. *Embriaguez.*) ‖ *Patol.* Afección nerviosa caracterizada por la abolición de la sensibilidad y la exaltación mental. ‖

Por ext. Viva admiración, placer extremo causado por una persona o cosa.

EXTÁTICO, CA adj. Que está en éxtasis. ‖ *Fig.* Profundo: *felicidad extática.* ‖ — PARÓN. *Estático.*

EXTATISMO m. Estado extático.

EXTEMPORANEIDAD adj. Calidad de extemporáneo.

EXTEMPORÁNEO, A adj. Impropio del tiempo en que se hace: *intervención extemporánea.* ‖ Inoportuno, inconveniente.

EXTENDER v. t. (lat. *extendere*). Dar mayor extensión a una cosa: *Alejandro extendió su dominación hasta la India.* (SINÓN. *Expandir.* V. tb. *aumentar.*) ‖ Llevar más lejos: *extender los límites de sus conocimientos.* (SINÓN. V. *Prolongar.*) ‖ Desdoblar: *extender una sábana.* (SINÓN. *Desplegar, estirar, desarrollar.* V. tb. *tender.*) ‖ Despachar: *extender un nombramiento.* ‖ — V. r. Ocupar cierta cantidad de tiempo o lugar. ‖ *Fig.* Alcanzar: *la venganza se extendió hasta sus hijos.* ‖ *Fig.* Propagarse: *las malas doctrinas se extienden rápidamente.* ‖ — IRREG. Se conjuga como *tender.*

EXTENSAMENTE adv. m. De un modo extenso.

EXTENSIBILIDAD f. Propiedad que tienen algunos cuerpos de aumentar su extensión.

EXTENSIBLE adj. Que se puede extender. (SINÓN. V. *Flexible.*)

EXTENSIÓN f. (lat. *extensio*). Acción y efecto de extender o extenderse: *la extensión del brazo.* ‖ Dimensión superficial: *la extensión del océano.* (SINÓN. V. *Dimensión* y *superficie.*) ‖ Duración: *la extensión de la vida.* ‖ Espacio dilatado. (SINÓN. V. *Espacio.*) ‖ Importancia: *la extensión de un desastre.* ‖ *Lóg.* Conjunto de las ideas a las que se aplica un nombre.

EXTENSIVAMENTE adv. m. Con extensión.

EXTENSIVO, VA adj. Que produce extensión: *fuerza extensiva.* ‖ Tomado por extensión: *sentido extensivo de una palabra.* ‖ *Cultivo extensivo,* el que exige pocos gastos para una gran superficie. ‖ — CONTR. *Compresivo, coercitivo.*

EXTENSO, SA p. p. irreg. de *extender.* ‖ — Adj. Que tiene extensión: *campo muy extenso.* (SINÓN. V. *Difuso.*) ‖ *Por extenso,* m. adv. extensamente, con todos sus pormenores: *referir algo por extenso.*

EXTENSOR, RA adj. Que extiende o sirve para extender: *músculo extensor.* ‖ — M. Aparato de gimnasia formado por cables de caucho.

EXTENUACIÓN f. (lat. *extenuatio*). Debilitación extremada de las fuerzas.

EXTENUADO, DA adj. Debilitado, sin fuerzas. (SINÓN. V. *Cansado.*)

EXTENUAR v. t. (lat. *extenuare*). Debilitar mucho, enflaquecer: *el trabajo excesivo me extenúa.* (SINÓN. V. *Cansar* y *debilitar.*)

EXTENUATIVO, VA adj. Que extenúa.

EXTERIOR adj. (lat. *exterior*). Que está fuera. (SINÓN. V. *Externo.*) ‖ Relativo a los países extranjeros: *el comercio exterior.* ‖ — M. Traza, apariencia, porte. (SINÓN. V. *Aspecto.*) ‖ Países extranjeros: *correo del exterior.* ‖ — M. pl. En cinematografía, escenas filmadas fuera de un estudio. ‖ — CONTR. *Interior.*

EXTERIORIDAD f. Calidad de lo exterior. ‖ — Pl. Demostraciones exteriores.

EXTERIORIZACIÓN f. Acción y efecto de exteriorizar: *la exteriorización de un sentimiento.*

EXTERIORIZAR v. t. Hacer exterior: *exteriorizar su pensamiento.* (SINÓN. V. *Expresar* y *revelar.*)

EXTERIORMENTE adv. m. Por fuera.

EXTERMINABLE adj. Que se puede exterminar.

EXTERMINACIÓN f. Exterminio.

EXTERMINADOR, RA adj. Que extermina. ‖ *Ángel exterminador,* ángel encargado de castigar a los egipcios que perseguían a los hebreos. (*Biblia.*)

EXTERMINAR v. t. (lat. *exterminare*). Anonadar, destruir. ‖ Acabar con una cosa, dar fin de ella: *exterminar una secta herética.*

EXTERMINIO m. Desolación, destrucción completa: *guerra de exterminio.*

EXTERNADO m. Colegio cuyos alumnos son externos. ‖ — CONTR. *Internado.*

EXTERNAMENTE adv. Por la parte externa.

EXTERNO, NA adj. (lat. *externus*). Que viene de fuera o está fuera: *medicamento de uso externo.* (SINÓN. *Exterior, extrínseco, superficial.*) ‖ *Geom. Ángulo externo,* el formado por dos rectas cortadas por una secante y colocado fuera de ambas líneas. (V. ALTERNO.) ‖ — Adj. y s. Dícese del alumno de una escuela que asiste a los cursos sin habitar en ella.

EXTINCIÓN f. Acción de extinguir o extinguirse, apagamiento: *la extinción de un incendio.*

EXTINGUIBLE adj. Que se puede extinguir, apagable. ‖ — CONTR. *Inextinguible.*

EXTINGUIR v. t. (lat. *extinguere*). Apagar. ‖ *Fig.* Agotar, anonadar: *extinguir una raza.*

EXTINTIVO, VA adj. *For.* Que sirve para extinguir una acción: *una prescripción extintiva.*

EXTINTO, TA p. p. irreg. de *extinguir.* ‖ — Adj. Apagado. ‖ *Arg.* y *Chil.* Muerto, fallecido.

EXTINTOR adj. Que extingue. ‖ — M. Aparato para extinguir incendios.

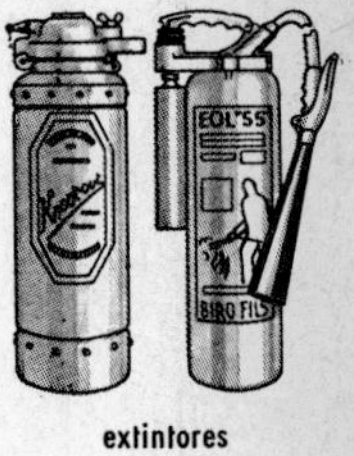

extintores

EXTIRPABLE adj. Que puede extirparse o arrancarse: *un vicio difícilmente extirpable.*

EXTIRPACIÓN f. Acción de extirpar o arrancar. (SINÓN. V. *Arrancadura.*)

EXTIRPADOR, RA adj. y s. Que extirpa. ‖ — M. *Agr.* Instrumento para arrancar las malas hierbas.

EXTIRPAR v. t. (lat. *extirpare*). Arrancar de raíz. (SINÓN. V. *Desarraigar.*) ‖ *Fig.* Acabar con algo: *extirpar el abuso.* (SINÓN. V. *Suprimir.*)

EXTORNAR v. t. *Méx.* Pasar en los libros de comercio una partida del *debe* al *haber,* o viceversa.

EXTORNO m. Parte de prima que el asegurador devuelve al asegurado en ciertos casos.

EXTORSIÓN f. (lat. *extorsio*). Acción de arrebatar por fuerza una cosa a uno. (SINÓN. V. *Concusión.*) ‖ *Fig.* Daño o perjuicio: *esa visita me causa mucha extorsión.*

EXTORSIONAR v. t. Cometer una extorsión o perjuicio.

EXTRA adj. (lat. *extra*). Extraordinario, óptimo. (SINÓN. V. *Superior.*) ‖ — Prep. insep. Fuera de: *extramuros.* ‖ — Adv. *Fam.* Además: *extra del sueldo, gana alguna cosilla.* ‖ — M. *Fig.* Gaje, plus. ‖ *Cin.* Comparsa de cine. (SINÓN. V. *Actor.*) ‖ Gasto o comida extraordinaria.

EXTRACCIÓN f. (lat. *extractio*). Acción y efecto de extraer: *la extracción de una muela.* (SINÓN. V. *Arrancadura.*) ‖ *Arit.* Operación que tiene por objeto sacar la raíz de una cantidad. ‖ Origen, nacimiento.

EXTRACORRIENTE f. Corriente que se produce en el momento en que se abre o cierra un circuito recorrido por una corriente eléctrica.

EXTRACTAR v. t. Reducir a extracto, abreviar, compendiar: *extractar un libro.*

EXTRACTIVO, VA adj. Relativo a la extracción.

EXTRACTO m. (lat. *extractus*). Resumen de un escrito. (SINÓN. V. *Compendio.*) ‖ Perfume concentrado: *extracto de violeta.* ‖ Substancia que se extrae de otra: *extracto de carne.* (SINÓN. V. *Quintaesencia.*) ‖ *Extracto de Saturno,* acetato de plomo. ‖ *Extracto tebaico,* extracto de opio.

EXTRACTOR, RA m. y f. Persona que extrae. ‖ *Cir.* Instrumento que se usa para extraer los cuerpos extraños del organismo.

EXTRADICIÓN f. (de *ex,* fuera de, y el lat. *traditio,* entrega). Acción de entregar a un reo al gobierno extranjero que lo reclama: *la extradición sólo se aplica, en general, a los criminales de derecho común.*

EXTRADÓS m. Superficie exterior de una bóveda, de un ala de avión, etc.

EXTRAECONÓMICO, CA adj. Ajeno a la economía.

EXTRAER v. t. (lat. *extrahere*). Sacar: *el aguardiente se extrae del vino.* ‖ *Quím.* Separar de una substancia alguno de sus componentes. ‖ Arrancar: *extraer una muela.* ‖ Hacer un extracto: *extraer un párrafo de un escrito.* ‖ Hacer salir: *extraer de la prisión a un condenado.* ‖ *Mat.* Buscar la raíz cuadrada o cúbica de un número. ‖ — IRREG. Se conjuga como *traer.*

EXTRAHUMANO, NA adj. Ajeno a la humanidad.

EXTRAJUDICIAL adj. Fuera de la vía judicial: *entablar un procedimiento extrajudicial.*

EXTRALEGAL adj. Contrario a la legalidad.
EXTRALIMITARSE v. r. *Fig.* Excederse en el uso de un derecho o autoridad. Ú. t. c. t.
EXTRAMUROS adv. m. (lat. *extra muros*). Fuera del recinto de una ciudad: *habitar extramuros.* (SINÓN. V. *Afueras.* CONTR. *Intramuros.*)
EXTRANJERÍA f. Calidad del extranjero residente en un país y que no está naturalizado en él. || Cosa extranjera.
EXTRANJERISMO m. Afición ridícula que tienen algunos a las costumbres extranjeras. || Voz, giro extranjero.
EXTRANJERO, RA adj. y s. De otro país o nación. (SINÓN. *Extraño, forastero, meteco, gringo, exótico.*) || *Amer.* Dícese del extranjero cuya lengua nativa no es el español. || — M. Los países extranjeros: *viajar por el extranjero.*
EXTRANJIS (De) loc. fam. De tapadillo.
EXTRAÑAMENTE adv. m. Con extrañeza.
EXTRAÑAMIENTO m. Acción de extrañar.
EXTRAÑAR v. t. (lat. *extraneare*). Ver u oír con extrañeza una cosa: *extraño el vestido que llevas.* || Expulsar de su país. (SINÓN. V. *Desterrar.*) || Privar a uno del trato que se tenía con él: *extrañar a sus amigos.* || Sentir la novedad de algo: *extrañar la cama del hotel.* || *Amer.* Echar de menos: *la vaca extraña a su cría.* || Causar sorpresa: *me extraña lo que dices.* || — V. r. Maravillarse, asombrarse de una cosa.
EXTRAÑEZA f. Cosa extraña, rareza. || Admiración: *me causa mucha extrañeza tu conducta.* || Disgusto entre los que eran amigos.
EXTRAÑO, ÑA adj. De nación, familia u oficio distintos: *no hay que confiarse con los extraños.* || Extravagante: *extraña manía la suya.* (SINÓN. V. *Raro.*) || Que no tiene que ver en una cosa: *soy extraño a su proyecto.* || *Hacer un extraño* (un animal), espantarse.
EXTRAOFICIAL adj. No oficial.
EXTRAOFICIALMENTE adv. m. De modo extraoficial.
EXTRAORDINARIAMENTE adv. m. De un modo extraordinario.
EXTRAORDINARIO, RIA adj. Que sucede rara vez, que sale de la regla común: *un acontecimiento extraordinario.* (SINÓN. V. *Excepcional.*) || Singular, extraño: *tener ideas extraordinarias.* || Prodigioso: *un talento extraordinario.* (SINÓN. V. *Admirable.*) || — M. Plato o manjar añadido a la comida ordinaria. || Número de un periódico que se publica por alguna razón especial. || *Embajador extraordinario,* el enviado para tratar un asunto particular. || — CONTR. *Común, vulgar.*
EXTRAPOLACIÓN f. Acción y efecto de extrapolar.
EXTRAPOLAR v. t. Deducir el valor futuro de una variable en función de sus valores anteriores.
EXTRARRADIO m. Circunscripción administrativa que pasa del radio de una población. (SINÓN. V. *Afueras.*)
EXTRASÍSTOLE f. *Med.* Latido irregular del corazón.
EXTRATERRENO, NA y **EXTRATERRESTRE** adj. Ajeno a la tierra, a la vida terrestre.
EXTRATERRITORIAL adj. Que está fuera de los límites territoriales.
EXTRATERRITORIALIDAD f. Inmunidad que exime ciertas personas de la jurisdicción del Estado en que se encuentran: *los embajadores disfrutan el beneficio de la extraterritorialidad.*
EXTRAVAGANCIA f. Acción o discurso extravagante: *decir extravagancias.* || Excentricidad.
EXTRAVAGANTE adj. Extraño, ridículo: *una moda extravagante.* (SINÓN. V. *Absurdo* y *raro.*) || — M. y f. Persona que obra con extravagancia. (SINÓN. V. *Visionario.*) || — F. pl. Constituciones papales que no forman parte de las Clementinas.
EXTRAVASACIÓN f. Acción y efecto de extravasarse la sangre, la savia, etc.
EXTRAVASARSE v. r. Salirse la sangre, la savia, etc., de sus canales naturales.
EXTRAVENARSE v. r. Filtrarse la sangre fuera de las venas.
EXTRAVERSIÓN f. Extroversión.
EXTRAVERTIDO, DA adj. y s. Extrovertido.

eyrá

EXTRAVIADO, DA p. p. de *extraviar.* || — Adj. Que ha perdido el camino que seguía. || Apartado: *camino extraviado.* || De costumbres desordenadas.
EXTRAVIAR v. t. (de *extra,* y el lat. *vía,* camino). Hacer perder el camino. (SINÓN. *Desviar, descarriar, descaminar, desorientar.*) || Perder una cosa, no saber donde se puso: *he extraviado las tijeras.* (SINÓN. V. *Perder.*) || — V. r. Perderse una cosa. || *Fig.* Tomar malas costumbres, hacer mala vida.
EXTRAVÍO m. Acción de extraviar o extraviarse. || *Fig.* Desorden: *extravío de las costumbres.* (SINÓN. V. *Manía.*)
EXTREMA f. Extremaunción.
EXTREMADAMENTE adv. m. En extremo
EXTREMAR v. t. Llevar al extremo: *extremar la severidad.* (SINÓN. V. *Exagerar.*) || — V. r. Esmerarse sumamente en una cosa.
EXTREMAUNCIÓN f. *Liturg.* Uno de los siete sacramentos, que se administra a los enfermos en peligro de muerte. (Actualmente se le llama también *sacramento de enfermos.*)
EXTREMEÑO, ÑA adj. y s. De Extremadura, región de España.
EXTREMIDAD f. Punta, extremo. || Último momento. || — Pl. Cabeza, pies y manos de los animales, o pies y manos del hombre.
EXTREMISMO m. Tendencia a adoptar ideas extremas, exageradas, especialmente en política.
EXTREMISTA adj. y s. Dícese del partidario del extremismo.
EXTREMO, MA adj. (lat. *extremus*). Último. || Muy intenso: *un frío extremo.* || Excesivo, sumo. || Distante, desemejante. || — M. Parte última de una cosa. || *Con extremo* o *en extremo,* loc. adv., mucho, extremadamente. || *Hacer extremos,* hacer expresiones o ademanes irreflexivos. || *De extremo a extremo,* desde el principio hasta el fin. || *Pasar de un extremo a otro,* cambiar por completo la conducta o el orden de las cosas.
EXTREMOSO, SA adj. Que no guarda moderación en sus palabras o acciones. || Demasiado expresivo o cariñoso.
EXTRÍNSECO, CA adj. (lat. *extrinsecus*). Que viene de fuera: *causas extrínsecas de una enfermedad.* (SINÓN. V. *Externo.*) || *Valor extrínseco,* ficticio o convencional: *valor extrínseco de la moneda.* || — CONTR. *Intrínseco.*
EXTROVERSIÓN f. *Anat.* Vicio de conformación de un órgano que se vuelve hacia la parte exterior: *extroversión del párpado.* || Calidad de un carácter que se vuelve hacia fuera, hacia las cosas exteriores.
EXTROVERTIDO, DA adj. y s. Dícese del individuo cuyos intereses y preocupaciones se encuentran en el mundo que le rodea.
EXUBERANCIA f. Abundancia grande: *la exuberancia de la vegetación tropical.* (SINÓN. V. *Abundancia.*)
EXUBERANTE adj. Abundante y copioso: *vegetación exuberante.* || Muy expresivo: *carácter exuberante.* (SINÓN. V. *Comunicativo.*)
EXUDACIÓN f. Acción y efecto de exudar.
EXUDADO m. Producto de la exudación.
EXUDAR v. i. Salir un líquido como el sudor. (SINÓN. V. *Sudar.*)
EXULCERACIÓN f. Ulceración superficial.
EXULCERAR v. t. *Med.* Causar exulceración || — V. r. *Med.* Corroerse la piel hasta el punto de formarse una llaga.
EXULTACIÓN f. (lat. *exsultatio*). Demostración muy viva de alegría.
EXULTAR v. i. Mostrar viva alegría.
EXUTORIO m. *Med.* Úlcera abierta y sostenida artificialmente para producir una supuración. (SINÓN. V. *Úlcera.*)
EXVOTO m. (del lat. *ex voto,* por voto). Ofrenda hecha en recuerdo de un beneficio, que se cuelga en los muros de los templos.
EYACULACIÓN f. Emisión rápida y violenta de un líquido, especialmente del semen.
EYACULAR v. t. Lanzar con fuerza un líquido.
EYECCIÓN f. Extracción, deyección.
EYECTOR m. Extractor de algunas armas.
EYRÁ m. *Arg.* Gato montés de gran tamaño.
EZPATADANZA f. Cierto baile vasco.
EZQUERDEAR v. i. Apartarse de lo recto.

Fot. Larousse

Baile flamenco

F f. Séptima letra del abecedario y quinta de sus consonantes: *la* F *es una consonante expirante.* **F,** símbolo químico del flúor. ‖ *Fís.* Símbolo del *faradio.* ‖ °**F**, símbolo de notación de temperaturas en la escala Fahrenheit: *42 °F.*

FA m. Cuarta nota de la escala música. ‖ Signo que la representa. ‖ *Clave de fa,* la que se representa con una C al revés seguida de dos puntos, y en que la nota colocada sobre la línea que pasa entre los dos puntos se llama *fa: se usa generalmente la clave de fa para escribir las partes de bajo.* V. CLAVE. ‖ *Ni fu ni fa,* v. FU.

FABADA f. *Ast.* Potaje de alubias y tocino.

FABISMO m. Envenenamiento por las habas.

FABLA f. Imitación del lenguaje antiguo.

FABORDÓN m. (fr. *faux-bourdon*). *Mús.* Contrapunto sobre canto llano.

FÁBRICA f. (lat. *fabrica*). Acción y efecto de fabricar. ‖ Lugar donde se fabrica algo: *fábrica de tabacos.* (SINÓN. *Manufactura, factoría, industria.* V. tb. *taller.*) ‖ Edificio. ‖ Renta, fondo de las iglesias: *Consejo de fábrica.* ‖ *Col.* Alambique. ‖ *Pared de fábrica,* la de ladrillo o piedra y argamasa. ‖ *Precio de fábrica,* precio a que vende el fabricante sus productos al comercio. ‖ *Marca de fábrica,* marca especial que pone cada fabricante en sus productos.

FABRICACIÓN f. (lat. *fabricatio*). Acción y efecto de fabricar: *una fabricación defectuosa.* (SINÓN. V. *Producción.*)

FABRICADOR, RA m. y f. *Fig.* Persona que inventa o dispone: *fabricador de embustes.*

FABRICANTE m. El que fabrica. ‖ Dueño de una fábrica.

FABRICAR v. t. (lat. *fabricare*). Hacer una obra por medios mecánicos: *fabricar telas.* (SINÓN. V. *Producir.*) ‖ Construir: *fabricar una iglesia.* ‖ *Fig.* Hacer, preparar: *el "Centón epistolar", atribuido al bachiller Fernán Gómez de Cibdareal, fue fabricado por Vera y Zúñiga.* (SINÓN. V. *Inventar.*)

FABRIL adj. (lat. *fabrilis*). Perteneciente o relativo a las fábricas: *la industria fabril.*

FABRIQUERO m. Individuo que en las iglesias cuida de la fábrica.

FÁBULA f. (del lat. *fabula,* relato). Relato, generalmente en verso, que oculta una enseñanza moral bajo el velo de una ficción: *las fábulas de Samaniego han sido inspiradas en gran parte en las del fabulista francés La Fontaine.* (SINÓN. *Apólogo, cuento, quimera, leyenda.*) ‖ Mitología: *los dioses de la Fábula.* (En este caso lleva mayúscula.) ‖ Relato falso o imaginario: *este cuento es una fábula.* (SINÓN. *Invención.*) ‖ Cualquiera de las ficciones de la mitología: *la fábula de las Danaides.* ‖ Objeto de burla: *ser la fábula del pueblo.* ‖ *Fábula milesia,* cuento inmoral.

FABULADOR m. (lat. *fabulator*). Fabulista.

FABULARIO m. Repertorio de fábulas.

FABULISMO m. *Per. Fam.* Hábito de contar fábulas o cuentos imaginarios.

FABULISTA com. Persona que compone o escribe fábulas: *los mejores fabulistas españoles han sido Samaniego e Iriarte.*

FABULOSAMENTE adv. m. Fingidamente. ‖ Excesivamente: *un indiano fabulosamente rico.*

FABULOSIDAD f. Calidad de fabuloso.

FABULOSO, SA adj. Falso: *personaje fabuloso.* (SINÓN. V. *Imaginario.*) ‖ *Fig.* Extraordinario: *fortuna fabulosa.* (SINÓN. V. *Admirable.*) ‖ Muy antiguo, prehistórico: *Hércules pertenece a los tiempos fabulosos.* ‖ — CONTR. *Histórico, exacto, verdadero.*

FACA f. (ár. *farja*). Cuchillo corvo. ‖ Cualquier cuchillo grande. (SINÓN. V. *Cuchillo.*)

FACCIÓN f. (lat. *factio.*) Grupo de gente amotinada o rebelada. ‖ Parcialidad, bando. (SINÓN. V. *Partido.*) ‖ Rasgo del rostro humano: *facciones abultadas.* ‖ Acción de guerra. ‖ Servicio militar de guardia o centinela: *estar de facción.*

FACCIONARIO, RIA adj. Partidario de una facción.

FACCIOSO, SA adj. y s. (lat. *factiosus*). Perteneciente a una facción: *Cicerón castigó severamente a los facciosos partidarios de Catilina.* ‖ Inquieto, revoltoso. (SINÓN. V. *Revolucionario.*)

FACETA f. (fr. *facette*). Cara o lado de un poliedro: *las facetas de un diamante.* ‖ *Fig.* Aspecto de un asunto.

FACETADA f. *Méx.* Gracia, monería de niño; chiste afectado y sin gracia.

FACETO, TA adj. *Méx.* Que hace facetadas.

FACIAL adj. Perteneciente al rostro: *nervio facial.* ‖ *Ángulo facial,* ángulo formado por la reunión de dos rectas hipotéticas que pasan una por los incisivos superiores y el punto más saliente de la frente y otra por los mismos dientes y por el conducto auditivo: *el ángulo facial es casi recto*

fa en las tres claves

clave de fa

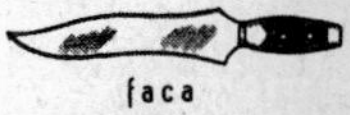

faca

ángulo facial

Fot. A. García-Pelayo, Anderson-Giraudon

facón

faisanes

en los individuos de raza blanca. || Relativo al rostro: *cirugía facial.* || *Valor facial,* el que lleva escrito una moneda, sello, estampilla, etc.

FACIES f. *Med.* Rostro: *facies hipocrática.* (SINÓN. V. *Cara.*)

FÁCIL adj. (lat. *facilis*). Que cuesta poco trabajo: *una lectura fácil.* (SINÓN. V. *Comprensible*) || Que hace las cosas sin trabajo: *versificador muy fácil.* || Que no deja sentir el trabajo ni la dificultad: *estilo fácil.* || Dócil: *carácter fácil.* (SINÓN. V. *Conciliador.*) || — Adv. m. Fácilmente. || — CONTR. *Difícil.*

FACILIDAD f. Estado de una cosa fácil: *la facilidad de un trabajo.* (CONTR. *Dificultad.*) || Disposición para hacer algo sin trabajo: *tener facilidad para el estudio.* (SINÓN. V. *Destreza.*) || Condescendencia, complacencia excesiva. || — Pl. Comodidades: *los ferrocarriles modernos ofrecen grandes facilidades de transporte.* || Plazos concedidos para el pago: *conseguir facilidades.*

FACILÍSIMO, MA adj. Muy fácil.

FACILITACIÓN f. Acción de facilitar.

FACILITAR v. t. Hacer fácil: *facilitar los estudios a un joven.* || Proporcionar: *facilitar datos.* (SINÓN. V. *Entregar.*)

FACILITÓN, ONA adj. y s. *Fam.* Que todo lo cree fácil, fanfarrón, jactancioso. (P. us.)

FÁCILMENTE adv. m. Con facilidad: *hablar fácilmente.* || Sin trabajo: *se olvidan fácilmente los favores recibidos.* || — CONTR. *Difícilmente.*

FACINEROSO, SA adj. y s. (lat. *facinorosus*). Delincuente, malvado, criminal.

FACISTOL m. Atril grande que se pone en el coro: *el facistol suele tener cuatro caras.* || — Adj. y s. *Cub.* y *Venez. Fam.* Vanidoso, presumido.

FACISTOLERÍA f. *Venez.* y *Cub. Fam.* Vanidad, engreimiento.

FACÓN m. *Riopl.* Cuchillo grande de punta aguda. || *Pelar el facón,* desenvainar el cuchillo.

FACSÍMIL y mejor **FACSÍMILE** m. (del lat. *fac,* imper. de *facere,* hacer, y *simile,* semejante). Copia o imitación perfecta de una firma, escrito, dibujo, etc. (SINÓN. V. *Reproducción.*)

FACTIBLE adj. Que se puede hacer. (SINÓN. V. *Posible.*)

FACTICIO, CIA adj. No natural, que se hace por arte. || — PARÓN. *Ficticio.*

FACTOR m. (del lat. *factor,* el que hace). Agente de un comerciante para compras y ventas. || Empleado de ferrocarril que cuida de la recepción, entrega o expedición de las mercancías y equipajes. || *Mat.* Cada una de las cantidades que se multiplican una por otra: *se puede cambiar el orden de los factores sin modificar el producto.* || Elemento, causa: *los factores de una crisis económica.* || *Factor Rhesus,* substancia contenida en la sangre del macaco *(macacus Rhesus)* y de ciertos hombres, que origina accidentes al hacer transfusiones y es también causa de abortos.

FACTORAJE m. Factoría.

FACTORÍA f. Empleo y oficina del factor. || Establecimiento de comercio en un país colonial. (SINÓN. V. *Establecimiento.*) || Manufactura. (SINÓN. V. *Fábrica.*) || *Per.* y *Ecuad.* Fundición de hierro.

FACTORIAL f. *Mat.* Producto obtenido al multiplicar un número dado por todos los enteros sucesivos inferiores: *la factorial de 5 es* **5!** = *5 × 4 × 3 × 2 × 1 = 120.*

FACTÓTUM m. (del lat. *fac,* imper. de *facere,* hacer y *totum,* todo). *Fam.* Individuo que ejerce varios ministerios, e, irónicamente, el que en todo se mete. || Persona de plena confianza de otra que despacha sus principales negocios.

FACTURA f. (lat. *factura*). Hechura: *la factura de un tejido.* || Cuenta detallada de las mercancías compradas o vendidas. (SINÓN. V. *Cuenta.*) || *Arg.* Bollo. || *Factura consular,* la que para facilitar las operaciones de aduanas acompaña las remesas hechas al extranjero.

FACTURACIÓN f. Acción y efecto de facturar.

FACTURAR v. t. Extender la factura de las mercancías. || En el ferrocarril, registrar las mercancías o equipajes que se envían.

FÁCULA f. (del lat. *facula,* antorcha pequeña). *Astr.* Partes más brillantes que las vecinas que se observan en el disco del Sol.

FACULTAD f. (lat. *facultas*). Potencia física o moral que hace a un ser capaz de obrar: *la voluntad, la inteligencia y la sensibilidad son las tres facultades maestras del hombre.* (SINÓN. *Capacidad, poder, superioridad.*) || Virtud, propiedad: *el imán tiene la facultad de atraer el hierro.* || *Fig.* Derecho de hacer una cosa: *tener facultad para otorgar un permiso.* || En la Universidad, conjunto de profesores cuyas lecciones se relacionan con un ramo determinado del saber humano: *la Facultad de Medicina.* || *Med.* Fuerza o resistencia.

FACULTAR v. t. Conceder facultades a uno.

FACULTATIVAMENTE adv. m. Según los principios de una facultad. || De un modo facultativo.

FACULTATIVO, VA adj. Perteneciente a una facultad: *término facultativo.* || Que puede hacerse o no hacerse: *trabajo facultativo.* (CONTR. *Obligatorio.*) || Del médico: *prescripción facultativa.* || — M. Médico.

FACUNDIA f. Abundancia, facilidad de palabra. (SINÓN. V. *Elocuencia.*)

FACUNDO, DA adj. (lat. *facundus*). Abundante en palabras, hablador. (SINÓN. V. *Elocuente.* CONTR. *Lacónico.*)

FACHA f. (del ital. *faccia,* faz). *Fam.* Traza, aspecto: *tío de mala facha.* (SINÓN. V. *Compostura y cara.*) || *Chil.* Jactancia. || *Mar. Ponerse en facha,* pararse el barco poniendo las velas de cierto modo.

FACHADA f. Parte exterior de un edificio. || *Fam.* Presencia, apariencia: *no tener más que fachada.* (SINÓN. V. *Frente.*)

FACHENDA f. *Fam.* Vanidad, jactancia. || — M. *Fam.* Fachendoso: *ser un fachenda.*

FACHENDEAR v. i. Jactarse, vanagloriarse.

FACHENDISTA, FACHENDÓN, ONA y **FACHENDOSO, SA** adj. *Fam.* Que tiene fachenda. (SINÓN. V. *Vanidoso.*)

FACHINAL m. *Amer.* Lugar cenagoso.

FACHOSEAR v. i. *Méx.* Fachendear, jactarse.

FACHOSO, SA adj. De mala facha. || *Per.* De porte agraciado. || *Méx.* y *Chil.* Fachendoso, jactancioso.

FACHUDO, DA adj. Ridículamente vestido.

FADING m. (pal. ingl.). Desvanecimiento más o menos largo de las señales radioeléctricas.

FADO m. Cierta canción popular portuguesa.

FAENA f. (lat. *faciendo*). Labor: *las faenas del campo, del ingenio.* (SINÓN. V. *Trabajo.*) || Quehacer: *entregarse a sus faenas diarias.* || Trabajo del torero con la muleta: *faena lucida.* || *Chil.* Rancho de trabajadores. || *Arg.* Matanza de reses.

FAENAR v. t. *Arg.* Matar reses.

FAENERO m. *And.* y *Amer.* Obrero agrícola.

FAETÓN m. (De *Faetón,* n. mitol.). Carruaje alto y descubierto, de cuatro ruedas, con dos asientos paralelos para cuatro personas.

FAFARRACHERO, RA adj. *Amer.* Fachendoso, vanidoso.

FAGÁCEAS f. pl. Familia de árboles angiospermos dicotiledóneos como la encina y el castaño.

FAGOCITO m. (del gr. *phagein,* comer, y *kutos,* celda). *Anat.* Célula capaz de absorber y asimilarse las células orgánicas o inorgánicas vecinas.

FAGOCITOSIS f. *Fisiol.* Función fisiológica de los fagocitos descubierta por Metchnikov.

FAGOT m. Cierto instrumento músico de viento.

FAGOTE m. Fogote. (SINÓN. V. *Haz.*)

FAGOTISTA m. El que toca el fagot.

Fahrenheit *(Escala),* graduación termométrica en la cual 0° centesimal equivale a 32° Fahrenheit y 100°C a 212°F.

[Fórmulas de conversión: $C = \frac{5}{9}(F - 32)$ y $F = \frac{9}{5}C + 32$.]

FAIFA f. *Hond.* Cachimba, pipa.

FAINO, NA adj. *Cub.* Rústico, incivil.

FAIQUE m. *Ecuad.* Especie de de mimosa.

FAIR PLAY [*fear pley*] m. (pal. ingl.). Juego limpio.

FAISÁN m. (del lat. *phasianus,* ave del Fasio). Género de aves gallináceas originarias de Oriente: *la carne del faisán manida es deliciosa.*

FAISANA f. Hembra del faisán.

FAISANERÍA f. Corral o cercado donde se crían faisanes.

Fot. Scaïoni

FAISANERO, RA m. y f. Persona que se dedica especialmente a la cría de faisanes.
FAITE m. *Ecuad.* Matón.
FAJA f. (lat. *fascia*). Lista: *las fajas de un escudo.* || Tira larga de lienzo que sirve de cintura: *ponerle la faja a un niño.* (SINÓN. V. *Banda.*) || Tira de papel que se pone como cubierta a los impresos enviados como tales por correo. || Insignia propia de algunos cargos militares o civiles. || *Méx.* Tejuelo de libro.
FAJADA f. *Amer.* Embestida.
FAJADO, DA adj. *Amer.* Embestido, atacado.
FAJADO, DA adj. Dícese del escudo que lleva fajas. || — M. *Min.* Madero para entibar las minas y pozos.
FAJADURA f. Fajamiento. || *Mar.* Tira de lona alquitranada con que se forra un cabo.
FAJAMIENTO m. Acción de fajar o fajarse.
FAJAR v. t. Ceñir con faja o venda: *fajarse un brazo herido.* || *Amer.* Soltar, arriar: *le fajó un latigazo.* || *Fam. Fajar con uno,* acometerle, embestirle, atacarle. En Colombia se dice *fajar a uno.*
FAJARDO m. Pastel de carne picada.
FAJAZO m. *Antill.* Embestida, acometida.
FAJEADO, DA adj. *Arq.* Que tiene fajas: *columna fajeada.*
FAJERO m. Faja de punto. *el fajero de un niño.*
FAJILLA f. *Amer.* Faja de periódico.
FAJÍN m. Faja pequeña. || Ceñidor de seda que usan ciertos oficiales superiores y algunos funcionarios.
FAJINA f. (lat. *fascina*). Mieses que se ponen en la era. || Leña ligera para encender. (SINÓN. V. *Haz.*) || *Mil.* Toque para retirarse la tropa a su alojamiento; actualmente, toque de llamada para la comida. || *Fort.* Haz de ramas que sirve para establecer defensas provisionales.
FAJINADA f. *Fort.* Conjunto de fajinas.
FAJO m. (lat. *fascis*). Haz o atado: *desatar un fajo de papeles.* || Paños en que se envuelven los recién nacidos. || *Méx. Vulg.* Cintarazo, golpe. || *Amer.* Trago de licor.
FAJÓN, ONA adj. *Cub.* Que ataca o embiste.
FAKIR m. V. FAQUIR.
FALACIA f. (lat. *fallacia*). Engaño: *obró con falacia.* || Hábito de engañar.
FALANGE f. (gr. *phalagx*). *Antig. gr.* Cuerpo de soldados pesadamente armados: *la falange macedónica fue el instrumento de las victorias de Alejandro.* || *Poét.* Ejército: *las falanges napoleónicas destrozaron a Europa.* (SINÓN. V. *Tropa.*) *Anat.* Cada uno de los huesecillos que componen los dedos. || *Falange Española,* partido político fundado por José Antonio Primo de Rivera en 1933. (V. *Parte hist.*)
FALANGERO m. Género de mamíferos marsupiales de Oceanía.
FALANGETA f. *Anat.* Tercera falange.
FALANGIA f. Falangio.
FALANGIANO, NA adj. Relativo a la falange: *articulación falangiana.*
FALANGINA f. *Anat.* Segunda falange.
FALANGIO m. Segador, arácnido.
FALANGISTA m. Miembro de una falange. || Afiliado a la Falange Española. || — Adj. Perteneciente o relativo a esta organización política.
FALANSTERIANO, NA adj. y s. Partidario de la doctrina social de Fourier o relativo a ella. || — M. y f. Habitante de un falansterio.
FALANSTERIO m. Edificio en que imaginaba Fourier alojar en comunidad a las falanges que siguieran su sistema. || Edificio grande donde se puede alojar mucha gente al mismo tiempo.
FALÁRICA f. (lat. *falarica*). Lanza arrojadiza.
FÁLARIS f. (lat. *phalaris*). Foja, ave zancuda.
FALAZ adj. (lat. *fallax, acis*). Engañoso, mentiroso: *persona falaz; falaces obsequios.*
FALAZMENTE adv. m. Con falacia o engaño.
FALBALÁ m. *Ant.* Adorno de la faldilla de la casaca. || Faralá, volante.
FALCA f. *Ar.* Cuña. || *Mar.* Tabla puesta de canto sobre la borda de las embarcaciones menores. || *Col.* Canoa techada. || *Col.* Cerco de madera que se pone como refuerzo a las pailas en los trapiches. || *Arg.* Alambique pequeño.
FALCADO, DA adj. Dícese de los carros de guerra antiguos cuyas ruedas estaban armadas con cuchillas cortantes y agudas. || De forma de hoz.
FALCIFORME adj. De figura de hoz.

FALCINELO m. (ital. *falcinello*). Ave del orden de los pájaros, del tamaño de una paloma y de pico largo y comprimido.
FALCÓN m. Nombre de una pieza de artillería antigua. || *Cub.* Especie de halcón, ave de rapiña
FALCONÉS, ESA adj. y s. De Falcón (Venezuela).
FALCONETE m. Especie de culebrina.
FALCÓNIDOS m. pl. Familia de aves de rapiña que comprende los halcones, águilas, milanos, etcétera.

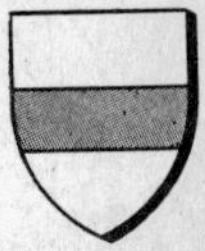
faja

FALDA f. (b. lat. *falda*). Ropa talar de la cintura abajo: *una falda de raso.* || Hombrera de la armadura antigua. || Parte de la armadura de guerra que cubre desde la cintura hacia abajo. || Carne de la res que cuelga de las agujas. || Regazo : *tener a un niño en la falda.* || *Fig.* Parte inferior de un monte o sierra. || Ala del sombrero. || — Pl. Mujeres: *aficionado a las faldas.*
FALDAMENTA f. Falda.
FALDAR m. Parte de la armadura antigua.
FALDEAR v. i. Caminar por la falda de un monte.
FALDELLÍN m. Falda corta. || Refajo. || *Amer.* Capa que se suele poner a los niños para bautizarlos.
FALDEO m. *Arg.* y *Chil.* Ladera de un monte.
FALDERO, RA adj. Relativo a la falda. || *Perro faldero,* especie de perro muy pequeño. || *Fig.* Dícese del hombre aficionado a estar entre mujeres.
FALDETA f. Nombre dado en los teatros al lienzo con que se cubre una tramoya.
FALDICORTO, TA adj. Corto de faldas.
FALDILLAS f. pl. Falda corta que tienen algunas prendas de vestir.

faldillas

FALDISTORIO m. Especie de asiento bajo, sin respaldo, que se usa en algunas funciones religiosas.
FALDÓN m. Falda corta y suelta: *los faldones de una levita.* || Parte inferior de una ropa o tapiz. || *Arq.* Vertiente triangular de un tejado. || Conjunto de las dos jambas y el dintel de una chimenea. || *Arg.* Capa de bautismo.
FALDULARIO m. Falda que arrastra mucho.
FALENA f. (gr. *phalaina*). Nombre de diversas mariposas crepusculares o nocturnas, llamadas igualmente *geómetras.*
FALENCIA f. (del lat. *fallens,* engañador). Engaño o error. || *Chil., Arg.* y *Hond.* Quiebra (comercio).
FALERNO m. Vino famoso de la Roma antigua.
FALIBILIDAD f. Calidad de falible. || Riesgo o posibilidad de equivocarse: *la falibilidad de la justicia humana.*

falena

FALIBLE adj. Que puede engañarse: *todo juez es falible.* || Que puede faltar o fallar.
FÁLICO, CA adj. Relativo al falo.
FALO m. Miembro viril.
FALONDRES (De) m. adv. *Cub.* y *Venez. Mar.* De repente, con violencia, súbitamente.
FALSA f. *Ar.* Desván. || *Ar.* y *Méx.* Falsilla. || *Mús.* Consonancia que sale redundante o diminuta por sobra o falta de un semitono.
FALSABRAGA f. *Fort.* Muro bajo edificado delante del principal.
FALSAMENTE adv. m. Con falsedad: *acusar falsamente.* || — CONTR. *Francamente, sinceramente.*
FALSARIO, RIA adj. y s. (lat. *falsarius*). Falsificador: *castigar a un falsario.* || Mentiroso, embustero.
FALSARREGLA f. Falsa escuadra. || Falsilla.
FALSEADOR, RA adj. Que falsea o falsifica.
FALSEAMIENTO m. Acción de falsear.
FALSEAR v. t. Falsificar: *falsear la verdad.* (SINÓN. *Corromper, mentir, tergiversar, adulterar, sofisticar, disfrazar.*) || Atravesar la armadura. || Romper o deshacer una cerradura abriéndola con falsa llave o palanca. || *Arq.* Desviar un corte de la perpendicular. || — V. i. Flaquear: *la pared falsea.* || Desentonar: *el bordón de la guitarra falsea.* || Torcer, descomponer.
FALSEDAD f. Carácter de lo que es falso: *demostrar la falsedad de un documento.* (CONTR. *Verdad, exactitud, realidad.*) || Carácter de la persona falsa o hipócrita: *convencer de falsedad.* (SINÓN. *Duplicidad, doblez, hipocresía, bellaquería, santurronería, fariseísmo.* V. tb. *disimulo.*) || Cosa falsa. (SINÓN. V. *Mentira.*)

falangero

Fot. Berridge

falucho

falleba

FALSEO m. *Arq.* Acción de falsear un corte. || *Arq.* Corte falseado. (SINÓN. *Alabeo.*)
FALSETA f. Floreo en la guitarra.
FALSETE m. Corcho o tarugo para tapar en la cuba el agujero de la canilla. || Puerta de una hoja entre dos habitaciones. || *Mús.* Voz más aguda que la natural. || *De falsete*, m. adv., de segunda intención.
FALSÍA f. Falsedad, calidad de falso.
FALSIFICACIÓN f. Acción y efecto de falsificar: *la falsificación de las substancias farmacéuticas es un delito castigado severamente.* || Cosa falsificada. || — SINÓN. *Alteración, corrupción, adulteración, imitación.*
FALSIFICADOR, RA adj. y s. Que falsifica o falsea: *detener a un falsificador de moneda.*
FALSIFICAR v. t. Adulterar, contrahacer: *falsificar un documento; falsificar moneda.* (SINÓN. V. *Falsear.*)
FALSILLA f. Hoja de papel con rayas gruesas, que se pone debajo del papel en que se escribe para guiar la escritura. (SINÓN. *Falsarregla.*)
FALSO, SA adj. (lat. *falsus*). Contrario a la verdad: *desmentir una noticia falsa.* (SINÓN. *Seudo, apócrifo, incierto, inexacto, supuesto.*) || Contrario a la realidad: *una teoría falsa.* || Desprovisto de rectitud: *carácter falso.* || Hipócrita, disimulado. (SINÓN. V. *Postizo* y *taimado.*) || No cabal, inexacto: *medida falsa.* || Equívoco: *salir de una situación falsa.* || Dícese de la caballería que tiene resabios que no se conocen. || *Tecn.* Añadido de refuerzo: *el falso forro de un barco.* || Galicismo por *postizo*: *llevar dientes falsos.* || Galicismo por *fingido*: *falsa tristeza.* || Galicismo por *vano*: *falsa esperanza.* || — M. Lo que no es cierto: *distinguir lo falso de lo cierto.* || Refuerzo que se pone interiormente en ciertas partes del vestido. || Ruedo de un vestido. || *Méx. Fam.* Falso testimonio. || *De falso* o *en falso*, loc. adv., falsamente: *envidar en falso.* Sin seguridad ni firmeza: *edificio construido en falso.* || *Méx. Coger a uno el falso*, cogerle la palabra.
FALTA f. (lat. *fallita*, de *fallere*, *faltar*). Defecto o privación: *la falta de recursos le impidió realizar su proyecto.* || Defecto en el obrar: *una falta grave contra la disciplina.* (SINÓN. *Omisión, carencia, deficiencia.* V. tb. *negligencia, delito* y *pecado.*) || Ausencia: *este alumno tuvo cuatro faltas en el mes.* || Infracción de la ley, ordenanza o reglamento. || Imperfección, equivocación: *una falta de perspectiva, una falta de ortografía.* (SINÓN. V. *Error* y *defecto.*) || En el juego de pelota, caída de ésta fuera de los límites señalados. || Defecto de peso en la moneda. || *Hacer falta una cosa*, ser necesaria para algo. || *Caer en falta*, incurrir en ella. || *Sin falta*, m. adv., puntualmente. || *Tener más faltas que un juego de pelota*, valer muy poca cosa. || — PROV. **A falta de pan buenas son tortas**, debe uno contentarse con lo que tiene si no puede conseguir lo que desea.
FALTANTE p. a. de *faltar*. Que falta.
FALTAR v. i. (lat. *fallere*). No existir una cosa, estar ausente, carecer de ella: *le faltó tiempo para escribir.* || Acabar, consumirse: *le van faltando las fuerzas.* || No responder una cosa al efecto que de ella se esperaba: *faltó la escopeta.* || No acudir a una cita. || No corresponder uno a lo que es: *faltó a la lealtad.* (SINÓN. V. *Ofender.*) || Cometer una falta: *faltar a su deber.* (SINÓN. *Incumplir, omitir, olvidar, mentir.*) || Desmandarse: *le faltó a su padre.* || Estar ausente: *faltar de la oficina.* || *Fam. No faltaba más*, úsase para rechazar una proposición absurda u ofensiva.
FALTE m. *Chil.* Buhonero, mercachifle.
FALTISTA adj. *Amer.* Faltón.
FALTO, TA adj. Que carece de algo: *falto de recursos.* || Mezquino, apocado. || Dícese de lo que no tiene la medida o el peso exactos: *un celemín falto.*
FALTÓN, ONA adj. *Fam.* Dícese de la persona que acostumbra faltar a sus obligaciones. || *Cub.* Irrespetuoso.
FALTOSO, SA adj. Incompleto. || *Col.* Pendenciero, agresivo.
FALTRIQUERA f. Bolsillo: *reloj de faltriquera.* || Cubillo, palco de proscenio en los teatros antiguos.
FALÚA f. Embarcación menor de remos, y a veces de vapor: *la falúa del servicio de sanidad.* || *Filip.* Barco grande y pesado, de remos. || — SINÓN. V. *Embarcación.*
FALUCHO m. Embarcación pequeña. || *Arg.* Pendiente en forma de trébol. || *Arg.* Sombrero de dos picos.
FALLA f. Cobertura de la cabeza que usaban las señoras a modo de mantilla. || *Ant.* y *Amer.* Falta, acción de no acudir a una cita. || *Col.* y *Arg.* Fallo, en los juegos. || *Geol.* Quiebra que los movimientos geológicos han formado en un terreno estratificado. (SINÓN. V. *Hendidura.*) || *Méx.* Gorrito de lienzo que se pone a los niños pequeños.
FALLA f. En el reino de Valencia, hoguera que se enciende en las calles la noche de San José. || — Pl. Fiestas populares valencianas.
FALLADA f. *For.* Acción de fallar.
FALLADOR, RA m. y f. El que falla en el juego.
FALLANCA f. Vierteaguas de puerta o ventana.
FALLAR v. t. *For.* Decidir un litigio o proceso. (SINÓN. V. *Juzgar.*)
FALLAR v. t. En los juegos de cartas, poner triunfo, por carecer del palo que se juega. || — V. i. Frustrarse: *ha fallado su proyecto.* (SINÓN. V. *Fracasar* y *equivocar.*) || Perder una cosa su resistencia: *falló el muro.* || *Arg.* Faltar, flaquear.
FALLEBA f. Varilla acodillada que cierra las ventanas o puertas
FALLECER v. i. (lat. *fallere*). Morir. || — IRREG. Se conjuga como *merecer.*
FALLECIMIENTO m. Muerte, defunción. || — SINÓN. *Tránsito, óbito, pérdida.*
FALLERO, RA adj. Perteneciente o relativo a las fallas de Valencia. || — M. y f. Persona que toma parte en las fallas: *la fallera mayor.* || *Chil.* Faltón, que falta a una cita.
FALLIDO, DA adj. Frustrado: *resultó fallido su proyecto.* || Sin crédito ni reputación. || Incobrable: *abandonar un crédito fallido.*
FALLIR v. i. *Ant.* Faltar. || *Venez.* Quebrar.
FALLO m. Sentencia, decisión: *fallo categórico.* (SINÓN. V. *Juicio* y *resolución.*) || Error, falta: *un fallo del diccionario.*
FALLO, LLA adj. En algunos juegos, falto de un palo: *estoy fallo a oros.* || *Chil.* Fallido. || — M. Falta de un palo en ciertos juegos: *tener fallo a espadas.*
FALLÓN, ONA adj. y s. *Ecuad.* Faltón.
FAMA f. (lat. *fama*). Reputación, nombre de una cosa. || Voz pública: *conocer una noticia por la voz de la fama.* || Reputación: *es hombre de mala fama.* || Buena reputación, celebridad: *un predicador de fama.* (SINÓN. V. *Gloria.*) || *Es fama*, se dice. || — PROV. **Cobra buena fama y échate a dormir**, el que llega a adquirir buena fama con poco trabajo consigue conservarla. || **Unos tienen la fama y otros cardan la lana**, con frecuencia se atribuye a unos el mérito de lo que hacen otros.
FAMÉLICO, CA adj. Hambriento.
FAMILIA f. (lat. *familia*). El padre, la madre y los hijos que viven bajo un mismo techo: *familia numerosa.* (SINÓN. *Matrimonio, hogar, casa.* Fam. *Tribu.*) || Los hijos solamente: *estar cargado de familia.* || Todas las personas de la misma sangre, como tíos, primos, sobrinos, etc. || *Fig.* Estirpe. (SINÓN. V. *Raza.*) || Servidumbre: *la familia de un cardenal.* || *Hist. nat.* Conjunto de animales, vegetales o minerales que presentan ciertas analogías entre sí: *la familia de las crucíferas comprende todas las plantas de corola cruciforme.* || *Familia de palabras*, conjunto de voces que tienen igual origen. || *En familia*, en la intimidad.
FAMILIAL adj. Galicismo por *familiar.*
FAMILIAR adj. (lat. *familiaris*). Perteneciente a la familia: *los lazos familiares.* (SINÓN. V. *Pariente.*) || Que se sabe y se hace fácilmente, por costumbre: *ese trabajo le es familiar.* || Llano, sin ceremonia: *los criados viejos suelen ser demasiado familiares.* (SINÓN. V. *Franco.*) || Sencillo, corriente: *estilo familiar.* (CONTR. *Altanero arrogante.*) || — M. Miembro de la familia: *visitar a unos familiares.* || El que trata frecuentemente a otro: *los familiares del rey.* || Eclesiástico dependiente y comensal del obispo. || Ministro subalterno de la Inquisición.

FAMILIARIDAD f. Modo llano y familiar de portarse con una persona: *le habló con familiaridad excesiva.* (SINÓN. V. *Intimidad.* CONTR. *Arrogancia.*)
FAMILIARIZAR v. t. Volver familiar. || Acostumbrar: *familiarizar a un caballo con los obstáculos.* || — V. r. Adquirir familiaridad con una persona. || Acostumbrarse: *familiarizarse con el ruso.*
FAMILIARMENTE adv. m. Con familiaridad: *hablar familiarmente con uno.*
FAMILISTERIO m. Establecimiento donde viven varias familias, según el sistema de Fourier.
FAMOSAMENTE adv. m. Excelentemente, muy bien.
FAMOSO, SA adj. (lat. *famosus*). Célebre: *héroe famoso.* (SINÓN. V. *Ilustre.* CONTR. *Obscuro, desconocido.*) || *Fam.* Bueno, *excelente.* (SINÓN. V. *Superior.*) || *Fam.* Grande, extraordinario: *famoso mamarracho.*
FÁMULA f. (lat. *famula*). *Fam.* Criada.
FAMULAR adj. Relativo a los fámulos o criados.
FÁMULO m. (lat. *famulus*). Sirviente, criado.
FANAL m. (del gr. *phanos*, brillante). Farol grande: *fanal de barco.* (SINÓN. V. *Faro.*) || Campana de cristal: *fanal de reloj.*
FANÁTICAMENTE adv. m. Con fanatismo.
FANÁTICO, CA adj. y s. (lat. *fanaticus*, de *fanum*, templo). Que manifiesta celo excesivo por una religión u opinión: *un idólatra fanático.* (SINÓN. *Intolerante, sectario, secuaz, idólatra.*) || Entusiasmado por algo: *un fanático del fútbol.* (SINÓN. *Acalorado, apasionado, exaltado.*)
FANATISMO m. Celo excesivo de los fanáticos: *es célebre el fanatismo musulmán.*
FANATIZADOR, RA adj. y s. Que fanatiza.
FANATIZAR v. t. Volver fanático.
FANDANGO m. Baile alegre, muy común en España y son con que se baila. || *Fam.* Lío, enredo, bullicio.
FANDANGUERO, RA adj. y s. Aficionado a bailes y diversiones.
FANDANGUILLO m. Una de las formas del cante flamenco.
FANECA f. Especie de abadejo del Cantábrico.
FANEGA f. (ár. *fanica*). Medida de capacidad para áridos (12 celemines o 55 litros y medio). || Espacio de tierra en que se siembra una fanega de trigo. || Medida agraria, variable en cada región, y que en Castilla equivale a 64 áreas y 596 miliáreas.
FANEGADA f. Fanega de tierra.
FANERÓGAMO, MA adj. (del gr. *phaneros*, aparente, y *gamos*, matrimonio). *Bot.* Dícese de los vegetales de órganos sexuales visibles: *las plantas de flores son siempre fanerógamas.* || — CONTR. *Criptógamo.*
FANFARREAR v. i. Fanfarronear.
FANFARRIA f. *Fam.* Jactancia, baladronada. (SINÓN. V. *Fanfarronada.*) || Galicismo por *charanga, orquesta.*
FANFARRÓN, ONA adj. y s. *Fam.* Que hace alarde de lo que no es, jactancioso. (SINÓN. V. *Vanidoso* y *bravucón.*) || Dícese de una especie de trigo que da mucho salvado y poca harina.
FANFARRONADA f. Acción o palabra propia de fanfarrón: *decir fanfarronadas.* || — SINÓN. *Bravuconería, fanfarria, bravata, baladronada, chulería, majeza.*
FANFARRONEAR v. i. Echar fanfarronadas. (SINÓN. V. *Pavonear.*)
FANFARRONERÍA f. Carácter del fanfarrón.
FANFARRONESCA f. Fanfarronería. (P. us.)
FANFURRIÑA f. *Fam.* Disgusto, enfado.
FANGAL o **FANGAR** m. Sitio lleno de fango o lodo, cenagal, barrizal.
FANGO m. Lodo espeso, barro o cieno. (SINÓN. V. *Lodo.*)
FANGOSIDAD f. Calidad de fangoso.
FANGOSO, SA adj. Lleno de fango o cieno.
FANGUITO m. *Cub.* Pez comestible.
FANO m. (lat. *fanum*). Templo o terreno consagrado entre los paganos al culto de una deidad.
FANTASEAR v. i. Dejar correr la imaginación: *pasar el tiempo fantaseando.* || Imaginar.
FANTASÍA f. (gr. *phantasia*). Imaginación: *dejar vagar la fantasía.* (SINÓN. V. *Visión.*) || Imagen formada por la fantasía: *forjarse fantasías irrealizables.* || Ficción, cuento: *las fantasías ingeniosas de los poetas.* || *Mús.* Paráfrasis de un motivo de ópera. || *De fantasía*, que se aparta de la moda corriente: *chaleco de fantasía.* || — OBSERV. Es galicismo en las frases siguientes: *seguir su fantasía* por *su capricho; joyas de fantasía* por *de imitación.* || — Pl. Granos de perlas pegados unos con otros. || *Venez. Por fantasía*, loc. adv., de oído: *tocar por fantasía.*
FANTASIOSO, SA adj. *Fam.* Vano, caprichoso. || *Guat.* Orgulloso, jactancioso.
FANTASISTA adj. Galicismo por *caprichoso.*
FANTASMA m. (gr. *phantasma*). Espectro, aparición fantástica. (SINÓN. *Aparecido, espíritu, sombra.* V. tb. *duende.*) || Quimera, apariencia: *forjarse fantasmas.* (SINÓN. V. *Visión.*) || *Fig.* Persona muy entonada y ridículamente seria. || — F. Espantajo.
FANTASMAGORÍA f. (del gr. *phantasma*, aparición, y *agoreuein*, hablar, llamar). Arte de representar fantasmas por medio de una ilusión óptica. || Abuso de los efectos producidos por medios sobrenaturales o extraordinarios, en literatura o en arte.
FANTASMAGÓRICO, CA adj. Relativo a la fantasmagoría: *visión fantasmagórica.* (SINÓN. V. *Raro.*)
FANTASMAL adj. Relativo al fantasma. || *Fig.* Vago, impreciso.
FANTASMÓN, ONA adj. y s. *Fam.* Vanidoso y tonto.
FANTÁSTICAMENTE adv. m. De modo fantástico.
FANTÁSTICO, CA adj. Creado por la fantasía o la imaginación: *visión fantástica.* (SINÓN. V. *Imaginario.*) || Dícese de aquello en que entran seres sobrenaturales: *los cuentos fantásticos de Hoffman.* (SINÓN. V. *Inverosímil.*) || *Fam.* Increíble: *lujo fantástico.* (SINÓN. V. *Raro.*) || — CONTR. *Real, verdadero.*
FANTOCHADA f. Acción propia de fantoche.
FANTOCHE m. (pal. fr.). Títere, muñeco. (SINÓN. V. *Muñeco.*) || *Fam.* Persona informal.
FANTOCHERÍA f. *Amer.* Acción, conducta informal.
FAÑOSO, SA adj. *Amer.* Gangoso, que ganguea.
FAQUIR o **FAKIR** m. (pal. ár.). Asceta musulmán. (Por extensión dan los europeos este nombre a los ascetas de las diversas sectas indias.)
FAQUIRISMO m. Modo de vivir de los faquires.
FARA f. Especie de culebra africana. || *Col.* Uno de los nombres de la *chucha* o *zarigüeya.*
FARAD o **FARADIO** m. (de *Faraday*, n. pr.). *Fís.* Unidad electromagnética de capacidad eléctrica (símb. F), que equivale a la capacidad de un condensador eléctrico, entre cuyas armaduras aparece una diferencia de potencial de 1 voltio cuando está cargado de una cantidad de electricidad igual a 1 culombio.
FARALÁ m. Tira de tafetán, o volante, que rodea a veces las basquiñas o vestidos de las mujeres. || *Fam.* Adorno excesivo y de mal gusto.
FARALLÓN m. Roca alta que sobresale en el mar y algunas veces en tierra firme.
FARAMALLA f. *Fam.* Charla artificiosa con que se intenta engañar a uno. (SINÓN. V. *Charlatanismo.*) || *Fam.* Hojarasca, cosa sin importancia || — Com. *Fam.* Persona faramallera: *ser muy faramalla.* || *Chil.* Farolero, vanidoso.
FARAMALLEAR v. i. *Amer.* Farolear.
FARAMALLERO, RA adj. y s. *Fam.* Fachendoso, hablador, charlatán: *mujer faramallera.*
FARAMALLÓN, ONA adj. y s. *Fam.* Faramallero.
FARÁNDULA f. Profesión de los farsantes. || Compañía antigua de cómicos: *componíase la farándula de siete hombres y tres mujeres.* || *Fig.* y *fam.* Faramalla, charla.
FARANDULEAR v. i. *Fam.* Farolear, darse excesiva importancia, fachendear. || *And.* Enredar.
FARANDULERO, RA m. y f. Farsante. || — Adj. *Fig.* y *fam.* Charlatán, trapacero. || *Méx.* Farolero.
FARAÓN m. Título de los antiguos reyes de Egipto. || Cierto juego de naipes parecido al monte.
FARAÓNICO, CA adj. Relativo a los faraones.
FARAUTE m. Heraldo, mensajero. || Rey de armas. || *Fig.* y *fam.* Persona bulliciosa y entremetida. || Actor que recitaba el prólogo.

farola

farol

FARINGE

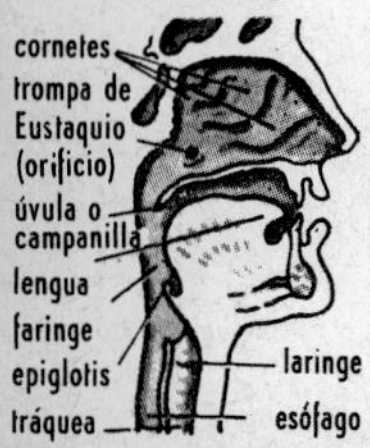

FARO

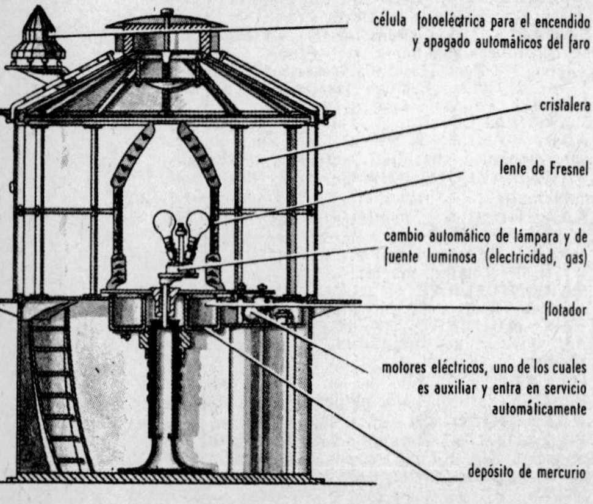

FARCINO m. (fr. *farcin*). *Med.* Muermo cutáneo.
FARDA f. Bulto o lío: *una farda de ropa.* || *Carp.* Corte o caja que se hace en un madero para embarbillar otro. || Alfarda, tributo antiguo que pagaban los moros y los judíos.
FARDACHO m. Uno de los nombres del *lagarto.*
FARDAJE m. Fardería.
FARDAR v. t. Abastecer de ropa. || — V. i. *Pop.* Lucir una prenda.
FARDEL m. Talega que llevan al hombro los caminantes. || Fardo. || *Fig.* y *fam.* Persona desaliñada o desgarbada: *ir hecho un fardel.*
FARDERÍA f. Conjunto de fardos o líos.
FARDO m. Lío o bulto grande: *un fardo de ropa.* (SINÓN. V. *Carga* y *paquete.*)
FARFALÁ m. Faralá de enaguas y sayas.
FARFALLOSO, SA adj. Tartamudo, tartajoso.
FARFANTE y **FARFANTÓN** m. *Fam.* Fanfarrón, fachendoso, jactancioso.
FARFANTONADA y **FARFANTONERÍA** f. *Fam.* Fanfarronería, jactancia, vanidad.
FÁRFARA f. Planta compuesta medicinal, de hoja grande y tomentosa, y flor amarilla.
FÁRFARA f. Telilla que tiene el huevo por dentro. (SINÓN. *Binza.*) || *En fárfara,* loc. adv., dícese del huevo que se halla aún sin cascarón dentro de la gallina. *Fig.* A medio acabar.
FARFOLLA f. Espata del maíz. (SINÓN. *Chala.*) || *Fam.* Bambolla.
FARFULLA f. *Fam.* Defecto del que habla de prisa y mal. || — Com. y adj. *Fam.* Persona farfulladora. || *Amer.* Fanfarronería.
FARFULLADOR, RA adj. *Fam.* Que farfulla
FARFULLAR v. t. *Fam.* Hablar de prisa y atropelladamente. (SINÓN. V. *Balbucir.*) || *Fig.* y *fam.* Obrar atropelladamente.
FARFULLERO, RA adj. y s. Farfullador. || *Amer.* Fanfarrón.
FARGALLÓN, ONA adj. y s. *Fam.* Que obra atropelladamente: *mujer fargallona.* || Desaliñado, sucio.
FARILLÓN f. Farallón, roca aislada en el mar.
FARINÁCEO, A adj. Harinoso.
FARINGE f. (gr. *pharygx*). *Anat.* Parte superior del esófago: *la faringe deja pasar el aire necesario para la respiración.* (SINÓN. V. *Garganta.*) || — PARÓN. *Laringe.*
FARÍNGEO, A adj. *Anat.* Relativo o perteneciente a la faringe: *músculo faríngeo.*
FARINGITIS f. *Med.* Inflamación de la faringe.
FARINOSO, SA adj. Harinoso: *legumbre farinosa.*
FARIÑA f. *Ast.* Torta de maíz cocido. || *Riopl.* Cazabe, harina de mandioca.
FARIO m. *And.* Sombra, gracia.
FARISAICO, CA adj. Propio de los fariseos. || Hipócrita: *piedad farisaica.*
FARISEÍSMO m. Costumbres de los fariseos. || *Fig.* Hipocresía. (SINÓN. V. *Falsedad.*)
FARISEO m. (gr. *pharisaios*). Miembro de una secta de los judíos que afectaba un rigor y una austeridad puramente exteriores. || *Fig.* Hipócrita que sólo tiene la apariencia de la virtud.
FARMACÉUTICO, CA adj. Perteneciente a la farmacia: *producto farmacéutico.* || — M. y f. Persona que profesa o ejerce la farmacia. (SINÓN. *Boticario.*)
FARMACIA f. (del gr. *pharmakon,* remedio). Arte de preparar las medicinas: *estudiar la farmacia.* || Profesión del farmacéutico: *las celebridades de la farmacia.* || Laboratorio y tienda del farmacéutico. || Colección portátil de medicinas: *farmacia de bolsillo.*
FÁRMACO m. Medicamento.
FARMACOLOGÍA f. (del gr. *pharmakon,* medicamento, y *logos,* tratado). Teoría de los medicamentos y de su empleo: *estudiar la farmacología.*
FARMACOLÓGICO, CA adj. Relativo a la farmacología.
FARMACOPEA f. (del gr. *pharmakon,* medicamento, y *poiein,* hacer). Libro en que se encuentran las recetas de las substancias medicinales que más comúnmente se usan. || Arte de preparar los medicamentos.
FARNIENTE m. (pal. ital.). Ocio agradable (SINÓN. V. *Inacción.*) [Dícese también: *dolce* (pr. *dolche*) *farniente.*]
FARO m. (del gr. *Pharos,* isla situada cerca de Alejandría, donde hizo erigir Tolomeo Filadelfo una torre de mármol blanco desde la que se descubrían las naves a cien millas en alta mar). Torre provista de un fanal, que se establece en las costas para guiar a los navegantes durante la noche: *se distinguen los faros por el color de sus fuegos y por las intermitencias de su luz.* || *Fig.* El que ilumina o dirige. (SINÓN. V. *Guía.*) || Linterna potente: *faro de automóvil.* (SINÓN. *Farol, farola, linterna, fanal.*)
FARO, RA m. y f. *Col.* y *Venez.* Zarigüeya.
FAROL m. (de *faro*). Linterna. || *Farol a la veneciana,* farol de papel. (SINÓN. V. *Faro.*) || *Fam.* Fachendoso: *ser muy farol.* || En el juego, envite falso para desorientar a los adversarios || *Fig.* y *fam.* Mentira, exageración. || Lance del toreo, echando el capote al toro y pasándoselo por la espalda al recogerlo. || *Arg.* Mirador cerrado. || *Fig.* y *fam. Adelante con los faroles,* expresión con la que se anima a otro a continuar lo comenzado, a pesar de las dificultades.
FAROLA f. Farol o linterna grande para el alumbrado público. (SINÓN. V. *Faro.*)
FAROLAZO m. Golpe que se da con un farol. || *Méx.* y *Amér. C.* Trago grande de aguardiente
FAROLEAR v. i. *Fam.* Fachendear, papelonear. (SINÓN. V. *Exagerar.*)
FAROLERÍA f. *Fam.* Jactancia, fachenda.
FAROLERO, RA adj. *Fig.* y *fam.* Vanidoso, ostentoso, fachendoso. || — M. El que cuida de los faroles. || *Fam. Meterse a farolero,* en camisa de once varas.
FAROLILLO m. Farol pequeño. || Planta campanulácea de flores grandes, campanudas, en ramilletes, blancas, rojizas, moradas o jaspeadas. || Planta trepadora originaria de la India, de la familia de las sapindáceas, que se ha usado en medicina como diurética.
FAROLITO m. *Cub.* Especie de alquequenje.
FAROLÓN adj. *Fam.* Farolero. || — M. Farol grande.
FAROTÓN, ONA adj. y s. *Fam.* Descarado.
FARPA f. Punta de las banderas y estandartes.
FARPADO, DA adj. Que remata en farpas.
FARRA f. Pez parecido al salmón, de carne muy sabrosa. || *Amer. Fam.* Diversión bulliciosa, jarana. (SINÓN. V. *Desenfreno.*)
FÁRRAGO m. (lat. *farrago*). Conjunto confuso de objetos. (SINÓN. V. *Desorden.*) || Conjunto de noticias prolijas e inconexas. (SINÓN. V. *Acopio.*)
FARRAGOSO, SA adj. Desordenado. || Prolijo. (SINÓN. V. *Difuso.*)
FARRAGUISTA com. Persona que tiene la cabeza llena de ideas inconexas.
FARREAR v. i. *Arg.* y *Chil.* Divertirse, titear.
FARRERO, RA y **FARRISTA** adj. Jaranero.
FARRO m. (lat. *far, farris*). Cebada a medio moler, sin cascarilla. || Especie de escanda.
FARRUCO, CA adj. y s. *Fam.* Gallego o asturiano joven y salido desde hace poco de su tierra || — Adj. *Fam.* Impávido, valiente.

Fot. Fiando

FARRUTO, TA adj. *Amer.* Enclenque, enfermizo.
FARSA f. (b. lat. *farsa*). Comedia de género bufo. || Compañía de farsantes. || *Despect.* Obra dramática chabacana y grotesca. || *Fig.* Enredo, engaño. (SINÓN. V. *Trampa.*)
FARSANTE, TA m. y f. Cómico que representaba farsas. (SINÓN. V. *Actor* y *bufón.*) || — Adj. y s. *Fig.* y *fam.* Tramposo. (SINÓN. V. *Impostor.*)
FARSEAR v. i. *Chil.* Chancear.
FARSETO m. (lat. *farsus*, relleno). Jubón colchado que se solía poner debajo de la armadura.
FARSISTA com. Autor de farsas.
FAS o POR NEFAS (Por) m. adv. (del lat. *fas*, justo, lícito, y *nefas*, injusto). *Fam.* A todo trance, con derecho o sin él.
FASCES f. pl. Segur rodeada de un haz de varillas que llevaban los lictores romanos delante de ciertos magistrados, como signo de su autoridad. || — PARÓN. *Fases.*
FASCICULADO, DA adj. *Hist. nat.* Dícese de los órganos reunidos en forma de hacecillo.
FASCÍCULO m. Cuaderno, entrega.
FASCINACIÓN adj. Acción de fascinar.
FASCINADOR, RA adj. Que fascina o domina. (SINÓN. V. *Encantador.*)
FASCINANTE adj. Que fascina.
FASCINAR v. t. (del lat. *fascinum*, encanto). Dominar y atraer a sí con la sola fuerza de la mirada: *atribúyese a las serpientes la facultad de fascinar a los pájaros.* || Encantar, deslumbrar, seducir: *supo fascinar con su elocuencia a todos sus oyentes.* (SINÓN. V. *Maravillar.*)
FASCISMO m. Régimen vigente en Italia de 1922 a 1945, basado en la dictadura de un partido único, la exaltación nacionalista y el corporativismo. || *Por ext.* Doctrina que pretende la substitución de un régimen democrático por uno autoritario.
FASCISTA adj. y s. Partidario del fascismo.
FASE f. (gr. *phasis*). Apariencia variable bajo la cual se presenta un astro a nuestros ojos durante su revolución: *las fases de la Luna.* || *Fig.* Cambios sucesivos: *las fases de una enfermedad.* || *Fig.* Cada uno de los aspectos que presenta un fenómeno, negocio, doctrina, etc. || — SINÓN. *Período, grado, escalón, etapa, estadio, aspecto.* || — PARÓN. *Faz.*
FASIÁNIDAS f. pl. Aves gallináceas cuyo tipo es el faisán.
FASOLES m. pl. (lat. *phaselus*). Judías.
FASTIAL m. Piedra terminal de un edificio.
FASTIDIAR v. t. Causar fastidio, molestar, cansar. (SINÓN. V. *Abrumar, desagradar y entristecer.*)
FASTIDIO m. (lat. *fastidium*). Disgusto o hastío que causa una cosa: *ese olor me causa fastidio.* (SINÓN. V. *Molestia.*) || *Fig.* Enfado, disgusto: *es un fastidio leer este libro.*
FASTIDIOSO, SA adj. (lat. *fastidiosus*). Que causa fastidio, molesto, cansado: *hombre fastidioso.* (SINÓN. V. *Desagradable.*)
FASTIGIADO, DA adj. *Bot.* De copa muy alta.
FASTIGIO m. (lat. *fastigium*). Cúspide, vértice, cumbre. || *Arq.* Frontón de un edificio.
FASTO, TA adj. (lat. *fastus*). Aplicábase al día en que era lícito en la Roma antigua tratar los negocios públicos. || Feliz o venturoso: *año, día fasto.* || — M. Fausto. (SINÓN. V. *Lujo.*) || — CONTR. *Nefasto, aciago.*
FASTOS m. pl. (lat. *fasti*). Tablas cronológicas de los antiguos romanos: *los fastos consulares.* || Registros públicos que contenían el relato de acciones memorables: *los fastos de la Iglesia.* || Historia en general: *los fastos de la monarquía.* (SINÓN. V. *Anales.*)
FASTOSAMENTE adv. m. Fastuosamente.
FASTOSO, SA adj. (lat. *fastosus*). Fastuoso.
FASTUOSAMENTE adv. m. Con fausto o magnificencia: *los sátrapas vivían fastuosamente.*
FASTUOSIDAD f. Fausto, ostentación, boato.
FASTUOSO, SA adj. Amigo del fausto o del lujo: *tren fastuoso.* || — CONTR. *Modesto.*
FATAL adj. (del lat. *fatalis*, de *fatum*, destino). Fijado irrevocablemente por la suerte: *los decretos fatales de la muerte.* || *Por ext.* Funesto, aciago: *fatal ambición.* (SINÓN. *Nefasto, fatídico.* V. tb. *inevitable.*) || Que causa la muerte: *le dio el golpe fatal.*
FATALIDAD f. Hado que fija irrevocablemente los acontecimientos: *la fatalidad es inexorable.* (SINÓN. V. *Destino.*) || Concurso de circunstancias inevitables: *un accidente debido a la fatalidad.* || Desgracia, desdicha.
FATALISMO m. Doctrina filosófica de los que pretenden que todos los acontecimientos están irrevocablemente determinados de antemano por una causa única y sobrenatural.
FATALISTA adj. y s. Partidario del fatalismo. || — Adj. Relativo al fatalismo. || Que se abandona sin reacción ante los sucesos.
FATALMENTE adv. m. Con fatalidad, desdichadamente. || Mal: *está escrito este libro fatalmente.* || Inevitablemente: *había de suceder aquello fatalmente.*
FATAMORGANA f. Espejismo aéreo en el desierto.
FATÍDICO, CA adj. (lat. *fatidicus*). Que pronostica lo porvenir: *los versos fatídicos de la Sibila.* (SINÓN. V. *Fatal.*)
FATIGA f. Cansancio causado por el trabajo. || *Por ext.* Cualquier trabajo penoso. || Molestia en la respiración: *los asmáticos cuando corren sienten fatiga.* || Náusea. || *Fam. Dar fatiga,* fastidiar. || — CONTR. *Descanso.*
FATIGADOR, RA adj. Que fatiga o molesta.
FATIGANTE adj. Galicismo por *cansado, fatigoso*: *un trabajo fatigante.*
FATIGAR v. t. (lat. *fatigare*). Causar fatiga: *ese trabajo fatiga.* || Molestar: *fatigar a uno con sus quejas.*
FATIGOSO, SA adj. Fatigado, cansado. || Que causa fatiga, pesado: *trabajo fatigoso.* || *Fam.* Cargante.
FATIMÍ y FATIMITA adj. y s. Descendiente de Fátima, hija única de Mahoma.
FATUIDAD f. Tontería. || Presunción ridícula. (SINÓN. V. *Orgullo.*)
FATUO, TUA adj. y s. (lat. *fatuus*). Tonto, necio, presuntuoso, engreído: *un hombre muy fatuo.* (V. FUEGO *fatuo.*)
FATUTO, TA adj. *Ant.* Taimado. || *Col.* Neto, puro.
FAUBOURG m. (pal. fr. que significa *arrabal*, pr. *fobur*). Nombre que conservan en París ciertas calles y barrios que antes estaban extramuros.
FAUCES f. pl. (lat. *fauces*). Faringe, parte posterior de la boca. (SINÓN. V. *Garganta.*) || Barb. por *colmillos.*
FAULT m. (pal. ingl.). En deportes, falta o castigo.
FAUNA f. (de *fauno*). Conjunto de los animales de una región determinada: *los marsupiales caracterizan la fauna australiana.*
FAUNESCO, CA adj. Propio del fauno.
FÁUNICO, CA adj. Relativo a la fauna de un territorio: *las grandes regiones fáunicas del globo.*
FAUNO m. (lat. *faunus*). *Mitol.* Divinidad campestre de los griegos y romanos: *los faunos tenían cuerpo de hombre y patas de cabra.* (Úsase a veces el femenino *faunesa.*)
FAUSTO m. (lat. *fastus*). Gran lujo: *vivir con fausto.* (SINÓN. V. *Lujo.*)
FAUSTO, TA adj. (lat. *faustus*). Feliz, afortunado: *fausto acontecimiento.* || — CONTR. *Infausto, aciago.*
FAUTOR, RA m. y f. (lat. *fautor*). El que favorece y excita a otro. (Úsase sólo en mala parte: *fautor de desorden.* [SINÓN. V. *Instigador.*] || Barb. por *autor, culpable: el fautor de un crimen.*
FAUVISMO m. Escuela pictórica de la primera mitad del siglo XX, reacción contra el análisis impresionista. Sus principales representantes fueron Matisse, Friesz, Derain, Rouault, Dufy, Marquet, Vlaminck, etc.
FAVILA f. (lat. *favilla*). *Poét.* Pavesa.
FAVO m. *Med.* Costra de la tiña.
FAVONIO m. (lat. *favonius*). *Poét.* Céfiro.
FAVOR m. (lat. *favor*, de *favore*, ser propicio). Benevolencia, protección: *buscar el favor de los grandes.* (SINÓN. *Amparo, honra, crédito, gracia.* CONTR. *Desgracia.*) || Señal excepcional de benevolencia: *solicitar un favor.* (SINÓN. V. *Privilegio y servicio.*) || *Col.* Moño, lazo de cinta. || — *A favor de,* loc. adv., por medio de: *huyó a favor de la noche.* || *En favor de,* en provecho de: *abdicó el trono en favor de su hermano.* || *De favor,* gratis: *un pase de favor.* || — Pl. Señales de amor que da una mujer a un hombre.

fasces

FAVORABLE adj. Propicio: *viento favorable.* || Indulgente, benévolo: *mirada favorable.* || — SINÓN. *Próspero, propicio.* || — CONTR. *Desfavorable.*

FAVORABLEMENTE adv. m. Con favor, benévolamente: *acoger favorablemente una súplica.*

FAVORECEDOR, RA adj. y s. Que favorece.

FAVORECER v. t. Amparar: *la obscuridad favoreció su fuga.* (SINÓN. V. *Ayudar.*) || Tratar favorablemente. || Conceder una preferencia. (SINÓN. *Aventajar, servir.*) || *Amer.* Barb. por *proteger*: *favorecer una cosa de la lluvia.* || — IRREG. Se conjuga como *merecer.*

FAVORECIENTE adj. Que favorece o ayuda.

FAVORITISMO m. Manifestación de especial interés, parcialidad o preferencia hacia un individuo o grupo. (SINÓN. V. *Preferencia.*)

FAVORITO, TA adj. Que se estima con preferencia: *un libro favorito.* || — M. y f. Persona privada y predilecta de un soberano. (SINÓN. *Protegido, predilecto.*)

FAVOSO, SA adj. (del lat. *favus*, panal). *Med.* Dícese de la tiña cuando se cubre de costras amarillas.

FAYA f. Tejido de seda que forma canutillo.

FAYADO m. *Gal.* Desván.

FAZ f. (lat. *facies*). Rostro: *una faz risueña.* (SINÓN. V. *Cara.*) || Cara o anverso de una cosa. || *La Santa Faz*, imagen del rostro de Jesús. || — PARÓN. *Fase.*

Fe, símbolo químico del *hierro.*

FE f. (lat. *fides*). La primera de las virtudes teologales, que nos permite creer, aun sin comprenderlas, las verdades que nos enseña la Iglesia. || Confianza: *tener fe en las afirmaciones de otro.* (SINÓN. V. *Creencia.*) || Palabra o promesa: *a fe mía que es cierto lo que digo.* || Seguridad, testimonio: *dar fe de una cosa.* || Fidelidad: *la fe conyugal.* || Religión: *morir por la fe.* || *Buena fe*, intención recta. || *Mala fe*, intención culpable. || Documento que acredita una cosa: *fe de vida, fe de bautismo.* || *Hacer fe*, ser suficiente un dicho o escrito para hacer creer algo. || *De fe, a fe*, en verdad. || *Fe de erratas*, lista de erratas, con sus enmiendas, que suele ponerse al final o principio del libro en que se encuentran.

FEALDAD f. Calidad de feo. || *Fig.* Torpeza, acción indigna: *la fealdad de su conducta.*

FEAMENTE adv. m. Con fealdad: *obrar feamente.* || *Fig.* Torpemente, con vileza.

FEBEO, A adj. (lat. *phoebeus*). *Poét.* Perteneciente a Febo: *el carro febeo.*

FEBLE adj. (fr. *faible*). Débil, flaco. (P. us.) || Dícese de la moneda o aleación falta de peso o ley: *oro feble.*

FEBRERO m. (lat. *februarius*). Segundo mes del año: *en los años comunes tiene febrero 28 días y en los bisiestos 29.*

FEBRICITANTE adj. y s. *Med.* Calenturiento.

FEBRÍCULA f. Fiebre ligera y generalmente de corta duración.

FEBRÍFUGO, GA adj. y s. m. (del lat. *febris*, fiebre, y *fugare*, ahuyentar). *Med.* Que quita la fiebre: *la quinina es un febrífugo.*

FEBRIL adj. (lat. *febrilis*). Perteneciente o relativo a la fiebre: *pulso febril.* (SINÓN. *Calenturiento.*) || *Fig.* Ardiente, activo: *impaciencia febril.*

FEBRILMENTE adv. m. Con fiebre. || Con vehemencia.

FEBRILIDAD f. Estado febril. (SINÓN. V. *Nervosidad.*)

FECAL adj. (del lat. *faex, faecis*, hez). *Med.* Excrementicio: *materia fecal.*

FECIAL m. (lat. *fecialis*). *Antig.* Heraldo que entre los romanos anunciaba la paz y la guerra.

FÉCULA f. (lat. *faecula*). Substancia blanca pulverulenta que se extrae de las semillas y raíces de varias plantas: *la patata contiene mucha fécula.*

FECULENTO, TA adj. y s. Que contiene fécula: *la patata es un feculento.* (SINÓN. *Harinoso.*) || Que tiene heces o sedimentos.

FECULOSO, SA adj. Feculento, harinoso.

FECUNDABLE adj. Susceptible de fecundación.

FECUNDACIÓN f. Acción y efecto de fecundar. || — SINÓN. *Generación, reproducción, multiplicación, fertilidad, polinización.*

FECUNDADOR, RA adj. y s. Que fecunda.

FECUNDAMENTE adv. m. Con fecundidad.

FECUNDANTE adj. Que fecunda, fecundador.

FECUNDAR v. t. (lat. *fecundare*). Hacer fecundo: *las lluvias fecundan la tierra.* || *Biol.* Unirse los elementos reproductores masculino y femenino para originar un nuevo ser. (SINÓN. V. *Engendrar.*) || — CONTR. *Esterilizar.*

FECUNDATIVO, VA adj. Que fecunda.

FECUNDIDAD f. (lat. *fecunditas*). Calidad de fecundo: *la fecundidad de algunos peces es extraordinaria.* || Abundancia, fertilidad. || — CONTR. *Esterilidad.*

FECUNDIZAR v. t. Hacer a una cosa fecunda: *fecundizar un terreno.* || — CONTR. *Esterilizar.*

FECUNDO, DA adj. (lat. *fecundus*). Propio para la reproducción: *hembra fecunda.* || Productivo: *vega fecunda.* (SINÓN. V. *Fértil.*) || — CONTR. *Árido, estéril, infecundo.*

FECHA f. Indicación del día, lugar, etc., en que se hace una cosa o se escribe una carta, etc. || Días transcurridos: *la carta tardó tres fechas.* || *Hasta la fecha*, hasta hoy.

FECHADOR m. Sello usado para fechar. || Matasellos de correo.

FECHAR v. t. Poner fecha: *fechar una carta.*

FECHO, CHA adj. *Ant.* Hecho, dícese hoy sólo de despachos, escrituras, expedientes, etc.

FECHORÍA f. Mala acción: *cometer fechorías.* (SINÓN. V. *Crimen.*)

FEDERACIÓN f. (lat. *foederatio*). Agrupación de Estados para formar una unidad internacional definida, por encima de los Estados miembros, y a la cual corresponde la soberanía externa: *Estados Unidos y México son federaciones.* || Asociación de personas que se dedican a un deporte: *Federación Española de Fútbol.* || Agrupación gremial (SINÓN. V. *Sindicato.*)

FEDERAL adj. Federativo: *gobierno federal.* || — Adj. y s. Federalista, partidario del federalismo.

FEDERALISMO m. Sistema político por el cual varios Estados independientes prescinden de parte de su soberanía en beneficio de una autoridad superior.

FEDERALISTA adj. y s. Partidario del federalismo o relativo a él.

FEDERAR v. t. Hacer alianza, formar una federación. Ú. t. c. r. (SINÓN. V. *Unir.*)

FEDERATIVO, VA adj. Perteneciente a la fe deración: *el sistema de gobierno de los Estados Unidos de América es federativo.*

FEÉRICO, CA adj. Galicismo por *mágico, de hadas.*

FÉFERES m. pl. *Amer.* Trastos, bártulos.

FEHACIENTE adj. *For.* Que hace fe, fidedigno: *aducir un testimonio fehaciente de lo que se afirma.*

FELDESPÁTICO, CA adj. Que tiene feldespato. || Perteneciente al feldespato.

FELDESPATO m. (al. *feldspath*). Silicato de alúmina y potasa, sosa o cal, que entra en la constitución de varias rocas, especialmente del granito.

FELDMARISCAL m. Mariscal de campo en Alemania, Inglaterra, etc.

FELFA f. *Ecuad.* Barb. por *felpa.*

FELIBRE m. Poeta provenzal moderno. (SINÓN. V. *Trovador.*)

FELIBRISMO m. Escuela literaria constituida en Provenza (1854) para fomentar el renacimiento de la lengua y literatura de esta región de Francia.

FELICE adj. *Poét.* Feliz.

FELICIDAD f. (lat. *felicitas*). Placer, satisfacción, gusto grande. (SINÓN. V. *Dicha.*) || Suerte feliz: *salir con felicidad de un empeño.* || — CONTR. *Calamidad, desgracia.*

FELICITACIÓN f. Acción de felicitar o cumplimentar: *carta de felicitación.* || — CONTR. *Censura.*

FELICITAR v. t. (del lat. *felicitare*, hacer feliz). Cumplimentar a uno por un acontecimiento feliz. (SINÓN. *Congratular.*) || Expresar el deseo de que una persona sea venturosa.

FÉLIDOS m. pl. Familia de mamíferos que comprende los carnívoros del género gato, como el tigre.

FELIGRÉS, ESA m. y f. Persona que pertenece a una parroquia.

FELIGRESÍA f. (del lat. *fidelium grex*, congregación de fieles). Parroquia: *feligresía urbana*. ‖ Conjunto de los feligreses de una parroquia.
FELINO, NA adj. (del lat. *felis*, gato). De gato: *aspecto felino*. ‖ Que parece de gato: *movimientos felinos*. ‖ — M. pl. Félidos.
FELIZ adj. (lat. *felix, icis*). Que tiene felicidad o la ocasiona: *existencia feliz*. (SINÓN. *Bienaventurado, dichoso*. V. tb. *contento*.) ‖ Oportuno, acertado: *una ocurrencia feliz*. ‖ Que ocurre con felicidad: *campaña feliz*. ‖ — CONTR. *Infeliz, desgraciado*.
FELIZMENTE adv. m. Con felicidad.
FELÓGENO adj. (del gr. *phellos*, corcho, y *gennân*, engendrar). Dícese de la capa vegetal que engendra el corcho en ciertos árboles.
FELÓN, ONA adj. y s. Traidor, desleal. (SINÓN. V. *Desleal*.)
FELONÍA f. Deslealtad. (SINÓN. V. *Traición*.)
FELPA f. (del al. *felbel*, especie de terciopelo). Tejido de seda o algodón aterciopelado, de pelo largo. ‖ *Fig.* y *fam.* Zurra. ‖ Reprensión: *dar a uno una felpa*.
FELPADO, DA adj. Afelpado, aterciopelado.
FELPAR v. t. Cubrir de felpa.
FELPILLA f. Cordón de seda con pelo como la felpa: *la felpilla se usa para guarnecer vestidos*.
FELPO m. Felpudo, ruedo.
FELPOSO, SA adj. Cubierto de pelos blandos y muy tupidos: *superficie felposa*.
FELPUDO, DA adj. Felpado. ‖ — M. Ruedo, esterilla.
FEMENIL adj. (del lat. *femina*, hembra). Relativo a las mujeres: *ademanes femeniles*. ‖ — CONTR. *Viril*.
FEMENINO, NA adj. (lat. *femeninus*). Propio de mujer: *gracia femenina*. ‖ Hembra: *flores femeninas*. ‖ *Gram.* Dícese del género a que pertenecen las hembras y de lo relativo al género femenino: *terminación femenina*.
FEMENTIDAMENTE adv. m. Falsamente.
FEMENTIDO, DA adj. Falto de fe, traidor.
FEMINEIDAD f. *For.* Calidad propia de ciertos bienes pertenecientes a la mujer: *mayorazgo de femineidad*.
FEMÍNEO, A adj. Femenino, femenil.
FEMINIDAD f. Calidad de femenino. ‖ Aspecto femenil del varón.
FEMINISMO m. Tendencia a aumentar los derechos sociales y políticos de la mujer: *fomentar el feminismo*.
FEMINISTA adj. y s. Partidario del feminismo: *periódico feminista*. ‖ Relativo al feminismo.
FEMORAL adj. Del fémur: *arteria femoral*.
FÉMUR m. (lat. *femur*). Hueso del muslo, el más grueso y largo del cuerpo humano: *el fémur es el hueso más largo en el hombre*.
FENATO m. *Quím.* Combinación del fenol con una base.
FENECER v. t. Acabar, concluir: *fenecer una cuenta*. ‖ — V. i. Fallecer. (SINÓN. V. *Morir*.) ‖ Acabar, terminarse una cosa: *feneció el barco en la tempestad*. ‖ — IRREG. Se conjuga como *merecer*.
FENECIMIENTO m. Acción de fenecer.
FENIANISMO m. Partido y doctrina de los fenianos. (V. *Parte hist.*)
FENICADO, DA adj. Que tiene ácido fénico.
FENICE adj. y s. *Poét.* Fenicio.
FENICIO, CIA adj. y s. De Fenicia: *Cartago fue fundada por colonos fenicios*.
— ARTE FENICIO. No tuvieron los fenicios arte nacional, sino que se limitaron a transportar por todo el mundo antiguo imitaciones apenas disfrazadas de las artes asiria, egipcia y griega. Encuéntranse dichas obras en corto número en Siria, en Chipre, en Cartago, en Malta y en Ibiza. De su arquitectura nos quedan altares de piedra y templos cuadrangulares. Los sepulcros labrados en la roca encierran, con los sarcófagos, todo un mobiliario fúnebre. Inspirada en los asirios, los egipcios y, sobre todo, los griegos, está representada la escultura fenicia por sarcófagos, bajorrelieves, estelas y estatuitas. Encuéntranse las mismas influencias en los barros cocidos. Los fenicios, si no inventaron el vidrio, perfeccionaron por lo menos su fabricación. Eran muy diestros en el arte de cincelar los metales.

FÉNICO, CA adj. *Ácido fénico*, v. FENOL.
FENILAMINA f. Base orgánica que deriva del amoniaco.
FENILO m. *Quím.* Radical del benceno.
FÉNIX m. Ave fabulosa. (V. *Parte hist.*) ‖ *Fig.* Persona superior, única en su clase: *Lope de Vega fue llamado por sus contemporáneos "el Fénix de los Ingenios"*. ‖ *Bot.* Especie de palmera. Pl. *fénix*.
FENOGRECO m. (lat. *fenum graecum*). Alholva.
FENOL m. (del gr. *phainein*, brillar). Substancia extraída de los aceites suministrados por la hulla y las breas, llamada también *ácido fénico*. ‖ — Pl. Nombre genérico de varios compuestos análogos al fenol y derivados de otros hidrocarburos.
FENOMENAL adj. Relativo al fenómeno. ‖ *Fam.* Extraordinario: *un talento fenomenal*.
FENOMENALMENTE adv. m. De manera fenomenal.
FENOMÉNICO, CA adj. Perteneciente o relativo al fenómeno.
FENOMENISMO m. Teoría filosófica que sólo admite los fenómenos.
FENÓMENO m. (del gr. *phainomenon*, lo que aparece). Todo lo que puede ser percibido por los sentidos o por la conciencia: *los fenómenos externos y los fenómenos internos*. ‖ Hecho natural que hiere la imaginación: *un fenómeno eléctrico*. ‖ Ser u objeto que manifiesta algo anormal: *enseñar fenómenos en la feria*. (SINÓN. *Monstruo*.) ‖ Cosa extraordinaria o muy poco común. ‖ Persona notable por alguna circunstancia. (SINÓN. *Portento, prodigio, coloso*.)
FENOTÍPICO, CA adj. Perteneciente o relativo al fenotipo.
FENOTIPO m. (del gr. *faino*, aparecer y *tipos*, tipo). *Biol.* Conjunto de caracteres hereditarios comunes a una determinada especie vegetal o animal debido a la existencia de genes semejantes.
FEO, A adj. (lat. *foedus*). Que carece de belleza. (SINÓN. *Horroroso, horrible*.) ‖ Que causa disgusto: *acción fea*. ‖ *And.* y *Col.* Desagradable: *el aceite de hígado de bacalao tiene sabor feo*. ‖ *Quedar feo*, sufrir un desaire. ‖ — M. *Fam.* Desaire, grosería: *aguantar feos*. ‖ Fealdad: *ser de un feo subido*.
FERACIDAD f. Fertilidad abundante de un campo.
FERAL adj. (lat. *feralis*). Cruel, feroz. ‖ — F. pl. Fiestas que celebraban los antiguos por febrero, en honor de los muertos.
FERAZ adj. (lat. *ferax, acis*). Fértil: *vega feraz*.
FÉRETRO m. Caja de muerto, ataúd. ‖ — SINÓN. *Sarcófago, catafalco, cenotafio*.
FERIA f. (lat. *feria*). Mercado bastante importante: *llevar ganado a la feria*. (SINÓN. V. *Mercado*.) ‖ Exposición comercial anual: *la feria de Leipzig*. ‖ Cualquier día de la semana, excepto sábado y domingo. ‖ Descanso del trabajo. ‖ *Méx. Vulg.* Trueque, cambio. ‖ *Méx Vulg.* Vuelta de la moneda o billete. ‖ *Amer.* Adehala, ñapa. ‖ *Dar ferias*, regalar con motivo de la feria.
FERIADO adj. *Día feriado*, el de descanso.
FERIAL adj. Relativo a la feria. (SINÓN. V. *Mercado*.) ‖ — M. Feria.
FERIANTE adj. y s. Concurrente a la feria. (SINÓN. V. *Nómada*.)
FERIAR v. t. (lat. *feriari*). Comprar o vender en la feria. ‖ *Méx.* Trocar, permutar. ‖ Dar ferias, regalar. ‖ — V. i. Suspender el trabajo, descansar u holgar.
FERINO, NA adj. (lat. *ferinus*). Feroz, de fiera. ‖ *Med. Tos ferina*, tos convulsiva que suelen padecer los niños: *no se debe sacar a los niños a paseo mientras tienen la tos ferina*.
FERMATA f. (ital. *fermata*). *Mús.* Calderón.
FERMENTABLE adj. Capaz de fermentación: *substancia fermentable*.
FERMENTACIÓN f. Transformación que sufren gran número de substancias orgánicas en determinadas circunstancias y que se traduce por una oxigenación o una hidratación: *la fermentación de los líquidos azucarados produce alcohol*.
FERMENTAR v. i. (lat. *fermentare*). Sufrir la fermentación: *el mosto fermenta en la cuba*. ‖ *Fig.* Agitarse los ánimos. ‖ — V. t. Hacer producir la fermentación.
FERMENTATIVO, VA adj. Que tiene la propiedad de hacer fermentar.

FÉMUR

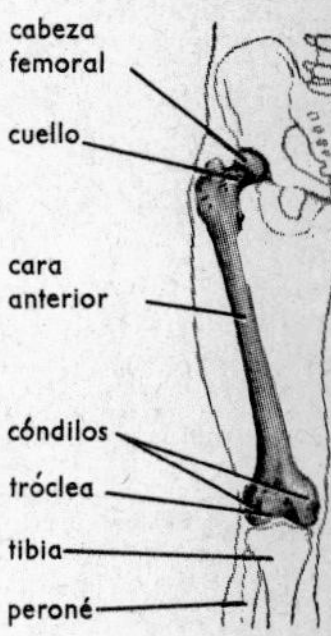

FERMENTO m. (lat. *fermentum*). Cuerpo orgánico capaz de hacer fermentar ciertas substancias
FERNANDINA f. Cierta tela de hilo antigua.
FERNANDINO, NA adj. y s. De San Fernando (Venezuela).
FEROCE adj. *Poét.* Feroz.
FEROCIDAD f. Fiereza, crueldad, inhumanidad: *la ferocidad del tigre.* (SINÓN. V. *Barbarie.* CONTR. *Dulzura, bondad.*)
FERÓSTICO, CA adj. *Fam.* Fiero. || *Fam.* Extremadamente feo.
FEROZ adj. (lat. *ferox, ferocis*). Que obra con ferocidad: *el tigre es un animal feroz.* (SINÓN. V. *Cruel.*) || Que indica ferocidad: *mirada feroz.* (SINÓN. V. *Huraño.*) || *Fig.* y *fam.* Enorme: *un hambre feroz.* || — CONTR. *Manso, suave.*
FEROZMENTE adv. m. Con ferocidad.
FERRADA f. Maza armada de hierro.
FERRADO, DA adj. Herrado, guarnecido con hierro. || — M. Medida agraria de Galicia (4 a 6 áreas).
FERRAR v. t. Cubrir con hierro.
FERRATO m. *Quím.* Sal de ácido férrico.
FERREÑA adj. *Nuez ferreña,* la de cáscara dura. || — F. Pl. Castañuelas en Galicia.
FÉRREO, A adj. (lat. *ferreus*). De hierro: *férrea coraza.* || *Fig.* Perteneciente al siglo de hierro. || *Fig.* Duro, muy fiero: *férrea condición.*
FERRERÍA f. Forja, herrería.
FERRERUELO m. Capa corta sin capilla.
FERRETE m. Sulfato de cobre: *el ferrete se emplea en tintorería.* || Punzón de hierro para marcar.
FERRETEAR v. t. Marcar con hierro. || Labrar con hierro. || Guarnecer con hierro: *palo ferreteado.*
FERRETERÍA f. Ferrería, herrería. || Comercio de hierro. || *Amer.* Quincalla y quincallería.
FERRETERO m. Tendero de ferretería.
FÉRRICO, CA adj. *Quím.* De hierro: *sal férrica.*
FERRITA m. Óxido de hierro natural hidratado, de color rojo pardo.
FERRO m. (del lat. *ferrum,* hierro). Ancla.
FERROCARRIL m. Camino formado por dos carriles paralelos sobre los cuales rueda un tren arrastrado generalmente por una locomotora. || Este mismo tren. || *Ferrocarril de sangre,* el de arrastre por fuerza animal. || *Ferrocarril urbano* o *metropolitano,* el que circula dentro del casco de una población.
FERROCARRILERO, RA adj. Ferroviario.
FERROCERIO m. Aleación de hierro y cerio que produce fácilmente chispas por rozamiento.
FERROCIANURO m. Compuestos de hierro, cianógeno y otro metal.
FERROLANO, NA adj. y s. De El Ferrol.
FERRÓN m. El que trabaja en una ferrería.
FERROPRUSIATO m. Ferrocianuro: *el papel de ferroprusiato da fotografías azules en fondo blanco.*
FERROSO, SA adj. *Quím.* Dícese de la sal que contiene menos hierro que la sal férrica.
FERROVIAL y mejor **FERROVIARIO, RIA** adj. Relativo a las vías férreas: *empresa ferroviaria.* || — M. Empleado del ferrocarril.
FERRUGINOSO, SA adj. (lat. *ferruginosus*). Que contiene hierro: *agua ferruginosa.* || — M. Medicamento ferruginoso.
FERRY BOAT m. (pal. ingl., pr. *ferrebot*). Barco grande que sirve para pasar los trenes de ferrocarril de una orilla a otra en ciertos ríos o brazos de mar. (SINÓN. *Transbordador.*)
FÉRTIL adj. (lat. *fertilis*). Que produce mucho: *tierra fértil.* || *Fig.* Abundante. || — SINÓN. *Fecundo, inagotable, rico,* V. tb. *prolífico.* || — CONTR. *Estéril, árido, fecundo.*
FERTILIDAD f. Calidad de fértil o fecundo: *la fertilidad de la tierra.* (SINÓN. V. *Fecundación.* CONTR. *Esterilidad, aridez.*)
FERTILIZACIÓN f. La acción de fertilizar.
FERTILIZADOR, RA adj. y s. Que fertiliza.
FERTILIZANTE adj. Que fertiliza. || — M. Abono.
FERTILIZAR v. t. Hacer fértil: *los abonos fertilizan la tierra.* || — CONTR. *Esterilizar.*
FÉRULA f. (lat. *ferula*). Cañaheja, umbelífera. || Palmatoria: *la férula del maestro.* || *Estar uno bajo la férula de otro,* estar bajo su dominación. (SINÓN. V. *Autoridad.*)
FERVENTÍSIMO, MA adj. Muy ferviente.
FÉRVIDO, DA adj. (lat. *fervidus*). Ardiente.
FERVIENTE adj. (lat. *fervens, entis*). Fervoroso. (SINÓN. V. *Entusiasta.*)
FERVIENTEMENTE adv. m. Con fervor.
FERVOR m. (lat. *fervor*). *Fig.* Devoción y piedad ardientes. || *Fig.* Eficacia y diligencia suma con que se hace una cosa.
FERVORÍN m. Plática breve.
FERVORIZAR v. t. Enfervorizar, infundir celo.
FERVOROSAMENTE adv. m. Con fervor.
FERVOROSO, SA adj. Que tiene fervor, ferviente: *hombre fervoroso.* (SINÓN. V. *Entusiasta.* CONTR. *Frío.*)
FESTEJADA f. *Méx. Fam.* Zurra, paliza.
FESTEJADOR, RA y **FESTEJANTE** adj. y s. Que festeja u obsequia.
FESTEJAR v. t. Hacer festejos, obsequiar: *festejar a un huésped.* (SINÓN. V. *Celebrar.*) || Galantear. || *Méx.* Azotar, golpear. || — V. r. Divertirse, recrearse.
FESTEJO m. Obsequio, acción de festejar. || Galanteo. || *Per.* Fiesta bulliciosa. || — Pl. Regocijos públicos.
FESTÍN m. Fiesta o banquete con baile, música, etc.: *dar un espléndido festín.* || — SINÓN. *Banquete, regalo.* Pop. *Comilona, cuchipanda, tragantona, panzada.* V. tb. *comida, orgía* y *desenfreno.*
FESTINACIÓN f. (lat. *festinatio*). Gran prisa.
FESTINAR v. t. *Amer.* Aligerar, precipitar.
FESTIVAL adj. (lat. *festivalis*). *Ant.* Festivo. || — M. Gran fiesta, especialmente musical: *el festival de Wagner.* (SINÓN. V. *Fiesta.*) || Serie de representaciones consagradas a un arte o a un artista: *festival de cine.*
FESTIVAMENTE adv. m. Alegremente.
FESTIVIDAD f. (lat. *festivitas*). Fiesta o solemnidad: *la Iglesia celebra este mes varias festividades.* || Agudeza, donaire: *hablar con festividad.*
FESTIVO, VA adj. (lat. *festivus*). Chistoso. (SINÓN. V. *Cómico.*) || Alegre: *hombre festivo.* || Solemne, de fiesta: *día festivo.*
FESTÓN m. Guirnalda de flores, frutas y hojas. || Bordado de cadeneta en forma de ondas o puntas. || *Arq.* Adorno a manera de festón.
FESTONEAR o **FESTONAR** v. t. Adornar con festones: *festonear sábanas.*
FETAL adj. Perteneciente o relativo al feto.
FETÉN (La) f. *Fam.* La verdad.
FETICIDA adj. Que produce la muerte del feto. || — M. y f. El que voluntariamente causa la muerte a un feto.
FETICIDIO m. Muerte dada violentamente a un feto.
FETICHE m. (del port. *fetiço,* hechizo). Ídolo u objeto de culto de ciertos pueblos primitivos. || *Por ext.* Objeto que se considera que trae buena suerte, mascota, talismán. || — SINÓN. *Mascota, talismán, amuleto.*
FETICHISMO m. Culto de los fetiches, idolatría. || *Fig.* Veneración excesiva y supersticiosa por una persona o cosa. || Atracción mórbida por ciertos objetos a los cuales el enfermo atribuye un sentido sexual.
FETICHISTA adj. y s. Relativo al fetichismo o que profesa el culto de los fetiches: *los negros de África suelen ser fetichistas.*
FETIDEZ f. Hedor: *fetidez del aliento.* (SINÓN. V. *Hediondez* y *olor.*)
FÉTIDO, DA adj. (lat. *foetidus*). Que huele mal. (SINÓN. V. *Maloliente.*)
FETO m. (lat. *foetus*). Producto de la concepción antes de su cabal desarrollo. (SINÓN. V. *Embrión.*)
FEÚCO, CA y **FEÚCHO, CHA** adj. Muy feo.
FEUDAL adj. Perteneciente al feudo o al feudalismo: *el régimen feudal era una especie de contrato entre el señor y sus vasallos.*
FEUDALIDAD f. Calidad de feudal.
FEUDALISMO m. Régimen feudal.
FEUDATARIO, RIA adj. y s. Sujeto a feudo.
FEUDISTA m. El que escribe sobre los feudos
FEUDO m. Contrato mediante el cual cedía el rey o el señor a su vasallo una tierra, obligándose éste por juramento a fidelidad y obsequio personal, por sí y sus descendientes. || Tierra constituida en feudo: *extenso feudo.* || *Feudo ligio*

FERROCARRIL

estación de mercancías
muelles
marquesina
estación de viajeros
depósito de locomotoras
plataforma giratoria
gálibo
muelle
caja para mercancías
grúa
vías de servicio
pasaje subterráneo
báscula
agujas
depósito de agua
señales luminosas
calzada
pasarela
torre de señalización
balasto
cabina de cambio de agujas
tope
vías principales
toma de agua
pieza para el mando a distancia

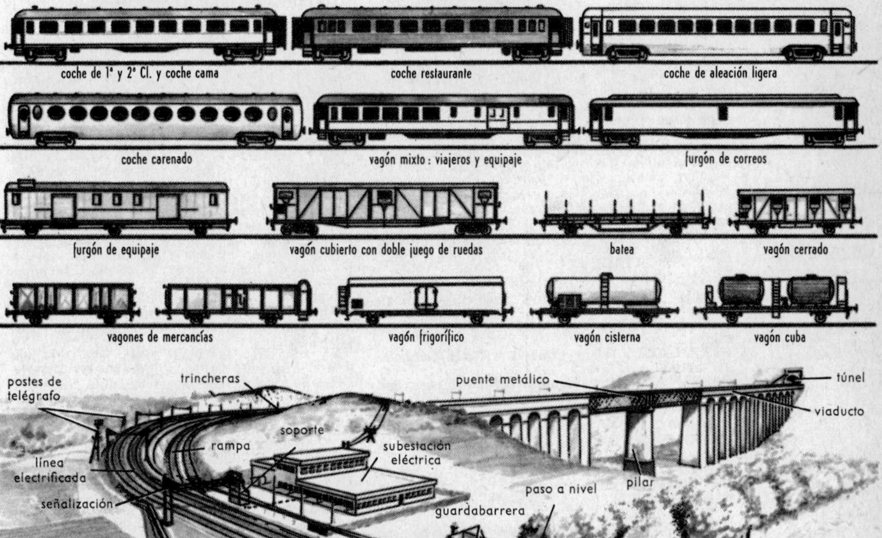

coche de 1ª y 2ª Cl. y coche cama
coche restaurante
coche de aleación ligera
coche carenado
vagón mixto: viajeros y equipaje
furgón de correos
furgón de equipaje
vagón cubierto con doble juego de ruedas
batea
vagón cerrado
vagones de mercancías
vagón frigorífico
vagón cisterna
vagón cuba

postes de telégrafo
trincheras
puente metálico
túnel
viaducto
soporte
rampa
subestación eléctrica
línea electrificada
pilar
señalización
paso a nivel
guardabarrera
cruce superpuesto
barrera
portillo
tablero
cable suspensor
cable conductor
HAZ
talón
punta
BIFURCACIÓN
aguja
contracarril
cruce
carril
traviesas
vías en terraplén
puentecillo
puente
semáforo
vías en zanja

fez

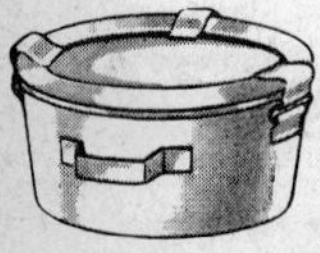

fiambrera

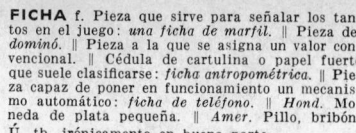

fíbula

aquel en que el vasallo no podía rendir vasallaje sino a un señor.

FEZ m. Gorro de fieltro rojo en forma de cubilete, utilizado principalmente por los moros.

FIABLE adj. Digno de confianza.

FIADO, DA adj. Dado a crédito: *comprar fiado.* || *Fiado*, o *al fiado*, m. adv., sin pagar en seguida: *tomar al fiado.*

FIADOR, RA m. y f. Persona que fía a otra: *salir fiador por otro.* (SINÓN. V. *Responsable.*) || — M. Presilla para abrochar la capa. || Pieza con que se afirma una cosa: *el fiador de la escopeta.* || *Tecn.* Horquilla de alambre para afianzar un tornillo en su tuerca. || *Fam.* Las nalgas de los muchachos. || *Amer.* Barboquejo.

FIALA f. (del gr. *phialê*, ampolla). *Antig. gr.* Jarro de dos asas que se usaba en las fiestas báquicas.

FIAMBRAR v. t. Preparar un alimento para comerlo fiambre: *fiambrar tocino.*

FIAMBRE adj. y s. Dícese del alimento que se guisa y se deja enfriar para comerlo más tarde sin calentar: *es muy aficionado a los fiambres.* || *Fam.* Sin novedad: *una noticia fiambre.* || — M. *Méx.* Plato compuesto de ensalada de lechuga, cerdo, aguacate y chiles. || *Méx.* Plato compuesto de varias carnes, que se come la víspera del día de difuntos. || *Arg.* Reunión desanimada. || *Pop.* Cadáver.

FIAMBRERA f. Cesto o caja para llevar cosas fiambres. || Cacerola para transportar los manjares calientes. || *Arg.* Fresquera.

FIAMBRERÍA f. *Arg.* Choricería. || *Urug.* Tienda de comestibles fiambres.

FIANZA f. Obligación accesoria que uno contrae de hacer lo que otro promete si no lo cumple éste. (SINÓN. V. *Garantía.*) || Prenda que da uno en seguridad del buen cumplimiento de su compromiso: *para conseguir ciertos empleos hay que depositar fianza.* || Fiador, el que garantiza lo que otro promete.

FIAR v. t. (lat. *fidere*). Asegurar que otro cumplirá lo que promete, obligándose a hacerlo en caso contrario. || Vender a crédito. || Tener confianza en uno: *no hay que fiarse de los que prometen demasiado fácilmente.* || *Col.* Pedir fiado. || — V. i. Confiar: *fiar en Dios.*

FIASCO m. (ital. *fiasco*). Mal éxito: *un fiasco completo.* (SINÓN. V. *Fracaso.*) || *Hacer fiasco*, fracasar.

FÍAT m. (del lat. *fiat*, hágase). Consentimiento, venia, autorización: *dar el fíat.* || — CONTR. *Veto.*

FIBRA f. (lat. *fibra*). Nombre de los filamentos delgados que, dispuestos en hacecillos, forman ciertas substancias animales, vegetales o minerales: *papel de fibras de madera.* || *Fig.* Vigor, energía.

FIBRILADO, DA y **FIBRILAR** adj. Formado por fibras.

FIBRINA f. Materia albuminoidea blanca que entra en la composición de la sangre, del quilo, del músculo, etc.: *aparece la fibrina en el momento de la coagulación de la sangre.*

FIBRINOSO, SA adj. De la naturaleza de la fibrina.

FIBROCARTILAGINOSO, SA adj. Formado a la vez por fibras y cartílagos.

FIBROCEMENTO m. Cemento mezclado con polvo de amianto.

FIBROMA m. Tumor formado por tejido fibroso.

FIBROSO, SA adj. Que tiene fibras: *carne fibrosa.*

FÍBULA f. (lat. *fibula*). *Antig.* Alfiler o hebilla.

FICARIA f. Especie de ranunculácea de bonitas flores amarillas, bastante común en los prados.

FICCIÓN f. (lat. *fictio*). Acción y efecto de fingir. || Creación de la imaginación: *dejarse engañar por una ficción fabulosa.* (SINÓN. V. *Comedia* y *engaño.*)

FICE m. *Zool.* Pez teleósteo acantopterigio, de carne apreciada.

FICOIDEAS f. pl. (del lat. *ficus*, higo). Familia de plantas dicotiledóneas cuyos frutos tienen figura parecida a la del higo, como el algazul.

FICTICIO, CIA adj. (lat. *fictitius*). Fingido: *personaje ficticio.* || Que sólo existe por convención: *el valor de los billetes de banco es puramente ficticio.* || — SINÓN. *Artificial, postizo.*

FICHA f. Pieza que sirve para señalar los tantos en el juego: *una ficha de marfil.* || Pieza del *dominó.* || Pieza a la que se asigna un valor convencional. || Cédula de cartulina o papel fuerte que suele clasificarse: *ficha antropométrica.* || Pieza capaz de poner en funcionamiento un mecanismo automático: *ficha de teléfono.* || *Hond.* Moneda de plata pequeña. || *Amer.* Pillo, bribón. Ú. tb. irónicamente en buena parte.

FICHAJE m. *Neol.* Acción de fichar a un jugador de un equipo deportivo.

FICHAR v. t. Apuntar en una ficha. || Contar con fichas los géneros que el camarero recibe para servirlos. || Controlar en un reloj especial las horas de entrada y salida de los obreros. || — V. i. Contratar los servicios de un jugador en un equipo de fútbol u otro deporte. || *Col.* Morir.

FICHERO m. Colección de fichas o papeletas. || Mueble para guardarlas.

FICHINGO m. *Bol.* Cuchillo pequeño.

FICHÚ m. Galicismo por *toquilla.*

FIDECOMISO m. Fideicomiso.

FIDEDIGNO, NA adj. (del lat. *fides*, fe, y *dignus*, digno). Digno de fe: *testimonio fidedigno.*

FIDEERO, RA m. y f. Fabricante de fideos y pastas para sopa.

FIDEICOMISARIO, RIA adj. y s. *For.* Encargado de un fideicomiso. || Relativo al fideicomiso.

FIDEICOMISO m. (del lat. *fides*, fe, y *commissus*, confiado). *For.* Donación testamentaria hecha a una persona encargada de restituirla a otra o ejecutar alguna voluntad del testador.

FIDEÍSMO m. Sistema que atribuye a la fe el conocimiento de las primeras verdades.

FIDELIDAD f. Exactitud en cumplir con sus compromisos. || Constancia en el cariño: *la fidelidad de los perros es admirable.* (SINÓN. *Constancia, devoción, lealtad, apego.* CONTR. *Infidelidad, deslealtad.*) || Exactitud: *la fidelidad de un relato.* || Calidad en la reproducción de sonidos: *magnetófono de alta fidelidad.*

FIDELÍSIMO, MA adj. Muy fiel.

FIDEO m. Pasta alimenticia, en forma de hilo, que sirve para sopa. || *Fam.* Persona muy delgada

FIDUCIARIO, RIA adj. Dícese de los valores ficticios que dependen del crédito y confianza: *moneda fiduciaria.*

FIEBRE f. (lat. *febris*). Conjunto de diversos síntomas mórbidos que existen en varias enfermedades, siendo el más importante de todos la elevación de temperatura: *la quinina es eficaz contra la fiebre.* || *Fiebre amarilla*, enfermedad antes endémica en las Antillas y América Central, caracterizada por vómitos negruzcos. || *Fig.* Agitación viva y desordenada: *la fiebre política.*

FIEL adj. (lat. *fidelis*, de *fides*, fe). Que llena sus compromisos: *fiel a sus juramentos.* (SINÓN. V. *Leal.*) || Constante, perseverante: *fiel a sus costumbres.* || Exacto: *historiador fiel.* || Seguro: *guía fiel.* || Probo, honrado: *criado fiel.* || Que retiene lo que se le confía: *memoria fiel.* || — M. Cristiano que se somete a la autoridad de la Iglesia. || El que está encargado de la vigilancia de ciertos servicios públicos. || Aguja de la balanza. || Clavillo que asegura las hojas de la tijera.

FIELATO m. Oficio y oficina del fiel. || Oficina de consumos que existía hasta hace poco a la entrada de las poblaciones.

FIELMENTE adv. m. De un modo fiel. (SINÓN. V. *Literalmente.*)

FIELTRO m. (origen germ.) Tela hecha con lana o pelo abatanados. || Sombrero de esta tela.

FIEMO m. Estiércol, fimo.

FIERA f. (lat. *fera*). Animal indómito y salvaje. || *Fig.* Persona irritada o cruel. || — F. pl. *Zool.* Orden de mamíferos unguiculados carniceros, como el tigre, el león, el lobo, etc.

FIERABRÁS m. *Fig.* y *fam.* Niño muy travieso. || Persona perversa. (SINÓN. V. *Bravucón.*)

FIERAMENTE adv. m. Con fiereza.

FIEREZA f. (de *fiero*). Dureza, crueldad de ánimo. || Braveza natural de las fieras.

FIERO, RA adj. (lat. *ferus*). Duro, cruel: *corazón fiero.* || Galicismo por *orgulloso.* || Grande, excesivo: *gigante fiero.* || *Fig.* Horroroso, espantoso: *fiero huracán.* || *Méx. Vulg.* Feo: *una niña fiera.* || — M. pl. Amenazas: *echar fieros.*

FIERRO m. *Ant.* y *Amer.* Hierro. || *Méx. Vulg.* Peso, moneda. || *Per., Hond.* y *Guat.* Marca del ganado. || — Pl. *Ecuad.* Herramientas, útiles.
FIESTA f. (lat. *festa*). Solemnidad religiosa o civil en conmemoración de un hecho importante: *la fiesta de la Ascensión.* || Día consagrado a actos de religión: *santificar las fiestas.* || Día consagrado a la memoria de un santo. || Alegría, regocijo: *estamos hoy de fiesta.* (SINÓN. *Festival, gala, romería, kermesse, verbena.* V. tb. *recreo* y *espectáculo.*) || *Fam.* Broma, chanza. || Agasajo, cariño: *hacerle fiestas a uno.* || *Fig.* y *fam. Aguar la fiesta,* turbar un regocijo. || *Fig. No estar para fiestas,* estar de mal humor o no gustar lo que se le propone.
FIESTEAR v. i. *Amer.* Estar de fiesta.
FIESTERO, RA adj. *Fam.* Bullanguero.
FIFÍ m. *Méx.* Petimetre.
FIFIA f. *Méx.* Pifia.
FIFIRICHE m. *Amer. Fam.* Melindroso, títere.
fg, símbolo de la *frigoría.*
FÍGARO m. Barbero. (SINÓN. V. *Peluquero.*) || Torera (prenda). || — Adj. *Venez.* Azul intermedio entre turquí y celeste.
FIGLE m. (fr. *ophicléide*). Instrumento músico de cobre, que hoy se usa poco.
FIGÓN m. Fonda o taberna de inferior categoría. (SINÓN. V. *Restaurante.*)
FIGONERO, RA m. y f. Persona que tiene a su cargo un figón.
FIGUEROA f. *Ecuad.* Árbol de madera fina.
FIGULINO, NA adj. (lat. *figulinus,* de *figulus,* alfarero). De barro: *estatua figulina.* || *Arcilla figulina,* la que usan los alfareros. || — OBSERV. Es barbarismo decir una *figulina* por una *figurilla,* una *estatuita.*
FIGURA f. (lat. *figura*). Forma exterior de un cuerpo. (SINÓN. V. *Forma.*) || Aspecto, rostro: *el Caballero de la Triste Figura.* (SINÓN. V. *Representación.*) || Estatua o pintura que representa el cuerpo de un hombre o de un animal: *una figura de tamaño natural.* (SINÓN. V. *Retrato.*) || Símbolo: *el cordero pascual era figura de la Eucaristía.* (SINÓN. V. *Alegoría.*) || *Geom.* Conjunto de puntos, de líneas o superficies: *trazar una figura.* || Cualquiera de los naipes que representa una figura, como la sota, el caballo y el rey. || Nota musical. || Personaje principal de una comedia. (SINÓN. V. *Actor.*) || *Fam.* Hombre entonado y vanidoso, fantasmón. || Persona ridícula y de mala traza. || Mudanza en el baile. || *Figura de dicción,* alteración en la estructura de un vocablo por aumento, supresión, transposición o contracción de letras. || *Figura de construcción,* modificación en el empleo o el significado de las palabras, que da más gracia o viveza al discurso.
FIGURABLE adj. Que se puede figurar.
FIGURACIÓN f. (lat. *figuratio*). Acción de figurar o representar. || Idea, fantasía. || *Arg.* Papel que desempeña uno en la sociedad.
FIGURADAMENTE adv. Con sentido figurado.
FIGURADO, DA adj. Dícese del sentido diferente del sentido propio: *hablar en sentido figurado.* V. gr.: *la lectura alimenta el espíritu* (figurado); *el pan alimenta el cuerpo* (propio). || Dícese del estilo en que entran figuras: *el estilo de la Biblia es un estilo muy figurado.* || Aplícase al canto en que las notas tienen diferente valor según su figura.
FIGURANTE, TA m. y f. *Teatr.* Personaje accesorio y generalmente mudo en una comedia o baile. (SINÓN. V. *Actor.*) || *Fig.* Persona cuyo papel es puramente decorativo.
FIGURAR v. t. (lat. *figurare*). Representar la figura de una cosa. || Representar alegóricamente. || Fingir, aparentar. || — V. i. Pertenecer a un número de personas determinadas: *figurar en la magistratura española.* || — V. r. Imaginar: *no te figures que vas a conseguir lo que quieres.* Es barbarismo decir *se me figura,* por *me figuro.*
FIGURATIVO, VA adj. (lat. *figurativus*). Que sirve de representación o símbolo de alguna cosa. || *Arte figurativo,* el que representa figuras concretas por oposición al *arte abstracto.*
FIGURERÍA f. Afición a hacer figuras o muecas. || Mueca o ademán ridículo.
FIGURERO, RA adj. y s. *Fam.* Aficionado a hacer figurerías. || — M. y f. Persona que hace o vende figuras.
FIGURILLA, TA com. *Fam.* Persona pequeña.
FIGURÍN m. Dibujo o patrón de modas. || *Fig.* Petimetre, gomoso. (SINÓN. V. *Elegante.*)
FIGURISMO m. Opinión de los que consideran el Antiguo Testamento como la figura del Nuevo.
FIGURÓN m. Figura grande. || *Fig.* y *fam.* Hombre fantástico y vanidoso. || *Comedia de figurón,* la de protagonista ridículo o extravagante.
FIJA f. Bisagra grande para puertas y ventanas. || *Albañ.* Paleta larga y estrecha. || *Arg.* Arpón o fisga. || Cosa segura: *estar en la fija.* || *Arg. A la fija,* m. adv. seguramente.
FIJACIÓN f. Acción de fijar o establecer: *la fijación del impuesto.* || *Quím.* Operación por la cual se convierte en fijo un cuerpo volátil: *la fijación del mercurio.* || Operación por medio de la cual se fija una imagen fotográfica: *se obtiene la fijación con el hiposulfito de sosa.*
FIJADO, DA adj. *Blas.* Dícese de las figuras del blasón que acaban en punta hacia abajo. || — M. Acción de fijar.
FIJADOR adj. y s. *Carp.* y *Albañ.* Obrero que fija o sujeta algo. || Líquido para fijar el pelo, fotografía, pintura, etc.
FIJAMENTE adv. m. Con fijeza o seguridad. || Atentamente: *mirar a uno fijamente.*
FIJANTE adj. *Artill.* Aplícase al tiro que hiere directamente el obstáculo: *fuego fijante.*
FIJAR v. t. Clavar, hincar un clavo en la pared. || Pegar, sujetar: *fijar un cartel en una pared.* (SINÓN. V. *Asegurar.*) || Dirigir de un modo permanente: *fijar los ojos en una cosa.* (SINÓN. V. *Localizar.*) || *Fig.* Precisar definitivamente: *fijar una cita.* || Establecer: *fijar la residencia.* || Determinar: *fijar el sentido de una palabra.* || Volver inalterable una imagen fotográfica. || Galicismo por *mirar, poner la vista en.* || — V. r. Poner atención en una cosa: *no me fijé en ese párrafo de tu carta.*
FIJATIVO m. Fijador.
FIJEZA f. Firmeza, seguridad. || Persistencia, continuidad: *mirar con fijeza.*
FIJO, JA p. p. irreg. de *fijar.* || — Adj. Firme. (SINÓN. V. *Duradero.*) || Que no se mueve: *estrella fija.* || Invariable: *vender a precio fijo.* || *Idea fija,* la que no se aparta del espíritu. || *Quím. Cuerpo fijo,* el que, como el oro y el platino, no se volatiliza. || — M. Cantidad invariable de los emolumentos de una persona. || — Adv. m. *Per.* De seguro, seguramente. || Fijamente: *mirar muy fijo.* || *De fijo,* loc. adv., con seguridad.
FILA f. Línea o hilera de personas o cosas: *ponerse en fila los soldados.* (SINÓN. *Hilera, ringlera, cola, columna, cadena.*) || *Pop.* Rostro. || *Fig.* y *fam.* Tirria, odio. || *Fila india,* modo de caminar varias personas una detrás de otra. || *En filas,* en el servicio activo del ejército.
FILACTERIA f. Amuleto o talismán antiguo, y especialmente pergamino con algún pasaje de la Sagrada Escritura, que llevaban los judíos atado al brazo izquierdo. || Inscripción sobre una cinta o faja, en pinturas o esculturas.
FILADELFAS f. pl. (de *Filadelfia,* ciudad de los Estados Unidos, de donde son originarias estas plantas). Familia de plantas dicotiledóneas a la que pertenece la jeringuilla.
FILADIZ m. Seda sacada de los capullos rotos.
FILAILA f. *Cub.* Tela de estambre labrada.
FILAMENTO m. Cuerpo filiforme: *filamento textil, metálico.* || *Electr.* Hilo conductor incandescente en el interior de una lámpara.
FILAMENTOSO, SA adj. Que tiene filamentos.
FILANDRIA f. Parásito filiforme de las aves.
FILANTROPÍA f. (gr. *philanthrôpia*). Amor a la humanidad. (SINÓN. V. *Caridad.* CONTR. *Misantropía.*)
FILANTRÓPICO, CA adj. Perteneciente a la filantropía. || Inspirado en la filantropía: *obra filantrópica.*
FILÁNTROPO m. (del gr. *philos,* que ama, y *anthrôpos,* hombre). El que profesa amor a sus semejantes y procura mejorar su suerte. (SINÓN. V. *Humano.* CONTR. *Misántropo.*)
FILAR v. i. *Pop.* Ir con cuidado.
FILARIA f. Género de gusanos nematodos parásitos de varios vertebrados.
FILARIOSIS f. Dolencia causada por la filaria.
FILARMONÍA f. Pasión por la música.
FILARMÓNICO, CA adj. Aficionado a la música.

figle

filamento de una lámpara

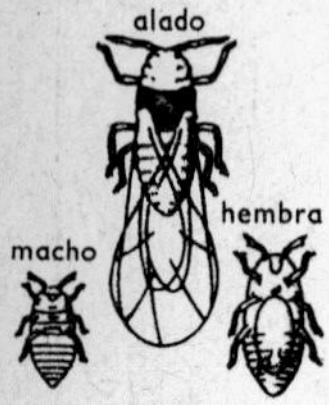

FILOXERA

FILÁSTICA f. *Mar.* Hilos de cables destorcidos.
FILATELIA f. Ciencia o estudio de los sellos o estampillas postales y fiscales.
FILATÉLICO, CA adj. Relativo a la filatelia o colección de sellos de correo.
FILATELISTA m. Coleccionista de sellos.
FILATERO m. Verboso, hablador. (P. us.)
FILÁTICO m. *Ecuad.* Trapacero, atrevido. || *Col.* Caprichoso.
FILENO, NA adj. *Fam.* Muy delicado o diminuto.
FILEÑO, ÑA adj. *Col.* Afilado.
FILERA f. Arte de pesca que se pone a la entrada de las albuferas.
FILETE m. (de filo, *hilo*). Moldura estrecha. || Solomillo: *filete asado.* || Lonja de carne magra o de pescado sin raspas. || Freno pequeño para los potros. || *Impr.* Rayita que sirve para separar dos partes de un impreso. || *Anat.* Última ramificación de los nervios. || *Tecn.* Rosca de tornillo. || Lista, raya: *trazar filetes dorados.*
FILETEAR v. t. Adornar con filetes. || *Tecn.* Labrar una rosca.
FILFA f. *Fam.* Mentira, engaño, noticia falsa. (SINÓN. V. *Cuento.*) || *Méx.* Pifia.
FILIA Terminación de algunas voces como *francofilia, bibliofilia,* usada como s. f. para indicar propensión, simpatía por alguna cosa.
FILIACIÓN f. (del lat. *filus,* hijo). Acción y efecto de filiar. || Descendencia, lazo de parentesco entre los padres y los hijos. || *Fig.* Dependencia, ilación: *la filiación de las ideas.* || Señas personales de un individuo. || *Mil.* Asiento de los que sientan plaza en un regimiento.
FILIAL adj. Perteneciente al hijo: *Antígone es el tipo del amor filial.* || — F. Empresa dirigida por una casa central. (SINÓN. V. *Sucursal.*)
FILIALMENTE adv. m. Con amor de hijo.
FILIAR v. t. Tomar la filiación a una persona. || — V. r. Inscribirse en el asiento militar.
FILIBOTE m. (hol. *vlieboot*). Buque a manera de fusta pero sin artimón ni masteleros.
FILIBUSTERISMO m. Piratería.
FILIBUSTERO m. (del ingl. *freebooter,* pirata). Nombre que se dio a los corsarios de los mares americanos en los siglos XVII y XVIII. (SINÓN. V. *Pirata.*)
FILICÍNEAS f. pl. *Bot.* Género de helechos.
FÍLIDE f. (del gr. *phyllon,* hoja). Insecto ortóptero que tiene aspecto de hoja seca.
FILIFORME adj. De forma de hilo.
FILIGRANA f. (ital. *filigrana*). Obra delicada formada con hilos de oro o plata: *medallón de filigrana. Por ext.*: *filigranas de piedra.* || Marca transparente hecha en el papel al fabricarlo: *los billetes de banco tienen filigranas especiales.* || *Fig.* Cosa delicada. || *Bot.* Planta verbenácea medicinal de Cuba.
FILILÍ m. *Fam.* Delicadeza, primor.
FILIMISCO, CA adj. *Col. Fam.* Melindroso.
FILIPÉNDULA f. Especie de espirea (rosácea) de bonitas flores y raíz feculenta astringente.
FILIPENSE adj. y s. De San Felipe (Venezuela). || — M. Nombre dado a los sacerdotes de la congregación de San Felipe Neri.
FILÍPICA f. Invectiva: *una filípica contra el gobierno.* (SINÓN. V. *Sátira.*) [V. *Parte hist.*]
FILIPICHÍN m. Tejido de lana estampado.
FILIPINO, NA adj. y s. De las islas Filipinas. || — F. *Cub.* Especie de chaqueta sin solapas.
FILIS f. *Poét.* Gracia y delicadeza.
FILISTEO m. *Fig.* Jayán, hombrón. || *Fam.* Individuo inculto, sin gusto artístico. (V. *Parte histórica.*)
FILISTRÍN m. *Venez.* Pisaverde, currutaco.
FILM o **FILME** m. Película de acetocelulosa cubierta de una capa de bromuro de plata que se emplea en fotografía y cinematografía.
FILMAR v. t. Cinematografiar.
FÍLMICO, CA adj. Relativo al film.
FILMOLOGÍA f. Estudio científico del cine y su influencia en la vida social.
FILMOTECA f. *Neol.* Colección de cintas cinematográficas.
FILO m. (de *hilo*). Corte de la espada, del cuchillo, etc.: *sacar filo a una navaja.* (SINÓN. V. *Corte.*) || Línea que divide una cosa en dos partes iguales. || *Méx.* y *Amér. C.* Hambre. || *Filo del viento,* dirección que éste lleva. || *Filo rabioso,* el que se da a un arma a la ligera. || *Dar un filo,* afilar. || *Herir por los mismos filos,* valerse uno de las mismas razones de otro para herirle. || *Al filo, por filo,* justo, cabal, en punto. || *Col. De filo,* loc. adv., directamente, resueltamente. || *Chil. Tirarse un filo con alguien,* disputarse con él.
FILODIO m. *Bot.* Pecíolo de ciertas hojas, ensanchado en la base.
FILOLOGÍA f. (del gr. *philos,* amigo, y *logos,* discurso). Ciencia que estudia las obras literarias y las lenguas desde el punto de vista de la erudición, de la crítica de los textos y de la gramática. || Ciencia de la vida intelectual, social o artística de uno o varios pueblos: *la filología clásica.*
FILOLÓGICO, CA adj. Relativo a la filología.
FILÓLOGO m. (del gr. *philos,* que ama, y *logos,* doctrina). El que se dedica a la filología.
FILOMELA f. *Poét.* El ruiseñor. (V. *Parte histórica.*)
FILOMENA f. *Poét.* Filomela.
FILÓN m. *Min.* Masa mineral situada entre capas de terreno diferentes: *un filón metalífero.* (SINÓN. *Mina, vena, veta.*) || *Fam.* Ganga, negocio. (SINÓN. V. *Negocio.*)
FILOPOS m. pl. *Mont.* Redes y telas que se forman para encaminar las reses al punto de caza.
FILOSEDA f. Tela de lana o algodón y seda.
FILOSO, SA adj. *Amer.* Afilado.
FILOSOFADOR, RA adj. y s. Que filosofa.
FILOSOFAL adj. *Piedra filosofal,* la que, según los alquimistas, había de realizar la transformación de los metales en oro. || Cosa imposible de hallar: *la paz universal es una especie de piedra filosofal.*
FILOSOFAR v. i. Ocuparse en meditaciones filosóficas. || Raciocinar: *filosofar sobre la muerte.* (SINÓN. V. *Razonar.*)
FILOSOFASTRO m. *Despect.* Persona que se las echa de filósofo sin tener la instrucción necesaria.
FILOSOFÍA f. (del gr. *philos,* amigo, y *sophia,* ciencia). Estudio racional del pensamiento humano desde el doble punto de vista del conocimiento y de la acción. || Sistema particular de un filósofo célebre, de una escuela o de una época: *la filosofía de Aristóteles.* || Elevación de ánimo, resignación que nos hace superiores a todas las contrariedades de la vida: *aceptar una desgracia con filosofía.* || Centro o Facultad donde se enseña la filosofía.
FILOSÓFICAMENTE adv. m. Con filosofía o resignación: *aceptar filosóficamente las adversidades.*
FILOSÓFICO, CA adj. Relativo o perteneciente a la filosofía: *discusión filosófica sin utilidad.*
FILOSOFISMO m. Falsa filosofía. || Abuso de la filosofía: *un filosofismo bizantino.*
FILÓSOFO, FA m. y f. (del gr. *philos,* amigo, y *sophia,* ciencia). *Antig. gr.* El que estudiaba la naturaleza: *los filósofos jonios fueron principalmente físicos.* || El que estudia la filosofía. || Sabio, resignado a la suerte, que huye de las vanidades del mundo. || — Adj. Filosófico. || Afilosofado.
FILOTE adj. *Col.* Que empieza a echar cabello. || — M. *Col.* Barbas del maíz.
FILOTECNIA f. (del gr. *philos,* amigo, y *tekhnê,* arte). Amor a las artes.
FILOTRÁQUEA f. *Zool.* Órgano respiratorio de los escorpiones y arañas.
FILOXERA f. (del gr. *phullon,* hoja, y *xeros,* seco). Género de insectos hemípteros muy pequeños, vecinos de los pulgones, que atacan la vid: *la filoxera es oriunda de América.* || *Pop.* Borrachera.
FILTRACIÓN f. (lat. *filtratio*). Acción de filtrar. || *Fam.* Malversación.
FILTRADOR m. El que filtra. || Filtro.
FILTRANTE adj. Que filtra o se filtra.
FILTRAR v. t. Pasar por un filtro: *se debe filtrar el agua de río cuando no se está seguro de su pureza.* (SINÓN. V. *Purificar.*) || — V. i. Penetrar. Ú. t. c. r.: *el agua llovediza se filtra a través de la tierra.* || *Fig.* Dejar pasar subrepticiamente. || — V. r. Desaparecer el dinero.

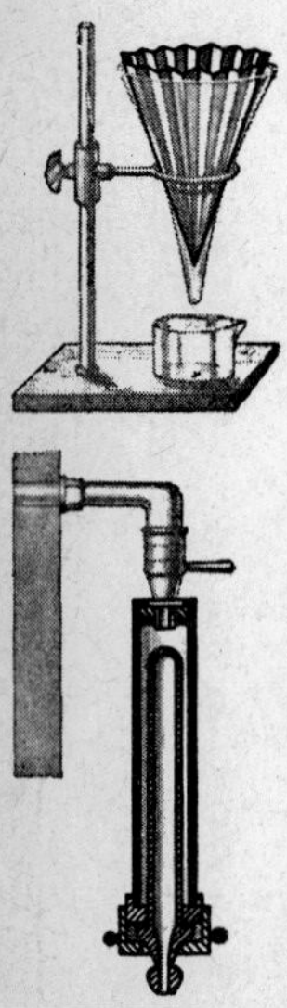
filtros

FILTRO m. (lat. *philtrum*). Aparato a través del cual se hace pasar un fluido para eliminar las partículas sólidas en suspensión. ‖ Dispositivo para eliminar los parásitos en un receptor de radio. ‖ Pantalla que se coloca en un objetivo fotográfico para eliminar ciertos rayos del espectro. ‖ Bebida a la cual se atribuía la propiedad de conciliar el amor de una persona.
FILUSTRE m. *Fam.* Finura, elegancia.
FILVÁN m. Rebaba finísima que queda en el corte de los cuchillos y las navajas recién afilados. (SINÓN. V. *Corte.*)
FILLÓ o **FILLOA** m. pl. Especie de buñuelo.
FIMBRIA f. La orilla de las vestiduras talares.
FIMBRIAR v. t. Orlar.
FIMO m. (lat. *fimus*). Estiércol. (SINÓN. *Fiemo.*)
FIMOSIS f. *Anat.* Estrechez del orificio del prepucio.
FIN m. (lat. *finis*). Remate, extremidad: *el fin de un libro.* (SINÓN. V. *Terminación.*) ‖ Muerte: *acercarse el fin de uno.* (SINÓN. V. *Término.*) ‖ Objeto: *su fin tiene al hacer esto.* ‖ *Poner fin a una cosa,* acabarla, darle fin. ‖ *A fin de,* loc. conj., con objeto de. ‖ *A fines de,* loc. adv., al final de: *a fines del mes que entra.* ‖ *Al fin,* o *al fin y al cabo,* loc. adv., por último: *al fin y al cabo llegó su hermano.* ‖ *En fin,* loc. adv., finalmente. ‖ *Un sin fin,* un sinnúmero. ‖ *Fin de fiesta,* espectáculo que se hace con la participación extraordinaria de artistas, al final de una función de teatro para rendir un homenaje. ‖ *Fin de semana,* últimos días de la semana.
FINADO, DA m. y f. Difunto, persona muerta. (SINÓN. V. *Muerto.*)
FINAL adj. Que termina: *letra final de una palabra.* (SINÓN. V. *Última.*) ‖ — M. Fin de una cosa. (SINÓN. V. *Terminación y término.*) ‖ — F. Última prueba de una competición deportiva por eliminatorias.
FINALIDAD f. Fin con que se hace una cosa. (SINÓN. V. *Objeto.*)
FINALISTA m. Partidario de la doctrina de las causas finales. ‖ En un certamen deportivo, competidor que llega a la prueba final.
FINALIZACIÓN f. Término, conclusión.
FINALIZAR v. t. Terminar: *finalizar un trabajo.* (SINÓN. V. *Acabar.*)
FINALMENTE adv. m. Por último.
FINAMENTE adv. m. Con finura: *hablar finamente.*
FINANCIACIÓN f. Acción de financiar.
FINANCIAR v. t. Costear, adelantar fondos. (SINÓN. V. *Pagar.*)
FINANCIERO m. (fr. *financier*). Hacendista. ‖ Capitalista, banquero, bolsista. ‖ — Adj. Relativo a la hacienda pública: *sistema financiero.*
FINANZAS f. pl. Galicismo en el sentido de *hacienda, caudal, dinero.* Úsase sobre todo en América.
FINAR v. i. Fallecer. (SINÓN. V. *Morir.*) [Úsase sobre todo el p. p. *finado.*] ‖ — V. r. Deshacerse por una cosa.
FINCA f. Propiedad inmueble: *una finca rústica.* ‖ *Amer.* Establecimiento agrícola. (SINÓN. V. *Predio.*)
FINCAR v. t. Adquirir fincas. ‖ — V. i. *Amer.* Estribar, consistir: *en esto finca la dificultad.*
FINÉS, ESA adj. y s. De Finlandia. (V. FINLANDÉS.)
FINEZA f. Calidad de lo que es fino. ‖ Acción o palabra amistosa: *hacer una fineza a uno.* ‖ Regalito: *acepte usted la fineza.* ‖ Delicadeza, primor. (SINÓN. *Refinamiento, sutileza.* CONTR. *Grosería.*)
FINGIDAMENTE adv. m. Con fingimiento.
FINGIDO, DA adj. Que finge, engañoso, ficticio.
FINGIDOR, RA adj. y s. Que finge.
FINGIMIENTO m. Simulación, engaño, ficción. (SINÓN. V. *Disimulo.*)
FINGIR v. t. (lat. *fingere*). Dar a entender lo que no es: *fingir una enfermedad.* ‖ Aparentar, simular. ‖ — SINÓN. *Encubrir, pretextar, hacer como que.*
FINIQUITAR v. t. Saldar una cuenta. ‖ Concluir una cosa. (SINÓN. V. *Acabar.*) ‖ *Fig.* Dar muerte. (SINÓN. V. *Matar.*)
FINIQUITO m. (de *fin,* y *quito*). *Com.* El remate o saldo de una cuenta: *dar finiquito a una deuda.*
FINISECULAR adj. Perteneciente o relativo al fin de siglo.
FINITO, TA adj. Que tiene fin o término. ‖ — CONTR. *Infinito.*
FINLANDÉS, ESA adj. y s. De Finlandia.
FINO, NA adj. Menudo: *escritura fina.* (SINÓN. V. *Liso y delicado.*) ‖ Excelente: *chocolate fino.* ‖ Precioso: *piedra fina.* ‖ Puro: *oro fino.* ‖ Muy cortés: *un niño muy fino.* ‖ Amoroso y fiel: *fino galán.* ‖ Astuto: *el zorro es muy fino.* ‖ Muy seco y pálido: *jerez fino.*
FINOLIS adj. *Fam.* Dícese de la persona fina y ridícula propensa a la pedantería.
FINOUGRIO, GRIA adj. y s. Dícese de un grupo lingüístico no indoeuropeo, que comprende los húngaros, los fineses, los lapones y los samoyedos.
FINTA f. *Esgr.* Ademán o amago con la espada. ‖ Ademán hecho con la intención de engañar a uno o regate hecho con el cuerpo.
FINTAR v. t. Hacer fintas.
FINURA f. Excelencia, delicadeza. ‖ Urbanidad, cortesía: *hablar con gran finura.* ‖ — CONTR. *Grosería.*
FINÚSTICO, CA adj. *Fam.* Exageradamente cortés. (V. FILUSTRE.)
FIOFÍO m. *Chil.* Pajarillo, especie de tirano.
FIORD o **FIORDO** m. (noruego *fjord*). *Geogr.*

Golfo estrecho y profundo de Noruega: *los fiords son cauces de antiguos heleros.*
FIQUE m. *Amer.* Fibra de la pita.
FIRMA f. Nombre de una persona que pone ésta, con rúbrica, al pie de un escrito. (SINÓN. *Nombre, rúbrica, estampilla, seña, contraseña.* V. tb. *marca.*) ‖ Conjunto de documentos que se presentan a una persona para que los firme, y acto de firmarlos: *duró la firma del ministro media hora.* ‖ *Firma en blanco,* la que se da a uno en un papel blanco para acreditar lo que aquél escriba encima. ‖ Casa de comercio, razón social: *firma conocida.* (SINÓN. V. *Establecimiento.*)
FIRMAMENTO m. Bóveda celeste, cielo.
FIRMANTE adj. y s. Que firma: *el abajo firmante.*
FIRMAR v. t. (del lat. *firmare,* afirmar). Poner la firma: *firmar un escrito.*
FIRME adj. (lat. *firmus*). Sólido, que no se mueve: *un mueble firme.* (SINÓN. V. *Duro.*) ‖ *Fig.* Constante, que no se deja doblar: *un hombre firme.* (SINÓN. V. *Valedero.*) ‖ — M. Capa sólida en que se puede cimentar una carretera, etc. ‖ — Adv. m. Con firmeza. ‖ *De firme,* loc. adv., fuerte, con violencia: *llueve de firme. Guat.* y *Chil.* Constantemente. ‖ *En firme,* loc. adv., definitivamente: *compra en firme.* ‖ *Mil.* *¡Firmes!* voz de mando para que los soldados se cuadren.
FIRMEMENTE adv. m. Con firmeza.
FIRMEZA f. Solidez, estabilidad: *la firmeza de unos cimientos.* (SINÓN. V. *Seguridad.*) ‖ *Fig.* Entereza: *hablar con firmeza.* (SINÓN. V. *Energía y perseverancia.*)
FIRMEZA f. *Arg.* Antiguo baile popular.
FIRMÓN m. El que firma lo que no ha escrito.
FIRULETES m. pl. *Amer.* Adornos, perifollos.
FIRULÍSTICO, CA adj. *Ecuad.* Pedante.
FISCAL adj. Relativo al fisco: *agente fiscal.* ‖ — M. *Bol.* Seglar que cuida de una capilla rural. ‖ — M. Agente del fisco. ‖ En los tribunales, el que representa el ministerio público: *el fiscal tiene por adversario al abogado del reo.* ‖ *Fig.* El que averigua acciones ajenas.
FISCALÍA f. Oficio y oficina de fiscal. (SINÓN. V. *Tribunal.*)

FISCALIZACIÓN f. Acción de fiscalizar.
FISCALIZADOR, RA adj. y s. Que fiscaliza.
FISCALIZAR v. t. Hacer el oficio de fiscal. ‖ *Fig.* Averiguar o criticar: *fiscalizar constantemente las acciones ajenas.*
FISCO m. (lat. *fiscus*). Tesoro público: *las cajas del fisco.* ‖ Moneda de cobre de Venezuela.
FISCORNO m. Instrumento músico de viento, semejante al bugle.
FISGA f. Tridente para pescar. ‖ Burla, mofa. ‖ *Guat.* y *Méx.* Banderilla.
FISGADOR, RA adj. y s. Que fisga. (SINÓN. V. *Indiscreto.*)
FISGAR v. t. Pescar con fisga. ‖ Husmear, atisbar: *esa mujer se pasa la vida fisgando.* ‖ — V. i. Burlarse, hacer fisga de uno.
FISGÓN, ONA adj. y s. *Fam.* Aficionado a fisgar.
FISGONEAR v. t. *Fam.* Fisgar por costumbre.
FISGONEO m. Acción de fisgonear, fisga.
FISIBLE adj. Escindible.
FÍSICA f. (gr. *physikos*, de *physis*, naturaleza). Ciencia que estudia las propiedades de los cuerpos y las leyes que tienden a modificar su estado o su movimiento sin cambiar su naturaleza. ‖ *Física experimental*, la apoyada en la experiencia. ‖ *Física recreativa*, experiencias de física o de prestidigitación, destinadas al recreo e instrucción de los niños. ‖ *Física matemática*, aquella en que se traducen las leyes físicas por ecuaciones matemáticas.
FÍSICAMENTE adv. m. Corporalmente.
FÍSICO, CA adj. (lat. *physicus*). Material: *el mundo físico.* ‖ Relativo a la materia: *las leyes físicas.* ‖ Que se apoya en una observación de los sentidos: *certidumbre física*, opuesta a *certidumbre moral.* ‖ *Méx.* y *Cub. Fam.* Delicado, remilgado. ‖ — M. El que profesa la física. ‖ *Ant.* Médico. ‖ Exterior de una persona: *un físico agradable.* ‖ — CONTR. *Moral.*
FISICOMATEMÁTICO, CA adj. Que participa a la vez de la física y de las matemáticas.
FISICOQUÍMICO, CA adj. Propio a la vez de la física y la química. ‖ — F. Estudio de los fenómenos fisicoquímicos.
FISIOCRACIA f. Doctrina económica que atribuye a la naturaleza el origen exclusivo de la riqueza y por lo tanto el predominio de la agricultura sobre la industria.
FISIÓCRATA adj. y s. (del gr. *physis*, naturaleza, y *kratos*, poder). Partidario de la fisiocracia.
FISIOGNOMONÍA o **FISIOGNÓMICA** f. Ciencia auxiliar de la psicología que pretende determinar el carácter del individuo por las facciones del rostro.
FISIOGRAFÍA f. Descripción de la Tierra y de los fenómenos que en ella se producen.
FISIOLOGÍA f. (del gr. *physis*, naturaleza, y *logos*, discurso). Ciencia que estudia la vida y las funciones orgánicas.
FISIOLÓGICO, CA adj. Perteneciente a la fisiología: *fenómeno, desarreglo fisiológico.*
FISIÓLOGO m. El que estudia o profesa la fisiología.
FISIÓN f. *Fís.* Escisión del núcleo de un átomo acompañada de liberación de energía.
FISIONOMÍA f. Fisonomía.
FISIOTERAPIA f. *Med.* Terapéutica que utiliza principalmente los agentes naturales.
FISÍPEDO, DA adj. y s. (del lat. *fissus*, hendido, y *pes, pedis*, pie). Bisulco: *el buey es animal fisípedo.*
FISIRROSTROS m. pl. Grupo de aves que tienen el pico profundamente hendido.
FISONOMÍA f. (del gr. *physis*, naturaleza, y *nomos*, ley). Conjunto de los rasgos del rostro y expresión que de ellos resulta: *una fisonomía hipócrita.* (SINÓN. V. *Cara.*) ‖ Aspecto exterior de las cosas.
FISONÓMICO, CA adj. Perteneciente o relativo a la fisonomía: *expresión fisonómica.*
FISONOMISTA adj. y s. Hábil en juzgar por la fisonomía o para recordar las fisonomías.
FISTO m. *Col.* Fogón, oído de un arma de fuego.
FISTOL m. (del ital. *fistolo*, diablo). Hombre astuto y sagaz. (P. us.) ‖ *Méx.* Alfiler para la corbata.
FÍSTULA f. (lat. *fistula*). *Med.* Conducto accidental que comunica con una glándula o seno natural y sirve de emuntorio a sus secreciones en lugar del conducto natural: *fístula nasal, fístula anal.*
FISTULAR adj. De la fístula: *trayecto fistular.*
FISTULINA f. Lengua de buey, especie de hongo.
FISTULOSO, SA adj. (lat. *fistulosus*). Que tiene forma de fístula: *úlcera fistulosa.*
FISURA f. (lat. *fissura*). *Cir.* Fractura longitudinal de un hueso. ‖ *Cir.* Grieta en el ano. ‖ *Min.* Hendedura que se observa en una masa mineral. (SINÓN. V. *Hendedura.*) ‖ *Fig.* Ruptura, fallo, falta.
FITÓFAGO, GA adj. (del gr. *phyton*, vegetal, y *phagein*, comer). Que se alimenta de vegetales.
FITOGRAFÍA f. (del gr. *phyton*, vegetal, y *graphein*, describir). Descripción de las plantas.
FITOLACÁCEAS f. pl. (del gr. *phyton*, vegetal, y *laca*). Familia de plantas dicotiledóneas a que pertenecen la hierba carmín y el ombú argentino.
FITOLOGÍA f. Botánica.
FITOPATOLOGÍA f. Estudio de las enfermedades de las plantas.
FITOTOMÍA f. (del gr. *phyton*, vegetal, y *tomê*, sección). Anatomía vegetal.
FLABELICORNIO adj. *Zool.* De antenas en abanico.
FLABELÍFERO m. El que tiene por oficio llevar un abanico grande en ciertas ceremonias.
FLABELIFORME adj. En forma de abanico.
FLABELO m. Abanico grande de mango largo.
FLACCIDEZ o **FLACIDEZ** f. Calidad de fláccido. ‖ Laxitud, aflojamiento, debilidad.
FLÁCCIDO, DA o **FLÁCIDO, DA** adj. (lat. *flaccidus*). Flaco, flojo. ‖ — SINÓN. *Blando, esponjoso, algodonoso.*
FLACO, CA adj. (lat. *flaccus*). De pocas carnes, delgado: *un caballo flaco.* (SINÓN. *Consumido, magro, escuálido, delgaducho, seco.* Pop. *Estantigua.*) ‖ *Fig.* Flojo, sin fuerzas: *un espíritu flaco.* ‖ *Fig.* Sin fuerza: *argumento flaco.* ‖ — M. Defecto o debilidad predominante de una persona: *conocerle a uno el flaco.*
FLACÓN, ONA adj. *Arg.* Muy flaco.
FLACUCHENTO, TA adj. *Amer. Fam.* Flacucho.
FLACUCHO, CHA adj. *Fam.* Bastante flaco.
FLACURA f. Calidad de flaco o delgado.
FLAGELACIÓN f. La acción de flagelar o azotar.
FLAGELADO, DA adj. Provisto de flagelos. ‖ — M. pl. *Zool.* Clase de protozoos provistos de flagelos.
FLAGELADOR, RA y **FLAGELANTE** adj. Que flagela o azota.
FLAGELANTE m. Disciplinante.
FLAGELAR v. t. (lat. *flagellare*). Azotar. (SINÓN. V. *Pegar.*) ‖ *Fig.* Censurar severamente: *la comedia flagela los vicios.*
FLAGELO m. (lat. *flagellum*). Azote. ‖ Calamidad. ‖ *Zool.* Filamento móvil que sirve de órgano locomotor a ciertos infusorios.
FLAGRANCIA f. Calidad de flagrante.
FLAGRANTE adj. (lat. *flagrans, antis*). Que se ejecuta actualmente: *delito flagrante.* (SINÓN. V. *Evidente.*) ‖ *Poét.* Ardiente, llameante. ‖ *En flagrante*, loc. adv., en el acto de cometer un delito: *le cogieron los guardias en flagrante.* ‖ — PARÓN. *Fragante.*
FLAGRAR v. i. (lat. *flagrare*). *Poét.* Arder, llamear.
FLAMA f. Llama. ‖ Reverberación de la llama.
FLAMANTE adj. (lat. *flammans, antis*). Brillante, resplandeciente. ‖ Nuevo: *un traje flamante.* ‖ Reciente: *una comedia flamante.*
FLAMBOYÁN m. *P. Rico.* Framboyán, árbol.
FLAMEAR v. i. (lat. *flammare*). Despedir llamas. ‖ Ondear al viento la vela del buque o la bandera. (SINÓN. V. *Flotar.*) ‖ Quemar alcohol para esterilizar algo.
FLAMEN m. (lat. *flamen*). Sacerdote romano dedicado al culto de un dios especial (los pontífices estaban consagrados al culto de todos los dioses): *el flamen dial o de Júpiter era uno de los personajes principales de Roma.* Pl. *flámines.*

FLAMENCO, CA adj. y s. De Flandes. (V. ilustr. pág. 473.) ‖ *Fam.* Achulado, gitanesco. ‖ Dícese de lo andaluz que tiende a hacerse agitanado: *cante flamenco.* ‖ *Amér. C.* Delgado, flaco. ‖ — M. Especie de navaja. ‖ *Arg.* Facón.
FLAMENCO m. Ave palmípeda zancuda de plumaje blanco en el pecho y rojo en la espalda.
FLAMENQUERÍA y **FLAMENQUISMO** m. Afición a lo flamenco. ‖ Gente flamenca. ‖ Modo de obrar o hablar achulado.
FLÁMEO m. (lat. *flammeum*). *Antig. rom.* Velo de color de fuego que se ponía a las desposadas.
FLAMÍGERO, RA adj. *Poét.* Que arroja llamas. ‖ *Arq.* Dícese de una forma particular del estilo gótico en la que predominan los contornos lanceolados que recuerdan las llamas.
FLAMÍN m. *Chil.* Penacho de plumas del quepis.
FLÁMINES m. pl. de *flamen.*
FLÁMULA f. Grímpola, bandera pequeña.
FLAN m. (fr. *flan*). Plato de dulce hecho con yemas de huevo, leche y azúcar.
FLANCO m. (fr. *flanc*). Parte: *el flanco derecho de un cuerpo de tropa.* (SINÓN. V. *Lado.*) ‖ *Fort.* Lado del baluarte que forma ángulo entrante con la cortina.
FLANEAR v. i. (fr. *flâner*). Galicismo por *callejear.*
FLANERO m. Molde para flanes.
FLANQUEADO, DA adj. Defendido por flancos.
FLANQUEAR v. t. *Mil.* Dominar el flanco de una plaza, cuerpo, etc.: *el fuerte flanquea la ciudad.* ‖ Ir o estar al lado. ‖ — PARÓN. *Flanquear.*
FLANQUEO m. Disposición de una tropa que bate al enemigo por el flanco. ‖ — PARÓN. *Franqueo.*
FLANQUÍS m. (fr. *flanchis*). *Blas.* Sotuer que tiene sólo el tercio de la anchura ordinaria.
FLAQUEAR v. i. Debilitarse, perder la fuerza. ‖ *Fig.* Decaer de ánimo.
FLAQUEZA f. Delgadez. ‖ Falta de fuerzas, debilidad. ‖ *Fig.* Fragilidad: *las flaquezas de la carne.*
FLASH m. (pal. ingl.). Lámpara que produce una chispa muy luminosa utilizada en fotografía. ‖ Información importante transmitida con prioridad.
FLATO m. (del lat. *flatus,* viento). Acumulación de gases en el tubo digestivo. ‖ *Amer.* Tristeza, melancolía. ‖ *Guat.* Miedo, aprensión.
FLATOSO, SA adj. Sujeto a flatos o ventosidades. ‖ *Amer.* Melancólico, triste, aprensivo.
FLATULENCIA f. (lat. *flatulentia*). Flato.
FLATULENTO, TA adj. Que causa flato. ‖ Que los padece.
FLATUOSO, SA adj. Flatoso.
FLAUTA f. (del lat. *flatus,* soplo, viento). Instrumento músico de viento formado por un tubo con varios agujeros que producen el sonido según

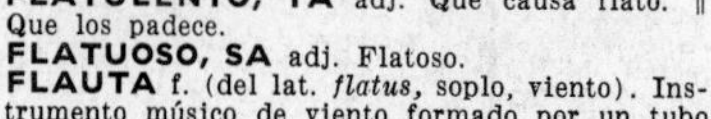

se tapan o destapan con los dedos. (SINÓN. *Chirimía, pífano, caramillo, zampoña.*) ‖ *Flauta pagana,* siringa. ‖ *Arg. Pop. ¡La gran flauta!* expresión admirativa.
FLAUTADO, DA adj. Semejante a la flauta. ‖ — M. Uno de los registros del órgano.
FLAUTERO m. El que hace flautas.
FLAUTILLO m. Caramillo, instrumento músico.
FLAUTÍN m. Flauta pequeña, de tono agudo.
FLAUTISTA com. Persona que tiene por oficio tocar la flauta.
FLAVO, VA adj. (lat. *flavus*). *Poét.* Leonado.
FLÉBIL adj. (lat. *flebilis,* de *flere,* llorar). *Poét.* Digno de ser llorado, lamentable, muy triste.
FLEBITIS f. (del gr. *phleps,* vena). *Med.* Inflamación de la membrana interna de las venas.
FLEBOTOMÍA f. Arte del sangrador. ‖ Sangría.
FLEBOTOMIANO y **FLEBOTOMISTA** m. Sangrador, el que se dedica a sangrar.
FLEBÓTOMO m. Instrumento que sirve para sangrar. (SINÓN. *Lanceta.*) ‖ *Amer.* Flebotomiano.
FLECO m. (lat. *flocus*). Borlas o cordoncillos colgantes que sirven de adorno a muebles, cortinas, etc. ‖ — Pl. Hilos ligeros que flotan en la atmósfera por las tardes en otoño y son producidos por una especie de arañas. ‖ Borde de una tela deshilachada. ‖ Flequillo (cabello).
FLECTOR m. Junta elástica de transmisión de movimiento.
FLECHA f. Arma arrojadiza consistente en un asta con punta afilada, que se dispara con el

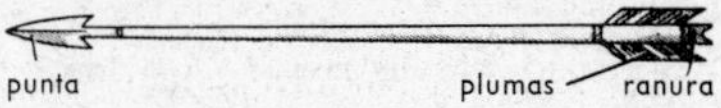

arco. (SINÓN. *Dardo, jabalina, saeta.*) ‖ *Geom.* Sagita. ‖ *P. Rico.* Pértiga de carro.
FLECHADOR, RA adj. y s. Que dispara flechas con arco.
FLECHAR v. t. Asaetear. ‖ Estirar la cuerda del arco para arrojar la flecha. ‖ Matar o herir con flechas: *San Sebastián fue flechado.* ‖ *Fig.* y *fam.* Inspirar amor. (SINÓN. V. *Enamorar.*) ‖ *Méx.* Apostar sin miedo en los juegos.
FLECHASTE m. *Mar.* Cuerdas que forman las escalas que sirven para subir a los palos.
FLECHAZO m. Disparo de flecha. ‖ *Fig.* y *fam.* Amor repentino: *dar flechazo.*
FLECHERA f. *Venez.* Embarcación ligera que usaban los indios. ‖ Hoy, embarcación ligera de guerra montada por unos cien hombres armados con fusil.
FLECHERÍA f. Conjunto de flechas.
FLECHERO m. Arquero, el que dispara con arco.
FLECHILLA f. Flecha pequeña. ‖ *Arg.* Pasto fuerte que come el ganado cuando tierno.
FLEGMA f. Flema.
FLEGMASÍA f. Inflamación.
FLEGMÁTICO, CA adj. *Ant.* Flemático.
FLEGMÓN m. *Med.* Flemón.
FLEJE m. (del lat. *flexus,* doblado). Tira de hierro: *se aseguran con flejes las duelas de toneles.* ‖ Resorte.
FLEMA f. (del gr. *phlegma,* inflamación). Mucosidad que se arroja por la boca. ‖ *Fig.* Tardanza, pereza. ‖ *Quím.* Producto acuoso de la destilación. ‖ *Fig. Tener* o *gastar flema,* proceder con lentitud y sin alterarse.
FLEMÁTICO, CA adj. Perteneciente a la flema. ‖ Tardo y pausado en sus acciones: *los ingleses suelen ser muy flemáticos.* (SINÓN. V. *Impasible.*)
FLEME m. *Veter.* Sangradera para los caballos.
FLEMÓN m. (gr. *phlegmonê*). *Med.* Inflamación aguda del tejido celular: *tener un flemón en la encía.* (SINÓN. V. *Absceso.*)
FLEMOSO, SA adj. Que participa de la flema.
FLEMUDO, DA adj. y s. Flemático o perezoso.
FLEQUILLO m. Cabello recortado que se deja caer sobre la frente.
FLETA f. *Col.* Fricción, friega. ‖ *Cub.* Zurra.
FLETADA f. *Hond. Fam.* Reprimenda o regaño.
FLETADOR m. El que fleta un barco.
FLETAMENTO m. Acción de fletar: *el fletamento de un vapor.* ‖ *Com.* Contrato de flete.
FLETANTE m. *Amer.* Fletador.
FLETAR v. t. *Com.* Alquilar un barco o parte de él. ‖ *Amer.* Alquilar una caballería, un carruaje, etc. ‖ *Amer.* Soltar, espetar. ‖ — V. r. *Méx.* y *Cub. Fam.* Largarse, irse. ‖ *Arg.* Colarse en una reunión.
FLETE m. (del ingl. *freight,* carga de un navío). Precio que se paga por el alquiler de la nave. ‖ Carga de un barco. ‖ *Méx.* y *Col.* Carga que se transporta por tierra. ‖ *Arg.* y *Col.* Caballo brioso de paseo. ‖ *Cub.* y *Per.* Compañía galante.
FLETERO m. *Méx.* El que conduce carga de un punto a otro. ‖ *Arg.* Barquero. ‖ — Adj. *Amer.* De alquiler. ‖ — F. *Cub.* Meretriz.
FLEXIBILIDAD f. (lat. *flexibilitas*). Calidad de lo flexible: *la flexibilidad del acero es muy grande.* ‖ *Fig.* Disposición del ánimo para ceder y acomodarse.
FLEXIBILIZAR v. t. Tornar flexible.
FLEXIBLE adj. (lat. *flexibilis*). Que puede doblarse fácilmente: *alambre flexible.* (SINÓN. *Cimbreante, manejable, elástico, plegable, extensible.*) ‖ *Fig.* Que se acomoda fácilmente al dictamen de otro: *genio flexible.* (SINÓN. *Obediente, dúctil.*) ‖ — M. Cuerpo flexible. ‖ Conductor eléctrico de hilos finos de metal recubiertos de una capa aisladora, para las instalaciones de alumbrado. ‖ — CONTR. *Inflexible.*

flamenco

flechaste

flautín

Fot. Dragesco

FLEXIÓN f. (lat. *flexio*). Acción de doblar: *flexión de un muelle, de un músculo.* || *Gram.* Variación que sufren las voces conjugables o declinables: *las flexiones del verbo.*
FLEXIONAL adj. *Gram.* De la flexión.
FLEXOR, RA adj. (lat. *flexor*). Dícese de lo que dobla o hace doblar: *músculo flexor de la pierna.*
FLEXUOSIDAD f. Calidad de flexuoso.
FLEXUOSO, SA adj. Ondulado: *tallo flexuoso.* (SINÓN. V. *Sinuoso.*)
FLICTENA f. (gr. *phlyktaina*, de *phlyzein*, hervir). *Med.* Vejiguilla transparente que contiene alguna serosidad: *las quemaduras producen flictenas.*
FLINT-GLASS m. (del ingl. *flint*, pedernal, y *glass*, cristal). Cristal con base de plomo, muy refringente.
FLIP m. Especie de ponche a base de coñac, huevos, frutas y azúcar.
FLIRT m. (pal. ingl., pr. *flert*). Coqueteo, galanteo.
FLIRTEAR v. i. (de *flirt*). Coquetear.
FLIRTEO m. Flirt, coqueteo. (SINÓN. V. *Capricho.*)
FLIT m. *Pop.* Líquido insecticida.
FLOCADURA f. Guarnición de flecos.
FLOGÍSTICO, CA adj. Relativo al flogisto.

FLORES

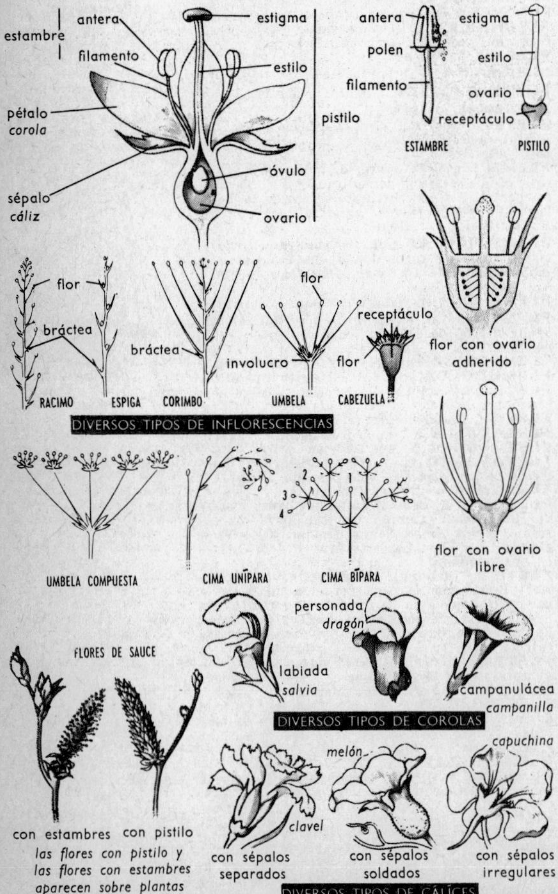

FLOGISTO m. (gr. *phlogisto*). Principio que se suponía formar parte de todos los cuerpos, de los que se desprendía durante la combustión.
FLOGOSIS f. *Med.* Inflamación.
FLOJAMENTE adv. m. Con flojedad o pereza.
FLOJEAR v. i. Obrar con flojedad. || Flaquear.
FLOJEDAD f. Debilidad, flaqueza. || *Fig.* Pereza, negligencia.
FLOJEL m. (del lat. *flocus*, fleco). Pelillo del paño. (SINÓN. *Tamo.*) Plumón ligero que tienen ciertas aves.
FLOJERA f. Pereza: *obrar con flojera.*
FLOJO, JA adj. (lat. *flaccidus*). Mal atado, poco apretado: *una cuerda floja.* || Sin fuerza: *vino flojo.* (SINÓN. V. *Fláccido* y *tierno.*) || *Fig.* Perezoso, holgazán. || *Seda floja*, la que no está torcida. || *Amer.* Cobarde.
FLOQUEADO, DA adj. Que tiene un fleco.
FLOR f. (lat. *flos, floris*). Parte de un vegetal que contiene los órganos de reproducción de las plantas: *las flores nacen por primavera.* || *Por ext.* Planta que produce las flores: *el cultivo de las flores es muy delicado.* || Polvo blanco que cubre ciertos frutos recién cortados. || *Flor artificial* o *flor de mano*, imitación de una flor, hecha con papel, tela, etc. || *Fig.* Parte superior y más fina de algunas cosas: *harina de flor.* || Nata que hace el vino en lo alto de la vasija. || Adorno poético: *flores de retórica.* || Productos ligeros obtenidos por medio de la sublimación o la descomposición: *flor de azufre.* || *Fig.* Novedad, frescura: *la flor de la juventud.* || Dicho agudo y gracioso, piropo, cumplido: *decirle flores a una joven.* || Parte exterior de las pieles adobadas. || *Chil.* Mentira (uñas). || *La flor y nata*, lo mejor. || — Adj. *Arg.* Excelente. || *Flor de lis*, forma heráldica de la flor del lirio: *la flor de lis fue el emblema de la monarquía francesa.* || *Bot.* Nombre de varias plantas: *flor de amor*, el amaranto; *flor de la maravilla*, iridácea mexicana, de flores de color de púrpura; *flor de la Trinidad*, la trinitaria: *flor del embudo*, la cala; *flor del Espíritu Santo*, orquídea hermosísima de Panamá y El Salvador; *flor de lis*, amarilidácea americana de flores purpúreas; *flor de la Pasión*, la granadilla; *flores de muerto*, clavel de las Indias en Guatemala; *flor del cuervo* (Méx.) y *flor de la cruz* (Guat.) planta apocinácea; *flor de Pascua*, planta euforbiácea; *flor del aire*, bromeliácea argentina; *flor del Paraíso*, orquídea ecuatoriana; *flor de amor*, amarantácea; *flor de cacao*, bombácea de México; *flor del corazón*, magnolia mexicana; *flor del Corpus*, orquídea mexicana; *flor de Jesús*, *flor del volcán*, orquídeas salvadoreñas; *flor de lazo*, planta liliácea; *flor de mayo*, melastomácea colombiana; *flor de mosquito*, orquídea ecuatoriana; *flor de la sangre*, tropeolácea peruana; *flor de los Santos*, orquídea mexicana; *flor negra*, vainilla mexicana. || *Flores cordiales*, mezcla de flores cuya infusión es un sudorífico muy apreciado. || *Flores de maíz*, rosetas. || *A flor de*, a la superficie: *a flor de agua.* || *Andarse a la flor del berro*, divertirse. || *Dar en la flor*, tomar la maña de hacer una cosa. || *Como [unas] mil flores*, y vulgarmente *de mi flor*, muy bien, perfectamente. || *Decir* o *echar flores*, requebrar.
— Las *flores* son los órganos reproductores de la planta: en la flor es, en efecto, donde se forman las semillas. Compónese la flor de un *cáliz* (formado por un número variable de *sépalos*), de una *corola* (dividida en *pétalos*), de *estambres* (que llevan cada uno un saquito o *antera*, lleno de *polen*), y de un *pistilo* (*ovario, estilo* y *estigmas*) que, al desarrollarse, formará el *fruto*.
FLORA f. (de la diosa *Flora*). Conjunto de las plantas que crecen en una región: *la flora polar es muy pobre.* || Obra que describe la flora de un país.
FLORACIÓN f. *Bot.* Florescencia.
FLORAL adj. Relativo a la flor: *verticilo floral.* (V. JUEGOS FLORALES.)
FLORAR v. i. Dar flor: *han florado los cerezos.*
FLORCITA f. *Amer.* Florecita. || *Arg. Andar de florcita*, de acá para allá.
FLORDELISAR v. t. *Blas.* Adornar con flores de lis: *la bandera flordelisada de los reyes de Francia.*
FLOREADO, DA adj. De flor de harina.
FLOREAL m. (fr. *floréal*). Octavo mes del calendario republicano francés (20 de abril a 19 de mayo).

Fot. Robelus-C. G. T., Dédé-C. G. T., Giraudon, Sergysels-C. G. T., Anderson-Giraudon

ARTE FLAMENCO Y HOLANDÉS

ARQUITECTURA Y ESCULTURA. Las regiones de la Europa occidental que constituyen hoy Bélgica y Holanda conservan admirables testimonios de las épocas románica (catedrales de Tournai, de Maestrich) y gótica. El estillo gótico se implantó lentamente en Audenarde, Bruselas (Santa Gúdula) y se extendió hasta Malinas, Amberes (catedral), Utrecht. Muy representativos de dicho estilo en estos países, son las construcciones civiles, cuyo desarrollo debióse al auge de la burguesía, y singularmente de las casas gremiales, los mercados (Ypres, Brujas) y los Ayuntamientos (Bruselas, Lovaina). El Ayuntamiento de Amberes es, digámoslo así, el único edificio directamente inspirado en el Renacimiento. Un barroco vigoroso caracteriza las iglesias del s. XVII y las casas de la Plaza Mayor de Bruselas (1696-1720), así como la decoración del mobiliario de los templos.

PINTURA. La pintura es, por excelencia, el arte de Flandes y Holanda. Surge en el primer tercio del s. XV con Van Eyck (« El Cordero Místico »). Al igual que Van der Weyden, menos estático que él, Van Eyck ejerce poderosa influencia sobre T. Bouts, Van der Goes, Memling y G. David, a los cuales se opone el genio disparatado del Bosco. En el s. XVI, Metzys, Patenier, Van Orley, Brueghel establecen la nombradía artística de Amberes, pronto confirmada por Rubens, Jordaens y Van Dyck. El s. XVII señala el apogeo de la pintura en Holanda que triunfa en todos los géneros : paisajes con Van Goyen, Ruysdaël, Potter, Hobbema, los Van de Velde y Wouwerman; escenas costumbristas con Jan Steen, Vermeer y Pieter de Hooch; bodegones con Heck y Kalf ; retratos individuales o colectivos con Frans Hals. Rembrandt, que brilla en todos los géneros, ocupa el primer lugar. Tras este florecimiento, el s. XVIII es sólo representado por Troost y Quinkhard. En la época moderna, se destacan los nombres del expresionista Ensor, en Bélgica, y de Jongkind y Van Gogh, en Holanda.

ILUSTRACIONES

1. Ayuntamiento de Audenarde; 2. Catedral de Tournai; 3. Casa gremial de los barqueros (1531), en Gante; 4. Juan Van Eyck : « El Hombre del clavel »; *5. Rubens : « La Sagrada Familia »* (detalle) ; *6. Rembrandt : « Los síndicos del gremio de fabricantes de paño »* (detalle) ; *7. Frans Hals : « La nodriza »; 8. Pieter de Hooch : « Escena de interior »; 9. Van Gogh : « Iglesia de Auvers-sur-Oise » (Francia) [El lector encontrará numerosas reproducciones de monumentos y pinturas de arte flamenco y holan en la segunda parte de esta obra]*

FLOREAR v. t. Adornar con flores. ‖ Sacar la flor de la harina. ‖ — V. i. Vibrar la punta de la espada. ‖ *Mús.* Tocar varias cuerdas de la guitarra con tres dedos sucesivamente sin parar. ‖ *Fam.* Decir flores. ‖ Escoger lo mejor. ‖ — OBSERV. Es barbarismo usarlo por *florecer.*
FLORECER v. i. (lat. *florescere*). Echar flor: *las plantas florecen por primavera.* ‖ *Fig.* Prosperar: *el comercio florece en tiempo de paz.* ‖ *Fig.* Existir: *Horacio floreció en el s. I antes de J. C.* ‖ — V. r. Echar flores. ‖ Ponerse mohoso el queso, pan, etc. ‖ — IRREG. Se conjuga como *merecer.*
FLORECIDO, DA adj. Mohoso: *pan florecido, frutas florecidas.* ‖ Barb. por *florido.*
FLORECIENTE adj. Que florece: *campo floreciente.* ‖ *Fig.* Próspero: *fortuna floreciente.*
FLORECIMIENTO m. Acción de florecer o florecerse: *el florecimiento de una planta.*
FLORENCIA f. Cierto tafetán o tela de seda.
FLORENSE adj. y s. De Flores (Uruguay). ‖ Floreño.
FLORENTINO, NA adj. y s. De Florencia.
FLOREÑO, ÑA adj. y s. De Flores (Guatemala).
FLOREO m. *Fig.* Conversación sin importancia. ‖ *Fig.* Dicho vano y meramente ingenioso o lisonjero: *perder el tiempo en floreos.* ‖ *Danz.* Movimiento de la danza española. ‖ *Esgr.* Vibración de la punta de la espada. ‖ *Mús.* Acción de florear las cuerdas de la guitarra. ‖ *And.* Ringorrango en la escritura.

florón

FLORERÍA f. Tienda de flores.
FLORERO, RA adj. *Fig.* Aficionado a floreos. ‖ — M. y f. Persona que vende flores. ‖ — M. Vaso para flores naturales o artificiales: *un florero de cristal.*
FLORESCENCIA f. Eflorescencia: *la florescencia del sulfato de hierro.* ‖ *Bot.* Acción de florecer y época en que las plantas florecen.
FLORESTA f. Selva. (SINÓN. V. *Bosque.*) ‖ Sitio campestre, ameno y agradable. ‖ *Fig.* Reunión de cosas bellas: *la "Floresta de rimas españolas" de Bohl de Faber.*
FLORETA f. *Danz.* Tejido con ambos pies.
FLORETAZO m. Golpe dado con el florete. ‖ *Méx. Fam.* Sablazo, petardo.
FLORETE adj. Dícese del azúcar y papel de flor o de primera calidad. ‖ — M. Espadín de

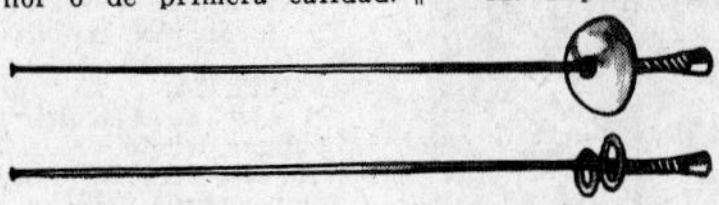

cuatro aristas usado en la esgrima. (SINÓN. V. *Espada.*) ‖ Lienzo entrefino de algodón.
FLORETEAR v. t. Adornar con flores una cosa. ‖ — V. i. *Arg.* Coquetear.
FLORETEO m. Acción y efecto de floretear.
FLORETISTA m. Diestro con el florete.
FLORÍCOLA adj. Que vive en las flores.
FLORICULTOR m. El que cultiva las flores.
FLORICULTURA f. Cultivo de las flores. ‖ Arte de cultivarlas. (SINÓN. V. *Jardinería.*)
FLORÍDEAS f. pl. *Bot.* Orden de plantas de la familia de las algas.
FLORIDENSE adj. y s. De Florida (Uruguay).
FLORIDEZ f. Calidad de florido (estilo).
FLORIDO, DA adj. Que tiene flores. ‖ Flamígero. ‖ *Letra florida,* la muy adornada. ‖ *Fig.* Escogido, selecto. ‖ *Fig.* Dícese del lenguaje o estilo demasiado exornado de galas retóricas.

FLOTADORES

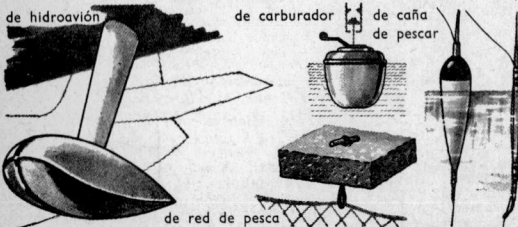

FLORÍFERO, RA adj. Que lleva flores.
FLORÍGERO, RA adj *Poét.* Florífero.
FLORILEGIO m. (del lat. *flos, floris,* flor, y *legere,* escoger). Colección de trozos escogidos de obras literarias. (SINÓN. V. *Antología.*)
FLORÍN m. (ital. *florina*). Moneda, antes de oro y actualmente de plata, que es la unidad monetaria de Holanda (símb.: Fl).
FLORIPONDIO m. Arbolito solanáceo del Perú, cuyas flores blancas, en forma de embudo, miden unos 36 cm de ancho: *el perfume del floripondio es perjudicial si se aspira mucho tiempo.* (SINÓN. *Datura.*) ‖ *Fig.* Flor grande en un tejido, tapiz, etc. ‖ Flor de papel, etc.
FLORISTA com. Persona que fabrica flores artificiales. ‖ Persona que vende flores naturales.
FLORISTERÍA f. *Venez.* Florería.
FLORITURA f. *Fig.* Adorno accesorio, arabesco.
FLORO m. Árbol colombiano de flor azul.
FLORÓN m. Ornamento en forma de flor que se usa en pintura y arquitectura. ‖ *Blas.* Flor que se pone como adorno en algunas coronas. ‖ *Fig.* Hecho que da lustre o que honra.
FLORONADO, DA adj. Adornado con florones.
FLÓSCULO m. (lat. *flosculus*). *Bot.* Cada una de las florecitas que forman una flor compuesta.
FLOSCULOSO, SA adj. Formado de flósculos.
FLOTA f. Conjunto de embarcaciones de comercio. ‖ Escuadra de buques de guerra. ‖ Conjunto de aviones destinados a un servicio determinado. ‖ *Amer.* Fanfarronada, baladronada: *echar flotas.* ‖ *Chil.* Multitud.
FLOTABILIDAD f. Calidad de flotable.
FLOTABLE adj. Capaz de flotar: *madera flotable.* ‖ Dícese del río por donde puede conducirse a flote.
FLOTACIÓN f. Acción y efecto de flotar. ‖ *Mar. Línea de flotación,* la que traza el nivel del agua en el casco de la nave.
FLOTADOR, RA adj. Que flota. ‖ — M. Cuerpo ligero que flota en el agua. ‖ Batanga de ciertas embarcaciones filipinas. ‖ Órgano de flotación de un hidroavión. ‖ *Flotador de alarma,* bola hueca que flota en el agua de una caldera de vapor y pone en acción un silbato cuando baja el nivel de aquélla.
FLOTADURA f. y **FLOTAMIENTO** m. Flotación, acción de flotar. (P. us.)
FLOTANTE adj. Que flota: *los cuerpos flotantes experimentan una pérdida de su peso igual al peso del agua que desalojan.* ‖ *Col. Fam.* Baladrón. ‖ *Deuda flotante,* parte de la deuda pública sujeta a la fluctuación diaria. ‖ *Población flotante,* la de paso en una ciudad.
FLOTAR v. i. (de *fluctuar*). Sostenerse un cuerpo sobre un líquido: *el hierro flota sobre el azogue.* (SINÓN. *Nadar, emerger.* CONTR. *Hundirse.*) ‖ Ondear en el aire. (SINÓN. *Flamear, revolotear, mecer, agitarse.*)
FLOTE m. Flotadura. (P. us.) ‖ *A flote,* loc. adv., sobrenadando: *poner una embarcación a flote.* ‖ *Fig. Ponerse a flote,* salir de apuros.
FLOTILLA f. Flota de pequeñas embarcaciones. ‖ Flota pequeña de aviones.
FLUCTUACIÓN f. (lat. *fluctuatio*). Acción y efecto de fluctuar: *las fluctuaciones de la renta.* ‖ *Fig.* Variación, cambio: *fluctuaciones económicas.* (SINÓN. V. *Modificación.*) ‖ *Fig.* Irresolución.
FLUCTUANTE adj. Que fluctúa u oscila.
FLUCTUAR v. i. (lat. *fluctuare*). Oscilar sobre las aguas: *los barcos fluctúan.* ‖ Variar, oscilar: *fluctúa la opinión.* ‖ *Fig.* Estar en peligro una cosa. ‖ *Fig.* Dudar: *fluctuar entre dos partidos.* ‖ — SINÓN. *Oscilar, vacilar, balancear.*
FLUCTUOSO, SA adj. Lo que fluctúa o vacila.
FLUENCIA f. Acción y efecto de fluir o correr. ‖ Lugar donde brota o empieza a fluir un líquido.
FLUENTE adj. (lat. *fluens, entis*). Que fluye.
FLUIDEZ f. Calidad de fluido: *la fluidez del éter es muy notable.* ‖ — CONTR. *Viscosidad.*
FLUIDIFICAR v. t. Volver fluido un líquido.
FLUIDO, DA adj. y s. (lat. *fluidus*). Dícese de los cuerpos cuyas moléculas tienen poca coherencia y toman siempre la forma del vaso que los contiene: *divídense los fluidos en líquidos y gases.* (SINÓN. *Líquido, licuable, vaporoso, claro.*) ‖ *Fig.* Corriente y fácil: *estilo fluido.* ‖ Nombre

que se ha dado a los agentes de naturaleza desconocida que se consideran como causa inmediata de ciertos fenómenos: *el fluido nervioso, eléctrico.* || *Fluido magnético,* energía misteriosa que permite a ciertas personas hipnotizar a otras.
FLUIR v. i. (lat. *fluere*). Correr los líquidos. (SINÓN. V. *Derramar.*) || — IRREG. Se conjuga como *huir.*
FLUJO m. (lat. *fluxus*). Movimiento de los fluidos. || Movimiento de ascenso de la marea. (SINÓN. V. *Oleaje.* CONTR. *Reflujo.*) || *Fig.* Gran abundancia: *flujo de palabras.* || *Flujo de risa,* carcajada ruidosa. || *Flujo de sangre,* hemorragia violenta. || *Flujo de vientre,* diarrea.
FLUMINENSE adj. y s. De Río de Janeiro. || De Los Ríos (Ecuador).
FLÚOR m. *Quím.* Cuerpo simple gaseoso, de color verde amarillento (F) y número atómico 9, que produce enérgicas reacciones. || *Miner. Espato flúor,* fluorina.
FLUORESCEÍNA f. *Quím.* Substancia provista de potencia colorante muy notable.
FLUORESCENCIA f. *Fís.* Propiedad que tienen ciertos cuerpos de transformar la luz que reciben en radiaciones de mayor longitud de onda.
FLUORESCENTE adj. Dotado de fluorescencia: *cuerpo fluorescente.*
FLUORHIDRATO m. Sal del ácido fluorhídrico.
FLUORHÍDRICO, CA adj. Nombre que se da a un ácido formado por el flúor y el hidrógeno, y que se usa para el grabado en cristal.
FLUORINA y **FLUORITA** f. Fluoruro natural de calcio: *la fluorina presenta colores muy brillantes.*
FLUOROSCOPIA f. Radioscopia.
FLUORURO m. Compuesto formado por el flúor. y un metal.
FLUS m. V. FLUX.
FLUVIAL adj. (lat. *fluvialis,* de *fluvius,* río). Perteneciente a los ríos: *navegación fluvial.*
FLUVIÓMETRO m. Aparato que se emplea para medir el nivel del agua en un canal.
FLUX m. (fr. *flux,* del lat. *fluxus,* flujo, abundancia). En ciertos juegos, suerte en que son de un mismo palo todas las cartas de un jugador. || Terno de americana, saco o cazadora: *un flux de paño negro.* || *Guat. Tener flux,* tener suerte. || *Amer. Estar a flux de todo,* no tener nada. || *Col. Hacer flux,* perderlo todo.
FLUXIÓN f. (lat. *fluxio*). Acumulación dolorosa de humores en cualquier parte del cuerpo.
FLUYENTE adj. Que fluye o corre.
F. O. B., siglas de las pal. ingl. *free on board,* franco a bordo.
FOBIA f. (del gr. *phobos,* miedo). Apasionada aversión hacia una cosa. (Entra como elemento de algunas palabras compuestas: *hidrofobia, anglofobia,* etc.) [SINÓN. V. *Temor.*]
FOCA f. (lat. *phoca*). Mamífero carnicero pinnípedo que habita principalmente los mares polares: *se cazan las focas por su piel y su grasa.*
FOCAL adj. *Fís.* y *Geom.* Relativo al foco: *distancia focal de un espejo cóncavo.*
FOCEIFIZA f. (del ár. *foceifiça,* mosaico). Género de mosaico hecho con pedacitos de vidrio.
FOCENSE adj. y s. De Fócida.
FOCINO m. Aguijada para guiar al elefante.
FOCO m. (del lat. *focus,* fogón). *Fís.* Punto donde se reúnen los rayos luminosos reflejados por un espejo esférico o refractados por un lente de cristal. || *Geom.* Punto cuya distancia a cualquier punto de ciertas curvas (elipse, parábola, hipérbola) se puede expresar en función de las coordenadas de dichos puntos. || *Fig.* Centro activo de ciertas cosas: *un foco de corrupción.* || Punto de donde salen los rayos luminosos o caloríficos: *un foco eléctrico.* || Proyector.
FOCOMELIA f. *Med.* Anomalía que consiste en el nacimiento de las manos y de los pies directamente en el tronco al estar atrofiados los segmentos intermedios de los miembros.
FODONGO, GA adj. *Méx.* Sucio.
FOETE m. *Amer.* Fuete.
FOFADAL m. *Arg.* Atolladero.
FOFO, FA adj. Esponjoso, blando.
FOGAJE m. Tributo que se pagaba antiguamente por cada hogar. || *Ecuad.* Fogata. || *Amer.* Bochorno.

FOGARADA f. Llamarada: *se levantó una gran fogarada.* || *And.* Erupción cutánea en el rostro.
FOGARIL m. Fogata que sirve de señal. || Fogarín.
FOGARÍN m. *And.* Hogar común que encienden a veces los trabajadores del campo.
FOGATA f. Fuego que levanta llama. || Mina cargada con pólvora que sirve para hacer saltar rocas y se usa también en fortificaciones.
FOGÓN m. Lugar donde se hace lumbre en las cocinas. || Oído de los cañones, morteros, etc. || Hogar de máquina de vapor. || *Amer.* Fogata. || *Arg.* Reunión en torno al fuego.
FOGONADURA f. *Mar.* Agujero en la cubierta de la embarcación por donde pasan los palos que se clavan en la sobrequilla. || *Amer.* Parte del poste o viga metida en el suelo o pared. || *Col.* Hoguera, hogar.
FOGONAZO m. Llama hecha por la pólvora.
FOGONERO m. El que cuida del fogón, en las máquinas de vapor: *el fogonero de una locomotora.*
FOGOSIDAD f. Viveza excesiva, ardor. || — SINÓN. *Ímpetu, impetuosidad, vehemencia, arrebato, ahínco, encarnizamiento, violencia, virulencia.*
FOGOSO, SA adj. Ardiente, impetuoso, lleno de fuego: *caballo fogoso.* || — SINÓN. *Ardoroso, endiablado, endemoniado, caluroso, entusiasta.* || — CONTR. *Tranquilo, pacífico.*
FOGUEAR v. t. Limpiar con fuego una escopeta. || *Mil.* Acostumbrar a los soldados al fuego. || *Taurom.* Poner al toro banderillas de fuego. || *Fig.* Acostumbrar a alguien a las penalidades y trabajos propios de un estado o profesión.
FOGUEO m. Acción de foguear.
FOGUERO m. *Venez.* Pirotécnico.
FOGUISTA m. *Arg.* Fogonero.
FOJA f. *For.* Hoja de papel en un proceso. || *Amer.* Cualquier hoja de papel.
FOJA f. Especie de ánade negra con manchas blancas en la cabeza. || Fúlica, ave zancuda.
FÓLADE f. Molusco lamelibranquio que vive hundido en las rocas que perfora.
FOLDING m. (pl. ingl. que sign. *plegable*). Cámara fotográfica de fuelle.
FOLGO m. Bolsa de pieles que sirve para abrigar los pies del que está sentado.
FOLÍA f. (fr. *folie*). Cierto baile antiguo. || Canto popular canario.
FOLIÁCEO, A adj. *Bot.* De las hojas.
FOLIACIÓN f. Acción de foliar y serie de los folios de un libro. || *Bot.* Momento en que echan sus hojas las plantas. || Colocación de las hojas en la planta.
FOLIADO, DA adj. *Bot.* Provisto de hojas.
FOLIAR v. t. Numerar los folios de un libro. (SINÓN. V. *Numerar.*)
FOLIAR adj. De las hojas: *glándula foliar.*
FOLIATURA f. Foliación.
FOLICULAR adj. Relativo a los folículos.
FOLICULARIO m. (fr. *folliculaire*). *Despect.* Gacetillero, escritorzuelo. (SINÓN. V. *Periodista.*)
FOLÍCULO m. (lat. *folliculus*). *Bot.* Fruto seco, membranoso, con una valva o ventalla. || *Zool.* Glándula de forma de saquito: *folículo sebáceo.*
FOLIJONES m. pl. Cierta danza antigua de Castilla la Vieja.
FOLIO m. (del lat. *folium,* hoja). Hoja del libro o cuaderno. || Titulillo de página impresa. || *Bot.* Planta euforbiácea. || *Folio atlántico,* el de grandes dimensiones en que forma una hoja cada pliego, como en los atlas. || *Folio de Descartes,* curva de tercer grado con dos ramas infinitas de asíntota común, que se cortan formando un lazo sencillo. || *Fig.* y *fam. De a folio,* muy grande. || *En folio,* loc. adv., dícese del libro cuyo tamaño iguala a la mitad de un pliego de papel de marca ordinaria. || *Amer.* Adehala, regalo. || *Col.* Alfeñique, alfandoque.
FOLIOLAR adj. *Bot.* Relativo al folíolo.
FOLÍOLO m. Cada una de las hojas que forman una hoja compuesta: *los folíolos de la acacia.*
FOLKLORE m. (pal. ingl. que sign. *ciencia del pueblo*). Ciencia de las tradiciones y costumbres de un país. || Conjunto de las tradiciones, poemas, leyendas, etc., de un país: *el folklore andaluz es riquísimo.*

foca

folíolo

Fot Singer

FOLKLÓRICO, CA adj. Perteneciente o relativo al folklore.
FOLKLORISTA m. El que estudia cuestiones de folklore.
FOLUZ f. (ár. *foluç*). Cornado, moneda antigua.
FOLLA f. Junta o mezcla desordenada.
FOLLADA f. Especie de empanadilla hojaldrada.
FOLLADO m. *Bot.* Arbusto caprifoliáceo de Canarias. ‖ *Col., Ecuad.* Saya, enagua de las mujeres del pueblo.
FOLLADOS m. pl. Especie de calzones muy huecos y arrugados que se usaban en lo antiguo.
FOLLAJE m. Hojas de los árboles: *el follaje del pino.* (SINÓN. *Hojas, hojarasca, fronda, frondosidad.*) ‖ *Arq.* Adorno de hojas hendidas y

rizadas. ‖ *Fig.* Adorno superfluo, complicado. ‖ *Fig.* Palabrería.
FOLLAR v. t. (del lat. *folium,* hoja). Plegar en forma de hojas alguna cosa. ‖ Afollar, poner como un fuelle. ‖ — V. r. Soltar un follón, ventosear. ‖ — IRREG. Se conjuga como *hollar.*
FOLLEO m. *Cub.* Follisca. ‖ *Cub.* Borrachera.
FOLLETÍN m. (dim. de *folleto*). Artículo o fragmento de novela que se inserta en la parte inferior de la plana de un periódico: *folletín literario.* (SINÓN. V. *Artículo.*)
FOLLETINESCO, CA adj Propio del folletín.
FOLLETINISTA com. Escritor de folletines.
FOLLETISTA com. Escritor de folletos.
FOLLETO m. (ital. *foglietto*). Impreso que tiene menos importancia que el libro y no suele encuadernarse: *un folleto de propaganda.* ‖ — SINÓN. *Opúsculo, cuaderno.* V. tb. *libro.*
FOLLISCA f. *Col.* y *Venez.* Riña, pendencia.
FOLLÓN, ONA adj. y s. Perezoso y negligente. (SINÓN. V. *Cobarde.*) ‖ Arrogante y ruin. ‖ — M. Cohete que no truena. ‖ Vástagos que echan los árboles desde la raíz. ‖ *Pop.* Ventosidad sin ruido. ‖ *Pop.* Jaleo. ‖ *Ecuad.* Refajo, enagua.
FOMENTACIÓN f. (lat. *fomentatio*). *Med.* Acción y efecto de fomentar. ‖ *Med.* Fomento.
FOMENTADOR, RA adj. y s. Que fomenta o excita, fautor: *fomentador de discordias.*
FOMENTAR v. t. (lat. *fomentare*). Calentar: *la gallina fomenta los huevos.* ‖ *Fig.* Excitar, mantener: *fomentar rebeliones.* ‖ *Med.* Aplicar un fomento. ‖ *Cub.* Empezar a levantar un negocio.
FOMENTO m. Calor que se suministra a una cosa. ‖ Pábulo con que se ceba una cosa: *dar fomento a la lumbre.* ‖ *Fig.* Auxilio. ‖ *Med.* Medicamento líquido de uso externo, aplicado en paños: *ponerle fomentos en el furúnculo.*
FON m. (gr. *phon*). Unidad de potencia sonora para medir la intensidad de los ruidos.
FONACIÓN f. (del gr. *phonê,* voz). Emisión de la voz y fenómenos relativos a la formación de las palabras.
FONDA f. Casa pública donde se sirve de comer y suele darse hospedaje. (SINÓN. V. *Café* y *restaurante.*) ‖ *Guat.* Estanquillo donde venden aguardiente. ‖ *Chil.* Aguaducho. ‖ *Arg.* Restaurante malo.
FONDABLE adj. *Mar.* Dícese de los parajes donde pueden dar fondo los barcos: *una bahía fondable.*
FONDADO, DA adj. De fondo reforzado: *tonel fondado.* ‖ *Col. Fam.* Que tiene fondos o dinero.
FONDEADERO m. Paraje de profundidad suficiente para que pueda dar fondo el barco. (SINÓN. V. *Puerto.*)
FONDEADO, DA adj. *Amer.* Acaudalado, rico.
FONDEAR v. t. Reconocer el fondo del agua. ‖ Registrar el fisco una embarcación. ‖ *Fig.* Examinar: *fondear a un candidato.* ‖ — V. i. *Mar.* Dar fondo, anclar: *fondear en la bahía.* ‖ V. r. *Amer.* Enriquecerse.
FONDEO m. Acción de fondear.
FONDERO, RA m. y f. *Amer.* Fondista.
FONDILLO m. *And.* Trasero. ‖ *Chil.* Calzoncillos. ‖ — M. pl. Parte trasera del pantalón.
FONDILLÓN m. Madre de la cuba cuando se vuelve a llenar. ‖ Vino rancio de Alicante.
FONDILLÓN, ONA y **FONDILLUDO, DA** adj. *Amer.* De trasero grueso. ‖ *Arg.* Calzonazos.
FONDISTA com. Persona que tiene una fonda.
FONDO m. (lat. *fundus*). Parte más baja de una cosa hueca: *el fondo de un pozo.* ‖ Superficie sólida sobre la cual descansa el agua del mar o de un río. ‖ Hondura. ‖ Lo que queda en el fondo: *el fondo del vaso.* ‖ Parte que se encuentra más lejos de la entrada: *esta tienda tiene mucho fondo.* ‖ En las telas, campo sobre el cual se destacan las labores. ‖ Parte sobre la cual se destacan los objetos de un cuadro, de un paisaje. ‖ Capital, caudal: *fondo social. Fig.*: *un fondo de malicia.* ‖ *Fig.* Índole: *persona de buen fondo.* ‖ Resistencia física. ‖ *Fig.* Lo principal de una cosa: *entrar en el fondo de un asunto.* (SINÓN. V. *Materia.*) ‖ *Col.* y *Chil.* Paila grande. ‖ *Arg.* Último patio de una casa. ‖ *Mar.* Parte del buque que va debajo del agua: *limpiar fondos.* ‖ — Pl. *Com.* Caudales: *no tener fondos disponibles.* (SINÓN. V. *Dinero.*) ‖ *Fondos públicos,* valores mobiliarios emitidos por el Estado. ‖ *Méx.* y *Ant.* Enagua blanca con volante. ‖ *A fondo,* loc. adv., enteramente: *estudiar a fondo una cuestión.* ‖ *Bajos fondos,* conjunto de gente maleante. ‖ *Mar. Dar fondo,* echar el áncora al fondo. ‖ *Mar. Echar a fondo,* echar a pique. Ú. t. en sent. fig. ‖ *Mar. Irse a fondo,* hundirse el barco. ‖ *Estar en fondos,* tener dinero. ‖ *Carrera de fondo,* la de largo recorrido (más de 5 000 m en atletismo y más de 800 m en natación).
FONDÓN, ONA adj. De trasero muy abultado.
FONDONGA f. *Venez.* Vaca o yegua barrigona.
FONDUCHO m. Fonda mala y pobre, figón.
FONEMA m. Término genérico que comprende todos los elementos sonoros del lenguaje. ‖ Signo gráfico con que se representa en la escritura.
FONÉTICO, CA adj. (gr. *phonêtikos*). Perteneciente al sonido en general. ‖ *Escritura fonética,* la que representa los sonidos de que se componen las palabras, como nuestra escritura alfabética. (CONTR. *Escritura ideográfica.*) ‖ — F. Parte de la gramática que estudia los sonidos y las articulaciones.
FONETISMO m. Representación de los sonidos vocales por medio de la escritura.
FONETISTA com. Persona versada en fonética.
FONFÓN m. *Cub.* Castigo de azotes.
FÓNICO, CA adj. (del gr. *phônê,* voz). Perteneciente o relativo a la voz o al sonido: *signo fónico.*
FONJE adj. (del lat. *fungus,* hongo). Muy blando.
FONO m. Unidad de potencia sonora para medir la intensidad de los sonidos.
FONO m. *Chil.* Auricular de teléfono.
FONOCAPTOR m. (del gr. *phônê,* voz, y el lat. *captor*). *Electr.* Dispositivo para reproducir eléctricamente las vibraciones de un disco fonográfico. (Consta de un brazo articulado en cuya extremidad hay una aguja conectada con la membrana de un micrófono.)
FONOGRÁFICO, CA adj. Del fonógrafo.
FONÓGRAFO m. (del gr. *phônê,* voz, y *graphein,* inscribir). Aparato que permite registrar y reproducir los sonidos.
FONOGRAMA m. Signo que representa un sonido.
FONOLITA f. (del gr. *phonê,* sonido, y *lithos,* piedra). Roca volcánica, de color gris, muy sonora.
FONOLOGÍA f. (del gr. *phônê,* voz, y *logos,* tratado). Estudio de los diversos sonidos de un idioma.
FONOMETRÍA f. Arte de medir la intensidad de los sonidos o de la voz.
FONÓMETRO m. Aparato que sirve para medir el sonido.
FONOTECA f. Archivo donde se reúnen los documentos sonoros.
FONTANA f. *Poét.* Fuente.
FONTANAL adj. (lat. *fontanalis*). Perteneciente a la fuente. ‖ — M. Fontanar, manantial.
FONTANAR m. Manantial.
FONTANELA f. *Anat.* Espacio que en los recién nacidos media entre algunos huesos del cráneo.
FONTANERÍA f. Arte del fontanero. ‖ Conjunto de cañerías de una fuente.

Fot. Neurdein

FONTANERO, RA adj. Perteneciente a las fuentes. || — M. Artífice que fabrica y compone las fuentes y cañerías.
FONTEZUELA f. Fuente pequeña.
FONTÍCULO m. (lat. *fonticulus*). *Med.* Fuente.
FOÑICO m. *And.* Hoja seca de maíz.
FOOTBALL m. (pal. ingl.). Fútbol.
FOOTING m. (pal. ingl., pr. *fúting*). Marcha a pie.
FOQUE m. (al. *fock*). *Mar.* Nombre de las velas triangulares colocadas entre los masteleros de proa y los botalones del bauprés.
FORADO m. *Ant.* Horado, agujero.
FORAJIDO, DA adj. (del lat. *foras*, fuera, y *exitus*, salido). Facineroso que huye por despoblado.
FORAL adj. Perteneciente al fuero. || — M. *Gal.* Tierra dada en foro o enfiteusis.
FORALMENTE adv. m. Con arreglo a fuero.
FORAMEN m. Agujero.
FORAMINADO, DA adj. Agujereado.
FORAMINÍFEROS m. pl. Orden de protozoarios recubiertos de una concha dura y horadada.
FORÁNEO, A adj. Forastero, extraño.
FORASTERO, RA adj. Que viene de fuera. || — Adj. y s. Dícese de la persona que vive o está en un lugar de donde no es vecina.
FORCEJAR y **FORCEJEAR** v. i. Hacer fuerza. (SINÓN. V. *Resistir.*)
FORCEJEO m. Acción de forcejar.
FORCEJO m. Forcejeo.
FORCEJÓN m. Esfuerzo violento.
FORCEJUDO, DA adj. Que tiene mucha fuerza.
FÓRCEPS m. (del lat. *forceps*, tenaza). *Cir.* Instrumento de cirugía que se usa en los partos difíciles.
FORENSE adj. (lat. *forensis*). Perteneciente al foro. || *Médico forense*, el que ejerce sus funciones por delegación judicial o municipal.
FORENSE adj. (del lat. *foras*, de fuera). Forastero.
FORERO, RA adj. Perteneciente o hecho conforme a fuero. || — M. Dueño de finca dada a foro. || El que paga foro.
FORESTACIÓN f. Repoblación forestal.
FORFAIT m. (pal. fr., pr. *forfé*). Ajuste de precio a un tanto alzado. || En deportes, incomparecencia de un participante.
FORESTAL adj. Relativo a los bosques.
FORILLO m. *Teatr.* Telón pequeño detrás del telón de foro cuando hay en éste puertas o ventanas.
FORJA f. Fragua de los plateros. || Ferrería. || Acción de forjar: *la forja de una herramienta.* || Mezcla, argamasa. || *Col.* Anafe, hornillo.
FORJABLE adj. Que se puede forjar o labrar a martillazos: *el hierro caliente es fácilmente forjable.*
FORJADOR adj. y s. m. Que forja.
FORJADURA f. y **FORJAMIENTO** m. Forja.
FORJAR v. t. Dar forma con el martillo a cualquier metal: *Vulcano en persona forjó las armas de Aquiles.* || Fabricar. (Dícese entre albañiles.) || *Fig.* Inventar: *forjar embustes.*
FORMA f. (lat. *forma*). Figura exterior de los cuerpos. (SINÓN. *Figura, configuración, estructura, conformación, modelo.* V. tb. *aspecto.*) || Disposición de las partes de un cuerpo. || Modo de proceder: *obrar con buenas formas.* || Molde: *la forma de una estatua.* || Tamaño de un libro: *forma apaisada.* || Modo, manera: *no hay forma de hacerle entrar en razón.* || Estilo de una obra literaria: *la forma de una obra es tan importante como el fondo.* (SINÓN. V. *Estilo.*) || Hostia pequeña con que comulgan los fieles. || Palabras de un sacramento. || *Impr.* Molde con las páginas de un pliego. || *Fil.* Principio activo que constituye la esencia de los cuerpos. || Buena condición física. || *Méx.* Horma del azúcar. || *De forma*, de modo. || *En forma, en debida forma*, o *en buena forma*, con todos los requisitos necesarios.
FORMABLE adj. Que se puede formar.
FORMACIÓN f. Acción de formar o formarse: *la formación de los médanos es debida a la acción de los vientos.* || Educación, instrucción. || Rocas o piedras que constituyen un suelo: *formación cuaternaria.* || Conjunto de los elementos que constituyen un cuerpo de tropas. || Disposición diversa que puede tomar la tropa en el terreno. || Perfil de entorchado usado en ciertos bordados.
FORMADOR, RA adj. y s. Que forma.
FORMAJE m. *Méx.* Conjunto de formas para el azúcar.
FORMAL adj. (lat. *formalis*). Perteneciente a la forma. (SINÓN. V. *Evidente.*) || Que tiene formalidad, serio: *es hombre muy formal.* || Expreso, positivo: *dar una orden formal.*
FORMALDEHÍDO m. *Quím.* Aldehído fórmico.
FORMALETA f. *Col.* Cimbra de un arco.
FORMALIDAD f. Condición necesaria para la validez de un acto judicial. || Ceremonia, regla: *someterse a todas las formalidades.* || Exactitud, seriedad: *ese hombre tiene mucha formalidad.*
FORMALINA f. Uno de los nombres del aldehído fórmico. (SINÓN. *Formol.*)
FORMALISMO m. Apego excesivo a las formas y formalidades: *el formalismo administrativo.* || *Fil.* Sistema metafísico que sólo reconoce la existencia de la forma: *el formalismo de Kant.*
FORMALISTA m. Persona escrupulosamente cuidadosa de la forma o tradición.
FORMALIZACIÓN f. Acción de formalizar.
FORMALIZAR v. t. Dar forma a una cosa. || Revestir con las formalidades legales: *formalizar un expediente.* || Concretar, precisar: *formalizar una oposición.* || — V. r. Darse por ofendido por lo que no lo merece: *formalizarse por tonterías.*
FORMALMENTE adv. m. Según la forma debida. || Con formalidad, expresamente.
FORMALOTE adj. Formal: *muchacho formalote.*
FORMAR v. t. Dar forma. (SINÓN. *Constituir componer, modelar.*) || Reunir: *formar un grupo.* || *Mil.* Poner en orden: *formar una compañía.* || Criar, instruir. (SINÓN. V. *Crear* y *educar.*) || — V. i. *Mil.* Colocarse en formación. || *Méx.* Ajustar los moldes de imprenta. || — V. r. Desarrollarse una persona.
FORMATIVO, VA adj. Que sirve para formar.
FORMATO m. Galicismo por *tamaño.*
FORMATRIZ adj. Formadora, que forma.
FORMERO m. *Arq.* Nombre de los arcos que sostienen una bóveda vaída.
FORMIATO m. Sal que se obtiene con el ácido fórmico y una base: *formiato de sosa.*
FORMICANTE adj. *Med. Pulso formicante*, el débil y frecuente, semejante a la sensación producida por la picadura de las hormigas.
FÓRMICO adj. (del lat. *formica*, hormiga). *Quím. Ácido fórmico*, ácido que se encuentra en las ortigas, el cuerpo de las hormigas, etc.: *el ácido fórmico es estimulante.* || *Aldehído fórmico*, desinfectante enérgico, sacado del alcohol metílico.
FORMIDABLE adj. Muy temible: *enemigo formidable.* || Muy grande o muy fuerte: *ruido formidable.* (SINÓN. V. *Terrible.*)
FORMIDOLOSO, SA adj. (lat. *formidolosus*). Que tiene mucho miedo. || Espantoso. (P. us.).
FORMOL m. Aldehído fórmico. (V. FÓRMICO.)
FORMÓN m. Especie de escoplo más ancho y menos grueso que el común. || Sacabocados de boca circular.
FORMOSEÑO, ÑA adj. y s. De Formosa (Argentina).
FÓRMULA f. (lat. *formula*). Modelo que contiene los términos en que debe redactarse un documento: *fórmula legal.* || Receta: *medicamento compuesto según la fórmula.* || Modo de expresarse: *fórmulas de cortesía.* || Resultado de un cálculo algébrico, del que pueden hacerse aplicaciones a varios casos análogos. || *Quím.* Representación simbólica de la composición de un cuerpo compuesto.
FORMULAR v. t. Expresar formalmente: *formular una queja.* || Recetar conforme a fórmula: *formular una receta.* || Expresar, manifestar. (SINÓN. V. *Enunciar.*)
FORMULARIO m. Colección de fórmulas o recetas: *formulario farmacéutico.* || — Adj. Propio de fórmulas; formulista.
FORMULISMO m. Gran sujeción a las fórmulas.
FORMULISTA adj. Apegado a las fórmulas.
FORNALLA f. *Cub.* Cenicero de horno.
FORNICACIÓN f. Unión carnal fuera del matrimonio.
FORNICADOR, RA adj. y s. Que fornica.
FORNICAR v. i. (lat. *fornicari*). Cometer el pecado de la fornicación.

foque

formero

FORNIDO, DA adj. Robusto: *mocetón fornido.*
FORNITURAS f. pl. (fr. *fourniture*). *Mil.* Correaje o cartuchera que llevan los soldados.
FORO m. (lat. *forum*). Plaza donde se trataban en Roma los asuntos públicos. || Sitio donde los tribunales juzgan las causas. || Jurisprudencia, curia, ejercicio de la abogacía y la magistratura. || *Teatr.* Fondo del escenario.
FORORO m. *Venez.* Mazamorra de maíz tostado con papelón.
FORRADO m. *Arg.* Monigote de palo.
FORRAJE m. (fr. *fourrage*). Hierba, heno o paja que se da a las bestias: *la esparceta da excelente forraje.* || *Amer.* Especialmente, forraje seco. || Acción de forrajear: *salir al forraje.* || *Fam.* Fárrago: *ese libro es puro forraje.*
FORRAJEADOR m. Soldado que va a forrajear.
FORRAJEAR v. t. Segar el forraje. || *Mil.* Salir los soldados a buscar el forraje para los caballos.
FORRAJERA f. Cordón de adorno que llevan en la hombrera ciertos militares.

forrajera

FORRAJERO, RA adj. Dícese de los vegetales que sirven para forraje: *la alfalfa y la esparceta son plantas forrajeras.*
FORRAR v. t. Aforrar. || Cubrir con funda o forro: *forrar un libro de [en] tela.* || — V. r. *Amer. Fam.* Comer bien antes de salir.
FORREAR v. i. *Venez.* Resoplar el caballo.
FORRO m. (gót. *fodr*). Abrigo o defensa: *poner forro a una caja.* || Tela interior con que se refuerza un vestido. || Cubierta que se pone a un libro para protegerlo: *forro de tela.* || *Mar.* Revestimiento exterior del barco. || *Amer. Echar un forro,* pegar un petardo a alguno. || *Guat. De forro,* loc. adv., además. *Cub.* De gorra. || *Fig.* y *fam. No conocer ni por el forro,* desconocer completamente.
FORTACHO, CHA *Arg.* y *Chil.* y **FORTACHÓN, ONA** adj. *Fam.* Muy fuerte, robusto.
FORTALECEDOR, RA adj. Que fortalece.
FORTALECER v. t. Fortificar, dar fuerza: *fortalecer una ciudad.* (SINÓN. V. *Afirmar* y *nutrir*) || — IRREG. Se conjuga como *merecer.*
FORTALECIMIENTO m. Acción y efecto de fortalecer.
FORTALEZA f. Fuerza, vigor, robustez. (SINÓN. V. *Energía.*) || Una de las virtudes cardinales. || Recinto fortificado: *atacar una fortaleza.* (SINÓN. *Ciudadela, fortín, fuerte.* V. tb. *castillo* y *presidio.*) || Hoyuelo (juego). || *Chil.* Hedor. || *Fortaleza volante,* o *superfortaleza,* nombre que se dio en la Segunda Guerra Mundial a los bombarderos pesados norteamericanos (B.17, B.29).
FORTE adv. m. (pal. ital.). Indica en la música los trozos en que se debe aumentar el sonido.
¡FORTE! interj. *Mar.* Voz con que se manda hacer algo.
FORTEPIANO m. (del ital. *forte,* fuerte, y *piano* suave). *Mús.* Nombre antiguo del *piano.*
FORTIFICACIÓN f. Acción de fortificar. || Obra con que se fortifica un sitio. (SINÓN. *Blocao, reducto, trinchera, baluarte, muralla.*)
FORTIFICANTE adj. y s. Que fortifica o da fuerzas: *el chocolate es un excelente fortificante.* (SINÓN. V. *Reconstituyente.*)
FORTIFICAR v. t. Dar fuerza: *fortificar una idea.* (SINÓN. V. *Afirmar.*) || Rodear con fortificaciones un pueblo o ciudad.
FORTÍN m. Fuerte pequeño. (SINÓN. V. *Fortaleza.*)
FORTÍSIMO, MA adj. Muy fuerte, muy sólido: *edificar una pared fortísima.*
FORTUITAMENTE adv. m. Por casualidad. (SINÓN. V. *Accidentalmente.*)
FORTUITO, TA adj. (lat. *fortuitus*). Que sucede por casualidad, imprevisto: *acontecimiento fortuito.* || — CONTR. *Previsto, esperado.*
FORTUNA f. (lat. *fortuna*). Azar, suerte: *la fortuna de las armas.* || Suerte: *seguir la fortuna de uno.* || Felicidad, buena suerte: *tener fortuna en su empresa.* (SINÓN. V. *Dicha.*) || Hacienda, capital: *perder la fortuna en especulaciones.* || Borrasca, tempestad: *correr fortuna la goleta.* || *Por fortuna,* m. adv., afortunadamente: *por fortuna le hallé en casa.* || *Probar fortuna,* intentar algo difícil o dudoso. || — OBSERV. Son galicismos las loc: *hombre de buenas fortunas,* afortunado en amores; *al alcance de todas las fortunas,* de precio módico; *la fortuna del país,* la riqueza del país.
FORTUNÓN m. *Fam.* Fortuna muy grande. || Dineral: gran cantidad de dinero.
FORTUNOSO, SA adj. *Amer.* Afortunado. || Venturoso, feliz.
FORÚNCULO m. *Med.* Furúnculo, divieso.
FORZADAMENTE adv. m. Por fuerza.
FORZADO, DA adj. Ocupado por fuerza. || Forzoso: *trabajos forzados.* || No espontáneo: *risa forzada.* || — M. Galeote, presidiario.
FORZADOR m. El que hace fuerza o violencia.
FORZAL m. Lomo o parte llena de donde arrancan las púas o dientes del peine.
FORZAMIENTO m. Acción de forzar o violentar.
FORZAR v. t. Hacer fuerza, violentar: *forzar una puerta.* || Entrar por violencia: *forzar un castillo.* || Tener acceso carnal con mujer en contra de su voluntad (SINÓN. V. *Violar.*) || *Fig.* Obligar: *le forzó a que saliera.* || — IRREG. Se conjuga como *almorzar.*
FORZOSA f. Lance del juego de las damas a la española. || *Fig.* y *fam. Hacer a uno la forzosa,* obligarle a que ejecute lo que no quisiera.
FORZOSAMENTE adv. m. Por fuerza. || Necesaria e ineludiblemente.
FORZOSO, SA adj. Que no se puede evitar: *una visita forzosa.* (SINÓN. V. *Inevitable.* CONTR. *Evitable.*)
FORZUDO, DA adj. Muy fuerte: *gigante forzudo.* (SINÓN. V. *Fuerte.*)
FOSA f. (lat. *fossa*). Sepultura, hoya. (SINÓN. V. *Cavidad.*) || *Anat.* Cavidad natural del cuerpo: *las fosas nasales.* || *Fosa séptica,* pozo que recibe los residuos y los descompone por un procedimiento químico.
FOSAL m. (de *fosa*). *Ar.* Sepulcro, fosa, hoya.
FOSAR v. t. Hacer un foso alrededor de algo.
FOSCA f. Niebla. || *Murc.* Bosque enmarañado.
FOSCO, CA adj. Hosco.
FOSFATADO, DA adj. Que contiene fosfato. || — M. Acción de fosfatar.
FOSFATAR v. t. Agregar fosfato a otra substancia: *harina fosfatada.*
FOSFÁTICO, CA adj. *Quím.* Relativo al fosfato, compuesto de fosfatos.
FOSFATO m. Sal formada por el ácido fosfórico: *el fosfato de cal se encuentra en los huesos.*
FOSFATURIA f. Exceso de fósforo en la orina.
FOSFENO m. Sensación luminosa que resulta de la compresión del ojo estando cerrado el párpado.
FOSFINAS f. pl. Clase de compuestos orgánicos que derivan del hidrógeno fosforado.
FOSFORADO, DA adj. Que contiene fósforo.
FOSFORECER v. i. Despedir fosforescencia.
FOSFORERO, RA m. y f. Que fabrica o vende fósforos. || — F. Estuche para guardar fósforos.
FOSFORESCENCIA f. Propiedad que tienen ciertos cuerpos de volverse luminosos en la obscuridad, sin calor sensible y sin combustión, como la luciérnaga, el fósforo, etc.: *la fosforescencia del mar es debida a la presencia de diversos protozoarios.*
FOSFORESCENTE adj. Que fosforece.
FOSFÓRICO, CA adj. Del fósforo: *ácido fosfórico.*
FOSFORITA f. Fosfato de cal natural: *se emplea la fosforita como abono en la agricultura.*
FÓSFORO m. (del gr. *phôs,* luz, y *phoros,* que lleva). Cuerpo simple (P), de número atómico 15, transparente, incoloro o ligeramente amarillento, muy inflamable y luminoso en la obscuridad: *el fósforo fue descubierto por Brandt en 1669.* || Cerilla o cerillo con cabeza de fósforo: *encender un fósforo.* || *Fósforo amorfo,* el rojo. || *Col.* Fulminante, pistón de un arma de fuego. || *Méx. Fam.* Café con aguardiente.
— Existe el *fósforo* en la naturaleza en estado de fosfatos; encuéntrase igualmente en los huesos, el sistema nervioso y la orina. Se derrite a 44° y hierve a 280°. Soluble en el sulfuro de carbono, se transforma, cuando se lo calienta hasta 240°, en un producto llamado *fósforo rojo.* Dicho fósforo no es venenoso, mientras que lo es excesivamente el primero. Ambos pueden servir igualmente para la fabricación de cerillas.
FOSFOROSO, SA adj. *Ácido fosforoso,* el ácido formado por la combustión lenta del fósforo.
FOSFURO m. Cuerpo compuesto que resulta de la combinación del fósforo con algunos cuerpos.

FOSGENO m. Gas tóxico formado de cloro y óxido de carbono.

FÓSIL m. (lat. *fossilis*). Nombre que se da a los fragmentos de animales o plantas petrificados que se encuentran en diversos terrenos geológicos antiguos. || — Adj.: *concha fósil.* || *Fig.* y *fam.* Muy viejo. || Muy atrasado: *ese hombre es un verdadero fósil.*

FOSILÍFERO, RA adj. Que contiene fósiles: *terreno fosilífero.*

FOSILIZACIÓN f. Acción de fosilizarse.

FOSILIZARSE v. r. Convertirse en fósil: *concha fosilizada.* || *Fig.* Estancarse en sus ideas.

FOSO m. (lat. *fossus*). Hoyo: *foso profundo.* || *Teatr.* Piso inferior del escenario. || *Fort.* Excavación profunda que rodea una fortaleza. (SINÓN. V. *Trinchera.*) || Espacio lleno de arena para recibir al atleta después del salto. || En los garajes, excavación que permite explorar los coches desde abajo.

FOTINGO m. *Cub.* Automóvil pequeño de alquiler. || Vaso de leche y mantecado.

FOTO, prefijo, del gr. *phôs, phôtos,* que significa *luz* y entra en la composición de voces científicas. || — F. Apócope familiar de *fotografía.*

FOTO m. Unidad de iluminancia en el sistema C. G. S. (Ph), equivalente a 10 000 lux.

FOTOCALCO m. Calco obtenido mediante la fotografía.

FOTOCOPIA f. Fotografía especial obtenida directamente sobre el papel y empleada para reproducir documentos.

FOTOCOPIAR v. t. Hacer fotocopias.

FOTOCROMÍA f. Procedimiento de impresión en color: *tirada en fotocromía.*

FOTOELECTRICIDAD f. Producción de electricidad por acción de la luz.

FOTOELÉCTRICO, CA adj. Relativo a la luz y a la electricidad. || *Célula fotoeléctrica,* especie de lámpara, inventada por Lee de Forest, que deja pasar la corriente eléctrica sólo cuando la hiere la luz. (Aplícase al cine sonoro, la telemecánica, etc.)

FOTOFOBIA f. *Med.* Horror a la luz.

FOTOGÉNICO, CA adj. Relativo a los efectos químicos de la luz sobre ciertos cuerpos. || Que impresiona la placa fotográfica: *el azul es muy fotogénico.* || *Por ext.* Dícese de las personas que son muy adecuadas para fotografiarlas.

FOTÓGENO adj. Que engendra la luz.

FOTOGRABADO m. Procedimiento fotográfico que permite conseguir, por medio de la fotografía, láminas grabadas: *fotograbado en cobre.*

FOTOGRABADOR m. El que se dedica al fotograbado: *taller de fotograbador.*

FOTOGRABAR v. t. Reproducir una imagen por medio del fotograbado: *fotograbar un mapa.*

FOTOGRAFÍA f. (del gr. *phôs, phôtos,* y *graphein,* grabar). Arte de fijar en una placa impresionable a la luz las imágenes obtenidas con ayuda de una cámara obscura: *aprender la fotografía.* || Reproducción de dicha imagen: *una fotografía al carbón.* (SINÓN. V. *Retrato.*) || Taller donde se hacen fotografías. || *Fotografía aérea* o *aerofotografía,* imagen del suelo tomada desde una aeronave. (La *fotografía aérea* es de uso corriente en cartografía, reconocimiento militar, investigación arqueológica, etc.)

FOTOGRAFIAR v. t. Obtener una imagen por medio de la fotografía: *fotografiar un paisaje.* || *Fig.* Describir minuciosamente.

FOTOGRÁFICO, CA adj. Relativo a la fotografía: *papel fotográfico.* || Obtenido por medio de la fotografía: *sacar una buena prueba fotográfica.*

FOTÓGRAFO m. Persona que ejerce la fotografía.

FOTOGRAMA f. Cada una de las imágenes de una película cinematográfica.

FOTOGRAMETRÍA f. Procedimiento para obtener planos por medio de fotografías aéreas.

FOTOLITOGRAFÍA f. Procedimiento de impresión litográfica en el cual el dibujo se reporta a la piedra por medio de la fotografía.

FOTOLITOGRAFIAR v. t. Hacer fotolitografías.

FOTOLITOGRÁFICO, CA adj. Relativo a la fotolitografía: *prueba fotolitográfica.*

FOTOMECÁNICO, CA adj. Dícese de los procedimientos de impresión tipográfica con clisés obtenidos mediante la fotografía.

FOTOMETRÍA f. Parte de la óptica que trata de la medición de la intensidad de la luz.

FOTÓMETRO m. *Fís.* Aparato empleado para medir y comparar la intensidad de la luz.

FOTÓN m. En la teoría física moderna, partícula luminosa.

FOTOQUÍMICA f. Ciencia que estudia los efectos químicos debidos a la luz.

FOTOSENSIBLE adj. Sensible a la luz.

FOTOSFERA f. Zona luminosa y más interior de la envoltura gaseosa del Sol.

FOTOSÍNTESIS f. Síntesis de un cuerpo químico en presencia de la luz solar, por la acción de la clorofila.

FOTOSINTÉTICO, CA adj. Que se refiere a la fotosíntesis.

FOTOTECA f. Archivo fotográfico.

FOTOTERAPIA f. Curación de ciertas enfermedades por medio de la luz natural o artificial.

FOTOTIPIA f. Procedimiento para reproducir clisés fotográficos sobre una capa de gelatina y bicromato extendida sobre cristal o cobre. || Arte de estampar estas reproducciones. || Lámina así estampada.

FOTOTIPO m. Imagen fotográfica obtenida directamente en la cámara obscura.

FOTOTIPOGRAFÍA f. Arte de obtener y estampar clisés tipográficos obtenidos mediante la fotografía.

FOTOTROPISMO m. Movimiento de crecimiento de una planta con relación al sol: *el tallo posee fototropismo positivo.*

FOTUTO m. *Cub.* Trompa hecha con un caracol. || *Venez.* Especie de flauta india.

FOX m. Perro pequeño de caza.

FOX TROT m. Baile moderno de dos tiempos.

FOYER m. (pal. fr., pr. *fuaié*). Vestíbulo en los teatros.

Fr., símbolo químico del *francio.*

FRAC o **FRAQUE** m. (al. *frack*). Vestidura de hombre de faldones estrechos y largos.

FRACASAR v. i. (ital. *fracassare*). Frustrarse un proyecto, salir. (SINÓN. *Abortar, fallar, estrellarse.*) || — V. t. Galicismo por *romper, quebrar.* || — V. r. Galicismo por *romperse.*

FRACASO m. (ital. *fracasso*). Mal éxito: *el fracaso de un negocio.* (SINÓN. *Desagracia, revés, malogro, fiasco.* V. tb. *derrota.*) || — Galicismo por *estruendo, ruido.*

FRACCIÓN f. (lat. *fractio*). División de una cosa: *la fracción del pan.* || Parte, porción de un objeto. (SINÓN. V. *Parte.*) || *Arit.* Número que expresa una o varias partes de la unidad dividida en cierto número de partes iguales: $\frac{3}{4}$, $\frac{1}{5}$. (SINÓN. *Quebrado.*) || *Fracción decimal,* aquella cuyo denominador es una potencia de 10: $\frac{23}{100}$ ó 0,23. || *Fracción irreducible,* la que no puede simplificarse. || — OBSERV. Es galicismo decir *fracción política* por *partido, parcialidad.*

FRACCIONAMIENTO m. Acción de fraccionar.

FRACCIONAR v. t. Dividir en fracciones. (SINÓN. V. *Partir.*) || Separar una mezcla de sus compuestos: *fraccionar petróleo.* || — V. r. Galicismo por *dividirse* (un partido).

FRACCIONARIO, RIA adj. De forma de fracción.

FRACTURA f. (lat. *fractura*). Rotura hecha con esfuerzo. || *Cir.* Rotura de un hueso: *el tratamiento de las fracturas consiste en la inmovilidad.* || *Geol.* Falla.

FRACTURAR v. t. Quebrar con esfuerzo una cosa: *fracturar una caja de caudales.* (SINÓN. V. *Romper.*)

FRAGA f. Frambueso, arbusto. || Breñal.

FRAGANCIA f. (lat. *fragantia*). Olor muy agradable, perfume, aroma: *la fragancia de los claveles.* || *Fig.* Buen nombre de una persona.

FRAGANTE adj. (lat. *fragans*). Perfumado, oloroso: *rosa fragante.* || Flagrante: *fragante delito.*

FRAGARIA f. (lat. *fraga*). Fresa, planta.

FRAGATA f. Buque de tres palos con vergas en todos ellos. || *Zool.* Rabihorcado, ave.

FOTOGRABADO

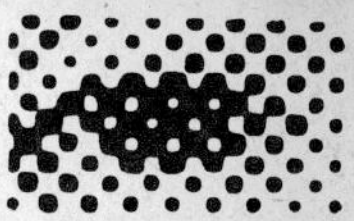

La copia de una imagen tramada sobre un metal cubierto por una capa sensible y mordido en seguida por un ácido, produce un clisé tipográfico, el cual está constituido por puntos en relieve regularmente espaciados, tanto más pequeños cuanto más clara fuese la tonalidad del original. En el momento de la impresión, estos puntos reproducirán los tonos correspondientes

máquinas fotográficas

FRÁGIL adj. (lat. *fragilis*). Quebradizo, que se rompe con facilidad: *el vidrio es frágil.* (SINÓN. *Endeble, delicado, blando.*) ‖ *Fig.* Que cae fácilmente en el pecado: *el hombre es frágil ante la tentación.* ‖ *Fig.* Caduco. ‖ *Méx. Fam.* Barb. por *pobre.*

FRAGILIDAD f. (lat. *fragilitas*). Calidad de frágil o quebradizo: *la fragilidad de las cosas humanas.*

FRAGMENTAR v. t. Dividir, cortar. (SINÓN. V. *Partir.*)

FRAGMENTARIO, RIA adj. Dícese de lo que está compuesto de fragmentos. ‖ Incompleto.

FRAGMENTO m. (lat. *fragmentum*). Parte pequeña de una cosa rota. (SINÓN. V. *Parte.*) ‖ *Fig.* Trozo de un libro o escrito: *publicar un fragmento de la Odisea.*

FRAGOR m. (lat. *fragor*). Ruido, estruendo. (SINÓN. V. *Alboroto.*)

FRAGOROSO, SA adj. Estrepitoso, estruendoso.

FRAGOSIDAD f. Espesura de los montes: *la fragosidad de una selva.* ‖ Camino áspero.

FRAGOSO, SA adj. Áspero: *un camino fragoso.* ‖ Ruidoso. (SINÓN. V. *Sonoro.*)

FRAGUA f. Fogón grande del herrero.

FRAGUADO m. Acción y efecto de fraguar o endurecerse la cal, yeso y otros materiales.

FRAGUADOR, RA adj. *Fig.* Que fragua o forja.

FRAGUAR v. t. Forjar el hierro. ‖ *Fig.* Idear y discurrir: *siempre está usted fraguando mentiras.* (SINÓN. V. *Inventar.*) ‖ — V. i. *Albañ.* Trabarse y endurecerse la masa de cal o yeso.

FRAGURA f. Fragosidad.

FRAILE m. Religioso de ciertas órdenes: *fraile capuchino.* (SINÓN. V. *Religioso.*) ‖ *Impr.* Pedacito de papel que se interpone entre el pliego y la forma durante la impresión, originando un blanco en el texto. ‖ *Fig.* y *fam. Fraile de misa y olla,* el poco instruido.

FRAILEAR v. t. *And.* Podar los árboles dejándolos mochos.

FRAILECICO o **FRAILECILLO** m. *Zool.* Ave fría, chorlito. ‖ *Tecn.* Pilarcillos del torno de la seda. ‖ *Fam.* Burbujitas que forma la lluvia al caer en las charcas.

FRAILECITO m. *Cub.* Especie de chorlito. ‖ *Per.* Especie de mono. ‖ *Cub.* Tuatúa, planta.

FRAILEJÓN m. o **FRAILEJONES** m. pl. Planta americana de la familia de las compuestas.

FRAILERÍA f. *Fam.* Los frailes en común.

FRAILERO, RA y **FRAILESCO, CA** adj. *Fam.* Relativo a los frailes.

FRAILÍA f. Estado regular.

FRAILILLOS m. pl. *Bot.* Arísaro, planta arácea.

FRAILUCO m. Fraile de poco respeto. (SINÓN. V. *Religioso.*)

FRAILUNO, NA adj. *Fam.* y *despect.* Propio de los frailes.

FRAMBOYÁN m. (fr. *flamboyant*). Árbol de las Antillas, de hermosas flores rojas.

FRAMBUESA f. (hol. *braambezie*). Fruto del frambueso, de color rojo o blanco y sabor algo agridulce: *mermelada de frambuesa.*

FRAMBUESO m. Arbusto de la familia de las rosáceas, cuyo fruto es la frambuesa.

FRÁMEA f. Jabalina de los antiguos germanos.

FRANCACHELA f. *Fam.* Comilona, convite muy abundante. (SINÓN. V. *Orgía.*)

FRANCALETE m. Cincha para asegurar una cosa.

FRANCAMENTE adv. m. Con franqueza.

FRANCÉS, ESA adj. y s. De Francia. ‖ — M. Lengua francesa: *hablar francés.* ‖ *A la francesa,* loc. adv., al uso de Francia. ‖ *Fam. Marcharse a la francesa,* irse sin despedirse.

FRANCESADA f. *Hist.* La invasión francesa ‖ Dicho o hecho característico de los franceses.

FRANCESILLA f. Planta ranunculácea de flores grandes variadas de color. ‖ Especie de ciruela.

FRANCIO m. Metal alcalino radiactivo, de número atómico 87 (símb. Fr).

FRANCISCA f. Segur de los antiguos germanos.

FRANCISCANO, NA y **FRANCISCO, CA** adj. y s. Religioso de la orden de San Francisco. ‖ *Amer.* Pardo, color.

FRANCMASÓN m. (fr. *franc-maçon*). Miembro de la francmasonería.

frambueso
y su fruto

FRANCMASONERÍA f. Asociación secreta que usa símbolos tomados de la albañilería. (V. MASONERÍA [*Parte hist.*].)

FRANCMASÓNICO, CA adj. Relativo a la francmasonería: *ceremonias francmasónicas.*

FRANCO, CA adj. (lat. *francus*). Liberal, dadivoso. ‖ Exento: *franco de todo gasto.* (SINÓN. V. *Libre.*) ‖ Leal, sincero: *carácter muy franco.* (SINÓN. *Abierto, cordial, familiar, campechano.* V. tb. *espontáneo* y *leal.*) ‖ — Adj. y s. En la costa de África se da este nombre a los europeos. ‖ Nombre que se da a los pueblos antiguos de la Germania inferior: *los francos invadieron las Galias.* ‖ En palabras compuestas significa *francés*: *guerra franco-prusiana.* ‖ *Lengua franca,* la bastarda con la que se entienden varios pueblos: *en los puertos de Oriente se habla la lengua franca.* ‖ — M. Unidad monetaria de Francia, Bélgica, Luxemburgo y Suiza.

FRANCOLÍN m. (ital. *francolino*). Género de aves gallináceas parecidas a la perdiz.

FRANCOLINO, NA adj. (de *francolín*). *Chil.* Dícese del pollo sin cola. ‖ *Ecuad.* Reculo.

FRANCOTE, TA adj. *Fam.* Muy franco. ‖ *Fam.* De carácter abierto y sincero: *mujer francota.*

FRANCOTIRADOR m. Galicismo por *guerrillero.*

FRANCHUTE, TA m. y f. *Despect.* Francés.

FRANELA f. Tejido de lana: *camisa de franela.* ‖ *Cub.* Camiseta de hombre.

FRANGENTE adj. Que frange o rompe. (P. us.)

FRANGIR v. t. Partir, dividir en pedazos.

FRANGOLLAR v. t. Hacer algo de prisa y mal.

FRANGOLLO m. Trigo cocido. ‖ *Cub.* Dulce seco de plátano y azúcar. ‖ *Arg.* Maíz pelado y molido grueso. ‖ *Chil.* Trigo o maíz machacado. ‖ *Amer.* Guiso mal hecho. ‖ *Arg.* Locro de maíz molido. ‖ *Fig.* y *fam.* Cualquier cosa mal hecha.

FRANGOLLÓN, ONA adj. y s. Que frangolla.

FRANGOTE m. *Com.* Fardo de tamaño diferente de los regulares de dos en carga.

FRANJA f. (fr. *frange*). Guarnición o fleco que sirve para adornar vestidos y otras cosas. ‖ Borde, lista, faja. *Fig.*: *una franja de luz.*

FRANJALETE o **FRANCALETE** m. *Méx.* Correa de las guarniciones que descansa en el lomo y sirve para sostener los tirantes.

FRANJAR v. t. Guarnecer con franjas.

FRANJEADO, DA adj. Adornado con franjas.

FRANJEAR v. t. Franjar, adornar con franja.

FRANJOLÍN, INA adj. Francolino.

FRANQUEAMIENTO m. Franqueo.

FRANQUEAR v. t. Libertar de un pago o tributo. (SINÓN. V. *Eximir.*) ‖ Conceder, dar: *franquear la entrada.* ‖ Desembarazar: *franquear el paso.* ‖ Pagar el porte de una carta: *franquear una carta para América.* ‖ Dar libertad: *franquear un esclavo.* ‖ Galicismo por *atravesar.* ‖ — V. r. Prestarse a los deseos de otro. ‖ Descubrir sus pensamientos.

FRANQUENIÁCEAS f. pl. *Bot.* Familia de plantas a que pertenece el albohol.

FRANQUEO m. Acción de franquear: *el franqueo de una carta; sello de franqueo.*

FRANQUEZA f. Sinceridad: *hable usted con entera franqueza.* (SINÓN. *Veracidad, claridad.*) ‖ Libertad, exención. ‖ Generosidad. (SINÓN. V. *Sencillez.*)

FRANQUÍA (En) loc. adv. *Mar.* En disposición de salir del puerto: *ponerse un barco en franquía.* ‖ *Fig.* y *fam.* Sin compromiso, libre. (P. us.)

FRANQUICIA f. Exención de derechos de aduana. ‖ *Franquicia postal,* franqueo gratuito de la correspondencia.

FRANQUISTA adj. Relativo al gobierno de Franco. ‖ — M. y f. Partidario de este gobierno.

FRAQUE m. Frac.

FRASCA f. Hojarasca. ‖ *Méx.* Reunión bulliciosa.

FRASCO m. (lat. *flasca*). Botella alta y angosta. ‖ Su contenido: *un frasco de vino.* ‖ Vaso de cuerno en que se lleva la pólvora. (SINÓN. *Cebador.*) ‖ *Riopl.* Medida de capacidad para líquidos (2 litros 37).

FRASE f. (gr. *phrasis*). Conjunto de palabras que forman sentido: *la frase española suele ser larga.* ‖ Locución, dicho generalmente breve y muy expresivo. ‖ *Frase hecha,* frase proverbial. ‖ *Frase musical,* serie de sonidos que tienen un ritmo marcado.

Fot. Archivos Fotográficos, Giraudon, E. G.

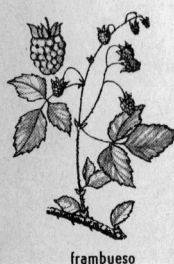

ARQUITECTURA. Se conservan algunos monumentos de gran belleza del período galorromano (Arles, Nimes), pero la época de mayor esplendor de la arquitectura francesa es la Edad Media : el arte románico, difundido por Cluny, llega a su plenitud en los s. XI y XII (Vezelay, Tournus), y en la primera mitad del s. XIII aparece en la Isla de Francia un estilo nuevo, el gótico, de cuya irradiación surgen las catedrales de París, Amiens, Reims, Bourges. La arquitectura renacentista se inspira en el decorado italiano (castillos del Loira) o en las formas de la Antigüedad (Louvre). Los s. XVII y XVIII señalan el período clásico francés, que encuentra su más alto exponente en el palacio de Versalles. Gabriel y Soufflot mantienen el culto a la Antigüedad, culto que se prolonga en el s. XIX. La construcción más célebre de este siglo es la Torre Eiffel (1889). La arquitectura del s. XX está representada por los hermanos Perret, Le Corbusier y H. Bernard.

ESCULTURA. La escultura medieval enriquece con magnificencia los conjuntos arquitecturales de la época, románicos (Autun, Arles, Moissac) o góticos (Chartres, Amiens, Reims). J. Goujon y G. Pilon son representantes ilustres del Renacimiento francés. En el s. XVII, al margen de los clásicos, merece ser citado el barroco Puget. Coustou y Houdon se destacan en el s. XVIII. Con Rude se inicia la historia de la escultura moderna francesa, en la que se distinguen Carpeaux, Rodin, Bourdelle y Maillol.

PINTURA. Los artistas de la Edad Media brillan singularmente en la técnica de las vidrieras (Chartres Sainte Chapelle) y de miniaturas. En el s. XV, primitivos, a veces anónimos, crean obras maestras Francisco I favorece el establecimiento en Francia de artistas holandeses (Clouet) e italianos (Primaticio, Rosso), y la influencia de aquéllos y éstos sigue manifestándose hasta el s. XVII (Le Nain, Poussin, C. Gellée), época en que Le Brun se convierte en un verdadero « dictador » artístico. En el s. XVIII, Watteau, Boucher y Fragonard cultivan una pintura llena de amable sensualismo, y ya a fines del siglo, David busca su inspiración en la Antigüedad. Durante el s. XIX aparecen nuevas tendencias, cuyos representantes son universalmente conocidos : Delacroix, Courbet, Manet, Monet (fundador del impresionismo), Rousseau, Renoir, Cezanne, Gauguin, Degas, T. Lautrec, Seurat y Signac. En el s. XX descuellan los nombres de Matisse (jefe del fauvismo), Utrillo, Braque, Rouault, Chagall, Vlaminck, Léger, Buffet, Mathieu y los de algunos artistas extranjeros radicados en Francia (Picasso, Modigliani).

ILUSTRACIONES

1. Detalle del tímpano del pórtico de la iglesia de Moissac (s. XII) : *Reyes sentados; 2. San León I, San Ambrosio y San Nicolás* (s. XIII) [*Catedral de Chartres*]; *3. Castillo de Chambord, joya del Renacimiento francés; 4. Palacio de Versalles; 5 Watteau* : « *El embarco para Citerea* » (detalle) [*Museo del Louvre*] *; 6. Monet* : « *La iglesia de Vetheuil* »; *7. Cezanne* : « *La montagne Sainte-Victoire* » *(Sobre los artes románico y gótico en Francia véanse también las láminas Románico y Gótico)*

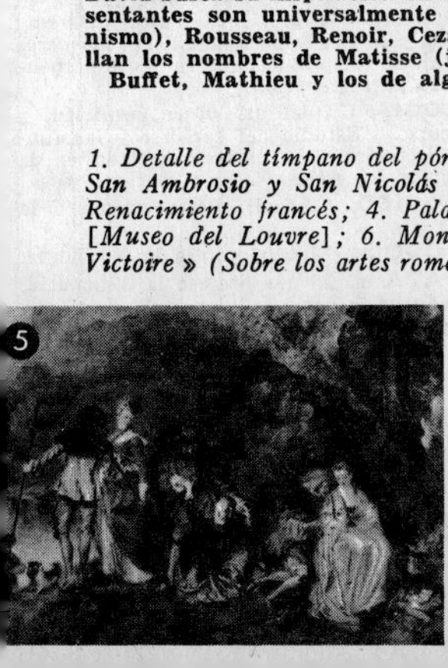

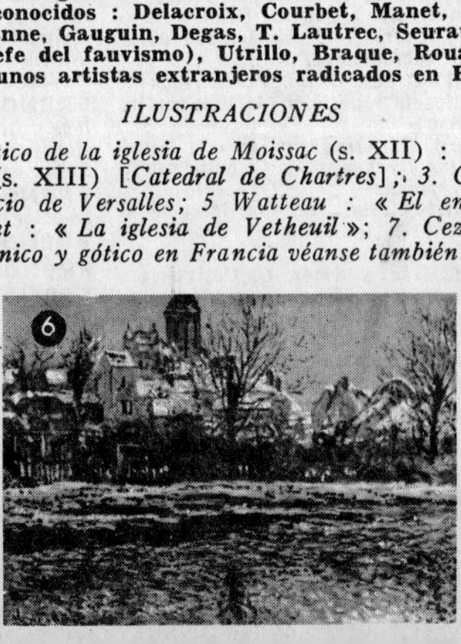

FRASEAR v. t. Formar frases.
FRASEO m. Arte de puntuar y graduar el discurso musical.
FRASEOLOGIA f. (del gr. *phrasis*, frase, y *logos*, manera). Modo de ordenar las frases. || Construcción de frase propia de una lengua o un escritor: *la fraseología griega.* || Palabrería, verbosidad redundante.
FRASQUERA f. Caja en que se guardan y transportan los frascos.
FRASQUETA f. *Impr.* Cuadro con que en las prensas de mano se sujeta al tímpano la hoja de papel que se va a imprimir.
FRASQUETE m. Frasco pequeño.
FRASQUITERO m. *Venez. Fam.* Embelecador.
FRATÁS m. *Albañ.* Instrumento para alisar el enlucido.
FRATASAR v. t. Igualar con el fratás.
FRATERNA f. Corrección o reprensión. || *Venez.* Cencerro, cantaleta.
FRATERNAL adj. De hermano: *amor fraternal.*
FRATERNALMENTE adv. m. Con fraternidad.
FRATERNIDAD f. Unión entre los hermanos o entre los miembros de una sociedad: *la fraternidad es la más noble de las obligaciones sociales.*
FRATERNIZAR v. i. Unirse fraternalmente. (SINÓN. V. *Conciliar.*)
FRATERNO, NA adj. Relativo a los hermanos.
FRATRÍA f. *Antig. gr.* Subdivisión de una tribu.
FRATRICIDA adj. y s. (lat. *fratricida*). Que mata a su hermano: *Caín fue el primer fratricida.*
FRATRICIDIO m. Crimen del fratricida.
FRAUDE m. (lat. *fraus, fraudis*). Engaño, acto de mala fe: *cometer un fraude.*
FRAUDULENCIA f. (lat. *fraudulentia*). Fraude.
FRAUDULENTAMENTE adv. m. Con fraude.
FRAUDULENTO, TA adj. (lat. *fraudulentus*). Engañoso: *aducir un pretexto fraudulento.*
FRAÜLEIN f. (pal. alemana). Señorita, institutriz.
FRAUSTINA f. Cabeza de madera en que se aderezaban las tocas y moños de las mujeres.
FRAY m. Apócope de *fraile*, que se usa precediendo al nombre de los religiosos: *fray Modesto.*
FRAYBENTINO, NA adj. y s. De Fray Bentos (Uruguay).
FRAZADA f. Manta para la cama.
FRECUENCIA f. (lat. *frequentia*). Repetición frecuente. || Número de períodos por segundo de un movimiento vibratorio. || *Corriente de alta frecuencia*, corriente eléctrica cuyo sentido cambia un número de veces grandísimo por segundo. || *Alta frecuencia*, frecuencia de varios millones de períodos por segundo. || *Baja frecuencia*, frecuencia que corresponde a un sonido audible.
FRECUENTACIÓN f. (lat. *frequentatio*). Acción de frecuentar. || Compañía: *malas frecuentaciones.* (SINÓN. *Relación, intimidad, camaradería, tratamiento, trato.*)
FRECUENTADOR, RA adj. y s. Que frecuenta.
FRECUENTAR v. t. (lat. *frequentare*). Ir con frecuencia a un lugar: *frecuentar el teatro.* || Tener relación con alguien. (SINÓN. *Conocer, tratar, alternar, relacionarse.*) || En sentido absoluto, practicar los sacramentos.
FRECUENTATIVO adj. *Gram. Verbo frecuentativo*, el que indica la repetición de una acción, como *golpear, hojear.*
FRECUENTE adj. (lat. *frequens, entis*). Repetido a menudo: *tos frecuente.* || Común, usual. || — CONTR. *Excepcional.*
FRECUENTEMENTE adv. m. Con frecuencia.
FREEZER [*friser*] m. (pal. ingl.). Congelador en una nevera eléctrica.
FREGADERA f. *Méx.* y *Amér. C.* Pejiguera.
FREGADERO m. Sitio en que se friega.
FREGADO m. Acción de fregar. || *Fig.* y *fam.* Enredo, embrollo: *meterse en un mal fregado.* || — Adj. *Amer.* Descarado, tenaz, terco.
FREGADOR m. Fregadero. || Estropajo.

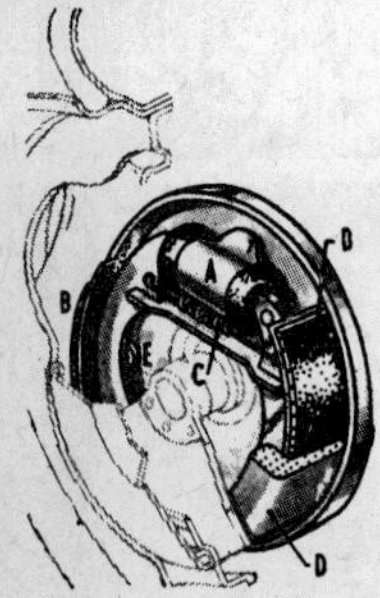

FRENO

A. Cilindro
B. Zapatas
C. Resorte
D. Tambor
E. Regulador

FREGADURA f. y **FREGAMIENTO** m. Fregado.
FREGAJO m. Estropajo.
FREGANDERA f. *Méx.* Fregona.
FREGAR v. t. (del lat. *fricare*, frotar). Estregar con fuerza. (SINÓN. V. *Friccionar.*) || Lavar los platos con estropajo. (SINÓN. V. *Lavar.*) || *Fig.* y *fam.* Amolar, fastidiar. || — IRREG. Se conjuga como *acertar.*
FREGATRIZ f. Fregona. (P. us.)
FRÉGOLI m. Sombrero flexible.
FREGÓN m. *Ecuad.* Fregado, descarado.
FREGONA f. Mujer que se emplea sobre todo para fregar los platos y los suelos. (SINÓN. V. *Criada.*)
FREGOSA f. *Venez.* Té del país.
FREGOTEAR v. t. Fregar repetidas veces.
FREGOTEO m. Acción de fregotear.
FREIDOR, RA m. y f. *And.* y *Col.* Persona que vende pescado frito.
FREIDURA f. Acción de freir, freimiento.
FREIDURÍA f. *Méx.* y *And.* Tienda donde se suelen vender cosas fritas: *freiduría de pescado.*
FREILA f. Religiosa de una orden militar.
FREILE m. Profeso de las órdenes militares.
FREIMIENTO m. Freidura.
FREIR v. t. (lat. *frigere*). Cocer un manjar en aceite o grasa hirviendo. || *Pop.* Matar a tiros. || *Pop.* Fastidiar. || — V. r. *Fam.* Quemarse, desvivirse por alguna desazón; dícese también: *estar frito.* || — PROV. **Al freir será el reir**, censura al que da por seguro lo que es ilusorio. || — IRREG. Pr. ind.: *frío, fríes, fríe, freimos, freís, fríen;* pret. indef.: *freí, freíste, frió, freímos, freísteis, frieron;* imper.: *fríe, freíd;* pr. subj.: *fría, frías, fría, friamos, friáis, frían;* pret. sub.: *friera, frieras,* etc.; *friese, frieses,* etc.; fut. subj.: *friere, frieres,* etc.; p. p.: *frito, freído;* ger.: *friendo.*
FRÉJOL m. V. FRÍJOL.
FRÉMITO m. (lat. *fremitus*). *Poét.* Bramido.
FRENADO m. Acción y efecto de frenar.
FRENAR v. t. Enfrenar. (SINÓN. V. *Moderar.*) || Detener con el freno. || *Fig.* Retener, moderar: *frenar el desarrollo.*
FRENAZO m. Acción de frenar bruscamente.
FRENERO m. El que hace frenos o los vende.
FRENESÍ m. (lat. *phrenesis*). Delirio, locura. || *Fig.* Exaltación grande del ánimo: *hablar con frenesí.* (SINÓN. V. *Entusiasmo.*)
FRENÉTICAMENTE adv. m. Con frenesí.
FRENÉTICO, CA adj. Poseído de frenesí.
FRENETISMO m. Conducta frenética.
FRENILLO m. Membrana que sujeta la lengua por debajo: *se corta en ciertos casos el frenillo a los niños.* || *Fam. No tener frenillo en la lengua*, hablar una persona con demasiada libertad. || Ligamento que sujeta el prepucio al bálano.
FRENO m. (lat. *frenum*). Bocado, parte de la brida que se mete en la boca del caballo para dirigirlo. || Dispositivo que sirve para detener o moderar la velocidad de una máquina o carruaje: *bicicleta con dos frenos.* || *Fig.* Lo que detiene: *el freno de la ley.* (SINÓN. V. *Obstáculo.*) || — M. *Arg.* Hambre. || *Fig.* y *fam. Tascar el freno*, soportar una cosa con impaciencia. || *Freno aerodinámico*, aleta de un avión que se abate perpendicularmente para frenarlo.
FRENOLOGÍA f. (del gr. *phrên*, espíritu, y *logos*, discurso). Estudio del carácter y las funciones intelectuales del hombre, apoyado en la forma exterior del cráneo.
FRENOLÓGICO, CA adj. Perteneciente a la frenología.
FRENÓLOGO m. El que profesa la frenología.
FRENÓPATA m. El que profesa la frenopatía.
FRENOPATÍA f. (del gr. *phrên*, espíritu, y *pathos*, enfermedad). Estudio de las enfermedades mentales.
FRENTAL adj. *Zool.* Frontal. || *Méx.* Frontalera.

FRENADO

Con buenos neumáticos y en carretera no resbaladiza, un automóvil dispone, para detenerse, de

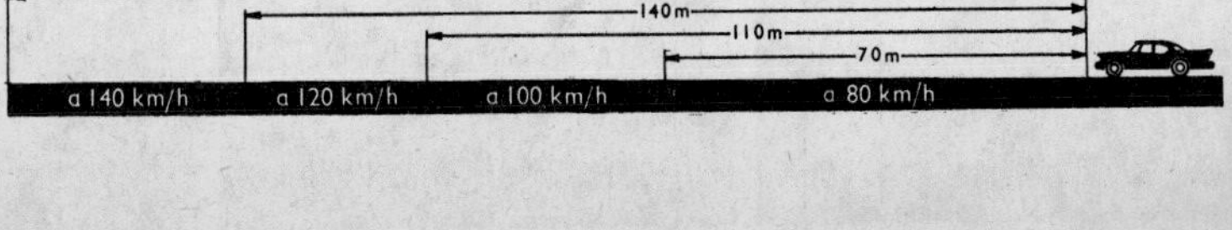

RENTAZO m. Golpe dado con la frente. || *ig. Méx.* Chasco, repulsa: *dar un frentazo.*

RENTE f. (lat. *frons, tis*). Parte superior del ostro, desde el cuero cabelludo hasta las cejas: *na frente alta y abombada es señal de gran nteligencia.* || *Fig.* El rostro entero, considerado lesde el punto de vista de la expresión: *mostrar na frente serena.* || La cabeza: *bajar la frente.* — M. Parte anterior: *el frente de las tropas, l frente de una fortificación.* (SINÓN. *Fachada, rontispicio.*) || Anverso: *el frente de una plana.* SINÓN. *Delantera.*) || Alianza de partidos. (SI-ÓN. V. *Coalición.*) || *Frente de batalla,* línea que resenta una tropa en orden de batalla. || *Frente Popular,* coalición izquierdista que gobernó en rancia (1936-1938) y en España (1936). || *En frente,* loc. adv., enfrente, delante. || *Frente a* [o *con*] *frente,* loc. adv., cara a cara: *mirar a uno frente a frente.* || *Frente por frente,* loc. adv., enfrente: *estaba su casa frente por frente de la mía.* || *Hacer frente,* resistir. || *Al frente, del frente,* loc. que se usa en facturas y libros de comercio para indicar que una cantidad debe pasarse a la página de enfrente, o que proviene de ella. || *Arg. Al frente.* Enfrente.

FRENTERO m. Almohadilla que se pone a los niños en la frente para que no se hieran. || *Amer.* Obrero que trabaja en el frente de un filón.

FRENTÓN, ONA *Ecuad.* y **FRENTUDO, DA** adj. Que tiene una frente muy grande.

FREÓN m. Gas derivado clórico y fluórico del metano que se emplea como frigorífico.

FRESA f. (lat. *fraga*). Planta de la familia de las rosáceas, de fruto rojo suculento y fragante. || Fruto de dicha planta: *mermelada de fresas.* || *Tecn.* Instrumento provisto de dientes cortantes para horadar o labrar.

FRESADORA f. Máquina para fresar.

FRESAL m. Terreno plantado de fresas.

FRESAR v. t. Trabajar con la fresa.

FRESCA f. Fresco: *tomar la fresca.* || *Fam.* Verdad, claridad: *soltar una fresca.*

FRESCACHÓN, ONA adj. Muy robusto y de color sano.

FRESCAL adj. Dícese de los pescados conservados en poca sal: *sardinas frescales.*

FRESCALES com. *Fam.* Persona fresca y desvergonzada.

FRESCAMENTE adv. m. Con frescura y desenfado.

FRESCO, CA adj. Moderadamente frío: *está el agua muy fresca.* (SINÓN. V. *Frío.*) || Recientemente hecho: *manteca fresca.* (SINÓN. V. *Reciente.*) || *Fig.* Reciente: *traer noticias frescas.* || *Fig.* De buen color y rollizo: *un chiquillo muy fresco.* || *Fig.* Sereno, tranquilo: *se quedó tan fresco con la noticia.* || *Fam.* Sinvergüenza, desvergonzado, descarado. (SINÓN. V. *Insolente.*) || *Viento fresco,* el bastante fuerte. || — M. Frío moderado: *un fresco agradable.* || Viento fresco. || *And.* y *Amer.* Refresco.

FRESCO m. Arte de pintar con colores desleídos en agua de cal, en una pared recién preparada: *pintura al fresco.* || Cuadro así ejecutado.

FRESCOR m. Frescura o fresco. || *Pint.* Color rosado de la carne.

FRESCOTE, TA adj. *Fam.* Grueso, y que tiene muy buen color: *una muchacha muy frescota.*

FRESCURA f. Calidad de fresco. || Fertilidad y amenidad de un paraje. || *Fam.* Desenfado: *¡vaya una frescura que tiene usted!* (SINÓN. V. *Seguridad.*) || *Fig.* Chanza, broma: *decirle a uno cuatro frescuras.* || *Fig.* Descuido, negligencia.

FRESERA f. Fresa, planta.

FRESNAL adj. Relativo al fresno.

FRESNEDA f. Sitio donde hay muchos fresnos.

FRESNILLO m. *Bot.* Díctamo blanco.

FRESNO m. (lat. *fraxinus*). Árbol de la familia de las oleáceas, de fruto seco con ala membranosa: *la madera del fresno es muy apreciada por su elasticidad.* || Árbol bignoniáceo del Perú.

FRESÓN m. Especie de fresa grande de color rojo amarillento: *el fresón es oriundo de Chile.*

FRESQUERA f. Especie de jaula de alambre para conservar las carnes y otros comestibles. || *Arg.* Fiambrera.

FRESQUERÍA f. *Amer.* Botillería, horchatería.

FRESQUERO, RA m. y f. Persona que lleva o vende pescado fresco.

FRESQUILLA f. Especie de melocotón.

FRESQUISTA m. Artista que pinta al fresco.

FREUDIANO, NA adj. Relativo al freudismo.

FREUDISMO m. (de *Freud,* n. pr.). Interpretación por influencia psicosexual de ciertas actividades mentales.

FREZA f. Desove de los peces y tiempo en que se verifica. || Huevos de los peces. || Tiempo que media entre cada dos mudas del gusano de seda. || *Mont.* Hoyo que hace un animal hozando. || Fiemo.

FREZADA f. Frazada, manta.

FREZAR v. i. Estercolar los animales. || Desovar el pez. || Comer el gusano de seda. || Hozar un animal.

FRIABILIDAD f. Calidad de friable o desmenuzable: *la friabilidad de la tiza.*

FRIABLE adj. (del lat. *friare,* desmenuzar). Que se desmenuza fácilmente: *piedra friable.*

FRIALDAD f. Sensación de frío, estado de lo que está frío: *la frialdad de una habitación.* (SINÓN. V. *Frío.*) || Impotencia para la generación. || Falta de ardor, indiferencia. || Falta de animación: *frialdad del estilo.* || *Fig.* Necedad. || — CONTR. *Calor, ardor.*

FRÍAMENTE adv. m. Con frialdad.

FRIÁTICO, CA adj. Necio, sin gracia. (P. us.)

FRICA f. *Chil.* Tunda.

FRICACIÓN f. Acción de fricar, estregadura.

FRICANDÓ m. (fr. *fricandeau*). Cierto guisado de la cocina francesa: *fricandó de ternera.*

FRICAR v. t. (lat. *fricare*). Estregar, frotar.

FRICASÉ m. (fr. *fricassé*). Carne salteada.

FRICASEA f. *Chil.* Fricasé.

FRICATIVO, VA adj. Dícese de la letra (*f, s, x, j*) cuya articulación hace salir el aire con cierto roce de la boca.

FRICCIÓN f. (lat. *frictio*). Acción de estregar o frotar: *dar una fricción con el guante de crin.* || Resistencia o roce en un mecanismo. || *Fig.* Desacuerdo, pequeña disputa.

FRICCIONAR v. t. Restregar, dar friegas. || — SINÓN. *Dar masajes, amasar, fregar, frotar, ungir.*

FRIEGA f. (de *fregar,* estregar). Fricción: *friegas de alcohol.* || *Fam.* Lata, fastidio: *estoy harto de tanta friega.* || *Méx.* Regaño. || *Cub.* Zurra. (SINÓN. V. *Paliza.*) || *Col., Arg.* y *Per.* Majadería.

FRÍGANO m. Género de insectos neurópteros.

FRIGIDAIRE m. (nombre registrado). Armario frigorífico, nevera.

FRIGIDEZ f. Frialdad: *una frigidez cadavérica.* || Carencia en la mujer del deseo o el placer sexual.

FRÍGIDO, DA adj. (lat. *frigidus*). *Poét.* Frío. || Dícese de la mujer que no siente placer sexual.

FRIGIO, GIA adj. y s. (lat. *phrygius*). De Frigia, país de Asia antigua. || *Gorro frigio,* gorro encarnado, semejante al de los antiguos frigios, que llevaron los revolucionarios franceses como insignia de la libertad y figura como emblema en varios escudos de armas americanas.

FRIGORÍA f. Unidad de medida para el frío, opuesta a la kilocaloría (símb. fg).

FRIGORÍFERO, RA adj. y s. Frigorífico. (SINÓN. V. *Nevera.*)

FRIGORÍFICO, CA adj. (del lat. *frigus, frigoris,* frío, y *facere,* hacer). Que produce frío: *los aparatos frigoríficos han permitido transportar frescas a Europa carnes sudamericanas.* || — M. Establecimiento industrial donde se conservan los productos por medio del frío. || Aparato frigorífico. (SINÓN. V. *Nevera.*)

FRIGORISTA m. Ingeniero que estudia las aplicaciones del frío.

FRIGORIZAR v. t. Helar, congelar.

FRIGOTERAPIA f. Medicación por el frío.

FRÍJOL (Acad.) y mejor **FRIJOL** m. *Ant., Amer.* y *And.* Judía. || — Pl. *Méx. Fam.* La comida: *no ganar para los frijoles.* || — OBSERV. También suele decirse *frisol, frejol* y *frijón.*

FRIJOLAR m. *Amer.* Plantío de frijoles o judías. || *Guat.* Planta que produce el frijol.

FRIJOLILLO m. Un árbol de Cuba.

FRIJÓN m. *And.* Frijol, judía.

FRIMARIO m. Tercer mes del calendario republicano francés (21 de noviembre a 20 de diciembre).

fresa y su fruto

FRESAS

1. De tres filos
2. Para tallar engranajes
3. Para madera

gorro frigio

friso

frunce

FRINGA f. *Hond.* Especie de capote de monte.
FRINGÍLIDOS m. pl. Familia de aves a la cual pertenecen el gorrión, el pinzón, etc.
FRINGOLEAR v. t. *Chil.* Zurrar.
FRÍO, A adj. (lat. *frigidus*). Privado de calor: *la sangre de los reptiles es fría.* (SINÓN. *Fresco, helado, glacial, frialdad.* CONTR. *Caliente, ardiente, tórrido, calor, ardor.*) ‖ Que da frío o no guarda el calor: *el algodón es más frío que la lana.* ‖ Que ha perdido su calor: *guisado frío.* ‖ *Fig.* Poco ardiente, indiferente. (SINÓN. V. *Impasible.*) ‖ *Fig.* Sin gracia. ‖ — M. Ausencia de calor: *el frío polar puede helar el mercurio.* ‖ Sensación que puede producir la pérdida del calor del cuerpo: *el frío muy violento puede producir los mismos efectos que el fuego.* ‖ *Fig.* Indiferencia. ‖ Bebida enfriada. ‖ — Pl. *Amer.* Fiebres intermitentes que principian por frío.
FRIOFRÍO m. Cierto árbol leguminoso de Cuba.
FRIOLENTO, TA adj. Muy sensible al frío.
FRIOLERA f. Cosa de poca importancia. (SINÓN. V. *Nadería.*) ‖ *Fig.* e irónicamente. Nada menos: *tiene la friolera de 95 años.*
FRIOLERO, RA adj. Friolento.
FRIÓN, ONA adj. Muy sin gracia, soso.
FRISA f. (b. lat. *fresium*). Tela de lana, que sirve para forros. ‖ *Chil.* El pelo largo de ciertas telas.
FRISA f. *Fort.* Palizada oblicua que se pone en la berma de una fortificación. ‖ *Arg.* Pelo de ciertas telas. ‖ *Mil. Caballo de frisa,* viga larga erizada de puntas de hierro por todas partes.
FRISADO m. Tejido de seda de pelo frisado.
FRISADOR m. Obrero que frisa los paños.
FRISAR v. t. (del fr. *friser,* rizar). Levantar y retorcer el pelo de un tejido: *frisar el paño.*
FRISAR v. t. *Mar.* Calafatear con tiras de cuero, paño, goma, etc. ‖ — V. i. Congeniar. ‖ *Fig.* Acercarse. (SINÓN. V. *Rozar.*)
FRISCA f. *Chil.* Paliza, azotaina.
FRISETA f. Cierta tela de lana y algodón.
FRISIO, SIA adj. y s. Frisón, de Frisia.
FRISO m. (b. lat. *fresium*). *Arq.* Parte del cornisamento entre el arquitrabe y la cornisa. ‖ Faja que suele pintarse en la parte superior o inferior de algunas paredes.
FRÍSOL (Acad.) y mejor **FRISOL** m. *Amer.* (lat. *faseolus*). Judía. (V. FRÍJOL.)
FRISOLERA f. *Col.* Mata de frisol.
FRISÓN, ONA adj. y s. De Frisia, provincia de Holanda: *los caballos frisones son célebres.*
FRISUELO m. Frísol o frisol, judía.
FRITADA f. Manjar frito: *fritada de pajarillos.*
FRITANGA f. *Fam.* Fritada, generalmente mal hecha. ‖ *Amer.* Fritada de carne y asadura.
FRITANGUERA f. *Chil.* Mujer que vende pescado frito y frutas de sartén. (SINÓN. *Friturera.*)
FRITAR v. t. *Col.* y *Salv.* Barb. por *freír.*
FRITERÍA f. *Col.* Puesto de frituras.
FRITO, TA p. p. irreg. de *freír*: *huevos fritos con aceite.* ‖ *Pop.* Fastidiado. ‖ — M. Fritada, fritura. ‖ *Venez.* La comida, el pan de cada día.
FRITURA f. Fritada: *fritura de pescado.*
FRITURERO, RA m. y f. Vendedor de frituras.
FRIVOLIDAD f. Calidad de frívolo o ligero.
FRÍVOLO, LA adj. (lat. *frivolus*). Ligero: *tener un carácter frívolo.* ‖ — SINÓN. *Fútil, ligero, pueril, superficial, anodino.* ‖ — CONTR. *Serio, formal.*
FRONDA f. (del fr. *fronde,* honda). *Cir.* Vendaje de forma de honda que se emplea en fracturas y heridas.
FRONDA f. o **FRONDE** m. (lat. *frons, ondis*). Hoja de un vegetal. ‖ Parte foliácea de los helechos. (SINÓN. V. *Follaje.*)
FRONDÍFERO, RA adj. *Bot.* Que produce expansiones foliáceas: *árbol muy frondífero.*
FRONDÍO y **FRONDIO, DIA** adj. *And.* y *Col.* Malhumorado, displicente. ‖ *Méx.* y *Col.* Sucio, desaseado.
FRONDOSIDAD f. Abundancia de hojas y ramas. (SINÓN. V. *Follaje.*)
FRONDOSO, SA adj. (lat. *frondosus*). Abundante de hojas: *un árbol frondoso.* ‖ Abundante en árboles: *bosque frondoso.*
FRONTAL adj. (del lat. *frons, frontis,* frente). Relativo a la frente: *hueso frontal.* ‖ — M. Paramento de la parte delantera del altar. ‖ *Amer.* Frontalera.
FRONTALERA f. Correa de la brida del caballo que ciñe la frente. ‖ Adornos que guarnecen el frontal del altar. ‖ Frontil del buey.
FRONTERA f. Confín de un Estado: *los Pirineos son la frontera natural entre España y Francia.* ‖ — SINÓN. *Límite, linde, marca.*
FRONTERIZO, ZA adj. Que está en la frontera: *ciudad fronteriza.* ‖ Que está enfrente: *una casa fronteriza de otra.*
FRONTERO, RA adj. (del lat. *frons, frontis* frente). Puesto enfrente. ‖ — M. Frentero que ponen a los niños.
FRONTIL m. Colchoncillo de esparto, que se pone a los bueyes entre la frente y la coyunda.
FRONTÍN m. *Méx.* Papirote, golpe que se da a uno en la frente. ‖ *Cub.* Frontalera de las caballerías.
FRONTINO, NA adj. Que tiene una señal en la frente: *caballo frontino.* ‖ *Arg.* Dícese del animal con manchas blancas en la cara.
FRONTIS m. (del lat. *frons, frontis,* frente). Fachada o prontispicio: *el frontis de un edificio.*
FRONTISPICIO m. (del lat. *frons,* frente, y *spicere,* ver). Fachada o portada: *el frontispicio de un libro.* ‖ Cara. (SINÓN. V. *Frente.*) ‖ *Arq.* Frontón, remate de la fachada.
FRONTÓN m. Pared contra la cual se lanza la pelota en el juego. ‖ Edificio o cancha para jugar a la pelota. ‖ *Arq.* Remate generalmente triangular: *el frontón de un pórtico.*
FROTACIÓN f. Acción de frotar, frotamiento.
FROTADOR, RA adj. y s. Que frota.
FROTADURA f. y **FROTAMIENTO** m. Acción de frotar: *el frotamiento engendra calor.* (SINÓN. V. *Tacto.*)
FROTAR v. t. Estregar una cosa con fuerza. (SINÓN. V. *Friccionar, limpiar, pulir* y *rozar.*)
FROTE m. (lat. *frictus*). Frotamiento, roce.
FRUCTIDOR m. Duodécimo mes del calendario republicano francés (18 de agosto a 16 de septiembre).
FRUCTÍFERO, RA adj. (del lat. *fructus,* fruto, y *ferre,* llevar). Que produce fruto: *rama fructífera.*
FRUCTIFICACIÓN f. Acción de fructificar. ‖ Época en que se producen los frutos.
FRUCTIFICADOR, RA adj. Que fructifica.
FRUCTIFICANTE adj. Que fructifica o es productivo: *planta fructificante.*
FRUCTIFICAR v. i. (lat. *fructificare*). Dar fruto: *un árbol que fructifica.* ‖ *Fig.* Producir utilidad: *hacer fructificar el dinero.*
FRUCTOSA f. *Quím.* Azúcar de frutas.
FRUCTUOSO, SA adj. (lat. *fructuosus*). Provechoso: *labor fructuosa.* ‖ — CONTR. *Infructuoso, estéril.*
FRUFRÚ m. *Neol.* Onomatopeya del ruido de las telas de seda arrugadas.
FRUGAL adj. (lat. *frugalis*). Parco en el comer y beber: *los espartanos eran muy frugales.* ‖ Aplícase a las cosas: *vida frugal.*
FRUGALIDAD f Sobriedad. ‖ — CONTR. *Gula.*
FRUGALMENTE adv. m. Con frugalidad.
FRUGÍFERO, RA adj. *Poét.* Fructífero.
FRUGÍVORO, RA adj. (del lat. *fruges,* frutos, y *vorare,* comer). Que se alimenta de frutos y vegetales. (SINÓN. V. *Vegetariano.*)
FRUICIÓN f. (lat. *fruitio*). Goce, deleite: *escuchar un canto con fruición.* (SINÓN. V. *Placer.*)
FRUIR v. i. (lat. *frui*). Gozar, deleitarse. (P. us.) ‖ — IRREG. Se conjuga como *huir.*
FRUITIVO, VA adj. Que causa placer o deleite.
FRUMENTARIO, RIA y **FRUMENTICIO, CIA** adj. (del lat. *frumentum,* trigo). Perteneciente al trigo y a los demás cereales.
FRUNCE m. Pliegue: *hacer frunces.*
FRUNCIDO m. Frunce.
FRUNCIMIENTO m. Acción de fruncir o arrugar una tela. ‖ *Fig.* Embuste, enredo.
FRUNCIR v. t. (del lat. *frons, frontis,* frente). Hacer en una tela arrugas pequeñas. ‖ *Fig.* Estrechar y recoger. (SINÓN. V. *Arrugar.*) ‖ Arrugar la frente: *fruncir las cejas.*
FRUSLERA f. Lingote hecho con raeduras de azófar. ‖ Raeduras o virutas de cobre.
FRUSLERÍA f. Futilidad: *escribir fruslerías.* (SINÓN. V. *Bagatela.*) ‖ Baratija. (SINÓN. *Bujería, dije, colgante, chuchería.*)

RUSLERO, RA adj. Fútil, baladí, sin valor.
RUSTRACIÓN f. Tensión emotiva originada ɔr el fracaso en obtener el fin apetecido o en ncluir un acto venturosamente.
RUSTRAR v. t. (lat. *frustrare*). Privar a uno ɛ lo que deseaba: *frustrar las esperanzas.* (SIÓN. V. *Engañar* y *fracasar.*) ‖ *For.* No llegar cometer un delito: *un robo frustrado.* (SINÓN. . *Privar.*)
RUSTRATORIO, RIA adj. Hecho con intenión de frustrar: *cláusula frustratoria.*
RUTA f. Fruto de algunas plantas de gusto gradable, como la pera, guinda, fresa, etc. ‖ *ig.* y *fam.* Producto o consecuencia de una cosa. *Arg.* Por antonomasia, el abridor o albaricoque. *Fruta de sartén,* masa frita de varios nombres figuras. ‖ *Méx. Fruta de horno,* pastel. ‖ *Cub. ruta bomba,* la papaya. ‖ *Frutas secas,* las de áscara dura, como la nuez, y las que se guardan asas, como la ciruela. ‖ — PROV. **Uno come a fruta aceda y otro tiene la dentera,** a eces sufren los inocentes la pena de la falta ue otros cometen. ‖ — PARÓN. *Fruto.*
RUTAJE m. Pintura de frutas y flores.
RUTAL adj. Que da fruta: *árbol frutal.*
RUTAR v. i. Producir su fruto los árboles.
RUTECER v. i. *Poét.* Empezar a echar fruto os árboles. ‖ — IRREG. Se conjuga como *merecer.*
RUTERÍA f. Tienda donde se vende fruta.
RUTERO, RA adj. Que sirve para presentar a fruta: *plato frutero.* ‖ — M. y f. Vendedor de ruta. ‖ — M. Plato para servir la fruta: *un rutero de cristal.* ‖ Toalla con que se cubre la ruta en la mesa. ‖ Pintura de diversos frutos.
FRÚTICE m. *Bot.* Arbusto muy ramoso.
FRUTICOSO, SA adj. *Bot.* Parecido al frútice.
FRUTICULTURA f. Cultivo de árboles frutales.
FRUTILLA f. Coquillos con que se hacen rosaios. ‖ *Amer.* Nombre vulgar de la *fresa chilena.*
FRUTILLAR m. *Amér.* Sitio poblado de frutilla.
FRUTILLERO m. *Amer.* Vendedor de frutillas.
FRUTO m. (lat. *fructus*). Porducto de los vegetales que sigue a la flor y contiene la semilla: *un fruto comestible.* ‖ Utilidad: *el fruto del trabajo.* (SINÓN. V. *Producto* y *provecho.*) ‖ Resultado: *los frutos de una mala educación.* ‖ — Pl. Producciones de la tierra: *los frutos de la tierra.* ‖ *Sacar fruto,* sacar provecho.
— El *fruto* es el conjunto de la semilla y el pistilo después de la madurez; está formado de dos partes: 1ª *el pericarpio,* que sirve de envoltura a la semilla y se divide a su vez en *epicarpio, mesocarpio y endocarpio,* y 2ª, *la semilla.* Según su forma los frutos reciben diferentes nombres.
FTALEÍNAS f. pl. Nombre dado a varias substancias colorantes sacadas del trifenilmetano.
FTÁLICO adj. Dícese de un ácido derivado del benceno, utilizado para la fabricación de colorantes y resinas sintéticas.
FTIRIASIS f. (del gr. *phteir,* piojo). Enfermedad de la piel producida por los piojos.
FU, monosílabo con que se remeda el bufido del gato, de una cosa que se escapa. ‖ *¡Fu!,* interjección de desprecio. ‖ *Ni fu ni fa,* ni una cosa ni otra.
FUCÁCEAS f. pl. (de *fuco*). *Bot.* Familia de algas que tiene por tipo el fuco.
FÚCAR m. (de *Fugger,* n. pr.). *Fig.* Hombre muy rico. (SINÓN. V. *Rico.*)
FUCILAR v. i. (del ital. *fucile,* eslabón). Producirse fucilazos en el horizonte. ‖ *Poét.* Fulgurar, rielar. ‖ — PARÓN. *Fusilar.*
FUCILAZO m. Relámpago sin ruido: *los fucilazos son bastante frecuentes en las noches de verano.* (SINÓN. V. *Rayo.*)
FUCO m. Especie de alga de color pardo obscuro: *hay fucos comestibles.* (SINÓN. V. *Alga.*)
FUCSIA f. (de *Fuchs,* botánico alemán). Arbusto de la familia de las oenoteráceas, originario de América: *la fucsia tiene flores rojas colgantes.*
FUCSINA f. (de *fucsia,* por el color). Materia colorante.
FUEGO m. (del lat. *focus,* hogar). Calórico y luz producidos por la combustión de ciertos cuerpos, tales como la leña, el carbón la paja, etc.: *Prometeo, según la Fábula, fue quien enseñó a los hombres el uso del fuego.* (SINÓN. *Llama, llamarada, brasa.*) ‖ Materiales en combustión: *un fuego de leña.* ‖ Incendio: *hay fuego en el pueblo.* ‖ Descarga de un arma de fuego: *hacer fuego.* ‖ *Arma de fuego,* escopeta o pistola. ‖ *Fuegos artificiales,* conjunto de cohetes y otros artificios de fuego que se usan en los regocijos públicos. ‖ *¡Fuego!,* orden que se da para que se descarguen las armas de fuego. ‖ Hogar: *este pueblo tiene quinientos fuegos.* ‖ Inflamación interior: *sentir fuego en el estómago.* ‖ Faro o fanal que se enciende en una costa para guiar a los navegantes. ‖ *Fig.* Ardor: *el fuego de la disputa.* ‖ Violencia: *el fuego de las pasiones.* ‖ Nombre de algunas erupciones cutáneas. ‖ *Estar entre dos fuegos,* verse atacado por dos partes. ‖ *Jugar con fuego,* tratar ligeramente cosas de importancia. ‖ *Matar a fuego lento,* hacer padecer a uno mil disgustos pequeños. ‖ *Fuego de San Telmo,* penacho luminoso que se manifiesta algunas veces al extremo de las vergas y mástiles de los barcos, y que se debe a las electricidad atmosférica. ‖ *Fuego fatuo,* llama ligera y fugitiva, producida por emanaciones de fosfuro de hidrógeno, espontáneamente inflamable, que se desprende de los lugares pantanosos y de los sitios, como los cementerios, donde se encuentran substancias animales en putrefacción. ‖ *Fuego griego,* composición empleada por los griegos en la Edad Media y que tenía la propiedad de arder sobre el agua; servía para incendiar los barcos.

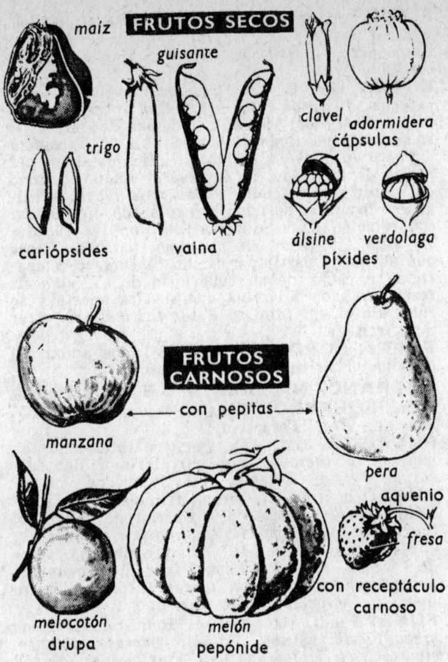

FUEGUERO m. *Venez.* Foguero. ‖ *Arg.* Churrinche, género de pájaros dentirrostros.
FUEGUINO, NA adj. y s. De la Tierra del Fuego.
FUEL-OIL m. Sinón de *mazut.*
FUELLAR m. Talco de colores.
FUELLE m. (lat. *follis*). Instrumento que sirve para soplar: *fuelle de herrero.* ‖ Arruga en la ropa. ‖ Cubierta plegable de vaqueta que tienen algunos coches. ‖ En los trenes, pasillo flexible que pone en comunicación dos vagones. ‖ *Fig.* y *fam.* Soplón, hablador.
FUENTE f. (lat. *fons, fontis*). Manantial que brota de la tierra: *una fuente de agua cristalina.* (SINÓN. V. *Manantial.*) ‖ Aparato a donde llega encañada el agua de los manantiales o ríos. ‖ Edificio público que reparte las aguas: *fuente monumental.* ‖ Plato grande: *una fuente de natillas.* (SINÓN. V. *Plato.*) ‖ Su contenido. ‖ *Fig.* Aquello de que fluye con abundancia un líquido: *el Oriente Medio es una fuente de petróleo.* ‖ *Fig.* Principio, fundamento: *el latín es la fuente de nuestra lengua.* (SINÓN. V. *Origen.*) ‖ Documento original: *las fuentes de la Historia.* ‖ *Med.* Llaga pequeña abierta con un cauterio.

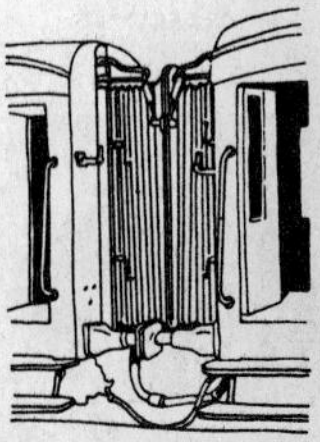
fuelle

FUER m. *Contrac.* de *fuero.* ‖ *Afuer de,* loc. adv., a ley de: *a fuer de hombre de bien.* ‖ Barb. por *a fuerza de*: *suceso vulgar a fuer de cotidiano.*

FUERA adv. l. y t. (lat. *foras*). En la parte exterior: *fuera de casa.* ‖ *¡Fuera!* interj. ¡Afuera! ‖ *Fuera de,* loc. adv., además de: *fuera de su sueldo gana algún dinero.* (SINÓN. V. *Excepto.*) ‖ *Fuera de combate,* en boxeo acción de dejar, por medio de un golpe, al adversario sin posibilidad de seguir combatiendo. ‖ *Fuera de juego,* en algunos deportes, posición irregular de un jugador con relación a sus adversarios (también se dice *off side*). ‖ *Fuera de concurso,* persona o cosa que no puede participar en un concurso o competición a causa de su superioridad. ‖ *Fuera de texto,* grabado o lámina que se tira aparte y se intercala en un libro. ‖ *Estar fuera de sí,* estar muy irritado.

FUERA BORDA m. Pequeña canoa automóvil cuyo motor se sitúa fuera del casco.

FUERANO, NA *Hond.*, **FUEREÑO, ÑA** *Méx.*, **FUERERO, RA** *C. Rica* y **FUERINO, NA** adj. *Chil.* Forastero.

FUERISTA com. *For.* Persona inteligente en materia de fueros o muy partidaria de los fueros. ‖ — Adj. Relativo a los fueros.

FUERO m. (del lat. *forum,* tribunal). Jurisdicción: *el fuero secular.* ‖ Cuerpo de leyes: *el Fuero Juzgo comprendía las leyes de los reyes godos.* ‖ Ley municipal. ‖ Privilegio: *los fueros de Vizcaya.* ‖ — Pl. *Fam.* Vanidad, arrogancia: *no me venga usted con tantos fueros.* ‖ *Fuero interior,* la conciencia de cada uno.

FUERTE adj. (lat. *fortis*). Robusto, vigoroso: *brazo fuerte.* (SINÓN. *Válido, poderoso, potente, vigoroso, viril, forzudo.*) ‖ Fortificado: *ciudad fuerte.* (SINÓN. V. *Fortaleza.*) ‖ Robusto y corpulento. ‖ Sólido: *tela muy fuerte.* (SINÓN. *Resistente, recio.*) ‖ Lleno de energía: *alma fuerte.* ‖ Que hace gran impresión en el sabor, en el olfato: *café, tabaco fuerte.* ‖ Áspero, desagradable para el gusto. ‖ De mucha graduación: *bebida fuerte.* ‖ Considerable, grande: *una fuerte cantidad de dinero.* ‖ *Fig.* Que sabe mucho, versado: *fuerte en matemáticas.* ‖ Dícese de la moneda que tiene más del peso o ley correspondientes. ‖ Decíase de las monedas de plata: *real fuerte, peso fuerte.* ‖ Dícese de la moneda a la que se ha dado un valor superior al que tenía. ‖ — M. Fortaleza pequeña. ‖ *Fig.* Aquello en que sobresale uno: *la música es su fuerte.* ‖ *Mús.* Esfuerzo que se hace en ciertos pasajes de un trozo musical. ‖ — Adv. m. Fuertemente: *le pegó muy fuerte.* ‖ Mucho, con abundancia: *cenar fuerte.*

FUERTEMENTE adv. m. Con fuerza: *apretar fuertemente.* ‖ Con vehemencia: *hablar fuertemente.*

FUERZA f. (b. lat. *fortia;* de *fortis,* valiente). Vigor físico: *la fuerza era el principal atributo de Hércules.* (SINÓN. *Energía, resistencia, vigor, potencia, dinamismo, resorte, verdor, lozanía, robustez.*) ‖ Potencia capaz de obrar: *el agua y el aire son fuerzas naturales.* (SINÓN. *Potencial.*) ‖ *Fís.* Toda acción que modifica el estado de reposo o de movimiento de un cuerpo. ‖ Intensidad de un efecto: *la fuerza de un golpe.* ‖ Capacidad de impulso: *fuerza de una máquina.* ‖ Violencia: *ceder a la fuerza.* ‖ Poder: *la fuerza de un Estado.* (SINÓN. *Poderío.*) ‖ Solidez: *la fuerza de un muro.* ‖ Energía, actividad: *la fuerza de un veneno.* ‖ Autoridad: *esa ley carece de fuerza.* ‖ Valor: *fuerza de ánimo.* ‖ *La fuerza de la edad,* época en que tiene un ser su mayor vigor. ‖ — Pl. Gente de guerra, potencia militar: *las fuerzas españolas.* ‖ *Fuerza de inercia,* resistencia pasiva. ‖ *Fuerza mayor,* la que no se puede prever o resistir; suceso que no se puede impedir y del cual no se es responsable. ‖ *Fuerza pública,* agentes de la autoridad encargados del mantenimiento del orden. ‖ *Fuerza viva,* energía de que dispone un cuerpo en movimiento. ‖ *A* [mejor que *en*] *fuerza de,* loc. adv., con perseverancia y trabajo: *a fuerza de voluntad.* ‖ Con gran abundancia: *a fuerza de dinero.* ‖ *A la fuerza,* o *por fuerza,* loc. adv., contra la propia voluntad. ‖ *De fuerza,* loc. adv. *Méx.* Por fuerza. *Arg.* Forzoso: *ser de fuerza una cosa.* ‖ *A toda fuerza,* galicismo por *por fuerza.* ‖ — CONTR. *Debilidad.*

fúlica

FUETAZO m. *Amer.* Galicismo por *latigazo.*

FUETE m. *Amer.* Galicismo por *látigo.*

FUETEAR v. t. *Amer.* Galicismo por *azotar.*

FUFÚ m. *Amer.* Plátano cocido y majado.

FUGA f. (lat. *fuga*). Huida. ‖ Fuerza, ardor: *la fuga de la juventud.* ‖ Salida o escape de un gas o líquido. ‖ *Mús.* Composición que gira sobre un tema repetido en diferentes tonos. ‖ *P. Rico* Manía.

FUGACIDAD f. Calidad de lo fugaz.

FUGADA f. Racha de viento.

FUGARSE v. r. Escaparse: *se fugaron los presos* (SINÓN. V. *Huir.*)

FUGAZ adj. (lat. *fugax, acis*). Que desaparece en seguida: *perfume fugaz.* ‖ *Fig.* De muy corta duración. (SINÓN. V. *Pasajero.*) ‖ Dícese de la estrella que cambia de posición.

FÚGIDO, DA adj. *Poét.* Fugaz.

FUGITIVO, VA adj. y s. Que huye: *recoger un fugitivo.* ‖ Que pasa rápidamente: *sombra fugitiva.* (SINÓN. V. *Pasajero.*)

FUGUILLAS m. *Fam.* Persona muy viva.

FÜHRER m. (voz alem.). Nombre dado en Alemania, en 1933, a Adolfo Hitler, jefe del Estado nacionalsocialista llamado III Reich.

FUINA f. (fr. *fouine*). Garduña, animal.

FUL adj. *Germ.* Falso.

FULA f. *Col.* Tela de algodón, teñida en añil.

FULANO, NA m. y f. Voz que designa a persona o cosa cuyo nombre se ignora o se calla.

FULAR m. (fr. *foulard*). Tela de seda ligera.

FULASTRE adj. Fulero, chapucero.

FULCRO m. Punto de apoyo de la palanca.

FULDENSE adj. y s. Religioso de San Bernardo.

FULERO, RA adj. *Fam.* Tramposo, farsante. ‖ Chapucero, poco útil.

FULGENTE y **FÚLGIDO, DA** adj. Brillante.

FULGIR v. i. *Neol.* Brillar.

FULGOR m. (lat. *fulgor*). Resplandor, brillo.

FULGURACIÓN f. Acción y efecto de fulgurar. ‖ Fucilazo, relámpago. (SINÓN. V. *Rayo.*)

FULGURANTE adj. Que fulgura: *rayo fulgurante.* ‖ *Med.* Dícese del dolor muy vivo y súbito. ‖ *Fig.* Rápida, incisiva: *dio una respuesta fulgurante.*

FULGURAR v. i. (lat. *fulgurare*). Brillar, resplandecer: *fulguró el rayo en el cielo.*

FULGURITA f. *Miner.* Tubo vitrificado que produce el rayo al pasar por los terrenos arenosos.

FULGUROSO, SA adj. Que fulgura o resplandece.

FÚLICA f. (lat. *fulica*). Género de aves zancudas, especie de polla de agua.

FULIGINOSIDAD f. Calidad de fuliginoso.

FULIGINOSO, SA adj. (del lat. *fuligo,* hollín). Parecido al hollín, tiznado: *una nube fuliginosa.* (SINÓN. V. *Obscuro.*)

FULMICOTÓN m. Algodón pólvora.

FULMINACIÓN f. (lat. *fulminatio*). Acción de fulminar. ‖ Detonación de una substancia fulminante.

FULMINADOR, RA adj. y s. Que fulmina.

FULMINANTE adj. Que fulmina: *apoplejía fulminante.* ‖ Muy grave: *enfermedad fulminante.* ‖ *Fig.* Amenazador: *mirada fulminante.* ‖ Que estalla con explosión: *pólvora fulminante.* ‖ — M.: *un fulminante.* ‖ Cápsula o pistón del arma de fuego. ‖ *Cub.* Planta cuya vaina estalla cuando madura.

FULMINAR v. t. (lat. *fulminare*). Matar el rayo y por ext., hacer morir bruscamente. ‖ Arrojar rayos. (SINÓN. V. *Tirar.*) ‖ *Fig.* Dictar con cierta solemnidad: *fulminar excomunión.* ‖ — V. i. Hacer explosión. ‖ *Fig.* Amenazar.

FULMINATO m. *Quím.* Sal formada por el ácido fulmínico: *el fulminato de mercurio es explosivo.*

FULMINATRIZ adj. (lat. *fulminatrix*). Fulminadora, que fulmina.

FULMÍNEO, A adj. Parecido al rayo o centella.

FULMÍNICO, CA adj. *Quím.* Dícese de un ácido derivado del cianógeno.

FULO, LA adj. *Amer.* Loco de rabia; confuso.

FULLEAR v. i. Hacer fullerías.

FULLEREAR v. i. *Arg.* Farfullar.

FULLERÍA f. Trampa que se hace en el juego. ‖ *Fig.* Astucia, maña: *ese niño tiene muchas fullerías.* ‖ *Col.* Galanura, presunción.

Fot. Dragesco

ULLERO, RA adj. y s. (del lat. *follis*, engañador). Que hace fullerías en el juego. ‖ *Fam.* ntremetido, astuto. ‖ *Col.* Dícese del niño graoso y travieso. ‖ *Col.* Presumido, relamido. ‖ *uad.* Atolondrado, aturdido. ‖ *Chil.* Fanfarrón. *Arg.* Farfullador.
ULLINGUE m. *Chil.* Fuñingue.
ULLONA f. (de *folla*). *Fam.* Disputa, gresca.
UMABLE adj. Que puede fumarse.
UMADA f. Humo que se fuma de una vez. ‖ *rg.* Burla, chasco.
UMADERO m. Sitio para fumar.
UMADOR, RA adj. y s. Que acostumbra fuar.
UMANTE adj. *Quím.* Que humea: *ácido nítri) fumante.*
UMAR v. i. Aspirar y despedir humo de tabao, de opio, etc. Ú. t. c. t. ‖ — V. t. *Arg. Fam.* urlar, engañar. ‖ — V. r. *Fam.* Gastar por ompleto: *fumarse la paga.* ‖ *Fam.* Faltar: *fuarse la clase.*
UMARADA f. Cantidad de humo que sale e una vez. ‖ Tabaco que cabe en la pipa.
UMARIA f. (lat. *fumaria*). Planta papaveráea cuyo jugo se usa como depurativo en medicina.
UMAROLA f. Grieta en las regiones volcánias por donde salen gases sulfurosos.
UMÍFERO, RA adj. *Poét.* Que despide humo.
FUMÍFUGO, GA adj. Que hace desaparecer el umo.
FUMIGACIÓN f. Acción de fumigar; *una fumigación desinfectante.* (SINÓN. *Sahumerio.*)
FUMIGADOR, RA m. y f. Persona que fumiga o sahuma. ‖ — M. Aparato que sirve para umigar.
FUMIGAR v. t. (lat. *fumigare*). Desinfectar por nedio de humo, gas.
FUMIGATORIO, RIA adj. Que sirve para fumigar. ‖ — M. Perfumador, aparato para quemar perfumes.
FUMÍGENO, NA adj. Que produce humo.
FUMISTA m. El que arregla chimeneas y estufas.
FUMISTERÍA f. Oficio y tienda del fumista.
FUMÍVORO, RA adj. Que suprime la producción del humo: *chimenea fumívora.*
FUMOIR m. (pal. fr., pr. *fumuar*). Fumadero.
FUMOSIDAD f. Materia del humo.
FUMOSO, SA adj. (lat. *fumosus*). Humoso.
FUNAMBULESCO, CA adj. *Neol.* Extravagante.
FUNÁMBULO, LA m. y f. (del lat. *funis*, cuerda, y *ambulare*, andar). Volatinero.
FUNCIÓN f. (lat. *functio*). Actividad ejercida por un elemento vivo, órgano o célula, estudiada en fisiología: *funciones de nutrición.* ‖ Ejercicio de un empleo: *entrar en funciones un magistrado.* ‖ Empleo; obligaciones dimanadas de este empleo. ‖ Espectáculo teatral: *función de tarde.* ‖ *Mat.* Cantidad cuyo valor depende del de otra variable. ‖ Conjunto de propiedades de un grupo de cuerpos. ‖ *Quím. En función de,* en relación con.
FUNCIONAL adj. Relativo a las funciones orgánicas o matemáticas. ‖ Que responde a una función determinada: *arquitectura funcional.*
FUNCIONALISMO m. *Neol.* Tendencia de lo funcional.
FUNCIONAMIENTO m. Modo de funcionar.
FUNCIONAR v. i. Ejecutar una función: *esta máquina funciona bien.* (SINÓN. V. *Obrar.*)
FUNCIONARIO, RIA m. y f. Empleado público. (SINÓN. V. *Empleado.*)
FUNCHE m. *Amer.* Maíz molido con manteca y sal.
FUNDA f. (del lat. *funda*, bolsa). Cubierta: *la funda de una butaca.* (SINÓN. V. *Envoltura.*) ‖ *Col.* Saya, falda.
FUNDACIÓN f. (lat. *fundatio*). Acción y efecto de fundar. ‖ Principio, origen. ‖ Institución de una obra pía. ‖ — CONTR. *Abolición, destrucción.*
FUNDACIONAL adj. Relativo a la fundación.
FUNDADAMENTE adv. m. Con fundamento.
FUNDADOR, RA adj. y s. (lat. *fundator*). Que funda: *Mahoma fue el fundador del Islam.*
FUNDAMENTAL adj. Que sirve de fundamento: *piedra fundamental.* ‖ Principal, que es lo más importante de una cosa: *ley fundamental.*
FUNDAMENTAR v. t. Echar los cimientos de un edificio. ‖ *Fig.* Establecer. (SINÓN. V. *Consistir.*)
FUNDAMENTO m. Principio, base de una cosa. ‖ Seriedad, formalidad de una persona. ‖ Razón, motivo: *hablar sin fundamento.* ‖ — Pl. Cimientos. (P. us.)
FUNDAR v. t. (lat. *fundare*). Edificar: *fundar una ciudad.* ‖ Instituir: *fundar un hospital.* ‖ Establecer: *fundar una asociación.* ‖ *Fig.* Apoyar, estribar. ‖ — PARÓN. *Fundir.*
FUNDENTE adj. *Quím.* Que facilita la fundición. ‖ — M. *Med.* Medicamento que resuelve los tumores. ‖ *Quím.* Substancia que facilita la fusión de otro cuerpo: *el bórax es un excelente fundente.*
FUNDIBLE adj. Capaz de fundirse.
FUNDIBULARIO m. Hondero romano.
FUNDICIÓN f. Acción y efecto de fundir: *la fundición del estaño se puede conseguir en una llama ordinaria.* (SINÓN. V. *Fusión.*) ‖ Fábrica en que se funden metales: *fundición de hierro.* ‖ *Impr.* Surtido de letras de imprimir, casta. ‖ Hierro colado.
FUNDIDO, DA adj. Hecho líquido: *hierro fundido.* ‖ Dícese de la bombilla o de cualquier otro artefacto eléctrico que no funciona por haber saltado el hilo de resistencia. ‖ — M. *Cine.* Procedimiento que consiste en mostrar o en hacer desaparecer lentamente una imagen. ‖ *Fundido encadenado,* aparición de una imagen en forma de fundido al mismo tiempo que desaparece la que estaba en la pantalla.
FUNDIDOR m. El que por oficio funde.
FUNDILLO m. *Amer.* Fondillo. ‖ *Méx.* El trasero.
FUNDIR v. t. (lat. *fundere*). Derretir los metales y otros cuerpos: *el platino es muy difícil de fundir.* (SINÓN. *Licuar, liquidar.*) ‖ Vaciar en moldes el metal derretido: *fundir estatuas.* (SINÓN. *Moldear.*) Dejar de funcionar un aparato eléctrico por un corto circuito o un exceso de tensión: *fundir una bombilla.* ‖ — V. r. *Fig.* Unirse, aunarse: *se fundieron los intereses de los dos adversarios.* ‖ *Fig. Amer.* Arruinarse. ‖ — PARÓN. *Fundar.*
FUNDO m. (lat. *fundus*). *For.* Finca rústica.
FUNDÓN m. *Col.* Falda o traje de montar que llevan las amazonas. ‖ *Chil.* Funda larga.
FÚNEBRE adj. (lat. *funebris*). Relativo a los muertos: *carro fúnebre.* ‖ *Fig.* Triste: *canto fúnebre.* ‖ — SINÓN. *Funerario, mortuorio, necrológico.* V. tb. *triste.*
FUNERAL adj. Perteneciente al entierro: *columna funeral.* ‖ — M. Solemnidad de un entierro. ‖ — Pl. Exequias: *le hicieron hermosos funerales.*
FUNERALA (A la) m. adv. Úsase para indicar el modo de llevar las armas los militares en señal de luto, con las bocas de los fusiles o las puntas de los sables hacia abajo. ‖ *Fam. Ojo a la funerala,* ojo amoratado a consecuencia de un golpe.
FUNERARIO, RIA adj. (lat. *funerarius*). Funeral: *paño funerario.* (SINÓN. V. *Fúnebre.*) ‖ — F. Agencia de entierros. ‖ — M. Agente de entierros.
FUNÉREO, A adj. (lat. *funereus*). Fúnebre.
FUNES (Meterse a) loc. *Col.* Entremeterse.
FUNESTO, TA adj. (lat. *funestus*). Aciago, desgraciado: *guerra funesta.* ‖ Triste, desgraciado. ‖ Fatal: *le fue funesta su mala acción.*
FUNGIBLE adj. Que se consume con el uso: *bienes fungibles.*
FUNGICIDA m. Substancia capaz de destruir los hongos dañinos.
FUNGIFORME adj. *Anat.* De forma de hongo.
FUNGIR v. i. *Méx.* y *Amér. C.* Desempeñar un cargo.
FUNGO m. *Med.* Tumor de forma fungosa.
FUNGOSIDAD f. (de *fungo*). Carnosidad fofa.
FUNGOSO, SA adj. (lat. *fungosus*, de *fungus*, hongo). Esponjoso, poroso: *una excrecencia fungosa.*
FUNICULAR adj. y s. m. (del lat. *funiculus*, cuerda). Ferrocarril en el cual la tracción se hace por medio de una cuerda, cable, cadena o cremallera y que se utiliza en recorridos muy pendientes.
FUNÍCULO m. (del lat. *funiculus*, cuerda). *Bot.* Cordoncillo que une el óvulo a la placenta.
FUÑIDO, DA adj. *Cub.* Raquítico.

funicular

Fot. Larousse

furgones

fútbol

FUÑINGUE adj. *Chil.* Dícese del tabaco muy malo.
FUÑIQUE adj. Inhábil, torpe. ‖ Meticuloso, chinche.
FURARÉ m. *Chil.* Nombre de un pajarillo llamado también *tordo.*
FURENTE adj. (lat. *furens*). Airado, furioso.
FURFURÁCEO, A adj. Parecido al salvado.
FURGÓN f. (fr. *fourgon*). Carruaje cerrado que se utiliza para transportes. ‖ Vagón de mercancías cubierto.
FURGONETA f. Pequeño vehículo comercial que tiene una puerta en la parte posterior para sacar los géneros transportados.
FURIA f. (lat. *furia*). *Mitol.* Nombre de las tres divinidades infernales. (SINÓN. *Arpía, bruja, bacante, demonio.*) [V. *Parte hist.*] ‖ Cólera, ira: *hablar con furia.* (SINÓN. V. *Furor.*) ‖ *Fig.* Persona muy colérica: *ponerse como una furia.* ‖ *Fig.* Actividad, agitación: *la furia del mar.* ‖ *Fig.* Prisa, velocidad, diligencia. ‖ *Méx.* Copete, cabello revuelto. ‖ *Arg. A toda furia,* a toda prisa.
FURIBUNDO, DA adj. (lat. *furibundus*). Furioso, colérico: *le lanzó una mirada furibunda.* ‖ — SINÓN. *Poseso, energúmeno.*
FURIERISMO m. El sistema social de Fourier.
FURIERISTA adj. y s. Partidario del furierismo.
FURIOSAMENTE adv. m. Con furia o cólera.
FURIOSO, SA adj. Poseído de furia, airado. (SINÓN. V. *Furibundo.*) ‖ *Fig.* Violento, impetuoso: *viento furioso.* ‖ *Fig.* Muy grande. ‖ Loco.
FURNIA f. *Cub.* Sumidero.
FURO m. Agujero de las hormas donde se vacian los panes de azúcar. ‖ *Méx.* Cabeza del pan de azúcar.
FUROR m. (lat. *furor*). Cólera excesiva. (SINÓN. *Furia, arrebato, encarnizamiento.* V. tb. *descontento* e *irritación.* CONTR. *Dulzura, moderación.*) ‖ Locura momentánea. (SINÓN. *Frenesí, rabia.*) ‖ Pasión: *el furor del juego.* ‖ Violencia: *el furor de los elementos.* ‖ *Fig.* Arrebatamiento del poeta, estro. ‖ *Furor uterino,* deseo insaciable de la mujer de entregarse a los placeres sexuales. ‖ *Hacer furor,* galicismo por *estar en boga, de moda.*
FURRIEL m. (fr. *fourrier*). *Mil.* Cabo que, en cada compañía, repartía el pre, el pan y la cebada.
FURRIER m. Furriel.
FURRIO, RRIA adj. *Provinc.* y *Amer.* Furris.
FURRIS adj. *Provinc.* y *Amer.* Malo, despreciable.
FURRUCO m. *Venez.* Especie de zambomba.
FURRUMALLA f. *Cuba.* Gentualla.
FURRUMINGA f. *Chil.* Embrollo, confusión.
FURRUSCA f. *Col.* Riña, pelotera, gresca.
FURTIVAMENTE adv. m. Hecho a escondidas. (SINÓN. V. *Secretamente.*)
FURTIVO, VA adj. (lat. *furtivus*). Que se hace a escondidas: *dirigir una mirada furtiva.* ‖ *Cazador furtivo,* el que caza sin permiso.
FURÚNCULO m. (lat. *furunculus*). *Med.* Divieso. ‖ — SINÓN. *Grano, ántrax.* V. tb. *absceso.*
FURUNCULOSIS f. Erupción de diviesos.
FUSA f. *Mús.* Nota que vale media semicorchea.
FUSCO, CA adj. (lat. *fuscus*). Obscuro.
FUSELAJE m. Huso o armazón del avión sin sus alas.
FUSENTE adj. Dícese de la marea vaciante.
FUSIBILIDAD f. Calidad de lo que es fusible.
FUSIBLE adj. (lat. *fusibilis*). Que puede fundirse: *el estaño es muy fusible.* ‖ — M. Hilo o chapa metálica que, colocado en un circuito eléctrico, interrumpe la corriente al fundirse si esta corriente es excesiva. (SINÓN. *Plomo.*)
FUSIFORME adj. De figura de huso.
FUSIL m. (ital. *fucile,* eslabón). Arma de fuego portátil que consta de un tubo metálico (cañón) de pequeño calibre montado en un armaz[ón] de madera y de un mecanismo que permite [el] disparo. (SINÓN. *Carabina, mosquetón, rifle, m[e]tralleta, arcabuz, mosquete.* Pop. *Chopo.*) ‖ P[or] *ext.* El tirador. ‖ *Fusil ametrallador,* arma aut[o]mática ligera que puede disparar las balas sep[a]radamente o por ráfagas.

FUSIL

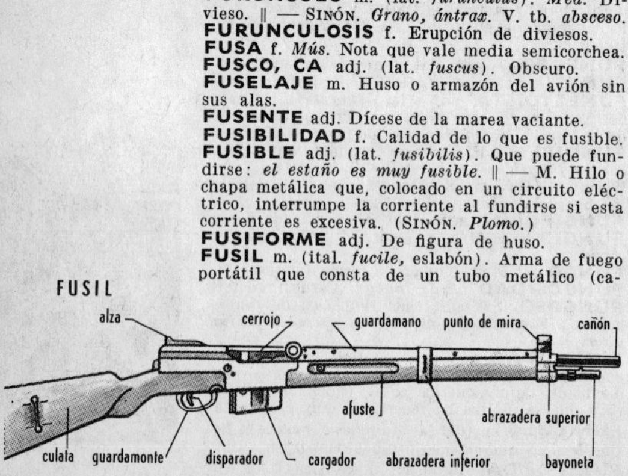

FUSILAMIENTO m. Acción y efecto de f[u]silar.
FUSILAR v. t. *Mil.* Matar con una descarga [de] fusilería: *el emperador Maximiliano fue fusila[do] en 1867.* (SINÓN. V. *Matar.*) ‖ *Fam.* Plagiar, c[o]piar mal. ‖ — PARÓN. *Fucilar.*
FUSILAZO m. Tiro de fusil.
FUSILERÍA f. Conjunto de fusiles o de fus[i]leros.
FUSILERO m. Soldado que lleva fusil.
FUSIÓN f. (lat. *fusio*). Paso de un cuerpo s[ó]lido al estado líquido por medio del calor. (SINÓ[N.] *Fundición, licuefación, licuación, mezcla.*) Unión de varios átomos ligeros a elevada tempe[ra]tura que constituyen otros átomos más pesad[os] y desprende mucha energía (por ej., hidrógeno [y] litio en la bomba de hidrógeno). ‖ *Fig.* Unió[n,] combinación: *la fusión de dos partidos.* (SINÓN. V. *Mezcla.*) ‖ Unión de varias sociedades, por ab[]sorción en beneficio de una, o por creación de un[a] nueva sociedad que sustituye a otras existentes.
FUSIONAR v. t. Reunir en una sola sociedad en una sola asociación, un solo partido, etc.
FUSIONISTA adj. y s. Partidario de una fusió[n] política o industrial.
FUSTA f. Látigo largo y delgado que usan lo[s] tronquistas de caballos. ‖ Embarcación de vela la[]tina, con uno o dos palos. ‖ Ramas y leña delgada ‖ Tejido de lana antiguo.
FUSTÁN m. Tela de algodón con pelo por un cara. ‖ *Amer.* Enaguas blancas.
FUSTANSÓN m. *Venez.* Las enaguas blancas.
FUSTE m. (del lat. *fustis,* palo). Madera o vara *el fuste de la lanza.* ‖ Nombre de las dos pieza[s] de madera que forman la silla del caballo. ‖ *Poét* Silla del caballo. ‖ *Fig.* Fundamento, substancia importancia: *negocio de poco fuste.* ‖ *Fig.* Nervio substancia, entidad: *hombre de fuste.* ‖ *Arq.* Part[e] de la columna que media entre el capitel y la basa. ‖ *Ecuad.* y *Venez.* Fustán.
FUSTETE m. Árbol anacardiáceo cuya mader[a] sirve generalmente para teñir de amarillo las pieles.
FUSTIGACIÓN f. Pena de azotes.
FUSTIGADOR, RA adj. y s. Que fustiga.
FUSTIGAR v. t. (lat. *fustigare*). Azotar, dar azotes. (SINÓN. V. *Pegar.*) ‖ *Fig.* Zaherir, criticar muy vivamente. (SINÓN. V. *Reprender.*)
FÚTBOL o **FUTBOL** m. Deporte practicado por 22 jugadores, divididos en dos campos, en el que éstos se esfuerzan en enviar un balón hacia la portería o meta contraria sin intervención de las manos y siguiendo determinadas reglas.
FUTBOLISTA m. Jugador de fútbol.
FUTBOLÍSTICO, CA adj. Relativo al fútbol.
FUTEARSE v. r. *Col.* Pudrirse las papas.
FUTESA f. Fruslería. (SINÓN. V. *Nadería.*)
FÚTIL adj. De poca importancia: *razones fútiles.* (SINÓN. V. *Frívolo* e *insignificante.*)
FUTILEZA f. *Col.* y *Chil.* Futilidad.
FUTILIDAD f. (lat. *futilitas*). Poca importancia de una cosa, cosa fútil.
FUTIRSE v. r. *Amér. C.* Fastidiarse.
FUTRAQUE m. *Pop.* Frac y también levita o saqué. ‖ *Arg.* El lechuguino argentino.
FUTRARSE v. r. *Arg.* Fastidiarse.
FUTRE adj. y s. *Amer.* Elegante, petimetre.
FUTURA f. Derecho a la sucesión de un empleo que aún no está vacante. ‖ *Fam.* Novia.
FUTURARIO, RIA adj. Relativo a futura sucesión.
FUTURISMO m. Escuela moderna de arte que intenta presentar simultáneamente las sensaciones presentes, pasadas y futuras.
FUTURISTA adj. y s. Adepto del futurismo. ‖ — Adj. Relativo al futurismo.
FUTURO, RA adj. (lat. *futurus*). Que está por venir: *tiempo futuro.* ‖ — M. *Fam.* Novio. ‖ Porvenir: *pensar en el futuro.* ‖ *Gram.* Tiempo de verbo que indica que una cosa se hará o no se hará: *divídese el futuro en futuro imperfecto* (vendrá, pagará), *y en futuro perfecto* (habrá venido, habrá pagado).

Góndolas: Venecia

G

G f. Octava letra del abecedario y sexta de las consonantes: *una G mayúscula.* || Abreviatura de gramo. || Forma abreviada de representar la aceleración de la gravedad. || Símbolo del *gauss.*
Ga, símbolo químico del *galio.*
GABACHADA f. Acción propia de gabachos.
GABACHO, CHA adj. y s. (de *gave,* nombre de los torrentes de los Pirineos). *Fam.* Francés. || *Fam.* Desgarbado, sin gracia. || Especie de palomo calzado. || *Fam.* Castellano lleno de galicismos: *hablar en gabacho.*
GABÁN m. Abrigo, sobretodo: *un lujoso gabán de pieles.*
GABANEARSE v. r. *Amér. C.* Apoderarse, apropiarse de algo.
GABARDA f. Escaramujo, rosal silvestre.
GABARDINA f. Tabardo, abrigo antiguo. || Una tela impermeable. || Abrigo hecho con esta tela. (SINÓN. V. *Abrigo.*)
GABARRA f. Embarcación con cubierta que se usa para transportes. || Barco chato que se emplea para la carga y descarga de los puertos. (SINÓN. V. *Embarcación.*)
GABARRO m. Pepita de las gallinas. || Defecto de las telas en la urdimbre o trama. || Nódulo duro dentro de una piedra. || Pasta que se usa para llenar las faltas de los sillares. || *Fig.* Obligación, incomodidad. || *Fig.* Error o trampa en una cuenta. || *Veter.* Enfermedad del casco de las caballerías.
GABAZO m. Bagazo de la caña de azúcar.
GABELA f. (del ár. *cabela,* tributo). Tributo, impuesto, contribución: *pagar una gabela excesiva.* || *Fig.* Carga, gravamen. || *Col.* Ventaja, partido.
GABINETE m. (fr. *cabinet*). Aposento menor que la sala: *recibir en un gabinete.* || Pieza para recibir las visitas de confianza. || Conjunto de muebles para un gabinete. || Conjunto de ministros de un Estado. || Conjunto de colaboradores inmediatos de un ministro. || Sala donde están aparatos, instrumentos, objetos, etc., para estudiar o enseñar una ciencia o arte: *Gabinete de Historia Natural.* || Colección de objetos curiosos. (SINÓN. V. *Museo.*) || *Col.* Mirador, cierre de cristales. || *Gabinete de lectura,* casa donde, mediante una retribución, se dan a leer periódicos o libros.
GABLETE m. (del al. *giebel,* cúspide). *Arq.* Aguilón, remate triangular de algunos edificios.
GABRIELES m. pl. *Fam.* Garbanzos que se comen en el cocido.

Fot. Grün, Laporte

GACELA f. Antílope de África, ágil y hermoso.
GACETA f. (ital. *gazzeta*). Periódico: *gaceta médica.* || En España, diario oficial. || *Fam.* Correveidile.
GACETA f. (fr. *casette*). *Tecn.* Caja refractaria para cocer en el horno piezas de porcelana.
GACETERO m. El que escribe en las gacetas, periodista.
GACETILLA f. Parte de un periódico donde se insertan noticias cortas. || Dicha noticia: *una gacetilla chistosa.* || Persona que lleva y trae noticias.
GACETILLERO m. Redactor de gacetillas. (SINÓN. V. *Periodista.*)
GACETISTA m. *Fam.* Persona muy aficionada a leer gacetas o periódicos o a hablar de novedades.
GACILLA f. *C. Rica.* Broche, imperdible.
GACHA f. Masa muy blanda y medio líquida. || *Col.* y *Venez.* Escudilla de loza. || — Pl. Manjar hecho con harina, agua, sal, leche, etc. (SINÓN. *Puré, caldo, papilla.*) || *And.* Halagos, mimos. || *Fam. Hacerse unas gachas,* mostrarse muy cariñoso.
GACHAPANDA (A la) loc. adv. *Col.* A la chiticallando, en silencio.
GACHÉ m. Gachó.
GACHETA f. Gacha, papilla. || Engrudo.
GACHETA f. (fr. *gâchette*). Palanquita que sujeta el pestillo de algunas cerraduras.
GACHÍ f. *Pop.* Mujer, muchacha. Pl. *gachís.*
GACHO, CHA adj. Doblado, inclinado: *orejas gachas.* || Dícese del buey de cuernos inclinados hacia abajo. || *A gachas,* loc. adv., a gatas: *andar a gachas.*
GACHÓ o **GACHÉ** m. Nombre que los gitanos dan a los andaluces. || *Pop.* Hombre.
GACHÓN, ONA adj. *Fam.* Gracioso. || *Fam. And.* Mimado, consentido: *niño gachón.* || Cariñoso.
GACHONADA y **GACHONERÍA** f. *Fam.* Gracia, donaire, atractivo de algunas personas.
GACHUELA f. Gacheta, papilla, masa blanda.
GACHUMBO m. *Amer.* Cubierta leñosa de la almendra del coco: *taza de gachumbo.*

gacela

gablete

gaita

GACHUPÍN *Amer.* y **GACHUPO** m. *Méx.* Cachupín, español que iba a establecerse en América. (V. *Parte hist.*)
GÁDIDOS m. pl. (de *gado*). Familia de peces que comprende las merluzas, bacalaos, etc.
GADITANO, NA adj. y s. Natural de Cádiz.
GADO m. Género de gádidos que comprende peces provistos de una barbilla en el labio inferior.
GADOLINIO m. Metal raro de número atómico 64 (símb.: Gd).
GAÉLICO, CA adj. y s. Dícese del dialecto céltico de Irlanda y Escocia.
GAFA f. *Mar.* Tenaza para suspender pesos. ‖ Gancho que sirve para armar la ballesta. ‖ — Pl. Anteojos con armadura para sujetarse en las orejas.
GAFAR v. t. Agarrar con las uñas o con un gancho. ‖ *Fam.* Dar mala suerte, ser gafe.
GAFE m. *Fam.* Mala suerte, persona o cosa que da mala suerte, cenizo.
GAFEDAD f. Contracción de los dedos. ‖ *Med.* Especie de lepra que encorva los dedos de las manos.
GAFO, FA adj. Que tiene encorvados los dedos. ‖ Leproso, que padece gafedad. ‖ *C. Rica.* Despeado.
GAG m. (pal. ingl.). Situación cómica.
GAGO, GA adj. *Per.* y *Venez.* Tartamudo.
GAGUEAR v. i. *Amer.* Tartamudear o ganguear.
GAGUEO m. *Antill., Col., Ecuad.* y *Per.* Tartamudeo.
GAGUERA f. *Cub.* y *Venez.* Tartamudez, gangueo.
GAICANO m. Guaicán, rémora, pez.
GAITA f. Instrumento músico de viento que se compone de un odre al que están unidos canutos que sirven uno para soplar el aire y otros, con agujeros como flauta, para tocar; llámase también: *gaita gallega.* (SINÓN. *Cornamusa, dulzaina.*) ‖ Especie de chirimía. ‖ Instrumento músico de cuerdas y teclas, que se toca con una especie de cigüeña. ‖ *Fam.* Pescuezo: *alargar la gaita.* ‖ *Fig.* y *fam.* Cosa engorrosa: *es una gaita escribir la carta esa.* ‖ *Fam. Méx.* Maula, dicho de personas. ‖ *Arg. Pop.* Criada gallega. ‖ *Fam. Templar gaitas,* gastar contemplaciones excesivas con uno.
GAITERÍA f. *Fam.* Vestido de colores muy chillones.
GAITERO, RA adj. *Fam.* Demasiado alegre: *un viejo muy gaitero.* ‖ *Fam.* Charro, extravagante: *usa un vestido bastante gaitero.* ‖ — M. El que tiene por oficio tocar la gaita.
GAGÁ adj. y s. Galicismo por *chocho, lelo.*
GAJE m. (del fr. *gage,* prenda). Emolumento, salario de un empleo: *tener pocos gajes.* (SINÓN. V. *Retribución.*) ‖ *Fam. Gajes del oficio,* las molestias inherentes a un empleo u ocupación.
GAJO m. (del lat. *cassus,* quebrado). Rama de árbol. ‖ Racimo pequeño: *gajo de uvas, de guindas.* ‖ División interior de varias frutas: *gajo de limón.* ‖ Punta de algunos instrumentos de labranza. ‖ Cordillera de montañas secundaria. ‖ *Bot.* Lóbulo de una hoja. ‖ *Amer.* En algunas partes, barbilla. ‖ *Arg.* Esqueje. ‖ *Amér. C.* y *Col.* Rizo, mechón de pelo.
GAJOSO, SA adj. Que tiene gajos.
GAL m. (de *Galileo*). Unidad de aceleración en el sistema C. G. S. (Símb.: cm/s^2.)
GALA f. Vestido rico y lucido. ‖ Gracia y garbo: *hablar con gala.* ‖ Lo más selecto: *ser una persona la gala del pueblo.* ‖ *Méx.* y *Cub.* Obsequio, regalito, propina. ‖ — Pl. Trajes, joyas de lujo: *ponerse todas sus galas.* ‖ *De gala,* de lujo: *uniforme de gala.* ‖ *De media gala,* dícese del uniforme intermedio entre el de gala y el de diario. ‖ *Fig. Hacer gala* o *tener a gala,* preciarse de una cosa.
GALABARDERA f. Escaramujo, gabarda.
GALÁCTICO, CA adj. Relativo a la Galaxia.
GALACTITA f. (del gr. *galaktitês,* lácteo). Arcilla jabonosa que, deshecha en el agua, la pone lechosa.
GALACTITES f. Galactita.
GALACTOFAGIA f. Costumbre de alimentarse exclusivamente con leche.
GALACTÓFAGO, GA adj. y s. Que acostumbra alimentarse sólo con leche.

galeón

galeota

GALACTÓMETRO m. Instrumento que sirve para medir la densidad de la leche.
GALACTOSA f. *Quím.* Azúcar (monosacárida) obtenida por hidrólisis de la lactosa.
GALAICO, CA adj. Gallego: *literatura galaica.*
GALAICOPORTUGUÉS, ESA adj. Dícese de la lengua romance hablada en Galicia y Portugal y de los monumentos literarios de estos dos territorios en la Edad Media.
GALALITA f. Caseína endurecida, materia plástica usada en la industria.
GALÁN m. Hombre bien parecido. (SINÓN. *Galancete, currutaco, lechuguino, doncel.*) ‖ El que galantea a una mujer. (SINÓN. V. *Novio.*) ‖ El que hace uno de los papeles serios fuera del de barba: *primer, segundo galán.* (SINÓN. V. *Actor.*) ‖ Arbusto de Cuba.
GALANAMENTE adv. m. Con gala: *vestir muy galanamente.* ‖ *Fig.* Con gracia, elegantemente.
GALANCETE m. Galán joven: *era un galancete muy relamido.* (SINÓN. V. *Galán.*)
GALANGA o **MALANGA** f. Planta cingiberácea de rizoma aromático. ‖ Planta aroidea de Cuba.
GALANÍA f. Galanura, elegancia.
GALANO, NA adj. Muy adornado o muy bien vestido: *ir muy galano.* ‖ *Fig.* Elegante, gracioso: *discurso galano.* ‖ *Amer.* Dícese de la res de pelo manchado de varios colores. ‖ *Cuentas galanas,* ilusiones. ‖ *Amér. C. Echar galanas,* fanfarronear. ‖ *Amér. C. Hacer galanas,* hacer fechorías.
GALANTE adj. Atento, obsequioso con las damas. ‖ Que gusta mucho de galanteos: *una dama galante.*
GALANTEADOR adj. y s. Que galantea. (SINÓN. V. *Pretendiente.*)
GALANTEAR v. t. Procurar ganarse el amor de una mujer. ‖ Requebrar a una mujer. ‖ *Fig.* Solicitar con empeño.
GALANTEMENTE adv. m. Con galantería.
GALANTEO m. Acción de galantear o requebrar: *es demasiado viejo para galanteos.*
GALANTERÍA f. Obsequio, cortesanía: *portarse con galantería.* ‖ Gracia y elegancia en las cosas. ‖ Liberalidad.
GALANURA f. Elegancia, gracia, gallardía, garbo: *vestir con suma galanura.* ‖ — CONTR. *Desaliño.*
GALAPAGAR m. Sitio donde se crían o abundan los galápagos.
GALÁPAGO m. Reptil quelonio, llamado también *tortuga de mar: la concha del galápago es estimada.* ‖ Madero en que entra la reja del arado. ‖ Molde para ladrillos. ‖ *Cir.* Especie de vendaje. ‖ Lingote corto. ‖ Silla de montar ligera. ‖ *Hond.* Silla de montar para mujeres. ‖ *Mil.* Testudo, máquina de guerra antigua. ‖ *Veter.* Enfermedad del casco en las caballerías.
GALAPAGUINO, NA adj. y s. Del Archipiélago de Colón (Ecuador).
GALAPO m. Taruguillo que sirve a los cordeleros para torcer cordeles o maromas.
GALARDÓN m. Premio, recompensa: *recibir el justo galardón de sus servicios.* ‖ — CONTR. *Castigo, pena.*
GALARDONAR v. t. Premiar o recompensar.
GÁLATA adj. y s. De Galacia, comarca de Asia.
GALATO m. *Quím.* Sal del ácido gálico.
GALAXIA f. *Astr.* Vía Láctea u otra nebulosa análoga. ‖ Galactita.
GALAYO m. Roca pelada en medio de un monte o prominencia.
GALBANA f. *Fam.* Pereza, holgazanería: *tengo una galbana que no me deja estudiar.*
GALBANADO, DA adj. De color de gálbano.
GALBANEAR v. t. Holgazanear.
GALBANERO, RA adj. Galbanoso, holgazán.
GÁLBANO m. (lat. *galbanum*). Gomorresina aromática que se saca de una umbelífera de Siria y se ha usado en medicina.
GALBANOSO, SA adj. *Fam.* Holgazán.
GÁLBULA f. (lat. *galbulus*). Fruto de ciertos árboles como el ciprés, el enebro y la sabina que tiene forma de cono.
GALDIDO, DA adj. Gandido.
GALDOSIANO, NA adj. Propio de Galdós.

ÁLEA f. Casco de los soldados romanos.
ALEATO adj. Dícese del prólogo de una obra
que se la defiende de los ataques u objeciones
ue se le puedan dirigir.
ALEAZA f. Embarcación antigua de remos
velas y de tres mástiles.
ALEGA f. (lat. *galega*). Planta papilionácea
flores en espiga, blancas, azuladas o rojizas.
ALEMBO m. *Col.* y *Venez.* Nombre que suele
arse al *gallinazo* o *aura*.
ALENA f. (lat. *galena*). Sulfuro de plomo na-
ıral: *la galena es la principal mena del plomo.*
ALÉNICO, CA adj. Perteneciente o relativo
Galeno: *doctrina galénica.*
ALENISMO m. Doctrina médica de Galeno.
ALENISTA adj. y s. Partidario del galenismo.
ALENO, NA adj. *Mar.* Dícese del viento
brisa que sopla suavemente.
ALENO m. (de *Galeno*, n. pr.). *Fam.* Médico.
ÁLEO m. Pez. de mar, especie de tiburón.
ALEÓN m. Barco que servía para transportar
e América a España los productos de las minas
e oro y plata del Perú y México: *en 1770 se*
undió en la bahía de Vigo un convoy de galeo-
es lleno de un valioso cargamento.
ALEOPITECO m. Género de mamíferos in-
ectívoros intermediario entre los lemúridos y
os murciélagos. (SINÓN. *Panique.*)
ALEOTA f. Galera ligera: *la galeota llevaba*
los palos y algunos cañones.
ALEOTE m. Forzado que remaba en la ga-
era.
ALEOTO m. (del n. del protagonista de un
rama de Echegaray). Alcahuete.
ALERA f. (b. lat. *galera*). Barco antiguo de
guerra y de comercio que se movía con velas o con
remos. ‖ Carro grande de cuatro ruedas. ‖ Cárcel

de mujeres. ‖ Crujía de camas en un hospital. ‖
Arit. Separación que se hace al escribir los fac-
tores de una división. ‖ *Carp.* Garlopa larga. ‖
Impr. Tabla en que se ponen las líneas a medida
que se componen. ‖ Especie de camarón. ‖ *Méx.*
Especie de comadreja. ‖ *Arg., Urug. y Chil. Fam.*
Chistera, sombrero de copa. (Dícese tb. *galera*
alta.) ‖ *Hond.* y *Méx.* Tinglado, cobertizo. ‖ —
Pl. Pena de remar: *condenar a galeras.* (SINÓN.
V. *Presidio.*)
GALERADA f. Carga de una galera de rue-
das. ‖ *Impr.* Trozo de composición que cabe en
una galera. ‖ Prueba que se saca del mismo.
GALERERO m. El que conduce la galera.
GALERIA f. Especie de lepidóptero cuya larva
vive en las colmenas devorando la miel.
GALERÍA f. Pieza larga y cubierta. ‖ Corre-
dor con vidrieras. (SINÓN. V. *Paso.*) ‖ Colección
de cuadros: *la Galería Nacional de Londres.* (SI-
NÓN. V. *Museo.*) ‖ Camino subterráneo en las
minas. (SINÓN. V. *Subterráneo.*) ‖ *Mar.* Crujía. ‖
Balcón de la popa del barco. ‖ Cazuela, paraíso
del teatro. ‖ Público que ocupa esta localidad.
(SINÓN. V. *Auditorio.*) ‖ *Fig.* Público, vulgo. ‖
Galicismo por *almacén, tienda.*
GALERÍN m. Galera pequeña. ‖ *Impr.* Tabla
estrecha, con un listón en ángulo recto, donde los
cajistas colocan las líneas de composición.
GALERITA f. Cogujada, ave.
GALERNA f. y **GALERNO** m. (bretón *gwa-*
lern). Viento del Noroeste.
GALERÓN m. *Amer.* Especie de romance lla-
nero. ‖ *C. Rica.* Cobertizo, tinglado. ‖ *Venez.*
Un aire popular. ‖ *Méx.* Habitación grande.
GALÉS, ESA adj. y s. De Gales. ‖ — M. Idio-
ma galés.

GALGA f. Piedra grande. ‖ Muela volandera
del molino de aceite, que rueda sobre la yusera.
‖ Instrumento de medida para longitudes y ángulos en mecánica. ‖ *Hond.* Hormiga amarilla de
andar veloz. ‖ Erupción cutánea parecida a la
sarna. ‖ Nombre de las cintas que sujetan algunos zapatos a la pierna. ‖ Palo que, atravesado
sobre el eje de una rueda, sirve para moderar la
velocidad de ésta en las cuestas. ‖ Piedra que
cae rodando por una cuesta. ‖ *Col.* Derribo simultáneo de varios árboles en fila, cortando sólo el
primero de ellos.
GALGO, GA m. y f. (lat. *gallicus canis*). Variedad de perro muy ligero y bueno para la caza. ‖
Col. Goloso. ‖ *¡Échale un galgo!*, loc. fam. que
expresa la dificultad de alcanzar a una persona
o de comprender una cosa.
GALGUEAR v. i. *Amér. C.* y *Arg.* Ansiar,
desear.
GALGUEÑO, ÑA adj. Que es parecido al
galgo.
GALGUERO, RA adj. Del galgo.
GALGUITA f. Perro pequeño de pelo corto, de
forma parecida a la del galgo.
GÁLGULO m. (lat. *galgulus*). El rabilargo
ave.
GALIANOS m. pl. Torta guisada con aceite.
GALIBAR v. t. Labrar un objeto conforme al
gálibo.
GÁLIBO m. Arco de hierro en forma de U invertida que sirve en los ferrocarriles para ver si
los vagones cargados pueden pasar por los túneles
y los puentes. ‖ *Mar.* Plantilla, armazón, vitola:
labrar conforme a gálibo. ‖ Dimensión. ‖ *Fig.*
Elegancia.
GALICADO, DA adj. Que adolece de galicismos: *hay plaga de traducciones galicadas.*
GALICANISMO m. Doctrina de los galicanos.
GALICANO, NA adj. (lat. *gallicanus*). Dícese
de la Iglesia de Francia y de su liturgia. ‖ Partidario de las libertades de la Iglesia galicana. ‖
Viciado de galicismo: *giro galicano.*
GALICISMO m. (del lat. *gallicus*, francés).
Giro propio de la lengua francesa. ‖ Vocablo francés empleado en castellano: *los escritores españo-*
les modernos suelen abusar del galicismo.
— El idioma de Francia, vecina de España, ha
influido desde muy antiguo sobre el español. La
literatura francesa ha gozado siempre de gran
favor en los países de lengua española. En 1493
trae ya el diccionario de Nebrija *paje, jardín,*
cofre, trinchar, manjar, bajel, sargento, jaula,
forja, reproche. Más tarde aparecen voces como
coqueta, bufete, charretera, ficha, corsé, tupé,
hotel. Desde muy antiguo se han alzado los pu-
ristas contra dicha influencia, aunque con poquí-
sima suerte. El *Diccionario de galicismos* de
Rafael M. Baralt, hace medio siglo, censuraba
centenares de palabras hoy admitidas. En las
últimas ediciones del diccionario de la Academia se da hoy cabida a galicismos como *encuesta,*
mentón, abordar, condolencia, bobina, acaparar,
anfractuosidad, deambular, eluctable, etiqueta
(letrero), *intrigar.* El galicismo más censurable
es el que adopta la sintaxis francesa desfigurando
la frase castellana.
GALICISTA m. El que emplea muchos galicismos. ‖ — Adj. Relativo al galicismo.
GÁLICO, CA adj. (lat. *gallicus*). Perteneciente
a las Galias. ‖ *Ácido gálico*, el que se extrae de
la nuez de agalla: *resulta el ácido gálico de la*
descomposición del tanino por el aire atmosférico.
‖ — M. Sífilis.
GALICURSI adj. *Fam.* Dícese del lenguaje pla-
gado de galicismos y de la persona que lo usa.
GALILEO, A adj. y s. De Galilea. ‖ Cristiano.
‖ *El Galileo*, Cristo.
GALILLO m. Úvula. ‖ *Fam.* Gaznate, gañote.
GALIMATÍAS m. Lenguaje obscuro y confuso.
‖ — SINÓN. *Baturrillo, guirigay, jerga, énfasis.*
GALIO m. Hierba rubiácea que se usa para cua-
jar la leche.
GALIO m. Cuerpo simple metálico de número
atómico 31 que se asemeja al cinc (símb.: Ga).
GALIPARLA f. Lenguaje lleno de galicismos.
GALIPARLISTA m. El que emplea muchos
galicismos.
GALIPOTE m. Brea o alquitrán.
GALIZABRA f. Embarcación antigua de vela.
GALO, LA adj. y s. (lat. *gallus*). De la Galia.

Galgos

gálibo

Fot. Dragesco, Dim

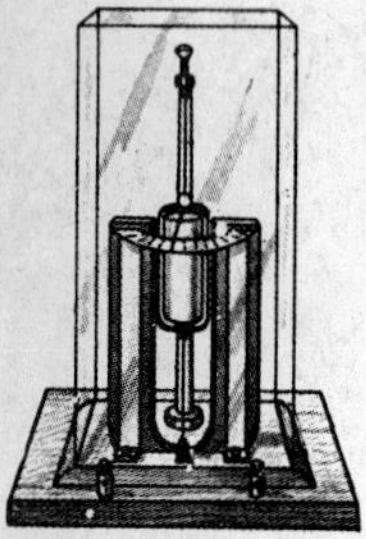

galvanómetro

GALOCHA f. (fr. *galoche*). Zueco de madera o de hierro que se usa para andar por la nieve.

GALOCHERO m. El que hace o vende galochas.

GALÓFILO, LA adj. y s. Que aprecia a los franceses.

GALOFOBIA f. Aversión a los franceses.

GALÓFOBO, BA adj. Que odia a los franceses: *manifestar sentimientos galófobos.*

GALÓN m. Cinta gruesa de oro, plata, seda, etc., que se pone a los vestidos, cortinas, etc., para protegerlos y adornarlos. || *Mil.* Distintivo de los grados: *los sargentos llevan galones.*

GALÓN m. (ingl. *gallon*). Medida inglesa para líquidos que equivale a 4,55 l. El galón norteamericano tiene 3,79 l.

GALONEADOR, RA m. y f. Persona que galonea o ribetea.

GALONEADURA f. Adorno hecho con galones.

GALONEAR v. t. Adornar una prenda de vestir con galones: *galonear un vestido.*

GALONISTA m. Alumno de una academia militar que lleva las insignias de cabo o de sargento.

GALOPADA f. Carrera larga a galope.

GALOPANTE adj. Que galopa. || *Fig. Tisis galopante,* la que arrebata al enfermo en muy pocos días.

GALOPAR v. i. Ir a galope: *galopar en un potro.*

GALOPE m. La marcha más rápida del caballo: *ir a* [o *al*] *galope.* || *A galope tendido,* muy de prisa.

GALOPEADO, DA adj. *Fam.* Hecho mal y de prisa. || — M. *Fam.* Zurra a bofetadas o a puñadas.

GALOPEAR v. i. Galopar, ir a galope.

GALOPILLO m. Pinche de cocina. (P. us.)

GALOPÍN m. (fr. *galopin*). Muchacho sucio y abandonado. || Pícaro. (SINÓN. *Tunante, bribón, pilluelo.* V. tb. *granuja.*) || *Fig.* y *fam.* Hombre taimado. || *Mar.* Grumete. || Pinche de cocina.

GALORROMANO, NA adj. Que pertenece a la vez a los galos y a los romanos: *edificio galorromano.*

GALPÓN m. *Amer.* Cobertizo grande con paredes o sin ellas, tinglado. || *Col.* Tejar, adobería. || *Amer.* Departamento destinado antiguamente a los esclavos de las haciendas.

GALUCHA f. *Amer.* Galope de los caballos.

GALUCHAR v. i. *Col., Cub.* y *Venez.* Galopar.

GALVÁNICO, CA adj. *Fís.* Perteneciente o relativo al galvanismo: *experimento galvánico.*

GALVANISMO m. *Fís.* Electricidad desarrollada por el contacto de dos metales diferentes con un líquido interpuesto. || Acción de las corrientes eléctricas en el organismo humano.

GALVANIZACIÓN f. Acción y efecto de galvanizar: *la galvanización del hierro lo preserva de la humedad.*

GALVANIZADO, DA adj. Recubierto de una capa de otro metal. || — M. Acción de galvanizar.

GALVANIZAR v. t. Someter a la pila eléctrica. || Aplicar una capa de metal sobre otro por medio del galvanismo. || Dar un baño de cinc a otro metal para que no se oxide. || *Fig.* Animar, dar vida momentánea.

GALVANO m. Reproducción hecha por galvanoplastia.

GALVANOCAUTERIO m. *Cir.* Instrumento que sirve para cauterizar por medio de la electricidad.

GALVANÓMETRO m. *Fís.* Aparato destinado a medir la intensidad de las corrientes eléctricas mediante la desviación de la aguja imantada.

GALVANOPLASTIA f. (del fr. *galvano,* pr fijo, y gr. *plassein,* formar). Operación median la cual se deposita en un objeto cualquiera, qu sirve de molde, una capa de un metal previ mente disuelto en un líquido, haciendo obr sobre dicha disolución metálica una corrien eléctrica continua.

GALVANOPLÁSTICO, CA adj. Relativo a l galvanoplastia: *impresión galvanoplástica, repr ducción galvanoplástica.* || — F. Galvanoplasti

GALVANOTIPIA f. Producción galvanoplást ca de clisés y tipos de imprenta.

GALVANOTIPO m. Reproducción tipográfic obtenida por procedimientos electrolíticos.

GALLADA f. *Fam.* Rasgo de orgullo.

GALLADURA f. Pinta que se halla en la yem del huevo y sin la cual es éste infecundo.

GALLARDA f. Danza española antigua. *Impr.* Carácter de letra entre el breviario y l glosilla.

GALLARDEAR v. i. Ostentar mucha gallardía vanagloriarse.

GALLARDETE m. *Mar.* Banderilla larga qu remata en punta y sirve en los buques y en lo edificios como adorno, aviso o señal.

GALLARDÍA f. Bizarría, gracia: *moverse co gallardía.* || Esfuerzo, ánimo, valor.

GALLARDO, DA adj. Airoso, bien parecido *gallardo joven.* || Valiente, apuesto, bizarro: *ga llardo militar.* || *Fig.* Grande, hermoso: *gallard descripción.*

GALLARETA f. Foja, ave zancuda.

GALLARÓN m. Sisón, género de aves zancudas

GALLARUZA f. Chaquetón con capucha usad antiguamente. || *Cub.* Mujer muy desenvuelta varonil.

GALLEAR v. i. Alzar la voz. || *Fig.* Sobresalir descollar. || *Fig.* Presumir, fanfarronear. (SINÓN. V. *Pavonear.*) || *Tecn.* Producirse el galleo er un metal.

GALLEGADA f. Cosa propia de gallegos. || Cierto baile propio de los gallegos.

GALLEGO, GA adj. y s. De Galicia. || — M. Lengua románica hablada en Galicia. || Viento noroeste. || *Amer. Fam.* Español.

GALLEGUISMO m. Palabra o giro propio de los gallegos cuando hablan castellano. || — Del *gallego,* lengua cultivada en el siglo XIII por los primeros líricos españoles, en la que escribió sus *Cantigas* Alfonso el Sabio y que durante largo tiempo alternó en España con el castellano, ha conservado éste no pocas voces, como *macho, morriña, sarao, chubasco, achantarse, vigía, chumacera, arisco, payo.*

GALLEO m. *Tecn.* Excrescencia que se produce en la superficie de la plata derretida en el momento en que se solidifica. || *Taurom.* Quiebro ayudado con la capa.

GALLERA f. Edificio donde se verifican las riñas de gallos o donde se guardan gallos de pelea.

GALLERÍA f. *Cub.* Gallera. || *Cub.* Egoísmo.

GALLERO m. En algunas partes, gallera. || *Amer.* El aficionado a las riñas de gallos.

GALLETA f. Bizcocho de mar. || Pasta, bizcocho seco. || *Fam.* Bofetada. (SINÓN. V. *Golpe.*) || Carbón mineral de cierto tamaño. || Disco en que rematan los palos y las astas de banderas. || *Arg., Bol.* y *Venez.* Escudilla para tomar el mate amargo. || *Chil.* Pan bazo.

GALLETEAR v. t. *Arg.* Despedir a un empleado.

GALLETERÍA f. Fábrica de galletas.

GALLETERO, RA adj. *Chil.* Adulador. || — M. Recipiente para guardar las galletas o para servir éstas en la mesa. || El que fabrica galletas.

GALOPE

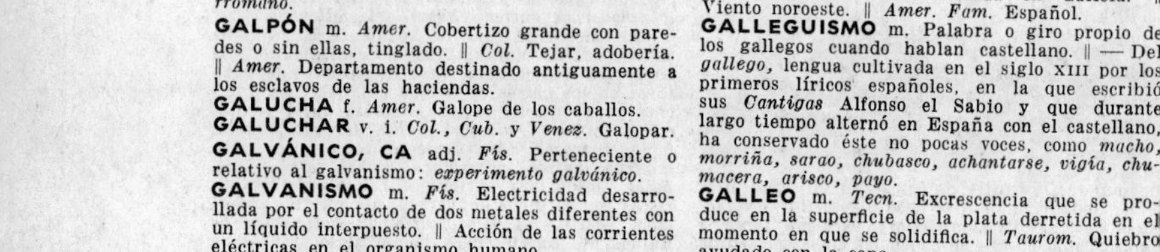

GALLILLO m. Galillo, úvula.
GALLINA f. Hembra del gallo. ‖ — Com. *Fig. fam.* Persona pusilánime: *ser un gallina.* (SINÓN. V. *Cobarde.*) ‖ *Gallina ciega,* juego que consiste en perseguir uno de los jugadores a los demás con los ojos vendados. ‖ *Col.* Ave de rapiña nocturna. ‖ *Gallina de agua,* la foja. ‖ *Gallina de Guinea,* la pintada. ‖ *Gallina de río,* la fúlica. ‖ *Fig.* y *fam. Estar como gallina en corral ajeno,* estar avergonzado entre gente desconocida.
GALLINÁCEO, A adj. Parecido o perteneciente a la gallina. ‖ — F. pl. Orden de aves que tienen por tipos el gallo, la perdiz, el pavo, etc.
GALLINAZA f. Gallinazo, ave. ‖ Estiércol de gallina y demás aves de corral.
GALLINAZO m. Aura, urubú, buitre de América.
GALLINEJAS f. pl. En Madrid, tripas fritas de gallina y otras aves.
GALLINERÍA f. Conjunto de gallinas. ‖ *Fig.* Cobardía, pusilanimidad.
GALLINERO, RA m. y f. Persona que trata en gallinas. ‖ — M. Lugar donde se recogen las gallinas. (SINÓN. V. *Jaula.*) ‖ *Fam.* Sitio donde hay muchas mujeres o donde hay gran gritería. ‖ Paraíso, parte más alta de algunos teatros.
GALLINETA f. Fúlica, polla de agua. ‖ Chocha. ‖ *Amer.* Gallina de Guinea.
GALLINUELA f. *Cub.* Especie de polla de agua de la familia de los rálidos.
GALLIPATO m. Especie de salamanquesa.
GALLIPAVA f. Gallina de raza muy grande.
GALLIPAVO m. Pavo. (P. us.) ‖ *Fig.* y *fam.* Gallo que se le escapa a un cantante.
GALLÍSTICO, CA adj. Propio de los gallos y especialmente de las peleas de gallos.
GALLITO m. *Fig.* Persona fanfarrona. ‖ *Fig.* El que se distingue en alguna parte. ‖ *Ecuad.* Pito o silbato de cañas. ‖ *Méx.* Mineral muy rico. *Cub.* La jácana, ave. ‖ *Col.* Rehilete, flechilla. ‖ *Col.* Galillo, úvula. ‖ *Gallito del rey,* el budión.
GALLO m. (lat. *gallus*). Ave gallinácea provista de pico corto, cresta, abundante plumaje y

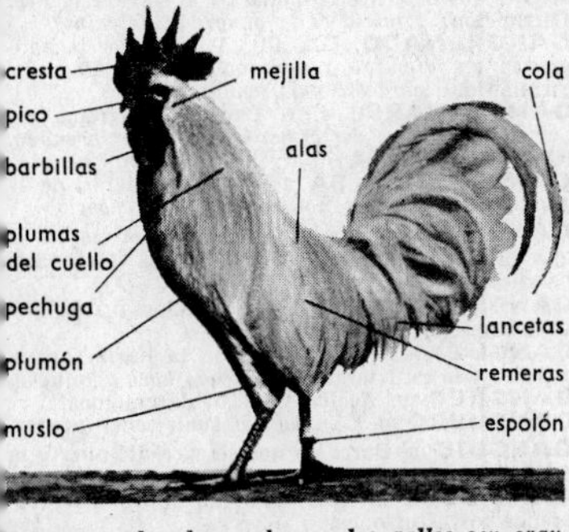

patas armadas de espolones: *los gallos son orgullosos y valientes.* ‖ Pez acantopterigio marino. ‖ *Arq.* Hilera, lomo de la armadura. ‖ *Ant.* y *Col.* Gallito, rehilete. ‖ Nota falsa: *soltar un gallo.* ‖ *Fig.* y *fam.* El que manda en un sitio: *ser el gallo del pueblo.* ‖ Categoría en la que se clasifican los boxeadores que pesan de 53,524 kg a 57,125 kg. ‖ *Chil.* Carro en que van arrolladas las mangas de bomberos. ‖ *Pop.* Esputo. ‖ *Méx.* Lo que se obtiene de segunda mano. ‖ *Gallo silvestre,* el urogallo. ‖ *Fam. Alzar el gallo,* mostrarse arrogante. ‖ *Amer. Ser muy gallo,* ser muy guapo o valiente. ‖ *Fig.* y *fam. En menos que canta un gallo,* en un instante. ‖ *Gallo de roca* o *de peñasco,* precioso pájaro dentirrostro de Venezuela, Colombia y Perú.
GALLOCRESTA f. Especie de salvia de flor encarnada. ‖ Género de escrofulariáceas de flores amarillentas en espiga.
GALLOFA f. Comida que se daba a los peregrinos que iban mendigando de Francia a Santiago de Compostela. ‖ Verdura u hortaliza para la menestra. ‖ Cuento, chisme. ‖ Añalejo, librillo.
GALLOFEAR v. i. Pedir limosna, holgazanear.
GALLOFERO, RA y **GALLOFO, FA** adj. Holgazán, pordiosero, mendigo.
GALLÓN m. Tepe, césped.
GALLÓN m. *Arq.* Una labor del capitel jónico.
GALLÓN, ONA adj. *Méx.* Gallote.
GALLOTE, TA adj. *C. Rica* y *Méx.* Desenvuelto, resuelto.
GALLUDO m. Especie de tiburón.
GALLUP [*galop*] m. (del nombre de su promotor). Sondeo de la opinión pública por medio de un cuestionario preciso.
GAMA f. Hembra del gamo. ‖ *Arg. Gama montés,* especie de venado.
GAMA f. (gr. *gamma*). *Mús.* Escala musical. ‖ Escala de colores. ‖ *Fig.* Escala, serie continua. ‖ Gamma.
GAMADA adj. f. Dícese de una cruz cuyos palos tienen forma de la letra gamma mayúscula. (En Alemania, la cruz gamada fue el emblema del partido nacionalsocialista.)
GAMARRA f. Correa que va de la muserola del freno a la cincha. ‖ *Media gamarra,* la que termina en el pretal del caballo.
GAMARRÓN m. *Hond.* Cabezada del caballo.
GAMARZA f. *Bot.* Alharma.
GAMBA f. Especie de camarón grande.
GAMBADO, DA adj. *Amer.* De piernas torcidas.
GÁMBARO m. (lat. *cammarus*). Camarón.
GAMBARSE v. r. *Cub.* Torcerse las piernas.
GAMBERRADA f. *Fam.* Acción propia del gamberro.
GAMBERRISMO m. Conjunto de gamberros. ‖ Acción propia de los gamberros.
GAMBERRO, RRA adj. y s. Libertino. ‖ Grosero, mal educado, granuja.
GAMBESINA f. Gambesón.
GAMBESÓN m. Saco o jubón acolchado que se ponía en otro tiempo bajo la armadura.
GAMBETA f. Movimiento especial de la danza. ‖ Corveta del caballo. ‖ *Amer.* Esguince rápido. ‖ *Riopl. Fig.* Evasiva. ‖ Quiebro, regate.
GAMBETEAR v. i. Hacer gambetas. ‖ Correr haciendo zigzags, quiebros o regates.
GAMBETEO m. Acción de gambetear, regate.
GAMBITO m. (del ital. *gambetto,* zancadilla). Lance del ajedrez al empezar a jugar, en que se sacrifica alguna pieza para obtener una posición favorable.
GAMBOA f. Variedad de membrillo.
GAMBOTA f. (de *gamba*). *Mar.* Cada uno de los maderos que sostienen el espejo de popa.
¡GAMBUSINA! interj. *Cub.* Úsase para indicar que se ha chasqueado uno. ‖ — F. *C. Rica.* Correría, diversión, paseo, jarana.
GAMELA f. *Chil.* Gamella, vasija.
GAMELLA f. Arco del yugo en que entra la cabeza de los bueyes. ‖ Vasija o artesa grande de madera. ‖ Camellón, lomo entre surco y surco.
GAMETO m. Célula reproductora, masculina o femenina, cuyo núcleo sólo contiene n cromosomas. (Las otras células del cuerpo tienen $2n$.)
GAMEZNO m. Gamo pequeño.
GAMMA f. (gr. *gamma*). Tercera letra del alfabeto griego (γ) que corresponde a la *ge* castellana ‖ Unidad internacional de peso equivalente a una millonésima de gramo. ‖ *Rayos gamma,* radiaciones emitidas por cuerpos radiactivos, análogas a los rayos X, pero más fuertes y de una longitud de onda más pequeña y que tienen una acción fisiológica potente.
GAMO m. (lat. *dama*). Mamífero rumiante de la familia de los cérvidos, caracterizado por el pelaje salpicado de manchas blancas y los cuernos en forma de pala.
GAMÓN m. Planta liliácea de hojas largas, flores blancas en espiga y raíces tuberculosas.
GAMONAL m. Tierra donde abundan los gamones. ‖ *Amer.* Cacique, magnate de pueblo. ‖ *Guat.* y *Salv.* Hombre ostentoso, gastoso.
GAMONALISMO m. *Amer.* Caciquismo.
GAMONITO m. Retoño de algunos árboles.
GAMOPÉTALO, LA adj. (del gr. *gamos,* unión, y *pétalo*). *Bot.* Dícese de la corola de una sola pieza.
GAMOSÉPALO, LA adj. (del gr. *gamos,* unión, y *sépalo*). *Bot.* Dícese de los cálices cuyos sépalos están soldados de una sola pieza.

gallinas

gallocresta

gamopétalo

gamosépalo

gamuza

ganga

ganso

GANCHOS

1. Bichero
2. Garabato
3. Garfio

GAMUZA f. (del ár. *chamus*, búfalo). Especie de antílope de las montañas de Europa. ‖ Piel delgada y adobada de este animal: *la gamuza se usa mucho para limpiar.* ‖ Tejido de lana que imita esta piel. ‖ *Col.* Chocolate con harina de maíz y azúcar sin purgar.
GAMUZADO, DA adj. De color de gamuza.
GAMUZÓN m. Especie de gamuza grande.
GANA f. Ansia, apetito: *gana de comer o de dormir.* (SINÓN. V. *Deseo.*) ‖ *De buena gana*, con buena voluntad. ‖ *De mala gana*, de mala voluntad. ‖ *Darle a uno la gana*, querer hacer. ‖ *Méx. Fam. Es gana*, es imposible. ‖ *Fam. Tenerle ganas a uno*, desear reñir con él.
GANABLE adj. Que puede ganarse.
GANADA f. *Arg.* Ganancia.
GANADERÍA f. Copia de ganado. ‖ Cría del ganado. ‖ Ganado de un propietario: *ganadería mediana.*
GANADERO, RA m. y f. Dueño de ganado. ‖ — Adj. Relativo a la ganadería.
GANADO m. Conjunto de animales domésticos: *ganado vacuno, cabrío.* ‖ Conjunto de abejas de una colmena. ‖ *Fig.* y *fam.* Conjunto de personas. ‖ — Se distingue el *ganado* en *ganado mayor* (bueyes, vacas, mulas, yeguas, etc.), *ganado menor* (ovejas, cabras, etc.), y *ganado de cerda* (los cerdos). En América sólo se entiende por *ganado* el vacuno.
GANADOR, RA adj. y s. Que gana. (SINÓN. V. *Vencedor.*)
GANANCIA f. Acción de ganar. ‖ Lo que se gana: *sacar poca ganancia de un negocio.* ‖ *Méx.* y *Guat.* Lo que da el tendero además de lo justo. ‖ *Ganancias y pérdidas*, una de las partidas de la contabilidad. ‖ — SINÓN. *Lucro, beneficio, provecho, retribución, sobrante, ingreso, renta, producto, rendimiento, sisa.* ‖ *No le arriendo la ganancia*, no quisiera estar en su lugar.
GANANCIAL adj. Perteneciente a la ganancia. ‖ *Bienes gananciales*, los adquiridos a medias por los esposos durante el matrimonio.
GANANCIOSO, SA adj. Que ocasiona ganancia. ‖ Que sale con ganancia del juego, de un trato, etc.
GANAPÁN m. Hombre que gana la vida llevando y haciendo mandados. (SINÓN. V. *Mozo.*) ‖ *Fam.* Hombre rudo. (SINÓN. V. *Grosero.*)
GANAPIERDE m. Manera de jugar a las damas en que gana el que pierde antes todas las piezas.
GANAR v. t. (b. lat. *ganare*). Conseguir un beneficio. (SINÓN. V. *Obtener.*) ‖ *Ganarse la vida*, ganar lo necesario para el sustento. ‖ Conseguir tras una lucha: *Escipión ganó la batalla de Zama.* ‖ Conquistar o tomar una ciudad, un territorio, etc. ‖ Conseguir por casualidad: *ganar un premio en la lotería.* ‖ Alcanzar: *ganar la frontera.* ‖ Captar la voluntad de uno. ‖ Lograr: *ganar el favor del príncipe.* ‖ *Fig.* Aventajar, exceder a uno en algo. ‖ Merecer: *se lo ha ganado.* ‖ — V. i. Mejorar. ‖ *Fam. Tener muchas ganas a alguien*, tenerle cierta animadversión.
GANCHERO m. El que guía, con un gancho, las maderas que se transportan flotando por el río. ‖ *Ecuad.* Caballo de montar para mujeres. ‖ *Chil.* El que se ocupa en trabajos aislados. ‖ *Arg.* El que ayuda; el que hace gancho.
GANCHETE (De medio) loc. adv. A medio hacer. ‖ *Venez.* y *Cub.* Puesto en jarras. ‖ *Venez. Al ganchete*, de reojo. ‖ *Col. Ir de ganchete*, de bracero.
GANCHILLO m. *And.* y *Amer.* Horquilla para el pelo. ‖ Aguja de gancho o de crochet.
GANCHO m. Instrumento puntiagudo y corvo por una punta, que sirve para agarrar o colgar una cosa. ‖ Cierta labor femenina, crochet. ‖ Pedazo que queda en el árbol, cuando se desgaja una rama. ‖ *Fig.* y *fam.* El que solicita con maña. ‖ *Fig.* y *fam.* Rufián. ‖ *Fig.* y *fam.* Atractivo: *mujer que tiene gancho.* ‖ Puñetazo dado horizontalmente con el brazo replegado. ‖ *Fig.* y *fam.* Persona que atrae clientes dirigiéndose a ellos. ‖ *Arg.* Auxilio, protección. ‖ *Ecuad.* Silla de montar para mujer. ‖ *Amer.* Horquilla de tocador. ‖ *Echar el gancho*, atraer con maña. ‖ *Arg. Hacer gancho*, ayudar en algo.
GANCHOSO, SA y **GANCHUDO, DA** adj. Que está provisto de ganchos: *hojas ganchosas.*
GÁNDARA f. Tierra baja inculta y llena de maleza.
GANDAYA f. *Fam.* Tuna, briba, vida holgazana.
GANDICIÓN f. *Col.* y *Cub.* Glotonería.
GANDIDO, DA adj. *Amer.* Comilón, hombrón.
GANDINGA f. Mineral menudo. ‖ *Cub.* Guisado de hígado frito. ‖ *Méx.* Adorno antiguo. ‖ *Cub.* Indolencia.
GANDUJAR v. t. Fruncir, plegar, afollar.
GANDUL, LA adj. y s. *Fam.* Vagabundo, holgazán. (SINÓN. V. *Perezoso.*) ‖ — M. Individuo de una milicia antigua de los moros.
GANDULEAR v. i. Holgazanear. (SINÓN. V. *Perecear.*)
GANDULERÍA f. Carácter del gandul u holgazán.
GANDUMBAS m. *Fam.* Haragán, gandul.
GANG m. (pal. norteamer. signif. *equipo*). Banda organizada de malhechores.
GANGA f. Ave gallinácea parecida a la perdiz. ‖ *Cub.* Zarapito, ave. ‖ *Fig.* Cosa que se adquiere a poca costa. (SINÓN. V. *Provecho.*) ‖ *Fig.* Ventaja inesperada. (SINÓN. V. *Suerte.*) ‖ *Méx.* Burla. ‖ *Min.* Materia inútil que envuelve y acompaña los minerales.
GANGÉTICO, CA adj. Perteneciente al Ganges.
GANGLIFORME adj. De forma de ganglio.
GANGLIO m. (gr. *ganglion*). *Anat.* Conglomerado de células nerviosas. ‖ Bolsa situada cerca de las articulaciones donde se colectan varios vasos linfáticos. ‖ Dilatación de la membrana que recubre un tendón y se llena de líquido.
GANGLIONAR adj. *Zool.* Relativo a los ganglios: *sistema ganglionar.*
GANGOCHE *C. Rica* y **GANGOCHO** m. *Amér. C., Chil.* y *Arg.* Arpillera, saco. (V. GUANGOCHE.)
GANGOLINA f. *Arg.* Barullo, bulla, jaleo.
GANGOSEAR v. i. Ganguear.
GANGOSEO m. *Arg.* y *Col.* Gangueo.
GANGOSIDAD f. Calidad de gangoso.
GANGOSO, SA adj. Que ganguea al hablar.
GANGRENA f. (del gr. *gaggraina*, podredumbre). Destrucción completa de la vida orgánica en una parte del cuerpo. ‖ *Bot.* Enfermedad de los árboles que destruye la madera y la corteza. ‖ *Fig.* Corrupción: *el vicio es la gangrena del alma.*
GANGRENADO, DA adj. Atacado por la gangrena: *un miembro gangrenado.* ‖ *Fig.* Podrido, corrompido: *corazón gangrenado.*
GANGRENARSE v. r. Padecer gangrena una parte del cuerpo: *cortar un miembro gangrenado.* (SINÓN. V. *Pudrid.*)
GANGRENOSO, SA adj. Que participa de la gangrena: *llaga de naturaleza gangrenosa.*
GÁNGSTER m. (pal. norteamer.) Miembro de una banda de malhechores, pistolero, atracador, bandido.
GANGSTERISMO m. *Neol.* Acción y conjunto de gángsters.
GANGUEAR v. i. Hablar con la nariz tapada o como si lo estuviera: *el resfriado hace ganguear.*
GANGUEO m. Acción y efecto de ganguear.
GANGUERO m. *Fam.* El que suele tener gangas.
GÁNGUIL m. Barco en que se saca del puerto la broza que se extrae con la draga.
GANOIDEOS m. pl. Orden de peces que comprende los esturiones.
GANOSO, SA adj. Que tiene gana de una cosa: *estar ganoso de conseguir algo.* (SINÓN. *Deseoso.*)
GANSADA f. *Fig.* y *fam.* Sandez, estupidez.
GANSARÓN m. Ansarón, pollo de ánsar.
GANSEAR v. i. *Fam.* Hacer o decir gansadas.
GANSERÍA f. Gansada.
GANSO, SA m. y f. Un ave palmípeda. (SINÓN. V. *Ánsar.*) ‖ — Adj. y s. *Fig.* Persona torpe o ruda: *ser muy ganso.* (SINÓN. V. *Grosero.*) ‖ — M. *Ant.* Ayo, pedagogo, maestro. Úsase sólo ahora en la frase: *hablar por boca de ganso*, repetir lo que otro ha dicho. ‖ *Hacer el ganso*, mostrarse de manera idiota.
GANTA f. Medida filipina que contiene tres litros.
GANTE m. Especie de lienzo.
GANTÉS adj. y s. De Gante.
GANZÚA f. Garfio con que pueden abrirse sin llave las cerraduras. ‖ Ladrón mañoso. ‖ *Fig.* y *fam.* Persona hábil para sonsacar secretos ajenos.
GAÑÁN m. Mozo de labranza. ‖ *Fig.* Hombre robusto, rudo y grosero. (SINÓN. *Jayán.*)

Fot. Vaucher, Justin

GAÑANÍA f. Conjunto de gañanes. ‖ Casa de los gañanes.
GAÑIDO m. Aullido de perro y también quejido de otros animales.
GAÑILES m. pl. (de *gañir*). Laringe o garganta del animal. (SINÓN. *Fauces.*) ‖ Agallas del atún.
GAÑIR v. i. (lat. *gannire*). Aullar el perro y ciertos animales. (SINÓN. V. *Gritar.*) ‖ Graznar las aves. ‖ *Fam.* Estar ronca una persona. ‖ — IRREG. Se conjuga como *tañer.*
GAÑOTE m. *Fam.* Garganta, garguero. ‖ *Fam. De gañote,* de gorra, de balde, gratis. (SINÓN. V. *Convidado.*)
GAÑOTEAR v. t. *Fam.* Ir de gañote.
GAÓN m. *Mar.* Especie de remo de tabla ovalada o circular.
GAONERA f. (del torero *Rodolfo Gaona*). *Taurom.* Cierto pase de capa con el capote por detrás.
GAPALEAR v. i. *Cub.* Agitarse una persona o un animal por zafarse de un peligro.
GARABATADA f. Acción de agarrar alguna cosa con un garabato.
GARABATEAR v. i. Echar un garabato para asir una cosa. ‖ Garrapatear, escribir mal. (SINÓN V. *Escribir.*) ‖ *Fig.* y *fam.* Andar por rodeos, tergiversar.
GARABATEO m. Acción de garabatear.
GARABATO m. Gancho de hierro: *colgar del garabato la carne.* ‖ *Cuba.* Horca, horqueta. ‖ Garrapato, escarabajo, letras o rasgos mal hechos. ‖ *Fig.* y *fam.* Gracia de una mujer: *tener bastante garabato.* ‖ *Arg.* Especie de acacia. ‖ — Pl. Gestos descompasados con dedos y manos.
GARABATOSO, SA adj. Lleno de garabatos: *carta garabatosa.*
GARABINA f. *Arg.* Garambaina.
GARABITO m. Casilla que usan las venderoras de la plaza. ‖ El atorrante o vago argentino.
GARAFATEAR v. t. *Col.* Abofetear.
GARAJE m. (pal. fr. que significa: *apartadero*). Local destinado a guardar o reparar automóviles. (SINÓN. V. *Cochera.*)
GARAJISTA m. El que cuida de un garaje.
GARAMBAINA f. Adorno inútil y de mal gusto. ‖ — Pl. *Fam.* Visajes, muecas: *no me venga usted con garambainas.* ‖ *Fam.* Garrapatos, letras mal hechas.
GARAMBULLO m. *Méx.* Especie de cirio, planta espinosa.
GARANDUMBA f. *Amer.* Especie de balsa. ‖ *Arg.* Mujer alta y gruesa.
GARANTE com. (del ant. alto al. *wahren,* guardar). Fiador: *ser garante de la ejecución de un contrato.* (SINÓN. V. *Responsable.*) ‖ — Adj. Que da garantía.
GARANTÍA f. Responsabilidad asumida por un contratante. ‖ Fianza, prenda. ‖ Cosa que asegura y protege contra algún riesgo o necesidad. ‖ — Pl. Derechos que garantiza la Constitución a los individuos de un Estado. ‖ — SINÓN. *Seguridad, salvaguardia, paladión, caución, aval, fianza.* V. tb. *recibo.*
GARANTIR v. t. Garantizar. ‖ Galicismo por *proteger.* ‖ — OBSERV. Este verbo es defectivo; es barbarismo usarlo en otros tiempos y personas que los siguientes: pres. ind.: *garantimos, garantís;* imperf.: *garantía,* etc.; pret. indef.: *garantí,* etc.; fut.: *garantiré,* etc.; imper.: *garantid;* pot.: *garantiría;* imperf. subj.: *garantiera,* etc.; y *garantiese,* etc.; fut. subj.: *garantiere,* etc. En los otros tiempos se usa el verbo *garantizar.*
GARANTIZADOR, RA adj. y s. Que garantiza.
GARANTIZAR v. t. Responder del valor, de la calidad de una cosa. ‖ Comprometerse a mantener en funcionamiento un aparato vendido: *garantizar por un año.* ‖ *Fig.* Responder, asegurar.
GARAÑÓN m. Asno que sirve para la reproducción. (SINÓN. V. *Asno.*) *Amér. C.* y *Méx.* Caballo padre, semental.
GARAPIÑA f. Estado de un líquido helado en grumos. ‖ Especie de galón que se usa para guarniciones. ‖ *Cub.* y *Méx.* Bebida que se hace con la cáscara de la piña.
GARAPIÑAR v. t. Helar un líquido: *garapiñar leche.* ‖ Bañar en almíbar: *almendras garapiñadas, piñones garapiñados.*
GARAPIÑERA f. Heladera para garapiñar.
GARAPITA f. Red pequeña y tupida.
GARAPITO m. Insecto hemíptero que vive sobre las aguas estancadas. (SINÓN. *Chinche de agua.*)
GARAPULLO m. Rehilete o flechilla. ‖ Banderilla.
GARATA f. *Fam.* Pelea, alboroto.
GARATURA f. (ital. *grattatura*). *Tecn.* Cuchilla que usan los pelambreros para raer las pieles.
GARATUSA f. Lance del juego del chilindrón. ‖ *Fam.* Halago, carantoña: *hacer garatusas.* ‖ *Esgr.* Treta de esgrima.
GARAUNA f. Árbol gigantesco del Brasil.
GARBANCEO m. *Fam.* Comida diaria, puchero: *asegurar el garbanceo.*
GARBANCERO, RA adj. y s. Que es muy aficionado a los garbanzos. (SINÓN. V. *Grosero.*) ‖ — Adj. Relativo al garbanzo. ‖ — M. y f. *Méx.* Criado o criada.
GARBANZAL m. Tierra sembrada de garbanzos.
GARBANZO m. Planta papilionácea de fruto comestible, de mucho uso en España y América. ‖ Su semilla o fruto. ‖ *Méx.* Garbancera, criada. ‖ *Fam. Garbanzo negro,* individuo que en una sociedad o familia se hace notar por su mala índole. ‖ *Fam. En toda tierra de garbanzos,* en todas partes.
GARBANZUELO m. *Veter.* Esparaván.
GARBEAR v. i. Afectar garbo, fanfarronear. ‖ — V. r. *Fam.* Componérselas, arreglárselas. ‖ *Fam.* Pasearse.
GARBEO m. *Fam.* Paseo: *darse un garbeo.*
GARBERA f. Tresnal, montón de gavillas.
GARBÍAS m. pl. Guiso de bledos, queso, harina, manteca de cerdo, huevos, todo frito junto.
GARBILLAR v. t. Limpiar con el garbillo o harnero: *garbillar trigo.*
GARBILLO m. Criba, harnero o cedazo.
GARBINO m. Viento del Sudoeste.
GARBO m. Gallardía, buen porte: *vestirse con garbo.* ‖ Gracia, elegancia. ‖ Bizarría, generosidad.
GARBÓN m. *Zool.* Macho de la perdiz.
GARBOSAMENTE adv. m. Con garbo.
GARBOSO, SA adj. Airoso, gentil: *una mujer garbosa.* ‖ *Fig.* Generoso, bizarro.
GARBULLO m. Barullo, confusión, jaleo.
GARCETA f. Ave de plumaje blanco y cabeza con penacho corto. ‖ Pelo de las sienes que cae sobre las mejillas. ‖ *Mont.* Nombre de las primeras puntas de las cuernas del venado.
GARÇONNIÈRE f. (pal. fr.). Piso de soltero.
GARDENIA f. Arbusto de la familia de las rubiáceas, de flores gruesas blancas y muy olorosas.
GARDEN-PARTY m. (pal. ingl.). Fiesta que se da en un jardín o parque.
GARDUÑA f. Mamífero carnicero pequeño, de color pardo y blanco: *la garduña destruye las crías de las gallinas y los conejos.*
GARDUÑO m. *Fam.* Ratero, ladrón astuto.
GARETA f. *Chil.* Jareta.
GARETE (Irse al). *Mar.* Ir desgobernada la embarcación. ‖ *Fig.* Extraviarse, perder el rumbo.
GARFA f. Garra, uña de ciertos animales. (P. us.) ‖ Pieza que agarra el cable conductor de la corriente.
GARFADA f. Acción de agarrar o garfear.
GARFEAR v. i. Agarrar con garfio.
GARFIO m. Gancho de hierro. ‖ Garabato.
GARGAJEAR v. i. Arrojar gargajos, esputar. (SINÓN. V. *Escupir.*)
GARGAJEO m. Acción de gargajear o escupir.
GARGAJIENTO, TA adj. Que gargajea mucho.
GARGAJO m. Mucosidad que se escupe.
GARGAJOSO, SA adj. Gargajiento.
GARGAL m. *Chil.* Agalla del roble.
GARGANTA f. Parte anterior del cuello: *ponerse un lazo a la garganta.* ‖ Faringe, fauces: *tener la garganta muy inflamada.* (SINÓN. *Garguero, gaznate.* Pop. *Tragadero.*) ‖ *Fig.* Parte superior del pie. ‖ *Fig.* Estrechura: *la garganta de una montaña.* (SINÓN. V. *Desfiladero.*) ‖ *Arq.* Degolladura, la parte más delgada del balaustre. ‖ Parte más estrecha de algunas cosas. ‖ Ranura: *garganta de una polea.*
GARGANTADA f. Porción de líquido que se arroja por la garganta: *una gargantada de sangre.*
GARGANTEAR v. i. Hacer quiebros con la garganta. ‖ *Mar.* Ligar la gaza de un motón.

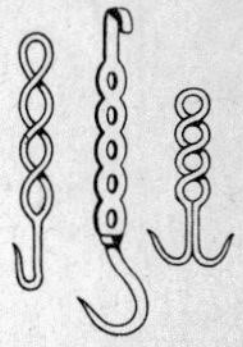
garabatos de carnicero

garduña

Fot. Dragesco

GARGANTEO m. Quiebro hecho en el canto.
GARGANTILLA f. Adorno que llevan las mujeres a modo de collar: *gargantilla de perlas.*
GARGANTÓN m. *Méx.* Cabestro o ronzal. ‖ Collar grueso.
GÁRGARA f. Acción de mojar con un líquido la garganta, sin tragarlo, expeliendo el aliento al mismo tiempo: *hacer gárgaras.* ‖ *Fam. Mandar a hacer gárgaras,* mandar a paseo.
GARGAREAR v. i. *Chil.* Gargarizar.
GARGARISMO m. (gr. *gargarismos*). Acción de gargarizar y licor con que se hacen gárgaras: *un gargarismo medicinal.*
GARGARIZAR v. i. (gr. *gargarizein*). Hacer gárgaras: *gargarizar con agua de malvavisco.*
GÁRGARO m. *Venez.* Juego del escondite.
GARGAVERO m. Garguero, tragadero. (P. us.)
GÁRGOL m. Ranura.

gárgola

GÁRGOLA f. Caño de piedra o metal, diversamente adornado, en una fuente o tejado.
GÁRGOLA f. Nombre del fruto seco del lino, baga.
GARGUERO m. Parte posterior de las fauces. (SINÓN. V. *Garganta.*)
GARGÜERO m. Garguero.
GARIBALDINO, NA adj. y m. Partidario o soldado de Garibaldi. ‖ — F. Especie de blusa de color rojo.
GARIFO, FA adj. Jarifo, vistoso. ‖ *Arg.* Vivo, animoso. ‖ *C. Rica, Ecuad.* y *Per.* Hambriento. ‖ *Per.* Mendigo.
GARIOFILEA f. Clavel silvestre.
GARITA f. (fr. *guérite*). Casilla pequeña de madera: *garita de centinela.*
GARITERO m. El amo del garito. ‖ El que suele jugar en los garitos. ‖ *Méx.* Empleado de consumos.

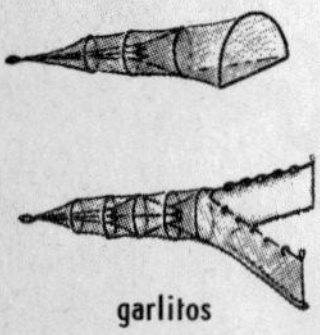
garlitos

GARITO m. Casa de juego clandestina.
GARITÓN m. *Méx.* Puerta de la ciudad, garita.
GARLA f. *Fam.* Habla, plática.
GARLADOR, RA adj. *Fam.* Que garla o charla.
GARLANCHA f. *Col.* Laya, pala.
GARLAR v. i. *Fam.* Charlar.
GARLERO adj. *Col.* Parlero, parlanchín.
GARLITO m. Especie de red o nasa de pesca. ‖ *Fig* y *fam.* Trampa: *caer en el garlito.*

garlopa

GARLOPA f. *Carp.* Cepillo grande de carpintero.
GARLOPÍN m. Garlopa pequeña.
GARNACHA f. Vestidura talar de los togados: *gente de garnacha.* ‖ Especie de vino muy delicado. ‖ *Hond.* Fuerza, violencia hecha a uno.
GARNICA f. *Bol.* Ají muy picante.
GARNIEL m. (del fr. *carnier,* morral). Cinto que usan los arrieros. ‖ *Méx.* Estuche para las navajas que se ponen a los gallos de pelea.
GARNUCHO m. *Méx.* Papirotazo.
GARO m. (lat. *garum*). Nombre de cierto condimento muy apreciado por los romanos y que se hacía probablemente echando en salmuera los intestinos, hígados, etc., de ciertos peces.

garras

GAROSO, SA adj. *Col.* y *Venez.* Hambriento.
GARRA f. Pata del animal armada de uñas fuertes y corvas: *la garra del gato.* (SINÓN. *Zarpa.*) ‖ *Fig.* Mano del hombre: *echar la garra a algo.* ‖ *Amer.* Tira de cuero endurecido y arrugado. ‖ *Mar.* Gancho del arpeo. ‖ *Fig.* Entusiasmo, fuerza, pundonor. ‖ — Pl. *Amer.* Desgarrones, harapos. ‖ *Fig.* y *fam. Caer en las garras de uno,* caer en su poder.
GARRACÍ m. *Venez.* Garrasí.
GARRAFA f. Vasija ancha, redonda y de cuello largo y angosto: *una garrafa de cristal.*

garrafas

GARRAFAL adj. Dícese de una especie de guindas y cerezas grandes y sabrosas. ‖ *Fam.* Muy grande: *error garrafal.* (SINÓN. V. *Excesivo.*)
GARRAFIÑAR v. t. *Fam.* Quitar, arrebatar.
GARRAFÓN m. Garrafa grande. ‖ Damajuana.
GARRANCHAZO m. Herida o rasgón hecho con una gancho.
GARRANCHO m. Ramo desgajado de un árbol.
GARRANCHUELO m. Una gramínea pratense.
GARRAPATA f. Ácaro parásito de ciertos animales. ‖ *Fam.* Caballo inútil, penco.
GARRAPATEAR v. i. Hacer garrapatos.
GARRAPATERO m. *And.* Un ave zancuda. ‖ Nombre de una especie de aní de Colombia, México y Ecuador. (SINÓN. *Picui.*)
GARRAPATO m. Garabato hecho con la pluma.
GARRAPATOSO, SA adj. Lleno de garrapatos: *escritura garrapatosa.*
GARRAPIÑAR v. t. Quitar, robar.
GARRAR v. i. *Mar.* Ir un buque arrastrando el ancla por el fondo sin hacer presa.
GARRASÍ m. *Venez.* Calzón abierto por los costados que usan los llaneros.
GARRASPERA f. *Murc.* y *Col.* Carraspera.
GARREAR v. t. *Arg.* Desollar las patas de una res. ‖ — V. i. *Arg.* Vivir a costa de otro.
GARRETE m. *Amer.* Barb. por *jarrete.*
GARRIDO, DA adj. Galano, hermoso, apuesto.
GARROBA f. Algarroba.
GARROBILLA f. Astillas de algarrobo que suelen servir para curtir los cueros. ‖ *Amer.* Dividivi.
GARROBO m. Reptil nauseabundo y de aspecto repulsivo de Centro América.
GARROCHA f. Vara con un gancho en la punta, que sirve para picar toros. ‖ *Méx.* Aguijada. ‖ *Chil.* Rehilete, flechilla. ‖ Vara larga que sirve para hacer gimnasia: *salto con garrocha.*
GARROCHADOR m. El que agarrocha los toros.
GARROCHAR o **GARROCHEAR** v. t. Agarrochar los toros.
GARROCHAZO m. Herida hecha con garrocha.
GARROCHISTA m. Garrochador.
GARROCHÓN m. Rejón que sirve para torear.
GARRÓN m. Espolón del ave. ‖ Extremo de la pata de un animal de donde se cuelga después de muerto. ‖ Gancho que queda cuando se corta una rama de un árbol. ‖ *Arg.* Corvejón.
GARRONUDA f. *Bol.* Especie de palmera notable por la forma de sus raíces.
GARROTAL m. Plantío de estacas de aceituno.
GARROTAZO m. Golpe dado con garrote.
GARROTE m. Palo grueso. (SINÓN. V. *Palo.*) ‖ Ligadura fuerte que se retuerce con un palo: *el garrote se usa para detener las hemorragias.* ‖ Tormento que se aplica estrangulando al reo con un arco de hierro sujeto a un poste fijo: *dar garrote.* ‖ Estaca, rama de árbol que se planta para que arraigue. ‖ Pandeo de una pared. ‖ *Méx.* Freno de coche.
GARROTEAR v. t. *Ant.* y *Amer.* Apalear.
GARROTERO m. *Méx.* Guardafrenos de los ferrocarriles. ‖ *Cub.* y *Chil.* Tacaño. ‖ *Chil.* y *Ecuad.* Guapo, del bronce.
GARROTILLO m. *Med.* Difteria en la laringe.
GARROTÍN m. Cierto baile popular.
GARRUCHA f. Polea: *la garrucha de un pozo.*
GARRUCHO m. *Mar.* Anillo: *garrucho de palo.*
GARRUDO, DA adj. *Méx.* Forzudo, vigoroso.
GARRULADOR, RA adj. Gárrulo, cantor.
GARRULAR v. i. Garlar, charlar, hablar mucho.
GARRULERÍA f. Charla, habladuría, palabrería.
GARRULIDAD f. Calidad de gárrulo o hablador.
GÁRRULO, LA adj. (lat. *garrulus*). Dícese del ave que canta mucho. ‖ *Fig.* Dícese de la persona habladora. ‖ *Fig.* y *poét.* Dícese de las cosas que hacen ruido continuo: *un arroyo gárrulo.*
GARÚA y **GARUJA** f. *Amer.* Llovizna.
GARUAR v. impers. *Amer.* Lloviznar.
GARUFA f. *Arg. Fam.* Parranda, jolgorio.
GARUFEAR v. i. *Arg. Fam.* Estar de juerga.
GARUGA f. Garúa.
GARUJO m. Hormigón, argamasa, mezcla.
GARULLA f. Granuja, uvas desgranadas. ‖ *Fig.* y *fam.* Multitud, bulla desordenada.
GARULLADA f. *Fig.* y *fam.* Garulla, bulla.
GARULLO m. *Col.* Garbullo, barullo, jaleo grande.
GARZA f. Ave zancuda de cabeza pequeña con moño gris: *la garza vive a orillas de los ríos.* ‖ *Garza real,* ave zancuda parecida a la anterior, de moño largo y negro.
GARZO, ZA adj. De color azulado: *una muchacha de ojos garzos.* ‖ — M. Agárico, hongo.
GARZÓN m. (fr. *garçon*). *Ant.* Joven mancebo. ‖ *Venez.* Ave zancuda de pico enorme.
GARZOTA f. Ave zancuda que se distingue por tener en la nuca tres plumas largas muy hermosas. ‖ Penacho que se pone en un sombrero.
GAS m. *Fís.* y *Quím.* Cuerpo aeriforme a la temperatura y presión ordinarias: *los gases son sumamente compresibles.* ‖ Carburo de hidrógeno obtenido del carbón de piedra y empleado para el

Fot. Larousse

alumbrado, la calefacción y para obtener fuerza motriz. || Petróleo, gasolina. || *Absol.* Gas del alumbrado o de calefacción. || *Por ext.* Vapores acumulados en el estómago, en los intestinos. (SINÓN. V. *Vapor.*) || *Gas hilarante,* óxido nitroso que tiene propiedades anestésicas. || *Gas lacrimógeno,* bromuro de bencilo que produce una secreción de lágrimas y que es empleado por la policía para disolver manifestaciones. || *Gases permanentes,* nombre que se daba antiguamente a los gases que no se había conseguido aún liquidar, como el oxígeno. || *Gas de los pantanos,* metano. || *Gas del alumbrado,* el que se saca de la hulla. || *Gas pobre,* el que tiene abundante mezcla de óxido de carbono y se suele usar como combustible. || *Gases nobles* o *raros,* helio, neón, argón, criptón, xenón, radón. || *Fam. A todo gas,* a toda velocidad.

GASA f. (de *Gaza,* ciudad de Palestina). Tela muy clara y sutil: *velo de gasa.* || Gasa negra para luto. || Banda de tejido muy fino y transparente que se usa en la curación de las heridas.

GASCÓN, ONA adj. y s. De Gascuña.

GASEIFORME adj. Que se halla en estado de gas: *el hidrógeno es un cuerpo gaseiforme.*

GASEODUCTO m. Barb. por *gasoducto.*

GASEOSO, SA adj. Gaseiforme: *el oxígeno es un cuerpo gaseoso.* || Que contiene gases: *agua gaseosa.* || — F. Bebida efervescente.

GASFITERO m. *Amer.* Anglicismo por *gasista.*

GASIFICACIÓN f. Acción de gasificar un agua.

GASIFICAR v. t. Disolver ácido carbónico en un agua: *gasificar un agua.* || Convertir en gas.

GASISTA m. Empleado ocupado en la colocación y arreglo de aparatos de alumbrado por el gas.

GASODUCTO m. Tubería para conducir gases combustibles a larga distancia.

GASÓGENO m. Aparato para fabricar un gas, generalmente combustible. || Aparato de algunos vehículos que produce carburo de hidrógeno que, sirve como carburante.

GAS OIL o **GASOIL** m. Aceite combustible empleado en los motores Diesel, extraído por destilación del petróleo bruto a una temperatura entre 250° C y 350° C.

GASÓLEO m. Gas oil.

GASOLINA f. Nombre de los hidrocarburos líquidos que provienen de la destilación del petróleo. (SINÓN. *Bencina.*)

GASOLINERA f. Lancha con motor de gasolina. || Depósito de gasolina para venta al público

GASÓMETRO m. (de *gas,* y del gr. *metron,* medida). Aparato que recibe el fluido en las fábricas de gas del alumbrado y lo reparte con presión regular.

GASTABLE adj. Que se puede gastar.

GASTADERO m. *Fam.* Aquello en que se gasta una cosa: *gastadero de dinero.*

GASTADO, DA adj. Debilitado, cansado: *hombre gastado por los placeres.* || Borrado: *medalla muy gastada.* || Usado, desgastado. (SINÓN. *Raído, acabado*). || Decaído, viejo: *hombre muy gastado.*

GASTADOR, RA adj. Que gasta mucho dinero. || En los presidios, condenado a trabajos públicos. || *Mil.* Soldado empleado en abrir trincheras, franquear el paso en las marchas, etc.

GASTADURA f. Desgaste.

GASTAMIENTO m. Acción y efecto de gastarse o consumirse una cosa.

GASTAR v. t. (del lat. *vastare,* destruir). Emplear dinero en algo: *gastar un peso en la lotería.* || Consumir: *gastar las fuerzas.* (SINÓN. *Prodigar, dilapidar, disipar, malgastar, despilfarrar, derrochar, desembolsar.*) || Echar a perder. || Tener habitualmente: *gastar sombrero.* || *Fig.* y *fam. Ya sé cómo las gasta usted,* ya sé como se porta.

GASTEROMICETOS m. pl. Orden de vegetales de la clase de los hongos.

GASTERÓPODOS m. pl. (del gr. *gastêr,* estómago, y *pous, podos,* pie). *Zool.* Clase de moluscos que tienen bajo el vientre un pie carnoso.

GASTO m. Acción de gastar. || Lo que se gasta: *el gasto diario.* (SINÓN. *Dispendio, desembolso,* costas.) || *Fís.* Volumen de agua o gas que pasa por un conducto en determinada unidad de tiempo. || *Fig.* Uso, empleo: *un gran gasto de energía.* || *Gastos de representación,* asignación suplementaria dada para desempeñar con decoro ciertos cargos. || *Fig.* y *fam. Hacer el gasto,* sostener la conversación: *él hizo gasto de la conversación.*

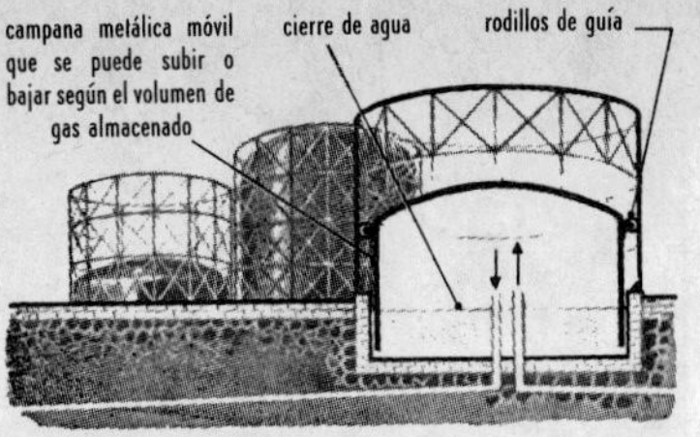

GASÓMETRO

GASTOSO, SA adj. Que gasta en demasía.

GASTRALGIA f. (del gr. *gastêr, tros,* estómago, y *algos,* dolor). *Med.* Dolor de estómago.

GASTRÁLGICO, CA adj. Relativo a la gastralgia: *padecer un dolor gastrálgico.*

GASTRECTOMÍA f. Ablación o disminución del estómago.

GÁSTRICO, CA adj. (lat. *gastricus*). *Med.* Perteneciente al estómago: *jugo gástrico.*

GASTRITIS f. *Med.* Inflamación de la membrana interior del estómago: *la gastritis de los alcohólicos.*

GASTROENTERITIS f. *Med.* Inflamación de la mucosa del estómago y de la de los intestinos.

GASTROENTERÓLOGO m. Médico especialista en las enfermedades del estómago y los intestinos.

GASTROINTESTINAL adj. Relativo al estómago y a los intestinos.

GASTRONOMÍA f. Arte de comer bien: *Brillat-Savarin escribió una obra célebre de gastronomía.*

GASTRONÓMICO, CA adj. Relativo a la gastronomía: *prescripciones gastronómicas.*

GASTRÓNOMO, MA m. y f. Persona aficionada a comer bien: *Luculo fue un célebre gastrónomo.*

GASTROSCOPIO m. Instrumento para examinar el interior del estómago.

GASTROVASCULAR adj. Dícese de la única cavidad que existe en los celentéreos.

GATA f. Hembra del gato. || Gatuña, planta. || *Fig.* Nubecilla que se pega a los montes. || *Fig.* y *fam.* Madrileña. || *Méx.* Moza, sirvienta. || *Chil.* Cigüeña, manubrio.

GATADA f. Acción propia de los gatos. || *Fig.* Astucia, engaño, trampa: *armarle a uno una gatada.*

GATALLÓN, ONA adj. y s. *Fig.* Pillastrón, tunante.

GATAS (A) m. adv. En cuatro pies: *andar a gatas.* || *Arg.* Apenas, casi.

GATATUMBA f. *Fam.* Carantoña, simulacro.

GATAZO m. *Fam.* Engaño, petardo.

GATEADO, DA adj. Semejante en el color al gato. || *Arg.* Dícese del caballo de color acanelado con rayas negruzcas. || — M. Madera americana muy veteada.

GATEAR v. i. *Fam.* Andar a gatas. || Trepar, subir por los árboles, etc. || *Méx. Fam.* Enamorar gatas o criadas. || *Arg.* Requebrar. || — V. t. *Fam.* Hurtar, robar.

GATERA f. Agujero que se hace para que puedan pasar los gatos. || *Mar.* Agujero. || *Pop.* Tunante, calavera. || *Bol.* Regatona, verdulera.

GATERÍA f. Junta de gatos. || *Fam.* Turba de muchachos mal criados. || *Fam.* Astucia o disimulación. (SINÓN. V. *Carantoña.*)

GATERO, RA adj. Dícese de lo relativo a los gatos o frecuentado por los gatos: *desván gatero.*

GATESCO, CA adj. *Fam.* Gatuno.

GATILLAZO m. Golpe del gatillo de un arma.

GATILLO m. Tenazas con que se sacan las muelas. || Disparador de las armas de fuego. || Parte del pescuezo de algunos animales, entre la cruz y la nuca. || *Fig.* y *fam.* Rateruelo, ladronzuelo. || *Chil.* Crines largas.

GATO m. (lat. *catus*). Género de mamíferos carnívoros digitígrados, entre cuyas numerosas especies hay una doméstica. (SINÓN. *Miau, micho, mizo, morrongo, minino.*) || *Fam.* Talego de dinero; ahorros de una persona. || Gancho de hierro. || Máquina que sirve para levantar pesos muy

garza

garzota

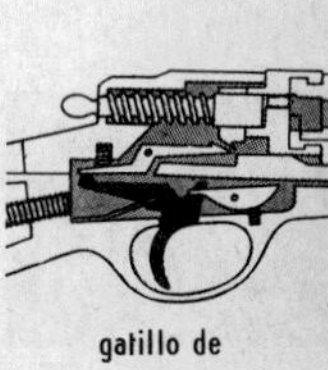

gatillo de fusil

Fot. Dragesco, Higham

GATOS

1. Siamés
2. Ordinario
3. Salvaje
4. Abisinio
5. Persa chinchilla
6. Persas
7. Persa azul

gato

gavilán

gaviota

grandes. || *Fig.* y *fam.* Ladrón, ratero. || *Fig.* y *fam.* Madrileño. || *Fig.* y *fam.* Hombre sagaz, astuto. || *Zool.* Félido. || *Méx.* Propina. || *Col.* y *Amér. C.* Molledo del brazo. || *Méx.* Sirviente. || *Arg.* Baile popular. || Música que lo acompaña. || *Per.* Mercado. || *Gato cerval, gato clavo, gato montés,* especie de gato salvaje, de tamaño mayor que el común. || *Gato pampeano,* gato salvaje de la Argentina y el Uruguay. || *Gato de algalia,* mamífero carnívoro de Asia, parecido al gato, que tiene cerca del ano una bolsa donde segrega la algalia. (V. ALGALIA.) || *Salv. Gato libre,* el tigrillo. || *Fam. No haber ni un gato,* no haber nadie. || *Fam. Haber cuatro gatos,* haber pocas personas. || *Fig.* y *fam. Dar gato por liebre,* engañar. || *Haber gato encerrado,* haber alguna razón oculta. || *Llevarse el gato al agua,* superar una dificultad.

GATUNA f. Gatuña.

GATUNO, NA adj. Relativo al gato.

GATUÑA f. Planta papilionácea común en los sembrados.

GATUPERIO m. Mezcla de diversas substancias inconexas. || *Fig.* y *fam.* Embrollo, intriga.

GAUCHA f. *Arg.* Mujer varonil.

GAUCHADA f. *Fam.* Acción propia de un gaucho. || *Arg. Fig.* Favor. || *Arg.* Cuento, chisme. || *Arg.* Verso improvisado.

GAUCHAJE m. *Arg.* Conjunto de gauchos.

GAUCHEAR v. i. *Arg.* Obrar a lo gaucho. || *Arg.* Realizar empresas amorosas arriesgadas.

GAUCHESCO, CA adj. Propio del gaucho. || Dícese de la literatura que describe la vida y las costumbres de los gauchos: *"Martín Fierro" es un poema gauchesco.*

GAUCHISMO m. Movimiento literario y musical rioplatense relacionado con la vida de los gauchos.

GAUCHITA f. *Arg.* Mujer bonita. || *Arg.* Canto de estilo gauchesco.

GAUCHO, CHA adj. *Amer.* Propio del gaucho o que tiene sus cualidades. || *Arg.* y *Chil.* Buen jinete. || *Arg.* Grosero, zafio. || *Arg.* Bonito, lindo. || *Fam. Amer.* Astuto, diestro. || — M. Habitante de las pampas argentinas y uruguayas. || *Chil.* Pájaro del orden de los tiránidos. || *Ecuad.* Sombrero de ala ancha.

GAUDEAMUS m. (pal. lat. que significa: *alegrémonos*). *Fam.* Fiesta, regocijo: *andar de gaudeamus.*

GAUDERIO m. *Bol. Ant.* Gaucho. || *Arg.* Holgazán.

GAUSS m. Unidad de inducción magnética (símbolo: *Gs*), en el sistema C. G. S.

GAVANZA f. Flor del gavanzo o escaramujo.

GAVANZO m. El escaramujo o rosal silvestre.

GAVERA f. *Col.*, *Méx.* y *Venez.* Molde para fabricar tejas o ladrillos. || *Per.* Tapial. || *Col.* Aparato donde se enfría y solidifica la miel de cañas obtenida en los trapiches.

GAVETA f. Cajón de un escritorio o papelera.

GAVIA f. *Mar.* Vela que se coloca en el mastelero mayor y, por extensión, las velas correspondientes en los otros masteleros: *navegar con las tres gavias.* || *Mar.* Cofa de las galeras. || Jaula. || Zanja para el desagüe.

GAVIAL m. (lat. *gavialis*). Especie de cocodrilo de la India: *el gavial tiene 8 metros de largo.*

GAVIAR v. i. *Cub.* Echar la espiga o flor el maíz, el arroz y otros vegetales.

GAVIERO m. *Mar.* Grumete de vigía en las gavias.

GAVIETA f. *Mar.* Nombre que se da a la gavia pequeña de la mesana o del bauprés.

GAVILÁN m. Ave rapaz. || Rasgo que se hace al final de una letra. || Cada una de las puntas de la pluma de escribir. || Nombre de los hierros que forman la cruz de la guarnición de la espada. || Hierro de la aguijada. || Vilano, flor del cardo. || *And., Amér. C., Méx.* y *Cub.* Uñero. || *Arg.* Ranilla del caballo.

GAVILANCILLO m. Gancho de la alcachofa.

GAVILLA f. Atado de sarmientos, mies, etc. || *Fig.* Junta de gente de mal vivir: *gavilla de ladrones.*

GAVILLERO m. Montón de gavillas. || *Col., Ecuad.* y *Venez.* Matón, salteador. || *Chil.* Jornalero que echa las gavillas al carro.

GAVIÓN m. *Mil.* Cestón lleno de tierra. || Defensa hecha con gaviones. || *Fig.* y *fam.* Sombrero grande.

GAVIOTA f. Ave palmípeda muy voladora, de color blanco y dorso ceniciento: *la gaviota se alimenta de peces que coge en el mar.*

GAVOTA f. (fr. *gavotte*). Cierto baile de origen antiguo. || Música que lo acompaña.

GAY SABER m. o **GAYA CIENCIA** f. Maestría en el arte de rimar y combinar las estrofas.

GAYA f. Lista de diverso color en una tela. || Insignia de victoria que se daba a los vencedores. || Picaza, urraca. (P. us.)

GAYADO, DA adj. *Cub.* Dícese de la caballería de color dorado con pintas blancas.

GAYADURA f. Guarnición y adorno del vestido u otra cosa, hecho con listas de otro color.

GAYAR v. t. Adornar.

GAYO, YA adj. Alegre, vistoso. || *Gaya ciencia,* arte de la poesía.

GAYOLA f. Jaula. || *Fig.* y *fam.* Cárcel.

GAYOMBA f. Arbusto de la familia de las papilionáceas, de flores grandes, olorosas y amarillas.

GAYUBA f. Planta ericácea de fruto rojo arracimado: *la gayuba suele usarse como diurético.*

GAYUMBA f. Instrumento musical en Santo Domingo.

GAZA f. *Mar.* y *Amer.* Lazo que se hace en un cabo. || — PARÓN. *Gasa.*

GAZAPA f. *Fam.* Mentira, embuste.

GAZAPATÓN m. *Fam.* Gazapo grande.

Fot. Fraass, Rollet, Ylla-Rapho, Black Star-Rapho, L. P. Hosking, Dragesco

GAZAPERA f. Madriguera de los conejos. || *Fig.* y *fam.* Pandilla de mala gente. || Riña.
GAZAPINA f. *Fam.* Junta de gente de mala vida. || *Fam.* Pendencia, riña.
GAZAPO m. Conejo joven. || *Fig.* y *fam.* Hombre taimado y astuto. || *Fam.* Disparate, yerro del que escribe o habla: *gazapo garrafal.* (SINÓN. V. *Error.*)
GAZAPÓN m. Garito, casa de juego. (P. us.)
GAZMIAR v. t. Gulusmear. || — V. r. *Fam.* Quejarse, resentirse.
GAZMOÑADA y **GAZMOÑERÍA** f. Afectación ridícula de piedad, hipocresía o modestia.
GAZMOÑERO, RA y mejor **GAZMOÑO, ÑA** adj. y s. Que afecta mucha devoción y piedad, mojigato. || — SINÓN. *Púdico, pudoroso, puritano, pudibundo, encolado.* V. tb. *beato.*
GAZNÁPIRO, RA adj. y s. Simple. (SINÓN. V. *Bobo.*)
GAZNATADA f. Golpe que se da con la mano en el gaznate. || *Hond., Méx., P. Rico* y *Venez.* Bofetada.
GAZNATAZO y **GAZNATÓN** m. *Provinc.* y *Col.* Gaznatada.
GAZNATE m. Garguero. (SINÓN. V. *Garganta.*) || Fruta de sartén. || *Méx.* Dulce de coco, piña o huevo.
GAZPACHO m. Sopa fría hecha con pan y con aceite, vinagre, ajo y diferentes verduras. || *Hond.* Heces, residuo de algunos alimentos.
GAZPACHUELO m. *And.* Sopa caliente hecha con huevos batidos y aderezada con vinagre o limón.
GAZUZA f. *Fam.* Hambre. || — M. *Hond.* El que no se deja engañar fácilmente. || *Salv.* Aficionado a arrebatar lo ajeno. || *C. Rica.* Bulla, algazara, ruido, jaleo.
Gd, símbolo químico del *gadolinio.*
GE f. Nombre de la letra *g.*
Ge, símbolo químico del *germanio.*
GEA f. (del gr. *gê,* tierra). Descripción del reino inorgánico de un país. || Obra que lo describe.
GECÓNIDOS m. pl. Familia de reptiles saurios de tamaño pequeño como la salamanquesa.
GEHENA f. Infierno. (Es voz de la Biblia.)
GÉISER m. Géyser.
GEISHA [pr. *guei-cha*] *f.* Bailarina y cantora japonesa.
GELATINA f. (del lat. *gelatus,* helado). *Quím.* Proteína incolora y transparente que funde a los 25° C, obtenida por efecto de cocción de la colágena del tejido conjuntivo y de los huesos y cartílagos. (Se emplea en microbiología como cultivo y en la industria [placas fotográficas, barnices, etc.].)
GELATINOBROMURO m. *Fot.* Composición formada por bromuro de plata en suspensión en la gelatina: *el gelatinobromuro, muy sensible a la luz, forma la capa impresionable de las placas fotográficas.*
GELATINOSO, SA adj. De la naturaleza de la gelatina: *una substancia gelatinosa.* (SINÓN. V. *Viscoso.*)
GÉLIDO, DA adj. (lat. *gelidus*). Helado, frío.
GELIGNITA f. Variedad de dinamita.
GELOSA f. Nombre de una substancia gelatinosa de origen vegetal que se usa en micrografía.
GEMA f. adj. (lat. *gemma*). Piedra preciosa: *piedra gema.* || *Sal gema,* sal mineral: *las minas de sal gema de Cardona.* || *Bot.* Yema o botón.
GEMACIÓN f. *Bot.* Desarrollo de la yema. || Reproducción por yemas.
GEMEBUNDO, DA adj. Gemidor.
GEMELA f. Jazmín de Arabia.
GEMELO, LA adj. y s. Dícese de cada uno de dos o más hijos nacidos de un mismo parto: *hermanos gemelos.* (SINÓN. *Mellizo, mielgo.*) [Biológicamente, los verdaderos hermanos gemelos proceden de un mismo óvulo y se parecen mucho; los demás gemelos, que pueden ser de sexo diferente, no se parecen más que los hermanos normales y proceden de óvulos diferentes fecundados al mismo tiempo.] || Dícese de dos músculos de la pantorrilla y de dos músculos de la región glútea. || Dícese de dos objetos iguales o dispuestos igualmente, etc. || — M. pl. Anteojos dobles de teatro. || Juego de botones iguales que se ponen en los dos puños de la camisa. || *Astr.* Géminis.
GEMIDO m. Quejido lastimero. (SINÓN. V. *Llanto.*) || *Por ext.* Ruido en son de quejido.
GEMIDOR, RA adj. Que gime. || De sonido semejante a un gemido.
GEMÍFLORO, RA adj. *Bot.* Geminifloro.
GEMINACIÓN f. División, partición. || *Ret.* Figura en que se repiten una o más palabras: *vete, vete de mi lado.*
GEMINADO, DA adj. Partido, dividido.
GEMÍNIDAS f. pl. *Astr.* Estrellas fugaces en la constelación de los Gemelos.
GEMINIFLORO, RA adj. De flores dispuestas de dos en dos.
GÉMINIS m. (del lat. *gemini,* gemelos). *Astr.* Tercer signo y constelación del Zodiaco.
GEMIPARIDAD f. *Anat.* Reproducción de ciertos seres vivos por yemas o botones.
GEMÍPARO, RA adj. Reproducido por medio de yemas.
GEMIQUEAR v. i. *And.* y *Chil.* Gimotear.
GEMIQUEO m. Acción de gemiquear.
GEMIR v. i. Expresar su dolor con sonidos quejumbrosos: *herido que gime.* || *Fig.* Dícese también de ciertas cosas: *el hierro gime bajo el martillo.* || — IRREG. Se conjuga como *pedir.*
GEMONIAS f. pl. Escalera del monte Capitolino en la que se exponían los cadáveres de los criminales ajusticiados.
GÉMULA f. *Bot.* Embrión del tallo.
GEN o **GENE** m. *Biol.* Cada una de las partículas que en el núcleo de la célula condicionan la transmisión de los caracteres hereditarios.
GENCIANA f. (lat. *gentiana*). Planta gencianácea de flores amarillas que se emplea en medicina como estimulante.
GENCIANÁCEAS f. pl. *Bot.* Familia de plantas a que pertenecen la genciana, la centaura menor y la canchalagua.
GENDARME m. Guardia o agente de policía en Francia o en otros países.
GENDARMERÍA f. Cuerpo y cuartel de gendarmes.
GENE m. Gen.
GENEALOGÍA f. Serie de los ascendientes de cada individuo: *la genealogía de los reyes de España.* || Escrito que la contiene.
GENEALÓGICO, CA adj. Perteneciente a la genealogía. || *Árbol genealógico,* cuadro de la filiación de una familia representado por un árbol.
GENEALOGISTA m. El que se dedica al estudio de genealogías y linajes.
GENEANTROPÍA f. Estudio sobre el origen del hombre y la manera como se engendra cada una de sus generaciones.
GENERABLE adj. Que se puede engendrar.
GENERACIÓN f. (lat. *generatio*). Función por medio de la cual se reproducen los seres organizados. (SINÓN. V. *Fecundación.*) || *Generación espontánea,* la que se supone podría verificarse sin germen: *los experimentos de Pasteur han demostrado la imposibilidad de la generación espontánea.* || Filiación o descendencia de padres a hijos: *de generación en generación.* || Conjunto de los que viven en la misma época: *las generaciones futuras.* || *Generación literaria,* conjunto de escritores de una misma edad y cuya obra tiene algunos caracteres similares: *la generación del 98.* (V. *Parte hist.*)
GENERADOR, RA adj. Que engendra: *principio generador.* || *Geom.* Dícese de la línea o figura cuyo movimiento engendran una figura o un sólido geómetrico. (El f. de esta acepción es *generatriz.*) || — M. Todo aparato o máquina que transforma una fuerza o energía en energía eléctrica. || Máquina que produce altas tensiones eléctricas usada en física nuclear.
GENERAL adj. (lat. *generalis*). Universal, común: *opinión general.* || Vago, indeciso: *hablar de un modo muy general.* || Relativo al conjunto de un servicio, de un mando: *inspector general.* || Que posee una instrucción vasta: *es un hombre muy general.* || — M. Jefe superior en la milicia: *general de artillería.* || Superior de una orden religiosa: *el general de los jesuitas. En general,* loc. adv., de un modo general: *hablar en general.* || — CONTR. *Particular, especial, individual.*
GENERALA f. Mujer del general. || *Mil.* Toque de tambores o cornetas que ordena a las fuerzas de una guarnición que se pongan sobre las armas.

gendarme francés

GENERALATO m. Ministerio del general de las órdenes religiosas y tiempo que dura. ‖ *Mil.* El grado de general: *llevar diecisiete años de generalato.* ‖ Conjunto de generales de un ejército.

GENERALIDAD f. Calidad de general. ‖ El mayor número: *la opinión de la generalidad.* ‖ Vaguedad, imprecisión: *escribir con generalidad.* ‖ Nombre que se dio a las Cortes de Cataluña. ‖ Gobierno autónomo que existió en Cataluña de 1931 a 1939.

GENERALÍSIMO m. General que tiene mando superior sobre los demás jefes militares.

GENERALIZABLE adj. Que puede generalizarse.

GENERALIZACIÓN f. Acción y efecto de generalizar. ‖ Formación de una idea general, por reunión, en un mismo concepto, de todos los individuos que tienen uno o más caracteres comunes.

GENERALIZADOR, RA adj. Que generaliza: *espíritu generalizador.*

GENERALIZAR v. t. Volver general: *generalizar un método.* ‖ — CONTR. *Particularizar.*

GENERALMENTE adv. m. Con generalidad.

GENERALOTE m. *Despect.* General.

GENERAR v. t. Engendrar.

GENERATIVO, VA adj. De la generación.

GENERATRIZ adj. y s. f. (lat. *generatrix*). *Geom.* Generadora: *línea generatriz de un cono.* ‖ Generador.

GENÉRICAMENTE adv. m. De un modo genérico.

GENÉRICO, CA adj. Común a muchas especies. ‖ — CONTR. *Específico, individual.*

GÉNERO m. (lat. *genus, generis*). Colección de seres que tienen entre sí analogías importantes y constantes: *el género humano.* (SINÓN. V. *Especie.*) ‖ Clase, manera: *género de vida.* ‖ Clase: *mal género.* ‖ Mercancía: *los géneros viajan a riesgo del comprador.* ‖ Cualquier clase de tela: *géneros de algodón.* ‖ *Hist. nat.* Categoría de seres compuesta de especies que, a su vez, se subdividen en variedades o individuos. ‖ *Gram.* Forma que reciben las palabras para indicar el sexo: *el género masculino.* ‖ En literatura, estilo, tono de una obra y también categoría de obras definidas por ciertas reglas comunes y de características semejantes: *género dramático.* ‖ *Pint.* Lo que no es paisaje, ni retrato, ni marina, ni cuadro de historia: *pintor de género.* ‖ *Género chico,* en el teatro español de fines del siglo XIX, se da este nombre a las obras cortas de género festivo. ‖ *Géneros de punto,* los tejidos hechos en forma de malla.

GENEROSAMENTE adv. m. Con generosidad.

GENEROSIDAD f. Cualidad de generoso: *la generosidad es la virtud de las grandes almas.* (SINÓN. V. *Caridad.*) ‖ *Magnificencia.* (SINÓN. *Desprendimiento, magnanimidad.* V. tb. *liberalidad.*) ‖ — CONTR. *Avaricia, egoísmo.*

GENEROSO, SA adj. (lat. *generosus*). Liberal: *amo generoso.* ‖ De noble corazón: *enemigo generoso.* ‖ Valiente: *soldados generosos.* ‖ Fértil: *tierra generosa.* ‖ Ardiente, esforzado: *caballo generoso.* ‖ — CONTR. *Avaro, egoísta. Cobarde, vil.*

GENES m. pl. de *gen* o *gene.*

GENESIACO, CA adj. Relativo a la génesis, al Génesis.

GENÉSICO, CA adj. Relativo a la generación: *instinto genésico.*

GÉNESIS m. (gr. *genesis*). Primer libro del Pentateuco de Moisés y de toda la Biblia, en el cual se refieren los principios del mundo. ‖ Sistema cosmogónico. ‖ — F. Conjunto de hechos que concurren en la formación de una cosa: *la génesis de un negocio.*

GENÉTICA f. Parte de la biología, creada en 1865 por Mendel, que estudia la herencia de los caracteres anatómicos, citológicos y funcionales entre los padres y los hijos.

GENÉTICO, CA adj. Relativo a la genética y a la génesis.

GENETLIACA f. Horóscopo.

GENIAL adj. (lat. *genialis*). Propio del genio de una persona. ‖ Que tiene genio: *poeta genial.* ‖ *Fam.* Agradable, divertido. ‖ Sobresaliente, que revela genio creador: *obra genial.*

GENIALIDAD f. Rareza: *tener genialidades.* ‖ Obra de un genio.

GENIALMENTE adv. m. De modo genial.

GENIAZO m. *Fam.* Genio fuerte.

GENIO m. (lat. *genius*). Índole: *persona de mal genio.* ‖ Inclinación de una persona: *tener un genio tranquilo.* (SINÓN. V. *Carácter.*) ‖ Talento, disposición para una cosa: *tener el genio de la música.* ‖ El grado más alto a que llegan las facultades intelectuales de un hombre: *tener genio.* ‖ Persona dotada de dicha facultad: *Calderón es uno de los genios de España.* ‖ Carácter propio y distintivo: *el genio de una lengua.* ‖ Deidad pagana: *los genios del aire.* (SINÓN. V. *Duende.*)

GENIOSO, SA adj. *Col.* y *Méx.* De mal genio o carácter. ‖ Dícese tb. *mal genioso.*

GENIPA f. *Amer.* Jagua, árbol.

GENISTA f. (lat. *genista*). Retama, arbusto.

GENITAL adj. Relativo a la generación.

GENITIVO, VA adj. Que puede engendrar. ‖ — M. Grado de la declinación que indica la propiedad o la posesión; lleva antepuesta la preposición *de.*

GENITOR m. El que engendra o crea.

GENITOURINARIO, RIA adj. Relativo a las vías y órganos genitales y urinarios.

GENÍZARO, RA adj. Jenízaro.

GENOCIDIO m. Exterminio sistemático de un grupo étnico, racial o religioso.

GENOL m. *Mar.* Pieza que se amadrina a las varengas para formar las cuadernas.

GENOTÍPICO, CA adj. Relativo al genotipo.

GENOTIPO m. Conjuto de factores hereditarios constitucionales de un individuo o de una especie.

GENOVÉS, ESA adj. De Génova.

GENS f. (pal. latina). En Roma, grupo compuesto de varias familias que llevaban el mismo nombre.

GENTE f. (lat. *gens, gentis*). Reunión de varias personas: *hay mucha gente en las calles.* ‖ Personas en general: *buena gente.* ‖ *Fam.* Conjunto de personas que están a las órdenes de otra: *ya tengo toda mi gente.* ‖ Nación: *derecho de gentes.* ‖ *Provinc.* y *Amer.* Persona decente: *Fulano no es gente.* ‖ — Pl. *Ant.* Gentiles: *apóstol de las gentes.* ‖ *Gente bien,* personas de cierta condición social. ‖ *Fam. Gente menuda,* los niños. ‖ Es galicismo usarlo en pl.: *buenas gentes.* ‖ *Gente de letras,* galicismo por *hombre de letras.*

GENTECILLA f. Gente de poco más o menos.

GENTEZUELA f. Gentecilla.

GENTIL adj. y s. (lat. *gentilis*). Idólatra o pagano: *predicar el Evangelio a los gentiles.* ‖ Gracioso: *gentil doncella.* (SINÓN. V. *Amable.*) ‖ Grande, notable: *gentil disparate.*

GENTILEZA f. Gracia, gallardía, garbo, donaire: *portarse con gentileza.* ‖ Bizarría, ostentación, gallardía. ‖ Cortesía, urbanidad. ‖ Amabilidad. (SINÓN. V. *Afabilidad.*)

GENTILHOMBRE m. Hombre de buena familia que servía en casa de los reyes: *gentilhombre de cámara, de boca, de manga.* (SINÓN. V. *Aristócrata.*) ‖ Buen mozo. (P. us.) Pl. *gentileshombres.* ‖ — OBSERV. Es galicismo en el sentido de *hidalgo.*

GENTILICIO, CIA adj. Relativo a las naciones: *nombre gentilicio.* ‖ Perteneciente al linaje. ‖ — M. Nombre que denota la patria o la localidad: *español, argentino, mexicano, madrileño, limeño, asunceno.*

GENTÍLICO, CA adj. Perteneciente a los gentiles: *templos gentílicos.* (SINÓN. *Pagano.*)

GENTILIDAD f. y **GENTILISMO** m. Religión de los gentiles. ‖ Conjunto de los gentiles.

GENTILMENTE adv. m. Con gentileza.

GENTÍO m. Afluencia de gente. (SINÓN. V. *Multitud.*)

GENTLEMAN m. (pal. ingl.). Caballero, hombre de bien. Pl. *gentlemen.* ‖ *Gentlemen's agreement,* acuerdo verbal entre caballeros. ‖ *Gentleman farmer,* propietario de tierras de cultivo. ‖ *Gentleman rider,* jinete no profesional que monta un caballo en las carreras.

GENTRY f. (pal. ingl., pr. *yentre*). Nombre que se aplica a la alta burguesía inglesa.

GENTUALLA y **GENTUZA** f. Gente despreciable. (SINÓN. V. *Hampa.*)

GENUFLEXIÓN f. Acción y efecto de arrodillarse: *una genuflexión en señal de reverencia.*

GENUINO, NA adj. (lat. *genuinus*). Propio, legítimo: *una voz genuina.* || — CONTR. *Falso, ilegítimo.*
GEO, prefijo del gr. *gê,* que significa *tierra* y entra en la composición de muchas palabras.
GEOANTICLINAL m. Abultamiento regional de la superficie terrestre. || — CONTR. *Geosinclinal.*
GEOCÉNTRICO, CA adj. Relativo al centro de la Tierra, o que considera a la Tierra como centro del universo.
GEODA f. (del gr. *geôdês,* térreo). *Geol.* Masa mineral hueca tapizada de cristales.
GEODESIA f. (del gr. *gê,* tierra, y *daisia,* división). Ciencia que trata de la forma y de la dimensión de la Tierra.
GEODÉSICO, CA adj. Relativo a la geodesia.
GEOFAGIA f. Práctica de comer tierra.
GEÓFAGO, GA adj. y s. Que come tierra.
GEOFÍSICA f. Estudio de la estructura del globo terrestre en su conjunto y de los movimientos que lo afectan.
GEOGENIA f. (del gr. *gê,* tierra, y *genesis,* nacimiento). Ciencia del origen y de la formación de la Tierra.
GEOGNOSIA f. (del gr. *gê,* tierra, y *gnôsis,* conocimiento). Ciencia que estudia la estructura y composición de las rocas que forman la Tierra.
GEOGONÍA f. Geogenia.
GEOGRAFÍA f. (del gr. *gê,* tierra, y *graphia,* descripción). Descripción de la Tierra desde el punto de vista del suelo, el clima, etc. (*geografía física*) ; de las producciones del suelo (*geografía económica*) ; de las razas, las lenguas, los límites de los pueblos, las instituciones (*geografía política*) ; con relación a la historia (*geografía histórica*) ; a la forma del globo y a su posición en el sistema planetario (*geografía matemática*). || Obra que trata de un tema geográfico: *la geografía de Estrabón.*
GEOGRÁFICO, CA adj. Relativo o perteneciente a la geografía: *vista geográfica.*
GEÓGRAFO m. El que se dedica a la geografía.
GEOIDE m. Forma teórica de la Tierra.
GEOLOGÍA f. (del gr. *gê,* tierra, y *logos,* discurso). Ciencia que tiene por objeto el estudio de las materias que componen el globo terrestre, su naturaleza, su situación y las causas que lo han determinado.
GEOLÓGICO, CA adj. Relativo a la geología.
GEÓLOGO m. El que estudia la geología.
GEOMAGNÉTICO, CA adj. Relativo al magnetismo terrestre.
GEOMANCIA f. Adivinación supersticiosa que se hace valiéndose de la tierra.
GEÓMETRA m. El que se dedica el estudio de la geometría. || *Zool.* Especie de oruga.
GEOMETRAL adj. Geométrico.
GEOMETRÍA f. (gr. *geometria*). Ciencia que tiene por objeto el estudio de la extensión considerada bajo sus tres dimensiones: línea, superficie y volumen. || Tratado de geometría. || *Geometría analítica,* aquella en que se representan por medio de ecuaciones algébricas las propiedades de la extensión. || *Geometría plana,* la que estudia las propiedades de las figuras que están en un mismo plano. || *Geometría del espacio,* aquella que estudia las figuras cuyos puntos no están todos en el mismo plano. || *Geometría descriptiva,* la que estudia los cuerpos en el espacio por medio de sus proyecciones sobre determinados planos.
GEOMÉTRICAMENTE adv. m. Conforme a las reglas de la geometría.
GEOMÉTRICO, CA adj. Perteneciente a la geometría. || *Fig.* Regular, muy exacto.
GEOMÉTRIDOS m. pl. Familia de mariposas.
GEOMORFÍA o **GEOMORFOLOGÍA** f. Ciencia que describe las formas del relieve terrestre.
GEOPOLÍTICA f. Ciencia que estudia los factores geográficos, económicos y raciales de los pueblos para determinar su política.
GEORAMA m. Representación en gran tamaño de la totalidad de la superficie terrestre.
GEORGIANO, NA adj. y s. De Georgia.
GEÓRGICO, CA adj. Que tiene relación con la agricultura: *poema geórgico.* || F. pl. Poema sobre la agricultura.
GEOSINCLINAL m. Depresión de la corteza terrestre que se hunde paulatinamente y en la que se acumulan sedimentos.
GEOTECTÓNICO, CA adj. Relativo a la forma, disposición y estructura de las rocas y terreno de la corteza terrestre.
GEOTERMIA f. *Fís.* Calor interno de la Tierra.
GEOTÉRMICO, CA adj. Relativo a la geotermia.
GEOTROPISMO m. (del gr. *gê,* tierra, y *trepein,* girar). Propiedad que poseen ciertos órganos, principalmente las raíces, de tomar determinada dirección bajo la influencia de la gravedad.
GEOTURÍSTICO, CA adj. Que participa a la vez de lo geográfico y de lo turístico: « *Costa del Sol* » *es una denominación geoturística.*
GERANIÁCEAS f. pl. *Bot.* Familia de dicotiledóneas a que pertenecen el geranio y la aguja de pastor.
GERANIO m. (gr. *geranion*). Planta de la familia de las geraniáceas, que se cultiva en los jardines a causa de lo hermoso de sus flores.
GERBO o **JERBO** m. Pequeño mamífero roedor y saltador de África.
GERENCIA f. Cargo del gerente. || Oficina del gerente y tiempo que dura éste en su cargo.
GERENTE m. *Com.* El que dirige una sociedad o empresa por cuenta ajena.
GERIATRA m. Especialista en geriatría.
GERIATRÍA f. Parte de la medicina que estudia las enfermedades de la vejez y su tratamiento.

geranio

gerbo

ERAS GEOLÓGICAS

cuaternaria	holoceno (neolítico) pleistoceno (paleolítico)	
terciaria	neógeno (—25 a —1)	plioceno mioceno
	numulítico o paleógeno (—70 a —25)	oligoceno eoceno
secundaria	cretáceo (—110 a — 70)	superior (neocretáceo) inferior (eocretáceo)
	jurásico (—150 a —110)	superior medio inferior (liásico)
	triásico (—220 a —150)	
primaria	pérmico (—220 a —200)	
	carbonífero (—280 a —220)	
	devónico (—320 a —280)	
	silúrico (—400 a —320)	
	cámbrico (—500 a —400)	
	precámbrico (—3300 a —500)	

N. B. La cronología aproximada se indica en millones de años y entre paréntesis.

Fot. Dragesco

gerifalte

GERIFALTE m. (al. *geierfalke*). Ave parecida al halcón: *el gerifalte se usó como ave de cetrería.* || *Fig.* Persona sobresaliente.
GERMANESCO, CA adj. Relativo a la germanía.
GERMANÍA f. Jerga de gitanos y ladrones. (SINÓN. V. *Jerga.*) || Hermandad de los gremios de Valencia que promovió una sublevación contra los nobles (1519-1522).
GERMÁNICO, CA adj. Relativo a Germania, a Alemania o a sus habitantes. || — M. Lengua indoeuropea que hablaron los pueblos germanos y de la que se derivaron el inglés, el alemán y los idiomas escandinavos.
GERMANIO m. Cuerpo simple metálico (Ge) de número atómico 32 que se parece al bismuto. (Se cristaliza cuando su estado es muy puro y se emplea en la fabricación de los transistores.)
GERMANISMO m. Giro propio y privativo de la lengua alemana. || Voz de origen germánico. || Empleo de palabras o giros alemanes en distinto idioma.
— Conserva el español un centenar de voces de origen germánico, que proceden en su mayor parte del bajo latín. Muchas pertenecen al lenguaje militar, a la equitación: *burgo, yelmo, espuela, guerra, tregua, guarda, heraldo, botín, robar, ganar, albergar, guiar, guarecer, guante, dardo, brida, estribo, banda, bandera, brecha, estoque, hacha, mariscal, senescal, aleve, grupa, jaca, chambelán.* Otras pertenecen al vocabulario más usual: *tocar, falda, rueca, fieltro, danzar, rico, blanco, fresco, banco, buñuelo, brasa, cofia, esquina, grapa, gres, grosella, gualda, anca, hucha, jardín, mala, tonel, trampa, trompa, turba, norte, sud, este, oeste.* Nombres de animales: *ganso, gerifalte, esparaván, marta, tejón, esturión, arenque.* Algunos nombres abstractos: *ardido, orgullo, escarnio.*
Más modernamente, el alemán nos ha prestado otras voces del lenguaje militar: *bloqueo, blocao, blindaje, metralla, sacanete, arcabuz, reitre, bivaque, obús, sable, máuser.* Voces del lenguaje usual: *coche, buril, calesa, pífano, trincar, ganga, guita* (pop.), *burgomaestre, marco, valquiria.* Voces de minería: *bismuto, potasa, cinc, blenda, cobalto, feldespato, gneis, cuarzo, espato, tungsteno.* Probablemente por intermedio del francés: *bedel, bloque, lote, rango, tupé, bock, bulevar, belitre, hugonote, vals, ziszás, vermut, kirsch, ulano, kepis.*
GERMANISTA m. y f. Persona que se dedica al estudio de los idiomas y de la cultura germánicos.
GERMANIZACIÓN f. Acción de germanizar.
GERMANIZAR v. t. Dar carácter alemán.
GERMANO, NA adj. y s. De Germania.
GERMANOFILIA f. Simpatía por lo alemán.
GERMANÓFILO, LA adj. y s. Amigo de los alemanes.
GERMANOFOBIA f. Odio a los alemanes.
GERMANÓFOBO, BA adj. y s. Enemigo de los alemanes.
GERMEN m. (pal. lat.). Principio simple y primitivo del que deriva todo ser viviente (óvulo, embrión, espora, etc.). || *Biol.* Conjunto de células de un individuo cuya diferenciación produce las células reproductoras. || Parte de la semilla que ha de formar la planta. || Primera punta que sale de una semilla. (SINÓN. *Semilla, grano.*) || *Fig.* Principio, origen de una cosa. (SINÓN. V. *Origen.*)
GERMICIDA adj. y s. m. Sustancia capaz de destruir bacterias.
GERMINACIÓN f. *Bot.* Fenómeno por el cual sale la planta del germen. || *Fig.*: *la germinación de las ideas.*
GERMINADOR, RA adj. Que hace germinar.
GERMINAL adj. Relativo al germen. || — M. Séptimo mes del calendario republicano francés (21 de marzo a 19 de abril).
GERMINAR v. i. (lat. *germinare*). Brotar las semillas: *el trigo germina por primavera.* (SINÓN. V. *Vegetar.*) || *Fig.* Empezar a desarrollarse.
GERMINATIVO, VA adj. Que puede germinar o brotar: *el trigo conserva durante largo tiempo su potencia germinativa.*
GERONTOCRACIA f. (del gr. *gerôn, ontos,* anciano, y *kratos,* poder). Gobierno confiado a los ancianos.
GERONTOLOGÍA f. Estudio de los fenómenos que producen la vejez. || Estudio de la vejez en sus diversos aspectos, morfológicos, fisiopatológicos (geriatría), sociales, etc.
GERONTÓLOGO m. El versado en gerontología.
GERUNDENSE adj. y s. De Gerona.
GERUNDIADA f. *Fam.* Frase ridícula y afectada.
GERUNDIANO, NA adj. (de *Fray Gerundio*). *Fam.* Aplícase al estilo afectado e hinchado.
GERUNDIO m. (lat. *gerundium*). *Gram.* Forma verbal invariable que expresa la acción como ejecutándose de presente: *estaban hablando los dos.*
— El *gerundio,* cuyas terminaciones regulares son *ando,* en la primera conjugación, y *iendo,* en la segunda y tercera, constituye, como el infinitivo y el participio, una forma verbal no personal. Puede ser simple (*hablando*) y compuesto (*habiendo hablado*), y en ambos casos modifica la significación verbal añadiéndole una función adverbial o adjetiva. El empleo del gerundio sin su carácter propio provoca innumerables incorrecciones. No puede usarse en sentido específico para sustituir el nombre común (*solo hay dos personas llevando* [en lugar de *que lleven*] *esta tarea*); ni cuando se quiere expresar una cosa que no ocurre en el momento (*leyes estableciendo* [en lugar de *que establecen*]); ni cuando la posterioridad de la acción del verbo no es inmediata (*en 1944 desembarcaron las tropas aliadas en Normandía, ganando al año siguiente* [en lugar de *y al año siguiente ganaron*] *la guerra*); ni, aunque su empleo sea gramaticalmente correcto, para evitar varias oraciones independientes y escribir en su lugar un período muy largo; ni con un sentido de conjunción (*hice mi artículo enviándolo* [en lugar de *y lo envié*] *a la imprenta*); ni para sustituir el infinitivo (*el 12 de octubre, celebrando el Descubrimiento de América* [en lugar de *para celebrar*], *hubo una gran recepción*). Es particularmente censurable el empleo de dos gerundios seguidos; por ejemplo: *estando viendo el espectáculo.*
GERUNDIO m. (de *Fray Gerundio*). *Fig.* y *fam.* Persona que hace alarde de inoportuna erudición.
GESNERIÁCEAS f. pl. Familia de plantas angiospermas dicotiledóneas como la gloxínea.
GESTA f. (del lat. *gesta,* hazañas). Úsase sólo en la expresión *cantar de gesta,* poema heroico antiguo. || Conjunto de hechos memorables de un personaje. (SINÓN. V. *Hazaña.*)
GESTACIÓN f. Tiempo que dura la preñez. || *Fig.* Desarrollo; tiempo de la elaboración de una obra.
GESTATORIO, RIA adj. y s. (lat. *gestatorius*). Que se lleva a brazos: *silla gestatoria.*
GESTEAR v. i. Hacer gestos o muecas.
GESTERO, RA adj. Aficionado a hacer gestos.
GESTICULACIÓN f. (lat. *gesticulatio*). Gesto, mueca, movimiento del rostro.
GESTICULADOR, RA adj. Amigo de gesticular.
GESTICULANTE adj. Que gesticula.
GESTICULAR v. i. (lat. *gesticulare*). Hacer gestos. || *Neol.* Galicismo por *hacer movimientos, ademanes*: *gesticular con el bastón.*
GESTIÓN f. (lat. *gestio, onis*). Acción y efecto de administrar: *encargarse de la gestión de una empresa.* || Diligencia: *hacer gestiones para conseguir un puesto.* (SINÓN. V. *Delegación.*)
GESTIONAR v. t. Hacer diligencias para conseguir una cosa: *gestionar un negocio.* (SINÓN. V. *Tratar.*)
GESTO m. (lat. *gestus*). Expresión del rostro: *gesto desapacible.* || Mueca, figura: *hacer gestos.* (SINÓN. *Mímica, pantomima, ademán.* V. tb. *carantoña* y *mueca.*) || Semblante. || Acto, hecho.
GESTOR, RA adj. y s. Que gestiona. || — M. *Com.* Gerente de una empresa o sociedad.
GESTUDO, DA adj. y s. *Fam.* Que pone mal gesto.
GETULO, LA adj. y s. De Getulia.
GÉYSER m. Fuente intermitente de agua caliente: *los géyseres abundan en Islandia.*
GHETTO m. (pal. ital.). Judería, barrio judío. || *Fig.* Lugar donde vive una minoría separada del resto de la sociedad: *en Nueva York, Harlem es un ghetto negro.*
GIBA f. (lat. *gibba*). Corcova, joroba. || *Fig.* y *fam.* Molestia, incomodidad.

géyser

Fot. Atlas-Photo, X

GIBADO, DA adj. Corcovado, jorobado, giboso.
GIBAR v. t. Corcovar, jorobar. ‖ *Fig.* y *fam.* Fastidiar, molestar.
GÍBARO, RA adj. V. JÍBARO.
GIBELINO, NA m. y f. (de *Conrado Weibelingen,* emperador de Alemania). Nombre dado en Italia a los partidarios del emperador de Alemania, por oposición a los güelfos, defensores de los papas y de la independencia italiana. ‖ — Adj.: *la facción gibelina.* (V. *Parte hist.*)
GIBÓN m. Género de monos de Indomalasia.
GIBOSIDAD f. Joroba.
GIBOSO, SA adj. y s. (lat. *gibbosus*). Que tiene giba o corcova.
GIBRALTAREÑO, ÑA adj. y s. De Gibraltar.
GICLEUR m. (pal. fr., pr. *yicler*). Surtidor del carburador.
GIENNENSE adj. y s. Jiennense.
GIGA f. cierto baile antiguo. ‖ Su música.
GIGANTA f. Mujer muy grande. ‖ *Bot.* Girasol, flor.
GIGANTE adj. (lat. *gigas, antis*). Gigantesco: *estatura gigante.* ‖ — M. Hombre muy alto. ‖ El que sobresale en alguna cosa: ***Bolívar fue un** gigante del arte militar.*
GIGANTEA f. Girasol, planta. (P. us.)
GIGANTESCO, CA adj. Relativo a los gigantes: *estatura gigantesca.* ‖ *Fig.* Enorme, descomunal: *el canal de Panamá fue una empresa gigantesca.* (SINÓN. V. *Colosal.*)
GIGANTEZ f. Estatura excesiva.
GIGANTILLA f. Figura artificial con cabeza desproporcionada a su cuerpo.
GIGANTISMO m. Enfermedad del desarrollo caracterizada por un crecimiento excesivo.
GIGANTOMAQUIA f. (del gr. *gigas, antos,* gigante, y *makhê,* combate). Lucha entre gigantes.
GIGANTÓN, ONA m. y f. Figura gigantesca que se saca en algunas procesiones. ‖ — M. *Amer.* El girasol.
GIGOLO m. (pl. fr.) Hombre joven que saca beneficio de su trato con mujeres de mayor edad que él.
GIGOTE m. Pierna de carnero guisada. ‖ Guisado de carne picada y rehogada.
GIJONENSE y **GIJONÉS, ESA** adj. y s. De Gijón.
GILÍ adj. *Fam.* Tonto, lelo. Pl. *gilís.*
GILVO, VA adj. (lat. *gilvus*). De color melado.
GIMNASIA f. (gr. *gymnasia*). Arte de desarrollar y fortalecer el cuerpo con cierto número de ejercicios físicos. ‖ Ejercicios gimnásticos: *hacer gimnasia con una silla.* ‖ *Fig.* Práctica, ejercicio que adiestra. (V. ilustr. pág. 505.)
GIMNASIARCA m. Gimnasta.
GIMNASIO m. (lat. *gymnasium*). Establecimiento destinado a los ejercicios corporales. ‖ Establecimiento de instrucción clásica en Alemania y Suiza. (SINÓN. V. *Escuela.*)
GIMNASTA m. El que hace ejercicios gimnásticos.
GIMNÁSTICA f. Gimnasia.
GIMNÁSTICO, CA adj. Relativo a la gimnasia. ‖ *Paso gimnástico,* paso ligero en las carreras.
GÍMNICO, CA adj. Relativo a los atletas.
GIMNOSOFISTA m. del (gr. *gymnus,* desnudo, y *sophistês,* sabio). Nombre que daban los griegos y romanos a los brahmanes indios.
GIMNOSPERMAS f. pl. Plantas que tienen las semillas al descubierto.
GIMNOTO m. Género de peces teleósteos de los ríos de América que comprende grandes anguilas provistas de un aparato eléctrico: *las descargas del gimnoto paralizan animales bastante grandes.*
GIMOTEADOR, RA adj. y s. Que gimotea.
GIMOTEAR v. i. *Fam.* Gemir con frecuencia. (SINÓN. V. *Lamentar.*)
GIMOTEO m. *Fam.* Acción de gimotear, gemido. (SINÓN. V. *Llanto.*)
GINDAMA f. Jindama.
GINEBRA f. Instrumento antiguo de percusión análogo al xilófono. ‖ Juego de naipes. ‖ *Fig.* Confusión. ‖ *Fig.* Ruido confuso de voces.
GINEBRA f. (del fr. *genièvre,* baya de enebro). Alcohol aromatizado con bayas de enebro.
GINEBRADA f. Especie de torta de hojaldre.
GINEBRÉS, ESA y mejor **GINEBRINO, NA** adj. y s. De Ginebra, ciudad de Suiza.
GINECEO m. (gr. *gunaikeios,* de *gunê,* mujer). Departamento que destinaban los griegos para habitación de las mujeres. (SINÓN. V. *Harén.*) ‖ *Bot.* Pistilo.
GINECOCRACIA f. (del gr. *gynê,* mujer, y *kratos,* potestad, autoridad). Gobierno de las mujeres.
GINECOLOGÍA f. (del gr. *gunê,* mujer, y *logos,* tratado). *Med.* Estudio de las enfermedades de la mujer.
GINECOLÓGICO, CA adj. Relativo a la ginecología: *clínica ginecológica.*
GINECÓLOGO, GA m. y f. Persona que se dedica a la práctica de la ginecología.
GINETA f. Jineta, animal.
GINGERALE m. (pal. ingl. pr. *yinyerel*). Cerveza inglesa de jengibre.
GINGIVAL adj. *Anat.* Relativo a las encías.
GINGIVITIS f. *Patol.* Inflamación de las encías.
GIORNO (A) m. adv. (loc. ital.). Dícese del alumbrado artificial que da la ilusión del día.
GIPSY m. Nombre que se da en Inglaterra a los gitanos. Pl., *gipsies.*
GIRA f. Excursión de recreo. (SINÓN. V. *Viaje.*)
GIRADA f. (de *girar*). Vuelta sobre la punta de un pie en la danza española.
GIRADO m. Aquel contra quien se gira la letra de cambio.
GIRADOR m. El que gira la letra de cambio.
GIRALDA f. Veleta de torre.
GIRALDETE m. Roquete sin mangas.
GIRALDILLA f. Veleta de torre. ‖ Un baile asturiano. ‖ *Taurom.* Cierto pase de muleta.
GIRÁNDULA f. Rueda de cohetes. ‖ Artificio de las fuentes para arrojar el agua. ‖ Candelero.
GIRANTA f. *Arg. Fam.* Ramera.
GIRANTE adj. Que gira o da vueltas.
GIRAR v. i. (lat. *gyrare*). Moverse circularmente: *Galileo afirmó que la Tierra giraba alrededor del Sol.* (SINÓN. *Voltear, remolinear, virar, voltejear, rodar.*) ‖ Desarrollarse una conversación o un negocio en torno a un tema. ‖ Desviarse o torcer la dirección: *el camino gira a la izquierda.* ‖ *Com.* Expedir letras u órdenes de pago: *girar a algunos días vista.* ‖ Enviar a alguien, por correo o telégrafo, una cantidad de dinero. ‖ Moverse un cuerpo alrededor de un eje.
GIRASOL m. (de *girar,* y *sol,* por la propiedad que tiene la flor de irse volviendo hacia donde el Sol camina). Planta compuesta, originaria del Perú, de grandes flores amarillas que siempre miran al sol: *la semilla del girasol es oleaginosa.* ‖ Ópalo amarillento con visos o aguas: *el girasol es una variedad de cuarzo hialino.* ‖ *Fig.* Cortesano, adulador.
GIRATORIO, RIA adj. Que gira.
GIRINO m. (lat. *gyrinus*). Renacuajo. ‖ Insecto coleóptero acuático.
GIRL f. (pal. ingl.). Bailarina de conjunto, corista.
GIRO, RA adj. *Provinc.* y *Amer.* Dícese de los gallos que tienen plumaje de color amarillo o rojizo, a veces con ciertas partes del cuerpo negras o con pintas negras y blancas. También se escribe *jiro* y *jirio.*
GIRO m. (lat. *gyrus*). Movimiento circular. ‖ Acción y efecto de girar. ‖ Dirección que se da a una conversación, a un negocio: *ese asunto toma mal giro.* ‖ Estructura especial de la frase: *un giro anticuado.* ‖ *Com.* Traslación de fondos por medio de letras, libranzas, o a través de las oficinas de correos (*postal*) o telégrafos (*telegráfico*).
GIROFLÉ m. Clavero.
GIROLA f. *Arq.* Nave que rodea el ábside.
GIRONDINO, NA adj. y s. De Gironda. ‖ Relativo al partido político francés de los girondinos.
GIROSCÓPICO, CA adj. Del giroscopio.
GIROSCOPIO m. Aparato que consiste en un disco circular que gira sobre un eje libre. ‖ Dispositivo que asegura la estabilidad de un torpedo, un avión o un submarino. ‖ Aparato para apreciar los movimientos circulares del viento. ‖ Giróstato.
GIRÓSTATO m. *Fís.* Volante pesado que gira rápidamente y tiende a mantener su plano de rotación reaccionando contra cualquier fuerza que tienda a apartarlo de dicho plano.

gibón

girasol

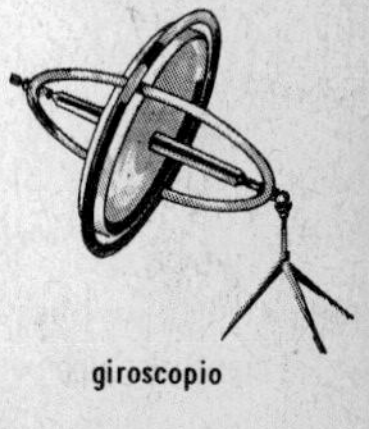
giroscopio

Fot. Dragesco, Viollet

glicina

gladíolo

gliptodonte

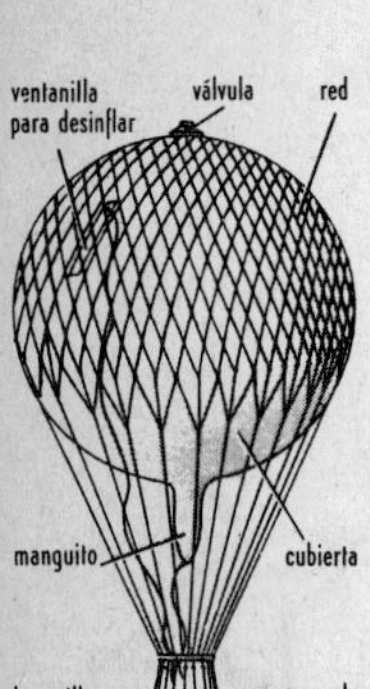

GLOBO ESFÉRICO

GIRUPÍ m. *Bol.* Nervio central de las hojas de palmera y de la yuca.

GIS m. (del lat. *gypsum,* yeso). Clarión, tiza.

GITANADA f. Acción propia de gitanos. || *Fig.* Adulación, zalamería, gitanería.

GITANAMENTE adv. m. *Fig.* Con gitanería.

GITANEAR v. i. *Fig.* Halagar, adular a una persona para conseguir de ella lo que se quiere.

GITANERÍA f. Caricia, mimo interesado. || Reunión de gitanos. || Dicho o hecho propio de gitanos.

GITANESCO, CA adj. Propio de los gitanos.

GITANILLA f. Pendiente triangular.

GITANISMO m. Costumbres de los gitanos. || Vocablo o giro propio de la lengua de los gitanos.

GITANO, NA adj. y s. Nombre de una raza de vagabundos que parecen proceder del norte de la India y se han esparcido por toda Europa. || — Adj. Propio de los gitanos o parecido a ellos. || Zalamero, adulador, socaliñero. || *Fam.* Trotamundos. (SINÓN. V. *Vagabundo.*)

°GL, símbolo del *grado alcohométrico centesimal.*

GLABRO, BRA adj. Lampiño.

GLACIACIÓN f. Formación de glaciares.

GLACIAL adj. (lat. *glacialis*). Helado: *frío glacial.* (SINÓN. V. *Frío.*) || Que hace helar o helarse. || *Fig.* Frío, desabrido: *recepción glacial.* || Dícese de las tierras y mares que están en las zonas glaciales.

GLACIALMENTE adv. m. *Fig.* Con frialdad.

GLACIAR m. Acumulación de hielo, que se desliza lentamente, formada en las regiones polares o en las zonas altas de las cordilleras. (SINÓN. *Helero.*) || — Adj. Relativo al glaciar: *período glaciar.*

GLACIARISMO m. y **GLACIOLOGÍA** f. Estudio científico de los glaciares.

GLACIS m. (fr. *glacis*). *Fort.* Explanada. (SINÓN. V. *Talud.*)

GLADIADOR o **GLADIATOR** m. (lat. *gladiator,* de *gladius,* espada). El que combatía en los juegos del circo, en Roma, contra otro hombre o contra una fiera.

GLADÍOLO mejor que **GLADIOLO** m. Planta iridácea, cultivada por sus flores ornamentales.

GLAGOLÍTICO, CA adj. Dícese del primer alfabeto eslavo inventado por San Cirilo.

GLAMOUR m. (pal. ingl.). Seducción, fascinación.

GLANDE m. Bálano.

GLANDÍFERO, RA y **GLANDÍGERO, RA** adj. Que lleva bellotas: *encina glandífera.*

GLÁNDULA f. (lat. *glandula*). Órgano que tiene por función la elaboración de ciertas sustancias y la segregación de éstas al exterior del organismo (glándulas exocrinas, como las sudoríperas o salivares), en la sangre o en la linfa (glándulas endocrinas, como las hepáticas o las tiroides). || *Bot.* Órgano de la planta que segrega sustancias inútiles o nocivas.

GLANDULAR adj. Propio de las glándulas.

GLANDULOSO, SA adj. (lat. *glandulosus*). Que tiene glándulas: *cuerpo glanduloso.*

GLARÉOLA f. Golondrina de mar.

GLASÉ m. (del fr. *glacé,* brillante). Cierto tafetán de mucho brillo. || *Amer.* Charol.

GLASEADO, DA adj. Que imita el glasé: *raso glaseado.* || Abrillantado, satinado: *papel glaseado.*

GLASEAR v. t. Abrillantar, satinar el papel.

GLASEO m. Acción y efecto de glasear.

GLASTO m. (lat. *glastum*). Planta crucífera de cuyas hojas se saca un color parecido al añil.

GLAUBERITA f. Sal de Glauber, sulfato de sosa.

GLAUCIO m. Papaverácea de flores amarillas.

GLAUCO, CA adj. (del gr. *glaukos,* de color verde mar). *Bot.* Verde claro: *hojas glaucas.* (SINÓN. V. *Verde.*) || — M. Molusco gasterópodo marino.

GLAUCOMA m. *Med.* Endurecimiento del globo ocular producido por el aumento de la presión interna, que lleva consigo una disminución de la visión y dolores de cabeza.

GLEBA f. (lat. *gleba*). Terrón de tierra. (SINÓN. V. *Terreno.*) || *Siervos de la gleba,* los que dependían de la tierra que cultivaban y eran vendidos con ellas.

GLENA f. *Anat.* Cavidad de un hueso en la que encaja otro hueso.

GLENOIDEO, A adj. Dícese de cualquier cavidad del esqueleto donde se encaja un hueso.

GLERA f. Cascajar.

GLICEMIA f. Glucemia.

GLICERATO m. Medicamento que tiene por base la glicerina.

GLICERIA f. Género de gramíneas acuáticas.

GLICÉRICO, CA adj. *Ácido glicérico,* el que se consigue oxidando la glicerina con ácido nítrico.

GLICERINA f. (del gr. *glykeros,* dulce). Líquido incoloro, azucarado, de consistencia de jarabe, que se extrae de los cuerpos grasos por medio de la saponificación.

— La *glicerina* se emplea como antiséptico, suaviza la piel y cura las grietas producidas por el frío. Sirve para fabricar la nitroglicerina, diferentes colores, etc.

GLICERINAR v. t. Untar con glicerina.

GLICEROFOSFATO m. Sal derivada de un ácido (combinación del ácido fosfórico con la glicerina).

GLICINA f. Planta leguminosa papilionácea, de hermosas flores azuladas.

GLICOGÉNESIS f. Glucogénesis.

GLICOGENIA f. Glucogenia.

GLICÓGENO m. Glucógeno.

GLICOL m. Alcohol orgánico biatómico.

GLICONIO adj. *Poét.* Dícese de un verso compuesto de un espondeo y dos dáctilos.

GLICOSURIA f. Glucosuria.

GLIFO m. (gr. *glyphis*). Canalito o surco hueco grabado en cualquier objeto.

GLIOMA m. Tumor de un órgano nervioso.

GLÍPTICA f. Arte de grabar en piedras preciosas: *los egipcios conocían la glíptica.*

GLIPTODONTE m. Género de mamíferos desdentados, fósiles en el Cuaternario americano.

GLIPTOGRAFÍA f. Ciencia que trata del estudio de las piedras grabadas antiguas.

GLIPTOTECA f. (del gr. *glyptos,* grabado, y *thêkê,* caja). Colección de piedras grabadas. || Nombre de ciertos museos de escultura: *la Gliptoteca de Munich.* (SINÓN. V. *Museo.*)

GLOBAL adj. General, total, considerado en su totalidad: *el producto global de un impuesto.*

GLOBALMENTE adv. m. De un modo global.

GLOBETROTTER m. (pal. ingl.). Persona que viaja mucho por todo el mundo, trotamundos. Pl., *globe-trotters.*

GLOBITOS m. pl. Una enredadera argentina.

GLOBO m. (lat. *globus*). Cuerpo esférico: *el globo del ojo.* || Esfera: *globo terráqueo, celeste.* || La Tierra. (SINÓN. V. *Universo.*) || Fanal de cristal para disminuir la intensidad de una luz. || *Globo aerostático,* aparato lleno de un gas ligero que puede elevarse en la atmósfera. (SINÓN. *Aeróstato, aeronave, mongolfiera, dirigible.*) || *Globo sonda,* el utilizado para realizar estudios meteorológicos. || *En globo,* en conjunto. || *Col. Echar globos,* cavilar.

GLOBOSIDAD f. Calidad de globoso.

GLOBOSO, SA adj. (lat. *globosus*). Que presenta figura de globo; esférico, redondo.

GLOBULAR adj. De figura de glóbulo. || Compuesto de glóbulos.

GLOBULARIÁCEAS f. pl. *Bot.* Familia de plantas dicotiledóneas a que pertenece la corona de rey.

GLOBULIFORME adj. De forma de glóbulo.

GLOBULINA m. Elemento de la sangre, de un tamaño de 2 a 4 micras que interviene en la coagulación.

GLÓBULO m. (lat. *globulus*). Pequeño cuerpo esférico: *glóbulo de aire, de agua.* || *Anat.* Nombre dado a las células de la sangre y de la linfa: *glóbulos rojos* (hematíes, eritrocitos) y *glóbulos blancos* (leucocitos).

GLOBULOSO, SA adj. Compuesto de glóbulos; en forma de glóbulo: *cuerpo globuloso.*

GLOGLÓ m. Onomatopeya del ruido que hace un líquido al salir de una botella.

GLOMÉRULO m. *Anat.* Grupo de vasos o de glándulas cuyos tipos se presentan comúnmente en el riñón. || Grupo de corpúsculos de la misma naturaleza.

Fot. Truffaut

GIMNASIA

barras paralelas

barra fija

potro

potro con arzón

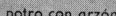

anillas

La gimnasia artística de competición consiste en ejercicios con la barra fija, las anillas, las paralelas y el potro con arzón, pudiéndose añadir los ejercicios de acrobacia en el suelo.

En las pruebas individuales, el gimnasta debe ejecutar dos ejercicios en cada una de las especialidades, uno impuesto por el jurado y el otro libre.

En las pruebas por equipos, de dos a seis gimnastas actúan al mismo tiempo, dirigidos por un monitor. La puntuación es determinada por el jurado, de acuerdo con la dificultad del ejercicio, el conjunto de las evoluciones y otros varios factores relativos a la compenetración del equipo y a la pericia de cada uno de los participantes.

GLORIA f. (lat. *gloria*). Bienaventuranza. ‖ Honor, fama merecida por las virtudes, el mérito, etc: *gloria literaria.* (SINÓN. *Celebridad.* V. tb. *reputación.*) ‖ Esplendor: *la gloria del reinado de Carlos Quinto.* ‖ Lo que ennoblece o ilustra: *Rubén Darío es gloria de Hispanoamérica.* ‖ Cielo: *ganar la gloria.* ‖ Gusto, placer: *es su gloria la lectura.* ‖ Especie de pastelillo de hojaldre. ‖ — M. Canto religioso que empieza por las palabras: *Gloria in excelsis Deo.* ‖ *Estar en sus glorias,* o *en la gloria,* estar muy contento. ‖ *Dar gloria,* dar gusto. ‖ *Saber, oler a gloria,* tener sabor u olor exquisitos.
GLORIADO m. *Amer.* Ponche de aguardiente.
GLORIA PATRI m. (lit. *gloria al padre*). Versículo latino que termina varias oraciones. ‖ *Méx.* Diez de rosario. ‖ *Méx. De gloria patri,* de tres al cuarto.
GLORIAR v. t. Glorificar. ‖ — V. r. Preciarse, jactarse de una cosa: *se glorió de su victoria.* ‖ Complacerse mucho.
GLORIETA f. Plazoleta en medio de un jardín. ‖ Plaza en una encrucijada de calles o alamedas. ‖ Cenador.
GLORIFICABLE adj. Que puede glorificarse.
GLORIFICACIÓN f. (lat. *glorificatio*). Alabanza. ‖ Acción de glorificar: *la glorificación de los santos.*
GLORIFICADOR, RA adj. y s. Que glorifica.
GLORIFICAR v. t. Tributar honra: *se suele glorificar demasiado fácilmente el éxito* (SINÓN. *Magnificar, exaltar, ensalzar, divinizar, deificar, alabar, loar, celebrar.* V. tb. *aclamar.*) ‖ — V. r. Gloriarse de una cosa. (SINÓN. V. *Vanagloriar.*)
GLORIOSAMENTE adv. m. Con gloria: *Leónidas pereció gloriosamente en las Termópilas.*
GLORIOSO, SA adj. Que ha adquirido gloria: *soldados gloriosos.* ‖ Que procura gloria: *victoria gloriosa.* ‖ Que goza de la gloria eterna: *el glorioso Santiago.* ‖ Soberbio, vanidoso: *mostrarse demasiado glorioso.* ‖ — F. Por antonomasia, la Santísima Virgen.
GLOSA f. (lat. *glossa*). Explicación de un texto obscuro: *las glosas de los Padres de la Iglesia acerca de la Biblia.* ‖ Nota que se pone en una cuenta. (SINÓN. V. *Nota.*). ‖ Cierta composición poética. ‖ *Mús.* Variación sobre un tema, pero sin sujetarse rigurosamente al mismo. ‖ *Col.* Reprimenda.
GLOSADOR, RA adj. y s. Que glosa.
GLOSAR v. t. Hacer o añadir glosas: *glosar una ley.* ‖ *Fig.* Interpretar mal, censurar, criticar: *ser aficionado a glosar.* ‖ *Col.* Reprender.
GLOSARIO m. (lat. *glossarium*). Diccionario de palabras obscuras o desusadas de una lengua. ‖ Vocabulario, términos relativos a una actividad determinada. (SINÓN. V. *Diccionario.*)
GLOSE m. Acción de glosar.
GLOSILLA f. *Impr.* Nombre de cierto carácter de letra de imprenta menor que la de breviario.
GLOSITIS f. Inflamación de la lengua.
GLOSOFARÍNGEO, A adj. Relativo a la faringe y a la lengua: *nervio glosofaríngeo.*
GLOSOPEDA f. *Veter.* Enfermedad del ganado que consiste en el desarrollo de vejiguillas en la boca y pezuñas: *la glosopeda es contagiosa.*
GLÓTICO, CA adj. *Anat.* Relativo a la glotis: *orificio glótico de la faringe.*
GLOTIS f. (gr. *glottis*). *Anat.* Orificio de la laringe circunscrito por las dos cuerdas vocales inferiores.
GLOTÓN, ONA adj. y s. Que come con exceso. (SINÓN. *Voraz, tragón, ansioso, hambrón, tragaldabas.*). ‖ — M. *Zool.* Género de mamíferos de las regiones árticas.
GLOTONAMENTE adv. m. Con glotonería.
GLOTONEAR v. i. Comer glotonamente.
GLOTONERÍA f. Vicio del glotón, avidez.
GLOXÍNEA f. Planta de jardín, bulbosa y de flor acampanada, de la familia de las gesneriáceas.
GLUCEMIA f. Presencia de azúcar o glucosa en la sangre en mayor cantidad que la normal.
GLUCINA f. *Quím.* Óxido de glucinio.
GLUCINIO m. Berilio.
GLUCOGÉNESIS f. Formación de glucosa o de glucógeno en el organismo de los animales a expensas de las sustancias nutritivas que circulan en la sangre.
GLUCOGENIA f. Glucogénesis.

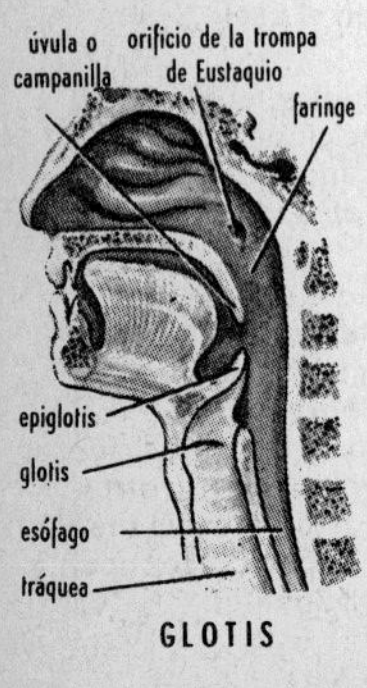

GLOTIS

GLUCOGÉNICO, CA adj. Relativo a la glucogénesis o al glucógeno.
GLUCÓGENO m. Hidrato de carbono que se encuentra en el hígado, en los músculos y en varios tejidos, así como en los hongos y otras plantas criptógamas. (El *glucógeno* es una substancia de reserva que, una vez que ha sido utilizada, se transforma en glucosa.)
GLUCÓMETRO m. Aparato para medir la cantidad de azúcar que contiene un líquido.
GLUCOSA f. (del gr. *glykus*, dulce). Azúcar de color blanco, cuya fórmula es $C_6H_{12}O_6$, que se halla disuelto en muchos frutos (uvas, peras, etc.), en el plasma sanguíneo normal y en la orina de los diabéticos. (La *glucosa,* sintetizada por las plantas en la asimilación clorofílica, tiene gran importancia en el metabolismo de todos los seres vivientes.)
GLUCÓSIDO m. *Quím.* Nombre genérico dado a todos los compuestos de la glucosa existentes en los vegetales.
GLUCOSURIA f. (del gr. *glykus,* dulce, y *ourein,* orinar). *Med.* Presencia de glucosa en la orina.
GLUCOSÚRICO, CA adj. Que padece glucosuria. ‖ Relativo a la glucosuria.
GLU GLU m. Onomatopeya. V. GLOGLÓ.
GLUGLUTEAR v. i. Gritar el pavo.
GLUMA f. *Bot.* Cubierta floral de las gramíneas.
GLUTEN m. (del lat. *gluten,* cola). Substancia pegajosa que se encuentra en las harinas.
GLÚTEO, A adj. (del gr. *glutos,* nalga). Perteneciente o relativo a la nalga: *músculo glúteo.*
GLUTINOSIDAD f. Calidad de glutinoso.
GLUTINOSO, SA adj. Pegajoso, que se pega. (SINÓN. V. *Viscoso.*)
G. M. T., abreviatura de la expresión inglesa: *Greenwich mean time,* hora media del meridiano de Greenwich, llamada actualmente *tiempo universal* (T. U.).
GNEIS m. (pal. al.). Roca pizarrosa que tiene la misma composición que el granito.
GNÉISICO, CA adj. Relativo al gneis.
GNETÁCEAS f. pl. (del lat. *gnetum,* belcho). *Bot.* Familia de plantas gimnospermas de Europa que tienen por tipo el belcho.
GNÓMICO, CA adj. y s. (del gr. *gnômê,* sentencia). Sentencioso: *poesía gnómica.*
GNOMO m. (gr. *gnômos*). Nombre de los enanos fantásticos y deformes considerados por los cabalistas judíos como espíritus de la Tierra, guardianes de los tesoros ocultos de las minas. (SINÓN. V. *Enano y duende.*)
GNOMON m. (gr. *gnômon*). Reloj de sol dispuesto horizontalmente.
GNOMÓNICA f. Arte de hacer relojes solares.
GNOSIS f. Doctrina gnóstica. ‖ Alta teología. ‖ Ciencia de los magos.
GNOSTICISMO m. Sistema de filosofía religiosa, cuyos partidarios pretendían poseer un conocimiento completo y trascendental de la naturaleza y los atributos de Dios: *el gnosticismo participa a la vez del platonicismo y del maniqueísmo.*
GNÓSTICO, CA adj. (del gr. *gnôstikos;* de *gnôsis,* conocimiento). Relativo o perteneciente al gnosticismo. ‖ — Adj. y s. Partidario del gnosticismo.
GNU m. (voz hotentote). Género de antílope de África del Sur.
GOA f. *Tecn.* Lupia, masa de hierro candente.
GOAJIRO adj. y s. Guajiro.
GOAL m. (pal. ingl.). Gol.
GOBELETE m. Galicismo por *cubilete.*
GOBERNABLE adj. Que puede ser gobernado.
GOBERNACIÓN f. Acción de gobernar y ejercicio del gobierno. ‖ *Ministerio de la Gobernación,* el que en España tiene a su cargo el orden interior y la administración local. ‖ En ciertos países, territorio que depende del gobierno nacional.
GOBERNADOR adj. y s. Que gobierna. ‖ — M. El jefe superior de una provincia, departamento, ciudad, territorio: *gobernador civil, militar* o *eclesiástico.* ‖ Representante del Gobierno en un establecimiento público: *gobernador del Banco de España.* ‖ *Arg.* Cardenal, ave.

GOBERNADORA f. Mujer del gobernador. ‖ Mujer que gobierna un reino o nación.
GOBERNADORCILLO m. Magistrado inferior que había antes en las islas Filipinas.
GOBERNALLE m. *Mar.* Timón del barco.
GOBERNANTA f. *Arg.* Aya, institutriz. (Es galicismo.)
GOBERNANTE adj. y s. Que gobierna. ‖ *Fam.* El que se mete a gobernar algo. ‖ — Pl. Los que gobiernan un Estado.
GOBERNAR v. t. Conducir: *gobernar un barco.* ‖ Administrar: *gobernar un Estado.* ‖ Dirigir la conducta de personas o cosas: *gobernar sus pasiones.* (SINÓN. V. *Dirigir.*) ‖ *Arg.* Castigar los padres a sus hijos. ‖ *And.* Arreglar. ‖ — V. i. Obedecer el barco al timón: *barco que no gobierna.* ‖ — IRREG. Se conjuga como *acertar.*
GOBERNATIVO, VA adj. Gubernativo.
GOBERNOSO, SA adj. *Fam.* Aficionado a tener en orden su casa, etc.: *mujer gobernosa.*
GOBIERNISTA adj. *Amer.* Gubernamental.
GOBIERNO m. Acción y efecto de gobernar o gobernarse. (SINÓN. *Dirección, mando, autoridad.*) ‖ Constitución política: *gobierno republicano.* (SINÓN. *Régimen, administración.*) ‖ Conjunto de los que gobiernan un Estado: *los amigos del Gobierno.* ‖ Empleo del gobernador, y distrito que rige. ‖ Edificio donde se instala el gobernador. ‖ Tiempo que dura su mandato. ‖ Docilidad de la nave al timón. ‖ *Fam.* Arreglo: *hacer algo con gobierno.* ‖ *Servir de gobierno,* servir de norma.
GOBIO m. (lat. *gobius*). Pez teleósteo comestible: *la carne del gobio es delicada.*
GOCE m. Acción y efecto de gozar o disfrutar. ‖ — SINÓN. *Disfrute, posesión, propiedad, usufructo, uso.* V. tb. *placer.*
GOCETE m. Collar de mallas que se ponía antiguamente debajo de la gola.
GOCHO, CHA m. y f. *Fam.* Cochino.
GODESCO, CA y **GODIBLE** adj. (del lat. *gaudium,* gozo, alegría). Alegre, divertido.
GODO, DA adj. y s. Perteneciente a los godos. (V. *Parte hist.*) ‖ *Ant.* Decíase del rico y poderoso: *hacerse de los godos.* ‖ *Amer.* Nombre despreciativo que se da en algunas partes a los españoles y en otras a los conservadores.
GOFIO m. *Can.* y *Amer.* Harina de algunos cereales molidos después de tostados. ‖ *Amer.* Pasta hecha con harina de maíz y dulce.
GOFO, FA adj. Torpe, grosero. ‖ *Pint.* Dícese de la figura enana y de baja estatura.
GOFRADO, DA adj. *Tecn.* Galicismo por *rugoso: papel gofrado.*
GOL m. En el fútbol y en otros deportes, suerte de entrar el balón en la portería. ‖ *Gol average,* promedio de goles marcados y encajados por un equipo que sirve para dar a éste preferencia en la clasificación en caso de que haya igualdad de puntos en un campeonato.
GOLA f. (del lat. *gula,* garganta). Garganta. ‖ Gorjal, pieza de la armadura que cubría y defendía la garganta. ‖ Insignia que usan los oficiales de infantería. ‖ *Arq.* Moldura en forma de S: *gola inversa, gola reversa.* ‖ *Fort.* Entrada de la plaza al baluarte. ‖ *Mar.* Embocadura estrecha de puerto o río.
GOLEADA f. *Neol.* Tanteo excesivo en un encuentro deportivo.
GOLETA f. Embarcación pequeña de dos palos.
GOLF m. (pal. ingl.). Juego de origen escocés que consiste en enviar e introducir una pelota, por medio de palos (*clubs*), en una serie de agujeros (suele haber 9 ó 18 en los campos) abiertos en terreno accidentado y cubierto de césped. ‖ *Golf miniatura,* juego parecido al golf ordinario que se efectúa en un recinto pequeño.
GOLFANTE adj. y s. *Fam.* Golfo, pilluelo.
GOLFEAR v. i. *Fam.* Vivir como los golfos.
GOLFERÍA f. Conjunto de golfos o pilluelos. ‖ Acción propia de un golfo. (SINÓN. V. *Trampa.*)
GOLFO m. (del gr. *kolpos,* seno). Parte del mar que penetra en la tierra: *el Adriático es un golfo del Mediterráneo.* ‖ — SINÓN. *Bahía, ensenada, abra, angra, concha, cala, fiordo, ría.*
GOLFO, FA adj. y s. Pilluelo. (SINÓN. V. *Granuja.*)
GÓLGOTA m. Calvario.
GOLIARDESCO, CA adj. Relativo al goliardo.
GOLIARDO, DA adj. Dado a la gula y a la vida desordenada. ‖ — M. Clérigo o estudiante de vida irregular.
GOLIAT m. *Fig.* Gigante de aspecto muy feroz.
GOLILLA f. Especie de cuello de los togados. ‖ *Riopl.* Chalina que lleva el gaucho sobre el poncho. ‖ *Can.* y *Amer.* Plumas del cuello del gallo. ‖ *Cub.* Deuda. ‖ *Tecn.* Trozo de tubo que empalma otros. ‖ — M. *Fam.* Togado, curial.
GOLONDRINA f. (lat. *hirundo*). Género de pájaros fisirrostros, de cola ahorquillada y alas largas. ‖ Pez teleósteo marino cuyas aletas torácicas son tan grandes que parecen alas y permiten al animal sostenerse algunos instantes fuera del agua. ‖ En algunos lugares, barca de motor para viajeros. ‖ *Amér. C.* y *Méx.* Hierba euforbiácea rastrera. ‖ *Chil.* Carro de mudanzas. ‖ *Golondrinas de mar,* ave menor que la gaviota.
GOLONDRINERA f. *Bot.* Celidonia, planta.
GOLONDRINO m. Pollo de golondrina. ‖ Golondrina, pez. ‖ *Fig.* Vagabundo. ‖ *Fig.* Soldado desertor. ‖ *Med.* Tumor en el sobaco.
GOLONDRO m. *Fam.* Deseo, capricho.
GOLOSA f. *Col.* Infernáculo, juego de niñas.
GOLOSAMENTE adv. m. Con golosina.
GOLOSEAR v. i. Golosinear.
GOLOSINA f. Manjar agradable, caramelos, bombones, etc.: *no se debe dejar que abusen los niños de las golosinas.* (SINÓN. *Dulce.*) ‖ Deseo, antojo por una cosa. ‖ Gula, afición a los manjares agradables. ‖ *Fig.* Cualquier cosa más agradable que útil. (SINÓN. *Chuchería, gollería.*) ‖ *Fig.* y *fam. Amargar la golosina,* estropear el placer de una cosa con ciertas molestias.
GOLOSINAR y **GOLOSINEAR** v. i. Comer continuamente golosinas.
GOLOSO, SA adj. y s. (lat. *gulosus*). Aficionado a golosinas. ‖ — Adj. Deseoso o dominado por el apetito de alguna cosa. ‖ Apetitoso, codiciado, deseoso: *es muy goloso tener mucho dinero.*
GOLPADA f. y **GOLPAZO** m. *Pop.* Golpe, abundancia: *echar golpadas de sangre por la boca.* ‖ Golpe violento.
GOLPE m. Choque violento de dos cuerpos: *recibir un golpe.* (SINÓN. V. *Choque.*) ‖ Efecto de este choque. ‖ Coscorrón. (SINÓN. *Capirotazo, cogotazo, trompazo, trompada, puñetazo, moquete, torniscón, manotazo, metido, mojicón, mamporro.* Fig. *Piña, castaña, torta, galleta.* V. tb. *bofetada.*) ‖ Palo (SINÓN. *Trancazo.*) ‖ Multitud, abundancia de algo: *golpe de gente.* ‖ Desgracia repentina: *golpe inesperado.* ‖ Pestillo que se cierra solo: *cerradura de golpe.* ‖ *Agr.* Número de pies de un vegetal que se plantan en un hoyo: *sembrar a golpe.* ‖ Cartera, en los vestidos. ‖ *Col.* Vuelta de un vestido. ‖ *Fig.* Sorpresa, admiración: *aquello dio golpe.* ‖ *Fig.* Gracia, ingenio, chiste: *tiene golpe ese cuento.* ‖ *Fig.* Ocurrencia graciosa y oportuna: *¡qué golpe tuvo!* ‖ *Fig.* Postura al juego con la cual se acierta. ‖ *Méx.* Macho, mazo de hierro. ‖ *Venez.* Aire popular rasgueado en el cuatro. ‖ — *De golpe,* prontamente. ‖ *De golpe y porrazo,* precipitadamente. ‖ *De un golpe,* de una sola vez. ‖ *Golpe bajo,* en boxeo, el dado por debajo de la cintura. ‖ *Golpe de Estado,* apropiación del poder político por medios ilegales. ‖ *Golpe de fortuna,* suceso inesperado. ‖ *Golpe franco,* en deportes, castigo contra un equipo. ‖ *Golpe de gracia,* el dado al que está gravemente herido. *Fig.* Agravio o hecho que consuma la desgracia o la ruina de uno. ‖ *Golpe de mano,* atraco, ataque imprevisto. (SINÓN. V. *Asalto.*) ‖ *Golpe de mar,* ola fuerte. ‖ *Golpe de pecho,* signo de contricción o de dolor. ‖ *Golpe de tos,* acceso de tos. ‖ *Fam. Dar el golpe,* causar sensación. ‖ *Fam. No dar golpe,* no trabajar.
— El empleo abusivo de *golpe* constituye un galicismo y muchas de las expresiones en que el francés tiene que utilizar la palabra *"coup"* el castellano se basta con el sustantivo, al que añade las terminaciones *azo* (bastonazo) y *ada* (pedrada). Citaremos alguna frases en las que se incurre en galicismo: *golpe de sombra* por sombra; *golpe de teatro* por lance imprevisto o sorpresa; *golpe de luz* por ráfaga de luz; *golpe de ensayo* por primer ensayo o primera prueba; *golpe de autoridad* por alcaldada o arbitrariedad; *golpe de martillo* por martillazo; *golpe de teléfono* por llamada o comunicación telefónica.
GOLPEADERO m. Sitio donde se golpea mucho y ruido que produce la golpeadura. ‖ Sitio donde golpea el agua.
GOLPEADOR, RA adj. y s. Que golpea o da golpes. ‖ — M. *Arg., Col.* y *Chil.* Aldaba de las puertas.

golondrinas

gobio

gola

goleta

golf

gonfalón

gorila

gong chino

goniómetro

gorra

GOLPEADURA f. Acción y efecto de golpear.
GOLPEAR v. t. Dar repetidos golpes: *golpear a uno con un bastón.* Ú. t. c. i. ‖ — SINÓN. *Percutir, asestar, batir, dar golpes, golpetear.* V. tb. *pegar.*
GOLPEO m. Golpeadura.
GOLPETE m. Palanca que sirve para mantener abierta una puerta o ventana: *un postigo de golpete.*
GOLPETEAR v. t. Golpear repetidas veces. Ú. t. c. i. (SINÓN. V. *Golpear.*)
GOLPETEO m. Golpeo repetido.
GOLPETILLO m. *And.* Muelle de la navaja.
GOLPIZA f. *Ecuad.* y *Méx.* Paliza, zurra.
GOLLERÍA f. Golosina: *comer gollerías.* ‖ *Fig.* y *fam.* Delicadeza, superfluidad: *pedir gollerías.*
GOLLETAZO m. Golpe que se da en el gollete de una botella. ‖ *Fig.* Término violento e irregular que se pone a un negocio difícil. ‖ *Taurom.* Estocada en el cuello, que atraviesa los pulmones.
GOLLETE m. Parte superior del cuello: *apretar a uno el gollete.* ‖ Cuello de las botellas.
GOLLETEAR v. t. *Col.* y *Venez.* Asir del cuello.
GOLLIZO m. Garganta.
GOLLORÍA f. Gollería.
GOMA f. (lat. *gummis*). *Bot.* Substancia mucilaginosa que chorrea de ciertos árboles. ‖ Caucho: *suelas de goma.* ‖ Tira o banda de goma elástica. ‖ *Med.* Tumor que produce supuración espesa. ‖ *Goma arábiga,* la que proviene de diferentes especies de acacias y se sacó en un principio de Arabia. ‖ *Goma de borrar,* la que sirve para borrar lo escrito. ‖ *Goma elástica* o simplemente *goma,* el caucho. ‖ *Goma adragante,* tragacanto. ‖ *Goma laca,* la laca. ‖ *Goma guta,* gomorresina que se usa a la vez en pintura y en medicina.
GOMA f. *Amér. C.* Malestar que se experimenta después de pasada la borrachera, resaca.
GOMAL m. *Amer.* Sitio donde abunda el caucho.
GOMERO m. *Amer.* Recolector de caucho. ‖ — Adj. Relativo a la goma.
GOMIA f. (lat. *gumia*). Tarasca. ‖ *Fam.* Persona voraz, tragaldabas. ‖ *Fam.* Lo que gasta.
GOMÍFERO, RA adj. Que produce goma: *arbusto gomífero.*
GOMINA f. Preparado que fija el pelo.
GOMORRESINA f. Jugo lechoso que participa de las cualidades de la goma y la resina.
GOMOSERÍA f. Calidad de gomoso.
GOMOSIDAD f. Calidad de gomoso o glutinoso.
GOMOSO, SA adj. Que tiene goma: *árbol gomoso.* ‖ Parecido a la goma: *zumo gomoso.* ‖ — Adj. y s. Que padece gomas. ‖ *Amér. C.* Borracho. ‖ — M. Pisaverde, lechuguino, currutaco. (SINÓN. V. *Elegante.*)
GÓNADA f. Glándula productora de los gametos o células sexuales.
GÓNDOLA f. (ital. *gondola*). Barco chato de remos, que se usa sobre todo en los canales de Venecia. ‖ Coche grande que se usaba antiguamente para viajar. ‖ *Col.* y *Chil.* Ómnibus.
GONDOLERO m. El que dirige la góndola: *los gondoleros de Venecia.*
GONFALÓN m. Banderín o pendón de guerra.
GONG o **GONGO** (Acad.) m. Batintín chino. ‖ Sonido que hace el gong.
GONGORINO, NA adj. Que adolece de gongorismo o culteranismo: *poeta gongorino.*
GONGORISMO m. (de *Góngora*). Culteranismo.
GONGORIZAR v. i. Escribir o hablar en estilo gongorino.
GONIOMETRÍA f. *Fís.* Medida de los ángulos.
GONIÓMETRO m. (del gr. *gônia,* ángulo, y *metron,* medida). Instrumento de topografía para levantar planos y medir los ángulos de un terreno.
GONOCOCIA f. Conjunto de las manifestaciones infecciosas producidas por la presencia del gonococo en el organismo.
GONOCÓCICO, CA adj. Relativo a la gonococia o causado por gonococos.
GONOCOCO m. Microbio patógeno (diplococo) específico de la blenorragia.
GONORREA f. Blenorragia.
GONZALITO m. *Col.* y *Venez.* Cacique, ave.
GORBETEAR v. i. *Méx.* Despapar, picotear el caballo.
GORBIÓN m. Gurbión.
GORDAL adj. Muy grueso: *aceitunas gordales.*
GORDANA f. Unto, substancia grasa.
GORDETILLO m. Región del miembro posterior del caballo. (SINÓN. *Babilla.*)
GORDIFLÓN, ONA y **GORDINFLÓN, ONA** adj. *Fam.* Demasiado grueso: *un chiquillo gordiflón.* (SINÓN. V. *Grueso.*)
GORDO, DA adj. (lat. *gurdus*). Que tiene muchas carnes: *persona gorda.* (SINÓN. V. *Grueso.*) ‖ Muy abultado y corpulento. ‖ Graso y mantecoso: *tocino gordo.* ‖ Más grueso que lo común: *hilo gordo.* ‖ Dícese del primero, del más grande: *premio gordo.* ‖ — M. Sebo o grasa del animal. ‖ *Fam.* El premio gordo de la lotería. ‖ — F. *Fam.* Moneda de diez céntimos. ‖ *Fam. Algo gordo,* algo importante. ‖ *Fam. Armarse la gorda,* ocurrir algo muy sonado.
GORDOLOBO m. (del lat. *cauda lupi,* cola de lobo). Planta escrofulariácea de flores amarillas.
GORDURA f. Grasa del cuerpo. ‖ Exceso de corpulencia: *la demasiada gordura no es buena para la salud.* (CONTR. *Flacura.*) ‖ *Arg.* Crema y nata de la leche.
GORFE m. Remanso profundo de un río.
GORGOJARSE y **GORGOJEARSE** v. r. Agorgojarse las semillas.
GORGOJO m. (lat. *gurgulio*). Insecto coleóptero de unos tres milímetros de largo, que vive en las semillas de los cereales: *el gorgojo es muy perjudicial.* ‖ *Fig.* y *fam.* Persona muy pequeña y fea.
GORGOJOSO, SA adj. Comido del gargojo.
GORGÓNEO, A adj. Relativo a las Gorgonas. (V. *Parte hist.*)
GORGONZOLA m. Queso italiano bastante duro y con vetas verdosas que se fabrica en Gorgonzola (Lombardía).
GORGORÁN m. Una tela antigua de seda.
GORGOREAR v. i. *Chil.* Gorgoritear.
GORGORITA f. Burbujita. ‖ — Pl. *Fam.* Gorgoritos.
GORGORITEAR v. i. *Fam.* Hacer gorgoritos.
GORGORITOS m. pl. *Fam.* Quiebros que se hacen con la garganta al cantar.
GÓRGOROS m. pl. *Amer.* Burbujas, pompas.
GORGOROTADA f. Trago que se bebe de golpe.
GORGOTEAR v. i. Burbujear. ‖ Producir un gorgoteo.
GORGOTEO m. Ruido que produce un líquido o un gas dentro de alguna cavidad.
GORGOTERO m. Buhonero, mercachifle.
GORGUERA f. Adorno de lienzo alechugado para el cuello. ‖ Gorjal de armadura. ‖ *Bot.* Involucro.
GORGUZ m. *Méx.* Puya de la garrocha.
GORIGORI m. *Fam.* Canto lúgubre de los sacerdotes en los entierros: *cantarle a uno el gorigori.*
GORILA m. Género de monos antropomorfos del África ecuatorial. (Tiene una estatura de unos dos metros y un peso máximo de 250 k).
GORJA f. (del lat. *gurges,* abismo). Garganta.
GORJAL m. Prenda de la vestidura del sacerdote que rodea el cuello. ‖ Pieza de la armadura que se ajustaba al cuello. (SINÓN. *Gola.*)
GORJEADOR, RA y **GORJEANTE** adj. Que gorjea al cantar.
GORJEAR v. i. Hacer quiebros con la voz: *los pájaros gorjean al cantar.* (SINÓN. V. *Cantar.*) ‖ — V. r. *Fam.* Empezar a hablar el niño.
GORJEO m. Quiebro que se hace con la voz al cantar. ‖ Articulaciones imperfectas de los niños.
GOROBETO m. *Amer.* Jorobado.
GORRA f. Prenda del vestido que sirve para cubrir la cabeza: *los granaderos usaban una gorra de piel.* ‖ — M. *Fig.* Gorrón, parásito. ‖ *Fam. De gorra,* a costa ajena: *comer de gorra.*
GORRADA f. Gorretada, saludo con la gorra.
GORREAR v. i. Vivir de gorra.
GORRERO m. El que hace gorras o gorros. ‖ *Fig.* y *fam.* Gorrón, parásito.
GORRETADA f. Saludo hecho con la gorra.
GORRÍN m. Gorrino, cerdo, cochinillo.
GORRINADA f. Gorrinería, porquería.
GORRINERA f. Pocilga.
GORRINERÍA f. Porquería, suciedad. ‖ *Fig.* y *fam.* Grosería.
GORRINO, NA m. y f. Cerdo pequeño. (SINÓN. V. *Cerdo.*) ‖ *Fig.* Persona desaseada o grosera.

Fot. Rollet, Larousse

GORRIÓN m. Pájaro pequeño, de pico fuerte, cónico, plumaje pardo, con manchas negras y rojizas: *el gorrión abunda en España.* || *Amer.* Colibrí.
GORRIONA f. Hembra del gorrión.
GORRIONERA f. *Fig.* y *fam.* Lugar donde se recoge gente de mal vivir.
GORRISTA adj. y s. Gorrón, parásito.
GORRO m. Prenda de abrigo para la cabeza. (SINÓN. *Solideo, birrete.* V. tb. *tocado.*) || *Gorro catalán,* gorro de lana en forma de manga cerrada. (SINÓN. *Barretina.*) || *Gorro frigio,* semejante al anterior, utilizado en la Antigüedad en Frigia, adoptado como emblema de la libertad por los revolucionarios franceses. || *Fig. Poner el gorro,* fastidiar. || *Arg. Apretarse el gorro,* disponerse a huir.
GORRÓN m. *Mec.* Espiga de un eje, que entra en un tejuelo. || Guijarro pelado. || Gusano de seda que no termina su capullo. || Chicharrón.
GORRÓN, ONA adj. y s. Aficionado a comer o divertirse a costa ajena. (SINÓN. V. *Convidado.*) || *And.* y *Amer.* Egoísta, avaro. || *Pasa gorrona,* la muy grande y secada al sol.
GORRONEAR v. i. Vivir de gorra.
GORRONERÍA f. Avaricia, egoísmo. || Cualidad o acción del gorrón.
GORULLO m. Bulto, pelotilla: *gorullo de lana.*
GOSIPINO, NA adj. (del lat. *gossypium,* algodón). De algodón o parecido al algodón.
GOTA f. (lat. *gutta*). Partícula esférica que se separa de un líquido: *gota de lluvia.* || Cantidad muy pequeña: *beber una gota de vino.* || *Med.* Afección diatésica, caracterizada por desórdenes viscerales y articulares, con depósito de uratos: *la gota exige un régimen severo.* || *Arq.* Pequeño adorno cónico debajo de un triglifo. || *Gota coral,* la epilepsia. || *Gota serena,* la amaurosis. || *Gota a gota,* m. adv., poco a poco. || *Fig. Sudar la gota gorda,* o *mortal,* hacer mil esfuerzos por conseguir alguna cosa muy difícil.
GOTEADO, DA adj. Manchado con gotas.
GOTEANTE adj. Que gotea.
GOTEAR v. i. Caer gota a gota: *gotea el agua del tejado.* || *Fig.* Dar o recibir poco a poco.
GOTEO m. Acción de gotear.
GOTERA f. Gotas de agua que del tejado caen dentro de la casa. || Sitio en que cae el agua del tejado y señal que deja. || Caídas de una colgadura de cama. || — Pl. *Fam.* Achaques: *estar lleno de goteras.* || *Amer.* Afueras de las poblaciones.
GOTERANO, NA adj. y s. De Gotera (El Salvador).
GOTEREAR v. i. *Amer.* Caer goterones.
GOTEREÑO, ÑA adj. y s. Goterano.
GOTERO m. *Amer.* Cuentagotas.
GOTERÓN m. Gota grande. || *Arq.* Canal en la cara inferior de la cornisa.
GÓTICO, CA adj. Que pertenece a los godos: *lengua gótica.* || *Impr. Caracteres góticos,* aquellos que se emplearon en los primeros ensayos tipográficos: *las letras góticas se usan aún hoy día en Alemania.* || Dícese del estilo arquitectónico, llamado también *estilo ojival.* || — M. Arquitectura gótica: *el gótico flamígero.* || — F. Escritura gótica: *escribir un título en gótica.* (V. ilustr. pág. 510 y 511.)
GOTOSO, SA adj. Que padece gota.
GOURMET m. (pal. fr., pr. *gurmé*). Gastrónomo, aficionado a comer bien.
GOYESCO, CA adj. Característico de Goya.
GOZADOR, RA adj. y s. Que goza o disfruta.
GOZANTE adj. Que goza.
GOZAR v. t. Poseer alguna cosa: *gozar el usufructo de una finca.* (SINÓN. V. *Poseer.*) || — V. i. Tener gusto en algo, disfrutar. || — V. r. Complacerse: *se goza en hacer daño.* || *Fam. Gozarla,* relamerse de gusto.
GOZNE m. Charnela de dos piezas, una con gorrón y otra con tejuelo, que sirve para armar las puertas y ventanas.
GOZO m. (lat. *gaudium*). Placer, alegría. (SINÓN. V. *Alegría.*) || *Fig.* Llamarada de la lumbre. || — Pl. Composición poética en honor de la Virgen.
GOZOSO, SA adj. Que siente gozo o alegría.
GOZQUE adj. y s. Perro pequeño muy ladrador.
GOZQUEJO m. Gozque que ladra mucho.
gr, símbolo del grado centesimal.

Fot. Richard-Esso, X

GRABACIÓN f. Registro de sonidos en un disco fonográfico, una cinta magnetofónica, etc. (V. ilustr. pág. 512.)
GRABADO m. Arte de grabar: *aprender el grabado al agua fuerte.* || Obra que produce el grabador: *grabado en cobre.* || Estampa: *un libro con grabados.*
GRABADOR, RA m. y f. Persona que graba por oficio.
GRABADURA f. Acción de grabar, grabado.
GRABAR v. t. (ant. alt. al. *graban*). Trazar una figura, caracteres, etc., en una lámina de metal (cobre, acero), o en una tabla de madera, con el buril: *grabar tarjetas.* (SINÓN. V. *Imprimir.*) || *Grabar caracteres, medallas,* etc. grabar punzones para acuñar. || Registrar los sonidos por medio de cualquier procedimiento (disco, cinta magnetofónica, etc.) de manera que se puedan reproducir. || *Fig.* Fijar hondamente: *grabar en su memoria.* || — PARÓN. *Gravar.*
GRABAZÓN f. Conjunto de piezas grabadas.
GRACEJADA f. *Amer.* Payasada.
GRACEJAR v. i. *Fam.* Expresarse con gracejo.
GRACEJO m. Gracia, chiste: *hablar con gracejo.* || — M. y f. *Amér. C.* y *Méx.* Gracioso, chistoso.
GRACIA f. (lat. *gratia*). Don de Dios que eleva sobrenaturalmente a la criatura racional. || Favor que hace uno sin estar obligado a ello: *conceder una gracia.* (SINÓN. V. *Favor, servicio* y *despensa.*) || *Estar en gracia cerca de uno,* tener valimiento a su lado. || Atractivo que tienen ciertas personas en sus acciones y fisonomía: *andar con gracia.* (SINÓN. V. *Encanto.*) || Garbo y donaire en la ejecución de una cosa. || Beneficio, favor: *pedir una gracia.* (SINÓN. V. *Perdón.*) || Chiste, agudeza: *decir gracias.* (SINÓN. V. *Broma.*) || *Tiro de gracia,* pistoletazo para rematar a un moribundo. || Perdón, indulto: *conceder gracia.* || — Pl. Divinidades mitológicas que tuvieron por madre a Venus: *las Tres Gracias.* || *Acción de gracias,* agradecimiento. || *¡Gracias!* expresión elíptica con que manifestamos nuestro agradecimiento. || *Caer en gracia,* agradar. || *De gracia,* gratuitamente, gratis. || *Fam. Una triste gracia,* cosa desagradable. || *Gracias a,* merced a, por intervención de.
GRACIABLE adj. Afable. || Fácil de conceder.
GRACIANO, NA adj. y s. De Gracias (Honduras).
GRÁCIL adj. (lat. *gracilis*). Sutil, muy delgado. (SINÓN. V. *Delgado.*)
GRACILIDAD f. *Neol.* Sutileza, delicadeza.
GRACIOLA f. Planta escrofulariácea de flores amarillentas: *la graciola es un purgante violento.*
GRACIOSAMENTE adv. m. Con gracia: *hablar graciosamente.* || De balde. (SINÓN. V. *Gratis.*)
GRACIOSIDAD f. Gracia, belleza, perfección.
GRACIOSO, SA adj. Que tiene gracia: *dicho gracioso.* (SINÓN. V. *Bello* y *divertido.*) || Gratuito: *don gracioso.* (SINÓN. V. *Amable.*) || — M. y f. Actor dramático que representa los papeles de carácter festivo.
GRADA f. Peldaño, escalón. (SINÓN. V. *Escalera.*) || Cada uno de los bancos escalonados de un anfiteatro. || Tarima al pie del altar. || *Mar.* Plano inclinado a orillas del mar donde se construyen los barcos. || *Ecuad.* Escalera. || — Pl. Escalinata delante de un edificio: *las gradas de la catedral.* || *Per.* y *Chil.* Atrio de un edificio.
GRADA f. (lat. *crates*). Especie de rastro de agricultura que sirve para allanar la tierra después de arada.
GRADACIÓN f. Serie de cosas ordenadas gradualmente. || *Mús.* Paso insensible de un tono a otro. || *Ret.* Figura que consiste en disponer varias palabras o pensamientos según una progresión ascendente o descendente: *las palabras "ve, corre, vuela" forman una gradación.* || — PARÓN. *Graduación.*
GRADADO, DA adj. Que tiene gradas.
GRADAR v. t. Allanar con la grada un terreno.
GRADERÍA f. y **GRADERÍO** m. Conjunto de gradas: *la gradería del altar, el graderío del estadio.*
GRADIENTE m. (ingl. *gradient*). *Arg.* y *Ecuad.* Pendiente, declive.
GRADILLA f. Escalerilla portátil. (SINÓN. V. *Escalera.*) || Ladrillera, marco de hacer ladrillos.

gorrino

gorriones

GORROS

ARTE GÓTICO

A la ruda sobriedad del arte románico sucede impulso vertical del arte gótico, cuya osadía pare desafiar las leyes de la gravedad. En los edific religiosos se levantan altos pilares que se ent cruzan en lo más alto de las bóvedas en forma ojiva. Los contrafuertes y arbotantes forman u armadura de piedra que permite disminuir el esp sor de los muros, así como abrir grandes y num rosas ventanas. Para atenuar el exceso de luz c esto produce, se introducen las vidrieras de color El arte gótico, nacido en Francia en la prime mitad del siglo XII, se desarrolla durante ce de cuatrocientos años y se manifiesta en toc los países de Europa y el Oriente latino, toman en cada sitio ciertas características particula dentro de la grandiosidad de estas construccion Durante su apogeo (s. XIII), las formas arquit turales de los santuarios se adornan con esc turas, estatuas, capiteles, gárgolas, archivolt agujas, sillerías de madera, veletas de bron tapicerías, ornamentos de iglesia, miniaturas, p turas, orfebrería, cerámica, etc. que herman el sentimiento cristiano con la idea de grande Durante los siglos XIII y XIV, el estilo gót se caracteriza por el predominio de grandes ro tones, y más adelante se transforma en flamíg y florido, debido a la exuberancia de adornos c a veces asemejan a las llamas. La arquitectu civil ha dejado menos testimonios que la religio pero también de gran valor.

Fot. X, Roubier, Larousse, Chantal, Frith, Renner-Atlas-Photo, Neurd

Basílica de San Dionisio, cerca de París, cuya nera piedra fue puesta en 1140; 2. Catedral Reims, construida de 1211 a 1480; 3. Fachada la iglesia de San Maclovio, en Ruán (Francia), estilo gótico flamígero; 4. Nave central de la edral de Amiens (Francia); 5. Rosetón de catedral de Nuestra Señora de París (hacia 0); 6. Medallón de San Jorge, en el palacio la Diputación de Barcelona; 7. Catedral de onia (Alemania), empezada en 1248 y aca-a en el s. XIX; 8. « El Ángel sonriente », ultura de la portada de la catedral de Reims; Catedral d. Burgos, comenzada en 1221 ó 2; 10. Ayuntamiento de Bruselas (s. XV); Ejemplo de arquitectura militar del s. XIV, Carcasona (Francia); 12. Casa de Adam, en zers (Francia), s. XV; 13. Palacio de los Dux, Venecia (s. XIII); 14. Catedral de León paña), construida en el s. XIII; 15. Catedral Sevilla, comenzada en 1402 sobre una antigua quita, y terminada a principios del s. XVI; Interior de la Lonja de Palma de Mallorca, ezada a mediados del s. XV; 17. Virgen con Niño, estatua de fines del s. XIII, en la abadía de Fontenay (Francia)

GRABACIÓN MAGNETOFÓNICA

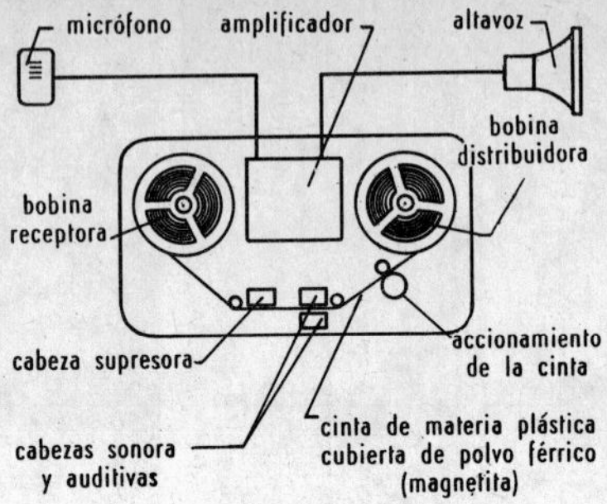

GRABACIÓN EN DISCO

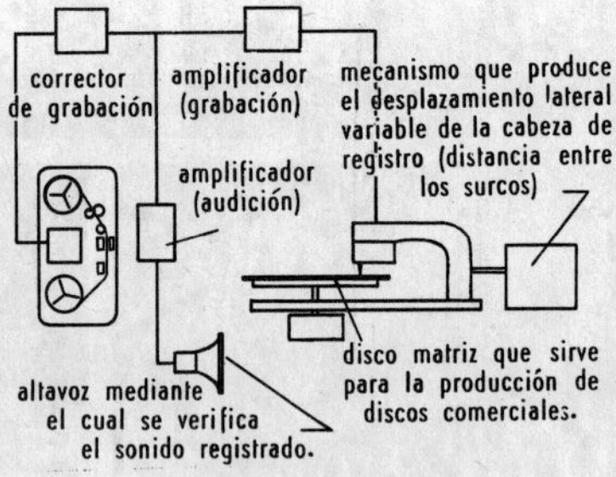

GRABACIÓN CINEMATOGRÁFICA POR DENSIDAD VARIABLE

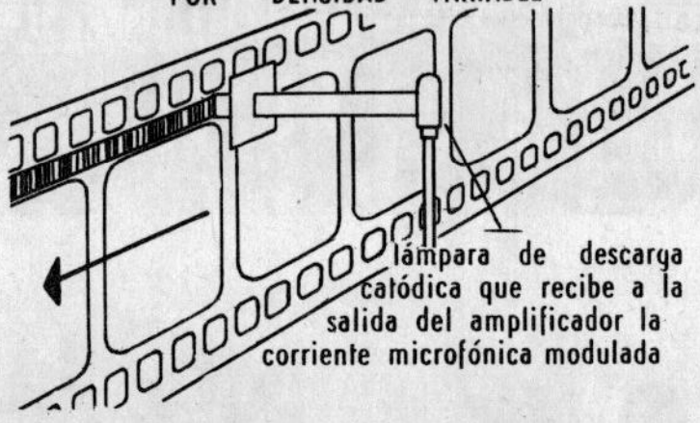

GRABACIÓN CINEMATOGRÁFICA POR OPACIDAD CONSTANTE

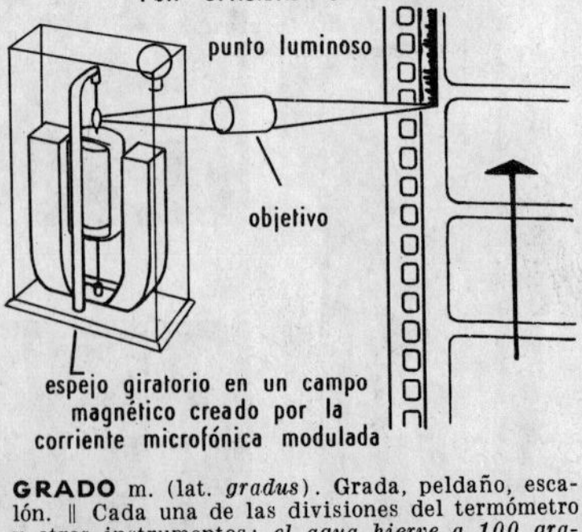

grafila

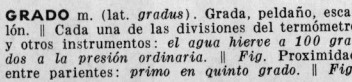

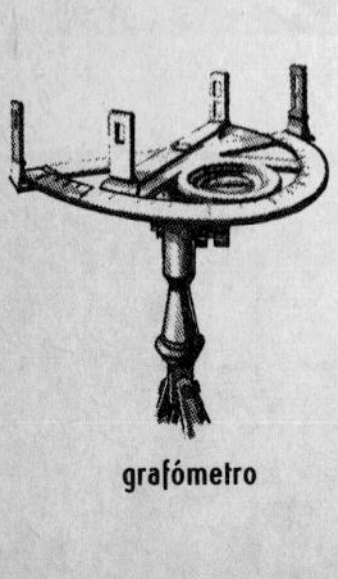

grafómetro

GRADO m. (lat. *gradus*). Grada, peldaño, escalón. || Cada una de las divisiones del termómetro y otros instrumentos: *el agua hierve a 100 grados a la presión ordinaria.* || *Fig.* Proximidad entre parientes: *primo en quinto grado.* || *Fig.* Estado, valor, calidad, en relación de mayor a menor: *es tonto en alto grado.* (SINÓN. V. *Fase.*) || Título universitario: *el grado de doctor.* || Sección de una escuela, en la cual se agrupan los alumnos según su edad o conocimientos. || Derecho que tenían ciertos militares a usar las divisas del empleo superior antes de tenerlo. (SINÓN. *Empleo, graduación, escalafón, jerarquía.*) || *Geom.* Cada una de las 360 partes iguales en que se divide la circunferencia. || *Gram.* Manera de significar la intensidad relativa de los adjetivos (los *grados* son tres: positivo, comparativo y superlativo). || *Grado centesimal,* unidad de ángulo (símb.: gr), que equivale al ángulo en el centro que intercepta sobre la circunferencia un arco de una longitud igual a 1/400 de dicha circunferencia. || *Grado alcohométrico centesimal,* unidad de graduación alcohométrica (símb.: °GL) que equivale al grado de la escala centesimal de Gay-Lussac, en la cual la graduación alcohométrica del agua pura es 0 y la del alcohol absoluto es 100.

GRADO m. (lat. *gratus*). Voluntad, gusto: *lo hizo mal de su grado,* o *de mal grado.*

GRADUACIÓN f. Acción de graduar. || División en grados: *graduación centesimal.* || Proporción de alcohol que tiene un licor. || Categoría de un militar. (SINÓN. V. *Grado.*) || — PARÓN. *Gradación.*

GRADUADO, DA adj. *Mil.* Dícese del oficial que por falta de vacantes tiene grado superior a su empleo. || Dividido en grados: *escala graduada.*

GRADUADOR m. Instrumento para graduar.

GRADUAL adj. Que está dispuesto por grados. || *Salmo gradual,* cada uno de los comprendidos entre el 119 y el 133 inclusive. || — M. Parte de la misa que se reza entre la Epístola y el Evangelio.

GRADUALMENTE adv. m. De grado en grado. (SINÓN. V. *progresivamente.*)

GRADUANDO m. El que está próximo a graduarse en la universidad.

GRADUAR v. t. Dar a una cosa el grado que le corresponde. || Conceder un grado: *graduar de comandante, de bachiller.* || Señalar grados o divisiones: *graduar un termómetro.* || — V. r. Tomar un título en la universidad: *graduarse de licenciado en letras.*

GRAFFITTO m. (pal. ital.). Dibujo esgrafiado: *los graffitti de Pompeya son del mayor interés para el estudio de las costumbres romanas.* Pl. *graffitti.*

GRAFÍA (del gr. *graphê,* acción de escribir). Sufijo que significa *descripción, dibujo,* y entra en la composición de muchas palabras: *cosmografía, geografía,* etc.

GRAFÍA f. Sistema de escritura, empleo de signos determinados para expresar las ideas. (SINÓN. V. *Escritura.*)

GRÁFICAMENTE adv. m. De un modo gráfico.

GRÁFICO, CA adj. Se dice de aquello que se relaciona con el arte de representar los objetos por medio de líneas o figuras: *esquema gráfico.* || *Fig.* Que expresa al vivo: *descripción gráfica.* || *Signos gráficos de una lengua,* los caracteres de su escritura. || *Artes gráficas,* expresión con la que se designa el conjunto de procedimientos para reproducir copias de escritos y dibujos. || — M. Dibujo esquemático, dibujo aplicado a las ciencias: *el gráfico de una ecuación.*

GRAFILA f. y **GRÁFILA** f. Orlita de las monedas.

GRÁFILO m. Gráfila.

GRAFIO m. Punzón para esgrafiar.

GRAFIOLES m. pl. Especie de bizcochos.

GRAFISMO m. Grafía.

GRAFITO m. (del gr. *graphis,* lápiz). Carbono natural casi puro: *el grafito sirve para hacer lápices, crisoles refractarios,* etc.

GRAFITOSO, SA adj. Que contiene grafito.

GRAFOLOGÍA f. Arte de reconocer el carácter de una persona por su escritura.

GRAFÓLOGO m. El que conoce la grafología.

GRAFOMANÍA f. Manía de escribir.

GRAFÓMANO, NA adj. Que tiene grafomanía.

GRAFÓMETRO m. Instrumento usado para medir ángulos.

GRAGEA f. Confites menudos de varios colores.

|| Píldora ovalada o aplastada cubierta de azúcar y goma arábiga.
GRAJA f. (lat. *gracula*). La hembra del grajo.
GRAJEAR v. i. Graznar, gritar los grajos.
GRAJERA f. Nido de grajos.
GRAJIENTO, TA adj. *Amer.* Que huele mal.
GRAJO m. (lat. *graculus*). Ave parecida al cuervo, de pico y pies rojos. || *Amer.* Sobaquina, mal olor de algunas personas. || *Col.* Escarabajo.
GRAMA f. (lat. *gramen*). Planta silvestre de la familia de las gramíneas, de raíz medicinal.
GRAMAJE m. *Impr.* Peso en gramos por metro cuadrado de una hoja de papel.
GRAMAL m. Terreno cubierto de grama.
GRAMALOTE m. *Col., Ecuad.* y *Per.* Hierba gramínea forrajera.
GRAMALLA f. Cota de malla.
GRAMÁTICA f. (del gr. *gramma*, letra). Arte que enseña a hablar y escribir correctamente. || Libro que contiene reglas de la gramática. || *Gramática comparada*, la que estudia las analogías y diferencias de las lenguas comparadas entre sí. || *Gramática histórica*, la que estudia la historia de la lengua. || *Fam. Gramática parda*, astucia.
GRAMATICAL adj. Propio de la gramática.
GRAMATICALMENTE adv. m. Conforme a las reglas de la gramática.
GRAMÁTICO, CA adj. (lat. *grammaticus*). Gramatical. || — M. El entendido en gramática.
GRAMATIQUEAR v. i. *Fam.* Tratar de materias gramaticales.
GRAMATIQUERÍA f. *Fam.* Cosa de gramática, triquiñuela gramatical: *meterse en gramatiquerías.*
GRAMIL m. Instrumento de carpintero que sirve para trazar paralelas en la madera.
GRAMILLA f. *Arg.* Gramínea forrajera.
GRAMÍNEAS f. pl. (lat. *gramineus*). Familia de plantas monocotiledóneas que tienen tallos huecos divididos por nudos y flores en espigas o en panojas, como los cereales: *el trigo es una gramínea.*
GRAMO m. (del gr. *gramma*, escrúpulo). Unidad de peso del sistema métrico (símb.: g): *el gramo representa el peso de un centímetro cúbico de agua destilada a la temperatura de cuatro grados centígrados.* (Los múltiplos del *gramo* son el *decagramo*, el *hectogramo*, el *kilogramo*, el *miriagramo*; los submúltiplos, el *decigramo*, el *centigramo* y el *miligramo*.)
GRAMÓFONO m. Aparato que reproduce las vibraciones del sonido que se encuentran grabadas en un disco fonográfico.
GRAMOSO, SA adj. Perteneciente a la grama.
GRAN adj. Apócope de *grande* que se usa antes de un substantivo singular: *gran libro, gran casa.* || Principal, primero: *el gran Turco, el gran Mogol.* || — OBSERV. El empleo de la apócope de *grande* no está determinado fijamente por reglas gramaticales. Andrés Bello establecía que es mejor el empleo de *grande* antes de vocal y el de *gran* delante de consonante. Actualmente, sobre todo en España y en menor grado en Hispanoamérica, se hace generalmente la apócope, salvo cuando se trata de una expresión o frase hecha, o por imitación de la lengua clásica o para dar énfasis.
GRANA f. Granazón, acción de granar las plantas, y tiempo en que suele ocurrir: *llegar la grana del cáñamo.* || Cualquier semilla menuda.
GRANA f. Cochinilla, insecto tintóreo. || Color que suministra. || Quermes, excrecencia que se forma en la coscoja. || Color rojo que se saca de las agallas del quermes. || Paño de color de grana: *un vestido de grana.*
GRANADA f. Fruto del granado. || Globo hueco lleno de pólvora, que arrojan los granaderos a los enemigos. || Bala de cañón explosiva. || *Guat.* Artificio de fuego llamado en otras partes *árbol* y *arbolito.*
GRANADERA f. Bolsa en que llevaban los granaderos las granadas de mano.
GRANADERO m. Soldado que servía antiguamente para arrojar granadas. || Nombre que se daba a ciertas tropas formadas por soldados de elevada estatura. || *Fig.* y *fam.* Persona muy alta.
GRANADILLA f. Flor de la pasionaria. || Fruto de la pasionaria: *la granadilla tiene sabor agradable.* || Pasionaria, pasiflora, hermosa planta de América.
GRANADILLO m. (de *granada*, por el color de la madera). Árbol de América de la familia de las papilionáceas, cuya madera, dura y de color rojo y amarillo, es muy apreciada en ebanistería.
GRANADINA f. Jarabe de zumo de granadas. || Cierta tonada andaluza.
GRANADINO, NA adj. y s. De Granada. || *Ant.* De Nueva Granada o Colombia.
GRANADO m. (lat. *granatum*). Árbol de la familia de las punicáceas, de hermosas flores rojas, cuyo fruto es la granada: *la corteza del granado es astringente.*
GRANADO, DA adj. *Fig.* Notable y principal: *una persona de lo más granado.* || *Fig.* Maduro, experto.
GRANADOR m. Criba para granar la pólvora. || Lugar donde se criba la pólvora.
GRANALLA f. Metal en granos menudos.
GRANAR v. i. Irse llenando de grano la espiga. || — V. t. Convertir en grano la pólvora con el granador. || — PARÓN. *Granear.*
GRANATE m. (del lat. *granatum*, granada). Piedra fina cuyo color varía desde el de la granada al rojo, negro, verde, amarillo, violáceo y anaranjado: *el granate almandino es de color rojo brillante.* || Color rojo obscuro. || — Adj. inv. De color rojo obscuro: *tela granate.*
GRANAZÓN f. Acción de granar las plantas.
GRANCÉ adj. (fr. *garance*). Dícese del color rojo de rubia o granza.
GRANCILLA f. Carbón mineral lavado cuyos trozos miden entre 12 y 15 milímetros.
GRANCOLOMBIANO, NA adj. De Gran Colombia.
GRANDE adj. (lat. *grandis*). Mayor que lo común y regular. (SINÓN. *Importante, considerable.* V. tb. *elevado.*) [OBSERV. V. art. GRAN.] || — M. Persona de gran nobleza: *los grandes de España tienen derecho a cubrirse delante del rey.* (SINÓN. V. *Soberano.*) [V. *Parte hist.*] || *Méx.* De cierta edad. || *Méx. Papá*, o *mamá grande*, abuelo o abuela. || *En grande*, m. adv., en conjunto. || *Fig.* Con lujo: *vivir en grande.* || *Pop. Ser grande una cosa*, ser insufrible. || *Arg. Fam. La grande*, el gordo, en la lotería.
GRANDEMENTE adv. m. Mucho o muy bien.
GRANDEVO, VA adj. (del lat. *grandis*, crecido, y *aevum*, edad). *Poét.* De mucha edad, anciano, viejo.
GRANDEZA f. Tamaño grande. || Nobleza, majestad. || Dignidad de grande de España y clase a que pertenecen los grandes de España. || Extensión, tamaño, magnitud.
GRANDÍFLORO adj. De flores muy grandes.
GRANDILOCUENCIA f. Elocuencia elevada.
GRANDILOCUENTE y **GRANDÍLOCUO, CUA** adj. (lat. *grandiloquus*). Que usa grandilocuencia. (SINÓN. V. *Ampuloso* y *elocuente.*)
GRANDILLÓN, ONA adj. *Fam.* Demasiado grande: *muchacho grandillón.*
GRANDIOSIDAD f. Carácter de lo grandioso.
GRANDIOSO, SA adj. Magnífico, espléndido: *asistimos a un espectáculo grandioso.* (SINÓN. V. *Imponente.*)
GRANDÍSIMO, MA adj. *Fam.* Muy grande.
GRANDÍSONO, NA adj. *Poét.* Altísono, sonoro.
GRANDOR m. Tamaño, magnitud.
GRANDOTE, TA adj. *Fam.* Muy grande, enorme.
GRANDULLÓN, ONA adj. *Fam.* Grandillón.
GRANEADO, DA adj. Reducido a grano: *tapioca graneada.* || Manchado de pintas. || *Mil. Fuego graneado*, el que se hace sin intermisión disparando los soldados individualmente.
GRANEADOR m. Instrumento de acero que usan los grabadores para granear las planchas. || Operario que granea.
GRANEAR v. t. Sembrar el grano en un terreno. || Preparar la plancha con el graneador, para grabar al humo. || Sacar grano a una piedra litográfica. || *Arg.* Sobar ligeramente el cuero. || — PARÓN. *Granar.*
GRANEL (A) m. adv. Sin orden, en montón: *cargar trigo a granel en un barco.* || Sin envase.
GRANELAR v. t. Sacar grano a una piel.
GRANERO m. Sitio donde se recoge el grano: *un granero lleno de maíz.* || *Fig.* Territorio rico en cereales: *Castilla es el granero de España.*

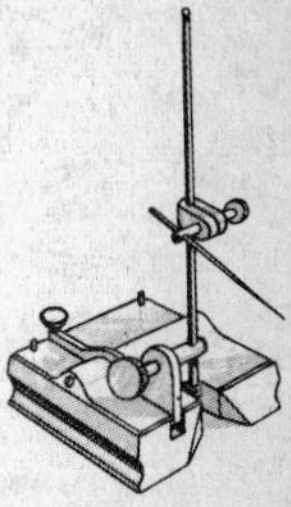

gramil

GRANADAS

1. Defensiva
2. De humo
3. Ofensiva

grasera

GRANGUARDIA f. *Mil.* Tropa de caballería que está en vanguardia.

GRANILLA f. Granillo de paño.

GRANILLO m. Grano pequeño. ‖ Tumorcillo que nace en la rabadilla a los canarios. ‖ *Fig.* Utilidad, beneficio pequeño que se saca de una cosa. ‖ Cierta labor en los tejidos: *mantel de granillo.*

GRANILLOSO, SA adj. Que tiene granillos.

GRANITADO, DA adj. Parecido al granito: *superficie granitada.*

GRANÍTICO, CA adj. Semejante al granito.

GRANITO m. Roca primitiva muy dura, compuesta de feldespato, cuarzo y mica: *el granito se emplea como piedra de cantería.* (Llámase también *piedra berroqueña.*)

GRANÍVORO, RA adj. (del lat. *granum,* grano, y *vorare,* comer). Que come granos: *ave granívora.*

GRANIZADA f. Copia de granizo que cae de una vez. ‖ *Fig.* Multitud de cosas que caen en abundancia. ‖ Bebida helada.

GRANIZADO m. *Arg.* Granizada, refresco.

GRANIZAR v. i. Caer granizo. ‖ *Fig.* Caer algunas cosas con fuerza. ‖ — OBSERV. Es verbo impersonal.

GRANIZO m. Lluvia helada que cae formando granos. ‖ *Fig.* Granizada.

GRANJA f. Hacienda de campo, con huerta, casería y establo. ‖ En algunas partes, quinta de recreo. ‖ Establecimiento donde se expenden productos lácteos.

GRANJEAR v. i. Traficar, comerciar en algo. ‖ *Mar.* Ganar, avanzar. ‖ — V. t. *Méx.* Ganar la voluntad de una persona: *a todos nos granjeaba el pobrecito.* ‖ *Chil.* Estafar. ‖ — V. r. Captarse, conquistarse: *se granjeó la amistad del príncipe.*

GRANJEO m. Acción y efecto de granjear.

GRANJERÍA f. Beneficio que se consigue en las haciendas de campo. ‖ *Fig.* Ganancia, provecho.

GRANJERO, RA m. y f. Que cuida una granja. ‖ — SINÓN. *Cortijero, aparcero, terrazguero, colono, rentero.* V. tb. *agricultor.*

GRANO m. (lat. *granum*). Semilla pequeña: *grano de trigo, grano de uvas.* (SINÓN. V. *Germen.*) ‖ Partícula: *grano de arena.* ‖ Tumorcillo pequeño: *le salió un grano en la nariz.* (SINÓN. V. *Furúnculo.*) ‖ *Arg. Grano malo,* carbunco. ‖ Peso empleado para las materias preciosas y usado también por los boticarios: *el grano equivale a unos 5 centigramos.* ‖ Cuarta parte de un quilate, en las piedras preciosas. ‖ Conjunto de partículas de sales de plata que, una vez revelada la película, forma la imagen fotográfica. ‖ Flor de una piel. ‖ *Fig.* y *fam. Ir al grano,* al asunto directamente. ‖ *Fig.* y *fam. No ser grano de anís,* tener importancia.

GRANOSO, SA adj. (lat. *granosus*). De superficie cubierta de granos: *la naranja tiene piel granosa.*

GRANUJA f. (del lat. *granula,* granillo). Uva desgranada. ‖ — M. *Fam.* Chiquillo vagabundo, pilluelo. (SINÓN. V. *Pillo* y *galopín.*) ‖ *Fig.* Bribón, pícaro. (SINÓN. *Golfo, canalla, tuno, perdido, chulo, chulón, truhán.*)

GRANUJADA f. Acción propia de los granujas.

GRANUJADO, DA adj. Agranujado, graneado.

GRANUJERÍA f. *Fam.* Pillería, tunantería. (SINÓN. V. *Hampa.*)

GRANUJIENTO, TA adj. Que tiene granos.

GRANUJOSO, SA adj. Que tiene granos o granillos: *piel granujosa.* (SINÓN. *Granujiento.*)

GRANULACIÓN f. Acción y efecto de granular o granularse. ‖ Granillo.

GRANULADORA f. Máquina para triturar la piedra.

GRANULAR adj. Que presenta granulaciones o granos: *erupción granular.*

GRANULAR v. t. Reducir a gránulos ciertas cosas: *granular plomo.* ‖ — V. r. Cubrirse de granillos el cuerpo.

GRÁNULO m. Grano pequeño. ‖ Pildorilla.

GRANULOSO, SA adj. Granilloso.

GRANZA f. Rubia, planta rubiácea tintórea. ‖ *Arg.* Hormigón concreto.

GRANZAS f. pl. (del lat. *granum,* grano). Residuos de paja, glumas, grano, etc., que quedan de las semillas al aventarlas. ‖ Desechos que salen del yeso al cernerlo. ‖ Desechos de metal. ‖ Carbón menudo, mineral lavado cuyos trozos han de tener un tamaño entre 15 y 25 milímetros.

GRANZÓN m. *Min.* Pedazo grueso de mineral que no pasa por la criba. ‖ *Venez.* Arena gruesa. ‖ — Pl. Nudos de la paja que quedan al cribar.

GRANZOSO, SA adj. Que tiene muchas granzas.

GRAÑÓN m. Sémola de trigo cocido en grano.

GRAO m. Playa que sirve de desembarcadero.

GRAPA f. Gancho de hierro que sirve para reunir dos p ezas. ‖ *Veter.* Llaga que se forma a las caballe ías en el corvejón, y también excrecencia en el menudillo y la cuartilla. ‖ *Arg.* Bebida alcohólica.

GRAPTOLITES m. pl. *Zool.* Fósiles marinos de la era paleozoica.

GRASA f. Substancia untuosa, fácil de derretir, que se encuentra en el cuerpo del hombre y del animal: *las grasas se componen de ácidos grasos y glicerina.* ‖ Lubricante graso. ‖ Suciedad, mugre. ‖ Grasilla o sandáraca. ‖ — Pl. Escorias, desechos de metal.

GRASERA f. Vasija donde se guarda la grasa. ‖ Parte del asador donde se recibe la grasa que suelta la carne.

GRASERÍA f. Fábrica de velas de sebo.

GRASIENTO, TA adj. Lleno de grasa, pringoso: *manjar, trapo grasiento.* (SINÓN. V. *Graso.*)

GRASILLA f. Polvo de sandáraca: *sirve la grasilla para que la tinta no cale en el papel.* ‖ *Chil.* Enfermedad parasitaria de algunas plantas.

GRASO, SA adj. Que tiene grasa o aspecto de grasa: *la vaselina es un cuerpo graso.* (SINÓN. *Grasiento, aceitoso, untuoso.*) ‖ Galicismo por *rico, fértil*: *campo graso.*

GRASONES m. pl. Potaje de grañones y azúcar.

GRASOSO, SA adj. Grasiento, graso.

GRASURA f. Grosura, gordura.

GRATA f. Escobilla de metal de los plateros.

GRATAMENTE adv. m. De una manera grata.

GRATAR v. t. Bruñir con la grata.

GRATIFICACIÓN f. (lat. *gratificatio*). Recompensa pecuniaria de algún servicio extraordinario. (SINÓN. V. *Recompensa.*) ‖ Propina.

GERMINACIÓN Y DISEMINACIÓN DEL GRANO

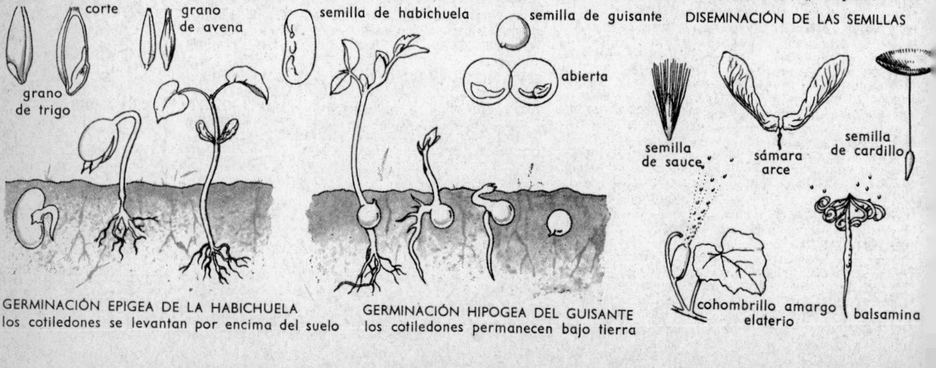

GERMINACIÓN EPIGEA DE LA HABICHUELA
los cotiledones se levantan por encima del suelo

GERMINACIÓN HIPOGEA DEL GUISANTE
los cotiledones permanecen bajo tierra

GRATIFICADOR, RA adj. y s. Que gratifica.
GRATIFICAR v. t. (lat. *gratificari*). Recompensar con dinero un servicio. || Dar gusto, satisfacer.
GRÁTIL o **GRATIL** m. *Mar.* Extremidad de la vela por donde se sujeta el palo o verga. || *Mar.* Cuerpo de la verga donde se ata la vela.
GRATIN m. (pal. fr., pr. *gratán*). Modo de guisar ciertos manjares cubriéndolos con pan rallado y asándolos en el horno: *lenguado al gratin.*
GRATIS adv. m. (lat. *gratis*). De balde. (No se diga *de gratis.*) || — SINÓN. *Gratuitamente, graciosamente.* Fig. *Regalado.*
GRATISDATO, TA adj. Que se da de balde.
GRATITUD f. Agradecimiento: *manifestar su gratitud a un bienhechor.* || — SINÓN. *Agradecimiento, reconocimiento, obligación.* || — CONTR. *Ingratitud.*
GRATO, TA adj. (lat. *gratus*). Placentero: *olor grato, persona grata.* (SINÓN. V. *Atractivo* y *agradable.*) || *Amer.* Barb. por *agradecido: le estoy muy grato por lo que me anunció.* || — CONTR. *Desagradable, ingrato.*
GRATUIDAD f. Carácter gratuito.
GRATUITAMENTE adv. m. De modo gratuito. (SINÓN. V. *Gratis.*)
GRATUITO, TA adj. (lat. *gratuitus*). De balde: *lección gratuita.* || Arbitrario: *acusación gratuita.*
GRATULACIÓN f. Parabién, felicitación.
GRATULAR v. i. (lat. *gratulari*). Felicitar a alguno. || — V. r. Alegrarse, gozar, disfrutar.
GRATULATORIO, RIA adj. Que se emplea como felicitación: *enviar una carta gratulatoria.*
GRAVA f. Guijo, piedrecillas redondeadas. || Piedra machacada utilizada en pavimentación.
GRAVAMEN m. (lat. *gravamen*). Cargo, obligación: *un pesado gravamen.*
GRAVAR v. t. (lat. *gravare*). Gargar: *gravar una finca con pesadas obligaciones.* (SINÓN. V. *Imponer.*) || — V. r. *Amer.* Agravarse. || — PARÓN. *Grabar.*
GRAVATIVO, VA adj. Dícese de lo que grava.
GRAVE adj. (del lat. *gravis*, pesado). Que pesa: *un cuerpo grave.* (SINÓN. V. *Recio.* CONTR. *Ligero.*) || *Fig.* Serio, formal: *un hombre grave.* (CONTR. *Informal.*) || *Fig.* Importante: *un negocio grave.* || Peligroso: *enfermedad grave.* || Dícese del sonido hueco y bajo. || *Acento grave,* el de esta forma (`), que se usaba antiguamente en castellano. (CONTR. *Agudo.*) || *Pros.* Dícese de la palabra cuyo acento carga en la penúltima sílaba: MANO *y* ÁRBOL *son voces graves.*
GRAVEAR v. i. Gravitar un cuerpo sobre otro.
GRAVEDAD f. (lat. *gravitas*). Peso de los cuerpos. || Seriedad, formalidad. (SINÓN. *Compunción, dignidad, compostura.*) || Carácter de un sonido musical relativamente bajo. || *Fís. Centro de gravedad,* punto por donde pasa la resultante de los pesos de las moléculas que componen dicho cuerpo.
GRAVEDOSO, SA adj. Grave con afectación.
GRAVEMENTE adv. m. Con gravedad.
GRAVIDEZ f. Preñez, embarazo.
GRÁVIDO, DA adj. (lat. *gravidus*). *Poét.* Cargado, lleno. || Dícese de la mujer preñada.
GRAVITACIÓN f. Fuerza en virtud de la cual se atraen recíprocamente todos los cuerpos en razón directa de su masa y en razón inversa del cuadrado de su distancia: *Newton fue quien formuló el principio de la gravitación universal.* (SINÓN. V. *Atracción.*)
GRAVITANTE adj. Que gravita.
GRAVITAR v. i. (del lat. *gravitas, atis*, peso). Tender un cuerpo hacia otro: *los planetas gravitan alrededor del Sol.* || Descansar un cuerpo sobre otro. || *Fig.* Evolucionar, moverse alrededor.
GRAVOSO, SA adj. Molesto, pesado: *una carga gravosa.* (CONTR. *Ligero, leve.*) || Oneroso, costoso: *la educación de los niños es gravosa.*
GRAZNADOR, RA adj. Que grazna.
GRAZNAR v. i. Dar graznidos ciertas aves.
GRAZNIDO m. Grito del cuervo, el grajo, el ganso, etc. || *Fig.* Canto muy desapacible o grito bronco.
GREBA f. Pieza de la armadura antigua que abrigaba la canilla de la pierna. || — SINÓN. *Canillera, espinillera.* || — PARÓN. *Gleba.*
GRECA f. Adorno formado por una faja más o menos ancha en que se repite la misma combinación de elementos decorativos. || *Cub.* y *Venez.* Cafetera de filtro.
GRECISMO m. Helenismo, carácter griego.
GRECIZANTE adj. Que greciza.
GRECIZAR v. t. Dar forma griega a voces de otra lengua. || — V. i. Usar afectadamente voces griegas.
GRECO, CA adj. y s. (lat. *graecus*). Griego.
GRECOLATINO, NA adj. Que se refiere al griego y al latín: *las lenguas grecolatinas.*
GRECORROMANO, NA adj. Común a los griegos y a los romanos: *arquitectura grecorromana.* || Dícese de un género de lucha entre dos personas. (El triunfo lo obtiene el que consiga hacer que su adversario toque en tierra con los hombros simultáneamente.)
GREDA f. (lat. *creta*). Especie de arcilla arenosa que sirve para desengrasar, quitar manchas.
GREDAL adj. Gredoso. || — M. Cantera de greda.
GREDOSO, SA adj. De greda: *tierra gredosa.*
GREGAL m. Viento entre levante y tramontana.
GREGAL adj. (del lat. *grex, gregis*, rebaño). Perteneciente o relativo al rebaño: *ganado gregal.*
GREGARISMO m. *Neol.* Tendencia a seguir las iniciativas ajenas.
GREGARIO, RIA adj. (lat. *gregarius*). Que está mezclado con otro sin distinción: *soldado gregario.* || *Fig.* Dícese del que sigue servilmente las iniciativas o ideas ajenas.
GREGORIANO, NA adj. Dícese del canto llano y del rito como los reformó Gregorio I. || Dícese del calendario reformado por Gregorio XIII en 1582.
GREGORITO m. *Amer.* Burla, chasco, vaya.
GREGUERÍA f. Algarabía. || Imagen en prosa de carácter personal y sorprendente de algún aspecto de la realidad: *la greguería fue creada por Ramón Gómez de la Serna en 1912.*
GREGÜESCOS m. pl. Calzones anchos antiguos.
GRELO m. (del port. *grelo*, tallo naciente). *Gal.* y *León.* Nabiza tierna: *ensalada de grelos.*
GREMIAL adj. Relativo al gremio u oficio. || — M. Individuo de un gremio. || Paño que se ponen los obispos sobre las rodillas cuando celebran de pontifical.
GREMIO m. (lat. *gremium*). Reunión, grupo, corporación: *gremio de artesanos.* (SINÓN. V. *Sindicato.*) || Regazo. (P. us.)
GRENATE m. *Ecuad.* El granado común.
GRENCHUDO, DA adj. Que tiene greñas.
GREÑA f. (lat. *crinis*). Cabellera revuelta o mal peinada: *llevar las greñas al aire.* (SINÓN. V. *Cabello.*) || Cosa enredada, maraña. || *And.* y *Méx.* Mies que se trilla de una vez en la parva. || *And.* Sarmiento que produce su primer follaje. || *Fam. Andar a la greña,* reñir, pelear. || *Méx. En greña,* natural, no trabajado: *sebo en greña.*
GREÑUDO, DA adj. Que tiene greñas.
GRES m. Arenisca: *gres rojo, vasija de gres.* || *Greses flameados,* vasijas de gres vitrificadas y coloreadas al fuego con óxidos metálicos.
GRESCA f. Algazara, jaleo. (SINÓN. V. *Alboroto.*) || Riña, pelamesa. (SINÓN. V. *Disputa.*)
GREY f. (lat. *grex*). Rebaño. || *Fig.* Congregación de los fieles bajo la autoridad de su pastor. || *Fig.* Conjunto de individuos con caracteres comunes, como los de una raza o nación.
GRIAL m. V. *Parte hist.*
GRIEGO, GA adj. y s. De Grecia. (V. ilustr. pág. 517.) || — M. Idioma griego. || *Fig. y fam. Hablar en griego,* hablar de un modo incomprensible. (V. FUEGO *griego.*)
GRIETA f. Hendedura, abertura: *durante los terremotos se abren grietas en el suelo.* || Hendedura pequeña en la piel: *tener una grieta en el labio.*
GRIETADO, DA adj. Que tiene grietas.
GRIETARSE o **GRIETEARSE** v. r. Abrirse grietas: *grietarse una pared.* (SINÓN. *Agrietarse.*)
GRIETOSO, SA adj. Lleno de grietas.
GRIFA f. Marihuana, estupefaciente.
GRIFADO, DA adj. Dícese de la *letra grifa.*
GRIFALTO m. *Artill.* Especie de culebrina.
GRIFARSE v. r. Engrifarse.
GRIFERÍA f. Conjunto de grifos.
GRIFO m. (lat. *gryphus*). Animal fabuloso. || Llave o caño para dar salida a un líquido. || *Per.* Surtidor de gasolina.
GRIFO, FA adj. y s. *Letra grifa,* nombre que se dio a la aldina, usada por Sebastián Grifo.
GRIFO, FA adj. (del gr. *gryphos*, retorcido). Dícese del cabello crespo.

greca

FORMA	NOMBRE	FORMA	NOMBRE
Α α	*a* alfa	Ν ν	*n* ny
Β ϐ, β	*b* beta	Ξ ξ	*x* xi
Γ γ	*g* gamma	Ο ο	*o* ómicron
Δ δ	*d* delta	Π π	*p* pi
Ε ε	*e* épsilon	Ρ ρ	*r* rho
Ζ ζ	*ds* zeta	Σ σ, ς	*s* sigma
Η η	*e* eta	Τ τ	*t* tau
Θ θ	*th* theta	Υ υ	*y* ípsilon
Ι ι	*i* iota	Φ φ	*f* fi
Κ κ	*k* kappa	Χ χ	*j* ji
Λ λ	*l* lambda	Ψ ψ	*ps* psi
Μ μ	*m* my	Ω ω	*o* omega

GRIFÓN m. Grifo o llave grande de fuente. ‖ Mechero de velón. ‖ Perro de pelo crespo.

grifón

GRIGALLO m. (del cat. *gran gall*, gallo arisco). Ave gallinácea mayor que la perdiz, de color negruzco y cuya carne es bastante estimada.

GRILLA f. Hembra del grillo. ‖ *Col.* Riña, gresca. ‖ *Ecuad.* Molestia. ‖ *Fig.* y *fam. Esa es grilla y no canta,* expresión que se usa familiarmente para indicar incredulidad.

GRILLAJE m. (fr. *grillage*). *Arg.* y *Col.* Galicismo por *enrejado.*

GRILLARSE v. r. Entallecer las plantas. ‖ *Cub.* Guillarse, huir.

GRILLERA f. Agujero donde se ocultan los grillos. ‖ Jaula en que se encierran los grillos.

GRILLERO m. El que pone grillos a los presos.

GRILLETE m. Anillo de hierro al que se asegura una cadena: *poner grilletes a un preso.*

GRILLO m. (lat. *grillus*). Insecto ortóptero saltador: *el grillo macho produce con los élitros un sonido agudo y monótono.* ‖ *Grillo cebollero* o *real,* insecto ortóptero mayor que el grillo común, con las patas delanteras terminadas por palas dentadas.

grillo

GRILLO m. Brote de las semillas que entallecen.

GRILLOS m. pl. Anillos de hierro que se ponen a los presos. ‖ *Fig.* Estorbo, embarazo, molestia.

GRILLOTALPA m. El grillo real o cebollero. (SINÓN. *Cortón.*)

GRILL-ROOM m. (pal. ingl., pr. *gril rum*). Parrilla. ‖ *Fig.* Figón. (SINÓN. V. *Restaurante.*)

GRIMA f. Desazón, disgusto: *da grima oir a ese cantante.* ‖ *Chil.* Brizna, pizca. ‖ *Col. En grima,* solo. (V. ÍNGRIMO.)

GRIMOSO, SA adj. Que da grima.

GRÍMPOLA f. Gallardete.

GRINGADA f. *Amer.* Acción propia de gringos.

GRINGO, GA adj. y s. *Despect.* Extranjero, especialmente inglés. ‖ *Amer.* Nombre con que se designa a los ingleses o norteamericanos. ‖ *Fam. Hablar en gringo,* hablar en lenguaje ininteligible.

GRIÑOLERA f. Arbusto de la familia de las rosáceas, de flores rosadas.

GRIÑÓN m. Toca de las beatas y monjas.

GRIÑÓN m. (fr. *grignon*). Especie de melocotón parecido a una ciruela: *el griñón tiene la piel lisa.*

grosella

GRIPAL adj. Relativo a la gripe: *síntoma gripal.*

GRIPARSE v. r. *Mec.* Galicismo por *agarrotarse* un motor.

GRIPE f. (fr. *grippe*). *Med.* Enfermedad epidémica aguda, con diversas manifestaciones como dolor de cabeza, sopor, dolores en los músculos y huesos, fiebre y escalofríos.

GRIPOSO, SA adj. Atacado de gripe.

ARTE GRIEGO

ARQUITECTURA. Unos dos mil años antes de nuestra era, la arquitectura griega comienza a manifestarse en las fortalezas de Micenas y Tirinto y en los palacios de Mallia, Triada y Cnossos. Las obras maestras del arte griego clásico son el Partenón, construido de 447 a 432 a. de J. C., y el Erecteón, situado a pocos metros del anterior en la Acrópolis de Atenas. De la misma época son notables los templos de Egina, Poseidón, Atenea (en Atenas), y otros muchos en Italia meridional. El teatro de Dionisos, en Atenas, y el de Epidauro fueron construidos en el s. IV a. de J. C.

ESCULTURA. El bajorrelieve alcanza su apogeo hacia el fin del s. V a. de J. C., como puede verse en la « Victoria descalzándose » y en los frontones y frisos del Partenón, obra de Fidias. El alto relieve sigue la misma evolución, y las obras más notables son las estatuas de « Kuros », el « Auriga de Delfos », el « Discobolo » de Mirón, el « Doríforo » de Policleto y las producciones de Escopas, Praxiteles y Lisipo. Son también muy conocidas las figuras de barro que se han encontrado en Tanagra y Mirina.

PINTURA. Se conoce poco acerca de la pintura griega; solamente nos han llegado los nombres de pintores famosos, tales como Polignoto, Pausias, Zeuxis, Parrasio, Meidias y Apeles.

CERÁMICA. Los vasos de estilo geométrico que imperaban en el s. IX a. de J. C. fueron sustituidos más tarde (s. VI a. de J. C.) por cerámicas adornadas con pequeñas escenas. Atenas se distingue por la calidad de sus artistas, entre los que se destacan Exequias, Amasis, Duris y Brigos.

ILUSTRACIONES

El Partenón y el Erecteón (arriba y abajo, a la derecha), *representantes máximos de la arquitectura helénica, se encuentran próximos el uno del otro, en la Acrópolis ateniense. El primero evoca la armonía de un estilo, el segundo la gracia de una época. El Partenón, dedicado a la diosa Atenea, es de orden dórico y está construido en mármol pentélico. El techo, de dos aguas, estaba revestido de mármol blanco de Paros. Las columnas sostienen un entablamento con un arquitrabe, de donde han desaparecido los adornos de bronce que realzaban las esculturas. El friso que coronaba las paredes de la sala principal y de las dos naves anexas, situadas detrás del peristilo, era único en la historia del arte griego. El fragmento de los « Jinetes » que puede verse en el grabado, fue esculpido por Fidias, y se encuentra actualmente en el Museo Británico, de Londres. El templo del Erecteón, de orden jónico, es de pequeñas dimensiones, con tres porches salientes. El que se ve en el grabado de la derecha se llama « Tribuna de las Cariátides ». El genio helénico se expresa principalmente en la escultura.* De izquierda a derecha : *« La victoria de Samotracia » (finales del s. IV a. de J. C.), que se conserva en el Museo del Louvre; « Victoria descalzándose », fragmento de la balaustrada del templo de Atena (s. V a. de J. C., Museo de la Acrópolis); el « Auriga de Delfos » (hacia 470 a. de J. C., Museo de Delfos); la « Venus de Milo » (primera mitad del s. IV a. de J. C., Museo del Louvre)*

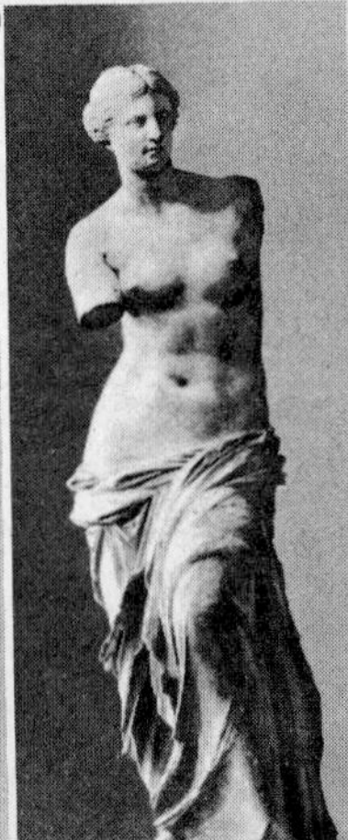

GRIS adj. (b. lat. *griseus*). De color entre blanco y negro o azul: *traje gris.* ‖ *Fig.* Apagado, triste: *una tarde gris.* ‖ — M. Ardilla de Siberia: *la piel del gris se usa en manguitería.* ‖ *Fam.* Viento frío.

GRISÁCEO, A adj. De color que tira a gris.

GRISALLA f. Galicismo por *claroscuro.*

GRÍSEO, A adj. De color gris.

GRISETA f. (fr. *grisette*). Tela de seda con dibujos. ‖ Enfermedad de los árboles caracterizada por la aparición de manchas blancas, rojas o negras. ‖ Galicismo por *modistilla, costurera.*

GRISGRÍS m. Amuleto de negros.

GRISMA f. *Amer.* Brizna, pizca.

GRISÓN, ONA adj. y s. Del cantón suizo de Grisones. ‖ — M. Lengua neolatina hablada en esa región.

GRISÚ m. (fr. *grisou*). Gas inflamable compuesto principalmente de metano, que se desprende de las minas de hulla y que explota en contacto con una llama.

grulla

GRISÚMETRO m. Aparato para determinar la cantidad de grisú en una mina.

GRITA f. Gritería, algazara, jaleo grande. ‖ *Fam. Dar grita,* burlarse de una persona a gritos.

GRITADERA f. *Amer.* Gritería.

GRITADOR, RA adj. Que grita.

GRITAR v. i. Levantar mucho la voz, dar gritos. ‖ Desaprobar ruidosamente: *gritar a un actor.* ‖ — SINÓN. *Chillar, ulular, gañir, mugir, atronar, vociferar, vocear, berrear, aullar, rebuznar, bramar, rugir, dar voces, desgañitarse.* V. tb. *exclamar.*

GRITERÍA f. y **GRITERÍO** m. Confusión de gritos, algazara.

GRITO m. Voz muy alta y esforzada: *un grito de terror.* (SINÓN. *Voz, alarido, exclamación, chillido, tole.*) ‖ Palabras pronunciadas gritando: *oyéronse gritos de ¡Fuego! ¡Fuego!* ‖ *Fig. Asparse a gritos,* gritar con suma vehemencia. ‖ *A grito herido,* o *pelado,* o *a voz en grito,* gritando mucho. ‖ *Poner el grito en el cielo,* quejarse en voz alta o a voces. ‖ *Arg. Al grito,* al punto.

GRITÓN, ONA adj. *Fam.* Que grita mucho.

GRIZZLI m. Oso negro norteamericano.

GRO m. (fr. *gros*). Tela de seda que tiene más cuerpo que el tafetán: *gro de Tours.*

GROENLANDÉS, ESA adj. y s. De Groenlandia: *los groenlandesés no son muy numerosos.*

GROERA f. *Mar.* Agujero por donde pasa u cabo, un pinzote, etc.: *la groera del timón.*

GROG m. (pal. ingl.). Bebida estimulante com puesta de ron o coñac, agua caliente azucarad y limón.

GROGGY adj. (pal. ingl., pr. *grogui*). Dícese del boxeador que pierde momentáneamente e conocimiento, sin estar k. o.

GROOM m. (pal. ingl., pr. *grum*). Botones, cria do joven.

GROS m. V. GRO.

GROSELLA f. (lat. *grossulus*). Fruto del grosellero: *la grosella es medicinal.*

GROSELLERO m. Arbusto europeo de la familia de las saxifragáceas, cuyo fruto es la grosella.

GROSERAMENTE adv. m. Con grosería: *responder groseramente.* ‖ — CONTR. *Cortésmente.*

GROSERÍA f. Carácter de lo que es grosero. ‖ Palabra o acción grosera: *decir groserías a uno.* (SINÓN. V. *Indecencia.*) ‖ Rusticidad, ignorancia. (SINÓN. V. *Incorrección.*)

GROSERO, RA adj. Basto: *un paño grosero.* (SINÓN. *Ordinario.* CONTR. *Fino*). ‖ Descortés: *palabra grosera.* (SINÓN. *Morral, ganso, montaraz, garbancero, mogrollo, ganapán.* V. tb. *indolente, palurdo* y *vulgar.* CONTR. *Cortés, delicado.*)

GROSERÓN, ONA adj. Muy grosero.

GROSO adj. *Tabaco groso,* tabaco en granos.

GROSOR m. Grueso o espesor de un cuerpo.

GROSSO MODO, loc. adv. latina. Sin detalle, aproximadamente: *exponer un proyecto "grosso modo".*

GROSULARIA f. Granate verde amarillento.

GROSULARIEAS f. pl. *Bot.* Arbustos o matas de la familia de las saxifragáceas, como el grosellero y la calderilla.

GROSURA f. Substancia crasa: *la grosura del tocino.* ‖ Comida de carne: *comer grosura un viernes.*

GROTESCO, CA adj. (ital. *grottesco*). Extravagante: *figura, idea grotesca.* (SINÓN. V. *Ridículo.*) ‖ Grosero, de mal gusto, irregular. (SINÓN. V. *Deforme.*)

GRÚA f. (del ital. *grua,* grulla). Máquina que sirve para levantar pesos y transportarlos. ‖ Máquina militar antigua.

GRUESA f. Doce docenas de algunas cosas: *comprar una gruesa de lápices.*

GRUESO, SA adj. (lat. *grossus*). Voluminoso: *una cabeza gruesa.* (SINÓN. *Gordo, corpulento, obeso, recio, panzudo, barrigón, barrigudo, gordiflón, regordete, rollizo, relleno, lleno, repleto, cachigordo.*) ‖ — M. Corpulencia de una cosa:

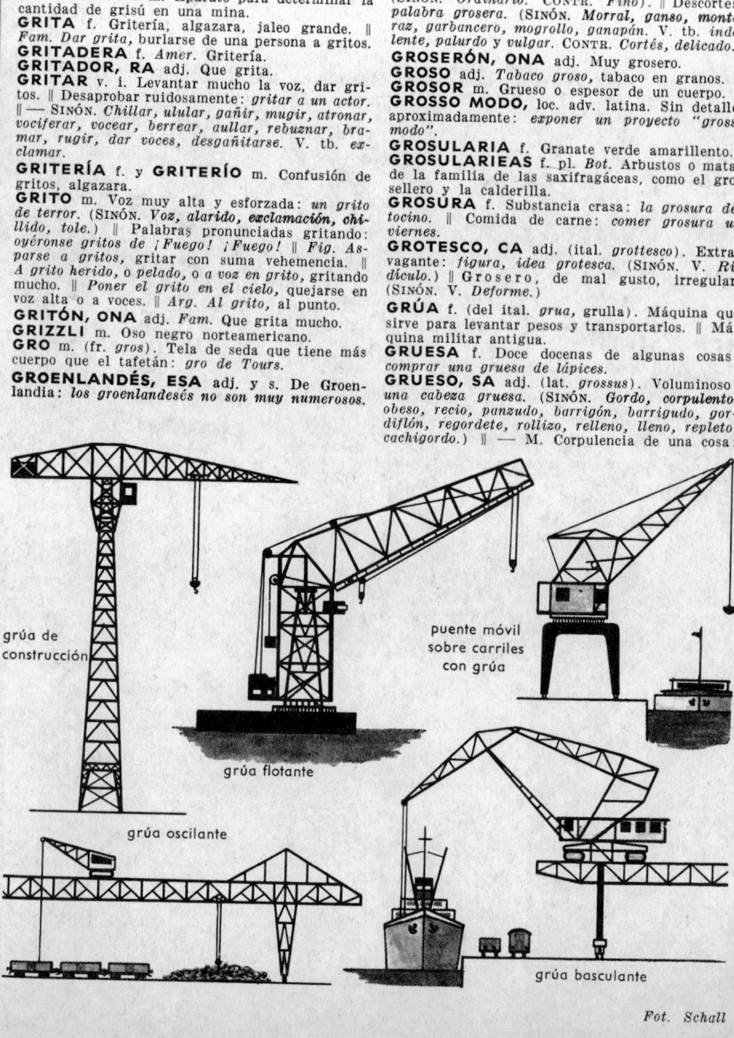

Fot. Schall

n libro de poco grueso. (SINÓN. V. *Volumen.*) Parte principal de una cosa: *el grueso del ejército.* || Trazo más ancho de una letra: *hacer los gruesos y los perfiles de una letra.* || *Geom.* Una e las tres dimensiones: *el ancho, el largo y el grueso de un sólido.* || *En grueso,* m. adv., en junto. || *Palabras gruesas,* galicismo por *palabrotas.*

GRUIR v. i. (lat. *gruere*). Gritar las grullas. || — IRREG. Se conjuga como *huir.*

GRUJIDOR m. Instrumento a modo de llave que usan los vidrieros para grujir.

GRUJIR v. t. (fr. *gruger*). Igualar con el grujidor los vidrios cortados con el diamante.

GRULLA f. (lat. *grus*). Ave zancuda de gran tamaño: *la grulla es ave de paso bastante común en España.* || *Méx. Fig.* Persona lista y astuta.

GRULLADA f. Gurullada. || Perogrullada, verdad de Perogrullo.

GRULLERO adj. Decíase en otro tiempo del halcón adiestrado para cazar grullas.

GRULLO, LLA adj. *Méx.* Dícese del caballo de color gris obscuro. || *And.* Palurdo, campesino. || — M. *Amer.* Peso duro. || *Bol.* Dinero. || *Arg.* Dícese del caballo o potro muy fuerte y gordo.

GRUMETE m. (del ingl. *groom,* criado joven). Aprendiz de marinero. (SINÓN. V. *Marino.*)

GRUMO m. (lat. *grumus*). Parte de un líquido que se coagula: *la fibrina de la sangre forma grumos rápidamente al aire libre.* || Cosa apiñada. || Cogollo de un vegetal. || Extremidad del alón del ave.

GRUMOSO, SA adj. Lleno de grumos: *pasar por el colador un líquido grumoso.*

GRUÑIDO m. Voz ronca de algunos animales: *el gruñido del cerdo.* || Ruido análogo producido por el hombre: *un gruñido de desaprobación.*

GRUÑIDOR, RA adj. Que gruñe, gruñón.

GRUÑIMIENTO m. Acción de gruñir, gruñido.

GRUÑIR v. i. (lat. *grunnire*). Dar gruñidos. || *Fig.* Hacer algo de mala gana y murmurando entre dientes. (SINÓN. V. *Murmurar.*) || Chirriar, rechinar: *la puerta gruñe.* || — IRREG. Se conjuga como *mullir.*

GRUÑÓN, ONA adj. *Fam.* Que gruñe o murmura. (SINÓN. V. *Regañón.*)

GRUPA f. Anca del caballo: *llevar a uno a grupas.*

GRUPADA f. Turbión, aguacero. || *Méx.* Cabriola. || Acción de levantar el caballo la grupa apoyándose en las manos y extendiendo las patas posteriores.

GRUPERA f. Almohadilla de la silla de montar. || Baticola.

GRUPO m. (ital *gruppo*). Conjunto de personas o cosas reunidas en un mismo lugar: *un grupo de curiosos.* || Conjunto de personas que tienen opiniones o intereses iguales: *un grupo político.* (SINÓN. V. *Agrupación.*) || Conjunto de figuras pintadas o esculpidas. || *Mil.* Unidad táctica de artillería o aviación, bajo las órdenes de un oficial superior. || *Arg. Fam.* Mentira, embuste. || *Grupo electrógeno,* aparato generador de electricidad. || *Grupo sanguíneo,* clasificación de la sangre de acuerdo con ciertas substancias aglutinantes que tiene un interés primordial para realizar una transfusión: *hay cuatro grupos sanguíneos principales* (O, A, B y AB) *y diferentes subgrupos.* (V. FACTOR *Rhesus.*)

GRUPPETTO m. (pal. ital.) *Mús.* Floreo compuesto de tres o cuatro notitas ascendentes o descendentes.

GRUTA f. Cavidad abierta en el seno de la tierra. (SINÓN. V. *Caverna.*)

GRUTESCO, CA adj. Relativo a la gruta. || *B. Art.* Dícese de los adornos caprichosos y de arabescos que recuerdan las pinturas de las grutas del palacio de Tito, en Roma.

GRUYÈRE m. (pal. fr., pr. *gruier*). Queso suizo, parecido al queso manchego, pero más tierno.

GUA, prefijo de varias voces americanas que suele también escribirse *hua.*

¡GUA! interj. *Amer.* ¡Oh!

GUABA f. *Amer.* Fruto del guamo: *la guaba es comestible.* || *Ecuad. Fam.* Pie.

GUABÁ f. *Antill.* Cierta araña peluda venenosa.

GUABAIRO m. *Cub.* Ave nocturna de color rojo oscuro veteado de negro: *el guabairo vive en los bosques y se nutre de insectos.*

GUABÁN m. Árbol maderable de Cuba.

GUABAZO m. *C. Rica.* Bofetada, bofetón.

GUABICO m. *Cub.* Árbol anonáceo de madera dura y fina.

GUABINA f. *Col.* y *Venez.* Pez de río de carne suave y gustosa. || *Col.* Canción popular de la montaña.

GUABINO m. *Col.* Pez que se desecha por ser nociva su carne. || *Col. Fam.* Zopenco, necio.

GUABIRÁ m. (voz guaraní). *Arg.* Árbol grande de fruto amarillo.

GUABIYÚ m. *Arg.* Árbol mirtáceo de propiedades medicinales.

GUABO m. Guamo. || *Hond.* Bebida hecha de plátano cocido deshecho en agua.

GUACA f. (del quechua *huaca,* ídolo, cosa sagrada). *Amer.* Sepultura de los antiguos indios. || *Amer.* Tesoro escondido. || *C. Rica, Cub., Méx.* y *Venez.* Hucha, alcancía. || *C. Rica* y *Cub.* Hoyo en que se ponen las frutas verdes para que maduren. || *Per.* Especie de pachamanca. || *Venez.* Úlcera grande. || *Venez. Fam.* Loro, solterona vieja y fea.

GUACAL m. *Antill., Col., Méx.* y *Venez.* Especie de alacena portátil de forma cuadrada que se usa para llevar algo a la espalda. || *Amér. C.* Árbol bignoniáceo de fruto parecido a la calabaza. || *Amér. C.* Vasija grande hecha con el fruto de este árbol.

GUACALADA f. *Amer.* Contenido del guacal.

GUACALONA f. *Amér. C. Fam.* Espada de taza grande.

GUACALOTE m. *Cub.* Planta trepadora que tiene por fruto una vaina que contiene dos semillas duras.

GUACAMAYA f. *Amer.* y **GUACAMAYO** m. Especie de papagayo, de cuerpo rojo, pecho azul y verde, plumas de las alas azules y cola roja y azul. || Nombre de diversas plantas americanas.

GUACAMOL y **GUACAMOLE** m. *Mex., Amér. C.* y *Cub.* Ensalada hecha con aguacate.

GUACAMOTE m. *Méx.* Yuca.

GUACAMOTERA f. *Méx.* Vendedora de yucas.

GUACÁN m. *Parag.* Árbol de la cera.

GUACANCO m. *Arg.* Garrote.

GUÁCANO m. *Col.* Garrote.

GUACARÍ m. Un mono del Perú.

GUACARICO m. Pez grande del Orinoco.

GUACARNACO, CA adj. y s. *Cub., Chil.* y *Ecuad.* Dícese de la persona agreste o ruda: *ser un guacarnaco.* || *Cub.* Dícese de la persona alta y desgalichada.

GUACATAY m. *Per.* Especie de clavel de Indias.

GUACIA f. Uno de los nombres de la *acacia.*

GUÁCIMA f. Guásima.

GUACO m. Planta compuesta americana, de flores blancas de olor nauseabundo: *se usan las hojas cocidas del guaco contra las picaduras de animales venenosos, las obstrucciones y el reumatismo.* || Ave gallinácea que se encuentra en América desde México hasta el Paraguay: *la carne del guaco se considera como superior a la del faisán.* || *Per.* Objeto que se saca de una guaca o túmulo. || *C. Rica.* Ave falcónida. || — Adj. *Ecuad.* Labihendido. || *Méx.* En algunas partes, mellizo o gemelo.

GUACHACAI m. *Chil.* Aguardiente ordinario.

GUACHACHEAR v. t. *Bol. Fam.* Empujar.

GUACHAFITA f. *Amer.* Garito, casa de juego. || *Col., Dom.* y *Venez.* Desorden, barullo, algazara.

GUACHAJE m. Guacharaje.

GUACHALOMO m. *Chil.* Solomillo.

GUACHAMACA f. *Venez.* Arbusto venenoso.

GUACHAPA f. *Venez.* Guachafita, desorden.

GUACHAPEADO, DA adj. *Hond.* Viejo achacoso que padece enfermedad habitual.

GUACHAPEAR v. t. *Fam.* Golpear el agua con los pies. || *Fig.* y *fam.* Hacer algo de prisa y sin cuidado. || *Chil.* Hurtar. || — V. i. Chacolotear una cosa de hierro mal clavada.

GUACHAPELÍ m. *C. Rica, Ecuad.* y *Venez.* Árbol mimosáceo parecido a la acacia, cuya madera se emplea en los astilleros.

GUACHAPITA f. *Amer.* Guachafita, desorden.

GUÁCHARA f. *Cub.* Mentira, engaño, bola. || *C. Rica.* Instrumento músico indígena parecido a las maracas.

guacamaya

guaco

GUACHARACA f. *Venez.* y *Col.* Chachalaca, ave gallinácea de América. ‖ *Col.* Barba poblada. ‖ *Col.* Instrumento músico.
GUACHARACO, CA adj. *Venez.* Pelaje del caballo, variedad del zaíno.
GUACHARAJE m. *Chil.* Ternero desmadrado.
GUÁCHARO m. Polluelo pequeño. ‖ Guacho, pollo de gorrión. ‖ *Amér. C.* Pájaro nocturno parecido al chotacabras: *el guácharo pasa el día oculto en las cavernas.* ‖ *Ecuad.* Huérfano.
GUACHE m. *Col.* y *Per.* Especie de caña muy fuerte. ‖ *Col.* y *Venez.* Hombre de baja estofa y grosero. ‖ *Méx.* Chamaco, niño. ‖ *Col.* Instrumento músico popular.
GUACHERNA f. *Col.* Gentualla.
GUACHI m. *Chil.* Lazo, trampa para cazar aves.
GUACHINANGO, GA adj. *Cub., Méx.* y *P. Rico.* Zalamero. ‖ — M. *Cub.* y *Méx.* Pagro.
GUACHIPILÍN m. *Hond.* Yema de huevo.
GUACHO, CHA adj. *Amér. Merid.* Huérfano, sin padres. ‖ *Chil.* Descabalado, desparejado. ‖ — M. Pollo de un pájaro. ‖ *Chil.* Planta que ha nacido sin ser sembrada. ‖ *Ecuad.* Surco.
GUACHUCHO m. *Chil.* Guachacai.
GUADAL m. *Riopl.* Ciénaga, estero, y también pantano seco, arena movediza, que se llama en otras partes *tremedal* o *tembladeral.*
GUADALAJARENSE adj. y s. De Guadalajara (México).
GUADALAJAREÑO, ÑA adj. y s. De Guadalajara (España).
GUADALOSO, SA adj. *Riopl.* Lleno de dunas o médanos.
GUADAMACÍ y **GUADAMACIL** m. Guadamecí.
GUADAMACILERÍA f. Arte de labrar guadameciles.
GUADAMECÍ m. (de *Gadamés,* en Trípoli). Cuero adornado con dibujos de relieve.
GUADAMECIL m. Guadamecí.
GUADAÑA f. *Agr.* Cuchilla corva, enastada en un palo, que se usa para segar a ras de tierra.
GUADAÑADORA f. Segadora, máquina agrícola que sirve para guadañar.
GUADAÑAR v. t. Segar con la guadaña.
GUADAÑERO o **GUADAÑIL** m. El que siega con guadaña.
GUADAÑO m. Bote pequeño que se usa en Cádiz y también en Cuba y en México.
GUADAPERO m. Peral silvestre.
GUADAPERO m. Mozo que, en algunas partes, lleva la comida a los segadores.
GUADARNÉS m. Lugar en la caballeriza donde se guardan las sillas y guarniciones. ‖ Mozo que cuida de las guarniciones, sillas, etc. ‖ Armería.
GUADIANÉS, ESA adj. Del río Guadiana.
GUADIJEÑO, ÑA adj. y s. De Guadix. ‖ — M. Cuchillo provisto de una horquilla para afianzarlo al dedo.
GUADUA mejor que **GUADÚA** f. Especie de bambú gigantesco de América.
GUADUAL m. Sitio poblado de guaduas.
GUÁDUBA f. *Amer.* Guadua, planta.
GUAGUA f. Cosa baladí. ‖ *Amer.* Nene, rorro, niño de teta. (En el Ecuador es común de dos, y se dice: *el guagua o la guagua.*) ‖ *Col.* Roedor anfibio de América. ‖ *Cub.* Especie de ají. ‖ *Cub.* Especie de cochinilla. ‖ *Cub.* y *Can.* Autobús. ‖ *De guagua,* gratis, de balde.
GUAGUÁ m. *Guat.* Coco o fantasma con que se suele asustar a los niños.
GUAGUAL y **GUAGUALÓN, ONA** adj. *Chil.* Simple, bobalicón.
GUAGUANCHE m. *Cub.* Pez de las Antillas.
GUAGUASÍ m. Árbol resinoso de Cuba: *el guaguasí produce una resina medicinal.*
GUAGUATEAR v. i. (de *guagua,* niño). *Chil.* Llevar en brazos una criatura.
GUAGUATERO, RA adj. *Chil.* Que cuida de un niño.
GUAGÜERO, RA adj. *Ant.* Gorrón.
GUAGUÓN m. *Per.* Muñecón, juguete de niños.
GUAICA f. *Arg.* Abalorio. ‖ *Venez.* Especie de caña. ‖ *Bol.* Cuenta del rosario.
GUAICO m. *Per.* Huaico. ‖ *Bol.* Muladar, basurero. ‖ *Arg., Col., Chil.* y *Ecuad.* Hondonada barrizal. ‖ *Col.* Hoyo, agujero.
GUAICURÚ m. *Arg.* Planta que tiene propiedades medicinales.
GUAIJACÓN m. *Cub.* Pececillo de agua dulce.
GUAINA m. *Arg., Bol.* y *Chil.* Muchacho, mozo.
GUAIÑO m. *Bol.* Baile popular triste o yaraví.
GUAIPE m. *Chil.* Estopa.
GUAIPÍU m. *Amér. Merid.* Capote para abrigar el cuello y los hombros.
GUAIQUEAR v. t. *Bol.* Apalear. ‖ *Bol.* Asaltar, entrar todos de una vez: *guaiquearon la tienda.*
GUAIRA f. *Per.* Hornillo de barro que se usa para fundir los minerales de plata. ‖ *Mar.* Vela triangular. ‖ *Amér. C.* Especie de flauta.
GUAIRABO m. *Chil.* Ave zancuda nocturna.
GUAIRAVO, VA adj. *Arg.* Batará, pinto.
GUAIREÑO, ÑA adj. y s. De Guaira (Paraguay). ‖ De La Guaira (Venezuela).
GUAIRO m. *Cub.* Embarcación chica y con dos guairas.
GUAIRURO m. *Per.* Semilla del bucare.
GUAJÁ f. *Amer.* Garza.
GUAJACA f. *Cub.* Enredadera parásita: *con las fibras de la guajaca se rellenan colchones.*
GUAJACÓN m. *Cub.* Cierto pez de agua dulce.
GUAJADA f. *Méx.* Tontería, necedad, sandez.
GUAJAL m. *Méx.* Plantío de guajes.
GUAJALÓN m. Una especie de bejuco de Cuba.
GUAJANA f. *P. Rico.* Penacho de la caña de azúcar.
GUÁJARAS f. pl. Fragosidad de una sierra.
GUAJE m. *Méx.* Árbol leguminoso de fruto comestible parecido a la calabaza. ‖ *Mex.* y *Hond. Fig.* Persona tonta: *ser muy guaje.* ‖ — Pl. *Guat.* Trastos.
GUAJEAR v. i. *Méx.* Hacerse bobo para engañar.
GUÁJETE POR GUÁJETE expr. adv. *Fam.* Váyase una cosa por otra.
GUAJILOTE m. Árbol bignoniáceo mexicano.
GUAJIRA f. Cierta canción popular de origen cubano.
GUAJIRO, RA adj. y s. (del yucateco *guajiro,* señor). De la Guajira (Colombia). ‖ *Cub.* Campesino. ‖ *Amer. Por ext.* Rústico, campesino.
GUAJOJÓ m. *Bol.* Urutaú, ave.
GUAJOLOTE y no **GUAJALOTE** m. *Méx.* Pavo común. ‖ — Adj. y s. *Méx. Fam.* Tonto, necio, bobalicón.
GUAJURÚ m. *Per.* Un baile indio. ‖ *Amer.* Icaco, árbol.
GUALA f. *Chil.* Ave palmípeda de pico verdoso y plumaje rojo oscuro. ‖ *Venez.* El gallinazo o aura, buitre.
GUALACATE m. *Arg.* Especie de quirquincho.
GUALACANDAY m. *Col.* Árbol bignoniáceo corpulento.
GUALATINA f. Guiso de manzanas, leche de almendras y caldo de olla.
GUALDA f. (del ingl. *weld*). Planta resedácea de flores amarillas.
GUALDADO, DA adj. Teñido de color de gualda.
GUALDERA f. Nombre de los dos tablones laterales que forman una cureña, escalera, etc.
GUALDO, DA adj. De color de gualda, amarillo: *la bandera española es roja y gualda.*
GUALDRAPA f. Cobertura larga que cubre las ancas del caballo: *los caballos llevan en los entierros gualdrapas negras.* ‖ *Fam.* Calandrajo, guiñapo.
GUALDRAPAZO m. Golpe que dan las velas de un barco contra los árboles y jarcias.
GUALDRAPEAR v. t. Poner dos cosas de vuelta encontrada: *gualdrapear dos alfileres.* ‖ — V. i. Dar gualdrapazos: *la vela gualdrapea.* ‖ *Cub* Andar el caballo lentamente.
GUALDRAPEO m. Acción de gualdrapear.
GUALE m. *Col. Fig.* Tristeza. ‖ *Col.* Zopilote.
GUALETUDO, DA adj. *C. Rica.* De pies grandes.
GUALICHO o **GUALICHÚ** m. Nombre del genio del mal entre los gauchos. ‖ *Arg.* Talismán. ‖ *Arg. Tener gualicho,* estar hechizado.

GUALIQUEME m. *Hond.* Bucare.
GUALPUTA f. *Chil.* Planta parecida al trébol.
GUALLE m. *Chil.* Especie de roble.
GUALLIPÉN m. *Chil.* Animal fabuloso. ‖ *Chil.* Persona tonta.
GUAMA f. *Venez.* y *Col.* Fruto del guamo: *la guama es una legumbre comestible.* ‖ *Col. Fig.* Acontecimiento inesperado. ‖ *Amér. C., Col.* y *Venez.* Mentira; chasco pesado.
GUAMÁ m. *Cub.* y *P. Rico.* Árbol mimosáceo maderable y de cuyas cortezas se hacen cuerdas.
GUAMANGA f. *Per.* Huamanga.
GUAMANGO m. *Arg.* Halcón.
GUAMAZO m. *Amér. C.* y *Méx.* Bofetada, manotazo.
GUAMBAS m. *C. Rica.* Tonto, infelizote.
GUAMBÍA f. *Col.* Suerte de mochila.
GUAMICA f. *Cub.* Especie de paloma de Cuba.
GUAMIL m. *Hond.* Planta que nace sin sembrar.
GUAMO m. *Venez.* Árbol de la familia de las mimosáceas cuyo fruto es la guama: *se suele plantar el guamo para dar sombra al café.* ‖ (SINÓN. *Guabo.*) ‖ *Cub.* Fotuto, trompa de caracol.
GUAMPA f. *Riopl.* y **GUÁMPARO** m. *Chil.* y *Arg.* Cuerno, asta. ‖ Vaso de cuero.
GUAMÚCHIL m. *Méx.* Especie de acacia que produce un fruto parecido al del mezquite.
GUANA f. *Cub.* Árbol de flor amarilla.
GUANABA m. *Amér. C.* Papanatas. ‖ *Guat.* Guanábana.
GUANABÁ m. Ave zancuda de Cuba.
GUANÁBANA f. Fruta del guanábano: *la guanábana es una fruta exquisita.* (En Guatemala se llama *guanaba.*)
GUANABANADA f. Refresco de guanábana.
GUANÁBANO m. Árbol americano de la familia de las anonáceas. ‖ *Amér. C., Col.* y *Venez. Fam.* Cernícalo, zopenco.
GUANACASTECO, CA adj. y s. De Guanacaste (Costa Rica).
GUANACASTE m. Árbol de Centro América, de la familia de las mimosáceas
GUANACIA f. *Guat. Fam.* Centro América.
GUANACO m. Mamífero rumiante de color generalmente pardo oscuro que habita en los Andes Meridionales: *el guanaco es excelente animal de carga.* ‖ *C. Rica* y *Chil. Fam.* Simple, tonto: *ser muy guanaco.* ‖ *Hond.* y *Guat.* Campesino, rústico. ‖ *Guat.* Centroamericano.
GUANAJADA o **GUANAJERÍA** f. *Antill.* Simpleza.
GUANAJO m. *Antill.* Pavo, tonto.
GUANAL m. *Cub.* Lugar plantado de palmas.
GUANANA f. *Cub.* Especie de ganso.
GUANAQUEAR v. t. *Chil.* Cazar guanacos.
GUANARENSE adj. y s. De Guanare (Venezuela).
GUANARO m. Paloma silvestre de Cuba.
GUANAY m. *Chil* Remero, lanchero.
GUANCA f. *Venez.* Especie de bocina.
GUANCHE adj. y s. Dícese del indígena de las islas Canarias al tiempo de su conquista. Ú. a veces tb. el f. *guancha.*
GUANDERO m. *Amer.* Camillero.
GUANDO m. *Amer.* Parihuela, camilla.
GUANDÚ m. *Amér. C.* y *Cub.* Arbusto papilionáceo de hojas que sirven de alimento al ganado, flores amarillas y fruto que encierra una legumbre comestible.
GUANEAR v. i. *Arg., Bol., Chil.* y *Per.* Defecar los animales. ‖ — V. t. *Per.* Abonar con guano.
GUANERA f. Sitio donde se encuentra el guano.
GUANERO, RA adj. y s. Relativo al guano. ‖ — M. Buque para transportar el guano.
GUANGANA f. *Per.* Pecarí.
GUÁNGARA f. *Cub.* Bulla: *meter guángara.*
GUANGO m. *Ecuad.* Trenza de pelo de las indias. ‖ *Col.* Racimo de plátanos ensartados. ‖ *Col.* y *Ecuad.* Fajo, haz. ‖ *Chil* Un roedor de Chile.
GUANGOCHE o **GUANGOCHO** m. *Amer.* Tela basta, harpillera. ‖ *Amer.* Costal.
GUANGOCHUDO, DA adj. *Méx.* Dícese del vestido que está muy holgado.
GUANGUDO, DA adj. *Ecuad.* Que lleva guango o trenza en el pelo: *india guanguda.*

GUANGUERO, RA adj. y s. *Col.* Bullanguero.
GUANÍ m. *Cub.* Colibrí.
GUANIME m. *P. Rico* Panecillo de harina de maíz salcochado, envuelto en hojas de plátano.
GUANÍN adj. *Amer.* Decíase del oro bajo de ley.
GUANINA f. *Cub.* Planta papilionácea de flores amarillas cuya legumbre contiene una semilla que, tostada, se emplea en lugar de café.
GUANIQUÍ m. Especie de bejuco de Cuba.
GUANO m. Abono formado por las deyecciones de las aves, que se encuentra en algunas islas del Pacífico y en las costas del sudoeste de África: *los bancos de guano alcanzan hasta veinte metros de espesor.* (SINÓN. V. *Excremento.*) ‖ Abono mineral fabricado a imitación del guano natural. (SINÓN. V. *Estiércol.*) ‖ *Cub.* Nombre genérico que se aplica en América a todas las palmas: *miraguano, yuruguano, guano de monte,* etc. ‖ *Amér. C.* Dinero. ‖ *Cub. Meter guano,* castigar; afanarse en el trabajo.
GUANQUE m. *Chil.* Ñame.
GUANQUERO m. *Arg.* Abejorro.
GUANTA f. *Ecuad.* Guatusa.
GUANTADA f. y **GUANTAZO** m. *Fam.* Manotazo. (SINÓN. V. *Bofetada.*)
GUANTE m. Prenda de vestir que cubre la mano, con una funda para cada dedo. ‖ Objeto análogo que tiene diferentes usos: *guante de cirujano, de boxeador.* (SINÓN. *Mitón, maniquete, manopla.*) ‖ — Pl. Gratificación que se da sobre el precio de una venta. (SINÓN. V. *Recompensa.*) ‖ *Arrojar el guante a uno,* desafiarle. ‖ *Fam. Echarle el guante a una cosa,* apoderarse de ella. ‖ *Fam. De guante blanco,* con corrección extrema. ‖ *Más suave que un guante,* ser dócil.
GUANTEAR v. t. Dar de guantadas.
GUANTELETE m. (fr. *gantelet*). Pieza de la armadura que protegía la mano. ‖ Manopla.
GUANTERÍA f. Sitio donde se hacen y venden guantes. ‖ Oficio de guantero.
GUANTERO, RA m. y f. Persona que hace o vende guantes. ‖ — F. Caja de guantes.
GUANTO m. *Ecuad.* Datura sanguínea, planta.
GUANTÓN m. *Amer.* Guantazo, manotada.
GUAÑIL m. *Chil.* Arbusto compuesto americano.
GUAÑUSCO, CA adj. *Arg.* Achicharrado, quemado. ‖ *Arg.* Marchito, avejentado.
GUAO m. Árbol anacardiáceo de México, Cuba y el Ecuador, de flores pequeñas rojas, semilla que sirve de alimento al ganado porcino y madera con la que se hace carbón.
GUAPA f. *Venez.* Yaro, planta.
GUAPACO m. *Col.* El guácharo, ave.
GUAPAMENTE adv. m. *Fam.* Con guapeza. ‖ Muy bien.
GUAPANGO m. *Méx.* Fandango.
GUAPE adj. y s. *C. Rica.* Gemelo.
GUAPEAR v. i. *Fam.* Ostentar mucha guapeza. ‖ *Fam.* Hacer alarde de gusto exquisito. ‖ *Amer.* Fanfarronear, echar bravatas.
GUAPERÍA f. Guapeza. ‖ Acción propia del guapo. ‖ Conjunto de guapos: *la flamenquería y la guapería.*
GUAPETÓN, ONA adj. *Fam.* Muy guapo.
GUAPEZA f. *Fam.* Ánimo, bizarría: *obrar con guapeza.* ‖ *Fam.* Ostentación en el vestir.
GUÁPIL adj. y s. *C. Rica.* Guape, gemelo.
GUAPINOL m. *Amer.* El curbaril.
GUAPO, PA adj. *Fam.* Lindo, bien parecido: *una muchacha muy guapa.* ‖ *Fam.* Animoso, valiente. (Úsase sólo en este sentido en América.) ‖ — M. Hombre pendenciero. ‖ *Fam.* Galán.
GUAPOÍ m. *Arg.* Higuerón.
GUAPORÚ m. *Arg.* Guapurú.
GUAPOTE, TA adj. *Fam..* Bonachón. ‖ *Fam.* Lindo, agraciado. ‖ Pez de Centro América.
GUAPUCHA f. Pececillo de la sabana de Bogotá. ‖ *Col.* Fullería en el juego.
GUAPURA f. Calidad de guapo.
GUAPURÚ m. Árbol mirtáceo del Perú.
GUAQUE m. *Salv.* y *Guat.* Pimiento grande.
GUAQUEAR v. i. *Amér. C.* Buscar guacas o tesoros.
GUAQUERO m. *Amer.* El que busca guacas. ‖ *Per.* Cantarillo indio.
GUAQUI m. *Arg.* Zarigüeya.

guanaco

guantelete

Fot. Fraass

guardacantón

GUARA f. *Cub.* Castaño de Santo Domingo. ‖ *Chil.* Perifollo, garambaina. ‖ *Guat.* Loro hablador. ‖ *Guat.* Aguardiente. ‖ — Pl. *Chil.* Donaire, gracia; adorno en el vestido; movimientos exagerados en la zamacueca; enredos, ardides.
GUARÁ m. *Amer.* Cierto lobo de las pampas.
GUARACA f. *Amer.* Honda, zurriago. ‖ *Chil.* y *Per.* Cuerda del trompo. ‖ *Bol.* La chacha, gallinácea.
GUARACARO m. *Venez.* Planta trepadora leguminosa y su semilla comestible.
GUARACAZO m. *Col.* Golpe imprevisto, repentino: *recibir un guaracazo.*
GUARACÚ m. *Col.* Especie de basalto.
GUARACHA f. Nombre de cierto baile de Cuba y Puerto Rico. ‖ *Antill.* Canción y música que lo acompaña. ‖ *Bol.* Tendal, barbacoa. ‖ *Cub.* Diversión, parranda. ‖ Bulla, algazara.
GUARACHE m. *Méx.* Especie de sandalia.
GUARACHEAR v. i. *Cub.* Estar de juerga.
GUARACHERO, RA adj. *Cub.* Dícese del gallo de combate hábil en mover la cabeza. ‖ *P. Rico.* Juerguista.
GUARAGUA f. *Per.* y *Chil.* Melindre, arrumaco: *hacer guaraguas.* ‖ *Chil.* y *Per.* Movimiento gracioso al bailar. ‖ *Bol.* y *Per.* Rodeo, circunloquio. ‖ *Guat.* y *Hond.* Mentira; broma. ‖ *C. Rica.* Mentiroso. ‖ — Pl. *Chil.* Adornos, perifollos. ‖ *Chil.* Requiebros.
GUARAGUAO m. *Col.*, *Cub.* y *Venez.* Especie de gavilán.
GUARAGÜERO, RA adj. *Per.* Que hace guaraguas, sandunguero, gracioso.
GUARAGUO m. Árbol maderable de Puerto Rico.
GUARAL m. *Col.* Zumbel del trompo.
GUARALEVA m. *Bol.* Pobre que lleva levita.
GUÁRAMO m. *Venez.* Valor, pujanza.
GUARÁN m. Garañón, semental.
GUARANÁ f. *Amer.* Paulinia, sapindácea. ‖ Pasta medicinal de semillas de paulinia, cacao y tapioca.
GUARANDEÑO, ÑA adj. y s. De Guaranda (Ecuador).
GUARANDINGA f. *Venez.* Cosa sin valor.
GUARANDOL m. (ingl. *warandol*). *Cub.* y *Venez.* Tela de hilo muy fino.
GUARANGA f. Fruto del guarango.
GUARANGADA f. *Arg.* Mala crianza.
GUARANGO m. Especie de acacia del Perú y Ecuador. ‖ Leguminosa tintórea americana. ‖ *Chil.* y *Arg.* Individuo torpe y grosero. ‖ *Venez.* Dividivi. ‖ — Adj. *Riopl.* y *Chil.* Incivil, mal educado. ‖ *Riopl.* Sucio, desaseado.
GUARANGUEAR v. i. *Riopl.* Dar mala crianza.
GUARANÍ adj. y s. Dícese de un pueblo indio que vivía en los actuales territorios del Brasil, la Argentina, el Paraguay y Bolivia. ‖ — M. Idioma de los guaraníes. ‖ Unidad monetaria paraguaya desde 1946.
— El *guaraní* ha introducido en la lengua bastantes voces pertenecientes a la historia natural, animales como *agutí, apereá, urubú, yaguar, ñandú, paca, tamanduá, tatú, tapir, tucano, yacaré;* plantas: *ananás, copaiba, curare, ombú, jaborandí, mandioca,* y escasos nombres extraños a la historia natural: *bagual, maraca, pororó, pororoca, tacurú, tapioca.* Algunas de estas voces han pasado al lenguaje universal, pero la generalidad de los guaranismos tiene uso limitado a la región rioplatense.
GUARANISMO m. Voz o giro propio del guaraní.
GUARAÑA f. Baile popular venezolano.
GUARAO m. *Cub.* Ave grande de caza que abunda en los lugares pantanosos.
GUARAPALO m. *Chil.* Varapalo.
GUARAPEAR v. i. *Per.* Beber guarapo.
GUARAPERA f. *Venez.* Tenducho.
GUARAPETA f. *Cub.* y *Méx.* Borrachera.
GUARAPITÁ m. *Arg.* Churrinche, ave.
GUARAPO m. Jugo que se extrae de la caña dulce. ‖ Bebida fermentada que se prepara con el guarapo.
GUARAPÓN m. *Amer.* Sombrero de ala grande.
GUARAQUEAR v. t. *Chil.* Pegar con la guaraca. ‖ *Col.* Restallar con la guaraca.

guardamonte

GUARATARO m. *Venez.* El pedernal o cuarz
GUARDA com. Persona encargada de guard una cosa. ‖ — F. Acción de guardar: *el áng de la guarda.* (SINÓN. V. *Conserje.*) ‖ Tutela. Observancia y cumplimiento de un mandato. Cada una de las varillas exteriores del abanico. Carta baja que en algunos juegos sirve pa reservar las de mejor clase. ‖ Hoja de papel blan o de color que ponen los encuadernadores al prin cipio y al fin de los libros. ‖ — Pl. Hierros de cerradura que corresponden a los huecos de llave: *falsear las guardas de una cerradura. Guarda jurado,* el nombrado por la autoridad pa vigilar los intereses de particulares.
GUARDAAMIGO m. Pie de amigo, hierro qu hacía levantar la cabeza a los reos en la picota
GUARDABARRANCO m. *Amér. C.* Ave canor americana.
GUARDABARRERA m. y f. Empleado d ferrocarril que cuida de un paso a nivel.
GUARDABARROS m. inv. Tira de metal qu se pone encima de las ruedas de una bicicleta, d una motocicleta, etc., para preservar estos vehícu los de las salpicaduras de barro.
GUARDABOSQUE m. Guarda de un bosque
GUARDABRAZO m. Pieza de la armadura que protegía el brazo.
GUARDABRISA m. Fanal de cristal donde s pone la vela para que no se apague. ‖ Parabrisas ‖ *Méx.* Mampara.
GUARDACABALLO m. *Per.* Especie de aní
GUARDACABO m. *Mar.* Anillo de hierro forrado de cable para que pase por él sin rozarse otro cable.
GUARDACABRAS com. Cabrero.
GUARDACADENA m. Cubrecadena de bicicleta.
GUARDACAMISA f. *Venez.* Camiseta, abrigador.
GUARDACANTÓN m. Poste de piedra en las esquinas de las casas o a los lados de los paseos.
GUARDACOSTAS m. *Mar.* Buque que sirve para defender las costas y perseguir el contrabando.
GUARDADOR, RA adj. y s. Que guarda. ‖ Que observa una ley, precepto, etc. ‖ Miserable, tacaño.
GUARDAESPALDAS m. Persona que protege a otra de los atentados que ésta pudiese ser objeto.
GUARDAFANGO m. *Amer.* Guardabarros.
GUARDAFRENOS m. Empleado que maneja los frenos en los trenes de ferrocarril.
GUARDAGANADO m. *Riopl.* Foso cubierto de una serie de travesaños paralelos, que se coloca en la entrada de las estancias para impedir el paso del ganado, pero no el de los vehículos.
GUARDAGUAS m. *Mar.* Listón que se clava sobre las portas para que no entre el agua.
GUARDAGUJAS m. Empleado que en los ferrocarriles cuida del manejo de las agujas.
GUARDAINFANTE m. Especie de tontillo redondo que llevaban antiguamente las mujeres.
GUARDAJOYAS m. Joyero, caja para guardar las joyas.
GUARDALADO m. Pretil de un puente.
GUARDALMACÉN com. Persona que tiene a su cargo la custodia de un almacén, depósito, etc.
GUARDALOBO m. Planta de la familia de las santaláceas ‖ — PARÓN. *Gordolobo.*
GUARDALODOS m. inv. Guardabarros.
GUARDAMANO m. La guarnición que tiene la espada.
GUARDAMECÍ m. Barb. por *guadamecí.*
GUARDAMETA m. Portero en un equipo deportivo.
GUARDAMONTE m. En las armas de fuego, pieza clavada sobre el disparador para protegerlo. ‖ Capote de monte. ‖ *Méx.* Pedazo de piel que se coloca en la grupa del caballo para evitar las manchas de sudor. ‖ *Arg.* Guarnición de cuero que sirve para resguardar las piernas al jinete.
GUARDAMUEBLES m. Almacén donde se guardan muebles.
GUARDAPELO m. Especie de relicario que sirve para llevar un rizo del pelo de una persona querida.
GUARDAPESCA m. Barco pequeño que vigila el cumplimiento de lo ordenado en los reglamentos sobre la pesca.

Fot. A. Roy

GUARDAPIÉS m. *Ant.* Especie de falda o brial, debajo de la basquiña.
GUARDAPOLVO m. Cubierta que se pone a una cosa para protegerla del polvo. ‖ Vestido largo de tela ligera que se pone encima de los trajes para preservar éstos de toda suciedad. ‖ Tejadillo que se ponía sobre algunas ventanas. ‖ Tapa interior de los relojes.
GUARDAPUERTA f. Antepuerta, cortina.
GUARDAPUNTAS m. Contera que preserva la punta de un lápiz.
GUARDAR v. t. (ant. alto al. *warten*). Conservar sin alteración: *guardar fielmente un depósito.* ‖ Tener cuidado y vigilar una cosa. ‖ Preservar una cosa de cualquier daño. (SINÓN. V. *Conservar* y *ahorrar.*) ‖ Retener para sí: *guardar copia de un acta.* ‖ Vigilar animales: *guardar carneros.* ‖ Cumplir: *guardar su palabra.* ‖ *Fig.* Observar: *guardar silencio.* ‖ No abandonar, estar: *guardar cama.* ‖ *Fig.* No revelar: *guardar un secreto.* ‖ Reservarse y conservar: *guardar dinero.* ‖ — V. r. Guardar: *guardarse un libro prestado.* ‖ Evitar: *guardarse de hacer una cosa.* ‖ Preservarse: *guardarse del frío, del calor.* ‖ *Fig.* y *fam. Guardársela,* conservar un cierto rencor por una ofensa con ánimo de vengarse más tarde.
GUARDARRAYA m. *Amér. C.* y *Antill.* Linde.
GUARDARRÍO m. Martín pescador, ave.
GUARDARROPA m. Local donde se deposita la ropa (como abrigos, etc.) y otros objetos (paraguas, máquinas de fotografía, etc.) que no se pueden conservar en teatros u otros establecimientos públicos. ‖ El que vigila este local. ‖ Conjunto de efectos de vestir de una persona: *tener un guardarropa bien surtido.* ‖ Armario, ropero. ‖ *Teatr.* Encargado de la guardarropía.
GUARDARROPÍA f. *Teatr.* Conjunto de trajes y accesorios para las representaciones. ‖ Habitación donde se guardan estos trajes. ‖ *De guardarropía,* que aparenta lo que no es en realidad.
GUARDARRUEDAS m. Guardacantón.
GUARDASELLOS m. Título del canciller, en algunos países.
GUARDATINAJA m. *Nicar.* El tepezcuintle.
GUARDATRÉN m. *Arg.* Empleado que vigila el servicio de un tren en marcha.
GUARDAVELA m. *Mar.* Cabo que sirve para aferrar las velas de gavia a los palos.
GUARDAVÍA m. Empleado que vigila un trozo de una línea de ferrocarril.
GUARDERÍA f. Ocupación y empleo del guarda. ‖ Local donde se atienden y cuidan los niños cuyos padres no pueden ocuparse de ellos durante las horas de trabajo.
GUARDESA f. Guardiana.
GUARDIA f. Conjunto de soldados que guardan a una persona o un puesto: *la guardia del rey; la guardia del Senado.* ‖ Defensa, custodia: *confiar a uno la guardia de una cosa.* ‖ *Esgr.* Modo de colocar el cuerpo en esgrima: *ponerse en guardia.* ‖ Cuerpo de tropa: *la Guardia Civil.* ‖ — M. Individuo de ciertos cuerpos armados: *un guardia de corps.* (SINÓN. V. *Agente* y *centinela.*) ‖ *Guardia Civil,* cuerpo destinado a la persecución de malhechores. Individuo de dicho cuerpo. ‖ *Guardia marina,* alumno de la Escuela Naval. ‖ *Guardia municipal,* cuerpo, o individuo perteneciente al mismo, dependiente de los ayuntamientos que se dedica a mantener el orden y vigilar el respeto de los reglamentos de policía urbana. ‖ *Fig. En guardia,* prevenido o sobre aviso: *estar o ponerse en guardia.*
GUARDIAMARINA m. Guardia marina.
GUARDIÁN, ANA m. y f. Persona que guarda una cosa. (SINÓN. V. *Ujier.*) ‖ — M. Prelado ordinario de un convento de franciscanos. ‖ *Mar.* Cable bastante sólido.
GUARDIANÍA f. Empleo de guardián en la orden franciscana, y territorio que está sometido a su jurisdicción.
GUARDIERO m. *Cub.* Guardián en una hacienda.
GUARDILLA f. Buhardilla.
GUARDILLA f. Cierta labor de costura. ‖ Nombre de las dos púas más gruesas del peine.
GUARDÍN m. *Mar.* Cabo que sostiene las portas de artillería o que sirve para mover el timón.
GUARDOSO, SA adj. Que guarda o ahorra mucho. (CONTR. *Derrochador, gastoso.*) ‖ Rencoroso.
GUARE m. *Ecuad.* Pértiga que usan los barqueros del Guayas.
GUARECER v. t. Guardar, acoger, dar asilo. ‖ — V. r. Refugiarse, ampararse: *guarecerse de la lluvia.* ‖ — IRREG. Se conjuga como *merecer.*
GUARÉN m. *Chil.* Rata grande que nada y vive a orillas de los ríos.
GUARES adj. y m. pl. *P. Rico.* Semejantes, iguales; gemelos. ‖ *Amér. Merid.* Balsa de juncos.
GUARETO, TA adj. *P. Rico.* Semejante, igual.
GUARGÜERO m. *Amer. Pop.* Gaznate.
GUARGÜERÓN m. *Col.* Nombre de la *becerra.*
GUARIA f. *C. Rica.* Cierta orquídea.
GUARIAO m. *Cub.* Un ave zancuda americana.
GUARIATE m. *Venez.* Planta caparidácea.
GUARIBÁ m. Mono aullador americano.
GUARICAMO m. Planta pasiflorácea de Venezuela.
GUARICHA f. *Col., Venez.* y *Ecuad.* Mujer despreciable.
GUARIDA f. Cueva o espesura donde se recogen los animales: *la guarida del lobo.* (SINÓN. V. *Madriguera.*) ‖ Refugio o amparo: *una guarida segura.* ‖ *Fig.* Paraje donde se encuentra a una persona con frecuencia, querencia.
GUARIMÁN m. (voz caribe). Árbol magnoliáceo americano. ‖ Su fruto. (La corteza del *guarimán,* de olor y sabor aromáticos parecidos a los de la canela, se usa como condimento.)
GUARÍN m. Lechoncillo, cochinillo de leche.
GUARIQUEÑO, ÑA adj. y s. De Guárico (Venezuela).
GUARISAPO m. *Chil.* Renacuajo.
GUARISMO m. Cifra: *escribir una cantidad en guarismos.* (SINÓN. V. *Número.*)
GUARITOTO m. Planta euforbiácea venezolana: *la raíz del guaritoto es hemostática.*
GUARNE m. *Mar.* Cada una de las vueltas que da un cabo alrededor de un objeto.
GUARNECEDOR, RA adj. y s. Que guarnece.
GUARNECER v. t. Poner guarnición: *guarnecer un vestido, una plaza fuerte.* ‖ Proveer, suministrar. (SINÓN. V. *Llenar.*) ‖ *Albañ.* Revocar: *guarnecer una pared.* ‖ — IRREG. Se conjuga como *merecer.*
GUARNECIDO m. *Albañ.* Revoque de una pared.
GUARNÉS m. Guadarnés.
GUARNICIÓN f. Lo que se pone para adornar algunas cosas: *la guarnición de un vestido, de unas colgaduras,* etc. ‖ Engaste: *la guarnición de una joya.* ‖ Parte de la espada que defiende la mano. ‖ Tropa que defiende una plaza. ‖ Arreos de caballos. ‖ Acompañamiento de verdura que se suele servir con la carne.
GUARNICIONAR v. t. Poner guarnición: *guarnicionar una plaza fuerte.*
GUARNICIONERÍA f. Sitio donde se hacen o venden guarniciones para las caballerías.
GUARNICIONERO m. Persona que se dedica a hacer o a vender guarniciones para caballerías. (SINÓN. *Talabartero.*)
GUARNIEL m. Garniel.
GUARNIGÓN m. Pollo de codorniz.
GUARNIR v. t. (al. *warnón*). Guarnecer. (P. us.) ‖ — OBSERV. Es verbo defectivo.
GUARO m. Especie de loro mayor que el perico. ‖ *Amér. C.* Aguardiente de caña, tafia. ‖ *Ecuad.* y *Per.* Andarivel.
GUAROSO, SA adj. *Chil.* Elegante; gracioso.
GUARRADA f. *Fam.* Guarrería.
GUARRAZO m. *Fam.* Porrazo, caída.
GUARRERÍA f. Porquería, suciedad. ‖ *Fig.* Acción sucia, cochinada.
GUARRO, RRA m. y f. Cochino, marrano. (SINÓN. V. *Cerdo.*)
¡GUARTE! interj. ¡Guárdate!
GUARUMO m. *Amer.* Árbol artocárpeo cuyas hojas tienen propiedades medicinales.
GUARURA f. *Venez.* Bocina de caracol.
GUARRÚS m. *Col.* Bebida que se prepara con maíz o arroz y azúcar.
GUARRUSCA f. *Col.* Espada, machete.
GUASA f. *Fam.* Pesadez, falta de gracia, sandez: *tener mucha guasa.* ‖ *Fam.* Burla: *decir algo de guasa.* (SINÓN. V. *Broma.*) ‖ Árbol antillano. ‖ Pez de Cuba.

GUASÁBARA f. *Col.* y *P. Rico.* Motín, algarada. ‖ *Venez.* Pelusa de las tunas.
GUASADA f. *Riopl.* Grosería.
GUASAMACO, CA adj. *Chil.* Tosco, grosero.
GUASANGA f. *Amer.* Bullanga. ‖ *Guat.* Pelotera.
GUASASA f. Cierta mosca peligrosa de Cuba.
GUASCA f. *Per.* y *Chil.* Látigo. ‖ *Amer.* Tira de cuero. (SINÓN. V. *Correa.*) ‖ *Col.* Tira de corteza, cordel, correa, soga. ‖ *Amer. Dar guasca,* azotar. ‖ *Riopl.* Insistir con empeño. ‖ *Per.* Dar cuerda, entretener.
GUASCAMA f. *Col.* Especie de serpiente.
GUASCAS f. pl. *Col.* Cierta planta que es comestible.
GUASCAZO m. *Amer.* Latigazo, correazo.
GUASCUDO, DA adj. *Col.* Dícese de la madera fibrosa o correosa.
GUASEARSE v. r. *Fam.* Chancearse. (SINÓN. V. *Burlar.*)
GUASERÍA f. *Arg.* y *Chil.* Grosería, torpeza.
GUASILLA f. *Ecuad.* La valeriana menor.
GUÁSIMA o **GUÁCIMA** f. *Col.* y *C. Rica.* Árbol silvestre grande cuya madera se emplea en diversos usos, y su fruto y hojas sirven de alimento al ganado porcino y vacuno.
GUASO m. y f. *Chil.* Hombre del campo. ‖ *Cub., Arg.* y *Ecuad.* Hombre grosero. ‖ — Adj. *Arg., Chil.* y *Ecuad.* Rústico, tosco, grosero.
GUASÓN, ONA adj. y s. *Fam.* Que tiene guasa. ‖ *Fam.* Bromista, que gasta bromas: *los andaluces suelen ser guasones.*
GUASQUEAR v. t. *Amer.* Azotar con una guasca. ‖ — V. r. *Arg.* Dar un salto hacia el lado. ‖ *Urug.* Incomodarse sin motivo.
GUASTATOYANO, NA adj. y s. De El Progreso (Guatemala).
GUASÚ m. *Arg.* Guazú.
GUÁSUMA f. *Cub.* Guásima.
GUATA f. Algodón en rama que sirve para hacer más abrigadas la ropa de cama o los vestidos. ‖ *Arg., Chil.* y *Per. Fam.* Vientre, panza. ‖ *Chil.* Alabeo, pandeo. ‖ *Cub.* Mentira. ‖ *Ecuad.* Amigo inseparable. ‖ *Col.* Una serpiente venenosa. ‖ *Chil. Fam. Echar guata,* mejorar de condición.
GUATACA f. *Cub. Fam.* Dícese de la oreja grande y fea. ‖ *Cub.* Especie de escardillo.
GUATACARE m. *Venez.* Árbol borragináceo de madera resistente flexible.
GUATACO, CA adj. *Hond.* Regordete, rechoncho. ‖ *Cub.* Sin cultura.
GUATACUDO, DA adj. *Cub. Fam.* Orejudo.
GUATAL m. Siembra de guate.
GUATÁN m. *Arg.* Bocado del caballo.
GUATAPANÁ m. *Cub.* Dividivi.
GUATAPIQUE m. *Chil.* Especie de cohetillo que estalla con sólo arrojarlo al suelo.
GUATAQUEAR v. t. *Cub.* Escardar con la guataca, limpiar de malas hierbas un campo sembrado.
GUATE m. *Hond.* y *Salv.* Espiga tierna de maíz usada para forraje. ‖ *Salv.* Cuate. ‖ *Col.* Boato, lujo. ‖ *Venez.* Planta lorantácea.
GUATEADO, DA adj. Acolchado con guata. ‖ *Fig.* Moderado, temperado.
GUATEARSE v. r. *Chil.* Formar guata o panza.
GUATEMALENSE adj. y s. Guatemalteco.
GUATEMALTECO, CA adj. y s. De Guatemala: *los guatemaltecos poseen muchos monumentos indígenas.*
GUATEPEOR n. pr. *Fam.* País imaginario. Ú. en la fr. fam.: *salir de Guatemala y entrar en Guatepeor,* salir de un mal paso para caer en otro aún más grave.
GUATEPÍN m. *Méx.* Puñetazo, papirote dado en la cabeza.
GUATEQUE m. (voz caribe). Baile bullanguero. ‖ Baile, fiesta casera.
GUATEQUEAR v. i. *Fam.* Andar de guateques, de bailes y fiestas.
GUATÍN m. Animal roedor de Colombia.
GUATINÍ m. *Cub.* Tocororo, ave trepadora.
GUATITAS f. pl. *Chil.* Redaño, omento.
GUATO m. *Bol.* Soga, cuerda.
GUATOCO m. *Bol.* Regordete, rechoncho.
GUATÓN, ONA adj. *Chil.* Barrigón.
GUATUSA f. *Ecuad., Salv.* y *C. Rica.* El agutí.
GUATUSO, SA adj. y s. *Salv.* Pelirrubio.

GUAU, onomatopeya que imita la voz del perro.
GUAUCHO, CHA adj. *Amer.* Guacho.
GUAXMOLE m. *Méx.* Guiso de cerdo con guaje.
¡GUAY! interj. ¡Ay!
GUAYA f. Lloro, lamento, queja: *hacer la guaya.* ‖ *Venez.* Remolino de pelo en la frente del caballo.
GUAYABA f. Fruto del guayabo: *la guayaba tiene la forma de una pera mediana.* ‖ Conserva y jalea de guayaba. ‖ *Amer. Fam.* Mentira, bola, embuste.
GUAYABAL m. Sitio poblado de guayabos.
GUAYABATE m. Dulce de guayaba.
GUAYABEAR v. i. *Fam.* Frecuentar mozas jóvenes. ‖ *Riopl.* Mentir.
GUAYABEO m. *Fam.* Conjunto de mozas jóvenes.
GUAYABERO, RA adj. y s. *Amer.* Mentiroso, embustero. ‖ — F. Chaquetilla corta de tela ligera.
GUAYABITO m. *Cub.* Ratoncillo.
GUAYABO m. Árbol de América, de la familia de las mirtáceas, cuyo fruto es la guayaba. ‖ *Fam.* Muchacha joven y atractiva. ‖ *Col.* Tristeza, pesar. ‖ *Col.* Resaca, malestar después de una borrachera.
GUAYACA f. *Arg.* y *Chil.* Bolsa para tabaco o dinero. ‖ *Fig.* Amuleto. ‖ — Adj. *Chil.* Soso, torpe, sin gracia.
GUAYACÁN m. Guayaco.
GUAYACO m. (voz haitiana). Árbol de América de la familia de las cigofiláceas, cuya madera, dura y resistente, se emplea en ebanistería: *el cocimiento de madera de guayaco se usa en medicina como sudorífico.*
GUAYACOL m. Principio medicinal del guayaco. ‖ Cierto fenol derivado de la bencina.
GUAYAQUIL adj. De Guayaquil.
GUAYAQUILEÑO, ÑA adj. y s. De Guayaquil (Ecuador).
GUAYASENSE adj. y s. De Guayas (Ecuador).
GUAYÍN m. *Méx.* Carruaje ligero con cuatro asientos, cuatro ruedas y con unas cortinillas de cuero.
GUAYO m. *Cub.* Rallo. ‖ *Cub.* Borrachera. ‖ *Cub.* Música ratonil. ‖ *Chil.* Árbol rosáceo de madera dura y colorada.
GUAYUCO m. *Col.* y *Venez.* Taparrabo, pampanilla.
GUAYULE m. *Méx.* Árbol que produce el hule.
GUAYUSA f. *Ecuad.* Especie de mate.
GUAZÁBARA f. Guasábara.
GUAZAPA f. *Guat.* Trompo pequeño que se hace bailar con la mano. (SINÓN. *Perinola.*)
GUAZÚ m. *Arg.* y *Bol.* Especie de ciervo.
GUAZUBIRÁ m. Un ciervo argentino.
GUBÁN m. Bote grande que se usa en Filipinas: *el gubán navega con rapidez.*
GUBERNAMENTAL adj. Relativo al gobierno: *principios gubernamentales.* ‖ Respetuoso con el Gobierno o partidario de él. Ú. t. c. s.
GUBERNATIVAMENTE adv. m. Por procedimiento gubernativo.
GUBERNATIVO, VA adj. Gubernamental: *policía gubernativa.*
GUBERNISTA adj. y s. *Amer.* Partidario de la política del Gobierno.
GUBIA f. Formón de forma de media caña.
GUEBRO y no **GÜEBRO** adj. y s. (persa *ghebr*). Que pertenece o se refiere a la religión de Zoroastro o a sus partidarios.
GÜECHO m. *Amér. C.* Bocio.
GUEDEJA f. Cabellera larga. ‖ Melena de león.
GUEDEJÓN, ONA, GUEDEJOSO, SA y mejor **GUEDEJUDO, DA** adj. Que tiene muchas guedejas.
GÜEGÜECHO, CHA adj. y s. *Amér C.* y *Méx.* Que padece güecho. ‖ *Fig. Amér. C.* y *Col.* Tonto. ‖ — M. *Amér. C.* Bocio, coto.
GÜEGÜENCHES m. pl. *Méx.* Nombre que se da a los que dirigen las danzas de los indios en las romerías.
GÜELDE m. Uno de los nombres del *sauquillo.*
GÜELDO m. Cebo de los pescadores: *el güeldo se acostumbra a hacer con camarones y crustáceos pequeños molidos.*

GÜELDRÉS, ESA adj. y s. De Güeldres, prov. de Holanda.
GÜELFO, FA adj. y s. (n. pr. al. *Welf*). Partidario de los papas en Italia contra los gibelinos: *príncipe güelfo*. (V. *Parte hist.*) ‖ — Adj. Perteneciente o relativo a ellos.
GUELTE y **GUELTRE** m. Dinero. (P. us.)
GUEMBÉ m. Uno de los nombres del *abacá*. ‖ *Riopl.* Planta parásita de hermosas flores.
GÜEMUL m. Huemul.
GÜEÑA f. Especie de salchichón.
GÜEREQUEQUE m. *Per.* Especie de avefría.
GÜERO, RA adj. *Méx.* Rubio. ‖ *Méx.* Gracioso.
GUERRA f. Lucha entre dos naciones o dos partidos: *guerra extranjera; guerra civil.* (SINÓN. *Hostilidad, conflagración, conflicto, campaña, guerrilla.*) ‖ Arte de dirigir dicha lucha: *estudiar la guerra.* ‖ Pugna, disidencia: *estar en guerra con uno.* (SINÓN. *Discordia.*) ‖ *Fig.* Oposición de una cosa con otra. ‖ *Fam.* Trabajo, molestia, inconveniencia: *no me des más guerra.* ‖ Cierto juego de billar. ‖ *Mar. En guerra,* m. adv., dícese de las embarcaciones mercantes puestas en estado de combatir: *armar un barco en guerra.* ‖ *Guerra a muerte,* aquella en que no se da cuartel. *Fig.* Lucha sin interrupción. ‖ *Guerra abierta,* hostilidad declarada. ‖ *Guerra civil,* la que tiene lugar entre los ciudadanos de una misma nación. ‖ *Guerra fría* o *de nervios,* estado de las relaciones internacionales caracterizado por una política constante de hostilidad de los adversarios sin que se llegue al conflicto armado. ‖ *Consejo de guerra,* tribunal de guerra. ‖ *Nombre de guerra,* nombre falso que se toma en ciertas circunstancias para no ser conocido. ‖ *Fam. Dar guerra,* molestar, fastidiar, incomodar con exceso.
GUERREADOR, RA adj. y s. Que guerrea o es aficionado a guerrear. (SINÓN. V. *Guerrero.*)
GUERREANTE adj. y s. Que guerrea.
GUERREAR v. i. Pelear: *amigo de guerrear.*
GUERRERA f. Especie de chaqueta ajustada y abrochada hasta el cuello que usan ciertos militares.
GUERRERO, RA adj. Perteneciente o relativo a la guerra: *música guerrera.* ‖ Marcial, belicoso: *entonar un canto guerrero.* (SINÓN. *Combativo, guerreador, belicista, botafuego.*) ‖ *Fig.* y *fam.* Travieso, molesto. ‖ — Adj. y s. Que guerrea: *un guerrero griego.* ‖ — M. Soldado. (SINÓN. *Militar, militante.*)
GUERRILLA f. Orden de batalla que se hace dividiendo la tropa en multitud de partidas pequeñas que hostilizan por todas partes al enemigo. ‖ Partida de tropa ligera que va a la descubierta. ‖ Partida de paisanos que hace la guerra independientemente del ejército regular. (SINÓN. V. *Guerra.*)
GUERRILLEAR v. i. Pelear en guerrilla.
GUERRILLERO m. El que pelea en la guerrilla.
GUEUX m. (pal. fr.). Nombre de los rebeldes flamencos contra España en el siglo XVI.
GÜÉVIL m. *Chil.* Arbusto solanáceo.
GUÍA com. El que acompaña a otro para enseñarle el camino: *los guías suizos son muy hábiles.* ‖ *Fig.* Persona que dirige a otra, que le da consejos o instrucciones: *un guía de museo.* (SINÓN. *Director, conductor, piloto, cicerone, cornaca.*) ‖ — M. *Mil.* Soldado que se coloca en la posición conveniente para el alineamiento de la tropa. ‖ Manillar de una bicicleta. ‖ — F. Lo que dirige: *la estrella polar es la guía del navegante.* (SINÓN. *Faro, norte, pauta.*) ‖ Libro de indicaciones: *la guía de pecadores, la guía de Madrid, guía de ferrocarriles.* (SINÓN. *Indicador.*) ‖ Despacho que lleva consigo el que transporta ciertas mercancías, para que no lo detengan. (SINÓN. V. *Pase.*) ‖ Sarmiento o vara que se deja al podar. ‖ Caballería que, sola o con otra, va delante de todas fuera del tronco. ‖ Pieza que sirve para obligar a otra pieza a que siga un movimiento determinado. ‖ *Col.* Gamarra del caballo. ‖ — Pl. Riendas para conducir los caballos de guías. ‖ Puntas del bigote.
GUIABARA f. Planta poligonácea de Cuba.
GUIADERA f. Guía de ciertos artefactos: *la guiadera de una noria, de una jaula de mina,* etc.
GUIADO, DA adj. Acompañado de guía o póliza.
GUIADOR, RA adj. y s. Que guía o dirige.
GUIAR v. t. Acompañar mostrando el camino: *Antígono guiaba a su padre ciego.* ‖ Conducir: *guiar un automóvil.* (SINÓN. *Dirigir, llevar, pilotar, encauzar.*) ‖ Hacer que una pieza de una máquina siga un movimiento determinado. ‖ Ayudar a reconocer un camino: *la estrella polar me guía.* ‖ *Fig.* Dirigir, aconsejar a uno en algún negocio: *dejarse guiar por una persona muy experimentada.* ‖ Conducir, hacer obrar: *su interés le guía.* ‖ — V. r. Dejarse uno dirigir o llevar.
GÜICA f. *Cub. Fam.* Miedo.
GÜICOY m. *Guat.* y *Hond.* Especie de calabaza.
GUICHE m. *Col.* Planta parásita de flores rojas.
GÜICHICHI m. *Méx.* El colibrí.
GUIGNOL m. (pal. fr., pr. *guiñol*). Guiñol.
GUIGUE m. *Arg.* y *Chil.* Bote flotador.
GUIGUÍ m. Mamífero roedor nocturno de Filipinas, muy parecido a la ardilla, que tiene entre las patas una membrana que le sirve de paracaídas: *la carne del guiguí es comestible.*
GUIJA f. Piedra pequeña y redonda: *sacar guijas de un arroyo.* ‖ Almorta, legumbre.
GUIJARRAL m. Terreno cubierto de guijarros.
GUIJARRAZO m. Golpe dado con un guijarro.
GUIJARREÑO, ÑA adj. Abundante en guijarros: *terreno guijarreño.* ‖ De complexión dura, fuerte: *hombre guijarreño.*
GUIJARRO m. Piedra redonda, canto rodado. (SINÓN. V. *China.*)
GUIJARROSO, SA adj. Dícese del terreno abundante en guijarros.
GUIJEÑO, ÑA adj. Guijarreño.
GUIJO m. Conjunto de guijarros que sirven para hacer los caminos. ‖ *Méx.* y *Cub.* Eje del trapiche. ‖ *Col.* y *Méx.* Eje de una rueda hidráulica.
GUIJOSO, SA adj. Aplícase al terreno que abunda en guijo: *suelo guijoso.*
GÜILA f. *Chil.* Andrajo. ‖ *C. Rica.* Trompo pequeño.
GUILALO m. Embarcación filipina de cabotaje.
GUILDA f. Organización medieval de productores y comerciantes o de artesanos asociados con otros de la misma profesión para protegerse recíprocamente. ‖ Asociación de personas con iguales intereses. ‖ — SINÓN. *Gremio.*
GUILDIVIA f. Fábrica donde se destila ron.
GUILEÑA f. Aguileña, planta.
GÜILI m. *Arg.* Planta mirtácea.
GÜILICHE m. *C. Rica* Chiquitín, el hijo menor.
GÜILIGÜISTE m. *C. Rica. Fam.* Peso duro.
GUILINDUJES m. pl. *Hond.* Arreos que llevan algunos adornos colgantes.
GUILNO m. Género de gramíneas de Chile.
GÜILÓN, ONA adj. *Amer.* Huilón.
GÜILOTA f. Una especie de paloma de México.
GUILLADO, DA adj. y s. *Fam.* Chiflado. (SINÓN. V. *Loco.*)
GUILLADURA f. Chifladura.
GUILLAME m. Cepillo estrecho de carpintero.
GUILLARSE v. r. *Fam.* Irse, marcharse. (Dícese tb. *guillárselas.*) ‖ *Fam.* Perder la cabeza. chiflarse. (SINÓN. V. *Enloquecer.*)
GUILLATÚN m. *Chil.* Rogativa de los araucanos para pedir lluvia o bonanza.
GÜILLEGÜILLE m. *Ecuad.* Renacuajo.
GUILLI m. *Chil.* Hermosa planta liliácea común.
GUILLOTINA f. (de *Guillotin,* n. pr.). Máquina usada en Francia para decapitar a los condenados a muerte: *la guillotina funcionó por vez primera en 1792.* ‖ Pena de muerte. ‖ Máquina para cortar papel.
GUILLOTINADO, DA adj. y s. Muerto en la guillotina.
GUILLOTINAR v. t. Dar muerte con guillotina. (SINÓN. V. *Matar.*) ‖ Cortar papel con la guillotina.
GÜIMBA f. *Cub.* Guabico.
GUIMBALETE m. Palanca de la bomba.
GUIMBARDA f. Cepillo de carpintero que sirve para labrar cajas y ranuras.
GÜIN m. *Cub.* Bohordo de las cañas.
GÜINCA adj. y s. *Chil.* Nombre que dan los indios a los blancos en general. ‖ *Fam. Chil.* Amigo.
GÜINCHA f. Huincha.
GUINCHAR v. t. Herir de punta o con guincho.

GÜINCHE m. *Amer.* Grúa, cabrestante.
GUINCHO m. Pincho de palo. ‖ *Cub.* Gavilán.
GUINDA f. Fruto del guindo.
GUINDA f. *Mar.* Altura de los masteleros. ‖ *Cub.* y *Col.* Corriente del techo: *un tejado de muy poca guinda.*
GUINDADO, DA adj. Compuesto de guindas.
GUINDAJO m. *Amér. C.* Colgajo.
GUINDAL m. Guindo, árbol que da las guindas.
GUINDALERA f. Plantío de guindos.
GUINDALETA f. (del al. *winden*, torcer). *Mar.* Cuerda del grueso de un dedo.
GUINDALEZA f. *Mar.* Cabo grueso.
GUINDAMAINA f. *Mar.* Saludo de un navío a otro que se hace batiendo el pabellón o bandera.
GUINDAR v. t. (fr. *guinder*). Colgar en alto. ‖ *Fam.* Robar. ‖ *Fam.* Lograr una cosa que otros desean: *guindar un empleo.* ‖ *Col.* Atar, amarrar. ‖ *Fam.* Ahorcar, colgar: *guindar a un prisionero.* ‖ *Chil.* y *Per.* *Guindarse a uno*, despacharlo, matarlo.
GUINDASTE m. *Mar.* Especie de cabria formada por tres maderos en forma de horca. ‖ *Mar.* Armazón en forma de horca que sirve para colgar alguna cosa.
GUINDILLA f. Fruto del guindillo de Indias. ‖ Pimiento pequeño, encarnado y muy picante. ‖ *Fam.* En España, agente de orden público. (SINÓN. V. *Agente.*)
GUINDILLO DE INDIAS m. Planta solanácea de fruto parecido a la guinda y muy picante.
GUINDO m. Especie de cerezo de fruto más redondo y agrio que el común.
GUINDOLA f. *Mar.* Pequeño andamio volante. ‖ *Mar.* Boya salvavidas. ‖ *Mar.* La barquilla de madera de la corredera.
GUINEA f. Valor de una moneda inglesa que ya no existe en pieza o en billete y que equivale a 21 chelines.
GUINEO, A adj. y s. De Guinea, región de África. ‖ *Gallina guinea*, la pintada. ‖ — M. Cierto baile de negros. ‖ Especie de plátano pequeño.
GUINGA f. o **GUINGÁN** m. Especie de tela de algodón antigua.
GUINJA f. y **GUÍNJOL** m. Azufaifa.
GUINJO y **GUINJOLERO** m. Azufaifo, árbol.
GÜIÑA f. *Chil.* Nombre de varios gatos silvestres. ‖ *Col.* y *Venez.* Galicismo por *mala suerte.*
GUIÑADA f. Señal que se hace guiñando un ojo. ‖ *Mar.* Movimiento brusco del buque hacia un lado.
GUIÑADOR, RA adj. Que guiña con frecuencia.
GUIÑADURA f. Guiñada.
GUIÑAPIENTO, TA adj. Guiñaposo.
GUIÑAPO m. Andrajo, trapo viejo y roto. ‖ *Fig.* Persona andrajosa y sucia: *esa mujer es un guiñapo.* ‖ *Fig.* Persona degradada.
GUIÑAPOSO, SA adj. Lleno de guiñapos: *traje guiñaposo.* (SINÓN. *Harapiento.*)
GUIÑAR v. t. Cerrar un ojo quedando el otro abierto.
GUIÑO m. Guiñada: *hacer guiños.*
GUIÑOL m. Títere. (SINÓN. V. *Muñeco.*) ‖ Teatro de títeres. ‖ *Fig.* Persona cómica o ridícula.
GUIÑOTE m. Variedad del tute, juego.
GUÍO m. *Col.* Serpiente acuática.
GUIÓN m. Cruz que se lleva delante de algunos prelados. ‖ Estandarte real. ‖ Bandera que se lleva delante de algunas procesiones. ‖ *Fig.* El que sirve de guía: *el guión de una bandada de golondrinas.* ‖ Escrito breve que sirve de guía. ‖ Argumento de una película cinematográfica expuesto en todos sus detalles para su cabal realización. (SINÓN. V. *Trama.*) ‖ *Gram.* Signo ortográfico (-) que se pone al final de una línea para indicar que la palabra final continúa en la línea siguiente. (Sirve igualmente para separar en varios casos los miembros de una palabra compuesta: *franco-hispano.*)
GUIONISTA com. Autor de un guión cinematográfico o de televisión.
GUIONAJE m. Oficio del guía o guión.
GUIPAR v. t. *Fam.* Ver, descubrir, dar con.
GÜIPIL m. *Méx.* Camisa sin mangas de las indias. (SINÓN. *Tipoy*)

guitarra

GUIPURE f. (pal. fr., pr. *guipur*). Especie de encaje de malla ancha, sin fondo.
GUIPUZCOANO, NA adj. y s. De Guipúzcoa.
GÜIQUILITE m. *Méx.* Añil.
GÜIRA f. Árbol americano de la familia de las bignoniáceas, de fruto globoso parecido a la calabaza: *con el fruto de la güira se hacen tazas, platos, etc.* (SINÓN. *Calabacera.*) ‖ Fruto de este árbol: *con la pulpa de la güira se hace una clase de miel afamada.* ‖ *Amer. Fam.* Cabeza, calabaza. ‖ *Chil.* Tira de corteza que se usa como soga para atar. ‖ — Adj. *Hond.* Cobarde, miedoso. ‖ *Chil.* *Dar güira*, azotar, dar una paliza.
GUIRI m. Cristino, durante las guerras carlistas. ‖ *Pop.* Guardia civil.
GUIRIGAY m. *Fam.* Lenguaje ininteligible. (SINÓN. V. *Galimatías.*) ‖ Gritería y confusión. Pl. *guirigays* o *guirigayes.*
GUIRINDOLA f. Chorrera de la camisola.
GÜIRÍS m. *Amér. C.* y *Bol.* Práctico en minas.
GUIRIZAPA f. *Venez.* Algazara.
GUIRLACHE m. Especie de turrón.
GUIRNALDA f. Corona, tira o cordón de ramas, flores o papel para ceñir la cabeza o como simple adorno. ‖ Perpetua, planta amarantácea.
GÜIRO m. *Per.* y *Bol.* Tallo del maíz verde. ‖ *Antill.* y *Venez.* Instrumento músico hecho con el fruto del güiro.
GUIROPA f. Guiso de carne con patatas.
GUISA f. Manera. Úsase sólo en las loc. adv. *a guisa, de guisa, de tal guisa*, a modo, de tal suerte: *los chinos usan palillos a guisa de tenedor.* (SINÓN. V. *Modo.*)
GUISADO m. Guiso de carne, con salsa y generalmente con patatas. ‖ Cualquier guiso con salsa. (SINÓN. V. *Guiso.*)
GUISADOR, RA y **GUISANDERO, RA** adj. y s. Que guisa: *esta mujer es muy buena guisandera.*
GUISANTAL m. Plantío de guisantes.
GUISANTE m. (lat. *pisum*). Planta papilionácea trepadora comestible. ‖ Semilla de esta planta: *un plato de guisantes.* ‖ *Guisante de olor*, variedad de almorta trepadora, de flores tricolores y olorosas.
GUISAR v. t. Preparar un manjar por medio del fuego, y con alguna salsa o caldo: *guisar patatas en ajo de pollo.* (SINÓN. V. *Aderezar.*) ‖ *Fig.* Arreglar, disponer, aderezar una cosa.
GUISASO m. *Cub.* Nombre genérico de diferentes plantas silvestres.
GÜISCLACUACHI m. *Méx.* El puerco espín.
GÜISCOLOTE m. *Méx.* Arácnido venenoso llamado también *vinagrillo* por el olor que despide.
GÜISCOYOL m. *Hond.* Coyol, palma silvestre.
GUISO m. Manjar guisado generalmente con salsa: *un guiso de patatas.* (SINÓN. *Plato, guisado, estofado.* Pop. *Guisote, rancho.*) ‖ *Arg. Pop.* Hombre despreciable.
GUISOTE m. Guisado groseramente preparado. (SINÓN. V. *Guiso.*)
GÜISQUE m. *Méx.* Nombre vulgar del *aguardiente.*
GÜISQUELITE m. *Méx.* Especie de alcachofa.
GÜISQUIL m. *Guat.* Chayote, fruta.
GÜISTOMATE m. *Méx.* Solanácea medicinal.
GUITA f. Cuerda delgada. ‖ *Fam.* Dinero.
GUITAR v. t. Coser con guita: *guitar un saco.*
GUITARRA f. Instrumento músico de seis cuerdas, que se tocan con los dedos. ‖ *Tecn.* Tabla con mango que sirve para machacar el yeso. ‖ *Venez.* Traje de fiesta. ‖ *Per. Fig.* Niño de teta.
GUITARRAZO m. Golpe dado con la guitarra.
GUITARREAR v. i. Tocar la guitarra.
GUITARREO m. Rasgueo de guitarra.
GUITARRERÍA f. Taller donde se hacen guitarras. ‖ Tienda en la que se venden.
GUITARRERO, RA m. y f. Persona que hace o vende guitarras. ‖ Guitarrista, tocador de guitarra.
GUITARRESCO, CA adj. *Fam.* Relativo a la guitarra: *música guitarresca.*
GUITARRILLO m. Guitarra pequeña que sólo tiene cuatro cuerdas. ‖ Guitarrita que tiene voces sumamente agudas.
GUITARRISTA com. Persona que por oficio toca la guitarra. ‖ Persona diestra en tocar la guitarra.

GUITARRO m. Guitarrillo, guitarra pequeña.
GUITARRÓN m. Guitarra grande. ‖ *Fig.* y *fam.* Tunante, picarón, bribón. ‖ *Hond.* Avispa ahorcadora. ‖ *Chil.* Guitarra de unas 25 cuerdas.
GUITO m. *Cub.* Mancha blanca en el cutis.
GÜITO m. *Fam.* Sombrero.
GUITÓN, ONA adj. y s. *Ant.* Pícaro.
GUITONEAR v. i. Vagabundear, holgazanear.
GUITONERÍA f. Acción de guitonear.
GUIZACILLO m. Planta gramínea de América.
GÜIZACHE m. *Guat.* Curial o tinterillo.
GUIZARAZO m. *C. Rica.* Capirotazo.
GUIZAZO m. *Cub.* Guisaso.
GUIZGAR v. t. Enguizgar, incitar, estimular.
GUIZQUE m. Palo con un gancho en la punta.
GUJA f. Especie de archa enastada, arma antigua.
GULA f. (lat. *gula*). Falta de moderación en la comida o la bebida. ‖ — CONTR. *Templanza.*
GULDEN m. Unidad monetaria de Holanda. (Dícese también *florín.*)
GULES m. pl. (fr. *gueules*). *Blas.* Color rojo, en el blasón: *árbol de oro en campo de gules.*
GULOSO, SA adj. y s. Goloso. (P. us.)
GULUNGO m. *Col.* Pájaro que cuelga su nido de las ramas de los árboles. ‖ — SINÓN. *Mochilero, tojo, yapú.*
GULUSMEAR v. i. Golosinear: *andar gulusmeando en las cocinas.* ‖ Curiosear. (SINÓN. V. *Oler.*)
GULUSMERO, RA adj. Que gulusmea.
GULLERÍA f. Gollería, avidez, ansia.
GUMAMELA f. Género de malváceas de Filipinas.
GÚMENA f. *Mar.* Maroma gruesa, cable. (P. us.)
GUMÍA f. Daga morisca un poco encorvada.
GUMÍFERO, RA adj. Que produce goma.
GUNNERÁCEAS f. pl. Familia de plantas angiospermas como el pangue.
GURA f. Paloma azul y con moño de Filipinas.
GURBIA f. *Amer. Pop.* Gubia, herramienta. ‖ — M. *Méx.* Bribón, taimado, pícaro.
GURDO m. Unidad monetaria de Haití.
GURGUCIAR v. i. *Amér. C. Fam.* Averiguar.
GURGUNCHA f. *Hond. Fam.* Hucha, ahorros.
GURÍ m. y **GURISA** f. *Arg.* Muchacho o muchacha indios.
GURIPA m. *Fam.* Golfo, pillete. ‖ *Fam.* Soldado.
GURRÍ m. *Col.* Especie de penélope.
GURRIATO y **GURRIPATO** m. Pollo de gorrión. ‖ *Pop.* Chiquillo.
GURRUBUCEAR v. t. *Hond.* Gurguciar.
GURRUFERO m. *Fam.* Rocín malo, caballejo.
GURRUMINA f. *Fam.* Condescendencia excesiva del marido con su mujer. ‖ *Amer.* Pequeñez, fruslería. ‖ *Arg.* Persona enclenque y enfermiza. ‖ *Ecuad., Guat.* y *Méx.* Cansera, molestia. ‖ *Bol.* Gente cursi. ‖ *Col.* Tristeza, murria.
GURRUMINO, NA adj. Enclenque, desmedrado. ‖ *Bol.* y *Per.* Cobarde, pusilánime. ‖ *Hond.* Listo, astuto. ‖ — M. *Fam.* Marido que contempla con exceso a su mujer. ‖ *Méx.* Muchachillo de corta edad. (SINÓN. V. *Bebé.*)
GURRUNERA f. *Venez.* Huronera, madriguera.
GURUPA f. Grupera.
GURUPÍ m. *Arg.* Falso postor en las subastas.
GURUPIÉ m. (fr. *croupier*). *Amer.* Auxiliar del banquero en las casas de juego.
GUSANEAR v. i. Hormiguear, bullir, hervir.
GUSANERA f. Sitio donde se crían gusanos. ‖ *Fig.* y *fam.* Pasión vehemente.
GUSANERÍA f. Abundancia de gusanos.
GUSANIENTO, TA adj. Que tiene gusanos.
GUSANILLO m. Cierta labor menuda que se hace en los tejidos y otras cosas. ‖ *Fam. El gusanillo de la conciencia,* cierta molestia interior que causan los remordimientos. ‖ *Matar el gusanillo,* beber aguardiente por la mañana.
GUSANO m. (lat. *cossus*). Nombre vulgar de varios animales invertebrados de cuerpo blando contráctil y dividido en anillos. ‖ Lombriz. ‖ Oruga. ‖ *Fig.* Hombre humilde. ‖ *Gusano de luz,* la luciérnaga. ‖ *Gusano de San Antón,* la cochinilla gris. ‖ *Gusano revoltón,* el convólvulo. ‖ *Gusano blanco,* larva del abejorro. ‖ *Gusano de seda,* oruga que produce la seda.
GUSANOSO, SA adj. Que tiene gusanos.
GUSARAPIENTO, TA adj. Que tiene gusarapos. ‖ *Fig.* Inmundo, viciado.
GUSARAPO m. Nombre despectivo de los animalejos de forma de gusanos, que se crían en algunos líquidos como el vinagre.
GUSGO, GA adj. *Méx.* Guzgo.
GUSTABLE adj. Relativo al gusto.
GUSTACIÓN f. Acción de gustar: *la gustación de un licor.* ‖ Percepción de los sabores.
GUSTAR v. t. (lat. *gustare*). Sentir en el paladar el sabor de una cosa. (SINÓN. *Probar.*) ‖ Experimentar. ‖ Galicismo por *saborear.* ‖ — V. i. Agradar: *me gusta el dulce.* ‖ Desear, querer, tener gusto en algo: *gusto de leer.* (SINÓN. V. *Amar.*)
GUSTATIVO, VA adj. Relativo o perteneciente al gusto: *nervio gustativo.*
GUSTAZO m. *Fam.* Gusto grande que tiene uno en hacer algo malo a otro: *me he de dar ese gustazo.* ‖ — PROV. **Por un gustazo, un trancazo,** nada es difícil cuando se desea con vehemencia.
GUSTILLO m. Saborcillo que dejan en el paladar algunas cosas además de su sabor principal: *este vino tiene un gustillo a frambuesa.*
GUSTO m. (lat. *gustus*). Sentido que nos permite distinguir el sabor de las cosas. (El *órgano del gusto* se encuentra en el hombre en la lengua y en el paladar y se pueden distinguir cuatro sabores: salado, dulce, amargo y ácido.) ‖ Sabor: *manjar de gusto acre.* ‖ Placer: *tengo gusto en leer tus cartas.* (SINÓN. V. *Euforia* y *júbilo.*) ‖ Facultad de apreciar lo bello: *hombre de gusto muy delicado.* ‖ Gracia, elegancia: *vestido con gusto.* ‖ Manera de expresar una obra artística: *el gusto clásico.* ‖ Modo de apreciar las cosas: *todos tenemos gustos diferentes.* ‖ Voluntad, determinación: *ha sido mi gusto hacerlo.* ‖ Capricho, antojo, deseo de una cosa. ‖ Loc. adv. *A gusto,* con gusto. ‖ *Dar gusto a uno,* complacerle. ‖ *Arg. De gusto,* de intento. ‖ *Despacharse a su gusto,* hacer lo que convenga o acomode. ‖ *Hay gustos que merecen palos,* existen preferencias que son desacertadas. ‖ *Tomar gusto a algo,* aficionarse a ello. ‖ — PROV. **Sobre gustos no hay nada escrito,** cada cual puede escoger lo que más le guste sin tener en cuenta el parecer de los demás.
GUSTOSAMENTE adv. m. Con gusto.
GUSTOSO, SA adj. Sabroso: *fruta gustosa.* ‖ Que hace con gusto una cosa: *gustoso le escribo a Ud.* (SINÓN. V. *Voluntariamente.*) ‖ Agradable, placentero.
GUTAGAMBA f. (pal. malaya). Árbol de la familia de las gutíferas originario de la India: *la gutagamba produce una gomorresina amarilla, de sabor acre, que se emplea en farmacia y en pintura.* ‖ Esta misma gomorresina.
GUTAPERCHA f. (ingl. *gutta percha*). Substancia gomosa, parecida al caucho, pero más blanda, que se obtiene por medio de incisiones de un árbol grande de la India, de la familia de las sapotáceas: *la gutapercha sirve para fabricar telas impermeables y para envolver los cables eléctricos.* ‖ Tela barnizada con esta substancia.
GUTIÁMBAR f. *Pint.* Goma de color amarillo.
GUTÍFERAS f. pl. Familia de árboles dicotiledóneos que segregan jugos resinosos, como la gutagamba y la gutapercha.
GUTURAL adj. (lat. *gutturalis*). Relativo a la garganta: *arteria gutural, sonido gutural.* ‖ *Gram.* Dícese de las consonantes cuyos sonidos provienen de la garganta: la *g,* la *j* y la *k* son *consonantes guturales.* Ú. t. c. f.
GUTURALMENTE adv. m. Con sonido gutural.
GUZGO, GA adj. *Méx.* Goloso.
GUZGUERA f. *Méx.* Hambre.
GUZLA f. (del turco *gazl,* cordón de crin). Instrumento músico de una sola cuerda, en forma de guitarra, usado por los ilirios.
GUZMÁN m. (del godo *gods,* bueno, y *manna,* hombre). Noble que servía antiguamente en el ejército español con plaza de soldado, pero con cierta distinción.
GUZPATARA f. *Dom.* Nombre de una especie de lepra en las Antillas.
GUZPATARRA f. Juego antiguo de muchachos.
GYMKHANA f. (pal. hindú). Fiesta al aire libre en que se celebran pruebas deportivas.

guja

guzla

H

H f. Novena letra del abecedario y séptima de sus consonantes: *una H mayúscula.* ‖ Símbolo del *hidrógeno.* ‖ *Electr.* Símbolo del *henrio* o *henry.* ‖ Nombre de la nota *si* en alemán. ‖ Símbolo de la *hora.* ‖ *Hora H,* hora de ataque **y**, por ext., hora fijada de antemano para una operación cualquiera. ‖ *Fam.* Llámele *h,* llámele como usted quiera. ‖ *Por h o por b,* por alguna circunstancia: *si por h o por b no puedes venir, avísame.*
— *Gram.* La *hache* no tiene sonido. Antiguamente se aspiraba y aún hoy suelen pronunciarse así algunas palabras en Andalucía y Extremadura.

ha, abreviatura de *hectárea.*

¡HA! interj. ¡Ah! : *¡ha de la casa!*

HABA f. (lat. *faba*). Planta de la familia de las papilionáceas, de semilla comestible: *el haba seca sirve de alimento para los ganados.* ‖ Semilla del haba, y, por analogía, simiente de ciertos frutos: *haba de cacao.* ‖ Nombre que se da a las bolitas blancas y negras con que se vota en algunas congregaciones. ‖ Gabarro, nódulo de una piedra. ‖ Roncha : *levantar haba una picadura de mosquito.* ‖ Bálano. ‖ En algunas provincias habichuela, judía. ‖ *Mín.* Nódulo de mineral redondeado y envuelto por la ganga. ‖ *Veter.* Tumor que se forma a las caballerías en el paladar. ‖ *Haba de Egipto,* la colocasia. ‖ *Haba de las Indias,* el guisante de olor. ‖ *Haba de San Ignacio,* arbusto de la familia de las loganiáceas, común en Filipinas: *el haba de San Ignacio es venenosa por la estricnina que contiene.* ‖ *Haba marina,* el ombligo de Venus, concha. ‖ *Haba panosa,* variedad del haba común: *el haba panosa sirve para alimento de las caballerías.* ‖ *Haba tonca,* semilla de una leguminosa de la Guayana. ‖ *En todas partes cuecen habas,* en todas partes sucede poco más o menos lo mismo. — *Observ.* Aunque *haba* es femenino se usa con las formas masculinas del artículo.

HABADO, DA adj. Aplícase al animal que tiene la enfermedad del haba o que tiene en la piel manchas de forma parecida a la del haba.

HABANERA f. Cierta danza de sociedad originaria de La Habana, y música con que se baila.

HABANERO, RA adj. y s. De La Habana.

HABANO, NA adj. y s. De La Habana y, por ext., de Cuba: *tabaco habano.* ‖ Del color de tabaco claro. ‖ — M. Cigarro puro que viene de La Habana.

HABAR m. Plantío de habas.

HABASCÓN m. *Amer.* Especie de pastinaca.

HÁBEAS CORPUS m. (n. de una ley ingl. [1679] y norteam. [1787] que comenzaba con estas palabras). Derecho de todo ciudadano detenido de todo comparecer ante un tribunal para que éste examine la legalidad de la detención y si debe mantenerse.

HABER m. Hacienda, fortuna: *es todo mi haber.* ‖ Retribución periódica de algún servicio. ‖ Parte de la cuenta de una persona donde se apuntan las cantidades que se le deben. (SINÓN. *Activo, caudal.* CONTR. *Debe.*) ‖ *Fig.* Cualidades.

HABER v. t. (lat. *habere*). Poseer, tener. (Es poco usado en este sentido, substituyéndole generalmente el v. *tener.*) ‖ Detener, alcanzar: *lee cuantos libros puede haber.* ‖ — V. auxiliar que sirve para conjugar los demás verbos: *he comido, habrás venido.* ‖ — Impers. Suceder, ocurrir: *hubo toros, hubo función.* ‖ Verificarse, efectuarse: *hoy habrá clase.* ‖ *Hay, que,* es preciso. ‖ *No hay que,* no se debe. ‖ Encontrarse, hallarse: *hay poca gente en esta sala.* ‖ Dicho del tiempo, hacer: *poco tiempo ha.* ‖ *Haber de,* ser necesario: *has de salir mañana.* ‖ — IRREG. Pres. ind. : *he, has, ha, hemos, habéis, han;* imperf. : *había,* etc. ; pret. indef. : *hube, hubiste, hubo, hubimos, hubisteis, hubieron;* fut. : *habré, habrás, habrá, habremos, habréis, habrán;* imper. : *he tú;* post. : *habría,* etc. ; pres. subj. : *haya, hayas, haya, hayamos, hayáis, hayan;* imperf. subj. : *hubiera, etc., hubiese,* etc. ; fut. subj. : *hubiere,* etc. ; ger. : *habiendo;* p. p. : *habido.*

HABICHUELA f. Judía, planta leguminosa.

HABIENTE adj. Que tiene. (Úsase sólo en las locuciones jurídicas: *habiente* o *habientes derecho,* o *derecho habiente* o *habientes.*)

HÁBIL adj. (lat. *habilis*). Capaz: *hábil para testar.* ‖ Ingenioso: *un obrero hábil.* (SINÓN. V. *Diestro.* CONTR. *Torpe.*) ‖ *Días hábiles,* días laborables.

HABILIDAD f. Capacidad para una cosa: *la habilidad a la herencia cesa desde cierto grado de parentesco.* ‖ Cualidad de hábil. (SINÓN. *Destreza.* CONTR. *Torpeza.*)

HABILIDOSO, SA adj. y s. Que tiene habilidad, mañoso. ‖ — CONTR. *Torpe, desmañado.*

HABILITACIÓN f. Acción y efecto de habilitar.

haba

HABILITADO m. El encargado de los intereses de un cuerpo o sociedad: *habilitado de regimiento.* || *Amer.* Comerciante comanditado por otra persona.
HABILITADOR, RA adj. y s. Que habilita.
HABILITAR v. t. (lat. *habilitare*). Dar habilidad para algo: *habilitar a un menor.* (SINÓN. V. *Permitir.*) || Comanditar: *habilitar a un comerciante.* || Declarar hábil una cosa. || Preparar: *habilitar una casa.* || Facilitar a uno lo que necesita. || *Cub.* Fastidiar.
HÁBILMENTE adv. m. Con habilidad.
HABILOSO, SA adj. *Chil.* Habilidoso o astuto.
HABILLA f. *Amér. C.* Jabillo, árbol.
HABITABILIDAD f. Calidad de habitable.
HABITABLE adj. Que puede habitarse: *los polos del globo no son habitables.* || — CONTR. *Inhabitable.*
HABITACIÓN f. Sitio donde se habita, domicilio. (SINÓN. V. *Vivienda.*) || Región donde se cría una especie animal o vegetal. || Aposento de una casa: *una habitación alfombrada.* (SINÓN. V. *Pieza.*)
— Las primeras *habitaciones* de los hombres fueron rústicos abrigos de ramas, chozas construidas sobre pilotes a orillas de los lagos, o cavernas naturales de la tierra. Pero entre los pueblos civilizados, la comodidad y el lujo de las habitaciones han seguido los progresos de la civilización. A las casas estrechas y cerradas del Oriente asirio y egipcio sucedieron las más espaciosas y lujosamente adornadas interiormente de la Grecia y la Roma clásicas. En la Edad Media europea se multiplican las ventanas exteriores, al mismo tiempo que revisten los edificios los caracteres de la arquitectura dominante (románico, gótico, renacimiento). En la actualidad procuran sobre todo los arquitectos el bienestar interior, sin olvidar por esto el carácter artístico de las fachadas.
HABITÁCULO m. Habitación. (SINÓN. V. *Vivienda.*)
HABITADOR, RA adj. y s. Que habita en un sitio.
HABITANTE m. El que habita en un sitio: *los habitantes de Calatayud se llaman "bilbilitanos".*
HABITAR v. t. (lat. *habitare*). Vivir, morar: *habitar una casa espaciosa.*
HABITAT m. (pal. fr.). Conjunto de hechos geográficos relativo a la residencia del hombre.
HÁBITO m. (lat. *habitus*). Traje o vestido. || El que se lleva en cumplimiento de un voto: *hábito de San Antonio.* || Traje de los religiosos: *el hábito pardo de los franciscanos.* || Costumbre, disposición adquirida por actos repetidos; manera de vivir: *tener malos hábitos.* (SINÓN. *Costumbre, uso, usanza, regla, práctica, arregosto, rito.*) || *Tomar el hábito,* entrar en religión. || — Pl. Vestido talar de los sacerdotes: *ahorcar o colgar los hábitos.* || — PROV. **El hábito no hace al monje,** no debemos juzgar por las apariencias.
HABITUACIÓN f. Acción y efecto de habituar o habituarse, costumbre, hábito.
HABITUADO, DA m. y f. Galicismo por *parroquiano* o *aficionado.*
HABITUAL adj. Que se hace por costumbre: *paseo habitual.* (SINÓN. V. *Ordinario.* CONTR. *Excepcional, inusitado.*)
HABITUALMENTE adv. De manera habitual.
HABITUAR v. t. (lat. *habituare*). Acostumbrar o hacer tomar la costumbre: *habituar un caballo al ruido.* || — V. r. Tomar la costumbre.
HABITUD f. (lat. *habitudo*). Relación que tiene una cosa con otra. || Galicismo por *costumbre.*
HABLA f. (lat. *fabula*). Facultad de hablar, o acción de hablar. || Idioma, lenguaje: *un habla ininteligible.* (SINÓN. V. *Lengua.*) || *Al habla,* loc. adv., en conversación: *ponerse al habla telefónicamente.*
HABLACHENTO, TA adj. y s. *Venez.* Hablador.
HABLADAS f. pl. *Amer.* Fanfarronadas.
HABLADERO m. *Chil.* Murmuración.
HABLADO, DA adj. Con los adverbios *bien* o *mal* significa comedido o descomedido en el hablar: *muchacho muy mal hablado.* || — F. *Méx.* Chisme.
HABLADOR, RA adj. y s. Que habla mucho y sin necesidad. || Aficionado a contar todo lo que ve y oye: *mujer habladora.* || *Méx.* Valentón.
HABLADURÍA f. Charla impertinente y molesta. || Rumor, mentira que corre en el vulgo.
HABLANCHÍN, INA adj. y s. *Fam.* Hablador.
HABLANTÍN, INA adj. y s. *Fam.* Hablanchín, hablador. || — F. *Col.* Cháchara, charla.
HABLAR v. i. (lat. *fabulari*). Expresar el pensamiento por medio de palabras: *hablar en voz baja.* || Articular palabras como el hombre: *los loros hablan fácilmente.* || Expresarse de un modo cualquiera: *hablar por señas.* || Conversar: *hablaré mañana con tu padre.* (SINÓN. *Platicar, conferenciar, decir, conferir, consultar, confabular.* Pop. *Chamullar.* V. tb. *charlar* y *discursear.*) || Razonar, tratar: *este libro habla de ciencias ocultas.* || Dirigir la palabra a uno: *anteayer me habló por primera vez.* || *Fig.* Tener relaciones amorosas: *habló dos años con su novia.* || Murmurar o criticar: *mira a quién habla.* || Rogar, interceder. || *Fig.* Sonar un instrumento con gran arte y expresión: *hace hablar a la guitarra.* || — V. t. Conocer, emplear un idioma: *habla el francés.* || Decir: *habla siempre disparates.* || Dar a entender: *todo habla de su presencia.* || — V. r. Comunicarse, tratarse de palabra: *ésos ya no se hablan,* no se tratan. || *Hablar como una cotorra, más que un papagallo, por los codos,* hablar mucho y rápidamente. || *Hablando en plata,* hablando claramente. || *¡Ni hablar!,* de ninguna manera. || — PROV. **Quien mucho habla, mucho yerra,** ha de evitarse el hablar demasiado.
HABLILLA f. Habladuría. (SINÓN. V. *Cuento.*)
HABLISTA com. Persona que se distingue por la propiedad y elegancia de su lenguaje.
HABÓN m. Roncha grande.
HACA f. Jaca.
HACAMARI m. *Per.* Cierto oso andino.
HACANEA f. Jaca bastante grande que usaban las señoras antiguamente para montar. (SINÓN. V. *Yegua.*)
HACECILLO m. *Bot.* Grupo de flores de cabezuela cuyos pedúnculos son casi de la misma altura.
HACEDERO, RA adj. Que puede hacerse con facilidad: *una empresa hacedera.* || — SINÓN. *Factible, dable.* V. tb. *posible.*
HACEDOR, RA adj. y s. Que hace una cosa: *Dios es el Supremo hacedor del mundo.* || Encargado de administrar una hacienda. || — F. *Per.* Mujer que hace o vende chicha.
HACENDADO, DA adj. y s. Que tiene hacienda en bienes raíces. (SINÓN. V. *Rico.*) || *Amer.* Dueño de una estancia.
HACENDAR v. t. Conceder haciendas o bienes raíces. || — V. r. Adquirir bienes una persona en un lugar. || — IRREG. Se conjuga como *arrendar.*
HACENDERA f. Trabajo de utilidad común a que acude por obligación todo el vecindario.
HACENDISTA m. Hombre perito en la administración de la hacienda pública.
HACENDÍSTICO, CA adj. Relativo a la hacienda.
HACENDOSO, SA adj. Solícito y diligente en las faenas domésticas.
HACER v. t. (lat. *facere*). Crear, formar: *hacer un mueble de nogal.* (SINÓN. V. *Producir.*) || Obrar: *hacer un milagro.* (SINÓN. *Actuar, efectuar, realizar.*) || Disponer, arreglar: *hacer la cama.* || Causar: *hacer sombra.* || Contener: *una vasija que hace dos arrobas.* || Acostumbrar: *hacer a uno a las fatigas.* || Con algunos substantivos, significa realizar la acción que indican éstos: *hacer burla.* (Deben sin embargo evitarse los galicismos: *hacer alusión,* por *aludir; hacer ilusión,* por *dar ilusión; hacerse ilusiones,* por *forjárselas; hacer furor,* por *llamar la atención, estar muy de moda, gustar mucho; hacerse un deber,* por *tener gusto en; no hacer nada una cosa,* por *no importar; hacer su desgracia,* por *labrarla; hacer ley,* por *imperar, privar; hacer el objeto de,* por *ser objeto de; hacer política,* por *meterse en ella; hacer su camino,* por *abrírselo; hacer silencio,* por *callar; hacer conocer,* por *dar a conocer.*) || Representar un papel: *hacer el gracioso.* || Ocuparse en algo: *no tener nada que hacer.* || Igualar: *dos y dos hacen cuatro.* || Creer, suponer: *yo le hacía en Madrid.* || Expeler del cuerpo: *hacer de vientre.* || Obligar: *la hizo venir.* || *Hacer saber, presente,* poner en conocimiento,

notificar. ‖ Aparentar: *hacer el muerto.* ‖ *Hacer de,* desempeñar el oficio de: *hacer de carpintero.* ‖ *Hacer por,* procurar. (SINÓN. V. *Intentar.*) ‖ *A mal hacer,* de intento. ‖ *Hacer el amor,* enamorar, galantear: *hacía el amor a una maniquí.* ‖ *Hacer las delicias,* causar, ocasionar: *hacía las delicias de su vida.* ‖ — V. i. Importar, convenir: *esto no hace el caso.* ‖ Corresponder, concordar: *la cortina no hace bien aquí.* ‖ Procurar: *hacer por o para llegar.* ‖ — V. r. Proveerse: *hacerse de dinero.* ‖ Volverse: *hacerse vinagre el vino.* ‖ Acostumbrarse: *no me hago a vivir solo.* ‖ Crecer, aumentarse: *hacerse los sembrados.* ‖ Convertirse en, llegar a ser: *se hizo republicano.* ‖ *Hacerse con* [o *de*] *una cosa,* apropiársela: *hacerse con un libro.* **En Colombia** se dice equivocadamente: *hacerse a una cosa.* ‖ Apartarse: *hacerse atrás, hazte allá.* ‖ — V. impers. Presentarse el tiempo o estado atmosférico: *hace frío, hizo bueno.* ‖ Haber transcurrido cierto tiempo: *hace tres días que la vi.* ‖ *El que la hace la paga,* no hay acción mala que no se castigue. ‖ *Hacer aguas,* orinar. ‖ — PROV. **Más hace el que quiere que no el que puede,** la voluntad ayuda a vencer todas las dificultades. ‖ — CONTR. *Deshacer.* ‖ — IRREG. Pres. ind.: *hago, haces, hace, hacemos, hacéis, hacen;* pret. indef.: *hice, hiciste, hizo, hicimos, hicisteis, hicieron;* fut.: *haré, harás,* etc.; pot.: *haría, harías,* etc.; impers.: *haz, haced;* pres. subj.: *haga, hagas,* etc.; pret. subj.: *hiciera, hicieras,* etc.; *hiciese, hicieses,* etc.; fut. subj.: *hiciere, hicieres;* ger.: *haciendo;* p. p. *hecho.*

HACERA f. Acera.

HACIA prep. (del lat. *facie ad,* cara a). Indica el lugar a que se encamina el movimiento: *voy hacia casa.* ‖ Alrededor de, cerca de: *te espero hacia las tres.*

HACIENDA f. (lat. *facienda*). Finca rural: *una hacienda aislada.* (SINÓN. V. *Predio.*) ‖ Fortuna: *malgastar su hacienda.* ‖ *Amer.* Ganado: *hacienda vacuna.* ‖ *Amer.* Conjunto de ganados. ‖ *Cub.* Corral para ganado. ‖ *Hacienda pública,* rentas del Estado. ‖ *Ministerio de Hacienda,* el que se ocupa en la recaudación o inversión de las rentas del Estado. ‖ — Pl. Quehaceres domésticos.

cabeza de halieto

HACINA f. (lat. *fascina*). Conjunto de haces colocados unos sobre otros: *hacina de leña.* ‖ *Fig.* Montón o rimero de cosas diversas. (SINÓN. V. *Acopio.*)

HACINADOR, RA m. y f. Persona que hacina.

HACINAMIENTO m. Acción de hacinar o amontonar.

HACINAR v. t. Colocar los haces en hacina. ‖ *Fig.* Amontonar: *hacinar las pruebas contra un culpable.*

HACHA f. (del lat. *fax, facis,* tea). Vela grande con varios pabilos. ‖ Tea de esparto y alquitrán: *el hacha resiste al viento sin apagarse.* ‖ *Chil.* Un juego de canicas.

HACHA f. (lat. *ascia*). Herramienta cortante que se usa para cortar leña, para labrar toscamente la madera, para decapitar a los reos, etc. (SINÓN. *Destral.*) ‖ Cuerno del toro. ‖ *Ser un hacha,* ser sobresaliente en algo. ‖ *Arg. De hacha y tiza,* de pelo en pecho. ‖ *Hacha de armas,* arma antigua de guerra que tenía forma de un hacha.

HACHAS

1. Gala
2. Céltica
3. De guerra, s. XII
4. De guerra, s. XIII
5. Con pico
6. De zapador, 1806
7. De abordaje, 1840
8. Hachuela

HACHAR v. t. Hachear, cortar a hachazos.

HACHAZO m. Golpe dado con el hacha. ‖ Golpe que da el toro con un cuerno. ‖ *Col.* Reparada o rehuida brusca que da la caballería.

HACHE f. Nombre de la letra *h.* ‖ *Col. Fig. Volverse haches y erres,* malograrse una cosa.

HACHEAR v. t. Desbastar una cosa con el hacha: *hachear un madero.* ‖ — V. i. Dar golpes con el hacha.

HACHERO m. Candelero para poner las hachas.

HACHERO m. Leñador. ‖ *Mil.* Gastador.

HACHÍS m. (ár. *haxix*). Composición sacada de una variedad del cáñamo, que mascado, inhalado o fumado ocasiona desórdenes mentales.

HACHO m. Manojo de esparto encendido que sirve para alumbrar. ‖ Leño resinoso que se usaba para alumbrar. ‖ *Geogr.* Sitio elevado cerca del mar, que sirve de atalaya: *el hacho de Ceuta.*

HACHÓN m. Hacha de viento. ‖ Brasero alto en que se encendían materias que levantasen llama: *los hachones se solían encender en señal de regocijo.*

HADA f. Ser fantástico de sexo femenino al cual se atribuía poder mágico: *cuentos de hadas.*

HADAR v. t. Pronosticar el hado. ‖ Encantar.

HADO m. (lat. *fatum*). Destino. ‖ Fuerza que según los antiguos obraba irresistiblemente sobre los hombres y los sucesos. ‖ Suerte, lo que nos sucede con el discurso del tiempo: *un hado desgraciado.* ‖ Orden de causas encadenadas unas con otras, que necesariamente producen su efecto: *los fatalistas creen en la omnipotencia del hado.*

HAFNIO m. Cuerpo simple (Hf), de número atómico 72, descubierto en las tierras raras. (También se le conoce con el nombre de *celtio.*)

HAGIOGRAFÍA f. Historia de las vidas de los santos: *la hagiografía de los bolandistas.*

HAGIOGRÁFICO, CA adj. Relativo a la hagiografía o a las vidas de los santos.

HAGIÓGRAFO m. (del gr. *hagios,* santo, y *graphein,* escribir). Autor de uno de los libros de la Sagrada Escritura. ‖ En la Biblia hebrea, autor de uno de los libros que no sean el Pentateuco ni los Profetas. ‖ Escritor de vidas de santos: *San Atanasio y San Eusebio fueron hagiógrafos griegos.*

HAIGA m. *Pop.* Automóvil de lujo, en España.

HAI KAI m. Breve poesía japonesa.

HAITIANO, NA adj. y s. De Haití. ‖ Idioma haitiano.

¡HALA! interj. que sirve para llamar; también equivale a *¡ea!*: *¡hala, levántate!*

HALAGADOR, RA adj. Que halaga, adulador.

HALAGAR v. t. Dar a uno muestras de afecto o de admiración: *carta que halaga.* (SINÓN. *Mimar, ablandar, engatusar, lisonjear, incensar, agasajar.*) ‖ Causar satisfacción, agradar: *mucho me halaga hacer lo que dices.* ‖ Adular: *quien halaga engaña.* (SINÓN. *Alabar, ensalzar, dar la coba.*) ‖ — PARÓN. *Alagar.*

HALAGO m. Acción y efecto de halagar y cosa que halaga: *hay que desconfiar de los halagos.* (SINÓN. V. *Carantoña.*)

HALAGÜEÑAMENTE adv. m. Con halago.

HALAGÜEÑO, ÑA adj. Que halaga: *palabras halagüeñas.* ‖ Adulador. ‖ Dulce, suave: *canto halagüeño.* ‖ Que atrae con dulzura y suavidad.

HALAR v. t. *Mar.* Tirar: *halar una embarcación,* etc. ‖ *Cub.* Tirar hacia sí. ‖ — V. i. *Mar.* Remar hacia adelante.

HALCÓN m. (lat. *falco*). Género de aves rapaces diurnas, de pico fuerte y corvo, que se empleaban antiguamente en la caza de cetrería: *halcón garcero; halcón grullero.*

HALCONEAR v. i. *Fig.* Tener la mujer ademán y conducta muy desenvueltos.

HALCONERA f. Lugar donde se guardaban los halcones destinados para la caza.

HALCONERÍA f. Caza con halcones: *la halconería era muy apreciada en la Edad Media.*

HALCONERO m. El que cuidaba de los halcones: *el empleo de halconero mayor era en España una dignidad de la casa real.*

HALDA f. Falda. ‖ Harpillera para envolver.

HALDADA f. Lo que cabe en el halda.

¡HALE! interj. Se usa para excitar o animar.

HALECHE m. (lat. *halex, ecis*). Boquerón.

HALIETO m. Ave de rapiña que se alimenta de peces, llamada también *águila pescadora.*

Fot. Rödle

HÁLITO m. (lat. *halitus*). Aliento: *hálito anheloso.* || Vapor. || *Poét.* Viento suave: *el hálito del céfiro.*
HALO m. (del gr. *halos*, disco). Cerco luminoso que rodea a veces el Sol y la Luna. (SINÓN. *Corona.*) || *Fot.* Aureola que rodea la imagen fotográfica de un objeto luminoso. || Resplandor que en la imaginería religiosa rodea la cabeza de los santos o la figura entera.
HALÓFILO, LA adj. (del gr. *hals*, sal, y *philos*, amigo). Dícese de las plantas que viven de preferencia en terrenos salados.
HALÓGENO, NA adj. y s. (del gr. *hals*, sal, y *gennân*, engendrar). Dícese de los metaloides de la familia del cloro (*flúor, bromo, yodo*).
HALOGRAFÍA f. Descripción de las sales.
HALOIDEO, A adj. y s. m. Nombre que se da a los compuestos de un cuerpo halógeno con un metal: *el cloruro de sodio es un haloideo.*
HALOQUE m. Embarcación pequeña antigua.
HALOTECNIA f. Parte de la química que estudia la preparación de las sales industriales.
HALTERA f. Instrumento de gimnasia formado por dos bolas o dos discos unidos por una barra.
HALTEROFILIA f. Deporte de pesos y halteras.
HALL m. (pal. ingl., pr. *jol*). Recibimiento, entrada. (SINÓN. V. *Vestíbulo.*)
HALLAR v. t. Dar con algo sin buscarlo. || Encontrar: *hallar un libro raro.* || Inventar. || Observar, notar: *hallar faltas en una carta.* || Averiguar. || — V. r. Encontrarse: *hallarse en París.* || Estar: *hallarse bastante enfermo.* || *Hallarse uno en todo,* ser entrometido. || *No hallarse uno,* estar molesto.
HALLAZGO m. Acción y efecto de hallar: *el hallazgo de una joya.* (SINÓN. V. *Invención.*) || Cosa hallada: *un hallazgo de gran valor.*
HALLULLA f. Pan que se cuece en el rescoldo. || *Chil.* Pan de masa fina y forma delgada.
HALLULLO m. Hallulla.
HAMACA f. Red que se cuelga por las extremidades y sirve de cama y columpio en ciertos países. También se usa como vehículo.
HAMACAR v. t. *Arg., Guat.* y *Urug.* Hamaquear, mecer en hamaca.
HAMADA f. Desierto pedregoso en el Sáhara.
HAMADRÍA, HAMADRÍADA y **HAMADRÍADE** f. (del gr. *hama*, con, y *drus*, encima). *Mitol.* Dríade, deidad pegana. (SINÓN. V. *Ninfa.*)
HAMAMELIDÁCEAS f. pl. Plantas de Asia, América y África, de hojas esparcidas, como el ocozol.
HAMAQUEAR v. t. *Amer.* Columpiar, mecer. || *Fig.* Entretener a una persona dándole largas.
HAMAQUERO m. El que hace hamacas. || Gancho para colgar las hamacas.
HAMBRE f. (lat. *fames*). Necesidad de comer: *Ugolino murió de hambre en su prisión.* (SINÓN. *Necesidad, apetencia, bulimia, gazuza.*) || Escasez: *el hambre calagurritana.* || Deseo ardiente: *hambre y sed de justicia.* || *Hambre canina,* polifagia. *Fig.* Gana de comer extraordinaria. *Fig.* Deseo violentísimo. || *Fig. Matar el hambre,* saciarla. || *Huelga del hambre,* v. HUELGA. || *Más listo que el hambre,* dícese de la persona que es muy aguda y avispada. || *Hambre calagurritana,* la muy violenta. || — PROV. **A buen hambre no hay pan duro,** cuando aprieta la necesidad no repara uno en ninguna delicadeza.
HAMBREAR v. t. Causar hambre: *hambrear a uno.* || — V. i. Padecer hambre.
HAMBRIENTO, TA adj. y s. Que tiene hambre. (SINÓN. *Famélico, necesitado, hambrón, bulímico.*) || *Fig.* Deseoso: *un hombre hambriento de riquezas.*
HAMBRÓN, ONA adj. y s. *Fam.* Muy hambriento. (SINÓN. V. *Hambriento y glotón.*)
HAMBRUNA f. *Amer.* Hambre.
HAMBRUSIA f. *Amer. Fam.* Hambre.
HAMBURGUÉS, ESA adj. y s. De Hamburgo. || — F. Carne picada y frita.
HAMMERLESS m. (pal. ingl. que sign. *sin martillo.*) Escopeta que no tiene gatillo aparente.
HAMO m. (lat. *hamus*). Anzuelo de pescador. || *Cub.* Red de manga rematada en punta usada para pescar. || — PARÓN. *Amo.*
HAMPA f. Género de vida de los pícaros, gitanos y bandidos. || *Fam.* Gente maleante: *el hampa madrileña.* || — SINÓN. *Hez, pillería, golfería, gentuza, granujería.*
HAMPESCO, CA adj. Perteneciente al hampa.
HAMPÓN adj. y s. Valentón, bravo.
HÁMSTER m. Género de roedores pequeños comunes en Europa: *el hámster abunda en Alemania.*
HAND BALL m. (pal. ingl.). Balonmano.
HANDICAP m. (pal. ingl.). Prueba a que se admiten varios competidores de valor distinto, dándoles mayor o menor ventaja sobre el mejor de ellos. || *Fig.* Cualquier desventaja.
HANEGA f. Fanega, medida antigua española.
HANGAR m. Cobertizo, espacio para guarecer los aviones. (SINÓN. V. *Cochera.*)
HANNOVERIANO, NA adj. y s. De Hannover.
HANSA f. Antigua confederación comercial de varias ciudades de Alemania.
HANSEÁTICO, CA adj. Perteneciente o relativo a la hansa.
HAPLOLOGÍA f. (del gr. *haploos*, sencillo). Síncopa de dos sílabas iguales o semejantes: *cejunto* por *cejijunto; espadrapo* por *esparadrapo.*
HAPPENING m. (pal. ingl. que sign. *acontecimiento*). Espectáculo artístico improvisado alrededor de un tema destinado a provocar la participación del público.
HARAGÁN adj. y s. Holgazán. (SINÓN. V. *Perezoso.*)
HARAGANAMENTE adv. m. Con haraganería.
HARAGANEAR v. i. Vivir en el ocio, holgazanear, ser perezoso.
HARAGANERÍA f. Ociosidad, pereza.
HARAKIRI m. Modo de suicidarse, propio de los japoneses, y que consiste en abrirse el vientre.
HARAPIENTO, TA adj. Haraposo, andrajoso.
HARAPO m. Andrajo, guiñapo: *ir vestido de harapos.* || Último aguardiente que sale del alambique.
HARAPOSO, SA adj. Lleno de harapos: *muchacho haraposo.* (SINÓN. *Andrajoso.*)
HARCA f. (*h* aspirada). Expedición militar de los moros. || Partida de rebeldes marroquíes.
HARÉN mejor que **HAREM** m. Departamento de la casa en que viven las mujeres entre los musulmanes. || Conjunto de las mujeres que viven en el harén. || — SINÓN. *Serrallo, gineceo.*
HARIJA f. Polvillo que el aire levanta del grano cuando se muele y la harina al cernirse.
HARINA f. (lat. *farina*). Semilla reducida a polvo: *harina de maíz, de trigo, de mandioca.* || *Ant. Fig.* Dinero. || *Fig.* Polvo menudo. || *Fig.* y *fam. Ser harina de otro costal,* ser muy diferente una cosa de otra con que se la compara. || *Fig.* y *fam.* Ser una especie ajena al asunto de que se trata. || *Fam. Metido en harina,* metido en faena.
HARINEAR v. i. *Venez.* Lloviznar.
HARINEO m. *Venez.* Llovizna.
HARINERO, RA adj. Relativo a la harina: *molino harinero.* || — M. El que comercia o trabaja en harina. || Sitio donde se guarda la harina.
HARINOSO, SA adj. Que tiene mucha harina: *pan harinoso.* || Farináceo: *una semilla harinosa.*
HARMA f. Alharma, planta rutácea.
HARMONÍA y todos sus derivados. V. ARMONÍA.
HARNEAR v. i. *Col.* y *Chil.* Aechar, cribar.
HARNERO m. Especie de criba bastante ancha.
HARÓN, ONA adj. Perezoso: *caballo harón.*
HARPA f. (lat. *harpa*). Arpa.
HARPAGÓN, ONA adj. *Col.* Muy flaco.
HARPÍA f. Arpía. || *Bol.* Ave de rapiña.
HARPILLERA f. Tejido de estopa basta que sirve para envolver. || — PARÓN. *Aspillera.*
HARQUEÑO adj. (*h* aspirada). Perteneciente a la harca.
¡HARRE! interj. ¡Arre!
HARTADA f. Hartazgo, hartura.
HARTAR v. t. Saciar el apetito: *hartar de dulces a un niño.* (SINÓN. V. *Saciar.*) || *Fig.* Satisfacer un deseo. || *Fig.* Fastidiar, cansar: *ese discurso nos hartó.* || *Fig.* Llenar de, agobiar: *hartar de palos.*
HARTAZGO m. Repleción causada por el exceso de la comida: *darse uno un hartazgo de uvas, Fig.: darse un hartazgo de leer.*

haltera

Fot. Presse Sports

hastial

hebijón

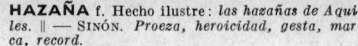

haz

HARTO, TA p. p. irreg. de *hartar: estar harto de comer.* || — Adj. Bastante, sobrado: *tengo cosas harto buenas.* || — Adv. c. Bastante: *harto ayuna quien mal come.* || — SINÓN. *Ahíto, saturado, satisfecho.*

HARTÓN, ONA adj. *Amér. C.* Glotón. || — M. Hartazgo.

HARTURA f. Hartazgo. || Abundancia, copia. || *Fig.* Logro de un deseo.

HASANÍ adj. (de *Hasán,* n. pr.). Marroquí (moneda).

HASTA prep. Sirve para expresar el término o fin de una cosa: *desde aquí hasta allí; iremos hasta Madrid.* || — Conj. copulativa y adv. de cantidad equivalente a *incluso, aun, también: hasta podrán ahorrar; lloró y hasta pataleó.* || *Hasta la vista, hasta luego, hasta más pronto, hasta otra,* expresiones de despedida. || — OBSERV. Es barbarismo decir: *hasta mañana volveré,* por *hasta mañana no volveré; hasta cada rato,* por *hasta luego.* || — PARÓN. *Asta.*

HASTIAL m. Fachada puntiaguda de un edificio formada por las dos vertientes del tejado. || *Fig.* Hombre rústico y grosero. (En esta acepción suele aspirarse la *h.*) || *Min* Cara lateral de una excavación.

HASTIAR v. t. Fastidiar.

HASTÍO m. Repugnancia a la comida: *este manjar me causa hastío.* (SINÓN. V. *Repugnancia.*) || *Fig.* Disgusto, fastidio.

HATAJADOR m. *Méx.* El que guía la recua.

HATAJAR v. t. Dividir en hatajos: *hatajar ovejas.* || — PARÓN. *Atajar.*

HATAJO m. Hato pequeño de ganado: *un hatajo de carneros.* || *Fig.* y *fam.* Conjunto, copia: *decir un hatajo de disparates.* || — PARÓN. *Atajo.*

HATEAR v. i. Recoger el hato cuando se va de viaje. || Dar la hatería a los pastores. || *And.* Ataviar.

HATERÍA f. Víveres con que se abastece a los pastores cuando van al pasto. || Ropa o ajuar que llevan los pastores cuando se marchan con el ganado y también los jornaleros y mineros.

HATERO, RA adj. Dícese de las caballerías que llevan la hatería a los pastores. || — M. El que está encargado de este fin.

HATIJO m. Ruedo de esparto o paja que sirve para tapar la boca de las colmenas.

HATILLO m. Hato pequeño. (SINÓN. V. *Paquete.*) || *Fig.* y *fam. Tomar el hatillo,* marcharse, irse, largarse.

HATO m. Porción de ganado mayor o menor: *hato de vacas.* || Sitio donde paran los pastores con el ganado. || Hatería, comida de los pastores. || *Fig.* Junta de gente de mal vivir: *hato de bribones* || *Fig.* Hatajo, montón: *hato de tonterías.* || *Fam.* Junta, corrillo: *revolver el hato.* || *Cub.* y *Venez.* Hacienda de campo destinada a la cría de ganado.

HATO m. Ropa que tiene uno para el uso ordinario: *llevar el hato a cuestas.* || *Fam. Liar uno el hato,* prepararse para marchar.

HAXIX m. Hachís.

HAWAIANO, NA adj. y s. De las islas Hawai.

HAYA f. (lat. *fagus*). Árbol de la familia de las fagáceas, de tronco liso, corteza gris y madera blanca, ligera y resistente: *el haya crece hasta cuarenta metros de altura.*

HAYACA f. *Venez.* Pastel de harina de maíz, relleno con pescado o carne, pasas, aceitunas, almendras, etc: *la hayaca se hace como manjar de Navidad.*

HAYAL y **HAYEDO** m. Sitio donde abundan las hayas.

HAYENSE adj. y s. De Presidente Hayes (Paraguay).

HAYO m. Coca, arbusto eritroxiláceo. || Hojas de coca, que mascan los indios de Colombia.

HAYUCO m. Fruto del haya.

HAZ m. (lat *fascis*). Porción atada de mieses, lino, etc. (SINÓN. *Coloño, manojo, fagote, fajina.* V. tb. *coalición.*) || *Fís.* Conjunto de rayos luminosos emitidos por un foco. || — Pl. Fasces de los lictores.

HAZ f. (lat. *facies*). Cara o rostro. || *Fig.* Cara del paño o de una tela. (CONTR. *Revés.*) || *La haz de la tierra,* la superficie de la tierra. Ú. tb. con art. m.: *el haz.*

HAZA f. Campo, porción de tierra labrantía o de sembradura: *arar una haza.*

HAZAÑA f. Hecho ilustre: *las hazañas de Aquiles.* || — SINÓN. *Proeza, heroicidad, gesta, marca, record.*

HAZAÑERÍA f. Demostración exagerada, aspaviento, escrúpulo poco fundado: *hacer hazañerías.* || Fingimiento.

HAZAÑERO, RA adj. Que hace hazañerías.

HAZAÑOSO, SA adj. Heroico, valiente.

HAZMERREIR m. *Fam.* Persona ridícula y extravagante: *es el hazmerreir del pueblo.*

He, símbolo del *helio.*

HE adv. dem. Con los adverbios *aquí* y *allí* o los pronombres *me, te, la, le, lo, las, los,* sirve para señalar una persona o cosa: *he aquí la verdad.*

HEBDÓMADA f. (gr. *hebdomas*). Semana. || Espacio de siete años: *las setenta hebdómadas de Daniel.*

HEBDOMADARIO, RIA adj. Semanal: *revista hebdomadaria.* || — M. y f. En las comunidades regulares, sacerdote destinado cada semana para oficiar.

HEBÉN adj. *Uva ebén,* variedad de uva grande.

HEBETADO, DA adj. Embotado: *tener el rostro hebetado.*

HEBIJÓN m. Clavillo de hebilla.

HEBILLA f. (lat. *fibula*). Especie de broche que sirve para ajustar las correas, cintas, etc.

HEBILLAJE m. Conjunto de hebillas de una cosa: *el hebillaje de la guarnición de un caballo.*

HEBILLERO, RA m. y f. Persona que hace o vende hebillas.

HEBRA f. (lat. *fibra*). Porción de hilo, estambre, seda, etc., que se mete por el ojo de una aguja. || Fibra de carne: *carne de mucha hebra.* || Nombre que se da a diversos filamentos que guardan semejanza con el hilo: *hebra de cáñamo; tabaco de hebra.* || Dirección de las vetas de la madera: *aserrar a hebra.* || Hilo de cualquier materia viscosa concentrada. || Vena o filón. || *Fig.* Hilo del discurso. || *Chil. De una hebra,* de un aliento. || *Por la hebra se saca el ovillo,* de una cosa se deduce otra. || *Fig.* y *fam. Pegar la hebra,* liar la conversación.

HEBRAICO, CA adj. Hebreo, israelita, judío.

HEBRAÍSMO m. Ley de Moisés, ley judía. || Giro propio de la lengua hebrea.

HEBRAÍSTA m. El que estudia la lengua y la literatura hebrea.

HEBRAIZANTE m. Hebraísta. || Judaizante.

HEBRAIZAR v. i. Usar hebraísmos. || Judaizar.

HEBREO, A adj. y s. (lat. *hebraeus*). Aplícase al pueblo de Israel. (SINÓN. V. *Israelita.*) [V. *Parte hist.*]. || — M. Lengua de los hebreos: *estudiar el hebreo.* || *Fig.* y *fam.* Mercader, usurero.

HEBROSO, SA y **HEBRUDO, DA** adj. Fibroso: *carne muy hebrosa.*

HECATOMBE f. (gr. *hekatombê,* de *hekaton,* ciento, y *bous,* buey). Sacrificio solemne de cien bueyes y, por ext., de otras víctimas, que hacían los paganos. || Sacrificio solemne en que se ofrecen gran número de víctimas. || Matanza: *las batallas modernas son verdaderas hecatombes.* (SINÓN. V. *Carnicería.*)

HECES m. pl. V. HEZ.

HECTÁREA f. (de *hecto,* y *área*). Medida de superficie de cien áreas o diez mil metros cuadrados. (Símb.: *ha.*)

HÉCTICO, CA adj. Hético. || — Adj. y s. Dícese de la fiebre propia de las enfermedades consuntivas.

HECTIQUEZ f. *Med.* Tisis.

HECTO, partícula, del gr. *hekaton,* que entra en los vocablos compuestos con la significación de cien: *hectómetro, hectolitro.*

HECTÓGRAFO m. Aparato para sacar copias de un escrito o dibujo.

HECTOGRAMO m. Peso de cien gramos. || — OBSERV. Es incorrecta la pronunciación esdrújula.

HECTOLITRO m. Medida de cien litros. || — OBSERV. Es incorrecta la pronunciación esdrújula.

HECTÓMETRO m. Longitud de cien metros.

HECTOVATIO m. *Fís.* Unidad de trabajo mecánico equivalente a cien vatios.

Fot. A. Roy

HECHA f. *De esta hecha,* m. adv., desde esta fecha, desde esta vez: *de esta hecha somos ricos.*
HECHICERESCO, CA adj. Relativo o perteneciente a la hechicería.
HECHICERÍA f. Arte y acto de hechizar: *la hechicería se consideraba como un crimen en la Edad Media.* ‖ *Por ext.* Cosa que parece sobrenatural. ‖ Hechizo.
HECHICERO, RA adj. y s. Persona a quien creía el vulgo en relación con el diablo para hechizar: *la creencia en los hechiceros no ha desaparecido aún por completo en muchos países.* (SINÓN. V. *Adivino* y *encantador.*) ‖ *Fig.* Persona que por su belleza cautiva y atrae los ánimos: *mujer de belleza hechicera.*
HECHIZAR v. t. Someter a uno a influencias maléficas con prácticas supersticiosas. (SINÓN. V. *Encantar.*) ‖ *Fig.* Despertar una persona o cosa admiración, efecto o deseo: *su belleza me hechiza.* (SINÓN. V. *Cautivar.*)
HECHIZO m. Sortilegio, cosa supersticiosa, maleficio del hechicero: *recurrir a los hechizos.* (SINÓN. V. *Encantamiento.*) ‖ *Fig.* Persona o cosa que suspende y embelesa.
HECHIZO, ZA adj. Artificioso, fingido, postizo. ‖ Hecho, fabricado. ‖ *Amer.* Dícese de algunos objetos fabricados en el país por oposición a los extranjeros.
HECHO, CHA p. p. de *hacer: he hecho una tontería.* ‖ — Adj. Perfecto, acabado: *hombre hecho.* ‖ *Fig.* Semejante a: *estar hecho un demonio.* ‖ Con los adv. *bien* o *mal,* bien o mal proporcionado: *un cuerpo bien hecho.* ‖ Con el adv. *bien* y nombres de cantidades, cumplido un poco con exceso: *diecisiete años bien hechos.* ‖ En masculino, singular y como contestación, aceptado, resuelto: *¿te vienes con nosotros? Hecho.* ‖ — M. Acontecimiento: *los hechos importantes de la semana.* (SINÓN. V. *Acción* y *suceso.*) ‖ Asunto de que se trata: *volvamos al hecho.* ‖ *Hecho de armas,* hazaña militar. ‖ *Amer. Hecho de sangre,* muerte, herida. ‖ *A hecho,* loc. adv., de modo seguido, sin pararse: *trabajar a hecho.* ‖ *De hecho,* m. adv., efectivamente, de veras, galicismo por *en verdad, después de todo.* ‖ *Vías de hecho,* galicismo por *agravios de hecho.* ‖ *Altos hechos,* galicismo por *hazañas.* ‖ *Hecho y derecho,* loc. adv., cabal, perfecto: *un hombre hecho y derecho.* ‖ *Hecho consumado,* el realizado sin a veces tener derecho. ‖ — PROV. **A lo hecho, pecho,** hay que soportar las consecuencias de lo que se hace.
HECHOR, RA m. y f. *Chil.* Malhechor. ‖ — M. *Arg.* y *Ven.* Garañón.
HECHURA f. Acción y efecto de hacer: *la hechura de un vestido.* ‖ Criatura, respecto de su criador: *somos hechura de Dios.* ‖ Forma exterior. Lo que se paga al obrero por hacer una cosa. ‖ *Fig.* Persona que debe a otra cuanto tiene: *ser hechura de un ministro.* (SINÓN. V. *Protegido.*) ‖ *Chil.* Acción y efecto de invitar a uno a beber. ‖ *No tener hechura,* no ser factible.
HECHUSCO m. *Hond.* Hechura.
HEDENTINA f. Olor malo, hedor, pestilencia. ‖ Sitio donde hiede.
HEDER v. i. (lat. *foetere*). Despedir de sí mal olor. (SINÓN. *Apestar, oler mal.*) ‖ *Fig.* Fastidiar, cansar: *ese individuo me hiede.* ‖ — IRREG. Se conjuga como *entender.*
HEDERÁCEO, A adj. (del lat. *hedera,* hiedra). Que se parece a la hiedra o se relaciona con ella.
HEDIONDAMENTE adv. m. Con hedor.
HEDIONDEZ f. Cosa hedionda. ‖ Hedor, pestilencia. ‖ — SINÓN. *Fetidez, pestilencia, infección, peste, tufo.*
HEDIONDO, DA adj. Que despide hedor, pestilente: *substancia hedionda.* (SINÓN. V. *Maloliente.*) ‖ *Fig.* Sucio, repugnante, obsceno: *espectáculo hediondo.* ‖ *Fig.* Molesto, insoportable. ‖ — M. Arbusto de la familia de las leguminosas que despide olor desagradable.
HEDONISMO m. (del gr. *hêdonê,* placer). Doctrina que considera el placer como el fin de la vida: *la moral de Epicuro es una forma del hedonismo.*
HEDONISTA adj. y s. Perteneciente al hedonismo o partidario de él.
HEDOR m. (lat. *foetor*). Olor sumamente desagradable: *despedir un olor intolerable.*
HEGELIANISMO m. Sistema filosófico de Hegel. (En esta voz se aspira la *h,* y la *g* tiene sonido suave.)
HEGELIANO, NA adj. y s. Que sigue el hegelianismo: *escuela hegeliana.* (En esta voz se aspira la *h,* y la *g* tiene sonido suave.)
HEGEMONÍA f. (gr. *hegemonia*). Supremacía de una ciudad en las antiguas federaciones griegas y, por ext., en las confederaciones actuales. (SINÓN. V. *Superioridad.*)
HÉGIRA o **HÉJIRA** f. (del ár. *hichra,* huida). Era de los mahometanos, que empieza el 16 de julio de 622, día de la huida de Mahoma de La Meca a Medina.
HEGIRIANO, NA adj. Relativo a la Hégira: *calendario hegiriano.*
HELABLE adj. Que se puede helar.
HELADA f. Congelación producida por el frío. ‖ *Helada blanca,* la que forma el rocío helado. (SINÓN. *Escarcha.*)
HELADERA f. Máquina para hacer helados. ‖ *Arg.* Nevera.
HELADERÍA f. Tienda de helados.
HELADERO m. Vendedor ambulante de helados y dueño de una heladería.
HELADIZO, ZA adj. Que se hiela fácilmente.
HELADO, DA adj. (lat. *gelatus*). Muy frío: *está el agua helada.* (SINÓN. V. *Frío.*) ‖ *Fig.* Atónito, suspenso: *se quedó helado al oirlo.* ‖ *Fig.* Frío, desdeñoso. ‖ *Venez.* Confitado, cubierto de azúcar: *frutas heladas.* ‖ — M. Cualquier bebida o manjar helado; sorbete: *un helado de avellana.*
HELADOR, RA adj. Que hiela. ‖ — F. Máquina para hacer helados.
HELAJE m. *Col.* Frío intenso, helor.
HELAMIENTO m. Acción y efecto de helar.
HELAR v. t. (lat. *gelare*). Solidificar un líquido por medio del frío. (SINÓN. V. *Enfriar*). ‖ *Fig.* Dejar a uno suspenso: *helar de espanto a una persona.* ‖ *Fig.* Desanimar, amilanar a uno. ‖ — V. r. Ponerse helada una cosa: *se hiela el aceite cuando hace frío.* ‖ Quedarse muy frío: *se hiela uno en las calles en invierno.* ‖ Echarse a perder los vegetales por causa de la congelación: *viña helada.* ‖ — V. imp. Formarse hielo: *ayer heló.* ‖ — IRREG. Se conjuga como *apretar.*
HELECHAL m. Sitio poblado de helechos.
HELECHO m. (lat. *filix, filicis*). Género de criptógamas de la clase de las filicíneas, que crecen en los lugares arenosos: *los helechos arborescentes de la edad primaria del globo contribuyeron poderosamente a la formación de la hulla.* ‖ *Helecho macho,* o *hembra,* nombre de diversas especies de helechos.

helecho

HELÉNICO, CA adj. Griego: *la lengua helénica.*
HELENIO m. (gr. *helenion*). Género de plantas de la familia de las compuestas: *el helenio es uno de los ingredientes que componen la triaca.*
HELENISMO m. Giro propio de la lengua griega. ‖ Período helenístico. ‖ Influencia de la civilización griega: *el helenismo modificó profundamente la cultura romana.*
HELENISTA m. Judío partidario de la imitación de los griegos. ‖ El que cultiva la lengua griega.
HELENÍSTICO, CA adj. Relativo a los helenistas. ‖ Dícese de la lengua y la civilización griegas a partir del s. III a. de C.
HELENIZACIÓN f. Acción de helenizar: *la conquista de Grecia por Roma fue seguida de la helenización de los vencedores.*
HELENIZAR v. t. Dar carácter helénico: *la conquista de Alejandro helenizó parte de Oriente.* ‖ — V. r. Adoptar las costumbres, literatura y arte griegos.
HELENO, NA adj. y s. (gr. *hellênê*). Griego.
HELERA f. *Arg.* Heladera.
HELERO m. Glaciar.
HELGADO, DA adj. De dientes ralos y feos.
HELGADURA f. Hueco entre diente y diente. ‖ Desigualdad de la dentadura.
HELIACO, CA y **HELÍACO, CA** adj. *Astr.* Aplícase al orto u ocaso de un astro con relación al Sol.
HELIANTEMO m. (del gr. *helios,* sol, y *anthema,* flor). Género de cistáceas de flores amarillas muy hermosas.
HELIANTINA f. Substancia colorante que toma coloración anaranjada bajo la influencia de los álcalis y coloración roja bajo la de los ácidos: *la heliantina sirve de indicador químico.*

Plataforma Hiller

Bristol 173

HELIANTO m. (del gr. *helios*, sol, y *anthos*, flor). Género de compuestas vulgarmente llamadas *girasoles*.

HÉLICE f. (del gr. *helix*, espiral). *Geom.* Línea trazada en forma de tornillo alrededor de un cilindro. ‖ Conjunto de aletas helicoidales que al girar alrededor de un eje producen una fuerza propulsora: *la hélice de un barco, de un avión.* ‖ Parte más externa y periférica del pabellón de la oreja. ‖ *Geom.* Espiral. ‖ *Zool.* Caracol, molusco.

HELICOIDAL adj. De figura de hélice: *engranaje helicoidal.*

HELICOIDE m. (del gr. *helix*, espiral, y *eidos*, forma). *Geom.* Superficie engendrada por una recta que se mueve apoyada constantemente en una hélice.

HELICÓN m. *Fig.* Instrumento músico de grandes dimensiones, de forma circular.

HELICÓNIDES f. pl. Las musas.

HELICÓPTERO m. Aparato de aviación cuya sustentación y propulsión se deben a hélices horizontales.

HELIO m. Cuerpo simple gaseoso (He), que se descubrió en la atmósfera solar, y se encuentra también en algunos minerales. De densidad 0,13 y peso atómico 4.

HELIOCÉNTRICO, CA adj. Que tiene el centro del Sol como punto de partida.

HELIOCROMÍA f. Término impropio para designar la fotografía en color.

HELIOFÍSICA f. Tratado de la naturaleza física del Sol.

HELIOGÁBALO m. *Fig.* Hombre dominado por la gula y la crueldad.

HELIOGRABADO m. Procedimiento para obtener en planchas preparadas y mediante la luz del sol, grabados en relieve. ‖ Estampa así obtenida.

HELIOGRAFÍA f. Descripción del Sol. ‖ Fotografía de este astro. ‖ Heliograbado. ‖ Sistema de transmisión de señales por medio del heliógrafo.

HELIÓGRAFO m. Aparato telegráfico óptico, en el que se utilizan los rayos del sol. También se llama *helióstato*.

HELIOGRAMA m. Despacho telegráfico por medio del heliógrafo.

HELIÓMETRO m. Aparato de óptica para medir el diámetro aparente de los cuerpos celestes.

HELIÓN m. Núcleo del helio, que constituye la partícula de la radiación alfa.

HELIOSCOPIO m. Instrumento que sirve para examinar el Sol.

HELIÓSTATO m. Instrumento que proyecta los rayos del sol sobre un punto fijo.

HELIOTERAPIA f. Empleo terapéutico de la luz del sol.

HELIOTIPIA f. Fotocolografía.

HELIOTROPINA f. Cuerpo compuesto que despide un olor análogo al del heliotropo.

HELIOTROPIO m. Heliotropo.

HELIOTROPISMO m. Tropismo que obedece a la influencia de la luz solar.

HELIOTROPO m. (del gr. *helios*, sol, y *trepein*, girar). Género de borragináceas de flores olorosas, originarias del Perú: *el perfume del heliotropo es muy delicado.* ‖ Ágata de color verde obscuro. ‖ Helióstato en que el espejo es movido por medio de tornillos.

HÉLICES

de avión

de barco

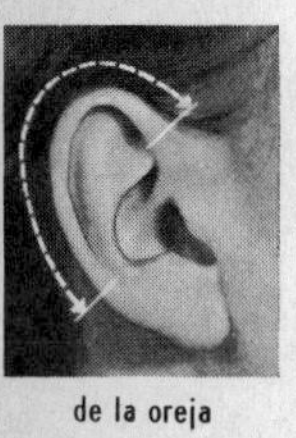

de la oreja

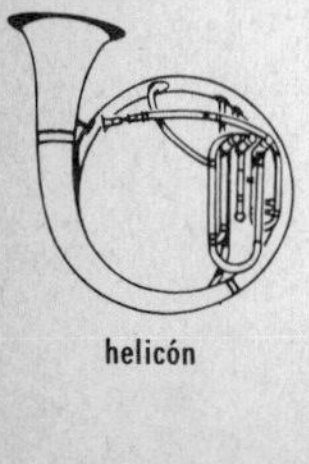

helicón

« Alouette II »

HELIPUERTO m. Aeropuerto que sirve para que aterricen los helicópteros.

HELMINTIASIS f. Enfermedad causada por los helmintos o lombrices.

HELMÍNTICO, CA adj. Dícese de las medicinas empleadas contra los helmintos o lombrices.

HELMINTO m. (del gr. *helmins*, *inthos*, gusano). *Zool.* Nombre de los parásitos intestinales, como la tenia y la triquina.

HELMINTOLOGÍA f. Parte de la zoología que trata de los gusanos.

HELOR m. Frío muy penetrante

HELVECIO, CIA adj. De Helvecia, hoy Suiza. ‖ — Adj. y s. Natural de Helvecia.

HELVÉTICO, CA adj. y s. Helvecio.

HEMATEMESIS f. (del gr. *haima*, *atos*, sangre, y *emesis*, vómito). Hemorragia o vómito de sangre de origen estomacal.

HEMATÍE m. Glóbulo rojo de la sangre, coloreado por la hemoglobina. (En un milímetro cúbico de sangre humana se encuentran más de cinco millones.)

HEMATIDROSIS f. (del gr. *haima*, *atos*, sangre, e *idros*, sudor). Sudor de sangre.

HEMATINA f. Pigmento rojo de la sangre.

HEMATITES f. *Min.* Sexquióxido natural de hierro del que existen dos variedades: *el rojo* u *oligisto* y el de color *pardo* o *limonita*..

HEMATOCELE m. (del gr. *haima*, *atos*, sangre, y *kêlê*, tumor). Tumor causado por derrame sanguíneo.

HEMATOLOGÍA f. Estudio histológico, funcional y patológico de la sangre.

HEMATOMA m. Tumor producido por una contusión.

HEMATOPOYESIS f. (del gr. *haima*, *atos*, sangre, y *poiein*, hacer). Formación de los glóbulos rojos de la sangre. ‖ Hematosis.

HEMATOSIS f. (del gr. *haima*, *atos*, sangre). Transformación de la sangre venosa en arterial.

HEMATOZOARIO m. Animal parásito que vive en la sangre, agente del paludismo.

HEMATURIA f. (del gr. *haima*, *atos*, sangre, y *ourein*, orinar). *Med.* Emisión de sangre con la orina.

HEMATÚRICO, CA adj. Que padece hematuria.

HEMBRA f. (lat. *femina*). Animal del sexo femenino: *la yegua es la hembra del caballo.* ‖ Mujer: *es una buena hembra.* ‖ *Fig.* Pieza con un hueco o agujero por donde otra se introduce y encaja: *la hembra de un corchete.* ‖ El mismo hueco. ‖ Molde. ‖ *Bot.* El pie que da flores femeninas.

HEMBRAJE m. *Amer.* Conjunto de hembras.

Fot. Hiller, X, Keystone, Larousse

HEMBREAR v. i. Criar más hembras que machos. || Mostrar el macho profunda inclinación a las hembras.
HEMBRILLA f. Piececita en que se introduce o asegura otra. || Armella del cerrojo. || *Ecuad.* Germen, embrión.
HEMERALOPIA f. Visión normal durante el día, pero incompleta en la semiobscuridad.
HEMEROTECA f. (del gr. *hêmera*, día). Colección de periódicos al servicio del público. || Lugar donde se halla.
HEMI, pref. griego que significa *medio* y forma parte de algunas voces compuestas.
HEMICICLO m. (lat. *hemicyclus*). Semicírculo. || Salón de forma semicircular, con gradas.
HEMIEDRIA f. Ley conforme a la cual no presentan ciertos cristales modificaciones sino en la mitad de las aristas y los ángulos correspondientes.
HEMIEDRO, DRA adj. Que presenta los caracteres de la hemiedria: *cristal hemiedro.*
HEMINA f. (lat. *hemina*; gr. *hêmina*). Medida usada antiguamente para los líquidos.
HEMÍONO m. (gr. *hemionos*). Asno silvestre del Asia occidental: *el hemíono es intermedio entre el asno y el caballo.*
HEMIPLEJÍA f. (de *hemi*, y el gr. *plessein*, herir, golpear). *Med.* Parálisis de la mitad del cuerpo. (SINÓN. V. *Parálisis.*)
HEMIPLÉJICO, CA adj. Que padece hemiplejía o relativo a ella.
HEMÍPTERO, RA adj. y s. (de *hemi*, y el gr. *pteron*, ala). Dícese de los insectos de élitros cortos. || — M. pl. Orden de insectos que comprende todos aquellos que tienen cuatro alas y un chupador, y sólo sufren metaforfosis incompletas, como el pulgón, la cigarra, la cochinilla.
HEMISFÉRICO, CA adj. Relativo al hemisferio o que tiene su forma: *casquete hemisférico.*
HEMISFERIO m. Media esfera. || Cada una de las mitades del globo terrestre o de la esfera celeste, separadas por el ecuador: *el hemisferio boreal.* || *Hemisferios de Magdeburgo* (llamados así porque fue Otto de Guericke, burgomaestre de Magdeburgo, el primero que realizó el experimento en 1654), casquetes metálicos huecos, hemisféricos, que se juntan perfectamente uno con otro y en los que se hace el vacío. (No sufriendo en tal estado más que la presión del aire exterior, adhieren tan fuertemente uno a otro que es precisa una fuerza muy considerable para separarlos.)
HEMISFEROIDEO, A adj. Hemisférico.
HEMISTIQUIO m. (de *hemi*, y el gr. *stikos*, línea). Parte del verso cortado por la cesura.
HEMOFILIA f. Estado patológico caracterizado por la excesiva fluidez de la sangre.
HEMOGLOBINA f. Materia colorante roja de la sangre.
HEMOPATÍA f. (del gr. *haima*, sangre, y *pathos*, afección). *Med.* Enfermedad de la sangre en general.
HEMOPTISIS f. (del gr. *haima*, sangre, y *ptyein*, expectorar). Hemorragia pulmonar caracterizada por la expectoración de sangre: *la hemoptisis suele acompañar la tuberculosis pulmonar.*
HEMORRAGIA f. (del gr. *haima*, sangre, y *regnymi*, hago irrupción). Pérdida de sangre.
— En las *hemorragias arteriales* (sangre clara, que mana a golpes) debe vendarse el miembro herido entre la llaga y el corazón; en las hemorragias venosas (sangre obscura que mana lentamente), debe ligarse el miembro entre la herida y la extremidad de dicho miembro.
HEMORRÁGICO, CA adj. Relativo a la hemorragia: *derrame hemorrágico.*
HEMORREA f. Hemorragia espontánea.
HEMORROIDAL adj. *Med.* Relativo a las hemorroides o almorranas: *vena hemorroidal.*
HEMORROIDE f. *Med.* Almorrana.
HEMORROISA f. Mujer que padece flujo de sangre.
HEMOSCOPIA f. Examen microscópico de la sangre.
HEMOSTASIS f. (del gr. *haima*, sangre, y *stasis*, detención). Estancamiento de la sangre. || Detención de una hemorragia en una operación quirúrgica.
HEMOSTÁTICO, CA adj. y s. Que sirve para producir la hemostasis: *pinza hemostática.*

hemiciclo

Fot. Neurdein

HEMOTERAPIA f. Tratamiento que consiste en inyectar sangre bajo la piel o en las venas.
HEMOTÓRAX m. Derrame de sangre en la pleura.
HENAL m. Granero donde se apila la hierba o heno, henil.
HENAR m. Sitio abundante en heno. || Henal.
HENCHIDOR, RA adj. y s. Que hincha.
HENCHIDURA f. Acción y efecto de henchir o henchirse.
HENCHIMIENTO m. Henchidura. || Cualquier pieza de madera para rellenar huecos. || Suelo de las pilas de los molinos de papel. || *Mar.* Maderos que se colocan en los huecos de la ligazón de un barco.
HENCHIR v. t. Llenar: *henchir de lana un colchón.* || — IRREG. Se conjuga como *pedir.*
HENDEDOR, RA adj. Que hiende o raja.
HENDEDURA f. Abertura prolongada, grieta: *se produjo una hendedura en la pared.* || — SINÓN. *Fisura, quiebra, quebradura, grieta, cuarteo, falla, ranura.*
HENDER v. t. (lat. *findere*). Abrir una hendedura: *hender una tabla.* (SINÓN. V. *Romper.*) || Cortar un fluido: *la flecha hiende el aire.* || *Fig.* Abrirse paso entre la muchedumbre. || — IRREG. Se conjuga como *tender.*
HENDIBLE adj. Que se puede hender o dividir.
HENDIDURA f. Hendedura, abertura, grieta.
HENDIJA f. *Amer.* Rendija.
HENDIMIENTO m. Acción y efecto de hender, hendedura.
HENDIR v. t. Hender.
HENEQUÉN m. *Méx.* Variedad de agave o sisal.
HENIFICAR v. t. Secar al sol plantas forrajeras para convertirlas en heno.
HENIL m. Lugar donde se apila el heno.
HENO m. (lat. *foenum*). Planta graminea pratense: *el heno es bueno para las caballerías.* || Hierba seca para el ganado. || *Fiebre de heno*, variedad de asma producida en ciertas personas por el polen de algunas gramíneas. (SINÓN. *Catarro pradial.*)
HENRIO o **HENRY** m. (del físico norteamericano *Joseph Henry*). *Elect.* Unidad práctica de inductancia eléctrica igual a la inductancia de un circuito cerrado en el cual una variación de intensidad de un amperio por segundo engendra una fuerza electromotriz de 1 voltio (símb. H).
HEÑIR v. t. Sobar o amasar la masa del pan con los puños. || — IRREG. Se conjuga como *ceñir.*
HEPARINA f. Substancia anticoagulante producida por el hígado utilizada en las afecciones que pueden provocar una trombosis.
HEPATALGIA f. (del gr. *hêpar*, *atos*, hígado, y *algos*, dolor). Dolor de hígado.
HEPÁTICA f. Planta de la familia de las hepáticas, especie de musgo. || Planta de la familia de las ranunculáceas, de flores azuladas o rojizas, que en otro tiempo fue usada en medicina. || — F. pl. Clase de plantas briofitas parecidas a los musgos.
HEPÁTICO, CA adj. y s. (del gr. *hêpar*, hígado). *Anat.* Relativo al hígado: *arteria hepática.* || Que padece del hígado. || *Cólico hepático*, crisis dolorosa de los canales biliares (y no del hígado). || *Insuficiencia hepática*, trastornos producidos por la alteración de una o varias funciones del hígado.

heliotropo

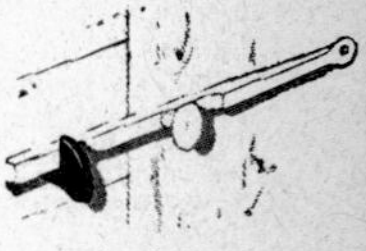
hembrilla

hemíono

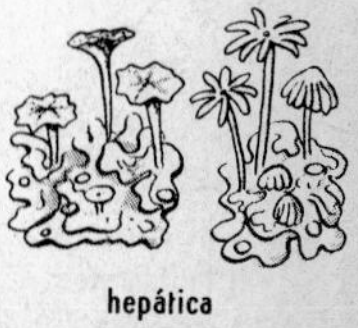
hepática

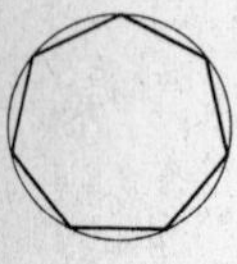
heptágono

hermano de las Escuelas Cristianas

HEPATISMO m. *Med.* Afección del hígado.
HEPATISIS f. *Med.* Inflamación del hígado.
HEPATIZACIÓN f. (del gr. *hêpar*, hígado). Lesión de un tejido que le da el aspecto y la consistencia del hígado.
HEPATOCELE f. Hernia del hígado.
HEPATOLOGÍA f. Tratado acerca del hígado.
HEPTACORDIO o **HEPTACORDO** m. (del gr. *hepta*, siete, y *khordê*, cuerda). *Mús.* Escala compuesta de las siete notas *do, re, mi, fa, sol, la, si.* || *Mús.* Intervalo de séptima.
HEPTAEDRO, DRA adj. y s. De siete caras. || — M. Poliedro de siete caras.
HEPTAGONAL adj. De figura de heptágono o semejante a él.
HEPTÁGONO, NA adj. y s. (del gr. *hepta*, siete, y *gônos*, ángulo). Polígono de siete lados.
HEPTÁMETRO adj. y s. (del gr. *hepta*, siete, y *metron*, medida). Dícese del verso de siete pies.
HEPTARQUÍA f. País dividido en siete reinos. (V. *Parte Hist.*)
HEPTASÍLABO, BA adj. y s. (del gr. *hepta*, siete, y *sullabê*, sílaba). De siete sílabas: *un verso heptasílabo.*
HEPTODO m. Válvula electrónica con siete electrodos.
HERACLIDA adj. y s. *Antig.* Descendiente de Heracles: *los heraclidas conquistaron el Peloponeso.* (V. *Parte Hist.*)
HERÁLDICO, CA adj. Perteneciente al blasón: *emblema heráldico.* || — F. Ciencia del blasón.
HERALDISTA com. Persona versada en heráldica.
HERALDO m. Ministro que tenía por misión anunciar las declaraciones de guerra, llevar mensajes, etc.: *la persona de los heraldos era sagrada.* || *Fig.* Mensajero, adalid.
HERBÁCEO, A adj. (lat. *herbaceus*). Que tiene la misma naturaleza que la hierba: *planta herbácea.*
HERBAJAR v. t. Apacentar el ganado en una dehesa: *herbajar carneros.* || — V. i. Pacer el ganado.
HERBAJE m. Conjunto de hierbas: *los carneros se alimentan con herbaje.* (SINÓN. V. *Pasto.*) || Lo que se paga por el arrendamiento de los pastos y dehesas. || Tela de lana parda impermeable usada por la gente de mar.
HERBAJEAR v. t. e i. Herbajar.
HERBAJERO m. Arrendatario o arrendador de un prado.
HERBAR v. t. Preparar con hierbas las pieles. || — IRREG. Se conjuga como *acertar.*
HERBARIO, RIA adj. Relativo a las hierbas. || Libro que explica las propiedades de las plantas. || — M. Botánico. || *Bot.* Colección de plantas secas para el estudio. || *Zool.* Panza de los rumiantes.
HERBAZAL m. Sitio poblado de hierbas. (SINÓN. V. *Pasto.*)
HERBECER v. i. Empezar a nacer la hierba: *el prado herbece.* || — IRREG. Se conjuga como *merecer.*
HERBERO m. Esófago de los rumiantes.
HERBIFORME adj. De forma de hierba.
HERBÍVORO, RA adj. y s. m. Aplícase al animal que se alimenta de hierba: *todos los rumiantes son herbívoros.* (SINÓN. V. *Vegetariano.*)
HERBOLARIO, RIA adj. y s. *Fam.* Chiflado, loco. || — M. El que vende hierbas medicinales y tienda donde se venden.
HERBORIZACIÓN f. Acción y efecto de herborizar.
HERBORIZADOR, RA adj. y s. Que herboriza.
HERBORIZAR v. i. Recoger plantas para estudiarlas. || Recoger plantas medicinales.
HERBOSO, SA adj. Poblado de hierba.
HERCINIANO, NA adj. *Geol.* Dícese de uno de los más antiguos plegamientos geológicos: *el sistema montañoso herciniano es anterior al pirenaico y al alpino.*
HERCÚLEO, A adj. Relativo a Hércules, o digno de Hércules: *fuerza hercúlea.*
HÉRCULES m. Hombre muy fuerte. || *Astr.* Constelación boreal.
HEREDABLE adj. Que se puede heredar.
HEREDAD f. Finca o hacienda de campo. (SINÓN. V. *Predio.*)
HEREDAR v. t. Recoger la sucesión de otro. *heredan los hijos a los padres.* || Dar a uno heredades o bienes raíces. || *Biol.* Sacar los seres vivos los caracteres de sus progenitores.
HEREDERO, RA adj. y s. (lat. *haeres, edis*). Que hereda a otro: *el heredero forzoso no puede ser excluido de la herencia sin motivo legítimo.* (SINÓN. V. *Posteridad.*) || *Instituir un heredero,* nombrarlo explícitamente en el testamento.
HEREDIANO, NA adj. y s. De Heredia (Costa Rica).
HEREDITARIO, RIA adj. (lat. *hereditarius*). Transmisible por herencia: *vicio hereditario.* || Que va de padres a hijos: *cargo hereditario.*
HEREJE com. Persona que profesa o defiende una herejía: *la Inquisición perseguía a los herejes.* (SINÓN. V. *Apóstata.*) || — Adj. *Chil.* y *Venez.* Mucho o bastante.
HEREJÍA f. (gr. *hairesis*). Error en materia de fe, sostenido con pertinacia. || *Fig.* Sentencia errónea contra una ciencia o arte. || *Fig.* Palabra injuriosa. || *Fig.* Opinión no aceptada por la autoridad establecida.
HERÉN f. Yeros, planta.
HERENCIA f. Acción y derecho de heredar. || Bienes que se transmiten a uno por sucesión. (SINÓN. V. *Sucesión.*) || *Fig.*: *una herencia de gloria.* || Tendencia de la naturaleza a reproducir en los seres los caracteres de sus antepasados: *la herencia patológica del alcohólico.* (SINÓN. *Atavismo, inclinación, propensión.*)
HERESIARCA m. Jefe de una secta herética: *el heresiarca Arrio.* (SINÓN. V. *Apóstata.*)
HERÉTICO, CA adj. Perteneciente a la herejía.
HERIDA f. Lesión penetrante producida en un cuerpo vivo por un choque o un arma. (SINÓN. *Llaga, lesión, traumatismo, contusión, corte, plaga.* V. tb. *desolladura.*) || *Fig.* Lo que ofende el amor propio o el honor. (SINÓN. V. *Ofensa.*) || Tormento moral: *las heridas del alma son difíciles de curar.* || *Herida contusa,* contusión.
HERIDO, DA adj. y s. Que ha recibido una herida. || *Fig.* Afligido, ofendido: *herido en su amor propio.* || — M. *Chil.* Zanja.
HERIDOR, RA adj. y s. Que hiere.
HERIL adj. Perteneciente o relativo al amo.
HERIR v. t. (lat. *ferire*). Dar un golpe que produzca llaga, fractura o contusión. (SINÓN. *Lesionar, lisiar, baldar, dañar.* Pop. *Estropear, desgraciar.*) || Chocar desagradablemente: *sonido que hiere los oídos.* || *Fig.* Chocar, ofender. (SINÓN. V. *Zaherir.*) || *Fig.* Caer los rayos del sol sobre una cosa. || *Fig.* Pulsar o tañer un instrumento músico. || Mover, excitar. || — IRREG. Se conjuga como *sentir.*
HERMA m. (del lat. *herma*, apoyo). Busto sin brazos puestos sobre un estípite.
HERMAFRODITA adj. y s. m. (de *Hermes*, y *Afrodita*). Que tiene los órganos reproductores de los dos sexos.
HERMAFRODITISMO m. Calidad de hermafrodita, reunión de ambos sexos en un individuo.
HERMANABLE adj. Que puede hermanarse.
HERMANABLEMENTE adv. m. Fraternalmente, uniformemente.
HERMANADO, DA adj. *Fig.* Igual a otra cosa. || *Bot.* Dícese de los órganos gemelos en las plantas.
HERMANAMIENTO m. Acción y efecto de hermanar.
HERMANAR v. t. Unir, juntar dos cosas parecidas: *hermanar dos cuadros.* (SINÓN. V. *Acoplar.*) || Hacer hermano de otro espiritualmente: *hermanarse en Dios.* (SINÓN. V. *Identificar.*) || *Chil.* Aparear, unir formando par.
HERMANASTRO, TRA m. y f. Hijo de uno solo de los esposos con respecto al hijo del otro.
HERMANAZGO m. Hermandad.
HERMANDAD f. Parentesco entre hermanos. || *Fig.* Amistad grande. || *Fig.* Analogía o correspondencia entre dos cosas. || *Fig.* Cofradía. || *Ant.* Reunión, confederación. || *Santa Hermandad,* asociación formada en España (1476) con jurisdicción propia, para castigar los delitos cometidos fuera de poblado.
HERMANEAR v. i. Dar tratamiento de hermano a otra persona.
HERMANO, NA m. y f. (lat. *germanus*). Nacido del mismo padre y de la misma madre o sólo del mismo padre o de la misma madre. || Lego o donado: *hermano portero.* || Dícese de todos los

hombres, considerados como hijos de un mismo padre: *debemos socorrer a nuestros hermanos.* || Individuo de hermandad, asociación, etc. || Religioso de ciertas órdenes: *hermano de las Escuelas cristianas, hermana de la Caridad.* || *Fig.* Dícese de dos cosas muy parecidas. || *Hermano bastardo,* el habido fuera de matrimonio. || *Hermano carnal,* el de padre y madre. || *Hermano uterino,* el que sólo lo es de madre. || *Hermano de leche,* hijo de una nodriza respecto del que aquélla crió. || *Medio hermano,* el que sólo lo es de padre o madre. || *Hermano político,* cuñado. || *Hermanos siameses,* gemelos procedentes de un solo óvulo, unidos por la piel, tejidos musculares, nervios y circulación sanguínea.

HERMENEUTA com. Persona que profesa la hermenéutica.

HERMENÉUTICA f. Arte de interpretar los textos: *la hermenéutica sagrada.*

HERMENÉUTICO, CA adj. Perteneciente o relativo a la hermenéutica.

HERMÉTICAMENTE adv. m. De manera hermética: *puerta herméticamente cerrada.*

HERMETICIDAD m. Calidad de hermético.

HERMÉTICO, CA adj. Dícese de los escritos y de los partidarios del filósofo Hermes. || Perfectamente cerrado: *los tapones esmerilados cierran de modo hermético.* (SINÓN. *Impenetrable.*) || *Fig.* Ininteligible, cerrado.

HERMETISMO m. Calidad de lo que es hermético, difícil de comprender.

HERMOSAMENTE adv. m. Con hermosura. || *Fig.* Con propiedad y perfección.

HERMOSEADOR, RA adj. y s. Que hermosea.

HERMOSEAMIENTO m. Acción y efecto de hermosear.

HERMOSEAR v. t. Hacer hermoso: *el campo ha hermoseado este niño.* || — CONTR. *Afear.*

HERMOSO, SA adj. (lat. *formosus*). De gran belleza: *una mujer hermosa.* (CONTR. *Feo.*) || Sano, robusto, dicho de un muchacho. || Despejado, sereno: *hermoso día.*

HERMOSURA f. Belleza grande: *la hermosura de la Alhambra.* || Mujer hermosa: *es una hermosura.* || — CONTR. *Fealdad.*

HERNANDEÑO, ÑA adj. y s. De Hernandarias (Paraguay).

HERNIA f. (lat. *hernia*). Tumor blando producido por la salida total o parcial de una víscera a través de la membrana que la encerraba: *hernia inguinal.* || *Hernia estrangulada,* la que no se puede reducir por medios externos y puede originar la gangrena.

HERNIADO, DA adj. y s. Hernioso.

HERNIARIO, RIA adj. Relativo a la hernia.

HERNIOSO, SA adj. y s. Que padece una hernia.

HERNISTA m. Cirujano que se dedica a la curación de las hernias.

HERODIANO, NA adj. Relativo a Herodes.

HÉROE m. (gr. *hêrôs*). Nombre dado por los griegos a los grandes hombres divinizados: *Hércules es el más famoso de los héroes.* || El que se distingue por sus acciones extraordinarias o su grandeza de ánimo. || *Fig.* Personaje principal de una obra literaria o de una aventura: *Aquiles es el héroe de la Ilíada.* || — OBSERV. Su femenino es *heroína.*

HEROICAMENTE adv. m. Con heroicidad.

HEROICIDAD f. Calidad de heroico: *la heroicidad de un sacrificio.* || Acción heroica.

HEROICO, CA adj. Relativo al héroe: *acción heroica.* || Que narra hechos grandes o memorables. || *Tiempos heroicos,* aquellos en que vivían los héroes, y en que se mezcla la historia con la mitología. || *Poesía heroica,* poesía noble y elevada, que canta las acciones de los héroes. || Muy poderoso y eficiente: *un remedio heroico.* (SINÓN. V. *Eficaz.*)

HEROIDA f. Composición poética en que habla o figura algún héroe: *las heroidas de Ovidio.*

HEROIFICAR v. t. Dar atributos heroicos.

HEROÍNA f. Mujer de gran heroísmo: *María Pita fue la heroína del sitio de La Coruña en 1589.* || *Fig.* Mujer protagonista de una obra literaria o de una aventura. || Alcaloide derivado de la morfina, de forma cristalina y blanca, de propiedades sedantes, analgésicas e hipnóticas.

HEROÍSMO m. Lo que es propio de los héroes. || Heroicidad: *el heroísmo de Guzmán el Bueno.*

HERPE amb. (gr. *herpès*). Erupción cutánea que consiste en la aparición de granitos o vejiguillas muy apiñadas. Ú. sobre todo en pl.

HERPÉTICO, CA adj. *Med.* Relativo al herpe: *erupción herpética.* || — Adj. y s. Que padece herpes.

HERPETOLOGÍA f. Tratado de los reptiles.

HERPIL m. Saco hecho de red de tomiza.

HERRADA f. Cubo de madera, con aros de hierro.

HERRADERO m. Acción de señalar con hierro los ganados y sitio o temporada en que se efectúa esta operación.

HERRADOR m. El que hierra las caballerías.

HERRADORA f. *Fam.* Mujer del herrador.

HERRADURA f. Hierro que se clava a las caballerías en el casco. || *Arco de herradura,* el morisco.

HERRAJ m. Erraj, carbón hecho con huesos de aceituna.

HERRAJE m. Conjunto de piezas de hierro con que se guarnece o asegura algo: *el herraje de una puerta.* || Conjunto de herraduras y clavos. || *Arg.* Herradura.

HERRAMENTAL adj. y s. Dícese de la bolsa en que se llevan las herramientas. || — M. Herramienta.

HERRAMIENTA f. (del lat. *ferramenta,* instrumentos de hierro). Instrumento de hierro o acero con que trabajan los obreros: *herramientas de carpintero.* || Conjunto de estos instrumentos. || *Fig.* y *fam.* La cornamenta del toro. || *Fig.* y *fam.* La dentadura de una persona. || *Fam.* Navaja, arma, pistola: *sacó a relucir la herramienta.*

HERRANZA f. *Col.* y *Per.* El acto de herrar.

HERRAR v. t. Clavar las herraduras a una caballería. || Marcar con hierro encendido: *antes se herraba a los presos.* || Guarnecer de hierro un artefacto. || — IRREG. Se conjuga como *cerrar.* || — PARÓN. *Errar.*

HERRÉN m. Forraje que se da al ganado. || — F. Herrenal.

HERRENAL m. Terreno sembrado de herrén.

HERRERANO, NA adj. y s. De Herrera (Panamá).

HERRERÍA f. Oficio de herrero y taller en que trabaja. || Fábrica en que se labra el hierro en grueso: *las herrerías de Vizcaya.* || *Fig.* Alboroto, confusión.

HERRERILLO m. Pájaro insectívoro de España, de cuerpo verdoso y amarillo, con cabeza azul. || Pájaro insectívoro, común en España, que tiene la cabeza y el lomo azulados y el pecho bermejo: *el herrerillo hace su nido de barro, en forma de puchero, en los huecos de los árboles.* (SINÓN. *Ollero.*)

HERRERO m. El que labra el hierro. || *Chil.* y *P. Rico.* Herrador.

HERRERUELO m. Pájaro de color negro en el lomo, y blanco en el pecho y parte de las alas. || Soldado de la antigua caballería alemana que llevaba armas de color negro. || Ferreruelo.

HERRETE m. Cabo metálico que se pone a las agujetas, cordones, etc. || *Amer.* Instrumento que sirve para herrar o marcar.

HERREZUELO m. Pieza pequeña de hierro.

HERRIAL adj. Dícese de una uva gruesa y tinta, y de la vid que la produce.

HERRÍN m. Herrumbre.

HERRÓN m. Tejo de hierro horadado, que se tiraba desde lejos procurando meterlo en un clavo hincado en tierra. || Barra de hierro para plantar álamos, vides, etc. || *Col.* Hierro o púa del trompo. || Arandela de una rueda de coche.

HERRONADA f. Golpe que se da con el herrón. || *Fig.* Golpe que dan algunas aves con el pico.

HERRUMBRAR v. t. Cubrir de herrumbre.

HERRUMBRE f. Orín que cubre el hierro, en los lugares húmedos. || Gusto de hierro que toman algunas cosas: *este agua sabe a herrumbre.* || Roya, honguillo parásito.

HERRUMBROSO, SA adj. Mohoso, tomado de herrumbre: *cerrojo herrumbroso.*

HERTZ o **HERTZIO** m. Unidad de frecuencia (simb.: Hz), que equivale a la frecuencia de un fenómeno periódico cuyo período es 1 segundo.

HERTZIANO, NA adj. (de *Hertz,* n. pr.). Dícese de la onda electromagnética.

HERVENTAR v. t. Meter en agua hirviendo. || — IRREG. Se conjuga como *alentar.*

hermana de la Caridad

HERNIA

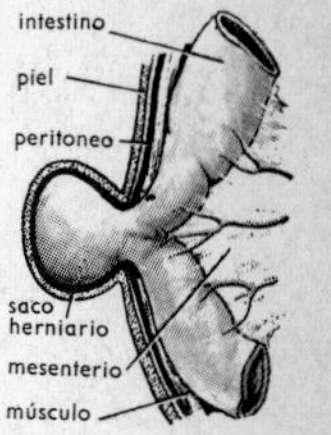

herretes

hevea

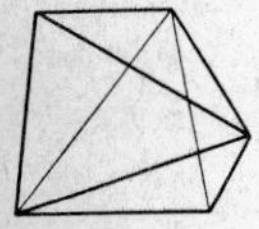

hexaedro

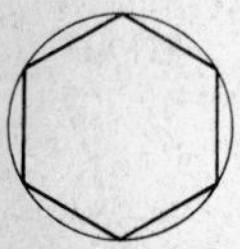

hexágono regular

HERVIDERO m. Agitación de un líquido que hierve. ‖ *Fig.* Manantial de donde brota agua a borbollones. ‖ Ruido que producen los humores en el cuerpo. ‖ *Fig.* Muchedumbre, abundancia: *hervidero de gusanos.*
HERVIDO m. *Amer.* El puchero u olla.
HERVIDOR m. Utensilio de cocina para hervir líquidos. ‖ Tubo donde hierve el agua en ciertas calderas.
HERVIR v. i. (lat. *fervire*). Llegar a la ebullición: *el agua hierve a 100º.* (SINÓN. V. *Cocer.*) ‖ *Fig.* Agitarse mucho el mar. ‖ *Fig.* Abundar: *hervir en deseos, en pulgas.* ‖ — IRREG. Se conjuga como *sentir.*
HERVOR m. Acción y efecto de hervir: *dar un hervor al agua.* ‖ *Fig.* Fogosidad, ardor: *hervor juvenil.*
HERVOROSO, SA adj. Que hierve. ‖ Fogoso, impetuoso: *espíritu hervoroso.*
HESITACIÓN f. (lat. *haesitatio*). Duda, vacilación. ‖ — PARÓN. *Excitación.*
HESITAR v. i. Dudar, vacilar.
HESPÉRIDES f. pl. Ninfas que guardaban el jardín de las manzanas de oro.
HESPERIDIO m. (lat. *hesperidium*). *Bot.* Fruto carnoso del género de la naranja y el limón.
HESPERIO, RIA y **HÉSPERO, RA** adj. y s. Natural de las Hesperias (España o Italia).
HETAIRISMO m. Prostitución.
HETERA o **HETAIRA** f. Cortesana griega de refinada educación y cultura: *Aspasia, la amiga de Pericles, y Friné, la modelo de Praxiteles, fueron hetairas.* ‖ Mujer pública. (SINÓN. V. *Prostituta.*)
HETERÓCLITO, TA adj. (del gr. *heteros*, otro, y *klinein*, doblarse). Que se aparta de las reglas ordinarias de la analogía gramatical: *nombre heteróclito*; o de las reglas del arte: *edificio de estilo heteróclito.* ‖ *Fig.* Extraño, raro.
HETERODINO m. Pequeño oscilador de lámpara que induce una fuerza electromotriz constante en un circuito radiofónico.
HETERODOXIA f. Disconformidad con el dogma católico: *la heterodoxia de un escritor.* ‖ *Por ext.* Disconformidad con la doctrina de cualquier secta o sistema. ‖ — CONTR. *Ortodoxia.*
HETERODOXO, XA adj. y s. (del gr. *heteros*, otro, y *doxa*, opinión). Que se separa de la ortodoxia: *opiniones heterodoxas.* (SINÓN. V. *Apóstata.* CONTR. *Ortodoxo.*)
HETEROGAMIA f. Reproducción por gametos distintos.
HETEROGENEIDAD f. Carácter de lo que es heterogéneo. ‖ Mezcla de partes en un todo. ‖ — CONTR. *Homogeneidad.*
HETEROGÉNEO, A adj. (del gr. *heteros*, otro, y *genos*, raza). De naturaleza diferente: *cuerpo compuesto de elementos heterogéneos.* ‖ *Fig.* Diferente: *caracteres heterogéneos.* ‖ — CONTR. *Homogéneo.*
HETEROGENIA f. Hipótesis con arreglo a la cual los seres vivos pueden provenir de seres anteriores distintos de ellos.
HETEROMANCIA y **HETEROMANCÍA** f. Adivinación supersticiosa por el vuelo de las aves.
HETERÓMERO, RA adj. *Hist. nat.* De tarsos con distinto número de artejos: *insecto heterómero.*
HETEROMORFIA f. Calidad de heteromorfo.
HETEROMORFISMO m. Heteromorfia.
HETEROMORFO, FA adj.. (del gr. *heteros*, otro, y *morphê*, forma). Que presenta formas muy diferentes dentro de una misma especie.
HETERÓNOMO, MA adj. Sometido a un poder o ley extraña.
HETEROPLASTIA f. Inserción en un individuo de tejidos procedentes de otro.
HETERÓPSIDO, DA adj. Dícese de las substancias metálicas que no presentan el brillo característico de los metales.
HETERÓPTERO m. Insecto hemíptero cuyas alas superiores son algo coriáceas.
HETEROSCIOS m. pl. (del gr. *heteros*, otro, y *skia*, sombra). Habitantes de las dos zonas templadas, que a medio día hacen siempre sombra de lado opuesto.
HÉTICO, CA adj. y s. Tísico. ‖ *Fig.* Muy flaco, delgaducho: *un caballo hético.* ‖ — PARÓN. *Ético.*
HETIQUEZ f. Hectiquez, tisis, consunción.
HEURÍSTICA f. Arte de inventar.
HEURÍSTICO, CA adj. Relativo a la heurística.
HEVEA m. Árbol euforbiáceo de origen sudamericano que produce el látex.
HEXA, prefijo, del gr. *hex*, que sifinifica *seis.*
HEXACORALARIOS m. pl. Orden de celentéreos, cuya boca está rodeada por seis tentáculos o múltiplo de seis, como en las actínias, etc.
HEXACORDO m. (de *hexa*, y el gr. *khordê*, cuerda). Sistema musical de la Edad Media basado en una escala de seis notas. ‖ *Mús.* Intervalo de sexta. ‖ Lira de seis notas.
HEXAÉDRICO, CA adj. Relativo al hexaedro.
HEXAEDRO m. (de *hexa*, y el gr. *edra*, cara). Nombre del cubo y los poliedros de seis caras.
HEXAGONAL adj. Relativo al hexágono o de forma de hexágono: *las celdillas de los paneles de las abejas son hexagonales.*
HEXÁGONO, NA adj. y s. m. (de *hexa*, y el gr. *gonia*, ángulo). Polígono de seis lados y seis ángulos: *el lado del hexágono regular inscrito en el círculo es igual al radio de dicho círculo.* ‖ — OBSERV. Escríbese también *exágono.*
HEXÁMETRO adj. y s. (de *hexa*, y el gr. *metron*, medida). Dícese del verso de seis sílabas compuesto de dáctilos y espondeos.
HEXAPÉTALO, LA adj. Que tiene seis pétalos.
HEXÁPODO, DA adj. y s. *Zool.* Que tiene seis pies. (SINÓN. *Insecto.*)
HEXASÍLABO, BA adj. Que consta de seis sílabas: *verso hexasílabo.*
HEXÁSTILO m. Templo o pórtico de seis columnas en su frente.
HEZ f. (lat. *faex*). Poso o asiento de un licor: *las heces del vino contienen ácido tártrico.* (SINÓN. V. *Desecho.*) ‖ *Fig.* Cosa vil, despreciable: *la hez de la sociedad.* (SINÓN. V. *Hampa.*) ‖ — Pl. Excremento.
Hf, símbolo del *hafnio.*
Hg, símbolo del *mercurio.*
HI com. Hijo. Úsase como componente en la voz *hidalgo* y en frases como: *hi de perro*, etc.
HÍADA f. pl. *Astr.* Híades.
HÍADES f. pl. (gr. *hyades*, de *huein*, llover). *Astr.* Grupo de estrellas de la constelación de Toro.
HIALINO, NA adj. (del gr. *hyalos*, vidrio). *Fís.* Parecido al vidrio: *cuarzo hialino.*
HIALOGRAFÍA f. (del gr. *hyalos*, vidrio, y *graphein*, escribir). Arte de dibujar sobre el vidrio.
HIALOIDEO, A adj. (del gr. *hyalos*, vidrio). Que tiene la transparencia del vidrio. ‖ *Anat. Humor hialoideo*, humor vítreo del ojo. ‖ *Membrana hialoidea*, membrana que contiene el tumor hialoideo.
HIALOTECNIA y **HIALURGIA** f. (del gr. *hyalos*, vidrio, y *ergon*, trabajo). Arte de labrar el vidrio.
HIALÚRGICO, CA adj. Relativo a la hialurgia.
HIATO m. (lat. *hiatus*). Sonido desapacible que produce la reunión de dos palabras cuando acaba la primera y empieza la segunda por la misma vocal, v. gr.: *va a América.*
HIBERNACIÓN f. Método terapéutico que consiste en mantener al enfermo a temperatura muy baja. ‖ Estado letárgico invernal de ciertos animales. ‖ — OBSERV. Debe usarse esta palabra en vez de *invernación.*
HIBERNAL adj. Del invierno: *sueño hibernal.*
HIBERNÉS, ESA y **HIBÉRNICO, CA** adj. y s. De Hibernia, hoy Irlanda.
HIBLEO, A adj. De Hibla, en la ant. Sicilia.
HIBRIDACIÓN f. Producción de híbridos: *la hibridación es posible sólo entre las especies vecinas.*
HIBRIDEZ f. e **HIBRIDISMO** m. Calidad de híbrido.
HÍBRIDO, DA adj. y s. (del gr. *hybris*, ultraje). Dícese del animal o del vegetal procreado por dos individuos de distinta especie. ‖ *Fig.* Formado por elementos de distinta naturaleza u origen. (SINÓN. V. *Mestizo.*)

HICACO m. Arbusto de la familia de las crisobalanáceas, cuyo fruto recuerda el tamaño y sabor de la ciruela claudia: *el hicaco es originario de las Antillas.*

HICO m. *Amer.* Cuerda de que cuelga la hamaca.

HICOTEA f. Especie de tortuga comestible de América.

HIDALGAMENTE adv. m. Con hidalguía.

HIDALGO, GA m. y f. (contr. de *hijo de algo*). Persona de sangre noble. (SINÓN. V. *Caballero.*) ‖ — M. *Méx. Ant.* Moneda de oro de 10 pesos. ‖ — Adj. Noble: *hidalgas costumbres.* ‖ *Fig.* Generoso.

HIDALGUEZ y mejor **HIDALGUÍA** f. Calidad de hidalgo, nobleza. ‖ *Fig.* Generosidad, nobleza de ánimo: *portarse con hidalguía.*

HIDARTROSIS f. (del gr. *hydor*, agua, y *arthron*, articulación). Acumulación de líquido seroso en una articulación.

HIDÁTIDE f. Tenia vesicular, cuyos cisticercos llevan una dilatada vesícula caudal.

HIDATISMO m. (gr. *hydatis*). *Med.* Ruido causado por la fluctuación del líquido contenido dentro de una cavidad del cuerpo.

HIDNO m. (del gr. *hydnon*, hongo). Género de hongos comestibles.

HIDR, HIDRO, forma española del gr. *hydôr*, agua, que entra como prefijo en muchas palabras compuestas.

HIDRA f. *Mitol.* Monstruo de siete cabezas muerto por Hércules. ‖ Culebra acuática venenosa del Pacífico. ‖ Pólipo tubular de agua dulce. ‖ Constelación al sur de Virgo. ‖ *Fig.* Monstruo, peligro que renace sin cesar.

HIDRÁCIDO m. Ácido que resulta de la combinación del hidrógeno con un metaloide: *el ácido clorhídrico es un hidrácido.*

HIDRACINA f. *Quím.* Compuesto de nitrógeno e hidrógeno, muy soluble en el agua.

HIDRARGÍRICO, CA adj. Mercurial.

HIDRARGIRISMO m. Envenenamiento por el mercurio: *el hidrargirismo es frecuente en Almadén.*

HIDRARGIRO m. (de *hidr*, y el gr. *argyros*, plata). *Quím.* Nombre antiguo del *mercurio* o *azogue.*

HIDRATABLE adj. Que puede hidratarse: *el yeso es fácilmente hidratable.*

HIDRATACIÓN f. Transformación en hidrato: *la hidratación de cal viva da cal muerta.*

HIDRATADO, DA adj. Combinado con agua.

HIDRATAR v. t. Combinar un cuerpo con agua: *hidratar la cal.*

HIDRATO m. (del gr. *hydôr*, agua). Combinación de un cuerpo con el agua. ‖ Cuerpo químico compuesto de agua y de óxido metálico, o de agua y ácido. ‖ *Hidratos de carbono,* los azúcares y almidones, la celulosa, etc.

HIDRÁULICA f. (de *hidr*, y el gr. *aulos*, tubo). Parte de la mecánica que estudia el equilibrio y el movimiento de los fluidos. ‖ Ciencia que enseña a conducir y elevar las aguas: *hidráulica agrícola.*

HIDRÁULICO, CA adj. Relativo a la hidráulica. ‖ Que funciona por medio del agua: *central hidráulica.* ‖ *Cal hidráulica,* silicato de cal que sirve para fabricar un *hormigón hidráulico,* que se endurece dentro del agua. ‖ *Prensa hidráulica,* prensa muy poderosa que funciona por medio del agua. ‖ — M. Ingeniero que trabaja en obras hidráulicas.

HIDRIA f. Vasija antigua a modo de cántaro.

HÍDRICO, CA adj. Sufijo que sirve para designar los hidrácidos: *ácido clorhídrico.* ‖ Dícese de la dieta en que solamente se puede beber agua.

HIDROAVIÓN m. Avión provisto de flotadores que le permiten posarse en el agua.

HIDROCARBONATO m. Carbonato hidratado.

HIDROCARBURO m. El hidrógeno carburado.

HIDROCEFALIA f. (de *hidro*, y el gr. *kephalê*, cabeza). Hidropesía de la cabeza.

HIDROCÉFALO, LA adj. Que padece hidrocefalia.

HIDROCELE f. Hidropesía del escroto.

HIDROCLÓRICO adj. Clorhídrico.

HIDRODINÁMICA f. (de *hidro*, y *dinámica*). Parte de la física que estudia el movimiento, el peso y el equilibrio de los líquidos.

HIDRODINÁMICO, CA adj. Perteneciente o relativo a la hidrodinámica.

HIDROELÉCTRICO, CA adj. Relativo a la electricidad obtenida mediante la fuerza hidráulica: *central hidroeléctrica.*

HIDRÓFANA f. (de *hidro*, y el gr. *phainein*, brillar). Variedad de ópalo.

HIDRÓFILO, LA adj. (de *hidro*, y el gr. *philos*, amigo). Que absorbe el agua: *algodón hidrófilo.* ‖ — M. Género de coleópteros que viven dentro del agua.

HIDROFOBIA f. (de *hidro*, y el gr. *phobos*, temor). Horror al agua. ‖ Rabia.

HIDRÓFOBO, BA adj. y s. Que tiene horror al agua.

HIDROFTALMÍA f. *Med.* Distensión del globo del ojo debida a una presión interior excesiva.

HIDRÓFUGO, GA adj. (de *hidro*, y el lat. *fugare*, alejar). Que defiende o protege contra la humedad: *tejido hidrófugo.*

HIDROGENACIÓN f. Adición de hidrógeno a una substancia.

HIDROGENADO, DA adj. Que tiene hidrógeno. ‖ Que se combina con él.

HIDROGENAR v. t. Combinar con un hidrógeno.

HIDRÓGENO m. (de *hidro*, y el gr. *gennân*, engendrar). Cuerpo simple (H), de número atómico 1, peso atómico 1,008, gaseoso, que entra en la composición del agua.
— Se llama así porque, al combinarse con el oxígeno, forma el agua. Lo descubrió Cavendish en 1781. Es inflamable y arde con llama pálida; siendo catorce veces más ligero que el aire, se emplea para inflar los globos aerostáticos, pero atraviesa muy fácilmente las paredes de los recipientes que lo contienen.

HIDROGRAFÍA f. (de *hidro*, y el gr. *graphein*, describir). Parte de la geografía física que estudia la hidrosfera. ‖ Conjunto de las aguas corrientes o estables de una comarca: *la hidrografía de Suecia es muy rica.*

HIDROGRÁFICO, CA adj. Relativo a la hidrografía: *mapa hidrográfico.*

HIDRÓGRAFO adj. y s. Que se dedica especialmente a la hidrografía: *ingeniero hidrógrafo.*

HIDRÓLISIS f. *Quím.* Descomposición de ciertos compuestos por la acción del agua.

HIDROLOGÍA f. Ciencia que estudia las aguas.

HIDRÓLOGO adj. y s. Que estudia la hidrología.

HIDROMANCIA e **HIDROMANCÍA** f. (de *hidro*, y el gr. *manteia*, adivinación). Adivinación por medio del agua.

HIDROMEDUSAS f. pl. Clase de celentéreos que comprende las medusas y los pólipos de que nacen.

HIDROMEL m. (de *hidro*, y el lat. *mel*, miel). Bebida hecha con agua y miel: *el hidromel era estimado por los antiguos.* (SINÓN. *Aguamiel.*)

prensa hidráulica

hidroavión cuatrirreactor

Fot. Martin, Ets Lapipe et Wittmann

hiena

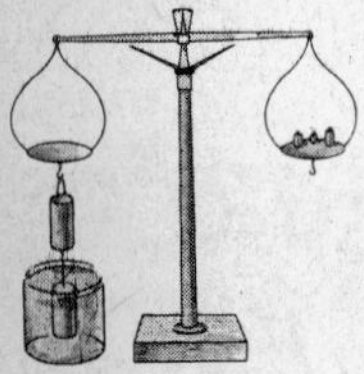

balanza hidrostática

hierba cana

HIDROMETRÍA f. Ciencia que estudia los líquidos en movimiento.
HIDROMÉTRICO, CA adj. De la hidrometría.
HIDRÓMETRO m. (de *hidro*, y el gr. *metron*, medida). Instrumento que sirve para medir el peso, la densidad y la fuerza de los líquidos.
HIDROMIEL m. Hidromel.
HIDRONEUMÁTICO, CA adj. Que funciona por medio del agua y del aire: *algunos cañones modernos tienen freno hidroneumático.*
HIDRÓPATA m. *Med.* Médico que profesa la hidroterapia o hidropatía.
HIDROPATÍA f. Hidroterapia.
HIDROPEDAL m. Embarcación de recreo constituida por dos cascos unidos por travesaños cuyo movimiento se efectúa por medio de pedales.
HIDROPESÍA f. (gr. *hydropisis*). Acumulación anómala de líquidos serosos en el cuerpo.
HIDROPLANO m. Embarcación provista de aletas que, al marchar, por efecto de la reacción del

agua, tienden a levantarla y aumentan su velocidad. || Hidroavión.
HIDRÓPICO, CA adj. y s. Que padece hidropesía. || *Fig.* Sediento con exceso.
HIDROQUINONA f. Difenol que se usa como revelador fotográfico.
HIDROSCOPIA f. Arte de descubrir las aguas ocultas.
HIDROSFERA f. Parte líquida de la corteza terrestre.
HIDROSILICATO m. *Quím.* Silicato hidratado.
HIDROSOLUBLE adj. Dícese de los cuerpos solubles en el agua, y especialmente de las vitaminas B C y D.
HIDROSTÁTICA f. (de *hidro*, y *estática*). Parte de la mecánica que tiene por objeto el equilibrio de los líquidos y la presión que ejercen sobre los vasos: *Arquímedes fue el creador de la hidrostática.*
HIDROSTÁTICO, CA adj. Relativo a la hidrostática. || *Balanza hidrostática*, balanza imaginada por Galileo para comprobar el principio de Arquímedes y determinar el peso específico y la densidad de los cuerpos.
HIDROSULFÚRICO, CA adj. Sulfhídrico.
HIDROSULFUROSO, SA adj. Dícese del ácido obtenido hidrogenando el ácido sulfuroso.
HIDROTECNIA f. Arte de construir máquinas y aparatos hidráulicos.
HIDROTERAPIA f. Tratamiento de las enfermedades por medio del agua.
HIDROTERÁPICO, CA adj. Relativo a la hidroterapia: *tratamiento hidroterápico.*
HIDROTIMETRÍA f. Determinación de la dureza de las aguas.
HIDROTÓRAX m. Hidropesía de la pleura.
HIDRÓXIDO m. *Quím.* Base.
HIDRÓXILO m. Radical univalente compuesto de un átomo de oxígeno y uno de hidrógeno: OH.
HIDROZOARIOS m. pl. Clase de celentéreos nidarios sin faringe.
HIEDRA f. (lat. *hedera*). Planta umbelífera araliácea, que comprende plantas trepadoras y enredaderas siempre verdes.
HIEL f. (lat. *fel*). Bilis. || *Fig.* Amargura: *las hieles de la vida.* || *Fig.* y *fam. Echar la hiel*, trabajar mucho.
HIELERA f. *Ecuad.* Nevera.
HIELO m. (lat. *gelu*). Agua solidificada por el frío: *el hielo es más ligero que el agua.* || Acción de helar o helarse. || *Fig.* Frialdad. || *Más frío que el hielo*, o *como un pedazo de hielo*, ser muy frío. (Ú. tb. en sentido figurado.)
HIEMACIÓN f. Acción de pasar el invierno. || Propiedad que tienen algunas plantas de crecer durante el invierno.
HIEMAL adj. (lat. *hiemalis*). Perteneciente al invierno: *solsticio hiemal.*
HIENA f. (gr. *hyaina*). Género de mamíferos carniceros de gran tamaño, de Asia y de África. || *Fig.* Persona feroz y cobarde.
— La *hiena* tiene pelaje áspero, gris o pardo y manchado. Es nocturna y tímida; no se atreve con el hombre ni con los animales vivos y se alimenta principalmente de cadáveres.
HIERÁTICAMENTE adv. m. De un modo hierático.
HIERÁTICO, CA adj. (del gr. *hieros*, sagrado). Que pertenece a los sacerdotes o tiene las formas de una tradición litúrgica. || Que reproduce en escultura y pintura religiosas las formas tradicionales. || *Fig.* Que afecta solemnidad extrema: *actitud hierática.* || *Escritura hierática*, trazado cursivo de la escritura jeroglífica de los egipcios.
HIERATISMO m. Carácter hierático.
HIERBA f. (lat. *herba*). Planta blanda cuyas partes aéreas mueren cada año: *arrancar las malas hierbas de un campo.* || *Fam. Mala hierba*, muchacho malo. || *En hierba*, m. adv., dícese de los trigos cuando están verdes aún. *Fig.* En potencia: *escritor en hierba.* || *Comer su trigo en hierba*, gastar la renta antes de cobrarla. || *Bot.* Nombre de diferentes plantas. || *Hierba buena*, hierbabuena. || *Hierbas medicinales*, las empleadas en farmacia. || *Hierbas marinas*, las algas, etc. || *Hierba cana*, planta compuesta, cuya semilla está coronada de un vilano blanco. || *Hierba carmín*, planta fitolacácea americana, de cuya semilla se extrae una laca roja.
HIERBABUENA f. Planta labiada medicinal, de olor agradable, que se emplea en medicina y como condimento. (SINÓN. *Menta.*) || También se da el mismo nombre a otras plantas labiadas como el mastranzo, el sándalo y el poleo.
HIERBAL m. *Chil.* Herbazal.
HIERBATERO m. *Chil.* Hombre que vende hierba al por menor.
HIERBAZAL m. Sitio donde se cría la hierba.
HIERÓDULO m. (del gr. *hieros*, sagrado, y *dulos*, esclavo). *Antig. gr.* Esclavo al servicio de un templo.
HIEROFANTA y **HIEROFANTE** m. (del gr. *hieros*, sagrado, y *phainein*, enseñar). *Antig.* Sacerdote que presidía los misterios sagrados de Eleusis.
HIEROGLÍFICO, CA adj. y s. Jeroglífico.
HIEROSOLIMITANO, NA adj. De Jerusalén.
HIERRA f. *Amer.* Herradero.
HIERRO m. (lat. *ferrum*). Metal de color gris azulado, que tiene numerosas aplicaciones en la industria. || *Hierro colado* o *fundido*, el que sale fundido de los altos hornos. || *Hierro de T, doble T*, o *en U*, el forjado en la forma de estas letras. || *Hierro dulce*, el que se trabaja fácilmente en frío. || Punta de hierro de un arma: *el hierro de una lanza.* || *Poét.* Arma: *un hierro homicida.* || Marca que con hierro candente se ponía a los delincuentes y se pone a los ganados, etc. || *Cub.* Labor o vuelta a la tierra. || — Pl. Grillos o cadenas que sirven de prisiones. || *Fig. De hierro*, robusto, resistente: *cuerpo de hierro;* inflexible: *disciplina de hierro.* || *Edad de hierro*, época mitológica en la que los hombres eran perversos y desgraciados. Período prehistórico en que el hombre comenzó a usar el hierro. || — PROV. **Quien a hierro mata a hierro muere**, uno suele experimentar el mismo daño que hizo a otro.
— El *hierro* es un metal blanco, de textura granujienta, que se torna fibrosa después del martilleo; su densidad es 7,8 y se funde a los 1 530° C. Es muy dúctil, muy maleable y al mismo tiempo muy resistente; es el metal útil por excelencia y lo trabajan los hombres desde la más remota Antigüedad. Encuéntrase abundantemente en la naturaleza en estado de óxidos (*imán, hierro oligisto, hematites roja*), de carbonatos (*siderosa*, etc.) o de sulfuros, y los principales yacimientos explotados están en Inglaterra, Estados Unidos, España, Francia y Rusia. Se funde en los hornos altos, consiguiéndose así un *hierro colado*, bastante cargado de carbono. Dicho hierro, desembarazado de su carbono en los hornos de *pudelar*, forma el hierro. Éste a su vez, adicionado con una cantidad mínima de carbono, se convierte en *acero*. Los usos del hierro son numerosos: sirve sobre todo para la fabricación de

Fot. New York Zoological Society, Monde et Camera

máquinas, de piezas de construcción, de rieles de ferrocarril, de armas, etc., y tiende cada vez más a reemplazar la piedra en la construcción de edificios, puentes, etc. Se oxida rápidamente al aire libre, pero se remedia dicho inconveniente protegiendo las superficies expuestas al aire con una capa de minio. || — PARÓN. *Yerro.*

HIGA f. Dije en figura de puño que se usa como amuleto. || Gesto injurioso que se hace con la mano: *dar una higa a una persona.* || *Fig.* Burla, desprecio. || — PARÓN. *Jiga.*

HIGADILLA f. o **HIGADILLO** m. Hígado de las aves. || — M. *Hond.* Guiso de riñones e hígado de res. || — F. *Col.* Enfermedad de las aves.

HÍGADO m. (lat. *ficatum*). *Anat.* Víscera de color rojizo, que segrega la bilis. (V. lám. HOMBRE.) || *Fig.* Ánimo, valentía: *tiene muchos hígados.* || *Fig.* y *fam. Echar los hígados,* trabajar con exceso. || *Fam. Hasta los hígados,* hasta lo más profundo y con vehemencia. || — Adj. *Amér. C.* y *Cub.* Fastidioso, impertinente: *¡qué hombre tan hígado!*

HIGADOSO, SA adj. y s. *Amér. C.* y *Cub.* Majadero.

HIGHLANDER m. (pal. ingl., pr. *jailánder*). Montañés de Escocia que habita las tierras altas.

HIGH LIFE f. (pal ingl., pr. *jai-laif*). Sociedad elegante, gran mundo.

HIGIENE f. (del gr. *hygiês,* sano). Parte de la medicina que tiene por objeto la conservación de la salud y los medios de precaver las enfermedades: *la limpieza es la primera regla de la higiene.* || *Fig.* Limpieza, aseo en las viviendas o poblaciones: *higiene pública.* || Sistema de principios y reglas para conservar la salud. || — SINÓN. *Aseo, limpieza, dietética, salubridad, profilaxis.*

HIGIÉNICAMENTE adv. m. Conforme a las reglas de la higiene.

HIGIÉNICO, CA adj. Relativo a la higiene.

HIGIENISTA com. Persona dedicada especialmente al estudio de la higiene.

HIGIENIZAR v. t. Hacer higiénico.

HIGO m. (lat. *ficus*). Fruto que da la higuera después de la breva. || *Higo chumbo, de pala,* o

de tuna, el fruto del nopal. || *Fam. De higos a brevas,* m. adv., de tarde en tarde. || *Fam. No dársele a uno un higo de una cosa,* no hacer caso de ella.

HIGRO, prefijo, del gr. *higros,* que significa *humedad.*

HIGRÓGRAFO m. Higrómetro que registra sobre una cinta el grado de humedad atmosférica.

HIGROMA m. Inflamación de las bolsas serosas.

HIGROMETRÍA f. Ciencia que determina la cantidad de humedad que existe en la atmósfera.

HIGROMÉTRICO, CA adj. Relativo a la higrometría: *el estado higrométrico de la atmósfera.* || Dícese del cuerpo que se modifica con la humedad de la atmósfera y puede servir como higrómetro.

HIGRÓMETRO m. (de *higro,* y el gr. *metron,* medida). Instrumento que sirve para apreciar el grado de humedad del aire. (En el *higrómetro de cabello,* éste se encoge cuando el aire está seco y se alarga cuando hay humedad, y sus movimientos se transmiten, por medio de una polea, a una aguja que se mueve en una esfera graduada.)

HIGROSCOPIA f. Higrometría.

HIGROSCOPICIDAD f. Propiedad de algunos cuerpos de absorber y de exhalar la humedad.

HIGROSCÓPICO, CA adj. Que tiene higroscopicidad.

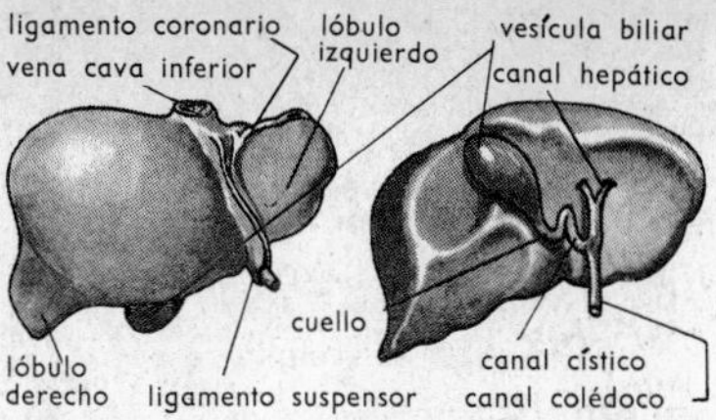

HÍGADO

HIGROSCOPIO m. (de *higro,* y el gr. *skopein,* mirar). Instrumento que indica aproximadamente la mayor o menor humedad del aire. (El *higroscopio* más común representa a un fraile, cuya capucha se levanta o baja según la humedad del aire. El movimiento de la capucha se consigue por medio de una cuerda de tripa que se destuerce más o menos según el estado higrométrico del aire.)

HIGUANA f. Iguana.

HIGUERA f. Árbol de la familia de las moráceas, cuyos frutos son primero la breva y luego el higo. || *Higuera de Indias,* de *pala,* o *de tuna,* el nopal. || *Higuera infernal,* el ricino. || *Fig.* y *fam. Estar en la higuera,* estar en Babia, estar siempre distraído.

HIGÜERA f. *Antill.* Vasija que se hace del fruto del higüero.

HIGUERAL m. Sitio donde abundan las higueras.

HIGUERITA o **HIGUERILLA** f. Ricino o higuera infernal.

HIGÜERO m. *Amer.* Güira.

HIGUERÓN o **HIGUEROTE** m. Árbol de la familia de las moráceas, de madera fuerte, muy usada en América para la construcción de embarcaciones.

HIGUÍ (AL) loc. fam. Juego en que se cuelga un higo seco de un palo y se hace saltar en el aire, mientras los muchachos tratan de cogerlo con la boca. También se llama *al higuillo.*

HIJADALGO f. Hidalga.

HIJASTRO, TRA m. y f. Hijo o hija de uno solo de los cónyuges respecto del otro.

HIJEAR v. i. *Amer.* Ahijar, retoñar.

HIJILLO m. *Hond.* Emanación de los cadáveres.

HIJO, JA m. y f. (lat. *filius*). Persona o animal, respecto de sus padres: *el hijo mayor disfrutaba en otro tiempo grandes privilegios.* (SINÓN. *Retoño, vástago.*) || *Fig.* Descendiente: *los hijos de los godos.* || Hombre considerado respecto del país a que pertenece: *los hijos de Sevilla se han distinguido en todas las artes.* || Expresión de cariño: *usted verá lo que hace, hija mía.* || *Fig.* Religioso con relación al fundador de su orden: *la sencillez de los hijos de San Vicente de Paúl.* || *Fig.* Obra o producción del ingenio. || *Hijo adulterino,* el nacido de adulterio. || *Hijo bastardo* o *espurio,* el nacido de padres que no pueden contraer matrimonio. || *Hijo natural,* el nacido de padres solteros que podían casarse. || *Hijo sacrílego,* el procreado con quebrantamiento del voto de castidad. || *Fam. Cada hijo de vecino,* todo el mundo. || *El Hijo de Dios* o *del Hombre,* Jesucristo. || *Hijos de Apolo,* los poetas. || *Hijos de Marte,* los guerreros.

HIJODALGO m. Hidalgo. Pl. *hijosdalgo.*

HIJUELA f. Añadido que se echa a un vestido para ensancharlo. || Colchón estrecho y delgado que se agrega a los demás. || Pedazo de lienzo, de forma cuadrada, que sirve durante la misa para cubrir el cáliz. || Acequia pequeña que desagua en la acequia principal. || Camino que se separa de otro principal. || Documento donde se reseña lo que se da a cada uno de los herederos indicando lo que les toca en la partición. || Conjunto de los bienes que forman la herencia. || *Chil.* y *Per.* Fundo sacado de otro mayor. || Semilla de las palmas.

HIJUELACIÓN f. *Chil.* Acción de hijuelar.

HIJUELAR v. t. *Chil.* Dividir un fundo en hijuelas. || *Chil.* Dar la legítima a un legitimario en vida del ascendiente.

HIJUELO m. Retoño.

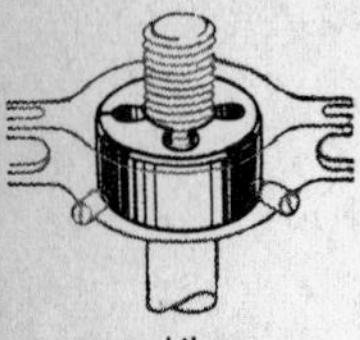

hilera

hinojo

HILA f. Hilera, fila: *una hila de árboles.* || Hebra que se saca del lienzo usado y sirve para curar llagas y heridas. || Acción de hilar: *ya va a empezar la hila.* || Tripa delgada.

HILACATA m. *Bol.* Autoridad indígena; mayordomo.

HILACHA f. e **HILACHO** m. Pedazo de hila que se desprende de una tela. || — M. *Méx.* Guiñapo, harapo.

HILACHENTO, TA adj. *Amer.* Andrajoso, roto.

HILACHOSO, SA adj. Que tiene hilachas.

HILADA f. Hilera, serie de cosas en fila: *una hilada de ladrillos.* || Cosa hilada: *una hilada de cerilla.*

HILADILLO m. Hilo que se saca de la estopa de la seda. || Cinta estrecha de seda o hilo.

HILADIZO, ZA adj. Dícese de lo que se puede hilar fácilmente: *filamento hiladizo.*

HILADO m. Acción y efecto de hilar: *el hilado del cáñamo se puede hacer a mano.* || Porción de lino, cáñamo, etc., reducida a hilo: *fábrica de hilados.*

HILADOR, RA m. y f. Persona que hila por oficio.

HILANDERÍA f. Arte de hilar. || Fábrica de hilados.

HILANDERO, RA m. y f. Persona que se dedica a hilar. || — M. Taller donde se hila.

HILAR v. t. Reducir a hilo: *hilar lino.* || Formar su hilo los insectos: *el gusano hila su capullo.* || *Fig.* Discurrir, cavilar. || *Fig.* y *fam. Hilar delgado,* o *muy fino,* proceder con sumo cuidado, discurrir con sutileza.

HILARANTE adj. Que mueve a risa. (SINÓN. V. *Cómico.*) || Nombre dado al *protóxido de nitrógeno,* porque su absorción provoca la risa.

HILARIDAD f. (lat. *hilaritas*). Explosión súbita de risa: *su gesto excitó una viva hilaridad.*

HILATURA f. Arte de hilar.

HILAZA f. Cáñamo o lino dispuestos para ser hilados. || Hilo grueso o desigual. || Hilo de una tela.

HILERA f. Formación en línea recta: *una hilera de soldados, de árboles.* (SINÓN. V. *Fila.*) || Instrumento que sirve para estirar en hilos los metales. || *Arq.* Madero que forma el lomo de la armadura. (También se dice *parhilera.*)

HILERO m. Señal más clara que se observa en el mar y en los ríos por donde pasa alguna corriente.

HILO m. (lat. *filum*). Hebra larga y delgada de cualquier substancia textil: *hilo de lino, de algodón.* || Ropa blanca de cáñamo o lino: *el hilo es más frío y menos sano que el algodón.* || Alambre delgado: *hilo de cobre.* || Hebra que producen ciertos insectos y arácnidos: *el hilo de algunas arañas de Madagascar puede hilarse como la seda.* || Filo: *el hilo de una navaja.* || *Fig.* Chorro delgado: *hilo de sangre.* || *Fig.* Continuación del discurso: *le cortó el hilo de su cuento.* || *Fig. Hilo de la vida,* el curso de ella. || *Hilo de cajas, hilo primo, hilo de monjas,* hilos de muy buena calidad. || *Hilo de conejo,* alambre para lazos de caza. || *Hilo de perlas,* perlas enhebradas. || *Hilo de uvas,* colgajo de uvas. || *Al hilo,* loc. adv., según la dirección de los hilos. || *Fig.* y *fam. Estar colgado de un hilo,* estar en gran peligro. || *Perder el hilo,* olvidar, en el calor de la discusión, aquello de que se trata. || *Fig. Cortar el hilo,* interrumpir. || *Fig. Mover los hilos,* manejar un asunto, un negocio. || — PROV. **Por el hilo se saca el ovillo,** por la muestra de una cosa se conoce lo demás.

HILOMORFISMO m. Teoría de Aristóteles y de los escolásticos que afirma que todo cuerpo se compone de materia y forma.

HILOZOÍSMO m. Sistema que atribuye a la materia una existencia necesaria y dotada de vida: *el hilozoísmo jónico.*

HILVÁN m. Costura a punto largo con que se arma lo que se ha de coser. || *Chil.* Hilo para hilvanar.

HILVANADO m. Acción y efecto de hilvanar.

HILVANAR v. t. Asegurar con hilvanes: *hilvanar un dobladillo.* || *Fig.* y *fam.* Hacer algo con prisa y precipitación. || *Fig.* Enlazar, coordinar (ideas, frases).

HIMEN m. Membrana que, en general, obstruye parcialmente la vagina de las vírgenes.

HIMENEO m. (gr. *hymenaios*). *Poét.* Casamiento: *los lazos del himeneo.* || Epitalamio.

HIMENIO m. Membrana de los hongos donde se hallan sus elementos de reproducción.

HIMENOMICETOS m. pl. Grupo de hongos basidiomicetos que comprende los que tienen himenio.

HIMENÓPTERO, RA adj. y s. (del gr. *hymen,* membrana, y *pteron,* ala). *Zool.* Dícese de los insectos que tienen cuatro alas membranosas de grandes celdillas: *la avispa es un insecto himenóptero.* || — M. pl. Orden de estos insectos.

HIMNARIO m. Colección de himnos.

HÍMNICO, CA adj. Relativo al himno.

HIMNO m. (del gr. *hymnos,* canto). Cántico en honor de la divinidad o de los santos: *los himnos sagrados.* (SINÓN. V. *Cántico.*) || Entre los antiguos, poema en honor de los dioses o de los héroes. || Canto nacional o popular: *el himno nacional.* || *Fig.* Manifestación de entusiasmo. || Objeto que la provoca: *los himnos del amor.*

HIMPLAR v. i. Rugir la onza o pantera.

HIN, onomatopeya del relincho del caballo y de la mula.

HINCADA f. *Amer.* Hincadura. || *P. Rico* y *Chil.* Genuflexión.

HINCADURA f. Acción y efecto de hincar una cosa.

HINCAPIÉ m. Acción de hincar el pie para hacer fuerza. || *Fig.* y *fam. Hacer hincapié,* insistir porfiadamente.

HINCAR v. t. (lat. *figere*). Apoyar una cosa en otra: *hincar el pie en una rama, hincar un clavo.* (SINÓN. V. *Clavar.*) || — V. r. *Hincarse de rodillas,* doblarlas hasta el suelo. (SINÓN. V. *Arrodillarse.*) || *Fam. Hincar el pico,* morir.

HINCO m. Palo o puntal que se hinca en tierra.

HINCÓN m. Poste clavado en las márgenes de los ríos, que sirve para amarrar los barcos. || Hito o mojón para marcar las lindes.

HINCHA f. *Fam.* Odio, encono, enemistad. || — M. *Fam.* Fanático, defensor.

HINCHADO, DA adj. Lleno: *un globo hinchado de gas.* (SINÓN. *Inflado, ahuecado, hueco, tumefacto, turgente, abotargado, vultuoso.*) || *Fig* Vanidoso, presumido. || *Fig.* Hiperbólico y afectado: *lenguaje hinchado.* || — F. *Fam.* Conjunto de hinchas.

HINCHAMIENTO m. Hinchazón.

HINCHAR v. t. Aumentar el volumen de un cuerpo: *hinchar una pelota de viento; hincha la lluvia los torrentes.* || *Fig.* Exagerar una noticia o suceso. (SINÓN. V. *Exagerar.*) || — V. r. Ponerse más abultada una parte del cuerpo: *se hincha el cuerpo en la hidropesia.* || *Fig.* Envanecerse, entonarse. || Comer mucho. || *Fam.* Ganar mucho dinero. || *Fig.* y *fam. Hincharse las narices,* no aguantar más una cosa, enfadarse.

HINCHAZÓN f. Efecto de hincharse. (SINÓN. V. *Protuberancia.*) || *Fig.* Vanidad, engreimiento. || *Fig.* Defecto del estilo hinchado.

HINDI m. Un idioma de la India.

HINDÚ adj. y s. V. INDIO.

HINDUISMO m. Religión brahmánica, la más extendida en la India.

HINIESTA f. Retama, planta.

HINOJAL m. Sitio donde abunda el hinojo.

HINOJO m. (lat. *feniculum*). Planta de la familia de las umbelíferas, muy aromática; su bulbo es comestible. || *Hinojo marino,* planta umbelífera parecida a la anterior.

HINOJO m. (lat. *geniculum*). Rodilla: *ponerse de hinojos.*

HINTERLAND m. (pal. al.). Interior de un territorio colonial cuya parte principal está en la costa. (Se ha propuesto para su traducción *trastierra.*)

HINTERO m. Mesa donde se amasa el pan.

HIOIDEO, A adj. Perteneciente al hioides.

HIOIDES adj. y s. m. *Zool.* Dícese de un hueso de forma de herradura situado en la base de la lengua.

HIPÁLAGE m. *Ret.* Procedimiento por el cual se atribuye a ciertas palabras lo que conviene a otras.

HIPAR v. t. Tener hipo. || Resollar los perros al seguir la caza. || Fatigarse mucho. || Gimotear (aspírase la *h*). || *Fig.* Ansiar mucho: *hipar por un destino.*

HIPARIÓN m. Género de mamíferos fósiles que comprende los antepasados del caballo.

HIPER, prefijo, del gr. *hyper,* que indica *exceso* o *superioridad: hiperdulía, hipercloruración.*
HIPÉRBATON m. (del gr. *hyper,* más allá, y *bainein,* ir). *Gram.* Figura de construcción que consiste en invertir el orden de las palabras en el discurso. ‖ — SINÓN. *Inversión.*
HIPÉRBOLA f. (lat. *hyperbola*). *Geom.* Curva simétrica respecto de dos ejes y formada por dos porciones abiertas, dirigidas inversamente y que se aproximan indefinidamente a dos asíntotas: *la hipérbola resulta de la intersección de un cono con un plano que corta todas las generatrices, unas por un lado del vértice, y otras en su prolongación.* ‖ — PARÓN. *Hipérbole.*
HIPÉRBOLE f. (gr. *hyperbolê,* de *huper,* más allá, y *ballein,* arrojar). *Ret.* Figura de retórica que consiste en exagerar para impresionar el espíritu: *un gigante,* por un hombre muy alto; *un pigmeo,* por un hombre muy bajito. ‖ — PARÓN. *Hipérbola.*
HIPERBÓLICAMENTE adv. m. De una manera hiperbólica: *hablar hiperbólicamente.*
HIPERBÓLICO, CA adj. De figura de hipérbola: *curva hiperbólica.* ‖ Que encierra hipérbole: *cumplimiento hiperbólico.*
HIPERBOLIZAR v. i. Usar de hipérboles.
HIPERBOLOIDE adj. y s. m. (de *hipérbola,* y el gr. *eidos,* forma). *Geom.* Superficie engendrada por la revolución de una hipérbola alrededor de su eje.
HIPERBOREAL o **HIPERBÓREO, A** adj. (del gr. *hyper,* más allá, y *Boreas,* Norte). Aplícase a las regiones y pueblos muy septentrionales: *los antiguos atribuían a los pueblos hiperbóreos una felicidad sobrenatural.*
HIPERCLORHIDRIA f. Exceso de ácido clorhídrico en el jugo gástrico.
HIPERCLORHÍDRICO, CA adj. Perteneciente a la hiperclorhidria o que la padece.
HIPERCRISIS f. Crisis violenta.
HIPERCRÍTICA f. Crítica exagerada.
HIPERCRÍTICO adj. Propio de la hipercrítica. ‖ — M. Censor, crítico inflexible.
HIPERDULÍA f. (del gr. *hyper,* sobre, y *douleia,* servidumbre). *Culto de hiperdulía,* el que tributan los católicos a la Virgen.
HIPEREMIA f. (del gr. *hyper,* sobre, y *haima,* sangre). Congestión sanguínea en un órgano.
HIPERESTESIA f. (del gr. *hyper,* y *aisthêsis,* sensibilidad). *Med.* Sensibilidad exagerada.
HIPERESTESIAR v. t. Causar hiperestesia.
HIPERFOCAL adj. *Distancia hiperfocal,* distancia mínima a la que debe colocarse un objeto para ser fotografiado con precisión por una máquina regulada al infinito.
HIPERGÉNESIS f. Desarrollo anormal de un elemento anatómico.
HIPERGOL m. Mezcla para la propulsión de cohetes.
HIPERHIDROSIS f. Exceso de secreción sudoral.
HIPERICÍNEAS f. pl. *Bot.* Familia de dicotiledóneas a que pertenecen el hipérico y la todabuena.
HIPÉRICO m. Corazoncillo.
HIPERMETRÍA f. (del gr. *hyper,* más allá, y *metron,* medida). *Poét.* Figura que se comete cortando una voz al final de un verso y empezando el siguiente con el fin de dicha palabra.
HIPERMÉTROPE adj. y s. (del gr. *hyper,* más allá, *metron,* medida, y *ops,* ojo). Que padece hipermetropía.
HIPERMETROPÍA f. Estado del ojo en que los rayos paralelos al eje forman su foco detrás de la retina.
HIPERMNESIA f. Sobreactividad morbosa.
HIPERSECRECIÓN f. Secreción excesiva.
HIPERSENSIBILIDAD f. Calidad de hipersensible.
HIPERSENSIBLE adj. De suma sensibilidad.
HIPERTENSIÓN f. Tensión excesiva.
HIPERTENSO, SA adj. Muy tenso.
HIPERTERMIA f. *Med.* Estado anormal de la temperatura del cuerpo.
HIPERTROFIA f. (del gr. *hyper,* sobre, y *trophê,* alimento). *Med.* Aumento anormal del volumen de un órgano: *hipertrofia del corazón.*
HIPERTROFIAR v. t. *Med.* Aumentar demasiado el volumen de un órgano: *el abuso del alcohol hipertrofia las vísceras* (ú. t. c. r.).
HIPERTRÓFICO, CA adj. *Med.* Relativo a la hipertrofia o que presenta sus caracteres.
HÍPICO, CA adj. (del gr. *hippos,* caballo). Relativo o perteneciente al caballo: *deporte hípico.* ‖ *Concurso hípico,* prueba deportiva que consiste en saltos de obstáculos por los caballos.
HIPIDO m. Acción de hipar. (Aspírase la *h.*)
HIPIL m. *Méx.* Güipil.
HIPISMO m. Deporte hípico.
HIPITO, TA adj. *Venez.* Impaciente; maniático.
HÍPNICO, CA adj. Propio del sueño.
HIPNOSIS f. (del gr. *hypnos,* sueño). *Patol.* Sueño provocado por el hipnotismo.
HIPNÓTICO, CA adj. Relativo a la hipnosis: *sueño hipnótico.* ‖ — M. Medicamento soporífero. (SINÓN. V. *Narcótico.*)
HIPNOTISMO m. (del gr. *hypnos,* sueño). *Med.* Conjunto de los fenómenos que constituyen el sueño artificial provocado. ‖ Ciencia que trata de estos fenómenos.
HIPNOTIZABLE adj. Que se puede hipnotizar: *temperamento hipnotizable.*
HIPNOTIZACIÓN f. Acción de hipnotizar.
HIPNOTIZADOR, RA adj. y s. Que hipnotiza.
HIPNOTIZAR v. t. Adormecer por medio del hipnotismo. ‖ *Por ext.* Atraer la atención irresistiblemente: *tiene una mirada que hipnotiza.*
HIPO m. Movimiento convulsivo del diafragma: *el hipo suele cesar con cualquier distracción o sorpresa.* ‖ *Fig.* Ansia, deseo vehemente: *tener hipo por algo.* ‖ *Fig.* Enemistad, odio: *tener hipo contra uno.*
HIPO, prefijo, del gr. *hypo,* que significa *inferioridad: hipodérmico, hipocausto.*
HIPOCAMPO m. (del gr. *hippos,* caballo, y *kampê,* curvatura). Caballo marino, pececillo.

hipocampo

HIPOCASTÁNEAS f. pl. *Bot.* Grupo de plantas o arbustos angiospermos dicotiledóneos que tiene por tipo el castaño de Indias.
HIPOCAUSTO m. *Antig.* Habitación romana que estaba caldeada por debajo de su pavimento.
HIPOCENTAURO m. Centauro.
HIPOCENTRO m. Foco de un terremoto situado a una cierta profundidad (en general comprendida ésta entre 10 y 100 km.) en la vertical del epicentro superficial y de donde parten las ondas sísmicas.
HIPOCLORHIDRIA f. *Med.* Escasez de ácido clorhídrico en el jugo estomacal.
HIPOCLORITO m. *Quím.* Sal del ácido hipocloroso ClOH: *el hipoclorito de cal sirve para blanquear.*
HIPOCLOROSO, SA adj. Dícese de un ácido compuesto de cloro, oxígeno e hidrógeno.
HIPOCONDRÍA f. (lat. *hypochondria*). Afección nerviosa caracterizada por una tristeza habitual y preocupación constante y angustiosa por su salud.
HIPOCONDRIACO, CA o **HIPOCONDRÍACO, CA** adj. y s. *Med.* Que padece hipocondría. (SINÓN. V. *Desabrido.*)
HIPOCONDRIO m. (del gr. *hypo,* debajo, y *khondrion,* cartílago). *Anat.* Nombre de las partes laterales de la región epigástrica.
HIPOCRÁS m. Bebida hecha con vino, azúcar, canela, etc.
HIPOCRÁTICO, CA adj. De Hipócrates.
HIPOCRATISMO m. Doctrina de Hipócrates.
HIPOCRESÍA f. (gr. *hypokrisis*). Vicio que consiste en la afectación de una virtud o cualidad o sentimiento que no tiene uno: *su hipocresía me descompone.* (SINÓN. V. *Falsedad.*)
HIPÓCRITA adj. y s. (lat. *hypocritas*). Que tiene hipocresía: *modales hipócritas.*
HIPÓCRITAMENTE adv. m. Con hipocresía.
HIPODÉRMICO, CA adj. (del gr. *hypo,* debajo, y *derma,* piel). Que está o se pone debajo de la piel: *hacer una inyección hipodérmica.*
HIPODERMIS f. Parte profunda de la piel.
HIPÓDROMO m. (del gr. *hyppos,* caballo, y *dromos,* carrera). Lugar destinado especialmente para las carreras de caballos y carros.

Fot. Dragesco

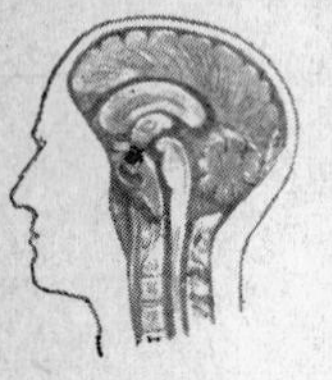

hipófisis

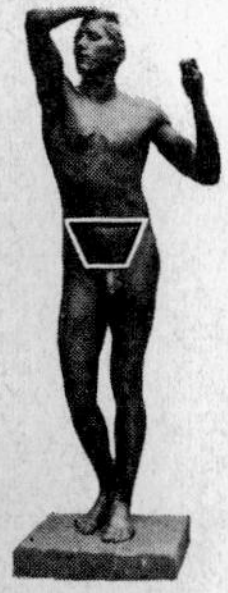

hipogastrio

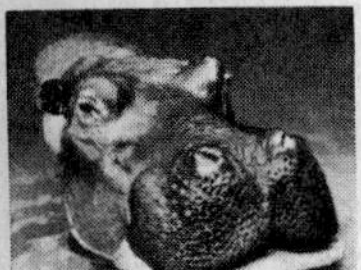

hipopótamo

hipotenusa

HIPOFAGIA f. Costumbre de comer carne de caballo.

HIPOFÁGICO, CA adj. Relativo a la hipofagia: *carnicería hipofágica.*

HIPÓFISIS f. Glándula endocrina situada debajo del encéfalo y que produce numerosas hormonas.

HIPOFOSFATO m. Sal del ácido hipofosfórico.

HIPOFOSFITO m. Sal del ácido hipofosforoso.

HIPOFOSFÓRICO adj. Dícese del ácido formado por la oxidación del fósforo al aire húmedo.

HIPOFOSFOROSO, SA adj. Dícese del ácido menos oxigenado del fósforo.

HIPOGÁSTRICO, CA adj. Del hipogastrio.

HIPOGASTRIO m. (del gr. *hypo,* debajo, y *gastêr,* vientre, estómago). La parte inferior del vientre. ‖ — CONTR. *Epigastrio.*

HIPOGÉNICO, CA adj. Dícese de los terrenos y rocas formadas en el interior de la Tierra.

HIPOGEO m. (del gr. *hypo,* debajo, y *gê,* tierra). Sepulcro subterráneo de los antiguos. (SINÓN. V. *Tumba.*) ‖ Nombre dado a cualquier edificio subterráneo.

HIPOGLOSO adj. (del gr. *hypo,* debajo, y *glossa,* lengua). Dícese de ciertos nervios colocados debajo de la lengua.

HIPOGLUCEMIA f. Disminución de la cantidad normal de azúcar en la sangre.

HIPOGONADISMO m. Deficiencia de la actividad genital, debida a la insuficiente secreción de las gónadas.

HIPOGRIFO m. (del gr. *hippos,* caballo, y *grifo*). Animal fabuloso, mitad caballo y mitad grifo, que figura en las leyendas antiguas.

HIPOLOGÍA f. (del gr. *hippos,* caballo, y *logos,* discurso). Estudio, conocimiento del caballo.

HIPOLÓGICO, CA adj. Relativo a la hipología.

HIPÓMANES m. Humor que desprende la vulva de la yegua en celo.

HIPOMOCLIO m. (del gr. *hypo,* debajo, y *mokhlos,* palanca). *Fís.* Punto de apoyo de una palanca. (SINÓN. *Fulcro.*)

HIPOPÓTAMO m. (del gr. *hippos,* caballo, y *potamos,* río). Mamífero paquidermo que vive en los grandes ríos de África. ‖ *Fig.* y *fam.* Persona enorme.

— Los *hipopótamos* son animales pesados, enormes, que alcanzan hasta cuatro metros de longitud, de piel desnuda y muy gruesa, y de cabeza muy voluminosa. Viven casi siempre dentro del agua; el marfil de sus colmillos es más fino y hermoso que el de los elefantes.

HIPOSCENIO m. Pared que sostenía la escena del teatro antiguo, encima de la orquesta. ‖ Parte de la orquesta situada delante de dicha pared.

HIPOSECRECIÓN f. Secreción inferior a la normal.

HIPOSO, SA adj. y s. Que tiene hipo.

HIPÓSTASIS f. (gr. *hypostasis*). *Teol.* Supuesto o persona, refiriéndose, sobre todo, a las tres personas de la Santísima Trinidad. ‖ *Fil.* El ser o la sustancia de la cual los fenómenos son una manifestación.

HIPOSTÁTICAMENTE adv. m. *Teol.* De modo hipostático.

HIPOSTÁTICO, CA adj. *Teol.* Perteneciente a la hipóstasis: *la unión hipostática del Verbo con la naturaleza humana.*

HIPOSTENIA f. Disminución de fuerzas.

HIPÓSTILO, LA adj. *Antig.* Dícese de un edificio o de una sala sostenidos por columnas.

HIPOSULFATO m. Sal resultante de la combinación del ácido hiposulfúrico con una base.

HIPOSULFITO m. Sal del ácido hiposulfuroso: *el hiposulfito de sosa sirve para fijar las fotografías.*

HIPOSULFÚRICO adj. Dícese de un ácido obtenido por combinación del azufre con el oxígeno.

HIPOSULFUROSO adj. *Ácido hiposulfuroso,* el que está compuesto de azufre, oxígeno e hidrógeno $H_2S_2O_3$.

HIPOTÁLAMO m. *Anat.* Región del encéfalo, donde se encuentra el centro de la actividad simpática de la vigilia y del sueño y el centro de la regulación termica.

HIPOTECA f. (del gr. *hypothêkê,* prenda). Finca que se ofrece como garantía del pago de un empréstito. ‖ *For.* Derecho sobre bienes inmuebles que garantiza el cumplimiento de una obligación. ‖ *Fam. ¡Buena hipoteca!,* persona o cosa de poca confianza.

HIPOTECABLE adj. Que se puede hipotecar.

HIPOTECAR v. t. Asegurar un crédito con hipoteca. ‖ Someter a la hipoteca: *hipotecar una casa.* ‖ *Fig.* Comprometer: *hipotecar su porvenir.*

HIPOTECARIO, RIA adj. Perteneciente a la hipoteca. ‖ Que está asegurado con hipoteca: *crédito hipotecario.*

HIPOTENSIÓN f. Tensión insuficiente.

HIPOTENSO, SA adj. y s. Que tiene una tensión arterial inferior a la normal.

HIPOTENUSA f. *Geom.* Lado opuesto al ángulo recto en un triángulo rectángulo: *el cuadrado de la hipotenusa es igual a la suma de los cuadrados de los catetos.*

HIPOTERMIA f. Disminución de la temperatura normal del cuerpo.

HIPÓTESIS f. (gr. *hypothesis*). Suposición de una cosa posible, de la que se saca una consecuencia: *hipótesis atrevida.* (SINÓN. V. *Suposición.*)

HIPOTÉTICO, CA adj. Fundado en la hipótesis. (SINÓN. V. *Supuesto.*) ‖ Dudoso, incierto.

HIPOTIPOSIS f. (del gr. *hypo,* debajo, y *typos*). *Ret.* Descripción viva de una persona o cosa.

HIPOTIROIDISMO m. Actividad insuficiente de la glándula tiroides.

HIPOTÓNICO, CA adj. Dícese de una solución cuya presión osmótica es inferior a la de otra solución: *suero hipotónico.*

HIPOTROFIA f. Nutrición insuficiente.

HIPPY adj. y s. (pal. ingl.). Término aparecido en la segunda mitad del s. XX aplicado a las personas, generalmente jóvenes, que reaccionan contra los valores de la sociedad en que viven; son amantes de la paz y buscan todos los medios posibles de evasión, incluso la droga. ‖ — Pl. *hippies.*

HIPSOMETRÍA f. Arte de determinar altitudes, altimetría.

HIPSOMÉTRICO, CA adj. Relativo a la hipsometría: *mapa hipsométrico.*

HIPSÓMETRO m. (del gr. *hypsos,* altura, y *metron,* medida). Instrumento que sirve para medir la altitud de un lugar determinando la temperatura a que hierve el agua en dicho lugar.

HIPÚRICO, CA adj. Dícese de un ácido que se encuentra en la orina de los caballos y rumiantes.

HIRCANO, NA adj. (lat. *hyrcanus*). De la Hircania, país del Asia antigua: *el mar hircano.*

HIRCO m. Cabra montés.

HIRCOCERVO m. Quimera, animal fabuloso.

HIRIENTE adj. Que hiere.

HIRMA f. Orillo del paño.

HIRSUTO, TA adj. Erizado: *hirsuta cabellera.* ‖ *Fig.* Brusco, agrio: *carácter hirsuto.*

HIRUDÍNEAS f. (lat. *hirudo*). Sanguijuela. ‖ Familia de anélidos cuyo tipo es la sanguijuela.

HIRVIENTE adj. Que hierve.

HISOPADA f. o **HISOPAZO** m. Rociada que se echa con hisopo. ‖ Golpe dado con el hisopo.

HISOPEAR v. t. Rociar con el hisopo.

HISOPILLO m. Muñequilla de algodón o hilas que sirve para mojar con alguna medicina la garganta de los enfermos. ‖ Planta labiada que se usa en medicina como estomacal.

HISOPO m. (lat. *hyssopum*). Planta muy aromática de la familia de las labiadas. ‖ Utensilio para echar el agua bendita. ‖ *Amer.* Brocha.

HISPALENSE adj. y s. Sevillano.

HISPÁNICO, CA adj. y s. Español, de España. ‖ Relativo a los pueblos de origen español.

HISPANIDAD f. Conjunto de caracteres, de sentimientos, propios a los individuos de cultura o de idioma españoles. ‖ Conjunto y comunidad de los pueblos hispanos.

HISPANISMO m. Giro o vocablo propio de la lengua española. ‖ Voz de esta lengua empleada en otra. ‖ Afición a la lengua, la literatura y las cosas de España.

HISPANISTA com. Persona versada en la lengua y cultura españolas.

HISPANIZAR v. t. Españolizar.

HISPANO, NA adj. y s. Hispánico. ‖ Español (apl. a personas).

Fot. Giraudon, Viollet

CABEZA — HOMBRE

(corte transversal, prescindiendo del tabique nasal)

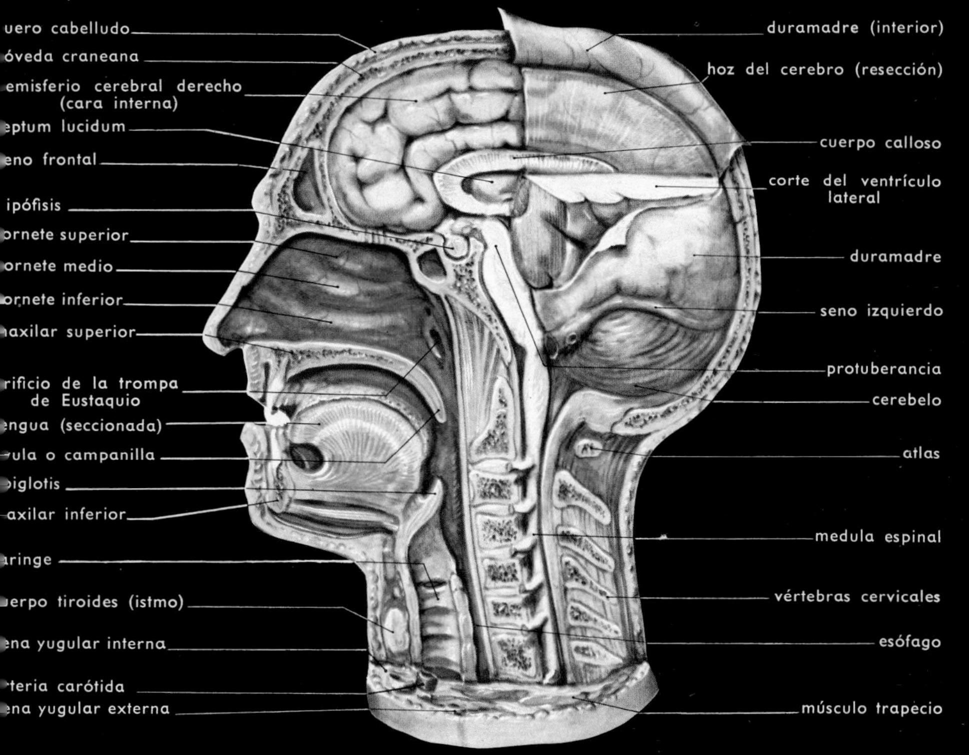

OÍDO (corte vertical-transversal)

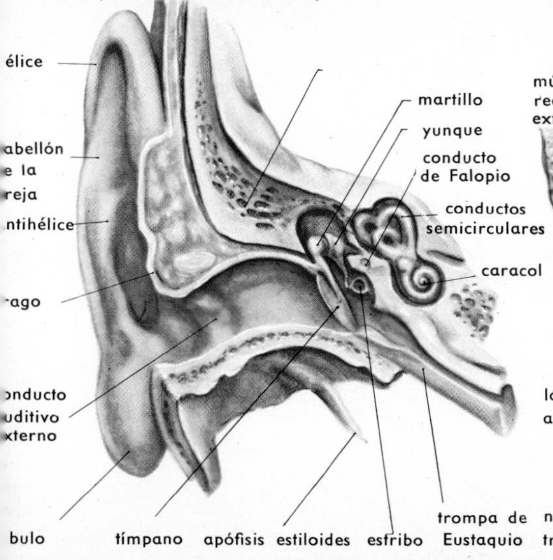

OJO (cara superior)

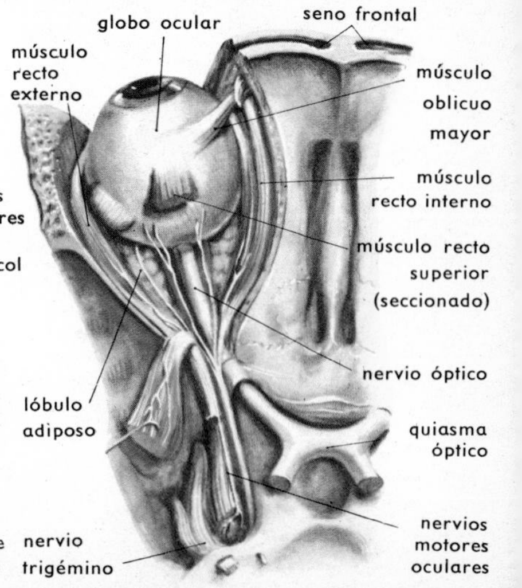

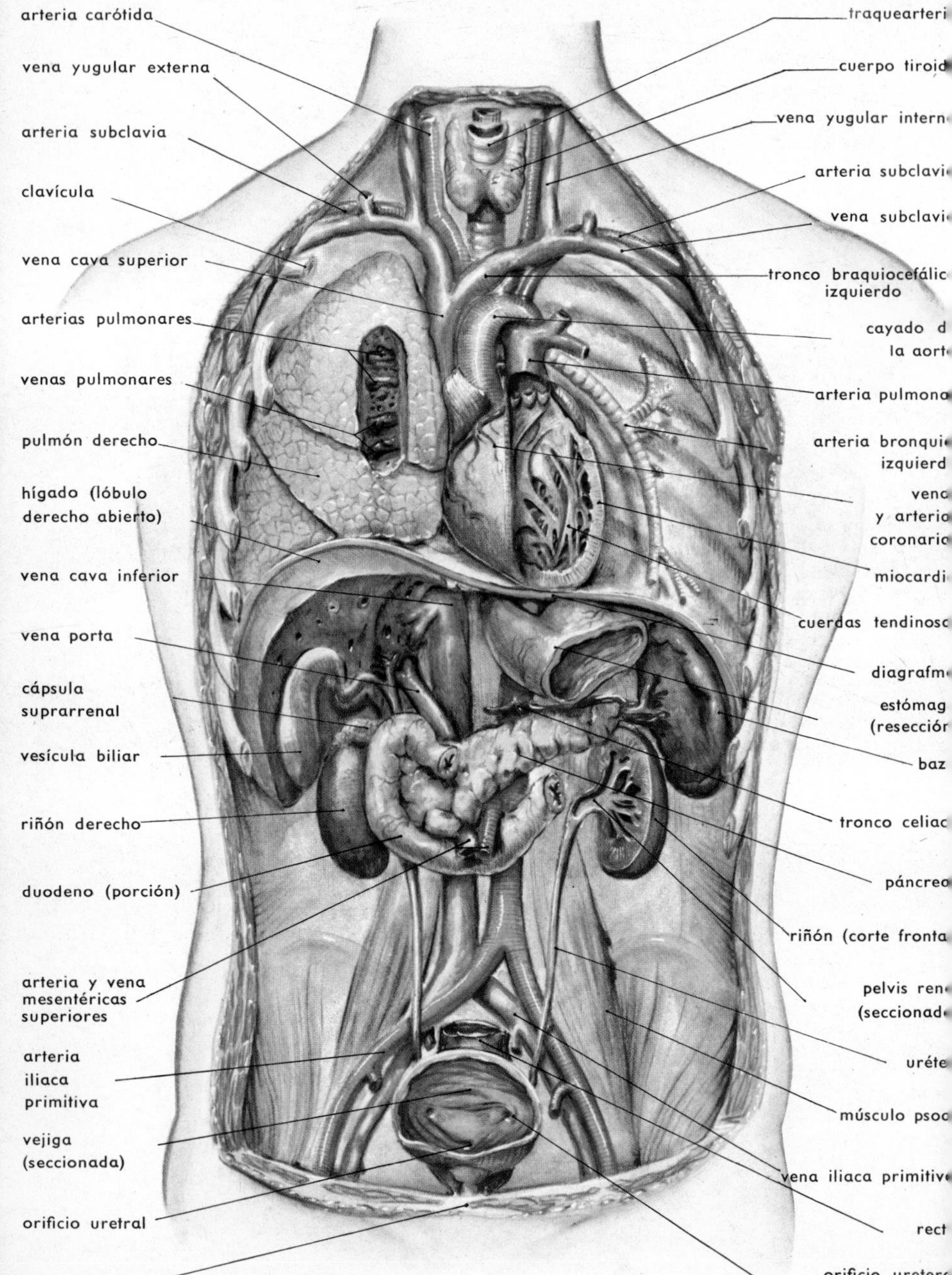
arteria carótida
vena yugular externa
arteria subclavia
clavícula
vena cava superior
arterias pulmonares
venas pulmonares
pulmón derecho
hígado (lóbulo
derecho abierto)
vena cava inferior
vena porta
cápsula
suprarrenal
vesícula biliar
riñón derecho
duodeno (porción)
arteria y vena
mesentéricas
superiores
arteria
iliaca
primitiva
vejiga
(seccionada)
orificio uretral
pubis
traquearteri
cuerpo tiroid
vena yugular intern
arteria subclavi
vena subclavi
tronco braquiocefálic
izquierdo
cayado d
la aort
arteria pulmona
arteria bronqui
izquierd
vena
y arteria
coronaria
miocardi
cuerdas tendinosa
diagrafm
estómag
(resecciór
baz
tronco celiac
páncrea
riñón (corte fronta
pelvis ren
(seccionad
uréte
músculo psoa
vena iliaca primitiv
rect
orificio ureter
izquierd

HISPANOAMERICANISMO m. Doctrina que tiende a la unión espiritual de todos los pueblos hispanoamericanos.
HISPANOAMERICANISTA adj. y s. Relativo al hispanoamericanismo o partidario de él. ‖ Persona versada en la lengua y cultura hispanoamericanas.
HISPANOAMERICANO, NA adj. y s. De la América española: *las repúblicas hispanoamericanas.* ‖ Relativo o perteneciente a España y América.
HISPANOÁRABE adj. Propio del período de la dominación árabe en España.
HISPANOFILIA f. Amor a España.
HISPANÓFILO, LA adj. y s. Extranjero aficionado a la cultura, historia y costumbres de España.
HISPANOFOBIA f. Odio a España.
HISPANÓFOBO adj. y s. Enemigo de España.
HISPANOHABLANTE adj. y s. Que tiene el español como lengua materna.
HISPANOJUDÍO adj. y s. Dícese de los judíos que vivieron en España. (V. JUDEOESPAÑOL.)
HISPANOMUSULMÁN, ANA adj. Relativo a la época de la dominación musulmana en España.
HÍSPIDO, DA adj. De pelo áspero y erizado.
HISTAMINA f. Substancia orgánica presente en los tejidos vegetales y animales que estimula las secreciones e interviene en la actividad de los vasos sanguíneos.
HISTÉRESIS f. Retraso en las variaciones de imantación de un cuerpo magnético respecto de las del campo de imantación.
HISTERIA f. Histerismo, enfermedad.
HISTÉRICO, CA adj. Relativo al útero. ‖ Relativo al histerismo. ‖ — M. Histerismo. ‖ — Adj. y s. Que padece histerismo.
HISTERIFORME adj. Parecido al histerismo.
HISTERISMO m. (del gr. *hystera,* matriz). Neurosis caracterizada por padecimientos diversos que afectan la inteligencia, la sensibilidad y el movimiento, como las convulsiones, parálisis, sofocaciones, generalmente después de un disgusto o contrariedad: *el histerismo se observa más generalmente en la mujer que en el hombre.*
HISTEROTOMÍA f. Incisión del útero; operación cesárea.
HISTOLISIS f. Destrucción de los tejidos vivos.
HISTOLOGÍA f. (del gr. *histos,* tejido, y *logos,* tratado). Parte de la anatomía que estudia los tejidos.
HISTOLÓGICO, CA adj. Relativo a la histología.
HISTÓLOGO m. Sabio versado en histología.
HISTOQUÍMICA f. (del gr. *histos,* tejido, y *química*). Estudio químico de los tejidos orgánicos.
HISTORIA f. (gr. *historia*). Relato de los acontecimientos y de los hechos dignos de memoria: *a Herodoto se le llama el padre de la historia.* (SINÓN. V. *Anales.*) ‖ Conjunto de los sucesos referidos por los historiadores: *éste sabe mucha historia.* ‖ Desarrollo de la vida de la humanidad: *las enseñanzas de la historia.* ‖ Relato de acontecimientos particulares: *la historia de Carlos Quinto.* (SINÓN. *Vida, biografía.*) ‖ Descripción de los seres: *historia natural de las plantas.* ‖ Obras históricas: *recorrer la historia.* ‖ Pintura de asunto histórico. ‖ *Fig.* Fábula, cuento: *historia fabulosa.* ‖ *Fig.* Chisme, enredo: *no vengas con historias.* ‖ *Historia universal,* la de todos los tiempos y pueblos del mundo. ‖ *Fig. Pasar* una cosa *a la historia,* perder su actualidad e interés. Olvidar. ‖ *¡Así se escribe la historia!,* loc. con que se moteja al que falsea un relato.
— La *historia* se divide en varios períodos: la *historia antigua,* desde los orígenes hasta el año 395 (muerte de Teodosio); la *Edad Media,* de 395 hasta 1453 o hasta 1492 (toma de Constantinopla por los turcos o descubrimiento de América); la *Edad Moderna,* de 1453 hasta 1789 (Revolución Francesa); la *Edad Contemporánea,* desde 1789 hasta nuestros días.
HISTORIADO, DA adj. y s. Recargado de adornos: *letra historiada.* ‖ *Capitel historiado,* el decorado con personajes sacados de la Sagrada Escritura o de la vida de los santos.

HISTORIADOR, RA m. y f. Persona que escribe historia: *Melo fue el historiador de las guerras de Cataluña.* ‖ — SINÓN. *Historiógrafo, analista, cronista, linajista, biógrafo.*
HISTORIAL adj. Perteneciente a la historia. ‖ — M. Reseña detallada de los antecedentes de un negocio o de los servicios o carrera de un funcionario: *tener un buen historial.* (SINÓN. V. *Relato.*)
HISTORIAR v. t. Contar o escribir historias. ‖ Exponer las vicisitudes. ‖ *Amer.* Complicar, enmarañar. ‖ *Pint.* Representar un suceso histórico o fabuloso.
HISTÓRICAMENTE adv. m. De modo histórico.
HISTORICIDAD f. Carácter histórico: *demostrar la historicidad de un hecho.*
HISTORICISMO m. Estudio o doctrina fundada sobre consideraciones históricas. ‖ Filosofía según la cual todos los valores resultan de una evolución histórica: *el historicismo de Nietzsche y Dilthey.*
HISTORICISTA adj. y s. Partidario del historicismo.
HISTÓRICO, CA adj. (lat. *historicus*). Perteneciente a la historia: *hecho histórico.* ‖ Averiguado, comprobado. ‖ Digno de figurar en la historia. ‖ *Tiempos históricos,* aquellos de que se conservan nociones ciertas. ‖ — CONTR. *Fabuloso, imaginario.*
HISTORIETA f. Anécdota de poca importancia, relato agradable. (SINÓN. V. *Anécdota.*)
HISTORIOGRAFÍA f. Arte de escribir historia. ‖ Conjunto de libros de historia.
HISTORIÓGRAFO m. Historiador. ‖ Cronista.
HISTRIÓN m. (lat. *histrio*). Bufón: *la condición de histrión era considerada como deshonrosa.* (SINÓN. V. *Actor.*) ‖ Volatín, jugador de manos, farsante. ‖ — OBSERV. Su femenino es *histrionisa.*
HISTRIONISMO m. El oficio del histrión. ‖ Conjunto de personas dedicadas a este oficio. ‖ Aparatosidad, teatralidad.
HITITAS m. pl. V. *Parte hist.*
HITLERIANO adj. Relativo a la doctrina de Hitler, de su régimen o de otro régimen análogo.
HITLERISMO m. Doctrina política de Hitler.
HITO, TA adj. (del lat. *figere,* asegurar). Inmediato. Úsase sólo hoy en las loc. *casa,* o *calle, hita.* ‖ Fijo, fijado. ‖ — M. Mojón de piedra: *hito kilométrico.* ‖ Juego en que, fijando en tierra un clavo, se tiran a él herrones. ‖ *Fig.* Blanco adonde se dirige la puntería. ‖ *A hito,* loc. adv., fijamente. ‖ *Dar en el hito,* acertar con la dificultad. ‖ *Mirar de hito en hito,* mirar fijamente.
HITÓN m. *Min.* Clavo grande cuadrado y que no tiene cabeza.
Ho, símbolo químico del *holmio.*
HOAZÍN m. Especie de faisán mexicano.

hoazín

HOBACHÓN, ONA adj. *Fam.* Dícese de la persona gruesa y que es holgazana.
HOBACHONERÍA f. Pereza, desidia.
HOBO m. Jobo.
HOBBY m. (pal. ingl.). Pasatiempo favorito que sirve de derivativo a las ocupaciones habituales.
HOCICADA f. Golpe dado con el hocico.
HOCICAR v. t. Hozar, escarbar con el hocico. ‖ *Fig.* y *fam.* Besucar. ‖ — V. i. Dar de hocicos: *hocicar en el suelo.* ‖ *Fig.* y *fam.* Tropezar. ‖ *Fam.* Darse por vencido. ‖ *Mar.* Hundir la proa el barco.
HOCICO m. Parte terminal de la cabeza de ciertos animales: *el hocico del cerdo.* (SINÓN. *Morro, jeta.*) ‖ *Fam.* Boca del hombre. Ú. tb. en pl.: *romperle a uno los hocicos.* ‖ *Fig.* y *fam.* Cara. ‖ *Fig.* y *fam.* Gesto de disgusto: *poner hocico.* ‖ *Fig.* y *fam. Meter el hocico en todo,* ser muy curioso, querer averiguarlo todo. ‖ *Fam. Estar de hocicos,* estar enfadados.
HOCICÓN, ONA y **HOCICUDO, DA** adj. Que tiene mucho hocico. (SINÓN. *Jetudo.*)
HOCINO m. Especie de hoz que sirve para cortar la leña. ‖ Angostura de un río entre dos montañas. ‖ Terreno que dejan algunas veces las quebradas de las montañas, cerca de los ríos.
HOCIQUEAR v. i. Hocicar, hozar.
HOCIQUERA f. *Cub.* y *Per.* Bozal.

HOCKEY m. Juego de pelota inglés que se juega con un bastón (*stick*) y cuyas reglas recuerdan las del fútbol: *hockey sobre hierba, sobre ruedas o patines.* || *Hockey sobre hielo,* juego análogo practicado sobre el hielo por patinadores.
HOCO m. *Amér. C.* Paují, ave.
HOCO m. *Bol.* Especie de calabaza, zapallo.
HOGAÑO adv. t. (del lat. *hoc anno,* en este año). *Fam.* En este año, en esta época. || *Por ext.* En la época en que vivimos. || — CONTR. *Antaño.*

HOJAS

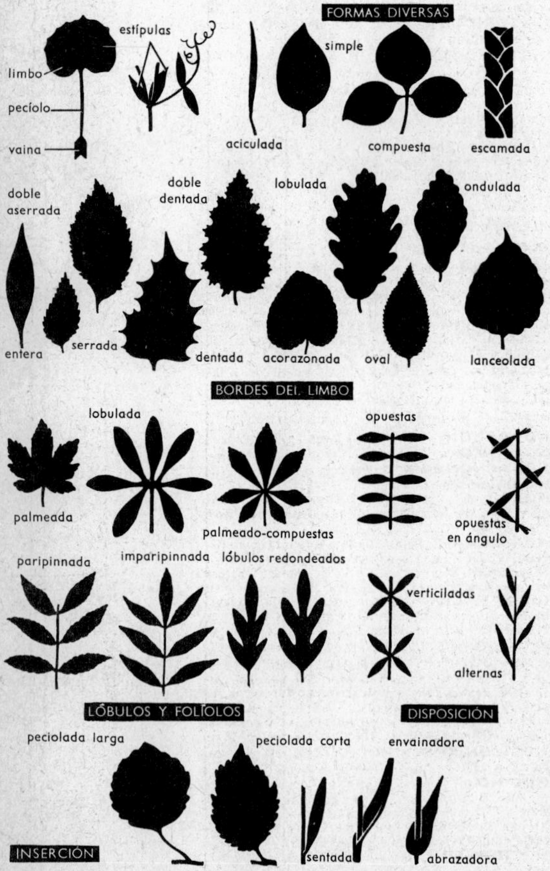

HOGAR m. Sitio donde se enciende lumbre: *el hogar de una cocina, de un horno.* (SINÓN. *Horno, fuego, chimenea, calorífero, brasero, estufa.*) || *Fig.* Casa: *encontrar desierto su hogar.* || Hoguera. || *Fig.* Vida de familia: *los disgustos del hogar.* (SINÓN. V. *Familia.*)
HOGAREÑO, ÑA adj. Amante del hogar.
HOGAZA f. Pan grande de más de dos libras. || Pan hecho con salvado o harina mal cernida.
HOGUERA f. Porción de materias combustibles que levantan gran llama.
HOGO m. *Col.* Ahogo, salsa.
HOJA f. (lat. *folia*). Parte terminal de los vegetales, lisa y delgada, comúnmente verde: *árbol de hojas persistentes.* (SINÓN. V. *Follaje.*) || Pétalo: *hoja de rosa.* || *Fig.* Dícese de varias cosas planas, delgadas: *hoja de papel, de metal.* || Folio de un libro o cuaderno. || Cuchilla de ciertas armas o herramientas: *hoja de navaja, de afeitar.* || Porción de tierra que se siembra un año y se deja descansar otro. || Cada una de las partes de la puerta o ventana que se cierra: *un biombo de tres hojas.* || *Fig.* Espada. || Porción de tocino plana y larga. || *Fig.* Diario. (SINÓN. V. *Periódico.*) || Defecto de la moneda que le hace perder su sonido claro. || *Ecuad. Hacer hoja,* faltar a clase. || *Hoja de lata,* lámina de hierro estañada. || *Hoja de parra,* aquello que procura encubrir una acción vergonzosa. || *Hoja de ruta,* documento en el que constan las mercancías de un vehículo, destino, etc. || *Hoja de servicios,* documento en que constan los antecedentes personales y profesionales de un funcionario: *tener una brillante hoja de servicios.* || *Fam. Sin vuelta de hoja,* sin ninguna otra posibilidad.
HOJALATA f. Hoja de lata.
HOJALATERÍA f. Tienda de objetos de hojalata. || Taller donde se hacen.
HOJALATERO m. El que trabaja en hojalata.
HOJALDA f. *Amer.* Hojaldre.
HOJALDRADO, DA adj. Semejante al hojaldre.
HOJALDRAR v. t. Dar forma de hojaldre.
HOJALDRE amb. Masa delgada de pastelería, que al cocerse hace muchas hojas superpuestas.
HOJARANZO m. Ojaranzo.
HOJARASCA f. Hojas secas que caen de los árboles. || Frondosidad inútil de algunos árboles. || *Fig.* Cosa inútil: *todo lo que escribe es pura hojarasca.*
HOJEAR v. t. Pasar ligeramente las hojas de un libro, leyendo algunos pasajes para darse cuenta de él. (SINÓN. *Compulsar, trashojar.*). || — V. i. Formar hojas un metal. || Moverse las hojas de los árboles. || *Col.* y *Guat.* Echar hojas las plantas. || — PARÓN. *Ojear.*
HOJILLA f. *Riopl.* Hoja de papel para liar el tabaco.
HOJOSO, SA mejor que **HOJUDO, DA** adj. Que tiene muchas hojas: *árbol hojoso.* || —PARÓN. *Ojoso.*
HOJUELA f. Hoja pequeña. || Masa frita delgada y extendida. || *Cub.* y *Guat* Hojaldre. || Hollejo de la aceituna molida: *aceite de hojuela.* || *Miel sobre hojuelas,* mucho mejor. || Hoja muy delgada de metal: *hojuela de plata.* || *Bot.* Cada una de las hojas que forman parte de otra compuesta.
¡HOLA! interj. Sirve para manifestar extrañeza, para llamar a uno o para hacer una advertencia o reprensión. (Úsase como saludo familiar.) || *Amer.* ¡Oiga!, ¡dígame! (teléfono).
HOLÁN m. Holanda, tela. || *Méx.* Faralá, volante del vestido.
HOLANDA f. Lienzo muy fino: *camisa de holanda.*
HOLANDÉS, ESA adj. y s. De Holanda, país de Europa. (V. ilustr. pág. 473.) || — M. Idioma hablado en este país. || — F. Hoja de papel de escribir del tamaño 21 × 27 cm. || *A la holandesa,* loc. adv., dícese de la encuadernación en que están las tapas forradas de papel y de piel o tela el lomo. Al uso de Holanda.
HOLANDETA f. y **HOLANDILLA** f. Lienzo que sirve para forros.
HOLCO m. Heno blanco, especie de gramínea forrajera.
HOLDING m. (pal ingl.). Trust que agrupa intereses en diversas sociedades comerciales. (SINÓN. V. *Sociedad.*)
¡HOLE! interj. ¡Ole!

Fot. Agence Intercontinentale

HOLGACHÓN, ONA adj. *Fam.* Holgazán.
HOLGADAMENTE adv. m. Con holgura.
HOLGADO, DA adj. Desocupado. || Ancho: *vestido holgado.* || *Fig.* Que vive con bienestar: *vida holgada.* || — CONTR. *Ceñido, apretado, estrecho.*
HOLGANZA f. Descanso. || Ociosidad, pereza. (SINÓN. V. *Inacción.*) || Placer, regocijo. (SINÓN. V. *Vacación.*)
HOLGAR v. i. Descansar. || No trabajar, estar ocioso: *holgar un domingo.* || Alegrarse de una cosa. || Ser inútil: *huelga tu visita.* || Estar holgada, no ajustar una cosa. || — V. r. Divertirse, entretenerse. || Alegrarse: *se holgó mucho con mi visita.* || — IRREG. Se conjuga como *mover.*
HOLGAZÁN, ANA adj. y s. Perezoso, haragán. (SINÓN. V. *Perezoso.*)
HOLGAZANEAR v. i. Permanecer ocioso voluntariamente. (SINÓN. V. *Perecear.*)
HOLGAZANERÍA f Ociosidad, pereza: *la holgazanería es la madre de los vicios.* || — CONTR. *Actividad.*
HOLGORIO m. *Fam.* Regocijo, diversión bulliciosa. (Suele aspirarse la *h.*)
HOLGURA f. Regocijo, diversión. || Anchura, amplitud. || Bienestar, confort: *vivir con holgura.* || Ajuste amplio de una pieza mecánica. || — CONTR. *Estrechez.*
HOLMIO m. *Quím.* Cuerpo simple metálico, de número atómico 67 (símb.: *Ho*).
HOLOCAUSTO m. (del gr. *holos*, todo, y *kaustos*, quemado). Sacrificio, sobre todo entre los judíos, en que se quemaba completamente la víctima: *Abrahán consintió en ofrecer a su hijo en holocausto.* || La víctima así sacrificada. || *Fig.* Ofrenda generosa, sacrificio.
HOLOCENO m. Segundo período de la era cuaternaria.
HOLÓGRAFO, FA adj. y s. *For.* Ológrafo.
HOLÓMETRO m. Instrumento para tomar la altura angular de un punto sobre el horizonte.
HOLOSTÉRICO adj. (del gr. *holos*, todo, y *stereos*, sólido). *Barómetro holostérico*, barómetro aneroide.
HOLOTURIA f. Cualquiera de los holotúridos.
HOLOTÚRIDOS m. pl. Clase de equinodermos de cuerpo alargado con tegumento blando.
HOLLADURA f. Acción y efecto de hollar o pisar.
HOLLAR v. t. (del lat. *fullo*, batanero). Pisar: *hollar el suelo.* || *Fig.* Abatir, humillar: *hollar a un infeliz.* (SINÓN. V. *Oprimir.*) || — IRREG. Se conjuga como *contar.*
HOLLEJO m. (lat. *folliculus*). Piel delgada de la fruta: *el hollejo de la uva da al vino su color.* || *Chil. Sacarle a uno el hollejo*, sacarle el pellejo; golpearle.
HOLLÍN m. (lat. *fuligo, fuliginis*). Parte espesa del humo que se pega a las chimeneas: *el hollín es carbono casi puro.* || *Fig.* Riña. (SINÓN. V. *Disputa.*)
HOLLINAR v. t. *Chil.* Tiznar de hollín.
HOLLINIENTO, TA adj. Que tiene mucho hollín.
HOMBRACHO m. Hombre muy grueso y robusto.
HOMBRADA f. Acción propia de un hombre: *hacer una hombrada.*
HOMBRE m. (lat. *homo*). Ser dotado de inteligencia y de un lenguaje articulado, clasificado entre los mamíferos del orden de los primates y caracterizado por su cerebro voluminoso, su posición vertical, pies y manos muy diferenciados. || Ser humano del sexo masculino: *el hombre y la mujer.* (SINÓN. V. *Persona.*) || El que ha llegado a la edad viril: *cuando el niño llegue a hombre.* || Especie humana, en general: *el hombre es omnívoro.* || *Fam.* Marido. (SINÓN. V. *Esposo.*) || El ser humano considerado desde el punto de vista moral: *ser hombre de honor.* || En ciertos juegos de naipes, el que entra o juega contra los demás. || Juego de naipes entre varios, de que hay diversas especies. || Soldado: *ejército de diez mil hombres.* || *Buen hombre*, hombre sencillo y cándido. || *Pobre hombre*, infeliz, hombre de cortos alcances. || *El Hijo del Hombre*, Jesucristo. || *Hombre de bien*, persona honrada y formal. || *Hombre de Estado*, estadista. || *Hombre de guerra*, militar, guerrero. || *Hombre de la calle*, el común de los mortales. || *Hombre de letras*, literato. (SINÓN. V. *Autor.*) || *Hombre de mundo*, el que tiene mucha experiencia en el trato social. || *Fig.* y *fam. Hombre de bigotes*, el que tiene entereza y severidad. || *Fig. Hombre de paja*, persona cuya intervención en un acto es simulada y tiene por objeto encubrir intereses ajenos. || *Fig.* y *fam. Hombre de pelo en pecho*, el fuerte y osado. || *Hombre del día*, el que está de actualidad. || *Gran* o *grande hombre*, el ilustre y eminente en su línea. || *De hombre a hombre*, de poder a poder. || *¡Hombre!* interj. de sorpresa, de asombro, de reconvención. || — PROV. **El hombre propone y Dios dispone**, no basta querer una cosa para que suceda. || **Hombre prevenido vale por dos**, lleva gran ventaja en un negocio el que obra con prevención.
— Los vestigios del *hombre fósil* han sido revelados por la presencia de huesos u objetos labrados en capas geológicas bien determinadas. En 1856 se descubrió el cráneo de *Neandertal*: sus dimensiones, su frente huidiza y sus órbitas enormes representaban, indudablemente, una forma primitiva del cráneo del hombre. En 1868 se encontraron en la gruta de *Cro-Magnon* varios esqueletos humanos de características semejantes a las del hombre actual. Los hombres de *Spy*, descubiertos en 1887 en la provincia belga de Namur, confirmaron, tanto por hallarse en capas perfectamente identificadas como por el parecido de sus cráneos con el de Neandertal, la existencia de un hombre prehistórico. Los restos del *pithecantropus* encontrados en Java (1891) fueron la prueba incontestable de que hubo un intermediario morfológico entre los monos antropomorfos y el hombre. El *sinanthropus* (Pekín), el *euranthropus* u hombre de Heidelberg, el *africanthropus* (África oriental) y el *atlanthropus* (Argelia) son nuevas pruebas de la existencia de esos seres intermediarios.
Las características esenciales del hombre son la posición vertical, las dimensiones considerables del cráneo, el peso de la masa encefálica y la posesión de un lenguaje articulado. El cuerpo humano se divide en dos regiones: la *cabeza* y el *tronco*, éste a su vez dividido en *tórax* y *abdomen*. Los miembros dependen del tronco y se dividen en *miembros torácicos* o *superiores* y *miembros abdominales* o *inferiores*. La estatura media, más elevada en el hombre que en la mujer, varía, según las razas, de 1,40 a 1,70 m.
Actualmente se distinguen cuatro grandes grupos de razas: 1º el grupo *melanodermo* o *negro*, que comprende las razas melanoafricanas, la raza melanohindú, en Asia, y las razas melanesias, en Oceanía; 2º el grupo *xantodermo* o *amarillo*, que incluye las razas siberianas y mongolas, la raza esquimal y la raza amerindia; 3º el grupo *leucodermo* o *blanco*, compuesto de diversas razas: mediterránea, nórdica, alpina, dinárica, indoafgana, etc.; 4º el grupo de las razas primitivas, formado por la raza veda, en Asia y en Oceanía, la raza australiana y la raza tasmania.
HOMBREAR v. i. *Fam.* Echárselas de hombre. || *Méx.* Aficionarse la mujer a las ocupaciones de los hombres. || — V. t. *Col.* y *Méx.* Proteger, ayudar.
HOMBREAR v. i. Hacer fuerza con los hombros.
HOMBRECILLO m. Lúpulo.
HOMBRERA f. Pieza de la armadura que defendía los hombros. || Adorno de algunos vestidos y uniformes en la parte correspondiente al hombro.
HOMBRE RANA m. Buceador provisto de una escafandra autónoma que le permite realizar ciertos trabajos bajo el agua. Pl., *hombres rana.*
HOMBRÍA DE BIEN f. Honradez.
HOMBRILLO m. Tira de tela que refuerza la camisa por el hombro. || Adorno que se pone encima de los hombros en algunos vestidos.
HOMBRO m. (de *húmero*). Parte superior del tronco, de donde nace el brazo. || *Fig. Arrimar el hombro*, trabajar con actividad; ayudar al logro de un fin. || *Encogerse de hombros*, hacer un movimiento con ellos para indicar desprecio o indiferencia. (Dícese tb.: *encoger, subir, alzar, levantar los hombros*). || *Mirar a uno por encima del hombro*, tenerle en poca cosa.
HOMBRUNO, NA adj. *Fam.* Que se parece al hombre o parece de hombre: *voz, mujer hombruna.*
HOME m. (pal. ingl., pr. *jom*). El hogar, la casa propia, la vida íntima: *la dulzura del home.*

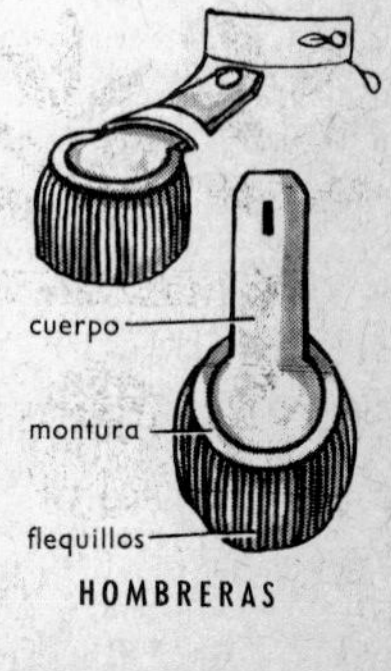

HOMBRERAS

HOMBRE

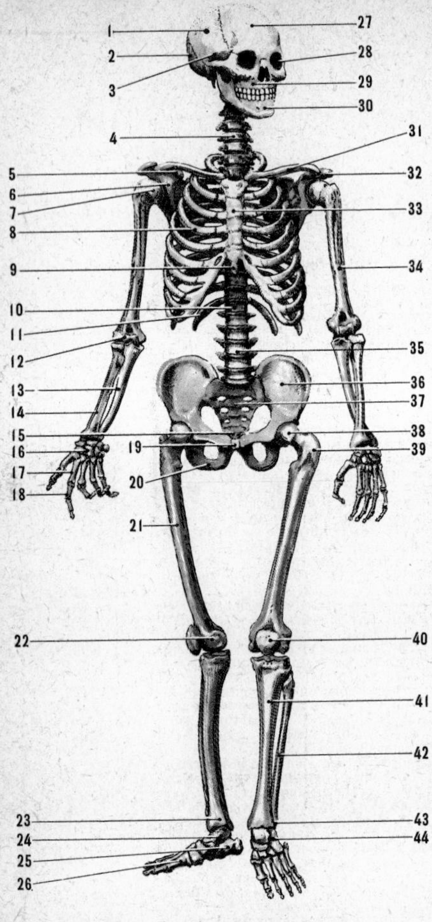

ESQUELETO

1. Parietal
2. Occipital
3. Temporal
4. Vértebras cervicales
5. Apófisis coracoides
6. Omóplato
7. Cabeza del húmero
8. Costillas
9. Apéndice xifoides
10. 12ª vértebra dorsal
11. 12ª costilla
12. Tróclea
13. Cúbito
14. Radio
15. Cóccix
16. Carpo
17. Metacarpo
18. Falanges
19. Sínfisis del pubis
20. Isquion
21. Fémur
22. Cóndilo femoral
23. Maléolo interno
24. Astrágalo
25. Calcáneo
26. Metatarso
27. Frontal
28. Órbita
29. Maxilar superior
30. Maxilar inferior
31. Clavícula
32. Articulación escapulo-humeral
33. Esternón
34. Húmero
35. 3ª vértebra lumbar
36. Hueso ilíaco
37. Sacro
38. Cabeza del fémur
39. Trocánter mayor
40. Rótula
41. Tibia
42. Peroné
43. Maléolo externo
44. Cuboides

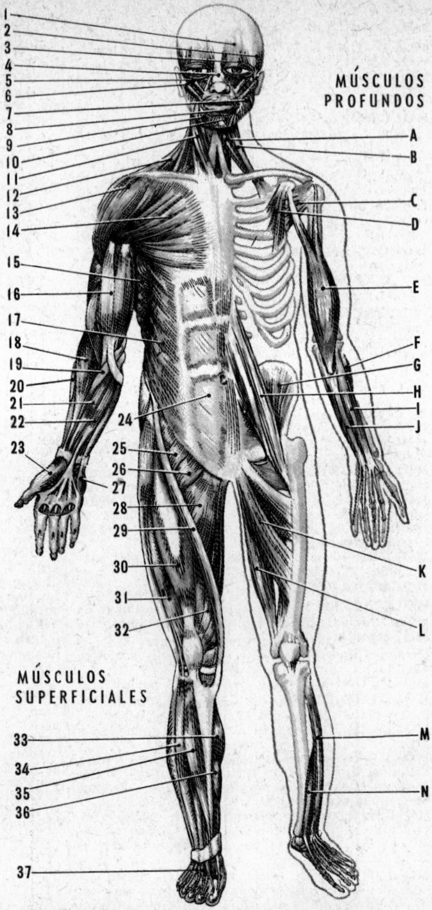

1. Frontal
2. Temporal
3. Superciliar
4. Transversal de la nariz
5. Cigomático menor
6. Cigomático mayor
7. Masetero
8. Orbicular
9. Triangular de los labios
10. Cuadrado del mentón
11. Esternocleidomastoideo
12. Trapecio
13. Deltoides
14. Pectoral mayor
15. Serrato mayor
16. Bíceps
17. Oblicuo mayor
18. Supinador largo
19. Pronador redondo
20. Primer radial
21. Palmar mayor
22. Palmar menor
23. Eminencia tenar
24. Recto mayor
25. Crural
26. Pectíneo
27. Eminencia hipotenar
28. Aductor medio
29. Sartorio
30. Recto anterior
31. Vasto externo
32. Vasto interno
33. Gemelo interno
34. Peroneo lateral largo
35. Crural anterior
36. Sóleo
37. Pedio

A. Omohioideo
B. Escaleno
C. Subescapular
D. Pectoral menor
E. Bíceps braquial
F. Supinador corto
G. Iliaco
H. Psoas
I. Aductor del pulgar
J. Extensor de los dedos
K. Aductor medio
L. Aductor mayor
M. N. Extensor de los ded del pie

HOMENAJE m. (del lat. *hominaticum*). Juramento de fidelidad: *rendir homenaje al señor.* || *Fig.* Sumisión, respeto. || Acto que se celebra en honor de una persona. || *Chil.* Don, favor. || *Hacer homenaje de una cosa,* galicismo por *hacer obsequio de ella.* || *Torre del homenaje,* v. TORRE.

HOMENAJEADO, DA m. y f. Persona a quien se rinde homenaje : *el homenajeado pronunció un discurso.*

HOMENAJEAR v. t. Rendir homenaje.

HOMEÓPATA adj. y s. Dícese del médico que cura por medio de la homeopatía.

HOMEOPATÍA f. (del gr. *homoios,* semejante, y *pathos,* enfermedad). Sistema terapéutico que consiste en curar las enfermedades por medio de substancias capaces de determinar una afección análoga a la que se quiere combatir.
— La *homeopatía* fue creada y propagada en Alemania por el doctor Hahnemann, cuya divisa, *similia similibus curantur* (los semejantes se curan con los semejantes), estaba diametralmente opuesta a la de la antigua medicina *(contraria contrariis curantur),* que combate los contrarios con los contrarios, es decir, las irritaciones por medio de calmantes, etc. La medicina usual, para distinguirse de la *homeopatía,* ha tomado el nombre de *alopatía* (enfermedad contraria).

HOMEOPÁTICO, CA adj. Relativo a la homeopatía: *medicamento homeopático.* || *Fig.* Muy pequeño: *dosis homeopática.*

HOMÉRICO, CA adj. (lat. *homericus*). Propio del poeta Homero: *leyenda homérica.*

HOMERISMO m. Carácter especial que distingue los poemas homéricos.

HOME RULE. V. *Parte hist.*

HOMESTEAD m. (pal. ingl. que sign. *finca familiar,* pr. *jomsted*). Finca rural inalienable, considerada como perteneciente a la familia. (El *homestead* tiene por objeto conservar a cada labrador una finca que, no pudiendo hipotecarse ni cederse, le permita vivir siempre del producto de la tierra.)

HOMICIDA adj. (del lat. *homo,* hombre, y *coedere,* matar). Que ocasiona la muerte de una persona: *arma homicida.* || — M. y f. Matador. (SINÓN. V. *Asesino.*)

HOMICIDIO m. Acción de matar a un ser humano: *cometer un homicidio involuntario.* (SINÓN. V. *Crimen.*) || Por lo común, la muerte ejecutada ilegítimamente y con violencia.

HOMILÍA f. (del gr. *homilos,* reunión). Plática sobre un punto de religión: *las homilías de San Juan Crisóstomo.* (SINÓN. V. *Sermón.*) || *Fam.* Plática moral pesada y enfadosa.

HOMINAL adj. Perteneciente al hombre.

HOMINICACO m. *Fam.* Hombre chico y cobarde.

HOMO, prefijo, del gr. *homos,* que indica *semejanza.*

HOMO m. (pal. lat. que sign. *hombre*). Nombre genérico dado al hombre en ciencias naturales: *el homo sapiens.*

HOMOCÉNTRICO, CA adj. Concéntrico.

HOMOCENTRO m. Centro común a varias circunferencias.

HOMOCERCO adj. *Hist. nat.* Que tiene dos lóbulos iguales. || — CONTR. *Heterocerco.*

HOMOFONÍA f. Calidad de homófono. || *Mús.* Conjunto de voces que cantan al unísono.

HOMÓFONO, NA adj. de *homo,* y el gr. *phonê,* sonido). Dícese de las voces de distinto significado pero de igual sonido, como *atajo* y *hatajo.* || *Mús.* Que todas las voces tienen el mismo sonido.

HOMOGENEIDAD f. Calidad de homogéneo.

HOMOGENEIZACIÓN f. Acción de homogeneizar y, especialmente, someter ciertos líquidos (leche) a un tratamiento que impida la decantación de los elementos constitutivos en su masa.

HOMOGENEIZAR v. t. Volver homogéneo.

HOMOGÉNEO, A adj. (de *homo,* y el gr. *genos,* raza). Dícese de un cuerpo cuyas partes integrantes tienen igual naturaleza. (SINÓN. V. *Semejante.*) || *Fig.* Muy unido o trabado: *pasta homogénea.* || — CONTR. *Heterogéneo.*

HOMÓGRAFO, FA adj. (de *homo,* y el gr. *graphein,* escribir). Aplícase a las palabras de distinta significación que se escriben de igual manera, como *haya,* árbol, y *haya,* persona del verbo *haber.*

HOMOGRAFÍA f. Calidad de homógrafo. || *Mat.* Dependencia particular de dos figuras geométricas.

HOMOLOGACIÓN f. *For.* Acción y efecto de homologar: *la homologación de un concordato.*

HOMOLOGAR v. t. Reconocer, confirmar oficialmente. || Aprobar, autorizar. (SINÓN. V. *Sancionar.*)

HOMOLOGÍA f. Calidad de lo que es homólogo.

HOMÓLOGO, GA adj. *Geom.* Dícese de los lados que, en las figuras semejantes, corresponden y están opuestos a ángulos iguales. || *Quím.* Dícese de cuerpos orgánicos que desempeñan iguales funciones y sufren idénticas metamorfosis: *alcoholes homólogos.* || Dícese de los elementos, órganos, términos, precios, etc., que corresponden a otros: *precios homólogos.*

HOMONIMIA f. Calidad de homónimo.

HOMÓNIMO, MA adj. y s. (de *homo,* y el gr. *onoma,* nombre). Dícese de las palabras que se pronuncian del mismo modo, como *haya,* árbol, y *aya,* criada, aunque su ortografía difiera, o de las palabras de la misma ortografía, pero sentido diferente, como *Tarifa,* ciudad, y *tarifa* de precios.

HOMOPÉTALO, LA adj. Dícese de las flores que tienen todos los pétalos iguales.

HOMÓPTEROS m. pl. Insectos hemípteros, de cuatro alas más o menos membranosas.

HOMOSEXUAL adj. y s. Que tiene una afinidad sexual por las personas de su sexo.

HOMOSEXUALIDAD f. Calidad de homosexual.

HOMOTECIA f. *Mat.* Transformación de una figura en la que los ángulos permanecen iguales y las longitudes proporcionales, mientras que los puntos que se corresponden están alineados dos a dos con respecto a otro punto fijo.

HOMOTÉTICO, CA adj. Que presenta homotecia: *figuras homotéticas.*

HOMÚNCULO m. Especie de duendecillo que pretendían fabricar los brujos de la Edad Media.

HONCEJO m. Hocino.

HONDA f. (lat. *funda*). Instrumento compuesto de un pedazo de cuero y dos correas, que sirve para arrojar piedras. || — PARÓN. *Onda.*

honda

HONDAMENTE adv. m. *Fig.* Profundamente. || Con hondura.

HONDAR v. t. *Col.* Ahondar.

HONDAZO m. Tiro de honda.

HONDEAR v. t. Fondear. || Descargar una embarcación. || — PARÓN. *Ondear.*

HONDERO m. El que usaba la honda como arma: *los honderos baleares.*

HONDILLO m. Pedazo de tela de que se hacen las entrepiernas de los calzones. (SINÓN. *Fundillo.*)

HONDO, DA adj. (del lat. *fundus,* profundo). Profundo: *pozo hondo.* || Dícese de la parte más baja de un terreno: *lo más hondo de un valle.* || *Fig.* Aplicado a un sentimiento intenso, extremado. || *Cub.* Dícese del río que está creciendo. || Dícese de un estilo del cante andaluz o flamenco. (Se dice tb. *cante jondo.*) || — M. Fondo.

HONDÓN m. Fondo. || Parte más honda de un terreno rodeado de otros más altos. || Ojo de la aguja.

HONDONADA f. Espacio de terreno hondo.

HONDURA f. Profundidad: *cueva de mucha hondura.* || *Fig. Meterse uno en honduras,* tratar de cosas profundas sin bastante conocimiento.

HONDUREÑISMO m. Vocablo, giro o locución propios de los hondureños.

HONDUREÑO, ÑA adj. y s. De Honduras.

HONESTAMENTE adv. m. Con honestidad.

HONESTAR v. t. Cohonestar, dar visos de buena a una cosa mala: *honestar una mala acción.*

HONESTIDAD f. Pudor, recato en las acciones o palabras. || Urbanidad, modestia. || Decoro. (SINÓN. V. *Decencia.*)

HONESTO, TA adj. Decoroso. (SINÓN. V. *Decente.*) || Pudoroso, recatado. (SINÓN. V. *Casto.*) Honrado. || *Estado honesto,* el de soltera.

HONGO m. (lat. *fungus*). Cualquier planta talofita, sin clorofila: *el moho y las trufas son hongos.* || Sombrero de fieltro de copa redonda. || *Fig.* y *fam. Como hongos,* en abundancia.

HONOR m. (lat. *honor*). Sentimiento de nuestra dignidad moral. || Virtud, probidad: *hombre de honor.* || Buena reputación: *el honor de un* *nombre.* (SINÓN. V. *Gloria.*) ‖ Reputación de una mujer. ‖ — Pl. Dignidades, empleos elevados: *aspirar a los honores.* ‖ Derecho que se da a uno para que lleve el título de un cargo sin desempeñarlo y sin cobrar los gajes: *tener honores de bibliotecario del rey.* ‖ Ceremonial que se tributa a una persona: *le rindió honores una compañía de infantería.* ‖ — PARÓN. *Honra.*

HONORABILIDAD f. Dignidad, honradez.

HONORABLE adj. (lat. *honorabilis*). Digno de ser honrado: *hombre honorable.*

HONORABLEMENTE adv. De modo honorable.

HONORAR v. t. Honrar.

HONORARIO, RIA adj. Que sirve para honrar. ‖ Que sólo tiene los honores de un empleo: *presidente honorario.* ‖ — M. pl. Sueldo o gajes: *honorarios de un médico.* (SINÓN. V. *Sueldo.*)

HONORÍFICAMENTE adv. m. Con honor.

HONORÍFICO, CA adj. Que da honor: *cargo honorífico.* ‖ Honorario, no pagado.

HONORIS CAUSA loc. lat. A título honorífico: *doctor honoris causa.*

HONRA f. Estima y respeto de la dignidad propia. ‖ Buena fama, reputación. (SINÓN. V. *Favor.*) ‖ Pudor y recato en las mujeres. ‖ — Pl. Exequias, funerales.

HONRADAMENTE adv. m. Con honra, de un modo honrado: *ganar la vida honradamente.*

HONRADEZ f. Cualidad de honrado.

HONRADO, DA adj. Que procede con rectitud e integridad: *hombre honrado.* (SINÓN. *Íntegro, probo, virtuoso, concienzudo.* V. tb. *decente.*) ‖ Ejecutado honrosamente.

HONRADOR, RA adj. y s. Que honra.

HONRAMIENTO m. Acción y efecto de honrar.

HONRAR v. t. Respetar a una persona. (SINÓN. *Respetar, venerar, reverenciar, adorar.* V. tb. *acatar.*) ‖ Enaltecer, premiar. ‖ — V. r. Tener a honra ser o hacer una cosa: *honrarse con la amistad de alguno.*

HONRILLA f. Vergüenza que nos impulsa a hacer o dejar de hacer una cosa por el qué dirán. ‖ Dícese generalmente: *por la negra honrilla.*

HONROSAMENTE adv. m. Con honra.

HONROSO, SA adj. Que da honra: *acción honrosa.* ‖ Decente. ‖ — CONTR. *Deshonesto.*

HONTANAR m. Sitio donde nacen fuentes o manantiales.

HOPA f. Especie de túnica o sotana cerrada. ‖ Loba de los ajusticiados. ‖ *Méx.* Hopo.

¡HOPA! interj. *Col., Guat.* y *Urug.* ¡Hola!

HOPALANDA f. Falda grande y amplia.

HOPEAR v. i. Menear la cola. ‖ *Fig.* Corretear. ‖ *Venez.* Llamar a gritos.

HOPLITA m. (gr. *hoplitês*). Soldado griego provisto de armas pesadas.

HOPLOMAQUIA f. (del gr. *hoplon*, arma, y *makhê*, combate). Combate entre gladiadores vestidos de armadura completa.

HOPO m. Rabo o cola de algunos animales: *hopo de zorro.* ‖ *Fig.* y *fam. Sudar el hopo*, costar mucho trabajo una cosa. ‖ Tupé.

HOQUE m. Alboroque, regalo.

HOQUIS (De) loc. adv. *Méx.* Gratis, de balde.

HORA f. (lat. *hora*). Vigésimacuarta parte del día: *te esperé una hora.* ‖ Momento determinado del día: *la hora de cenar.* ‖ *La hora* o *la última hora*, el momento de la muerte: *ya le llegó la hora.* ‖ *Fam. A buena hora mangas verdes*, demasiado tarde. ‖ *Fam. Dar la hora*, sonar el reloj. *Fig.* Ser una persona cabal, puntual. ‖ *Fig. Tener las horas contadas*, estar próximo a la muerte. ‖ *Hora H*, hora que se tiene en secreto, en la cual tendrá lugar un ataque, una operación. ‖ *Horas extraordinarias*, horas que se trabajan de más. ‖ — Adv. t. Ahora. ‖ — Pl. Libro que contiene diversas devociones. ‖ *Horas canónicas*, diversas partes del rezo divino. ‖ *Amer. ¿Qué horas son?*, ¿qué hora es?

HORACIANO, NA adj. Propio de Horacio.

HORADACIÓN f. Acción de horadar o agujerear: *verificar un robo con horadación.*

HORADADOR, RA adj. y s. Que horada.

HORADANTE adj. Horadador.

HORADAR v. t. Agujerear: *horadar una pared.* ‖ — SINÓN. *Abrir, traspasar, atravesar, calar, barrenar, perforar, punzar, picar, agujerear, taladrar.*

HORADO m. Agujero. ‖ Caverna, cueva.

hopalanda

hoplita

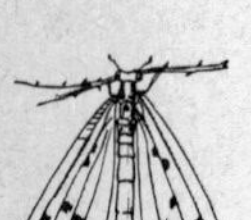

horma

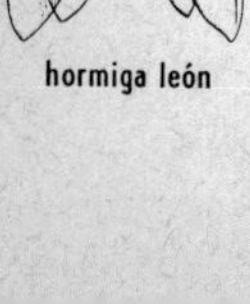

hormiga león

HORARIO, RIA adj. Perteneciente a las horas. ‖ *Círculos horarios*, círculos máximos que pasan por los polos, señalan las horas del tiempo verdadero y dividen el globo en *husos horarios* que abarcan países que tienen la misma hora oficial. ‖ — M. Mano del reloj que señala las horas. ‖ Reloj. ‖ Cuadro de las horas de salida y llegada: *horario de los trenes.* ‖ Repartición de las horas del trabajo: *horario escolar.*

HORCA f. Instrumento antiguo de suplicio. (SINÓN. V. *Cadalso.*) ‖ Palo rematado en dos puntas, empleado en agricultura para diversos usos. ‖ Bieldo, horcón para remover la paja. ‖ Ristra: *horca de ajos.* ‖ *Fam. P. Rico* y *Venez.* Cuelga, regalo. ‖ *Fig. Pasar por las horcas caudinas*, sufrir el sonrojo de hacer por fuerza lo que no se quería.

HORCADURA f. Punto del tronco del árbol donde nacen las ramas. ‖ Horquilla que hacen dos ramas.

HORCAJADAS (A) loc. adv. Echando cada pierna por su lado: *montar a horcajadas.*

HORCAJADURA f. Ángulo que hacen los muslos.

HORCAJO m. Horca de madera que se pone al cuello a las mulas para trabajar. ‖ Punto de unión de dos ríos o montañas.

HORCAR v. t. *Méx.* Hacer aprecio, caso.

HORCATE m. Arreo en forma de herradura puesto al cuello de la caballería: *al horcate se sujetan las correas de tiro.*

HORCO m. Horca o ristra de ajos o cebollas.

HORCÓN m. Horca, bieldo, instrumento de agricultura. ‖ *Amer.* En las chozas, madero fijo en el suelo y en cuya cabeza van sentadas las vigas.

HORCÓN, ONA adj. *Méx.* Ventajoso en los tratos.

HORCONADA f. Lo que se recoge con el horcón.

HORCHATA f. Bebida que se hace de almendras o chufas machacadas en agua y azúcar. ‖ *Tener sangre de horchata*, ser muy tranquilo y parado.

HORCHATERÍA f. Tienda donde venden horchata y otras bebidas.

HORCHATERO, RA m. y f. Persona que hace o vende horchata.

HORDA f. (del turco *ordu*, campamento). Tribu tártara. ‖ Tropa salvaje: *las hordas de Atila.* (SINÓN. V. *Tropa.*)

HORDÁCEO, A adj. (del lat. *hordeum*, cebada). Parecido a la cebada.

HORDEÍNA f. Substancia pulverulenta que se obtiene calentando almidón con agua acidulada.

HORDIATE m. Cebada mondada.

HORERO m. *Amer.* Horario de reloj.

HORIZONTAL adj. Paralelo al horizonte. ‖ Perpendicular a la vertical: *escritura horizontal.* ‖ — F. Línea horizontal.

HORIZONTALIDAD f. Calidad de horizontal.

HORIZONTALMENTE adv. m. De un modo horizontal.

HORIZONTE m. (del gr. *horizôn*, que limita). Línea aparente que separa la tierra del cielo: *un horizonte dilatado.* ‖ Superficie terrestre limitada por esta línea. ‖ *Fig.* Extensión de una actividad: *nuestro horizonte se amplía con la instrucción.* ‖ *Fig.* Límite, esfera, extensión de una cosa. ‖ Perspectiva del porvenir: *horizonte político.*

HORMA f. Molde o forma en que se fabrica una cosa: *horma de zapatero.* ‖ Especie de ballesta para conservar la forma del zapato. ‖ *Cub.* y *Per.* Molde cónico de barro para solidificar el azúcar. ‖ Pared de piedra seca. ‖ *Fig.* y *fam. Hallar uno la horma de su zapato*, encontrar lo que le conviene.

HORMADORAS f. pl. *Col.* Enaguas.

HORMAZA f. Horma.

HORMAZO m. Golpe dado con la horma. ‖ Montón de piedras.

HORMERO m. El que hace hormas.

HORMIGA f. (lat. *formica*). Género de insectos himenópteros que viven, en sociedad, bajo tierra. ‖ *Hormiga blanca*, comején. ‖ *Hormiga león*, insecto neuróptero cuya larva se alimenta de hormigas. ‖ *Ser una hormiga*, ser muy trabajador. — Las hormigas viven en colonia en los *hormigueros*, y entre ellas se encuentran las reinas, fecundas, y las obreras, que carecen de alas.

HORMIGANTE adj. Que causa comezón.

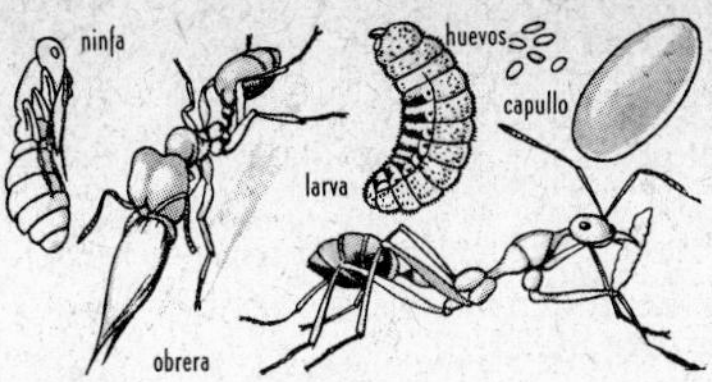

HORMIGO m. Ceniza cernida que se usaba para beneficiar el azogue. ‖ — Pl. Cierto plato de repostería hecho con almendras. ‖ Granillos gruesos de sémola que quedan al cernerla. ‖ Gachas.
HORMIGÓN m. Fábrica de piedra menuda y mortero: *pared de hormigón.* ‖ *Hormigón armado,* el que tiene perdida entre la masa una armazón de alambres y barras de hierro que le dan consistencia. ‖ *Hormigón hidráulico,* el que se hace con cal hidráulica.
HORMIGÓN m. Hormiga grande. ‖ Enfermedad parasitaria de las plantas. ‖ Enfermedad del ganado vacuno.
HORMIGONERA f. Máquina o aparato utilizado en la preparación del hormigón o argamasa.

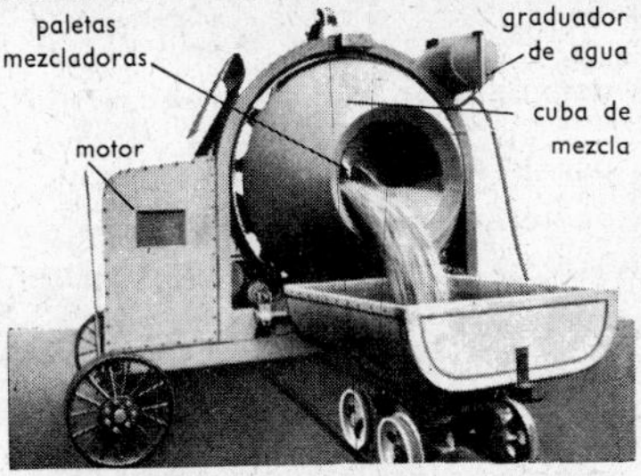

HORMIGUEAR v. i. Experimentar en una parte del cuerpo cierta sensación semejante a la que producirían las hormigas paseándose por ella. ‖ Bullir: *hormiguea la gente en la plaza.* ‖ Galicismo por *abundar*: *hormiguean las faltas en su libro.*
HORMIGUEO m. Acción y efecto de hormiguear: *un hormigueo de gente.* ‖ Comezón.
HORMIGUERO m. Lugar donde se crían las hormigas: *los hormigueros del comején alcanzan varios metros de altura.* ‖ Torcecuello, ave trepadora. ‖ *Fig.* Sitio donde hay mucha gente en movimiento. ‖ *Agr.* Montón de hierba seca a que se pega fuego para beneficiar la tierra. ‖ *Amer.* Hormiguillo de los caballos. ‖ — Adj. V. OSO *hormiguero.*
HORMIGUILLA f. *Fam.* Cosquilleo, picazón. ‖ *Fig.* y *fam.* Reconcomio, remordimiento.
HORMIGUILLAR v. t. *Amer.* Revolver el mineral argentífero con el magistral y la sal común.
HORMIGUILLO m. Enfermedad que padecen los caballos en el casco. ‖ *Amer.* Amalgamación del mineral de plata. ‖ *Fig.* y *fam. Parecer que uno tiene hormiguillo,* bullir, estar inquieto.
HORMIGUITA f. *Fam.* Persona diligente y ahorradora.
HORMILLA f. Disco de madera, hueso, etc., que, forrado, forma un botón.
HORMONA f. Producto de secreción interna de ciertos órganos que excitan, inhiben o regulan la actividad de otros órganos.
— Entre los animales, las glándulas endocrinas producen las *hormonas.* La hipófisis segrega muchas hormonas que actúan sobre el desarrollo y el funcionamiento de las otras glándulas. El tiroides segrega la *tiroxina,* que regula las combustiones y el crecimiento; las hormonas *corticosuprarrenales* son numerosas, habiéndose podido aislar la cortina y la cortisona. Las gónadas (testículo y ovario) segregan las *hormonas sexuales.* La *insulina* es la secreción interna del páncreas. Entre los vegetales, las hormonas intervienen en el crecimiento en longitud y en la floración.
HORMONAL adj. Relativo a las hormonas.

Fot. Ets Richier

HORMONOTERAPIA f. Tratamiento por hormonas.
HORNABEQUE m. *Fort.* Fortificación compuesta de dos medios baluartes trabados con una cortina.
HORNABLENDA f. Mineral negro o verde oscuro del grupo de los anfíboles.
HORNACINA f. *Arq.* Hueco o nicho en forma de arco que se deja en el grueso de una pared.
HORNACHO m. Cavidad de una cantera.
HORNACHUELA f. Covacha, cabaña.
HORNADA f. Lo que cabe en el horno. ‖ Pan que se cuece de una vez. ‖ *Fig.* Conjunto de individuos de una misma promoción. (SINÓN. V. *Serie.*)
HORNAGUEAR v. t. Extraer la hornaguera.
HORNAGUERA f. Carbón de piedra, hulla.
HORNAGUERO, RA adj. Ancho, amplio, holgado. ‖ Dícese del terreno donde hay hornaguera.
HORNALLA f. *Per.* Horno grande. ‖ *Venez.* Hogar, fogón.
HORNAZA f. Horno pequeño de los plateros y fundidores de metales. ‖ *Pint.* Color amarillo que usan los alfareros para vidriar.
HORNAZO m. Rosca guarnecida de huevos duros. ‖ Agasajo que en algunas partes se hace al predicador de la cuaresma, el día de Pascua.
HORNEAR v. i. Ejercer el oficio de hornero. ‖ *Per.* Meter en el horno: *se hornean las chirimoyas para que maduren más pronto.* ‖ *C. Rica.* Rabiar.
HORNERO, RA m. y f. Persona que cuece pan en el horno. ‖ — M. *Arg.* Pajarillo de color pardo, notable por sus nidos de barro, de forma de horno.
HORNIJA f. Leña menuda: *quemar hornija.*
HORNILLA f. Cada uno de los huecos abiertos en el hogar con su rejuela y respiradero, donde se enciende la lumbre. ‖ Nicho de la pared del palomar donde anidan las palomas.
HORNILLERO m. *Per.* Hornero, ave.
HORNILLO m. Horno pequeño que se emplea en las cocinas para guisar la comida: *un hornillo de gas.* ‖ Parte de la mina donde se introduce la carga. ‖ *Mil.* Mina o fogata. ‖ *Hornillo de atanor,* el que usaban antiguamente los alquimistas, con varias aberturas calentadas por el mismo fuego.
HORNITO m. *Méx.* Pequeño cono volcánico.
HORNO m. (lat. *furnus*). Obra de fábrica que sirve para cocer o tostar algunas cosas: *horno de panadero.* (SINÓN. V. *Hogar.*) ‖ Lugar muy caliente. ‖ Construcción de fábrica en la que se puede conseguir una temperatura muy elevada: *horno de reverbero.* ‖ Parte del fogón de la cocina, que sirve para asar las viandas. ‖ *Alto horno,* el dispuesto para fundir mena de hierro. ‖ *Horno*

HORNILLOS

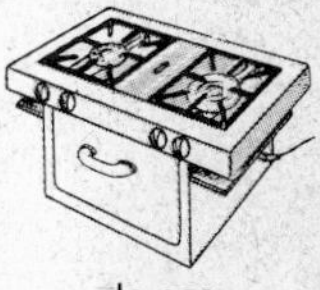

de gas

eléctrico

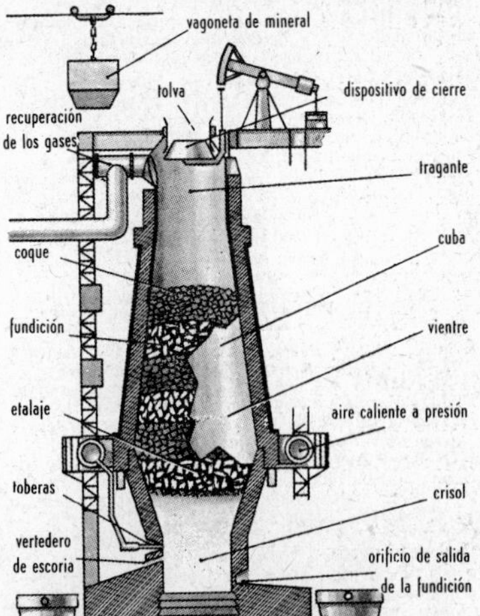

ALTO HORNO

hortensia

HORQUILLAS

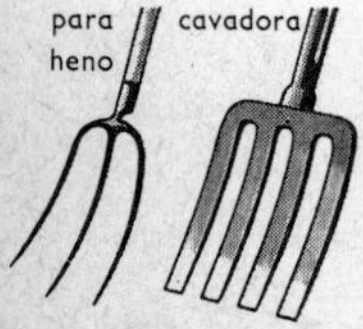

hórreo

de carbón, carbonera. || *Fig.* y *fam.* *No estar el horno para bollos,* no haber oportunidad o conveniencia para decir o hacer una cosa.

— El *alto horno* se compone de una cavidad grande formada por dos troncos de cono. Introdúcese el carbón por la parte superior, que se llama *tragante.* En la parte inferior se encuentran sucesivamente el *vientre* o parte más ancha; *la cuba,* llamada también *etalaje,* y en cuya parte inferior, u *obra,* se abren las *mangas* o *sopladoras,* que hacen penetrar el aire en el horno, y por último, el *crisol,* donde se reúnen los productos de la fusión. La parte delantera del crisol está cerrada por un murete o *dama,* mantenida por una barra de hierro o *timpa.* (V. grabado en la página anterior.)

HORÓSCOPO m. (del gr. *hôra,* hora, y *skopein,* examinar). Observación que hacían los astrólogos del estado del cielo en la hora del nacimiento de un niño, y por la cual pretendían adivinar los sucesos futuros de su vida. || *Por ext.* Predicción: *horóscopo favorable.*

HORQUETA f. Horcón. || *Chil.* Bieldo. || *Cub., Chil.* y *Venez.* División de un camino. || *Arg.* Codo de un río.

HORQUETEAR v. i. *Col.* Enramar.

HORQUILLA f. Horca u horcón: *sujetar una rama con una horquilla.* || Bieldo u horca de agricultura: *amontonar la paja con la horquilla.* || Alfiler doblado que sirve para sujetar el cabello. || Pieza de la bicicleta en que entra la rueda delantera.

HORQUILLADA f. Horconada.

HORQUILLAR v. t. *Méx.* Horcar.

HORRARSE v. r. *Guat.* y *Hond.* Quedarse horro. (Dícese especialmente de algunos animales cuando se les muere la cría.) || *Col.* y *Chil.* Devolverse los jugadores el tanto expuesto en la partida.

HORRENDO, DA adj. (lat. *horrendus*). Que causa horror, espantoso: *cometer un crimen horrendo.* (SINÓN. V. *Espantoso.*)

HÓRREO m. (lat. *horreum*). Granero, troj. || *Ast.* y *Gal.* Granero de madera sostenido en el aire por pilares o pegollos.

HORRIBILIDAD f. Calidad de horrible.

HORRIBLE adj. (lat. *horribilis*). Horrendo: *horrible asesinato.* (SINÓN. *Espantoso* y *feo.*)

HORRIBLEMENTE adv. m. Con horror.

HORRIDEZ f. Calidad de hórrido.

HÓRRIDO, DA adj. (lat. *horridus*). Horrendo.

HORRIFICAR v. t. *Neol.* Causar horror.

HORRÍFICO, CA adj. Horrible.

HORRIPILACIÓN f. Erizamiento de los cabellos causado por el miedo o la repulsión: *la horripilación se llama vulgarmente "repelo".* || *Med.* Estremecimiento de frío en ciertas enfermedades.

HORRIPILANTE adj. Que horripila.

HORRIPILAR v. t. (lat. *horripilare*). Causar horripilación: *hay ruidos que horripilan.* || Causar horror y espanto: *ese cuento horripila.*

HORRÍSONO, NA adj. (lat. *horrisonus*). Dícese del ruido que causa horror: *trueno horrísono.*

HORRO, RRA adj. Libre, exento. || Dícese del tabaco que no arde bien. || Dícese de la hembra que no queda preñada.

HORROR m. (lat. *horror*). Temor causado por algo espantoso: *palidecer de horror.* (SINÓN. V. *Espanto.*) || Repulsión, odio: *tener horror al mal.* || *Fig.* Atrocidad, monstruosidad: *decía horrores.*

HORRORIZAR v. t. Causar horror. || — V. r. Tener horror: *horrorizarse al ver una cosa.*

HORROROSAMENTE adv. m. Con horror.

HORROROSO, SA adj. Que produce horror. (SINÓN. V. *Espantoso.*) || *Fam.* Muy feo: *pintura horrorosa.* (SINÓN. V. *Feo.*)

HORRURA f. Basura, escoria. || — Pl. *Min.* Escorias obtenidas en primera fundición.

HORS-D'ŒUVRE m. pl. (pal. fr., pr. *ordevr*). Entremeses que se sirven en la comida.

HORSE-POWER m. (pal. ingl.). Caballo de vapor, unidad práctica de potencia utilizada en los países anglosajones: *el horse-power equivale a 76 kgm/s.* (Símb.: HP.)

HORTALIZA f. Legumbre, planta comestible.

HORTELANA f. Mujer del hortelano.

HORTELANO, NA adj. (lat. *hortulanus*). Perteneciente a huertas. || — M. El que cultiva la huerta. || Pájaro común en España, de plumaje verdoso amarillento.

HORTENSE adj. De la huerta: *cultivo hortense.*

HORTENSIA f. Arbusto de la familia de las saxifragáceas, de hermosas flores en corimbos terminales, blancas, rosadas o azules: *la hortensia es originaria del Japón.*

HORTERA f. Escudilla de palo. || — M. *Fam.* En Madrid, empleado de ciertos comercios. || *Desp.* Persona de poca consideración social.

HORTÍCOLA adj. Del huerto, de la horticultura: *ciencia hortícola.*

HORTICULTOR, RA m. y f. Persona que se dedica a la horticultura.

HORTICULTURA f. (del lat. *hortus,* huerto, y *cultura,* cultivo). Cultivo de los huertos y arte que lo enseña: *la horticultura está muy desarrollada en Holanda.* (SINÓN. V. *Jardinería.*)

HOSANNA m. (pal. hebr.). Súplica que los israelitas recitan el cuarto día de la fiesta de los Tabernáculos. || Exclamación de júbilo usada en la liturgia católica: *cantar un hosanna.* || Himno que se canta el domingo de Ramos.

HOSCO, CA adj. De color moreno obscuro. || Severo, áspero: *un semblante hosco.* (SINÓN. V. *Desabrido.*) || — PARÓN. *Osco.*

HOSPEDAJE m. Alojamiento y asistencia: *tomar hospedaje en una posada.* (SINÓN. V. *Estancia.*) || Cantidad que se paga por ello: *pagar poco hospedaje.*

HOSPEDAMIENTO m. Hospedaje, alojamiento.

HOSPEDAR v. t. (lat. *hospitari*). Recibir huéspedes en su casa: *hospedar a un amigo.* || — V. r. Alojarse: *hospedarse en la fonda.* || — SINÓN. *Alojar, albergar, acoger.*

HOSPEDERÍA f. Habitación reservada en los conventos para los huéspedes. || Hospedaje. || Casa destinada al alojamiento. (SINÓN. V. *Hotel.*)

HOSPEDERO, RA m. y f. Persona que recibe huéspedes y les da alojamiento y comida.

HOSPICIANO, NA m. y f. Persona que vive asilada en un hospicio.

HOSPICIANTE com. *Col., Guat.* y *Méx.* Hospiciano.

HOSPICIO m. (lat. *hospitium*). Casa destinada para albergar peregrinos y pobres: *el hospicio del monte San Bernardo.* (SINÓN. V. *Hospital.*) || Asilo para niños pobres, expósitos o huérfanos.

HOSPITAL m. (lat. *hospitalis*). Establecimiento en que se curan enfermos: *hospital de niños.* (SINÓN. *Enfermería, lazareto, dispensario, clínica.* V. tb. *sanatorio.*) || Establecimiento donde se recogen pobres y peregrinos por tiempo limitado. (SINÓN. *Hospicio.*) || *Hospital de sangre,* ambulancia de campaña.

HOSPITALARIO, RIA adj. Dícese de las órdenes religiosas que tienen por instituto el hospedaje y la asistencia a los enfermos, como la de Malta, la de San Juan de Dios, etc. || Que auxilia y alberga a los extranjeros y necesitados: *nación hospitalaria.* || Que acoge con agrado o agasaja a sus huéspedes: *casa hospitalaria.*

HOSPITALICIO, CIA adj. Perteneciente o relativo a la hospitalidad.

HOSPITALIDAD f. (del lat. *hospes, itis,* huésped). Liberalidad que consiste en recibir y albergar a uno gratuitamente: *dar hospitalidad a un peregrino.* || Buena acogida que se da a los extranjeros. || Estancia de un enfermo en el hospital.

HOSPITALIZACIÓN f. Acción y efecto de hospitalizar u hospitalizarse.

HOSPITALIZAR v. t. Llevar a uno al hospital: *hospitalizar un enfermo.*

HOSQUEDAD f. Calidad de hosco.

HOSTAL m. Hostería.

HOSTELERÍA f. Conjunto de la profesión hotelera.

HOSTELERO, RA m. y f. Persona que es dueña de una hostería o que está a cargo de ella.

HOSTERÍA f. Posada, casa donde se da de comer y alojamiento por dinero. (SINÓN. V. *Hotel.*)

HOSTIA f. (lat. *hostia*). *Antig. hebr.* Animal inmolado a Dios en sacrificio. || *Liturg.* Oblea blanca que consagra el sacerdote en el sacrificio de la misa. || Oblea comestible: *la hostia se emplea en pastelería.*

HOSTIARIO m. Caja que sirve para guardar las hostias no consagradas. || Molde en que se hacen. || — PARÓN. *Ostiario.*

HOSTIERO m. Obrero que hace hostias. || También suele decirse *hostiario.*

HOSTIGADOR, RA adj. y s. Que hostiga.

HOSTIGAMIENTO m. Acción de hostigar.

Fot. Roy, Ferlet

HOSTIGAR v. t. (lat. *fustigare*). Azotar, dar latigazos: *hostigar el caballo.* || *Fig.* Acosar, molestar a uno sin descanso. (SINÓN. V. *Perseguir.*)
HOSTIGO m. Latigazo. || Pared expuesta a vientos y lluvias. || Golpe de viento o agua, que maltrata una pared.
HOSTIGOSO, SA adj. *Chil.* y *Guat.* Empalagoso, fastidioso.
HOSTIL adj. Contrario: *sentimientos hostiles.* (SINÓN. V. *Desfavorable.*)
HOSTILIDAD f. Sentimiento de inamistad o de oposición. (SINÓN. V. *Resentimiento.*) || — Pl. Actos de guerra: *comenzar las hostilidades.* || Estado de guerra: *el rompimiento de las hostilidades.* (SINÓN. V. *Guerra.*)
HOSTILIZAR v. t. Molestar a los enemigos.
HOSTILMENTE adv. m. Con hostilidad.
HOTEL m. Edificio de más o menos lujo donde se aloja a los viajeros. (SINÓN. *Pensión, casa de huéspedes, hospedería, hostería, posada, venta, ventorro.*) || Casa aislada de las colindantes y habitada por una familia: *los hoteles de la Ciudad Jardín de Madrid.* (Se dice también *chalet.*) [SINÓN. V. *Casa.*]
HOTELERÍA f. Hostelería.
HOTELERO, RA adj. Relativo al hotel: *industria hotelera.* || — M. y f. Dueño o dueña de un hotel o encargado de él.
HOTENTOTE, TA adj. y s. Individuo de una raza negra del sur de África.
HOVERO, RA adj. Overo: *caballo hovero.*
HOY adv. t. (lat. *hodie*). En este día, en el día presente. || En el tiempo presente: *hoy se trabaja más con máquinas.* || *De hoy a mañana,* loc. adv., pronto. || *De hoy en adelante,* loc. adv., desde hoy. || *Hoy por hoy,* loc. adv., actualmente.
HOYA f. Hoyo grande en la tierra. || Sepultura: *tener un pie en la hoya.* (SINÓN. V. *Tumba.*) || Hoyo en que se arremolinan las aguas del río. || Llano extenso entre montañas. || *Amer.* Cuenca fluvial. || *Amer.* Hoyo en la garganta de los animales. || — PARÓN. *Olla.*
HOYADA f. Terreno bajo, hondonada.
HOYANCA f. Fosa común en el cementerio.
HOYANCO m. *Col.* y *Cub.* Hoyo accidental.
HOYAR v. t. *Cub.* Hacer los hoyos para plantar.
HOYITA f. *Chil.* y *Hond.* Hoyuela.
HOYITO m. *Cub.* y *Chil.* Hoyuelo, juego.
HOYO m. Cavidad en la tierra: *abrir un hoyo.* (SINÓN. V. *Cavidad.*) || Concavidad pequeña en una superficie: *los hoyos de las viruelas.* (SINÓN. V. *Agujero.*) || Sepultura, hoya.
HOYOSO, SA adj. Que tiene hoyos.
HOYUELA f. Hoyo que tienen muchas personas debajo de la garganta.
HOYUELO m. Hoyo pequeño. || Hoyo en el centro de la barba y también el que se forma en las mejillas al sonreír. || Juego que se hace con bolas o canicas. || Hoyuela de la garganta.
HOZ f. (lat. *falx*). Instrumento cortante, de hoja corva y dentada que sirve para segar.
HOZ f. Angostura, estrechura en un valle. (SINÓN. V. *Valle.*)
HOZADA f. Golpe dado con la hoz. || Porción de mies que se corta de una vez.
HOZADERO m. Sitio donde hozan los puercos o jabalíes.
HOZADURA f. Hoyo que hace el animal que hoza.
HOZAR v. t. Mover y levantar la tierra con el hocico: *el jabalí es aficionado a hozar.* || — PARÓN. *Osar.*
HP, abrev. de *horse-power* (caballo de vapor, CV).
HUA, prefijo que entra en muchas voces compuestas americanas y suele escribirse también a veces con *gua.*
¡HUA! interj. ¡Gua!, ¡Oh!
HUACA f. *Per.* Guaca.
HUACAL m. *Antill.* y *Méx.* Guacal.
HUACATAY m. Especie de hierbabuena americana usada como condimento.
HUACO m. *Per.* y *Chil.* Objeto de cerámica precolombina. (V. GUACO.)
HUACHACHE m. *Per.* Mosquito de color blanquecino, muy molesto por sus picaduras.
HUACHANO, NA adj. y s. De Huacho (Perú).
HUACHAPEAR v. t. *Per.* Guachapear.
HUAHUA m. y f. *Ecuad.* y *Per.* Guagua.
HUAICO m. *Per.* Torrentera, avenida.
HUAINO m. Guaiño.
HUAIRURO m. *Per.* Frisol usado por los indios como adorno.

HUAMANGA f. *Per.* Piedra blanca translúcida.
HUANCAÍNO, NA adj. y s. De Huancayo (Perú).
HUANCAVELICANO, NA adj. y s. De Huancavelica (Perú).
HUANCAYNO, NA adj. y s. Huancaíno.
HUANGA m. *Ecuad.* Peinado de las indias.
HUANUQUEÑO, ÑA adj. y s. De Huánuco (Perú).
HUARACINO, NA adj. y s. Huarasino.
HUARACHE m. *Méx.* Cacle. || *Méx.* Guarache.
HUASCA f. *Amér. Merid.* Guasca.
HUARASINO, NA adj. y s. De Huarás (Perú).
HUASIPUNGO m. *Ecuad.* Tierra que se da a los campesinos además de su jornal.
HUASO, SA m. y f. Guaso.
HUATA f. Guata.
HUATIA o **HUATÍA** f. *Per.* Plato hecho con papas, queso, etc., envueltos en hojas de achira.
HUAYCO m. *Per.* Alud de piedras y lodo.
HUCHA f. Arca grande: *una hucha de nogal.* (SINÓN. V. *Caja.*) || Alcancía: *romper la hucha.* || *Fig.* Dinero que se ahorra: *tener una hucha.*
HUCHEAR v. i. Llamar, gritar. (P. us.) || Excitar a gritos los perros en la cacería.
HUE, prefijo de varias voces americanas que en castellano corresponde a *güe.* Véanse dichas palabras en la G.
HUEBRA f. Tierra que labra una yunta en un día. (SINÓN. *Obrada, yugada.*) || Yunta de mulas que se alquilan para un día. || Barbecho. (P. us.)
HUECA f. Muesca que se hace en la punta al huso para sostener la hebra que se va hilando.
HUECO, CA adj. Cóncavo, vacío, que tiene una cavidad interior.: *un árbol hueco.* (SINÓN. V. *Profundo.*) || *Fig.* Vano, presumido: *hombre muy hueco.* || De sonido retumbante y profundo: *voz hueca.* || *Fam.* Alegre, ufano. || *Fig.* Afectado: *estilo hueco.* || Mullido, esponjoso: *poner huecos los colchones.* || — M. Cavidad: *en un hueco de la roca.* || Intervalo de tiempo o lugar. (SINÓN. V. *Espacio.*) || *Fig.* y *fam.* Empleo o puesto vacante. || *Arq.* Luz: *un caserón de pocos huecos.* (SINÓN. V. *Ventana.*) || *Arg.* Baldío, en un pueblo. || *Hueco del ascensor,* espacio reservado en un edificio para alojar el ascensor.
HUECOGRABADO m. Procedimiento de fotograbado en cilindros de cobre adaptables a las máquinas rotativas. || El grabado así obtenido.
HUECÚ m. *Chil.* Sitio cenagoso y cubierto de hierbas existentes en la cordillera.
HUEHUENCHES m. pl. *Méx.* Güegüenches.
HUEHUETECO, CA adj. y s. De Huehuetenango (Guatemala).
HUÉLFAGO m. *Veter.* Enfermedad de los animales que les impide respirar fácilmente.
HUELGA f. Tiempo que está uno sin trabajar. || Abandono voluntario del trabajo que hacen los obreros para obligar a los patronos a ceder ante sus reivindicaciones. (SINÓN. *Paro, lockout.*) || Recreación, diversión. (En este sentido se pronuncia generalmente *juerga.*) || Holgura. || *Huelga de brazos caídos,* la hecha por los obreros sin abandonar su lugar de trabajo. || *Huelga del hambre,* la impuesta a sí mismo de no comer hasta conseguir lo que se reclama. || *Huelga general,* la declarada por todos los trabajadores.
HUELGO m. Aliento. || Anchura, holgura. || Hueco entre dos piezas que deben encajar.
HUELGUISTA m. Obrero que se pone en huelga.
HUELGUÍSTICO, CA adj. Relativo a la huelga.
HUELVEÑO, ÑA adj. y s. De Huelva.
HUELLA f. Señal que deja el pie: *seguir las huellas de la caza.* (SINÓN. *Pisada.*) || Señal, vestigio: *no se ven huellas del ladrón.* (SINÓN. *Estigma, rastro, pista, surco, carril.* V. tb. *signo.*) || Plano del escalón donde se pisa. || *Arg.* Baile gaucho cuyo estribillo es: *¡huella!* || *Huella digital* o *dactilar,* impresión en un papel de la yema del dedo entintada.
HUELLO m. Sitio que se pisa: *camino de mal huello.* || Acción de pisar el caballo. || Superficie inferior del casco del animal.
HUEMUL m. *Arg.* y *Chil.* Especie de ciervo que vive en los Andes: *el huemul figura en el escudo de la República de Chile.*
HUÉRFANO, NA adj. Que ha perdido sus padres. Ú. t. c. s. || *Fig.* Falto de alguna cosa.
HUERO, RA adj. *Huevo huero,* el que no produce cría. || *Amer.* Podrido (huevo). || *Fig.* Va-

huaco

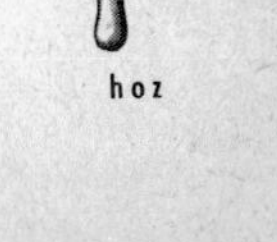
hoz

Fot. Giraudon

cío: *cabeza huera.* ‖ *Fam. Salir huera una cosa,* fracasar, salir mal.

HUERTA f. Huerto grande. ‖ Terreno grande de regadío: *la huerta de Valencia.*

HUERTANO, NA adj. Habitante de ciertas comarcas de regadío que se conocen con el nombre de *huertas,* como la "huerta de Valencia".

HUERTERO, RA m. y f. *Arg.* y *Per.* Hortelano.

HUERTO m. (lat. *hortus*). Campo o jardín pequeños en que se cultivan verduras, legumbres y árboles frutales.

HUESA f. Sepultura: *tener un pie en la huesa.*

HUESERA f. *Chil.* Osario.

HUESILLO m. *Per.* y *Chil.* Durazno seco.

HUESITO m. *Col.* Arbusto de madera blanca.

HUESO m. (lat. *os, osis*). Parte dura y sólida que forma la armazón del cuerpo del hombre y de los animales vertebrados. (SINÓN. *Osamenta.* V. tb. *reliquia.*) ‖ Parte dura interior que contiene la semilla de ciertos frutos: *un hueso de melocotón.* ‖ *Cub.* Nombre de cualquier árbol de madera compacta y color blanco amarillento semejante al de un hueso. ‖ *Fig.* Cosa trabajosa: *a Juan no le tocan más que huesos.* ‖ *Fig.* Lo inútil, o de mala calidad. ‖ *Fig.* Parte ingrata de un trabajo. ‖ *Fig.* y *fam.* Persona de carácter desagradable, de trato difícil, de gran severidad: *el profesor de Matemáticas es un hueso.* ‖ — Pl. *Fam.* Mano: *toca esos huesos.* ‖ *Fam. La sin hueso,* la lengua. ‖ *Hueso de la alegría,* el del codo. ‖ *Fig. Estar en los huesos,* estar sumamente flaco. ‖ *No dejar a uno hueso sano,* murmurar mucho de él. ‖ *Soltar la sin hueso,* hablar mucho y sin necesidad. ‖ *Hueso de santo,* especialidad en repostería que consiste en un rollito de pasta de almendra relleno de cabello de ángel, polvo de batata, yema, etc.

— Se pueden distinguir *huesos cortos* (vértebras), *huesos planos* (omóplato) y *huesos largos* (fémur). El hueso se compone de una parte media, o *diáfisis,* formada de un tejido óseo compacto, rodeado de una membrana fibrosa o periostio; y de las partes extremas, o *epífisis,* formadas de un tejido óseo esponjoso cuyas cavidades contienen la medula roja. Las articulaciones están protegidas por *cartílagos* y los músculos encuentran su sostén en las protuberancias de los huesos o *apófisis.*

HUESOSO, SA adj. De hueso: *tumor huesoso.*

HUÉSPED, DA m. y f. (lat. *hospes*). Persona que se aloja en casa ajena: *cuidar a sus huéspedes.* (SINÓN. V. *Convidado.*) ‖ También puede ser persona que hospeda en su casa a alguien, pero en este sentido se emplea menos. (SINÓN. *Invitante, anfitrión.*) ‖ Mesonero, posadero. ‖ Animal o planta en que vive un parásito. ‖ *Fig. No contar con la huéspeda,* tropezar con un obstáculo impensado.

HUESTE f. (del lat. *hostis,* enemigo). Ejército, tropa: *las huestes de Atila.* ‖ *Fig.* Conjunto de partidarios o secuaces.

HUESUDO, DA adj. Que tiene mucho hueso.

HUEVA f. (del lat. *ova,* huevos). Masa compacta que forman los huevos de ciertos pescados.

HUEVADA f. *Chil.* Punto de una veta en que aparece el mineral con abundancia. ‖ *Chil. Fam.* Disparate, tontería.

HUEVAR v. i. Empezar las aves a tener huevos.

HUEVERA f. Mujer que vende huevos. ‖ Mujer del huevero. ‖ Conducto membranoso en las aves, donde se forman los huevos. ‖ Utensilio de forma de copa pequeña que sirve para comer huevos pasados por agua. ‖ Aparato en que se sirven en la mesa los huevos pasados por agua: *una huevera de porcelana.*

HUEVERÍA f. Tienda del huevero.

HUEVERO m. El que comercia en huevos. ‖ Huevera, utensilio de mesa.

HUÉVIL m. *Chil.* Planta solanácea de cuyas hojas se extrae una infusión empleada contra la disentería.

HUEVO m. (lat. *ovum*). Célula resultante de la unión del gameto masculino con el femenino en la reproducción de las plantas y de los animales. (SINÓN. V. *Embrión.*) ‖ *Biol.* Cuerpo orgánico, que contiene el germen o embrión del nuevo individuo, producido por las hembras de muchos animales. (El *huevo* de un ave contiene un germen envuelto en sustancias de reserva [yema, o vitelo, y clara, rica en albúminas] y está protegido por una cáscara caliza porosa.) ‖ Huevo de ave de corral: *las yemas de huevo alimentan mucho.* ‖ Pedazo o taco de madera, en forma de huevo, que se utiliza para zurzir las medias y los calcetines. ‖ *Huevos chimbos* o *quimbos,* cierto dulce americano. ‖ *Col. Huevos pericos,* huevos revueltos. ‖ *Amer. Huevos tibios,* huevos pasados por agua, cocidos ligeramente. ‖ *Huevos hilados,* cierto dulce.

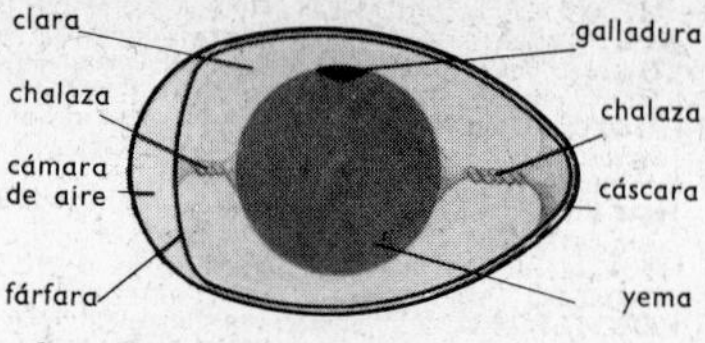

¡HUF! interj. ¡Uf!

HUGONOTE, TA adj. y s. (fr. *huguenot*). Calvinista francés. (SINÓN. V. *Protestante.*)

HUI, prefijo de varias voces americanas que en castellano corresponde a *güi.*

¡HUICHE! interj. *Chil.* Exclamación de burla o de provocación.

¡HUICHÍ! o **¡HUICHÓ!** interj. *Chil.* ¡Ox!

HUIDA f. Fuga, acción de huir: *una huida apresurada.* (SINÓN. *Fuga, desbandada, escapada, evasión.*) ‖ *Fig.* Pretexto. (SINÓN. *Subterfugio, escapatoria.*) ‖ *Equit.* Movimiento brusco del caballo que se aleja de la dirección en que le lleva el jinete.

HUIDERO, RA adj. Huidizo.

HUIDIZO, ZA adj. Que huye fácilmente.

HUIDO, DA adj. Que huye. ‖ Receloso, reservado.

HUIDOR, RA adj. y s. Que huye.

¡HUIFA! interj. *Chil.* Denota alegría.

HUILENSE adj. y s. De Huila (Colombia).

HUILLÍN m. *Chil.* Especie de nutria.

HUILLÓN, ONA adj. y s. *Amer. Fam.* Que huye, cobarde.

HUINCHA f. *Bol., Chil.* y *Per.* Tira o cinta de una tela. ‖ *Chil.* y *Per.* Punto de salida en las carreras de caballos.

HUINCHE m. *Amer.* Güinche.

HUIPIL m. *Amér. C.* y *Méx.* Güipil.

HUIR v. i. (lat. *fugere*). Alejarse rápidamente para escapar: *huir a campo traviesa; huir de un pueblo, de una persona.* (SINÓN. *Escapar, desertar, evadirse, marcharse, fugarse, largarse.* Pop. *Ahuecar el ala, pirárselas.*) ‖ Alejarse, terminar: *el invierno ha huido.* (SINÓN. V. *Desaparecer.*) ‖ *Fig. Huir el cuerpo,* hurtarlo. (SINÓN. V. *Evitar.*) ‖ — V. r. Huir. ‖ — IRREG. Pres. ind.: *huyo, huyes, huye, huimos, huis, huyen;* pret. indef.: *huí, huíste, huyó, huímos, huísteis, huyeron;* imper.: *huye, huid;* pres. subj.: *huya, huyas,* etc.; pret. subj.: *huyera, huyeras,* etc., *huyese, huyeses,* etc.; fut. subj.: *huyere, huyeres,* etc.; ger.: *huyendo.*

HUIRA f. *Chil.* Güira.

HUISACHE m. *Amér. C.* Güisache.

HUJIER m. Ujier.

HULADO m. *Hond.* Hule, encerado.

HULE m. Caucho o goma elástica. ‖ Tela impermeable pintada y barnizada. ‖ *Fam.* Mesa de operaciones.

HULERÍA f. *Amer.* Plantío de hule.

HULERO m. *Amer.* El que recoge el caucho.

HULLA f. Carbón fósil llamado vulgarmente *carbón de piedra.* ‖ *Hulla blanca,* fuerza motriz sacada de las corrientes de agua. ‖ *Hulla verde,* fuerza de los ríos. ‖ *Hulla azul,* la fuerza de las mareas.

HULLERO, RA adj. Relativo a la hulla o que tiene hulla: *explotación hullera.*

HUMA f. *Chil.* Humita.

HUMADA f. Ahumada.

HUMAITEÑO, ÑA adj. y s. De Humaitá (Paraguay).

HUMANAL adj. Humano.

HUMANAMENTE adv. m. Con humanidad: *tratar humanamente a un prisionero.* ‖ Según las fuerzas humanas: *es humanamente imposible.*

fósil de hulla

Fot. Larousse

HUMANAR v. t. Hacer más humano: *humanar a un salvaje.* || — V. r. Hacerse más humano. || Hacerse hombre el Verbo divino. || *Amer.* Rebajarse, condescender: *humanarse a trabajar.*
HUMANIDAD f. Naturaleza humana: *las debilidades de la humanidad.* || Género humano: *un bienhechor de la humanidad.* (SINÓN. V. *Mundo.*) || Bondad, benevolencia: *tratar a un vencido con humanidad.* || Sensibilidad, compasión. (SINÓN. V. *Caridad.*) || *Fam.* Corpulencia. || — Pl. Letras humanas: *estudiar humanidades.*
HUMANISMO m. Doctrina de los humanistas del Renacimiento, que renovaron el estudio de las lenguas y literaturas antiguas. || Cultivo de las letras humanas.
HUMANISTA com. Filósofo que funda su doctrina en el hombre, en la situación y en el destino de éste en el universo. || Persona versada en las letras humanas: *Erasmo fue un humanista genial.* || — Adj. Relativo al humanismo.
HUMANÍSTICO, CA adj. Relativo al humanismo o a las humanidades.
HUMANITARIO, RIA adj. Que interesa a la humanidad: *teoría humanitaria.* || Dícese del que se interesa por la humanidad: *filósofo humanitario.* (SINÓN. V. *Humano.*)
HUMANITARISMO m. Sensibilidad, humanidad, compasión de los males ajenos.
HUMANIZACIÓN f. Acción de humanizar.
HUMANIZAR v. t. Volver humano, más sociable, civilizar. Ú. t. c. r.
HUMANO, NA adj. (lat. *humanus,* de *homo,* hombre). Que pertenece al hombre o le concierne: *cuerpo humano.* || *El género humano,* el conjunto de los hombres. || Compasivo, generoso: *corazón humano.* (SINÓN. *Bueno, bondadoso, caritativo indulgente, humanitario, filántropo.* CONTR. *Inhumano.*) || *Letras humanas,* literatura, especialmente la griega y latina. || — M. pl. Los hombres.
HUMARADA y **HUMARASCA** f. *Amér. C.* Humareda.
HUMARAZO m. Humazo.
HUMAREDA f. Humo grande o muy espeso.
HUMAZO m. Humo denso y copioso: *dar humazo.*
HUMEADA f. *Amer.* Bocanada de humo.
HUMEANTE adj. Que humea: *plato humeante.*
HUMEAR v. i. Exhalar humo: *carbón que humea.* || Arrojar vapor: *el estiércol humea.* || *Fig.* Quedar restos de algo. || *Fig.* Presumir, engullecerse. || — V. t. *Amer.* Fumigar, sahumar.
HUMECTACIÓN f. Acción y efecto de humedecer.
HUMECTADOR m. Aparato que satura de humedad la atmósfera. || Cualquier aparato que sirve para humedecer.
HUMECTAR v. t. Humedecer.
HUMEDAD f. Calidad de húmedo: *la humedad del aire se mide por medio del higrómetro.* || Agua de que está impregnado un cuerpo.
HUMEDECER v. t. Poner húmedo. (SINÓN. V. *Mojar.* CONTR. *Secar.*) || — IRREG. Se conjuga como *merecer.*
HÚMEDO, DA adj. (lat. *humidus*). Cargado de líquido o de vapor: *paño húmedo.* || — CONTR. *Seco.*
HUMERA f. *Fam.* Borrachera. (Se aspira la *h.*)
HUMERAL adj. Relativo al húmero: *músculo humeral.* || — M. Paño blanco que se pone sobre los hombres el sacerdote para coger la custodia.
HUMERO m. Cañón de las chimeneas.
HÚMERO m. (lat. *humerus*). *Anat.* Hueso del brazo entre el hombro y el codo.
HÚMIDO, DA adj. *Poét.* Húmedo. (P. us.)
HUMILDAD f. (lat. *humilitas*). Virtud que resulta del sentimiento de nuestra bajeza: *practicar la humildad.* || Acción humilde. || Bajeza de nacimiento. || Sumisión, rendimiento.
HUMILDE adj. (lat. *humilis*). Que se rebaja voluntariamente: *carácter humilde.* || Que da muestras de humildad: *súplica humilde.* (SINÓN. V. *Modesto.* CONTR. *Orgulloso.*) || Bajo: *hombre de humilde condición.* || Mediocre, poco elevado: *una fortuna humilde.* || De poca apariencia, brillantez o importancia: *una casa humilde.*
HUMILDEMENTE adv. m. Con humildad: *responder humildemente.*
HUMILLACIÓN f. Acción de humillar o de humillarse. || Afrenta: *sufrir una humillación.*
HUMILLADERO m. Cruz o imagen que suele haber a la entrada de los pueblos.
HUMILLANTE adj. Que humilla: *cometer una acción humillante.*
HUMILLAR v. t. (lat. *humiliare*). Rebajar: *humillar el orgullo de una persona.* (SINÓN. *Mortificar, defraudar, envilecer.*) || Bajar, doblar: *humillar la frente.* (SINÓN. *Abatir.* V. tb. *someter.*) || Avergonzar: *humillar a un holgazán.* (SINÓN. *Confundir.* V. tb. *zaherir.*) || — V. i. Bajar la cabeza el toro. || — V. r. Rebajarse voluntariamente. (SINÓN. V. *Arrodillar.*)
HUMILLO m. *Fig.* Vanidad, orgullo.
HUMINA f. La parte esencial del humus.
HUMITA f. *Per., Chil.* y *Arg.* Manjar americano que se hace con maíz tierno rallado, pimientos y tomates o grasa y azúcar, y se cuece en agua hirviendo o al baño de María, envuelto en la hoja verde de la mazorca, recalentándolo después de frío en el rescoldo. || — SINÓN. *Tamal, hayaca, hallullo.*
HUMITERO, RA m. y f. *Arg., Chil.* y *Per.* Persona que hace o vende humitas.
HUMO m. (lat. *fumus*). Mezcla de gases, de vapor de agua y de partículas más o menos tenues, que se desprende de los cuerpos en combustión: *la paja da mucho humo.* || Vapor que exhala un líquido caliente o una cosa en fermentación. || *Fig.* Vanidad: *tener muchos humos.* || Cosas vanas que duran poco: *el humo de la gloria.* || — Pl. Hogares: *pueblo de veinte humos.* || *A humo de pajas,* sin reflexión, ligeramente. || *Fam. Vender humos,* jactarse, vanagloriarse. || *Bajarle a uno los humos,* humillarle.
HUMOR m. (lat. *humor*). Substancia fluida de un cuerpo organizado, como la sangre, la bilis, || *Fam.* Pus, materia, etc. || *Fig.* Disposición del espíritu o del carácter: *estar de mal humor.* (SINÓN. *Carácter, genio talante.* V. tb. *alegría.*) || Agudeza: *hombre de humor.* || *Humor ácueo,* líquido incoloro y transparente que se encuentra entre la córnea y el cristalino del ojo. || *Humor vítreo,* masa gelatinosa y transparente en la membrana hialoidea que se halla en la cavidad del globo ocular, detrás del cristalino.
HUMORADA f. Chiste, acción caprichosa. (SINÓN. V. *Broma.*)
HUMORADO, DA adj. Que tiene humores. (Úsase con los adv. *bien* y *mal*: *hombre mal humorado.*)
HUMORAL adj. Perteneciente a los humores o causados por ellos. || — PARÓN. *Humeral.*
HUMORISMO m. Doctrina de los humoristas: *Galeno fue el más ilustre defensor del humorismo.* || Estilo literario humorístico.
HUMORISTA adj. y s. Dícese de los médicos que atribuían a los humores papel preponderante en los fenómenos vitales. || Escritor humorístico.
HUMORÍSTICO, CA adj. Festivo, chistoso, satírico: *dibujo humorístico.*
HUMOROSIDAD f. Abundancia de humores.
HUMOROSO, SA adj. Que tiene humor.
HUMOSO, SA adj. Que despide o contiene humo.
HUMOUR f. (pal. ingl., pr. *júmur*). Ironía, sátira ingeniosa: *Swift es uno de los representantes más característicos del humour inglés.*
HUMUS m. (lat. *humus*). *Agr.* Nombre científico del *mantillo* o *tierra vegetal: el humus está formado por la descomposición de materias orgánicas de origen generalmente vegetal.* (SINÓN. V. *Estiércol* y *tierra.*)
HUNCO m. *Bol.* Poncho de lana sin flecos.
HUNDIBLE adj. Que puede hundirse.
HUNDIMIENTO m. Acción y efecto de hundir o hundirse: *el hundimiento de una casa.*
HUNDIR v. t. Sumir, meter en lo hondo: *hundir en un pozo.* || *Fig.* Confundir con razones: *esto le hundió.* || *Fig.* Hacer arruinar, abrumar, abatir: *yo me encargaré de hundirle.* || — V. r. *Fig.* Destruir, arruinar: *la casa se hundió.* (SINÓN. V. *Caer* y *zozobrar.*) || *Fam.* Desaparecer una cosa sin que se sepa cómo.
HÚNGARO, RA adj. y s. Natural de Hungría o perteneciente a dicho país de Europa: *las costumbres húngaras.* || — M. Lengua hablada por los habitantes de Hungría: *el húngaro es un idioma finougrio.*
HUNO, NA adj. y s. Dícese de un pueblo de Asia Central que invadieron los godos.
HUNTER m. (pal. ingl.). Caballo acostumbrado a saltar los obstáculos: *hunter irlandés.*

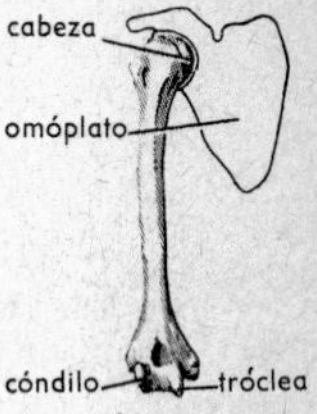

HÚMERO

hurón

¡HUPA! interj. *Chil.* ¡Ea!, ¡vamos!
HUPE f. Descomposición fungosa de la madera.
HURA f. Grano maligno. (SINÓN. *Carbunco.*)
HURA f. *Venez.* Jabillo.
HURACÁN m. (pal. caribe). Viento violento e impetuoso que gira como torbellino. ‖ *Fig.* Vendaval. (SINÓN. V. *Borrasca.*)
HURACANADO, DA adj. Violento como huracán: *viento huracanado.*
HURACO m. Agujero.
HURAÑÍA f. Carácter huraño.
HURAÑO, ÑA adj. Que huye de las gentes, poco sociable: *muchacho huraño.* ‖ — SINÓN. *Adusto, arisco, feroz, insociable, misántropo.* V. tb. *desconfiado.*
HURERA f. Agujero.
HURGADOR, RA adj. Que hurga. ‖ — M. Hurgón para la lumbre.
HURGANDILLA f. *Hond.* Persona que menea o sacude alguna cosa.
HURGAR v. t. Remover, menear: *hurgar la lumbre.* ‖ Tocar. ‖ *Fig.* Incitar, azuzar.
HURGÓN m. Hierro para atizar la lumbre.
HURGONADA f. Acción de hurgonear o menear la lumbre con el hurgón.
HURGONAZO m. Golpe dado con el hurgón.
HURGONEAR v. t. Revolver con el hurgón.
HURGONERO, RA adj. y s. Que hurgonea.
HURGUETE m. *Chil.* Curioso, rebuscador.
HURGUETEAR v. t. *Arg.* y *Chil.* Rebuscar.
HURGUILLAS com. Persona bullidora e inquieta.
HURÍ f. Mujer hermosa del paraíso de Mahoma. Pl. *huríes.*
HURINA m. Variedad de ciervo boliviano.
HURÓN m. Pequeño mamífero del género de la comadreja, que se emplea para la caza de conejos: *el hurón despide olor desagradable.* ‖ Mamífero carnicero americano algo parecido al hurón europeo. ‖ *Fig.* y *fam.* Persona que todo lo averigua. (SINÓN. V. *Indiscreto.*) ‖ *Fam.* Persona huraña: vivir como un hurón. (Ú. tb. el f. *hurona.*)
HURONEAR v. i. Cazar con hurón. ‖ *Fig.* y *fam.* Oliscar vidas ajenas: *mujer aficionada a huronear.*
HURONERA f. Cueva del hurón. ‖ *Fig.* y *fam.* Guarida, asilo, madriguera: *no salir uno de su huronera.*
HURONIANO, NA adj. *Geol.* Dícese de la parte superior del terreno primitivo en el Canadá y en Escandinavia.
¡HURRA! interj. (al. *hurrah*). Se usa para expresar admiración, entusiasmo y alegría: *se oían ¡hurras! victoriosos por todas partes.*
HURRACA f. Urraca.
HURTADILLAS (A) loc. adv. Furtivamente, a escondidas, sin que nadie lo note: *hacer una cosa a hurtadillas.* (SINÓN. V. *Secretamente.*)
HURTADOR, RA adj. y s. Que hurta o roba.
HURTAGUA f. Regadera con agujeros en el fondo.
HURTAR v. t. Robar sin intimación ni fuerza: *hurtar un portamonedas.* (SINÓN. *Substraer, escamotear, quitar, rapiñar,* Pop. *Limpiar, birlar, afanar, soplar.* V. tb. *apropiar* y *robar.*) ‖ *Fig.* Apartar, separar, alejar: *hurtar el cuerpo.* ‖ *Fig.* Dicho del mar, ríos, etc., llevarse tierra de la ribera. ‖ *Fig.* Tomar dichos o escritos ajenos, dándolos por propios. ‖ — V. r. Desviarse, ocultarse.
HURTO m. (lat. *furtum*). Acción de hurtar o robar. ‖ Cosa hurtada. (SINÓN. V. *Robo.*) ‖ En las minas de Almadén, camino subterráneo a uno y otro lado del principal para varios fines.
HUSADA f. Porción de lino o de cáñamo que cabe en el huso: *hilar una husada.*
HÚSAR m. (pal. húngara). Soldado de caballería ligera cuyo uniforme se imitó en un principio del traje de los húngaros.
HUSERO m. Cuerna recta del gamo joven.
HUSILLO m. Tornillo de una prensa. ‖ Conducto o canal de desagüe.
HUSITA adj. y s. Partidario de Juan Hus: *las doctrinas de los husitas eran las mismas que las de los valdenses.* (V. *Parte hist.*)
HUSMA f. Husmeo, acción de husmear.
HUSMAR v. t. Husmear.
HUSMEADOR, RA adj. y s. Que husmea.
HUSMEAR v. t. Oler, olfatear. ‖ *Fig.* y *fam.* Indagar, oliscar, averiguar: *andar husmeando.* ‖ — V. i. Empezar a oler mal las carnes: *esta perdiz husmea ya.*
HUSMEO m. Acción y efecto de husmear.
HUSMO m. Olor que despiden las carnes algo manidas. ‖ *Fig.* y *fam.* *Estar al husmo,* estar acechando la ocasión de hacer algo.
HUSO m. (lat. *fusus*). Pequeño instrumento que sirve para hilar: *un huso de marfil.* ‖ Instrumento que sirve para devanar la seda. ‖ *Blas.* Losanje largo y estrecho. ‖ Tambor de un torno de mano. ‖ Parte de la superficie de una esfera comprendida entre dos mitades de círculo máximo de diámetro común. ‖ *Huso horario,* cada una de las partes ideales de la superficie terrestre imaginada para la definición y la unificación del tiempo legal en el interior de los diversos Estados.
HUTA f. Choza de monteros.
HUTÍA f. Jutía, mamífero roedor parecido a la rata.
¡HUY! interj. Denota dolor, asombro o admiración. (Úsase a veces irónicamente.)
HUYENTE adj. Que huye.
HUYUYO, YA adj. *Cub.* Huraño, arisco, salvaje.
¡HUYUYUY! interj. ¡Huy! (denota admiración).
Hz, símbolo internacional que representa el *hertz.*

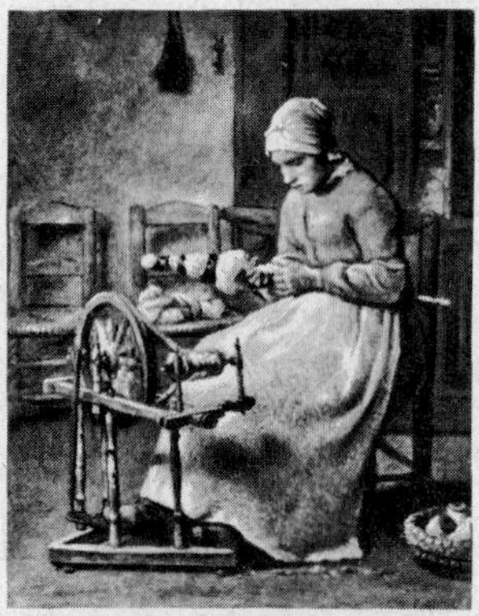

"Mujer trabajando con un huso", cuadro de J. F. Millet

Fot. Braun

I

Iceberg

I f. Décima letra del abecedario castellano y tercera de sus vocales: *la* I *es una de las vocales débiles.* || *Poner los puntos sobre las íes,* explicarse de manera clara y minuciosa, puntualizar. || Cifra romana que vale uno. || Símbolo químico del *yodo.*

IBAGUEREÑO, ÑA adj. y s. De Ibagué (Colombia).

IBARÓ m. *Arg.* Jaboncillo, árbol.

IBARREÑO, ÑA adj. y s. De Ibarra (Ecuador).

IBÉRICO, CA o **IBERIO, RIA** adj. Ibero, de Iberia.

IBERISMO m. Conjunto de formas o fenómenos lingüísticos con que las lenguas iberas contribuyeron a la formación del castellano.

IBERO, RA e **ÍBERO, RA** adj. y s. (lat. *iberus*). De Iberia. || — OBSERV. Es preferible la forma *ibero.*

IBEROAMERICANO, NA adj. y s. De Iberoamérica, conjunto de habitantes de América colonizados por los españoles y portugueses.

ÍBICE m. Cabra montés.

IBICENCO, CA adj. y s. De Ibiza, una de las Baleares.

IBÍDEM, adv. lat. que significa *allí mismo* o *en el mismo lugar.* (Suele escribirse abreviadamente: *ibid.,* o *ib.*)

IBIRÁ m. *Arg.* Bromeliácea textil.

IBIS f. (lat. *ibis*). Ave zancuda de las regiones cálidas del antiguo continente.
— El *ibis* es un ave de plumaje blanco, excepto la cabeza, cuello y cola, que son negros. Los antiguos egipcios creían que destruía los reptiles que infestaban las orillas del Nilo; por ello lo veneraban.

IBIYAU m. *Riopl.* Ave nocturna de color pardo.

IBN, palabra árabe que significa *hijo.* (Se dice también BEN.)

IBÓN m. Nombre de los lagos de las vertientes del Pirineo aragonés.

ICACO m. Hicaco.

ICÁREO, A y mejor **ICARIO, RIA** adj. Perteneciente o relativo a Ícaro o a Icaria. || *Juegos icarios,* ejercicios de acrobacia en el trapecio.

ICEBERG m. (del sueco *is,* helado, y *berg,* montaña, pr. *aisberg*). Masa de hielo flotante que procede de un glaciar.

Fot. Jacques Masson

ICEFIELD m. (del sueco *is,* helado, y *field,* campo). Masa de hielo flotante, plana y extensa.

ICIPÓ m. *Arg.* Planta que se usa para hacer cuerdas, sogas, etc.

ICNEUMÓN m. (gr. *ikhneumôn*). Especie de mangosta del tamaño de un gato. (El *icneumón* era adorado por los egipcios porque destruía los reptiles.) || Insecto himenóptero parecido a la abeja y cuya larva es parásita de otros insectos.

ICNEUMÓNIDOS m. pl. Familia de insectos himenópteros que tiene por tipo el icneumón.

ICNOGRAFÍA f. (del gr. *ikhnos,* traza, planta, y *graphein,* describir). *Arq.* Representación geométrica de la planta de un edificio. (SINÓN. *Estereografía.*)

ICONO m. (del gr. *eikôn,* imagen). En la Iglesia ortodoxa, imagen pintada y a veces dorada que representa a la Virgen o a los santos.

ICONOCLASTA adj. y s. (del gr. *eikôn,* imagen, y *klazein,* romper). Miembro de una secta herética que, en el s. VIII, destruía las imágenes. || *Por ext.* Se aplica al que no respeta los valores tradicionales: *escritor iconoclasta.*

ICONÓGENO m. Substancia empleada en fotografía como revelador.

ICONOGRAFÍA f. (del gr. *eikôn,* imagen, y *graphein,* escribir). Ciencia de las imágenes y pinturas. || Álbum de imágenes o reproducciones de obras de arte: *iconografía sagrada.* || Colección de retratos de hombres célebres.

ICONÓLATRA adj. y s. (del gr. *eikôn,* imagen, y *latreuein,* adorar). Adorador de imágenes.

ICONOLATRÍA f. Adoración de las imágenes.

ICONOLOGÍA f. (del gr. *eikôn,* imagen, y *logos,* discurso). Explicación de las imágenes antiguas, símbolos y figuras simbólicas.

ICONOSCOPIO m. Tubo electrónico para explorar las imágenes en las cámaras de televisión.

ICONOSTASIO m. (del gr. *eikôn,* imagen, y *stasis,* estación). Mampara o cancel de tres puertas, adornado con imágenes de santos, detrás del cual se pone el sacerdote griego durante la consagración.

icneumón

icono

ibis

ICOR m. (gr. *ikhôr*). La sangre de los dioses en los poemas homéricos. || *Cir.* Nombre que suele darse al humor que arrojan las llagas. (SINÓN. *Sanies.*)
ICOSAEDRO m. (del gr. *eikosi,* veinte, y *edra,* cara). *Geom.* Sólido que tiene veinte caras. || *Icosaedro regular,* aquel cuyas caras son triángulos equiláteros.
ICTERICIA f. *Med.* Enfermedad producida por la mala eliminación de la bilis y caracterizada por amarillez de la piel.
ICTERICIADO, DA adj. Que padece ictericia.
ICTÉRICO, CA adj. y s. *Med.* Perteneciente a la ictericia o que la padece.
ICTÍNEO m. Nombre del submarino inventado por el español Monturiol.
ICTIOFAGIA f. Hábito de los ictiófagos: *la ictiofagia suele ser irritante.*
ICTIÓFAGO, GA adj. (del gr. *ikhthus,* pez, y *phagein,* comer). Que se mantiene principalmente de pescado: *pueblo ictiófago.*
ICTIOIDEO, A adj. (del gr. *ikhthus,* pez, y *eidos,* aspecto), Parecido a un pez. || — M. Anfibio pisciforme.
ICTIOL m. Aceite sulfuroso que se extrae de ciertas piedras bituminosas, y que se usa en el tratamiento de varias enfermedades de la piel.
ICTIOLOGÍA f. (del gr. *ikhthus,* pez, y *logos,* discurso). Parte de la zoología que trata de los peces.
ICTIÓLOGO m. El que profesa ictiología.
ICTIOSAURO m. (del gr. *ikhthus,* pez, y *sauros,* lagarto). Género de reptiles gigantesco de la

época secundaria: *el ictiosauro medía 10 metros de largo.*
ICTIRICIA f. Barb. por *ictericia.*
ICTIOSIS f. Afección de la piel que se caracteriza por gran sequedad y formación de escamas.
ICTUS m. En versificación, apoyo rítmico sobre una sílaba larga o acentuada. || *Med.* Cualquier fenómeno patológico que sobreviene bruscamente.
ICHÍNTAL m. *Amér. C.* Raíz de la chayotera. || *Fam. Echar ichintal,* empezar a engordar a cierta edad.
ICHO o **ICHU** m. Planta gramínea de América: *el icho suministra buen combustible.*
IDA f. Acción de ir: *un billete de ida y vuelta.* || *Fig.* Ímpetu, acometida. || *Esgr.* Ataque. || *Mont.* Huella que hace la caza con los pies.
IDALIO, LIA adj. Relativo a Idalia, antigua ciudad de Chipre, o a Venus.
IDEA f. (lat. *idea*). Representación de una cosa en la mente: *la idea del bien.* (SINÓN. *Concepción, concepto, noción.*) || Modo de ver: *ideas políticas.* (SINÓN. V. *Creencia.*) || Intención: *cambiar de idea.* || Concepto literario o artístico. || Imagen, recuerdo: *tengo su idea grabada en la mente.* (SINÓN. *Representación.*) || Tipo eterno de cuanto existe, en la filosofía platónica. || Ingenio, habilidad: *ser hombre de idea.* || *Fam.* Manía, imaginación extravagante: *estar dominado por una idea.*
IDEACIÓN f. Formación de ideas.
IDEAL adj. Que sólo existe en la idea: *personaje ideal.* || Que posee la perfección suprema: *retrato ideal.* || — M. Perfección suprema que sólo existe en la imaginación: *los artistas persiguen un ideal de belleza.* || Prototipo, modelo o ejemplar de perfección. || *Fam. Lo ideal,* lo que se considera como más apetecible.
IDEALIDAD f. Carácter de lo que es ideal.
IDEALISMO m. Doctrina filosófica que niega la realidad individual de las cosas distintas del "yo" y no admite más que las ideas: *el idealismo kantiano.* || Aptitud del artista para buscar el ideal: *el idealismo se opone diametralmente al materialismo.* || Visión de las cosas por su lado bueno y bello. sin consideraciones prácticas.
IDEALISTA adj. y s. Que profesa el idealismo. || Que va tras un ideal a veces quimérico.
IDEALIZACIÓN f. Creación de formas imaginarias diferentes de las reales.
IDEALIZADOR, RA adj. y s. Que idealiza.
IDEALIZAR v. t. Dar un carácter ideal: *es preciso idealizar mucho la vida para gozar la felicidad.*
IDEALMENTE adv. m. En la idea. || De un modo ideal: *una obra idealmente hermosa.*
IDEAR v. t. Imaginar, pensar, formar en la mente la idea de una cosa. || Proyectar: *idear una diversión.* (SINÓN. V. *Inventar.*)
IDEARIO m. Exposición de una serie de ideas.
IDEÁTICO, CA adj. Relativo a la idea. || *Amer.* Extravagante, loco. || *Hond.* Ingenioso.
ÍDEM, adv. lat. que significa *lo mismo,* y se emplea para evitar repeticiones. (También se escribe abreviadamente *íd.*)
IDÉNTICO, CA adj. y s. (del lat. *idem,* el mismo). Que es lo mismo que otra cosa o se confunde con ella: *dos proposiciones idénticas.* (SINÓN. V. *Semejante.*) || Muy parecido. || — CONTR. *Diferente, desemejante.*
IDENTIDAD f. (lat. *identitas*). Calidad de idéntico. || Conjunto de circunstancias que distinguen a una persona de las demás. || *Mat.* Igualdad cuyos dos miembros son idénticos. || *Documento de identidad,* documento oficial que lleva una fotografía, las impresiones digitales y otros datos de una persona. || *Log. Principio de identidad,* principio fundamental de la lógica tradicional, según el cual "una cosa es idéntica a ella misma".
IDENTIFICABLE adj. Que puede ser identificado.
IDENTIFICACIÓN f. Acción de identificar: *la identificación de los acusados es hoy muy fácil gracias a la antropometría.*
IDENTIFICAR v. t. Hacer idénticas cosas distintas. (SINÓN. *Hermanar, unificar.*) || Reconocer si una persona es la que se busca: *identificar a un criminal.* (SINÓN. *Reconocer.*) || — V. r. Ser idénticas dos cosas que parecen diferentes: *la razón y el entendimiento se identifican con el alma.* || Tener las mismas ideas, voluntad, deseo, etc.: *un novelista se identifica con sus personajes.*
IDEO, A adj. Relativo al monte Ida, y, por ext., a Troya o Frigia.
IDEOGRAFÍA f. Representación directa de las ideas por medio de signos.
IDEOGRÁFICO, CA adj. (de *idea,* y el gr. *graphein,* describir). Aplícase a la escritura en que se representan las ideas por medio de figuras o símbolos: *la escritura de los antiguos mexicanos y la de los egipcios eran ideográficas.*
IDEOGRAMA m. (de idea, y el gr. *gramma,* carácter). Signo que expresa una idea: *los antiguos caracteres egipcios eran ideogramas.*
IDEOLOGÍA f. (de *idea,* y el gr. *logos,* discurso). Ciencia de las ideas. || Sistema que considera las ideas en sí, haciendo abstracción de la metafísica. || Conjunto de ideas propias de un grupo político.
IDEOLÓGICO, CA adj. Relativo a la ideología o a la clasificación de las ideas.
IDEÓLOGO m. El que se dedica a la ideología. || Persona ilusa, soñadora.
IDEOSO, SA adj. *Amer.* Ideático.
IDÍLICO, CA adj. Propio del idilio: *vida idílica.* (SINÓN. V. *Pastoral.*)
IDILIO m. (gr. *eidyllion*). Pequeño poema de asunto bucólico y amoroso: *los idilios de Teócrito.* || *Fam.* Amor tierno, relaciones amorosas.
IDIOMA m. (gr. *idiôma,* de *idios,* propio). Lengua de una nación: *el idioma español.* (SINÓN. V. *Lengua.*) || Modo particular de hablar: *en idioma cortesano.*
IDIOMÁTICO, CA adj. Propio o característico de un idioma: *dificultades idiomáticas.*
IDIOPATÍA f. Enfermedad que tiene carácter propio y no procede de otra.
IDIOSINCRASIA f. (del gr. *idios,* propio, *sun,* con y *krasis,* temperamento). El temperamento propio, por el cual se distingue uno de los demás.
IDIOSINCRÁSICO, CA adj. Relativo a la idiosincrasia: *los caracteres idiosincrásicos varían de un hombre a otro.*

Fot. American Museum

IDIOTA adj. y s. (lat. *idiota*). Imbécil, falto de entendimiento: *una fisonomía de idiota.* (SINÓN. V. *Estúpido.*)

IDIOTEZ f. Falta de desarrollo mental: *la idiotez suele tener por causa el alcoholismo de los padres.* || *Fig.* Falta de inteligencia, estupidez.

IDIÓTICO, CA adj. *Neol.* Dícese de la lengua rica en idiotismos.

IDIOTISMO m. (del lat. *idiotismus,* lenguaje o estilo familiar). *Gram.* Modo de hablar contrario a las reglas gramaticales, pero propio de una lengua: *"a ojos vistas" es un idiotismo del castellano.* || Ignorancia, idiotez.

IDIOTIZAR v. t. Volver idiota.

IDO, DA p. p. de *ir.* || — Adj. *Amer.* Ebrio. || Chiflado, mal de la cabeza. (SINÓN. V. *Loco.*)

IDÓLATRA adj. y s. Que adora ídolos: *culto idólatra.* (SINÓN. V. *Fanático* y *pagano.*) || *Fig.* Que ama mucho: *idólatra de su mujer.*

IDOLATRAR v. t. Adorar ídolos. || *Fig.* Amar excesivamente: *idolatrar a sus hijos.* (SINÓN. V. *Amar.*)

IDOLATRIA f. (de *ídolo,* y el gr. *latreyein,* servir). Adoración de los ídolos. || *Fig.* Amor excesivo. (SINÓN. V. *Adoración.*)

IDOLÁTRICO, CA adj. Perteneciente o relativo a la idolatría: *rendir un culto idolátrico.*

IDOLATRISMO m. Adoración de los ídolos y falsas divinidades.

ÍDOLO m. (del gr. *eidôlon,* de *eidos,* forma, imagen). Figura de una falsa deidad que se expone a la adoración de los fieles: *un ídolo de porcelana.* (SINÓN. V. *Fetiche.*) || *Fig.* Persona a quien se tributa una especie de culto: *es el ídolo del pueblo.*

IDOLOLOGÍA f. Ciencia de los ídolos.

IDONEIDAD f. Calidad de lo idóneo.

IDÓNEO, A adj. (lat. *idoneus*). Conveniente, propio para una cosa: *hombre idóneo para un empleo.* (SINÓN. V. *Apropiado.*)

IDUMEO, A adj. y s. De Idumea, país de Asia.

IDUS m. pl. (lat. *idus*). En el calendario romano, el día 15 de marzo, mayo, julio y octubre y el 13 de los demás meses: *César fue asesinado en los idus de marzo del año 44 a. de J. C.*

IGARAPÉS m. pl. *Amer.* Rama lateral de un río, en la cuenca amazónica.

IGLESIA f. (del gr. *ekklêsia,* asamblea). Templo destinado para la celebración del culto religioso. (SINÓN. *Basílica, capilla, catedral, mezquita, oratorio, parroquia, santuario, sinagoga.* V. tb. *abadía.*) [V. ilustr. pág. 561]. || Conjunto de los ministros y fieles de un territorio: *la iglesia americana, española.* || En el sentido de sociedad de los cristianos, v. IGLESIA (*Parte hist.*). || *Ant.* Inmunidad de que gozaba quien se refugiaba en una iglesia: *iglesia me llamo; tomar iglesia.* || *Cumplir con la Iglesia,* comulgar y confesar por Pascua en su parroquia.

IGLÚ o **IGLOO** m. Vivienda esquimal en forma de cúpula, construida con bloques de nieve.

IGNACIA f. Género de loganiáceas de las islas Filipinas cuyo fruto se llama *haba de San Ignacio: la ignacia contiene gran cantidad de estricnina.*

IGNACIANO, NA adj. Relativo a San Ignacio de Loyola o a la Compañía de Jesús.

IGNARO, RA adj. Ignorante: *multitud ignara.*

ÍGNEO, A adj. (lat. *igneus,* de *ignis,* fuego). De fuego o que tiene alguna de sus calidades: *meteoro ígneo.* || Producido por acción del fuego: *roca ígnea.*

IGNICIÓN f. (del lat. *ignis,* fuego). Estado de los cuerpos en combustión: *el oxígeno activa la ignición de los cuerpos.* (SINÓN. V. *Combustión.*) || Estado de un cuerpo incandescente: *hierro en ignición, un pedazo de carbón en ignición.* || Iniciación de la detonación de explosivos. || En un motor de explosión, inflamación de la mezcla del aire y carburante.

IGNÍCOLA adj. y s. Adorador del fuego.

IGNÍFERO, RA adj. (del lat. *ignis,* fuego, y *ferre,* llevar). Que transmite o contiene fuego.

IGNIFUGAR v. t. Volver ininflamable por medio de una preparación química: *ignifugar con cierto procedimiento un tejido.*

IGNÍFUGO, GA adj. y s. m. Que hace ininflamable o incombustible.

IGNITO, TA adj. Ígneo, ardiente, encendido.

IGNÍVOMO, MA adj. (del lat. *ignis,* fuego, y *vomere,* vomitar). *Poét.* Que vomita fuego: *cráter ignívomo.*

IGNOMINIA f. (lat. *ignominia*). Afrenta, infamia: *sentir la ignominia de una acción.* (SINÓN. V. *Oprobio.* CONTR. *Gloria.*)

IGNOMINIOSAMENTE adv. m. Con ignominia o infamia: *ser despedido ignominiosamente.*

IGNOMINIOSO, SA adj. Que causa ignominia, infame: *la horca es un suplicio ignominioso.*

IGNORABLE adj. Que puede ignorarse.

IGNORANCIA f. Falta general de instrucción. || Falta de conocimiento de un objeto determinado: *pecar por ignorancia.* || *Ignorancia supina,* la que procede de ignorar lo que puede y debe saberse. || — CONTR. *Saber, ciencia.*

IGNORANTE adj. y s. Que no tiene instrucción. || Que no está instruido de una cosa. (SINÓN. *Analfabeto, ignaro, iliterato.* Fam. *Animal, asno, burro.* CONTR. *Sabio.*)

IGNORANTISMO m. Sistema de los que rechazan la instrucción como nociva.

IGNORANTISTA com. Partidario del ignorantismo.

IGNORANTÓN, ONA adj. y s. *Fam* Muy ignorante.

IGNORAR v. t. (lat. *ignorare*). No saber, no tener noticia de algo: *ignoro lo que te sucedió.* || No tener experiencia de algo: *ignorar el dolor.* || — V. r. Galicismo por *no conocer.* || — CONTR. *Saber.*

IGNOTO, TA adj. (lat. *ignotus*). No conocido: *emprender un viaje a ignotas tierras.*

IGRA f. *Col.* Mochila de cabuya.

IGUAL adj. (lat. *aequalis*). Semejante en la naturaleza, calidad o cantidad: *dos cantidades iguales a una tercera son iguales entre sí.* (SINÓN. V. *Sinónimo.*) || Muy parecido: *no he visto cosa igual.* (SINÓN. V. *Semejante.*) || De la misma clase o condición. Ú.t.c.s.: *es mi igual.* || Que no varía: *temperatura igual.* || No mudable: *carácter igual.* (SINÓN. V. *Uniforme.*) || Liso: *terreno igual.* || Indiferente: *serle a uno igual todo.* || *Geom. Figuras geométricas iguales,* las que se pueden superponer de modo que coincidan. || — M. Signo de la igualdad (=). || *Al igual,* o *por igual,* loc. adv., igualmente, lo mismo.

IGUALA f. Acción y efecto de igualar. || Ajuste, convenio: *pagar la iguala del médico.*

IGUALACIÓN f. Acción y efecto de igualar. || *Fig.* Arreglo.

IGUALADO, DA adj. Dícese de las aves que han arrojado el plumón y tienen ya igual la pluma. || *Amer.* Dícese de la persona que se quiere igualar con otras de clase social superior.

IGUALADOR, RA adj. y s. Que iguala: *las teorías igualadoras del socialismo.*

IGUALAMIENTO m. Acción y efecto de igualar o igualarse.

IGUALAR v. t. Hacer igual: *igualar dos sumas.* (SINÓN. *Contrabalancear, equivaler.*) || Incluir un médico o farmacéutico en la iguala. || Allanar: *igualar un camino.* || *Fig.* Juzgar igual: *igualar a dos personas.* || — V. i. Ser iguales.

IGUALATORIO m. Establecimiento médico.

IGUALDAD f. Relación entre dos cosas iguales: *la igualdad de dos terrenos.* (SINÓN. *Paridad, identidad.*) || Llanura: *la igualdad de un suelo.* || Uniformidad: *igualdad de opinión.* (SINÓN. V. *Equilibrio.*)

IGUALITARIO adj. Que tiene por objeto la igualdad civil, política y social. || — M. Partidario de la igualdad.

IGUALITARISMO m. Doctrina que sostiene la igualdad de todas las clases sociales.

IGUALMENTE adv. m. Con igualdad: *se vistió igualmente que yo.* || También, asimismo. (SINÓN. V. *Además.*)

IGUANA f. (pal. caribe). Especie de lagarto muy grande, de color verdoso, con manchas amarillentas: *la iguana es indígena de América del Sur y su carne y huevos son comestibles.* || *Méx.* Instrumento rústico parecido a la guitarra.

IGUÁNIDOS m. pl. Familia de reptiles saurios que tienen por tipo el género iguana.

IGUANODONTE m. Reptil gigantesco que se encuentra fósil en el cretáceo.

IGUAZA f. *Col.* Género de aves acuáticas.

IGÜEDO m. Cabrón, macho de cabra.

iglú

iguana

I. H. S., abreviatura de las palabras latinas *Iesus, hominum salvator* (Jesús, salvador de los hombres), que se suele encontrar en las inscripciones cristianas.

IJADA f. (del lat. *ilia,* ijares). Nombre de las dos cavidades situadas entre las costillas falsas y las caderas. ‖ Dolor que se padece en aquella parte. ‖ — PARÓN. *Aijada.*

IJADEAR v. i. Mover mucho las ijadas al andar.

IJAR m. Ijada.

¡IJUJÚ! interj. Grito de júbilo.

ILACIÓN f. (lat. *ilatio*). Relación o dependencia que guardan ciertas cosas respecto de otras. ‖ Enlace normal de las partes de un discurso.

ILANG ILANG m. Nombre vulgar de una planta de las Molucas, cuyas flores poseen un olor suave que las hace apreciar mucho en perfumería.

ILAPSO m. Éxtasis contemplativo.

ILATIVO, VA adj. Que se infiere de una cosa. ‖ *Conjunción ilativa,* la que expresa ilación o consecuencia, como *conque.*

ILEGAL adj. Contrario a la ley: *decreto ilegal.* (SINÓN. V. *Prohibido.*)

ILEGALIDAD f. Falta de legalidad, acto ilegal.

ILEGALMENTE adv. m. Sin legalidad, contra la ley: *detener ilegalmente a un ciudadano.*

ILEGIBLE adj. Que no puede leerse, que no está escrito claramente: *escritura ilegible.* ‖ — SINÓN. *Incomprensible, indescifrable, ininteligible.*

ILEGISLABLE adj. No legislable.

ILEGITIMAR v. t. Privar del carácter legítimo.

ILEGITIMIDAD f. Falta de legitimidad.

ILEGÍTIMO, MA adj. No legítimo, falso, espurio: *conclusión ilegítima, unión ilegítima.* ‖ Nacido de padres que no están casados: *hijo ilegítimo.*

ÍLEO m. (del gr. *eileos,* cólico violento). *Med.* Enfermedad causada por la oclusión intestinal y caracterizada por cólicos violentos y vómitos incoercibles: *el íleo es una enfermedad gravísima.* (V. ÍLEON.)

HUESO ILIACO

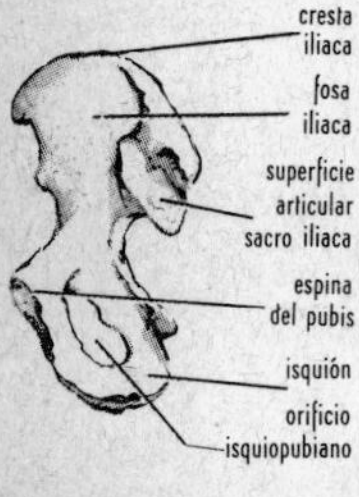

ILEOCECAL adj. Relativo al íleon y al ciego: *válvula ileocecal, apéndice ileocecal.*

ÍLEON o **ILEON** m. (gr. *eileôn*). *Anat.* Intestino delgado, que va desde el yeyuno hasta el ciego. (V. ÍLEO.) ‖ Porción lateral del hueso innominado: *el íleon forma la cadera.* (SINÓN. *Cuadril.*) ‖ — OBSERV. Sería preferible usar *íleon* (gr. *eileôn*) para el intestino, *ilión* (lat. *ilium*) para la cadera, e *íleo* (gr. *eileos*) para el cólico.

ILERDENSE adj. y s. De Lérida, leridano.

ILERGETE adj. y s. De una región de la España Tarraconense.

ILESO, SA adj. (lat. *ilaesus*). Que no ha recibido lesión: *salir ileso del peligro.* (SINÓN. *Indemne.*)

ILETRADO, DA adj. Falto de cultura. ‖ Analfabeto.

ILIACO, CA o **ILÍACO, CA** adj. Relativo al íleon: *hueso iliaco.*

ILIACO, CA o **ILÍACO, CA** adj. y s. De Ilión o Troya.

ILIBERAL adj. Que no es liberal: *medida que fue muy iliberal.*

ILIBERITANO, NA e **ILIBERRITANO, NA** adj. y s. De Iliberis o Iliberris, que se cree ser Granada.

ILICÍNEAS f. pl. *Bot.* Familia de plantas dicotiledóneas siempre verdes a que pertenece el acebo.

ILICITANO, NA adj. y s. De Elche.

ILÍCITO, TA adj. (lat. *illicitus*). No lícito, que no está permitido por la ley: *comercio ilícito.*

ILICITUD f. Calidad de ilícito.

ILIMITABLE adj. Que no puede limitarse.

ILIMITADO, DA adj. Que no tiene límites: *autoridad ilimitada; espacio ilimitado.* (SINÓN. V. *Infinito.*)

ILION m. *Anat.* Íleon, hueso de la cadera.

ILÍQUIDO, DA adj. Sin liquidar: *deuda ilíquida.*

ILÍRICO, CA e **ILIRIO, RIA** adj. y s. De Iliria.

ILITERATO, TA adj. (lat. *illiteratus*). No instruido: *plebe iliterata.* (SINÓN. V. *Ignorante.* CONTR. *Letrado, sabio.*)

ILÓGICO, CA adj. Que carece de lógica.

ILOGISMO m. Calidad de ilógico.

ILOTA com. (gr. *eilôtês*). Nombre de los siervos del Estado, en Esparta. (Se usa tb. *hilota.*) ‖ *Fig.* Hombre reducido al último grado de abyección.

— Vencidos por los lacedemonios, los *ilotas* eran tratados por ellos con la mayor severidad y mantenidos de intento en la abyección. Los espartanos solían embriagar a sus ilotas para dar a sus hijos el espectáculo repugnante de la embriaguez y alejarlos de tan feo vicio.

ILOTE m. *Amér. C.* Elote de maíz.

ILOTISMO m. *Hist.* Condición de los ilotas.

ILUMINACIÓN f. Acción de iluminar, alumbrado. ‖ Luces dispuestas con simetría para adornar: *la iluminación de un edificio.* ‖ Adorno de los manuscritos con miniaturas, en la Edad Media. ‖ Flujo luminoso por unidad de superficie.

ILUMINADO, DA adj. y s. Nombre de los miembros de varias sectas heréticas. ‖ Visionario. ‖ Alumbrado.

ILUMINADOR, RA adj. y s. Que ilumina: *iluminador de estampas.*

ILUMINANCIA f. *Fís.* Cantidad de luz que recibe por segundo una unidad de superficie.

ILUMINAR v. t. (del lat. *lumen,* luz). Alumbrar: *iluminar una habitación.* ‖ Adornar con muchas luces: *iluminar un edificio.* ‖ Dar color a las letras o dibujos de un libro: *los antiguos manuscritos solían estar ricamente iluminados.* ‖ *Fig.* Ilustrar el entendimiento o el alma con la luz intelectual.

ILUMINARIA f. Luminaria.

ILUMINATIVO, VA adj. Que puede iluminar.

ILUMINISMO m. Doctrina de los iluminados.

ILUSAMENTE adv. m. Falsa, engañosamente.

ILUSIÓN f. (del lat *illusio,* de *illudere,* engañar). Error de los sentidos o del entendimiento, que nos hace tomar las apariencias por realidades: *ilusión de óptica.* ‖ Esperanza quimérica: *vivir de ilusiones.* (SINÓN. *Ensueño, imaginación, quimera, sueño, utopía.*) ‖ *Hacerse ilusión,* forjarse ilusiones.

ILUSIONADO, DA adj. Galicismo por *engañado.*

ILUSIONAR v. t. Causar ilusión. ‖ — V. r. Forjarse ilusiones.

ILUSIONISMO m. Arte de producir fenómenos que parecen contradecir las leyes naturales. ‖ Doctrina filosófica para la cual todo es simple apariencia.

ILUSIONISTA m. Jugador de manos, prestidigitador. (SINÓN. V. *Prestidigitador.*)

ILUSO, SA adj. y s. Engañado, víctima de una ilusión, chiflado: *desengañar a un pobre iluso.* ‖ Soñador.

ILUSORIO, RIA adj. Que tiende a engañar. ‖ Que no se ha de realizar: *hacer una promesa ilusoria.* (SINÓN. V. *Pretendido.*)

ILUSTRACIÓN f. Estado de lo que es ilustre. ‖ Instrucción: *persona de gran ilustración.* ‖ Grabado: *las ilustraciones son, en un diccionario, tan útiles como las definiciones.* ‖ Movimiento cultural europeo del siglo XVIII, caracterizado por una gran confianza en la razón, por la crítica de las instituciones tradicionales y la difusión del saber. ‖ Revista ilustrada.

ILUSTRADO, DA adj. Que tiene instrucción: *hombre ilustrado.* (SINÓN. V. *Instruido.*) ‖ Que tiene dibujos: *libro ilustrado.*

ILUSTRADOR, RA adj. y s. El que ilustra.

ILUSTRAR v. t. Volver ilustre: *el descubrimiento de la vacuna ilustró a Jenner.* ‖ Dar luz al entendimiento. ‖ *Fig.* Instruir, civilizar. ‖ Adornar con grabados: *cuento ilustrado.* ‖ Aclarar con citas o comentarios. ‖ — V. r. Llegar a ser ilustre.

ILUSTRATIVO, VA adj. Que ilustra.

ILUSTRE adj. De fama o mérito notables: *familia ilustre.* (SINÓN. *Acreditado, afamado, célebre, conocido, famoso, renombrado, reputado.* V. tb. *distinguido.*) ‖ Título de dignidad de ciertas personas.

ILUSTRÍSIMO, MA adj. Muy ilustre. ‖ — F. Título que se da a los obispos y otras personas.

IMADA f. *Mar.* Cada una de las explanadas de madera que conduce el buque al agua.

IMAGEN f. (lat. *imago*). Representación de alguna cosa en pintura, escultura, dibujo, fotografía, etc. (SINÓN. *Descripción, pintura.* V. tb. *alegoría, representación y retrato.*) ‖ Representación de la divinidad, de los santos, etc.: *los*

IGLESIA

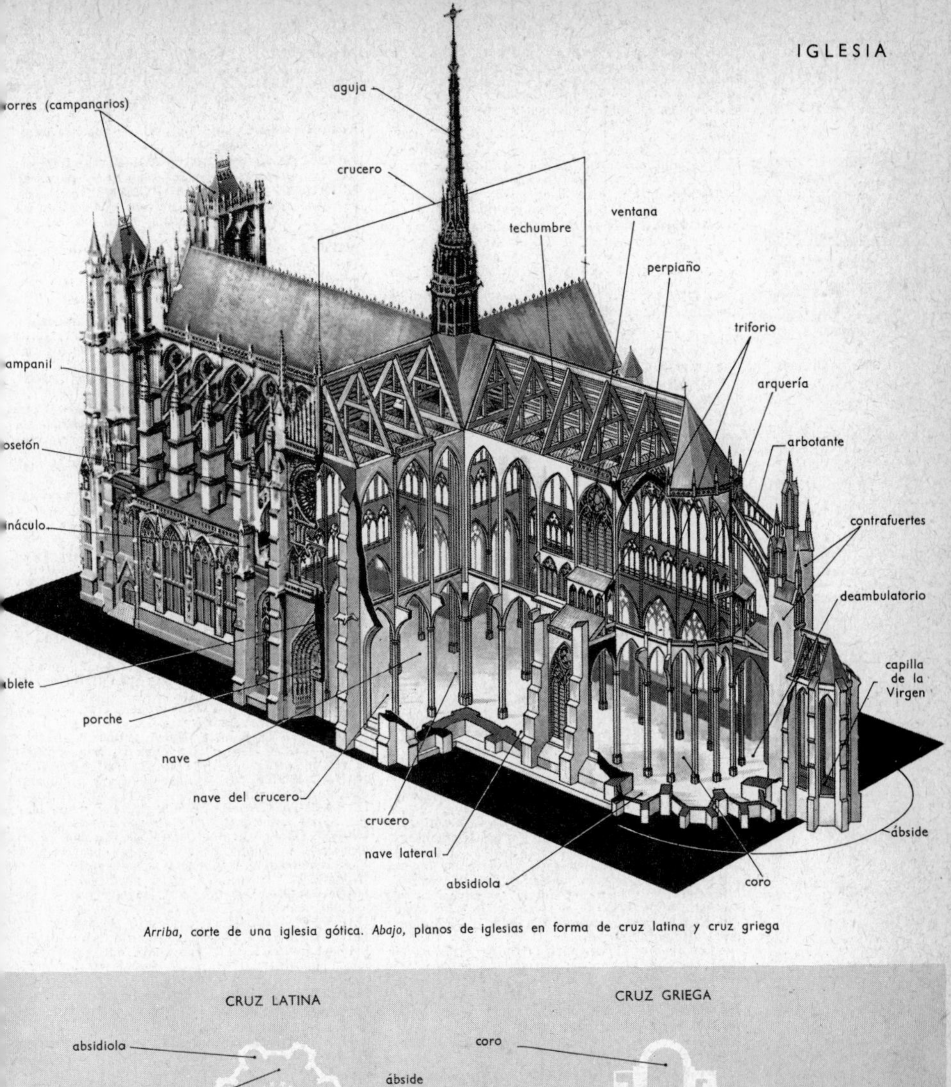

Arriba, corte de una iglesia gótica. *Abajo*, planos de iglesias en forma de cruz latina y cruz griega

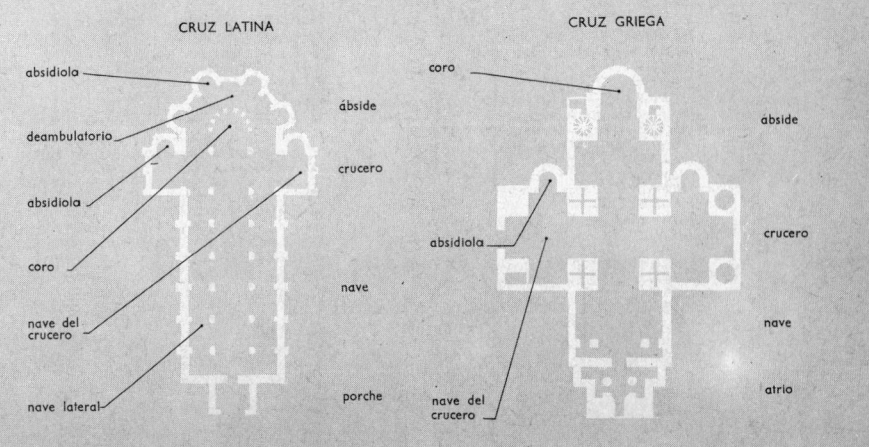

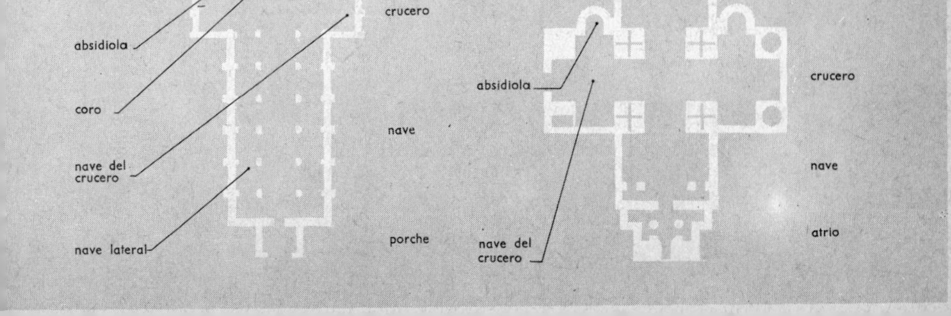

iconoclastas se sublevaron contra el culto de las imágenes. ‖ Semejanza: *Dios creó el hombre a su imagen.* ‖ Símbolo, figura: *la caza es la imagen de la guerra.* ‖ Objeto repetido en un espejo o en el agua. ‖ Representación de los objetos en la mente: *su imagen me sigue por todas partes.* (SINÓN. V. *Idea.*) ‖ Metáfora: *el lenguaje de los pueblos orientales está cuajado de imágenes.* ‖ Reproducción de la figura de un objeto formada por la reflexión o refracción de los rayos.

tejas imbricadas

IMAGINABLE adj. Que puede imaginarse o figurarse. ‖ — CONTR. *Inimaginable.*

IMAGINACIÓN f. Facultad de representarse los objetos no presentes. ‖ Facultad de inventar o contar: *un novelista lleno de imaginación.* ‖ Cosa imaginada, idea. (SINÓN. V. *Ilusión.*) ‖ *Fig.* Opinión sin fundamento.

IMAGINAR v. t. Representarse una cosa en la imaginación. (SINÓN. *Concebir, figurarse.* V. tb. *soñar.*) ‖ Crear: *Torricelli imaginó el barómetro.* (SINÓN. V. *Inventar.*) ‖ Pensar, sospechar. (SINÓN. V. *Suponer.*) ‖ — V. r. Figurarse.

IMAGINARIA f. *Mil.* Guardia que no presta efectivo servicio pero que está dispuesta para prestarlo en caso necesario. ‖ *Venez.* Ración o paga fingida en un cuartel. ‖ — M. *Mil.* Soldado que vela durante la noche en un domitorio o compañía.

IMAGINARIO, RIA adj. Que sólo existe en la imaginación: *forjarse contrariedades imaginarias.* ‖ Ficticio: *el país imaginario de los liliputienses.* (SINÓN. *Fabuloso, fantástico, quimérico, utópico.* CONTR. *Real.*) ‖ *Espacios imaginarios,* en el sistema de Aristóteles, espacios que se extendían más allá de las esferas y que no admitían ni cuerpos, ni lugar, ni vacío. ‖ *Mat. Cantidad imaginaria,* radical de segundo grado aplicado a una cantidad negativa. ‖ — Adj. y s. Imaginero.

IMAGINATIVA f. Facultad de imaginar. ‖ Sentido común: *no tiene ninguna imaginativa.*

IMAGINATIVO, VA adj. Que imagina fácilmente: *espíritu imaginativo.* (SINÓN. V. *Soñador.*)

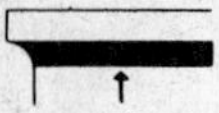

imoscapo

IMAGINERÍA f. Bordado que imita en lo posible la pintura: *bordar de imaginería.* ‖ Fabricación de imágenes sagradas: *la imaginería española es muy importante en la historia del arte.*

IMAGINERO m. Escultor o pintor de imágenes.

IMAGO m. Insecto que ha llegado a su completo desarrollo.

IMÁN m. (ár. *iman*). El encargado de presidir la oración, entre los mahometanos. ‖ Título de ciertos soberanos musulmanes.

IMÁN m. Óxido de hierro que atrae el hierro y algunos otros metales. ‖ Barra o aguja imantada. ‖ *Imán natural,* el que se encuentra ya formado en la naturaleza: *los griegos encontraban imanes naturales en algunas comarcas de Asia Menor y de Macedonia.* ‖ *Imán artificial,* el fabricado: *los imanes artificiales no parecen haber sido conocidos en Europa hasta el siglo XII.* ‖ *Fig.* Atractivo, aliciente, encanto.

— Los *imanes* sirven para la construcción de las brújulas y de las máquinas magnetoeléctricas, así como para reconocer la presencia del hierro en los minerales.

IMANACIÓN f. Imantación.

IMANAR v. t. Imantar.

IMANATO m. Dignidad de imán. ‖ Territorio gobernado por un imán.

IMANTACIÓN f. Acción de imantar: *la imantación del acero se conserva indefinidamente.*

IMANTAR v. t. Magnetizar, convertir en imán: *imantar una barra de hierro.*

IMBABUREÑO, ÑA adj. y s. De Imbabura (Ecuador).

IMBATIBLE adj. Invencible.

IMBEBIBLE adj. Que no se puede beber.

IMBÉCIL adj. y s. Escaso de razón. ‖ Tonto: *no seas imbécil.* ‖ Que demuestra imbecilidad: *crimen imbécil.*

IMBECILIDAD f. Tontería, majadería. (SINÓN. V. *Chochez.*) ‖ Acción imbécil. ‖ — CONTR. *Inteligencia.*

IMBERBE adj. Sin barba. ‖ *Fig.* Muy joven.

IMBIBICIÓN f. (del lat. *imbibere,* embeber). Acción de embeber: *la imbibición de una esponja.*

IMBÍBITO, TA adj. *Guat.* y *Méx.* Implícito.

IMBIRA m. *Riopl.* Árbol anonáceo.

IMBORNAL m. Nombre de los agujeros que se practican sobre la cubierta del barco, sobre las terrazas, calles, etc. para que salga el agua. ‖ *Amer. Fam. Irse uno por los imbornales,* irse por los cerros de Úbeda.

IMBORRABLE adj. Que no se puede borrar: *recuerdo imborrable.*

IMBRICACIÓN f. Estado de las cosas imbricadas: *la imbricación de las escamas de los peces.*

IMBRICADO, DA o **IMBRICANTE** adj. (del lat. *imbricatus,* en figura de teja). Dícese de las cosas que están sobrepuestas, como las tejas y las escamas.

IMBUIR v. t. (lat. *imbuere*). Infundir, penetrar: *imbuir en una idea.* ‖ — IRREG. Se conjuga como *huir.*

IMBUNCHAR v. t. *Chil.* Embrujar. ‖ *Chil.* Estafar.

IMBUNCHE m. Brujo que, según los araucanos, robaba a los niños. ‖ *Chil. Fig.* Niño feo, gordo y rechoncho. ‖ *Chil. Fig.* Maleficio, hechicería. ‖ *Chil. Fig.* y *fam.* Enredo, lío, barullo.

IMITABLE adj. Que se puede o debe imitar: *fácilmente imitable.* ‖ — CONTR. *Inimitable.*

IMITACIÓN f. Acción de imitar: *imitación servil.* ‖ Cosa imitada. (SINÓN. *Copia, falsificación* y *traslado.*) ‖ Que produce el mismo efecto: *cinturón imitación cocodrilo.*

IMITADO, DA adj. Hecho a imitación de otra cosa.

IMITADOR, RA adj. y s. Que imita: *espíritu imitador.* ‖ Aficionado a imitar: *el mono es muy imitador.*

IMITAR v. t. Hacer o procurar hacer exactamente lo que hace una persona, un animal, etc.: *imitar una firma.* ‖ Tomar por modelo: *imitar a sus antepasados.* ‖ Procurar copiar el estilo de un autor, de un pintor, etc.: *Samaniego imitó a La Fontaine en algunas de sus fábulas.* ‖ Producir el mismo efecto que: *el cobre dorado imita el oro.*

IMITATIVO, VA adj. De la naturaleza de la imitación: *armonía imitativa.*

IMOSCAPO m. (del lat. *imus,* inferior, y *scapus,* tronco, tallo). *Arq.* Parte curva inferior del fuste de una columna.

IMPACIENCIA f. Falta de paciencia: *hacer un movimiento de impaciencia.*

IMPACIENTAR v. t. Hacer perder la paciencia. ‖ — V. r. Perder la paciencia: *impacientarse por un retraso.* ‖ — SINÓN. V. *Irritar* y *rabiar.*

IMPACIENTE adj. y s. Que no tiene paciencia, que no puede soportar. ‖ — CONTR. *Paciente.*

IMPACIENTEMENTE adv. m. Con impaciencia: *sufrir impacientemente el yugo del extranjero.*

IMPACTO m. Choque: *punto de impacto de un proyectil.* ‖ Huella o señal de un proyectil. ‖ *Fig.* Repercusión, influencia importante.

IMPAGABLE adj. Que no se puede pagar.

IMPAGADO, DA adj. y s. m. Que no ha sido pagado, pendiente de cobro: *efecto impagado.*

IMPAGO, GA adj. *Arg.* y *Chil.* No pagado.

IMPALPABILIDAD f. Calidad de impalpable.

IMPALPABLE adj. Tan suave que no produce sensación al tacto: *el talco forma polvo impalpable.*

IMPAR adj. Que no se puede dividir en dos números enteros iguales: *siete es un número impar.* ‖ Que no tiene par o igual. ‖ *Órganos impares,* los que no tienen un correspondiente simétrico en el cuerpo: *el estómago es un órgano impar.* ‖ — CONTR. *Par.*

IMPARABLE adj. Que no se puede parar.

IMPARCIAL adj. Que no sacrifica la justicia a consideraciones personales: *historiador imparcial.* ‖ Justo, objetivo. (SINÓN. V. *Equitativo.*)

IMPARCIALIDAD f. Carácter de imparcial: *el primer deber de un magistrado es la imparcialidad.* (SINÓN. V. *Justicia.*)

IMPARCIALMENTE adv. m. Sin ninguna parcialidad: *debemos juzgar imparcialmente.*

IMPARIDÍGITO, TA adj. *Zool.* Dícese del animal que tiene un número de dedos impar.

IMPARISÍLABO, BA adj. Dícese de los nombres griegos y latinos que tienen en el genitivo singular una o dos sílabas más que en el nominativo, como *virgo, virginis.*

IMPARTIBLE adj. Que no puede partirse.

IMPARTIR v. t. Conceder, repartir. ‖ *For.* Pedir, solicitar: *impartir auxilio.* ‖ Barb. por *dar, comunicar: impartir una orden.*

Fot. J. B.

IMPASIBILIDAD f. Calidad de impasible: *guardar la mayor impasibilidad.* || — CONTR. *Susceptibilidad.*

IMPASIBLE adj. Insensible: *impasible ante el dolor.* || Incapaz de sufrir. (SINÓN. *Flemático, frío, impávido, imperturbable, tranquilo.* V. tb. *indiferente.*) || — CONTR. *Susceptible.*

IMPASIBLEMENTE adv. m. De modo impasible.

IMPÁVIDAMENTE adv. m. Sin temor.

IMPAVIDEZ f. Valor, denuedo, falta de temor. || — CONTR. Cobardía. || — *Amer.* Barb. por *frescura, descaro.*

IMPÁVIDO, DA adj. Atrevido, valiente. || — CONTR. *Cobarde.* || *Amer.* Barb. por *fresco, descarado.*

IMPECABLE adj. Incapaz de pecar. || Sin defecto, perfecto: *verso impecable.* (SINÓN. V. *Perfecto.*)

IMPEDANCIA f. Resistencia aparente de un circuito a una corriente alterna.

IMPEDIDO, DA adj. y s. Que no puede valerse de sus miembros, baldado, tullido, inválido.

IMPEDIDOR, RA adj. y s. Que impide o estorba.

IMPEDIMENTA f. Bagaje y convoy de la tropa que retrasan su marcha. (SINÓN. V. *Equipaje.*)

IMPEDIMENTO m. Obstáculo, cosa que impide: *iré si no hay impedimento.* (SINÓN. *Atolladero, escollo, traba, tropiezo,* V. tb. *dificultad.*) || Circunstancia que anula el matrimonio: *el impedimento dirimente hace nulo el matrimonio aun cuando se haya contraído.*

IMPEDIR v. t. (lat. *impedire*). Estorbar, imposibilitar una cosa: *la enfermedad le impidió que hiciese aquel viaje.* || — IRREG. Se conjuga como *pedir.*

IMPEDITIVO, VA adj. Que impide o estorba.

IMPELENTE adj. Que impele.

IMPELER v. t. (lat. *impellere*). Empujar: *la pólvora impele el proyectil.* || *Fig.* Incitar, estimular: *la ira le impele a la venganza.*

IMPENDER v. t. (lat. *impendere*). Gastar, invertir: *impender una suma en una compra.*

IMPENETRABILIDAD f. Propiedad en virtud de la cual no pueden dos cuerpos ocupar al mismo tiempo el mismo lugar en el espacio: *la impenetrabilidad es una de las propiedades de la materia.* || *Fig.* Carácter de lo muy difícil de penetrar o adivinar.

IMPENETRABLE adj. Que no se puede penetrar: *coraza impenetrable.* || *Fig.* Oculto, inexplicable: *misterio impenetrable.* (SINÓN. V. *Incomprensible.*)

IMPENITENCIA f. Obstinación en el pecado. || *Impenitencia final,* la que dura hasta la muerte. || — CONTR. *Arrepentimiento.*

IMPENITENTE adj. y s. Que se obstina en el pecado. || *Fam.* Que persiste en su error. (SINÓN. *Empedernido.*)

IMPENSA f. (del lat. *impensa,* gasto). Gasto hecho en una finca o heredad. || — PARÓN. *Expensa.*

IMPENSABLE adj. Increíble, inimaginable.

IMPENSADAMENTE adv. m. Sin pensar, fortuitamente, por casualidad. || — CONTR. *Advertidamente.*

IMPENSADO, DA adj. Inesperado, fortuito, casual: *suceso impensado.*

IMPEPINABLE m. *Fam.* Seguro: *eso es impepinable.*

IMPERANTE adj. Que impera o rige.

IMPERAR v. i. Ejercer el imperio: *imperaba Tiberio en Roma cuando fue crucificado Jesús.* || Regir, dominar: *allí imperaba el vicio.*

IMPERATIVAMENTE adv. m. De un modo imperativo: *hablar imperativamente.*

IMPERATIVO, VA adj. Que tiene los caracteres del mandato: *oraciones imperativas.* (SINÓN. V. *Imperioso.*) || — M. *Gram.* Modo y tiempo del verbo que expresa la orden, la exhortación o la súplica: *el imperativo negativo se expresa en español por medio del subjuntivo.* || Principio que tiene carácter de obligación imperiosa: *estar sujeto a los imperativos económicos.* || *Imperativo categórico,* según Kant, precepto o ley obligatoria en materia de moral. Su fórmula es: "obra de tal manera que la máxima de tu acción se pueda convertir en ley universal". || *Imperativo hipotético,* según Kant, juicios que sólo valen en cuanto se acepta una condición previa. Su fórmula es: "si quieres tal o cual cosa, entonces debes hacer esto o aquello". || *Imperativo social,* norma de conducta que hay que seguir obligatoriamente.

IMPERATOR m. Título que daban los romanos a los generales victoriosos: *después de Augusto (43 a. de J. C.) imperator significó título del jefe del Imperio Romano.*

IMPERATORIA f. *Bot.* Género de umbelíferas.

IMPERATORIO, RIA adj. Perteneciente o relativo al emperador o al imperio.

IMPERCEPTIBILIDAD f. Calidad de lo que es imperceptible. || — CONTR. *Perceptibilidad.*

IMPERCEPTIBLE adj. Dícese de lo que no se puede percibir: *animalillo imperceptible.* || Que no se puede notar: *progreso imperceptible.* (SINÓN. *Insensible, invisible.*)

IMPERCEPTIBLEMENTE adv. m. De un modo imperceptible, insensiblemente.

IMPERCUSO, SA adj. Dícese de la medalla que está grabada en hueco en lugar de estarlo en relieve.

IMPERDIBLE adj. Que no puede perderse: *apuesta imperdible.* || — M. Alfiler de seguridad que forma una especie de broche.

IMPERDONABLE adj. Que no se puede perdonar: *cometer un crimen imperdonable.*

IMPERECEDERO, RA adj. Que no perece: *la gloria imperecedera de los bienaventurados.* || *Fig.* Inmortal: *conquistar gloria imperecedera.* (SINÓN. V. *Eterno.*)

IMPERFECCIÓN f. Falta de perfección. || Defecto moral: *todos tienen sus imperfecciones.*

IMPERFECTAMENTE adv. m. De un modo imperfecto: *animal imperfectamente conocido.*

IMPERFECTIBLE adj. Que no es perfectible.

IMPERFECTO, TA adj. Incompleto, que no está acabado: *cosa imperfecta.* || Que tiene defectos: *un grabado imperfecto.* || Incompleto, inacabado. || *Gram. Pretérito imperfecto,* tiempo del verbo que expresa una acción pasada como contemporánea de otra ya pasada: *escribía cuando llegó.* || *Futuro imperfecto,* tiempo del verbo que expresa de un modo absoluto que la cosa existirá, que la acción se ejecutará o que acaecerá una cosa, como *vendrá.*

IMPERFORACIÓN f. *Med.* Oclusión de un órgano que naturalmente debe estar abierto.

IMPERFORADO, DA adj. *Med.* Dícese del órgano que no está perforado, debiendo estarlo.

IMPERIAL adj. Que pertenece a un emperador o a un imperio: *corona imperial.* || — F. Parte superior de algunos vehículos donde pueden sentarse viajeros.

IMPERIALISMO m. Opinión favorable al desarrollo imperial. || Doctrina política que procura estrechar los lazos entre un país y sus colonias, desarrollando la potencia metropolitana. || Política de un Estado que tiende a poner ciertas poblaciones o ciertos Estados bajo su dependencia política o económica.

IMPERIALISTA adj. Favorable al imperialismo: *doctrina imperialista.*

IMPERICIA f. Falta de pericia. || Incapacidad. (SINÓN. V. *Ineptitud.*)

IMPERIO m. (lat. *imperium*). Mandato: *imperio despótico.* (SINÓN. V. *Autoridad.*) || Espacio de tiempo que dura el gobierno de un emperador. || Estado gobernado por un emperador. || Estados sometidos a una soberanía común. || *Fig.* Orgullo, altivez. || Restaurante para oficiales y suboficiales del ejército. || *Estilo imperio,* estilo decorativo sobrio y elegante de líneas, del tiempo del emperador Napoleón I.

IMPERIOSAMENTE adv. m. De un modo imperioso: *exigir imperiosamente un trabajo.*

IMPERIOSIDAD f. Carácter imperioso, altanería, orgullo: *hablar con imperiosidad.*

IMPERIOSO, SA adj. Altanero, orgulloso: *carácter imperioso.* (SINÓN. *Absoluto, autoritario.*) || Apremiante: *necesidad imperiosa.* (SINÓN. *Categórico, imperativo.* V. tb. *urgente.*)

IMPERMEABILIDAD f. Calidad de lo que es impermeable: *la impermeabilidad del caucho.*

IMPERMEABILIZACIÓN f. Acción y efecto de impermeabilizar: *la impermeabilización de los tejidos.*

IMPERMEABILIZAR v. t. Volver impermeable: *impermeabilizar una tela.*

IMPERMEABLE adj. Dícese de los cuerpos que no se dejan atravesar por el agua: *el caucho es impermeable.* || — M. Abrigo impermeable.

IMPERMUTABILIDAD f. Estado o cualidad de lo que es impermutable.
IMPERMUTABLE adj. Que no puede permutarse.
IMPERSONAL adj. Que no tiene personalidad. ‖ Que no se aplica a nadie personalmente: *alusión impersonal.* ‖ Que carece de originalidad: *estilo impersonal.* ‖ *Gram.* Dícese de los verbos que sólo se emplean en la tercera persona del sing., como *llover, nevar.*
IMPERSONALIDAD f. Carácter de lo impersonal, falta de personalidad.
IMPERSONALISMO m. *Venez.* Desinterés.
IMPERSONALIZAR v. t. *Gram.* Usar como impersonales algunos verbos que no lo son.
IMPERTÉRRITO, TA adj. Atrevido, impávido.
IMPERTINENCIA f. Carácter de lo hecho o dicho fuera de propósito, insolencia. ‖ Palabra o acción impertinente: *decir a uno muchas impertinencias.* ‖ Prolijidad, curiosidad.
IMPERTINENTE adj. Que no viene al caso: *acción impertinente.* ‖ Irreverente: *palabra impertinente.* (SINÓN. V. *Insolente.*) ‖ Molesto, enfadoso, cargante: *un niño impertinente.* ‖ — M. Anteojos plegables con empuñadura larga que suelen usar las mujeres. Ú. t. en pl. (SINÓN. V. *Quevedo.*)
IMPERTINENTEMENTE adv. m. Con impertinencia: *me respondió impertinentemente.*
IMPERTURBABILIDAD f. Calidad de imperturbable: *responder con imperturbabilidad.*
IMPERTURBABLE adj. Que nada puede turbar. (SINÓN. V. *Impasible.*)
IMPERTURBABLEMENTE adv. m. De un modo imperturbable.
IMPÉTIGO m. Erupción cutánea que forma al secarse unas costras espesas.
IMPETRACIÓN f. Acción y efecto de impetrar, obtención.
IMPETRADOR, RA adj. y s. Que impetra.
IMPETRANTE adj. y s. El que impetra.
IMPETRAR v. t. (lat. *impetrare*). Conseguir una cosa solicitada: *impetrar una gracia.* ‖ Pretender, solicitar.
IMPETRATORIO, RIA adj. Que sirve para impetrar: *dirigir una epístola impetratoria.*
ÍMPETU m. (lat. *impetus*). Violencia, precipitación: *salir con ímpetu.* ‖ La misma fuerza o violencia. (SINÓN. V. *Fogosidad.*)
IMPETUOSAMENTE adv. m. Con ímpetu, precipitadamente: *atacar impetuosamente al enemigo.*
IMPETUOSIDAD f. Ímpetu, violencia. (SINÓN. V. *Fogosidad.*)
IMPETUOSO, SA adj. Violento, precipitado: *torrente impetuoso.* ‖ *Fig.* Fogoso: *carácter impetuoso.*
IMPÍAMENTE adv. m. Con impiedad. ‖ Sin compasión, con crueldad.
IMPIEDAD f. Falta de piedad. ‖ Acción impía.
IMPÍO, A adj. y s. (lat. *impius*). Falto de religión o piedad. (SINÓN. V. *Irreligioso.*) ‖ Contrario a la religión: *quemar un libro impío.*
IMPLA f. Toca usada antiguamente.
IMPLACABILIDAD f. Carácter de implacable.
IMPLACABLE adj. Que no se puede aplacar o calmar: *odio implacable.* (SINÓN. V. *Inhumano.* CONTR. *Misericordioso.*)
IMPLACABLEMENTE adv. m. De un modo implacable: *castigar implacablemente.*
IMPLANTACIÓN f. Acción de implantar; resultado de esta acción.
IMPLANTAR v. t. Introducir, instaurar: *implantar una moda.* (SINÓN. V. *Establecer.*)
IMPLICACIÓN f. Contradicción. ‖ Estado de la persona envuelta en un delito.
IMPLICANCIA f. *For. Amer.* Incompetencia de un juez en un negocio que le interesa personalmente, incompatibilidad.
IMPLICANTE adj. Que implica o envuelve.
IMPLICAR v. t. (lat. *implicare*). Envolver, encerrar: *implicar contradicción.* ‖ *Fig.* Contener, llevar en sí. ‖ — V. i. Impedir, envolver contradicción.
IMPLICATORIO, RIA adj. Que contiene en sí contradicción o implicación.
IMPLÍCITAMENTE adv. m. De un modo implícito: *proposición que estaba contenida implícitamente en otra.*
IMPLÍCITO, TA adj. (lat. *implicitus*). Que se incluye en una proposición sin que haya necesidad de explicarlo: *la libertad es la condición implícita de la responsabilidad moral.* (SINÓN. V. *Sobreentendido.* CONTR. *Explícito.*)
IMPLORABLE adj. Que puede implorarse.
IMPLORACIÓN f. Acción de implorar o rogar.
IMPLORANTE adj. Que implora o suplica, suplicante: *hablar con voz implorante.*
IMPLORAR v. t. (lat. *implorare*). Suplicar, pedir con ruegos y humildemente una cosa. (SINÓN. V. *Rogar.*)
IMPLOSIÓN f. Modo de articulación de las consonantes implosivas.
IMPLOSIVO, VA adj. Dícese de la consonante oclusiva que ocurre en final de sílaba, como la *p* de *apto.*
IMPLUME adj. Sin plumas: *pollo implume.*
IMPLUVIO m. *Antig.* Espacio descubierto en el atrio de las casas romanas, en medio del cual había un estanque para recoger las aguas llovedizas.
IMPOLÍTICAMENTE adv. De modo impolítico.
IMPOLÍTICO, CA adj. Descortés, sin política.
IMPOLUTO, TA adj. Inmaculado, sin mancha.
IMPONDERABILIDAD f. Carácter de lo que es imponderable: *la imponderabilidad del éter.*
IMPONDERABLE adj. Dícese de cualquier substancia que no produce ningún efecto sensible sobre las balanzas más delicadas: *la electricidad es imponderable.* ‖ *Fig.* Que excede a toda ponderación. ‖ — M. Circunstancia difícil de preveer: *los imponderables de la política.*
IMPONEDOR m. El que impone un gravamen.
IMPONENCIA f. *Chil.* y *Guat.* Magnitud imponente, orgullo, grandeza.
IMPONENTE adj. Que impone: *fuerza imponente.* (SINÓN. *Augusto, grandioso, majestuoso, soberbio, solemne, único.*) ‖ *Fam.* Que tiene gran atracción física: *una mujer imponente.* ‖ — M. El que impone dinero a réditos.
IMPONER v. t. (lat. *imponere*, de *in*, sobre, y *ponere*, poner). Poner una carga u obligación: *imponer un tributo.* ‖ Atribuir falsamente. ‖ Instruir en una cosa: *imponerse en su oficio.* ‖ Infundir respeto o miedo, dominar: *se impuso a la multitud.* (SINÓN. V. *Mandar.*) ‖ Poner debajo: *imponer las manos.* ‖ Poner a rédito: *imponer una cantidad a réditos.* ‖ *Impr.* Disponer para la tirada las planas de composición con sus márgenes correspondientes. ‖ — IRREG. Se conjuga como *poner.*
IMPONIBLE adj. Que se puede gravar con impuesto o tributo.
IMPOPULAR adj. Que no es grato a la multitud: *ministro impopular.*
IMPOPULARIDAD f. Carácter de lo impopular.
IMPORTABLE adj. Que se puede importar.
IMPORTACIÓN f. *Com.* Introducción de géneros extranjeros. ‖ Conjunto de cosas importadas.
IMPORTADOR, RA adj. y s. Que importa. (SINÓN. V. *Comprador.* CONTR. *Exportador.*)
IMPORTANCIA f. Lo que hace que una cosa sea considerable: *asunto de la mayor importancia.* (SINÓN. *Calidad, consideración, trascendencia, valor.*) ‖ Autoridad, influencia: *persona de importancia.* ‖ Vanidad, alta opinión de sí mismo: *tener un aire de importancia.* ‖ *Darse importancia,* darse tono. ‖ *De importancia,* importante, considerable. ‖ Extremadamente: *está herido de importancia.*
IMPORTANTE adj. Que importa, considerable: *acto importante.* (SINÓN. *Trascendental, vital.* V. tb. *principal.*) ‖ Que tiene importancia o autoridad: *personaje importante.* (SINÓN. *Grave, serio.* V. tb. *grande* y *notable.*) ‖ — M. y f. Persona fatua, vana: *hacerse el* o *la importante.* ‖ — M. El punto esencial: *lo importante es...*
IMPORTAR v. i. Convenir, ser importante: *no importa lo que dice.* ‖ — V. t. Valer: *este libro importa cuatro pesos.* ‖ Introducir en un país cosas de otro: *importar géneros prohibidos.* (SINÓN. V. *Comprar.* CONTR. *Exportar.*) ‖ Llevar consigo.
IMPORTE m. Cantidad a que asciende lo que se compra o ajusta. (SINÓN. V. *Cuenta* y *precio.*)
IMPORTUNACIÓN f. Acción de importunar.
IMPORTUNAMENTE adv. m. Con importunidad. ‖ Fuera de tiempo o propósito.

IMPORTUNAR v. t. Incomodar, fastidiar con importunidades. || — SINÓN. *Aburrir, cansar, molestar.*

IMPORTUNIDAD f. Calidad de importuno. || Incomodidad, molestia: *asediar con importunidades.*

IMPORTUNO, NA adj. Que no es oportuno. || Enfadoso: *cuidados importunos.* || — SINÓN. *Indiscreto, intempestivo, intruso, latoso, pesado.* Pop. *Chinche, machacón.* || — PARÓN. *Inoportuno.*

IMPOSIBILIDAD f. Falta de posibilidad, dificultad invencible: *imposibilidad material.* (SINÓN. V. *Impotencia.*) || *Imposibilidad metafísica,* la que implica contradicción.

IMPOSIBILITADO, DA adj. Tullido. || Impedido: *debido a mi enfermedad estoy imposibilitado de salir.*

IMPOSIBILITAR v. t. Quitar la posibilidad de una cosa: *me imposibilitó el salir.* || — V. r. Quedar impedido o tullido.

IMPOSIBLE adj. Que no puede ser, que no puede hacerse: *el movimiento perpetuo es imposible de realizar.* || Muy difícil: *le es imposible callar.* || Lo que no se puede realizar: *pedir un imposible.* || *Amer. Fam.* Muy sucio o repugnante: *ponerse imposible.* || Inservible, perdido. || Intratable: *carácter imposible.* || Lamentable, desesperante: *estás en un estado imposible.* || — M. Lo que no se puede realizar. || *Hacer lo imposible,* apurar todos los medios para lograr algo.

IMPOSICIÓN f. Acción y efecto de imponer: *imposición de manos.* || Cantidad que se impone en cuenta, en depósito. || Contribución, tributo. (SINÓN. V. *Impuesto.*) || *Impr.* Arreglo de las planas que componen un piego de impresión.

IMPOSITOR m. Tipógrafo que hace la imposición de las planas.

IMPOSTA f. (del lat. *imposita,* puesta sobre). *Arq.* Hilada de sillares sobre la cual se asienta un arco. || Faja que corre por la fachada de un edificio.

IMPOSTERGABLE adj. Que no puede postergarse.

IMPOSTOR, RA adj. y s. (lat. *impostor*). Engañador: *Simón Mago era un impostor.* || — SINÓN. *Charlatán, engañador, farsante, mentiroso, simulador.*

IMPOSTURA f. Engaño: *cometer una impostura.* || Imputación calumniosa.

IMPOTABLE adj. No potable.

IMPOTENCIA f. Falta de poder o de fuerza: *reducir a sus enemigos a la impotencia.* || Incapacidad de un individuo para realizar el coito.

IMPOTENTE adj. (lat. *impotens*). Que no tiene potencia o fuerza: *un anciano impotente.* || — Adj. y s. Incapaz de realizar el coito.

IMPRACTICABLE adj. Que no se puede ejecutar: *proyecto impracticable.* || Dícese de los caminos por donde no se puede transitar fácilmente.

IMPRECACIÓN f. (del lat. *in,* contra, y *precari,* rogar). Acción de imprecar. || *Ret.* Figura por la que se desea que sobrevengan males a los demás. (SINÓN. V. *Maldición.*) || — PARÓN. *Deprecación.*

IMPRECAR v. t. Proferir palabras con las que se pida o desee un mal a alguien.

IMPRECATORIO, RIA adj. Que tiene la forma de una imprecación: *exclamación imprecatoria.*

IMPRECISIÓN f. Falta de precisión.

IMPRECISO, SA adj. Sin precisión.

IMPREGNABLE adj. Dícese de los cuerpos que pueden ser impregnados.

IMPREGNACIÓN f. La acción de impregnar.

IMPREGNAR v. t. (del lat. *impregnare,* fecundar). Hacer que se esparzan las partículas de un cuerpo entre las de otro: *impregnar azúcar en [o de] agua.* (SINÓN. V. *Absorber.*)

IMPREMEDITACIÓN f. Falta de premeditación: *mi impremeditación fue grande.*

IMPREMEDITADO, DA adj. No premeditado. || Irreflexivo.

IMPRENTA f. El arte de imprimir. (V. ilustr. pág. 567). || Establecimiento donde se imprime. || *Fig.* Lo que se publica impreso: *la imprenta ilustra, leyes de imprenta.*
— La xilografía, o impresión por medio de láminas o caracteres grabados en madera, usada por los chinos desde el siglo VI, era ya conocida en Europa desde el siglo XII y se desarrolló mucho en el siglo XV. Pero el descubrimiento de la imprenta no se realizó verdaderamente hasta que Gutenberg inventó en Maguncia, hacia 1436, los caracteres móviles de metal. Unióse Gutenberg con Fust (1450) y luego con Pfister. Asocióse a su vez Fust con Pedro Schœffer, quien introdujo ciertas modificaciones en el nuevo descubrimiento. Pocos años después, la imprenta fue introducida en América. (V. *Parte hist.*)

IMPRENTAR v. t. *Chil.* Planchar. || *Chil.* Emprender, proyectar, idear.

IMPRENTAS f. pl. *Col.* Embustes; proyectos.

IMPRESCINDIBLE adj. Dícese de las cosas de que no se puede prescindir.

IMPRESCRIPTIBLE adj. Que no puede prescribir: *la libertad de conciencia es imprescriptible.*

IMPRESENTABLE adj. No presentable.

IMPRESIÓN f. (lat. *impressio*). Acción de imprimir: *la impresión de un libro.* (SINÓN. V. *Edición.*) || Calidad o forma de letra con que está impresa una obra. || Obra impresa. || Huella que deja una cosa que se aprieta con otra. || Efecto producido sobre un órgano por los agentes exteriores: *impresión de frío.* || *Fig.* Efecto producido sobre los sentidos o sobre el espíritu: *impresión fugaz.* (SINÓN. V. *Efecto.*) || *Buena, mala impresión,* sentimiento favorable o desfavorable. || *Tener la impresión de,* o *que,* creer, imaginarse. || *Impresión digital* o *dactilar,* la que deja la yema del dedo en un objeto al tocarlo.

IMPRESIONABILIDAD f. Carácter impresionable. || — CONTR. *Impasibilidad.*

IMPRESIONABLE adj. Que recibe impresiones fácilmeste: *mujer muy impresionable.* (SINÓN. V. *Sensible.*)

IMPRESIONANTE adj. Que impresiona. (SINÓN. V. *Emocionante.*)

IMPRESIONAR v. t. Producir una impresión material: *la luz impresiona las placas fotográficas.* (SINÓN. V. *Cinematografiar.*) || *Fig.* Producir una impresión moral. Ú. t. c. v. r. (SINÓN. V. *Conmover.*)

IMPRESIONISMO m. Forma del arte, de la literatura, que consiste en expresar la impresión que nos produce un objeto más que su realidad.
— Las primeras manifestaciones de esta tendencia se dieron en pintura y su nombre procede del cuadro *Impression au soleil levant,* de C. Monet (1874). Los pintores impresionistas trataban de reproducir las sensaciones, el color y los efectos de luz lo más fielmente posible. El *impresionismo* tiene precedentes en Velázquez, Constable, Goya. Los representantes del impresionismo, en pintura, fueron: en Francia, Manet, Monet, Renoir, Degas, Cézanne; en España, Pidelaserra, Beruete; en Alemania, Liebermann, etc.

IMPRESIONISTA adj. y s. Partidario del impresionismo, que lo practica: *la escuela impresionista.*

IMPRESO, A p. p. de *imprimir* y adj. || — M. Obra impresa: *los impresos enviados como tales por correo no deben ir en sobre cerrado.*

IMPRESOR m. Obrero que imprime. || Dueño de una imprenta.

IMPREVISIBLE adj. Que no puede preverse.

IMPREVISIÓN f. Falta de previsión. (SINÓN. V. *Negligencia.*)

IMPREVISOR, RA adj. Que no prevé.

IMPREVISTO, TA adj. No previsto. (SINÓN. *Inesperado, inopinado, súbito.*) || — M. Cosa no prevista. || — M. pl. Gastos no previstos. || — PARÓN. *Improvisto.*

IMPRIMACIÓN f. Acción de imprimar. || Ingredientes con que se imprima.

IMPRIMADERA f. *Pint.* Cuchilla que sirve a los pintores para imprimar los lienzos.

IMPRIMADOR m. *Pint.* El que imprima.

IMPRIMAR v. t. Preparar con ciertos ingredientes el lienzo o tabla que se ha de pintar o teñir. || — PARÓN. *Imprimir.*

IMPRIMÁTUR m. Permiso de imprimir una obra. (Dícese, sobre todo, tratándose de un libro religioso.)

IMPRIMIBLE adj. Que puede ser impreso.

IMPRIMIR v. t. (lat. *imprimere,* de *in,* sobre, y *primere,* oprimir). Dejar una huella sobre una cosa: *imprimir sus pasos en la nieve.* || Señalar en papel, tela, etc., letras o dibujos: *imprimir un libro; imprimir indianas.* (SINÓN. *Editar, estampar, grabar, publicar, tirar.*) || *Fig.*

imposta

Fot. L. P.

Hacer impresión en el ánimo: *imprimir respeto.* || Comunicar: *imprimir un movimiento.* || — PARÓN. *Imprimar.*
IMPROBABILIDAD f. Carácter improbable.
IMPROBABLE adj. (lat. *improbabilis*). Dícese de lo que no es probable: *acontecimiento improbable.*
IMPROBAR v. t. Reprobar: *improbamos tu conducta.* (SINÓN. V. *Desaprobar.* || — IRREG. Se conjuga como *contar.*
IMPROBIDAD f. Falta de probidad.
ÍMPROBO, BA adj. (lat. *improbus*). Que carece de probidad: *cajero ímprobo.* || Muy duro, excesivo: *labor ímproba.* || — PARÓN. *Impróvido.*
IMPROCEDENCIA f. *For.* Falta de fundamento, de oportunidad o de derecho.
IMPROCEDENTE adj. *For.* Que no es conforme a derecho, no fundado: *reclamación improcedente.* || Inadecuado, extemporáneo.
IMPRODUCTIVIDAD f. Calidad de improductivo.
IMPRODUCTIVO, VA adj. Que no produce.
IMPROMPTU m. Composición improvisada. || Pieza musical corta y de forma libre: *los impromptus para piano de Schubert, de Chopin.*
IMPRONTA f. Estampación de un sello o medalla en yeso, lacre, papel, etc.: *sacar la impronta de una medalla.*
IMPRONUNCIABLE adj. Que no puede pronunciarse: *palabra impronunciable.*
IMPROPERIO m. Injuria grave, insulto, denuesto: *llenar a uno de improperios.* || — Pl. Las quejas de Cristo contra los judíos, que canta la Iglesia en los oficios del Viernes Santo.
IMPROPIAMENTE adv. m. Con impropiedad: *la oruga de la seda se llama impropiamente "gusano".*
IMPROPIEDAD f. Falta de propiedad: *debe evitarse siempre la impropiedad en las palabras.*
IMPROPIO, PIA adj. Que no tiene las cualidades necesarias: *impropio para un servicio.* || Ajeno, extraño. || Que no expresa exactamente: *emplear una expresión impropia.*
IMPRORROGABLE adj. Que no se puede prorrogar.
IMPRÓVIDO, DA adj. Desprevenido, que obra *sin previsión.* || — CONTR. *Previsor.* || — PARÓN. *Ímprobo.*
IMPROVISACIÓN f. Acción de improvisar: *error escapado en el fuego de la improvisación.* || Obra improvisada: *las improvisaciones de un orador.*
IMPROVISADOR, RA adj. y s. Que improvisa: *un improvisador de versos.*
IMPROVISAMENTE adv. m. De repente: *llegar improvisamente.*
IMPROVISAR v. t. Hacer de pronto, y sin preparación, alguna cosa: *improvisar una cena, una oda.*
IMPROVISO, SA adj. Imprevisto. || *Al,* o *de, improviso,* m. adv., improvisamente: *vino al improviso.*
IMPROVISTO, TA adj. Imprevisto. || *A la improvista,* m. adv., improvisamente, de repente.
IMPRUDENCIA f. Falta de prudencia. || Acción imprudente: *un enfermo que comete imprudencias.* || *Imprudencia temeraria,* inexcusable negligencia que a mediar malicia en el actor, sería delito.
IMPRUDENTE adj. y s. Que no tiene prudencia: *nadador imprudente.*
IMPRUDENTEMENTE adv. m. Sin prudencia.
IMPÚBER o **IMPÚBERO, RA** adj. y s. Que no ha llegado aún a la pubertad: *joven impúber.*
IMPUDENCIA f. Descaro, desvergüenza: *portarse con suma impudencia.* || Palabra o acción impudente.
IMPUDENTE adj. Desvergonzado, descarado.
IMPÚDICAMENTE adv. m. De modo impúdico. (SINÓN. *Deshonesto, desvergonzado.* V. tb. *obsceno.*) || Con cinismo. (SINÓN. *Cínico descarado.* V. tb. *insolente.*)
IMPUDICIA o **IMPUDICICIA** f. Acción o palabra impúdica. || — SINÓN. *Deshonestidad, desvergüenza, indecencia, liviandad.*
IMPÚDICO, CA adj. y s. Inmoral. || Que hiere al pudor, a la castidad: *gestos impúdicos.*
IMPUDOR m. Cinismo. || Falta de pudor y de honestidad.
IMPUESTO, TA p. p. irreg. de *imponer.* || — M. Tributo, gravamen exigido por el Estado para fines públicos: *el recaudador de impuestos.* (SINÓN. *Arbitrio, imposición, tasa.* V. tb. *cuota.*) || *Impuesto de,* al corriente de.
IMPUGNABLE adj. Lo que se puede impugnar.
IMPUGNACIÓN f. Acción y efecto de impugnar o atacar. (SINÓN. V. *Objeción.*)
IMPUGNADOR, RA adj. y s. Que impugna.
IMPUGNANTE adj. Que impugna o ataca algo.
IMPUGNAR v. t. Combatir, atacar: *impugnar un argumento.* (SINÓN. V. *Negar.* CONTR. *Defender.*)
IMPULSAR v. t. Impeler, dar impulso a algo. (SINÓN. V. *Mover.*)
IMPULSIÓN f. Impulso, fuerza. || — CONTR. *Repulsión.*
IMPULSIVIDAD f. Carácter de impulsivo.
IMPULSIVO, VA adj. Que impele: *la fuerza impulsiva de la pólvora.* || — Adj. y s. *Fig.* Dícese del que se deja arrebatar por la violencia de sus pasiones: *los impulsivos suelen ser irresponsables.*
IMPULSO m. Acción y efecto de impeler: *el impulso del émbolo se transmite a las ruedas de la locomotora por medio de las bielas.* || *Fig.* Fuerza que impele a hacer una cosa: *ceder a los impulsos de su corazón.* || Exceso anormal de esta fuerza: *impulsos criminales.*
IMPULSOR, RA adj. y s. Que impele o empuja.
IMPUNE adj. Sin castigo: *crimen impune.*
IMPUNEMENTE adv. m. Con impunidad.
IMPUNIDAD f. Falta de castigo: *la impunidad hace cada vez más atrevido al criminal.*
IMPURAMENTE adv. m. De un modo impuro.
IMPUREZA f. Estado de una cosa impura: *la impureza del agua.* (SINÓN. V. *Suciedad.*) || Lo que altera la pureza de una substancia. || *Fig.* Mancha o defecto moral. || *Fig.* Falta de pureza o castidad, obscenidad.
IMPURIDAD f. Impureza.
IMPURIFICAR v. t. Hacer impuro.
IMPURO, RA adj. No puro, manchado con impurezas: *plomo impuro.* || *Fig.* Impúdico, inmoral: *deseos impuros.*
IMPUTABILIDAD f. Responsabilidad moral.
IMPUTABLE adj. Que se puede imputar.
IMPUTACIÓN f. Acción de imputar o atribuir una cosa a una persona: *una imputación calumniosa.* (SINÓN. V. *Reproche.*)
IMPUTADOR, RA adj. Que imputa o atribuye.
IMPUTAR v. t. (lat. *imputare*). Atribuir a otro una cosa censurable: *imputar un crimen.* (SINÓN. *Acusar, achacar, cargar, reprochar.*) || *Com.* Abonar una partida en cuenta.
IMPUTRESCIBILIDAD f. Calidad de las cosas que son imputrescibles.
IMPUTRESCIBLE adj. Dícese de lo que no puede pudrirse: *las inyecciones de creosota hacen imputrescible la madera.*
In, símbolo químico del *indio.*
IN, prefijo privativo latino que indica supresión o negación, mezcla, posición interior o superior. Se convierte en *im* delante de *b* o *p,* en *i* delante de *l,* y en *ir* delante de *r*: *inaceptable, inactividad, impune, ilegal, irregular.*
INABARCABLE adj. Que no puede abarcarse.
INABORDABLE adj. Que no se puede abordar, inaccesible: *hombre inabordable.*
INABROGABLE adj. Que no puede abrogarse: *las leyes naturales son inabrogables.*
INACABABLE adj. Que no puede acabarse, que no se le ve el fin: *un camino inacabable.* (SINÓN. V. *Inagotable.*)
INACABADO, DA adj. Sin acabar: *Virgilio dejó su Eneida inacabada.*
INACCESIBILIDAD f. Calidad de inaccesible.
INACCESIBLE adj. No accesible o alcanzable: *montaña inaccesible; razonamiento inaccesible.*
INACCIÓN f. Falta de acción, pereza. || — SINÓN. *Desocupación, farniente, holganza, inactividad, inercia, ocio, ociosidad.*
INACENTUADO, DA adj. No acentuado.
INACEPTABLE adj. Que no es aceptable.
INACOSTUMBRADO, DA adj. No acostumbrado.
INACTÍNICO, CA adj. No actínico.
INACTIVIDAD f. Falta de actividad o de vigor. (SINÓN. V. *Inacción.*)
INACTIVO, VA adj. Sin actividad, quieto; ocioso, perezoso. (SINÓN. V. *Inerte.*)

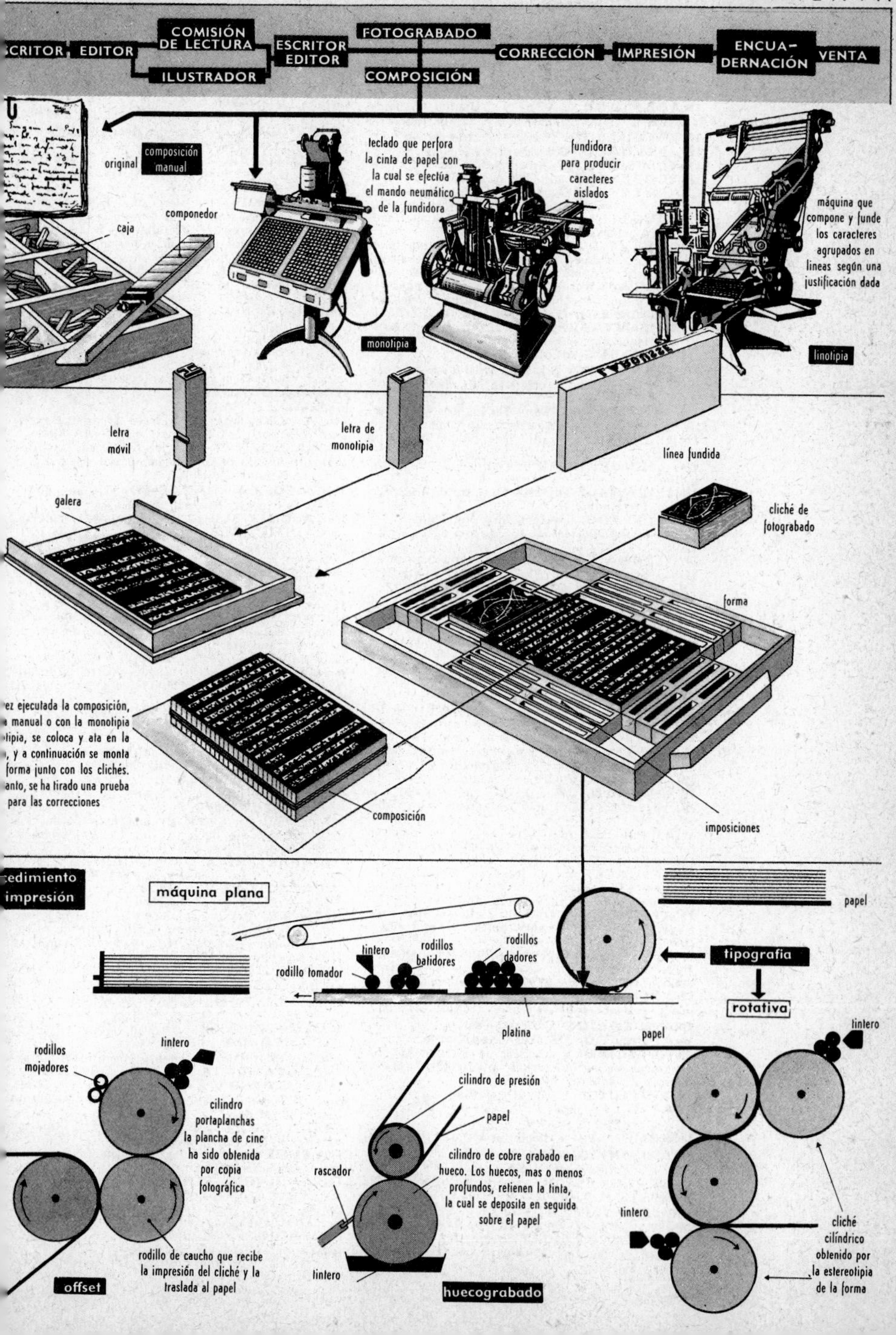
CRITOR
EDITOR
COMISIÓN DE LECTURA
ILUSTRADOR
ESCRITOR EDITOR
FOTOGRABADO
COMPOSICIÓN
CORRECCIÓN
IMPRESIÓN
ENCUA-DERNACIÓN
VENTA
original
composición manual
caja
componedor
teclado que perfora la cinta de papel con la cual se efectúa el mando neumático de la fundidora
monotipia
fundidora para producir caracteres aislados
máquina que compone y funde los caracteres agrupados en líneas según una justificación dada
linotipia
letra móvil
letra de monotipia
línea fundida
galera
cliché de fotograbado
forma
ez ejecutada la composición,
manual o con la monotipia
tipia, se coloca y ata en la
, y a continuación se monta
forma junto con los clichés.
anto, se ha tirado una prueba
para las correcciones
composición
imposiciones
edimiento
impresión
máquina plana
papel
tintero
rodillos batidores
rodillos dadores
rodillo tomador
tipografía
rotativa
platina
rodillos mojadores
tintero
cilindro portaplanchas
la plancha de cinc ha sido obtenida por copia fotográfica
rodillo de caucho que recibe la impresión del cliché y la traslada al papel
offset
cilindro de presión
papel
cilindro de cobre grabado en hueco. Los huecos, mas o menos profundos, retienen la tinta, la cual se deposita en seguida sobre el papel
rascador
tintero
huecograbado
papel
tintero
tintero
cliché cilíndrico obtenido por la estereotipia de la forma

INACTUAL adj. No actual: *régimen inactual.*
INADAPTABILIDAD f. Calidad de inadaptable.
INADAPTABLE adj. No adaptable.
INADAPTACIÓN f. Falta de adaptación.
INADAPTADO, DA adj. y s. Que no se adapta o aviene a ciertas condiciones o circunstancias.
INADECUACIÓN f. Falta de adecuación.
INADECUADO, DA adj. No adecuado.
INADMISIBLE adj. No admisible, no aceptable.
INADOPTABLE adj. No adoptable.
INADVERTENCIA f. Falta de advertencia: *errar por inadvertencia.* (SINÓN. V. *Distracción.*)
INADVERTIDAMENTE adv. m. Con inadvertencia. (SINÓN. *Descuidadamente.*)
INADVERTIDO, DA adj. Dícese del que no se fija en las cosas en que lo debiera. ‖ No advertido: *pasó para mí el tiempo inadvertido.*
INAGOTABLE adj. Que no se puede agotar o acabar: *tesoro inagotable.* ‖ — SINÓN. *Inacabable, inextinguible, interminable.* V. tb. *fértil.*
INAGUANTABLE adj. Insufrible. (SINÓN. V. *Intolerable* e *intratable.*)
INAJENABLE adj. Inalienable.
INALÁMBRICO, CA adj. Aplícase a todo sistema de comunicación eléctriea sin alambres conductores.
IN ALBIS loc. adv. *Fam.* En blanco. ‖ *Quedarse, dejar in albis,* sin enterarse o comprender.
INALCANZABLE adj. Que no se puede alcanzar.
INALIENABILIDAD f. Calidad de lo inalienable.
INALIENABLE adj. Que no se puede enajenar: *predio inalienable.*
INALIENADO, DA adj. No enajenado.
INALTERABILIDAD f. Calidad de lo inalterable.
INALTERABLE adj. Que no se puede alterar: *el oro es inalterable. Fig.: amistad inalterable.*
INALTERADO, DA adj. Sin alteración.
INAMISIBLE adj. Que no puede perderse: *la gracia inamisible.* ‖ — PARÓN. *Inadmisible.*
INAMISTOSO, SA adj. De carácter poco amistoso: *política inamistosa para con mi país.*
INAMOVIBLE adj. Que no se puede mover o quitar de su empleo: *magistrado inamovible.*
INAMOVILIDAD f. Calidad de lo inamovible.
INANALIZABLE adj. No analizable.
INANE adj. (lat. *inanis*). Vano, fútil, sin importancia: *los inanes placeres de este mundo.*
INANICIÓN f. (lat. *inanitio*). *Med.* Debilidad causada por el hambre o por otras causas: *morir de inanición.* (SINÓN. V. *Abatimiento.*)
INANIDAD f. Futilidad, vacuidad.
INANIMADO, DA adj. Que no tiene vida: *un cuerpo inanimado.* ‖ *Fig.* Apagado: *ojos inanimados.*
INAPAGABLE adj. Que no puede apagarse: *fuego inapagable.* (SINÓN. *Inextinguible.*)
INAPEABLE adj. Tenaz, porfiado.
INAPELABLE adj. Dícese de aquello de que no se puede apelar: *formular una sentencia inapelable.* ‖ *Fig.* Irremediable, inevitable.
INAPERCIBIDO, DA adj. Galicismo por *inadvertido: le pasó completamente inapercibida la llegada de su hijo* .
INAPETENCIA f. Falta de apetito, desgana.
INAPETENTE adj. Que no tiene apetencia.
INAPLAZABLE adj. No aplazable.
INAPLICABLE adj. Dícese de lo que no se puede aplicar: *promulgar una ley inaplicable.*
INAPLICACIÓN f. Desaplicación.
INAPLICADO, DA adj. Desaplicado.
INAPRECIABLE adj. Que no se puede apreciar por su pequeñez: *diferencia inapreciable.* ‖ Muy estimable: *talento inapreciable.*
INAPTITUD f. Falta de aptitud.
INAPTO, TA adj. Barb. por *no apto.* ‖ — PARÓN. *Inepto.*
INARMONÍA f. Falta de armonía.
INARMÓNICO, CA adj. Falto de armonía: *emitir sonidos inarmónicos.*
INARRUGABLE adj. Que no se arruga.
INARTICULADO, DA adj. No articulado: *prorrumpir en gritos inarticulados.* ‖ Dícese de los sonidos de la voz que no forman palabras.
IN ARTÍCULO MORTIS expr. lat. *For.* En el artículo de la muerte: *matrimonio celebrado in artículo mortis.*
INASEQUIBLE adj. Que no es asequible.
INASIBLE adj. Que no puede asirse.
INASIMILABLE adj. Que no se puede asimilar.
INASISTENCIA f. Falta de asistencia.
INASTILLABLE adj. Que no puede hacerse astillas: *cristal inastillable.*
INATACABLE adj. Que no es atacable.
INATENCIÓN f. Falta de atención.
INATENTO, TA adj. Desatento.
INAUDITO, TA adj. No oído: *maldad inaudita.* ‖ *Fig.* Extraordinario. (SINÓN. V. *Inverosímil.*) ‖ *Fig.* Monstruoso.
INAUGURACIÓN f. Ceremonia por la cual se hace la consagración de un templo. ‖ Ceremonia por la cual se procede oficialmente a la apertura de un edificio, establecimiento público, monumento, etc.
INAUGURADOR, RA adj. y s. Que inaugura.
INAUGURAL adj. Perteneciente a la inauguración: *las ceremonias inaugurales de un congreso.*
INAUGURAR v. t. (del lat. *inaugurare,* consultar a los augures al empezar una acción). Celebrar la inauguración: *inaugurar una estatua.* ‖ *Fig.* Iniciar: *inaugurar un período de guerras civiles.* ‖ Dar principio a una cosa con cierta pompa: *inaugurar una olimpíada.*
INAVERIGUABLE adj. Que es imposible de averiguar.
INCA m. Rey, príncipe o varón de estirpe regia entre los antiguas peruanos. (V. *Parte hist.*) ‖ *Por ext.* Nombre de todos los habitantes del Imperio de los Incas. ‖ Moneda de oro del Perú. ‖ *Ant.* La lengua quichua.
INCAICO, CA o **INCÁSICO, CA** adj. Relativo a los incas: *dinastía incaica.*
INCALCULABLE adj. Que no puede calcularse.
INCALIFICABLE adj. Que no se puede calificar. ‖ Muy vituperable. (SINÓN. V. *Abominable.*)
INCAMBIABLE adj. Que no puede cambiarse.
INCANATO m. *Per.* Época correspondiente al Imperio de los Incas.
INCANDESCENCIA f. (del lat. *incandescere,* albear). Estado de un cuerpo calentado hasta que se torne candente. ‖ *Fig.* Efervescencia, ardor: *la incandescencia de las pasiones.* ‖ *Electr. Lámpara de incandescencia,* la que utiliza la incandescencia de un hilo de carbón o metal o la de un vapor o gas rarificado.
INCANDESCENTE adj. Candente.
INCANSABLE adj. Muy difícil de cansar.
INCANSABLEMENTE adv. m. De un modo incansable: *trabajar incansablemente.*
INCANTABLE adj. Que no se puede cantar: *un trozo de música incantable.*
INCAPACIDAD f. Falta de capacidad: *dar muestras de incapacidad.* (SINÓN. V. *Impotencia* e *ineptitud.*) ‖ Estado de una persona privada de algunos de sus derechos: *incapacidad jurídica.* ‖ *Fig.* Rudeza, falta de inteligencia.
INCAPACITADO, DA adj. Dícese, en el orden civil, de los locos, pródigos, iletrados, etc.
INCAPACITAR v. t. Inhabilitar, hacer incapaz: *incapacitar para un cargo.*
INCAPAZ adj. Que no tiene capacidad para una cosa: *incapaz de gobernar.* ‖ *Fig.* Falto de talento: *un hombre incapaz.* (SINÓN. V. *Estúpido.*) ‖ *Méx.* Insoportable, fastidioso.
INCARDINAR v. t. Admitir un obispo como súbdito propio a un eclesiástico de otra diócesis.
INCASABLE adj. Dícese de la persona que no puede casarse: *esa muchacha es incasable.* ‖ Que tiene gran repugnancia al matrimonio.
INCÁSICO, CA adj. Incaico.
INCAUTACIÓN f. Acción y efecto de incautar.
INCAUTAMENTE adv. m. Sin prudencia.
INCAUTARSE v. r. (del lat. *in,* en, y *captare,* coger). Tomar posesión la autoridad competente de cualquier valor.
INCAUTO, TA adj. (lat. *incautus*). Que no tiene cautela. ‖ Inocente.
INCENDIAR v. t. Poner o pegar fuego a una cosa: *incendiar una casa.* (SINÓN. V. *Quemar.*)
INCENDIARIO, RIA m. y f. Que causa voluntariamente un incendio. ‖ — Adj. Que causa incendio: *bomba incendiaria.* ‖ *Fig.* Sedicioso, escandaloso: *distribuir un escrito incendiario.*
INCENDIO m. (lat. *incendium*). Abrasamiento total o parcial de una casa, de un buque, de las mieses, etc.: *los incendios de las selvas ameri-*

canas suelen tomar proporciones gigantescas. (SINÓN. *Abrasamiento, fuego, quema, siniestro.* V. tb. *combustión.*) ‖ *Fig.* Ardor vehemente, ímpetu, fuego: *el incendio de las pasiones consume a algunos hombres.*

INCENSACIÓN f. Acción y efecto de incensar.

INCENSAR v. t. Quemar incienso ante una persona o cosa. ‖ *Fig.* Lisonjear: *incensar a los poderosos.* ‖ — IRREG. Se conjuga como *acertar.*

INCENSARIO m. Braserillo sujeto con cadenillas que sirve para incensar en las iglesias: *un incensario de plata.* ‖ *Fam. Romperle a uno el incensario en las narices,* adularle mucho.

INCENTIVO m. Lo que incita o mueve a una cosa. (SINÓN. *Aliciente.*)

INCERTIDUMBRE f. Falta de certidumbre: *vivir en la incertidumbre.* (SINÓN. V. *Indecisión.*)

INCESABLE y mejor **INCESANTE** adj. Que no cesa: *prodigar cuidados incesantes.* (SINÓN. V. *Continuo.*)

INCESANTEMENTE adv. m. Sin cesar, continuamente: *el avaro ahorra incesantemente.*

INCESTO m. (lat. *incestum*). Pecado carnal cometido entre parientes próximos.

INCESTUOSO, SA adj. y s. Que comete incesto. ‖ Relativo al incesto: *unión incestuosa.*

INCIDENCIA f. *Mec.* Dirección según la cual un cuerpo choca con otro. ‖ *Ángulo de incidencia,* el comprendido entre un rayo incidente sobre un plano reflector y la perpendicular a dicho plano en el punto incidente: *el ángulo de incidencia* i *es igual al ángulo de reflexión* r *formado por el rayo reflejado* IB *con la misma normal.* ‖ *Punto de incidencia,* punto de encuentro del cuerpo en movimiento o del rayo incidente con la superficie. ‖ *Fig.* Lo que sobreviene en medio de un asunto o negocio: *extraña incidencia.*

INCIDENTAL adj. Incidente, fortuito.

INCIDENTALMENTE adv. Incidentemente.

INCIDENTE adj. Que cae sobre una superficie: *rayo incidente.* ‖ Que sobreviene en el curso de un negocio: *cuestión incidente.* ‖ — M. Acontecimiento de mediana importancia que sobreviene en el curso de un asunto: *un incidente parlamentario.* (SINÓN. V. *Aventura.*)

INCIDENTEMENTE adv. m. Por incidencia, de un modo incidente: *hablar incidentemente de algo.*

INCIDIR v. i. (lat. *incidere*). Incurrir en falta. ‖ *Med.* Cortar.

INCIENSO m. (del lat. *incensum,* cosa quemada). Especie de resina aromática cuyo olor se exhala sobre todo durante la combustión y que se extrae de varios árboles: *el mejor incienso viene de Arabia.* ‖ *Fig.* Adulación. ‖ *Cub.* Planta aromática de Cuba.

INCIERTO, TA adj. (lat. *incertus*). Que no es seguro, inseguro. (SINÓN. V. *Dudoso* y *falso.*) ‖ Inconstante, que no es fijo.

INCINERABLE adj. Que ha de incinerarse.

INCINERACIÓN f. Acción y efecto de incinerar o quemar: *la incineración de un cadáver.*

INCINERAR v. t. (del lat. *in,* en, y *cinis,* ceniza). Quemar: *los romanos incineraban los cadáveres.* (SINÓN. V. *Quemar.*)

INCIPIENTE adj. (del lat. *incipere,* comenzar). Que empieza: *poeta incipiente.* ‖ — PARÓN. *Insipiente.*

INCIRCUNCISO, SA adj. No circuncidado.

INCIRCUNSCRITO, TA adj. No comprendido dentro de ciertos límites.

INCISIÓN f. (lat. *incisio*). Hendedura, cortadura que se hace con instrumento cortante: *hacer una incisión con el bisturí.* ‖ *Poét.* Cesura.

INCISIVO, VA adj. (del lat. *incisum,* supino de *incidere,* cortar). Cortante. ‖ *Dientes incisivos,* los delanteros, que sirven para cortar. ‖ *Fig.* Punzante, mordaz: *crítica incisiva.* (SINÓN. V. *Mordaz* y *tajante.*)

INCISO, SA adj. Cortado, partido, dividido. ‖ — M. *Gram.* Parte del período que encierra un sentido parcial: *el dinero, dice el sabio, no hace la felicidad.* ‖ *Gram.* Coma, signo ortográfico.

INCISURA f. *Med.* Cortadura, incisión.

INCITACIÓN f. Acción y efecto de incitar o impulsar.

INCITADOR, RA adj. y s. Que incita o mueve. (SINÓN. V. *Instigador.*)

INCITANTE adj. Que incita a una cosa.

INCITAR v. t. Mover a uno para que ejecute algo: *incitar a la rebelión.* (SINÓN. V. *Animar.*)

INCITATIVA f. *For.* Provisión que el tribunal superior despacha para que los jueces ordinarios hagan justicia a las partes.

INCITATIVO, VA adj. y s. Que incita a hacer alguna cosa, aliciente. ‖ *For.* Incitativa.

INCIVIL adj. Falto de civilidad, descortés, grosero: *hombre incivil.* (SINÓN. V. *Descortés.*)

INCIVILIDAD f. Falta de civilidad, descortesía, incultura.

INCIVILIZABLE adj. Que no puede civilizarse: *pueblo incivilizable.*

INCLASIFICABLE adj. Que no se puede clasificar.

INCLAUSTRACIÓN f. Ingreso en una orden monástica.

INCLEMENCIA f. Falta de clemencia. ‖ *Fig.* Rigor, aspereza: *la inclemencia del invierno.* ‖ *A la inclemencia,* al descubierto, sin abrigo.

INCLEMENTE adj. Falto de clemencia. ‖ Poco clemente: *tiempo inclemente.* (SINÓN. V. *Riguroso.*)

INCLINACIÓN f. Acción de inclinar la cabeza o el cuerpo en señal de aquiescencia o de respeto: *hacer una ligera inclinación.* (SINÓN. V. *Saludo.*) ‖ *Fig.* Disposición, tendencia natural a alguna cosa: *inclinación al bien.* (SINÓN. *Afición, aptitud, debilidad, disposición, predilección, propensión, vocación.* V. tb. *herencia.*) ‖ Estado de lo que está inclinado. (SINÓN. V. *Pendiente.*) ‖ Oblicuidad de dos líneas, o de dos superficies. ‖ *Astr.* Ángulo formado por el plano de la órbita de un planeta con el plano de la eclíptica. ‖ *Inclinación de la aguja magnética,* ángulo que forma una aguja imantada con el horizonte.

INCLINADOR, RA adj. y s. Que inclina.

INCLINANTE adj. Que inclina o se inclina.

INCLINAR v. t. (lat. *inclinare*). Bajar: *inclinar la cabeza.* ‖ *Fig.* Persuadir a uno a que haga o diga algo: *inclinar a la clemencia.* ‖ — V. i. Parecerse. ‖ — V. r. Estar dispuesto a algo: *me inclino a creerlo.*

INCLINATIVO, VA adj. Que inclina o baja.

ÍNCLITO, TA adj. (lat. *inclytus*). Ilustre, preclaro, esclarecido: *ínclito escritor.*

INCLUIR v. i. (lat. *includere*). Encerrar, insertar, comprender una cosa en otra: *incluir una nota en una carta.* (SINÓN. V. *Introducir.*) ‖ — IRREG. Se conjuga como *huir.*

INCLUSA f. (de Nuestra Señora de *la Inclusa,* imagen de la Virgen que en el siglo XVI se hallaba en la isla de la Esclusa, en Holanda, y que fue colocada en la casa de expósitos de Madrid). Casa donde se recogen y crían, en España, los niños expósitos.

INCLUSERO, RA adj. y s. *Fam.* Criado, o que se cría, en la inclusa. (SINÓN. *Expósito.*)

INCLUSIÓN f. Acto y efecto de incluir. ‖ — CONTR. *Exclusión.*

INCLUSIVAMENTE adv. m. Con inclusión.

INCLUSIVE adv. m. (lat. *inclusive*). Inclusivamente, incluyendo el último objeto nombrado. ‖ — OBSERV. Es disparate tomar este adverbio por un adjetivo y decir *hasta los capítulos 14 y 15 inclusives,* en lugar de *inclusive.*

INCLUSIVO, VA adj. Dícese de lo que incluye o encierra en sí. ‖ — CONTR. *Exclusivo.*

INCLUSO, SA p. p. irreg. de *incluir.* ‖ — Adj. Encerrado, contenido: *la carta inclusa.* ‖ — Adv. m. Con inclusión de, inclusivamente: *vi incluso sus joyas.* ‖ — Prep. Hasta: *todos fueros muy amables, incluso las personas que no me tienen ninguna simpatía.*

INCOACIÓN f. *For.* Apertura o iniciación de un procedimiento judicial.

INCOAR v. t. (lat. *inchoare*). Comenzar, empezar.

INCOATIVO, VA adj. Dícese de los verbos que indican el principio de una cosa, como *envejecer.*

INCOBRABLE adj. Dícese de lo que no se puede cobrar: *deuda incobrable.*

INCOERCIBILIDAD f. Calidad de incoercible.

INCOERCIBLE adj. Que no se puede comprimir: *fluido incoercible.* ‖ Que no se puede contener: *padecer vómitos incoercibles.* (SINÓN. (V. *Libre.*)

INCÓGNITA f. *Mat.* Cantidad desconocida que es preciso determinar en una ecuación: *despejar la incógnita.* ‖ *Fig.* Causa oculta de un hecho.

incensario

ÁNGULO DE INCIDENCIA

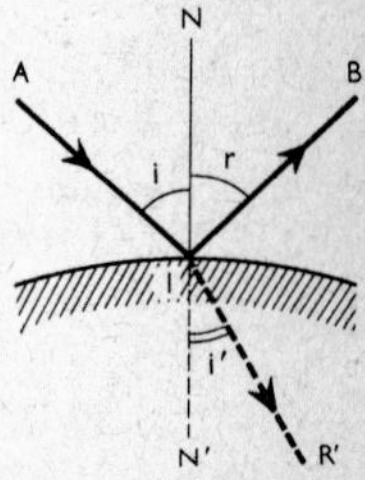

I, ángulo de incidencia
A I, rayo incidente

INCLINACIÓN MAGNÉTICA

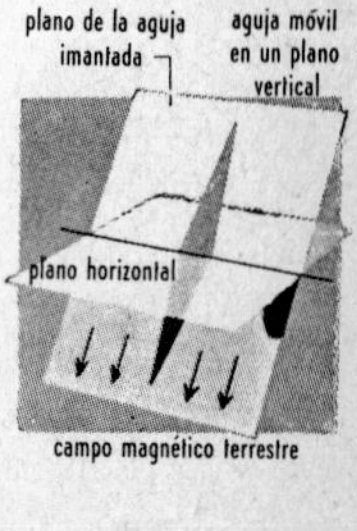

Fot. Inventaires des œuvres d'art (Francia)

INCÓGNITO, TA adj. y s. m. No conocido: *regiones incógnitas; el rey guarda el incógnito.* || *De incógnito,* loc. adv., sin ser conocido: *los soberanos gustan de viajar de incógnito.*
INCOGNOSCIBLE adj. Inaccesible al entendimiento humano.
INCOHERENCIA f. Falta de coherencia o cohesión: *la incoherencia de las ideas.*
INCOHERENTE adj. No coherente, que carece de cohesión: *pronunciar palabras incoherentes.*
INCOLORO, RA adj. Que carece de color: *el alcohol puro es incoloro.* || Sin brillo: *estilo incoloro.*
INCÓLUME adj. (lat. *incolumis*). Sin daño, sin lesión: *salir incólume de un peligro.* || — SINÓN. *Ileso.*
INCOMBINABLE adj. Que no puede combinarse.
INCOMBUSTIBILIDAD f. Calidad de incombustible: *la incombustibilidad del amianto.*
INCOMBUSTIBLE adj. Dícese de lo que no puede quemarse o consumirse: *el amianto es incombustible.*
INCOMESTIBLE adj. Que no es comestible. || Incomible.
INCOME TAX m. (pal. ingl., pr. *inkom-tax*). Impuesto inglés establecido sobre las rentas.
INCOMIBLE adj. *Fam.* Que no puede comerse.
INCÓMODAMENTE adv. m. Con incomodidad: *estar sentado incómodamente.*
INCOMODADOR, RA adj. y s. Que incomoda; molesto.
INCOMODAR v. t. Causar incomodidad, molestar, fastidiar mucho: *ese niño me está incomodando.* (SINÓN. V. *Abrumar.*)
INCOMODIDAD f. Falta de comodidad: *vivir con incomodidad.* || Achaque: *las incomodidades de la vejez.* (SINÓN. V. *Molestia.*) || Disgusto, enfado.
INCOMODO m. Incomodidad.
INCÓMODO, DA adj. Que no puede usarse con facilidad: *herramienta incómoda.* || Que causa incomodidad: *calor incómodo.* || — M. Incomodidad: *lo incómodo de mi situación.*
INCOMPARABLE adj. Que no puede compararse: *el brillo incomparable del sol.*
INCOMPARABLEMENTE adv. m. Sin comparación posible: *ser incomparablemente mayor.*
INCOMPARTIBLE adj. Que no se comparte.
INCOMPASIVO, VA adj. Despiadado, sin compasión. || — CONTR. *Misericordioso.*
INCOMPATIBILIDAD f. Antipatía de caracteres: *incompatibilidad de humor.* || Diferencia esencial que hace que no puedan asociarse dos cosas. || *For.* Imposibilidad legal de ejercer simultáneamente ciertas funciones.
INCOMPATIBLE adj. Que impide que estén de acuerdo dos personas: *caracteres incompatibles.* || Dícese de las enfermedades que no pueden coexistir en el mismo sujeto. || Dícese en farmacia de las substancias que no pueden mezclarse sin inconveniente. || Se dice de las funciones que no pueden ser alcanzadas por una misma persona.
INCOMPETENCIA f. Falta de competencia o jurisdicción: *declarar la incompetencia de un tribunal.* || Falta de conocimientos suficientes.
INCOMPETENTE adj. Que carece de la competencia necesaria: *declararse incompetente.* || Que no tiene los conocimientos requeridos para decidir o hablar de alguna cosa: *crítico incompetente.*
INCOMPLEJO, JA adj. Incomplexo.
INCOMPLETAMENTE adv. m. De modo incompleto: *problema incompletamente resuelto.*
INCOMPLETO, TA adj. Que no está completo.
INCOMPLEXO, XA adj. No complexo.
INCOMPREHENSIBLE adj. Incomprensible.
INCOMPRENDIDO, DA adj. y s. No comprendido. || Que no es apreciado en su valor: *genio incomprendido.*
INCOMPRENSIBILIDAD f. Calidad de incomprensible: *la incomprensibilidad de los misterios.*
INCOMPRENSIBLE adj. Que no se puede comprender: *razonamiento, texto incomprensibles.* || — SINÓN. *Impenetrable, inconcebible, inescrutable, inexplicable.* V. tb. *ilegible* y *obscuro.*
INCOMPRENSIÓN f. Falta de comprensión.
INCOMPRESIBLE adj. Que no puede comprimirse: *los líquidos son casi incompresibles.*
INCOMUNICABLE adj. Dícese de lo que no es comunicable: *derecho incomunicable a otra persona.*
INCOMUNICACIÓN f. Aislamiento temporal de procesados y testigos. || Acción y efecto de incomunicar.
INCOMUNICADO, DA adj. Que no tiene comunicación: *poner incomunicado a un preso.*
INCOMUNICAR v. t. Privar de comunicación: *incomunicar a un preso.* || — V. r. Aislarse, apartarse una persona del trato de la gente.
INCONCEBIBLE adj. Que no puede concebirse || *Fig.* Extraordinario: *una torpeza inconcebible.* (SINÓN. V. *Incomprensible.*)
INCONCILIABLE adj. Que no puede conciliarse: *la generosidad y el egoísmo son inconciliables.*
INCONCLUSO, SA adj. No terminado.
INCONCUSO, SA adj. (lat. *inconcussus*). Seguro, que no ofrece duda: *verdad inconcusa.*
INCONDICIONAL adj. Absoluto, sin restricción. || — M. Adepto a una persona o idea sin condición alguna.
INCONDICIONALISMO m. *Amer.* Servilismo.
INCONDICIONALMENTE adv. m. De manera incondicional: *obedecer incondicionalmente.*
INCONEXIÓN f. Falta de conexión o relación.
INCONEXO, XA adj. Que no tiene conexión o enlace con otra cosa: *asuntos inconexos entre sí.* (SINÓN. V. *Obscuro.*)
INCONFESABLE adj. Que no puede confesarse.
INCONFESO, SA adj. *For.* Que no confiesa el delito de que le acusan: *reo inconfeso.*
INCONFORME adj. No conforme.
INCONFORTABLE adj. Que no es confortable: *vivienda inconfortable.*
INCONFUNDIBLE adj. Que no puede confundirse: *rostro inconfundible.*
INCONGRUENCIA f. Falta de congruencia. (SINÓN. V. *Incorrección.*)
INCONGRUENTE adj. No congruente, inoportuno: *respuesta incongruente.*
INCONGRUIDAD f. Incongruencia.
INCONGRUO, GRUA adj. (lat. *incongruus*). Incongruente. || Dícese del sacerdote que no tiene congrua o no llega a la congrua señalada.
INCONMENSURABILIDAD f. Calidad de lo que es inconmensurable. || Inmensidad, magnitud: *la inconmensurabilidad del espacio.*
INCONMENSURABLE adj. Que no es conmensurable: *la circunferencia del círculo es inconmensurable con su diámetro.* || Considerable, muy grande: *espacio inconmensurable.*
INCONMOVIBLE adj. Que no se conmueve; perenne, firme.
INCONMUTABILIDAD f. Calidad de inconmutable.
INCONMUTABLE adj. Inmutable, que no puede moverse. || No conmutable.
INCONQUISTABLE adj. Que no se puede conquistar: *pueblo inconquistable.* || *Fig.* Que no se deja doblar por ruegos.
INCONSCIENCIA f. Estado en que el individuo ha perdido la facultad de darse cuenta de los estímulos exteriores y de regular los propios actos y reacciones. || *Por ext.* Ausencia de juicio.
INCONSCIENTE adj. y s. Que no tiene conciencia de sus actos. || De que no se tiene conciencia: *muchos fenómenos importantes suelen ser inconscientes.* || *Fig.* Irreflexivo. || — M. Conjunto de los procesos dinámicos que actúan sobre la conducta pero escapan a la conciencia.
INCONSCIENTEMENTE adv. m. Con inconsciencia: *moverse inconscientemente.*
INCONSECUENCIA f. Falta de consecuencia en las ideas y las acciones: *obrar con inconsecuencia.* || Cosa dicha o hecha sin reflexión.
INCONSECUENTE adj. Inconsiguiente. || — Adj. y s. Que procede con inconsecuencia: *un hombre inconsecuente.*
INCONSIDERACIÓN f. Falta de consideración: *hablar con inconsideración.*
INCONSIDERADAMENTE adv. m. Atolondradamente: *emprender inconsideradamente un negocio.*
INCONSIDERADO, DA adj. y s. (lat. *inconsideratus*). No considerado: *proposición inconsiderada.* || Inadvertido, que no reflexiona. (SINÓN. *Atolondrado.*)

INCONSISTENCIA f. Falta de consistencia. ‖ *Fig.* Falta de cohesión: *inconsistencia en las ideas.*
INCONSISTENTE adj. Falto de consistencia: *una pasta inconsistente.*
INCONSOLABLE adj. Que no puede ser consolado: *viuda inconsolable.* ‖ *Fig.* Que se consuela muy difícilmente.
INCONSOLABLEMENTE adv. m. Sin consuelo.
INCONSTANCIA f. Falta de constancia en las opiniones o resoluciones. ‖ *Fig.* Inestabilidad, falta de estabilidad: *la inconstancia del tiempo.* (SINÓN. V. *Variedad.*)
INCONSTANTE adj. y s. No constante, inestable: *inconstante en sus amistades.* ‖ *Fig.* Incierto, inestable: *estación inconstante.* (SINÓN. V. *Cambiante.*)
INCONSTANTEMENTE adv. m. Con inconstancia, de un modo inconstante.
INCONSTITUCIONAL adj. Contrario a la Constitución.
INCONSTRUIBLE adj. Que no puede construirse.
INCONSULTO, TA adj. *Amer.* Inconsiderado.
INCONSÚTIL adj. Sin costura: *ropa inconsútil.*
INCONTABLE adj. Que no puede contarse o narrarse. ‖ Muy difícil de contar, innumerable.
INCONTAMINADO, DA adj. No contaminado, puro.
INCONTENIBLE adj. Que no puede ser contenido.
INCONTESTABLE adj. Dícese de lo que no se puede negar, ni dudar: *verdad incontestable.*
INCONTESTADO, DA adj. Que no se ha discutido: *derecho incontestable e incontestado.*
INCONTINENCIA f. Vicio opuesto a la virtud de la continencia, de la castidad. ‖ *Med.* Emisión involuntaria de la orina, de las materias fecales.
INCONTINENTE adj. Desenfrenado en las pasiones de la carne. ‖ *Fig.* Que no tiene moderación. ‖ Que padece incontinencia.
INCONTINENTE o **INCONTINENTI** adv. t. Prontamente, al instante: *echar a uno incontinenti.* (SINÓN. V. *Inmediatamente.*)
INCONTRASTABLE adj. Que no se puede contrastar o rebatir: *un argumento incontrastable.* ‖ *Fig.* Que no se deja reducir o convencer.
INCONTROLABLE adj. Que no se puede controlar.
INCONTROVERTIBLE adj. Que no puede controvertirse, incontestable, indiscutible.
INCONVENCIBLE adj. Imposible de convencer con razones.
INCONVENIBLE adj. Que no es convenible.
INCONVENIENCIA f. Carácter de lo que es inconveniente. ‖ Incomodidad, desconveniencia. ‖ Despropósito. (SINÓN. V. *Incorrección.*)
INCONVENIENTE adj. Que no conviene. ‖ Galicismo por *descortés, desatento.* ‖ — Obstáculo o impedimento: *poner un inconveniente.* ‖ Daño que resulta de una cosa: *el inconveniente de una máquina.*
INCONVERTIBLE adj. Dícese de lo no convertible: *papel moneda inconvertible en metálico o moneda.*
INCORDIAR v. t. *Fam.* Fastidiar, molestar. (SINÓN. V. *Abrumar.*)
INCORDIO m. (del lat. *in,* en, y *chorda,* cuerda). *Med.* Bubón, tumor. ‖ *Fam.* Incomodidad, molestia. ‖ *Fam.* Persona enojosa, molesta.
INCORPORABLE adj. Que puede incorporarse.
INCORPORACIÓN f. Fase final de la llamada a filas. ‖ Acción y efecto de incorporar o incorporarse.
INCORPORAL adj. Incorpóreo, falto de cuerpo.
INCORPORALMENTE adv. m. Inmaterialmente.
INCORPORAR v. t. Hacer que dos cosas hagan cuerpo una con otra: *incorporar aceite con cera.* ‖ Sentar el cuerpo que estaba antes echado: *incorporarse en la cama.* ‖ — V. r. Entrar una persona a formar parte de un cuerpo.
INCORPOREIDAD f. Calidad de incorpóreo.
INCORPÓREO, A adj. No corpóreo.
INCORRECCIÓN f. Falta de corrección: *la incorrección del estilo.* ‖ Descortesía, dicho o hecho incorrecto. (SINÓN. *Desatención, grosería, incongruencia, inconveniencia.*)
INCORRECTAMENTE adv. m. De un modo incorrecto: *expresarse incorrectamente.*
INCORRECTO, TA adj. Dícese de lo que no es correcto: *siempre acostumbra a ir vestido de una manera muy incorrecta.*
INCORREGIBILIDAD f. Calidad de incorregible: *la incorregibilidad de un borracho.*
INCORREGIBLE adj. Que no puede corregirse o enmendarse: *holgazán incorregible.*
INCORRUPCIÓN f. Estado de una cosa no corrompida. ‖ *Fig.* Pureza de vida y costumbres: *la incorrupción de la justicia.*
INCORRUPTAMENTE adv. m. Sin corrupción.
INCORRUPTIBILIDAD f. Calidad de lo que es incorruptible: *la incorruptibilidad de un juez.* (SINÓN. V. *Pureza.*)
INCORRUPTIBLE adj. Que no se corrompe: *la madera embreada es casi incorruptible.* ‖ *Fig.* Que no puede corromperse: *un magistrado incorruptible.* ‖ *Fig.* Muy difícil de pervertirse: *mujer incorruptible.*
INCORRUPTO, TA adj. No corrompido: *cadáver incorrupto.* ‖ *Fig.* No dañado ni viciado. (SINÓN. V. *Puro.*) ‖ Dícese de la mujer virgen.
INCRASAR v. t. Engrasar.
INCREADO, DA adj. Dícese de lo que no ha sido creado: *la sabiduría increada es el Verbo divino.*
INCRECIÓN f. Producto elaborado por las glándulas de secreción interna.
INCREDIBILIDAD f. Calidad de lo que no es posible creer.
INCREDULIDAD f. Repugnancia en creer una cosa: *noticia acogida con incredulidad.* ‖ Falta de fe y de creencia religiosa.
INCRÉDULO, LA adj. y s. Dícese del que no cree en los misterios de la religión. (SINÓN. V. *Irreligioso.*) ‖ Que no cree con facilidad: *auditor incrédulo.* (SINÓN. *Escéptico, receloso.*)
INCREÍBLE adj. Que no puede creerse: *misterio increíble.* ‖ *Fig.* Muy difícil de creer, extraordinario: *gozar de una felicidad increíble.* (SINÓN. V. *Inverosímil.*)
INCREÍBLEMENTE adv. m. De un modo increíble: *hombre increíblemente rico.*
INCREMENTAR v. i. Aumentar, acrecentar, dar incremento.
INCREMENTO m. (lat. *incrementum*). Aumento: *el incremento tomado por un negocio.* (SINÓN. V. *Recrudecimiento.*) ‖ *Gram.* Aumento de letras que tienen ciertas formas de una palabra: *el incremento de los aumentativos.* ‖ *Mat.* Variación del valor de una variable.
INCREPACIÓN f. Reprensión fuerte y dura.
INCREPADOR, RA adj. y s. Que increpa.
INCREPANTE adj. Que increpa.
INCREPAR v. t. Reprender muy severamente. (SINÓN. V. *Reprender.*)
INCRIMINACIÓN f. Acción y efecto de incriminar.
INCRIMINAR v. t. (del lat. *incriminare,* acusar). Acriminar, acusar. ‖ Exagerar un delito o defecto.
INCRISTALIZABLE adj. Dícese del cuerpo que no se puede cristalizar: *zumo incristalizable.*
INCRUENTO, TA adj. No sangriento: *el sacrificio incruento de la misa.*
INCRUSTACIÓN f. Acción de incrustar. ‖ Obra incrustada. ‖ Capa pedregosa que se forma alrededor de ciertos cuerpos que permanecen en un agua calcárea. ‖ Depósito de carbonato de cal que se forma en las paredes de las calderas de vapor. ‖ Madera, marfil, etc., que se incrusta en una superficie dura y lisa, formando dibujos.
INCRUSTADOR, RA adj. y s. Que incrusta.
INCRUSTANTE adj. Que incrusta o cubre con piedra: *fuente incrustante.*
INCRUSTAR v. t. Embutir: *incrustar nácar en la madera.* ‖ Cubrir con una costra pétrea. ‖ — V. r. Adherir fuertemente. ‖ *Fig.* Grabarse: *incrustarse una cosa en la memoria.*
INCUBACIÓN f. Acción de empollar las aves sus huevos. ‖ *Incubación artificial,* acción de encobar los huevos por medio del calor artificial. ‖ *Med.* Tiempo que transcurre entre la introducción en el organismo del germen de una enfermedad y la aparición de los primeros síntomas de la misma.

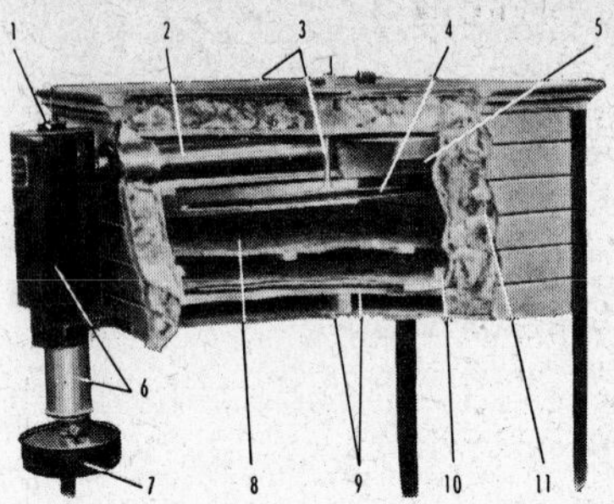

INCUBADORA

1. Válvula
2. Entrada de aire
3. Regulador
4. Termostato
5. Deflector
6. Generador de aire caliente
7. Lámpara
8. Cajón
9. Doble fondo
10. Cubeta de humedecimiento
11. Doble pared

INCUBADOR, RA adj. y s. f. Que sirve para la incubación artificial: *máquina incubadora.* || — F. Aparato que permite conservar a los recién nacidos prematuramente, en unas condiciones de temperatura, humedad y oxigenación convenientes.

INCUBAR v. i. (lat. *incubare*). Encobar huevos. || — V. t. Empollar.

ÍNCUBO adj. y s. Especie de demonio que tiene comercio carnal con una mujer.

INCUESTIONABLE adj. No cuestionable.

INCULCACIÓN f. Acción de inculcar.

INCULCADOR adj. y s. Que inculca.

INCULCAR v. t. (de *in,* y el lat. *calcare,* hollar). *Fig.* Repetir con empeño muchas veces una cosa a uno. || *Fig.* Imbuir con ahínco en el ánimo de uno una idea, un deseo. || Apretar demasiado. || *Impr.* Juntar demasiado las letras. || — V. r. Afirmarse una persona en su opinión.

INCULPABILIDAD f. Exención de culpa.

INCULPACIÓN f. Acusación oficial de un delito o de un crimen.

INCULPADO, DA adj. y s. Culpado, acusado de algo. || — SINÓN. *Acusado, culpable, delincuente, procesado.*

INCULPAR v. t. Culpar: *inculpar de robo.*

INCULTIVABLE adj. Que no puede cultivarse.

INCULTO, TA adj. Que no está cultivado: *dejar inculta una tierra.* || *Fig.* Descuidado: *barba inculta.* || Sin cultura intelectual o moral: *persona inculta.* (SINÓN. V. *Bruto.*)

INCULTURA f. Falta de cultivo o de cultura.

INCUMBENCIA f. Obligación de hacer una cosa: *eso no es de mi incumbencia.*

INCUMBIR v. i. (lat. *incumbere*). Estar a cargo de uno una cosa: *eso te incumbe a ti.*

INCUMPLIMIENTO m. Falta de cumplimiento.

INCUMPLIR v. t. Dejar de cumplir. (SINÓN. V. *Faltar.*)

INCUNABLE adj. y s. (del lat. *incunabulum,* cuna). Dícese de los libros publicados al principio de la imprenta hasta principios del siglo XVI.

INCURABILIDAD f. Calidad de incurable.

INCURABLE adj. Que no se puede curar: *mal incurable.* || *Fig.* Que no tiene enmienda: *vicio incurable.* || — M. y f. Enfermo incurable.

INCURIA f. Descuido. (SINÓN. V. *Negligencia.*)

INCURRIR v. i. Cometer: *incurrir en una culpa grave.* (SINÓN. V. *Faltar.*) || Merecer, atraerse: *incurrir en un castigo.*

INCURSIÓN f. *Mil.* Correría. (SINÓN. *Invasión, irrupción, razzia.*) || Acción de incurrir.

INDAGACIÓN f. Acción y efecto de indagar.

INDAGADOR, RA adj. y s. Que indaga.

INDAGAR v. t. (lat. *indagare*). Averiguar. (SINÓN. V. *Inquirir.*)

INDAGATORIO, RIA adj. *For.* Relativo a la averiguación de un hecho.

INDAYÉ m. *Riopl.* Especie de gavilán.

INDEBIDAMENTE adv. m. De un modo indebido.

INDEBIDO, DA adj. Ilícito, prohibido. || Que no se debe hacer.

INDECENCIA f. Carácter de lo que es indecente. (SINÓN. *Cochinería, grosería, marranada, porquería, villanía.*) || Acto vergonzoso o vituperable. (SINÓN. V. *Impudicia.*)

INDECENTE adj. Contrario a la decencia. (SINÓN. V. *Abyecto y obsceno.*)

INDECENTEMENTE adv. m. De modo indecente.

INDECIBLE adj. Que no se puede expresar: *pena indecible.* (SINÓN. V. *Indescriptible.*)

INDECIBLEMENTE adv. m. De modo indecible.

INDECISIÓN f. Falta de decisión o resolución. || — SINÓN. *Duda, escrúpulo, incertidumbre, irresolución, perplejidad, vacilación.*

INDECISO, SA adj. Irresoluto: *estar indeciso.* || Incierto, dudoso: *batalla indecisa.* || Vago, difícil de reconocer: *formas indecisas.*

INDECLARABLE adj. Que no se puede declarar.

INDECLINABLE adj. Que no puede evitarse. || Que no se declina: *palabra indeclinable.*

INDECOROSO, SA adj. Indecente, sin decoro.

INDEFECTIBILIDAD f. Calidad de lo que es indefectible.

INDEFECTIBLE adj. Dícese de lo que no puede faltar: *plazo indefectible.*

INDEFECTIBLEMENTE adv. m. De un modo indefectible: *vendrá indefectiblemente.*

INDEFENDIBLE o **INDEFENSIBLE** adj. Que no puede ser defendido: *causa indefendible.*

INDEFENSIÓN f. Falta de defensa.

INDEFENSO, SA adj. Que no tiene defensa: *animal indefenso.* (SINÓN. *Inerme.*)

INDEFINIBLE adj. Que no se puede definir: *color indefinible, turbación indefinible.*

INDEFINIDAMENTE adv. m. De un modo indefinido: *aplazar indefinidamente una solución.*

INDEFINIDO, DA adj. No definido. || Que no tiene límites señalados: *extensión indefinida.* || Indeterminado: *experimentar una sensación indefinida.* || *Artículos, adjetivos, pronombres indefinidos,* palabras que determinan o representan los nombres de una manera vaga, general (*Uno, una* son artículos; *alguno, cualquiera, cada* son adjetivos; *algo, todos, nadie* son pronombres indefinidos.) || *Pretérito indefinido,* tiempo verbal que indica la acción pasada con independencia de otra: *canté, fui.*

INDEFORMABLE adj. Que no se deforma.

INDEHISCENCIA f. Calidad de indehiscente.

INDEHISCENTE adj. *Bot.* No dehiscente, que no se abre por sí solo: *fruto indehiscente.*

INDELEBLE adj. Que no se puede borrar con facilidad: *marcar ropa con tinta indeleble.*

INDELEBLEMENTE adv. m. De modo indeleble.

INDELIBERADO, DA adj. Hecho sin deliberación, impensado, involuntario: *acto indeliberado.*

INDELICADEZA f. Falta de delicadeza, acción indelicada.

INDELICADO, DA adj. Falto de delicadeza.

INDEMNE adj. (lat. *indemnis*). Libre de daño: *salir indemne de un accidente.* (SINÓN. V. *Salvo.*)

INDEMNIDAD f. Seguridad que se da a alguien de que no sufrirá daño.

INDEMNIZACIÓN f. Acción de indemnizar. || Reparación legal de un daño o perjuicio causado. (SINÓN. V. *Compensación.*)

INDEMNIZAR v. t. Resarcir de un daño o perjuicio: *indemnizar a las víctimas de un accidente.*

INDEMOSTRABLE adj. Que no es demostrable: *los postulados son indemostrables.*

INDEPENDENCIA f. Estado de una persona o cosa independiente: *las guerras de la Independencia americana fueron heroicas.* || Entereza, firmeza de carácter: *mostrar gran independencia.* || Autonomía y especialmente la de un Estado que no es tributario ni depende de otro. (SINÓN. V. *Libertad.*)

INDEPENDERSE v. r. *Amer.* Emanciparse.

INDEPENDIENTE adj. Que no depende de otro. || Que no quiere depender de nadie: *un carácter muy independiente.* (SINÓN. V. *Libre.*) || Sin relación con: *punto independiente de la cuestión.* || — Adv. m. Independientemente.

INDEPENDIENTEMENTE adv. m. Con independencia: *obrar independientemente.*

INDEPENDISTA adj. y s. *Neol.* Que defiende la independencia.

INDEPENDIZARSE v. r. Hacerse independiente.

INDESCIFRABLE adj. Que no se puede descifrar: *las inscripciones etruscas son indescifrables.* (SINÓN. V. *Ilegible.*)

INDESCRIPTIBLE adj. Que no se puede describir: *alegría indescriptible.* || — SINÓN. *Indecible, inefable, inenarrable, inexpresable.*

INDESEABLE adj. y s. Dícese de un individuo cuya presencia no se acepta en un país, en un medio.

INDESTRUCTIBLE adj. Que no se puede destruir: *erigir un monumento indestructible.*

INDETERMINABLE adj. Dícese de lo que no se puede determinar con facilidad, indefinible.

INDETERMINACIÓN f. Falta de determinación: *la indeterminación de un problema.* (SINÓN. V. *Indecisión.*)

INDETERMINADO, DA adj. Que no está determinado: *espacio indeterminado.* || Indeciso. || *Ecuación indeterminada,* la que admite una infinidad de soluciones.

INDETERMINISMO m. Sistema filosófico según el cual la voluntad humana no está estrictamente determinada por los móviles de las acciones.

INDETERMINISTA m. Partidario del indeterminismo.

ÍNDEX m. Índice.

INDIAS f. pl. *Fig.* Abundancia de riquezas: *tiene las Indias.*

INDIADA f. *Amer.* Muchedumbre de indios.

INDIANA f. Tela de algodón pintada por un lado.

INDIANISMO m. Modismo de las lenguas de la India. || Ciencia de la lengua y civilización indias: *Schlegel defendió el indianismo.*

INDIANISTA com. Persona que se dedica al estudio de las lenguas y de la literatura del Indostán. || Persona amante de las cosas y costumbres aborígenes de América.

INDIANO, NA adj. y s. De las Indias Occidentales o América. || Dícese del que vuelve rico de América.

INDICACIÓN f. Acción de indicar o señalar. || Dato, informe: *dar una falsa indicación.* (SINÓN. V. *Signo.*) || *Chil.* Propuesta o consulta.

INDICADOR, RA adj. y s. m. Que sirve para indicar: *el indicador de la velocidad.* (SINÓN. V. *Guía.*) || — M. Substancia empleada en química para determinadas búsquedas.

INDICANTE adj. y s. Que indica o señala algo.

INDICAR v. t. (lat. *indicare*). Señalar, designar. (SINÓN. *Denotar, marcar, mostrar.*) || Enseñar a uno lo que busca: *indicar una calle.* || *Fig.* Probar: *esto indica mucha maldad.*

INDICATIVO, VA adj. Que indica o anuncia: *síntoma indicativo.* || — M. *Gram.* Uno de los modos del verbo, que expresa el estado, la existencia o la acción de un modo cierto y positivo.

INDICCIÓN f. Convocación de un concilio para día fijo: *bula de indicción.* || Prescripción para un día determinado: *ayuno de indicción.* || *Indicción romana,* período de quince años que, en Roma, desde Constantino, separaba dos recaudaciones de impuestos extraordinarios. (Úsase aún en las bulas eclesiásticas: *la primera indicción empezó el día primero de enero de 313.*)

ÍNDICE m. (lat. *index*). Lista de lo contenido en una obra. (SINÓN. V. *Tabla.*) || Catálogo de una biblioteca. || Indicio, señal. || Dedo segundo de la mano. || Manecilla del reloj. || Gnomon del reloj de sol. || Cifra que indica la evolución de una cantidad: *índice de precios.* || *Quím.* Número que indica la proporción de una substancia: *índice de acidez.* || *Mat. Índice de un radical,* cifra que indica el grado de la raíz. || Signo distintivo que se agrega a una letra. || *Fís. Índice de refracción,* relación entre el seno del ángulo de incidencia y el seno del ángulo de refracción. || *Índice de libros prohibidos,* catálogo de libros proscritos por la Iglesia Católica, determinados por el Santo Oficio. || *Fig. Meter* o *poner a una persona* o *cosa en el Índice,* excluirla, señalarla como peligrosa, desde el punto de vista católico.

INDICIAR v. t. Dar indicios. || Sospechar.

INDICIO m. (lat. *indicium*). Signo aparente y probable de que existe una cosa. || — SINÓN. *Indicación, muestra, seña.* V. tb. *signo.*

ÍNDICO, CA adj. Perteneciente o relativo a las Indias Orientales: *océano Índico.*

INDIFERENCIA f. Estado del ánimo en que no se siente inclinación ni repugnancia a un objeto, negocio o persona determinada. (SINÓN. V. *Apatía.*) || Estado de un cuerpo indiferente.

INDIFERENTE adj. Que no presenta motivo de preferencia: *estos dos caminos son indiferentes.* || Que causa poca impresión: *me dejó indiferente la noticia.* || Sin interés: *hablar de cosas indiferentes.* || Que por nada se conmueve: *hombre indiferente.* (SINÓN. *Desprendido, impasible.*) || *Fís.* Que no siente inclinación propia al movimiento o al descanso: *equilibrio indiferente.*

INDIFERENTEMENTE adv. m. Con indiferencia o frialdad: *acoger indiferentemente las proposiciones ventajosas que le hicieron.*

INDIFERENTISMO m. Indiferencia adoptada como sistema en política, en religión, etc.

INDÍGENA adj. y s. (lat. *indigena*). Originario del país: *planta indígena.* (SINÓN. *Aborigen, autóctono, nativo, natural.*) || Establecido en un país desde tiempo inmemorial.

INDIGENCIA f. Falta de recursos, pobreza suma, miseria: *vivir en la más completa indigencia.* (SINÓN. V. *Pobreza.*)

INDIGENISMO m. Género literario que elige tipos y asuntos indígenas. || Movimiento político-social americano en favor del elemento indígena.

INDIGENISTA adj. Relativo al indigenismo. || — M. y f. Persona partidaria del indigenismo.

INDIGENTE adj. y s. Muy pobre, sin recursos: *socorrer a los indigentes.* (SINÓN. V. *Mendigo.*)

INDIGESTARSE v. r. No digerirse con facilidad algún alimento: *se le indigestó la comida.* || *Fig.* y *fam.* No agradarle a uno alguien.

INDIGESTIÓN f. Indisposición causada por una mala digestión. || *Fig.* Saciedad, hartura.

INDIGESTO, TA adj. Dícese del alimento difícil de digerir. || *Fig.* Confuso, mal arreglado. (SINÓN. V. *Desagradable.*)

INDIGETE adj. y s. De una región de la España Tarraconense. || — M. pl. Nombre que daban los romanos a los dioses o patronos de una raza o ciudad.

INDIGNACIÓN f. Cólera y desprecio que suele excitar una cosa injusta: *expresar su indignación.*

INDIGNAMENTE adv. m. Con indignidad.

INDIGNAR v. t. (lat. *indignari*). Excitar la indignación. || — V. r. Sentir indignación.

INDIGNIDAD f. Carácter de una persona o cosa indigna. || Maldad, perversidad. || Afrenta.

INDIGNO, NA adj. Que no es digno: *indigno de vivir.* || Que no es propio de: *cometer una acción indigna.* || Malo, perverso, odioso. || Que deshonra: *tener una conducta indigna.*

ÍNDIGO m. (del lat. *indicus,* de la India). Añil.

INDILGAR v. t. *Amer.* Endilgar.

INDINO, NA adj. *Fam.* Travieso, descarado. || *Amer.* Pillo, bribón.

INDIO m. Metal blanco (In) de número atómico 49, que funde a 155° C y que se encuentra en la mayoría de las blendas.

INDIO, DIA adj. y s. De la India: *traje indio.* || Dícese del antiguo poblador de América y de sus descendientes. (V. *Parte hist.*) || Relativo a los indios: *lengua india.* || — M. *Fam. Hacer el indio,* hacer el tonto. || *Venez. ¡Entra, indio!,* reto en tono zumbón. || *Col. Conforme es el indio es la maleta,* de tal palo, tal astilla. || *Amér. C. Subírsele el indio* a uno, montar en cólera. || *Venez. Indio bravo,* una planta forrajera. — ARTE INDIO. Los monasterios y santuarios rupestres son las creaciones más originales de la arquitectura india antigua. Entre los siglos XII y XIV se levantaron grandes templos y edificios con remate piramidal y sobrecargados de cornisas. La época musulmana ha dejado monumentos grandiosos, como el palacio de Gualior. La escultura en bajorrelieve se manifiesta en las balaustradas y portadas (s. II y III). La iconografía budista se multiplica a partir del siglo IV, y la decoración en relieve se hace exuberante (s. VI y VII). Desde entonces, el relieve toma un carácter puramente ornamental. En cuanto a la pintura, el fresco alcanza su apogeo en el siglo VI y la miniatura en la época mongólica. Más tarde, la tradición musulmana coexiste con las numerosas tendencias locales.

INDIO, DIA adj. De color azul.

INDIÓFILO, LA adj. y s. Amigo de los indios.

INDIRECTA f. Medio indirecto de que uno se vale para dar a entender una cosa sin expresarla: *echar indirectas.*

INDIRECTAMENTE adv. m. De modo indirecto: *contribuyó indirectamente a esta obra.*

INDIRECTO, TA adj. Que no es directo: *camino indirecto.* (SINÓN. *Desviado, oblicuo.*) || *Complemento indirecto,* aquel que expresa fin, daño o provecho de la acción verbal. || *Estilo indirecto,* procedimiento literario por el cual se reproduce lo dicho o escrito por otro, incorporándolo al período general: *dijo que todo estaba perdido.* (En *estilo directo* sería: *dijo: todo está perdido.*)
INDISCIPLINA f. Falta de disciplina: *la indisciplina en los ejércitos es causa segura de derrota.* (SINÓN. V. *Desobediencia.*)
INDISCIPLINABLE adj. Incapaz de disciplinarse, indócil: *tropa indisciplinable.*
INDISCIPLINADO, DA adj. Rebelde a toda disciplina: *castigar a un niño indisciplinado.* (SINÓN. V. *Indócil.*)
INDISCIPLINARSE v. r. Quebrantar la disciplina: *se indisciplinaron los alumnos.*
INDISCRECIÓN f. Falta de discreción, revelación de un secreto. || Acción, palabra indiscreta: *cometer indiscreciones.*
INDISCRETAMENTE adv. m. Sin discreción.
INDISCRETO, TA adj. y s. Imprudente, que obra sin discreción. || Que carece de discreción: *dirigir una pregunta indiscreta.* || — SINÓN. *Curioso, escudriñador, fisgador, fisgón, hurón, parlanchín.* V. tb. *importuno.*
INDISCULPABLE adj. Que no tiene disculpa. || *Fig.* Que difícilmente puede disculparse.
INDISCUTIBLE adj. Que no puede discutirse o combatirse: *derecho indiscutible.*
INDISCUTIBLEMENTE adv. m. De un modo indiscutible: *indiscutiblemente cierto.*
INDISOLUBILIDAD f. Calidad de indisoluble.
INDISOLUBLE adj. Que no se puede disolver o desatar: *un amor indisoluble.*
INDISOLUBLEMENTE adv. m. De un modo indisoluble: *estar indisolublemente unidos.*
INDISPENSABLE adj. Que no se puede dispensar: *deber indispensable.* || Necesario o inevitable.
INDISPONER v. t. Alterar ligeramente la salud: *el calor indispone a muchas personas.* || Privar de la disposición conveniente. || *Fig.* Malquistar: *le indispusieron con su primo.* || — IRREG. Se conjuga como *poner.*
INDISPONIBILIDAD f. Calidad o carácter de indisponible.
INDISPONIBLE adj. Que no puede disponerse.
INDISPOSICIÓN f. Incomodidad ligera, malestar. (SINÓN. V. *Enfermedad.*) || Falta de disposición para una cosa.
INDISPUESTO, TA adj. Ligeramente enfermo. (SINÓN. V. *Enfermo.*) || Enfadado.
INDISPUTABLE adj. Que no admite disputa.
INDISTINGUIBLE adj. Lo que no se distingue. || *Fig.* Muy difícil de distinguir.
INDISTINTAMENTE adv. m. De una manera indistinta: *pronunciar indistintamente.* || Sin hacer diferencia: *indistintamente unos y otros.*
INDISTINTO, TA adj. Que no se distingue bien o que no se percibe claramente: *hablar con voz indistinta.* || Dícese de la cuenta corriente, depósito, etc., hecho por dos o más personas, de las cuales puede disponer cualquiera de ellas: *cuenta indistinta.*
INDITA f. *Méx.* Corrido, romance. || Danza.
INDIVIDUACIÓN f. Individualidad.
INDIVIDUAL adj. Perteneciente al individuo: *cualidad individual.* || Que concierne a una persona. || *Col., Chil.* y *Venez.* Idéntico.
INDIVIDUALIDAD f. Lo que constituye el individuo. || Originalidad propia de una persona o cosa.
INDIVIDUALISMO m. Sistema del aislamiento de los individuos en la sociedad. || Existencia individual. || Egoísmo. || *Fil.* Concepción del mundo, doctrina, teoría o comportamiento humano basado en la primacía del individuo, de lo individual.
INDIVIDUALISTA adj. y s. Partidario del individualismo: *teoría individualista.* || *Por ext.* Que no cuida más que de sí mismo.
INDIVIDUALIZACIÓN f. Conjuto de características o elementos que diferencia una persona de las demás.
INDIVIDUALIZAR v. t. Individuar.
INDIVIDUALMENTE adv. m. Con individualidad, de un modo individual. || Uno a uno.
INDIVIDUAR v. t. Especificar una cosa. || Determinar individuos de una misma especie.
INDIVIDUO, A adj. Individual o indivisible. || — M. Cualquier ser, vegetal o animal, respecto de su especie. || Persona considerada aisladamente, con relación a una colectividad. (SINÓN. V. *Persona.*) || Miembro de una clase o corporación. || *Fam.* Hombre indeterminado, de quien no se sabe o no se quiere decir el nombre: *acercóse a él un individuo.* (Suele usarse familiarmente el fem. *individua.*) || *Fam.* La persona propia: *cuidar bien de su individuo.*
INDIVISAMENTE adv. m. Sin división.
INDIVISIBILIDAD f. Calidad de indivisible.
INDIVISIBLE adj. Que no puede ser dividido o partido. || *For.* Dícese de la cosa que no admite división.
INDIVISIÓN f. Estado de lo no dividido.
INDIVISO, SA adj. y s. No dividido: *finca indivisa.*
INDO, DA adj. y s. Indio, de la India.
INDÓCIL adj. Que no es dócil: *un niño indócil.* || — SINÓN. *Díscolo, indisciplinado, indomable, indómito, obstinado, reacio, rebelde, recalcitrante, refractario.*
INDOCILIDAD f. Carácter del que no es dócil. (SINÓN. V. *Resistencia.*)
INDOCTO, TA adj. Que no es docto, ignorante.
INDOCUMENTADO, DA adj. y s. Dícese del que no lleva consigo documento que pruebe su identidad. || *Fig.* Dícese de la persona sin arraigo ni respetabilidad.
INDOCHINO, NA adj. y s. De Indochina.
INDOEUROPEO, A adj. y s. Dícese de un grupo de lenguas habladas actualmente en Europa y en una parte de otros continentes, a la cual los lingüistas han dado un origen común. || Se dice de esta lengua oriental y de los pueblos que la han hablado.
INDOGERMÁNICO, CA adj. Indoeuropeo.
ÍNDOLE f. Condición e inclinación natural propia de cada uno: *ser de mala índole.* || Condición o calidad de las cosas. (SINÓN. V. *Especie.*)
INDOLENCIA f. Calidad de indolente. (SINÓN. V. *Apatía.*)
INDOLENTE adj. Que no duele, indoloro. || Perezoso, apático o desidioso. (SINÓN. V. *Insensible* y *ocioso.*)
INDOLENTEMENTE adv. m. Con indolencia.
INDOLORO, RA adj. Que no causa dolor.
INDOMABLE adj. Que no puede domarse o someterse: *caballo indomable.* (SINÓN. V. *Indócil.*)
INDOMADO, DA adj. Sin domar: *fiera indomada.*
INDOMESTICABLE adj. No domesticable.
INDÓMITO, TA adj. Dícese del animal que no está domado o que no se puede domar: *un potro indómito.* || *Fig.* Difícil de contener: *carácter indómito.* (SINÓN. V. *Indócil.*)
INDONÉSICO, CA adj. De Indonesia.
INDONESIO, SIA adj. y s. De Indonesia. || — M. Lengua oficial de Indonesia.
INDOSTANÉS, ESA adj. y s. Del Indostán.
INDOSTANÍ m. Una de las lenguas habladas en la India: *el indostaní se deriva del sánscrito.*
INDOSTÁNICO, CA adj. Del Indostán.
INDOSTANO adj. y s. Indostanés.
INDUBITABLE adj. Indudable, seguro, cierto.
INDUCCIÓN f. (lat. *inductio,* de *in,* en, y *ducere,* conducir). Acción y efecto de inducir. || Modo de razonar que consiste en sacar de los hechos particulares una conclusión general: *la inducción desempeña gran papel en las ciencias experimentales.* || *Electr.* Producción de corrientes eléctricas llamadas *corrientes de inducción,* en un circuito, bajo la influencia de otra corriente eléctrica o de un imán.
INDUCIDO m. *Fís.* Empléase como sinónimo de *circuito inducido,* aquel por el que pasa la corriente inducida: *un inducido de alambre de cobre.* || Parte de las dinamos y alternadores en la que por inducción se produce la corriente eléctrica.
INDUCIDOR, RA adj. y s. Que induce.
INDUCIR v. t. (lat. *inducere*). Instigar, persuadir: *inducir en un error.* (SINÓN. V. *Invitar.*) || Deducir: *de todo esto induzco que...* (SINÓN. V. *Concluir.*) || *Fís.* Producir fenómenos eléctricos de inducción. || *Amer.* Provocar. || — IRREG. Se conjuga como *conducir.*

INDUCTANCIA f. La resistencia de una corriente inductiva.
INDUCTIVIDAD f. *Fís.* Propiedad que tienen las corriente de intensidad variable de crear corrientes inducidas.
INDUCTIVO, VA adj. Que se hace por inducción: *el método inductivo.* || Perteneciente a la inducción.
INDUCTOR, RA adj. y s. Que induce: *circuito inductor.* (SINÓN. V. *Instigador.*) || — M. *Fís.* Órgano de una máquina eléctrica destinado a producir la inducción magnética.
INDUDABLE adj. Cierto, seguro, que no puede dudarse: *este libro tendrá un éxito indudable.*
INDUDABLEMENTE adv. m. De modo indudable. (SINÓN. V. *Seguramente.*)
INDULGENCIA f. Facilidad en perdonar las culpas ajenas. || Remisión parcial o plenaria que concede la Iglesia de las penas merecidas por los pecados. || *Indulgencia plenaria,* aquella por la cual se perdona toda la pena. || — CONTR. *Severidad.*
INDULGENCIAR v. t. Conceder la Iglesia una indulgencia: *indulgenciar una oración.*
INDULGENTE adj. Que muestra indulgencia: *una madre es siempre indulgente.* || — SINÓN. *Benigno, clemente, tolerante.* V. tb. *conciliador* y *humano.* || — CONTR. *Severo.*
INDULGENTEMENTE adv. m. Con indulgencia.
INDULTAR v. t. Perdonar a uno una pena u obligación: *indultar a un reo.* (SINÓN. V. *Graciar.*) || — V. r. *Bol.* Entrometerse. || *Cub.* Salir de una situación comprometida o difícil.
INDULTO m. Gracia o privilegio extraordinario concedido a uno. || Remisión de la totalidad o parte de una pena: *acogerse a un indulto.* (SINÓN. V. *Amnistía* y *perdón.*)
INDUMENTARIA f. Estudio de los trajes. || *Fam.* Vestido: *remendar la indumentaria.*
INDUMENTARIO, RIA adj. Del vestido.
INDUMENTO m. (lat. *indumentum*). Vestidura.
INDURACIÓN f. *Med.* Endurecimiento.
INDURAR v. t. Endurecer: *tumor indurado.*
INDUSTRIA f. (lat. *industria*). Inteligencia: *tener mucha industria.* (SINÓN. V. *Destreza.*) || Profesión, oficio: *ejercer una industria.* || Conjunto de las operaciones que concurren a la transformación de las materias primas y la producción de la riqueza: *la industria del hierro, la industria agrícola.* (SINÓN. V. *Fábrica.*) || Conjunto de industrias: *la industria catalana.* || *Industria pesada,* dícese de la minería y de la gran industria metalúrgica.
INDUSTRIAL adj. Que concierne la industria: *profesión industrial.* || *Centro industrial,* punto donde reina gran actividad industrial: *Barcelona es el primer centro industrial de España.* || — M. El que se dedica a la industria.
INDUSTRIALISMO m. Sistema que consiste en considerar la industria como fin principal de nuestra actividad. || Preponderancia del elemento industrial.
INDUSTRIALISTA adj. Partidario del industrialismo.
INDUSTRIALIZACIÓN f. Aplicación de los procedimientos de la industria a: *la industrialización de la agricultura.* || Desarrollo y expansión de la industria en un país, una región, una ciudad: *la industrialización de España.*
INDUSTRIALIZAR v. t. Dar carácter industrial a una cosa. || Dar predominio a las industrias.
INDUSTRIAR v. t. Instruir, enseñar. || — V. r. Arreglarse, amañarse, ingeniarse.
INDUSTRIOSAMENTE adv. m. Con industria, mañosamente: *trabajar industriosamente.*
INDUSTRIOSO, SA adj. Que tiene industria o maña: *hombre industrioso.* (SINÓN. V. *Diestro.*) || Trabajador.
INECUACIÓN f. *Mat.* Desigualdad entre dos expresiones algebraicas de una o varias incógnitas, que sólo se verifica para ciertos valores de esas incógnitas.
INEDIA f. Ayuno largo y voluntario.
INÉDITO, TA adj. No publicado: *poema inédito.* (SINÓN. V. *Original.*)
INEDUCACIÓN f. Falta de educación.
INEDUCADO, DA adj. Mal educado: *una persona ineducada.*
INEFABILIDAD f. Calidad de lo inefable.
INEFABLE adj. Que no se puede explicar con palabras: *sentir alegría inefable.* (SINÓN. V. *Indescriptible.*)
INEFABLEMENTE adv. De modo inefable.
INEFICACIA f. Falta de eficacia.
INEFICAZ adj. No eficaz: *un remedio ineficaz.*
INEJECUCIÓN f. Falta de ejecución.
INEJECUTABLE adj. Que no puede ejecutarse.
INELEGANCIA f. Falta de elegancia.
INELEGANTE adj. Que no es elegante.
INELEGIBLE adj. Que no se puede elegir.
INELUCTABLE adj. Inevitable, que no se puede luchar contra ello: *hado ineluctable.*
INELUDIBLE adj. Que no puede eludirse.
INEMBARGABLE adj. Que no puede ser objeto de embargo.
INENARRABLE adj. Que no puede contarse: *realizar proezas inenarrables.* || Inefable, indecible. (SINÓN. V. *Indescriptible.*)
INEPCIA f. Necedad, estupidez. || *Guat.* y *Hond.* Ineptitud.
INEPTITUD f. Carácter de inepto. || — SINÓN. *Impericia, incapacidad, inexperiencia, insuficiencia, torpeza.*
INEPTO, TA adj. y s. Necio: *cometer una acción inepta.* (SINÓN. V. *Estúpido.*) || No apto o a propósito para algo.
INEQUÍVOCO, CA adj. Que no admite equivocación; seguro: *señales inequívocas.*
INERCIA f. Estado de lo que está inerte. (SINÓN. V. *Inacción.*) || *Fig.* Falta de actividad o de energía. (SINÓN. V. *Apatía.*) || *Fuerza de inercia,* propiedad que poseen los cuerpos de permanecer en el estado de reposo o de movimiento hasta que los saque de él una causa extraña. || *Fig.* Resistencia pasiva, que consiste sobre todo en no obedecer.
INERME adj. Sin armas. || *Bot.* Sin espinas.
INERTE adj. Que carece de actividad y movimiento propio: *masa inerte.* || *Fig.* Que no tiene actividad moral o intelectual. || — SINÓN. *Átono, inactivo, inútil, pasivo.* V. tb. *insensible.* || — CONTR. *Activo.*
INERVACIÓN f. *Fisiol.* Modo de acción propio de los elementos nerviosos.
INESCRUTABLE adj. Que no se puede escudriñar o investigar: *sus intenciones son inescrutables.* (SINÓN. V. *Incomprensible.*)
INESCUDRIÑABLE adj. Inescrutable.
INESPERADAMENTE adv. m. De un modo inesperado: *ocurrió el suceso inesperadamente.*
INESPERADO, DA adj. Que no se espera: *acontecimiento inesperado.* (SINÓN. V. *Imprevisto.*)
INESTABILIDAD f. Falta de estabilidad.
INESTABLE adj. No estable. || *Quím.* Que se descompone fácilmente.
INESTÉTICO, CA adj. No estético.
INESTIMABLE adj. Que no puede ser estimado en su valor: *la franqueza es una calidad inestimable.*
INESTIMADO, DA adj. Que no es estimado. || Que está sin apreciar ni tasar.
INEVITABLE adj. Dícese de aquello que no se puede evitar: *peligro inevitable.* || — SINÓN. *Forzoso, ineluctable, obligatorio.* V. tb. *fatal.*
INEVITABLEMENTE adv. De modo inevitable.
INEXACTAMENTE adv. m. De un modo inexacto.
INEXACTITUD f. Falta de exactitud: *observar las inexactitudes de un relato.* (SINÓN. V. *Error.*)
INEXACTO, TA adj. Falto de exactitud o puntualidad: *hombre inexacto.* (SINÓN. V. *Falso.*)
INEXCUSABLE adj. Dícese de aquello que no puede excusarse o perdonarse: *falta inexcusable.*
INEXHAUSTIBLE adj. Que no puede agotarse: *una producción inexhaustible.*
INEXHAUSTO, TA adj. No agotado.
INEXIGIBILIDAD f. Carácter de lo que no se puede exigir.
INEXIGIBLE adj. Que no se puede exigir: *deuda inexigible.*
INEXISTENCIA f. Falta de existencia.
INEXISTENTE adj. Dícese de lo que no existe. || *Fig.* Que aunque existe se considera nulo.
INEXORABLE adj. Que no se deja vencer por súplicas: *juez inexorable.* (SINÓN. V. *Severo.*) Duro: *las leyes inexorables de Dracón.* (SINÓN. V. *Inhumano.*) || — CONTR. *Misericordioso.*

INEXPERIENCIA f. Falta de experiencia: *la inexperiencia de la juventud.* (SINÓN. V. *Ineptitud.*)
INEXPERTO, TA o **INEXPERIMENTADO, DA** adj. y s. Sin experiencia: *obrero inexperto.* (SINÓN. V. *Nuevo.*)
INEXPIABLE adj. Que no se puede expiar. ‖ *Guerra inexpiable,* lucha de Cartago contra sus mercenarios rebelados, después de la primera guerra púnica (264-241).
INEXPLICABLE adj. Que no puede explicarse, incomprensible: *proponer un enigma inexplicable.* ‖ *Lo inexplicable,* lo que no puede explicarse: *lo inexplicable nos desconcierta.*
INEXPLICABLEMENTE adv. m. De modo inexplicable: *obrar inexplicablemente.*
INEXPLORADO, DA adj. No explorado. (SINÓN. V. *Desconocido.*)
INEXPLOTABLE adj. Que no puede explotarse: *hay minas que son inexplotables.*
INEXPRESABLE adj. Que no se puede expresar. (SINÓN. V. *Indescriptible.*)
INEXPRESADO, DA adj. No expresado.
INEXPRESIVIDAD f. Calidad de inexpresivo.
INEXPRESIVO, VA adj. Dícese de aquello que carece de expresión: *un rostro inexpresivo.*
INEXPUGNABLE adj. Que no se puede tomar al asalto: *plaza inexpugnable.* ‖ *Fig.* Que no se deja vencer por nada: *una virtud inexpugnable.*
INEXTENSIBILIDAD f. Calidad de inextensible: *el metal invar presenta inextensibilidad completa, incluso con el calor.*
INEXTENSIBLE adj. Que no puede extenderse: *hilo metálico inextensible.*
INEXTENSO, SA adj. Sin extensión.
INEXTINGUIBLE adj. Que no puede apagarse: *el fuego griego era inextinguible.* (SINÓN. V. *Inagotable.*) ‖ Que no puede contenerse: *risa inextinguible.*
INEXTIRPABLE adj. Que no puede ser extirpado: *un prejuicio inextirpable.*
IN EXTREMIS loc. lat. En el último momento.
INEXTRICABLE adj. Difícil de desenredar, enmarañado, muy enredado: *un laberinto inextricable.* (SINÓN. V. *Obscuro.*)
INFALIBILIDAD f. Imposibilidad de equivocarse. ‖ *Infalibilidad pontificia,* dogma proclamado por el Concilio Vaticano, en 1870, según el cual el Papa no puede equivocarse en materia de fe cuando habla ex cáthedra.
INFALIBLE adj. Que no puede engañar: *remedio infalible.* ‖ Que no puede engañarse: *Dios es infalible.* ‖ Seguro, cierto, inevitable: *un éxito infalible.*
INFALIBLEMENTE adv. m. De modo infalible: *juzgar infaliblemente.* (SINÓN. V. *Seguramente.*)
INFALSIFICABLE adj. Que no se puede falsificar: *moneda infalsificable.*
INFAMACIÓN f. Acción y efecto de infamar.
INFAMADOR, RA adj. y s. Que infama o deshonra.
INFAMANTE adj. Que infama: *la exposición en la picota era una pena infamante.*
INFAMAR v. t. Causar infamia, deshonrar: *esa conducta le infama.*
INFAMATORIO, RIA adj. Que infama.
INFAME adj. y s. (lat. *infamis,* de *in,* sin, y *fama,* reputación). Que carece de honra, censurable: *acción infame.* (SINÓN. V. *Abyecto*). ‖ Envilecedor: *traición infame.* ‖ Sucio, indecente, inmundo: *una pocilga infame.*
INFAMEMENTE adv. m. De un modo infame.
INFAMIA f. Carácter de lo que es infame. ‖ Deshonra, vergüenza pública. (SINÓN. V. *Oprobio.*) ‖ Acción o palabra infame.
INFANCIA f. (lat. *infantia*). Período de la vida del hombre, desde su nacimiento hasta la pubertad. ‖ *Fig.* Conjunto de niños. ‖ *Fig.* El principio de una cosa: *la infancia del mundo.*
INFANTA f. Niña pequeña. ‖ Nombre que se da a las hijas legítimas del rey. ‖ Mujer de un infante.
INFANTADO m. Territorio de un infante o infanta.
INFANTE m. (lat. *infans, antis*). Niño pequeño. ‖ Nombre que se da a los hijos legítimos del rey a partir del segundo. ‖ Soldado de infantería. ‖ En algunas catedrales, muchacho que sirve en el coro.
INFANTERÍA f. Conjunto de la tropa que sirve a pie. (La *infantería* está encargada, desde el siglo XVIII, de la misión principal del combate: asegurar la conquista, la ocupación y la defensa del terreno.) ‖ *Infantería ligera,* la que sirve en guerrillas, avanzadas y descubiertas. ‖ *Infantería de marina,* la destinada a operaciones de desembarco y a guarnecer los buques de guerra, arsenales, etc. ‖ *Infantería motorizada,* la que dispone de medios de transporte para desplazarse rápidamente.
INFANTICIDA adj. y s. (del lat. *infans, tis,* niño, y *caedere,* matar). Persona que comete un infanticidio.
INFANTICIDIO m. Muerte dada a un niño.
INFANTIL adj. Perteneciente o relativo a la infancia o a los niños: *enfermedades infantiles.* ‖ Persistencia en una persona adulta de los caracteres físicos y mentales propio de la infancia.
INFANTILIDAD f. Carácter infantil.
INFANTILISMO m. Calidad de infantil. ‖ Persistencia anormal de los caracteres de la infancia en la edad adulta. ‖ Detención del desarrollo de un individuo, debido a una insuficiencia endocrina.
INFANZÓN m. El hijodalgo de señorío limitado.
INFANZONÍA f. Calidad de infanzón.
INFARTAR v. t. Causar infarto.
INFARTO m. (del lat. *infarctus,* hinchazón). *Med.* Aumento del tamaño de un órgano enfermo: *infarto del hígado.* ‖ Degeneración de un tejido por obstrucción de la circulación sanguínea. El *infarto del miocardio,* consecutivo a la coronaria, es una lesión del corazón de gravedad variable que impone siempre un reposo absoluto. El *infarto pulmonar* es debido frecuentemente a una embolia provocada por una flebitis.
INFATIGABLE adj. Incansable: *un trabajador infatigable.*
INFATIGABLEMENTE adv. m. Sin fatigarse. ‖ Con perseverancia.
INFATUACIÓN f. Satisfacción excesiva y ridícula que uno tiene de sí mismo.
INFATUAR v. t. Volver fatuo, envanecer, engreír: *infatuarse con el éxito.*
INFAUSTO, TA adj. Desgraciado: *suceso infausto.* (SINÓN. V. *Fatal.*)
INFEBRIL adj. Sin fiebre.
INFECCIÓN f. Acción y efecto de inficionar. (SINÓN. *Epidemia, plaga.* V. tb. *hediondez.*) ‖ Alteración producida en el organismo por la presencia de ciertos parásitos: *la infección tuberculosa.* (SINÓN. V. *Contagio.*)
INFECCIONAR v. t. Inficionar.
INFECCIOSO, SA adj. Causa de infección, que provoca infección: *foco infeccioso.* ‖ Dícese de lo que resulta de la infección: *una enfermedad infecciosa.*
INFECTADO, DA adj. Inficionado, contagiado.
INFECTAR v. t. Inficionar, corromper.
INFECTO, TA adj. Inficionado, contagiado. ‖ Que huele muy mal, pestilente: *charca infecta.* (SINÓN. V. *Repugnante.*)
INFECUNDIDAD f. La ausencia de fecundidad.
INFECUNDO, DA adj. Estéril, sin fecundidad.
INFELICIDAD f. Desgracia, falta de felicidad.
INFELIZ adj. y s. Desgraciado. (SINÓN. V. *Pobre.*) ‖ *Fam.* Bondadoso y sencillo: *ese hombre es un infeliz.*
INFELIZOTE m. Persona sencilla y bonachona.
INFERENCIA f. Ilación, consecuencia.
INFERIOR adj. (del lat. *inferior,* comparativo de *inferus,* que está debajo). Colocado debajo: *la mandíbula inferior del hombre es móvil.* ‖ *Fig.* Menor, menos importante: *persona de calidad inferior.* (SINÓN. V. *Mediano.*) ‖ — Adj. y s. Subordinado: *hombre cortés con sus inferiores.* (SINÓN. *Subalterno.*)
INFERIORIDAD f. Calidad de lo que es inferior: *reconocer su inferioridad.* ‖ Situación inferior. ‖ *Complejo de inferioridad,* estado psicológico mórbido en el cual el sujeto, teniendo la convicción íntima de ser inferior a los otros que le rodean, adopta una actitud anormal: hostilidad, provocación, desconfianza, apatía, timidez.
INFERIORMENTE adv. m. De modo inferior.
INFERIR v. t. Sacar una consecuencia de una cosa. (SINÓN. V. *Concluir* y *resultar.*) ‖ Causar, ocasionar: *inferir una ofensa.* ‖ — IRREG. Se conjuga como *herir.*
INFERNÁCULO m. Juego de muchachos, que también se llama *rayuela y piso.*

INFERNAL adj. Del infierno: *abismos infernales.* || *Piedra infernal,* nitrato de plata, que sirve para cauterizar. || *Fig.* Malo, perverso: *treta infernal.* || *Fig.* y *fam.* Dícese de lo que causa sumo disgusto: *ruido infernal.*
INFERNAR v. t. Hacer que merezca uno la pena del infierno. || *Fig.* Irritar. || — IRREG. Se conjuga como *gobernar.*
INFERNILLO m. Infiernillo.
ÍNFERO, RA adj. *Bot.* Dícese del ovario situado bajo el plano de inserción de los verticilos externos.
INFESTACIÓN f. Acción y efecto de infestar o inficionar. || *Med.* Invasión del organismo por un microbio.
INFESTAR v. t. (lat. *infestare*). Inficionar, apestar. (SINÓN. V. *Envenenar.*) || Causar estragos con correrías: *los bandidos infestaban la comarca.* || Abundar ciertos animales dañinos: *los ratones infestan algunas ciudades.*
INFESTO, TA adj. *Poét.* Perjudicial, nocivo.
INFICIONAR v. t. (lat. *inficere*). Corromper, contagiar: *inficionar una fuente.* || *Fig.* Corromper con malas doctrinas o ejemplos.
INFIDELIDAD f. Falta de fidelidad: *la infidelidad de un amigo.* (SINÓN. V. *Traición.*) || Falta de exactitud: *la infidelidad de un historiador.* || Acción infiel: *empleado que comete una infidelidad.* || Carencia de fe católica. || Conjunto de los infieles.
INFIEL adj. y s. Falto de fidelidad: *amigo infiel.* (SINÓN. V. *Desleal.*) || Que no profesa la fe verdadera: *convertir infieles.* (SINÓN. V. *Pagano.*) || Falto de exactitud: *relato infiel.*
INFIERNILLO m. Utensilio doméstico con lamparilla, generalmente de alcohol, para calentar.
INFIERNITO m. *Cub.* Luz de bengala blanca. || *Méx.* Un juego de niños.
INFIERNO m. (lat. *infernus,* de *infer,* inferior). Lugar destinado para el suplicio de los réprobos: *los tormentos del infierno.* || Tormento de los réprobos. || Estancia de las almas, en la mitología pagana. (En este sentido se emplea generalmente en plural.) || *Fig.* Demonio: *las sugestiones del infierno.* || Uno de los cuatro novísimos. || Limbo o seno de Abrahán donde esperaban los justos. || *Fig.* Lugar donde se sufre mucho. || Lugar de desorden: *esta casa es un infierno.* || Suplicio moral: *llevar el infierno en el corazón.* || *Fig. En el quinto infierno,* o *en los quintos infiernos,* muy lejos. || *Cub.* Cierto juego de naipes.
INFIGURABLE adj. Dícese de lo que no puede representarse con figura corporal: *un ser infigurable.*
INFILTRACIÓN f. Paso lento de un líquido a través de los poros de un cuerpo. || *Med.* Derrame de humores a través de una parte sólida del cuerpo.
INFILTRAR v. t. Introducir lentamente un líquido a través de los poros de un sólido. || *Fig.* Insinuar. Ú. t. c. r.
ÍNFIMO, MA adj. (lat. *infimus*). Muy bajo: *las clases más ínfimas de la sociedad.* (SINÓN. V. *Pequeño.*)
INFINIDAD f. Calidad de infinito. || *Fig.* Gran número: *sometida a una infinidad de males.*
INFINITAMENTE adv. m. De un modo infinito: *los infinitamente pequeños.*
INFINITESIMAL adj. Infinitamente pequeño: *cantidad infinitesimal.* || *Cálculo infinitesimal,* parte de las matemáticas que comprende el cálculo diferencial y el cálculo integral.
INFINITÉSIMO, MA adj. Infinitamente pequeño.
INFINITIVO, VA adj. *Gram.* De la naturaleza del infinitivo: *proposición infinitiva.* || — M. Modo del verbo que expresa su acción de una manera general e indeterminada, como *amar.* || — OBSERV. El infinitivo puede ser sustantivo, siempre masculino, y se comporta gramaticalmente como él: *el deber, el amar, el salir, son infinitivos substantivados.* Debe evitarse el empleo del infinitivo con valor de imperativo.
INFINITO, TA adj. Que no tiene fin: *suplicio infinito.* || Que no tiene límites: *el espacio celeste es infinito.* (SINÓN. *Absoluto, extenso, ilimitado.*) || Muy extenso: *saber infinito.* || Muy largo: *tiempo infinito.* || — Adv. m. Mucho: *lo celebro infinito.* || *A lo infinito,* m. adv., sin límites, extremadamente. || — M. *Mat.* Signo (∞) que sirve para significar un valor mayor que cualquier cantidad asignable. || *Fot.* Zona que comprende todos los objetos que dan una imagen clara en el plano focal.
INFINITUD f. Infinidad.
INFIRMAR v. t. *For.* Invalidar, anular.
INFLACIÓN f. Acción de inflar. || *Fig.* Engreimiento. || Desequilibrio económico caracterizado por la subida general de precios y que proviene del aumento del papel moneda.
INFLACIONISMO m. Inflación.
INFLACIONISTA adj. y s. Partidario de la inflación o que la fomenta. || — Adj. Que tiende a la inflación.
INFLADOR m. Aparato para inflar.
INFLAMABILIDAD f. Calidad de inflamable.
INFLAMABLE adj. Dícese de lo que es fácil de inflamarse: *el éter es un líquido muy inflamable.* (SINÓN. V. *Combustible.*)
INFLAMACIÓN f. Acción de inflamarse una substancia combustible. || *Med.* Reacción orgánica curativa que se establece en torno de un cuerpo extraño, generalmente microbiano, caracterizada por enrojecimiento, calor, tumefacción y dolor.
INFLAMAR v. t. (lat. *inflammare*). Encender: *inflamar un papel.* || *Fig.* Acalorar las pasiones del ánimo: *inflamar los ánimos.* (SINÓN. *Electrizar, enardecer, encender.*) || — V. r. Encenderse. || *Fig.* Enardecerse. || Ponerse colorada una cosa.
INFLAMATORIO, RIA adj. *Med.* Que causa inflamación o procede de ella: *una fiebre inflamatoria.*
INFLAMIENTO m. Inflación.
INFLAR v. t. (lat. *inflare*). Hinchar un objeto con aire o gas: *inflar un globo.* || *Fig.* Envanecer, engreír. || *Fig.* Exagerar, abultar.
INFLATIVO, VA adj. Que infla o hincha.
INFLEXIBILIDAD f. Calidad de inflexible o rígido. || *Fig.* Extremada firmeza de ánimo: *la inflexibilidad de Bruto es proverbial.*
INFLEXIBLE adj. Incapaz de doblarse. (SINÓN. V. *Constante.*) || *Fig.* Que no se conmueve ni se doblega: *tener un carácter inflexible.* (SINÓN. V. *Inhumano, severo* y *testarudo.*)
INFLEXIBLEMENTE adv. m. Con inflexibilidad.
INFLEXIÓN f. Acción de doblar o inclinar: *inflexión del cuerpo.* || *Inflexión de la voz,* cambio de tono o de acento en la voz. || *Gram.* Flexión. || *Geom.* Punto en que cambia una curva de sentido. || *Fís.* Desviación: *la inflexión de un rayo de luz.*
INFLIGIR v. t. (lat. *infligere*). Imponer un castigo: *infligir una corrección.* || — PARÓN. *Infringir, afligir.*
INFLORESCENCIA f. (del lat. *inflorescere,* comenzar a florecer). *Bot.* Orden con que brotan las flores en las plantas: *inflorescencia en corimbo.* || Conjunto de estas flores.
INFLUENCIA f. Acción que ejerce una cosa sobre una persona o sobre otra cosa: *influencia de la opinión pública.* || Autoridad, importancia: *tener influencia en la sociedad.* (SINÓN. *Ascendiente, crédito, dominio, influjo, prestigio.*)
INFLUENCIAR v. t. Influir. || — OBSERV. Este verbo, considerado incorrecto, es de uso común y empleado por muchos escritores.
INFLUENTE adj. Que influye.
INFLUENZA f. Gripe.
INFLUIR v. i. (del lat. *in,* en, y *fluere,* correr). Ejercer una acción. || *Fig.* Contribuir al éxito de un negocio. || *Fig.* Ejercer predominio o fuerza moral. || — IRREG. Se conjuga como *huir.*
INFLUJO m. (lat. *influxus*). Influencia.
INFLUYENTE adj. Influente, que influye.
INFOLIO m. Libro en folio.
INFORCIADO m. *For.* Segunda parte del Digesto.
INFORMACIÓN f. Acción y efecto de informar. || Averiguación jurídica de una causa: *abrir una información.* || Investigación o averiguación, informe. || Reseña dada por un periódico, por la radio o la televisión. (SINÓN. V. *Noticia.*)
INFORMADOR adj. y s. Que informa o entera de una cosa: *un informador inexacto.*
INFORMAL adj. y s. No formal: *persona informal.*
INFORMALIDAD f. Calidad de informal. || Cosa reprimible.

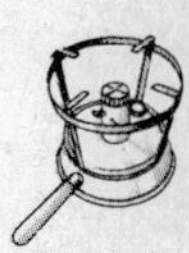
infiernillo

INFORMANTE adj. Que informa o entera.
INFORMAR v. t. (lat. *informare*). Enterar, instruir. (SINÓN. *Anunciar, comunicar, dar a conocer, enseñar, participar.* V. tb. *advertir.*) ‖ *Fil.* Dar forma substancial a una cosa. ‖ — V. i. *For.* Hacer una información: *informar contra uno.* (SINÓN. V. *Inquirir.*)
INFORMÁTICA f. Ciencia del tratamiento automático y racional de la información.
INFORMATIVO, VA adj. Que informa.
INFORME adj. Que no tiene forma: *una masa informe.* ‖ De forma fea o pesada: *estatua informe.* ‖ Imperfecto, incompleto: *obra informe.* (SINÓN. V. *Deforme.*)
INFORME m. Noticia que se da de un negocio o persona: *pedir informes de un libro.* (SINÓN. V. *Relato.*) ‖ *For.* Exposición del delito que hace el letrado o el fiscal ante el tribunal.
INFORMULABLE adj. Que no puede formularse.
INFORTUNADAMENTE adv. m. Con desgracia.
INFORTUNADO, DA adj. y s. Desgraciado.
INFORTUNIO m. Desgracia. ‖ Suerte desdichada: *Sófocles refiere los infortunios de Edipo.*
INFOSURA f. *Veter.* Aguadura, absceso en el casco de las caballerías.
INFRACCIÓN f. Violación, quebrantamiento de ley, orden, etc.: *castigar las infracciones a las leyes.* (SINÓN. V. *Delito.*)
INFRACTOR, RA adj. y s. Transgresor.
INFRAESTRUCTURA f. Conjunto de las obras subterráneas de una construcción: *la infraestructura de un puente.* ‖ Conjunto de instalaciones en un campo de aviación necesario para el servicio de vuelo (pista, hangares, depósitos de combustible, talleres, etc.). ‖ *Por ext.* Conjunto de instalaciones (escuelas, bases, etc.) indispensable a la creación y al servicio de las fuerzas militares. ‖ Base de una cosa, por oposición a superestructura.
IN FRAGANTI m. adv. En flagrante.
INFRAHUMANO, NA adj. Que está por debajo de lo humano.
INFRANGIBLE adj. Que no se puede quebrantar.
INFRANQUEABLE adj. Que no puede franquearse: *distancia infranqueable.*
INFRAOCTAVA f. (del lat. *infra*, debajo de, y *octava*). El período de seis días comprendidos entre el primero y el último de la octava de una fiesta.
INFRARROJO, JA adj. Dícese de las radiaciones caloríficas invisibles menos refrangibles que el rojo. (Estas radiaciones, de la misma naturaleza que la luz, tienen longitudes de onda más grandes.)
INFRASCRIPTO, TA adj. Infrascrito.
INFRASCRITO, TA adj. (del lat. *infra*, debajo de, y *scriptus*, escrito). Que va dicho abajo o después en un escrito. ‖ — Adj. y s. Firmante de un escrito.
INFRASONIDO m. Vibración de frecuencia inferior a las vibraciones audibles.
INFRECUENCIA f. Falta de frecuencia.
INFRECUENTE adj. No frecuente, escaso.
INFRINGIR v. t. (lat. *infringere*). Quebrantar, violar: *infringir una orden.* (SINÓN. V. *Desobedecer.*) ‖ — PARÓN. *Infligir.*
INFRUCTÍFERO, RA adj. Que no produce fruto. ‖ Que no es de utilidad ni provecho.
INFRUCTUOSAMENTE adv. m. De un modo infructuoso, sin éxito.
INFRUCTUOSO, SA adj. Inútil, que no da el resultado deseado: *cansarse en esfuerzos infructuosos.* (SINÓN. V. *Estéril.*)
INFRUTESCENCIA f. Fructificación formada por una agrupación de varios frutillos (higo).
ÍNFULAS f. pl. Adorno de lana blanca que se ponían en la frente los sacerdotes de los gentiles y que adornaba las cabezas de las víctimas. ‖ Cada cinta que pende de la mitra episcopal. ‖ *Fig.* Presunción, vanidad: *tener muchas ínfulas.* ‖ — PARÓN. *Ínsula.*
INFUMABLE adj. Dícese del tabaco que no puede fumarse.
INFUNDADO, DA adj. Sin fundamento.
INFUNDIA f. *Amer.* Enjundia.
INFUNDIBULIFORME adj. *Bot.* Que presenta la figura de un embudo: *cáliz infundibuliforme.*
INFUNDÍBULO m. (del lat. *infundibulum*, embudo). Canal del tercer ventrículo cerebral.

ingle

INFUNDIO m. Mentira, patraña, embuste.
INFUNDIOSO, SA adj. Mentiroso.
INFUNDIR v. t. (lat. *infundere*). Comunicar un sentimiento, un impulso moral: *infundir el terror.* ‖ Despertar: *infundir sospechas.*
INFUSIBILIDAD f. Calidad de lo infusible.
INFUSIBLE adj. Que no puede fundirse o derretirse: *no hay cuerpo realmente infusible.*
INFUSIÓN f. Acción y efecto de infundir. ‖ Acción de echar el agua sobre la cabeza del que se bautiza. ‖ Acción de extraer de una substancia sus partes solubles por medio del agua caliente: *beber una infusión de manzanilla.* ‖ Su resultado. ‖ — PARÓN. *Efusión, fusión.*
INFUSO, SA adj. Dícese de los conocimientos, de las virtudes que se poseen naturalmente, sin haber trabajado por adquirirlas: *ciencia infusa.*
INFUSORIOS m. pl. Animalillos microscópicos que viven en los líquidos.
INGA m. Inca, soberano del Perú. ‖ *Ant. Piedra inga*, la pirita. ‖ Danza peruana.
INGÁ (no **INGA**) m. Árbol mimosáceo de las regiones tropicales de América parecido al timbó.
INGENIAR v. t. Imaginar. ‖ — V. r. Discurrir con ingenio el modo de conseguir una cosa: *ingeniarse por ganar la vida.* ‖ *Saber ingeniárselas*, saber arreglárselas para todo.
INGENIATURA f. *Fam.* Industria y maña con que se ingenia una persona.
INGENIERÍA f. Aplicación de las ciencias fisicomatemáticas a la invención, perfeccionamiento y utilización de la técnica industrial.
INGENIERO m. Hombre que conduce y dirige, por medio de las matemáticas aplicadas, obras como la construcción de puentes, caminos, ferrocarriles, canales, puertos, edificios públicos, máquinas, así como el ataque y la defensa de las plazas fuertes, etc.: *ingeniero naval, ingeniero de minas, de caminos, canales y puertos.* ‖ *Ingeniero agrónomo*, el que entiende en todo lo que se refiere a la práctica de la agricultura. ‖ — Pl. Cuerpo militar encargado del ataque y la defensa de las plazas fuertes, la construcción de caminos y puentes militares, fortificaciones, etc.
INGENIO m. (lat. *ingenium*). Facultad del espíritu humano que permite discurrir e inventar. (SINÓN. V. *Destreza.*) ‖ Intuición, facultades poéticas y creadoras. (SINÓN. V. *Sutileza.*) ‖ Sujeto dotado en grado elevado de dicha facultad: *Lope de Vega ha sido llamado "el fénix de los ingenios".* ‖ Industria, maña, artificio: *ser hombre de mucho ingenio.* ‖ Máquina o artificio. ‖ Guillotina para cortar papel: *ingenio de encuadernadores.* ‖ *Amer.* Plantación de caña de azúcar. ‖ *Ingenio de azúcar*, planta industrial destinada a moler la caña y obtener el azúcar.
INGENIOSAMENTE adv. m. Con ingenio.
INGENIOSIDAD f. Calidad de ingenioso o hábil: *la ingeniosidad de un mecanismo.* ‖ Especie o idea artificiosa y sutil. (SINÓN. V. *Sutileza.*)
INGENIOSO, SA adj. Lleno de ingenio: *espíritu ingenioso.* (SINÓN. V. *Diestro.*) ‖ Hábil, con ingenio: *máquina ingeniosa.*
INGÉNITO, TA adj. No engendrado, natural.
INGENTE adj. Muy grande, enorme, monstruoso: *roca ingente.* ‖ — PARÓN. *Indigente.*
INGENUAMENTE adv. m. Con ingenuidad o sencillez: *caer ingenuamente en una trampa.*
INGENUIDAD f. Franqueza natural. ‖ Sencillez: *hablar con ingenuidad.* (SINÓN. V. *Candor.*) ‖ Palabra o acción ingenua.
INGENUO, NUA adj. y s. (del lat. *ingenuus*, nacido libre). Inocente, franco: *niño ingenuo.* ‖ Sencillo. ‖ Decíase en Roma de los que habían nacido libres.
INGERIDO, DA adj. *Col.* Alicaído, cabizbajo.
INGÉRIDO, DA adj. *Venez.* Enfermo.
INGERIDURA f. Parte por donde se injerta.
INGERIR v. t. (lat. *ingerere*). Introducir algo en el estómago, pasando por la boca. (SINÓN. V. *Comer.*) ‖ — IRREG. Se conjuga como *herir.*
INGESTIÓN f. Acción de ingerir o tragar: *la ingestión de un alimento tóxico.*
INGLE f. (lat. *inguen*). Parte del cuerpo en que se unen los muslos con el vientre.
INGLÉS, ESA adj. y s. De Inglaterra. ‖ *Fig.* y *fam.* Acreedor. ‖ — M. Lengua inglesa. ‖ — F. Letra cursiva inclinada a derecha.
INGLESISMO m. Anglicismo.

Fot. Giraudon.

INGLETE m. Ángulo de cuarenta y cinco grados que forma el corte de dos piezas que se han de unir o ensamblar: *escuadra de inglete.* ‖ *Tecn.* *Caja de ingletes,* instrumento que usan los carpinteros para cortar molduras.
INGLOSABLE adj. Que no puede glosarse.
INGOBERNABLE adj. Dícese de lo que no se puede gobernar: *pueblo ingobernable.*
INGRATAMENTE adv. m. Con ingratitud.
INGRATITUD f. Vicio del ingrato o desagradecido: *la ingratitud es un vicio despreciable.* (SINÓN. V. *Olvido.*) ‖ Acción ingrata.
INGRATO, TA adj. Desagradecido: *hijo ingrato.* ‖ Desabrido, desagradable. ‖ Dícese de lo que no corresponde al trabajo que cuesta: *suelo ingrato.*
INGRAVIDEZ f. Calidad de ingrávido.
INGRÁVIDO, DA adj. Sin peso, leve.
INGREDIENTE m. (del lat. *ingrediens,* que entra). Lo que entra en la composición de una mezcla.
INGRESAR v. i. Entrar: *ingresar en una academia.* ‖ — V. t. Depositar, colocar: *ingresar dinero en el banco.* ‖ — V. r. *Méx.* Alistarse.
INGRESO m. Acción de ingresar: SINÓN. *Admisión, alta, entrada.*) ‖ Entrada: *el ingreso de una cantidad.* ‖ Caudal que recibe uno y es de cargo en las cuentas. ‖ — M. pl. Sueldo, rentas. (SINÓN. V. *Ganancia.*) ‖ — CONTR. *Egreso.*
ÍNGRIMO, MA adj. (port. *ingreme*). *Amer.* Solo, solitario, aislado: *quedarse íngrimo.*
INGUINAL o **INGUINARIO, RIA** adj. (del lat. *inguen,* ingle). Perteneciente a la ingle: *hernia inguinal.*
INGURGITACIÓN f. *Med.* Acción y efecto de ingurgitar.
INGURGITAR v. t. (del lat. *in,* en, y *gurges, itis,* abismo, sima). Engullir. (SINÓN. V. *Tragar.*) ‖ Es barbarismo usarlo como v. r.
INHÁBIL adj. Falto de habilidad: *obrero inhábil.* ‖ Que no puede desempeñar un cargo o empleo. (SINÓN. V. *Torpe.*) ‖ Dícese del día feriado.
INHABILIDAD f. Falta de habilidad, torpeza.
INHABILITACIÓN f. Acción y efecto de inhabilitar o inhabilitarse. ‖ Pena aflictiva.
INHABILITAR v. t. Declarar a una persona inhábil para un empleo u oficio. ‖ — V. r. Hacerse inhábil para el desempeño de un cargo.
INHABITABLE adj. No habitable.
INHABITADO, DA adj. No habitado, desierto. ‖ — SINÓN. *Deshabitado, desierto, despoblado, solitario, yermo.* V. tb. *vacante.*
INHACEDERO, RA adj. No hacedero.
INHALACIÓN f. *Med.* Acción de inhalar un vapor. ‖ Aspiración.
INHALADOR adj. y s. Que sirve para inhalar.
INHALAR v. t. (lat. *inhalare*). *Med.* Aspirar, absorber un gas o vapor: *inhalar éter.* ‖ — V. i. Soplar en forma de cruz cuando se consagran los óleos. ‖ — CONTR. *Exhalar.*
INHERENCIA f. La calidad de inherente. (SINÓN. V. *Adherencia.*)
INHERENTE adj. (lat. *inhaerens,* de *inhaerere,* estar unido). Que por su naturaleza está unido inseparablemente con otra cosa.
INHESTAR v. t. Enhestar, levantar, erguir. ‖ — IRREG. Se conjuga como *acertar.*
INHIBICIÓN f. Acción de inhibir. ‖ En psicología, poder de una representación de detener o debilitar el curso de otra y de impedir su acción. ‖ En fisiología, disminución de la actividad de una neurona, de una fibra muscular o de una célula secretoria, por la acción de un influjo nervioso o de una hormona.
INHIBIR v. t. (lat. *inhibire*). *For.* Impedir. ‖ Suspender un proceso fisiológico o psicológico: *el nerviosismo o el cansancio inhibe sexualmente.* ‖ — V. r. Abstenerse.
INHIBITORIO, RIA adj. Que inhibe o estorba una función. ‖ *For.* Prohibitorio.
INHIESTO, TA adj. Enhiesto.
INHONESTO, TA adj. Deshonesto o indecente.
INHOSPITALARIO, RIA adj. Falto de hospitalidad, que no ejerce la hospitalidad: *pueblo inhospitalario.* ‖ Inseguro, peligroso: *playa inhospitalaria.*
INHOSPITALIDAD f. Falta de hospitalidad.
INHÓSPITO, TA adj. Inhospitalario.

INHUMACIÓN f. Acción de inhumar o enterrar: *inhumación solemne.* (SINÓN. V. *Entierro.* CONTR. *Exhumación.*)
INHUMANAMENTE adv. m. Con inhumanidad.
INHUMANIDAD f. Falta de humanidad, crueldad. (SINÓN. V. *Barbarie.*)
INHUMANO, NA adj. Falto de humanidad, bárbaro: *la esclavitud era una institución inhumana.* (SINÓN. *Despiadado, duro, implacable, inexorable, inflexible.* V. tb. *cruel.*) ‖ *Chil.* Sumamente sucio.
INHUMAR v. t. (del lat. *in,* en, y *humus,* tierra). Enterrar un cadáver. ‖ — CONTR. *Exhumar.*
INICIACIÓN f. Acción y efecto de iniciar. ‖ Ceremonias por las cuales se admite a uno al conocimiento de ciertos misterios. ‖ Admisión a una sociedad secreta: *recibir la iniciación masónica.* ‖ *Fig.* Acción de dar a alguno el conocimiento de ciertas cosas que él ignora: *iniciación a la filosofía.*
INICIADO, DA adj. y s. Que está al corriente de algún secreto, o instruido en algún arte.
INICIADOR, RA adj. y s. Que inicia.
INICIAL adj. Perteneciente al origen: *calcular la velocidad inicial de un proyectil.* (SINÓN. V. *Primero.*) ‖ *Letra inicial,* la primera de una palabra o de un nombre. (SINÓN. V. *Mayúscula.*) U. tb. c. f.: *dos iniciales enlazadas.* (SINÓN. V. *Abreviatura.*)
INICIAR v. t. (lat. *initiare*). Admitir a la participación de ciertos misterios de las religiones antiguas, y hoy de ciertas asociaciones secretas. ‖ Instruir: *iniciar en las matemáticas.* (SINÓN. V. *Informar.*) ‖ Empezar: *iniciar un movimiento revolucionario.* U. t. c. v. r.
INICIATIVA f. Acción del que propone o hace una cosa por primera vez: *tomar la iniciativa de una medida.* ‖ Calidad del que acostumbra obrar o decidirse espontáneamente o el primero: *tener mucha iniciativa.* ‖ Intervención directa del pueblo en la propuesta y adopción de medidas legislativas.
INICIATIVO, VA adj. Que inicia.
INICIO m. Principio, iniciación.
INICUAMENTE adv. m. Con iniquidad.
INICUO, CUA adj. Que no observa la equidad: *juez inicuo, sentencia inicua.* (SINÓN. V. *Injusto.*) ‖ Malvado. ‖ — CONTR. *Justo.*
INIGUALADO, DA adj. No igualado.
IN ILLO TÉMPORE loc. lat. que significa *en aquel tiempo* y que se emplea en el sentido de *en otros tiempos* o *hace mucho tiempo.*
INIMAGINABLE adj. No imaginable, inaudito, increíble. (SINÓN. V. *Inverosímil.*)
INIMITABLE adj. No imitable: *libro inimitable.* (SINÓN. V. *Original.*)
INIMPUTABILIDAD f. Ausencia de imputabilidad.
ININFLAMABLE adj. Que no puede inflamarse o incendiarse: *gas ininflamable.*
ININTELIGIBLE adj. No inteligible, obscuro. (SINÓN. V. *Ilegible.*)
ININTERRUMPIDO, DA adj. No interrumpido. (SINÓN. V. *Continuo.*)
INIQUIDAD f. (lat. *iniquitas*). Injusticia, acción contraria a la equidad, maldad. ‖ — CONTR. *Justicia, equidad.*
INJERENCIA f. Acción y efecto de injerirse: *la injerencia en los asuntos internos de un país.*
INJERIR v. t. *Fig.* Incluir una cosa en otra. ‖ — V. r. Entremeterse.
INJERTADOR m. El que injerta.
INJERTAR v. t. Hacer un injerto: *injertar un ciruelo en un endrino.* ‖ Implantar sobre un cuerpo humano o animal partes tomadas (carne, piel, hueso) de otra región del mismo individuo o de otro distinto.
INJERTERA f. Plantación de arbolillos sacados de almáciga: *una injertera de perales.*
INJERTO m. Acción de injertar. ‖ Rama con yemas que se separa de un vegetal para adherirla a otro. (SINÓN. V. *Esqueje.*) ‖ *Injerto animal,* acción de injertar en el cuerpo de una persona fragmentos sacados de otro individuo o de otra parte de su propio cuerpo.
— Por medio del *injerto* se reproducen y conservan los árboles frutales o las flores cultivadas. El *patrón* suministra el vigor necesario para el nuevo vegetal, y el *injerto* los caracteres que se quieren conservar. Con frecuencia se injertan

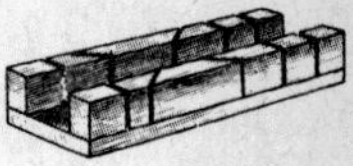
caja de ingletes

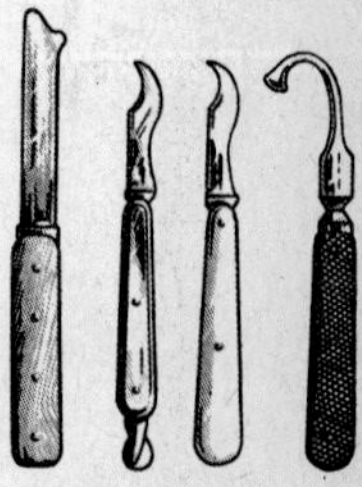
navajas para injertar

INJERTOS

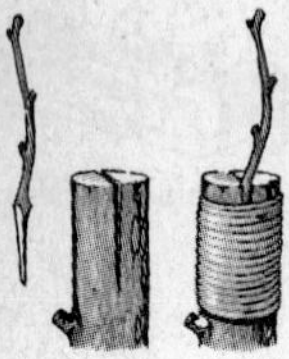

de púa

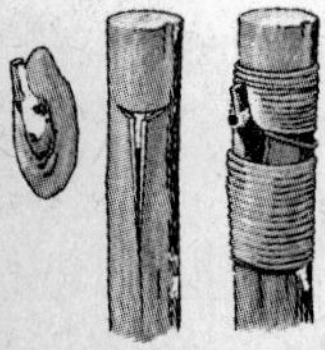

de escudete

ramas de árboles cultivados en árboles silvestres que de otro modo no darían sino frutos inutilizables (así se injertan los cerezos y manzanos); otras veces se injerta una rama de una variedad especial en un árbol ya cultivado. Las principales formas de injerto son: de canutillo, de púa, de escudete, de corteza, de pie de cabra.

INJERTO, TA adj. Injertado. || — M. Árbol injertado.

INJURIA f. (lat. *injuria*, de *in*, y *jus, juris*, derecho). Ofensa, ultraje: *decirle a uno injurias.* (SINÓN. *Denuesto, dicterio, escarnio, insulto, invectiva.* V. tb. *ofensa.*) || Daño que produce una cosa.

INJURIADO m. *Cub.* Ultima clase del tabaco.

INJURIADOR, RA adj. y s. o **INJURIANTE** adj. Que injuria o insulta, insultante.

INJURIAR v. t. Ofender a uno dirigiéndole injurias. (SINÓN. V. *Ofender.*) || Dañar, menoscabar. || CONTR. *Celebrar, halagar.*

INJURIOSAMENTE adv. m. De modo injurioso.

INJURIOSO, SA adj. Que injuria o insulta.

INJUSTAMENTE adv. m. De un modo injusto, sin razón.

INJUSTICIA f. Acción contraria a la justicia: *reclamar contra una injusticia.* (SINÓN. V. *Abuso.*) || Falta de justicia.

INJUSTIFICABLE adj. Dícese de lo que no se puede justificar: *conducta injustificable.*

INJUSTIFICADO, DA adj. No justificado: *manifestar una desconfianza injustificada.*

INJUSTO, TA adj. y s. No justo, contrario a la justicia: *Sócrates fue víctima de una injusta sentencia.* (SINÓN. *Abusivo, inicuo, parcial.*)

INMACULADO, DA adj. Que no tiene mancha: *blancura inmaculada.* || — F. Purísima, la Virgen María.

INMADUREZ f. Falta de madurez.

INMANEJABLE adj. No manejable.

INMANENCIA f. Estado de lo que es inmanente.

INMANENTE adj. (del lat. *immanere*, permanecer en). *Fil.* Inherente a algún ser o inseparable de él. || Que un ser se identifica con otro ser: *en la filosofía de Espinosa, Dios es inmanente al mundo.* || Constante, imperecedero: *la justicia inmanente.* || — PARÓN. *Inminente.*

INMANENTISMO m. Doctrina metafísica que no admite la representación abstracta y fragmentaria de lo real.

INMARCESIBLE o **INMARCHITABLE** adj. Que no se puede marchitar o atajar: *gloria inmarcesible.*

INMATERIAL adj. No material.

INMATERIALIDAD f. Calidad de lo que es inmaterial: *la inmaterialidad del espíritu.*

INMATERIALISMO m. Sistema filosófico que niega la existencia de la materia: *el inmaterialismo de Berkeley.*

INMATERIALIZAR v. t. Tornar inmaterial.

INMATURO, RA adj. Que no está maduro. (SINÓN. V. *Temprano.*)

INMEDIACIÓN f. Calidad de inmediato. || — Pl. Los alrededores: *en las inmediaciones de la ciudad.*

INMEDIATAMENTE adv. m. De un modo inmediato. || — Adv. t. Luego, al instante, en seguida. || — SINÓN. *En el acto, incontinenti.*

INMEDIATO, TA adj. (del lat. *in*, en, y *medius*, medio). Contiguo, muy cercano: *la casa inmediata.* (SINÓN. V. *Cercano.*) || Que no tiene intermediario: *causa inmediata.* || Instantáneo: *experimentar un alivio inmediato.*

INMEJORABLE adj. Que no se puede mejorar o perfeccionar: *salud inmejorable.*

INMEMORABLE adj. Inmemorial.

INMEMORIAL adj. Muy antiguo, de que no se conserva la memoria: *en los tiempos inmemoriales.*

INMENSAMENTE adv. m. De un modo inmenso.

INMENSIDAD f. Carácter de lo inmenso. || Infinidad en la extensión: *la inmensidad del océano.* || *Fig.* Muchedumbre, número grande.

INMENSO, SA adj. Que no tiene medida. (SINÓN. V. *Infinito.*) || *Fig.* Muy grande: *tener una fortuna inmensa.* (SINÓN. V. *Colosal.*)

INMENSURABLE adj. Dícese de aquello que no se puede medir: *espacio inmensurable.* || *Fig.* De muy difícil medida.

INMERECIDAMENTE adv. m. De una manera inmerecida: *ser inmerecidamente castigado.*

INMERECIDO, DA adj. Que no es merecido.

INMERGIR v. t. Sumergir en un líquido.

INMERSIÓN f. Acto de sumergir en un líquido: *hacer morir por inmersión.* || Entrada de un planeta en la sombra de otro planeta. || — PARÓN. *Emersión.*

INMERSO, SA adj. Sumergido, abismado.

INMIGRACIÓN f. Movimiento de población entre dos países. (La inmigración difiere de la emigración en que en aquélla se considera desde el punto de vista del país de destino y en ésta del país de origen.

INMIGRADO, DA adj. y s. Dícese de la persona que inmigra a un sitio. || — CONTR. *Emigrado.*

INMIGRANTE adj. y s. Dícese del que inmigra a otra nación. || — PARÓN. *Emigrante.*

INMIGRAR v. i. (del lat. *in*, en, y *migrare*, irse). Llegar a un país para vivir en él. || — CONTR. *Emigrar.*

INMIGRATORIO, RIA adj. Relativo a la inmigración.

INMINENCIA f. Calidad de inminente: *asustarse por la inminencia de un peligro.*

INMINENTE adj. (del lat. *imminere*, amenazar). Que amenaza o está para suceder prontamente: *una ruina inminente.* (SINÓN. V. *Urgente.*) || — PARÓN. *Eminente.*

INMISCIBLE adj. Que no se puede mezclar.

INMISCUIR v. t. (lat. *inmiscere*). Mezclar. || — V. r. *Fig.* Entremeterse en un negocio. (SINÓN. *Injerirse, meterse.*) || — IRREG. Se conjuga como *huir.* || — OBSERV. La Academia también admite la forma regular.

INMOBILIARIO, RIA adj. Relativo a los inmuebles: *riqueza inmobiliaria.*

INMODERACIÓN f. Falta de moderación.

INMODERADO, DA adj. Sin moderación alguna.

INMODESTIA f. Falta de modestia o de recato.

INMODESTO, TA adj. Que no es modesto, falto de modestia o recato: *una conducta inmodesta.*

INMÓDICO, CA adj. Excesivo, inmoderado.

INMOLACIÓN f. Acción y efecto de inmolar. || Sacrificio.

INMOLADOR, RA adj. y s. Que inmola.

INMOLAR v. t. (lat. *inmolare*). Ofrecer en sacrificio una víctima: *inmolar un buey.* || Sacrificar. || — V. r. Dar la vida, la hacienda, etc., en provecho de una persona o cosa: *inmolarse por la patria.*

INMORAL adj. Que no es moral: *libro inmoral.* (SINÓN. V. *Impúdico.*) || — OBSERV. No debe confundirse *inmoral*, que realiza actos contrarios a la moral, con *amoral*, que prescinde de ella.

INMORALIDAD f. Falta de moralidad, desarreglo en las costumbres. || Acción o cosa inmoral.

INMORALISMO m. Teoría fundada sobre la crítica de los valores morales generalmente admitidos: *el inmoralismo de Nietzsche.*

INMORTAL adj. Que no puede morir: *alma inmortal.* || *Fig.* Imperecedero: *ganar gloria inmortal.* (SINÓN. V. *Eterno.*) || *Los dioses inmortales*, los dioses del paganismo. || — F. Siempreviva, flor.

INMORTALIDAD f. Calidad de inmortal. || *Fig.* Vida perpetua en la memoria de los hombres: *aspirar a la inmortalidad.*

INMORTALIZAR v. t. Hacer inmortal a una persona o cosa: *el "Quijote" inmortalizó a Cervantes.*

INMOTIVADO, DA adj. No motivado.

INMOVIBLE adj. Que no puede moverse.

INMÓVIL adj. Que no se mueve: *los antiguos creían que la Tierra estaba inmóvil en el espacio.*

INMOVILIDAD f. Calidad de inmóvil.

INMOVILISMO m. Oposición sistemática a todo progreso, a toda innovación.

INMOVILIZACIÓN f. Acción y efecto de inmovilizar: *se curan las fracturas con la inmovilización.*

INMOVILIZAR v. t. Hacer inmóvil. || Impedir el movimiento: *tren inmovilizado por la nieve.* (SINÓN. V. *Parar.*)

INMUDABLE adj. Inmutable.

INMUEBLE adj. Dícese de los bienes raíces, en contraposición de los muebles: *vender inmuebles.* || — M. Edificio.

INMUNDICIA f. Suciedad, basura. || *Fig.* Impureza, vicio.

INMUNDO, DA adj. (del lat. *in*, negat., y *mundus*, limpio). Repugnante: *animal inmundo.* (SINÓN. V. *Sucio.*) || *Fig.* Impuro, deshonesto. || *Espíritu inmundo*, el demonio.

INMUNE adj. Libre, exento: *inmune de un gravamen.* || No atacable por ciertas enfermedades: *estar inmune contra el cólera.*

INMUNIDAD f. Calidad de inmune. || Resistencia natural o adquirida de un organismo vivo a un agente infeccioso o tóxico. || Privilegio que, a causa de su cargo, exime a determinadas personas de la responsabilidad que pudieran contraer en el ejercicio de sus funciones: *la inmunidad de jurisdicción de los diplomáticos.* (SINÓN. V. *Dispensa.*)

INMUNIZACIÓN f. Acción y efecto de inmunizar.

INMUNIZADOR, RA adj. *Med.* Dícese de los medicamentos que inmunizan: *suero inmunizador.*

INMUNIZAR v. t. Hacer inmune contra una enfermedad: *la vacuna inmuniza contra la viruela.* (SINÓN. V. *Proteger.*)

INMUTABILIDAD f. Calidad de inmutable o invariable: *la inmutabilidad de Dios.*

INMUTABLE adj. No mudable: *ley inmutable.*

INMUTACIÓN f. Acción y efecto de inmutar o alterar.

INMUTAR v. t. (lat. *inmutare*). Alterar una cosa. || — V. r. Alterarse: *se inmutó su semblante.*

INNATISMO m. Sistema filosófico que afirma que las ideas nacen con el hombre, y no las adquiere por la experiencia.

INNATO, TA adj. Dícese de lo que nace al mismo tiempo que nosotros: *ideas innatas.* || — SINÓN. *Congénito, natural, peculiar, propio.*

INNATURAL adj. No natural.

INNAVEGABLE adj. Que no es navegable.

INNECESARIO, RIA adj. No necesario, inútil.

INNEGABLE adj. Dícese de aquello que no se puede negar o es indiscutible: *verdad innegable.*

INNEGOCIABLE adj. Que no puede negociarse.

INNERVACIÓN f. V. INERVACIÓN.

INNOBLE adj. Que no es noble, infame. (SINÓN. V. *Abyecto.*)

INNOCUIDAD f. Inocuidad.

INNOCUO, CUA adj. Inocuo.

INNOMINADO, DA adj. Que no tiene nombre. || *Anat. Hueso innominado*, el hueso iliaco.

INNOVACIÓN f. Acción de innovar: *una innovación original.* || Novedad que se introduce en una cosa: *los viejos desconfían de las innovaciones.* (SINÓN. V. *Modificación.*)

INNOVADOR, RA adj. y s. Que innova.

INNOVAMIENTO m. Innovación, novedad.

INNOVAR v. t. (lat. *innovare*). Introducir novedades en alguna cosa.

INNUMERABLE adj. Que no puede contarse, incontable, muy considerable: *turba innumerable.*

INOBEDIENCIA f. Falta de obediencia.

INOBEDIENTE adj. No obediente, desobediente.

INOBSERBABLE adj. Que no puede observarse.

INOBSERVADO, DA adj. Dícese de aquello que no ha sido observado: *un hecho inobservado aún.*

INOBSERVANCIA f. Falta de observancia.

INOCENCIA f. Estado del que no comete el mal: *vivir en la inocencia.* || Falta de culpabilidad: *probar la inocencia de un acusado.* || Simplicidad, tontería. (SINÓN. V. *Candor.*) || Personas inocentes: *proteger la inocencia.*

INOCENTADA f. *Fam.* Dicho o hecho sencillo o simple: *decir inocentadas.* || *Fam.* Engaño en que uno cae por falta de malicia. || Broma del día de Inocentes.

INOCENTE adj. Libre de pecado, que ignora el mal. || Sencillo, sin malicia: *entretenimiento inocente.* || Cándido, tonto: *ser inocente.* (SINÓN. V. *Bobo.*) || *Los Santos Inocentes*, niños que murieron en Judea por orden de Herodes, que esperaba hacer perecer a Jesús entre ellos. (Su fiesta el 28 de diciembre.) || Día de los Inocentes, el 28 de diciembre; durante ese día se suelen dar bromas o inocentadas.

INOCENTEMENTE adv. m. Con inocencia.

INOCENTÓN, ONA adj. Fácil de engañar.

INOCUIDAD f. Calidad de inocuo.

INOCULABLE adj. Que puede inocularse.

INOCULACIÓN f. Introducción en el organismo animal de un germen vivo o de un virus: *la inoculación de la vacuna preserva de las viruelas.*

INOCULADOR m. El que inocula.

INOCULAR v. t. (lat. *inoculare*). *Med.* Comunicar por inoculación una enfermedad contagiosa: *inocular la rabia.* (SINÓN. *Contagiar, vacunar.*) || *Fig.* Pervertir, contagiar, dañar. (SINÓN. *Comunicar, transmitir.*)

INOCULTABLE adj. Que no puede ocultarse.

INOCUO, CUA adj. Dícese de aquello que no hace daño: *producto inocuo.* (SINÓN. V. *Inofensivo.* CONTR. *Nocivo.*)

INODORO, RA adj. Que no tiene olor, que no huele: *gas inodoro, excusado inodoro.* || Dícese de ciertos aparatos que se colocan en los retretes para evitar el mal olor.

INOFENSIVO, VA adj. Que no puede dañar. || — SINÓN. *Anodino, benigno, inocuo.*

INOFICIOSO, SA adj. Dícese del testamento que, sin motivo, perjudica a los herederos. || *Amer.* Inútil, ocioso, innecesario.

INOLVIDABLE adj. Que no puede olvidarse.

INOPERABLE adj. Dícese de aquello que no se puede operar: *tumor inoperable.*

INOPIA f. Gran pobreza: *la inopia de una lengua.* (SINÓN. V. *Pobreza.*) || *Estar en la inopia*, estar distraído.

INOPINABLE adj. No opinable.

INOPINADAMENTE adv. De modo inopinado.

INOPINADO, DA adj. Inesperado, que no se esperaba: *suceso inopinado.* (SINÓN. V. *Inoportuno.*)

INOPORTUNAMENTE adv. m. Sin oportunidad.

INOPORTUNIDAD f. Falta de oportunidad.

INOPORTUNO, NA adj. No oportuno: *visita inoportuna.* || — PARÓN. *Importuno.*

INORGÁNICO, CA adj. Dícese de los cuerpos desprovistos de vida, no organizados, como los minerales. || Dícese de la química que trata de los elementos de origen mineral, es decir, de los no pertenecientes a los compuestos del carbono o química orgánica.

INOXIDABLE adj. Que no puede oxidarse: *el oro es un metal inoxidable.*

IN PACE m. (pal. lat. que significan: *en paz*). Prisión o calabozo subterráneo donde se encerraba, hasta la muerte, a ciertos condenados.

IN PROMPTU (pal. lat.). De pronto, de repente: *cometer un acto in promptu.*

IN PÚRIBUS loc. fam. Desnudo, en cueros, en pelota: *estar in púribus.* Es corrupción de la frase latina *in puris naturalibus.*

INQUEBRANTABLE adj. Que no puede quebrantarse o doblegarse: *una voluntad inquebrantable.* (SINÓN. V. *Constante.*)

INQUIETADOR, RA adj. y s. Que inquieta.

INQUIETAMENTE adv. m. De un modo inquieto.

INQUIETANTE adj. Que inquieta: *un estado inquietante.* || — SINÓN. *Alarmante, amenazador, sombrío.*

INQUIETAR v. t. (lat. *inquietare*). Poner inquieto: *esta noticia me inquieta.* || Acosar, atormentar: *inquietar al enemigo.* || Turbar la pacífica posesión de una cosa: *inquietar a un poseedor.*

INQUIETO, TA adj. Que no está tranquilo: *hombre inquieto.* || *Fig.* Intranquilo: *curiosidad inquieta.* || Desasosegado. || *Guat.* y *Hond.* Propenso, aficionado.

INQUIETUD f. Falta de quietud o tranquilidad. (SINÓN. V. *Preocupación.*) || Aprensión. (SINÓN. V. *Temor.*) || Turbación, agitación: *inquietud mortal.*

INQUILINAJE m. Inquilinato.

INQUILINATO m. Arriendo, alquiler.

INQUILINO, NA m. y f. El que alquila para habitarla una casa o parte de ella. || *For.* Arrendatario, el que arrienda. || *Chil.* Labrador que trabaja la tierra a cambio de la explotación de una parcela de la misma. || *Amer.* Habitante.

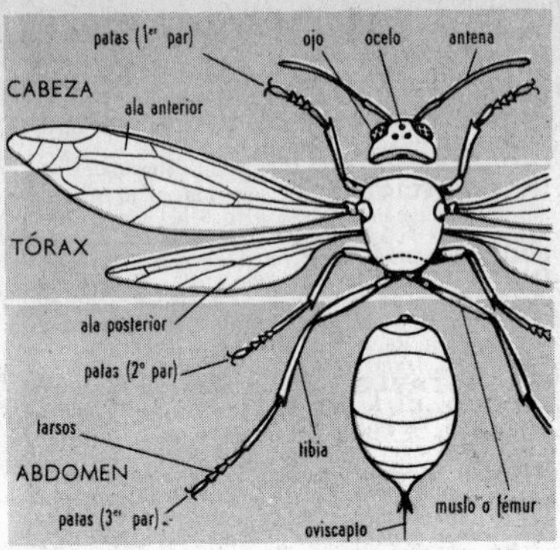

ANATOMÍA DEL INSECTO

INQUINA f. Aborrecimiento, mala voluntad.
INQUINAR v. t. Manchar, contagiar.
INQUIRENTE m. *Neol.* Inquiridor.
INQUIRIDOR, RA adj. y s. Que inquiere.
INQUIRIR v. t. (lat. *inquirere*). Investigar, averiguar. ‖ — SINÓN. *Buscar, indagar, informarse, preguntar.* V. tb. *reconocer.* ‖ — IRREG. Se conjuga como *adquirir.*
INQUISICIÓN f. Acción de inquirir o investigar. ‖ Tribunal eclesiástico que castigaba los delitos cometidos contra la fe católica. (V. *Parte hist.*) ‖ Casa donde se juntaba el tribunal de la Inquisición. ‖ Cárcel destinada a los reos pertenecientes a este tribunal.
INQUISIDOR, RA adj. Investigador: *mirada inquisidora.* ‖ — M. Juez de la Inquisición: *los inquisidores solían pertenecer a la orden de Santo Domingo.*
INQUISITIVO, VA adj. Que inquiere.
INQUISITORIAL adj. Relativo a la Inquisición: *juicio inquisitorial.* ‖ *Fig.* Dícese de los procedimientos que recuerdan los de la Inquisición: *régimen inquisitorial.* ‖ Perteneciente o relativo al inquisidor.
INQUISITORIO, RIA adj. Inquisitivo.
INRI m. Inscripción que puso Pilatos en la cruz; compónese de las iniciales de *Iesus Nazarenus Rex Iudaeorum,* Jesús Nazareno, Rey de los Judíos. ‖ *Fig.* Baldón, ignominia.
INSABIBLE adj. Que no puede saberse.
INSACIABILIDAD f. Calidad de insaciable.
INSACIABLE adj. Que no se puede saciar o hartar: *hambre insaciable; ambición insaciable.*
INSACIABLEMENTE adv. m. De modo insaciable: *comer insaciablemente.*
INSACULACIÓN f. Acción y efecto de insacular cédulas.
INSACULAR v. t. (del lat. *in,* en, y *saculus,* saquito). Poner en un saco cédulas o boletos para un sorteo o votación.
INSALIVACIÓN f. Acción y efecto de insalivar los alimentos. ‖ — PARÓN. *Salivación.*
INSALIVAR v. t. Mezclar los alimentos con saliva: *se deben insalivar bien los alimentos.*
INSALUBRE adj. Malsano, que no es saludable: *ciudad insalubre.*
INSALUBRIDAD f. Falta de salubridad.
INSANABLE adj. Incurable.
INSANIA f. Locura, demencia.
INSANO, NA adj. Loco, demente: *ardor insano.*
INSATISFACCIÓN f. Falta de satisfacción.
INSATISFECHO, CHA adj. No satisfecho.
INSATURABLE adj. Que no puede ser saturado.
INSCRIBIR v. t. (del lat. *in,* sobre, y *scribere,* escribir). Escribir, hacer mención de una cosa en una lista, padrón, lápida, etc. ‖ Tomar razón en un registro, de nombres, documentos, declaraciones. ‖ *Geom.* Trazar una figura en el interior de otra: *inscribir un triángulo en un círculo.* ‖ — V. r. Apuntar el nombre de una persona en una lista, nómina, etc. entre los de otras para un objeto determinado.

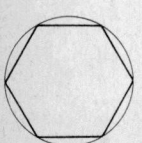

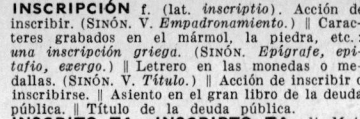

hexágono regular inscrito

INSCRIPCIÓN f. (lat. *inscriptio*). Acción de inscribir. (SINÓN. V. *Empadronamiento.*) ‖ Caracteres grabados en el mármol, la piedra, etc.: *una inscripción griega.* (SINÓN. *Epígrafe, epitafio, exergo.*) ‖ Letrero en las monedas o medallas. (SINÓN. V. *Título.*) ‖ Acción de inscribir o inscribirse. ‖ Asiento en el gran libro de la deuda pública. ‖ Título de la deuda pública.
INSCRITO, TA e **INSCRIPTO, TA** adj. *Mat. Polígono inscrito en un círculo,* aquel cuyos vértices están todos sobre la circunferencia del círculo. ‖ *Ángulo inscrito,* el que tiene su vértice en un círculo y cuyos lados son dos cuerdas o una cuerda y una tangente.
INSECABLE adj. Que no se puede secar.
INSECTICIDA adj. y s. m. (del lat. *insectum,* insecto, y *caedere,* matar). Substancia empleada para matar insectos: *el insecticida puede ser una substancia líquida o en polvo.*
INSECTIL adj. Perteneciente o relativo a los insectos.
INSECTÍVORO, RA adj. (del lat. *insectum,* insecto, y *vorare,* devorar). Que se alimenta principal o exclusivamente de insectos: *la mayor parte de los pájaros son insectívoros.* ‖ — M. pl. Orden de mamíferos que se nutren de insectos.
INSECTO m. (lat. *insectum*). Animal articulado, de seis patas, que respira por tráqueas y sufre diversas transformaciones.
— Los *insectos,* caracterizados por su número de patas, que a veces les ha hecho dar el nombre de *hexápodos,* tienen un cuerpo compuesto de anillos encajados unos en otros y dividido en tres partes, cabeza, tórax y abdomen. Son esencialmente terrestres y su respiración es traqueal. Los que habitan generalmente en el agua se ven obligados a subir a la superficie para respirar. Tienen sexos separados, son ovíparos y sus larvas, al salir del huevo, no se parecen en nada a los insectos adultos. Para llegar a dicho estado atraviesan un ciclo de transformaciones o metamorfosis.
INSECTOLOGÍA f. Entomología.
INSEGURIDAD f. Falta de seguridad. (SINÓN. V. *Peligro.*)
INSEGURO, RA adj. Falto de seguridad.
INSEMINACIÓN f. Fecundación artificial.
INSENSATEZ f. Calidad de insensato, demencia. ‖ *Fig.* Dicho o hecho insensato.
INSENSATO, TA adj. y s. Que no tiene sentido, loco, extravagante: *formar un proyecto insensato.* (SINÓN. V. *Absurdo.*)
INSENSIBILIDAD f. Falta de sensibilidad física o moral: *mostrar gran insensibilidad ante la desgracia.* (SINÓN. V. *Apatía.*)
INSENSIBILIZACIÓN f. Acción de insensibilizar.
INSENSIBILIZADOR, RA adj. y s. Que insensibiliza: *el cloroformo es un insensibilizador.*
INSENSIBILIZAR v. t. Tornar insensible: *insensibilizar a un enfermo antes de operarle.*
INSENSIBLE adj. Que no puede experimentar sensación: *la materia es insensible.* (SINÓN. V. *Inerte.*) ‖ *Fig.* Que no siente lástima o compasión: *corazón insensible.* (SINÓN. *Impasible, indolente.*) ‖ Imperceptible: *adelantos insensibles.* ‖ Privado de sentido.
INSENSIBLEMENTE adv. m. De un modo insensible, poco a poco: *progresar insensiblemente.* (SINÓN. V. *Lentamente.*)
INSEPARABILIDAD f. Calidad de inseparable.
INSEPARABLE adj. Que no se puede separar, íntimamente unido: *amigos inseparables.* ‖ *Gram.* Dícese de ciertas partículas que entran en la formación de voces compuestas, como *in, hiper.*
INSEPARABLEMENTE adv. m. De un modo inseparable: *estar inseparablemente unidos.*
INSEPULTO, TA adj. No sepultado o enterrado.
INSERCIÓN f. Acción y efecto de insertar: *la inserción de un anuncio en un periódico.*
INSERTAR v. t. Incluir: *insertar un artículo.* (SINÓN. V. *Introducir.*) ‖ — V. r. *Bot.* y *Zool.* Adherirse un órgano a otro: *las hojas se insertan en la rama.*
INSERTO, TA adj. Insertado, incluido, metido.
INSERVIBLE adj. Que no sirve, que carece de utilidad: *paraguas inservible.*

INSIDIA f. Asechanza: *condenemos las insidias.*
INSIDIADOR, RA adj. y s. Que insidia o asecha.
INSIDIAR v. t. Poner insidias o asechanzas.
INSIDIOSAMENTE adv. m. De modo insidioso.
INSIDIOSO, SA adj. Que arma asechanzas: *interrogador insidioso.* ‖ Que se hace con asechanza: *caricias insidiosas.* ‖ Malicioso o dañino con apariencias inofensivas. (SINÓN. V. *Embustero.*) ‖ *Med.* Dícese de ciertas enfermedades graves a pesar de su apariencia benigna.
INSIGNE adj. Célebre: *insigne poeta.*
INSIGNIA f. (del lat. *insignia*, señales). Señal honorífica: *las insignias de la monarquía.* (SINÓN. V. *Símbolo.*) ‖ Bandera de una legión romana. ‖ Pendón, estandarte. ‖ Bandera. ‖ Signo distintivo de los miembros de una asociación, club deportivo, etc.
INSIGNIFICANCIA f. Carácter insignificante. (SINÓN. V. *Nadería.*)
INSIGNIFICANTE adj. Que no significa nada: *decir una frase insignificante.* (SINÓN. *Anodino, baladí, fácil, insubstancial, trivial.*) ‖ Sin importancia: *hombre insignificante.* ‖ — CONTR. *Importante.*
INSINCERIDAD f. Falta de sinceridad.
INSINCERO, RA adj. No sincero.
INSINUACIÓN f. Acción y efecto de insinuar. ‖ Manera sutil de indicar una cosa: *hábil insinuación.* ‖ Cosa que se da a comprender sin decirla claramente: *los calumniadores suelen emplear mucho las insinuaciones.* ‖ *Ret.* Exordio en que procura el orador cautivarse la benevolencia de los oyentes.
INSINUADOR, RA adj. y s. Que insinúa.
INSINUANTE adj. Que insinúa o tiene maña para insinuar: *carácter insinuante.*
INSINUAR v. t. (del lat. *in*, en, y *sinus*, seno). Dar a entender algo como sin querer: *insinuar una calumnia.* (SINÓN. V. *Inspirar.*) ‖ — V. r. Introducirse en alguna parte con habilidad: *insinuarse en el ánimo de una persona.* ‖ — CONJUG. *insinúo, insinuaba.*
INSINUATIVO, VA adj. Que insinúa o indica.
INSÍPIDAMENTE adv. m. Con insipidez.
INSIPIDEZ f. Carácter de lo que es insípido.
INSÍPIDO, DA adj. Que no tiene sabor o lo tiene demasiado flojo: *café insípido.* (SINÓN. V. *Soso.*) ‖ *Fig.* Falto de espíritu, viveza o gracia: *mujer insípida.*
INSIPIENCIA f. Falta de sabiduría o ciencia, ignorancia. ‖ Falta de juicio.
INSIPIENTE adj. y s. (lat. *insipiens*). Ignorante. ‖ Falto de juicio. ‖ — PARÓN. *Incipiente.*
INSISTENCIA f. Acción de insistir. ‖ — SINÓN. *Instancia, obstinación, porfía, terquedad, testarudez.*
INSISTENTE adj. Que insiste o porfía, obstinado.
INSISTIR v. i. Descansar una cosa en otra. ‖ Instar, empeñarse, persistir reiteradamente: *insisto en que tienes la culpa.* (SINÓN. *Hacer hincapié, porfiar, reclamar.*)
INSOBORNABLE adj. Que no puede ser sobornado.
INSOCIABILIDAD f. Carácter insociable.
INSOCIABLE adj. Intratable, con quien no se puede tratar: *un hombre insociable.* (SINÓN. V. *Huraño.*)
INSOCIAL adj. Insociable.
INSOLACIÓN f. Acción de insolar: *la insolación de un clisé fotográfico.* ‖ Enfermedad causada en la cabeza por el excesivo ardor del sol.
INSOLAR v. t. (lat. *insolare*). Poner al sol una cosa: *insolar una prueba fotográfica.* ‖ — V. r. Asolearse, enfermar del sol.
INSOLDABLE adj. Que no se puede soldar.
INSOLENCIA f. Acción insolente. ‖ Atrevimiento excesivo. ‖ Palabra o acción ofensiva insultante.
INSOLENTAR v. t. Hacer insolente. ‖ — V. r. Mostrarse insolente o arrogante.
INSOLENTE adj. y s. Que comete insolencias: *niño insolente.* (SINÓN. *Fresco, grosero, impertinente.* V. tb. *impúdico.*) ‖ Arrogante: *hombre insolente.* (SINÓN. V. *Orgulloso.*)
INSOLENTEMENTE adv. m. Con insolencia.
INSÓLITO, TA adj. Contrario a lo acostumbrado: *ruido insólito.* (SINÓN. V. *Inusitado y raro.*)
INSOLUBILIDAD f. Calidad de lo insoluble.
INSOLUBILIZAR v. t. Tornar insoluble.
INSOLUBLE adj. Que no puede disolverse: *la resina es insoluble en el agua.* ‖ Que no se puede resolver: *un problema insoluble.*
INSOLUTO, TA adj. No pagado, no satisfecho: *una deuda insoluta.*
INSOLVENCIA f. Imposibilidad de hacer frente a las obligaciones contraídas. (SINÓN. V. *Quiebra.*)
INSOLVENTE adj. y s. Que no tiene con qué pagar lo que debe: *perseguir a un deudor insolvente.* ‖ — SINÓN. *Arruinado, empobrecido, pobre.*
INSOMNE adj. Que no duerme, desvelado.
INSOMNIO m. Privación de sueño, desvelo.
INSONDABLE adj. Que no se puede sondear: *mar insondable.* ‖ *Fig.* Que no se puede penetrar: *secreto insondable.*
INSONORIZACIÓN f. Acción y efecto de insonorizar.
INSONORIZAR v. t. Tornar insonoro.
INSONORO, RA adj. Que no es sonoro. (SINÓN. V. *Sordo.*)
INSOPORTABLE adj. Que es insufrible. (SINÓN. V. *Intolerable.*) ‖ *Fig.* Muy incómodo, molesto y enfadoso.
INSOSPECHABLE adj. Difícil de sospechar.
INSOSPECHADO, DA adj. No sospechado.
INSOSTENIBLE adj. Que no se puede sostener o mantener: *argumento insostenible.*
INSPECCIÓN f. Acción y efecto de inspeccionar o examinar: *una inspección severa.* (SINÓN. V. *Revista.*) ‖ Cargo o casa del inspector. ‖ *For.* Examen que hace un juez de un lugar o de una cosa.
INSPECCIONAR v. t. Examinar como inspector. (SINÓN. V. *Examinar.*)
INSPECTOR, RA adj. y s. El que por oficio vigila y examina una cosa: *inspector de ferrocarril.*
INSPECTORÍA f. *Chil.* Comisaría de policía.
INSPIRACIÓN f. Entrada del aire en los pulmones. ‖ Consejo o sugestión: *seguir las inspiraciones de otro.* ‖ Estado en que se halla el alma sometida a la influencia de una fuerza sobrenatural: *la inspiración de Moisés, de los Profetas.* ‖ Entusiasmo creador, numen poético: *la inspiración de un vate.* ‖ Cosa inspirada: *las inspiraciones del genio.*
INSPIRADO, DA adj. Que está bajo la influencia de la inspiración: *unos versos inspirados.*
INSPIRADOR, RA adj. y s. Que inspira: *castigar al inspirador de un crimen.* (SINÓN. V. *Instigador.*) ‖ *Anat.* Que sirve para la inspiración: *músculos inspiradores.*
INSPIRANTE adj. Que inspira.
INSPIRAR v. t. (del lat. *in*, en, y *spirare*, soplar). Hacer penetrar el aire en el pecho por la inspiración: *inspirar profundamente.* (SINÓN. V. *Aspirar.*) ‖ Hacer brotar un sentimiento: *el amor de la patria inspira a los poetas.* (SINÓN. *Dictar, insinuar, instigar, persuadir, sugerir.*) ‖ Infundir entusiasmo. ‖ Iluminar Dios el entendimiento. ‖ — V. r. Servirse de las ideas, de las obras de otro: *inspirarse en un autor clásico.*
INSPIRATIVO, VA adj. Que puede inspirar.
INSTABILIDAD f. Inestabilidad. (SINÓN. V. *Variedad.*)
INSTABLE adj. Inestable.
INSTALACIÓN f. Acción y efecto de instalar: *la instalación de un almacén* ‖ Conjunto de aparatos y conducciones de los servicios de gas, electricidad, agua, etc.
INSTALADOR, RA adj. y s. Que instala.
INSTALAR v. t. Poner en posesión de un empleo o dignidad. ‖ Colocar: *instalar una máquina.* ‖ — V. r. Establecerse, tomar posesión: *se instaló con mucho boato en su nueva residencia.* (SINÓN. V. *Establecer.*)
INSTANCIA f. (lat. *instantia*). Solicitud: *no quiso ceder a mis instancias.* (SINÓN. V. *Insistencia* y *recomendación.*) ‖ Serie de los actos de un juicio, desde la contestación hasta la sentencia: *tribunal de primera instancia.* ‖ Solicitud o petición que se hace por escrito.
INSTANTÁNEA f. Fotografía obtenida rápidamente.
INSTANTÁNEAMENTE adv. t. Inmediatamente, en seguida: *obedecer instantáneamente.*
INSTANTÁNEO, A adj. Que dura un instante. ‖ Que se produce bruscamente: *el atropello le causó una muerte instantánea.*

insignia romana

INSTANTE m. Momento muy corto, segundo: *detenerse un instante.* (SINÓN. V. *Momento.*) || *Al instante,* loc. adv., en seguida. (SINÓN. V. *Inmediatamente.*) || *En un instante,* loc. adv., pronto. || *A cada instante,* continuamente.

INSTANTEMENTE adv. m. Con instancia o insistencia: *rogar instantemente.*

INSTAR v. t. (lat. *instare*). Repetir una súplica o petición: *le insté a que se sentara.* (SINÓN. V. *Insistir.*) || — V. i. Urgir, correr prisa: *insta que vengas.*

INSTAURACIÓN f. Establecimiento: *la instauración de un gobierno.*

INSTAURADOR, RA adj. y s. Que instaura.

INSTAURAR v. t. (lat. *instaurare*). Establecer. || Restaurar, restablecer.

INSTAURATIVO, VA adj. y s. m. Que puede instaurar.

INSTIGACIÓN f. Incitación, impulso: *obrar a instigación de otro.*

INSTIGADOR, RA adj. y s. Que instiga o impulsa: *instigador de un delito.* || — SINÓN. *Agitador, cabecilla, fautor, incitador, inductor, inspirador, promotor.*

INSTIGAR v. t. Incitar a uno a que haga algo. (SINÓN. V. *Inspirar.*)

INSTILACIÓN f. Acción de instilar o echar gota a gota: *instilación de un licor.*

INSTILAR v. t. (del lat. *in,* en, y *stilla,* gota). Echar gota a gota: *instilar atropina en el ojo.*

INSTINTIVAMENTE adv. m. Por instinto, irreflexivamente: *ponerse uno instintivamente al abrigo.*

INSTINTIVO, VA adj. Que nace del instinto, involuntario: *un movimiento instintivo.* (SINÓN. V. *Automático.*)

INSTINTO m. (lat. *instinctus*). Tendencia innata a realizar ciertas acciones orientadas hacia un fin sin previo conocimiento de este fin: *el instinto es específico (el mismo en todos los individuos de la especie), inconsciente y con una finalidad precisa.* (SINÓN. V. *Alma.*) [Los *instintos* más importantes son: el de la propia conservación, el de la nutrición, el sexual, el materno, el de defensa, etc.] || *Por ext.* Toda actividad que entra en juego espontáneamente, sin reflexión, experiencia o educación: *tiene el instinto del ritmo.* || *Por instinto,* m. adv., por una especie de intuición, sin reflexión.

INSTITUCIÓN f. Acción de instituir: *la institución de los Juegos florales.* || Cosa establecida: *la Universidad es una institución pública.* (SINÓN. *Enseñanza, instrucción.*) || *For.* Nombramiento de heredero. || Ley u organización fundamental: *las instituciones de un país.* (SINÓN. *Constitución.*) || Casa de educación o instrucción: *una institución de muchachas.* (SINÓN. *Establecimiento, fundación, patronato.*) || Colección metódica de una ciencia, arte, etc.: *instituciones de Derecho mercantil.*

INSTITUCIONAL adj. Relativo a la institución. || Lo que participa de su naturaleza.

INSTITUIDOR, RA adj. y s. Que instituye.

INSTITUIR v. t. (lat. *instituere*). Establecer algo que no existía antes: *instituir una academia.* (SINÓN. V. *Establecer.*) || — IRREG. Se conjuga como *huir.*

INSTITUTA f. (del lat. *instituta,* instituciones). Compendio del Derecho civil romano, redactado por orden de Justiniano en 533.

INSTITUTO m. (lat. *institutum*). Orden religiosa. || Corporación científica, literaria o artística: *Instituto geográfico.* || Establecimiento oficial de segunda enseñanza, en España y en otros países, donde se cursa el bachillerato. (SINÓN. V. *Escuela.*) || Nombre adoptado por diversos establecimientos comerciales: *instituto de belleza.*

INSTITUTOR, RA adj. y s. Instituidor, el que instituye. || — M. *Col.* Maestro de escuela.

INSTITUTRIZ f. Maestra encargada de la instrucción de uno o varios niños, en una casa particular.

INSTITUYENTE adj. y s. Que instituye.

INSTRUCCIÓN f. (lat. *instructio*). Acción de instruir. || Educación: *instrucción primaria.* (SINÓN. V. *Civilización, enseñanza* e *institución.*) || Ciencia: *tener instrucción.* || Precepto: *dar instrucciones a un mandadero.* (SINÓN. *Consigna, orden.* V. tb. *regla.*) || *Instrucción militar,* formación dada a los militares y principalmente a los reclutas. || *Instrucción pública,* la dada por el Estado. || Curso de un proceso. || — Pl. Órdenes que se dan a un embajador.

INSTRUCTIVAMENTE adv. m. De un modo instructivo: *entretenerse instructivamente.*

INSTRUCTIVO, VA adj. Que instruye o enseña: *libro instructivo.*

INSTRUCTOR, RA adj. y s. Que instruye. || — M. y f. Persona encargada de hacer la instrucción militar en un cuartel, o gimnástica en un colegio. || *Juez instructor,* juez encargado de instruir un proceso.

INSTRUIDO, DA adj. Que tiene instrucción. || — SINÓN. *Culto, enterado, ilustrado.*

INSTRUIR v. t. (del lat. *instruere,* construir). Dar lecciones, ciencia, conocimientos: *instruir a un niño.* (SINÓN. V. *Educar.*) || Informar de una cosa: *instrúyame usted de lo ocurrido.* Ú. t. c. r. (SINÓN. V. *Aprender, estudiar* y *practicar.*) || Formalizar un proceso según las reglas de Derecho. || — IRREG. Se conjuga como *huir.*

INSTRUMENTACIÓN f. Arreglo de una composición musical para varios instrumentos.

INSTRUMENTAL adj. Relativo a los instrumentos músicos: *música instrumental.* || Perteneciente a los instrumentos públicos: *prueba instrumental.* || — M. Conjunto de instrumentos músicos y del médico o cirujano. || Uno de los ocho casos de la declinación sánscrita.

INSTRUMENTAR v. t. Escribir la instrumentación de una composición musical. || *Fig.* Orquestar.

INSTRUMENTISTA m. Músico que toca un instrumento: *hábil instrumentista.*

INSTRUMENTO m. (lat. *instrumentum*). Máquina, herramienta que sirve para producir cierto trabajo: *instrumentos de labranza.* (SINÓN. *Apero, utensilio, útil.*) || Aparato para producir sonidos musicales: *instrumento de cuerda, de viento, de percusión.* || Escritura con que se prueba una cosa: *instrumento auténtico.* || *Fig.* Lo que se emplea para alcanzar un resultado: *servir de instrumento a la venganza de una persona.* || Objetos empleados para la comisión de un delito.

INSUAVE adj. Desapacible a los sentidos.

INSUBORDINACIÓN f. Falta de subordinación, rebelión: *espíritu de insubordinación.*

INSUBORDINADO, DA adj. y s. Que falta a la subordinación, rebelde, sublevado: *soldados insubordinados.*

INSUBORDINAR v. t. Introducir la insubordinación. || — V. r. Rebelarse, sublevarse.

INSUBSANABLE adj. Que no se puede subsanar.

INSUBSTANCIAL adj. y s. De poca substancia. (SINÓN. V. *Insignificante.*) || *Fig.* Poco formal, simple.

INSUBSTANCIALIDAD f. Calidad de lo que es insubstancial: *la insubstancialidad del alma.*

INSUBSTANCIALMENTE adv. m. De un modo insubstancial: *hablar insubstancialmente.*

INSUBSTITUIBLE adj. Que no se puede substituir.

INSUFICIENCIA f. Calidad de insuficiente. || Incapacidad: *la insuficiencia de un empleado.* || *Med.* Disminución cualitativa o cuantitativa del funcionamiento de un órgano. || *Insuficiencia mitral,* defecto de la válvula mitral del corazón que deja la sangre refluir en la contracción del ventrículo.

INSUFICIENTE adj. No suficiente, que no basta: *alimento insuficiente.*

INSUFLACIÓN f. *Med.* Acción de insuflar: *la insuflación de aire suele reanimar a los ahogados.* || Acción de introducir un gas en una cavidad del cuerpo.

INSUFLADOR m. Aparato para insuflar.

INSUFLAR v. t. *Med.* Introducir soplando en una cavidad del cuerpo un gas, un líquido o una substancia pulverulenta. (SINÓN. V. *Aspirar.*)

INSUFRIBLE adj. Que no se puede sufrir: *dolor insufrible.* || *Fig.* Insoportable: *ruido insufrible.* (SINÓN. V. *Intolerable.*)

ÍNSULA f. Isla. || *Fig.* Pequeño gobierno. || — PARÓN. *Ínfula.*

INSULAR adj. y s. Isleño, habitante de una isla.

INSULINA f. Secreción interna del páncreas, hormona que regula la cantidad de glucosa contenida en la sangre, y utilizada en medicina contra la diabetes.

INSULINOTERAPIA f. Tratamiento de ciertas enfermedades por la insulina.
INSULSEZ f. Calidad de insulso: *la insulsez de un manjar.* || Sandez, tontería: *decir una insulsez.*
INSULSO, SA adj. Insípido, tonto: *cuento insulso.* (SINÓN. V. *Soso.*)
INSULTADA f. *Hond.* Insulto.
INSULTADOR, RA adj. y s. Que insulta.
INSULTANTE adj. Que insulta u ofende: *dirigir palabras insultantes.* (SINÓN. V. *Ultrajador.*)
INSULTAR v. t. (lat. *insultare*). Ofender con palabras o acciones. (SINÓN. V. *Ofender.*)
INSULTO m. Ultraje. (SINÓN. V. *Injuria.*) || Acometimiento, agresión: *pedir satisfacción de un insulto.*
INSUMABLE adj. Que no se puede sumar.
INSUME adj. Costoso.
INSUMERGIBLE adj. No sumergible, que flota siempre sobre las aguas: *lancha insumergible.*
INSUMISIÓN f. Falta de sumisión.
INSUMISO, SA adj. y s. No sumiso, indócil.
INSUPERABLE adj. No superable o alcanzable: *llegar a un grado de perfección insuperable.*
INSURGENTE adj. y s. Insurrecto, sublevado: *los insurgentes ocuparon la ciudad.*
INSURRECCIÓN f. Levantamiento o rebelión. (SINÓN. V. *Revolución.*)
INSURRECCIONAL adj. Relativo a la insurrección: *reprimir un movimiento insurreccional.*
INSURRECCIONAR v. t. Sublevar, levantar. || — V. r. Rebelarse, sublevarse.
INSURRECTO, TA adj. y s. Rebelde, sublevado. (SINÓN. V. *Revolucionario.*)
INSUSTANCIAL adj. Insubstancial.
INSUSTITUIBLE adj. No sustituible.
INTACTO, TA adj. Que no ha sido tocado. (SINÓN. V. *Puro.*) || Completo: *está el papel intacto.* (SINÓN. V. *Entero.*) || *Fig.* Que no ha sufrido ningún menoscabo: *reputación intacta.* (SINÓN. V. *Salvo.*)
INTACHABLE adj. Que no puede censurarse: *conducta intachable.* (SINÓN. V. *Irreprochable.*)
INTANGIBILIDAD f. Calidad de intangible.
INTANGIBLE adj. Que no puede o no debe tocarse. (SINÓN. V. *Sagrado.*)
INTEGÉRRIMO, MA adj. Superl. de *íntegro.*
INTEGRABLE adj. Que puede integrarse.
INTEGRACIÓN f. Acción y efecto de integrar. || Proceso de unificación de varias entidades antagónicas. || *Fisiol.* Coordinación de las actividades de varios órganos. || Fusión de empresas situadas en estados diferentes del proceso de producción. (Se llama también *concentración vertical.*) || *Mat.* Cálculo integral.
INTEGRAL adj. (del lat. *integer,* entero). Completo: *instrucción integral.* (SINÓN. V. *Entero.*) || *Fil.* Dícese de las partes que entran en la composición de un todo. || *Mat. Cálculo integral,* una de las partes del cálculo infinitesimal, que tiene por objeto determinar las cantidades variables, conociendo sus diferencias infinitamente pequeñas. || Dícese del signo matemático que designa la integración: $\int$. || — F. Dicha variable.
ÍNTEGRAMENTE adv. m. Enteramente.
INTEGRANTE adj. Que integra. || Integral. || *Parte integrante,* que contribuye a la integridad de un todo, como los brazos, las piernas en el cuerpo humano.
INTEGRAR v. t. (lat. *integrare*). Dar integridad a una cosa: *los factores que integran este producto.* || Hacer entrar: *integrar en un conjunto.* || Componer, formar. || Reintegrar. || *Mat.* Determinar la integral de una diferencial. || Unir entidades separadas en un todo coherente. || *Col.* Pagar, depositar.
INTEGRIDAD f. Calidad de íntegro; entereza, desinterés: *la integridad de un magistrado.* || Virginidad. (SINÓN. V. *Pureza.*)
INTEGRISMO m. Partido político español que pretendía mantener íntegra la tradición.
ÍNTEGRO, GRA adj. (lat. *integer*). Completo: *devolvió la suma íntegra.* (SINÓN. V. *Entero.*) || *Fig.* Desinteresado, probo: *magistrado íntegro.* (SINÓN. V. *Honrado.* CONTR. *Venal.*)
INTELECCIÓN f. Acto de entender o concebir.
INTELECTIVA f. Facultad de entender.
INTELECTIVO, VA adj. Que tiene virtud de entender.
INTELECTO m. Entendimiento o inteligencia.
INTELECTUAL adj. Relativo al entendimiento: *fenómeno intelectual.* || Espiritual: *el alma es una sustancia intelectual.* || — M. Persona que se dedica a ocupaciones del espíritu.
INTELECTUALIDAD f. Entendimiento. || Los intelectuales considerados en conjunto: *la intelectualidad española.*
INTELECTUALISMO m. Doctrina psicológica que afirma la preeminencia de la inteligencia sobre los sentimientos y la voluntad. || Doctrina epistemológica que afirma que el valor del conocimiento depende tanto de su elemento sensible como inteligible, pero que éste deriva de la experiencia: *los representantes del intelectualismo son Aristóteles y Santo Tomás.* || Doctrina ética que exige de la voluntad moral que sólo se determine por motivos intelectuales y no por los sentimientos.
INTELECTUALISTA adj. y s. Relativo o partidario del intelectualismo.
INTELECTUALIZAR v. i. Volver intelectual.
INTELECTUALMENTE adv. m. De un modo intelectual: *trabajar intelectualmente.*
INTELIGENCIA f. (lat. *intelligentia*). Facultad de comprender, de conocer: *la inteligencia distingue al hombre del animal.* (SINÓN. V. *Alma.*) || Comprensión: *inteligencia abierta.* (SINÓN. V. *Conocimiento.* CONTR. *Estupidez, tontería.*) || Habilidad; destreza: *inteligencia para los negocios.* || Trato, correspondencia secreta: *tener inteligencias en una casa.* (SINÓN. V. *Unión.*) || Ser inteligente: *la suprema inteligencia.*
INTELIGENTE adj. y s. Provisto de inteligencia: *el hombre es inteligente.* || Hábil: *criado inteligente.* || Que indica inteligencia: *una mirada inteligente.* (SINÓN. V. *Diestro.*) || Sabio, instruido.
INTELIGIBILIDAD f. Calidad de inteligible.
INTELIGIBLE adj. Que se puede comprender: *discurso inteligible.* (SINÓN. V. *Comprensible.*) || *Filos.* Que sólo existe en la idea: *las realidades inteligibles.* || Que se oye clara y distintamente.
INTELIGIBLEMENTE adv. m. De un modo inteligible, claramente: *hablar inteligiblemente.*
INTELLIGENTSIA f. (pal. rusa). Intelectualidad, conjunto de los intelectuales.
INTEMPERANCIA f. Vicio opuesto a la templanza: *entregarse a la intemperancia.* (SINÓN. *Gula.*)
INTEMPERANTE adj. Falto de templanza, descomedido: *hombre intemperante.*
INTEMPERIE f. Destemplanza del tiempo: *las intemperies de la estación.* || *A la intemperie,* loc. adv., a cielo descubierto, al raso: *dormir a la intemperie.*
INTEMPESTIVAMENTE adv. m. De un modo intempestivo: *venir intempestivamente.*
INTEMPESTIVO, VA adj. Que no se hace en momento oportuno: *hacer preguntas intempestivas.* (SINÓN. V. *Importuno.*)
INTEMPORAL adj. Independiente del tiempo. || Eterno.
INTENCIÓN f. (lat. *intentio*). Deseo deliberado de hacer una cosa: *no basta la intención para constituir el delito.* || Deseo, voluntad: *las últimas intenciones de una persona.* (SINÓN. V. *Objeto.*) || Cautelosa advertencia con que uno habla o procede. || *Fig.* Instinto dañino: *toro de intención.* || *Fam. Segunda intención,* doblez: *hablar con segunda intención.* || *Primera intención,* franqueza: *obrar de primera intención.* || *Curar de primera intención,* hacer la primera cura al enfermo. || PARÓN. *Intensión.*
INTENCIONADAMENTE adv. m. Con intención, de intento: *cambiar intencionadamente de camino.*
INTENCIONADO, DA adj. Que tiene intención o propósito de algo: *bien intencionado.*
INTENCIONAL adj. Deliberado, hecho a sabiendas. || — CONTR. *Involuntario.*
INTENCIONALIDAD f. Referencia constante de un acto a un objeto distinto de él.
INTENCIONALMENTE adv. m. De un modo intencional. || — CONTR. *Involuntariamente.*
INTENDENCIA f. Cargo o funciones del intendente. || División territorial sometida al gobierno del intendente. || Oficina del intendente. || *Intendencia militar,* servicio encargado de proveer a las necesidades elementales (alimento, vestido), de los militares y a la administración del ejército.
INTENDENTA f. Mujer que ejerce funciones de intendente. || Mujer del intendente.

INTENDENTE m. (del lat. *intendens,* que vigila). El encargado de dirigir una casa, finca, etc. ‖ Nombre de ciertos funcionarios: *el intendente del ejército.*

INTENSAMENTE adv. m. De un modo intenso.

INTENSAR v. t. Intensificar.

INTENSIDAD f. Grado de actividad o potencia. ‖ *Electr.* Cantidad de electricidad de una corriente continua en la unidad de tiempo. ‖ *Fig.* Vehemencia: *la intensidad del amor.*

INTENSIFICACIÓN f. Aumento de la intensidad.

INTENSIFICADOR, RA adj. Que intensifica.

INTENSIFICAR v. t. Volver más fuerte, más activo: *intensificar notablemente el comercio* (SINÓN. V. *Aumentar.*)

INTENSIÓN f. Intensidad. ‖ — PARÓN. *Intención.*

INTENSIVO, VA adj. Intenso. ‖ *Cultivo intensivo,* sistema de cultivo que consiste en hacer dar a un terreno un rendimiento muy grande.

INTENSO, SA adj. (lat. *intensus*). Muy fuerte, muy vivo: *color intenso.* ‖ *Fig.* Muy vehemente: *pasión intensa.* ‖ — CONTR. *Débil.*

INTENTAR v. t. Tener intención de hacer algo. ‖ Procurar: *intentar salir de su condición.* (SINÓN. *Hacer por.* V. tb. *ensayar.*) ‖ Preparar, iniciar la ejecución de una cosa.

INTENTO m. (lat. *intentus*). Propósito, intención; *tener intento de salir.* (SINÓN. V. *Objeto y voluntad.*) ‖ Cosa que se intenta. (SINÓN. V. *Tentativa.*) ‖ *De intento,* m. adv., de propósito, a cosa hecha.

INTENTONA f. *Fam.* Intento temerario, y especialmente si se ha frustrado.

ÍNTER adv. t. Ínterin: *en el ínter.*

ÍNTER prep. lat. que significa *entre* y forma parte de ciertos compuestos, como: *interponer, intervenir.*

INTERACCIÓN f. Influencia recíproca.

INTERALIADO, DA adj. Concerniente a los Aliados.

INTERAMERICANO, NA adj. Relativo a las naciones de América: *conferencia interamericana.*

INTERANDINO, NA adj. Situado entre las sierras andinas: *los valles interandinos.*

INTERARTICULAR adj. Que está situado entre las articulaciones.

INTERASTRAL adj. Dícese de lo que media entre los astros: *espacio interastral.*

INTERATÓMICO adj. Situado entre los átomos.

INTERCADENCIA f. Desigualdad del pulso, del estilo, de los afectos.

INTERCADENTE adj. Con intercadencias.

INTERCALACIÓN f. Acción y efecto de intercalar.

INTERCALAR adj. Agregado. ‖ *Día intercalar,* el que se agrega a febrero en los años bisiestos.

INTERCALAR v. t. Agregar una cosa entre otras. ‖ — SINÓN. *Interpolar, interponer.* V. tb. *introducir.*

INTERCAMBIABLE adj. Dícese de las cosas que pueden cambiarse una por otra.

INTERCAMBIO m. Cambio mutuo entre dos cosas: *el intercambio de las ideas.*

INTERCEDER v. i. Suplicar para obtener el perdón de alguno: *interceder por un condenado.* (SINÓN. V. *Intervenir.*)

INTERCELULAR adj. Entre las células.

INTERCEPTAR v. t. (del lat. *interceptum,* de *intercipere,* quitar, interrumpir). Apoderarse de una cosa que se envía a otro: *interceptar una carta.* ‖ Detener una cosa en su camino. ‖ Interrumpir, obstruir. (SINÓN. V. *Tapar.*)

INTERCESIÓN f. Acción y efecto de interceder: *la intercesión de los tribunos de la plebe en Roma impedía el voto de las leyes.*

INTERCESOR, RA adj. y s. Que intercede.

INTERCESORIAMENTE adv. m. Por intercesión.

INTERCISO, SA adj. (del lat. *intercisus,* cortado por medio). *Día interciso,* decíase de aquel que sólo era de fiesta por la mañana.

INTERCOLUMNIO e **INTERCOLUNIO** m. *Arq.* Espacio que media en un edificio entre columna y columna.

INTERCONEXIÓN f. Conexión, cooperación.

INTERCONTINENTAL adj. Relativo a dos continentes: *cable telegráfico intercontinental.*

INTERFERENCIA

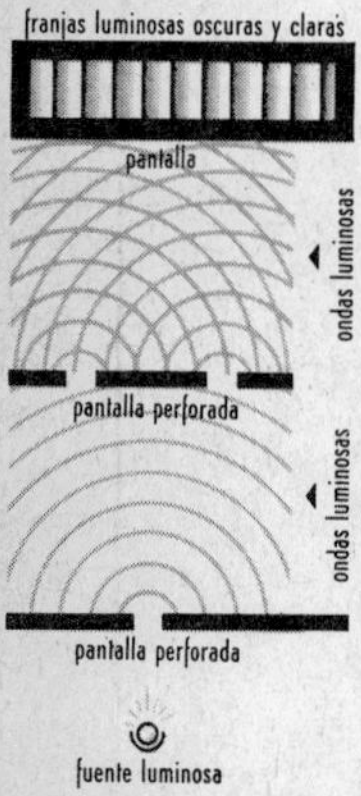

intercolumnio

INTERCOSTAL adj. (del lat. *inter,* entre, y *costa,* costilla). *Anat.* Entre las costillas: *dolor intercostal.*

INTERCULTURAL adj Relativo a diferentes culturas: *acuerdos interculturales.*

INTERCURRENTE adj. Que sobreviene durante el curso de otra cosa: *enfermedad intercurrente.*

INTERDECIR v. t. (lat. *interdicere*). Prohibir. ‖ — IRREG. Se conjuga como *decir.*

INTERDENTAL adj. Dícese de la consonante que se pronuncia poniendo la punta de la lengua entre los dientes incisivos superiores.

INTERDEPENDENCIA f. Mutua dependencia.

INTERDICCIÓN f. Prohibición, la acción de prohibir alguna cosa: *la interdicción de un comercio.* ‖ Restricción de los derechos de una persona por un delito *(interdicción penal),* o por ser menor de edad, loco o imbécil, sordomudo o pródigo *(interdicción civil).*

INTERDICTO m. Entredicho: *poner interdicto.*

INTERDIGITAL adj. *Zool.* Dícese de lo que se halla entre los dedos: *membrana interdigital.*

INTERÉS m. (del lat. *interest,* interés). Lo que a uno le conviene: *dejarse guiar por el interés.* ‖ Beneficio que se saca del dinero prestado (SINÓN. *Producto, rédito, usura, utilidad.*) ‖ Derecho eventual a alguna ganancia: *tener intereses en una empresa.* ‖ Valor que en sí tiene una cosa. ‖ *Fil. Ley de interés,* ley según la cual una idea nos evoca otra, con preferencia a todas las otras, en razón del interés afectivo que tiene para el sujeto. ‖ *Interés simple,* beneficio obtenido por un capital fijo, durante cierto tiempo: *el interés simple* i, *del capital* c, *durante el tiempo* t, *al rédito* r, *es:* $i = \frac{crt}{100}$. ‖ *Interés compuesto,* el del dinero cuando se dejan agregar cada año los intereses al capital. [El capital *c,* al rédito *r,* llega a ser al cabo de *n* años: $C = c(1 + r)^n$.] ‖ *Fig.* Inclinación: *sentir interés por una persona.* (SINÓN. V. *Simpatía y cuidado.*) ‖ Lo que en una obra encanta o atrae el espíritu o el corazón: *historia llena de interés.* ‖ — Pl. Bienes de fortuna.

INTERESABLE adj. Interesado: *hombre demasiado interesable.*

INTERESADO, DA adj. y s. Que tiene interés en una cosa: *empleado interesado.* ‖ Guiado principalmente por el interés: *prestar servicios interesados.* (SINÓN. V. *Avaro.*)

INTERESANTE adj. Que interesa o despierta el interés: *publicar una noticia interesante.* (SINÓN. *Cautivador, cautivante, sugestivo.* V. tb. *atractivo.*) ‖ Que inspira interés, excita la simpatía: *persona interesante.* ‖ *Fig. Estado interesante,* estado de una mujer encinta.

INTERESAR v. t. Dar parte a uno en un negocio: *interesar a uno en una mina.* ‖ Importar: *eso no me interesa.* ‖ Concernir esp. a.: *ley que interesa a la enseñanza.* (SINÓN. V. *Concernir.*) ‖ Inspirar interés a una persona. ‖ Afectar: *esta herida interesa el pulmón.* ‖ — V. r. Tener interés por una persona o cosa.

INTERESENCIA f. Asistencia personal a un acto o función.

INTERESTELAR adj. Dícese del espacio comprendido entre los astros.

INTERFECTO, TA adj. y s. (del lat. *interfectus,* muerto). *For.* Aplícase a la persona muerta violentamente: *hacer la autopsia del interfecto.* ‖ *Fam.* La persona de quien se habla.

INTERFERENCIA f. *Fís.* Fenómeno físico que resulta de la superposición de dos o más movimientos ondulatorios (ondas luminosas, hertzianas, sonoras o acuáticas) de la misma frecuencia y amplitud. ‖ Perturbación en la recepción de emisiones radiofónicas por la superposición de dos longitudes de onda. ‖ *Fig.* Acción de interponerse una persona o cosa: *en nuestras relaciones hubo interferencias.*

INTERFERENTE adj. *Fís.* Que presenta el fenómeno de interferencia: *rayos interferentes.*

INTERFERIR v. i. *Fís.* Producir interferencias.

INTERFERÓMETRO m. Aparato de medida basado en las interferencias luminosas.

INTERFOLIAR v. t. (del lat. *inter,* entre, y *folium,* hoja). Intercalar cierto número de hojas en blanco entre las hojas impresas de un libro.

INTERGUBERNAMENTAL adj. Relativo a dos o más gobiernos.

Fot. Goizet

INTERHUMANO, NA adj. Dícese de las relaciones humanas de toda índole.
ÍNTERIN m. Interinidad, intervalo de tiempo. || — Adv. t. Entretanto, mientras: *ínterin llega, lee esto.*
INTERINA f. Asistenta.
INTERINAMENTE adv. t. Con interinidad.
INTERINAR v. t. Ocupar interinamente.
INTERINATO m. *Amer.* Cargo, empleo interino.
INTERINIDAD f. Calidad de interino.
INTERINO, NA adj. Hecho interinamente: *funciones interinas.* (SINÓN. V. *Pasajero.*) || — Adj. y s. Que ejerce un cargo supliendo a otro: *presidente interino.*
INTERINSULAR adj. Que se verifica entre islas: *tráfico interinsular.*
INTERIOR adj. (lat. *interior*). Que está dentro: *patio interior.* (SINÓN. *Interno, intrínseco.*) || Propio de la nación y no del extranjero: *deuda política interior.* || *Fig.* Relativo al alma, a la naturaleza moral: *sentimientos interiores.* (SINÓN. V. *Íntimo.*) || — M. La parte de dentro: *el interior del cuerpo.* || Parte central de un coche. || Habitación que no tiene vistas a la calle. || En el fútbol, jugador de la línea delantera situado entre el extremo y el delantero centro. || — Pl. Ropa interior de una persona. || — OBSERV. Es galicismo la frase: *al interior,* por *interiormente.* || — CONTR. *Exterior.*
INTERIORIDAD f. Calidad de interior. || — Pl. Cosas privadas de una persona o familia: *meterse en interioridades.*
INTERIORMENTE adv. l. En lo interior: *burlarse interiormente de uno.* || — CONTR. *Exteriormente.*
INTERJECCIÓN f. *Gram.* Parte de la oración que comprende las exclamaciones con que se expresan los movimientos del ánimo como: *¡ah!, ¡bravo!*
INTERJECTIVO adj. De la interjección.
INTERLÍNEA f. Espacio entre dos líneas. || Escritura entre dos líneas.
INTERLINEACIÓN f. Acción y efecto de interlinear.
INTERLINEAL adj. Dícese de lo que está escrito entre las líneas: *traducción interlineal.*
INTERLINEAR v. t. Escribir en las interlíneas.
INTERLOCUTOR, RA m. y f. Cualquier persona que toma parte en un diálogo: *Alcibíades es uno de los interlocutores de los Diálogos de Platón.*
INTERLOCUTORIO, RIA adj. y s. Dícese de la sentencia dada antes de la definitiva.
INTÉRLOPE adj. (ingl. *interloper*). Que trafica fraudulentamente: *navío intérlope.* || Fraudulento. (SINÓN. V. *Sospechoso.*)
INTERLUDIO m. *Mús.* Composición breve que sirve de introducción o intermedio.
INTERLUNIO m. *Astr.* Tiempo de la conjunción, en que es invisible la Luna.
INTERMEDIAR v. i. Mediar entre otras cosas.
INTERMEDIARIO, RIA adj. Que está entre dos: *tamaño intermediario.* || — M. Persona que media entre otras para un negocio. (SINÓN. *Comisionista, corredor, mandatario, mediador, viajante.*)
INTERMEDIO, DIA adj. Que está entre dos: *cuerpo intermedio.* || — M. Espacio, intervalo: *en el intermedio llegó su amigo.* || Divertimiento entre dos piezas de una representación teatral: *un intermedio cómico.* || Tiempo intermediario.
INTERMEZZO m. (pal. ital.). Breve composición poética, dramática, musical o coreográfica.
INTERMINABLE adj. Que no tiene término. || *Fig.* Que dura mucho tiempo: *proceso interminable.* (SINÓN. V. *Inagotable.*)
INTERMINISTERIAL adj. Que se refiere a varios ministerios.
INTERMISIÓN f. Interrupción.
INTERMISO, SA adj. Interrumpido.
INTERMITENCIA f. Calidad de intermitente. (SINÓN. V. *Interrupción.*) || *Med.* Intervalo que separa dos accesos de fiebre.
INTERMITENTE adj. Que se interrumpe y vuelve a empezar alternativamente: *fuente intermitente.* (SINÓN. V. *Discontinuo.*) || — F. Calentura intermitente. || — M. Señal de tráfico que se enciende y apaga regularmente.
INTERMOLECULAR adj. Que se encuentra entre las moléculas.
INTERMUSCULAR adj. *Anat.* Que está situado entre los músculos: *ligamento intermuscular.*
INTERNACIÓN f. Acción de internar.
INTERNACIONAL adj. Que se verifica entre varias naciones: *conferencia internacional.* || *Derecho internacional,* el que rige las relaciones entre los diferentes países. || — F. *La Internacional,* asociación general de obreros de diversas naciones del mundo, reunidos para defender sus intereses comunes. (La I Internacional fue fundada en Londres [1864], la II en París [1889], la III en Moscú [1919], la IV fue fundada por Trotsky en 1938.) || Himno revolucionario de los trabajadores. || — M. y f. Deportista que toma parte en pruebas internacionales.
INTERNACIONALIDAD f. Carácter de internacional.
INTERNACIONALISMO m. Doctrina que afirma sobre los intereses nacionales los supranacionales. || Opinión de los que preconizan la unión internacional de ciertas clases sociales o ciertos grupos políticos de las diversas naciones.
INTERNACIONALISTA adj. y s. Partidario del internacionalismo. || Jurista especializado en Derecho internacional.
INTERNACIONALIZACIÓN f. Acción y efecto de internacionalizar.
INTERNACIONALIZAR v. t. Convertir en internacional lo que era antes de una nación: *internacionalizar un puerto.*
INTERNADO m. Estado del alumno interno. || Conjunto de alumnos y lugar donde habitan.
INTERNADO, DA adj. y s. Encerrado en un manicomio, campo de concentración, o sea, en un lugar del que no se puede salir: *un loco internado; los internados políticos.* (SINÓN. V. *Preso.*)
INTERNAMENTE adv. m. Interiormente.
INTERNAMIENTO m. Acción de internar.
INTERNAR v. t. Conducir tierra adentro a una persona o cosa. || Encerrar: *internar en un campo de concentración.* (SINÓN. V. *Desterrar.*) || — V. r. Penetrar: *internarse en un país desierto.* || *Fig.* Introducirse en la intimidad de alguno. || Profundizar en una materia.
INTERNISTA m. Médico especialista en enfermedades internas.
INTERNO, NA adj. Que está dentro: *dolor interno.* || Dícese del alumno que come y duerme en el colegio.
INTERNODIO m. Espacio entre nudo y nudo.
INTERNUNCIO m. El que habla por otro. || Representante del Papa que actúa en calidad de nuncio.
INTEROCEÁNICO, CA adj. Situado entre dos océanos: *el canal interoceánico de Panamá.*
INTERPAGINAR v. t. Interfoliar un libro.
INTERPELACIÓN f. Acción y efecto de interpelar.
INTERPELANTE adj. y s. Que interpela.
INTERPELAR v. t. (lat. *interpellare*). Dirigir la palabra a uno para pedir algo. (SINÓN. *Demandar, interrogar, llamar, preguntar.*) || Exigir a uno explicaciones sobre un hecho: *interpelar a un ministro.*
INTERPENETRACIÓN f. Penetración mutua.
INTERPLANETARIO, RIA adj. Que se halla entre los planetas: *el vacío interplanetario.*
INTERPOL f. (*Comisión Internacional de Policía criminal*). Policía internacional para la persecución de delitos comunes (asesinato, robo, estafa, tráfico de drogas, etc.), con sede en París.
INTERPOLACIÓN f. Acción y efecto de interpolar: *las interpolaciones abundan en los códices antiguos.*
INTERPOLADOR, RA adj. y s. Que interpola.
INTERPOLAR v. t. (del lat. *interpolare,* modificar). Introducir en una obra pasajes o capítulos que no pertenecen a ella: *interpolar una glosa en el texto.* (SINÓN. V. *Intercalar.*) || Interrumpir brevemente una cosa. || Poner una cosa entre otras. || *Mat.* Asignar a una cantidad un valor intermedio entre dos valores directamente calculados u observados.
INTERPONER v. t. Colocar entre: *interponer una luz entre dos pantallas.* (SINÓN. V. *Intercalar.*) || *For.* Formalizar algún recurso legal. || *Fig.* Hacer intervenir: *interponer su autoridad.*

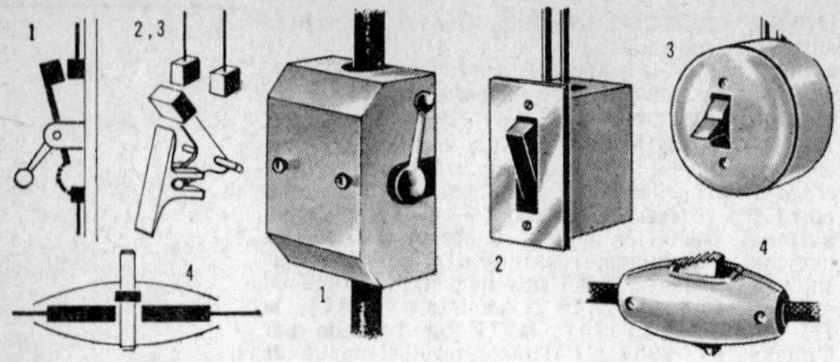

varios tipos de interruptores

|| — V. r. Intervenir. || — IRREG. Se conjuga como *poner*.

INTERPOSICIÓN f. Acción y efecto de interponer.

INTERPRESA f. Acción militar súbita e imprevista.

INTERPRETABLE adj. Fácil de interpretar.

INTERPRETACIÓN f. Acción de interpretar. (SINÓN. V. *Explicación.*) || Traducción, comentario crítico.

INTERPRETADOR, RA adj. y s. Que interpreta.

INTERPRETAR v. t. Explicar lo obscuro: *interpretar un sueño.* (SINÓN. V. *Explicar.*) || Sacar deducciones de un hecho: *interpretar una ley.* || Atribuir un fin a alguna cosa: *interpretó mal sus actos.* || Representar un papel en una obra; ejecutar un trozo de música: *interpretar el papel de Otelo.*

INTERPRETARIADO m. Profesión de intérprete.

INTERPRETATIVO, VA adj. Que interpreta.

INTÉRPRETE com. Persona que traduce de viva voz de una lengua a otra: *no poder entenderse sin ayuda de un intérprete.* (SINÓN. V. *Traductor.*) || Lo que sirve para explicar o indicar una cosa: *los ojos son los intérpretes del alma.* || Persona que interpreta una obra artística. (SINÓN. V. *Actor.*)

INTERPUESTO, TA adj. Puesto entre otras cosas. || Que se interpone.

INTERREGNO m. (lat. *interregnum*). Intervalo durante el cual está sin soberano un país.

INTERROGACIÓN f. (lat. *interrogatio*). Pregunta: *interrogación indiscreta.* || Signo ortográfico (¿ ?) que se pone al principio y al fin de una frase interrogativa.

INTERROGADOR, RA adj. y s. Que interroga.

INTERROGANTE adj. Que interroga. || — M. Pregunta: *responder a unos interrogantes.* || *Punto interrogante,* signo que indica la interrogación (¿ ?).

INTERROGAR v. t. Preguntar, hacer una pregunta: *interrogar a un acusado en el tribunal.* (SINÓN. V. *Interpelar.*)

INTERROGATIVAMENTE adv. m. Con interrogación: *miró alrededor interrogativamente.*

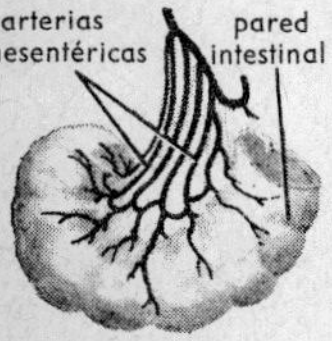

INTESTINO

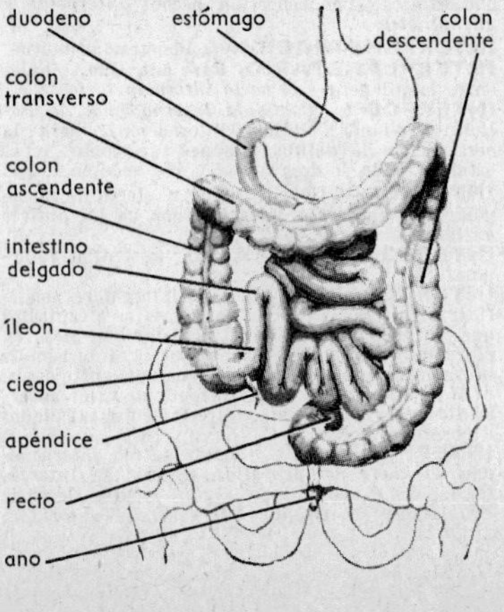

INTERROGATIVO, VA adj. Que indica interrogación: *habló con tono interrogativo.* || *Gram.* Dícese de los pronombres y adverbios acentuados que figuran en una oración interrogativa: *¿quién vino? ¿cuándo vino?*

INTERROGATORIO m. Serie de preguntas que se dirigen a un acusado: *un interrogatorio hábil.* || Acto de dirigir las preguntas. || Escrito en el que están consignadas estas preguntas y las respuestas dadas: *firmar su interrogatorio.*

INTERRUMPIR v. t. (lat. *interrumpere*). Romper la continuidad de una cosa: *interrumpir una corriente eléctrica.* (SINÓN. *Cesar, cortar, detener, diferir, discontinuar, parar, suspender.*) || Cortar la palabra a uno. || — V. r. Cesar de hacer una cosa.

INTERRUPCIÓN f. Suspensión o ruptura del curso de sucesión de los acontecimientos o del nexo causal que los determina. || Estado de una cosa interrumpida. (SINÓN. *Intermisión, intermitencia, pausa.*)

INTERRUPTOR m. Aparato que sirve para interrumpir o establecer una corriente eléctrica.

INTERSECARSE v. r. *Geom.* Cortarse entre sí dos líneas o planos.

INTERSECCIÓN f. *Geom.* Punto o línea donde se cortan líneas, planos o sólidos.

INTERSIDERAL adj. *Astr.* Relativo al espacio situado entre los astros.

INTERSTICIAL adj. Que está en los intersticios de un tejido animal o vegetal.

INTERSTICIO m. (lat. *interstitium*). Pequeño intervalo entre las partes de un todo: *los intersticios de un tabique.* (SINÓN. V. *Espacio.*)

INTERTRIGO m. *Med.* Eritema superficial producido por el rozamiento de la piel.

INTERTROPICAL adj. Dícese de la zona situada entre los trópicos: *país intertropical.*

INTERURBANO, NA adj. Entre poblaciones distintas: *teléfono interurbano.*

INTERVALO m. (lat. *intervallum*). Distancia entre dos puntos o dos momentos. (SINÓN. V. *Espacio.*) || *Fig.* Diferencia, desigualdad de condición. || *Mús.* Distancia que separa dos sonidos. || *A intervalos,* de tiempo en tiempo. || — OBSERV. Es incorrecto decir *intérvalo.*

INTERVENCIÓN f. Acción de intervenir. || *Med.* Tratamiento, operación: *intervención quirúrgica.* || Oficio del interventor.

INTERVENCIONISMO m. Sistema político que preconiza la intervención activa del Estado en la economía y situación social de los súbditos. || Intervención de una nación en los conflictos surgidos entre otros países.

INTERVENCIONISTA adj. y s. Partidario del intervencionismo.

INTERVENIR v. i. Tomar parte en un asunto: *intervenir en un conflicto.* (SINÓN. *Abogar.* V. tb. *participar.*) || Mediar, interponer uno su autoridad: *intervenir en una riña.* (SINÓN. *Interceder, terciar.*) || Sobrevenir, acaecer. || — V. t. Examinar y criticar una cuenta. || *Cir.* Operar. || — IRREG. Se conjuga como *venir.*

INTERVENTOR, RA adj. y s. Que interviene. || — M. Empleado que legaliza ciertas operaciones.

INTERVIÚ o **INTERVIEW** f. Neologismo inútil por *entrevista.* (SINÓN. V. *Conversación.*)

INTERVIUVAR v. t. Neologismo inútil por *entrevistar.*

INTERVOCÁLICO, CA adj. Dícese de la consonante que se halla entre dos vocales.

INTESTADO, DA adj. *For.* Dícese del que no ha hecho testamento: *morir intestado.*

INTESTINAL adj. Perteneciente o relativo a los intestinos: *lombriz intestinal.* || *Jugo intestinal,* jugo digestivo que segregan las glándulas del duodeno y del yeyuno.

INTESTINO m. (lat. *intestinus*). *Anat.* Víscera abdominal que se extiende desde el estómago hasta el ano y se divide, según su diámetro, en dos partes, el *intestino delgado* (de 6 a 8 metros en el hombre), que comprende el *duodeno, yeyuno* e *íleon,* y el *intestino grueso,* que comprende el *ciego,* el *colon* y el *recto.* || — SINÓN. *Entrañas, tripas.*

INTESTINO, NA adj. Que está en el interior del cuerpo: *calor intestino.* || Que sucede en el interior de una sociedad, o en el ánimo: *divisiones intestinas.*

INTIBUCANO, NA adj. y s. De Intibucá (Honduras).

INTIMA o **INTIMACIÓN** f. Advertencia, notificación, declaración procedente de una autoridad con conminación del empleo de la fuerza en caso de que no se ejecute lo ordenado. (SINÓN. V. *Mandamiento.*)

ÍNTIMAMENTE adv. m. Con intimidad. ‖ Profundamente: *estar íntimamente convencido.*

INTIMAR v. t. (lat. *intimare*). Declarar con autoridad: *intimar una orden.* (SINÓN. V. *Notificar.*) ‖ — V. i. Trabar amistad íntima con uno: *intimó con ella.* ‖ — V. r. Empaparse, impregnarse un cuerpo en otro.

INTIMATORIO, RIA adj. *For.* Que intima o declara: *carta intimatoria.*

INTIMIDACIÓN f. Acción y efecto de intimidar. ‖ Temor.

INTIMIDAD f. Amistad íntima: *vivir en la mayor intimidad con un amigo.* (SINÓN. *Amistad, confianza, familiaridad.* V. tb. *frecuentación.*) ‖ Carácter de lo que es íntimo: *en la intimidad de su conciencia.* ‖ *En la intimidad,* entre íntimos.

INTIMIDAR v. t. (del lat. *in,* en, y *timidus,* tímido). Causar miedo, asustar: *intimidar a un candidato.* (SINÓN. V. *Acobardar.*)

INTIMISMO m. Carácter intimista.

INTIMISTA adj. y s. Dícese de la poesía y de los poetas que expresan en un tono confidencial los sentimientos más secretos del alma.

ÍNTIMO, MA adj. (lat. *intimus*). Interior y profundo. ‖ Que forma parte de la esencia de una cosa: *naturaleza íntima de un ser.* ‖ Que existe en lo más profundo de nosotros mismos: *convicción íntima.* ‖ Dícese de la amistad muy estrecha que une a dos personas. ‖ — Adj. y s. Amigo muy querido.

INTITULAR v. t. Poner título a una cosa: *intitular un libro.* ‖ Dar un título a una persona o cosa: *intitularse doctor.*

INTOCABLE adj. Que no puede tocarse: *los parias de la India son intocables.*

INTOLERABLE adj. Dícese de lo que no se puede tolerar: *mostrar una familiaridad intolerable.* ‖ *Por ext.* Insoportable: *vecino intolerable.* ‖ — SINÓN. *Doloroso, excesivo, inaguantable, insufrible.*

INTOLERANCIA f. Falta de tolerancia. ‖ Violencia, odio contra aquellos que difieren de nuestra opinión, creencia, etc. ‖ *Med.* Imposibilidad del organismo para asimilar ciertas substancias. (SINÓN. *Alergia.*)

INTOLERANTE adj. y s. Que no tiene tolerancia: *María Tudor fue una reina intolerante.* (SINÓN. *Fanático* e *intransigente.*)

INTONSO, SA adj. Que no tiene cortado el cabello. ‖ *Fig.* Ignorante o rústico. ‖ *Fig.* Dícese de los libros que se encuadernan sin cortar las barbas a los pliegos.

INTOXICACIÓN f. Envenenamiento: *la asfixia por el óxido de carbono constituye una intoxicación.*

INTOXICAR v. t. Emponzoñar, inficionar con veneno. (SINÓN. V. *Envenenar.*)

INTRAATÓMICO, CA adj. Contenido en el átomo.

INTRADÉRMICO, CA adj. En el interior de la piel: *inyección intradérmica.*

INTRADÓS m. Superficie interior y cóncava de un arco o bóveda, de un ala de avión.

INTRADUCIBLE adj. Que no se puede traducir.

INTRAMUROS adv. Dentro de los muros de una ciudad: *vivir intramuros.* ‖ — CONTR. *Extramuros.*

INTRAMUSCULAR adj. Dícese de lo que está o se pone en el interior de los músculos: *inyección intramuscular.*

INTRANQUILIDAD f. Falta de tranquilidad; inquietud, zozobra. (SINÓN. V. *Preocupación.*)

INTRANQUILIZAR v. t. Volver intranquilo, inquietar, desasosegar.

INTRANQUILO, LA adj. Falto de tranquilidad.

INTRANSFERIBLE adj. No transferible.

INTRANSIGENCIA f. Carácter intransigente.

INTRANSIGENTE adj. y s. Que no transige, que no hace ninguna concesión. ‖ — SINÓN. *Intolerante, irreductible, terco.* V. tb. *severo.*

INTRANSITABLE adj. Dícese del camino por donde no se puede caminar con facilidad.

INTRANSITIVO, VA adj. *Gram. Verbo intransitivo* o *neutro,* el que no tiene complemento directo, como *ir, venir.*

INTRANSMISIBLE adj. Que no se transmite.

INTRANSMUTABLE adj. Dícese de lo que no puede transmutarse.

INTRANUCLEAR adj. *Fís.* Que se encuentra en el interior del núcleo.

INTRATABLE adj. Que no puede tratarse. ‖ *Fig.* Insociable, arisco, grosero. (SINÓN. *Arisco, inaguantable, insociable.*) ‖ Dícese de los lugares difíciles de transitar o escabrosos.

INTRAVENOSO, SA adj. Que se verifica en lo interior de las venas: *inyección intravenosa.*

INTREPIDEZ f. Valor, osadía. ‖ — CONTR. *Cobardía.*

INTRÉPIDO, DA adj. Que no teme el peligro, valiente, atrevido: *soldado intrépido.*

INTRIGA f. Manejo secreto que se emplea para conseguir un fin. (SINÓN. *Artimaña, cábala, manejo, maniobra, maquinación, tejemaneje, trama, trapicheo.* V. tb. *complot.*) ‖ Enredo, embrollo: *la intriga de una comedia.*

INTRIGADO, DA adj. Admirado, maravillado. ‖ Curioso por saber algo.

INTRIGANTE adj. y s. Que intriga o suele intrigar. [Úsase también a veces el femenino *intriganta.*] ‖ — SINÓN. *Aventurero, enredador, entremetido, trapisondista.*

INTRIGAR v. i. Ejercitarse en intrigas y enredos. (SINÓN. V. *Enredar.*) ‖ — V. t. Causar viva curiosidad: *me intriga su silencio.*

INTRINCACIÓN f. Acción y efecto de intrincar.

INTRINCADO, DA adj. Enmarañado, enredado, espeso: *bosque muy intrincado.*

INTRINCAMIENTO m. Intrincación, embrollo.

INTRINCAR v. t. Embrollar, enredar. ‖ *Fig.* Confundir, obscurecer los pensamientos.

INTRÍNGULIS m. *Fam.* Intención oculta: *es un hombre de intríngulis.* ‖ Dificultad, nudo, enredo.

INTRÍNSECAMENTE adv. m. De un modo intrínseco o esencial.

INTRÍNSECO, CA adj. Íntimo, esencial: *mérito intrínseco.* (SINÓN. V. *Interior.*) ‖ *Valor intrínseco de una cosa,* el que tiene de por sí, a diferencia del convencional. ‖ — CONTR. *Extrínseco.*

INTRODUCCIÓN f. (lat. *introductio*). Acción y efecto de introducir: *la introducción de una sonda en la herida.* ‖ Discurso preliminar que encabeza un libro: *deben leerse las introducciones.* (SINÓN. V. *Prefacio.*) ‖ Exordio. ‖ *Mús.* Parte inicial de una obra instrumental. ‖ Preparación, disposición para llegar a un fin: *introducción a la Filosofía.*

INTRODUCIDO, DA adj. *Fam.* Que tiene entrada y familiaridad en una casa.

INTRODUCIR v. t. (lat. *introducere*). Hacer entrar: *introducir a uno en su casa.* (SINÓN. V. *Entrar.*) ‖ Meter: *introducir una sonda en una herida.* (SINÓN. *Encartar, incluir, insertar.* V. tb. *intercalar.*) ‖ Hacer adoptar: *introducir una moda.* ‖ Ocasionar: *introducir el desorden.* ‖ *Fig.* Ser recibido uno en un lugar o granjearle el trato, el favor, la amistad de alguien: *introducir a uno en la corte.* ‖ *Fig.* Hacer figurar un personaje en una obra literaria. ‖ — IRREG. Se conjuga como *conducir.*

INTRODUCTIVO, VA adj. Que puede introducir.

INTRODUCTOR, RA adj. y s. Que introduce. ‖ *Introductor de embajadores,* el que tiene a su cargo introducirlos ante el jefe del Estado.

INTROITO m. (del lat. *introitus,* entrada). Palabras que pronuncia el sacerdote al principio de la misa. ‖ Principio de un escrito o de una oración. ‖ En el teatro antiguo, prólogo.

INTROMISIÓN f. Introducción.

INTROSPECCIÓN f. Examen del alma por sí misma: *la introspección es muy discutible dado su carácter subjetivo.* (SINÓN. V. *Reflexión.*)

INTROSPECTIVO, VA adj. Propio de la introspección.

INTROVERSIÓN f. Acción de penetrar el alma humana dentro de sí misma, abstrayéndose del mundo externo.

INTROVERTIDO, DA adj. y s. Dícese del que presenta introversión.
— El psicoanalista Jung designa dos grandes tipos psíquicos fundamentales: el *introvertido* y el *extravertido*. El *introvertido* está constantemente vuelto hacia su intimidad. Su centro son sus recuerdos o sus imágenes. Es reflexivo, propenso a la meditación y la duda, tímido y desconfiado, y poco apto para la acción y la lucha.

INTRUSIÓN f. Acción de introducirse sin derecho en una cosa: *cometer una intrusión atrevida.*

INTRUSISMO m. Curandería. ‖ Ejercicio de una profesión sin título legal.

INTRUSO, SA adj. y s. (del lat. *intrudere*, introducirse). Que se introduce sin derecho en alguna parte. (SINÓN. V. *Importuno.*)

INTUBACIÓN f. *Cir.* Colocación de un tubo metálico en la laringe para facilitar la respiración.

INTUBAR v. t. Introducir por un tubo.

INTUICIÓN f. (lat. *intuitio*, de *in*, en, y *tueri*, ver). Conocimiento claro, recto o inmediato de verdades que penetran en nuestro espíritu sin necesidad de razonamiento: *la conciencia moral es la intuición del bien.* (SINÓN. V. *Presentimiento* y *sensibilidad.*) ‖ *Teol.* Visión beatífica.

INTUICIONISMO m. Sistema filosófico que da preferencia a la intuición sobre el razonamiento: *la doctrina de Bergson es un intuicionismo.*

INTUIR v. t. Percibir por intuición.

INTUITIVAMENTE adv. m. Con intuición.

INTUITIVO, VA adj. Que se tiene por intuición: *conocimiento intuitivo.* ‖ — Adj. y s. Que obra por intuición.

INTUMESCENCIA f. Hinchazón.

INTUMESCENTE adj. Que se va hinchando.

INTUSUSCEPCIÓN f. *Hist. nat.* Modo de crecer de los animales y vegetales que asimilan las substancias que toman interiormente.

ÍNULA f. Nombre científico del *beleño.*

INULINA f. Cuerpo parecido al almidón, que se encuentra en algunas plantas (dalia, girasol, etc.).

INUNDACIÓN f. Desbordamiento de los ríos o lagos que inunda las comarcas vecinas. (SINÓN. *Cataclismo, crecida, desbordamiento, diluvio, riada*). ‖ *Fig.* Multitud, copia, gran abundancia.

INUNDAR v. t. (lat. *inundare*). Salir de madre los ríos o lagos y cubrir de agua las regiones vecinas. (SINÓN. *Anegar, desbordar, sumergir,* V. tb. *mojar.*) ‖ *Fig.* Llenar: *inundar un país de extranjeros.*

INURBANIDAD f. Falta de urbanidad.

INURBANO, NA adj. Falto de urbanidad.

INUSITADO, DA adj. No usado: *voz inusitada.* ‖ — SINÓN. *Desusado, insólito, raro.*

INÚTIL adj. Que no es útil, que no sirve para nada: *un hombre inútil para la sociedad.* ‖ — SINÓN. *Improductivo, ocioso, superfluo, vano.*

INUTILIDAD f. Calidad de inútil: *la inutilidad de un esfuerzo.* (SINÓN. V. *Impotencia.*) ‖ Cosa inútil: *comprar inutilidades.*

INUTILIZADO, DA adj. Que no se utiliza.

INUTILIZAR v. t. Hacer inútil una cosa. (SINÓN. V. *Anular.*) ‖ Obliterar sellos.

INÚTILMENTE adv. m. Sin utilidad.

INVADIR v. t. (lat. *invadere*). Entrar por fuerza y en gran número en una parte, hacer irrupción: *invadir el campamento enemigo.* (SINÓN. V. *Entrar.*)

INVAGINACIÓN f. *Cir.* Repliegue de un tejido orgánico en el interior de otro: *invaginación intestinal.*

INVAGINAR v. t. Unir dos trozos de intestino introduciendo el extremo de uno en el otro.

INVALIDACIÓN f. Acción de invalidar.

INVALIDAR v. t. Declarar nulo: *invalidar un testamento.* (SINÓN. V. *Anular.*)

INVALIDEZ f. Falta de validez: *la invalidez de un contrato.* ‖ Calidad de inválido.

INVÁLIDO, DA adj. y s. (lat. *invalidus*). Dícese del enfermo que no tiene fuerza ni puede trabajar: *anciano inválido.* ‖ *Fig.* Que no tiene las condiciones fijadas por la ley: *matrimonio inválido.* ‖ *Mil.* Soldado herido o viejo: *cuartel de inválidos.*

INVAR m. Aleación de acero y níquel de un coeficiente de dilatación muy pequeño.

INVARIABILIDAD f. Calidad de invariable.

INVARIABLE adj. Que no cambia: *el orden invariable de las estaciones.* ‖ Inmutable: *hombre invariable en sus ideas.* ‖ *Gram.* Dícese de las palabras que no sufren ninguna modificación: *los adverbios son palabras invariables.*

INVARIABLEMENTE adv. m. Sin variación, idénticamente. (SINÓN. V. *Constantemente.*)

INVARIACIÓN f. Subsistencia sin variación de una cosa o en una cosa.

INVARIANTE m. Magnitud, relación o propiedad que permanece invariable en una transformación de naturaleza física o matemática.

INVASIÓN f. Acción y efecto de invadir. ‖ Irrupción hecha en un país por una fuerza militar: *las invasiones de los bárbaros.* (SINÓN. V. *Incursión.*) ‖ *Por ext.* Ocupación general de un lugar: *una invasión de ratas.*

INVASOR, RA adj. y s. Que invade.

INVECTIVA f. (del lat. *invectus*, sup. de *invehere*, desencadenarse contra). Palabra amarga y violenta, expresión injuriosa: *las invectivas de Cicerón contra Antonio fueron causa de la muerte del gran orador.* (SINÓN. V. *Injuria.*) ‖ — PARÓN. *Inventiva.*

INVENCIBLE adj. Que no puede vencerse: *experimentar miedo invencible.* (SINÓN. *Irrebatible.*)

INVENCIBLEMENTE adv. m. De un modo invencible.

INVENCIÓN f. Acción y efecto de inventar: *la invención del pararrayos se debe a Franklin.* ‖ Cosa inventada, ficción: *las invenciones de los poetas.* (SINÓN. V. *Fábula.*) ‖ Hallazgo, descubrimiento: *la invención de la Santa Cruz.* (SINÓN. *Creación, invento.*) ‖ *Ret.* Elección de los argumentos y de las ideas que se emplean para tratar un asunto.

INVENDIBLE adj. Que no puede venderse.

INVENTAR v. t. (del lat. *invenire*, encontrar). Hallar una cosa nueva: *Gutenberg inventó la imprenta hacia 1436.* (SINÓN. *Descubrir, fabricar, forjar, fraguar, hallar.*) ‖ Crear por medio de la imaginación. (SINÓN. *Idear, imaginar.*) ‖ Fingir: *inventar una patraña.*

INVENTARIAR v. t. Hacer un inventario. (SINÓN. V. *Contar.*)

INVENTARIO m. Asiento que se hace de los bienes de una persona o comunidad: *hacer el inventario de una sucesión.* (SINÓN. V. *Empadronamiento y lista.*) ‖ Estimación de las mercancías en almacén y de los diversos valores que componen la fortuna del comerciante: *debe hacerse un inventario por lo menos una vez al año.* ‖ *Beneficio de inventario*, facultad que se reserva el heredero de no pagar las deudas de una herencia sino hasta donde alcance lo que de ella recoja. ‖ *Fig. A beneficio de inventario*, m. adv., con prudencia y reservas: *aceptar una noticia a beneficio de inventario.*

INVENTIVA f. Facultad de inventar: *la inventiva fecunda de un novelista.* ‖ — PARÓN. *Invectiva.*

INVENTIVO, VA adj. Capaz de inventar.

INVENTO m. Descubrimiento. (SINÓN. V. *Invención.*)

INVENTOR, RA adj. y s. Que inventa o descubre algo.

INVERNA f. *Per.* Invernada del ganado.

INVERNACIÓN f. Barb. por *hibernación.*

INVERNÁCULO m. Lugar cubierto, cerrado con cristales, calentado artificialmente, donde se defiende a las plantas de la acción del frío.

INVERNADA f. Estación de invierno: *una invernada en el Polo.* ‖ *Amer.* Tiempo del engorde del ganado y campo destinado para dicho engorde. ‖ *Venez.* Aguacero. ‖ *Amer.* Invernadero.

INVERNADERO m. Sitio a propósito para pasar el invierno. ‖ Paraje donde pastan los ganados en invierno. ‖ Invernáculo.

INVERNAL adj. De invierno: *frío invernal.*

INVERNANTE adj. y s. Que pasa los meses fríos en una estación invernal.

INVERNAR v. i. Pasar el invierno: *invernar en un puerto.* ‖ Ser tiempo de invierno. ‖ *Riopl.* Pastar el ganado en la invernada. ‖ — IRREG. Se conjuga como *acertar.*

INVERNIZO, ZA adj. Perteneciente al invierno.

INVEROSÍMIL adj. Que no tiene apariencia de verdad. || — SINÓN. *Fantástico, inaudito, increíble, inimaginable, irregular, paradójico.* V. tb. *asombroso.*
INVEROSIMILITUD f. Calidad de inverosímil.
INVERSAMENTE adv. m. Al revés, al contrario: *cantidades inversamente proporcionales.*
INVERSIÓN f. Construcción que da a las palabras orden distinto del directo: *la inversión es muy frecuente en español.* || *Med.* Desviación de un órgano de su posición natural. || Transformación de la sacarosa en glucosa por hidrólisis. || Acción de emplear capital en negocios productivos. || *Inversión sexual,* desviación del que tiene una afinidad sexual por las personas de su sexo.
INVERSIONISTA com. Persona que hace una inversión de capital.
INVERSIVO, VA adj. Relativo a la inversión.
INVERSO, SA adj. Contrario: *sentido inverso.* || Opuesto a la dirección actual o natural de las cosas. (SINÓN. V. *Opuesto.*) || *Mat. Razón inversa,* relación en la cual un término crece cuando el otro disminuye. || *Números inversos,* números de los cuales uno es el cociente de la unidad del otro.
INVERSOR m. Aparato que sirve para invertir el sentido de una corriente eléctrica.
INVERTEBRADO, DA adj. y s. *Zool.* Dícese de los animales sin columna vertebral, como los insectos y los crustáceos. || — M. pl. Tipo de estos animales.
INVERTIDO m. Homosexual.
INVERTINA f. Fermento de la levadura de cerveza que transforma el azúcar de caña.
INVERTIR v. t. (lat. *invertere*). Cambiar simétricamente: *invertir el sentido de una corriente eléctrica.* (SINÓN. V. *Trasladar.*) || Emplear, gastar: *invertir mucho dinero en gastos generales.* || *Mat.* Cambiar de lugar los términos de cada proporción. || — PARÓN. *Investir.* || — IRREG. Se conjuga como *sentir.*
INVESTIDURA f. Acción de investir o conferir: *la investidura de un obispo.* || Carácter que confiere la toma de posesión de ciertos cargos.
INVESTIGACIÓN f. Acción y efecto de investigar o indagar: *proseguir sus investigaciones.* || — SINÓN. *Estudio, exploración, sondeo, tanteo.*
INVESTIGADOR, RA adj. y s. Que investiga o registra: *dirigir una mirada investigadora.*
INVESTIGAR v. t. (lat. *investigare*). Hacer diligencias para descubrir una cosa, registrar, indagar. (SINÓN. V. *Inquirir.*)
INVESTIR v. t. (lat. *investire*). Conferir una dignidad: *investir de la dignidad episcopal.* || — IRREG. Se conjuga como *pedir.*
INVETERADO, DA adj. Arraigado o viejo.
INVETERARSE v. r. Envejecerse, arraigar.
INVICTO, TA adj. (lat. *invictus*). Que no ha sido nunca vencido: *invicto general.*
INVIERNO m. (lat. *hibernus*). Estación más fría del año, que comienza en nuestro hemisferio, en el solsticio de diciembre (el día 21 ó 22) y acaba en el equinoccio de marzo (el día 20 ó 21). En Sudamérica corresponde el invierno al verano de Europa. || *Amer.* Temporada de lluvias.
INVIOLABILIDAD f. Calidad de lo que es inviolable: *la inviolabilidad de los embajadores.*
INVIOLABLE adj. Que no se puede violar: *ser depositario de un secreto inviolable.* (SINÓN. V. *Sagrado.*) || Que goza de inviolavilidad.
INVIOLADO, DA adj. Que no ha sido nunca violado: *santuario inviolado.*
INVISIBILIDAD f. Calidad de lo invisible.
INVISIBLE adj. Que no puede verse: *estrellas invisibles.* (SINÓN. V. *Imperceptible* y *oculto.*)
INVITACIÓN f. Acción y efecto de invitar, convite. (SINÓN. V. *Proposición.*) || Tarjeta con que se invita.
INVITADO, DA m. y f. Persona que ha recibido invitación. (SINÓN. V. *Convidado.*)
INVITADOR, RA o **INVITANTE** adj. y s. Que invita o convida. (SINÓN. V. *Huésped.*)
INVITAR v. t. (lat. *invitare*). Convidar: *invitar a cenar.* (SINÓN. *Brindar, ofrecer, rogar que, suplicar que.* V. tb. *convocar.*) || *Fig.* Incitar: *invitar al sueño.* (SINÓN. *Inducir.*)
INVITATORIO m. Antífona cantada en maitines.
INVOCACIÓN f. Acción y efecto de invocar: *dirigir invocaciones a los santos.* || Parte del poema en que el poeta invoca a una divinidad.
INVOCADOR, RA adj. y s. Que invoca.
INVOCAR v. t. (lat. *invocare*). Llamar a uno en su auxilio: *invocar a los santos.* (SINÓN. *Apelar, pedir, evocar, llamar.* V. tb. *rogar.*) || *Fig.* Citar en defensa propia: *invocar testimonio.*
INVOCATORIO, RIA adj. Que sirve para invocar o llamar: *fórmula invocatoria.*
INVOLUCIÓN f. Modificación retrógrada de un órgano. || *Fil.* Paso de lo heterogéneo a lo homogéneo, de lo múltiple a lo simple.
INVOLUCRADO, DA adj. *Bot.* En forma de involucro: *flor involucrada.*
INVOLUCRAR v. t. Mezclar en un discurso o escrito asuntos que le son extraños. || Envolver, implicar.
INVOLUCRO m. (del lat. *involucrum,* cubierta). *Bot.* Conjunto de brácteas situado en el arranque de una umbela o cabezuela, como en la zanahoria.
INVOLUNTARIO, RIA adj. Que no es voluntario: *hacer movimientos involuntarios con la mano.* (SINÓN. V. *Automático.*) || Que sucede independientemente de la voluntad.
INVULNERABLE adj. Que no puede ser herido por nada: *Aquiles era invulnerable, excepto en el talón.*
INYECCIÓN f. (lat. *injectio*). Introducción de medicamentos o sueros, mediante una aguja hueca, en los músculos y venas. || *Motor de inyección,* el de combustión interna, en el que el carburante se inyecta directamente en los cilindros sin necesidad de un carburador. || Líquido inyectado: *una inyección hipodérmica.*
INYECTABLE adj. y s. m. Dícese de las substancias preparadas para usarlas en inyecciones.
INYECTADO, DA adj. Encarnizado, encendido: *ojos inyectados, tener el rostro inyectado.*
INYECTAR v. t. Introducir a presión, con un intrumento, un líquido en un cuerpo.
INYECTOR m. Aparato para efectuar la introducción forzada de un fluido en un mecanismo. || Aparato para poner inyecciones.
IÑIGUISTA adj. y s. (de *San Íñigo de Loyola*). Nombre que suele darse a los jesuitas.
IODO m. Yodo.
ION m. *Fís.* Átomo o grupo de átomos que llevan una carga eléctrica, debido a la pérdida o ganancia de algún electrón.
IONIZACIÓN f. Produceión de iones en un gas o en un electrólito.
IONIZAR v. t. Provocar la ionización.
IONONA f. Substancia química de olor de violeta empleada en perfumería.
IONOSFERA f. Capa elevada de la atmósfera situada entre los 80 y los 400 km. de altura, y en la cual se reflejan las ondas hertzianas.
IOTA f. Novena letra del alfabeto griego, que corresponde a nuestra *i* vocal.
IOTACISMO m. Empleo frecuente del sonido *i* en una lengua.
IPECACUANA f. Género de plantas rubiáceas originarias de América Meridional: *la raíz de ipecacuana se usa como emético.* || Raíz vomitiva de esta planta.
IPERITA f. Líquido oleaginoso utilizado como gas asfixiante.
ÍPSILON f. Vigésima letra del alfabeto griego, que corresponde a la que en el nuestro llamamos *i griega* o *ye.*
IPSO FACTO (lat.). Por el mismo hecho; inmediatamente.
IPSÓFONO m. Dispositivo de algunos aparatos telefónicos que recoge la comunicación en ausencia del abonado.
IPSO JURE loc lat. Por ministerio de la ley.
IQUEÑO, ÑA adj. y s. De Ica (Perú).
IQUIQUEÑO, ÑA adj. y s. De Iquique (Chile).
IQUITEÑO, ÑA adj. y s. De Iquitos (Perú).
Ir, símbolo químico del *iridio.*
IR v. i. (lat. *ire*). Moverse, transportarse de un lado para otro. || Caminar de un lado a otro: *no hacer sino ir y venir.* (SINÓN. *Acudir, asistir, llegar, seguir, visitar.*) || Apostar: *van diez pesos a que no lo haces.* || Haber diferencia: *¡cuánto va de ayer a hoy!* || Dirigirse: *este camino va a la ciudad.* (SINÓN. *Encaminarse.* V. tb. *conducir.*) || Sentar: *este vestido no va bien.* (SINÓN. V. *Adaptar.*) || Obrar, proceder: *el coche va lentamente; va con miedo.* || Con un gerundio, em-

INYECTOR
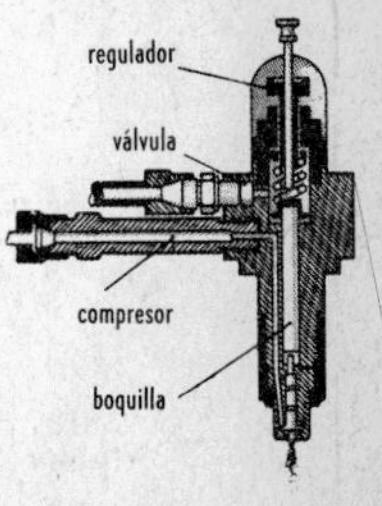

ipecacuana

pezar a efectuarse la acción del verbo: *va anocheciendo.* || Con el participio pasivo de algunos verbos, estar: *ir rendido.* || Con la prep. *con*, llevar, tener: *ir con cuidado.* || Con la prep. *a* y un infinitivo, estar a punto de empezar la acción del verbo: *iba a salir cuando llegó.* || Con la prep. *en*, importar, interesar: *¿qué te va a ti en ese asunto?* || Con la prep. *por*, seguir una carrera: *mi hijo irá por la Iglesia.* || También significa ir a traer: *ir por lana y volver trasquilado.* || — V. r. Morirse. || Salirse o rezumarse un recipiente: *que se va la leche.* (SINÓN. V. *Marchar.*) || Deslizarse: *se le fueron los pies.* || Empezar a: *ya se va calmando.* || Ventosear o hacer uno sus necesidades involuntariamente. || *¡Vaya!*, interj. fam., expresa leve enfado o aprobación o sirve para excitar o contener. || *Váyase lo uno por lo otro*, una de las cosas de que se trata puede ser compensación de la otra. || *Vaya que no*, loc. fam. de desafío, de incredulidad. || — IRREG. Pres. ind.: *voy, vas, va, vamos, vais, van;* imperf.: *iba, ibas, iba, íbamos, ibais, iban;* pret. ind.: *fui, fuiste, fue, fuimos, fuisteis, fueron;* fut.: *iré, irás*, etc.; imper.: *ve, id;* pres. subj.: *vaya, vayas, vaya, vayamos, vayáis, vayan;* imperf. subj.: *fuera*, etc., o *fuese*, etc.; pot..: *iría*, etc.; fut. subj.: *fuere*, etc.; ger.: *yendo;* p. p.: *ido.*

IRA f. (lat. *ira*). Cólera, enojo: *la ira es mala consejera.* (SINÓN. V. *Irritación.*) || Apetito de venganza: *incurrir en la ira de Dios.* || *Fig.* Furia de los elementos. || *Llenarse uno de ira*, enfadarse, irritarse mucho.

IRACA f. *Amer.* Palma para tejer sombreros.

IRACUNDIA f. Propensión a la ira, cólera.

IRACUNDO, DA adj. y s. Colérico. (SINÓN. V. *Irritado.*)

IRADÉ m. Decreto de un sultán.

IRANÍ adj. y s. Del moderno Estado de Irán.

IRANIO, NIA o **IRANIANO, NA** adj. y s. De Irán. || *Lenguas iranianas*, nombre bajo el cual se designa el zendo y las lenguas que de él se derivan (persa, etc.).

IRAQUÉS, ESA o **IRAQUÍ** adj. y s. De Irak.

IRASCIBLE adj. Colérico, iracundo, furioso. (SINÓN. V. *Irritado.*)

IRIBÚ m. *Riopl.* Aura o gallinazo, ave.

IRIDÁCEAS f. pl. (del lat. *iris*, lirio). *Bot.* Familia de plantas monocotiledóneas de raíces tuberculosas, como el lirio cárdeno y el azafrán.

ÍRIDE f. (lat. *iris, idis*). Lirio hediondo.

IRIDECTOMÍA f. *Med.* Excisión de una parte del iris para producir una pupila artificial.

IRIDIADO, DA adj. Mezclado con iridio.

IRIDIO m. (del gr. *iris*, iris). Metal blanco amarillento algo más pesado que el oro, de símbolo **Ir** y número atómico 77. Funde hacia los 2 440° C, es sumamente duro (por eso se usa para los puntos de plumilla estilográfica) y se encuentra en ciertos minerales de platino.

IRIDISCENTE adj. Irisado.

IRIRE m. *Bol.* Calabaza de forma ovoide que sirve en algunas partes para tomar la chicha.

IRIS DEL OJO

iris
humor vítreo
nervio óptico
cristalino
córnea

IRIS m. (gr. *iris*). Meteoro en forma de arco que presenta los siete colores del espectro y que resulta de la refracción y la reflexión de los rayos del Sol sobre las nubes y las gotas de agua en suspensión en la atmósfera después de la lluvia. || También se observa este arco en las cascadas y pulverizaciones de agua bañadas por el sol. || Los siete colores del arco iris son: *violado, azul turquí, azul, verde, amarillo, anaranjado* y *rojo.* || Membrana coloreada del ojo, situada detrás de la córnea y delante del cristalino y atravesada por un orificio que es la pupila. (El *iris* es el diafragma del ojo.) || Rizoma de ciertos lirios, usado en perfumería.

IRISACIÓN f. Propiedad de ciertos cuerpos de dispersar la luz en rayos coloreados como el arco iris o iris. || Reflejo irisado.

IRISAR v. i. Presentar un cuerpo los colores del arco iris. || — V. t. Comunicar los colores del arco iris.

IRITIS f. *Med.* Inflamación del iris del ojo.

IRLANDÉS, ESA adj. y s. De Irlanda. || — M. Lengua irlandesa.

IRONÍA f. (lat. *ironia*). Burla o sarcasmo que consiste en dar a entender lo contrario de lo que se dice: *responder con ironía a una pregunta.* || *Fig.* Contraste fortuito que parece una burla: *una dolorosa ironía de la suerte.* || Burla.

IRÓNICAMENTE adv. m. Con ironía o burla.

IRÓNICO, CA adj. Que denota ironía: *sonrisa irónica.* (SINÓN. V. *Sarcástico.*) || Que emplea la ironía: *espíritu irónico.*

IRONISTA com. Persona que suele usar ironía.

IRONIZAR v. t. Hablar con ironía, ridiculizar.

IROQUÉS, ESA adj. y s. Dícese de una raza indígena de la América septentrional.

IRRACIONAL adj. Que carece de razón: *ser irracional.* || Opuesto a la razón: *conducta irracional.* (SINÓN. V. *Desrazonable.*) || *Mat.* Aplícase a las raíces de números que no son potencias perfectas, como la raíz cúbica de 28.

IRRACIONALIDAD f. Calidad de irracional.

IRRACIONALISMO m. Sistema filosófico que da preferencia a lo irracional sobre lo racional. (Para el *irracionalismo* el mundo no es accesible a un conocimiento claro; contiene algo ininteligible e inexplicable.)

IRRACIONALISTA adj. y s. Relativo al irracionalismo o partidario de él.

IRRADIACIÓN f. Emisión de rayos luminosos o corpusculares. || Expansión de la luz que rodea a los astros que les hace parecer más grandes de lo que son en realidad. || Exposición a una radiación radiactiva, a la luz o a otra forma de radiación.

IRRADIAR v. t. Despedir rayos de luz en todas direcciones: *los faros irradian su luz sobre el mar.* || Someter un cuerpo a ciertas radiaciones.

IRRAZONABLE adj. Lo que no es razonable. (SINÓN. V. *Desrazonable.*)

IRREAL adj. No real: *un mundo irreal.*

IRREALIDAD f. Calidad de lo irreal.

IRREALIZABLE adj. Que no puede realizarse.

IRREBATIBLE adj. Que no puede rebatirse o vencerse: *aducir un argumento irrebatible.*

IRRECONCILIABLE adj. Que no quiere reconciliarse: *enemigo irreconciliable.*

IRRECUPERABLE adj. Que no se puede recuperar.

IRRECUSABLE adj. Que no se puede recusar.

IRREDENTISMO m. Doctrina según la cual aspira un país a reconquistar todas las comarcas que, situadas más allá de sus fronteras, forman parte de él por sus costumbres y su lengua. (Se dice esp. del movimiento político italiano formado hacia 1878.)

IRREDENTISTA adj. y s. Partidario del irredentismo o relativo a él: *político irredentista.*

IRREDENTO, TA adj. Dícese del territorio que una nación reclama como suyo por razones históricas o étnicas.

IRREDUCIBLE o **IRREDUCTIBLE** adj. Que no puede reducirse: *fracción irreducible.* || *Fig.* Que no transige: *enemigo irreductible.* (SINÓN. V. *Instransigente.*)

IRREEMPLAZABLE o **IRREMPLAZABLE** adj. No reemplazable.

IRREFLEXIÓN f. Falta de reflexión.

IRREFLEXIVO, VA adj. Que no reflexiona: *hombre irreflexivo.* || Hecho o dicho sin reflexionar.

IRREFORMABLE adj. Que no se puede reformar.

IRREFRENABLE adj. Que no se puede refrenar.

IRREFUTABLE adj. Que no se puede refutar: *testimonio irrefutable.* (SINÓN. *Irrebatible.*)

IRREGULAR adj. Que no es regular o simétrico: *polígono irregular.* (SINÓN. V. *Deforme* y *discontinuo.*) || Que no obra de un modo regular. (SINÓN. V. *Inverosímil.*) || No conforme con las reglas de la moral: *conducta irregular.* (SINÓN. *Arbitrario, desigual, desordenado*, V. tb. *raro.*) || Que no es constante, puntual: *empleado irregular.* || *Gram.* Dícese de las palabras cuya declinación o conjugación no sigue la regla del tipo a que pertenecen: *nombres irregulares;* "hacer" y "tener" *son verbos irregulares.*

IRREGULARIDAD f. Calidad de lo que es irregular. || Cosa irregular: *cometer una irregularidad.*

IRREGULARMENTE adv. m. Con irregularidad.

IRRELIGIÓN f. Falta de religión.

IRRELIGIOSIDAD f. Carácter de irreligioso.

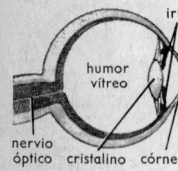

IRRELIGIOSO, SA adj. y s. Falto de religión: *hombre irreligioso.* || Contrario a la religión: libro irreligioso. || — SINÓN. *Antirreligioso, ateo, descreído, impío, librepensador.* V. tb. *pagano* e *incrédulo.* || — CONTR. *Religioso, piadoso.*
IRREMEDIABLE adj. Que no es remediable.
IRREMEDIABLEMENTE adv. m. Sin remedio.
IRREMISIBLE adj. Que no se puede perdonar.
IRREPARABLE adj. Que no se puede reparar o enmendar: *causar a uno daño irreparable.*
IRREPRENSIBLE adj. Que no merece reprensión: *tener una conducta irreprensible.*
IRREPRESENTABLE adj. Que no se puede representar: *comedia irrepresentable.*
IRREPRIMIBLE adj. Que no puede reprimirse.
IRREPROCHABLE adj. Irreprensible. || — SINÓN. *Intachable, justo.* V. tb. *perfecto.*
IRRESISTIBLE adj. Que no se puede resistir o vencer: *fuerza irresistible.* (SINÓN. *Invencible.*)
IRRESISTIBLEMENTE adv. m. De un modo irresistible: *me atraía irresistiblemente.*
IRRESOLUBLE adj. Sin solución, insoluble. || Irresoluto, sin resolución.
IRRESOLUCIÓN f. Falta de resolución. (SINÓN. V. *Indecisión.*)
IRRESOLUTO, TA adj. Que carece de resolución: *carácter irresoluto.* Ú. t. c. s. || Que no ha sido resuelto. || — CONTR. *Resuelto.*
IRRESPETUOSO, SA adj. y s. Que no es respetuoso.
IRRESPIRABLE adj. Que no puede respirarse: *atmósfera irrespirable.*
IRRESPONSABILIDAD f. Calidad de irresponsable: *la irresponsabilidad de un niño.*
IRRESPONSABLE adj. y s. Que no tiene responsabilidad: *los niños son irresponsables.*
IRRESTRICTO, TA adj. Sin limitaciones o restricciones.
IRRESUELTO, TA adj. Irresoluto.
IRRETROACTIVAD f. Carente de retroactividad: *la irretroactividad de las leyes penales.*
IRREVELABLE adj. Que no puede revelarse.
IRREVERENCIA f. Falta de reverencia o acato.
IRREVERENCIAR v. t. No tratar con la debida reverencia.
IRREVERENTE adj. y s. No reverente, irrespetuoso: *conducta irreverente.*
IRREVERSIBLE adj. Que no puede ser repetido en sentido inverso: *reacción irreversible.*
IRREVOCABILIDAD f. Calidad de irrevocable.
IRREVOCABLE adj. Que no se puede revocar o anular: *hacer una donación irrevocable.*
IRREVOCABLEMENTE adv. m. De manera irrevocable: *una fecha irrevocablemente fijada.*
IRRIGABLE adj. Que se puede irrigar.
IRRIGACIÓN f. Acción y efecto de irrigar o regar. || Técnicas diversas para regar los campos.
IRRIGADOR m. Instrumento que sirve para irrigar, dar lavativas, inyecciones, etc.
IRRIGAR v. t. (lat. *irrigare*). Rociar con agua o con otro líquido. Úsase en medicina: *irrigar una parte enferma.*
IRRISIBLE adj. Digno de risa y desprecio.
IRRISIÓN f. (lat. *irrisio*). Mofa, objeto de risa: *ser la irrisión del pueblo.* (SINÓN. V. *Burla.*) || Persona o cosa que la motiva.
IRRISORIO, RIA adj. Ridículo, risible. (SINÓN. V. *Mínimo.*) || Insignificante.
IRRITABILIDAD f. Propensión a irritarse o encolerizarse: *calmar la irritabilidad de una persona.* || *Biol.* Propiedad que posee una célula u otro ser de reaccionar ante los estímulos externos.
IRRITABLE adj. Fácil de irritar: *genio irritable.* (SINÓN. V. *Susceptible.*) || *Biol.* Que reacciona.
IRRITACIÓN f. Acción de irritar o irritarse: *la irritación de la garganta provoca la tos.* || Cólera, ira: *hablar con irritación.* (SINÓN. *Agitación, exacerbación, ira, paroxismo.* V. tb. *furor.*)
IRRITADO, DA adj. Colérico.
IRRITADOR, RA adj. Que irrita o encoleriza.
IRRITANTE adj. Que irrita: *substancia irritante.*
IRRITAR v. t. (lat. *irritare*). Encolerizar: *su conducta me irrita.* (SINÓN. *Agriar, crispar, exasperar.* V. tb. *aburrir* y *rabiar.*) || *Fig.* Incitar, aumentar: *irritar los deseos de una cosa.* (SINÓN. *Exacerbar, impacientar.*) || *Med.* Causar inflamación y dolor: *la mostaza irrita la boca.*
ÍRRITO, TA adj. (lat. *irritus*). *For.* Nulo.
IRROGACIÓN f. Acción y efecto de irrogar.
IRROGAR v. t. (lat. *irrogare*). Causar.
IRROMPIBLE adj. No rompible.
IRRUMPIR v. i. Entrar violentamente (SINÓN. V. *Entrar.*) || Invadir súbitamente.
IRRUPCIÓN f. (lat. *irruptio*). Ataque impetuoso. || Invasión: *la irrupción de los moros en Europa.* (SINÓN. V. *Incursión.*)
IRUNÉS, ESA adj. y s. De Irún.
IRUPÉ m. *Arg.* Nombre vulgar de la *victoria regia,* planta.
ISABELINO, NA adj. Relativo a cualquiera de las reinas que se llamaron Isabel. || Decíase de la moneda con la efigie de Isabel II de España, o de los partidarios de su causa. || Estilo decorativo imperante en España, durante el reinado de Isabel II, que es la interpretación española del estilo Imperio francés. || De color blanco amarillento. (Se llama también *color isabel.*)
ISABELITA f. *Antill.* Un pez acantopterigio.
ISAGOGE f. (gr. *eisagôgê*). *Ret.* Introducción.
ISANGAS f. pl. *Per.* Especie de nasas para pescar camarones. || *Arg.* Espuertas.
ISATIS m. Nombre del *zorro ártico.*
ISBA f. Casa de madera de abeto del norte de Europa y Asia.
ISCATÓN m. *Méx.* Algodón, pelusa que tienen algunos vegetales.
ISCLE m. *Méx.* Estopa del maguey sin limpiar.
ISIACO, CA o **ISÍACO, CA** adj. De Isis.
ISIDORIANO, NA adj. De San Isidoro.
ISIDRO, DRA m. y f. En Madrid, campesino, forastero o paleto.
ISIPÓ o **SIPÓ** m. *Riopl.* Nombre de una planta trepadora sarmentosa.
ISLA f. (lat. *insula*). Porción de tierra rodeada enteramente de agua: *descubrir una isla desconocida.* || Manzana de casas. || *Arg.* Grupo de árboles, bosquecillo aislado en la pampa. || *Chil.* Terreno próximo a un río bañado por éste.

ISLAS MÁS IMPORTANTES

	Situación	km²
Groenlandia	Atlántico	2 180 000
Nueva Guinea	Pacífico	771 900
Borneo	Pacífico	736 000
Madagascar	Índico	592 000
Baffin (Tierra de)	Ártico	520 000
Sumatra	Pacífico	473 600
Nueva Zelanda	Pacífico	267 837
Hondo (Honshu)	Pacífico	231 300
Gran Bretaña	Atlántico	230 000
Célebes	Pacífico	189 000
Java	Pacífico	132 000
Cuba	Caribe	115 000
Terranova	Atlántico	110 677
Luzón	Pacífico	105 700
Islandia	Atlántico	103 000

ISLAM m. (del ár. *islām,* salvación). Religión y civilización de los musulmanes. || El mundo musulmán (con mayúscula en este caso). [V. *Parte hist.*]
ISLÁMICO, CA adj. Perteneciente al Islam.
ISLAMISMO m. Conjunto de dogmas y preceptos que constituyen la religión de Mahoma. (Se dice también *Islán.*)
— El *islamismo* se resume en un solo libro, el Corán, que contiene, como la Biblia de los hebreos, toda la organización religiosa y social.
ISLAMITA adj. y s. El que profesa el islamismo.
ISLAMIZAR v. i. Adoptar la religión, usos y costumbres islámicos.
ISLANDÉS, ESA adj. y s. De Islandia, isla del norte de Europa. || — M. Lengua del grupo nórdico hablada en Islandia. || — PARÓN. *Irlandés.*
ISLÁNDICO, CA adj. Islandés.
ISLARIO m. Descripción, mapa de las islas.
ISLEÑO, ÑA adj. y s. Natural de una isla. (SINÓN. *Insular.*) || Natural de las islas Canarias, o de las de la Bahía (Honduras) y San Andrés y Providencia (Colombia).
ISLETA f. Pequeña acera dentro de una plaza o calzada para refugio de peatones.

IRRIGACIÓN

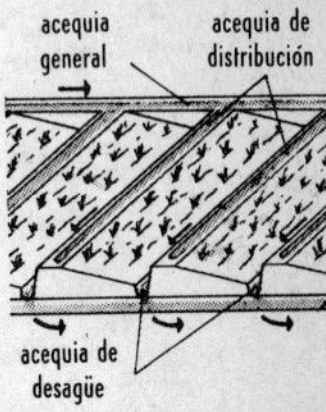

isba

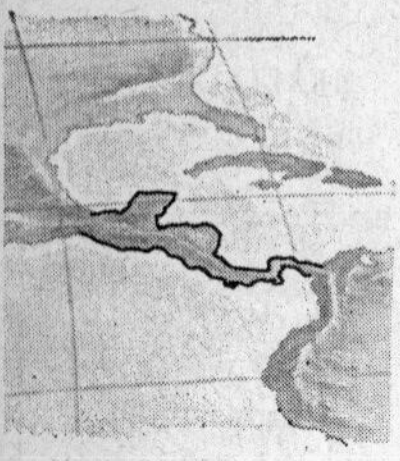

istmo

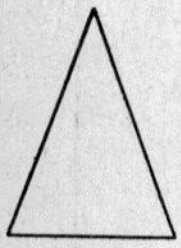

triángulo isósceles

ISLOTE m. Isla pequeña y peñascosa. || Peñasco muy grande, rodeado de mar.
ISMAELITA adj. y s. Descendiente de Ismael. || Dícese de los árabes y esp. de una secta de musulmanes chiítas que tienen adeptos en Siria, Persia y sobre todo en la India, donde su jefe es Karim Aga Khan.
ISOBARA f. Línea isobárica.
ISOBÁRICO, CA adj. *Fís.* De igual presión atmosférica. || *Líneas isobáricas,* líneas que unen puntos de la Tierra de igual presión atmosférica.
ISOBATA adj. De igual profundidad. || — F. Línea que une en un mapa batimétrico los puntos de igual profundidad del fondo de los mares.
ISÓCLINA adj. y s. f. Que tiene la misma inclinación. || *Línea isóclina,* línea ideal que pasa por los puntos de la superficie terrestre que tienen la misma inclinación magnética.
ISOCROMÁTICO, CA adj. De color uniforme. || Que tiene un tinte o matiz uniforme.
ISOCRONISMO m. Calidad de isócrono.
ISÓCRONO, NA adj. De igual duración: *movimientos isócronos.*
ISOGAMIA f. Reproducción sexual en que los dos gametos son iguales.
ISOGLOSA adj. y s. f. Dícese de la línea imaginaria que en un atlas lingüístico pasa por todos los puntos donde se produce el mismo fenómeno.
ISÓGONO, NA adj. (del gr. *isos,* igual, y *gônos,* ángulos). Que tiene sus ángulos iguales.
ISOMERÍA f. Calidad de los cuerpos isómeros.
ISÓMERO, RA adj. y m. (del gr. *isos,* igual, y *meros,* parte). *Quím.* Dícese de las substancias de igual composición química pero con propiedades diferentes.
ISOMÉTRICO, CA adj. De dimensiones iguales.
ISOMORFISMO m. Carácter de isomorfo.
ISOMORFO, FA adj. (del gr. *isos,* igual, y *morphê,* forma). *Quím.* Aplícase a los cuerpos que cristalizan en un mismo sistema.
ISOPERÍMETRO, TRA adj. Dícese de las figuras que siendo diferentes tienen el mismo perímetro.
ISÓPODO, DA adj. y s. *Hist. nat.* De patas iguales. || — M. pl. Orden de pequeños crustáceos de cuerpo deprimido y ancho, como la cochinilla de humedad.
ISOQUÍMENO, NA adj. Dícese de los puntos que tienen la misma temperatura media en invierno: *línea isoquímena.*
ISÓSCELES adj. De dos lados iguales: *triángulo isósceles.*
ISOSTASIA f. Teoría del estado de equilibrio de las masas en el interior de la corteza terrestre.
ISOTÉRMICO, CA adj. Que conserva temperatura constante: *vagón isotérmico.*
ISOTERMO, MA adj. (del gr. *isos,* igual, y *thermos,* caliente). *Fís.* De igual temperatura: *puntos isotermos.* || — F. *Meteor.* Línea que pasa por los puntos de la Tierra, de igual temperatura en un momento dado: *las isotermas de julio.*
ISÓTERO, RA adj. *Meteor.* Dícese de la línea que une los puntos de la Tierra que tienen la misma temperatura media en verano.
ISOTÓNICO, CA adj. *Fig.* Dícese de una solución con la misma concentración molecular que otra, y a la misma presión osmótica.
ISOTOPÍA f. Propiedad que presentan ciertos elementos de ser isótopos.
ISÓTOPO m. Cuerpo que tiene los mismos elementos químicos que otro, pero de peso atómico diferente.
ISÓTROPO adj. y s. Dícese de los cuerpos cuyas propiedades físicas son idénticas en todas las direcciones.
ISQUIÓN m. (del gr. *iskhion,* anca). *Anat.* Uno de los tres huesos que forman el hueso coxal.
ISRAELÍ adj. y s. Del Estado moderno de Israel.
ISRAELITA adj. y s. (de *Israel*). Hebreo. || — SINÓN. *Judío, semita.*
ISRAELÍTICO, CA adj. Israelita, hebreo.
ISTMEÑO, ÑA adj. Natural de un istmo.
ÍSTMICO, CA adj. Perteneciente o referente al istmo || *Juegos ístmicos,* juegos de la antigua Grecia celebrados en honor de Poseidón (Neptuno), en el istmo de Corinto.
ISTMO m. (gr. *isthmos*). Lengua de tierra que une dos continentes o una península con un continente: *el istmo de Panamá une las dos Américas.*
ITACATE m. *Méx.* Provisiones para ir de viaje.
ITACAYO m. *Guat.* Enano fantástico de los ríos.
ITAGUEÑO, ÑA adj. y s. De Itanguá (Paraguay).
ITAPUENSE adj. y s. De Itapúa (Paraguay).
ITALIANISMO m. Vocablo o giro propio del italiano. || Afición extremada a las cosas italianas.
ITALIANIZACIÓN f. Acción de italianizar.
ITALIANIZAR v. t. Dar carácter italiano o tener inclinación a las cosas de Italia.
ITALIANO, NA adj. y s. De Italia. || — M. Lengua italiana.
— El *italiano* ha enriquecido mucho el español, especialmente desde la época del Renacimiento. Ha dado voces relativas a industrias y artes: *fachada, escorzo, carroza, medalla, soneto, terceto, piano, barcarola, artesano, balcón, brocado, cornisa, cúpula, estuco, mosaico, grotesco, ópera;* voces militares: *escopeta, baqueta, centinela, alerta, bisoño, parapeto, arcabuz, batallón, calibre, emboscada, escolta, mosquete, pistola, espadachín;* de marina: *fragata, piloto, brújula, caravela, mesana, vigía;* de comercio: *banca, tarifa, crédito, despacho, mercantil;* diversos: *estropear, aspaviento, saltimbanqui, charlatán, gaceta, bandido, bufón, bravo, volcán, canalla, capricho, caricatura, carnaval, cartón, casino, cortesano, ducha, festín, fanal, filtro, florín, grupo, lotería, mayordomo, máscara, menestra, confeti, ravioles, mortadela,* etc.
Modernamente ha enriquecido el idioma argentino popular con gran número de voces como *barleta, farabuti, merlo, batifondio, yeta, bachicha, bayardo, balurdo, esgunfiar, estrilar, yuta, grapa, manyar, espiantar.*
ITALICENSE adj. y s. De Itálica.
ITÁLICO, CA adj. y s. Perteneciente a Italia antigua. || *Letra itálica,* letra cursiva introducida por Aldo Manucio (siglo XVI).
ITALIOTAS m. pl. Los antiguos habitantes de origen griego, en la Magna Grecia (sur de Italia y Sicilia).
ÍTALO, LA adj. *Poét.* Italiano.
ÍTEM (del lat. *item,* también) adv. lat. que significa: *además,* y se usa en las escrituras u otros instrumentos. || — M. Párrafo, artículo.
ITERACIÓN f. Repetición de acciones análogas.
ITERAR v. t. (lat. *iterare*). Repetir o reiterar.
ITERATIVO, VA adj. Que repite o reitera. || *Verbo iterativo,* el que indica la repetición de la acción: *tirotear es un verbo iterativo.*
ITERBIO m. Metal (Yb) de número atómico 70, del grupo de las tierras raras.
ITINERANTE adj. Ambulante: *embajador itinerante.*
ITINERARIO, RIA adj. (del lat. *iter, itineris,* camino). Perteneciente a los caminos: *la legua es una medida itineraria.* || — M. Descripción de un camino que indica los lugares por donde se ha de pasar. (SINÓN. V. *Trayecto.*)
ITRIO m. Metal raro de símbolo Y, número atómico 39, que forma un polvo brillante y negruzco.
IXODES o **IXODA** m. Especie de ácaro terrestre parásito de los vertebrados.
IZABALEÑO, ÑA adj. y s. Izabalino.
IZABALINO, NA adj. y s. De Izabal (Guatemala).
IZAR v. t. Levantar las velas, la bandera.
IZOTE m. *Méx.* y *Amér. C.* Nombre vulgar de la *yuca gloriosa.* (SINÓN. *Bayoneta.*)
IZQUIERDA f. Mano izquierda. || Parte de una asamblea que está colocada a la izquierda del presidente y que profesa ideas avanzadas. || Conjunto de grupos políticos partidarios del cambio, en oposición a los conservadores, hostiles a toda innovación: *la izquierda afirma...*
IZQUIERDEAR v. i. *Fig.* Apartarse de lo recto.
IZQUIERDISTA com. Partidario de la izquierda.
IZQUIERDO, DA adj. Dícese de lo que cae o mira hacia el lado en que tiene el hombre el corazón: *mano izquierda.* || Zurdo. (SINÓN. *Siniestro.*) || *Fig.* Torcido, no recto.

ARQUITECTURA. La arquitectura bárbara, bizantina o románica ha dejado más monumentos que el arte gótico, reducido a la región de Toscana. En el s. XV, Bruneleschi (San Lorenzo, en Florencia) y Michelozzo (Palacio Riccardi, en Florencia), imponen nuevas reglas definidas por Alberti. El Renacimiento produce artistas de renombre universal : L. de Vinci, Bramante, Rafael, Miguel Ángel. El barroco, con Bernini y Barromini, deja conjuntos grandiosos. Al final del s. XVIII domina un neoclasicismo que perdura todo el s. XIX.

ESCULTURA. A una vigorosa escultura medieval (puerta del baptisterio de Florencia, de A. Pisano) sucede la de un Donatello (Gattamelata), que no abandona las formas antiguas, seguido por Ghiberti y los broncistas Pollaiolo y Verrochio. En el Renacimiento, junto a Leonardo de Vinci y Miguel Ángel, se destacan los orfebres Cellini y Juan de Bolonia. Bernini resume las tendencias del barroco y Canova las de la vuelta al clasicismo. En la época moderna merecen citarse : Boccioni, Dal Zotto, Lippi, Rossi, Gemito y los broncistas Manza y Marini.

PINTURA. El arte medieval comienza con la escuela de Siena, a la que siguen Giotto, los florentinos del s. XV (Botticelli, Lippi), los pintores de la Italia central (Francesca, Signorelli) y septentrional (Pisanello, Mantegna, los Bellini), así como A. de Mesina. En el s. XVI sobresalen Leonardo de Vinci, Rafael, Miguel Ángel, Ticiano, Tintoreto y Veronés. El s. XVII es de marcada influencia bolonesa (Caravaggio, los Carracci y Reni). En el s. XVIII se distinguen los venecianos Tiépolo, Guardi y Canaletto, y aun cuando el s. XIX carece de cohesión, Boldini, Chirico y Modigliani logran posteriormente fama internacional. Entre las artes menores, se desarrollan las cerámicas de Della Robia, las mayólicas de Faenza y los mosaicos de inspiración bizantina.

ILUSTRACIONES

1. Catedral de Siena; 2. Mausoleo de Gala Placidia, en Ravena; 3. Baptisterio de la catedral de Pisa; 4. « La Virgen y el Niño », de Miguel Ángel; 5. « San Miguel Arcángel », obra de Angélico; 6. Retrato de Lionello de Este, por Pisanello; 7. Botticelli : « Retrato de un Desconocido »; 8. Leonardo de Vinci : « Santa Ana, la Virgen y el Niño Jesús » (fragmento)*; 9. Tintoreto : « El Descendimiento »; 10. El « Martirio de San Sebastián », de Donatello* (fragmento)*; 11. Gentileschi : « La Tocadora de laud »* (detalle)*; 12. Las « Bodas de Caná », por Veronés* (detalle : *retrato del pintor); 13. Modigliani : « Retrato del pintor Kisling* (fragmento, *colección Paul Guillaume)*

Fot. Anderson, Compagnia Fotocelere, Giraudon, Grafico Caesare Capello, X, Colección P. Guillaume, Alinari

Jardines a la francesa, en el palacio de Sassy (Francia)

J

J f. Undécima letra y octava consonante del abecedario: *el sonido de la jota es una fuerte aspiración.* ‖ Abreviatura de *julio* o *joule.*

JABA f. *Cub.* Mochila de los mendigos. ‖ *Amer.* Especie de cajón a manera de jaula para transportar muebles y cosas frágiles. ‖ *Chil.* Huacal o cacaxtle. ‖ *Venez.* Calabaza hueca. ‖ *Venez. Fig.* Miseria, inopia. ‖ *Cub. Salir con la jaba,* pedir limosna. ‖ *Cub. Soltar la jaba,* civilizarse, pulirse.

JABADO, DA adj. *Prov.* y *Amer.* Dícese del gallo o gallina de plumaje de dos o tres colores en forma de escamas. ‖ *Cub.* Que oscila entre dos bandos.

JABALCÓN m. *Arq.* Madero que sirve para apear otro. (SINÓN. *Puntal.*) ‖ *Col.* Barranco.

JABALCONAR v. t. Sostener con jabalcones.

JABALÍ m. (del ár. *chabali,* montaraz). Mamífero paquidermo común en Europa: *el jabalí se considera como un cerdo salvaje.* Pl. *jabalíes.*

JABALINA f. La hembra del jabalí.

JABALINA f. Arma arrojadiza a modo de venablo: *la jabalina solía usarse en la caza mayor.* (SINÓN. V. *Flecha.*) ‖ *Dep.* Instrumento para lanzar en forma de lanza, empleado en atletismo.

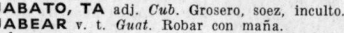

arma

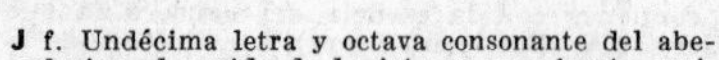

de atletismo

(La longitud y el peso mínimo de la *jabalina* son 2,6 m y 800 g para los hombres, y de 2,2 m y 600 g para las mujeres.)

jabalcón

JABALUNA (*Piedra*) f. Especie de jaspe.

JABARDEAR v. i. Dar jabardos o enjambres.

JABARDILLO m. Multitud ruidosa e inquieta de insectos o aves: *formaban los mosquitos un jabardillo.* ‖ *Fig.* y *fam.* Remolino, multitud de gente.

JABARDO m. Enjambre pequeño que se separa de una colmena. ‖ *Fig.* y *fam.* Jabardillo, multitud.

JABATO m. Cachorro de jabalí. ‖ *Fig.* y *fam.* Joven valiente y atrevido: *presumir de jabato.*

JABATO, TA adj. *Cub.* Grosero, soez, inculto.

JABEAR v. t. *Guat.* Robar con maña.

JÁBEGA f. Especie de red grande que se tira desde tierra. ‖ Embarcación pequeña que sirve generalmente para pescar. ‖ — PARÓN. *Jabeca, jabeque.*

JABEGOTE m. Pescador que tira de la jábega.

JABEGUERO, RA adj. Relativo a la jábega. ‖ — M. Pescador de jábega, jabegote.

JABEQUE m. Embarcación usada en el Mediterráneo: *el jabeque navega a vela y remo.*

JABEQUE m. *Fig.* y *fam.* Herida de arma blanca en el rostro: *pintarle un jabeque a alguno.*

JABERA f. Una tonada andaluza.

JABÍ m. Especie de uva pequeña de Granada. ‖ Especie de manzana silvestre y pequeña.

JABÍ m. Árbol americano de la familia de las papilionáceas: *la madera del jabí es rojiza, dura, compacta y muy apreciada en la construcción naval.* (SINÓN. *Quiebrahacha.*)

JABILLO m. Árbol americano de la familia de las euforbiáceas: *el fruto del jabillo es una caja que se abre con ruido cuando madura.*

JABIRÚ o **YABIRÚ** m. Ave zancuda de América, parecida a la cigüeña.

JABLADERA f. Herramienta de tonelero.

JABLE m. (fr. *jable*). Gárgol en que se encajan las tiestas de las tapas de toneles y botas.

JABÓN m. (lat. *sapo*). Mezcla de una materia grasa y un álcali que sirve para blanquear la ropa, limpiarla y desengrasarla. ‖ Pedazo de dicha materia: *un jabón redondo.* ‖ *Por ext.* Lavado con jabón: *dar un jabón.* ‖ *Fig.* y *fam.* Reprensión severa: *dar a uno un jabón.* ‖ *P. Rico* y *Arg. Fam.* Susto. ‖ *Arg. Hacer jabón,* estar temeroso. ‖ *Fig.* y *fam. Dar jabón,* adular, lisonjear. ‖ *Cub.* Jaboncillo, árbol. ‖ *Jabón de sastre,* la esteatita. ‖ *Jabón de olor,* jaboncillo. — El *jabón* proviene de la combinación de los ácidos que contienen los cuerpos grasos (sebos, aceites, grasa) con un álcali; potasa para los jabones blandos y sosa para los duros; dicha combinación se hace en caliente (saponificación) y suministra una masa que se solidifica al enfriarse en moldes. Los jabones de tocador, más finos y generalmente perfumados, necesitan una saponificación más perfecta.

JABONADA f. *Chil.* y **JABONADO** m. Jabonadura. ‖ Ropa que se jabona. ‖ *Fam.* Reprensión.

Fot. Service aérien Lapie

JABONADURA f. Acción y efecto de jabonar. ‖ — Pl. Agua de jabón. ‖ Espuma que el jabón hace con el agua.
JABONAR v. t. Lavar con jabón: *jabonar la ropa blanca.* ‖ Humedecer la barba con agua jabonosa para afeitarla. ‖ *Fig.* y *fam.* Dar un jabón, reprender a uno.
JABONCILLO m. Pastilla de jabón de olor. ‖ Árbol americano de la familia de las sapindáceas. ‖ Fruto del jaboncillo: *la pulpa del jaboncillo produce una especie de jabón usado para lavar.* ‖ Jabón de sastre, esteatita. ‖ *Chil.* Jabón en polvo o líquido. ‖ *Cub.* Barro ceniciento de algunos terrenos.
JABONERA f. Mujer que hace o vende jabón. ‖ Caja para el jabón: *una jabonera de níquel.* ‖ Planta de la familia de las cariofiláceas: *el zumo de la raíz de la jabonera forma espuma con el agua.* (V. *saponaria.*)
JABONERÍA f. Fábrica o tienda de jabón.
JABONERO, RA adj. Que tiene relación con el jabón: *industria jabonera.* ‖ *Ecuad.* Que resbala al andar (animales). ‖ Dícese del toro de color blanco sucio. ‖ — M. El que fabrica o vende jabón.
JABONETA f. y **JABONETE** m. Jabón de olor.
JABONOSO, SA adj. De la naturaleza del jabón.
JABORANDI m. Árbol rutáceo del Brasil: *la infusión del jaborandi se usa como sudorífico.*
JABOTÍ m. *Amer.* Especie de tortuga de concha negra.
JABUCO m. *Cub.* Jaba que sirve para transportar huevos.
JABUEY m. Jagüey.
JACA f. Caballo de menos de siete cuartas de alzada. ‖ *Arg.* Gallo de combate. ‖ *Per.* Yegua de poca alzada.
JACAL m. *Guat. Méx.* y *Venez.* Choza, cabaña, cobertizo.
JACALEAR v. i. *Méx.* Ir de jacal en jacal.
JACALÓN m. *Méx.* Cobertizo.
JACALOSÚCHIL m. *Méx.* Planta apocinácea.
JACAMAR o **JACAMARA** m. Género de pájaros levirrostros de la América tropical.
JACANA (guaraní *yaçaná*) f. Ave zancuda de América. (V. CARRAO y AGUAPEASÓ.)
JÁCANA f. Árbol de las Antillas.
JACAPA f. *Amer.* Ave del orden de los silvanos.
JACAPUCAYO m. Planta mirtácea de la América tropical cuyo fruto, del tamaño de la cabeza humana, se llama a veces *olla de mono.*
JÁCARA f. Romance alegre que relata hechos de la vida airada y picaresca: *Quevedo compuso admirables jácaras.* ‖ Ronda nocturna de gente alegre. ‖ Especie de danza y música. ‖ *Fig.* y *fam.* Molestia, disgusto. ‖ *Fig.* y *fam.* Mentira, enredo. ‖ *Fig.* y *fam.* Cuento, relato: *contar jácaras.*
JACARANDÁ m. Género de plantas bignoniáceas de América, de flores azules: *el jacarandá se cultiva en parques y jardines.*
JACARANDOSO, SA adj. Alegre, desenfadado.
JACARÉ m. *Amer.* Yacaré.
JACAREAR v. i. Cantar jácaras. ‖ *Fig.* y *fam.* Andar metiendo jaleo. ‖ *Fig.* y *fam.* Molestar.
JACARERO m. Persona que anda jacareando por las calles. ‖ *Fig.* y *fam.* Alegre, festivo.
JÁCARO, RA adj. Perteneciente o relativo al jácaro. ‖ — M. Guapo y baladrón.
JÁCENA f. *Arq.* Viga maestra.
JACERINA f. Cota de malla.
JACILLA f. Huella que deja una cosa en el suelo.
JACINTO m. (lat. *hyacinthus*). Planta de la familia de las liliáceas: *el jacinto es originario de Asia Menor.* ‖ Circón, piedra preciosa.
JACO m. Caballo pequeño y ruin.
JACOBEO, A adj. Relativo al apóstol Santiago.
JACOBINISMO m. Doctrina profesada por el partido extremista de la Convención nacional francesa cuando la Revolución. ‖ *Por ext.* Opinión democrática avanzada.
JACOBINO, NA adj. y s. (fr. *jacobin*). Miembro de un partido político de Francia en tiempo de la Revolución. ‖ *Por ext.* Partidario ardiente de la democracia.
JACOBITA adj. y s. Partidario de la restauración de Jacobo II Estuardo en el trono de Inglaterra. ‖ Perteneciente al jacobitismo: *Iglesia jacobita.*
JACOBITISMO m. Herejía monofisita defendida por Jacobo Baradeo (s. VI).
JACONTA f. *Bol.* Especie de puchero de carne, tubérculos y fruta que se suele comer por carnaval.
JACOTE m. *Amer.* Uno de los nombres del *jobo.*
JACTANCIA f. (lat. *jactantia*). Alabanza propia presuntuosa: *hablar con jactancia.* (SINÓN. V. *Alarde.* CONTR. *Modestia.*)
JACTANCIOSO, SA adj. y s. Que se jacta, vanidoso.
JACTARSE v. r. (lat. *jactare*). Alabarse presuntuosamente: *jactarse de saber una cosa.* Ú. t. c. v. t.: *jactar valor.* (SINÓN. V. *Vanagloriar.*)
JACÚ m. *Bol.* Pan, plátano o yuca que se sirve para comer con los demás manjares.
JACULATORIA f. Oración breve y muy ferviente.
JACULATORIO, RIA adj. (del lat. *jaculari*, lanzar). Breve y fervoroso: *oración jaculatoria.*
JACHACALDO m. *Per.* Caldo de diversas hierbas.
JACHALÍ m. Género de anonáceas americanas: *el fruto del jachalí tiene la corteza amarillenta.*
JACHI o **JACHE.** *Bol.* Salvado o afrecho.
JACHUDO, DA adj. *Ecuad.* Fuerte, terco.
JADA f. Azada.
JADE m. Piedra muy dura, tenaz, de color verdoso, formada por un silicato de magnesia y cal: *con el jade se fabricaron muchas de las herramientas prehistóricas.*
JADEANTE adj. Que jadea o respira con trabajo.
JADEAR v. i. (de *ijadear*). Repirar con dificultad: *caballo que jadea.* (SINÓN. *Respirar* y *cansar.*)
JADEO m. Acción de jadear.
JADIAR v. t. Cavar con la jada.
JAECERO m. y f. Persona que hace jaeces para caballerías.
JAÉN adj. Dícese de una variedad de uva.
JAENÉS, ESA adj. y s. De Jaén, ciudad de España.
JAEZ m. Cualquier adorno de las caballerías. (SINÓN. *Arreo.*) ‖ *Fig.* Calidad, carácter: *persona de mal jaez.*
JAEZAR v. t. Enjaezar.
JAFÉTICO, CA adj. Relativo a Jafet y a su raza.
JAGUA f. Árbol americano de la familia de las rubiáceas: *el fruto de la jagua tiene pulpa blanquecina, agridulce, y semillas pequeñas y negras.* ‖ Fruto de este árbol. ‖ *Cub.* Jachalí. ‖ *Col.* Arenilla ferruginosa que queda en la batea donde se lava el oro.
JAGUAR m. Félido de gran tamaño, especie de pantera de América.
JAGUARETÉ m. Yaguareté.
JAGUARZO m. Arbusto de la familia de las cistíneas, muy abundante en España.
JAGUAY m. *Per.* Jagüey o balsa. ‖ Aguada. ‖ *Cub.* Árbol empleado en ebanistería.
JAGÜEL m. *Amer.* Jagüey. ‖ *Arg.* Pozo sin brocal.
JAGÜEY m. *Amer.* Balsa grande de agua. ‖ *Cub.* Nombre de dos árboles de la familia de las moráceas. ‖ *Cub. Fig.* Persona desleal.
JAGÜILLA f. *Amer.* Especie de jabalí americano. ‖ Árbol de Cuba y Puerto Rico.
JAHARRAR v. t. Enlucir o revocar una pared.
JAHARRO m. Acción y efecto de jaharrar, enlucido.
JAHUAY m. *Ecuad.* Triste canturria de indios.
JAHUEL m. *Arg., Bol.* y *Chil.* Jagüey.
JAI ALAI m. (pal. *vascuence*). Juego de pelota.
JAIBA f. *Amer.* Nombre vulgar que se da a varios cangrejos de mar. ‖ — Adj. *Antill.* y *Méx.* Listo, astuto.
JAIBERO m. *Chil.* Canasta para atrapar jaibas.
JAIMIQUÍ m. *Cub.* Planta sapotácea.
JAINISMO m. Nombre dado a una de las tres grandes religiones históricas de la India.
JAIQUE m. Capa árabe provista de una capucha.

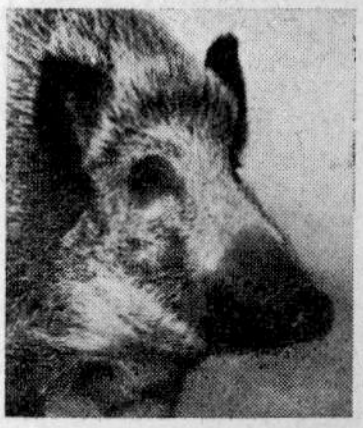

jabalí

jabirú

jaguar

jacamar

Fot. Dragesco, Gambier-Bolton

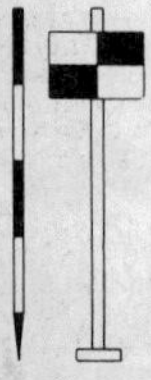

jalones

jambaje

jangada brasileña

¡JA, JA, JA! onomatopeya que expresa la risa.
JAJÁ m. *Arg.* El chajá, o aruco, ave zancuda.
JAL m. *Méx.* Pedazo de piedra pómez o fragmentos de metal precioso.
JALA f. *Col.* Borrachera.
JALAPA f. Raíz de una planta americana de la familia de las convolvuláceas: *el jugo de la jalapa se usa en medicina como purgante.* ‖ — Adj. y s. Jalapeño, de Jalapa (Guatemala).
JALAPEÑO, ÑA adj. y s. De Jalapa (Guatemala y México).
JALAPINA f. Resina extraída de la jalapa.
JALAR v. t. (de *halar*). *Fam.* Tirar, halar. ‖ *Pop.* Comer. ‖ *Per.* Desaprobar en un examen. ‖ *Amér. C.* Hacer el amor: *ella está jalando con otro.* ‖ *Col.* y *Venez.* Hacer o decir alguna cosa. ‖ *Col.* y *Venez.* Expresión de admiración: *¡Así se jala un discurso!* ‖ — V. i. *Bol., P. Rico* y *Venez.* Largarse, irse: *fulano jaló para su casa.* ‖ — V. r. *Amer.* Emborracharse.
JALADO, DA. *Amer.* Demacrado.
JALBEGAR v. t. Enjalbegar. ‖ *Fig.* Afeitar o componer el rostro con afeites.
JALBEGUE m. Blanqueo, enlucido. ‖ *Fig.* Afeite.
JALCA f. *Per.* Lugar elevado de la Cordillera.
JALDADO, DA adj. Jalde, amarillo.
JALDE adj. (b. lat. *jaldus*). Amarillo muy subido.
JALDO, DA adj. Jalde.
JALEA f. (del fr. *gelée*, helada, cuajada). Conserva gelatinosa y transparente que se hace con el zumo de ciertas frutas: *jalea de membrillo.* (SINÓN. V. *Mermelada.*) ‖ *Farm.* Cualquier medicamento de tipo gelatinoso y azucarado. ‖ *Jalea real,* secreción de las abejas que se usa en terapéutica contra los retardos de crecimiento, astenia, etc.
JALEADOR, RA adj. y s. Que jalea.
JALEAR v. t. Llamar a voces a los perros. ‖ Animar con palmadas y exclamaciones a los que bailan o cantan. ‖ *Chil.* Fastidiar, marear, molestar. ‖ Burlarse, mofarse. ‖ *Fam.* Excitar, soliviantar. ‖ Hacer ruido.
JALECO m. Jubón de paño con mangas cortas que usaban los turcos.
JALEO m. Acción y efecto de jalear. ‖ Cierto baile popular andaluz. ‖ *Fam.* Jarana, bulla, fiesta: *estar de jaleo.* (SINÓN. *Alboroto* y *orgía.*) ‖ *Amér. C.* Amorío, galanteo.
JALERA f. *Cub.* Borrachera.
JALETINA f. Gelatina. ‖ Jalea transparente.
JALIFA m. Autoridad suprema en la zona del antiguo protectorado español en Marruecos.
JALIFATO m. Dignidad de jalifa y territorio gobernado por él.
JALISCIENSE adj. y s. De Jalisco (México).
JALISCO, CA adj. *Méx.* Borracho. ‖ — M. Sombrero de Jalisco.
JALOCOTE m. Especie de ocote cuya madera se usa mucho para la fabricación de muebles comunes.
JALÓN m. (pal. fr.). *Topogr.* Vara que se clava en tierra para determinar puntos fijos. (SINÓN. V. *Estaca.*)
JALÓN m. (de *jalar*). *Amér. C.* Novio, galán. ‖ *Fam. Amer.* Tirón. ‖ *Fam. Guat.* y *Méx.* Trago. ‖ *Amer.* Trecho, distancia.
JALONA adj. *Amér. C.* Dícese de la mujer coqueta. veleidosa.
JALONAR v. t. Señalar algo con jalones: *jalonar un camino.* ‖ *Fig.* Determinar, marcar: *su vida está jalonada de éxitos.*
JAMA f. *Hond.* Iguana pequeña.
JAMAICA f. *Méx.* Especie de venta de caridad que se celebra para reunir dinero con algún fin.
JAMAICANO, NA adj. y s. De Jamaica.
JAMAIQUINO, NA adj. *Antill.* De Jamaica.
JAMÁN m. *Méx.* Tela blanca.
JAMANCIA f. *Fam.* Comida.
JAMAR v. t. *Fam.* Comer.
JAMÁS adv. t. Nunca, en ninguna ocasión: *jamás lo he visto.* ‖ *Por siempre jamás,* nunca. ‖ *Jamás de los jamases,* nunca.
JAMBA f. (del lat. *gamba*, pierna). *Arq.* Nombre de cada una de las dos piezas verticales que sostienen el dintel de las puertas o ventanas. ‖ *Guat.* Red.
JAMBADO, DA adj. *Méx.* Glotón. ‖ *Méx.* Que sufre los efectos de comer mucho.
JAMBAJE m. *Arq.* Conjunto de las dos jambas y el dintel de una puerta, ventana o chimenea.
JAMBAR v. i. *Hond.* y *Méx.* Comer. (V. JAMAR.)
JAMBAZÓN f. *Méx.* Hartazgo.
JAMBE m. *Guat.* Cierto baile popular.
JÁMBICO, CA adj. *Poes. ant.* Yámbico.
JAMELGO m. *Fam.* Caballo flaco y desgarbado.
JAMERDANA f. Lugar donde se arrojan los excrementos de las reses en los mataderos.
JAMETE m. Tela de seda entretejida de oro.
JAMICHE m. *Col.* Conjunto de materiales destrozados. ‖ *Col.* Cascajo o piedras menudas.
JAMO m. *Cub.* Red en forma de manga.
JAMÓN m. Pernil del cerdo curado. ‖ *Jamón en dulce,* el conservado con azúcar. ‖ *Fam. ¡Y un jamón!* loc. que sirve para rechazar una petición excesiva. ‖ *Cub. Pegarse al jamón,* vivir a expensas del Estado.
JAMONA adj. y s. *Fam.* Aplícase a la mujer que ya ha pasado de la juventud y es algo gruesa.
JAMONCILLO m. *Méx.* Bocadillo o dulce de pasta.
JAMPA f. *Ecuad.* Umbral.
JÁMPARO m. *Col.* Chalupa, bote, canoa.
JAMPIRUNCO m. *Per.* Curandero ambulante.
JAMPÓN, ONA adj. *Guat.* Orondo. ‖ *Guat.* Obsequioso.
JAMUGA f. Jamugas.
JAMUGAS f. pl. Silla que se coloca sobre el aparejo para montar a mujeriegas: *ir en jamugas.*
JAMURAR v. t. *Col.* Dar una mano a la ropa que se lava.
JAN m. *Cub.* Estaca.
JANANO, NA adj. *Salv.* y *Guat.* Labio leporino.
JANDALESCO, CA adj. Propio de los jándalos.
JÁNDALO, LA adj. *Fam.* Andaluz. ‖ — M. Montañés que vuelve de Andalucía imitando la pronunciación y los hábitos de aquella tierra.
JANE adj. *Hond.* Janano.
JANEAR v. t. *Cub.* Clavar janes. ‖ *Cub.* Montar de un salto sobre una bestia. ‖ — V. r. *Cub.* Pararse de pronto. ‖ Estacionarse de pie.
JANEIRO m. *Ecuad.* Planta gramínea muy común, que se usa generalmente para alimento del ganado.
JANGADA f. *Fam.* Tontería. ‖ *Fam.* Trastada. ‖ *Mar.* Balsa que se hace para salvarse en los naufragios. ‖ *Arg.* Armadía de maderos que se transportan río abajo. ‖ Balsa ligera de los pescadores del noreste del Brasil.
JANGUA f. Embarcación pequeña de Oriente.
JANICHE adj. y s. *Hond.* y *Salv.* Janano.
JANSENISMO m. Doctrina profesada por Jansenio en su libro el *Augustinus,* que tendía a limitar la libertad humana, partiendo de que la gracia se concede a ciertos seres desde su nacimiento y se niega a otros. ‖ *Por ext.* Piedad y virtud austera.
JANSENISTA adj. y s. Partidario del jansenismo. ‖ Perteneciente al jansenismo.
JANUCHO, CHA m. y f. *Bol.* Juan Lanas.
JAPÓN, ONA adj. Japonés.
JAPONÉS, ESA adj. y s. Del Japón: *el arte japonés ha producido miniaturas admirables.*
JAPUTA f. Pez teleósteo del suborden de los acantopterigios: *la japuta es comestible bastante apreciado.*
JAPUTAMO m. *Bol.* Filaria, parásito.
JAQUE m. Lance del ajedrez, en que el rey o la reina están en peligro de perderse: *dar jaque al rey.* ‖ Palabra con que se avisa. ‖ *Jaque mate,* jaque que no puede evitarse. ‖ *Tener en jaque a uno,* dominarle, sujetarle bajo el peso de una amenaza.
JAQUE m. *Fam.* Valentón, perdonavidas.
JAQUE m. Especie de peinado antiguo de las mujeres.
JAQUÉ m. *Méx.* Saqué, prenda de vestir.
JAQUEAR v. t. Dar jaque en el ajedrez. ‖ *Fig.* Hostigar al enemigo.
JAQUECA f. Dolor de cabeza intermitente que sólo ataca, por lo común, en un lado de ella. ‖ *Fam. Dar una jaqueca,* fastidiar, molestar a alguno.
JAQUECOSO, SA adj. Que tiene jaqueca. ‖ Fastidioso.
JAQUELADO, DA adj. *Blas.* Escaqueado.
JAQUÉS, ESA adj. y s. De Jaca (España).

Fot. Pierre Verger

ARTE JAPONÉS

La madera fue el único material que se utilizó durante largo tiempo en la construcción de los templos sintoístas y de los monasterios budistas (1. Templo de Byodoin, 1053). Los escultores coreanos introdujeron en el Japón la representación de Buda (2. El Amida o Daibutsu de Kamakura, imponente imagen de bronce de 15 m de altura). La pintura japonesa se emancipa poco a poco de los modelos chinos y alcanza gran auge en el s. XVII, destacándose Ogata Korin (1658-1716); en los s. XVIII y XIX se desarrolla el grabado en madera, en el que sobresalen Harunobu, Koryusai, Utamaro, Shakaru y Hokusai (3. « Madre e hijo », de Utamaro). En el s. XVI, se instalan hornos de cerámica en las regiones de Minio y Kyoto, y en el siglo siguiente Arita fabrica porcelanas cuyo decorado policromado es imitado luego en Europa.

Fot. X, Giraudon, Atlas-Photo

JAQUETÓN m. *Fam.* Jaque, valentón, bravucón. || Tiburón muy peligroso semejante al marrajo.

JÁQUIMA f. Cabezal de cuerda, que sirve de cabestro: *poner la jáquima al caballo.* || *Amer.* Borrachera. || *Cub. Comerse la jáquima,* ser infiel.

JAQUIMAZO m. Golpe que se da con la jáquima o el cabestro. || *Fig.* y *fam.* Chasco o broma pesada.

JAQUIMÓN m. *Amer.* Ronzal del caballo.

JARA f. Nombre de varias plantas cistáceas, de flores grandes y blancas: *la jara negra es abundante en los montes de España.* || Palo que se empleaba como arma arrojadiza. || *Bol.* Alto o descanso. || *Guat.* y *Méx.* Flecha. || *Méx.* Entre charros, la policía.

JARABE m. Bebida que se hace con azúcar cocida y zumos refrescantes o medicinales: *jarabe de grosella.* || *Fig.* Bebida dulce. || *Fam. Jarabe de pico,* palabrería. || *Dar jarabe a uno,* halagarle. || *Pop. Jarabe de fresno,* palo. || *Méx.* Baile popular parecido al zapateado andaluz.

JARABEAR v. t. Recetar el médico jarabes con mucha frecuencia. || — V. r. Tomar jarabes.

JARACATAL m. *Guat.* Abundancia, multitud.

JARACATE m. *Guat.* Árbol de flor amarilla y que se reproduce con gran rapidez.

JARACOLITO m. *Per.* Un baile indio.

JARAGUA m. *Cub.* Árbol de madera dura y compacta.

JARAL m. Sitio donde abundan las jaras. || *Fig.* Cualquier cosa muy enmarañada o intrincada.

JARAMAGO m. Planta de la familia de las crucíferas, de flores amarillas en espigas: *el jaramago es muy común entre los escombros.*

JARAMEÑO, ÑA adj. Del Jarama: *toro jarameño.*

JARAMUGO m. Pez pequeño o nuevo.

JARANA f. *Fam.* Diversión, bulla: *andar de jarana.* || *Fam.* Alboroto, tumulto. (SINÓN. V. *Desenfreno.*) || *Amer.* Chanza, burla. || *Col., Ecuad.* y *P. Rico.* Baile de confianza. || *Bol.* y *Per.* Baile popular. || *Méx.* Pequeña guitarra. || *Col.* Embuste, cuenta. || *Fam.* Trampa, engaño. || *Amér. C.* Deuda.

JARANEAR v. i. *Fam.* Andar de jarana o bulla. || *Amér. C.* y *Col.* Estafar. || *Cub.* y *Chil.* Chancear. || *Col.* Importunar. || *Bol., Per.* y *P. Rico.* Bailar en bailes de confianza. || *Guat.* Endeudarse.

JARANERO, RA adj. Muy aficionado a jaranas. || *Amér. C.* Tramposo.

JARANISTA adj. *Amer.* Jaranero.

JARANO m. Sombrero de copa redonda y baja y ala bastante grande, de fieltro blanco o gris: *los picadores gastan sombreros jaranos.*

JARATAR v. t. *Ecuad.* Cercar.

JARBACA f. *C. Rica.* Maíz quebrantado.

JARCA f. Harca, tropa mora. || *Bol.* Especie de acacia.

JARCIA f. Aparejos y cuerdas de un buque. || Conjunto de instrumentos y aparejos de pesca. || *Fig.* Conjunto de cosas diversas. || *Méx.* y *Cub.* Cordel. || *Mar. Jarcia muerta,* la que está fija y mantiene la arboladura.

JARCIAR v. t. Enjarciar.

JARDEAR v. t. *Col.* Arrear al ganado.

JARDÍN m. (al. *garten*). Terreno, generalmente cercado, donde se cultivan flores, árboles de sombra o adorno, etc.: *jardín botánico.* (SINÓN. *Parque, parterre, rosaleda, vergel.*) || *Mar.* Retrete de los marineros. || Mancha en las esmeraldas. || *Jardín de la infancia,* escuela de párvulos.

JARDINAJE m. Galicismo por *jardinería.*

JARDINERA f. La que cuida de un jardín. || Mujer del jardinero. || Mueble en que se coloca una maceta con flores. || Coche de cuatro asientos, descubierto, y con caja de mimbres. || Coche abierto de un tranvía. || *Col.* Jubón o saco.

jaula

jazmín

jeep

JARDINERÍA f. El arte de cultivar los jardines. (SINÓN. *Floricultura, horticultura.*)
JARDINERO m. El que cuida los jardines.
JAREA f. *Méx.* Gazuza, hambre.
JAREAR v. i. *Bol.* Hacer jaras. ‖ — V. r. *Méx.* Morirse de hambre. ‖ *Méx.* Huir, evadirse. ‖ *Méx.* Bambolearse.
JARETA f. Dobladillo por donde se puede pasar una cinta o cordón: *hacer una jareta a un talego.* ‖ *Venez.* Contratiempo, molestia. ‖ *Mar.* Red y entablado detrás del cual se coloca la marinería para guerrear. ‖ *Fig.* y *fam. Dar jareta,* hablar mucho.
JARETE m. *Venez.* Canalete, remo.
JARETÓN m. Dobladillo grande.
JARICO m. *Cub.* Especie de galápago.
JARICHI m. *Bol.* Lazo en la trenza de una mujer.
JARIFE m. Jerife, descendiente de Mahoma.
JARIFO, FA adj. (del ár. *xarif,* noble). Lujoso, rico.
JARILLA f. *Arg.* y *Chil.* Arbusto febrífugo muy resinoso.
JARILLO y **JARO** m. Aro, planta.
JARIPEO m. *Bol.* y *Méx.* Acción de cabalgar un toro.
JARO m. Mancha algo espesa en un monte bajo.
JARO, RA adj. Dícese del pelo rojo y del que lo tiene de dicho color.
JAROBA f. Planta medicinal de Venezuela.
JAROCHAR v. i. *Col.* Alborotar.
JAROCHO, CHA m. y f. En algunas partes, brusco e insolente. ‖ *Méx.* Campesino de Veracruz.
JAROPAR v. t. *Fam.* Dar jaropes o medicinas.
JAROPE m. (pal. ár.). Jarabe. ‖ *Fig.* y *fam.* Cualquier bebida desagradable.
JAROPEAR v. t. *Fam.* Jaropar, medicinar.
JAROPEO m. *Fam.* Abuso de los jaropes o jarabes: *aquel jaropeo le estropeó el estómago.*
JARRA f. (pal. ár.). Vasija de barro con asa y de cuello y boca muy anchos. ‖ *De jarras* o *en jarras,* loc. adv., con los brazos arqueados y las manos en las caderas.
JARRAZO m. Golpe dado con el jarro.
JARREAR v. t. Sacar con jarro: *jarrear vino.* ‖ Dar jarrazos. ‖ *Fig.* Llover copiosamente.
JARRERO m. El que hace o vende jarros. ‖ El que cuida lo que se pone en ellos.
JARRETA f. Jarra pequeña.
JARRETAR v. t. *Fig.* Enervar, quitar las fuerzas.
JARRETE m. (del celt. *gar,* pierna). Corva, corvejón del animal. ‖ *Col.* Talón.
JARRETERA f. (fr. *jarretière*). Liga con hebilla. ‖ Orden militar inglesa.
JARRO m. Vasija de boca más angosta que la jarra y con un asa: *un jarro de cristal.* (SINÓN. V. *Recipiente.*) ‖ Cantidad de líquido que cabe en ella. ‖ *Fig.* y *fam. A jarros,* a cántaros. ‖ *Fig.* y *fam. Echarle* a uno *un jarro de agua* o *de agua fría,* quitarle a uno una esperanza halagüeña o el entusiasmo o fervor. ‖ — PARÓN. *Jaharro.*
JARRÓN m. Jarro grande artístico. ‖ Adorno que presenta la figura de un jarro.
JARROPA adj. Dícese de la res de pelo castaño tostado.
JASAR v. t. Sajar.
JASPE m. (lat. *iaspis*). Piedra dura y opaca, de la naturaleza del ágata y diversamente coloreada. ‖ Mármol veteado. ‖ *Jaspe sanguíneo,* variedad de calcedonia verde, que presenta pintas rojas.
JASPEADO, DA adj. Dícese de lo que está veteado como el jaspe. ‖ — M. Acción y efecto de jaspear.
JASPEAR v. t. Pintar con diversos colores para imitar las vetas del jaspe: *jaspear de negro.* (SINÓN. V. *Abigarrar.*)
JASPIA f. *Guat.* El sustento diario.
JASPIAR v. t. *Guat.* Comer.
JASTIAL m. Hastial.
JATATA f. *Bol.* Especie de palmiche.
JATICO m. *Guat.* Canastillo para un recién nacido.
JATO, TA m. y f. Becerro. ‖ — PARÓN. *Hato.*
¡JAU! interj. usada para incitar ciertos animales.
JAUJA, nombre de un país maravilloso. ‖ Loc. *¿Estamos aquí o en Jauja?,* expresión con que se censura una acción o palabra poco conveniente.
JAULA f. (lat. *caveola*). Armazón de madera, mimbres o alambres, que sirve para encerrar aves. (SINÓN. *Gallinero, gavia, pajarera.*) ‖ Armazón de madera o barras de hierro para encerrar animales pequeños, fieras, locos o presos. (SINÓN. V. *Cárcel.*) ‖ Cuadrilátero, generalmente de madera, donde se encierra a los niños de corta edad. ‖ *Min.* Aparato usado para bajar o subir en las minas. ‖ Compartimento de un garaje. ‖ *P. Rico.* Coche de la policía.
JAURÍA f. Conjunto de perros que cazan juntos.
JAVALUNA adj. Jabaluna.
JAVANÉS, ESA adj. y s. De Java.
JAYÁN, ANA m. y f. Persona de gran estatura y fuerza.
JAYAPA f. *Ecuad.* Género de ericáceas andinas.
JÁYARO, RA adj. *Ecuad.* Rústico, mal educado.
JAYO m. *Venez.* Malanga, planta.
JAYÚN m. *Cub.* Especie de junco.
JAZMÍN m. (pal. ár.). Arbusto de la familia de las oleáceas, de flores blancas olorosas: *el jazmín es originario de Persia.* ‖ La flor del jazmín. ‖ Perfume que se saca del jazmín. ‖ *Jazmín del Paraguay,* arbusto de flores moradas olorosas. ‖ *Jazmín de la India* o *del Cabo,* uno de los nombres de la *gardenia.*
JAZMÍNEAS f. pl. *Bot.* Familia de plantas dicotiledóneas que tienen por tipo el jazmín.
JAZZ m. (pal. anglo-amer.). Música de danza de origen negro-americano, caracterizada por una melodía sincopada que contrasta con la permanencia rítmica de la batería.
JAZZ o **JAZZ-BAND** m. (pal. amer., pr. *yas band*). Orquesta de origen americano, que comprende un grupo de instrumentos que asegura la permanencia rítmica (piano, batería, etc.) y de instrumentos melódicos, sobre todo la trompeta y el saxofón.
JEBE m. (pal. ár.). Alumbre. ‖ *Amer.* Caucho.
JEDIVAL adj. Del jedive.
JEDIVE y no **KEDIVE** m. Título que llevaba el virrey de Egipto.
JEEP [*yip*] m. (nombre registrado). Vehículo automóvil capaz de marchar por terrenos desiguales, que empezó a utilizarse en la Segunda Guerra mundial y actualmente su uso se ha extendido en las explotaciones agrícolas. ‖ — OBSERV. Suele también dársele en español el nombre de *todo terreno* (abreviado T. T.) o el de *campero.*
JEFA f. Superiora. ‖ Mujer del jefe.
JEFATURA f. Dignidad y funciones de jefe. ‖ Dirección.
JEFAZO m. *Fam.* Jefe autoritario e importante.
JEFE m. (fr. *chef*). Superior o principal de un cuerpo o asociación: *el jefe del gobierno.* (SINÓN. *Adalid, caudillo, patrono.* Fam. *Mandamás.*) ‖ En el escalafón militar, categoría superior a capitán e inferior a general. (SINÓN. *Comandante.*) ‖ *Blas.* Parte superior del escudo. ‖ *En jefe,* adv. m., como jefe, como cabeza principal de un cuerpo.
JEGÜITE m. *Méx.* Hierba que nace espontáneamente en un terreno inculto. (SINÓN. *Maleza.*)
JEGÜITERA f. *Méx.* Sementera llena de jegüite.
JEHOVÁ m. Dios en hebreo.
JEITO m. Una red usada en el Cantábrico.
JEJA f. En algunas partes, trigo candeal.
¡JE, JE, JE! onomatopeya que representa la risa.
JEJÉN m. *Amer.* Mosquito. ‖ *Col.* Broma que ataca los barcos. ‖ *Hond.* Una especie de cucaracha.
JEME m. Distancia entre la extremidad del dedo pulgar y la del índice, estando muy abierta la mano. ‖ *Fig.* y *fam.* Cara de la mujer: *tiene muy buen jeme.*
JEMEQUE m. *Fam.* Gimoteo.
JEMIQUEAR v. i. *Chil.* Gimotear.
JENABE y **JENABLE** m. Mostaza. (P. us.)
JENGIBRE m. (lat. *zingiberi*). Planta de la familia de las cingiberáceas que tiene flores purpúreas y rizoma nudoso aromático. ‖ Rizoma de jengibre.
JENIQUÉN m. Henequén.
JENÍZARO, RA adj. Mezclado, híbrido. ‖ — M. Soldado de infantería de la guardia del antiguo emperador turco.

Fot. Larousse, X

JENNERIANO, NA adj. Dícese de la vacuna de las viruelas descubierta por Jenner.
JENNY f. (n. pr. ingl., pr. *yenni*). Máquina que se emplea para hilar el algodón.
JEQUE m. (del ár. *xech*, viejo). Entre los musulmanes, el jefe que gobierna un territorio o provincia.
JEQUE m. *Ar.* Jaque, valentón, perdonavidas.
JERARCA m. Superior en la jerarquía eclesiástica. ‖ Alto dignatario.
JERARQUÍA f. (gr. *hierarkhia*). Orden, gradación: *la jerarquía angélica, administrativa*, etc. (SINÓN. V. *Grado.*)
JERÁRQUICO, CA adj. Relativo o perteneciente a la jerarquía: *obedecer al superior jerárquico.*
JERARQUIZAR v. t. Establecer conforme a jerarquía, con arreglo a un orden determinado: *jerarquizar los diferentes valores literarios.*
JERBO m. Mamífero roedor del tamaño de una rata, con miembros anteriores muy cortos, y excesivamente largos los posteriores.
JEREMIADA f. Lamentación exagerada. (SINÓN. V. *Quejido.*)
JEREMÍAS m. (de *Jeremías*, nombre de un profeta). *Fam.* Persona que continuamente se lamenta.
JEREMIQUEAR o **JERIMIQUEAR** v. i. *Amer.* Llorar, gimotear.
JEREZ m. Cierto vino español muy estimado, que se cría en la zona de Jerez de la Frontera.
JEREZANO, NA adj. y s. De Jerez.
JERGA f. (del ár. *xerca*, tela grosera de lana). Tela gruesa basta. ‖ Jergón, colchón. ‖ *Chil.* y *Arg.* Pieza de lana o algodón que se pone en el recado de montar. ‖ *En jerga*, m. adv., sin concluir.
JERGA f. Jerigonza, algarabía: *hablar en jerga.* (SINÓN. V. *Galimatías.*) ‖ Lenguaje especial de ciertas profesiones o grupos. (SINÓN. *Caló, germanía.* V. tb. *lengua.*)
JERGAL adj. De la jerga: *lengua jergal.*
JERGÓN m. Colchón de paja sin bastas. ‖ *Fam.* Vestido mal hecho. ‖ *Fam.* Persona gruesa y pesada.
JERGÓN m. Circón de color verdoso.
JERGUILLA f. Tela que se parece a la jerga. ‖ *Chil.* Carne vacuna de la región del cogote.
JERIBEQUE m. Mueca, gesto, guiño.
JERIFALTE m. Gerifalte.
JERIFE m. (del ár. *xarif*, noble). Descendiente de Mahoma. ‖ Príncipe árabe.
JERIFIANO, NA adj. Del jerife y especialmente del rey de Marruecos: *su majestad jerifiana.*
JERIGONZA f. (fr. *jargon*). Germanía: *hablar en jerigonza.* ‖ *Fig.* y *fam.* Lenguaje enfático y de muy mal gusto. ‖ *Fig.* y *fam.* Acción ridícula.
JERINGA f. (lat. *syringa*). Instrumento portátil que sirve para aspirar o impeler ciertos líquidos: *la jeringa sirve para inyectar.*
JERINGAR v. t. Arrojar un líquido por medio de la jeringa. ‖ *Fig.* y *fam.* Molestar, fastidiar.
JERINGAZO m. Acción de jeringar. ‖ Licor que se introduce con la jeringa.
JERINGÓN, ONA adj. *Amer.* Fastidioso.
JERINGUEAR v. t. *Amer.* Jeringar, fastidiar.
JERINGUILLA f. Jeringa pequeña para inyectar. ‖ *Bot.* Arbusto saxifragáceo de flores blancas muy fragantes.
JEROGLÍFICO, CA adj. (del gr. *hieros*, sagrado, y *gluphein*, grabar). adj. Dícese de la escritura usada por los egipcios y algunos pueblos aborígenes americanos en la que las palabras se representan con símbolos o figuras. ‖ — M. Cada uno de los caracteres usados en esta escritura. ‖ Conjunto de signos y figuras que expresan alguna frase y cuya adivinanza constituye un pasatiempo.
JERÓNIMO, MA adj. y s. Religioso de la orden de San Jerónimo.
JEROSOLIMITANO, NA mejor que **HIEROSOLIMITANO, NA** adj. y s. De Jerusalén.
JERPA f. Sarmiento estéril de las vides.
JERRYCAN m. (pal. ingl., pr. *chérrican*). Bidón cuadrangular empleado para transportar gasolina.
JERSEY m. (pal. ingl.). Especie de cuerpo de lana, de tejido elástico, que se introduce por la cabeza.
JERUZA f. *Amér. C. Fam.* La cárcel.

JESUITA m. Religioso de la Compañía de Jesús. (V. *Parte hist.*)
JESUÍTICO, CA adj. Relativo a los jesuitas.
JESUITINAS f. pl. Una orden religiosa de mujeres.
JESUITISMO m. Sistema moral y religioso de los jesuitas.
JESÚS m. Representación de Cristo niño: *un Jesús de cera.* (Dícese generalmente *niño Jesús.*) ‖ *Fig.* y *fam.* *En un decir Jesús*, en un instante.
¡JESÚS! interj. de admiración, dolor, susto, etc.
JESUSEAR v. i. *Fam.* Repetir con frecuencia en la conversación el nombre de Jesús.
JET m. (pal. ingl., pr. *yet*). Avión de reacción.
JETA f. Boca saliente por tener labios muy abultados naturalmente o por enojo: *poner jeta por una observación.* ‖ *Fam.* Hocico del cerdo. (SINÓN. V. *Cara* y *labio.*) ‖ *Arg. pop. Estirar la jeta*, morir.
JETAR v. t. *Ar.* Desleir, aguar o deshacer.
JETAZO m. *Ar.* y *Venez.* Mojicón.
JETERA f. *Col.* Bozo o cabestro.
JETÓN, ONA adj. *Fam.* Jetudo, hocicudo.
JETTATORE m. (pal. ital., pr. *yetatore*). Persona que tiene mal de ojo.
JETTATURA f. Mal de ojo, entre los italianos.
JETUDO, DA adj. Que tiene jeta u hocico. ‖ — M. *Col.* Especie de dorada del río Cauca.
JI o **CHI** f. Vigésima segunda letra del alfabeto griego que en latín se transcribe por *ch* y en castellano por *c* o *qu*: *caos, quimo.*
JÍA f. *Cub.* Árbol de la familia de las bixáceas.
JÍBARO, RA adj. y s. *Amer.* Campesino, silvestre: *sombrero jíbaro.* ‖ *Ecuad.* y *Per.* Nombre de unos indios salvajes. ‖ *Hond.* Hombre robusto y alto. ‖ *Cub.* Dícese del animal que se hace montaraz: *perro jíbaro.*
JIBE m. *Cub.* Cedazo o tamiz.
JIBEONITA f. *Hond.* Paca, roedor americano.
JIBIA f. (lat. *sepia*). Molusco cefalópodo parecido al calamar: *la jibia es comestible.* ‖ Hueso de jibia.
JIBIÓN m. Hueso de la jibia.
JIBRALTAREÑO, ÑA adj. Gibraltareño.
JÍCAMA f. *Méx.* y *Amér. C.* Nombre de varias plantas tuberculosas, comestibles o medicinales.
JICAQUE adj. *Guat.* y *Hond.* Cerril o inculto.
JÍCARA f. (del mexic. *xicalli*, calabazo). Taza pequeña de loza o porcelana. ‖ *Amer.* Vasija pequeña de calabaza. ‖ *Amér. C. Fig. Sacar la jícara*, agasajar.
JICARAZO m. Golpe que se da con una jícara. ‖ Envenenamiento: *dar jicarazo.*
JÍCARO m. *Amer.* Uno de los nombres de la *güira.*
JICOTE m. *Méx.* y *Amér. C.* Especie de avispa grande: *el jicote produce picaduras muy dolorosas.*
JICOTEA o **HICOTEA** f. *Cub.* Tortuga acuática.
JICOTERA f. *Amer.* Nido de jicotes o avispas.
JIENNENSE adj. y s. De Jaén (España).
JIFA f. Desperdicio de matadero.
JIFERADA f. Cuchillada que se da con el jifero.
JIFERO, RA adj. Relativo al matadero. ‖ *Fig.* y *fam.* Sucio, puerco. ‖ — M. Cuchillo de carnicero. ‖ Oficial que mata las reses en el matadero.
JIGOTE m. Gigote.
JIGRA f. *Col.* Jíquera, saco de cabuya.
JIGUAGUA f. *Cub.* Pez comestible de las Antillas.
JIGÜE m. *Cub.* Duende. ‖ Árbol silvestre de Cuba.
JIGÜERA f. *Cub.* Vasija de güira.
JIGUILETE m. Jiquilete, cierta especie de añil.
JIJALLO m. Caramillo, cierta planta barrilera.
¡JI, JI, JI! interj. con que se denota la risa.
JIJÓN m. *Cub.* Árbol algo parecido a la caoba.
JIJONA f. Dícese de una variedad de trigo álaga. ‖ — M. Variedad de turrón muy delicado que se fabrica en Jijona.
JILGUERO m. Pájaro común en España, de plumaje pardo con una mancha roja en la cara y un collar blanco: *el jilguero es un pajarito fácil de domesticar.*
JILÍ, JILANDO o **JILAZA** m. Gilí.
JILIBIOSO, SA adj. *Chil.* Melindroso.

jeroglíficos

jersey

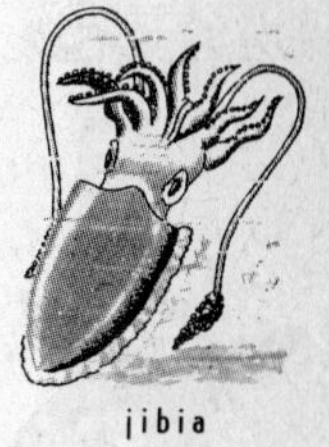
jibia

jilguero

jobo

jockey

orden jónico

jirafa

JILMAESTRE m. *Art.* Teniente de mayoral que gobierna las mulas de transporte de las piezas de artillería.
JILORIO m. *Can.* y *Cub.* Agilorio.
JILOSÚCHIL m. *Méx.* Flor de una leguminosa mexicana: *el jilosúchil es una flor muy hermosa.*
JILOTE m. *Méx.* y *Amér. C.* Mazorca de maíz medio cuajada.
JILOTEAR v. i. *Méx.* Empezar a cuajar el maíz.
JIMELGA f. (fr. *jumelle*). *Mar.* Chapuz, refuerzo de madera que se da algunas veces a los palos.
JIMERITO m. *Hond.* Especie de abeja pequeña.
JIMIO m. *Ant.* Simio, mono. ‖ — Adj. Simiesco.
JINDA y **JINDAMA** f. *Pop.* Miedo, susto. (SINÓN. V. *Temor.*)
JINESTADA f. Especie de salsa.
JINETA f. Mamífero carnicero de Berbería.
JINETA f. Cierto modo de montar a caballo. ‖ Lanza corta, insignia antigua de los capitanes de infantería. ‖ Charretera de seda de los sargentos. ‖ *Arg.* Galón, insignia militar. ‖ — PARÓN. Gineta.
JINETE m. Antiguo soldado de a caballo. ‖ El que cabalga o es diestro en la equitación. ‖ Caballo castizo y bueno.
JINETEAR v. i. Andar a caballo: *jinetear por una alameda.* ‖ — V. t. *Amer.* Domar un caballo cerril. ‖ *Méx.* Montar toros. ‖ — V. r. *Col.* Montar a caballo.
JINGLAR v. i. Mecerse.
JINGOÍSMO m. Patriotería exaltada y agresiva.
JINGOÍSTA adj. y s. Partidario del jingoísmo.
JINICUIL m. Árbol frutal mexicano.
JÍNJOL m. Uno de los nombres de la *azufaifa.*
JINJOLERO m. Azufaifo.
JINOCAL m. *Méx.* Asiento de bejuco.
JINOTEGANO, NA adj. y s. De Jinotega (Nicaragua).
JINOTEPINO, NA adj. y s. De Jinotepe. (Nicaragua).
JIÑAR v. i. *Pop.* Aliviar el vientre.
JIÑICUITE m. *Hond.* El terebinto americano.
JIOTE m. *Méx.* y *Amér. C.* Enfermedad cutánea, especie de pitiriasis. ‖ *Amer. Palo jiote,* el jiñicuite.
JIOTOSO, SA adj. y s. *Méx.* Que tiene jiote.
JIPA f. *Amer. Fam.* Sombrero de jipijapa.
JIPAR v. i. *Amér.* Hipar, jadear: *subir jipando.*
JIPATO, TA adj. y s. *Amer.* Que padece ictericia.
JIPI m. *Fam.* Jipijapa.
JIPIJAPA m. (de *Jipijapa,* Ecuador). Sombrero de paja fina fabricado en varios puntos de América.
JIPÍO m. Lamento en el cante andaluz.
JÍQUERA f. *Col.* Saco de cabuya.
JIQUILETE m. o **JIQUILITE** m. *Méx.* Planta papilionácea común en las Antillas: *con el jiquilete se prepara un añil de superior calidad.*
JÍQUIMA f. *Cub.* y *Ecuad.* V. JÍCAMA.
JIRA f. Tira de tela o jirón. ‖ Merienda campestre con regocijo y bulla.
JIRAFA f. (ár. *zorafa*). Mamífero rumiante de África, de cuello largo y esbelto: *la jirafa tiene las patas traseras más cortas que las delanteras.* ‖ *Fig.* Brazo articulado que sostiene un micrófono, empleado en los estudios cinematográficos.
JIRAPLIEGA f. *Farm.* Electuario purgante.
JIRASAL f. Fruto de la yaca o anona de la India: *la jirasal se parece algo a la chirimoya.*
JIREL m. Gualdrapa de caballo.
JÍRIDE f. Planta de la familia de la iridáceas: *las flores de la jíride despiden olor fétido.*
JIRIMIQUEAR v. i. *Amer.* Jeremiquear.
JIRO, RA adj. V. GIRO.
JIRÓN m. Desgarrón: *hacer jirones.* ‖ *Fig.* Parte pequeña de un todo. (SINÓN. V. *Pedazo.*) ‖ *Blas.* Figura triangular del blasón.
JIRONADO, DA adj. Hecho jirones, roto. ‖ *Blas.* Dícese del escudo dividido en ocho jirones.
JITOMATE m. *Méx.* Especie de tomate muy rojo.
JIU-JITSU m. Lucha japonesa, técnica de combate sin armas.
JOB m. (por alusión al personaje bíblico). Hombre de mucha paciencia.
JOB m. (pal. ingl., pr. *yob*). *Fam.* Empleo remunerado.
JOBO m. Árbol frondoso y alto de América, de la familia de las anacardiáceas: *el fruto del jobo es parecido a la ciruela.* ‖ *Guat.* Especie de aguardiente.
JOCALIAS f. pl. *Ar.* Alhajas de iglesia.
JOCKEY m. (pal. ingl., pr. *yoke*). Jinete profesional que monta los caballos de carrera.
JOCÓ m. Uno de los nombres del *orangután.*
JOCO, CA adj. *Amér. C.* Agrio, acre, dícese de las frutas fermentadas.
JOCOCUISTLE m. *Méx.* Un género de bromeliáceas que se usan en medicina como antihelmíntico.
JOCOQUE m. *Méx.* Especie de preparación alimenticia hecha con leche agriada.
JOCOSAMENTE adv. m. De un modo jocoso.
JOCOSERIO, RIA adj. Dícese de lo que es a la vez serio y jocoso: *una obra dramática jocoseria.*
JOCOSIDAD f. Calidad de jocoso. ‖ Chiste, gracia. (SINÓN. V. *Broma.*)
JOCOSO, SA adj. (lat. *jocosus*). Gracioso, festivo, alegre, divertido: *libro jocoso, comedia jocosa.* (SINÓN. V. *Cómico.*)
JOCOSÚCHIL m. *Méx.* El pimiento de Tabasco.
JOCOTE m. *Amér. C.* Especie de jobo o ciruelo.
JOCOYOL m. *Méx.* Especie de acedera.
JOCOYOTE m. *Méx.* Socoyote, el último hijo.
JOCUISTE m. *Méx.* Jococuistle.
JOCUNDIDAD f. Calidad de jocundo.
JOCUNDO, DA adj. Alegre.
JOCHE m. *Bol.* Uno de los nombres del *agutí.*
JOFAINA f. Palangana que sirve para lavarse.
JOJANA f. *Venez.* Modo particular de decir las cosas como burlándose.
JOJOTO m. *Venez.* Maíz que no ha llegado todavía a sazón.
JOKER m. (pal. ingl.). En los juegos de cartas, comodín.
JOLGORIO m. *Fam.* Fiesta, diversión, jarana. (SINÓN. V. *Orgía.*)
JOLITO (En) loc. adv. Suspenso.
JOLOTE m. *Hond.* Uno de los nombres del *pavo.*
JOLLÍN m. *Fam.* Gresca, jaleo.
JOMA f. *Méx.* Joroba.
JÓNICO, CA adj. y s. De Jonia. ‖ *Orden jónico,* uno de los cinco órdenes de arquitectura. (V. COLUMNA y ORDEN.) ‖ *Dialecto jónico,* uno de los cuatro dialectos que se hablaban en la Grecia antigua.
JONIO, NIA adj. Jónico: *columna jonia.*
JONJABAR v. t. *Fam.* Engatusar.
JONJOLEAR v. t. *Col.* Cuidar, mimar.
JONOTE m. Género de árboles tiliáceos mexicanos: *la corteza del jonote es fibrosa y mucilaginosa.*
JONUCO m. *Méx.* Trastero, covacha.
JOPEO m. *Fam.* Paseo, escapada.
JOPO m. Hopo, rabo. ‖ Orobanca, planta. ‖ *Arg.* Copete. ‖ *Arg.* Alfiler grande para el pelo.
¡JOPO! interj. *Fam.* ¡Hopo! ¡Fuera de aquí!
JORA f. *Amer.* Maíz germinado que sirve para fabricar la chicha.
JORCO m. *Extr.* Fiesta popular algo libre.
JORDÁN m. *Fig.* Lo que remoza y purifica. ‖ *Fig.* y *fam. Ir al Jordán,* remozarse, purificarse.
JORFE m. (ár. *chorf*). Muro de piedra en seco edificado para sostener las tierras. ‖ Peñasco tajado.
JORGUINERÍA f. Hechicería, brujería.
JORNADA f. (ital. *giornata*). Parte del camino que se recorre en un día de viaje. ‖ Todo el camino o todo el viaje. ‖ Expedición militar. ‖ *Fig.* Tiempo que dura la vida del hombre. ‖ *Fig.* Acto, en los dramas antiguos. ‖ Episodio de una película o novela. ‖ *Impr.* Lo que puede tirar la prensa en un día. ‖ Día de trabajo. (SINÓN. V. *Día.*)
JORNAL m. Lo que gana el trabajador en un día de trabajo: *gana un jornal crecido.* (SINÓN. V. *Sueldo.*) ‖ Medida agraria de extensión varia, usada en España.
JORNALERO, RA m. y f. Persona que trabaja a jornal. (SINÓN. V. *Trabajador.*)

Fot. Fraass

JOROBA f. Corcova, giba. (SINÓN. V. *Protuberancia.*) ‖ *Fig.* y *fam.* Molestia.
JOROBADO, DA adj. y s. Corcovado, gibado. ‖ *Zool.* Nombre de un pez pequeño de los mares de Cuba. ‖ *Fig.* y *fam.* Molesto, fastidioso.
JOROBAR v. t. *Fig.* y *fam.* Gibar, molestar.
JOROBETA m. *Fam.* Jorobado.
JORONGO m. *Méx.* Ruana, poncho.
JOROPO m. *Col.* y *Venez.* Un baile de los llaneros.
JORRAR v. t. Arrastrar una red: *red de jorrar.*
JORRO m. (del ár. *char,* arrastre). *Red de jorro,* la red de pescar que se arrastra por el fondo del mar.
JORUNGAR v. i. *Venez.* Hurgonear.
JORUNGO m. *Venez.* Gringo, extranjero.
JOSEFINO, NA adj. y s. De San José (Costa Rica y Uruguay). ‖ *Hist.* Partidario de José Bonaparte. ‖ *Chil.* Clerical.
JOTA f. (lat. *iota*). Nombre de la letra *j.* ‖ Cosa muy pequeña: *no le falta una jota.* ‖ *No saber una jota,* ser ignorante. ‖ *No ver una jota,* no ver nada.
JOTA f. Baile popular de Aragón, Navarra y Levante. ‖ Tañido que acompaña dicho baile.
JOTA f. Potaje de bledos y verduras con caldo.
JOTA f. *Amer.* Ojota.
JOTE m. *Amer.* Gallinazo, ave.
JOTO m. *Col.* Maleta, lío. ‖ — Adj. *Méx.* Afeminado.
JOULE m. *Fís.* *Efecto joule,* desprendimiento de calor en un conductor homogéneo recorrido por una corriente eléctrica. (V. JULIO.)
JOVEN adj. y s. (lat. *iuvenis*). Que está en la edad de la juventud: *hombre muy joven.* (SINÓN. V. *Adolescente.*) ‖ Que tiene caracteres de la juventud: *rostro joven.* ‖ — CONTR. *Viejo.*
JOVENADO m. En ciertas órdenes, tiempo que están los religiosos o religiosas bajo la dirección de un maestro.
JOVIAL adj. Alegre, apacible: *un carácter jovial.* ‖ Perteneciente a Jove o Júpiter.
JOVIALIDAD f. Carácter jovial, apacible, alegre. (SINÓN. V. *Alegría.*)
JOVIALMENTE adv. m. Con jovialidad, alegremente: *conversar jovialmente con un amigo.*
JOYA f. Objeto pequeño de metal precioso, y a veces con pedrerías o perlas, que sirve para adorno: *tener afición a las joyas.* ‖ Agasajo o regalo. ‖ Brocamantón. ‖ *Fig.* Cosa o persona de mucho valor: *esa niña es una joya.* ‖ *Arq.* y *Art.* Astrágalo. ‖ — Pl. Ropa y alhajas que lleva una mujer al casarse.
JOYANTE adj. *Seda joyante,* la fina y lustrosa.
JOYEL m. Joya pequeña.
JOYERA f. Joyero, caja para joyas.
JOYERÍA f. Comercio de joyas.
JOYERO m. El que vende joyas. (SINÓN. *Diamantista, lapidario, orfebre, platero.*) ‖ Caja para joyas. (SINÓN. V. *Caja.*)
JOYO m. (lat. *lolium*). Planta parásita de los cereales. (SINÓN. *Cizaña.*) ‖ — PARÓN. *Hoyo.*
JOYOLINA f. *Guat. Fam.* La cárcel.
JUAGAZA f. *Col.* Meloja, en los trapiches o ingenios.
JUAN m. *Méx.* y *Bol.* Soldado. ‖ *Fam. Juan Lanas, Juan de las Viñas,* títere de cartón. ‖ Hombre sencillote, buen hombre. (SINÓN. V. *Bobo.*) ‖ *Fam. Buen Juan,* hombre cándido. ‖ *Venez. Fam. Juan Bimbas,* zoquete. ‖ *Cub. Juan Perillán,* un baile antiguo.
JUANAS f. pl. Palillos usados para ensanchar los guantes.
JUANCHI m. *Guat.* Especie de gato montés.
JUANEAR v. t. *Arg.* Chasquear.
JUANÉS, ESA adj. y s. De San Juan de los Morros (Venezuela).
JUANESCA f. *Ecuad.* Cierto manjar que se suele comer el Jueves Santo.
JUANETE m. Pómulo abultado. ‖ Hueso del dedo grueso del pie, cuando es muy abultado. (SINÓN. V. *Callo.*) ‖ *Hond.* Cadera. ‖ *Mar.* Nombre de las velas que van sobre la gavia y el velacho, y de las vergas en que se colocan dichas velas. ‖ *Veter.* Sobrehueso que se forma algunas veces en el casco a las caballerías.
JUANETERO m. *Mar.* Marinero encargado especialmente de maniobrar los juanetes.
JUANETUDO, DA adj. Que tiene unos juanetes muy abultados: *pie, rostro juanetudo.*
JUARDA f. Suciedad, grasa o mugre del paño.
JUARISTA adj. y s. *Méx.* Nombre que se aplicó a los partidarios de Juárez.
JUBEA f. *Bot.* Género de palmeras de Chile.
JUBETE m. Coleto con malla de hierro: *los soldados españoles usaron jubete hasta el siglo* XV.
JUBETERO m. El que hacía jubetes y jubones.
JUBILACIÓN f. Acción de jubilar o jubilarse. ‖ Renta que disfruta la persona jubilada. (SINÓN. V. *Renta.*)
JUBILADO, DA adj. Dícese del que ha sido jubilado. ‖ *Cub. Fam.* Sagaz, práctico. ‖ *Col. Fam.* Loco.
JUBILAR adj. Relativo al jubileo: *indulgencia jubilar.*
JUBILAR v. t. (lat. *iubilare*). Eximir del servicio a un empleado o funcionario por motivo de ancianidad o enfermedad. ‖ *Fig.* y *fam.* Desechar por inútil una cosa. ‖ — V. i. Alegrarse: *jubiló al oirme.* ‖ — Conseguir la jubilación. ‖ *Col.* Venir a menos, decaer, abandonarse. ‖ *Venez* y *Guat* Hacer novillos. ‖ *Cub.* y *Méx.* Instruirse, adquirir práctica.
JUBILEO m. Según la ley de Moisés, solemnidad pública, celebrada cada cincuenta años, en que volvían a sus dueños las fincas vendidas y recobraban la libertad los esclavos. ‖ Entre los católicos, indulgencia plenaria y solemne concedida por el Papa en ciertas circunstancias: *ganar el jubileo.* ‖ *Fam.* Entrada y salida frecuente de gente en una casa.
JÚBILO m. (lat. *iubilum*). Alegría que se manifiesta vivamente: *dar muestras del mayor júbilo.* ‖ — SINÓN. *Contento, gusto, placer, satisfacción.* V. tb. *alegría* y *euforia.*
JUBILOSO, SA adj. Alegre, lleno de júbilo.
JUBO m. Yugo. ‖ *Cub.* Especie de culebra.
JUBÓN m. Especie de chaleco ajustado al cuerpo.
JÚCARO m. Planta combretácea antillana.
JUCO, CA adj. *Hond.* Joco, agrio.
JUCO m. *Ecuad.* Caña de las gramíneas.
JUCHE m. *C. Rica.* Alcahueta.
JUCHICOPAL m. *Méx.* Árbol que produce un bálsamo muy apreciado.
JUDAICO, CA adj. De los judíos: *raza judaica.*
JUDAÍSMO m. Religión de los judíos.
JUDAIZACIÓN f. Acción y efecto de judaizar.
JUDAIZANTE adj. y s. Que judaíza.
JUDAIZAR v. i. (lat. *iudaizare*). Abrazar la religión judía. ‖ Practicar ceremonias de la ley judaica.
JUDAS m. *Fig.* Traidor. (SINÓN. V. *Desleal.*) ‖ *Fig.* Muñeco de paja que en algunas partes, singularmente en México, queman públicamente en la Semana Santa. ‖ *El beso de Judas,* beso traidor, demostraciones de cariño engañosas. ‖ *Méx.* Día onomástico.
JUDERÍA f. Barrio de los judíos. ‖ Contribución que pagaban en otro tiempo los judíos. ‖ *Arg.* Judiada.
JUDEOCRISTIANISMO m. Doctrina de los primeros tiempos del cristianismo, según la cual era necesaria la iniciación en el judaismo para entrar en la Iglesia de Cristo.
JUDEOCRISTIANO, NA adj. y s. Relativo al judeocristianismo.
JUDEOESPAÑOL adj. y s. Dícese de los judíos expulsados de España en el s. XV y que conservan en Oriente la lengua y las tradiciones españolas.
— La expulsión de los judíos de España y Portugal, entre 1492 y 1498, hizo salir de la Península ibérica a gran número de familias, sobre todo de Andalucía y de Castilla, que se fueron a establecer en los países del Mediterráneo oriental dominados por los turcos, donde formaron colonias que han subsistido hasta nuestros días, especialmente en Egipto, Argelia, Marruecos, Turquía, Grecia, Bulgaria, Servia. Dichas familias, compuestas en general de elementos sefardíes de buen nivel social, han mantenido su religión, sus tradiciones, su idioma y aún una literatura propia durante cuatro siglos y medio. El español que transportaron, el de Castilla y Andalucía de fines del siglo XV, alejado de todo contacto con el de la Península, no ha participado de la

jubón

judas

Fot. Pierre Verger

evolución sufrida por el de España y la América colonial española. Su fonética presenta algunas formas arcaicas, pero no degeneradas; su vocabulario ofrece contadas contaminaciones hebreas, griegas, italianas, árabes, turcas, según los países de residencia. El judoespañol constituye, pues, uno de los más notables ejemplos del mantenimiento de una lengua por un grupo social desterrado, bastante fuerte socialmente para resistir la asimilación lingüística.

JUDÍA f. Planta papilionácea de fruto comestible. ‖ Fruto de esta planta. ‖ En el juego del monte, naipe de figura.

JUDIADA f. Acción propia de judíos. ‖ *Fig.* y *fam.* Crueldad. ‖ *Fig.* y *fam.* Ganancia excesiva, usura.

JUDIAR m. Plantío de judías.

JUDICATURA f. (del lat. *judicatus*, dignidad de juez). Dignidad de juez y tiempo que dura. ‖ Dignidad de juez en Israel: *la judicatura de Jefté.* ‖ Cuerpo constituido de los jueces de un país.

JUDICIAL adj. Perteneciente a la justicia.

JUDICIALMENTE adv. m. De un modo judicial.

JUDICIARIO, RIA adj. Judicial. ‖ De la justicia.

JUDÍO, A adj. y s. (lat. *iudaeus*). Hebreo: *Moisés puso fin a la esclavitud de los judíos en Egipto.* (SINÓN. V. *Israelita.*) ‖ De Judea: *la raza judía.* ‖ *And.* y *Cub.* Impío. ‖ *Fam.* No bautizado. ‖ — M. Judión. ‖ *Cub.* y *Col.* El aní, ave.

JUDIÓN m. Variedad de judía que se distingue por su vaina grande.

JUDO m. (pr. generalmente *yudo*). Sistema japonés de educación física derivado del jiu-jitsu.

JUDOGUI m. Traje amplio y de lona fuerte con el que se practica el judo.

JUDOKA com. Persona que practica el judo.

JUEGO m. (lat. *iocus*). Acción de jugar, diversión: *los juegos de los niños.* (SINÓN. V. *Recreo.*) ‖ Recreación basada en diferentes combinaciones de cálculo o en la casualidad: *el juego de dados es conocido desde la más remota antigüedad.* ‖ En sentido absoluto, juego de naipes: *debe prohibirse el juego a los niños.* ‖ Disposición de dos cosas articuladas: *el juego de un gozne.* (SINÓN. V. *Articulación.*) ‖ Conjunto de cosas que se emplean juntas: *juego de comedor, de botones, de café.* ‖ Visos o cambiantes: *juego de luces.* ‖ Lugar donde se ejecutan ciertos juegos: *juego de pelota.* ‖ — Pl. *Antig.* Diversiones públicas, entre los antiguos: *los juegos del circo.* ‖ *Juego de manos,* ejercicios de los prestidigitadores. ‖ *Fam.* Aquellos en que se dan con las manos unas personas a otras: *juego de manos, juego de villanos.* ‖ *Juegos de ingenio,* adivinanzas, acertijos. ‖ *Juego de palabras,* retruécano. ‖ *Juego de bolas,* corona de bolas de acero que facilita el movimiento de ciertos mecanismos. ‖ *Juegos malabares,* ejercicios de equilibrio. ‖ *Juegos florales,* v. *Parte hist.* ‖ *Juegos olímpicos.* V. OLIMPIADA. ‖ *Hacer juego,* corresponderse o convenirse dos cosas: *estos cuadros hacen juego.*

JUERGA f. *Fam.* Jolgorio: *ir de juerga.* (SINÓN. V. *Orgía.*)

JUERGUEARSE v. r. *Fam.* Irse de juerga. ‖ Divertirse. ‖ Burlarse, reírse de.

JUERGUISTA adj. *Fam.* Aficionado a divertirse.

JUERGUEO m. *Fam.* Juerga: *ir de juergueo.*

JUEVES m. (lat. *Iovis dies*, día de Júpiter). Quinto día de la semana. ‖ *Jueves Santo,* el de la Semana Santa. ‖ *Fam. No ser cosa del otro jueves,* no ser cosa extraordinaria.

JUEZ m. (lat. *iudex*). Magistrado encargado de juzgar y sentenciar: *un juez íntegro.* (SINÓN. *Árbitro, justiciero.*) ‖ Magistrado supremo de Israel. ‖ Persona que se toma como árbitro en una discusión: *a usted tomamos por juez.* ‖ En las competiciones deportivas, árbitro. ‖ Que aprecia el mérito de una cosa: *no ser buen juez en una materia.* (SINÓN. V. *Crítico.*) ‖ *El juez soberano,* Dios. ‖ *Fig.* y *fam. Juez de palo,* el muy ignorante. ‖ *Juez de paz,* magistrado encargado en algunos países de resolver solo y sin gastos las cuestiones de poca importancia. ‖ *Juez pedáneo,* especie de juez de paz entre los romanos. ‖ *Juez de primera instancia e instrucción,* el ordinario de un partido que conoce en primera instancia de los asuntos civiles no sometidos a los jueces municipales, y en lo criminal dirige la instrucción de los sumarios por delitos cometidos en su demarcación, salvo si se reservan a otros jueces. ‖ *Arg. Juez de raya,* árbitro en las carreras de caballos.

JUGADA f. Acción de jugar. ‖ Lance de juego: *jugada feliz.* ‖ *Fig.* Treta, jugarreta: *mala jugada.*

JUGADOR, RA adj. y s. Persona que juega. ‖ Persona que tiene el vicio de jugar: *el jugador se corrige difícilmente.* ‖ Hábil en un juego: *ser gran jugador de bolos.* ‖ *Jugador de manos,* prestidigitador.

JUGAR v. t. e i. Recrearse, divertirse: *jugar a la gallina ciega, al tresillo.* (SINÓN. V. *Retozar.*) ‖ Llevar a cabo el jugador su acción cuando le corresponde. ‖ Moverse ciertas cosas: *la puerta no juega.* ‖ Hacer juego: *esos dos muebles no juegan.* ‖ Intervenir: *yo no juego en este asunto.* ‖ Manejar un arma: *jugar la espada.* ‖ Arriesgar: *jugar el todo por el todo; jugarse la vida.* ‖ Galicismo por *desempeñar, representar: jugar un papel.* ‖ Tener juego, moverse lo mal ajustado. ‖ *Jugar a la Bolsa,* efectuar operaciones bursátiles con vistas a la especulación. ‖ — V. r. Sortearse: *se juega hoy.* ‖ — IRREG. Se conjuga como *contar.*

JUGARRETA f. *Fam.* Jugada mal hecha. ‖ *Fig.* y *fam.* Mala pasada, treta: *le hizo una jugarreta.* (SINÓN. V. *Trampa.*)

JUGLÁNDEAS f. *Bot.* Yuglandáceas.

JUGLAR m. En la Edad Media, el que se ganaba la vida recitando versos y tocando música. (SINÓN. V. *Trovador.*)

JUGLARESCO, CA adj. Relativo al juglar.

JUGLARÍA f. El ejercicio de los juglares.

JUGLARISMO m. Poesía recitada, baile, juegos y cántico de los juglares.

JUGO m. Zumo de una substancia: *el jugo de un limón.* ‖ Líquido orgánico: *el jugo gástrico, el jugo pancreático.* ‖ *Fig.* Lo más substancial de una cosa: *sacarle el jugo a un libro.*

JUGOSIDAD f. Calidad de lo jugoso. ‖ Substancia.

JUGOSO, SA adj. Que tiene jugo: *carne jugosa.* ‖ *Fig.* Sustancioso, importante: *negocio jugoso.* ‖ *Pint.* Dícese de los colores que cubren bien.

JUGUETE m. Lo que sirve para divertir a un niño: *las muñecas son los juguetes preferidos de las niñas.* (SINÓN. V. *Bagatela.*) ‖ *Fig.* Per-

JUDO

1. Proyección primera de brazo
2. Proyección de hombro
3. Proyección de cadera
4. Estrangulación

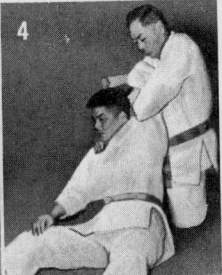

Fot. Belleval, Studio "G", Berton

sona de quien se burla uno. || Lo que se abandona a la acción de una fuerza: *ser juguete del viento.* || Obra musical o teatral ligera.
JUGUETEAR v. i. Divertirse jugando y retozando: *juguetear los niños con un perrillo.* (SINÓN. V. *Retozar.*)
JUGUETEO m. Acción de juguetear.
JUGUETERÍA f. Comercio de juguetes. || Tienda donde se venden.
JUGUETÓN, ONA adj. Aficionado a juguetear o retozar: *un niño muy juguetón.* || — SINÓN. *Descocado, ligero, locuelo, retozón.*
JUICIO m. Facultad del entendimiento que compara y juzga: *tener un juicio recto.* (SINÓN. V. *Sentido.*) || Operación del entendimiento que compara dos ideas. || Opinión: *a juicio mío es un disparate.* || Sana razón: *no estar en su juicio.* || *Fig.* Seso, cordura: *hombre de juicio.* (SINÓN. V. *Delicadeza.*) || Acción de juzgar. || Decisión o sentencia de un tribunal: *juicio contradictorio.* (SINÓN. *Fallo, laudo, ordenanza, sentencia, veredicto.* V. tb. *arbitraje.*) || *Juicio final,* juicio solemne que, según la religión católica, ha de pronunciar Dios al fin del mundo. || *Juicio de Dios,* cada una de ciertas pruebas a que, para conocer la verdad, se sometía a los acusados cuando faltaban pruebas materiales contra ellos. || *Perder el juicio,* volverse loco. || *Poner en tela de juicio,* juzgar, revisar.
JUICIOSAMENTE adv. m. De un modo juicioso.
JUICIOSO, SA adj. Que tiene juicio: *hombre juicioso.* (SINÓN. *Prudente, reflexivo, sensato.* V. tb. *casto.*) || Hecho con juicio: *acción juiciosa.*
JUIL m. *Méx.* Ciprino de los lagos de México.
JUILA f. *Amér. C.* Barb. por *rueda.*
JUJEÑO, ÑA adj. y s. De Jujuy (Argentina).
JULEPE m. (ár. *chuleb*). Poción compuesta de agua con goma y una substancia medicinal. || Cierto juego de naipes. || *Fig.* y *fam.* Reprimenda, castigo. || *Amer.* Susto, miedo: *me dio un julepe.* || Ajetreo, trabajo.
JULEPEAR v. t. *Amer.* Asustar. || Fatigar.
JULIANA f. Sopa hecha con legumbres y hierbas picadas.
JULIANO, NA adj. *Era juliana,* la que empieza con la reforma del calendario por Julio César. || *Año juliano,* el de 365 días y seis horas. (V. CALENDARIO.)
JULIAS adj. y s. f. pl. *Arg.* Dícese de las fiestas conmemorativas de la Independencia argentina (9 de julio de 1816).
JULIO m. (lat. *iulius*). Séptimo mes del año: *el mes de julio consta de treinta y un días.*
JULIO m. (de *Joule,* n. pr.) *Fís.* Unidad de trabajo de energía o de cantidad de calor (símb. J), que corresponde al trabajo de una fuerza de un newton cuyo punto material de aplicación se desplaza un metro en la dirección de la fuerza: *el kilográmetro equivale a 9,81 julios.* (V. JOULE.)
JULÓN m. *Salv.* Vasija de boca estrecha.
JUMA f. *Fam.* Borrachera, jumera.
JUMAR v. t. *Arg. Pop.* Fumar.
JUMARSE v. r. *Fam.* Ahumarse, emborracharse.
JUME m. *Chil.* Pez selacio parecido al tiburón. || *Chil.* Arbusto espinoso. || Ceniza de este arbusto. || Lejía hecha con esta ceniza.
JUMEL m. Variedad de algodón de Egipto.
JUMENTO, TA m. y f. (lat. *iumentum*). Asno. (SINÓN. V. *Tonto.*)
JUMERA f. *Fam.* Borrachera, embriaguez.
JUMO, MA adj. *Amer.* Borracho.
JUMPING m. (pal. ingl., pr. *yamping*). Concurso hípico que consiste principalmente en saltos de obstáculos.
JUNCÁCEAS f. pl. *Bot.* Familia de monocotiledóneas, cuyo tipo es el junco.
JUNCAL m. Juncar, plantío de juncos.
JUNCAL adj. *And.* Generoso, espléndido. || Guapo, bizarro, apuesto, bien parecido: *moza juncal.*
JUNCAR m. Sitio donde abundan los juncos.
JUNCIA f. Planta herbácea de la familia de las ciperáceas: *la juncia es medicinal y olorosa.* || *Fig.* y *fam. Vender juncia,* jactarse mucho, baladronear.
JUNCIAL m. Sitio poblado de juncias.
JUNCIANA f. *Fam.* Jactancia, baladronada.
JUNCIERA f. Vaso de barro en que se meten hierbas o raíces aromáticas para perfumar.
JUNCIÓN f. *Chil.* Unión, confluencia de dos ríos.
JUNCO m. (lat. *iuncus*). Planta de la familia de las juncáceas, de tallos rectos, lisos y flexibles que se cría en parajes húmedos. || *Amer.* Narciso, planta de flores amarillas. || *Junco de Indias,* la rota. || *Junco florido,* arbusto butomáceo que se cría en lugares pantanosos. || *Junco oloroso,* el esquenanto.
JUNCO m. Embarcación pequeña usada en las Indias Orientales.
JUNCOSO, SA adj. Poblado de juncos.
JUNGLA f. Especie de sabana muy espesa y exuberante, que abunda en la India.
JUNIENSE adj. y s. De Junín (Perú).
JUNINO, NA adj. y s. De Junín (Argentina).
JUNIO m. Sexto mes del año: *junio trae 30 días.*
JÚNIOR m. (del lat. *iunor,* más joven). Religioso joven sujeto a la obediencia del maestro de novicios. || Deportista comprendido entre las edades de 17 y 21 años. || El más joven entre dos del mismo nombre. (SINÓN. V. *Menor.*)
JUNÍPERO m. (lat. *iuniperus*). Enebro, arbusto cupresáceo. || *Col.* Zopenco, necio, mamarracho.
JUNQUERA f. Junco, planta. || Junqueral, juncal.
JUNQUERAL m. Juncar, plantío de juncos.
JUNQUILLO m. Narciso de flores olorosas. || Junco de Indias, rota. || *Arq.* Moldura redonda delgada. || Bastón delgado.
JUNTA f. Reunión de varias personas para tratar un asunto. || Unión de dos o más cosas. || Junturas: *las juntas de una pared, de una tubería.* || *Mar.* Empalme, costura. || Nombre que se da a ciertos gobiernos de origen insurreccional: *Junta militar* (V. *Parte hist.*) || — Pl. *Ant.* y *Amer.* Confluencia de dos ríos.
JUNTAMENTE adv. m. En unión con: *hice esto juntamente con él.* || — Adv. t. A un mismo tiempo.
JUNTAR v. t. Unir, reunir: *juntar dos tablas, dos personas.* (SINÓN. *Acoplar, enchufar, enlazar, relacionar.* V. tb. *acercar* y *reunir.*) || Acopiar, amontonar: *juntar dinero.* (SINÓN. *Agregar, anexar.* V. tb. *alcanzar.*) || Entornar: *juntar una ventana.* || — V. r. Reunirse con otro: *dícese de los pícaros que Dios los cría y ellos se juntan.* || Arrimarse. || Tener acto carnal.
JUNTERA f. Garlopa que sirve para alisar los cantos de las tablas con facilidad.
JUNTO, TA adj. Unido, cercano: *dos tablas juntas: vivir dos personas muy juntas.* || — Adv. l. Cerca: *junto a la ventana.* || *And.* Al lado: *aquí junto.* || — Adv. m. A la vez: *tocaba y bailaba todo junto.* || *En junto* o *por junto,* loc. adv., en total: *por junto has escrito media carta.* || — Pl. *Col.* Barb. por *ambos: tiene enfermos juntos pies.*
JUNTURA f. (lat. *iunctura*). Parte en que se juntan dos o más cosas: *la juntura de dos piedras.* (SINÓN. V. *Ensambladura.*) || Punto donde se unen dos huesos: *juntura serrátil.* (SINÓN. V. *Articulación.*)
JUPA f. *Amér. C.* Calabaza redonda.
JUPE m. *Arg.* Gramínea de raíz jabonosa.
JUPITERIANO, NA o **JUPITERINO, NA** adj. Propio de Júpiter.
JUQUE m. *C. Rica* y *Salv.* Zambomba.
JURA f. Acto solemne en que los Estados y ciudades de un reino juran obediencia a su rey, en que los soldados prometen defender la bandera. || Acción de jurar. || Juramento.
JURADO m. Tribunal cuyo cargo es juzgar el hecho, quedando al cuidado de los magistrados la designación de la pena. || Individuo de dicho tribunal. || Conjunto de examinadores de un certamen o competición deportiva.
JURADO, DA adj. Que ha prestado juramento: *guarda jurado.* || Que ha hecho promesa solemne de hacer algo: *enemigo jurado.*
JURADOR, RA adj. Que tiene vicio de jurar.
JURAMENTADO, DA adj. Que ha prestado juramento.
JURAMENTAR v. t. Tomar juramento a uno. || — V. r. Comprometerse con juramento.
JURAMENTO m. (lat. *iuramentum*). Afirmación o negación de una cosa que se hace tomando por testigo a Dios: *no deben hacerse juramentos en vano.* || Voto, reniego, terno: *soltar juramentos.* (SINÓN. V. *Blasfemia.*)

JURAR v. t. (lat. *iurare*). Pronunciar un juramento: *jurar sobre la cabeza de sus hijos.* ‖ Reconocer solemnemente la soberanía de un príncipe. ‖ Someterse solemnemente a los preceptos constitucionales de un país, estatutos de órdenes religiosas, deberes de determinados cargos, etc. (SINÓN. V. *Prometer.*) ‖ — V. i. Echar votos, renegar: *jurar como un carretero.* ‖ — V. r. Galicismo por *jurar: se juró que no iría.* ‖ *Fam. Jurársela a uno,* asegurar que se vengará de él.
JURÁSICO, CA adj. y s. (del *Jura*). *Geol.* Dícese del terreno que sigue cronológicamente al triásico y precede al cretáceo, notable por el depósito de espesas capas calcáreas.
JURATORIO, A adj. *Caución juratoria,* juramento. ‖ — F. Lámina de plata donde estaba escrito el Evangelio y sobre la cual juraban en otro tiempo los magistrados de Aragón.
JURE (De) loc. lat. De derecho.
JUREL m. Pez marino acantopterigio, de aletas espinosas y cola ahorquillada. ‖ *Cub.* Miedo.
JURERO, RA m. y f. *Chil.* Testigo falso.
JURÍDICAMENTE adv. m. Por vía de juicio o de Derecho. ‖ En términos legales.
JURIDICIDAD f. Tendencia al predominio de las soluciones de Derecho en los asuntos políticos y sociales.
JURÍDICO, CA adj. (lat. *iuridicus*). Hecho según forma de juicio: *acto jurídico.*
JURISCONSULTO m. (lat. *iurisconsultus*). El que se dedica a la ciencia del Derecho. ‖ Jurisperito. (SINÓN. V. *Abogado.*)
JURISDICCIÓN f. Poder o derecho para juzgar: *jurisdicción ordinaria.* ‖ Término, extensión de un lugar. ‖ Territorio en que un juez ejerce su autoridad. ‖ Autoridad de una cosa sobre otra.
JURISDICCIONAL adj. Relativo a la jurisdicción.
JURISPERICIA f. Jurisprudencia.
JURISPERITO m. El que conoce perfectamente el Derecho civil o canónico.
JURISPRUDENCIA f. Ciencia del Derecho. ‖ Norma de juicio en la aplicación de la ley.
JURISTA com. El que estudia o profesa la ciencia del Derecho. (SINÓN. V. *Abogado.*)
JURO m. Derecho perpetuo de propiedad sobre una cosa. ‖ Pensión o renta concedida sobre las rentas públicas. ‖ *De juro,* m. adv., ciertamente, de seguro. (En Colombia: *a juro.*)
JURUNGUEAR v. t. *Venez.* Molestar.
JURY m. (pal. fr.). Galicismo por *jurado.*
JUSTA f. Combate singular entre dos jinetes con lanza. ‖ Torneo. ‖ *Fig.* Certamen: *una justa literaria.*
JUSTAMENTE adv. m. Con justicia. ‖ Precisamente: *justamente lo que yo pensaba.* ‖ Ajustadamente: *este traje viene justamente al cuerpo.*
JUSTAR y **JUSTEAR** v. i. Pelear en las justas.
JUSTEDAD f. Calidad de justo.
JUSTICIA f. (lat. *iustitia*). Virtud que nos hace dar a cada cual lo que le corresponde. (SINÓN. *Derechura, equidad, imparcialidad, rectitud.*) ‖ Derecho: *tener la justicia por su parte.* ‖ Lo que debe hacerse según derecho o razón: *pedir justicia.* ‖ Derecho de pronunciar sentencias y de castigar los delitos: *administrar la justicia.* ‖ Calidad de justo. ‖ Una de las cuatro virtudes cardinales, que consiste en conformarse con la suprema voluntad de Dios. ‖ *Justicia distributiva,* la que arregla la proporción en que deben repartirse las recompensas y los castigos. ‖ Ministro o tribunal que ejerce justicia. (SINÓN. V. *Tribunal.*) ‖ Castigo de muerte: *presenciar una justicia.* ‖ — M. *Justicia mayor de Aragón,* magistrado supremo de ese reino que dependía directamente del rey fue suprimido por Felipe V en 1707. ‖ *Hacer justicia a uno,* tratarle como merece. ‖ *Tomarse uno la justicia por su mano,* vengarse.
JUSTICIABLE adj. Sujeto a ley o castigo.
JUSTICIAR v. t. *Amer.* Ajusticiar.
JUSTICIALISMO m. Nombre que se dio a la política social durante el régimen del general Perón en la Argentina.
JUSTICIERO, RA adj. Que observa estrictamente la justicia: *un rey justiciero.* (SINÓN. V. *Juez.*) ‖ Demasiado severo en el castigo de los delitos: *Alfonso XI el Justiciero.*
JUSTIFICABLE adj. Que se puede justificar.
JUSTIFICACIÓN f. Acción de justificar o justificarse. (SINÓN. V. *Apología.*) ‖ Prueba de una cosa: *la justificación de un hecho.* ‖ Santificación del hombre por la gracia divina. ‖ *Impr.* Largo que han de tener los renglones impresos.
JUSTIFICADO, DA adj. Justo y razonable.
JUSTIFICANTE adj. y s. Que justifica.
JUSTIFICAR v. t. (lat. *iustificare*). Hacer justo a uno: *la gracia divina justifica al pecador.* ‖ Probar judicialmente: *justificar un acto.* ‖ Probar, demostrar. ‖ Probar la inocencia de uno: *se justificó probando la coartada.* (SINÓN. *Absolver, descargar, disculpar.* V. tb. *probar.*) ‖ *Impr.* Igualar el largo de las líneas compuestas.
JUSTIFICATIVO, VA adj. Dícese de lo que sirve para justificar: *argumento justificativo.*
JUSTILLO m. Prenda de vestir interior, sin mangas, que ciñe el cuerpo: *un justillo de bayeta.*
JUSTINIANEO, A adj. Relativo a Justiniano.
JUSTIPRECIACIÓN f. Acción y efecto de justipreciar.
JUSTIPRECIAR v. t. Apreciar exactamente.
JUSTIPRECIO m. Tasación de una cosa.
JUSTO, TA adj. (lat. *iustus*). Que obra conforme a la justicia: *príncipe justo.* ‖ Conforme a la justicia y razón: *sentencia justa.* (SINÓN. V. *Irreprochable.*) ‖ Que vive según la ley de Dios: *el justo Tobías.* (SINÓN. V. *Santo.*) ‖ Exacto, cabal: *peso justo, número justo.* (SINÓN. V. *Verdadero.*) ‖ — Adv. m. Justamente, cabalmente. ‖ Con estrechez, apurado: *vivir muy justo.* ‖ *Pagar justos por pecadores,* pagar los inocentes las culpas que otros han cometido.
JUTA f. *Per.* y *Ecuad.* Especie de ganso.
JUTE m. *Guat.* y *Hond.* Caracolillo comestible.
JUTÍA f. Mamífero roedor de las Antillas: *la carne de la jutía es comestible.*
JUTIAPA o **JUTIAPANECO, CA** adj. y s. De Jutiapa (Guatemala).
JUTICALPENSE adj. y s. De Juticalpa (Honduras).
JUVENIL adj. Perteneciente a la juventud: *mostrar un ardor juvenil.* ‖ — CONTR. *Senil.*
JUVENTUD f. (lat. *iuventus*). Edad entre la niñez y la edad viril: *la flor de la juventud.* (SINÓN. *Adolescencia, mocedad, nubilidad, pubertad.*) ‖ Conjunto de jóvenes: *la juventud estudiosa.*
JUVIA f. Árbol de Venezuela de la familia de las mirtáceas: *el fruto de la juvia es muy pesado.*
¡JUY! interj. V. ¡HUY!
JUYACA f. *Bol.* Artificio de madera seca para encender fuego.
JUZGADO m. Junta de jueces de un tribunal. ‖ Tribunal de un solo juez. ‖ Sitio donde se juzga. (SINÓN. V. *Tribunal.*) ‖ *Juzgado municipal,* el que tiene jurisdicción en materia civil o criminal en asuntos de escasa importancia. (SINÓN. *Juzgado de paz, Juzgado de policía, Juzgado correccional.*)
JUZGADOR m. El que juzga.
JUZGAR v. t. (lat. *iudicare*). Decidir una cuestión como juez o árbitro. (SINÓN. *Arbitrar, estatuir, fallar, pronunciar, resolver.*) ‖ Estar convencido de una cosa: *juzgo que se equivoca usted.* (SINÓN. V. *Creer.*) ‖ Considerar las relaciones que existen entre dos cosas. ‖ Enunciar un juicio sobre una persona o cosa: *juzgar mal a uno.* (SINÓN. V. *Estimar.*)

justa

Fot. Larousse

"Kermesse", de Rubens (Museo del Louvre)

K

K f. Duodécima letra del alfabeto y novena de sus consonantes: *una K mayúscula.* || Abreviatura de *kilo.* || Símbolo químico del *potasio.* || — OBSERV. Se emplea sólo en voces de procedencia extranjera, y durante mucho tiempo ha estado en desuso. Puede substituirse casi siempre por la *c*, delante de las vocales *a, o* y *u*, o por la *q* seguida de *u*, antes de la *e* y la *i*.

KABILA adj. y s. V. CABILA.

KABUKI m. Drama popular en la literatura japonesa.

KAFTÉN m. *Arg.* Alcahuete.

KAINITA f. Sulfato de magnesia, cloro y potasa.

KAISER m. (lat. *Caesar*). Pal. alemana que significa *emperador.*

KAKATOES m. Cacatúa.

KAKEMONO m. (pal. japonesa que sign. *cosa colgada*). Nombre que se da a los cuadritos japoneses que se cuelgan en las habitaciones.

KAKI adj. y s. m. Caqui.

KALEIDOSCOPIO m. Calidoscopio.

KALI m. Planta quenopodiácea de hojas espinosas, rica en sosa.

KALMIA f. Género de ericáceas ornamentales, arbustos venenosos de América del Norte.

KAMALA f. Planta de las Indias, de la familia de las euforbiáceas, cuyas semillas se emplean como vermífigo y para teñir la seda.

KAMICHÍ m. Género de aves zancudas, que viven en América del Sur. (V. ARUCO.)

KAN o **KHAN** m. Príncipe o comandante tártaro o persa: *el kan de Bujara.* || Mercado público en Oriente. || Lugar destinado para el descanso de las caravanas.

KANATO m. Cargo o funciones del kan. || País sometido a su jurisdicción: *en 1873 los rusos ocuparon el kanato de Bujara.*

KANGURO m. Canguro.

KANTIANO, NA adj. Relativo a Kant.

KANTISMO m. Doctrina filosófica de Kant, creada a fines del s. XVIII, que se funda en el idealismo crítico.

KAOLÍN m. Caolín.

KAPOK m. Vellón de una variedad de ceiba: *el kapok, muy ligero, sirve para rellenar cojines.*

KAPPA f. Décima letra del alfabeto griego, que corresponde a nuestra *k* o *c* dura.

KARABAO m. Carabao.

KARAGÁN m. Cierta especie de zorro asiático.

Fot. Giraudon, Kayak Club de France

KARAKUL m. Caracul, variedad de cordero.

KARATAS, KARATA o **CARATAS** m. Género de bromeliáceas de América Central, vecinas de las piñas, y cuyo fruto lleva el nombre de *limón de tierra,* a causa de su forma y de la particularidad que tiene de madurar debajo de tierra.

KARITÉ m. Árbol de África, de almendra mantecosa.

KARMA m. En la religión de la India, sujeción al encadenamiento de las causas.

KART m. Pequeño vehículo automóvil sin carrocería, sin caja de cambios ni suspensión, con una cilindrada máxima de 100 cm^3.

KARTING m. Carrera de karts.

KAVA o **KAWA** f. Especie de pimienta de Polinesia. || Bebida embriagadora que fabrican los polinesios con la raíz de dicha planta.

KAYAC m. Canoa de pesca de Groenlandia, hecha con piel de foca sobre un armazón de madera. || Canoa semejante hecha de tela alquitranada, usada para paseo o competición deportiva.

Kc, símbolo del *kilociclo.*

KEBIR m. Palabra árabe que significa *grande* y entra en la formación de muchos nombres geográficos: *Guadalquivir es la transcripción española de Ued-el-Kebir: río grande.*

KEDIVE m. Galicismo usado en vez de *jedive.*

kayac

koala

kimono

KÉFIR m. Bebida gaseosa, de sabor agridulce, que fabrican los montañeses del Cáucaso con suero agriado y una levadura especial llamada *grano de kéfir: el kéfir se conserva difícilmente.*

KENOTRÓN m. Aparato electrónico para rectificar corrientes alternas de alta tensión.

KENTROFILO m. Género de compuestas que comprende cardos grandes, de flor amarilla: *el kentrofilo se usa en medicina como sudorífico.*

KEPÍ y **KEPIS** m. Quepis.

KERATINA f. Queratina.

KERATITIS f. *Med.* Queratitis.

KERMES m. Quermes.

KERMESSE f. (pal. flamenca que significa *misa de la iglesia*, pr. *kermés*). Nombre que se da en Holanda a las fiestas parroquiales celebradas con motivo de las ferias, con gran solemnidad: *Teniers es el pintor de las kermesses.* || *Neol.* Fiesta de caridad, feria, diversión.

KEROSENE o **KEROSÉN** m. Queroseno.

KERRIA f. Género de rosáceas, de flor amarilla, cuya especie tipo es la *espirea del Japón.*

KETMIA f. Género de malváceas que comprende numerosas especies de los países cálidos, cultivadas algunas de ellas por sus fibras textiles, o como plantas de adorno.

kg, símbolo del *kilogramo.*

kgf, símbolo del *kilogramo-fuerza.*

kgm, símbolo del *kilográmetro.*

KHAN. V. KAN.

KHEDIVE m. Galicismo por *jedive.*

KIBUTZ m. Granja colectiva en Israel.

KIEF m. Descanso absoluto entre los orientales.

KIESELGUR m. Trípoli silíceo que sirve para la fabricación de la dinamita.

KIESERITA f. Sulfato natural de magnesio.

KIF m. Preparación de cáñamo, que se fuma en Oriente.

KILO prefijo que significa *mil: kilómetro, kilogramo.* || — M. Kilogramo: *un peso de doscientos kilos.*

KILOCICLO m. *Electr.* Unidad de frecuencia (1 000 oscilaciones por segundo). [símb. kC]

KILOGRÁMETRO m. Unidad de trabajo (símb.: kgm) que equivale al esfuerzo hecho para levantar un peso de un kilogramo a la altura de un metro.

KILOGRAMO m. Peso de mil gramos y unidad principal de masa (símb.: kg). || — OBSERV. *Kilogramo* debe acentuarse en la *a*; *kilómetro* es el único que se acentúa en la primera *o.*

KILOJULIO m. Unidad legal de trabajo en el sistema M.T.S. (símb.: kJ).

KILOLITRO m. Medida de capacidad que contiene mil litros.

KILOMETRAR v. t. Medir en kilómetros.

KILOMETRAJE m. Medida en kilómetros.

KILOMÉTRICO, CA adj. Relativo al kilómetro. || *Billete kilométrico,* el de ferrocarril, que autoriza a recorrer un determinado número de kilómetros en un plazo dado.

KILÓMETRO m. Medida de mil metros (símb.: km): *la legua española vale unos 5 kilómetros y medio.* || *Kilómetro cuadrado,* unidad de superficie equivalente a un millón de metros cuadrados (símb.: km²). [Es decir, la superficie de un cuadrado de un km de lado.]

KILOVATIO m. Medida de potencia equivalente a 1 000 vatios (símb.: kW). || *Kilovatio-hora,* energía producida por la potencia de un kilovatio en una hora (símb.: kWh).

KILOVOLTIO m. Unidad de tensión eléctrica equivalente a 1 000 voltios (símb.: kV).

KILT m. Faldilla de los montañeses de Escocia.

KIMONO o **QUIMONO** m. Túnica larga y amplia, parecida a una bata, usada por los japoneses.

KINDERGARTEN (pal. alem.) m. Jardín de la infancia.

KING CHARLES m. Perrito faldero de pelo largo.

KIOSCO m. Quiosco.

KIRIAL m. Libro que contiene los cantos del ordinario de la misa.

KIRIE o **KIRIE ELEISON** m. (del gr. *kyrie,* Señor, y *eleêson,* ten piedad). Invocación que se hace al principio de la misa. || Música compuesta sobre dicha invocación. || *Fig.* Canto de los difuntos. || *Fam. Cantar el kirie eleison,* pedir misericordia.

KIRSCH m. (del al. *Kirsch,* cereza). Aguardiente que se saca de las cerezas: *el kirsch debe su perfume al ácido prúsico que contiene.*

KIWI m. Pájaro corredor de Nueva Zelanda.

kJ, símbolo del *kilojulio.*

KLAXON m. Claxon.

km, símbolo del *kilómetro.*

km², símbolo del *kilómetro cuadrado.*

KNOCK-OUT (loc. ingl., pr. *nokaut*), loc. adv. y s. Fuera de combate. (Se suele abreviar K.O.)

KNUT m. Suplicio del látigo en Rusia. || Látigo con que se aplica dicho suplicio: *las correas del knut terminan por bolitas de metal.*

K.-O. V. KNOCK-OUT.

KOALA m. Género de mamíferos marsupiales trepadores de Australia.

KOBOLD m. En Alemania, duende de las minas: *los kobolds han dado su nombre al cobalto.*

Koch (*Bacilo de*), nombre dado al bacilo de la tuberculosis.

KODAK m. (marca comercial). Cámara fotográfica manual.

KOLA f. Género de malváceas de África, cuyos frutos o *nueces* se usan como excitantes del corazón y del sistema muscular. || Nuez de cola.

KOLJOZ m. En la U.R.S.S., agrupación de labradores para cultivar la tierra en común.

KOPEK m. Copeck.

Kr, símbolo químico del *criptón.*

KRACH m. (pal. al., pr. *krak*). Desastre financiero.

KRAFT m. (pal. al.). Papel fuerte para embalajes.

KRAMERIA f. Género de arbustos indígenas de América del Sur, a que pertenece la ratania, cuya raíz posee propiedades tónicas y astringentes.

KRAUSISMO m. Doctrina filosófica de Krause que trata de conciliar el teísmo y el panteísmo. — El *krausismo* fue introducido en España por Julián Sanz del Río (1857) y fue difundido, entre otros, por Nicolás Salmerón y Francisco Giner de los Ríos. Entre los que lo combatieron descuella Menéndez y Pelayo.

KRAUSISTA adj. y s. Perteneciente o relativo al krausismo, o partidario del mismo.

KREUTZER m. (pal. al., de *Kreuz,* cruz). Antigua moneda de Austria-Hungría.

KRIPTÓN o **CRIPTÓN** m. Uno de los gases raros de la atmósfera (símb.: kr), de número atómico 36, usado en las lámparas fluorescentes.

KRONPRINZ m. (pal. al. que sign. *príncipe de la corona*). Título del heredero del trono en Alemania.

KUMIS m. Bebida fermentada que fabrican los pueblos nómadas de Asia con leche de yegua a la que agregan un fermento especial.

KUMMEL m. Licor alcohólico aromatizado con cominos y fabricado en Alemania y en Rusia.

KURDO, DA adj. y s. Curdo.

kV, abreviatura de *kilovoltio.*

kW, abreviatura de *kilovatio.*

KWAS o **KVAS** m. (pal. rusa). Bebida embriagadora que usan los países eslavos y que se obtiene echando agua caliente sobre harina de cebada y dejando fermentar el líquido obtenido.

king Charles

Fot. Australian Office

La Luna en cuarto menguante

L

L f. Decimotercera letra del abecedario español y décima de las consonantes. ‖ Letra numeral que tiene el valor de 50 en la numeración romana.
l, símbolo del *litro.*
LA artículo determinado femenino singular: *la mesa.* ‖ *Gram.* Acusativo del pronombre personal femenino singular de 3ª pers.: *la vi que se acercaba.* ‖ — OBSERV. No se debe usar *la* en dativo en lugar de *le,* v. gr.: *la hablé dos palabras, la di la mano,* a pesar de que tolera esta práctica la Academia y abogan en su favor algunos escritores.
LA m. *Mús.* Sexta voz de la escala música.
La, símbolo químico del *lantano.*
LÁBARO m. (lat. *labarum*). Estandarte de los emperadores romanos en el cual mandó bordar Constantino, después de su victoria sobre Majencio, la cruz y el monograma de Cristo.
LABEL m. (pal. ingl.). Etiqueta.
LABELO m. Pétalo superior de las orquídeas.
LABERÍNTICO, CA adj. Relativo al laberinto. ‖ *Fig.* Enmarañado, embrollado.
LABERINTO m. (gr. *labyrinthos*). Edificio compuesto de gran número de habitaciones dispuestas de tal suerte que sea difícil hallar la salida: *el laberinto de Creta.* ‖ *Fig.* Cosa enredada: *el laberinto de las leyes.* ‖ *Anat.* Cavidad interior del oído. ‖ *Poét.* Composición poética que puede leerse al derecho, al revés o de otras maneras.
LABIA f. *Fam.* Facilidad y gracia en el hablar. (SINÓN. V. *Elocuencia.*)
LABIADAS f. pl. *Bot.* Familia de plantas dicotiledóneas de corola en forma de labio.
LABIAL adj. Relativo a los labios. ‖ *Letra labial,* la que se pronuncia con los labios, como la *b,* la *p,* la *m.*
LABIALIZAR v. t. Dar carácter labial.
LABIÉRNAGO m. Arbusto oleáceo.
LABIHENDIDO, DA adj. De labio partido.
LÁBIL adj. Resbaladizo. ‖ Frágil, débil. ‖ *Quím.* Dícese de cuerpos poco estables al calor, como ciertas proteínas, las vitaminas, etc.
LABIO m. (lat. *labium*). Parte exterior de la boca que cubre la dentadura: *labio superior.* (SINÓN. *Belfo, jeta, labro, morro.*) ‖ *Fig.* Borde de una cosa: *los labios de una herida.* ‖ *Fig.* Órgano de la palabra: *un labio elocuente.* ‖ *Labio leporino,* el labio superior partido por deformación congénita. ‖ *Fig. Cerrar los labios,* callar.
LABIODENTAL adj. y s. f. Dícese de la letra que, como la *f* y la *v,* se pronuncia con los dientes y los labios.
LABIOSO, SA adj. *Amer.* Con mucha labia.
LABOR f. (lat. *labor*). Trabajo: *las labores del campo.* ‖ Cualquier ocupación agrícola. ‖ Adorno tejido o ejecutado en una tela: *tela de seda con labores.* ‖ Obra de cosido o bordado: *labores de aguja.* ‖ Escuela donde se enseñan labores a las niñas. ‖ Vuelta de arado que se da a la tierra: *dar dos labores a una haza.* ‖ *Tecn.* En algunas partes semilla o huevecillos del gusano de seda. ‖ Entre ladrilleros, millar de tejas o ladrillos. ‖ Tarea de chocolate. ‖ Grupo de productos hecho en la fábrica de tabaco. ‖ Laboreo de una mina.
LABORABLE adj. Que se puede trabajar. ‖ Que se trabaja: *día laborable.*
LABORAL adj. Perteneciente al trabajo. ‖ Dedicado a la enseñanza de ciertos oficios especializados: *universidad laboral.*
LABORANTE adj. Que labora.
LABORAR v. t. Labrar, trabajar alguna cosa. (SINÓN. V. *Trabajar.*) ‖ — V. i. Gestionar o intrigar con algún designio.
LABORATORIO m. Local dispuesto para hacer investigaciones científicas.
LABOREAR v. t. Labrar o trabajar una cosa. ‖ Hacer excavaciones en una mina. ‖ — V. i. *Mar.* Pasar un cabo por una roldana o polea.
LABOREO m. Cultivo. ‖ Arte de explotar las minas. ‖ Conjunto de los trabajos hechos para hacer explotable una mina.
LABORIOSAMENTE adv. m. De modo laborioso.
LABORIOSIDAD f. Aplicación al trabajo.
LABORIOSO, SA adj. Trabajador: *muchacho laborioso.* ‖ Trabajoso, penoso: *ocupación laboriosa.* (SINÓN. V. *Difícil.*)
LABORISMO m. Tendencia política inglesa que se apoya en la clase trabajadora.
LABORISTA adj. y s. Miembro del Partido Laborista. ‖ *Partido Laborista* o *Labour Party,* partido socialista inglés constituido por los sindicatos, las cooperativas y por secciones locales.
LABRA f. Acción de labrar la piedra. (P. us.)

"la" en las tres claves

lábaro

laberinto

Fot. Obs. del Monte-Wilson

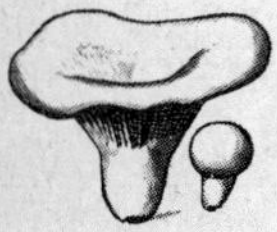
lactario

LABRADA f. Haza arada y barbechada que se ha de sembrar al año siguiente.
LABRADERO, RA y **LABRADÍO, A** adj. Labrantío, que se puede labrar: *tierra labradera.*
LABRADO, DA adj. Dícese de la tela que tiene alguna labor: *terciopelo labrado.* ‖ — M. Campo labrado.
LABRADOR, RA adj. y s. Que labra la tierra. ‖ — M. y f. Persona que tiene finca de campo y la cultiva por su cuenta: *la corporación de labradores se reúne para defender sus intereses.* (SINÓN. V. *Agricultor.*)
LABRADORESCO, CA, LABRADORIEGO, GA o **LABRADORIL** adj. Perteneciente al labrador.
LABRADORITA f. (de *Labrador,* región de América del Norte). Feldespato laminar iridiscente: *la labradorita es un silicato natural de alúmina y cal.*
LABRANTÍO, A adj. De labor: *campo labrantío.*
LABRANZA f. Cultivo del campo, agricultura: *instrumentos de labranza.* ‖ Hacienda de campo: *una labranza considerable.* ‖ Labor, trabajo. (P. us.)
LABRAR v. t. (lat. *laborare*). Trabajar: *labrar madera.* (SINÓN. V. *Tornear.*) ‖ Cultivar la tierra, arar: *dedicarse a labrar su hacienda.* ‖ Hacer labores mujeriles. ‖ Llevar una tierra en arrendamiento. ‖ *Fig.* Causar, formar: *labrar la desgracia de uno.* ‖ — V. i. *Fig.* Hacer fuerte impresión en el ánimo.
LABRIEGO, GA m. y f. Labrador.
LABRO m. (lat. *labrum*). *Anat.* Labio superior de algunos insectos. (SINÓN. V. *Labio.*) ‖ *Zool.* Pez acantopterigio de mar.
LABRUSCA f. (lat. *labrusca*). Vid silvestre.
LABURNO m. Uno de los nombres del *cítiso.*
LACA f. (persa *lak*). Resina de color encarnado oscuro que se saca de las ramas de ciertos árboles de la India. (SINÓN. V. *Resina.*) ‖ Substancia aluminosa de color, que se emplea en pintura: *laca amarilla.* ‖ Barniz de China muy hermoso, de color rojo o negro. ‖ Objeto pintado de laca o maque. ‖ Substancia incolora que se aplica al pelo para fijarlo.
LACAYA f. *Bol.* Casa o cabaña sin techo.
LACAYO m. Criado de librea. (SINÓN. V. *Servidor.*) ‖ Lazo de cintas que usaban como adorno las mujeres. ‖ Mozo de espuelas.
LACAYUNO, NA adj. *Fam.* Propio de lacayos o criados: *conducta lacayuna.*
LACEADOR m. *Amer.* Peón que lacea las reses.
LACEAR v. t. Adornar con lazos o atar con lazos. ‖ Cazar los animales con lazo, enlazar o lacear. ‖ *Arg.* Azotar con el lazo.
LACEDEMÓN, ONA y **LACEDEMONIO, NIA** adj. y s. De Lacedemonia, país de Grecia.
LACENA f. *Provinc.* y *Amer.* Alacena.
LACERACIÓN f. Acción de lacerar o lastimar.
LACERANTE adj. Hiriente, molesto.
LACERAR v. t. (lat. *lacerare*). Lastimar, magullar. (P. us.) ‖ *Fig.* Dañar, perjudicar: *lacerar la reputación ajena.* ‖ Galicismo por *desgarrar, romper.*
LACERIA f. (lat. *laceria*). Miseria, pobreza: *sufrir laceria.* ‖ Trabajo penoso.
LACERÍA f. Conjunto de lazos. ‖ Ornamentación arquitectónica compuesta de anillos unidos entre sí o de formas vegetales estilizadas.
LACERÍO m. *Arg.* Conjunto de lazos.
LACERO m. El que apresa animales con lazo. ‖ Empleado municipal encargado de recoger los perros vagabundos.
LACÉRTIDOS m. pl. División de los reptiles saurios que comprende los lagartos, chacones, etc.
LACETANO, NA adj. y s. De Lacetania, antigua región de la España Tarraconense.
LACINIA f. (del lat. *lacinia,* tira). Cada una de las tiras en que se dividen las hojas de algunas plantas.
LACINIADO, DA adj. Dividido en lacinias.
LACIO, CIA adj. (del lat. *laxus,* flojo). Marchito, mustio: *legumbre lacia.* ‖ *Fig.* Flojo, sin vigor: *estar muy lacio.* ‖ Dícese del cabello que está muy tieso y caído.
LACÓN m. Brazuelo del cerdo.
LACÓNICAMENTE adv. m. De manera lacónica: *le contestó lacónicamente.*
LACÓNICO, CA adj. Breve, conciso a la manera de los habitantes de Laconia: *lenguaje, estilo lacónico.* (SINÓN. V. *Conciso.* CONTR. *Prolijo, locuaz.*)
LACONIO, NIA adj. y s. De Laconia.
LACONISMO m. Calidad de lacónico, concisión: *el laconismo telegráfico.* ‖ — CONTR. *Prolijidad.*
LACRA f. Señal que deja una enfermedad: *lleno de lacras.* ‖ Defecto, tara, vicio. ‖ *Venez.* Úlcera, llaga. ‖ *Arg., Per.* y *P. Rico.* Costra de llaga.
LACRAR v. t. Pegar una enfermedad. Ú. t. c. r.: *lacrarse durante la juventud.* ‖ *Fig.* Dañar.
LACRAR v. t. Cerrar con lacre: *lacrar cartas.*
LACRE m. (de *laca*). Pasta de goma laca, bermellón u otro color, que sirve para sellar cartas. ‖ *Cub.* Propóleos, substancia que labran las abejas. ‖ — Adj. Rojo: *lacres amapolas.*
LÁCRIMA CHRISTI m. Vino moscatel.
LACRIMAL adj. Perteneciente o relativo a las lágrimas: *secreción lacrimal.*
LACRIMATORIO m. Nombre de los vasos en que se creyó largo tiempo que los antiguos recogían las lágrimas vertidas en los funerales: *los lacrimatorios eran en realidad vasos para perfumes.* ‖ — Adj.: *urna lacrimatoria.*
LACRIMÓGENO, NA adj. Que causa lagrimeo: *gases lacrimógenos.*
LACRIMOSIDAD f. Carácter de lo lacrimoso.
LACRIMOSO, SA adj. Que tiene lágrimas. ‖ Lloroso, conmovedor, triste: *voz lacrimosa.*
LACTACIÓN f. Acto de lactar: *lactación mixta.*
LACTANCIA f. Tiempo que dura la lactación. ‖ Lactación: *lactancia artificial.*
LACTANTE adj. y s. Que lacta.
LACTAR v. t. Amamantar. ‖ Criar con leche. ‖ — V. i. Nutrirse con leche: *niño que está lactando.*
LACTARIO, RIA adj. Lácteo. ‖ — M. Hongo de la familia de los agáricos: *los lactarios que tienen zumo picante son en general venenosos.*
LACTASA m. Diastasa que convierte la lactosa en glucosa y galactosa.
LACTATO m. *Quím.* Sal de ácido láctico.
LACTEADO, DA adj. Lácteo: *harina lacteada.*
LÁCTEO, A adj. (lat. *lacteus*). Que se parece a la leche: *líquido lácteo.* ‖ Que está formado por la leche o es debido a ella: *régimen lácteo, fiebre láctea.* ‖ *Anat. Venas lácteas,* vasos que aspiran el quilo en la superficie de los intestinos. ‖ *Astr. Vía láctea,* faja blanquecina que se observa en el cielo durante las noches serenas y es debida a una multitud innumerable de estrellas. Se llama también *camino de Santiago.*
LACTESCENCIA f. Calidad de lactescente.
LACTESCENTE adj. Que presenta aspecto lechoso: *líquido lactescente.*
LACTICÍNEO, A adj. Lácteo, de leche.
LACTICINIO m. Manjar compuesto con leche.
LÁCTICO, CA adj. *Quím.* Dícese de un ácido orgánico que se encuentra en el suero de la leche: *el ácido láctico es eficaz contra la diarrea infantil.*
LACTÍFERO, RA adj. Dícese de lo que conduce la leche: *vasos lactíferos.*
LACTINA f. *Quím.* Galactosa, azúcar de leche.
LACTODENSÍMETRO m. Aparato para medir la densidad de la leche. (SINÓN. *Galactómetro, pesaleche.*)
LACTOFLAVINA f. Nombre que se da también a la *vitamina* B_2, extraida de la leche.
LACTÓMETRO m. Instrumento para determinar el índice de los componentes de la leche.
LACTOSA f. *Quím.* Azúcar, que puede desdoblarse en glucosa y galactosa, contenida en la leche.
LACTUCARIO m. (del lat. *lactuca,* lechuga). *Farm.* Jugo lechoso que se extrae de la lechuga espigada.
LACTUMEN m. (del lat. *lac, lactis,* leche). *Med.* Erupción cutánea que suelen padecer los niños durante la lactancia.
LACUNARIO m. *Arq.* Lagunar, artesonado.
LACUSTRE adj. (lat. *lacustris,* de *lacus,* lago). Que vive sobre un lago o a orillas de él: *planta lacustre.* ‖ *Aldeas lacustres,* aldeas prehistóricas edificadas sobre pilotes en los lagos: *se han encontrado restos de aldeas lacustres en los lagos suizos.*

LACHA f. Haleche, boquerón. || *Fam.* Vergüenza, pundonor: *tener poca lacha.*
LACHIGUANA f. Lechiguana.
LACHO m. *Chil. Fam.* Galán del pueblo bajo muy acicalado; majo.
LADA f. (lat. *lada*). Jara.
LÁDANO m. Una resina que se extrae de la jara.
LADEADO, DA adj. Dícese de las partes de una planta dirigidas todas a un lado: *espiga ladeada.* || — F. *Arg.* Mujer fea, pervertida. || *Col.* y *Chil.* Ladeo.
LADEAR v. t. Torcer hacia un lado: *ladear el cuerpo.* || — V. i. Andar por las laderas o desviarse del camino derecho. || — V. r. Inclinarse a algo. || *Fig.* Estar una cosa a igual de otra. || *Chil.* Enamorarse. || *Arg.* Pervertirse.
LADEO m. Acción de ladear o ladearse.
LADERA f. Declive o pendiente de un monte. || *Col.* Ribera de un río.
LADERÍA f. Llanura o meseta pequeña. (P. us.)
LADI (Acad.) f. V. LADY.
LADIERNO m. *Bot.* Aladierna.
LADILLA f. Insecto anopluro parásito en las partes vellosas del hombre. || Especie de cebada de granos chatos y pesados. || *Fig.* y *fam. Pegarse como una ladilla,* seguir a uno insistentemente y de manera molesta.
LADILLO m. Pieza del coche, colocada a cada uno de los lados de las puertecillas. || *Impr.* Título breve que se pone al margen de la plana.
LADINO, NA adj. y s. Decíase del romance o castellano antiguo: *hablar en ladino.* || Que habla una lengua extranjera. || *Amer.* Decíase del indio que hablaba castellano. || *Fig.* Sagaz: *ser muy ladino.* (SINÓN. V. *Astuto.*) || *Amér. C.* Descendiente de español e india.
LADO m. (lat. *latus*). Parte lateral exterior del pecho, en el hombre o el animal; costado: *tener un dolor en el lado izquierdo.* || Parte lateral: *se quemó todo un lado de la iglesia.* || Paraje, sitio: *por todos lados.* || *Geom.* Cada una de las líneas que forman el contorno de una figura: *los lados del ángulo recto en el triángulo rectángulo se llaman "catetos".* || *Fig.* Aspecto: *un lado nuevo del asunto.* || *Fig.* Camino: *me fui por otro lado.* || Anverso o reverso de una medalla. || Cada una de las caras de una cosa. || Sitio: *hazle un lado a este libro.* || Línea genealógica: *lado paterno.* || Opinión, punto de vista, partido: *yo estoy a su lado.* || — Pl. *Fig.* Personas que frecuentan a otra y le aconsejan: *tener malos lados.* || *Al lado,* muy cerca. || *Dar de lado a una persona,* evitar su compañía. || *Dejar a un lado una cosa,* hacer caso omiso de ella. || *Hacerse a un lado,* apartarse. || *Mirar de lado,* mirar despreciativamente o con disimulo. || — SINÓN. *Ala, borde, costado, flanco, orilla.*
LADRA f. Acción de ladrar.
LADRADOR, RA adj. Que ladra.
LADRAR v. i. Dar ladridos: *un perro que ladra mucho.* || *Fig.* y *fam.* Amenazar sin atreverse a atacar. || *Fam.* Desentonar dos colores.
LADRERÍA f. Galicismo por *lepra.*
LADRIDO m. Voz del perro: *dar ladridos furiosos.* (SINÓN. *Aullido, aúllo, chillido.*) || *Fig.* y *fam.* Crítica, censura, calumnia.
LADRILLADO m. Suelo hecho de ladrillos.
LADRILLAL y **LADRILLAR** m. Sitio donde se fabrican ladrillos, tejas, etc.
LADRILLAR v. t. Enladrillar los suelos.
LADRILLERA f. Molde para hacer los ladrillos.
LADRILLERO m. El que hace o vende ladrillos.
LADRILLO m. (lat. *laterculus*). Arcilla cocida, en forma de prisma, que sirve para construir paredes. || Baldosín para solar habitaciones, etc. || *Fig.* Lo que tiene forma de ladrillo: *ladrillo de chocolate.* || *Fam.* Cosa muy pesada o enojosa. || *Color ladrillo,* rojizo.
LADRÓN, ONA adj. y s. (lat. *latro, latronis*). El que roba. (SINÓN. *Atracador, carterista, cleptómano, ratero.* V. tb. *bandido, estafador* y *malhechor.*) || — M. Portillo que se hace en una presa para robar agua. || Pavesa encendida que cae del pabilo y se pega a la vela. || Toma clandestina de electricidad. || Enchufe para tomar corriente que se adapta al casquillo de una lámpara. || *El buen y el mal ladrón,* los dos malhechores crucificados con Jesucristo, uno de los cuales se arrepintió al morir.
LADRONAMENTE adv. m. Disimuladamente.
LADRONEAR v. i. Andar robando.
LADRONERA f. Lugar donde se ocultan los ladrones. || Ladrón hecho en una presa de agua. || Latrocinio, robo. || Alcancía, hucha. || *Fort.* Matacán.
LADRONERÍA f. Latrocinio. (SINÓN. V. *Robo.*)
LADRONERÍO m. *Arg.* Ladronesca.
LADRONESCA f. *Fam.* Conjunto de ladrones.
LADRONESCO, CA adj. *Fam.* De los ladrones.
LADRONZUELO, LA m. y f. Ratero.
LADY mejor que **LADI** (Acad.) f. [pal. ingl., pr. *leidi*]. Mujer de la nobleza en Inglaterra. || Mujer distinguida en general. Pl. *ladies.*
LAGAÑA f. Legaña.
LAGAR m. Sitio pequeño en que se pisa la uva para hacer vino y la aceituna para sacar aceite. || Edificio donde está instalado el lagar. || Prensa para estrujar uva.
LAGAREJO m. Lagar pequeño. || *Hacerse lagarejo,* estrujarse o estropearse la uva.
LAGARERO m. El que trabaja en el lagar.
LAGARTA f. Hembra del lagarto. || *Fig.* y *fam.* Mujer astuta, taimada: *ser una lagarta.* || Oruga de la encina.
LAGARTEAR v. i. Conducirse taimadamente.
LAGARTERA f. Madriguera del lagarto.
LAGARTERANO, NA adj. y s. De Lagartera (Toledo).
LAGARTIJA f. Lagarto pequeño de Europa. || *Fig.* y *fam. Como rabo de lagartija,* muy nervioso o movedizo.
LAGARTIJERO, RA adj. Que caza generalmente lagartijas: *cernícalo lagartijero.* || *Taurom.* Dícese de media estocada certera que produce la muerte del toro. (El diestro Lagartijo solía matar por este medio.)
LAGARTIJO m. Lagartija, lagarto pequeño. || *Méx.* Lechuguino.
LAGARTO m. (lat. *lacertus*). Reptil saurio de las regiones frías y templadas: *el lagarto es gran insectívoro.* || Bíceps, músculo del brazo. || *Fig.* y *fam.* Hombre astuto, taimado. || *Fig.* y *fam.* Insignia de la orden de Santiago. || *Amer.* Caimán: *los lagartos del Guayas son muy atrevidos.* || *Cub.* Cierto pez salmónido. || *¡Lagarto!* interjección usada para alejar la mala suerte.
LAGARTONA f. *Fam.* Mujer astuta.
LAGO m. (lat. *lacus*). Gran extensión de agua rodeada de tierras: *el lago Titicaca es el más alto del mundo.* (SINÓN. V. *Estanque.*)
LAGÓPEDO o **LAGÓPODO** m. (del gr. *lagos,* liebre, y el lat. *pes, pedis,* pie). *Zool.* Perdiz blanca, género de gallináceas.
LAGOTEAR v. i. *Fam.* Hacer lagoterías.
LAGOTERÍA f. *Fam.* Zalamería, adulación.
LAGOTERO, RA adj. y s. *Fam.* Que hace lagoterías.
LÁGRIMA f. (lat. *lacryma*). Humor segregado por diversas glándulas del ojo y que se esparce exteriormente a consecuencia de una acción física o de una emoción moral: *lágrimas de compasión.* || Humor que destilan ciertas plantas: *las lágrimas de la vid.* || *Fig.* Cantidad muy corta: *una lágrima de vino.* || — Pl. *Fig.* Adversidades, penas, dolores. || *Fam. Lágrimas de cocodrilo,* las fingidas, o hipócritas. || *Deshacerse en lágrimas,* llorar abundantemente. || *A lágrima viva,* m. adv., con gran aflicción. || *Lágrima de Batavia,* gota de cristal derretido que se deja caer en agua fría. || *Lágrimas de David, o de Job,* planta gramínea de la India. || *Saltársele a uno las lágrimas,* llorar de improviso.
LAGRIMAL adj. Relativo a las lágrimas: *la carúncula lagrimal.* || — M. Ángulo interior del ojo. || *Agr.* Úlcera que se forma en la axila de las ramas.
LAGRIMAR v. i. Llorar. (P. us.)
LAGRIMEAR v. i. Llorar frecuente e involuntariamente una persona: *tener ojos que lagrimean.* (SINÓN. V. *Llorar.*)
LAGRIMEO m. Acción de lagrimear. || Flujo de lágrimas, independiente de toda emoción: *el lagrimeo es síntoma de varias enfermedades de los ojos.*
LAGRIMILLA f. *Chil.* Mosto nuevo.
LAGRIMOSO, SA adj. Dícese de los ojos tiernos y húmedos y de la persona o animal que así los tiene. || Lacrimoso, conmovedor: *voz lagrimosa.*
LAGUÁ f. *Per.* y *Bol.* Especie de gachas que se hacen con fécula de patatas heladas o de chuño.

lagarto

Fot. Dragesco

lamelicornios

LAGUÁN y **LAHUÁN** m. *Chil.* Especie de ciprés.
LAGÜE m. *Chil.* Planta iridácea de raíz comestible.
LAGUNA f. (lat. *lacuna*). Extensión de agua de menores dimensiones que el lago. (SINÓN. V. *Estanque.*) || *Fig.* Interrupción en el texto de un escrito: *llenar una laguna.* (SINÓN. V. *Omisión.*) || *Fig.* Lo que falta para completar una cosa: *tiene muchas lagunas en su preparación.*
LAGUNAJO m. Charco.
LAGUNAR m. *Arq.* Hueco de un techo artesonado.
LAGUNATO m. *Hond.* Laguna, lagunajo, charco.
LAGUNERO, RA adj. Relativo a la laguna.
LAGUNERO, RA adj. y s. De La Laguna (Canarias).
LAGUNOSO, SA adj. Abundante en lagunas.
LAI m. Lay.
LAICAL adj. Perteneciente a los legos o seglares.
LAICALIZAR v. t. *Chil.* Secularizar, desamortizar.
LAICIDAD f. *Neol.* y **LAICISMO** m. Doctrina que defiende la independencia de la sociedad y el Estado de toda influencia eclesiástica.
LAICIZACIÓN f. Acción y efecto de laicizar.
LAICIZAR v. t. Dar carácter laico a una cosa: *laicizar una escuela.*
LAICO, CA adj. (lat. *laicus*). Que no pertenece a la Iglesia: *enseñanza laica.* (SINÓN. *Seglar.*)
LAIRÉN adj. *Uva lairén,* la de hollejo grueso y buena de guardar. || — M. *Venez.* Una raíz comestible.
LAÍSMO m. Vicio de los laístas. V. LEÍSMO.
LAÍSTA adj. *Gram.* Aplícase a los que usan *la* y *las* en vez de *le, les* en el dativo del pronombre *ella.*
LAJA f. *Col.* Cuerda fina de pita.
LAJA f. Lancha, piedra lisa. || *Mar.* Peña que suele haber en la barra. || *Chil.* y *Hond.* Arenilla usada para fregar. || *Ecuad.* Terreno muy pendiente.
LAJERO adj. *Col.* Dícese del perro de alcance.
LAKISMO m. Nombre de la escuela poética de los lakistas.
LAKISTA adj. y s. (del ingl. *lake,* lago). Dícese de los poetas ingleses Wordsworth, Coleridge, Southey y otros, que vivían en la región de los lagos y se distinguieron en la descripción de la naturaleza y la vida familiar.
LAMA f. (lat. *lama*). Cieno o lodo. || Ova, alga, planta acuática. || *Amer.* Musgo, generalmente el que cubre las lagunas. || Tela de oro o plata muy brillante. || Arena muy menuda de ríos y arroyos. || *Bol.* y *Col.* Moho, cardenillo. || *Chil.* Tejido de lana con flecos en los bordes.
LAMA m. Sacerdote budista del Tíbet y Mongolia. || *Dalai lama,* jefe supremo de la religión budista.
LAMAICO, CA adj. Relativo al lamaísmo.
LAMAÍSMO m. Religión de los budistas del Tíbet y Mongolia.
LAMAÍSTA m. Sectario del lamaísmo.
LAMANTINO m. Galicismo por *manatí.*
LAMASERÍA f. Convento de lamas en el Tíbet.
LAMBAREAR v. i. *Cub.* Vagar ociosamente.
LAMBAREÑO, ÑA adj. y s. De Lambaré (Paraguay).
LAMBAYECANO, NA adj. y s. De Lambayeque (Perú).
LAMBDA f. Undécima letra del alfabeto griego (λ) que corresponde a nuestra *ele.*
LAMBDACISMO m. Pronunciación viciosa de la letra *r* que consiste en sustituirla por la *l,* pronunciando por ejemplo: *palaguas, balanda, pájalo.*
LAMBEL m. (pal. fr.). *Blas.* Pieza que tiene figura de una faja con tres caídas.
LAMBEPLATOS m. *Amer.* Lameplatos.
LAMBER v. t. *Provinc.* y *Amer.* Lamer.
LAMBETA adj. *Arg.* Adulador.
LAMBETADA f. y **LAMBETAZO** m. *Amer. Fam.* Lametón.
LAMBIDO, DA adj. *Col.* y *Ecuad.* Descarado. || *Amér. C., Col.* y *Méx.* Relamido. || — F. *Provinc.* Lamedura, lamido.
LAMBISQUEAR v. i. *Hond. Fam.* Buscar los muchachos migajas o golosinas para comérselas.
LAMBREQUÍN m. (fr. *lambrequin*). *Blas.* Adorno en forma de hojas de acanto que baja del casco y rodea el escudo.
LAMBRIJO, JA adj. *Méx.* Flaco, delgado.
LAMBRUSCO, CA adj. *Chil.* y *Méx.* Hambriento, goloso.
LAMBUCEAR v. i. *Provinc.* y *Venez.* Lamiscar, lamer mucho.
LAMEDAL m. Cenagal, lodazal.
LAMEDOR, RA adj. y s. Que lame. || — M. Jarabe. || *Fig.* Halago, lisonja. || *Fig. Dar lamedor,* engañar a uno.
LAMEDURA f. Acción y efecto de lamer.
LAMELIBRANQUIOS m. pl. Clase de moluscos que comprende los que tienen una concha de dos valvas: *algunos lamelibranquios son comestibles.*
LAMELICORNIOS m. pl. Suborden de insectos coleópteros que comprende aquellos cuyas antenas están divididas en laminillas, como los abejorros.
LAMELIFORME adj. De forma de lámina.
LAMELIRROSTROS m. pl. Grupo de aves que tienen el pico provisto de laminillas, como los patos.
LAMENTABLE adj. (lat. *lamentabilis*). Que merece lamentarse. || Triste, quejoso: *voz lamentable.* (SINÓN. V. *Lastimoso.*) || *Fam.* Malo: *una conducta lamentable.*
LAMENTABLEMENTE adv. m. De manera lamentable.
LAMENTACIÓN f. Queja acompañada de llanto, suspiros, etc. || Viva expresión de dolor: *las lamentaciones de Jeremías.* (SINÓN. V. *Quejido.*)
LAMENTADOR, adj. y s. Que lamenta o se queja.
LAMENTAR v. t. Sentir, llorar: *lamentar una pérdida.* || — V. r. Quejarse: *lamentarse de,* o *por, la desgracia.* || — SINÓN. *Deplorar, gimotear.*
LAMENTO m. (lat. *lamentum*). Lamentación. (SINÓN. V. *Quejido.*)
LAMENTOSO, SA adj. Que se lamenta o se queja. || Lamentable, triste: *situación lamentosa.*
LAMEPLATOS com. *Fig.* y *fam.* Goloso. || *Fig* y *fam.* Persona que vive de sobras ajenas.
LAMER v. t. (lat. *lambere*). Pasar la lengua por una cosa: *lamer un plato.* || *Fig.* Tocar suavemente: *las olas lamen la costa.*
LAMERÓN, ONA adj. y s. *Fam.* Laminero, goloso.
LAMETADA f. Lengüetada.
LAMETAZO m. Lametada.
LAMETEO m. *Fam.* Acción de lamer.
LAMETÓN m. Lengüetada.
LAMIA f. (lat. *lamia*). Monstruo fabuloso con rostro de mujer y cuerpo de dragón. || Especie de tiburón.
LAMIDO, DA m. y f. Lamedura. || — Adj. *Fig.* Flaco y pálido. || *Fig.* Relamido.
LÁMINA f. (lat. *lamina*). Plancha delgada de metal: *una lámina de oro.* || Plancha grabada: *una lámina al agua fuerte.* || Estampa: *mirar las láminas de un libro.* || *Fig.* Chapa, plancha delgada de una materia. || *Bot.* Limbo, parte más ancha de las hojas. || *Zool.* Parte delgada y plana de los huesos, cartílagos, tejidos o membranas. || Aspecto, figura, facha: *tener buena o mala lámina.* || *Col. Fam.* Belitre, pécora.
LAMINABLE adj. Que se pueden reducir a láminas.
LAMINACIÓN f. Laminado.
LAMINADO, DA adj. Reducido a láminas: *hierro laminado.* || Cubierto de láminas de metal. || — M. Acción y efecto de laminar: *el laminado del hierro.*
LAMINADOR m. Máquina para estirar el metal en láminas: *el laminador se compone de cilindros que se mueven en sentido inverso.* || El que lamina el metal.
LAMINAR adj. Que presenta forma de lámina. || Hojoso, foliáceo: *un mineral de estructura laminar.*
LAMINAR v. t. Deformar un metal u otro producto comprimiéndolo entre dos cilindros para cambiar su constitución interna y su forma. || Cubrir con láminas.
LAMINARIA f. Especie de algas que comprende variedades comestibles: *la laminaria seca se hincha considerablemente con la humedad.*

LAMINERO, RA adj. y s. Que hace láminas. || Que guarnece cajas de metal para reliquias.
LAMINERO, RA adj. y s. Goloso, lamedor.
LAMINOSO, SA adj. Dícese del cuerpo de superficie o textura hojosa: *el tejido óseo es laminoso.*
LAMISCAR v. t. *Fam.* Lamer con ansia.
LAMOSO, SA adj. Cenagoso, lleno de lama.
LAMPA f. *Per.* y *Chil.* Azada de los mineros.
LAMPACEAR v. t. *Mar.* Enjugar o secar con el lampazo las cubiertas y costados de una embarcación.
LAMPADÓFORO m. Nombre que se daba entre los griegos a los que llevaban luces encendidas en las procesiones (*lampadoforias*).
LAMPALAGUA f. Boa acuática de América que suele medir hasta 8 m de largo.
LAMPANTE adj. (fr. *lampant*). Que sirve para las lámparas: *petróleo lampante.*
LAMPAR v. i. Alampar. (SINÓN. V. *Codiciar.*)
LÁMPARA f. (lat. *lampas*). Vasija en que se pone un combustible y una torcida que se enciende: *lámpara de aceite.* || Aparato de alumbrado: *lámpara eléctrica.* || Válvula de tres electrodos (filamento, rejilla y placa) que se usa como amplificador, oscilador, relevador, detector y rectificador de corrientes en los aparatos de radiotecnia. || Recipiente que contiene alcohol, gasolina, etc., y que sirve para calentar: *lámpara de esmaltador.* || *Fam.* Mancha de aceite: *tener el vestido lleno de lámparas.* || *Lámpara de arco,* la que utiliza la diferencia del potencial de dos electrodos de carbón para producir energía luminosa. || *Lámpara de gases enrarecidos,* tubo lleno de gas a baja presión en la que se utiliza la luz emitida por la columna positiva de la descarga eléctrica. || *Lámparas fluorescentes,* las que aprovechan las propiedades que poseen ciertos compuestos de emitir luz cuando son sometidos a radiaciones ultravioleta. || *Lámpara de incandescencia,* aquella en que la luz proviene de la incandescencia de un cuerpo luminoso por efecto de un aumento de temperatura. || *Lámpara Davy, de seguridad* o *de minero,* la empleada para evitar los peligros de explosiones de grisú.
LAMPARAZO m. *Col.* Trago.
LAMPARERÍA f. Taller, tienda o almacén del lamparero.
LAMPARERO, RA m. y f. Persona que hace o vende lámparas, o tiene cuidado de ellas.
LAMPARILLA f. Lámpara pequeña. || La que se enciende principalmente de noche. || El álamo temblón. || *Pop.* Copa de aguardiente.
LAMPARÍN m. Cerco de metal que sirve para sostener el vaso de las lámparas de iglesia.
LAMPARISTA com. Lamparero.
LÁMPARO m. *Col.* Pobre, pelón.
LAMPARÓN m. Mancha de aceite. || *Med.* Escrófula en el cuello. || *Veter.* Enfermedad de los solípedos acompañada de tumores linfáticos.

LÁMPARAS

1. De petróleo
2. De gasolina
3. Para soldar
4. Eléctrica
5. De radio

LAMPAYO m. *Chil.* Una verbenácea medicinal.
LAMPAZO m. Planta de la familia de las compuestas, de flores purpúreas: *el cáliz de la flor del lampazo tiene espinas en forma de anzuelo.*
LAMPAZO m. *Mar.* Estropajo de filástica que sirve para enjugar la humedad de las cubiertas y costados de los buques. || *Col. Fam.* Golpe, latigazo.
LAMPEAR v. t. *Chil.* Cavar con la lampa
LAMPIÑO, ÑA adj. Que no tiene barba: *rostro lampiño.* || Que tiene poco vello. || *Bot.* Que no tiene pelos: *tallo lampiño.*
LAMPIÓN m. Farol.
LAMPIRO m. y mejor **LAMPÍRIDE** f. (gr. *lampyris*). Nombre científico de la *luciérnaga.*
LAMPO m. *Poét.* Resplandor fugaz, semejante al del relámpago.
LAMPOTE m. *Filip.* Cierta tela de algodón.
LAMPREA f. (lat. *lampreda*). Pez ciclóstomo de los mares de Europa, de forma cilíndrica y aplastada. (La *lamprea* sube los ríos por primavera. Tiene la piel viscosa y la carne muy delicada. Alcanza hasta un metro de longitud.)

lamprea

LAMPREADO m. *Chil.* Guiso hecho con charquí y otros ingredientes.
LAMPREAR v. t. Guisar una vianda, friéndola primero y cociéndola luego en vino o agua con especias finas. || *Provinc.* y *Guat.* Azotar.
LAMPREAZO m. *Fam.* Latigazo, azote, correazo.
LAMPREÍLLA f. Pez de río parecido a la lamprea.
LAMPUGA f. Pez marino acantopterigio.
LAMPUSO, SA adj. *Cub.* Descarado.
LANA f. (lat. *lana*). Pelo suave y rizado de algunos animales: *la lana del carnero.* || Tejido o vestido de lana: *la lana conserva bien el calor del cuerpo.* || — M. *Guat.* y *Hond.* Persona de la plebe. || *Cardarle a uno la lana,* reprenderle severamente. || — PROV. **Ir por lana y volver trasquilado,** sufrir pérdida en una cosa en que se creía uno que iba a ganar o sacar provecho.

INDUSTRIA DE LA LANA

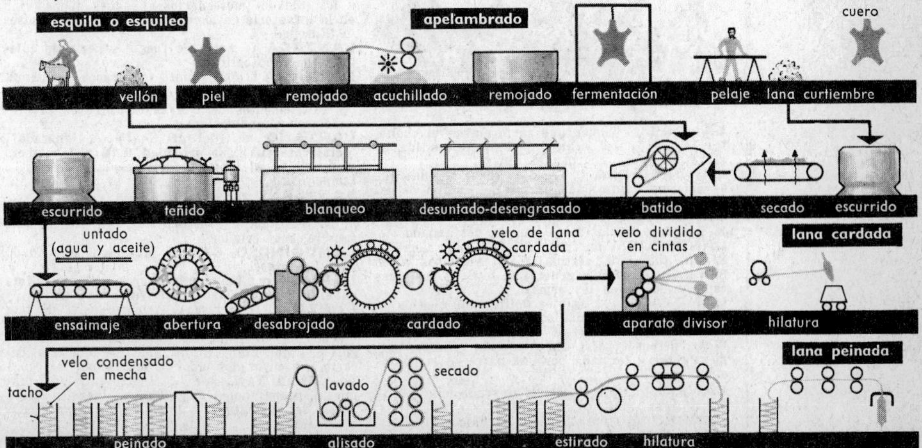

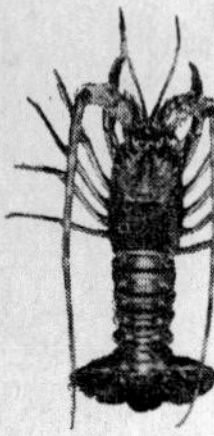

langosta

lancero

LANADA f. Escobón que sirve para limpiar el alma de los cañones después de dispararlos.
LANADO, DA adj. Lanuginoso, que tiene lana.
LANAR adj. Que tiene lana: *ganado lanar.*
LANARIA f. Jabonera, planta.
LANCÁN m. *Filip.* Embarcación de remolque para conducir carga.
LANCE m. Acción y efecto de lanzar, de arrojar: *el lance de la red.* ‖ Acontecimiento: *un lance imprevisto.* ‖ Circunstancia, ocasión. ‖ Trance, situación crítica. ‖ Jugada: *un lance del ajedrez.* ‖ Encuentro, riña. ‖ Incidente. ‖ Arma que arroja la ballesta. ‖ Suerte de capa en el toreo. ‖ *Chil.* Esguince, regate. ‖ *Arg.* Serie de cosas seguidas. ‖ *Lance de honor,* desafío. (SINÓN. V. *Duelo.*) ‖ *Lance de fortuna,* golpe de suerte. ‖ *De lance,* m. adv., dícese de lo que se compra barato aprovechando la ocasión.
LANCEADO, DA adj. Lanceolado: *hoja lanceada.* ‖ — F. *Arg.* Lanzada, lancetazo.
LANCEAR v. t. Alancear, herir con lanza. ‖ *Taurom.* Dar lances a un toro.
LANCÉOLA f. *Bot.* Llantén menor.
LANCEOLADO, DA adj. Que presenta la figura de una lanza: *hoja lanceolada.*
LANCERA f. Armero para colocar las lanzas.
LANCERO m. Soldado armado con lanza. ‖ El que lleva lanza, como los vaqueros y toreros.
LANCETA f. (ital. *lancetta*). *Cir.* Instrumento de cirugía que sirve para sangrar y abrir tumores, consistente en una hoja de acero con corte por ambos lados y punta muy aguda. ‖ *Chil., Méx.* y *Per.* Aguijón.
LANCETADA f. o **LANCETAZO** m. Herida hecha con la lanceta.
LANCETERO m. *Cir.* Estuche para las lancetas.
LANCINANTE adj. Que lancina o punza.
LANCINAR v. t. Punzar un dolor.
LANCHA f. Piedra plana. ‖ Embarcación: *lancha torpedera.* ‖ *Ecuad.* Niebla, y tb. escarcha.
LANCHADA f. Carga que cabe en una lancha.
LANCHAJE m. Transporte por lanchas.
LANCHAR m. Cantera de lanchas.
LANCHAR v. i. *Ecuad.* Nublarse el cielo. ‖ *Ecuad.* Helar, escarchar. ‖ *Venez.* Lincear.
LANCHERO m. Tripulante o patrón de una lancha. (SINÓN. V. *Marino.*)
LANDA f. (fr. *lande*). Páramo arenoso y por lo común algo encharcado: *las landas de Gascuña.* ‖ — SINÓN. *Carrascal, manigua, páramo.*
LANDÉS, ESA adj. y s. De las Landas, región de Francia: *una corrida de toros landesa.*
LANDGRAVE m. (del al. *Land,* país, y *Graf.,* conde). Título de honor de algunos señores alemanes.
LANDGRAVIATO m. Dignidad de landgrave y territorio sometido a su autoridad.
LANDÓ m. Coche hipomóvil de cuatro ruedas con doble capota que se abre y cierra a voluntad.

LANDRE f. Tumor que se forma en el cuello, los sobacos o las ingles. ‖ Bolsa escondida en el vestido para guardar el dinero.
LANDRECILLA f. Trozo de carne redondo que se encuentra en varias partes del cuerpo de los animales: *landrecilla de ternera.*
LANDRILLA f. Parásito que se cría debajo de la lengua y en las fosas nasales del ganado.
LANDSTURM m. (pal. al., de *Land,* tierra, y *Sturm,* toque de alarma). En Alemania y en Suiza, levantamiento general de todos los hombres capaces de llevar las armas.
LANDTAG m. Asamblea deliberante elegida en ciertos Estados germánicos hasta 1933.
LANDWEHR f. (pal. al., de *Land,* país, y *Wehr,* defensa). *Mil.* En Alemania y Suiza, primera reserva formada por una parte de la población armada.
LANERÍA f. Tienda donde se vende lana o tejidos de lana.
LANERO adj. y s. Especie de halcón.
LANERO, RA adj. Relativo a la lana. ‖ — M. El que comercia en lanas. ‖ Almacén destinado a guardar lana.
LANGA f. Truchuela.
LÁNGARA adj. *Méx.* Astuto.
LÁNGARO, RA adj. *Méx.* Hambriento. ‖ *Amér. C.* Vagabundo. ‖ *C. Rica.* Larguirucho.
LANGAROTE adj. Lángaro.
LANGOR m. Galicismo por *languidez.*
LANGOROSO, SA adj. Galicismo por *lánguido.*
LANGOSTA f. (lat. *locusta*). Insecto ortóptero saltador: *la langosta se multiplica de tal modo que suele formar espesas nubes que destrozan comarcas enteras.* ‖ Crustáceo marino de gran tamaño, con cinco pares de patas pero sin boca: *la carne de la langosta se tiene por manjar delicado.* ‖ *Fig.* y *fam.* Lo que destruye una cosa. ‖ — OBSERV. Suele confundirse en el lenguaje ordinario la *langosta,* que carece de bocas, con el *cabrajo* o *bogavante,* que las tiene.
LANGOSTÍN m. Langostino.
LANGOSTINO m. Género de crustáceos marinos de carne muy apreciada.
LANGOSTÓN m. Insecto ortóptero, especie de langosta grande: *el langostón vive en los árboles.*
LANGUEDOCIANO, NA adj. Perteneciente o relativo al Languedoc: *dialecto languedociano.*
LÁNGUIDAMENTE adv. m. Con languidez.
LANGUIDECER v. i. Padecer languidez: *enfermo que languidece.* ‖ Desanimarse, perder el vigor. ‖ Galicismo en las frases siguientes: *languidecer de amor* (consumirse); *languidecer en una cárcel* (pudrirse). ‖ — IRREG. Se conjuga como *merecer.*
LANGUIDEZ f. Flaqueza, debilidad. ‖ Falta de ánimo o energía: *obrar con languidez.* (SINÓN. V. *Apatía.*)
LÁNGUIDO, DA adj. (lat. *languidus*). Flaco, débil: *enfermo lánguido.* ‖ Abatido, decaído, sin valor.
LANGUOR m. Languidez.
LANICIO, CIA adj. De la lana: *borra lanicia.*
LANÍFERO, RA adj. Que está cubierto de lana.
LANIFICACIÓN f. y **LANIFICIO** m. Arte de labrar la lana. ‖ Obra hecha de lana.
LANÍGERO, RA adj. Lanífero: *pulgón lanígero.*
LANILLA f. Pelillo que tiene el paño. ‖ Tejido de lana fina: *traje de lanilla.* ‖ Especie de afeite antiguo.
LANÍO, NÍA adj. Lanar.
LANISTA m. El que en Roma compraba y educaba los gladiadores para el circo.
LANOLINA f. Sustancia grasa obtenida de la lana de carneros que se emplea como excipiente en numerosas pomadas.
LANOSIDAD f. Pelusa de algunos vegetales.
LANOSO, SA adj. Que está cubierto de lana.
LANSQUENETE m. Nombre dado en el s. XVI a los soldados mercenarios alemanes que servían en la infantería de los ejércitos de diversos países de Europa.
LANTACA f. Arma de fuego, especie de culebrina de poco calibre.
LANTANA f. *Bot.* Planta verbenácea medicinal.
LANTÁNIDOS m. pl. *Quím.* Nombre genérico de 15 elementos de tierras raras cuyas propiedades son muy semejantes.
LANTANO m. (del gr. *lanthanô,* ignorado). Metal raro (La), de densidad 6,16 y de número atómico 57: *el lantano descompone el agua a la temperatura ordinaria.*
LANTERNO m. *Bot.* Aladierna.
LANUDO, DA adj. Que tiene lana: *animal lanudo.* ‖ *Ecuad.* y *Venez.* *Fig.* Rústico, tosco, grosero, mal criado.
LANUGINOSO, SA adj. Que tiene lanosidad: *hoja lanuginosa.*
LANUGO m. Vello muy fino que cubre al feto en el momento de su nacimiento.
LANZA f. (lat. *lancea*). Arma ofensiva de asta larga y hierro agudo. ‖ Soldado armado con lanza. ‖ Tubo metálico que termina una manga de riego. ‖ Palo largo, unido al tiro delantero del carro y a cuyos dos lados se enganchan los caballos. ‖ *Cub.* Yaya, árbol. ‖ *Lanza en ristre,* dispuesto, preparado. ‖ *Fig.* *Ser una lanza,* o *buena lanza,* ser muy listo. ‖ *Romper lanzas por,* salir a la defensa de.

Fot. De Aguilar

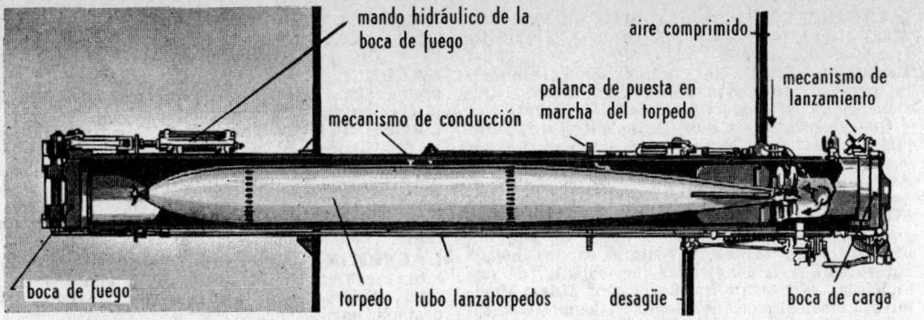

LANZATORPEDOS

LANZABOMBAS, LANZACOHETES, LANZAGRANADAS, LANZALLAMAS, LANZAMINAS, LANZATORPEDOS m. *Mil.* Aparatos para lanzar bombas, cohetes, granadas, líquidos inflamados, torpedos.
LANZACABOS adj. Que permite lanzar cabos o cables: *cañón lanzacabos.*
LANZADA f. Golpe dado con la lanza. || Herida hecha con la lanza.
LANZADERA f. Instrumento que lleva dentro una canilla y sirve a los tejedores para tramar. (Úsase también en las máquinas de coser.) || Sortija con un adorno en forma de lanzadera.
LANZADOR, RA adj. y s. Que lanza: *lanzador de jabalina.*
LANZAFUEGO m. *Art.* Botafuego.
LANZAMIENTO m. Acción de lanzar. (SINÓN. V. *Publicación.*) || En atletismo, acción de lanzar un disco, una jabalina, el peso.
LANZAR v. t. Arrojar: *los griegos se ejercitaban en lanzar el disco.* (SINÓN. *Abalanzarse, arrojarse, precipitarse, asestar, descargar, proyectar.* V. tb. *echar* y *sembrar.*) || *For.* Despojar de una posesión a uno. || Galicismo por *dar a conocer: lanzar un medicamento nuevo.*
LANZAZO m. Lanzada.
LAÑA f. Grapa que sirve para unir dos objetos.
LAÑADOR m. Obrero que laña las vasijas rotas.
LAÑAR v. t. Trabar, unir una cosa con lañas: *lañar un plato roto.* || Abrir el pescado para salarlo.
LAOSIANO, NA adj. y s. De Laos.
LAPA f. Telilla que se suele formar en la superficie de algunos líquidos expuestos al aire.
LAPA f. (lat. *lepas*). Molusco gasterópodo comestible de concha cónica: *la lapa vive pegada a las piedras de las costas.* || *Fig.* y *fam.* Persona pegajosa. || *Venez.* Paca, roedor. || *Ecuad.* Sombrero achatado por la copa.
LAPACHAR m. Pantano, charco.
LAPACHO m. *Riopl.* Árbol bignoniáceo americano y su madera.
LAPADA f. *Per.* Agua que se arroja a una persona: *me echaron una lapada de agua.*
LAPAROTOMÍA f. (del gr. *lapara,* costados, y *tomê,* sección). Operación que consiste en abrir las paredes abdominales y el peritoneo: *la laparatomía puede servir para evacuar un absceso.*
LAPICERA f. *Chil.* Palillero, mango de la pluma de escribir. || Lapicero, portalápiz.
LAPICERO m. Instrumento en que se pone el lápiz. || Lápiz. || *Arg.* y *Per.* Portaplumas, palillero para escribir.
LÁPIDA f. (lat. *lapis, idis*). Piedra que suele llevar una inscripción: *lápida sepulcral.*
LAPIDACIÓN f. Acción y efecto de lapidar.
LAPIDAR v. t. (lat. *lapidare*). Matar a pedradas, apedrear: *los judíos lapidaron a San Esteban.* (SINÓN. V. *Maltratar.*) || *Amer.* Labrar piedras preciosas.
LAPIDARIO, RIA adj. Relativo a las piedras preciosas. || *Estilo lapidario,* el muy conciso, por analogía con el de las inscripciones que se ponen en las lápidas. (SINÓN. V. *Corto.*) || — M. El que labra piedras preciosas. (SINÓN. V. *Joyero.*)
LAPÍDEO, A adj. De piedra: *concreción lapídea.*
LAPIDIFICAR v. t. *Quím.* Convertir en piedra.
LAPILLI m. pl. (p. ital. que significa *piedrecitas*). *Geol.* Pequeños trozos de lava que cae en una erupción volcánica.
LAPISLÁZULI m. (b. lat. *lapis lazurius*). Mineral de color azul hermosísimo: *el lapislázuli es un silicato de alúmina, cal y sosa.*
LÁPIZ m. (del lat. *lapis,* piedra). Nombre genérico de varias substancias que sirven para dibujar: *lápiz de color, lápiz litográfico, lápiz compuesto.* || Barra de lápiz envuelta en madera, papel, etc.: *lápiz con borrador.* || Barra formada de diversas sustancias: *lápiz de labios.* || *Lápiz plomo o de plomo,* el de grafito.
LAPO m. *Fam.* Cintarazo, bastonazo, bofetada: *dar un lapo.* || Trago: *echar un lapo.* || *Fam.* Escupitajo. || *Venez.* El que se deja engañar fácilmente.
LAPÓN, ONA adj. y s. De Laponia. || — M. Lengua hablada por los lapones.
LAPSO, SA adj. (lat. *lapsus*). *Ant.* Que ha incurrido en un delito. || — M. Curso, espacio de tiempo. || Caída en una culpa o error. (SINÓN. V. *Falta.*) || — OBSERV. Es pleonástico decir *en este lapso de tiempo.*
LAPSUS m. (pal. lat). Error, desliz, equivocación. (SINÓN. V. *Error.*)
LAPSUS CÁLAMI, expr. lat. que significa *error cometido al escribir.*
LAPSUS LINGUAE, expr. lat. que significa *error cometido al hablar.*
LAQUE m. *Arg., Chil.* y *Per.* Arma que consiste en una bola de metal sujeta en un palo corto, boleadora.
LAQUEAR v. t. Barnizar con laca. || *Chil.* Bolear a un animal.
LAR m. V. LARES.
LARARIO m. Entre los romanos, altar destinado en cada casa a los lares.
LARCA f. *Arg.* En algunos puntos, acequia.
LARDÁCEO, A adj. De aspecto de tocino.
LARDAR o **LARDEAR** v. t. Untar con lardo.
LARDERO adj. (de *lardo*). *Jueves lardero,* el jueves de carnestolendas.
LARDIZÁBAL m. Arbusto berberidáceo chileno: *el fruto del lardizábal se llama en Chile "cóguil".*
LARDO m. (lat. *lardum*). Gordo del tocino. || Grasa de los animales.
LARDÓN m. *Impr.* Adición que se hace en el original o las pruebas. || *Impr.* Blanco que queda en la impresión al doblarse la hoja de papel.
LARENSE adj. y s. De Lara (Venezuela).
LARES m. pl. (lat. *lares*). Nombre de los dioses protectores de la casa u hogar entre los romanos. || *Fig.* Hogar: *defender los lares.* (SINÓN. V. *Casa.*) || — OBSERV. Ú. alguna vez en sing.: *abandonar el lar paterno.*
LARGA f. El más largo de los tacos de billar. || *Taurom.* Lance de capa que se hace con el engaño extendido. || — Pl. Dilación, retraso: *dar largas a un expediente.*
LARGADA f. *Amer.* Acción de largar o soltar.
LARGAMENTE adv. m. Con extensión: *hablar largamente de un asunto.* (SINÓN. V. *Mucho.*) || *Fig.* Cómodamente: *vivir largamente.* || *Fig.* Francamente: *dar largamente.* || — Adv. t. Por mucho tiempo.
LARGAR v. t. Soltar. || Aflojar: *largar cable al ancla.* || *Mar.* Desplegar: *largar las velas.* || *Fam.* Soltar, decir: *largar una palabrota.* || *Fam.* Dar, soltar: *le largó una bofetada.* || Tirar, arrojar. (SINÓN. V. *Despedir.*) || Deshacerse. || — V. r. *Fam.* Marcharse: *largarse a la francesa.* || *Amer.* Lanzarse a hacer algo, arrancarse a.

lapa

LARGHETTO adv. m. (pal. ital., pr. *largueto*). *Mús.* Menos lento que el largo. || — M. Música tocada a este compás.
LARGO, GA adj. (lat. *largus*). Que tiene cierta longitud: *un bastón más largo que otro.* || Que tiene longitud considerable: *una calle muy larga.* || Que alcanza hasta muy lejos: *anteojo de larga vista.* || Que dura mucho tiempo: *una función muy larga.* || Dícese de la persona alta. || *Fam.* Astuto. || *Fam.* Generoso: *ser largo como pelo de huevo.* || *Fig.* Muchos: *viva usted largos años.* || *Sílaba* o *vocal largas,* las que llevan el acento. || — M. Largor, longitud: *el largo de una habitación.* || En deportes, ventaja en la llegada equivalente a la longitud de un caballo, de una bicicleta, etc. (SINÓN. *Cuerpo.*) || *Mús.* Movimiento musical pausado o lento. || Composición escrita en este movimiento: *tocar un largo.* || *A la larga,* m. adv., al cabo de mucho tiempo. Lentamente, poco a poco. || *A lo largo,* m. adv., según la longitud de una cosa; a lo lejos. || *Vestir de largo,* ponerse los niños pantalones largos o las jóvenes ropas de mujer. || *Vestirse de largo,* presentación en sociedad de una jovencita. || *¡Largo!* o *¡largo de aquí!,* expr. con que se echa a uno de un sitio. || *Largo y tendido,* extensamente. || *Largo de manos,* que tiene la costumbre de azotar o pegar. || *Pasar de largo,* pasar sin prestar atención.
LARGOR m. Longitud: *el largor de una calle.*
LARGORUTO, TA y **LARGUCHO, CHA** adj. Larguirucho.
LARGUEADO, DA adj. Listado.
LARGUERO m. Cada uno de los palos que se pone a lo largo de una armazón, travesaño: *los largueros de una escalera.* || Cabezal, almohada larga.
LARGUEZA f. Liberalidad. || Largura o longitud.
LARGUIRUCHO, CHA adj. *Fam.* Demasiado largo respecto de su grueso.
LARGURA f. Largor, longitud de una cosa.
LARGURUCHO, CHA adj. *Fam.* Larguirucho.
LÁRICE m. (lat. *larix, icis*). Alerce, árbol.
LARIJE adj. Variedad de uva de color rojo.
LARINGE f. *Anat.* Parte superior de la tráquea cuyos cartílagos sostienen las cuerdas vocales: *la laringe forma parte del aparato de la fonación de los mamíferos.*
LARINGECTOMÍA f. Ablación de la laringe.
LARÍNGEO, A adj. De la laringe: *tisis laríngea.*
LARINGITIS f. Inflamación de la laringe: *la laringitis diftérica se llama también "garrotillo".*
LARINGOLOGÍA f. Estudio de las enfermedades de la laringe.
LARINGÓLOGO m. Especialista de las enfermedades de la laringe.
LARINGOSCOPIA f. *Med.* Exploración del interior de la laringe.
LARINGOSCOPIO m. *Med.* Instrumento que sirve para examinar la laringe.
LARINGOTOMÍA f. *Cir.* Incisión de la laringe.
LARVA f. (pal. lat.). Fase de desarrollo de numerosos animales (batracios, insectos, crustáceos, etc.) que se diferencia del estado adulto por la forma y el modo de vida. || *Mitol.* Entre los paganos, alma del criminal, del que moría trágicamente o del que no recibía sepultura.
LARVADO, DA adj. (del lat. *larvatus,* enmascarado). *Med.* Dícese de las enfermedades que se presentan con síntomas anormales, que ocultan su verdadera naturaleza.
LARVAL adj. Perteneciente a la larva: *la forma larval de un insecto.*
LARVÍCOLA adj. Que vive en el cuerpo de las larvas: *parásito larvícola.*
LAS, artículo determinado de género femenino y número plural: *las mujeres.* || Acusativo del pron. pers. fem. pl. de 3ª pers.: *las vi.* || — OBSERV. Esta forma no debe usarse en dativo, diciendo, por ejemplo, *las hablé* por *les hablé.*
LASCA f. Trozo que salta de una piedra.
LASCAR v. t. (del lat. *laxare,* desatar). *Mar.* Aflojar, ir soltando poco a poco un cabo. || *Méx.* Lastimar.
LASCIVIA f. (pal. lat.). Propensión a la lujuria o al deleite carnal.

laticlavia

LASCIVO, VA adj. Perteneciente a la lascivia. (SINÓN. V. *Lujurioso.*) || Juguetón, alegre. || — Adj. y s. Que tiene el vicio de la lascivia.
LASER m. (pal. ingl.). Fuente luminosa que produce una luz coherente muy intensa y que se utiliza en biología, telecomunicaciones, etc.
LASERPICIO m. (lat. *laserpitium*). Planta de la familia de las umbelíferas.
LASITUD f. Cansancio, fatiga, debilidad, falta de fuerza. || PARÓN. *Laxitud.*
LASO, SA adj. (lat. *lassus*). Cansado, sin fuerzas. || Flojo, sin ánimo. || Dícese del hilo sin torcer: *seda lasa.* || — PARÓN. *Lazo, laxo.*
LÁSTEX m. (nombre registrado). Hilado de látex recubierto de fibras textiles (algodón, nylon, etc.), empleado para la confección de fajas, trajes de baño, etc.
LÁSTIMA f. Compasión: *tener lástima de un desgraciado.* || Objeto o cosa que provoca compasión. || Quejido, lamento: *déjeme usted de lástimas.* || *Fig.* Cosa que causa disgusto: *lástima es que no hayas escrito esa carta.* || *Dar lástima,* causarla. || *Llorar lástimas,* quejarse mucho. || *¡Qué lástima de...!,* expr. irónica o despreciativa.
LASTIMADURA f. Daño, herida.
LASTIMAR v. t. Herir, dañar: *lastimar a un vecino.* || Compadecer. || Agraviar, ofender. || — V. r. Dolerse de un mal o dolor. || Quejarse mucho. || *Lastimar los oídos,* ser desagradable de oír.
LASTIMERO, RA adj. Que mueve a compasión: *queja lastimera.*
LASTIMOSO, SA adj. Que mueve a lástima: *hallarse en situación lastimosa.* || — SINÓN. *Deplorable, lamentable, triste.*
LASTRA f. (ital. *lastra*). Lancha, piedra plana.
LASTRAR v. t. Echar lastre a la embarcación. || *Fig.* Cargar una cosa para asegurarla.
LASTRE m. Piedra u otra cosa pesada que se pone en el fondo de una embarcación o vehículo para facilitar su conducción. || Arena que llevan los globos libres para arrojarla y aliviar su peso cuando convenga. || *Fig.* Juicio: *no tiene lastre en la cabeza.* || *Fig.* Cosa pesada y molesta de la que se puede uno librar. || Piedra mala que se encuentra en la superficie de la cantera.
LASTRÓN m. Lastre, piedra mala.
LATA f. Hoja de lata. || Bote de hoja de lata: *una lata de tomates.* || Madero en rollo menor que el cuartón. || Tabla delgada sobre la cual se aseguran las tejas. || *Fam.* Cosa o persona pesada o fastidiosa. (SINÓN. V. *Repetición.*) || *Venez.* Vara de chaparro. || *Riopl.* Sable. || *Amér. C.* Mequetrefe. || *Dar la lata,* fastidiar. || *Col.* y *Amér. C. Estar en la lata,* estar en la miseria, estar arruinado.
LATACUNGUEÑO, ÑA adj. y s. De Latacunga (Ecuador).
LATAMENTE adv. m. Con extensión: *hablar latamente.* || *Fig.* En sentido lato. || — CONTR. *Sucintamente.*
LATANIA f. Palma de adorno que tiene hojas en forma de abanico.
LATAZ m. (del gr. *latax,* nutria). Especie de nutria del Pacífico: *el lataz tiene pelaje más fino que la nutria común.*
LATAZO m. *Fam.* Cosa pesada y fastidiosa.
LATEAR v. t. *Amer.* Dar la lata.
LATENTE adj. (lat. *latens*). Escondido. (SINÓN. V. *Oculto.*) || Que no se manifiesta exteriormente: *calor latente.* || Barb. por *palpitante, intenso, patente.* || — PARÓN. *Latiente.*
LATERAL adj. Dícese de lo que está situado al lado de una cosa: *las puertas laterales de la iglesia.* || *Fig.* Lo que viene por línea directa: *sucesión lateral.*
LATERALMENTE adv. m. De lado o al lado.
LATERANENSE adj. Del templo de San Juan de Letrán.
LATERITA f. Especie de arcilla rojiza.
LATERO m. Hojalatero. || — Adj. *Fam.* Latoso.
LÁTEX m. Líquido lechoso que mana de algunos vegetales: *del látex se obtienen el caucho y la gutapercha.*
LATICÍFERO, RA adj. Que contiene látex: *planta laticífera.*
LATICLAVIA f. Faja de púrpura que llevaban en la toga los senadores romanos. || La toga misma.

LATIDO m. Movimiento de contracción y dilatación del corazón y las arterias, y pulso que produce dicho movimiento. ‖ Dolor agudo e intermitente que producen ciertas inflamaciones. ‖ Ladrido entrecortado de los perros.
LATIENTE adj. Que late. ‖ — PARÓN. *Latente*.
LATIFUNDIO m. Gran finca territorial de la Italia antigua. Pl. *latifundia*. ‖ Nombre que suele darse a las inmensas fincas rústicas que poseen algunos propietarios.
LATIFUNDISTA m. Dueño de un latifundio.
LATIGAZO m. Golpe dado con el látigo. ‖ Chasquido del látigo. ‖ *Fig.* Reprensión áspera. ‖ *Pop.* Trago.
LÁTIGO m. Azote con que se castiga a las caballerías. ‖ Cuerda o correa con que se asegura una cosa. ‖ *Col., Per.* y *Ecuad.* Latigazo, azote. ‖ *Chil.* Tira de cuero. ‖ *Chil.* Meta en la carreras de caballos. ‖ *Per.* Jinete.
LATIGUDO, DA adj. *Chil. Fam.* Correoso.
LATIGUEADA f. *Ecuad.* y *Per.* Azotaina.
LATIGUEAR v. i. Hacer chasquear el látigo. ‖ *Amer.* Azotar, fustigar, dar latigazos.
LATIGUEO m. Acción de latiguear, chasquido.
LATIGUERA f. Látigo o cuerda para apretar las cinchas. ‖ *Per.* Azotaina, paliza.
LATIGUILLO m. Rama rastrera de ciertas plantas que, arraigando, forma un nuevo pie: *los latiguillos de la fresa.* (SINÓN. *Estolón.*) ‖ *Fam. De latiguillo,* dícese en el teatro y en retórica de las frases de efecto forzado. ‖ *Fam.* De resultas.
LATÍN m. Lengua del Lacio: *el latín es la lengua madre del español.* ‖ *Fam.* Voz o frase latina: *es pedante abusar de los latines en la conversación.* ‖ *Latín clásico,* el empleado por los escritores del Siglo de Oro de la literatura latina. ‖ *Latín rústico* o *vulgar,* el hablado por el vulgo de los pueblos latinos. ‖ *Bajo latín,* el escrito después de la caída del Imperio Romano. ‖ *Fam. Latín de cocina* o *macarrónico,* jerga formada de palabras castellanas con desinencias latinas. ‖ *Fam. Saber mucho latín,* ser muy avisado y astuto.
— Derívase el español no del *latín clásico,* lengua literaria, sino del *latín vulgar,* lengua hablada por el pueblo y por los soldados que colonizaron el mundo romano. Dicho latín vulgar no ha de confundirse con el latín de la decadencia ni con el bajo latín de la Edad Media que fueron realmente alteraciones del latín clásico. El latín vulgar presentaba ya notables diferencias regionales que, combinándose con las transformaciones que se le hicieron sufrir en los diversos países donde se implantaba, acabaron por separar cada vez más el latín vulgar de España del de Francia o Italia. Como, sin embargo, en todos aquellos países continuaba más o menos la cultura literaria, fomentada por la Iglesia, no desapareció el latín literario sino que continuó, mudado en bajo latín, influyendo en las lenguas vulgares, creándose así, al lado del rico fondo de voces del español vulgar un vocabulario de voces cultas, de formación más artificial. La mayoría de las voces españolas proceden directamente del latín clásico, a veces sin alteración, como *alba, angustia, arca, área, arista,* otras con alguna modificación fonética, como *amigo* (amicum), *ampolla* (ampulla), *ánade* (anatem), *año* (annum), *beber* (bibere), *bien* (bene).
Al latín popular se atribuyen multitud de palabras como *avanzar* (abantiare), *abreviar* (abbreviare), *ayudar* (adjutare), *alegre* (alecrem), *amistad* (amiscitatem), *aguzar* (acutiare), *bastón* (bastonem), *braga* (braca), *boca* (bucca).
Al lado de estos latinismos, de evolución fonética normal, hallamos otros de formación más reciente y que han guardado un aspecto apenas alterado. Son éstos los *cultismos,* que a menudo coexisten con otras formas más alteradas, constituyendo *dobletes,* como *artículo* y *artejo* (articulum), *fingir* y *heñir* (fingere), *cátedra* y *cadera* (cathedra), *aurícula* y *oreja* (auricula), *músculo* y *muslo* (musculus), *húmero* y *hombro* (humerum), *espátula* y *espalda* (spatula), *capítulo* y *cabildo* (capitulum).
LATINAJO m. *Fam.* y *despect.* Latín macarrónico. ‖ *Fam.* y *despect.* Voz o frase latina: *decir latinajos a cada paso.*
LATINAMENTE adv. m. En lengua latina.
LATINEAR v. i. *Fam.* Emplear con frecuencia voces o frases latinas en español.
LATINIDAD f. (lat. *latinitas*). Latín, lengua latina. ‖ *Baja latinidad,* nombre dado a la lengua latina desde que empezó su corrupción.
LATINIPARLA f. Abuso de latines al hablar.
LATINISMO m. Giro propio de la lengua latina. ‖ Empleo de tales giros en otra lengua.
LATINISTA com. Persona versada en lengua y literatura latinas.
LATINIZACIÓN f. Acción y efecto de latinizar.
LATINIZAR v. t. Dar forma latina a una palabra: *los humanistas antiguos solían latinizar su apellido.* ‖ Dar carácter, aspecto latino. ‖ — V. i. *Fam.* Latinear.
LATINO, NA adj. y s. (lat. *latinus*). Natural del Lacio. ‖ Que pertenece al Lacio o a sus habitantes. ‖ Relativo al latín: *gramática latina.* ‖ Dícese de la Iglesia de Occidente. ‖ *Naciones latinas,* aquellas cuya lengua se deriva de la latina: *España, Portugal, Francia, Italia y Rumania son naciones latinas.* ‖ *Vela latina,* la de forma triangular.
LATINOAMERICANO, NA adj. Iberoamericano.
LATIR v. i. Dar latidos el corazón y las arterias. ‖ *Por ext.* Punzar (una herida o tumor). ‖ *Méx.* Tener el presentimiento. ‖ — V. t. *Venez.* Dar la lata, fastidiar, molestar.
LATIR v. i. Dar latidos o ladrar el perro.
LATIRROSTRO, TRA adj. De pico aplastado.
LATITUD f. (lat. *latitudo*). Ancho de una cosa. ‖ Extensión de una comarca. ‖ Distancia de un lugar al ecuador de la Tierra. ‖ Clima, con relación a la temperatura: *el hombre puede vivir bajo todas las latitudes.* ‖ *Fig.* Galicismo por *libertad: dejar a uno latitud para obrar.*
LATITUDINAL adj. Que se extiende a lo ancho: *plano latitudinal.*
LATITUDINARIO, RIA adj. y s. Que tiene una moral demasiado ancha.
LATO, TA adj. (lat. *latus*). Ancho, extendido. ‖ *Fig.* Aplícase al sentido que por ext. se da a una palabra.
LATOMÍA f. Cantera abandonada que servía de prisión: *las latomías de Siracusa.*
LATÓN m. Aleación de cobre y cinc: *el latón es muy dúctil y maleable.* ‖ *Bol* y *Col.* Sable o chafarote.
LATONERÍA f. Taller o tienda del latonero.
LATONERO m. El que hace o vende objetos de latón. ‖ *Col.* Hojalatero.
LATONERO m. *Arg.* Almez, arbusto celtídeo.
LATOSO, SA adj. *Fam.* Pesado, fastidioso, molesto. (SINÓN. V. *Importuno.*)
LATRÍA f. (del gr. *latreia,* culto). Adoración. ‖ *Culto de latría,* el que se tributa sólo a Dios.
LATROCINIO m. (lat. *latrocinium*). Hurto.
LAUCA f. *Chil.* Nombre de la *herpes tonsurante.*
LAUCAR v. t. *Chil.* Quitar el pelo o la lana.
LAUCO, CA adj. *Chil.* Calvo, sin pelos.
LAUCHA m. *Arg.* y *Chil.* Ratón pequeño. ‖ *Arg. Fig.* Hombre listo, y también persona flaca. ‖ *Col.* Baqueano. ‖ — F. *Chil.* Alambre de acero.
LAÚD m. (ár. *alud*). Instrumento músico de cuerdas. ‖ Cierta embarcación pequeña parecida al falucho. ‖ Especie de tortuga marina.
LAUDABLE adj. Digno de alabanza.
LÁUDANO m. Medicamento líquido que tiene por base el opio: *es peligroso el empleo del láudano para los niños.*
LAUDAR v. t. *For.* Fallar el juez árbitro.
LAUDATORIA f. Escrito u oración de alabanza.
LAUDATORIO, RIA adj. Elogioso.
LAUDE f. Lápida sepulcral.
LAUDEMIO m. *For.* Derecho pagado al señor del dominio directo cuando se venden tierras dadas a enfiteusis.
LAUDES f. pl. *Liturg.* Parte del servicio divino que se reza después de maitines.
LAUDO m. *For.* Decisión, sentencia de los árbitros. (SINÓN. V. *Juicio.*)
LAUNA f. Lámina de metal. ‖ Arcilla magnesiana gris: *la launa se emplea para cubrir azoteas.*
LAURA f. Monasterio de la Iglesia griega, especialmente en el monte Athos y en Rusia.

LATITUD

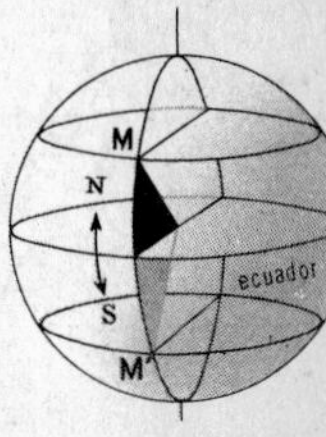

M = 45° latitud Norte
M' = 45° latitud Sur

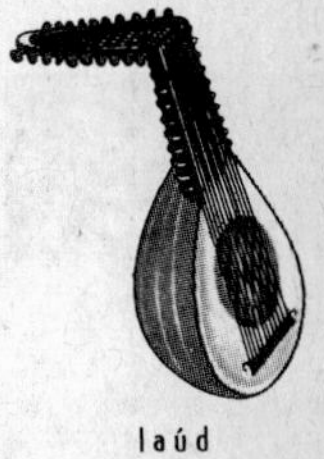

laúd

laúd

Fot. Baufle

laurel

lavadora

lavanco

lazo

LAURÁCEO, A adj. Parecido al laurel. || — F. pl. Familia de plantas dicotiledóneas a la que pertenecen el laurel, el canelo, el alcanforero y el aguacate.
LAUREADO, DA adj. Coronado de laureles: *efigie laureada.* || Que ha sido premiado: *poeta laureado.* || Que ha sido recompensado con la cruz de San Fernando. || — F. Cruz laureada de San Fernando.
LAUREANDO m. El que va a recibir un grado en la universidad.
LAUREAR v. t. Coronar con laurel. || Premiar. || Condecorar con la cruz de San Fernando.
LAUREDAL m. Sitio poblado de laureles.
LAUREL m. Árbol de la familia de las lauráceas: *las hojas del laurel son usadas para condimento.* || Nombre de varios árboles americanos. || *Fig.* Corona, recompensa, victoria: *cargarse de laureles.* || *Laurel alejandrino,* arbusto de la familia de las liliáceas. || *Laurel cerezo* o *real,* el lauroceraso. || *Laurel rosa,* la adelfa. || *Col. Laurel comino,* árbol de madera incorruptible. || *Fig. Dormirse en los laureles,* no continuar los esfuerzos hechos para conquistar un premio.
LAURENCIO o **LAWRENCIO** m. Elemento químico transuránico (Lw), de número atómico 103.
LÁUREO, A adj. Del laurel.
LAURÉOLA o **LAUREOLA** f. Corona de laurel. || Aureola, nimbo. || Adelfilla, planta.
LAURETANO, NA adj. De Loreto (Italia).
LAURÍFERO, RA adj. *Poét.* Que lleva laurel.
LAURO m. (lat. *laurus*). Laurel. (P. us.) || *Fig.* Gloria, fama, triunfo: *conquistar imperecedero lauro en las letras.*
LAUROCERASO m. (del lat. *laurus,* laurel, y *cerasus,* cerezo). Árbol de la familia de las rosáceas, de fruto semejante a la cereza: *de las hojas del lauroceraso se obtiene por destilación un agua muy venenosa.*
LAUS DEO, loc. lat. que significa *gloria a Dios.*
LAUTO, TA adj. (lat. *lautus*). Espléndido.
LAVA f. (ital. *lava*). Materia derretida que sale de los volcanes en erupción: *la lava fría se suele emplear en la construcción de edificios.*
LAVA f. *Min.* Lavado que se da a los metales.
LAVABLE adj. Que puede lavarse: *seda lavable.*
LAVABO m. (del lat. *lavabo,* lavaré). Lavamanos. || Cuarto de aseo. || *Liturg.* Lavatorio.
LAVACARAS com. *Fig.* y *fam.* Adulador.
LAVACOCHES m. inv. Persona que por oficio lava automóviles.
LAVADA f. Lavado.
LAVADERO m. Sitio donde se lava la ropa. || Paraje donde se lava la arena de un río aurífero.
LAVADO m. Acción de lavar o lavarse. || *Fam.* Reprimenda: *dar un buen lavado de cabeza.* || *Med.* Irrigación de una cavidad del cuerpo, estómago, etc. || *Fam. Lavado de cerebro,* procedimiento de interrogación que tiene por objeto hacer proclamar al acusado su culpabilidad. || Modo de colorear un dibujo a la aguada, con tinta china o con otro color.
LAVADOR, RA adj. y s. Que lava. || — M. Cestillo de metal para lavar las placas fotográficas. || *Guat.* Lavabo, lavatorio. || *Amer.* Oso hormiguero. || — F. Máquina de lavar ropa.
LAVADURA f. Acción de lavar. || Lavazas.
LAVAFRUTAS m. Recipiente con agua que se pone en la mesa para lavar las frutas y enjuagarse los dedos.
LAVAJE m. *Tecn.* Lavado de las lanas.
LAVAJO m. Charca que no suele secarse.
LAVAMANOS m. Depósito de agua con llave y pila que sirve para lavarse las manos. || Palanganero. || Jofaina, palangana.
LAVAMIENTO m. Acción y efecto de lavar o lavarse. || Lavativa.
LAVANCO m. Pato bravío que suele abundar en el norte de Europa.
LAVANDA f. Galicismo muy empleado por *espliego.*
LAVANDERA f. Mujer que lava ropa por oficio. || Aguzanieves.
LAVANDERÍA f. Establecimiento industrial para el lavado de la ropa.
LAVANDERO m. El que lava ropa por oficio.
LAVÁNDULA f. (ital. *lavanda*). Espliego.
LAVAOJOS m. Copita de cristal para dar a los ojos baños medicamentosos.
LAVAPLATOS m. El que lava los platos. || *Chil.* Fregadero.
LAVAR v. t. (lat. *lavare*). Limpiar una cosa con líquido: *lavar la ropa en el río.* (SINÓN. *Aclarar, colar, enjuagar, fregar.*) || Dar color a un dibujo con aguadas. || *Fig.* Limpiar: *lavar una injuria.* || *Fig. Lavarse las manos,* eludir una responsabilidad por alusión a Poncio Pilatos.
LAVATIVA f. Ayuda, agua que, con objeto medicinal, se introduce por el ano. (SINÓN. *Clistel, clister.*) || Aparato mecánico que sirve para echar ayudas. (SINÓN. *Jeringa.*) || *Fig.* y *fam.* Molestia, fastidio, jeringa.
LAVATORIO m. (lat. *lavatorium*). Acción de lavar o lavarse. Ceremonia que se hace el Jueves Santo en recuerdo de la acción de Jesús, que, durante la última cena, lavó los pies a sus discípulos. || Ceremonia de la misa en que el sacerdote se lava los dedos. || *Amer.* Lavabo, lavamanos.
LAVAZAS f. pl. Agua sucia que resulta de lavar alguna cosa.
LAVOTEAR v. t. *Fam.* Lavar de prisa y mal.
LAVOTEO m. Acto de lavotear: *dar un lavoteo.*
LAWN-TENNIS m. (pal. ingl., pr. *lon-tenis*). Tenis.
LAXACIÓN f. (lat. *laxatio*). Acción de laxar.
LAXAMIENTO m. Aflojamiento, ablandamiento.
LAXANTE adj. y s. Que laxa o ablanda. || — M. Medicamento para mover el vientre.
LAXAR v. t. (lat. *laxare*). Aflojar, soltar: *laxar un arco.* || Ablandar, suavizar: *laxar el vientre.*
LAXATIVO, VA adj. y s. m. Que laxa o ablanda.
LAXIDAD f. Laxitud, debilidad. (P. us.)
LAXISMO m. Sistema que defiende una tendencia excesiva a la conciliación.
LAXITUD f. Debilidad, aflojamiento: *la laxitud de una cuerda.* || — PARÓN. *Lasitud.*
LAXO, XA adj. (lat. *laxus*). Flojo, que no está tirante: *cuerda laxa.* || *Fig.* Relajado, libre: *moral muy laxa.* || — PARÓN. *Lazo, laso.*
LAY m. Poema narrativo o lírico provenzal en versos muy cortos.
LAYA f. (vasc. *laya*). Pala de hierro con mango, y a veces con dos dientes largos, que sirve para remover la tierra. (SINÓN. V. *Pala.*)
LAYA f. Calidad, género: *una persona de mala laya.* || *Pop.* Vergüenza, pundonor.
LAYADOR m. El que laya la tierra.
LAYAR v. t. Labrar la tierra con la laya.
LAYETANO, NA adj. y s. De Layetania, región de la España Tarraconense.
LAZADA f. Nudo hecho de manera que, tirando de los cabos, se desata con facilidad: *atar el zapato con una lazada.* || Lazo.
LAZADOR m. *Cuba.* El que laza ganado.
LAZAR v. t. Coger con ayuda del lazo: *lazar caballos.*
LAZARETO m. (ital. *lazareto*). Hospital donde hacen la cuarentena los que vienen de parajes sospechosos de infección. || Hospital de leprosos.
LAZARILLO m. (del personaje de la novela *Lazarillo de Tormes*). Muchacho que guía al ciego.
LAZARINO, NA adj. y s. Leproso, que padece el mal de San Lázaro. (P. us.)
LAZARISTA m. Nombre dado a los paúles o miembros de la congregación fundada por San Vicente de Paúl en 1625.
LÁZARO m. Pobre, andrajoso. || *Ecuad.* Leproso, enfermo de la lepra.
LAZAROSO, SA adj. y s. Lazarino. (P. us.)
LAZO m. Nudo hecho con arte: *un lazo de cintas.* || Dibujo que se hace con boj, arrayán, etc., en un jardín. || Cruce, movimiento que se ejecuta en la danza. || Lazada: *lazo corredizo.* || Nudo corredizo hecho con alambre: *coger conejos con lazo.* || Cuerda con una lazada corrediza: *el lazo sirve para coger y derribar a los toros y caballos salvajes.* || Trampa, asechanza: *caer en el lazo.* || *Fig.* Unión, vínculo: *estar unidos por los lazos de la sangre.* || *Arq.* Adorno de cintas entrelazadas. || Revuelta de un camino.
LAZULITA f. Lapislázuli, piedra de color azul.
LAZZARONE m. (pal. ital.). Vagabundo napolitano.

Fot. Thomson, Dragesco

LAZZI m. pl. (pal ital.). Pantomima cómica, en el teatro italiano. ‖ Galicismo por *burlas, pullas.*

LE, forma del pronombre de tercera persona singular: *le di el libro que me pedía.* (Está mal decir: *la di el libro a mi hermana,* en lugar de *le di.*) ‖ Acusativo del pronombre masculino de tercera persona: *le vi que se acercaba.* (Vale más decir: *le vi,* que *lo vi acercarse,* hablando de personas, pues *lo* debe reservarse para las cosas. *Le* puede servir para personas o cosas, pero es más correcto usarlo sólo hablando de personas.)

LEADER m. (pal. ingl. que sign. *conductor,* pr. *líder*). Líder.

LEAL adj. (lat. *legalis*). Sincero y honrado: *un corazón leal.* (SINÓN. V. *Franco.*) ‖ Que guarda fidelidad: *criado leal.* ‖ Inspirado por la fidelidad: *acciones leales.* (SINÓN. *Fiel, recto, veraz.*)

LEALA f. *Pop.* Peseta.

LEALMENTE adv. m. Con lealtad, con buena fe.

LEALTAD f. Carácter de una persona o cosa leales: *debe ser la lealtad la primera calidad de un comerciante.* (SINÓN. V. *Fidelidad.* CONTR. *Hipocresía, falsedad.*)

LEANDRA f. *Pop.* Peseta.

LEBA f. *Venez.* Guadua.

LEBANIEGO, GA adj. y s. De Liébana (Santander, España).

LEBECHE m. *Ant.* Viento sudoeste.

LEBERQUISA f. (del al. *Leber,* hígado, y *kies,* pirita). *Miner* Pirita magnética .

LEBISA f. *Cub.* Cierto pez de mar.

LEBRADA f. Un guisado de liebre.

LEBRATO mejor que **LEBRATÓN** m. Liebre joven: *comer un lebrato asado.*

LEBREL, LA adj. *Perro lebrel* casta de perros a propósito para cazar liebres.

LEBRERO, RA adj. Dícese del perro bueno para cazar liebres.

LEBRIJANO, NA adj. y s. De o natural de Lebrija (Sevilla).

LEBRILLO m. (del lat. *labrum,* vasija de boca ancha). Barreño ancho. ‖ — PARÓN. *Librillo.*

LEBRÓN m. Liebre grande. ‖ *Fig.* y *fam.* Hombre tímido y cobarde. ‖ *Méx.* Hombre astuto.

LEBRUNO, NA adj. De liebre. (P. us.)

LEBUENSE adj. y s. De Lebrí (Chile).

LECCIÓN f. (lat. *lectio*). Enseñanza que de una vez da un maestro a sus discípulos. ‖ Discurso o conferencia sobre un punto determinado. ‖ Lo que da el maestro a los discípulos para que lo aprendan de memoria: *recitar sus lecciones.* ‖ Capítulo o parte de un escrito. ‖ Enseñanza: *caras cuestan las lecciones de la experiencia.* ‖ Advertencia, amonestación: *le hace falta una lección.* ‖ Parte de oficio que se reza en maitines. ‖ Forma particular de un texto: *adoptar la lección más segura.* ‖ Lectura. ‖ *Dar a uno una lección,* hacerle comprender la falta que ha cometido.

LECCIONARIO m. Libro de coro que contiene el rezo de maitines.

LECCIONISTA com. Maestro o maestra.

LECITINA f. Substancia que contiene ácido glicerofosfórico y se encuentra en la yema de huevo y en el sistema nervioso.

LECTIVO, VA adj. (del lat. *lectum,* supino de *legere,* leer). Aplícase al tiempo destinado a las lecciones en los colegios: *período lectivo.*

LECTOR, RA adj. y s. Persona que lee: *advertencia al lector.* ‖ — M. Persona que lee en alta voz. ‖ Una de las cuatro órdenes menores. ‖ Profesor auxiliar en la enseñanza de idiomas, cuya lengua materna es la que se estudia. ‖ Colaborador que lee los manuscritos enviados a un editor.

LECTORADO m. Orden de lector: *el lectorado es la segunda de las órdenes menores de la Iglesia.*

LECTORAL adj. Dícese de la canonjía que obliga a la explicación pública de la Escritura.

LECTORÍA f. Empleo de lector en la Iglesia o en una universidad.

LECTURA f. Acción de leer. ‖ Cualquier cosa que se lee: *lectura instructiva.* ‖ Arte de leer: *enseñar la lectura a los niños.* ‖ Cultura, conocimiento de una persona.

LECHA f. Licor seminal de los peces.

LECHADA f. Masa de cal o yeso que sirve para blanquear paredes. ‖ Argamasa. ‖ Masa en que se convierte el trapo molido para fabricar el papel. ‖ Líquido que tiene en disolución cuerpos insolubles muy divididos.

LECHAL adj. Dícese del animal que mama y de los frutos que aún no están cuajados. ‖ — M. Zumo que contienen algunas plantas.

LECHAR adj. Lechal, que aún está mamando. ‖ Aplícase a la hembra que cría leche: *vaca lechar.*

LECHAR v. t. *Amer.* Ordeñar. ‖ Encalar con lechada de cal.

LECHAZA f. Lecha.

LECHAZO m. Cordero lechal.

LECHE f. (lat. *lac, lactis*). Líquido blanco, de sabor dulce, que segregan las mamas de las hembras de los animales y que sirve de alimento a los hijos o crías gracias a su riqueza en grasas, proteínas, lactosa, vitaminas y sales minerales. (V. ilustr. pág. 620.) ‖ Lo que guarda algún parecido con la leche: *leche de almendras.* ‖ Zumo blanco que hay en algunas plantas: *la leche de las euforbiáceas.* ‖ *Bol.* Caucho. ‖ *De leche,* que aún mama: *ternera de leche.* Que da leche, lechera: *vaca de leche.* ‖ *Leche de gallina,* planta liliácea ‖ *Leche condensada,* la concentrada azucarada. ‖ *Leche homogeneizada,* la que tiene los glóbulos grasos reducidos. ‖ *Leche pasterizada,* la que no tiene gérmenes patógenos. ‖ *Leche en polvo,* la que ha sido desprovista del agua que contiene. ‖ *Dientes de leche,* los correspondientes a la primera dentición de los mamíferos. ‖ *Fam. Como una leche,* muy tierno. ‖ *Fig. Mamar una cosa en la leche,* aprenderla de pequeñito. ‖ *Fig. Tener la leche en los labios,* ser muy joven una persona.

LECHECILLAS f. pl. Mollejuelas de ciertos animales. ‖ Asadura.

LECHERA f. La mujer que vende leche. ‖ Vasija en que se guarda o sirve la leche. ‖ *Arg.* Vaca lechera. ‖ *Amer.* Planta euforbiácea. ‖ *Fam. El cuento de la lechera,* historia demasiado optimista y basada en un porvenir aleatorio.

LECHERÍA f. Tienda donde se vende leche y también manteca, queso, etc. ‖ *Chil.* Vaquería.

LECHERO, RA adj. Que tiene leche: *vaca lechera.* ‖ Relativo a la leche: *industria lechera.* (V. ilustr. pág. 620.) — *Provinc.* y *Amer.*. Logrero, cicatero. ‖ *Méx.* Afortunado, que tiene suerte. ‖ — M. El que vende leche.

LECHERÓN m. Árbol euforbiáceo de América.

LECHETREZNA f. Planta de la familia de las euforbiáceas: *la lechetrezna contiene un jugo lechoso acre, que se ha usado en medicina.*

LECHIGADA f. Conjunto de animalillos nacidos de un parto. ‖ *Fig.* Cuadrilla de gente de mal vivir.

LECHIGUANA f. *Arg.* Especie de avispa.

LECHÍN m. Lechino de las caballerías. ‖ Cierta especie de olivo muy estimado, y aceituna que produce.

LECHINO m. Clavo de hilas que se introduce, para curarlas, en las úlceras y heridas.

LECHO m. (lat. *lectum*). Cama. ‖ Cauce, madre del río. ‖ Fondo del mar, de un lago. ‖ Capa: *poner un lecho de paja en el fondo de una caja.* ‖ *Arg.* Superficie de la piedra sobre la cual se asienta otra. ‖ *Geol.* Estrato. ‖ *Fig. Un lecho de rosas,* cosa o situación cómoda.

LECHÓN m. Cochinillo de leche. ‖ *Por ext.* Cerdo.

LECHOSA f. Papaya, fruto del lechoso.

LECHOSO, SA adj. Parecido a la leche: *color lechoso.* ‖ Dícese de las plantas que tienen un zumo semejante a la leche: *tallo lechoso.* ‖ — M. Papayo, árbol.

LECHUCERO m. *Ecuad.* Noctámbulo.

LECHUGA f. (lat. *lactuca*). Planta de la familia de las compuestas de la que hay varias especies: *las hojas de lechuga se comen en ensalada.* ‖ Lechuguilla, cabezón de camisa. ‖ Pliegue o fuelle de la tela, imitando las hojas rizadas de la lechuga. ‖ *Fam. Como una lechuga,* fresca y lozana. ‖ *Fam. Fresco como una lechuga,* descarado.

LECHUGADO, DA adj. Que recuerda la forma de las hojas de lechuga.

LECHUGUILLA f. Lechuga silvestre. ‖ Cuello o puño de camisa almidonado con adornos en forma de hojas de lechuga: *las lechuguillas se usaron mucho durante el reinado de Felipe II.* ‖ *Méx.* Especie de agave. ‖ *Cub.* Especie de alga de los ríos.

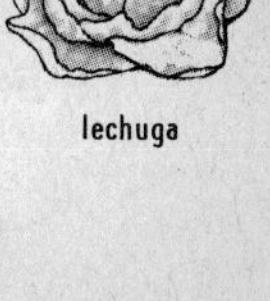

lechuga

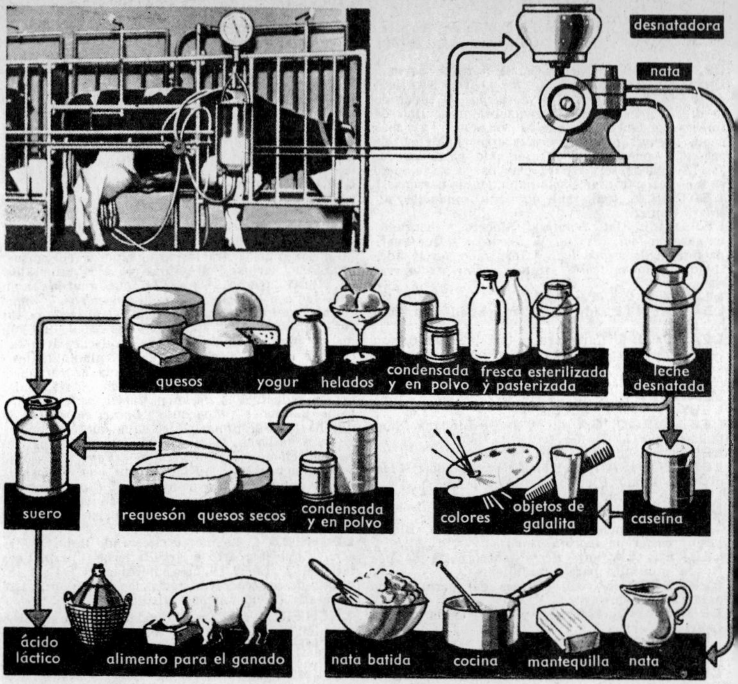

INDUSTRIA DE LA LECHE Y PRODUCTOS LÁCTEOS

LECHUGUINA f. Petimetra, elegante. (SINÓN. V. *Galán.*)

LECHUGUINO m. Lechuga pequeña. || *Fig.* y *fam.* Muchacho que se las echa de hombre. || *Fig.* y *fam.* Currutaco, petimetre, elegante.

LECHUZA f. Ave rapaz nocturna, frecuente en España: *la lechuza se alimenta de insectos y roedores pequeños.* || *Fig.* Mujer que se parece en el carácter o las costumbres a la lechuza.

LECHUZO m. *Fig.* y *fam.* El que suele ocuparse en comisiones poco decentes. || *Fig.* y *fam.* Hombre que se parece en algo a la lechuza.

LECHUZO, ZA adj. y s. (de *leche*). Dícese del muleto que no llega a un año.

LEDO, DA adj. (lat. *laetus*). Alegre, contento.

LEEDOR, RA adj. y s. Lector.

LEER v. t. (lat. *legere*). Recorrer con la vista lo escrito o impreso para enterarse de ello: *leer un libro escrito en francés.* || Enseñar el profesor una materia, interpretar un texto. || Descifrar música. || Dar a conocer: *leer una comedia.* || *Fig.* Averiguar, penetrar una cosa oculta u oscura: *leer en el pensamiento de alguien.* || *Leer de corrido,* hacerlo sin dificultad. || *Leer entre líneas,* adivinar el pensamiento del que escribe sin haberlo manifestado expresamente. || *Fam. Leer la cartilla,* echar una reprimenda. || — IRREG. Se conjuga como *poseer.*

LEGA f. Monja que sirve en el convento para las haciendas caseras.

LEGACÍA f. Cargo, dignidad de legado.

LEGACIÓN f. Legacía, cargo de legado. || Cargo diplomático que da un gobierno a un individuo para que le represente en otro país. || Personal de una legación. || Casa donde reside el legado: *dirigirse a la Legación de España.*

LEGADO m. Manda o don que se hace por testamento. (SINÓN. V. *Donación.*) || *Por ext.* Lo que se transmite a los sucesores. || Representante de un Estado en la capital de otro. (SINÓN. V. *Enviado.*) || Entre los romanos, delegado del emperador en ciertas provincias: *los legados de Bética y Lusitania llevaban el título de "legados consulares".* || Jefe de cada legión romana. || Asesor y consejero de los procónsules romanos. || Comisario del Senado romano en las provincias recién conquistadas. || *Legado a latere,* embajador extraordinario del soberano pontífice, encargado de una misión generalmente temporal.

lechuza

LEGAJAR v. t. *Amer.* Reunir en legajos.

LEGAJO m. Atado de papeles o conjunto de los que están reunidos por tratar de una misma materia.

LEGAL adj. Conforme a la ley. || Determinado por la ley: *emplear los medios legales para conseguir alguna cosa.* (SINÓN. V. *Oficial* y *permitido.* CONTR. *Arbitrario, ilegal.*) || *Per.* Excelente.

LEGALIDAD f. Calidad de legal: *la legalidad de un acto.* || Conjunto de las cosas prescritas por la ley: *vivir en la legalidad.*

LEGALISTA adj. y s. Que antepone a todo el cumplimiento literal de las leyes.

LEGALIZABLE adj. Que se puede legalizar.

LEGALIZACIÓN f. Acción de legalizar. || Declaración por la autoridad competente de la legitimidad de un documento o una firma.

LEGALIZAR v. t. Dar estado legal a una cosa. || Certificar auténticamente la legalidad de un documento o una firma.

LEGALMENTE adv. m. Según ley. || Lealmente.

LÉGAMO m. Cieno, barro viscoso. (SINÓN. V. *Lodo.*) || Parte arcillosa de las tierras de labor.

LEGAMOSO, SA adj. Que tiene légamo o cieno.

LEGANAL m. Charca de légamo. (SINÓN. *Cenagal.*)

LEGAÑA f. Humor viscoso que se seca en los párpados.

LEGAÑOSO, SA adj. y s. Que tiene muchas legañas: *ojos legañosos.*

LEGAR v. t. (lat. *legare*). Dejar por testamento || Enviar como legado. || *Fig.* Transmitir ideas, costumbres, cultura, etc.

LEGATARIO, RIA m. y f. Persona a quien se lega por testamento: *nombrar legatario universal.*

LEGENDARIO, RIA adj. Relativo a la leyenda: *héroe legendario.* || Popularizado por la tradición. || — M. Colección o libro de leyendas.

Fot. Dragesco

LEGHORN f. (pal. ingl.). Raza de gallinas muy ponedoras.
LEGIBLE adj. Que puede leerse.
LEGIFERAR v. i. Galicismo por *legislar.*
LEGIÓN f. (lat. *legio*). Cuerpo de tropa romana. (En los tiempos de César, la *legión* comprendía 6 000 hombres repartidos en cohortes, manípulos y centurias.) ‖ Nombre de ciertos cuerpos de tropas: *la Legión española o Tercio se creó en 1920.* ‖ *Fig.* Número indeterminado y copioso de personas o espíritus. ‖ *Legión de Honor,* orden nacional francesa creada por Napoleón (1802) para recompensar los servicios militares y civiles.
LEGIONARIO, RIA adj. De la legión. ‖ — M. Soldado de una legión romana. ‖ Militar de la Legión.
LEGISLABLE adj. Que puede o debe legislarse.
LEGISLACIÓN f. Conjunto de las leyes de un Estado: *la legislación española.* ‖ Cuerpo de leyes o disposiciones referente a una materia: *legislación de trabajo, social.* ‖ Ciencia de las leyes, jurisprudencia. ‖ Acción de legislar.
LEGISLADOR, RA adj. y s. El que da leyes a un pueblo: *Licurgo fue el legislador de Esparta.* ‖ *Fig.* Persona que da las reglas de la ciencia, de un arte: *el legislador del neoclasicismo en España fue Luján.*
LEGISLAR v. i. Establecer, dar leyes.
LEGISLATIVO, VA adj. Dícese del derecho de hacer leyes. ‖ Aplícase al código de las leyes. ‖ Legislador: *asamblea legislativa.* ‖ Autorizado por una ley: *crédito legislativo.*
LEGISLATURA f. Cuerpo legislativo en actividad. ‖ Tiempo durante el cual trabajan los cuerpos legislativos de un Estado. ‖ *Arg., Méx.* y *Per.* Congreso o Asamblea legislativa.
LEGISPERITO m. Jurisperito.
LEGISTA m. (del lat. *lex, legis,* ley). Profesor de leyes o de jurisprudencia. ‖ El que estudia la jurisprudencia o leyes. (SINÓN. V. *Abogado.*)
LEGÍTIMA f. *For.* Porción de la herencia que la ley asigna obligatoriamente a los herederos legítimos.
LEGITIMACIÓN f. Acción y efecto de legitimar.
LEGITIMADOR, RA adj. Que legitima.
LEGÍTIMAMENTE adv. De un modo legítimo.
LEGITIMAR v. t. Probar la legitimidad de una cosa. ‖ Hacer legítimo al hijo natural. ‖ Habilitar a una persona inhábil.
LEGITIMARIO, RIA adj. y s. Perteneciente a la legítima o que tiene derecho a ella.
LEGITIMIDAD f. Calidad de legítimo.
LEGITIMISMO m. Opinión de los legitimistas.
LEGITIMISTA adj. y s. Nombre dado en algunos países a los partidarios de la dinastía que consideran como legítima.
LEGÍTIMO, MA adj. (lat. *legitimus*). Conforme a ley: *dirigir una legítima reivindicación.* (SINÓN. V. *Equitativo* y *permitido.*) ‖ Genuino, auténtico: *vino de Jerez legítimo.* ‖ Dícese de la unión conyugal consagrada por la ley y de los hijos nacidos de dicha unión: *hijo legítimo.* ‖ *Legítima defensa,* estado de aquel que por defenderse comete un acto prohibido por la ley penal.
LEGO, GA adj. (lat. *laicus*). Seglar, que no tiene órdenes religiosas. ‖ Que no tiene instrucción: *ser completamente lego.* ‖ — M. Religioso que no recibe las órdenes sagradas. ‖ *Ser lego en una cosa,* no conocerla.
LEGÓN m. (lat. *ligo, onis*). Especie de azadón.
LEGRA f. *Cir.* Raedera.
LEGRADO m. *Cir.* Raspado del útero.
LEGRADURA f. *Cir.* Acción de legrar o raer.
LEGRAR v. t. *Cir.* Raer la superficie del hueso. ‖ Raer la mucosa del útero.
LEGUA f. (lat. *leuca*). Medida itineraria que equivale a 5 572 metros. ‖ *Legua de posta,* la de 4 kilómetros. ‖ *Legua marítima,* la de 5 555 metros: *la legua marítima vale tres millas.* ‖ *A la legua,* desde muy lejos.
LEGUAJE m. *Per.* Longitud recorrida en leguas. ‖ Subvención de los parlamentarios para realizar sus viajes.
LEGUI m. Polaina de cuero de los militares.
LEGULEYO m. (lat. *leguleius*). El que trata de leyes sin conocerlas suficientemente. (SINÓN. V. *Abogado.*)
LEGUMBRE f. (lat. *legumen*). Cualquier fruto o semilla que se cría en vaina: *el fruto de la judía es una legumbre.* ‖ *Por ext.* Hortaliza: *las legumbres verdes son buenas para la salud.*
LEGUMINA f. Substancia que se extrae de las semillas de las leguminosas.
LEGUMINOSAS f. pl. *Bot.* Familia de plantas angiospermas dicotiledóneas, de corola amariposada y fruto en legumbre, como la acacia, el añil, el garbanzo: *las leguminosas están comprendidas en las familias de las mimosáceas y de las papilionáceas.*
LEI m. Pl. de *leu,* moneda rumana.
LEÍBLE adj. Legible.
LEÍDO, DA adj. Dícese de la persona que ha leído mucho y sabe muchas cosas. ‖ *Fig.* y *fam. Leído y escribido,* que presume de sabio. ‖ — F. Lectura: *aprender algo de una leída.*
LEÍSMO m. Empleo de la forma *le* del pronombre, como única en el acusativo masculino singular: por ej. *este lápiz no te le doy,* por *no te lo doy.* ‖ — OBSERV. La Academia afirma que sería de desear que la forma *le* se reservara para el complemento indirecto y se usara para el directo (persona o cosa masculina) siempre la forma *lo.* El uso literario diferencia el *le* para personas y el *lo* para las cosas.
LEÍSTA adj. y s. Partidario del empleo, como único acusativo masculino, del pronombre *le.*
LEITMOTIV m. (pal. al. que sign. *motivo conductor*). *Mús.* Tema musical conductor. ‖ Tema destinado, principalmente en las óperas wagnerianas, para designar de una manera permanente, un personaje, un estado de alma. ‖ *Por ext.* Frase, motivo central que se repite en una obra o en la totalidad de la obra, de un escritor, o en un discurso, etc. (SINÓN. V. *Repetición.*)
LEJANÍA f. Distancia grande entre dos puntos. (SINÓN. V. *Distancia.*) ‖ Paraje lejano.
LEJANO, NA adj. Que está lejos. ‖ — CONTR. *Cercano.*
LEJÍA f. (lat. *lixivia*). Agua que tiene en disolución sales alcalinas. ‖ Producto comercial detergente. ‖ *Fig.* y *fam.* Reprensión áspera, jabón: *dar a uno una buena lejía.*
LEJÍO m. Lejía que emplean los tintoreros.
LEJÍSIMOS y no **LEJÍSIMO** adv. l. y t. Muy lejos: *vive tu padre lejísimos.*
LEJITOS adv. l. y t. Algo lejos.
LEJOS adv. l. y t. A gran distancia: *vivir lejos de su trabajo.* ‖ *Fig.:estoy lejos de pensar en ello.* ‖ — M. Aspecto que tiene desde lejos una persona o cosa: *un cuadro que tiene buen lejos.* ‖ *Pint.* Parte del cuadro que representa los objetos situados lejos del observador: *esfumar los lejos.* ‖ *Fig.* Semejanza, apariencia. ‖ *Lejos de,* ausente de: ***sufría lejos de su patria. Fig.*** Muy al contrario de: ***lejos de sufrir por ella, estaba contento.*** ‖ — CONTR. *Cerca.*
LELE adj. *Amér. C.* y *Chil.* Lelo.
LELILÍ m. Grita o vocerío de moriscos.
LELO, LA adj. y s. Tonto, simple y como pasmado.
LEMA m. (lat. *lemma*). Letra que se pone a los emblemas, armas, empresas, etc. (SINÓN. V. *Símbolo.*) ‖ Palabra o frase que se pone en los pliegos cerrados de oposiciones y certámenes, y que se reproduce en los trabajos presentados, para poder determinar sus autores después del fallo. (SINÓN. V. *Título.*) ‖ Argumento que precede ciertas composiciones literarias. ‖ Tema. ‖ *Mat.* Proposición que hay que demostrar antes de establecer el teorema.
LEMANITA f. Jade.
LEMMING m. Género de mamíferos roedores escandinavos, parecidos a las ratas de campo.
LEMNÁCEAS f. pl. *Bot.* Familia de plantas acuáticas que tienen por tipo la lenteja de agua.
LEMNIO, NIA adj. y s. De la isla de Lemnos.
LEMNISCATA f. *Mat.* Curva que es el lugar geométrico de los puntos tales que el producto de sus distancias a dos puntos fijos es constante.
LEMNISCO m. Cinta que acompañaba las coronas y palmas de los atletas vencedores.
LEMOSÍN, INA adj. y s. Del Lemosín (Francia). ‖ — M. Lengua de oc o provenzal.
LEMPIRA m. Unidad monetaria de Honduras.
LEMPIRENSE adj. y s. De Lempira (Honduras).
LEMPO, PA adj. *Col.* Grande, desproporcionado. ‖ — M. *Col.* Trozo, pedazo.

leghorn

legionario romano

lemniscata

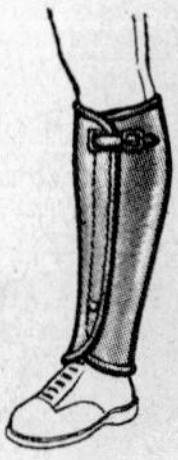
legui

Fot. Justin

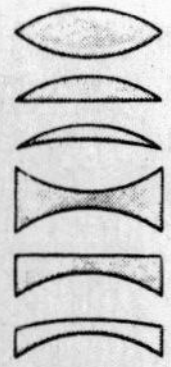

LENTES

1. Biconvexa
2. Planoconvexa
3. Convexo-cóncava
4. Bicóncava
5. Planocóncava
6. Cóncavo-convexa

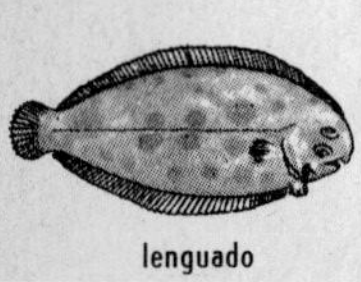

lenguado

LÉMURES m. pl. (lat. *lemures*). *Mitol.* Entre los romanos y los etruscos, fantasmas de los muertos. || *Fig.* Fantasmas, duendes.

LEMÚRIDOS m. pl. Suborden de mamíferos primates, que son frugívoros y propios de Madagascar, África y Malasia, como el maki.

LEN adj. (del lat. *lenis*, blando). Dícese del hilo o seda poco torcidos. || *Cuajada en len*, cierto dulce.

LENCERA f. Mujer que vende o trata lienzos. || Mujer del lencero.

LENCERÍA f. Conjunto de géneros de lienzo y tráfico que se hace con ellos. || Tienda donde se vende lienzo. || Lugar donde se custodia la ropa blanca: *la lencería de un hospital.* || Ropa blanca de una persona, de una familia, etc.: *comprar lencería.*

LENCERO m. El que trata en lienzos o los vende.

LENCO, CA adj. y s. *Hond.* Tartamudo.

LENDRERA f. Peine de púas muy apretadas.

LENDROSO, SA adj. Que tiene muchas liendres.

LENE adj. (lat. *lenis*). Suave, dulce. || Ligero.

LENGUA f. (lat. *lingua*). Cuerpo carnoso, prolongado, móvil, colocado en la boca, y que sirve para la gustación, la deglución y la palabra. (V. BOCA.) || Conjunto de las palabras del lenguaje hablado o escrito propio de un pueblo, de una nación: *lengua española, francesa.* (SINÓN. *Dialecto, habla, idioma, lenguaje.*) || Reglas del lenguaje de una nación: *muchos españoles desconocen su lengua.* || Modo particular de expresarse: *lengua de los poetas.* (SINÓN. V. *Jerga.*) || Lengüeta. || Badajo de la campana. || Nombre de varias plantas: *lengua de buey.* || Intérprete. || *Lengua madre*, aquella de donde se derivan otras. || *Lengua materna*, lengua del país donde se ha nacido. || *Lengua viva*, aquella que actualmente se habla. || *Lengua muerta*, aquella que no se habla ya: *el latín es una lengua muerta.* || *Lenguas hermanas*, las que se derivan de una misma lengua madre. || *Lengua de oc*, la que antiguamente se hablaba en el Mediodía de Francia y cultivaron los trovadores, llamada también *provenzal* y *lemosín.* || *Lengua de oil*, lengua hablada antiguamente en Francia al norte del Loira y que de su evolución surgió el francés. || *Lenguas arias* o *indoeuropeas*, las habladas por los pueblos indoeuropeos, a cuyo grupo pertenecen el griego, el latín, el germánico, etc. || *Lengua de tierra*, pedazo de tierra largo y estrecho que entra en el mar. || *Lengua de glaciar*, parte del glaciar que desciende por una pendiente. || *Lengua de vaca*, navaja muy larga. || *Lengua de víbora*, o *viperina*, o *mala lengua*, y tb. fig., *lengua de escorpión*, persona maldiciente. || *Lengua de fuego*, llama, y en especial cada una de las que en forma de lengua bajaron sobre las cabezas de los apóstoles el día de Pentecostés. || *Media lengua* o *lengua de trapo*, persona que tiene algún defecto de pronunciación. || *Fig. Buscar a uno la lengua*, incitarle a hablar. || *Fam. Hacerse lenguas de una cosa*, alabarla excesivamente. || *Fig. Írsele a uno la lengua*, decir lo que debiera haber callado. || *Fig. Largo de lengua*, hablador. || *Fig. Morderse la lengua*, hacerse violencia para no decir una cosa. || *Fig. Tirarle a uno de la lengua*, hacerle hablar.

LENGUADO m. Pez marino de forma aplanada: *la carne del lenguado es comestible muy apreciado.*

LENGUAJE m. Empleo de la palabra para expresar las ideas: *el lenguaje articulado pertenece sólo al hombre.* || Cualquier medio que se emplea para expresar las ideas. (Hay tres clases de *lenguaje:* el *lenguaje hablado*, el *lenguaje escrito* y el *lenguaje mímico.*) || *Fig.* Conjunto de señales que dan a entender una cosa: *el lenguaje de los ojos, de las flores*, etc. || Modo de hablar, idioma: *un lenguaje incomprensible.* (SINÓN. V. *Lengua.*) || Estilo: *lenguaje figurado.* || Modo de expresarse: *un lenguaje grosero.* || *Lenguaje cifrado, convenido*, modo de expresión por medio de palabras convencionales o de números que asegura el secreto entre los que se relacionan.

LENGUARADA f. Lengüetada.

LENGUARAZ adj. y s. Que conoce dos o más lenguas, intérprete. (P. us.) || Deslenguado, mal hablado. || Hablador.

LENGUAZ adj. Que habla mucho sin necesidad.

LENGÜETA f. Lengua pequeña. || Cualquier objeto cuya forma se asemeja a la de una lengua pequeña: *la lengüeta de una balanza.* || *Mús.* Laminilla de metal o de caña que produce el sonido en algunos instrumentos. || Barrena grande. || Espiga prolongada que se labra en el canto de una tabla para que encaje en la ranura de otra. || Tabiquillo que separa entre sí los cañones de chimenea. || Tirilla del zapato. || *Chil.* Cuchillo de cortar papel. || *Méx.* Cucharetero, fleco de las enaguas. || — Adj. *Amer.* Charlatán.

LENGÜETADA f. y **LENGÜETAZO** m. Acción de lamer: *dar una lengüetada en un plato.*

LENGÜETEAR v. i. *Amer.* Charlar sin substancia. || — V. t. Lamer.

LENGÜETERÍA f. Conjunto de los registros del órgano provistos de lengüeta.

LENGÜETERO, RA adj. y s. *Antill.* Lenguaraz.

LENGÜICORTO, TA adj. *Fam.* Tímido al hablar, reservado.

LENGÜILARGO, GA adj. y s. *Fam.* Deslenguado.

LENGUÓN, ONA adj. y s. *Amer.* Lenguaraz.

LENIDAD f. Blandura, falta de severidad.

LENIFICAR v. t. (del lat. *lenis*, suave, y *facere*, hacer). Suavizar por medio de un lenitivo. (SINÓN. V. *Aliviar.*) || Suavizar, ablandar.

LENIFICACIÓN f. Acción y efecto de lenificar.

LENIFICATIVO, VA adj. Lenitivo.

LENINISMO m. Conjunto de las teorías de Lenin que contribuyeron a completar el marxismo.

LENINISTA adj. y s. Relativo o partidario de la doctrina de Lenin.

LENITIVO, VA adj. Que ablanda y suaviza. || — M. Medicamento que ablanda: *la miel es un lenitivo.* || *Fig.* Lo que suaviza los sufrimientos morales. (SINÓN. V. *Consolador.*)

LENOCINIO m. Alcahuetería. || *Casa de lenocinio*, mancebía, casa de prostitución.

LENTAMENTE adv. m. Con lentitud. || — SINÓN. *Despacio, insensiblemente, pausadamente.* Fam. *Pian, pian, piano.*

LENTE amb. Cristal refringente de superficie esférica con caras cóncavas o convexas que se emplea en varios instrumentos ópticos. || Dispositivo electromagnético que reemplaza los cristales ópticos en el microscopio electrónico. || *Lente de contacto*, disco pequeño de materia plástica o vidrio, cóncavo de un lado, convexo del otro, que se aplica directamente sobre la córnea para corregir los vicios de refracción del ojo. || Lente con armadura que usan los miopes y présbitas y que permite acercárselo cómodamente a un ojo. || — Pl. Cristales de igual clase para ambos ojos que generalmente se sujetan en la nariz. (SINÓN. V. *Quevedos.*) || — OBSERV. Sobre el género de esta palabra, el uso ha establecido que sea femenino *(las lentes)* cuando significa *cristal refringente*, y masculino *(los lentes)* cuando significa una especie de *gafas.*

LENTEJA f. (lat. *lenticula*). Planta de la familia de las papilionáceas: *la semilla de la lenteja es muy nutritiva.* || Fruto de esta planta: *por un plato de lentejas vendió Esaú su derecho de primogenitura.* || Peso en que remata el péndulo de reloj. || *Lenteja de agua*, planta de la familia de las lemnáceas.

LENTEJAR m. Campo sembrado de lentejas.

LENTEJUELA f. Laminilla redonda de metal, que sirve para bordar: *coser lentejuelas de oro.*

LENTICULAR adj. De forma de lenteja: *vidrio lenticular.* || — M. Uno de los huesecillos del oído. Ú. t. c. adj.: *hueso lenticular.*

LENTIGO m. Lunar, peca.

LENTILLA f. Lente de contacto.

LENTISCAL m. Terreno poblado de lentiscos.

LENTISCO m. (lat. *lentiscus*). Arbusto de la familia de las anacardiáceas, de flor amarillenta o rojiza y fruto en drupa: *de los frutos del lentisco se saca aceite para el alumbrado.* || Resina de un terebinto. || *Lentisco del Perú*, el turbinto.

LENTITUD f. (lat. *lentitudo*). Tardanza, falta de celeridad. || *Fig.* Torpeza de entendimiento.

LENTO, TA adj. (lat. *lentus*). Tardo, que no obra con ligereza: *inteligencia lenta.* (SINÓN. *Remolón, tardón.* V. tb. *perezoso.*) || Dícese del efecto progresivo: *el alcohol es un veneno lento.* || Dícese del movimiento poco veloz: *paso lento.*

(SINÓN. *Calmoso, pausado, tardío.* CONTR. *Rápido.*) || Poco vigoroso o enérgico: *fuego lento.* || *Farm.* y *Med.* Glutinoso, pegajoso.

LENTO adv. (pal. ital.). *Mús.* Lentamente y con gravedad.

LEÑA f. Parte de los árboles y arbustos que, hecho trozos, sirve para lumbre. || *Fig.* y *fam.* Castigo: *ese niño necesita leña.* (SINÓN. V. *Paliza.*) || *Fig. Echar leña al fuego,* poner medios para acrecentar un mal. Dar incentivo a un afecto, inclinación o vicio. || *Fam. Dar leña,* pegar. En deportes, jugar peligrosamente.

LEÑADOR, RA m. y f. Persona que corta leña.

LEÑATEAR v. t. *Col.* Cortar leña.

LEÑATERO m. Leñador.

LEÑAZO m. *Fam.* Garrotazo, palo.

LEÑERA f. Sitio donde se guarda la leña.

LEÑERO m. El que vende la leña. || Leñera.

LEÑO m. (lat. *lignum*). Trozo de árbol después de cortado y limpio de ramas. || Madera. || *Fig.* y *poét.* Barco, embarcación. || *Fig.* y *fam.* Persona torpe. (SINÓN. V. *Estúpido.*) || *Dormir como un leño,* dormir profundamente.

LEÑOSO, SA adj. De leña: *la parte leñosa de una planta.* || De consistencia como la de la madera.

LEO m. *Astr.* León, constelación. || Nombre científico del *león.*

LEÓN m. (lat. *leo, leonis*). Mamífero carnicero de la familia de los félidos, de pelaje entre amarillo y rojo, de dientes y uñas muy fuertes y cabeza grande. (En Chile se da este nombre al *puma.*) || Hormiga león. || *Chil. Fig.* Juego de muchachos. || *Amér. C. León miquero,* eirá. || *Fig.* Hombre audaz, imperioso y valiente. || *Astr.* Signo del Zodiaco. || *León marino,* especie de foca grande, de pelaje largo y espeso. || PROV. **No es tan fiero o bravo el león como lo pintan,** no es tan temible una persona o un negocio como se creía.

— El *león* se encuentra en África y en el Asia occidental. Posee una fuerza y agilidad extraordinarias. Sin embargo, rara vez ataca al hombre. Es animal nocturno y vive generalmente solo. Su rugido es espantoso y se oye a varios kilómetros. (Longitud: 2 m; longevidad: 40 años.) El macho se distingue por una larga melena.

LEONA f. Hembra del león: *la leona carece de melena.* || *Fig.* Mujer valiente, atrevida.

LEONADO, DA adj. De color rubio rojizo, como el pelo del león: *piel leonada.*

LEONCITO m. Especie de tití, mono americano.

LEONERA f. Lugar en que se guardan los leones. || *Fig.* y *fam.* Casa de juego. || *Fig.* y *fam.* Cuarto desarreglado. || *Col.* y *Chil.* Taifa, reunión de personas de mala vida. || *Per.* Reunión donde todos hablan y nadie se entiende. || *Arg., Ecuad.* y *P. Rico.* Cárcel, prevención de policía.

LEONERO, RA adj. *Chil.* Alborotador. || — M. *Méx.* Casa donde ocurren desórdenes. || — M. y f. Persona que cuida de los leones.

LEONÉS, ESA adj. y s. De León, c. de España. || Perteneciente al antiguo reino de León. || De León (Nicaragua).

LEÓNICA adj. y s. f. Dícese de una vena de la lengua.

LEÓNIDAS f. pl. *Astr.* Estrellas fugaces cuyo punto radiante está en la constelación del León.

LEONINO, NA adj. (lat. *leoninus*). Perteneciente o parecido al león. || *For.* Dícese de los contratos en que todas las ventajas son para una de las partes. || — F. Especie de lepra.

LEONTINA f. Cadena de reloj.

LEONURO m. Género de plantas de la familia de las labiadas, al que pertenece la agripalma.

LEOPARDO m. (lat. *leopardus*). Mamífero carnicero de piel rojiza con manchas negras redondas de 1,20 m de largura: *el leopardo vive en los bosques de Asia y África.*

LEOPOLDINA f. (de *Leopoldo* O'Donnell). Ros más bajo que el ordinario. || Cadena de reloj que pendía del bolsillo.

LEOTARDO m. (de Léotard, acróbata francés del s. XIX). Traje sin mangas muy ajustado al cuerpo, usado por gimnastas y trapecistas. || *Por ext.* Prenda muy ajustada, generalmente de punto, que cubre desde el pie a la cintura. Ú. m. en pl.

LEPE n. pr. *Saber más que Lepe,* ser muy listo. Dícese también: *saber más que Lepe, Lepijo y su hijo.* || — M. *Venez.* Capirotazo, golpe: *dar un lepe.* || *Venez.* Trago de licor.

LEPERADA f. *Amér. C.* y *Méx.* Acción o dicho de lépero.

LEPERAJE m. *Méx.* Conjunto de léperos.

LÉPERO, RA adj. y s. *Amér. C.* y *Méx.* Dícese del individuo grosero, indecente. || *Cub.* Astuto, y ladino. || *Ecuad.* Arruinado.

LEPERUZA f. *Méx.* Pelandusca.

LEPIDIA f. *Chil.* Indigestión. (V. LIPIRIA.)

LEPIDIO m. (lat. *lepidium*). Planta de la familia de las crucíferas: *el lepidio se emplea en medicina contra el escorbuto.*

LEPIDODENDRO m. Árbol de la era primaria que llegaba a medir de 20 a 30 m de altura.

LEPIDOLITA f. Mineral monoclínico de color rojo claro a verdoso.

LEPIDÓPTERO, RA adj. y s. (del gr. *lepis, idos,* escama, y *pteron,* ala). *Zool.* Dícese de los insectos que tienen dos pares de alas cubiertas de escamas muy tenues y boca chupadora, como las mariposas.

LEPIDOSIRENA f. Género de grandes peces dipnoos (es decir, de doble respiración) que viven en el cieno del río de las Amazonas. (La *lepidosirena* respira lo mismo con sus pulmones que con sus branquias.)

LEPIRIA f. Lipiria.

LEPISMA f. (del gr. *lepisma,* escama). Insecto tisanuro muy pequeño, de cuerpo plateado y abdomen terminado por unas cerdillas articuladas, común en Europa: *la lepisma roe el cuero, el papel y el azúcar.*

LEPÓRIDE m. (del lat. *lepus, oris,* liebre, y el gr. *eidos,* forma). Animal híbrido hipotético de conejo y de liebre.

LEPÓRIDOS m. pl. *Zool.* Familia de mamíferos roedores que comprende las liebres y los conejos.

LEPORINO, NA adj. Perteneciente a la liebre. || *Labio leporino,* deformidad congénita caracterizada por la división del labio superior.

LEPRA f. (lat. *lepra*). Infección crónica de la piel, debida a la presencia del bacilo de Hansen, que cubre la piel de pústulas y escamas: *la lepra fue traída de Oriente a Europa por las legiones romanas.* || *Lepra blanca,* albarazo. || Por analogía, mancha que imita la lepra. || *Fig.* Vicio que se extiende como la lepra. || Antiguo nombre de ciertos líquenes.

LEPROSERÍA f. Hospital para los leprosos: *en el siglo* XIII *había en Europa cerca de 20 000 leproserías.*

LEPROSO, SA adj. y s. Enfermo de lepra.

LEPTONAS f. pl. Partículas elementales ligeras.

LEPTORRINOS m. pl. Animales que tienen el pico o el hocico delgado y muy saliente.

LEQUELEQUE m. *Bol.* Una especie de avefría.

LERCHA f. Junquillo con que se ensartan aves o peces muertos.

LERDA f. *Veter.* Lerdón.

LERDAMENTE adv. m. Con pesadez y tardanza.

LERDEAR v. i. *Amér.* Mostrarse lerdo.

LERDO, DA adj. y s. Pesado, torpe: *ser muy lerdo.* (SINÓN. V. *Tonto.*)

LERDÓN m. *Veter.* Tumor que nace a las caballerías cerca de las rodillas.

LERIDANO, NA adj. y s. De Lérida.

LERNEO, A adj. Perteneciente o relativo a la ciudad o a la laguna de Lerna: *Hércules mató la hidra lernea.* || — Adj. y s. Dícese de las fiestas que se celebraban en Lerna (Argólida).

LES, dativo del pronombre personal de tercera pers. en ambos géneros y números: *le di los libros,* a ellos o a ellas. || — OBSERV. Es error decir: *las di los libros a las niñas* o *los di la mano a ambos.* (V. LOS.)

LESBIANISMO m. Inclinación sexual de la mujer hacia personas del mismo sexo.

LESBIANO, NA y **LESBIO, BIA** adj. y s. De Lesbos, isla del Mediterráneo. || Dícese de las mujeres homosexuales.

LESEAR v. i. *Chil.* Necear.

LESERA f. *Chil.* y *Per.* Tontería, necedad.

LESIÓN f. Daño o detrimento corporal causado por herido, golpe o enfermedad. (SINÓN. V. *Herida.*) || *Fig.* Cualquier daño o detrimento.

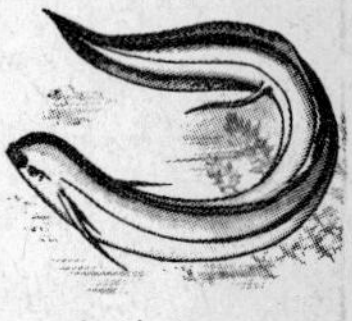

lepidosirena

león

leona

leopardo

Fot. Ylla-Rapho, Popper-Atlas Photo

(Sinón. V. *Perjuicio.*) || Daño causado en un contrato. || *Lesión grave,* la que inutiliza para trabajar por más de treinta días o implica pérdida o inutilidad de un miembro.
LESIONADOR, RA adj. Que lesiona.
LESIONAR v. t. Causar una lesión. (Sinón. V. *Herir.*) Ú. t. c. r. || Dañar. (Sinón. V. *Perjudicar.*)
LESIVO, VA adj. Perjudicial.
LESNA f. Lezna.
LESNORDESTE m. Parte del horizonte entre el leste y el Nordeste. || Viento que sopla de esta parte.
LESO, SA adj. (del lat. *laesus,* herido). Agraviado, lastimado, ofendido (se aplica a la cosa que ha recibido el daño, y precede siempre al sustantivo): *crimen de lesa majestad.* || Perturbado, trastornado. || *Amer.* Tonto, necio.
LESQUÍN m. *Hond.* El liquidámbar.
LESSUESTE m. Parte del horizonte entre el leste y el Sueste. || Viento que sopla de esta parte.
LESTE m. *Mar.* Este. || Viento cálido seco del Atlántico que sopla de Sur a Este.
LESURA f. *Chil.* Tontería, necedad.
LETAL adj. Mortífero, mortal.
LETANÍA f. (del gr. *litaneia,* oración). Oración formada por una larga serie de breves invocaciones: *la letanía lauretana.* (Sinón. V. *Oración.*) Ú. m. en pl. || Procesión de rogativa en que se cantan las letanías. Ú. m. en pl. || *Fig.* y *fam.* Lista, retahíla: *una letanía de reclamaciones.*
LETÁRGICO, CA adj. *Med.* Que padece letargo. || *Med.* Relativo al letargo: *sueño letárgico.*
LETARGO m. (del gr. *lêthê,* olvido, y *argos,* lánguido). *Med.* Estado que consiste en la supresión de las funciones de la vida y del uso de los sentidos. || *Fig.* Modorra, enajenamiento del ánimo: *sacar del letargo.* (Sinón. V. *Adormecimiento.*) || Estado de sopor de algunos animales durante ciertas épocas.
LETARGOSO, SA adj. Que aletarga.
LETEO, A adj. (lat. *lethaeus*). *Mitol.* Perteneciente al Leteo, río del olvido en los Infiernos.
LETICIANO, NA adj. y s. De Leticia (Colombia).
LETÍFERO, RA adj. (del lat. *lethum,* muerte, y *ferre,* llevar). Mortal, que causa la muerte.
LETIFICAR v. t. (del lat. *laetus,* alegre, y *facere,* hacer). Alegrar, regocijar. || Animar.
LETÍFICO, CA adj. (lat. *laetificus*). Que alegra.
LETÓN, ONA adj. y s. De Letonia. || — M. Lengua hablada en Letonia y que es un dialecto del lituano.
LETRA f. (lat. *littera*). Cada uno de los caracteres del alfabeto: *el alfabeto español tiene veintiocho letras.* || Modo de escribir un individuo, país o época: *letra corrida; letra gótica.* || Carácter tipográfico que representa una de dichas letras: *una letra mayúscula.* || *Letra florida,* la mayúscula con algún adorno, que sirve para iniciar capítulos. || Sentido material de un texto: *la letra mata mientras que el espíritu vivifica.* || Conjunto de las palabras de una canción. || *Fig.* y *fam.* Astucia, sagacidad: *tener mucha letra menuda.* || — Pl. Los diversos ramos del saber, exceptuando las ciencias matemáticas y naturales: *Facultad de Letras.* || *Letra de cambio,* documento por medio del cual se gira una cantidad de una persona a otra. || *Letra de molde,* la que está impresa en grandes caracteres. || *Bellas letras,* la literatura. || *De puño y letra,* a mano. || *Hombre, mujer de letras,* persona dedicada exclusivamente a la literatura. || *Fig.* y *fam. Dos,* o *cuatro, letras,* escrito breve, principalmente carta o esquela. || *Protestar una letra,* requerir ante notario al que no quiere o no puede pagar, para recobrar su importe, más la resaca. || *Primeras letras,* los rudimentos de la enseñanza. || *A la letra,* m. adv., literalmente, sin interpretar el sentido de las palabras. || *Copiar a la letra,* sin variar nada. || — Prov. **La letra con sangre entra,** refrán que enseña que no se aprende nada sin trabajo y estudio.

letra florida

LETRADA f. *Fam.* Mujer del letrado.
LETRADO, DA adj. Instruido, docto. (Sinón. V. *Sabio.*) || *Fam.* Que presume de discreto y habla mucho sin fundamento. || — M. Abogado.
LETRERO m. Escrito que sirve para indicar una cosa: *leer el letrero de una botella.* || — Sinón. *Etiqueta, placa.* V. tb. *cartel* y *título.*
LETRILLA f. Composición poética en versos cortos o en estrofas de igual estribillo, y que algunas veces suele ponerse en música.
LETRINA f. (lat. *letrina*). Lugar excusado. (Sinón. V. *Retrete.*) || *Fig.* Cosa sumamente sucia y repugnante.
LEU m. Unidad monetaria rumana. Pl. *lei.*
LEUCEMIA f. *Med.* Enfermedad que se manifiesta por un aumento del número de glóbulos blancos (leucocitos) en la sangre (hasta 500 000 por mm^3): *la leucemia se llama cáncer de la sangre.*
LEUCÉMICO, CA adj. y s. Perteneciente a la leucemia o que la padece.
LEUCOCITO m. (del gr. *leukos,* blanco, y *kutos,* célula). *Anat.* Glóbulo blanco de la sangre y de la linfa, que asegura la defensa contra los microbios. (Cada milímetro cúbico de sangre contiene 7 000.)
LEUCOCITOSIS o **LEUCOCITEMIA** f. Aumento anormal del número de leucocitos: *la leucocitosis es signo de infección, a no ser en el embarazo y en la menstruación.*
LEUCODERMA adj. Dícese de la raza blanca.
LEUCOMA m. Mancha blanca sobre la córnea.
LEUCOMAÍNA f. Alcaloide que se encuentra en los tejidos animales vivos.
LEUCOPENIA f. Disminución del número de leucocitos en la sangre.
LEUCOPLASIA o **LEUCOPLAQUIA** f. *Med.* Transformación patológica de una mucosa que se recubre de placas blancas que están constantemente húmedas: *leucoplasia bucal.*
LEUCORREA f. Flujo blanquecino que proviene de las vías genitales de la mujer.
LEUDAR v. t. Echar levadura a la masa del pan. || — V. r. Fermentar la masa del pan.
LEUDE m. Militar que seguía libremente en la hueste a los reyes góticos.
LEUDO, DA adj. Dícese de la masa de pan fermentada con levadura.
LEV m. Unidad monetaria búlgara. Pl. *leva.*
LEVA f. Salida de un barco del puerto. || Recluta de soldados. || Espeque, palanca de madera. || Acción de levarse o irse. || *Mec.* Rueda provista de un resalte o de una muesca y destinada a transmitir o a accionar el movimiento de una máquina. || *Árbol de levas,* eje provisto de levas. || *Amér. C.* y *Col.* Treta, engaño. || *Amer.* Levita. || — Pl. *Col.* Amenazas: *echar levas.*
LEVADIZO, ZA adj. Que se puede levantar: *un puente levadizo.*
LEVADURA f. Substancia capaz de producir la fermentación en un cuerpo: *levadura de cerveza.* || Porción de masa agria que se agrega a la masa del pan para que se leude. || *Fig.* Germen de alguna pasión violenta.
LEVANTADA f. Acción de levantarse.
LEVANTADO, DA adj. *Fig.* Elevado, sublime: *estilo levantado.* || — Contr. *Bajo, vil.*
LEVANTADOR, RA adj. y s. Que levanta. || Amotinador, sedicioso.
LEVANTAMIENTO m. Acción y efecto de levantar. || Sublevación, sedición, motín: *levantamiento popular.* || Sublimidad, elevación.
LEVANTAR v. t. Alzar, subir: *levantar el brazo.* (Sinón. *Erguir, izar, realzar.*) || Poner derecho lo que estaba inclinado: *levantar la cabeza.* || Dirigir hacia arriba: *levantar los ojos, la puntería.* (Sinón. V. *Elevar.*) || Quitar, recoger: *levantar los manteles.* || Fabricar, edificar: *levantar una casa de dos pisos.* || Abandonar un sitio: *levantar el real.* || Mover, ahuyentar: *levantar la caza.* || Cortar los naipes. || *Levantar el campo,* marcharse. || Producir: *levantar un chichón.* || Suprimir: *levantar la excomunión.* || Trastornar, revolver: *levantar el estómago.* || Mudar: *levantar la casa.* || *Fig.* Ensalzar. || *Fig.* Reclutar, alistar: *levantar tropas.* || *Fig.* Dar mayor fuerza a la voz. || *Fig.* Impulsar hacia cosas altas: *levantar el corazón.* || Esforzar, vigorizar: *levantar los ánimos.* || *Fig.* Ocasionar, formar, mover: *su actuación levantó muchas protestas.* || *Fig.* Imputar: *levantar una falsa acusación.* || — V. r. Elevarse sobre una superficie. || Salir de la cama: *levantarse temprano.* || Dejar el lecho el enfermo: *desde ayer se levanta Juan.* || Rebelarse. (Sinón. V. *Sublevar.*)

LEVANTE m. Punto por donde parece salir el sol. (SINÓN. V. *Oriente.*) ‖ Viento que sopla de la parte oriental. ‖ Región sudoriental de España, regiones de las costas del Mediterráneo que caen al oriente de España (en estos casos se escribe con mayúscula): *las escalas de Levante.* (V. *Parte hist.*) ‖ *Amér. C.* y *P. Rico.* ‖ Calumnia: *hacer un levante.* ‖ *P. Rico.* Levantamiento. ‖ *Chil.* Derecho de tala de un bosque.

LEVANTINO, NA adj. y s. De Levante.

LEVANTISCO, CA adj. y s. Inquieto y turbulento.

LEVAR v. t. *Mar.* Levantar las anclas.

LEVE adj. (lat. *levis*). Ligero. ‖ *Fig.* De poca importancia, venial: *pecado leve.*

LEVEDAD f. Ligereza.

LEVEMENTE adv. m. Ligeramente, blandamente. ‖ *Fig.* Venialmente.

LEVENTE m. Soldado turco de marina. ‖ *Cub.* Advenedizo cuyos orígenes se desconocen.

LEVIATÁN m. Monstruo marino.

LEVIGACIÓN f. Acción y efecto de levigar un polvo.

LEVIGAR v. t. (lat. *laevigare*). *Farm.* Desleir en agua una materia en polvo impalpable para precipitar la parte más tenue: *levigar carbonato de cal.*

LEVIRATO m. (del lat. *levir*, cuñado). En la ley mosaica, obligación que tenía el hermano del que moría sin hijos de casarse con la viuda.

LEVIRROSTRO adj. y s. Dícese de las aves de pico largo y puntiagudo.

LEVITA m. Israelita de la tribu de Leví, dedicado al servicio del templo. ‖ Diácono.

LEVITA f. (fr. *levite*, del lat. *levita*). Vestidura moderna de hombre, con faldones largos.

LEVITACIÓN f. Acto de levantar un objeto por la sola potencia de la voluntad.

LEVÍTICO, CA adj. (lat. *leviticus*). Relativo a los levitas de Israel. ‖ *Por ext.* Sacerdotal, o muy influido por el clero: *ambiente levítico.*

LEVITÓN m. Especie de levita grande y larga.

LEVÓGIRO, RA adj. (del lat. *laevus*, izquierda, y *gyrare*, girar). *Fís.* Que desvía hacia la izquierda el plano de polarización de la luz: *azúcar levógira.*

LEVOGLUCOSA f. Glucosa que desvía la luz polarizada hacia la izquierda.

LEVULOSA f. Azúcar levógira.

LÉXICO, CA adj. (gr. *lexikos*, de *lexis*, lenguaje, palabra). Perteneciente al léxico o vocabulario de una lengua o región. ‖ — M. Diccionario griego. ‖ *Por ext.* Diccionario en general. ‖ Abundancia de voces, modismos y giros de un escritor: *tiene mucho léxico.*

LEXICOGRAFÍA f. Arte de componer léxicos o diccionarios. ‖ Estudio de los vocables o léxico de una lengua.

LEXICOGRÁFICO, CA adj. Relativo a la lexicografía: *ensayos lexicográficos.*

LEXICÓGRAFO m. (del gr. *lexikos*, léxico, y *graphein*, escribir). Autor de un léxico o diccionario o de trabajos sobre las palabras de una lengua. ‖ El versado en lexicografía.

LEXICOLOGÍA f. (del gr. *lexikos*, diccionario, y *logos*, tratado). Ciencia o estudio de las palabras desde el punto de vista de la analogía o etimología.

LEXICOLÓGICO, CA adj. Relativo a la lexicología: *ejercicio lexicológico.*

LEXICÓLOGO m. El versado en lexicología.

LEXICÓN m. Léxico.

LEY f. (lat. *lex*, de *ligare*, ligar). Regla obligatoria o necesaria: *someterse a una ley.* (SINÓN. *Carta, código, constitución, decisión, decreto, edicto, ordenanza.* V. tb. *regla.*) ‖ Acto de la autoridad soberana que ordena o permite una cosa: *promulgar una ley.* ‖ Conjunto de dichos actos: *nadie debe ignorar la ley.* ‖ Conjunto de leyes: *la ley ordena.* ‖ Condiciones necesarias que derivan de la naturaleza de las cosas: *las leyes de la gravedad.* ‖ Proporción en que un metal noble entra en las aleaciones. ‖ Ciertas obligaciones de la vida moral: *las leyes del honor, de la cortesía.* ‖ Poder: *la ley del más fuerte.* (SINÓN. V. *Autoridad.*) ‖ Religión: *la ley de los mahometanos.* ‖ Estatuto o condición para algo: *las leyes del juego.* ‖ *Ley agraria*, la que, entre los romanos, tenía por objeto el reparto de las tierras conquistadas. ‖ *Ley natural*, reglas de conducta basadas en la naturaleza misma del hombre y de la sociedad. ‖ *Teol. Ley divina*, preceptos dados por Dios a los hombres mediante la revelación. ‖ *Ley moral*, la que nos incita a hacer el bien y a evitar el mal. ‖ *Ley civil*, la que determina los derechos privados de los ciudadanos entre sí. ‖ *Ley antigua*, la de Moisés. ‖ *Ley nueva*, la establecida por Cristo. ‖ *Ley marcial*, la de orden público una vez declarado el estado de guerra; ley o bando de carácter penal y militar, aplicados en tal situación. ‖ *Ley sálica*, la que excluye del trono a las hembras y a sus descendientes. ‖ *Ley seca*, la que prohibe el tráfico y consumo de bebidas alcohólicas. ‖ *Leyes de la guerra*, conjunto de convenciones determinadas por los gobiernos para la conducta que deben observar en caso de guerra. ‖ *Fig.* y *fam. Ley del embudo*, la que da todas las ventajas a una parte. ‖ *Con todas las de la ley*, sin omisión de ninguno de los requisitos indispensables. ‖ *Al margen de la ley*, fuera de la ley. ‖ *Ecuad. Tener a uno ley*, tenerle mala voluntad.

LEY f. Calidad, peso y medida de los géneros según la ley. ‖ Cantidad de fino que tiene un metal precioso: *oro de baja ley.* ‖ *Fig. De buena ley*, de buenas condiciones.

LEYENDA f. (del lat. *legenda*, lo que se ha de leer). Vida de los santos: *la "leyenda Áurea", de Jacobo de Vorágine, es del siglo XIII.* ‖ Relato en que está desfigurada la historia por la tradición: *la leyenda de Barba Azul tiene un fondo de verdad.* (SINÓN. *Mito, tradición.*) ‖ Composición poética de alguna extensión de relato más o menos maravilloso. ‖ Invención fabulosa. (SINÓN. V. *Fábula.*) ‖ Inscripción que se pone a una moneda o medalla. ‖ Galicismo por *pie*, que se pone para explicar algo (grabado, plan, etc.).

LEZNA f. (del germ. *alesna*, punto). Instrumento que usan los zapateros para hacer agujeros en el cuero.

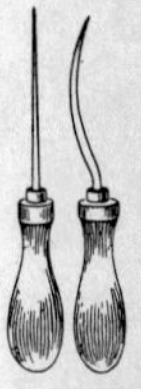
leznas

Li, símbolo del *litio.*

LI m. Antigua medida de longitud china.

LÍA f. Soga de esparto machacado, tejida como una trenza.

LIANA f. (fr. *liane*). Galicismo por *bejuco.*

LIAR v. t. Atar con soga o cuerda. ‖ Envolver: *liar ropa blanca, un cigarrillo.* ‖ *Fig.* y *fam.* Engañar a uno, envolverle en un compromiso. Ú. t. c. r. ‖ *Fig.* y *fam.* Mezclar. ‖ *Fig.* y *fam. Liarlas, liárselas*, huir, escaparse, y también, morir. ‖ — V. r. Amancebarse.

LÍAS f. pl. Heces: *las lías del vino.*

LÍAS o **LIÁSICO** m. *Geol.* Conjunto de las capas inferiores del terreno jurásico.

LIAZA f. Conjunto de lías.

LIBACIÓN f. (lat. *libatio*, de *libare*, derramar). Efusión de vino o de otro licor, que hacían los antiguos en honor de los dioses: *las libaciones precedían en general al sacrificio.* ‖ *Fig.* Acción de libar.

LIBAMEN m. Ofrenda en el sacrificio.

LIBAMIENTO m. Materia que se libaba en los sacrificios antiguos.

LIBANÉS, ESA adj. y s. Del Líbano.

LIBAR v. t. (lat. *libare*). Chupar suavemente el jugo de una cosa: *libar el zumo de las flores.* ‖ Hacer la libación para el sacrificio. ‖ Probar un líquido. (SINÓN. V. *Beber.*)

LIBATORIO m. Vaso para las libaciones.

LIBELA f. Moneda de plata romana.

LIBELAR v. t. *Ant.* Escribir. ‖ *For.* Hacer peticiones o memoriales.

LIBELÁTICO, CA adj. Decíase de los cristianos de la Iglesia primitiva que conseguían certificado de apostasía.

LIBELISTA m. Autor de libelos.

LIBELO m. (del lat. *libellus*, librillo). Escrito satírico o infamatorio. ‖ *For.* Petición o memorial. ‖ *Libelo de repudio*, escritura en que el marido repudiaba a su mujer.

LIBÉLULA f. Insecto de cuatro alas membranosas, que vuela rápidamente cerca de las aguas, llamado vulgarmente *caballito del diablo.*

libélula

LÍBER m. (del lat. *liber*, libro). *Bot.* Capa delgada y fibrosa interior de la corteza de los árboles.

LIBERABLE adj. Que puede ser liberado.

LIBERACIÓN f. (lat. *liberatio*). Acción de libertar. ‖ Quitanza, recibo. ‖ Cancelación de una carga. ‖ Liberación de la ocupación del enemigo. (SINÓN. V. *Rescate.*) ‖ *Col.* Parto, alumbramiento. ‖ *Liberación condicional,* restitución de la libertad a un condenado a una pena de prisión antes de su total cumplimiento, bajo la condición de observar buena conducta y de someterse a la vigilancia de la autoridad.

LIBERADO, DA adj. Desembarazado de una obligación, de una pena, de una servidumbre.

LIBERADOR, RA adj. y s. Libertador.

LIBERAL adj. Aficionado a dar. ‖ Favorable a la libertad: *ideas liberales.* ‖ *Artes liberales,* artes que eran en otro tiempo patrimonio de las gentes de condición libre: *la escultura, la pintura son artes liberales.* ‖ *Profesión liberal,* profesión independiente y de orden intelectual (abogado, médico, profesor). ‖ — M. Partidario de la libertad individual en materia política y económica. ‖ Amplio de miras.

LIBERALIDAD f. Generosidad, desprendimiento: *dar limosna con liberalidad.* ‖ — SINÓN. *Largueza, magnificiencia, munificencia, prodigalidad.* V. tb. *generosidad.*

LIBERALISMO m. Doctrina de los partidarios de la libre empresa, que se opone al socialismo y al dirigismo; más particularmente, teoría según la cual el Estado no tiene que intervenir en las relaciones económicas que existen entre los individuos, clases o naciones. ‖ *Por ext.* Amplitud de miras.

LIBERALIZACIÓN f. Acción de liberalizar.

LIBERALIZAR v. t. Volver más liberal, más libre: *liberalizar un régimen, la economía.*

LIBERALMENTE adv. m. Con liberalidad: *interpretar liberalmente.* ‖ *Arg.* Rápidamente.

LIBERAR v. t. Libertar. (SINÓN. *Emancipar, librar, redimir, rescatar.* V. tb. *soltar.*) ‖ Declarar libre de una obligación: *liberar una deuda.* (SINÓN. V. *Eximir.*) ‖ Librar un país de la ocupación extranjera. ‖ — V. r. Eximirse de una deuda, de una obligación.

LIBERATORIO, RIA adj. Que puede libertar de una obligación: *fuerza liberatoria.*

LIBERIANO, NA adj. y s. De Liberia. ‖ — Adj. Que se refiere al líber: *tubos liberianos.*

LIBEROLEÑOSO, SA adj. Dícese de los hacecillos de madera compuestos de líber y de leña.

LIBÉRRIMO, MA adj. Muy libre.

LIBERTAD f. (lat. *libertas*). Poder de obrar o de no obrar, o de escoger: *el deber supone la libertad.* ‖ Independencia: *sacrificar su libertad.* (SINÓN. *Autonomía, derecho.*) ‖ Exención de etiqueta: *paseo con ella con plena libertad.* ‖ Desembarazo, franqueza: *se presentó con mucha libertad.* ‖ Facilidad, disposición. ‖ Estado opuesto a la servidumbre o al cautiverio: *devolver la libertad a un esclavo, a un cautivo.* ‖ Derecho que uno se toma. ‖ *Libertad civil,* derecho de hacer todo cuanto no prohibe la ley. ‖ *Libertad política,* goce de los derechos de ciudadano. ‖ *Libertad de imprenta* o *de prensa,* derecho para manifestar su opinión en los periódicos y los libros sin previa censura. ‖ *Libertad de conciencia,* derecho de profesar cualquier opinión religiosa. ‖ *Libertad de comercio,* facultad de comprar y vender sin estorbo alguno. ‖ *Libertad condicional,* la que se concede al penado bajo ciertas condiciones. ‖ *Libertad provisional,* la que goza un procesado no sometido a prisión preventiva. ‖ *Libertad individual,* la que tienen todos los ciudadanos de no verse privados de su libertad sino en ciertos casos determinados por la ley. ‖ *En libertad,* m. adv., libremente. ‖ — Pl. Inmunidades: *las libertades municipales.* ‖ Maneras de tratar demasiado atrevidas: *se tomó unas libertades...*

LIBERTADOR, RA adj. y s. Que liberta: *Simón Bolívar fue el Libertador de América.*

LIBERTAR v. t. Poner en libertad: *libertar esclavos.* ‖ Librar, salvar: *libertar de una muerte segura.* ‖ Eximir de una obligación. ‖ Preservar.

LIBERTARIO, RIA adj. y s. Anarquista.

LIBERTENSE adj. y s. De La Libertad (El Salvador).

LIBERTICIDA adj. y s. Que anula la libertad.

LIBERTINAJE m. Desenfreno en la conducta: *entregarse al libertinaje.* ‖ Incredulidad religiosa.

LIBERTINO, NA adj. y s. Aplícase a la persona de conducta desenfrenada. ‖ Incrédulo, ateo, descreído. ‖ — M. y f. En Roma, hijo de liberto.

LIBERTO, TA m. y f. Esclavo a quien se daba libertad en la antigua Roma.

LÍBICO, CA adj. Perteneciente a Libia.

LIBÍDINE f. Lujuria, lascivia.

LIBIDINOSAMENTE adv. m. De un modo libidinoso.

LIBIDINOSIDAD f. Calidad de libidinoso.

LIBIDINOSO, SA adj. Lujurioso. (SINÓN. V. *Erótico.*)

LIBIDO f. (del lat. *libido,* lascivia). Impulso inconsciente más intenso, fuerza que rige la vida de los seres animados. ‖ Instinto sexual en el vocabulario de los psicoanalistas.

LIBIO, BIA adj. y s. De Libia.

LIBORIO m. Nombre genérico del hombre cubano. ‖ *Cub.* Una clase de tabaco de calidad.

LIBRA f. (lat. *libra*). Antigua medida de peso, de valor variable en diferentes lugares, que oscilaba entre 400 y 460 gramos. ‖ Moneda imaginaria cuyo valor varía en los diversos países. ‖ Unidad de moneda inglesa (*libra esterlina*) que contiene 20 chelines o 240 peniques. ‖ Unidad de moneda egipcia, israelita, turca. ‖ Unidad monetaria del Perú que contiene 10 soles. ‖ *Per.* Copa grande de pisco. ‖ *Cub.* Hoja de tabaco de buena calidad. ‖ *Astr.* Signo del Zodiaco. ‖ *Libra carnicera,* la de peso doble de la común que usaban para pesar carne y pescado.

LIBRACIÓN f. (del lat. *librare,* balancear). Movimiento de oscilación de un cuerpo hasta recuperar su equilibrio. ‖ Balanceo real o aparente de un astro.

LIBRACO m. *Despect.* Libro sin ningún valor.

LIBRADO m. y f. *Com.* Persona contra la que se gira una letra de cambio.

LIBRADOR, RA adj. y s. Que libra. ‖ — M. y f. Persona que gira una letra de cambio. ‖ — M. Cogedor que se usa en las tiendas.

LIBRAMIENTO m. Acción y efecto de librar. ‖ Libranza.

LIBRANCISTA m. El que recibe una libranza.

LIBRANZA f. Orden de pago escrita.

LIBRAR v. t. Sacar a uno de un peligro o aprieto: *de buena te libraste ayer.* (SINÓN. V. *Desembarazar.*) ‖ Poner o fundar confianza en una persona. ‖ Dar, expedir: *librar una sentencia.* ‖ *Com.* Girar: *librar una letra de cambio.* ‖ Eximir de una obligación. (SINÓN. V. *Liberar.*) ‖ Galicismo por *reñir, trabar*: *librar una batalla.* ‖ — V. i. Parir la mujer. ‖ Echar la placenta la mujer que está de parto. ‖ Disfrutar los empleados y obreros del día de descanso semanal. ‖ — V. r. *Arg.* Entregarse.

LIBRAZO m. Golpe dado con un libro.

LIBRE adj. (lat. *liber*). Que tiene libertad para obrar o no obrar: *el hombre ha nacido libre* ‖ Que goza de libertad política» *Estado libre.* (SINÓN. *Autónomo, independiente.*) ‖ Que no es esclavo. ‖ Que no está preso. ‖ Soltero. ‖ Suelto, no sujeto. (SINÓN. V. *Espontáneo.*) ‖ Desembarazado de un daño o peligro: *estoy libre de penas.* ‖ Que no tiene obstáculos: *entrada libre.* ‖ *No ocupado.* (SINÓN. V. *Vacante.*) ‖ Que no tiene trabas: *comercio libre.* (SINÓN. *Franco, incoercible.*) ‖ Independiente: *vivir libre.* ‖ Atrevido, descarado: *ser muy libre en la conversación.* ‖ Disoluto, poco honesto: *vida muy libre.* ‖ Exento o dispensado de una obligación sin estar matriculado: *estudiar por libre.* ‖ Sin estar a ningún estilo en natación: *los cien metros libre.* ‖ *Traducción libre,* aquella en que no se traduce servilmente el texto. ‖ *Verso libre,* el que no se ajusta a rima. ‖ *Libre de,* desembarazado, exento de: *libre de prejuicios.* ‖ *Libre albedrío,* libertad absoluta, metafísica que posee todo ser racional. ‖ *Libre cambio,* librecambio. ‖ — CONTR. *Cautivo, esclavo, prisionero.*

LIBREA f. Traje distintivo que llevan los criados de una casa importante. ‖ Clase de los criados. ‖ *Fig.* Señales características: *la librea de la miseria.*

LIBREAR v. t. Vender por libras.

LIBRECAMBIO m. Comercio entre naciones, sin prohibiciones o derechos de aduana.

— El *librecambio,* opuesto al *proteccionismo,* supone una división internacional del trabajo que especializa a cada pueblo en las producciones que mejor puede abastecer. Esta doctrina apareció en Inglaterra en el siglo XIX.

LIBRECAMBISMO m. Doctrina que defiende el librecambio.

LIBRECAMBISTA adj. y s. Partidario del librecambio. || — CONTR. *Proteccionista.*
LIBREMENTE adv. m. Con libertad.
LIBREPENSADOR, RA adj. y s. Partidario del librepensamiento. (SINÓN. V. *Irreligioso.*)
LIBREPENSAMIENTO m. Doctrina que reclama para la razón individual la independencia absoluta de todo dogma religioso.
LIBRERÍA f. Tienda de libros. || Comercio del librero: *librería de libros viejos.* || Armario, estante para libros: *una librería de dos cuerpos.* || Biblioteca.
LIBRERIL adj. Relativo al comercio de libros.
LIBRERO m. El que vende libros. || *Méx.* Estante o armario de libros.
LIBRESCO, CA adj. Relativo al libro. || Sacado principalmente de los libros: *ciencia puramente libresca.*
LIBRETA f. Pan de una libra.
LIBRETA f. Cuaderno en que se escriben anotaciones, cuentas, etc. || Carnet, agenda.
LIBRETISTA com. Autor de un libreto.
LIBRETO m. (ital. *libretto*). Texto puesto en música para el teatro.
LIBRILLO m. Cuadernillo de papel de fumar. || *Librillo de cera,* porción de cerilla convenientemente doblada. || *Librillo de oro* o *plata,* el que se forma con hojas de estos metales batidas, y que sirve para dorar o platear. || *Zool.* Libro, estómago de los rumiantes. || — PARÓN. *Lebrillo.*
LIBRO m. (lat. *liber*). Hojas de papel impresas o en blanco y reunidas en un volumen encuadernado: *publicar un libro.* (SINÓN. *Ejemplar, obra, tomo, volumen.* V. tb. *folleto.*) || Obra en prosa o verso de cierta extensión: *libro bien escrito.* || *Fig.* Objeto que instruye: *el gran libro de la naturaleza.* || División de una obra: *historia en doce libros.* || Libreto. || *Zool.* Tercera cavidad del estómago de los rumiantes. || *Libro de caballerías,* novela en que se contaban aventuras heroicas y amorosas de caballeros andantes. || *Libros de comercio,* los que debe tener todo comerciante para asentar cada día sus operaciones. || *Libro de caja,* aquel en que se consignan las entradas y salidas de dinero. || *Libro mayor,* el mayor de los libros de comercio, donde se establecen las cuentas particulares. || *Libro de fondo,* el que pertenece al fondo de una librería. || *Libro de texto,* el fundamental y oficial para una asignatura. || *Libros sagrados,* la Sagrada Escritura. || *Libro de oro,* libro donde se inscribían en ciertas ciudades de Italia los nombres de las familias más ilustres. *Por ext.* Libro donde se inscriben nombres ilustres: *el libro de oro de la nobleza española.* || *Libro amarillo, azul, verde, blanco,* libro que contiene documentos diplomáticos y publican en determinados casos los gobiernos. (Los colores de dichos libros permiten reconocer el país a que pertenecen.) || *Libro en blanco,* el que no está impreso. || *Fig.* y *fam. Ahorcar los libros,* abandonar los estudios. || *Fig. Hablar como un libro,* hablar con corrección y autoridad.
LICANTROPÍA f. (del gr. *lykos,* lobo, y *anthrôpos,* hombre). *Med.* Manía en que el enfermo se figura estar convertido en lobo.
LICEÍSTA com. Miembro de un liceo.
LICENCIA f. (lat. *licentia*). Facultad o permiso para hacer algo. || Documento en que consta la licencia. || Permiso excepcional: *obtener licencia para introducir mercancías prohibidas.* (SINÓN. V. *Permiso.*) || Libertad abusiva: *tomar demasiada licencia.* || Infracción a las leyes gramaticales, tolerada en ciertos casos: *licencia poética.* || Grado de licenciado. || Fin del servicio militar: *dar a un soldado la licencia absoluta.* || — Pl. Las que se dan a los eclesiásticos para poder predicar, celebrar, etc., por tiempo indefinido.
LICENCIADO, DA adj. Dícese de la persona que se precia de entendida. || Dado por libre. || — M. y f. Persona que ha obtenido en la facultad el grado que le habilita para ejercerla. || — M. Soldado que ha recibido su licencia. || En varios países de América, abogado.
LICENCIAMIENTO m. Acción y efecto de licenciar a los soldados. || Licenciatura.
LICENCIAR v. t. Dar a los soldados su licencia absoluta o temporal. || Dar permiso o licencia. || *Fig.* Despedir. || Conferir la licencia universitaria. || — V. r. Obtener el grado de licenciado: *se licenció en Derecho.*
LICENCIATURA f. Grado de licenciado de universidad y acto de recibirlo. || Estudios necesarios para obtener este grado.
LICENCIOSAMENTE adv. m. Con desenfreno.
LICENCIOSO, SA adj. Libre, desenfrenado, disoluto: *conducta licenciosa.* || Contrario a la decencia, al pudor: *versos licenciosos.* (SINÓN. V. *Obsceno.*)
LICEO m. (gr. *lykeion*). Antiguamente, gimnasio situado fuera de Atenas y donde enseñaba Aristóteles. || Nombre de ciertas sociedades literarias o recreativas. || Establecimiento de primera o segunda enseñanza, dependiente o no del Estado. (SINÓN. V. *Escuela.*).
LICIO, CIA adj. y s. De Licia.
LICITACIÓN f. Acción y efecto de licitar en una venta. (SINÓN. V. *Subasta.*)
LICITADOR m. El que licita.
LÍCITAMENTE adv. m. De un modo lícito.
LICITANTE adj. Que licita, licitador.
LICITAR v. t. (lat. *licitari*). *For.* Ofrecer precio por una cosa vendida en una subasta o almoneda. || *Amer.* Vender en pública subasta.
LICITATORIO, RIA adj. Que licita.
LÍCITO, TA adj. (lat. *licitus*). Justo, permitido por la ley: *emplear medios lícitos para la consecución de un fin.* || — CONTR. *Ilícito.*
LICITUD f. Carácter de lo que es lícito.
LICO m. *Bol.* Barrilla o sosa.
LICOPODÍNEAS f. pl. Plantas criptógamas del tipo de las pteridofitas, con hojas pequeñas y sencillas.
LICOPODIO m. Planta licopodínea, especie de musgo terrestre común en Europa.
LICOR m. (lat. *liquor*). Cualquier cuerpo líquido. || Bebida alcohólica: *no debe abusarse de los licores.* || *Per. Por ext.* Aguardiente de uva.
LICORERA f. Utensilio de mesa donde se colocan las botellas de licor o las copas o vasitos en que se sirve.
LICORISTA com. El que hace o vende licores.
LICORERO, RA m. y f. *Chil.* Licorista.
LICOROSO, SA adj. Espiritoso y aromático: *vino licoroso.*
LICOSA f. Género de arañas corredoras.
LICTOR m. Ministro de Justicia que precedía con las fasces a los magistrados de la antigua Roma.
LICUABLE adj. Liquidable: *el plomo es un metal muy licuable.* (SINÓN. V. *Fluido.*)
LICUACIÓN f. Separación, por calentamiento, de dos metales mezclados pero de fusión diferente. || Paso de una materia del estado gaseoso al líquido: *la licuación del plomo argentífero deja como residuo la plata.* (SINÓN. V. *Fusión.*)
LICUANTE adj. Que licua.
LICUAR v. t. (lat. *liquare*). Convertir en líquido. || *Min.* Fundir un metal sin que se derritan las materias con que está mezclado: *licuar plomo argentífero.* (SINÓN. V. *Fundir.*)
LICUEFACCIÓN f. Paso de un gas o un sólido al estado líquido: *la licuefacción de los gases permanentes es una de las más bellas conquistas de la ciencia.* (SINÓN. V. *Fusión.*)
LICUEFACER v. t. (del lat. *liquefacere,* liquidar). Licuar, liquidar. || — IRREG. Se conjuga como *hacer.*
LICUEFACTIBLE adj. Licuable, liquidable.
LICURGO, GA adj. *Fig.* Inteligente, hábil. || — M. Legislador.
LÍCHIGO m. *Col.* Bastimento, provisión.
LID f. (lat. *lis, litis*). Combate, pelea, riña. || *Fig.* Disputa, contienda. || *En buena lid,* por buenos medios.
LIDER m. (del ingl. *leader, conductor*). Jefe, dirigente. || Artículo de fondo de un periódico. || El que va a la cabeza en una clasificación. Pl. *líderes.*
LIDERATO m. *Neol.* Calidad de líder.
LIDERAZGO m. *Neol.* Liderato.
LIDIA f. Acción y efecto de lidiar: *toro de lidia.* (SINÓN. V. *Combate.*)
LIDIADERA f. *Ecuad.* y *Guat.* Disputa, altercado.
LIDIADERO, RA adj. Que puede lidiarse o combatirse: *toro lidiadero.*
LIDIADOR, RA m. y f. Persona que lidia. || Torero.
LIDIANTE adj. Que lidia.

licopodio

lictor

liebre

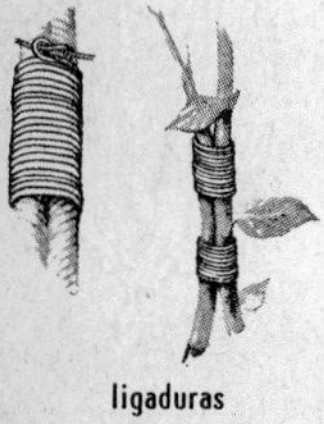

ligaduras

lila

LIDIAR v. i. Combatir, luchar, pelear. || *Fig.* Tratar con una persona molesta y enfadosa: *¡cuánto tengo que lidiar con ese hombre!* || Hacer frente a uno. || — V. t. Torear.

LIDIO, DIA adj. y s. De Lidia.

LIDITA f. Explosivo a base de ácido pícrico.

LIEBRE f. (lat. *lepus, leporis*). Mamífero parecido al conejo, muy corredor y de orejas muy largas. || *Liebre de la Pampa,* mará. || *Fig.* y *fam.* Hombre tímido y pusilánime. || Constelación austral. || *Liebre marina,* molusco gasterópodo. || *Méx. Liebre corrida,* mujer libre. || *Correr como una liebre,* correr mucho. || *Fig. Levantar la liebre,* descubrir algo que estaba oculto.. || — PROV. **Donde menos se piensa salta la liebre,** a veces ocurre impensadamente lo que menos se esperaba.

LIEBRECILLA f. Aciano menor, planta.

LIED m. (pal. al.) Canción popular o más frecuentemente melodía, sobre todo romántica: *los lieder de Schubert.* || *Por ext.* Composición musical de carácter melódico. Pl. *lieder* (SINÓN. V. *Melodía.*)

LIENCILLO m. *Amer.* Nombre de una tela burda de algodón.

LIENDRE f. (lat. *lens, lendis*). Huevecillo del piojo. || *Fig. Sacar hasta las liendres,* exprimir a uno todo lo que tiene. || — PARÓN. *Landre.*

LIENTERA y mejor **LIENTERÍA** f. *Med.* Diarrea en que se arrojan alimentos no digeridos.

LIENZO m. (lat. *linteum.*) Tela de lino o cáñamo. (SINÓN. V. *Tejido.*) || Pañuelo de lienzo. || Pintura hecha sobre lienzo: *un lienzo de Velázquez.* (SINÓN. V. *Cuadro.*) || Pared de un edificio o trozo de muralla de una fortificación. || *Amer.* Trozo de cerca.

LIGA f. Cinta elástica con que se aseguran las medias o calcetines. || Venda, faja. || Muérdago, planta parásita. || Materia pegajosa que se saca del muérdago: *la liga sirve para coger pajarillos.* || Mezcla, aleación: *plata con liga de cobre.* || Confederación, alianza: *la Liga de Augsburgo.* || Asociación de ciudadanos para una acción determinada. (SINÓN. V. *Coalición.*) || *Dep.* Competición en la cual se enfrentan todos los equipos de una misma categoría, unos después de otros, siendo el vencedor el que obtiene mayor número de puntos. || Unión o mezcla. || *Guat.* y *Cub.* Ligación. || *Ecuad.* Amigo íntimo. || *Arg.* Buena suerte en el juego. || *Col.* Hurto.

LIGACIÓN f. Acción y efecto de ligar. || Enlace, unión. || Liga, mezcla.

LIGADA f. Ligadura.

LIGADO m. Enlace de las letras en la escritura. || *Mús.* Modo de tocar una serie de notas sin interrupción del sonido. || *Mús.* Unión de dos *notas iguales sosteniendo el valor de ellas.*

LIGADURA f. Acción y efecto de ligar. || Vuelta que se da a una cosa con cinta o liga: *ligadura apretada.* || *Fig.* Traba, sujeción. || *Cir.* Cinta con que se aprieta y da garrote. || Atadura de una vena o arteria. || *Mús.* Artificio con que se liga la disonancia con la consonancia.

LIGAMAZA f. Viscosidad, sobre todo la de las semillas.

LIGAMEN m. Maleficio que pretendía hacer a uno impotente. || Impedimento dirimente de matrimonio.

LIGAMENTO m. (lat. *ligamentum*). Ligación. || *Anat.* Haz fibroso que liga los órganos entre sí o los mantiene en la debida posición. || Cordón fibroso que liga los huesos de las articulaciones. (SINÓN. V. *Tendón.*) || Entrelazamiento de un tejido siguiendo unas normas.

LIGAMENTOSO, SA adj. Que tiene ligamentos.

LIGAMIENTO m. Acción y efecto de ligar.

LIGAR v. t. Atar: *ligar un paquete.* || Alear dos metales: *ligar plata con cobre.* (SINÓN. V. *Mezclar.*) || Unir, reunir: *ligar intereses paralelos, una arteria.* || Obligar: *este contrato me liga para siempre.* || *Col.* Sisar, hurtar. || *Cub.* Contratar una cosecha antes de la recolección. || — V. i. En ciertos juegos de naipes, juntar dos o más cartas adecuadas para una combinación. || *Arg.* Tocar, corresponder. || *Arg.* Entenderse dos personas. || — V. r. Confederarse, unirse: *ligarse en amistad.*

LIGAZÓN f. Unión, enlace de una cosa con otra.

LIGERAMENTE adv. m. De un modo ligero. || De paso, levemente.

LIGEREAR v. t. *Chil.* Andar o ir de prisa.

LIGEREZA f. Calidad de ligero. || Rapidez, agilidad. || *Fig.* Inconstancia, instabilidad, aturdimiento. || Hecho o dicho irreflexivo o poco meditado.

LIGERO, RA adj. Que pesa poco: *el aluminio es un metal bastante ligero.* || Que se mueve fácilmente, muelle. || Rápido: *ser muy ligero.* (SINÓN. V. *Ágil.*) || Fácil de digerir: *alimento ligero.* || Que fácilmente se interrumpe: *sueño ligero.* || Que tiene poca fuerza: *un té ligero.* || Atolondrado, inconstante. (SINÓN. V. *Cambiante* y *juguetón.*) || Superficial: *espíritu ligero.* (SINÓN. V. *Vago.*) || Inconstante, volátil: *mujer ligera.* (SINÓN. V. *Frívolo.*) || Poco grave: *herida ligera,* || Una de las categorías de boxeo. || — Adv. De prisa. || *A la ligera,* loc. adv., ligeramente. Sin reflexión: *firmar un contrato a la ligera.* || *De ligero,* m. adv., sin reflexión: *creerlo todo de ligero.* || *Ligero de cascos,* un poco loco.

LIGNARIO, RIA adj. De madera o perteneciente a ella.

LIGNIFICACIÓN f. Fenómeno mediante el cual se impregnan en lignina ciertas células de los vegetales, convirtiéndose en madera.

LIGNIFICARSE v. r. Convertirse en madera.

LIGNINA f. Substancia orgánica que impregna los tejidos de la madera.

LIGNITO m. (del lat. *lignum,* leño). Carbón fósil combustible, que contiene el 70 por 100 de carbono, y cuyo color es del pardo al negro más intenso: *el azabache es una variedad de lignito.*

LIGNÓMETRO m. Regla graduada de uso en las imprentas.

LIGNOSO, SA adj. Leñoso.

LÍGNUM CRUCIS m. Reliquia de la cruz de Nuestro Señor Jesucristo.

LIGÓN m. (del lat. *ligo, onis,* azadón). Azada.

LIGÓN, ONA adj. y s. *Fam.* Que tiene suerte en el juego. || Que contrae amistad fácilmente.

LÍGUANO, NA adj. *Chil.* Dícese de una raza de carneros de lana gruesa y larga.

LIGUERO, RA adj. Relativo a la liga.

LÍGULA f. (del lat. *ligula,* lengüeta). *Bot.* Estípula en la parte superior de la hoja de las gramíneas.

LIGULADO, DA adj. De forma de lígula o lengüeta: *corola ligulada.*

LIGULIFLORO, RA adj. Que tiene flores liguladas o en forma de lengüeta: *compuestas liguliflores.*

LIGULIFORME adj. De forma de lengüeta.

LIGUR y **LIGURINO, NA** adj. y s. De Liguria, país de la Italia antigua.

LIGUSTRO m. (lat. *ligustrum*). Alheña, planta.

LIJA f. Pez marino del orden de los escuálidos, de piel sumamente áspera: *la piel de la lija se emplea para pulir metales y maderas.* || Piel de la lija. || Papel de lija: *frotar con lija.* || — Adj. *P. Rico.* Sagaz, lince. || *Papel de lija,* papel esmerilado que sirve para pulir.

LIJADORA f. Máquina para alisar o lijar.

LIJAR v. t. Pulir algo con lija: *lijar una tabla.* (SINÓN. V. *Pulir.*)

LILA f. (ár. *lílac*). Arbusto de la familia de las oleáceas muy común en los jardines: *la lila es originaria de Persia.* || Flor de este arbusto: *le llevé un ramo de lilas.* || Color morado claro: *una tela lila.* || — Adj. y s. *Fam.* Tonto, sencillo: *ser [un] lila.* (SINÓN. V. *Bobo.*)

LILA f. Tela de lana de varios colores.

LILAILA f. Filelí, tela antigua. || *Fam.* Astucia treta: *andar con lilailas.*

LILE adj. y s. *Chil.* Débil, de poco ánimo.

LILIÁCEAS f. pl. Familia de plantas monocotiledóneas de raíz bulbosa y flores en bohordo, a la que pertenecen la azucena, el ajo, la cebolla, etcétera.

LILIAL adj. Cándido, blanquísimo: *tez lilial.*

LILILÁ f. Col. Nombre de una flor maravillosa de las leyendas andaluzas.

LILIPUTIENSE adj. y s. (de *Liliput,* v. *Part. hist.*) *Fig.* Muy pequeño, diminuto. (SINÓN. V. *Enano.*)

LILIQUEAR v. i. *Chil.* Tiritar.

LILOLÁ f. *Col.* Lililá.

LIMA m. Fruto comestible del limero, parecido exteriormente al limón. || Limero.

Fot. Baufle

LIMA f. (lat. *lima*). Instrumento de acero templado, cubierto de estrías, que sirve para desgastar y alisar los metales, la madera, etc. || *Fig.* Corrección y enmienda de las obras de entendimiento. || *Fig.* Lo que imperceptiblemente va consumiendo una cosa: *ese hombre es una lima.* || *Comer como una lima,* comer mucho.
LIMA f. (del lat. *limus,* oblicuo, atravesado). *Arq.* Madero del ángulo de las dos vertientes de un tejado, en el cual estriban los pares cortos de la armadura: *se llama "lima tesa" cuando el ángulo es saliente y "lima hoya" cuando es entrante.*
LIMACO m. (del lat. *limax,* babosa). Limaza.
LIMADO m. Acción de limar.
LIMADORA f. Especie de cepilladora para obtener molduras y perfiles.
LIMADOR m. El que lima.
LIMADURA f. Acción de limar. || — Pl. Partículas que se desprenden al limar.
LIMALLA f. Limaduras: *limalla de hierro.*
LIMANTRIA f. Mariposa nocturna.
LIMAR v. t. (lat. *limare*). Pulir, desbastar con la lima: *limar una llave.* || *Fig.* Pulir: *limar versos.* || *Fig.* Debilitar.
LIMATÓN m. Lima grande redonda y gruesa. || *Col., Chil.* y *Hond.* Lima, madero del tejado.
LIMAZA f. Babosa. || *Venez.* Especie de lima grande.
LIMBO m. (lat. *limbus*). Lugar donde se detenían las almas de los justos del Antiguo Testamento, esperando la llegada del Mesías, y adonde van las almas de los niños que mueren sin bautismo. || Borde de una cosa, y especialmente el círculo graduado de algunos instrumentos. || Contorno aparente de un astro. || Parte plana de una hoja o pétalo. || *Fig.* Distracción: *estar en el limbo,* estar distraído y como alelado.
LIMEN m. (lat. *limen*). *Poét.* Umbral. (P. us.)
LIMEÑO, ÑA adj. y s. De Lima (Perú).
LIMERO, RA m. y f. Persona que vende limas. || — M. Árbol parecido al limonero, cuyo fruto es la lima.
LIMETA f. Botella de vientre ancho y cuello largo.
LIMINAL adj. Que concierne al comienzo de alguna cosa.
LIMINAR adj. y s. m. (del lat. *limen, inis,* umbral). Que está al principio: *epístola liminar.*
LIMISTE m. Cierto paño antiguo.
LIMITABLE adj. Susceptible de ser medido.
LIMITACIÓN f. Fijación, restricción: *sin limitación de tiempo.* || Término, distrito.
LIMITADO, DA adj. De corto entendimiento. || Dícese de las sociedades de responsabilidad limitada al capital escriturado.
LIMITÁNEO, A adj. Inmediato a los límites de un país o provincia.
LIMITAR v. t. (lat. *limitare*). Determinar el límite. (SINÓN. *Circunscribir, confinar, delimitar.* V. tb. *localizar.*) || Restringir dentro de ciertos límites: *limitar la iniciativa de un subordinado.* || *Fig.* Acortar, ceñir. Ú. t. c. r. || — V. i. Lindar.
LIMITATIVO, VA adj. Que limita.
LÍMITE m. (lat. *limes, itis*). Línea común que divide dos Estados, dos posesiones, etc. (SINÓN. V. *Frontera.*) || Línea que señala el fin de una extensión: *el límite del mar.* || *Fig.* Fin, término: *toda potencia tiene sus límites.* || Magnitud a la cual puede aproximarse otra tanto como se quiera, pero sin llegar a alcanzarla. || *Límite de elasticidad de un material,* valor límite de una fuerza contraria que actúa sobre un cuerpo del cual desaparece completamente la deformación cuando cesa esta fuerza. || — Adj. Que no se puede sobrepasar: *precio límite.*
LIMÍTROFE adj. Vecino, colindante: *dos naciones limítrofes.* (SINÓN. V. *Cercano.*)
LIMNEA f. Género de moluscos gasterópodos de las aguas dulces, comunes en Europa.
LIMNOLOGÍA f. Ciencia que estudia los fenómenos físicos y biológicos relativos a los lagos.
LIMO m. (lat. *limus*). Barro o cieno. (SINÓN. V. *Lodo.*) || *Amer.* Limero, árbol.
LIMÓN m. Fruto del limonero, de color amarillo y pulpa ácida. || Limonero, árbol. || *Cub.* Mal bailador. || Larguero de la escalera. || Limonera. || *A la limón,* alalimón.

LIMONADA f. Bebida ácida compuesta de agua, azúcar y zumo de limón. || *Limonada de vino,* sangría, limonada en que se sustituye el agua con vino. || *Farm. Limonada purgante,* bebida medicinal azucarada y ácida a la que se agrega citrato de magnesia. || *Ni chicha ni limonada,* no ser ni una cosa ni otra, sin carácter.
LIMONADO, DA adj. De color de limón.
LIMONAR m. Sitio plantado de limoneros. || *Guat.* Limonero.
LIMONCILLO m. Una clase de plantas. || *Amer.* Árbol de madera amarilla muy apreciada en carpintería.
LIMONENO m. Carburo de hidrógeno perteneciente a los terpenos.
LIMONENSE adj. y s. De Limón (Costa Rica).
LIMONERA f. (fr. *limonière*). Nombre que suele darse a las dos varas de un carruaje.
LIMONERO, RA adj. y s. Dícese de la caballería que va enganchada a varas en el coche. || — M. y f. Persona que vende limones. || — M. Árbol de la familia de las auranciáceas cuyo fruto es el limón.
LIMONITA f. Óxido hidratado de hierro: *la limonita es una mena de hierro muy común.*
LIMOSIDAD f. Calidad de limoso o cenagoso. || Sarro de la dentadura.
LIMOSINA f. Limousine.
LIMOSNA f. (lat. *eleemosyna*). Lo que se da a un pobre gratuitamente y por caridad: *pedir limosna, vivir de limosna.* || — SINÓN. *Auxilio, caridad, óbolo, socorro.* V. tb. *don.*
LIMOSNEAR v. i. Pordiosear, mendigar.
LIMOSNEO m. Acción de limosnear.
LIMOSNERA f. Escarcela en que se llevaba dinero para dar limosna.
LIMOSNERO, RA adj. Caritativo, que da limosna con frecuencia. || — M. El encargado de recoger y repartir las limosnas: *limosnero del rey.* || *Amer.* Pordiosero, mendigo.
LIMOSO, SA adj. Lleno de limo o cieno.
LIMOUSINE f. (pal. fr., pr. *limusín*). Coche automóvil cerrado, parecido al cupé pero con cristales laterales.
LIMPEÑO, ÑA adj. y s. De Limpio (Paraguay).
LIMPIA f. Limpieza: *la limpia de una alcantarilla.* || *Pop.* Trago o vaso de vino. || *Fam.* Limpiabotas.
LIMPIABARROS m. Utensilio colocado a la entrada de las casas para limpiar el barro del calzado.
LIMPIABOTAS m. El que tiene por oficio limpiar y lustrar el calzado.
LIMPIACHIMENEAS m. El que tiene por oficio limpiar las chimeneas.
LIMPIADA f. Acción de limpiar.
LIMPIADERA f. Cepillo de carpintero.
LIMPIADIENTES m. Mondadientes, palillo.
LIMPIADOR, RA adj. y s. Que limpia.
LIMPIADURA f. Limpieza. || — Pl. Suciedad que se saca de una cosa que se limpia.
LIMPIAMANOS m. Toalla, servilleta.
LIMPIAMENTE adv. m. Con limpieza. || *Fig.* Con agilidad o habilidad: *saltó limpiamente la tapia.* || *Fig.* Con sinceridad o con altruismo.
LIMPIAMIENTO m. Limpieza.
LIMPIAPARABRISAS m. Dispositivo mecánico para mantener limpio el parabrisas.
LIMPIAR v. t. Quitar lo sucio a una cosa: *limpiar un vestido.* (SINÓN. *Asear, desengrasar, mondar.* V. tb. *depurar.*) || *Fig.* Purificar: *limpiar a uno de una acusación.* || *Fig.* Desembarazar: *limpiar la casa de pulgas.* (SINÓN. *Barrer, frotar.* V. tb. *vaciar.*) || *Fig.* Podar. || *Fig.* y *fam.* Robar: *le limpiaron el reloj.* (SINÓN. V. *Hurtar.*) || *Fig.* y *fam.* Ganar en el juego. || *Méx.* Castigar. || *Arg.* Matar.
LIMPIAÚÑAS m. Instrumento de tocador que sirve para limpiarse las uñas.
LIMPIDEZ f. Calidad de lo que es límpido.
LÍMPIDO, DA adj. (lat. *limpidus*). *Poét.* Claro, transparente, terso: *lago límpido.* (SINÓN. V. *Diáfano.*)
LIMPIEZA f. Calidad de limpio. || Acción y efecto de limpiar o limpiarse: *pasar mucho tiempo en su limpieza.* (SINÓN. V. *Higiene.*) || *Fig.* Inmaculada Concepción de la Virgen. || Pureza, castidad. || *Fig.* Honradez, integridad: *obrar con limpieza en un negocio.* || Precisión. || *Fig.* Des-

lima

limbo

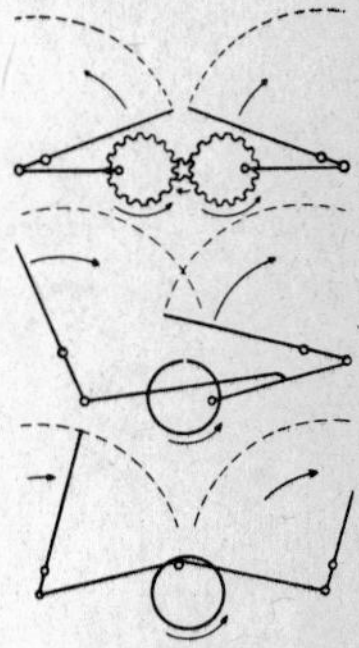
diversos tipos de limpiaparabrisas

limones

treza con que se ejecuta una cosa. || En los juegos, observación estricta de la regla. || *Hacer la limpieza*, limpiar y arreglar una vivienda. || *Limpieza de corazón*, rectitud natural.
LIMPIO, PIA adj. Que no está sucio: *ropa limpia*. || Que no tiene mezcla de cosas extrañas. (SINÓN. V. *Nítido*.) || *Fig.* Exento: *limpio de toda sospecha*. || *Fig.* Aseado, pulcro. || Que lo ha perdido todo en el juego. || *Fig.* y *fam.* Sin dinero. || Dícese de la fotografía clara. || *En limpio*, m. adv., en claro, en substancia. Sin enmiendas: *poner en limpio una carta*. (SINÓN. V. *Categórico*.) || — ADV. m. Con limpieza: *jugar limpio*.
LIMPIÓN m. Limpiadura ligera: *dar un limpión a la ropa*. || *Fam.* El que tiene por oficio limpiar una cosa. || *Fig.* y *fam. Darse un limpión*, no lograr uno lo que desea. || *Amer.* Paño de limpiar.

lince

LINÁCEAS f. pl. *Bot.* Familia de plantas dicotiledóneas a que pertenece el lino.
LINAJE m. Raza, familia: *ser de esclarecido linaje*. || *Fig.* Clase o calidad de una cosa.
LINAJISTA m. Genealogista. (SINÓN. V. *Historiador*.)
LINAJUDO, DA adj. y s. Que es o se precia de ser noble o de gran linaje.
LINÁLOE m. Áloe.
LINAO m. *Chil.* Juego de pelota que se practica en la isla de Chiloé.
LINAR m. Campo de lino.
LINARENSE adj. y s. De Linares (Chile).
LINARIA f. Planta de la familia de las escrofulariáceas parecida al lino.
LINAZA f. Simiente del lino: *la harina de linaza se usa para cataplasmas emolientes*.
LINCE m. (lat. *lynx, lyncis*). Mamífero carnicero parecido al gato cerval: *los antiguos creían que la vista del lince atravesaba las paredes*. || *Fig.* Persona muy perspicaz. || — Adj. Perspicaz: *tener ojos linces*.
LINCEAR v. t. *Fig.* y *fam.* Descubrir algo que difícilmente puede notarse.
LINCHAMIENTO m. Acción de linchar.
LINCHAR v. (de *Lynch*). En los Estados Unidos, ejecutar sumariamente, sin garantía jurídica ni procesal de ninguna clase, al supuesto transgresor, basándose en la llamada ley de Lynch. || *Por ext.* Maltratar la multitud a alguien.
LINDAMENTE adv. m. Primorosamente.
LINDANTE adj. Que linda: *dos casas lindantes*. (SINÓN. V. *Cercano*.)
LINDAR v. i. Estar contiguas, tocarse dos cosas: *mi campo linda con el tuyo*.
LINDAZO m. Linde, límite de una cosa.
LINDE amb. (lat. *limes, limitis*). Límite: *los lindes de una heredad*. (SINÓN. *Confín, lindero, margen, reborde*.) || Línea divisoria. (SINÓN. V. *Frontera*.) || — OBSERV. Se emplea mucho más la forma femenina.
LINDERA f. Linde, orilla.
LINDERO, RA adj. Que linda con una cosa. || — M. Orilla: *caminar por el lindero de un huerto*. (SINÓN. V. *Linde*.)
LINDEZA f. Calidad de lindo o bonito. || Hecho o cosa graciosa. || — Pl. *Fam.* e *irón.* Insultos: *le dijo mil lindezas*.
LINDO, DA adj. Bonito, hermoso: *un lindo niño*. (SINÓN. V. *Bello*.) || *Fig.* Perfecto, exquisito. || — M. *Fig.* y *fam.* Hombre presumido. (Dícese también *lindo Don Diego*.) || — Adv. *Arg.* Lindamente. || *De lo lindo*, loc. adv., mucho: *me fastidié de lo lindo*. || *¡Lindas cosas me cuentan de Ud.!*, vaya unas cosas que me cuentan de Ud.
LINDÓN m. *Agr.* Caballete, lomo.
LINDURA f. Cosa linda, lindeza.
LÍNEA f. (lat. *linea*). La extensión considerada en la dimensión de la longitud. || Raya: *trazar una línea*. (SINÓN. V. *Trazo*.) || *Fig.* Límite: *pasar la línea*. || Renglón: *la escribí cuatro líneas*. || Clase, género. || Camino, vía: *la línea de Hamburgo a Veracruz*. || Servicio de vehículos entre dos puntos. || Ecuador: *el paso de la línea*. || Ascendencia o descendencia: *línea materna*. || *Mil.* Formación en orden de batalla. || Trincheras que levanta la tropa para defenderse: *las líneas enemigas*. || *Esgr.* Cada una de las distintas posiciones de la espada de un contendiente con respecto a la del contrario. || *Mat.* Intersección de dos superficies. || *Fig.* Silueta: *guardar la línea*. || *Línea de agua*, o *de flotación*, la que señala el nivel del agua en el casco del buque. || *Línea de la tierra*, en perspectiva, intersección de un plano horizontal con uno vertical. || *Línea de conducta*, regla. || *Línea equinoccial*, el ecuador. || *Línea férrea*, el ferrocarril. || *Línea telegráfica*, o *telefónica*, conjunto del alambre transmisor y las estaciones correspondientes. || *Línea de tiro*, prolongación del eje del cañón en posición de fuego.

lino

LINEAL adj. (lat. *linealis*). Relativo a las líneas. || Aplícase al dibujo geométrico hecho con líneas solamente. || *Mat.* Dícese de la función cuya incógnita o variable puede ser representada gráficamente por una línea recta. || *Hist. nat.* Largo y delgado: *hoja lineal*.
LINEAMENTO m. Contorno o dibujo de un cuerpo: *los lineamentos de un rostro*. (SINÓN. V. *Trazo*.)
LINEAR adj. *Hist. nat.* Lineal: *hojas lineares*.
LINEAR v. t. Tirar líneas. || Bosquejar, esbozar.
LÍNEO, A adj. y s. *Bot.* Lináceo.
LINERO, RA adj. Relativo al lino.
LINFA f. (del lat. *lympha*, agua). *Fisiol.* Líquido amarillento o incoloro que tiene en suspensión glóbulos blancos y circula por los vasos linfáticos. || *Bot.* Zumo blanquecino de ciertas plantas. || *Por ext.* Cualquier licor transparente.
LINFAGIOMA m. Tumor producido por la dilatación de los vasos linfáticos.
LINFANGITIS f. *Med.* Inflamación que ataca los ganglios linfáticos.
LINFÁTICO, CA adj. Relativo a la linfa. || Que lleva la linfa: *vasos linfáticos*. || Que padece linfatismo: *un temperamento linfático*. || — M. Individuo que padece linfatismo. (SINÓN. V. *Débil*.)
LINFATISMO m. Temperamento caracterizado por la blancura de la piel, la poca fuerza de los músculos, la falta de energía, etc.
LINFOCITO m. Leucocito de la linfa.
LINFOCITOSIS f. Aumento del número de linfocitos en la sangre.
LINFOGRANULOMA m. Cáncer del tejido linfático.
LINGERA m. *Arg.* Linyera.
LINGOTE m. Pedazo de metal en bruto: *lingote de oro*.
LINGOTERA f. Molde para vaciar los lingotes.
LINGUAL adj. Perteneciente a la lengua: *músculo lingual*. || *Letra lingual*, la que se articula con la lengua, como la *d*, la *t*.
LINGUE m. Árbol de Chile de la familia de las lauráceas: *la madera del lingue se usa en ebanistería*. || Corteza de este árbol.
LINGUETE m. Palanquita de hierro que puede servir para impedir que se mueva al revés un cabrestante. (SINÓN. *Trinquete*.)
LINGÜIFORME adj. De forma de lengua.
LINGÜISTA m. El que estudia la lingüística.
LINGÜÍSTICA f. Ciencia del lenguaje; estudio de los fenómenos referentes a la evolución y al desarrollo de las lenguas, su distribución en el mundo y las relaciones existentes entre ellas.
LINGÜÍSTICO, CA adj. Relativo a la lingüística: *estudios lingüísticos*.
LINIMENTO m. (del lat. *linere*, untar). *Farm.* Preparación untuosa en la cual entran como base aceites o grasas, y que se usa en friegas. || — SINÓN. *Bálsamo, embrocación, ungüento*.
LINO m. (lat. *linum*). Planta herbácea anual de las lináceas cuya corteza está formada de fibras que producen la hilaza. || Materia textil extraída de sus tallos. || Tela que se saca del lino: *vestir de lino*. || *Arg.* Linaza. || *Lino mineral* o *lino fósil*, antiguos nombres del *amianto*.
— La semilla del *lino*, o linaza, produce un aceite secante empleado en pintura; en medicina se utiliza dicha semilla como laxante ligero, en tisanas como diurético, o en decocción como emoliente. Con la harina de linaza se hacen igualmente cataplasmas.
LINÓ m. *And. Cub.* y *Arg.* Linón.
LINÓLEO o **LINÓLEUM** m. (de *lino*, y el lat. *oleum*, aceite). Especie de tejido impermeable hecho de lienzo untado con aceite de linaza y corcho pulverizado, que sirve generalmente para alfombrar.
LINÓN m. Tela de hilo muy clara y engomada: *también se hace linón de algodón*.

Fot. Dragesco

LINOTIPIA f. Máquina de componer provista de matrices que funde los caracteres por líneas completas formando cada una un solo bloque, a diferencia de la monotipia que funde letra por letra.
LINOTIPISTA m. y f. Persona que maneja la linotipia.
LINTEL m. (del lat. *limes, limitis,* límite). Dintel.
LINTERNA f. Farol manual. (SINÓN. V. *Faro.*) ‖ Cupulino, torrecilla con ventana que corona una cúpula o cualquier otro edificio. ‖ Engranaje formado por una jaula cilíndrica en cuyos barrotes encajan los dientes de una rueda. ‖ *Arg.* Tuco, especie de cocuyo. ‖ *Linterna mágica,* instrumento por medio del cual se proyecta en una pantalla la imagen ampliada de una figura pintada en cristal: *la linterna mágica perfeccionada constituye la linterna de proyección.* ‖ *Zool. Linterna de Aristóteles,* el aparato masticador de los equinos.
LINTERNAZO m. Golpe dado con la linterna. ‖ *Fig.* y *fam.* Golpe, porrazo.
LINTERNERO m. El que hace o vende linternas.
LINTERNÓN m. Linterna grande. ‖ *Mar.* Farol grande de popa que llevan los barcos.
LINYERA m. *Arg.* Atorrante.
LIÑO m. Hilera de árboles o arbustos.
LIÑUDO, DA adj. *Chil.* Lanoso, lanudo.
LIÑUELO m. Ramal de una cuerda.
LÍO m. Cualquier cosa atada: *lío de ropa* (SINÓN. V. *Paquete.*) ‖ *Fig.* y *fam.* Embrollo, enredo: *desenredar un lío.* (SINÓN. V. *Desorden.*) ‖ *Fig.* y *fam.* Amancebamiento, relaciones amorosas con una mujer. ‖ *Fig.* y *fam. Armar un lío,* embrollar. ‖ *Fig.* y *fam. Hacerse un lío,* embrollarse.
LIONA f. *Chil.* Barb. por *liorna* o *algazara.*
LIONÉS, ESA adj. y s. De Lyon (Francia).
LIORNA f. *Fig.* y *fam.* Algazara. (SINÓN. V. *Alboroto.*)
LIOSO, SA adj. *Fam.* Embustero, enredoso, mentiroso. ‖ Complicado, difícil de comprender: *este asunto es muy lioso.*
LIPA f. *Venez. Fam.* Barriga.
LIPASA f. Diastasa contenida en los jugos digestivos que hidroliza los lípidos.
LIPATA m. *Bot.* Arbusto euforbiáceo de las islas Filipinas: *el zumo del lipata es muy irritante.*
LIPEGÜE m. *Amér. C.* Alipego, adehala, lo que se da de añadidura. ‖ SINÓN. *Yapa, llapa.*
LIPEMANIA f. (del gr. *lype, tristeza,* y *manía,* locura). *Med.* Locura melancólica. (P. us.)
LIPEMANIACO, CA adj. y s. Que padece de lipemanía.
LIPENDI m. *Pop.* Un cualquiera, un perdido.
LIPES mejor que **LIPIS** f. (de *Lipes,* territorio de Bolivia). *Piedra lipes,* sulfato de cobre natural.
LIPIDIA f. (de *lipiria*). *Cub.* Obstinación, porfía. ‖ *Cub.* y *Méx.* Impertinencia; persona fastidiosa. ‖ *Chil.* Indigestión. ‖ *Amér. C.* Miseria, indigencia.
LÍPIDO m. Nombre dado a las sustancias orgánicas llamadas comúnmente *grasas,* insolubles en agua, solubles en benceno y en éter, y formadas de ácidos grasos unidos a otros cuerpos.
LIPIRIA f. (gr. *leipuria*). Fiebre intermitente.
LIPIS f. V. LIPES.
LIPOIDEO, A adj. Adiposo.
LIPOIDES m. Lípido.
LIPOMA m. (del gr. *lipos,* grasa). *Med.* Tumor benigno del tejido adiposo.
LIPÓN, ONA adj. *Venez.* Barrigón, barrigudo.
LIPOSOLUBLE adj. Soluble en las grasas o los aceites: *vitaminas liposolubles.*
LIPOTIMIA f. *Med.* Pérdida pasajera del conocimiento con debilidad de la respiración y de la circulación.
LIPOVACUNA f. Vacuna en suspensión de un líquido graso.
LIQUEFACCION f. Licuefacción.
LIQUELIQUE m. *Venez.* Blusa con bolsillos.
LIQUEN m. (lat. *lichen*). Planta criptógama constituida por la reunión de un alga y un hongo, que crece sobre las rocas, las paredes y las cortezas de los árboles: *el liquen islámico se usa en medicina.* ‖ *Med.* Enfermedad cutánea caracterizada por erupciones papulosas que endurecen la epidermis.
LIQUIDABLE adj. Que puede liquidarse.

linotipia

Fot. Linotype

LIQUIDACIÓN f. Acción de liquidar o licuefacer. ‖ Operación que tiene por objeto el ajuste de una cuenta. ‖ Venta a bajo precio de géneros por cesación, quiebra, reforma o traslado de una casa de comercio. (SINÓN. V. *Quiebra.*) ‖ *Por ext.* Acción de hacer desaparecer o de resolver: *liquidación de un problema.*
LIQUIDADOR m. El que liquida un negocio.
LIQUIDÁMBAR m. *Farm.* Bálsamo aromático del ocozol: *el liquidámbar es emoliente y detersivo.*
LIQUIDAR v. t. Convertir en líquido: *liquidar un gas.* (SINÓN. V. *Fundir.*) ‖ *Com.* Vender en liquidación. (SINÓN. V. *Pagar* y *vender.*) ‖ *Fig.* Hacer el ajuste final de una cuenta. ‖ *Fig.* Poner fin a una cosa. ‖ *Fam.* Quitarse de encima; matar.
LIQUIDEZ f. Calidad de líquido.
LÍQUIDO, DA adj. Dícese de los cuerpos cuyas moléculas obedecen aisladamente a la acción de la gravedad y que tienden siempre a ponerse a nivel. (SINÓN. V. *Fluido.*) ‖ Disponible: *dinero líquido.* ‖ Que no tiene ningún gravamen: *caudal líquido.* ‖ *Gram.* Dícese de la consonante que forma sílaba con la muda que la precede y con vocal que la sigue: *gloria, drama.* (En castellano las únicas letras que tienen este carácter son la *l* y la *r* que forman sílaba con la *b* [brama], la *c* [clase], la *f* [fluido], la *g* [gramo], la *p* [plato] y la *t* [trama]. La *r* la forma además con la *d* [dragón].) ‖ *Letras líquidas,* las que son susceptibles de combinarse con otras letras. ‖ — M. Cualquier cosa en estado líquido. ‖ Bebida, alimento líquido. ‖ Humor orgánico. ‖ *Líquido cefalorraquídeo,* humor segregado por el plexo coroides del cerebro que llena el ventrículo encefálico. ‖ *Líquido imponible,* dinero de un contribuyente que está gravado de impuestos. ‖ — OBSERV. Es barbarismo americano y salmantino usar esta palabra en el sentido de *exacto* o *puro, solo: mantenerse con pan líquido.*
LIQUILIQUE m. *Venez.* Liquelique.
LIQUIRICHE adj. *Bol.* Enclenque, raquítico.
LIRA f. (lat. *lyra*). Instrumento músico usado por los antiguos. ‖ Genio poético, estro: *pulsar la lira.* ‖ Arte de hacer versos. ‖ Colección de versos: *lira americana.* ‖ Nombre vulgar del *menuro.* ‖ Cierta composición poética. ‖ Unidad monetaria italiana. ‖ Aparato de suspensión en forma de lira para lámparas de petróleo o para mecheros de gas. ‖ *Guat. Fam.* Matalote, rocín, caballejo malo.
LIRIA f. Liga.
LÍRICO f. La poesía lírica: *la lírica francesa.*
LÍRICO, CA adj. Relativo a la lira. ‖ *Poesía lírica,* en la Antigüedad, aquella que se cantaba con acompañamiento de lira; hoy día, nombre genérico de la oda, del ditirambo, del himno, de la cantata, etc. ‖ *Fig.* Lleno de entusiasmo o de ins-

linterna de proyección

linterna

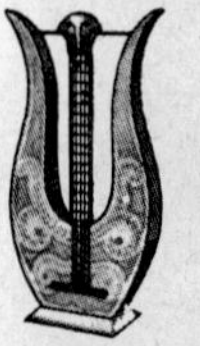

lira

piración. ‖ *Arg.* y *Venez.* Utópico, irrealizable. ‖ *Teatro lírico*, aquel en que se representan obras con música. ‖ — M. Poeta lírico: *Píndaro es el primero de los líricos griegos.*

LIRIO m. (lat. *lilium*). Planta de la familia de las iridáceas cuyas flores terminales de seis pétalos grandes y hermosos la hacen apreciar como planta de adorno. ‖ *Lirio blanco* y, abusivamente, *lirio*, azucena. ‖ *Cub.* Hermoso árbol llamado en otros sitios *suche* o *súchil.* ‖ *Lirio de los valles*, uno de los nombres del *muguete.* ‖ *Lirio hediondo*, especie de lirio con flores de mal olor.

lirio

LIRISMO m. Lenguaje lírico. ‖ Estilo muy poético. ‖ Entusiasmo, calor: *el lirismo de un orador.* ‖ Fantasía, utopía.

LIRÓFORO m. Tocador de lira.

LIRÓN m. Mamífero roedor parecido al ratón, que se alimenta con los frutos de los árboles y pasa todo el invierno adormecido: *los romanos consideraban la carne del lirón como un manjar exquisito.* ‖ *Venez.* Mamífero marsupial anfibio. ‖ *Bot.* Alisma. ‖ *Fig.* Persona dormilona: *dormir como un lirón.*

LIRONDO, DA adj. Úsase sólo en la loc. *mondo y lirondo*, limpio, sin añadidura de nada.

LIS f. (lat. *lilium*). Lirio. (P. us.) ‖ *Blas. Flor de lis.* V. FLOR.

LISA f. Pez de río parecido a la locha: *la lisa tiene carne muy insípida.* ‖ Uno de los nombres del *mújol.* ‖ — PARÓN. *Liza.*

LISAMENTE adv. m. Con lisura: *hablar lisamente.* ‖ *Lisa y llanamente*, loc. adv., sin rodeos.

LISBOETA adj. y s. De Lisboa.

LISBONENSE o **LISBONÉS, ESA** adj. y s. Lisboeta.

LISIADO, DA adj. y s. Tullido o baldado, inválido. (SINÓN. V. *Enfermizo.*)

LISIAR v. t. Lastimar una parte del cuerpo: *lisiar a uno un brazo.* (SINÓN. V. *Herir* y *mutilar.*)

LISIBLE adj. Galicismo por *legible.*

LISIMAQUIA f. (lat *lysimachia*). Planta primulácea de flores amarillas dispuestas en umbelas.

LISIS f. *Med.* Remisión gradual de la fiebre.

LISO, SA adj. (gr. *lisso*). Igual, sin aspereza: *piel muy lisa.* (SINÓN. *Fino, parejo, pulido, refinado, suave.*) ‖ Sin obstáculo: *cien metros lisos.* ‖ Sin labrar o adornar: *tela lisa, vestido liso.* ‖ *Amer. Fam.* Atrevido. ‖ — M. *Min.* Cara plana de una roca. ‖ — M. *And.* Especie de lagarto. ‖ *Liso y llano*, que no presenta dificultad. ‖ — PARÓN. *Lizo.*

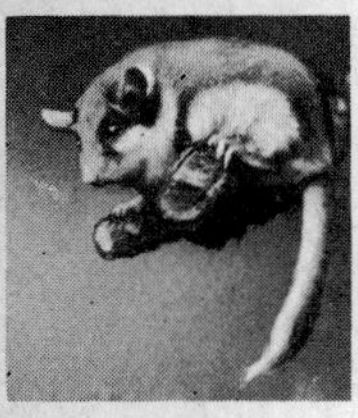

lirón

LISONJA f. Alabanza afectada.

LISONJEADOR, RA adj. y s. Lisonjero, adulador.

LISONJEANTE adj. Que lisonjea o adula.

LISONJEAR v. t. Adular, envanecer. ‖ *Fig.* Deleitar, dar gusto: *esa música lisonjea el oído.*

LISONJERO, RA adj. y s. *Que lisonjea.* (SINÓN. V. *Elogioso.*) ‖ *Fig.* Que agrada y deleita: *música, voz lisonjera.*

LISTA f. Tira: *una lista de tela.* ‖ Raya de color en una tela o tejido. ‖ Catálogo, enumeración. (SINÓN. *Cuadro, estado, índice, inventario, matrícula, memoria, nomenclatura, relación, repertorio, tabla.*) ‖ Recuento en alta voz que se hace de las personas que deben estar en un lugar: *pasar lista a una tropa.* ‖ *Lista de correos* o *de telégrafos*, apartado en una oficina de correos o telégrafos para la correspondencia sin indicación de domicilio del destinatario. ‖ *Lista negra*, relación de personas o entidades con las cuales se recomienda cesar todo trato, especialmente en tiempo de guerra.

LISTADO, DA adj. Que forma listas: *tela listada.* ‖ — M. Cierta tela rayada.

LISTAR v. t. Alistar.

LISTEADO, DA adj. Listado, que forma listas.

LISTEAR v. t. *Neol.* Rayar con listas.

LISTEL m. *Arg.* Filete, moldura. ‖ — PARÓN. *Clistel.*

LISTERO m. El que pasa lista a los trabajadores.

LISTEZA f. Calidad de listo. ‖ Maña, habilidad, astucia.

LISTÍN m. Lista pequeña: *listín telefónico.* ‖ *Dom.* Periódico.

LISTO, TA adj. Hábil, pronto, mañoso: *un muchacho muy listo.* (SINÓN. V. *Ágil* y *diestro.*) ‖ Inteligente. ‖ Dispuesto, preparado: *ya estoy listo.* ‖ Sagaz, avisado. (SINÓN. *Avispado, desenvuelto, despejado, despierto.*) ‖ *Pasarse de listo*, pretender ser muy sagaz. ‖ *Andar listo*, tener cuidado: *ándate listo con tus enemigos.*

flor de lis

LISTÓN m. Cinta de seda angosta. ‖ *Arq.* Listel, filete, moldura. ‖ *Carp.* Tabla angosta y larga. ‖ Tijera de un carro. ‖ — Adj. Dícese del toro con una lista blanca en el lomo.

LISTONADO m. *Carp.* Obra hecha de listones.

LISURA f. (de *liso*). Calidad de liso: *la lisura de un espejo.* ‖ *Fig.* Sencillez, sinceridad. ‖ *Fam.* Atrevimiento, descaro, o desfachatez.

LITACIÓN f. Sacrificio religioso.

LITAR v. i. Hacer un sacrificio a la divinidad.

LITARGIRIO m. (del gr. *lithos*, piedra, y *arguros*, plata). Protóxido de plomo, fundido y cristalizado en láminas de color rojo: *el litargirio sirve para preparar el barniz de la loza común.*

LITE f. (lat. *lis, litis*). *For.* Pleito.

LITERA f. Vehículo o coche sin ruedas, llevado por hombres o por caballerías: *viajar en literas.*

‖ Cada una de las camas superpuestas: *las literas de un camarote.* (SINÓN. V. *Cama.*)

LITERAL adj. Conforme a la letra: *sentido literal de un texto.* ‖ Dícese de la traducción en que se respeta a la letra el original.

LITERALIDAD f. Calidad de literal.

LITERALMENTE adv. m. A la letra. ‖ — SINÓN. *Al pie de la letra, exactamente, fielmente, textualmente.*

LITERARIAMENTE adv. m. De modo literario, según los preceptos de la literatura.

LITERARIO, RIA adj. Relativo a la literatura: *revista literaria.*

LITERATO, TA adj. y s. (lat. *literatus*). Dícese del que se dedica a la literatura. (SINÓN. V. *Autor.*)

LITERATURA f. Una de las bellas artes, que emplea la palabra como instrumento. ‖ Carrera de las letras, profesión de literato: *dedicarse a la literatura.* ‖ Conjunto de la producción literaria de un país o una época: *la literatura española es una de las más ricas del mundo.* ‖ *Fig.* Palabras brillantes pero sin fondo.

LITERERO m. Vendedor, alquilador o conductor de una litera.

LITIASIS f. (gr. *lithiasis*). *Med.* Mal de piedra.

LÍTICO, CA adj. Relativo a la piedra.

LITIGACIÓN f. Acción y efecto de litigar.

LITIGANTE adj. y s. El que litiga o pleitea.

LITIGAR o **LITIGIAR** v. t. Pleitear: *estar siempre litigando.* ‖ — V. i. Contender, altercar.

LITIGIO m. (lat. *litigium*). Pleito, altercación judicial. (SINÓN. V. *Proceso.*) ‖ Discusión, contienda: *intereses en litigio.* (SINÓN. V. *Contestación.*)

LITIGIOSO, SA adj. Que puede ocasionar un litigio: *cuestión litigiosa.* ‖ Aficionado a mover pleitos.

LITINA f. (del gr. *lithinos*, pétreo). Óxido de litio: *la litina se usa en medicina contra la gota.*

LITINADO, DA adj. Que contiene litina.

LITIO m. *Quím.* Metal alcalino (Li), de número atómico 3, muy ligero (d = 0,53) y que funde a 186° C.

LITIS f. *For.* Lite, pleito.

LITISCONSORTE com. *For.* Persona que litiga por la misma causa que otra.

LITISEXPENSAS f. pl. *For.* Gastos de un pleito.

LITISPENDENCIA f. *For.* Estado del pleito que se encuentra aún sin determinar.

LITOCLASA f. Grieta en una roca.

LITOCOLA f. Cola fabricada con polvos de mármol, pez y clara de huevo, que sirve para pegar las piedras.

LITÓDOMO m. Dátil marino, molusco que perfora la piedra para alojarse.

Fot. Downward, Bille

LITÓFAGO, GA adj. (del gr. *lithos*, piedra, y *phagein*, comer). Dícese de ciertos animales que roen la piedra: *molusco litófago*.
LITOFANIA f. Arte de fabricar imágenes transparentes en porcelana, cristal opaco, etc.
LITOFOTOGRAFÍA f. Fotolitografía.
LITOGRAFÍA f. (del gr. *lithos*, piedra, y *graphein*, dibujar). Arte de reproducir por medio de la impresión los dibujos trazados en una piedra caliza con un lápiz graso: *la litografía fue descubierta en 1796 por Senefelder*. ‖ Imagen así impresa. ‖ Taller del litógrafo.
LITOGRAFIAR v. t. Reproducir en litografía.
LITOGRÁFICO, CA adj. Relativo a la litografía: *piedra litográfica*.
LITÓGRAFO m. El que se dedica a la litografía.
LITOLOGÍA f. (del gr. *lithos*, piedra, y *logos*, tratado). Parte de la geología que estudia las rocas.
LITOLÓGICO, CA adj. Perteneciente o relativo a la litología.
LITÓLOGO m. El que profesa la litología.
LITOPÓN m. Mezcla de sulfato de bario y sulfuro de cinc usada en pintura.
LITORAL adj. (lat. *litoralis*). Relativo a la costa del mar: *montaña litoral*. ‖ — M. Costa de un mar. ‖ — SINÓN. *Borde, costa, orilla, playa, ribera, arenal*.
LITOSFERA f. Parte sólida de la superficie del globo terrestre.
LÍTOTE f. (del gr. *litos*, pequeño, tenue). *Ret.* Atenuación, figura que consiste en decir menos de lo que se quiere expresar.
LITOTOMÍA f. (del gr. *lithos*, piedra, y *tomê*, cortadura). *Cir.* Operación que tiene por objeto extraer los cálculos y piedras de la vejiga.
LITÓTOMO m. *Cir.* Aparato de cirugía que sirve para verificar la litotomía.
LITOTRICIA f. (del gr. *lithos*, piedra y *tresis*, perforación). *Cir.* Operación quirúrgica que consiste en romper los cálculos dentro de la vejiga.
LITRÁCEAS f. pl. *Bot.* Familia de plantas dicotiledóneas que tiene por tipo la salicaria.
LITRE m. *Chil.* Árbol anacardiáceo de madera muy sólida y hoja venenosa.
LITRI adj. *Fam.* Cursi, lechuguino: *niño litri*.
LITRO m. (gr. *litra*). Unidad de las medidas de capacidad, que sirve para los líquidos y los áridos (símb.: l): *el litro equivale a un decímetro cúbico*. ‖ Cantidad que cabe en dicha medida. ‖ Botella que contiene un litro.
— Los múltiplos del *litro* son el *decalitro*, el *hectolitro*, el *kilolitro* y el *mirialitro*; los submúltiplos son: el *decilitro*, el *centilitro* y el *mililitro*.
LITRO m. *Chil.* Tejido de lana basta.
LITUANO, NA adj. y s. De Lituania. ‖ — M. Lengua hablada en Lituania.
LITURGIA f. (del gr. *leiturgia*, servicio público). Orden y forma determinados por la Iglesia para la celebración de los oficios: *liturgia romana*.
LITÚRGICO, CA adj. Relativo a la liturgia.
LIUDAR v. t. *Ant.* y *Amer.* Leudar.
LIUDEZ f. *Amer.* Laxitud.
LIUDO, DA adj. *And.* y *Amer.* Flojo, laxo, lacio, sin consistencia. ‖ Leudo, yeldo.
LIUTO m. *Chil.* Una planta amarilidácea.
LIVIANDAD f. Carácter de liviano: *obrar con liviandad*. (SINÓN. V. *Impudicia*.) ‖ *Fig.* Acción liviana, ligereza. (SINÓN. V. *Desenfreno*.)
LIVIANO, NA adj. Ligero, que pesa poco. ‖ *Fig.* Ligero, inconstante. ‖ De poca importancia. ‖ *Fig.* Lascivo. ‖ — F. Canto popular andaluz. ‖ — M. Pl. Bofes, pulmones.
LIVIDECER v. i. Tornar lívido.
LIVIDEZ f. Color lívido: *la lividez del cadáver*.
LÍVIDO, DA adj. (lat. *lividus*). Amoratado, azulado: *rostro lívido de frío*. ‖ Barb. por *pálido*.
LIVING-ROOM [*rum*] m. (pal. ingl.). Sala de estar.
LIVOR m. (lat. *livor*). Color cárdeno. (P. us.)
LIXIVIACIÓN f. Acción y efecto de lixiviar.
LIXIVIAR v. t. (del lat. *lixivia*, lejía). *Quím.* Disolver en agua una substancia alcalina.
LIZA f. Campo dispuesto para la lid: *entrar en liza*. ‖ Lid. combate, pelea. ‖ — PARÓN. *Lisa*.

LIZO m. (lat. *licium*). Hilo grueso que forma la urdimbre de ciertos tejidos. ‖ Pieza del telar que divide los hilos de la urdimbre para que pase la lanzadera. ‖ *Chil.* Palito que reemplaza a la lanzadera. ‖ — PARÓN. *Liso*.
Lm, símbolo del *lumen*.
LO, artículo determ. del género neutro: *lo grande*. ‖ Acusativo del pronombre pers. de 3.ª persona, m. o neutro sing.: *cogí el libro y lo puse sobre la mesa*. ‖ *And.* y *Amer. Lo de*, barb. por *casa de*. ‖ *Lo que es*, en cuanto a: *lo que es eso, no pasa*. ‖ — OBSERV. Hablando de personas debe emplearse más bien *le* que *lo*: *le saludé al pasar*.
LOA f. Alabanza. ‖ Especie de prólogo de algunas obras dramáticas antiguas. ‖ Poema dramático corto compuesto para celebrar algún acontecimiento notable o alguna persona ilustre.
LOABLE adj. Digno de alabanza: *loable acción*. (SINÓN. V. *Plausible*.)
LOADOR, RA adj. y s. Que loa o celebra.
LOANDA f. Especie de escorbuto.
LOAR v. t. (lat. *laudare*). Alabar, celebrar: *loar una bella acción*. (SINÓN. V. *Aclamar* y *glorificar*.)
LOBA f. Hembra del lobo. ‖ Sotana, traje eclesiástico o estudiantil. ‖ Lomo de la tierra, en lo arado, entre surco y surco.
LOBADO, DA adj. *Bot.* y *Zool.* Lobulado.
LOBADO m. *Veter.* Tumor carbuncoso que sale a las caballerías y al ganado vacuno.
LOBANILLO m. Tumor sin dolor que se forma en alguna parte del cuerpo.
LOBATO m. Cachorro del lobo.
LOBBY m. (pal. ingl.). Grupo de presión.
LOBEAR v. i. Andar al acecho como el lobo.
LOBELIÁCEAS f. pl. Familia de plantas dicotiledóneas a la que pertenece el quibey.
LOBERA f. Monte donde habitan los lobos.
LOBERO, RA adj. Relativo al lobo: *postas loberas*. ‖ — M. Cazador de lobos. ‖ *Fam.* Espantanublados, embaucador.
LOBEZNO m. Lobo pequeño, lobato.
LOBINA f. Róbalo, pez marino.
LOBO f. (lat. *lupus*). Mamífero carnicero parecido a un perro grande. ‖ *Amer.* Zorro o coyote. ‖ Especie de locha, pez. ‖ *Fig.* y *fam.* Borrachera. ‖ *Per.* Registro de alcantarilla. ‖ *Lobo de mar*, marino viejo y experto. (SINÓN. V. *Marino*.) ‖ *Fig. Boca de lobo*, muy obscuro. ‖ *Estar en la boca del lobo*, estar en gran peligro. ‖ *Lobo de río*, el coipu. ‖ — PROV. **Del lobo un pelo**, debe uno contentarse con lo que da el mezquino. ‖ **El lobo está en la conseja**, dícese para cambiar la conversación cuando llega alguien que no debe enterarse de lo que se dice. ‖ **Muda el lobo los dientes, mas no las mientes**, el que es de mala índole, difícilmente cambia.
LOBO m. *Bot.* y *Zool.* Lóbulo.
LOBO, BA adj. y s. *Méx.* Zambo, mestizo.
LÓBREGO, GA adj. Obscuro, sombrío: *lóbrego calabozo*. ‖ *Fig.* Triste, desgraciado: *existencia lóbrega*.
LOBREGUECER v. t. Hacer lóbrega una cosa. ‖ — V. i. Anochecer. ‖ — IRREG. Se conjuga como *merecer*.
LOBREGUEZ f. Obscuridad.
LOBULADO, DA y **LOBULAR** adj. De figura de lóbulo o que presenta lóbulos: *hoja lobulada*.
LÓBULO m. Parte redonda y saliente de una cosa: *los lóbulos de un arco*. ‖ Extremidad de la oreja. ‖ *Bot.* Parte redondeada y recortada de ciertos órganos vegetales: *hoja de tres lóbulos*. ‖ Porción redondeada y saliente de cualquier órgano: *los lóbulos del hígado*.
LOBULOSO, SA adj. Dividido en lóbulos.
LOBUNO, NA adj. Relativo o perteneciente al lobo. ‖ *Arg.* Dícese del caballo de pelo algo parecido al del lobo.
LOCA f. *Arg. Fam.* Mal humor.
LOCACIÓN f. Arrendamiento, alquiler.
LOCADOR, RA m. y f. *Venez.* Arrendador.
LOCAL adj. (del lat. *locus*, lugar). Perteneciente a un lugar: *los romanos respetaban la religión local de los pueblos que conquistaban*. ‖ Municipal o provincial, por oposición a nacional. ‖ — M. Sitio cerrado y cubierto.
LOCALIDAD f. Lugar o población. ‖ Local. ‖ Cada uno de los asientos de un espectáculo: *comprar dos localidades para la comedia*. ‖ Billete de entrada a un espectáculo.

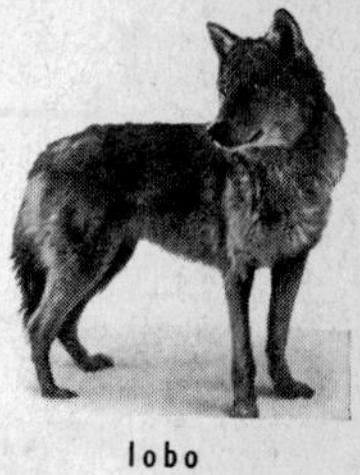
lobo

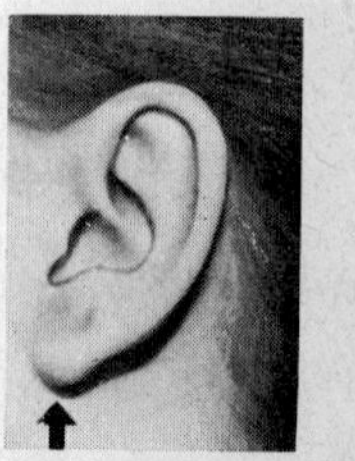
lóbulo

Fot. New York Zoological Society, Larousse

LOCOMOTORA DE VAPOR

1829

1854

1910

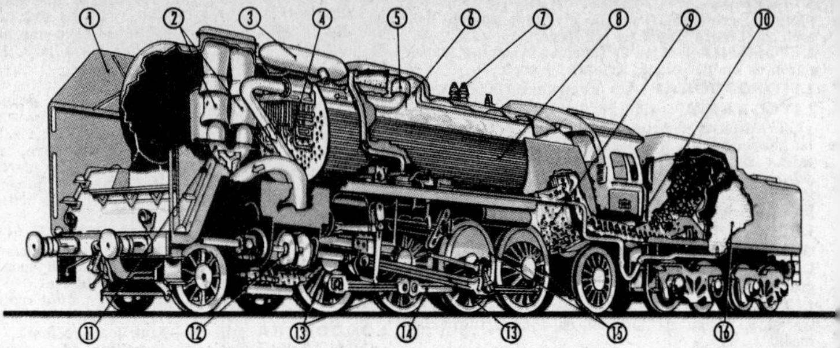

1 Pantalla para desviar el humo; 2. Chimenea para escape doble de humo y vapor; 3. Recalentador d agua; 4. Calentador; 5. Regulador; 6. Domo de vapor; 7. Válvula de seguridad; 8. Caldera tubular 9. Hogar; 10. Carga automática de carbón; 11. Salida de vapor; 12. Cilindro; 13. Rueda motriz; 14. Biel de acoplamiento; 15. Biela motriz; 16. Depósito de agua.

LOCALISMO m. Afición al carácter local. ‖ Vocablo o locución de uso en determinada población. ‖ Fenómeno confinado dentro de un área geográfica limitada.

LOCALIZACIÓN f. Acción y efecto de localizar, lugar que ocupa un objeto o un hecho: *la localización de las percepciones visuales.*

LOCALIZAR v. t. Limitar a un punto determinado: *localizar una epidemia.* (SINÓN. *Fijar.*) ‖ Determinar el lugar en que se halla una persona o cosa. (SINÓN. *Emplazar, situar.*)

LOCAMENTE adv. m. Con locura. ‖ *Fig.* Excesivamente: *un hombre locamente enamorado.*

LOCATARIO, RIA m. y f. Arrendatario.

LOCATIS m. y f. *Fam.* Loco, chiflado.

LOCATIVO m. (de *locus*, lugar). Caso de declinación, en ciertas lenguas, que expresa el lugar: *el locativo existe en el sánscrito.*

LOCERÍA f. Tienda del locero, cacharrería.

LOCERO m. Vendedor de objetos de loza.

LOCIÓN f. (lat. *lotio*). Lavadura: *dar una loción.* ‖ Producto para friccionar el cuero cabelludo. ‖ — PARÓN. *Poción.*

LOCK-OUT m. (pal. ingl., pr. *lokáut*). Cierre patronal, cierre de las fábricas por los patronos para replicar a las reivindicaciones de los trabajadores. (SINÓN. V. *Huelga.*)

LOCO m. *Chil.* Marisco comestible del Pacífico.

LOCO, CA adj. y s. Privado de razón: *una casa de locos.* (SINÓN. *Alienado, demente, desequilibrado, furioso.* Fam. *Chiflado, ido.* Pop. *Chaveta, guillado, tocado.*) ‖ Imprudente, arriesgado: *una loca empresa.* ‖ *Fig.* Extraordinario: *tiene una suerte loca.* ‖ *Brújula loca*, la que por cualquier motivo deja de señalar el Norte. ‖ *Polea loca*, la que gira libremente sobre su eje. ‖ *Fig.* y *fam.* *Loco de atar* o *de remate*, excesivamente loco. ‖ *Fig. y fam. Hacerse el loco*, disimular. ‖ *Estar loco de, por* o *con*, estar entusiasmado. ‖ — PROV. **Cada loco con su tema**, zahiere la tenacidad con que algunos hablan siempre de una cosa que les interesa.

LOCO CITATO expr. lat. que significa *en el lugar citado* y que se emplea para indicar algunas citas. (Abrev. Loc. cit.)

LOCOMOCIÓN f. (del lat. *locus*, lugar, y *motio*, movimiento). Acción de moverse de un punto a otro: *órganos de locomoción.*

LOCOMOTIVA f. Galicismo por *locomotora.*

LOCOMOTOR, TRIZ adj. Propio de la locomoción: *músculo locomotor; ataxia locomotriz.*

LOCOMOTORA f. Máquina motriz que recibe su energía por medio del vapor, la electricidad o motores Diesel, utilizada para la tracción de vagones o coches de ferrocarril: *Stephenson construyó la primera locomotora de vapor.*

LOCOMÓVIL o **LOCOMOVIBLE** adj. Que puede moverse de un lugar para otro. ‖ — F. Máquina de vapor montada en ruedas y móvil.

LOCOTO m. *Bol.* Una clase de pimiento.

LOCRO m. *Amer.* Guisado de carne con choclos o zapallos, patatas, ají, etc.

locha

LOCUACIDAD f. La costumbre de hablar mucho. (SINÓN. V. *Elocuencia.*)

LOCUAZ adj. (lat. *loquax*). Que habla demasiado. ‖ — PARÓN. *Loco.*

LOCUCIÓN f. (lat. *locutio*). Modo de hablar, giro, expresión: *locución viciosa.* ‖ Modo, grupo de palabras que forman oración: *locución adverbial.*

LOCUELA f. (del lat. *loquela*, de *loqui*, hablar.) Manera de hablar de una persona.

LOCUELO, LA adj. y s. *Fam.* Niño atolondrado. (SINÓN. V. *Juguetón.*)

LOCUMBA f. Aguardiente de uva que se fabrica en Locumba (Perú).

LOCURA f. Demencia, privación de la razón: *el alcoholismo es una de las causas más frecuentes de la locura.* ‖ Conducta imprudente: *hacer locuras.* ‖ Exaltación del ánimo. ‖ — CONTR. *Cordura, sensatez.*

LOCUTOR, RA m. y f. Persona que habla ante el micrófono de las estaciones de radio o televisión para dar avisos, programas, noticias, etc.

LOCUTORIO m. (del lat. *locutus*, acto de hablar). Departamento dividido generalmente por una reja donde reciben visitas las monjas en el convento o los presos en las cárceles. ‖ Cabina telefónica pública.

LOCH m. En Escocia, lago o brazo de mar.

LOCHA f. Pez teleósteo de cuerpo cilíndrico y negruzco que vive en los lagos y ríos. ‖ Moneda de níquel venezolana.

LOCHE m. *Col.* Especie de ciervo.

LOCHO, CHA adj. *Col.* Taheño, bermejo.

LODACHAR, LODAZAL y **LODAZAR** m. Sitio cenagoso: *atollarse en un lodazal.*

LODO m. (lat. *lutum*). Barro que forma la lluvia en el suelo: *llenarse el calzado de lodo.* ‖ — SINÓN. *Barro, cieno, fango, légamo, limo.* ‖ Líquido muy denso que se hace circular en el interior de un pozo petrolífero para evitar hundimientos y lubrificar el trépano de una máquina de perforación.

LODOÑERO m. Guayaco, árbol americano.

LODOSO, SA adj. Lleno de lodo, enlodado.

LOESS m. *Geol.* Limo muy fino, sin estratificaciones ni fósiles.

LOFOBRANQUIOS m. pl. (del gr. *lophos*, penacho, y el pl. *brankia*, branquias). Orden de los peces que tienen branquias en forma de penacho, como el caballo marino.

LOGANIÁCEAS f. pl. *Bot.* Familia de plantas dicotiledóneas que tienen por tipo el maracure.

LOGARÍTMICO, CA adj. *Arit.* Relativo a los logaritmos: *cálculo logarítmico.*

LOGARITMO m. (del gr. *logos*, relación, y *arithmos*, número). *Mat.* Exponente al que hay que elevar una cantidad positiva para que resulte un número determinado: *los logaritmos permiten simplificar el cálculo.*

LOGGIA f. (pal. ital., pr. *lochia*). *Arq.* Galería sin columnas.

LOGIA f. (fr. *loge*). Local de reunión de los masones. ‖ Asamblea de masones.

LOCOMOTORA ELÉCTRICA

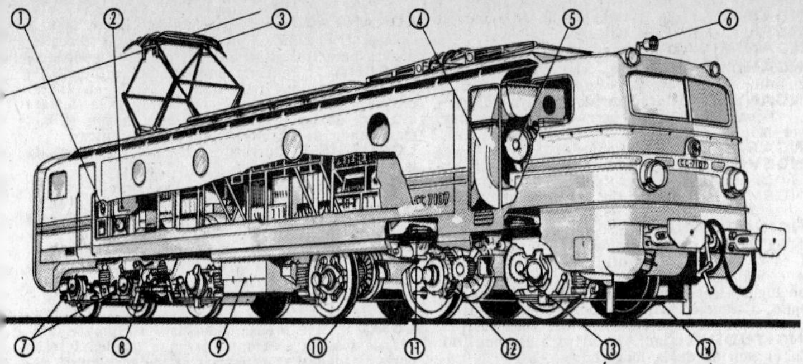

Compresor; 2. Disyuntor; 3. Trole pantógrafo; 4. Conducto de ventilación; 5. Ventilador; 6. Silbato
. Ejes; 8. Cilindro de freno neumático; 9. Acumuladores; 10. Motor de tracción; 11. Gorrón oscilante
12. Rueda dentada elástica; 13. Piñón motor; 14. Arenero.

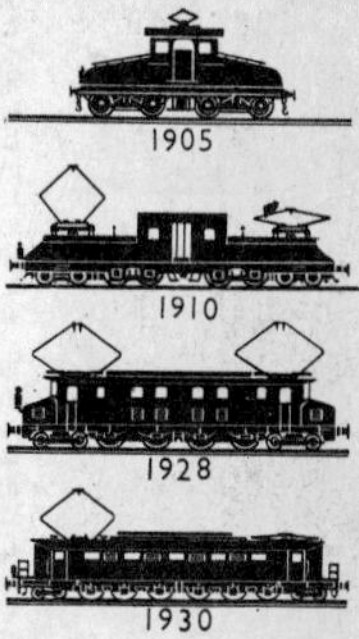

LÓGICA f. (gr. *logikê*, de *logos*, razón). Ciencia que enseña a raciocinar con exactitud: *Aristóteles formuló los principios de la lógica.* || Obra que enseña dicha ciencia: *la Lógica de Aristóteles.* || Razonamiento, método: *esta obra carece de lógica.* || *Fig.* Modo particular de raciocinar. (SINÓN. V. *Dialéctica.*)

LÓGICAMENTE adv. m. De un modo lógico.

LOGICISMO m. Filosofía fundada en el predominio de la lógica.

LÓGICO, CA adj. Perteneciente a la lógica. || Que la estudia y sabe. Ú. t. c. s. || Dícese de lo que es natural: *esa es la consecuencia lógica.*

LOGÍSTICA f. *Mil.* Técnica del movimiento de las tropas y de su transporte y avituallamiento. || *Fil.* Lógica matemática. || — Adj. Que se refiere a la logística.

LOGÓGRAFO m. Entre los griegos, prosista. || Historiador de los primeros tiempos de Grecia; *Herodoto es el más notable de los logógrafos.* || Retórico griego que componía discursos o defensas para otros.

LOGOGRIFO m. (del gr. *logos*, discurso, y *griphos*, red). Especie de enigma que consiste en una palabra cuyas letras, diversamente combinadas, forman otras palabras que es preciso adivinar. (SINÓN. V. *Enigma.*) || *Fig.* Discurso ininteligible.

LOGOMAQUIA f. (gr. *logomakhia*). Discusión que versa sobre palabras: *logomaquia inútil.* (SINÓN. V. *Discusión.*)

LOGOS m. (pal. gr.). En la filosofía de Platón, Dios como principio de las ideas. || Entre los neoplatónicos, uno de los aspectos de la Divinidad. || En teología cristiana, el Verbo de Dios, segunda persona de la Trinidad.

LOGRAR v. t. (del lat. *lucrari*, ganar). Conseguir: *lograr éxito.* (SINÓN. V. *Alcanzar* y *obtener.*) || — V. r. Llegar una cosa a su máxima perfección.

LOGRERÍA f. Ejercicio de logrero.

LOGRERO, RA m. y f. Usurero, el que presta a logro. || Acaparador de frutos. || — M. *Amer.* Persona que procura lucrarse por cualquier medio.

LOGRO m. Acción y efecto de lograr: *el logro de una empresa.* || Lucro, ganancia. || Usura: *prestar a logro.*

LOGRÓN, ONA adj. *Arg.* Logrero, usurero.

LOGROÑÉS, ESA adj. y s. De Logroño (España).

LOICA f. Pájaro chileno parecido al estornino, de canto muy agradable.

LOÍSMO m. *Gram.* Vicio del loísta. V. LEÍSMO.

LOÍSTA adj. y s. *Gram.* Partidario del empleo de *lo* para el acusativo masculino del pronombre *él*: *no debe seguirse la teoría de los loístas.*

LOJA f. *Cub.* Agualoja.

LOJANO, NA adj. y s. De Loja (Ecuador).

LOJEÑO, ÑA adj. y s. De Loja (España).

LOLIÁCEAS f. pl. (de *lolio*). Tribu de gramíneas que tienen por tipo el joyo o cizaña.

LOMA f. Altura de terreno larga y poco elevada. (SINÓN. V. *Cima.*)

LOMADA f. *Riopl.* Loma.

LOMAJE m. *Chil.* La declividad de un terreno formado por lomas.

LOMBARDA f. *Ant.* Cañón que servía para disparar piedras de gran peso. || Berza de color morado.

LOMBARDERO m. Soldado que servía las lombardas.

LOMBARDO, DA adj. y s. De Lombardía. || Toro castaño con la parte superior del tronco más clara. || — M. Banco de crédito sobre mercancías.

LOMBRICIDA m. Remedio contra las lombrices.

LOMBRIGUERA f. Nombre vulgar del *abrótano*, que se usa contra las lombrices. || Agujero que hacen las lombrices en la tierra.

LOMBRIZ f. (lat. *lumbricus*). Gusano anélido que vive enterrado en los sitios húmedos: *la lombriz ayuda a la formación del mantillo, modificando la tierra que traga para alimentarse.* || *Lombriz intestinal*, animal parásito en forma de lombriz, que vive en los intestinos del hombre y los animales. || *Lombriz solitaria*, nombre vulgar de la *tenia*.

LOMEAR v. i. Mover el caballo el lomo al andar.

LOMERA f. Correa que se coloca en el lomo de la caballería, para mantener el resto de la guarnición. || Piel o tela que forma el lomo del libro encuadernado. || Caballete de un tejado.

LOMERÍO m. *Méx.* Conjunto de lomas.

LOMETA f. Altozano.

LOMIENHIESTO, TA adj. Alto de lomos: *mula lomienhiesta.* || *Fig.* y *fam.* Engreído, vanidoso.

LOMILLERÍA f. *Amer.* Taller de guarnicionero.

LOMILLO m. Punto de costura o bordado formado por dos puntadas cruzadas. || Parte superior de la albarda en la que encaja el lomo. || *Amer.* Bastos del apero. || — Pl. Aparejo de las caballerías de carga.

LOMINHIESTO, TA adj. Lomienhiesto.

LOMO m. (lat. *lombus*). Parte inferior de la espalda, que corresponde a los riñones. || Espalda de los cuadrúpedos. (SINÓN. V. *Espalda.*) || Carne de lomo del animal: *lomo de cerdo.* || Parte del libro opuesta al corte. || Caballete entre surco y surco en lo arado. || Parte de un cuchillo opuesta al filo. || — Pl. Las costillas. || *Fig.* y *fam. De tomo y lomo*, de mucho peso, importante. || *Fam. Pasar la mano por el lomo*, adular.

LOMUDO, DA adj. Que tiene el lomo grande.

LONA f. (de *Olonne*, en Francia). Tela fuerte que sirve para hacer velas, toldos, etc.

LONA f. *Hond.* Planta de raíz comestible.

LONCO m. *Chil.* Cabeza, pescuezo. || *Chil.* Cuajar de los rumiantes.

LONCOTEAR v. t. *Arg.* Tirar del pelo.

LONCHA f. Lonja, tira: *loncha de cuero.*

LONCHE m. (ingl. *lunch*). *Amer.* Merienda.

LONCHO m. *Col.* Trozo, pedazo.

LONDINENSE adj. y s. De Londres.

lombriz

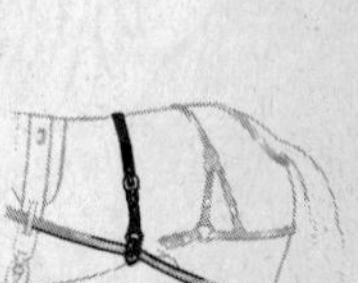

lomera

LONGITUD

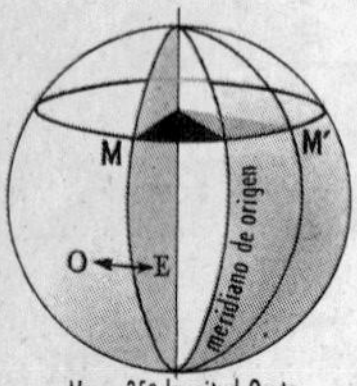

M = 35° longitud Oeste
M' = 35° longitud Este

lota

LOROS

1. Platicerco
2. Amazona
3. Cacatúa
4. Psittacus erythacus
5. Crisotis
6. Guacamayo
7. Lorí

LONDRINA f. Tela de lana hecha en Londres.
LONETA f. *Chil.* Lona delgada.
LONGANIMIDAD f. Grandeza de ánimo.
LONGÁNIMO, MA adj. (lat. *longanimis*). Magnánimo, generoso: *un monarca longánimo.*
LONGANIZA f. Un embutido de carne de cerdo. ‖ *Fam. No atar los perros con longanizas,* no ser la vida fácil.
LONGARES m. *Germ.* Cobarde.
LONGEVIDAD f. (lat. *longaevitas*). Vida larga: *la longevidad de los patriarcas de la Biblia.*
LONGEVO, VA adj. (lat. *longaevus*). Muy viejo.
LONGINCUO, CUA adj. Lejano.
LONGITUD f. (lat. *longitudo*). Mayor dimensión en el sentido horizontal: *el cocodrilo tiene unos 6 metros de longitud.* ‖ *Geogr.* Distancia de un lugar al primer meridiano. ‖ *Fís. Longitud de onda,* distancia entre dos puntos correspondientes a una misma fase en dos ondas consecutivas.
LONGITUDINAL adj. Relativo a la longitud. ‖ En el sentido de la longitud.
LONGO, GA m. y f. *Ecuad.* Indio joven.
LONGORÓN m. *Cub.* Fólade, molusco marino.
LONGUERA f. Haza de tierra larga y estrecha.
LONGUETAS f. pl. Tiras de lienzo empleadas en cirugía para las fracturas y amputaciones.
LONGUI m. *Fam.* Usado en la expresión *hacerse el longui,* hacerse el sueco.
LONJA f. Tira larga y poco gruesa: *lonja de tocino.* ‖ Edificio público que sirve de mercado, centro de contratación o bolsa de comercio. ‖ Atrio a la entrada de un edificio: *lonja de iglesia.* ‖ *Arg.* Cuero descarnado, punta del látigo.
LONJEAR v. t. *Arg.* Cortar lonjas de piel. ‖ *Arg. Fam.* Azotar.
LONTANANZA f. (ital. *lontano*). *Pint.* Lejos de una pintura. ‖ *En lontananza,* a lo lejos.
LOOPING m. (pal. ingl., pr. *lupin*). Ejercicio de acrobacia aérea consistente en dar una vuelta de campana.
LOOR m. Alabanza: *versos encomiásticos en loor de un príncipe.*
LÓPEZ n. pr. *Esos son otros López,* eso es harina de otro costal.
LOPISTA com. Persona versada en la vida y obras de Lope de Vega.
LOQUEAR v. i. Portarse como un loco. ‖ *Fig.* Alborotar mucho. (SINÓN. V. *Retozar.*)
LOQUEO m. Algazara, bulla.
LOQUERA f. Jaula donde se suelen encerrar los locos furiosos. (SINÓN. V. *Cárcel.*) ‖ *Amer.* Locura: *dar en la loquera de hacer algo.*
LOQUERÍA f. *Amer.* Manicomio.
LOQUERO m. Empleado de un manicomio.
LOQUESCO, CA adj. *Fam.* Alocado. ‖ *Fig.* Bromista.
LOQUINCHO, CHA adj. *Arg. Fam.* Medio loco.
LORA f. Hembra del loro. ‖ *Amer.* Loro, papagayo, ave trepadora. ‖ *Venez.* Úlcera o llaga.
LORAN m. (de *LOng Range Aid to Navigation,* ayuda a la navegación a gran distancia). Procedimiento radioeléctrico que permite a un avión o a un barco determinar su posición comparando los impulsos rítmicos emitidos por tres estaciones.
LORANTÁCEAS f. pl. (del gr. *lóron,* tira, y *anthos,* flor). *Bot.* Familia de plantas dicotiledóneas parásitas, a la que pertenece el muérdago.
LORCHA f. Pequeña embarcación china.
LORD [*lor*] m. (pal. ingl.). Título en Inglaterra de los pares y de los miembros de la Cámara alta o de los lores. Pl. *lores.* ‖ *Lord mayor,* primer magistrado de algunas ciudades británicas.
LORDOSIS f. Curvatura anormal que presenta la columna vertebral.
LORENÉS, ESA adj. y s. De Lorena.
LORETANO, NA adj. y s. De Loreto (Perú).
LORICARIA f. Género de peces en los ríos de América.
LORIGA f. (lat. *lorica*). Coraza de láminas pequeñas de acero. ‖ Armadura que se ponía al caballo para la guerra.
LORIS m. *Zool.* Género de mamíferos prosimios de la India y Ceilán.
LORO m. Ave prensora de vistoso plumaje, propia de los países tropicales, que puede vivir en domesticidad y es capaz de articular algunos sonidos. (V. PAPAGAYO.) ‖ *Fig.* y *fam.* Mujer fea o vieja. ‖ *Chil.* Individuo que averigua o espía. ‖ *Chil.* Orinal de enfermo.
LOROCO m. *Guat.* y *Salv.* Arbusto apocináceo.
LORQUIANO, NA adj. Relativo a García Lorca.
LOS, LAS art. determ. plural de ambos géneros. ‖ Acusativo del pron. pers. de 3.ª persona m. pl.: *fui a buscar a mis amigos y los encontré en la calle.* [Sería incorrecto decir *les encontré* pues *les* se reserva para el dativo: *les di las buenas tardes.*]
LOSA f. Piedra plana que sirve para varios usos: *losa sepulcral.* (SINÓN. V. *Piedra.*) ‖ Trampa.
LOSANGE m. (fr. *losange*). Rombo más alto que ancho usado como ornamento heráldico.
LOSAR v. t. Enlosar, cubrir con losas.
LOSETA f. Losa pequeña. ‖ Losa, trampa.
LOTA f. Pez voraz de los mares del Norte.
LOTE m. Parte que corresponde a cada uno de una cosa que se ha de distribuir entre varios. (SINÓN. V. *Parte.*) ‖ Premio (lotería). ‖ Grupo de objetos que se venden juntos. ‖ *Arg. Fam.* Imbécil.
LOTEAR v. t. Dividir en lotes.
LOTERÍA f. (ital. *lotteria*). Juego público en el que se premian varios billetes sacados a la suerte, entre los muchos que se ponen a la venta. ‖ Juego casero consistente en cartones con números y un bombo o caja de donde salen las bolas. ‖ *Fig.* Cosa incierta o azarosa: *el matrimonio es una lotería.*
LOTERO, RA m. y f. El que tiene un despacho de billetes de lotería.
LOTO m. (lat. *lotos*). Planta de la familia de las ninfeáceas, cuyas semillas se comen después de tostadas y molidas. ‖ Flor o fruto del loto. ‖ Árbol de África parecido al azufaifo y de fruto comestible.
LOVANIENSE adj. y s. De Lovaina.
LOXODROMIA f. (del gr. *loxos,* oblicuo, y *dromos,* carrera). *Mar.* Curva que describe un barco cuando corta bajo un mismo ángulo todos los meridianos al navegar con rumbo constante
LOYO m. *Chil.* Especie de boleto, hongo.
LOZA f. (del lat. *lutea,* de barro). Barro fino, vidriado, que sirve para hacer platos, tazas, jícaras, etc. ‖ Conjunto de objetos de loza en el ajuar doméstico. ‖ — PARÓN. *Losa.*
LOZANEAR v. i. Mostrar lozanía.
LOZANÍA f. Frondosidad de las plantas. ‖ Vigor, robustez, gallardía en el hombre y los animales. (SINÓN. V. *Fuerza.*) ‖ Orgullo, altanería.
LOZANO, NA adj. Que muestra lozanía y frondosidad: *árbol lozano.* ‖ *Fig.* Robusto, vigoroso.
Ltd., abreviatura de la palabra inglesa *limited,* empleada en las compañías de responsabilidad limitada.
Lu, símbolo químico del *lutecio.*
LÚA f. Guante de esparto que sirve para limpiar las caballería.
LUBINA f. Róbalo, pez marino.
LUBRICACIÓN f. Acción de lubricar.
LUBRICADOR, RA adj. Que lubrica.
LUBRICÁN m. (del lat. *lubricus,* incierto, dudoso). *Poét.* Crepúsculo matutino, alba (P. us.).
LUBRICANTE adj. y s. m. Que sirve para lubricar.

LUBRICAR v. t. (lat. *lubricare*). Hacer resbaladiza una cosa, engrasar: *lubricar con aceite los engranajes de una máquina.* (SINÓN. V. *Aceitar.*)
LUBRICATIVO, VA adj. Que lubrica.
LUBRICIDAD f. Calidad de lúbrico.
LÚBRICO, CA adj. (lat. *lubricus*). Resbaladizo. || *Fig.* Propenso a la lujuria o inspirado por ella. (SINÓN. V. *Lujurioso.*)
LUBRIFICANTE adj. y s. m. Lubricante.
LUBRIFICAR v. t. Lubricar.
LUCANO m. Género de coleópteros que comprende especies de gran tamaño, como el ciervo volante.
LUCENSE adj. y s. De Lugo (España).
LUCERA y **LUCERNA** f. Lumbrera.
LUCERO m. Astro brillante, estrella grande. (SINÓN. V. *Estrella.*) || El planeta o estrella Venus. || Lunar blanco que tienen en la frente algunos animales. || *Fig.* Lustre, brillo. || *Lucero miguero* o *del alba*, la estrella Venus. || — Pl. *Fig.* y *poét.* Los ojos.
LUCIDAMENTE adv. m. Con lucimiento.
LUCIDEZ f. Calidad de lúcido o inteligente: *los locos suelen tener momentos de lucidez.* (SINÓN. V. *Clarividencia.*)
LUCIDO, DA adj. Que obra con gracia y liberalidad. || Brillante, bien ejecutado: *fiesta muy lucida.*
LÚCIDO, DA adj. Brillante. || *Fig.* De inteligencia clara y abierta. || *Intervalo lúcido,* corto período de razón que suelen tener los dementes.
LUCIDOR, RA adj. Que luce o brilla.
LUCIENTE adj. Brillante, que luce.
LUCIÉRNAGA f. Insecto coleóptero, cuya hembra, que carece de alas, despide por la noche una luz fosforescente de color verdoso.
LUCIFER m. (de *Lucifer*, v. *Parte hist.*). Lucífero, Venus. || Demonio. || *Fig.* Persona soberbia y perversa.
LUCIFERINO, NA adj. De Lucifer.
LUCÍFERO, RA adj. (del lat. *lux, lucis,* luz, y *ferre,* llevar). *Poét.* Resplandeciente, brillante. || — M. El lucero del alba, Venus. || *Col.* Fósforo, cerilla.
LUCÍFUGO, GA adj. (del lat. *lux,* luz, y *fugere,* huir). *Poét.* Que huye de la luz.
LUCILO o **LUCILLO** m. (del lat. *loculus,* nicho). Urna de piedra en que se sepulta alguna persona notable. || *Cub.* Guajacón, pez.
LUCÍMETRO m. Instrumento para medir la cantidad de energía luminosa recibida en un día en un punto determinado.
LUCIMIENTO m. Acción de lucir. || *Fig. Quedar con lucimiento,* salir airoso de cualquier empresa.
LUCIO m. (lat. *lucius*). Pez de río, muy grande y voraz: *la carne del lucio es muy estimada.*
LUCIO, CIA adj. Terso, lúcido, brillante. || — M. Cada uno de los charcos que quedan en las marismas al retirarse el agua.
LUCIÓN m. Reptil saurio que carece de extremidades aparentes: *el lución es tan frágil que se rompe con facilidad cuando se le coge.* || Coleóptero americano.
LUCIOPERCA com. Pez semejante a la perca, de carne blanca y muy estimada.
LUCIR v. i. (lat. *lucere*). Resplandecer. (SINÓN. V. *Brillar.*) || *Fig.* Distinguirse, sobresalir en algo: *lucir en los estudios.* || *Fig.* Traer provecho un trabajo: *poco te luce lo que trabajas.* || — V. t. Alardear, hacer alarde de una cosa, llevar una prenda puesta: *lucir sus mejores galas.* || Iluminar. || Enlucir, blanquear una pared. || — V. r. Vestir bien. || Salir con lucimiento de una empresa. Ú. también en sentido contrario, irónicamente: *lucido me quedé.* || — IRREG. Pres. ind.: *luzco, luces, luce, lucimos, lucís, lucen;* imperf.: *lucía, lucías,* etc.; indef.: *lucí, luciste,* etc.; fut.: *luciré, lucirás,* etc.; imper.: *luce, lucid;* pot.: *luciría,* etc.; pres. subj.: *luzca, luzcas, luzca, luzcamos, luzcáis, luzcan;* imperf. subj.: *luciera, lucieras,* etc.; *luciese, lucieses,* etc.; fut. subj.: *luciere, lucieres,* etc.; part.: *lucido;* ger.: *luciendo.*
LUCRAR v. t. Sacar ganancia de una cosa. Út. c. v. r.: *lucrarse por todos los medios.*
LUCRATIVO, VA adj. Que produce lucro
LUCRO m. (lat. *lucrum.*) Beneficio o provecho que se obtiene de algo. (SINÓN. V. *Ganancia.*)

Fot. Presse Sports

LUCTUOSA f. Derecho que tenían en algunos puntos los señores a conservar una alhaja de la herencia de sus súbditos.
LUCTUOSO, SA adj. (del lat. *luctus,* llanto). Triste, lastimoso: *declamar unos versos luctuosos.*
LUCUBRACIÓN f. Trabajo compuesto a fuerza de velar y de trabajar: *lucubraciones extravagantes.*
LUCUBRAR v. t. (lat. *lucubrare*). Trabajar asiduamente y velando en alguna obra de ingenio.
LÚCUMA f. *Chil.* y *Per.* Fruto del lúcumo.
LÚCUMO m. *Chil.* y *Per.* Árbol sapotáceo de fruto comestible y parecido a la ciruela.
LUCHA f. Combate cuerpo a cuerpo entre dos personas: *lucha grecorromana, lucha libre.* (SINÓN.

Pugilato, torneo.) || *Fig.* Guerra, conflicto. (SINÓN. *Disputa.* V. tb. *combate.*) || *Lucha de clases,* conflicto provocado por una clase del pueblo que desea conseguir una posición mejor en la comunidad.
LUCHADOR, RA m. y f. Que lucha o pelea.
LUCHANA f. Barbilla que ocupa todo el mentón.
LUCHAR v. i. Combatir cuerpo a cuerpo. || *Fig.* Pelear, lidiar. || *Fig.* Disputar, altercar. (SINÓN. *Competir, contender, rivalizar.* V. tb. *reñir.*)
LUCHARNIEGO, GA adj. *Perro lucharniego,* el adiestrado a cazar de noche.
LUCHE m. *Chil.* Alga comestible americana. || *Chil.* Infernáculo, juego.
LUDIBRIO m. (lat. *ludibrium*). Burla, escarnio.
LÚDICRO, CRA adj. Relativo al juego.
LUDIMIENTO m. Acción de ludir o frotar.
LUDIÓN m. (del lat. *ludio, onis,* juglar). Aparatito de física que sirve para demostrar la teoría del equilibrio de los cuerpos sumergidos en los líquidos.
LUDIR v. t. (lat. *ludere*). Frotar, rozar.
LUDRIA f. Lutria, nutria.
LÚE o **LÚES** f. Infección sifilítica.
LUEGO adv. t. Pronto, prontamente: *quiero que lo hagas muy luego.* || Después: *lo haré luego que venga.* || — Conj. ilativa o consecutiva que denota deducción: *pienso, luego existo.* || *Col.* Algunas veces. || *Chil.* Cerca. || *Arg. Tan luego,* además, tanto más. || *Desde luego,* naturalmente. || *Luego que,* así que. || *Luego de,* después de.
LUENGO, GA adj. (lat. *longus*). Largo.
LUEÑE adj. (del lat. *lange,* lejos). *Ant.* Distante, lejano. || — Adv. l. *Ant.* Lejos.
LUÉTICO, CA adj. Sifilítico.
LUGANO m. Pájaro parecido al jilguero.
LUGAR m. (lat. *locus*). Espacio ocupado por un cuerpo. (SINÓN. *Puesto, punto, sitio.* V. tb. *medio.*) || Ciudad, pueblo: *un lugar de la Mancha.* (SINÓN. V. *Población y país.*) || Pasaje, texto: *lo he leído en un lugar de mi gramática.* || Ocasión, tiempo: *no hay lugar para hacer tantas cosas.* || Motivo, causa: *darás lugar a que te castiguen.* || *Mat. Lugar geométrico,* línea cuyos puntos satisfacen todos a las condiciones de un problema. || — Pl. *Chil.* Galicismo por *excusado, retrete.* || *Lugares comunes,* expresiones o razones muy conocidas y empleadas, tópicos. (SINÓN. V. *Vulgaridad.*) || En retórica, principios generales de donde se sacan pruebas o argumentos. || *Tener lugar,* galicismo muy usual por *ocurrir, verificarse, suceder,* y por *servir de*: *le tuvo lugar de madre.*

luciérnaga

lucio

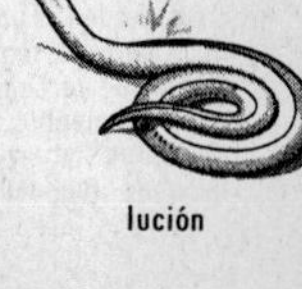

lución

lugre

lulú

LUGAREÑO, ÑA adj. y s. Vecino de un lugar o pueblo. ‖ De pueblo o aldea: *vestir un traje lugareño.* (SINÓN. V. *Campesino.*)
LUGARTENENCIA f. Cargo de lugarteniente.
LUGARTENIENTE m. El que puede hacer las veces de otro en un cargo.
LUGDUNENSE adj. y s. De Lyon (Francia).
LUGRE m. (ingl. *lugger*). Barco pequeño de tres palos: *un lugre de cabotaje.*
LÚGUBRE adj. (lat. *lugubris*). Fúnebre, que inspira tristeza: *canto lúgubre.* (SINÓN. V. *Triste y sombrío.*)
LUGUÉS, ESA adj. y s. Lucense, de Lugo.
LUIR v. t. Ludir. ‖ Redimir un censo.
LUIS m. Antigua moneda de oro francesa. ‖ Antigua pieza de oro francesa de veinte francos.
LUISA f. Arbusto verbenáceo originario del Perú: *las flores de la luisa tienen olor de limón.*
LUJACIÓN f. Luxación.
LUJO m. (lat. *luxus*). Suntuosidad excesiva en el vestido, la mesa, etc. ‖ *Lujo asiático,* el extremado. ‖ — SINÓN. *Esplendor, fasto, fausto, magnificencia, riqueza, suntuosidad.* V. tb. *aparato.*
LUJOSO, SA adj. Que ostenta lujo: *llevar un traje muy lujoso.* ‖ Aficionado al lujo, ostentoso.
LUJURIA f. (lat. *luxuria*). Afición a los placeres de la carne. ‖ *Fig.* Exceso en cualquier cosa.
LUJURIANTE adj. (lat. *luxurians*). Muy lozano, frondoso: *vegetación lujuriante.*
LUJURIAR v. i. Cometer el pecado de lujuria.
LUJURIOSO, SA adj. y s. Entregado a la lujuria. ‖ — SINÓN. *Lascivo, lúbrico, sensual, sádico, salaz.* Fam. *Cachondo.* V. tb. *exótico, obsceno* y *vicioso.*
LULA f. *Gal.* Calamar.
LULERO m. *Chil.* Uslero, fruslero.
LULIANO, NA adj. Relativo al lulismo.
LULISMO m. *Fil.* Doctrina de Raimundo Lulio.
LULISTA adj. y s. Partidario del lulismo.
LULO m. *Chil.* Rulo, rodillo, cilindro. ‖ *Chil.* Rulo, rizo de pelo en la frente. ‖ *Col.* Planta solanácea de fruto parecido al tomate. ‖ *Gal.* Un barco de pesca. ‖ — Adj. *Chil.* Pavo, soso. ‖ *Chil.* Delgado y largo.
LULÚ m. Perro pequeño y lanudo.
LUMA f. Árbol mirtáceo de Chile.
LUMAQUELA f. (del ital. *lumachella,* caracolillo). Mármol en que se hallan fragmentos de conchas.
LUMBAGO m. (lat. *lumbago*). *Med.* Dolor reumático que se padece en los lomos.
LUMBAR adj. (del lat. *lumbi,* los lomos). *Anat.* Relativo o perteneciente a los lomos: *la región lumbar.*
LUMBRADA y **LUMBRARADA** f. Lumbre grande, fogata.
LUMBRE f. (lat. *lumen*). Cualquier combustible encendido: *lumbre de leña.* ‖ Pieza de las armas de fuego que hiere el pedernal. ‖ Parte anterior de la herradura de las caballerías. ‖ *Fig.* Brillo, esplendor. ‖ *Venez.* Umbral de puerta. ‖ — Pl. Eslabón, pedernal y yesca. (SINÓN. *Yescas.*) ‖ Chispas sacadas del pedernal: *echar lumbres.* ‖ *Fig. Lumbre del agua,* la superficie del agua. ‖ *Dar lumbre,* dar fuego a un cigarrillo.
LUMBRERA f. Cuerpo luminoso. ‖ Abertura en un techo. ‖ En las máquinas, orificio de entrada o salida del vapor. ‖ Hueco central del cepillo, la garlopa, etc. ‖ *Mar.* Portilla. ‖ *Fig.* Persona muy notable. (SINÓN. V. *Personalidad.*) ‖ *Méx.* Palco en la plaza de toros.
LUMEN m. Unidad de flujo luminoso (símb. lm), que equivale al flujo luminoso emitido en 1 estereorradián por un punto luminoso uniforme colocado en el vértice del ángulo sólido y que tenga una intensidad de 1 candela.
LUMIA f. *Pop.* Pelandusca, ramera.
LUMINAR m. Lumbrera.
LUMINARIA f. Luz que arde en las iglesias delante del altar. ‖ — Pl. Luces que se ponen por adorno.
LUMINISCENCIA o **LUMINESCENCIA** f. Emisión de luz sin calor: *la fluorescencia es un caso particular de luminescencia.*
LUMINISCENTE o **LUMINESCENTE** adj. Que emite rayos luminosos sin calor.
LUMINOSAMENTE adv. De modo luminoso.
LUMINOSIDAD f. Calidad de luminoso, brillo.
LUMINOSO, SA adj. Que despide luz: *cuerpo luminoso.* ‖ *Fig.* Excelente: *idea luminosa.*
LUMINOTECNIA f. Técnica del alumbrado.
LUMITIPIA f. *Imp.* Máquina de composición fotográfica.
LUNA f. (lat. *luna*). Planeta satélite de la Tierra, alrededor de la cual gira, y que ilumina durante la noche. ‖ Tabla de cristal gruesa y plana: *romper una luna de un escaparate.* (SINÓN. V. *Vidrio.*) ‖ Espejo: *armario de luna.* ‖ Luneta, cristal de anteojo. ‖ *Fig.* Capricho, extravagancia, tema: *tener lunas.* ‖ *Luna de miel,* el primer tiempo del matrimonio. ‖ *Media luna,* figura de cuarto de luna creciente o menguante. Cuchilla redonda. *Fig.* El Imperio Turco. (V. MEDIALUNA.) ‖ *De buena,* o *mala luna,* bien o mal dispuesto. ‖ *Quedarse a la luna de Valencia* (*Ant.* y *Per.*: *de Payta*), sin lo que esperaba. ‖ *Estar en la luna,* estar distraído.
— La *Luna* es 50 veces menor que la Tierra y dista de ésta 384 400 km. Su radio es de 1 736 km, su densidad 3,3 y su masa 1/81 de la de la Tierra. Su superficie presenta valles, montañas y volcanes, pero no tiene atmósfera, pues no sufren la menor refracción los rayos luminosos del sol en su superficie. Efectúa la Luna su revolución alrededor de la Tierra en 29 días y medio; es lo que se llama *mes lunar.* Durante toda la duración de su revolución nos presenta siempre la misma cara. Según la posición respectiva del Sol y la Luna con relación a la Tierra, aquélla presenta diferentes *fases.* La atracción de la Luna, combinada con la del Sol, produce las mareas.
Los rusos colocaron en la Luna, el 13 de septiembre de 1959, el primer cohete cósmico, llamado *Lunik.* Hizo su recorrido de 384 400 km, en unas 35 horas, y su peso era de 391 kg. El

FASES DE LA LUNA

En el centro, posiciones sucesivas de la Luna durante una revolución alrededor de la Tierra.

A izquierda y derecha, aspecto de la Luna vista desde la Tierra durante las mismas fases. A medida que la Luna se desplaza alrededor de la Tierra (1, 2, 3, 4,) se hace más visible (ángulo a), la faz que mira a la Tierra, alumbrada por el Sol; más tarde (5, 6, 7), se reproducen inversamente las mismas fases (L. N., Luna nueva; C. C., cuarto creciente; L. LL., Luna llena; C. M., cuarto menguante). La Tierra, vista desde la Luna, presenta fases idénticas pero de sentido inverso: en el momento de la Luna nueva, ésta ve la Tierra plenamente y recibe una luz considerable que hace visible la parte del globo lunar no iluminado por el Sol.

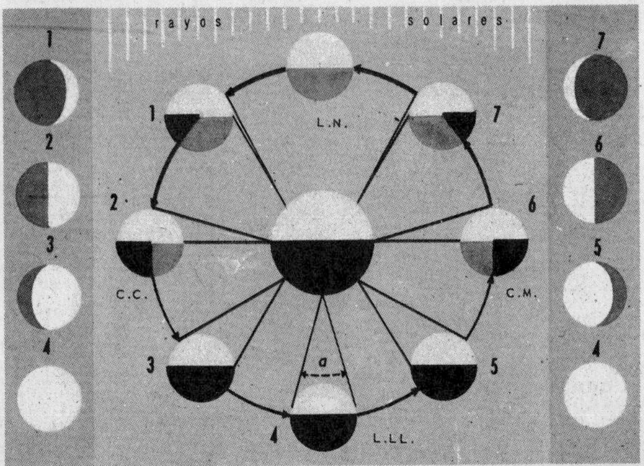

Fot. Dim

21 de julio de 1969 los Estados Unidos, por medio del cohete *Apolo XI*, consiguieron que dos miembros de la tripulación de la nave espacial, Neil Armstrong y Edwin Aldrin, desembarcasen en el suelo del planeta después de haberse separado de la cápsula en el módulo lunar; permaneciesen allí más de dos horas recogiendo piedras y polvo para traerlos a la Tierra y sacando fotos.

LUNACIÓN f. (lat. *lunatio*). *Astr.* Período comprendido entre dos lunas nuevas.

LUNADO, DA adj. De figura o forma de media luna.

LUNANCO, CA adj. Que tiene un anca más alta que otra: *caballo lunanco.*

LUNAR m. Mancha pequeña y morena de la piel. ‖ *Fig.* Nota o mancha que resulta a uno de haber hecho algo vituperable. ‖ *Fig.* Defecto.

LUNAR adj. Relativo a la Luna: *el año lunar.*

LUNAREJO, JA adj. *Arg.* y *Chil.* Dícese del animal que tiene muchos lunares en el pelo.

LUNARIO, RIA adj. Relativo a las lunaciones.

LUNÁTICO, CA adj. y s. (lat. *lunaticus*). Loco, maniático. (SINÓN. V. *Caprichoso.*)

LUNCH m. (pal. ingl., pr. *lanch*). Almuerzo fiambre ligero que se toma a veces en pie con motivo de una boda u otro acontecimiento. (SINÓN. V. *Colación.*)

LUNEL f. (pal. fr.). *Blas.* Emblema formado por cuatro medias lunas reunidas por los extremos.

LUNES m. Segundo día de la semana. ‖ *Amer. Hacer lunes,* no trabajar el lunes los obreros. ‖ *Cada lunes y cada martes,* frecuentemente.

LUNETA f. Cristal de los anteojos. ‖ *Teatr.* Cada una de las butacas colocadas en filas frente al escenario. ‖ *Arq.* Bocateja, la teja primera de un tejado.

LUNETO m. *Arq.* Bovedilla en otra principal.

LUNFARDISMO m. Voz o giro propio del lunfardo.

LUNFARDO m. *Arg.* Ratero, ladrón. ‖ *Arg.* Caló argentino. ‖ — Adj.: *expresión lunfarda.*

LÚNULA f. (lat. *lunula*). Espacio semilunar de color blanco en la raíz de las uñas. ‖ *Geom.* Media luna.

LUPA f. Lente provista de un mango.

LUPANAR m. Mancebía.

LUPERCALES f. pl. (lat. *lupercalia*). Fiestas que celebraban los romanos en honor del dios Pan.

LUPIA f. *Med.* Lobanillo. ‖ *Hond.* Brujo, curandero.

LUPINO, NA adj. (lat. *lupinus*). Relativo al lobo. ‖ *Uva lupina,* el acónito. ‖ — M. Altramuz, leguminosa.

LUPULINO m. Polvillo que cubre las escamas del fruto del lúpulo.

LÚPULO m. Planta cannabácea que sirve para dar gusto amargo a la cerveza.

LUPUS m. *Med.* Enfermedad cutánea de carácter tuberculoso: *el lupus suele atacar el rostro.*

LUQUETE m. Rueda de limón o naranja que se echa en el vino. ‖ Pajuela para azufrar. ‖ *Chil.* Rodaja.

LURTE m. *Ar.* Alud.

LUSITANISMO m. Giro propio de la lengua portuguesa.

LUSITANO, NA y **LUSO, SA** adj. y s. De Lusitania. ‖ Portugués.

LUSTRABOTAS m. *Amer.* Limpiabotas.

LUSTRACIÓN f. Acción de lustrar o purificar.

LUSTRAL adj. Agua lustral, la que usaban los antiguos para sus ritos religiosos.

LUSTRAR v. t. (lat. *lustrare*). *Antig. rom.* Purificar con sacrificios y ceremonias una cosa impura. ‖ Dar lustre: *lustrar las botas.* (SINÓN. V. *Pulir.*) ‖ Viajar, peregrinar.

LUSTRE m. Brillo: *dar lustre a un mueble.* ‖ *Fig.* Brillo que dan la belleza, el mérito, etc. ‖ Betún para el calzado. ‖ *And.* Baño de clara de huevo y azúcar, en los pasteles.

LUSTRÍN m. *Per.* Lustrina.

LUSTRINA f. Tela parecida a la alpaca. ‖ *Chil.* Betún.

LUSTRO m. Espacio de cinco años.

LUSTROSO, SA adj. Que tiene lustre, brillante.

LUTECIO m. Cuerpo simple metálico (símb.: *Lu*), de número atómico 71.

LUTEÍNA f. Pigmento amarillo en los vegetales y en la yema de huevo. ‖ Hormona del ovario.

LÚTEO, A adj. (lat. *luteus*). De lodo. ‖ *Biol.* De color amarillo como la yema de huevo.

LUTERANISMO m. Doctrina y secta de Lutero. (V. PROTESTANTISMO.)

LUTERANO, NA adj. y s. Partidario de Lutero. (SINÓN. V. *Protestante.*) ‖ Relativo a Lutero: *adoptar la religión luterana.*

LUTO m. (lat. *luctus*). Conjunto de signos exteriores de duelo, en vestidos, adornos, etc. ‖ Traje negro: *vestir de luto.* ‖ Dolor, pena. ‖ *Medio luto,* el que no es riguroso: *el color morado se usa para el medio luto.* ‖ *Aliviar el luto,* llevarlo menos riguroso.

LUTRIA f. Nutria.

LUX m. Unidad de iluminancia (símb. **lx**), que equivale a la iluminancia de una superficie que recibe normalmente, y uniformemente repartida, un flujo luminoso de 1 lumen por metro cuadrado.

LUXACIÓN f. (lat. *luxatio*). *Cir.* Dislocación de un hueso: *reducir una luxación.*

LUXEMBURGUÉS, ESA adj. y s. De Luxemburgo.

LUZ f. (lat. *lux, lucis*). Lo que ilumina los objetos y los hace visibles. (SINÓN. *Claridad, esplendor, rayo, resplandor.* V. tb. *brillo.*) [La *luz* está constituida por ondas electromagnéticas, y su velocidad de propagación en el vacío es de unos 300 000 km por segundo; se la puede considerar también como un flujo de partículas energéticas desprovistas de masa, los *fotones.*] ‖ Candelero, lámpara: *tráeme una luz.* ‖ Farol de automóvil: *luz de carretera, de cruce.* ‖ *Fig.* Día, luz del día. ‖ *Arq.* Ventana o tronera: *edificio de muchas luces.* ‖ Destello de una piedra preciosa, de un bordado de oro o plata, etc. ‖ *Pint.* Parte de un cuadro donde hay más claridad. ‖ *Fig.* Cultura, ilustración: *época de pocas luces.* ‖ *Pop.* Dinero. ‖ *Luz de Bengala,* fuego artificial que produce una llama de color. ‖ *Luz cenital,* la que entra por el techo. ‖ *Dar a luz,* alumbrar la mujer. Publicar: *dar a luz una novela.* ‖ *Ver la luz,* nacer. ‖ *Traje de luces,* traje de torero. ‖ *Entre dos luces,* m. adv., al amanecer o al anochecer. *Fig.* y *fam.* Medio borracho. ‖ *Salir a luz,* imprimirse un libro. *Fig.* Descubrirse, aparecer aquello que estaba oculto. ‖ *A todas luces,* con evidencia. ‖ *Luz negra,* la producida por rayos ultravioleta que provoca la fluorescencia de ciertos cuerpos. ‖ *Luces de posición,* las que se colocan en barcos y aviones para distinguirlos en la noche. ‖ *Luces de tráfico,* semáforos para regular la circulación.

LUZBEL m. Lucifer, el demonio.

Lx, símbolo del *lux.*

LYNCHAR (de *Lynch*) v. t. Linchar.

lúpulo

Llamas

LL

LL f. Decimocuarta letra del alfabeto español y undécima de sus consonantes: *una Ll mayúscula.*

LLACA f. *Arg.* y *Chil.* Especie de zarigüeya.

LLAGA f. Herida que no se cierra fácilmente. (SINÓN. V. *Herida* y *úlcera.*) ‖ *Fig.* Cualquier mal o enfermedad del alma. ‖ *Albañ.* Junta entre dos ladrillos. ‖ *Fig. Poner el dedo en la llaga,* encontrar el punto donde está el mal.

LLAGAR v. t. Hacer llagas, ulcerar.

LLAMA f. (lat. *flamma*). Masa gaseosa luminosa y caliente que se desprende de los cuerpos en combustión: *la llama de acetileno tiene gran intensidad luminosa.* (SINÓN. V. *Fuego.*) ‖ Suplicio del fuego: *entregar a las llamas.* ‖ *Fig.* Pasión: *una amorosa llama.* (SINÓN. V. *Ardor.*) ‖ *Las llamas eternas,* los suplicios del infierno.

LLAMA f. Mamífero rumiante de América Meridional: *la llama es muy apreciada por su lana y como bestia de carga.* (En este sentido se usa también como m., principalmente en América.) ‖ En el Ecuador, nombre dado a la *oveja.*

LLAMADA f. Llamamiento, acción de llamar. ‖ Signo o número que en un escrito sirve para remitir a otra parte. ‖ Ademán que se hace para llamar a uno. ‖ Invitación para emigrar dirigida al futuro emigrante: *carta, billete de llamada.* ‖ Acción de invitar a una acción: *llamada al orden.* ‖ *Fig.* Impulso, atracción: *la llamada del deseo.* ‖ Acción de llamar por teléfono: *llamada telefónica.* ‖ *Mil.* Toque para llamar a la tropa.

LLAMADO m. *Ant.* y *Amer.* Llamamiento.

LLAMADOR, RA m. y f. Persona que llama. ‖ — M. Aldaba: *llamador de puerta.* ‖ Timbre.

LLAMAMIENTO m. Acción de llamar.

LLAMAR v. t. Dar voces a uno para que acuda o para hacerle alguna advertencia. (SINÓN. V. *Interpelar.*) ‖ Avisar a uno para que venga. ‖ Suplicar. (SINÓN. V. *Invocar.*) ‖ Convocar: *llamar a Cortes.* ‖ Nombrar, apellidar: *no decir uno cómo se llama.* (SINÓN. *Apodar, bautizar, calificar, denominar.*) ‖ Dar un nombre a una cosa: *lo que llamamos razón.* ‖ Atraer: *los revulsivos llaman la inflamación a otra parte del cuerpo.* ‖ Destinar: *estar llamado a desempeñar un papel.* ‖ — V. i. Hacer sonar la aldaba, la campanilla, el timbre o golpear en una puerta para que abran. ‖ Utilizar el teléfono como medio de comunicación: *le llamé por teléfono.* ‖ —V. r. Nombrarse, tener nombre o apellido: *llamarse Juan.* ‖ Atenerse a: *Iglesia me llamo.*

llantén

LLAMARADA f. Llama violenta y repentina: *arder con gran llamarada.* (SINÓN. V. *Fuego.*) ‖ *Fig.* Bochorno, encendimiento del rostro: *le subió una llamarada a las mejillas.* ‖ *Fig.* Movimiento repentino del ánimo.

LLAMATIVO, VA adj. Demasiado vistoso.

LLAMAZAR m. (lat. *lama*). Lodazal, pantano.

LLAMEANTE adj. Que llamea, ardiente.

LLAMEAR v. i. Echar llamas. ‖ — SINÓN. *Arder, refulgir, rutilar.* V. tb. *brillar.*

LLAMPO m. Parte menuda de mineral.

LLANA f. Paleta con que extienden el yeso los albañiles, palustre. ‖ Plana de papel. ‖ Llanura.

LLANAMENTE adv. m. *Fig.* Sencillamente.

LLANCA f. *Chil.* Mineral de cobre de color verde azulado. ‖ Adorno hecho con este mineral.

LLANEAR v. i. Correr bien por el llano (ciclista).

LLANERO, RA m. y f. Habitante de los llanos: *los llaneros venezolanos de Páez.* ‖ *Col.* Araucano, metense o vaupense.

LLANEZA f. *Fig.* Modestia. (SINÓN. V. *Sencillez.*) ‖ Familiaridad: *tratar a uno con suma llaneza.* ‖ *Fig.* Sencillez: *la llaneza del estilo.*

LLANISTA m. Ciclista que corre bien por el llano.

LLANITO, TA adj. y s. *Fam.* De Gibraltar.

LLANO, NA adj. (lat. *planus*). Liso, igual, lano: *superficie llana.* (SINÓN. V. *Parejo.*) ‖ *Fig.* Sencillo, que no es orgulloso. ‖ *Fig.* Claro, que no admite duda. ‖ *Fig.* Corriente, que no puede presentar dificultad. ‖ *Fig.* Que no goza de fuero: *el fiador ha de ser lego, llano y abonado.* ‖ *Fig.* Sencillo: *estilo llano.* ‖ Sin adornos, simple. ‖ *Gram.* Grave: *sílaba llana.* ‖ — M. Llanura: *un llano de muy gran extensión.* ‖ — Pl. En las medias, puntos en que ni se crece ni se mengua. ‖ *Estado llano,* la clase común de los que no pertenecen al clero ni a la burguesía. ‖ *A la llana,* llanamente, sin ceremonia. ‖ *De llano,* claramente.

LLANQUE m. *Per.* Especie de sandalia tosca.

LLANTA f. Cerco de hierro o de goma que rodea las ruedas del coche. ‖ Corona de la rueda sobre la que se aplica el neumático.

LLANTÉN m. (lat. *plantago*). Planta herbácea de las plantagináceas, de los sitios húmedos.

LLANTERA f. *Fam.* Llanto.

LLANTERÍA f. y **LLANTERÍO** m. *Amer.* Llanto ruidoso y continuado de varias personas.

LLANTINA f. *Fam.* Lloriqueo.

Fot. Girard

LLANTO m. (lat. *planctus*). Efusión de lágrimas con lamentos. (SINÓN. *Gemido, gimoteo, lloriqueo, lloro, plañido, plañimiento.* V. tb. *quejido.*) ‖ *Cub.* Canto melancólico popular.

LLANURA f. Calidad de llano: *la llanura de una tabla.* ‖ Superficie de terreno llana.

LLAPA f. Yapa.

LLAPANGO adj. y s. *Ecuad.* Que no usa calzado: *indio llapango.*

LLAPAR v. i. *Min.* Yapar.

LLAR m. *Ast.* y *Sant.* Fogón. ‖ — F. pl. Cadena de hierro en la chimenea, de la que se suspende la caldera.

LLARETA f. *Chil.* Planta umbelífera cuya resina se usa para curar heridas.

LLAVE f. (lat. *clavis*). Instrumento para abrir o cerrar una cerradura. ‖ *Mec.* Herramienta que sirve para atornillar o destornillar las tuercas montar o desmontar, etc. ‖ *Llave inglesa,* herramienta que sirve para los mismos usos, pero que las dos partes que forman la cabeza se adaptan a lo que se quiere destornillar o apretar. ‖ Aparato que cierra una cañería de agua o una conducción eléctrica o de gas: *cerrar la llave del agua.* ‖ Disparador del arma de fuego. ‖ Instrumento para dar cuerda a los relojes. ‖ Tecla móvil de los instrumentos músicos de viento. ‖ Corchete, signo tipográfico. ‖ *Fig.* Clave, solución de un misterio. ‖ *Fig.* Cosa que permite conseguir otra, o apoderarse de ella: *aquel puerto es la llave del país.* ‖ *Mús.* Clave: *llave de sol.* ‖ Presa, movimiento en la lucha para agarrar al contrario con objeto de inmovilizarlo. ‖ *Llave de paso,* la que sirve para abrir, cerrar o regular todo el circuito de un fluido. ‖ *Llave maestra,* la que abre varias puertas de una casa.

LLAVERO, RA m. y f. Persona que custodia las llaves de una ciudad, iglesia, cárcel, etc. ‖ —. M. Anillo en que se ensartan llaves.

LLAVÍN m. Llave pequeña.

LLEGADA f. Acción y efecto de llegar. (SINÓN. *Acceso, advenimiento, arribada, arribo, venida.*) ‖ Término de una carrera deportiva: *línea de llegada.*

LLEGAR v. i. Venir de un sitio a otro: *llegó a su casa por la noche.* (SINÓN. V. *Ir* y *venir.*) ‖ Durar hasta: *llegar hasta la vejez.* ‖ Suceder: *no llegó lo que esperaba.* ‖ Alcanzar: *la capa le llega hasta los pies.* ‖ Conseguir lo que se aspira: *llegó a ser rico.* ‖ Alcanzar su destino: *el correo llegó.* ‖ Sobrevenir, venir: *el invierno ha llegado.* ‖ Importar, ascender: *el precio de este libro no llega a cien pesetas.* ‖ — V. t. Allegar, arrimar. ‖ — V. r. Acercarse, arrimarse: *me llegué a él.* ‖ *Llegar a las manos,* pelearse a golpes. ‖ *Llegar a ser,* convertirse en.

LLENA f. Crecida de un río o arrollo.

LLENAR v. t. Poner lleno: *llenar de vino un tonel.* ‖ Poner gran número de cosas: *llenar una jaula de pájaros.* (SINÓN. *Abarrotar, atestar, atiborrar, colmar, guarnecer, rellenar.*) ‖ Cumplir: *llenar un cometido.* ‖ Ocupar, desempeñar: *llena su puesto.* ‖ *Fig.* Satisfacer: *no me llena su explicación.* ‖ *Fig.* Cargar: *llenar de denuestos.* ‖ Fecundar el macho a la hembra. ‖ Emplear, cubrir: *llenar un claro de tiempo.* ‖ — V. i. Llegar la Luna al plenilunio. ‖ — V. r. *Fam.* Hartarse de comer o beber. (SINÓN. V. *Nutrir* y *saciar.*) ‖ *Fig.* y *fam.* Atufarse, irritarse. ‖ Mancharse: *llenarse los dedos de tinta.*

LLENAZO m. Gran concurrencia en un espectáculo.

LLENO, A adj. (lat. *plenus*). Ocupado con otra cosa: *vaso lleno de vino.* (SINÓN. *Abarrotado, atestado, completo, pleno, relleno.*) ‖ Que tiene abundancia de: *libro lleno de errores.* ‖ Penetrado: *lleno de agradecimiento.* ‖ Redondo: *cara llena.* (SINÓN. V. *Grueso* e *hinchado.*) ‖ — M. Plenilunio: *el lleno de la Luna.* ‖ *Fam.* Abundancia. ‖ Gran concurrencia en un espectáculo: *ayer hubo un lleno en el teatro.* ‖ — Pl. *Mar.* Figura de los fondos del barco muy redondo, y parte del casco comprendida entre los raceles. ‖ *De lleno,* m. adv., enteramente, totalmente.

LLERÉN m. *Cub.* Planta amarantácea, cuya raíz produce fécula comestible.

LLEUDAR v. t. Leudar.

LLEVADERO, RA adj. Fácil de llevar, soportable, tolerable. ‖ — CONTR. *Insufrible.*

LLEVADOR, RA adj. y s. Que lleva.

LLEVAR v. t. (lat. *levare*). Transportar una cosa de un sitio a otro: *llevar carbón en un carro.* (SINÓN. *Acarrear, arrastrar, cargar, transferir.*) ‖ Cobrar el precio de algo: *no me ha llevado caro el sastre.* ‖ Arrancar: *la bala le llevó la cabeza.* ‖ Conducir, dirigir: *todos los caminos llevan a Roma.* ‖ Tener puesta la ropa: *llevar gabán.* ‖ Traer en los bolsillos, etc.: *ya lo llevo.* ‖ Tolerar: *lo llevo con paciencia.* (SINÓN. V. *Sufrir.*) ‖ Atraer, inducir: *le llevé a mi opinión.* ‖ Lograr, conseguir. ‖ Tener: *lleva premio.* ‖ Dirigir: *llevar bien su negocio.* (SINÓN. V. *Guiar.*) ‖ Cuidar, encargarse de ciertas cosas: *llevar las cuentas de una casa.* ‖ Observar: *llevas mala conducta.* ‖ Haber pasado cierto tiempo: *llevo ocho días en cama.* ‖ Exceder, aventajar: *te llevo dos años nada más.* ‖ *Llevar adelante,* seguir lo emprendido. ‖ *Llevar las de perder,* ser probable el fracaso. ‖ *Llevarse bien* o *mal,* avenirse bien o mal con otro. ‖ *No llevarlas todas consigo,* no estar muy seguro de una cosa. ‖ — OBSERV. Son galicismos las frases siguientes: *llevar bigote* (gastarlo); *llevar las armas contra su patria* (combatir); *llevar al crimen* (conducir); *llevar la impudencia hasta* (llegar).

LLICLLA f. *Bol., Ecuad.* y *Per.* Manta que llevan las indias en la espalda. (SINÓN. *Quillongo.*)

LLOICA f. *Chil.* Loica.

LLOQUE m. *Per.* Madera muy nudosa.

LLORADERA f. *Despect.* Llanto sin motivo.

LLORADO m. *Venez.* Cierta canción popular.

LLORADOR, RA adj. y s. Que llora.

LLORADUELOS com. *Fig.* y *fam.* Persona quejumbrosa y que está siempre llorando.

LLORAMICO m. Llanto.

LLORAR v. i. Derramar lágrimas: *llorar a lágrima viva.* (SINÓN. *Lagrimear, lloriquear, sollozar.*) ‖ *Fig.* Destilar una cosa algún licor: *las vides lloran por primavera.* ‖ — V. t. Sentir con gran dolor la pérdida de alguien: *llorar la muerte de un amigo.* ‖ Sentir mucho: *llorar sus pecados.* ‖ — PROV. **El que no llora no mama,** hay que solicitar sin cansarse lo que se quiere obtener.

LLORERA f. *Fam.* Llanto largo y sin motivo.

LLORICA com. Lloricón.

LLORICÓN, ONA adj. y s. Que lloriquea.

LLORIQUEAR v. i. Gimotear: *el niño no para de lloriquear.* (SINÓN. V. *Llorar.*)

LLORIQUEO m. Gimoteo. (SINÓN. V. *Llanto.*)

LLORO m. Llanto, acción de llorar, lágrimas. (SINÓN. V. *Llanto.*)

LLORÓN, ONA adj. y s. Que llora mucho. ‖ *Sauce llorón,* variedad de sauce de ramas colgantes. ‖ — M. Penacho de plumas que llevan algunos militares. ‖ — F. Plañideras. ‖ *Amer.* Espuela grande vaquera.

LLOROSO, SA adj. Que parece haber llorado: *ojos llorosos.* ‖ Triste, afligido.

LLOVEDERO m. *Arg.* Lluvia larga.

LLOVEDIZO, ZA adj. Que deja pasar la lluvia: *tejado llovedizo.* ‖ *Agua llovediza,* agua de lluvia: *el agua llovediza carece de sales.*

LLOVER v. impers. Caer agua de las nubes: *llueve poco en Marruecos.* ‖ Caer con abundancia: *llovían las balas sobre los soldados.* ‖ *Fig.: llovían sobre él los honores.* ‖ — V. r. Calarse con las lluvias: *este techo se llueve.* ‖ *Fig.* Como *llovido* o *llovido del cielo,* inesperadamente. ‖ *Llover sobre mojado,* venir una cosa molesta tras otra. ‖ — IRREG. Se conjuga como *mover.*

LLOVIZNA f. Lluvia menuda que cae blandamente. (SINÓN. V. *Lluvia.*)

LLOVIZNAR v. impers. Caer llovizna.

LLOYD [*loid*] m. Nombre inglés adoptado por diversas compañías marítimas o de seguros.

LLUECA adj. y s. Clueca.

LLUVIA f. (lat. *pluvia*). Acción de llover. ‖ Agua que cae de la atmósfera: *las lluvias son indispensables para la agricultura.* (SINÓN. *Aguacero, chaparrón, chubasco, diluvio, llovizna, orvallo, temporal, turbonada.*) ‖ Lo que cae en gran cantidad: *lluvia de balas.* ‖ *Chil.* y *Nicar.* Ducha, el aparato y el baño. ‖ *Lluvia artificial,* la producida por medios físicos o químicos aprovechando la presencia de nubes poco estables. ‖ *Lluvia de oro,* abundancia de riquezas.

LLUVIOSO, SA adj. Dícese del tiempo o del país en que son frecuentes las lluvias.

LLAVES

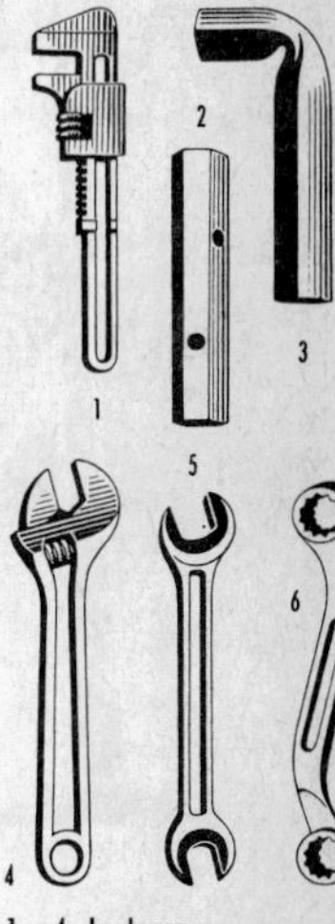

1 y 4. Inglesas
2. De tubo, recta
3. De tubo acodada
5. Fija de doble boca
6. De estrella

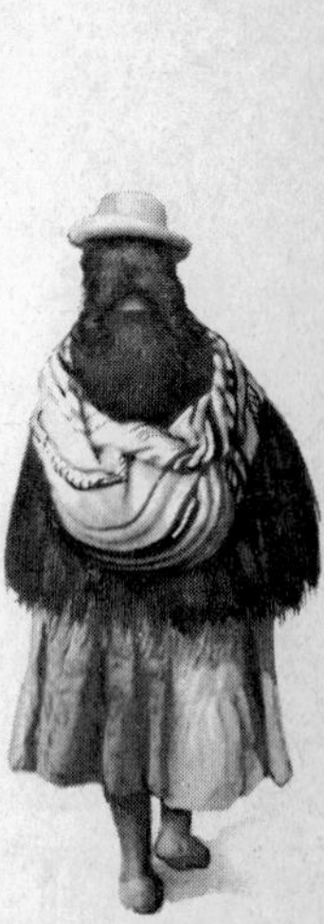

lliclla

Fot. Meot

Molinos de viento en la Mancha

M f. Decimoquinta letra del abecedario y duodécima de sus consonantes. || Como letra numeral, tiene valor de mil en la numeración romana. || Símbolo del prefijo *mega,* empleado en el sistema de pesos y medidas, que equivale a "un millón de veces". || Símbolo del *maxvell.*

m, símbolo del *metro* y de *minuto.*

MABINGA f. *Cub.* y *Méx.* Estiércol de las bestias. || *Cub.* y *Méx. Fam.* Tabaco malo.

MABITA f. *Venez.* Mal de ojo, aojo. || — Com. Persona de mala suerte.

MABLE m. *Amér. C.* Canica.

MACA f. Señal que se hace a una fruta por un golpe u otra cosa. || Daño leve que tienen algunas cosas. || *Fig.* Vicio, defecto moral: *tener macas.*

MACÁ m. *Riopl.* Especie de somorgujo, ave.

MACABÍ m. *Cub.* Un pez de las Antillas.

MACABEO, A adj. y s. De Macas (Ecuador).

MACABRO, BRA adj. Fúnebre, relativo a cosas fúnebres || *Danza macabra,* danza de la muerte.

MACACA f. Hembra del macaco. || *Chil.* Coleóptero muy grande. || *Chil. Fam.* Mona, borrachera.

MACACINAS f. pl. *Hond.* Zapatos toscos de cuero, sin tacón, cosidos con correítas de piel, usados por los indios.

MACACO m. Género de monos, de estatura mediana.

MACACO, CA adj. *Amer.* Feo, deforme. || *P. Rico.* Necio. || — M. *Méx.* Coco, bu. || *Hond.* Moneda macuquina del valor de un peso.

MACACOA f. *Venez.* Murria, tristeza.

MACADAM m. (de *Mac Adam,* n. pr.). Pavimento de piedra machacada aglomerada por un rodillo compresor.

MACADAMIZAR v. t. Pavimentar con macadam.

MACADÁN m. Macadam.

MACAGUA f. Un ave rapaz diurna de América. || *Venez.* Género de serpientes venenosas. || Árbol silvestre de Cuba.

MACAGÜIL m. *Méx.* Machete de madera con filo de pedernales.

MACAGÜITA f. Palma espinosa de Venezuela. || Su fruto.

macaco

MACAL m. *Chil.* Plantío de maqui. || *Méx.* Colocasia.

MACANA f. *Amer.* Arma contundente, a modo de machete, que usaban los indios. || *Antill., Arg.* y *Méx.* Garrote grueso. || *Ecuad.* Manteleta, chal. || *Amér. C.* y *Méx.* Especie de azada, de coa. || *Amer.* Disparate, tontería. || Cosa mal hecha. || *Fig.* Objeto de difícil venta. || *Arg.* Chisme, cosa. || *Cub. De macana,* firmemente, con seguridad. || *Venez. A raja macana,* a raja tabla.

MACANADA f. *Arg.* Disparate.

MACANAZO m. Golpe dado con una macana. || *Amer.* Acción brusca. || *Amer. Fam.* Disparate grande. || *Amér. Fam.* Lata, fastidio.

MACANEADOR, RA adj. *Arg.* Amigo de macanear.

MACANEAR v. t. *Amer.* Hacer o decir macanas. || — V. i. *Col.* y *Hond.* Trabajar con asiduidad. || *Col.* y *Venez.* Manejar un asunto.

MACANEO m. *Arg.* Acción de macanear.

MACANERO, RA adj. *Arg.* Macaneador.

MACANO m. Árbol de Panamá. || *Chil.* Color obscuro que se saca de la cáscara del huingán.

MACANUDO, DA adj. *Fam.* Admirable, estupendo, magnífico. || *Chil.* Grande, abultado. || *Arg.* y *Chil.* Disparatado. || *Col.* y *Ecuad.* Arduo, difícil.

MACAO m. *Cub.* Un paguro que vive en la concha de la cigua. || *Cub. Fam.* Apodo de desprecio.

MACAÓN m. Especie de mariposa muy hermosa.

MACAQUEAR v. i. *Arg.* Hacer gestos de macaco. || — V. t. *Amér. C.* Robar.

MACARELA f. *Venez.* Caballa, pez comestible.

MACARENO, NA adj. y s. Del barrio de la Macarena, en Sevilla. || *Fam.* Guapo o majo.

MACAREO m. Oleada que sube río arriba al crecer la marea.

MACARRÓN m. (ital. *maccherone*). Pasta de harina de trigo, dispuesta en canutos largos: *sopa de macarrones.* || Bollito de masa de almendra, mostachón. " *Mar.* Extremo de las cuadernas que sobresale de las bordas del barco.

MACARRONADA f. *Col.* Guiso de macarrones.

MACARRONEA f. (ital. *maccheronea*). Composición burlesca en versos macarrónicos.

MACARRÓNICO, CA adj. *Fam.* Dícese del lenguaje burlesco en que se dan terminaciones latinas a voces de la lengua vulgar.

MACARRONISMO m. *Fam.* Estilo macarrónico.
MACARSE v. r. Echarse a perder las frutas.
MACAUREL f. Serpiente de Venezuela.
MACAZ m. *Per.* Especie de paca, roedor.
MACAZUCHIL m. *Méx.* Planta piperácea cuyo fruto se empleaba para perfumar el chocolate.
MACEAR v. t. Dar golpes con un mazo. ‖ — V. i. *Fig.* Machacar o fastidiar.
MACEDÓN, ONA adj. y s. Macedonio.
MACEDONIA f. Ensalada de frutas.
MACEDÓNICO, CA y mejor **MACEDONIO, NIA** adj. y s. De Macedonia.
MACEGUAL m. *Méx.* Indio plebeyo o rústico.
MACEO m. Acción de macear o golpear una cosa.
MACERACIÓN f. Operación que consiste en sumergir un cuerpo en un líquido para extraer de él las partes solubles. ‖ *Fig.* Mortificación.
MACERAMIENTO m. Maceración.
MACERAR v. t. (lat *macerare*). Hacer remojar una substancia en un líquido. (SINÓN. *Ablandar, machacar, prensar.* V. tb. *moler.*) ‖ —V. r. Mortificarse el cuerpo por amor de Dios o por penitencia. (SINÓN. V. *Mortificar.*)
MACERINA f. Mancerina.
MACERO m. El que lleva la maza en una procesión o delante de algún dignatario.
MACETA f. Mango de herramienta. ‖ Martillo de los canteros. ‖ *Amer.* Mazo usado para clavar estacas o para golpear.
MACETA f. (ital. *mazetto,* mazo de flores). Tiesto de barro que sirve para criar plantas. ‖ Pie o vaso donde se ponen flores artificiales. ‖ *Bot.* Corimbo. ‖ *Chil.* Ramillete. ‖ *Méx. Pop.* Cabeza. ‖ — Adj. *Riopl.* y *Chil.* Dícese del caballo que tiene nudos en las patas.
MACETEAR v. t. *Arg.* y *Col.* Golpear con la maceta.
MACETERO m. Mueble para colocar macetas.
MACETÓN m. Maceta grande.
MACETUDO, DA adj. *Arg.* De piernas cortas y gruesas.
MACFARLÁN, MACFERLÁN o **MACFERLANE** m. (ingl. *macferlane*). Gabán sin mangas y con esclavina.
MACICEZ f. Calidad de macizo.
MACIEGA f. *Amer.* Especie de hierba silvestre, de hoja parecida a la de la espadaña.
MACILENTO, TA adj. (lat. *macilentus*). Descolorido, mustio, flaco: *rostro macilento.* (SINÓN. V. *Pálido.*)
MACILLO m. *Mús.* Pieza del piano que, movida por la tecla, hiere la cuerda correspondiente.
MACIZAR v. t. Llenar lo que estaba hueco: *macizar un pozo.*
MACIZO, ZA adj. Grueso, fuerte: *mueble macizo.* (SINÓN. V. *Sólido.*) ‖ Que no está hueco: *cilindro macizo.* (SINÓN. V. *Pesado.*) ‖ Sólido, fundado: *argumentos macizos.* ‖ — M. Parte de pared entre dos vanos. ‖ *Geol.* y *Geogr.* Grupo de alturas o montañas. ‖ *Fig.* Conjunto de edificios cercanos entre sí. ‖ *Fig.* Agrupación de plantas que decoran los cuadros de los jardines.
MACLA f. *Blas.* Losange que tiene en su centro una cavidad de forma igualmente de losange. ‖ *Miner.* Forma cristalina que resulta de la penetración de dos cristales según determinadas leyes geométricas.
MACO m. *Cub.* Un molusco del género porcelana.
MACOCOA f. *Col.* Murria, melancolía.
MACOLLA f. Conjunto de tallos que nacen de un mismo pie: *una macolla de trigo.*
MACOLLAR v. i. Echar una planta macollas.
MACOLLO m. *Hond.* Macolla o retoño de planta.
MACÓN m. Entre colmeneros, nombre dado al panal seco y verdoso.
MACÓN *Col.* y **MACOTE** adj. *Arg.* Grandote, muy grande.
MACONA f. Banasta grande.
MACONO m. *Bol.* Ave canora boliviana.
MACRO prefijo insep. (gr. *makros*), que significa *grande* y forma parte de muchas palabras.
MACRIBIO, BIA adj. (de *macro,* y el gr. *bios,* vida). Que vive largo tiempo, longevo.
MACROCEFALIA f. Calidad de macrocéfalo.
MACROCÉFALO, LA adj. y s. (de *macro,* y el gr. *kephalê,* cabeza). Que tiene la cabeza grande.
MACROCOSMO m. (de *macro,* y el gr. *kosmos,* mundo). Según ciertos filósofos antiguos, el universo considerado con relación al hombre.
MACRODÁCTILO adj. (de *macro,* y el gr. *daktylos,* dedo). De dedos grandes.
MACROMOLÉCULA f. Conglomerado atómico de elevado número de átomos.
MACROMOLECULAR adj. Dícese de una substancia química de masa molecular elevada.
MACRÓPODO adj. (de *macro,* y el gr. *pous, podos,* pie). De pies grandes. ‖ Género de peces de Indochina, de aletas muy grandes. ‖ — Pl. Suborden de marsupiales que comprende los canguros.
MACROSCÓPICO, CA adj. Lo que se ve sin ayuda del microscopio.
MACRURO, RA adj. Dícese del crustáceo de abdomen largo y extendido a modo de cola, como el cangrejo de río. ‖ — M. pl. Suborden de estos animales.
MACSURA f. (del ár. *macçura,* separación). Recinto reservado en la mezquita para el califa o el imán.
MACUACHE m. *Méx.* Indio bozal mexicano. ‖ *Méx. Fig.* Bruto, animal.
MACUARE m. *Venez.* Rebenque.
MACUBA f. Tabaco muy aromático de una población del mismo nombre en la Martinica. ‖ Insecto coleóptero de color verde bronceado, que despide un olor almizcleño.
MACUCA f. Género de umbelíferas. ‖ Arbusto de la familia de las rosáceas, de fruta pequeña e insípida.
MACUCO, CA y **MACUCÓN, ONA** adj. *Arg., Chil.* y *Per.* Grande, macanudo. ‖ *Fam. Chil.* Cuco, astuto, taimado. ‖ *Ecuad.* Viejo. inútil. ‖ *Arg., Bol.* y *Col.* Grandullón.
MACUENCO, CA adj. *Cub.* Flojo, débil.
MACUITO, TA adj. y s. *Per. Fam.* Negro.
MÁCULA f. (lat. *macula*). Mancha: *las máculas del Sol.* ‖ *Fig.* Lo que deslustra o afea algo. (SINÓN. V. *Mancha.*) ‖ *Fig.* y *fam.* Engaño, trampa.
MACULAR v. t. Manchar. (SINÓN. V. *Ensuciar.*)
MACULATURA f. (fr. *maculature*). *Impr.* Pliego mal impreso o manchado y que no se puede utilizar.
MACUNDOS m. pl. *Venez.* Trastos, trebejos.
MACUQUERO m. El que saca sin permiso metales de las minas abandonadas.
MACUQUINO, NO adj. Dícese de la moneda de plata, cortada y esquinada.
MACURCA f. *Chil.* Agujetas.
MACUTO m. Mochila. ‖ *Venez.* y *Cub.* Cesto que suelen usar los pobres para recoger limosna. (SINÓN. V. *Zurrón.*)
Mach (*Número de*), relación entre la velocidad de un móvil (proyectil, avión) y la del sonido en la atmósfera donde se efectúa la traslación.
MACHA f. *Chil.* Molusco de mar comestible. ‖ *Arg.* Broma, burla, macana. ‖ *Amer.* Barb. por *marimacho.*
MACHACA f. Instrumento que sirve para machacar o moler. ‖ Com. *Fig.* Persona pesada y fastidiosa.
MACHACADERA f. Machaca.
MACHACADOR, RA adj. y s. Que machaca. ‖ — F. Máquina trituradora.
MACHACANTE m. *Fam.* Soldado que sirve a un sargento. ‖ *Fam.* Moneda española de cinco pesetas.
MACHACAR v. t. Quebrantar una cosa a golpes: *machacar almendras.* (SINÓN. V. *Moler.*) ‖ — V. i. *Fig.* Porfiar, importunar. ‖ *Fig.* Insistir. (SINÓN. V. *Repetir.*) ‖ *Machacar en hierro frío,* hacer un esfuerzo inútilmente. ‖ — PARÓN. *Machucar.*
MACHACÓN, ONA adj. y s. Insistente, que repite mucho las cosas. (SINÓN. V. *Importuno.*)
MACHACONERÍA f. Repetición insistente.
MACHADA f. Hato de machos de cabrío. ‖ *Fig.* y *fam.* Necedad, sandez, majadería. ‖ *Fam.* Acción de hombre, hombrada.
MACHADO m. Hacha de leñador.
MACHAJE m. *Riopl.* y *Chil.* Conjunto de animales machos.
MACHALEÑO, ÑA adj. y s. De Machala (Ecuador).

macfarlán

macla

machete

madréporas

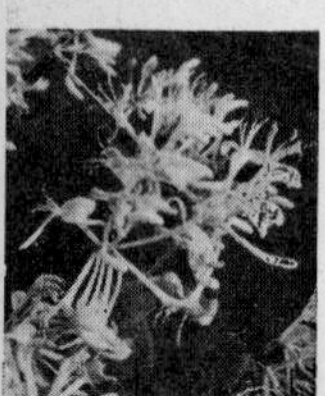
madreselva

MACHAMARTILLO m. Se emplea en la expresión *repetir a machamartillo,* que significa repetir insistentemente.
MACHANGO m. *Amer.* Especie de mono. ‖ *Chil.* Machacón.
MACHAQUEAR v. t. *Amer.* Machacar, majar.
MACHAQUEO m. Acción de machacar. (SINÓN. V. *Chochez.*)
MACHAQUERÍA f. Machaconería.
MACHAR v. t. Machacar, majar, moler. (P. us.) ‖ — V. r. *Bol.* y *Ecuad.* Emborracharse.
MACHAZO, ZA adj. *Col. Fam.* Enorme.
MACHEAR v. i. Engendrar más machos que hembras. ‖ *Fig.* Echárselas de hombre.
MACHETAZO m. Golpe dado con el machete.
MACHETE m. Especie de sable corto de mucho peso. (SINÓN. V. *Espada.*) ‖ Cuchillo grande que sirve para diversos usos: *se corta la caña de azúcar con machete.*
MACHETEAR v. t. Amachetear, herir con el machete. ‖ — V. i. Cabecear un buque. ‖ *Col.* Porfiar. ‖ *Méx.* Trabajar. ‖ *Méx.* Estudiar mucho, empollar. ‖ *Col.* Vender a bajo precio.
MACHETERO m. El que desmonta con el machete los bosques. ‖ El que corta la caña con el machete. ‖ *Méx.* Trabajador. ‖ *Méx.* Empollón, estudiante.
MACHETONA f. *Col.* Navaja grande.
MACHI *Chil.* y **MACHÍ** m. *Arg.* Curandero.
MÁCHICA f. *Per.* Harina de maíz tostada que comen los indios mezclada con azúcar y canela.
MACHIEGA adj. Dícese de la abeja reina.
MACHIGUA f. *Hond.* Lavazas del maíz.
MACHIHEMBRADO m. Ensamblaje.
MACHIHEMBRAR v. t. *Carp.* Ensamblar dos piezas de madera que encajan una en otra.
MACHÍN m. *Venez.* Mono de frente blanca.
MACHINA f. (fr. *machine*). Cabria grande. ‖ Martinete para clavar las estacas.
MACHINCUEPA f. *Méx.* Voltereta. ‖ *Méx. Fam. Dar la machincuepa,* cambiar de partido en política.
MACHO adj. y s. (lat. *masculus*). Del sexo masculino: *águila macho.* ‖ *Fig.* Fuerte o robusto, vigoroso: *vino macho.* ‖ *Flor macho,* la que sólo tiene estambres. ‖ — M. Animal del sexo masculino. ‖ Mulo. ‖ Parte del corchete que engancha en la hembrilla. ‖ Pieza de un artefacto que penetra en otra: *el macho de una tuerca.* ‖ *Fig.* Hombre poco inteligente, borrico. ‖ Borlas en las chaquetillas de los toreros. ‖ *Cub.* Grano de arroz que no suelta la cáscara. ‖ *Cub.* Puerco, cebón. ‖ *C. Rica. Fam.* Extranjero rubio. (V. CHELE.) ‖ *Macho cabrío,* cabrón. ‖ *Macho de aterrajar,* tornillo que sirve para labrar la rosca de las tuercas. ‖ — CONTR. *Hembra.*
MACHO m. *Arq.* Pilar de fábrica.
MACHO m. Mazo grande de herrero. ‖ Banco en que pone el herrero el yunque. ‖ Yunque cuadrado.
MACHÓN m. *Arq.* Macho de fábrica, pilar. ‖ — Adj. *Amer.* Marimacho.
MACHONGA f. *Col.* Pirita de cobre o hierro.
MACHORRA f. Hembra estéril. ‖ Marimacho.
MACHOTA f. y **MACHOTE** m. *Despect.* Mazo. ‖ *And.* y *Méx.* Marimacho.
MACHOTE m. *Fam.* Muy hombre, viril. ‖ *Méx.* Señal o mojón que determina los destajos en las minas. ‖ *Amer.* Borrador, minuta. ‖ *Dárselas de machote,* dárselas de hombre.
MACHUCADURA f. Acción de machucar.
MACHUCAMIENTO m. Machucadura.
MACHUCANTE m. *Fam.. Col.* Sujeto, individuo.
MACHUCAR v. t. Golpear, causar contusiones, magullar: *machucar un melocotón.*
MACHUCÓN m. *Amer.* Machucadura.
MACHUCHO, CHA adj. Maduro, juicioso. ‖ Viejo.
MACHUSCA f. *Bol. Fam.* Mujer jamona.
MADAMA f. (fr. *madame*). Voz francesa de tratamiento, equivalente a señora. ‖ *Cub.* La balsamina, planta. ‖ *Riopl. Pop.* Partera, comadre.
MADAMISELA f. (fr. *mademoiselle*). Señorita.
MADAPOLÁN m. (de *Madapollan,* pueblo de la India). Tela de algodón blanca, lisa y resistente, de buena calidad.
MADE, pal. ingl. empleada frecuentemente en la expresión *made in* o *fabricado en.*
MADEFACCIÓN f. Acción de humedecer ciertas substancias para preparar un medicamento.
MADEJA f. (lat. *mataxa*). Manojillo de hilo, de seda o de lana: *desenredar una madeja.* ‖ *Fig.* Mata de pelo. ‖ *Fig.* Hombre sin vigor.
MADERA f. (lat. *materia*). Substancia dura y compacta de los árboles. ‖ Postigo de ventana. ‖ Trozo de madera. ‖ Vino de la isla de Madera: *un vaso de madera.* ‖ *Fig.* y *fam.* Disposición, valor personal. ‖ *Tocar madera,* conjurar la mala suerte.
MADERABLE adj. Dícese del árbol, bosque que da madera útil para construcciones.
MADERADA f. Conjunto de maderos que se llevan flotando en armadías por un río. (P. us.)
MADERAJE f. y **MADERAMEN** m. Conjunto de las vigas y maderas que se emplean en un edificio.
MADERERÍA f. Almacén de madera. (P. us.)
MADERERO, RA adj. Relativo a la madera: *compañía maderera.* ‖ — M. El que comercia en maderas. ‖ El encargado de conducir las armadías. ‖ Carpintero.
MADERO m. Pieza larga de madera en rollo o cortada a escuadra. ‖ *Fig.* Leño, animal, persona poco inteligente. ‖ *Poét.* El barco, la nave, la embarcación: *confiar su fortuna a un frágil madero.*
MADI m. o **MADIA** f. Planta oleaginosa de Chile, de la familia de las compuestas.
MADONA f. (ital. *madonna*). Nombre que se da en Italia a las imágenes de la santísima Virgen.
MADOR m. (lat. *mador*). *Med.* Ligera humedad.
MADOROSO, SA adj. *Med.* Humedad. (P. us.)
MADRÁS m. Tela fina de algodón.
MADRASTRA f. La mujer respecto de los hijos habidos por el marido en anterior matrimonio. ‖ *Fig.* Cosa que hace daño.
MADRAZA f. *Fam.* Madre que mima a sus hijos. (SINÓN. V. *Madre.*)
MADRE f. (lat. *mater*). Mujer que ha tenido hijos: *Agripina fue madre de Nerón.* (SINÓN. *Mamá, madraza.*) ‖ Dícese igualmente de las hembras de los animales: *una leona madre.* ‖ Título que se da a las religiosas: *madre abadesa.* ‖ *Fam.* Mujer anciana. ‖ *Fig.* Cuna de una cosa: *Grecia, madre de las artes.* ‖ Causa: *la ociosidad es madre de todos los vicios.* ‖ Cauce o lecho de un río: *salirse de madre.* ‖ Acequia principal. ‖ Alcantarilla o cloaca maestra. ‖ Heces del mosto o del vinagre. ‖ Residuo del café molido después de haber pasado el agua hirviendo. ‖ Madero principal de ciertos artefactos: *la madre del timón.* ‖ *Cub.* Carbonera. ‖ *Nuestra primera madre,* Eva. ‖ *La madre de los fieles,* la Iglesia. ‖ *Madre patria,* país que ha fundado una colonia: *España es la madre patria de las naciones sudamericanas.* ‖ *Lengua madre,* aquella cuya evolución dialectal ha dado nacimiento a otras lenguas. ‖ *Madre política,* la suegra. Madrastra. ‖ *Hond. Madre del cacao,* acacia falsa que abriga las matas de cacao. ‖ *Fam. Como su madre lo echó al mundo,* desnudo. ‖ — PROV. **Esa es la madre del cordero,** esa es la verdadera causa de una cosa.
MADRECILLA f. Huevera de las aves.
MADRECLAVO m. Nombre que se da al clavo de especia que se deja dos años en el árbol.
MADREÑA f. Almadreña, calzado de madera.
MADREPERLA f. Concha bivalva, especie de ostra de Asia y América, donde se encuentran las perlas y cuya concha se aprovecha como nácar.
MADRÉPORA f. (ital. *madrepora*). Polipero arborescente de los mares intertropicales: *las madréporas forman escollos e islas en el océano Pacífico.*
MADREPÓRICO, CA adj. Relativo a la madrépora.
MADREPORITA f. *Geol.* Madrépora fósil.
MADRERO, RA adj. *Fam.* Que está muy encariñado con su madre: *niño demasiado madrero.*
MADRESELVA f. Planta de la familia de las caprifoliáceas, trepadora y de flores muy olorosas.
MADRIGADO, DA adj. *Fam.* Práctico y experimentado: *hombre madrigado.* ‖ Dícese de la mujer casada en segunda nupcias. ‖ Dícese del macho que ha padreado.
MADRIGAL m. (ital. *madrigale*). Composición poética tierna y galante, generalmente corta.
MADRIGALESCO, CA adj. Relativo al madrigal. ‖ *Fig.* Delicado, elegante.

Fot. Downward

MADRIGALIZAR v. i. Componer madrigales.
MADRIGUERA f. Cueva o guarida donde habitan ciertos animales. (SINÓN. *Cubil.*) || *Fig.* Lugar donde se oculta la gente maleante: *una madriguera de bandidos.* (SINÓN. *Guarida, escondrijo.*)
MADRILEÑISMO m. Carácter madrileño.
MADRILEÑISTA adj. y s. De carácter madrileño.
MADRILEÑIZAR v. t. Dar carácter madrileño.
MADRILEÑO, ÑA adj. y s. De Madrid.
MADRINA f. Mujer que asiste a uno en el sacramento del bautismo, del matrimonio, etc.: *madrina de boda.* || *Fig.* Protectora: *servir a uno de madrina en la sociedad.* || Poste o puntal. || Correa con que se unen los bocados de dos caballerías que van juntas en un tiro. || *Venez.* Ganado manso que sirve para guiar el ganado bravío. || Mula que guía la recua, cabestro. || *Madrina de guerra,* la que protege y ayuda a un soldado en campaña.
MADRINAZGO m. Asistencia como madrina. || Título de madrina.
MADRINERO, RA adj. *Venez.* Dícese del ganado manso que forma la madrina.
MADRINO m. *Col.* y *Arg.* Madrina de una recua. || *Arg.* y *Col.* Árbol que se deja caer sobre otros ya picados o medios cortados y los derriba con su peso.
MADRONA f. *Fam.* Madraza, madre poco severa. || Alcantarilla.
MADRINCILLO m. Fresa, fruto. (P. us.)
MADROÑAL m. y **MADROÑERA** f. Sitio poblado de madroños.
MADROÑO m. Arbusto de la familia de las ericáceas, de fruto parecido a una cereza grande y encarnada: *el madroño figura en las armas de Madrid.* || Su fruto. || Borlita redonda: *sombrero con madroños.*
MADRUGADA f. Alba, principio del día. || Acción de madrugar. || *De madrugada,* m. adv., al amanecer, temprano.
MADRUGADOR, RA adj. y s. Que acostumbra madrugar. || *Fam.* Astuto. || *Méx.* Especie de tirano, ave.
MADRUGAR v. i. Levantarse temprano. || *Fig.* Ganar tiempo, adelantarse a otros en un asunto. || — V. t. *Arg. lunf.* Sacar ventaja a otro en una riña. || — PROV. **Al que madruga Dios le ayuda,** conviene levantarse temprano. || **No por mucho madrugar amanece más temprano,** hay cosas cuya llegada debe uno esperar con paciencia.
MADRUGÓN, ONA adj. Madrugador. || — M. *Fam.* Madrugada grande.
MADURACIÓN f. Acción de madurar o madurarse: *la maduración de los frutos necesita sol.*
MADURADERO m. Sitio conveniente para poner a madurar las frutas.
MADURADOR, RA adj. Que hace madurar.
MADURAMENTE adv. m. *Fig.* Con madurez.
MADURANTE adj. Que madura.
MADURAR v. t. Volver maduro: *el sol madura las frutas.* || *Fig.* Volver experimentado: *la desgracia madura a los hombres.* || Meditar detenidamente: *madurar un proyecto.* || Activar la supuración de los tumores. || — V. i. Adquirir sazón una fruta. || *Fig.* Adquirir juicio y madurez. || *Cir.* Empezar a supurar un tumor.
MADURATIVO, VA adj. Que madura. || Que acelera la formación de la materia en un tumor: *emplasto madurativo.* || — M. Medio que se usa para decidir a uno a que ejecute una cosa.
MADUREZ f. Sazón, calidad de maduro de los frutos. || *Fig.* Juicio, cordura: *obrar con madurez.* || Período de la vida comprendido entre la juventud y la vejez. || Estado del desarrollo completo de un fenómeno.
MADURO, RA adj. Dícese del fruto en estado de ser recogido: *trigo maduro.* || *Fig.* Prudente, reflexivo: *espíritu maduro.* || Entrado en años. || — M. *Col.* y *Venez.* Plátano maduro.
MAELSTRÓN m. Gran remolino de agua.
MAESE, SA m. y f. *Ant.* Maestro.
MAESTOSO adv. m. *Mús.* Palabra italiana que indica un movimiento majestuoso, lento y solemne.
MAESTRA f. Mujer que enseña un arte o ciencia: *maestra de dibujo.* || Profesora de primera enseñanza: *maestra de párvulos.* || Mujer del maestro. || Escuela de niñas: *ir a la maestra.* || *Fig.* Cosa que enseña: *la desgracia es la mejor maestra del hombre.* || *Tecn.* Listón que sirve de guía a los albañiles. || *Abeja maestra,* la reina.
MAESTRAL m. Maestril del panal.
MAESTRANTE m. Caballero, miembro de una maestranza.
MAESTRANZA f. Sociedad de equitación. || *Mil.* Taller donde se componen y construyen los montajes de las piezas de artillería. || Conjunto de oficiales u obreros que trabajan en la maestranza. || *Per.* Planta verbenácea ornamental.
MAESTRAZGO m. Dignidad de maestre de una orden militar y territorio en que radicaba: *el maestrazgo de Calatrava.*
MAESTRE m. Susperior de ciertas órdenes militares: *el gran maestre de Santiago.* || *Mar.* El que manda en el barco después del capitán. || *Maestre de campo,* oficial superior de la milicia antigua.
MAESTREAR v. t. Entender como maestro en una cosa. || — V. i. Echarlas de maestro.
MAESTRESALA m. Criado que presenta y reparte los manjares en los hoteles y casas grandes.
MAESTRESCUELA m. Dignatario de algunas iglesias, encargado de enseñar las ciencias eclesiásticas. || Cancelario de algunas universidades.
MAESTRÍA f. Arte, habilidad: *pintar un retrato con maestría.* (SINÓN. V. *Destreza.*) || Título o dignidad de maestro.
MAESTRIL m. Celdilla del panal donde se transforma la larva de la abeja maestra. (SINÓN. *Castillo.*)
MAESTRO, TRA adj. (lat. *magister*). Muy principal o perfecto: *obra maestra.* || Dícese del animal amaestrado: *perro maestro.* || — M. El que enseña un arte o ciencia: *maestro de armas.* (SINÓN. *Profesor, catedrático, preceptor, ayo, dómine, regente, pedagogo, pasante.*) || El que es perito en alguna materia: *los grandes maestros de la oratoria sagrada.* || El que ejerce públicamente un oficio mecánico: *maestro sastre* o *panadero.* || El que dirige el personal y las operaciones de un servicio. || Compositor de música: *el maestro Rossini.* (SINÓN. V. *Músico.*) || En algunos sitios, apelativo que se da familiarmente a las personas de respeto o ancianas. || *Maestro de capilla,* músico que dirige los coros de una capilla. || *Maestro de ceremonias,* el que dirige el ceremonial de un palacio. || *Maestro de escuela,* profesor de primera enseñanza. || *Maestro de obras,* el que, bajo las órdenes del arquitecto, o por sí solo, dirige los albañiles. || *Maestro de artes,* el que obtenía el grado mayor en los estudios de filosofía. || — OBSERV. Es galicismo decir *mis amigos eran los maestros* (en lugar de *dueños*) *de la situación.* || — PROV. **El maestro ciruela, que no sabía leer y puso escuela,** refrán que zahiere a los que con poca instrucción se meten a enseñar.
MAFALA f. *Col.* Planta de raíz comestible.
MAFFIA o **MAFIA** f. Asociación secreta de malhechores. (SINÓN. V. *Pandilla.*)
MAGALLÁNICO, CA adj. Relativo o perteneciente al estrecho de Magallanes. || De Magallanes, prov. de Chile (**Ú. t. c. s.**)
MAGANCEAR v. t. *Col.* y *Chil.* Haraganear.
MAGANCERÍA f. Engaño, trapacería.
MAGANCÉS adj. Traidor.
MAGANCIA f. *Chil.* Magancería.
MAGANEL m. Almajaneque, máquina militar.
MAGANZA f. *Fam. Col.* y *Ecuad.* Holgazanería.
MAGANZÓN, ONA adj. y s. *Amer. Fam.* Haragán.
MAGAÑA f. Trampa, ardid, engaño. || *Artill.* Defecto que suelen tener en el alma los cañones.
MAGARZA f. *Bot.* Matricaria.
MAGARZUELA f. Manzanilla hedionda.
MAGAZINE m. (pal. ingl., pr. *magasín*). Revista ilustrada que trata de asuntos varios.
MAGDALENA f. Bollo pequeño de masa de harina y huevo, de forma de lanzadera. || *Fig.* Mujer penitente y arrepentida.
MAGDALENENSE adj. y s. De Magdalena (Colombia).
MAGDALENIENSE adj. y s. m. Dícese del último período del paleolítico caracterizado por el pulimento de huesos y por las pinturas rupestres (frescos de las cuevas de Altamira y Lascaux).
MAGDALEÓN m. (del gr. *magdalia,* miga de pan, masa). *Farm.* Rollito largo de emplasto.

magneto

MAGHREBÍ, INA o **MAGHREBINO, NA** adj. y s. Del Maghreb.
MAGIA f. (lat. *mageia*). Arte fingido de producir por medio de operaciones extraordinarias y ocultas, efectos contrarios a las leyes naturales. ‖ *Magia negra,* la que tenía por objeto la evocación de los demonios. ‖ *Magia blanca,* arte de producir ciertos efectos, maravillosos en apariencia, debidos en realidad a causas naturales. ‖ *Fig.* Encanto, efecto maravilloso, potencia de seducción: *la magia del estilo.*
MAGIAR adj. y s. Húngaro.
MÁGICA f. Magia. ‖ Bruja, hechicera.
MÁGICO, CA adj. (lat. *magicus*). Relativo a la magia: *obra mágica.* ‖ *Fig.* Maravilloso, asombroso: *mágica aparición.* ‖ Encantador, brujo, hechicero.
MAGÍN m. *Fam.* Imaginación, mente.
MAGÍSTER m. (pal. lat. que sign. *maestro.*) *Fam.* Maestro: *hablar con tono de magíster.* (SINÓN. V. *Pedante.*)
MAGISTERIAL adj. Relativo al magisterio.
MAGISTERIO m. Enseñanza prodigada por el maestro. (SINÓN. V. *Enseñanza.*) ‖ Título o grado de maestro. ‖ Conjunto de maestros: *el magisterio español.* ‖ *Quím.* Precipitado al que se atribuían antes propiedades maravillosas. ‖ *Fig.* Gravedad afectada.
MAGISTRADO m. (lat. *magistratus*). Oficial civil, revestido de autoridad judicial o administrativa: *los cónsules eran los primeros magistrados de la antigua Roma.* (SINÓN. V. *Juez.*) ‖ Miembro de una sala de audiencia o del Tribunal Supremo de Justicia. ‖ Ú. tb. el f. *magistrada.*
MAGISTRAL adj. Perteneciente al maestro o al magisterio: *tono magistral.* ‖ Soberano, definitivo: *una explicación magistral.* (SINÓN. V. *Perfecto.*) ‖ Dícese de las canonjías que exigen el doctorado de sus beneficiados. ‖ *Farm.* Dícese de los medicamentos que sólo se preparan cuando los piden. ‖ *Min.* Fundente o reactivo que facilita el beneficio de un mineral.
MAGISTRALÍA f. Canonjía magistral.
MAGISTRALMENTE adv. m. Con maestría: *lección dada magistralmente.*
MAGISTRATURA f. Dignidad o cargo de magistrado. ‖ Tiempo durante el cual ejerce sus funciones un magistrado. ‖ Corporación de los magistrados: *entrar en la magistratura.*
MAGMA m. *Quím.* Residuo obtenido después de exprimir las partes líquidas de una substancia. ‖ Conjunto de rocas que existe debajo de la corteza terrestre cuya temperatura es superior a los 1 000° C.
MAGNALIO m. Aleación ligera de aluminio y magnesio.
MAGNÁNIMAMENTE adv. m. De un modo magnánimo: *tratar magnánimamente a los vencidos.*
MAGNANIMIDAD f. Grandeza de ánimo. (SINÓN. V. *Generosidad.*)
MAGNÁNIMO, MA adj. (lat. *magnanimus*). Que tiene magnanimidad o es muy generoso: *Alfonso V de Aragón fue llamado el Magnánimo.*
MAGNATE m. (lat. *magnatus*). Nombre de los antiguos grandes del reino en Polonia y Hungría. ‖ Hombre importante, capitalista.
MAGNESIA f. (del gr. *Magnesia,* comarca de Grecia). Óxido de magnesio, terroso, blanco, suave e insípido, usado en medicina como purgante.

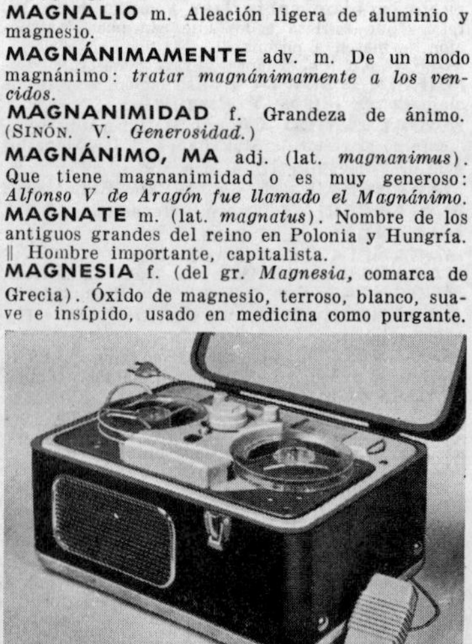
magnetófono

MAGNESIANO, NA adj. *Quím.* Que contiene magnesia: *roca magnesiana.*
MAGNÉSICO, CA adj. *Quím.* Relativo al magnesio: *purgar con sal magnésica.*
MAGNESIO m. Metal sólido (Mg), de número atómico 12, de densidad 1,74, de color y brillo semejante a los de la plata que arde con luz clara y muy brillante. (Se emplea para la obtención de aleaciones ligeras.)
MAGNESITA f. Espuma de mar: *la magnesita es un silicato natural de magnesia.*
MAGNÉTICO, CA adj. Relativo al imán o que posee las propiedades del imán: *hierro magnético.* ‖ Que pertenece al magnetismo animal: *caer en un sueño magnético.* ‖ *Fig.* Que tiene influencia misteriosa: *mirada magnética.*
MAGNETISMO m. (del gr. *magnés,* imán). Todo lo que se relaciona con el imán. ‖ Parte de la física en la que se estudian las propiedades de los imanes. ‖ *Fig.* Atracción ejercida por una persona sobre otra. ‖ *Magnetismo terrestre,* causa aparente de los fenómenos que se observan con la brújula. ‖ *Magnetismo animal,* influencia que puede ejercer un hombre sobre otro mediante ciertas prácticas.
— Existen tres clases de *magnetismo:* el *ferromagnetismo,* que se presenta en el hierro, en el níquel y en el cobalto, cuerpos que poseen una gran imanación; el *paramagnetismo* (oxígeno, platino, sodio), caracterizado por una imanación débil; el *diamagnetismo,* que poseen la mayoría de los cuerpos que no absorben las líneas de fuerza magnéticas (como las ferromagnéticas), sino que las repelen.
MAGNETITA f. *Miner.* Óxido de hierro magnético.
MAGNETIZABLE adj. Que puede magnetizarse.
MAGNETIZACIÓN f. Acción de magnetizar.
MAGNETIZADOR, RA adj. y s. Que magnetiza.
MAGNETIZAR v. t. Comunicar propiedades magnéticas: *magnetizar una barra de acero.* ‖ Producir en una persona magnetismo animal. ‖ Hipnotizar. ‖ *Fig.* Ejercer una atracción potente y misteriosa.
MAGNETO f. Generador de electricidad de alto potencial, empleado en los motores de explosión.
MAGNETOELÉCTRICO, CA adj. Que participa a la vez de los fenómenos magnéticos y de los eléctricos: *máquina magnetoeléctrica.*
MAGNETOFÓNICO, CA adj. Relativo al magnetófono.
MAGNETÓFONO o **MAGNETOFÓN** m. Aparato para el registro y restitución de sonidos por medio de una cinta cubierta de óxido magnético. ‖ — OBSERV. La forma más correcta, aunque no la más empleada, es *magnetófono.*
MAGNETÓMETRO m. Aparato utilizado para comparar la intensidad de los campos y de los momentos magnéticos.
MAGNETRÓN m. Tubo de vacío que contiene un ánodo y un cátodo que se calienta.
MAGNIFICADOR, RA adj. Que magnifica.
MAGNÍFICAMENTE adv. m. Con magnificencia: *recibir magníficamente a un Jefe de Estado extranjero.* ‖ Perfectamente, muy bien.
MAGNIFICAR v. t. Engrandecer, ensalzar, alabar. (SINÓN. V. *Glorificar.*)
MAGNÍFICAT m. Cántico que dirigió al Señor la Virgen María cuando visitó a su prima Isabel y que se canta al final de las vísperas.
MAGNIFICENCIA f. Calidad de magnífico: *hacer alarde de magnificencia.* (SINÓN. V. *Lujo.*) ‖ Esplendidez: *su magnificencia le tiene arruinado.* (SINÓN. V. *Liberalidad.*)
MAGNIFICENTE adj. Magnífico, hermoso.
MAGNÍFICO, CA adj. (lat. *magnificus*). Muy hermoso: *palacio magnífico.* (SINÓN. V. *Admirable.*) ‖ Muy hermoso: *tiempo magnífico.* ‖ Título de honor: *Rector Magnífico de la Universidad.* ‖ Espléndido, liberal: *un monarca magnífico.*
MAGNITUD f. (lat. *magnitudo*). Tamaño de un cuerpo. ‖ *Astr.* Brillo aparente: *estrella de primera magnitud.* ‖ *Fig.* Importancia: *la magnitud de una empresa.* ‖ *Mat.* Cantidad.
MAGNO, NA adj. (lat. *magnus*). Grande. (Úsase con algunos nombres de personas ilustres: *Alejandro Magno.*) ‖ *Neol.* Grandioso, magnífico.

Fot. Larousse

MAGNOLIA f. Árbol de la familia de las magnoliáceas, originario de América, perfectamente aclimatado en Europa. || Flor de este árbol, de color blanco, olor excelente y gran belleza.
MAGNOLIÁCEAS f. pl. Familia de dicotiledóneas angiospermas que tienen por tipo la magnolia.
MAGNOLIERO m. Galicismo por *magnolia*.
MAGNOLIO m. Barb. por *magnolia*, árbol.
MAGO, GA adj. y s. (lat. *magus*). Miembro de la casta sacerdotal en la religión zoroástrica. || Que ejerce la magia. (SINÓN. V. *Adivino.*) || Dícese de los tres reyes que fueron a adorar a Jesús recién nacido. (Una tradición posterior les ha dado los nombres de Melchor, Gaspar y Baltasar.)
MAGOSTAR v. i. Asar castañas al aire libre.
MAGOSTO m. Hoguera para asar castañas en el campo. || Castañas asadas de este modo.
MAGRA f. Lonja de jamón.
MAGREBÍ, INA o **MAGREBINO, NA** adj. y s. Maghrebí, maghrebino.
MAGREZ f. Calidad de magro o flaco, delgadez.
MAGRO, GRA adj. Delgado, sin grosura. (SINÓN. V. *Flaco.*) || — M. *Fam.* Carne magra, lomo de cerdo. || — CONTR. *Gordo.*
MAGRURA f. Magrez.
MAGUA f. *Cub.* Chasco, desaire, desengaño.
MAGUARSE v. r. *Cub.* y *Venez.* Llevarse un chasco; aguarse.
MAGUER conj. Aunque.
MAGÜER conj. advers. Barb. por *maguer*.
MAGUERA conj. *Ant.* Maguer.
MAGUEY m. (voz caribe). Uno de los nombres de la *pita* o *agave*. || *Col.* Tallo no grueso del agave.
MAGÜEY m. Barb. por *maguey*.
MAGUILLO m. Especie de manzano silvestre.
MAGÜIRA f. *Cub.* La güira cimarrona.
MAGUJO m. *Mar.* Descalcador de los calafates.
MAGULLADURA f. y **MAGULLAMIENTO** m. Cardenal, golpe. (SINÓN. V. *Contusión.*)
MAGULLAR v. t. Producir una contusión o cardenal en un cuerpo. || — PARÓN. *Maullar, machucar.*
MAGULLÓN m. *Amer.* Magulladura.
MAGUNTINO, NA adj. y s. De Maguncia.
MAGYAR adj. y s. Magiar.
MAHARAJÁ m. Título que significa *gran rey* y se aplica hoy a casi todos los príncipes de la India. Fem. *maharani.*
MAHATMA m. Asceta, jefe espiritual, en la India.
MAHOMETANO, NA adj. y s. Que profesa la religión de Mahoma: *pueblos mahometanos.*
MAHOMETISMO m. Religión de Mahoma. (V. ISLAMISMO, *Parte hist.*)
MAHOMETISTA adj. y s. Mahometano. (P. us.)
MAHOMETIZAR v. i. Profesar el mahometismo.
MAHÓN m. (de *Mahón*, puerto de las Baleares). Cierta tela fuerte de algodón de color anteado.
MAHONA f. Galera turca de transporte.
MAHONÉS, ESA adj. y s. De Mahón (Baleares). || — F. Mayonesa. || Planta crucífera.
MAHONIA f. Una planta berberidácea de América, de flores amarillas en racimos, y bayas de color azul negruzco y sabor agridulce.
MAICERÍA f. *Cub.* Lugar donde se vende maíz.
MAICERO m. *Col.* Especie de aní, ave. || *Cub.* El que vende maíz.
MAICILLO m. *Amer.* Planta gramínea parecida al mijo, cuyo fruto sirve de alimento. || *Chil.* Arena gruesa para pavimentar.
MAÍDO m. Maullido.
MAIL-COACH m. (pal. ingl., pr. *mel-kotch*). Berlina de cuatro caballos con asientos en la imperial.
MAILLECHORT m. (pal fr., pr., *maichor*). Metal blanco, aleación compuesta de níquel, cobre y cinc.
MAILLOT m. Galicismo por *jersey* y *traje de baño.*
MAIMÓN m. Mico, mono. || — Pl. Sopa con aceite que se usa en Andalucía.
MAIMONISMO m. Sistema filosófico de Maimónides.
MAINEL m. *Arq.* Columnilla que divide un vano.
MAITÉN m. *Chil.* Árbol muy hermoso de la familia de las celastráceas.
MAITENCITO m. *Chil.* Juego parecido al de la gallina ciega.
MAITINADA f. Alborada.
MAITINANTE m. Clérigo que tiene obligación de asistir a maitines, en una catedral.
MAITINES m. pl. (del lat. *matutinus*, de la mañana). Una de las horas canónicas que se reza antes de amanecer: *llamar a maitines.*
MAÎTRE D'HÔTEL m. (pal. fr., pr. *metr'dotel*). Jefe de comedor de un hotel, un restaurante.
MAÍZ m. (pal. haitiana). Planta gramínea originaria de América, que produce mazorcas de granos amarillos: *la harina de maíz es muy nutritiva.* || Grano de esta planta. || *Arg. Maíz del agua*, el irupé. (Los principales productores de *maíz* son los países siguientes: Estados Unidos, China, Unión Soviética, Brasil, México y Argentina.)
MAIZAL m. Campo de maíz. || *Per.* Almaizal.
MAJA f. Mano de almirez. || *Cub.* Holgazán.
MAJÁ m. *Cub.* Culebra grande, no venenosa.
MAJADA f. Lugar donde se recogen de noche el ganado y los pastores. (SINÓN. V. *Pasto.*) || Estiércol de las bestias. || *Riopl.* y *Chil.* Hato de ganado lanar.
MAJADAL m. *Agr.* Tierra que ha servido de majada al ganado lanar.
MAJADEAR v. i. Recogerse de noche el ganado en la majada. || — V. t. Abonar, estercolar.
MAJADEREAR v. t. *Amer.* Molestar, incomodar.
MAJADERÍA f. Necedad: *decir majaderías.*
MAJADERICO m. Cierta guarnición que se ponía antiguamente a los vestidos.
MAJADERILLO m. Bolillo para hacer encaje.
MAJADERO, RA adj. y s. Mentecato, tonto y pesado. (SINÓN. V. *Bobo.*) || — M. Maza para moler, mano de almirez. || Majaderillo para hacer encaje.
MAJADO m. Lo que se ha triturado. || *Chil.* Trigo o maíz triturado que sirve para hacer ciertos guisos.
MAJADOR, RA adj. y s. Que maja o muele algo.
MAJADURA f. Acción de majar, moledura.
MAJAGRANZAS m. *Fam.* Hombre pesado y torpe.
MAJAGUA f. *Cub.* Árbol de la familia de las malváceas, de madera fuerte muy apreciada. || *Cub.* Chaqueta, americana.
MAJAGUAL m. Plantío de majaguas.
MAJAL m. Banco de peces.
MAJAMIENTO m. Majadura, acción de majar.
MAJANO m. Montón de piedras en un campo.
MAJAR v. t. Machacar, moler: *majar ajos.* || *Fig.* y *fam.* Molestar, fastidiar: *acabe usted de majar.* || *Fig.* y *fam.* Azotar.
MAJARA y **MAJARETA** adj. y s. *Fam.* Chiflado, loco.
MAJARETE m. Manjarete.
MAJENCIA f. *Fam.* Majeza.
MAJEÑO m. *Bol.* Plátano de color algo morado.
MAJERÍA f. Conjunto de majos.
MAJESTAD f. (lat. *majestas*). Gravedad suprema: *la majestad imperial.* || Título que se da a Dios y a los soberanos: *Su Majestad Católica el rey de España.* (Escríbese abreviadamente en este caso S. M.) || *Su Divina Majestad*, el Santísimo Sacramento.
MAJESTOSO, SA adj. Majestuoso. (P. us.)
MAJESTUOSAMENTE adv. m. De un modo majestuoso: *levantarse majestuosamente.*
MAJESTUOSIDAD f. Calidad de majestuoso.
MAJESTUOSO, SA adj. Que tiene majestad: *árbol de porte majestuoso.* (SINÓN. V. *Imponente.*)
MAJEZA f. *Fam.* Calidad de majo o elegante con vulgaridad: *ir vestido con majeza.* (SINÓN. V. *Fanfarronada.*)
MAJO, JA adj. y s. Que ostenta cierta elegancia y guapeza propia de la gente del pueblo: *los majos de Cádiz.* || *Fam.* Compuesto, lujoso: *ir muy majo.* (SINÓN. V. *Elegante.*) || *Fam.* Bonito, hermoso. || — M. *Bol.* Género de palmeras ceríferas americanas.
MAJOLAR m. Sitio poblado de majuelos.
MAJOLETA f. Fruto del majoleto.
MAJOLETO m. Marjoleto, especie de espino.

magnolia

maineles

maíz

maki

MAJUELA f. Correa con que se atan los zapatos. || Fruto del majuelo.
MAJUELO m. (lat. *malleolus*). Especie de espino blanco. || Viña o cepa nueva.
MAJZÉN m. Gobierno del rey de Marruecos.
MAKI m. Género de lemúridos de Madagascar.
MAL adj. (lat. *malum*). Apócope de *malo*, que se emplea delante de un substantivo masculino: *hace mal día*. || — M. Lo que es contrario al bien: *un mal físico*. || Daño, desgracia: *compadecer los males ajenos*. || Calamidad, desgracia: *los males de la guerra*. (SINÓN. V. *Pena*.) || Dolencia. (SINÓN. V. *Enfermedad*.) || Lo contrario al deber, a la virtud: *la conciencia discierne el bien del mal*. || *Amér. C.* y *Per. El mal*, epilepsia. || *Mal caduco*, la epilepsia. || *Mal de la tierra*, la nostalgia. || *Mal de madre*, el histerismo. || *Mal de montaña*, malestar que afecta a quienes se hallan en altitudes elevadas. || *Mal de ojo*, especie de maleficio. (En Santander: *mal dado*; en Chile: *mal impuesto*.) || *Mal de piedra*, formación de cálculos en la orina. || *Del mal, el menos*, entre los males hay que elegir el menos grave o la desgracia ocurrida es menor de la que se esperaba. || *Echar a mal una cosa*, despreciarla. || *Llevar a mal una cosa*, quejarse de ella.) || *¡Mal haya!*, exclamación imprecatoria. || — PROV. **No hay mal que por bien no venga**, a veces los sucesos que nos parecen malos son ocasión de provecho impensado. || **Mal de muchos, consuelo de tontos**, es más llevadera una desgracia cuando muchos la sufren.
MAL adv. m. De modo contrario al debido: *portarse mal*. || De modo contrario al que se esperaba, de un modo infeliz: *mal le salió su estratagema*. || Difícilmente: *mal te lo podría yo decir*. || Insuficientemente, poco: *mal le conoces*. || *Mal que bien*, loc. adv., bien o mal; de buena o mala gana. || *De mal en peor*, cada vez peor.
MALA f. (fr. *malle*). Valija del correo francés.
MALABAR adj. y s. Natural de Malabar. || *Juegos malabares*, equilibrios, suertes.
MALABÁRICO, CA adj. Malabar.
MALABARISMO m. Juegos malabares, ejercicio de destreza, habilidad y equilibrio. || *Fig.* Habilidad, destreza.
MALABARISTA com. El que hace juegos malabares, equilibrista. || *Fig.* Persona habilidosa. || *Chil.* Persona que roba con astucia.
MALACA f. *Méx.* Peinado que consiste en rodear la cabeza con las trenzas, atándolas sobre la frente. || *Amer.* Una caña para bastones.
MALACARA adj. *Riopl.* Dícese del caballo que tiene el cuerpo colorado y blanca la frente.
MALACATE m. (mex. *malacatl*). Cabrestante movido por una caballería: *el malacate sirve para sacar agua*. || *Amer.* Especie de huso para hilar.
MALACIA f. (lat. *malacia*). *Med.* Deseo de comer materias que son impropias para la nutrición.
MALACITANO, NA adj. y s. Malagueño.
MALACODERMOS m. pl. *Zool.* Grupo de insectos coleópteros que tienen tegumentos muy blandos.
MALACOLOGÍA f. (del gr. *malakos*, y *logos*, tratado). *Zool.* Ciencia que estudia los moluscos.
MALACONSEJADO, DA adj. y s. Que se deja llevar de malos consejos.
MALACOPTERIGIO, GIA adj. y s. (del gr. *malakos*, blando, y *pterigion*, aleta). *Zool.* Dícese de los peces de aletas blandas. || — Pl. Orden de estos peces. || — CONTR. *Acantopterigio*.
MALACOSTUMBRADO, DA adj. Que tiene malas costumbres. || Muy mimado, mal criado.
MALACRIANZA f. *Amer.* Descortesía, mala educación.
MALACUENDA f. Harpillera. || Hilaza de estopa.
MÁLAGA m. Vino dulce de Málaga (España): *málaga añejo*.
MALAGANA f. *Fam.* Desmayo.
MALAGE m. *And.* Poca gracia.
MALAGRADECIDO, DA adj. *Amer.* Desagradecido, ingrato: *mostrarse malagradecido*.
MALAGUEÑA f. Aire popular de la prov. española de Málaga, parecido al fandango.
MALAGUEÑO, ÑA adj. y s. De Málaga.
MALAGUETA f. Especie de pimienta de África. || Árbol silvestre de Cuba y Guatemala.
MALAMBO m. Árbol de Cuba, de corteza febrífuga. || *Arg.* Baile popular, típico del gaucho.
MALAMENTE adv. m. Mal.
MALANDANTE adj. Infeliz, desgraciado.
MALANDANZA f. Desgracia, desventura.
MALANDAR m. Cerdo que no va a la montanera.
MALANDRÍN, INA adj. y s. Pillo, bellaco. (SINÓN. V. *Bandido*.)
MALANGA f. Planta aroidea de la isla de Cuba. || — Adj. *Cub.* Torpe, tímido.
MALANOCHARSE v. r. *Ecuad.* Barb. por *trasnochar*.
MALAPATA com. Persona de mala suerte.
MALAQUITA f. (gr. *malakhitês*). Carbonato hidratado natural de cobre, que se encuentra con el aspecto de una piedra de hermoso color verde veteado, y que puede cortarse y pulirse.
MALAR adj. (del lat. *mala*, mejilla). *Anat.* Dícese del hueso del pómulo. || De la mejilla. || — M. Pómulo.
MALARIA f. Paludismo.
MALARIO, RIA adj. *Arg.* Palúdico.
MALARRABIA f. *Cub.* y *Venez.* Dulce compuesto de almíbar, plátano, batata, etc.
MALASOMBRA f. Persona con poca gracia.
MALATERÍA f. Hospital de los leprosos.
MALATÍA f. (ital. *malattia*). La lepra.
MALAVENIDO, DA adj. Mal avenido.
MALAVENTURA f. Desgracia, desventura.
MALAVENTURADO, DA adj. Desgraciado.
MALAXACIÓN f. Acción y efecto de malaxar.
MALAXAR v. t. Amasar o sobar una substancia o una parte del cuerpo.
MALAXADOR, RA adj. y s. m. Que malaxa.
MALAVENTURANZA f. Desgracia, desdicha
MALAYO, YA adj. y s. De Malasia o Insulindia. || — M. Lengua malaya.
MALBARATADOR, RA adj. y s. Que malbarata: *malbaratador de su fortuna*.
MALBARATAR v. t. Vender a bajo precio: *malbaratar géneros*. || *Fig.* Malgastar su fortuna.
MALBARATILLO m. Baratillo.
MALBARATO m. Despilfarro, derroche.
MALCARADO, DA adj. De mala cara.
MALCASADO, DA adj. Que falta a los deberes del matrimonio: *un marido malcasado*. || Casado con persona de inferior condición.
MALCASAR v. t. Casar mal a una persona. || — V. r. Casarse con persona de condición inferior: *malcasar a sus hijas*.
MALCOCINADO m. Menudillos de las reses.
MALCOMER v. i. Comer poco y mal: *trabajar todo el día para malcomer*.
MALCOMIDO, DA adj. Poco o mal alimentado.
MALCONSIDERADO, DA adj. Desconsiderado.
MALCONTENTADIZO, ZA adj. Descontentadizo.
MALCONTENTO, TA adj. Disgustado. || Revoltoso, rebelde: *dar satisfacción a los malcontentos*. || — M. Cierto juego de naipes.
MALCORAZÓN adj. *Amér. C.* Cruel.
MALCORTE m. Corte de montes y bosques hecho contrariamente a las ordenanzas y estatutos.
MALCRIADEZ y **MALCRIADEZA** f. *Amer.* Malacrianza.
MALCRIADO, DA adj. Mal educado, grosero.
MALCRIAR v. t. Educar mal.
MALDAD f. (lat. *malitas*). Calidad de malo, perversidad: *cometer maldades*. (SINÓN. V. *Malicia* y *villanía*.) || — CONTR. *Bondad*.
MALDADOSO, SA adj. y s. Que hace maldades. || Que implica maldad. || *Chil.* y *Méx.* Travieso.
MALDECIDO, DA adj. De mala índole.
MALDECIDOR, RA adj. y s. Que maldice.
MALDECIR v. t. Echar maldición: *Noé maldijo a Cam*. || Irritarse contra: *maldecir la suerte*. || — V. i. *Hablar mal de uno*. (SINÓN. V. *Condenar* y *detestar*.) || — IRREG. Se conjuga como *bendecir*.
MALDICIENTE adj. y s. Que maldice. || Detractor.
MALDICIÓN f. Imprecación contra una persona o cosa, generalmente con deseo de que ocurra un mal a alguien. || — SINÓN. *Anatema, imprecación, reprobación*.
MALDISPUESTO, TA adj. Indispuesto. || Sin ganas de hacer una cosa.

Fot. Fox-Photos-Rapho

MALDITA f. *Fam.* Lengua. ‖ *Soltar uno la maldita,* hablar con demasiada libertad. ‖ *Cub.* Divieso, grano. ‖ *Venez.* Llaguita en las piernas y los pies.
MALDITO, TA adj. Muy malo, muy desagradable: *maldito tiempo; maldito trabajo.* (SINÓN. V. *Abominable.*) ‖ Condenado por la justicia de Dios: *id malditos al fuego eterno.* Ú. t. c. s. (SINÓN. V. *Réprobo.*) ‖ *Fam.* Ninguno: *no sabe maldita la cosa de esta cuestión.*
MALDONADENSE adj. y s. De Maldonado (Uruguay).
MALEABILIDAD f. Calidad de maleable.
MALEABLE adj. (del lat. *malleus,* martillo). Que puede forjarse o aplastarse en láminas más o menos gruesas: *el oro es el más maleable de los metales.* ‖ *Fig.* Dócil.
MALEADO, DA adj. Viciado, pervertido.
MALEADOR, RA adj. y s. Maleante.
MALEAMIENTO m. *Neol.* Perversión.
MALEANTE adj. Que pervierte. ‖ Perverso, malo: *gente maleante.* ‖ Burlón, maligno.
MALEAR v. t. Dañar, echar a perder. ‖ *Fig.* Pervertir. ‖ — V. r. Echarse a perder.
MALECÓN m. Muelle: *el malecón de un puerto.* (SINÓN. V. *Dique.*)
MALEDICENCIA f. Acción de maldecir.
MALEDICIENTE adj. y s. Maldiciente.
MALEFICENCIA f. Maldad, perversidad.
MALEFICENTE adj. *Neol.* Maléfico, perverso.
MALEFICIAR v. t. Causar daño. ‖ Hechizar.
MALEFICIO m. (lat. *maleficium*). Hechizo por medio del cual se pretende hacer daño a los hombres o a los animales: *conjurar un maleficio.* (SINÓN. V. *Encantamiento.*)
MALÉFICO, CA adj. (lat. *maleficus*). Que hace maleficios. ‖ Que hace daño, dañino: *influjo maléfico.*
MALEJO, JA adj. Algo malo.
MALENCARADO, DA adj. Mal educado e insolente.
MALENTENDIDO m. Galicismo por *equívoco, mala interpretación, mal entendimiento, incomprensión.*
MALEOLAR adj. Relativo al maléolo.
MALÉOLO m. (lat. *malleolus*). *Anat.* Tobillo.
MALESPÍN m. *C. Rica.* Jerga convencional de los muchachos que consiste en trocar unas letras por otras.
MALESTAR m. Desazón, molestia: *sentir malestar.* ‖ Sensación de enfermedad que a veces se acompaña de náuseas y dolor de cabeza. ‖ *Fig.* Inquietud moral.
MALETA f. Cofre transportable que sirve para llevar de viaje ropa u otros efectos. (SINÓN. V. *Baúl.*) ‖ *Amer.* Lío de ropa. ‖ *Arg.* Alforja, burjaca. ‖ *Méx.* y *Amér. C. Fam.* Persona despreciable. ‖ *P. Rico.* Malo, travieso. ‖ *Col.* Joroba. ‖ — M. *Fam.* El que practica con desacierto y torpeza su profesión. (SINÓN. V. *Torpe.*)
MALETERA f. *Col.* y *Venez.* Maleta pequeña.
MALETERO m. El que hace o vende maletas. ‖ Mozo de estación que lleva los equipajes. ‖ *Ecuad.* Maletín de grupa del soldado de caballería. ‖ *Chil.* Ratero.
MALETÍN m. Maleta pequeña. ‖ *Maletín de grupa,* el que llevan los soldados u oficiales de caballería.
MALETÓN m. Maleta grande. (SINÓN. V. *Baúl.*) ‖ *Ecuad.* Almofrej, funda para llevar la cama de camino. ‖ *Col.* Jorobado.
MALETUDO, DA adj. *Amer.* Jorobado.
MALEVAJE m. *Arg.* Gente malévola.
MALEVO, VA adj. *Arg.* Malévolo, malvado.
MALEVOLENCIA f. Mala voluntad. (SINÓN. V. *Resentimiento.*)
MALEVOLENTE adj. Barb. por *malevo.*
MALÉVOLO, LA adj. y s. (lat. *malevolus*). Malo, perverso: *persona malévola.* ‖ — SINÓN. *Malintencionado, perverso, venenoso.* V. tb. *malo.* ‖ — CONTR. *Benévolo.*
MALEZA f. Abundancia de malas hierbas en los sembrados. ‖ Espesura formada por zarzales, etc.: *internarse en la maleza.* (SINÓN. V. *Matorral.*) ‖ *Arg.* y *Chil.* Materia, pus.
MALEZAL m. *Riopl.* Sitio poblado de maleza.
MALFORMACIÓN f. Deformación congénita.
MALGACHE adj. y s. De Madagascar.
MALGASTADOR, RA adj. y s. Que malgasta.
MALGASTAR v. t. Gastar mal, desperdiciar una cosa: *malgastar la hacienda, el dinero, la salud.* (SINÓN. V. *Gastar.*)
MALGENIADO, DA adj. *Col.* y *Per.* Iracundo.
MALGENIOSO, SA adj. *Amer.* De mal genio.
MALHABLADO, DA adj. y s. Desvergonzado, descarado en el hablar.
MALHADADO, DA adj. Infeliz, desdichado.
MALHAYA adj. *Fam.* Maldito: *malhaya sea tu estampa.* Ú. t. con el pl.: *malhaya sean tus amigos.* ‖ *Riopl.* Interjección equivalente a *¡ojalá!*
MALHECHOR, RA adj. y s. El que comete un delito: *ser atacado por un malhechor.* ‖ — SINÓN. *Apache, criminal, delincuente.* V. tb. *bandido, ladrón* y *estafador.*
MALHERIR v. t. Herir gravemente. ‖ — IRREG. Se conjuga como *herir.*
MALHOJO m. Hojarasca y desperdicio de las plantas. ‖ — PARÓN. *Maloja, malojo.*
MALHUMOR m. Mal humor.
MALHUMORADO, DA adj. De mal humor, disgustado, desabrido: *responder con tono malhumorado.* (SINÓN. V. *Desabrido.*)
MALHUMORAR v. t. Poner de mal humor.
MALICIA f. (lat. *malitia*). Maldad. ‖ Inclinación a obrar mal. (SINÓN. *Malignidad.*) ‖ Perversidad: *pecar de malicia.* ‖ Astucia, disimulo y bellaquería: *pedir algo con mucha malicia.* (SINÓN. *Maldad, perrería.*) ‖ Interpretación maliciosa de una cosa. (SINÓN. V. *Picardía.*) ‖ Agudeza, ingenio, sutileza: *niño que tiene mucha malicia.* ‖ *Fam.* Sospecha, recelo.
MALICIABLE adj. Que puede maliciarse.
MALICIARSE v. r. Sospechar algo malo: *algo me malicio en ese lío.* ‖ Malear: *ese niño se malicia.*
MALICIOSAMENTE adv. m. Con malicia.
MALICIOSO, SA adj. y s. Que tiene malicia o perversidad: *niño malicioso.* (SINÓN. V. *Malo.*) ‖ Astuto, ingenioso.
MÁLICO, CA adj. (del lat. *malum,* manzana). Que se saca de las manzanas: *ácido málico.*
MALIGNAMENTE adv. m. Con malignidad.
MALIGNAR v. t. Viciar, pervertir, inficionar. ‖ — V. r. Echarse a perder; corromperse.
MALIGNIDAD f. (lat. *malignitas*). Carácter de una cosa mala: *la malignidad del pecado.* ‖ Perversidad secreta y mezquina: *la malignidad pública.* (SINÓN. V. *Malicia.*)
MALIGNO, NA adj. (lat. *malignus*). Propenso al mal: *intención maligna.* ‖ De carácter pernicioso: *fiebre maligna.* ‖ Dícese del cáncer pernicioso. ‖ Galicismo por *malicioso, picaresco.* ‖ — CONTR. *Benigno.*
MALILLA f. Carta que es la segunda en valor en ciertos juegos de naipes. ‖ Juego de naipes en que la carta superior es el nueve de cada palo.
MALINTENCIONADO, DA adj. y s. De mala intención. (SINÓN. V. *Malévolo.*)
MALMANDADO, DA adj. y s. Desobediente.
MALMARIDADA adj. y s. f. Dícese de la mujer casada que se porta mal.
MALMIRADO, DA adj. Malquisto, mal considerado. ‖ Descortés.
MALMODIAR v. t. *Méx.* Tratar mal.
MALO, LA adj. (lat. *malus*). Que no es bueno: *pan malo.* ‖ Propenso al mal: *persona muy mala.* (SINÓN. *Astuto, desalmado, granuja, malicioso, malvado.* Pop. *Charrán.* V. tb. *malévolo.*) ‖ Sin talento: *escritor bastante malo.* ‖ Peligroso: *los daños de las malas lecturas.* (SINÓN. V. *Perjudicial.*) ‖ Desagradable, peligroso: *echarse encima un mal negocio.* ‖ Difícil: *asunto malo de comprender.* ‖ Enfermo: *estar muy malo.* ‖ Nocivo a la salud. ‖ Travieso, inquieto. ‖ Deslucido, deteriorado. ‖ Desagradable: *pasar un rato muy malo.* ‖ — Interj. Sirve para denotar disgusto: *si el sabio no aprueba, ¡malo!; si el necio aplaude, ¡peor!* ‖ — M. *El malo,* el demonio. El malhechor de un relato. ‖ *De malas,* m. adv., con desgracia: *estar de malas en el juego.* De mala intención: *venir de malas.* ‖ *Lo malo,* la dificultad, el inconveniente: *lo malo es que no se lo he dicho.* ‖ *Por malas o por buenas,* m. adv., a la fuerza o de buena gana. ‖ *Amer. A la mala, a las malas,* por malas, por fuerza. ‖ — PROV. **Más vale malo conocido que bueno por conocer,** no es siempre ventajoso cambiar una cosa mediana por otra desconocida. ‖ — OBSERV. El comparativo de malo es *peor,* pero se usa tb. *más malo.*

malecón

malva

malvavisco

MALOCA f. Malón. || *Amer.* Incursión hecha por los blancos en tierra de indios para cautivarlos.

MALOGRADO, DA adj. Dícese del escritor, artista, etc., muerto antes de haber realizado lo que de él podía esperarse.

MALOGRAMIENTO m. Malogro.

MALOGRAR v. t. No aprovechar: *malograr una ocasión.* || — V. r. No salir bien, frustrarse: *se malograron sus pretensiones.* || No llegar una persona o cosa a su natural desarrollo.

MALOGRO m. Mal éxito. (SINÓN. V. *Fracaso.*)

MALOJA f. *Col.* y *Cub.* Malojo, maíz en verde.

MALOJAL m. *Venez.* Plantío de maíz en verde.

MALOJO m. *Venez.* Planta del maíz verde para pasto de caballerías.

MALOLIENTE adj. Que huele mal, que exhala fetidez. || — SINÓN. *Apestoso, fétido, hediondo, mefítico.*

MALÓN m. *Amer.* Irrupción o ataque inesperado de los indios. || Felonía, mala jugada. || Asalto en casa de amigos.

MALOQUEAR v. i. *Amer.* Hacer correrías.

MALPARADO, DA adj. Que ha sufrido menoscabo: *salir malparado de su empresa.*

MALPARAR v. t. Maltratar, estropear, dañar.

MALPARIDA f. Mujer que ha malparido.

MALPARIR v. i. Abortar.

MALPARTO m. Aborto.

MALPENSADO, DA adj. y s. Que juzga aviesamente.

MALPIGIA f. *Amer.* Género de plantas malpigiáceas.

MALPIGIÁCEAS f. pl. Familia de arbustos angiospermos dicotiledóneos de los países cálidos.

MALQUERENCIA f. Mala voluntad o antipatía.

MALQUERER v. t. Tener mala voluntad a uno. || — IRREG. Se conjuga como *querer.*

MALQUISTAR v. t. Enemistar o disgustar a unas personas con otras. (SINÓN. V. *Desunir.*)

MALQUISTO, TA adj. Que está mal con otra persona, enemistado. || — CONTR. *Bienquisto.*

MALROTADOR, RA adj. y s. Que malrota.

MALROTAR v. t. Malgastar.

MALSANO, NA adj. Poco saludable. || Enfermizo.

MALSÍN m. Cizañero, soplón.

MALSONANTE adj. Que suena mal: *palabras malsonantes.* || Contrario a la moral o a la decencia.

MALSUFRIDO, DA adj. No sufrido, impaciente.

MALTA f. (ingl. *malt*). Cebada germinada, para la cervecería. || Esta misma cebada para hacer un cocimiento. || *Arg.* Especie de cerveza negra.

MALTA *(Fiebre de)*, enfermedad infecciosa que se caracteriza por fiebre alta, con temperatura irregular, larga duración y frecuentes recaídas.

MALTAJE m. Conversión de la cebada en malta.

MALTASA f. Diastasa del jugo intestinal que convierte la maltosa en glucosa.

MALTEADO, DA adj. Mezclado con malta.

MALTEAR v. t. Convertir la cebada en malta.

MALTÉS, ESA adj. y s. De Malta.

MALTÓN, ONA adj. *Amer. Fam.* Jovencito.

MALTOSA f. *Quím.* Azúcar que se obtiene sacarificando incompletamente el almidón con malta.

MALTRABAJA com. *Fam.* Haragán, holgazán.

MALTRAER v. t. Maltratar. || — IRREG. Se conjuga como *traer.*

MALTRAÍDO, DA adj. *Per.* y *Chil.* Desaliñado, descuidado en el traje: *ir muy maltraído.*

MALTRAPILLO m. Pilluelo mal vestido.

MALTRATAMIENTO m. Acción de maltratar.

MALTRATAR v. t. Tratar mal, hacer daño: *no se debe maltratar a los animales.* (SINÓN. *Atropellar, brutalizar, lapidar, maltraer, molestar, vilipendiar, zamarrear.* V. tb. *pegar.*) || Echar a perder.

MALTRATO m. Maltratamiento.

MALTRECHO, CHA adj. Maltratado, malparado.

MALTUSIANISMO m. Restricción voluntaria de la creación. || Disminución voluntaria de la producción: *maltusianismo económico.*

MALTUSIANO, NA adj. y s. Partidario de las teorías de Malthus, que preconizaba la reducción voluntaria de los nacimientos. || Opuesto a la expansión económica.

MALUCO, CA adj. y s. De las Malucas o Molucas (Oceanía).

MALUCHO, CHA adj. *Fam.* Algo enfermo.

MALUQUERA f. *Col. Fam.* Indisposición.

MALURA f. *Chil.* Malestar.

MALVA f. (lat. *malva*). Planta de la familia de las malváceas: *la malva se emplea en medicina por el mucílago que contiene.* || *Malva loca, real, rosa* o *rósea,* planta de la familia de las malváceas, más alta y hermosa que la malva común. || *Fig.* y *fam. Haber nacido en las malvas,* tener humilde nacimiento. || *Ser como una malva,* ser dócil y bondadoso.

MALVA adj. Violeta pálido. || — M. Color malva. || — OBSERV. Esta palabra como adjetivo es invariable en género (*un abrigo malva*) y, a veces, en número (*unos abrigos malva*).

MALVÁCEAS f. pl. *Bot.* Familia de plantas angiospermas dicotiledóneas a la que pertenecen la malva, la altea, el algodonero y la majagua.

MALVADO, DA adj. y s. Muy malo, perverso. (SINÓN. V. *Malo* y *desleal.*)

MALVALOCA f. Malva loca.

MALVAR m. Sitio poblado de malvas.

MALVARROSA f. Malva rosa.

MALVASÍA f. Dícese de una especie de uva muy dulce y del vino que se hace de esta uva.

MALVAVISCO m. (lat. *malvaviscus*). Planta malvácea: *la raíz del malvavisco se usa en medicina como emoliente.*

MALVENDER v. t. Vender a mal precio.

MALVERSACIÓN f. Acción de disponer ilícitamente de los caudales ajenos que administra uno: *ministro acusado de malversación.* (SINÓN. V. *Concusión.*)

MALVERSADOR, RA adj. y s. Que malversa.

MALVERSAR v. t. (del lat. *male,* mal, y *versare,* volver). Cometer malversaciones.

MALVEZAR v. t. Acostumbrar mal a alguno.

MALVINERO, RA adj. y s. De las islas Malvinas.

MALVÍS m. Tordo de plumaje verde, manchado de negro y rojo: *el malvís es ave de paso en España.*

MALVIVIR v. i. Vivir mal.

MALVÓN m. *Arg.* y *Méx.* El geranio, planta.

MALLA f. (del lat. *macula,* malla de red). Cada uno de los cuadrados que forman el tejido de la red. (SINÓN. V. *Red.*) || Tejido de anillos de hierro o acero con que se hacían las cotas y otras armaduras. || Cada uno de los anillos que constituyen la malla. || Tejido algo parecido al de malla: *los gimnastas suelen vestir traje de malla.* || *Amer.* Traje de baño. || *Chil.* Especie de capuchina, flor. || — PARÓN. *Maya.*

MALLAR v. i. Hacer malla. || Enmallarse. (P. us.)

MALLERO m. El que hace malla o red.

MALLETE m. Galicismo por *mazo.*

MALLETO m. Mazo en los molinos de papel.

MALLO m. (lat. *malleus*). Mazo. || Juego que consiste en impulsar una bola de madera con un mazo de mango largo, según ciertas reglas determinadas. || Terreno destinado a dicho juego. || — PARÓN. *Mayo.*

MALLORQUÍN, INA adj. y s. De Mallorca. || — M. Dialecto hablado en las islas Baleares.

MAMA f. (lat. *mamma*). *Zool.* Teta, pecho. (SINÓN. V. *Seno.*) || *Fam.* Madre en el lenguaje de los niños. || *Amer. Mama grande,* abuela.

MAMÁ f. *Fam.* Mama, madre en lenguaje infantil. (SINÓN. V. *Madre.*) || *And. Mamá abuela,* la abuela. || *Amer. Mamá señora,* la abuela. || — OBSERV. Hace en pl. *mamás* y no *mamaes,* y en dim. *mamita, mamaíta* y *mamacita.*

MAMACALLOS m. *Fig.* y *fam.* Tonto.

MAMACONA f. *Antig. amer.* V. *Parte hist.* || *Bol.* Jáquina de las caballerías.

MAMADA f. *Fam.* Acción de mamar. || Cantidad de leche que se mama. || Tiempo que mama la criatura. || *Fam.* Ganga, ventaja conseguida a poca cosa. || *Arg. Fam.* Borrachera.

MAMADERA f. Instrumento que sirve para descargar los pechos de las mujeres cuando tienen exceso de leche. || *Amer.* Biberón.

MAMADO, DA adj. *Pop.* Ebrio: *estar mamado.* (SINÓN. V. *Borracho.*) || *Cub.* Mentecato, mamarracho, tonto.

MAMADOR, RA adj. y s. Que mama. || *Col.* y *Cub.* Chupador de biberón.

MAMAJUANA f. *Arg., Col.* y *Per.* Damajuana.
MAMALÓN, ONA adj. *Fam.* Holgazán.
MAMAMA f. *Hond.* Abuela.
MAMAMAMA f. *Per.* Abuela.
MAMANCONA f. *Chil.* Mujer vieja y gorda.
MAMANDURRIA f. *Amer.* Ganga, sinecura.
MAMANTÓN, ONA adj. Que mama todavía.
MAMAR v. t. Chupar la leche de los pechos. ‖ *Fam.* Tragar, engullir. ‖ *Fig.* Adquirir alguna calidad en la infancia: *mamar la honradez con la leche.* ‖ *Fam.* Conseguir: *mamar un buen destino.* ‖ — V. r. *Fam.* Emborracharse. ‖ *Fam. Mamarse el dedo,* dejarse engañar. ‖ *Amer. Fam. Mamarse a uno,* matarle o sacarle ventaja.
MAMARIO, RIA adj. *Zool.* Perteneciente o relativo a las mamas: *glándulas mamarias.*
MAMARRACHADA f. *Fam.* Conjunto de mamarrachos. ‖ *Fam.* Acción propia de un mamarracho, sandez: *escribir una mamarrachada.*
MAMARRACHISTA com. *Fam.* Persona que hace mamarrachos.
MAMARRACHO m. *Fam.* Figura o adorno ridículo. ‖ *Fam.* Persona o cosa ridícula. (SINÓN. V. *Tonto.*)
MAMBÍ o **MAMBÍS, ISA** adj. y s. Dícese de los insurrectos de Cuba que se rebelaron contra la dominación española. Pl. *mambises.*
MAMBISEÑO, ÑA adj. De los mambises.
MAMBLA f. Montículo aislado de forma redondeada. ‖ *Amer.* Túmulo.
MAMBO m. Un baile cubano.
MAMBORETÁ f. *Riopl.* El predicador, insecto.
MAMBRÚ m. Chimenea del fogón de un buque.
MAMELA f. *Fam.* Guante, comisión extra.
MAMELÓN m. Altura o colina en forma de teta. ‖ Excrecencia carnosa.
MAMELUCO m. Antiguo soldado de una milicia de Egipto. (V. *Parte hist.*) ‖ *Fam.* Hombre torpe y tonto. ‖ Calzones bombachos. ‖ *Amer.* Combinación, camiseta y calzón de una sola pieza, que se suele poner a los niños para dormir.
MAMELLA f. (lat. *mamilla*). Apéndice carnoso que cuelga a los dos lados del cuello de las cabras y otros animales.
MAMENGUE adj. *Arg.* y **MAMERTO, TA** adj. *Ecuad.* Apocado, tonto.
MAMEY m. Árbol de la familia de las gutíferas originario de América, de fruto redondo, cuya pulpa amarilla es aromática y sabrosa y contiene una semilla de forma arriñonada. ‖ Fruto de este árbol. ‖ Árbol de América, de la familia de las sapotáceas, de fruto bastante parecido al anterior. ‖ Fruto de este árbol.
MAMÍFERO adj. y s. m. (del lat. *mamma,* teta, y de *ferre,* llevar). *Zool.* Dícese de los animales vertebrados, caracterizados por tener glándulas mamarias para la alimentación de sus crías, una piel cubierta de pelos, dos pulmones, un corazón y cuatro cavidades, y un encéfalo relativamente desarrollado. (Su temperatura es constante y la mayoría de ellos son vivíparos. Los *mamíferos,* entre los cuales se encuentra el hombre, son los seres vivientes más importantes y se pueden clasificar en varios órdenes: primates, insectívoros, quirópteros, carnívoros, ungulados, cetáceos, roedores, desdentados, marsupiales, monotremas.)
MAMILA f. (lat. *mamilla*). *Zool.* Mama o teta de la hembra. ‖ *Zool.* Tetilla del hombre.
MAMILAR adj. *Zool.* Relativo a la mamila.
MAMITIS f. Inflamación de las mamas.
MAMOLA f. Burla que se hace de uno pasándole la mano por la barba: *hacerle a uno la mamola.*
MAMÓN, ONA adj. y s. Que mama todavía: *niño mamón.* ‖ Que mama demasiado. ‖ *Diente mamón,* el de leche. ‖ — M. Chupón, rama estéril de un árbol. ‖ Árbol de América, de la familia de las sapindáceas: *el fruto del mamón es una drupa de pulpa acídula y comestible.* ‖ Fruto de este árbol. ‖ *Amer.* Uno de los nombres del *papayo.* ‖ Especie de bizcocho esponjoso que se hace en México. ‖ *Amer. Fam.* Borracho.
MAMONA f. Mamola, burla. ‖ *Ecuad.* Borrachera.
MAMONCILLO m. *Amer.* Arbusto sapindáceo.
MAMOTRETO m. Libro de apuntes. ‖ *Fam.* Libro o legajo muy grueso. ‖ *Fam.* Armatoste.
MAMPARA f. Cancel movible que se pone en las habitaciones. ‖ Biombo. ‖ *Per.* Puerta de cristales.
MAMPARO m. *Mar.* Tabique con que se divide el interior de un barco: *mamparos estancos.*
MAMPATO, TA adj. *Chil.* Dícese de los animales de cuerpo grueso y de patas cortas.
MAMPERLÁN m. Listón de madera en el borde de los peldaños de una escalera de fábrica.
MAMPLORA adj. *Amér. C.* Hermafrodita.
MAMPORRO m. *Fam.* Pescozón, golpe. (SINÓN. V. *Golpe.*)
MAMPOSTEAR v. t. Trabajar en mampostería.
MAMPOSTERÍA f. Obra de albañilería hecha de piedras pequeñas unidas con argamasa: *una pared de mampostería.*
MAMPOSTERO m. Albañil que trabaja de mampostería. ‖ Recaudador de diezmos, rentas.
MAMPRESAR v. t. Empezar a domar el caballo.
MAMPUCHO *Col.* y **MAMPUCHE** m. (de *bamboche*). *Ecuad.* Chisgarabís, monigote.
MAMPUESTA f. Hilada, tongada.
MAMPUESTO, TA adj. Dícese de los materiales usados en mampostería. ‖ — M. Piedra sin labrar y que puede cogerse en peso con la mano. ‖ Parapeto, pretil. ‖ *Amer. Tirar con mampuesto,* tirar apoyando el arma en alguna cosa.
MAMUJAR v. t. Mamar el niño o el animal sin gana dejando el pecho con frecuencia.
MAMULLAR v. t. Comer o mascar como si se estuviera mamando. ‖ *Fig.* y *fam.* Mascullar.
MAMUT m. Elefante fósil de la época cuaternaria que vivió en Europa y en África. (Se han encontrados esqueletos e incluso *mamuts* bien conservados en los hielos de Siberia. Estaban recu-

biertos de una piel con pelo áspero y largo y poseían colmillos curvos de grandes dimensiones. Medían unos 3,50 m de altura.) El plural hace *mamuts* o *mamutes.*
MAN, apócope de *mano,* que se usa sólo en algunas expresiones como: *a mansalva.*
MANÁ f. *Amér. C.* y *Col.* Manantial.
MANA m. (pal. polinésica que significa *fuerza*). Poder oculto al que, según ciertas religiones primitivas, se atribuye el origen de la idea de causa.
MANÁ m. (hebr. *man*). Milagroso manjar que envió Dios a los israelitas en el desierto. ‖ *Por ext.* Alimento abundante y barato: *la patata es un verdadero maná para los pobres.* ‖ Substancia concreta y azucarada que exudan ciertas variedades de fresnos: *el maná se usa como purgante para los niños.*
MANABITA adj. y s. De Manabí (Ecuador).
MANACA f. *Cub.* y *Hond.* y **MANACO** m. *Guat.* Especie de palma de América Central.
MANADA f. Hato o rebaño: *una manada de cerdos.* ‖ Bandada de animales: *manada de lobos.* ‖ Porción de una cosa que cabe en la mano. ‖ *Fam.* Banda: *una manada de imbéciles.*
MANADERO m. Pastor de una manada.
MANADERO, RA adj. Que mana. ‖ — M. Manantial.
MANAGER m. (pal. ingl., pr. *manéyer*). El que dirige un establecimiento, una empresa teatral, etc. ‖ Representante de un campeón deportivo profesional, etc.
MANAGUA adj. y s. Managüense.
MANAGUACO, CA adj. *Cub.* Campesino, rústico. ‖ *Cub.* Dícese del animal que está manchado de blanco en las patas o el hocico.

mameluco

manatí

MANAGÜENSE adj. y s. De Managua (Nicaragua).
MANAGÜISES m. pl. *Cub.* Angarillas para transportar con caballerías.
MANAJÚ m. *Cub.* Árbol gutífero de las Antillas.
MANANTE adj. Que mana o brota.
MANANTIAL adj. Dícese del agua que mana de una fuente. ‖ — M. Nacimiento, agua que aflora en un lugar de la corteza terrestre: *un manantial cristalino.* (SINÓN. *Fuente, manadero, pozo, surtidor.*) ‖ *Fig.* Origen, principio de una cosa. ‖ Fuente, supuración.
MANANTÍO, A adj. y s. Que mana o brota.
MANAR v. i. (lat. *manare*). Brotar un líquido: *mana sangre de la herida.* ‖ *Fig.* Abundar una cosa.
MANARE m. *Venez.* Cedazo para cernir la harina de la yuca o mandioca. ‖ *Venez.* Cesto de bejuco.
MANATÍ m. Mamífero sirenio americano, herbívoro, que mide hasta cinco metros de largo. ‖ Tira de piel de manatí: *bastón de manatí.* ‖ *Amer.* Látigo.
MANAZA f. Mano grande y fea.
MANCA f. Planta filipina de la familia de las artocárpeas. ‖ *Arg.* y *Bol.* Olla grande.
MANCAMIENTO m. Acción de mancar.
MANCAPERRO m. *Cub.* Especie de ciempiés.
MANCAR v. t. Baldar, estropear, impedir el uso de las manos y, por ext., de otros miembros.
MANCARRÓN, ONA adj. y s. *Ant.* y *Amer.* Matalón, caballo malo. ‖ *Per. Fam.* Persona pesada y taimada. ‖ *Per.* y *Chil.* Caballón para atajar el curso de un arroyo.
MANCEBA f. Concubina.
MANCEBÍA f. Casa de mujeres mundanas.
MANCEBO m. Mozo joven. (SINÓN. V. *Adolescente.*) ‖ Hombre soltero. ‖ Oficial, dependiente: *mancebo de botica.*
MANCERA f. Esteva del arado.
MANCERINA f. (de *Mancera,* virrey del Perú). Platillo con una abrazadera para sujetar la jícara.
MANCILLA f. Mancha: *reputación sin mancilla.*
MANCILLAR v. t. Amancillar, deslucir. (SINÓN. V. *Manchar.*)
MANCIPACIÓN f. Transmisión voluntaria de una propiedad hecha con ciertas solemnidades y en presencia de cinco testigos. ‖ Venta y compra.
MANCIPAR v. t. (lat. *mancipare*). Hacer esclavo a uno. ‖ — CONTR. *Emancipar.*
MANCLENCO, CA adj. *Ecuad.* Débil.
MANCO, CA adj. y s. (lat. *mancus*). Que ha perdido un brazo o una mano o el uso de ellos. ‖ *Fig.* Defectuoso, incompleto: *versos mancos.* ‖ *Chil.* Caballo malo y, por ext., cualquier caballo. ‖ *Fig.* y *fam. No ser manco,* ser importante.
MANCOMÚN (De) loc. adv. De acuerdo: *obrar de mancomún con una persona.*
MANCOMUNAR v. t. Reunir, unir: *mancomunar sus intereses.* ‖ *For.* Obligar a varias personas de mancomún: *los mancomunaron para el pago de la multa.* ‖ — V. r. Unirse, aliarse: *mancomunarse con otros.*
MANCOMUNIDAD f. Unión, asociación.
MANCORNAR v. t. Derribar a un novillo fijándole los cuernos en tierra. ‖ Atar dos reses por los cuernos: *mancornar dos vacas.* ‖ *Fig.* y *fam.* Unir, atar dos cosas. ‖ — IRREG. Se conjuga como *acornar.*
MANCORNAS f. pl. *Amer.* Mancuernas.
MANCUERDA f. (de *man,* mano, y *cuerda*). Vueltas de la cuerda en el tormento.
MANCUERNA f. Pareja de animales u objetos mancornados: *mancuerna de panochas.* ‖ Correa con que se mancuernan las reses. ‖ *Cub.* Dos hojas de tabaco unidas por el pecíolo. ‖ *Filip.* Pareja de presidiarios. ‖ — Pl. *Méx.* Gemelos para puños de camisa.
MANCHA f. (lat. *macula*). Señal de suciedad: *una mancha de grasa* (SINÓN. *Borrón, defecto, mácula, tacha.*) ‖ Parte de una cosa de distinto color que el resto de ella: *las manchas de la piel de la pantera.* ‖ Trozo de terreno que se distingue de los que le rodean por cualquier cualidad. ‖ Plantas de algún terreno que lo diferencia de los colindantes. ‖ *Fig.* Infamia, deshonra: *no sufrir manchas en la honra.* ‖ *Astr.* Mácula del Sol. ‖ *Riopl.* Carbunco del ganado. ‖ *Pint.* Boceto. ‖ *Ecuad.* Enfermedad del cacao. ‖ *Arg.* Juego de marro. ‖ *Salv.* Enjambre de insectos que invade los campos. ‖ *Mancha solar,* mancha en la superficie del Sol que se cree originada por un torbellino de gas situado en el interior de la atmósfera solar.
MANCHADIZO, ZA adj. Que se mancha fácilmente: *color manchadizo.*
MANCHANCHA f. *Arg.* Reparto de monedas hecho a los niños en bautizos, bodas, etc.
MANCHAR v. t. Hacer manchas en una cosa: *mancharse la ropa.* (SINÓN. V. *Ensuciar* y *motear.*) ‖ *Fig.* Deslustrar la reputación. (SINÓN. *Deshonrar, mancillar, profanar.* V. tb. *desacreditar.*) ‖ *Pint.* Disponer las grandes masas de claro y obscuro. Ú. t. c. r.
MANCHEGO, GA adj. y s. Natural de la Mancha. ‖ — M. Cierto queso muy apreciado.
MANCHÓN m. Mancha grande. ‖ En los sembrados, punto en que nacen las plantas tupidas: *los manchones nacen de la irregularidad en la siembra.* ‖ *Chil.* Manguito.
MANCHÚ, ÚA adj. y s. De Manchuria. Pl. *manchúes.*
MANDA f. Oferta o promesa. (P. us.) ‖ Legado que se hace por testamento: *dejar una manda a un convento.* (SINÓN. V. *Donación.*)
MANDADERO, RA m. y f. Persona que se emplea en hacer mandados por cuenta ajena. (SINÓN. V. *Intermediario.*) ‖ Demandadero.
MANDADO m. Orden, mandato. ‖ Comisión o encargo: *desempeñar bien sus mandados.* ‖ Compra, recados: *ir a los mandados.* ‖ *Arg. A su mandado,* a sus órdenes.
MANDADOR m. *Amer.* Látigo de mango de palo.
MANDAMÁS m. *Fam.* Persona que posee el mando supremo. (SINÓN. V. *Jefe.*)
MANDAMIENTO m. Orden, precepto. (SINÓN. *Intimación, prescripción, requerimiento, ultimátum, ukase.*) ‖ Ley: *los mandamientos de la ley de Dios.* ‖ *For.* Orden judicial: *mandamiento de prisión.* ‖ — Pl. *Fig.* y *fam.* Los dedos de la mano: *comer con los cinco mandamientos.*
MANDANGA f. Pachorra.
MANDANTE adj. Que manda. ‖ *For.* El que confía a otra persona la ejecución de un mandato.
MANDAR v. t. (lat. *mandare*). Ordenar una cosa: *le mandó que se acercara.* (SINÓN. *Imponer.*) ‖ Enviar: *le mandó una carta certificada.* ‖ Legar, dejar por testamento. ‖ Encargar. (SINÓN. V. *Alegar.*) ‖ *Amer.* Dar, tirar, arrojar: *me mandó con una piedra.* ‖ *Cub.* Faltar el respeto a una persona. ‖ *Amer.* Hacer ejecutar, servirse, tener la bondad de. ‖ — V. i. Gobernar, dirigir: *aquí mando yo.* (SINÓN. *Acaudillar decretar, dominar, ordenar.* V. tb. *dirigir.*) ‖ — V. r. Manejarse uno solo, sin ayuda de otro: *el enfermo empieza ya a mandarse.* ‖ Comunicarse: *las dos habitaciones últimas se mandan.* ‖ *Ant.* y *Venez.* Dominar: *una altura que manda toda la campaña.* ‖ *Bien* o *mal, mandado,* obediente o desobediente. ‖ *Arg. Mandarse mudar,* marcharse de un lugar. ‖ *Fam. Mandar a paseo,* o *mandar con viento fresco,* despedir desagradablemente.
MANDARÍN m. (sánscr. *mandalin*). Título que dan los europeos a los funcionarios chinos.
MANDARINA adj. De los mandarines. ‖ Calificativo de la lengua sabia de China. ‖ *Naranja mandarina,* la pequeña, más perfumada y dulce que la común. Ú. t. c. s. f.
MANDARINATO m. *Neol.* Cargo de mandarín.
MANDARINO y **MANDARINERO** m. Árbol que da mandarinas.
MANDARRIA f. *Mar.* Maza de los calafates.
MANDATARIO m. Persona que ejecuta el mandato por parte del mandante. (SINÓN. V. *Enviado* e *intermediario.*) ‖ *Amer.* Gobernante, el que manda.
MANDATO m. (lat. *mandatum*). Orden. ‖ Ceremonia religiosa que consiste en lavar los pies a doce personas el Jueves Santo. ‖ *For.* Contrato en que encarga una persona a otra la gestión de un negocio. ‖ Funciones, obligaciones delegadas por el pueblo o por una clase de ciudadanos: *mandato de diputado.* (SINÓN. *Delegación, encargo, poder, procuración.*) ‖ Soberanía temporal ejercida por un país en un territorio en nombre de la Sociedad de Naciones (la O. N. U. ha sustituido el *mandato* por la *tutela.*

MANDÍ m. *Riopl.* Pez semejante al bagre.
MANDÍBULA f. (lat. *mandibula*). Cada una de las dos piezas que limitan la boca de los animales vertebrados y en las cuales se encuentran los dientes. || Cada una de las dos partes del pico de las aves. || Parte saliente de la boca de los insectos. || *A mandíbula batiente,* a carcajadas.
MANDIBULAR adj. Relativo a las mandíbulas.
MANDIL m. (ár. *mandil*). Delantal grande colgado del cuello: *mandil de zapatero.* || Bayeta que sirve para limpiar el caballo. || *And.* y *Amer.* Bayeta que se pone al caballo debajo de la silla. || Red de mallas muy estrechas. || Insignia de los masones en representación del *mandil* de los obreros.
MANDILAR v. t. Estregar o limpiar el caballo con un mandil o bayeta.
MANDILETE m. *Artill.* Portezuela que sirve para tapar la tronera de una batería. || Pieza de la armadura que protegía la mano.
MANDILÓN m. *Fig.* y *fam.* Hombre pusilánime.
MANDINGA m. Individuo de una raza negra de África. (V. *Parte hist.*) || *Fam.* El diablo. || *C. Rica.* Hombre afeminado. || *Arg.* Persona inquieta o revoltosa. || — F. *Arg.* Encantamiento: *parece cosa de mandinga.*
MANDIOCA f. Arbusto euforbiáceo de América, de dos o tres metros de altura, de cuya raíz se extrae la tapioca. (SINÓN. *Yuca.*) || Tapioca.
MANDO m. Autoridad: *estar al mando de un jefe.* (SINÓN. V. *Gobierno.*) || Botón, llave, palanca u otro artificio para iniciar, regular o suspender el funcionamiento de un mecanismo desde el lugar que ocupa el operador. || *Mando a distancia,* sistema de dirigir a distancia una maniobra mecánica.
MANDOBLE m. Cuchillada que se da cogiendo la espada con ambas manos. || Espada que se esgrimía con ambas manos. || *Fig.* Reprensión muy severa.
MANDOLÍN m. y mejor **MANDOLINA** f. Instrumento músico parecido a la bandurria.
MANDÓN, ONA adj. y s. Que manda demasiado, imperioso. || — M. *Amer.* Capataz en ciertas minas. || *Chil.* El que da la voz de partida en las carreras.
MANDRACHERO m. Garitero.
MANDRACHO m. Garito, casa de juego.
MANDRÁGORA f. (lat. *mandragora*). Planta de la familia de las solanáceas, de raíz gruesa, fusiforme y a veces bifurcada, acerca de la cual corrieron en la Antigüedad muchas fábulas: *el fruto de la mandrágora tiene olor fétido.*
MANDRIA adj. y s. Mentecato, necio, pusilánime. (SINÓN. V. *Cobarde.*) || *Chil* Egoísta u holgazán.
MANDRIL m. Cuadrumano cinocéfalo del África occidental: *el madril tiene el hocico pintado de rojo y azul.*
MANDRIL m. (fr. *mandrin*). Uña con que se asegura en el torno la pieza que se ha de labrar.
MANDUBÍ m. *Riopl.* Maní, cacahuete.
MANDUCA f. *Fam.* Comida, alimento.
MANDUCABLE adj. *Fam.* Comestible.
MANDUCACIÓN f. *Fam.* Acción de manducar.
MANDUCAR v. t. e i. (lat. *manducare*). *Fam.* Comer.
MANDUCATORIA f. *Fam.* Comida. (SINÓN. V. *Alimento.*)
MANEA f. Maniota que se pone a los caballos.
MANEADOR m. *Amer.* Soga de cuero que llevan algunos campesinos atada al arzón de la silla.
MANEAR v. t. Maniatar una caballería. || — V. r. *Méx.* Tropezar enredándose los pies.
MANECILLA f. Broche con que se cierran algunas cosas: *manecilla de devocionario.* || Signo de figura de mano puesto en los escritos para llamar la atención. || Saetilla del reloj. || Palanquilla, llave de ciertos mecanismos. || *Bot.* Zarcillo de la vid.
MANECO, CA adj. *P. Rico.* Maneto.
MANECHE m. *Bol.* Mono aullador.
MANEJABLE adj. Fácil de manejar: *instrumento muy manejable.* (SINÓN. V. *Flexible.*)
MANEJADO, DA adj. *Pint.* Con los adverbios *bien* o *mal,* hecho con soltura o sin ella: *retrato mal manejado.*

Fot. Keystone

MANEJAR v. t. Traer entre manos: *manejar una tela.* (SINÓN. *Maniobrar, manipular.*) || Servirse de una cosa: *manejar la espada.* || Gobernar los caballos. || Dirigir: *manejar un negocio.* || *Amer.* Conducir un automóvil. || — V. r. Moverse después de haber estado impedido o baldado. || Saberse conducir, arreglárselas.
MANEJO m. Acción y efecto de manejar. || Arte de gobernar los caballos. || *Fig.* Dirección de un negocio. || *Amer.* Conducción de un automóvil. || Funcionamiento. || *Fig.* Maquinación. (SINÓN. V. *Intriga.*)
MANEOTA f. Maniota.
MANERA f. (de *mano*). Modo particular de ser o de hacer una cosa: *manera de ver.* (SINÓN. V. *Modo.*) || Modales de una persona: *tener maneras groseras.* || Calidad o clase de las personas. (SINÓN. V. *Especie.*) || Abertura que corresponde a la faltriquera en las faldas de las mujeres. || Bragueta. || *Pint.* Carácter de las obras de un artista: *la manera de Rafael se distingue de la de Leonardo de Vinci.* || *A la manera de,* a imitación de. || *A manera,* como o semejantemente. || *De manera que,* m. adv., de modo o de suerte que. || *Sobre manera,* m. adv., excesivamente.
MANES m. pl. Entre los romanos, almas de los muertos considerados como divinidades. || *Fig.* Sombras o almas de los difuntos. (SINÓN. V. *Alma.*)
MANETA f. *Col.* Ladilla. || Galicismo por *manecilla, llave.*
MANETO, TA adj. *Col.* Dícese de los cuadrúpedos que tienen los pies deformes. || *Hond.* Manco o lisiado de las manos. || *Guat.* Patizambo. || *Venez.* Dícese del que es muy junto de rodillas.
MANEZUELA f. Mano pequeña. || Manecilla, broche. || Manija de algunos instrumentos.
MANFLORA y **MANFLORITA** adj. *Provinc.* y *Amer.* Hermafrodita. || *Amer.* Afeminado.
MANGA f. (lat. *manica*). Parte del vestido que cubre el brazo. || Tubo largo de lona o de cuero: *manga de riego, de ventilación.* || Parte del eje del carruaje que entra en el cubo de la rueda. || Tromba de agua. || Pequeña red en forma de bolsa para pescar. || Adorno cilíndrico de tela que cubre la vara de la cruz parroquial. || Bayeta de forma cónica que sirve para filtrar. || *Mar.* Tubo de ventilación de un barco. || Partida de gente armada. || En los juegos, una de las pruebas que se ha convenido jugar. || Tubo de tela que sirve para indicar la dirección del viento en un aeródromo. || *Venez.* y *Arg.* Turba, multitud: *una manga de gente.* || *Méx.* Capote de monte. || *Amer.* Pasadizo estrecho entre dos vallas de estacas, que sirve para encaminar el ganado. || *Ecuad.* y *Col.* Corral, dehesa. || *Mar.* Ancho del buque: *barco de poca manga.* || *Manga de agua,* turbión. || *Manga de viento,* torbellino. || *Andar manga por hombro una cosa,* estar abandonada. || *Fig.* y *fam. Hacer mangas y capirotes,* obrar sin reflexión. || *Tener manga ancha,* ser demasiado indulgente. || *En mangas de camisa,* vestido con pantalón y camisa.
MANGA f. Variedad del mango y su fruto.
MANGACHAPUY m. Árbol filipino de la familia de las dipterocarpáceas: *la madera del mangachapuy se emplea en construcciones.*
MANGAJARRO m. *Fam.* Manga sucia y larga.
MANGAJO m. *Per.* Persona muy desgarbada.
MANGANA f. Lazo con que se traban las manos de un caballo o toro.
MANGANATO m. *Quím.* Sal del ácido mangánico, ácido no aislado.
MANGANCÉ m. *Col.* Ave parecida al tordo.
MANGANEAR v. t. Echar la mangana a un animal. || *Venez.* Mangonear.
MANGANESA f. Peróxido de manganeso natural, muy empleado en la industria para la obtención del oxígeno, preparación del cloro, y fabricación del acero y el vidrio.
MANGANESÍFERO, RA adj. Que contiene manganeso: *hierro colado manganesífero.*
MANGANESO m. Metal de color gris (Mn), de número atómico 25, duro y quebradizo, oxidable, que se obtiene de la manganesa, y, aleado con hierro, se emplea en la fabricación del acero. (Los principales países productores son la India, Unión Soviética y Brasil.)
MANGANETA f. *Hond.* Manganilla, treta.
MANGANGÁ m. *Arg.* Abejón muy zumbador. || *Arg.* y *Bol.* Fastidioso.

mandioca

mandolina

mandril

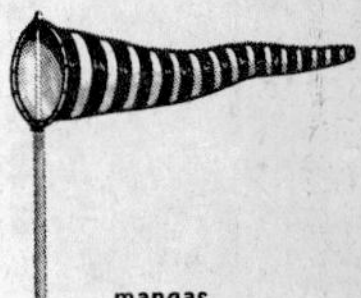
mangas de aire

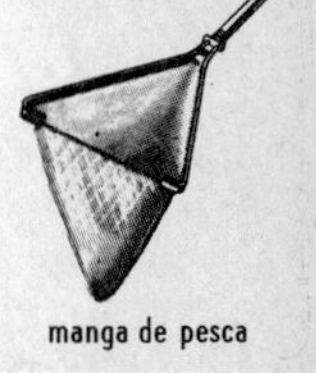
manga de pesca

mangle

mango

mangosta

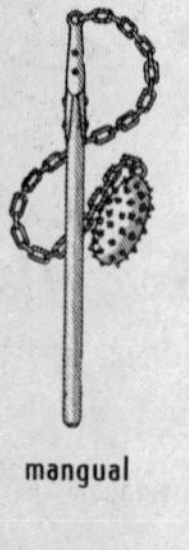

mangual

MANGÁNICO adj. y s. Dícese del anhídrido (MnO_3) y del ácido correspondiente.
MANGANILLA f. Trampa, treta, ardid.
MANGANINA f. Aleación de cobre, manganeso y níquel utilizado para la fabricación de resistencias eléctricas.
MANGANOSO adj. y m. *Quím.* Dícese de un óxido del manganeso.
MANGANTE adj. y s. *Pop.* Ladrón.
MANGANZÓN, ONA adj. *Cub., Per.* y *Venez.* Maganzón.
MANGLAR m. Sitio poblado de mangles.
MANGLE m. Arbusto de la familia de las rizoforáceas, abundantísimo en las costas de América intertropical: *las ramas del mangle echan renuevos que caen hasta el suelo y arraigan luego en él.* ‖ Su fruto. ‖ ***Mangle blanco,*** árbol verbenáceo que echa renuevos como el mangle.
MANGO m. Asidero de un instrumento o utensilio.
MANGO m. Árbol de la familia de las anacardiáceas, muy abundante en América, de fruto oval, amarillo y aromático. ‖ Su fruto.
MANGÓN m. Revendedor. (P. us.) ‖ *Amer.* Cerco que se hace para encerrar el ganado. ‖ *Col.* Manga o dehesa.
MANGONADA f. Golpe que se da con el brazo.
MANGONEAR v. i. Entremeterse una persona donde no la llaman: *mangonear en un asunto.* ‖ *Fam.* Mandar. ‖ *Méx.* Robar.
MANGONEO m. *Fam.* Acción y efecto de mangonear. ‖ *Méx.* y *Per.* Robo, chanchullo.
MANGONERO, RA adj. Amigo de mangonear.
MANGORRERO, RA adj. Dícese del cuchillo tosco y mal forjado. ‖ *Fam.* Que anda siempre entre manos. ‖ *Fig.* Que no sirve para gran cosa. ‖ — F. *Arg.* y *Bol.* Cuchillo de mediano tamaño.
MANGOSTA f. **Mamífero carnívoro de Asia y África, de unos 50 cm de largo, que ataca a los reptiles, incluso a los venenosos. (La especie europea es el *icneumón.*)**
MANGOSTÁN m. Árbol de las Molucas, de la familia de las gutíferas, especie de anacardo, de fruto carnoso y comestible. ‖ Su fruto.
MANGOTE m. *Fam.* Manga ancha. ‖ Manga postiza que usan durante el trabajo los oficinistas.
MANGRULLO m. *Riopl.* Atalaya, vigía.
MANGUAL m. Arma antigua formada de un mango de madera del que colgaban varias bolas de hierro sujetas con cadenas.
MANGUARDIA f. *Arq.* Murallón que se pone a cada lado de los últimos estribos del puente.
MANGUEAR v. i. *Amer.* Ojear, espantar la caza, dirigiéndola hacia los cazadores. ‖ *Arg.* Procurar reunir con cautela el ganado que se dispara o fuga. ‖ *Fig.* y *fam.* Atraer con halagos y maña. ‖ — V. i. *Col.* y *Venez.* Aparentar que se trabaja. ‖ *P. Rico.* Vagar, mangonear.
MANGUERA f. *Mar.* Manga de lona alquitranada con que se saca el agua de las embarcaciones. ‖ Manga de riego. ‖ *Mar.* Manga, chimenea de ventilación. ‖ Manga, tromba. ‖ *Arg.* Corral grande para cercar ganado. ‖ *Chil.* Carro en que se arrollan las mangas de incendios.
MANGUERO m. El que maneja la manga de una bomba. ‖ Tabla estrecha utilizada para planchar las mangas. ‖ *Méx.* Mango, árbol.
MANGUETA f. Vejiga con pitón que sirve de irrigador. ‖ Madero que enlaza el par con el tirante en una armadura de tejado. ‖ Palanca. ‖ Tubo de bajada de los retretes inodoros. ‖ Cada uno de los extremos del eje de un vehículo. ‖ En los extremos del eje delantero de un automóvil, piezas que permiten el cambio de dirección de la rueda.
MANGUILLO m. *Sal.* y *C. Rica.* Portaplumas.
MANGUINDÓ m. *Cub.* Holgazán, parásito.
MANGUITA f. Funda que se pone a una cosa.
MANGUITERÍA m. Peletería.
MANGUITERO m. Peletero.
MANGUITO m. Rollo o bolsa de abrigo que llevan las señoras para cubrirse las manos. ‖ Media manga de punto. ‖ Bizcocho grande. ‖ Mangote de oficinista. ‖ *Tecn.* Cilindro hueco para empalmar dos piezas cilíndricas unidas al tope. ‖ Manopla para lavarse.
MANGURUYÚ m. *Riopl.* Pez de río, espinoso y muy feo, pero sabroso
MANGUZADA f. Manotazo.

MANÍ m. Cacahuete, planta oleaginosa. ‖ *Cub* y *P. Rico. Fam.* Dinero.
MANÍA f. (lat. *mania*). Locura parcial en la que obsede la imaginación una idea fija. (SINÓN. *Extravío, obsesión, prejuicio, rareza.*) ‖ Extravagancia, capricho, ridiculez: *tener la manía de latinizar.* (SINÓN. *Chifladura.*) ‖ Afecto o deseo desordenado. ‖ *Fam.* Ojeriza, tirria. ‖ *Manía persecutoria,* obsesión de ser objeto de la mala voluntad de los demás.
MANIABIERTO, TA adj. y s. Dadivoso.
MANIACO, CA adj. y s. Que padece manía: *un pobre maniaco.* ‖ Propio de la manía: *delirio maniaco.*
MANIATAR v. t. Atar las manos.
MANIÁTICO, CA adj. y s. El que tiene manías.
MANICATO, TA adj. *Cub.* Esforzado, animoso.
MANICOBA f. *Bol.* Planta que produce goma.
MANICOMIO m. (del gr. *mania,* locura, y *komein,* cuidar). Asilo para locos o dementes, casa de locos.
MANICORTO, TA adj. y s. *Fig.* y *fam.* Agarrado, tacaño. ‖ — CONTR. *Manilargo.*
MANICURO, RA m. y f. Persona que se dedica a cuidar las manos, uñas, etc.
MANIDO, DA adj. Dícese de la carne que empieza a oler, aunque sin estar todavía corrompida. ‖ *Fig.* Trillado, sobado. ‖ *P. Rico.* Lleno.
MANIERISMO m. Forma del arte que se manifestó en Italia en el siglo XVI, entre el Renacimiento y la época barroca, y que se caracterizó por su falta de naturalidad y su afectación.
MANIFESTACIÓN f. Acción y efecto de manifestar: *la manifestación del pensamiento.* (SINÓN. V. *Enunciación.*) ‖ Expresión pública de un sentimiento o de una opinión política: *una manifestación política.*
MANIFESTADOR, RA adj. y s. Que manifiesta.
MANIFESTANTE com. Persona que toma parte en una manifestación: *detener a un manifestante.*
MANIFESTAR v. t. Dar a conocer: *manifestar su sorpresa.* (SINÓN. V. *Expresar* y *revelar.*) ‖ Mostrar, poner a la vista (SINÓN. V. *Anunciar* y *enunciar.*) ‖ Exponer públicamente el Santísimo Sacramento. ‖ V. i. Hacer una demostración colectiva pública. ‖ — V. r. Darse a conocer: *Dios se manifiesta por sus obras.* ‖ — IRREG. Se conjuga como *acertar.*
MANIFIESTAMENTE adv. m. De un modo manifiesto, palpablemente.
MANIFIESTO, TA adj. Claro: *error manifiesto.* (SINÓN. V. *Evidente.*) ‖ — Adj. y s. Dícese del Santísimo Sacramento expuesto a la adoración de los fieles: *hay manifiesto esta tarde.* ‖ — M. Escrito en el cual un soberano, un jefe de partido, un grupo de personalidades, etc., explica su conducta pasada y define los objetivos que perseguirá en el futuro. (SINÓN. V. *Llamamiento* y *prospecto.*) ‖ Declaración del cargamento que debe presentar el patrón del buque al administrador de aduanas. ‖ *Poner de manifiesto una cosa,* hacerla evidente.
MANIGERO m. Capataz de los obreros agrícolas.
MANIGORDO m. *C. Rica.* Ocelote.
MANIGUA f. y **MANIGUAL** m. *Cub.* Terreno cubierto de malezas, selva. (SINÓN. V. *Bosque.*)
MANIGUETA f. Manija, mango de herramienta.
MANIJA f. (lat. *manicula*). Mango, puño o manubrio de ciertos utensilios o herramientas. ‖ Maniota, traba. ‖ Abrazadera de hierro. ‖ *Riopl.* Trenza o cordón para atar el látigo a la muñeca
MANILARGO, GA adj. De manos largas. ‖ *Fig.* y *fam.* Largo de manos. ‖ *Fig.* Liberal. ‖ Propenso a tomar lo ajeno.
MANILENSE y **MANILEÑO, ÑA** adj. y s De Manila. ‖ Perteneciente a la capital de Filipinas.
MANILUBIO m. Baño de manos.
MANILLA f. Pulsera o brazalete. ‖ Grillete anillo de hierro con que se encadenan las muñecas. ‖ Manija. ‖ Manecilla de un reloj. ‖ *Can.* y *Venez.* Cuadernillo de cinco hojas de papel. ‖ *P. Rico.* Mazo de hojas de tabaco.
MANILLAR m. Guía de bicicleta.

Fot. Fox-Photos

MANIOBRA f. Operación que se ejecuta con la ayuda de las manos: *la maniobra de una bomba.* ‖ *Fig.* Artificio, manejo: *no me gustan sus maniobras.* (SINÓN. V. *Intriga.*) ‖ *Mil.* Evolución o ejercicio de la tropa. (SINÓN. V. *Movimiento.*) ‖ *Mar.* Arte de gobernar la embarcación. ‖ Cabo o cuerda que sirve para la maniobra. ‖ — Pl. Operaciones que se hacen en las estaciones para la formación, división o paso de los trenes. ‖ Operaciones hechas a un vehículo para cambiar su rumbo.
MANIOBRALIDAD f. *Neol.* Calidad de maniobrable.
MANIOBRABLE adj. Que se maniobra fácilmente.
MANIOBRAR v. i. Ejecutar una maniobra. (SINÓN. V. *Manejar.*)
MANIOBRERO, RA adj. y s. Que maniobra: *tropas maniobreras.*
MANIOBRISTA adj. y s. *Mar.* Que sabe y ejecuta maniobras.
MANIOC m. Galicismo por *mandioca.*
MANIOTA f. Cuerda o cadena con que se atan las manos de un animal.
MANIPULACIÓN f. Ejecución de las operaciones manuales en química, farmacia, etc. ‖ *Fig.* Maniobra, manejo destinado a engañar.
MANIPULADOR, ORA adj. y s. Que manipula: *manipulador de productos químicos.* ‖ — M. Aparato transmisor usado en la telegrafía.
MANIPULANTE adj. y s. Que manipula.
MANIPULAR v. t. Arreglar con las manos: *manipular los instrumentos astronómicos.* (SINÓN. V. *Manejar.*) ‖ *Fig.* y *fam.* Manejar un negocio.
MANIPULEO m. *Fig.* y *fam.* Acción de manipular o manejar un negocio.
MANÍPULO m. División del ejército romano bajo la República. ‖ Primitiva insignia de los ejércitos romanos. ‖ Ornamento sagrado que ciñe el brazo izquierdo del sacerdote. ‖ *Med.* Puñado, manojo.
MANIQUEÍSMO m. Herejía de Manes o Maniqueo que admitía dos principios creadores, uno para el bien y el otro para el mal.
MANIQUEO, A adj. y s. Que profesa la doctrina de Maniqueo o Manes.
MANIQUETE m. Mitón de tul calado que cubre la mano hasta la mitad de los dedos. (SINÓN. V. *Guante.*)
MANIQUÍ m. (flam. *manekin*). Figura de madera articulada, para uso de los pintores y escultores. (SINÓN. V. *Autómata.*) ‖ *Fig.* Hombre sin carácter y sin voluntad ‖ Armazón de madera o de mimbre que sirve a los sastres y costureras para probar los vestidos. ‖ Mujer que presenta los modelos de una casa de costura. Pl. *maniquíes* o *maniquís.*
MANIR v. t. Dejar ablandarse y sazonarse las carnes durante algún tiempo antes de guisarlas: *el faisán no tiene perfume si no está bien manido.* ‖ Sobar. ‖ — V. r. Oliscar la carne o el pescado. (SINÓN. V. *Pudrir.*) ‖ — OBSERV. Es verbo defectivo.
MANIRROTO, TA adj. y s. Muy dadivoso.
MANÍS m. *Méx. Fam.* Mano, amigo.
MANISERO, RA m. y f. Vendedor de maní.
MANITO m. Maná que se da como purga a los niños.
MANITO m. y **MANITA** f. *Provinc.* y *Amer.* Manecita. ‖ *Méx.* Hermano, amigo, término afectuoso.
MANITÚ m. Divinidad de los indios de América del Norte. ‖ *Fig.* y *fam.* Personaje poderoso, influyente.
MANIVACÍO, A adj. *Fam.* Con las manos vacías, sin traer nada: *un convidado que llega manivacío.*
MANIVELA f. Palanca acodada con la que se imprime un movimiento de rotación continuo al eje al que está fijada, manubrio. ‖ *Fig.* y *fam.* *Primer golpe de manivela,* primera toma de vistas de un film.
MANIZALEÑO, ÑA adj. y s. De Manizales (Colombia).
MANJAR m. Comestible, alimento: *un manjar agradable.* ‖ Recreo, deleite: *aquello fue manjar de dioses.* ‖ *Manjar blanco,* plato de pechuga de gallina, azúcar, leche y harina de arroz. (También se hace sin carne y con almendras.) ‖ *Arg.* Barb. por *delicia: esta cerveza es un manjar.*
MANJARETE m. *Cub.* y *Venez.* Dulce de maíz, leche y azúcar.
MANJÚA f. *Cub.* Especie de sardina.
MANLIEVA f. Cierto tributo que se recogía de casa en casa.
MANO f. (lat. *manus*). Parte del cuerpo humano que se extiende desde la muñeca hasta el extremo de los dedos: *la mano derecha; la mano izquierda.* ‖ Cada uno de los cuatro pies cortados en carnicería. ‖ Trompa del elefante. ‖ Lado: *está a mano derecha.* ‖ Manecilla de un reloj. ‖ *Fig.* y *fam.* Serie: *le dio una mano de palos.* ‖ Especialidad del juego de pelota vasca. ‖ Pata delantera de algunos animales. ‖ Majadero: *la mano del almirez.* ‖ Capa: *una mano de pintura.* ‖ Conjunto de veinticinco hojas de papel: *la mano es la vigésima parte de la resma.* ‖ *Amer.* Conjunto de cierto número de cosas (4, 6, 25). ‖ *Cub.* Gajo de plátanos. ‖ Partida: *echar una mano al tute.* ‖ *Fig.* Reprensión: *dar a uno una mano.* ‖ *Fig.* Número de personas unidas para un fin. ‖ Medio para hacer o alcanzar una cosa. ‖ *Fig.* Persona que ejecuta una cosa. ‖ *Fig.* La mujer pretendida por esposa: *pedir la mano.* ‖ *Fig.* Habilidad. (SINÓN. V. *Destreza.*) ‖ *Fig.* Ayuda, auxilio: *echar una mano.* ‖ *Col.* Oportunidad, ocasión. ‖ Poder, influencia: *tener mano con un uno.* ‖ *Chil.* y *Méx.* Conjunto de cuatro objetos. ‖ *Hond.* Conjunto de cinco objetos. ‖ *Amer.* Aventura, lance. ‖ — Com. En el juego, el primero de los que juegan: *tú eres el mano.* ‖ *Mano de obra,* trabajo de los obreros u operarios: *la mano de obra es fundamental en la economía.* ‖ *Fig. Mano de santo,* cosa muy eficaz: *esa medicina fue mano de santo.* ‖ *Manos muertas,* estado de los bienes inalienables de las comunidades religiosas, hospitales, etc. ‖ *Fig. Buena mano,* acierto: *tener buena mano en una empresa.* ‖ *A mano,* cerca. ‖ *A mano airada,* violentamente: *morir a mano airada.* ‖ *A mano armada,* con gran empeño: *pedir algo a mano armada.* ‖ *A mano salva,* a mansalva. ‖ *Bajo mano,* ocultamente: *favorecer a uno bajo mano.* (SINÓN. V. *Secretamente.*) ‖ *De mano,* artificial: *flores de mano.* ‖ *De mano a mano,* de uno a otro, sin intermediarios. ‖ *De manos a boca,* de repente, impensadamente. ‖ *De primera mano,* del autor, fabricante o primer vendedor: *comprar algo de primera mano.* ‖ *De segunda mano,* de lance. ‖ *Largo de manos,* que pega fácilmente con ellas, camorrista. ‖ *Mano a mano,* juntamente, amistosamente, sin llevarse ventaja los jugadores. *Taurom.* Corrida en la que solamente participan dos matadores. ‖ *Fig. Abrir la mano,* ser menos riguroso. ‖ *Atarse las manos,* quitarse la posibilidad de hacer una cosa. ‖ *Caer en manos de uno,* caer bajo su dominación. ‖ *Cargar la mano,* insistir demasiado en una cosa. ‖ *Salir con las manos en la cabeza,* salir desairado de una empresa. ‖ *Coger a uno con las manos en la masa,* cogerle en el acto de hacer una cosa mala. ‖ *Dar de mano,* cesar de trabajar. ‖ *Dar la mano a uno,* ampararle, ayudarle. ‖ *Dejar de la mano,* abandonar. ‖ *Echar mano de una cosa,* valerse de ella. ‖ *Meter mano a una cosa,* cogerla, echar mano de ella. ‖ *Fig. Ser la mano derecha* de uno, ser su ayuda indispensable. ‖ *Tener mano izquierda,* saber arreglárselas con habilidad. ‖ *Tener mano en una cosa,* intervenir en ella. ‖ *Traer entre manos una cosa,* manejarla, dedicarse a ella. ‖ *Tener algo a mano,* disponer de ello. ‖ *Ganar por la mano,* anticiparse a uno. ‖ *Venir a las manos dos personas,* reñir. ‖ *Untar la mano a uno,* sobornarle.
MANO m. *Amer. Fam.* Amigo, compañero.
MANOBRERO m. Operario que limpia los brazales de las acequias.
MANOJEAR v. t. *Cub.* Hacer manojos.
MANOJO m. Hacecillo de objetos que se cogen de una vez con la mano: *un manojo de espárragos.* (SINÓN. V. *Haz y ramo.*) ‖ *A manojos,* copiosamente.
MANOLETINA f. *Taurom.* Pase de muleta, creado por Manolete, de frente y con el engaño situado a la espalda del torero.
MANOLO, LA m. y f. Mozo o moza del pueblo bajo de Madrid.
MANOMÉTRICO, CA adj. Relativo al manómetro.
MANÓMETRO m. (del gr. *manos,* ligero, poco denso, y *metron,* medida). *Fís.* Instrumento que sirve para indicar la presión de los fluidos.

MANIPULADOR

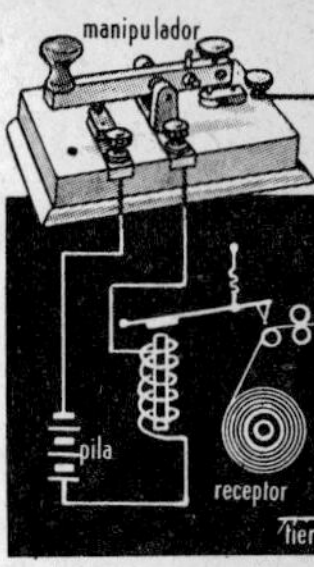

manípulo

HUESOS DE LA MANO

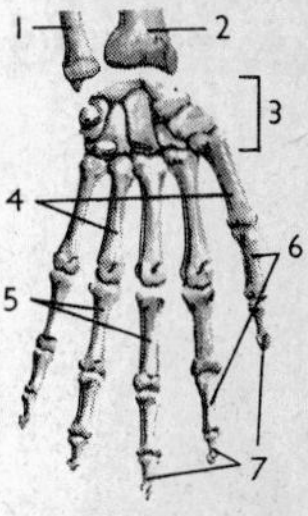

1. Cúbito
2. Radio
3. Carpo
4. Metacarpo
5. Falanges
6. Falanginas
7. Falangetas

MANÓMETRO

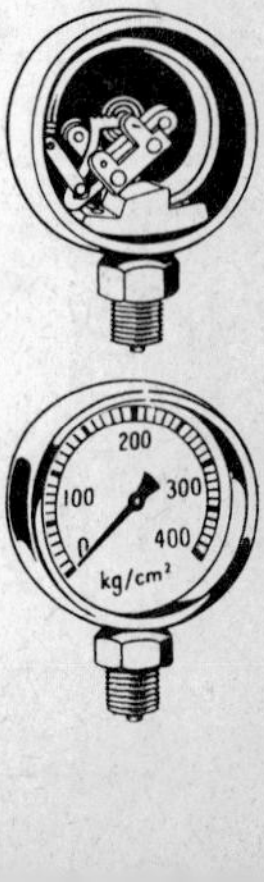

MANOPLA f. Guantelete de hierro que defendía la mano. || Látigo corto que llevan los cocheros montados. || Guante sin separaciones para los dedos. || Guante que sirve para lavarse. || *Chil.* Arma contundente, reunión de cuatro anillos de hierro en que se meten los dedos, para dar puñetazos violentos.

manopla

MANOSEADOR, RA adj. Que manosea.
MANOSEAR v. t. Tocar repetidamente con la mano.
MANOSEO m. Acción y efecto de manosear.
MANOTA f. Mano grande.
MANOTADA f. Golpe que se da con la mano. || Puñado, manada: *coger a manotadas.*
MANOTAZO m. Manotada. (SINÓN. V. *Golpe.*)
MANOTEADO m. Manoteo.
MANOTEAR v. t. Dar golpes con las manos. || *Arg.* Robar. || — V. i. Hacer ademanes con las manos.
MANOTEO m. Acción y efecto de manotear.
MANQUE conj. adv. Barb. por *aunque.*
MANQUEAR v. i. Mostrar manquedad o torpeza.
MANQUEDAD y **MANQUERA** f. Falta de mano o brazo o imposibilidad de servirse de cualquiera de estos miembros. || *Fig.* Falta, defecto.
MANRESANO, NA adj. y s. De Manresa.
MANRÓ m. *Germ.* Pan.
MANSALVA (A) m. adv. (de *mano,* y *salva*). Sin peligro: *vengarse a mansalva de su enemigo.*
MANSAMENTE adv. m. Con mansedumbre: *obrar mansamente.* || *Fig.* Lentamente: *el río corre muy mansamente.* || *Fig.* Suavemente, sin hacer ruido.

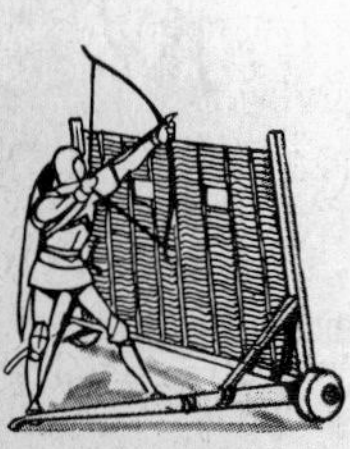

mantelete

MANSARDA f. Galicismo por *desván, buhardilla.*
MANSEDUMBRE f. Calidad de manso. || *Fig.* Apacibilidad, benignidad: *la mansedumbre de un clima.* (SINÓN. V. *Dulzura.*)
MANSEJÓN, ONA adj. Muy manso.
MANSEQUE m. *Chil.* Baile infantil.
MANSERA f. *Col.* Artesa donde cae el zumo de la caña en el trapiche. || — PARÓN. *Mancera.*
MANSIÓN f. (lat. *mansio*). Permanencia, estancia. || Morada: *el cielo es mansión de los bienaventurados.*
MANSO m. (lat. *mansum*). Masada, casa de campo.
MANSO, SA adj. Suave, apacible: *hombre muy manso.* || Domesticado, que no es salvaje. || — M. Animal que guía a los demás en un rebaño.
MANSURRÓN, ONA adj. Demasiado manso.
MANTA f. Prenda de abrigo de forma cuadrada: *manta de cama, de viaje.* || Especie de mantón que lleva la gente del pueblo en algunos lugares: *echarse la manta a la cabeza.* || *Méx.* y *Col.* Tela ordinaria de algodón. || *Amer.* Costal de pita que sirve en las minas. || *Cub.* Pañuelo grande, mantón. || *Cub.* Raya gigantesca. || *Arg.* Poncho. || Juego del hombre entre cinco. || *Ecuad.* Tabla (sembrados). || *Col.* Un baile popular. || *Fam.* Paliza, zurra: *darle a uno una buena manta.* || *Mil.* Mantelete que sirve de defensa a los soldados. || || Cada una de las plumas que tiene el ave de cetrería después de las aguaderas. || *Amér. C. Manta dril,* tela ordinaria de algodón. || *A manta,* o *a manta de Dios,* con abundancia: *llueve a manta de Dios.* || *Fig.* y *fam. Tirar de la manta,* descubrir algo oculto.

mantilla

MANTEADO m. *Méx.* Cobertizo de lona, toldo. || *Amér. C.* y *Méx.* Tienda de campaña, carpa.
MANTEADOR, RA adj. y s. El que mantea.
MANTEAMIENTO m. Acción y efecto de mantear: *el manteamiento de Sancho.*
MANTEAR v. t. Hacer saltar en una manta: *los arrieros mantearon a Sancho Panza.* || *Arg.* Maltratar a uno entre varios. || — V. r. *Chil.* Extenderse la veta de una mina en forma de manto.
MANTECA f. Grasa de los animales. || Manteca de cerdo. || Substancia crasa de la leche: *manteca de vacas.* (SINÓN. *Mantequilla.*) || Substancia crasa vegetal: *manteca de cacao.* || — Pl. *Fam.* Gordura, adiposidad: *tener buenas mantecas.* || Como manteca, suave. || *Fig.* y *fam. El que asó la manteca,* persona necia, simple.
MANTECADA f. Rebanada de pan con manteca y azúcar. || Bollito de harina, azúcar y manteca, cocido en una cajita de papel: *mantecadas de Astorga.*
MANTECADO m. Bollo amasado con manteca de cerdo. || Sorbete de leche, huevos y azúcar.

mantón

MANTECÓN m. *Fam.* Hombre muy regalón.
MANTECOSO, SA adj. Que tiene manteca: *leche mantecosa.* || Que se parece a la manteca, untuoso.
MANTEÍSTA m. El que asistía a las escuelas públicas con sotana y manteo. || Alumno externo de un seminario conciliar.
MANTEL m. (lat. *mantele*). Tejido con que se cubre la mesa para comer. || Lienzo que cubre el altar.
MANTELERÍA f. Conjunto de mantel y servilletas: *una mantelería adamascada.*
MANTELETA f. Especie de esclavina.
MANTELETE m. Manto corto que llevan los prelados encima del roquete. || *Mil.* Abrigo ligero para la defensa o el ataque de una plaza fuerte.
MANTELILLO m. Centro de mesa, mantel pequeño bordado que se pone encima del principal.
MANTELLINA f. Mantilla.
MANTENEDOR m. El encargado de mantener un torneo, justa, juegos florales, etc.
MANTENENCIA f. Acción y efecto de mantener, de sostener. || Alimento, sustento, víveres.
MANTENER v. t. Alimentar: *mantener con pan y agua.* || Sostener: *este clavo mantiene la madera.* (SINÓN. V. *Retener.*) || *Fig.* Conservar: *mantener las leyes.* (SINÓN. V. *Sostener.*) || Proseguir lo que se está ejecutando. || Sostener un torneo, justa, juegos florales, etc. || Afirmar, apoyar: *mantener una opinión.* || *For.* Amparar en la posesión o goce. || — V. r. Alimentarse. || Perseverar en el dictamen u opinión. || Quedar en el mismo estado. (SINÓN. V. *Continuar.*) || *Fig.* y *fam. Mantenerse en sus trece,* no ceder. || *Mantener a distancia, a raya,* mantener alejado. || — IRREG. Se conjuga como *tener.*
MANTENIMIENTO m. Alimento, sustento: *necesitar poco para su mantenimiento.* || Acción de mantener o sostener: *el mantenimiento de una opinión.*
MANTEO m. Manteamiento.
MANTEO m. Capa larga que usan los eclesiásticos y en otro tiempo llevaron también los estudiantes. || Una especie de falda antigua.
MANTEQUERA f. La que hace o vende manteca. || Vasija que sirve para fabricar la manteca. || Vasija en que se sirve la manteca.
MANTEQUERÍA f. Fábrica de manteca. || Tienda donde se vende manteca.
MANTEQUERO m. El que hace o vende manteca. || Mantequera, vasija para servir la manteca en las mesas. || Corojo, especie de palma. || — Adj. Relativo a la manteca.
MANTEQUILLA f. Manteca de vacas. || Pasta de manteca de vaca batida con azúcar.
MANTEQUILLERA f. *Amer.* Mantequera.
MANTEQUILLERO m. *Amer.* Mantequero.
MANTERA f. La que hace los mantos o mantas.
MANTERO m. El que hace o vende mantas.
MANTÉS, ESA adj. y s. *Fam.* Pícaro, tunante.
MANTILLA f. Prenda que usan las mujeres para cubrirse la cabeza: *mantilla de encaje.* || Bayeta en que se envuelve al niño: *estar un niño en mantillas.* || Paño con que se cubre el lomo del caballo. || *Impr.* Pedazo de bayeta que se pone sobre el tímpano, debajo del papel, para facilitar la impresión en las prensas de mano. || *Fig. En mantillas,* en sus principios.
MANTILLO m. (de *manta*). Tierra vegetal que forma la capa superior del suelo. (SINÓN. *Humus.*) || Abono que resulta de la descomposición del estiércol.
MANTILLÓN, ONA m. *Amer.* Gualdrapa muy gruesa.
MANTISA f. *Mat.* Fracción decimal que se agrega a la característica de un logaritmo.
MANTO m. (lat. *mantum*). Vestido amplio a modo de capa. || Mantilla grande y sin guarnición. || Vestidura exterior de algunos religiosos. || Ropa talar que se usa en ciertas ceremonias. || *Tecn.* Fachada de la campana de una chimenea. || *Zool.* Parte central del cuerpo de los cefalópodos. || *Fig.* Lo que oculta una cosa: *servirle uno de manto a otro.* || *Min.* Veta mineral delgada y horizontal. || *Méx.* Campánula, flor.
MANTÓN m. Pañuelo grande que sirve de adorno o abrigo: *mantón de Manila.* || *Venez.* Manto.
MANTUANO, NA adj. y s. De Mantua. || *Venez. Ant.* Descendiente de indios y españoles nobles; hoy, noble de alcurnia.

Fot. G.-Pelayo

s
na
ría
Hopfferia militaris
Perú
Parnassius
discobolus-insignis
Turquestán
Armandia lidderdalei
Bután
Timelœa
maculata-formosana
Formosa
Héliconius doris-viridis
Perú
nius melpomene-aglaope
Perú
Papilio weiskei
Nueva Guinea
Argema mœnas
Sikkim
ilio arcas-mylotes
Honduras,
Mesomenia
cresus
Guayana Fr
Leptocircus meges-ennius
Célebes
Catagramma
lyca-satrana
Honduras
orpho cypris
Colombia
Lemonias
sudias
Honduras
Ornithoptera
priannus-poseidon
Nueva Guinea
WILQUIN

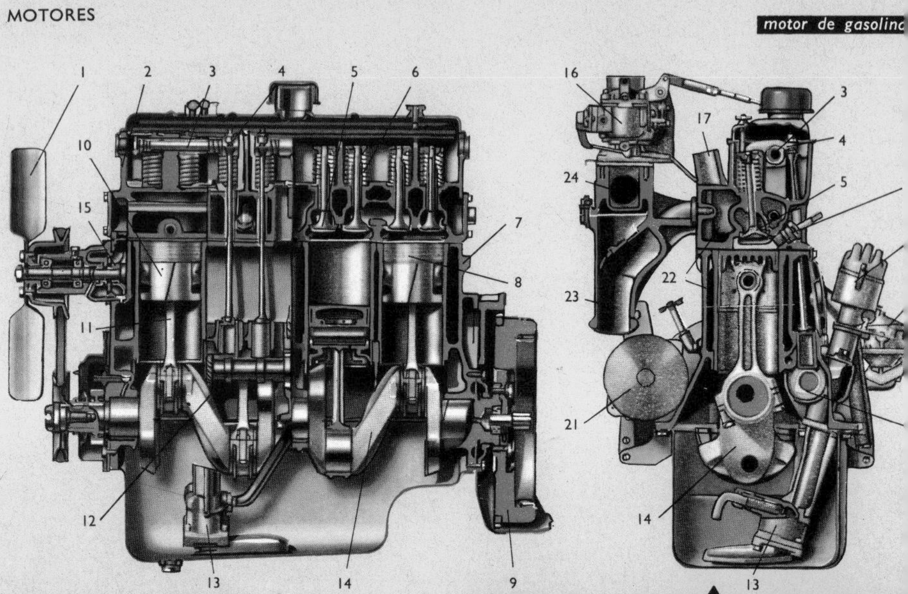

Motor de 4 cilindros para automóvil : 1. Ventilado 2. Culata; 3. Eje del balancín; 4. Balancín; 5. Vá vula ; 6. Muelle de la válvula ; 7. Bloque de cilindro 8. Segmentos; 9. Volante del motor; 10. Pistón émbolo; 11. Biela; 12. Árbol de levas; 13. Bom de aceite; 14. Cigüeñal; 15. Bomba de agu 16. Carburador; 17. Tubo de desagüe; 18. Bují 19. Distribuidor de encendido o delco; 20. Bom de gasolina; 21. Motor de arranque; 22. Cami de agua; 23. Colector de escape; 24. Colect de admisión

Corte transversal de un motor de aceite pesado 1. Colector de admisión; 2. Cámara de calde 3. Colector de escape; 4. Pulsador; 5. Leva; 6. Mot de arranque; 7. Sombrerete del cigüeñal; 8. Cárt de aceite; 9. Cigüeñal; 10. Biela; 11. Camis 12. Camisa de agua; 13. Bomba; 14. Válvul 15. Cámara de precombustión; 16. Culata; 17. Inye tor y portainyector; 18. Balancín

Corte de un turborreactor : 1. Entrada de air 2. Coronas de paletas fijas del compresor; 3. Rued de paletas del compresor; 4. Quemador; 5. Cámar de combustión; 6. Corona de paletas fijas del distr buidor; 7. Rueda de paletas de la turbina; 8. Tobe para la expulsión de los gases; 9. Motor de arra que; 10. Rotor del compresor; 11. Árbol de la tu bina que acciona el compresor

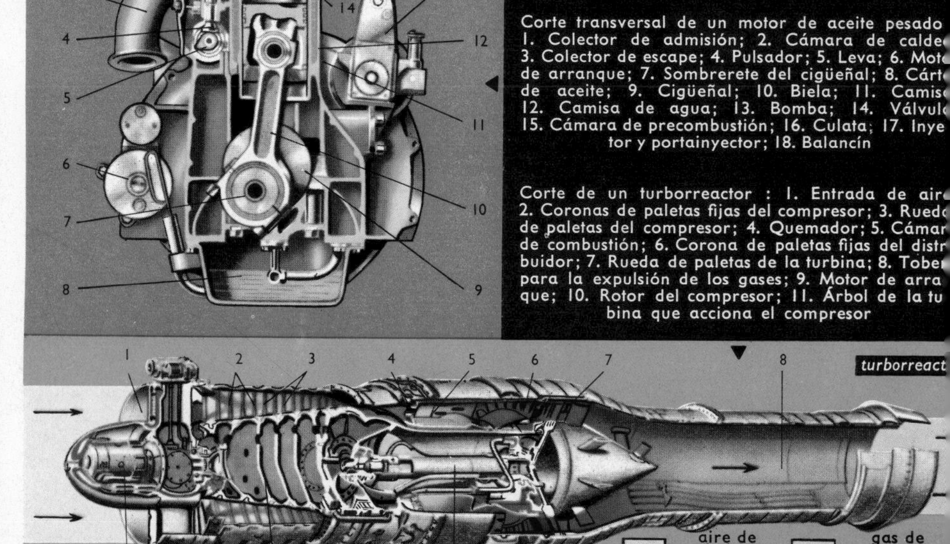

MANTUDO, DA adj. Alicaído, dícese de algunas aves. (P. us.) || *Amér. C.* Mojiganga, máscara.
MANUABLE adj. Fácil de manejar.
MANUAL adj. Que se ejecuta con las manos: *trabajo manual.* || Manuable, manejable. || — M. Libro que contiene abreviadas las nociones principales de un arte o ciencia: *manual de medicina.*
MANUALMENTE adv. m. Con las manos, de una manera manual: *no querer trabajar manualmente.*
MANUBRIO m. (lat. *manubrium*). *Tecn.* Manivela, aparato que sirve para dar vueltas a algunas ruedas. || Empuñadura, manija.
MANUCODIATA f. Ave del Paraíso.
MANUDO, DA adj. *Amér. C.* y *Arg.* De manos grandes.
MANUELA f. En Madrid, coche de alquiler abierto, de dos asientos.
MANUELINO, NA adj. Dícese del estilo arquitectónico portugués usado durante el reinado de Manuel I (1469-1521).
MANUFACTURA f. Gran establecimiento industrial: *una manufactura de armas.* (SINÓN. V. *Factoría* y *fábrica.*) || Obra hecha a mano o con ayuda de máquinas. || Fabricación en gran cantidad de un producto industrial.
MANUFACTURAR v. t. Fabricar.
MANUFACTURERO, RA adj. Perteneciente a la manufactura o a la fabricación. || Que se dedica a la manufactura: *un pueblo manufacturero.*
MANUMISIÓN f. Acción de libertar a un esclavo.
MANUMISO, SA adj. Horro, libre.
MANUMISOR m. *For.* El que manumite.
MANUMITIR v. t. (lat. *manumittere*). *For.* Dar libertad al esclavo con cierta solemnidad.
MANUSCRIBIR v. t. Escribir a mano.
MANUSCRITO, TA adj. Escrito a mano. || — M. Libro o papel escrito a mano: *un manuscrito raro.* || La primera forma de un libro, original: *entregar su manuscrito al editor.*
MANUTENCIÓN f. Acción de mantener, mantenimiento. || Administración, conservación.
MANUTENER v. t. *For.* Mantener, sustentar. || — IRREG. Se conjuga como *tener.*
MANVACÍO, A adj. Manivacío.
MANZANA f. Fruto del manzano: *el zumo de las manzanas, fermentado, se llama sidra.* || Grupo de casas no separadas por ninguna calle. || *Amer.* Espacio cuadrado de casas en una población, y terreno equivalente no construido aún. || *Col.* Cubo de carro. || *Amer.* Nuez de la garganta. || Pomo de espada. || *Fig. Manzana de la discordia,* lo que sirve de motivo de discordia. || *Fig.* y *fam. Sano como una manzana,* muy sano.
MANZANAL m. Manzanar. || Manzano, árbol.
MANZANAR m. Plantío de manzanos.
MANZANERA f. Maguillo.
MANZANERO, RA adj. Que se alimenta de manzanas: *erizo manzanero.* || — M. *Ecuad.* Manzano.
MANZANIL adj. Parecido a la manzana.
MANZANILLA f. Planta de la familia de las compuestas, de flores amarillas. || Su flor. || Infusión de esta flor, que es estomacal, antiespasmódica y febrífuga. || Especie de aceituna. || Adorno de figura de manzana o piña: *las manzanillas de un balcón.* || Barbilla, parte inferior de la barba. || Cierto vino blanco de Andalucía: *manzanilla de Sanlúcar.* || *Manzanilla hedionda* y *manzanilla loca,* plantas de la familia de las compuestas, parecidas a la manzanilla común.
MANZANILLO m. Olivo que produce la aceituna manzanilla. || Árbol de la familia de las euforbiáceas originario de la América ecuatorial: *el zumo lechoso del manzanillo es venenoso, pero es una leyenda que sea mortal su sombra.*
MANZANO m. Árbol de la familia de las rosáceas, cuyo fruto es la manzana.
MANYAR v. t. *Riopl.* y *Chil.* Comer.
MAÑA f. Habilidad: *darse maña para hacer algo.* (SINÓN. V. *Destreza.*) || Astucia, destreza: *más vale maña que fuerza.* || Costumbre, hábito vicioso: *quien malas mañas ha, tarde o nunca las perderá.* || Manojo pequeño: *maña de esparto.*
MAÑANA f. Parte del día desde que amanece hasta mediodía: *salir todas las mañanas.* || Parte del día que va desde las doce de la noche hasta las doce del día: *las dos de la mañana.* || — M. Tiempo futuro: *¿qué será el mañana?* (SINÓN. V. *Porvenir.*) || — Adv. t. El día después del de hoy: *ven mañana.* || En tiempo futuro: *quién sabe lo que ha de suceder mañana.* || *De mañana* o *muy de mañana,* muy temprano. || *Amer. Mañana a mañana,* todas las mañanas. || *Pasado mañana,* el día después del de mañana. || *Fig.* y *fam. Tomar (Arg.: hacer) la mañana,* beber algún aguardiente por la mañana.
MAÑANEAR v. i. Madrugar habitualmente.
MAÑANERO, RA adj. Madrugador. || Relativo a la mañana.
MAÑANICA, TA f. Principio de la mañana.
MAÑANITA f. Prenda de abrigo de punto usada por las mujeres sobre los hombros cuando permanecen en la cama.
MAÑANITAS f. pl. *Méx.* Composición musical corta.
MAÑEAR v. i. Hacer una cosa con maña.
MAÑEREAR v. i. *Riopl.* y *Chil.* Mañear.
MAÑERO, RA adj. Sagaz, hábil. || Fácil de hacer o de manejar. || *Chil.* Dícese del caballo espantadizo. || *Arg.* Mañoso.
MAÑÍU m. *Chil.* Árbol parecido al alerce, de madera apreciada.
MAÑO, ÑA m. y f. *Fam.* Aragonés. || *Arg.* y *Chil.* Hermano. (Ú. tb. como expresión de cariño. [V. MANO.])
MAÑOCA f. *P. Rico.* Harina de mañoco.
MAÑOCO m. Tapioca. || Harina de maíz que comían los indios de Venezuela.
MAÑOSAMENTE adv. m. Con maña o malicia.
MAÑOSEAR v. i. *Col.* y *Venez.* Resabiar. || *Chil.* Proceder con maña y astucia.
MAÑOSERÍA f. *Ecuad.* Maña.
MAÑOSO, SA adj. Que tiene maña o se hace con maña: *hombre mañoso.* (SINÓN. V. *Diestro.*) || Que tiene mañas o defectos.
MAOÍSTA adj. y s. Partidario de la doctrina de Mao Tse-Tung.
MAORÍ adj. y s. Habitante de dos islas de Nueva Zelanda.
MAPA m. (del lat. *mappa,* mantel, lienzo). Representación geográfica: *el mapa de América.* || — F. *Fam.* Lo que sobresale en alguna cosa. || *Mapa mudo,* el que no tiene nombres. || *Fig.* y *fam. No estar en el mapa,* ser desconocido.
MAPACHE o **MAPACHÍN** m. Mamífero de América, de piel estimada, que acostumbra lavar sus alimentos antes de comerlos.
MAPAMUNDI m. Mapa que representa la superficie entera de la Tierra. (SINÓN. *Planisferio.*) || *Fam.* Las nalgas.
MAPANARE f. *Venez.* Culebra venenosa de color negro y amarillo: *la mapanare ataca a los hombres.*
MAPIANGO m. *Méx.* Persona inútil.
MAPO m. *Cub.* Cierto pez de los ríos.
MAPOLA f. *Venez.* Cachada en el trompo.
MAPUCHE adj. y s. Araucano.
MAPUEY m. Planta comestible de la familia de las dioscoreáceas: *el mapuey crece en América Central.*
MAPURITE m. *Amér. C.* Mofeta, zorrillo. (En El Salvador se dice *mapurita* y en Venezuela *mapurito.*)
MAQUE m. Laca. || *Méx.* Charol.
MAQUEAR v. t. Adornar con maque o laca una cosa: *mueble maqueado.* || *Méx.* Charolar, barnizar. || — V. r. *Fam.* Arreglarse, componerse.
MAQUETA f. Modelo, a escala reducida, de un monumento, una máquina, una decoración de teatro. (SINÓN. V. *Modelo.*) || Boceto de ilustración y presentación de un libro. (SINÓN. V. *Proyecto.*)
MAQUETISTA com. *Neol.* Bocetista.
MAQUI m. *Chil.* Arbusto liliáceo cuyo fruto se emplea en confituras y helados, y los indios preparan con él una especie de chicha.
MAQUIAVÉLICO, CA adj. Relativo al maquiavelismo: *doctrina, política maquiavélica.*
MAQUIAVELISMO m. Sistema político conforme con los principios de Maquiavelo. || Política desprovista de conciencia y buena fe. || *Fig.* Astucia, hipocresía: *obrar con maquiavelismo.*
MAQUIAVELISTA adj. y s. Seguidor de la doctrina maquiavélica.

manzana

manzanilla

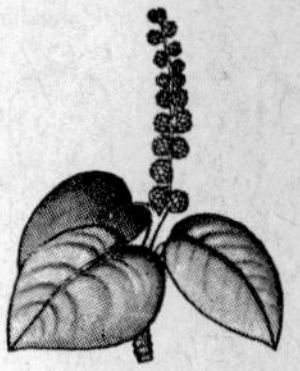
manzanillo

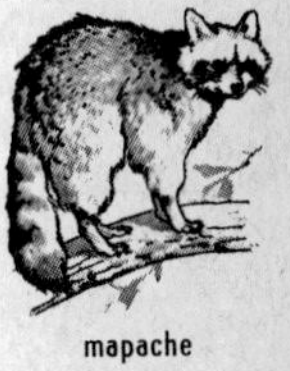
mapache

marabú

máquina de escribir

MÁQUINA NEUMÁTICA

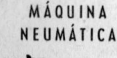

maracas

MAQUILA f. Porción de harina, grano o aceite que corresponde al molinero por cada molienda.
MAQUILLADOR, RA adj. y s. Que maquilla
MAQUILLAJE m. Acción y efecto de maquillar o de maquillarse. (SINÓN. V. *Disfrazar.*)
MAQUILLAR v. t. Poner afeites, pintar el rostro. || *Fig.* Alterar para producir una apariencia engañosa, disfrazar. || Caracterizar.
MÁQUINA f. (lat. *machina*). Conjunto de instrumentos combinados que reciben una cierta energía definida para transformarla y restituirla en forma más apropiada o para producir efectos determinados: *máquina de bordar.* || Artefacto cualquiera: *máquina de retratar.* (SINÓN. *Aparato, mecanismo.*) || *Fam.* Bicicleta, automóvil. || Locomotora. || Conjunto de los órganos que constituyen el cuerpo del hombre y del animal: *la máquina animal.* || *Fig.* Proyecto, traza: *¿qué máquina estás tramando?* || *Fig.* Intervención de lo maravilloso en la literatura. || *Fig.* Edificio grande, palacio. || *Fig.* y *fam.* Multitud. || Conjunto de medios que concurren a la realización de un efecto: *la máquina del Estado.* || Hombre que obedece al impulso ajeno: *el esclavo no es más que una máquina.* (SINÓN. V. *Autómata.*) || *Máquina de calcular,* la que realiza operaciones aritméticas. || *Máquina de vapor,* aquella en que se utiliza el vapor como fuerza motriz. || *Máquina neumática,* máquina que sirve para hacer el vacío. || *Máquina eléctrica,* máquina que sirve para producir o acumular electricidad. || *Máquina de escribir,* aparato que permite escribir con gran velocidad, con ayuda de un teclado. || *Máquina de coser,* máquina que permite hacer mecánicamente casi todos los puntos de costura y bordado. || *Máquina herramienta,* máquina que efectúa cualquier trabajo habitualmente manual.
MAQUINACIÓN f. Asechanza. (SINÓN. V. *Intriga.*)
MAQUINADOR, RA adj. y s. Que maquina.
MAQUINAL adj. Dícese de los actos ejecutados sin el concurso de la voluntad. (SINÓN. V. *Automático.*) || Relativo a la máquina.
MAQUINALMENTE adv. m. *Fig.* De manera maquinal: *sacudir maquinalmente la cabeza.*
MAQUINAR v. t. Preparar, tramar alguna cosa mala: *maquinar una conspiración, un atentado.* (SINÓN. V. *Urdir.*)
MAQUINARIA f. Conjunto de máquinas empleadas en una obra: *la maquinaria de una fábrica.* || Arte de fabricar máquinas. || Mecánica.
MAQUINILLA f. Cualquier artefacto pequeño: *afeitarse con maquinilla eléctrica.*
MAQUINISMO m. Desarrollo del empleo de las máquinas en la industria. || Funciones puramente mecánicas. || *Fil.* Doctrina que considera al ser animal como una máquina.
MAQUINISTA m. El que vigila o gobierna una máquina: *el maquinista del tren.* (SINÓN. *Conductor mecánico.*) || Obrero que monta y desmonta los decorados de un teatro.
MAQUIS m. Galicismo por *monte bajo, soto.*
MAR m. y en algunos casos f. (lat. *mare*). Gran extensión de agua salada que cubre la mayor parte del globo. || Porción determinada de dicha extensión: *el mar Mediterráneo.* || Gran cantidad de agua o de un líquido cualquiera: *un mar de sangre.* || *Por anal. Fig.* Abundancia, copia, gran superficie: *un mar de arena.* || *Fig.* Marejada, oleaje alto. || *Fig.* Lo que ofrece fluctuaciones: *el mar de las pasiones.* || *A mares,* en gran abundancia: *llueve a mares.* || Gran cantidad (en este sentido es femenino): *la mar de trabajo.* || — Adv. Muy, mucho: *es la mar de tonto; me gusta la mar.* || *Alta mar,* parte del mar distante de la tierra. || *Mar interior,* lago grande de agua salada que no comunica con el océano. || *Fig. Mar de fondo,* agitación profunda del espíritu. || *Brazo de mar,* parte del mar que pasa entre dos tierras próximas una a otra. || *Fig. Arar en el mar,* hacer esfuerzos inútiles. || *Fig.* y *fam. Hablar de la mar,* hablar de cosas imposibles. || *Hacerse a la mar,* alejarse el barco de la costa. || — OBSERV. Normalmente este sustantivo se usa en género masculino, pero la gente de mar lo hace femenino (*alta mar, hacerse a la mar, mar picada,* etc.) y también se adopta este género en algunos modismos (*la mar de tribulaciones*). Los nombres de mares son siempre masculinos: *el mar Caspio; el mar Báltico.*
MARÁ m. *Zool.* Especie de liebre de Patagonia.
MARABÚ m. (de *marabuto*). Ave zancuda de Asia y África, parecida a la cigüeña. || Adorno de plumas de marabú.
MARABUTO m. Morabito.
MARACA f. *Col.* y *Venez.* Especie de instrumento músico que se hace con una calabaza que tiene piedrecitas dentro. || Instrumento músico, parecido al anterior, empleado en la música moderna. || *Col. Fam.* Modrego, zoquete. || *Chil.* y *Per.* Juego de dados. || *Chil.* Ramera.
MARACAIBERO, RA adj. y s. De Maracaibo (Venezuela).
MARACANÁ m. *Arg.* Guacamayo.
MARACAYÁ m. *Amer.* Especie de ocelote.
MARACAYERO, RA adj. y s. De Maracay (Venezuela).
MARACO m. *Bol.* Maraca. || *Venez.* Hijo menor.
MARACUCHO, CHA adj. y s. De Maracaibo
MARACURE m. Bejuco de Venezuela: *del maracure se extrae el curare.*
MARAGATERÍA f. Conjunto de los maragatos.
MARAGATO, TA adj. y s. De la Maragatería, comarca de León. || *Riopl.* De San José, dep. del Uruguay, y de su cap., San José de Mayo. || — M. Adorno mujeril antiguo, parecido a la valona de los maragatos.
MARAMARAL m. *Venez.* Monte bajo.
MARANTA f. Planta cingiberácea de América del Sur, cuyo tubérculo suministra el arrurruz.
MARANTÁCEAS f. pl. *Bot.* Familia de plantas angiospermas monocotiledóneas como el sagú.
MARAÑA f. Maleza, matorrales. || Coscoja, especie de encina. || Enredo: *hacer una maraña en un ovillo.* || *Fig.* Embuste, mentira. || *Fig.* Lance complicado, cosa enmarañada. || *Col.* Gratificación pequeña.
MARAÑERO, RA adj. y s. Amigo de enredos.
MARAÑÓN m. *Amér. C.* y *Antill.* Árbol anacardiáceo: *la almendra del fruto del marañón es comestible.* (SINÓN. *Anacardio.*)
MARAPA f. *Méx.* Fruto del jobo.
MARAQUITO, TA m. y f. *Venez.* Hijo menor de una familia. || — F. Juguete para entretener a los niños.
MARASMO m. (lat. *marasmus*). *Med.* Enflaquecimiento excesivo del cuerpo humano. || *Fig.* Falta de energía moral o física. (SINÓN. V. *Apatía.*) || *Fig.* Suspensión, paralización de la actividad. (SINÓN. V. *Estancación.*)
MARATÓN m. Carrera pedestre de los Juegos Olímpicos sobre un recorrido de unos 42 km. (Escríbese también *marathón.*)
MARAVEDÍ m. (ár. *marabiti*). Moneda española que ha tenido, según las épocas, diversos nombres y valores. (El más conocido era de cobre y valía la trigésima cuarta parte del real de vellón.) || — OBSERV. Hace en plural esta palabra *maravedís, maravedises* o *maravedíes.*
MARAVILLA f. (del lat. *mirabilia,* cosas admirables). Cosa que causa admiración: *una maravilla de belleza.* (SINÓN. *Milagro, portento, prodigio.*) || Admiración, asombro. || *Guat.* Barb. por *multitud.* || Planta de la familia de las compuestas: *el cocimiento de flores de maravilla se ha empleado como antiespasmódico.* || Especie de enredadera de América, de flor azul con listas purpúreas. || Dondiego de noche, planta nictagínea. || *Ecuad.* Planta ninfeácea. || *Las siete maravillas del mundo,* las siete obras de arte más admirables de la Antigüedad. (V. *Parte hist.*) || *Fig. A las mil maravillas,* loc. adv., muy bien, perfectamente: *cantar a las mil maravillas.* || *De maravilla,* loc. adv., maravillosamente.
MARAVILLAR v. t. Asombrar: *me maravilla lo que dices.* (SINÓN. *Admirar, deslumbrar, fascinar.*) || — V. r. Admirarse.
MARAVILLOSAMENTE adv. m. De un modo maravilloso: *canta maravillosamente bien.*
MARAVILLOSO, SA adj. Sorprendente: *canto maravilloso.* (SINÓN. V. *Admirable* y *asombroso.*)
MARBELLA f. *Cub.* Género de aves acuáticas americanas de pescuezo muy largo.
MARBETE m. (del flam. *mark,* señal, y *beet,* pedazo). Cédula que se pega a las cajas, botellas, frascos, bultos de equipaje, fardos, etc., con la marca de fábrica, la dirección del destinatario u otras indicaciones. (Llámase también *etiqueta.*) [SINÓN. V. *Letrero.*] || Orilla, perfil.

Fot. Broihanne, Larousse

MARCA f. Señal que se pone a una persona o cosa para reconocerla: *una marca de fábrica.* (SINÓN. *Contraste, firma, punzón, sello, timbre.*) || Instrumento para medir las personas. || Tamaño que debe tener una cosa: *espada de marca.* || Señal, huella. || En deportes, récord. (SINÓN. V. *Hazaña.*) || *Mar.* Punto fijo de la costa que sirve a los marinos para orientarse. || Provincia o distrito fronterizo: *la marca de Ancona.* (SINÓN. V. *Frontera.*) || Galicismo por *cicatriz.* || *Fig. De marca,* loc. adv., excelente, sobresaliente. || *De marca mayor,* loc. adv., muy excelente. || *Papel de marca,* el de tina, del tamaño del papel sellado ordinario (43,5 × 31,5). || *Marca de fábrica,* distintivo que el fabricante pone a los productos de su industria. || *Marca registrada,* la reconocida legalmente para su uso exclusivo. || *Marca de agua,* marca transparente que llevan algunos papeles, billetes, acciones, etc., para seguridad contra falsificaciones.

MARCACIÓN f. *Mar.* Acción y efecto de marcar o marcarse. || *Mar.* Ángulo que forma la visual dirigida a un punto con el rumbo que lleva el buque. || *Amer.* Hierro para marcar ganado; hierra, acción de marcar.

MARCADO, DA adj. Galicismo muy usual por *señalado, insistente, evidente, manifiesto.*

MARCADOR, RA adj. y s. Que marca. || — M. Muestra de marcado que hacen las niñas en cañamazo. || Martillo de herrero. || Contraste de las pesas y medidas. || *Impr.* Operario que coloca los pliegos en las máquinas. || Tablero para anotar los puntos que consigue un jugador o un equipo.

MARCAJE m. *Neol.* En deportes, acción de marcar.

MARCAR v. t. Poner una marca: *marcar la ropa.* || *Fig.* Señalar. (SINÓN. V. *Indicar.*) || *Fig.* Aplicar, destinar. || *Impr.* Ajustar el pliego a los tacones. || Anotar, tomar nota de algo. || Galicismo por *manifestar, indicar, acreditar.* || Indicar el reloj la hora, o señalar cualquier otro aparato un número, precio, peso, etc. || Conseguir un gol, un tanto, un ensayo: *marcó tres goles.* || Contrarrestar un jugador el juego de su contrario por medio de una vigilancia severa. || Determinar el barco su posición por medio de marcaciones. || — V. r. *Fam.* Distinguirse por: *marcarse un detalle.*

MARCASITA f. (ár. *marcaxita*). Sulfuro de hierro brillante, de color de oro, pirita.

MARCEÑO NA adj. Relativo al mes de marzo.

MARCESCENTE adj. (del lat. *marcescens,* que se seca). *Bot.* Aplícase a los cálices y corolas que, después de marchitarse, permanecen alrededor del ovario, y de las hojas secas que quedan adheridas al vegetal.

MARCESCIBLE adj. Que puede marchitarse.

MARCIAL adj. (lat. *martialis,* de *Marte*). Perteneciente al dios Marte: *flamen marcial.* || Relativo a la guerra. || Militar: *porte marcial.* (SINÓN. V. *Guerrero.*) || *Fig.* Franco, poco ceremonioso. || *Farm.* Dícese de los medicamentos que contienen hierro: *píldoras marciales.*

MARCIALIDAD f. Calidad de marcial.

MARCIANO, NA adj. Del planeta Marte. || — M. y f. Supuesto habitante del planeta Marte.

MARCO m. Cerco que rodea algunas cosas: *el marco de un cuadro.* || Cerco en que encaja una puerta, ventana, etc. || Peso de 230 g que se usaba para el oro y la plata. || Patrón o tipo para las pesas y medidas. || Unidad monetaria alemana. || Medida que deben tener los maderos.

MÁRCOLA f. Vara con un hierro de figura de hocino para desmarojar.

MARCONIGRAMA m. Radiograma.

MARCHA f. Acción de marchar: *ponerse en marcha.* (SINÓN. V. *Movimiento.*) || *Fig. Neol.*: *la marcha de las ideas.* || Velocidad. || *Mil.* Toque de caja o clarín para que marchen los soldados. || *Mús.* Pieza de música que sirve para regularizar la marcha de una tropa o comitiva: *marcha fúnebre.* || Salida: *¿cuándo es la marcha?* || Ejercicio atlético, objeto de competiciones. || *Fig.* Curso, progreso, desarrollo: *la marcha de los negocios.* (SINÓN. V. *Adelanto.*) || *A toda marcha,* rápidamente. || *Marcha Real,* himno nacional español. || *Marcha forzada,* jornada más larga que las regulares. || *Sobre la marcha,* de prisa.

MARCHADO m. *Arg.* Paso del caballo, más ligero que el común.

MARCHADOR, RA adj. *Amer.* Que anda mucho sin cansarse, andarín. || *Amer.* Amblador.

MARCHAMAR v. t. Poner marchamo.

MARCHAMERO m. El que marchama o sella.

MARCHAMO m. (del ár. *marxam,* marca). Señal o marca que ponen en las mercancías los aduaneros. || *Riopl.* Impuesto que se cobra por cada res muerta en el matadero.

MARCHANTA (A la) loc. *Riopl.* A la rebatiña.

MARCHANTE, TA m. y f. Traficante, vendedor. || *And.* y *Amer.* Parroquiano de una tienda. (SINÓN. V. *Comprador.*)

MARCHANTERÍA *And.* y *Amer.* y **MARCHANTÍA** f. *Amér. C.* y *Venez.* Clientela.

MARCHAPIÉ m. *Mar.* Cabo colgado de ambos extremos de la verga, y que sirve para que caminen por él los marinos que trabajan en ella.

MARCHAR v. i. (fr. *marcher*). Caminar, ir de un sitio a otro, andar. (SINÓN. *Largarse, partir, retirarse, salir.* V. tb. *andar, ausentar, dejar* e *ir.*) || Funcionar normalmente: *el reloj marcha bien.* || *Fig.* Progresar, prosperar: *negocio que marcha.* || *Fig.* Desenvolverse una cosa: *esto no marcha como es debido.* || *Arg.* y *Bol.* Hacer deprisa. || — V. r. Irse.

MARCHITABLE adj. Que puede marchitarse.

MARCHITAMIENTO m. Acción de marchitarse.

MARCHITAR v. t. (lat. *marcidare*). Ajar, secar, poner mustios los vegetales: *el sol marchita las flores.* || *Fig.* Debilitar, quitar el vigor: *joven marchitada por la enfermedad.*

MARCHITEZ f. Calidad de marchito.

MARCHITO, TA adj. Ajado, mustio.

MARE m. *Venez.* Carrizo. || Especie de gaita india hecha con tubos de mare.

MAREA f. Movimiento alternativo y diario de las aguas del mar, que cubren y abandonan sucesivamente la orilla, producido por las acciones del Sol y de la Luna. || Viento del mar. || Basura que se arrastra con agua en las calles. || *Fig.* Cantidad muy considerable: *la marea humana.*

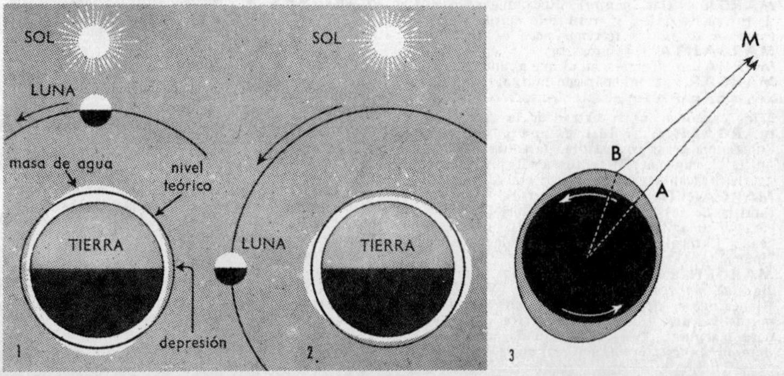

MAREAS

A. En la marea viva, las atracciones de la Luna y el Sol se suman
B. En la marea muerta se contrarrestan
C. La rotación de la Tierra desplaza la masa de agua de A a B, lo que explica el retraso que experimenta la marea alta al pasar la Luna por el meridiano M

margarita

margarita

marimba

— Las *mareas* se deben a las atracciones lunares y solares combinadas con la rotación de la Tierra. Cuando la Luna se encuentra encima de las aguas del mar, las atrae y las obliga a subir hasta cierta altura, produciendo así la *marea ascendente* o *flujo*. Después del paso de la Luna, vuelven las aguas a bajar y forman lo que se llama *marea descendente* o *reflujo*. Se ha observado que las mareas son más fuertes cuando la Luna está más cerca de la Tierra, así como en las épocas de la Luna nueva o de la Luna llena, es decir, cuando están el Sol y la Luna en *conjunción* o en *oposición*, pues en tal caso se hace sentir simultáneamente su atracción. Cuando llegan las aguas a su mayor altura, permanecen paradas durante algún tiempo: es el momento de la *pleamar*; llegadas a su depresión más baja, permanecen igualmente inmóviles durante algún tiempo: es la *bajamar*.

MAREAJE m. *Mar.* Arte de marear o navegar. ‖ *Mar.* Rumbo o dirección que lleva un barco.

MAREAMIENTO m. Mareo. (P. us.)

MAREANTE adj. y s. Navegante. (P. us.)

MAREAR v. t. Gobernar una embarcación: *aguja de marear*. ‖ Enfadar, fastidiar: *acaba de marear*. (SINÓN. V. *Aburrir*.) ‖ *And.* Rehogar en aceite o manteca: *marear patatas*. ‖ Vender mercancías al menudeo. (P. us.) ‖ — V. r. Sentir mareo. ‖ Averiarse géneros en el mar. ‖ *Amer.* Pasarse el color de una tela.

MAREJADA f. Agitación de las olas del mar. (SINÓN. V. *Borrasca* y *oleaje*.) ‖ Rumor y murmuración de la multitud: *una marejada revolucionaria*.

MAREMAGNO m. *Fam.* Mare mágnum.

MARE MÁGNUM expr. lat. *Fig.* y *fam.* Abundancia, grandeza o confusión. ‖ *Fig.* y *fam.* Muchedumbre confusa de personas o cosas. ‖ — OBSERV. También se escribe en una palabra. El plural de mare mágnum es invariable.

MAREMOTO m. Agitación violenta y brusca del mar a consecuencia de una sacudida del fondo.

MARENGO adj. Dícese del color gris oscuro.

MAREO m. Turbación de la cabeza y del estómago que se experimenta en diversas circunstancias, principalmente en los barcos, aviones, automóviles. (SINÓN. V. *Vértigo*.) ‖ *Fig.* y *fam.* Molestia, enfado, incomodidad.

MAREÓGRAFO m. Aparato que registra la altura de la marea.

MAREOMOTOR, TRIZ adj. Movido por la marea.

MARETA f. Movimiento leve de las olas del mar. ‖ *Fig.* Rumor de la multitud. ‖ *Fig.* Alteración, agitación.

MARETAZO m. Golpe de mar, marejada.

MARFIL m. (pal. ár.). Substancia ósea dura, rica en sales de calcio, de que principalmente están formados los dientes de los vertebrados. (En la industria se utiliza, para la fabricación de diferentes objetos, el proporcionado por los colmillos de los elefantes.) ‖ Objeto de marfil esculpido. ‖ Blancura grande: *el marfil de un rostro*. ‖ *Marfil vegetal*, substancia interior de la semilla de un arbolillo del Perú.

MARFILADO, DA *Neol.* y **MARFILEÑO, ÑA** adj. *Poét.* De marfil. (SINÓN. *Ebúrneo*.)

MARGA f. (lat. *marga*). Roca que se compone de carbonato de cal y arcilla: *la marga se emplea como abono en los terrenos poco arcillosos*.

MARGAJITA f. Marcasita.

MARGAL m. Terreno en el que abunda la marga.

MARGAR v. t. Abonar con marga.

MARGÁRICO, CA adj. *Quím.* Dícese de un ácido orgánico que se extrae de la grasa.

MARGARINA f. (del gr. *margaron*, nácar). Substancia grasa comestible, parecida a la mantequilla, hecha con diferentes aceites y grasas vegetales (cacahuetes, soja, coco, etc.).

MARGARITA f. (lat. *margarita*). Planta de la familia de las compuestas, de flores blancas con corazón amarillo. ‖ *Ecuad.* Jacinto, planta liliácea. ‖ Caracol marino pequeño, redondo y rayado finamente.

MARGEN amb. (lat. *margo, inis*). Borde, orilla: *el margen del río*. (SINÓN. V. *Linde*.) ‖ Blanco que se deja alrededor de un escrito: *dejar mucho margen a una plana escrita*. ‖ Apostilla, nota marginal. ‖ *Fig.* Facilidad, amplitud: *me dejaron un cierto margen en mi colaboración*. ‖ *Fig.* Ocasión, oportunidad. ‖ *Com.* Cuantía de la ganancia que puede obtenerse en un negocio. ‖ *Al margen*, fuera. ‖ *Fig. Dar margen para una cosa*, dar ocasión o motivo para ella. ‖ — OBSERV. El género de este sustantivo suele variar según su significación. Es masculino cuando designa el espacio en blanco de una página, y femenino cuando se trata de la orilla de un río.

MARGINADO, DA adj. Que está provisto de una margen: *pecíolo marginado; pliego marginado*. ‖ *Bot.* Que tiene reborde.

MARGINADOR, RA adj. y s. m. Que sirve para marginar.

MARGINAL adj. Perteneciente al margen: *la tecla marginal*. ‖ Puesto o escrito en el margen: *nota marginal*. ‖ *Fig.* Secundario, accesorio: *ocupaciones marginales*.

MARGINALISMO m. Teoría económica en la que el valor de cambio de un producto está determinado por la utilidad de la última unidad disponible de este producto.

MARGINALISTA adj. y s. Partidario del marginalismo.

MARGINAR v. t. Dejar márgenes en el papel al escribir. ‖ Poner notas marginales.

MARGOSO, SA adj. Que contiene marga.

MARGRAVE m. (al. *Mark-graf*). Título que se concedía a ciertos príncipes alemanes.

MARGRAVIATO m. Dignidad de margrave y territorio a que correspondía.

MARGUAY m. *Amer.* Especie de gato montés.

MARGUERA f. Cantera o depósito de marga.

MARGUERO m. Obrero que recoge la marga.

MARGULLO m. *Can.*, *Cub.* y *Venez.* Acodo.

MARÍA f. (del ár. *ma harí*, agua caliente). Nombre de la Madre de Dios. ‖ *Baño de maría*, baño de agua caliente que sirve para calentar cosas que no soportan el calor directo. OBSERV. Es barbarismo escribir *maría* en este caso con mayúscula.

MARIACHI m. Orquesta y música mexicanas.

MARIAL adj. y s. Aplícase a los libros de oraciones que contienen los loores de la Virgen.

MARIANISMO m. Culto o devoción a la Virgen María.

MARIANISTA adj. y s. Dícese del religioso de la Compañía de María, fundada por el padre Chaminade.

MARIANO, NA adj. Relativo o perteneciente a la Virgen María: *culto mariano*.

MARÍAS n. f. pl. *Las tres marías*, estrellas del tahalí de Orión. ‖ *Arg.* Boleadoras.

MARICA f. Urraca, picaza. ‖ Sota de oros en el juego del truque. ‖ — M. *Fig.* y *fam.* Hombre afeminado.

MARICASTAÑA f. Úsase en la loc. *en tiempo de Maricastaña*, que significa en tiempos muy remotos.

MARICO m. *Bol.* El mecapal mexicano. ‖ *Col.* y *Venez.* Marica.

MARICÓN m. *Fig.* y *fam.* Hombre afeminado.

MARIDABLE adj. Aplícase a la unión que debe haber entre marido y mujer y a lo relativo a la vida de matrimonio: *unión maridable*.

MARIDABLEMENTE adv. m. Como esposos.

MARIDAJE m. Vida de los casados. ‖ *Fig.* Unión, conformidad entre dos cosas diferentes.

MARIDAR v. i. (lat. *maritare*). Casar. ‖ Hacer vida maridable. ‖ — V. t. *Fig.* Unir.

MARIDAZO m. *Fam.* Gurrumino, marido demasiado complaciente con su mujer.

MARIDO m. (lat. *maritus*). Hombre casado, con respecto a su mujer: *el marido debe proteger a su mujer*. (SINÓN. V. *Esposo*.)

MARIEGA f. *Amer.* Maciega, hierbas, maleza.

MARIGUANA f. Cáñamo cuyas hojas, fumadas como tabaco, producen efecto narcótico.

MARIGUANZA f. *Chil.* Ceremonia burlesca de ciertos curanderos.

MARIGUÍ m. *Bol.* Un mosquito feroz americano.

MARIHUANA y **MARIJUANA** f. Mariguana.

MARIMACHO m. *Fam.* Mujer de aspecto o acciones masculinos.

MARIMANDONA f. Mujer autoritaria.

MARIMANTA f. *Fam.* Fantasma, coco, bu.

MARIMBA f. Tambor o atabal de ciertos negros de África. ‖ *Amer.* Tímpano. ‖ *Amer.* Instrumento músico parecido al xilofón. ‖ *Arg.* Paliza. ‖ *Venez.* Gallo cobarde.

MARIMBO m. *P. Rico.* Güiro.

Fot. Viollet

MARIMONDA *Col., Venez.* y *Per.* o **MARIMONO** m. *Bol.* Ateles, especie de mono americano. ‖ Borrachera.
MARIMOÑA f. Francesilla, flor.
MARIMORENA f. *Fam.* Camorra, riña, pelea.
MARINA f. (lat. *marina*). Arte de la navegación. ‖ Servicio de los barcos: *entrar en la marina.* ‖ Fuerzas navales de un Estado: *la marina inglesa.* ‖ Cuadro que representa una vista o una escena marítima: *pintor de marinas.* ‖ *Marina de guerra* y *mercante,* la que se dedica a defender un país en el mar o al comercio.
MARINAJE m. Marinería.
MARINAR v. t. Echar en escabeche el pescado para conservarlo. ‖ Tripular un buque.
MARINE m. (pal. ingl.). Anglicismo empleado en lugar de *soldado de infantería de marina.*
MARINEAR v. i. Trabajar como marinero.
MARINERA f. Especie de blusa que llevan los marinos y cuyo uso se ha generalizado para las mujeres y niños. ‖ *Chil., Ecuad.* y *Per.* Cierto baile popular.
MARINERAZO m. Práctico en cosas de mar.
MARINERESCO, CA adj. De los marineros.
MARINERÍA f. Oficio de marinero. ‖ Conjunto de marineros, tripulación de un barco.
MARINERO, RA adj. Que navega bien. ‖ Relativo a la marina y a los marineros. ‖ — M. El que trabaja en la maniobra de los barcos. (SINÓN. V. *Marino.*)
MARINESCO, CA adj. Relativo o perteneciente a los marineros: *hábitos marinescos.*
MARINISMO m. Gusto poético conceptista iniciado en Italia en el siglo XVII por Marini.
MARINISTA adj. y s. Pintor de marinas.
MARINO, NA adj. Perteneciente o relativo al mar: *brisa marina.* ‖ — M. Hombre que sirve en la marina. (SINÓN. *Barquero, batelero, grumete, lanchero, lobo de mar, marinero, navegante.*)
MARIOLOGÍA f. Tratado de lo referente a la Virgen María.
MARIONETA f. Títere o figurilla que se mueve por medio de hilos u otro artificio en un pequeño teatro. (SINÓN. V. *Muñeco.*)
MARIPARDA f. Mujer astuta.
MARIPOSA f. Insecto lepidóptero: *las mariposas provienen de la metamorfosis de una oruga.* ‖ Pájaro de Cuba de bonitos colores. ‖ Llave de forma de mariposa que cierra una cañería. ‖ Lamparilla flotante en un vaso con aceite que sirve para conservar luz de noche. ‖ Tuerca para ajustar tornillos. ‖ Género de orquídeas de México. ‖ *Col.* y *Hond.* Rehilandera, molinete. ‖ *Ecuad.* Planta orquídea. ‖ *Braza mariposa,* estilo de natación en el que los brazos se mueven simultáneamente hacia adelante y por encima del agua.
MARIPOSEADOR, RA adj. Que mariposea.
MARIPOSEAR v. i. *Fig.* Mudar con frecuencia de ocupaciones y caprichos, ser muy versátil. ‖ Dar vueltas en torno de persona o cosa. (SINÓN. V. *Retozar.*)
MARIPOSEO m. Acción de mariposear.
MARIPOSERO m. Vaso para mariposas.
MARIPOSISTA com. El que nada a braza mariposa.
MARIPOSÓN m. *Fam.* Hombre muy galanteador.
MARIQUITA f. Insecto coleóptero pequeño de color encarnado con pintas negras, llamado vulgarmente *vaca de San Antón.* ‖ Insecto hemíptero de color encarnado con tres manchitas negras que imitan al tao de San Antón. ‖ Perico, ave trepadora. ‖ *Cub.* Miel o almíbar con queso fresco. ‖ *Arg.* Danza popular. ‖ — M. *Fam.* Hombre afeminado. (Dícese tb. *mariquita azúcar.*)
MARISABIDILLA f. *Fam.* Mujer que se las echa de sabia o entendida. ‖ — SINÓN. *Presumida, remilgada.*
MARISCADOR, RA adj. y s. Que pesca mariscos.
MARISCAL m. (del ant. alto al. *Marah,* caballo, y *skalk,* el que cuida). Oficial superior de la milicia antigua. (P. us.) ‖ Herrador. ‖ *Mariscal de campo,* oficial general antiguo, cuyo grado correspondía al del actual general de división. ‖ *Mariscal de logis,* el encargado antiguamente de alojar la tropa de caballería.
MARISCALA f. Mujer del mariscal.
MARISCALATO m. y **MARISCALÍA** f. Dignidad o empleo de mariscal.
MARISCAR v. t. Coger mariscos.

MARISCO m. Animal marino invertebrado, especialmente el crustáceo o molusco comestible.
MARISMA f. Terreno bajo anegadizo, que se halla a orillas del mar o de los ríos. (SINÓN. V. *Pantano.*)
MARISMEÑO, ÑA adj. Relativo a las marismas.
MARISQUERO, RA m. y f. Mariscador. ‖ Persona que vende mariscos.
MARISTA m. Religioso de la congregación de sacerdotes de María. ‖ — Adj. Relativo a dicha congregación.
MARITAL adj. Perteneciente al marido o a la vida de matrimonio: *autoridad marital.*
MARITATA f. *Chil.* Canal para recoger el metal en polvo. ‖ *Bol.* y *Chil.* Cedazo de los mineros. ‖ — Pl. *Amér. C.* Trebejos, chismes.
MARÍTIMO, MA adj. Perteneciente al mar: *navegación marítima.* ‖ Cercano al mar: *ciudad marítima.*
MARITORNES f. (por alusión a la moza del *Quijote*). *Fig.* y *fam.* Moza ordinaria, fea y muy sucia.
MARJAL m. Terreno bajo y pantanoso.
MARJOLETA f. Fruto del marjoleto o espino.
MARJOLETO m. Una especie de espino blanco.
MARLO m. *Amer.* Maslo.
MARMAJA f. *Col.* y *Méx.* Marcasita, pirita.
MARMELLA f. Mamella, apéndice carnoso.
MARMITA f. Olla de metal, con tapadera ajustada y una o dos asas.
MARMITÓN m. Pinche o galopín de cocina. (SINÓN. V. *Cocinero.*)
MÁRMOL m. (lat. *marmor*). Piedra caliza muy dura, capaz de hermoso pulimento, que se emplea como adorno en las artes. ‖ Objeto de mármol: *el mármol de una chimenea.* ‖ Monumento o estatua de mármol: *los mármoles de nuestros jardines.* ‖ *Mármol artificial,* estuco que imita el mármol. ‖ *Mármol brecha,* el formado por fragmentos irregulares trabados por una pasta homogénea. ‖ *Fig. De mármol,* frío como el mármol, insensible. ‖ *Tecn.* Tabla o plancha de hierro que sirve para diversos usos.
MARMOLEJO m. Columna pequeña, pedestal.
MARMOLERÍA f. Conjunto de obras de mármol. ‖ Obra de mármol. ‖ Taller de marmolista.
MARMOLILLO m. Guardacantón, marmolejo. ‖ *Fig.* Mentecato, necio. ‖ *Taurom.* Dícese del toro de poca bravura.
MARMOLISTA m. El que trabaja el mármol. ‖ El que vende obras de mármol.
MARMÓREO, A adj. De mármol: *piedra marmórea.* ‖ Semejante al mármol: *una frialdad marmórea.*
MARMOSETE m. Viñeta.
MARMOTA f. (fr. *marmotte*). Mamífero roedor que pasa el invierno durmiendo: *la marmota se domestica fácilmente.* ‖ *Fig.* Persona que duerme mucho. ‖ *Fig.* y *fam.* Criada. ‖ Gorra hecha de estambre.
MARO m. (lat. *marum*). Planta labiada: *el maro se usa como excitante y antiespasmódico.*
MAROJAL m. Plantío de marojos.
MAROJO m. Muérdago de bayas rojas.
MAROMA f. Cuerda gruesa: *maroma de esparto.* (SINÓN. V. *Cordaje.*) ‖ *Amer.* Ejercicio del maromero o volatinero.
MAROMEAR v. i. *Amer.* Hacer volatines. ‖ *Amer. Fam.* No tener más opinión que la del partido del que manda. ‖ Mecerse en una hamaca.

marinera

metamorfosis de la mariposa

mariquita

marmota

estilo mariposa

Fot. Popper-Atlas-Photo, G.-Pelayo

marquesina

marta

MARTILLO PILÓN

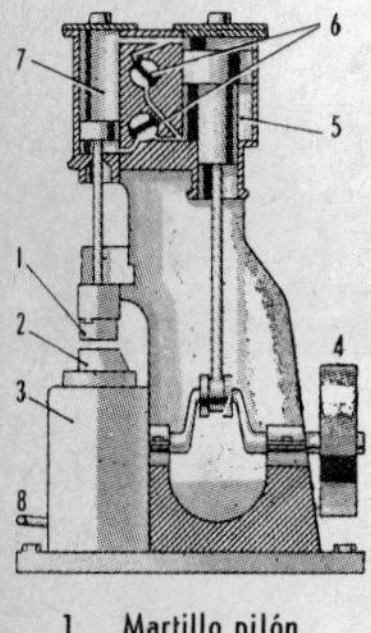

1. Martillo pilón
2. Pila
3. Cepo
4. Volante
5. Bomba de aire
6. Distribución de aire
7. Cilindro del pistón pilón
8. Pedal de mando para la distribución de aire

MAROMERO m. *Amer.* Volatinero. ‖ *Per. Fam.* Dícese del político que maromea.
MARONITA adj. y s. (del patriarca *Marón*). Cristiano del monte Líbano.
MAROTA f. *Méx.* Marimacho. ‖ *Venez.* Traba para caballerías.
MAROTE m. *Arg.* Baile popular.
MARPLATENSE adj. De Mar del Plata.
MARQUENSE adj. y s. De San Marcos (Guatemala).
MARQUÉS m. (de *marca*, frontera). Antiguamente, señor de una tierra situada en las fronteras del reino. ‖ Hoy es simple título nobiliario, intermedio entre los de conde y duque.
MARQUESA f. Mujer o viuda del marqués, o la que tiene un marquesado. ‖ Marquesina: *marquesa de vidrio.* ‖ Especie de sillón.
MARQUESADO m. Título o dignidad de marqués y territorio a que corresponde dicha dignidad.
MARQUESINA f. Cobertizo que cubre una puerta, escalinata, etc.: *una marquesina de cristales.* ‖ Marquesa, sillón.
MARQUESOTE m. *Amér. C.* y *Méx.* Torta de figura de rombo, hecho de harina de arroz o maíz, huevos, azúcar, etc.
MARQUETA f. Pan de cera sin labrar. ‖ *Ecuad.* Pasta de chocolate sin labrar. ‖ *Bol.* La chancaca o raspadura. ‖ *Chil.* Fardo de tabaco o de chancaca.
MARQUETERÍA f. (fr. *marqueterie*). Obra de taracea. ‖ Ebanistería: *mesita de marquetería.*
MARQUILLA f. Un tamaño de papel (43,5 × × 63).
MARQUISTA m. Propietario de una marca de vino que comercia con él sin tener bodega.
MARRA f. Falta de una cosa donde debiera estar.
MARRA f. (lat. *marra*). Almádena, maza.
MARRAJO, JA adj. Taimado, malicioso: *toro marrajo.* ‖ *Fig.* Hipócrita, astuto. ‖ *Méx.* Tacaño. ‖ — M. Tiburón, pez selacio muy voraz.
MARRAMAO m. Maullido.
MARRAMUNCIA f. *Venez. Fam.* Marrullería.
MARRANA f. Hembra del marrano, cochina. ‖ *Fig. y fam.* Mujer sucia o indecente. ‖ Palo para mover las ruedas de la noria.
MARRANADA f. *Fig.* y *fam.* Cochinada, cochinería. (SINÓN. V. *Indecencia.*)
MARRANERÍA f. *Fig.* y *fam.* Marranada.
MARRANO m. Puerco, cerdo. ‖ *Fig.* y *fam.* Hombre sucio o indecente. ‖ Madero grueso que se usa en ciertas armazones. ‖ Converso que judaizaba ocultamente.
MARRAQUETA f. *Chil.* Acemita, pan de afrecho.
MARRAR v. i. Errar, equivocar: *marrar el tiro.* (CONTR. *Acertar.*) ‖ *Fig.* Desviarse de lo recto y justo.
MARRAS adv. t. (del ár. *marra*, una vez). *Fam.* Otro tiempo, otra vez: *el asunto de marras.* ‖ *De marras*, loc. adv., consabido: *volvió el hombre de marras.* ‖ *Bol. Hacer marras de algo,* hacer mucho tiempo de ello.
MARRASQUINO m. (ital. *maraschino*). Licor hecho con cerezas amargas y azúcar.
MARRAZO m. (de *marra*, almádena). Especie de hacha de dos bocas. ‖ *Méx.* Bayoneta.
MARRO m. Juego en que se dividen los jugadores en dos bandos y procuran cogerse unos a otros. ‖ Juego en que se apunta con una piedra a un bolo colocado a distancia. ‖ Regate, ladeo. ‖ Falta: *hacer un marro.* ‖ Palo para jugar a la tala. ‖ *Méx.* Mazo.
MARRÓN m. Piedra con que se tira al marro.
MARRÓN adj. y s. m. Galicismo muy empleado por de color *castaño.* ‖ *Neol.* Dícese, en deportes, de la persona que bajo la calificación de aficionado cobra o lleva una vida de jugador profesional. ‖ — M. Galicismo por *castaña.* (Dícese generalmente de la confitada.) ‖ *Col.* Papillote o castaña con que se rizan el pelo las mujeres. ‖ Martillo grande de herrero.
MARRONAZO m. *Taurom.* Acción de marrar una suerte.
MARROQUÍ adj. y s. De Marruecos. Pl. *marroquíes.*
MARROQUÍN, INA adj. y s. Marroquí, de Marruecos. ‖ — M. Tafilete.
MARROQUINERÍA f. Tafiletería.
MARRUBIO m. (lat. *marrubium*). Planta labiada que se usa en medicina como depurativo.
MARRUECO m. *Chil.* Bragueta, portañuela.
MARRULLA f. Marrullería, astucia.
MARRULLERÍA f. Astucia, artería, maña.
MARRULLERO, RA adj. y s. Que usa de marrullerías, taimado. (SINÓN. V. *Astuto.*)
MARSELLÉS, ESA adj. de Marsella. ‖ — F. Himno nacional de Francia.
MÁRSICO, CA adj. Relativo a los marsos.
MARSO, SA adj. y s. Dícese de un pueblo antiguo italiano y de otro germano.
MARSOPA o **MARSOPLA** f. Cetáceo parecido al delfín, de los mares fríos y templados: *las marsopas destrozan las redes de los pescadores.*
MARSUPIAL adj. y s. *Zool.* Didelfo.
MARTA (f. (voz germ.). Género de mamíferos carniceros vermiformes: *la piel de la marta es de las más estimadas en peletería por su finura.* ‖ *Marta cebellina,* especie de marta algo menor que la común y cuya piel es muy estimada.
MARTAGÓN m. (ital. *martagone*). Planta liliácea, de flores rosadas con puntos purpúreos: *la raíz del martagón se emplea como emoliente.*
MARTAGÓN, ONA adj. y s. Astuto y marrullero.
MARTAJAR v. t. *Amer.* Quebrar, picar maíz.
MARTE m. Planeta. ‖ Entre los romanos, dios de la guerra. ‖ Hierro.
MARTEJA f. *Col.* Especie de monito de vida nocturna.
MARTELO m. (ital. *martello*). Enamoramiento, celos amorosos: *un dulce martelo.* (P. us.)
MARTELLINA f. Martillo que usan los canteros.
MARTES m. (del lat. *Martis dies*, día de Marte). Tercer día de la semana. ‖ — PROV. **En martes, ni te cases ni te embarques,** se considera supersticiosamente en España el martes como día aciago.
MARTÍ m. *Cub.* Moneda de oro.
MARTILLADA f. Martillazo.
MARTILLADOR, RA adj. y s. Que martilla.
MARTILLAR v. t. Golpear repetidas veces una cosa con el martillo: *martillar hierro en el yunque.* ‖ *Fig.* Oprimir, atormentar.
MARTILLAZO m. Golpe dado con el martillo.
MARTILLEADOR, RA adj. y s. Que martillea.
MARTILLEAR v. i. Martillar.
MARTILLEO m. Acción y efecto de martillar. ‖ Ruido de los golpes del martillo. ‖ Repetición monótona de una asonancia: *el martilleo del mester de clerecía.*
MARTILLERO m. *Amer.* El que vende en subasta.
MARTILLO m. (lat. *martulus*). Herramienta que sirve para golpear. ‖ *Zool.* Especie de tiburón de cabeza ensanchada lateralmente. ‖ *Fig.* Establecimiento donde se venden cosas en pública subasta. ‖ *Anat.* Huesecillo del oído interno. ‖ *Antill.* y *Chil.* Ala de un edificio. ‖ Esfera metálica (7,257 kg), con un cable de acero y una empuñadura, que lanzan los atletas. ‖ *Martillo de agua,* instrumento de física que sirve para demostrar la influencia perturbadora del aire sobre la caída de los líquidos. ‖ *Martillo de fragua,* martinete. ‖ *Martillo pilón,* máquina que consiste en un bloque pesado de acero que se eleva por medio de aire comprimido, vapor, etc., y golpea los objetos colocados en el yunque. ‖ *A macha martillo,* loc. adv., muy firmemente.
MARTÍN DEL RÍO m. Martinete, ave zancuda.
MARTÍN PESCADOR m. Ave con plumaje de brillo metálico, que vive a orillas de los ríos: *el martín pescador se alimenta de pececillos, que coge zambulléndose con gran rapidez.* ‖ *Cub.* Pez que se entierra en el fango, cerca de la costa, para acechar a los pececillos que atrae el apéndice movible de su nariz.
MARTINA f. Pez teleósteo comestible del Mediterráneo.
MARTINETA f. *Riopl.* Perdiz de las pampas.
MARTINETE m. Ave zancuda que lleva en la cabeza un penacho blanco. ‖ Penacho de plumas de esta ave.
MARTINETE m. Macillo del piano. ‖ Martillo o mazo, a modo de batán, movido mecánicamente, por medio del vapor, el aire comprimido, la electricidad, etc. ‖ Máquina que sirve para clavar

estacas o pilotes. || Cante flamenco sin acompañamiento de guitarra, cuyo ritmo se lleva con los golpes de un martillo sobre un yunque.
MARTINGALA f. Lance del juego del monte. || Combinación que permite ganar en el juego: *no hay martingala infalible.* || *Fig.* Artimaña. || Galicismo por *trabilla,* especie de cinturón de algunas prendas.
MARTINIANO, NA adj. Relativo a José Martí.
MARTINICO m. *Fam.* Duende.
MARTINIEGA f. Tributo pagado por San Martín.
MARTINIQUÉS, ESA adj. y s. De Martinica.
MÁRTIR adj. y s. (del gr. *martyr,* testigo). Que sufre la muerte por sostener la verdad de su creencia: *en el reinado de Diocleciano empezó la era de los mártires.* || *Fig.* Persona perseguida por sus opiniones: *un mártir de su ideal.* || *Fig.* Persona que padece grandes penas y trabajos. (SINÓN. V. *Víctima.*)
MARTIRIAL adj. Relativo a los mártires.
MARTIRIO m. (lat. *martyrium*). Tormento o muerte padecidos por la fe: *San Esteban sufrió el martirio.* || (SINÓN. V. *Suplicio.*) || *Fig.* Cualquier sufrimiento grande.
MARTIRIZAR v. t. Hacer sufrir el martirio. || *Fig.* Atormentar: *martirizar un animal.*
MARTIROLOGIO m. Lista de mártires. || Catálogo de víctimas: *el martirologio de la ciencia.*
MARUCHA f. *Ecuad.* Especie de sarna.
MARUCHO m. *Chil.* Capón. || *Fig.* Mozo que monta la yegua caponera.
MARUSIÑO ÑA adj. y s. *Fam.* Gallego.
MARXISMO m. Doctrina de Marx y sus seguidores. (SINÓN. V. *Socialismo.*)
— El aspecto filosófico del *marxismo* o *materialismo dialéctico* es una vigorosa reacción contra las filosofías idealistas y dualistas, a las cuales considera como ideologías destinadas a servir a la burguesía y a debilitar el proletariado en su lucha. Las principales tesis del materialismo dialéctico son: la existencia de una materia independiente del pensamiento, considerado como materia consciente, y el desarrollo de esta materia por oposiciones o negaciones sucesivas. Este análisis filosófico conduce a un método de pensamiento y acción que abarca todos los dominios del conocimiento. El *materialismo histórico* extiende el principio del materialismo dialéctico al orden de la vida social. Según esta teoría, la historia está determinada por las contradicciones entre los modos y relaciones de producción, las cuales desembocan en la lucha de clases. El aspecto económico del marxismo está basado en la *teoría del valor*: el valor es la expresión de la cantidad de trabajo social contenido en una mercancía, entendiéndose por trabajo social el tiempo medio necesario para la producción de una mercancía en una época determinada. La *plusvalía* es la diferencia entre el valor creado por el obrero durante una hora de trabajo y el salario que recibe: en el régimen capitalista, este índice depende del grado de explotación del obrero.
MARXISMO-LENINISMO m. Doctrina comunista inspirada en Marx y Lenin.
MARXISTA adj. y s. Partidario del marxismo.
MARZO m. (lat. *martius*). Tercer mes del año: *marzo tiene treinta y un días.*
MARZOLETO m. Marjoleto, espino blanco.
MAS m. En algunas partes, masada.
MAS conj. adv. Pero: *no le vi, mas le escribí* || *Mas que,* aunque: *mas que no quieras.*
MÁS adv. comp. (lat. *magis*). En mayor cantidad, en grado superior: *la salud es más preciosa que todo.* || Indica a veces un límite: *esto no vale más de dos duros.* || Denota aumento indeterminado: *llegaron más de veinte personas.* || Denota preferencia: *más quiero perder ese dinero que la honra.* Ú. fam. para encarecer: *¡se va a poner más contento!* || — M.: *el más y el menos.* || *Mat.* Signo de la adición (+). *A lo más,* a lo sumo. || *A más y mejor,* con gran intensidad y abundancia. || *En más, en* mayor grado. || *Más que,* sino: *nadie sabe más que yo.* || *Por más que,* a pesar de que. || *Sin más ni más,* sin reparo, precipitadamente. || *Más allá,* galicismo en el sentido de *la otra vida, el otro mundo.* || — OBSERV. No se usa con superlativos (*más superior, más doctísimo*), excepto con *mínimo, íntimo, próximo* e *ínfimo.*

MASA f. (lat. *massa*). Volumen, conjunto de las partes que forman un todo: *la masa de un cuerpo.* || Cuerpo compacto: *una masa de plomo.* || Totalidad: *la masa de su fortuna.* (SINÓN. V. *Acopio.*) || El pueblo: *la masa popular.* || *Fig.* Muchedumbre o conjunto numeroso de personas. || Cantidad de materia que contiene un cuerpo: *la masa de un centímetro cúbico de agua destilada a la temperatura de 4°, pesa un gramo.* || *Mec.* Cociente de la intensidad de una fuerza constante por la aceleración del movimiento que produce cuando se aplica: *la unidad principal de masa es el kilogramo.* || *Masa crítica,* cantidad mínima de una substancia que puede sufrir una fusión nuclear para que una reacción en cadena pueda establecerse espontáneamente y mantenerse. || Pasta que se forma con harina y agua o con substancia pulverulenta y un líquido. || *Arg.* Pastelillo. || *Ecuad.* Hojaldre. || *Fig.* Carácter dócil: *tener buena masa.* || *Mil.* Masita. || *En masa,* galicismo por *en conjunto.* || *Con las manos en la masa,* en flagrante delito. || — PARÓN. *Maza.*
MASA f. *Ar.* Masada.
MASACO m. *Bol.* Plátano asado y molido.
MASACRAR v. i. Galicismo por *asesinar.*
MASACRE m. Galicismo por *matanza.*
MASACUATE f. *Salv.* Especie de boa.
MASADA f. Casa de campo o labor; cortijo.
MASADERO m. Vecino de una masada.
MASAGRÁN f. *Amer.* Refresco de café y limón.
MASAJE m. (fr. *massage*). Fricción y estregamiento del cuerpo, con un fin medicinal.
MASAJISTA com. Persona dedicada al masaje.
MASATO m. *Amér. C.* Especie de mazamorra de maíz, plátano o yuca que hacen los indios de la selva. || *Col.* y *Arg.* Dulce de nuez de coco, maíz y azúcar. || *Bol.* Bebida fermentada de plátano. || *Méx.* Harina de maíz que se suele llevar como alimento de viaje.
MASCABADO, DA adj. (port. *mozcabado,* menospreciado). *Azúcar mascabado,* el que se pasa con su mezcla a los bocoyes de envase.
MASCADA f. *Riopl.* y *Salv.* Porción de tabaco que se masca de una vez. || *Méx.* Pañuelo de seda con que los hombres se cubren el cuello. || Puñada. || *Arg.* Utilidad, provecho.
MASCADOR, RA adj. y s. Que masca.
MASCADURA f. Acción de mascar. || *Hond.* Pan o bollo que se toma con el café o chocolate.
MASCAR v. t. (contracc. de *masticar*). Desmenuzar la comida con la dentadura: *se debe mascar bien para digerir fácilmente.* (SINÓN. *Mascujar, masticar, triturar.*) || *Fig.* y *fam.* Mascullar. || *Ecuad. Mascar chocolate,* hacerse sangre los chicos cuando andan a puñadas.
MÁSCARA f. Figura de cartón pintado que se pone uno sobre el rostro para disfrazarse: *una máscara de carnaval.* (SINÓN. *Antifaz, carátula, careta, mascarilla.*) || Traje extravagante con que se disfraza uno. || Careta de colmeneros, de esgrima o antigás; mascarilla. || *Fig.* Pretexto: *la máscara de la virtud.* || — Com. *Fig.* Persona enmascarada. || — F. pl. Gentes con máscaras. || *Quitarse la máscara,* dejar de disimular.

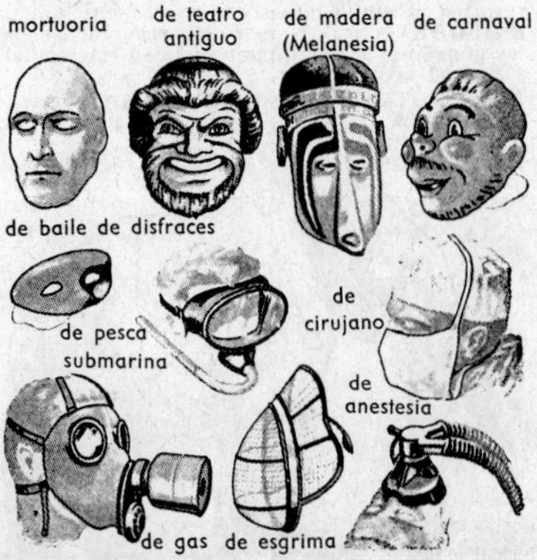

martín pescador

Fot. Boyer

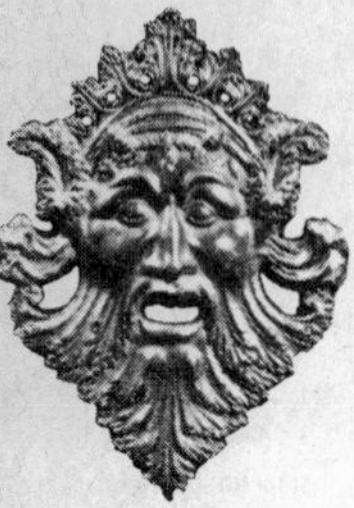

mascaron

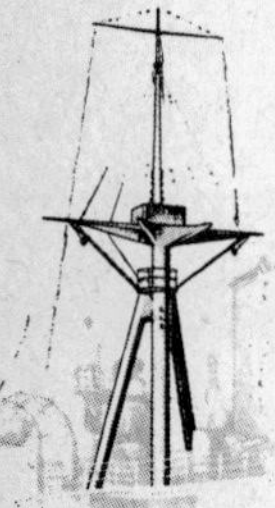

mástil trípode

matacán

MASCARADA f. Fiesta en que se reúnen personas enmascaradas. ‖ Comparsa de máscaras. (SINÓN. V. *Desfile.*) ‖ *Fig.* Cosa fingida, falsa.
MASCARILLA f. Máscara que sólo cubre la parte superior del rostro: *mascarilla de cirujano.* (SINÓN. V. *Máscara.*) ‖ Vaciado de yeso sacado sobre el rostro de una persona o escultura, particularmente de un cadáver.
MASCARÓN m. Máscara grande. ‖ Figura caprichosa que se pone como adorno en cerraduras, fuentes, muebles, etc.
MASCOTA f. (fr. *mascotte*). Persona, animal o cosa que da suerte. (SINÓN. V. *Fetiche.*)
MASCUJADA f. Acción de mascujar.
MASCUJAR v. t. *Fam.* Mascar mal y con prisa. (SINÓN. V. *Mascar.*) ‖ *Fig.* y *fam.* Mascullar, hablar entre dientes, rezongar.
MASCULILLO m. *Fam.* Porrazo, trompazo, golpe. ‖ Juego de muchachos en que dos cogen a otros dos y los golpean con el trasero o contra el suelo.
MASCULINIDAD f. Calidad de masculino.
MASCULINIZACIÓN f. Desarrollo en la mujer de las características secundarias del varón.
MASCULINIZAR v. t. Dar carácter masculino.
MASCULINO, NA adj. (lat. *masculinus*). Perteneciente al macho: *sexo masculino.* ‖ *Fig.* Varonil, viril. ‖ — M. *Gram.* Género masculino. ‖ — CONTR. *Femenino.*
MASCULLAR v. t. *Fam.* Hablar entre dientes. (SINÓN. V. *Murmurar.*)
MASERA f. Artesa para amasar. ‖ Cangrejo grande.
MASERÍA f. Masada, cortijo, casa de campo.
MASETERO adj. y s. *Anat.* Músculo que sirve para levantar la mandíbula inferior.
MASI f. *Bol.* Especie de ardilla americana.
MASÍA f. *Arg.* Masada.
MASICOTE m. (fr. *massicot*). óxido de plomo, de color amarillo o rojizo.
MASILLA f. *Tecn.* Mezcla de tiza y aceite de linaza que se usa para pegar los cristales a las ventanas, tapar agujeros, etc. (SINÓN. *Almáciga.*)
MASÍO m. *Cub.* Nombre de una especie de junco.
MASITA f. *Mil.* Cantidad que se retiene de su paga al militar para atender a su vestimenta. ‖ *Amer.* Galletita, bizcocho, pastelillo.
MASIVO, VA adj. *Med.* Dícese de la dosis próxima al límite máximo de tolerancia. ‖ *Neol.* Que agrupa un gran número de personas o cosas.
MASLO m. Tronco de la cola de los cuadrúpedos. ‖ Tallo de una planta.
MASÓN m. (del fr. *maçon*, albañil). Francmasón.
MASONERÍA f. Francmasonería. (V. MASONERÍA, *Parte Hist.*)
MASÓNICO, CA adj. Relativo a la masonería.
MASOQUISMO m. Perversión sexual del que goza con verse maltratado por una persona de otro sexo.
MASOQUISTA adj. y s. Perteneciente o relativo al masoquismo.
MASORA f. (pal. hebr.). Examen crítico del texto de la Biblia, hecho por los doctores judíos.
MASORETA m. (de *masora*). Nombre dado a los gramáticos hebreos que trabajaron en estudiar y fijar el texto sagrado.
MASORÉTICO, CA adj. Relativo a la masora.
MASTABA f. Tumba egipcia en forma de tronco de pirámide.
MASTALGIA f. Dolor que se tiene en el seno.

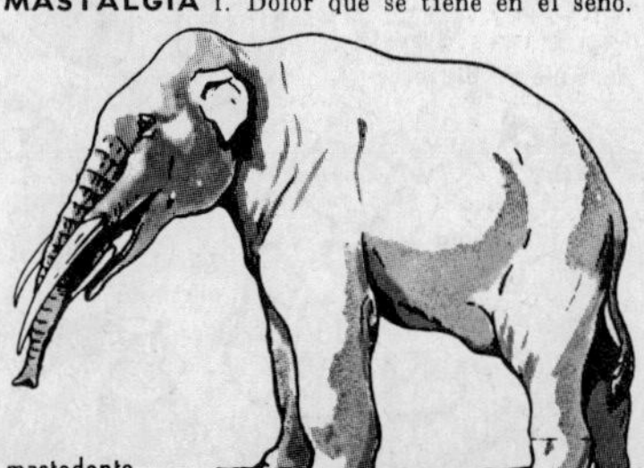

mastodonte

MASTATE m. Planta gutífera mexicana. ‖ *Méx.* Faja o taparrabo que usan algunas veces los indios.
MASTELERILLO m. *Mar.* Palo menor que se agrega a veces a los masteleros para alargarlos.
MASTELERO m. *Mar.* Palo menor que se coloca en los barcos sobre cada uno de los palos mayores.
MASTICABLE adj. y s. m. Caramelo blando.
MASTICACIÓN f. Acción y efecto de masticar.
MASTICADOR m. Mastigador, especie de freno. ‖ Instrumento para triturar los alimentos. ‖ *Zool.* Dícese del aparato bucal apto para la masticación.
MASTICAR v. t. (lat. *masticare*). Triturar los alimentos en la boca. (SINÓN. V. *Mascar.*) ‖ *Fig.* Rumiar, meditar.
MASTICATORIO adj. y s. m. *Farm.* Cualquier substancia que se masca con un fin medicinal.
MASTIGADOR m. Especie de freno que se pone al caballo para excitar la salivación.
MÁSTIL m. (de *mástel*). Palo de un barco. ‖ Palo derecho que sirve de sostén a una cosa. ‖ Astil de la pluma. ‖ Faja ancha que usan los indios. ‖ Mango de la guitarra y otros instrumentos de cuerda.
MASTÍN, INA adj. y s. Perro grande de presa.
MASTINGAL m. (fr. *martingale*). *Méx.* Gamarra, nombre de una correa de los arreos del caballo.
MÁSTIQUE m. (gr. *mastique*). Almáciga.
MASTITIS f. Inflamación del seno.
MASTO m. *Ar.* Árbol en que se injerta otro.
MASTODONTE m. Mamífero fósil, parecido al elefante, de fines de la era terciaria y principios de la cuaternaria, que tenía cuatro colmillos. ‖ *Fam.* Persona muy gruesa.
MASTOIDEO, A adj. De la apófisis mastoides.
MASTOIDES adj. y s. m. (del gr. *mastos*, mama, y *eidos*, forma). Aplícase a la apófisis del hueso temporal colocada detrás de la oreja.
MASTOIDITIS f. Inflamación de la apófisis mastoides.
MASTRANZO m. Planta aromática labiada.
MASTUERZO m. (lat. *nasturtium*). Nombre común del *lepidio*, planta crucífera. ‖ *Per.* y *Ecuad.* La capuchina, flor. ‖ *Fig.* Tonto, cernícalo, majadero. (SINÓN. V. *Bobo.*)
MASURIO m. *Quím.* Tecnecio.
MATA f. Planta perenne de tallo bajo, leñoso y más o menos ramificado. ‖ Pie de ciertas plantas: *mata de albahaca.* ‖ Campo poblado de árboles frutales iguales: *una mata de olivos.* ‖ Porción grande de cabello. ‖ Uno de los nombres del *lentisco.* ‖ *Venez.* Grupo de árboles en una llanura. ‖ *Mata de la seda*, arbusto de la familia de las asclepiadáceas. ‖ *Cub.* Árbol o arbusto: *mata de limón, mata de coco.* ‖ *Mata de pelo*, conjunto del cabello largo y suelto de la mujer. ‖ *Fig.* y *fam.* *A salto de mata*, de manera insegura, aprovechando las ocasiones.
MATA f. (del fr. *matte*, masa). *Tecn.* Substancia metálica sulfurosa, producto de una primera fusión.
MATA f. Matarrata, juego de naipes. ‖ En dicho juego, siete de espadas y de oros. ‖ *Ecuad.* Matadura.
MATABUEY f. Planta umbelífera.
MATABURRO m. *Col.* Aguardiente fuerte.
MATACALLOS m. *Chil.* y *Ecuad.* Planta parecida a la siempreviva.
MATACÁN m. *Fort.* En la Edad Media, balcón de piedra cuyo suelo presentaba aberturas por donde los defensores podían arrojar toda clase de proyectiles al enemigo. ‖ Veneno para matar perros. ‖ Nuez vómica. ‖ Liebre corrida ya de los perros. ‖ *Albañ.* Piedra grande de ripio. ‖ *Ecuad.* El cervato, en términos de caza. ‖ *Hond.* Ternero grueso.
MATACANDELAS m. Apagavelas.
MATACANDIL m. Planta de la familia de las crucíferas que abunda en los terrenos húmedos: *el matacandil se ha usado contra el escorbuto.* ‖ *Murc.* Langosta, crustáceo.
MATACANDILES m. Planta de la familia de las liliáceas, de flores moradas, olorosas.
MATACO m. *Riopl.* Una especie de armadillo. ‖ *Fig.* Persona muy terca.
MATACUÁS m. *Méx.* Mal chófer.

Fot. Alinari

MATACHÍN m. (ital. *matassino*). Jifero o matarife. (P. us.) ‖ *Fig.* y *fam.* Hombre pendenciero, matón, espadachín.
MATADERO m. Sitio donde se mata el ganado para la alimentación. ‖ *Fig.* y *fam.* Trabajo muy penoso. ‖ *Amer. Fam.* Picadero, cuarto de soltero.
MATADOR, RA adj. y s. Que mata. (SINÓN. V. *Asesino.*) ‖ *Fam.* Penoso, cansado: *trabajo matador.* ‖ — M. En el juego del hombre, una de las cartas superiores. ‖ *Taurom.* Espada, torero que mata al toro: *matador de toros.*
MATADURA f. Llaga que se hacen las bestias.
MATAFUEGO m. Aparato que se emplea para extinguir los fuegos. ‖ Bombero.
MATAGALLEGOS m. Arzolla, planta compuesta.
MATAGALPINO, NA adj. y s. De Matagalpa (Nicaragua).
MATAGUSANO m. *Guat.* y *Hond.* Conserva de corteza de naranja y rapadura.
MATAHAMBRE m. *Cub.* Dulce de yuca y huevo.
MATAHOMBRES m. *Murc.* Carraleja, insecto.
MATALAHÚGA y **MATALAHÚVA** f. El anís.
MATALANGOSTAS m. *Fam.* Hombre inútil.
MÁTALAS CALLANDO com. *Fam.* Persona que sabe conseguir su intento sin meter el menor ruido.
MATALOBOS m. Acónito, planta ranunculácea.
MATALÓN, ONA adj. y s. Dícese del caballo flaco lleno de mataduras. (SINÓN. V. *Caballo.*)
MATALOTAJE m. (del fr. *matelotage,* marinería). Comida que se lleva en el barco para la marinería. ‖ *Amer. Fam.* Conjunto de objetos mal ordenados.
MATALOTE adj. Matalón. ‖ — M. *Mar.* Buque anterior y posterior de los que forman una columna.
MATAMATA f. *Venez.* Tortuga acuática feroz.
MATAMBA f. *Col.* Caña nudosa.
MATAMBRE m. *Arg.* Carne de una res que está entre las costillas y la piel. (V. MATAHAMBRE.)
MATAMOROS adj. y s. m. Matón, perdonavidas. (SINÓN. V. *Brabucón.*)
MATAMOSCAS m. Instrumento para matar moscas compuesto de un mango y un enrejado de hilos metálicos.
MATANCERO, RA adj. y s. De Matanzas (Cuba). ‖ *And.* El que trabaja en la matanza. ‖ *Amer.* El jifero o carnicero.
MATANGA f. *Méx.* Juego de muchachos, en que procura uno quitarle a otro de un golpe lo que tiene en la mano; rebatiña.
MATANZA f. Acción de matar. ‖ Mortandad grande: *aquella batalla fue una verdadera matanza.* (SINÓN. V. *Carnicería.*) ‖ Acción de matar los cerdos y de preparar su carne. ‖ Época de la matanza. ‖ Carne del cerdo preparada de diversos modos: *guardar matanza para todo el año.* ‖ *Fig.* y *fam.* Empeño, porfía.
MATAOJO m. *Riopl.* Árbol sapotáceo
MATAPALO m. Árbol anacardiáceo americano que produce el caucho y de cuya corteza se hacen sacos. ‖ *Hond.* Planta parásita de flores rojas.
MATAPARDA f. Una especie de encina pequeña.
MATAPERICO m. *Col.* Papirote, golpe.
MATAPERRADA f. *Fam.* Travesura, trastada.
MATAPERREAR v. i. *Amer.* Travesear.
MATAPERROS m. *Fam.* Muchacho callejero.
MATAPIOJOS m. *Col.* y *Chil.* Libélula, insecto.
MATAPOLVO m. Lluvia tan menuda que sólo sirve para aplacar el polvo.
MATAPULGAS f. El mastranzo, planta labiada.
MATAQUINTOS m. *Fam.* Tabaco de mala calidad.
MATAR v. t. Quitar la vida: *matar a un hombre a pedradas.* (SINÓN. *Acabar, acogotar, acuchillar, ajusticiar, apiolar, apuñalar, asesinar, decapitar, degollar, despanzurrar, destripar, ejecutar, electrocutar, eliminar, envenenar, exterminar, finiquitar, fusilar, guillotinar, linchar, rematar, sacrificar, suprimir.* Fam. *Cargarse, despachar.* Pop. *Despenar, escabechar, liquidar.* V. tb. *estrangular.*) ‖ Causar la muerte: *le mató el aguardiente.* ‖ Apagar: *matar el fuego.* ‖ Echar agua a la cal o yeso para quitarles fuerza. ‖ *Fig.* Alterar la salud: *esa vida la mata.* ‖ *Fig.* Arruinar, echar abajo: *matar una empresa.* ‖ *Fig.* Incomodar: *me matas con tu impertinencia.* ‖ En el juego, echar una carta superior a la del contrario. ‖ *Pint.* Rebajar un color. ‖ — V. r. Fatigarse demasiado por una cosa. (SINÓN. V. *Trabajar.*) ‖ *Estar a matar con alguno,* estar muy enemistado con él. ‖ *Matarlas callando,* actuar uno en provecho propio pero procediendo con disimulo.
MATARIFE m. Jifero, el que mata a las reses.
MATARILE m. Estribillo de una canción infantil.
MATARRATA f. Juego parecido al del truque.
MATARRATAS m. Raticida, substancia para matar ratas. ‖ *Fam.* Aguardiente fuerte.
MATARRUBIA f. Mata rubia, coscoja, árbol.
MATASANO m. *Hond.* y *Salv.* Planta de la familia de las rutáceas.
MATASANOS m. *Fig.* y *fam.* Médico malo.
MATASARNA m. *Ecuad.* y *Per.* Árbol americano de la familia de las leguminosas.
MATASELLAR v. t. Inutilizar con el matasellos.
MATASELLOS m. Sello o marca con que se inutilizan los sellos o estampillas en las oficinas o estafetas de correos.
MATASIETE m. *Fig.* y *fam.* Espadachín.
MATASUEGRAS m. Tubo de papel arrollado en espiral que, al soplar por un extremo, se extiende. (Úsase en carnaval como broma jocosa.)
MATATE m. *Amér. C.* Bolsa de red de pita.
MATATENA f. *Méx.* Peladilla, piedra. ‖ — Pl. *Amer.* Juego de niños que se hace tirando por alto huesecitos de frutas. (Es análogo al de la taba.)
MATATÍAS m. *Fam.* Usurero.
MATATUDO, DA adj. *Bol.* De hocico muy largo.
MATATÚS y **MATATUZA** f. *Amér. C.* Matanga, juego de niños.
MATAZÓN f. *Amer.* Matanza en una batalla.
MATAZUZA f. *Salv.* Matatus, matanga.
MATCH m. (pl. ingl.). Encuentro deportivo disputado entre dos competidores o dos equipos: *un match de tenis, de fútbol.*
MATE adj. Que no tiene brillo: *una medalla de oro mate.* ‖ Amortiguado, apagado: *sonido mate.* ‖ — CONTR. *Brillante.*
MATE m. (pal. persa, que significa *muerto*). Lance del ajedrez en que no puede defenderse el rey, acabándose en este caso la partida: *dar jaque y mate.*
MATE m. *Amer.* Calabaza, árbol y vasija hecha con su fruto. ‖ *Amer. Fam.* Cabeza. ‖ Planta americana parecida al acebo, cuyas hojas se emplean como las del té y que así se llama por hacerse su infusión en un mate. ‖ Hojas de mate secas y empaquetadas. ‖ Infusión de hojas de mate tostadas: *el mate es una bebida sumamente estomacal, excitante y nutritiva.* (Suele dársele el nombre de *té del Paraguay* y *té de jesuitas.*) [SINÓN. *Yerba.*] ‖ *Cub.* Semilla o frijol redondo con que juegan los chiquillos.
MATEAR v. i. Ramificarse o macollar las matas de trigo. ‖ Registrar las matas el perro para descubrir la caza.
MATEAR v. i. Tomar la infusión llamada mate.
MATEMÁTICA f. Ciencia que tiene por objeto las propiedades de la cantidad calculable: *estudiar matemáticas.* (U. más en pl.) ‖ *Matemáticas puras,* aquellas que estudian las propiedades de la cantidad de un modo abstracto: *el álgebra y la geometría son matemáticas puras.* ‖ *Matemáticas aplicadas,* aquellas que consideran las propiedades de la cantidad en ciertos cuerpos u objetos: *la astronomía y la mecánica son matemáticas aplicadas.*
MATEMÁTICAMENTE adv. m. De un modo matemático: *un resultado obtenido matemáticamente.* ‖ Con una exactitud rigurosa: *razonar matemáticamente.*
MATEMÁTICO, CA adj. Relativo a las matemáticas: *instrumento matemático.* ‖ *Fig.* Riguroso: *exactitud matemática.* ‖ — M. El que se dedica al estudio de las matemáticas: *Pascal fue un matemático precoz.*

mate

hierba mate

Fot. Mundo Hispánico

Principales signos matemáticos

$+$	más
$-$	menos
$\times$ o $\cdot$	multiplicado por
$:$ o $/$	dividido por
$\sqrt[n]{\ }$	raíz enésima de
log	logaritmo de
ln o L	logaritmo neperiano o natural de
$()$	paréntesis para encerrar una expresión
$>$	mayor que
$<$	menor que
$=$	igual
$\sim$	semejante
$\neq$	desigual
$\cong$	congruente
∞	infinito
V	variaciones
P	permutaciones
C	combinaciones
!	factorial de
Σ	suma
d	diferencial
$\int$	integral
Δ	incremento
π	3,1416, relación constante entre la circunferencia y su diámetro.
S	superficie o área
R	radio
b	base
h	altura

MATERIA f. (lat. *materia*). Substancia extensa, divisible e impenetrable, susceptible de toda clase de formas: *la materia es la causa permanente de todas nuestras sensaciones.* (SINÓN. V. *Substancia.*) || Aquello con que está hecha una cosa: *la materia de una estatua.* || Cosas físicas, no espirituales: *no pensar sino en la materia.* || Muestra de letra que copian en la escuela los niños. || Pus: *llaga que cría materia.* || *Fig.* Negocio, asunto: *eso es otra materia.* (SINÓN. *Fondo, objeto, propósito, punto, tema.*) || *Materia gris,* parte del sistema nervioso formada por el cuerpo de las neuronas. || *Materia prima,* materiales no elaborados producidos por el subsuelo o la agricultura y empleados por la industria para su conversión en artículos de consumo: *el mineral de hierro y el algodón son materias primas.* || *En materia de,* loc. adv., tratándose de. || *Entrar en materia,* empezar a tratar un asunto.

MATERIAL adj. Formado por materia: *substancia material.* || Que se relaciona con la materia: *la fuerza material.* || *Fig.* Que sólo se relaciona con el cuerpo: *los placeres materiales embrutecen el ánimo.* || Que muestra excesivo apego a las cosas materiales: *espíritu demasiado material.* || — M. Aquello que sirve para la explotación de una finca, de una industria, etc.: *el material de una fábrica.* || Materia con que se hace una cosa: *botas de buen material.* || *Riopl.* Adobe. || *Ser una cosa material,* o *de material,* tener poca importancia.

MATERIALIDAD f. Calidad de material: *la materialidad del hecho.* || Apariencia de las cosas.

MATERIALISMO m. Sistema de los que reducen a la materia todo cuanto existe, incluso el alma humana. || Manera de comportarse de los que sólo piensan en las satisfacciones corporales. || — CONTR. *Espiritualismo.*

— El *materialismo antiguo* está representado por Demócrito, Epicuro y Lucrecio; el *materialismo mecanicista,* por Gassendi, Diderot, Helvecio, D'Alembert y Voltaire; el *materialismo dialéctico,* por Marx, Engels, Lenin y Stalin. (V. MARXISMO.)

MATERIALISTA adj. Relativo al materialismo. || — Adj. y s. Partidario del materialismo.

MATERIALIZACIÓN f. Acción y efecto de materializar.

MATERIALIZAR v. t. Considerar como material: *ciertos filósofos materializan el alma.* || Volver material: *materializar una idea.*

MATERIALMENTE adv. m. De modo material.

MATERNAL adj. Materno: *el cariño maternal.*

MATERNALMENTE adv. De modo maternal.

MATERNIDAD f. Calidad de madre: *las inquietudes de la maternidad.* || Establecimiento de un hospital donde se efectúan los partos.

MATERNO, NA adj. De madre: *amor materno.*

MATERO, RA adj. y s. *Amer.* Aficionado a tomar mate.

MATETE m. *Riopl. Fam.* Revoltillo, mezcolanza. || *Riopl.* Disputa, reyerta.

MATICO m. Planta piperácea de América.

MATIDEZ f. Calidad de mate.

MATINAL adj. Matutinal, matutino.

MATINÉE f. (pal. fr., pr. *matiné*). Espectáculo por la mañana o a primeras horas de la tarde.

MATIZ m. Color proporcionadamente mezclado o combinado con otros en una pintura. || Cada una de las gradaciones que puede tomar un color: *dos matices diferentes de amarillo.* (SINÓN. V. *Color.*) || *Fig.* Rasgos que caracterizan una obra literaria. || *Fig.* Aspectos: *los matices de la opinión pública.* (SINÓN. V. *Diferencia.*)

MATIZAR v. t. Juntar o casar diversos colores: *matizar las sedas de un bordado.* || Dar a un color un matiz determinado. (SINÓN. V. *Motear.*) || *Fig.* Graduar con delicadeza sonidos o expresiones de conceptos, afectos, etc.

MATLAZAGUA f. *Méx.* Una fiebre eruptiva.

MATO m. Matorral, maleza. || *Venez.* Especie de lagarto que suele caminar empinado.

MATOCO m. *Chil. Fam.* El diablo, el demonio.

MATOJO m. Mata de la familia de las quenopodiáceas: *el matojo es planta barrillera.* || *Cub.* Renuevo de un árbol cortado. || Matorral.

MATÓN m. *Fam.* Espadachín, pendenciero.

MATONEAR v. i. Alardear de matón. || — V. t. *Amér C.* Asesinar.

MATONISMO m. Carácter del matón.

MATORRAL m. Campo lleno de maleza. || Conjunto de malezas: *esconderse en un matorral.* || — SINÓN. *Breña, broza, espesura, maleza, monte bajo, soto.*

MATOSO, SA adj. Lleno o cubierto de matas.

MATRA f. *Arg.* Jerga o manta de lana gruesa.

MATRACA f. (del ár. *mitraca,* martillo). Rueda de tablas con badajos de madera entre las paletas, que se usa en Semana Santa, en algunas iglesias, en lugar de campanas. || Carraca, instrumento de percusión. || *Fig.* y *fam.* Burla, chasco. || *Fig.* y *fam.* Molestia, lata: *dar matraca.*

MATRACALADA f. Muchedumbre de gente. (En Colombia se dice *tracalada.*)

MATRAQUEAR v. i. *Fam.* Hacer ruido con la matraca. || *Fig.* y *fam.* Dar matraca, burlarse.

MATRAQUEO m. *Fam.* Acción de matraquear.

MATRAQUISTA com. Persona que matraquea.

MATRAZ m. Frasco de cuello largo que se emplea en los laboratorios de química.

MATREREAR v. i. *Arg.* Vagabundear.

MATRERÍA f. Astucia, marrullería.

MATRERO, RA adj. Astuto. || *Amer.* Receloso, suspicaz. || *Ecuad.* y *Arg.* Marrajo: *toro matrero.* || *Amer.* Bandido, bandolero, vagabundo.

MATRIARCADO m. Sistema social en el que predomina la autoridad de la mujer, de la madre.

MATRIARCAL adj. Relativo al matriarcado.

MATRICARIA f. Planta compuesta.

MATRICIDA com. (del lat. *mater,* madre, y *caedere,* matar). Persona que mata a su madre: *el matricida Nerón.*

MATRICIDIO m. Crimen del matricida.

MATRÍCULA f. (lat. *matricula*). Catálogo: *la matrícula de un hospital.* (SINÓN. V. *Lista.*) || Inscripción en un establecimiento de enseñanza. || *Matrícula de mar,* alistamiento en la marina de los marineros y gente de mar de un territorio marítimo. || Gente matriculada en dicho alistamiento. || Placa en los vehículos automóviles que indica el número de matriculación.

MATRICULACIÓN f. Acto de matricular.

MATRICULAR v. t. Inscribir en la matrícula. || — V. r. Inscribirse en la matrícula: *matricularse en la universidad.*

MATRIMONIAL adj. Relativo al matrimonio: *vida matrimonial.* || — SINÓN. *Conyugal, nupcial.*

MATRIMONIALMENTE adv. En matrimonio.

MATRIMONIAR v. i. Casar.

MATRIMONIO m. (lat. *matrimonium*). Unión legal del hombre y la mujer: *el matrimonio civil se deshace en muchos países por medio del divorcio.* (SINÓN. *Alianza, casamiento, enlace, himeneo, unión.*) || Sacramento que establece dicha unión desde el punto de vista religioso. || *Fam.* Marido y mujer: *matrimonio sin hijos.* (SINÓN. V. *Familia.*) || *Venez.* Tela ancha para sábanas.

MATRITENSE adj. y s. Madrileño, de Madrid.

MATRIZ f. (lat. *matrix, icis*). Víscera donde se verifica la concepción. (SINÓN. *Útero.*) ‖ Molde que sirve para fundir ciertos objetos ‖ Tuerca. ‖ Parte del talonario que queda al cortar los talones. ‖ *Mat.* Cuadro compuesto por números reales o complejos colocados en líneas y columnas. ‖ — Adj. *Fig.* Madre, principal: *casa, iglesia matriz.* ‖ Dícese del original de una escritura que sirve para cotejarlo con los traslados.
MATRONA f. (lat. *matrona*). Madre de familia respetable y de alguna edad. ‖ Comadre, partera. ‖ Empleada de aduanas cuya misión consiste en registrar a las personas de su sexo.
MATRONAL adj. Relativo a la matrona.
MATUFIA f. *Arg. Fam.* Engaño, trampa.
MATUNGO, GA adj. *Cub.* Desmedrado, flacucho, cojo. ‖ *Cub.* y *Arg.* Dícese de la caballería vieja y débil. (SINÓN. *Matalón.*)
MATURÍN, INA adj. y s. De Maturín (Venezuela).
MATURRANGA f. Treta, enredo, marrullería.
MATURRANGO, GA adj. *Amer.* Mal jinete. ‖ *Por ext.* Español o europeo. ‖ *Per.* Caballo flaco y malo.
MATURRANGUERO, RA adj. *Amer.* Marrullero, bribón, tunante, pícaro.
MATUSALÉN m. Hombre muy viejo.
MATUTE m. (ár. *maltut*). Introducción de contrabando. ‖ Género de contrabando. ‖ Garito.
MATUTEAR v. i. Meter matute o contrabando.
MATUTERO, RA m. y f. Persona que matutea.
MATUTINAL adj. (lat. *matutinalis*). Matutino.
MATUTINO, NA adj. Relativo a la mañana.
MAULA f. Cosa inútil. ‖ Retal. ‖ Engaño, artificio. ‖ — Com. Persona taimada y tramposa. ‖ Persona pesada.
MAULEAR v. i. *Chil.* Trampear.
MAULERÍA f. Tienda del maulero. ‖ Maña.
MAULERO, RA m. y f. Vendedor de retales de tela. ‖ Embaucador, taimado. ‖ *Ecuad.* Prestidigitador.
MAULINO, NA adj. y s. De Maule (Chile).
MAULLADOR, RA adj. Que maúlla mucho.
MAULLAR v. i. Dar maullidos el gato. ‖ — PARÓN. *Magullar, aullar.*
MAULLIDO o **MAÚLLO** m. Voz del gato.
MAURE m. *Amer.* Faja de las indias, chumbé.
MAURITANO, NA adj. y s. De Mauritania.
MÁUSER m. Fusil de repetición inventado por Guillermo Máuser.
MAUSOLEO m. (V. *Parte hist.*). Nombre que suele darse a un monumento funeral suntuoso. (SINÓN. V. *Tumba.*)
MAUVEÍNA f. *Quím.* Colorante violeta derivado de la anilina.
MAVACURE m. *Venez.* Bejuco del curare.
MAXILAR adj. y s. m. (lat. *maxillaris*). *Anat.* De la mandíbula: *hueso maxilar.*
MÁXIMA f. (pal. lat.). Pensamiento moral expresado con brevedad (SINÓN. V. *Pensamiento.*) ‖ Principio manifiesto e incontestable reconocido por cualquier doctrina. (SINÓN. *Axioma.*) ‖ Regla o idea que sirve de dirección en una empresa. ‖ Principio práctico, norma de las acciones humanas. ‖ Sentencia, apotegma, proverbio. ‖ La temperatura más alta en un lugar y tiempo determinado.
MAXIMALISTA adj. y s. Durante la revolución rusa, partidario de llevar a cabo un gran número de reformas, bolchevique.
MÁXIMAMENTE adv. m. En primer lugar.
MÁXIME adv. m. Principalmente.
MÁXIMO, MA adj. Muy grande, mayor: *grado máximo.* ‖ — M. Máximum. ‖ El valor mayor de una cantidad variable: *el máximo de una función, de un elemento climatológico.* ‖ *Máximo común divisor (m. c. d.),* el mayor de los divisores comunes de varios números.
MÁXIMUM m. (del lat. *maximum,* lo más grande). Límite superior de una cosa. ‖ — CONTR. *Mínimum.*
MAXWELL m. *Electr.* Unidad C. G. S. de flujo magnético (símb.: M). [Es el flujo producido por una inducción magnética de 1 gauss a través de una superficie de 1 cm^2 normal al campo.]
MAYA f. Planta de la familia de las compuestas. ‖ *Cub.* Piña de ratón, planta bromeliácea. ‖ Niña que en ciertos pueblos visten con galanura el día de la Cruz de mayo. ‖ Persona que se disfrazaba ridículamente en ciertas ocasiones. ‖ — PARÓN. *Malla.*
MAYA adj. y s. Dícese del individuo perteneciente a una de las tribus indias que hoy habitan el Yucatán. ‖ — M. Lengua hablada por los mayas.
MAYADOR, RA adj. Maullador, que maúlla.
MAYAL m. En el molino, palo fijo en la piedra del que tira la caballería que mueve aquél. ‖ Instrumento compuesto de dos palos atados y que sirve para desgranar el centeno golpeándolo.
MAYAR v. i. Maullar el gato.
MAYATE m. Coleóptero carábido mexicano.
MAYEAR v. i. Hacer el tiempo propio de mayo.
MAYÉN m. *Venez.* Mal de ojo.
MAYESTÁTICO, CA adj. Propio o relativo a la majestad.
MAYÉUTICA f. (gr. *maiéutike*). En la filosofía socrática, método de inducción mediante interrogatorio al interlocutor.
MAYO m. (lat. *maius*). Quinto mes del año. ‖ Árbol que se adorna en ciertos pueblos en el mes de mayo y al que concurren los mozos y mozas para bailar. ‖ Ramos y flores que ponen los novios a las puertas de sus novias. ‖ *Cub.* Bonito pájaro de color amarillo. ‖ — Pl. Música con que en algunos pueblos obsequian los mozos a las mozas en la última noche de abril.
MAYO, YA adj. *Arg.* Del mes de mayo. ‖ *Fiestas mayas,* las conmemorativas de la Independencia de la Argentina.
MAYÓLICA f. (del lat. *Majorica,* Mallorca). Loza de esmalte metálico fabricada antiguamente en las islas Baleares.
MAYONESA f. (fr. *mayonnaise,* de Mahón). Salsa de aceite, yema de huevo, sal y otros condimentos muy trabada: *la mayonesa se suele servir principalmente con las carnes frías.*
MAYOR adj. (lat. *major*). Más grande: *la mayor parte.* ‖ Que ha llegado a la mayor edad: *tener varios hijos mayores.* ‖ Que tiene más edad: *hermano mayor.* ‖ *Órdenes mayores,* subdiaconado, diaconado y sacerdocio. ‖ Calificativo de varios grados y dignidades: *el sargento mayor.* ‖ — M. Superior o jefe. ‖ Signo matemático ($>$) que, colocado entre dos cantidades, indica ser mayor la primera. ‖ — F. Primera proposión de un silogismo. ‖ *Alzarse a mayores,* ensoberbecerse. ‖ *Al por mayor,* en cantidad grande: *venta al por mayor.* ‖ —OBSERV. *Mayor,* en su acepción adjetival, es invariable en género *(libro mayor, persona mayor),* pero no en número *(causa mayor, causas mayores).*
MAYORAL m. Pastor principal de un rebaño. ‖ En las diligencias, el que gobernaba el tiro de mulas. ‖ Capataz de una cuadrilla de obreros. ‖ Mampostero. ‖ *Arg.* Cobrador de tranvía.
MAYORALÍA f. Rebaño que pastorea el mayoral. ‖ Salario del mismo.
MAYORAZGA f. La que disfruta un mayorazgo. ‖ Mujer del mayorazgo.
MAYORAZGO m. Institución destinada a perpetuar en una familia la posesión de ciertos bienes en favor del hijo mayor. ‖ Conjunto de estos bienes. ‖ Posesor de un mayorazgo. ‖ *Fam.* Primogénito o primogenitura.
MAYORDOMA f. Mujer del mayordomo o la que ejerce las mismas funciones que él.
MAYORDOMEAR v. t. Regir como mayordomo.
MAYORDOMÍA f. Cargo de mayordomo. ‖ Oficina del mayordomo.
MAYORDOMO m. (del lat. *major,* mayor, y *domus,* casa). Criado principal de casa grande. ‖ *Per.* Criado. ‖ Oficial de ciertas cofradías. ‖ *Mayordomo de palacio,* alto dignatario en la corte de los merovingios en Francia, con funciones de primer ministro.
MAYORÍA f. Calidad de mayor. ‖ Oficina del mayor. ‖ El mayor número, la mayor parte: *así piensan la mayoría de los hombres.* ‖ Partido más numeroso de una asamblea: *mayoría poco importante.* ‖ *Mayoría absoluta,* más de la mitad de los votos. ‖ *Mayoría relativa,* la del candidato que entre varios obtiene mayor número de votos. ‖ *Mayoría de edad,* la prescrita por la ley para adquirir la plena capacidad jurídica. (En casi todos los países está señalada a los 21 años.)
MAYORIDAD f. Mayoría, mayor edad.

MAXILAR

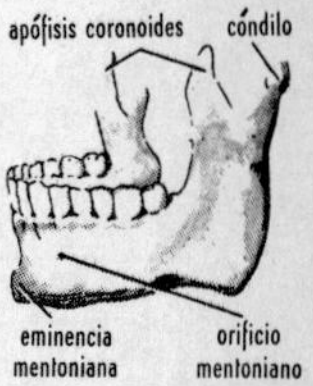

mazos

MAYORISTA m. Estudiante que estaba en la clase de mayores || Comerciante al por mayor. || — Adj. Relativo al comercio al por mayor.
MAYORITARIO, RIA adj. *Neol.* Perteneciente a la mayoría, o que se apoya sobre ella.
MAYUATOC m. *Arg. Coatí.*
MAYÚSCULO, LA adj. y s. (del lat. *majusculus*, algo mayor). *Letra mayúscula,* la que se usa en principio de frase, de nombre propio, en títulos, etc. (SINÓN. *Capital, inicial, versalita.*) || *Fam.* Muy grande: *disparate mayúsculo.*
MAZA f. (gr. *maza*). Arma antigua de guerra. || Insignia de los maceros. || Instrumento que sirve para machacar el cáñamo. || Pieza que sirve para golpear en ciertos instrumentos: *la maza de un bombo.* || Cualquier objeto que se ata a la cola de un perro o a los vestidos de alguien. || *Fig.* y *fam.* Persona pesada. || *Chil.* Cubo de rueda.
MAZACOTE m. Barrilla, sosa. || Hormigón, mortero, mezcla. || *Amer.* Mezcla confusa. || *Fig.* y *fam.* Cosa comestible seca y espesa. || *Riopl.* Panela o rapadura. || *Fig.* y *fam.* Hombre molesto y pesado. || *Fig.* Objeto de arte mal terminado.
MAZACOTUDO, DA adj. *Amer.* Amazacotado.
MAZACUATE m. *Hond.* Especie de boa.
MAZAMORRA f. Especie de gachas de harina de maíz con leche y azúcar o sal, que se usa en América. || Bizcocho averiado. || Potaje de fragmentos de bizcocho que se da a los marinos. || *Fig.* Tumor producido por cierto parásito en las patas del caballo.
MAZAMORREO m. *Col.* Acción de lavar las arenas auríferas.
MAZAMORRERO, RA m. y f. *Amer.* Vendedor de mazamorra. || *Per.* Dícese de los que tienen las características esenciales de la ciudad de Lima.
MAZAPÁN m. Pasta de almendra y azúcar cocida al horno. || Miga de pan con que los obispos se limpian los dedos después de bautizar a los príncipes.
MAZAR v. t. Batir la leche dentro de un odre para fabricar manteca.
MAZARÍ adj. y s. m. Dícese del ladrillo para solar.
MAZAROTA f. Metal superfluo que suele quedar adherido a un objeto vaciado en molde.
MAZATECO, CA adj. y s. De Mazatlán (México). || De Mazatenango (Guatemala).
MAZATO m. Masato.
MAZAZO m. Golpe que se da con una maza.
MAZDEÍSMO m. Religión de los iranios (medos, bactrianos, partos, antiguos persas, etc.). [El *mazdeísmo* admite dos principios, uno bueno, Ormuz, y otro malo, Ahrimán, el cual será finalmente derrotado.]
MAZMORRA f. (del ár. *matmora,* cueva). Calabozo, prisión subterránea. (SINÓN. V. *Cárcel.*)
MAZNAR v. t. Amasar. || Machacar el hierro en caliente.
MAZO m. Martillo grande de madera. || Manojo, puñado: *un mazo de plumas.* || *Fig.* Hombre pesado y cargante.
MAZONERÍA f. Fábrica de cal y canto. || Obra en relieve.
MAZORCA f. Espiga del maíz. || Panoja del cacao. || Husada: *mazorca del lino.* || *Chil. Fig.* Junta de gobierno despótica.
MAZORQUERO m. *Chil.* Miembro de la mazorca. || *Fig.* Partidario de los métodos violentos.
MAZORRAL adj. Tosco: *obra mazorral.*
MAZOTE m. *Col.* Golpe dado por los muchachos en la muñeca con dos o más dedos.
MAZURCA f. Baile y música de origen polaco.
MAZUT m. (pal. rusa). Residuo combustible de la destilación del petróleo bruto.
MBUYAPEYENSE adj. y s. De Mbuyapey (Paraguay).
ME, dat. y acus. del pron. personal de primera persona de sing.: *me vio, me dio.* || — OBSERV. No se puede anteponer de ninguna manera *me* a *se*: *me se olvidó el libro* por *se me olvidó el libro.*
MEA CULPA, pal. lat. sacadas del *Confiteor,* y que significan *por culpa mía.* Úsase como s. m. (SINÓN. V. *Confesión.*)
MEADA f. *Vulg.* Lo que se orina de una vez. || Señal que hace una meada.
MEADERO f. *Vulg.* Lugar dispuesto para orinar.
MEADOS m. pl. *Vulg.* Orines.
MEAJA f. Migaja, partecilla. || Moneda de vellón antigua de Castilla. || Galladura de los huevos.
MEAJUELA f. Nombre que se da a las piezas pequeñas que se cuelgan de los sabores del freno.
MEANDRO m. (del n. de un río de Asia Menor, de curso tortuoso). || Curva o sinuosidad de un río. || *Arq.* Adorno sinuoso y complicado.
MEAR v. i. *Vulg.* Orinar. Ú. t. c. r.
MEATO m. (lat. *meatus*). *Bot.* Intersticio entre las células de las plantas. || *Anat.* Canal o conducto del cuerpo: *meato urinario, auditivo.*
MEAUCA f. Especie de gaviota.
MECA f. V. CECA.
MECACOATE m. Culebra pequeña de México.
¡MECACHIS! interj. *Fam.* ¡Caramba!, ¡digo!
MECADA f. *Méx.* Tontería, grosería.
MECÁNICA f. (del gr. *mêkhanê,* máquina). Parte de la física que estudia el movimiento y el equilibrio de las fuerzas y de las máquinas. || Obra que trata de mecánica. || *Mecánica celeste,* estudio de los movimientos de los astros. || Aparato o muelle que mueve un mecanismo: *romper la mecánica de un aparato.* || *Fig.* y *fam.* Acción ruin. || *Fig.* y *fam.* Cosa despreciable. || *Mil.* Faenas interiores del cuartel: *traje de mecánica.* || *Mecánica ondulatoria,* disciplina científica crea-

USO DE LAS LETRAS MAYÚSCULAS

Reglas generales

Debe escribirse con letra inicial mayúscula en los siguientes casos:
Al comienzo de un escrito o después de punto, de signo de interrogación (salvo en caso de que la interrogación complete la frase: *Yo voy al teatro, ¿y tú?*) o admiración: *En un lugar de la Mancha...; ¿Cuándo vienes?, ¡Viva México!.*
Los nombres propios: *Miguel de Cervantes; Colombia; La Habana; El Cairo.*
Los nombres que expresan atributos, títulos, dignidades y apodos: *el Redentor; Marqués de Cañete; Su Majestad; Alfonso el Sabio.*
Los tratamientos y sus abreviaturas: *Sr. D. (Señor Don).*
Los nombres de instituciones y corporaciones: *Casa de Contratación; Archivo de Indias; Museo del Prado.*
Ciertos nombres colectivos: *la Iglesia y el Estado.*
Los sustantivos y adjetivos que forman parte del título de una obra artística, publicación, establecimiento comercial, nombre de sociedades, etc.: *Las Hilanderas; Diario de Noticias; Posada de la Sangre; Organización de las Naciones Unidas,* etc.
La primera palabra del título de un libro, obra teatral o cinematográfica, artículo, etc.: *A secreto agravio, secreta venganza.* Sin embargo, se pondrá también mayúscula en las demás palabras, cuando el título del libro exprese la materia de que se trata: *Enciclopedia Metódica.*
Después de los dos puntos del encabezamiento de una carta o de una cita: *Querido amigo: Recibí tu carta; César exclamó: Llegué, vi, vencí.*

OBSERVACIONES

Las vocales mayúsculas, cuando les corresponda, deben llevar el acento gráfico: *Érase una vez... Églogas.*
En las letras dobles *ch* y *ll,* solamente irá en mayúsculas el primer elemento de las mismas: *Chile; Chocano; Llullaillaco; Llobregat.*

da en 1924 por L. de Broglie, según la cual las partículas en movimiento están asociadas a ondas capaces de producir fenómenos de interferencia y de difracción.

MECÁNICAMENTE adv. m. De modo mecánico.

MECANICISMO m. Sistema que explica los fenómenos vitales por las leyes de la mecánica.

MECÁNICO, CA adj. Relativo a la mecánica. || Perteneciente a un oficio manual. || Maquinal: *la digestión es un trabajo mecánico.* (SINÓN. V. *Automático.*) || Que obra con arreglo a las leyes del movimiento y de las fuerzas (por oposición a *química*): *acción mecánica de los vientos.* || *Fig.* Bajo, vil. || — M. El que profesa la mecánica. || El conductor de vehículos automóviles. (SINÓN. V. *Maquinista.*)

MECANISMO m. Combinación de órganos que producen o transforman un movimiento: *mecanismo de un reloj.* (SINÓN. V. *Máquina.*) || *Fig.* Estructura: *el mecanismo de una lengua.*

MECANIZACIÓN f. Substitución del trabajo humano por máquinas: *mecanización agrícola.*

MECANIZAR v. t. Volver mecánico.

MECANOGRAFÍA f. Escritura con máquina de escribir. (SINÓN. *Dactilografía.*)

MECANOGRAFIAR v. t. Escribir con máquina.

MECANOGRÁFICO, CA adj. Perteneciente o relativo a la mecanografía.

MECANÓGRAFO, FA m. y f. Persona que escribe con máquina. (SINÓN. *Dactilógrafo.*)

MECANOTERAPIA f. Tratamiento por el ejercicio mecánico de los músculos.

MECAPACLE m. *Méx.* Zarzaparrilla.

MECAPAL m. (mex. *mecapalli*). *Méx.* Trozo de cuero que, apoyado en la frente, usan los mozos de cordel para llevar cargas a cuestas. || *Méx.* Tendón.

MECAPALERO m. *Méx.* El que lleva mecapal.

MECASÚCHIL m. *Méx.* Especie de vainilla.

MECATAZO m. *Méx.* Latigazo dado con un mecate. || *Méx.* Trago: *darse un mecatazo.*

MECATE m. (mex. *mecatl*). *Méx.* y *Amér. C.* Cuerda de pita. || *Fig.* Persona grosera.

MECATEAR v. t. *Méx.* Atar, zurrar con mecates.

MECATONA f. *Méx. Fam.* Nombre que suelen dar los léperos a la comida diaria.

MECEDERO m. Mecedor, paleta.

MECEDOR, RA adj. Que mece. || — M. Columpio. || Paleta de madera para menear.

MECEDORA f. Silla de brazos para mecerse.

MECEDURA f. Acción y efecto de mecer o mecerse. (SINÓN. V. *Oscilación.*)

MECENAS m. (por alusión a *Mecenas*, amigo de Augusto). Protector de los literatos y artistas. (SINÓN. V. *Protector.*) [V. *Parte hist.*]

MECENAZGO m. Protección de un mecenas.

MECER v. t. Mover o menear compasadamente: *mecer la cuna.* (SINÓN. V. *Balancear.*)

MECIDA f. Balanceo.

MECIMIENTO m. Mecida.

MECLAPIL m. Rollo de piedra del metate.

MECO, CA adj. Nombre que se da a los indios chichimecos. || *Ant.* y *Méx.* Rubio. || *Méx. Fig.* De rayas o manchas obscuras en fondo bermejo: *toro meco, maguey meco.* || M. y f. *Méx.* Indio salvaje, persona sin educación.

MECONIO m. (lat. *meconium*). Alhorre de los niños. || *Farm.* Jugo de cabezas de adormidera.

MECUAL m. *Méx.* Raíz del maguey: *el mecual puede servir para lavar la ropa en lugar de jabón.*

MECUATE m. *Méx.* Brote del maguey.

MECHA f. Torcida de una lámpara o vela. || Cuerda combustible preparada para pegar fuego a cohetes, minas, etc.: *la mecha de un barreno.* || Tejido de algodón impregnado que arde con facilidad y se utiliza para encender cigarros. || Atado de hilas que sirve en algunas operaciones quirúrgicas. || Lonjilla de tocino para mechar aves. || Mechón de pelo. || Espiga o parte central de un palo de barco. || *Col.* Mercancía de poco valor. || Burla, broma: *aguantar la mecha.* || *Col. Hablar de mecha*, hablar de broma. || *Col. Volver a uno mecha*, embromarlo. || *A toda mecha*, rápidamente.

MECHAR v. t. Poner mechas o lonjillas de tocino a la carne: *mechar un ave.*

MECHAZO m. *Min.* Combustión de la mecha sin que se inflame el barreno: *dar mechazo.*

MECHERA adj. *Aguja mechera*, la grande y hueca que sirve para mechar. || — F. *Pop.* Ladrona.

MECHERO m. Canutillo que contiene la mecha para alumbrar. || Cubo de salida del gas del alumbrado. || Encendedor: *piedras para mecheros.* || *Germ.* Ladrón que roba en las tiendas haciéndose presentar diversos artículos. || *Venez. Fam.* Bromista, burlón. || *Mechero Bunsen*, mechero para el gas de carbón empleado en los laboratorios.

MECHIFICAR v. i. (de *mixtificar*). *Venez., Per.* y *Ecuad.* Escarnecer a uno, burlarse de él.

MECHINAL m. Agujero que se deja en las paredes de una casa para establecer los andamios. || *Fig.* y *fam.* Habitación muy pequeña.

MECHINASCLE m. *Méx.* Renuevos del maguey con que se forman las almácigas.

MECHOACÁN m. Raíz de una planta convolvulácea mexicana. || *Mechoacán negro*, la jalapa.

MECHÓN m. Mecha grande. || Porción de pelos, de lana. (SINÓN. *Copete, mecha, mizo, moño, tupé.*)

MECHONEAR v. t. *Amer.* Mesar el pelo.

MECHOSO, SA y **MECHUDO, DA** adj. Que tiene muchas mechas. || *Col.* Haraposo.

MEDALLA f. (ital. *medaglia*). Moneda antigua de los griegos y los romanos. || Pieza de metal, de forma redonda, acuñada en memoria de una acción memorable o en honor de un personaje ilustre. || Pieza de metal acuñada, dada como recompensa en un certamen: *premiado con medalla de oro.* || Pieza de metal con la imagen de la Virgen o de algún santo. || Bajorrelieve redondo.

MEDALLISTA m. Grabador en medallas.

MEDALLÓN m. Medalla grande. || Bajorrelieve de forma redonda. || Joya en forma de caja circular u oval donde se ponen retratos, rizos u otros recuerdos.

MEDANAL m. *Chil.* y *Urug.* Terreno cenagoso.

MÉDANO mejor que **MEDANO** m. Duna, montón de arena en las costas. || Banco de arena a flor de agua.

MEDELLINENSE adj. y s. De Medellín (Colombia).

MEDERSA f. (pal. árabe). Escuela superior musulmana.

MEDIA f. (de *media calza*). Prenda que sirve para cubrir el pie y la pierna. (V. MEDIO, DIA.) || *Venez., Ecuad.* y *Arg. Media media, media corta*, calcetín.

MEDIACAÑA f. Moldura cóncava de perfil semicircular. || Moldura de madera de forma diversa. || Formón de boca redonda. || Lima de forma semicilíndrica.

MEDIACIÓN f. Acto destinado a producir un acuerdo, un arbitraje: *ofrecer su mediación.* (SINÓN. V. *Arbitraje.*) || Procedimiento de derecho internacional público o de derecho de trabajo, que propone una solución a las partes en litigio, pero sin imponerla como en el arbitraje.

MEDIADO, DA adj. Medio lleno: *está el jarro mediado.* || *A mediados de*, loc. adv., hacia la mitad: *a mediados de agosto.*

MEDIADOR, RA adj. y s. (lat. *mediator*). Que media. (SINÓN. V. *Intermediario.*)

MEDIAGUA f. V. AGUA.

MEDIAL adj. Dícese de la consonante que se halla en el interior de una palabra.

MEDIALÍNEA f. *Col.* Versalita, clase de letra tipográfica.

MEDIALUNA f. Instrumento empleado para desjarretar toros o vacas. || Fortificación delante de los baluartes. || Bollo o panecillo llamado también con la palabra francesa *croissant.* || Símbolo de los musulmanes y en particular de los turcos.

MEDIANA f. En un triángulo, línea que une un vértice con el punto medio del lado opuesto.

MEDIANAMENTE adv. m. De un modo mediano: *comer medianamente.*

MEDIANEJO, JA adj. *Fam.* Bastante mediano.

MEDIANERÍA f. Pared medianera. || *Amer.* Aparcería.

MEDIANERO, RA adj. Que está en medio: *pared medianera.* || — Adj. y s. Intercesor: *servir de medianero en una disputa.* || — M. El que vive en una casa medianera con otra. || Aparcero, mediero, labrador que trabaja a medias con otro en una finca.

meauca

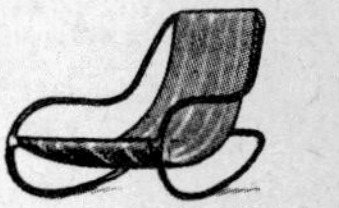

mecedora

MEDIALUNA

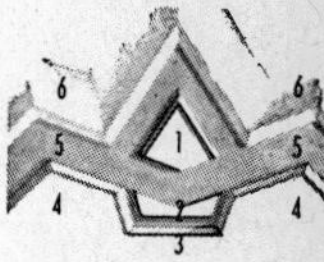

1. Medialuna
2. Tenaza
3. Cortina
4. Bastiones
5. Fosos
6. Explanadas

medalla

Fot. Dragesco, Giraudon

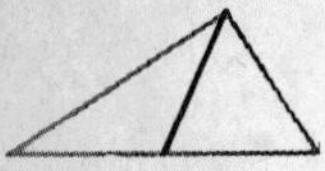
mediana de un triángulo

MEDIANÍA f. Término medio entre dos cosas. || Estado de fortuna entre rico y pobre: *vivir en la medianía.* || Persona de poca importancia. || *Col.* Medianería, pared divisoria.
MEDIANIL m. Medianería, pared medianera.
MEDIANO, NA adj. Que está entre ambos extremos: *estatura mediana.* || Ni bueno ni malo: *chocolate mediano.* (SINÓN. *Inferior, mediocre, ordinario, regular.*) || *Fig.* y *fam.* Casi malo: *un trabajo muy mediano.*
MEDIANOCHE f. Hora en que el Sol está en el punto opuesto al de mediodía. || Emparedado de jamón.
MEDIANTE adj. Que media o intercede: *lo haré Dios mediante.* || — Adv. m. Por medio de: *lo consiguió mediante su intercesión.*
MEDIAR v. i. Llegar a la mitad de una cosa: *mediar el mes.* || Estar en medio. || Interponerse: *mediar entre dos enemigos.* (SINÓN. V. *Interceder.*) || Transcurrir.
MEDIATINTA f. Tono medio entre la luz y la sombra. (También se escribe *media tinta.*)
MEDIATIZACIÓN f. Acción de mediatizar.
MEDIATIZAR v. t. Privar a un Estado de la autoridad suprema, dejándole sólo la soberanía nominal. || *Fig.* Influir, dominar.
MEDIATO, TA adj. Que está en relación o contacto con otra cosa por medio de un intermediario: *causa mediata.* || — CONTR. *Inmediato.*
MEDIATRIZ f. *Mat.* Perpendicular levantada en el centro de un segmento de recta.
MÉDICA f. Mujer que ejerce la medicina. || Mujer del médico.
MEDICACIÓN f. Empleo terapéutico de los medicamentos: *una medicación eficaz.* || Conjunto de medicamentos. (SINÓN. V. *Tratamiento.*)
MEDICAL adj. Galicismo por *médico* o *medicinal.*
MEDICAMENTAR v. t. Medicinar. (Ú. t. c. r.)
MEDICAMENTO m. Substancia empleada para curar: *medicamento externo.* || — SINÓN. *Droga, específico, medicina, pócima, remedio.*
MEDICAMENTOSO, SA adj. (lat. *medicamentosus*). Que tiene virtud de medicamento.
MEDICAR v. tr. Dar un medicamento.
MEDICASTRO m. Médico indocto. (SINÓN. V. *Médico.*) || Curandero.
MEDICINA f. (lat. *medicina*). Ciencia que tiene por objeto la conservación y el restablecimiento de la salud: *doctor en medicina.* || Profesión de médico: *ejercer la medicina.* || Sistema médico: *medicina homeopática.* || *Medicina legal,* o *forense,* la medicina cuando se aplica a ayudar a la justicia en sus averiguaciones. || Remedio: *una medicina amarga.* (SINÓN. V. *Medicamento.*)
MEDICINAL adj. (lat. *medicinalis*). Dícese de lo que sirve de medicina: *planta medicinal.* || *Balón medicinal,* pelota grande y pesada que se utiliza para ejercicios físicos.
MEDICINAR v. t. Dar medicinas a un enfermo.
MEDICIÓN f. Acción y efecto de medir.
MÉDICO, CA adj. Relativo a la medicina: *ciencia médica.* || — M. y f. Persona que ejerce la medicina. (SINÓN. *Cirujano, doctor, facultativo.* Despect. *Medicastro.* Pop. *Galeno.*) || *Médico de cabecera,* el que asiste generalmente a una familia. || *Médico de apelación,* aquel a quien se llama en los casos graves. || *Médico espiritual,* director de conciencia. || *Médico forense,* el oficialmente adscrito a un juzgado de instrucción.
MÉDICO, CA adj. (lat. *maedicus*). Medo: *guerras médicas.* (V. *Parte hist.*)
MEDICUCHO m. *Fam.* Medicastro.
MEDIDA f. Estimación comparativa de una cantidad: *la medida del tiempo.* (V. cuadro UNIDADES.) || Lo que sirve para medir: *una medida de madera.* || Acción de medir, medición. || Número de sílabas que debe tener el verso. || Proporción: *te pagarán a medida de tu trabajo.* || Disposición, prevención: *tomar sus medidas.* || Prudencia: *hablar con medida.*
MEDIDOR, RA adj. y s. Que mide alguna cosa. || — M. *Amer.* Contador de gas o de agua. || — F. *Amer.* Geómetra, oruga.
MEDIERO, RA m. y f. Persona que hace o vende medias. || En algunas partes, el que va a medias con otro en un negocio, aparcero.
MEDIEVAL adj. Relativo a la Edad Media.
MEDIEVALIDAD f. Carácter medieval.

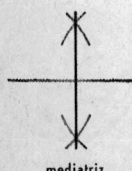

mediatriz

MEDIEVALISMO m. Estudio de la Edad Media.
MEDIEVALISTA com. Especialista de lo medieval.
MEDIEVO m. Edad Media.
MEDINA f. (voz. ár.). Ciudad árabe.
MEDINÉS, ESA adj. y s. De Medina.
MEDIO, DIA adj. (lat. *medius*). Igual a la mitad de una cosa: *media peseta, media luna.* || Dícese de lo que está igualmente lejos de los extremos: *un hombre de talla media.* || Que divide en dos partes iguales: *punto, línea, plano medio.* || *Fig.* Mediocre, moderado. || Calculado haciendo un promedio: *la temperatura media de un país.* || Dícese de lo que es común o que tiene las características propias de una comunidad: *el español medio, el americano medio.* || — M. Mitad: *señalar uno el medio de una tabla.* || Barb. por *centro: el medio de la mesa.* || Médium. || Diligencia que tiene por objeto la consecución de un fin: *tomar los medios necesarios.* || Moderación entre los extremos en lo físico y en lo moral. || Circunstancias o personas entre los que se vive: *frecuentar un medio de malhechores.* (SINÓN. *Ambiente, clima, lugar.*) || Nombre de algunas monedas (*medio real, medio peso, media corona,* etc.) : || Tercer dedo de la mano. || *Arit.* Quebrado que tiene por denominador el número 2. || *Biol.* Conjunto de circunstancias o condiciones físicas y químicas exteriores a un ser vivo y que influyen en el desarrollo y en las actividades fisiológicas del mismo: *los peces viven en un medio líquido.* || *Biol.* Cualquiera de las substancias utilizadas para el cultivo de bacterias u otros organismos. || En lógica, término de un silogismo que enlaza el mayor con el menor. || Jugador de fútbol perteneciente a la línea media. || — Pl. Caudal, fortuna, bienes: *carecer de medios.* || Recursos, elementos: *medios de producción, de transporte.* || Razones alegadas en un proceso: *los medios empleados por la defensa.* || *Taurom.* El centro del redondel: *saludar desde los medios.* || *Arit.* Miembros de una proporción situados entre los dos extremos. || — F. Promedio, valor medio: *calcular la media* || En el fútbol, línea de jugadores que ocupa el centro del terreno. || — Adv. m. No enteramente *medio muerto de frío; a medio freír.* || *A medias,* tanto uno como otro, por mitad: *trabajo hecho a medias.* Algo, pero no del todo, incompletamente: *dormido a medias, literato a medias.* || *De medio a medio,* en la mitad, en el centro. Completamente, enteramente: *me engaña de medio a medio.* || *Echar por en medio,* tomar una resolución extraordinaria para salir de una dificultad. || *En medio,* por medio, en la mitad: *le hirió en medio de la frente.* No obstante, sin embargo: *en medio de eso se atrevió a insultarme.* || *Estar de por medio,* mediar en un asunto. || *Media aritmética* o *término medio,* suma de dos o más elementos numéricos dividida por el número de sumandos. || *Media horaria,* la que resulta de dividir el espacio recorrido por el tiempo empleado. ||*Por medio,* entre: *poner tierra de por medio; vivir pared por medio.* || *Por medio de,* gracias a, mediante: *lo conocí por medio de mi primo.* || *Quitar de en medio a uno,* apartarlo de delante. || *Quitarse de en medio,* apartarse de un lugar o salirse de un negocio. || — OBSERV. Es barbarismo decir: *estar media hecha la tarea,* por *medio hecha; están medios muertos,* por *medio muertos.*—El empleo de *medio ambiente,* en el sentido de sitio donde vive una persona, constituye un pleonasmo, ya que los términos medio y ambiente son sinónimos.
MEDIOCRE adj. (lat. *mediocris*). Mediano.
MEDIOCRIDAD f. (lat. *mediocritas*). Medianía: *vivir en la mediocridad.* || Galicismo por *persona de poca importancia.* (V. MEDIANÍA.)
MEDIODÍA m. Mitad del día: *llegar a casa a mediodía.* || Sur, uno de los puntos cardinales.
MEDIOEVAL adj. Medieval.
MEDIOEVO m. Medievo.
MEDIR v. t. (lat. *metiri*). Determinar una cantidad comparándola con la unidad: *medir trigo.* || Examinar si tienen los versos la medida correspondiente. || *Fig.* Proporcionar y comparar una cosa con otra: *medir la fuerza.* || *Fig.* Moderar: *medir sus palabras.* || — V. r. Moderarse en una cosa: *ese hombre no sabe medirse.* || Reñir, pelearse. || — IRREG. Se conjuga como *pedir*
MEDITABUNDO, DA adj. Que medita.

MEDITACIÓN f. (lat. *meditatio*). Acción de meditar, reflexión. || Aplicación del espíritu en un asunto: *estar sumido en la meditación*. (SINÓN. V. *Atención.*) || Escrito sobre un tema religioso o filosófico: *las meditaciones de Santa Teresa.* || Oración mental, reflexión sobre un punto religioso.
MEDITADOR, RA adj. Que medita.
MEDITAR v. t. Someter a la reflexión, al examen interior: *meditar sobre una verdad.* (SINÓN. V. *Estudiar* y *pensar.*) || Combinar: *meditar una evasión.* (SINÓN. V. *Proyectar.*)
MEDITATIVO, VA adj. Que medita. (SINÓN. V. *Soñador.*)
MEDITERRÁNEO, A adj. (del lat. *medius*, en medio, y *terra*, tierra). Situado en medio de las tierras. || Rodeado de tierra: *un mar mediterráneo.* (V. *Parte hist.*) || Del Mediterráneo: *el litoral mediterráneo.*
MÉDIUM m. Medio, persona que sirve entre los espiritistas de intermediario para comunicar con los espíritus.
MEDO, DA adj. y s. De Media.
MEDRA f. o **MEDRO** m. Aumento, mejora.
MEDRAR v. i. Crecer, aumentar en tamaño: *animal que medra poco.* || *Fig.* Mejorar, progresar, enriquecerse: *cuanto más trabaja Pedro, menos medra.*
MEDRIÑAQUE m. Tejido de fibras de abacá, burí, etc.: *el medriñaque se usa para forrar y ahuecar los vestidos de señora.* || Zagalejo corto.
MEDROSAMENTE adv. m. Con miedo.
MEDROSO, SA adj. y s. Miedoso, tímido. || Terrible, horroroso. || — CONTR. *Valiente, animoso.*
MEDULA o **MÉDULA** f. (lat. *medulla*). Substancia blanda y grasa que se halla dentro de los huesos. (SINÓN. *Tuétano.*) || Substancia esponjosa y ligera que se halla en los troncos de los vegetales. || *Fig.* Lo más substancioso de una cosa: *sacar la medula de un autor.* || *Medula espinal*, parte del sistema cerebroespinal contenida en el conducto vertebral. || *Medula oblonga*, bulbo raquídeo. || — OBSERV. Aunque la Academia prefiere la forma *medula* está muy extendida la grafía y la pronunciación *médula.*
MEDULAR adj. De la medula: *canal medular.*
MEDULOSO, SA adj. Que tiene medula: *el tallo del saúco es meduloso.*
MEDUSA f. (de *Medusa*, n. pr.). Celentéreo de cuerpo gelatinoso y provisto de tentáculos.
MEDUSEO, A adj. Parecido o relativo a Medusa: *mirada medusea.*
MEETING m. (pal. ingl., pr. *mitin*). Mitin.
MEFISTOFÉLICO, CA adj. Propio de Mefistófeles. || Diabólico: *sonrisa mefistofélica.*
MEFÍTICO, CA adj. Fétido, irrespirable. (SINÓN. V. *Maloliente* y *perjudicial.*)
MEFITISMO m. Corrupción del aire debida a emanaciones mefíticas.
MEGA, prefijo, gr. *megas*, que significa *un millón* y entra en la composición de algunas palabras.
MEGACICLO m. Unidad de frecuencia equivalente a un millón de ciclos, que se emplea en el estudio de las corrientes alternas de alta frecuencia.
MEGACOLON m. Dilatación del intestino grueso.
MEGÁFONO m. Aparato que amplifica la voz.
MEGALÍTICO, CA adj. Dícese de los monumentos prehistóricos edificados con grandes piedras sin labrar, como los dólmenes.
MEGALITO m. (del gr. *megas*, grande, y *lithos*, piedra). Piedra monumental levantada por los hombres de la Edad del Cobre o del Bronce.
MEGALOCÉFALO, LA adj. De cabeza muy grande.
MEGALOMANÍA f. Delirio de grandezas.
MEGALÓMANO, NA adj. y s. (del gr. *megas, alos*, grande, y *mania*, manía). Persona que adolece de megalomanía.
MEGÁPTERO m. Género de cetáceos, parecidos a las ballenas que hay en casi todos los mares.
MEGARENSE adj. De Mégara.
MEGATERIO m. (del gr. *megas*, grande, y *thêrion*, bestia). Género de mamíferos desdentados fósiles que medían más de cinco metros de longitud y dos de altura: *en las pampas argentinas se han encontrado los principales esqueletos de megaterio que se conocen.*
MEGATÓN m. Unidad de potencia de las bombas atómicas equivalente a un millón de toneladas de trinitrotolueno (T. N. T.).
MEGO, GA adj. Manso, suave.
MEGOHMIO m. Unidad de resistencia eléctrica equivalente a un millón de ohmios (símb.: MΩ).
¡MEH! interj. *Cub.* y *Chil. Vulg.* Denota admiración.
MEHALA f. Cuerpo de ejército regular marroquí.
MEJANA f. Isleta, en un río.
MEJENGA f. *C. Rica.* Borrachera.
MEJICANISMO m. Mexicanismo.
MEJICANO, NA adj. y s. Mexicano. || — OBSERV. En España se escribe esta palabra y sus derivados con *j*. En México han preferido conservar la ortografía antigua, pronunciando, sin embargo, la *x* con sonido de *j*.
MEJIDO, DA adj. Dícese del huevo o de su yema, batidos con leche y azúcar.
MEJILLA f. (lat. *maxilla*). Parte saliente del rostro debajo de los ojos. (SINÓN. *Carillo.*)
MEJILLÓN m. (del lat. *mytulus*, almeja). Molusco acéfalo lamelibranquio comestible, de concha negruzca.
MEJOR adj. (lat. *melior*). Más bueno: *este pan es mejor que aquél.* || — Adv. m. Más bien: *tu carta está mejor escrita.* || Antes: *mejor quiero ser pobre con honra que rico sin ella.* || *A lo mejor*, loc. adv., sin pensarlo, inesperadamente. || *Mejor que mejor*, mucho mejor. || *Tanto mejor*, mejor todavía. || — OBSERV. *Mejor* en su acepción adjetival es invariable en género (*mejor lugar; mejor persona*), pero no en número (*mejor día, mejores días*). Son incorrectas las expresiones *más mejor que* y *muy mejor.*
MEJORA f. Aumento, adelanto, perfeccionamiento: *no hay mejora en su situación.* || Puja. (SINÓN. V. *Subasta.*) || Porción de bienes que puede dejar el testador, además de la legítima, a alguno de sus hijos o nietos.
MEJORAMIENTO m. La acción de mejorar.
MEJORANA f. Planta aromática de la familia de las labiadas. (SINÓN. *Sarilla.*) || Baile panameño.
MEJORANERA f. *Pan.* Especie de guitarra.
MEJORAR v. t. Volver mejor: *mejorar una obra.* (SINÓN. *Perfeccionar, purificar, renovar.* V. tb. *corregir.*) || Pujar en una subasta. || Dejar mejora el testador a uno de sus herederos. || — V. i. Ponerse mejor de salud. || Volverse el tiempo mejor. || Medrar en su posición. || — CONTR. *Empeorar.*
MEJORÍA f. Mejora. || Disminución de la enfermedad: *el enfermo sintió alguna mejoría esta semana.* (SINÓN. V. *Convalecencia.*) || Ventaja de una cosa sobre otra.
MEJUNJE m. Droga o medicamento mezclado. || *Provinc.* Enredo, lío. || *Fig.* Brebaje, mezcla cualquiera.
MELADA f. (de *miel*). Rebanada de pan untada con miel. || Mermelada seca.
MELADO, DA adj. De color de miel: *caballo melado.* || — M. Zumo de la caña dulce convertido en jarabe espeso. || Torta pequeña de miel y cañamones.
MELADORA f. *Cub.* La última paila en que se cuece el azúcar.
MELADUCHA adj. Dícese de una variedad de manzana dulzona pero poco sabrosa.
MELADURA f. Melado con que se hace azúcar.
MELÁFIDO m. Roca compuesta de feldespato, augita y hierro magnético.
MELAMPO m. En el teatro, candelero del traspunte.
MELANCOLÍA f. (del gr. *melas*, negro, y *kholê*, bilis). Tristeza vaga, depresión profunda. (SINÓN. *Añoranza, esplín, nostalgia.* Pop. *Morriña, murria.* V. tb. *pena.*) || Especie de locura en que dominan las afecciones morales tristes.
MELANCÓLICO, CA adj. y s. Relativo a la melancolía o que la padece: *reflexiones melancólicas.* || — SINÓN. *Nostálgico, taciturno.* V. tb. *pesimista* y *triste.* || — CONTR. *Alegre.*
MELANCOLIZAR v. t. Volver melancólico. || — CONTR. *Alegrar.*
MELANESIO, SIA adj. y s. De la Melanesia.

medusa

megáfono

megaterio

melones

MELANINA f. (del gr. *melanos,* negro). *Zool.* Pigmento negro de las células de los vertebrados que produce la coloración de la piel y el cabello.
MELANITA f. Variedad de granate.
MELANODERMA adj. Dícese de la raza negra.
MELANOSIS f. (del gr. *melanosis,* negrura). *Med.* Color negro que toman los tejidos orgánicos.
MELAPIA f. Una variedad de manzana común.
MELAR adj. Que tiene sabor a miel: *caña melar.*
MELAR v. t. Dar al zumo de la caña consistencia de miel. || — V. i. Labrar las avejas la miel y llenar con ella el panal. || *Ecuad.* Ganar dinero con facilidad. || — IRREG. Se conjuga como *acertar.*
MELARCHÍA f. *Amér. C.* Melancolía.
MELASTOMÁCEAS f. pl. *Bot.* Género de plantas dicotiledóneas del Asia tropical.
MELAZA f. Líquido espeso, pardo obscuro y dulce, formado por el residuo de la cristalización del azúcar: *la destilación de la melaza suministra el ron.*
MELCA f. Zahína, planta.
MELCOCHA f. Miel cocida, sobada y correosa.
MELCOCHERO m. Vendedor de melcocha.
MELCOCHUDO, DA adj. *Amer.* Blando y correoso.
MELEAGRINA f. Madreperla.
MELÉE f. (pal. fr.). Agrupación que forman, en ciertos casos, los jugadores de rugby.
MELENA f. Cabello colgante. || Crin de león.
MELENA f. (del gr. *melaina,* negra). *Med.* Hemorragia intestinal formada por sangre negra.
MELENO adj. Que tiene melena (toro).
MELENSE adj. y s. De Melo (Uruguay).
MELENUDO, DA adj. Que tiene melenas largas.
MELERA f. La que vende miel. || Enfermedad de los melones. || Buglosa, planta. || Melero, tarro de miel.
MELERO m. Vendedor de miel. || Tarro donde se guarda la miel. || — Adj. Aficionado a la miel: *oso melero.*
MELGA f. *Col.* y *Chil.* Amelga.
MELGACHO m. Lija, pez selacio del Atlántico.
MELGAR m. Sembrado de mielgas.
MELGAR v. t. *Chil.* Amelgar.
MELIÁCEAS f. pl. (del gr. *melia,* fresno). Familia de plantas dicotiledóneas, a que pertenecen la caoba y el cinamomo.
MÉLICO, CA adj. Dícese de la poesía lírica, sobre todo coral, de los griegos.
MELÍFERO, RA adj. Que produce o contiene miel: *la abeja es un insecto melífero.*
MELIFICACIÓN f. Fabricación de la miel.
MELIFICAR v. t. Fabricar las abejas la miel.
MELIFLUIDAD f. *Fig.* Calidad de lo melifluo.
MELIFLUO, FLUA adj. Que tiene miel o destila miel. || *Fig.* Suave como la miel: *elocuencia meliflua.* (SINÓN. V. *Empalagoso.*)
MELILOTO m. (lat. *melilotos*). Especie de trébol.
MELILOTO, TA adj. y s. Tonto, bobo.
MELILLENSE adj. y s. De Melilla.
MELINDRE m. Fruta de sartén, hecha con miel. || Dulce de mazapán bañado en azúcar blanco: *melindres de Yepes.* || Nimia delicadeza: *esa niña gasta muchos melindres.* (SINÓN. V. *Afectación.*)
MELINDREAR v. t. *Fam.* Hacer melindres.
MELINDRERÍA f. Hábito del melindroso.
MELINDRERO, RA adj. y s. Melindroso, delicado.
MELINDROSO, SA adj. y s. Ridículamente delicado: *mujer melindrosa.* (SINÓN. V. *Afectado.*)
MELINITA f. (del gr. *mêlinos,* de color de membrillo). Explosivo a base de ácido pícrico.
MELINO, NA adj. De Milo, isla de Grecia.
MELISA f. (del gr. *melissa,* abeja). Toronjil, planta labiada.
MELISMA f. Melodía breve.
MELITO m. *Farm.* Medicina hecha con miel.
MELOCOTÓN m. Fruto del melocotonero: *sangría de melocotones.* || Melocotonero, árbol que produce los melocotones.
MELOCOTONAR m. Plantación de melocotones.
MELOCOTONERO m. Árbol rosáceo, variedad del pérsico, cuyo fruto es el melocotón: *el melocotonero es originario de Persia.*

melocotón

MELODÍA f. (gr. *melodia*). Serie de sonidos sucesivos que halagan el oído. || *Fig.* Serie de palabras agradables al oído: *la melodía de unos versos.* || — SINÓN. *Aria, barcarola, endecha, lied, romanza.* V. tb. *armonía* y *canto.*
MELÓDICO, CA adj. Relativo a la melodía.
MELODIO m. Armonio, instrumento músico.
MELODIOSAMENTE adv. De modo melodioso.
MELODIOSO, SA adj. Lleno de melodía: *el canto melodioso del ruiseñor.*
MELODRAMA m. (del gr. *melos,* música, y *drama*). Drama acompañado de música, ópera. || Drama de carácter popular, y que despierta emociones fuertes.
MELODRAMÁTICO, CA adj. Relativo al melodrama: *asunto melodramático.* || Que parece propio del melodrama: *tono melodramático.*
MELODREÑA adj. Dícese de la piedra de afilar.
MELÓFAGO m. (del gr. *mêlon,* carnero, y *phagein,* comer). Género de insectos parásitos de los carneros.
MELOGRAFÍA f. Arte de escribir música.
MELOJA f. Lavaduras de miel.
MELOJAR m. Monte poblado de melojos.
MELOJO m. Árbol de la familia de las fagáceas, bastante parecido al roble. || — PARÓN. *Malhojo.*
MELOLONTA m. Abejorro, coleóptero.
MELOMANÍA f. Afición excesiva que tiene una persona a la música.
MELÓMANO, NA adj. y s. Amante de la música.
MELÓN m. (lat. *melo, melonis*). Planta de la familia de las cucurbitáceas, de fruto esferoidal, de carne olorosa y muy estimada. || *Melón de agua,* en algunos lugares, la sandía. || *Fig.* y *fam.* Tonto, imbécil. (SINÓN. V. *Bobo.*) || — PROV. **El melón y el casamiento ha de ser acertamiento,** el acierto en ambas cosas suele depender de la casualidad.
MELÓN m. (del lat. *meles,* tejón). *Zool.* El meloncillo, mamífero.
MELONADA f. *Fam.* Torpeza, tontería: *hacer una melonada.*
MELONAR m. Plantío de melones.
MELONCILLO m. Melón pequeño. || *Arg.* Un arbusto solanáceo.
MELONCILLO m. Mamífero carnicero pequeño, parecido a la mangosta, que vive en España: *el meloncillo se alimenta de roedores pequeños.*
MELONERO m. El que vende o cultiva melones.
MELONZAPOTE m. *Méx.* Nombre que dan en Jalisco a la *papaya.*
MELOPEA f. Melopeya. (SINÓN. V. *Canto.*) || *Fam.* Pea, borrachera.
MELOPEYA f. (del gr. *melos,* canto, y *poiein,* hacer). Canto rítmico que acompaña la declamación. || Arte de la melodía.
MELOSIDAD f. Calidad de meloso. || Substancia melosa. || *Fig.* Dulzura: *la melosidad de una voz.*
MELOSO, SA adj. Dulce, suave como la miel. || *Fig.* Blando, suave: *carácter meloso, voz melosa.* (SINÓN. V. *Empalagoso.*)
MELOTE m. Último residuo del azúcar. (SINÓN. *Melaza.*) || *Murc.* Conserva preparada con miel.
MELQUITA adj. Dícese de los cristianos del Próximo Oriente, de rito bizantino y lengua árabe.
MELSA *f.* Bazo, víscera. || *Fig.* Flema.
MELTÓN m. *Cub.* Tejido burdo de lana.
MELLA f. Solución de continuidad en el filo de un arma, en el borde de un objeto, etc.: *ese plato tiene una mella.* || Hueco que queda de una cosa que falta: *tener dos mellas en la dentadura.* || *Fam. Hacer mella,* causar efecto: *le hizo mella la reprensión* || Causar menoscabo: *hicieron mella en su reputación.*
MELLADO, DA adj. y s. Que tiene mellas en la dentadura: *una vieja mellada.*
MELLADURA f. Mella.
MELLAR v. t. Hacer mella a una cosa: *mellar un cuchillo.* (SINÓN. V. *Deteriorar.*) || *Fig.* Menoscabar: *mellar el crédito.*
MELLIZO, ZA adj. y s. Gemelo. || *Bot.* Hermanado.
MEMADA f. *Fam.* Necedad.

MEMBRANA f. (lat. *membrana*). Tejido delgado y flexible que forma, envuelve o cubre los órganos: *membrana mucosa.* || Lámina delgada. || *Chil.* Difteria.
MEMBRANÁCEO, A y **MEMBRANOSO, SA** adj. Parecido a la membrana.
MEMBRETE m. Nota o apunte. || Inscripción que se pone en los sobres y papel de escribir, indicando el nombre, señas y calidades de una persona o cosa.
MEMBRILLAR m. Plantío de membrillos.
MEMBRILLERO m. Membrillo, árbol rosáceo.
MEMBRILLETE m. *Per.* Nombre de una planta silvestre de flor amarilla.
MEMBRILLO m. Arbusto rosáceo, de fruto amarillo de carne granujienta. || Su fruto. || *Carne de membrillo,* dulce de membrillo.
MEMBRUDO, DA adj. Fornido, robusto, fuerte y vigoroso: *un mocetón membrudo.*
MEMECHES (A) loc. adv. *Guat.* A horcajadas.
MEMELA f. *Méx., Guat.* y *Hond.* Tortilla de maíz en forma ovalada.
MEMENTO m. (del lat. *memento,* acuérdate). Parte del canon de la misa, en que se reza por los fieles vivos o muertos. || Libro de memoria o apuntes.
MEMEZ f. Simpleza, tontería.
MEMO, MA adj. y s. Simple, mentecato, tonto. (SINÓN. V. *Bobo.*)
MEMORABLE adj. Que es digno de recordarse.
MEMORANDO, DA adj. Memorable.
MEMORÁNDUM m. (del lat. *memorandum,* cosa que debe recordarse). Librito de apuntes. || Comunicación diplomática que contiene la exposición breve de algún asunto. || Nota de pedido, en el comercio. || — OBSERV. El plural de esta palabra es *memorándums* o *memorandos,* aunque también se emplean las formas los *memoranda,* los *memorándumes* o los *memorándum.*
MEMORAR v. t. Recordar una cosa. (P. us.)
MEMORATÍSIMO, MA adj. sup. (lat. *memoratissimus*). Digno de eterna memoria.
MEMORIA f. (lat. *memoria*). Facultad de conservar las ideas anteriormente adquiridas: *la memoria se conserva mediante el ejercicio.* || Recuerdo: *no guardo memoria de semejante cosa.* (SINÓN. *Recordación, remembranza, reminiscencia.*) || Reputación buena o mala que deja al morir una persona: *dejar una memoria honrosa.* || Relación de gastos: *establecer una memoria detallada.* (SINÓN. V. *Lista* y *tratado.*) || Disertación científica o literaria: *leer una memoria en una academia.* || Parte de un ordenador en la que se encuentran el programa, los datos permanentes y los resultados intermediarios necesarios para el trabajo que hay que efectuar: *memoria de discos.* || — Pl. Relación escrita de ciertos acontecimientos: *las "Memorias de Ultratumba", de Chateaubriand.* || Libro de apuntes. || Recuerdos, saludo: *dele usted memorias a su hermano.* || *De memoria,* loc. adv., conservando una cosa en la memoria: *saber de memoria la lección.* || *Flaco de memoria,* olvidadizo. || *Hablar de memoria,* hablar sin fundamento. || *Hacer memoria,* recordar. || *La Memoria,* Mnemósine. (V. *Parte hist.*) || *Las Hijas de la Memoria,* las Musas.
MEMORIAL m. Carta en que se solicita un favor o gracia. || Libro o cuaderno de apuntes. || *Fam.* Memoria. || Boletín, publicación.
MEMORIALESCO, CA adj. Propio de memoriales.
MEMORIALISTA m. El que escribe memoriales o cartas por cuenta ajena.
MEMORIÓN m. Memoria muy grande. || Memorioso.
MEMORIOSO, SA adj. y s. Que tiene memoria.
MEMORISMO m. Sistema que atribuye importancia exclusiva a la memoria en el estudio.
MEMORISTA adj. y s. Memorioso.
MEMORIZACIÓN f. Acción de memorizar. || Almacenamiento de datos en la memoria de un ordenador.
MEMORIZAR v. i. *Neol.* Abusar de la memoria para fines didácticos.
MENA f. Mineral metalífero: *mena de hierro.*
MENA f. *Filip.* Vitola de los cigarros. || *Mar.* Grueso de un cabo.
MÉNADE f. (del gr. *mainas,* furiosa). Bacante: *las ménades mataron a Orfeo.* || *Fig.* Mujer muy disoluta.
MENAJE m. (fr. *ménage*). Muebles de una casa. || Mobiliario de una escuela.
MENARQUIA f. Época de la vida de la mujer caracterizado por la aparición del primer período menstrual.
MENCIÓN f. (lat. *mentio*). Acción de citar o nombrar. (SINÓN. V. *Enunciación.*) || *Mención honorífica,* recompensa de grado menor que el premio y el accésit.
MENCIONAR v. t. Hacer mención, nombrar: *mencionar un hecho.* (SINÓN. V. *Citar* y *enunciar.*)
MENCHEVIQUE m. Miembro de la fracción minoritaria (por oposición a bolchevique o mayoritario) del Partido Socialdemócrata Ruso. Ú. t. c. adj.
MENDACIDAD f. La costumbre de mentir.
MENDAZ adj. y s. (lat. *mendax, acis*). Mentiroso.
MENDELEVIO m. Elemento químico (Mv) transuránico de número atómico 101, descubierto en 1955.
MENDELIANO, NA adj. Relativo al mendelismo.
MENDELISMO m. Teoría del botánico Mendel sobre la herencia en las plantas y animales.
MENDICACIÓN f. (lat. *mendicatio*). Mendiguez.
MENDICANTE adj. y s. Que mendiga. || Dícese de las órdenes religiosas que tienen por instituto pedir limosna: *las órdenes mendicantes fueron establecidas o reorganizadas en el siglo* XIII.
MENDICIDAD f. Acción de mendigar. || Condición de mendigo: *leyes contra la mendicidad.*
MENDIGANTE adj. Mendicante, que pide limosna.
MENDIGAR v. t. Pedir limosna: *mendigar el pan.* || *Fig.* Pedir alguna cosa con importunidad y bajeza: *andar siempre mendigando favores.* (SINÓN. V. *Solicitar.*)
MENDIGO, GA m. y f. (lat. *mendicus*). Que pide limosna, indigente, pordiosero. || — SINÓN. *Desvalido, indigente, menesteroso, miserable, mísero, pordiosero.* V. tb. *pobre* y *vagabundo.*
MENDIGUEZ f. Acción de mendigar.
MENDOCINO, NA adj. y s. De Mendoza (Argentina).
MENDRUGO m. Pedazo de pan duro. || — Adj. *Fig.* y *fam.* Tonto, zoquete.
MENEADOR, RA adj. y s. Que menea. || — M. *Méx.* Badil.
MENEAR v. t. Agitar o mover. || *Fig.* Manejar, gobernar: *menear bien un negocio.* || *Fig.* y *fam.* *Peor es menearlo,* es peligroso hablar o tratar de cosas que ya causaron disputas sin resultado. || — V. r. *Fig.* y *fam.* Obrar con diligencia, aligerar.
MENEGA *Arg. lunf.* Dinero.
MENEGILDA f. *Fam.* Criada.
MENEGUITA f. *Arg. lunf.* Menega, dinero.
MENEO m. Acción y efecto de menear. || *Fig.* y *fam.* Vapuleo. (SINÓN. V. *Paliza.*)
MENEQUEAR v. i. *Arg. Fam.* Menear rápidamente.
MENESES (Plata) [n. registrado, de *Meneses,* n. pr.], metal plateado que sirve para hacer cubiertos.
MENESTER m. (lat. *ministerium*). Falta de una cosa: *es menester que venga.* || Ocupación, empleo: *ir a sus menesteres.* || — Pl. Necesidades corporales. || *Fam.* Instrumentos, enseres, útiles. || *Haber menester una cosa,* ser necesaria.
MENESTEROSO, SA adj. y s. Falto de una cosa, que carece de ella. (SINÓN. V. *Mendigo.*)
MENESTRA f. (ital. *minestra*). Guisado de carne y varias hortalizas. || Legumbres secas.
MENESTRAL m. Artesano que profesa un oficio mecánico.
MENESTRALÍA f. Conjunto de menestrales.
MENESTRETE m. *Mar.* Sacaclavos, herramienta.
MENFITA adj. y s. De Menfis (Egipto).
MENGALA f. *Amér. C.* Muchacha sirvienta.
MENGANO, NA m. y f. Nombre caprichoso que se usa después de *Fulano* y antes que *Zutano,* para indicar, sin nombrarla, a otra persona.
MENGUA f. Menoscabo, disminución. || Pobreza, miseria. || Descrédito: *lo hizo en mengua de su honra.*
MENGUADO, DA adj. Cobarde, tímido, sin ánimo: *un menguado.* || Tonto, necio. || Ruin, cicatero. || — M. Cada uno de los puntos que van embebiendo las mujeres al hacer media.

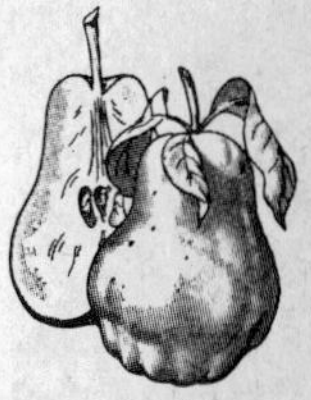
membrillo

menhires

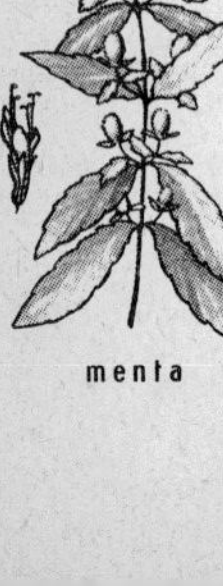

menta

MENGUANTE adj. Que mengua. || — F. Mengua, disminución del caudal de una corriente de agua. || Marea descendente. || Tiempo que media desde el plenilunio hasta el novilunio. || *Fig.* Decadencia, merma de una cosa. || — CONTR. *Aumento, creciente.*

MENGUAR v. i. (del lat. *minuere*, disminuir). Disminuir: *ha menguado la calentura.* (SINÓN. V. *Reducir.*) || Hacer los menguados en las medias. || — V. t. Amenguar.

MENGUE m. *Fam.* Diablo, demonio.

MENHIR m. (voz célt.). Monumento megalítico formado por una piedra fija verticalmente sobre el suelo: *los menhires abundan en Bretaña.*

MENINA f. Mujer joven que servía en otro tiempo a la reina o las infantas.

MENINGE f. (gr. *mênigx*): *Anat.* Nombre de las tres membranas que envuelven el encéfalo y la medula espinal: *las tres meninges son la duramadre, la aracnoides* y *la piamadre.*

MENÍNGEO, A adj. Relativo a las meninges.

MENINGITIS f. *Med.* Inflamación de las meninges: *la meningitis tuberculosa es mortal.*

MENINGOCOCO m. *Med.* Microorganismo que produce varias enfermedades, especialmente la meningitis.

MENINO m. (b. lat. *meninus*). Caballero joven que servía antiguamente en palacio a la reina o a los infantes.

MENIPEA adj. f. *Sátira menipea,* dícese de los panfletos en versos con carácter político y religioso.

MENISCO m. (del gr. *mêniskos*, media luna). Vidrio convexo por una cara y cóncavo por otra: *menisco divergente, menisco convergente.* || Concavidad o convexidad que forma la superficie de un líquido contenido dentro de un tubo: *el menisco es cóncavo o convexo según moje o no moje el líquido la superficie del tubo.* || *Anat.* Ligamento de la rodilla.

MENISPERMÁCEAS f. pl. Plantas angiospermas a que pertenece la coca de Levante.

MENJUÍ m. Benjuí.

MENJUNJE y **MENJURJE** m. Mejunje.

MENNONITA o **MENONITA** m. Miembro de una secta anabaptista fundada hacia 1506 por Menno Simonis. (Se encuentran aún miembros de dicha secta en Holanda, en Alemania, en Rusia y en los Estados Unidos, en el norte de México y en Paraguay.)

MENOPAUSIA f. Cesación natural de la menstruación.

MENOR adj. (lat. *minor*). Más pequeño: *el mes de febrero es menor que los demás.* (SINÓN. V. *Mínimo* y *pequeño.*) || *Menor de edad,* el que no ha llegado a su mayor edad. (SINÓN. *Segundón, benjamín, junior.*) || *Órdenes menores,* las cuatro primeras de la jerarquía eclesiástica (portero, lector, exorcista y acólito). || Religioso franciscano. || — Pl. Clase de tercera en los estudios de gramática. || — F. Segunda proposición del silogismo. || *Por menor* o *al por menor,* m. adv., en pequeña cantidad; al menudeo. || Por partes, con detalle: *referir por menor una historia.* || — CONTR. *Mayor.* || — OBSERV. *Menor,* en su acepción adjetival, es invariable en género (*hermano menor, hermana menor*), pero no en número (*orden menor, órdenes menores*).

MENORÍA f. Calidad de menor. || Menor edad. || — CONTR. *Mayoría.* || — PARÓN. *Minoría.*

MENORISTA m. Estudiante de menores. || Minorista, clérigo de menores. || *Chil.* Comerciante al por menor.

MENORQUÍN, INA adj. y s. De Menorca.

MENORRAGIA f. Menstruación excesiva.

MENOS adv. de comp. (lat. *minus*). Denota inferioridad en calidad: *menos generoso;* en cantidad: *menos libros;* en valor: *menos caro.* || Denota limitación indeterminada: *había menos de mil personas.* || — M.: *el más y el menos.* || Signo de sustracción y de los números negativos (—). || — Adv. m. Excepto: *cualquier cosa menos eso.* || *Al menos, a lo menos* o *por lo menos,* loc. adv. que expresan una restricción. || *A menos que,* loc. adv., a no ser que. || *De menos,* loc. adv., que indica falta: *cobré un peso de menos.* || *Echar de menos,* notar la ausencia de uno o de una cosa. || *En menos,* loc. adv., en menor cantidad: *lc estimo en menos que a ti.* || *Lo menos,* loc. adv., tanto o más: *lo menos había cien hombres.* || *Poco más o menos,* aproximadamente. || *Venir a menos,* perder rango. || — OBSERV. Es incorrecto el uso de *menos* ante adjetivos o adverbios comparativos como *antes, después, mayor, mejor, menor, peor.*

MENOSCABADOR, RA adj. y s. Que menoscaba o disminuye.

MENOSCABAR v. t. Disminuir, mermar. (SINÓN. V. *Deteriorar* y *reducir.*) || *Fig.* Deslucir, desacreditar: *menoscabar su reputación.*

MENOSCABO m. Mengua, deterioro: *sufrir menoscabo en su fortuna.* (SINÓN. V. *Deterioro.*)

MENOSCUENTA f. Pago de parte de una deuda.

MENOSPRECIABLE adj. Despreciable.

MENOSPRECIADOR, RA adj. y s. Que menosprecia: *dirigir una mirada menospreciadora.*

MENOSPRECIAR v. t. Apreciar una cosa o a una persona en menos de lo que vale. || Despreciar.

MENOSPRECIATIVO, VA adj. Que implica o denota menosprecio.

MENOSPRECIO m. Poco aprecio: *hacer menosprecio de un libro.* || Desprecio, desdén. || — CONTR. *Aprecio.*

MENSAJE m. (del lat. *missus*, enviado). Encargo de decir o llevar una cosa: *llevar un mensaje urgente.* || Comunicación oficial entre las asambleas nacionales de un país. (SINÓN. V. *Carta* y *discurso.*) || Significado profundo de una obra literaria o artística o aportación personal del escritor, artista: *el mensaje de Rubén Darío fue oído en todo el ámbito hispánico.*

MENSAJERÍA f. Servicio de carruajes para el transporte periódico de viajeros y mercancías. || Casa donde está establecido dicho servicio. || Transporte rápido de mercaderías por ferrocarril o mar: *mensajerías marítimas.*

MENSAJERO, RA m. y f. Que lleva mensajes. (SINÓN. *Cartero, correo, emisario, mandadero, propio, recadero.*) || Conductor de un coche que hace el servicio de mensajería. || *Paloma mensajera,* la que por volver con facilidad a su nido se emplea frecuentemente para llevar mensajes.

MENSO, SA adj. *Méx. Fam.* Tonto.

MENSTRUACIÓN f. Flujo mensual femenino. || — SINÓN. *Achaque, período, regla.*

MENSTRUAL adj. Perteneciente o relativo al menstruo.

MENSTRUAR v. i. Evacuar el menstruo.

MENSTRUO m. Menstruación.

MENSUAL adj. (lat. *mensualis*). Que se hace cada mes: *una revista mensual.* || Que dura un mes. || *Fam. Arg.* El que está pagado mensualmente.

MENSUALIDAD f. Sueldo, renta mensual.

MENSUALMENTE adv. m. Que se hace por meses: *pagar mensualmente.*

MÉNSULA f. (lat. *mensula*, mesita). Adorno de arquitectura que sobresale de un plano y sirve para sostener alguna cosa: *las ménsulas de un balcón.* || Repisa o apoyo para sustentar algo.

MENSURA f. Medida, medición.

MENSURABILIDAD f. Aptitud de un cuerpo para ser medido.

MENSURABLE adj. Que puede medirse.

MENSURADOR, RA adj. y s. Que mensura.

MENSURAR v. t. (lat. *mensurare*). Medir.

MENTA f. Otro nombre de la *hierbabuena.*

MENTADO, DA adj. Famoso, notable. || Mencionado.

MENTAL adj. Que se hace por medio de la mente: *cálculo mental.* || *Restricción mental,* reserva tácita. || *Enajenamiento mental,* locura, demencia. || *Higiene mental,* conjunto de medidas adecuadas para mantener intactas las funciones psíquicas.

MENTALIDAD f. Estado de ánimo, modo de pensar: *la mentalidad contemporánea.*

MENTALMENTE adv. m. Con el pensamiento, de un modo mental: *calcular mentalmente.*

MENTAR v. t. Nombrar, mencionar: *no hay que mentar la soga en casa del ahorcado.* || — IRREG. Se conjuga como *alentar.*

MENTASTRO m. (lat. *mentastrum*). Mastranzo.

MENTE f. (lat. *mens, mentis*). Inteligencia, pensamiento, memoria: *no cabe esa idea en su mente.*

MENTECATADA f. Mentecatería.

MENTECATERÍA f. Simpleza, necedad.

MENTECATEZ f. Mentecatería.

Fot. Schall

MENTECATO, TA adj. y s. (del lat. *mens, mentis,* entendimiento, y *captus,* cogido). Necio: *hablar como un mentecato.* (SINÓN. V. *Tonto.*)

MENTIDERO m. *Fam.* Lugar donde se suele reunir alguna gente para conversar y criticar.

MENTIDO, DA adj. Falaz, falso, engañoso: *mentida esperanza.* ‖ — CONTR. *Verdadero, cierto.*

MENTIR v. i. (lat. *mentiri*). Afirmar lo que se sabe que es falso: *no se cree nunca al que mintió una vez.* (SINÓN. V. *Falsear* y *faltar.*) ‖ Inducir a error: *los indicios mienten.* ‖ — IRREG. Se conjuga como *sentir.*

MENTIRA f. Discurso contrario a la verdad: *hay que reprimir severamente la mentira en los niños.* (SINÓN. *Argucia, embuste, engaño, falsedad, patraña.* V. tb. *cuento.* CONTR.. *Veracidad, franqueza.*) ‖ Fábula, ficción, lo que es falso o engañoso. ‖ *Fig.* Vanidad, error, ilusión: *el mundo está lleno de mentiras.* ‖ Manchita blanca que suele formarse en las uñas. ‖ *Arg.* y *Chil.* Crujido de los nudillos de la mano. ‖ *Parece mentira,* es increíble.

MENTIRIJILLAS (De) o **DE MENTIRILLAS** m. adv. De burlas, por broma.

MENTIRÓN m. Mentira o embuste muy grande.

MENTIROSAMENTE adv. m. Falsamente, con engaño o mentira: *prometer mentirosamente.*

MENTIROSO, SA adj. y s. Que acostumbra mentir. (SINÓN. V. *Embustero* e *impostor.*) ‖ Engañoso, aparente: *placeres mentirosos.*

MENTÍS m. Voz con que que se desmiente a alguno, acción de desmentir: *dar un mentís a uno.*

MENTOL m. Alcohol fenol sacado de la menta.

MENTOLADO, DA adj. Que contiene mentol.

MENTÓN m. Barbilla.

MENTOR m. (de *Mentor,* n. pr.). *Fig.* Persona que sirve de guía o consejera a otra.

MENÚ m. (pal. fr.). Minuta.

MENUCO m. *Chil.* Pantano.

MENUDAMENTE adv. m. De modo menudo. ‖ Circunstanciadamente: *contar menudamente una anécdota.*

MENUDEAR v. t. Ejecutar una cosa a menudo. ‖ — V. i. Suceder una cosa a menudo: *menudean los castigos sobre los malos discípulos.* ‖ *Col.* Vender por menor: *menudear azúcar.* ‖ Contar las cosas con todos sus pormenores. ‖ Contar menudencias.

MENUDENCIA f. Pequeñez. (SINÓN. V. *Bagatela.*) ‖ Esmero con que se hace una cosa. ‖ Cosa de poca entidad: *entretenerse en menudencias.* ‖ — Pl. Despojos que quedan después de preparar las canales de tocino. ‖ Morcillas, longanizas, chorizos y otras cosas menudas que se sacan del cerdo. ‖ *Col.* y *Méx.* Menudillos o menudos de las aves.

MENUDEO m. Acción de menudear. ‖ Venta al por menor: *vender al menudeo.*

MENUDERO m. El que vende menudos de reses. ‖ El que arrendaba los diezmos llamados *menudos.*

MENUDILLO m. En las bestias, articulación entre la caña y la cuartilla. ‖ *Ar.* Moyuelo. ‖ — Pl. Sangre, higadillo, molleja y otras vísceras de las aves.

MENUDO, DA adj. (lat. *minutus*). Pequeño. (SINÓN. V. *Delgado* y *frágil.*) ‖ Sin importancia: *gente menuda.* (SINÓN. V. *Débil.*) ‖ Dícese del dinero en monedas pequeñas. ‖ Dícese del carbón cuyos trozos no exceden de 12 milímetros. ‖ Exacto, minucioso. ‖ Usado irónica y enfáticamente en sentido de grande, enorme, grave: *menudo porrazo, lío, negocio.* ‖ — M. pl. Entrañas y sangre de las reses. ‖ Pescuezo, alones, patas y menudillos de las aves. ‖ Diezmo de los frutos menores. ‖ *A menudo,* con frecuencia. ‖ *Por menudo,* con menudencia: *referir una cosa por menudo.*

MENUZAR v. t. *Arg.* Desmenuzar, desgarrar.

MENUZO m. Pedazo menudo: *hacer menuzos un pedazo de papel.* (SINÓN. *Triza.*)

MEÑIQUE adj. *Dedo meñique,* nombre vulgar del dedo pequeño. ‖ *Fam.* Muy pequeño, chico, diminuto.

MEOCUIL m. *Méx.* Oruga que se cría en las pencas del maguey: *los indios consideran los meocuiles como un manjar delicioso.*

MEOLLADA f. *And.* Los sesos de las reses.

MEOLLAR m. *Mar.* Cabo que se hace torciendo varias filásticas.

MEOLLO m. (lat. *medulla*). Medula: *el meollo de un hueso.* ‖ Seso. ‖ *Fig.* Substancia de una cosa: *ese libro tiene meollo.* ‖ *Fig.* Entendimiento, seso.

MEÓN, ONA adj. y s. *Vulg.* Que mea mucho. ‖ *Fig.* Recién nacido.

MEQUE m. *Cub.* Golpe, pescozón, porrazo.

MEQUETREFE m. (del ár. *mogatref,* petulante). *Fam.* Hombre sumamente bullicioso y entrometido.

MEQUIOTE m. *Méx.* Bohordo, tallo del maguey.

MERAMENTE adv. m. Puramente, simplemente. (SINÓN. V. *Absolutamente* y *únicamente.*)

MERAR v. t. Mezclar dos licores.

MERCA f. *Fam.* Compra.

MERCACHIFLE m. Buhonero. ‖ Mercader sin importancia. (SINÓN. V. *Comerciante.*)

MERCADEAR v. i. Comerciar en mercancías.

MERCADER m. Comerciante, vendedor.

MERCADERA f. Mujer que comercia en algo. ‖ Mujer del mercader. ‖ *Cub.* Planta de flor amarilla.

MERCADERÍA f. Mercancía.

MERCADO m. (lat *mercatus*). Reunión de comerciantes que van a vender en determinados sitios y días. ‖ Sitio destinado en ciertas poblaciones a la venta y compra de mercancías. (SINÓN. *Baratillo, feria, ferial, plaza, zoco.*) ‖ Concurencia de gente que asiste al mercado. ‖ Salida económica: *buscar nuevos mercados.* ‖ *Mercado negro,* tráfico clandestino a precio elevado de mercancías cuya venta está regulada.

MERCAL m. Metical, moneda de vellón antigua. ‖ *Amer.* Tequila, aguardiente sacado del maguey.

MERCANCÍA f. Género u objeto vendible: *mercancía de mala venta.* ‖ *Fig.* Objeto de trato o venta. ‖ — SINÓN. *Género, mercadería, producto.*

MERCANTE adj. Mercantil: *barco mercante.* ‖ Comerciante. (P. us.) ‖ — M. Mercader. (P. us.)

MERCANTIL adj. Relativo al comercio: *operaciones mercantiles.* ‖ Codicioso: *espíritu mercantil.*

MERCANTILISMO m. Espíritu mercantil. ‖ Doctrina económica que tuvo vigencia del s. XV al XVIII, según la cual la riqueza de los Estados se basaba en la posesión de metales preciosos.

MERCANTILISTA adj. Perteneciente o relativo al mercantilismo. ‖ — M. y f. Partidario del mercantilismo.

MERCANTILIZAR v. t. Dar carácter mercantil.

MERCAR v. t. (lat. *mercari*). Comprar.

MERCED f. (lat. *merces*). Beneficio, dádiva o gracia: *agradecer las mercedes de un príncipe.* ‖ Voluntad, arbitrio: *estar a la merced de su enemigo.* ‖ Tratamiento de cortesía: USTED *es contracción de* VUESTRA MERCED. ‖ *A merced,* m. adv., a discreción.

MERCEDAR v. t. *Cub.* Conceder mercedes.

MERCEDARIO, RIA adj. y s. Mercenario. ‖ Perteneciente o relativo a la orden de la Merced. ‖ De Mercedes (Uruguay).

MERCENARIO, RIA adj. y s. (lat. *mercenarius*). Que se hace por dinero: *trabajo mercenario.* ‖ Que hace pagar sus servicios: *soldado mercenario.* ‖ Codicioso, ansioso por ganar: *alma mercenaria.* ‖ — M. Religioso de la Merced. ‖ Jornalero que trabaja por estipendio o jornal; soldado que sirve por dinero a un gobierno extranjero: *los mercenarios de Cartago se rebelaron contra sus jefes.*

MERCERÍA f. Comercio de objetos menudos (alfileres, botones, cintas, etc.) que sirven para las labores de señora, los sastres, las costureras, etc. ‖ *Chil.* Quincallería. ‖ *P. Rico.* Tienda de paños y tejidos.

MERCERIZACIÓN f. Operación que da a los hilos y tejidos de algodón un aspecto brillante.

MERCERIZADO m. Mercerización.

MERCERIZAR v. t. Tratar los hilos de algodón con sosa cáustica para abrillantarlos.

MERCERO, RA m. y f. (del lat. *merx, ercis,* mercadería). Persona que vende objetos de poco valor.

MERCURIAL adj. Relativo al mercurio. ‖ Que contiene mercurio. ‖ Causado por el mercurio. ‖ Perteneciente al dios o al planeta Mercurio. ‖ — F. Planta euforbiácea de flor verdusca, utilizada como laxante.

mercurial

carnero merino

merleta

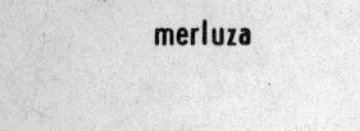

merluza

mero

MERCURIALISMO m. Intoxicación por mercurio. (SINÓN. *Hidrargirismo.*)
MERCÚRICO, CA adj. *Quím.* Relativo o perteneciente al mercurio: *óxido mercúrico.*
MERCURIO m. (lat. *mercurius*). Planeta. (V. *Parte hist.*) || *Quím.* Cuerpo metálico, líquido y de color blanco de plata, de número atómico 80, conocido vulgarmente con el nombre de *azogue: las aleaciones de mercurio con otro metal se llaman amalgamas.*
— El *mercurio* (Hg) existe generalmente en la naturaleza en estado de sulfuro o cinabrio, que se trata por medio del tostado. Hállase en España (Almadén), en Yugoslavia y en California. El mercurio es blanco, brillante; su densidad es 13,55. Es el único metal líquido a la temperatura ordinaria. Se solidifica a —39° C y su punto de ebullición es 357° C. Empléase en la construcción de aparatos de física, de termómetros, barómetros, etc. Sirve para el azogado de los espejos y, sobre todo, para la extracción del oro y de la plata, metales con los cuales se une fácilmente para formar amalgamas. Utilízase igualmente en medicina, pero son tóxicas muchas de sus sales y su absorción produce el hidrargismo o temblor mercurial de los azogados.
MERCURIOSO, SA adj. *Quím.* Dícese de uno de los óxidos que forman el mercurio.
MERDELLÓN, ONA adj. y s. *Fam.* Dícese de la persona que adopta modos, costumbres o indumentarias propios de una clase social superior, con el vano propósito de aparentarse a ella: *había muchos merdellones en la fiesta.*
MERECEDOR, RA adj. Que merece una cosa.
MERECER v. t. (lat. *mereri*). Ser o hacerse digno de algo: *merecer un castigo.* || Presentar los requisitos necesarios para una cosa: *carta que no merece contestación.* || Tener necesidad: *esta noticia merece ser comprobada.* || — V. i. Ser digno de premio. || *Merecer en bien de uno,* merecer su gratitud. || — IRREG. Pres. ind.: *merezco, mereces, merece, merecemos, merecéis, merecen;* imperf.: *merecía, merecías,* etc.; pret. ind.: *merecí, merecistes,* etc.; fut.: *mereceré, merecerás,* etc.; imperf.: *merece, mereced;* pot.: *merecería, merecerías,* etc.; pres. subj.: *merezca, merezcas, merezcamos, merezcaáis, merezcan;* pret. subj.: *mereciera, merecieras, mereciera,* etcétera; *mereciese, merecieses,* etc.; fut. subj.: *mereciere, merecieres,* etc.; part.: *merecido;* ger.: *mereciendo.*
MERECIDAMENTE adv. m. Con razón: *fue castigado merecidamente.*
MERECIDO m. Castigo que merece uno: *llevó cada cual su merecido.*
MERECIMIENTO m. Mérito, acción de merecer.
MEREJO, JA adj. *Ecuad.* Tonto.
MERENDAR v. i. Tomar la merienda. || Acechar, observar con disimulo: *merendar el juego de su compañero.* || — V. t. Comer en la merienda: *merendar jamón.* || *Fig.* y *fam. Merendarse una cosa,* lograrla. || — IRREG. Se conjuga como *arrendar.*
MERENDERO m. Sitio donde se merienda. || Establecimiento donde suele ir la gente a merendar en los días de fiesta. (SINÓN. V. *Restaurante.*) || — Adj. *Cuervo merendero,* el grajo.
MERENDOLA y **MERENDONA** f. *Fig.* Merienda abundante y rica.
MERENGAR v. t. Batir la leche hasta ponerla como merengue: *un vaso de leche merengada.*
MERENGUE m. (fr. *meringue*). Dulce delicado hecho con claras de huevo batidas y azúcar. || Enclenque, enfermizo. || Baile típico dominicano.
MERETRIZ f. Prostituta.
MEREY m. Marañón, árbol terebintáceo.
MERGÁNSAR y **MERGO** m. Cuervo marino.
MERICISMO m. Regurgitación de alimentos.
MERIDANO, NA adj. y s. De Mérida, ciudad de México.
MERIDENSE adj. y s. De Mérida, c. de Venezuela.
MERIDEÑO, ÑA adj. y s. De Mérida (España). || De Mérida, Estado de Venezuela.
MERIDIANA f. Especie de sofá. || Siesta.
MERIDIANO, NA adj. Relativo al mediodía. || *Altura meridiana,* altura de un astro sobre el horizonte, cuando pasa por el meridiano. || — M. *Geogr.* Círculo máximo que pasa por los polos y divide el globo terrestre en dos hemisferios. Semicírculo que va de polo a polo. || *Geom.* Plano que pasa por el eje de una superficie de revolución. || *Primer meridiano,* aquel desde el cual se miden los grados de longitud. (El *primer meridiano* pasa por el observatorio de Greenwich, cerca de Londres.) || *Meridiano magnético,* plano vertical que contiene la dirección de la aguja imantada.
— El *meridiano,* que pasa por los polos del globo y lo divide en dos *hemisferios: oriental* y *occidental,* se llama así porque cuando pasa el Sol por él, son las doce del día para todos los puntos que atraviesa en el hemisferio iluminado; en los del otro hemisferio son las doce de la noche. (V. LATITUD.)
MERÍDIEM (Ante y Post) loc. adv. *Amer.* Antes o después de mediodía. (Se escribe generalmente en abreviatura: *las 8 a. m.; llegará a las 9 p. m.*)
MERIDIONAL adj. Relativo al Sur o Mediodía: *Europa meridional.*
MERIENDA f. (lat. *merenda*). Comida ligera que se toma por la tarde. (SINÓN. V. *Colación.*) || *Fig.* y *fam. Merienda de negros,* confusión, barullo, alboroto grande. || *Fig.* y *fam. Juntar meriendas,* unir los intereses.
MERINDAD f. Territorio sometido antiguamente a la jurisdicción del merino.
MERINERO, RA adj. Perteneciente o relativo a los rebaños trashumantes, principalmente los merinos.
MERINO, NA adj. y s. Dícese de una variedad de carneros de origen español, y de lana fina y rizada: *en Argentina y Australia abundan los merinos.* || Tela hecha con lana de merino. || Cierto magistrado antiguo de España.
MÉRITO m. (lat. *meritum*). Lo que hace digna de elogio o recompensa a una persona o cosa: *hombre de gran mérito.* || Lo que hace una cosa útil o agradable: *el mérito de un vino.* || *De mérito,* de valor excelente: *pintura de gran mérito.*
MERITORIAMENTE adv. m. Merecidamente.
MERITORIO, RIA adj. Digno de premio: *acción meritoria.* || — M. Empleado que trabaja sin sueldo durante algún tiempo por hacer méritos.
MERLETA f. *Blas.* Figura de pájaro representado sin patas ni pico.
MERLÍN m. (flam. *maarline*). *Mar.* Especie de cuerda delgada, sin torcer, para forrar los cables.
MERLO m. Zorzal marino, ave. || *Arg.* Tonto.
MERLÓN m. (fr. *merlon*). *Fort.* Trozo de parapeto que media entre dos cañoneras.
MERLUZA f. (fr. *merluche*). Pez teleósteo marino del suborden de los anacantos, de carne blanca muy sabrosa y que puede alcanzar un metro de largo. || *Pop.* Embriaguez. (SINÓN. V. *Borrachera.*)
MERMA f. (del ár. *merma,* desperdicio). Acción de mermar. || Rebaja en una cosa. (SINÓN. V. *Disminución* y *pérdida.*)
MERMAR v. i. Bajar, disminuir una cosa: *ha mermado el vino en la pipa.* || — V. t. Rebajar, quitar: *mermarle a una la paga.*
MERMELADA f. (fr. *marmelade*). Conserva de membrillo o de cualquier otra fruta, que se hace en miel o azúcar. || — SINÓN. *Compota, confitura, jalea.*
MERO m. (lat. *merula*). Pez teleósteo acantopterigio de gran tamaño, cuya carne pasa por una de las más delicadas. || Pajarillo de Chile.
MERO, RA adj. (lat. *merus*). Puro, simple, sin mezcla de otra cosa: *la mera casualidad hizo que te viera.* || *Méx.* y *Hond.* Mismo: *¡yo mero!* || *Méx.* y *Hond.* Principal o verdadero: *ser mero malo.* || *Méx.* Exacto, puntual: *a las meras cinco de la tarde.* || — Adv. m. *Méx.* Mismo: *ya mero.* || *Méx.* En un tris, casi: *mero me mata.* || *Méx.* Muy: *ella es mero buena.* || *Venez.* y *Col.* Uno solo.
MERODEADOR, RA adj. y s. El que merodea.
MERODEAR v. i. Andar vagando y robando por los campos: *aficionados a merodear.*
MERODEO m. Acción y efecto de merodear. (SINÓN. V. *Robo.*)
MEROVINGIO, GIA adj. Perteneciente a la dinastía de los primeros reyes de Francia, uno de los cuales fue Meroveo.
MES m. (lat. *mensis*). Cada una de las doce divisiones del año solar. || Espacio que transcurre entre dos fechas iguales de dos meses consecutivos: *pedir un plazo de dos meses.* || Mensualidad, lo que se paga por un mes de trabajo.

Fot. X

— Los doce *meses* del año son: *enero, febrero, marzo, abril, mayo, junio, julio, agosto, septiembre, octubre, noviembre, diciembre.* Enero, marzo, mayo, julio, agosto, octubre y diciembre tienen 31 días; abril, junio, septiembre y noviembre 30 y febrero 28 (29 en los años bisiestos). [V. CALENDARIO.]

MESA f. (lat. *mensa*). Mueble de madera o de otra materia, sostenido por uno o varios pies: *una mesa de juego.* || Mesa en que se come: *poner, quitar la mesa; mesa bien servida.* || Comida: *una mesa abundante.* || Conjunto de personas que presiden una asamblea. || Meseta elevada que desciende abruptamente en todos sus lados: *la mesa de Anáhuac.* || Meseta de escalera. || Parte plana de una piedra preciosa labrada. || *Mesa de noche,* mueble con cajones que se pone junto a la cama. || *Mesa de altar,* altar. || *Mesa de batalla,* en el correo, aquella donde se ordena y agrupa la correspondencia. || *Mesa camilla,* la dispuesta para alojar el brasero. || *Mesa glaciárica,* roca que descansa sobre el hielo de un glaciar. || *Mesa redonda,* en las fondas, aquella en que todos comen la misma cosa, a hora fija, por precio determinado. Reunión de personalidades oficiales para llegar a un acuerdo. || *Fig. A mesa y mantel,* mantenido, alimentado. || *Mesa revuelta,* labor caligráfica muy complicada.

MESADA f. Cantidad de dinero o de otra cosa que se da o se cobra mensualmente. (SINÓN. *Mensualidad.*)

MESADURA f. La acción de mesar o mesarse.

MESALINA f. *Fig.* Mujer disoluta.

MESANA f. (lat. *mezzana*). *Mar.* Mástil que está colocado más a popa, en el barco de tres palos, y vela que en él se coloca. || — OBSERV. Es galicismo usarlo en lugar de *trinquete.*

MESAR v. t. Arrancar el cabello o la barba con las manos: *mesarse el pelo de rabia.*

MESCAL m. *Méx.* Mezcal.

MESCOLANZA f. *Fam.* Mezcolanza. (SINÓN. V. *Mezcla.*)

MESEGUERÍA f. Guarda de las mieses.

MESEGUERO, RA adj. (lat. *messis,* mies). Relativo a las mieses. || — M. El que guarda las mieses o viñas.

MESENIO, NIA adj. y s. De Mesenia: *los espartanos conquistaron el suelo mesenio.*

MESENTÉRICO, CA adj. *Anat.* Del mesenterio.

MESENTERIO m. (gr. *mesenteriom*). *Anat.* Redaño, omento, pliegue del peritoneo.

MESERO m. El que se ajusta por meses para trabajar en un oficio. || *Hond.* Dícese del ganado que no ha cumplido todavía un año de edad.

MESETA f. Descanso de una escalera. || Parte llana y algo extensa situada en una altura o montaña: *la meseta ocupa unas tres cuartas partes de la superficie de España.*

MESETEÑO, ÑA adj. y s. Habitante de una meseta, propio de ella.

MESIÁNICO, CA adj. Relativo al Mesías: *las tradiciones mesiánicas permanecieron siempre muy vivas entre los judíos.*

MESIANISMO m. Creencia en el Mesías. || *Fig.* Esperanza infundada en la solución de problemas mediante la intervención de una sola persona.

MESÍAS m. (del hebr. *maschiaj,* ungido). Redentor y libertador futuro de Israel. || Para los cristianos, Cristo. || *Por ext.* Aquel a quien se espera como liberador de males.

MESIDOR m. Décimo mes del calendario revolucionario francés (20 de junio a 19 de julio).

MESILLA f. Meseta de escalera. || Piedra superior de un antepecho o baranda. || Mesa de noche. || *Fig.* Reprensión áspera.

MESINÉS, ESA adj. y s. De Mesina.

MESMEDAD f. *Fam.* Úsase en la loc.: *por su misma mesmedad,* naturalmente, sin ayuda ajena.

MESMERIANO, NA adj. Relativo a Mésmer o al mesmerismo.

MESMERISMO m. Doctrina del médico alemán Mesmer. || Curación por medio del magnetismo.

MESMO, MA adj. *Ant.* y *fam.* Mismo.

MESNADA f. Compañía de soldados u hombres de armas. || *Fig.* Compañía, junta.

MESNADERO m. Soldado de la mesnada.

MESO, prefijo (gr. *mesos*) que significa *que está en medio* y entra en la composición de ciertas palabras.

MESOCARPIO m. (de *meso,* y el gr. *karpio,* fruto). *Bot.* Substancia carnosa y filamentosa contenida entre la epidermis y la película interna de ciertas frutas.

MESOCEFALIA f. Calidad de mesocéfalo.

MESOCÉFALO, LA adj. Dícese del cráneo intermedio entre braquicéfalo y dolicocéfalo.

MESOCRACIA f. Gobierno de la clase media. || Burguesía.

MESODERMO m. *Anat.* Hoja embrionaria situada entre el endodermo y el ectodermo.

MESOLÍTICO adj. Dícese del período prehistórico comprendido entre el paleolítico y el neolítico.

MESOLOTE m. *Méx.* Maguey doble.

MESOMORFO, FA adj. Dícese del estado de la materia que está entre el estado amorfo y el estado cristalino.

MESÓN m. Posada, venta. || *Chil.* Mostrador.

MESÓN o **MESOTRÓN** m. Partícula electrizada en los rayos cósmicos, que en el estado de reposo tiene una masa comprendida entre las del electrón y la del protón.

MESONERO, RA adj. Relativo al mesón. || — M. y f. Dueño de un mesón, posadero, ventero.

MESOPOTÁMICO, CA adj. y s. De Mesopotamia.

MESOSFERA f. Capa atmosférica que se extiende por encima de la estratosfera.

MESOTÓRAX m. *Zool.* Nombre de la segunda división del tórax de los insectos.

MESOTORIO m. Elemento de la familia del radio.

MESOTRÓN m. Mesón.

MESOZOICO, CA adj. y s. m. *Geol.* Dícese de los terrenos de la época secundaria.

MESQUITE m. Mezquite.

MESTA f. Reunión de los dueños de ganados: *el Concejo de la Mesta se reunía todos los años.*

MESTAS f. pl. Confluente de dos o más ríos.

MESTEÑO, ÑA adj. Relativo a la Mesta. || Mostrenco.

MESTER m. *Ant.* Oficio, arte. || *Mester de clerecía,* género de literatura cultivado en la Edad Media únicamente por los clérigos: *el mester de clerecía es el género en que se distinguió Gonzalo de Berceo.* || *Mester de juglaría,* poesía de los cantos populares o juglares.

MESTIZAJE m. Acción y efecto de mestizar. || Conjunto de mestizos.

MESTIZAR v. t. Adulterar. || Cruzar las razas.

MESTIZO, ZA adj. Nacido de padres de raza diferente. (SINÓN. *Bastardo, híbrido.*) || — M. y f. Mulato de blanco e indio. (SINÓN. *Criollo, cruzado, cuarterón, ochavón.*) || *Zool. Méx.* El Bermejo. || *Chil.* Acemita.

MESTURA m. *Agr.* Trigo mezclado con centeno.

MESURA f. (lat. *mensura*). Seriedad, gravedad, circunspección. || Respeto, cortesía. || Moderación, comedimiento: *hablar con mesura.* (SINÓN. V. *Prudencia.*)

MESURADAMENTE adv. m. Poco a poco, con mesura o circunspección: *portarse mesuradamente.*

MESURADO, DA adj. Moderado, circunspecto.

MESURAR v. t. Infundir mesura, moderar. || *Ecuad.* Medir.

META f. (lat. *meta*). En el circo romano, cada uno de los dos pilares colocados a ambos extremos de la espina. || Final de una carrera. (SINÓN. V. *Término.*) || Fin a que tiende una persona: *llegar a la meta de sus deseos.* || En deportes, portería o guardameta.

META prep. insep. (voz. gr.) Significa *después, de otro modo,* etc., y entra en la composición de varias voces: *metacarpo, metafísico, metátesis.*

METABÓLICO, CA adj. *Biol.* Perteneciente o relativo al metabolismo.

METABOLISMO m. Cambios fisiológicos entre el organismo vivo y el medio exterior. || *Metabolismo basal,* producción de calor del cuerpo humano, por hora y por metro cuadrado de la superficie del cuerpo, en reposo.

METACARPIANO adj. *Anat.* Dícese de los huesos del metacarpo.

METACARPO m. Parte de la mano entre el carpo y los dedos.

METACENTRO m. (de *meta,* y el gr. *kèntron,* centro). *Fís.* Punto ideal que se supone en el estudio de las leyes de equilibrio de los sólidos.

METAFASE f. Segunda fase de la división celular por mitosis.
METAFÍSICA f. (del gr. *meta ta physika*, después de la física, porque en las obras de Aristóteles estaba tratada dicha ciencia después de la física). Conocimiento de los principios primeros y de las causas de las cosas: *la metafísica de Aristóteles.* || Teoría general y abstracta: *la metafísica del lenguaje.* || *Fís.* Abstracción: *esta obra contiene demasiada metafísica.*
METAFÍSICAMENTE adv. m. De modo abstracto.
METAFÍSICO, CA adj. Relativo a la metafísica. || *Fig.* Abstracto, difícil de comprender: *razonamiento demasiado metafísico.* || — M. El que profesa la metafísica: *Leibniz fue un excelente metafísico.*
METÁFORA f. (del gr. *metaphora*, traslación). Figura de retórica por la cual se transporta el sentido de una palabra a otra, mediante una comparación mental: *la luz de la ciencia, la flor de la edad.* (SINÓN. V. *Alegoría.*)
METAFÓRICAMENTE adv. m. Por medio de metáforas: *expresarse metafóricamente.*
METAFÓRICO, CA adj. Concerniente a la metáfora: *expresión metafórica.* || Que abunda en metáforas: *el lenguaje de los orientales es muy metafórico.*
METAFORISMO m. Uso predominante de metáforas.
METAFORIZAR v. t. Emplear metáforas frecuentemente.
METAFOSFÓRICO adj. Dícese de un ácido derivado del fósforo.
METAGOGE f. (gr. *metagôgé*). *Ret.* Metáfora que consiste en aplicar voces significativas de sentido a cosas inanimadas, como *reírse el campo.*
METAL m. (gr. *metallon*). Cuerpo simple, dotado de un brillo particular llamado *brillo metálico*, buen conductor, en general, del calor y de la electricidad, y que posee además la propiedad de dar, en combinación con el oxígeno, por lo menos un óxido básico: *el hierro es el más útil de los metales.* || Cualquier metal no precioso: *sortija de metal.* || *Blas.* El oro y la plata, para distinguirlos de los esmaltes: *no puede figurar en las armas un metal sobre otro metal.* || *Fig.* Calidad o condición: *eso es otro metal.* || Azófar o latón || *Fig.* Timbre de la voz: *no quiero oír el metal de su voz.* || *Metal blanco*, aleación de cobre, níquel y cinc que tiene el brillo de la plata. || *Metal de imprenta*, aleación de plomo, antimonio y estaño. || *Fam. El vil metal*, el dinero.
— Todos los *metales* son sólidos a la temperatura ordinaria, excepto el mercurio, que es líquido. Son los principales: el *oro*, la *plata*, el *hierro*, el *cobre*, el *platino*, el *mercurio*, el *aluminio*, el *estaño*, el *plomo*, el *cinc*. El oro, la plata y el platino llevan el nombre de *metales preciosos;* el litio, sodio, potasio, rubidio y cesio, el de *metales alcalinos;* el berilio, magnesio, calcio, estroncio, bario y radio, el de *metales alcalinotérreos.*
METALADA f. *Chil.* Cantidad de metal explotable contenida en una veta.
METALDEHÍDO m. *Quím.* Polímero del aldehído acético, cuerpo sólido, blanco, usado como combustible.
METALEPSIS f. (gr. *metalepsis*). *Ret.* Especie de metonimia, que consiste en dar a entender una cosa expresando su antecedente o su consiguiente.
METALERO, RA adj. *Chil.* Metalífero.
METÁLICO, CA adj. De metal: *cable metálico.* || Que tiene apariencia de metal: *brillo metálico, color metálico.* || *Fig.* Sonoro como los metales: *voz metálica.* || Duro como el metal. || Que contiene un metal: *sal metálica.* || — M. Dinero amonedado o en billetes: *pagar en metálico.*

metate

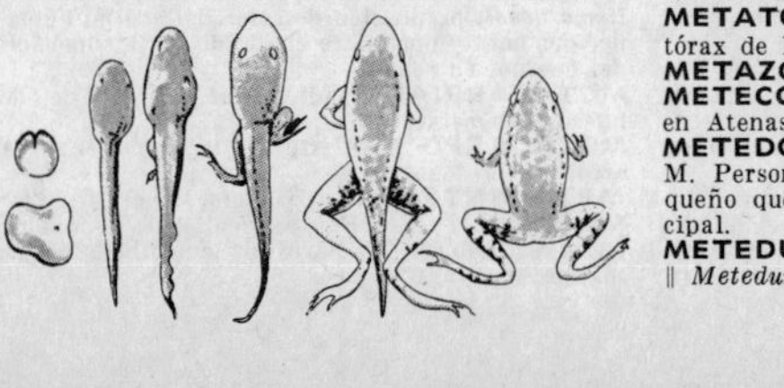

metamorfosis de una rana

METALÍFERO, RA adj. Que contiene metal.
METALISMO m. Teoría económica según la cual el dinero ha de tener un valor intrínseco.
METALISTERÍA f. Trabajo en metales.
METALIZACIÓN f. Acción de metalizar.
METALIZAR v. t. Dar brillo metálico. || Cubrir con una capa de metal: *metalizar una figura de yeso.* || — V. r. Pensar sólo en el dinero.
METALOGRAFÍA f. Estudio de la estructura de los metales y aleaciones.
METALOIDE m. (del gr. *metallon*, metal, y *eidos*, aspecto). Cuerpo simple no metálico: *el oxígeno es un metaloide.*
— Los *metaloides* son malos conductores del calor y de la electricidad; no tienen en general brillo metálico, y todos sus compuestos son óxidos neutros o ácidos. Los metaloides son: *flúor, cloro, bromo, yodo, oxígeno, azufre, selenio, teluro, nitrógeno, fósforo, arsénico, carbono, silicio* y *boro.*
METALOTERAPIA f. (del gr. *metallon*, metal, y *therapeia*, curación). *Med.* Tratamiento de ciertas enfermedades por medio de los metales.
METALURGIA f. (del gr. *metallon*, metal, y *ergon*, trabajo). Arte de extraer y labrar los metales.
METALÚRGICO, CA adj. Relativo a la metalurgia: *la industria metalúrgica está muy desarrollada en Vizcaya.* || — M. El que se dedica a la metalurgia.
METALURGISTA m. Metalúrgico.
METALLA f. Trozos pequeños de oro que utilizan los doradores.
METÁMERO, RA adj. Dícese de un cuerpo isómero de otro.
METAMÓRFICO, CA adj. *Geol.* Dícese del mineral que ha sufrido metamorfismo.
METAMORFISMO m. *Geol.* Transformación natural que experimentan ciertos minerales.
METAMORFOSEAR v. t. Transformar, cambiar: *la fortuna le ha metamorfoseado.*
METAMORFOSIS o **METAMÓRFOSIS** f. (de *meta*, y el gr. *morphê*, forma). Cambio de un ser en otro: *las metamorfosis de la mitología.* || Cambios de forma o de estructura que sobrevienen durante la vida de ciertos animales: *las ranas sufren metamorfosis.* || *Fig.* Cambio extraordinario en la fortuna, el estado o el carácter. || — OBSERV. Es preferible la acentuación llana (*metamorfosis*). El plural de esta palabra es igual que el singular. || — SINÓN. *Transfiguración, transformación, transmutación.*
METANO m. Hidrocarburo gaseoso de densidad 0,554, que arde con llama pálida. (Se desprende de las materias en putrefacción y constituye el grisú de las minas.)
METAPLASMO m. (del gr. *metaplasmos*, transformación). *Gram.* Alteración material de una palabra mediante adición, supresión o cambio de ciertas letras: *la elisión, la síncope, etc., son metaplasmos.*
METAPSÍQUICA f. Ciencia que estudia los fenómenos de ocultismo, telepatía, etc.
METÁSTASIS f. *Med.* Aparición de nuevos focos en una enfermedad.
METATARSIANO adj. *Anat.* Dícese de los huesos del metatarso.
METATARSO m. (de *meta*, y el gr. *tarsos*, tarso). *Anat.* Parte del pie comprendida entre el tarso y los dedos: *el metatarso se compone de cinco huesos paralelos.*
METATE m. (pal mex.). Piedra cuadrada que sirve en México para moler el maíz, y en España se usaba para labrar el chocolate.
METÁTESIS f. (de *meta*, y el gr. *thesis*, colocación). *Gram.* Figura de gramática que consiste en alterar el orden de las letras de una palabra (*perlado* por *prelado*).
METATÓRAX m. *Anat.* Tercera división del tórax de los insectos.
METAZOO m. Animal pluricelular.
METECO m. (gr. *metoikos*). Nombre que se daba en Atenas a los extranjeros. || Advenedizo.
METEDOR, RA adj. y s. Que mete. || — M. Persona que mete contrabando. || Pañal pequeño que se pone a los niños debajo del principal.
METEDURA f. *Fam.* Acción de meter una cosa. || *Metedura de pata*, dicho o hecho inconveniente.

Fot. M. H. N.

METEDURÍA f. Acción de meter contrabando.
METEJÓN m. *Col.* Enredo, lío. || *Arg.* Pérdida en el juego.
METELÓN, ONA adj. *Méx.* Entremetido.
METEMPSÍCOSIS, y mejor **METEMPSICOSIS** f. (gr. *metempsikhôsis,* de *meta,* cambio, *en,* en y *psykhê,* alma). Transmigración de las almas de un cuerpo a otro.
METEMUERTOS m. *Teatr.* Empleado que está encargado de meter y de retirar los muebles en la escena. || *Fig.* Persona que se mete en lo que no le importa.
METENSE adj. y s. De Meta (Colombia).
METEÓRICO, CA adj. Relativo a los meteoros. || *Piedra meteórica,* nombre que suele darse al *aerolito.*
METEORISMO m. *Med.* Hinchazón del abdomen, en los rumiantes, debida a los gases acumulados en el tubo digestivo: *el alfalfa y el trébol suelen producir meteorismo.*
METEORITO m. Fragmento de materia sólida procedente de los espacios intersiderales que cae a la Tierra. (Su composición es metálica o lítica) [SINÓN *Aerolito.*]
METEORIZACIÓN f. *Agr.* Acción de meteorizarse la Tierra.
METEORIZAR v. t. Dilatar el vientre del animal los gases acumulados en el intestino: *el alfalfa suele meteorizar a los bueyes.* || — V. r. Padecer meteorismo los animales. || Recibir la Tierra la influencia de los meteoros.
METEORO mejor que **METÉORO** m. (del gr. *meteôron,* cualquier cosa que pasa en el aire). Cualquier fenómeno atmosférico (el *trueno,* el *rayo,* el *granizo,* la *lluvia,* etc. || *Fig.* Persona o cosa que brilla con resplandor vivísimo y fugaz: *Gustavo Adolfo atravesó como un meteoro la historia de Alemania.*
METEOROLOGÍA f. (del gr. *meteôros,* meteoro, y *logos,* tratado). Ciencia que estudia los fenómenos atmosféricos, especialmente en orden a la precisión del tiempo: *la meteorología es muy útil para los navegantes y para los aviadores.*
METEOROLÓGICO, CA adj. Relativo a la meteorología: *hacer una observación meteorológica.*
METEOROLOGISTA o **METEORÓLOGO** com. Persona que se dedica al estudio de la meteorología.
METER v. t. (lat. *mittere*). Introducir: *meter la mano en el bolsillo.* (SINÓN. V. *Colocar.*) || Introducir en fraude: *meter tabaco.* || Levantar, promover: *meter enredos.* || Causar, ocasionar: *meter ruido.* || Apretar: *meter mucho los renglones de una plana.* || Embeber tela en una costura: *esta costura tiene mucho metido.* || *Fam.* Dar: *le metió un puñetazo.* || — V. r. Introducirse: *meterse uno donde no le llaman.* || Enredarse en una cosa: *meterse en aventuras.* || Seguir un oficio: *meterse soldado, meterse a labrador.* (*Amer.: meterse de.*) || Hacer algo para lo cual no se tiene capacidad: *Fray Gerundio abandonó los estudios para meterse a predicador.* || *Meterse con uno,* disputar con él, atacarle. || *Meterse en todo,* importunar. (SINÓN. V. *Inmiscuirse.*) || *Meter en un puño,* dominar. || — CONTR. *Sacar.*
METEREOLOGÍA f. Barb. por *meteorología.*
METESILLAS Y SACAMUERTOS m. *Teatr. Fam.* Metemuertos, empleado de la escena. || *Fam.* Persona entremetida e impertinente.
METETE adj. *Guat.* y *Chil.* Entremetido.
METICAL m. Moneda de vellón antigua.
METICULOSAMENTE adv. Con meticulosidad.
METICULOSIDAD f. La calidad de meticuloso.
METICULOSO, SA adj. (lat. *meticulosus*). Medroso, miedoso. || *Fig.* Escrupuloso, muy delicado. (SINÓN. V. *Concienzudo.*)
METIDILLO m. Metedor, pañal para los niños.
METIDO, DA adj. Apretado, que abunda en una cosa: *pan metido en harina.* || *Amer.* Entremetido. || — M. Empujón: *darle a uno un metido en la espalda.* (SINÓN. V. *Golpe.*) || Metedor, pañal. || Tela que se deja metida en una costura. || *Fig.* y *fam.* Reprensión vigorosa.
METILENO m. Nombre comercial del *alcohol metílico: el azul de metileno se usa en la industria.*
METÍLICO, CA adj. *Quím.* Dícese de ciertos cuerpos derivados del metilo: *alcohol metílico.*
METILO m. (del gr. *methê,* embriaguez). *Quím.* Radical monovalente CH_3, derivado del metano y que se encuentra en numerosos cuerpos orgánicos. || *Cloruro de metilo,* líquido cuya evaporación produce un frío de —55° y que se emplea en la industria y la medicina.
METIMIENTO m. Acto de meter una cosa en otra. || *Fam.* Privanza, influencia.
METLAPIL m. *Méx.* Rodillo que sirve para moler el maíz en el metate.
METÓDICAMENTE adv. m. De un modo metódico.
METÓDICO, CA adj. Que tiene orden y método: *clasificación metódica.* || — CONTR. *Desordenado.*
METODISMO m. Doctrina de una secta protestante fundada en el s. XVIII por John Wesley, que tiene una gran rigidez de principios: *el metodismo recluta sus principales adherentes en Escocia y en los Estados Unidos.*
METODISTA adj. y s. Que profesa el metodismo. || — Adj. Perteneciente a él.
METODIZAR v. t. Poner método en una cosa.
MÉTODO m. (gr. *methodos,* de *meta,* con, y *odos,* vía). Modo razonado de obrar o hablar: *proceder con método.* (SINÓN. *Procedimiento, técnica, teoría, tratamiento, sistema.* V. tb. *enseñanza* y *ordenación.*) || Modo de obrar habitual: *cada uno tiene su método.* || Marcha racional del espíritu para llegar al conocimiento de la verdad: *el Discurso del Método.* || Obra que contiene, ordenados, los principales elementos de un arte o ciencia: *método de piano.*
METODOLOGÍA f. (del gr. *methodos,* método, y *logos,* tratado). Ciencia que trata del método. || Estudio de los métodos de enseñanza.
METOMENTODO com. *Fam.* Persona entremetida.
METONIMIA m. (de *meta,* y el gr. *onoma,* nombre). Figura de retórica que consiste en designar una cosa con el nombre de otra, cuando están ambas reunidas por alguna relación, v. gr.: *un ejército de cien lanzas; respetar las canas de uno.* (SINÓN. *Trasnominación.*)
METONÍMICO, CA adj. Con metonimia.
METONOMASIA f. Defecto que se produce cuando se traduce un nombre propio: *las Tejerías por les Tuileries.*
METOPA mejor que **MÉTOPA** f. (gr. *metopê,* de *meta,* entre, y *opê,* agujero). *Arq.* Intervalo cuadrado que media entre los triglifos del friso dórico.
METOPOSCOPIA f. Adivinación del porvenir por las líneas del rostro.
METRA f. *Venez.* Bolita de barro o vidrio con que juegan los muchachos, canica.
METRAJE m. (pal. fr.). Longitud de una cinta de cine: *corto metraje.*
METRALLA f. (fr. *mitraille*). Pedazos de hierro y clavos con que se cargaban las piezas de artillería. || Fragmento en que se divide un proyectil al estallar.
METRALLAZO m. Disparo de metralla.
METRALLETA f. Arma de fuego automática, portátil y de repetición. (SINÓN. V. *Fusil.*)
MÉTRICA f. Arte de la estructura de los versos.
MÉTRICAMENTE adv. Con sujeción al metro.
MÉTRICO, CA adj. Relativo al metro. || *Sistema métrico,* conjunto de medidas que tiene por base el metro: *el sistema métrico es obligatorio o facultativo en la mayor parte de los Estados del mundo.* || *Quintal métrico,* peso de cien kilogramos. || *Tonelada métrica,* peso de mil kilogramos. || Relativo al metro o medida del verso: *arte métrica.* || *Cinta métrica,* la dividida en metros y centímetros que sirve para medir.
— Antes del establecimiento del *sistema métrico,* presentaban varios inconvenientes las diversas medidas usadas en España y en sus posesiones de ultramar. Empleábanse en efecto medidas que variaban con cada provincia y a veces dentro de una misma provincia. Al no ser decimales las subdivisiones, resultaban los cálculos largos y difíciles. Lo mismo sucedía en toda Europa. La Revolución Francesa tuvo el acierto de poner término a dicha confusión. En 1790 encargó la Asamblea Constituyente a la Academia de Ciencias que organizara un sistema mejor. Tratábase de determinar un modelo o tipo de medida que sirviese de base a todas las demás. Encargóse a

metopa

los matemáticos Mechain y Delambre que midiesen la longitud de la parte del meridiano comprendida entre Dunkerque y Barcelona; dicha medición se efectuó entre 1792 y 1799. Calculóse la longitud total del meridiano y se dio el nombre de *metro* a la diezmillonésima parte del cuadrante del mismo. Esta longitud sirvió de base para todas las demás medidas del sistema de pesas y medidas que por esta razón se llamó *sistema métrico*. El sistema internacional de unidades adoptado en la Conferencia de París de 1960 (v. METRO) es una codificación del sistema métrico que debe servir de base a la legislación de medidas en los países adheridos a este sistema.

METRIFICAR v. i. (del lat. *metrum*, metro, verso, y *facere*, hacer). Versificar, hacer versos.

METRIFICACIÓN f. Versificación.

METRITIS f. Inflamación de la matriz.

METRO m. (gr. *metron*). Unidad de longitud, adoptada en casi todos los países civilizados y que sirve de base a todo un sistema de pesas y medidas (símb.: m). || Objeto que sirve para medir y que tiene la longitud de un metro: *un metro de madera*. || Medida del verso: *poema en diversos metros*. || *Metro cuadrado*, unidad de superficie equivalente a un cuadrado de un metro de lado (símb.: m^2). || *Metro cúbico*, unidad de volumen que equivale a un cubo de un metro de lado (símb.: m^3). || *Metro por segundo*, unidad de velocidad (símb.: m/s).

— El *metro* es la longitud a 0° C del prototipo internacional de platino e iridio que se conserva en Sèvres (Francia), según el acuerdo de la Conferencia Internacional de pesos y medidas celebrada en París en 1889. Esta barra es aproximadamente inferior en 0,2 mm a la diezmillonésima parte del cuadrante del meridiano terrestre. Modernamente se define el metro como 1 650 763,73 veces la longitud de onda en el vacío de radiación anaranjada del criptón 86. Esta definición fue adoptada por la Conferencia General de Pesos y Medidas, celebrada en París en 1960, y substituye, con mayor precisión y garantía, el prototipo internacional anterior. La longitud del metro es, por supuesto, la misma.

metrónomo

METRO m. Apócope de *ferrocarril metropolitano*.

METROLOGÍA f. (del gr. *metron*, medida, y *logos*, tratado). Ciencia de las pesas y medidas.

METROMANÍA f. Manía de versificar. (P. us.)

METRÓNOMO m. (del gr. *metron*, medida, y *nomos*, ley). Instrumento que se emplea para medir los diversos grados de velocidad del movimiento musical.

METRÓPOLI f. (del gr. *mêtêr*, madre, y *polis*, ciudad). Estado o ciudad, con relación a sus territorios exteriores: *Francia fue la metrópoli de Argelia*. || Ciudad que tiene una sede arquiepiscopal. || *Por ext.* La ciudad más importante de una región. || Capital.

"mi", en las tres claves

METROPOLITANO, NA adj. Relativo a la metrópoli. || Relativo al arzobispo: *iglesia metropolitana*. || — M. Ferrocarril subterráneo o aéreo que enlaza los diversos barrios de una gran ciudad: *el metropolitano de Madrid*.

METRORRAGIA f. Hemorragia de la matriz.

MEXICANISMO m. Voz o giro mexicano. (V. AZTEQUISMO.)

MEXICANO, NA adj. y s. De México. (V. *Observ.* en MEJICANO.)

MEYOLOTE m. *Méx.* Cogollo fresco del maíz.

MEZALE m. *Méx.* Virutas de maguey raspado.

MEZCAL m. Variedad de pita. || Aguardiente extraído de esta planta.

MEZCALINA f. Alcaloide extraído del mezcal.

MEZCLA f. Acción de mezclar: *efectuar una mezcla*. || Resultado de varias cosas mezcladas: *mezcla de licores*. (SINÓN. *Aleación, amalgama, combinación, composición, entrevero, mescolanza, mitxión, mixtura*. Pop. *Ensalada, revoltijo*. Neol. *Cóctel*. V. tb. *fusión*.) || Reunión confusa de personas. || Tejido hecho con hilos de diferente clase. || *Albañ.* Argamasa.

MEZCLABLE adj. Que se puede mezclar.

MEZCLADO m. *Ant.* Tejido hecho con mezcla.

MEZCLADOR, RA m. y f. Que mezcla. || — F. Máquina que sirve para mezclar. || *Mezclador de sonidos*, en cinematografía, dispositivo en el que se reciben las corrientes moduladas procedentes de varios micrófonos para ser dosificadas.

MEZCLADURA f. y **MEZCLAMIENTO** m. Mezcla.

MEZCLAR v. t. Juntar, unir: *mezclar dos licores*. (SINÓN. *Amalgamar, entremezclar, ligar, mixturar, religar*.) || Reunir personas o cosas diversas: *mezclar los buenos con los malos*. || — V. r. Introducirse entre otras personas. || *Mezclarse en una cosa*, meterse en ella, tomar parte en ella. (SINÓN. *Participar*.) || — CONTR. *Separar, apartar*.

MEZCLILLA f. Tejido parecido a la mezcla y de menos cuerpo que ella. || — M. Monito de Venezuela.

MEZCOLANZA f. *Fam.* Mezcla confusa.

MEZONTETE m. *Méx.* Leño hueco que sobra del maguey después de raspado.

MEZOTE m. *Méx.* Maguey seco.

MEZQUICOPAL m. *Méx.* La goma del mezquite.

MEZQUINAMENTE adv. m. Con mezquindad.

MEZQUINAR v. i. *Amer.* Obrar con mezquindad.

MEZQUINDAD f. Avaricia. || Cosa mezquina. (SINÓN. V. *Pequeñez*.)

MEZQUINO, NA adj. Pobre, que carece de lo necesario: *una vida muy mezquina*. || Avaro, miserable, cicatero: *ser muy mezquino*. || Pequeño: *un edificio mezquino*. || — M. *Méx.* Verruga.

MEZQUITA f. Edificio religioso mahometano (SINÓN. V. *Iglesia*.)

MEZQUITE m. Árbol americano de la familia de las mimosáceas: *el zumo del mezquite o mezquicopal, se emplea en las oftalmias*.

MEZZO-SOPRANO m. Voz de mujer, entre soprano y contralto.

Mg, símbolo químico del *magnesio*.

MI m. *Mús.* Nombre de la tercera nota de la escala musical, y del signo que la representa.

MÍ (lat. *mihi*), pronombre personal de primera persona. Úsase con preposición: *a mí, de mí*, etc.

MI, MIS adj. pos. de primera persona singular: *mi libro, mi sombrero*. || — OBSERV. Es apócope del adj. pos. *mío*. No se emplea sino antepuesto al nombre.

MIAJA f. Meaja, migaja pequeña de una cosa.

MIAJÓN m. *And.* y *Extr.* Miga de pan.

MIALGIA f. (del gr. *mus*, músculo, y *algos*, dolor). Dolor muscular, miodinia.

MIALMAS (Como unas) expr. fam. Con mucho gusto, con gran satisfacción.

MIASMA m. (no f.) [del gr. *miasma*, mancha]. Emanación perniciosa que se desprende de las substancias animales o vegetales en descomposición. (SINÓN. V. *Efluvio*.)

MIASMÁTICO, CA adj. Que produce o encierra miasmas: *charca miasmática*. || Causado por los miasmas: *fiebre miasmática*.

MIASTENIA f. Debilidad muscular.

MIAU m. Onomatopeya del maullido del gato. (SINÓN. V. *Gato*.)

MICA f. Hembra del mico. (SINÓN. *Mona*.) || *Guat.* Borrachera, embriaguez. || — Adj. *Guat. Fam.* Coqueta.

MICA f. (del lat. *mica*, migaja). Mineral hojoso, de brillo metálico, uno de los componentes del granito: *la mica es un silicoaluminato de potasa, de hierro o de magnesia*.

MICÁCEO, A adj. Dícese del mineral que contiene mica o se parece a ella: *esquisto micáceo*.

MICACITA f. Roca compuesta de cuarzo y mica.

MICADA f. *Guat.* Monada.

MICADO m. Mikado.

MICAPACLE m. *Méx.* Una planta convolvulácea.

MICCIÓN f. (lat. *mictio*). Acción de orinar. || — PARÓN. *Mixtión*.

MICELIO m. Talo de los hongos que constituye el aparato de nutrición de los mismos: *en los hongos parásitos se desarrolla el micelio en los tejidos de las materias atacadas*.

MICÉNICO, CA adj. y s. De Micenas, antigua ciudad griega del Peloponeso.

MICER m. (del ital. *messer*, mi señor). Título honorífico antiguo que se aplicó también a los letrados de las islas Baleares.

MICETOLOGÍA f. Micología.

MICIFUZ m. *Fam.* Gato.

MICO m. Mono de cola larga. || *Fig.* y *fam. Dar mico* o *hacer mico*, faltar a una cita o compromiso. || *Fig.* y *fam.* Hombre pequeño, joven.

Fot. Larousse

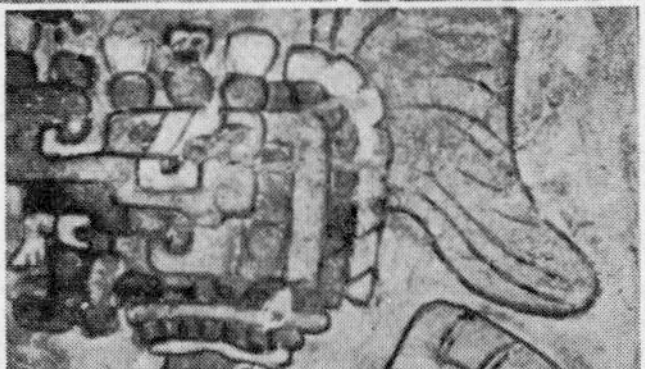

En México, antes de la llegada de los españoles, se desarrollaron numerosas y brillantes civilizaciones : la de Teotihuacán, entre los s. III y IX, ha dejado magníficas pirámides esculpidas (1. Pirámide del Sol), así como templos, estatuas monumentales y frescos, la de los olmecas, en la región del Golfo, y la de los zapotecas, en la región meridional. A partir del s. X, los toltecas dejan muestras de su arte grandioso especialmente en Yucatán, Chichén Itzá y Tula. Los aztecas, desde los comienzos del siglo XIV, imponen su arte, que se manifiesta principalmente en las estatuas religiosas. Los mayas de Yucatán alcanzan al mismo tiempo el más alto grado de civilización indígena en el Nuevo Mundo (2. Pirámide de Uxmal, llamada también « El Adivino »). Con la conquista de México, el país conoció la tradición gótica, mezclada con el plateresco y transformada en el s. XVII en barroco exuberante (3. Catedral de la ciudad de México). Después del academicismo de los s. XVIII y XIX, el período revolucionario ha originado un nuevo movimiento que se expresa principalmente en la pintura contemporánea de Rivera, Tamayo, Siqueiros y Orozco (4. « El Adiós », fresco de Orozco, en el colegio de San Ildefonso, México).

. « El dios del maíz », detalle de ın fresco de Oaxaca (civilización apoteca); 6. « El dios Quetzalcoatl » (civilización azteca)

Fot. Verger-Adep, Viollet, Martínez, Domínguez, Bravo, Musée de l'Homme, París

MICOATE m. *Méx.* Especie de culebra que se arroja sobre su presa desde los árboles.
MICODERMA m. Levadura que se cría en la superficie de las bebidas fermentadas y azucaradas.
MICOLEÓN m. *Guat.* El cusumbé o quincajú, mamífero.
MICOLOGÍA f. Parte de la botánica que estudia los hongos.
MICOSIS f. (del gr. *mukês*, hongo). Enfermedad causada por un hongo: *la peladera es una micosis.*
MICRA f. Unidad de medida adoptada en micrografía, equivalente a la milésima parte de un milímetro (símb.: μ).
MICRO prefijo inseparable (gr. *micros*), que significa *pequeño* y entra en la formación de muchas voces compuestas, como *micrómetro, microbio,* etc. (CONTR. *Macro.*)
MICRO m. *Fam.* Apócope de *micrófono.*
MICROAMPERIO m. Unidad de intensidad de corriente eléctrica equivalente a una millonésima parte del amperio (símb.: μA).
MICROBALANZA f. Balanza para pesar objetos muy pequeños.
MICROBIANO, NA adj. *Neol.* Relativo a los microbios: *enfermedades microbianas.*
MICROBICIDA adj. y s. Que mata los microbios.
MICROBIO m. (de *micro*, y el gr. *bios*, vida). Ser vivo, microscópico, que habita en el aire o el agua: *los microbios son los agentes habituales de las enfermedades infecciosas.* || — SINÓN. *Bacilo, bacteria, micrococo, microorganismo.*
— Los *microbios* (*bacterias, bacilos,* etc.) son organismos que comprenden *algas, hongos, levaduras,* etc. Encuéntranse por todas partes, en el aire, en el agua, en el cuerpo de los animales. Transforman, al multiplicarse, los elementos en que viven, y producen así la putrefacción, ciertas fermentaciones que son causa de las enfermedades infecciosas.
MICROBIOLOGÍA f. (de *microbio*, y el gr. *logos*, tratado). Estudio de los microbios: *Pasteur fue uno de los fundadores de la microbiología.*
MICROBIOLÓGICO, CA adj. Relativo a la microbiología: *laboratorio microbiológico.*
MICROBIÓLOGO m. Versado en microbiología.
MICROBÚS m. Microómnibus.
MICROCEFALIA f. Calidad de microcéfalo.
MICROCÉFALO, LA adj. (de *micro*, y el gr. *kephalè*, cabeza). Que tiene la cabeza muy pequeña: *los cretinos son con mucha frecuencia microcéfalos.*
MICROCOCO m. (de *micro*, y el gr. *kokkos*, grano). Microbio de forma esférica.
MICROCOPIA f. Microfilm.
MICROCOSMO m. *Fil.* El hombre considerado como resumen completo del Universo. || Mundo pequeño.
MICROFARADIO m. *Electr.* Unidad práctica de capacidad de un condensador, equivalente a la millonésima parte de un faradio (símb.: μ F).
MICROFILM m. Fotografía en película diminuta para reproducción de documentos. || — OBSERV. Escríbese también *microfilme.*
MICROFÍSICA f. Física del átomo.
MICRÓFONO m. Aparato que transforma las vibraciones sonoras en oscilaciones eléctricas.
MICROFOTOGRAFÍA f. Fotografía de las preparaciones microscópicas.
MICROGRAFÍA f. (de *micro*, y el gr. *graphein*, describir). Descripción de los objetos muy pequeños observados con el microscopio.
MICROGRÁFICO, CA adj. Relativo a la micrografía: *estudiar una preparación micrográfica.*
MICRÓGRAFO m. El que profesa la micrografía.
MICROHMIO m. *Electr.* Millonésima parte del ohmio (símb. : $\mu\ \Omega$).
MICROMÉTRICO, CA adj. Relativo al micrómetro: *tornillo micrométrico.*
MICRÓMETRO m. (de *micro*, y el gr. *metron*, medida). Instrumento que sirve para medir objetos o longitudes sumamente pequeños.
MICRÓN m. Micra.

MICROSCOPIO ELECTRÓNICO

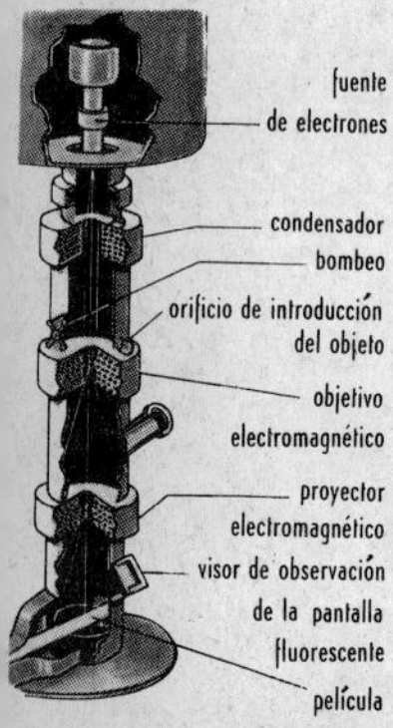

MICROÓMNIBUS m. *Neol.* Ómnibus de pequeñas dimensiones. (SINÓN. *Colectivo.*)
MICROONDAS f. pl. Ondas electromagnéticas de menos de 1 cm de longitud.
MICROORGANISMO m. Organismo microscópico. (SINÓN. V. *Microbio.*)
MICRÓPILO m. (de *micro*, y el gr. *pulê*, puerta). *Bot.* y *Zool.* Orificio del óvulo de las plantas y de algunos animales (insectos y peces).
MICROSCÓPICO, CA adj. Hecho con ayuda del microscopio: *estudios microscópicos.* || Que no puede verse sino con el microscopio: *animalillo microscópico.* || Muy pequeño: *libro microscópico.*
MICROSCOPIO m. (de *micro*, y el gr. *skopein*, ver, examinar). Instrumento óptico que sirve para aumentar considerablemente la imagen de los objetos muy diminutos. || *Microscopio electrónico*, aquel en el que los rayos luminosos son sustituidos por un flujo de electrones. (Pueden obtenerse así aumentos 100 veces superiores a los del microscopio ordinario.)
MICROSEGUNDO m. Unidad de tiempo equivalente a la millonésima parte de un segundo (símb.: Ms).
MICROSURCO m. Disco de fonógrafo de grabado muy fino y de larga audición.
MICRÓTOMO m. Instrumento para cortar en laminillas los objetos estudiados con el microscopio.
MICURÉ m. Especie de zarigüeya de larga cola.
MICHÍ m. *Chil.* Micho, gato.
MICHINO, NA m. y f. Micho, gato.
MICHO, CHA m. y f. *Fam.* Gato.
MICHOACANO, NA adj. y s. De Michoacán (México).
MIDRIASIS f. *Med.* Dilatación excesiva de la pupila con inmovilidad del iris.
MIDRIÁTICO, CA adj. y s. m. Que dilata las pupilas.
MIEDITIS f. *Fam.* Miedo.
MIEDO m. (lat. *metus*). Sentimiento de inquietud causado por un peligro real o imaginario: *tener miedo a los duendes.* (SINÓN. V. *Temor.*) || *Miedo cerval*, el muy grande. || *Meter miedo*, asustar. || *Pop. De miedo*, extraordinario.
MIEDOSO, SA adj. *Fam.* Medroso, que tiene miedo. || — M. *Venez.* Marimonda, mono.
MIEL f. (lat. *mel*). Substancia dulce, espesa y viscosa, que preparan ciertos insectos, principalmente las abejas, con las materias que recogen en las flores, y que luego depositan en las celdillas de sus panales: *la miel es ligeramente laxante.* || *Fig.* Dulzura: *palabras de miel.* || *Suave como la miel*, muy suave. || *Luna de miel*, los primeros tiempos del matrimonio. || *Miel de caña*, o *de prima*, melaza que fluye de las formas en que se cuaja el azúcar. || *Miel sobre hojuelas* (en el Ecuador *sobre buñuelos*), cosa que cae muy bien sobre otra. || *Fig.* y *fam. Quedarse a media miel*, verse privado de una cosa antes de haberla disfrutado por completo.
MIELGA f. (del lat. *medica*, alfalfa). Planta de la familia de las leguminosas muy usada como forraje. || Bieldo. || Amelgo.
MIELGA f. Pez selacio parecido a la lija.
MIELGO, GA adj. Mellizo. (SINÓN. V. *Gemelo.*)
MIELINA f. *Anat.* Substancia que envuelve las fibras nerviosas.
MIELÍTICO, CA adj. y s. Relativo a la mielitis o que la padece.
MIELITIS f. (del gr. *muelos*, medula, y el sufijo *itis*, inflamación). *Med.* Inflamación de la medula.
MIELOMA f. Crecimiento anormal de las células de la medula roja de los huesos.
MIEMBRO m. (lat. *membrum*). Apéndice del tronco del hombre y de los animales que sirve para el ejercicio de las funciones de relación: *miembros superiores e inferiores.* || Órgano de la reproducción en el hombre y algunos animales. || Parte de un todo. || Individuo que forma parte de una comunidad o cuerpo: *los miembros de una academia.* (SINÓN. *Adherente, afiliado, aliado, partidario, recluta, socio.*) || Cada una de las expresiones de una ecuación o desigualdad. || Cada división de un período, de un sistema rítmico. (SINÓN. V. *Parte.*)

MIENTE f. (lat. *mens, mentis*). *Ant.* Pensamiento. (Úsase en plural en frases como: *parar mientes en alguna cosa; traer a las mientes,* etc.)
MIENTRAS adv. t. y conj. Durante el tiempo que: *mientras estás sentado, lee esa carta.* ‖ — Prep.: *mientras eso.* ‖ *Mientras más,* m. adv., cuanto más: *mientras más tiene, más desea.* ‖ *Mientras tanto,* m. adv., mientras.
MIERA f. Aceite que destila el enebro. ‖ Trementina que fluye de los pinos.
MIÉRCOLES m. (del lat. *Mercurii dies,* día consagrado a Mercurio). Cuarto día de la semana. ‖ *Miércoles de ceniza,* primer día de la cuaresma.
MIERDA f. *Vulg.* Excremento. ‖ Suciedad.
MIERRA f. Narria, carro.
MIES f. (lat. *messis*). Cereal maduro: *segar las mieses.* ‖ Tiempo de la siega. ‖ — Pl. Sembrados.
MIGA f. (lat. *mica*). Migaja, porción menuda de una cosa. ‖ Parte interior y blanda del pan. ‖ *Fig.* Substancia: *cosa de poca miga.* ‖ — Pl. Pan desmenuzado y frito. ‖ *Fig.* y *fam. Hacer buenas,* o *malas, migas dos personas,* entenderse bien o mal.
MIGAJA f. Partícula de pan que salta al romperlo. ‖ Porción pequeña de una cosa. (SINÓN. V. *Pedazo.*) ‖ *Fig.* Parte menuda de una cosa: *las migajas de la ciencia.* (SINÓN. V. *Parte.*) ‖ — Pl. *Fig.* Desperdicios o sobras de uno, de que se utilizan otros. (V. MIAJA.)
MIGAJÓN m. Migaja grande, pedazo de miga de pan. ‖ *Fig.* y *fam.* Miga, substancia. ‖ *Chil.* Galladura del huevo.
MIGALA f. (lat. *mygale*). Género de arañas cuya picadura es muy dolorosa. (Algunas especies sudamericanas alcanzan gran tamaño.)
MIGAR v. t. Desmenuzar el pan para hacer sopas, migas, etc. ‖ Echar los pedazos en un líquido: *migar el gazpacho.*
MIGRACIÓN f. (lat. *migratio*). Acción de pasar de un país a otro para establecerse en él: *Europa fue poblada por las migraciones de las razas orientales.* ‖ Viaje periódico de ciertas aves: *las migraciones de las golondrinas.* ‖ — OBSERV. Una *migración* se compone de una *emigración* o salida del país de origen, y una *inmigración* en el país de llegada.
MIGRAÑA f. Jaqueca.
MIGRATORIO, RIA adj. Relativo a las migraciones: *movimiento migratorio.*
MIGUEL m. *Parag.* Reptil parecido al lución.
MIGUELEAR v. i. *Amér. C.* Enamorar, cortejar.
MIGUELEÑO, ÑA adj. y s. De San Miguel (El Salvador).
MIGUELETE m. Antiguo fusilero de Cataluña. ‖ Soldado de la milicia foral en Guipúzcoa.
MIGUERO adj. Dícese del lucero del alba porque al verlo se ponen los pastores a hacer las migas.
MIHRAB m. (ár. *mihrab*). Nicho adonde miran en las mezquitas los musulmanes cuando oran.
MIJAR m. Campo de mijo.
MIJARRA f. *Venez.* Almijarra de molino.
MIJE m. *Méx.* Tabaco malo. ‖ Árbol de Cuba.
MIJO m. (lat. *milium*). Planta gramínea originaria de la India, común en España. ‖ Semilla de esta planta.
MIKADO m. Palacio imperial japonés. ‖ Título honorífico que se da indebidamente al emperador del Japón.
MIL adj. (lat. *mille*). Diez veces ciento. ‖ Milésimo. ‖ Gran número: *tener mil disgustos.* ‖ Millar: *perder miles de pesos.* ‖ *Fig.* y *fam. A las mil y quinientas,* demasiado tarde: *vino a las mil y quinientas.* ‖ — OBSERV. Está mal decir: *adaptar a miles usos* o *miles hombres acudieron,* en lugar de *mil usos, mil hombres* o *miles de usos, miles de hombres,* y también decir *muchas miles de pesetas* por *muchos miles de pesetas.*
MILADI f. (del ingl. *my lady,* mi señora). Tratamiento que se da en Inglaterra a las señoras pertenecientes a la nobleza.
MILAGRERÍA f. Narración de hechos maravillosos que el vulgo toma como milagros.
MILAGRERO, RA adj. Dícese de la persona aficionada a considerar como milagros cosas muy naturales. ‖ *Fam.* Milagroso: *santo milagrero.*
MILAGRO m. (lat. *miraculum*). Hecho sobrenatural, debido al poder divino: *la conversión del agua en vino fue el primer milagro de Jesucristo.* ‖ Cosa extraordinaria y que no podemos comprender: *los milagros de la naturaleza.* (SINÓN. V. *Maravilla.*) ‖ Nombre dado a los más antiguos ensayos del drama religioso en la Edad Media. (SINÓN. *Misterio.*) ‖ *Fig.* y *fam. Vivir uno de milagro,* vivir con mucha dificultad; haberse salvado de un gran peligro.
MILAGRÓN m. Aspaviento: *hacer milagrones.*
MILAGROSAMENTE adv. m. Por milagro. ‖ De modo que admira y suspende.
MILAGROSO, SA adj. Que sale de lo natural. ‖ Que hace milagros: *imagen milagrosa.* ‖ Maravilloso: *cosecha milagrosa.*
MILAMORES f. Planta de la familia de las valerianáceas: *la milamores se suele comer en ensalada.*
MILANÉS, ESA adj. y s. De Milán (Italia).
MILANO m. (lat. *milvus*). Ave rapaz diurna de las regiones templadas: *el milano es la más cruel de las aves de presa.* ‖ Pez marino acantopterigio, de aletas pectorales tan desarrolladas que le permiten dar saltos fuera del agua.
MILCAO m. *Chil.* Guiso de papas con manteca.
MILDIU o **MILDEU** m. (ingl. *mildew*). Enfermedad de la vid, caracterizada por manchas rojizas y causada por un hongo: *el mildiu se combate con el sulfato de cobre.*
MILENARIO, RIA adj. (lat. *millenarius*). Relativo al número mil o al año mil. ‖ Muy antiguo ‖ — M. Espacio de mil años. (V. *Parte hist.*) ‖ Milésimo aniversario.
MILENARISMO m. Creencia en la Edad Media de que el fin del mundo había de ocurrir en el año 1000. ‖ Doctrina que sostenía que Cristo reaparecería sobre la Tierra para reinar por un período de 1000 años.
MILENIO m. Mil años.
MILENRAMA f. Planta de la familia de las compuestas, algo usada en medicina.
MILÉSIMO, MA adj. (lat. *millesimus*). Que ocupa el lugar indicado por el número mil. ‖ — M. Cada una de las mil partes iguales en que se divide un todo. ‖ — F. (m. en Uruguay.) Milésima parte de la unidad monetaria: *milésima de peso.*
MILESIO, SIA adj. y s. De Mileto, antigua ciudad de Jonia. ‖ *Lit. Fábula milesia,* cuento inmoral.
MILETE m. *Col.* Cachada que se da al trompo.
MILFLORES m. Un bejuco de Cuba.
MILHOJAS f. Milenrama. ‖ Pastel de hojaldre y crema. (En esta acepción se emplea más como masculino.)
MILHOMBRES m. *Fam.* Apodo que se da al hombre pequeño y bullicioso o que para nada sirve.
MILI, pref. insep. (lat. *mille*), que significa *milésima parte*: *milímetro, miliamperio.*
MILI f. *Pop.* Servicio militar.
MILIAMPERÍMETRO m. *Electr.* Amperímetro muy sensible, graduado para medir los miliamperios.
MILIAMPERIO m. *Electr.* Milésima parte del amperio.
MILIAR adj. (lat. *milliarius,* de *millium,* mijo). De forma de grano de mijo. ‖ *Med.* Dícese de una fiebre caracterizada por la erupción de vejiguillas semejantes a granos de mijo.
MILIAR adj. Dícese de la columna o mojón que antiguamente se ponía en los caminos para marcar cada mil pasos. ‖ — PARÓN. *Millar.*
MILIARIO, RIA adj. Relativo a la milla. ‖ Miliar: *columna miliaria.*
MILIBAR m. Unidad de presión atmosférica equivalente a una milésima de bar (símb.: mb).
MILICIA f. (lat. *militia*). Arte militar: *dedicarse a la milicia.* ‖ Gente de guerra. (SINÓN. V. *Tropa.*) ‖ Nombre de ciertos cuerpos militares sedentarios formados por ciudadanos del orden civil: *milicia urbana.* ‖ Servicio militar.
MILICIANO, NA adj. Perteneciente o relativo a la milicia. ‖ — M. Soldado de una milicia.
MILICO m. *Amer. Fam.* Soldado, miliciano.
MILICURIE m. Unidad de radiactividad, equivalente a la milésima parte del curie.
MILIGRAMO m. Milésima parte de un gramo (símb.: mg).

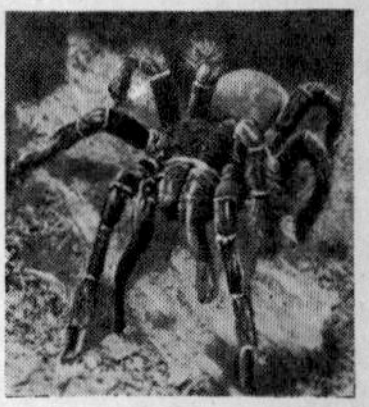
migala

milamores

milano

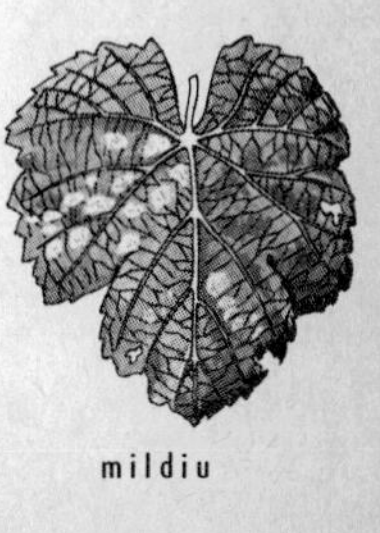
mildiu

Fot. Eichorn, Dechambre

mimbrera

mimosa

MILILITRO m. La milésima parte de un litro (símb.: ml).
MILIMÉTRICO, CA adj. Relativo al milímetro; graduado en milímetros.
MILÍMETRO m. La milésima parte de un metro (símb.: mm).
MILIMICRA f. Unidad de longitud equivalente a una milésima parte de la micra (símb. mμ).
MILITANTE adj. y s. Que milita. (SINÓN. V. *Guerrero y partidario.*) || *Iglesia militante,* la reunión de los fieles que viven en este mundo en la fe católica.
MILITAR adj. (lat. *militaris*). Relativo a la milicia o a la guerra: *arte militar.* || — M. El que forma parte del ejército: *un valiente militar.* (SINÓN. V. *Guerrero.*)
MILITAR v. i. Servir como soldado. || *Fig.* Existir o concurrir en una cosa alguna circunstancia especial: *militan muchas pruebas en su favor.*
MILITARA f. *Fam.* La mujer o hija de militar.
MILITARISMO m. Predominio del elemento militar en un país y doctrina que lo defiende: *el militarismo alemán.*
MILITARISTA adj. Propio del militarismo. || — M. y f. Partidario del militarismo.
MILITARIZACIÓN f. Acción y efecto de militarizar.
MILITARIZAR v. t. Dar carácter militar: *militarizar un país.*
MILITARMENTE adv. m. De un modo militar.
MILITAROTE m. *Despect.* El militar muy grosero.
MÍLITE m. Soldado.
MILITERMIA f. Caloría grande o milésima parte de la termia.
MILITRONCHE m. *Pop.* Militar.
MILIVOLTIO m. Unidad de fuerza electromotriz o de diferencia de potencial que equivale a la milésima parte del voltio símb.: mV).
MILOCA f. Ave rapaz nocturna parecida al búho.
MILOCHA f. Cometa, birlocha, juguete.
MILONGA f. *Riopl.* Tonada monótona popular y baile que se ejecuta con esta música. || Fiesta familiar con baile. || Enredo, chisme.
MILONGUERO, RA m. y f. Cantor o bailador de milongas. || *Arg.* Aficionado a los bailes populares.
MILORD m. (del ingl. *my lord,* mi señor). Tratamiento que se da a los lores. Pl. *milores.* || Birlocho con capota, bajo y ligero.
MILPA f. *Amér. C.* y *Méx.* Sementera de maíz. || Tierra destinada al cultivo del maíz.
MILPEAR v. i. *Méx.* Labrar la tierra.
MILPERO m. *Méx.* El que cuida de una milpa.
MILPESOS m. *Col.* Fruto de un género de ceiba usado como salvadera. || *Col.* Una palma oleaginosa.
MILPIÉS m. Cochinilla, crustáceo pequeño.
MILRAYAS m. Tejido con rayas de color muy apretadas.
MILREIS m. Moneda brasileña.
MILTOMATE m. *Méx.* Tomate que se siembra en una milpa. || *Hond.* Fruto de una planta parecido al tomate, pero blanco y pequeño.
MILLA f. (del lat. *milla,* millar). Medida itineraria marina (1 852 metros). || Medida itineraria inglesa: *la milla inglesa mide 1 609 metros.* || Medida itineraria romana que equivalía a ocho estadios.
MILLACA f. Cañota, planta gramínea.
MILLAR m. Conjunto de mil unidades: *un millar de hombres.* || Gran cantidad: *millares de hombres.* || Cantidad de tres libras y media de cacao aproximadamente. || — PARÓN. *Miliar.*
MILLARADA f. Cantidad próxima a mil: *gastó en el edificio una millarada de pesos.*
MILLO m. Mijo, planta gramínea. || *Can.* Maíz.
MILLÓN m. Mil millares: *un millón de habitantes.* || *Fig.* Número muy grande. || — Pl. Tributo antiguo sobre vino, vinagre, aceite, carne, jabón y velas de sebo.
MILLONADA f. Cantidad de cerca de un millón.
MILLONARIO, RIA adj. y s. Muy rico.
MILLONÉSIMO, MA adj. y s. Cada una de las partes iguales de un todo dividido en un millón de partes.
MIMADOR, RA adj. Que mima mucho.
MIMAR v. t. Halagar, acariciar. || Tratar con mucho cariño y condescendencia.
MIMBRAL m. Mimbreral.
MIMBRE amb. (lat. *vimen*). Mimbrera, arbusto. || Varitas de la mimbrera: *cesta de mimbres.*
MIMBREAR v. i. Moverse con flexibilidad.
MIMBREÑO, ÑA adj. Parecido al mimbre.
MIMBRERA f. Arbusto de la familia de las salicáceas, cuyas ramas largas, delgadas y flexibles, se emplean en cestería. || Mimbreral.
MIMBRERAL m. Plantío de mimbreras.
MIMBROSO, SA adj. De mimbres. || Abundante en mimbreras.
MIMEÓGRAFO m. *Amer.* Máquina para reproducir documentos parecida a la multicopista.
MIMESIS f. (gr. *mimesis*). *Ret.* Imitación de una persona burlándose de ella.
MIMÉTICO, CA adj. Relativo al mimetismo.
MIMETISMO m. Parecido que adquieren ciertos seres vivos con el medio en que habitan o con otras especies mejor protegidas. || *Por ext.* Reproducción maquinal de gestos o de actitudes.
MÍMICA f. (de *mímico*). Arte de imitar o de expresar por medio de gestos o ademanes: *una mímica expresiva.* (SINÓN. V. *Gesto.*)
MÍMICO, CA adj. Perteneciente o relativo al mimo o a la mímica: *poeta mímico.* || Imitativo: *lenguaje mímico.*
MIMO m. (lat. *mimus,* gr. *mimos*). Entre los griegos y romanos, farsante del género bufo. || Género de comedia popular entre los griegos y romanos, en que imitaba el autor los caracteres y las costumbres. || Cariño, halago: *hacerle mimos a uno.* || Demasiada condescendencia que se manifiesta a un niño: *el mimo es muy perjudicial.*
MIMÓGRAFO m. Autor de mimos o comedias.
MIMOLOGÍA f. (de *mimo,* y el gr. *logos,* discurso). Imitación de la voz y de los gestos.
MIMOSA f. Género de plantas de la familia de las mimosáceas, llamada también *sensitiva,* o *mimosa púdica,* porque sus hojas se contraen al menor contacto. (Las especies del género *acacia* tienen flores amarillas, agrupadas en pequeñas esferas, muy olorosas.)
MIMOSÁCEAS f. pl. *Bot.* Familia de las angiospermas monocotiledóneas, de hojas compuestas y fruto en legumbre, como la *acacia* o mimosa y la *mimosa* o sensitiva.
MIMOSEAR v. t. *Riopl.* Mimar.
MIMOSO, SA adj. Consentido, delicado, muy mimado. (SINÓN. V. *Cariñoso.*)
MINA f. (gr. *hêmina*). Moneda griega que valía cien dracmas en Atenas.
MINA f. (lat. *mina*). Lugar subterráneo de donde se extraen los metales y los minerales: *mina de oro, de plata.* || Excavación hecha para extraer un mineral: *el trabajo en la mina es peligroso.* || Galería subterránea hecha para hacer saltar, por medio de la pólvora, una roca, una fortaleza, etc.: *pegar fuego a una mina.* (SINÓN. V. *Subterráneo.*) || Torpedo fijo o flotante. || *Amer.* Concubina. || *Fig.* Aquello que abunda en cosas útiles o curiosas: *este libro es una mina de noticias.* || *Fig.* Empleo o negocio que con poco trabajo produce mucha ganancia. || *Mina de lápiz,* mezcla de grafito y arcilla.
MINADOR, RA adj. Que mina. || — M. *Mar.* Buque que fondea minas. || Ingeniero o artífice que abre las minas. || Soldado especializado en la instalación y manejo de minas.
MINAR v. t. Cavar una mina: *minar una roca.* (SINÓN. *Excavar, socavar, zapar.*) || Cavar lentamente: *el agua mina las rocas.* || *Fig.* Hacer diligencias ocultas para averiguar o conseguir algo. || *Fig.* Consumir, devorar, roer poco a poco: *minado por la enfermedad.* || *Mar.* Fondear minas: *minar un canal.* || *Mil.* Hacer minas en la tierra para poner explosivos. || Poner barrenos.
MINARETE m. Galicismo por *alminar.*
MINDONIENSE adj. y s. De Mondoñedo.
MINERA f. *And.* Cante de los mineros, de ritmo arrastrado y triste.
MINERAL adj. Relativo a los cuerpos inorgánicos. || *Reino mineral,* conjunto de los objetos comprendidos con el nombre genérico de minerales. || *Aguas minerales,* las que tienen una sal en disolución. || — M. Cuerpo inorgánico que se halla en el interior o en la superficie de la tierra. || Petróleo. || *Méx.* Mina.

Fot. Charbonnages de France

erforadora de aire comprimido en acción

máquina para rebajar por capas

entibación metálica

transportadora mecánica

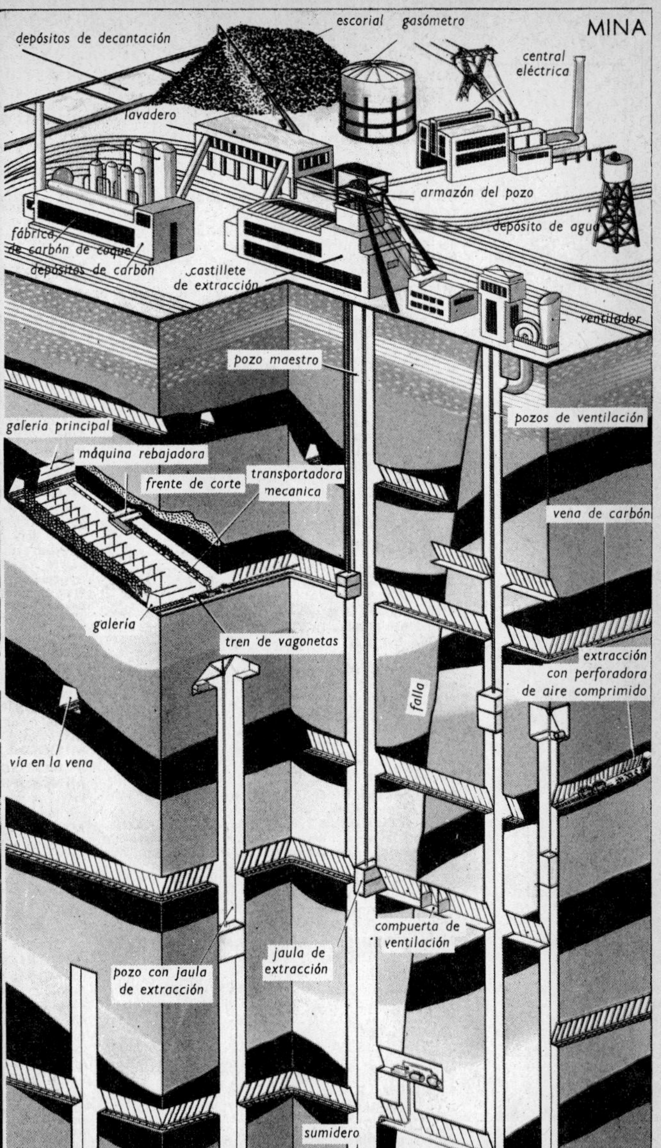

tren de vagonetas en una galería

volcador automático de vagonetas

selección del carbón sobre la transportadora

MINERALIZACIÓN f. Acción de mineralizar.
MINERALIZADOR, RA adj. Que transforma un mineral al combinarse con él: *el flúor, el cloro, el boro y el azufre son mineralizadores.*
MINERALIZAR v. t. *Min.* Transformar en mineral un metal: *el azufre mineraliza el hierro.* ‖ — V. r. Convertirse en mineral. ‖ Cargarse el agua de substancias minerales.
MINERALOGÍA f. Parte de la historia natural que trata de los minerales.
MINERALÓGICO, CA adj. Relativo o perteneciente a la mineralogía: *museo mineralógico.*
MINERALOGISTA m. El que se dedica al estudio de la mineralogía.
MINERÍA f. Arte de explotar las minas: *escuela de minería.* ‖ Laboreo de las minas. ‖ Conjunto de las minas de una nación o comarca.
MINERO, RA adj. Relativo o perteneciente a las minas: *la industria minera española.* ‖ — M. El que trabaja en las minas. ‖ Mina. (P. us.) ‖ *Riopl.* Ratón pequeño, laucha.
MINEROMEDICINAL adj. Dícese del agua mineral usada en medicina.
MINERVA f. La mente, la inteligencia: *de propia minerva.* ‖ Procesión del Santísimo Sacramento que salía en algunos puntos en las domínicas después del Corpus. ‖ Máquina de imprimir pequeña.
MINERVISTA m. Obrero impresor que trabaja con una minerva.
MINESTRÓN m. *Arg.* Menestra italiana. ‖ Sopa de legumbres.
MINGA f. *Per.* y **MINGACO** m. *Chil.* y *Per.* Faena voluntaria y corta que hacen los peones en las fincas los días de fiesta, retribuida con una comilona.
MINGITORIO m. (del lat. *mingo,* orinar). Perteneciente o relativo a la micción. ‖ — M. Urinario.
MINGO m. Bola que se coloca a la cabecera de la mesa de billar y con la cual no tira generalmente ningún jugador. ‖ *Col.* Tercero en el tresillo. ‖ *Cub.* Cierto juego de muchachos que se realiza con bolitas o mates. ‖ *Fam. Poner el mingo,* sobresalir, distinguirse. ‖ *Coger de mingo,* tomar por primo.
MINGÓN, ONA adj. *Venez.* Mimado.
MINGUÍ m. *Hond.* Una bebida fermentada.
MINIAR v. t. (del lat. *miniare,* pintar con minio). *Pint.* Pintar miniaturas.
MINIATURA f. (ital. *miniatura,* de *minio,* substancia roja que usaban los ilustradores de manuscritos). Letras o dibujos de color rojo, que encabezaban los manuscritos antiguos. ‖ Pintura de pequeñas dimensiones. ‖ Objeto de arte de pequeñas dimensiones y delicadamente trabajado. ‖ Persona muy bonita y delicada. ‖ — OBSERV. Úsase a veces como adjetivo: *coche miniatura.*
MINIATURISTA com. Pintor de miniaturas.
MINIFUNDIO m. Finca rústica muy pequeña. ‖ — CONTR. *Latifundio.*
MÍNIMA f. Cosa muy pequeña. (P. us.) ‖ *Mús.* Nota que equivale a la mitad de la semibreve. ‖ Temperatura más baja en un tiempo y lugar determinados.
MINIMALISTA adj. y s. Durante la revolución rusa, partidario de un mínimum de reformas, opuesto a *maximalista.*
MINIMIZAR v. t. Reducir a su mínimo volumen. ‖ *Fig.* Quitar importancia, menospreciar.
MÍNIMO, MA adj. (lat. *minimus*). Muy pequeño: *suma mínima.* (SINÓN. *Chico, irrisorio, menor, módico.*) ‖ — M. Religioso de la orden de San Francisco de Paula. ‖ Límite inferior, mínimum. ‖ Zona de baja presión atmosférica. ‖ *Mínimo vital,* renta mínima necesaria para la subsistencia de un persona o familia. ‖ *Mat. Mínimo común múltiplo (m. c. m.),* el menor de los múltiplos comunes de dos o más números.
MÍNIMUM m. (del lat. *minimum,* la menor parte). Límite inferior de una cosa: *conceder el mínimum de libertad a un pueblo.* ‖ — OBSERV. Esta palabra se usa siempre en singular y precedida de un artículo.
MININO, NA m. y f. *Fam.* Gato o gata.
MINIO m. (lat. *minium*). Óxido de plomo de color rojo anaranjado (Pb_3O_4): *el minio se emplea como pintura para preservar el hierro del orín.*
MINISTERIAL adj. Perteneciente al ministerio: *cargo ministerial.* ‖ — Adj. y s. Partidario de un ministerio: *diputado ministerial.*
MINISTERIALISMO m. Condición de ministerial.
MINISTERIO m. (lat. *ministerium*). Cargo que ejerce uno: *desempeñar su ministerio.* (SINÓN. V. *Empleo.*) ‖ Cargo de ministro, tiempo que dura: *el ministerio de Godoy.* ‖ Cuerpo de los ministros: *esta votación derribó el ministerio.* ‖ Departamento en que se divide la gobernación del Estado: *Ministerio de Hacienda.* ‖ Edificio donde se halla la oficina del ministro. ‖ *Ministerio público,* el fiscal, en ciertos tribunales.
MINISTRA f. La que ministra alguna cosa. ‖ Mujer del ministro. ‖ — OBSERV. Cuando es miembro de un Gobierno se dice *la ministro.*
MINISTRABLE adj. Que reúne las circunstancias suficientes para ser nombrado ministro.
MINISTRADOR, RA adj. y s. Que ministra o desempeña un cargo.
MINISTRANTE adj. Que ministra o suministra alguna cosa. ‖ — M. Practicante de hospital.
MINISTRAR v. t. (lat. *ministrare*). Desempeñar un ministerio. ‖ Dar, suministrar: *ministrar dinero.* (P. us.)
MINISTRIL m. *Ant.* Ministro inferior de justicia. ‖ Músico que tocaba algún instrumento de viento. (SINÓN. V. *Trovador.*)
MINISTRO m. (del lat. *minister,* siervo). El que ejecuta los proyectos de otro: *ser ministro de las venganzas de alguno.* ‖ Individuo escogido por el jefe del Gobierno para dirigir la administración central de un gran servicio público: *ministro de Hacienda.* ‖ Sacerdote de un culto reformado: *ministro anglicano.* ‖ Agente diplomático inferior al embajador: *ministro plenipotenciario.* ‖ Oficial inferior de justicia. ‖ *Ministro de Dios,* sacerdote. ‖ *Primer ministro,* jefe del Gobierno. ‖ *Ministro sin cartera,* el que no tiene a su cargo ningún departamento, pero participa en las labores del Gobierno. ‖ — OBSERV. El femenino de esta palabra es también *ministro*: *la ministro de Relaciones Exteriores.*
MINNESINGER m. (del al. *Singer,* cantor, y *Minne,* amor). Trovador alemán antiguo.
MINO m. Voz familiar con que se llama al *gato.*
MINOICO, CA adj. Cretense.
MINORACIÓN f. Acto de minorar o disminuir.
MINORAR v. t. Disminuir, reducir, rebajar: *minorar una cantidad.* ‖ — CONTR. *Aumentar, agrandar.*
MINORÍA f. El número menor en una asamblea, nación o población: *los diputados de la minoría.* ‖ Estado de una persona que a causa de su corta edad no está considerada por la ley como responsable de sus actos o no es plenamente capaz jurídicamente. ‖ Tiempo durante el cual una persona es menor. ‖ Tiempo durante el cual un soberano no puede ejercer el poder a causa de su corta edad: *la minoría de Alfonso XIII.*
MINORIDAD f. Minoría, menoría.
MINORISTA adj. Dícese del comercio por menor. ‖ — M. Clérigo de menores. ‖ Comerciante al por menor.
MINORITARIO, RIA adj. y s. Que pertenece a la minoría. ‖ Que se apoya sobre una minoría: *ministerio minoritario.*
MINUANO, NA adj. y s. De Lavalleja, dep. del Uruguay, y en particular de su cap. Minas.
MINUCIA f. (lat. *minutia*). Menudencia, pequeñez. (SINÓN. V. *Nadería.*) ‖ *Ant.* Diezmo de las frutas de poca importancia.
MINUCIOSAMENTE adv. m. Con minuciosidad.
MINUCIOSIDAD f. Calidad de minucioso.
MINUCIOSO, SA adj. Que se detiene en cosas insignificantes: *efectuar una inspección minuciosa.* (SINÓN. V. *Concienzudo.*)
MINUÉ m. (fr. *menuet*). Baile francés elegante y grave, que ejecutan dos personas: *el minué estuvo de moda en el siglo* XVIII. ‖ Composición musical de compás ternario, que acompaña el minué. (Escríbese tb. *minuete, minueto.*)
MINUENDO m. (lat. *minuendus*). *Álg.* y *Arit.* Cantidad de la que se resta o sustrae otra.
MINUETE (Acad.) y **MINUETO** m. Minué.
MINÚSCULA adj. (lat. *minuscula*). *Letra minúscula,* letra ordinaria, por oposición a *mayúscula.*

MINÚSCULO, LA adj. Diminuto, muy pequeño, insignificante. (SINÓN. V. *Pequeño.*)
MINUTA f. (del lat. *minuta*, pequeña). ‖ Borrador de una escritura, contrato, etc. ‖ Apuntación que se hace por escrito. ‖ Cuenta de los honorarios de un abogado o curial. ‖ Lista, nómina, catálogo. ‖ *Chil.* Tienda de objetos usados de poco valor. ‖ Lista de los platos que componen una comida.
MINUTAR v. t. Hacer la minuta o borrador.
MINUTARIO m. Libro en que el notario guarda los borradores o minutas de las escrituras otorgadas ante él.
MINUTERO m. Aguja que sirve para señalar los minutos en el reloj.
MINUTISA f. (del lat. *minutus*, pequeño, diminuto). Planta de la familia de las cariofiláceas, de flores olorosas, que se suele cultivar en los jardines.
MINUTO m. (del lat. *minutus*, pequeño). Sexagésima parte de una hora. ‖ Sexagésima parte de un grado de círculo. (Símb.: m.) ‖ *Al minuto*, rápidamente.
MIÑANGO m. *Amer.* Pedazo pequeño.
MIÑAQUES m. pl. *Chil.* Encajes de bolillos.
MIÑARDÍ m. (fr. *mignardise*). *Chil.* Especie de randa.
MIÑOCO m. *Col.* Gesto, melindre, remilgo.
MIÑÓN m. (fr. *mignon*). Soldado de tropa ligera destinado para la persecución del contrabando. ‖ Individuo de una milicia de la provincia de Álava.
MIÑÓN m. Escoria del hierro en algunas partes.
MIÑONA f. *Impr.* Tipo o carácter de letra de siete puntos.
MÍO, MÍA adj. posesivo (lat. *meus*). Que me pertenece: *un pariente mío; esta cosa es mía.* (Antes de los subs. se emplea *mi.*) ‖ *Fig.* y *fam. Esta es la mía*, tener ocasión para lograr lo que se pretende. ‖ — Pr. pos. (con el artículo *el, la, lo, los, las*): *si es esa su opinión, no es la mía.*
MÍO m. Voz con que se llama al *gato.*
MIOCARDIO m. (del gr. *mys, myos*, músculo, y *kardia*, corazón). *Zool.* Parte musculosa del corazón, situada entre el pericardio y el endocardio.
MIOCARDITIS f. Inflamación del miocardio.
MIOCENO adj. y s. (del gr. *meion*, muy pequeño, y *kainos*, nuevo). *Geol.* Dícese del período de la era terciaria que sigue al oligoceno.
MIODINIA f. (del gr. *mys, myos*, músculo, y *odunê*, dolor). *Med.* Dolor de los músculos.
MIOGRAFÍA f. Descripción de los músculos.
MIÓGRAFO m. *Fisiol.* Aparato que se emplea para registrar las contracciones musculares.
MIOLEMA m. (del gr. *mys, myos*, músculo, y *lemma*, túnica). *Anat.* Envoltura de las fibras musculares.
MIOLOGÍA f. (del gr. *mys, myos*, músculo, y *logos*, tratado). *Anat.* Ciencia que trata de los músculos.
MIOMA m. *Med.* Tumor del tejido muscular.
MIOMÍO m. *Riopl.* Planta solanácea venenosa.
MIOPE adj. y s. (gr. *myôps*). Corto de vista.
MIOPÍA f. Defecto de la vista que sólo permite ver los objetos próximos al ojo.
— La causa de la *miopía* es una curvatura excesiva del cristalino, que forma las imágenes delante de la retina. El uso de lentes divergentes o cóncavas corrigen este defecto.
MIOSIS f. Contracción permanente de la pupila.
MIOSOTA f. (lat. *myosota*). *Bot.* Raspilla, nomeolvides.
MIOSOTIS f. Galicismo por *raspilla, nomeolvides.*
MIQUEAR v. i. *Col.* Travesear, enredar. ‖ *Guat.* Coquetear.
MIQUELETE m. Miguelete.
MIQUILO m. *Bol.* y *Arg.* Nutria, mamífero.
MIQUIS (Con) loc. *Fam.* Conmigo.
MIR m. (pal. rusa). En la Rusia de los zares, asamblea de aldea que tenía la propiedad colectiva de las tierras, y las repartía por lotes entre las familias durante un tiempo determinado.
MIRA f. Señal fija hacia la cual se dirigen visuales. ‖ Pieza de las armas de fuego que sirve para asegurar la puntería. ‖ Obra elevada o avanzada en las fortalezas antiguas. ‖ *Fig.* Intención: *obrar con miras interesadas.* (SINÓN. V. *Objeto.*)

‖ Regla graduada. ‖ — Pl. Cada uno de los dos cañones que se ponen a los lados del bauprés. ‖ *Fig.* y *fam. Estar a la mira de una cosa*, observar un negocio para aprovechar alguna contingencia.
MIRA f. Estrella variable.
MIRABEL m. (fr. *mirabelle*). Planta de la familia de las quenopodiáceas. ‖ Girasol.
MIRABOLANO y **MIRABOLANOS** m. *Bot.* Mirobálano.
MIRADA f. Acción de mirar: *una mirada severa.* ‖ Modo de mirar. ‖ — SINÓN. *Atisbo, ojeada, vista, vistazo.*
MIRADERO m. Persona o cosa que es objeto de la atención pública. ‖ Mirador.
MIRADO, DA adj. Circunspecto, receloso: *ser muy mirado.* (SINÓN. V. *Tacaño.*) ‖ Tenido en buen o mal concepto: *no ha sido mal mirada su conducta.*
MIRADOR, RA adj. y s. Que mira. ‖ — M. Galería o pabellón desde donde se puede explayar la vista. ‖ Balcón cerrado con cristales y cubierto. ‖ *P. Rico.* Caseta en la azotea de una casa.
MIRAGUANO m. Palmera de América y Oceanía que produce una materia algodonosa usada para rellenar almohadas. ‖ *Fam. Parecer de miraguano*, ser muy delicado.
MIRAJE m. Galicismo por *espejismo.*
MIRAMAMOLÍN m. Califa. (Sobre todo se llamó así a los califas almohades.)
MIRAMELINDOS m. Balsamina, planta.
MIRAMIENTO m. Acción de mirar. ‖ *Fam.* Recelo, circunspección: *no andes con tantos miramientos.* (SINÓN. *Atención, consideración, deferencia, reparo, respeto.*)
MIRANDENSE adj. y s. De Miranda (Venezuela).
MIRANDÉS, ESA adj. y s. De Miranda de Ebro (Burgos).
MIRAR v. t. (lat. *mirari*). Fijar la vista en: *mirar la gente que pasa por la calle.* (SINÓN. *Admirar, contemplar, examinar, observar, ojear.* V. tb. *reconocer, ver* y *vigilar.*) ‖ Estar situado hacia: *la casa mira al Norte.* ‖ Tener un fin u objeto: *no mirar sino a su provecho.* ‖ *Fig.* Pensar, reflexionar: *mira lo que haces.* ‖ *Fig.* Cuidar, tender: *mirar por sus intereses.* ‖ *¡Mira!*, interj. de amenaza o advertencia. ‖ *Fig. Mirarse en una persona*, complacerse mucho en ella. ‖ *Fig.* y *fam. Mírame y no me toques*, aplícase a las personas o cosas delicadas y de poca resistencia. ‖ *Mirar de arriba abajo*, mirar con aire impertinente. ‖ *Mirar por*, tener cuidado de: *mirar por su salud.*
MIRASOL m. Girasol. ‖ *Arg.* Especie de garza.
MIRIA, prefijo inseparable (gr. *myrias*), que significa *diez mil* y forma varias voces compuestas: *miriámetro.*
MIRÍADA f. Número grande e indeterminado: *miríadas de estrellas.*
MIRIÁMETRO m. Medida de diez mil metros. (Símb.: Mm).
MIRIÁPODO adj. y s. *Zool.* Miriópodo.
MIRÍFICO, CA adj. (lat. *mirificus*). *Poét.* Maravilloso, asombroso: *miríficas promesas.* (SINÓN. V. *Admirable.*)
MIRILLA f. Abertura en el suelo o en una puerta, para ver desde dentro sin ser visto. ‖ Abertura que sirve en ciertos instrumentos para dirigir visuales. ‖ Ventanilla.
MIRIÑAQUE m. Especie de refajo hueco, con armadura de alambre, que llevaban las mujeres para ahuecar las faldas. ‖ Alhaja que tiene poco valor. ‖ *Cub.* Tela de algodón. ‖ *Venez.* Chanchullo. ‖ *Arg.* Aparato colocado delante de la locomotora para apartar cualquier obstáculo que le estorbe el paso.
MIRIÓPODOS m. pl. (del gr. *myrioi*, innumerables, y *pous, podos*, pie). *Zool.* Clase de articulados que tienen uno o dos pares de patas en cada artejo: *el ciempiés es un miriópodo.*

mirabel

mirador

miriñaque

Fot. Arch. Phot.

MIRIQUINÁ m. *Arg.* Cierto mono pequeño.
MIRÍSTICA f. (gr. *myristikos*). Árbol de la familia de las miristicáceas, cuyo fruto es la nuez moscada.
MIRISTICÁCEAS f. pl. Familia de plantas angiospermas dicotiledóneas, originarias de países tropicales.
MIRLO m. (lat. *merula*). Pájaro parecido al tordo, de plumaje obscuro (el macho negro y la hembra pardo). || *Fig.* y *fam.* Gravedad extremada y ridícula. || *Ser un mirlo blanco,* ser de rareza extraordinaria.

mirlo

MIRMIDÓN m. Hombre muy pequeño. (SINÓN. V. *Enano.*) [V. *Parte hist.*]
MIROBÁLANO m. Árbol de la familia de las combretáceas, originario de la India.
MIROBRIGENSE adj. y s. Natural de la antigua Miróbriga, hoy Ciudad Rodrigo.
MIRÓN, ONA adj. y s. Que mira demasiado, curioso. (SINÓN. V. *Bobo.*)
MIROTÓN m. *Chil.* Mirada rápida y furtiva.
MIRRA f. (lat. *myrrha*). Gomorresina aromática y medicinal producida por un árbol de Arabia.
MIRRA f. *Venez.* Migaja.
MIRRADO, DA adj. Que contiene mirra.
MIRRANGA f. *Col.* Pedazo pequeño.
MIRRAUSTE m. Salsa de leche con almendras.
MIRRUÑA y **MIRRUSCA** f. *Méx.* y *Amér. C.* Pedacillo de una cosa.
MIRSINÁCEAS f. pl. Familia de plantas angiospermas, con hojas esparcidas.
MIRTÁCEAS f. pl. Familia de árboles y arbustos angiospermos dicotiledóneos como el arrayán y el eucalipto.
MIRTÍDANO m. Pimpollo del mirto.
MIRTIFORME adj. De forma de hoja de mirto: *músculo mirtiforme.*
MIRTINO, NA adj. De mirto.
MIRTO m. (lat. *myrtus*). Arrayán, arbusto.
MISA f. (lat. *missa*). Sacrificio del cuerpo y sangre de Jesucristo que hace el sacerdote en el altar: *la misa es la principal ceremonia del culto católico.* || Orden del presbiterado: *estar ordenado de misa.* || *Misa cantada,* aquella que se celebra con canto y música. || *Misa del gallo,* la de la noche de Navidad. || *Misa de cuerpo presente,* la dicha en presencia del cadáver. || *Misa gregoriana,* la dicha durante treinta días seguidos en sufragio del alma de un difunto. || *Misa negra,* simulacro de misa celebrado en honor del diablo. || *Misa mayor,* la cantada y solemne. || *Misa rezada,* la que se celebra sin canto. || *Fig.* y *fam. No saber de la misa la media,* ignorar una cosa de que pretende uno hablar. || *Decir misa,* celebrarla. || *Cantar misa,* decir la primera misa. || *De misa y olla,* frase que se dice del clérigo de cortos alcances. || *Oír misa,* asistir a ella.
MISACANTANO m. Sacerdote que canta misa, especialmente cuando es la primera.
MISAL adj. y s. Libro que contiene las oraciones de la misa. || — M. *Impr.* Grado de letra intermedio entre peticano y parangona.
MISANTROPÍA f. Aversión a la humanidad. || Humor desapacible. || — CONTR. *Filantropía.*
MISANTRÓPICO, CA adj. Relativo a la misantropía: *tener un carácter misantrópico.*
MISÁNTROPO m. (del gr. *misein,* odiar, y *anthrôpos,* hombre). El que tiene aversión al trato humano. || *Por ext.* El que tiene el carácter brusco, desagradable. (SINÓN. V. *Huraño.*)
MISCELÁNEA f. (del lat. *miscellanea,* mezcla). Mezcla de cosas inconexas: *miscelánea literaria.* (SINÓN. V. *Colección.*)
MISCELÁNEO, A adj. Diverso, mezclado, vario, mixto.
MISCIBILIDAD adj. Posibilidad de mezclarse.
MISCIBLE adj. Que puede mezclarse para formar un conjunto homogéneo.
MISERABLE adj. y s. (lat. *miserabilis*). Avariento, agarrado: *mostrarse muy miserable.* || Desdichado, desgraciado: *fin miserable.* (SINÓN. V. *Mendigo.*) || Ínfimo: *un salario miserable.* || Vil, despreciable: *conducta miserable.* (SINÓN. V. *Abyecto.*)
MISERABLEMENTE adv. De modo miserable.
MÍSERAMENTE adv. m. De manera mísera.
MISEREAR v. i. *Fam.* Portarse con miseria.
MISERERE m. (pal. lat. que sign. *ten compasión*). Nombre del salmo cincuenta, que empieza por esta palabra. || Canto compuesto sobre dicho salmo: *Allegri escribió un magnífico miserere.* || *Cólico miserere,* el íleo.
MISERIA f. (lat. *miseria*). Estado digno de compasión por lo desgraciado o pobre: *la miseria mueve a compasión.* (SINÓN. V. *Desgracia* y *pobreza.* CONTR. *Riqueza, felicidad.*) || Escasez extrema de algo. || Avaricia, parsimonia excesiva. (CONTR. *Generosidad.*) || *Pop.* Piojos que cría una persona: *limpiar a un niño de miseria.* || *Fig.* y *fam.* Cosa pequeña: *me dio una miseria.* (SINÓN. V. *Nadería.*)
MISERICORDIA f. (lat. *misericordia*). Virtud que nos hace tener compasión de los males ajenos. || Virtud que nos impulsa a perdonar. (SINÓN. V. *Piedad.*) || Pieza pequeña en los asientos de los coros de las iglesias para reclinarse cuando se está de pie.
MISERICORDIOSO, SA adj. y s. Propenso a la misericordia. || — CONTR. *Despiadado.*
MISERO, RA adj. *Fam.* Que oye muchas misas.
MÍSERO, RA adj. Infeliz: *un mísero jornalero.* (SINÓN. V. *Mendigo.*)
MISÉRRIMO, MA adj. Muy mísero.
MISI m. Voz para llamar al gato.
MISIA o **MISIÁ** f. (de *mi seá,* mi señora). En algunas partes, especialmente en América, tratamiento que se da amistosa y familiarmente a las señoras casadas o viudas.
MISIO, SIA adj. y s. De Misia.
MISIÓN f. (lat. *missio, onis*). Acción de enviar. || Poder que se da a un enviado para que haga alguna cosa: *misión diplomática.* (SINÓN. V. *Delegación.*) || Viaje que hacen los predicadores evangélicos para difundir la religión: *una misión protestante.* (SINÓN. V. *Apostolado, predicación.*) || Lugar donde predican o viven los misioneros: *tierra de misión.* || Serie de sermones dada en una parroquia o en un pueblo para hacer revivir el espíritu religioso: *los paúles dan misiones por los pueblos.* || Cada uno de dichos sermones: *acudir a la misión.* || Viaje de estudio, de exploración: *misión científica.* || Deber moral que a cada hombre le impone su condición o estado: *la misión del bibliotecario, del escritor, del obrero.* (SINÓN. V. *Trabajo.*)
MISIONAL adj. Relativo a las misiones: *el espíritu misional de San Vicente de Paúl.*
MISIONAR v. i. Predicar o dar misiones. || Extender el Evangelio en tierra de infieles.
MISIONERO, RA adj. Perteneciente o relativo a las misiones. || M. y f. Persona que difunde el cristianismo en tierra de infieles. || — M. Predicador eclesiástico que hace misiones.
MISIONERO, RA adj. y s. De Misiones (Argentina y Paraguay).
MISIVO, VA adj. Que envía o remite: *carta misiva.* || Relativo a la misión personal de cada uno: *la vida tiene un carácter misivo.* || — F. Epístola: *larga misiva.* (SINÓN. V. *Carta.*)
MISMAMENTE adv. m. *Fam.* Precisamente.
MISMÍSIMO, MA adj. Superl. de *mismo.*
MISMO, MA adj. Que expresa identidad o paridad: *con sus mismas palabras.* || Semejante: *esto es del mismo color que aquello.* (Úsase después de pronombres o adverbios: *yo mismo; ahora mismo.*) || *Lo mismo,* la misma cosa. || *Donde mismo,* en el mismo lugar. || *Por lo mismo,* a causa de ello, por esta razón. || *Así mismo,* de esta manera. También. || *Fam. El mismo que viste y calza,* locución empleada para corroborar la identidad de una persna.
MISO m. Micho, gato.
MISÓGAMO, MA adj. y s. Enemigo del matrimonio.
MISOGINIA f. Aversión u odio a las mujeres.
MISÓGINO adj. y s. Enemigo de la mujer.
MISONEÍSMO m. adj. y s. Odio a las novedades.
MISONEÍSTA adj. y s. Enemigo de novedades.
MISQUEÑO, ÑA adj. y s. De Mixco (Guatemala).
MISS f. (pal. ingl.). Tratamiento que se da en Inglaterra a las señoritas. || Reina de belleza: *miss Europa.* || Institutriz inglesa. Pl. *misses.*
MISSILE m. (pal. ingl.). Cohete, proyectil balístico.

Fot. L. P. Hosking

MISTAGOGO m. Sacerdote antiguo que iniciaba en los misterios de la religión grecorromana.
MISTAR v. t. Musitar.
MISTELA f. Vino muy dulce. || Bebida resultante de la adición de alcohol al mosto de uva.
MÍSTER m. (pal. ingl.). Tratamiento inglés equivalente a señor.
MISTERIO m. (lat. *mysterium*). Conjunto de doctrinas o reglas que deben conocer sólo los iniciados: *los misterios de Eleusis.* || Paso de la vida y pasión de Jesús, considerado detenidamente: *los misterios del Rosario.* || Dogma religioso inaccesible a la razón: *el misterio de la Trinidad.* || Cosa secreta: *los misterios de la política.* || Disimulo: *obrar con misterio.* (SINÓN. V. *Secreto.*) || Cosa inaccesible a nuestra razón: *los misterios de la naturaleza.* || Drama de asunto religioso: *los misterios de la Pasión.* (SINÓN. V. *Milagro.*)
MISTERIOSAMENTE adv. m. Con misterio.
MISTERIOSO, SA adj. Que encierra un misterio o sentido oculto: *una predicción misteriosa.* (SINÓN. V. *Obscuro* y *oculto.*) || Aficionado a hacer misterios de cosas que no lo son.
MÍSTICA f. Parte de la teología que trata de la vida espiritual.
MISTICISMO m. (del lat. *mysticus,* místico). Doctrina filosófica y religiosa, según la cual consiste la perfección en una especie de contemplación extática, que une el alma misteriosamente con Dios. || Estado de la persona que se dedica mucho a Dios. || Estado de unión entre el alma y Dios por mediación del amor.
MÍSTICO m. Una embarcación costanera, con velas latinas, del Mediterráneo.
MÍSTICO, CA adj. (lat. *mysticus*). Figurado, alegórico: *la escala mística de San Juan.* || Relativo al misticismo: *son escritores místicos Santa Teresa, San Juan de la Cruz,* etc. || Muy devoto. (SINÓN. V. *Creyente.*) || *Amer.* Remilgado.
MISTICÓN, ONA adj. y s. *Fam.* Santurrón.
MISTIFICACIÓN f. Mixtificación. (SINÓN. V. *Trampa.*)
MISTIFICAR v. t. Mixtificar.
MISTIQUERÍA f. *P. Rico.* Melindre.
MISTONGO adj. *Arg.* y *Chil. Fam.* Pobre.
MISTRAL m. Nombre del viento frío y seco que sopla del Norte en las costas del Mediterráneo.
MISTRESS f. pal. ingl., pr. *misis*). Tratamiento que se da en Inglaterra a las señoras casadas. (Se escribe en abreviatura *Mrs.*)
MISTURA f. (lat. *mixtura*). Mixtura, mezcla. || *Bol.* Ramillete de flores.
MISTURERA f. *Per.* Florista.
MITA f. *Chil.* y *Per.* Trabajo forzoso, pero pagado, en las minas, fábricas y obras públicas, a que estaban obligados los indios durante la dominación incásica y española. (V. *Parte Hist.*) || Tributo que pagaban los indios del Perú. || *Chil. Fam.* Vez, turno: *tocarle a uno la mita.* || *Bol.* Cosecha de la hoja de coca. || *Arg.* Tropa de ganado que se transporta por tren.
MITACA f. *Bol.* y *Col.* Cosecha en general.
MITAD f. Cada una de las dos partes iguales en que se divide un todo. || Medio: *partir un pan por la mitad.* || *Fam.* Consorte: *cara mitad.* || — Puede usarse también como adverbio: *mitad gracioso, mitad desagradable.* || *Estar de mitad en un negocio,* galicismo por *ir a medias.* || *Mitad y mitad,* a partes iguales.
MITÁN m. Holandilla, tela.
MITAYERA f. *Bol., Col.* y *Venez.* Canoa para los víveres.
MITAYO, YA adj. *Ecuad.* Calificativo despectivo que se da a los indios. || — M. Indio que llevaba lo recaudado en la mita. || Indio que en América daban por sorteo y repartimiento.
MÍTICO, CA adj. Perteneciente o relativo a los mitos: *el período mítico de Grecia.* || — PARÓN. *Místico.*
MITIGACIÓN f. Acción de mitigar o suavizar.
MITIGADOR, RA y **MITIGANTE** adj. y s. Que mitiga o modera.
MITIGAR v. t. (lat. *mitigare,* de *mitis,* suave). Suavizar, disminuir, calmar: *mitigar un dolor.* (SINÓN. V. *Aliviar* y *moderar.*)
MITIMAES m. pl. *Per.* Colonias de indios que mandaban los Incas a las regiones recién conquistadas. || Indios que servían en las filas españolas.
MITIN m. (ingl. *meeting*). Reunión pública, donde se discuten asuntos políticos o sociales: *un mitin de protesta, de propaganda.* Pl. *mítines.* (SINÓN. V. *Reunión.*)
MITIQUERÍA f. *Chil. Fam.* Mistiquería.
MITIQUERO, RA adj. *Arg.* Melindroso, mimado.
MITO m. (del gr. *mythos,* fábula). Relato de los tiempos fabulosos y heroicos: *los mitos de Grecia.* || Tradición alegórica que tiene por base un hecho real, histórico o filosófico: *el mito del Sol.* || *Fig.* Cosa fabulosa: *el ave fénix era un mito.* (SINÓN. V. *Leyenda.*)
MITO m. *Arg.* Resina de los algarrobos.
MITOGRAFÍA f. Ciencia de los mitos.
MITÓGRAFO, FA m. y f. Persona que se dedica a la mitografía.
MITOLOGÍA f. (del gr. *mythos,* fábula, y *logos,* discurso). Historia fabulosa de los dioses, semidioses y héroes de la Antigüedad: *la mitología griega es muy rica.* || Ciencia de los mitos: *mitología comparada.*
— Para explicar el origen de los *mitos* se han propuesto diferentes sistemas. Según la interpretación alegórica de los filósofos jonios, los dioses eran la personificaciós de elementos, fuerzas físicas (aire, agua, sol, trueno, etc.) o ideas morales. En el s. IV a. de J. C. el filósofo griego Evémero sostuvo que los mitos no eran sino el recuerdo idealizado de mortales (dioses, héroes), divinizados después de su muerte. Durante toda la Edad Media se adoptó esta última teoría, aceptada por la Iglesia, a quien suministraba una interpretación fácil del paganismo. Las modernas revelaciones de las mitologías de Oriente, de América, de África, de Oceanía, complicaron el problema y crearon una mitología comparada que ha intentado clasificar y explicar el origen de estas creencias. Se ha pretendido explicarlas ya por una tradición común, de origen oriental, ya por el estado psicológico del hombre primitivo, que tenía tendencia a fiarse únicamente del testimonio de sus sentidos y para quien todo cuanto estaba dotado de movimiento o de fuerza como el Sol, los elementos, estaba provisto de vida análoga a la nuestra *(antropomorfismo).* En sus migraciones, los pueblos primitivos llevaron consigo sus mitos, lo que explica la difusión de algunos de ellos y su modificación en contacto con otros cultos.
MITOLÓGICO, CA adj. Perteneciente a la mitología: *relatos mitológicos.* || — M. Mitólogo.
MITOLOGISTA o **MITÓLOGO** m. (gr. *mythologos*). El que se dedica a estudiar la mitología.
MITOMANÍA f. Manía de decir mentiras o relatar cosas fabulosas.
MITÓMANO, NA adj. y s. Que adolece de mitomanía.
MITÓN m. Guante de punto sin dedos.
MITOSIS f. *Biol.* Modo de división de la célula en que el núcleo conserva el mismo número de cromosomas. (La mitosis se desarrolla en cuatro fases: profase, metafase, anafase y telofase.) [SINÓN. *Cariocinesis.*]
MITOTE m. (mex. *mitotl*). Especie de baile de indios. || *Amer.* Fiesta casera. || *Amer. Fig.* Melindre, aspaviento. || *Fig.* Bulla, ruido, jaleo.
MITOTEAR v. i. *Méx.* Hacer melindres.
MITOTERO, RA adj. y s. *Amer. Fig.* Que hace mitotes, melindroso. || *Amer. Fig.* Bullanguero, amigo de meter bulla o jaleo.
MITÓTICO adj. Relativo a la mitosis.
MITRA f. (lat. *mitra*). Especie de sombrero alto y puntiagudo que usaban los antiguos persas. || Toca alta y apuntada que llevan los obispos como signo de su dignidad. || *Fig.* Obispado: *recibir la mitra.* || Cúmulo de rentas de una diócesis. || *Per.* Rabadilla de ave.
MITRADO, DA adj. y s. m. Que usa mitra. || — M. Arzobispo u obispo.
MITRAL adj. *Anat.* De forma de mitra: *válvula mitral; células mitrales.*
MITRAR v. i. *Fam.* Obtener un obispado.
MITRIDATISMO (de *Mitrídates*) m. Inmunización contra un veneno mediante absorción prolongada en dosis mínimas.
MITRIDATO m. Antídoto, contraveneno.
MITÚ m. *Arg.* Paují, ave gallinácea.
MITUANO, NA o **MITUENSE** adj. y s. De Mitú (Colombia).

mitón

mitra

MIURA m. Toro de la ganadería del mismo nombre. (V. *Parte Hist.*) ‖ *Fig.* y *fam.* Persona de mala intención: *ser un miura.* ‖ *Fig.* Persona de indomable fiereza.
MIXEDEMA f. *Med.* Edema producido por infiltración de substancia mucosa en la piel, por insuficiencia de la glándula tiroides.
MIXOMATOSIS f. Enfermedad infecciosa del conejo.
MIXOMICETOS m. pl. Grupo de hongos cuyo talo se reduce a una masa de protoplasma con núcleos.
MIXTIFICACIÓN f. Galicismo muy empleado por *embaucamiento, burla, farsa.*
MIXTIFICAR v. t. Galicismo muy empleado por *embaucar, engañar, mofar.*
MIXTI FORI loc. adv. *For.* Dícese de las causas de que pueden conocer el fuero eclesiástico y el seglar. ‖ *Fig.* Difícil de determinar.
MIXTIFORI m. *Fam.* Embrollo, mezcolanza.
MIXTILÍNEO, A adj. *Geom.* Aplícase a la figura cuyos lados son rectos unos y curvos otros.
MIXTIÓN f. (lat. *mixtio*). Acción de mezclar. (SINÓN. V. *Mezcla.*) ‖ — PARÓN. *Micción.*
MIXTO, TA adj. (lat. *mixtus*). Mezclado. ‖ Compuesto de varios elementos: *cuerpo mixto.* ‖ Mestizo. ‖ Que sirve de transición entre dos cosas: *el drama es un género mixto entre la tragedia y la comedia.* ‖ — M. Fósforo, cerilla. ‖ Substancia inflamable usada en la guerra, en pirotecnia, etc. ‖ Tren que transporta viajeros y mercancías. ‖ *Urug.* Pobre diablo.
MIXTURA f. (lat. *mixtura*). Mezcla de varias cosas. ‖ Pan hecho con varias semillas. ‖ *Farm.* Medicamento compuesto. ‖ *Bol.* y *Per.* Obsequio de flores.
MIXTURAR v. t. Mezclar una cosa con otra.
MIXTURERA f. *Per.* Ramilletera.
MIZAR f. Estrella de la Osa Mayor.
MÍZCALO m. Hongo comestible, de sabor almizclado, que se encuentra en los pinares y tiene color verde oscuro cuando se corta.
MIZQUE m. *Arg.* Alcohol de avena.
Mm, abreviatura de *miriámetro.*
mm, abreviatura de *milímetro.*
Mn, símbolo químico del *manganeso.*
MNEMÓNICA f. Mnemotecnia.
MNEMÓNICO, CA adj. Mnemotécnico.
MNEMOTECNIA o **MNEMOTÉCNICA** f. (del gr. *mnêmê,* memoria, y *tekhnê,* arte). Arte de aumentar el alcance de la memoria. ‖ Memoria artificial. (OBSERV. Se puede escribir también *nemotecnia.*)
MNEMOTÉCNICO, CA adj. Perteneciente a la *mnemotecnia.* ‖ Que sirve para facilitar la memoria: *procedimiento mnemotécnico.*
Mo, símbolo químico del *molibdeno.*
MOABITA adj. y s. De la región de Moab (Arabia Pétrea).
MOARÉ m. Muaré, tela que hace ondas.
MOBILIARIO, RIA adj. Mueble: *efectos mobiliarios.* ‖ — M. Mueblaje, moblaje: *un mobiliario de nogal.*
MOBLAJE m. Conjunto de muebles, mobiliario.
MOBLAR v. t. Amueblar, guarnecer con muebles. ‖ — IRREG. Se conjuga como *contar.*
MOCA f. *Ecuad.* Atascadero, atolladero. ‖ Café que procede de Moca (Arabia): *una taza de moca.*
MOCANERA f. Un arbusto de las Canarias.
MOCAR v. t. Sonar las narices.
MOCARRERA f. *Pop.* Moco abundante.
MOCARRO m. *Fam.* Moco que cuelga de las narices.
MOCASÍN m. Calzado que usan los indios de América del Norte. ‖ Zapato de una sola pieza en cuero muy flexible y con la pala cerrada.
MOCEAR v. i. *Fam.* Obrar como la gente moza. ‖ Desmandarse en travesuras deshonestas.
MOCEDAD f. Época de la vida que va desde la adolescencia hasta la edad adulta. (SINÓN. V. *Juventud.*) ‖ Acción propia de mozos: *Las mocedades del Cid.* ‖ Conjunto de los mozos de un pueblo.
MOCEJÓN m. Molusco lamelibranquio.
MOCERÍO m. Conjunto de mozos y mozas.
MOCETE m. *Ar.* y *Rioj.* Mozalbete, muchacho.
MOCETÓN, ONA m. y f. Persona joven, alta y fuerte.

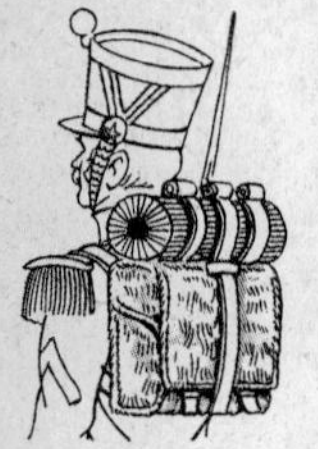
mochila

MOCASINES

indio

actual

MOCEZUELO m. *Méx.* y *Venez.* Convulsiones que suelen tener los recién nacidos.
MOCIL adj. Propio de mozos.
MOCIÓN f. Movimiento, impulso. ‖ *Fig.* Inspiración interior. ‖ Propuesta hecha en junta deliberante. (SINÓN. V. *Proposición.*) ‖ *Gram.* Signo vocal en las lenguas semíticas.
MOCIONAR v. t. *Amer.* Presentar una moción.
MOCITO, TA adj. y s. *Fam.* Persona muy joven. ‖ *And.* Soltero.
MOCO m. (lat. *mucus*). Humor que sale de las narices. ‖ Substancia segregada por las glándulas mucosas. (Dícese mejor *mucus* o *mucosidad.*) ‖ Materia pegajosa y viscosa. ‖ *Chil.* Candelilla de algunos árboles. ‖ Extremo dilatado del pabilo de una vela o candela encendida. ‖ Escoria que sale al batir el hierro. ‖ *Moco de pavo,* especie de cresta del pavo. ‖ *No es moco de pavo,* la cosa tiene importancia. ‖ Planta amarantácea que se usa como adorno. ‖ *Moco suena, moco suene,* dícese de la mala traducción fundada en una simple homofonía. ‖ *Caérsele el moco,* ser muy simple. *Dom.* Perder el ánimo. ‖ *Fig.* y *fam. Llorar a moco tendido,* llorar sin tregua.
MOCOANO, NA adj. y s. De Mocoa (Colombia).
MOCOCOA f. *Bol.* y *Col.* Murria, mal humor.
MOCORA f. *Ecuad.* Nombre de una palma con cuya hoja se fabrican hamacas y sombreros.
MOCOSO, SA adj. Que tiene mocos. ‖ — Adj. y s. *Fig.* Dícese del niño mal criado, o del mozo que presume demasiado. (SINÓN. V. *Adolescente* y *niño.*) ‖ *Fig.* Insignificante, sin ningún valor.
MOCOSUELO, LA adj. y s. Mocoso, joven sin experiencia: *castigar a un mocosuelo.* (SINÓN. V. *Bebé.*)
MOCOSUENA adv. m. *Fam.* Guiándose por la analogía de sonido: *traducir mocosuena.*
MOCHA f. Reverencia hecha con la cabeza. ‖ *Col. Fam.* Cabeza, calamorra. ‖ *Cub.* Machete barrigón.
MOCHADA f. Topetada, cabezazo.
MOCHALES adj. *Fam.* Locamente enamorado: *estás mochales.* ‖ Loco: *joven algo mochales.*
MOCHAR v. t. *Per.* y *P. Rico.* Cortar desacertadamente. ‖ *Col.* y *P. Rico.* Amputar: *le mocharon una pierna.* ‖ *Arg.* Hurtar.
MOCHAZO m. Culatazo dado con la escopeta.
MOCHE m. V. TROCHE.
MOCHETA f. Extremo opuesto al corte en las hachas, azadas, etc. ‖ *Arq.* Ángulo diedro entrante. ‖ Telar de una puerta o ventana.
MOCHETE m. Cernícalo, ave de rapiña.
MOCHIL m. Muchacho que sirve de mandadero a los labradores en el campo.
MOCHILA f. (lat. *mutila*). Morral o saco que llevan los soldados, los caminantes, etc. (SINÓN. V. *Zurrón.*) ‖ *Méx.* Maleta.
MOCHILERA f. *Col.* Nido en forma de mochila.
MOCHILERO m. El que lleva mochila al hombro. ‖ *Col.* Gulungo, pájaro que cuelga su nido de los árboles.
MOCHO, CHA adj. (lat. *mutilus*). Sin punta, sin cuernos, sin coronamiento, etc.: *buey mocho, torre mocha.* (SINÓN. V. *Romo.*) ‖ *Fig.* y *fam.* Pelado. ‖ Especie de trigo. ‖ *Guat.* y *Méx.* Conservador. ‖ Católico. ‖ *Guat.* Lego de convento. ‖ *Salv.* Abuelo, ascendiente antiguo. ‖ *Col., P. Rico* y *Venez.* Caballejo, rocín. ‖ *Amer.* Mutilado. ‖ — M. Mango o culata de un instrumento o arma. ‖ *Chil.* Religioso de órdenes menores.
MOCHUELO m. Ave rapaz nocturna común en España: *el mochuelo se alimenta de roedores y reptiles.* ‖ *Fig.* y *fam.* Cualquier trabajo difícil y fastidioso: *cargar con el mochuelo.* ‖ *Cada mochuelo a su olivo,* ya es hora de recogerse, o tiempo de ir a cumplir con su deber.
MODA f. Uso pasajero en materia de trajes y costumbres: *esta tela no está de moda; periódico de modas.* ‖ *Estar de moda, ser moda,* o *de moda,* usarse una prenda de vestir, tela, color, etc., o practicarse una cosa.
MODADO, DA adj. *Col.* Con los adv. *bien* o *mal,* que usa *buenos* o *malos modales.*
MODAL adj. Relativo a los modos de una substancia: *existencia modal.* ‖ *Gram.* Referente a las formas y empleos de los modos verbales. ‖ — M. pl. Acciones, porte y conducta de una persona: *modales estrafalarios.* (SINÓN. V. *Compostura.*)
MODALIDAD f. Modo de ser de persona o cosa. (SINÓN. V. *Condición* y *cualidad.*)
MODELADO m. Acción y efecto de modelar.

MODELADOR, RA adj. y s. Artista que modela. (SINÓN. V. *Escultor.*)
MODELAR v. t. Hacer con barro, cera, etc., una figura o adorno: *modelar un busto.* || *Pint.* Presentar el relieve de una figura por medio de claroscuro. || — V. r. Ajustarse a un modelo, copiarlo.
MODÉLICO, CA adj. *Amer.* Modelo, ejemplar.
MODELISTA m. y f. Creador de modelos.
MODELO m. (ital. *modello*). Objeto que se reproduce imitándolo: *modelo de escritura, de bordado.* (SINÓN. *Arquetipo, ejemplar, espécimen, original, prototipo, tipo.* V. tb. *ejemplo y forma.*) || Representación en pequeña escala: *modelo de una máquina.* (SINÓN. *Maqueta, muestra.*) || Hombre, mujer, animal u objeto que reproduce el pintor o escultor: *un modelo italiano.* || Persona o cosa digna de ser imitada: *un modelo de paciencia.* || Tipo industrial protegido por una patente: *modelo registrado.* || — F. Mujer que en las casas de modas exhíbe los nuevos modelos de costura. || — Adj. Perfecto en su género: *un alumno modelo.*
MODENÉS, ESA adj. y s. De Módena (Italia).
MODERACIÓN f. Virtud que nos mantiene entre los extremos. (SINÓN. V. *Pudor* y *retención.*) || Cordura, sensatez. (SINÓN. V. *Prudencia.*)
MODERADAMENTE adv. m. Con moderación.
MODERADO, DA adj. De poca intensidad, poco abundante: *fuego moderado.* || Que tiene moderación. || Que profesa opiniones políticas distantes de todo extremo: *los partidos moderados.* || — CONTR. *Inmoderado.*
MODERADOR, RA adj. y s. Que modera o calma. || — M. Substancia (como el agua pesada, el grafito o el berilio) empleada en las pilas atómicas para retardar la emisión de neutrones procedentes de una fisión nuclear y que provoca una reacción en cadena.
MODERANTISMO m. Costumbre de obrar con moderación. || Sistema político que defiende la moderación en las reformas y mantiene el principio de autoridad.
MODERAR v. t. (del lat. *modus*, medida). Templar, disminuir: *moderar la velocidad de una máquina.* (SINÓN. *Amortiguar, atenuar, calmar, mitigar, paliar, temperar.*) || *Fig.* Contener, impedir los excesos: *moderar el ardor de uno.* (SINÓN. *Frenar.* V. tb. *detener.*) || — V. r. Contenerse.
MODERATIVO, VA adj. Que modera.
MODERATO adv. m. *Mús.* De un movimiento moderado: *allegro moderato.*
MODERNAMENTE adv. m. Recientemente; de poco tiempo a esta parte.
MODERNIDAD f. Carácter moderno.
MODERNISMO m. Afición desmedida a las cosas modernas. || Conjunto de errores religiosos apoyados en la ciencia moderna. || Corriente literaria de principios del siglo XX que prefiere temas y formas de expresión brillantes y musicales. Su representante principal fue Rubén Darío.
MODERNISTA adj. Perteneciente al modernismo. || — Adj. y s. Partidario del modernismo.
MODERNIZACIÓN f. Acción y efecto de modernizar.
MODERNIZAR v. t. Dar carácter moderno.
MODERNO, NA adj. (lat. *modernus*). Que pertenece a la edad actual: *invento moderno.* || Que *ha sucedido recientemente.* (SINÓN. V. *Reciente.*) || *Edad Moderna*, la que se extiende desde la toma de Constantinopla (1453) o desde el descubrimiento de América (1492) hasta fines del siglo XVIII. || — M. Lo que es moderno o de gusto moderno. || Hombre de nuestra época, por oposición a *antiguo.* || *A la moderna*, m. adv., según el uso moderno: *vestir a la moderna.* || — CONTR. *Antiguo.*
MODESTAMENTE adv. m. Con modestia y compostura.
MODESTIA f. (lat. *modestia*). Virtud que nos impide hablar o pensar orgullosamente de nosotros: *la modestia acrecienta el mérito.* || Falta de ostentación y lujo: *vestir con modestia.* || Pudor, recato, *honestidad: la modestia de una joven.* (SINÓN. V. *Decencia.*)
MODESTO, TA adj. y s. Que tiene modestia. || — SINÓN. *Humilde, recatado, reservado, sencillo, simple.*
MÓDICAMENTE adv. m. Con escasez o estrechez: *vivir módicamente.*
MODICIDAD f. (lat. *modicitas*). Calidad de módico o moderado: *la modicidad de una renta.*
MÓDICO, CA adj. (lat. *modicus*). Moderado, hablando de precios: *pagar una suma módica.* (SINÓN. V. *Mínimo.*)
MODIFICABLE adj. Que puede modificarse
MODIFICACIÓN f. Acción y efecto de modificar. || Cambio en la manera de ser. || Cambio que no altera la esencia: *hacer modificaciones en el plan de un edificio.* || — SINÓN. *Alteración, cambio, fluctuación, innovación, reforma, variación.*
MODIFICADOR, RA adj. y s. Que modifica.
MODIFICAR v. t. (lat. *modificare*). Cambiar la forma, la calidad, etc.: *modificar una ley.* (SINÓN. V. *Revisar.*) || *Gram.* Limitar o determinar el sentido: *el adverbio modifica el verbo.* || *Fil.* Dar un nuevo modo de existir a la substancia material. || — V. r. Cambiar, transformarse.
MODIFICATIVO, VA adj. Que modifica algo.
MODIFICATORIO, RIA adj. Lo que modifica.
MODILLÓN m. (ital. *modiglione*). *Arq.* Saliente; ménsula que suele adornar por debajo una cornisa.

modillón

MODIO m. (lat. *modius*). Medida romana para áridos (9 litros).
MODIOLO m. *Anat.* Eje hueco de caracol.
MODISMO m. *Gram.* Modo de hablar propio de una lengua, como *a ojos vistas*, por *claramente, a la vista de todos.* (SINÓN. *Idiotismo.*)
MODISTA com. Persona que tiene por oficio hacer trajes o prendas de señora. || — F. La que tiene tienda de modas.
MODISTERÍA f. *Amer.* Tienda de modas.
MODISTIL adj. *Fam.* Propio de modistas.
MODISTILLA f. *Fam.* Modista poco hábil en su oficio. (SINÓN. *Aprendiza.* V. tb. *costurera.*)
MODISTO m. Barb. muy empleado por *modista, sastre para señoras.*
MODO m. (lat. *modus*). Forma, manera de ser: *modo de gobierno.* (SINÓN. *Disposición, guisa.* V. tb. *cualidad* y *especie.*) || Moderación, templanza. || Urbanidad en el trato: *tener malos modos con una persona.* || Forma de hacer. || Cada una de las formas del silogismo. || *Gram.* Manera de manifestarse el significado del verbo. (Hay cinco modos que son: el *infinitivo*, el *indicativo*, el *imperativo*, el *potencial* y el *subjuntivo*). || *Mús.* Disposición de los sonidos que forman una escala musical: *modo mayor* y *modo menor.* || *Modo adverbial*, locución invariable que tiene significado y función de adverbio, como: *sin querer, a más y mejor*, etc. || *A modo de*, semejante a. || *A mi modo*, según mi costumbre. || *De todos modos*, sea lo que fuere. || *En cierto modo*, por una parte.
MODORRA f. Sueño pesado: *sentir modorra.* || *Veter.* Enfermedad del ganado lanar: *la modorra es provocada por la presencia de un helminto en el cerebro de los carneros.*
MODORRAR v. t. Causar modorra. || — V. r. Ponerse la fruta blanda.
MODORRILLA f. *Fam.* Tercera vela de la noche.
MODORRO, RRA adj. Que padece modorra. || Que pierde el color y empieza a fermentar (frutas): *pera modorra.* || — Adj. y s. Ignorante, torpe, lerdo.
MODOSIDAD f. Calidad de modoso.
MODOSO, SA adj. Que tiene buenos modales, modesto: *niña muy modosa.*
MODREGO m. *Fam.* Sujeto torpe y sin gracia.
MODULACIÓN f. *Mús.* Acción y efecto de modular. || *Electr.* Modificación de la amplitud o de la frecuencia de una oscilación eléctrica por medio de otra oscilación de frecuencia diferente.
MODULADOR, RA adj. y s. Que modula.
MODULAR v. t. (lat. *modulari*). Articular por medio de flexiones diversas de la voz: *modular un canto.* || — V. i. Pasar melódicamente de un tono a otro. || *Electr.* Efectuar la modulación.
MÓDULO m. (lat. *modulus*). *Arq.* Unidad de convención que sirve para determinar las proporciones de las columnas o de las partes de un edificio: *el módulo es generalmente igual al semidiámetro de la parte inferior de la columna.* || Unidad de medida, especialmente para las aguas corrientes: *valuar el módulo de un manantial.* || *Mat.* Cantidad que sirve de comparación para medir otras. || Diámetro de una medalla o moneda.

mofeta

mogote

|| Medida comparativa de las partes del cuerpo humano. || Parte de un vehículo espacial que puede separarse del cuerpo principal y entrar en contacto con la superficie de un astro. || *Módulo de elasticidad*, coeficiente de resistencia a la tensión de un material determinado.
MODUS VIVENDI m. invar. (loc. lat. que sign. *modo de vivir*). Transación mediante la cual dos adversarios llegan a un acuerdo de coexistencia.
MOFA f. Befa, burla, escarnio: *hacer mofa de uno*. (SINÓN. V. *Burla*.)
MOFADOR, RA adj. y s. Burlón, fisgón.
MOFAR v. i. Hacer mofa o burla de una persona. || — V. r. Burlarse.
MOFETA f. (ital. *mofeta*, del lat. *mephitis*). Gas irrespirable que se desprende de las minas y canteras: *el grisú es una mofeta*. || Mamífero carnicero de América, parecido a la comadreja: *la mofeta acosada lanza por el ano un líquido de olor infecto*.
MOFLETE m. *Fam.* Carrillo grueso.
MOFLETUDO, DA adj. Que tiene mofletes o carrillos muy abultados: *niño mofletudo*.
MOGHREBINO, NA adj. y s. Maghrebino.
MOGO m. *Col.* y *Chil.* Moho.
MOGO, GA adj. *Pan.* Tonto, cretino. || Dícese de la fruta verde y de la res a la que falta un cuerno.
MOGOL, LA adj. y s. (turco *mogol*). Mongol. || — M. Idioma mongol. || *Gran Mogol*, título de los soberanos de una dinastía mahometana en la India.
MOGÓLICO, CA adj. Mongólico, de Mongolia.
MOGOLLA f. *Col.* Moyuelo. || *Chil.* y *Ecuad.* Ganga, negocio. || *P. Rico.* Verdura con leche para los niños. || Lío, enredo. || *Arg.* y *P. Rico. De mogolla*, de balde.
MOGOLLAR v. t. *Bol.* Trampear.
MOGOLLO m. *Col.* Moyuelo, harina muy fina. || Pan hecho de esta harina. || *Col.* Chiripa, en el juego de billar. || — Adj. *Col.* Fácil, sencillo.
MOGOLLÓN m. Entremetimiento. || — Adj. *Cub.* y *Ecuad.* Gorrón. || *Fam. De mogollón*, de gorra, de balde, gratuitamente.
MOGOMOGO m. *Cub.* y *Hond.* Plato criollo.
MOGÓN, ONA adj. Dícese de la res vacuna descornada: *vaca mogona*.
MOGOTAL m. *Col.* Terreno pantanoso en el cual se forman mogotes.
MOGOTE m. Montículo de punta redondeada. || Montón de haces de leña. || Cuernas de los venados y gamos cuando aún no están crecidas. (SINÓN. V. *Cuerno*.)
MOGREBINO, NA adj. y s. Moghrebino.
MOGROLLO m. Gorrista. || *Fam.* Descortés. (SINÓN. V. *Grosero*.)
MOGUILLO m. *Bol.* Espolón del gallo de pelea.
MOHAIR m. (pal. ingl., pr. *moer*). Pelo de cabra de Angora y tejido que se hace con él.
MOHÁN m. *Col.* Moján.
MOHARRA f. Punta de la lanza. || *Per.* Rejón que servía en las corridas de toros. || — PARÓN. *Mojarra*.
MOHARRACHE y **MOHARRACHO** m. (ár. *moharrech*). Persona ridículamente disfrazada. || *Fig.* y *fam.* Mamarracho.
MOHATRA f. Cierto contrato fraudulento. || Fraude, engaño.
MOHATRAR v. i. Hacer mohatras.
MOHATRERO, RA m. y f. El que mohatra.
MOHECER v. t. Enmohecer. || — IRREG. Se conjuga como *merecer*.
MOHEÑA f. Una especie de ortiga.
MOHICANO adj. y s. Perteneciente a una tribu india de los Estados Unidos.
MOHÍN m. Figura, gesto: *hacer mohínes*. (SINÓN. V. *Mueca*.)
MOHÍNA f. Enojo o enfado. || Melancolía.
MOHÍNO, NA adj. Triste, disgustado. (SINÓN. V. *Desabrido*.) || Dícese del mulo hijo de caballo y burra. || Dícese de las caballerías que tienen el pelo, sobre todo el hocico, de color negro. || — M. En ciertos juegos, el que juega contra todos los demás. || Rabilargo, pájaro.
MOHO m. (lat. *mucor*). Planta pequeña de la familia de los hongos, que se cría en la superficie de ciertos cuerpos orgánicos y produce su descomposición. || Capa de óxido que se forma en la superficie de algunos metales: *el moho del hierro*.
MOHOSEARSE v. r. *Amer.* Enmohecerse: *el pan se mohoseó*.
MOHOSO, SA adj. Lleno de moho: *pan mohoso*.
MOIRÉ m. (pal. fr., pr. *muaré*), Muaré, que forma aguas.
MOISÉS m. Cuna sin pies.
MOJABOBOS, m. Calabobos.
MOJADA f. Acción y efecto de mojar. || *Fam.* Herida con arma punzante. || Medida agraria catalana (49 áreas).
MOJADO, DA adj. *Gram.* Dícese del sonido que se pronuncia apoyando el dorso de la lengua contra el paladar. || *Fig. Papel mojado*, sin valor.
MOJADOR, RA adj. y s. Que moja. || — M. *Impr.* Cuba de agua en que se mojan las hojas de papel. || Receptáculo pequeño o tacita con una esponja empapada en agua.
MOJADURA f. Acción y efecto de mojar.
MOJAMA f. Cecina de atún.
MOJÁN m. *Col.* y *Venez.* Ente fabuloso protector de los campos; hechicero, brujo. || *Col.* Manantial oculto de agua potable.
MOJANAZO m. *Venez.* Maleficio, mal de ojo.
MOJAR v. t. Humedecer con un líquido: *mojarse la ropa con la lluvia*. (SINÓN. *Bañar, calar, duchar, empapar, humedecer, inundar, rociar*. V. tb. *regar*.) || *Fig.* y *fam.* Apuñalar a uno. || *P. Rico. Fam.* Sobornar. || — V. i. *Fig.* y *fam.* Meterse en un negocio, enredarse en él. || — V. r. *Cub.*, *Per.* y *P. Rico.* Beneficiarse en un negocio.
MOJARRA f. (de *moharra*). Pez marino acantopterigio de cuerpo ovalado, con tres manchas negras: *la carne de la mojarra es estimada*. || *Amer.* Cuchillo ancho y corto. || — PARÓN. *Moharra*.
MOJARRILLA com. *Fam.* Persona muy alegre.
MOJASELLOS m. Mojador de sellos.
MOJE m. Caldo de un guisado.
MOJELES m. pl. *Mar.* Cajetas de meollar que sirven para dar vueltas al cable de zarpar.
MOJÍ m. Mojicón, bizcocho.
MOJICÓN m. Especie de bizcocho de mazapán bañado. || Bollo fino que se usa para tomar chocolate. || *Fam.* Porrazo, metido, puñetazo en la cara. (SINÓN. V. *Golpe*.)
MOJIGANGA f. Fiesta pública de máscaras. || Obrilla dramática del género jocoso. || *Fig.* Burla, broma.
MOJIGATERÍA mejor que **MOJIGATEZ** f. Calidad de mojigato o acción propia del mojigato. (SINÓN. V. *Disimulo*.)
MOJIGATO, TA adj. y s. (del ár. *motagatta*, encubierto). Disimulado, hipócrita. || Fingido, santurrón que hace escrúpulo de todo. (SINÓN. V. *Beato*.)
MOJINETE m. Remate, frontón de una fachada. || Caballete de un tejado. || *Cub.* Cadera gruesa.
MOJO m. *Bol.* Guiso parecido a la carbonada. || *Cub.* Una clase de bebida. || *And.* y *Amer.* Salsa, moje de un guisado.
MOJÓN m. Hito, señal que divide dos heredades o términos. (SINÓN. V. *Término*.) || Señal que se coloca en un camino para que sirva de guía. || Tángano, chito, juego. || Montón. || Porción de excremento humano que se expele de una vez.
MOJONAR v. t. Amojonar, poner los mojones
MOJONERA f. Lugar donde se ponen mojones. || Serie de mojones entre dos heredades o términos.
MOJONERO m. Aforador.
MOJOSO m. (de *mohoso*). *Arg.* y *Bol.* Facón del gaucho.
MOKA m. Moca.
MOL m. Peso molecular de una substancia en gramos. (SINÓN. *Molécula gramo*).
MOLA f. (voz lat.). Harina de cebada tostada que usaban los gentiles en sus sacrificios. || Masa carnosa que se produce en la matriz, ocasionando apariencias de preñez. || *Pan.* Camisa con figuras curiosas.
MOLADA f. *Pint.* Color molido de una vez.
MOLAR adj. (lat. *molaris*). Perteneciente a la muela. || — M. *Molar* o *diente molar*, muela.
MOLCAJATE m. (del mexic. *mulcaxitl*, escudilla). Mortero de piedra o barro.
MOLDAR v. t. Amoldar, vaciar en molde. || Moldurar, hacer molduras. || — PARÓN. *Moldear*.
MOLDAVO, VA adj. y s. De Moldavia.

Fot. New York Zoological Society

MOLDE m. (lat. *modulus*). Objeto hueco preparado de modo que dé su forma a la materia que se introduce en él: *molde de yeso.* || Instrumento que sirve para dar forma a una cosa: *molde de hacer encaje.* || *Letra de molde,* la impresa. || *De molde,* m. adv., a propósito, oportunamente.
MOLDEABLE adj. Que se puede moldear.
MOLDEADO m. Acción y efecto de moldear.
MOLDEADOR, RA adj. y s. Que moldea.
MOLDEAR v. t. Moldurar, hacer molduras. || Sacar el molde de una figura. || Vaciar en un molde. (SINÓN. V. *Fundir.*) || — PARÓN. *Moldar.*
MOLDURA f. Parte más o menos saliente y corrida que sirve para adornar obras de arquitectura, carpintería, etc. || *Ecuad.* Marco de un cuadro.
MOLDURAR v. t. Hacer molduras o labores salientes y corridas: *moldurar un techo.*
MOLE adj. *Huevos moles,* especie de dulce.
MOLE f. (lat. *moles*). Masa, cualquier cosa de gran bulto: *una mole de granito.*
MOLE m. (mex. *mulli*). *Méx.* Guisado de carne con chile, ajonjolí, etc.: *mole de guajolote.*
MOLÉCULA f. La parte más pequeña que puede existir de un cuerpo en estado libre. (SINÓN. V. *Partícula.*) || *Molécula gramo* o *mol,* masa representada por la fórmula de un cuerpo químico.
MOLECULAR adj. Relativo o perteneciente a las moléculas: *atracción molecular.*
MOLEDERA f. Piedra en que se muele. || *Fam.* Cansera, importunación.
MOLEDERO, RA adj. Que puede molerse.
MOLEDOR, RA adj. y s. Que muele. || *Fig.* y *fam.* Pesado, molesto. || — M. Cilindro del molino o trapiche.
MOLEDURA f. Molienda, acción de moler.
MOLEJÓN m. Mollejón, piedra de afilar. || *Cub.* Farallón, roca a flor de agua.
MOLENDERÍA f. *Guat.* Obrador para moler el maíz.
MOLENDERO, RA m. y f. Persona que muele en el molino. || — M. El que muele chocolate. || *Amér. C.* Tabla o mesa donde se muele.
MOLEÑO, ÑA adj. Dícese de la roca que se emplea para fabricar piedras de molino. || — F. Pedernal.
MOLER v. t. Reducir un cuerpo a partes menudas, o aplastarlo mucho: *moler almendra.* (SINÓN. *Aplastar, escachar, macerar, machacar, pulverizar, triturar.*) || *Fig.* Fastidiar, cansar: *estoy molido de trabajar.* || *Cub.* Exprimir la caña de azúcar. || *Fig.* Maltratar: *moler a palos.* || — IRREG. Se conjuga como *mover.*
MOLESKÍN m. (pal. ingl.). Paño de algodón endurecido que se parece al cuero.
MOLESTAMENTE adv. m. Con molestia.
MOLESTAR v. t. (lat. *molestare*). Fastidiar, incomodar, causar molestia: *me molesta que se dedique al canto.* (SINÓN. *Abrumar, importunar, maltratar* y *ofender.*)
MOLESTIA f. Fatiga, desazón. || Fastidio, cansancio: *causar molestia a una persona.* (SINÓN. *Contrariedad, daño, disgusto, fastidio, penalidad.* V. tb. *pesadumbre.*) || Falta de comodidad por algo que oprime o lastima. (SINÓN. *Incomodidad.* V. tb. *dificultad* y *pobreza.*)
MOLESTO, TA adj. Que causa molestia: *una persona molesta.* || *Fig.* Que la siente: *estoy molesto con su actitud.* (SINÓN. V. *Desagradable.*)
MOLESTOSO, SA adj. *Amer.* Molesto, fastidioso.
MOLETA f. Pedazo de mármol de forma cónica que sirve para moler drogas, colores, etc. || Nombre de diversos aparatos que sirven para labrar materias duras.
MOLETÓN m. (del fr. *molleton*). Tela gruesa de algodón o lana.
MOLIBDENITA f. Sulfuro natural de molibdeno.
MOLIBDENO m. (del gr. *molybdos,* plomo). Metal de color y brillo parecidos a los del plomo, quebradizo y difícil de fundir. Su símbolo es Mo y su número atómico 42.
MOLICIE f. (lat. *mollities*). Blandura. (SINÓN. V. *Apatía.*) || *Fig.* Afición al regalo y comodidad, afeminación.
MOLIDA f. *Col.* y *C. Rica.* Molienda.
MOLIDO, DA adj. *Fig.* Derrengado. (SINÓN. V. *Cansado.*)

Fot. O. D. F.

MOLINO DE AGUA

1. Rueda con álabes
2. Compuerta
3. Transmisión
4. Granero
5. Triturador
6. Harina
7. Tamiz

MOLIENDA f. Acción de moler. || Cantidad de una cosa que se muele de una vez: *una molienda de chocolate.* || El mismo molino. || Temporada que dura la molienda de caña o aceituna. || *Amer.* Por antonomasia, la de la caña. || *Fig.* y *fam.* Fastidio, cansancio: *esto es una molienda.*
MOLIENTE adj. Que muele.
MOLIFICAR v. t. Ablandar, suavizar.
MOLIMIENTO m. Acción y efecto de moler. || *Fig.* Fatiga.
MOLINAR m. Sitio donde hay muchos molinos.
MOLINERA f. Mujer del molinero. || Encargada de un molino. || La que trabaja en él.
MOLINERÍA f. Industria harinera. || Molinar.
MOLINERO, RA adj. Relativo al molino: *industria molinera.* || — M. El que trabaja en el molino o lo tiene a su cargo.
MOLINETE m. Ruedecilla de aspas, de hoja de lata, que se pone en las vidrieras para que se renueve el aire. || Juguete de papel que gira a impulsos del viento. (SINÓN. *Rehilete, gallo.*) || *Taurom.* Pase de capa o muleta en que el engaño pasa por detrás de la cabeza. || *Col.* Torno en las minas. || Figura de baile. || Movimiento circular que se hace con el bastón o espada para defenderse. || *Méx.* Girándula de cohetes. || Galicismo por *torniquete.*
MOLINILLO m. Instrumento pequeño que sirve para moler: *molinillo de café.* || Palillo para batir el chocolate. || Guarnición antigua en los vestidos.
MOLINISMO m. Doctrina del jesuita español Luis Molina acerca del libre albedrío y de la gracia.
MOLINISTA adj. y s. Partidario del molinismo.
MOLINO m. (lat. *molinum*). Máquina para moler ciertas materias, para extraer su substancia, etc.: *molino de azúcar.* || Edificio donde está instalada dicha máquina: *molino de agua, de viento, de vapor.* || *Fig.* Persona muy inquieta, bulliciosa o molesta. || *Fig. Molinos de viento,* enemigos fantásticos o imaginarios.
MOLINOSISMO m. Doctrina de Miguel Molinos, sacerdote español del siglo XVII: *el molinosismo era una especie de quietismo.*
MOLINOSISTA adj. y s. Partidario del molinosismo.
MOLITIVO, VA adj. Que molifica o ablanda.
MOLO m. *Chil.* Malecón. || *Ecuad.* Puré algo seco de patatas.
MOLOC m. Género de saurios de Australia cubierto de púas, y que tiene unos 20 cm de longitud.
MOLOLDA f. *Guat.* y *Hond.* Charla ruidosa.
MOLÓN, ONA adj. *Guat.* y *Méx.* Fastidioso.

moldura

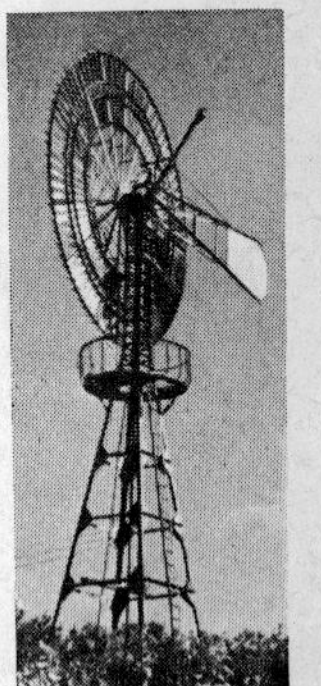

molino de viento

moloc

MOLONDRO m. Hombre torpe y perezoso.
MOLONDRÓN m. *Fam.* Molondro, torpe. ‖ *Venez.* Herencia o suma considerable.
MOLONGO m. *Chil.* Cosa redonda o cilíndrica.
MOLONQUEAR v. t. *Amér. C.* y *Méx.* Moler a golpes.
MOLOSO, SA adj. (lat. *molossus*). De Molosia, ciudad de Epiro. ‖ — Adj. y s. Dícese de una casta de perros procedente de Molosia y que se utilizaba para la custodia del ganado. ‖ — M. Pie de la poesía grecolatina compuesta de tres sílabas largas.
MOLOTE m. *Amér. C.* y *Cub.* Alboroto. ‖ *Méx.* Moño de pelo de las mujeres. ‖ *Méx.* Ovillo. ‖ *Méx.* Enredo. ‖ *Méx.* Tortilla de maíz rellena. ‖ *Col.* y *Méx.* Chanchullo, jugarreta.
MOLOTERA f. *Guat.* y *Hond.* Molote, bulla.
MOLQUITE m. *Méx.* Mazorca de maíz cuyos granos se pudrieron antes de cuajar.
MOLTO adv. m. (pal. ital.). *Mús.* Mucho: *allegro molto.*
MOLTURACIÓN f. Molienda.
MOLTURADOR m. El que moltura.
MOLTURAR v. t. Moler.
MOLUSCOS m. pl. (del lat. *molluscus*, blando). Tipo de animales metazoos con tegumentos blandos, sin vértebras, como el caracol, la ostra, etc. — Los *moluscos* tienen corazón, cerebro y aparato digestivo. Muchos son hermafroditas y todos ovíparos. Los individuos jóvenes pasan por varias transformaciones después de salir del huevo. Algunos moluscos son terrestres, pero la mayor parte son acuáticos. Utilizamos varios moluscos para la alimentación (*ostras, caracoles,* etc.).
MOLLA f. Miga de pan. ‖ Magro de la carne.
MOLLAR adj. Blando y fácil de partir. ‖ Dícese de ciertos frutos: *almendra mollar.* ‖ Dícese de la carne sin hueso. ‖ Dícese de las cosas que dan gran utilidad sin gran trabajo.
MOLLE m. Árbol anarcardiáceo, propio de América Central y Meridional.
MOLLEAR v. i. Ablandarse una cosa. ‖ Doblarse una cosa blanda.
MOLLEDO m. Parte más gruesa de un miembro, músculo: *el molledo del brazo.*
MOLLEJA f. Estómago de las aves granívoras: *la molleja está formada por músculos robustos.* ‖ Apéndice formado por el infarto de las glándulas del cuello.
MOLLEJÓN m. Piedra de afilar. ‖ *Fig.* y *fam.* Hombre grueso y flojo.
MOLLENDINO, NA adj. y s. De Mollendo (Perú).
MOLLERA f. Parte superior de la cabeza. (SINÓN. V. *Cráneo.*) ‖ *Zool.* Fontanela. ‖ *Fig.* Caletre, seso. ‖ *Fig. Cerrado de mollera,* poco inteligente. ‖ *Duro de mollera,* porfiado, testarudo, o no muy listo para el estudio.
MOLLETA f. Torta hecha con flor de harina.
MOLLETE m. (del lat. *mollis*, blando, tierno). Panecillo blanco y esponjado. ‖ En algunos sitios, molledo del brazo. ‖ Moflete. ‖ *Bol.* Pan de munición.
MOLLETUDO, DA adj. Mofletudo.
MOLLIZNAR y **MOLLIZNEAR** v. i. Lloviznar. Son verbos impersonales.
MOMA f. *Méx.* Gallina ciega, juego.
MOMEAR v. i. Hacer momos.
MOMENTÁNEAMENTE adv. m. Durante algunos momentos o poco tiempo: *le presté momentáneamente dos duros.* ‖ Inmediatamente, en seguida.
MOMENTÁNEO, A adj. Que no dura mucho: *descanso momentáneo.* (SINÓN. V. *Pasajero.*)
MOMENTO m. (lat. *momentum*). Tiempo muy corto: *vuelvo dentro de un momento.* ‖ Ocasión: *escoger el momento favorable.* (SINÓN. *Circunstancia, instante, tiempo.*) ‖ Tiempo presente: *la moda del momento.* (SINÓN. V. *Época.*) ‖ *Fig.* Importancia. ‖ *Al momento,* en seguida. ‖ *A cada momento,* continuamente. ‖ *A momentos, por momentos,* a veces. ‖ *De un momento a otro,* muy pronto. ‖ *Momento de inercia de un cuerpo con relación a un eje,* suma de los productos elementales de las masas de cada elemento del cuerpo por el cuadrado de su distancia a este eje. ‖ *Momento de una fuerza con relación a un punto,* producto de la intensidad de esta fuerza por la distancia perpendicular desde la línea de acción de la fuerza al eje de rotación.
MOMERÍA f. Acción burlesca: *hacer momerías.*
MOMERO, RA adj. y s. Que hace momerías.
MOMIA f. (lat. *mumia*). Cadáver conservado por medio de substancias balsámicas: *las momias egipcias.* ‖ Cadáver que se seca naturalmente sin pudrirse. ‖ *Fig.* Persona seca y delgada.
MOMIFICACIÓN f. Acción y efecto de momificar o momificarse los cadáveres: *el aire seco produce la momificación.*
MOMIFICAR v. t. Convertir en momia un cuerpo muerto: *los egipcios momificaban los cadáveres.*
MOMIO, MIA adj. Magro, sin grasa: *carne momia.* ‖ — M. Ganga. ‖ Lo que se da de balde: *dar algo de momio.*
MOMITA f. *Méx.* Moma. ‖ *Col.* Cierto juego de trompos.
MOMO m. (lat. *momus*). Gesto, figura ridícula: *hacer momo.* (SINÓN. *Mueca.*)
MOMÓRDIGA f. Balsamina, planta.
MOMOROCO, CA adj. *Guat.* Tosco, grosero.
MOMOSCLE m. *Méx.* Especie de túmulo funerario, análogo a las guacas de los antiguos peruanos.
MOMOTO m. *Amer.* Pájaro dentirrostro.
MONA f. Hembra del mono. ‖ Cuadrumano común en África y que aún se cría en Europa, en Gibraltar. ‖ *Fig.* y *fam.* Persona aficionada a imitar a las demás. ‖ *Fig.* y *fam.* Borrachera: *coger una mona, pillar una mona, dormir la mona.* ‖ *Fig.* y *fam.* Persona borracha. ‖ Cierto juego de naipes. ‖ Refuerzo que llevan los picadores en la pierna derecha. ‖ *Hond.* Persona o cosa mala en su clase. ‖ *Chil.* Maniquí. ‖ *Amér. C.* y *Col.* Trompo sin cabeza. ‖ *Méx.* Cobarde. ‖ *Fam. Pintar la mona,* figurar, representar, presumir. ‖ *Mandar a freír monas,* mandar enhoramala. ‖ — PROV. **Aunque la mona se vista de seda, mona se queda,** el que es feo, aunque se arregle mucho, siempre será feo.
MONACAL adj. Relativo a los monjes o frailes. (SINÓN. V. *Monástico.*)
MONACATO m. Estado o institución monástica.
MONACILLO m. Monaguillo. (SINÓN. *Acólito.*)
MONACITA f. Mineral, fosfato de cerio y otras tierras raras.
MONACORDIO m. Especie de espineta, instrumento músico antiguo de teclado.
MONADA f. Acción propia de mono. ‖ Cosa graciosa, monería. ‖ Gesto. ‖ *Fig.* Tontería, simpleza. ‖ *Fig.* Halago. ‖ Cosa o persona pequeña, delicada y primorosa: *la chica es una monada.*
MÓNADA f. (del gr. *monas, ados,* unidad). En el sistema de Leibnitz, substancia simple, activa e indivisible de que se componen todos los seres. ‖ *Zool.* Animalillo microscópico, el más sencillo de todos los seres animados.
MONADELFOS adj. pl. *Bot.* Dícese de los estambres que están soldados entre sí.
MONADISMO m. Sistema filosófico de Leibniz.
MONADISTA adj. y s. Perteneciente a las mónadas o partidario del monadismo.
MONADOLOGÍA f. (de *mónada,* y el gr. *logos,* doctrina). Teoría filosófica de las mónadas.
MONAGO m. Monaguillo.
MONAGUENSE adj. y s. De Monagas (Venezuela).
MONAGUILLO m. Niño que sirve en las iglesias para ayudar a misa y en los oficios.
MONAQUISMO m. Monacato, estado monástico.
MONARCA m. (de *mono,* y el gr. *arkein,* reinar). Jefe de una monarquía. ‖ — SINÓN. *Autócrata, césar, dinasta, emperador, príncipe, rey, soberano.*
MONARQUÍA f. (de *mono,* y el gr. *arkhein,* mandar). Gobierno de un Estado por un solo jefe. ‖ Estado gobernado por un monarca: *la monarquía española.* ‖ *Fig.* Tiempo que dura este régimen político. ‖ *Monarquía absoluta,* aquella que no está limitada por otra autoridad. ‖ *Monarquía constitucional,* aquella en que la autoridad del príncipe está limitada por una Constitución.
MONÁRQUICO, CA adj. Relativo al monarca o a la monarquía: *poder monárquico.* ‖ — Adj. y s. Partidario de la monarquía.
MONARQUISMO m. Adhesión a la monarquía.
MONASTERIO m. (gr. *monastêrion*). Casa o convento donde habitan religiosos o religiosas: *Carlos V quiso acabar sus días en un monasterio.*

MONÁSTICO, CA adj. Relativo a los monjes o a los monasterios: *las reglas de la vida monástica.* || — SINÓN. *Claustral, conventual, monacal.*

MONDA f. Acción de mondar: *la monda de los árboles.* || Mondadura. || Exhumación que de cuando en cuando se verifica en los cementerios para hacer nuevo lugar. || *Cub., Col., Méx.* y *P. Rico.* Azotaina. || *Ser la monda,* ser el colmo; ser muy gracioso.

MONDADIENTES m. Instrumento que sirve para limpiarse los dientes.

MONDADOR, RA adj. y s. Que monda.

MONDADURA f. Desperdicios que sobran de cosas que se mondan: *mondaduras de patatas.*

MONDAOÍDOS m. Escarbaorejas.

MONDAOREJAS m. Escarbaorejas.

MONDAPOZOS m. Pocero.

MONDAR v. t. Quitar a una cosa lo inútil o superfluo. || Quitar la cáscara a la fruta: *mondar una pera.* (SINÓN. *Descortezar, desvainar, pelar.* V. tb. *limpiar.*) || Podar: *mondar un árbol.* || Limpiar un río o acequia. || *Fam.* Pelar, cortar el pelo. || *Fig.* Quitarle a uno lo que tiene. || Azotar mucho: *mondar a uno a palos.* || Carraspear para limpiar la mucosidad. || — V. r. *Fam.* Partirse: *mondarse de risa.*

MONDARAJAS f. pl. Mondaduras.

MONDEJO m. Relleno de la panza del cerdo.

MONDO, DA adj. (lat. *mundus*). Limpio de cosas inútiles. || *Fam. Mondo y lirondo,* limpio, puro, natural: *decirle a uno la verdad monda y lironda.*

MONDONGA f. Criada rústica y grosera.

MONDONGO m. Tripas de los animales. || *Fam.* Intestinos del hombre. || *Hacer el mondongo,* emplearlo en hacer morcillas, chorizos, etc. || *Guat.* Adefesio, adorno feo. || *Bol.* Amasijo de afrecho que se da a los caballos.

MONDONGUERO, RA m. y f. Persona que tiene por oficio vender, componer o guisar mondongos. || — F. *Cub.* Mondonga. || *P. Rico.* Mujer muy gorda y pesada.

MONDONGUIL adj. *Fam.* Relativo al mondongo.

MONEAR v. i. *Fam.* Hacer monadas o monerías. || *Chil., Méx.* y *Urug.* Presumir, alardear. || *Venez.* Trepar.

MONEDA f. (del n. de *Juno Moneta,* Juno Avisadora, junto a cuyo templo establecieron los romanos un taller de moneda). Signo representativo del precio de las cosas. (SINÓN. V. *Dinero.*) || Pieza de metal acuñada por cuenta del soberano, para servir en las transacciones: *moneda de oro, de plata, de cobre.* || *Fig.* y *fam.* Dinero, caudal. || Casa de moneda: *ir a la Moneda.* || *Moneda imaginaria,* la que no existe realmente y sólo se usa en las cuentas: *la guinea inglesa es una moneda imaginaria.* || *Papel moneda,* los billetes de banco. || *Moneda falsa,* la que hacen los ladrones, de valor nulo o menor que el de las verdaderas, con objeto de engañar. || *Moneda corriente,* la legal y usual. || *Moneda divisionaria,* la que equivale a una fracción exacta de la unidad monetaria. || *Moneda fiduciaria,* la que representa un valor que intrínsecamente no tiene. || *Acuñar moneda,* hacerla. || *Fig.* y *fam. Pagar en la misma moneda,* corresponder a una mala acción con otra semejante. || *Ser moneda corriente,* ser usual.

— Las primeras *monedas* fueron objetos de uso común: pieles, ganado (de donde el lat. *pecunia*), trozos de metal. Los indios de México usaban, cuando el descubrimiento de América, granos de cacao; en algunas partes se usan aún conchas, barras de sal, etc. Asirios, egipcios, fenicios y griegos conocieron primero lingotes de metal precioso de peso fijo, luego discos acuñados con el sello del Estado. Durante largos siglos, el oro y la plata sirvieron juntos de metales monetarios. En el siglo XIX, la variación en el valor relativo de ambos metales hizo adoptar el patrón oro por los grandes Estados, al mismo tiempo que se generalizaba la circulación de una moneda de papel para facilitar las transacciones. En todos los países la moneda ha sufrido desvalorizaciones sucesivas desde los tiempos más remotos. La adopción del patrón oro en Europa redujo a la mitad el valor de la moneda de los países fieles al patrón de plata (América Latina, China, India, etc.).

UNIDADES MONETARIAS ACTUALES

AFGANISTÁN	Afgani = 100 puls.
ÁFRICA DEL SUR .	Rand = 100 cents.
ALBANIA	Lek = 100 quintars.
ALEMANIA	Marco = 100 pfennig.
ARABIA SAUDITA .	Rial = 20 quruch.
ARGELIA	Dinar = 100 céntimos.
ARGENTINA	Peso = 100 centavos.
AUSTRALIA	Dólar austral. = 100 cents.
AUSTRIA	Schilling = 100 groschen.
BÉLGICA	Franco = 100 céntimos.
BOLIVIA	Boliviano = 100 centavos.
BRASIL	Cruzeiro = 100 centavos.
BULGARIA	Lev = 100 stotinki.
CANADÁ	Dólar = 100 cents.
COLOMBIA	Peso = 100 centavos.
COSTA RICA	Colón = 100 céntimos.
CUBA	Peso = 100 centavos.
CHECOSLOVAQUIA .	Corona = 100 haler.
CHILE	Escudo = 100 centavos.
CHINA	Yen min piao = 100 fens.
DINAMARCA	Corona = 100 öre.
DOMINICANA	Peso = 100 centavos.
ECUADOR	Sucre = 100 centavos.
EGIPTO	Libra = 100 piastras.
EL SALVADOR ...	Colón = 100 centavos.
ESPAÑA	Peseta = 100 céntimos.
ESTADOS UNIDOS .	Dólar = 100 cents.
FILIPINAS	Peso = 100 centavos.
FINLANDIA	Markka = 100 pennik.
FRANCIA	Franco = 100 céntimos.
GRAN BRETAÑA ..	Libra = 20 chelines.
GRECIA	Dracma = 100 lepta.
GUATEMALA	Quetzal = 100 centavos.
HAITÍ	Gourde = 100 céntimos.
HOLANDA	Gulden (florín) = 100 cents.
HONDURAS	Lempira = 100 centavos.
HUNGRÍA	Forint = 100 filler.
INDIA	Rupia = 16 naya paise.
INDONESIA	Rupia = 100 sen.
IRÁN	Rial = 100 dinars.
ISRAEL	Libra = 100 agorots.
ITALIA	Lira = 100 céntimos.
JAPÓN	Yen = 100 sen.
LUXEMBURGO ...	Franco = 100 céntimos.
MARRUECOS	Dirham = 100 francos.
MÉXICO	Peso = 100 centavos.
NICARAGUA	Córdoba = 100 centavos.
NORUEGA	Corona = 100 öre.
PANAMÁ	Balboa = 100 centavos.
PAQUISTÁN	Rupia = 16 paisas.
PARAGUAY	Guaraní = 100 centavos.
PERÚ	Sol = 100 centavos.
POLONIA	Zloty = 100 groszy.
PORTUGAL	Escudo = 100 centavos.
RUMANIA	Leu = 100 bani.
SIRIA	Libra = 100 piastras.
SUECIA	Corona = 100 öre.
SUIZA	Franco = 100 céntimos.
TAILANDIA	Baht = 100 satang.
TÚNEZ	Dinar = 1 000 milésimos.
TURQUÍA	Libra = 100 kurus.
U. R. S. S.	Rublo = 100 copecks.
URUGUAY	Peso = 100 centésimos.
VENEZUELA	Bolívar = 100 céntimos.
YUGOSLAVIA	Dinar = 100 paras.

MONEDAJE m. Derecho que se pagaba antiguamente por la fabricación de moneda.

MONEDAR y **MONEDEAR** v. t. Amonedar, acuñar la moneda.

MONEDERO m. El que acuña moneda. || Portamonedas, bolso pequeño para la moneda. || *Monedero falso,* el que fabrica moneda falsa.

MONEGASCO, CA adj. y s. De Mónaco.

MÓNERA f. (del gr. *monêrês,* solo). *Zool.* Ser vivo que presenta la transición más sencilla entre los vegetales y los animales.

MONERÍA f. Monada. || *Fig.* Ademán o gesto gracioso: *hacer monerías.* || *Fig.* Cosa fútil y graciosa.

MONETARIO, RIA adj. Relativo o perteneciente a la moneda: *sistema monetario, crisis monetaria.* || — M. Colección de monedas.

MONETIZAR v. t. Convertir en moneda, amonedar. || Dar curso legal a los valores públicos.

MONETIZACIÓN f. Acción de monetizar.

MONFÍ m. (del ár. *monfi,* desterrado). Moro salteador de Andalucía, después de la Reconquista.

mongolfiera

mono

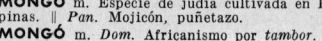

monograma de Cristo

MONGO m. Especie de judía cultivada en Filipinas. || *Pan.* Mojicón, puñetazo.
MONGÓ m. *Dom.* Africanismo por *tambor.*
MONGOL adj. y s. Mongólico.
MONGOLFIERA f. (de *Montgolfier,* n. pr.). Globo aerostático inflado con aire caliente.
MONGÓLICO, CA adj. y s. De Mongolia. || Que padece mongolismo.
MONGOLISMO m. Enfermedad caracterizada por el aspecto mongoloide del rostro y por un desarrollo mental anormal.
MONGOLOIDE adj. De tipo mongólico.
MONGUERA f. *P. Rico.* Especie de parálisis. || Flojera.
MONI m. *Fam.* Dinero.
MONIATO m. Boniato.
MONICACO m. *Despect.* Hominicaco, monigote. || *Col.* Beato, hipócrita, santurrón.
MONICIÓN f. (lat. *monitio*). Admonición. (SINÓN. V. *Advertencia.*)
MONICONGO m. *Fam.* Monigote.
MONIFATO m. *Cub.* y *P. Rico.* Monigote. || *Venez.* Muchacho presuntuoso.
MONIGOTE m. Lego de convento. || *Fig.* y *fam.* Muñeco ridículo o pintura fea mal hecha: *hacer monigotes.* || *Fam.* Hombre ignorante y torpe o de poca personalidad. || *Cub.* Bejuco de flor blanca y morada. || *Bol., Chil.* y *Per.* Seminarista.
MONÍN, INA o **MONINO, NA** adj. *Fam.* Mono, gracioso.
MONIPODIO m. Asociación con fin ilícito.
MONÍS f. Copa pequeña.
MONISES m. pl. *Fam.* Dinero: *no tener monises.*
MONISMO m. Sistema filosófico que pretende explicar el universo por un elemento único.
MONISTA adj. y s. Relativo o partidario del monismo: *teoría monista.*
MÓNITA f. (del libro apócrifo *Monita privata Societatis Iesu*). *Fam.* Artificio, astucia.
MONITOR m. (lat. *monitor*). El que avisa a otro. || El que enseña esgrima, gimnasia, etc. || Buque de guerra fuertemente acorazado: *los monitores fueron creados en los Estados Unidos.*
MONITORIA f. Monitorio, advertencia severa.
MONITORIO, RIA adj. (lat. *monitorius*). Que avisa o amonesta: *carta monitoria.* || — M. Advertencia, amonestación dirigida a los fieles por los obispos.
MONJA f. (lat. *monacha*). Religiosa. || — Pl. *Fig.* Centellas o pavesas encendidas que quedan al quemar un papel. || *Méx.* Especie de pan dulce redondo.
MONJE m. (lat. *monachus*). Fraile: *un monje franciscano.* (SINÓN. V. *Religioso.*) || Solitario, anacoreta. || Paro carbonero, ave.
MONJÍA f. Derecho que el monje tiene en su monasterio.
MONJIL adj. Propio de monje o monja: *traje monjil.* || — M. Hábito de monja. || Traje de lana que llevaban las mujeres por luto. || Manga perdida.
MONJÍO m. Estado de monja.
MONJITA f. *Arg.* Pajarito de color gris y cabeza negra. || *Chil.* Planta de flores blancas y amarillas.
MONO, prefijo (gr. *monos*) que significa *único.*
MONO, NA adj. *Fig.* y *fam.* Bonito, lindo: *un sombrero muy mono.* (SINÓN. V. *Bello.*) || *Col.* De color bermejo. || — M. Nombre general de los animales cuadrumanos que se distinguen por su parecido con el hombre: *los monos tienen el instinto de imitación.* || *Fig.* Persona que hace muchos gestos y figuras. || *Fig.* y *fam. Estar de monos,* estar reñidos. || *Ser el último mono,* ser el de menor importancia. || *Tener monos en la cara,* tener sobre sí algo que llama la atención de todos. || *Quedarse hecho un mono,* quedarse corrido. || Dibujo tosco, monigote: *pintar monos en una pared.* || *Fam.* Cualquier dibujo. || *Fig.* Traje de faena de tela fuerte y de color sufrido que usan los obreros. || *Guat.* Gallo o gallina sin cola. || *Ecuad.* y *Per. Fam.* El bacín. || *Chil.* Montón o pila en que se exponen las frutas. || *Mono sabio,* monosabio.
— Los *monos* se distinguen por tener miembros posteriores de pies prensiles, rostro desnudo, sistema dentario completo, etc. No construyen nidos, fuera de algunos grandes antropoideos. Existe gran número de especies de estatura variable, desde los más diminutos hasta los del tamaño del hombre. Viven hoy exclusivamente en los países tropicales, pero en otro tiempo existían en Europa, quedando aún algunos en el Peñón de Gibraltar. Los monos son animales ágiles, muy inteligentes y sociables.
MONOATÓMICO, CA adj. *Quím.* Dícese de la molécula que sólo contiene un átomo: *los gases raros son monoatómicos.*
MONOBÁSICO, CA adj. Dícese de un ácido que sólo contiene un átomo de hidrógeno reemplazable.
MONOBLOQUE adj. De una sola pieza.
MONOCAMERISMO m. Sistema parlamentario basado en una sola cámara.
MONOCITO m. Variedad de leucocitos mononucleares.
MONOCLAMÍDEA adj. Dícese de las plantas angiospermas cuyas flores tienen cáliz, pero carecen de corola.
MONOCLINAL adj. *Geol.* Dícese del pliegue cuya curvatura se produce sólo en una dirección.
MONOCLÍNICO adj. Aplícase al sistema cristalino cuyas formas se caracterizan por tener un centro de simetría, un eje binario y un plano perpendicular a éste.
MONOCORDE adj. *Mús.* De una sola cuerda. (SINÓN. V. *Uniforme.*)
MONOCORDIO m. (gr. *monokhordon,* de *monos,* uno, y *khordê,* cuerda). Instrumento antiguo de música, especie de guitarra de una sola cuerda.
MONOCOTILEDÓN y **MONOCOTILEDÓNEO, A** adj. *Bot.* Dícese de las plantas que, como el azafrán, tienen un solo cotiledón.
MONOCROMÁTICO, CA adj. *Fís.* Dícese de una radiación compuesta de vibraciones de la misma frecuencia.
MONOCROMO, MA adj. De un solo color.
MONÓCULO, LA adj. (lat. *monoculus*). Que sólo tiene un ojo. || — M. Lente para un solo ojo.
MONOCULTIVO m. Sistema de explotación agrícola especializado en un solo producto.
MONODIA f. *Mús.* Canto para una sola voz.
MONOFÁSICO, CA adj. De una sola fase: *corriente eléctrica monofásica.*
MONOFILO, LA adj. (de *mono,* y el gr. *phullon,* hoja). *Bot.* Dícese de los órganos vegetales formados por una sola pieza: *cáliz monofilo.*
MONOFISISMO m. Herejía de Eutiques (s. V) que sólo reconoce en Cristo la naturaleza divina.
MONOFISISTA adj. y s. com. Partidario del monofisismo o relativo a él.
MONOGAMIA f. Sistema en el cual el hombre no puede ser simultáneamente marido de más de una mujer y la mujer esposa de más de un hombre. || — CONTR. *Poligamia.*
MONÓGAMO, MA adj. (de *mono,* y el gr. *gamos,* matrimonio). Casado con una sola mujer a la vez o casada con un solo hombre a la vez. || Que se ha casado una sola vez. || *Zool.* Dícese de los animales en que el macho sólo aparea con una hembra. || — CONTR. *Polígamo.*
MONOGENISMO m. Doctrina antropológica, según la cual todas las razas humanas descienden de un tipo único.
MONOGRAFÍA f. (del gr. *monos,* único, y *graphein,* describir). Descripción especial de una cosa determinada. || Estudio limitado, particular y profundo, de un autor, un género, una época, un asunto geográfico o histórico, etc.
MONOGRÁFICO, CA adj. Relativo a la monografía: *estudio monográfico.*
MONOGRAMA m. (de *mono,* y el gr. *gramma,* letra). Cifra formada con las principales letras de un nombre.
MONOHIDRATADO, DA adj. Que se encuentra en el primer grado de hidratación: *ácido nítrico monohidratado.*
MONOICO, CA adj. (de *mono,* y el gr. *oikia,* casa). *Bot.* Aplícase a las plantas que tienen flores de ambos sexos en un mismo pie. || — CONTR. *Dioico.*
MONOLÍTICO, CA adj. Relativo al monolito, o formado por una sola piedra: *columna monolítica.*
MONOLITO m. (de *mono,* y el gr. *lithos,* piedra). Monumento de piedra de una sola pieza.
MONOLOGAR v. i. Hablar consigo mismo.

MONÓLOGO m (de *mono*, y el gr. *logos*, discurso, narración). Discurso que se dirige uno a sí mismo o escena dramática en que sólo habla un personaje: *un monólogo interesante.* ‖ — SINÓN. *Soliloquio, aparte.*

MONOMANÍA f. (de *mono*, y el gr. *mania*, manía). Locura en que domina una idea todas las facultades del ánimo: *monomanía de la persecución.*

MONOMANIACO, CA adj. y s. Que padece monomanía: *un monomaniaco de la música.*

MONOMANIÁTICO, CA adj y s. Monomaniaco.

MONÓMERO adj. y s. Compuesto químico constituido por moléculas simples. ‖ — CONTR. *Polímero.*

MONOMETALISMO m. Sistema que no admite sino un patrón monetario: el oro o la plata.

MONOMETALISTA adj. y s. Partidario del monometalismo o relativo a él.

MONOMIO m. (de *mono*, y el gr. *nomos*, división). *Álg.* Expresión que consta de un solo término.

MONOMOTOR adj. De un solo motor.

MONOPÉTALO, LA adj. *Bot.* Compuesto de un solo pétalo: *flor monopétala.*

MONOPLANO m. Avión de un solo plano de sustentación.

MONOPLAZA adj. Que tiene una sola plaza: *avión monoplaza.*

MONOPOLIO m. (de *mono*, y el gr. *pôlein*, vender). Privilegio de vender o de explotar una cosa que se concede a un individuo o sociedad. ‖ Derecho poseído por un número limitado de personas. ‖ *Fig.* Posesión exclusiva: *atribuirse el monopolio de la virtud.* (SINÓN. V. *Privilegio.*)

MONOPOLISTA com. Monopolizador.

MONOPOLIZACIÓN f. Monopolio.

MONOPOLIZADOR, RA adj. y s. Que monopoliza.

MONOPOLIZAR v. t. Adquirir, atribuirse o usurpar un monopolio. ‖ Acaparar: *monopolizar todos los forasteros.*

MONÓPTERO, RA adj. (de *mono*, y el gr. *pteron*, ala). *Arq.* Aplícase al edificio redondo formado por un círculo de columnas que sostienen un techo sin paredes.

MONORRIMO, MA adj. Aplícase a la composición poética que contiene una sola rima.

MONORRÍTMICO, CA adj. De un solo ritmo.

MONOSABIO m. Mozo de la plaza de toros encargado de auxiliar al picador y de otros oficios subalternos.

MONOSACÁRIDOS m. pl. Azúcares de fórmula $C_6H_{12}O_6$, como la glucosa, etc. ‖ — CONTR. *Polisacáridos.*

MONOSÉPALO, LA adj. (de *mono*, y el gr. *sêpalo*). *Bot.* De un solo sépalo: *cáliz monosépalo.*

MONOSILÁBICO, CA adj. *Gram.* Relativo al monosílabo: *voz monosilábica.* ‖ Perteneciente al monosilabismo: *lenguas monosilábicas.*

MONOSILABISMO m. Carácter de las palabras que tienen una sola sílaba, y de las lenguas formadas exclusivamente de estas palabras.

MONOSÍLABO, BA adj. y s. (del gr. *monos*, uno, y *sullabê*, sílaba). *Gram.* Dícese de la palabra que consta de una sola sílaba.

MONOSPERMO, MA adj. *Bot.* Dícese de los frutos que sólo contienen una semilla.

MONÓSTROFE f. (gr. *monostrophos*, de *monos*, uno, y *strophê*, estrofa). Composición poética que comprende una sola estrofa.

MONOTE m. *Fam.* Persona inmóvil y atontada.

MONOTEÍSMO m. (de *mono*, y el gr. *Theos*, Dios). Doctrina religiosa que reconoce un solo Dios: *el monoteísmo judío.* ‖ — CONTR. *Politeísmo.*

MONOTEÍSTA adj. y s. Partidario del monoteísmo. ‖ Relativo o perteneciente al monoteísmo.

MONOTELISMO m. Herejía del siglo VII que admitía en Cristo dos naturalezas pero sólo la voluntad divina.

MONOTELITA adj. y s. Partidario del monotelismo o relativo a él.

MONOTIPIA f. Procedimiento de composición tipográfica por medio del monotipo.

MONOTIPO m. Máquina de componer que funde caracteres de imprenta separados.

MONÓTONAMENTE adv. m. Con monotonía.

MONOTONÍA f. Uniformidad enfadosa de tono en la voz: *la monotonía de un orador.* ‖ Falta de variedad en una cosa: *la monotonía de la vida.*

MONÓTONO, NA adj. (de *mono*, y el gr. *tonos*, sonido). Que tiene monotonía: *canto monótono.* (SINÓN. V. *Uniforme.*)

MONOTREMAS m. pl. Orden de mamíferos que comprende los ornitorrincos y los equidnas: *los monotremas forman la transición entre los mamíferos y las aves.* (SINÓN. *Ornitodelfos.*)

MONOVALENTE adj. *Quím.* Que posee una sola valencia.

MONROÍSMO m. Doctrina de Monroe, que defiende la no intervención de Europa en los países americanos (*América para los americanos*).

MONSEÑOR m. (ital. *monsignore*). Título de honor que se da en Italia a los prelados y en Francia a los obispos y a otros sujetos de alta dignidad. ‖ — OBSERV. Debe evitarse el empleo de este título al tratar de obispos españoles o americanos, a quienes debe llamarse *Ilustrísimo, Reverendísimo Señor, Su Señoría*, etc.

MONSERGA f. *Fam.* Lenguaje confuso, embrollado. ‖ *Fam.* Lata, pesadez.

MONSIEUR m. (pal fr. pr. *mosié*). Título o calificativo francés equivalente a *Señor* o *Don*. Abréviase en *M.* ‖ — OBSERV. Debe evitarse en castellano siempre que se pueda, tratándose de franceses, y es ridículo emplearlo con nombres que no lo son.

MONSTRUO m. (lat. *monstrum*). Ser cuya forma difiere de la de los demás de su especie. (SINÓN. V. *Fenómeno.*) ‖ Ser fantástico que figura en la mitología o la leyenda: *Perseo libró a Andrómeda del monstruo que la amenazaba.* ‖ Persona muy mala: *un monstruo de crueldad.* ‖ Persona muy fea: *esa mujer es un monstruo.* ‖ Animal u objeto enorme: *los monstruos marinos.* ‖ Feto extremadamente deformado incapaz de vivir. ‖ — Adj. Prodigioso, colosal: *cena monstruo.*

MONSTRUOSAMENTE adv. m. De un modo monstruoso: *es monstruosamente grande.*

MONSTRUOSIDAD f. Defecto de lo monstruoso. ‖ Cosa monstruosa: *una monstruosidad.*

MONSTRUOSO, SA adj. Que tiene forma distinta de la natural: *animal monstruoso.* ‖ *Fig.* Prodigioso: *tamaño monstruoso.* ‖ Excesivo: *prodigalidad monstruosa.* ‖ Horrible: *crimen monstruoso.* (SINÓN. V. *Espantoso.*)

MONTA f. Acción y efecto de montar. ‖ Arte de montar a caballo. ‖ Suma o total. ‖ Acaballadero. ‖ *Mil.* Toque de clarín que sirve para ordenar que monte la caballería. ‖ — M. *Urug.* Jockey, jinete. ‖ *Asunto de poca monta*, sin importancia.

MONTACARGAS m. Ascensor para subir bultos o mercancías.

MONTADA f. Desveno del freno. ‖ *Col.* Montadura. ‖ *Amér. C.* y *Méx.* Policía de a caballo.

MONTADERO m. Montador, poyo.

MONTADO, DA adj. y s. Que va a caballo: *soldado montado, artillería montada.* ‖ Dícese del caballo preparado para poder montarlo.

MONTADOR m. El que monta. ‖ Poyo en que se sube el jinete para montar a caballo. ‖ Operario especializado en el montaje de máquinas, aparatos, etc. ‖ Especialista en el montaje de películas de cine. ‖ *Hond.* Amazona (traje).

MONTADURA f. Acción y efecto de montar. ‖ Montura de una caballería. ‖ Engaste de una piedra preciosa.

MONTAJE m. Acción de montar una máquina. ‖ Combinación de las diversas partes de un todo. ‖ En cinematografía, selección y unión en una banda definitiva de las escenas de un film. (SINÓN. V. *Ensambladura.*) ‖ Cureña de las piezas de artillería.

MONTANERA f. Encinar o monte donde pace el ganado de cerda. ‖ Tiempo en que está pastando. ‖ *Fig.* y *fam.* *Estar en montanera*, tener uno buena comida durante cierto tiempo.

MONTANISMO m. Herejía de Montano (siglo II), que negaba el reingreso en la Iglesia a los que pecaban mortalmente, rechazaba las segundas nupcias y exageraba los ayunos.

MONTANISTA adj. y s. Partidario del montanismo.

MONTANO, NA adj. Relativo al monte.

templo monóptero

Fot. Alinari

monteros

cabra montés

MONTANTE m. Pie derecho de una armazón. || Ventana pequeña encima de una puerta o de otra ventana. || *Arq.* Listón que divide el vano de una ventana. || Espadón grande que se esgrime a dos manos: *el montante sirve a los maestros de esgrima para separar las batallas demasiado empeñadas.* || Pieza vertical de sostén. || *Coger el montante,* marcharse. || — F. *Mar.* Marea que sube. || *Hond.* Riña. || Galicismo por *importe.*

MONTAÑA f. Monte, elevación considerable y natural del terreno. || *Por analogía.* Amontonamiento, abundancia de personas o cosas: *una montaña de libros.* || Territorio cubierto de montes. || *Montaña rusa,* serie de subidas y bajadas rápidas sobre las cuales se deja uno deslizar en una especie de trineo. || — SINÓN. *Cordillera, monte, sierra.* V. tb. *cerro, colina* y *cima.*

MONTAÑERO, RA m. y f. Persona que practica el montañismo.

MONTAÑÉS, ESA adj. y s. Natural de una montaña, y especialmente de la Montaña de Santander.

MONTAÑISMO m. Práctica del excursionismo y deportes de montaña. (SINÓN. V. *Alpinismo.*)

MONTAÑOSO, SA adj. Relativo a las montañas. || Abundante en ellas: *país montañoso.*

MONTAPLATOS m. Montacargas pequeño entre la cocina y el comedor.

MONTAR v. i. Subir encima de una cosa. || — V. t. y v. i. Subir a caballo o cabalgar en él: *montar un alazán.* || *Fig.* Importar: *ese negocio monta poco.* || — V. t. Importar o subir una cantidad: *la cuenta montó cien pesetas.* || Armar: *montar una máquina.* || En cinematografía, realizar el montaje. || Amartillar: *montar una escopeta.* || Establecer: *montar un negocio.* || Engastar: *montar un diamante.* || Cubrir: *montar el burro a la yegua.* || *Tanto monta,* tanto vale: *tanto monta monta tanto Isabel como Fernando.* || *Montar en cólera,* irritarse.

MONTARAZ adj. Que se cría en los montes: *animal montaraz.* || Salvaje: *genio montaraz.* (SINÓN. V. *Grosero.*) || — M. Guardabosques

MONTAZGO m. Tributo pagado por el tránsito del ganado por un monte.

MONTARRÓN m. *Col.* Selva o bosque grandes.

Montes más importantes del mundo

Asia.	*País*	Alt. en m
Everest	Nepal-Tíbet	8 882
Dapsang o K2	Cachemira	8 620
Kanchenjunga	Sikkim-Nepal	8 585
Lhotse	Nepal	8 545
Makalu	Nepal-Tíbet	8 515
Cho Oyu	Nepal	8 154
América.		
Aconcagua	Argentina	6 959
Ancohuma	Bolivia	6 919
Tupungato	Chile	6 800
Huascarán	Perú	6 767
Pissis	Chile	6 779
Llullaillaco	Argentina-Chile	6 723
Orizaba	México	5 747
Popocatépetl	México	5 450
Iztaccihuatl	México	5 386
África.		
Kilimandjaro	Tanganica	5 895
Kenia	Kenia	5 194
Ruwenzori	Uganda	5 119
Europa.		
Monte Blanco	Francia	4 807
Monte Rosa	Suiza	4 638
Cervino	Suiza	4 478

MONTE m. (lat. *mons, montis*). Grande elevación de terreno. (SINÓN. V. *Montaña.*) || Bosque: *un monte de encinas.* (SINÓN. V. *Landa.*) || *Fam.* Monte de piedad. || Naipes que quedan para robar, después de repartidos los que tocan a cada jugador. || Cierto juego de naipes, de envite y azar || *Fig.* y *fam.* Cabellera muy espesa y desaseada. || *Amer.* Campo o afueras del poblado. || *Méx.* Yerba, pastos. || *Monte alto,* el de árboles grandes. || *Monte bajo,* el de arbustos, matas o malezas. (SINÓN. V. *Matorral.*) || *Monte de piedad,* establecimiento público que presta a interés sobre ropa o alhajas. || *Monte pío,* montepío. || *Monte de Venus,* pubis de la mujer. || *Fig. No todo el monte es orégano,* no todo es tan fácil y placentero como parece.

MONTEA f. Acción de montear la caza.

MONTEA f. *Arq.* Dibujo de tamaño natural que se hace de cada parte de una obra de arquitectura para labrar las piedras que la componen. || *Arq.* Estereotomía, corte de piedras. || *Arq.* Sagita de un arco.

MONTEAR v. i. Perseguir la caza por los montes. || *Col.* Andar por las montañas en busca de minas. || *Venez.* Charlar, dar la lata.

MONTEAR v. t. *Arq.* Trazar la montea de una obra. || *Arq.* Formar un arco.

MONTEPÍO m. Establecimiento de caridad público o privado. || Depósito de dinero que para socorrerse forman los miembros de un cuerpo o sociedad: *montepío de toreros.*

MONTERA f. Prenda de abrigo para la cabeza: *una montera de paño.* || Gorro de los toreros. || Cubierta de cristales en un patio. || Parte del alambique que tapa la caldera. || *Bol.* Sombrero cónico y adornado que usan los indios. || *Hond.* Borrachera. || *Fig.* y *fam. Colocarse o ponerse el mundo por montera,* mostrar una gran indiferencia, importar poco.

MONTERA f. Mujer del montero.

MONTERÍA f. Caza mayor. || Arte de cazar. || *Cub.* Trozos de ave fiambre que se guisan con caldo. || *Ecuad.* Embarcación para descender los rápidos.

MONTERIANO, NA adj. y s. De Montería (Colombia).

MONTERILLA f. Alcalde de pueblo.

MONTERO, RA m. y f. Persona que busca y persigue la caza en el monte o la ojea hacia donde deben cazarla. || *Cub.* El que recorre el monte para examinar el estado del ganado.

MONTÉS adj. Que anda, está o se cría en el monte: *cabra montés.*

MONTESINO, NA adj. Montés.

MONTEVIDEANO, NA adj. y s. De Montevideo.

MONTÍCULO m. (lat. *monticulus*). Montecillo. (SINÓN. V. *Cerro.*)

MONTILLA m. Vino de Montilla.

MONTO m. Monta, suma de diversas partidas.

MONTÓN m. Gran número de cosas puestas sin orden unas encima de otras. (SINÓN. V. *Acopio.*) || *Fig.* y *fam.* Persona inútil. || *Fig.* y *fam.* Número considerable: *tengo que hacer un montón de cosas.* || *Chil.* Castillejo, juego de niños. || *A montones,* con abundancia. || *Del montón,* sin mérito, ordinario. || *En montón,* juntamente.

MONTONERA f. *Amer.* Tropa de jinetes insurrectos. || *Col.* Almiar, tresnal.

MONTONERO m. El que no se atreve a pelear sino cuando se ve rodeado por sus compañeros. || Individuo de una montonera. || *Amer.* Guerrillero. || *Mex.* Camorrista. || *Col.* Montón.

MONTUBIO, BIA m. y f. *Ecuad.* y *Per.* Campesino de la costa. || — Adj. *Col., Ecuad.* y *Per.* Rústico, agreste, montaraz.

MONTUCA f. *Hond.* Tamal de maíz verde.

MONTUNO, NA adj. Del monte. || *Venez., Cub.* y *Chil.* Rústico, campesino. || *Amer.* Salvaje, montaraz.

MONTUOSIDAD f. Calidad de montuoso.

MONTUOSO, SA adj. Relativo al monte. || Abundante en montes o bosques: *comarca montuosa.*

MONTURA f. Cabalgadura. || Arreos de una caballería. || Montaje de una máquina. (SINÓN. V. *Armazón.*)

MONUMENTAL adj. Relativo al monumento. || *Fig.* y *fam.* Muy excelente o señalado en su línea: *una plaza monumental.* || Muy grande, gigantesco. (SINÓN. V. *Colosal.*)

MONUMENTO m. (lat. *monumentum*). Obra de arquitectura o escultura considerable por su tamaño o su magnificencia: *el Partenón se considera como el monumento más hermoso de Atenas.* ||

Fot. Baufle

Construcción que recubre una sepultura, mausoleo. ‖ *Monumentos históricos,* edificios antiguos que conviene conservar a causa de los recuerdos que con ellos se relacionan o de su valor artístico. ‖ Altar adornado que se forma en las iglesias el Jueves Santo para conservar hasta el Viernes Santo la segunda hostia que aquel día se consagra. ‖ *Fig.* Obra digna de pasar a la posteridad: *las obras de Homero son el más bello monumento de la Antigüedad.*

MONZÓN amb. (del ár. *maucim,* estación). Viento periódico que sopla en el océano Índico seis meses en una dirección y seis en la opuesta.

MOÑA f. Lazo con que se adornan las mujeres en algunos puntos. ‖ Adorno de cintas de colores que se coloca en la divisa de los toros o se ata a la guitarra. ‖ Lazo de cintas negras que se sujetan los toreros a la coleta. ‖ *Col.* Orgullo, altivez. ‖ Muñeca.

MOÑA f. *Fig.* y *fam.* Borrachera.

MOÑATO m. *Urug.* Moniato o boniato.

MOÑO m. Nudo o rodete que se hacen con el pelo las mujeres. (SINÓN. V. *Mechón.*) ‖ Lazo de cintas. ‖ Penacho de plumas de algunas aves. ‖ Adorno cualquiera, especialmente el de mal gusto. ‖ *Agarrarse del moño,* pegarse. ‖ *Fig. Ponerse moños,* darse tono. ‖ *Chil.* Copete de la caballería. ‖ *Col.* Capricho. ‖ *Chil.* Cabello de hombre. ‖ *Fig.* y *fam. Hacerse el moño,* peinarse. ‖ *Fam. Quitar moños,* apabullar.

MOÑÓN, ONA adj. Moñudo. ‖ *Col. Fam.* Caprichoso.

MOÑUDO, DA adj. Con moño: *ave moñuda.*

MOQUEAR v. i. Echar mocos.

MOQUEGUANO, NA adj. y s. De Moquegua (Perú).

MOQUEO m. Secreción nasal abundante.

MOQUERO m. Pañuelo que sirve para limpiar las narices.

MOQUETA f. (fr. *moquette*). Tela fuerte de lana o algodón que sirve para alfombrar uniformemente el suelo de las viviendas.

MOQUETE m. Puñada, golpe dado en el rostro. (SINÓN. V. *Golpe.*)

MOQUETEAR v. i. Moquear con frecuencia.

MOQUETEAR v. t. *Fam.* Dar moquetes o puñadas.

MOQUILLO m. Especie de catarro que suelen padecer los perros y gatos. ‖ Pepita, enfermedad de las aves. ‖ *Ecuad.* Nudo corredizo con que se aprieta el labio del caballo para domarlo.

MOQUITA f. Moco claro.

MOQUITEAR v. i. *Fam.* Lloriquear.

MOQUITEO m. *Fam.* Lloriqueo.

MOR DE (Por) loc. adv. *Pop.* Por causa de.

MORA f. (lat. *mora*). *For.* Demora, tardanza.

MORA f. Fruto del moral o de la morera. ‖ Zarzamora. ‖ *Bol.* Bala de fusil. ‖ *Hond.* Frambuesa.

MORABETINO m. Monedita antigua de plata.

MORABITO m. (del ár. *morábit,* ermitaño). Ermitaño mahometano. ‖ Ermita donde vive un morabito.

MORÁCEAS f. pl. (del lat. *morus,* el moral). *Bot.* Familia de plantas dicotiledóneas a que pertenecen el *moral,* la *morera,* la *higuera,* etc.

MORACHO, CHA adj. y s. De Mora.

MORADA f. Casa o habitación. ‖ Estancia en un lugar. ‖ — SINÓN. *Domicilio, dirección, estancia, residencia, vivienda.*

MORADO, DA adj. De color de violeta obscuro. Ú. t. c. s. m. ‖ *Arg.* Cobarde. ‖ *Fig.* y *fam. Pasarlas moradas,* pasarlas muy mal. ‖ *Ponerse morado,* hartarse de comer o beber.

MORADOR, RA adj. (lat. *morator*). Que mora o habita en un sitio.

MORAÍTA adj. y s. De Morea.

MORAL adj. (lat. *moralis*). Relativo a la moral: *reflexión moral.* ‖ Conforme con la moral: *libro moral.* ‖ Espiritual, intelectual: *las facultades morales.* ‖ *Certidumbre moral,* la que no se asienta en pruebas materiales. ‖ — F. Ciencia que enseña las reglas que deben seguirse para hacer el bien y evitar el mal. ‖ Conjunto de facultades del espíritu: *elevar la moral de alguien.* ‖ — CONTR. *Inmoral.*

MORAL m. Árbol de la familia de las moráceas, cuyo fruto es la mora.

MORALEJA f. Lección o enseñanza moral que contiene un cuento, fábula, etc.

MORALIDAD f. Relación o conformidad de la conducta con la moral: *la moralidad de una acción.* ‖ Buenas costumbres: *hombre sin moralidad.* ‖ Moraleja de fábula. (CONTR. *Inmoralidad.*) ‖ — Pl. Representación teatral alegórica de la Edad Media, de origen francés, con intención moral.

MORALISMO m. Predominio de la moral en una doctrina.

MORALISTA m. Autor que escribe acerca de la moral o las costumbres. ‖ El que estudia moral.

MORALIZACIÓN f. Acción y efecto de moralizar.

MORALIZADOR, RA adj. y s. Que moraliza: *influencia moralizadora.* ‖ — CONTR. *Desmoralizador.*

MORALIZAR v. t. Reformar las malas costumbres. ‖ — V. i. Hacer reflexiones morales.

MORALMENTE adv. m. De un modo moral. ‖ Según el común sentir de los hombres.

MORAPIO m. *Fam.* Vino tinto corriente.

MORAR v. i. (lat. *morari*). Habitar o residir de asiento en un lugar.

MORATORIA f. (del lat. *moratorius,* dilatorio). *For.* Plazo concedido para el pago de una deuda. (SINÓN. V. *Demora.*)

MORAVO, VA adj. y s. Natural de Moravia.

MORAZANENSE adj. y s. De Morazán (El Salvador).

MORAZANEÑO, ÑA adj. y s. De Francisco Morazán (Honduras).

MORBIDEZ f. Calidad de mórbido o delicado.

MORBIDIDAD f. Morbilidad.

MÓRBIDO adj. (lat. *morbidus*). Relativo o perteneciente a la enfermedad: *un síntoma mórbido.* ‖ *Fig.* Presa de un desequilibrio enfermizo.

MÓRBIDO, DA adj. (ital. *morbido*). Blando, delicado, suave: *carnes mórbidas.*

MORBÍFICO, CA adj. Que causa enfermedad, patógeno: *el fuego destruye los gérmenes morbíficos.*

MORBILIDAD f. Proporción de enfermos en lugar y tiempo determinados. ‖ Calidad de mórbido.

MORBO m. (lat. *morbus*). *Pat.* Enfermedad.

MORBOSIDAD f. Carácter morboso.

MORBOSO, SA adj. Enfermo, enfermizo: *estado morboso.* ‖ Que causa enfermedad, mórbido.

MORCEGUILA f. Excremento del murciélago.

MORCELLA f. Chispa que salta de una luz.

MORCILLA f. Tripa de cerdo, rellena de sangre cocida con varios ingredientes: *morcilla de piñones.* ‖ *Fam.* Añadidura que mete un actor en su papel. ‖ *Fam. Que te den morcilla,* vete a paseo.

MORCILLERO, RA m. y f. Persona que hace o vende morcillas. ‖ *Fig.* y *fam.* Actor que suele meter morcillas en el papel que representa ‖ — F. *Venez.* Molestia, contrariedad. ‖ Síncope aparatoso.

MORCILLO, LLA adj. (lat. *mauricellus,* de *maurus,* moro o negro). Dícese del caballo que tiene el pelo de color negro con visos rojizos.

MORCILLÓN m. Morcilla grande. ‖ Estómago del cerdo u otro animal, relleno como la morcilla. ‖ *Zool.* Morejón.

MORCÓN m. Morcilla grande. ‖ *Fam.* Persona gruesa y rechoncha. ‖ Persona sucia y desaseada.

MORDACIDAD f. Calidad de mordaz o áspero.

MORDAGA f. *Fam.* Borrachera.

MORDAZ adj. (lat. *mordax, acis*). Que muerde o corroe. ‖ Áspero, picante. ‖ *Fig.* Cáustico, satírico: *crítico, escritor mordaz.* (SINÓN. *Acerado, acre, incisivo, punzante, vivo.* V. tb. *sarcástico.*)

MORDAZA f. Pañuelo o instrumento que se aplica a la boca para impedir el habla. (SINÓN. V. *Silencio.*) ‖ *Mar.* Aparato que sirve para detener la cadena del ancla. ‖ *Tecn.* Nombre de diversos aparatos usados para apretar.

MORDAZMENTE adv. m. Con mordacidad.

MORDEDOR, RA adj. Que muerde: *perro ladrador, poco mordedor.* ‖ *Fig.* Satírico, murmurador.

MORDEDURA f. Acción de morder. ‖ Daño ocasionado con ella.

MORDELÓN, ONA adj. *Col.* y *Venez.* Propenso a morder.

morabito

morena

MORDENTE m. (ital. *mordente*). Mordiente. ‖ *Mús.* Adorno del canto que consiste en una doble apoyatura o en una especie de quiebro, y se indica con este signo (~~) colocado encima de la nota principal de la melodía.
MORDER v. t. (lat. *mordere*). Clavar los dientes en una cosa: *morder un pedazo de pan.* ‖ Asir una cosa a otra. ‖ *Fig.* Gastar, consumir: *la lima muerde el acero.* ‖ Someter una plancha grabada a la acción del agua fuerte. ‖ *Fig.* Murmurar, criticar. ‖ *Hacer morder el polvo,* derrotar. ‖ *Antill., Méx.* y *Venez.* Estafar. ‖ — IRREG. Se conjuga como *mover.*
MORDICANTE adj. Acre, corrosivo: *zumo mordicante.* ‖ *Fig.* Cáustico, satírico: *un espíritu mordicante.*
MORDICAR v. t. Picar o punzar.
MORDICATIVO, VA adj. Mordicante.
MORDIDO, DA adj. *Fig.* Menoscabado, mermado. ‖ — F. *Méx.* Lo que se paga por eludir una multa.
MORDIENTE adj. Que muerde. ‖ — M. Agua fuerte que usan los grabadores. ‖ Substancia que en tintorería y otras artes sirve para fijar los colores o los panes de oro.
MORDIMIENTO m. Mordedura.
MORDISCAR y **MORDISQUEAR** v. t. Morder ligeramente o morder poco y repetidas veces.
MORDISCO m. Acción y efecto de mordiscar. ‖ Mordedura ligera. ‖ Pedazo que se saca de una cosa mordiéndola.
MORDISCÓN m. *Amer.* Mordisco.
MOREAS f. pl. Moráceas.
MOREDA f. Moral, planta morácea. ‖ Moreral.
MOREL DE SAL m. *Pint.* Color morado carmesí que se usa para pintar al fresco.
MORELIANO, NA adj. y s. De Morelia (México).
MORENA f. (lat. *muraena*). Pez teleósteo parecido a la anguila, que vive en el Mediterráneo y es muy voraz (1,50 m de largo máx.); su carne era muy estimada por los romanos.
MORENA f. Hogaza o pan moreno.
MORENA f. (del b. lat. *morana,* dique). Montón de mieses que dejan en tierra los segadores. ‖ Morrena.
MORENILLO m. Masa de carbón molido y vinagre, que usan los esquiladores para las cortaduras.
MORENO, NA adj. y s. (del lat. *morus,* negro). Dícese del color obscuro que tira a negro. ‖ Que tiene la tez muy obscura y el pelo negro o castaño: *los andaluces suelen ser muy morenos.* (SINÓN. V. *Tostado.*) ‖ *Fig.* y *fam.* Negro, mulato. ‖ — M. Morenillo. ‖ *Pop.* El que silba una obra teatral.
MORENOTE, TA adj. Muy moreno.
MORERA f. Árbol de la familia de las moráceas, pero distinto al moral por el fruto blanco.
MORERAL m. Terreno plantado de moreras.
MORERÍA f. Barrio moro en una población. ‖ País habitado por los moros.
MORETE m. *Amér. C.* y *Méx.* Cardenal.
MORETEAR v. i. *Amer.* Amoratar.
MORETÓN m. *Fam.* Equimosis, cardenal. (SINÓN. V. *Contusión.*)
MORFA f. Hongo parásito de los naranjos y limoneros.
MÓRFICO, CA adj. Dícese de las sales de morfina.
MORFINA f. (de *Morfeo,* dios del sueño). Alcaloide tóxico que se extrae del opio, de propiedades analgésicas y soporíferas, como sus derivados (heroína). [La *morfina* se usa en terapéutica por ingestión o inyección. Su abuso conduce a una intoxicación grave.]
MORFÍNICO, CA adj. Propio de la morfina.
MORFINISMO m. Envenenamiento crónico producido por el abuso de la morfina y el opio.
MORFINOMANÍA f. Uso indebido y persistente de la morfina o el opio, espec. por inyección subcutánea, para buscar el estado de euforia que ella provoca, que pronto conduce a desórdenes físicos e intelectuales que aniquilan la voluntad y el sentido moral.
MORFINISMO m. Intoxicación crónica producida por el abuso de la morfina o sus sales.
MORFINÓMANO, NA adj. y s. Que adolece de morfinomanía.
MORFOLOGÍA f. (del gr. *morphê,* forma, y *logos,* tratado). *Biol.* Estudio de la forma de los seres orgánicos: *morfología vegetal.* ‖ *Gram.* Estudio de las formas de las palabras y de sus transformaciones.
MORFOLÓGICO, CA adj. Relativo a la morfología: *los caracteres morfológicos de un animal, análisis morfológico.*
MORGA f. Alpechín de olivas. ‖ Coca de Levante.
MORGALLA f. *Venez.* Piltrafa, residuo.
MORGANÁTICAMENTE adv. m. De un modo morganático: *casarse morganáticamente.*
MORGANÁTICO, CA adj. (del gót. *morgjian,* restringir). Dícese del matrimonio contraído por un príncipe con una mujer de rango inferior, quedando ésta excluida de las dignidades nobiliarias. ‖Dícese del que contrae este matrimonio.
MORGUE f. Galicismo por *depósito de cadáveres.*
MORIBUNDO, DA adj. y s. (lat. *moribundus*). Que se está muriendo: *auxiliar a un muribundo.*
MORICHAL m. Sitio poblado de moriches.
MORICHE m. Especie de palma de la América intertropical. ‖ Pájaro americano parecido al trupial y estimado por su canto.
MORIDERA f. *Venez.* Tristeza profunda. ‖ Desmayo, patatús.
MORIEGO, GA adj. Moruno: *tierra moriega.*
MORIGERACIÓN f. Templanza o moderación en las costumbres.
MORIGERADO, DA adj. De buenas costumbres: *hombre morigerado.*
MORIGERAR v. t. (lat. *morigerari*). Templar, refrenar, moderar: *saber morigerar sus pasiones.* (SINÓN. V. *Reprender.*)
MORILLA f. Cagarria, cierto hongo comestible.
MORILLO m. Utensilio que sirve para sustentar la leña en el hogar.
MORINGA f. *Cub.* Coco, fantasma. ‖ Planta oleaginosa de las Antillas, de la que se saca el aceite de ben.
MORIR v. i. (lat. *mori*). Dejar de vivir: *César murió asesinado.* (SINÓN. *Expirar, fallecer, fenecer, finar, perecer, sucumbir.* Pop. *Espichar, diñarlas.*) ‖ *Fig.* Sufrir mucho, estar atormentado por algo: *morir de hambre.* ‖ Perder la actividad o el movimiento: *dejar que se muera la lumbre.* ‖ *Fig.* Desaparecer: *la ambición no muere sino con el ambicioso.* ‖ Acabar poco a poco: *las olas morían en la playa.* ‖ — V. r. Cesar de vivir: *se murió de calentura.* ‖ *Fig.* Dormirse o entorpecerse un miembro del cuerpo. ‖ *Morirse por una persona o cosa,* desearla con vehemencia. ‖ *Fig.* y *fam. Morir vestido,* morir violentamente. ‖ *¡Muera!,* interj. para manifestar el deseo de acabar con alguna persona o cosa. ‖ *Cub. Morirse uno a plazos,* impacientarse. ‖ —IRREG. Se conjuga como *dormir.*
MORISCO, CA adj. y s. Moro, moruno. ‖ Dícese de los moros bautizados que se quedaron en España después de la Reconquista. ‖ Perteneciente a ellos: *costumbres moriscas.* ‖ *Chil.* Enjuto de carnes, huesudo.
MORISMA f. Secta de los moros. ‖ Multitud de moros.
MORISQUETA f. Ardid o treta: *hacerle a uno una morisqueta.* ‖ *Filip.* Arroz cocido con agua sin sal. ‖ *Amer.* Carantoña, mueca.
MORITO m. Falcinelo, género de aves zancudas.
MORIVIVÍ m. *Cub.* Sensitiva.
MORLACO, CA adj. y s. Tonto, imbécil. ‖ *Fam.* Toro de lidia. ‖ *Amer.* Peso, moneda. ‖ *Col.* Caballo viejo.
MORMÓN, ONA m. y f. Persona que profesa el mormonismo.
MORMÓNICO, CA adj. Relativo al mormonismo: *en los Estados Unidos de América existen varias agrupaciones mormónicas.*
MORMONISMO m. Secta religiosa de los Estados Unidos fundada en 1830 por Joe Smith, que profesaba la poligamia. ‖ Conjunto de ritos, máximas, etc., de esta secta.
MORO, RA adj. y s. (lat. *maurus*). De la antigua Mauritania: *un guerrero moro.* ‖ *Por ext.* Mahometano. ‖ Indígena mahometano de Mindanao (Islas Filipinas). ‖ *Fig.* y *fam.* Aplícase al vino que no ha sido aguado. ‖ *Fig.* y *fam.* Dícese

del que no ha sido bautizado. || Dícese de los caballos negros calzados generalmente de blanco. (En América varía el significado: *Arg.* negro, manchado de blanco; *Col.* castaño obscuro, mezclado con blanco; *Ecuad.* alazán y blanco; *Venez.* blanco, con manchas castañas; *Cub.* blanco, con visos obscuros; *Hond.* tordo.) || *Moros y cristianos,* fiesta pública en que se finge una batalla entre moros y cristianos. || ***Haber moros en la costa,*** ser necesaria la precaución para evitar que se enteren de la conversación personas no interesadas. || *Haber moros y cristianos,* haber pendencia o disputa. || *Moros van, moros vienen,* dícese de los que están medio borrachos. || — PROV. **A más moros, más ganancia,** cuanto mayor es la dificultad mayor es la gloria del triunfo. (Úsase en sentido irónico.) || **A moro muerto, gran lanzada,** algunos se jactan de su valor cuando ya no hay riesgo.

MORO MUZA (El) m. Se usa en sentido indeterminado por cualquiera, alguien: *cuéntale eso al Moro Muza.*

MOROCADA f. Topetada que da el morueco.

MOROCO m. *Bol.* Pantorrilla. || Mano de metate.

MOROCOTA f. *Col., P. Rico., Dom.* y *Venez.* Onza de oro.

MOROCHO, CHA adj. *Amer.* Dícese de una variedad de maíz. || *Amer.* Robusto, bien conservado. || *Arg.* Moreno, trigueño. || *Venez.* Gemelo, mellizo. || *Hond.* Leporino. || *Ecuad.* Tratándose de algo combustible, seco, duro: *leña morocha.* || *Chil.* Tosco. || Pelado al rape. || *Venez. Hambre morocha,* hambre canina.

MOROLO adj. *Hond.* Sencillo, bobo.

MORÓN m. Montecillo de tierra, mambla.

MORONA f. *Col.* Miga, migaja de pan.

MORONCHO, CHA adj. Morondo, pelado, liso.

MONRONDANGA f. *Fam.* Conjunto de cosas inútiles, sin valor.

MORONDO, DA adj. Pelado, mondado.

MORONGA f. *Amér. C.* y *Méx.* Morcilla, salchicha.

MOROPORÁN m. *Hond.* Una planta medicinal.

MOROSAMENTE adv. m. Con morosidad.

MOROSIDAD f. Lentitud, tardanza, demora en hacer una cosa. || Falta de actividad: *obrar con excesiva morosidad.* || — CONTR. *Actividad.*

MOROSO, SA adj. (lat. *morosus*). Que muestra morosidad, lento, tardío. || Que denota morosidad: *delectación morosa.* || Retrasado en el pago de impuestos o deudas: *deudor moroso.*

MORRA f. Parte superior de la cabeza. || Juego entre dos personas que a un mismo tiempo dicen un número inferior a diez y abren bruscamente cierto número de dedos de la mano cerrada: *la morra se juega mucho en Italia.* || El puño cerrado, que en el juego anterior vale por cero.

MORRADA f. Golpe que se da con la cabeza. || *Fig.* Guantada, bofetada: *darse de morradas.*

MORRAL m. Saco o talego: *llevar un morral de caminante.* (SINÓN. V. *Zurrón.*) || *Fig.* y *fam.* Hombre zafio, zote. (SINÓN. V. *Grosero.*)

MORRALLA f. Conjunto de pescadillos menudos, boliche. || *Fig.* Multitud de personas o cosas de muy escaso valor. || *Méx.* Dinero menudo.

MORRENA f. Derrubios transportados y depositados por los glaciares.

MORRERAS f. pl. Inflamación de los labios.

MORRILLO m. Porción carnosa que corresponde al cogote en las reses. || *Fam.* Cogote muy grueso. || Piedra o canto rodado. || *Méx.* Palo redondo que llevan al hombro los cargadores.

MORRIÑA f. Comalia, enfermedad del ganado, murria. || *Fig.* y *fam.* Tristeza, nostalgia. (SINÓN. V. *Melancolía.*)

MORRIÑOSO, SA adj. Que tiene morriña. || Raquítico, enteco.

MORRIÓN m. Casco antiguo, de bordes levantados. || Gorro militar alto y con visera.

MORRISQUETA f. *Col.* y *Venez.* Mueca, carantoña. || — PARÓN. *Morisqueta.*

MORRO m. Extremidad redonda de una cosa: *el morro de la pistola.* || Monte o roca de forma redonda. || Extremo de un malecón. || Guijarro redondo. || Hocico abultado: *poner morro.* || *Estar de morros,* estar enfadado. (SINÓN. V. *Cara, hocico* y *labio.*) || *Beber a morro,* beber directamente de la botella o de la bota. || *Salv.* Uno de los nombres de la *güira.*

ALFABETO MORSE

a	· —	o	— — —	1	· — — — —
b	— · · ·	p	· — — ·	2	· · — — —
c	— · — ·	q	— — · —	3	· · · — —
ch	— — — —	r	· — ·	4	· · · · —
d	— · ·	s	· · ·	5	· · · · ·
e	·	t	—	6	— · · · ·
f	· · — ·	u	· · —	7	— — · · ·
g	— — ·	v	· · · —	8	— — — · ·
h	· · · ·	w	· — —	9	— — — — ·
i	· ·	x	— · · —	0	— — — — —
j	· — — —	y	— · — —	principio de transmisión	— · — · —
k	— · —	z	— — · ·	final de transmisión	· — · — ·
l	· — · ·	punto	· — · — · —		
m	— —	error	· · · · · · · ·		
n	— ·				
ñ	— — · — —				

MORROCOTA f. *Col. Fam.* Onza de oro.

MORROCOTUDO, DA adj. *Fam.* Importante, grande, difícil: *asunto morrocotudo.* || *Col.* Rico. acaudalado. || Magnífico. || Falto de proporción o gracia.

MORROCOY y **MORROCOYO** m. Galápago grande de la isla de Cuba: *la concha del morrocoyo es de color obscuro con cuadros amarillos.*

MORRÓN adj. Dícese del pimiento de punta roma. || — M. *Fam.* Golpe, porrazo.

MORRONGO, GA m. y f. *Méx.* Mozo o sirviente. || *Fam.* Gato.

MORRONGUEAR v. i. *Amer.* Chupar o beber. || *Arg.* y *Chil.* Dormitar.

MORRONGUERÍA f. *Cub.* Acción ruin.

MORRONGUERO, RA adj. *Cub.* Tacaño, miserable. || *Cub.* Cobarde.

MORROÑOSO, SA adj. *Amér. C.* Áspero, rugoso. || Roñoso, egoísta. || *Per.* Débil, raquítico.

MORRUDO, DA adj. Que tiene morro u hocico. || *Arg.* Musculoso.

MORSA f. (finés *morsu*). Mamífero pinnípedo anfibio de los mares árticos muy parecido a la foca. (*La morsa* tiene dos colmillos largos en la mandíbula superior, de marfil muy apreciado. Su piel se utiliza para hacer cueros y su grasa se emplea en diversos usos.)

morsa

MORSANA f. Arbolillo de la familia de las cigofiláceas: *los brotes de morsana se comen encurtidos.*

MORSE m. (del nombre del inventor). Sistema de telégrafo que utiliza un alfabeto convencional de puntos y rayas. || Alfabeto utilizado en el sistema Morse.

MORTADELA f. Embutido grueso que se hace con carne de cerdo picada con tocino.

MORTAJA f. (lat. *mortalia*). Sábana o lienzo en que se envuelve el cadáver para el sepulcro. || *Amer.* Papel de cigarrillos.

MORTAJA f. (fr. *mortaise*). *Carp.* Muesca.

mortaja

MORTAL adj. (lat. *mortalis*). Sujeto a la muerte: *todos los hombres son mortales.* || Que puede ocasionar la muerte: *herida mortal.* || Encarnizado hasta desear la muerte: *odio mortal.* || Muy grave: *pecado mortal.* || *Fig.* Excesivo, penoso: *cuatro leguas mortales.* || *Fig.* Seguro, cierto: *señas mortales.* || Con apariencia de muerto: *me quedé mortal.* || — M. Hombre: *un mortal feliz.* (SINÓN. V. *Persona.*) || — Pl. *Los mortales,* el género humano. || — CONTR. *Inmortal.*

MORTALIDAD f. (lat. *mortalitas*). Calidad de mortal. || Cantidad proporcional de defunciones correspondiente a población o tiempo determinados. || — CONTR. *Natalidad.* || — PARÓN. *Mortandad.*

MORTALMENTE adv. m. De muerte: *herir mortalmente.* || Con deseo de muerte corporal o espiritual: *la odio mortalmente.*

MORTANDAD f. Multitud de muertes debidas a una causa extraordinaria. || — PARÓN. *Mortalidad.*

MORTECINO, NA adj. (lat. *morticinus*). Dícese de la carne de animal muerto naturalmente. || *Fig.* Moribundo, débil, apagado: *lumbre mortecina.* || *Fig.* Que está apagándose. || *Fig.* y *fam. Hacer la mortecina,* fingirse muerto.

MORTERA f. Especie de cuenco para beber o llevar la merienda.

MORTERADA f. Lo que se muele de una vez en el mortero. || *Artill.* Proyectil que se dispara con el mortero.

morrión

moscareta

mosca

mosca tse-tsé

mosca

MORTERETE m. Pieza pequeña de artillería. ‖ Especie de candileja que sirve para las iluminaciones ‖ El almirez u otra cosa, a cuyo son baila la gente rústica.
MORTERO m. (lat. *mortarium*). Vaso que sirve para moler, almirez: *un mortero de piedra.* ‖ Pieza de artillería para arrojar bombas por elevación. ‖ Piedra plana que forma el suelo del alfarje. ‖ Argamasa o mezcla. ‖ Bonete que usaron algunos magistrados.
MORTERUELO m. Mortero pequeño. ‖ Guisado de hígado de cerdo.
MORTÍFERO, RA adj. Que causa la muerte. (SINÓN. V. *Sangriento.*)
MORTIFICACIÓN f. (lat. *mortificatio*). Acción y efecto de mortificar el cuerpo: *las mortificaciones de los ascetas.* ‖ Humillación: *sufrir una mortificación.*
MORTIFICADOR, RA adj. Que mortifica.
MORTIFICANTE adj. Que mortifica.
MORTIFICAR v. t. (del lat. *mors, mortis,* muerte, y *facere,* hacer). Privar de vitalidad alguna parte del cuerpo. (CONTR. *Vivificar.*) ‖ Afligir el cuerpo con ayunos y austeridades: *mortificarse por amor de Dios.* (SINÓN. *Disciplinar, macerar.*) ‖ *Fig.* Desazonar: *sus palabras me mortifican.* (SINÓN. V. *Humillar.*) ‖ — V. r. *Méx.* Avergonzarse.
MORTINATO, TA adj. Nacido muerto.
MORTUAL f. *Amér. C.* y *Méx.* Sucesión, bienes heredados.
MORTUORIO, RIA adj. Relativo al muerto o a los funerales: *servicio mortuorio.* (SINÓN. V. *Fúnebre.*) ‖ — M. Preparativos para el entierro.
MORUCHO, CHA adj. *Fam.* Moreno. Ú. como expresión de cariño. ‖ — M. Novillo embolado.
MORUECO m. El carnero padre.
MORUNO, NA adj. Moro: *pintura moruna, ochavo moruno.* ‖ — M. *Cub.* Calzado de campesino. ‖ *Trigo moruno,* nombre de una especie de trigo parecido al fanfarrón.
MORURO m. Especie de acacia de Cuba.
MORUSA f. *Fam.* Monises. (SINÓN. V. *Dinero.*) ‖ *P. Rico* y *Venez.* Pelo enredado.
MOSAICO m. (ital. *mosaico*). Obra compuesta de pedacitos de piedra, esmalte, vidrio, etc., de diversos colores, y cuya reunión forma una especie de pintura. ‖ Arte de ejecutar estas obras. ‖ *Fig.* Cualquier obra compuesta de trozos diversos: *mosaico epistolar.*
MOSAICO, CA adj. De Moisés: *la ley mosaica.*
MOSAÍSMO m. Ley de Moisés, ley judía. ‖ Civilización mosaica.
MOSCA f. (lat. *musca*). Género de insectos dípteros, de la familia de los múscidos: *las picaduras de ciertas moscas pueden transmitir el carbunclo.* ‖ Nombre dado a cualquiera de los insectos dípteros: *mosca de burro, de la carne, verde, tse-tsé,* etc. ‖ Barba que nace al hombre debajo del labio inferior. ‖ Cebo para pescar. ‖ *Fam.* Dinero. ‖ — M. *Méx. Fig.* Polizón. ‖ *Fig.* y *fam.* Persona molesta y pesada. ‖ *Fig.* y *fam.* Desazón, disgusto: *estar con mosca.* ‖ — Pl. Chispas que saltan de la lumbre. ‖ *Mosca de España* o *de Milán,* cantárida. ‖ *Moscas volantes,* enfermedad de la visión en que se ven pasar delante de los ojos puntitos brillantes, opacos o de colores. ‖ *Fig.* y *fam. Aflojar* o *soltar, la mosca,* pagar. ‖ *Fig.* y *fam. Mosca en leche,* persona morena vestida de blanco. ‖ *Fig.* y *fam. Mosca muerta,* persona que parece de ánimo apagado, pero que no pierde la ocasión de su provecho. ‖ *Fig.* y *fam. Cazar moscas,* ocuparse en cosas inútiles. ‖ *Fig.* y *fam. Estar con,* o *tener, la mosca en la oreja* o *estar mosca,* estar receloso. ‖ *No oirse ni una mosca,* dícese del lugar tranquilo y sin ruido. ‖ *Por si las moscas,* expresión cautelosa que significa por si acaso. ‖ — PROV. **Más moscas se cazan con miel que con vinagre,** la dulzura es el mejor medio de atraer las voluntades.
— La *mosca común,* insecto cosmopolita y molesto, abunda extraordinariamente en ciertos puntos, y se convierte a veces en activo propagador de enfermedades diversas. Para alejar las moscas de las habitaciones se aconseja cerrar las cortinas y persianas durante algún tiempo, dejando sólo una rendija por donde huyen dichos insectos, muy aficionados a la luz y al calor. También se usan con éxito papeles envenenados o untados con una materia viscosa y tóxica, botellas llenas de una solución de arseniuro de cobalto, etc.

MOSCADA adj. f. (del lat. *muscum,* almizcle). *Nuez moscada,* el fruto aromático de la mirística: *la nuez moscada se usa mucho como condimento.*
MOSCARDA f. Especie de mosca mayor que la común, que se alimenta de carne muerta y deposita en ella sus larvas. ‖ Los huevecillos de las abejas.
MOSCARDEAR v. i. Poner la abeja sus huevos. ‖ Ser curioso, meter las narices en todo.
MOSCARDÓN m. Género de insectos dípteros parásitos de los rumiantes y solípedos. ‖ Moscón, mosca de la carne. ‖ Avispón, avispa grande. ‖ Abejón, zángano. ‖ *Fig.* y *fam.* Hombre impertinente y pesado.
MOSCARDONEO m. Zumbido.
MOSCARETA f. Pájaro pequeño, común en España: *la moscareta se alimenta de moscas y otros insectos.*
MOSCARRÓN m. *Fam.* Moscardón.
MOSCATEL adj. (del lat. *muscum,* almizcle). Dícese de una especie de uva muy delicada, del viñedo que la produce y del vino que se extrae.
MOSCO, CA adj. *Chil.* Dícese de la caballería de color negro y algún pelo blanco. ‖ — M. Mosquito.
MOSCÓN m. Mosca de la carne, mosca azul: *los huevos que pone el moscón en la carne fresca se cambian en larvas en unas doce o catorce horas.* ‖ *Fam.* Hombre moscardón y porfiado.
MOSCONA f. Mujer desvergonzada.
MOSCONEAR v. i. Zumbar como el moscón. ‖ V. t. Molestar, importunar.
MOSCONEO m. Zumbido. ‖ Insistencia, importunidad molesta.
MOSCORROFIO m. *Col.* y *Hond.* Espantajo.
MOSCOVIA f. *Cub.* Cuero curtido muy suave.
MOSCOVITA adj. y s. De Moscú, capital de Rusia. ‖ De Moscovia: *el Imperio moscovita.* ‖ Ruso: *un autor moscovita.* ‖ Mineral monoclínico de color amarillento.
MOSCOVÍTICO, CA adj. De los moscovitas.
MOSÉN m. (del cat. *mossèn,* mi señor). Título que se daba a ciertos nobles en Aragón, reservado hoy a los clérigos en varias provincias de España: *Mosén Jacinto Verdaguer.*
MOSQUEADO, DA adj. Sembrado de pintas.
MOSQUEADOR m. Especie de abanico que sirve para ahuyentar las moscas. ‖ *Fig.* y *fam.* Cola de caballo.
MOSQUEAR v. t. Ahuyentar las moscas. ‖ *Col., Cub.* y *Guat.* Ensuciar algo las moscas. ‖ *Fig.* Responder con vivacidad a alguna especie desagradable. ‖ *Fig.* Azotar, zarandear. ‖ — V. i. *Méx.* Viajar de mosca o polizón. ‖ *Cub.* Llenarse algo de moscas. ‖ Complicarse un asunto. ‖ *Arg.* y *Col.* Moverse cual moscas. ‖ — V. r. Ahuyentar las moscas. ‖ *Fig.* Librarse vivamente de alguna molestia. ‖ *Fig.* Sospechar. ‖ Resentirse uno de lo que otro dice: *mosquearse muy fácilmente.* (SINÓN V. *Ofender.*)
MOSQUEO m. Acto de mosquear o mosquearse.
MOSQUERO m. Ramo empegado que se suele colgar del techo para que se cojan en él las moscas. ‖ Parte del aparejo del caballo. ‖ *Amer.* Multitud de moscas.
MOSQUEROLA y **MOSQUERUELA** f. (del lat. *muscum,* almizcle). Nombre de una variedad de pera. ‖ Pájaro dentirrostro de América Central.
MOSQUETA f. (lat. *muscum*). Especie de rosal de flores blancas pequeñas, de olor almizclado. ‖ *Pan.* Cada uno de los pendientes del vestido nacional. ‖ *Mosqueta silvestre,* el escaramujo.
MOSQUETAZO m. Tiro de mosquete y herida que hace: *herir a uno de un mosquetazo.*
MOSQUETE m. (ital. *moschetto*). Arma de fuego antigua, algo más pesada que el arcabuz: *el mosquete se disparaba apoyándolo sobre una horquilla.* (SINÓN. V. *Fusil.*)
MOSQUETEAR v. i. *Arg.* y *Bol.* Curiosear.
MOSQUETERÍA f. Tropa de mosqueteros. ‖ En el teatro antiguo, conjunto de los mosqueteros.
MOSQUETERIL adj. *Fam.* Relativo a los mosqueteros de los antiguos corrales de comedias.
MOSQUETERO m. Soldado armado de mosquete. ‖ En los antiguos teatros espectador que asistía de pie en la parte posterior del patio. ‖ *Arg.* y *Bol.* Persona que va a una fiesta sin tomar parte en ella. ‖ *Bol.* Ocioso. ‖ Dícese de la mujer que no baila.

Fot. Hosking, Giraudon

MOSQUETÓN m. Arma de fuego individual, parecida a la carabina, pero más ligera y más corta. (SINÓN. V. *Fusil.*).
MOSQUIL adj. Relativo a la mosca.
MOSQUITA f. Pájaro parecido a la curruca. || *Fig. y fam. Mosquita muerta*, mosca muerta.
MOSQUITERO m. Colgadura de cama que sirve para impedir que entren los mosquitos. || Pequeño artefacto para espantar o matar las moscas o mosquitos.
MOSQUITO m. Insecto díptero, de cuerpo cilíndrico, patas largas y finas, alas transparentes: *el mosquito anofeles transmite el microbio del paludismo.* (La hembra pica la piel del hombre y de los animales para alimentarse de su sangre, produciendo una inflamación rápida, acompañada de picor. El macho se alimenta del néctar de las flores. Las larvas son acuáticas.) || Larva de la langosta. || Borrachín. || Embarcación de recreo a remo, constituida por dos cascos unidos por travesaños. || *Cub.* Cierto juego de artificio.
MOSTACERO, RA m. y f. Vasija en que se sirve en la mesa la mostaza.
MOSTACILLA f. Munición pequeña, perdigones. || Abalorio muy menudo.
MOSTACHO m. (fr. *moustache*). Bigote: *retorcerse el mostacho.* || *Fig.* y *fam.* Mancha que sale en el rostro. || *Mar.* Nombre que se da a los cabos con que se asegura el bauprés.
MOSTACHÓN m. Bollo pequeño de almendras, canela y azúcar.
MOSTAJO m. Mostellar, árbol rosáceo.
MOSTAZA f. Planta de la familia de las crucíferas, cuya semilla tiene sabor picante: *la mostaza se emplea en condimentos y medicina.* || Salsa hecha con mostaza. || Mostacilla, perdigones.
MOSTAZAL m. Terreno poblado de mostaza.
MOSTAZO m. Mosto espeso.
MOSTEAR v. i. Destilar las uvas el mosto. || Echar mosto en las cubas. || Remostar el vino añejo.
MOSTELA f. Haz, gavilla.
MOSTELLAR m. Árbol de la familia de las rosáceas, común en los bosques de España: *el mostellar se emplea en ebanistería.*
MOSTENSE adj. y s. *Fam.* Premostratense.
MOSTILLO m. Mosto cocido condimentado con anís o canela. || Salsa hecha con mosto y mostaza.
MOSTO m. (lat. *mustum*). Zumo de la uva, antes de fermentar. || *Fam.* Vino. || Zumo de otros frutos (patatas, manzanas, cereales, etc.) empleado para la fabricación de alcohol, sidra, cerveza, etcétera.
MOSTRADO, DA adj. Acostumbrado.
MOSTRADOR, RA adj. y s. Que muestra o enseña una cosa. || — M. Mesa grande de las tiendas: *mostrador de madera.* || Esfera de reloj.
MOSTRAR v. t. (lat. *monstrare*). Enseñar, exponer a la vista: *mostrar una tela.* (SINÓN. *Exhibir, ostentar, presentar, prodigar.*) || Explicar, dar a conocer una cosa. || Hacer ver una cosa inmaterial, sentimiento, etc.: *mostrar ira.* (SINÓN. V. *Indicar.*) || — V. r. Portarse como: *mostrarse buen amigo.* || — IRREG. Se conjuga como *contar.*
MOSTRENCO, CA adj. Dícese de los bienes que no tienen propietario aparente. || *Fig.* y *fam.* Dícese del que no tiene casa ni hogar. || — Adj. y s. *Fam.* Persona ruda, poco inteligente. || Dícese de la persona muy gorda y pesada.
MOTA f. Nudillo que se forma en el paño. || Hilacho u otra cosa que se pega a la ropa: *mota de barro.* || *Fig.* Defecto ligero: *poner motas a uno.* || Eminencia pequeña. (P. us.) [SINÓN. V. *Cerro.*] || *Méx.* Mariguana, planta. || *Arg.* Pasa, porra (del pelo de los negros).
MOTACILA f. Aguzanieve. (SINÓN. *Nevatilla.*)
MOTE m. Sentencia breve y enigmática. || Empresa de los antiguos caballeros. || Apodo: *poner mote a una persona.* || *Chil.* Equivocación, error. || *Ecuad.* Epígrafe.
MOTE m. Maíz o trigo cocidos y pelados que se usan como alimento en algunos países de América. || *Chil.* Pejerrey nuevo que se come en tortilla. || *Chil. Pelar mote,* desollar al prójimo.
MOTEAR v. i. Salpicar de motas una tela u otra cosa: *una tela moteada de negro.* (SINÓN. *Manchar, matizar, salpicar.* V. tb. *abigarrar.*) || *Per.* Comer mote. || Hablar defectuosamente.
MOTEJADOR, RA adj. y s. Que moteja.

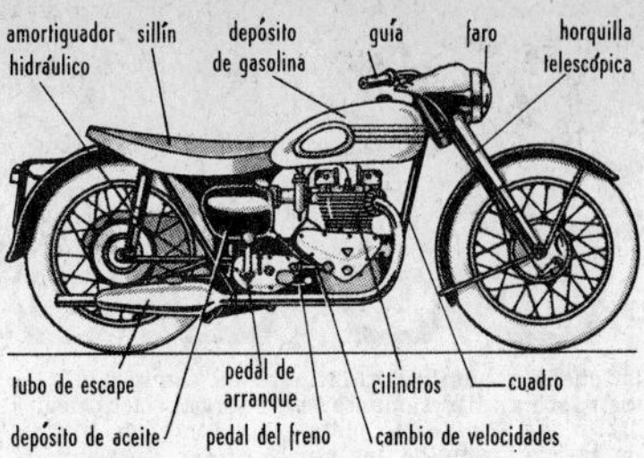

MOTOCICLETA

MOTEJAR v. t. Censurar, tratar de, aplicar motes o apodos.
MOTEL m. (de MOtor y hoTEL) m. Hotel situado al borde de las carreteras, especialmente destinado a albergar los automovilistas de paso.
MOTERA f. *Cub.* Polvera, vaso de tocador.
MOTERO m. *Chil.* Vendedor de mote. || *Chil.* Aficionado a comer mote.
MOTETE m. Breve composición musical que se suele cantar en las iglesias. || *Amer.* Especie de cuévano. || *Amér. C.* y *P. Rico.* Atado, lío.
MOTILAR v. t. Cortar o rapar el pelo.
MOTILIDAD f. Facultad de moverse que tiene la materia viva ante ciertos estímulos.
MOTILÓN, ONA adj. y s. *Fam.* Pelón: *un muchacho motilón.* || *Fig.* y *fam.* Lego de convento. || Indio de Colombia y Venezuela.
MOTÍN m. (del lat. *motus*, movimiento, alboroto). Movimiento sedicioso, rebelión contra la autoridad: *el motín de Aranjuez.* || — SINÓN. *Agitación, amotinamiento, asonada, sedición, tumulto.* V. tb. *revolución.*
MOTIVACIÓN f. Acción y efecto de motivar. || Lo que nos hace actuar.
MOTIVAR v. t. Dar motivo para una cosa: *motivar una intervención.* (SINÓN. V. *Causar.*) || Explicar el motivo que se tiene para hacer algo: *motivar una sentencia.*
MOTIVO, VA adj. Que mueve. || — M. Causa que mueve a hacer una cosa: *investigar los motivos de una acción.* || *Mús.* Tema de una composición. || Dibujo ornamental repetido. || —. Pl. *Chil.* Melindres femeniles. || *Con mayor motivo,* con mayor razón. || *Dar motivo,* dar lugar a, ser causa de. (SINÓN. V. *Efecto.*) || *Sin motivo,* sin razón.
MOTO, TA adj. *Amér. C.* Huérfano. || *Bol.* y *Chil.* Rabón. || *Chil.* Instrumento cortante mellado.
MOTO f. Apócope de *motocicleta.*
MOTOBOMBA f. Bomba accionada por un motor: *motobomba de incendios.*
MOTOCARRO m. Vehículo de tres ruedas con motor para transportar cargas ligeras.
MOTOCICLETA f. Vehículo de dos ruedas accionado por un motor de explosión.
MOTOCICLISMO m. Deporte de los aficionados a la motocicleta.
MOTOCICLISTA com. Persona que monta la motocicleta. || — Adj. Relativo a la motocicleta.
MOTOCICLO m. Nombre genérico de todos los velocípedos movidos por un motor.
MOTOCROSS m. Carrera de motos sobre terreno accidentado.
MOTOCULTIVO m. Aplicación del motor mecánico a la agricultura.
MOTOLITA f. Aguzanieve, ave.
MOTOLITO, TA adj. y s. Necio, tonto.
MOTÓN m. *Mar.* Garrucha o polea.
MOTONÁUTICA f. Deporte de la navegación en pequeñas embarcaciones de vapor. || — Adj. Perteneciente a la motonáutica.
MOTONAVE f. Nave de motor.
MOTONERÍA f. *Mar.* Conjunto de motones, poleas, garruchas o carrillos de una embarcación.
MOTOPROPULSIÓN f. Propulsión obtenida gracias a un motor.
MOTOR, RA adj. Que mueve: *músculo motor.* || — M. Lo que comunica movimiento, como el viento, el agua, el vapor. || Aparato que transforma en energía mecánica otras clases de energía. || *Motor de combustión interna,* motor en el cual

mosquetero

mosquito

mostaza

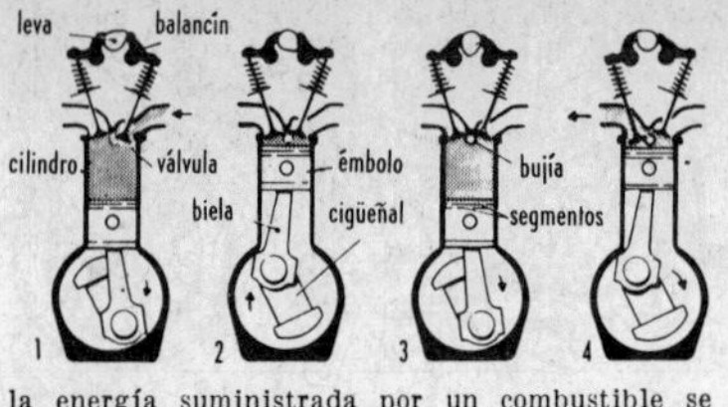

CICLO DEL MOTOR DE 4 TIEMPOS

1. Admisión
2. Compresión
3. Explosión
4. Escape

la energía suministrada por un combustible se transforma directamente en energía mecánica. || *Motor de explosión,* motor que toma su energía de la explosión de un gas. || *Motor de reacción,* motor en el que la acción mecánica se realiza mediante la proyección hacia fuera a gran velocidad de chorros de gases. || *Fig.* Instigador: *ella es el motor de la representación.* || Causa de acción: *el amor es el motor de la vida.*

MOTORA f. Embarcación pequeña con motor.

MOTORISMO m. Motociclismo. || Deporte de los aficionados al automóvil.

MOTORISTA com. Motociclista, persona que guía una motocicleta.

MOTORIZACIÓN f. Acción y efecto de motorizar.

MOTORIZAR v. t. Dotar de medios mecánicos de transporte a un ejército, industria, etc. || Dotar de un motor.

MOTORREACTOR m. Motor de reacción.

MOTOSO, SA adj. *Bol. Fam.* De filo embotado. || *Per.* Serrano, campesino. || *Per.* Indio motero.

MOTRICIDAD f. Propiedad de las células nerviosas, que determinan la contracción muscular.

MOTRILEÑO, ÑA adj. y s. De Motril.

MOTRIZ adj. f. Motora: *fuerza motriz.*

MOTU PROPRIO m. adv. lat. Voluntariamente, de propia y libre voluntad.

MOVEDIZO, ZA adj. Dícese de aquello que puede moverse fácilmente. || Inseguro, no firme: *arenas movedizas.* || *Fig.* Inconstante.

MOVEDOR, RA adj. y s. Que mueve.

MOVER v. t. (lat. *movere*). Poner en movimiento: *mover una piedra.* (SINÓN. *Accionar, remover.*) || Agitar una cosa: *mover la cabeza.* (SINÓN. *Bullir, impulsar, menear,* V. tb. *agitar.*) || Hacer obrar: *ser movido por el interés.* || *Mover a,* causar u ocasionar: *mover a compasión.* || *Fig.* Excitar, incitar: *mover discordia.* || Alterar, conmover. || — V. i. *Arq.* Arrancar, salir. (SINÓN. V. *Trasladar.*) || — IRREG. Pres. ind. *muevo, mueves, mueve, movemos, movéis, mueven;* imperf.: *movía, movías,* etc.; pret. ind.: *moví, moviste,* etc.; fut.: *moveré, moverás,* etc.; imper.: *mueve, moved;* pres. subj.: *mueva, muevas, mueva, movamos, mováis, muevan;* pot.: *movería, moverías,* etc.; imperf. subj.: *moviera, movieras,* etc.; *moviese, movieses,* etc.; fut. subj.: *moviere, movieres,* etc.; part.: *movido;* ger.: *moviendo.*

MOVIBLE adj. Que puede moverse: *cuerpo movible.* || *Fig.* Variable, inconstante.

MOVIDO, DA adj. Agitado. || *Amér. C.* y *Col.* Enclenque. || *Col., C. Rica* y *Chil.* Dícese de los huevos de cáscara blanda. || Dícese de la fotografía borrosa.

MOVIENTE adj. Que mueve. || Decíase del territorio que antes rendía vasallaje a otro. || *Blas.* Dícese de la pieza que parece salir del ángulo del escudo o de otra pieza.

MÓVIL adj. (lat. *mobilis*). Movible, que puede moverse. || *Fig.* Inestable, variable: *espíritu móvil.* || — M. Lo que mueve o causa una cosa: *los móviles de una acción.* || Cuerpo en movimiento. (SINÓN. V. *Causa.*) || — CONTR. *Inmóvil.*

MOVILIDAD f. Calidad de movible.

MOVILIZACIÓN f. Acción de movilizar.

MOVILIZAR v. t. Poner en actividad o movimiento: *movilizar una tropa, una ciudad.* || Incorporar a filas, poner en pie de guerra.

MOVIMIENTO m. Acción y efecto de mover. || Estado de un cuerpo cuya posición varía respecto de un punto fijo: *Galileo creía en el movimiento de la Tierra.* || Circulación de ciertas cosas: *el movimiento de las riquezas.* (SINÓN. *Maniobra, marcha.* V. tb. *animación.*) || Vivacidad en una composición artística o literaria. || Alteración numérica en las estadísticas, cuentas, etc. || *Fig.* Levantamiento, sublevación, alzamiento. || *Fig.* Sentimiento interior y transitorio: *un movimiento de piedad.* || *Mús.* Velocidad del compás: *movimiento lento.* || *Mús.* Parte de una obra musical: *el segundo movimiento de una sinfonía es un adagio.* || *Fig.* Primera manifestación de un afecto, pasión: *tuvo en seguida un movimiento de celos.* || *Movimiento acelerado,* aquel en que la velocidad aumenta a cada instante. || *Movimiento de rotación,* aquel en que un cuerpo se mueve alrededor de un eje. || *Movimiento uniforme,* aquel en que la velocidad es igual y constante. || *Movimiento perpetuo,* el que debería continuarse perpetuamente sin socorro exterior: *el movimiento perpetuo es una utopía.*

MOYA f. *Col.* Vasija sin vidriar que sirve para cocer la sal. || *Cub.* Margarita, planta. || — M. *Chil.* y *Ecuad.* Fulano o Perico de los palotes.

MOYANA f. Pieza antigua de artillería menor que la culebrina. || *Fig.* y *fam.* Mentira, engaño, bola. || Pan de salvado, que se da a los perros.

MOYO m. (lat. *modius*). Medida de capacidad antigua de diez y seis cántaras (258 litros).

MOYOBAMBINO, NA adj. y s. De Moyobamba (Perú).

MOYOCUL m. *Méx.* Larva de una mosca que produce en el hombre una enfermedad cutánea.

MOYOTE m. *Méx.* Mosquito.

MOYUELO m. Salvado muy fino.

MOZA f. Criada que sirve en faenas humildes: *moza de posada.* || Mujer que tiene trato ilícito con alguno. || *Buena moza,* mujer de aventajada estatura y gallarda presencia. || *Moza del partido,* prostituta. || *Ser una real moza,* tener encantos. || Pala de las lavanderas. || Pieza de las trébedes que sirve para asegurar el rabo de la sartén. || Última mano en algunos juegos de naipes. || *Chil.* Canción o baile final.

MOZALBETE m. Mozo muy joven, mozuelo. (SINÓN. V. *Adolescente.*)

MOZALLÓN, ONA m. y f. Persona moza y robusta.

MOZÁRABE adj. y s. (del ár. *moçtareb,* arabizado). Cristiano de España sometido a la dominación árabe. || Relativo a los mozárabes: *el oficio religioso mozárabe se celebra aún en una capilla de la catedral de Toledo y en otra de Salamanca.*

MOZARABÍA f. Gente mozárabe de una ciudad o región.

MOZARRÓN, ONA m. y f. Mozallón.

MOZO, ZA adj. y s. Joven: *un mozo de quince años.* (SINÓN. V. *Adolescente.*) || Soltero: *es aún mozo.* || — M. Criado que sirve en oficio humilde: *mozo de caballerías.* || Camarero. || Individuo sometido a servicio militar, desde que es alistado hasta que ingresa en la caja de reclutas. || *Buen mozo,* hombre de aventajada estatura y gallarda presencia. || Cuelgacapas, percha. || Tentemozo. || *Mozo de cordel* o *de cuerda,* el que está en paraje público para llevar bultos, hacer mandados, etc. (SINÓN. *Esportillero, ganapán.* V. tb. *portador.*) || *Mozo de estoques,* persona que da al torero los trastos de matar.

MOZÓN, ONA adj. *Per.* Bromista, burlón.

MOZONADA f. *Per. Fam.* Broma, burla, guasa.

MOZONEAR v. i. *Per.* Bromear.

MOZOTE m. *Hond.* Planta que cura la ictericia.

MOZUCO, CA adj. *Salv.* De pelo rizado o de pasa.

MOZUELO, LA m. y f. Mozo, muchacho. (SINÓN. V. *Adolescente.*)

M.T.S. *(Sistema),* sistema de medidas cuyas tres unidades fundamentales son el *metro* (longitud), la *tonelada* (masa) y el *segundo* (tiempo).

MU, onomatopeya que imita el mugido del toro. || — M. Mugido.

MU f. Sueño, cama, en el lenguaje infantil.

MUARÉ m. (fr. *moiré*). Tejido estampado que produce reflejos: *una falda de muaré.*

MUAY m. *Arg.* Insecto encarnado más irritante que la cantárida europea.

MUBLE m. Pez común en el Cantábrico.

MUCAMO, MA m. y f. *Amer.* Sirviente, criado.

MUCAMUCA m. *Per.* El hijo de chino y zamba.

MÚCARA f. *Cub.* Piedra superficial en un terreno.

MUCETA f. (del al. *mütze,* bonete). Esclavina de seda abotonada por delante que usan ciertos eclesiásticos y que llevan los doctores sobre la toga en los actos solemnes.

LOS ORÍGENES DE LA PINTURA MODERNA

GOYA. TARDE DE TOROS. *Academia de San Fernando, Madrid*

DELACROIX
LA MUERTE DE SARDANÁPALO
(detalle). *Louvre*

COROT
SAINT-ANDRÉ-EN-MORVAN
(detalle)
Louvre

RENOIR
SEÑORITAS TOCANDO EL PIANO
Louvre

MANET
RETRATO DE EMILIO ZOLA
Louvre

PINTURA MODERNA

CEZANNE. AUVERS-SUR-OISE. *Col. particular, Zurich*

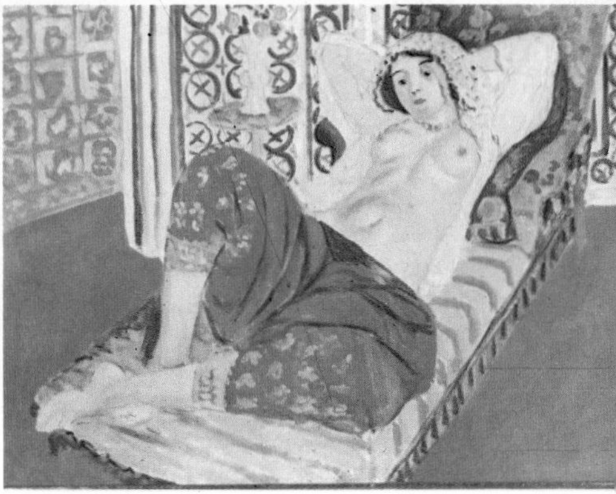

MATISSE. LA ODALISCA. *Museo de Arte Moderno, París*

VAN GOGH. PAISAJE DE CORDEVILLE. *Louvre*

PICASSO. BODEGÓN
Museo de Arte Moderno, París

GAUGUIN. EL PERRO ROJO. *Colección particular, Argel*

SIQUEIROS. MADRE CAMPESINA (detalle)
Instituto Nacional de Bellas Artes, México

Fot. Giraudon

MUCILAGINOSO, SA adj. Que contiene mucílago o tiene alguna de sus propiedades: *la goma es un líquido mucilaginoso.*
MUCILAGO mejor que **MUCÍLAGO** m. (lat. *mucilago*). Substancia viscosa que se halla en ciertos vegetales y que tiene la propiedad de hincharse en contacto con el agua: *el mucilago del almendro.*
MUCLE m. *Hond.* Enfermedad del recién nacido.
MUCO m. *Bol.* Maíz mascado, chicha.
MUCOSIDAD f. Material mucosa.
MUCOSO, SA adj. (lat. *mucosus*). Semejante al moco: *substancia mucosa.* || Relativo al moco: *secreción mucosa.* || — F. Membrana que tapiza las cavidades interiores del cuerpo y segrega una especie de moco. || *Med. Fiebre mucosa,* fiebre tifoidea ligera.
MUCRE adj. *Chil.* Ácido y astringente.
MUCRONATO, TA adj. (del lat. *mucro, mucronis,* punta). Terminado en punta: *apéndice mucronato.*
MÚCURA o **MUCURA** f. *Bol., Col.* y *Venez.* Ánfora de barro. || *Col.* Tonto, bobo.
MUCURITA f. *Col.* Botella para aguardiente.
MUCUS m. Mucosidad, moco.
MUCHACHADA f. Acción propia de muchachos. || Conjunto de muchachos.
MUCHACHEAR v. i. Obrar como un muchacho.
MUCHACHERÍA f. Muchachada, cosa propia de muchachos. || Muchedumbre de muchachos.
MUCHACHEZ f. Estado o condición propios del muchacho.
MUCHACHIL adj. De muchachos.
MUCHACHO, CHA m. y f. Niño o niña: *juego de muchachos.* || Mozo o moza que sirve en una casa. || *Fig.* y *fam.* Persona que está aún en la mocedad. (SINÓN. V. *Adolescente.*) || *Arg.* Tentemozo. || *Chil.* Barrilete. || *Per.* Candelero portátil.
MUCHEDUMBRE f. Multitud, gran cantidad.
MUCHETA f. *Arg.* Mocheta.
MUCHIGAY m. *Col.* Gente o ganado menudos. || Moneda falsa.
MUCHITANGA f. *P. Rico.* Muchedumbre soez.
MUCHO, CHA adj. (lat. *multus*). Abundante, numeroso: *mucho vino, muchas casas.* || — Adv. c. Con abundancia: *beber mucho.* (SINÓN. *Abundantemente, ampliamente, bastante, considerablemente, copiosamente, en extremo, largamente, sumamente.*) || Con otros adverbios indica comparación: *vino mucho después.* || Equivale a veces a *sí, ciertamente: ¿te gustó la representación de la ópera? Mucho.* || Con el verbo *ser,* y la partícula *que,* denota dificultad: *mucho será que no llueva.* || — Adv. t. Largo tiempo: *tardará mucho en hablar.* || *¡Mucho!* ¡muy bien! || *Ni con mucho* o *mucho menos,* loc. adv., muy poco. || *Por mucho que,* m. adv., por más que: *por mucho que quiera no lo conseguirá.* || *Tener en mucho,* estimar. || — OBSERV. Es barbarismo decir: *mucho más obstáculos,* por *muchos más.*
MUDA f. Acción de mudar. (SINÓN. V. *Cambio.*) || Ropa que se muda de una vez. || Afeite para el rostro. || Tiempo en que mudan las plumas las aves, o la piel otros animales. || Nido del ave de rapiña. || Cambio de voz que experimentan los muchachos en la pubertad: *estar de muda.*
MUDABLE adj. Variable, inconstante.
MUDADA f. *Amer.* Muda de ropa.
MUDANZA f. Cambio. || Cambio de domicilio: *carro de mudanzas.* || Movimiento del baile. || Inconstancia en los afectos: *ser aficionado a mudanzas.*
MUDAR m. Arbusto asclepiadáceo de la India.
MUDAR v. t. Cambiar de aspecto, de naturaleza, etc. (SINÓN. V. *Transformar.*) || Cambiar una cosa por otra: *mudar de ropa, de casa.* || Remover, cambiar de sitio. (SINÓN. V. *Transportar.*) || Efectuar los animales la muda. || Estar de muda un muchacho. || *Fig.* Cambiar, variar: *mudar de ideas.* || — V. r. Cambiarse: *mudarse a otra casa.*
MUDAY m. *Chil.* Chicha de semillas fermentadas.
MUDÉJAR adj. y s. m. (del ár. *mudechan,* tributario). Mahometano que quedaba, sin mudar de religión, vasallo de los cristianos. || Relativo a los mudéjares. || Dícese del estilo arquitectónico en que entran elementos del arte cristiano y de la ornamentación árabe. (V. *Ilustr. pág. siguiente.*)
MUDENCO, CA adj. *Hond.* Tartamudo.
MUDEZ f. Imposibilidad de hablar. || *Fig.* Silencio deliberado y persistente.
MUDO, DA adj. y s. (lat. *mutus*). Privado del uso de la palabra: *hombre mudo.* || Que no puede hablar por cualquier circunstancia: *mudo de espanto.* || Muy callado. (SINÓN. V. *Silencioso.*) || Que no se manifiesta con gritos ni palabras: *los grandes dolores son mudos.* || Que no habla o en que no se habla: *cine mudo.* || Que no lleva nada escrito: *mapa mudo.* || *Gram. Letra muda,* la que no se pronuncia: *la* H *es letra muda en castellano.* || *Ecuad.* y *Guat.* Tonto de capirote.
MUEBLAJE m. Moblaje.
MUEBLE adj. Que puede moverse: *bienes muebles.* || — M. Cualquier objeto que sirve para la comodidad o el adorno de una casa. || *Blas.* Pieza heráldica pequeña. || *Hond.* Maula, mercancía invendible.
MUEBLERÍA f. Tienda o taller de muebles.
MUEBLISTA m. El que hace o vende muebles.
MUECA f. Gesto, visaje: *hacer muecas.* (SINÓN. V. *Carantoña.*)
MUECÍN m. Almuecín, almuédano.
MUECO m. *Col.* Pescozón.
MUÉGANO m. *Méx.* Especie de confitura. || Especie de tortilla. || Chulo, rufián.
MUELA f. (lat. *mola*). Piedra de molino. || Piedra redonda de afilar. || Nombre de los dientes grandes posteriores a los caninos: *la muela del juicio.* || Cerro elevado y plano. || Almorta, legumbre. || *Hond.* Tacaño, mezquino. || *Cub.* Persona tramposa. || *Muela cordal* o *del juicio,* cada una de las cuatro que nacen al hombre en la edad viril. || — Pl. *Méx.* Fulano. || *Fig. Salir la muela del juicio,* ser prudente.
MUELLAJE m. Derecho de muelle que se suele cobrar por los barcos que entran en los puertos.
MUELLE adj. (del lat. *mollis,* suave). Blando, delicado. || Elástico. || Voluptuoso: *vida muelle.* || — M. Resorte de metal: *muelle de reloj.* || — CONTR. *Duro, rígido.*
MUELLE m. (lat. *moles*). Pared de fábrica a lo largo de un río o de un puerto, para la carga de los barcos. || Andén de ferrocarril para cargar y descargar las mercancías.
MUELLEMENTE adv. m. Delicada y suavemente, con blandura: *vivir muellemente.*
MUENDA f. *Col.* Zurra, azotaina.
MUENGO, GA adj. *Cub.* Falto de una oreja. || — F. *Chil.* Molestia.
MUEQUEAR v. i. *Venez.* Hacer muecas.
MUERA f. Sal.
MUÉRDAGO m. Planta de la familia de las lorantáceas, parásita en las ramas de los árboles: *el muérdago era planta sagrada entre los galos.*
MUERDO m. *Fam.* Mordisco, bocado.
MUÉRGANO m. *Col.* y *Venez.* Objeto inútil. || Persona de mal aspecto.
MUERGO m. *Zool.* Molusco semejante al mango de un cuchillo.
MUERMO m. (del lat. *morbus,* enfermedad). *Veter.* Enfermedad contagiosa de los caballos, transmisible al hombre por inoculación y caracterizada por la inflamación y ulceración de la mucosa nasal. || *Chil.* Género de árboles rosáceos de madera muy apreciada.
MUERMOSO, SA adj. Que tiene muermo.
MUERTE f. (lat. *mors, mortis*). Cesación definitiva de la vida: *morir de muerte violenta.* (SINÓN. V. *Fallecimiento.*) || Pena capital: *condenado a muerte.* || *Fig.* Dolor violento: *sufrir mil muertes.* || Cesación, destrucción: *la muerte de una monarquía.* || Causa de ruina: *la guerra es la muerte del comercio.* || Esqueleto que personifica la muerte. || Homicidio, asesinato. || *Muerte civil,* privación de los derechos de ciudadano. || *Fam. Muerte chiquita,* estremecimiento nervioso. || *A muerte,* m. adv., hasta la muerte *duelo a muerte; guerra a muerte.* || *De muerte,* m. adv., implacablemente: *odiar de muerte.* || *De mala muerte,* m. adv., de poca importancia: *un destinillo de mala muerte.* || *Fig.* y *fam. Ser una muerte,* ser enfadoso, insufrible.
MUERTO, TA adj. Privado de vida: *cuerpo muerto, ciudad muerta.* (SINÓN. *Cadáver, difunto, finado.*) || *Fam.* Matado. || *Fig.* Apagado: *color muerto.* || *Fig. Más muerto que vivo,* muy asustado. || *Naturaleza muerta,* cuadro que representa cosas inanimadas, que no sean paisajes ni cuer-

muérdago

ARTE MUDÉJAR

Obra de arquitectos moros que permanecieron en país cristiano durante la Reconquista, los edificios mudéjares de España se caracterizan por la conjunción de formas y técnicas del arte árabe y el arte occidental (románico, gótico o Renacimiento). El uso de ladrillo en la construcción, de la cerámica y el yeso en la decoración, la unión del arco ojival y el de herradura o lobulado, los techos de alfarje, son elementos típicos de este estilo. Aparecido en el s. XII, el arte mudéjar propiamente dicho alcanzó su máximo esplendor, en los s. XIV y XV con la armoniosa fusión del gótico y el morisco, pero no se extinguió con la caída de Granada, y aún fue introducido en el Nuevo Mundo (México, Colombia, Ecuador, etc.). En España, los mejores ejemplos de este arte se encuentran en Sevilla (Alcázar), Toledo, Segovia, Sahagún, Zaragoza. El arte mudéjar produjo también notables cerámicas con lustre dorado.

1. Torre de San Miguel, Zaragoza; 2. La Puerta del en Toledo; 3. El « Salón los Embajadores » del Alc de Sevilla; 4. Iglesia de Sa María la Blanca, antigua si goga (Toledo); 5. Plato cerámica mudéjar (s. Museo del Louvre)

Fot. Laurent Lacoste, Gar Pierre Phaure, Alinari-Girau Viollet

pos humanos. || *Punto muerto,* punto de la carrera de un órgano de una máquina, donde no recibe impulso del motor y sólo se mueve merced a la velocidad adquirida. || *Obra muerta,* parte del barco fuera del agua. || *Fig.* y *fam. Cargar con el muerto,* tener que encargarse de un asunto desagradable y enfadoso. || *Hacer el muerto,* quedarse inmóvil boca arriba flotando en la superficie del agua. || *Hacerse el muerto,* no dar señales de vida para pasar inadvertido. || *Fig.* y *fam. No tener donde caerse muerto,* ser muy pobre. || *Fig. Desenterrar los muertos,* murmurar de ellos. || *Echar a uno el muerto,* atribuirle una culpa. || *Fig.* y *fam. Estar uno muerto,* estar muy cansado. || — PROV. **El muerto al hoyo y el vivo al bollo,** censura de los que pronto olvidan a los muertos.

MUESCA f. (del lat. *morsus,* mordedura). Hueco hecho en una cosa para que encaje otra. (SINÓN. V. *Corte.*) || Corte que se hace al ganado en la oreja. || —PARÓN. *Mueca.*

MUESTRA f. Cuadro o figura, en la puerta de una tienda, que indica la naturaleza del comercio o el nombre del comerciante, etc.: *una muestra de taberna.* || Parte pequeña de una mercancía que sirve para darse cuenta de ella: *muestra de tela.* || Modelo: *muestra de bordado.* || Esfera del reloj. || *Fig.* Señal: *eso es muestra de que no me quiere.* (SINÓN. V. *Indicio* y *testimonio.*) || Carta que se vuelve para indicar el palo del triunfo en ciertos juegos. (SINÓN. *Vida.*) || *Mil.* Revista, inspección: *pasar muestra.* || Parada que hace el perro para levantar la caza: *perro de muestra.* || *Feria de Muestras,* exposición periódica de productos industriales o agrícolas. || *Dar muestras de,* manifestar. || *Para muestra basta un botón,* basta aducir un hecho, idea o cosa, para demostrar lo que se quiere.

muestra

MUESTRA f. (ital. *mostra*). Italianismo por *feria de muestras, exposición.*

MUESTRARIO m. Colección de muestras.

MUEZÍN m. Muecín. (Es mejor *almuédano.*)

MUFLA f. (al. *muffel*). Hornillo que sirve para someter los cuerpos a la acción del calor sin que los toque la llama. || Horno de porcelana.

MUFTÍ m. (del ár. *mufti,* interpretador). Jurisconsulto musulmán: *las decisiones del muftí son aceptadas como leyes.*

MUGA f. Mojón, término o límite.

MUGA f. Fecundación de las huevas.

MUGIDO m. (lat. *mugitus*). Voz del toro o de la vaca.

MUGIDOR, RA y **MUGIENTE** adj. Que muge.

MÚGIL m. (lat. *mugil*). Mujol, pez.

MUGIR v. i. Dar mugidos la res vacuna. || *Fig.* Bramar. (SINÓN. V. *Gritar.*)

MUGRE f. (lat. *mucor*). Porquería, suciedad grasienta: *ponerse el vestido lleno de mugre.* || Suciedad en el cuerpo.

MUGRIENTO, TA adj. Lleno de mugre. (SINÓN. V. *Sucio.*)

MUGRÓN m. (del lat. *mucro, onis,* extremo). Sarmiento de la vid que se dobla y en parte se entierra para que arraigue y produzca nueva planta. (SINÓN. V. *Esqueje.*) || Vástago de otras plantas.

MUGUETE m. (fr. *muguet*). Planta de la familia de las liliáceas, con florecitas blancas globosas, colgantes, de olor suave. (SINÓN. *Lirio de los valles.*) ‖ *Med.* Enfermedad de las mucosas debida a un honguillo que se desarrolla en la boca de los recién nacidos. (Se llama en América, según los países: *sapillo, algodoncillo, algorra.*)
MUJER f. (lat. *mulier*). Persona del sexo femenino. (SINÓN. *Hembra.*) ‖ La que ha llegado a la pubertad: *es ya mujer.* (SINÓN. *Damisela.*) ‖ Esposa: *salí de casa con mi mujer y mis hijos.* (SINÓN. *Señora.*) ‖ *Mujer de bandera,* bella mujer. ‖ *Mujer del arte, de la vida, de mal vivir, perdida, pública,* prostituta. ‖ *Mujer de su casa,* la que tiene gobierno y disposición para mandar o ejecutar los quehaceres domésticos y cuida de la hacienda y familia con exactitud y diligencia. ‖ *Mujer fatal,* la que tiene una seducción irresistible. ‖ *Ser mujer,* llegar una moza al estado de menstruar. ‖ *Tomar mujer,* contraer matrimonio.
MUJERCILLA f. *Fam.* y *despect.* Mujer que vale poca cosa.
MUJEREAR v. i. *Col.* y *P. Rico.* Parrandear con mujeres.
MUJERENGO, GA adj. *Amer.* Afeminado.
MUJERERO, RA adj. *Amer.* Mujeriego.
MUJERIEGO, GA adj. Mujeril, propio de las mujeres. ‖ Dícese del hombre que frecuenta mucho las mujeres. ‖ *A mujeriegas,* m. adv., cabalgando como las mujeres y no a horcajadas.
MUJERIL adj. De la mujer: *trabajos mujeriles.* ‖ Afeminado.
MUJERÍO m. Muchedumbre de mujeres.
MUJERONA f. La mujer alta y corpulenta.
MUJERZUELA f. Mujercilla, mujer que vale poco o se ha echado a la vida.
MUJIC m. Campesino ruso.
MUJOL m. (lat. *mugil*). Pez acantopterigio del Mediterráneo, de carne muy estimada.
MULA f. La hembra del mulo: *una mula de paso, de tiro.* ‖ *Ser una mula,* ser muy bruto: *esa mujer es una mula.*
MULA f. Múleo. ‖ Calzado de los papas. ‖ *Méx.* Cojín que usan los cargadores. ‖ *Méx. Fam.* Maula, mercancía invendible, guardaalmacén. ‖ *Guat.* y *Hond. Fam.* Vergüenza. ‖ *Arg.* Enredo. ‖ *C. Rica.* Borrachera. ‖ — Pl. *Per.* Un juego de niños.
MULADA f. *Fig.* y *fam.* Animalada, brutalidad.
MULADAR m. Sitio donde se vacía el estiércol o basura. ‖ *Fig.* Cosa que ensucia y corrompe a otras.
MULADÍ adj. y s. Cristiano español que durante la dominación árabe se convertía al islamismo.
MULAR adj. Propio del mulo o mula: *el ganado mular.*
MULATEAR v. i. *Cub.* Divertirse con mujeres mulatas. ‖ *Chil.* Empezar a negrear la fruta.
MULATIZAR v. i. Tener el color del mulato.
MULATO, TA adj. y s. Nacido de negra y blanco o al contrario. (SINÓN. V. *Mestizo.*) ‖ De color moreno. ‖ — M. *Amer.* Mineral de plata obscuro o verdoso.
MÚLEO m. (lat. *mulleus*). Nombre de un calzado antiguo que llevaban los patricios romanos.
MULEQUE m. *Amer.* Negrito esclavo.
MULERO m. Mozo de mulas.
MULETA f. Palo con puño atravesado que sirve a los enfermos para apoyarse al caminar. ‖ *Fig.* Cosa que sostiene o ayuda a otra. ‖ *Taurom.* Bastón del que cuelga una capa encarnada, y que sirve al matador de toros. ‖ *Pasar de muleta al toro,* burlarlo con la muleta.
MULETADA f. Hato de ganado mular, mulada.
MULETEAR v. t. Torear con la muleta.
MULETERO m. Mozo o tratante de mulas. ‖ *Taurom.* Matador que torea con la muleta.
MULETILLA f. Bastón de puño atravesado. ‖ Apéndice de los botones no cosidos. ‖ *Fig.* Voz o frase que repite una persona muchas veces en la conversación.
MULETO, TA m. y f. Mulo pequeño o joven.
MULETÓN m. (fr. *molleton*). Tela de lana afelpada de mucho abrigo: *chaquetilla de muletón.*
MULEY m. (pal. ár.). Título que se daba a los sultanes en Marruecos.
MULILLAS f. pl. *Taurom.* Tiro de mulas que arrastran al toro muerto fuera de la plaza.
MULITA f. *Riopl.* Tatú o armadillo. ‖ — Adj. *Arg. Fig.* Gallina, cobarde.

MULO m. (lat. *mulus*). Cuadrúpedo nacido de asno y yegua o de caballo y burra: *el mulo es muy robusto y presta muchos servicios en los países montañosos.* ‖ *Fam.* Bruto, animal.
MULSO, SA adj. (lat. *mulsus*). Endulzado con miel.
MULTA f. (pal. lat.). Pena pecuniaria: *imponer a uno una multa crecida.*
MULTAR v. t. (lat. *multare*). Imponer una multa: *multar a uno en cien pesos.*
MULTI, prefijo, del lat. *multus,* que significa *mucho* y explica la idea de multiplicidad: *multicolor, multimillonario.*
MULTICAULE adj. *Bot.* Dícese de la planta muy amacollada o que produce muchos tallos.
MULTICELULAR adj. Formado de muchas células.
MULTICOLOR adj. Que tiene muchos colores: *dibujo multicolor.* (SINÓN. *Policromo.*)
MULTICOPIA f. Reproducción de un escrito.
MULTICOPIAR v. t. Reproducir con multicopista.
MULTICOPISTA f. Aparato para sacar varias copias de un escrito.
MULTIFLORO, RA adj. De muchas flores.
MULTIFORME adj. Que tiene formas diversas.
MULTILATERAL adj. Concertado entre diferentes partes.
MULTILÁTERO, RA adj. De muchos lados: *polígono multilátero.*
MULTILOBULADO, DA adj. De varios lóbulos.
MULTILOCULAR adj. Que tiene varias celdillas.
MULTIMILLONARIO, RIA adj. y s. Que tiene muchos millones.
MULTÍPARA adj. Que tiene varios hijos de una vez: *la hembra del conejo es generalmente multípara.* ‖ Dícese de la mujer que ha dado a luz varias veces.
MÚLTIPLE adj. (lat. *múltiplex*). Que no es sencillo, vario: *cuestión múltiple.* ‖ — CONTR. *Sencillo.*
MÚLTIPLEX adj. Dícese de un aparato telegráfico que permite transmitir simultáneamente varios telegramas por la misma línea.
MULTIPLICABLE adj. Que puede multiplicarse.
MULTIPLICACIÓN f. Aumento en número: *la multiplicación de los seres.* (SINÓN. V. *Fecundación.*) ‖ *Arit.* Operación que tiene por objeto repetir tantas veces por sumando un número (*multiplicando*) cuantas unidades contiene otro (*multiplicador*). [El número obtenido se llama *producto.*] ‖ *Tabla de multiplicación,* o *de Pitágoras,* tabla atribuida al matemático griego de dicho nombre que suministra el producto, uno por uno, de los diez primeros números. (El producto de dos números se encuentra en la intersección de las dos columnas que los contienen.) [CONTR. *División.*] ‖ Relación de las velocidades entre dos piñones.
MULTIPLICADOR, RA adj. Que multiplica. ‖ — M. *Arit.* Número que multiplica.
MULTIPLICANDO adj. y s. m. Número que se multiplica.
MULTIPLICAR v. t. (lat. *multiplicare*). Aumentar una cantidad o un número. (SINÓN. *Proliferar, reproducirse.*) ‖ *Arit.* Repetir un número llamado *multiplicando* tantas veces como unidades contiene otro número llamado *multiplicador.* ‖ — V. r. Afanarse, desvelarse.
MULTIPLICATIVO, VA adj. Que multiplica.
MULTIPLICIDAD f. Calidad de múltiple. ‖ Número considerable: *multiplicidad de leyes.*
MÚLTIPLO, PLA adj. y s. *Mat.* Dícese del número que contiene a otro varias veces exactamente.
MULTIPOLAR adj. Que tiene más de dos polos: *máquina eléctrica multipolar.*
MULTISECULAR adj. Viejo, de muchos siglos.
MULTITUD f. (lat. *multitudo*). Gran número: *una multitud de aves.* (SINÓN. *Afluencia, enjambre, hormiguero, masa, nube.* V. tb. *abundancia.*) ‖ Vulgo, plebe, populacho: *halagar las pasiones de la multitud.* (SINÓN. *Barullo, legión, tropa, tropel, rebaño.*)
MULTITUDINARIO, RIA adj. Relativo a la multitud.
MULLIDA f. Cama de hierbas puesta en los corrales para el ganado. ‖ Jergón, colchón.

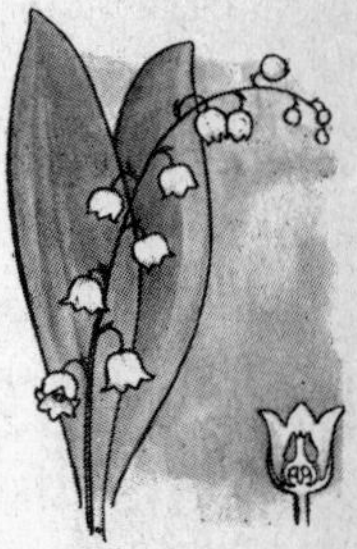
muguete

mujol

mulo

Fot. Justin

MULLIDO m. Cosa blanda con que se rellenan colchones, asientos, etc. ‖ Acción de mullir.
MULLIDOR, RA adj. y s. Que mulle o ahueca alguna cosa. ‖ — M. Muñidor.
MULLIR v. t. (del lat. *mollire*, ablandar). Ahuecar, esponjar una cosa: *mullir la lana de un colchón.* ‖ Cavar la tierra para ponerla más ligera. ‖ — IRREG. Pres. ind.: *mullo, mulles,* etc.; imperf.: *mullía, mullías,* etc.; pret. indef.: *mullí, mulliste, mulló, mullimos, mullisteis, mulleron;* fut.: *mulliré, mullirás,* etc.; imper.: *mulle, mullid;* pot.: *mulliría, mullirías;* pres. subj.: *mulla, mullas,* etc.; imperf. subj.: *mullera, mulleras, mullera, mulléramos, mullerais, mulleran; mullese, mulleses, mullese, mullésemos, mulleseis, mullesen;* fut. subj.: *mullere, mulleres, mullere, mulléremos, mullereis, mulleren;* part.: *mullido;* ger.: *mullendo.*
MULLO m. *Ecuad.* Cuentecilla de vidrio.
MUNCHO, CHA adj. *Ant.* y *vulg.* Mucho.
MUNDANAL adj. Mundano: *lejos del mundanal ruido.*
MUNDANEAR v. i. Atender demasiado a las cosas mundanas.
MUNDANERÍA f. Calidad de mundano. ‖ Acción mundana.
MUNDANO, NA adj. (*mundanus*). Relativo o perteneciente al mundo: *huir de los placeres mundanos.* ‖ Demasiado aficionado a las cosas del mundo: *mujer mundana, vida mundana.*
MUNDEAR v. i. *Col.* Tunar, correr mundo.
MUNDIAL adj. (lat. *mundialis*). Universal: *disfrutar de una reputación mundial.*
MUNDIFICAR v. t. (lat. *mundificare,* de *mundus,* limpio). Limpiar, purificar: *mundificar una llaga.*
MUNDIFICATIVO, VA adj. Dícese del medicamento que sirve para mundificar.
MUNDILLO m. Arbusto de la familia de las caprifoliáceas, de flores agrupadas en forma de globos blancos. (SINÓN. *Sauquillo.*) ‖ Especie de enjugador. ‖ Almohadilla para hacer encaje. ‖ Sociedad, mundo: *el mundillo de los deportes.*
MUNDO m. (lat. *mundus*). Conjunto de todo cuanto existe: *los primeros siglos del mundo.* ‖ Esfera terráquea. ‖ Tierra: *las cinco partes del mundo.* (SINÓN. V. *Universo.*) ‖ Gran continente: *Colón descubrió un mundo.* ‖ Planeta: *la pluralidad de los mundos.* ‖ *El Mundo Antiguo,* Asia, Europa y África. ‖ *El Nuevo Mundo,* América y Oceanía. ‖ Género humano: *el oro es el rey del mundo.* ‖ Sociedad humana: *el mundo pagano.* (SINÓN. *Humanidad, sociedad.*) ‖ Conjunto de individuos que constituyen una agrupación determinada: *el mundo de los negocios.* ‖ Uno de los enemigos del alma. ‖ Vida seglar: *abandonar el mundo para entrar en el claustro.* ‖ Baúl mundo. ‖ Mundillo, flor. ‖ *Fig. Al fin del mundo,* muy lejos. ‖ *Fig. Andar el mundo al revés,* estar las cosas de manera diferente a la normal. ‖ *Dar un mundo por,* dar cualquier cosa por obtener otra. ‖ *El gran mundo,* la alta sociedad. ‖ *Entrar en el mundo,* entrar en sociedad. ‖ *Hombre* o *mujer de mundo,* persona que frecuenta la alta sociedad. ‖ *El otro mundo,* la otra vida. ‖ *Echar al mundo,* parir. ‖ *Fig. Echarse al mundo,* prostituirse la mujer. ‖ *Desde que el mundo es mundo,* desde siempre. ‖ *Hacerse un mundo,* dar demasiada importancia a algo. ‖ *Irse al otro mundo,* morir. ‖ *Fig.* y *fam. Medio mundo,* mucha gente. ‖ *No ser del otro mundo,* no ser extraordinario. ‖ *Fig. No ser de este mundo,* estar abstraído de las cosas terrenas. ‖ *Ponerse el mundo por montera,* no tener en cuenta la opinión ajena. ‖ *Tener mundo,* tener experiencia. ‖ *Todo el mundo,* la generalidad de las personas. ‖ *Un mundo,* mucho: *eso vale un mundo.* ‖ *Venir al mundo,* nacer. ‖ *Ver mundo, viajar.* ‖ *Vivir en el otro mundo,* estar en Babia.
MUNDOLOGÍA f. Experiencia y conocimiento del mundo y de los hombres.
MUNDONUEVO m. Cosmorama portátil, grupo de autómatas que se enseñan por los pueblos.
MUNICIÓN f. (lat. *munitio*). Pertrechos y bastimentos de un ejército o de una plaza fuerte: *pan de munición.* ‖ Carga de las armas de guerra. ‖ Plomos, carga para la escopeta de caza: *munición menuda.* ‖ *Guat.* Uniforme de soldado.
MUNICIONAR v. t. Proveer de municiones un ejército o plaza: *municionar un castillo.*
MUNICIONERA f. *Amer.* Perdigonera.
MUNICIPAL adj. Del municipio: *cargo municipal.* ‖ — M. Guardia municipal. ‖ *Chil.* Concejal.
MUNICIPALIDAD f. Municipio, ayuntamiento.
MUNICIPALIZACIÓN f. Acción y efecto de municipalizar.
MUNICIPALIZAR v. t. Hacer depender del municipio.
MUNÍCIPE m. Vecino de un municipio.
MUNICIPIO m. (lat. *municipium*). Ciudad sometida a Roma y que gozaba de los derechos de ciudad romana, aunque gobernándose por sus propias leyes. ‖ Ayuntamiento de una población. ‖ Conjunto de habitantes de un ayuntamiento. ‖ El término municipal.
MUNIDO, DA adj. Galicismo por *provisto, armado, prevenido.*
MUNIFICENCIA f. Generosidad: *portarse con munificiencia.* (SINÓN. V. *Liberalidad.*)
MUNIFICENTE adj. Generoso.
MUNIFICENTÍSIMO, MA adj. Muy generoso.
MUNÍFICO, CA adj. (lat. *munificus*). Liberal, generoso. ‖ — CONTR. *Tacaño, miserable.*
MUNIR v. t. *Arg.* y *Urug.* Proveer de lo necesario.
MUÑECA f. Parte del brazo que se articula con la mano: *llevar ajorcas en las muñecas.* ‖ Figurilla infantil que sirve de juguete: *una muñeca de trapo.* ‖ Maniquí para vestidos de señora. ‖ Trapillo que contiene alguna substancia liada y sirve para varios usos: *muñeca de estarcir.* ‖ Lío o pelotilla de trapo que sirve para diversos usos: *muñeca para barnizar.* ‖ *Fig.* y *fam.* Muchacha presumida. ‖ Muchacha hermosa y delicada. ‖ *Urug.* Persona de influencias. ‖ *Arg.* y *Urug.* Fruto del maíz cuando empieza a sazonar.
MUÑECO f. Figurilla humana: *un muñeco de porcelana.* ‖ *Fig.* y *fam.* Joven fatuo y afeminado. ‖ — SINÓN. *Bamboche, fantoche, guiñol, marioneta, monigote, pelele, polichinela.*
MUÑECO (Hacer), hechizo que consistía en clavar agujas en un muñeco que representaba al maleficiado.
MUÑEIRA f. Baile popular gallego y la música que lo acompaña.
MUÑEQUEAR v. i. *Esgr.* Jugar las muñecas en la esgrima. ‖ *Chil.* Despuntar las mazorcas de maíz. ‖ *Arg.* Dirigir o encaminar un asunto con habilidad.
MUÑEQUERA f. Correa para llevar el reloj de pulsera. ‖ Correa para apretar la muñeca.
MUÑEQUERÍA f. *Fam.* Afeminación y exceso ridículo en los adornos y vestidos.
MUÑEQUILLA f. Muñeca para barnizar. ‖ *Chil.* Mazorca que empieza a formarse.
MUÑIDOR m. Criado de algunas cofradías que avisa a los hermanos los ejercicios a que deben asistir. ‖ Intrigante.
MUÑIR v. t. (del lat. *monere,* avisar). Convocar los muñidores a una junta. ‖ Concertar, manejar. ‖ — IRREG. Se conjuga como *mullir.*
MUÑO m. *Chil.* Harina de trigo o maíz tostado. ‖ Harinado frío.
MUÑÓN m. Parte del miembro cortado que permanece adherida al cuerpo. ‖ *Artill.* Cada uno de los dos resaltos que tiene el cañón a ambos lados y le permiten girar verticalmente sobre la cureña. ‖ *Mec.* Extremo de un eje donde se monta una transmisión.
MUÑONERA f. *Artill.* Muesca en las gualderas de la cureña donde entra el muñón del cañón.
MUQUEAR v. i. *Bol.* Mascar maíz para chicha.
MUQUEVA f. Planta tintórea panameña, cuya hoja da hermoso color rojo.
MURAJES m. pl. Planta de la familia de las primuláceas.
MURAL adj. Relativo al muro: *adorno mural.* ‖ Que se coloca sobre el muro: *mapa mural.* ‖ *Corona mural,* la que daban los romanos al primer soldado que subía a la muralla de la ciudad sitiada. ‖ — M. Pintura ejecutada sobre una pared, fresco.
MURALLA f. Muro muy fuerte que ciñe y defiende una plaza: *las murallas de Ávila.* (SINÓN. V. *Pared.*)

MURALLÓN m. Muralla o muro muy grandes.
MURAR v. t. (lat. *murare*). Cercar con muro: *murar un castillo.*
MURCIANO, NA adj. y s. Natural de Murcia.
MURCIÉLAGO m. Género de mamíferos nocturnos de alas membranosas y parecidos al ratón.
— En las regiones tropicales existen *murciélagos* que miden hasta 1 m, pero los de los países templados son mucho más pequeños. Los murciélagos son generalmente insectívoros; algunas especies, como los vampiros, chupan la sangre de los animales dormidos.
MURENA f. (lat. *muraena*). Morena, pez voraz.
MURETE m. Muro pequeño, paredilla muy baja.
MURGA f. Alpechín del aceite. || Compañía de músicos callejeros. || *Fam.* Lata, tostón, cosa o persona muy pesada: *dar la murga.*
MURGÓN m. Cría del salmón.
MURGUISTA m. Individuo de una murga.
MURIÁTICO, CA adj. *Quím.* Nombre que daban los químicos antiguos al *ácido clorhídrico.*
MÚRICE m. (lat. *murex, muricis*). Molusco gasterópodo marino de concha erizada de espinas o tubérculos, del que sacaban la púrpura los antiguos. || *Poét.* Color de púrpura.
MÚRIDOS m. pl. Familia de mamíferos que comprende ratas, ratones, etc.
MURMUJEAR v. i. *Fig.* y *fam.* Murmurar.
MURMULLO m. Ruido sordo y confuso que hacen varias personas que hablan a un tiempo, las aguas corrientes, el viento, etc.: *el murmullo de un arroyo.* || Murmurio, queja, lamento.
MURMURACIÓN f. Conversación en perjuicio de un ausente.
MURMURADOR, RA adj. y s. Que murmura.
MURMURANTE adj. Que murmura.
MURMURAR v. i. (lat. *murmurari*). Hacer un ruido sordo y prolongado: *las aguas murmuran.* || Quejarse entre dientes o en voz baja: *¿qué está usted murmurando?* (SINÓN. *Gruñir, mascullar, rajar, refunfuñar, rezongar.* V. tb. *protestar.*) || *Fig.* y *fam.* Criticar o censurar. (SINÓN. V. *Desacreditar.*) || — OBSERV. Es incorrecta la forma transitiva: *a veces me murmura.*
MURMURIO m. Acción y efecto de murmurar.
MURO m. (lat. *murus*). Tapia. (SINÓN. V. *Pared.*) || Muralla. || *Muro del calor,* límite impuesto a la velocidad de un avión por el calentamiento de su superficie debido a la frotación del aire. || *Muro del sonido,* conjunto de fenómenos aerodinámicos que se producen cuando un cuerpo se mueve en la atmósfera a una velocidad próxima a la del sonido (340 m por segundo), y que dificultan sobrepasar esta velocidad.
MURRIA f. *Fam.* Tristeza. (SINÓN. V. *Melancolía.*)
MURRIA f. (del lat. *muria,* salmuera). Medicamento antiguo compuesto de ajos, vinagre y sal, usado como antipútrido.
MURRINA f. *Amer.* Enfermedad del ganado.
MÚRRINO, NA y no **MURRINO, NA** adj. (lat. *murrhinus*). Aplícase a ciertos vasos muy estimados en la Antigüedad, y cuya materia nos es actualmente desconocida.
MURRIO, RRIA adj. Triste, melancólico.
MURRO m. *Chil.* Mala cara, mohín de desagrado.
MURTA f. (lat. *myrta*). El arrayán, arbusto.
MURTAL m. Sitio poblado de murtas.
MURTILLA f. Arbusto mirtáceo y su fruto. || Licor fermentado hecho con este fruto.
MURTINA f. Murtilla.
MURUCUYÁ f. Uno de los nombres de la *pasionaria.*
MUS m. Un juego de naipes. || — PARÓN. *Muz.*
MUSA f. (lat. *musa*). Cada una de las nueve diosas de la Fábula que presidían las diversas artes liberales y las ciencias. || *Fig.* Numen, inspiración de un poeta: *la musa de Virgilio.* || *Fig.* Poesía: *la musa española.* || — Pl. Ciencias y artes liberales.
— Las *nueve musas* son: *Clío* (Historia), *Euterpe* (Música), *Talía* (Comedia), *Melpómene* (Tragedia), *Terpsícore* (Danza), *Erato* (Elegía), *Polimnia* (Poesía lírica), *Urania* (Astronomía), *Calíope* (Elocuencia).
MUSÁCEAS f. pl. *Bot.* Familia de plantas monocotiledóneas parecidas a las palmas, a que pertenecen el plátano y el abacá.
MUSARAÑA f. (del lat. *mus,* rata, y *aranea,* araña). Musgaño. || *Fig.* Sabandija, animalejo. || *Fam.* Muñeco ridículo. || Nubecilla que se forma ante los ojos. || *Fig.* y *fam. Mirar uno a las musarañas,* estar distraido. || *Fig.* y *fam. Pensar en las musarañas,* no atender.
MÚSCIDOS m. pl. Familia de insectos dípteros a la que pertenecen las moscas.
MUSCO, CA adj. (lat. *muscum*). De color pardo.
MUSCULACIÓN f. *Amer.* Musculatura.
MUSCULAR adj. Relativo o perteneciente a los músculos: *contracción muscular.*
MUSCULATURA f. Conjunto de los músculos del cuerpo humano: *la musculatura de una estatua.*
MÚSCULO m. (lat. *musculus*). Órgano fibroso, irritable, cuyas contracciones producen todos los movimientos del animal: *el bíceps es el músculo más fuerte del brazo.*
MUSCULOSO, SA adj. Que tiene muchos músculos. || De músculos abultados: *un hombre musculoso.*
MUSELINA f. (del ár. *muceli,* de Mosul). Tela muy ligera y medio transparente: *una blusa de muselina.*
MUSEO m. (gr. *mouseion*). En la Antigüedad, templo de las Musas. || Pequeña colina de Atenas consagrada a las Musas. || Parte del palacio de Alejandría donde reunió Ptolomeo a los sabios y los filósofos más célebres, y donde estaba situada la famosa biblioteca que más tarde fue incendiada. (En este sentido y el anterior, se escribe con mayúscula.) || Lugar en que guardan los objetos notables de las ciencias o las artes: *museo de pintura, de historia natural.* (SINÓN. *Conservatorio, gabinete, galería, gliptoteca, pinacoteca.*)
MUSEOLOGÍA f. Estudio de la organización de los museos.
MUSEROLA f. (fr. *muserolle*). Una correa de la brida, que pasa por encima de la nariz del caballo.
MUSGAÑO m. (lat. *musaraneus*). Mamífero carnicero parecido a un ratón pequeño: *el musgaño es útil a la agricultura, pues se alimenta de insectos.*
MUSGO m. (lat. *muscus*). Nombre genérico de las plantas briofitas menudas y apiñadas que crecen sobre las piedras, las cortezas de árboles, el suelo, etc.: *los musgos secos vuelven a reanimarse y crecer si se ponen en contacto con el agua.* || — Pl. Familia de estas plantas.
MUSGOSO, SA adj. Cubierto de musgo.
MÚSICA f. (lat. *musica*). Arte de combinar los sonidos de un modo agradable al oído. || Teoría de este arte: *aprender la música.* || Concierto de instrumentos y voces: *ser aficionado a la música.* || Compañía de músicos: *la música de un regimiento.* || Colección de papeles en que está escrita la música: *papelera para música.* || *Fig.* y *fam. Música celestial,* cosas vanas e insubstanciales. || *Música de cámara,* la escrita para un número pequeño de instrumentos. || *Música instrumental,* la escrita para instrumentos. || *Música ligera,* la melodiosa, fácil y sin pretensiones. || *Música vocal,* la escrita expresamente para ser cantada. || *Música ratonera,* la muy mala o ramplona. || *Fig.* y *fam. Con la música a otra parte,* con esta frase se reprende y despide al que viene a incomodar.
MUSICAL adj. Relativo a la música.
MUSICALIDAD f. Carácter musical.
MUSICALIZAR v. t. Barb. por *poner música.*
MUSICALMENTE adv. m. De un modo musical.
MUSICASTRO m. Músico malo.
MUSIC-HALL m. (pal. ingl., pr. *miúsic jol*). Espectáculo de variedades con un fondo musical. || Teatro consagrado a este género.
MÚSICO, CA adj. Relativo a la música: *instrumento músico.* || — M. y f. Que se dedica a la música. (SINÓN. *Compositor, maestro.*) || — M. *Col.* El que se embriaga con frecuencia. || *Amér. C.* Mal jinete. || *Méx.* Hipócrita.
MUSICÓGRAFO, FA m. y f. Persona que escribe sobre música.
MUSICOLOGÍA f. Estudio de la teoría y de la historia de la música.
MUSICÓLOGO, GA m. y f. Persona versada en la musicología.

murciélago

musgaño

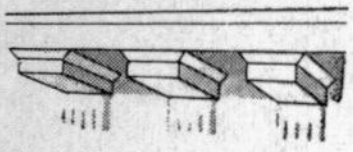

mútulo

MUSICOMANÍA f. Afición exagerada por la música, melomanía.
MUSICÓMANO, NA adj. y s. Melómano.
MUSIQUERO m. Mueble para guardar música.
MUSIQUILLA f. *Fam.* Música fácil, sin valor.
MUSITAR v. t. (lat. *mussitare*). Susurrar.
MUSIVO adj. (del lat. *mussivus*, de mosaico). *Oro musivo*, bisulfuro de estaño, de color dorado.
MUSLIME adj. (del ár. *muçlim*, salvado). Musulman. ‖ — Observ. Es barbarismo la forma *muslín*.
MUSLÍMICO, CA adj. Relativo a los muslimes.
MUSLO m. Parte de la pierna, de la cadera hasta la rodilla. ‖ Parte análoga en los animales.
MUSMÓN m. Género de mamíferos rumiantes que comprende carneros grandes del hemisferio norte: *el musmón alcanza el tamaño de un ciervo.*
MUSTACO m. Bollo de harina amasada con mosto.
MUSTANG o **MUSTANGO** m. Caballo que vive en estado de semilibertad en las pampas de América del Sur.
MUSTELA f. (lat. *mustela*). Tiburón muy parecido al cazón, de carne comestible. Su piel se usa como lija.
MUSTÉLIDOS m. pl. Familia de mamíferos carniceros que tienen por tipo la comadreja.
MUSTERIENSE adj. y s. m. (de *Moustier*, pueblo de Francia). Dícese del período del paleolítico medio, asociado al hombre de Neandertal, y caracterizado por el uso del sílex y del hueso.
MUSTIAMENTE adv. m. Tristemente.
MUSTIARSE v. r. Marchitarse.
MUSTIO, TIA adj. Melancólico, triste. ‖ Ajado: *planta mustia.* ‖ *Méx.* Hipócrita, falso.
MUSUCO, CA adj. *Hond.* De pelo rizado y crespo.
MUSULMÁN, ANA adj. y s. Mahometano.
MUTABILIDAD f. Calidad de lo mudable.
MUTABLE adj. Mudable, cambiable.
MUTACIÓN f. (lat. *mutatio*). Mudanza. (Sinón. V. *Crisis.*) ‖ *Teatr.* Cambio escénico. ‖ Destemple de la estación. ‖ *Biol.* Cualquiera de los cambios en el fenotipo de un ser vivo.
MUTACIONISMO m. *Biol.* Teoría de la evolución que da a las mutaciones un papel esencial en la aparición de especies nuevas.
MUTATIS MUTANDIS loc. lat. Cambiando lo que se debe cambiar.
MUTE m. *Col.* Mote de maíz. ‖ *Venez.* Carnero cocido con maíz.
MUTILACIÓN f. Acción y efecto de mutilar una parte del cuerpo o una obra de arte: *mutilación de una estatua.* (Sinón. V. *Amputación.*)
MUTILADO, DA adj. y s. Dícese de lo que ha sufrido una mutilación: *mutilado de guerra.*
MUTILADOR, RA adj. y s. Que mutila o destroza alguna cosa: *mutilador de obras de arte.*
MUTILAR v. t. (lat. *mutilare*). Cortar, arrancar un miembro u otra parte del cuerpo. ‖ Romper, destruir: *mutilar un monumento.* ‖ Cortar, cercenar una cosa: *mutilar un libro.* ‖ — Sinón. *Amputar, cortar, lisiar, troncar.*
MÚTILO, LA adj. Mutilado.
MUTIS m. (del lat. *mutare*, mudar). *Teatr.* Voz que emplea el apuntador para decir a un actor que salga de escena. ‖ Acto de salir de escena un actor. ‖ *Hacer mutis*, marcharse. ‖ Callar.
MUTISMO m. (del lat. *mutus*, mudo). Estado del que es mudo: *la apoplejía provoca con frecuencia el mutismo.* ‖ Silencio voluntario o impuesto.
MUTRE adj. *Chil.* Tartamudo.
MUTUAL adj. Mutuo. ‖ — F. Mutualidad.
MUTUALIDAD f. Carácter de lo que es mutuo. ‖ Conjunto de asociaciones de personas que persiguen un fin social, de previsión, de solidaridad o de ayuda mutua, gracias a las cotizaciones de sus miembros: *una mutualidad obrera.* (Sinón. V. *Corporación.*)
MUTUALISMO m. Conjunto de asociaciones basadas en la mutualidad. ‖ Doctrina que considera a la humanidad como una asociación de servicios mutuos.
MUTUALISTA adj. Relativo a la mutualidad. ‖ Com. Miembro de una mutualidad.
MUTUAMENTE adv. m. Con recíproca correspondencia.
MUTUANTE m. y f. Persona que presta.
MUTUARIO, RIA m. y f. Persona que recibe el préstamo.
MÚTULO m. *Arq.* Adorno del entablamento dórico, colocado bajo el goterón.
MUTUO, TUA adj. (lat. *mutuus*). Recíproco: *odio mutuo.* ‖ *Seguro mutuo*, sociedad cuyos miembros se aseguran mutuamente contra ciertos daños.
MUY adj. En grado sumo: *muy grande, muy mal.* (Sinón. *Asaz, bastante, sumamente.*) ‖ — Observ. No debe usarse con superlativos, como *muy más, muy mayor, muy malísimo.* ‖ *Muy señor mío*, encabezamiento de las cartas dirigidas a las personas con las que no se tiene intimidad.
MUYOS m. pl. *Arg.* Tripas para guisar.
MUZ m. *Mar.* Punta del tajamar. ‖ — Parón. *Mus.*
Mv, símbolo químico del *mendelevio.*
MY f. Duodécima letra del alfabeto griego, que corresponde a la que en el nuestro se llama *eme.*

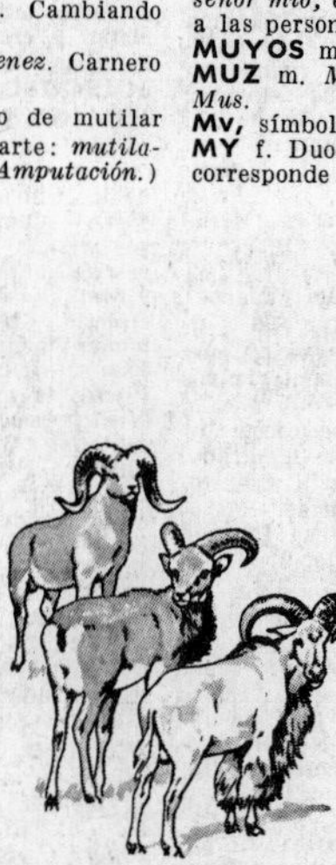

diversos tipos de musmones

N

Nenúfares

N f. Decimosexta letra del alfabeto y decimotercera de sus consonantes. Su nombre es *ene.* || Signo con que se suple en un escrito un nombre propio: *la condesa N. le esperaba.* || Abreviatura de Norte. || *Mat.* Exponente de una potencia determinada. || Símbolo químico del *nitrógeno* y símbolo del *newton.*

Na, símbolo químico del *sodio.*

NABA f. Planta crucífera, cuya raíz, blanca y carnosa, se emplea para alimento del hombre y los animales. || — PARÓN. *Nava.*

NABAB m. (ár. *nauab*). Gobernador de provincia en la India. || *Fig.* Hombre opulento: *vivir como un nabab.* (SINÓN. V. *Rico.*)

NABAR m. Tierra sembrada de nabos.

NABATEO, A adj. y s. Dícese del individuo de un pueblo nómada de la Arabia Pétrea.

NABÍ m. (pal. ár.). Entre los árabes, profeta.

NABICOL m. Especie de nabo grueso.

NABIFORME adj. Dícese de la raíz fusiforme.

NABINA f. Semilla de nabo.

NABIZA f. Hoja tierna de nabo: *caldo de nabizas.* || Raicilla de naba.

NABLA f. (lat. *nablia*). Instrumento músico antiguo a modo de lira.

NABO m. (lat. *napus*). Planta anual, de la familia de las crucíferas, de raíz carnosa, ahusada y comestible: *el nabo procede de China.* || Raíz gruesa y fusiforme. || *Fig.* Maslo, tronco de la cola de algunos animales. || *Arq.* Eje de algunas armazones: *el nabo de una escalera.* (SINÓN. *Bolo.*) || *Mar.* Palo de la nave. || Juego que usan los muchachos.

NABORÍ com. Indio que servía como criado en América.

NABORÍA f. Repartimiento de indios que se hacía en América entre los conquistadores.

NACAOMENSE adj. y s. De Nacaome (Honduras).

NÁCAR m. (del persa *nigar,* ornamento). Substancia dura, brillante, irisada, que se encuentra en el interior de varias conchas: *estuche de nácar.*

NACARADO, DA adj. Que tiene aspecto de nácar: *concha nacarada.* || Adornado con nácar.

NACÁREO, A adj. De nácar.

NACARIGÜE m. *Hond.* Plato de carne y pinol.

NACARINO, NA adj. Del nácar: *brillo nacarino.*

NACASCOLO y **NACASCOLOTE** m. *Amér. C.* Uno de los nombres del *dividivi.*

NACATAMAL m. *Amér. C.* y *Méx.* Tamal relleno de carne de cerdo.

NACATETE o **NACATÓN, ONA** m. y f. *Amér. C.* El pollo que está sin plumas.

NACAZCOL m. *C. Rica.* Nacascolo.

NACEDERO, RA adj. Que nace. || *Amér. C.* y *Ecuad. Cerca nacedera,* seto vivo.

NACELA f. (fr. *nacelle*). *Arq.* Moldura cóncava en la basa de la columna.

NACENCIA f. Bulto, tumor. || *Cub.* Conjunto de animales de menos de un año.

NACER v. i. (lat. *nascere*). Salir del vientre materno. || Salir del huevo un animal ovíparo. || Salir el vello, pelo o pluma y aparecer las hojas, flores o frutos. || Descender de una familia o linaje. || *Fig.* Empezar a verse un astro en el horizonte. || *Fig.* Prorrumpir o brotar: *nacer las fuentes.* || *Fig.* Inferirse una cosa de otra. || Criarse un hábito o costumbre: *el vicio nace de la ociosidad.* || Venir al mundo en condiciones especiales: *nacer poeta.* || Tomar principio, originarse: *la astronomía nació en Caldea.* || Provenir: *la industria nace de las necesidades humanas.* || — V. r. Entallecerse una semilla: *las patatas se nacen en un sitio húmedo.* || Abrirse la ropa por las costuras. || *Fig.* y *fam. Nacer uno en tal día,* librarse en ese día de un peligro de muerte. || *Haber nacido uno tarde,* estar falto de inteligencia o de noticias. || *Nacer de pie,* tener mucha suerte. || — IRREG. Pres. ind.: *nazco, naces, nacemos, nacéis, nacen;* imper.: *nace, naced;* pres. subj.: *nazca, nazcas, nazca, nazcamos, nazcáis, nazcan.*

NACIANCENO, NA adj. y s. De Nacianzo.

NACIDO, DA adj. Natural y propio de una cosa. || Propio para una cosa. || — Adj. y s. Humano, hombre. (SINÓN. V. *Nativo.*) || *Bien o mal nacido,* de noble o bajo linaje.

NACIENTE adj. Que nace: *el sol naciente.* || *Fig.* Muy reciente, nuevo: *reputación naciente.*

NACIMIENTO m. Acción y efecto de nacer: *el nacimiento de los pollos.* (SINÓN. *Natal, natalicio.*) || Extracción: *Alberoni era de humilde nacimiento.* (SINÓN. V. *Origen* y *raza.*) || Prin-

nabos

Fot. Diènes

cipio de una cosa: *el nacimiento de la espina dorsal.* (SINÓN. V. *Comienzo.*) || Manantial: *un nacimiento de agua fresca.* || Representación por medio de figuras del nacimiento de Jesucristo: *un nacimiento de cartón.* (SINÓN. *Natividad, navidad.*) || *Auto del nacimiento,* representación escénica medieval de temas religiosos del ciclo de Navidad. || *De nacimiento,* m. adv., desde el nacimiento o antes de él: *ciego de nacimiento.* || *Partida de nacimiento,* certificado que indica el día, hora y lugar de nacimiento, el sexo, y los nombres y apellidos de una persona. || — CONTR. *Muerte, fin.*

NACIÓN f. (lat. *natio*). Sociedad natural de hombres a los que la unidad de territorio, de origen, de historia, de lengua y de cultura, inclina a la comunidad de vida y crea la conciencia de un destino común. || Entidad jurídica formada por el conjunto de habitantes de un país regido por el mismo gobierno. || Territorio de ese mismo país. (SINÓN. *Estado, patria, pueblo.*) || *De nación,* m. adv., natural, originario: *francés de nación.*

NACIONAL adj. Que pertenece a una nación o es natural de ella: *carácter nacional.* || *Guardia Nacional,* milicia establecida para la defensa interior en algunos países. || — Pl. Totalidad de los individuos de una nación. || Conciudadanos: *los cónsules defienden los intereses de sus nacionales.*

NACIONALIDAD f. Grupo de individuos que tienen idéntico origen o por lo menos historia y tradiciones comunes: *las nacionalidades tienden siempre a formar Estados.* || Conjunto de los caracteres que distinguen una nación de las demás. || Carácter de nacional: *establecer su nacionalidad.*

NACIONALISMO m. Doctrina que sostiene las aspiraciones exclusivamente nacionales.

NACIONALISTA adj. y s. Que se refiere al nacionalismo o partidario del mismo.

NACIONALIZACIÓN f. Acción y efecto de nacionalizar. || Paso a la colectividad, de la propiedad de ciertos medios de producción pertenecientes a particulares, ya para servir mejor el interés público, ya para asegurar mejor la independencia del Estado o para castigar la falta de civismo de sus propietarios.

NACIONALIZAR v. t. Dar carácter nacional a ciertas cosas: *nacionalizar una industria.* || Naturalizar.

NACIONALSINDICALISMO m. Doctrina política y social de Falange Española Tradicionalista y de las J. O. N. S.

NACIONALSINDICALISTA adj. y s. Relativo al nacionalsindicalismo o partidario de él.

NACIONALSOCIALISMO m. Doctrina política y económica fundada por Hitler en 1923, que defiende la concepción totalitaria del Estado, la dirección e intervención estatal en la economía, el poder absoluto del Führer, afirmando la supremacía de la raza germánica y la extensión territorial alemana basada en la teoría del espacio vital. (Se llama también *nazismo.*)

NACIONALSOCIALISTA adj. y s. Que pertenece o es partidario del nacionalsocialismo. (Se dice también *nazi.*)

NACO m. *Arg., Bol.* y *Urug.* Pedazo de tabaco negro para masticar. || *Arg.* Miedo, susto. || *Amér. C.* Cobarde, marica.

NACRITA f. Variedad de talco cristalizable y de brillo acerado.

NACUMA f. Palmera americana cuyas hojas sirven para hacer sombreros.

NADA f. El no ser, lo que no existe. || Cosa mínima: *con nada queda satisfecho.* || *Sacar de la nada,* crear. || *Sacar a uno de la nada,* sacarle de una situación abyecta. || *Reducir a nada,* anular.

NADA pron. indef. Ninguna cosa: *no pasa nada.* || Muy poco: *no hace nada que salió.* || — Adv. neg. De ningún modo. || *En nada,* m. adv., en muy poco: *en nada estuvo que no viniera.* || *Nada menos,* loc., no menos: *vinieron nada menos que diez cartas.* || *Por nada,* m. adv., por muy poca cosa: *por nada lloras.* || *Amer. A cada nada,* a cada instante. || *Fig. No ser nada,* no tener importancia. || *De nada,* lo que se acostumbra a decir cuando a uno le dan las gracias. || *Y nada más,* esto es todo. || *¡Nada!,* interj. ¡Ya está! ¡Bueno! || *A nada que,* así que. || *Un hombre de nada,* un cualquiera. || — OBSERV. Son galicismos las frases: *un nada le aflige,* por *cualquier cosa; ¿hay nada mejor que la sobriedad?* por *¿hay algo...?*

NADADERA f. Calabaza o vejiga que usan los que aprenden a nadar.

NADADERO m. El sitio a propósito para nadar.

NADADOR, RA adj. y s. Que nada. || — M. y f. Persona diestra en nadar.

NADAR v. i. (lat. *natare*). Sostenerse y adelantar sobre el agua moviendo ciertas partes del cuerpo. || Flotar: *el corcho nada sobre el agua.* || Estar una cosa muy holgada. || Abundar: *nadaba en dinero.* || *Fig. Nadar en la opulencia,* ser muy rico. || *Nadar entre dos aguas,* procurar agradar a dos partidos adversos. || *Nadar en sangre,* ser muy sanguinario. || *Nadar y guardar la ropa,* proceder con cautela en un negocio.

NADERÍA f. Cosa sin importancia. || — SINÓN. *Bicoca, friolera, futesa, insignificancia, minucia, miseria, nimiedad, pamplina, simpleza.* V. tb *bagatela.*

NADIE pron. indef. Ninguna persona. || — M. *Fig.* Persona insignificante. || *Fam. No ser nadie,* no tener importancia. || *Un don nadie,* una persona insignificante. || — OBSERV. Está mal *nadie de nosotros* por *ninguno de nosotros.*

NADIR m. (del ár. *nadir,* opuesto). *Astr.* Punto de la esfera celeste diametralmente opuesto al cenit. || — CONTR. *Cenit.*

NADITA f. *Ecuad.* Un poco: *espera una nadita.*

NADO (A) m. adv. Nadando: *pasar un río a nado.*

NAFTA f. (gr. *naphta*). Cuerpo líquido que resulta de la mezcla de diversos hidrocarburos: *la nafta es uno de los productos de la destilación del petróleo.*

NAFTALINA f. o **NAFTALENO** m. Hidrocarburo bencénico $C_{10}H_8$, sólido, blanco cristalino, de olor característico que se usa para la fabricación de colorantes y contra la polilla.

NAFTOL m. Un derivado de la naftalina.

NAGUAL m. *Méx.* Brujo, hechicero. || *Guat.* y *Hond.* Animal que una persona tiene como compañero inseparable. || — F. *Méx.* Mentira.

NAGUALEAR v. i. *Méx.* Hurtar, mentir, andar de parranda, desvelarse enamorando mujeres.

NAGUAS f. pl. Enaguas.

NAGÜETA f. *Amér. C.* Sobrefalda.

NAGUILÓN adj. *Guat.* Afeminado.

NAHUA f. nombre colectivo de antiguas tribus americanas.

NAHUATL o **NAHUATLE** m. Lengua hablada por los indios mexicanos. || — Adj. invar.: *voz nahuatl.*

NAHUATLATO, TA adj. y s. Dícese del que sabe la lengua nahuatl. || Dícese del indio mexicano que hacía de intérprete entre españoles e indígenas.

NAHUATLISMO m. Voz nahuatl introducida en el español.

NAHUATLISTA com. Persona que se dedica al estudio del nahuatl.

NAIFE m. Diamante de calidad superior.

NAIPE m. Tarjeta que lleva pintadas ciertas figuras o números en una de sus caras y sirve para jugar: *los naipes fueron inventados por los orientales.* || *Fig.* Baraja. || *Barajar los naipes,* mezclarlos unos con otros. || *Tener buen* o *mal naipe,* tener buena o mala suerte en el juego. || *Fig.* y *fam. Un castillo de naipes,* proyectos quiméricos.

NAJA f. Áspid, reptil ofidio de las regiones cálidas de África y Asia.

NAJARSE v. r. *Pop.* Largarse, irse, marcharse.

NAL m. *Arg. Fam.* Peso, moneda nacional.

NALCA f. *Chil.* Pecíolo comestible del pangue.

NALGA f. Nombre de cada una de las dos partes carnosas y redondeadas de los muslos, que constituyen el trasero.

NALGADA f. Pernil de cerdo. || Golpe dado con las nalgas o en ellas: *dar una nalgada a un niño.*

NALGAR adj. Relativo a las nalgas.

NALGATORIO m. *Fam.* Las dos nalgas.

NALGUDO DA o **NALGÓN, ONA** adj. *Amer.* Que tiene nalgas gruesas.

NALGUEAR v. i. Mover exageradamente las las nalgas al andar.

NAMBÍ adj. *Riopl.* Dícese del caballo o yegua que tiene las orejas caídas.

NAMBIRA f. *Hond.* y *Salv.* Calabaza grande.

naja

Fot. Campion

NANA f. (ital. *nanna*). *Fam.* Abuela. || En algunos sitios, canto para arrullar a los niños. || Canción de cuna. || *Méx.* y *Amér. C.* Niñera. || *Chil.* y *Arg. Fam.* Pupa, daño, en el lenguaje infantil. || *Fam.* Mama, madre. || *Fam. El año de la nana,* en tiempos de Maricastaña.
NANACATE m. *Méx.* Hongo, seta.
NANACHAS adj. pl. *Salv.* Dícese de dos cosas iguales unidas, parejas.
¡NANAY! interj. *Fam.* Ni por asomo, ni hablar.
NANAYA f. Nanita, nana.
NANCE m. *Amér C.* Arbusto de fruto pequeño y sabroso.
NANISMO m. *Fisiol.* Anomalía en el desarrollo de los enanos. || — CONTR. *Gigantismo.*
NANITA f. *Guat.* Abuela. || Nana, canción de cuna. || *Fam. El año de la nanita,* tiempo pasado, remoto.
NANQUÍN m. Tela antigua de algodón.
NANSÚ m. Tela de algodón.
NAO f. Nave, embarcación.
NAONATO adj. y s. Dícese de la persona nacida en una nave.
NAPALM m. Materia inflamable para cargar las bombas incendiarias.
NAPEA f. *Mitol.* Ninfa de los prados y los bosques.
NAPELO m. Anapelo, acónito, planta venenosa.
NAPIAS f. pl. *Fam.* Narices.
NAPOLEÓN m. Moneda francesa.
NAPOLEÓNICO, CA adj. Propio de Napoleón.
NAPOLITANO, NA adj. y s. De Nápoles.
NARANGO m. *Amér. C.* Moringa, árbol de la familia de las leguminosas.
NARANJA f. (ár. *naranch*). Fruto del naranjo: *naranja agria.* || — Adj. y s. m. Uno de los colores: *color naranja, el naranja le sienta muy bien.* || — OBSERV. Esta palabra como adjetivo es invariable en género (*vestido naranja*) y, a veces, en número (*unos vestidos naranja*). || *Naranja mandarina* o *tangerina,* naranja aplastada, pequeña, de cáscara fácil de separar y pulpa muy dulce. || *Pop. ¡Naranjas!* o *¡Naranjas de la China!,* interj., no, nada, de ninguna manera. || *Fig.* y *fam. Media naranja,* la mujer. *Arq.* Cúpula.
NARANJADA f. Zumo de naranja con agua.
NARANJADO, DA adj. De color anaranjado.
NARANJAL m. Plantío de naranjos. || *Guat.* Naranjo, árbol que produce las naranjas.
NARANJERO, RA adj. Relativo a la naranja: *campaña naranjera.* || Dícese del arma de calibre muy grande y cañón de forma acampanada. || — M. y f. Vendedor de naranjas.
NARANJILLA f. Naranja verde y pequeña para hacer conserva.
NARANJILLADA f. *Ecuad.* Bebida que se prepara con el jugo de la naranjilla.
NARANJILLO *Ecuad.* y **NARANJITO** m. *Col.* Planta solanácea de fruto comestible.
NARANJO m. Árbol de la familia de las rutáceas, de follaje siempre verde y cuyo fruto, globoso y dulce, es la naranja: *la flor del naranjo se llama "azahar".* || Madera de este árbol.
NARBONENSE y **NARBONÉS, ESA** adj. y s. De Narbona.
NARCEÍNA f. *Quím.* Alcaloide del opio.
NARCISISMO m. Amor mórbido y excesivo de sí mismo.
NARCISO m. (lat. *narcissus*). Planta amarilidácea ornamental, de flores blancas o amarillas provistas de una especie de corona dorada. || *Narciso de las nieves,* planta amarilidácea cuyas flores blancas se desarrollan cuando el suelo está aún cubierto de nieve.
NARCISO m. (de *Narciso,* personaje mitológico). *Fig.* Hombre enamorado de sí mismo.
NARCOANÁLISIS m. Exploración del inconsciente de una persona sometida a la acción de un estupefaciente o de un hipnótico.
NARCOLEPSIA f. Deseo irresistible de dormir a cualquier hora.
NARCOSIS f. Amodorramiento producido por un narcótico. (SINÓN. V. *Adormecimiento.*)
NARCÓTICO, CA adj. y s. m. (gr. *narkôtikos*). *Med.* Que produce sopor, relajación muscular y embotamiento de la sensibilidad, como el opio, los barbitúricos, etc. || — M. pl. Substancias que producen esos efectos. || — SINÓN. *Dormitivo, estupefaciente, hipnótico, somnífero, soporífero.*
NARCOTINA f. Uno de los alcaloides del opio.
NARCOTISMO m. Adormecimiento causado por los narcóticos. || *Med.* Conjunto de los efectos producidos en el organismo por la absorción de los narcóticos.
NARCOTIZACIÓN f. Acción y efecto de narcotizar.
NARCOTIZADOR, RA adj. Que narcotiza.
NARCOTIZAR v. t. Causar narcotismo, adormecer con ayuda de un narcótico.
NARDO m. Espicanardo, gramínea común en los prados. || Planta liliácea de flores blancas olorosas. (SINÓN. *Tuberosa.*) || Perfume sacado del espicanardo.
NARGUILE m. Pipa oriental compuesta de un tubo flexible y un vaso lleno de agua perfumada que atraviesa el humo antes de llegar a la boca.
NARICEAR v. t. *Per.* Olfatear.
NARIGADA f. *Amer.* Polvo de tabaco, rapé.
NARIGÓN, ONA adj. y s. Narigudo. || — M. Nariz grande. || Agujero en la ternilla de la nariz, que se suele hacer a algunos animales para conducirlos. || *Cub.* Agujero hecho en la cabeza de una viga.
NARIGUDO, DA adj. Que tiene narices muy grandes. || De figura de nariz.
NARIGUERA f. Pendiente que se cuelgan de la nariz algunos indios.
NARIGUETA f. *Fam.* Nariz pequeña. || — Adj. *Arg.* y *Chil.* Narigudo.
NARIÑENSE adj. y s. De Nariño (Colombia).
NARIZ f. (lat. *nasus*). Parte saliente del rostro, entre la boca y la frente, órgano del olfato. U. tb. en pl. (SINÓN. *Narizota, trompa.*) || Cada uno de los orificios o ventanas de la nariz. || Olfato: *tiene buena nariz.* || *Fig.* Olor, aroma de un vino. || Hierro en que encaja el picaporte de las puertas y ventanas. || *Fig.* Extremidad aguda de algunas cosas: *la nariz de un puente.* || Cañón del alambique o la retorta. || *Nariz aguileña,* la que es alargada y algo corva. || *Nariz respingona,* aquella cuya punta tira hacia arriba. || *Nariz perfilada,* la que es perfecta y bien formada. || *¡Narices!,* interj. ¡Nada!, ¡no! || *Darle a uno una cosa en la nariz,* olerla, olfatearla. || *Fig.* y *fam.* Sospechar, barruntar. || *Dejar a uno con narices* o *dejarle con un palmo de narices,* dejarle burlado. || *Fig.* y *fam. Hinchársele a uno las narices,* enfadarse. || *Fig.* y *fam. No ver más allá de sus narices,* no ser muy listo. || *Fam. Más sonado que las narices,* muy conocido. || *Fig.* y *fam. Meter uno las narices en todo,* curiosear, entrometerse.

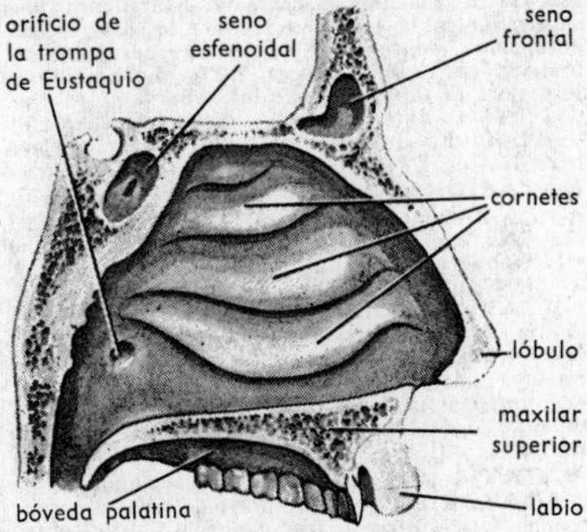

NARIZÓN adj. *Fam.* Narigón.
NARIZOTA f. Nariz sumamente grande y fea.
NARRA m. *Filip.* Árbol de la familia de las papilionáceas.
NARRABLE adj. (del lat. *narrabilis*). Que puede ser narrado o contado.
NARRACIÓN f. Relato. (SINÓN. V. *Anécdota.*) Acción y efecto de narrar o contar. || *Ret.* Parte del discurso que expone los hechos. || Ejercicio escolar que consiste en hacer un relato sobre un sujeto dado: *la narración de hoy será sobre...*
NARRADOR, RA adj. y s. Que narra: *Herodoto es un narrador incomparable.*

naranja

narciso

nardo

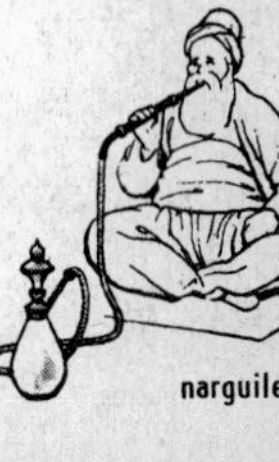
narguile

Fot. Downward

NARRAR v. t. (lat. *narrare*). Relatar, referir, contar algún suceso: *narrar una aventura de caza.* (SINÓN. V. *Explicar.*)

NARRATIVA f. Narración. ‖ Habilidad en contar o narrar: *tener mucha narrativa.*

NARRATIVO, VA o **NARRATORIO, RIA** adj. Relativo a la narración o relato: *estilo narrativo.*

NARRIA f. Carrito fuerte y muy bajo que sirve para arrastrar cosas de gran peso. (SINÓN. *Mierra.*) ‖ *Fig.* y *fam.* Mujer gruesa y pesada.

narval

NÁRTEX m. Especie de vestíbulo en las primitivas basílicas cristianas.

NARVAL m. Cetáceo marino de los mares árticos, cuyo colmillo izquierdo se prolonga hasta cerca de tres metros: *el narval se llama también "unicornio".*

NASA f. (lat. *nassa*). Arte de pescar, de juncos, alambre, red, etc. ‖ Cesta en que echan los pescadores la pesca. ‖ Cesto para guardar pan, harina, etc.

NASAL adj. (del lat. *nasus*, nariz). Perteneciente o relativo a las narices: *un sonido nasal.* ‖ — Adj. y s. f. *Gram.* Dícese del sonido modificado por la vibración del aire en las narices: *consonante nasal como* la *n, m, ñ.*

NASALIDAD f. Calidad de nasal.

NASALIZACIÓN f. Acción y efecto de nazalizar.

NASALIZAR v. t. Dar carácter nasal.

NASARDO m. Uno de los registros del órgano.

NÁSICO m. Género de monos de nariz muy desarrollada y blanda, propio de Borneo.

NASOFARINGE f. Región del cuerpo que comprende la nariz y garganta.

NASOFARÍNGEO, A adj. *Med.* Dícese de lo que está situado en la faringe por encima del velo del paladar y detrás de las fosas nasales.

NASTIA f. Movimiento de curvatura de ciertas hojas ante un estímulo externo.

NATA f. Substancia crasa y amarillenta que sobrenada en la leche en reposo: *la nata batida produce la manteca.* ‖ Substancia espesa que sobrenada en algunos licores. ‖ *Fig.* Lo principal, lo mejor: *la flor y nata de las señoras de la ciudad.* ‖ *Min. Amer.* Escorias de la copelación. ‖ — Pl. Cierto dulce de nata con azúcar y otros ingredientes. ‖ Natillas, dulce.

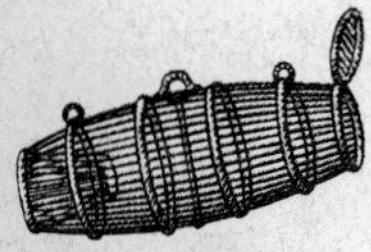
nasa

NATACIÓN f. (lat. *natatio*). Arte de nadar. ‖ Acción y efecto de nadar. ‖ Deporte acuático.

NATAL adj. (lat. *natalis*). Perteneciente o relativo al nacimiento. ‖ Nativo: *suelo natal.* ‖ — M. Nacimiento. ‖ Día del nacimiento.

NATALICIO, CIA adj. y s. m. Perteneciente al día del nacimiento: *celebrar el natalicio.*

NATALIDAD f. Número proporcional de nacimientos en población y tiempo determinados. (El *índice* o *coeficiente de natalidad* expresa el número de nacidos vivos con relación a un grupo medio de mil habitantes.)

NATÁTIL adj. Que nada sobre las aguas.

NATATORIO, RIA adj. Perteneciente a la natación. ‖ Que sirve para nadar. ‖ *Vejiga natatoria,* especie de vejiga llena de aire que existe en el cuerpo de los peces y les sirve para subir o bajar en el agua conforme la dilatan o la comprimen.

NATILLAS f. pl. Dulce de huevo, leche y azúcar.

NATIVIDAD f. (lat. *nativitas*). Nacimiento de Nuestro Señor, de la Virgen María o de San Juan. ‖ Navidad.

NATIVISMO m. Innatismo. ‖ *Amer.* Indigenismo.

NATIVISTA adj. y s. Relativo al nativismo o partidario de él.

násico

NATIVO, VA adj. Que nace naturalmente. ‖ Perteneciente al lugar donde ha nacido uno: *suelo nativo.* ‖ Natural, nacido. (SINÓN. *Originario, oriundo.* V. tb. *indígena.*) ‖ Innato, propio, natural: *virtud nativa.* ‖ *Oro nativo, plata nativa,* los que se encuentran en la tierra en estado puro.

NATO, TA adj. Nacido: *criminal nato.*

NATRAL m. *Chil.* Plantío de natris.

NATRI m. Arbusto de las solanáceas de Chile.

NATRICES f. pl. *Bot.* Clase de plantas gimnospermas que no se conocen hoy sino fósiles.

NATRÓN m. (ár. *natrón*). Carbonato de sodio natural: *el natrón servía a los egipcios para conservar las momias.*

NATURA f. Naturaleza. ‖ *A,* o *de, natura,* m. adv., naturalmente.

NATURAL adj. Conforme al orden de la naturaleza: *ley natural.* ‖ Que aparece en la naturaleza, no preparado artificialmente: *gas natural.* ‖ Que se trae al nacer: *bondad natural.* (SINÓN. V. *Innato.*) ‖ Conforme con la razón o el uso: *es natural que así suceda.* ‖ Que carece de afectación: *lenguaje natural.* (SINÓN. V. *Espontáneo.*) ‖ Nacido: *natural de Madrid.* (SINÓN. V. *Indígena y nativo.*) ‖ Nacido fuera del matrimonio: *hijo natural.* ‖ *Mús. Tono natural,* el que no está modificado por ningún signo. ‖ *Ciencias naturales,* las que estudian la naturaleza y sus producciones. ‖ *Historia natural,* ciencia que tiene por objeto la descripción y la clasificación de los seres vivos. ‖ — M. Cosa que se toma por modelo en pintura o escultura: *retrato, paisaje del natural.* ‖ Índole, genio, temperamento: *ser de un natural celoso.* (SINÓN. *Carácter, naturaleza.*) ‖ *Taurom.* Pase de muleta dado con la mano izquierda y sin ayuda del estoque. ‖ *Al natural,* m. adv., sin arte ni compostura. ‖ *Muerte natural,* la que resulta de una enfermedad o por la edad. ‖ — Pl. Habitantes originarios de un país: *los naturales de España.*

NATURALEZA f. (lat. *natura*). Conjunto de las obras de la Creación por oposición a las del hombre, del arte: *amar la naturaleza.* (SINÓN. V. *Especie y universo.*) ‖ Potencia sometida a ciertas leyes de dicho conjunto: *las leyes de la naturaleza.* ‖ Esencia de los seres: *naturaleza divina, naturaleza humana.* ‖ Mundo físico: *las armonías de la naturaleza.* ‖ Organización de cada animal: *la naturaleza del pez es vivir en el agua.* ‖ Sentimiento que nace de las uniones de la sangre: *la voz de la naturaleza.* ‖ Natural, índole. ‖ Calidad que da derecho a ser considerado como natural de un pueblo para ciertos efectos civiles: *cartas de naturaleza.* ‖ Temperamento o complexión: *naturaleza fría.* (SINÓN. *Constitución, temple.*) ‖ *Naturaleza muerta,* cuadro que representa animales muertos u objetos inanimados. (SINÓN. *Bodegón.*) ‖ *Estado de naturaleza,* estado del hombre antes de la civilización. ‖ *Forzar la naturaleza,* querer hacer más de lo que uno puede. ‖ *Pagar tributo a la naturaleza,* morir.

NATURALIDAD f. Calidad de natural. ‖ Ingenuidad: *hablar con naturalidad.* (SINÓN. V. *Sencillez.*) ‖ Conformidad de los acontecimientos con las leyes naturales. ‖ Derecho inherente a los naturales de una nación.

NATURALISMO m. Sistema de los que atribuyen todo a la naturaleza como primer principio. ‖ Carácter de lo que es natural. ‖ Escuela literaria del siglo XIX, opuesta al romanticismo, que halla su forma estética en la imitación de la naturaleza bajo todos sus aspectos: *a Zola se le considera el padre del naturalismo.*

NATURALISTA adj. y s. Relativo al naturalismo; que profesa este sistema: *filósofo naturalista.* ‖ Com. Persona que estudia la historia natural. ‖ — Adj. Fundado sobre la naturaleza: *la religión romana fue un panteísmo naturalista.*

NATURALIZACIÓN f. Procedimiento por el cual una persona residente en el extranjero adquiere, bajo ciertas condiciones, la nacionalidad del país en el cual ha elegido domicilio. ‖ Aclimatación de plantas o animales. ‖ Introducción de una palabra o expresión extranjeras en una lengua.

NATURALIZAR v. t. Dar a un extranjero los derechos de que gozan los naturales de un país: *hacerse naturalizar argentino.* ‖ Aclimatar: *naturalizar una planta en un país.* ‖ Introducir en una lengua voces extranjeras: *naturalizar una voz francesa.*

NATURALMENTE adv. m. De un modo natural: *el león es naturalmente valiente.* ‖ Por naturaleza. ‖ Con naturalidad: *hablar naturalmente.* ‖ Fácilmente, sencillamente: *eso se explica naturalmente.*

NATURISMO m. Doctrina higiénica y deportiva que tiende a seguir de cerca, en todo, a la naturaleza. ‖ Desnudismo. ‖ Doctrina religiosa que diviniza los seres y fenómenos naturales.

NATURISTA adj. y s. Relativo al naturismo o partidario de él. ‖ Desnudista: *campamento, revista naturista.*

NAUCÓRIDE f. Género de insectos hemípteros que comprende las chinches de agua.

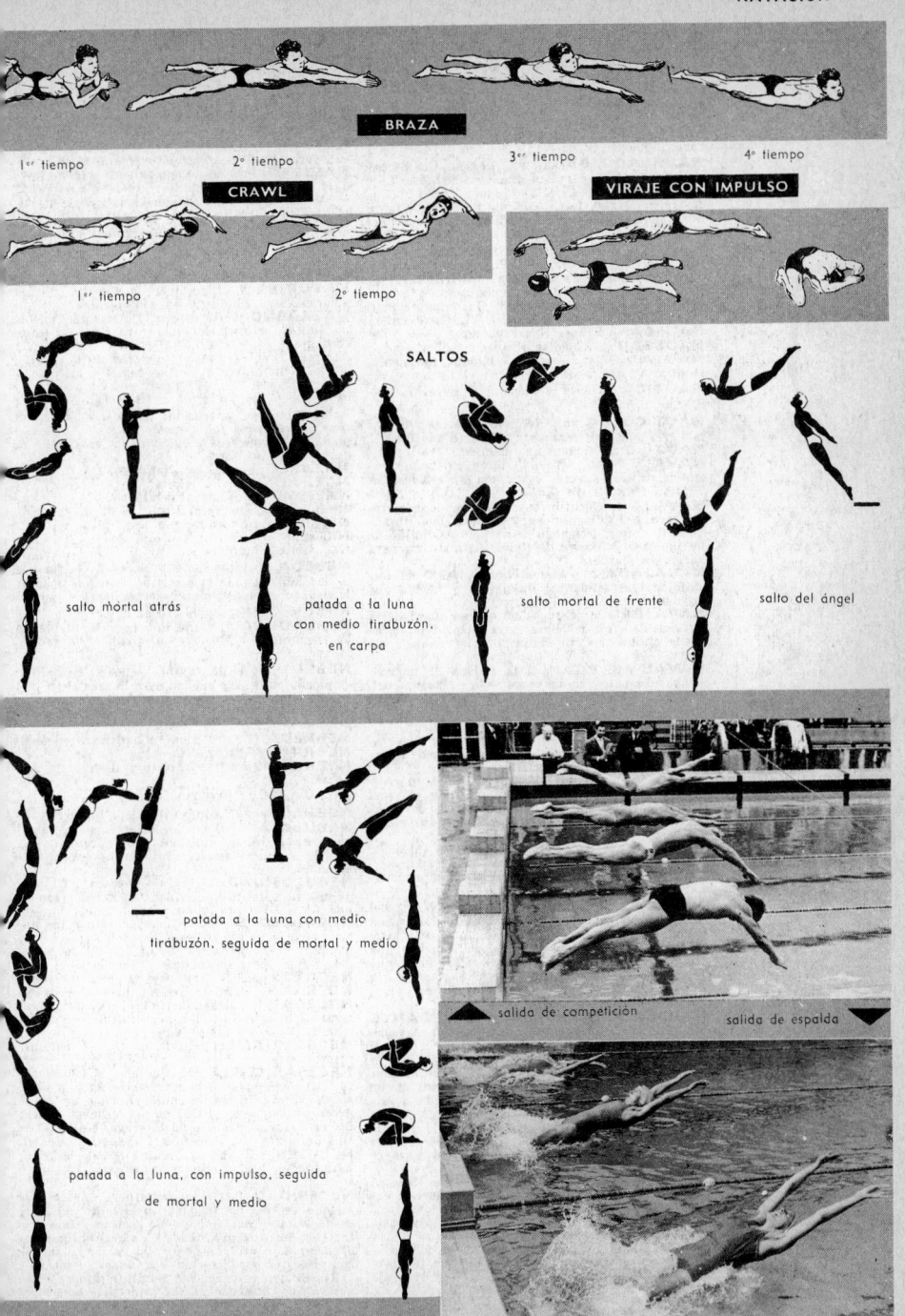

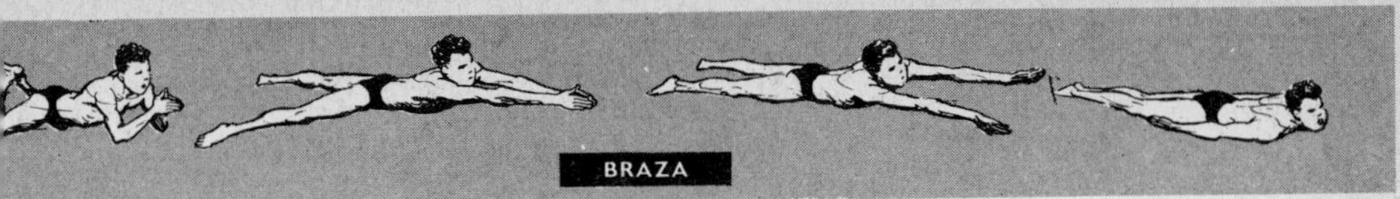

BRAZA

1er tiempo 2º tiempo 3er tiempo 4º tiempo

CRAWL

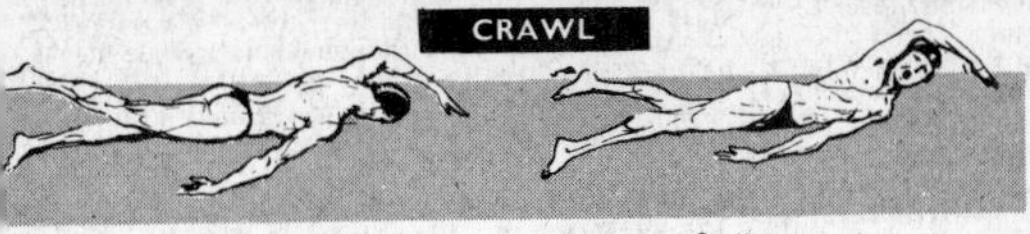

1er tiempo 2º tiempo

VIRAJE CON IMPULSO

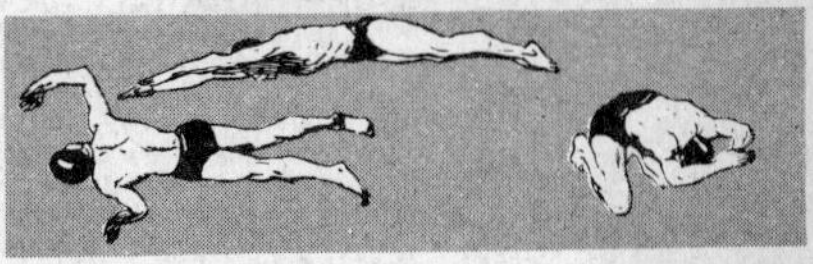

SALTOS

salto mortal atrás

patada a la luna con medio tirabuzón, en carpa

salto mortal de frente

salto del ángel

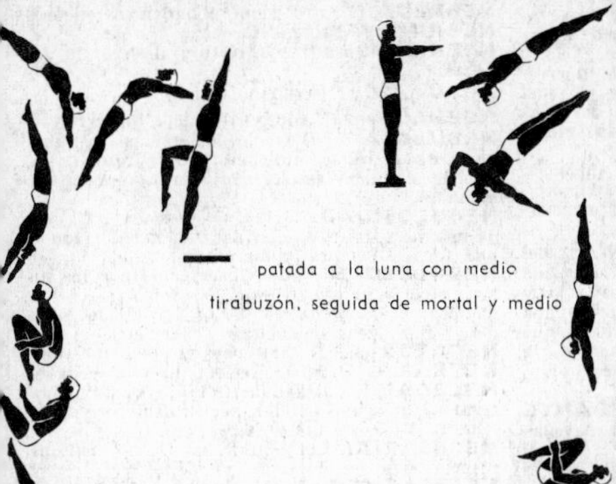

patada a la luna con medio tirabuzón, seguida de mortal y medio

patada a la luna, con impulso, seguida de mortal y medio

salida de competición

salida de espalda

. "But et Club"

navaja

NAUFRAGAR v. i. Hacer naufragio; zozobrar la embarcación: *el barco naufragó.* ‖ *Fig.* Salir mal un negocio: *naufragó su empresa.* (SINÓN. V. *Perder.*)

NAUFRAGIO m. (lat. *naufragium*). Pérdida de la embarcación en el mar. ‖ *Fig.* Pérdida, ruina completa: *asistir al naufragio de su fortuna.*

NÁUFRAGO, GA adj. y s. Persona que ha padecido naufragio: *salvar a unos náufragos.* ‖ — M. Tiburón.

NAUMAQUIA f. Espectáculo de combate naval entre los antiguos romanos y lugar destinado para este espectáculo: *la naumaquia de Mérida.*

NÁUSEA f. (lat. *nausea*). Basca, gana de vomitar: *sentir náuseas.* ‖ — Pl. *Fig.* Asco grande o aversión que causa una cosa: *sentir náuseas de la vida.* (SINÓN. V. *Repugnancia.*)

NAUSEABUNDO, DA adj. Que produce náuseas: *olor nauseabundo.* (SINÓN. V. *Repugnante.*)

NAUSEANTE adj. Nauseabundo.

NAUSEAR v. i. Sentir náuseas o bascas.

NAUTA m. (lat. *nauta*). Marinero, navegante. (SINÓN. V. *Piloto.*)

NÁUTICA f. Arte y ciencia de navegar. ‖ — SINÓN. *Marina.*

NÁUTICO, CA adj. Relativo o perteneciente a la navegación: *arte náutica; deporte náutico.*

NAUTILO m. Argonauta, molusco.

NAVA f. (vasc. *nava*). Llanura cultivable entre montañas, a veces pantanosa: *las Navas de Tolosa.* (SINÓN. V. *Valle.*) ‖ — PARÓN. *Naba.*

NAVAJA f. Cuchillo cuya hoja se dobla entre las cachas. ‖ Cortaplumas. ‖ Molusco lamelibranquio, de forma de mango de navaja. ‖ Colmillo de los jabalíes. ‖ *Navaja de afeitar,* la que sirve para hacerse la barba.

NAVAJADA f. y mejor **NAVAJAZO** m. Cuchillada que se da con la navaja y herida que produce.

NAVAJERO m. Estuche en que se guardan las navajas de afeitar.‖ Paño para limpiar la navaja de afeitar. ‖ *Per.* El que usa la navaja como arma.

NAVAL adj. Relativo a la marina de guerra: *combate naval; fuerzas navales.* ‖ *Escuela naval,* escuela de formación de los oficiales de la marina militar.

NAVARCA m. Jefe de una armada griega.

NAVARRO, RRA adj. y s. Natural de Navarra.

NAVAZO m. Navajo, charco. ‖ Huerto inmediato a la playa. ‖ — PARÓN. *Narvaso.*

NAVE f. (lat. *navis*). Barco: *nave de guerra.* (SINÓN. V. *Embarcación.*) ‖ *Arq.* Parte de una iglesia comprendida entre dos muros o dos filas de arcadas. ‖ *Fig. Nave de San Pedro,* la Iglesia católica. ‖ *Nave del espacio,* astronave.

NAVECILLA f. Naveta para poner el incienso.

NAVEGABLE adj. Dícese del río, canal, etc., donde pueden navegar los barcos: *lago navegable para buques de gran calado.*

NAVEGACIÓN f. Acción de navegar. ‖ Arte del navegante. ‖ *Navegación marítima,* la efectuada por mar. ‖ *Navegación de altura,* la de alta mar. ‖ *Navegación costera* o *de cabotaje,* la efectuada siguiendo la costa. ‖ *Navegación fluvial,* la que se hace en los ríos. ‖ *Navegación submarina,* la que se hace debajo del agua. ‖ *Navegación aérea,* la que se hace por el aire.

NAVEGADOR, RA y mejor **NAVEGANTE** adj. y s. Que navega, que se dedica a la navegación. (SINÓN. V. *Marino.*)

NAVEGAR v. i. (lat. *navigare*). Viajar por el mar, los lagos, los ríos o los aires. (SINÓN. *Embarcarse.* V. tb. *viajar.*) ‖ Hacer seguir a un navío o a un avión una ruta determinada. ‖ Andar una embarcación: *el buque navega a dos millas por hora.* (SINÓN. *Bogar, singlar.*) ‖ Dirigir la marcha de un navío. ‖ *Fig.* Andar de una parte a otra, transitar, trajinar: *está siempre navegando por la casa.*

NAVETA f. Nave pequeña. ‖ Vaso que sirve en la iglesia para guardar el incienso. ‖ Gaveta, cajón. ‖ Cada uno de los monumentos funerarios que se encuentran en la isla de Menorca, en forma de nave.

NAVICERT m. (pal. ingl.). Licencia de navegación concedida a un barco durante un bloqueo.

NAVICULAR adj. Dícese de lo que tiene la forma de una navecilla: *hoja navicular.*

nebulosa

NAVIDAD f. (de *Natividad*). Natividad de Nuestro Señor Jesucristo y día en que se celebra. (SINÓN. V. *Nacimiento.*) ‖ Época de esta fiesta: *se comen dulces por Navidad.* ‖ *Fig.* y *fam.* Año: *contar muchas Navidades.*

NAVIDEÑO, ÑA adj. Perteneciente a tiempo de Navidad. ‖ Dícese de las frutas que se conservan para Navidad: *comer un melón navideño.*

NAVIERO, RA adj. Concerniente a las naves o a la navegación: *compañía, acciones navieras.* ‖ — M. El propietario de una empresa de naves, el que las avitualla y pone el capital.

NAVÍO m. (lat. *navigium*). Barco grande de cubiertas destinado para viajar por alta mar: *los navíos de la Armada Invencible.*

NÁYADE f. *Mit.* Ninfa de los ríos y fuentes.

NAYURIBE f. Planta de la familia de las amarantáceas empleada en tintorería.

NAZARENO, NA adj. y s. De Nazaret, pueblo de Judea. ‖ Dícese del que entre los hebreos se consagraba especialmente al culto del Señor: *los nazarenos no se cortaban la barba ni el cabello.* ‖ *Fig.* Nombre que daban los judíos a los primeros cristianos. ‖ — M. Penitente con túnica y capirote en las procesiones de Semana Santa. ‖ Árbol ramnáceo americano: *la madera del nazareno se usa para teñir de amarillo.* ‖ — F. Espuela de enorme rodaja que usan los gauchos. ‖ *El nazareno,* Jesucristo.

NAZAREO, A adj. y s. Nazareno.

NAZI m. Nacionalsocialista.

NAZISMO m. Nacionalsocialismo.

N. B., abrev. de *Nota Bene.*

Nb, símbolo químico del *niobio.*

Nd, símbolo químico del *neodimio.*

Ne, símbolo químico del *neón.*

NÉBEDA f. (lat. *nepeta*). Planta de la familia de las labiadas, de olor y sabor como la menta: *la nébeda goza de propiedades excitantes.*

NEBÍ m. Neblí, ave de rapiña.

NEBLADURA f. Daño que hace la niebla en los sembrados. ‖ Modorra que padece el ganado lanar.

NEBLÍ m. Ave de rapiña, especie de halcón, empleada en la Antigüedad para la caza.

NEBLINA f. Niebla ligera y baja.

NEBLINOSO, SA adj. Lleno de neblina: *día neblinoso.*

NEBREDA f. Sitio donde abundan los enebros.

NEBRINA f. Fruto del enebro.

NEBRISENSE adj. y s. Natural de Nebrija, hoy Lebrija.

NEBÚ m. *Chil.* Avellano, árbol.

NEBULÓN m. Hombre taimado e hipócrita.

NEBULOSA f. *Astr.* Aglomeración de innumerables estrellas indistintas, que forman una especie de nube celeste: *la Vía Láctea es una nebulosa.*

NEBULOSIDAD f. (lat. *nebulositas*). Calidad de nebuloso, falta de claridad: *la nebulosidad de una idea.* ‖ Sombra, nube ligera.

NEBULOSO, SA adj. Obscurecido por las nubes: *cielo nebuloso.* (SINÓN. V. *Sombrío.*) ‖ *Fig.* Tétrico: *humor nebuloso.* ‖ *Fig.* Difícil de entender. ‖ *Fig.* Falto de lucidez y claridad.

NECATOR m. Gusano parásito del intestino.

NECEAR v. i. *Fam.* Decir o hacer necedades.

NECEDAD f. Calidad de necio. (SINÓN. V. *Tontería.*) ‖ Acción o palabra necia: *decir necedades.* (SINÓN. V. *Disparate* y *vulgaridad.*)

NECESARIAMENTE adv. m. De un modo necesario: *hay que hacer esa visita necesariamente.*

NECESARIO, RIA adj. Que hace absolutamente falta: *la respiración es necesaria para la vida.* ‖ Que sucede infaliblemente: *el calor es efecto necesario del fuego.* ‖ Que no puede dejar de ser: *las verdades necesarias de la razón.* ‖ Muy útil: *un libro necesario.* ‖ — CONTR. *Superfluo, inútil.*

NECESER m. (del fr. *nécessaire,* necesario). Estuche con varios objetos útiles para costura o tocador.

NECESIDAD f. (lat. *necessitas*). Carácter de aquello de que no se puede prescindir: *el agua es de primera necesidad.* ‖ Lo que no puede evitarse: *ceder a la necesidad.* ‖ Fuerza, obligación: *obedecer a la necesidad.* ‖ Falta de las cosas que son menester para la vida. (SINÓN. V. *Pobreza.*) ‖ Riesgo que exige pronto auxilio: *estoy en una necesidad.* ‖ Evacuación del vientre: *hacer sus*

Fot. Obs. de Yerkes

necesidades. (Ú. mucho en pl.) ‖ Falta de alimento: *caerse de necesidad.* (SINÓN. V. *Hambre.*) ‖ *De necesidad* o *por necesidad,* m. adv., necesariamente. ‖ *Estado de necesidad,* situación en la cual un particular comete una infracción de la ley penal quedando eximido de la responsabilidad criminal a causa de las circunstancias determinadas que rodean a este acto. Situación en la cual un gobierno, en caso de peligro nacional, suspende las leyes constitucionales.

NECESITADO, DA adj. y s. Pobre, que no tiene lo necesario. (SINÓN. V. *Hambriento* y *pobre.*)

NECESITAR v. t. Hacer necesaria una cosa: *necesitar un gasto considerable.* ‖ — V. i. Tener necesidad de una cosa: *necesito hablarte mañana.* ‖ Se usa también como impers.: *se necesita mozo.*

NECIAMENTE adv. m. Con necedad.

NECIO, CIA adj. y s. (lat. *nescius*). Ignorante. ‖ Tonto. ‖ Terco y porfiado: *discusión necia.*

NECRÓFAGO, GA adj. y s. Que se alimenta de cadáveres.

NECROFILIA f. Coito con un cadáver. ‖ Deseo anormal hacia los cuerpos muertos.

NECRÓFORO m. (del gr. *nekros,* muerte, y *phoros,* que lleva). Género de insectos coleópteros que depositan sus huevos en los cadáveres.

NECROLOGÍA f. Lista o revista de las personas notables muertas durante cierto período: *necrología del año, del día.* ‖ Biografía de una persona notable fallecida recientemente.

NECROLÓGICO, CA adj. Relativo o perteneciente a la necrología: *leer un artículo necrológico.* (SINÓN. V. *Fúnebre.*)

NECROMANCIA mejor que **NECROMANCÍA** f. Nigromancia.

NECRÓPOLIS f. (del gr. *nekros,* muerte, y *polis,* ciudad). Cementerio de gran extensión, en que abundan los monumentos fúnebres: *la necrópolis de Atenas.*

NECROPSIA y **NECROSCOPIA** f. Autopsia o examen de los cadáveres.

NECROSIS f. (del gr. *nekrôsis,* mortificación). *Med.* Mortificación, gangrena de un tejido: *necrosis ósea.*

NÉCTAR m. (gr. *nektar*). *Mitol.* Bebida de los dioses del gentilismo. ‖ *Fig.* Licor delicioso, exquisito: *este vino es un verdadero néctar.* ‖ *Bot.* Zumo azucarado de las flores.

NECTÁREO, A adj. Que destila néctar o sabe a él.

NECTARÍFERO, RA y mejor **NECTARINO, NA** adj. Nectáreo, que produce néctar.

NECTARIO m. *Bot.* Órgano o glándula de ciertas flores que segrega un jugo azucarado o néctar con que hacen su miel las abejas.

NECUAMEL m. *Méx.* Cierta especie de maguey.

NEERLANDÉS, ESA adj. y s. Holandés. ‖ — M. Lengua germánica hablada por los habitantes de Holanda y del norte de Bélgica.

NEFANDO, DA adj. (lat. *nefandus*). Indigno, infame: *crimen nefando.*

NEFARIO, RIA adj. Muy malo, malvado.

NEFASTO, TA adj. (lat. *nefastus*). Nombre que se daba en el calendario romano a ciertos días durante los cuales estaba prohibido entregarse a los negocios públicos, a los días de luto o considerados como funestos en memoria de un acontecimiento infeliz. ‖ *Fig.* Funesto: *día nefasto.* (SINÓN. V. *Fatal.*)

NEFATO, TA adj. *Venez.* Entontecido.

NEFELIO m. (gr. *nephêlion*). Mancha ligera, nubecilla que se forma en la córnea transparente.

NEFELISMO m. Conjunto de caracteres con que se nos presentan las nubes.

NEFRIDIO m. Tubo excretor de los anélidos.

NEFRÍTICO, CA adj. Relativo a los riñones: *ataque nefrítico.* ‖ — M. Que padece de nefritis. ‖ *Piedra nefrítica,* el jade oriental, que se consideraba en otro tiempo como bueno para curar los dolores nefríticos.

NEFRECTOMÍA f. Extirpación de un riñón.

NEFRITIS f. (del gr. *nephros,* riñón). *Med.* Inflamación de los riñones: *la nefritis crónica lleva el nombre de "mal de Bright".* (Los síntomas de la *nefritis* son: presencia de albúmina en la orina, aumento del índice de urea en la sangre, aparición de edemas e hipertensión arterial.)

NEFROCELE f. Hernia del riñón.

NEFROSIS f. Afección crónica del riñón, relacionada frecuentemente con trastornos endocrinos.

NEGABLE adj. Que se puede negar fácilmente.

NEGACIÓN f. Acción y efecto de negar. (SINÓN. V. *Negativa.*) ‖ Carencia o falta total de una cosa: *es la negación de la belleza.* ‖ *Gram.* Palabra que sirve para negar, como *no, ni: en latín dos negaciones equivalen a una afirmación.* ‖ — CONTR. *Afirmación.*

NEGADO, DA adj. Incapaz, que no sirve para una cosa: *ser muy negado.* ‖ — M. Persona que no tiene inteligencia ni disposición para nada.

NEGADOR, RA adj y s. Que niega una cosa.

NEGAR v. t. (lat. *negare*). Decir que no es verdad una cosa: *negó que fueran ciertas aquellas palabras.* ‖ Dejar de reconocer una cosa, no admitir su existencia. ‖ Olvidarse o retirarse de lo que antes se estimaba: *San Pedro negó a Jesús.* ‖ Rehusar: *le negó el permiso solicitado.* (SINÓN. *Denegar, excluir, impugnar.*) ‖ Prohibir, vedar. ‖ No confesar un delito. ‖ — V. i. *Col.* Fallar el arma de fuego. ‖ — V. r. Rehusar el hacer una cosa: *se negó a salir.* ‖ — IRREG. Se conjuga como *acertar.* ‖ *Negarse uno a sí mismo,* no condescender a sus deseos y apetitos, sujetándose a la doctrina del Evangelio.

NEGATIVA f. Negación, acción de negar: *una negativa absoluta.* (CONTR. *Afirmación.*) ‖ Repulsa o no concesión de lo que pide: *su negativa destruyó mi moral.* (SINÓN. *Denegación, desaire, negación, rechazamiento.*)

NEGATIVISMO m. Sistema filosófico y moral que niega toda realidad y toda creencia.

NEGATIVO, VA adj. Que incluye negación: *partícula negativa.* ‖ — M. Prueba fotográfica negativa. ‖ *Álg. Cantidad negativa,* la precedida del signo de sustracción. ‖ *Fís. Electricidad negativa,* una de las dos formas de electricidad estática. ‖ *Fot. Prueba negativa,* o *negativo,* aquella en que los blancos del modelo son negro, y viceversa. ‖ *Crítica negativa,* la desfavorable.

NEGATÓN m. Electrón.

NEGLIGÉ [*negliyé*] m. (pal. fr. que sign. *descuidado*). Traje de casa, bata de mujer.

NEGLIGENCIA f. Falta de cuidado, de aplicación o de exactitud. ‖ — SINÓN. *Abandono, descuido, imprevisión, incuria.* V. tb. *apatía, olvido* y *omisión.* ‖ — CONTR. *Aplicación, cuidado.*

NEGLIGENTE adj. y s. Descuidado, que no pone todo el cuidado y aplicación que debiera.

NEGOCIABLE adj. Que se puede negociar o comerciar: *valor negociable.*

NEGOCIACIÓN f. Acción y efecto de negociar, negocio. ‖ Trato. (SINÓN. V. *Conversación.*)

NEGOCIADO m. Nombre de las diferentes secciones en que se dividen ciertas oficinas. (SINÓN. V. *Dependencia.*) ‖ Negocio. ‖ *Arg., Chil., Ecuad.* y *Per.* Negocio ilícito. ‖ *Chil.* Establecimiento, tienda, almacén.

NEGOCIADOR, RA adj. y s. Que negocia o trata una cosa: *los negociadores de un tratado.*

NEGOCIANTE com. Comerciante.

NEGOCIAR v. i. Traficar, comerciar: *negociar en América.* ‖ Ajustar el traspaso de un efecto comercial: *negociar una letra.* ‖ Tratar un asunto.

NEGOCIO m. (lat. *negotium*). Tráfico, comercio. ‖ Ocupación, empleo. (SINÓN. V. *Trabajo.*) ‖ Negociación. (SINÓN. V. *Transacción.*) ‖ Todo lo que es objeto de una ocupación lucrativa (SINÓN. V. *Especulación* y *filón.*) ‖ *Arg., Chil.* y *Urug.* Casa de negocios, tienda. ‖ *Negocio redondo,* el muy lucrativo.

NEGOCIOSO, SA adj. Diligente, cuidadoso.

NEGRADA f. *Amer.* Conjunto de esclavos negros. ‖ Dicho o hecho propio de negros.

NEGRAL adj. Que tira a negro.

NEGREAR v. i. Mostrar una cosa su negrura: *negrearle a uno la ropa.* ‖ Tirar a negro.

NEGRECER v. i. Ponerse negro. ‖ — IRREG. Se conjuga como *merecer.*

NEGRERÍA f. *Amer.* Negrada.

NEGRERO, RA adj. y s. Que se dedica en la trata de negros: *mandar un barco negrero.* ‖ — M. Cruel, inhumano, explotador de sus subordinados.

NEGRETA f. Ave palmípeda parecida al pato, de carne grasienta y poco apreciada.

NEGRETE adj. *Arg.* Ovejuno con patas y cara negras.

negreta

nenúfar

nelumbio

NEGRILLA f. Letra de imprenta más gruesa que la usual, como la de los títulos de este diccionario. || Especie de congrio. || Hongo parásito que ataca los olivos, naranjos y limoneros.
NEGRILLO m. Olmo, árbol. || *Arg.* Especie de jilguero. || *Amer.* Mineral de plata muy negro.
NEGRITO m. Individuo de una raza negra del archipiélago Malayo. || *Cub.* Pájaro negro manchado de blanco, muy apreciado por su canto.
NEGRITUD f. Condición de las personas de raza negra. || Conjunto de los valores culturales y espirituales del mundo negro: *la negritud ha sido definida por Senghor.*
NEGRO, GRA adj. (lat. *niger*). Dícese del color más obscuro y de las cosas que tienen dicho color: *el carbón es negro.* || De color muy obscuro: *pan negro.* || Sombrío, obscuro: *el cielo está negro.* || *Fig.* Lívido, magullado: *poner negro a uno a golpes.* || *Fig.* Triste, melancólico. || *Fig.* Ebrio. (SINÓN. V. *Borracho.*) || — F. *Fig.* Infeliz, infausto: *una suerte muy negra.* || *Fig.* y *fam.* Apurado: *verse negro para salir de un mal paso.* || — Adj. y s. Dícese del individuo de piel negra o muy morena. || *Negro spiritual,* V.SPIRITUAL. || — F. *Mús.* Nota igual a un cuarto de la redonda, representada por la cifra 4. || *Venirle o caerle a uno la negra,* entrarle la mala suerte. || *Fam. Volverse negro,* pasar apuros. || *Negro de humo,* humo de materias resinosas que sirve para varios usos en las artes. || *Negro de marfil,* polvo negro y brillante obtenido por la acción del ácido clorhídrico sobre los huesos.
NEGROIDE com. Característico del negro, semejante a él: *labios negroides.*
NEGROR m. y mejor **NEGRURA** f. Calidad de negro: *negrura del carbón.* || — CONTR. *Blancura.*
NEGRUZCO, CA adj. Que tira a negro, pardo.
NEGUILLA f. (del lat. *nigella,* negruzca). Planta de la familia de las cariofiláceas, abundante en los sembrados. || Arañuela, planta ranunculácea. || Mancha negra en los dientes de las caballerías. || *Fam.* Negativa: *más vale celemín de neguilla que fanega de trigo.*
NEGUS m. Título del soberano de Etiopía.
NEIVANO, NA adj. y s. De Neiva (Colombia).
NEJA f. *Méx.* Tortilla hecha de maíz cocido.
NEJAYOTE m. *Méx.* Agua amarillenta en que se ha cocido el maíz.
NELUMBIO m. Género de plantas ninfeáceas, de flores blancas o amarillas, que comprende el loto sagrado de la India.
NEMA f. (del gr. *nêma,* hilo). Cierre de una carta. || — M. *Ecuad.* Lema, sobrescrito. || — PARÓN. *Neuma.*
NEMATELMINTOS m. pl. Clase de gusanos cilíndricos, sin apéndices locomotores, que en su mayoría son parásitos, como la lombriz intestinal.
NEMATÓCEROS m. pl. Suborden de insectos dípteros, de cuerpo esbelto, patas delgadas y antenas largas que se conocen con el nombre de *mosquitos.*
NEMATOCISTO m. Órgano urticante de los celentéreos.
NEMATODOS m. pl. Orden de nematelmintos que tienen aparato digestivo.
NEME m. *Col.* Betún o asfalto.
NEMEOS adj. *Juegos Nemeos,* los que celebraban los griegos cada dos años en el valle de Nemea en honor de Hércules.
NÉMESIS f. Castigo: *la némesis de los dioses.*
NEMINE DISCREPANTE expr. lat. Sin contradicción. || Por unanimidad.
NEMOROSO, SA adj. (del lat. *nemus,* bosque, selva). *Poét.* Relativo al bosque. || Cubierto de bosques.
NEMOTECNIA f. Mnemotecnia.
NEMOTÉCNICO, CA adj. Mnemotécnico.
NENE, NA m. y f. Niño pequeño. (SINÓN. V. *Bebé.*) || Muñeco que representa un niño de pecho. || *Fam.* Ú. como expresión cariñosa, sobre todo en su terminación femenina. || — M. *Fam.* Hombre temible por sus fechorías.
NENEQUE m. *Hond.* Persona muy débil.
NENIAS f. pl. Cantos fúnebres entre los antiguos gentiles.
NENÚFAR m. (ár. *ninúfar*). Planta acuática de la familia de las ninfeáceas, de hojas redondas y anchas y flores blancas o amarillas.
NEO, prefijo inseparable, del gr. *neos,* que significa *nuevo, reciente: el neosacerdote.* || — M. Neón.
NEOCATOLICISMO m. Doctrina que intenta introducir las ideas modernas en el catolicismo.
NEOCELANDÉS, ESA adj. y s. Neozelandés.
NEOCLASICISMO m. Corriente literaria y artística del s. XVIII, restauradora del gusto clásico.
NEOCLÁSICO, CA adj. y s. Propio del neoclasicismo o partidario de él.
NEOCOLONIALISMO m. Forma nueva de colonianismo que se dirige a la dominación económica de los países subdesarrollados.
NEOCRITICISMO m. Doctrina filosófica inspirada en el criticismo de Kant.
NEODARWINISMO m. Teoría de la evolución basada en las mutaciones y en la selección natural.
NEODIMIO m. Elemento químico de número atómico 60 (símb.: Nd), perteneciente al grupo de las tierras raras.
NEOESCOLASTICISMO m. Movimiento renovador de la filosofía escolástica, originado en el siglo XIX.
NEOESPARTANO, NA adj. y s. De Nueva Esparta (Venezuela).
NEÓFITO, TA m. y f. (de *neo,* y el gr *frutos,* brote). Persona recién convertida a la religión: *mostrar un celo de neófito.* (SINÓN. V. *Novicio.*) || *Por ext.* Persona que ha adoptado recientemente una opinión o partido. || Principiante en cualquier actividad.
NEOFOBIA f. Horror a todo lo nuevo.
NEÓFOBO, BA adj. Enemigo de todo lo nuevo.
NEOGENO m. *Geol.* Período de la era terciaria subdividido en mioceno y plioceno.
NEOGONGORISMO m. Movimiento literario español, surgido en 1927 con motivo del tercer centenario de Góngora, para revalorizar el estilo del poeta cordobés.
NEOGÓTICO, CA adj. y s. Dícese de un estilo moderno inspirado en el gótico.
NEOGRANADINO, NA adj. y s. De Nueva Granada.
NEOGRIEGO, GA adj. Que se refiere a la Grecia moderna.
NEOHEGELIANISMO m. Sistema filosófico derivado del de Hegel, nacido a principios del siglo XX.
NEOIMPRESIONISMO m. Última fase del impresionismo pictórico, puntillismo.
NEOKANTISMO m. Movimiento filosófico moderno derivado de Kant que estudia las investigaciones psicológicas, lógicas (escuela logística de Marburgo) y morales (escuela axiológica de Baden).
NEOLATINO, NA adj. Que procede o se deriva de los latinos. || Dícese de las lenguas derivadas del latín, como el castellano, el francés, el portugués, el italiano, el rumano, etc.
NEOLIBERALISMO m. Forma moderna del liberalismo que permite una intervención limitada del Estado en los terrenos jurídico y económico.
NEOLÍTICO, CA adj. y s. Período de la era cuaternaria, que va de 6 000 a 2 500 a. de J. C., situado entre el mesolítico y la edad de los metales. El hombre pule la piedra, se dedica al trabajo y construye ciudades lacustres. || — PARÓN. *Paleolítico.*
NEOLOGÍA f. Introducción de términos nuevos en una lengua.
NEOLÓGICO, CA adj. Relativo o perteneciente al neologismo: *expresión neológica.*
NEOLOGISMO m. (de *neo* y el gr. *logos,* discurso). Uso de palabras nuevas en una lengua. || Vocablo, acepción o giro nuevo en un idioma: *hay varias clases de neologismos: el científico, el popular, el literario y el de construcción.*
NEÓLOGO, GA m. y f., y **NEOLOGISTA** com. Persona que crea o emplea neologismos con facilidad.
NEOMALTUSIANISMO m. Teoría del siglo XIX que propugna el empleo de medios anticonconcepcionales para evitar la superpoblación.
NEOMENIA f. (de *neo,* y el gr *mên,* Luna). Luna nueva. || Fiesta que los antiguos celebraban a cada Luna nueva.
NEÓN m. Gas que forma parte ínfima del aire, descubierto en 1898 por Ramsay y Travers, de número atómico 10, símbolo Ne, que se emplea en tubos luminiscentes para el alumbrado.
NEONATO m. Recién nacido.

NEOPITAGORISMO m. Movimiento filosófico, derivado de la doctrina de Pitágoras, que en Roma dio origen a la aparición de muchas sectas en los dos primeros siglos de nuestra era. (Los preceptos del *neopitagorismo* eran a la vez religiosos y morales.)
NEOPLASIA f. Neoplasma.
NEOPLASMA m. (de *neo,* y el gr. *plasma,* formación). *Med.* Tumor: el *cáncer es un neoplasma.*
NEOPLATONICISMO m. Neoplatonismo.
NEOPLATÓNICO, CA adj. Perteneciente o relativo al neoplatonismo. || Que sigue esta doctrina: *Plotino fue uno de los más notables neoplatónicos.*
NEOPLATONISMO m. Escuela filosófica que floreció en Alejandría, en los siglos III y IV de la era cristiana, y cuyos adeptos mezclaban ciertas ideas místicas a las ideas de Platón: *los principales representantes del neoplatonismo fueron Plotino, Porfirio y Jámblico.*
NEOPOSITIVISMO m. Sistema filosófico moderno derivado de Augusto Comte, que se refiere sobre todo a la crítica de la ciencia y a la búsqueda del análisis lógico.
NEOPRENO m. (nombre registrado). Variedad de caucho sintético.
NEORREALISMO m. Escuela cinematográfica italiana, nacida en 1945, que se ha esforzado en presentar sin artificios la realidad cotidiana más humilde.
NEOSALVARSÁN m. Compuesto arsenical derivado del salvarsán.
NEOSEGOVIANO, NA adj. y s. De Nueva Segovia (Nicaragua).
NEOTOMISMO m. Doctrina filosófica moderna derivada de la filosofía religiosa de Santo Tomás de Aquino.
NEOVITALISMO m. Doctrina filosófica de fines del s. XIX que rechaza la teoría de que las fuerzas fisicoquímicas del organismo son suficientes para provocar los fenómenos vitales.
NEOYORQUINO, NA adj. y s. De Nueva York.
NEOZELANDÉS, ESA adj. y s. De Nueva Zelanda.
NEOZOICO, CA adj. Dícese de la era terciaria.
NEPA f. *Zool* Género de insectos hemípteros de Europa, que comprende ciertas chinches de agua.
NEPALÉS, ESA adj. y s. De Nepal.
NEPENTA f. o **NEPENTE** m. (gr. *nepenthês*). *Antig.* Bebida mágica, remedio contra la tristeza. || *Bot.* Género de plantas de Asia y África, cuyas hojas terminan en una especie de receptáculo donde pueden caer insectos y pequeños reptiles, que son digeridos por la planta.
NEPERIANO, NA adj. Dícese de los logaritmos inventados por el matemático Juan Néper.
NEPOTE m. (del ital. *nipote,* sobrino). Sobrino o pariente del Papa: *cardenal nepote.*
NEPOTISMO m. (del lat. *nepos, otis,* sobrino). Favor que disfrutaban, con ciertos papas, sus sobrinos y allegados. || *Fig.* Protección desmedida que dan algunos políticos o funcionarios a sus parientes y amigos.
NEPTÚNEO, A adj. *Poét.* Relativo a Neptuno o al mar: *ondas neptúneas.*
NEPTUNIANO, NA o **NEPTÚNICO, CA** adj. *Geol.* Dícese de los terrenos geológicos formados por sedimentos marinos.
NEPTUNIO m. Elemento químico transuránico (Np) radiactivo, de número atómico 93, descubierto en 1940.
NEPTUNISMO m. *Geol.* Teoría que atribuye a la acción del agua exclusivamente la formación de la corteza terrestre.
NEQUÁQUAM adv. neg. *Fam.* De ningún modo.
NE QUID NIMIS, expr. lat. que significa *nada con demasía.*
NEREIDA f. *Mitol.* Ninfa del mar.
NERITA f. Género de gasterópodos.
NERÓN m. *Fig.* Hombre muy cruel.
NERONIANO, NA adj. Propio de Nerón. || *Fig.* Cruel, sanguinario.
NERVADURA f. *Arq.* Moldura saliente. || *Bot.* Conjunto de los nervios de una planta.
NÉRVEO, A adj. Perteneciente a los nervios.
NERVINO, NA adj. *Med.* Dícese del remedio propio para fortificar los nervios y estimular su acción.
NERVIO m. (lat. *nervus*). Nombre de los órganos, en forma de cordón blanquecino, que sirven en el cuerpo de conductores de la sensibilidad y del movimiento: *hay nervios sensitivos y nervios motores.* || *Por ext. y abusivamente.* Tendón. || Motor principal: *el dinero es el nervio de la guerra.* || Cuerda de un instrumento músico. || Filamento vegetal: *el nervio de una hoja.* || Cuerdas aparentes en el lomo de un libro encuadernado. || *Fig.* Fuerza y vigor: *¡qué nervio tiene!* || *Arq.* Nervadura. || *Nervio de buey,* vergajo. || *Nervio óptico,* el que desde el ojo transmite al cerebro las impresiones luminosas. || *Ser un manojo de nervios,* ser muy nervioso. || *Guerra de nervios,* período de tensión política entre naciones.
NERVIOSAMENTE adv. m. De modo nervioso.
NERVIOSIDAD f. Nervosidad. || Estado pasajero de excitación nerviosa.
NERVIOSISMO m. Debilidad nerviosa que se manifiesta en la excesiva irritabilidad, cansancio, desgana, insomnio. || Nerviosidad.
NERVIOSO, SA adj. Que tiene nervios: *tejido nervioso.* || Relativo a los nervios: *enfermedad nerviosa.* || De nervios irritables. || *Fig.* Que tiene vivacidad: *hombre nervioso.* || *Sistema nervioso,* conjunto de nervios, ganglios, centros nerviosos que aseguran la coordinación de los actos vitales y la recepción de los estímulos sensoriales. || *Centros nerviosos,* el encéfalo y la medula.
NERVOSIDAD f. Carácter o estado de la persona nerviosa. (SINÓN. *Agitación, excitación, febrilidad, nerviosismo.*) || Fuerza o actividad nerviosa. || *Fig.* Fuerza de un razonamiento o argumento.
NERVUDO, DA adj. Que tiene nervios vigorosos, robustos.
NESCIENCIA f. (lat. *nescientia*). Ignorancia.
NESCIENTE adj. Que no sabe, ignorante.
NESGA f. Pieza triangular que se agrega a un vestido para darle mayor vuelo.
NESGAR v. t. Cortar al sesgo.
NESTORIANISMO m. Doctrina religiosa de los nestorianos.
NESTORIANO, NA adj. y s. Partidario de Nestorio (siglo V), patriarca de Constantinopla, quien sostenía que en Jesucristo la unión de las dos naturalezas era sólo moral, por lo cual en Él había dos personas.
NETAMENTE adv. m. Con limpieza y distinción. || De una manera neta.
NETO, TA adj. Puro, limpio. || Dícese del peso de un objeto después de deducir el embalaje, o de su valor después de deducir los gastos o descuentos, etc.: *precio, beneficio neto.* || — M. *Arq.* Pedestal de la columna. || *En neto,* en limpio.
NEUMA m. (del gr. *pneuma,* espíritu). *Mús.* Signo que se empleaba en la notación del canto llano. || Grupo de notas de adorno que terminaban ciertas composiciones de canto llano y se vocalizaba con la última sílaba de la palabra final. || — PARÓN. *Nema.*
NEUMA m. (del gr. *neuma,* movimiento de cabeza). *Ret.* Expresión de un sentimiento por medio de movimientos o señas o con una interjección sin sentido.
NEUMÁTICO, CA adj. (del gr. *pneuma,* atos, soplo). Dícese de la máquina que sirve para hacer el vacío en un recipiente. || — M. Tubo de goma lleno de aire que se pone a las ruedas de las bicicletas, aviones, automóviles, etc. || — F. Parte de la física que trata de las propiedades mecánicas de los gases.
NEUMOCOCO m. Bacteria del grupo de los diplococos que produce la pulmonía y otras infecciones (pleuresías, peritonitis).
NEUMOCONIOSIS f. Enfermedad causada por absorción del polvo de substancias minerales.
NEUMOGÁSTRICO, CA adj. De los pulmones y el estómago.
NEUMONÍA f. *Med.* Pulmonía.
NEUMOTÓRAX m. Enfermedad producida por la entrada del aire en la cavidad pleural. || *Neumotórax artificial,* método de tratamiento de la tuberculosis pulmonar por introducción de nitrógeno o aire en la cavidad pleural.
NEUQUINO, NA adj. y s. De Neuquen (Argentina).
NEURALGIA f. (del gr. *neuron,* nervio, y *algos,* dolor). *Med.* Dolor vivo a lo largo de un nervio y sus ramificaciones: *neuralgia facial.*

nervaduras de una hoja

nepenta

neumático
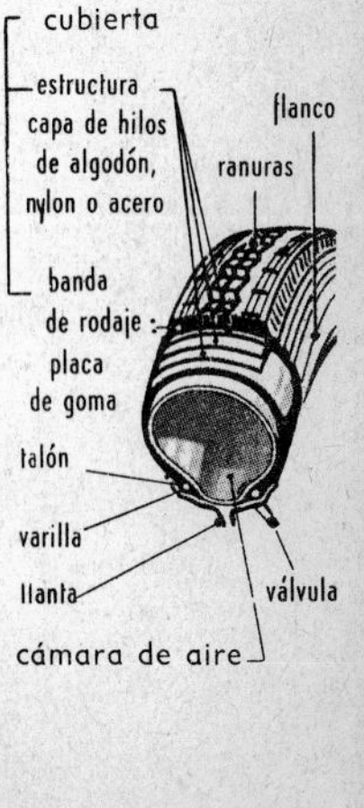

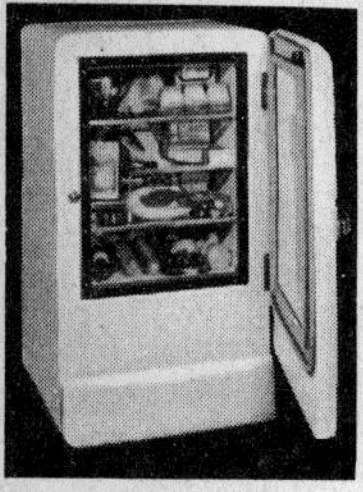
nevera

NEURÁLGICO, CA adj. Perteneciente o relativo a la neuralgia.
NEURASTENIA f. (del gr. *neuron*, nervio, y *astheneia*, debilidad). *Med.* Debilitación de la fuerza nerviosa acompañada de tristeza, turbaciones mentales, falta de voluntad, cansancio, temor y difícil coordinación de ideas. (La *neurastenia* es una neurosis, o sea que el enfermo es consciente de las anomalías que padece.)
NEURASTÉNICO, CA adj. Relativo a la neurastenia. ‖ — Adj. y s. Que padece neurastenia.
NEURÍTICO, CA adj. *Med.* Relativo a la neuritis.
NEURITIS f. Inflamación de los nervios.
NEUROCIRUJANO m. Especialista en operaciones del sistema nervioso y del cerebro.
NEUROCIRUGÍA f. Cirugía del sistema nervioso.
NEUROESQUELETO m. Esqueleto interno de los animales vertebrados.
NEUROGRAFÍA f. Descripción de los nervios.
NEUROLOGÍA f. (del gr. *neuron*, nervio, y *logos*, tratado). *Fisiol.* Ciencia que trata de los nervios. ‖ Especialidad médica que se ocupa de las enfermedades del sistema nervioso.
NEURÓLOGO m. Médico que estudia o trata especialmente las enfermedades nerviosas.
NEUROMA m. (del gr. *neuron*, nervio). *Med.* Tumor doloroso en el tejido de los nervios.
NEURONA f. *Anat.* Conjunto de la célula nerviosa con sus prolongaciones protoplásmicas y su cilindro eje.
NEURÓPATA adj. y s. (del gr. *neuron*, nervio, y *pathos*, sufrimiento). Que padece de los nervios: *los neurópatas suelen exagerar sus dolores.*
NEUROPATOLOGÍA f. Ciencia que estudia las enfermedades del sistema nervioso.
NEUROPSIQUIATRA m. Médico especializado en neurología y psiquiatría.
NEURÓPTEROS adj. pl. (del gr. *neuron*, nervio, y *pteron*, ala). *Zool.* Orden de insectos que tienen cuatro alas membranosas y llenas de nervaduras, como el comején y la hormiga león.
NEUROSIS f. (del gr. *neuron*, nervio). *Med.* Enfermedad caracterizada por trastornos nerviosos sin lesiones orgánicas y por trastornos psíquicos, de los cuales el enfermo es consciente. (Este carácter diferencia la *neurosis* de la psicosis.)
NEURÓTICO, CA adj. y s. Que padece neurosis. ‖ Relativo a la neurosis: *temperamento neurótico.*
NEUROTOMÍA f. Sección de un cordón nervioso.
NEUROVEGETATIVO, VA adj. Dícese del sistema nervioso que regula la vida vegetativa.
NEUTRAL adj. y s. m. Que no es de un partido ni de otro: *permanecer neutral.* ‖ Dícese de una región o Estado cuya neutralidad reconocen las demás naciones.
NEUTRALIDAD f. Calidad de neutral. ‖ Situación de un Estado que se mantiene voluntariamente apartado de un conflicto internacional.
NEUTRALISMO m. Doctrina que implica la negación de adherirse a una alianza militar.
NEUTRALISTA adj. Relativo al neutralismo. ‖ — Adj. y s. Partidario de él.
NEUTRALIZACIÓN f. Acción y efecto de neutralizar. ‖ Acción de dar un estatuto de no beligerancia a un teritorio, un edificio, etc.
NEUTRALIZANTE adj. y s. m. Que neutraliza.
NEUTRALIZAR v. t. Hacer neutral: *neutralizar un país.* ‖ *Quím.* Hacer neutro: *neutralizar una disolución.* ‖ *Fig.* Debilitar el efecto de una cosa oponiéndole otra contraria. (SINÓN. V. *Detener.*) ‖ — V. r. Anularse, hacer equilibrio: *esas dos fuerzas se neutralizan.*
NEUTRINO m. Partícula hipotética desprovista de carga eléctrica y de masa muy pequeña.
NEUTRO, TRA adj. (del lat. *neuter*, ni uno ni otro). *Gram.* Dícese del género que no es masculino ni femenino. En español sólo se aplica el género neutro a los adjetivos substantivos: *lo malo, lo feo;* y a algunas otras partes de la oración empleadas de modo análogo: *no dije tal; eso no es cierto.* ‖ *Verbo neutro* o *intransitivo*, el que no puede tener complemento directo. ‖ *Quím.* Dícese del compuesto que no es básico ni ácido. ‖ *Zool.* Dícese de los animales que no tienen sexo. ‖ Dícese de los cuerpos que no presentan ninguna electrización. ‖ Indiferente en política, neutral.
NEUTRÓN m. Partícula constitutiva de los núcleos de los átomos desprovista de carga eléctrica. (Los *neutrones* desempeñan un papel importante en los procesos de fisión del uranio y del plutonio.)
NEVADA f. Acción de nevar. ‖ Porción considerable de nieve que cae de una vez: *nevada abundante.*
NEVADILLA f. Planta de la familia de las cariofiláceas, de flores pequeñas ocultas por brácteas membranosas y plateadas.
NEVADO, DA adj. Cubierto de nieve. ‖ Blanco como la nieve. ‖ *Amer.* Montaña cubierta de nieve. ‖ *Riopl.* Dícese del animal vacuno colorado con manchitas blancas. ‖ — M. *Ecuad.* Trabajo de aguja sobre el torsal o la red.
NEVAR v. impers. Caer la nieve. ‖ — V. t. *Fig.* Poner blanco como la nieve: *los años han nevado su cabeza.* ‖ — OBSERV. Se conjuga como *acertar.*
NEVASCA f. Nevada. ‖ Temporal de nieve y viento.
NEVATILLA f. Aguzanieve, pajarito.
NEVAZO m. Nevada muy fuerte.
NEVAZÓN f. *Chil., Arg.* y *Ecuad.* Nevada.
NEVERA f. Vendedora de nieve. ‖ Sitio donde se guarda nieve. ‖ Ventisquero. ‖ *Fig.* Habitación muy fría. ‖ Mueble frigorífico para el enfriamiento o conservación de alimentos o bebidas: *nevera eléctrica.* (SINÓN. *Frigorífero, frigorífico, refrigerador.*)
NEVERÍA f. Sitio donde se vende o se guarda nieve.
NEVISCA f. Nevada corta y de poca importancia.
NEVISCAR v. impers. Nevar ligeramente o durante poco tiempo.
NEVOSO, SA adj. Que tiene nieve, cubierto de nieve. ‖ Que está para nevar: *tiempo nevoso.*
NEW LOOK adj. y s. m. (pal ingl., pr. *niuluk*). Estilo nuevo de la moda. ‖ Nuevo aspecto de la situación política o económica.
NEWTON m. Unidad de fuerza (Símb.: N), equivalente a la fuerza que en un segundo comunica a una masa de 1 kg una variación de velocidad de 1 m por segundo.
NEWTONIANO, NA adj. Relativo al sistema astronómico y filosófico de Newton.
NEXO m. (lat. *nexus*). Lazo, vínculo. ‖ Nudo.
Ni, símbolo químico del *níquel.*
NI conj. cop. (lat. *nec.*). Enlaza vocablos u oraciones expresando negación: *ni la he visto, ni la quiero ver.* Es a veces conjunción disyuntiva equivalente a *o*: *¿te hablé yo ni te vi?* ‖ — Adv. de neg. Y no. ‖ *Ni que,* aunque, como si: *ni que fuera plomo pesaría tanto.*
NIBELUNGOS m. pl. En la mitología germánica, hijos de la niebla, que poseyeron el tesoro y el anillo que conquistó Sigfrido.
NICARAGÜENSE mejor que **NICARAGÜEÑO, ÑA** adj. y s. Natural de Nicaragua.
NICENO, NA adj. y s. De Nicea, c. de Bitinia.
NICOL m. Prisma de espato de Islandia para polarizar la luz.
NICOTINA f. *Quím.* Alcaloide que se saca del tabaco que en pequeñas dosis produce una ligera euforia, atenúa el hambre, la fatiga y es un excitante psíquico.
NICOTINISMO o **NICOTISMO** m. Conjunto de trastornos morbosos causados por el abuso del tabaco.
NICROMO m. Aleación de níquel y cromo.
NICTAGINÁCEAS f. pl. (del gr. *nuktos*, de noche, y *genea*, nacimiento). Familia de plantas tropicales de lindas flores que se abren de noche, como el *dondiego.*
NICTÁLOPE adj. y s. (del gr. *nux*, noche, y *ôps*, vista). Que ve mejor de noche que de día.
NICTALOPÍA f. Enfermedad de los nictálopes.
NICTITANTE adj. (del lat. *nictare*, parpadear). *Membrana nictitante*, tercer párpado que en las aves sirve para templar la luz demasiado viva.
NICHO m. (ital. *nicchio*). Concavidad que se deja en una pared para poner una estatua, jarrón, etc. ‖ Cualquier concavidad para colocar una cosa, especialmente un cadáver.

Fot. Deval

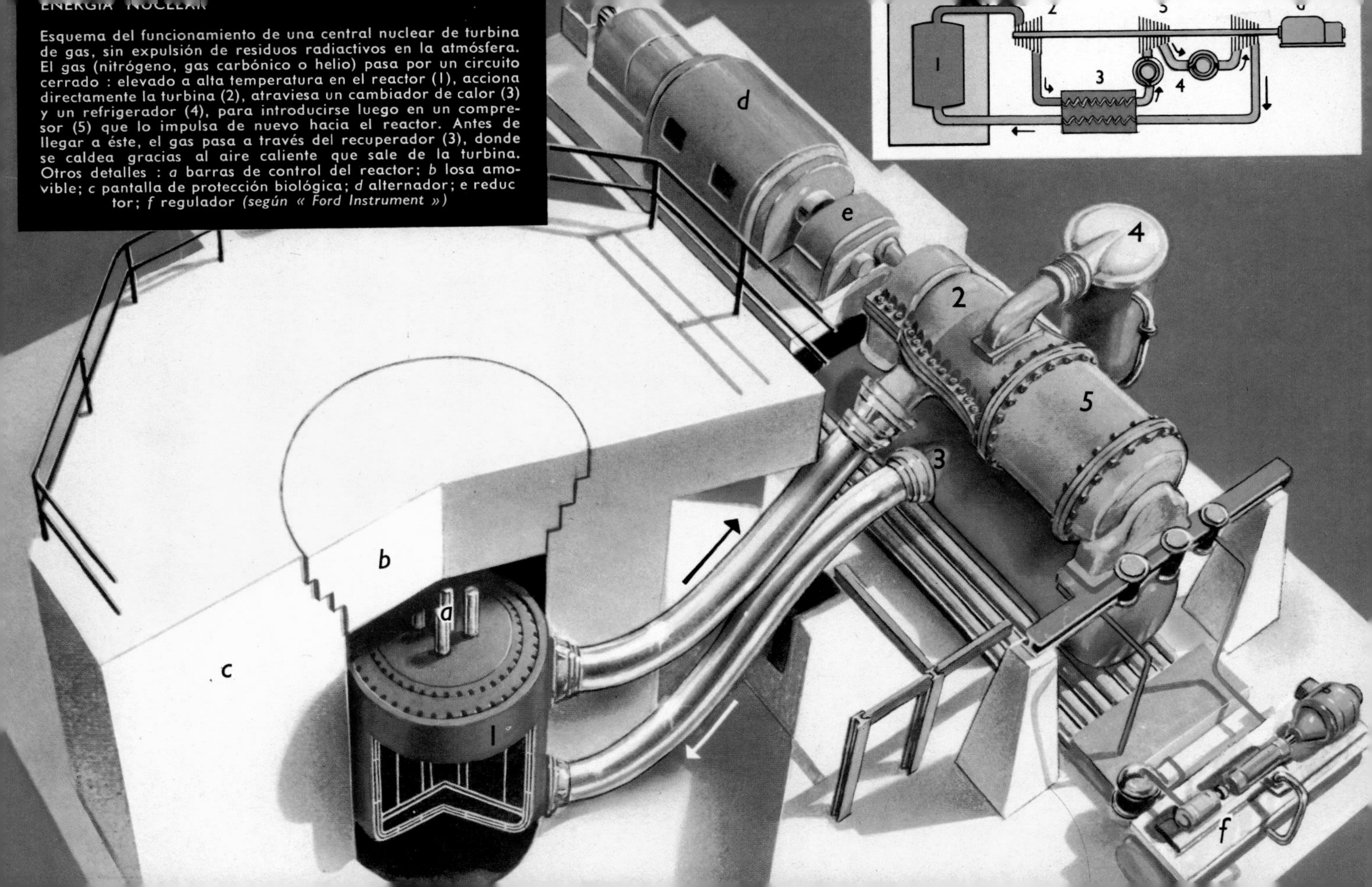

Esquema del funcionamiento de una central nuclear de turbina de gas, sin expulsión de residuos radiactivos en la atmósfera. El gas (nitrógeno, gas carbónico o helio) pasa por un circuito cerrado : elevado a alta temperatura en el reactor (1), acciona directamente la turbina (2), atraviesa un cambiador de calor (3) y un refrigerador (4), para introducirse luego en un compresor (5) que lo impulsa de nuevo hacia el reactor. Antes de llegar a éste, el gas pasa a través del recuperador (3), donde se caldea gracias al aire caliente que sale de la turbina. Otros detalles : *a* barras de control del reactor; *b* losa amovible; *c* pantalla de protección biológica; *d* alternador; e reductor; *f* regulador *(según « Ford Instrument »)*

PECES EXÓTICOS

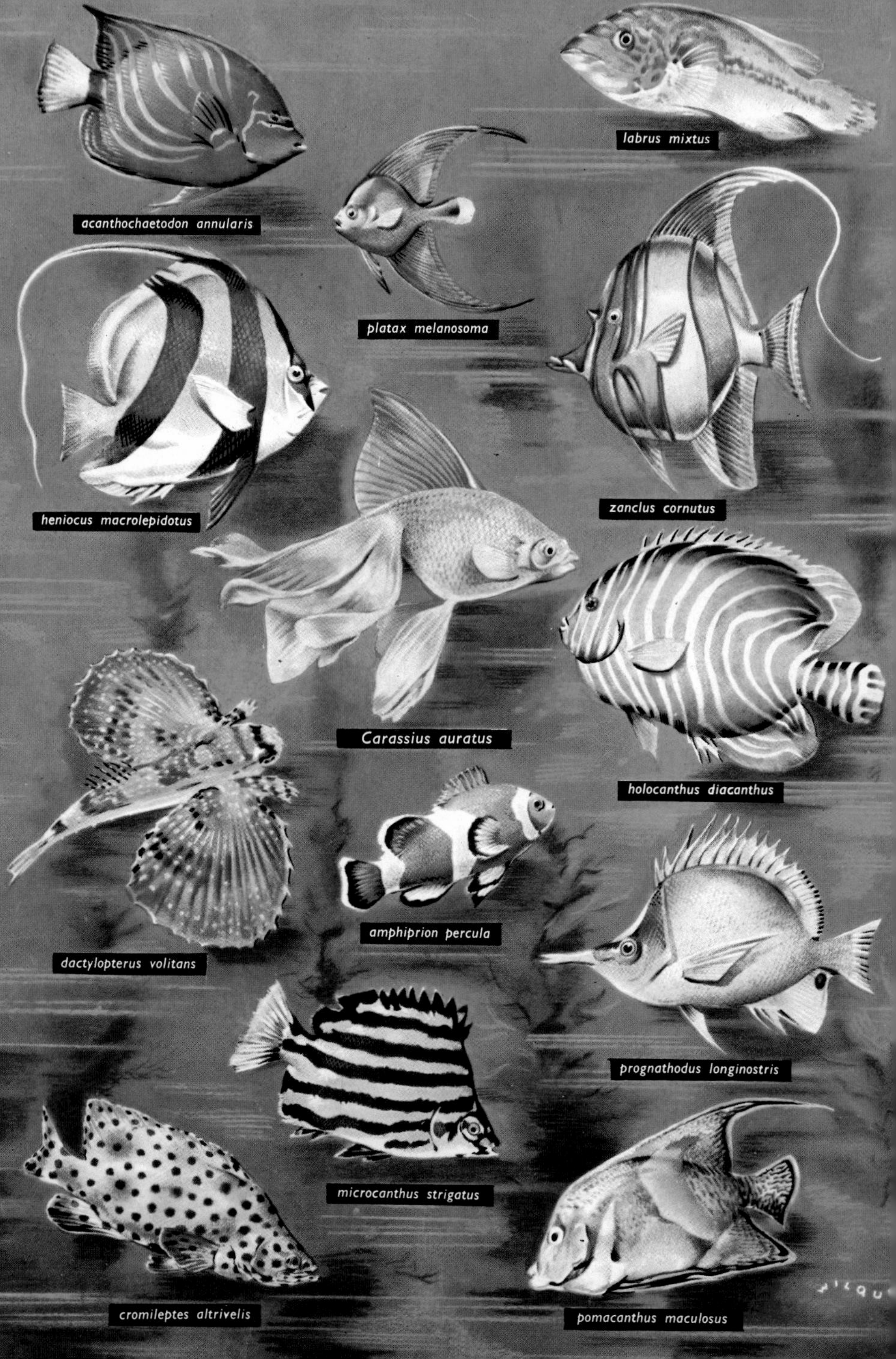
acanthochaetodon annularis
labrus mixtus
platax melanosoma
heniocus macrolepidotus
zanclus cornutus
Carassius auratus
holocanthus diacanthus
dactylopterus volitans
amphiprion percula
prognathodus longinostris
microcanthus strigatus
cromileptes altrivelis
pomacanthus maculosus

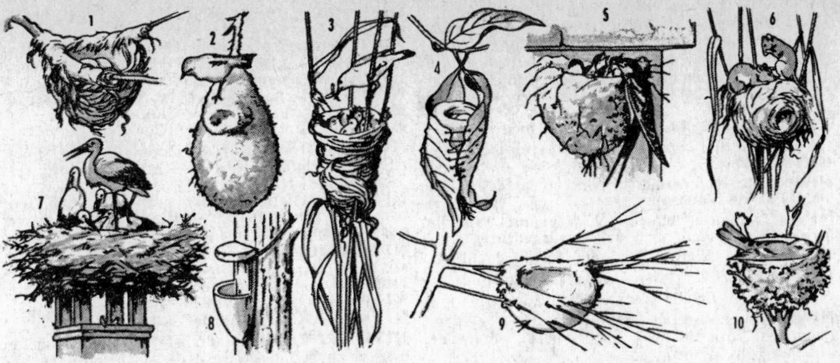

NIDOS

1. Oropéndola
2. Paro
3. Curruca de las cañas
4. Curruca costurera
5. Golondrina
6. Ratón de campo
7. Cigüeña
8. Artificial
9. Herrerillo
10. Pinzón

NIDADA f. Conjunto de huevos colocados en el nido. ‖ Conjunto de pajarillos que nacen de una vez.
NIDAL m. Lugar donde ponen de costumbre sus huevos las gallinas. ‖ Huevos que se dejan en dicho sitio para que la gallina acuda a poner allí. ‖ *Fig.* Sitio adonde suele acudir uno con frecuencia.
NIDIFICAR v. i. Hacer su nido las aves.
NIDO m. (lat. *nidus*). Construcción que forman las aves, ciertos insectos y algunos peces para depositar sus huevos. ‖ Habitación en que viven ciertos animales: *nido de avispas.* ‖ *Por ext* Lugar donde procrean otros animales: *un nido de ratones.* ‖ Lugar donde se agrupan ciertas cosas: *nido de ametralladoras.* ‖ Lugar originario de ciertas cosas inmateriales: *nido de discordias.* ‖ *Fig.* Casa, morada. ‖ *Fig.* Guarida, madriguera: *nido de ladrones.* ‖ *Mesa de nido,* dícese de la mesa debajo de la cual se encajan otras de menores dimensiones. ‖ *Fig.* y *fam. Caerse de un nido,* dícese de la persona demasiado crédula y simplona.
NIDOROSO, SA adj. De olor a huevo podrido.
NIEBLA f. (lat. *nebula*). Conjunto de gotitas de agua en suspensión en el aire, en contacto con la tierra. (SINÓN. *Bruma, neblina.*) ‖ *Fig.* Confusión y oscuridad en las cosas o en los negocios. ‖ Nube. ‖ Añublo, honguillo de los cereales. ‖ *Niebla meona,* aquella de la cual se desprenden gotas menudas que no llegan a ser llovizna.
NIEL o **NIELADO** m. Labor en hueco hecha en metal precioso y rellena con esmalte negro.
NIELAR v. t. Adornar con nieles algún objeto.
NIETO, TA m. y f. (lat. *nepos, nepotis*). Respecto de una persona, hijo o hija de su hijo o de su hija. ‖ Descendiente: *segundo, tercer nieto.*
NIETZSCHEANO, NA adj. Relativo o perteneciente a Nietzsche o a su doctrina. ‖ Partidario de esta doctrina. Ú. t. c. s.
NIEVE f. (lat. *nix, nivis*). Agua de lluvia helada que cae del cielo en copos blancos y ligeros. ‖ *Fig.* Blancura extremada: *la nieve de los cabellos de un anciano.* ‖ Temporal en que nieva con abundancia: *en la época de las nieves.*
— Cuando el aire está a una temperatura inferior a 0° C la lluvia cae en estado de *nieve* formada por la solidificación del vapor de agua. Los copos de nieve toman a veces la forma de cristales de seis puntas. Es benéfica la influencia de la nieve sobre la conservación de las plantas, pues las protege contra el frío y favorece el desarrollo de las mismas.
NIFE m. de *niquel,* y *hierro*). *Geol.* Núcleo de la Tierra de unos 5 000 km de radio y de densidad superior a 7, que se cree formado por níquel y hierro.
NIGHT-CLUB m. (pal. ingl., pr. *naitclab*). Cabaret, sala de fiestas, club nocturno.
NIGROMANCIA mejor que **NIGROMANCÍA** f. (del gr. *nekros,* muerte, y *manteia,* adivinación). Arte supuesto de evocar a los muertos para saber lo futuro. ‖ *Fam.* Magia negra o diabólica.
NIGROMANTE m. y f. El que ejerce la nigromancia. (SINÓN. V. *Adivino.*)
NIGROMÁNTICO, CA adj. Relativo a la nigromancia. ‖ — M. Nigromante.
NIGUA f. Insecto americano parecido a la pulga. ‖ *Guat.* Llorón, cobarde. ‖ *Chil., Per.* y *P. Rico. Pegarse como nigua,* adherirse fuertemente. Arrimarse a otro.
— Las hembras de la *nigua* penetran en la piel del hombre y de los animales, sobre todo en los pies, y depositan sus huevos, que, al avivar, causan escozor insoportable y hasta úlceras bastante graves.
NIGUATERO, RA adj. *Venez., Col.* y *Cub.* Que tiene los pies llenos de niguas.
NIGÜERO m. *Amer.* Sitio donde hay niguas.
NIHIL OBSTAT expr. lat. Fórmula adoptada por la censura eclesiástica y que significa *nada se opone a su publicación.*
NIHILISMO m. (del lat. *nihil,* nada). *Fil.* Negación de toda creencia. ‖ Sistema propugnado en Rusia, en el s. XIX, que tenía por objeto la destrucción radical de las estructuras sociales sin pretender sustituirlas por ningún estado definitivo.
NIHILISTA adj. y s. Partidario del nihilismo.
NÍKEL m. Níquel.
NILAD m. Filip. Arbusto rubiáceo.
NILÓN m. Nylon.
NIMBADO, DA adj. Rodeado de un nimbo.
NIMBAR v. t. Rodear con un nimbo o aureola.
NIMBO m. (lat. *nimbus*). Círculo luminoso que ponen los artistas alrededor de las cabezas de algunos emperadores, de los ángeles, santos y personas divinas. (SINÓN. *Aureola, corona, diadema.*) ‖ Capa de nubes formada por cúmulos de un aspecto uniforme.
NIMIAMENTE adv. m. Con nimiedad.
NIMIEDAD f. Exceso, demasía, prolijidad: *referir con nimiedad.* ‖ *Fam.* Poquedad, timidez. ‖ Pequeñez, insignificancia. (SINÓN. V. *Nadería.*)
NIMIO, MIA adj. (lat. *nimius*). Demasiado, excesivo: *sensibilidad nimia.* ‖ Pequeño, insignificante. ‖ — OBSERV. A pesar de la primera acepción (*excesivo, prolijo*), única admitida anteriormente, se usa ahora casi siempre en su segunda acepción (*pequeño, insignificante.*)
NINFA f. (gr. *numphê*). En la mitología griega, divinidad subalterna y femenina de las fuentes, de los bosques, de los montes y de los ríos: *las ninfas son la personificación de las fuerzas de la naturaleza.* (SINÓN. *Dríade, hamadríade, náyade, nereide, ondina, oréade.*) ‖ *Ninfa Egeria,* consejero que influye sobre una persona sigilosa y calladamente.
NINFEA f. *Bot.* Nenúfar de flores blancas, una de cuyas especies es el loto sagrado de los egipcios.
NINFEÁCEAS f. pl. Familia de dicotiledóneas acuáticas a que pertenecen el nenúfar y el loto.

cristales de nieve

NINFO m. *Fig.* y *fam.* Presumido, narciso.

NINFOMANÍA f. Furor uterino, exacerbación del apetito sexual en la mujer o hembra.

NINGÚN adj. Apócope de *ninguno* que se usa delante de los nombres masculinos: *ningún libro.*

NINGUNO, NA adj. (del lat. *nec unus,* ni uno). Ni uno. || — Pron. indef. Nulo: *no tiene valor ninguno.* || Nadie: *no ha venido ninguno.* || Ú. pop. en pl.: *no tener ningunos amigos.*

NINIVITA adj. y s. De Nínive.

NINOT m. Figura que se pone en las calles, en las fallas de Valencia.

NIÑA f. Pupila del ojo. || *Fig.* y *fam. Niña de los ojos,* persona o cosa del mayor aprecio.

NIÑADA f. Acción o palabra propia de niños.

NIÑEAR v. i. Portarse el hombre como niño.

NIÑERA f. Criada para cuidar niños.

NIÑERÍA f. Acción propia de niños. || *Fig.* Pequeñez, cosa de poca importancia: *déjate de niñerías.*

NIÑERO, RA adj. Aficionado a niños o niñerías.

NIÑEZ f. Primer período de la vida humana que llega hasta la adolescencia. || *Fig.* Principio de cualquier cosa. || Niñería, tontería.

NIÑO, ÑA adj. y s. Que se halla en la infancia: *un niño chiquito.* (SINÓN. *Criatura, chico, chiquillo, nene, párvulo, querubín, rapaz, rorro.* Pop. *Chaval, mocoso.* V. tb. *bebé.*) || Joven: *es aún muy niño.* || *Fig.* Sin experiencia o reflexión. || — M. y f. *Amer.* En algunos puntos llaman así los criados a sus amos: *niño Juan era muy bueno.* || *Niño bitongo* o *zangolotino,* muchacho ya crecido que quiere pasar por niño. || *Niño de coro,* el que en las catedrales canta con otros en los oficios divinos. || *Fig.* y *fam. Como niño con zapatos nuevos,* expr. que se dice de la persona que se muestra muy contenta y satisfecha por algo que acaba de obtener. || *Desde niño,* desde la niñez. || *Fam. Niño gótico,* señorito cursi. (SINÓN. V. *Elegante.*) || *Fam. Niño de la bola,* el Niño Jesús. *Fam.* Persona afortunada. || *Niño rollón,* niño en pañales. || *Fam. Ni qué niño muerto,* loc. fam. que se usa para desmentir o *negar.* || — PROV. **Quien con niños se acuesta, cagado amanece,** quien fía el manejo de los negocios a personas ineptas o irresponsables, se verá defraudado.

NIOBIO m. Metal (Nb) de color gris acero y número atómico 41 que se encuentra asociado al tántalo.

NIOPO m. *Venez.* Polvo, especie de rapé.

NIPA f. (malayo *nipa*). Especie de palma filipina, de hojas textiles: *de la nipa se saca el licor llamado la tuba.*

NIPIS m. Tela filipina de abacá.

NIPÓN, ONA adj. y s. Japonés, del Japón.

NÍQUEL m. (n. del genio de las minas, en la mitología escandinava). Metal (Ni) de color blanco agrisado, brillante y de fractura fibrosa, de número atómico 28: *el níquel abunda en Cuba.* || Monedas de níquel. (SINÓN. V. *Dinero.*)
— El *níquel* admite hermoso pulimento; es muy dúctil, maleable y duro. Su densidad es 8,8 y funde a 1 455° C. El níquel es menos magnético que el hierro, pero resiste mejor a los agentes químicos. Se encuentra en la naturaleza bajo la forma de sulfuro y de sulfoarseniuro. Se usa en galvanoplastia y se mezcla con la mayor parte de los metales. Ligado con cobre sirve para la fabricación de monedas.

NIQUELADO m. Acción y efecto de niquelar: *niquelado galvánico.*

NIQUELADOR m. Persona que niquela.

NIQUELAR v. t. Cubrir con un baño de níquel.

NIQUELÍFERO, RA adj. Que contiene níquel.

NIQUELINA f. Arseniuro de níquel. || Aleación de cobre, cinc y níquel.

NIRVANA m. En el budismo, anonadamiento final del individuo en la esencia divina.

NISÁN m. Séptimo mes de los judíos (de mediados de marzo a mediados de abril).

NISCÓMIL m. *Méx.* Olla para cocer el maíz de las tortillas.

NÍSPERO m. (lat. *mespilus*). Arbusto de la familia de las rosáceas, que tiene por fruto la níspola. || Níspola, fruto.

níspero

NÍSPOLA f. Fruto comestible del níspero, de forma aovada y de color amarillo.

NISTAGMUS m. Movimientos rápidos e involuntarios del globo ocular ocasionados por una afección del cerebelo.

NISTAMAL m. *Amér. C.* y *Méx.* Maíz medio cocido en agua de cal para hacer tortillas.

NITIDEZ f. Calidad de nítido.

NÍTIDO, DA adj. (lat. *nitidus*). Neto, puro, claro: *fotografía nítida.* || — SINÓN. *Limpio, resplandeciente, transparente.*

NITO m. Helecho filipino cuyo filamento sirve para tejer sombreros. || — Pl. *Fam.* Palabra con que se responde a una pregunta indiscreta.

NITRACIÓN f. Tratamiento químico mediante el ácido nítrico.

NITRAL m. Criadero de nitro.

NITRAR v. t. Combinar con nitro.

NITRATAR v. t. Abonar con nitratos.

NITRATACIÓN f. Transformación del ácido nitroso en ácido nítrico o de los nitritos en nitratos por medio de una bacteria nítrica.

NITRATO m. *Quím.* Sal del ácido nítrico: *nitrato de plata.*
— Los *nitratos* son muy importantes como abonos. Se emplean bajo la forma de sal de sodio, de potasio, de calcio y de amonio. Existen los *nitratos naturales,* de los cuales el más conocido es el de Chile, y los *nitratos artificiales* obtenidos por síntesis.

NÍTRICO, CA adj. Relativo al nitro o al nitrógeno. || Dícese de un ácido que se obtiene tratando el nitrato de potasa por el ácido sulfúrico. (El *ácido nítrico* del comercio se llama comúnmente *agua fuerte.*)

NITRIFICACIÓN f. Transformación del amoniaco y de sus sales en nitratos.

NITRIFICADOR, RA adj. Que produce la nitrificación: *la electricidad es un agente nitrificador.*

NITRILO m. *Quím.* Compuesto orgánico cuya fórmula tiene el radical — CN.

NITRITO m. Sal producida por la combinación del ácido nitroso con una base.

NITRO m. (lat. *nitrum*). Nombre científico del *salitre* o *nitrato de potasio: hay en el Perú y en Chile grandes yacimientos de nitro.*

NITROBENCENO f. Derivado nitrado de la bencina, de olor a almendras amargas, que sirve para la fabricación de la anilina, para la fabricación de explosivos y en perfumería.

NITROCELULOSA f. Ester nítrico de la celulosa, especie de algodón pólvora.

NITRODERIVADOS m. pl. Compuestos orgánicos con uno o varios grupos de NO_2, ácido nitroso.

NITROGENADO, DA adj. Que contiene nitrógeno.

NITRÓGENO m. (del gr. *nitron,* nitro, y *genês,* que es engendrado). Gas incoloro, insípido e inodoro (símb.: N), de número atómico 7, que forma aproximadamente las cuatro quintas partes del aire atmosférico.
— Un litro de *nitrógeno* pesa 1,258 g. Es uno de los principales elementos de la alimentación de los animales y plantas. Los vegetales lo toman de la atmósfera y también de la tierra, donde se produce por la descomposición de animales y vegetales muertos. No obstante, la mayor parte del nitrógeno necesario a las plantas proviene de los abonos nitrogenados naturales (estiércol, guano, nitrato de sodio) o artificiales (nitrato de calcio, sulfuro de amonio, etc)

NITROGLICERINA f. Éster nítrico de la glicerina, líquido aceitoso amarillento, que, por efecto del calor o del choque, hace explosión con violencia: *mezclada con un cuerpo inerte, la nitroglicerina forma la dinamita.*

NITROSO, SA adj. Que tiene nitro o salitre: *suelo nitroso.* || *Quím.* Dícese de un ácido del nitrógeno menos rico en oxígeno que el ácido nítrico.

NITROTOLUENO m. Nombre de varios derivados nitrados del tolueno utilizados en la fabricación de explosivos.

NITRURACIÓN f. Endurecimiento del acero por exposición en una atmósfera nitrogenada.

NIVACIÓN f. Erosión producida a consecuencia de la acción de la nieve.

NIVEL m. (lat. *libella*). Instrumento que sirve para reconocer si un plano es horizontal o no, y para averiguar la diferencia de altura entre dos puntos. || Horizontalidad: *estos objetos están al nivel.* || Altura: *el nivel del río ha subido.* || *Fig.* Igualdad. equivalencia en cualquier línea o especie. || Grado: *nivel de cultura.* || *Nivel de agua,* nivel formado por dos tubitos de cristal que comunican entre sí por medio de otro tubo de cobre, y que están ambos llenos de agua. || *Nivel de aire o de burbuja,* tubo de cristal en el cual se encuentra un líquido muy móvil (alcohol o éter) y una burbuja de aire, la cual se detiene en medio del tubo cuando éste está horizontal. || *Nivel de vida,* valoración cuantitativa y objetiva de la manera de vivir media de una nación, de un grupo social. || *Nivel mental,* grado de evolución intelectual de un individuo, medido por diversos procedimientos psicotécnicos (tests).
NIVELACIÓN f. Acción y efecto de nivelar.
NIVELADOR, RA adj. y s. Que nivela.
NIVELAR v. t. Medir por medio de un nivel la diferencia de altura entre dos puntos. || Poner horizontal una superficie. || (SINÓN. V. *Allanar.*) || *Topogr.* Hallar la diferencia de altura entre dos puntos. || *Fig.* Equilibrar.
NÍVEO, A adj. *Poét.* De nieve: *blancura nívea.*
NIVOSO, SA adj. Níveo. || — M. Cuarto mes del calendario republicano francés (del 21 de diciembre al 19 de enero).
NIXTAMAL m. Nistamal.
NO adv. neg. (lat. *non*). Según los casos, responde o no a pregunta: *¿ha venido? No. No puedo.* || — Conj. final, para que: *cuidado que no se escape.* || *No bien,* m. adv., tan pronto como: *no bien anochezca saldré.* || *¿A que no?,* especie de reto que se dirige a uno. || *¿Cómo no?,* forma amable de contestar afirmativamente en Hispanoamérica. || *No más,* m. adv., nada más, sin ir más lejos. || *No ya,* m. adv., no solamente. || — Prefijo negativo: *el no ser.* || — OBSERV. En diversos puntos de América tiene *no más* uso diverso del castellano, significando *pues, nada más, pero, sólo,* a veces sentido enfático.
NOBELIO m. Elemento químico transuránico (No), de número atómico 102, descubierto en 1957.
NOBILIARIO, RIA adj. De la nobleza: *casta nobiliaria.* || — M. Catálogo de la nobleza de un país.
NOBILÍSIMO, MA adj. Muy noble.
NOBLE adj. (lat. *nobilis*). Que forma parte de la nobleza: *ser noble de nacimiento.* (SINÓN. V. *Aristócrata.*) || Propio de la nobleza: *tener sangre noble.* || Principal en cualquier línea. || Generoso, llano, de buen corazón, que perdona fácilmente: *los navarros tienen fama de ser nobles.* (SINÓN. V. *Elevado.*) || Dícese del estilo armonioso, grave y digno. || *Fig.* Ilustre, honroso.
NOBLEMENTE adv. m. Con nobleza.
NOBLEZA f. Clase de individuos que, por su nacimiento, o por merced del soberano, o por haberlos comprado, gozan de ciertos privilegios o poseen títulos que los distinguen de los demás ciudadanos: *la nobleza ha desaparecido en las repúblicas modernas.* || *Fig.* Elevación: *nobleza de sentimientos.*
NOBLOTE adj. Muy generoso, sin afectación, llano: *un baturro noblote.*
NOCA f. Crustáceo marino, especie de centolla.
NOCIÓN f. (lat. *notio*). Idea que se tiene de una cosa. (SINÓN. V. *Idea.*) || Conocimiento elemental: *nociones de filosofía.*
NOCIVIDAD f. Calidad de nocivo o dañino. (SINÓN. V. *Daño.*)
NOCIVO, VA adj. (lat. *nocivus*). Dañoso, perjudicial: *el tabaco es muy nocivo para la salud.* (SINÓN. V. *Perjudicial.*)
NOCTAMBULAR v. i. Andar vagando de noche.
NOCTAMBULISMO m. Estado de las personas noctámbulas.
NOCTÁMBULO, LA adj. y s. (del lat. *nox, noctis,* noche, y *ambulare,* caminar). Persona que se pasea o se divierte de noche.
NOCTILUCA f. (del lat. *nox, noctis,* noche, y *lucere,* lucir). Género de infusorios marinos que hacen el mar fosforescente. || Luciérnaga.
NOCTÍVAGO, GA adj. *Poét.* Que vaga de noche, noctámbulo.
NOCTURNAL adj. (lat. *nocturnalis*). Nocturno.
NOCTURNIDAD f. *For.* Circunstancia agravante de responsabilidad que resulta de ejecutar de noche ciertos delitos.
NOCTURNO, NA adj. (lat. *nocturnus*). Que sucede durante la noche: *aparición nocturna.* || Que vela durante la noche y duerme de día: *ave nocturna.* || — M. Cada una de las tres partes del oficio de maitines que se compone de antífonas, salmos y lecciones. || Trozo musical de carácter sentimental. || — CONTR. *Diurno.*
NOCHE f. (lat. *nox, noctis*). Espacio de tiempo durante el cual está el Sol debajo del horizonte: *las regiones polares tienen una noche de varios meses.* || Tiempo que hace durante la noche: *noche lluviosa.* || Obscuridad que reina durante dicho tiempo: *es de noche.* || Obscuridad en general. || *Fig.* Ignorancia, incertidumbre. || *Noche toledana,* noche que se pasa sin dormir. || *Fig. La noche de los tiempos,* los tiempos más remotos. || *La noche del sepulcro,* o *eterna,* la muerte. || *El astro de la noche,* la luna. || *Noche y día,* siempre. || *Fam. Noche vieja,* la última del año. || *Ayer noche,* anoche. || *Buenas noches,* expr. fam. para saludar o despedirse durante la noche o al irse a acostar. (SINÓN. V. *Adiós.*) || *Fig. De la noche a la mañana,* inopinadamente, de pronto. || *Fig.* y *fam. De noche todos los gatos son pardos,* es fácil por la noche disimular las tachas de lo que se hace, vende o comercia.
NOCHEBUENA f. Noche de la vigilia de Navidad (24 de diciembre): *una Nochebuena alegre.*
NOCHEBUENO m. Torta de almendras, piñones, etc., que se hace por Nochebuena. || Leño grande que se suele quemar la noche de Navidad.
NOCHECITA f. *Amer.* El crepúsculo vespertino. || Noche de frío, aire o lluvia: *¡vaya nochecita!*
NOCHERO, RA m. y f. *Col.* y *Chil.* Vigilante de noche. || *Guat.* Persona que trabaja de noche. || — M. *Col.* Velador, mesita de noche.
NOCHOTE m. *Méx.* Bebida compuesta con el zumo de la tuna o nopal fermentado.
NODAL adj. Del nodo acústico: *línea nodal.*
NODO m. (lat. *nodus*). Cada uno de los puntos opuestos en que corta la eclíptica la órbita de un cuerpo celeste: *nodos de la Luna.* || *Med.* Tumor óseo. || *Fís.* Punto en que se cruzan ondas sonoras o luminosas, punto inmóvil de la cuerda vibrante, etc.
NODRIZA f. (del lat. *nutriz, nutricis*). Ama de cría. || Depósito suplementario para alimentar una caldera o un motor.
NÓDULO m. Concreción de poco volumen. || Tumor duro y redondeado, producido por un tejido del cuerpo.
NOGADA f. Salsa de nueces.
NOGAL m. (del lat. *nux,* nuez). Árbol grande de las yuglandáceas cuyo fruto es la nuez: *la madera del nogal es muy apreciada en ebanistería.*
NOGALINA f. Color sacado de la cáscara de la nuez, usado para pintar, de color de nogal.
NOGUERA f. Nogal.
NOGUERAL m. El sitio plantado de nogales.
NOLÍ m. *Col.* Especie de liquen usado como yesca.
NOLICIÓN f. (del lat. *nolle,* no querer). *Fil.* Acto de no querer. || — CONTR. *Volición.*
NOLI ME TANGERE m. (pal. lat. que sign. *no me toques*). *Med.* Úlcera maligna que no se puede tocar sin peligro. || *Bot.* Nombre dado a la *balsamina.*
NÓMADA adj. y s. (del gr. *nomas, ados,* que apacienta). Que vive errante, que no tiene domicilio fijo: *las tribus nómadas de los árabes.*
NOMADISMO m. Estado social de los pueblos poco civilizados o épocas primitivas, que tiene carácter nómada.
NO MAN'S LAND m. (loc. ingl.). Territorio no ocupado entre las primeras líneas de dos beligerantes, tierra de nadie.
NOMARQUÍA f. Una división administrativa de la Grecia actual.
NOMBRADAMENTE adv. m. Expresamente.
NOMBRADÍA f. Nombre, fama, reputación.
NOMBRADO, DA adj. Célebre, famoso.
NOMBRAMIENTO f. Acción y efecto de nombrar. (SINÓN. V. *Elección.*) || Documento en que se nombra a uno para algún empleo. (SINÓN. V. *Diploma.*

NIVELES
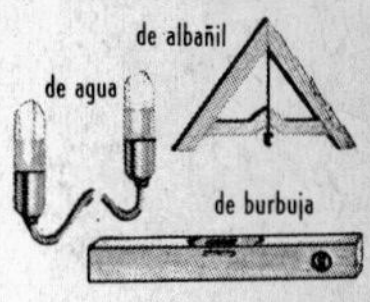

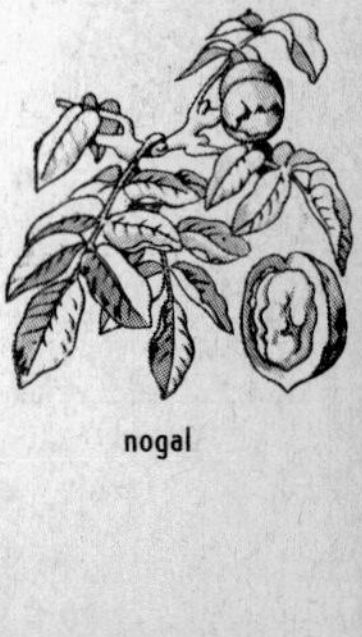
nogal

NOMBRAR v. t. (lat. *nominare*). Designar por el nombre. (SINÓN. V. *Llamar.*) || Hacer mención de. || Elegir, escoger: *le nombraron alcalde.*

NOMBRE m. (lat. *nomen*). Palabra que sirve para designar las personas o las cosas o sus cualidades: *el nombre se divide en nombre substantivo y adjetivo.* (SINÓN. *Apelativo, apellido, denominación, designación, sobrenombre.*) || *Nombre común,* el que conviene a todos los seres de la misma especie, como *caballo, ciudad.* || *Nombre propio,* el que se da a persona, animal o cosa, para distinguirlos de los demás: *Juan, Micifuz, París: el nombre propio lleva siempre mayúscula.* || *Nombre colectivo,* el que designa un conjunto de cosas, como *docena, rebaño.* || *Nombre de pila,* el que se da a la criatura al bautizarla. || *Nombre de familia,* galicismo por *apellido.* || Título de una cosa: *el nombre de un libro.* || Fama, reputación: *hacerse un nombre en las letras.* || Autoridad, poder: *lo hizo en nombre mío.* || *Mal nombre,* nombre postizo, apodo: *Pepe, por mal nombre Patillas.* || *No tener nombre una cosa,* ser tan vituperable que no se puede o no se quiere calificar.

noray

NOMENCLADOR m. Catálogo de nombres.

NOMENCLÁTOR m. Nomenclador, catálogo, nómina.

NOMENCLATURA f. Relación de nombres de personas o cosas. (SINÓN. V. *Lista.*) || Colección de voces técnicas de una ciencia o de un arte: *nomenclatura química.*

NOMEOLVIDES f. Flor de la raspilla.

NÓMINA f. (del lat. *nomina,* nombres). Lista de nombres de personas o cosas. || Relación nominal de los individuos que en una empresa, oficina, etc., han de percibir haberes. || Estos haberes: *cobrar la nómina.*

NOMINACIÓN f. Nombramiento.

NOMINADOR, RA adj. y s. (lat. *nominator*). Que nombra para un empleo o comisión: *junta nominadora.*

NOMINAL adj. Relativo al nombre. || Que sólo tiene el nombre sin las ventajas que le corresponden: *soberano nominal.* || *Valor nominal,* el que está inscrito en una moneda, billete, un efecto de comercio o un valor mobiliario.

NOMINALISMO m. Doctrina filosófica según la cual el concepto no es más que un nombre acompañado de una imagen individual negando la existencia objetiva de los universales: *Guillermo de Occam fue el principal defensor del nominalismo.*

NOMINALISTA adj. y s. Partidario del nominalismo. || Perteneciente o relativo al nominalismo.

NOMINALMENTE adv. m. De un modo nominal.

NOMINAR v. t. Nombrar.

NOMINÁTIM adv. m. (pal. lat.). Nominalmente, nombre por nombre.

NOMINATIVO, VA adj. Dícese de los títulos que llevan el nombre de su propietario, en lugar de ser al portador. || — M. En las lenguas declinables, caso que designa el sujeto de la oración.

NOMINILLA f. Autorización a los que cobran como pasivos, para que puedan hacerlo. || Nómina breve añadida a la principal.

NOMO m. Gnomo.

NOMO m. (del gr. *nomos,* ley). Especie de poema que se cantaba en honor de Apolo, entre los antiguos. || División administrativa del antiguo Egipto. || En la Grecia moderna, nomarquía.

NOMOGRAFÍA f. Método gráfico para determinar valores desconocidos (incógnitas).

NOMOTETA m. En Atenas, miembro de una de las comisiones legislativas encargadas de revisar la Constitución, de examinar las leyes nuevas, etc.

NON adj. (lat. *non*). Impar: *jugar a pares o nones.* || *Estar de non,* carecer de pareja, sobrar de un número par. || *Decir nones,* negar. || *Andar de nones,* andar desocupado. || *Estar de non,* no servir para nada.

NONA f. (lat. *nona*). Cuarta parte del día, que empieza después de la hora novena. || En el rezo eclesiástico, última de las horas menores. || — Pl. Segunda de las partes en que dividían el mes los romanos. (Correspondía al día 7 en los meses de marzo, mayo, julio y octubre, y al 5 en los demás meses).

NONADA f. Poco o muy poco.

noria

NONAGENARIO, RIA adj. y s. Que tiene noventa años o más.

NONAGÉSIMO, MA adj. (lat. *nonagesimus*). Que sigue en orden a lo octogésimo nono. || — M. Cada una de las noventa partes en que se divide un todo.

NONATO, TA adj. Sacado de la madre mediante la operación cesárea. || *Fig.* Dícese de la cosa no acaecida o no existente aún.

NONECO, CA adj. *Amér. C.* Tonto, simplón.

NONINGENTÉSIMO, MA adj. Que sigue a lo octingentésimo nonagésimo nono. || — M. Cada una de las 900 partes iguales en que se divide un todo.

NONIO m. Instrumento para medir objetos y calibres muy pequeños: *el nonio consiste en una regla graduada, móvil a lo largo de otra igualmente graduada pero con divisiones diferentes.*

NÓNUPLO, PLA adj. Nueve veces mayor.

NONO, NA adj. Noveno.

NON PLUS ULTRA expr. lat. que significa *no más allá* y se usa como substantivo masculino para ponderar las cosas exagerándolas: *aquello era el non plus ultra.* || Supuesta inscripción en las Columnas de Hércules (Gibraltar).

NON SANCTA expr. lat. que significa *no santa* y se aplica a la gente de mal vivir.

NOPAL m. (méx. *nopalli*). Planta de la familia de las cactáceas, de tallos formados por una serie de paletas carnosas erizadas de espinas, cuyo fruto es el higo chumbo: *una variedad de nopal nos suministra la cochinilla.*

NOPALITO m. *Méx.* Penca del nopal.

NOQUE m. Pozuelo que sirve para curtir las pieles. || *Arg., Bol.* y *Urug.* Saco de cuero vacuno. || Tronco de árbol ahuecado.

NOQUEAR v. t. En boxeo o lucha, dejar al contrario fuera de combate o k. o. (*knock out*).

NOQUERO m. Curtidor, zurrador de pieles.

NORABUENA f. Enhorabuena, parabién.

NORAMALA o **NORATAL** adv. Enhoramala.

NORAY m. *Mar.* Amarradero para los barcos.

NORDESTE o **NORESTE** m. Punto del horizonte entre Norte y Este. || Viento del Nordeste.

NÓRDICO, CA adj. y s. Dícese del idioma de los pueblos del norte de Europa: *las lenguas nórdicas.* || Del Norte: *pueblos nórdicos.*

NORESTE m. Nordeste.

NORIA f. Máquina hidráulica formada por una especie de rosario de cangilones o arcaduces que, movidos por un engranaje y un malacate, entran vacíos en el pozo y salen llenos de agua. || Pozo donde se coloca este aparato. || *Fig.* Cosa muy pesada, trabajo muy penoso: *estar atado a una noria.* || Recreo de feria que consiste en varias vagonetas colocadas a manera de cangilones que giran sobre un eje horizontal.

NORMA f. (lat. *norma*). Escuadra o cartabón. || Modelo a que se ajusta una fabricación. || *Fig.* Regla: *la honradez es la norma de su vida.*

NORMAL adj. Ordinario, corriente: *estado normal.* (SINÓN. V. *Regular.*) || Dícese de las escuelas para preparar maestros. || *Geom.* Perpendicular: *recta, plano normal.* U. t. c. s. f.: *la normal de un punto a un plano.* || — CONTR. *Anormal.*

NORMALIDAD f. Estado normal: *volver a la normalidad.*

NORMALISTA m. Alumno de escuela normal.

NORMALIZACIÓN f. Calidad de normal. || Reglamentación de las dimensiones y calidades de los productos industriales con el fin de simplificar y reducir los gastos de fabricación y utilización de los mismos.

NORMALIZAR v. t. Hacer normal. || Regularizar, poner en buen orden.

NORMANDO, DA adj. y s. De Normandía. || Dícese de los individuos del norte de Europa que desde el siglo IX hicieron incursiones por varios países. (V. *Parte Hist.*)

NORMAR v. t. Amoldar, regir. || — V. i. *Amer.* Establecer normas.

NORMATIVO, VA adj. Que ofrece normas, reglas: *gramática normativa.*

NORNORDESTE m. Punto del horizonte que se halla situado entre el Norte y el Nordeste.

NORNOROESTE o **NORNORUESTE** m. Punto del horizonte situado entre el Norte y el Norueste.

NOROESTE m. Punto del horizonte entre el Norte y el Oeste. || Viento que sopla del Noroeste.

Fot. Corominas

NORSANTANDEREANO, NA adj. y s. De Norte de Santander (Colombia).
NORTADA f. Viento del Norte, fresco cuando sopla por algún tiempo.
NORTE m. Uno de los puntos cardinales hacia donde está la estrella Polar: *la aguja imantada se dirige hacia el Norte.* || Viento que sopla de dicho punto. || Polo ártico. (SINÓN. *Septentrión.*) || *Fig.* Dirección: *aquello te servirá de norte.* (SINÓN. V. *Guía.*) || *Venez.* Llovizna con viento del Norte. || — CONTR. *Sur, mediodía.*
NORTEAMERICANO, NA adj. y s. Natural de un país de América del Norte y especialmente de los Estados Unidos.
NORTEAR v. t. *Mar.* Observar el Norte para dirigir la nave. || Declinar hacia el Norte el viento. || Soplar viento del Norte.
NORTEÑO, ÑA adj. y s. Del Norte.
NORTESANTANDEREANO, NA adj. y s. Norsantandereano.
NÓRTICO, CA adj. Nórdico.
NORTINO, NA adj. y s. *Amer.* Norteño.
NORUEGO, GA adj. y s. De Noruega. || — M. Lengua noruega.
NORUESTE m. Noroeste, punto del horizonte.
NOS, pron. pers. de 1.ª pers. pl. en dativo y acusativo: *nos da, háblanos.* (Ú. también en ciertos casos en lugar de *nosotros; venga a nos el tu reino.* En nominativo se usa el llamado nos mayestático: *Nos os bendecimos.*)
NOSOCOMIO m. Hospital.
NOSOFOBIA f. Temor excesivo a la enfermedad.
NOSOGENIA f. Parte de la medicina que estudia el origen y desarrollo de las enfermedades
NOSOGRAFÍA f. (del gr. *nosos,* enfermedad, y *graphê,* descripción). Parte de la medicina que estudia la clasificación y descripción de las enfermedades.
NOSOLOGÍA f. Parte de la medicina que estudia la clasificación, descripción y diferenciación de las enfermedades.
NOSOTROS, TRAS, pron. personal de primera pers. en núm. pl. (Los soberanos, papas, obispos, jueces y a veces los escritores emplean en ciertas ocasiones *nosotros* en lugar de *yo.*)
NOSTALGIA f. (del gr. *nostos,* regreso, y *algos,* dolor). Tristeza causada por la ausencia de la patria o de los deudos y amigos. (SINÓN. V. *Melancolía.*) || Pesar que causa el recuerdo de algún bien perdido.
NOSTÁLGICO, CA adj. y s. Relativo a la nostalgia. || Que la padece. (SINÓN. V. *Melancólico.*)
NOSTRAS adj. (pal. lat. que sign. *de nuestro país*). Calificativo que se aplica al cólera esporádico.
NOTA f. (lat. *nota*). Señal. Advertencia, explicación, comentario que va fuera del texto en impresos o manuscritos: *un texto de latín con notas; nota marginal.* (SINÓN. *Apostilla, comentario, escolio, explicación, glosa, llamada.*) || Apuntamiento de alguna cosa, como conferencia, lección, etc., para recordarla o ampliarla: *tomar nota.* (SINÓN. *Anotación, apunte.*) || Fama, crédito: *escritor de nota.* || Cifra o palabra que expresa el valor de un trabajo, o la apreciación de un tribunal de examen: *salir con nota de sobresaliente.* || Comunicación diplomática. || Carácter de la música que indica el sonido y la duración del mismo: *hay siete nombres de notas: do, re, mi, fa, sol, la, si.* || Sonido de la nota musical: *una nota falsa.* || *Forzar la nota,* exagerar. || *De mala nota,* de mala reputación.
— Los nombres de las *notas musicales* fueron tomados por Guido d'Arezzo (s. X) de las sílabas iniciales de los versos de un himno a San Juan Bautista. *Do* en un principio era *ut,* como lo es aún en Francia.
NOTA BENE, loc. lat. que significa *nota, observa,* y se usa para hacer una advertencia en un escrito. (Abrev.: N. B.)
NOTABILIDAD f. Calidad de notable. || Persona notable: *una notabilidad del foro.* (SINÓN. V. *Personalidad.*)
NOTABILÍSIMO, MA adj. Muy notable.
NOTABLE adj. Digno de atención. (SINÓN. *Importante, señalado, valioso.* V. tb. *admirable.*) || Grande, excesivo. || — M. Persona de importancia. (SINÓN. V. *Distinguido.*)

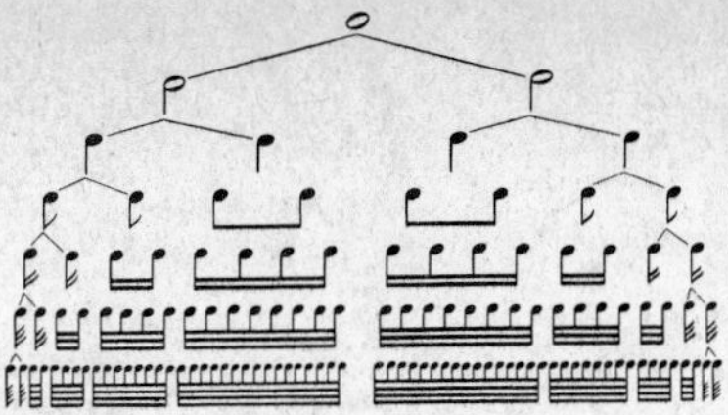

1 redonda
equivale a
2 blancas
o
4 negras
u
8 corcheas
o
16 semicorcheas
o
32 fusas
o
64 semifusas

NOTABLEMENTE adv. m. De un modo notable: *la natalidad ha aumentado notablemente.*
NOTACIÓN f. Anotación. || Acción de indicar o representar por medio de signos convencionales: *notación musical, química,* etc.
NOTAR v. t. (lat. *notare*). Señalar, marcar. || Reparar, advertir. (SINÓN. V. *Percibir* y *ver.*) || Apuntar: *notar una visita.* || Poner notas a un escrito. || Censurar: *le noté su conducta.*
NOTARÍA f. El oficio o la oficina del notario.
NOTARIADO, DA adj. Que está autorizado por notario. || — M. Carrera, profesión o ejercicio de notario. || Colectividad de notarios.
NOTARIAL adj. Relativo al notario: *estudio notarial.* || Hecho por notario: *acto notarial.*
NOTARIESCO, CA adj. Notarial.
NOTARIO m. (lat. *notarius*). Funcionario público autorizado para dar fe de los contratos y otros actos. (SINÓN. *Escribano.*)
NOTICIA f. Noción: *no tener noticia de una cosa.* || Anuncio de un suceso: *las noticias del diario.* (SINÓN. *Comunicación, información, novedad, suceso.*)
NOTICIAR v. t. Dar noticia de una cosa.
NOTICIARIO m. Película cinematográfica, o sección de los periódicos, radio o televisión, dedicada a dar noticias de actualidad: *noticiario deportivo, gráfico.*
NOTICIERO, RA adj. Que da noticias. || — M. y f. Persona que da noticias por oficio, especialmente redactor de noticias en los periódicos. (SINÓN. V. *Periodista.*)
NOTICIÓN m. *Fam.* Noticia extraordinaria o increíble.
NOTICIOSO, SA adj. Que tiene noticia de una cosa. || Erudito, persona que sabe muchas cosas.
NOTIFICACIÓN f. *For.* Acción y efecto de notificar. || Documento en que se hace constar.
NOTIFICAR v. t. *For.* Hacer saber jurídicamente una cosa. || Dar noticia de una cosa a una persona. || — SINÓN. *Enterar, intimar, significar.* V. tb. *advertir.*
NOTO m. (lat. *notus*). Austro, viento del Sur.
NOTO, TA adj. (lat. *notus*). Sabido, conocido.
NOTOCORDIO m. *Zool.* Cordón celular macizo dispuesto a lo largo de los cordados.
NOTORIAMENTE adj. m. De manera notoria: *la producción es notoriamente inferior.*
NOTORIEDAD f. Calidad de notorio. || Nombradía, fama: *la notoriedad de un escritor.* (SINÓN. V. *Reputación.*)
NOTORIO, RIA adj. Sabido de todo el mundo. (SINÓN. V. *Evidente.*)
NÓUMENO m. (gr. *noumenon*). *Fil.* Lo que la cosa es en sí por oposición a *fenómeno* en la filosofía de Kant.
NOVA f. Estrella que se torna visible por aumento brusco de su brillo.
NOVACIANO, NA adj. Partidario del hereje Novato, que negaba a la Iglesia la facultad de perdonar los pecados.
NOVACIÓN f. *For.* Acción y efecto de novar.
NOVADOR, RA adj. Que inventa novedades.
NOVAL adj. (lat. *novalis*). Dícese de la tierra que se cultiva por primera vez.
NOVAR v. t. (lat. *novare*). *For.* Sustituir una obligación a otra anterior quedando ésta anulada.
NOVATADA f. Broma que se suele dar en los colegios, academias y cuarteles a los novatos. || Acción propia de un novato.
NOVATO, TA adj. y s. *Fam.* Principiante. (SINÓN. V. *Nuevo* y *tonto.*)
NOVECIENTOS, TAS adj. Nueve veces ciento. || Noningentésimo: *año novecientos.*

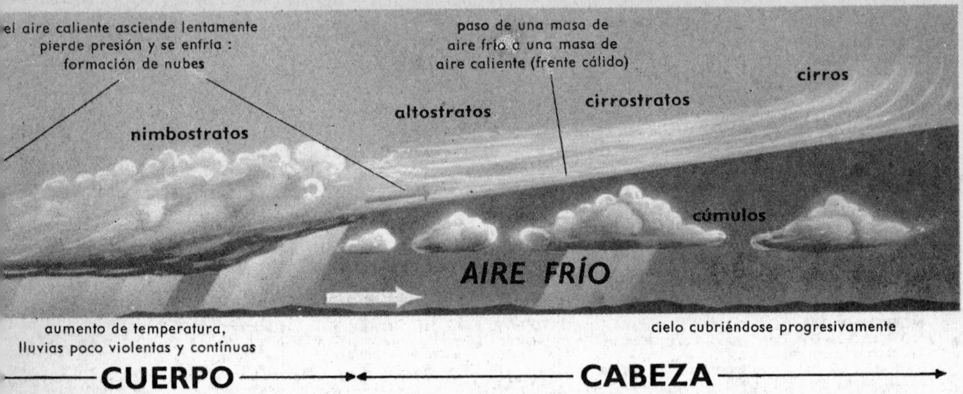

NUBES

El movimiento de las masas de aire es el principal origen de la formación de nubes. Este esquema de una depresión ciclónica se extiende sobre más de 1000 km de longitud y alcanza una altura de 7 a 10 km. Obsérvese cómo los sistemas de nubes más importantes se forman en los límites de las masas de aire, y esto explica los cambios de tiempo que se verifican en la Tierra cuando ocurre una depresión atmosférica

NOVEDAD f. Estado o calidad de nuevo. (SINÓN. V. *Moda.*) ‖ Cambio, mutación: *no hay ninguna novedad en el negocio.* ‖ Suceso reciente: *ser muy aficionado a las novedades.* (SINÓN. V. *Noticia.*) ‖ Alteración en la salud: *sigo sin novedad.* ‖ — Pl. Géneros o mercaderías adecuadas a la moda.

NOVEDOSO, SA adj. *Amer.* Nuevo, que implica novedad.

NOVEL adj. Nuevo, principiante: *poeta novel.*

NOVELA f. (lat. *novella*). Obra literaria en prosa de considerable extensión, en la que se describen y narran acciones fingidas, imitando las de la vida real. ‖ Género literario constituido por estas narraciones: *la novela española actual.* ‖ *Fig.* Ficción, mentira. ‖ Nombre de las Constituciones de los emperadores de Oriente publicadas por Justiniano.

NOVELADOR, RA m. y f. Novelista, cuentista.

NOVELAR v. i. Componer una novela. ‖ *Fig.* Referir cuentos y patrañas. ‖ Dar forma de novela: *una biografía novelada.*

NOVELERÍA f. Afición exagerada a las novelas o a las novedades. ‖ — CONTR. *Arcaísmo.*

NOVELERO, RA adj. Muy amigo de novedades. ‖ Aficionado a novelas y cuentos. ‖ *Fig.* Inconstante.

NOVELESCO, CA adj. Propio de novela: *caso novelesco.* ‖ Aficionado a novelas: *espíritu novelesco.*

NOVELISTA com. Persona que escribe novelas: *Pérez Galdós es uno de los novelistas más importantes en la literatura española.*

NOVELÍSTICA f. Estudio de la novela como forma literaria. ‖ Literatura novelesca.

NOVELÍSTICO, CA adj. Relativo a la novela.

NOVELÓN m. Novela muy dramática y medianamente escrita: *ser aficionada a leer novelones.*

NOVENA f. Actos de devoción, como oraciones, misas, etc., a que se entrega uno durante nueve días. ‖ Libro en que se contienen las oraciones de una novena.

NOVENARIO m. Período de nueve días. ‖ Novena con sermones. ‖ Los nueve primeros días del luto, dedicados a ceremonias y pésames. ‖ Exequias celebradas el noveno día después de la muerte.

NOVENO, NA adj. Que sigue en orden a lo octavo. ‖ — M. Cada una de las nueve partes iguales en que se divide un todo.

NOVENTA adj. Nueve veces diez: *noventa soldados.* ‖ Nonagésimo: *página noventa.*

NOVENTAVO, VA adj. Nonagésimo.

NOVENTAYOCHISTA adj. y s. Relativo a la generación literaria española del 98 o que pertenece a ella. (V. Generación del 98, *Parte Hist.*)

NOVENTÓN, ONA adj. y s. Nonagenario.

NOVIAR v. i. *Urug.* Actuar como novio: *noviaba con la chica.*

NOVIAZGO m. Condición de novio o novia. ‖ Tiempo que dura.

NOVICIADO m. Estado de los novicios antes de sus votos. ‖ Tiempo que dura dicho estado. ‖ Casa en que residen. ‖ *Fig.* Aprendizaje en general: *el profesorado exige un largo noviciado.*

NOVICIO, CIA m. y f. Dícese del que toma el hábito religioso en un convento para pasar allí un tiempo de prueba. ‖ Principiante en un arte u oficio. (SINÓN. *Aprendiz, neófito.* Fam. *Pipiolo, novato, quinto.*)

NOVIEMBRE m. (lat. *november*). Undécimo mes del año: *el mes de noviembre tiene treinta días.* ‖ Noveno mes del año según los romanos.

NOVIERO, RA adj. *Amér. C.* Enamoradizo.

NOVILUNIO m. Conjunción de la Luna con el Sol.

NOVILLA f. Vaca joven.

NOVILLADA f. Conjunto de novillos: *guiar una novillada.* ‖ Corrida en que sólo se lidian novillos.

NOVILLERO m. El que cuida de los novillos. ‖ Lidiador de novillos. ‖ *Fam.* Muchacho que hace novillos.

NOVILLO, LLA m. y f. Res vacuna de dos o tres años. ‖ *Amer.* Aplícase sólo al buey nuevo, y especialmente al no domado. ‖ — Pl. Corrida de novillos, novillada: *habrá novillos el domingo.* ‖ *Fam. Hacer novillos,* no asistir a clase.

NOVIO, VIA m. y f. Persona recién casada. ‖ La que está próxima a casarse. ‖ La que mantiene relaciones amorosas con intención de casarse. ‖ — SINÓN. *Futuro, galán, prometido.* V. tb. *pretendiente.*

NOVÍSIMO, MA adj. Último en un orden de cosas. ‖ — Pl. Cada una de las postrimerías del hombre.

NOVOCAÍNA f. *Farm.* Un derivado de la cocaína que se usa como anestésico local.

NOYÓ m. Licor compuesto de aguardiente, azúcar y almendras amargas.

Np, símbolo químico del *neptunio.*

NUBADA y **NUBARRADA** f. Aguacero, chaparrón. ‖ *Fig.* Multitud, abundancia de algo.

NUBARRADO, DA adj. Dícese de las telas cuyo dibujo imita las nubes.

NUBARRÓN m. Nube muy grande y negra.

NUBE f. (lat. *nubes*). Masa de vapores o nieblas, más o menos densos, en suspensión en la atmósfera: *las nubes adoptan cuatro formas principales: cirro, cúmulo, estrato y nimbo.* (SINÓN. *Cúmulo, nubarrón, nublado.*) ‖ Agrupación de cosas que como las nubes oscurecen el sol: *una nube de polvo, de humo.* ‖ Multitud: *una nube de periodistas.* ‖ Lo que obscurece la inteligencia o la serenidad: *no hay ni una nube en su felicidad.* ‖ Sombra en las piedras preciosas. ‖ Mancha en la córnea. ‖ *Nube de verano,* la tempestuosa con lluvia fuerte, repentina y pasajera. ‖ *Fig.* Disgusto o disturbio pasajero. ‖ *Estar en las nubes,* estar siempre distraído. ‖ *Fig.* Encarecer, estar muy cara una cosa. ‖ *Poner por las nubes,* alabar sobremanera una cosa o persona.

NUBIENSE adj. y s. De Nubia, país de África.

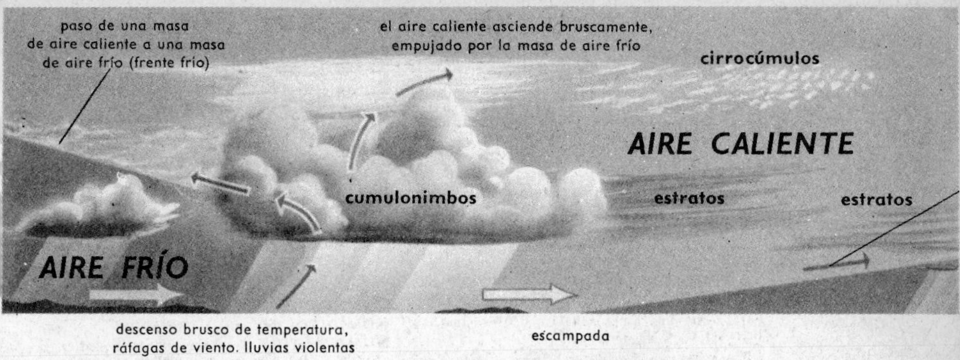

ARRASTRE ⟶⟵ CUERPO

NÚBIL adj. En edad de casarse: *mujer núbil.*
NUBILIDAD f. Calidad de núbil. (SINÓN. V. *Juventud.*)
NUBLADO m. Nube tormentosa. || *Fig.* Cosa que amenaza. || *Fig.* Multitud, copia, abundancia.
NUBLAR v. t. Cubrirse de nubes.
NUBLAZÓN m. *Méx., Per.* y *Guat.* Nublado.
NUBLO, BLA adj. Nubloso.
NUBLOSO, SA adj. Nuboso. || *Fig.* Triste, desgraciado, cabizbajo.
NUBOSIDAD f. Estado de lo nuboso.
NUBOSO, SA adj. Cubierto de nubes.
NUCA f. Parte superior de la cerviz.
NUCLEAR adj. Relativo al núcleo. || Del núcleo del átomo: *física nuclear.*
— La fisión de los elementos pesados (uranio), así como la fusión de los elementos ligeros (hidrógeno) acompañados de una pérdida de masa, desarrollan una gran cantidad de energía llamada *energía nuclear.* Ésta tiene diversas aplicaciones, en la producción de electricidad para los motores de los submarinos y navíos, y diversos empleos medicinales e industriales.
NUCLEARIO, RIA adj. Del núcleo de la célula.
NÚCLEO m. (lat. *nucleus*). Semilla de los frutos. || Hueso de la fruta. || Parte central del globo terráqueo. || Parte más luminosa y más densa de un astro. || Corpúsculo esencial de la célula. || Parte central de átomo formada por protones y neutrones. || *Fig.* Elemento central y primordial: *el núcleo de una conversación, de un negocio.*
NUCLÉOLO m. Cuerpo esférico en el interior del núcleo de la célula.
NUCLEÓN m. Partícula que constituye el núcleo de un átomo. (Existen *nucleones positivos* o protones, y *nucleones neutros* o neutrones.)
NUCLEÓNICO, CA adj. Relativo a los nucleones. || — F. Ciencia que estudia las trasmutaciones de los núcleos atómicos.
NUDILLO m. Juntura de los dedos: *golpear en la puerta con los nudillos.* || Punta que forma la costura de la media.
NUDISMO m. *Neol.* Desnudismo.
NUDO m. (lat. *nodus*). Lazo muy apretado y difícil de desatar. || Parte del tronco de donde nacen las ramas: *la madera de los nudos es la más dura.* || Punto donde se cortan dos sierras montañosas: *el Nudo de Pasto se encuentra en Colombia.* || *Fig.* Unión, lazo: *los nudos del matrimonio.* || *Mar.* Unidad de velocidad utilizada en navegación que corresponde a una milla marina por hora, o sea, 1 852 metros por hora: *barco que va a 15 nudos* (y no a 15 nudos *por hora*). || Disco transversal del tallo: *los nudos de una caña.* || En literatura, parte en que se complica la acción y que precede al desenlace. || Principal dificultad o duda: *aquí está el nudo de la cuestión.* || *Fig. Nudo gordiano,* cualquier nudo imposible de desatar. *Fig.* Dificultad insoluble. (V. Gordiano, *Parte Hist.*)
NUDOSIDAD f. *Med.* Dureza o concreción pequeña que se forma en el cuerpo.
NUDOSO, SA adj. Con nudos: *palo nudoso.*
NUÉGADO m. Turrón de nueces.
NUERA f. Hija política, la mujer del hijo respecto de los padres de éste.
NUESTRAMO, MA m. y f. Contracción de *nuestro amo, nuestra ama.*
NUESTRO, TRA pron. poses. (lat. *noster*). De nosotros: *nuestra casa.* || *Los nuestros,* los de nuestro partido, profesión, etc.
NUEVA f. Primera noticia que se recibe de una cosa: *acoger con incredulidad una buena nueva.*
NUEVAMENTE adv. m. De nuevo: *volveré nuevamente a verte.* || Recientemente: *nuevamente impreso.*
NUEVE adj. (lat. *novem*). Ocho y uno. || Noveno día del mes: *el nueve de octubre.* || — M. Signo, cifra que representa el número nueve. || Naipe con nueve figuras: *el nueve de oros.* || *Las nueve,* hora novena de la mañana o la noche.
NUEVO, VA adj. Que no existía o no se conocía antes: *libro nuevo.* (SINÓN. V. *Reciente.*) || Que sucede a otra cosa en el orden natural: *año nuevo.* || Novicio, recién llegado: *ser muy nuevo en un oficio.* (SINÓN. *Bisoño, inexperto, novato.*) [La palabra *nuevo* modifica su sentido según el lugar que ocupa respecto del substantivo que modifica: *un libro nuevo* es un libro que acaba de publicarse, *comprar un nuevo libro* es sencillamente comprar otro, aunque sea antiguo.] || *Fig.* Poco o nada usado: *un abrigo nuevo.* || Distinto de lo que se tenía aprendido. || *El Nuevo Mundo,* América. || *El Nuevo Testamento,* los libros sagrados posteriores a Jesucristo. || *Año nuevo,* primer día del año. || *De nuevo,* m. adv., nuevamente. || *Fam. Poner a uno peor que nuevo,* castigarlo, darle una paliza. || *Quedarse como nuevo,* muy bien, perfectamente. || — CONTR. *Viejo, antiguo.*
NUEZ f. (lat. *nux, nucis*). Fruto del nogal: *las nueces secas producen un aceite comestible.* || Fruto de otros árboles: *nuez de coco, de areca, de burí, de nipa, moscada, vómica.* || Prominencia que forma el cartílago tiroides en la parte anterior del cuello del hombre. || Pieza movible en el extremo del arco del violín u otros instrumentos para tensar las crines. || Hueso del tablero de la ballesta donde se arma la cuerda. || *Nuez moscada,* fruto de la mirística: *la nuez moscada se emplea como condimento.* || *Nuez vómica,* semilla de una loganiácea: *la nuez vómica es muy venenosa.*
NUEZA f. Planta cucurbitácea trepadora, que tiene por fruto bayas encarnadas.
NUGATORIO, RIA adj. Engañoso, frustráneo.
NULAMENTE adv. m. Sin efecto.
NULIDAD f. Vicio que anula un acto. || *Fig.* Falta de mérito. || Incapacidad: *la nulidad de un empleado.* || Fam. Persona inútil: *Fulano es una nulidad.*
NULÍPARA adj. Aplícase a la mujer que no ha tenido ningún hijo.

nuca

nuez

Fot. Larousse

NULO, LA adj. Sin mérito ni valor: *hombre nulo, razonamiento nulo.* || Que carece de efecto legal.
NUMANTINO, NA adj. y s. De Numancia.
NUMEN m. (lat. *numen*). Inspiración: *numen poético.* || Divinidad gentílica.
NUMERACIÓN f. Acción de numerar: *numeración escrita.* || *Numeración arábiga,* aquella en que las unidades de los diversos órdenes son diez veces mayores o menores unas que otras. || *Numeración romana,* la usada por los romanos y que suele utilizarse actualmente para enumerar los capítulos de un libro o sus páginas liminares, en las esferas de los relojes, para indicar el número ordinal de los reyes, concilios, congresos, etc., o para señalar las fechas en inscripciones y monumentos. La numeración romana se representa mediante siete letras: I, 1; V, 5; X, 10; L, 50; C, 100; D, 500, y M, 1 000. Para restar una unidad a V o a X se antepone el signo I; para restar una decena a L o a C se antepone X; y para restar una centena a D o a M se las hace preceder de C.

Numeración romana

I	1	XII	12	C	100
II	2	XIV	14	CXC	190
III	3	XIX	19	CC	200
IV	4	XX	20	CCC	300
V	5	XXX	30	CD	400
VI	6	XL	40	D	500
VII	7	L	50	DC	600
VIII	8	LX	60	DCC	700
IX	9	LXX	70	DCCC	800
X	10	LXXX	80	CM	900
XI	11	XC	90	M	1 000

NUMERADOR m. Término de la fracción que indica cuántas partes de la unidad contiene. (CONTR. *Denominador.*) || Aparato para numerar correlativamente.
NUMERAL adj. Que designa un número: *adjetivo numeral.* (SINÓN. *Numerario, numérico.*) || *Letras numerales,* las empleadas en la numeración romana.
NUMERAR v. t. Poner números a una cosa: *numerar un cuaderno.* (SINÓN. *Foliar, paginar.*) || Contar por números. || Expresar numéricamente la cantidad. || — PARÓN. *Enumerar.*
NUMERARIO, RIA adj. Relativo al número. (SINÓN. V. *Numeral.*) || Dícese del valor legal de la moneda. || — M. Moneda acuñada, dinero efectivo: *pagar en numerario.* (SINÓN. V. *Dinero.*)
NUMERATIVO, VA adj. Usado para numerar.
NUMÉRICAMENTE adv. m. En número exacto. || Desde el punto de vista numérico.
NUMÉRICO, CA adj. Perteneciente a los números: *superioridad numérica.* || Compuesto, ejecutado con ellos: *cálculo numérico.*
NÚMERO m. (lat. *numerus*). Relación entre una cantidad determinada y otra considerada como unidad: *números iguales.* || Cifra o guarismo: *número romano.* (SINÓN. *Signo.* V. tb. *cantidad.*) || Parte del programa de un espectáculo. || Armonía y cadencia del período. || *Mil.* Soldados sin graduación. || *Gram.* Propiedad que tienen las palabras de representar por medio de ciertas formas la idea de unidad o de pluralidad: *hay dos números, el singular y el plural.* (V. cuadro PLURAL.) || Billete de lotería o rifa. || *Número atómico,* número de un elemento en la clasificación periódica. Es igual al número de sus electrones que giran alrededor del núcleo o al número de protones que están contenidos en el núcleo.) || *Número abstracto,* el que no se refiere a unidad de especie determinada. || *Número concreto,* el que designa cantidad de especie determinada. || *Número dígito,* el que se puede expresar en una sola cifra. || *Número entero,* el que consta de un número exacto de unidades. || *Número fraccionario* o *quebrado,* fracción. || *Número primo,* el que no admite más divisor exacto que él mismo y la unidad, como 7, 11. || *Número par,* el divisible por 2. || *Número impar,* el que no es divisible por 2. || *Número de Mach.* relación entre la velocidad de un móvil (proyectil o avión) y la velocidad del sonido en la atmósfera en que se desplaza. || *De número,* m. adv., dícese de los individuos que pertenecen a una sociedad de limitado número de miembros: *académico de número.* || *Sinnúmero,* m. adv., en gran número. || *Poner en el número de,* galicismo por *contar entre.*
NUMEROSAMENTE adv. m. En gran número.
NUMEROSIDAD f. Multitud numerosa.
NUMEROSO, SA adj. Que incluye gran número de cosas. || Armonioso: *versos numerosos.* || — Pl. Muchos: *son numerosos los que así hablan.*
NÚMIDA adj. y s. Natural de Numidia.
NUMÍDICO, CA adj. De Numidia.
NUMISMÁTICA f. Ciencia que se dedica al estudio de las monedas y medallas antiguas.
NUMISMÁTICO, CA adj. Relativo a la numismática: *valor numismático de una moneda.* || — M. El que profesa esta ciencia o tiene en ella especiales conocimientos.
NUMULITA o **NUMMULITES** f. Protozoo fósil de la era terciaria de forma lenticular que se encuentra en ciertas rocas calizas.
NUNCA adv. t. (lat. *nunquam*). En ningún tiempo: *yo nunca le hablé.* || Ninguna vez. || — CONTR. *Siempre.*
NUNCIATURA f. Dignidad de nuncio. || Casa del nuncio: *ir a la Nunciatura.* || Tribunal de la Rota de la Nunciatura Apostólica en España.
NUNCIO m. (lat. *nuncius*). Embajador del Papa: *nuncio apostólico.* || *Fam.* Personaje imaginario a quien se remite por burla: *que te lo diga el nuncio.* || *Fig.* Anuncio o señal: *el viento suele ser nuncio de lluvia.*
NUNCUPATIVO adj. Dícese del testamento dictado conforme a las formalidades legales.
NUNCUPATORIO, RIA adj. Dícese del escrito con que se dedica una obra, se confiere a uno un empleo o se le nombra heredero.
NUPCIAL adj. De las bodas: *ceremonia nupcial.* (SINÓN. V. *Matrimonial.*)
NUPCIALIDAD f. Proporción de casamientos.
NUPCIAS f. pl. (lat. *nuptiae*). Boda.
NURSE f. (pal. ingl.). Criada de los niños, ama de llaves, enfermera.
NURSERY f. del ingl. *nurse,* nodriza). Habitación o guardería destinada a los niños.
NUTACIÓN f. *Astr.* Oscilación del eje de la Tierra, causada por la atracción de la Luna. || Cambio de dirección que se manifiesta en un órgano vegetal.
NUTRIA f. Mamífero carnicero del tamaño de un gato, cuya piel es muy estimada: *la nutria vive a orillas de los ríos.*
NUTRICIO, CIA adj. Alimenticio. || Que procura alimento a otra persona: *San José era padre nutricio de Jesús.*
NUTRICIÓN f. Conjunto de los fenómenos que tienen por objeto la conservación del ser viviente. (SINÓN. V. *Alimento.*)
NUTRIDO, DA adj. *Fig.* Abundante, lleno.
NUTRIMENTO m. Nutrición. || Alimento.
NUTRIR v. t. (lat. *nutrire*). Alimentar: *la sangre nutre los músculos.* (SINÓN. *Cebar, criar, llenar, restaurar, sustentar.*) || *Fig.* Fortalecer, acrecentar.
NUTRITIVO, VA adj. Alimenticio, nutricio.
NY f. Decimotercera letra del alfabeto griego que equivale a nuestra *n.*
NYLON [*nailon*] m. (nombre registrado). Fibra textil sintética que tiene muchas aplicaciones.

nutria

Ñandú con las alas desplegadas

Ñ

Ñ f. Decimoséptima letra y decimocuarta consonante del abecedario castellano, llamada *eñe*.

ÑA f. *Amer.* Tratamiento que se da a las mujeres del pueblo y de cierta edad.

ÑACANINÁ f. *Arg.* Víbora grande y venenosa.

ÑÁCARO adj. *Col.* Descascarado, desmedrado.

ÑACO m. *Chil.* Gachas de maíz tostado con azúcar o miel. ‖ Harina de trigo o maíz tostados con azúcar.

ÑACUNDÁ m. *Arg.* Ave nocturna de color pardo.

ÑACURUTÚ m. *Amer.* Buho, lechuzón.

ÑAME m. Planta de la familia de las dioscoráceas de raíz grande, tuberculosa, parecida a la batata: *el ñame es comestible apreciado en los países intertropicales.* ‖ — Adj. *Fam. P. Rico, Col., Venez.* Muy grande: *pie ñame.*

ÑANDÚ m. Avestruz de América, de plumaje menos fino que el del avestruz africano, y que tiene una altura de 1,65 m. Pl. *ñandúes.*

ÑANDUBAY m. Especie de mimosa de América, cuya madera, rojiza y dura, se emplea en obras hidráulicas y traviesas de ferrocarril.

ÑANDUTÍ m. *Riopl.* Cierto encaje muy fino de origen paraguayo.

ÑANGADO, DA adj. *Cub.* De miembros torcidos y débiles. ‖ — F. *Amér. C.* Tarascada, mordisco. ‖ Acción dañina y disparatada.

ÑANGAR v. t. *Cub.* Desfigurar una cosa.

ÑANGO, GA adj. *Amer.* Bajo, patojo. ‖ *Méx.* Canijo, flaco. ‖ *Arg.* Desairado.

ÑAÑA f. *Chil.* y *P. Rico. Fam.* Niñera. ‖ *Arg.* y *Chil.* Hermana mayor. ‖ *Amér. C.* Excremento humano.

ÑAÑERÍA f. *Ecuad.* Intimidad, confianza.

ÑÁÑIGO, GA adj. y s. Individuo de una sociedad secreta formada por los negros en Cuba.

ÑAÑO, ÑA adj. *Col.* Consentido, mimado. ‖ *Per.* Íntimamente amigo con uno. ‖ — M. *Arg.* y *Ecuad.* Hermano mayor. ‖ *Chil.* Ñoño, tonto. ‖ *Per.* Niño, nene.

ÑAPA f. *Amer.* Adehala, propina.

ÑAPANGO, GA adj. *Col.* Mestizo, mulato.

ÑAPINDÁ m. *Riopl.* Cierta especie de acacia.

ÑAQUE m. Conjunto de cosas inútiles, fárrago.

ÑARUSO, SA adj. y s. *Ecuad.* Dícese de la persona picada de viruelas.

ÑATO, TA adj. *Amer.* Chato. ‖ *Arg.* Feo, mal hecho. ‖ Felón, perverso. ‖ *Col.* Gangoso.

ÑEEMBUCUENSE adj. y s. De Ñeembucú (Paraguay).

ÑAURE m. *Venez.* Leño nudoso, garrote.

ÑECLA f. *Chil.* Cometa pequeña. ‖ Individuo raquítico. ‖ Bagatela.

ÑEQUE m. *Amer.* Fuerza, vigor. ‖ *Amér. C.* y *Méx.* Golpe, bofetada. ‖ — Adj. *Amer.* Fuerte, hábil, vigoroso. ‖ *Fig.* y *fam. Hombre de ñeque,* hombre de pelo en pecho.

ÑEQUEAR v. i. *Ecuad.* Demostrar energía.

ÑIELE interj. *Chil. Fam.* No, nada.

ÑILBO m. *Chil.* Jirón de ropa vieja, andrajo.

ÑIÑO, ÑA m. y f. *Ecuad.* Calificativo de respeto que suelen dar los criados a sus señores.

ÑIQUIÑAQUE m. Persona o cosa despreciable.

ÑISCA f. *Amér. C.* y *Col.* Excremento. ‖ *Amer.* Pizca, pedacito.

ÑOCA f. *Col.* Rajadura en el piso o el enlosado.

ÑOCHA f. *Chil.* Planta bromeliácea de cuyas hojas se hacen sogas, sombreros, esteras, etc.

ÑOCLO m. Especie de melindre o bizcocho.

ÑONGARSE v. r. *Col.* Agacharse. ‖ Torcerse.

ÑONGO, GA adj. *Venez. Fam.* En mal estado.

ÑOÑERÍA y **ÑOÑEZ** f. Necedad, sandez.

ÑOÑO, ÑA adj. y s. *Fam.* Apocado, de corto ingenio, beato. ‖ Soso, de poca substancia.

ÑOQUE o **ÑOQUI** m. (ital. *gnocchi*). Pasta de tallarines, dispuesta en masitas irregulares y diversamente aderezada.

ÑORBO m. Flor pequeña y fragante. ‖ *Arg., Ecuad.* y *Per.* Voz para alabar la hermosura de los ojos de una mujer, comparándolos con la flor nacional de la Argentina: *tus ojos son dos ñorbos.*

ÑU m. Género de antílopes del África del Sur.

ÑUBLENSE adj. y s. De Ñuble (Chile).

ÑUDO m. *Ant.* Nudo. ‖ *Arg. Al ñudo,* al cohete.

ÑUFLA f. *Chil.* Cosa sin valor.

ÑUÑO f. *Ecuad.* y *Per.* Nodriza.

ÑURIDITO, TA adj. *Col.* Raquítico, enclenque.

ÑUTIR v. t. *Col.* Refunfuñar, rezongar, gruñir.

ÑUTO adj. *Ecuad.* Molido, convertido en polvo.

ñame

ñandutí

ñu

Fot. Rollet, Vidal

Organos del Palacio de Chaillot (París)

O f. Decimooctava letra del abecedario español y cuarta de sus vocales: *una O mayúscula.* ‖ Símbolo químico del *oxígeno.*
O conj. disyunt. (lat. *aut.*) Denota alternativa o diferencia: *vencer o morir; Antonio o Francisco.* ‖ Denota también idea de equivalencia significando *o sea: el protagonista, o personaje principal, era Adán.* ‖ — OBSERV. Sólo se debe acentuar *o* cuando va entre dos números para evitar que se confunda con el *cero: te daré 10 ó 12 pesetas.* La conjunción *o* debe sustituirse por *u* cuando la palabra que la sigue empieza por *o* u *ho: no sé si tienen siete u ocho hijos; Hesíodo u Homero.*
O', partícula colocada delante de los nombres propios irlandeses para indicar la filiación: *O'Connell* (hijo de Connell).
OASIS m. (pal. gr.). Espacio cubierto de vegetación, y a veces con manantiales, en medio del desierto: *existen en el Sáhara numerosos oasis.* ‖ *Fig.* Cosa excepcionalmente agradable, en medio de otra que no lo es tanto.
OAXAQUEÑO, ÑA adj. y s. De o natural de Oaxaca (México).
OBCECACIÓN f. Ofuscamiento, ceguera tenaz.
OBCECADAMENTE adv. m. Con obcecación.
OBCECAR v. t. (lat. *obcecare*). Ofuscar, cegar.
OBEDECEDOR, RA adj. y s. El que obedece.
OBEDECER v. t. Someterse a la voluntad ajena y ejecutarla: *el soldado debe obedecer a sus jefes.* (SINÓN. *Inclinarse, obtemperar.* V. tb. *observar.*) ‖ Ceder: *obedecer a la fuerza.* ‖ Estar sometido a una fuerza: *los cuerpos obedecen a la gravedad.* ‖ — V. i. *Fig.* Dimanar: *eso obedece a que no te esperaba.* ‖ — IRREG. Se conjuga como *merecer.*
OBEDECIMIENTO m. Acción de obedecer, obediencia.
OBEDIENCIA f. Acción de obedecer. ‖ Costumbre de obedecer. (SINÓN. *Docilidad, servilismo.*) ‖ Sumisión de una cosa a otra. (SINÓN. *Acatamiento, subordinación.*) ‖ Precepto del superior en las órdenes religiosas. (SINÓN. *Disciplina.* V. tb. *respeto.*) ‖ Permiso que da un superior: *ya tengo la obediencia.* ‖ *Fig. Obediencia ciega,* la prestada sin examinar los motivos o razones.

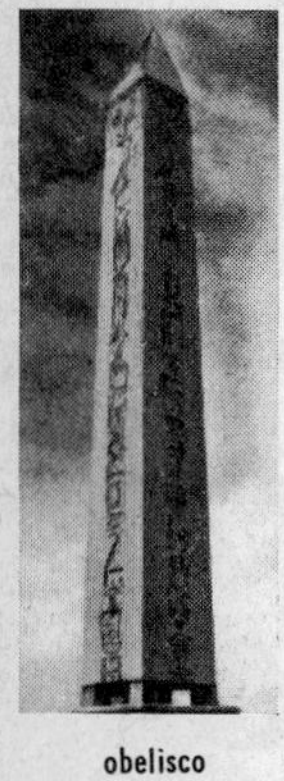

obelisco

OBEDIENCIAL adj. Relativo o perteneciente a la obediencia.
OBEDIENTE adj. Que obedece: *niño obediente.* ‖ Propenso a obedecer. (SINÓN. V. *Flexible.*) ‖ — CONTR. *Desobediente.*
OBEDIENTEMENTE adv. m. Con obediencia.
OBELISCO m. (gr. *obeliskos*). Monumento egipcio cuadrangular, de forma de aguja piramidal. — Los *obeliscos* eran, en su mayor parte, *monolitos* (de una sola piedra). Estaban cubiertos de jeroglíficos y adornaban en Egipto la entrada de los templos, los palacios y las plazas públicas. Los romanos transportaron muchos a Italia. En Roma, en Londres y en París existen hermosos obeliscos egipcios.
OBENCADURA f. *Mar.* Conjunto de los obenques.
OBENQUE m. (hol. *hobent*). *Mar.* Nombre genérico de los cabos que sujetan la cabeza de los palos.
OBERTURA f. Pieza sinfónica con que se da principio a una ópera, oratorio u otra composición musical.
OBESIDAD f. (lat. *obesitas*). Excesiva acumulación de grasa en el cuerpo.
OBESO, SA adj. y s. Que está afectado de obesidad: *una mujer obesa.*
ÓBICE m. (lat. *obex, obicis*). Obstáculo, estorbo: *aquello no fue óbice para que siguiese mi camino.*
OBISPADO m. Dignidad de obispo y territorio sometido a su jurisdicción.
OBISPAL adj. Episcopal.
OBISPALÍA f. Palacio episcopal. ‖ Obispado.
OBISPILLO m. Morcilla grande. ‖ Rabadilla de las aves.
OBISPO m. (gr. *episkopos*). Jefe espiritual de una diócesis: *los obispos fueron elegidos en un principio por los fieles.* ‖ *Obispo in partibus infidelium, de anillo, de título,* el que toma título de país ocupado por los infieles y en el cual no reside ‖ *Obispo auxiliar,* el adscrito a uno residencial. ‖ Pez selacio, especie de raya. ‖ Obispillo, morcilla. ‖ *Fam. Trabajar para el obispo,* trabajar de balde.
ÓBITO m. (lat. *obitus*). Defunción, muerte natural. (SINÓN. V. *Fallecimiento.*)
OBITUARIO m. Libro donde se anotan las partidas de defunción y de entierro. ‖ Sección de defunciones en un periódico.

Fot. Seeberger, Viollet

OBJECIÓN f. Argumento que se opone a una afirmación o proposición: *hacer objeción a todo.* ‖ — SINÓN. *Contradicción, impugnación, oposición, reparo, réplica.*

OBJETANTE adj. y s. Que objeta.

OBJETABLE adj. Que se puede objetar.

OBJETAR v. t. (lat. *objectare*). Oponer, alegar en contra de una cosa: *objetar mil dificultades.* (SINÓN. V. *Responder.*)

OBJETIVACIÓN f. Acción de objetivar.

OBJETIVAMENTE adv. m. De modo objetivo.

OBJETIVAR v. t. Neol. Hacer objetivo. ‖ Hacer independiente del sujeto.

OBJETIVIDAD f. Calidad de lo que es objetivo. ‖ Imparcialidad: *objetividad de un juicio.*

OBJETIVISMO m. Neol. Objetividad. ‖ Creencia en la existencia de una realidad objetiva.

OBJETIVO, VA adj. Relativo al objeto: *realidad objetiva.* (Su contrario, en este sentido, es *subjetivo.*) ‖ *Fil.* Dícese de lo que existe realmente fuera del sujeto que lo conoce. ‖ Exento de parcialidad: *narración objetiva.* ‖ — M. Lente de un aparato de óptica vuelto hacia el objeto que mira: *el objetivo y el ocular de un anteojo.* ‖ Fin, objeto, término de un acto: *el objetivo de una operación.* ‖ *Mil.* Punto, línea o zona de terreno que se ha de batir por el fuego (bombardeo) o para conquistar por el movimiento o choque (ataque). ‖ Parte de una máquina fotográfica que contiene las lentes que deben atravesar los rayos luminosos antes de penetrar en la cámara oscura. ‖ *Objetivo de inmersión,* objetivo de un microscopio de gran potencia, cuya lente inferior está en contacto con una gota de líquido en gran índice de refracción, para mejorar el poder separador del aparato.

OBJETO m. (del lat. *objectum,* cosa que se arroja delante). Cualquier cosa que se ofrece a la vista y afecta los sentidos: *un objeto horrible.* ‖ *Fig.* Lo que ocupa el espíritu: *la medicina es objeto de sus estudios.* ‖ Fin o intento: *ser objeto de una discusión.* ‖ Intención: *tener por objeto una cosa; con* [no *al*] *objeto de agradar.* (SINÓN. V. *Efecto.*) ‖ Asunto: *el objeto de una ciencia.* (SINÓN. *Designio, fin, finalidad, intención, intento, mira.* V. tb. *materia.* ‖ *Fig.* Lo que se piensa y se opone al ser pensador o sujeto.

OBJETOR adj. y s. Que objeta. ‖ *Objetor de conciencia,* el que se niega a hacer el servicio militar por razones de orden político o religioso.

OBLACIÓN f. (lat. *oblatio*). Ofrenda hecha a Dios o a sus ministros: *la oblación de una víctima.* (SINÓN. V. *Don.*) ‖ Acto con que ofrece a Dios el sacerdote, durante la misa, el pan y el vino que va a consagrar.

OBLADA f. Ofrenda que se da a la Iglesia por los difuntos, que generalmente es un pan o rosca.

OBLATA f. Lo que da en ciertas iglesias el sacerdote al sacristán o a la fábrica de la Iglesia por concepto de los gastos de hostias, vino, cera, etc. ‖ Parte de la misa desde el credo hasta la consagración. ‖ En la misa, la hostia y el cáliz antes de ser consagrados. ‖ — Adj. y s. f. Religiosa de la congregación del Santísimo Redentor, fundada en España en el siglo XVI para evitar la prostitución de las jóvenes.

OBLATIVO, VA adj. Perteneciente o relativo a la oblación.

OBLATO adj. y s. Dícese del miembro de diversas congregaciones.

OBLEA f. Hoja delgada de masa de harina y agua, cocida en molde: *las obleas servían para pegar los sobres.* ‖ Sello para tomar medicinas.

OBLICUAMENTE adv. m. Con oblicuidad.

OBLICUÁNGULO adj. Dícese de la figura o poliedro en que no es recto ninguno de sus ángulos.

OBLICUAR v. t. Dar dirección oblicua: *oblicuar una línea.* ‖ — V. i. Caminar en dirección oblicua.

OBLICUIDAD f. Inclinación de una línea o de una superficie: *la oblicuidad variable de los rayos solares sobre la superficie de la Tierra produce las diferencias de temperatura entre las estaciones.* ‖ *Oblicuidad de la eclíptica,* ángulo de 23° 27′ que forma la eclíptica con el ecuador.

OBLICUO, CUA adj. (lat. *obliquus*). Inclinado o sesgado: *línea oblicua.* (SINÓN. V. *Indirecto.*) ‖ *Geom.* Dícese de la línea o plano que se encuentra con otro u otra y hace un ángulo que no es recto. ‖ *Anat.* Nombre de diferentes músculos del hombre y los animales. (El *oblicuo mayor* y el *oblicuo menor* del abdomen producen la rotación del tronco; el *oblicuo mayor* del ojo hace bajar el ojo, *el oblicuo menor,* por el contrario, lo levanta.)

OBLIGACIÓN f. Vínculo que nos impone la ejecución de una cosa: *cumplir con sus obligaciones.* (SINÓN. V. *Deber.*) ‖ Motivo de agradecimiento. (SINÓN. V. *Gratitud.*) ‖ *For.* Escritura por la cual se compromete uno a efectuar una cosa. ‖ Título amortizable, de interés fijo y al portador, que representa una suma prestada: *obligación de ferrocarriles.* ‖ Imposición, exigencia moral que debe regir la voluntad libre. ‖ — Pl. Familia que uno tiene que mantener: *estar cargado de obligaciones.* ‖ — PROV. **Antes es la obligación que la devoción,** primero es cumplir con el deber, ante todas las cosas.

OBLIGACIONISTA m. Propietario de obligaciones comerciales.

OBLIGADO m. Abastecedor de un pueblo. ‖ *Mús.* Parte principal de un poema musical, sin los acompañamientos. ‖ Obligatorio, necesario: *eso es tema obligado.*

OBLIGAR v. t. (del lat. *obligare,* ligar). Imponer una obligación: *mi deber me obliga a ello.* ‖ Ligar por medio de un acto: *su contrato le obliga a hacer esto.* ‖ *Fig.* Compeler, excitar: *me va usted a obligar a que le eche a la calle.* ‖ Prestar servicio, favorecer. ‖ *Chil.* y *Arg.* Invitar a beber. ‖ — V. r. Comprometerse a hacer una cosa. ‖ — SINÓN. *Astringir, compeler, comprometer, constreñir, exigir, forzar, ligar.*

OBLIGATORIEDAD f. Calidad de obligatorio: *la obligatoriedad de la ley.*

OBLIGATORIO, RIA adj. Que tiene fuerza legal de obligación: *servicio militar obligatorio.* (SINÓN. V. *Inevitable.*) ‖ *Por ext.* Exigido por las convenciones sociales: *traje de etiqueta obligatorio.*

OBLITERACIÓN f. Acción de obliterar o tapar. ‖ Oclusión de un vaso o conducto en los vegetales o animales.

OBLITERAR v. t. *Med.* Obstruir un vaso, un conducto, del cuerpo humano: *un vaso obliterado por la inflamación.* (SINÓN. V. *Borrar.*)

OBLONGO, GA adj. (lat. *oblongus*). Más largo que ancho: *caja oblonga.* (SINÓN. *Apaisado.*)

OBNUBILACIÓN f. Ofuscamiento. ‖ *Med.* Trastorno encefálico que hace borrosa la visión.

OBOE m. Instrumento músico de viento, semejante a la dulzaina, provisto de doble lengüeta. ‖ Persona que toca el oboe, oboísta.

OBOÍSTA m. Tocador de oboe.

ÓBOLO m. (lat. *obolus*). Peso de la antigua Grecia (sexta parte del dracma). ‖ Moneda griega de plata. ‖ *Fig.* Cantidad muy pequeña con que se contribuye a algo. (SINÓN. V. *Limosna.*) ‖ *Farm.* Peso de medio escrúpulo, o sea, doce granos. ‖ — PARÓN. *Óvolo.*

OBRA f. (lat. *opera*). Resultado del trabajo o de la acción: *la ciencia es obra de los siglos.* (SINÓN. *Producción, producto.*) ‖ Acción: *poner por obra todos los medios para conseguir un fin.* (SINÓN. V. *Trabajo.*) ‖ Producción del espíritu o del arte: *las obras de Cervantes, una obra artística.* (SINÓN. V. *Libro.*) ‖ Conjunto de las obras de un artista. ‖ Volumen o serie de volúmenes de la obra de un escritor. ‖ Acción, desde el punto de vista moral: *una obra meritoria.* ‖ Edificio en construcción: *trabajamos en los andamios de una obra.* ‖ Derecho de fábrica. ‖ *Tecn.* Parte de un horno alto situada inmediatamente encima del crisol. ‖ *Mar. Obra muerta,* la que está encima de la línea de flotación. *Chil.* Lo que queda por hacer de un edificio después de levantar los muros y tejado. ‖ *Obra maestra,* obra perfecta. ‖ *Obra de caridad,* la que se hace en bien del prójimo. ‖ *Obra viva,* parte del barco que está debajo de la línea de flotación. ‖ *Obra prima,* zapatería de nuevo. ‖ *Fig. Obra de romanos, obra del Escorial,* cosa muy trabajosa y larga. ‖ *Poner por* [no *en*] *obra,* ponerse a ejecutar una cosa. ‖ *De obra,* por medio de actos: *maltratar de palabra o de obra.* ‖ *Poner por obra una cosa, emprenderla.* ‖ — PROV. **Obras son amores que no buenas razones,** hay que confirmar con hechos las palabras.

obispo

OBJETIVO FOTOGRÁFICO

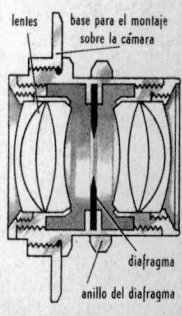

lentes
base para el montaje sobre la cámara
diafragma
anillo del diafragma

OBRADA f. Labor que hace en un día el cavador. || *Provinc.* Medida agraria (entre 40 y 50 áreas).
OBRADOR, RA adj. y s. Que obra. || — M. Taller.
OBRAJE m. Manufactura: *el obraje de los paños.* || Taller, sitio donde se labran ciertos materiales.
OBRAR v. t. Ejecutar una cosa. (SINÓN. *Funcionar, operar.* V. tb. *hacer* y *trabajar.*) || Causar efecto: *la medicina no le obró.* || Edificar, construir una obra. || — V. i. Exonerar el vientre. || Estar, existir en un sitio: *su carta obra en mis manos.*
OBREPCIÓN f. (lat. *obreptio*). *For.* Falsa narración o reticencia para conseguir algo.
OBRERADA f. *Fam.* Conjunto de obreros.
OBRERÍA f. Cargo de obrero. || Renta de la fábrica de una iglesia. || Cuidado de dicha fábrica.
OBRERISMO m. Movimiento obrero, conjunto de los obreros de un país. || Régimen económico fundado sobre el predominio del trabajo obrero como elemento de producción y de riqueza. || Movimiento en pro de la mejora y dignificación social y vital del obrero.
OBRERISTA adj. Relativo al obrerismo.
OBRERO, RA adj. y s. Que trabaja: *hormiga obrera.* || — M. y f. Persona que se dedica a algún oficio manual retribuido. (SINÓN. V. *Trabajador.*) || *Obrero especializado,* obrero que ejecuta trabajos que necesitan una práctica suficiente del oficio o una cierta formación profesional.
OBRIZO adj. Dícese del oro muy puro.
OBSCENAMENTE adv. m. De manera obscena.
OBSCENIDAD f. Calidad de obsceno. || Palabra, acción o cosa obscena.
OBSCENO, NA adj. (lat. *obscenus*). Indecente, contrario al pudor: *pintura obscena.* || — SINÓN. *Escabroso, licencioso, picante, picaresco, pornográfico, sicalíptico, verde.* V. tb. *erótico, impúdico* y *lujurioso.*
OBSCURAMENTE adv. m. Con obscuridad. || *Fig.* Sin lucimiento: *vivir obscuramente.* || — CONTR. *Claramente.*
OBSCURANTISMO m. Estado de espíritu refractario al adelanto y al progreso: *hay que atacar el obscurantismo.* || Sistema de los que se oponen a que penetre la instrucción en las clases populares: *combatir el obscurantismo.*
OBSCURANTISTA adj. y s. Partidario del obscurantismo.
OBSCURECER v. t. Volver obscuro. || *Fig.* Volver poco inteligible: *obscurecer el estilo.* (SINÓN. *Apagar, eclipsar, ensombrecer.*) || Debilitar el brillo de una cosa: *obscurecer la verdad.* || — V. i. Ir anocheciendo. || — V. r. Nublarse, ponerse obscuro: *el cielo se obscurece.* || *Fig.: Su gloria se obscureció.* || — OBSERV. Es verbo impersonal. || — IRREG. Se conjuga como *merecer.*
OBSCURECIMIENTO m. Acción y efecto de obscurecer.
OBSCURIDAD f. Falta de luz o de claridad: *la obscuridad de la noche.* (SINÓN. *Lobreguez, sombra, tinieblas.*) || *Fig.* Falta de claridad: *la obscuridad del lenguaje.* || Estado de lo dudoso o imperfectamente conocido: *la obscuridad de lo pasado.* || Estado de la persona o cosa poco conocida: *vivir en la obscuridad.* || Falta de noticias acerca de algo. || — CONTR. *Claridad.*
OBSCURO, RA adj. (lat. *obscurus*). Sombrío, que no está iluminado: *cueva obscura.* || Humilde, poco conocido. (SINÓN. V. *Desconocido.*) || Dícese del color casi negro: *un traje obscuro.* || Que carece de brillo, sombrío: *color obscuro.* || *Fig.* Poco brillante: *estilo obscuro.* || Difícil de comprender: *pensamiento obscuro.* || Poco conocido: *llevar una vida obscura.* (SINÓN. *Abstracto, caliginoso, confuso, enrevesado, fuliginoso, inconexo, inextricable, misterioso, vago.* V. tb. *ambiguo* e *incomprensible.*) || *Hacer obscuro,* faltar claridad en el cielo, por acercarse la noche o por estar nublado. || *A obscuras,* m. adv., sin luz, sin ver.
OBSECRACIÓN f. *Ret.* Súplica, invocación.
OBSECRAR v. t. Suplicar, rogar, invocar.
OBSECUENCIA f. Afabilidad, sumisión.
OBSECUENTE adj. Obediente, sumiso.
OBSEDER v. t. *Neol.* Causar obsesión.
OBSEQUIADOR, RA adj. y s. Que obsequia.
OBSEQUIAR v. t. Agasajar: *obsequiar a un amigo.* || Galantear, requebrar. || *Amer.* Regalar: *le obsequié un libro.*
OBSEQUIO m. (lat. *obsequium*). Agasajo: *recibir con mucho obsequio.* || Regalo: *hermoso obsequio.* (SINÓN. V. *Don.*)
OBSEQUIOSAMENTE adv. m. Con obsequio.
OBSEQUIOSIDAD f. Carácter obsequioso.
OBSEQUIOSO, SA adj. Rendido, cortés, condescendiente: *obsequioso con sus amigos.* (SINÓN. V. *Refinado* y *servil.*) || *Méx.* Amigo de hacer regalos.
OBSERVABLE adj. Que se puede observar.
OBSERVACIÓN f. Acción y efecto de observar: *la observación de la ley.* || Acción de conformarse con lo que está prescrito. || *Espíritu de observación,* habilidad y predisposición para observar. || Atención que se presta a ciertas cosas: *la observación de las costumbres contemporáneas.* (SINÓN. *Consideración, cuidado, experiencia.*) || Reflexión. || Objeción, reparo. || Explicación de algo. || Nota aclaratoria en los libros, escritos, etc. (SINÓN. V. *Advertencia.*) || Estudio notable sobre alguna cosa: *observación astronómica.* || Reprimenda: *no admito observaciones de nadie.* (SINÓN. V. *Reproche.*) || *Poner un enfermo en observación,* estudiar la marcha de su enfermedad.
OBSERVADOR, RA adj. y s. El que observa o cumple un precepto: *ser observador fiel de la ley.* || Que observa los fenómenos, los acontecimientos: *observador de la naturaleza.* || Persona que observa: *asistir como simple observador.* || Mandatario encargado de asistir a una negociación sin participar activamente en ella. || — Adj. Que sabe observar: *espíritu observador.*
OBSERVANCIA f. Cumplimiento exacto de una ley o regla. || Comunidad religiosa considerada desde el punto de vista de la regla que observa: *las observancias regulares.* || La misma regla.
OBSERVANTE adj. Que observa. || Dícese del religioso de ciertas órdenes, más severas que otras, y de estas mismas órdenes.
OBSERVAR v. t. (lat. *observare*). Ejecutar lo prescrito: *observar los mandamientos de la ley de Dios.* (SINÓN. *Cumplimentar, cumplir, guardar, obedecer, respetar.*) || Considerar con atención: *observar el curso de los astros.* || Espiar: *le están observando a usted.* (SINÓN. V. *Vigilar.*) || Notar: *observe usted lo que le digo.* || Advertir, reparar, ver: *observo que le esperan.* (SINÓN. V. *Percibir.*) || Atisbar. (SINÓN. V. *Mirar.*)
OBSERVATORIO m. Lugar apropiado para observaciones. || Establecimiento para hacer observaciones astronómicas y meteorológicas.
OBSESIÓN f. (del lat. *obsessio,* asedio). Posesión del demonio. || Idea fija que se apodera del espíritu independientemente de la voluntad, y a la cual se vuelve sin cesar: *obsesión sexual.* (SINÓN. V. *Manía.*)
OBSESIONAR v. t. Causar obsesión.
OBSESIVO, VA adj. Relativo a la obsesión.
OBSESO, SA adj. y s. Que sufre obsesión.
OBSIDIANA f. (lat. *obsidiana*). Piedra vítrea volcánica de color negro o verde obscuro.
OBSIDIONAL adj. (del lat. *obsedere,* cercar). Relativo al sitio de una plaza.
OBSOLESCENCIA f. Condición de lo que es viejo y anticuado y se encuentra en desuso.
OBSOLETO, TA adj. Anticuado, caído en desuso.
OBSTACULIZAR v. t. Poner obstáculos, estorbar: *obstaculizar la carretera.* (SINÓN. V. *Complicar* y *estorbar.*)
OBSTÁCULO m. (lat. *obstaculum*). Impedimento, oposición: *vencer un obstáculo.* || Lo que estorba el paso: *obstáculo infranqueable.* (SINÓN. *Barrera, barricada, cordón, dique, freno, valla, vallado.*) || Nombre de las dificultades que se acumulan sobre la pista en algunas carreras: *carrera de obstáculos.* (Úsase también para designar esta carrera la expresión inglesa *steeplechase.*)
OBSTANTE adj. Que obsta o estorba. || *No obstante,* m. adv., sin embargo, a pesar de.
OBSTAR v. i. (lat. *obstare*). Impedir, estorbar, oponerse a algo. || V. impers. Oponerse una cosa a otra.
OBSTETRICIA f. (del lat. *obstetrix,* partera). *Med.* Parte de la medicina que estudia los partos.
OBSTETRICIO m. Barb. por *tocólogo.*

OBSTINACIÓN f. Porfía, terquedad, empeño, testarudez: *obrar uno con obstinación.* (SINÓN. V. *Insistencia, prejuicio* y *resistencia.*)

OBSTINADAMENTE adv. m. Con obstinación: *luchar obstinadamente.*

OBSTINADO, DA adj. Pertinaz, porfiado, testarudo: *castigar a los niños obstinados.* (SINÓN. V. *Indócil* y *testarudo.*)

OBSTINARSE v. r. (lat. *obstinari*). Empeñarse: *obstinarse en seguir una decisión imprudente.* ‖ Mostrarse el pecador impenitente.

OBSTRUCCIÓN f. Acción y efecto de obstruir. ‖ *Med.* Atascamiento de un conducto natural. ‖ Táctica de una minoría que, en una asamblea, estorba sistemáticamente la marcha de los trabajos legislativos.

OBSTRUCCIONAR v. t. Barb. por *obstruir.*

OBSTRUCCIONISMO m. Sistema de los que practican la obstrucción en materia política.

OBSTRUCCIONISTA m. Partidario de la obstrucción en política.

OBSTRUCTIVO, VA adj. Que obstruye.

OBSTRUIR v. t. (lat. *obstruere*). Embarazar un conducto: *la embolia es producida por un cuajarón de sangre que obstruye una vena.* (SINÓN. V. *Tapar.*) ‖ Estorbar, cerrar. ‖ Impedir la acción. ‖ *Fig.* Impedir la operación de un agente. ‖ — V. r. Cerrarse, taparse un agujero, caño, grieta, etc.: *se obstruyó el lavabo.* ‖ — IRREG. Se conjuga como *huir.*

OBTEMPERAR v. t. (lat. *obtemperare*). Asentir: *obtemperar una orden.* (SINÓN. V. *Obedecer.*)

OBTENCIÓN f. Acción de obtener o conseguir.

OBTENER v. t. (lat. *obtinere*). Conseguir o lograr lo que se desea: *obtener una colocación.* (SINÓN. *Adquirir, alcanzar, conquistar, ganar, sonsacar.* Pop. *Pescar.*) ‖ Producir: *así se obtiene un alcaloide.* ‖ Tener, conservar. ‖ — IRREG. Se conjuga como *tener.*

OBTURACIÓN f. Acción y efecto de obturar.

OBTURADOR, TRIZ adj. Que sirve para obturar. ‖ — M. *Fot.* Aparato que cierra el objetivo y puede abrirse durante un tiempo determinado para dar paso a la luz: *obturador de postigo, de cortina.*

OBTURAR v. t. (lat. *obturare*). Cerrar una abertura introduciendo o aplicando un cuerpo en ella: *obturar un conducto.* (SINÓN. V. *Tapar.*)

OBTUSÁNGULO adj. *Geom.* Dícese del triángulo que tiene un ángulo obtuso. ‖ — CONTR. *Acutángulo.*

OBTUSO, SA adj. (lat. *obtusus*). Romo: *punta obtusa.* ‖ *Fig.* Torpe, tardo de comprensión. ‖ *Ángulo obtuso,* el mayor que un recto.

OBÚS m. (al. *Haubitze*). Pieza de artillería usada para arrojar granadas. ‖ Proyectil de artillería: *le alcanzó un obús.*

OBVENCIÓN f. (lat. *obventio*). Ganancia que se consigue además del sueldo.

OBVIAR v. t. (lat. *obviare*). Precaver, quitar lo que puede perjudicar: *obviar un inconveniente.* (SINÓN. V. *Evitar.*) ‖ Estorbar, oponerse.

OBVIO, VIA adj. Visible y manifiesto. ‖ *Fig.* Claro, evidente, indiscutible.

OC, partícula, del lat. *hoc,* que significa *esto,* y en la lengua provenzal indica afirmación o *sí.*
— En la Edad Media se llamaba *lengua de oc* la lengua hablada en Francia al sur del Loira, por oposición a la *lengua de oil,* hablada al norte de dicho río.

OCA f. (lat. *auca*). Ansar, ave. ‖ Juego de dados que se hace en un cartón con diferentes figuras.

OCA f. Planta oxalidácea americana.

OCAL adj. Dícese de ciertas frutas muy delicadas, de cierta clase de rosas, del capullo de seda formado por los gusanos y de la seda que de él se saca, que es algo inferior a la ordinaria.

OCARINA f. Instrumento músico de viento muy sencillo que se hace de metal, de hierro o de barro: *la ocarina era uno de los instrumentos músicos de los indios del Cuzco.*

OCASIÓN f. (lat. *occasio*). Oportunidad para una cosa: *saber aprovechar la ocasión.* (SINÓN. V. *Momento.*) ‖ Causa, motivo: *dar ocasión para que otro haga algo.* ‖ Circunstancia: *distinguirse en varias ocasiones.* (SINÓN. V. *Caso.*) ‖ Peligro, riesgo: *estuve en ocasión de caerme.* ‖ *De ocasión,* loc. adv., de lance: *comprar libros de ocasión.* ‖ *En cierta ocasión,* una vez. ‖ *En ocasiones,* algunas veces. ‖ *Coger la ocasión por los cabellos,* aprovecharla. ‖ — PROV. **A la ocasión la pintan calva,** es preciso aprovechar la ocasión cuando se presenta. ‖ **La ocasión hace el ladrón,** las circunstancias nos impulsan a hacer cosas en que quizá no hubiéramos pensado.

OCASIONADAMENTE adv. m. Con tal motivo.

OCASIONADO, DA adj. Molesto, que ocasiona disgustos. ‖ Expuesto a peligro: *vida ocasionada.*

OCASIONADOR, RA adj. y s. Que ocasiona.

OCASIONAL adj. Que sirve de ocasión o motivo: *ser causa ocasional de un drama.* ‖ Que sobreviene accidentalmente.

OCASIONALISMO m. Sistema filosófico que afirma que las sustancias finitas no son verdaderas causas de sus efectos, sino sólo ocasiones, causas ocasionales, para la intervención de Dios: *el ocasionalismo de Malebranche.*

OCASIONALISTA adj. y s. Relativo al ocasionalismo o partidario de él.

OCASIONALMENTE adv. m. Por ocasión.

OCASIONAR v. t. Dar lugar, provocar: *ocasionar un acidente.* (SINÓN. V. *Causar.*)

OCASO m. (lat. *occasus*). Puesta de un astro: *el ocaso del Sol.* ‖ Occidente. ‖ *Fig.* Decadencia, declinación: *el ocaso de una monarquía.* ‖ — CONTR. *Orto.*

OCCIDENTAL adj. Perteneciente al Occidente o que está en el Occidente: *una comarca occidental.* ‖ — Adj. y s. Que vive en Occidente, por oposición a los pueblos de Oriente, África y Este de Europa: *un occidental, pueblos occidentales.*

OCCIDENTALISMO m. Carácter occidental.

OCCIDENTE m. (lat. *occidens*). Punto cardinal por donde se oculta el Sol. (SINÓN. *Ocaso, oeste, poniente.*) ‖ Parte del hemisferio Norte situada hacia donde se pone el Sol; pueblos que habitan estas regiones, civilización que le es propia. ‖ Conjunto de Estados pertenecientes a la OTAN, por oposición a los Estados del Este de Europa y de Asia. ‖ — CONTR. *Oriente.*

OCCIPITAL adj. Del occipucio: *hueso occipital.* ‖ *Lóbulo occipital,* lóbulo posterior del cerebro, donde se localizan los centros visuales.

OCCIPUCIO m. (lat. *occiput*). Parte inferoposterior de la cabeza.

OCCISIÓN f. (lat. *occisio*). Muerte violenta.

OCCISO, SA adj. Muerto violentamente.

OCEÁNICO, CA adj. Del océano. ‖ De Oceanía.

OCÉANO y no **OCEANO** m. (lat. *oceanus*). Grande extensión de agua salada que cubre las tres cuartas partes de la Tierra. ‖ Parte de dicha extensión de agua: *hay cinco océanos principales: el océano Glacial del Norte o Ártico; el océano Glacial del Sur o Antártico; el océano Atlántico; el océano Pacífico y el océano Índico.* ‖ *Fig.* Vasta extensión o infinitud de una cosa: *un océano de amargura.*

OCEANOGRAFÍA f. Ciencia que estudia los mares, con sus fenómenos, su fauna y su flora.

OCEANOGRÁFICO, CA adj. Relativo a la oceanografía: *el Instituto Oceanográfico de París.*

OCELADO, DA adj. Que tiene sobre la piel manchas como ojos: *lagarto ocelado.*

OCELO m. Ojo sencillo de los insectos. ‖ Mancha redonda, bicolor, en las alas de las mariposas.

OCELOTE m. (del azteca *ocelotl,* tigre). Mamífero carnívoro americano de la familia de los félidos, de piel leonada, que vive en los bosques y caza por la noche (mide unos 65 cm de largo).

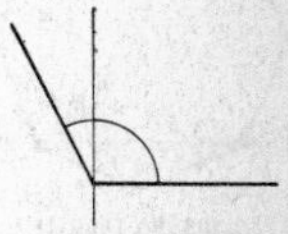

ángulo obtuso

ocarina

occipucio

ocelote

carrera de obstáculos

Fot. Fox-Atlas-Photo, Larousse, Rapho

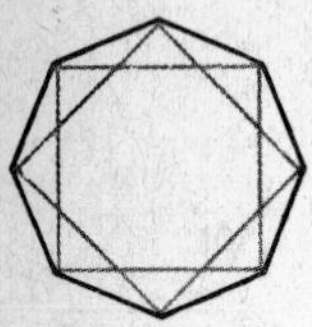

octógono regular

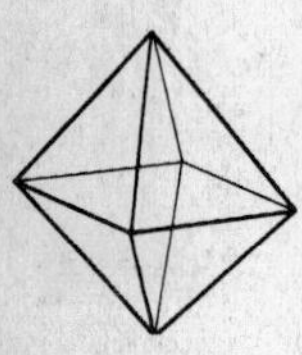

octaedro regular

octava

OCENA f. (del gr. *ozaina*, hedor). Enfermedad de las fosas nasales, caracterizada por un olor fétido. ‖ — PARÓN. *Ozono.*
OCIAR v. i. Dejar el trabajo, holgar. ‖ Entregarse al ocio.
OCIO m. (lat. *otium*). Descanso: *entregarse al ocio absoluto.* (SINÓN. V. *Inacción.*) ‖ Entretenimiento, distracción del espíritu; obras de ingenio formadas en los ratos que dejan libres otras tareas: *ocios poéticos.*
OCIOSAMENTE adv. m. De un modo ocioso, inútil: *vivir ociosamente.* ‖ Sin ocupación. ‖ Sin necesidad. ‖ — CONTR. *Laboriosamente.*
OCIOSEAR v. i. *Amer.* Ociar, no hacer nada.
OCIOSIDAD f. (lat. *otiositas*). Vicio de no trabajar; perder el tiempo. ‖ Efecto del ocio, como son palabras, juegos. ‖ *La ociosiad es madre de todos los vicios,* es conveniente vivir ocupado para no contraer vicios. ‖ — CONTR. *Laboriosidad.*
OCIOSO, SA adj. y s. (lat. *otiosus*). Que no trabaja, desocupado: *vida ociosa.* (SINÓN. *Indolente, perezoso, vago.*) ‖ Inútil: *un trabajo ocioso.* ‖ Que no tiene uso ni ejercicio para aquello a que está destinado. (SINÓN. V. *Difuso.*)
OCLOCRACIA f. (del gr. *okhlos*, multitud, y *kratos*, poder). Gobierno ejercido por la multitud.
OCLUIR v. t. (del lat. *occludere*, cerrar). *Med.* Cerrar un conducto. ‖ — IRREG. Se conjuga como *huir.*
OCLUSIÓN f. Estado de lo que está tapado o cerrado: *oclusión intestinal.* ‖ *Med.* Obstrucción patológica de un conducto o de una abertura natural. ‖ *Quím.* Propiedad que poseen ciertos sólidos de absorber los gases.
OCLUSIVO, VA adj. y s. Dícese de la consonante que se articula precediéndola una oclusión de los órganos bucales, como la *p*, la *k*.
OCOSIAL m. *Per.* Terreno muy bajo y húmedo.
OCOTAL m. *Méx.* Sitio poblado de ocotes.
OCOTALIANO, NA adj. y s. De Ocotal (Nicaragua).
OCOTE m. *Méx.* Especie de pino resinoso. ‖ *Méx. Echar ocote,* meter cizaña. ‖ *Arg. Fam.* En algunas partes, tripa gorda.
OCOTEPECANO, NA adj. y s. De Ocotepeque (Honduras).
OCOTERO, RA adj. *Méx.* Cizañero.
OCOTITO m. *Méx.* Cizaña, discordia.
OCOZOAL m. *Méx.* Culebra de cascabel.
OCOZOL m. *Méx.* Árbol de la familia de las hamamelidáceas, de tronco grueso y copa grande.
OCRE m. (lat. *ochra*). Tierra arcillosa amarilla o parda que sirve para preparar colores: *la tierra de Siena es una especie de ocre.* ‖ Cualquier mineral terroso de color amarillo: *ocre de bismuto, de níquel.* ‖ *Ocre rojo,* el almagre. ‖ — Adj. y s. m. Dícese del color amarillo obscuro. ‖ — OBSERV. Esta palabra, como adjetivo es invariable en género (*papel, pintura ocre*) y, a veces, en número (*paredes ocre* u *ocres*).
OCROSO, SA adj. Que tiene ocre: *arcilla ocrosa.*
OCTA, OCTI, OCTO, pref. que significa *ocho.*
OCTAÉDRICO, CA adj. De forma de octaedro.
OCTAEDRO m. (de *octa*, y el gr. *edra*, cara). *Geom.* Sólido que tiene ocho caras.
OCTAGONAL adj. Perteneciente o relativo al octágono.
OCTÁGONO, NA adj. (de *octa*, y el gr. *gonos*, ángulo). *Geom.* Aplícase al polígono de ocho lados y ocho ángulos.
OCTANO m. Hidrocarburo saturado (C_8H_{18}) que existe en el petróleo. ‖ *Número de octano,* resistencia a la detonación de un carburante.
OCTANTE f. Cada una de las partes en que se puede dividir un círculo. ‖ Instrumento náutico para medir la altura y distancia angular de los astros.
OCTAVA f. Los ocho días que siguen a ciertas fiestas religiosas. ‖ Último día de los ocho antedichos. ‖ Combinación métrica de ocho versos. ‖ *Mús.* Intervalo de ocho grados.
OCTAVAR v. i. Formar octavas.
OCTAVARIO m. Período de ocho días.
OCTAVIANO, NA adj. De Octavio César Augusto. ‖ Dícese de la paz completa y larga.
OCTAVILLA f. Hoja de propaganda. ‖ Octava italiana en versos de arte menor.
OCTAVÍN m. Especie de flautín.
OCTAVO, VA adj. Que sigue en orden a lo séptimo. ‖ — M. Cada una de las ocho partes iguales en que se divide un todo. ‖ *En octavo,* m. adv., dícese del pliego de papel doblado en ocho, y del libro de dicho tamaño: *libro en octavo mayor o menor.*
OCTETO m. Composición para ocho instrumentos o voces. ‖ Conjunto de estas voces o instrumentos.
OCTINGENTÉSIMO, MA adj. Que sigue en orden a lo 799º. ‖ — M. Cada una de las ochocientas partes en que se divide un todo.
OCTODONTE m. *Zool.* Degu.
OCTOGENARIO, RIA adj. y s. Dícese de la persona que tiene de ochenta a noventa años.
OCTOGÉSIMO, MA adj. Que sigue en orden a lo septuagésimo nono. ‖ Cada una de las ochenta partes iguales en que se divide un todo.
OCTOGONAL adj. *Geom.* Relativo al octógono.
OCTÓGONO, NA adj. y s. *Geom.* Polígono de ocho lados. (También se dice *octágono.*) ‖ *Octógono regular,* octogono cuyos lados y ángulos son iguales.
OCTONARIO adj. y s. m. Dícese del verso que tiene dieciséis sílabas, dividido en dos octosílabos.
OCTOSILÁBICO, CA y **OCTOSÍLABO, BA** adj. Que tiene ocho sílabas: *versos octosílabos.*
OCTÓSTILO, LA adj. Que consta de ocho columnas: *atrio octóstilo.*
OCTUBRE m. (lat. *october*). Décimo mes del año: *octubre consta de treinta y un días.*
OCTUPLICAR v. t. Tornar óctuplo.
ÓCTUPLO, PLA adj. Que contiene ocho veces una cantidad: *dieciséis es óctuplo de dos.*
OCUJE m. *Cub.* Árbol que da el bálsamo de calaba.
OCULAR adj. Perteneciente a los ojos: *nervio ocular.* ‖ *Testigo ocular,* el que ha presenciado lo que refiere. ‖ — M. Sistema óptico de una lente o de un microscopio colocado al lado del ojo del observador y que sirve para examinar la imagen suministrada por el *objetivo.*
OCULARMENTE adv. m. Con la vista.
OCULISTA com. (del lat. *oculus*, ojo). Médico que cuida especialmente las enfermedades de los ojos.
OCULTACIÓN f. Acción y efecto de ocultar (SINÓN. V. *Disimulación.*) ‖ Eclipse.
OCULTADOR m. *Fot.* Papel negro recortado de diversos modos que permite no sacar en papel más que una parte de la fotografía.
OCULTAMENTE adv. m. De una manera oculta. (SINÓN. V. *Secretamente.*)
OCULTAR v. t. (lat. *occultare*). Esconder: *ocultar su dinero en un agujero.* ‖ Encubrir, disfrazar. (SINÓN. V. *Callar.*) ‖ Reservar. (SINÓN. V. *Contener.*)
OCULTIS (De) loc. *Fam.* A escondidas.
OCULTISMO m. Conjunto de doctrinas y prácticas misteriosas, espiritistas, que pretende explicar los fenómenos misteriosos de las cosas.
OCULTISTA com. Persona que practica el ocultismo.
OCULTO, TA adj. Escondido, ignorado: *vivir oculto en una aldea.* (SINÓN. *Clandestino, invisible, latente, secreto.*) ‖ Misterioso, sobrenatural: *el estudio de las ciencias ocultas se desarrolló mucho a fines del siglo diecinueve.* (SINÓN. *Esotérico.*) *Ciencias ocultas,* la alquimia, la magia, la nigromancia, la astrología, la cábala, etc., cuyo conocimiento y prácticas se desarrollan en el misterio.
OCUMO m. *Venez.* Una planta de raíz comestible.
OCUPACIÓN f. Acción y efecto de ocupar: *la ocupación de una ciudad.* ‖ Trabajo: *entregarse todos los días a sus ocupaciones.* ‖ Empleo, oficio, dignidad. (SINÓN. V. *Profesión.*) ‖ *Ocupación militar,* permanencia en un territorio del ejército de otro Estado, que, sin anexionárselo, interviene y dirige su vida pública.
OCUPACIONAL adj. Dícese de la enfermedad causada por una ocupación o trabajo habitual: *la silicosis de los mineros es una enfermedad ocupacional.*
OCUPADOR, RA adj. y s. Que ocupa o toma una cosa.
OCUPANTE adj. y s. Que ocupa: *primer ocupante de un terreno.*

OCUPAR v. t. (lat. *occupare*). Tomar posesión de una cosa: *ocupar un punto estratégico.* || Llenar un espacio o lugar: *el aire ocupa los intersticios de los cuerpos.* || Habitar una casa. || Dar trabajo: *ocupar un centenar de obreros.* || Estorbar, embarazar: *no le ocupes con tus cosas.* || — V. r. Emplearse en algo: *ocuparse en el estudio de la lengua.* || Estudiar un asunto. || — OBSERV. Deben evitarse los galicismos (frecuentísimos): *ocuparse de una persona,* por *tratar de ella; ocuparse de un asunto,* por *ocuparse en él.* Siempre que suene mal la forma *ocuparse en,* debe emplearse otro verbo.

OCURRENCIA f. Ocasión, circunstancia: *una ocurrencia desgraciada.* (SINÓN. V. *Caso.*) || Agudeza, chiste: *decir muchas ocurrencias.* (SINÓN. V. *Broma.*) || *For. Ocurrencia de acreedores,* pleito que tienen éstos entre sí para cobrarse de los bienes del deudor que hizo concurso.

OCURRENTE adj. Que ocurre. || Que tiene ocurrencias, chistoso, gracioso: *muchacho ocurrente.*

OCURRIDO, DA adj. *Ecuad.* y *Per.* Chistoso.

OCURRIR v. i. Acontecer: *ocurrió un acontecimiento extraño.* (SINÓN. V. *Suceder.*) || Venir a la imaginación: *se le ocurrió pedir aquello.* || Dirigirse, acudir.

OCHAR v. i. *Arg.* Ladrar. || — V. t. *Chil.* Acechar. || *Chil.* Provocar, azuzar.

OCHAVA f. Octava parte de un todo. || *Amer.* En algunas partes, esquina.

OCHAVADO, DA adj. Octogonal: *polígono ochavado, ladrillo ochavado.*

OCHAVAR v. t. Dar figura octogonal a una cosa. || *Arg., Bol., Chil.* y *Guat.* Recortar un ángulo o esquina.

OCHAVO m. Moneda antigua de cobre, de valor de 2 maravedís. || *Ochavo picholín,* el redondo y bien acuñado, en contraposición al *ochavo moruno.* || *No tener ni un ochavo,* no tener nada de dinero.

OCHAVÓN, ONA adj. *Cub.* Hijo de cuarterón y blanca o viceversa. (SINÓN. V. *Mestizo.*)

OCHENTA adj. (lat. *octoginta*). Ocho veces diez: *tener unos ochenta libros.* || Octogésimo: *año ochenta.*

OCHENTÓN, ONA adj. y s. *Fam.* Octogenario: *un ochentón de buen aspecto.*

OCHO adj. num. (lat. *octo*). Número compuesto de dos veces cuatro: *ocho libros.* || Octavo: *año ocho.* || — M.: *el ocho del mes.* || La cifra ocho: *el ocho de bastos.* || *Las ocho,* la octava hora de la mañana o de la noche.

OCHOCIENTOS, TAS adj. Ocho veces ciento: *ochocientos soldados.* || Octingentésimo: *el año ochocientos.*

ODA f. (lat. *oda*). Entre los antiguos, todo poema destinado a ser cantado: *las odas de Píndaro.* || Poema lírico dividido en estrofas destinado ya a celebrar los atributos de Dios o los santos (*oda sagrada*), ya a cantar grandes hazañas (*oda heroica*), ya a expresar los sentimientos de la conciencia o en general las reflexiones del poeta (*oda filosoficomoral*), ya a cantar, en fin, la vida bajo el aspecto placentero del vino, el amor, la música, etc. (*oda anacreóntica*).

ODALISCA f. (turco *ódalic*). Esclava destinada al servicio de las mujeres del sultán. || Nombre dado a las mujeres del harén. || Concubina turca.

ODEÓN m. (gr. *ôdeion,* de *ôdê,* canto). *Ant.* Lugar donde se escuchaba a los músicos y cantores en Atenas. || Nombre de ciertos teatros modernos.

ODIAR v. t. Tener odio, aborrecer: *odiar a su hermano, odiar de muerte.*

ODIO m. (lat. *odium*). Aversión que se experimenta hacia una persona o una cosa. (SINÓN. V. *Resentimiento.*)

ODIOSAMENTE adv. m. De un modo odioso.

ODIOSEAR v. t. *Per. y Chil.* Fastidiar, cansar, aburrir.

ODIOSIDAD f. Calidad de odioso: *la odiosidad de su acción.* || Odio, aversión. || *Amer.* Cansera, fastidio.

ODIOSO, SA adj. Que excita el odio o la indignación: *una acción odiosa.* || Muy desagradable: *persona odiosa.* || *Chil.* Fastidioso, cargante.

ODISEA f. (del gr. *Odysseus,* Ulises). Viaje largo en el cual abundan las aventuras. || Conjunto de hechos heroicos o extravagantes realizados por un personaje: *su vida fue una odisea.*

ODÓMETRO m. (del gr. *odos,* camino, y *metron,* medida). Contador para medir el camino andando.

ODONTALGIA f. (del gr. *odous, ontos,* diente, y *algos,* dolor). Dolor de muelas o de dientes.

ODONTÁLGICO, CA adj. Relativo a la odontalgia o que sirve para combatirla.

ODONTOLOGÍA f. Parte de la anatomía que estudia los dientes: *tratado de odontología.*

ODONTOLÓGICO, CA adj. Relativo a la odontología.

ODONTÓLOGO m. Perito en odontología. (SINÓN. V. *Dentista.*)

ODORÍFERO, RA adj. (del lat. *odor,* olor, y *ferre,* llevar). Que huele bien: *prado odorífero.* (SINÓN. V. *Oloroso.*)

ODRE m. Cuero cosido y empegado que sirve para contener vino, aceite, etc. || *Fam.* Borracho.

ODRINA f. Odre de cuero de buey.

OERSTED m. *Electr.* Unidad C. G. S. electromagnética de intensidad del campo magnético.

OESNOROESTE m. Punto del horizonte entre el Oeste y el Noroeste, a igual distancia de ambos.

OESSUDOESTE m. Punto del horizonte entre el Oeste y el Sudoeste, a igual distancia de ambos.

OESTE m. (al. *West*). Occidente, Poniente. || Viento que sopla de esta parte. || Punto cardinal situado donde se pone el Sol. || *Por ext.* País situado al Oeste. || Película o novela que relata la colonización de América del Norte.

OFENDEDOR, RA adj. y s. Ofensor.

OFENDER v. t. Herir, maltratar. || Injuriar, denostar: *le ofendió públicamente.* (SINÓN. *Agraviar, faltar.* V. tb. *zaherir.*) || *Fig.* Molestar, herir: *hay sonrisas que ofenden.* || Pecar: *ofender a Dios.* (SINÓN. V. *Desagradar.*) || — V. r. Resentirse por alguna ofensa. (SINÓN. *Molestarse, mosquearse, picarse.*)

OFENDIDO, DA adj. y s. Que ha recibido una ofensa o injuria.

OFENSA f. (lat. *offensa*). Acción y efecto de ofender o injuriar: *pedir reparación de una ofensa.* || — SINÓN. *Afrenta, agravio, broma pesada, desaire, herida, ultraje.* V. tb. *injuria.*

OFENSIVA f. Acto de atacar al enemigo: *una rápida ofensiva.* (SINÓN. V. *Asalto.*) || Iniciativa que tiene por objeto hacer retroceder un adversario: *ofensiva diplomática.* || *Tomar la ofensiva,* atacar el primero.

OFENSIVO, VA adj. Que ofende o sirve para ofender. (SINÓN. V. *Desagradable* y *ultrajador.*) || Que ataca: *guerra ofensiva.* || — CONTR. *Defensivo.* || *Alianza ofensiva y defensiva,* tratado por el cual dos o más Estados convienen ayudarse tanto para atacar como para defenderse.

OFENSOR, RA adj. y s. Que ofende.

OFERENTE adj. y s. Que ofrece.

OFERTA f. Ofrecimiento, presentación de mercancías para venderlas: *los precios varían con la oferta y la demanda de los productos.* || Don, dádiva o regalo. || Propuesta para contratar.

OFERTANTE adj. y s. y **OFERTAR** v. t. Galicismos por *oferente* y *ofrecer.*

OFERTORIO m. Parte de la misa en que ofrece el sacerdote la hostia y el vino del cáliz. || Oraciones que acompañan dicha oblación. || Humeral. || Pieza de música que se ejecuta entre el *credo* y el *sanctus.*

OFFICE m. (pal. fr., pron. *ofis*). Parte de una casa donde se prepara todo lo que depende del servicio de la mesa.

OFFSET m. (pal. ingl.). Método de impresión en que un rodillo de caucho toma la tinta del molde para transportarla al papel. || — Adj. y s. Dícese de la máquina que aplica este procedimiento.

OFFSIDE m. (pal. ingl., pron. *ofsaid*). En algunos deportes, como el fútbol, el rugby, etc., falta del delantero que se sitúa entre el portero y los defensas contrarios, fuera de juego.

OFICIAL adj. (lat. *officialis*). Dícese de lo que emana de la autoridad constituida: *Boletín oficial.* || Que es de oficio, y no particular ni privado: *documento oficial.* (SINÓN. *Auténtico, legal, público.*) || — M. Obrero, trabajador: *un oficial de albañil.* || Militar de grado igual por lo menos al de alférez. || Empleado de una oficina. || Ministro de justicia.

OFICIALA f. La mujer que trabaja en un oficio. || Empleada de una oficina.

OFICIALÍA f. Empleo de oficial de una oficina. || Calidad de oficial que adquirían los obreros después de haber sido aprendices y meseros.
OFICIALIDAD f. Conjunto de oficiales militares: *la oficialidad de una guarnición, de un buque.* || Carácter o cualidad de oficial.
OFICIALIZAR v. t. *Neol.* Hacer oficial: *oficializar un estado de hecho.*
OFICIALMENTE adv. m. De un modo oficial: *anunciar oficialmente un acontecimiento.*
OFICIANTE m. El que oficia en el altar.
OFICIAR v. t. Celebrar los oficios divinos. || Ayudar a cantar la misa. || Comunicar oficialmente algo.
OFICINA f. (lat. *officina*). Sitio donde se hace una cosa. || Departamento donde trabajan empleados. || Laboratorio de farmacia.
OFICINAL adj. *Farm.* Dícese de las plantas medicinales: *salvia oficinal.* || *Farm.* Dícese de los medicamentos preparados de antemano en las boticas.
OFICINESCO, CA adj. *Fam.* Perteneciente o relativo a las oficinas y a los oficinistas.
OFICINISTA com. Empleado de oficina.
OFICIO m. (lat. *officium*). Ocupación habitual: *un oficio penoso.* (SINÓN. V. *Profesión.*) || Función, cargo, ministerio: *desempeñar su oficio.* (SINÓN. V. *Empleo.*) || Comunicación escrita acerca de ciertos asuntos públicos o privados. (SINÓN. V. *Aviso.*) || Rezo diario a que están obligados los eclesiásticos. || — Pl. Funciones religiosas: *oficios de Semana Santa, oficio de difuntos, oficio parvo de la Virgen.* || *Santo Oficio*, v. *Parte Historia.* || *De oficio*, m. adv., oficialmente: *comunicación de oficio. For.* Dícese de las diligencias que se practican judicialmente, que según lo sentenciado, nadie debe pagar. || *Abogado de oficio*, el designado por turno para defender gratuitamente al que no tiene defensor.
OFICIOSAMENTE adv. m. Con oficiosidad. || Sin carácter oficial.
OFICIOSIDAD f. Aplicación, laboriosidad. || Complacencia, solicitud. || Importunidad.
OFICIOSO, SA adj. Hacendoso, laborioso. || Complaciente, solícito. || Entremetido, importuno, que se mete en lo que no le incumbe. || Hecho o dicho por una autoridad pero sin carácter oficial.
OFIDIOS m. pl. (del gr. *ophis*, serpiente). Orden de reptiles que comprende las culebras y las serpientes.
OFIOLATRÍA m. Culto a las serpientes.
OFITA f. (gr. *ophitês*, de *ophis*, serpiente). Roca feldespática de color verdoso con rayas amarillas: *la ofita se emplea como piedra de adorno.*
OFIUCO m. *Astr.* Serpentario.
OFLAG m. (abrev. de O*FfizierLAGer*, campo de oficiales). Nombre dado en Alemania, en la Segunda Guerra mundial, a los campos de concentración reservados a los oficiales.
OFRECEDOR, RA adj. y s. Que ofrece.
OFRECER v. t. Presentar: *ofrecer un ramo de flores.* (SINÓN. V. *Dar.*) || Prometer: *ofrecer su concurso.* (SINÓN. *Asegurar.*) || Proponer: *ofrezco treinta pesetas por ese libro.* || Manifestar, exponer: *el campo ofrece un espectáculo encantador.* || — V. r. Proponerse: *ofrecerse en sacrificio.* (SINÓN. V. *Sacrificar.*) || Ocurrir: *¿qué se te ofrece?* || — IRREG. Se conjuga como *merecer.*
OFRECIMIENTO m. Acción y efecto de ofrecer: *un ofrecimiento desinteresado.*
OFRENDA f. Don que se ofrece a Dios o a los santos. || Lo que ofrecen los fieles a la Iglesia por sufragio a los difuntos. || Lo que se ofrece para una obra de caridad: *depositar su ofrenda en el cepillo de las ánimas.* || Dádiva o servicio en muestra de gratitud o amor.
OFRENDAR v. t. Hacer una ofrenda. (SINÓN. V. *Sacrificar.*)
OFRIS m. Planta orquidácea de bellas flores que se utilizó en medicina y para el apresto de los tejidos.
OFTALMÍA f. (gr. *ophthalmia*). *Med.* Inflamación del ojo o de las partes adyacentes.
OFTÁLMICO, CA adj. Relativo a los ojos.
OFTALMOLOGÍA f. (del gr. *ophthalmos*, ojo, y *logos*, tratado). *Med.* Parte de la medicina que estudia las enfermedades de los ojos.
OFTALMOLÓGICO, CA adj. Relativo a la oftalmología.
OFTALMÓLOGO m. Especialista en oftalmología, oculista.
OFTALMOSCOPIA f. *Med.* Exploración interna del ojo por medio del oftalmoscopio.
OFTALMOSCOPIO m. (del gr. *ophthalmos*, ojo, y *skopein*, examinar). *Med.* Instrumento que sirve para examinar el interior del ojo.
OFUSCACIÓN f. y **OFUSCAMIENTO** m. Turbación, deslumbramiento, obscurecimiento de la vista. || *Fig.* Obscuridad, confusión de la razón.
OFUSCADOR, RA adj. Que ofusca.
OFUSCAR v. t. (lat. *offuscare*). Deslumbrar o turbar: *el sol me ofusca.* (SINÓN. V. *Obscurecer.*) || *Fig.* Confundir, alucinar, trastornar.
OGRO m. En los cuentos de hadas, gigante que comía carne humana. || *Fam.* Persona muy feroz.
¡OH! interj. Indica sorpresa, pena o alegría.
OHM m. (de *Ohm*, n. pr.). *Fís.* Nombre del *ohmio* en la nomenclatura internacional.
ÓHMICO, CA adj. Relativo al ohmio.
OHMIO m. Unidad de resistencia eléctrica (símb. : Ω), que equivale a la resistencia eléctrica que existe entre dos puntos de un conductor, exento de fuerza electromotriz, cuando una diferencia de potencial de 1 voltio, aplicada entre ambos puntos, produce una corriente de 1 amperio.
OHMIÓMETRO m. Instrumento que se emplea para medir la resistencia eléctrica.
OÍBLE adj. Que se puede oir. (SINÓN. *Audible.*)
OÍDA f. Acción y efecto de oir. || *Saber una cosa de oídas*, saberla sólo por noticias de otra persona.
OÍDIO mejor que **OÍDIUM** m. Hongo microscópico que ataca la vid.
OÍDO m. (lat. *auditus*). Sentido que permite percibir los sonidos: *los perros tienen el oído muy fino.* || Aparato de la audición, y especialmente su parte interna: *el oído externo se llama comúnmente "oreja".* || Agujero que tiene el cañón de ciertas armas de fuego. || Orificio del barreno por donde pasa la mecha. || *Fig. Abrir los oídos*, escuchar con atención. || *Al oído*, o *de oído*, m. adv., sin más auxilio que la memoria auditiva: *tocar de oído.* || *Dar oídos*, dar crédito a lo que se oye: *dar oídos a todas las calumnias.* || *Tener oído* o *buen oído*, tener disposición para la música. || *Fam. Pedir que le regalen a uno el oído*, hacerse lisonjear.
— Situado en el hueso temporal, el *oído* se compone, en el hombre y en los mamíferos, de tres partes: el *oído externo*, con el pabellón y el conducto auditivo cerrado por el tímpano; el *oído medio*, cavidad del tímpano que comunica con la faringe por la trompa de Eustaquio y en la cual una cadena de tres huesecillos (martillo, yunque y estribo) transmite las vibraciones del tímpano a la ventana oval que las vuelve a transmitir al oído interno; finalmente, el *oído interno*, o *laberinto*, que contiene el órgano del equilibrio (utrículo, sáculo, canales semicirculares) y el aparato auditivo formado del caracol que comprende las células auditivas ciliadas del órgano de Corti.
OIDOR, RA adj. y s. Que oye. || — M. Magistrado que, en las audiencias del reino de España, oía y sentenciaba las causas y pleitos.
OIDORÍA f. Cargo de oidor. || Tiempo que duraba.
OÍL adv. afirm. (ant. fr. *oil*). Sí. || *Lengua de oíl*, la que se hablaba en Francia al norte del río Loira.
OIR v. t. (lat. *audire*). Percibir el sonido. (SINÓN. *Auscultar, escuchar.*) || Atender los ruegos de uno: *óyeme.* || Darse por entendido: *ya oigo lo que me quieres decir.* || Asistir a la explicación de un maestro. || *Fig.* y *fam. Como quien oye llover*, sin hacer caso. || *¡Oye!, ¡oiga!, ¡oigan!*, interj. que denotan enfado, reprensión o llamada. || *Oir, ver y callar*, no entremeterse uno en lo que no le toca. || *Fig.* y *fam. Oído a la caja* o *al parche*, locución empleada para llamar la atención sobre algo que se ve o se oye. || — IRREG. Pres. ind.: *oigo, oyes, oye, oímos, oís, oyen;* pret. ind.: *oí, oíste, oyó, oímos, oísteis, oyeron;* imper.: *oye, oiga, oigamos, oíd, oigan;* pres. sub.: *oigan, oiga, oigamos, oigáis, oigan;* pret. imperf.: *oyera, oyeras, etc., y oyese, oyeses, etc.;* fut. subj.: *oyere, oyeres, etc.;* ger.: *oyendo.*

OJAL m. Hendedura hecha en la ropa, dispuesta abrochar un botón. ‖ Agujero en ciertas cosas.
¡OJALÁ! (pal. ár.) interj. que expresa vivo deseo de que suceda una cosa. ‖ *Amer.* Aunque: *ojalá (y a veces ojala) truene y llueva iré a verla.*
OJALADOR, RA adj. y s. Que sirve para hacer ojales: *máquina ojaladora.*
OJALAR v. t. Hacer ojales: *ojalar un vestido.*
OJARANZO m. Variedad de jara. ‖ Adelfa.
OJEADA f. Mirada pronta y rápida: *echaron una ojeada.*
OJEADOR m. El que ojea o espanta la caza.
OJEAR v. t. (de *ojo*). Mirar con atención, escudriñar. ‖ Aojar.
OJEAR v. t. (de *oxear*). Espantar la caza para hacerla caer donde la han de tirar o coger. ‖ *Fig.* *Espantar, ahuyentar.* ‖ — PARÓN. *Hojear.*
OJÉN m. (de *Ojén*, c. de Málaga). Aguardiente preparado con anís y azúcar hasta la saturación.
OJEO m. Acción y efecto de ojear o de espantar la caza. ‖ Camino señalado a la caza que se ojea. ‖ *Echar un ojeo,* cazar ojeando.
OJERA f. Mancha lívida alrededor de la base del párpado inferior. Úsase más en pl.
OJERIZA f. Enojo y mala voluntad: *tener ojeriza a uno.*
OJEROSO, SA adj. Que tiene ojeras: *cara ojerosa.*
OJERUDO, DA adj. Dícese de la persona que tiene grandes ojeras.
OJETE m. Ojal redondo y reforzado por donde pasa un cordón. ‖ Agujero redondo en ciertos bordados. ‖ *Fam.* Ano, trasero.
OJETEAR v. t. Poner ojetes: *ojetear un jubón.*
OJETERA f. Parte de una prenda en que se fijan los ojetes.
OJIALEGRE adj. *Fam.* De ojos muy alegres.
OJIGALLO m. *Per.* Vino con aguardiente.
OJIMEL y **OJIMIEL** m. (del gr. *oxos,* vinagre, y *meli,* miel). *Farm.* Composición farmacéutica hecha con miel, vinagre y a veces con otros ingredientes.
OJIMORENO, NA adj. *Fam.* De ojos pardos.
OJINEGRO, GRA adj. *Fam.* Que tiene los ojos negros.
OJITE m. Planta forrajera común en México.
OJITO m. (dim. de *ojo*). *Arg. Fam. De ojito,* de balde. ‖ *Arg. Novio de ojito,* el que no se ha declarado formalmente.
OJITUERTO, TA adj. Bizco.
OJIVA f. (lat. *augiva*). Figura formada por dos arcos cruzados en ángulo: *la ojiva es característica del arte gótico.* ‖ Arco en esta forma.
OJIVAL adj. Que tiene figura de ojiva: *ventana de arco ojival.* ‖ *Arquitectura ojival,* v. GÓTICO.
OJIZAINO, NA adj. *Fam.* Que mira atravesado.
OJIZARCO, CA adj. *Fam.* De ojos azules.
OJO m. (lat. *oculus*). Órgano de la visión: *los párpados defienden los ojos.* (SINÓN. V. *Vista.*) ‖ Agujero de ciertos objetos: *el ojo de la aguja, de la cerradura,* etc. ‖ Dícese de los agujeros del pan, del queso, de las gotas redondas de grasa que hay en el caldo, etc. ‖ Abertura de un arco de puente. ‖ Mano de jabón: *dar un ojo a la ropa.* ‖ *Fig.* Atención, cuidado: *poner ojo en una cosa.* ‖ *Impr.* Grueso de una letra de imprenta. ‖ Palabra que se dice o pone como señal al margen de un escrito para llamar la atención de algo. ‖ Aptitud para apreciar las circunstancias que concurren en algún caso: *tener buen ojo clínico.* ‖ Se toma por expresión de gran cariño o por el objeto de él: *mis ojos, ojos míos.* ‖ *Ojo mágico,* válvula indicadora de sintonía. ‖ *Fam. Ojo de besugo,* el que está vuelto. ‖ *Ojo de breque,* el pitarroso y remellado. ‖ *Ojo regañado,* el que no cierra bien. ‖ *Ojos blandos,* o *tiernos,* los que están siempre llorosos y encarnados. ‖ *Ojos de gato,* persona que tiene los ojos azules o de color incierto. ‖ *Ojos reventones,* o *saltones,* los muy abultados. ‖ *Ojos rasgados,* los que tienen muy prolongada la comisura de los párpados. ‖ *Ojos vivos,* los muy brillantes y animados. ‖ *Ojo de buey,* planta de la familia de las compuestas. Ventana o claraboya circular. ‖ *Ojo de pollo,* o *de gallo,* callo redondo en los dedos de los pies. ‖ *Ojo de gato,* ágata de diversos colores. ‖ *Ojo de perdiz,* tela con dibujos en forma de ojo de perdiz. ‖ *Méx. Ojo de venado,* o *de zamuro,* la mucuna. ‖ *Fig. Abrir el ojo,* estar sobre aviso. ‖ *A ojo,* m. adv., sin medida, a bulto. ‖ *Fam. A ojo de buen cubero,* sin peso ni medida, a ojo. ‖ *A ojos vistas* m. adv., visiblemente, claramente. ‖ *Fig. Bajar uno los ojos,* ruborizarse o humillarse. ‖ *Bailarle a uno los ojos,* ser muy alegre y vivo. ‖ *Cerrarle a uno los ojos,* asistirle en la muerte. ‖ *Fig. y fam. Cerrar los ojos,* morir. ‖ *Clavar los ojos en una persona o cosa,* no apartar los ojos de ella. ‖ *Con mucho ojo,* con cuidado. ‖ *Fig.* y *fam. Comer con los ojos,* no acabar toda la comida servida. ‖ *Fig.* y *fam. Comerse con los ojos a una persona* o *cosa,* mostrar en las miradas el incentivo vehemente de una pasión. ‖ *Dichosos los ojos que te ven,* expr. usada cuando se encuentra a una persona después de mucho tiempo. ‖ *Costar una cosa un ojo de la cara,* costar muy caro. ‖ *Echar el ojo a una cosa,* mirarla mucho y con codicia. Seleccionarla interiormente. ‖ *A ojos cerrados* m. adv., sin reflexionar: *meterse en un negocio a ojos cerrados.* ‖ *En un abrir y cerrar de ojos* m. adv., en un instante. ‖ *Entrar a uno una cosa por el ojo derecho,* gustarle mucho. ‖ *Fig. Hablar con los ojos,* dar a entender con una mirada o guiñada lo que se quiere decir. ‖ *Hasta los ojos,* m. adv. para ponderar el exceso de una cosa: *estar enamorado hasta los ojos.* ‖ *Fig. Írsele los ojos por,* o *tras, una persona* o *cosa,* desearla con vehemencia. ‖ *¡Mucho ojo!,* expr. de aviso para que se mire, se oiga o se considere bien lo que pasa o se dice. ‖ *Meterle a uno una cosa por los ojos,* encarecerla, celebrarla mucho. ‖ *Mirar con buenos* o *malos ojos una cosa,* mirarla con afición o enemistad. ‖ *No pegar un ojo,* no poder dormir. ‖ *No quitar los ojos de una persona* o *cosa,* no apartarlos de ella. ‖ *Ojo avizor,* alerta, con cuidado: *estar ojo avizor.* ‖ *Poner los ojos en una persona* o *cosa,* escogerla para algún designio. *Fig.* Denotar afición o cariño hacia ella. ‖ *Poner los ojos en blanco,* volverlos dejando ver lo blanco ‖ *Saltar un ojo,* herirlo, cegarlo. ‖ *Fig.* y *fam. Ser el ojo derecho de una persona,* ser de su mayor confianza y cariño. ‖ *Tener entre ojos,* aborrecer. ‖ *Tener ojo a una cosa,* observarla, vigilarla. ‖ — PROV. **El ojo del amo engorda el caballo,** cada uno debe cuidar de su hacienda. ‖ **Ojos que no ven, corazón que no siente,** la ausencia suele hacer olvidar las cosas. ‖ — OBSERV. Son galicismos las frases: *mirar con mal ojo,* por *con malos ojos; tener el ojo sobre uno,* por *traerlo entre ojos; mirar con ojos tiernos,* por *con dulce mirada.*
— El *ojo humano* consta de tres membranas: la *esclerótica,* que le protege y forma delante la *córnea transparente;* la *coroides,* que se prolonga y forma el *iris,* horadada por la *pupila,* con abertura variable según la intensidad de la luz; la *retina,* sensible al excitante luminoso unida al encéfalo por el *nervio óptico,* y sobre la cual se dibujan las imágenes suministradas por los medios anteriores transparentes del ojo (córnea, humor acuoso, cristalino, humor vítreo). Los *músculos ciliares,* existentes entre el límite del iris y de la coroides, hacen variar la convergencia del cristalino y permiten la acomodación, que disminuye en la vejez (presbicia). El ojo puede tener defectos de refracción (miopía, hipermetropía, astigmatismo) y anomalías en la visión de los colores (daltonismo, acromatismo).
¡OJÓ! interj. *Ecuad.* Sirve para indicar desprecio y significa: *¡Qué me importa!*
OJÓN, ONA adj. *Amer.* De ojos grandes.
OJOSO, SA adj. Lleno de ojos o de agujeros: *pan ojoso, queso muy ojoso.* ‖ — PARÓN. *Hojoso.*

ojivas

ojo de puente

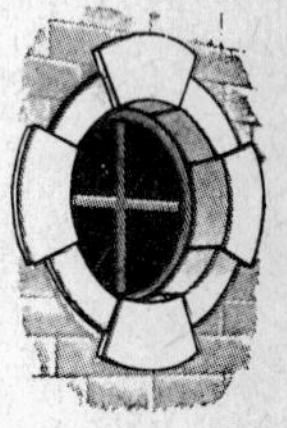
ojo de buey

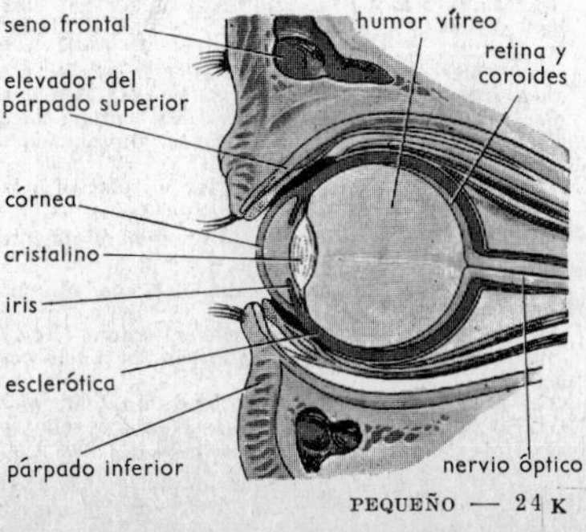

OJO

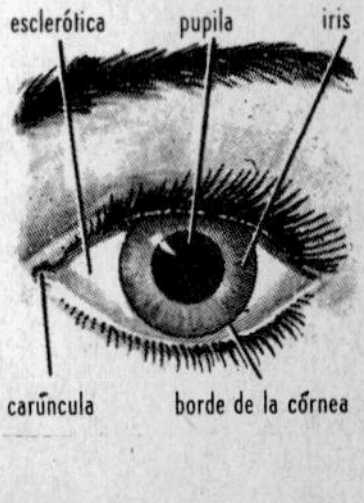

hoja de olivo y aceitunas

OJOTA f. *Amer.* Sandalia hecha de un pedazo de cuero levantado por los bordes, que cubre los lados y hasta a veces el empeine del pie, y atada con correas.
OJUELO m. Ojillo alegre y risueño.
O.K. [*okey*], expresión familiar norteamericana que significa *bien, de acuerdo.*
OKAPÍ m. Especie de antílope, descubierto en África en 1900, que forma la transición entre la jirafa y la cebra: *el okapí se encuentra en el Congo.*
OLA f. Onda de gran amplitud en la superficie de las aguas. || Fenómeno atmosférico que produce variación brusca en la temperatura: *una ola de calor, de frío.* || — SINÓN. *Cachón, onda.* || *Fig.* Oleada, aflujo súbito: *una ola de protestas.*
OLANCHANO, NA adj. y s. De Olancho (Honduras).
¡OLE! y **¡OLÉ!** interj. que se emplea para animar o aplaudir. || — M. Cierto baile andaluz.
OLEÁCEAS f. pl. *Bot.* Familia de dicotiledóneas a que pertenecen el olivo, el fresno, la lila.
OLEADA f. Ola grande. || Embate, golpe que da la ola. || *Fig.* Movimiento, agitación de la multitud, muchedumbre. || Gran cantidad.
OLEAGINOSIDAD f. Calidad de oleaginoso.
OLEAGINOSO, SA adj. Aceitoso, oleoso, graso.
OLEAJE m. Sucesión continuada de olas. || — SINÓN. *Flujo, marejada, reflujo, resaca.*
OLEANDRO m. El laurel rosa o adelfa.
OLEATO m. Sal que forma el ácido oleico.
OLÉCRANON m. *Anat.* La apófisis del codo.
OLEDOR, RA adj. y s. Que exhala olor o lo percibe.
OLEFINAS f. pl. Hidrocarburos etilénicos de fórmula general C_nH_{2n}.
OLEICO, CA adj. Dícese de un ácido que se encuentra en el aceite y otras grasas.
OLEÍCOLA adj. Relativo a la oleicultura: *campaña oleícola.*
OLEICULTURA f. Arte de cultivar el olivo y mejorar la producción de aceite.
OLEÍFERO, RA adj. Que contiene aceite: *plantas oleíferas.*
OLEIFORME adj. Que tiene la consistencia del aceite.
OLEÍNA f. *Quím.* Oleato de glicerina, substancia grasa, líquida a la temperatura ordinaria, que se encuentra en las grasas animales y vegetales.
ÓLEO m. (lat. *oleum*). Aceite: *pintura al óleo.* || Aceite consagrado que usa la Iglesia en sus ceremonias: *administrar los santos óleos.* || *Pintura al óleo,* la que se hace con colores disueltos en aceite secante.
OLEODUCTO m. Canalización para trasportar a distancia el gas, líquidos (petróleo) o sólidos pulverizados. (SINÓN. *Pipeline.*)
OLEOGRAFÍA f. Cromo que imita la pintura al óleo: *una oleografía religiosa.*
OLEÓMETRO m. Instrumento que se emplea para medir y comparar la densidad de los aceites grasos.
OLEONAFTA f. Nafta obtenida en la destilación del petróleo.
OLEOSIDAD f. Calidad de oleoso o aceitoso.
OLEOSO, SA adj. (lat. *oleosus*). Aceitoso.
OLER v. t. Percibir un olor. (SINÓN. *Barruntar, gulusmear, olfatear, oliscar.*) || *Fig.* Conocer, percibir una cosa. || *Fig.* Inquirir, escudriñar una cosa. (SINÓN. V. *Presentir.*) || — V. i. Exhalar un perfume o fragancia. (SINÓN. V. *Heder.*) || *Fig.* Tener trazas de una cosa: *ese hombre me huele a polizonte.* || *Fig.* y *fam. No oler bien una cosa,* ser sospechosa. || — IRREG. Se conjuga como *mover.* (Toma *h* en las formas diptongadas: *huelo, hueles, huele,* etc.)
OLETEAR v. t. *Per.* Averiguar lo relativo a la vida de otros.
ÓLEUM m. *Quím.* Ácido sulfúrico parcialmente deshidratado.
OLFACCIÓN f. Acción de oler, de oliscar. (SINÓN. V. *Olfato.*)
OLFATEAR v. t. Oler mucho, oliscar. || *Fig.* y *fam.* Averiguar, indagar: *olfatear un buen negocio.*
OLFATEO m. Acción y efecto de olfatear.
OLFATIVO, VA adj. Perteneciente o relativo al olfato: *nervio olfativo, potencia olfativa.*
OLFATO m. (lat. *olfactus*). Sentido con que percibimos los olores: *la nariz es el órgano del olfato.* (SINÓN. *Nariz, olfación.*) || *Fig.* Sagacidad para descubrir lo que está disimulado. (SINÓN. V. *Clarividencia.*)
OLFATORIO, RIA adj. Perteneciente o relativo al olfato: *nervio olfatorio.*
OLIENTE adj. Que huele: *una flor mal oliente.*
OLIERA f. Vaso para conservar los santos óleos.
OLIFANTE m. Pequeño cuerno de marfil de los caballeros, y especialmente el cuerno de Roldán.
OLIGARCA m. Individuo que forma parte de una oligarquía o es partidario de ella.
OLIGARQUÍA f. (del gr. *oligos,* pocos, y *arkhê,* gobierno). Gobierno ejercido exclusivamente por algunas familias poderosas: *la oligarquía reemplazó en Atenas la monarquía primitiva.* || *Fig.* Conjunto de negociantes poderosos que se aúnan para que todos los negocios dependan de su arbitrio.
OLIGÁRQUICO, CA adj. De la oligarquía.
OLIGISTO m. Óxido natural de hierro (Fe_2O_3): *el oligisto da el color rojo a la arcilla.*
OLIGOCENO adj. (del gr. *oligos,* poco numeroso, y *kainos,* reciente). *Geol.* Dícese del período y del terreno geológico de la era terciaria que sigue al eoceno y que duró 15 millones de años.
OLIGOFRENIA f. Insuficiencia psíquica de origen congénito.
OLIGOPOLIO m. Mercado en el que hay pocos vendedores y muchos compradores.
OLIMPIADA u **OLIMPÍADA** f. Entre los griegos, período de cuatro años que transcurría entre la celebración de los Juegos Olímpicos sucesivos. || Fiesta o juego que se celebraba cada cuatro años en la ciudad de Olimpia.
— Era la base del cómputo internacional. La primera olimpíada empezó el año 776 a. de J. C.; la última se cuenta de 392 a 396 de nuestra era. El tercer año de la vigesimosexta olimpíada corresponde, pues, al año 103 después de la institución de dicho cómputo.
OLÍMPICO, CA adj. Relativo al Olimpo. || *Fig.* Altanero, soberbio. || Propio de los juegos olímpicos. || *Juegos Olímpicos,* los que se celebraban cada cuatro años, cerca de Olimpia, en los cuales el vencedor recibía la *corona olímpica.*
— El barón Pierre de Coubertin restauró los *Juegos Olímpicos* en 1896 en la ciudad de Atenas y desde entonces se celebran cada cuatro años con la participación de atletas de todos los países: París (1900), San Luis (1904), Londres (1908), Estocolmo (1912), Amberes (1920), París (1924), Amsterdam (1928), Los Ángeles (1932), Berlín (1936), Londres (1948), Helsinki (1952), Melbourne (1956), Roma (1960), Tokio (1964) y México (1968). Los próximos se celebrarán en la ciudad de Munich en 1972.
OLIMPO m. *Mit.* Conjunto y morada de los dioses del paganismo. (V. *Parte hist.*)
OLINGO m. *Amer.* Mono aullador.
OLISCAR v. t. Olfatear. (SINÓN. V. *Oler.*) || *Fig.* Averiguar, inquirir una cosa. || — V. i. Empezar a oler mal: *esa carne empieza a oliscar.*
OLISCO, CA adj. *Arg.* y *Chil.* Dícese de lo que comienza a oler mal.
OLISQUEAR v. t. *Fam.* Oliscar, olfatear, oler. || *Fig.* Indagar.
OLISQUEO m. Acción de oliscar u olfatear.
OLIVA f. (lat. *oliva*). Aceituna. || Adorno arquitectónico de forma de aceituna. || — Adj. De un amarillo verdoso: *color verde oliva.*
OLIVÁCEO, A adj. Aceitunado.
OLIVAR m. Sitio plantado de olivos.
OLIVAR v. t. Podar las ramas bajas de los árboles como se hace generalmente con los olivos.
OLIVARDA f. Ave de presa, parecida al neblí.
OLIVARDA f. Planta de la familia de las compuestas, común en España: *la olivarda se ha empleado en medicina como astringente y cicatrizante.*
OLIVARERO, RA adj. Rico en olivares, propio de ellos: *región olivarera.* || Referente al cultivo del olivo, al comercio y aprovechamiento de sus frutos: *industria olivarera.*
OLIVARSE v. r. Esponjarse el pan al cocerse.
OLIVÍCOLA adj. Oleícola.
OLIVICULTURA f. Oleicultura.

OLIVÍFERO, RA adj. *Poét.* Lugar abundante en olivos.
OLIVILLO m. De color verde oliva, común en los basaltos. (Su alteración forma la *serpentina.*) ‖ Arbusto anacardiáceo de hojas lustrosas y persistentes.
OLIVINO m. *Miner.* Cierta especie de peridoto de color verde oliva, común en los basaltos.
OLIVO m. (lat. *olivum*). Árbol de la familia de las oleáceas que crece en los países cálidos y produce la aceituna. ‖ *Olivo silvestre,* acebuche. (El *olivo* se consideraba en la Antigüedad como símbolo de sabiduría, de paz y de gloria.)
OLMA f. Olmo corpulento y frondoso.
OLMEDA f. y **OLMEDO** m. Terreno plantado de olmos.
OLMO m. (lat. *ulmus*). Árbol de la familia de las ulmáceas, de madera fibrosa, sólida y elástica: *el olmo abunda en España.*
OLÓGRAFO, FA adj. Dícese del testamento de puño y letra del testador. ‖ — Adj. Autógrafo. (También se escribe *hológrafo.*)
OLOPOPO m. *C. Rica.* Especie de lechuza pequeña.
OLOR m. Sensación que producen en el olfato ciertas emanaciones: *el olor de las flores es muy agradable.* (SINÓN. *Fetidez, tufo.*) ‖ Lo que es capaz de producir esa impresión. (SINÓN. V. *Perfume.*) ‖ Lo que causa o motiva una sospecha. ‖ *Chil.* y *Méx.* Especia, condimento. ‖ *Fig.* Fama, reputación: *morir en olor de santidad.*
OLORIZAR v. t. Perfumar.
OLOROSO, SA adj. Que exhala de sí perfume. (SINÓN. *Aromático, odorífero.*)
OLOTE m. *Amér. C.* y *Méx.* Mazorca de maíz sin los granos.
OLVIDADIZO, ZA adj. Que olvida fácilmente. ‖ *Fig.* Ingrato.
OLVIDADO, DA adj. Que se olvida. (SINÓN. V. *Desconocido.*) ‖ Olvidadizo.
OLVIDAR v. t. y r. Perder el recuerdo de una cosa: *olvidar una fecha.* ‖ Dejar involuntariamente: *me olvidé los guantes en la mesa, olvidarse [de] la fecha.* ‖ Dejar pasar: *olvidar la hora.* ‖ Omitir, no incluir: *olvidar un nombre en una lista.* (SINÓN. V. *Faltar.*) ‖ No agradecer: *olvidar fácilmente los favores recibidos.* ‖ No pensar en: *olvidemos el pasado.* ‖ Dejar el cariño que antes se tenía: *olvidar a su novia.* ‖ *Fig. Estar olvidada* una cosa, hacer mucho tiempo que pasó. No quedar rencor de lo que sucediera.
OLVIDO m. (lat. *oblivium*). Falta de memoria, estado de una cosa olvidada: *quedó su proyecto sepultado en el olvido.* ‖ Descuido: *pagar caro un momento de olvido.* (SINÓN. V. *Negligencia* y *omisión.*) ‖ Cesación del cariño que se tenía. (SINÓN. *Desconocimiento, ingratitud.*) ‖ *Dar,* o *echar, al olvido,* o *en olvido, entregar al olvido,* olvidar. (SINÓN. V. *Amnistía.*) ‖ *Enterrar en el olvido,* olvidar para siempre. ‖ *Poner en olvido,* olvidar, hacer olvidar.
OLLA f. (lat. *olla*). Vasija redonda de barro o metal que sirve para guisar. ‖ Guisado de carne y hortalizas. ‖ Remolino en un río. ‖ *Olla de fuego,* artificio de guerra. ‖ *Fam. Olla de grillos,* lugar donde hay sumo desorden. ‖ *Olla podrida,* la que contiene jamón, aves, embutidos, etc. ‖ *Fig. Recordar las ollas de Egipto,* recordar otros tiempos más felices. ‖ — PROV. **No hay olla tan fea que no encuentre su cobertera,** no hay persona o cosa, por poco que valga, que no encuentre quien la aprecie. ‖ — PARÓN. *Hoya.*
OLLAO y **OLLADO** m. *Mar.* Ojete en una vela, toldo, etc.
OLLAR m. Ventana de la nariz de las caballerías.
OLLAR adj. *Piedra ollar,* una variedad de serpentina que sirve en algunas partes para hacer vasijas.
OLLERA f. (de *olla,* por el nido de barro que hace). Herrerillo, ave.
OLLERÍA f. Fábrica o tienda de cacharros.
OLLERO, RA m. y f. Alfarero, persona que hace ollas y otros cacharros de barro o los vende.
OLLETA f. *Col.* Chocolatera, anafe. ‖ *Venez.* Guiso de maíz. ‖ *Col.* Agujero en el cauce de un río. ‖ *Col.* Hornillo portátil.
OLLITA f. Olla pequeña. ‖ *Venez.* y *Col. Ollita de mono,* fruto del jacapucayo que imita la forma de una olla con su tapadera. ‖ — PARÓN. *Hoyita.*

OLLUCO m. *Per.* Planta de tubérculo comestible.
OMBLIGADA f. Parte de los cueros que corresponde al ombligo.
OMBLIGAR v. t. *Col.* Poner el ombliguero.
OMBLIGO m. (lat. *umbilicus.*) Cicatriz que se forma en el vientre después del desprendimiento del cordón umbilical. ‖ *Fig.* Punto central: *el ombligo de la Tierra.* ‖ *Ombligo de Venus,* planta de la familia de las crasuláceas: *el ombligo de Venus suele crecer en los tejados.* ‖ Conchita que sirve de opérculo a ciertos múrices, llamada también *ombligo marino.* ‖ *Fig.* y *fam. Encogérsele a uno el ombligo,* amedrentarse o desalentarse.
OMBLIGUERO m. Venda que se pone a los recién nacidos sobre el ombligo. ‖ *Cub.* Cerca secundaria o divisoria en los grandes potreros.
OMBÚ m. *Riopl.* Árbol muy grande de la familia de las fitolacáceas.
OMEGA f. (del gr. *ô mega, O* grande). Última letra del alfabeto griego (ω) correspondiente a la *O* larga. ‖ *Alfa* y *omega,* el principio y el fin. ‖ La mayúscula (Ω) es símbolo del *ohmio* y la minúscula (ω), símbolo de la *velocidad angular.*
OMENTO m. (lat. *omentum*). *Anat.* Redaño.
OMEYA adj. Dícese de los descendientes del jefe árabe de este nombre. ‖ Relativo a este linaje y dinastía.
ÓMICRON f. (del gr. *o mikron, O* pequeña). *O* breve del alfabeto griego.
OMINOSO, SA adj. Abominable, azaroso.
OMISIÓN f. Acción y efecto de omitir: *la omisión del acento puede modificar el sentido de una palabra.* ‖ Olvido, dejadez. (SINÓN. *Descuido, laguna, preterición.*) ‖ Falta por haber omitido la ejecución de una cosa. (SINÓN. V. *Negligencia.*)
OMISO, SA adj. Flojo, descuidado.
OMITIR v. t. (lat. *omittere*). Dejar de hacer: *omitir una formalidad.* (SINÓN. V. *Faltar.*) ‖ Pasar en silencio alguna cosa.
ÓMNIBUS m. (pal. lat. que significa: *para todos*). Vehículo para el transporte público de viajeros. ‖ *Tren ómnibus,* el que para en todas las estaciones.
OMNICOLOR adj. Que tiene todos los colores
OMNÍMODO, DA adj. Que lo abraza y comprende todo. (SINÓN. V. *Absoluto.*)
OMNIPOTENCIA f. Poder para hacer todas las cosas: *la omnipotencia es atributo únicamente de Dios.* (SINÓN. V. *Autoridad.*) ‖ *Fig.* Poder muy grande, poder absoluto: *la omnipotencia de los reyes.* (SINÓN. V. *Dictadura.*)
OMNIPOTENTE adj. (del lat. *omnis,* todo, y *potens,* poderoso). Todopoderoso. ‖ Que todo lo puede. ‖ *Fig.* Que puede mucho, que tiene autoridad absoluta. (SINÓN. V. *Absoluto.*)
OMNIPRESENCIA f. Presencia simultánea en todas partes. ‖ Ubicuidad.
OMNIPRESENTE adj. Presente en todos los lugares.
OMNISAPIENTE adj. Omnisciente.
OMNISCIENCIA f. (del lat. *omnis,* todo, y *scientia,* ciencia). Ciencia universal, uno de los atributos de Dios en las religiones monoteístas. (SINÓN. V. *Saber.*)
OMNISCIENTE y **OMNISCIO, CIA** adj. (del lat. *omnis,* todo, y *sciens,* que sabe). Que todo lo sabe. (SINÓN. V. *Sabio.*) ‖ Que sabe muchas cosas.
ÓMNIUM m. Competición ciclista sobre pista con muchas clases de pruebas. ‖ Compañía industrial o financiera que se dedica a toda clase de operaciones. ‖ Carrera para todos los caballos.
OMNÍVORO, RA adj. y s. (del lat. *omnis,* todo, y *vorare,* comer). Dícese del animal que se nutre con toda clase de alimentos: *el hombre es omnívoro.*
OMÓPLATO mejor que **OMOPLATO** m. (del gr. *ômos,* espalda, y *platê,* llano). Hueso ancho, plano, triangular, situado en la parte posterior de la espalda. (SINÓN. *Paletilla.*)
ONAGRA f. (gr. *onagra*). Planta oenoterácea con raíz de olor a vino.
ONAGRO m. (del gr. *onos,* asno, y *agrios,* silvestre). Asno silvestre. ‖ Especie de ballesta antigua.
ONANISMO m. (de *Onán,* personaje bíblico). Autosatisfacción del apetito sexual por excitación artificial de los órganos.

olmo

ombú

OMÓPLATO
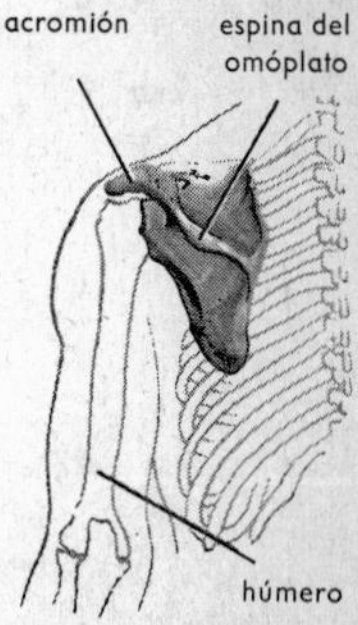

onagro

ONCE adj. (lat. *undecim*). Diez y uno: *once libros.* || Undécimo: *año once.* || Equipo de once jugadores de fútbol. || Cifra que representa el número once. || *Tomar las once,* tomar un corto refrigerio o un aperitivo hacia las once de la mañana.

ONCEAR v. t. Pesar o vender por onzas una cosa. || *Venez.* Tomar las once.

ONCEAVO, VA adj. Onzavo, undécimo.

ONCEJO m. Vencejo, ave.

ONCENO, NA adj. Undécimo: *Alfonso onceno.* || *Fam. El onceno,* expresión que se emplea imaginando un supuesto mandamiento que ordena no estorbar.

ONDA f. (lat. *unda*). Porción de agua que alternativamente se eleva y desciende, en la superficie de un río, lago o mar, a causa del viento u otra razón. (SINÓN. V. *Ola.*) || Ondulación, sinuosidad: *las ondas del pelo, del raso.* || *Fig.* Reverberación y movimiento de la llama. || *Fís.* Nombre que se da a las líneas o superficies concéntricas que se producen en una masa fluida que recibe determinado impulso en uno de sus puntos: *ondas luminosas, eléctricas, sonoras.* || *Onda eléctrica* o *hertziana,* la generada por una corriente oscilatoria. || *Longitud de onda,* la distancia entre dos puntos que en un instante dado tienen el mismo estado de vibración. || *Onda corta, onda normal,* en radio la que tiene una longitud comprendida entre 10 y 50 metros o 200 y 550, respectivamente. || *Onda larga,* en radio la que tiene una longitud de mil metros o menos. || *Onda luminosa,* la que se origina de un cuerpo luminoso y que transmite su luz. || *Onda sonora,* la que se origina en un cuerpo elástico y transmite el sonido.

— Hay varias clases de *ondas:* las *ondas materiales,* que se propagan por vibraciones de la materia (sólida, líquida o gaseosa), y las *ondas electromagnéticas,* debidas a la vibración de un campo electromagnético, fuera de todo soporte material. Entre las primeras se pueden señalar las *ondas sonoras,* que son las comprendidas entre 8 y 30 000 frecuencias por minuto; las ultrasonoras tienen frecuencias más elevadas y las infrasonoras frecuencias más bajas. Las ondas electromagnéticas comprenden, según su longitud, los rayos gamma (de 0,005 a 0,25 angtrons), después los rayos X (hasta 0,001 micras), las ultravioleta (de 0,02 a 0,4 micras), la luz visible (de 0,4 a 0,8 micras), los infrarrojos (de 0,8 a 300 micras), las ondas radioeléctricas (que oscilan del milímetro a muchas decenas de kilómetros). La mecánica ondulatoria, de L. de Broglie, asocia una onda inmaterial a las partículas en movimiento.

onza

ONDEADO adj. Que tiene ondas: *tela ondeada.*

ONDEANTE adj. Que ondea: *bandera ondeante.* (SINÓN. V. *Ondulado.*)

ONDEAR v. i. Hacer ondas el agua. || Undular: *sus cabellos ondeaban al viento.* (SINÓN. V. *Flotar.*) || *Fig.* Formar ondas una cosa. || Aclarar la ropa jabonada. || — V. r. Mecerse, columpiarse. || — PARÓN. *Hondear.*

ONDEO m. Acción de ondear.

ONDÍMETRO m. Aparato que sirve para medir la longitud de las ondas electromagnéticas.

ONDINA f. Ninfa de las Aguas, según las mitologías germánica y escandinava. (SINÓN. V. *Ninfa.*)

ONDOSO, SA adj. Ondeado.

ONDÚ m. *Per.* Nombre de una danza.

ONDULACIÓN f. Movimiento que imita el de las ondas del mar. || Sinuosidad: *las ondulaciones de un camino.* || Disposición del cabello en ondas.

ONDULADO, DA adj. Que presenta ondulaciones numerosas: *superficie ondulada.* || — SINÓN. *Ondeante, ondulante, serpenteado, serpentino, sinuoso.*

ONDULANTE adj. Que ondula: *movimiento ondulante.* (SINÓN. V. *Ondulado.*)

ONDULAR v. t. Volver ondulado. || — V. i. Moverse una cosa formando ondas: *el ondular de una culebra.* (SINÓN. V. *Flotar.*)

ONDULATORIO, RIA adj. Que ondula o hace ondulaciones: *movimiento ondulatorio.* || Que se propaga por ondas: *naturaleza ondulatoria de la luz.* || *Mecánica ondulatoria,* desarrollo de la teoría de los quanta debida a L. de Broglie y en la cual toda partícula en movimiento está asociada a una onda periódica, cuya frecuencia y longitud están determinadas por reglas análogas a aquellas que rigen la propagación de la luz.

ONEIRISMO m. Tendencia artística que deforma la realidad fundamentada en los monstruos, fantasmas de los sueños o imaginaciones febriles.

ONEROSO, SA adj. (lat. *onerosus*). Molesto, gravoso. || Que ocasiona gastos. (SINÓN. V. *Costoso.*) || Que incluye gravamen.

ONFACINO adj. (gr. *omphakinos,* de agraz). Dícese del aceite fabricado con aceitunas sin madurar.

ÓNICE f. (del gr. *onyx,* uña, por el color). Ágata fina con rayas paralelas.

ONÍRICO, CA adj. Relativo a los sueños.

ONIRISMO m. Delirio onírico. || Oneirismo.

ONIROMANCIA mejor que **ONIROMANCÍA** f. (del gr. *oneiros,* sueño, y *manteia,* adivinación). Adivinación por los sueños. || Explicación de un sueño.

ÓNIX f. Ónice, piedra.

ONOMANCIA y **ONOMANCÍA** f. (del gr. *onoma,* nombre, y *manteia,* adivinación). Adivinación que se hace por el nombre de las personas.

ONOMÁSTICO, CA adj. (del gr. *onoma,* nombre). Relativo al nombre: *índice onomástico.* || — F. Estudio de los nombres propios. || *Día onomástico,* el del santo de una persona. Ú. t. c. s. m.

ONOMATOPEYA f. (del gr. *onoma,* nombre, y *poiein,* hacer). Palabra que imita el sonido de la cosa que significa: *miau, gluglú, cataplún,* etc. || El mismo vocablo. || Formación de estas palabras.

ONOMATOPÉYICO, CA adj. Perteneciente a la onomatopeya; formado por onomatopeya.

ONOQUILES f. Planta de la familia de las borragináceas de cuya raíz se saca una tintura roja.

ONOSMA f. (lat. *onosma*). La orcaneta, planta.

ONOTO m. *Amer.* Uno de los nombres de la *bija,* árbol.

ONTOGÉNESIS f. (del gr. *ôn, ontos,* ser, y *genesis,* generación). Serie de transformaciones sufridas por el individuo desde el momento de la fecundación del huevo hasta el ser perfecto.

ONTOGENIA f. Formación y desarrollo del individuo considerado con independencia de la especie.

ONTOGÉNICO, CA adj. De la ontogenia.

ONTOLOGÍA f. (del gr. *ôn, ontos,* el ser, y *logos,* doctrina). *Filos.* Ciencia del ser en general: *la ontología se confunde con la metafísica.*

ONTOLÓGICO, CA adj. Relativo a la ontología. || *Argumento ontológico,* prueba de la existencia de Dios formulada primero por San Anselmo, después por Descartes y Leibniz, que dice que en la idea de Dios como ser perfecto se halla contenida la idea de su existencia.

ONTOLOGISMO m. *Fil.* Teoría de Rosmini y Gioberti que afirma que el Ser supremo es el primer objeto conocido por nuestra inteligencia.

ONTÓLOGO m. El que profesa la ontología.

ONUBENSE adj. y s. De Ónuba, hoy Huelva. || Huelveño.

ONZA f. (lat. *uncia*). Duodécima parte de la libra romana. || Peso que vale 16 adarmes (28,7 gramos). || División de una tableta de chocolate. || *Onza de oro,* moneda española antigua de este metal.

ONZA f. Mamífero carnicero, especie de gato grande, que vive en Asia meridional: *la onza domesticada se emplea en Irán para cazar gacelas.* || *Bol.* y *Bras.* Jaguar.

ONZAVO, VA adj. y s. Undécimo, onceno.

OOGONIO m. *Bot.* Órgano en que se desarrollan los elementos femeninos de gran número de vegetales.

OOLÍTICO, CA adj. De la naturaleza del oolito.

OOLITO m. (del gr. *ôon,* huevo, y *lithos,* piedra). Caliza compuesta de granitos semejantes a los huevos de pescado: *el oolito es una formación jurásica.*

OOSFERA f. *Bot.* Gameto femenino correspondiente en el reino vegetal al óvulo de los animales.

OOSPORO m. El huevo en las algas y hongos.

Fot. X

¡OPA! interj. *Col.* ¡Hola! ‖ — Adj. *Col.* Sordomudo, idiota. ‖ *Arg., Bol., Per.* y *Urug.* Tonto.
OPACAR v. t. Hacer opaco: *opacar el vidrio.* ‖ — V. r. Obscurecerse, nublarse.
OPACIDAD f. Calidad de opaco.
OPACLE m. *Méx.* Hierba agregada al pulque.
OPACO, CA adj. (lat. *opacus*). Dícese de lo que no es transparente, que no deja pasar la luz: *los metales son cuerpos opacos.* (CONTR. *Transparente.*) ‖ Obscuro, sombrío. ‖ *Fig. Impenetrable.*
OPAL m. Tejido fino de algodón, parecido a la batista, pero más tupido y liso.
OPALESCENCIA f. Reflejo opalino.
OPALESCENTE adj. Que parece opalino.
OPALINO, NA adj. Relativo al ópalo. ‖ De color entre blanco y azulado con irisaciones.
OPALIZAR v. t. Tornar opalino.
ÓPALO m. (lat. *opalus*). Piedra preciosa tornasolada, variedad de sílice hidratada: *los supersticiosos atribuyen al ópalo influencia nefasta.*
OP'ART m. (voz ingl., abrev. de *Optical art*). Modalidad artística que tiende a producir ilusiones ópticas y crear una impresión de perspectiva y de relieve, por medio del juego de formas geométricas coloreadas.
OPATA adj. y s. m. Dícese de una lengua indígena de América Central y México.
OPCIÓN f. (lat. *optio*). Facultad de optar o elegir. (SINÓN. V. *Elección.*) ‖ Derecho que se tiene a un oficio, dignidad, etc. ‖ Facultad dada a una persona, por la ley o por un contrato, de escoger entre varias situaciones jurídicas: *tener opción sobre unas tierras.*
Op. cit., abreviatura de *opere citato.*
ÓPERA f. (del lat. *opera,* obra). Poema dramático con acompañamiento de música y cuyo texto es todo cantado: *la ópera nació en Italia.* ‖ Música de una ópera: *la partitura de una ópera.* ‖ *Ópera bufa, cómica,* poema dramático jocoso en que alterna el canto con el diálogo hablado. (SINÓN. *Opereta, zarzuela.*) ‖ Teatro donde se representan óperas: *la Ópera de París, de Viena.*
OPERABLE adj. Que puede obrarse o efectuarse. ‖ Que puede operarse: *enfermo operable.*
OPERACIÓN f. Acción de una potencia, de una facultad o de un agente que produce un efecto: *operación del entendimiento, operación química.* ‖ Negociación o contrato sobre valores o mercancías. ‖ Conjunto de los medios que se ponen en juego para conseguir un resultado: *una operación financiera.* ‖ Intervención quirúrgica: *la operación del cáncer.* ‖ *Mil.* Conjunto de combates y de maniobras de todas clases realizados por fuerzas terrestres, navales o aéreas, en una región determinada o en vistas de un objetivo preciso. ‖ *Operación de Bolsa,* acción de comprar o vender en la Bolsa valores mobiliarios o mercancías. ‖ *Mat.* Ejecución de un cálculo determinado sobre uno o varios números. (Las cuatro operaciones fundamentales en aritmética son *suma* o *adición, resta* o *substracción, multiplicación* y *división.*)
OPERACIONAL adj. Relativo a las operaciones militares o que tiene aspecto específicamente militar de la estrategia.
OPERADO, DA adj. y s. Dícese de una persona que ha sufrido una operación quirúrgica.
OPERADOR m. Cirujano que opera. ‖ Técnico encargado de la parte fotográfica del rodaje de una película.
OPERANTE adj. El que opera. ‖ Activo: *capital operante.* (SINÓN. V. *Eficaz.*)
OPERAR v. i. (lat. *operare*). Producir cierto efecto: *la medicina empieza a operar.* (SINÓN. V. *Obrar.*) ‖ Maniobrar. ‖ *Com.* Especular sobre valores, negociar a crédito. ‖ — V. t. Efectuar una operación quirúrgica: *operar a un niño.*
OPERARIO, RIA m. y f. Obrero, oficial: *un operario de la imprenta.* (SINÓN. V. *Trabajador.*)
OPERATORIO, RIA adj. Relativo a las operaciones quirúrgicas: *medicina operatoria.*
OPERATIVO, VA adj. Dícese de lo que obra y hace su efecto.
OPERCULAR adj. Que sirve de opérculo.
OPÉRCULO m. (del lat. *operculum,* tapadera). *Hist. nat.* Tapadera delgada que cubre las celdillas de los panales de miel. ‖ Tapadera de la urna de algunos musgos. ‖ Pieza córnea que tapa la abertura de la concha de ciertos moluscos. ‖ Pieza lateral que cubre las agallas de los peces.
OPERE CITATO, expr. lat. que significa *en la obra citada* y que se emplea para indicar la obra citada anteriormente. (Abrev.: *Op. cit.*)
OPERETA f. Obra teatral de escenas cantadas y declamadas, de carácter frívolo y alegre: *las operetas de Offenbach.* (SINÓN. V. *Ópera.*)
OPERÍA f. *Bol.* Estupidez.
OPERISTA com. Actor que canta en las óperas.
OPERÍSTICO, CA adj. Propio de la ópera.
OPEROSO adj. Que cuesta mucho trabajo o fatiga. ‖ Activo, eficaz.
OPIÁCEO, CEA adj. Dícese de los compuestos de opio. ‖ *Fig.* Que calma como el opio.
OPIADO, DA adj. Compuesto con opio.
OPIATA f. Electuario en que entra el opio. ‖ Dícese también de cualquier electuario sin opio.
OPILACIÓN f. *Med.* Obstrucción. ‖ Amenorrea. ‖ Hidropesía.
OPILAR v. t. (lat. *oppilare*). *Med.* Obstruir, atascar un conducto del cuerpo. ‖ — V. r. Contraer las mujeres opilación o clorosis.
OPILATIVO, VA adj. Que obstruye los canales naturales del cuerpo: *un medicamento opilativo.*
OPIMO, MA adj. (lat. *opimus*). Rico, abundante *frutos opimos, tributo opimo.* ‖ — OBSERV. Es barbarismo muy frecuente decir *ópimo* y tomarlo por *grueso, abultado.*
OPINABLE adj. Que puede ser defendido en pro y en contra.
OPINANTE adj. y s. Que opina.
OPINAR v. i. (lat. *opinare*). Formar opinión sobre una cosa: *opino que haces mal.* ‖ Hacer conjeturas. ‖ Expresar la opinión.
OPINIÓN f. (lat. *opinio*). Parecer del que opina: *dar su opinión.* (SINÓN. *Pensamiento, tesis.*) ‖ Sentimiento que forma uno de una cosa: *todas las opiniones deben ser libres.* (SINÓN. V. *Creencia.*) ‖ *Fil.* Adhesión de la mente a un juicio probable. ‖ Sentimiento de una clase de personas: *opinión conservadora.* ‖ Juicio acerca de una persona o cosa: *tener mala opinión de una persona.* ‖ *Opinión pública,* sentir en que coincide la generalidad de las personas acerca de un asunto. ‖ *Fig.* y *fam.* *Casarse con su opinión,* aferrarse a ella.
OPIO m. (gr. *opion*). Droga narcótica que se obtiene desecando el jugo de las cabezas de adormideras verdes. (El *opio* se mastica o fuma. Provoca una euforia seguida de un sueño onírico, pero su uso repetido conduce a un estado de postración física e intelectual que hace de esta droga un veneno. La medicina lo utiliza como calmante, somnífero y analgésico, así como los alcaloides que encierra [morfina, papaverina].) ‖ *Fig.* Lo que es causa de embrutecimiento moral.
OPIÓMANO m. Que tiene el hábito y la necesidad del opio.
OPIOMANÍA f. Pasión de los opiómanos.
OPÍPARAMENTE adv. m. De un modo opíparo.
OPÍPARO, RA adj. (lat. *opiparus*). Abundante, espléndido: *banquete opíparo, comida opípara.*
OPISTÓDOMO u **OPISTODOMO** m. Parte posterior de un templo griego, opuesta al propaos.
OPLOTECA f. Museo de armas, armería.
OPONER v. t. (lat. *opponere*). Colocar una cosa de modo que estorbe a otra: *oponer un dique a las aguas.* ‖ Poner enfrente: *oponer dos pareceres.* (SINÓN. *Contraponer, contrarrestar, enfrentar.*) ‖ Impugnar, estorbar. ‖ — V. r. Mostrarse contrario: *oponerse a un proyecto.* (SINÓN. V. *Resistir.*) ‖ — IRREG. Se conjuga como *poner.*
OPONIBLE adj. Que puede oponerse.
OPOPÁNAX, OPOPÓNAX y **OPOPÓNACO** m. Gomorresina perfumada sacada del pánace.
OPOPÓNACA y **OPOPÓNACE** f. (lat. *opopanax*). Pánace, planta umbelífera.
OPORTO m. Vino de color oscuro y sabor ligeramente dulce fabricado principalmente en Oporto.
OPORTUNAMENTE adv. m. De modo oportuno.
OPORTUNIDAD f. Calidad de oportuno: *la oportunidad de su encuentro.* ‖ Circunstancia oportuna: *hay que aprovechar las oportunidades.*
OPORTUNISMO m. Actitud política o económica de los que sacrifican los principios para adaptarse a las circunstancias del momento.

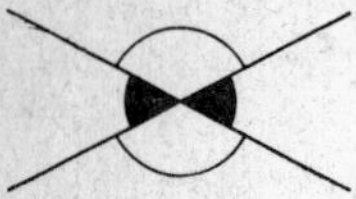

ángulos opuestos

OPORTUNISTA adj. y s. Partidario del oportunismo: *adoptar una política oportunista.*
OPORTUNO, NA adj. y s. (lat. *opportunus*). Favorable, que sucede cuando conviene: *un socorro oportuno.* (SINÓN. V. *Apropiado.*) || Ocurrente, gracioso. || — CONTR. *Inoportuno.*
OPOSICIÓN f. (lat. *oppositio*). Acción y efecto de oponerse: *oposición sistemática.* || Contraste entre dos cosas contrarias: *oposición de sentimientos.* (SINÓN. *Antítesis.*) || Posición de una cosa enfrente de otra. (SINÓN. V. *Resistencia.*) || Concurso para la obtención de ciertos empleos. (SINÓN. V. *Examen.*) || Minoría que, en los cuerpos legislativos, se opone a los actos del Gobierno: *pertenecer a la oposición.* || Situación de dos astros que se encuentran, por relación a la Tierra, en dos puntos del cielo diametralmente opuestos: *no puede haber eclipse de Luna cuando ésta se encuentra en oposición al Sol.*
OPOSICIONISTA m. Persona que pertenece al partido de la oposición política.
OPOSITAR v. i. Hacer oposiciones.
OPOSITOR, RA m. y f. El que se opone a otro. (SINÓN. V. *Enemigo.*) || El que toma parte en las oposiciones a un empleo.
OPOSSUM m. Mamífero marsupial.
OPOTERAPIA f. Empleo terapéutico de extractos de órganos animales o de sus hormonas.
OPRESIÓN f. (lat. *oppressio*). Acción de oprimir. || Estado de una cosa oprimida. || Angustia. *Opresión de pecho,* dificultad de respirar.
OPRESIVO, VA adj. Que oprime: *ley opresiva.*
OPRESO, SA adj. Oprimido.
OPRESOR, RA adj. y s. Que oprime o tiraniza.
OPRIMIR v. t. (lat. *opprimere*). Ejercer violencia o presión en una persona o cosa. (SINÓN. *Avasallar, doblar, dominar, esclavizar, hollar, someter, sojuzgar, subyugar, sujetar tiranizar.*) || *Fig.* Sujetar a alguno vejándolo, afligiéndolo o tiranizándolo. (SINÓN. V. *Abrumar.*)
OPROBIAR v. t. Vilipendiar, infamar.
OPROBIO m. (lat. *opprobium*). Ignominia, deshonra, afrenta: *ser oprobio de su familia.* || — SINÓN. *Deshonra, ignominia, infamia.* || — CONTR. *Honra.*
OPROBIOSO, SA adj. Que causa oprobio.
OPTACIÓN f. Aceptación, admisión. || *Ret.* Figura que consiste en manifestar un deseo en forma de exclamación.
OPTAR v. t. (lat. *optare*). Escoger entre varias cosas: *optar entre dos empleos incompatibles.* (SINÓN. V. *Escoger.*)
OPTATIVO, VA adj. y s. Que permite escoger. || *Gram.* En el griego y otras lenguas indoeuropeas, modo verbal que expresa deseo.
OPTATIVAS f. pl. Oraciones que expresan deseo.
ÓPTICA f. Parte de la física que estudia los fenómenos de la luz y de la visión. || Aparato óptico. || Arte de hacer espejos, lentes e instrumentos de óptica.
ÓPTICO, CA adj. (del gr. *optikos,* de *optomai,* veo). Relativo o perteneciente a la visión: *telégrafo óptico.* || — M. Comerciante en instrumentos de óptica. || *Nervio óptico,* nervio que une el ojo al encéfalo.
ÓPTIMAMENTE adv. m. Con suma bondad y perfección.
OPTIMETRÍA f. Optometría.
OPTIMISMO m. Teoría filosófica defendida por Leibniz y otros filósofos, que afirman que el mundo es el mejor de los mundos posibles. || Propensión a juzgar y ver las cosas en su aspecto más favorable. || — CONTR. *Pesimismo.*
OPTIMISTA adj. y s. Partidario del optimismo. || Que suele ver las cosas bajo su aspecto más favorable: *carácter optimista.* || — CONTR. *Pesimista.*
ÓPTIMO, MA adj. (lat. *optimus*). Muy bueno.
OPTÓMETRA m. y f. Especialista en optometría.
OPTOMETRÍA f. Parte de la oftalmología que estudia las propiedades ópticas del ojo (curvatura de la córnea, del cristalino, índices de refracción, etc.) y que permite determinar y medir los defectos de refracción (miopía, hipermetropía, presbicia, astigmatismo) y corregirlos.
OPTÓMETRO m. Aparato que sirve para medir los grados de la vista de una persona.
OPUESTO, TA adj. Que está colocado enfrente: *las orillas opuestas de un río.* || Contrario: *intereses opuestos.* (SINÓN. *Adverso, contradictorio, contrapuesto, inverso, rebelde, refractario.*) || *Geom. Ángulos opuestos por el vértice,* los ángulos formados por dos líneas rectas que se cruzan: *los ángulos opuestos por el vértice son iguales.* || *Números opuestos,* números algebraicos que tienen el mismo valor absoluto pero afectados de signo contrario: *+3 y —3 son números opuestos.*
OPUGNACIÓN f. Acción y efecto de opugnar. || Contradicción por fuerza de razones.
OPUGNADOR m. El que opugna alguna cosa.
OPUGNAR v. t. (lat. *oppugnare*). Combatir, atacar: *opugnar una plaza.* || *Fig.* Rebatir, oponerse a una cosa: *opugnar un argumento.* (SINÓN. V. *Contradecir.*)
OPULENCIA f. Abundancia de bienes, riqueza muy grande: *vivir en la opulencia.* || *Fig.* Sobreabundancia de cualquier otra cosa. || — CONTR. *Miseria.*
OPULENTAMENTE adv. m. Con opulencia.
OPULENTO, TA adj. (lat. *opulentus*). Que vive en la opulencia, muy rico.
OPUS m. (pal lat. que significa *obra*). Indicación que designa una obra musical numerada en la producción de un compositor.
OPÚSCULO m. (lat. *opusculum*). Obra científica o literaria muy pequeña: *opúsculo de propaganda.* (SINÓN. V. *Folleto.*)
OQUE (De) loc. *Fam.* Gratis.
OQUEDAD f. Hueco: *la oquedad de una roca.*
OQUEDAL m. Monte de árboles altos, sin matas. (SINÓN. V. *Bosque.*)
ORA conj. distributiva. Aféresis de *ahora: luchando ora con la espada, ora con la pluma.*
ORACIÓN f. (lat. *oratio*). Discurso: *oración fúnebre.* || Rezo, súplica: *una oración indulgenciada.* (SINÓN. *Letanía, padrenuestro, plegaria, suplicación.* V. tb. *ruego.*) || *Gram.* Conjunto de palabras que expresan un concepto: *el verbo es parte de la oración.* || Hora de las oraciones. || — Pl. Toque de campana al anochecer, y a veces al amanecer y a mediodía, para que recen los fieles ciertas oraciones. Ú. tb. en s. || Primera parte de la doctrina cristiana que se enseña a los niños. || *Oración dominical,* la del padrenuestro. || *Oración fúnebre,* discurso público pronunciado en honor de un muerto ilustre.
— Las partes de la *oración,* según las diversas funciones gramaticales que desempeñan, son: sustantivo o nombre, adjetivo, pronombre, artículo, verbo, adverbio, preposición, conjunción e interjección.
ORACIONAL adj. Relativo a la oración gramatical. || — M. Libro de oraciones.
ORÁCULO m. (lat. *oraculum*). Respuesta que, según creían los paganos, hacían los dioses a las preguntas que se les dirigían: *los oráculos eran generalmente muy ambiguos.* || Lugar, estatua o simulacro que representaba a la deidad. || La misma divinidad: *consultar el oráculo.* (SINÓN. V. *Adivino.*) || Voluntad divina anunciada por los profetas. || Decisión emanada de personas de gran ciencia o autoridad: *los oráculos de la Academia.* || Persona considerada como una autoridad: *ser el oráculo de un partido.* || *Hablar como un oráculo,* hablar con tono sentencioso y ambiguo.
— Entiéndese particularmente por *oráculo* la respuesta que daban los dioses a las preguntas dirigidas por los hombres. En Delfos hablaba el dios por la boca de una *pitonisa* o *sibila,* cuyas respuestas tenían gran aceptación. Para pronunciar sus oráculos, la pitonisa, después de un ayuno de tres días, mascaba hojas de laurel y, presa de una excitación producida sin duda por aquella planta, subía a una especie de trípode colocado encima de una abertura de donde salían vapores mefíticos. Estremecíase entonces su cuerpo, erizábanse sus cabellos y, con la boca convulsa y llena de espuma, contestaba a las preguntas que se le hacían. Después del de Delfos fueron en la Antigüedad los más célebres oráculos, el de Júpiter en Dodona, el de Apolo en Delos, el de Esculapio en Epidauro, etc. En Italia era célebre igualmente la sibila de Cumas.
ORADOR, RA m. y f. Persona que ejerce la oratoria o que pronuncia un discurso en público:

Cicerón fue el primer orador de Roma. || — M. Hombre elocuente, predicador. || — SINÓN. *Conferenciante, declamador, disertador, predicador, retor, tribuno.*

ORAL adj. (del lat. *orare,* hablar). Expresado verbalmente: *tradición oral, examen oral.*

ORAL m. *Col.* Sitio donde abunda el oro.

ORALMENTE adv. m. Verbalmente, de palabra.

ORANGE m. Galicismo por *naranjada.*

ORANGUTÁN m. (del malayo *orangután,* hom bre de los bosques). Gran mono antropomorfo de Sumatra y Borneo, de 1,20 a 1,50 m de altura, arborícola, fácilmente domesticable.

ORANTE adj. Que ora. || En el arte cristiano, figura en actitud de orar.

ORAR v. i. (del lat. *orare,* hablar). Hablar en público, pronunciar un discurso. || Hacer oración: *orar mentalmente.* (SINÓN. *Rezar.*)

ORATE com. (del gr. *oratês,* visionaro). Loco, demente: *casa de orates.*

ORATORIA f. Parte de la retórica. || Arte de la elocuencia: *el fin de la oratoria es convencer.* || Arte que enseña a ser orador.

ORATORIANO m. Miembro de la congregación del Oratorio: *colegio de oratorianos.*

ORATORIO m. Lugar destinado para la oración. (SINÓN. V. *Iglesia.*) || Capilla privada. || Drama musical de asunto religioso: *los oratorios de Haendel.* || Congregación de San Felipe Neri.

ORATORIO, RIA adj. Relativo o perteneciente a la oratoria o al orador: *Quintiliano escribió una obra excelente sobre el arte oratoria.*

ORBE m. (lat. *orbis*). Círculo, esfera. || Mundo: *el orbe católico.* (SINÓN. V. *Universo.*) || Pez marino del orden de los plectognatos: *el orbe vive en el mar de las Antillas.*

ORBÍCOLA adj. (del lat. *orbis,* Tierra, y *colere,* habitar). Que se encuentra en todos los puntos del globo: *planta orbícola.*

ORBICULAR adj. Redondo, circular: *figura, movimiento orbicular.* || — M. Nombre que se da a varios músculos redondos que sirven para cerrar ciertos orificios: *el orbicular de los párpados.*

ÓRBITA f. (lat. *orbita*). *Astr.* Curva que describe un astro alrededor del Sol, o un satélite natural o artificial alrededor de un planeta. || *Zool.* Cavidad, cuenca del ojo. || *Fig.* Esfera, ámbito, espacio. (SINÓN. V. *Círculo.*)

ORBITAL adj. Relativo a la órbita: *movimiento orbital de un planeta.*

ORCA f. (pal. lat.). Cetáceo de los mares del Norte que mide hasta diez metros de largo: *la orca persigue las focas y hasta las ballenas, que muerde con sus dientes agudos.* || — PARÓN. *Horca.*

ORCANETA f. Onoquiles, borraginácea común en España: *la raíz de orcaneta se usa en tintorería.*

ORCINA f. Materia colorante de ciertos líquenes.

ORCHILLA f. Cierto líquen usado en tintorería.

ÓRDAGO m. Envite del resto, en el mus. || *De órdago,* m. adv. || *Fam.* Muy bueno, excelente: *pronunció un discurso de órdago.*

ORDALÍAS f. pl. (b. lat. *ordalia;* del anglosajón *ordal,* juicio). Pruebas a las que en la Edad Media eran sometidos los acusados y servían para averiguar su inocencia o culpabilidad. (Las pruebas eran la del duelo, del fuego, del hierro candente, del sorteo. Se llamaban también *juicios de Dios.*)

ORDEN m. (lat. *ordo*). Disposición metódica de las cosas regularmente clasificadas: *seguir el orden cronológico.* || Disposición concertada y armoniosa de las cosas: *poner en orden unos papeles.* (SINÓN. V. *Ordenación.*) || División de historia natural intermedia entre la clase y la familia: *el orden de los ortópteros.* || Regla establecida por la naturaleza: *salir del orden.* || Paz, tranquilidad: *turbar el orden público.* (SINÓN. *Disciplina, subordinación.*) || Agente de orden público: *uno del orden* (un guardia). || Clase, categoría: *en el mismo orden de ideas.* (SINÓN. V. *Rango.*) || Sacramento que da el poder de ejercer las funciones eclesiásticas. (Hablando de cada una de las divisiones del sacramento del orden se hace femenino: *la orden de acólito, de portero;* en pl.: *las sagradas órdenes.*) || *Órdenes mayores,* subdiácono, diácono, presbítero; *órdenes menores,* portero, lector, exorcista, acólito. || *Arq.* Cierta disposición particular de los cuerpos principales que componen un edificio, de proporciones tales que su conjunto sea armonioso y regular. (Hay tres órdenes griegos: *el orden dórico, jónico* y *corintio,* a los cuales los romanos añadieron el *orden compuesto* y el *toscano.* || — F. Mandato: *obedecer una orden.* (SINÓN. V. *Mando* e *instrucción.*) || Instituto civil o militar fundado para recompensar y honrar a ciertas personas: *la orden de Carlos III, de Cristo.* || Instituto religioso: *la orden de Predicadores.* || *A la orden,* expresión que denota ser endosable un valor comercial. || *Mil. La orden del día,* la dada diariamente a los cuerpos de un ejército. || *El orden del día,* lista de asuntos que se han de tratar en una junta.

ORDENACIÓN f. (lat. *ordinatio*). Disposición. (SINÓN. *Arreglo, coordinación, disposición, método, ordenamiento.*) || Ceremonia en que se confieren las sagradas órdenes: *el obispo preside las ordenaciones.* || Nombre de ciertas oficinas de cuenta y razón: *ordenación de pagos.*

ORDENADA f. Recta tirada desde un punto perpendicularmente al eje de las abscisas. (V. ABSCISA.)

ORDENADO, DA adj. Que tiene orden y método: *un muchacho muy ordenado.*

ORDENADOR, RA adj. y s. Que ordena: *comisario ordenador.* || — M. Calculadora electrónica, constituida por un conjunto de máquinas especializadas dependientes de un programa común, que permite, sin intervención del hombre, efectuar complejas operaciones aritméticas y lógicas.

ORDENAMIENTO m. Acción y efecto de ordenar algo. || Ley y ordenanza que da el superior. (SINÓN. V. *Ordenación.*)

ORDENANCISTA adj. Dícese del militar que sigue rigurosamente la ordenanza.

ORDENANDO m. El que está para recibir las órdenes sagradas.

ORDENANZA f. Disposición, arreglo. (SINÓN. V. *Juicio.*) || Conjunto de preceptos o reglamentos. (SINÓN. V. *Ley.*) || Reglamento militar. || — M. *Mil.* Soldado que está a la disposición de un oficial. || Empleado subalterno de ciertas oficinas. (SINÓN. V. *Ujier.*)

ORDENAR v. t. (lat. *ordinare*). Poner en orden: *ordenar su casa.* (SINÓN. *Alinear, arreglar, clasificar, coordinar, disponer* (en series), *organizar.* V. tb. *preparar.*) || Mandar: *ordenar maniobras.* || Encaminar y dirigir a un fin: *ordenar los esfuerzos.* || Conferir las sagradas órdenes: *ordenar a un sacerdote.* || — V. r. Recibir la tonsura, los grados o las órdenes sagradas: *ordenarse de sacerdote.* || *Mat. Ordenar un polinomio,* disponer sus términos de manera que sus grados vayan decreciendo o aumentando constantemente.

ORDEÑADOR, RA adj. y s. Que ordeña. || — F. Aparato mecánico para extraer la leche de las ubres de la vaca.

ORDEÑAR v. t. Extraer la leche de la ubre de los animales: *ordeñar vacas.* || Coger la aceituna rodeando el ramo con la mano para sacarlas todas.

ORDEÑO m. Acción y efecto de ordeñar. || *A ordeño,* ordeñando la aceituna.

ÓRDIGA! (**¡La**) interj. *Pop.* Úsase como exclamación de sorpresa o admiración.

ORDINAL adj. Dícese del adj. numeral que expresa el orden o sucesión, como *primero, segundo,* etc.

ORDINARIAMENTE adv. m. Frecuente, acostumbradamente. || De modo ordinario y grosero.

ORDINARIEZ f. *Fam.* Grosería, falta de cultura.

ORDINARIO, RIA adj. (lat. *ordinarius*). Común, regular, usual, que suele suceder o hacerse de costumbre. (SINÓN. *Acostumbrado, corriente, habitual.*) || Bajo, vulgar: *una mujer muy ordinaria.* (SINÓN. V. *Grosero.*) || Que no se distingue por ninguna calidad: *un trabajo muy ordinario.* (SINÓN. V. *Mediano.*) || Dícese del gasto diario y de la comida que suele ponerse de costumbre en una casa. || — M. El obispo que posee la jurisdicción ordinaria en su diócesis. || Correo que viene en días fijos. || Arriero o carretero que conduce personas y cosas de un lugar a otro en días fijos. || *Ordinario de la misa,* oraciones que no cambian con el oficio del día. || *De ordinario,* comúnmente.

ORDINARIOTE adj. *Fam.* Muy ordinario.

orangután

Fot. Baufle

orégano

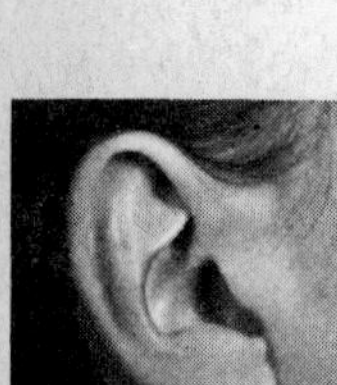

oreja

organillo

ORDINATIVO, VA adj. Relativo a la ordenación o arreglo de una cosa.

ORDO m. (pal. lat. que sign. *orden*). Especie de calendario que indica los oficios de la Iglesia todos los días del año.

OREAR v. t. Ventilar o poner una cosa al aire para refrescarla, secarla o quitarle el mal olor: *orear una casa.* || — V. r. Salir uno a tomar el aire.

ORÉGANO m. (lat. *origanus*). Planta de la familia de las labiadas muy usada como condimento. || *No todo el monte es orégano,* no todo es fácil y placentero.

OREJA f. (lat. *auricula*). Órgano externo del oído. || Parte lateral de ciertos objetos: *las orejas de un zapato, de una herramienta.* || Orejera de gorra. || Cada una de las vertederas del arado romano. || Asa de una vasija. || *Oreja de oso,* planta primulácea. || *Oreja de ratón,* la vellosilla, planta compuesta. || *Oreja marina,* molusco gasterópodo. || *Fig. Aguzar las orejas,* levantarlas las caballerías poniéndolas tiesas. *Fig.* Prestar mucha atención. || *Fig. Apearse por las orejas,* caerse uno de una cabalgadura. || *Bajar las orejas,* ceder con humildad en una disputa. || *Descubrir la oreja,* dejar ver el vicio o defecto que tenía uno. || *Ver las orejas al lobo,* hallarse en gran peligro. || *Mojar a uno la oreja,* vencerle. Buscar pendencia, insultar.

OREJANO, NA adj. y s. Animal sin marca o mostrenco. || *Venez. Fam.* Cauto, prevenido, orejeado. || *Amer.* Dícese del animal arisco y de la persona huraña.

OREJAR v. t. *Urug.* Venir con chismes. || *Cub.* Desconfiar. || *Amer.* Escuchar con disimulo.

OREJEADO, DA adj. *Fam.* Prevenido, avisado.

OREJEAR v. i. Mover las orejas los animales. || *Fig.* Hacer alguna cosa de mala gana. || Orejar. || *Arg., Guat.* y *Hond.* Dar tirones de oreja.

OREJERA f. Pieza de la gorra que cubre las orejas. || Nombre de las piezas laterales de algunos cascos antiguos. || Nombre de dos piezas encajadas lateralmente en el dental del arado y que sirven para ensanchar el surco. || Rodaja llevada por algunos indios en la oreja.

OREJERO, RA adj. *Col.* Dícese de la bestia que empina las orejas. || *Fig.* Receloso, inquieto. || *Arg.* Chismoso. || *Col.* Malicioso.

OREJÓN m. Trozo de melocotón u otra fruta mondado y seco: *compota de orejones.* || Tirón de orejas: *dar a uno un orejón.* || Nombre dado a los nobles incas por los españoles, a causa de los grandes discos con que adornaban el lóbulo de sus orejas. || Nombre que se dio a varias tribus indias de América. || *Fort.* Cuerpo que sale del flanco de un baluarte.

OREJÓN, ONA adj. *Amer.* Orejudo. || *Amer. Fig.* Persona zafia y ruda. || *Hond.* Simple, bobo. || — M. Marido consentidor de su mujer. || *Col.* Sabanero de Bogotá.

OREJONAS f. pl. *Col.* y *Venez.* Las espuelas muy grandes.

OREJUDO, DA adj. Que tiene orejas grandes.

OREJUELA f. Oreja, asa.

OREMUS m. inv. (del lat. *oremus,* roguemos). Palabra que el sacerdote pronuncia en la misa para invitar a los fieles a rezar con él.

ORENSE adj. y s. De El Oro (Ecuador).

OREO m. Soplo ligero de aire. || Ventilación. (SINÓN. *Brisa.*)

OREOSELINO m. Planta umbelífera.

ORFANATO m. Asilo de huérfanos.

ORFANDAD f. (lat. *orphanitas*). Estado de huérfano. || Pensión a que tienen derecho algunos huérfanos. || *Fig.* Privación de apoyo o favor.

ORFEBRE m. (lat. *auri faber*). Artífice que trabaja en orfebrería. || Vendedor de objetos de orfebrería. (SINÓN. V. *Joyero.*)

ORFEBRERÍA f. Arte de labrar metales nobles, como el oro y la plata. || Oficio de orfebre.

ORFELINATO m. Galicismo por *orfanato* o *asilo de huérfanos.*

ORFEÓN m. (de *Orfeo*). *Mús.* Sociedad de canto para ejecutar música coral: *el Orfeón Pamplonés.*

ORFEONISTA m. Miembro de un orfeón.

ÓRFICO, CA adj. Relativo a Orfeo: *poesías órficas.* || Dícese de los dogmas, de los misterios y de los principios filosóficos atribuidos a Orfeo. || — F. pl. Fiestas de Dioniso Zagreo, celebradas antiguamente en las cofradías órficas.

ORFISMO m. Doctrina de los misterios órficos.

ORGANDÍ m. Tejido de algodón, ligero y translúcido. Pl. *organdíes,* aunque algunos digan *organdís.*

ORGANICISMO m. Doctrina médica que atribuye todas las enfermedades a lesiones de los órganos.

ORGANICISTA adj. y s. Que sigue la doctrina del organicismo.

ORGÁNICO, CA adj. Relativo a los órganos o a los cuerpos organizados: *la vida orgánica.* || Dícese de los seres vivientes. || Dícese de las substancias cuyo componente constante es el carbono. || Que tiene armonía y consonancia. || *Fig.* Dícese de lo que atañe a la constitución de corporaciones, o entidades colectivas, o a sus funciones. || *Funciones orgánicas,* funciones de nutrición. || *Enfermedad orgánica,* aquella en que la alteración funcional acarrea una lesión de los órganos: *la diabetes es una enfermedad orgánica.* || *Química orgánica,* parte de la química que comprende el estudio del carbono y sus compuestos. || *Ley orgánica,* ley destinada a desarrollar los principios expuestos en otra.

ORGANIGRAMA m. Gráfico de la estructura de una organización compleja (empresa, etc.) que representa al mismo tiempo los diversos elementos del grupo y sus relaciones respectivas: *el organigrama fija la acción y la responsabilidad de cada servicio.*

ORGANILLERO, RA m. y f. Persona que toca el organillo.

ORGANILLO m. Órgano pequeño que se suele tocar con manubrio: *organillo de ciego.*

ORGANISMO m. Conjunto de órganos que constituyen el cuerpo animal o vegetal: *estudiar el organismo humano.* || *Fig.* Conjunto de leyes, usos y costumbres por que se rige un cuerpo o institución social. || Conjunto de oficinas, dependencias o empleos que forman un cuerpo o institución. (SINÓN. V. *Corporación.*)

ORGANISTA com. Persona que toca el órgano.

ORGANIZACIÓN f. Acción y efecto de organizar: *la organización de una fiesta.* || Disposición de los órganos de un cuerpo animal o vegetal: *la organización del cuerpo humano.* || *Fig.* Disposición, orden: *organización militar.* || Apelación de ciertas instituciones internacionales. || — CONTR. *Desorganización.*

ORGANIZADO, DA adj. Provisto de órganos cuyo funcionamiento constituye la vida: *los animales y los vegetales son cuerpos organizados.* || Orgánico. || *Fig.* Que ha recibido una organización. || *Fig.* Constituido, dispuesto.

ORGANIZADOR, RA adj. y s. Que organiza o es hábil para organizar. || — CONTR. *Desorganizador.*

ORGANIZAR v. t. Dar a las partes de un todo la organización necesaria para que puedan funcionar. || *Fig.* Disponer, establecer, reformar: *organizar un ministerio.* (SINÓN. V. *Ordenar.*) || Preparar: *organizar una fiesta.* || — V. r. Tomar una forma regular. || — CONTR. *Desorganizar.*

ÓRGANO m. (lat. *organum*). Instrumento músico de viento, de muy grandes dimensiones, que se emplea sobre todo en las iglesias: *la Biblia atribuye a Jubal la invención del órgano.* || Parte de un ser organizado destinada para desempeñar alguna función necesaria para la vida: *los órganos de la digestión.* || En las máquinas, aparato elemental que transmite o guía un movimiento: *órgano de transmisión.* || *Fig.* Medio, conducto. || Periódico portavoz de un partido, agrupación, etc.: *es el órgano del partido demócrata.*

ORGANOGENIA f. Estudio de la formación y desarrollo de los órganos.

ORGANOGRAFÍA f. Ciencia que tiene por objeto la descripción de los órganos de los animales o vegetales.

ORGASMO m. Grado máximo de excitación en el acto sexual.

ORGÍA mejor que **ORGIA** f. Fiesta solemne de Baco, entre los antiguos. || Festín en que se come y bebe sin moderación y se cometen otros excesos. (SINÓN. *Aquelarre, bacanal, francachela, jaleo, jolgorio, juerga, tiberio.*) || *Fig.* Desenfreno en la satisfacción de apetitos y pasiones. || Excesivo, superabundante: *una orgía de luces.*

ORGIACO, CA y **ORGIÁSTICO, CA** adj. Relativo a la orgía.

Fot. Larousse, J. de Beaupré

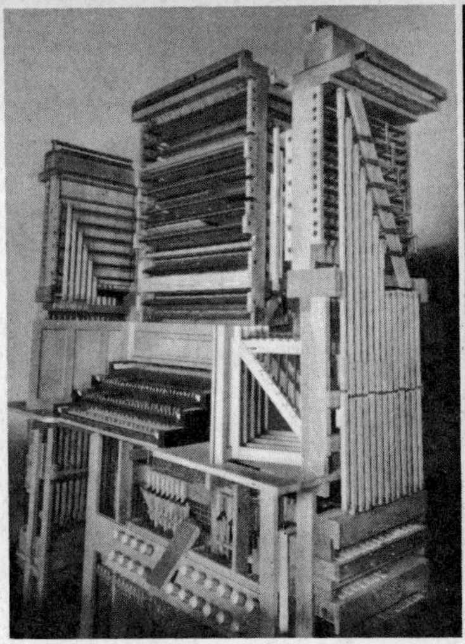

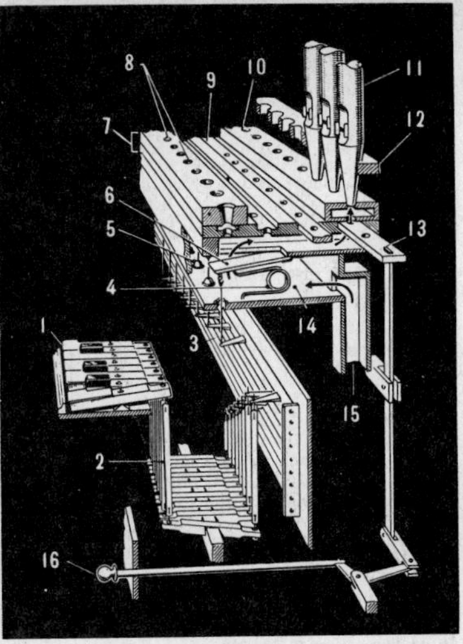

ÓRGANO

Esquema del funcionamiento

1. Tecla
2. Varetas
3. Tornantes
4. Muelle de válvula
5. Tetilla
6. Válvula
7. Meseta del secreto
8. Taladros o agujeros
9. Corredera
10. Tapas
11. Tubos
12. Panderetes
13. Palanca que tira de la corredera del registro
14. Caja de aire del secreto
15. Conducto de aire alimentador
16. Tirador del registro

ORGULLO m. Opinión demasiado buena que tiene uno de sí mismo. (SINÓN. *Altivez, arrogancia, fatuidad, ostentación, presunción, soberbia, suficiencia, ufanía, vanidad.*) || *Fig.* Sentimiento elevado de la dignidad personal: *un legítimo orgullo.* || — CONTR. *Modestia, humildad.*

ORGULLOSAMENTE adv. m. Con orgullo.

ORGULLOSO, SA adj. y s. Que tiene orgullo: *carácter orgulloso.* || Engreído: *gesto orgulloso.* (SINÓN. *Altanero, altivo, desdeñoso, insolente, soberbio, vanidoso.* CONTR. *Modesto, humilde.*)

ORIENTACIÓN f. Acción y efecto de orientar: *la orientación de una política económica.* || Posición de un objeto en relación con los puntos cardinales: *la orientación de un edificio.* || *Mar.* Disposición de las vergas para permitir a las velas que reciban convenientemente el viento. || *Orientación profesional,* sistema que permite ayudar a los niños a escoger un oficio que corresponda de una parte a sus aptitudes y gustos, y de otra a las salidas que pueda tener. || — CONTR. *Desorientación.*

ORIENTADOR, RA adj. y s. Que orienta.

ORIENTAL adj. Que pertenece a Oriente o está en Oriente: *los pueblos orientales.* || Una clase de composición poética: *Zorrilla y el P. Arolas escribieron orientales.* || Dícese del planeta Venus porque sale por la mañana antes de nacer el Sol. || — Adj. y s. De Morona-Santiago, Zamora-Chinchipe, Napo y Pastaza (Ecuador). || — M. pl. Los pueblos de Oriente: *los orientales hablan frecuentemente con metáforas.*

ORIENTALISMO m. Conjunto de los estudios referentes a Oriente. || Afición a las cosas de Oriente. || Carácter oriental.

ORIENTALISTA com. Persona que se dedica al estudio de las lenguas y las literaturas de Oriente. || Perteneciente al orientalismo.

ORIENTAR v. t. Disponer una cosa según la posición que debe tener respecto de los puntos cardinales: *orientar un edificio.* || Dirigir: *orientar una vocación a o hacia una carrera.* || *Mar.* Disponer las velas de modo que reciban bien el viento. || — V. r. Reconocer los puntos cardinales, especialmente el Oriente. || *Fig.* Estudiar bien las circunstancias: *es muy difícil orientarse en medio de una revolución.* || Informar a uno de lo que ignora para que sepa manejarse en un negocio, puesto, etc. || Dirigirse hacia: *¿hacia dónde nos orientamos?* || — CONTR. *Desorientar.*

ORIENTE m. (del lat. *oriens,* que nace). Este, punto cardinal del horizonte por donde sale el Sol: *los árabes rezan vueltos hacia el Oriente.* (SINÓN. *Levante, saliente.*) || Punto luminoso de algunas perlas: *perla de hermoso oriente.* || Nombre dado a Asia y las regiones inmediatas de África y Europa. (En este caso toma mayúscula: *viaje a Oriente.*) || *Extremo* o *Lejano Oriente,* los países de Asia Central y Oriental. || *Próximo Oriente* u *Oriente Medio,* países islámicos de Asia Anterior y Palestina. || Nombre que dan los masones a las logias de provincias. || *Gran Oriente,* logia central masónica de un país. || — CONTR. *Occidente, Oeste, Poniente.*

ORIFICACIÓN f. Acción y efecto de orificar los dientes.

ORIFICAR v. t. Rellenar con oro una muela picada.

ORÍFICE m. Orfebre, platero.

ORIFICIO m. (lat. *orificium*). Abertura, agujero.

ORIFLAMA f. (fr. *oriflamme*). Estandarte de la abadía de San Dionisio que usaban antaño en la guerra los reyes de Francia. || *Por ext.* Cualquier estandarte. (SINÓN. V. *Bandera.*)

ORIFRÉS m. Galón de oro o plata.

ORIGEN m. (lat. *origo, ginis*). Principio: *el origen de un mal.* || Familia, ascendencia: *ser de humilde origen.* || Procedencia: *moda de origen inglés.* || Motivo, causa moral de una cosa: *en ella tuvo origen todo.* || Etimología: *el origen de una palabra.* || — SINÓN. *Fuente, germen, nacimiento, raíz.*

ORIGENISMO m. Herejía de Orígenes. || Secta que la profesaba.

ORIGINAL adj. (lat. *originalis*). Que se remonta al origen o que pertenece a él. || Que no es imitación de otra cosa: *cuadro original.* (SINÓN. *Inédito, inimitable, propio, único.*) || Que parece haberse producido por primera vez: *idea original.* || Que escribe o compone de un modo nuevo: *escritor original.* (SINÓN. V. *Personal.*) || Extraño, raro: *carácter original.* (SINÓN. V. *Singular.*) || — M. Manuscrito primitivo, del que se sacan copias: *el original de un tratado.* || Texto, a diferencia de la traducción; *leer a Shakespeare en el original.* || Manuscrito que se da a la imprenta. || Cualquier escrito u otra cosa que se tiene delante para sacar de él una copia. || Persona retratada, respecto de su retrato: *este retrato aventaja al original.* (SINÓN. V. *Modelo.*) || Persona extravagante: *ser un original.* (SINÓN. V. *Estúpido.*) || *Pecado original,* aquel que todos los hombres, según la religión cristiana, contrajeron en la persona de Adán.

ORIGINALIDAD f. Carácter de original: *la originalidad de un libro.* || Carácter singular, excéntrico. || Cualidad del artista o escritor que produce sus obras con espontaneidad y novedad.

ORIGINALMENTE adv. m. Radicalmente, desde el origen. || De un modo original.

oriflama

Fot. Larousse

ORIGINAR v. t. Ser motivo u origen de una cosa: *el desmonte suele originar las inundaciones.* (SINÓN. V. *Causar.*) ‖ — V. r. Traer una cosa su origen de otra.
ORIGINARIAMENTE adv. m. Originalmente.
ORIGINARIO, RIA adj. Que da origen: *el hambre es originaria de grandes males.* ‖ Que tiene su origen en un sitio: *planta originaria de América del Sur.* (SINÓN. V. *Nacido.*)
ORILLA f. Borde de una cosa: *la orilla de una tela.* (SINÓN. V. *Lado.*) ‖ Parte de la tierra contigua a un río, mar, etc. (SINÓN. V. *Litoral.*) ‖ *Ecuad.* Estado atmosférico: *mala está la orilla.* ‖ — Pl. *Arg.* Arrabal.
ORILLA DE prep. Al borde de, cerca de: *orilla del mar.*
ORILLAR v. t. *Fig.* Concluir, arreglar un asunto. ‖ Dejar orillas a una tela. ‖ Guarnecer la orilla de una tela. ‖ — V. i. Llegar a las orillas de una cosa.
ORILLERO, RA adj. *Amer.* Arrabalero.
ORILLO m. Orilla o borde del paño: *una tira de orillo.*
ORÍN m. (lat. *aerugo, aeruginis*). Óxido de hierro que se forma con la humedad.
ORÍN m. Orina: *analizar los orines.*
ORINA f. Secreción líquida de los riñones, conducida a la vejiga por los uréteres y expelida por la uretra.
ORINAL m. Vaso de vidrio, loza, metal o plástico para recoger la orina.
ORINAR v. i. (lat. *urinare*). Expeler la orina. ‖ — SINÓN. *Hacer aguas menores, mear.*
ORINES m. pl. u **ORINA** f. (lat. *urina*). Líquido que segregan los riñones.
ORINQUE m. *Mar.* Cabo o cadena a que se amarra la boya del ancla cuando fondea el barco.
ORIOL m. Oropéndola, pájaro de color de oro.
ORIUNDEZ f. Origen, procedencia.
ORIUNDO, DA adj. (lat. *oriundus*). Originario, procedente: *una planta oriunda de España.* (SINÓN. V. *Nativo.*)
ORLA f. (lat. *orula*). Orilla adornada de ciertas telas y vestidos. ‖ Adorno que se pone a modo de marco en una hoja de papel alrededor de un retrato, etc. ‖ *Blas.* Ornamento a modo de ribete que rodea el escudo sin tocar sus bordes.
ORLADURA f. Orla: *orladura de un traje.*
ORLAR v. t. Adornar con orla: *retrato orlado.*
ORLO m. (del al. *Horn*, cuerno). Especie de oboe rústico usado en los Alpes. ‖ Plinto.
ORLÓN m. (nombre registrado). Fibra textil sintética.
ORMESÍ m. Tela fuerte de seda con aguas.
ORMINO m. (gr. *orminon*). Gallocresta, planta.
ORNAMENTACIÓN f. Acción y efecto de ornamentar.
ORNAMENTAL adj. Que sirve de ornamento o de adorno: *friso ornamental.*
ORNAMENTAR v. t. Adornar.
ORNAMENTO m. (lat. *ornamentum*). Adorno, cualquier cosa que sirve para adornar: *ornamentos regios, ornamentos de arquitectura.* ‖ *Fig.* Calidades y prendas morales. ‖ *Arq.* y *Esc.* Partes accesorias que sirven de adorno y realce. ‖ — Pl. Vestiduras sacerdotales para celebrar.
ORNAR v. t. (lat. *ornare*). Adornar.
ORNATO m. (lat. *ornatus*). Adorno, ornamento.
ORNITODELFO, FA adj. y s. m. *Zool.* Monotrema.
ORNITÓGALA f. Planta bulbosa de la familia de las liliáceas, de flores blancas o verdosas.
ORNITOLOGÍA f. (del gr. *ornis, ithos*, pájaro, y *logos*, tratado). Parte de la zoología que estudia las aves.
ORNITÓLOGO m. El que estudia la ornitología.
ORNITOMANCIA mejor que **ORNITOMANCÍA** f. (del gr. *ornis, ornithos*, pájaro, y *manteia*, adivinación). Adivinación que se hace por el vuelo o el canto de las aves.
ORNITORRINCO m. Mamífero del orden de los monotremas de Australia, cuyo hocico prolongado y córneo se parece al pico del pato.
ORO m. (lat. *aurum*). Metal precioso de color amarillo brillante. ‖ Moneda de oro: *pagar en oro.* ‖ Joyas y adornos de oro. ‖ Fortuna, riquezas: *la sed del oro.* ‖ Hilo de oro que sirve para hacer ciertas labores: *galones de oro.* ‖ Naipe del palo de oros: *echar un oro.* ‖ Color del oro, color amarillo dorado: *el oro de las mieses.* ‖ — Pl. Uno de los palos de la baraja. ‖ *Valor oro*, valor de un objeto expresado en unidad monetaria convertible en oro. ‖ *Edad de oro*, la primera época del mundo cuando se vivía en paz, inocencia y felicidad. ‖ *Corazón de oro*, persona buena y generosa. ‖ *Pagar a peso de oro*, muy caro. ‖ *Fig. Guardar una cosa como oro en paño*, guardarla con sumo cuidado. ‖ *Ser como un oro*, ser muy pulcra una persona. ‖ *Pedir el oro y el moro*, pedir cosas exageradas. ‖ — PROV. **No es oro todo lo que reluce**, no hay que fiarse de las apariencias.
— El *oro* (Au), de número atómico 79, es el más maleable de todos los metales. Puede reducirse a hojas de 1/100,0 de mm. Su densidad es 19,3 y se funde a 1 063° C. Es buen conductor del calor y de la electricidad. Inatacable por el aire, el agua y los ácidos, se disuelve sólo en una mezcla de ácido clorhídrico y nítrico llamada *agua regia*. Encuéntrase principalmente el oro en estado nativo en el seno de la tierra. Las principales minas de oro están en África del Sur, en México, en Colombia, en la Unión Soviética, en California y en Australia; ciertos ríos arrastran entre sus arenas hojuelas de oro (*pepitas*).
OROBANCA f. Planta de la familia de las orobancáceas, que vive parásita sobre las raíces de ciertas leguminosas.
OROBANCÁCEAS f. pl. Familia de dicotiledóneas herbáceas, parásitas sobre las raíces de otras plantas, como la orobanca o hierba tora.
OROBIAS m. Incienso en granos.
OROGÉNESIS f. Formación de las montañas. ‖ Plegamiento.
OROGENIA f. (del gr. *oros*, montaña, y *genesis*, origen). Parte de la geología que estudia la formación de las montañas.
OROGÉNICO, CA adj. Relativo a la orogenia.
OROGRAFÍA f. (del gr. *oros*, montaña, y *graphein*, describir). Descripción de las montañas.
ORONDO, DA adj. Dícese de la vasija redonda o panzuda. ‖ *Fam.* Hinchado, satisfecho. ‖ *Fig.* y *fam.* ‖ Lleno de vanidad, engreído: *estar muy orondo.* ‖ *Arg.* Sereno.
ORONJA f. (fr. *oronge*). Nombre usual de varios hongos del género de los amanitas.
OROPEL m. (del lat. *aurea pellis*, hoja de oro). Lámina de cobre batida y delgada que imita el oro. ‖ *Fig.* Cosa brillante y de poco valor. ‖ Adorno o vestido de oro falso: *cómico vestido de oropel.*
OROPÉNDOLA f. Pájaro de plumaje amarillo, con alas y cola negras: *la oropéndola cuelga su nido de las ramas de los árboles.*
OROPIMENTE m. (del lat. *auripigmentum*). Mineral compuesto de azufre y arsénico, de color de limón: *el oropimente es muy venenoso.*
OROYA f. Cesta de cuero que corre por la tarabita y sirve para cruzar algunos ríos de América.
OROZUZ m. (del ár. *oro çuç*, raíces de zuz). Planta de la familia de las papilionáceas, cuyos rizomas largos contienen un jugo dulce. (SINÓN. *Regaliz.*)
ORQUESTA f. (lat. *orchestra*). En los teatros griegos, parte del teatro, entre el escenario y los espectadores, donde se movía el coro. ‖ Hoy día, espacio, en los teatros, entre el escenario y los espectadores, donde se colocan los músicos. ‖ Conjunto de los músicos que tocan en el teatro, en un concierto. ‖ Conjunto de instrumentos de cuerda y viento que tocan unidos en los teatros y otros lugares. ‖ *Orquesta de cámara*, formación reducida destinada a tocar en una sala pequeña.

oronja

oropéndola

ornitógala

ornitorrinco

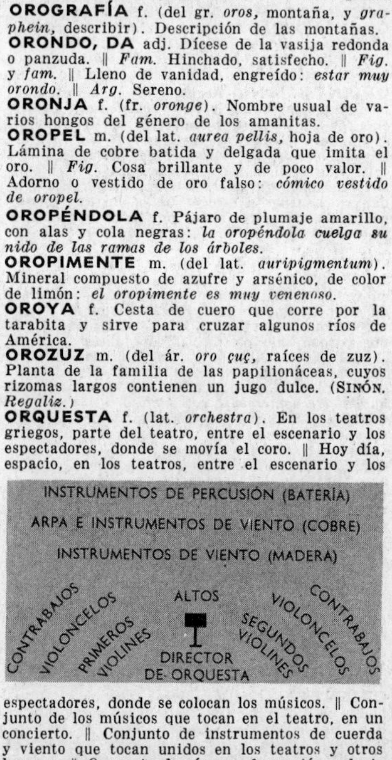

Fot. Embajada de Australia

— Bastante reducida en el siglo XVIII —con predominio de los instrumentos de cuerda—, la *orquesta* en el siglo XIX, con Beethoven, Berlioz, Wagner, etc., ganó en amplitud e intensidad gracias a la incorporación de numerosos instrumentos de viento.

ORQUESTACIÓN f. Arte de instrumentar una obra musical. ‖ Combinación de las diferentes partes de una orquesta entre sí: *la orquestación de Meyerbeer es sumamente rica y sonora.*

ORQUESTAL adj. Relativo a la orquesta.

ORQUESTAR v. t. Combinar para la orquesta las diversas partes de una composición musical: *orquestar una partitura.*

ORQUESTINA f. Orquesta pequeña con pocos instrumentos, generalmente para música bailable.

ORQUIDÁCEAS f. pl. Familia de plantas monocotiledóneas con flores de forma y coloración muy raras: *las más hermosas orquidáceas crecen en los países tropicales de América.*

ORQUÍDEA f. Planta de la familia de las orquidáceas. ‖ — F. pl. Antiguo nombre de la familia de las orquidáceas.

ORQUITIS f. Inflamación del testículo.

ORTEGA f. Ave gallinácea poco mayor que la perdiz, bastante común en España y de carne muy estimada.

ORTIGA f. Planta de la familia de las urticáceas, cuyas hojas, cubiertas de pelos, segregan un líquido irritante, que penetra en la piel por simple contacto.

ORTIGAL m. Terreno cubierto de ortigas.

ORTO m. (lat. *ortus*). Salida del Sol o de otro astro. ‖ — CONTR. *Ocaso.*

ORTOCROMÁTICO, CA adj. Dícese de la placa fotográfica sensible a todos los colores.

ORTODONCIA f. Rama de la odontología que procura corregir los defectos de la dentadura.

ORTODOXIA f. Calidad de ortodoxo.

ORTODOXO, XA adj. (del gr. *orthos*, derecho, y *doxa*, opinión). Conforme al dogma católico. ‖ Conforme con la opinión religiosa considerada como verdadera: *doctrina ortodoxa.* ‖ Que profesa la ortodoxia: *teólogo ortodoxo.* ‖ *Por ext.* Conforme con la verdad o con los principios tradicionales en cualquier ramo del saber humano: *principios no ortodoxos.* ‖ *Iglesia ortodoxa,* nombre oficial de las Iglesias rusa y griega. ‖ — CONTR. *Heterodoxo.*

ORTODROMIA f. (del gr. *orthos*, derecho, y *dromos*, carrera). *Mar.* Arco de círculo máximo que siguen los barcos al navegar entre dos puntos.

ORTODRÓMICO, CA adj. *Mar.* Relativo a la ortodromia o camino más corto entre dos puntos.

ORTOEDRO m. *Geom.* Paralelepípedo recto rectangular.

ORTOGNATISMO m. Posesión de la mandíbula relativamente retraída.

ORTOGONAL adj. Que forma ángulo recto. ‖ *Proyección ortogonal,* la de una figura sobre una recta, un plano o una superficie cualquiera por medio de perpendiculares bajadas de sus puntos.

ORTOGRAFÍA f. (del gr. *orthos*, derecho, y *graphein*, escribir). Arte de escribir correctamente las palabras de una lengua: *la ortografía española es una de las más fáciles de aprender.* ‖ Manera de escribir una palabra. ‖ *Geom.* Representación del alzado de un edificio. ‖ Proyección octogonal en un plano vertical.

ORTOGRAFIAR v. t. Escribir una palabra según su ortografía: *no saber ortografiar una voz.*

ORTOGRÁFICO, CA adj. Relativo o perteneciente a la ortografía: *signo ortográfico.*

ORTOLOGÍA f. (del gr. *orthos*, derecho, justo, y *logos*, tratado). Arte de pronunciar correctamente y hablar con propiedad.

ORTOLÓGICO, CA adj. Relativo a la ortología.

ORTOPEDIA f. Arte de corregir o evitar las deformidades del cuerpo humano.

ORTOPÉDICO, CA adj. Relativo a la ortopedia: *aparato ortopédico.* ‖ — M. y f. Ortopedista.

ORTOPEDISTA com. Persona que ejerce o profesa la ortopedia.

ORTÓPTEROS m. pl. (del gr. *orthos*, derecho, y *pteron*, ala). Orden de insectos masticadores que tienen cuatro alas membranosas, plegadas longitudinalmente, como la *langosta*, el *grillo*, etc.

ORTORRÓMBICO, CA adj. Dícese del prisma recto con base de rombo.

ORTOSA f. *Miner.* Silicato de alúmina y potasio, variedad de feldespato, de color blanco o rosado.

ORTOTROPISMO m. *Bot.* Forma de tropismo en que la planta crece en dirección del excitante.

ORUGA f. (lat. *oruga*). *Zool.* Larva de los insectos lepidópteros: *las orugas son perjudiciales para la agricultura.* ‖ Planta herbácea usada como condimento. ‖ Faja articulada intercalada entre el suelo y las ruedas de un vehículo para facilitar su paso por cualquier terreno.

ORUJO m. Hollejo de la uva, después de exprimida en el lagar. ‖ Residuo de la aceituna molida y prensada.

ORUREÑO, ÑA adj. y s. De Oruro (Bolivia).

ORVALLAR v. i. Lloviznar.

ORVALLE m. Gallocresta, planta.

ORVALLO m. (port. *orvalho*). En algunos sitios lluvia menuda, llovizna. ‖ Rocío.

ORZA f. Vasija de barro, alta y vidriada.

ORZA f. (del ital. *orza*, babor). *Mar.* Acción de orzar. ‖ *Mar.* Quilla profunda en medio de una embarcación. ‖ *Mar. A orza,* m. adv., con la proa hacia el viento.

ORZAGA f. Planta barrillera de la familia de las quenopodiáceas, bastante común en España.

ORZAR v. i. (ital. *orzare*). *Mar.* Inclinar la proa hacia donde viene el viento.

ORZUELA f. *Méx.* Horquilla o enfermedad del cabello.

ORZUELO m. Granillo que nace en el borde de los párpados. ‖ Cierta trampa de caza.

OS pron. person. de 2ª pers. en ambos géns. y núm. pl. en dativo o acusativo: *os vieron ayer.*

orquídea

ortiga

oruga

oruga

ORTOGRAFÍA

La ortografía es la parte de la gramática que enseña a escribir correctamente las palabras y a emplear con acierto los signos auxiliares de la escritura. (V. ACENTO, MAYÚSCULAS y PUNTUACIÓN.) La ortografía castellana se funda en tres principios: la pronunciación, la etimología y el uso de los que mejor han escrito. Los gramáticos han intentado siempre que la lengua escrita coincida con la hablada para evitar así las complicaciones ortográficas. Sin embargo, no siempre es posible conservar la armonía entre la fonética y la escritura, y a veces la grafía que corresponde a la pronunciación en una época determinada dejará de corresponder a ella en otra posterior. A continuación damos algunas reglas ortográficas:

Se escriben con B

Todos los tiempos de los verbos cuyo infinitivo acaba en -BER (*beber*), -BIR (*recibir*) y -BUIR (*imbuir*), menos *precaver, ver, volver, hervir, servir, vivir* y sus compuestos.

Las terminaciones del pretérito imperfecto de indicativo de la 1ª conjugación (*amaba, jugabas, cantabais*) y del verbo *ir* (*iba, ibas,* etc.).

Las palabras que comienzan por los sonidos BAN- (*bandera*), BAR- (*barco*), BAS- (*bastante*), BAT- (*batalla*), BOR- (*borde*) y BOT- (*botella*). Se exceptúan: *vándalo, vanguardia* y *vanidad; vara, varear, variar, varilla* y *varón; vasallo, vasco, vaselina, vasija, vaso, vástago* y *vasto* (muy grande); *vate, Vaticano* y *vaticinar; voracidad* y *vorágine,* y *votar.*

Las voces que empiezan con BIBL- (*biblioteca*), BU- (*bula*), BUR- (*burguesía*) y BUS- (*busca*). Se exceptúa *vuestro.*

Las voces acabadas en -BILIDAD (*amabilidad*), -BUNDO (*meditabundo*), -BUNDA (*moribunda*), -ÍLABO (*monosílabo*) e -ÍLABA (*polisílaba*). Se exceptúan *civilidad* y *movilidad.*

Las sílabas que llevan el sonido *b* seguido de consonante: *amable, brusco.*

Los finales de dicción: *Jacob.*

Después de *m* se escribirá siempre *b: bomba, ambiente.*

Se escriben con V

Cuando existe este sonido después de las sílabas AD- (*adversario*), CLA- (*clave*), CON- (*convencer*), DI- (*diván*), IN- (*invierno*), JO- (*joven*), PRI- (*privilegio*). Se exceptúa *dibujo*.
Los adjetivos acabados en -AVA (*octava*), -AVE (*suave*), -AVO (*esclavo*), -EVA (*sueva*), -EVE (*leve*), -EVO (*longevo*), -IVA (*cautiva*) e -IVO (*activo*). Excepciones: *árabe* y sus compuestos, y los adjetivos formados con el substantivo *sílaba* (*bisílabo, bisílaba; trisílabo, trisílaba*).
Todos los presentes del verbo *ir* (*voy, ve, vaya*).
Las personas de los verbos cuyo infinitivo no tienen *b* ni *v* (*anduve, estuviera*), menos las terminaciones del pretérito imperfecto de indicativo.
Los verbos terminados en -SERVAR (*conservar, reservar*), menos *desherbar*.
Los compuestos que empiezan por VICE- (*vicecónsul*), VILLA- (*Villamediana*) y VILLAR- (*Villarejo*).
Las voces terminadas en -ÍVORO (*carnívoro*), -ÍVORA (*herbívora*), -VIRO (*triunviro*) y -VIRA (*Elvira*). Excepción: *víbora*.

Se escriben con G delante de E o I

Las voces que comienzan por GEO- (*geografía, geología, geometría*).
Las voces que terminan en -GÉLICO (*angélico*), -GEN (*origen*), -GENARIO (*octogenario*), -GÉNEO (*heterogéneo*), -GÉNICO (*fotogénico*), -GENIO (*ingenio*), -GÉNITO (*primogénito*), -GESIMAL (*cegesimal*), -GÉSIMO (*trigésimo*), -GÉTICO (*exegético*), -GIÉNICO (*higiénico*), -GINAL (*virginal*), -GÍNEO (*virgíneo*), -GINOSO (*caliginoso*), -GISMO (*neologismo*), -GIA (*magia*), -GIO (*litigio*), -GIÓN (*religión*), -GIONAL (*regional*), -GIONARIO (*legionario*), -GIOSO (*religioso*), -GÍRICO (*panegírico*), -ÍGENA (*indígena*), -ÍGENO (*oxígeno*), -OGÍA (*teología*), -ÓGICO (*lógico*), así como sus femeninos y plurales, si los tienen. Se exceptúan *comején, ojén, aguajinoso, espejismo* y *salvajismo*.
Los infinitivos terminados en -IGERAR (*morigerar*), -GER (*recoger*), -GIR (*surgir*) y los demás tiempos que conserven el sonido de *g*. Se exceptúan *tejer* y *crujir*.

Se escriben con J delante de E o I

Los sonidos *je* y *ji* de los verbos cuyo infinitivo no tiene *g* ni *j*: *dije, reduje*.
Las palabras acabadas en -JE (*equipaje*), -JERO (*viajero*), -JERÍA (*cerrajería*) y -JÍN (*cojín*). Se exceptúan *ambage, magín, auge, cónyuge, esfinge, faringe, laringe, paragoge* y algunas palabras más.
Las derivadas de voces que llevan -JA, -JO y -JU: *ajillo, cajista*.

Se escriben con H

Las palabras que tenían *f* en su origen: *harina* (farina), *hacer* (facere).
Las voces que empiezan por los sonidos IA- (*hiato*), IE- (*hierático*), UE- (*hueso*), IDR- (*hidráulica*), IGR- (*higrómetro*), UI- (*huida*), IPER- (*hipérbole*), IPO- (*hipódromo*), OG- (*hogaza*), OLG- (*holgazán*) y OSP- (*hospicio*). Exceptúanse *ipecacuana* y *ogro*.
Todas la formas verbales de HABER y HACER.
Las palabras que empiezan por ELIO- (*heliotropo*), EMA- (*hematoma*), EMI- (*hemiciclo*), EMO- (*hemoptisis*), EPTA- (*heptarquía*), ETERO- (*heterodoxo*), OME- (*homeopatía*), OMO- (*homologar*). Se exceptúan, entre otras, *emanar, emancipar, emitir, emigrar, eminencia, emir, emoción, emoliente, emolumento, omóplato*.
Llevan generalmente *h* intercalada las palabras que tienen dos vocales juntas sin formar diptongo, como *almohada, alcohol, ahorcar, vahído*.
Los compuestos y derivados que se escriben con *h*, como: *deshonra, deshonesto*. Se exceptúan *orfandad* y *orfanato* (de *huérfano*); *osario, osamenta* y *óseo* (de *hueso*); *oquedad* (de *hueco*); *oval, ovalado, óvalo, ovario, óvulo, ovíparo, ovo* y *ovoide* (de *huevo*), y *oscense* (de *Huesca*) porque no la llevan en su origen latino.
Al final de dicción solamente se pone *h* en las interjeciones de una sola sílaba (*¡ah!, ¡bah!, ¡oh!*) y en algunas voces extranjeras.

Uso ortográfico de K

Esta letra se emplea sólo en voces extranjeras incorporadas al castellano: (*kan, kilo, kermesse*).

Se escribe M

Siempre antes de *b* (*imberbe*) y de *p* (*amparo*) se escribe *m* en lugar de *n*.
También se escribirá *m* delante de *n* (*amnesia, himno*), salvo en los compuestos de las preposiciones *en* (*ennegrecer*), *in* (*innecesario*), *con* (*connivencia*) y *sin* (*sinnúmero*).

Se escribe R

Al principio de palabra, y después de *l, n, s*, la *r* sencilla produce sonido fuerte: *rosa, alrededor, Israel*. Para producir ese mismo sonido entre vocales se usa *r* doble: *arribar, error*.

Se escribe X en vez de S

Al comienzo de una palabra antes de vocal y de *h* (*exaltar, exhalación*).
Casi siempre antes de CR (*excretor*), PLA (*explayar*), PLE (*expletivo*), PLI (*explícito*), PLO (*explotar*), PRE (*expresar*), PRI (*exprimir*), PRO (*expropiar*).
En las palabras que empiezan con los prefijos EX (*extender, extraer, extemporáneo*) y EXTRA (*extramuros, extrajudicial, extraordinario*).
Algunas veces se ha conservado la grafía con *X* de ciertas palabras, aunque su pronunciación es de *j* (*México, Oaxaca*).

doy las gracias. En el tratamiento de vos suele usarse como singular: *ya os lo dije, amigo mío*. Pospuesto a los imperativos, pierden éstos la *d* final, excepto con el verbo *ir*: *deteneos, acercaos, idos*.

Os, símbolo químico del *osmio*.

OSA f. Hembra del oso. || *Astr. Osa mayor* y *menor*. V. *Parte hist.*

OSADAMENTE adv. m. Atrevida o audazmente.

OSADÍA f. Atrevimiento, audacia, valor. (SINÓN. V. *Acometividad.*)

OSADO, DA adj. Atrevido, audaz: *acción osada*.

OSAMENTA f. Conjunto de huesos. || Esqueleto: *la robusta osamente del gorila*.

OSAR v. i. Atreverse a una cosa. || — PARÓN. *Hozar*.

OSARIO m. (lat. *ossarium*). Lugar en las iglesias o cementerios donde se reúnen los huesos que se sacan de las sepulturas. || Sitio donde hay muchos huesos: *las catacumbas de París son un vasto osario*.

OSCAR m. Importante recompensa cinematográfica, materializada por una estatuilla, distribuida cada año en Hollywood, a los más grandes talentos del año.

OSCENSE adj. y s. De Osca, hoy *Huesca*.

OSCILACIÓN f. Movimiento de vaivén de un cuerpo a un lado y otro de su posición de equilibrio: *las oscilaciones pequeñas del péndulo son isócronas*. (SINÓN. *Balanceo, bamboleo, mecedura, vacilación, vaivén, vibración.*) || Espacio recorrido. || *Fig.* Fluctuación, cambio alternativo.

OSCILADOR m. Generador de oscilaciones eléctricas o mecánicas.

OSCILANTE adj. Que oscila: *péndulo oscilante*.

OSCILAR v. i. (lat. *oscillare*). Ejecutar oscilaciones: *péndulo que oscila*. || *Fig.* Variar, vacilar. (SINÓN. V. *Fluctuar.*) || *Fig.* Crecer y disminuir alternativamente la intensidad de algunas manifestaciones o fenómenos: *oscilar el precio de una mercancía*.

OSCILATORIO, RIA adj. Dícese del movimiento de los cuerpos que oscilan. || Dícese de las corrientes eléctricas alternas.

OSCILÓGRAFO m. Aparato registrador de los movimientos oscilatorios.

OSCO, CA adj. y s. Dícese del individuo y de la lengua de un pueblo de Italia central.

ÓSCULO m. (lat. *osculum*). Beso: *ósculo de paz*.

OSCURANA f. *Amér. C.* Obscuridad, cerrazón.

OSCURO, RA adj. y sus derivados. V. OBSCURO.

OSEAR v. i. *Cub.* Proceder como un oso.

OSEÍNA f. *Anat.* Substancia que forma el tejido celular de la piel y de los cartílagos en los animales.

ÓSEO, A adj. De hueso: *materia ósea*.

OSERA f. Cueva o madriguera donde vive el oso.

OSEZNO m. Cachorro del oso.

OSIÁNICO, CA adj. Perteneciente a las poesías de Osián o parecido a ellas: *poema osiánico*.

OSIFICACIÓN f. Acción y efecto de osificarse.

OSIFICARSE v. r. (del lat. *os, ossis*, hueso, y *facere*, hacer). Convertirse en hueso.

OSÍFRAGA f. y **OSÍFRAGO** m. (del lat *os, ossis*, hueso, y *frangere*, quebrantar). Quebrantahuesos.

OSMANLÍ adj. y s. Otomano.

OSMÁTICO, CA adj. Del sentido del olfato.

OSMAZOMO m. (del gr. *osmê*, olor, y *zômos*, caldo). Jugo sacado de la carne asada.

OSMIO m. Metal raro (Os), semejante al platino, de número atómico 76, muy duro y empleado para puntas de estilográfica.

ÓSMOSIS y **OSMOSIS** f. Fenómeno que, cuando están separados dos líquidos por un tabique poroso, hace pasar ciertos cuerpos de una disolución a otra. || *Fig.* Penetración, influencia recíproca.

OSMÓTICO, CA adj. Relativo al fenómeno de la ósmosis: *fuerza osmótica*.

OSO m. (lat. *ursus*). Género de mamíferos carniceros plantígrados que comprende animales de espeso pelaje, patas fuertes y gruesas con uñas recias y ganchosas: *el oso vive en lo más espeso de los montes del norte de España*. || *Oso marino*, mamífero pinnípedo, especie de foca. || *Cub.* Brabucón, perdonavidas. || *Fig.* y *fam. Hacer el oso*, exponerse a la burla o lástima de las gentes. || *Fig.* y *fam.* Galantear sin reparo ni disimulo. || *Fig.* Hombre que huye de la sociedad: *ser un oso*. — Los *osos* tienen el cuerpo macizo y pesado; habitan en los países fríos y viven en general solitarios; son inteligentes, astutos y prudentes, muy robustos, y se defienden valientemente. Son sobre todo carniceros, pero se alimentan igualmente de frutas y miel. Se distinguen el *oso blanco*, de las regiones árticas, el mayor de todos los carniceros (2,60 m de largo); el *oso de América del Norte*, o *grizzli*, el *oso negro*, el *oso pardo de Europa*, y el *oso colmenero*. En los Andes se encuentran el *oso negro* y el *oso frontino*. *Oso hormiguero* u *oso bandera*, cuadrúpedo desdentado muy grande de América del Sur. *Oso palmero, oso melero*, nombre de dos hormigueros desdentados de América.

OSORNINO, NA adj. y s. De Osorno (Chile).

OSOTA f. *Amer.* Usuta.

¡OSTE! interj. ¡Oxte!

OSTEALGIA f. *Med.* Dolor en los huesos.

OSTEÍNA f. Oseína.

OSTEÍTIS f. Inflamación de los huesos.

OSTENSIBLE adj. Que puede manifestarse. || Manifiesto. (SINÓN. V. *Visible.*)

OSTENSIBLEMENTE adv. m. De un modo ostensible: *manifestar ostensiblemente sus deseos*.

OSTENSIVO, VA adj. Que ostenta o muestra.

OSTENTACIÓN f. Jactancia, vanagloria: *hacer ostentación de sus riquezas*. (SINÓN. V. *Orgullo.*) || Magnificencia o pompa.

OSTENTADOR, RA adj. y s. Que ostenta.

OSTENTAR v. t. Evidenciar una cosa. (SINÓN. V. *Mostrar.*) || Hacer gala de una cosa: *ostentar mucha riqueza*. (SINÓN. V. *Afectar.*)

OSTENSORIO m. Custodia.

OSTENTATIVO, VA adj. Que hace ostentación de una cosa

OSTENTOSO, SA adj. Magnífico, espléndido, aparatoso.

OSTEOBLASTO m. Célula productora de la substancia ósea.

OSTEOLOGÍA f. (del gr. *osteon*, hueso, y *logos*, tratado). Parte de la anatomía que estudia los huesos.

OSTEOLÓGICO, CA adj. Relativo a la osteología.

OSTEOMA m. *Med.* Tumor de naturaleza ósea.

OSTEOMALACIA f. *Med.* Afección caracterizada por el reblandecimiento de los huesos.

oso hormiguero

oso blanco

oso pardo

oso de Malasia

Fot. Wide World, Dragesco, X

otaria

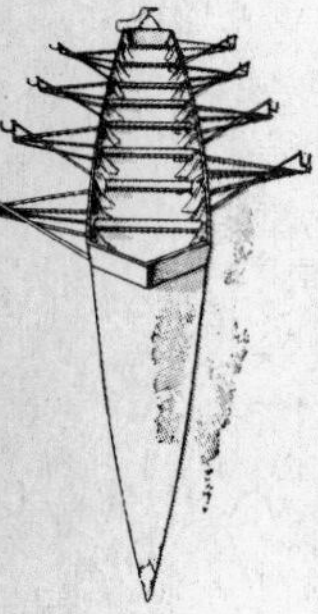
outrigger

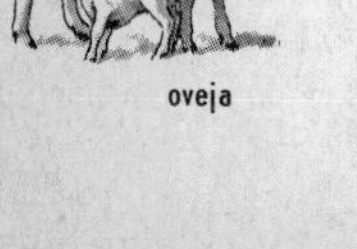
oveja

OSTEOMIELITIS f. Inflamación simultánea del hueso y de la medula ósea.
OSTEOPLASTIA f. Sustitución de un hueso o parte de él por otro.
OSTEOTOMÍA f. *Cir.* Resección de un hueso.
OSTIARIO m. (del lat. *ostium,* puerta). Una de las cuatro sagradas órdenes menores correspondiente al cargo de portero. ‖ — PARÓN. *Hostiario.*
OSTRA f. (lat. *ostrea*). Género de moluscos lamelibranquios de doble concha: *las ostras son un comestible muy estimado.* ‖ *Aburrirse como una ostra,* aburrirse mucho.
OSTRACISMO m. (del gr. *ostrakon,* concha, porque en ella escribían los atenienses su voto). Voto del pueblo de Atenas que desterraba por diez años a los individuos sospechosos: *el ostracismo no era considerado como pena infamante.* ‖ *Fig.* Exclusión voluntaria o forzosa de los oficios públicos.
OSTRAL m. Criadero o banco de ostras.
OSTRERO, RA adj. Relativo a las ostras: *industria ostrera.* ‖ — M. y f. Persona que vende ostras. ‖ — M. En algunas partes, ostral, criadero de ostras. ‖ Ave acuática de Puerto Rico.
OSTRÍCOLA adj. Relativo a la cría y conservación de las ostras.
OSTRICULTURA f. El arte de criar las ostras.
OSTROGODO, DA adj. y s. (del germ. *Ost,* Oriente, y *Got,* godo). Dícese del individuo de un pueblo antiguo de la Gotia Oriental. ‖ *Fam.* Bárbaro, ignorante.
OSTRÓN m. Ostra menos fina que la común.
OSTUGO m. Rincón. ‖ Pizca.
OSUDO, DA adj. Huesudo.
OSUNO, NA adj. Propio del oso: *carácter osuno.*
OTALGIA f. (del gr. *ous, otos,* oído, y *algos,* dolor). *Med.* Dolor de oídos.
OTÁÑEZ m. *Fam.* Escudero viejo que acompañaba a una señora. También se dice *Don Otáñez.*
OTARIA f. Género de mamíferos pinnípedos del Pacífico: *las otarias son parecidas a las focas.*
OTARIO, RIA adj. *Arg. Fam.* Tonto, infeliz.
OTATE m. *Méx.* Bastón flexible y resistente.
OTAYO m. *Amer.* Árbol parecido al plátano.
OTEAR v. t. Registrar, acechar desde un lugar alto. (SINÓN. V. *Vigilar.*) ‖ *Fig.* Escudriñar, registrar.
OTERO m. Cerro aislado que domina un llano.
OTITIS f. *Med.* Inflamación del oído.
OTOBA f. *Amer.* Árbol cuyo fruto es semejante a la nuez moscada.
OTOLOGÍA f. *Med.* Estudio de las enfermedades del oído.
OTÓLOGO m. Médico del oído.
OTOMÁN m. Tela de seda acordonada.
OTOMANA f. Especie de sofá. (SINÓN. V. *Canapé.*)
OTOMANO, NA adj. y s. Turco.
OTOMÍ adj. y s. m. Dícese de una de las lenguas de México, la más importante después del azteca: *la lengua otomí se caracteriza por su monosilabismo.*
OTOMÍA f. *Col.* y *Arg.* Atrocidad, barbaridad.
OTOÑADA f. Otoño, estación del año. ‖ Abundancia de pastos en otoño: *tener buena otoñada.*
OTOÑAL adj. Del otoño. (SINÓN. *Autumnal.*)
OTOÑAR v. i. Pasar el otoño. ‖ Brotar la hierba en otoño. ‖ — V. r. Sazonarse.
OTOÑO m. (lat. *autumnus*). Estación del año que dura en Europa del 23 de septiembre al 21 de diciembre: *el otoño corresponde en el hemisferio austral a la primavera europea.* ‖ Época templada del año.
OTORGADOR, RA adj. y s. Que otorga.
OTORGANTE adj. y s. Que otorga.
OTORGAR v. t. Consentir: *otorgar el perdón.* (SINÓN. *Establecer, prometer.* V. tb. *conceder* y *conferir.*) ‖ *For.* Disponer con autoridad pública.
OTORREA f. Flujo procedente del oído.
OTORRINOLARINGOLOGÍA f. Estudio de las enfermedades del oído, la nariz y la laringe.
OTORRINOLARINGÓLOGO m. Médico dedicado a la otorrinolaringología.
OTOSCOPIA f. *Med.* Exploración del oído.
OTOSCOPIO m. Aparato para reconocer el oído.
OTRO, TRA adj. (lat. *altero,* abl. de *alter*). Distinto: *otro libro.* ‖ Igual, semejante: *es otro Ercilla.* ‖ Anterior: *el otro día.* ‖ *Fam. Esa es otra,* indica que se oye un nuevo disparate o se presenta una nueva dificultad. ‖ *Por otra parte,* m. adv., además.
OTRORA adv. t. En otro tiempo.
OTROSÍ adv. c. Además. Úsase sobre todo en lenguaje forense. ‖ — M. *For.* Cada una de las peticiones que se exponen después de la principal.
OUTRIGGER m. (pal. ingl.) Embarcación de regatas estrecha y ligera, provista de armaduras mecánicas que constituyen un punto de apoyo para los remos fuera de borda.
OUTSIDER m. (pal. ingl.) Atleta, o caballo de carreras, que sin ser el favorito puede ser el vencedor.
OVA f. Alga filamentosa de las aguas corrientes.
OVACIÓN f. (lat. *ovatio*). Entre los romanos, el triunfo de segundo orden concedido a los éxitos de poca consideración. ‖ *Fig.* Aclamación ruidosa, triunfo: *el orador consiguió una ovación.*
OVACIONAR v. t. Tributar una ovación, aplaudir ruidosamente. (SINÓN. V. *Aclamar.*)
OVADO, DA adj. Dícese del ave hembra cuyos huevos han sido fecundados. ‖ Aovado, ovalado.
OVAL adj. De figura de óvalo: *mesa oval.* ‖ — SINÓN. *Aovado, ovalado, oviforme, ovoideo.*
OVALADO, DA adj. Oval.
OVALAR v. t. Dar figura de óvalo a una cosa.
ÓVALO m. (del lat. *ovum,* huevo, por la forma). Curva cerrada oblonga y simétrica como la *elipse.* ‖ Cualquier figura plana, oblonga y curvilínea: *el óvalo de la cara.* ‖ *Arq.* Ovo.
OVAR v. i. Aovar, poner los huevos las aves.
OVARIO m. (lat. *ovarius*). Órgano de la reproducción propio de las hembras, donde se reproducen los óvulos. ‖ *Arq.* Moldura adornada con óvulos. ‖ *Bot.* Parte inferior del pistilo que contiene las semillas.
OVARIOTOMÍA f. Extirpación de uno o ambos ovarios.
OVARITIS f. Inflamación de los ovarios.
OVAS f. pl. En algunas partes, *hueva.*
OVEJA f. (lat. *ovis*). Hembra del carnero. ‖ *Arg.* Mujer perdida, de la calle. ‖ *Oveja negra,* persona que en una familia o colectividad desdice desfavorablemente de las demás. ‖ *Fig. Oveja descarriada,* persona que no sigue el buen ejemplo que le dan las demás.
OVEJERO, RA m. y f. Persona que cuida de las ovejas. (SINÓN. V. *Pastor.*) ‖ — Adj. *Riopl.* Dícese del perro que cuida de los rebaños.
OVEJUNO, NA adj. De ovejas: *leche ovejuna.*
OVERA f. Ovario de las aves.
OVEREAR v. t. *Arg., Bol.* y *Parag.* Dorar o tostar al fuego.
OVERO, RA adj. Dícese del animal de color dorado. ‖ Dícese del ojo en que resalta lo blanco. ‖ *Amer.* Dícese del animal remendado o pío. ‖ *Arg.* y *fam. Poner a uno overo,* ponerlo verde.
OVERTURA f. V. OBERTURA.
OVETENSE adj. y s. De Oviedo (España) y de Coronel Oviedo (Paraguay).
ÓVIDOS m. pl. Familia de mamíferos rumiantes, que comprende los *carneros, cabras,* etc.
OVIDUCTO m. Canal por donde sale el huevo del ovario fuera del cuerpo del animal.
OVIFORME adj. Que tiene la forma de huevo. (SINÓN. V. *Oval.*)
OVILLAR v. t. Hacer ovillos: *ovillar lana.* ‖ — V. r. *Fig.* Encogerse, hacerse un ovillo.
OVILLEJO m. Combinación métrica que consta de tres versos octosílabos, seguidos cada uno de ellos de un pie quebrado y de una redondilla cuyo último verso se compone de los tres pies quebrados.
OVILLO m. (del lat. *ovum,* huevo). Bola de hilo que se forma al divanar una fibra textil. ‖ *Fig.* Cosa enredada y enmarañada como un ovillo. ‖ *Fig.* y *fam. Hacerse uno un ovillo,* encogerse, acurrucarse. (SINÓN. V. *Acurrucarse.*) ‖ Embrollarse, aturrullarse.
OVINO, NA adj. Dícese del ganado lanar.
OVÍPARO, RA adj. y s. Dícese de los animales cuyas hembras ponen huevos.
OVISCAPTO m. Órgano alargado en el abdomen de algunos insectos, que sirve para depositar los huevos.

Fot. Dragesco

OVO m. *Arq.* Adorno en forma de huevo que decora una cornisa o un capitel dórico. (Para construir un ovo se traza una circunferencia y sobre su centro se tira sobre el diámetro AD una perpendicular que corta la circunferencia en el punto C. Se trazan después las semirrectas AH y DE, pasando por C. Después, de los puntos A y D como centros y con AD como radio, se trazan respectivamente los arcos de círculo DH y AE. Finalmente, del punto C como centro y CE como radio, se traza el arco EH.)

OVOGÉNESIS f. Formación de los gametos femeninos entre los animales.

OVOIDE y **OVOIDEO, A** adj. Que tiene la forma de huevo, aovado. (SINÓN. V. *Oval.*)

ÓVOLO m. *Arq.* Cuarto bocel. || Adorno de figura de huevo, con puntas de flechas intercaladas.

OVOVIVÍPARO adj. Dícese del animal ovíparo cuyos huevos se retienen en las vías genitales de la madre hasta la eclosión.

OVULACIÓN f. Desprendimiento natural de un óvulo en el ovario.

ÓVULO m. (del lat. *ovum*, huevo). *Hist. nat.* Célula sexual femenina que, fecundada, da origen al embrión. || *Bot.* En las fanerógamas, órgano contenido en el ovario y en cuyo interior se forma la oosfera.

OXÁCIDO m. *Quím.* Ácido que contiene oxígeno en su molécula.

OXALATO m. *Quím.* Sal de ácido oxálico.

OXÁLICO, CA adj. Relativo a las acederas. || *Quím. Ácido oxálico,* ácido orgánico de fórmula COOH-COOH que da a la acedera su gusto particular.

OXALIDÁCEAS f. pl. Familia de plantas dicotiledóneas cuyo tipo es el carambolo.

OXÁLIDA f. Planta rica en ácido oxálico, cultivada a veces por sus flores dialipétalas (ciertas oxálidas son oriundas de América).

OXEAR v. t. Espantar las aves de corral.

OXHÍDRICO, CA adj. Compuesto de oxígeno e hidrógeno, cuya combustión desprende una gran cantidad de calor. || Que funciona con dicha mezcla: *soplete oxhídrico.*

OXHIDRILO u **OXIDRILO** m. Nombre dado al grupo univalente OH, que se encuentra en muchos compuestos, en particular en las bases, los oxácidos y los alcoholes. (SINÓN. *Hidróxilo.*)

OXIDABLE adj. Que se oxida: *metal oxidable.*

OXIDACIÓN f. Combinación con el oxígeno: *la oxidación del hierro produce la herrumbre.* || Estado de lo que está oxidado.

ÓXIDO m. (del gr. *oxys*, ácido, y *eidos*, aspecto). Combinación del oxígeno con un cuerpo: *óxido de carbono* (CO).

OXIDAR v. t. Hacer pasar al estado de óxido. || Combinar con el oxígeno. || — V. r. Pasar al estado de óxido: *el minio impide que el hierro se oxide.*

OXIGENACIÓN f. Acción de oxigenar.

OXIGENADO, DA adj. Que contiene oxígeno: *los compuestos oxigenados del nitrógeno.* || Descolorado por el oxígeno: *cabellos rubios oxigenados.*

oxálida

OXIGENAR v. t. *Quím.* Combinar con oxígeno. || — V. r. Airearse, respirar al aire libre.

OXÍGENO m. (del gr. *oxys*, ácido, y *gennân*, engendrar). Metaloide que forma la parte respirable del aire.

— Este gas, que es el elemento más abundante en la naturaleza, forma la quinta parte del volumen del aire atmosférico. El *oxígeno* (O) es un gas incoloro, inodoro, sin sabor, de densidad 1,105, y se licua a —183° C bajo la presión atmosférica. Se combina con la mayor parte de los cuerpos simples, especialmente con el hidrógeno, con el que forma el agua. Es el agente de la respiración y de la combustión. Se emplea en la industria para un gran número de preparaciones (ácido sulfúrico, etc.). La medicina lo usa también, sobre todo para las inhalaciones.

OXIGENOTERAPIA f. Tratamiento por inhalaciones de oxígeno, frecuentemente acompañado por la respiración artificial.

OXIHEMOGLOBINA f. Combinación inestable de una molécula de hemoglobina y otra de oxígeno que da el color rojo vivo a la sangre que sale del aparato respiratorio.

OXILITA f. Nombre comercial del *bióxido de sodio,* que sirve para preparar el oxígeno por la acción del agua.

OXIMETRÍA f. Determinación de la cantidad de ácido libre contenido en una substancia.

OXISULFURO m. Combinación de un cuerpo con el oxígeno y el azufre.

OXÍTONA adj. Que lleva el acento tónico en su última sílaba.

OXIURO m. *Zool.* Género de lombrices parásitas en el intestino del hombre y de varios animales.

OXONIENSE adj. y s. De Oxford.

¡OXTE! interj. que se usa para echar fuera a uno. || *Sin decir oxte ni moxte,* m. adv., sin decir nada.

OYAMEL m. *Méx.* Especie de abeto de México.

OYENTE adj. Que oye. (SINÓN. *Auditor.*) || — Adj. y s. Dícese del alumno que asiste a las clases aunque no esté matriculado.

OZOCERITA u **OZOKERITA** f. Especie de cera mineral que acompaña a veces el petróleo y que parece proceder de destilación natural. (SINÓN. *Parafina natural.*)

OZONA f. *Quím.* Ozono.

OZONADOR, RA adj. Que ozona. || — M. Aparato para preparar el ozono.

OZONAR v. t. Convertir el oxígeno en ozono.

OZONIFICACIÓN f. Acción y efecto de ozonar.

OZONIFICAR v. t. Ozonar.

OZONIZACIÓN f. Transformación en ozono. || Esterilización de las aguas por el ozono.

OZONIZADOR, RA adj. Ozonador.

OZONO m. (del gr. *ozein*, tener un olor). *Quím.* Variedad alotrópica del oxígeno, de fórmula O_3.

— En pequeña cantidad parece incoloro, pero cuando tiene un gran espesor el *ozono* es azul; su olor es fuerte y penetrante, de un poder oxidante superior al del oxígeno.

OZONÓMETRO m. *Quím.* Reactivo preparado para graduar el ozono existente en la atmósfera.

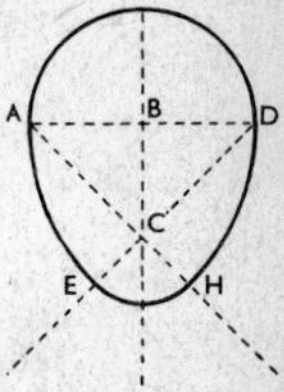

ovo

Puente de Tancarville sobre el Sena (Francia)

P f. Decimonona letra del abecedario y decimoquinta de sus consonantes. || Símbolo químico del *fósforo.*
P., abrev. de *padre.* (*Relig.*)
Pa, símbolo químico del *protactinio.* || Símbolo del *pascal.*
PABELLÓN m. Tienda de campaña de forma cónica. || Colgadura de una cama, altar, etc. || Bandera nacional. (SINÓN. V. *Bandera.*) || Parte ensanchada de algunos instrumentos músicos de viento. || Grupo de fusiles en forma piramidal. || Edificio pequeño: *un pabellón de madera.* || Nombre que se da a las habitaciones de los jefes en los cuarteles. || *Fig.* Cualquier cosa que cobija otra. || Parte exterior de la oreja. || *Arg.* Figura del pericón.
PABILO m. (del b. lat. *papyrus,* mecha). Torcida o mecha de la vela. || Parte carbonizada de la torcida: *cortar el pabilo a una vela.*
PABLAR v. i. *Fam.* Parlar o hablar. Sólo se usa en la frase: *sin hablar ni pablar.*
PÁBULO m. (lat. *pabulum*). Sustento, alimento. (P. us.) || *Fig.* Lo que sustenta una cosa inmaterial: *dar pábulo a la murmuración.*
PACA f. (del quechua, *paco,* rojizo). Mamífero roedor americano: *la carne de la paca es muy estimada.*
PACA f. (ingl. *pack*). Fardo, bulto: *una paca de algodón.*
PACAÁ m. *Arg.* Pava de monte.
PACAE m. V. PACAY.
PACANA f. Árbol de la familia de las yuglandáceas, propio de América del Norte: *la madera de la pacana es muy estimada.* || Su fruto.
PACANERO y **PACANO** m. *Amer.* Pacana.
PACATO, TA adj. y s. Muy pacífico, tímido.
PACAY m. *Salv., Arg.* y *Per.* Guabo, árbol leguminoso del género *inga.* || *Per.* Fruto comestible de este árbol. Pl. *pacayes* o *pacaes.*
PACAYA f. *C. Rica* y *Hond.* Nombre de un helecho gigantesco, cuyo tallo es comestible.
PACAYAR m. *Per.* Plantío de pacayes.
PACEDERO, RA adj. Dícese del campo o de los vegetales que pueden servir para pasto.
PACEDURA f. Apacentamiento del ganado.
PACENSE adj. y s. De Beja, ciudad de Portugal. || De Badajoz, ciudad de España.

paca

PACEÑO, ÑA adj. y s. De La Paz, cap. de Bolivia. || De La Paz (Honduras y El Salvador).
PACER v. i. (lat. *pascere*). Comer hierba el ganado en prados o dehesas. || — V. t. Comer una cosa. || Apacentar. || — IRREG. Se conjuga como *nacer.*
PACIENCIA f. (lat. *patientia*). Virtud que hace soportar los males con resignación: *la paciencia es más útil que el valor.* || Cualidad del que sabe esperar con tranquilidad las cosas que tardan. || Perseverancia: *todo se alcanza con paciencia.* || Bollito redondo de harina, huevo, almendra y azúcar.
PACIENCIOSO, SA adj. *Per.* Pacienzudo.
PACIENTE adj. Que tiene paciencia. (SINÓN. V. *Sufrido.*) || Que se hace con paciencia: *venganza paciente.* || — M. *Fil.* Que recibe la impresión de un agente físico. || — Com. Enfermo: *el cirujano y el paciente.* || — CONTR. *Impaciente, vivo.*
PACIENTEMENTE adv. m. Con paciencia.
PACIENZUDO, DA adj. Que tiene paciencia. (SINÓN. V. *Sufrido.*)
PACIFICACIÓN f. Restauración de la paz, del orden en un Estado, en una sociedad, etc. || *Fig.* Apaciguamiento.
PACIFICADOR, RA adj. y s. Que pacifica o restablece la paz. || — M. *Col.* Chupador para niños de pecho.
PACÍFICAMENTE adv. m. De un modo pacífico: *gozar pacíficamente de un bien.*
PACIFICAR v. t. (lat. *pacificare*). Restablecer la paz: *pacificar un reino.* || — V. r. Sosegarse.
PACÍFICO, CA adj. Amante de la paz: *hombre pacífico.* || Que tiende a la paz: *ideas pacíficas.* || Que transcurre en la paz: *un reinado pacífico.*
PACIFISMO m. Doctrina que defiende que la guerra nunca resuelve los problemas de mejor manera que lo podrían hacer las negociaciones. || Conjunto de doctrinas encaminadas a mantener la paz entre las naciones.
PACIFISTA adj. y s. Que desea la paz.
PACK m. (pal. ingl. que significa *paquete*). En las regiones polares, masa flotante que proviene de un banco de hielo, dividido por la acción del oleaje. || Conjunto de delanteros en un equipo de rugby.
PACLE m. *Méx.* Sufijo que significa *medicina, hierba,* y forma parte de varias palabras.

Fot. A. F. P.

PACO m. *Zool.* Alpaca, rumiante. || Guerrillero moro. || Tiro aislado. || *Amer.* Mineral de plata de ganga ferruginosa. || *Per.* Afta, enfermedad. || *Col., Chil.* y *Ecuad.* Celador o sereno, gendarme.
PACO, CA adj. *Arg.* y *Chil.* De color bayo, rojizo.
PACÓN m. *Hond.* Árbol americano llamado también *quillay* y *árbol del jabón.* || Fruto de este árbol: *los niños emplean los pacones para jugar.*
PACOTILLA f. Cantidad de mercancías vendibles que pueden llevar por su cuenta los pasajeros o marinos. || *Por ext.* Género de inferior calidad. || *Chil., Ecuad.* y *Guat.* Chusma, caterva.
PACOTILLERO m. El que se dedica a comerciar con pacotilla. || *Amer.* Buhonero, mercader ambulante.
PACOYUYO m. *Per.* Planta compuesta medicinal.
PACTAR v. t. Convenir o asentar ciertas condiciones para concluir un negocio. || Contemporizar una autoridad.
PACTO m. (lat. *pactum*). Tratado: *un pacto razonable.* || *Fig.* Acuerdo: *hacer un pacto con la verdad.* (SINÓN. V. *Convenio.*)
PACÚ m. *Arg.* Pez de río, de gran tamaño y muy estimado por su carne.
PÁCUL m. Plátano silvestre de Filipinas: *del pácul se saca un filamento textil inferior al abacá.*
PACUNO, NA adj. *Chil.* Plebeyo, ordinario.
PACHA f. *Col.* Efecto, en el juego de billar.
PACHÁ m. Barb. por *bajá,* que se emplea siempre en la locución *vivir como un pachá,* vivir como un príncipe.
PACHACHO, CHA adj. *Chil.* Enano, de piernas muy cortas.
PACHAMAMA f. *Bol.* y *Per.* La Tierra.
PACHAMANCA f. *Amer.* Carne asada entre piedras caldeadas, en un agujero abierto en tierra.
PACHANGA f. Cierto baile.
PACHIQUIL m. *Arg.* Rodete para llevar cargas en la cabeza.
PACHO, CHA *Amér. C.* y *Chil. Fam.* Bajo, regordete. || *Amér. C.* Chato, aplanado.
PACHOCHA f. *Chil. Fam.* Pachorra.
PACHOL m. *Méx.* Pelo enmarañado.
PACHOLÍ m. *Méx.* Tortilla tostada.
PACHÓN m. *Fam.* Hombre pesado y flemático.
PACHÓN, ONA adj. y s. Dícese de una variedad apreciada de perros de caza que tienen las patas cortas y torcidas, y las orejas colgantes. || *Amer.* Peludo, lanudo: *una alfombra pachona.* || — M. Capote de palma de los indios.
PACHORRA f. *Fam.* Flema, indolencia, cachaza.
PACHORRADA f. *Cub.* y *Per.* Patochada.
PACHORREAR v. i. *Amer.* Gastar pachorra.
PACHORRUDO, DA adj. *Fam.* Que tiene mucha pachorra: *una mujer pachorruda.*
PACHOTADA f. *Ant.* y *Amer.* Patochada.
PACHUCHO, CHA adj. Muy maduro. || *Fig.* Flojo, débil, ligeramente enfermo: *mi enfermedad me ha dejado algo pachucho.*
PACHULÍ o **PACHOLÍ** m. Cierta planta labiada aromática que se usa mucho en perfumería. || Perfume de esta planta.
Pd, símbolo químico del *protactinio.*
PADDOCK m. (pal. ingl. que sign. *parque de gamos*). Parque donde se encierran las yeguas con sus potros. || En las carreras de caballos, recinto reservado donde se pasean de la brida los caballos.
PADECER v. i. (lat. *pati*). Sentir un daño o dolor: *padecer dolor de muelas.* (SINÓN. V. *Sufrir.*) || Ser víctima de una cosa. || Soportar. || Recibir daño. || Haber incurrido en error, ofuscación, etc.: *padecer una equivocación.* || — IRREG. Se conjuga como *merecer.*
PADECIMIENTO m. Sufrimiento, daño. (SINÓN. V. *Enfermedad* y *pena.*)
PADILLA f. (lat. *patella,* marmita). Sartén pequeña. || Horno que sirve para cocer pan.
PADRASTRO m. Marido de la madre respecto de los hijos llevados en matrimonio. || Mal padre. || *Fig.* Obstáculo, estorbo. || *Fig.* Pedazo de pellejo que se levanta junto a las uñas.
PADRAZO m. *Fam.* Padre que se muestra demasiado indulgente con sus hijos.
PADRE m. (lat. *pater*). El que tiene uno o varios hijos: *honrad a vuestro padre.* (SINÓN. *Cabeza, papá, progenitor.*) || *Nuestros padres,* nuestros antepasados. || Primera persona de la Santísima Trinidad. || Macho en el ganado destinado a la procreación. || Origen, principio: *el ocio es padre de todos vicios.* || Jefe de una serie de descendientes: *Abrahán es el padre de los creyentes.* || Creador: *Herodoto es el padre de la Historia.* || Nombre que se da a ciertos religiosos y a los sacerdotes: *un padre capuchino.* (SINÓN. V. *Sacerdote.*) || *Padre espiritual,* confesor, el que dirige la conciencia de uno. || *Padre Eterno,* Dios. || *Dios padre,* la primera persona de la Trinidad. || *El Santo Padre,* el Soberano Pontífice. || *Padre de familia,* cabeza de una casa o familia. || *Padre político,* suegro. || *Los Santos Padres,* los primeros doctores de la Iglesia. || *Padres conscriptos,* los senadores romanos. || *El Padre Nuestro,* la oración dominical. (Dícese también *padrenuestro.*) || *Fam. De padre y muy señor mío,* muy importante. || — Adj. Enorme, muy grande: *me llevé un susto padre.* || — Pl. *Los padres,* el padre y la madre. || — OBSERV. Hace en diminutivo *padrecito, padrito.*
PADREAR v. i. Procrear los animales. || Ser uno semejante a su padre.
PADRENUESTRO m. Padre nuestro: *rezar un padrenuestro.* (SINÓN. V. *Oración.*) Hace en pl. *padrenuestros.*
PADRILLO m. *Arg.* El caballo semental.
PADRINAZGO m. Acto de servir de padrino: *aceptar un padrinazgo.* || Cargo de padrino. || *Fig.* Protección, favor, amparo que se da a uno: *gozó del padrinazgo de una persona influyente.*
PADRINO m. El que asiste a otro para recibir el bautismo, en el casamiento, en un desafío, certamen, etc. (SINÓN. *Compadre.*) || El que presenta o acompaña a otro en un círculo, en una sociedad, etc. || *Fig.* El que favorece y ayuda a otro en la vida: *tener buenos padrinos.* (SINÓN. *Protector.*) || *And. Padrino pelón* [en Arg. *pelao,* en Chile, *cacho;* en Col., *pafolio*], grito con que los chiquillos piden en los bautizos algún obsequio al padrino. || — Pl. El padrino y la madrina.
PADRÓN m. Nómina o lista de los vecinos o moradores de un pueblo. (SINÓN. V. *Empadronamiento.*) || Patrón o dechado. || *Fam.* Padrazo, padre demasiado indulgente. || Columna con una lápida o inscripción conmemorativa. || *Fig.* Nota de infamia, baldón o ignominia. || *Antill., Bol., Col.* y *Chil.* Caballo semental. || *Col.* Toro padre.
PADROTE m. *Fam.* Padrazo. || Animal reproductor: *caballo padrote.*
PADUANO, NA adj. y s. De Padua.
PAELLA f. Plato de arroz con carne y pescado, legumbres, etc., que se come en las provincias valencianas y en toda España.
¡PAF!, onomatopeya que expresa el ruido que hace una persona o cosa al caer.
PAFLÓN m. (fr. *plafond*). *Arq.* Sofito.
PAGA f. Acción de pagar. || Dinero que se da en pago. || Sueldo de un empleado o militar. (SINÓN. V. *Sueldo.*) || Amor o cariño correspondido. || Expiación de la culpa por medio de la pena correspondiente. || Esta misma pena. || *Paga extraordinaria,* el sueldo de un mes que se paga como gratificación por motivos de una fiesta señalada. || *Hoja de paga,* pieza justificativa del pago del salario o sueldo que las empresas entregan a sus empleados en el momento de la paga.
PAGABLE adj. Pagadero.
PAGADERO, RA adj. Que ha de pagarse: *factura pagadera a tres meses.* || Que puede pagarse fácilmente. || — M. Tiempo o plazo en que ha de pagar uno lo que debe.
PAGADOR, RA adj. y s. El que paga. || — PROV. **Al buen pagador no le duelen prendas,** el que piensa cumplir con lo que debe no vacila en dar cualquier seguridad que le pidan.
PAGADURÍA f. Oficina donde se paga.
PAGAMENTO m. Paga, acción de pagar.
PAGANINI m. *Fam.* El que paga, pagano.
PAGAMIENTO m. Pagamento.
PAGANISMO m. (del lat. *paganus,* campesino). Nombre dado por los primeros cristianos al politeísmo al que permanecieron adictos durante mucho tiempo los campesinos: *Teodosio combatió el paganismo.* || Calidad de los no cristianos.
PAGANIZAR v. i. Profesar el paganismo. || — V. t. Volver pagano.

pachón

pagaya

paguro

pájaro bobo

pájaro mosca

PAGANO, NA adj. y s. (lat. *paganus*). Dícese de los pueblos politeístas antiguos y, por extensión, de todos los pueblos politeístas o del infiel no bautizado, así como de lo que se relaciona con ellos o sus dioses: *filósofo pagano.* || *Fam.* Impío. (SINÓN. *Descreído, idólatra, infiel.* V. tb. *irreligioso.*) || *Arg.* Ignorante de algo. || *Fam.* El que paga.

PAGAR v. t. (del lat. *pacare*, apaciguar). Dar a uno lo que se le debe: *pagar el sueldo.* (SINÓN. *Abonar, entregar, remunerar.* V. tb. *contribuir.*) || Satisfacer una deuda, un tributo, etc.: *pagar la contribución.* (SINÓN. *Costear, financiar, liquidar, saldar.* Pop. *Aflojar.*) || Recompensar, agradecer: *pagar generosamente un favor.* || Obtener por medio de un sacrificio, expiar: *pagar cara una victoria, pagar un crimen con la vida.* || Causar derechos los géneros al entrar en un país. || — V. r. Prendarse, aficionarse. || Ufanarse de una cosa. || *Fam. El que la hace la paga*, el que causa daño físico o moral tendrá su castigo correspondiente. || *Fam. Me las pagarás*, yo me vengaré de ti. || *Pagar a escote*, pagar cada uno su parte. || *Pagar al contado* o *a crédito* o *a plazos*, pagar inmediatamente o poco a poco según unos períodos de tiempo establecidos. || *Fam. Pagar el pato*, sufrir las consecuencias de un acto sin ser uno su autor. || *Pagarla* o *pagarlas*, recibir el castigo merecido.

PAGARÉ m. Documento por el cual se compromete uno a pagar una cantidad en determinada época y a determinada persona o a su orden.

PAGAYA f. Remo corto de origen filipino parecido al zagual.

PAGEL m. Pez teleósteo de carne estimada.

PÁGINA f. (lat. *pagina*). Cada cara de la hoja de un libro o cuaderno: *un libro de mil páginas.* || Lo escrito o impreso en una página. || Obra literaria o musical.

PAGINACIÓN f. Acción y efecto de paginar. || Serie de páginas de un libro o cuaderno: *paginación equivocada.* || Acción de numerar cada página o cada plana.

PAGINAR v. t. Numerar las páginas.

PAGO adj. *Fam.* Pagado: *ya está usted pago.*

PAGO m. Acción de pagar. || Entrega de lo que se debe. (SINÓN. V. *Retribución.*) || Premio, recompensa: *el pago de un favor.*

PAGO m. (lat. *pagus*). Finca o heredad, especialmente de viña. (SINÓN. V. *Viña.*) || En algunos sitios, pueblo, lugar donde vive una persona.

PAGODA f. En algunos pueblos de Oriente, templo de los ídolos: *las pagodas chinas.*

PAGOTE m. *Fam.* El infeliz a quien echan siempre la culpa de lo que hacen los demás.

PAGRO m. Pez semejante al pagel.

PAGUA f. *Chil.* Hernia, hinchazón grande.

PAGUACHA f. *Chil.* Calabozo. || *Chil.* Vasija. || *Chil.* Fruta grande y redonda. || *Chil.* Hucha. || *Chil.* Petaca. || *Chil.* Cabeza redonda. || *Chil.* Joroba.

PAGURO m. Género de crustáceos que habitan en la concha de otros mariscos. || Centolla, especie de araña de mar.

PAHUA f. *Chil.* Pagua. || Hernia, potra.

PAHUACHA f. *Chil.* Paguacha.

PAICO m. *Chil.* Pazote.

PAILA f. Vasija redonda y grande de metal.

PAILEBOT y mejor **PAILEBOTE** m. (ingl. *pilot's boat*). Goleta pequeña, sin gavias.

PAILERO m. *Col.* El que compone pailas y sartenes. || *Cub.* El que maneja las pailas en los ingenios.

PAILÓN m. *Ecuad.* y *Hond.* Hondonada redonda.

PAINEL m. Panel.

PAIPAI m. Abanico de palma.

PAIRAR v. i. *Mar.* Estar la nave al pairo.

PAIRO (Al) m. adv. *Mar.* Dícese de la nave que se mantiene quieta con las velas tendidas.

PAÍS m. (del lat. *pagus*, pueblo). Territorio: *el buen país de España.* (SINÓN. *Terruño, tierra.*) || Región: *los países cálidos.* (SINÓN. *Comarca, lugar, pueblo.*) || Patria: *no haber salido nunca de su país.* (SINÓN. V. *Nación.*) || Papel, piel o tela del abanico.

PAISAJE m. Cuadro que representa el campo, un río, bosque, etc. || Extensión de terreno que forma conjunto artístico. (SINÓN. V. *Panorama.*)

PAISAJISMO m. Pintura del paisaje.

PAISAJISTA adj. y s. Pintor de paisajes.

PAISAJÍSTICO, CA adj. Relativo al paisaje.

PAISANADA f. *Arg.* Gente del campo.

PAISANAJE m. Población civil de un país, a diferencia de los militares. || Calidad de paisanos que tienen algunas personas entre sí.

PAISANO, NA adj. y s. Del mismo país, provincia o lugar que otro. (SINÓN. V. *Compatriota.*) || — M. y f. *Provinc.* y *Amer.* Campesino. || — M. Entre los soldados, el que no es militar. || *Traje de paisano*, el que no es un uniforme.

PAJA f. (lat. *palea*). Caña de las gramíneas, despojada de su grano. || *Fig.* Arista o partecilla de algunas cosas. || *Fig.* Cosa ligera y de poca entidad. || *Fig.* Lo inútil y desechable de una cosa. || *Paja brava*, planta gramínea abundante en las altas mesetas sudamericanas, apreciada como pasto y como combustible. (Llámase vulgarmente *paja* o *ichu.*) || *Nicar.* Llave, grifo. || *Echar pajas*, modo de echar suertes con pajitas cortadas. || *En un quítame allá esas pajas*, muy brevemente. || — PROV. **Ver la paja en el ojo del vecino y no la viga en el nuestro**, censura la facilidad con que se observan los defectos ajenos y no se ven los propios.

PAJADA f. Paja revuelta con salvado que se da a comer a las caballerías.

PAJAL m. *Arg.* Pajonal, sitio poblado de ichu.

PAJAR m. El sitio donde se encierra la paja.

PÁJARA f. Pájaro, ave. || Cometa, juguete. || Papel doblado en figura de pájaro. || *Fig.* Mujer astuta: *buena pájara eres.* || *Pájara pinta*, juego de prendas.

PAJAREAR v. t. Cazar pájaros. || *Amer.* Espantarse una caballería, ave. || *Chil.* Estar distraído. || *Amer.* Ahuyentar a pedradas los pájaros en los sembrados. || — V. i. *Fig.* Holgazanear.

PAJAREL m. Pardillo, ave.

PAJAREQUE m. *Amér. C.* Bajareque.

PAJARERA f. Jaula para encerrar los pájaros. (SINÓN. V. *Jaula.*)

PAJARERÍA f. Abundancia de pájaros. || Tienda donde se venden pájaros y también otros animales domésticos, como perros, gatos, etc.

PAJARERO, RA adj. Relativo a los pájaros. || *Fam.* Chancero, decidor. || *Fam.* Dícese de las telas o adornos de colores vivos y mal casados: *un vestido pajarero.* || *Venez.* Entrometido. || *Amer.* Espantadizo: *caballo pajarero.* || *Méx.* y *Per.* Brioso (caballería). || — M. El que caza o vende pájaros.

PAJARETE m. (de *Pajarete*, cierto monasterio cerca de Jerez). Vino de Jerez muy fino y delicado.

PAJARIL (Hacer) loc. *Mar.* Amarrar el puño de la vela y cargarlo hacia abajo.

PAJARILLA f. Aguileña, planta ranunculácea. || Pájara, cometa. || Bazo del cerdo. || Mariposa. || *Fig.* y *fam. Abrasarse las pajarillas*, tener mucho calor. || *Alegrársele a uno las pajarillas*, alegrarse mucho con una cosa.

PAJARITA f. Pájara, cometa. || Figura de papel doblado que representa un pajarito. || Cuello y corbata de pajarita. || *Pajarita de las nieves*, aguzanieve o nevatilla, ave.

PAJARITO (Quedarse muerto como un) loc. *Fig.* y *fam.* Morir con sosiego.

PÁJARO m. (lat. *passer*). Ave, animal vertebrado ovíparo, con plumas, de respiración pulmonar y sangre caliente, cuyos miembros anteriores o alas sirven para el vuelo. || Aplícase especialmente este nombre a las aves terrestres voladoras, generalmente pequeñas y de pico recto, como el tordo, la golondrina, el gorrión, el canario, etc.: *el orden de los pájaros es uno de los más numerosos.* (SINÓN. *Avecilla, volátil.*) || Entra en la formación de varios nombres de aves: *pájaro arañero*, ave trepadora; *pájaro bobo*, ave palmípeda del género pingüino; *pájaro burro*, el rabihorcado; *pájaro carpintero*, ave trepadora llamada también *pico* y *picamaderos; pájaro diablo*, ave palmípeda muy voladora, llamada también *petrel; pájaro loco*, o *solitario*, ave insectívora del orden de los pájaros; *pájaro mosca*, pájaro de América, que apenas mide tres c de largo y cinco de envergadura, ostenta plumaje de hermosos colores, llamado también *colibrí* y *picaflor; pájaro moscón*, especie de pájaro común en Europa; *pájaro niño*, ave palmípeda de los mares polares: *pájaro resucitado*, el pájaro mosca, porque se aletarga durante el invierno y resucita con la

Fot. Keystone, American Museum National Park

primavera. ‖ *Pájaro bitango,* cometa. ‖ *Fig.* Hombre astuto y de cuidado. ‖ *Fig.* Persona que sobresale. ‖ *Fig. Pájaro de cuenta,* persona astuta que ha de tratarse con cuidado. (SINÓN. V. *Pillo.*) ‖ — PROV. **Más vale pájaro en mano que buitre** (o **que ciento**) **volando,** más vale una cosa pequeña segura que una grande insegura. ‖ **Matar dos pájaros de una pedrada,** conseguir dos cosas al no intentar más que una.

PAJAROTA o **PAJAROTADA** f. *Fam.* Bola, mentira, embuste.

PAJAROTE m. *Despect.* Pájaro grande.

PAJARRACO m. *Despect.* Pájaro grande y feo: *el cuervo es un pajarraco negro y de mal agüero.* ‖ *Fig.* y *fam.* Hombre disimulado, astuto y taimado. (SINÓN. V. *Pillo.*)

PAJAZA f. Desecho de la paja que come el caballo.

PAJAZO m. (de *paja*). Mancha o cicatriz que se forma en la córnea del ojo de las caballerías.

PAJE m. (fr. *page*). Criado o lacayo joven. ‖ Joven que servía a un caballero para aprender el oficio de las armas. ‖ Muchacho que sirve de criado en las embarcaciones, aprendiendo al mismo tiempo el oficio de marinero.

PAJEAR v. i. Comer paja las caballerías. ‖ Conducirse: *cada uno tiene su modo de pajear.*

PAJECILLO m. Palanganero. (P. us.)

PAJEL m. Pagel.

PAJERA adj. Que se emplea para la paja: *horca pajera.* ‖ — F. Pajar pequeño.

PAJERÍA f. Tienda donde se vende paja.

PAJERO m. El que transporta o vende paja.

PAJI m. *Chil.* Puma.

PAJILLA f. El cigarro liado en hoja de maíz.

PAJIZO, ZA adj. De paja o color de paja: *techo pajizo, tela pajiza.*

PAJOLERO, RA adj. *Fam.* Molesto, enfadoso.

PAJÓN m. Paja alta y gruesa de las rastrojeras. ‖ *Amer.* Pajonal.

PAJÓN, ONA adj. *Méx. Fam.* Crespo, rizado.

PAJONAL m. *Amer.* Sitio donde abunda el ichu o pajón.

PAJOSO, SA adj. Que tiene mucha paja: *trigo pajoso.* ‖ De paja, parecido a la paja: *estera pajosa.*

PAJOTE m. Estera de cañas y paja con que los labradores cubren las plantas.

PAJUATE *Arg.* y **PAJUATO** adj. *Ant.* y *Amer.* Pazguato, tonto, bobalicón.

PAJUELA f. Paja o varilla, bañada en azufre, que sirve para encender. ‖ *Col.* y *Bol.* Mondadientes. ‖ *Bol.* Fósforo o cerilla. ‖ *Venez.* Plectro de bandolín.

PAJUERANO, NA adj. y s. (de *para fuera*). *Arg.* Barb. para designar a los que van a pasar una temporada a la capital o al pueblo.

PAJUNO, NA adj. Relativo a los pajes.

PAJUIL m. *Amér. C.* Anacardo, fruto. ‖ *Per.* Árbol del bálsamo.

PAJUYE m. *Arg.* Conserva de plátano.

PAKISTANÍ adj. y s. Paquistaní.

PALA f. (lat. *pala*). Instrumento que comprende una especie de cuchara plana y un mango y sirve para diversos usos: *una pala de hierro.* ‖ Parte plana, de hierro, de la azada, del azadón, etc. (SINÓN. *Azada, laya, zapa.*) ‖ Contenido de una pala. ‖ Especie de cucharón de madera con que se coge la bola en el juego de la argolla. ‖ Raqueta, tabla para jugar a la pelota. ‖ Parte plana del remo. ‖ Cuchilla de curtidores. ‖ Parte del calzado que abraza el pie por encima. ‖ Lo ancho y plano de los dientes. ‖ Cada uno de los cuatro dientes que muda el potro a los 30 meses. ‖ Hoja del nopal o higuera chumba. ‖ Chapa de una bisagra. ‖ Parte ancha de la hélice. ‖ Parte plana de la charretera. ‖ *Fig.* y *fam.* Astucia, maña, artificio. ‖ *Pala mecánica,* máquina de gran potencia que sirve para recoger materiales y cascotes.

PALABRA f. (lat. *parabola*). Facultad natural de hablar: *sólo el hombre disfruta de la palabra.* ‖ Sonido o conjunto de sonidos articulados que expresan una idea: *una palabra española.* (SINÓN. *Expresión, término, voz.* V. tb. *elocución.*) ‖ Representación gráfica de estos sonidos. ‖ Aptitud oratoria. ‖ Promesa verbal muy formal: *dar su palabra de hacer algo.* ‖ *Teol.* Verbo: *la Palabra encarnada.* ‖ Derecho, turno, vez para hablar: *pedir la palabra.* ‖ — Pl. Pasaje o texto de un autor o escritor. ‖ *Palabras cruzadas,* crucigrama. ‖ *Palabra de Dios* o *divina,* el Evangelio. ‖ *Palabra de honor,* promesa verbal formal. ‖ *Palabras mayores,* las injuriosas y ofensivas. ‖ *Fig. A media palabra,* m. adv., sin necesidad de pedir o decir mucho una cosa. ‖ *Coger a uno la palabra,* valerse de lo que dijo para obligarle a hacer algo. ‖ *Dejar a uno con la palabra en la boca,* volverle la espalda sin escucharle. ‖ *De palabra,* m. adv., verbalmente. ‖ *Empeñar la palabra,* dar su palabra de honor. ‖ *Medir sus palabras,* hablar con prudencia. ‖ *No tener palabra,* faltar fácilmente a sus promesas. ‖ *No tener más que una palabra,* mantener lo dicho.

— Las necesidades culturales de los pueblos hace que cada vez las lenguas acrecienten su léxico formando nuevas palabras. Las palabras primitivas o derivadas del latín, base fundamental de toda lengua románica, son insuficientes para las necesidades actuales de expresión y tenemos que acudir a otros elementos procedentes de lenguas extranjeras o a la formación de palabras nuevas (neologismos). Las lenguas forman también nuevas palabras valiéndose de las ya existentes: derivación y composición.

La *derivación* puede efectuarse por mediación de los afijos (V. *Sufijos* y *prefijos*). La *composición* se forma con dos palabras, como *cien* y *pies*, que tienen significación diferente y que al unirse dan origen a otro vocablo, *ciempiés.*

PALABREAR v. i. *Fam.* Charlar, hablar. (P. us.) ‖ — V. t. *Col., Chil.* y *Ecuad.* Dar palabra de matrimonio.

PALABREO m. Acción de hablar mucho.

PALABRERÍA f. y **PALABRERÍO** m. *Arg Fam.* Exceso de palabras. (SINÓN. V. *Discurso.*)

PALABRERO, RA adj. y s. Que habla mucho. ‖ Que ofrece mucho y fácilmente de palabra y después no cumple.

PALABRISTA adj. y s. Palabrero. (P. us.)

PALABRITA f. Palabra que lleva segunda intención: *le dije cuatro palabritas.*

PALABROTA f. Palabra ofensiva, indecente o grosera. (SINÓN. V. *Blasfemia.*) ‖ Terminacho bastante difícil de entender.

PALACE m. (pal. ingl.). Gran hotel lujoso.

PALACETE m. Casa de recreo elegante.

PALACIEGO, GA adj. De palacio.

PALACIO m. (lat. *palatium*). Residencia suntuosa de un gran personaje. ‖ Cualquier casa magnífica. ‖ Residencia de algunos tribunales, ciertas asambleas, etc.: *Palacio de Justicia.*

PALADA f. Porción de una cosa que se coge con la pala de una vez. ‖ Golpe que se da en el agua con la pala del remo.

PALADAR m. El cielo de la boca: *bóveda del paladar.* ‖ Gusto o sabor: *tener poco paladar.*

PALADEAR v. t. Saborear: *paladear un dulce.* (SINÓN V. *Beber.*) ‖ Poner al recién nacido dulce en la boca para que se aficione al pecho. ‖ *Fig.* Aficionar a una cosa. ‖ — V. i. Manifestar el recién nacido, con movimientos de la boca, que quiere mamar.

PALADEO m. Acción de paladear.

PALADIAL adj. Relativo al paladar. ‖ *Letra paladial,* la que se pronuncia con el paladar: *la* E *y la* I *son vocales paladiales.*

PALADÍN m. (lat. *palatinus*). Caballero valeroso, notable por sus hazañas. ‖ *Fig.* Defensor denodado. (SINÓN. V. *Defensor.*)

PALADINAMENTE adv. m. Públicamente.

PALADINO m. Paladín, caballero.

PALADINO, NA adj. Público o patente

PALADIO m. Metal blanco (Pd), de número atómico 46, muy dúctil y duro, cuya propiedad más notable es la de absorber el hidrógeno. (Su densidad varía entre 11 y 12; se funde hacia 1 500°. Sus aleaciones se emplean en relojería y para la construcción de aparatos de física; algunas de sus sales se usan en fotografía.)

PALADIÓN m. Estatua de Palas, de madera, cuya posesión aseguraba la salvación de Troya. ‖ *Fig.* Salvaguardia: *las leyes son el paladión de la sociedad.* (SINÓN. V. *Garantía.*)

PALADO, DA adj. *Blas.* Dícese del escudo dividido verticalmente por seis palos.

PALAFITO m. (ital. *palafitta*). Vivienda lacustre.

PALAFRÉN m. En la Edad Media, caballo manso de los reyes y príncipes. ‖ Caballo en que monta el criado o lacayo cuando acompaña a su amo. (SINÓN. V. *Caballo.*)

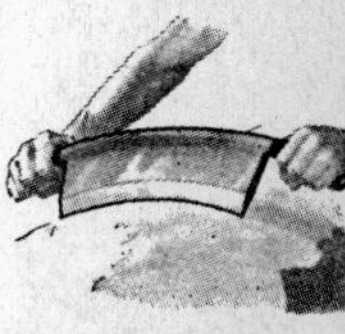

pala de curtidor

pala mecánica

palafito

PALAFRENERO m. Mozo de caballerizas. || Criado que lleva del freno el caballo de su señor.
PALAHIERRO m. Tejuelo en que gira el gorrón de la muela del molino.
PALAMENTA f. Conjunto de los remos de una embarcación. || *Col.* Palizada, palenque.
PALANCA f. Pértiga que sirve para llevar un objeto pesado entre dos. || *Fort.* Fortín hecho con estacas y tierra. || Barra rígida, móvil alrededor de un punto de apoyo, para transmitir un movimiento. || *Palanca de mando,* barra para manejar un avión. || *Hond.* Arbusto americano de olor repugnante. || *Fig.* y *fam.* Apoyo, influencia: *tiene mucha palanca.* || Plataforma fija colocada, a cierta altura al borde de una piscina, para efectuar saltos.
PALANCACOATE m. *Méx.* Serpiente venenosa.
PALANCADA f. Golpe dado con la palanca.
PALANCAPACLE m. *Méx.* Compuesto medicinal.
PALANCÓN f. *Ecuad.* Azada de pala estrecha. || — Adj. *Ant.* y *Arg.* Dícese del buey muy grande.
PALANGANA f. Jofaina. || *Amér. C.* y *Col.* Fuente, plato grande. || — M. *Chil.* y *Per. Fam.* Persona habladora o vanidosa. || *Amer.* Descarado.
PALANGANADA f. *Amer. Fam.* Dicho o hecho propios del palangana, fanfarronería.
PALANGANEAR v. i. *Amer. Fam.* Fanfarronear.
PALANGANERO m. Mueble para la palangana o jofaina.
PALANGRE m. Cordel calado bajo el agua del mar, del cual penden varios ramales con anzuelos.
PALANGRERO m. Pescador que usa palangre. || Barco de pesca con palangre.
PALÁN PALÁN m. *Arg.* Un arbusto de hoja narcótica.
PALANQUEAR v. t. *Amer.* Apalancar.
PALANQUERA f. Valla de madera.
PALANQUERO m. Obrero que mueve el fuelle en las ferrerías. || *Chil.* Guardafrenos de un tren.
PALANQUETA f. Palanca pequeña. || Barra de hierro utilizada para forzar puertas y cerraduras. || Bala enramada, bala de hierro rematada en dos cabezas gruesas, que se empleaba en la artillería de marina para romper la arboladura de los barcos enemigos. || *Cub.* Rosetas de maíz tostado mezcladas con miel.
PALANQUÍN m. En Extremo Oriente, especie de andas, o litera, que llevan dos hombres y se usa para viajar. || *Mar.* Nombre de los cabos que sirven a bordo para cargar los puños de las velas mayores. || *Fam.* Ganapán que lleva cargas de una parte a otra.

palanquín

PALAPALA m. *Arg.* Cierto baile gauchesco.
PALASTRO m. Chapa de hierro o acero: *chimenea de palastro.* || Planchita sobre la cual se coloca el pestillo de una cerradura.
PALATAL adj. Relativo al paladar. || Dícese de las vocales o consonantes cuya articulación se forma en cualquier punto del paladar. || — F. Letra que representa este sonido.
PALATALIZACIÓN f. Modificación de un fonema cuya articulación se hace aplicando el dorso de la lengua al paladar duro.
PALATALIZAR v. t. Dar carácter palatal.
PALATINADO m. Dignidad de elector palatino de Alemania. || Territorio del palatino.
PALATINO, NA adj. Propio del paladar: *bóveda palatina, hueso palatino.* || Perteneciente a palacio. Decíase de los señores que desempeñaban algún cargo en el palacio de ciertos reyes: *los condes palatinos de Inglaterra.* || Del Palatinado.
PALATIZACIÓN f. Palatalización.
PALATIZAR v. t. Palatalizar.
PALAY m. *Filip.* Arroz que tiene su cáscara.
PALAZO m. Golpe dado con la pala.
PALAZÓN f. Conjunto de los palos de una fábrica, embarcación, etc. || *Col.* Palizada, estacada.
PALCA f. *Bol.* Cruce de dos ríos o caminos. || *Bol.* Horquilla formada por una rama.
PALCO m. (ital. *palco*). Tablado o palenque en que se pone la gente para asistir a un espectáculo. || Aposento de cuatro, seis o más asientos, en un teatro o plaza de toros: *un palco de proscenio.* || *Palco de platea,* el que se encuentra en la planta baja de un teatro.
PALCO m. *Arg.* Erupción que se presenta en la boca de los niños.
PALEADOR m. El que trabaja con pala.
PALE-ALE m. (pal. ingl., pr. *pelel*). Cierta cerveza clara que se fabrica en Inglaterra.
PALEAR v. t. Apalear, remover con la pala.
PALEMÓN m. Nombre científico del *camarón.*
PALENQUE m. Valla o estacada de madera. || Sitio cercado donde se celebra una función pública, torneo, etc. || *Riopl.* Poste para amarrar animales. || *C. Rica.* Reunión de ranchos. || *Fig. Amer.* Lugar donde hay confusión o barullo grande.
PALENQUEAR v. t. *Arg.* Domar un animal bravo atándolo al palenque.
PALENSE adj. y s. De Palos de Moguer.
PALENTINO, NA adj. y s. Natural de Palencia.
PALEOBOTÁNICA f. Parte de la paleontología que estudia las plantas fósiles.
PALEOCRISTIANO, NA adj. Dícese del arte correspondiente a los primeros siglos del cristianismo.
PALEOGEOGRAFÍA f. Ciencia que estudia la reconstitución hipotética de la distribución de los mares y continentes en las épocas geológicas.
PALEOGRAFÍA f. Arte de descifrar las escrituras y signos antiguos: *lo paleografía es una ciencia reciente.*
PALEOGRÁFICO, CA adj. De la paleografía.
PALEÓGRAFO m. (del gr. *palaios,* antiguo, y *graphein,* escribir). El versado en paleografía.
PALEOLÍTICO, CA adj. y s. m. Primera época de la prehistoria, caracterizada por la industria de la piedra tallada, que duró desde la aparición del hombre hasta el año 12 000 a. de J. C., en que empieza el mesolítico.
PALEÓLOGO adj. y s. Que conoce lenguas antiguas.
PALEONTOGRAFÍA f. Descripción de los fósiles animales o vegetales.
PALEONTOLOGÍA f. (del gr. *palaios,* antiguo, *ôn, ontos,* ser, y *logos,* tratado). Estudio de los fósiles: *Cuvier fue uno de los fundadores de la paleontología.*
PALEONTOLÓGICO, CA adj. Relativo o perteneciente a la paleontología.
PALEONTÓLOGO m. Perito en paleontología.
PALEOTERIO m. Mamífero ungulado fósil parecido al tapir que vivió al comienzo de la era terciaria.
PALEOZOICO adj y s. m. Otro nombre de la *era primaria.*
PALERÍA f. Conjunto de canales y zanjas que se abren en el campo para desaguar las tierras muy húmedas. (P. us.)
PALERMITANO, NA adj. y s. Panormitano.
PALESTINO, NA adj. y s. De Palestina.
PALESTRA f. (gr. *palaistra*). Sitio público destinado entre los antiguos para la lidia o lucha. || *Fig. Poét.* La misma lucha. || *Fig.* Sitio donde se celebran certámenes literarios.
PALÉSTRICO, CA adj. Propio de la palestra.
PALETA f. Pala pequeña. || Tabla ovalada o cuadrada, con un agujero para meter el pulgar, donde dispone sus colores el pintor. || Cuchara grande y plana para remover lo que se está friendo. || Espátula. || Badil para revolver la lumbre. || Llana de albañil. || Paletilla, omóplato. || Álabe de la rueda hidráulica. || Parte de los ventiladores, hélices o aparato análogo que reciben el choque del aire. || Diente delantero grande. || *Chil.* Paletón de llave.
PALETADA f. Lo que puede recogerse de una vez con la paleta: *tomar una paletada de yeso.*
PALETAZO m. Cornada de lado del toro.
PALETEAR v. i. *Mar.* Remar mal sin adelantar. || *Chil. Fam.* Quedar frustrado.
PALETEO m. Acción de paletear los remeros.
PALETILLA f. Omóplato, hueso del hombro. || Ternilla del esternón. || Palmatoria, candelero.
PALETO m. Gamo.
PALETÓ f. (fr. *paletot*). Gabán largo. (P. us.)
PALETO, TA adj. y s. Palurdo, rústico.
PALETÓN m. Parte de la llave, en que están formados los dientes y guardas. || Diente delantero largo y plano. || *Col.* Diostedé.
PALHUÉN m. *Chil.* Arbusto papilionáceo.

PALEONTOLOGÍA

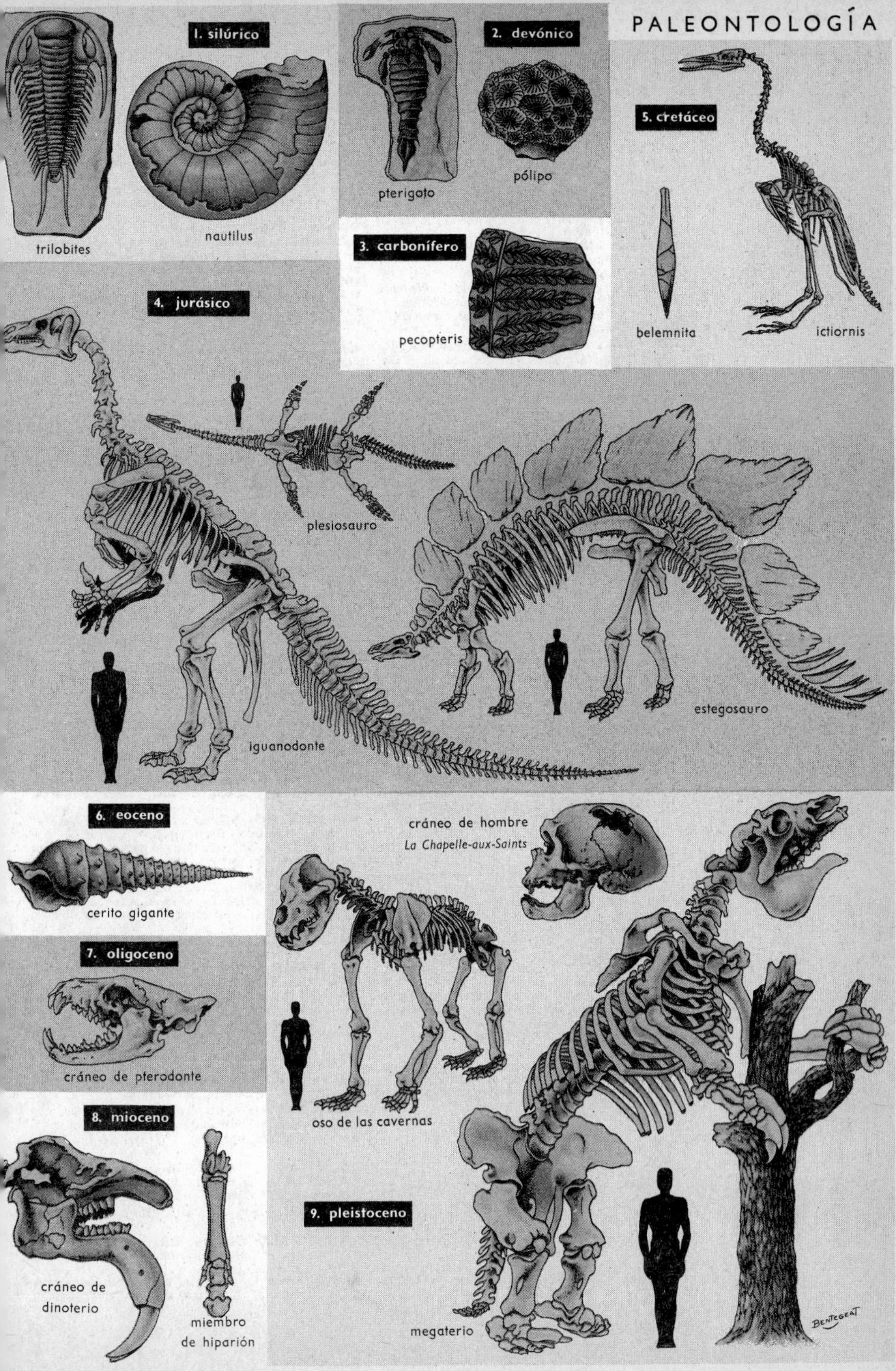

1. silúrico
trilobites
nautilus
2. devónico
pterigoto
pólipo
3. carbonífero
pecopteris
4. jurásico
plesiosauro
iguanodonte
estegosauro
5. cretáceo
belemnita
ictiornis
6. eoceno
cerito gigante
7. oligoceno
cráneo de pterodonte
8. mioceno
cráneo de dinoterio
miembro de hiparión
9. pleistoceno
cráneo de hombre
La Chapelle-aux-Saints
oso de las cavernas
megaterio
BENTEGEAT

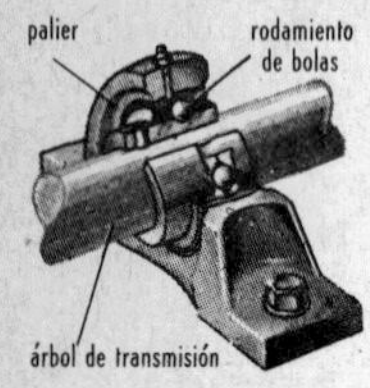

PALIER

palmatoria

pata palmeada

palmera

PALI m. Lengua sagrada de Ceilán, derivada de la sánscrita y en la que predicó Buda su doctrina.
PALIA f. (del lat. *pallium*, cubierta, colgadura). *Liturg.* Lienzo sobre el cual se extienden los corporales. || Cortina que se pone delante del sagrario. || Hijuela con que se cubre el cáliz.
PALIACIÓN f. Acción de paliar o encubrir.
PALIAR v. t. (lat. *palliare*, de *pallium*, capa). Encubrir, disimular: *paliar un delito.* (SINÓN. V. *Disfrazar.*) || Mitigar la violencia de una enfermedad. (SINÓN. V. *Moderar* y *remediar.*) || — OBSERV. Dícese *yo palio, tú palias*, y no *yo palío, tu palías*, etc.
PALIATIVO, VA adj. y s. m. Que sirve para paliar: *remedio paliativo.*
PALIATORIO, RIA adj. Paliativo.
PALIDECER v. i. Ponerse pálido: *palidecer de horror.* || Perder una cosa su importancia o fama. || — IRREG. Se conjuga como *merecer.*
PALIDEZ f. Color de lo que es pálido.
PÁLIDO, DA adj. Amarillento, descolorido: *labios pálidos, mujer pálida.* (SINÓN. *Blanquecino, descolorido, macilento, terroso.*) || Sin expresión: *estilo pálido.* || Débil de color: *amarillo pálido.*
PALIDUCHO, CHA adj. *Fam.* Algo pálido.
PALIER m. (pal. fr.). *Mec.* Pieza fija que tiene un eje de transmisión.
PALIKAR m. (del gr. mod. *palikaris*, valiente). Soldado de la milicia griega durante la guerra de la Independencia (1827).
PALILLERO m. Canuto para guardar los palillos para mondar los dientes. || Portaplumas: *un palillero de hueso.*
PALILLO m. Varilla que se mete en la cintura y sirve para apoyar las agujas de hacer media. || Mondadientes de madera. || Bolillo de hacer encaje. || Varita que sirve para tocar el tambor. || Vena gruesa de la hoja del tabaco. || Raspa del racimo de pasas. || *Per.* Árbol mirtáceo de fruta muy sabrosa. || — Pl. Bolillos que se ponen en ciertas partidas de billar. || Cuchillitos y raederas de madera que usan los escultores. || Castañuelas. || *Pop.* Banderillas de torear.
PALIMPSESTO m. (del gr. *palin*, nuevamente, y *psêstos*, raspado). Manuscrito antiguo borrado para escribir otra cosa: *la reconstitución de los palimpsestos ha hecho descubrir documentos importantes.*
PALÍNDROMO m. Palabra o frase que se lee igual de izquierda a derecha que de derecha a izquierda.
PALINGENESIA f. Regeneración, resurrección. (SINÓN. V. *Renacimiento.*)
PALINGENÉSICO, CA adj. De la palingenesia.
PALINODIA f. (lat. *palinodia*). Retractación de lo que se había dicho: *cantar la palinodia.* (SINÓN. V. *Retractación.*)
PALIO m. (lat. *pallium*). Amplio manto griego, que más tarde copiaron los romanos. || Faja de lana blanca con cruces negras, que usa el papa encima de sus vestiduras pontificales y envía a todos los arzobispos y a ciertos obispos. || Dosel portátil que se usa en ciertas procesiones, en la entrada de los reyes en las ciudades, etc. (SINÓN. V. *Dosel.*) || *Fig. Recibir con palio* o *bajo palio*, recibir a uno con sumo entusiasmo.
PALIQUE m. *Fam.* Plática, charla. (SINÓN. V. *Conversación.*) || Conversación sin importancia. || Artículos breves de tono crítico o de humor.
PALIQUEAR v. i. *Fam.* Estar de palique, charlar.
PALISANDRO m. Madera del guayabo muy estimada para la fabricación de muebles.
PALITO m. Palo pequeño. || *Arg. Pisar el palito*, caer en la trampa.
PALITOQUE y **PALITROQUE** m. Palo pequeño. || Palote (escritura). || Banderilla. || *Chil.* Juego de bolos.
PALIZA f. Zurra de golpes dados con un palo. || — SINÓN. *Azotaina, corrección, tollina, tunda, vapuleo, zurribanda.* Pop. *Friega, leña, meneo, rociada, soba, solfa.*
PALIZADA f. Sitio cercado de estacas. || Valla de madera y tierra que sirve para atajar algunos ríos. || *Blas.* Conjunto de palos encajados unos en otros. || *Fort.* Empalizada.
PALMA f. Palmera. || Hoja de palmera: *una palma trenzada.* || Parte interna de la mano: *batir palmas.* || *Fig.* Victoria, gloria, triunfo: *la palma de los mártires.* || *Veter.* Parte inferior del casco de las caballerías. (SINÓN. *Huello.*) || *Méx.* Gladíolo. || — Pl. *Bot.* Familia de vegetales monocotiledóneos, siempre verdes, de tallo recto, sin ramas y coronado por un penacho de hojas grandes. || Nombre vulgar de varias plantas de la familia de las palmas, como la *palma brava* de Filipinas, la *palma real* de Cuba, la *palma de cera*, etc. || Palmadas, aplausos. || *Fig. Llevarse la palma*, sobresalir, descollar en alguna cosa. || *Traer en palmas*, complacer y dar gusto a uno.
PALMACRISTI f. Ricino.
PALMADA f. Golpe que se da con la palma de la mano: *dar una palmada en el hombro a un amigo.* || Ruido que se hace golpeando las manos abiertas: *dar palmadas de aplauso.*
PALMADO, DA adj. Palmeado.
PALMAR adj. Relativo a la palma de la mano: *músculo palmar.* || Que consta de un palmo. || *Fig.* Claro, manifiesto, fácil de saber: *hecho palmar.* || — M. Sitio donde se crían palmas. || *Fam. Más viejo que un palmar*, muy viejo. || Cabeza de cardencha que sirve para sacar el pelo al paño.
PALMAR v. i. *Fam.* Morir. || — V. t. *Pop.* Dar por fuerza una cosa. || — PARÓN. *Palmear.*
PALMARÉS m. (pal fr.). Historial, hoja de servicios.
PALMARIO, RIA adj. Patente, evidente: *consiguió una victoria palmaria.*
PALMAROTE m. *Venez.* Habitante de los llanos.
PALMATORIA f. Especie de candelero bajo. (SINÓN. V. *Candelero.*) || Palmeta de los maestros.
PALMEADO, DA adj. De figura de palma: *hoja palmeada.* || Que tiene los dedos ligados entre sí por una membrana: *las patas palmeadas del ánade.*
PALMEAR v. i. Batir palmas en señal de regocijo o aplauso. (SINÓN. V. *Aclamar.*) || *Arg.* Dar palmadas a uno. || — PARÓN. *Palmar.*
PALMEÑO, ÑA adj. y s. De La Palma (Panamá).
PALMEO m. La medición por palmos.
PALMER (de *Palmer*, n. pr.) m. Instrumento de precisión con tornillo micrométrico para medir objetos de poco grueso.
PALMERA f. Árbol de la familia de las palmas, de tronco alto y cilíndrico, cuyo fruto son los dátiles.
PALMERAL m. Plantío de palmas.
PALMERO m. Peregrino que traía palma de Tierra Santa. || *Riopl., Ecuad.* y *Méx.* Palmera, árbol.
PALMESANO, NA adj. y s. De Palma de Mallorca. || — PARÓN. *Parmesano.*
PALMETA f. Instrumento de castigo usado por los maestros de escuela para dar golpes en la palma de la mano de los alumnos. || Palmetazo. || *Ganar la palmeta*, llegar un niño a la escuela antes que los demás. || *Fig.* Llegar antes que otro a una parte, anticiparse a otra persona en cualquier cosa.
PALMETAZO m. Golpe que se da con la palmeta. || Palmada.
PALMICHA f. *Col.* El palmiche, palma real.
PALMICHAL m. *Col.* Plantío de palmiches.
PALMICHE m. Uno de los nombres vulgares de la *palma real.* || Su fruto. || *Cub.* Tela ligera para hacer trajes de verano.
PALMICHO m. *Amer.* El palmiche o palma real.
PALMÍFERO, RA adj. Que produce palmas.
PALMILLA f. Especie de paño que se labraba en Cuenca. || Plantilla del zapato.
PALMÍPEDAS f. pl. *Zool.* Orden de aves que tienen las patas palmeadas, como el *ganso.*
PALMIREÑO, ÑA adj. y s. De Palmira (Colombia).
PALMISTA f. *Antill.* Quiromántica, adivina.
PALMITA f. La medula dulce de las palmeras. || *Llevar* o *traer en palmitas*, llevar en palmas.
PALMÍTICO adj. m. *Quím.* Dícese de un ácido orgánico.
PALMITIESO, SA adj. Dícese de las caballerías que tienen los cascos sumamente derechos y duros.
PALMITINA f. Materia grasa que se extrae de la glicerina y constituye la cera del Japón.

PALMITO m. Planta de la familia de las palmas, común en Andalucía, donde aprovechan las hojas para hacer escobas y esteras. ‖ Tallo blanco y comestible de dicha planta. ‖ *Fig.* y *fam.* Rostro de mujer y también su talle esbelto.

PALMO m. (lat. *palmus*). Medida de longitud, cuarta parte de la vara (21 cm): *el palmo equivale generalmente al ancho de la mano extendida, desde el pulgar hasta el meñique.* ‖ *Palmo menor,* ancho de los cuatro dedos índice, mayor, anular y meñique. ‖ *Fig. Crecer a palmos,* crecer muy rápidamente. ‖ *Dejar con un palmo de narices,* dejar burlado. ‖ *Palmo a palmo,* poco a poco: *crecer palmo a palmo.* ‖ *Conocer algo a palmos,* conocerlo bien.

PALMOTEAR v. i. Aplaudir, batir palmas. (SINÓN. V. *Aclamar.*)

PALMOTEO m. Acción de palmotear, palmada.

PALO m. (lat. *palus*). Trozo de madera mucho más largo que grueso y más o menos cilíndrico: *un palo de alcornoque.* (SINÓN. V. *Estaca.*) ‖ Madera: *palo del Brasil, un santo de palo.* ‖ Estaca, mango: *palo de escoba.* (SINÓN. *Báculo, bastón, cayado, garrote, vara.*) ‖ Banderilla (toros). ‖ Árbol o mástil del barco: *barco de tres palos.* ‖ Golpe que se da con el palo: *le arrimó dos palos en las costillas.* (SINÓN. V. *Golpe.*) ‖ Suplicio ejecutado con instrumento de palo, como la horca. ‖ Cada uno de los cuatro grupos de naipes de la baraja: *los cuatro palos son oros, bastos, copas y espadas.* ‖ Trazo grueso de algunas letras: *be de palo.* ‖ *Blas.* Pieza en forma de faja vertical. ‖ *Venez.* Trago de licor. ‖ Entra en el nombre de varios vegetales: *palo áloe,* el agáloco y el calambac; *palo bañón* o *de bañón,* la aladierna; *palo brasil* o *del Brasil,* madera de una leguminosa americana, que suministra un hermoso color de brasa; *palo campeche* o *de Campeche,* madera de una leguminosa americana, que sirve para teñir de encarnado; *palo amarillo,* el agracejo de México; *palo cortez,* el jazmín de Virginia; *palo de jabón,* corteza de una rosácea americana, que puede servir para quitar manchas; *palo del águila,* árbol terebintáceo algo parecido al palo áloe; *palo de balsa,* bombácea del Perú y el Ecuador; *palo de la rosa,* el alarguez; *palo de las Indias* o *palo santo,* el guayaco (*palo santo* es barbarismo en el sentido de *palisandro*); *palo de rosa,* árbol americano de la familia de las borragíneas, usado en ebanistería; *palo dulce,* el orozuz; *palo nefrítico,* variedad de acacia americana. ‖ *Riopl., Col.* y *Venez. Palo a pique,* empalizada de maderos sujeta por alambres de púas. ‖ *Amer. Palo ensebado,* la cucaña. ‖ *Col. Palo de agua,* chaparrón. ‖ *A palo seco,* sin comer, sin adornos. ‖ *Amér. C., Ecuad.* y *Venez. A medio palo,* a medio hacer. ‖ *Fig. Dar palos de ciego,* dar golpes desatentadamente sin saber dónde se da. ‖ *Caérsele a uno los palos del sombrajo,* desanimarse. ‖ *Amer. Ser un palo,* ser importante. ‖ — PROV. **De tal palo tal astilla,** tal padre, tal hijo.

PALODUZ m. Orozuz.

PALOMA f. (lat. *palumba*). Ave doméstica, de la que existen infinidad de variedades. ‖ *Fig.* Persona muy tranquila o bondadosa: *es una paloma sin hiel.* ‖ *Fam.* Cuello alto de camisa. ‖ *Fam.* Aguardiente con agua de Seltz. ‖ *Hond.* Cometa cuadrada. ‖ *Arg.* Cierto baile popular. ‖ *Méx.* Canción típica del país. ‖ — Pl. Ondas espumosas que nacen en el mar cuando empieza a soplar viento fresco.

— Entre las diferentes castas de *palomas* debemos citar la *buchona,* la *de moño,* la *mensajera,* que tanta utilidad puede tener en ciertas ocasiones, la *dragona,* la *pavona,* la *real,* la *capuchina,* la *torcaz,* la *pega* y la *zurita.*

PALOMADURA f. *Mar.* Ligadura con que se sujeta la relinga a su vela.

PALOMAR adj. Dícese del bramante fino y retorcido. ‖ — M. Edificio donde se crían las palomas.

PALOMARIEGO, GA adj. Dícese de la paloma criada en palomar y que sale al campo.

PALOMEAR v. i. Cazar palomas. ‖ — V. t. *Per.* Perseguir y fusilar a los enemigos uno por uno.

PALOMEO m. *Per.* Acción de palomear.

PALOMERA f. Palomar pequeño.

PALOMERÍA f. Caza de palomas.

PALOMERO m. El que cría y vende palomas.

PALOMAS

1. Dragona
2. Torcaz
3. Pavona
4. Buchona
5. Capuchina
6. Mensajera
7. Pega

PALOMETA f. Pez comestible, parecido al jurel. ‖ Tuerca que tiene forma de mariposa, palomilla.

PALOMILLA m. Mariposa pequeña que causa estragos en los graneros. ‖ Cualquier mariposa pequeña. ‖ Fumaria, planta papaverácea. ‖ Onoquiles, planta borragínea. ‖ Parte anterior de la grupa de un caballo: *caballo alto de la palomilla.* ‖ Especie de sostén de madera para mantener tablas, estantes, etc. ‖ Chumacera, pieza en que entra el eje de una máquina. ‖ *Amer. Fam.* Plebe, vulgo, gentuza. ‖ *Fam. Guat., Méx.* y *Per.* Grupo de personas que suelen estar juntas.

palo

PALOMINA f. Excremento de paloma. ‖ Fumaria, planta papaverácea. ‖ Especie de uva negra llamada también *hebén prieta.*

PALOMINO m. Pollo de paloma. ‖ *Fig.* Joven inexperto, cándido: *es un palomino atontado.* ‖ *Fam.* Mancha de excremento en el pañal de la camisa o en los calzoncillos. ‖ Especie estimada de uva de Jerez que da el amontillado.

PALOMITA f. Roseta de maíz tostado. ‖ Anís con agua. ‖ *Col.* y *Venez.* Turno, vez.

PALOMO m. Macho de la paloma. ‖ *Col.* Palomilla del caballo. ‖ *Fam. Juan Palomo,* hombre egoísta. ‖ *Hueso palomo,* el cóccix.

PALÓN m. *Blas.* Bandera con cuatro farpas o puntas redondas. ‖ *Ecuad.* Aporcadura.

PALONEAR v. t. *Ecuad.* Aporcar.

PALOR m. Palidez.

PALOTADA f. Golpe dado con el palote o palillo. ‖ *Fam. No dar palotada,* no acertar en lo que se dice o hace. No haber empezado lo que se debía hacer.

PALOS

1. Palo de mesana
2. Palo mayor
3. Trinquete
4. Bauprés

PALOTAZO m. Varetazo.

PALOTE m. Palo pequeño. ‖ Ejercicio caligráfico para aprender a escribir. ‖ *Méx.* Horcate, horcajo. ‖ *Arg.* y *Cub.* Rodillo de palo usado en las cocinas.

PALOTEADO m. Cierta danza antigua.

PALOTEAR v. i. Hacer ruido con palos o palotes. ‖ *Fig.* y *fam.* Discutir, contender sobre alguna cosa.

PALOTEO m. Paloteado, discusión.

PALPABLE adj. Que puede tocarse. ‖ *Fig.* Claro, evidente: *verdad palpable.* ‖ — CONTR. *Impalpable.*

PALPABLEMENTE adv. m. De modo palpable.

PALPACIÓN o **PALPADURA** f. Palpamiento.

PALPALLÉN m. *Chil.* Arbusto compuesto de flores amarillas.

PALPAMIENTO m. Acción de palpar o tocar.

PALPAR v. t. (lat. *palpare*). Tocar una cosa con las manos. (SINÓN. V. *Tocar.*) ‖ Andar a tientas. ‖ *Fig.* Conocer muy claramente una cosa.

PÁLPEBRA f. (lat. *palpebra*). Párpado. (P. us.)

PALPEBRAL adj. *Anat.* Relativo a los párpados.

PALPI m. *Chil.* Arbusto escrofulariáceo.

PALPITACIÓN f. Movimiento violento y desordenado de alguna parte del cuerpo, sobre todo del corazón: *sentir palpitaciones frecuentes.*

PALPITANTE adj. Que palpita. ‖ *Fig.* y *fam.* Interesante, emocionante.

PALPITAR v. i. (lat. *palpitare*). Experimentar movimientos precipitados y desordenados. (SINÓN. V. *Temblar.*) ‖ Dícese también de los movimientos internos normales: *mientras palpita el corazón existe la vida.* ‖ Estremecerse convulsivamente la carne en un ser recién matado. ‖ Estar sumamente emocionado, manifestar un afecto.

PÁLPITO m. *Fam.* Presentimiento, corazonada. ‖ Barb. por *palpitación.*

PALPO m. (lat. *palpum*). *Zool.* Especie de antena de los crustáceos e insectos.

palomares

paludina

palustre

pánace

PALQUI m. Arbusto americano de la familia de las solanáceas: *el cocimiento de palqui se emplea en Chile contra la tiña.* || *Chil. Fig. Más conocido que el palqui,* conocidísimo. || *Chil. Ser hijo del palqui,* ser hijo natural.

PALTA f. *Amer.* El aguacate, fruto.

PALTANA (De) m. adv. *Ecuad.* De regalo.

PALTO m. *Amer.* Aguacate, árbol.

PALTÓ m. Paletó.

PALUCHA f. *Cub. Fam.* Charla frívola.

PALUCHEAR v. i. *Cub. Fam.* Charlar.

PALUCHERO, RA adj. *Cub. Fam.* Charlatán.

PALÚDICO, CA adj. Palustre, relativo al pantano. || Dícese de la fiebre que suele sobrevenir a las personas que habitan cerca de los lugares pantanosos. || Que adolece de paludismo. Ú. t. c. s.: *los palúdicos padecen fiebres periódicas.*

PALUDINA f. Género de moluscos gasterópodos.

PALUDISMO m. Enfermedad contagiosa producida por un protozoario parásito de los glóbulos rojos de la sangre, el hematozoario, y transmitida por el anofeles, mosquito que vive en las regiones cálidas y pantanosas. (El microbio produce ataques de fiebre periódicos [fiebres tercianas y cuartanas] y una debilitación progesiva del organismo. El tratamiento clásico del *paludismo* consiste en la administración de quinina y sus sales, y en la de numerosos derivados sintéticos.)

PALUDO, DA adj. *Col.* Pasmado, maravillado.

PALURDO, DA adj. y s. *Fam.* Tosco, grosero. || — SINÓN. *Cateto, ceporro, patán, rústico, zafio.* V. tb. *estúpido* y *tonto.*

PALUSTRE m. Utensilio de figura triangular que utilizan los albañiles para manejar la mezcla o mortero. (SINÓN. *Llana.*)

PALUSTRE adj. (lat. *palustre*). Perteneciente o relativo a los pantanos.

PALLA f. *Chil.* Separación del mineral sacado de una mina. || *Arg.* y *Chil.* Composición popular a modo de controversia o preguntas y respuestas. Dícese más generalmente *paya.* || *Bol.* Especie de palmera.

PALLACO m. *Chil.* Pedazo de mineral bueno que queda entre los desechos de una mina abandonada.

PALLADURA f. *Amer.* Payadura.

PALLALLA *Chil.* y **PALLANA** f. *Arg.* y *Chil.* Payana.

PALLAQUEAR v. t. *Amer.* Entresacar la parte más rica de los minerales. || *Chil.* Espigar, rastrojear. || Pallar, payar.

PALLAQUERO m. *Chil.* El que recoge furtivamente minerales de los desmontes.

PALLAR v. i. *Chil.* Payar. || — V. t. *Amer.* Rebuscar en los desmontes.

PALLAR m. *Per.* y *Chil.* Especie de judía o alubia grande. || *Fam. Per.* Pulpejo de la oreja.

PALLASA f. *Chil.* y *Per.* Jergón de paja.

PALLASO m. *Arg.* y *Venez.* Jergón de paja.

PALLETE m. *Mar.* Tejido de cordones de cabo.

PALLÓN m. *Tecn.* Esferilla de metal que resulta en la copelación de menas auríferas o argentíferas.

PAMANDABUÁN m. Embarcación filipina.

PAMBA adj. *Ecuad.* Bajo, llano: *plato pamba.* || — F. *Ecuad.* Laguna, río poco profundo.

PAMBICHE m. *Col., Méx.* y *Per.* Palmiche, tela.

PAMBIL m. *Ecuad.* y *Col.* Género de palmas de la América tropical. (SINÓN. *Garronuda.*)

PAMELA f. Especie de sombrero de paja ancho y flexible para señoras.

PAMEMA f. *Fam.* Cosa fútil y sin ninguna importancia. || Halago, carantoña: *déjeme usted de pamemas.*

PAMPA f. Llanura de gran extensión cubierta de hierba o desnuda: *las pampas argentinas.* || *Chil.* Pradera más o menos llana entre los cerros. || *Chil.* Campo abierto para ejercicios militares. || — Adj. y s. *Arg.* Indio de origen araucano de la pampa argentina. || *Riopl.* Dícese del animal caballar o mular de cabeza blanca y cuerpo de color. || *Arg. Fam.* De mala fe. || *Bol.* Flojo. || *Chil. Quedar en pampa,* quedar frustrado en su esperanza. || *Per. Estar en sus pampas,* estar a sus anchas. || *Amer. A la* (o *en*) *pampa,* a cielo raso.

PÁMPANA f. Hoja de la vid.

PAMPANADA f. Zumo sacado de los pámpanos.

PAMPANILLA f. Taparrabo de los indios.

PÁMPANO m. (lat. *pampinus*). Sarmiento verde y tierno, pimpollo de la vid. (SINÓN. V. *Rama.*) || Pámpana, hoja de la vid. || Salpa, pez del Mediterráneo.

PAMPEANO, NA adj. y s. De La Pampa.

PAMPEAR v. i. *Amer.* Recorrer la pampa. || *Col. Fam.* Dar palmadas a una persona en la espalda. || *Chil.* Aventajar.

PAMPEÑO, ÑA adj. *Col.* De la pampa.

PAMPERADA f. *Riopl.* Pampero que dura mucho (viento).

PAMPERO, RA adj. y s. Relativo a las pampas. || Dícese del viento fuerte y frío que viene de las pampas en el Río de la Plata. || *Pampero sucio,* el que arrastra nubes de polvo y va acompañado de chubascos o aguaceros.

PAMPINO, NA adj. y s. *Chil.* Habitante de la pampa salitrera. || *Chil.* Relativo a la pampa.

PAMPIROLADA f. Salsa de pan y ajos machacados. || *Fig.* y *fam.* Necedad, simpleza.

PAMPITA f. *Per. Fam.* Campito.

PAMPLINA f. Álsine, planta cariofilácea: *la pamplina sirve de alimento a los pájaros.* || Planta de la familia de las papaveráceas, de flores amarillas: *la pamplina abunda en los sembrados de suelo arenisco.* || *Pamplina de agua,* planta de la familia de las primuláceas. || *Fig.* y *fam.* Simpleza: *¡con buena pamplina te vienes!* (SINÓN. V. *Nadería* y *tontería.*) || *And.* Demostración exagerada de cariño.

PAMPLINADA, PAMPLONADA y **PAMPLINERÍA** f. *Fam.* Pamplina, bobería.

PAMPLINERO, RA y **PAMPLINOSO, SA** adj. y s. Tonto, necio, pesado.

PAMPLONÉS, ESA y **PAMPLONICA** adj. y s. De Pamplona.

PAMPÓN m. *Per.* Corral grande.

PAMPORCINO m. (de *pan,* y *porcino*). Planta herbácea de la familia de las primuláceas, de hermosas flores purpurinas y róseas.

PAMPOSADO, DA adj. *Fam.* Flojo, desidioso.

PAMPRINGADA f. Pringada de pan. || *Fam.* Necedad, sandez, mamarrachada.

PAMPSIQUISMO m. Doctrina según la cual toda la realidad es de naturaleza psíquica.

PAN m. (lat. *panis*). Alimento hecho de harina (sobre todo de trigo) amasada, fermentada y cocida al horno. || Alimento, en general. || Masa sobada con manteca o aceite, que se usa para pasteles y empanadas. || *Fig.* Masa de figura de pan: *pan de higos.* || *Fig.* Todo lo que sirve para el sustento. || *Fig.* Trigo: *este año hay mucho pan; tierra de pan llevar.* || Hoja de oro o plata muy batida. || *Pan ázimo,* el que no tiene levadura. || *Pan bendito,* el que suele repartirse en la misa. *Fig.* y *fam.* Cosa muy buena. || *Pan candeal,* el hecho con harina de trigo candeal. || *Pan de azúcar,* montaña de granito formada por fenómenos de erosión: *el pan de azúcar de Río de Janeiro.* || *Arg. Pan dulce, pan genovés,* especie de bizcocho. || *Pan de munición,* el de inferior calidad que se da a los soldados. || *Pan de cuco,* una planta crasulácea, el telefio. || *Amer. Pan de tierra,* cazabe, pan de yuca. || *Hond. Pan de rosa,* el azucarillo. || *Fig.* y *fam. Pan perdido,* holgazán, vagabundo. || *Pan y quesillo,* planta de la familia de las crucíferas. || *Col.* Cabrillas, juego. || *Arg. Pan francés,* manifestación ruidosa y acompasada que hace el público en un espectáculo. || *Pop. Pan y toros,* peinado chulesco. || *Fam. Pan comido,* cosa resuelta. || *A pan y agua,* mal alimentado. || *Con su pan se lo coma,* que se arregle como pueda. || *Contigo pan y cebolla,* expresión empleada entre enamorados para indicar que no media ningún interés en sus relaciones. || *Arg. Echar panes,* jactarse. || *Fig.* y *fam. Ser un pedazo de pan,* ser muy bondadoso.

PAN, PANT, PANTO, prefijo inseparable, del gr. *pas, pantos,* que significa *todo.*

PANA f. Tela de algodón semejante al terciopelo.

PANA f. *P. Rico.* Fruto del árbol del pan. || *Chil.* Hígado de los animales. || *Chil.* Sangre fría.

PÁNACE f. (lat. *panax*). Planta de las umbelíferas, de donde se saca el opopónaco.

PANACEA f. (gr. *panakeia,* de *pan,* todo, y *akos,* remedio). Medicamento que se creía eficaz para todas las enfermedades. || Remedio contra todos los males físicos o morales. (Dícese tb. *panacea universal.*) [SINÓN. V. *Remedio.*]

PANADEAR v. t. Fabricar pan para venderlo.
PANADEO m. Acción de panadear.
PANADERÍA f. Oficio de panadero. || Casa donde se hace o tienda donde se vende el pan.
PANADERO, RA m. y f. El que hace o vende pan. || *Chil.* Adulador. || — M. pl. Baile español parecido al zapateado.
PANADIZO m. (lat. *panaricium*). Inflamación flegmonosa de los dedos junto a la uña. (SINÓN. V. *Absceso.*) || *Fig.* y *fam.* Persona muy pálida y enfermiza.
PANADO, DA adj. Dícese del agua hervida con pan tostado: *beber un vaso de agua panada.*
PANAFRICANISMO m. Tendencia a unirse todos los países de África.
PANAFRICANO, NA adj. Perteneciente a toda África.
PANAL m. Conjunto de casillas de cera que forman las abejas y las avispas para depositar en ellas la miel. || Azucarillo, dulce.
PANAMÁ m. Sombrero de paja muy flexible: *un panamá de Jipijapa.* (SINÓN. *Jipijapa.*) || Cierto tejido.
PANAMEÑO, ÑA adj. y s. De Panamá.
PANAMERICANISMO m. Doctrina que preconiza la solidaridad de los países americanos.
PANAMERICANO, NA adj. Perteneciente a toda América: *Congreso panamericano.*
PANAMERICANISTA com. Persona que profesa ideas de panamericanismo.
PANANA adj. *Chil.* Panarra.
PANARABISMO m. Doctrina política que tiende a la unión de todos los países de lengua y civilización árabes.
PANARIZO m. Panadizo.
PANARRA m. *Fam.* Bobalicón, perezoso.
PANATELA f. Bizcocho grande y delgado.
PANATENEAS f. pl. Fiestas celebradas antiguamente en Atenas en honor de la diosa Minerva o Atenea.
PANCA f. Cierta embarcación de pesca filipina. || *Bol.* y *Per.* Hoja que envuelve la mazorca de maíz.
PANCADA f. Venta de mercaderías menudas por junto y en montón.
PANCALISMO m. (de *pan*, y el gr. *kalos*, bello). Sistema filosófico que interpreta la realidad desde el punto de vista de la belleza: *el filósofo norteamericano Mark Balwin ha metodizado el pancalismo.*
PANCARTA f. Galicismo por *cartel.*
PANCERA f. Pieza de la armadura que defendía el vientre.
PANCILLA f. Carácter de letra redonda que se usa mucho para los libros de coro.
PANCISTA adj. y s. *Fam.* Egoísta que, mirando a su interés personal, no quiere pertenecer a ningún partido político para estar en paz con todos.
PANCLASTITA f. Explosivo muy enérgico derivado del ácido pícrico.
PANCO m. Embarcación filipina de cabotaje.
PANCRACIASTA m. Atleta que se dedicaba a los ejercicios del pancracio.
PANCRACIO m. (lat. *pancratium*). Combate o lucha de origen griego donde eran lícitos todos los recursos para derribar o vencer al adversario.
PÁNCREAS m. (de *pan*, y el gr. *kreas*, carne). Glándula abdominal localizada detrás del estómago y que consta de una parte *exocrina* que elabora los jugos digestivos que desembocan en el duodeno y otra *endocrina* que produce una hormona, la insulina, que limita la cantidad de glucosa existente en la sangre.
PANCREÁTICO, CA adj. Relativo al páncreas: *el jugo pancreático sale por el canal de Wirsung.*
PANCREATITIS f. Inflamación del páncreas.
PANCROMÁTICO, CA adj. Dícese de las películas o placas fotográficas cuya sensibilidad es casi igual para todos los colores.
PANCUTRA f. *Chil.* Pedacito de masa sobada que se come después de cocido en agua o caldo.
PANCHANA f. *Col.* Cierta especie de loro.
PANCHO m. Cría del besugo. || *Fam.* Panza, barriga. || *Col.* Zaraza de fondo azul y pintas blancas. || *Hond.* Cierto mono.
PANCHO, CHA adj. *Chil.* De color pardo. || *Col.* Ancho y aplastado. || *Fam.* Tranquilo: *se quedó tan pancho.*
PANDA m. Mamífero carnicero parecido al oso, que vive en el Himalaya.
PANDA f. *Fam.* Pandilla.
PANDANÁCEAS f. pl. *Bot.* Familia de monocotiledóneas, a la que pertenece el bombonaje.
PANDEAR v. i. y r. Torcerse o combarse una cosa alabeándose por el medio: *pared que se pandea.*
PANDECTAS f. pl. Recopilación de las decisiones de los juristas romanos, hecha por orden del emperador Justiniano. || Conjunto del Digesto y el Código. || Cuaderno con abecedario que sirve de repertorio.
PANDEMIA f. Extensión de una enfermedad contagiosa a muchos países.
PANDEMONIO o **PANDEMÓNIUM** m. Capital imaginaria del infierno: *el pandemonio de Milton.* || *Fig.* Lugar donde reina el desorden.
PANDEO m. Acción de pandear o de pandearse.
PANDERA f. Pandero, instrumento músico.
PANDERADA f. Conjunto de panderos. || *Fig.* y *fam.* Necedad, sandez: *soltar panderadas.*
PANDERAZO m. Golpe dado en el pandero.
PANDERETA f. *Mús.* Pandero. || *Fig.* y *fam.* *Zumbar la pandereta*, pegar una paliza.
PANDERETAZO m. Golpe que se da con la pandereta o el pandero.
PANDERETE m. *Albañ.* *Tabique de panderete*, el que se hace con ladrillos puestos de canto.
PANDERETEAR v. i. Tocar el pandero o la pandereta.
PANDERETEO m. Acción de panderetear: *un alegre pandereteo.* || Regocijo, fiesta en que se baila al son del pandero.
PANDERETERO m. El que toca el pandero.
PANDERO m. (del lat. *pandere*, extender). Instrumento rústico de percusión, formado por un redondel de piel sujeto a un aro con sonajas o sin ellas. (SINÓN. V. *Tambor.*) || *Fig.* y *fam.* Necio, tonto, mamarracho.
PANDILLA f. Unión de varias personas formada generalmente con mal fin. (SINÓN. *Banda, caterva, clan, mafia.*) || Reunión de gente que va a divertirse al campo. || Reunión de muchachos.

panda

pandereta

FABRICACIÓN DEL PAN

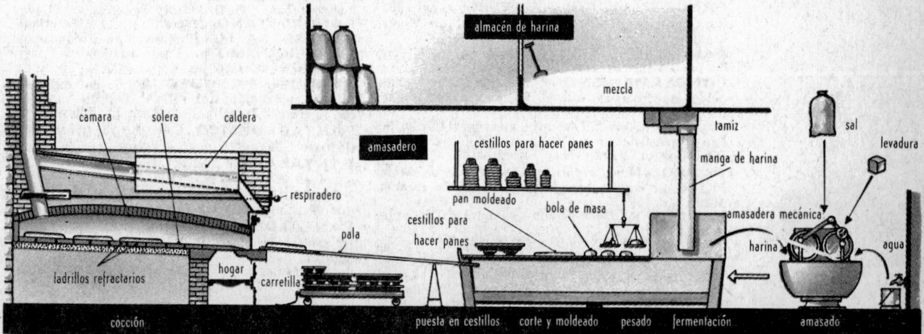

Fot. Interpress

PANDILLAJE m. Influjo pernicioso de personas reunidas en pandillas.
PANDILLERO y **PANDILLISTA** m. El que fomenta una pandilla o forma parte de ella.
PANDIT m. (pal. sánscrita). Título honorífico dado en la India a los brahmanes eruditos, y especialmente a los versados en el estudio de la literatura sánscrita. ‖ Título de los brahmanes de Cachemira.
PANDINO, NA adj. y s. De Pando (Bolivia).
PANDO, DA adj. Que pandea: *pared panda.* ‖ Que se mueve lentamente: *río pando* (P. us.) ‖ *Fig.* Pausado y espacioso: *hombre muy pando.* ‖ *Bol.* De poco fondo. ‖ *Méx.* Borracho. ‖ *Bol.* Jorobado. ‖ *Guat.* Repleto, harto.
PANDORGA f. Estafermo que se ponía en los torneos. ‖ Cometa, juguete. ‖ Un juego de naipes. ‖ *Fig.* y *fam.* Mujer gorda y pesada. ‖ *Col* y *Méx.* Chanza, broma.
PANEAR v. i. *Arg.* y *Bol.* Fanfarronear.
PANECILLO m. Pan pequeño generalmente más tierno y esponjado que los grandes. ‖ Lo que tiene forma de pan pequeño, tableta.
PANEGÍRICO m. (gr. *panêgyrikos*). Discurso en alabanza de una persona o de una cosa: *Isócrates escribió un magnífico panegírico de Atenas.* ‖ *Fig.* Elogio excesivo. (SINÓN. V. *Elogio.*) ‖ — Adj. Relativo al panegírico.
PANEGIRISTA m. El que pronuncia el panegírico. ‖ *Fig.* El que alaba a otra persona con exceso.
PANEGIRIZAR v. t. Hacer el panegírico.
PANEL m. Compartimiento en que se divide los lienzos de pared, hojas de las puertas, etc. ‖ Tabla de madera que ha servido para ejecutar una pintura.
PANELA f. Bizcochuelo de forma prismática. ‖ *Col.* y *C. Rica.* Chancaca, raspadura o rapadura, azúcar mascabado en panes cónicos o piramidales, atados por lo común por pares.
PANENTEÍSMO m. *Fil.* Krausismo.
PANERA f. Troje para el trigo, el pan o la harina. ‖ Cesta grande para llevar pan. ‖ Cesta o plato donde se pone el pan en la mesa de comer. ‖ Nasa. ‖ *Fam.* Sombrero ancho y bajo de mujer.
PANERO m. Canasta de esparto que se usa en las tahonas para el pan. ‖ Ruedo de pleita.
PANESLAVISMO m. Tendencia política que aspira a la agrupación de todos los pueblos de origen eslavo.
PANESLAVISTA adj. y s. Relativo al paneslavismo y partidario de él.
PANETE m. *Arg. Fam.* Bobo, tonto.
PANETELA f. (lat. *panata*). Especie de gachas o papas de caldo y pan rallado. ‖ Cigarro puro, largo y delgado que también se llama *panatela.*
PANEUROPEO, A adj. Relativo a toda Europa.
PANFILISMO m. Benignidad extremada.
PÁNFILO, LA adj. Desidioso, y pesado en obrar. (SINÓN. V. *Bobo.*) ‖ *Col.* Descolorido, macilento, pálido, blancote.
PANFLETISTA m. Autor de libelos. (SINÓN. V. *Periodista.*)
PANFLETO m. (ingl. *pamphlet.*) Neologismo usado en el sentido de *libelo.* (Debe evitarse.) (SINÓN. V. *Sátira.*)
PANGA f. *Amér. C.* Lancha.
PANGARÉ adj. *Chil.* y *Riopl.* Dícese del caballo de color anteado. ‖ *Bol.* Caballo de hocico blanco.
PANGELÍN m. Árbol del Brasil, de la familia de las leguminosas. ‖ — PARÓN. *Pangolín.*
PANGERMANISMO m. Sistema según el cual deberían formar un solo Estado todas las naciones de lengua alemana.
PANGERMANISTA adj. y s. Partidario del pangermanismo.
PANGO m. *Arg.* y *Bol.* Enredo, lío.
PANGOLÍN m. Mamífero desdentado de África y de Asia cuyo cuerpo está cubierto de escamas duras.
PANGUE m. *Chil.* Planta gunnerácea de grandes hojas.
PANGUERO m. *Amér. C.* Remero.
PANHELENISMO m. Sistema político que tiende a reunir a todos los griegos de los Balcanes, del mar Egeo y de Asia Menor, en una sola nación.
PANIAGUADO m. Servidor, criado. ‖ *Fam.* Favorecido, allegado, amigo: *los paniaguados de un ministro.* (SINÓN. V. *Protegido.*)

pangolín

PÁNICO, CA adj. (del dios *Pan*, a quien atribuía el pueblo bajo de Grecia la costumbre de salir por las noches y hacer apariciones que causaban terror). Relativo a Pan: *fiesta pánica.* ‖ Dícese del terror súbito, sin ningún fundamento. (SINÓN. V. *Espanto.*) ‖ — M. Miedo súbito: *se apoderó el pánico de los espectadores.*
PANÍCULA f. *Bot.* Flores en ramillete o en espiga.
PANICULADO, DA adj. En forma de panícula.
PANICULAR adj. Relativo al panículo.
PANÍCULO m. (del lat. *panniculus*, tela fina). *Anat.* Capa subcutánea de grasa en algunos tejidos.
PANIDA m. *Mitol.* Descendiente de Pan.
PANIEGO, GA adj. Que come mucho pan. ‖ Dícese del terreno que lleva panes, o sea trigo.
PANIFICABLE adj. Que se puede panificar.
PANIFICACIÓN f. Conversión en pan.
PANIFICAR v. t. Transformar en pan.
PANIQUE m. Murciélago grande de Oceanía.
PANISLAMISMO m. Tendencia política y religiosa de los pueblos musulmanes de unirse entre sí para liberarse de la influencia extranjera.
PANIZO m. (lat. *panicum*). Planta anua, de la familia de las gramíneas: *la semilla del panizo suele usarse para alimento del hombre y de los animales.* ‖ Uno de los nombres del *maíz.* ‖ *Chil.* Criadero de minerales. ‖ *Chil.* Abundancia.
PANJÍ m. Árbol del Paraíso.
PANLÉXICO m. Diccionario muy completo.
PANLOGISMO m. Sistema filosófico que identifica la razón con el ser.
PANNEAU m. (pal. fr., pr. *panó*). Panel.
PANOCHA f. Panoja del maíz. ‖ *Col.* Arepa grande hecha con los granos de la mazorca tierna. ‖ *Chil.* y *C. Rica.* Torta de maíz y queso. ‖ *Méx.* Azúcar prieto.
PANOCHO, CHA adj. y s. Murciano. ‖ — M. El dialecto murciano.
PANOJA f. Mazorca: *panoja de maíz.* ‖ *Col.* gajo. ‖ *Bot.* Forma de ciertas espigas, como las de la avena. ‖ Conjunto de pescados fritos pegados por las colas.
PANOLI adj. y s. *Pop.* Necio, majadero, simple y sin voluntad. (SINÓN. V. *Bobo.*)
PANOPLIA f. (del gr. *pan*, todo, y *hopla*, armas). Armadura completa. ‖ Colección de armas artísticamente dispuestas en una pared: *una panoplia japonesa.*
PANÓPTICO, CA adj. y s. m. (de *pan*, y el gr. *optikos*, óptico). Dícese del edificio construido de modo que se pueda ver todo su interior desde un solo punto.
PANORAMA m. (de *pan*, y el gr. *orama*, vista). Cuadro circular pegado en las paredes de una sala cilíndrica, iluminada por arriba, y dispuesto de tal suerte que el espectador, colocado en el centro, se figura dominar un verdadero horizonte. ‖ Gran extensión de país que se descubre desde un punto: *el panorama de los Pirineos.* (SINÓN. *Paisaje, perspectiva, vista.*)
PANORÁMICO, CA adj. Relativo al panorama o que lo recuerda: *vista panorámica de una ciudad.* ‖ — F. Procedimiento cinematográfico que consiste en hacer girar la cámara sobre un eje horizontal o vertical durante la toma de vistas.
PANORMITANO, NA adj. y s. De Palermo.
PANOSO, SA adj. Harinoso: *haba panosa.*
PANPSIQUISMO m. Pampsiquismo.
PANQUE m. Pangue.
PANQUÉ o **PANQUEQUE** m. (del ingl. *pan*, sartén, y *cake*, pastel). *Cub.* Especie de bizcocho. ‖ *Amer.* Tortilla hecha con harina y azúcar.
PANTAGRUÉLICO, CA adj. (de *Pantagruel*). Opíparo: *banquete pantagruélico.*
PANTALÁN m. *Filip.* Muelle de madera que entra en el mar.
PANTALETAS f. pl. *Amer.* Pantalón interior que usan las mujeres y las niñas.
PANTALÓN m. (fr. *pantalon*). Prenda de vestir que cubre desde la cintura hasta los tobillos. (SINÓN. V. *Calzón.*) ‖ Prenda interior de vestir de las mujeres. ‖ *Fig.* y *fam. Ponerse los pantalones*, mandar una mujer en la casa sin hacer caso del marido.
PANTALONERA f. La que confecciona pantalones. ‖ *Méx.* Pantalones charros con botonaduras.

Fot. Rol

PANTALLA f. Aparato de diversas formas que se coloca delante de la luz para que no ofenda los ojos. || Mampara que se pone delante de la lumbre. || Telón blanco sobre el cual se proyecta una cinta cinematográfica. || *Por ext.* Cinematógrafo: *las estrellas de la pantalla.* || Superficie fluorescente en la que se forma la imagen en los tubos catódicos (televisión, etc.). || *Fig.* Persona que se pone delante de otra ocultándola. || *Fig.* Persona que encubre a otra: *servir de pantalla.* || *Amer.* Abanico.
PANTANAL m. Tierra pantanosa.
PANTANO m. Hondonada donde se recogen y se detienen las aguas con fondo más o menos cenagoso. (SINÓN. *Ciénaga, marisma.*) || Embalse. || *Fig.* Dificultad, obstáculo.
PANTANOSO, SA adj. Dícese del terreno cubierto de pantanos, charcos y cenagales: *campo pantanoso.* || *Fig.* y *fam.* Muy difícil, embrollado, intrincado: *negocio pantanoso.*
PANTASANA f. Especie de arte de pesca formado por varias redes caladas a plomo.
PANTEÍSMO m. (de *pan,* y el gr. *Theos,* Dios). Sistema de los que identifican a Dios con el mundo: *Spinoza defendió el panteísmo.*
PANTEÍSTA adj. y s. Relativo al panteísmo o partidario de dicha doctrina.
PANTEÍSTICO, CA adj. Panteísta.
PANTELISMO m. Doctrina filosófica que afirma que la sustancia del mundo es Voluntad: *la filosofía de Schopenhauer se ha llamado pantelismo.*
PANTEÓN m. (de *pan,* y el gr. *Theos,* Dios). Templo que consagraban los griegos y los romanos a todos sus dioses. || Conjunto de todos los dioses de un país: *el panteón griego.* || Monumento funerario donde se entierran varias personas. (SINÓN. V. *Tumba.*) || En algunas partes de España y América, cementerio.
PANTERA f. (lat. *panthera*). Mamífero carnívoro de la familia de los félidos, con manchas anilladas en la piel (salvo en la pantera negra de Insulindia), que vive en Asia. (El *leopardo* africano y el *jaguar* americano son equivalentes a la pantera.) || *Fig.* y *fam.* Dícese especialmente de la mujer de mucho carácter.
PANTÓGRAFO m. (de *pan,* y el gr. *graphein,* escribir). Istrumento que sirve para copiar, ampliar o reducir mecánicamente dibujos. || Especie de trole articulado para locomotoras eléctricas.

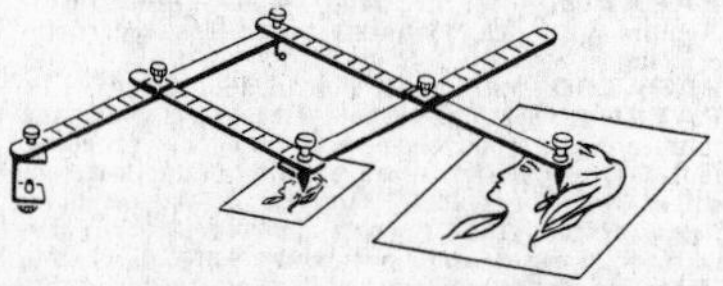

PANTÓMETRA f. (de *pan,* y el gr. *metron,* medida). Instrumento para medir ángulos horizontales y para marcar perpendiculares.
PANTOMIMA f. (de *pan,* y el gr. *mimos,* imitador). Arte de expresarse por medio de gestos y movimientos, sin auxilio de la palabra: *pantomima expresiva.* (SINÓN. V. *Gesto.*) || Pieza dramática en que no hablan los actores. || *Chil.* Mujer alocada. || *Arg.* Zanco.
PANTOMÍMICO, CA adj. De la pantomima.
PANTOMIMO m. El que hace pantomimas.
PANTORRA f. *Fam.* Pantorrilla gorda.
PANTORRILLA f. Parte carnosa de la pierna debajo de la corva. || *Per. Fam.* Vanidad ridícula.
PANTORRILLERA f. Calceta que abulta la pantorrilla. || Refuerzo del pantalón a la altura de las pantorrillas.
PANTORRILLUDO, DA adj. De pantorrillas gruesas. || *Amer. Fam.* Ridículamente vanidoso.
PANTUFLA f. Zapatilla.
PANTUFLAZO m. Golpe dado con el pantuflo.
PANTUFLO m. Pantufla.
PANUCO m. *Chil.* Puñado de harina tostada.
PANUCHO m. *Méx.* Especie de empanada.
PANUDO adj. *Cub.* Dícese del aguacate de carne prieta.
PANZA f. Barriga: *llenar la panza.* (SINÓN. V. *Vientre.*) || Parte saliente de ciertas vasijas. || Primera de las cavidades en que se divide el estómago de los rumiantes.
PANZADA f. y **PANZAZO** m. Golpe dado con la panza. || *Fam.* Hartazgo: *darse una panzada.* (SINÓN. V. *Festín.*)
PANZÓN, ONA adj. Panzudo, barrigón.
PANZUDO, DA adj. Que tiene mucha barriga. (SINÓN. V. *Grueso.*)
PAÑAL m. Lienzo en que se envuelve a los niños chiquitos. || Faldón de la camisa del hombre. || — Pl. *Fig.* Principios de una cosa. || *Fig.* Niñez, infancia. || *Fam. Dejar en pañales a uno,* dejarle muy atrás. || *Fam. Estar en pañales,* conocer poco una cosa.
PAÑERÍA f. Comercio o tienda de paños. || Conjunto de los mismos paños.
PAÑERO, RA adj. Relativo a los paños. || — M. y f. Persona que vende paños.
PAÑETE m. Paño de inferior calidad. || — Pl. Calzoncillos que usan ciertos obreros que trabajan desnudos. || Enagüillas que se suelen poner a la efigie de Cristo crucificado. || *Col.* Enlucido, revoque de las paredes.
PAÑI m. *Chil.* Resolana de la casa.
PAÑIL m. *Chil.* Árbol escrofulariáceo cuyas hojas se usan para la curación de úlceras.
PAÑO m. (lat. *pannus*). Tejido de lana tupida: *vestido de paño negro.* || Tela. (SINÓN. V. *Tejido.*) || Ancho de una tela cuando se cosen varias piezas una junto a otra. || Tapiz o colgadura. || Mancha oscura en el rostro. || Lo que disminuye el brillo de una cosa: *ese espejo tiene un paño.* || Lienzo, trapo para limpiar. || Compresa. || *Amer.* Extensión de terreno para cultivo. || — Pl. Vestiduras y ropas que forman pliegues, en un retrato o estatua. || *Fig. Paño de lágrimas,* persona que consuela o ayuda a otra con frecuencia. || *Paño de manos,* toalla. || *Fam. Paños calientes* (Amér.: *tibios*), diligencias que se hacen para avivar a uno para que haga lo que debe, y también, remedios paliativos y poco eficaces: *no me vengas con paños calientes.* || *Paños menores,* la camisa: *estar en paños menores.* || *Fig.* y *fam. Conocer el paño,* estar bien enterado. || *Haber paño que cortar,* haber materia abundante. || — PROV. **El buen paño en el arca se vende,** refrán que pretende que las cosas buenas no necesitan pregonarse para ser conocidas.
PAÑOL m. Nombre de los compartimientos del buque donde se guardan víveres y municiones.
PAÑOLERÍA f. Fábrica o tienda de pañuelos.
PAÑOLERO m. *Mar.* Marinero que cuida de uno o más pañoles.
PAÑOLETA f. Pañuelo doblado en triángulo que usan las mujeres al cuello como adorno o abrigo. (SINÓN. V. *Pañuelo.*)
PAÑOLITO m. Pañuelo pequeño.
PAÑOLÓN m. Mantón, manto o pañuelo grande.
PAÑOSA f. *Fam.* Capa de paño.
PAÑUELO m. Pedazo de tela pequeño y cuadrado que sirve para diferentes usos: *pañuelo de seda, de bolsillo.* || Moquero, pañuelo para limpiar las narices. || Pañoleta de mujer. || *Pañuelo de hierbas,* el impreso con flores o dibujos de varios colores.
PAPA m. (lat. *papa*). Sumo pontífice de la Iglesia católica. (SINÓN. V. *Pontífice.*) || *Fam. Ant.* Padre. || *Ser más papista que el papa,* tener más interés que el propio interesado.
PAPA f. (voz quechua). Nombre primitivo de la *patata,* que aún se usa en varias partes de España y en toda América. || *Chil.* Tubérculo: *papa de opio.* || *Amer.* Masa esférica de mineral. || *Fam.* Paparrucha. || — Pl. *Fig.* y *fam.* Cualquier especie de comida. || Sopas blandas, puches. || *Papa de caña,* o *real,* aguaturma, planta compuesta comestible. || *Amér. C. Papa del aire,* ñame cimarrón. || *Chil. Papa espinosa,* el chamico. || *Bol. Papa lisa,* el ulluco.
PAPÁ m. *Fam.* Nombre que se da al padre. || *Papá Noel,* personaje legendario que reparte juguetes a los niños en Nochebuena. || — Pl. *papás.* Dimin. *papacito, papaíto, papito.*
PAPABLE adj. Dícese del cardenal que puede esperar ser elegido papa.
PAPACLA f. *Méx.* Hoja ancha del plátano.
PAPACOTE m. *Amér. C.* Papalote, cometa.
PAPACHAR v. t. *Méx. Fig.* Acariciar.
PAPACHOS m. pl. *Méx.* Caricias.

pantalla de chimenea

pantera

pantorrilla

Fot. L. P., Fox Photos-Rapho, Larousse

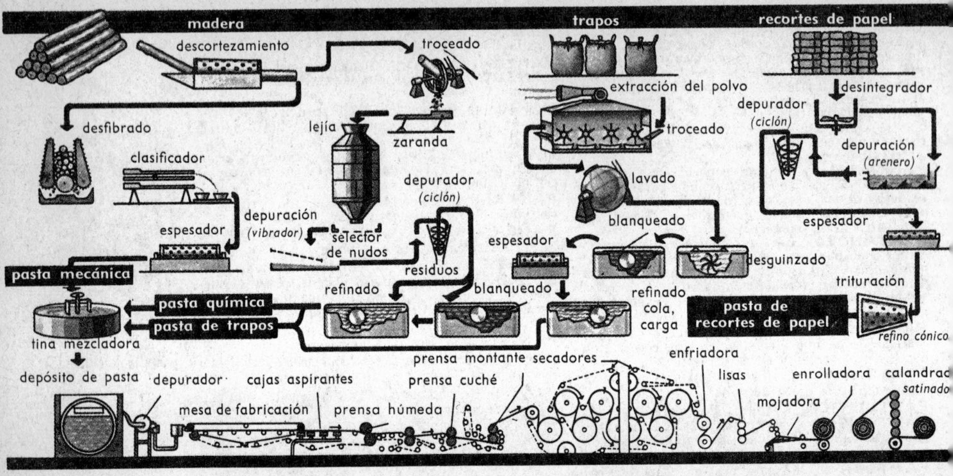

FABRICACIÓN DEL PAPEL

PAPADA f. Carne que hay debajo de la barba. || *Guat.* Bobería, necedad: *decir papadas.*
PAPADILLA f. Papada pequeña.
PAPADO m. Pontificado: *los derechos del papado.*
PAPAFIGO m. Pájaro de España que se alimenta principalmente de insectos y de higos, a lo que debe su nombre. || En algunas partes, oropéndola.
PAPAGAYA f. Hembra del papagayo.
PAPAGAYO m. Ave prensora de plumaje amarillento, verde y encarnado, originaria de los países tropicales: *el papagayo aprende a repetir palabras y frases enteras.* (V. LORO.) || Pez marino acantopterigio, de hermosos colores rojo, azul, verde y amarillo, y de carne comestible. || Planta de la familia de las amarantáceas, de hojas manchadas de encarnado, amarillo y verde en su extremidad: *el papagayo es originario de China.* || Planta originaria del Brasil, cuyas hojas presentan colores muy vivos. || *Ecuad.* Víbora muy venenosa de color verde. || *Amer.* Pandorga, cometa. || *Fig. Hablar como un papagayo,* hablar mucho y sin discreción.
PAPAHÍGO m. Gorro de paño, que cubre parte de la cara. (P. us.) || Papafigo, pajarillo.
PAPAHUEVOS m. inv. Papanatas.
PAPAÍNA f. *Quím.* Principio activo que se extrae del zumo de la papaya: *la papaína, como el jugo gástrico, disuelve la carne.*
PAPAL adj. Relativo al papa. || — M. *Amer.* Sitio sembrado de papas.
PAPALINA f. Especie de gorra que cubre las orejas. || Cofia de mujer con adornos. || *Fam.* Borrachera.
PAPALINO m. *Hist.* Nombre dado antiguamente a los soldados de las tropas pontificias.
PAPALMENTE adv. m. Como papa.
PAPALÓN, ONA adj. *Méx.* Perezoso, holgazán, lerdo.
PAPALOTE m. *Antill.* y *Méx.* Cometa, juguete.
PAPAMOSCAS m. Pájaro pequeño que se alimenta de moscas. || *Fig.* y *fam.* Papanatas.
PAPANATAS m. *Fam.* Hombre tonto y crédulo, simplainas. (SINÓN. V. *Bobo.*)
PAPANDUJO, JA adj. *Fam.* Demasiado maduro: *tirar una fruta papanduja.*
PAPAR v. t. (lat. *papare*). Comer cosas blandas sin mascarlas: *papar sopas.* || *Fam.* Comer. || *Fig.* y *fam.* Hacer poco caso de una cosa. || *Papar moscas,* estar con la boca abierta.
PÁPARO m. Aldeano, hombre sencillo o paleto.
PAPARRABIAS com. *Fam.* Cascarrabias.
PAPARRUCHA f. *Fam.* Noticia falsa, mentira. || *Fam.* Obra sin valor: *ese libro es una paparrucha.* (SINÓN. V. *Tontería.*)
PAPARRUCHADA f. Paparrucha, mentira.

papafigo

papayo

PAPASAL m. Cierto juego de muchachos. || *Fig.* Friolera, bagatela, simpleza.
PAPATURRO m. *Amér. C.* El uvero de playa.
PAPAVERÁCEAS f. pl. Familia de plantas dicotiledóneas, a la que pertenece la adormidera.
PAPAVERINA f. Alcaloide del opio, estupefaciente y antiespasmódico.
PAPAYA f. Fruta del papayo, semejante a la del melón y de pulpa comestible: *con la pulpa de la papaya se hace una confitura estimada.*
PAPAYO m. Arbolillo de la familia de las caricáceas oriundo de la América tropical: *el papayo contiene un jugo lechoso corrosivo que, mezclado con agua, ablanda las carnes.* || *Ecuad. Fig.* Tonto.
PÁPAZ m. (del gr. mod. *papas,* presbítero). Nombre que dan los africanos a los sacerdotes cristianos.
PAPAZGO m. Papado, pontificado. (P. us.)
PAPEL m. (lat. *papyrus*). Hoja seca y delgada fabricada con toda clase de substancias vegetales molidas, y que sirve para escribir, imprimir, envolver, etc.: *papel de hilo, de arroz, de paja, papel pintado* (*Col.: papel de colgadura*). || Escrito o impreso: *un papel comprometedor.* || *Fam.* Entre los periodistas, artículo. || Parte de la obra dramática o de la película que representa cada actor. || Personaje representado por el actor. (SINÓN. V. *Protagonista.*) || *Fig.* Cosa que le encargan a uno, función, empleo: *desempeñar mal papel en un asunto.* || *Com.* Documento que contiene obligación de pago de una cantidad: *pagar en papel.* || *Ant.* Periódico: *un papel inglés.* || — Pl. Documentos que acreditan el estado civil de uno. || *Fam.* Carantoñas, halagos: *venir a uno con papeles.* || *Papel autográfico,* el untado con una preparación que permite sacar un calco con sólo apoyarlo sobre la superficie que se quiere calcar. || *Papel biblia,* papel muy fino. || *Papel comercial,* el de tamaño holandesa rayado. || *Papel cuché,* el muy satinado y barnizado. || *Papel de barba* o *de barbas,* el grueso y no cortado por los bordes que se emplea para formular instancias. || *Papel carbón,* el utilizado para sacar copias de un escrito. || *Papel de culebrilla,* o *de seda,* papel muy fino. || *Papel de estaño* o *de plata,* laminilla de este metal que se usa en las cajetillas de cigarrillos, para envolver chocolatines, etc. || *Papel de estraza,* o de *añafea,* el moreno, muy basto, que sirve para envolver. || *Papel cebolla,* el de seda, muy fino. || *Papel de filtro,* el poroso y sin cola, que sirve para filtrar. || *Papel de fumar,* el usado para liar cigarrillos. || *Papel del Estado,* documento de crédito emitido por el Estado. || *Papel de lija,* papel fuerte con polvos de esmeril, vidrio molido o arena, que sirve para pulir. || *Papel de pagos,* hoja timbrada para hacer pagos al Estado. || *Papel de tina,* el que se hace en el molde, hoja por hoja. || *Papel de tornasol,* el

Fot. Pierre Verger

impregnado en la tintura de tornasol, que sirve como reactivo para reconocer los ácidos. || *Papel continuo*, el mecánico, que sale de la máquina en hoja sin fin. || *Papel de música*, el rayado para escribir música. || *Papel de marca*, el de tina de 43,5 cm × 51,5 cm. || *Papel de marca mayor*, el de tina de 87 cm × 63 cm. || *Papel marquilla*, el de tina de 43,5 cm × 63 cm. || *Papel secante*, el esponjoso y sin cola, que sirve para secar lo escrito. || *Papel sellado*, el que, sellado con las armas de la nación, sirve para autorizar los documentos legales y jurídicos. || *Papel de Holanda, de China, Whatman, del Japón*, etc., nombre de diversos papeles de lujo que se usan para imprimir. || *Papel pergamino*, papel que adquiere las propiedades del pergamino en un baño de ácido sulfúrico. || *Papel pintado*, el utilizado para recubrir las paredes. || *Papel sensible*, el usado en fotografía después de sensibilizado. || *Papel tela*, el que tiene cierta semejanza con un tejido. || *Fig.* y *fam. Papel mojado*, el de poca importancia, y también cualquier cosa inútil y sin fundamento. || *Papel moneda*, papel creado por un gobierno para reemplazar la moneda metálica. (SINÓN. V. *Moneda*.)

PAPELADA f. *Amér. C., Ecuad.* y *Per.* Farsa, ficción.

PAPELEAR v. i. Revolver papeles. || *Fig.* y *fam.* Hacer papel, querer aparentar. || *Arg.* Disimular.

PAPELEO m. Acción de papelear o aparentar. || Gran cantidad de papeles, de escrituras inútiles: *papeleo administrativo*.

PAPELERA f. Mueble para guardar papeles. || Fábrica de papel. || Cesto para arrojar los papeles.

PAPELERÍA f. Conjunto de papeles. || Tienda de papel y objetos de escritorio.

PAPELERÍO m. *Riopl.* y *Méx.* Abundancia de papeles.

PAPELERO, RA adj. y s. Que fabrica o vende papel. || *Fig.* y *fam.* Que hace papeles, marrullero. || — M. *Méx.* Vendedor de periódicos.

PAPELETA f. Cédula: *papeleta del Monte de Piedad*. || Cucurucho de papel. || Ficha. || Boletín de voto. || Papel donde se da la calificación de un examen. || Pregunta, sacada por sorteo, que el que se examina ha de contestar al examinador. || *Fig.* y *fam.* Asunto difícil de resolver: *menuda papeleta te ha tocado*. || *Guat.* Barb. por *tarjeta de visita*.

PAPELETEAR v. i. Escribir en papeletas.

PAPELILLO y **PAPELITO** m. Cigarro de papel. || Confeti. || *Col.* Colorete. || *P. Rico.* Papillote. || Papel doblado que contiene una dosis de una medicina.

PAPELINA f. Vaso usado antiguamente para beber, estrecho de pie y ancho de boca. || Cierta tela delgada de seda.

PAPELISTA m. Fabricante o vendedor de papel. || Obrero que empapela las habitaciones. || *Arg.* Papelón, el que hace alarde de lo que no es.

PAPELÓN m. Papel inútil. || Cartón delgado. || Cucurucho de papel. || *Amer.* Meladura cuajada en forma cónica que contiene melaza. || *Arg. Fam.* Plancha, papel desairado.

PAPELÓN, ONA adj. y s. Que ostenta lo que no es.

PAPELONEAR v. i. *Fam.* Ostentar.

PAPELORIO, PAPELOTE y **PAPELUCHO** m. *Despect.* Papel sin valor.

PAPERA f. Bocio. || — Pl. Enfermedad contagiosa originada por un virus específico, que afecta especialmente a los niños, que se manifiesta por una hinchazón y una inflamación de las glándulas parótidas. (Las *paperas* pueden traer complicaciones graves: pancreatitis, orquitis, nefritis, meningitis postparotídica, etc.)

PAPERO m. Puchero para la papilla de los niños.

PAPI m. *Fam.* Papá.

PAPIAMENTO m. Dialecto castellano hablado en Curazao. || *P. Rico.* Jerigonza.

PAPILA f. (lat. *papilla*). Prominencia más o menos saliente que se levanta en ciertos casos en la piel y en las membranas mucosas. || Prominencia que forma el nervio óptico en el fondo del ojo y desde donde se extiende la retina.

PAPILAR adj. *Anat.* Relativo a las papilas: *inflamación papilar*.

PAPILIFORME adj. De forma de papila.

PAPILIONÁCEAS f. pl. (del lat. *papilio, onis*, mariposa). *Bot.* Uno de los nombres de las *leguminosas*, por la forma amariposada de sus flores.

PAPILOMA m. *Med.* Tumor benigno en forma de papila que se produce en la piel y en las mucosas.

PAPILOSO, SA adj. Que está cubierto de papilas: *la superficie de la lengua es papilosa*.

PAPILLA f. Papas que se dan a los niños. (SINÓN. V. *Gachas*.) || Astucia, cautela. || *Riopl.* Batatilla, planta. || *Fig.* y *fam. Dar papilla a uno*, engañarle con astucia. || *Fig.* y *fam. Echar la primera papilla*, vomitar mucho. || *Fig.* y *fam. Hecho papilla*, destrozado.

PAPILLOTE m. (fr. *papillotte*). Pedazo de papel, de tela, etc., en el que se enrolla el pelo para rizarlo.

PAPIÓN m. Zambo, género de monos africanos.

PAPIRO m. (lat. *papyrus*). Planta de Oriente, de la familia de las ciperáceas, cuya medula empleaban los antiguos para escribir en ella. || Hoja de papiro escrita: *descifrar un papiro egipcio*.

PÁPIRO m. *Pop.* Billete de banco.

PAPIROLADA f. *Fam.* Pampirolada.

PAPIROLOGÍA f. Estudio filológico de lo escrito en papiros.

PAPIROTADA f., **PAPIROTAZO** m. Capirote, golpe dado con el dedo doblado. || *Venez.* Sandez, tontería.

PAPIROTE m. Papirotada, golpe. (SINÓN. *Capirotazo, pulgarada*.) || *Fig.* y *fam.* Tonto, bobalicón.

PAPIRUSA f. *Arg. lunf.* Muchacha linda.

PAPISA f. Voz que significa *mujer papa*, y se usa para designar al personaje imaginario llamado *la Papisa Juana*.

PAPISMO m. Nombre con que designan generalmente los protestantes a la Iglesia católica.

PAPISTA adj. y s. Que profesa el papismo, católico. || *Fam.* Partidario riguroso del papa.

PAPO m. Parte abultada del cuello del animal debajo de la barba. || *Guat. Vulg.* Bobo, necio, mentecato. || — Pl. Cierto tocado antiguo de las mujeres.

PAPORRETA f. *Riopl.* Dicho insustancial.

PAPRIKA f. Especie de pimiento picante húngaro que, en polvo, se usa como condimento.

PAPÚ adj. invar. y s. De Papuasia.

PAPUDO, DA adj. Que tiene el papo muy grueso.

PÁPULA f. Tumor eruptivo en la piel.

PAPULOSO, SA adj. Que tiene las características de la pápula.

PAPUSA f. *Arg. lunf.* Papirusa.

PAQUEAR v. t. Disparar pacos.

PAQUEBOTE m. Buque transatlántico. (SINÓN. V. *Barco*.)

PAQUEO m. Acción de paquear.

PAQUETE m. Lío o bulto: *un paquete de libros*. (SINÓN. *Bala, fardo, hatillo*.) || Paquebote, barco. || *Fam.* Hombre que sigue mucho la moda. || *Pop.* Bola, embuste: *dar un paquete*. || *Pop.* Cosa pesada y molesta. || Persona que va en el sidecar de una moto. || *Paquete postal*, bulto cuyo peso no excede 5 kilos, y que transporta la administración de correos, a precio reducido y sin exigir las formalidades que necesitan los envíos ordinarios.

PAQUETE, TA adj. *Arg.* Elegante, lujoso.

PAQUETERÍA f. Género de mercancías que se guarda o vende en paquetes. || *Arg.* Lujo, adorno.

PAQUETERO, RA adj. y s. Que hace paquetes. || — M. y f. Persona que reparte a los vendedores los paquetes de periódicos. || — M. Matutero.

PAQUIDERMIA f. Espesamiento de la piel.

PAQUIDERMO adj. y s. m. (del gr. *pakhys*, grueso, y *derma*, piel). Dícese de los animales de piel muy gruesa y dura. (elefante, rinoceronte, hipopótamo). || — M. pl. Suborden de estos animales.

PAQUÍO m. *Bol.* El curbaril.

PAQUISTANÍ adj. y s. De Paquistán.

PAR adj. (del lat. *par*, igual). Exactamente divisible por 2: *16 es un número par*. || Igual, semejante. (SINÓN. V. *Cofrade*.) || — M. Conjunto de dos cosas iguales: *un par de huevos*. || Cosa única, compuesta de dos piezas: *un par de tijeras, de pantalones*. || Título de dignidad en ciertos

papiro

países. || *Arq.* Cada uno de los maderos oblicuos que forman un cuchillo de armadura. || *Mec. Par de fuerzas*, conjunto de dos fuerzas iguales, paralelas y de sentido contrario. || *Fís.* Conjunto de dos elementos heterogéneos que forman una corriente eléctrica. || Igualdad entre el curso de negociación de un valor mueble y su valor nominal. || Igualdad del cambio de monedas entre dos países. || *A la par* o *al par*, m. adv., juntamente, a un tiempo. || *De par en par*, m. adv., dícese de la puerta o ventana que tiene sus dos hojas abiertas. || *Sin par*, m. adv., sin igual, singular.

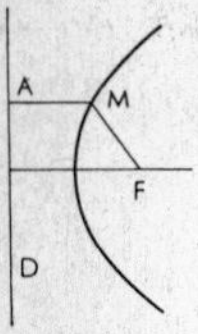

parábola

PARA m. *Arg.* Tabaco paraguayo.

PARA prep. (lat. *per. ad*). Expresa las siguientes relaciones: 1ª Término de movimiento: *voy para París;* 2ª En relación a, visto su: *esto es bueno para la tos;* 3ª En cuanto a: *para mí es inútil;* 4ª De duración, durante el tiempo de: *tengo trabajo para un año;* 5ª Destino o fin de una acción o de un objeto: *esto es para él, construcciones para la industria;* 6ª Aptitud o capacidad: *Ramón es para todo;* 7ª En: *vendrá para Navidad;* 8ª En contraposición a: *para mi sentir lo que haces no es admisible;* 9ª Por que: *¿Para qué viniste?;* 10 Con el objeto de: *para concluir, diré lo que yo pienso realmente;* 11 En provecho de: *pedir para los pobres y enfermos;* 12 A punto de: *estoy para salir.*

PARA, prefijo griego inseparable que forma parte de diversas palabras y denota proximidad, semejanza: *paráfrasis, paracronismo.*

PARABA f. *Bol.* Guacamayo.

PARÁBASIS f. (del gr. *parabasis*, digresión). Parte de la comedia griega en la que el coro, solo en escena, se dirigía hacia el público y hacía alusiones sobre política o negocios públicos: *la parábasis servía a muchos autores para atacar a rivales y hacer su propia apología.*

PARABIÉN m. Felicitación: *dar el parabién.*

PARÁBOLA f. (del gr. *parabolê*, comparación). Narración de la que se deduce una enseñanza moral o una verdad importante: *las parábolas del Evangelio.* (SINÓN. V. *Fábula.*) || *Geom.* Línea curva cuyos puntos son todos equidistantes de un punto fijo F, llamado *foco*, y de una recta fija, llamada *directriz* (MF = MA): *la parábola resulta de la sección de un cono por un plano paralelo a una de las generatrices.* || Curva que describe un proyectil.

PARABÓLICO, CA adj. Relativo a la parábola: *sentido parabólico.* || *Geom.* Perteneciente o semejante a la parábola: *línea parabólica.*

PARABOLIZAR v. t. Representar, ejemplificar, simbolizar.

PARABOLOIDE m. *Geom.* Superficie engendrada por la revolución de una parábola.

PARABRISAS m inv. Cristal que se pone al frente de los vehículos para proteger a los pasajeros del choque del aire.

PARACA f. *Amer.* Viento del Pacífico.

PARACAÍDAS f. Artefacto destinado a moderar la caída de un cuerpo que cae o desciende de gran altura. (En aeronáutica, el *paracaídas* se compone de un casquete de tela, seda o nylon, de una serie de cuerdas que lo unen al cuerpo que ha de sostener, y de una envoltura donde está contenida la tela plegada, cuya abertura se realiza automáticamente o por medio de la acción del hombre.)

PARACAÍDAS

descenso

toma de contacto con el suelo

PARACAIDISMO m. Arte, manera de lanzarse de un avión en vuelo y de utilizar el paracaídas.

PARACAIDISTA com. Persona adiestrada en el manejo del paracaídas. || — Adj. y s. m. Dícese de la tropa que desciende al campo de batalla por medio del paracaídas.

PARACENTESIS f. (pref. *para*, y gr. *kentein*, punzar). *Cir.* Punción de una cavidad llena de serosidad para evacuar su contenido: *paracentesis del peritoneo, del tímpano, de la pleura.*

PARACLETO o **PARÁCLITO** m. Nombre que se da algunas veces al Espíritu Santo.

PARACRONISMO m. (del gr. *para*, a un lado, y *khronos*, tiempo). Error de cronología que consiste en colocar un suceso más tarde que la época en que acaeció: *por paracronismo hizo Virgilio a Eneas contemporáneo de Dido.* || — PARÓN. *Anacronismo.*

PARACHÍ m. *Riopl.* Pajarillo que tiene la cabeza negra y el cuerpo verdoso.

PARACHISPAS m. Dispositivo de protección en las chimeneas.

PARACHOQUES m. Aparato protector contra los choques en un automóvil o en otro vehículo.

PARACHUTISTA adj. y s. Galicismo por *paracaidista.*

PARADA f. Acción de parar o detenerse: *la parada del tren.* (SINÓN. V. *Pausa.*) || Sitio donde se para. || Fin de un movimiento. (SINÓN. V. *Estancación.*) || Pausa en la música. || Escena burlesca representada a las puertas de un teatro para anunciar una comedia. || Lugar donde se recogen las reses. || Caballos que se dejan en un sitio para poderlos mudar: *parada de la posta.* || Presa que se hace en un río: *una parada de molinos.* || Dinero que se expone de una vez a una suerte del juego. || *Esgr.* Quite. || *Mil.* Revista de tropas. || En deportes, detención del balón por el guardameta. || *Arg.* Baladronada. || *Amer.* Empaque, compostura, fanfarronada. || *Amér. C., Méx.* y *Per.* Procesión cívica. (SINÓN. V. *Desfile.*)

PARADERA f. Compuerta para quitar el agua al caz del molino. || Arte grande de pesca colocada a la entrada de las albuferas.

PARADERO m. Sitio donde se para: *no sé el paradero de ese hombre.* || *Amer.* Apeadero de ferrocarril. || *Fig.* Fin, término de una cosa.

PARADETAS f. pl. Baile español antiguo.

PARADIÁSTOLE f. Figura retórica que reúne palabras sinónimas resaltando su diferencia.

PARADIGMA m. (voz gr.). Modelo: *el verbo* amar *es paradigma de la primera conjugación.* (SINÓN. V. *Ejemplo.*)

PARADISIACO, CA o **PARADISÍACO, CA** adj. Del Paraíso.

PARADO, DA adj. Que no se mueve: *estarse parado.* || Flojo, poco activo. || Desocupado, sin empleo. (U. t. c. s.). || *Ant.* y *Amer.* De pie, en pie. || *Prov.* y *Chil.* Orgulloso.

PARADOJA f. (de *para*, y el gr. *doxa*, opinión). Opinión contraria a la común. || Lo que va en contra de la opinión común. (SINÓN. V. *Contrasentido.*) || *Fil.* Contradicción a la que llega, en ciertos casos, el razonamiento abstracto. || Figura de pensamiento que consiste en emplear expresiones o frases que envuelven contradicción.

PARADOJAL adj. Galicismo por *paradójico.*

PARADÓJICO, CA adj. Que incluye o usa paradojas: *una opinión paradójica, espíritu paradójico.* (SINÓN. V. *Inverosímil.*)

PARADOJISMO m. Figura retórica que une, bajo la forma de paradoja, palabras o frases al parecer inconciliables: *puso todo su esfuerzo en no esforzarse en un paradojismo.*

PARADOR, RA adj. Que para. (P. us.) || Dícese del caballo que se para con facilidad: *potro buen parador.* || Dícese del jugador que para mucho. || — M. Albergue, mesón: *almorzar en el parador.*

PARADOXAL adj. Galicismo por *paradójico.*

PARAESTATAL adj. Dícese de las entidades que cooperan con el Estado sin formar parte de su administración.

PARAFASIA f. Clase de afasia debida a dificultades en los nervios motores.

Fot. Serv. Cin. del Aire, S.F.A.S.A.

PARAFERNALES adj. (de *para*, y el gr. *phernê*, dote). *For.* Dícese de los bienes de la mujer no comprendidos en la dote.
PARAFINA f. (del lat. *parum*, *affinis*, de poca afinidad). *Quím.* Substancia sólida, blanca, inodora, que se obtiene destilando el alquitrán y los esquistos bituminosos: *la parafina se emplea para fabricar las bujías ordinarias.*
PARAFINADO m. Acción y efecto de untar con parafina.
PARAFINAR v. t. Impregnar de parafina.
PARAFISCAL adj. Dícese de los impuestos que favorecen a los organismos autónomos.
PARAFRASEAR v. t. Hacer una paráfrasis.
PARÁFRASIS f. Explicación o interpretación amplificativa de un texto. || Traducción libre en verso. || — PARÓN. *Perífrasis.*
PARAFRÁSTICO, CA adj. Relativo a la paráfrasis: *traducción parafrástica.*
PARAGOGE f. Adición de una letra o una sílaba al final de un vocablo: *felice* por *feliz.*
PARAGÓGICO, CA adj. Agregado por paragoge.
PARÁGRAFO m. (voz lat.). Párrafo.
PARAGRANIZO adj. Dícese de un dispositivo que impide la caída del granizo y transforma éste en lluvia: *cohete paragranizo.*
PARAGUARIENSE adj. y s. De Paraguarí (Paraguay).
PARAGUAS m. Utensilio compuesto de un bastón y un varillaje flexible cubierto de tela, que sirve para resguardarse de la lluvia. || *Col. Paraguas de tierra, o de sapo*, hongo, seta.
PARAGUATÁN m. *Amér. C. y Venez.* Árbol rubiáceo de madera rosada.
PARAGUAY m. Especie de papagayo del Paraguay. || *Per.* Penacho morado de la espiga de maíz.
PARAGUAYO, YA adj. y s. De Paraguay. || — M. *Bol.* Látigo de mayoral. || *Bol.* Rosquete. || — F. Fruta parecida al pérsico.
PARAGUAZO m. Golpe dado con el paraguas.
PARAGÜERÍA f. Tienda de paraguas.
PARAGÜERO, RA m. y f. Persona que hace o vende paraguas. || — M. Mueble que se emplea en las casas para colocar los paraguas y bastones. (F. en América.)
PARAHUSAR v. t. Taladrar con parahúso.
PARAHÚSO m. Instrumento para taladrar.
PARAISEÑO, ÑA adj. y s. De El Paraíso (Honduras).
PARAÍSO m. (lat. *paradisus*). En el Antiguo Testamento, jardín de delicias donde colocó Dios a Adán y Eva (*paraíso terrenal*). || En el Nuevo Testamento, cielo. || *Fig.* Lugar encantador. || Asientos del piso más alto del teatro. || *Ave del Paraíso*, pájaro de Nueva Guinea cuyo macho está provisto de penachos coloreados en la cabeza y costados. || *Cub.* El acederaque, árbol.
PARAJE m. Sitio, lugar: *un paraje desconocido.* (SINÓN. V. *País.*) || Estado de una cosa: *encontrarse en mal paraje.*
PARAL m. Madero horizontal u oblicuo que sostiene un andamio.
PARALÁCTICO, CA adj. Del paralaje.
PARALAJE f. *Astr.* Ángulo formado en el centro de un astro por dos líneas tiradas una del centro de la Tierra y otra del ojo del espectador.
PARALELAMENTE adv. m. De un modo paralelo.
PARALELAS f. pl. Barras paralelas en las que se hacen ejercicios gimnásticos.
PARALELEPÍPEDO m. (del gr. *parallêlos*, paralelo, y *epipedon*, superficie). Sólido de seis caras paralelas de dos en dos, y cuya base es un paralelogramo.
PARALELISMO m. *Geom.* Estado de dos líneas o planos que son paralelos. || *Fig.* Dirección semejante. || En psicología, teoría según la cual los hechos psíquicos y los hechos psicológicos se corresponden sin influirse. || Forma de la poesía oriental en la que el segundo verso corresponde, contradice o completa el primero: *la poesía hebrea usa mucho el paralelismo.*
PARALELO, LA adj. (de *para*, y el gr. *allêlos*, unos de otros). Dícese de las líneas rectas o planos que están situados en un mismo plano y, siendo equidistantes, no se encuentran por mucho que se prolonguen. || Correspondiente, semejante. || Semejanza prolongada entre dos personas o cosas: *Plutarco escribió vidas paralelas.* || *Planos paralelos*, planos que no tienen ningún punto de contacto por mucho que se prolonguen. || *Curvas paralelas*, curvas equidistantes en toda su extensión. || *Mercado paralelo*, el que, contrariamente a lo legislado, mantiene unos precios más elevados que los oficiales. || — F. Línea paralela a otra: *tirar paralelas.* || *Fort.* Foso paralelo a la plaza que se asedia. || — M. Círculo del globo terrestre paralelo al ecuador. || Cotejo o comparación entre dos cosas o dos personas. (SINÓN. V. *Comparación.*) || Sección de una superficie de revolución al ser ésta cortada por planos perpendiculares a su eje.
— Los *paralelos* se numeran de 0 a 90 al norte y de 0 a 90 al sur del ecuador, y su longitud decrece a medida que se aproximan a los polos. Sirven para determinar la latitud.
PARALELOGRAMO m. *Geom.* Cuadrilátero cuyos lados opuestos son paralelos: *la superficie del paralelogramo es el producto de su base por su altura.*
PARALIPÓMENOS m. pl. Dos libros canónicos del Antiguo Testamento.
PARALIPSE o **PARALIPSIS** f. (gr. *paraleipsis*). Figura de pensamiento por la cual se hace hincapié en una idea o acción aparentando indiferencia, como: *pasemos por alto la belleza de que está dotada...* (SINÓN. *Preterición.*)
PARALÍS m. Barb. por *parálisis.*
PARÁLISIS f. (del gr. *paralysis*, disolución). Privación o disminución grande de la sensibilidad o del movimiento voluntario. (SINÓN. *Catalepsia, entorpecimiento, entumecimiento, hemiplejía, paraplejía.*) || *Fig.* Imposibilidad de obrar; detención completa: *parálisis de la economía.*
— Las causas principales de la *parálisis* son los trastornos circulatorios cerebrales (arteritis, espasmo, hemorragia cerebral), las intoxicaciones (plomo, alcohol, etc.), las infecciones causadas por un virus (poliomielitis). La parte afectada puede ser un nervio (parálisis radial, cubital, etc.), un miembro (*monoplejía*), los dos miembros inferiores (*paraplejía*), una mitad lateral (*hemiplejía*); a veces afecta a todo el cuerpo (*parálisis general*). La *parálisis infantil*, mal llamada así, ya que los adultos pueden también contraerla, es la poliomielitis.
PARALÍTICO, CA adj. y s. Enfermo de parálisis.
PARALIZACIÓN f. *Fig.* Detención, parada: *paralización del tráfico rodado.*
PARALIZADOR, RA y **PARALIZANTE** adj. Que paraliza.
PARALIZAR v. t. Causar parálisis: *paralizar un miembro.* || *Fig.* Entorpecer, impedir, estorbar: *la pereza suele paralizar las mejores intenciones.* (SINÓN. V. *Parar.*)
PARALOGISMO m. Razonamiento falso. || — OBSERV. No es lo mismo *sofisma* (forma capciosa para engañar) que *paralogismo* (forma falsa, pero sin intención).
PARALOGIZAR v. t. Intentar persuadir con razonamientos falsos o paralogismos.
PARAMAGNÉTICO, CA adj. Dícese de una substancia que se imanta en el mismo sentido del hierro pero más débilmente.
PARAMAR *Col., Ecuad.* y *Venez.*, y **PARAMEAR** v. i. *Ecuad.* Lloviznar.
PARAMENTO m. (lat. *paramentum*). Adorno con que se cubre una cosa. || Mantillas o gualdrapas del caballo. || Cara de una pared o muro. || Cada una de las caras de un sillar labrado. || — Pl. Vestiduras sacerdotales y adornos del altar.
PARAMERA f. Región desierta, sin vegetación.
PARÁMETRO m. (de *para*, y el gr. *metron*, medida). *Geom.* Cantidad indeterminada que entra en la ecuación de algunas curvas y cuyas variaciones permiten obtener todas las curvas de la misma familia.
PARAMIDOFENOL m. Derivado del fenol empleado como revelador fotográfico.
PARAMIENTO m. *Chil.* Parada, orgullo.
PARAMILITAR adj. De carácter que recuerda la organización militar.
PARAMNESIA f. Trastorno de la memoria consistente en dar carácter de recuerdo a una percepción nueva.

ave del paraíso

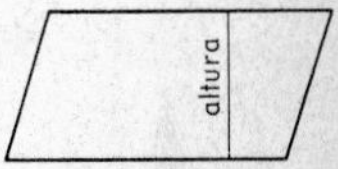

paralelogramo

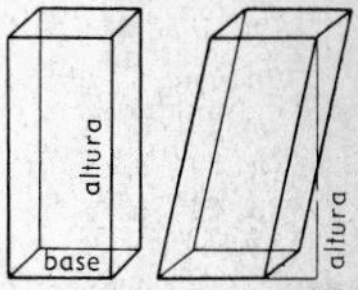

paralelepípedo

Fot. Scaioni

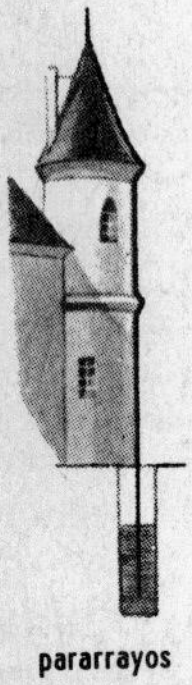
pararrayos

pardillo

PÁRAMO m. (lat. *paramus*). Terreno desierto, elevado y sin vegetación. (SINÓN. V. *Landa.*) || *Fig.* Lugar muy frío y desamparado. || *Col.* y *Ecuad.* Llovizna, calabobos.
PARANAENSE adj. y s. De Paraná.
PARANGÓN m. Comparación.
PARANGONAR v. t. Hacer una comparación. || *Impr.* Justificar en una línea cuerpos diferentes.
PARANINFO m. Padrino de bodas. || El que anuncia un feliz suceso. || En las universidades, el que hace el discurso de apertura del año escolar. || Salón de actos académicos en ciertas universidades.
PARANOIA f. Psicosis caracterizada por vanidad, desconfianza, inquietud.
PARANOICO, CA adj. y s. Que adolece de paranoia.
PARANOMASIA f. Paronomasia.
PARAO m. Embarcación grande filipina.
PARAPARA f. Fruto del paraparo. || *Venez.* Café sin descerezar.
PARAPARO m. Árbol americano de la familia de las sapindáceas. (SINÓN. *Jaboncillo.*)
PARAPETARSE v. r. *Fort.* Defenderse con parapetos. || *Fig.* Defenderse, protegerse.
PARAPETO m. (del ital. *parapetto,* protege pecho, pretil). *Fort.* Muralla detrás de la cual se colocan los sitiados para defenderse contra el fuego enemigo. (SINÓN. V. *Trinchera.*) || Pretil o antepecho: *el parapeto de un puente.* || *Ecuad.* Biombo o mampara.
PARAPLEJÍA f. *Med.* Parálisis que sólo ataca los miembros inferiones del cuerpo. (SINÓN. V. *Parálisis.*) || — PARÓN. *Apoplejía.*
PARAPLÉJICO, CA adj. De la paraplejía. || — M. y f. Atacado de paraplejía.
PARAPSICOLOGÍA f. Estudio de los fenómenos psicológicos que todavía no son bien conocidos científicamente: *la telepatía es una actividad que pertenece a la parapsicología.*
PARAR v. i. (lat. *parare*). Cesar en un movimiento o acción: *parar en mitad de la carrera.* (SINÓN. *Detener, inmovilizar, paralizar.* V. tb. *interrumpir.*) || Impedir de obrar: *nada le para.* || Terminar en algo: *adonde vas a parar con esos preparativos.* || Recaer una cosa en propiedad de uno: *vino a parar la carta a sus manos.* || Habitar: *paró en el mesón del pueblo.* || Convertirse una cosa en otra distinta a la que se esperaba. || *Arg.* Caer de pie. || — V. t. Detener: *parar el caballo.* || Arriesgar dinero en el juego. || Mostrar el perro la caza, deteniéndose ante ella. || Poner, reducir: *se quedó mal parado en la pelea.* || Fijar: *parar mientes en una cosa.* || En deportes, detener el balón. || *Esgr.* Quitar: *paró el golpe.* || *Taurom.* Resistir sin moverse una embestida. || — V. r. Detenerse. (SINÓN. *Estacionar, quedarse.*) || Reparar: *no pararse en menudencias.* || *Ant.* y *Amer.* Ponerse en pie. || *Cub., Ecuad.* y *Guat.* Prosperar, enriquecerse. || *Arg. Parársela a uno,* hacerle frente. || *Fig. No parar,* no cesar de ocuparse de una cosa. || *Sin parar,* sin sosiego, sin detención. || *Ir a parar,* conducir. || *No pararse en barras,* sin detenerse ante ningún obstáculo. || *Venir a parar en,* tener por resultado. || *Fig.* y *fam. Parar los pies a uno,* detener o moderar la acción de alguien.
PARARRAYO m. Pararrayos.
PARARRAYOS m. Aparato que sirve para preservar los edificios contra el rayo: *la invención del pararrayos se debe a Franklin.*
PARASCEVE f. El Viernes Santo, que fue para Jesús preparación a la Pascua.
PARASIMPÁTICO adj. y s. m. Dícese de uno de los dos sistemas nerviosos neurovegetativos.
PARASITARIO, RIA adj. Relativo a los parásitos.
PARASITICIDA adj. y s. m. Que destruye los parásitos.
PARASÍTICO, CA adj. Parisitario.
PARASITISMO m. Carácter de parásito. || *Fig.* Costumbre de vivir a costa de los demás.
PARÁSITO, TA adj. y s. de *para,* y el gr. *sitos,* comida). || *Fig.* Persona que vive a expensas de los demás: *el parásito es uno de los tipos preferidos de la comedia latina.* (SINÓN. V. *Convidado.*) || Animal o planta que vive a expensas de otro animal o de otra planta: *la tenia es parásita del hombre.* || — Pl. Dícese de los ruidos que perturban una transmisión radioeléctrica.
PARASITOLOGÍA f. Estudio de los parásitos.
PARASOL m. Quitasol.
PARATA f. (lat. *paratus*). *Agric.* Bancal pequeño hecho en un terreno pendiente para cultivarlo mejor.
PARATÍFICO, CA adj. Relativo a la paratifoidea. || — Adj. y s. Aquejado de esta enfermedad.
PARATIFOIDEA f. Infección intestinal parecida a la fiebre tifoidea pero menos grave.
PARATIROIDES adj. y s. f. Dícese de cada una de las glándulas de secreción interna situadas en torno del tiroides.
PARAULATA f. *Venez.* Cierta especie de tordo.
PARCE m. (del lat. *parcere,* perdonar). Vale que dan los maestros a los discípulos en premio y que más tarde puede hacerles perdonar una falta o castigo.
PARCELA f. (lat. *parcella*). Porción pequeña de terreno. || En el catastro, nombre de cada una de las porciones de tierra de distinto amo que componen un pago o término. || Partícula, átomo.
PARCELACIÓN f. División en parcelas.
PARCELAR v. t. Señalar las parcelas para el catastro. || Dividir un terreno en partes.
PARCELARIO, RIA adj. Relativo a la parcela: *hacer el plano parcelario de una provincia.*
PARCIAL adj. Que forma parte de un todo: *pago parcial.* || Que sólo se verifica en parte: *eclipse parcial de Luna.* || Que favorece a una persona, partido u opinión en detrimento de los demás: *un escritor parcial, juez parcial.* (SINÓN. V. *Injusto.*) || Partidario, que sigue el partido de otro.
PARCIALIDAD f. Preferencia injusta: *manifestar demasiada parcialidad.* || Facción, bando. || Amistad, familiaridad en el trato.
PARCIALMENTE adv. m. En parte: *satisfacer parcialmente una deuda.* || Con parcialidad.
PARCIMONIA f. V. PARSIMONIA.
PARCÍSIMO, MA adj. Muy parco.
PARCO, CA adj. (lat. *parcus*). Moderado, sobrio: *ser parco en el comer.* (SINÓN. V. *Tacaño.*) || Corto, escaso.
PARCHA f. Nombre americano de diversas plantas de la familia de las pasifloráceas.
PARCHAR v. t. *Arg., Chil.* y *Mex.* Remendar.
PARCHAZO m. *Mar.* Golpe que pega una vela contra el palo o mastelero. || *Fig.* y *fam.* Burla, chasco: *pegar un parchazo a uno.*
PARCHE m. Emplasto aplicado en un lienzo, que se aplica a la parte enferma. || Pedazo de tela, papel, etc., que se pega sobre una cosa. || Pedazo de papel untado de pez y adornado con cintas, que se pone a los toros en la frente, como suerte de lidia: *pegar un parche.* || Pedazo de goma para componer un pinchazo de neumático. || Piel del tambor, y también, el mismo tambor: *resonó el parche.* || *Fig.* Cosa sobrepuesta a otra y que desdice de ella. || *Fig.* Pegote o retoque mal hecho en pintura. || *Cub.* Pez marino. || *Fam. Pegar un parche,* dejar burlado, engañar a uno con socaliñas.
PARCHIS o **PARCHESI** m. Juego que se hace sobre un tablero dividido en cuatro casillas y diferentes espacios por donde han de pasar las fichas de los contrincantes.
PARDAL m. (lat. *pardalis*). Nombre antiguo del *leopardo.* || *Camello pardal,* la jirafa. || Nombre del *gorrión* y del *pardillo,* aves. || Uno de los nombres del *anapelo* o *acónito.* || *Fam.* Hombre astuto y taimado.
PARDAL adj. Dícese de la gente aldeana.
PARDEAR v. i. Mostrar una cosa color pardo.
PARDEJÓN, ONA adj. *Amer.* Que tira a pardo.
¡PARDIEZ! interj. *Fam.* ¡Por Dios!
PARDILLA f. Pardillo, ave.
PARDILLO m. Pájaro de color pardo rojizo, con el pecho rojo, granívoro y de canto agradable. (Mide unos 15 cm y es muy común en España.)
PARDO, DA adj. (lat. *pardus*). De color moreno más o menos obscuro: *hábito de paño pardo, oso pardo.* || Dícese del cielo obscuro o nublado. || Dícese de la voz no clara. || *Amer.* Mulato.
PARDUSCO, CA adj. Que tira a pardo.
PAREADO m. Estrofa consonante formada por dos versos que riman entre sí.

PAREAR v. t. Juntar dos cosas comparándolas una con otra. ‖ Disponer las cosas formando pares. (SINÓN. V. *Acoplar.*) ‖ Banderillear.
PARECER m. Dictamen: *ser del mismo parecer que uno.* (SINÓN. V. *Opinión.*) ‖ Facciones: *tener buen parecer.*
PARECER v. i. Aparecer, dejarse ver: *aún no ha parecido tu padre por aquí.* ‖ Hallarse lo que estaba perdido: *no pareció aquel papel.* ‖ Opinar, creer: *me parece que lloverá.* ‖ Tener cierto aspecto: *me parece feo ese retrato.* ‖ — V. r. Ser semejante. ‖ *Al parecer,* m. adv., según lo que se puede ver o juzgar: *no es malo, al parecer.* ‖ — IRREG. Se conjuga como *merecer.*
PARECIDO, DA adj. Que se parece a otro. (SINÓN. V. *Semejante.*) ‖ Que tiene buena o mala figura: *ser mal parecido.* ‖ — M. Semejanza: *guarda Juan cierto parecido con su padre.* (SINÓN. V. *Analogía.*)
PARED f. (lat. *paries, parietis*). Obra de fábrica que se levanta verticalmente para cerrar un recinto, para sostener la techumbre de una casa, etc. (SINÓN. *Muralla, muro, paredón, tapia.*) ‖ Tabique. ‖ Superficie lateral, lado: *las paredes de un tubo capilar.* ‖ *Fig.* Conjunto de cosas apretadas que forman a manera de pared. ‖ *Pared maestra,* cada uno de las que mantienen el edificio. ‖ *Pared por medio,* m. adv., en casa o habitación contigua. ‖ — PROV. **Las paredes oyen,** hay peligro de que oiga alguien lo que no se quiere publicar.
PAREDAÑO, ÑA adj. Que está pared por medio.
PAREDÓN m. Pared muy grande o muy gruesa. (SINÓN. V. *Pared.*) ‖ *¡Al paredón!,* ¡que lo fusilen!
PAREJA f. Conjunto de dos personas o cosas. ‖ En especial: *una pareja de la Guardia Civil.* ‖ Compañero o compañera de baile. ‖ Matrimonio o novios: *es una pareja muy simpática.* ‖ Compañero en el juego. ‖ *Ecuad.* Tronco de caballos. ‖ — Pl. En los dados y naipes, dos cartas o puntos iguales. ‖ *Correr parejas,* ir iguales dos cosas. ‖ *Por parejas,* de dos en dos.
PAREJERO, RA adj. *Venez.* Dícese del que procura arrimarse siempre a personas calificadas. ‖ *Amer.* Dícese del caballo de carrera. ‖ *Amer.* El que se iguala con otro superior.
PAREJO, JA adj. Igual, regular: *hacer una costura muy pareja.* (SINÓN. V. *Sinónimo.*) ‖ Llano. (SINÓN. *Plano, raso.* V. tb. *liso* y *uniforme.*) ‖ — M. *Amér. C.* y *Antill.* Pareja en el baile. ‖ *Por parejo,* m. adv., por igual.
PAREJURA f. (de *parejo*). Igualdad, parecido.
PAREMIA f. Refrán, proverbio.
PAREMIOLOGÍA f. Tratado de los refranes.
PAREMIÓLOGO m. El que profesa la paremiología.
PARÉNESIS f. Exhortación, amonestación. ‖ Discurso moral.
PARÉNQUIMA m. (del gr. *paregkhuma,* substancia de los órganos). *Anat.* Tejido celular esponjoso. ‖ *Bot.* Tejido de nutrición.
PARENQUIMATOSO, SA adj. Relativo o perteneciente al parénquima.
PARENTELA f. (lat. *parentela*). Conjunto de todo género de parientes y allegados. ‖ Parentesco. (SINÓN. V. *Consanguinidad.*)
PARENTESCO m. Relación de consanguinidad o alianza: *grado de parentesco.* (SINÓN. V. *Consanguinidad.*) ‖ Relación jurídica que une a dos personas, basada en una ascendencia común. ‖ Conjunto de los parientes o aliados. ‖ *Fig.* Unión, lazo, conexión. ‖ *Parentesco espiritual,* el que une a los padrinos con su ahijado y con los padres de éste.
PARÉNTESIS m. (del gr. *parenthesis,* interposición, inserción). Frase que se inserta en un período formando sentido por sí sola. ‖ Signo que indica dicha intercalación ( ): *abrir o cerrar el paréntesis.* ‖ *Fig.* Suspensión, interrupción. ‖ *Entre paréntesis,* incidentalmente.
PAREO m. Acción y efecto de parear dos cosas. ‖ Especie de taparrabos usado en Tahití. ‖ Traje de baño parecido a esta prenda.
PARESA f. Mujer de un par de Inglaterra.
PARESIA f. Parálisis incompleta.
PARESTESIA f. Sensación anormal debida a un trastorno funcional del sistema nervioso.
PARGO m. Pagro, pez.
PARHELIA f. y mejor **PARHELIO** m. (de *para,* y el gr. *Helios,* Sol). *Meteor.* Conjunto de imágenes del Sol producidas por la refracción de los rayos en una nube constituida por cristales de hielo.
PARHILERA f. *Arq.* La viga que forma el lomo de la armadura. (SINÓN. *Hilera.*)
PARIA com. (pal. sánscr.). Nombre que se da en la India a los individuos privados de todos sus derechos religiosos y sociales, por su nacimiento o por haber sido excluidos de su casta. ‖ *Por ext.* Hombre desdeñado y rechazado por los demás hombres: *los leprosos eran en otro tiempo verdaderos parias.* (SINÓN. V. *Pobre.*)
PARICIÓN f. Parto.
PARIDA adj. y s. Dícese de la hembra que acaba de parir.
PARIDAD f. (lat. *paritas*). Comparación de una cosa con otra: *establecer una paridad.* ‖ Igualdad.
PARIDERA adj. Aplícase a la hembra fecunda. ‖ — F. Lugar en que pare el ganado.
PARIENTE, TA m. y f. (lat. *parens,* de *parere,* engendrar). Persona unida con otra por lazos de consanguinidad o afinidad. (SINÓN. *Afín, allegado, colateral, deudo, familiar.*) ‖ *Fam.* El marido o la mujer.
PARIETAL adj. (del lat. *paries,* pared). Perteneciente a la pared. ‖ — M. *Anat.* Cada uno de los dos huesos que constituyen los lados y la bóveda del cráneo.
PARIETARIA f. Planta de la familia de las urticáceas que suele crecer junto a las paredes.
PARIFICACIÓN f. Acción de parificar.
PARIFICAR v. t. (lat. *parificare*). Probar con un ejemplo la cosa que se afirma.
PARIGUAL adj. De la misma condición.
PARIHUELAS f. pl. Angarillas, mueble para transportar, entre dos, pesos o cargas, enfermos, etc. (SINÓN. V. *Camilla.*)
PARINA o **PARIMA** f. *Arg.* Garza grande y de color violado.
PARIPÉ (Hacer el) loc. *Fam.* Presumir, darse tono. ‖ *Fam.* Engañar, fingir.
PARIR v. i. (lat. *parere*). Dar a luz las hembras de los animales vivíparos. ‖ — V. t. *Fig.* Producir, causar una cosa. (SINÓN. V. *Crear.*) ‖ *Fig.* Salir a luz lo que estaba oculto.
PARISIÉN adj. y s. Barb. por *parisiense.*
PARISIENSE adj. y s. De París.
PARISINO, NA adj. y s. Barb. por *parisiense.*
PARISILÁBICO, CA o **PARISÍLABO, BA** adj. De número igual de sílabas.
PARITARIO, RIA adj. Dícese del organismo formado con un número igual de representantes de los patronos y obreros y con los mismos derechos.
PARKERIZACIÓN f. Protección del hierro por una capa superficial de óxido impermeable.
PARKING m. (pal. ingl.). Aparcamiento.
PARKINSON (*Enfermedad de*), afección que se caracteriza por temblor y rigidez muscular.
PARLADOR, RA adj. y s. Hablador.
PARLAMENTAR v. i. Platicar. ‖ Discutir para la entrega de una plaza, para un armisticio, etcétera.
PARLAMENTARIO, RIA adj. Perteneciente al Parlamento: *sistema parlamentario.* ‖ *Régimen parlamentario,* régimen político en el que los ministros son responsables ante el Parlamento. ‖ — M. Militar que se envía a parlamentar: *los parlamentarios son inviolables.* ‖ Miembro del Parlamento.
PARLAMENTARISMO m. Régimen político en el que los ministros son responsables ante el Parlamento, que ostenta la representación nacional.
PARLAMENTO m. (fr. *parlement*). En Francia, nombre de ciertas asambleas antiguas provistas de grandes poderes; hoy se da este nombre a la reunión del Senado y de la Cámara de Diputados. ‖ En Inglaterra, la Cámara de los Lores y la de los Comunes. ‖ *Por ext.* Nombre aplicado a las asambleas que ejercen el Poder Legislativo. ‖ Entre actores, relación larga. ‖ Charla, plática.
PARLANCHÍN, INA adj. y s. *Fam.* Hablador. (SINÓN. V. *Charlatán* e *indiscreto.*)
PARLANTE adj. Que parla o habla.
PARLAR v. i. Hablar (generalmente en sentido despectivo): *pasarse el tiempo en parlar.*

parietaria

PARLATORIO m. Parla, charla. || Lugar donde se habla mucho. || Locutorio en algunos conventos.
PARLERÍA f. Afición a charlar. || Chisme, cuento.
PARLERO, RA adj. Que habla mucho. || Chismoso, aficionado a llevar chismes de una parte a otra. Que canta: *ave parlera.* || *Fig.* Expresivo: *ojos parleros.* || *Fig.* Ruidoso: *arroyo parlero.*
PARLETA f. Conversación sin importancia.
PARLÓN, ONA adj. y s. *Fam.* Que habla mucho.
PARLOTEAR v. i. *Fam.* Hablar mucho y sin substancia. (SINÓN. V. *Charlar.*)
PARLOTEO m. *Fam.* Charla.
PARMESANO, NA adj. y s. De Parma.
PARNASIANISMO m. Movimiento literario de los parnasianos.
PARNASIANO, NA adj. Que pertenece al Parnaso: *cimas parnasianas.* || — Adj. y s. Nombre dado a los poetas y a su estilo, que se caracterizaban por su reacción contra el lirismo romántico desde 1850; se distinguieron por su clásica perfección de la forma: *Leconte de Lisle fue el representante de los parnasianos.*
PARNASO m. (nombre de una montaña de la Fócide, consagrada a las Musas. V. *Parte hist.*). || *Fig.* La poesía y los poetas. || *Fig.* Colección de poesías de diversos autores o conjunto de ellos: *parnaso sudamericano.*
PARNÉ o **PARNÉS** m. *Pop.* Dinero.
PARO m. (lat. *parus*). Nombre de diversos pájaros como el *alionín*, el *herrerillo* y el *pájaro moscón.* || *Paro carbonero*, ave insectívora de España, de plumaje verdoso, negra en la cabeza, cuello y cola, bermejizo en el pecho y vientre.
PARO m. Suspensión del trabajo industrial o agrícola. (SINÓN. V. *Huelga.*) || Interrupción de un ejercicio o explotación industrial o agrícola. || *Paro forzoso*, carencia de trabajo por causa independiente de la voluntad del obrero y del patrono. || *Col.* Una suerte en el juego de dados.
PARODIA f. (lat. *parodia*). Imitación burlesca de una obra de literatura: *una parodia de la Eneida.* || Cualquier imitación burlesca de una cosa seria. || Representación teatral festiva, satírica, para ridiculizar algo serio.
PARODIAR v. t. Hacer una parodia, una imitación burlesca: *parodiar un drama de Shakespeare.* (SINÓN. V. *Imitar.*)
PARÓDICO, CA adj. Relativo a la parodia.
PARODISTA com. Autor o autora de parodias.
PAROLA f. (fr. *parole*). *Fam.* Labia, charla, plática sin substancia. || — M. *Chil.* Fanfarrón, farolón.
PÁROLI o **PAROLI** m. En el juego, jugada que se hace duplicando la puesta cuando se acaba de ganar. || — PARÓN. *Párulis.*
PARONIMIA f. Semejanza de dos voces de pronunciación muy parecida.
PARONÍMICO, CA adj. Relativo a la paronimia.
PARÓNIMO, MA adj. y s. (de *para*, y el gr. *onoma*, nombre). Dícese de los vocablos que tienen entre sí relación o semejanza por su etimología o por su forma, como *pároli* y *párulis.*
PARONIQUIEAS f. pl. Familia de plantas cariofiláceas que tienen por tipo la nevadilla.
PARONOMASIA f. Semejanza fonética entre dos vocablos muy parecidos pero de significado distinto: *azar* y *azor.* || Conjunto de vocablos que forman paronomasia.
PARÓTIDA f. (de *para*, y el gr. *ous, ôtos*, oreja). *Anat.* Nombre de las dos glándulas situadas debajo del oído junto a la mandíbula inferior. || *Med.* Tumor en dichas glándulas.
PAROTIDITIS f. Inflamación de la parótida, paperas.
PAROXISMAL adj. *Med.* Relativo al paroxismo.
PAROXISMO m. (gr. *paroxysmos*). *Med.* Extrema intensidad de una enfermedad. (SINÓN. V. *Irritación.*) || *Fig.* Exaltación extrema de los afectos y pasiones.
PAROXÍSTICO, CA adj. Que llega al paroxismo.
PAROXÍTONO, NA adj. *Pros.* Grave o llano, que lleva el acento en la penúltima sílaba: *una voz paroxítona.* || — PARÓN. *Proparoxítono.*

paro

PARPADEAR v. i. Mover mucho los párpados, o abrir o cerrar los ojos. || Temblar, vibrar (luz, etcétera).
PARPADEO m. Acción de parpadear.
PÁRPADO m. (lat. *palpebra*). *Anat.* Membrana movible musculomembranosa que cubre y resguarda el ojo en el hombre y en muchos animales.
PARPALLA f. *Ant.* Moneda de cobre de dos cuartos.
PARPAR v. t. Gritar el pato.
PARQUE m. (fr. *parc*). Lugar arbolado, de cierta extensión, para la caza o el paseo. (SINÓN. V. *Jardín.*) || Sitio donde pueden estacionar los vehículos transitoriamente. || *Mil.* Recinto donde se custodian cañones, municiones, automóviles, etc. || Conjunto de vehículos de una empresa, organismo o nación. || *Parque nacional*, el que pertenece al Estado para conservar en él la flora, la fauna y las bellezas naturales de una nación. || *Parque zoológico*, lugar donde se conservan animales no comunes.
PARQUÉ m. Parquet.
PARQUEAR v. t. *Amer.* Aparcar.
PARQUEDAD f. Parcidad, prudencia. || Parsimonia. (SINÓN. V. *Economía.*)
PARQUET m. Entarimado hecho con maderas finas de diversos colores formando dibujo. (Es galicismo. La forma española es *entarimado.*)
PARQUÍSIMO, MA adj. Barb. por *parcísimo.*
PARRA f. Vid, viña trepadora. || *Col.* Especie de bejuco que destila un agua que beben los caminantes. || *Fam. Subirse uno a la parra*, encolerizarse. || Vaso de barro, bajo y ancho con dos asas.
PARRADO, DA adj. Dícese del árbol aparrado.
PARRAFADA f. *Fam.* Párrafo, conversación.
PARRAFEAR v. i. Hablar sin necesidad y confidencialmente.
PARRAFEO m. Conversación ligera y confidencial.
PÁRRAFO m. (de *parágrafo*). División pequeña de un trozo de prosa, de un capítulo, etc., que acaba en punto y aparte. Se suele indicar con el signo §. || Dicho signo. || *Fam.* Conversación corta, charla: *echar un párrafo con un amigo.*
PARRAGÓN m. Barra de plata de ley que usan los ensayadores como muestra.
PARRAL m. Parra sostenida con armazón de madera: *sentarse bajo un parral.* || Viña sin podar, que arroja muchos vástagos. || Sitio donde hay parras.
PARRANDA f. *Fam.* Fiesta, jarana, jaleo: *andar de parranda.* (SINÓN. V. *Desenfreno.*) || Cuadrilla de músicos que salen por la noche tocando o cantando para divertirse. || *Col.* Multitud de cosas.
PARRANDEAR v. i. *Fam.* Andar de parranda.
PARRANDEO m. Acción y efecto de parrandear. (SINÓN. V. *Desenfreno.*)
PARRANDISTA m. *Fam.* Dícese del que es aficionado a parrandear o divertirse.
PARRAR v. i. Extender las ramas un árbol.
PARRESIA f. (lat. *parrhesia*). *Ret.* Figura que consiste en decir cosas al parecer ofensivas, pero en realidad halagüeñas para quien las oye.
PARRICIDA com. (lat. *parricida*). Persona que mata a su padre, a su madre o a su cónyuge, o a cualquier persona considerada como padre.
PARRICIDIO m. Crimen del parricida. || En sentido estricto, muerte violenta que uno da a su ascendiente, descendiente o cónyuge.
PARRILLA f. Botija ancha y de boca estrecha.
PARRILLA f. Rejilla de hierro de horno o fogón: *parrilla de locomotora, de asador.* || Sala de fiestas donde se sirven comidas. || — Pl. Útil de cocina que sirve para tostar carne, pan, etc.
PÁRROCO m. (lat. *parochus*). Cura que dirige una parroquia. (SINÓN. V. *Sacerdote.*) || — Adj.: *cura párroco.*
PARROCHA f. Sardina en salmuera.
PARRÓN m. Parriza. || *Chil.* Parra, parral.
PARROQUIA f. (lat. *parochia*). Territorio al que se extiende la jurisdicción espiritual de un cura párroco: *una parroquia rural.* || Habitantes de dicho territorio: *asistió toda la parroquia.* || Templo de la parroquia: *ir a misa a la parroquia.* (SINÓN. V. *Iglesia.*) || Conjunto de personas que constituyen la clientela de un comerciante o industrial: *la parroquia de un carnicero.*

Fot. Crich

PARROQUIAL adj. Relativo o perteneciente a la parroquia: *iglesia parroquial.*
PARROQUIANO, NA adj. y s. Perteneciente a una parroquia, feligrés. || — M. y f. Persona que compra de costumbre en una tienda. (SINÓN. V. *Comprador.*)
PARSEC m. Unidad astronómica de distancia correspondiente a 3,26 años de luz, que equivale a 30,84 billones de kilómetros.
PARSI adj. y s. Nombre dado a los descendientes de los antiguos persas, de la secta de Zoroastro. || Idioma hablado por los parsis.
PARSIMONIA f. (lat. *parsimonia*). Frugalidad, moderación, escasez: *vivir con la mayor parsimonia.* (SINÓN. V. *Economía.*) || Lentitud: *caminar con parsimonia.*
PARSIMONIOSO, SA adj. Que muestra parsimonia, cicatero, agarrado.
PARSISMO m. Religión de los parsis.
PARTE f. (lat. *pars, partis*). Porción de un todo. (SINÓN. *Fracción, fragmento, migaja, miembro, partícula, pieza.* V. tb. *pedazo* y *porción.*) || Lo que le toca a uno en el repartimiento de una cosa: *le corresponde a él la mayor parte.* (SINÓN. *Lote.* V. tb. *cuota.*) || Sitio, lugar: *lo colocó en la parte más alta del armario.* || División de ciertas obras literarias o científicas. || Cada una de las personas que contratan entre sí o toman parte en un negocio: *algunas de las partes salieron perjudicadas en aquel negocio.* || Lado, partido: *ponerse de parte del más débil.* || Papel que representa el actor en un poema dramático. || Actor de una compañía de cómicos o cantantes. || *For.* Litigante: *hacer un convenio las dos partes.* || — F. pl. Facción o partido. || Órganos de la generación. || — M. Correo real. || Escrito breve que se envía para dar aviso o noticia de algo: *parte de guerra,* resumen de las operaciones militares. || Con la prep. *de* indica procedencia u origen: *de parte de padre.* || Comunicación telegráfica o telefónica. || *Parte alícuota,* la que mide exactamente a su todo, como 2 respecto de 4. || *Chil. Parte de luto,* esquela de defunción. || *Parte de la oración,* cada una de las nueve clases de palabras que tienen oficio diferente en nuestra lengua. || *Dar parte,* notificar, avisar una cosa. || *De mi parte,* o *por mi parte,* m. adv., por lo que a mí toca. || *De parte de,* m. adv., a favor de: *estoy de parte de Fulano.* En nombre de: *vengo de parte de tu padre.* || *De parte a parte,* m. adv., de un lado a otro: *le atravesó de parte a parte.* || *En parte,* m. adv., parcialmente: *en parte tendrá razón.* || *Parte por parte,* m. adv., sin omitir nada. || *Por partes,* m. adv., con orden y método: *vayamos por partes.* || *Por mi parte,* por lo que a mí toca. || *Fig. Echar a mala parte,* interpretar desfavorablemente. || *Entrar,* o *ir,* o *llamarse, a la parte,* interesarse en un asunto. || *Poner,* o *hacer, de su parte,* hacer lo posible por una cosa. || *Salva sea la parte,* expresión que se usa al señalar una parte del cuerpo en que sucedió lo que uno refiere: *le dió un puntapié en salva sea la parte.* || *Tener parte* o *tomar parte en una cosa,* participar en ella.
PARTEAR v. t. Asistir a la mujer cuando pare.
PARTELUZ m. Ajimez de una ventana.
PARTENAIRE m. (pal. fr., pron. *partener*). Compañero, socio, pareja.
PARTENOGÉNESIS f. Nombre dado a la reproducción de las especies sin el concurso de los sexos. || *Partenogénesis artificial,* desarrollo del óvulo no fecundado por medios físico-químicos.
PARTENOGENÉTICO, CA adj. *Biol.* Dícese de la reproducción por partenogénesis y del animal o planta que se reproduce así.
PARTENUECES m. Cascanueces, instrumento usado para romper las nueces.
PARTERA f. Mujer que asiste a la que pare.
PARTERÍA f. Oficio de partear.
PARTERO m. Cirujano que se dedica especialmente a asistir a los partos.
PARTERRE m. (pal. fr., pr. *parter*). Jardín o parte de él con césped, flores y anchos paseos. (SINÓN. V. *Jardín.*) || En teatros y cines, patio de butacas.
PARTESANA f. *Ant.* Arma a modo de alabarda.
PARTIBLE adj. Que se puede partir o dividir.
PARTICIÓN f. División: *partición de herencia.*
PARTICIONERO, RA adj. Partícipe, que tiene parte en algo.

PARTICIPACIÓN f. Acción y efecto de participar: *la participación en un crimen.* || Aviso, noticia, parte: *participación de boda.*
PARTICIPANTE adj. y s. Que participa.
PARTICIPAR v. t. (lat. *participare*). Dar parte, comunicar: *le participo a usted mi decisión.* (SINÓN. V. *Informar.*) || — V. i. Tener parte en una cosa: *participar en un negocio.* (SINÓN. *Compartir, entrar, intervenir, mezclar, tomar parte.* V. tb. *contribuir.*)
PARTÍCIPE adj. y s. Que tiene parte.
PARTICIPIAL adj. Relativo al participio.
PARTICIPIO m. Parte de la oración así llamada porque participa a la vez de las cualidades del verbo y de las del adjetivo.
— Hay dos clases de participios, el *activo,* o *de presente,* y el *pasivo* o *de pretérito.* Los participios activos regulares son los que acaban en *ante, ente* o *iente* (amante, oyente, escribiente). Los participios pasivos regulares de la primera conjugación terminan en *ado,* y en *ido* los de la segunda y tercera. Muchos verbos tienen un participio pasivo regular y otro irregular, como por ejemplo *freir* (*freído* y *frito*). En tal caso el participio irregular suele usarse como adjetivo, y el regular conserva las funciones participiales, v. gr.: *he freído patatas, huevos fritos.*
PARTÍCULA f. Parte pequeña. (SINÓN. *Átomo, corpúsculo, molécula.* V. tb. *parte.*) || *Fís.* Cada uno de los elementos que constituyen el átomo (electrón, protón, neutrón). || *Gram.* Parte indeclinable de la oración que se usa generalmente en composición con otros vocablos, como *in, sub*: *in*suflar, *sub*dividir. || *Partículas alfa,* núcleos del helio, muy raramente estables, de número de masa 3, que constan de 2 protones y 1 neutrón.
PARTICULAR adj. (lat. *particularis*). Que pertenece especialmente a ciertas personas o cosas: *casa particular.* || Opuesto a general: *el interés particular debe desaparecer ante el interés general.* || Especial, extraordinario: *tener talento particular para el dibujo.* (SINÓN. *Característico, especial, peculiar, personal, singular.*) || No público: *audiencia particular.* || Separado, distinto: *habitaciones particulares del rey.* || — M. Individuo que no tiene ningún título o empleo especial: *le fui a ver como simple particular.* (SINÓN. V. *Persona.*) || Asunto, punto que se trata: *hablaremos sobre este particular.* || *En particular,* m. adv., especialmente: *este libro, en particular, me interesa mucho.* De un modo privado: *hablar en particular.* || — CONTR. *General.* || — OBSERV. Es galicismo decir *en mi particular,* por *por mi parte, para mis adentros,* etc.
PARTICULARIDAD f. Circunstancia particular: *una particularidad notable.* || Calidad de lo particular. (SINÓN. V. *Esencia.*)
PARTICULARISMO m. *Teol.* Doctrina según la cual murió Jesucristo únicamente para los elegidos y no para todos los hombres. || Preferencia excesiva que se da al interés particular sobre el general. || Individualismo.
PARTICULARISTA adj. Relativo al particularismo. || Partidario de dicha doctrina.
PARTICULARIZAR v. t. (del lat. *particularis,* particular). Especificar de un modo particular: *particularizar los menores detalles.* || Reducir a un solo caso. || — V. r. Distinguirse, singularizarse. || — CONTR. *Generalizar.*
PARTICULARMENTE adv. De un modo particular.
PARTIDA f. Acción de partir o salir. (SINÓN. V. *Ausencia.*) || Asiento de nacimiento, matrimonio, etc., que se escribe en el Registro civil o parroquial, y copia certificada de dichos documentos: *pedir la partida de nacimiento a una persona.* || Artículo de una cuenta: *esta cuenta consta de varias partidas.* || Cantidad o porción de un género de comercio: *una partida de trigo.* || Expedición, excursión: *partida de caza, de campo.* (SINÓN. V. *Recreo.*) || Guerrilla, bando, parcialidad. || Conjunto poco numeroso de gente armada. || Mano de juego: *echar una partida de dominó.* || *Fig. Mala partida,* mala jugada que hace uno a otro. || *Una partida serrana,* traición, acción desleal: *le jugó una partida serrana.* || *Partida simple,* o *doble,* nombre de dos métodos de contabilidad. || *Las Siete Partidas,* las leyes compiladas por don Alfonso el Sabio, que las dividió en siete partes.

partesana

PARTIDAMENTE adv. m. Separadamente.

PARTIDARIO, RIA adj. y s. Que sigue un partido o bando. (SINÓN. *Adepto, adicto, allegado, militante, prosélito, satélite, sectario, secuaz.* V. tb. *miembro.*) ‖ Que se muestra adicto a una persona o cosa: *partidario de la guerra.* ‖ *Ecuad., Cub.* y *Per.* Aparcero. ‖ — M. Guerrillero.

PARTIDARISTA adj. *Col.* Partidista.

PARTIDISMO m. Celo exagerado a favor de un partido, tendencia u opinión.

PARTIDISTA adj. Relativo a un partido político: *política partidista.*

PARTIDO, DA adj. Dividido, cortado: *escudo partido.* ‖ — M. Parcialidad, bando, grupo: *el partido conservador.* (SINÓN. *Bandería, clan, facción, secta.*) ‖ Amparo, protección: *no tener partido para una cosa.* ‖ Conjunto de los compañeros en un juego: *hacer partido con uno.* (SINÓN. V. *Competición.*) ‖ En ciertos juegos, ventaja que se da al menos hábil para ayudarle. ‖ Trato, convenio. ‖ Conjunto de varios jugadores que juegan contra otros tantos: *partido de fútbol, de pelota.* ‖ Resolución que uno adopta: *tomar partido.* ‖ Conveniencia, provecho o ventaja: *sacar partido de todo.* ‖ Distrito de una administración o jurisdicción que tiene por cabeza un pueblo principal: *partido judicial.* ‖ *Amer.* Aparcería. ‖ *Amer.* Crencha, raya. ‖ Medio, proceder: *hay que tomar otro partido.* ‖ *Buen o mal partido,* persona conveniente o no conveniente para casarse con ella.

PARTIDOR m. El que parte o reparte una cosa. ‖ El que parte o rompe una cosa: *partidor de leña.* ‖ Instrumento para romper ciertas cosas: *partidor de nueces.* ‖ Púa con que se abrían la crencha las mujeres. ‖ *Arit.* Divisor.

PARTIDURA f. Raya o crencha del pelo.

PARTIJA f. Partición, división: *hacer partijas.*

PARTIQUINO, NA m. y f. (del ital. *particina,* pequeña parte). Cantante que ejecuta en una ópera parte de escasa importancia.

PARTIR v. t. (lat. *partiri*). Dividir una cosa en dos o más partes: *partir una tabla por la mitad.* (SINÓN. *Cortar, fraccionar, fragmentar, separar, trinchar.*) ‖ Rajar, quebrar: *se partió la cabeza al caer.* (SINÓN. V. *Romper.*) ‖ Repartir. (SINÓN. V. *Distribuir.*) ‖ Acometer en pelea, batalla. ‖ Romper ciertos frutos de cáscara dura: *partir avellanas.* ‖ *Mat.* Dividir: *partir un número por otro.* ‖ — V. i. Apoyarse en una cosa, deducir de ella: *partir de un supuesto falso.* ‖ Contar: *a partir de hoy.* ‖ Ponerse en camino, marcharse: *partir para Francia.* (SINÓN. V. *Marchar.*) ‖ *Fig.* y *fam.* Desbaratar, desconcertar. ‖ Galicismo por *nacer, proceder: su conducta parte de un buen corazón.* ‖ *Fig.* Resolver una dificultad. ‖ — V. r. Dividirse en bandos o partidos. ‖ Marcharse, irse. ‖ *A partir de,* desde.

PARTISANO, NA adj. y s. Galicismo por *partidario, guerrillero.*

PARTITIVO, VA adj. (del lat. *partitum,* supino de *partire,* partir). Que puede dividirse. ‖ *Gram.* Dícese de la palabra que expresa división, como *mitad, tercia, cuarta,* etc.

PARTITURA f. (ital. *partitura*). Texto completo de una obra musical.

PARTO m. (lat. *partus*). Acción de parir y producto de dicha operación: *un parto laborioso.* ‖ *Fig.* Producción del ingenio.

PARTURIENTA o **PARTURIENTE** adj. y s. Mujer que está de parto o recién parida.

PÁRULIS m. (gr. *parulis*). *Med.* Flemón o tumorcillo que nace en las encías. ‖ — PARÓN. *Pároli.*

PARUSÍA f. El segundo advenimiento de Cristo al final de los tiempos.

PARVA f. Mies tendida en la tierra para trillarla: *abundante parva.* ‖ *Fig.* Montón grande de una cosa. ‖ Multitud de chiquillos. ‖ Parvedad, refección. ‖ Desayuno, entre los campesinos.

PARVADA f. Reunión de parvas: *trillar la parvada.* ‖ Multitud, gran cantidad. ‖ *Amer.* Bandada.

PARVEDAD f. Pequeñez. ‖ Corto alimento que se suele tomar por las mañanas en los días de ayuno.

PARVENU m. (pal. fr.). Advenedizo.

PARVIDAD f. Parvedad, pequeñez de una cosa.

PARVO, VA adj. (lat. *parvus*). Pequeño. Úsase principalmente en la loc.: *oficio parvo de la Virgen.*

PARVULEZ f. Pequeñez. ‖ Simplicidad.

PÁRVULO, LA adj. y s. (lat. *parvulus*). Niño pequeño: *escuela de párvulos.* ‖ *Fig.* Inocente, sencillo.

P. A. S. m. (abrev. de *ácido para-amino-salicílico*). Antibiótico activo contra el bacilo de la tuberculosis.

PASA f. Uva secada al sol: *las pasas de Málaga son las más célebres.* ‖ *Ecuad.* Cierto juego de azar. ‖ *Fig.* Cada uno de los mechones crespos y ensortijados de los negros. ‖ *Fig.* y *fam. Estar o quedarse hecho una pasa,* estar o volverse una persona muy seca de cuerpo y arrugada de rostro.

PASA f. (de *pasar*). *Mar.* Canalizo entre bajos.

PASABLE adj. Galicismo muy empleado por *pasadero, mediano, aceptable: la muchacha está pasable.*

PASABLEMENTE adv. m. Medianamente.

PASACALLE m. *Mús.* Marcha popular de compás vivo: *tocar un pasacalle.* ‖ Danza lenta de tres tiempos.

PASACANA f. *Arg.* y *Bol.* El fruto del cardón o cirio.

PASACÓLICA f. *Med.* Cólica, cólico pasajero.

PASADA f. Paso, acción de pasar. ‖ Lo suficiente para mantenerse y pasar la vida. ‖ *Fig.* y *fam. Mala pasada,* mala jugada que hace una persona a otra. ‖ Sitio por donde se puede pasar. ‖ Paso, puntada larga en la ropa: *darle una pasada a la ropa.* ‖ *Amér. C.* Reprimenda. ‖ *Col.* Vergüenza. ‖ *Cub.* Escarmiento. ‖ *De pasada,* m. adv., de paso.

PASADERA f. Piedra o tabla que permite pasar o atravesar un charco, arroyo, etc. ‖ *Mar.* Meollar. ‖ *Chil.* Acción de pasarse de un partido a otro.

PASADERAMENTE adv. m. Medianamente.

PASADERO, RA adj. Que puede pasar, o que es tolerable: *un trabajo pasadero, vida pasadera.* (SINÓN. V. *Aceptable.*) ‖ Medianamente bueno de salud. ‖ — M. Pasadera.

PASADILLO m. Especie de bordado que pasa por los dos lados de una tela.

PASADIZO m. Paso estrecho, pasillo, corredor. ‖ *Fig.* Medio que sirve para pasar de una parte a otra.

PASADO m. Tiempo que pasó; cosas que sucedieron en él: *eso es cosa del pasado.*

PASADO, DA adj. Dícese de la fruta o la carne echadas a perder, del guisado demasiado cocido, del ascua o el carbón demasiado encendidos, etc. (V. PASO.) ‖ *Col.* Dícese del animal trasijado y de las cosas sin gracia ninguna. ‖ Dícese del tiempo anterior: *el mes pasado;* del día que sigue a mañana: *pasado mañana vendré.*

PASADOR, RA adj. y s. Que pasa de una parte a otra: *pasador de contrabando.* ‖ — M. Barra de hierro que se corre para cerrar ciertas cosas: *pasador de ventana.* ‖ Varilla de metal que sujeta las patas de una bisagra. (SINÓN. *Chaveta.*) ‖ Aguja grande que usan las mujeres en el pelo. ‖ Sortija que se pone a ciertas corbatas. ‖ Imperdible para sujetar en el pecho condecoraciones y medallas. ‖ Colador con fondo de tela metálica. ‖ — Pl. Gemelos, botones de camisa.

PASAJE m. Acción de pasar. ‖ Derecho que se paga por pasar de un sitio a otro. ‖ Sitio por donde se pasa. (SINÓN. V. *Calle.*) ‖ Precio del viaje en un buque. (Amér., en ferrocarril.) ‖ Conjunto de pasajeros del barco. ‖ Trozo o lugar de un escrito. ‖ *Col.* Casa de vecindad. ‖ Paso público entre dos calles, algunas veces cubierto: *el pasaje de Matheu.* ‖ *Mús.* Paso de un tono a otro.

PASAJERO, RA adj. Dícese del lugar por donde pasa mucha gente. ‖ Que pasa pronto: *dolor pasajero.* (SINÓN. *Efímero, fugaz, fugitivo, interino, momentáneo, precario, provisional, provisorio, temporal, transitorio.*) ‖ — Adj. y s. Que pasa o va de camino de un punto a otro. (SINÓN. V. *Viajero.*) ‖ *Ave pasajera,* ave de paso.

PASAJUEGO m. En el juego de pelota, vuelta que se hace desde el resto hasta el saque.

PASAMANERÍA f. Obra del pasamanero, oficio y taller del mismo: *un cuello de pasamanería.*

PASAMANERO m. El que hace los pasamanos.

PASAMANO m. Especie de galón o trencilla de oro, seda, etc., que se usa como adorno. ‖ Barandal, baranda: *el pasamano de la escalera.* ‖ *Chil.* Gratificación. ‖ *Mar.* Paso de proa a popa, junto a la borda, en los navíos.

PASAMONTAÑAS m. pl. Especie de gorra que cubre el cuello y las orejas.
PASANTE adj. Que pasa. || — M. Ayudante del maestro en una profesión liberal: *pasante de abogado.* || En algunos colegios, profesor que vigila los estudios de los alumnos y cuida de que aprovechen las lecciones que les dan. (SINÓN. V. *Maestro.*) || El que pasa la lección a otro discípulo.
PASANTÍA f. Ejercicio de pasante. || Tiempo que dura.
PASAPASA m. Juego de manos, prestidigitación.
PASAPERRO m. Encuadernación con un cordón que atraviesa las hojas y las tapas.
PASAPORTAR v. t. Dar o expedir pasaporte. || *Fam.* Despachar. || *Fam.* Matar; acabar.
PASAPORTE m. Licencia para pasar de un país a otro. (SINÓN. V. *Pase.*) || El libro pequeño o cuaderno donde consta esta licencia. || Licencia que se da a los militares. || *Dar pasaporte a uno,* despedirle. || *Fig.* Licencia de ejecutar una cosa.
PASAPORTEAR v. t. *Amer.* Extender pasaporte a un viajero.
PASAR v. t. Conducir de una parte a otra: *pasar viajeros en una barca.* || Atravesar: *pasar la sierra.* || Enviar: *le pasaron un recado.* || Ir más allá: *pasar uno los límites.* || Penetrar (SINÓN. V. *Entrar.*) || Introducir contrabando: *pasar tabaco.* || Poner en circulación: *pasar moneda falsa.* || Comunicar una enfermedad: *le pasó el constipado.* || Aventajar: *pasar a su contricante.* (SINÓN. *Rebasar, superar.* V. tb. *exceder.*) || Transferir, trasladar: *le pasó la tienda.* (SINÓN. V. *Transmitir.*) || Padecer: *pasar muchas privaciones.* || Introducir: *pasar la hebra por la aguja.* || Colar: *pasar un licor.* || Cerner: *pasar harina por el cernedor.* (SINÓN. V. *Tamizar.*) || No poner reparo a una cosa, disimular: *ya te llevo pasadas muchas faltas.* || Estudiar el pasante con su maestro. || Recorrer un escrito para enterarse o aprenderlo. || Desecar una cosa al sol: *pasar uvas.* || *Taurom.* Dar pases de muleta. || Moverse, trasladarse de un lugar a otro. || — V. i. Tener lo necesario para vivir: *ir pasando.* || En algunos juegos, no jugar por no tener naipe o ficha convenientes. || Moverse una cosa de una parte a otra: *pasó el coche veloz como el rayo.* || Ocurrir: *no sé lo que pasó ayer en tu casa.* (SINÓN. V. *Suceder.*) || Ocupar el tiempo: *pasó la tarde leyendo.* || Durar, servir: *mi sombrero puede pasar este año.* || Cesar: *pasó su cólera.* || Tener opinión de: *pasar por tonto.* || No necesitar una cosa: *pasaremos sin azúcar.* || Morir: *pasó a mejor vida.* || — V. imp. Ocurrir, acontecer, suceder: *¿qué pasa?* || — V. r. Cambiar de partido: *pasarse al enemigo.* || Olvidarse, borrarse de la memoria: *se me pasó lo que me dijiste.* || Acabarse o dejar de ser. || Echarse a perder las frutas, carnes, etc.: *esta carne está pasada.* || Perder su sazón una cosa: *se pasó el arroz.* || Encenderse demasiado la lumbre. || Exceder en una cosa: *pasarse de listo.* || Filtrarse un licor por los poros de la vasija: *el botijo se pasa.* || *Fig. Pasar de largo,* atravesar por una parte sin detenerse, o no hacer reparo en lo que se lee o trata. || *Pasar en blanco, o por alto, una cosa,* omitirla. || *Pasar por algo,* soportarlo. || *Hacerse pasar por,* galicismo por *darse como, querer pasar por.* || *Lo pasado, pasado,* olvidemos todo lo que ha sucedido.
PASARELA f. Puente pequeño y provisional. (SINÓN. V. *Puente.*) || En los barcos, puentecillo ligero delante de la chimenea. || En los teatros, pequeña prolongación del escenario en forma más o menos circular para mostrarse los artistas, especialmente las bailarinas.
PASATIEMPO m. Distracción, entretenimiento, ocupación ligera y agradable: *pasatiempo ingenioso.* (SINÓN. V. *Recreo.*)
PASATIVA f. *Col.* Vergüenza.
PASATORO (A) m. adv. *Taurom.* Dícese de la estocada que se da al pasar el toro.
PASAVANTE m. *Mar.* Salvoconducto que da a un buque el jefe de las fuerzas navales enemigas. || *Mar.* Documento que da un cónsul a un buque mercante adquirido en el extranjero para que pueda ir a abanderarse en un puerto nacional.
PASAVOLANTE m. Acción ejecutada con ligereza y sin cuidado. || Especie de culebrina antigua.
PASAVOLEO m. Un lance del juego de pelota.
PASCAL m. Unidad de presión (símb.: Pa), que equivale a la presión uniforme que al actuar sobre una superficie plana de 1 metro cuadrado, ejerce, perpendicularmente a esta superficie, una fuerza total de 1 newton.
PASCANA f. *Ecuad.* Tambo, venta, mesón. || *Arg.* Parada, etapa que se hace en un viaje.
PASCAR v. i. *Bol.* Acampar.
PASCASIO m. *Fam.* En las universidades, estudiante que iba a su tierra para pasar las pascuas.
PASCLE m. *Méx.* Planta parásita de los árboles.
PASCUA f. (lat. *pascha,* de una palabra hebrea que sign. *paso, tributo*). Fiesta solemne de los hebreos, establecida para conmemorar su salida de Egipto: *celebrar la pascua.* || Fiesta solemne de la Iglesia católica, en memoria de la resurrección de Cristo. || Cualquiera de las fiestas de Navidad, de la Epifanía y de Pentecostés. || — Pl. Tiempo que media entre Navidad y los Reyes: *pasar las pascuas con su familia.* || *Pascua florida,* la de Resurrección. || *Dar las pascuas,* felicitar por Año Nuevo. || *De Pascuas a Ramos,* adv. m., de tarde en tarde. || *Fig.* y *fam. Estar como unas pascuas,* estar sumamente alegre. || *Fam. Santas pascuas,* se acabó, expresión con que se da a entender que no hay más remedio que conformarse. || *Pop. Hacer la pascua,* fastidiar.
— La *pascua* de los judíos fue establecida para conmemorar el paso del mar Rojo y el del ángel exterminador que, en la misma noche en que salieron de Egipto los hebreos, mató a los primogénitos de los egipcios, respetando sólo las casas de los israelitas señalada con la sangre del cordero. Entre los cristianos se celebra esta fiesta en memoria de la resurrección de N. S. Jesucristo *La Pascua de Resurrección,* fijada por el Concilio de Nicea (325), se celebra el domingo después de la Luna llena que sigue al primer equinoccio del año, y cae siempre entre el 21 de marzo y el 26 de abril, pudiendo variar en treinta y seis días su situación en el calendario.
De dicha fiesta dependen en la Iglesia católica todas las fiestas movibles:

Septuágesima	63 d.	ant.	de Pascua.
Quincuagésima	49 d.	—	—
Domingo de Pasión ...	14 d.	—	—
— *de Ramos* ...	7 d.	—	—
— *de Cuasimodo.*	7 d.	desp.	—
Ascensión	40 d.	—	—
Pentecostés	10 d.	desp.	de la Ascensión.
Trinidad	7 d.	desp.	de Pentecostés.
Corpus	jueves siguiente.		

PASCUAL adj. De la pascua: *el cordero pascual.*
PASCUILLA f. Nombre que se da vulgarmente al primer domingo después del de Pascua.
PASE m. Permiso, autorización para pasar personas o géneros, viajar gratuitamente, penetrar en un local, etc. (SINÓN. *Autorización, guía, pasaporte, salvoconducto.*) || *Esgr.* Finta. || *Taurom.* Cada una de las veces que el torero, después de citar al toro con la capa o muleta, le deja pasar. || Movimiento que hace con las manos el magnetizador: *hacer pases.* || En deporte, envío del balón a un jugador. || Acción y efecto de pasar en el juego.
PASEADERO m. Paseo, el sitio donde se pasea.
PASEADOR, RA adj. Aficionado a pasear o a pasearse. || Dícese del caballo que pasea bien largo.
PASEANTE adj. y s. Que pasea. (SINÓN. *Callejero, transeúnte.*) || *Fig.* y *fam. Paseante en corte,* ocioso, holgazán, perezoso.
PASEAR v. i. Andar a pie, en coche, a caballo, etc., por diversión o para hacer un ejercicio saludable. (SINÓN. V. *Andar.*) || — V. t. Hacer pasear: *pasear un niño.* || *Fig.* Llevar una cosa de parte a otra para enseñarla. || — V. r. Pasear: *pasearse por la calle.* || Estar ocioso. || *Amér. C.* Arruinar, echar a perder.
PASEÍLLO m. Desfile de los toreros al comenzar la corrida: *los toreros hacen siempre el paseíllo precedidos por los alguaciles.*
PASEO m. Acción de pasear: *ir de paseo.* (SINÓN. *Excursión.*) || Lugar donde suele pasearse la gente: *el paseo de Recoletos en Madrid es muy famoso.* (SINÓN. V. *Alameda.*) || Figura de ciertos

pasamontañas

bailes. || Distancia corta, que puede recorrerse paseando. (SINÓN. *Callejeo, caminata, paseata, vuelta.*) || *Amér. C.* Mascarada que recorre las calles. || *Taurom. Paseo de las cuadrillas,* desfile y saludo a la presidencia de todo el personal que va a actuar en la corrida. || *Fig. Mandar a paseo a uno,* despedirlo con severidad. || *Fam. Dar el paseo,* matar a alguien sin formación de causa.

PASERA f. Lugar donde se suelen poner a secar algunas frutas para que se pasen.

PASERO, RA adj. Dícese de la caballería enseñada a ir al paso. || — M. y f. Persona que vende pasas. || — M. *Col.* Barquero.

pasionaria

PASIBILIDAD f. Calidad de pasible.

PASIBLE adj. Capaz de padecer.

PASICORTO, TA adj. Que tiene el paso corto.

PASIEGO, GA adj. y s. De Pas, valle de la provincia de Santander. || — F. *Fam.* Ama de cría.

PASIFLORA f. Un nombre de la *pasionaria.*

PASIFLORÁCEAS f. pl. (del lat. *passio,* pasión, y *flos,* flor). Familia de plantas tropicales de hermosas flores, a la que pertenece la pasionaria.

PASILARGO, GA adj. Que tiene el paso largo.

PASILLO m. Pieza del paso, larga y angosta, de cualquier edificio. SINÓN. V. *Paso.*) || Puntada larga con que se preparan ciertos bordados. || Cláusula de la Pasión que se canta en los oficios solemnes de Semana Santa. || Paso teatral corto: *representar un pasillo.* || *Amer.* Composición musical bailable. || *Méx.* Estera larga y angosta.

PASIÓN f. (lat. *passio*). Sufrimiento, serie de tormentos: *la Pasión de Jesucristo.* || Relato de la Pasión de Jesús, en el Evangelio: *la Pasión según San Mateo.* || Sermón sobre dicho asunto: *predicar una Pasión.* || Perturbación o afecto desordenado del ánimo: *dejarse llevar de sus pasiones.* (SINÓN. V. *Furor.*) || Inclinación muy viva de una persona a otra: *ella es mi pasión.* (SINÓN. V. *Afección.*) || Deseo vehemente: *tener pasión por la música.* || Objeto de deseo: *el estudio es su pasión.* || Prevención a favor o en contra: *juzgar con pasión.*

PASIONAL adj. Apasionado, lleno de pasión: *su peligro está en que es muy pasional.* || Relativo a la pasión: *crimen pasional.*

PASIONARIA f. Planta americana de la familia de las pasifloráceas, de grandes flores olorosas, cuyos verticilos recuerdan aproximadamente los instrumentos de la Pasión de Jesucristo. || Granadilla, planta.

PASIONARIO m. Libro de coro que sirve para cantar la Pasión durante la Semana Santa.

PASIONCILLA f. Pasión pasajera o leve. || Movimiento ruin del ánimo.

PASIONISTA adj. y s. De la orden de la Pasión.

PASITO adv. m. Con gran tiento.

PASITROTE m. Trote corto de una caballería.

PASIVAMENTE adv. m. De un modo pasivo: *obeceder pasivamente.* || — CONTR. *Activamente.*

PASIVIDAD f. Calidad de lo que es pasivo.

PASIVO, VA adj. (lat. *passivus*). Que padece la acción sin obrar: *desempeñar un papel pasivo.* (SINÓN. V. *Blando* e *inerte.*) || *Obediencia pasiva,* obediencia ciega. || *Deuda pasiva,* lo que debemos, por oposición a *deuda activa.* || Dícese de las pensiones que disfrutan ciertas personas por jubilación, viudedad, etc. || *Clases pasivas,* conjunto de las personas que disfrutan dichas pensiones. || *Gram. Verbo pasivo,* el que expresa una acción sufrida por el sujeto: *el verbo pasivo no es más que el verbo* SER *seguido por el participio pasivo de un verbo activo, como* SOY AMADO, ERES ODIOSO. || *Gram. Voz pasiva,* conjugación del verbo *ser* con un participio pasivo de un verbo activo. || *Com.* Importe total de lo que debe el comerciante.

paso de Semana Santa

Fot. Delius

PASMADO, DA adj. y s. Parado, ensimismado.

PASMAR v. t. Enfriar mucho o con violencia. || *Fig.* Causar pérdida del sentido o del movimiento: *aquel espectáculo le pasmó.* || *Fig.* Asombrar excesivamente: *pasmóle la noticia.* || *Méx.* Lastimar la silla el lomo del caballo. || — V. r. Enfriarse mucho. || Helarse las plantas. || Contraer la enfermedad llamada *pasmo.* || Anublarse los colores de una pintura. || *Fig.* Quedarse admirado. || Quedarse sin sentido ni movimiento. || *Amer.* Encanijarse.

PASMAROTA f. *Fam.* Ademán, gesto exagerado de extrañezo.

PASMAROTADA f. *Fam.* Pasmarota. (P. us.)

PASMAROTE m. *Fam.* Estafermo, mamarracho. (SINÓN. V. *Blando* y *bobo.*)

PASMAZÓN f. *Méx.* Hinchazón o matadura que suele producir la silla en el lomo de la caballería. || *Amer.* Pasmo.

PASMO m. (lat. *spasmus*). Enfriamiento que causa romadizo, dolor de huesos, etc. || Uno de los nombres del *tétanos.* || *Amer.* Enfermedad endémica de los países tropicales. || *Chil. Atajarle* o *cortarle el pasmo* a uno, impedirle un enamoramiento. || *Fig.* Admiración o asombro grandes. || *Fig.* Objeto que causa dicha admiración.

PASMOSAMENTE adv. m. De una manera pasmosa.

PASMOSO, SA adj. *Fig.* Que causa pasmo o grande admiración; asombroso, sorprendente: *un suceso pasmoso.* (SINÓN. V. *Admirable.*)

PASO m. (lat. *passus*). Movimiento del hombre o del animal que mueve los pies para cambiar de lugar: *dar un paso hacia atrás.* || Espacio que se salva de un paso: *estás a dos pasos del árbol.* || Peldaño de una escalera. || Acción de pasar: *el paso de la tropa estropeó las siembras.* || Lugar por donde se pasa: *un paso estrecho entre dos peñascos.* (SINÓN. *Corredor, galería, pasillo.* V. tb. *camino, desfiladero, estrecho* y *salida.*) || Diligencia que se da por una cosa: *tu nombramiento me costó muchos pasos.* || Huella que queda del pie al andar. || Licencia para poder pasar fácilmente. || *Amer.* Vado de un río. || Lance o acontecimiento notable: *el paso honroso de Suero de Quiñones.* || Movimiento de algunas cosas: *el paso rápido de las horas.* || Distancia entre dos filetes contiguos de un tornillo. || Conflicto, apuro: *salir de un mal paso.* || Suceso de la Pasión de Jesucristo representado durante la Semana Santa. || Puntada larga que se da a la ropa. || Breve pieza dramática: *El paso de las aceitunas, de Lope de Rueda.* || *Abrir paso,* abrir camino. || Cada una de las mudanzas que se hacen en los bailes. || Cláusula o pasaje de un libro escrito. || Acción o acto de la vida o conducta de un hombre: *no me gusta los pasos que lleva.* || *Geogr.* Estrecho: *paso de Calais.* || *Paso grave,* en la danza aquel en que un pie se aparta del otro describiendo un semicírculo. || *Paso libre,* el que está desembarazado de obstáculos: *dejar paso libre.* || — Adv. m. En voz baja: *hablar muy paso.* || *Paso a nivel,* sitio en que un ferrocarril cruza un camino al mismo nivel que él. || *Paso de peatones,* camino indicado para que los peatones atraviesen una calle. || *Paso falso,* galicismo por *tropiezo, desliz.* || *Mal paso,* galicismo por *apuro, trance apurado.* ||*Paso castellano,* paso largo y sentado de una caballería. || *Paso de ambladura,* el portante. || *Mil. Paso de ataque* o *de carga,* el muy rápido que se hace tomar a la tropa antes del ataque. || *Paso largo,* el de 75 cm de largo (5,4 km por hora). || *Paso ligero,* el rápido y de 83 cm de largo (9 km por hora). || *Paso redoblado,* el ordinario (4,7 km por hora). || *De medio paso,* dícese de la falda de muy poco vuelo. || *Mús. Paso doble,* marcha que lleva el compás del paso, pasodoble. || *Fig. Paso de comedia,* trozo de un poema dramático que se representa solo. Lance de la vida real divertido o extraño. || *Paso de garganta,* inflexión de la voz, trino. || *A buen paso,* m. adv., rápidamente, de prisa. || *A cada paso,* m. adv., continuamente. || *A dos pasos,* m. adv., muy cerca. || *A ese paso,* m. adv., según eso. || *Al paso,* m. adv., sin detenerse. || *Al paso que,* m. adv., al tiempo que. || *De paso,* m. adv., al ir a otra parte, o al tratar de otro asunto. *Fig.* Ligeramente, por encima. || *Más que a paso,* m. adv., muy de prisa. || *Paso a paso,* m. adv., poco a poco. || *Ceder el paso,* dejar pasar a una persona antes que uno. || *Marcar el paso,* dar pasos a compás sin moverse del sitio. || *Fig. Por sus pasos contados,* por su orden natural. || *Salir del paso,* librarse de un compromiso. || *Salirle al paso,* encontrarle al paso o deliberadamente, deteniéndole. || *Volver sobre sus pasos,* volver pies atrás. *Fig.* Desdecirse, rectificar lo dicho o hecho antes.

PASO, SA adj. Pasado. || Dícese de las frutas desecadas: *ciruelas pasas.*

PASODOBLE m. Música de marcha, compás 4/4: *un pasodoble torero.*

PASOSO, SA adj. *Amer.* Dícese del papel que se pasa con facilidad: *papel pasoso.* || *Chil.* Sudorosas las manos o los pies.

PASPA f. *Amer.* Escamilla que se levanta de la epidermis en el rostro o las manos. || *Ecuad.* Grieta que produce algunas veces el frío en los labios.

PASPADURA f. *Arg.* Erosión en la piel.

PASPARSE v. r. *Amer.* Cortarse el cutis de frío.

PASPIÉ m. Danza y música de movimiento vivo.

PASQUEÑO, ÑA adj. y s. De Cerro de Pasco (Perú).

PASQUÍN m. Escrito anónimo de contenido satírico, que se fija en sitios públicos. (SINÓN. V. *Sátira.*) || Letrero anunciador. (SINÓN. V. *Cartel.*) || Publicación de carácter satírico que se imprime clandestinamente.

PASQUINADA f. Dicho agudo y satírico.

PÁSSIM adv. lat. Aquí y allá, fórmula que indica que se encontrarán en una obra citada referencias en diversas partes.

PASTA f. (lat. *pasta*). Masa hecha de diversas cosas machacadas: *pasta de almendras.* || Masa de harina y manteca o aceite, que se emplea para hacer pasteles, hojaldres, etc. || Cartón cubierto de tela o piel que sirve para encuadernar: *un libro en pasta.* || *Pint.* Empaste. || Galletita, bizcochito. || *Pop.* Dinero. || — Pl. Fideos, tallarines, etc.: *sopa de pastas.* || *Media pasta,* encuadernación a la holandesa. || *Pasta de dientes,* dentífrico. || *Fam. De buena pasta,* bondadoso.

PASTACA f. *Arg., Bol., Chil.* y *Per.* Guiso de cerdo cocido con maíz.

PASTAFLORA f. Masa de harina, azúcar y huevo muy delicada.

PASTAJE m. *Arg., Col.* y *Guat.* Pasto para el ganado y lo que se paga por él.

PASTAR v. t. Llevar el ganado al pasto. || — V. i. Pacer el ganado en el campo.

PASTE m. *C. Rica.* y *Hond.* Planta cucurbitácea, cuyo fruto contiene un tejido fibroso usado como esponja. || *Hond.* Género de plantas parásitas filamentosas que viven en los árboles.

PASTEAR v. t. *Per.* Espiar.

PASTECA f. *Mar.* Especie de motón o de polea.

PASTEL m. Pasta de harina y manteca en que se envuelve unas veces dulce, crema, etc., y otras carne o pescado: *pastel de salmón.* || *Hierba pastel,* el glasto, planta crucífera de la que se extrae un hermoso color azul. || Lápiz compuesto de materia colorante amasada con agua de goma: *pintura al pastel.* || Cierta fullería en el modo de barajar los naipes. || *Fig.* y *fam.* Convenio secreto para engañar: *descubrir el pastel.* || *Fort.* Reducto de forma irregular. || *Impr.* Conjunto de letras desordenadas.

PASTELEAR v. i. *Fig.* y *fam.* Contemporizar.

PASTELEO m. *Fig.* y *fam.* Acción y efecto de pastelear.

PASTELERÍA f. Sitio donde se hacen o venden pasteles. || Arte de fabricar pasteles, pastas, etc.

PASTELERO, RA m. y f. Persona que hace o vende pasteles. || *Fig.* y *fam.* La persona contemporizadora.

PASTELILLO m. Mazapán relleno de conservas.

PASTELISTA m. Pintor al pastel.

PASTENSE adj. y s. De Pasto (Colombia).

PASTERIZACIÓN (Acad.) o **PASTEURIZACIÓN** f. La acción y el efecto de pasteurizar.

PASTERIZAR (Acad.) o **PASTEURIZAR** v. t. Calentar la leche, el vino, la cerveza, etc., según los procedimientos de Pasteur, para matar los gérmenes y fermentos que contienen.

PASTEURIANO, NA adj. Relativo a Pasteur o a su método: *aplicar las teorías pasteurianas.*

PASTICHE m. (pal. fr.). Imitación servil. || Plagio.

PASTILLA f. Porción pequeña de alguna pasta: *pastilla de chocolate, de jabón.* || Dícese especialmente de los trozos pequeños de una pasta dulce y generalmente medicinal: *pastilla de clorato, de café con leche.*

PASTINACA f. (lat. *pastinaca*). Pez marino del orden de los selacios, de carne comestible.

PASTIZAL m. Terreno donde hay abundante pasto. (SINÓN. V. *Pasto.*)

PASTO m. (lat. *pastus*). Acción de pastar. || Hierba que come el ganado. || Prado o campo donde pasta: *en esta comarca hay buenos pastos.* (SINÓN. *Alzada, aprisco, dehesa, engordadero, herbaje, herbazal, majada, pastizal, pradera, veranadero.*) || *Fig.* Materia que sirve de alimento a la actividad de una cosa: *el bosque fue pasto del incendio.* || *Fig.* Hecho, noticia u ocasión que sirve para fomentar alguna cosa: *dar pasto a la murmuración.* || *Fig.* Enseñanza espiritual. || *A pasto,* m. adv., en abundancia: *dar de comer a pasto.* || *Fam. A todo pasto,* m. adv., sin restricciones: *beber cerveza a todo pasto.* || *De pasto,* m. adv., de uso diario: *vino de pasto.*

PASTOR, RA m. y f. (lat. *pastor*). Persona que cuida del ganado. (SINÓN. *Cabrero, ovejero, zagal.*) || — M. Prelado, eclesiástico. (SINÓN. V. *Sacerdote.*) || *Pastor protestante,* sacerdote de esta Iglesia. || *El Buen Pastor,* el Salvador.

PASTORAL adj. Propio de los pastores: *canto pastoral.* || Campestre: *vida pastoral.* || Que describe la vida campestre: *novela pastoral.* (SINÓN. *Bucólica, égloga, idilio.*) || *Fig.* Relativo a los pastores espirituales: *cruz pastoral.* || — F. Especie de drama bucólico, cuyos protagonistas son pastores. || *Carta pastoral,* comunicación de un obispo a su diócesis.

PASTOREAR v. t. Llevar el ganado al campo para hacerlo pacer. || *Fig.* Cuidar los pastores espirituales de sus súbditos. || *Amer.* Acechar, atisbar. || *Amér. C.* Mimar. || *Arg.* y *Urug.* Cortejar.

PASTORELA f. (lat. *pastorella*). Tañido y canto semejante a los que usan los pastores. || Composición poética breve, especie de égloga: *la pastorela la usaron mucho los poetas provenzales.* || Poema pastoril que tiene forma de drama.

PASTOREO m. Acción de pastorear el ganado.

PASTORÍA f. Conjunto de pastores. || Su oficio.

PASTORIL adj. Pastoral: *una música pastoril.* (SINÓN. V. *Campestre.*)

PASTOSIDAD f. Calidad de pastoso o blando.

PASTOSO, SA adj. Blando y suave: *masa pastosa.* || Dícese de la voz que es agradable al oído. || *Pint.* Que tiene buena pasta de color. || *Amer.* Sembrado de pasto. || *Col.* Desidioso, indolente.

PASTUEÑO, ÑA adj. Dícese del toro de lidia que acude sin recelo al engaño.

PASTURA f. Pasto, sitio donde pace el ganado.

PASTUSO, SA adj. y s. Pastense.

PASUDO, DA adj. *Amer.* Dícese del cabello apiñado en forma de pasas.

PATA f. Pie y pierna de los animales. || *Fam.* Pie o pierna del hombre: *poner a uno de patas* (o *de patitas*) *en la calle.* (SINÓN. V. *Pie* y *pierna.*) || Pie: *las patas torneadas de la mesa.* || Carterilla, portezuela de una prenda de vestir. || Hembra del pato. || *Pata de gallo,* planta gramínea. Una clase de tela. *Fig.* y *fam.* Despropósito, necedad. *Fig.* Arruga que se forma en el rabo del ojo. *Chil.* Adulación. || *Fam. Pata de banco,* despropósito, patochada: *salir con una pata de banco.* || *Pata de cabra,* instrumento de zapatero para alisar los bordes de la suela. || *Pata de gallina,* enfermedad de la madera que se agrieta por el centro. || *¡Pata!,* interj. que equivale a *estamos iguales: somos patas.* || *A cuatro patas,* m. adv., a gatas. || *A la pata la llana, m. adv.,* sin afectación, con naturalidad: *ser muy a la pata la llana.* || *A pata,* m. adv., a pie. *Amer.* Descalzo. || *Patas arriba,* m. adv., boca arriba. || *A la pata coja,* juego de muchachos. || *Enseñar la pata,* enseñar la punta de la oreja. || *Fam. Meter la pata,* intervenir inoportunamente. || *Salir,* o *ser pata,* o *patas,* salir empatados o iguales. || *Mar. Anclar a pata de ganso,* arrejerar. || *Fam. Estirar la pata,* morir. || *Tener mala pata,* tener mala suerte. (V. Ilustr. pág. siguiente.)

PATABÁN m. *Cub.* Cierta especie de mangle.

PATACA f. Aguaturma, planta. || Tubérculo de la aguaturma: *la pataca es comestible.* || Antigua moneda de plata equivalente al duro o peso.

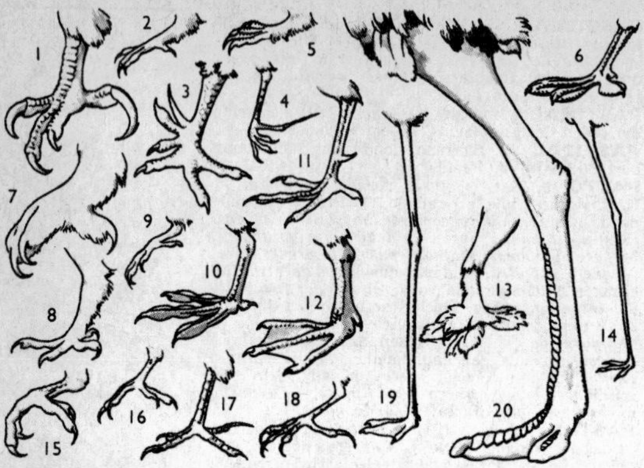

PATAS DE PÁJAROS

1. Arpía
2. Golondrina
3. Gallo de Hudán
4. Alondra
5. Vencejo
6. Somorgujo
7. Lechuza blanca
8. Lechuza
9. Martín pescador
10. Fúlica
11. Faisán
12. Pato
13. Paloma buchona
14. Zancuda
15. Loro
16. Gálbula
17. Cuclillo
18. Herrerillo
19. Flamenco
20. Avestruz

PATACÓN m. Moneda de plata antigua. || *Fam.* y *Amer.* Peso, duro. || *Salv.* Una especie de piojillo. || *Chil.* Ronchón, cardenal. || *Ecuad.* Patada.
PATACHE m. Embarcación de carga para el servicio de los puertos. || *Ecuad.* y *Per.* El condumio diario. || Especie de sopa.
PATACHO m. *Arg.* Patache.
PATADA f. Golpe dado con la pata o con el pie de llano: *dar una patada en el suelo.* || Barb. por *puntapié* y *coz.* || *Fam.* Paso: *me ha costado esto muchas patadas.* || *Fig.* y *fam.* Huella, pista. || *Fig.* y *fam.* *A patadas,* con excesiva abundancia.
PATAGÓN, ONA adj. y s. De Patagonia, región de América Meridional.
PATAGÓNICO, CA adj. De los patagones.
PATAGRÁS adj. (fr. *pâte grasse*). *Amer.* Nombre de cierto queso blando.
PATAGUA f. Árbol tiliáceo de Chile: *la madera de la patagua es muy apreciada para la carpintería.* || *Chil.* Vasija sobre la cual se pone el mate. || *Chil.* El peor en su línea.
PATALEAR v. i. Agitar las piernas violentamente. || Dar patadas en el suelo por enfado o pesar. (SINÓN. V. *Pisar.*)
PATALEO m. Acción de patalear o dar patadas. || Ruido que se hace con las patas: *un pataleo rabioso.* || *Fig.* y *fam.* *Derecho de pataleo,* quejas inútiles.
PATALETA f. *Fam.* Convulsión fingida.
PATALETEAR v. i. *Arg.* *Fam.* Patalear.
PATÁN m. *Fam.* Campesino, rústico. || *Fig.* y *fam.* Hombre grosero y tosco. (SINÓN. V. *Palurdo.*)
PATANERÍA f. *Fam.* Grosería, rustiquez.
PATAO m. *Cub.* Pez comestible del mar de las Antillas.
¡PATAPLÚN! interj. ¡Cataplún!
PATARATA f. Ridiculez, tontería, cosa ridícula. || Expresión afectada de un sentimiento. || Cortesía excesiva y ridícula.
PATARUCO, CA adj. Venez. Tosco, pesado.
PATASCA f. *Arg., Bol., Chil.* y *Per.* Guiso de cerdo cocido con maíz. || *Per.* Disputa, pendencia: *armar patasca.*
PATATA f. Planta de la familia de las solanáceas, cuyos tubérculos, llamados también *patatas,* carnosos y feculentos, son uno de los alimentos más útiles para el hombre. (En muchos países de América y en ciertas partes de España se les da el nombre de *papa.*)
— Originaria de América del Sur (Chile y Perú), la *patata* fue introducida en España hacia el año 1534. Existen numerosas clases de patatas, de diversa forma o color.
PATATAL y **PATATAR** m. Campo de patatas.
PATATERO, RA adj. Relativo a la patata. || — M. Vendedor de patatas. || *Pop.* Oficial que antes fue soldado.
PATATÍN PATATÁN (Que) fr. fam. Argucias, disculpas del que no quiere entrar en razones. || Dícese también: *que si patatín, que si patatán,* onomatopeya que se suele emplear para expresar la charla, la discusión o los ruidos.

patata

PATATO, TA adj. *Cub. Fam.* Rechoncho, gordo.
PATATÚS m. *Fam.* Desmayo o accidente ligero. (SINÓN. V. *Desvanecimiento.*)
PATAVINO, NA adj. De Padua (Italia).
PATAY m. *Amer.* Pan de algarroba negra.
PATEADOR, RA adj. *Amer.* Coceador.
PATEADURA f. y **PATEAMIENTO** m. Acción de patear, pataleo.
PATEAR v. t. *Fam.* Dar golpes con los pies. (SINÓN. V. *Pisar.*) || *Fig.* y *fam.* Tratar desconsideradamente. || — V. i. *Fam.* Dar patadas: *patear de rabia.* || *Amer.* Cocear el caballo. || *Arg.* Indigestarse alguna cosa: *me pateó la chicha.* || *Amer.* Dar coz el arma de fuego. || *Fig.* y *fam.* Dar muchos pasos para conseguir una cosa. || *Fam.* Estar enfadado. || *Fam.* Protestar ruidosamente contra una obra teatral. (SINÓN. *Abuchear, silbar.*) || *Venez.* Insultar. || *Chil.* Derramarse el líquido al tiempo de beber. || *Bol.* Empalagar.
PATENA f. Platillo de oro o plata que sirve para cubrir el cáliz y recibir la hostia. || Medalla grande que llevan al pecho las labradoras. || *Limpio como una patena,* muy limpio y aseado.
PATENTADO adj. Que tiene una patente.
PATENTAR v. t. Conceder, obtener patente.
PATENTE adj. (lat. *patens*). Claro, manifiesto: *verdad patente.* (SINÓN. V. *Evidente.*) || Documento expedido por la hacienda pública para el ejercicio de ciertas profesiones o industrias o para tener un vehículo. || *Letras patentes,* edicto público, que se despachaba sellado con el sello principal. || — F. Título o despacho real, que confería un título o privilegio. || Certificado que se entrega al barco que sale de un puerto para acreditar su nacionalidad. || *Patente limpia,* la que acredita la salubridad del punto de procedencia. || *Patente sucia,* la que indica haber alguna epidemia en el lugar de procedencia. || *Patente de corso,* autorización dada a un barco para hacer el corso contra el enemigo. || *Patente de invención,* certificado otorgado por un gobierno al autor de un invento industrial para asegurarle su propiedad y la explotación exclusiva durante cierto tiempo.
PATENTEMENTE adv. m. De modo patente.
PATENTIZAR v. t. Hacer patente o manifiesta una cosa.
PATEO m. Acción de patear: *un pateo rabioso.*
PATERFAMILIAS m. (pal. lat.) Jefe de la familia en la antigua Roma.
PATERNAL adj. Del padre: *cariño paternal.* || Que es propio de él: *autoridad paternal.* || Protector indulgente: *tono paternal.*
PATERNALISMO m. Carácter paternal. || Doctrina social según la cual el patrono posee sólo autoridad en materia de creación y administración de las obras sociales de la empresa.
PATERNALMENTE adv. m. De modo paternal.
PATERNIDAD f. Estado o calidad de padre. || Tratamiento que se da a ciertos religiosos. || Lazo jurídico entre el padre y sus hijos. (Se distingue la *paternidad legítima,* cuando el hijo nace de una pareja que están casados; la *paternidad natural,* cuando los padres del niño no están casados; la *paternidad adoptiva,* cuando el niño es adoptado.) || *Fig.* Creación: *reivindicar la paternidad de un invento.*
PATERNO, NA adj. Perteneciente o relativo al padre: *bendición paterna, abuelo paterno.*
PATERNÓSTER m. Padrenuestro; oración dominical. || *Fig.* y *fam.* Nudo muy gordo y apretado.
PATERO, RA adj. y s. *Chil.* Adulador, lisonjeador. || *Per.* Embustero, mentiroso. || — M. *Arg.* Cobertizo para los patos.
PATETA m. *Fam.* Patillas, el diablo: *se lo llevó Pateta.* || *Fam.* Persona que tiene los pies torcidos.
PATÉTICAMENTE adv. m. De modo patético.
PATÉTICO, CA adj. Conmovedor, que infunde dolor, tristeza o melancolía. (SINÓN. V. *Emocionante.*)
PATETISMO m. Carácter patético.
PATHOS m. (pal. gr. que significa *pasión*). Afección, pasión, emoción.
PATIABIERTO, TA adj. *Fam.* Dícese del que tiene las piernas muy abiertas y torcidas.
PATIBLANCO, CA adj. Que tiene blancas las patas: *un caballo patiblanco.*
PATIBULARIO, RIA adj. Que pertenece al cadalso: *horcas patibularias.* || Que hace pensar en el cadalso, horroroso: *rostro patibulario.*

PATÍBULO m. (lat. *patibulum*). Tablado o lugar en que se ejecuta la pena de muerte. (SINÓN. V. *Cadalso.*)
PATICOJO, JA adj. y s. *Fam.* Cojo.
PATIDIFUSO, SA adj. *Fam.* Patitieso, sorprendido: *dejar a uno patidifuso.*
PATIESTEVADO, DA adj. Estevado.
PATIHENDIDO, DA adj. Que tiene el pie hendido en dos partes: *los rumiantes son patihendidos.*
PATILLA f. Barba que se deja crecer sobre los carrillos. || Pieza de la llave de ciertas armas de fuego. || Cierta postura de la mano en la vihuela. || Charnela de una hebilla. || *Bol.* Poyo, asiento, antepecho de balcón. || *Chil.* Acodo. || — Pl. Rizo aplastado que las mujeres suelen llevar en las sienes. *Fam.* El diablo.
PATILLANO, NA adj. (de *pata*, y *llano*). *Cub.* y *C. Rica.* Dícese del caballo casquiderramado.
PATILLUDO, DA adj. De patillas largas.
PATÍN m. (de *pato*). Ave palmípeda marina, de plumaje negro y blanco.
PATÍN m. (ital. *pattino*). Aparato de patinar, de suela de madera o metal provista de una cuchilla de acero, que se fija al zapato para deslizarse sobre el hielo. (Hay también patines de ruedas, que sirven para deslizarse sobre las superficies planas, duras y lisas.) || Aparato con flotadores paralelos para pasear sobre el agua. || Parte del tren de aterrizaje de un avión. || — Pl. Calzado de lana, sin tacón, usado por los niños.
PÁTINA y no **PATINA** f. (lat. *patina*). Especie de barniz verdoso que se forma en los objetos antiguos de bronce. || Tono sentado que toman con el tiempo las pinturas.
PATINADERO m. Sitio para patinar.
PATINADOR, RA adj. y s. Que patina.
PATINAJE m. Acción y efecto de patinar.
PATINAR v. i. Deslizarse con patines. (SINÓN. V. *Resbalar.*) || Dar vueltas las ruedas de un vehículo sin adelantar.
PATINAZO m. Acción de patinar la rueda de un coche. || *Fig.* y *fam.* Planchazo.
PATINETA f. Juguete de niño que consiste en una plancha montada sobre dos ruedas provista de una barra de dirección articulada.
PATINEJO y **PATINILLO** m. Patio pequeño.
PATIO m. Espacio descubierto que se deja en el interior de las casas: *un patio emparrado.* || El piso bajo de los teatros: *patio de butacas.* || *Col.* y *P. Rico.* Corral de una casa. || *Cub.* Criadero de gallos de pelea.
PATIQUEBRAR v. t. Romper una o más patas a un animal.
PATIQUÍN m. *Venez.* Petimetre.
PATISECO, CA adj. *Cub.* y *P. Rico.* Dícese del fruto que no se ha desarrollado bien.
PATITA f. (Dimin. de *pata*). || *Fig.* y *fam. Poner a uno de patitas en la calle,* expulsarle.
PATITIESO, SA adj. Que tiene las piernas paralizadas. || Que anda muy erguido y tieso. || *Fig.* y *fam.* Sorprendido, aturdido: *la noticia le dejó patitieso.*
PATITOS m. pl. *Arg.* Flores del ceibo rojo. || *Amer.* Pan y quesillo, juego.
PATITUERTO, TA adj. Que tiene las piernas torcidas. || *Fig.* y *fam.* Torcido, mal hecho.
PATIZAMBO, BA adj. y s. Que tiene las piernas torcidas hacia afuera. (SINÓN. V. *Cojo.*)
PATO m. Ave acuática palmípeda que se encuentra en estado salvaje y puede ser domesticada: *la carne del pato es apreciada.* || *Pato de flojel,* ave palmípeda, llamada también *éider: el pato de flojel produce el edredón.* || *Amer.* Bacineta. || *Venez.* Bujarro, marica. || Cierto aire musical. || *Pop. Pagar el pato,* sufrir las consecuencias de una cosa.
PATO, TA adj. y s. *Arg.* y *Col.* Mirón. || *Ecuad.* Víctima, incauto. || *Guat. Correr pato,* ser víctima de un robo.
PATOCHADA f. *Fam.* Disparate, sandez.
PATOGENIA f. Parte de la patología que estudia el modo de engendrarse un estado morboso.
PATOGÉNICO, CA adj. De la patogenia.
PATÓGENO, NA adj. (del gr. *pathos,* enfermedad, y *gennân,* engendrar). Dícese de lo que provoca las enfermedades: *microbio patógeno.*
PATOGNOMÓNICO, CA adj. Dícese del síntoma que caracteriza una enfermedad.

PATOIS adj. y s. m. (pal. fr., pron. *patuá*). Dícese del habla dialectal, especialmente la privada de cultura literaria, usada en la conversación familiar.
PATOJADA f. *Amér. C.* Chiquillería.
PATOJEAR v. i. *Amér.* Andar como los patos.
PATOJO, JA adj. Que tiene las piernas torcidas. || *Amer.* Chiquillo del pueblo.
PATOL m. *Méx.* Colorín, fruto del zompancle.
PATOLOGÍA f. (del gr. *pathos,* enfermedad, y *logos,* tratado). Parte de la medicina que trata del estudio de las enfermedades. || La misma situación de enfermedad o anormalidad: *patología social.*
PATOLÓGICO, CA adj. Perteneciente o relativo a la patología: *anatomía patológica.*
PATÓLOGO m. El que estudia la patología.
PATÓN, ONA adj. *Fam.* Patudo, de patas grandes. || *Cub.* Cachaco, español. || *Venez.* Canario.
PATOSO, SA adj. *Fam.* Rústico, que presume de chistoso sin serlo: *ponerse patoso.*
PATOTA f. *Arg.* y *Urug. Fam.* Cuadrilla de patoteros, que van molestando por las calles.
PATOTERO m. *Arg.* y *Urug. Fam.* Joven callejero, farrista, bravucón.
PATRAÑA f. *Fam.* Bola, embuste, invención. (SINÓN. V. *Mentira.*)
PATRAÑERO, RA adj. y s. *Fam.* Amigo de patrañas. (SINÓN. V. *Bravucón.*)
PATRAQUEAR v. i. *Chil. Fam.* Robar, hurtar.
PATRIA f. (lat. *patria*). Conjunto de personas que están asociadas entre sí de corazón y voluntad en una nación. (SINÓN. V. *Nación.*) || Lugar donde se ha nacido. || Ciudad o comarca donde se cuentan gran número de hombres, animales o plantas de un género determinado: *Florencia es la patria de los artistas, Arabia, la del café.* || *Patria celestial,* el cielo. || *Madre patria,* país de origen. || *Patria potestad,* autoridad de los padres sobre sus hijos menores no emancipados.
PATRIARCA m. (lat. *patriarcha*). Nombre dado a los primeros jefes de familia, en el Antiguo Testamento. || *Fig.* Anciano respetable. || Título eclesiástico de dignidad sin ejercicio ni jurisdicción: *patriarca de las Indias.* || Nombre que se da a ciertos obispos: *el patriarca de Jerusalén.* || *Fig. Como un patriarca,* con comodidad, tranquilidad: *vivir como un patriarca.*
PATRIARCADO m. Dignidad de patriarca, territorio de su jurisdicción y tiempo que dura ésta. || *Sociol.* Organización social caracterizada por la preponderancia del padre sobre los otros miembros de la tribu.
PATRIARCAL adj. Relativo al patriarca: *sencillez patriarcal.* || *Fig.* Dícese de la autoridad ejercida con sencillez y benevolencia. || — F. Iglesia del patriarca. || Patriarcado, territorio regido por un patriarca.
PATRICIADO m. Dignidad de patricio. || Conjunto de patricios romanos: *el patriciado fue definitivamente vencido por la plebe.*
PATRICIO, CIA adj. y s. (lat. *patricius*). Decíase de los ciudadanos romanos descendientes de los primeros senadores instituidos por Rómulo. (CONTR. *Plebeyo.*) || Hoy significa noble privilegiado: *la lucha de los plebeyos contra los patricios.* (SINÓN. V. *Aristócrata.*)
PATRIMONIAL adj. Perteneciente o relativo al patrimonio: *tierra patrimonial.* || Perteneciente a uno por razón de su patria, padre, etc.
PATRIMONIO m. (lat. *patrimonium*). Lo que se hereda del padre o de la madre: *un rico patrimonio.* (SINÓN. V. *Sucesión.*) || *Fig.* Lo que pertenece a una persona o cosa: *la ciencia es el patrimonio de los estudiosos.* || *Patrimonio nacional,* totalidad de los bienes de una nación.
PATRIO, TRIA adj. Perteneciente a la patria: *suelo patrio.* || Perteneciente al padre: *patria potestad.* || *Arg.* Mostrenco (caballo).
PATRIOTA m. El que tiene amor a la patria y procura serle útil: *un soldado patriota.* || — SINÓN. *Nacionalista, patriotero.*
PATRIOTERÍA f. Patriotismo exagerado.
PATRIOTERO, RA adj. y s. *Fam.* Que alardea excesiva e inoportunamente de patriotismo. (SINÓN. V. *Patriota.*)
PATRIÓTICAMENTE adv. m. De modo patriótico.
PATRIÓTICO, CA adj. Perteneciente al patriota o al patriotismo: *canto patriótico.*

patines

patinetas

pato

Fot. Baufle

paulonia

PATRIOTISMO m. Amor a la patria, devoción a su suelo y a sus tradiciones, a su defensa e integridad.

PATRÍSTICA f. (del lat. *patres*, padres). Estudio de las obras y vidas de los Padres de la Iglesia.

PATRÍSTICO, CA adj. Relativo a la patrística.

PATROCINADOR, RA adj. y s. Que patrocina: *patrocinador de una función benéfica.*

PATROCINAR v. t. (lat. *patrocinare*). Proteger, favorecer, ayudar: *patrocinar una empresa.*

PATROCINIO m. Amparo, protección.

PATROLOGÍA f. Patrística. ‖ Estudio sobre los Santos Padres. ‖ Colección de sus escritos: *la patrología de San Jerónimo.*

PATRÓN, ONA m. y f. Patrono. ‖ Dueño de la casa donde se hospeda uno: *el patrón de la casa de huéspedes.* ‖ Protector escogido por un pueblo o cofradía: *San Isidro es el patrón de los labradores.* ‖ — M. Jefe de un barco mercante o de pesca: *donde hay patrón no manda marinero.* ‖ Amo, señor. ‖ Modelo, dechado: *el patrón de un vestido.* ‖ Papel cortado con la forma y dimensiones de cada una de las piezas de un vestido. ‖ *Agr.* Planta en la que se hace el injerto. ‖ Metal adoptado como tipo de moneda. ‖ *Cortado por el mismo patrón,* dícese de la persona que tiene gran semejanza con otra.

PATRONAL adj. Del patrón o del patronato.

PATRONATO m. (lat. *patronatus*). Derecho y cargo del patrón o patrono. ‖ Corporación de los patronos: *los deberes del patronato.* (SINÓN. V. *Institución.*) ‖ Fundación de una obra pía. ‖ Barb. por *patrocinio.* ‖ *Patronato real,* derecho que tenía el rey para presentar sujetos idóneos para los obispados, etc.

PATRONAZGO m. Patronato.

PATRONEAR v. t. Ejercer el cargo de patrón.

PATRONÍMICO, CA adj. (del gr. *patêr*, padre, y *onoma*, nombre). Dícese del apellido formado con un nombre como *Fernández, Martínez,* de *Fernando* y *Martín.* ‖ Entre griegos y romanos, nombre derivado del perteneciente al padre o a otro antecesor. ‖ Nombre común a todos los descendientes de una raza, como *merovingio, carolingio,* etc.

PATRONO, NA m. y f. (lat. *patronus*). Defensor, protector. ‖ Santo titular de una iglesia. ‖ Protector escogido por una iglesia o corporación. ‖ El que emplea regularmente obreros en una empresa. (SINÓN. *Amo, director, empresario, señor.* V. tb. *jefe.*)

PATRULLA f. *Mil.* Destacamento pequeño encargado de una vigilancia: *encontrar una patrulla en la calle.* ‖ Escuadrilla de buques o aviones de vigilancia. ‖ *Fig.* Cuadrilla de personas.

PATRULLAR v. i. Rondar una patrulla. ‖ Prestar servicio de patrulla.

PATRULLERO, RA adj. y s. Que patrulla. ‖ Dícese del buque o avión destinado a patrullar.

PATUCO, CA y **PATUECO, CA** adj. *Hond.* Pateta, de pies torcidos. ‖ — M. *Venez.* Lío, envoltorio. ‖ *Venez.* Enredo, enjuague.

PATUDO, DA adj. *Fam.* Que tiene patas grandes. ‖ *Fam. Ángel patudo,* persona que no posee las cualidades que otros le quieren atribuir.

PATULEA f. *Fam.* Soldadesca, tropa desordenada. ‖ *Fam.* Gente desbandada, muchedumbre ruidosa. (SINÓN. V. *Populacho.*) ‖ *Fam.* Reunión de chiquillos traviesos.

PATULLAR v. i. Pisar con fuerza y ruido. ‖ *Fig.* y *fam.* Dar muchos pasos para conseguir alguna cosa. ‖ *Fam.* Conversar, charlar.

PAUJÍ m. (voz quechua). Ave del Perú, especie de pavo silvestre, que tiene encima del pico un tubérculo grande, ovoideo, azulado y duro como la piedra: *el paují se domestica con facilidad y su carne se parece a la del faisán.* (También se llama *paují de piedra.*) ‖ *Paují de copete* guaco, especie de pavo silvestre que lleva un penacho de plumas en la cabeza.

PAUJIL m. Paují, ave de América.

PAÚL m. (lat. *palus*). Extensión de tierra inculta, elevada y cubierta de brezos, hierbas, etc.

PAÚL m. Clérigo regular que pertenece a la congregación de misioneros fundada en el siglo XVII por San Vicente de Paúl.

PAULAR m. Pantano o atolladero.

PAULAR v. i. *Fam.* Hablar. Úsase sólo en las frases: *sin paular ni maular; ni paula ni maula.*

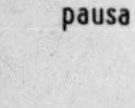

pausa

PAULATINAMENTE adv. m. Poco a poco.

PAULATINO, NA adj. (del lat. *paulatim*, despacio). Lento, prudente: *obrar de una manera paulatina.*

PAULILLA f. La palomilla, mariposa nocturna.

PAULINA f. (del papa *Paulo III*). Carta de excomunión que se expide en ciertos casos en los tribunales pontificios. ‖ *Fig.* y *fam.* Reprensión áspera: *echarle a uno una paulina.* ‖ *Fig.* y *fam.* Carta ofensiva anónima.

PAULINIA f. (de *Paulli*, botánico dinamarqués del s. XVII). Arbusto brasileño de la familia de las sapindáceas: *con la semilla de paulinia se prepara una bebida refrescante y febrífuga.*

PAULONIA f. (de *Ana Paulowna*, hija del zar Pablo). Árbol escrofulariáceo, originario del Japón, de hermosas flores.

PAUPERISMO m. (del lat. *pauper, eris*, pobre). Fenómeno social caracterizado por la gran pobreza de un país o población. (SINÓN. V. *Pobreza.*) ‖ Existencia de gran número de pobres en un país.

PAUPERIZACIÓN f. Empobrecimiento de una población o de un país. (Según Marx, el capitalismo provoca una *pauperización* creciente en la clase obrera.)

PAUPÉRRIMO, MA adj. sup. Muy pobre.

PAUSA f. (lat. *pausa*). Breve interrupción: *hubo una pausa en el discurso.* (SINÓN. *Alto, detención, parada, reposo.* V. tb. *interrupción* y *tregua.*) ‖ Lentitud: *hablar con pausa.* ‖ *Mús.* Breve intervalo en el canto o música. ‖ *Mús.* Signo que indica dicho silencio: *la pausa se pone debajo de la cuarta línea.* ‖ *Amer.* Cohete que deja caer a pausas una lluvia de colores.

PAUSADAMENTE adv. m. Con mucha lentitud. (SINÓN. V. *Lentamente.*)

PAUSADO, DA adj. Que obra o se ejecuta con lentitud: *movimiento pausado.* (SINÓN. V. *Lento.*) ‖ — Adv. m. Pausadamente: *hablar pausado.*

PAUSAR v. t. Interrumpir o detener con pausas: *pausar un ejercicio de lectura.*

PAUTA f. Rayas hechas en el papel en que se escribe o para la notación musical. ‖ Tablilla que sirve para rayar el papel en que aprenden los niños a escribir. ‖ Lo que sirve de regla o norma para hacer una cosa. (SINÓN. V. *Guía.*) ‖ *Fig.* Regla, dechado o modelo: *la vida de tu padre será tu pauta.* ‖ *Amer.* Falsilla que sirve para escribir.

PAUTADOR m. El que pauta el papel.

PAUTAR v. t. Rayar papel con una pauta. ‖ *Fig.* Dar reglas para la ejecución de una cosa. ‖ *Mús.* Trazar las rayas del pentágrama.

PAVA f. Hembra del pavo. ‖ *Fig.* y *fam.* Mujer fría y sin gracia. ‖ *Chil.* Burla, fisga. ‖ *Amér. C.* y *Col.* Fleco de pelo sobre la cara. ‖ *Col., Ecuad.* y *Venez.* Sombrero ancho y bajo. ‖ *Amer. Pava de monte,* la chacha. ‖ *Fig. Pelar la pava,* conversar de noche los mozos con las mozas por la reja o balcón. ‖ *Hacer la pava,* en Chile, pelar la pava y, en Argentina y Perú, burlarse de uno.

PAVA f. Fuelle grande de herrería. ‖ *Arg.* Tetera que se emplea para el mate. ‖ *Chil.* Orinal.

PAVADA f. Manada de pavos. ‖ Necedad, insulsez. ‖ Cierto juego.

PAVANA f. Danza española antigua, lenta y grave. ‖ Música de esta danza: *tocar una pavana.* ‖ Especie de esclavina. ‖ *Col.* y *Cub.* Zurra. ‖ *Fam. Zurrar la pavana,* azotar, castigar.

PAVEAR v. i. *Chil.* y *Arg.* Burlarse. ‖ *Arg.* Pelar la pava. ‖ *Ecuad.* y *Pan.* Faltar a clase. ‖ — V. t. *Col.* Asesinar.

PAVERA f. Cazuela para cocer los pavos.

PAVERÍA f. *Arg.* y *Chil.* Tontería.

PAVERO, RA adj. Presumido, vanidoso. ‖ — M. y f. Persona que cría o vende pavos. ‖ — M. *Pop.* Sombrero algo ancho. ‖ *Chil.* Burlón. ‖ *Chil.* Sirviente que retira las aguas de la pava.

PAVÉS m. Escudo grande.

PAVESA f. Chispa encendida que salta de una materia inflamada y se reduce pronto a ceniza. (SINÓN. V. *Chispa.*) ‖ *Fig.* y *fam. Estar hecho una pavesa,* estar muy débil. ‖ *Ser una pavesa,* ser muy dócil y tranquilo.

PAVESINA f. Pavés pequeño.

PAVEZNO m. Pavipollo, pollo de pavo.

PAVÍA f. (de *Pavía*, ciudad de Italia). Nombre de una variedad del melocotón, cuya carne está muy dura y pegada al hueso.

PAVIANO, NA adj. y s. De Pavía (Italia).
PÁVIDO, DA adj. (lat. *pavidus*). Tímido, miedoso. || — CONTR. *Impávido.*
PAVIMENTACIÓN f. Pavimento, suelo.
PAVIMENTAR v. t. Solar, poner suelo.
PAVIMENTO m. (lat. *pavimentum*). Piso solado. || Superficie transitable.
PAVIPOLLO m. Pollo del pavo. || *Fam.* Bobo.
PAVISOSO, SA y **PAVITONTO, TA** adj. *Fam.* Mentecato. (SINÓN. V. *Bobo.*)
PAVO m. Ave gallinácea oriunda de América, grande, de plumaje negro verdoso, con visos cobrizos, cabeza desnuda cubierta de carúnculas rojas y cresta eréctil. (Es comestible y puede alcanzar hasta 20 kilos de peso.) || *Fig. y fam.* Hombre soso e incauto. || *Chil., Pan.* y *Per. Fam.* Polizón. || *Chil., Per.* y *P. Rico.* Juego de bailadores. || — Adj. *Col.* Dícese del caballo cenceño. || *Pavo marino,* ave zancuda. || *Pavo real,* gallinácea oriunda de Asia, aclimatada desde hace tiempo en Europa y de hermoso plumaje: *el pavo real tiene una magnífica cola de plumas verdes, con visos de oro y azul.* || *Blas. Pavo ruante,* el que tiene extendida la cola. || *Pop. Ponerse hecho un pavo, subírsele a uno el pavo,* ruborizarse. || *Comer pavo,* no bailar una mujer por falta de compañero. *Amer.* Sufrir un desengaño. || *No ser moco de pavo,* ser importante. || *Ecuad. De pavo,* de gorra.
PAVÓN m. (lat. *pavo, pavonis*). Pavo real. || Mariposa muy hermosa: *pavón de noche.* || Color azul con que se cubren objetos de hierro y acero para preservarlos de la oxidación.
PAVONADA f. *Fam.* Paseo breve: *darse una pavonada.* || *Fig.* Ostentación, boato, lujo.
PAVONADO, DA adj. De color azulado obscuro. || — M. Pavón que se da al hierro.
PAVONAR v. t. Dar pavón al hierro y al acero.
PAVONAZO m. (ital. *pavonazzo*). *Pint.* Color rojo obscuro que se usa en la pintura al fresco.
PAVONEAR v. i. Hacer alarde u ostentación de algo. (SINÓN. *Engallarse, fanfarronear, gallear, presumir.*) || *Fig.* y *fam.* Traer a uno entretenido con una cosa. || — V. r. Hacer alarde.
PAVONEO m. Acción de pavonear o pavonearse.
PAVOR m. (lat. *pavor*). Temor, terror, gran miedo. (SINÓN. V. *Espanto.*)
PAVORDE m. Título de honor en ciertas comunidades e iglesias.
PAVORIDO, DA adj. Despavorido, asustado.
PAVOROSAMENTE adv. m. Con pavor.
PAVOROSO, SA adj. Que causa pavor, horrible. (SINÓN. V. *Espantoso.*)
PAVURA f. Pavor, terror.
PAYA f. *Arg.* y *Chil.* Acción de payar o cantar. || *Arg.* y *Chil.* Palla, composición poética dialogada que improvisan los payadores.
PAYACATE m. *Méx.* y *Per.* Pañuelo grande.
PAYADA f. *Amer.* Canto del payador. || *Amer.* Certamen poético y musical de los payadores.
PAYADO, DA adj. *Chil.* Dícese del tejido de varios colores.
PAYADOR m. *Chil.* y *Arg.* Campesino que recorre las reuniones populares improvisando canciones o payas que acompaña con la guitarra.
PAYADURA f. *Chil.* y *Arg.* Paya.
PAYANAR v. t. *Méx.* Ablandar algo sacudiéndolo, o quebrar el maíz en la piedra.
PAYANÉS, ESA adj. y s. Popayanense.
PAYAR v. i. *Chil.* y *Arg.* Cantar los payadores. || *Chil.* Contar cuentos.
PAYARA m. *Venez.* Pez grande de Venezuela.
PAYASADA f. Cosa de payaso: *hacer payasadas.*
PAYASEAR v. i. *Amer.* Hacer payasadas.
PAYASO m. (ital. *pagliaccio*). Bufón, que hace de gracioso con traje, ademanes y gestos ridículos, en las ferias o circos. || — SINÓN. *Clown, tonto.* V. tb. *bufón.*
PAYÉ m. *Arg.* y *Urug.* Gualicho, amuleto, brujería. || Brujo, hechicero.
PAYÉS, ESA m. y f. (b. lat. *pagensis*). Campesino de Cataluña y Baleares.
PAYO, YA adj. y s. Aldeano, campesino, rústico. || *Pop.* Tonto, cándido, bobo, mentecato. || *Arg.* y *Bol.* Albino. || *Ecuad.* Viejo, inútil.
PAZ f. (lat. *pax*). Estado de un país que no sostiene guerra con ningún otro: *la paz favorece el desarrollo económico de las naciones.* || Tratado de paz: *una paz desastrosa.* || Sosiego: *la paz de los campos.* (SINÓN. V. *Tranquilidad.*) || Descanso: *Dejar en paz.* || Tranquilidad: *la paz de la conciencia.* || Reconciliación: *hacer las paces con el vecino.* || Tranquilidad del alma. || Unión, concordia en las familias. || Imagen que da a besar el sacerdote a los fieles, diciendo al mismo tiempo: *pax tecum* (la paz sea contigo). || *¡Paz!,* interj. que se usa para exigir siliencio. || *Fig. Paz octaviana,* quietud y sosiego generales como se gozaba en la época de Octavio Augusto. || *Dar paz,* dar tranquilidad. || *Dejar en paz a uno,* no inquietarle ni molestarle. || *Descansar en paz,* morir. || *Estar en paz,* en el juego, igualdad de dinero o de tantos. *Fig.* Desquite de un sujeto a otro.

PAZGUATERÍA f. Calidad de pazguato.
PAZGUATO, TA adj. Simple, cándido, mentecato. (SINÓN. V. *Bobo.*)
PAZO m. En Galicia, palacio, casa solariega de una familia: *los pazos de Ulloa.*
PAZOTE m. Planta americana de la familia de las quenopodiáceas: *las flores y hojas del pazote se toman en infusión como el té.*
Pb, símbolo químico del *plomo.*
¡PCHE! o ¡PCHS! interj. Denota indiferencia o reserva.
Pd, símbolo químico del *paladio.*
PE f. Nombre de la letra *p.* || *De pe a pa,* m. adv., enteramente, de cabo a rabo: *aprenderse algo de pe a pa.*
PEA f. *Pop.* Borrachera, embriaguez profunda.
PEAJE m. Derecho de tránsito que se paga en ciertos caminos y puentes.
PEAJERO m. El que cobra el peaje.
PEAL m. (lat. *pedale*). Parte de la media que cubre el pie. || Polaina de punto. || *Fig.* y *fam.* Persona torpe. || *Amer.* Pial. || *Amér. C.* Cuerda.
PEALAR v. t. *Amer.* Pialar.
PEÁN m. (gr. *paian*). Himno compuesto en honor de Apolo. || Canto de guerra, de victoria o de fiesta.
PEANA f. Sostén o pie que sirve para colocar una imagen, objeto, etc.: *la peana de un reloj, de una estatua.* (SINÓN V. *Pedestal.*) || Tarima delante del altar.
PEATÓN m. El que camina a pie, transeúnte. || Correo de a pie, valijero.
PEBETE m. Composición aromática que se quema para perfumar las habitaciones. || Cañutillo muy combustible que sirve para encender los los artificios de fuego. || *Fig.* y *fam.* Cosa que despide mal olor. || *Méx.* Una flor muy olorosa.
PEBETE, TA m. y f. *Arg.* y *Urug.* Muchacho. || — M. *Venez.* Tabaco de excelente calidad.
PEBETERO m. Perfumador, utensilio que sirve para quemar perfumes: *un pebetero de bronce.*
PEBRADA f. y **PEBRE** com. Salsa de vinagre con pimiento, ajos, perejil. || En algunos sitios, nombre de la *pimienta.*
PECA f. (ital. *pecca*). Mancha de color pardo que suele salir en el cutis: *un rostro lleno de pecas.*
PECABLE adj. Capaz de pecar o de pecado.
PECADERO m. *Amer. Fam.* Taberna, garito u otro sitio donde está uno expuesto a pecar o gastar.
PECADO m. (lat. *peccatum*). Transgresión de la ley divina: *pecado venial, mortal.* || Mala costumbre, vicio. (SINÓN. *Desliz, deuda, falta, tentación, yerro.* V. tb. *delito.*) || *Pecado contra natura,* sodomía o cualquier otro acto carnal contrario a la generación. || *Pecado original,* el cometido por Adán y Eva y transmitido por ellos a todos sus descendientes.

pavo real

pavo

Fot. Popper-Atlas-Photo, Larousse

pecarí

pechina

pechina

PECADOR, RA adj. y s. Que peca: *un pecador impenitente.* || Sujeto al pecado. || — F. Prostituta. || *¡Pecador de mí!,* loc. fam. de extrañeza o de sentimiento ante una cosa.
PECAMINOSO, SA adj. Relativo al pecado, que contiene pecado: *intención pecaminosa.*
PECANA f. *Arg.* Mortero para moler el maíz.
PECANTE adj. y s. Que peca.
PECAR v. i. (lat. *peccare*). Cometer un pecado. || Faltar, errar, hacer mal. || Dejarse llevar de una afición o pasión: *pecar de golosina.* || Dar motivo para castigo o pena.
PECARÍ o **PÉCARI** m. Saíno, especie de cerdo de América: *la carne del pecarí es muy delicada.*
PECBLENDA f. El más importante y rico de los minerales de uranio (del 40 al 90 %), del cual se extrae también el radio.
PECCATA MINUTA expr. fam. (del lat. *peccata,* pecados, y *minuta,* pequeños). Error, falta leve.
PECEÑO, ÑA adj. Del color de la pez: *caballo peceño.* || Que sabe a pez.
PECERA f. Vasija llena de agua donde se conservan los peces vivos. (SINÓN. *Acuario.*)
PECINA f. Cieno negruzco que se forma en los charcos.
PECINAL m. Charco cenagoso, pantano.
PECIO m. (del ital. *pezzo,* pedazo). Pedazo de la nave naufragada que arroja el mar a la costa.
PECIOLADO, DA adj. *Bot.* Que tiene pecíolo.
PECÍOLO y **PECIOLO** m. Rabillo de la hoja.
PÉCORA f. (lat. *pecus, pecoris*). Res de ganado lanar. || *Fig.* y *fam. Buena* o *mala pécora,* persona astuta y taimada, mal bicho.
PECOSO, SA adj. Que tiene pecas.
PECTINA f. (del gr. *pektos,* coagulado). *Quím.* Substancia de consistencia gelatinosa, abundante en el jugo de muchos frutos maduros.
PECTÍNEO m. *Anat.* Un músculo del fémur.
PECTINIFORME adj. De figura de peine.
PECTORAL adj. (lat. *pectoralis*). Relativo al pecho: *músculos pectorales.* || Provechoso para el pecho: *pasta pectoral.* || — M. Adorno suspendido o fijado en el pecho. || Cruz que traen sobre el pecho los obispos. || Racional del sumo sacerdote judío.
PECTOSA f. (del gr. *pektos,* coagulado). *Quím.* Una substancia que se extrae de los frutos sin madurar.
PECUARIO, RIA adj. (lat. *pecuarius*). Perteneciente o relativo al ganado: *la industria pecuaria.*
PECULADO m. (lat. *peculatus*). Hurto de caudales del erario cometido por el que los administra. (SINÓN. V. *Concusión.*)
PECULIAR adj. (lat. *peculiaris*). Propio y característico de cada persona o cosa: *rasgo peculiar de un escritor.* (SINÓN. V. *Innato* y *particular.*)
PECULIARIDAD f. Calidad de peculiar.
PECULIARMENTE adv. m. Particularmente.
PECULIO m. (lat. *peculium*). Hacienda o caudal de poca importancia: *un pequeño peculio.*
PECUNIA f. (lat. *pecunia*). *Fam.* Moneda. (SINÓN. V. *Dinero.*)
PECUNIARIAMENTE adv. m. En dinero efectivo. || De un modo pecuniario.
PECUNIARIO, RIA adj. Relativo al dinero. || Que consiste en dinero: *pena pecuniaria.*
PECHACAR v. t. *Chil.* Hurtar.
PECHADA f. *Cub.* Golpe dado en el pecho con la mano. || *Arg.* Golpe que da el jinete con el pecho del caballo: *derribar un novillo de una pechada.* || *Arg.* Sablazo.
PECHADOR m. *Amer. Fam.* Petardista.
PECHAR v. t. Pagar pecho. || *Arg. Fam.* Petardear. || *Amer.* Empujar, atropellar. || — V. i. Asumir una carga: *yo pecho con todo.*
PECHBLENDA f. Pecblenda.
PECHE adj. *Amer.* Huérfano. || Chiquitín, flaco.
PECHERA f. Parte de la camisa que cubre el pecho: *pechera almidonada.* || Chorrera de la camisola antigua. || Pedazo de lienzo o paño que sirve de abrigo al pecho. || Petral relleno que se pone a las caballerías de tiro. || *Fam.* Parte exterior del pecho, especialmente en las mujeres. || *Chil.* Mandil de los carpinteros.
PECHERO, RA adj. y s. Que pagaba pecho o tributo. || Plebeyo, villano: *nobles y pecheros.* || Babador que se pone a los niños.
PECHERÓN, ONA adj. *Méx. Fam.* Muy bueno.
PECHIBLANCO, CA adj. De pecho blanco.
PECHICATERÍA f. *Cub.* y *Méx.* Mezquindad.
PECHICATO, TA adj. *Cub.* y *Hond.* Miserable, cicatero.
PECHICOLORADO m. Pechirrojo.
PECHICHE m. *Col.* Mimo, mala crianza.
PECHINA f. (del lat. *pectina,* peine). Venera, concha. || *Arq.* Cada uno de los triángulos curvilíneos que forma el anillo de la cúpula con los arcos torales.
PECHIRROJO m. Pardillo, ave.
PECHISACADO, DA adj. *Fig.* Vanidoso.
PECHO m. (lat. *pectus*). Parte del cuerpo humano que va desde el cuello hasta el vientre. || Parte exterior del pecho. || Parte anterior del cuerpo de algunos animales. || Teta de la mujer: *dar el pecho a un niño.* (SINÓN. V. *Seno.*) || *Dar el pecho,* afrontar la situación. || Repecho, cuesta. || *Fig.* Interior del hombre. || *Fig.* Valor, ánimo: *hombre de pecho.* || *Fig.* Calidad o fuerza de la voz: *no tiene pecho.* || *Pecho amarillo, pecho colorado,* etc., nombre de diversos pájaros. || *A pecho descubierto,* m. adv., sin defensa ni protección alguna. || *Pecho arriba,* m. adv., cuesta arriba. || *Fig. Abrir uno su pecho a otro,* descubrirle un secreto. || *Echarse una cosa a pechos,* tomarla con gran interés. || *Entre pecho y espalda,* en el estómago. || *Fig. Criar a sus pechos a uno,* protegerlo, hacerlo a sus maneras. || *A lo hecho, pecho,* hay que arrostrar las consecuencias de una acción, sin pensar ya en ella. || *Tomar una cosa a pechos,* darle mucha importancia. || *Tomar el pecho,* mamar el niño. || *De pecho,* dícese del niño que mama. || *Col. A todo pecho,* a voz en cuello, a grito pelado.
PECHO m. Tributo, contribución que se pagaba al señor por los bienes que poseía el pechero. || *Fig.* Contribución, tributo.
PECHÓN, ONA adj. *Méx.* Gorrón, descarado.
PECHOÑO, ÑA adj. y s. *Arg.* Santurrón.
PECHUDO, DA adj. Pechugón.
PECHUGA f. Pecho del ave: *la pechuga es una de las partes más delicadas de las aves.* || *Fig.* y *fam.* Pecho del hombre o la mujer. || *Fig.* Cuesta, pendiente. || *Per.* Descaro, descoco.
PECHUGÓN, ONA adj. *Fam.* Que tiene pecho muy abultado. || *Amer.* Descarado, cínico. || — M. Golpe que se da en el pecho a otro. || Caída o tropezón de pechos.
PECHUGONADA f. *Per.* Desvergüenza.
PEDAGOGÍA f. (gr. *paidagôgia*). Arte de instruir o educar al niño: *Pestalozzi renovó la pedagogía.* (SINÓN. V. *Enseñanza.*) || *Por ext.* Lo que enseña y educa, método de enseñanza.
PEDAGÓGICAMENTE adv. m. Con arreglo a la pedagogía.
PEDAGÓGICO, CA adj. Relativo o perteneciente a la pedagogía: *museo pedagógico.*
PEDAGOGO m. (del gr. *pais, paidos,* niño, y *agein,* conducir). El que instruye o educa a los niños. || Ayo. || Maestro de escuela. || *Fam.* Pedante, erudito pesado.
PEDAL m. (ital. *pedale*). Palanca que mueve una cosa apoyando en ella el pie: *el pedal de una bicicleta.* || *Mús.* Nombre de los juegos del órgano, que se mueven con el pie. || Mecanismo del piano, del arpa y de otros instrumentos que se mueve con los pies.
PEDALEAR v. i. Mover los pedales de una bicicleta o de otras máquinas.
PEDALEO m. Acción de pedalear.
PEDÁNEO adj. *For.* Decíase del juez subalterno que juzgaba de pie, sin tribunal, las causas leves.
PEDANÍA f. *Amer.* Distrito.
PEDANTE adj. y s. (ital. *pedante*). Persona que hace alarde vano e inoportuno de erudición: *no hay nada más desagradable que la conversación de los pedantes.* || — SINÓN. *Magister, pontífice, sabihondo.* V. tb. *afectado* y *vanidoso.*
PEDANTEAR v. i. Hacer vano alarde de erudición.
PEDANTERÍA f. Vicio del pedante. || Erudición pesada: *hablar con pedantería.* (SINÓN. V. *Afectación.*)
PEDANTESCO, CA adj. Relativo a los pedantes o a su estilo o modo de hablar.
PEDANTISMO m. Pedantería.

Fot. Berridge

PEDAZO m. Parte, trozo de una cosa: *un pedazo de pan.* (SINÓN. *Cabo, chispa, jirón, migaja, pizca, tiesto.* V. tb. *porción* y *rebanada.*) || *Fig. Ganarse un pedazo de pan,* ganar lo indispensable para vivir. || *Comprar una cosa por un pedazo de pan,* comprarla por muy poco dinero. || *Hacer pedazos una cosa,* desgarrarla, romperla. || *Fig.* y *fam. Pedazo de alcornoque, de animal, de bruto,* persona incapaz o necia. || *Pedazo del alma* o *del corazón,* persona muy querida. || *Fig. Pedazo de pan,* precio muy bajo. || *A pedazos,* por partes, en porciones. || *Fig.* y *fam. Caerse uno a pedazos,* andar tan desgarbado que parece que se va a caer. *Fig.* y *fam.* Estar muy cansado físicamente. || *Fig.* y *fom. Ser un pedazo de pan,* ser muy bonachón y sin malicia.

PEDERASTA m. El que comete pederastia.

PEDERASTIA f. Prácticas homosexuales entre un hombre y un niño. || *Por ext.* Prácticas homosexuales entre hombres.

PEDERNAL m. Variedad de cuarzo muy común, de color amarillento, que da chispas con el eslabón. || *Fig.* Dureza grande.

PEDESTAL m. (ital. *piedestallo*). Soporte aislado con basa y cornisa: *pedestal de columna, estatua,* etc. (SINÓN. *Podio.*) || Peana de una cruz o imagen. (SINÓN. *Zócalo.*) || *Fig.* Fundamento, base: *valerse de sus amigos como pedestal.*

PEDESTRE adj. (lat. *pedestris*). Que anda a pie. || Dícese del deporte que consiste en andar y correr. || *Fig.* Llano, vulgar, inculto, bajo.

PEDESTRISMO m. Deporte pedestre.

PEDÍATRA y **PEDIATRA** m. Médico de niños.

PEDIATRÍA f. *Med.* Parte de la medicina que estudia las enfermedades de los niños.

PEDICELO m. *Bot.* Columna carnosa que sostiene el sombrerillo de las setas.

PEDICULAR adj. (lat. *pedicularis*). *Med.* Relativo a los piojos: *plaga pedicular.*

PEDÍCULO m. Pedúnculo.

PEDICULOSIS f. *Med.* Enfermedad de la piel producida por el rascamiento motivado por la abundancia de piojos.

PEDICURO m. Callista, el que corta los callos.

PEDIDA (Sortija o **pulsera de)** f. La que el novio regala a la novia al pedirla por esposa.

PEDIDO m. Nota de los géneros que pide un comerciante: *un pedido de importancia.* || Petición.

PEDIDOR, RA adj. y s. El que pide.

PEDIGÓN, ONA adj. y s. *Fam.* Pedidor. || Pedigüeño.

PEDIGREE m. (pal. ingl.). Genealogía de un animal. || Documento en que consta.

PEDIGÜEÑO, ÑA adj. Que pide mucho y con impertinencia: *un niño muy pedigüeño.*

PEDILÓN, ONA adj. *Per., Dom.* y *Venez.* Pedigüeño, pedidor.

PEDILUVIO m. (del lat. *pes, pedis,* pie, y *luere,* lavar). *Med.* Baño de pies tomado con fin medicinal.

PEDIMENTO m. (de *pedir*). Petición, demanda. || *For.* Documento que se presenta ante un juez reclamando una cosa.

PEDIR v. t. (lat. *petere*). Rogar a uno que dé o haga una cosa: *pedir uno un favor.* (SINÓN. V. *Solicitar.*) || Exigir: *pedir la bolsa o la vida.* (SINÓN. V. *Reclamar.*) || Deducir uno su derecho en justicia: *pedir en justicia.* (SINÓN. V. *Invocar.*) || Necesitar: *la tierra pide agua.* || Poner precio. || Desear, querer. || Proponer a los padres o parientes de una mujer el deseo de que se la concedan a uno por esposa. || *Fig.* y *fam. Venir una cosa a pedir de boca,* no poder ser mejor, o más oportuna. || *A pedir de boca,* a medida del deseo. || *Pedir la Luna, pedir peras al olmo,* pedir lo imposible. || — IRREG. Pres. ind.: *pido, pides, pide, pedimos, pedís, piden;* pret. ind.: *pedí, pediste, pidió, pedimos, pedisteis, pidieron;* imper.: *pide, pedid;* pres. subj.: *pida, pidas, pida, pidamos, pidáis, pidan;* imperf. subj.: *pidiera,* etc., y *pidiese,* etc.; fut. subj.: *pidiere, pidieres,* etc.; ger.: *pidiendo.*

PEDO m. (lat. *peditum*). Ventosidad que se expele del vientre por el ano. || *Fam.* Pea, borrachera: *estar en pedo.*

PEDOLOGÍA f. Ciencia que estudia los caracteres físicos, químicos y biológicos de los terrenos.

PEDORRERA f. Abundancia de ventosidades expelidas por el ano. || *Cub.* Pajarito de bonitos colores, fácil de domesticar. || — Pl. Calzones ajustados llamados también *escuderiles.*

PEDORRERO, RA adj. *Fam.* Que con frecuencia o sin reparo expele ventosidades por el ano.

PEDORRETA f. Ruido hecho con la boca, imitando el pedo.

PEDORRO, RRA adj. y s. *Fam.* Pedorreo.

PEDRADA f. Acción de lanzar una piedra. || Golpe que se da con una piedra y efecto que produce: *recibir una pedrada en la frente.* || Lazo de cintas que se llevaba antiguamente en el sombrero. || *Fig.* Cosa que se dice con intención de que dañe o moleste a otro. || *Fig.* y *fam. Caer como pedrada en ojo de boticario,* con gran oportunidad.

PEDREA f. Acción de apedrear. || Combate a pedradas. || Granizo: *cayó una gran pedrea.* || *Fig.* y *fam.* Conjunto de los premios menores en la lotería.

PEDREGAL m. Sitio pedregoso.

PEDREGÓN m. *Col.* y *Chil.* Pedrejón, pedrusca.

PEDREGOSO, SA adj. Lleno de piedras.

PEDREJÓN m. Piedra grande, pedrusco.

PEDRERA f. Cantera de donde se sacan piedras.

PEDRERÍA f. Conjunto de piedras preciosas: *una diadema de oro adornada con pedrerías.*

PEDRERO m. Cantero, obrero que extrae piedras. || Pieza antigua de artillería. || Hondero, el que dispara piedras con la honda. || *Hond.* Pedregal.

PEDRISCA f. Pedrisco, granizo muy abundante.

PEDRISCAL m. Pedregal, sitio muy pedregoso.

PEDRISCO m. Granizo grueso y abundante. || Multitud de piedras. || Pedrea: *sufrieron un pedrisco por parte de los honderos.* || Multitud de piedras sueltas.

PEDRIZA f. Pedregal, sitio pedregoso. || Valla o cerca de piedra seca.

PEDROJIMÉNEZ m. Perojiménez, cierta vid.

PEDROJUANCABALLERENSE adj. y s. De Pedro Juan Caballero (Paraguay).

PEDRUSCO m. *Fam.* Piedra tosca o sin labrar.

PEDUNCULADO, DA adj. *Bot.* Que tiene pedúnculo: *flor pedunculada.*

PEDÚNCULO m. *Bot.* Cabillo de las flores.

PEER v. i. (lat. *pedere*). Despedir pedos, ventosear. Ú. t. c. r. || — IRREG. Se conjuga como *creer.*

PEGA f. Acción de pegar. || Baño de pez que se da a las vasijas. || *Fam.* Chasco. (SINÓN. V. *Cuenta.*) || *Fam.* Zurra: *dar a uno una pega de puntapiés.* || *Fam.* Pregunta difícil. || *Fam.* Dificultad. || Urraca, ave. || Rémora, pez. || *Pega reborda,* el alcaudón. || *Chil.* Período de contagio de una enfermedad. || *Fig.* y *fam. Saber uno a la pega,* tener resabios de la mala educación. || *Chil. Estar en la pega,* estar en su punto. || *Pop. De pega,* falso, fingido: *sabio de pega.*

PEGADERO m. *Hond.* Cenagal, barrizal.

PEGADILLA f. *Col.* Colmena más o menos tosca que fabrican las abejas silvestres.

PEGADILLO m. Parche pequeño. || *Ecuad.* Puntilla, encaje, pasamano.

PEGADIZO, ZA adj. Pegajoso: *mal pegadizo.* || Gorrón, parásito: *hacerse el pegadizo.* || Postizo, falso.

PEGADO m. Parche, emplasto pegajoso, pegote. (SINÓN. V. *Adherente.*) || Lo que se pega de un guisado a la cazuela. || *Fig.* y *fam. Estar pegado en algo,* no saber nada.

PEGADOR m. *Min.* El que en las minas y canteras pega fuego a los barrenos. || *And.* y *Cub.* Rémora, pez.

PEGADURA f. Acción de pegar. || Unión de dos cosas pegadas entre sí. (SINÓN. V. *Adherencia.*) || *Ecuad.* y *Col.* Pegata, burla.

PEGAJOSIDAD f. Glutinosidad, viscosidad. (SINÓN. V. *Adherencia.*)

PEGAJOSO, SA adj. Que se pega con facilidad. || Contagioso: *enfermedad pegajosa.* || *Fig.* y *fam.* Meloso, suave. (SINÓN. V. *Viscoso.*) || *Fig.* y *fam.* Pesado, sobón: *qué hombre más pegajoso.* || *Fig.* y *fam.* Dícese de los vicios que fácilmente se comunican. || *Fig.* y *fam.* Dícese del empleo en que se manejan intereses, pudiendo abusarse fácilmente en ellos.

PEGAMENTO m. Producto para pegar.

PEGAMIENTO m. Acción de pegar, pegadura.

pegaso

pejesapo

PEGAMOIDE m. Substancia que se obtiene impregnando una tela en celulosa disuelta: *el pegamoide es más sólido que el hule.*
PEGAPEGA f. *Per.* y *Col.* Nombre de ciertas semillas que se agarran fuertemente a los vestidos. || *Arg.* Liga. || *Chil.* Adulador.
PEGAR v. t. (lat. *picare*). Unir, juntar dos cosas con goma, cola, etc.: *pegar un cartel a la pared.* (SINÓN. V. *Engomar.*) || Coser, atar, reunir: *pegar un botón.* || Comunicar una enfermedad, un vicio, etc.: *pegar las viruelas.* || *Fig.* Maltratar a golpes: *pegar a un niño.* (SINÓN. *Apalear, azotar, cimbrar, flagelar, fustigar, golpear, zurrar.* V. tb. *maltratar.*) || Dar: *pegar un golpe, un tiro,* etc. || *Fig. No pegar ojo,* no dormir. || — V. i. Asir, prender: *pegar fuego a un papel.* || Sentar, caer: *no pega lo azul con lo verde.* (SINÓN. V. *Adaptar.*) || Dar: *pegar un salto.* || — V. r. Unirse con alguna substancia glutinosa. || Quemarse los guisos por adherirse al fondo de la vasija en que se cuecen: *pegarse el arroz.* || *Fig.* Meterse uno donde no le llaman. || *Fig.* Aficionarse una persona mucho a una cosa. || *Fig.* y *fam. Pegársela a uno,* engañarle, chasquearle. || *Pegársele a uno las sábanas,* dormir hasta muy entrada la mañana.
PEGASEO, A adj. Relativo a Pegaso.
PEGÁSIDES f. pl. *Poét.* Las musas.
PEGASO m. (de *Pegaso,* n. pr.). Pez del océano Índico, de aletas pectorales a modo de alas.
PEGATA f. *Fam.* Engaño, chasco.
PEGATIVO, VA adj. *Hond.* y *Chil.* Pegadizo.
PEGMATITA f. (del gr. *pegma,* conglomerado). Roca cristalina, especie de granito de grano grueso y mica blanca.
PEGO (Dar el) loc. Pegársela a uno.
PEGOLLO m. (del lat. *pediculus,* sostén, apoyo). *Ast.* Pilar de piedra de un hórreo.
PEGOSTE y **PEGOSTRE** m. *Amer.* Pegote.
PEGOTE m. Emplasto de pez. || *Fig.* y *fam.* Cosa espesa y pegajosa: *ese guisado es un pegote.* || *Fig.* y *fam.* Persona que se pega a otra con impertinencia. || *Fig.* y *fam.* Cosa que desdice de otra a la que está unida: *ese adorno es un verdadero pegote.*
PEGOTEAR v. i. *Fam.* Meterse y convidarse una persona en las casas a las horas de comer.
PEGOTERÍA f. *Fam.* Vicio de pegotear.
PEGUAL m. *Amer.* Cincha con una argolla para sujetar los animales cogidos con lazo. || *Arg.* Sobrecincha.
PEGUERA f. Madero de pino que se quema para sacar la pez. || En los esquileos, sitio donde se pone la marca al ganado.
PEGUERO m. El que fabrica o vende la pez.
PEGUJAL m. Peculio, hacienda. || Campo pequeño.
PEGUJALERO m. Labrador que cultiva un pegujal. || Ganadero que tiene escaso rebaño.
PEGUJAR m. Pegujal.
PEGUJÓN m. Mechón de lana o pelo apretados.
PEGUNTA f. La marca puesta con pez al ganado, especialmente al lanar.
PEGUNTAR v. t. Marcar las reses con pez.
PEGUNTOSO, SA adj. Pegajoso, glutinoso. (SINÓN. V. *Viscoso.*)
PEHUÉN m. *Chil.* Especie de araucaria o pino.
PEINA f. Peineta: *una peina de concha.*
PEINADA f. *Fam.* Peinadura: *dar una peinada.*
PEINADO, DA adj. Que se adorna con exceso. || *Fig.* Dícese del estilo demasiado pulido. || — M. Arreglo del pelo: *un peinado sencillo.*
PEINADOR, RA adj. y s. Que peina: *hoy no ha venido la peinadora.* || — M. Toalla que cubre el cuerpo del que se peina o afeita. || Especie de bata de mujer. || *Chil.* y *Arg.* Tocador. || — F. Máquina para peinar la lana.
PEINADURA f. Acción de peinar.
PEINAR v. t. Arreglar el cabello: *peinar a una niña.* || Desenredar la lana de los animales. || Tocar, rozarse dos cosas. || *Fig.* y *fam. Peinar canas,* ser viejo y respetable.
PEINAZO m. *Carp.* Listón entre los largueros de puertas y ventanas, que forma los cuarterones.
PEINE m. (lat. *pecten*). Instrumento que sirve para desenredar o mantener el cabello, o para limpiar la cabeza: *peine muy ralo.* || Carda para la lana. || Barra por cuyas púas pasan en el telar los hilos de la urdimbre. || *Venez.* Trampa que sirve para cazar pájaros. || *Fig.* y *fam.* Persona astuta: *buen peine estás.* || *A sobre peine,* por encima, muy ligeramente: *pelar a sobre peine.*
PEINERÍA f. Sitio donde se fabrican peines.
PEINERO m. El que fabrica o vende peines.
PEINETA f. Peine alto de adorno que suelen usar las mujeres. || *Arg.* y *Chil.* Peinilla.
PEINETERO m. Peinero
PEJE m. Pez, pescado. (Úsase en combinación para designar ciertos peces: *peje ángel, peje araña, peje diablo.*) || *Fig.* y *fam.* Hombre muy astuto y taimado. || *Méx.* Tonto. || *Amer.* Arbusto santaláceo.
PEJEBUEY y **PEJEJUDÍO** m. *Amer.* Manatí.
PEJEMULLER m. Pez mujer, manatí.
PEJEPALO m. El abadejo curado al humo.
PEJERREY m. Variedad de pez acantopterigio, de carne muy sabrosa, que se encuentra en el Atlántico y Río de la Plata.
PEJESAPO m. Pez teleósteo acantopterigio, de cabeza enorme y redonda.
PEJIGUERA f. *Fam.* Cosa poco provechosa y que sólo sirve para embarazar y molestar a uno. (SINÓN. V. *Dificultad.*)
PEJIVALLE m. Nombre de una especie de palmera de Centroamérica. (SINÓN. *Moriche.*)
PEKINÉS, ESA adj. y s. Pequinés.
PELA f. Peladura. || *Amer.* Zurra, azotaina.
PELADA f. Piel de carnero sin lana. || *Col.* Pifia, error. || *Chil. Fam.* La muerte.
PELADERA f. *Med.* Enfermedad que hace caer el pelo a trechos: *la peladera no es contagiosa.* || *Chil.* y *Amér. C.* Murmuración.
PELADERO m. Lugar donde se pelan los cerdos. || *Fig.* y *fam.* Sitio donde juegan fulleros, garito. || *Col.* y *Chil.* Campo árido, erial.
PELADILLA f. Almendra confitada. || Guijarro.
PELADILLO m. Especie de melocotón.
PELADO, DA adj. (lat. *pilatus*). Que ha perdido el pelo: *cabeza pelada.* || Que no tiene piel: *manzana pelada.* || *Fig.* Que le falta algo fundamental: *campo pelado; hueso pelado; discurso pelado.* || Dícese del número que tiene decenas, centenas o millares justos: *el cincuenta pelado.* || *Provin.* y *Amer.* Que está sin recursos. || *Amer.* Desvergonzado. || — M. Acción y efecto de pelar. || *Chil.* Borrachera.
PELADOR m. El que pela alguna cosa.
PELADURA f. Mondadura.
PELAFUSTÁN m. *Fam.* Holgazán, perdido.
PELAGALLOS m. *Fam.* El que no tiene oficio.
PELAGATOS m. *Fam.* Hombre despreciable o de poca importancia.
PELAGIANISMO m. Herejía de Pelagio, quien negaba que el pecado de Adán u original se hubiese transmitido a su descendencia.
PELAGIANO, NA adj. y s. Sectario de Pelagio.
PELÁGICO, CA adj. Del piélago o del mar. || *Biol.* Dícese de los animales y plantas que flotan en el mar.
PELAGOSCOPIO m. *Fís.* Instrumento que sirve para observar el fondo del mar.
PELAGRA f. Enfermedad grave, producida por deficiencia vitamínica y caracterizada por eritemas, y por trastornos digestivos y nerviosos.
PELAGROSO, SA adj. y s. Que padece pelagra.
PELAIRE m. Cardador de paños.
PELAIRÍA f. Oficio del pelaire o cardador.
PELAJE m. Pelo de un animal: *pelaje espeso.* || *Fig.* y *fam.* Trazas, calidad: *hombre de pobre pelaje.*
PELAMBRAR v. t. Meter los cueros en pelambre.
PELAMBRE m. Pieles que se apelambran. || La mezcla de agua y cal con que se apelambran las pieles. || El conjunto de pelo en todo el cuerpo. || Falta de pelo en una parte del cuerpo donde suele haberlo naturalmente. || *Chil.* Crítica, calumnia. || — OBSERV. Esta palabra se usa frecuentemente como femenino.
PELAMBRERA f. Sitio donde se apelambran las pieles. || Pelo o vello espeso. || Alopecia, enfermedad de la piel.
PELAMBRÓN m. *Amer.* Descamisado.
PELAMEN m. *Fam.* Pelambre.
PELAMESA f. Riña en que los adversarios se mesan los cabellos. || Puñado de pelo o barba mesados.
PELANA m. *Fam.* Persona sin importancia.

PELANDUSCA f. Mujer de mala vida. (SINÓN. V. *Prostituta.*)
PELANTRÍN m. Pegujalero, el labrador que cultiva un pegujal. ‖ *Méx.* El que no tiene absolutamente nada.
PELAR v. t. Cortar el pelo. (SINÓN. *Afeitar, depilar, rapar, trasquilar.*) ‖ Mondar una fruta: *pelar una manzana.* ‖ Quitar las plumas a un ave: *pelar un ganso.* ‖ *Fig.* y *fam.* Ganar a otro el dinero en el juego. ‖ *Fig.* y *fam.* Despojar a otro con violencia de sus bienes. (SINÓN. V. *Desposeer.*) ‖ *Fig.* Criticar, despellejar. ‖ — V. r. *Amer.* Confundirse. ‖ *Fam. Pelárselas,* correr mucho. ‖ *Fig.* y *fam. Pelar la pava,* v. PAVA. ‖ *Duro de pelar,* difícil de conseguir. ‖ *Amer. Fam. Pelar los ojos,* abrirlos mucho para mirar.
PELARGONIO m. Género de geraniáceas de hermosas flores encarnadas, muy parecidas al geranio común.
PELÁSGICO, CA adj. Relativo a los pelasgos: *construcciones pelásgicas.* (V. *Parte hist.*) ‖ *Lenguas pelásgicas,* grupo de idiomas indoeuropeos.
PELAZA adj. Dícese de la paja de cebada machacada que se da como alimento al ganado.
PELAZA y **PELAZGA** f. *Fam.* Pelamesa, riña.
PELCHA f. *Chil.* Rimero de cosas arrinconadas.
PELDAÑO m. Cada escalón de una escalera. (SINÓN. V. *Escalera.*)
PELEA f. Riña, contienda. (SINÓN. V. *Combate.*) ‖ Riña de animales: *asistir a una pelea de gallos.* (SINÓN. V. *Combate.*) ‖ *Fig.* Afán o fatiga por conseguir una cosa.
PELEANO, NA adj. Relativo al monte Pelado (Martinica). ‖ *Volcán de tipo peleano,* el que al solidificarse la lava forma tapones (nombre tomado del monte Pelado [Pelé] después de su erupción en 1902).
PELEADOR, RA adj. Que pelea o lucha.
PELEAR v. i. Combatir, contender. (SINÓN. V. *Luchar.*) ‖ *Fig.* Luchar entre sí las cosas: *peleaban los elementos entre sí.* ‖ *Fig.* Luchar, combatir con las pasiones. ‖ Afanarse por conseguir algo. ‖ — V. r. Reñir dos personas entre sí: *pelearse a puntapiés.*
PELECHAR v. i. Echar o mudar el pelo o pluma los animales. ‖ *Fig.* y *fam.* Empezar a recobrar la salud: *ya va el enfermo pelechando.*
PELEL m. (ingl. *pale-ale*). Cerveza clara.
PELELE m. Muñeco de paja y trapos que se mantea en las carnestolendas. ‖ *Fig.* y *fam.* Persona simple y sin carácter. ‖ Traje de punto de una pieza que usan los niños para dormir.
PÊLE-MÊLE m. (pal. fr., pr. *peelmeel*). Mezcolanza, batiburrillo. ‖ — Adv. m. Confusamente.
PELENDENGUE m. Perendengue.
PELEÓN, ONA adj. Amigo de pelear. ‖ *Vino peleón,* el ordinario y barato.
PELEONA f. *Fam.* Pendencia, riña o pelamesa.
PELERO m. *Amer.* Sobrepelo, sudadero.
PELETE m. En el juego de la banca, el que apunta por encima. ‖ *Fig.* y *fam.* Hombre pobre y sin importancia. ‖ *En pelete,* en cueros.
PELETERÍA f. Oficio y tienda del peletero. ‖ Arte de preparar las pieles. ‖ Conjunto de pieles finas. ‖ *Cub.* Zapatería.
PELETERO m. El que prepara y adoba pieles finas. ‖ El que las vende.
PELIAGUDO, DA adj. De pelo largo y delgado. ‖ *Fig.* y *fam.* Muy difícil o enmarañado: *negocio peliagudo.* (SINÓN. V. *Difícil.*) ‖ *Fig.* y *fam.* Hábil y mañoso.
PELIBLANCO, CA adj. De pelo blanco.
PELICANO y mejor **PELÍCANO** m. (lat. *pelicanus*). Ave acuática palmípeda cuyo pico muy largo y ancho tiene en la mandíbula inferior una membrana grande, que le sirve de bolsa para depositar los alimentos. ‖ *Cir.* Instrumento que sirve para sacar muelas. ‖ — Pl. Aguileña, planta.
PELICANO, NA adj. Que tiene el pelo cano.
PELICORTO, TA adj. Que tiene el pelo corto.
PELÍCULA f. (lat. *pellicula*). Piel muy delgada: *la epidermis es una película.* ‖ Hollejo de la uva. ‖ *Tecn.* Hoja de gelatina sensible empleada en fotografía. ‖ Cinta cinematográfica: *una película de aventuras.*
PELICULAR adj. Relativo a la película.

Fot. Dragesco, Agence Intercontinentale

PELIGRAR v. i. Estar en peligro, correr riesgo.
PELIGRO m. (lat. *periculum*). Riesgo inminente: *estar un barco en peligro de zozobrar.* ‖ *Correr peligro,* estar expuesto a él. ‖ *Fig.* Estar a punto de suceder una cosa desagradable. ‖ — SINÓN. *Amenaza, inseguridad, riesgo.* V. tb. *desgracia.*
PELIGROSIDAD f. Calidad de peligroso.
PELIGROSO, SA adj. Que ofrece peligro: *camino peligroso.* ‖ *Fig.* Arriesgado, inseguro.
PELILARGO, GA adj. Que tiene el pelo largo.
PELILLO m. *Fig.* y *fam.* Causa leve de disgusto. ‖ *Fam. Echar pelillos a la mar,* reconciliarse con uno. ‖ *Pararse en pelillos,* resentirse por cosas muy leves.
PELILLOSO, SA adj. *Fig.* y *fam.* Quisquilloso.
PELINEGRO, GRA adj. Que tiene pelo negro.
PELIRROJO, JA adj. Que tiene el pelo rojo.
PELIRRUBIO, BIA adj. De pelo rubio.
PELITIESO, SA adj. De pelo muy tieso.
PELITRE m. (lat. *pyrethrum*). Planta de la familia de las compuestas, originaria del norte de África, y que se cultiva en los jardines.
PELITRIQUE m. *Fam.* Cosa de muy poco valor.
PELMA amb. *Fam.* Pelmazo.
PELMACERÍA f. *Fam.* Pesadez, majadería.
PELMAZO m. Cosa apretada o aplastada demasiado. ‖ Manjar que se asienta en el estómago. ‖ *Fig.* y *fam.* Persona pesada: *ese hombre es un pelmazo.* (SINÓN. V. *Blando.*)
PELO m. (lat. *pilus*). Producción filiforme que aparece en diversos puntos de la piel del hombre y de los animales. (SINÓN. *Pelaje, piel, vellón.* V. tb. *cabello.*) ‖ Conjunto de dichos filamentos: *sombrero de pelo de conejo.* ‖ Vello de las plantas: *planta cubierta de pelos.* ‖ *Chil.* Pendolita del reloj. ‖ Hebra o filamento de lana, seda, etc. ‖ Color de la piel de un caballo. ‖ *Fig.* Cosa de muy poca importancia. ‖ *A* o *al pelo,* m. adv., según el lado del pelo, en las telas. ‖ *Fam.* Perfectamente: *llegas al pelo.* ‖ *A medios pelos,* m. adv., medio borracho. ‖ *Contra pelo,* m. adv., en dirección contraria a la del pelo: *acariciar un gato a contra pelo.* (V. tb. CONTRAPELO [A].) ‖ *De medio pelo,* m. adv., de poca importancia, o que no es lo que quiere aparentar: *señoras de medio pelo.* ‖ *A pelo,* m. adv., sin aparejo ni silla: *montar un caballo a pelo.* ‖ *Por los pelos,* m. adv., por poco: *logró aprobar por los pelos.* ‖ *Pelo arriba,* m. adv., contra pelo. ‖ *Fig. Pelo de Judas,* pelo rojo, y persona que así lo tiene. ‖ *Pelo de la dehesa,* resabios que se guardan de la primera educación cuando fue rústica. ‖ *Cortar un pelo en el aire,* ser muy astuto. ‖ *Hombre de pelo en pecho,* el muy valiente. ‖ *Estar hasta los pelos,* estar harto. ‖ *No tener pelo de tonto,* ser listo. ‖ *No tener pelos en la lengua,* no tener miedo a hablar. ‖ *Lucirle a uno el pelo,* estar gordo y saludable. ‖ *Fig.* y *fam. Ponérsele a uno los pelos de punta,* sentir gran pavor. ‖ *Fig.* y *fam. No ver el pelo a uno,* no verlo. ‖ *Tomar a uno el pelo,* burlarse de él.
PELÓN, ONA adj. y s. Que no tiene pelo o lo tiene cortado. ‖ *Fig.* y *fam.* De escaso entendimiento. ‖ *And.* Cicatero. ‖ — M. *Venez.* Equivocación. ‖ *Arg.* Durazno de piel lisa. ‖ *Padrino pelón,* v. PADRINO.
PELONA f. Alopecia, calvicie. ‖ *Fam.* La muerte.
PELONCHILE m. *Méx.* Flor de la capuchina.
PELONERÍA f. *Fam.* Pobreza, miseria.
PELOSO, SA adj. Que tiene pelo.
PELOTA f. Bola de diversa materia y hechura, generalmente elástica, que sirve para jugar. ‖ Juego que se hace con ella. ‖ Bola de cualquier substancia blanda: *pelota de manteca.* ‖ *Arg.* Batea de cuero de forma cuadrada, que se usa para atravesar ciertos ríos. ‖ *Fam. En pelota,* en cueros, desnudo. ‖ *Pelota vasca,* juego de pelota por excelencia, en el cual los jugadores lanzan la pelota contra un frontón, valiéndose de una pala, cesta o las propias manos.
PELOTARI m. Jugador de pelota vasca.
PELOTAZO m. Golpe dado con una pelota.
PELOTE m. Pelo de cabra.
PELOTEAR v. t. Repasar detenidamente una cuenta. ‖ — V. i. Jugar a la pelota por entretenerse y sin hacer partido. ‖ *Fig.* Arrojar una cosa de un sitio a otro. ‖ *Fig.* Reñir, disputar. ‖ *Arg.* Pasar un río en una pelota.

pelargonio

pelícano

pelota vasca

pelta

PELOTERA f. *Fam.* Riña: *armar una pelotera.* (SINÓN. V. *Disputa.*)
PELOTERO m. El que hace pelotas o las presenta a los jugadores. ‖ *Fam.* Pelotera. ‖ — Adj. Dícese del escarabajo que hace bolas de estiércol.
PELOTILLA f. Bolita de cera con vidrios que usaban los disciplinantes. ‖ *Pop. Hacer la pelotilla,* adular, dar la coba.
PELOTILLERO m. *Bol.* Árbol euforbiáceo que produce caucho. ‖ *Pop.* Adulador, cobista.
PELOTO adj. Dícese de una especie de trigo.
PELOTÓN m. Mechón de pelo enredado. ‖ *Mil.* Grupo pequeño de soldados: *pelotón de ejecución.* ‖ *Fig.* Conjunto de personas reunidas sin orden. ‖ Grupo de participantes en una carrera.
PELTA f. (lat. *pelta*; gr. *peltê*). Cierta especie de escudo o adarga de los griegos y romanos.
PELTRE m. (del ingl. *spelter,* cinc). Aleación de cinc, plomo y estaño: *cucharas de peltre.*
PELUCA f. (lat. *perruca*). Cabellera postiza: *llevar una peluca.* (SINÓN. V. *Cabello.*) ‖ *Per.* Melena. ‖ *Ecuad.* Pelo largo, en niños y jóvenes. ‖ *Fig.* y *fam.* Persona que usa peluca. ‖ *Fam.* Reprensión severa: *echar una peluca.*
PELUCÓN, ONA m. y f. *Ecuad.* Persona de alta posición. ‖ *Chil.* Conservador.
PELUCONA f. *Fam. Ant.* Onza de oro acuñada con la efigie de uno de los Borbones hasta Carlos IV inclusive.
PELUCHE f. (pal. fr., pr. *peluch*). Felpa.
PELUDEAR v. i. *Arg.* Atascarse un carro en la tierra blanda. ‖ *Arg.* Salvar una dificultad.
PELUDO, DA adj. Que tiene mucho pelo. (SINÓN. *Barbudo, bigotudo, cabelludo, velloso, velludo.*) ‖ *Riopl.* Armadillo cubierto de pelo. ‖ *Arg.* Borrachera.
PELUQUERÍA f. Tienda u oficio del peluquero.
PELUQUERO, RA m. y f. Persona que tiene por oficio cortar el pelo, hacer pelucas, etc. ‖ Dueño de una peluquería. ‖ — F. Mujer del peluquero. ‖ — SINÓN. *Barbero, fígaro, rapabarbas.*
PELUQUÍN m. Peluca pequeña para hombres. ‖ Bisoñé.
PELUSA f. Vello muy fino que cubre ciertas plantas. ‖ Pelo menudo que sale de las telas. ‖ *Pop.* Envidia, celo.
PELUSILLA f. Bot. Vellosilla, planta. ‖ *Fam.* Celo, envidia.
PELVI adj. Aplícase a una lengua derivada del antiguo persa. ‖ — PARÓN. *Pelvis.*
PELVIANO, NA o **PÉLVICO, CA** adj. De la pelvis: *hueso pelviano.*
PELVIS f. (del lat. *pelvis,* lebrillo). Cintura ósea que termina por la parte inferior el cuerpo

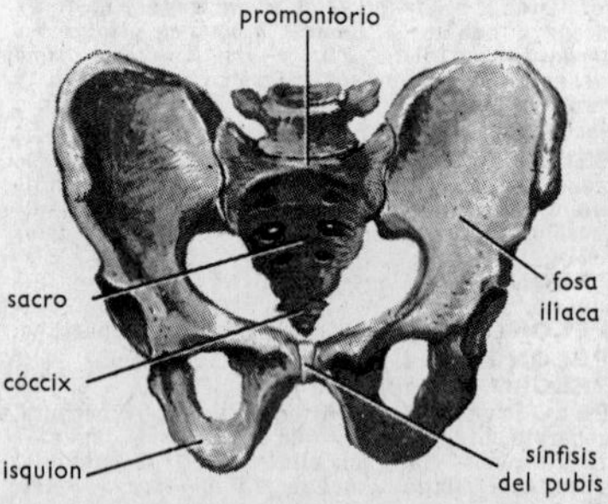

humano, y de donde arrancan los miembros inferiores. ‖ Receptáculo en forma de embudo que se encuentra en medio del riñón.
PELLA f. Masa apretada de forma más o menos redonda: *pella de manteca.* ‖ Tallo floral apretado de la coliflor. ‖ Manteca del cerdo, tal como se saca del animal. ‖ *Fig.* y *fam.* Suma de dinero. *Pop. Hacer pella,* hacer novillos.
PELLADA f. Porción de yeso o cal que cabe en la llana del albañil. ‖ Pella, masa.
PELLAR m. *Col.* Chorlito.
PELLEJA f. (del lat. *pellis,* piel). Piel de un animal. ‖ *Fam.* Ramera. ‖ *Fig.* y *fam. Salvar la pelleja,* salvar la vida.
PELLEJERÍA f. Sitio donde se preparan o venden los pellejos. ‖ Conjunto de pieles. ‖ — Pl. *Chil.* y *Riopl.* Trabajos, contratiempos.
PELLEJERO m. El que adoba o vende pieles.
PELLEJINA f. Pelleja pequeña.
PELLEJO m. Piel de los animales o las frutas. (SINÓN. V. *Piel.*) ‖ Odre: *un pellejo de vino.* ‖ *Fig.* y *fam.* Persona ebria. ‖ *Fig.* y *fam. Salvar el pellejo,* librarse de un peligro de muerte.
PELLEJUDO, DA adj. De mucho pellejo.
PELLICA f. Pelleja. ‖ Manta de pellejos finos. ‖ Zamarra o pellico de pieles finas.
PELLICO m. Zamarra que llevan los pastores. ‖ Abrigo o gabán tosco de pieles.
PELLÍN m. *Chil.* Corazón duro de la madera. ‖ Especie de roble. ‖ *Chil.* Cosa muy dura y fuerte: *brazos de pellín.*
PELLINGAJO m. *Chil.* y *Arg.* Estropajo.
PELLIZA f. Prenda de abrigo hecha o forrada de pieles.
PELLIZCADOR, RA adj. y s. Que pellizca.
PELLIZCAR v. t. Apretar entre los dedos o de otro modo: *pellizcar el brazo a un niño.* ‖ Asir ligeramente una cosa. ‖ Tomar una corta cantidad de una cosa: *pellizcar un pastel.*
PELLIZCO m. Acción de pellizcar. ‖ Porción pequeña que se quita pellizcando de una cosa. ‖ *Pellizco de monja,* el dado con las uñas. Cierto dulce hecho con masa y azúcar.
PELLÓN m. *Ant.* Zalea, vellón. ‖ *Amer.* Pellejo o tela acolchada que se pone bajo el asiento en el apero criollo. ‖ *Amer.* Piel de carnero que sirve para acostarse. ‖ *Arg.* Cojinillo.
PELLÓN y **PELLOTE** m. (lat. *pellis,* piel). Vestido talar de pieles de la Antigüedad.
PELLUZGÓN m. Mechón de pelo o barba.
PENA f. (lat. *poena*). Castigo: *la pena debe guardar proporción con el delito.* (SINÓN. V. *Suplicio.*) ‖ Sentimiento, aflicción: *las penas del corazón.* (SINÓN. *Amargura, desconsuelo, desolación, melancolía, pesadumbre.*) ‖ Tormento físico. (SINÓN. *Dolor, duelo, mal, padecimiento, sufrimiento.* V. tb. *desgracia.*) ‖ Trabajo, dificultad: *lo he hecho con mucha pena.* ‖ *Col., Venez.* y *Méx.* Timidez, vergüenza. ‖ Cinta que usaban al cuello las mujeres como adorno. ‖ — Pl. *Per.* Fantasmas, aparecidos: *hay penas en esa casa.* ‖ *Pena capital,* la de muerte. ‖ *Pena del talión,* la que era igual a la ofensa, como *ojo por ojo, diente por diente.* ‖ *A duras penas,* m. adv., con gran dificultad. ‖ *A penas,* m. adv., apenas. ‖ *Fig. Pasar la pena negra,* pasar grandes trabajos. ‖ *No valer la pena una cosa,* no merecer el trabajo que en ella se emplea. ‖ *Sin pena ni gloria,* mediocremente. ‖ — OBSERV. Son galicismos las frases: *a gran pena,* por *con gran trabajo; darse mucha pena por algo,* por *tomarse gran trabajo por ello.*
PENA f. (lat. *penna*). Nombre de las plumas mayores del ave. ‖ *Mar.* Extremo superior de la entena.
PENABLE adj. Que puede recibir pena.
PENACHO m. (del lat. *penna,* pluma). Grupo de plumas que tienen en la cabeza ciertas aves. ‖ Adorno de plumas: *el penacho de un morrión.* ‖ *Fig.* Cosa que tiene forma de penacho: *un penacho de vapores coronaba el volcán.* ‖ *Fig.* y *fam.* Vanidad, soberbia, humos.
PENACHUDO, DA adj. Que tiene penacho.
PENADO, DA adj. Penoso, trabajoso. ‖ Vasija antigua muy estrecha de boca. ‖ — M. y f. Delincuente condenado a una pena. (SINÓN. V. *Preso.*)
PENAL adj. (lat. *poenalis*). Relativo a la pena o al castigo: *código penal.* ‖ — M. Cárcel, penitenciaría. (SINÓN. V. *Presidio.*)
PENALIDAD f. Trabajo, pena: *pasar muchas penalidades.* (SINÓN. V. *Molestia.*) ‖ *For.* Calidad de penable. ‖ *For.* Sistema de penas establecido contra un delito. (SINÓN. V. *Castigo.*)
PENALISTA m. Versado en Derecho penal.
PENALIZACIÓN f. Sanción. (SINÓN. V. *Castigo.*) ‖ En deportes, desventaja con que se castiga a un jugador por haber cometido alguna falta.
PENALIZAR v. t. Infligir pena, castigo.
PENALTY m. (pal. ingl.). En el fútbol, sanción contra un equipo que ha cometido una falta dentro del área de gol, y que consiste en un tiro libre desde once metros. (SINÓN. *Castigo máximo.*)
PENANTE adj. Que sufre pena. ‖ Penado, vaso.

PENAR v. t. Imponer pena a uno. || — V. i. Padecer, sufrir, tolerar un dolor o pena. || Sufrir las almas en el purgatorio. || *Per.* y *Chil.* Haber aparecidos en un lugar. || — V. r. Afligirse.
PENATES m. pl. (lat. *penates*). Dioses domésticos de los etruscos y romanos. || *Fig.* Habitación, vivienda: *volver a los penates.*
PENCA f. Hoja carnosa de ciertas plantas: *penca de maguey, de berza.* || Azote con que se castigaba a los delincuentes. || *Hond.* Hoja o espata del maíz. || *Hond.* Espadañada, chorro de sangre. || *Amer.* Racimo de plátanos. || *Arg.* Chumbera. || *C. Rica.* Borrachera: *coger una penca.* || *Fam. Hacerse de pencas,* no consentir fácilmente en hacer una cosa. || *Amer. A la pura penca,* desnudo.
PENCAZO m. El golpe que se da con una penca.
PENCE m. pl. (pal. ingl.) V. PENNY.
PENCO m. *Fam.* Jamelgo. (SINÓN. V. *Caballo.*) || *Amer.* Agave, pita. || *Hond. Fam.* Rústico, palurdo, grosero.
PENCÓN, ONA adj. y s. Penquista.
PENCUDO, DA adj. Que tiene pencas.
PENDANGA f. En las quínolas, la sota de oros. || *Fam.* Ramera. (SINÓN. V. *Prostituta.*)
PENDENTIF m. Galicismo por *broche, dije.*
PENDEJO m. Pelo que nace en la región del pubis. || *Fam.* Hombre despreciable o cobarde. || *Méx., Col.* y *Chil.* Hombre estúpido o tonto. || *Arg. Fam.* Chiquillo. || — OBSERV. Es voz que debe evitarse.
PENDENCIA f. Contienda, riña, pelea. (SINÓN. V. *Disputa.*)
PENDENCIAR v. i. Reñir, contender.
PENDENCIERO, RA adj. y s. Amigo de pendencias.
PENDER v. i. (lat. *pendere*). Colgar: *los frutos penden de las ramas.* || Depender. || *Fig.* Estar pendiente un pleito o negocio.
PENDIENTE adj. Que cuelga. || *Fig.* Que aún no está resuelto: *negocio pendiente.* || — M. Arete que se ponen en las orejas las mujeres. || *Min.* Cara superior de un criadero. || — F. Cuesta: *una pendiente áspera.* (SINÓN. V. *Escarpado* y *subida.*) || Inclinación de la armadura del tejado. (SINÓN. *Declive, talud.*)
PENDIL m. Manto que usan las mujeres.
PENDINGUE m. Pendil.
PENDOL m. *Mar.* Acción de inclinar a una banda el barco para limpiar o carenar los fondos.
PÉNDOLA f. (lat. *pennula*). *Poét.* y *fam.* Pluma de escribir: *escribir con gallarda péndola.*
PÉNDOLA f. Péndulo de los relojes. || *Péndola compensadora,* la que conserva una longitud invariable a pesar de las variaciones de temperatura. || *Fig.* Reloj de péndola. || *Arq.* Madero de un faldón de armadura que va de la solera a la lima tesa. || *Arq.* Nombre de las varillas verticales que sostienen una cosa colgada: *las péndolas de un puente colgante.* || *Cub.* Especie de bejuco. || — PARÓN. *Péndulo.*
PENDOLAJE m. *Mar.* Derecho de apoderarse, en las presas marítimas, de los géneros que están sobre cubierta.
PENDOLARIO y **PENDOLISTA** com. Persona que escribe con letra gallarda. || Calígrafo. (SINÓN. V. *Empleado.*)
PENDOLÓN m. *Arq.* Nombre que se da al madero vertical de una armadura que va de la hilera a la puente.
PENDÓN m. (lat. *penno*). Bandera antigua, más larga que ancha. (SINÓN. V. *Bandera.*) || Estandarte de dos picos usado en las procesiones. || *Fig.* y *fam.* Persona muy alta, desaliñada y de mala traza. || *Fig.* y *fam.* Mujer licenciosa.
PENDONEAR v. i. *Fam.* Pindonguear, callejear. (SINÓN. V. *Errar.*)
PÉNDULA f. Barb. por *péndola* y *reloj.*
PENDULAR adj. Propio del péndulo o parecido a su movimiento: *movimiento pendular.*
PÉNDULO m. (lat. *pendulus*). *Mec.* Cuerpo pesado que puede oscilar suspendido de un punto por un hilo o varilla: *el péndulo de un reloj.* || *Péndulo eléctrico,* bolita de medula de saúco, colgada de un hilo de seda, que se emplea en ciertas experiencias. || — Adj. *Col.* Barb. por *irresoluto.* || — PARÓN. *Péndola.*
PÉNDULO, LA adj. Colgante.
PENE m. Miembro viril.
PENECA com. *Chil.* Estudiante de primeras letras. (SINÓN. V. *Discípulo.*) || — F. *Chil.* Clase preparatoria en las escuelas.
PENEQUE adj. *Fam.* Borracho.
PENETRABILIDAD f. Calidad de penetrable.
PENETRABLE adj. Que puede penetrarse: *el diamante no es fácilmente penetrable.* || *Fig.* Que puede comprenderse, adivinarse: *misterio difícilmente penetrable.* || — CONTR. *Impenetrable.*
PENETRACIÓN f. Acción de penetrar: *la potencia de penetración de una bala.* || *Fig.* Sagacidad. (SINÓN. V. *Clarividencia.*)
PENETRADOR, RA adj. *Fig.* Agudo, perspicaz, penetrante: *inteligencia penetradora.*
PENETRANTE adj. Que penetra: *proyectil penetrante.* || *Fig.* Profundo: *dicho penetrante.*
PENETRAR v. t. (lat. *penetrare*). Pasar al través: *el aceite penetra las telas.* (SINÓN. V. *Absorber.*) || Entrar profundamente: *la espada penetró en las carnes.* || *Fig.* Conmover profundamente: *sus gritos me penetran el corazón.* || *Fig.* Descubrir, adivinar: *penetrar un secreto.* || Entrar en un sitio de difícil acceso: *penetrar en una selva virgen.* || — V. r. *Fig.* Adivinarse mutuamente las intenciones. || Empaparse en una cosa: *penetrarse de la realidad de un hecho.*
PÉNFIGO m. *Med.* Enfermedad que produce en la piel ampollas de tamaño variable.
PENICILINA f. Substancia antibiótica producida por el *penicillium notatum,* cuya propiedades bacteriológicas fueron descubiertas en 1928 por Fleming, Chain y Florey.
PENICILLIUM m. Moho verde cultivado en los quesos, frutos agrios, y en otros medios nutritivos. (De uno de estos mohos, el *penicillium notatum,* de la clase de los hongos ascomicetos, se obtiene la penicilina.)
PENÍGERO, RA adj. *Poét.* Alado, con plumas.
PENILLANURA f. *Geogr.* Meseta originada por la erosión de una región montañosa.
PENÍNSULA f. (lat. *paeninsula,* de *paene,* casi, e *insula,* isla). Porción grande de tierra cercada por el agua excepto por una parte que comunica con la tierra firme: *España, Italia, Escandinavia y Grecia son penínsulas de Europa.*
PENINSULAR adj. y s. Natural de una península o relativo a ella: *tierra peninsular.*
PENIQUE m. (ingl. *penny*) Moneda inglesa, duodécima parte del chelín. (A partir de 1971, el *penique* representa la centésima parte de una libra esterlina en vez de la doscientas cuarentava parte.)
PENITENCIA f. (lat. *paenitentia*). Sentimiento de haber ofendido a Dios. (SINÓN. V. *Arrepentimiento.*) || Virtud que lo inspira: *David escribió los salmos de la penitencia.* || Sacramento mediante el cual perdona los pecados el confesor: *el tribunal de la penitencia.* || Pena que impone el confesor al penitente. (SINÓN. V. *Castigo.*) || Castigo público que imponía la Inquisición. || Ayunos o maceraciones que se impone uno mismo: *hacer penitencia.*
PENITENCIADO, DA adj. y s. Castigado por la Inquisición. || *Amer.* Encarcelado.
PENITENCIAL adj. (lat. *paenitentialis*). Relativo a la penitencia: *salmos penitenciales.*
PENITENCIAR v. t. Imponer una penitencia.
PENITENCIARÍA f. Tribunal eclesiástico de Roma para las dispensaciones, casos reservados, etc. || Dignidad de penitenciario. || Cárcel, penal. (SINÓN. V. *Presidio.*)
PENITENCIARIO, RIA adj. y s. Sacerdote que tiene obligación de confesar en una iglesia o capilla determinada. || Relativo a las cárceles: *régimen penitenciario.*
PENITENTE adj. y s. Relativo a la penitencia, que tiene o hace penitencia. (SINÓN. V. *Ermitaño.*) || Persona que se confiesa con un sacerdote. || En las procesiones, persona que viste túnica en señal de penitencia.
PENNY m. (pal. ingl.). Penique. Pl. *pence.*
PENOL m. *Mar.* Punta o extremo de las vergas.
PENONOMEÑO, ÑA adj. y s. De Penonomé (Panamá).
PENOSO, SA adj. Trabajoso: *labor penosa.* (SINÓN. V. *Difícil.*) || *Fig.* Afligido.
PENQUISTO, TA adj. y s. Natural de la ciudad de Concepción (Chile). [Débese este n. a la ant. c. llamada *Penco,* destruida por un terremoto en el s. XVIII.]

pensamiento

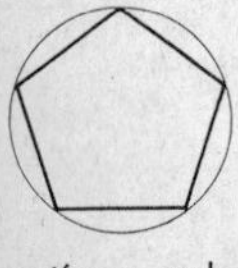
pentágono regular

peonía

PENSADO, DA adj. Con el adverbio *mal,* aficionado a juzgar desfavorablemente las acciones o palabras ajenas. ‖ *De pensado,* de intento.
PENSADOR adj. Que piensa. ‖ Meditabundo. ‖ ‖ — M. El que se dedica a estudios filosóficos muy profundos.
PENSAMIENTO m. Facultad de comparar, combinar y estudiar las ideas: *el pensamiento es la vida interior.* ‖ Acto de dicha facultad, del que resulta una idea: *un pensamiento ingenioso.* (SINÓN. V. *Creencia* y *opinión.*) ‖ *Fig.* Sospecha, recelo. ‖ Sentencia notable de un escrito: *un pensamiento de fray Luis de Granada.* (SINÓN. *Adagio, aforismo, apotegma, axioma, dicho, divisa, máxima, proverbio, refrán.*)
PENSAMIENTO m. Flor ornamental del género violeta, cuyos pétalos laterales se aproximan a los superiores.
PENSANTE adj. Que piensa: *un ser pensante.*
PENSAR v. t. (lat. *pensare*). Formarse ideas en la mente. ‖ Reflexionar: *no debe uno hablar sin pensar.* (SINÓN. *Cavilar, deliberar, discurrir, ensimismarse, especular, meditar, recogerse.* Fam. *Rumiar.* V. tb. *razonar* y *creer.*) ‖ Recordar: *pensar en un ausente.* ‖ Intentar, tener ánimo de: *pienso salir mañana.* ‖ Tener en la mente: *no debe uno decir cuanto piensa.* ‖ — IRREG. Se conjuga como *acertar.*
PENSAR v. t. Dar el pienso a los animales.
PENSATIVO, VA adj. Profundamente absorto. (SINÓN. V. *Soñador.*)
PENSEQUE m. *Fam.* Error, equivocación.
PENSIL adj. Pendiente, colgado. ‖ — M. *Fig.* Jardín encantador: *los pensiles granadinos.*
PENSILVANO, NA adj. y s. De Pensilvania.
PENSIÓN f. (lat. *pensio*). Renta que se impone sobre una finca. (SINÓN. V. *Renta.*) ‖ Cantidad que se paga, anual o mensualmente, por algún servicio: *pagar pensión en una casa de huéspedes, conceder una pensión a un inválido.* ‖ Casa donde se albergan personas para vivir en ella, mediante el pago de una mensualidad, pupilaje. (SINÓN. V. *Hotel.*) ‖ *Fig.* Carga o gravamen.
PENSIONADO, DA adj. y s. Que disfruta de alguna pensión. ‖ *Neol.* Colegio de alumnos internos.
PENSIONAR v. t. Conceder una pensión: *pensionar un artista.* ‖ *Ecuad.* Molestar. ‖ — V. r. *Chil.* Molestarse.
PENSIONARIO m. El que paga una pensión.
PENSIONISTA com. Persona que disfruta una pensión. ‖ Persona que paga pensión en un colegio, casa de huéspedes, etc.
PENSUM m. (pal. lat.). Plan de estudios; lección para aprender de memoria.
PENT, PENTA prefijo inseparable (gr. *pente*), que significa *cinco,* como en *pentagrama.*
PENTADÁCTILO adj. Que tiene cinco dedos.
PENTAEDRO m. Sólido de cinco caras: *la pirámide de base cuadrangular es un pentaedro.*
PENTAGONAL adj. Que tiene cinco ángulos.
PENTÁGONO m. *Geom.* Polígono de cinco ángulos y cinco lados. ‖ Nombre con que se suele denominar al Estado Mayor de los Estados Unidos, debido a la forma pentagonal del edificio donde se aloja. (En este sentido se escribe con mayúscula.)
PENTAGRAMA o **PENTÁGRAMA** m. *Mús.* Conjunto de cinco líneas paralelas que sirven para escribir la música.
PENTÁMERO, A adj. Dícese de los insectos con cinco artejos.
PENTÁMETRO m. de *penta,* y el gr. *metron, medida.*) Verso de cinco pies.
PENTANO m. *Quím.* Un hidrocarburo saturado.
PENTÁPOLIS f. de *penta,* y el gr. *polis,* ciudad). Reunión de cinco ciudades con su territorio: *la Pentápolis Libia.* (V. *Parte Hist.*)
PENTAPOLITANO, NA adj. De una pentápolis.
PENTARQUÍA f. Gobierno de cinco jefes en algunos Estados de la Grecia antigua.
PENTASÍLABO, BA adj. Que se compone de cinco sílabas: *verso pentasílabo.*
PENTATEUCO m. (de *penta,* y el gr. *teukos,* volumen). Nombre del conjunto de los cinco primeros libros canónicos de la Biblia. (V. *Parte hist.*)
PENTATLÓN m. Conjunto de cinco ejercicios atléticos que actualmente consiste en 200 y 1 500 m lisos, salto de longitud y lanzamientos del disco y jabalina.
PENTECOSTÉS m. (del gr. *pentêkostê,* quincuagésimo). Fiesta de los judíos en memoria del día en que entregó Dios a Moisés las Tablas de la Ley en el monte Sinaí. ‖ Fiesta que celebra la Iglesia católica cincuenta días después de Pascua, en memoria de la venida del Espíritu Santo.
PENTEDECÁGONO m. *Geom.* Polígono de quince ángulos y quince lados.
PENTÉLICO, CA adj. Perteneciente o relativo al monte Pentélico: *mármol pentélico.*
PENTODO m. Válvula electrónica de cinco electrodos.
PENTHOUSE m. *Amer.* Anglicismo por *ático de una casa.*
PENTOTAL m. Narcótico que impide al paciente darse cuenta de lo que dice.
PENÚLTIMO, MA adj. y s. (del lat. *paena,* casi, y *ultimus,* último). Inmediatamente antes de lo último.
PENUMBRA f. (del lat. *paene,* casi, y *umbra,* sombra). *Fís.* Estado de una superficie incompletamente iluminada por un cuerpo luminoso cuyos rayos intercepta en parte un cuerpo opaco. (SINÓN. V. *Sombra.*) ‖ En bellas artes, zona en que se une la luz con la sombra.
PENUMBROSO, SA adj. Sombrío.
PENURIA f. Escasez. (SINÓN. V. *Pobreza.*)
PEÑA f. Piedra grande, roca. (SINÓN. V. *Piedra.*) ‖ Monte peñascoso. ‖ Círculo, reunión. ‖ *Fig. Ser una peña,* ser insensible.
PEÑARANDA (En) loc. adv. *Pop.* Empeñado.
PEÑASCAL m. Sitio lleno de peñascos.
PEÑASCAZO m. Pedrada.
PEÑASCO m. Peña grande y escarpada. (SINÓN. V. *Piedra.*) ‖ Múrice, molusco que produce la púrpura. ‖ *Zool.* Parte del hueso temporal, que encierra el oído interno.
PEÑASCOSO, SA adj. Lleno de peñascos.
PEÑASQUEAR v. t. *Chil.* Apedrear.
PÉÑOLA f. Pluma de ave para escribir.
PEÑÓN m. Peña grande y escarpada, peñasco. ‖ Monte peñascoso: *el peñón de Gibraltar.*
PEO m. Forma usual de *pedo.* ‖ *Fam.* Borrachera.
PEÓN m. El que camina a pie. ‖ Soldado de infantería. ‖ Jornalero, el que trabaja en cosas que no piden ningún arte: *peón de albañil.* ‖ *Amer.* El que trabaja en una hacienda, al mando de un capataz. ‖ Juguete de madera que se hace bailar sobre la punta, lanzándolo con una cuerda. ‖ Nombre de las piezas de menos valor en el ajedrez y en las damas. ‖ Árbol de la noria, eje de una máquina, etc. ‖ Colmena de abejas. ‖ *Méx. Vulg.* Piojo. ‖ *Peón caminero,* trabajador encargado de la conservación y cuidado de los caminos. ‖ *Peón de brega,* torero subalterno que ayuda al matador. ‖ *Fam. A peón,* m. adv., a pie.
PEÓN m. (gr. *paiôn*). Pie de la poesía antigua compuesto de cuatro sílabas, una de ellas larga.
PEONADA f. Obra que hace un peón en un día. ‖ Medida agraria de Vizcaya (3,804 áreas). ‖ Jornal del peón. ‖ *Amer.* Conjunto de peones.
PEONAJE m. Conjunto de peones.
PEONAR v. i. *Arg.* Trabajar como peón.
PEONERÍA f. Lo que labra un peón en un día.
PEONÍA f. Porción de tierra que, hecha la conquista de un país, se repartía a cada soldado de a pie. ‖ En las Indias, tierra que se podía labrar en un día.
PEONÍA f. (lat. *paeonia*). Planta de la familia de las ranunculáceas, que tiene muy hermosas flores grandes, de bello color carmesí. ‖ Cierto bejuco medicinal de Cuba.
PEONZA f. Juguete de madera parecido al peón que se hace bailar dándole con una correa. (SINÓN. V. *Trompo.*) ‖ *Fig.* y *fam.* Persona pequeña y bulliciosa. ‖ *Fam. A. peonza,* a pie, andando.
PEOR adj. (lat. *pejor*). Más malo: *esta fruta es peor que ésa.* ‖ — Adv. m. Más mal: *has trabajado peor que yo.* ‖ *Peor que peor* o *tanto peor,* peor todavía. ‖ — CONTR. *Mejor.*

PEORÍA f. La calidad de peor. ‖ Empeoramiento. ‖ — CONTR. *Mejoría.*
PEPA f. *Amer.* Pepita. ‖ *Col.* Mentira, bola. ‖ *Arg.* Canica para jugar.
PEPE m. *Pop.* Especie de bollo. ‖ *Pop.* Melón malo, pepino. ‖ *Venez.* y *Bol. Fam.* Lechuguino.
PEPEISTE m. *Salv.* Almohadilla de los mozos de cordel para cargar los fardos al hombro.
PEPENA f. *Méx.* Acción de pepenar o recoger.
PEPENADO m. *Méx.* Huérfano adoptado.
PEPENAR v. t. *Méx.* y *Amér. C.* Recoger, rebuscar. ‖ Separar en las minas el metal del cascajo.
PEPENCHE m. *Méx.* Chulo.
PEPESCLE m. *Méx.* Capa de hojas puesta en el fondo de las ollas en que se cuecen los tamales.
PEPIÁN m. Pipián, guiso americano.
PEPINAR m. Terreno sembrado de pepinos.
PEPINAZO m. *Fam.* Explosión de un proyectil.
PEPINILLO m. Pepino nuevo: *pepinillos encurtidos.*
PEPINO m. Planta de la familia de las cucurbitáceas, de fruto cilíndrico y comestible. ‖ *Pepino del diablo,* planta solanácea ecuatoriana, de fruto bastante parecido al pepino europeo. ‖ *Fig.* Melón que no está suficientemente maduro. ‖ *No importar un pepino,* no importar nada.
PEPIÓN m. Moneda antigua de Castilla, de poco valor.
PEPITA f. (del lat. *pepo,* melón). Semilla del melón, pera, manzana, etc. ‖ *Amer.* Almendra de cacao. ‖ Tumorcillo que sale a las gallinas en la lengua. ‖ Trozo rodado de metal nativo, y especialmente de oro. ‖ *Fam. No tener pepita en la lengua,* hablar mucho.
PEPITO m. *Amer.* Lechuguino, pisaverde. ‖ Pequeño bocadillo de carne.
PEPITORIA f. Guisado de carne de ave, cuya salsa tiene yema de huevo: *gallina en pepitoria.* ‖ *Fam.* Conjunto de cosas mezcladas sin orden.
PEPITOSO, SA adj. Que padece de la pepita.
PEPLA f. *And.* Plepa, persona inútil.
PEPLO m. (lat. *peplum,* del gr. *peplon*). Túnica sin mangas, abrochada al hombro, en Grecia y Roma.
PEPÓN, ONA adj. *Per.* Barrigón.
PEPONA f. Muñeca de cartón.
PEPÓNIDE f. (del lat. *pepo,* melón). Nombre genérico del fruto de las cucurbitáceas, como el *melón.*
PEPSINA f. (del gr. *pepsis,* digestión). Principio activo del fermento particular que existe en el jugo gástrico de los vertebrados.
PÉPTICO, CA adj. Relativo al estómago.
PEPTONA f. Substancia obtenida haciendo obrar la pepsina sobre la carne: *la peptona equivale a seis veces su peso en carne.*
PEPTONIFICAR v. t. Transformar en peptona.
PEQUÉN m. *Chil.* Nombre de una especie de lechuza pequeña. ‖ *Chil.* Especie de empanada.
PEQUEÑEZ f. Calidad de pequeño. ‖ *Fig.* Bajeza, debilidad: *pequeñez de miras.* (SINÓN. *Estrechez, mezquindad.*) ‖ Infancia, corta edad. ‖ Cosa pequeña: *no se pare usted en pequeñeces.*
PEQUEÑÍN, INA adj. Muy pequeño.
PEQUEÑO, ÑA adj. De cortas dimensiones: *casa pequeña.* (SINÓN. *Exiguo, ínfimo, minúsculo.* V. tb. *mínimo, corto* y *enano.*) ‖ Muy joven: *cuando era yo pequeño.* (SINÓN. *Menor.*) ‖ *Fig.* De poca importancia: *un comercio muy pequeño.* ‖ Humilde, bajo: *gente pequeña.* ‖ *En pequeño,* m. adv., en resumen, abreviadamente. ‖ — CONTR. *Grande, considerable.* ‖ — OBSERV. Es galicismo abusar de este adjetivo y colocarlo sin necesidad antes del substantivo: *un pequeño perro, un pequeño asunto,* por *un perrito, un asunto pequeño.*
PEQUÍN m. Tela de seda de varios colores.
PEQUINÉS, ESA adj. y s. De Pequín. ‖ — M. Perrito de pelo largo. ‖ Dialecto chino hablado en el norte de China y que fue elegido para ser la lengua nacional del país.
PER, prep. insep. que refuerza el significado de una palabra, como en *perdurar, perturbar.*
PERA f. (lat. *pirum*). Fruto del peral. ‖ Pelo que se deja crecer en la punta de la barba. ‖ *Fig.* Cosa fácil y lucrativa. ‖ Llamador o interruptor eléctrico en forma de pera. ‖ Adj. *Fam.* De elegancia afectada: *un pollo pera.* ‖ *Salv. Pera de cocodrilo,* aguacate. ‖ *Fig.* y *fam. Partir peras con uno,* tratarle con familiaridad. ‖ *Pedir peras al olmo,* pedir a uno lo que no puede dar. ‖ *Fam. Ponerle a uno las peras a cuarto,* estrecharle mucho.
PERADA f. Conserva que se hace con peras. ‖ Bebida alcohólica hecha con zumo de pera fermentado.
PERAL m. Árbol de la familia de las rosáceas cuyo fruto es la pera.
PERALEDA f. Huerto poblado de perales.
PERALEJO m. Árbol americano de la familia de las malpigiáceas: *la corteza del peralejo se emplea como curtiente.*
PERALTAR v. t. (del lat. *peraltus,* muy alto). Levantar la curva de un arco, de un camino. ‖ Levantar el carril exterior del ferrocarril en una curva.
PERALTE m. *Arq.* Lo que excede del semicírculo la altura de un arco. ‖ En las carreteras, vías férreas, etc,. mayor elevación de la parte exterior de una curva en relación con la interior.
PERANTÓN m. Mirabel, planta salsolácea.
PERBORATO m. *Quím.* Sal producida por la oxidación del borato.
PERCA f. (lat. *perca*). Pez acantopterigio, de carne comestible y delicada: *la perca es muy voraz y alcanza hasta 35 cm de largo.*
PERCAL m. Tela de algodón fina utilizada para la confección de camisas, vestidos de mujer, etc.
PERCALA f. *Amer.* Percal, tela.
PERCALINA f. Percal ligero y brillante que sirve generalmente para hacer forros de vestido.
PERCAN y **PERCÁN** m. *Chil.* Moho.
PER CAPITA (loc. lat. que significa *por cabeza*), expresión que se aplica a lo que corresponde por persona: *la renta per capita de un país.*
PERCANCE m. Provecho eventual que se considera además del sueldo o salario. ‖ Contratiempo, perjuicio o estorbo: *todo se le vuelven percances.* (SINÓN. V. *Desgracia.*)
PERCANTA f. *Arg. lunf.* Mujer, manceba.
PERCATAR v. i. Pensar, considerar, librarse Ú. t. c. v. r.: *percatarse de un peligro.*
PERCEBE m. (lat. *pollicipes*). Crustáceo cirrópodo comestibles que vive adherido a las rocas. ‖ *Fam.* Tonto, necio, majadero. (SINÓN. V. *Bobo.*)
PERCEPCIÓN f. (lat. *perceptio*). Acción de percibir: *percepción de una renta.* (SINÓN. V. *Recaudación.*) ‖ Sensación interior, impresión material hecha en nuestros sentidos por alguna cosa exterior: *una percepción bastante vaga.* (SINÓN. *Sensación, sentimiento.*)
PERCEPCIONISMO m. Sistema filosófico que defiende la percepción inmediata del mundo por los sentidos externos.
PERCEPTIBILIDAD f. Calidad de perceptible. (SINÓN. V. *Sensibilidad.*)
PERCEPTIBLE adj. Que se puede percibir: *un olor muy poco perceptible.* ‖ Que se puede recibir o cobrar. ‖ Que puede ser comprendido: *intención perceptible.* ‖ — CONTR. *Imperceptible.*
PERCEPTIVO, VA adj. Que puede percibir o concierne la percepción: *facultades perceptivas.*
PERCEPTOR, RA adj. y s. Que percibe o recoge: *la nariz es el órgano perceptor del olfato.*
PERCIBIR v. t. (lat. *percipere*). Recoger, cobrar: *percibir un tributo.* ‖ Recibir una percepción por medio de los sentidos: *percibir un ruido.* (SINÓN. *Advertir, experimentar, notar, observar.* V. tb. *distinguir* y *ver.*) ‖ Comprender, adivinar. ‖ — V. r. Galicismo por *darse cuenta.*
PERCIBO m. Acción de percibir o cobrar algo.
PERCLORATO m. Sal formada por el ácido perclórico y una base: *perclorato de potasio.*
PERCLÓRICO, CA adj. Dícese del más oxigenado de los ácidos del cloro.
PERCLORURO m. Cloruro que contiene la mayor cantidad posible de cloro: *el percloruro de hierro se usa para detener las hemorragias.*
PERCOCERÍA f. (del lat. *percutio,* golpe). Obra de platería antigua labrada a martillo.
PERCOCERO m. El que labra la plata a martillo.
PERCOLADOR m. (del lat. *per,* a través, y *colare,* filtrar). *Neol.* Cafetera de vapor.
PERCUCIENTE adj. Que hiere.
PERCUDIR v. t. (lat. *percudere*). Maltratar, manchar, ajar: *percudir el lustre de una cosa.* ‖ — V. r. Apulgararse la ropa blanca.

pepino

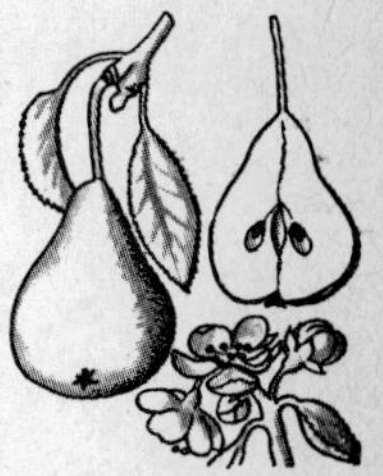
pera

perca

perro pequinés

Fot. Meurisse

perdiz

perejil

PERCUSIÓN f. (lat. *percussio*). Acción de percutir. (SINÓN. V. *Choque*.) || Método de diagnóstico que consiste en golpear levemente diversas partes del cuerpo, con el fin de determinar los sonidos que se producen. || *Arma de percusión*, la de fuego que emplea percursor y cebo fulminante. || *Mús. Instrumento de percusión*, el que se toca dándoles golpes (tambor, triángulo, platillos).
PERCUSOR, m. Pieza que hace detonar el cebo en las armas de fuego.
PERCUTIENTE adj. Que produce una percusión. || *Proyectiles percutientes*, balas de artillería que estallan al tocar un obstáculo.
PERCUTIR v. i. (lat. *percutere*). Herir. (SINÓN. V. *Golpear*.) || *Med.* Auscultar golpeando la espalda y el pecho del enfermo.
PERCUTOR m. Percusor.
PERCHA f. Madero que sostiene alguna cosa. || Mueble para colgar la ropa. || *Arg. Fig. Tener percha*, ser elegante. || Alcándara del halcón. || Lazo para cazar diversos animales.
PERCHAR v. t. Colgar el paño para cardarlo.
PERCHERO m. Conjunto de perchas.
PERCHERÓN, ONA adj. Dícese del caballo o yegua de una raza corpulenta que se utiliza para el tiro.
PERCHÓN m. Sarmiento de la vid en el cual han quedado más yemas de las convenientes.
PERCHONAR v. i. Dejar cierto número de perchones en las vides. || Armar perchas o lazos para cazar.
PERDEDERO m. Motivo de perder.
PERDEDOR, RA adj. y s. Que pierde.
PERDER v. t. Dejar de tener: 1º una cosa que se poseía: *perder su destino;* 2º una cualidad física o moral: *perder la razón*. (SINÓN. V. *Extraviar*.) || Estar separado por la muerte: *perder a su hijo*. || Ser vencido: *perder una batalla*. || Echar a perder: *la lluvia ha perdido su traje*. || Arruinar: *aquella inundación los perdió*. || Faltar a una obligación: *perder el respeto, la cortesía*. || — V. i. Decaer uno del concepto o estimación que gozaba: *Fulano ha perdido mucho*. || Desinflarse: *este neumático pierde*. || — V. r. No dar con el camino: *perderse en un bosque*. (SINÓN. *Hundirse, naufragar, zozobrar*.) || *Fig.* No hallar salida a una dificultad. || *Fig.* No aprovecharse una cosa: *esa carne se va a perder si no se come hoy*. (SINÓN. V. *Pudrir*). || *Fig.* Interrumpir la ilación de un discurso. || *Fig.* Conturbarse por un accidente o pasión. || *Fig.* Entregarse por entero a los vicios. || *Fig.* Amar con pasión ciega una persona o cosa. || *Fig.* Padecer un daño o ruina espiritual. || — CONTR. *Ganar*. || — IRREG. Se conjuga como *tender*.
PERDIBLE adj. Que puede perderse fácilmente.
PERDICIÓN f. (lat. *perditio*). Acción de perder o perderse. || *Fig.* Ruina, menoscabo moral. (SINÓN. *Pérdida*.) || *Fig.* Condenación eterna. || *Fig.* Desarreglo, inmoralidad: *esa conducta es una perdición*. || *Fig.* Pasión desenfrenada. || *Fig.* Causa o sujeto de un daño grave.
PÉRDIDA f. Privación de una cosa: *la pérdida de la vista*. (SINÓN. *Desgaste, mengua, perjuicio*. V. tb. *fallecimiento*.) || Menoscabo. (SINÓN. *Daño*.) || Cosa perdida: *pérdida pequeña, vender con pérdida*. || Galicismo por *perdición: correr a su pérdida*. || *No tener pérdida*, ser fácil de hallar. || — CONTR. *Ganancia*.
PERDIDAMENTE adv. m. Con exceso: *estar uno perdidamente enamorado de una mujer*. || Inútilmente.
PERDIDIZO, ZA adj. *Fam.* Que finge perderse.
PERDIDO, DA adj. Que no lleva dirección determinada: *bala perdida*. || *Fam.* Muy sucio: *ponerse perdido*. || *Fam.* Rematado: *borracho perdido*. || — M. *Fam.* Golfo. (SINÓN. V. *Granuja*.) || *Impr.* Número de ejemplares que se tiran además de la edición para suplir los echados a perder. || *Estar perdido por una persona*, estar muy enamorado de ella. || *Chil. A las perdidas*, de tarde en tarde.
PERDIDOSO, SA adj. *Fam.* Que pierde.
PERDIGAR v. t. Soasar la carne para que se conserve sin echarse a perder. || Guisar la carne en cazuela con alguna grasa.
PERDIGÓN m. Pollo de perdiz. || Perdiz joven. || Perdiz que usan los cazadores como reclamo. || Granos de plomo para la escopeta.
PERDIGÓN m. *Fam.* Que pierde mucho en el juego. || *Fig.* y *fam.* Perdido, hombre de poco juicio. || *Fam.* Alumno que es suspendido en una o más asignaturas. || *Fam.* Bolita de moco.
PERDIGONADA f. Tiro de perdigones. || Herida que produce.
PERDIGONERA f. Bolsa para los perdigones.
PERDIGUERO, RA adj. Que sirve para la caza de perdices: *perro perdiguero*. || El que vende caza. || — PARÓN. *Pertiguero*.
PERDIS m. *Pop.* Perdido, calavera.
PERDIZ f. (lat. *perdix*). Nombre vulgar de diversos géneros de gallináceas (*perdiz común, blanca, real, pardilla*, etc.) muy apreciadas como caza: *las perdices andan más que vuelan*.
PERDÓN m. Acción de perdonar, remisión de la deuda. || Indulgencia, misericordia. || — Pl. Dulces que se compran en las romerías para obsequiar a los que no pudieron asistir a ellas. || *Con perdón*, con permiso.
PERDONABLE adj. Que se puede perdonar.
PERDONADOR, RA adj. y s. Que perdona.
PERDONAR v. t. Remitir la deuda o injuria: *debemos perdonar a nuestros enemigos*. (SINÓN. *Amnistiar, indultar*.) || Exceptuar a una persona o cosa de una ley o regla. (SINÓN. V. *Eximir*.) || *No perdonar alguna cosa*, no omitir: *no perdona medio de ganar dinero*. (SINÓN. *Excusar*. V. tb. *absolver* y *eximir*.)
PERDONAVIDAS m. *Fig.* y *fam.* Baladrón, fanfarrón, valentón. (SINÓN. V. *Bravucón*.)
PERDULARIO, RIA adj. y s. Persona muy descuidada. || Perdido, pillo, pícaro.
PERDURABILIDAD f. Calidad de perdurable.
PERDURABLE adj. Que dura siempre o mucho tiempo. (SINÓN. V. *Eterno*.)
PERDURAR v. i. Durar mucho tiempo.
PEREBA f. *Arg.* Cicatriz.
PERECEAR v. t. *Fam.* Retardar, retrasar. || — SINÓN. *Gandulear, holgazanear, remolonear*.
PERECEDERO, RA adj. Que ha de perecer o acabarse: *vida perecedera*. || — M. *Fam.* Estrechez, apuro o miseria en las cosas.
PERECER v. i. (lat. *perire*). Acabar, dejar de existir. (SINÓN. V. *Morir*.) || *Fig.* Padecer daño o trabajo grande. || *Fig.* Padecer grave ruina moral o espiritual: *el pecador que no se arrepiente perecerá*. || — V. r. Desear con vehemencia: *perecerse por una mujer*. || — IRREG. Se conjuga como *agradecer*.
PERECIMIENTO m. Acción de perecer.
PERECUACIÓN f. *Neol.* Reparto por igual de las cargas entre los que la soportan.
PEREDA f. Peraleda.
PEREGRINA f. *Cub.* Arbusto euforbiáceo.
PEREGRINACIÓN f. Viaje por el extranjero. (SINÓN. V. *Emigración*.) || Viaje que se hace a un santuario: *peregrinación a Roma*. (SINÓN. V. *Viaje*.) || Visita hecha a un lugar para manifestar la admiración que se tiene a una persona. || *Fig.* Vida terrenal que sirve de paso para la eterna.
PEREGRINAJE m. Peregrinación.
PEREGRINAMENTE adv. m. De un modo peregrino. || Primorosamente: *escribir peregrinamente*.
PEREGRINANTE adj. y s. El que peregrina.
PEREGRINAR v. i. (lat. *peregrinari*). Andar viajando por tierras extrañas. Ir en romería a un santuario. (SINÓN. V. *Viajar*.)
PEREGRINIDAD f. Calidad de peregrino o extraño.
PEREGRINO, NA adj. y s. (del lat. *peregrinus*, extranjero). Que viaja por tierras extrañas. (SINÓN. V. *Viajera*.) || Dícese de las aves pasajeras. || *Fig.* Extraño, singular: *peregrina belleza*. || — M. y f. Persona que por devoción emprende un viaje para visitar algún santuario: *numerosos peregrinos van cada año a La Meca*. (SINÓN. *Romero*.)
PEREJIL m. (lat. *petroselinum*). Planta umbelífera, cuya hoja es un condimento muy usado. || *Fig.* y *fam.* Adorno mujeril: *ponerse muchos perejiles*. || — Pl. Títulos o dignidades. || Nombre de varias plantas: *perejil de mar* o *marino*, el hinojo marino; *perejil de monte*, el oreoselino; *perejil de perro*, la cicuta menor; *perejil macedonio*, el apio caballar.
PEREJILA f. Cierto juego de naipes.

Fot. Scaioni

PERENCEJO m. En algunas partes, perengano.
PERENDENGUE m. Adorno de poco valor.
PERENGANO, NA m. y f. Voz con que se designa una persona cuyo nombre se ignora o no se quiere decir. (Úsase después de haber nombrado a *Fulano, Mengano* y *Zutano.*)
PERENNAL adj. Perenne.
PERENNE adj. (lat. *perennis*). Que no se acaba nunca: *belleza perenne.* (SINÓN. V. *Eterno.*) || *Bot.* Vivaz: *planta perenne.*
PERENNEMENTE adv. m. De modo perenne.
PERENNIDAD f. (lat. *perennitas*). Perpetuidad, calidad de lo que no se concluye.
PERENTORIAMENTE adv. m. De modo perentorio: *responder perentoriamente a una objeción.*
PERENTORIEDAD f. Urgencia, calidad de perentorio: *la perentoriedad de un plazo.*
PERENTORIO, RIA adj. (lat. *peremptorius*). Dícese del último plazo que se concede para una cosa. || Terminante: *una proposición perentoria.* (SINÓN. V. *Decisivo.*) || Apremiante: *una obligación perentoria.* (SINÓN. V. *Urgente.*)
PERERO m. Instrumento que se usaba antiguamente para mondar las peras y otras frutas.
PEREZA f. (lat. *pigritia*). Vicio que nos aleja del trabajo, del esfuerzo: *la pereza es uno de los siete pecados capitales.* || Flojedad, descuido: *por pereza perdiste aquella colocación.* || Tardanza, lentitud: *caminar con pereza.* || *Venez.* Nombre vulgar del *perezoso* o *perico ligero.* || *Sacudir la pereza,* vencerla. || — CONTR. *Actividad, laboriosidad.*
PEREZOSAMENTE adv. m. Con pereza u holgazanería: *trabajar perezosamente.*
PEREZOSO, SA adj. y s. Que huye del trabajo, de la acción. (SINÓN. *Gandul, haragán, holgazán.* V. tb. *ocioso.*) || *Fig.* Tardo, pesado: *aroyo perezoso.* (SINÓN. *Lento.*) || *Fig.* Que funciona mal: *un estómago perezoso.* || — M. Mamífero desdentado, de movimientos muy lentos: *el perezoso, para bajar de los árboles, se deja caer hecho una bola.* || *Cub.* Imperdible.
PERFECCIÓN f. (lat. *perfectio*). Acabamiento completo: *continuar una obra hasta su completa perfección.* || Calidad del, o de lo que es perfecto: *nadie tiene la perfección en este mundo.* || Cualidad excelente del alma y del cuerpo: *tener todas las perfecciones.* || *A la perfección,* perfectamente. || — CONTR. *Imperfección, defecto.*
PERFECCIONAMIENTO m. Perfección, acabamiento, mejora.
PERFECCIONAR v. t. Hacer perfecta o mejor una cosa: *perfeccionar una máquina, un plan.* (SINÓN. V. *Acabar, educar* y *mejorar.*)
PERFECTAMENTE adv. m. De un modo perfecto. || Galicismo por *enteramente, absolutamente*: *eso es perfectamente falso.* || *¡Perfectamente!,* exclamación de asentimiento o conformidad.
PERFECTIBLE adj. Que puede perfeccionarse.
PERFECTIVO, VA adj. Que puede perfeccionar. || *Gram.* Aspecto verbal que expresa la acción terminada, en su momento final.
PERFECTO, TA adj. Que posee todas las cualidades, sin tener ningún vicio: *no existe la felicidad perfecta.* (SINÓN. *Impecable, irreprochable, magistral.* V. tb. *puro.*) || Excelente, muy bueno: *un vino perfecto.* || Completo: *tranquilidad perfecta.* (SINÓN. *Acabado, esmerado.*) || *Gram. Pretérito perfecto,* dícese del tiempo que denota ser ya pasada la significación del verbo. || *Futuro perfecto,* el que denota acción futura, pasada con relación a otra también venidera: *habrá escrito cuando llegue.*
PÉRFIDAMENTE adv. m. Con perfidia: *se condujo en aquel caso pérfidamente.*
PERFIDIA f. (lat. *perfidia*). Deslealtad, traición, mala fe: *obrar con perfidia.*
PÉRFIDO, DA adj. (lat. *perfidus*). Infiel, traidor: *amigo pérfido.* (SINÓN. V. *Desleal.*) || Que encierra perfidia: *un ofrecimiento pérfido.*
PERFIL m. (ital. *proffilo*). Contorno aparente de una persona vista de lado: *un perfil regular.* || *Medio perfil,* postura del cuerpo que no está completamente ladeado: *un retrato de medio perfil.* || Corte o sección: *el perfil de un edificio.* || *Geol.* Corte que permite ver la disposición y la naturaleza de las capas de un terreno. || Adorno delicado que se pone al canto de algunas cosas. || Línea delgada de una letra manuscrita: *sacar bien los perfiles.*

PERFILADO, DA adj. Dícese del rostro delgado y largo. || *Nariz perfilada,* la perfecta y bien hecha.
PERFILADURA f. Acción de perfilar.
PERFILAR v. t. *Pint.* Sacar el perfil a una cosa. (SINÓN. V. *Cercar.*) || *Fig.* Afinar, rematar con esmero una cosa. || — V. r. Colocarse de perfil. || *Fam.* Aderezarse, arreglarse.
PERFOLIADO, DA adj. (lat. *perfoliatus,* de muchas hojas). *Bot. Hoja perfoliada,* la que por su base rodea el tallo, aunque sin formar tubo.
PERFORACIÓN f. Acción y efecto de perforar. || *Med.* Rotura por enfermedad o accidente de las paredes del intestino, estómago, etc.
PERFORADOR, RA adj. Que perfora u horada. || — F. Máquina empleada para hacer agujeros en el pavimento, rocas, etc.
PERFORAR v. t. Agujerear: *perforar un papel.* (SINÓN. V. *Horadar.*)
PERFORMANCE f. (pal. ingl., pr. *perfor-mans*). Resultado conseguido por un caballo de carreras o un campeón cualquiera: *una magnífica performance.* || *Por ext.* Hazaña, hecho o resultado fuera de lo corriente.
PERFUMADERO m. Perfumador, pebetero.
PERFUMADOR m. Vaso para quemar perfumes: *perfumador japonés.* || Pulverizador de perfumes. || *Ecuad.* Aparato para sahumar la ropa.
PERFUMAR v. t. Aromatizar una cosa con un perfume: *perfumar un pañuelo.* (SINÓN. V. *Embalsamar.*) || — V. i. Exhalar perfume.
PERFUME m. Olor agradable: *el perfume de las flores.* (SINÓN. *Aroma, esencia, fragancia.*) || Composición industrial que despide buen olor: *gastarse el dinero en perfumes.* || *Fig.* Cosa que despierta grato recuerdo, agradable: *despedir perfume de dulzura.*
PERFUMERÍA f. Fábrica o tienda de perfumes.
PERFUMERO, RA m. y f. **PERFUMISTA** com. Persona que fabrica o vende perfumes.
PERFUSIÓN f. Baño. || *Med.* Transfusión.
PERGAMINO m. (de *Pérgamo,* donde, según se cuenta, se estableció la primera fábrica de pergamino). Piel de cabra o de carnero preparada especialmente para escribir en ella: *el pergamino destronó el papiro poco antes de la era cristiana.* || Documento escrito en pergamino. || — Pl. *Fig.* y *fam.* Títulos de nobleza; diplomas universitarios. (SINÓN. V. *Diploma.*)
PERGENIO m. *Col., Chil.* y *Urug.* Rapazuelo.
PERGEÑAR v. t. Disponer, preparar una cosa: *pergeñar un artículo periodístico.*
PERGEÑO m. (del lat. *per,* por, y *genium,* disposición). *Fam.* Disposición, aspecto.
PÉRGOLA f. Galería de verdura formada por una serie de columnas.
PERHIDROL m. Agua oxigenada concentrada.
PERI f. Genio de ambos sexos, en general hermoso y bienhechor, de la mitología persa.
PERI, prefijo griego, que significa *alrededor,* como en *pericardio, pericarpio, perímetro.*
PERIANTIO m. *Bot.* Envoltura de las flores, consistente en la corola y el cáliz.
PERIARTERITIS f. *Med.* Inflamación externa de las arterias.
PERIARTRITIS f. *Med.* Inflamación alrededor de una articulación.
PERIASTRO m. Punto de la órbita de un astro más próximo de otro alrededor del cual gira.
PERICARDIO m. *Ant.* Tejido membranoso que envuelve el corazón.
PERICARDITIS f. Inflamación del pericardio.
PERICARPIO m. (de *peri,* y el gr. *karpos,* fruto). *Bot.* Envoltura de una semilla.
PERICIA f. (lat. *peritia*). Experiencia práctica en una cosa. (SINÓN. V. *Destreza.*)
PERICIAL adj. Propio del perito: *tasación pericial.*
PERICICLO m. *Bot.* Parte externa del tallo y la raíz.
PERICLITAR v. i. Peligrar, estar en peligro. || Decaer, declinar.
PERICO m. Especie de papagayo de color blanco y verde, que vive en América Meridional: *el perico se domestica fácilmente.* || En el truque, caballo de bastos. || *Mar.* Verga de juanete cruzada sobre el mastelero de mesana, y vela que se larga en ella. || Especie de tocado antiguo. || *Pop.* Bacín. || *Col.* y *Ecuad.* Borracho. || *C. Rica.* Requiebro. || *Méx.* Hablador, charlatán. || Planta

perezoso

perforadora

pérgola

Fot. Berridge

olorosa del Ecuador. || *Fam. Perico entre ellas,* hombre aficionado a estar entre mujeres. || *Perico ligero,* perezoso, mamífero desdentado. || *Col. Huevos pericos,* huevos revueltos.

PERICÓN m. El que suple por todos en cualquier cosa. || — M. En el juego de quínolas, caballo de bastos que puede suplir cualquier otra carta. || Abanico grande. || *Arg.* Baile criollo, en cuadrilla.

PERICOTE m. *Amer.* Ratoncillo.

PERICRÁNEO m. *Zool.* Membrana fibrosa que cubre los huesos del cráneo.

PERIDOTO m. *Miner.* Silicato verde de magnesia y hierro que se emplea como piedra fina.

PERIECOS m. pl. *Geogr.* Habitantes del globo terrestre que están en un mismo paralelo de latitud y en puntos opuestos diametralmente.

PERIFERIA f. Circunferencia, contorno de una figura curvilínea. || Alrededores de una ciudad.

PERIFÉRICO, CA adj. De la periferia.

PERIFOLLO m. Planta umbelífera usada como condimento. || — Pl. *Fam.* Adorno que usan las mujeres.

PERIFRASEAR v. i. Usar mucho de perífrasis.

PERÍFRASIS f. Circunloquio. || — SINÓN. *Circunlocución, eufemismo.* || — PARÓN. *Paráfrasis.*

PERIFRÁSTICO, CA adj. Relativo a la perífrasis o que la contiene: *estilo perifrástico.*

PERIGALLO m. Pellejo que cuelga de la garganta por vejez o suma flacura. || Cinta que llevaban las mujeres en la cabeza. || Honda hecha con un simple bramante. || *Fig.* y *fam.* Persona larga y flaca. || *Mar.* Aparejo que sirve para suspender una cosa pesada.

PERIGEO m. Punto de la órbita de un astro, un proyectil o un satélite artificial en que éste se encuentra más cercano de la Tierra. || — CONTR. *Apogeo.*

PERIGONIO m. *Bot.* Envoltura floral que rodea los órganos sexuales de una planta.

PERIHELIO m. (de *peri,* y el gr. *hêlios,* Sol). *Astr.* Punto en que está un planeta más cerca del Sol. || — CONTR. *Afelio.*

PERILLA f. Adorno de figura de pera. || Pera, barba: *afeitarse la perilla.* || *Perilla de la oreja,* lóbulo de la oreja. || *Fam. De perilla* o *de perillas,* a propósito: *venir de perilla una cosa.*

PERISCOPIO

PERILLÁN m. (de *Per-Illán,* personaje toledano del siglo XIII). *Fam.* Hombre pícaro, astuto, bribón. || *Cub.* Baile antiguo.

PERIMÉTRICO, CA adj. Perteneciente o relativo al perímetro.

PERÍMETRO m. (de *peri,* y el gr. *metron,* medida). *Geom.* Contorno de una figura geométrica, de un espacio cualquiera: *perímetro de una ciudad.* (SINÓN. V. *Vuelta.*)

PERÍNCLITO, TA adj. Heroico, ínclito en sumo grado: *un períclito capitán.*

PERINEAL adj. Relativo al perineo.

PERINEO m. *Anat.* Parte inferior de la pelvis.

PERINEUMONÍA f. *Med.* Neumonía acompañada de pleuresía.

PERINOLA f. Peonza pequeña, con letras o números en las cuatro caras, que sirve para jugar. (SINÓN. V. *Trompo.*) || Perilla, adorno. || *Fam.* Mujer pequeña y vivaracha.

PERÍOCA f. Sumario, argumento de un libro.

PERIÓDICAMENTE adv. m. De modo periódico: *publicar periódicamente.*

PERIODICIDAD f. Calidad de periódico.

PERIÓDICO, CA adj. Que se reproduce al cabo de períodos determinados: *fiebre periódica.* || Que sale en época fija: *publicación periódica.* || *Arit. Fracción periódica,* fracción decimal en que, después de la coma, se reproducen periódicamente las mismas cifras indefinidamente: *1,323232; 1,345787878.* || — M. Dícese del impreso que se publica periódicamente: *periódico semanal.* || Prensa periódica. (SINÓN. *Gaceta, hoja, órgano, rotativo, semanario.*) || *Verso periódico,* hexámetro latino en el que alternan dáctilos y espondeos.

PERIODICUCHO m. Periódico despreciable.

PERIODISMO m. Profesión de los periodistas. || Conjunto de periodistas. || Prensa periódica.

PERIODISTA m. El que escribe en periódicos. || — SINÓN. *Corresponsal, cronista, foliculario, gacetillero, noticiero, panfletista, publicista, redactor, reportero.*

PERIODÍSTICO, CA adj. Relativo a los periódicos y periodistas: *lenguaje periodístico.*

PERÍODO o **PERIODO** m. (gr. *periodos*). Espacio de tiempo después del cual se reproduce alguna cosa: *período juliano.* || *Astr.* Tiempo que tarda un astro en su revolución. (SINÓN. V. *Fase.*) || Espacio de tiempo, época: *los grandes períodos de la historia.* (SINÓN. V. *Época.*) || *Med.* Fase de una enfermedad: *período de invasión.* || Menstruación. || *Arit.* Cifras que se repiten indefinidamente, después del cociente entero, en las divisiones inexactas. || *Gram.* Conjunto de oraciones enlazadas una con otra y que forman un sentido cabal.

PERIOSTIO m. (de *peri,* y el gr. *osteon,* hueso). *Anat.* Membrana fibrosa que cubre los huesos que recibe la inserción de los tendones, ligamentos, etcétera, y sirve para la nutrición del hueso.

PERIOSTITIS f. *Med.* Inflamación del periostio.

PERIPATÉTICO, CA adj. Que sigue la doctrina de Aristóteles. || Relativo al peripato: *doctrina peripatética.* || *Fig. y fam.* Ridículo, extravagante en sus máximas.

PERIPATETISMO m. Filosofía de Aristóteles.

PERIPATO m. (del gr. *peripatos,* paseo, porque paseando enseñaba Aristóteles). Filosofía aristotélica.

PERIPECIA f. (del gr. *peripeteia,* caída). Cambio súbito de fortuna en la situación del héroe de un poema, de una novela. || Accidente imprevisto: *las peripecias de una cacería.* (SINÓN. V. *Aventura.*)

PERIPLO *m.* (de *peri,* y el gr. *plein,* navegar). Viaje de circunnavegación de los antiguos marinos: *el periplo de Hannón.* || *Por ext.* Viaje turístico. (SINÓN. *Travesía.* V. tb. *viaje.*)

PERIPTERO, RA adj. y s. (de *peri,* y el gr. *pteron,* ala). *Arq.* Dícese del edificio rodeado de columnas aisladas: *un templo períptero.*

PERIPUESTO, TA adj. *Fam.* Dícese del que se compone con demasiada elegancia y delicadeza: *muchacha peripuesta.*

PERIQUEAR v. i. *Amer. C.* Requebrar, galantear. || *Antill.* Charlar.

PERIQUETE m. Breve espacio de tiempo: *vestirse en un periquete.* || Boliche, juego.

PERIQUITO m. Perico, loro.

Fot. X

PERISCIOS m. pl. (de *peri*, y el gr. *skia*, sombra). *Geogr.* Habitantes de los polos en torno de los cuales gira su sombra cada veinticuatro horas en la época en que el Sol no se pone.

PERISCÓPICO, CA adj. Dícese del lente de un aparato óptico, plano o cóncavo por una de sus caras, y convexo por la otra: *un objetivo periscópico.*

PERISCOPIO m. Tubo óptico que usan los barcos submarinos y los soldados en las trincheras para ver los objetos exteriores.

PERISÍSTOLE f. *Med.* Intervalo entre la sístole y la diástole.

PERISODÁCTILOS m. pl. *Zool.* Orden de mamíferos que comprende los ungulados imparidígitos: *el rinoceronte es un perisodáctilo.*

PERISOLOGÍA f. (del gr. *perissos*, superfluo, y *logos*, discurso). *Ret.* Pleonasmo.

PERISTÁLTICO, CA adj. (del gr. *peri*, alrededor, y *stellein*, disponer). *Zool.* Dícese del movimiento de contracción del esófago y los intestinos, para favorecer la deglución y la digestión.

PERISTILO m. (gr. *peristulos*, de *peri*, alrededor, y *stulos*, columna). Entre los antiguos, atrio rodeado interiormente de columnas. ‖ Galería de columnas aisladas que rodea un patio o edificio. (SINÓN. V. *Pórtico.*)

PERÍSTOLE f. Acción peristáltica del conducto intestinal.

PERITACIÓN f. y **PERITAJE** m. Trabajo o estudio del perito.

PERITO, TA adj. Sabio, práctico, versado en un arte o ciencia: *perito en materia de vinos.* (SINÓN. V. *Diestro.*) ‖ — M. Persona autorizada legalmente para dar su opinión acerca de una materia: *consultar a un perito mercantil.* (SINÓN. V. *Técnico.*) ‖ Grado inferior en las carreras técnicas o mercantiles.

PERITONEAL adj. *Anat.* Relativo al peritoneo.

PERITONEO m. (gr. *peritonaion*). *Anat.* Membrana serosa que cubre el interior del vientre y sirve de envoltura y sostén a la mayor parte de las vísceras abdominales.

PERITONITIS f. *Med.* Inflamación del peritoneo: *la peritonitis es una dolencia grave.*

PERJUDICANTE adj. Que perjudica o daña.

PERJUDICAR v. t. Causar daño o perjuicio: *el alcohol perjudica mucho la salud.* ‖ — SINÓN. *Atropellar, damnificar, lesionar.*

PERJUDICIAL adj. Que perjudica o hace daño: *el tabaco es perjudicial.* ‖ — SINÓN. *Dañino, dañoso, deletéreo, malo, malsano, mefítico, nocivo, peligroso, pernicioso.* ‖ — CONTR. *Benéfico.*

PERJUICIO m. (lat. *proejudicium*). Daño, menoscabo: *las heladas causan gran perjuicio a las plantas.* (SINÓN. *Detrimento, lesión, menoscabo.* V. tb. *pérdida.*) ‖ *Sin perjuicio*, dejando a salvo. ‖ — PARÓN. *Prejuicio.*

PERJURAR v. i. Jurar en falso o sin necesidad. ‖ — V. r. Faltar a la fe que se había jurado.

PERJURIO m. (lat. *perjurium*). Juramento en falso. ‖ Acción de perjurarse, traición. (SINÓN. V. *Profanación.*)

PERJURO, RA adj. y s. Que jura en falso o quebranta el juramento que había hecho.

PERLA f. (lat. *pirula*). Cuerpo duro, brillante, anacarado y redondo, que se forma en el interior de ciertas conchas, particularmente de las madreperlas, mejillones, etc. (La fuente principal de *perlas finas* ha sido durante largo tiempo la ostra perlífera que se pesca en los océanos Índico y Pacífico. Actualmente se obtienen perlas cultivadas, idénticas a las espontáneas.) ‖ Adorno redondo, generalmente de vidrio, que sirve para varias labores: *perlas de acero, de azabache.* ‖ Carácter de letra de imprenta de 4 puntos. ‖ *Fig.* Gota de un líquido muy claro: *las perlas del rocío.* ‖ *Fig.* Cosa preciosa o exquisita: *ser la perla de los maridos.* ‖ *Fam. Venir de perlas*, venir de perillas.

PERLADA adj. f. Dícese de la cebada mondada y redondeada a máquina.

PERLADO, DA adj. En forma de perla.

PERLÁTICO, CA adj. y s. Que padece perlesía.

PERLERÍA f. Conjunto de perlas.

PERLERO, RA adj. Relativo o perteneciente a la perla: *ostra perlera; industria perlera.*

PERLESÍA f. Parálisis, imposibilidad de movimiento. ‖ Debilidad muscular acompañada de temblor.

PERLINO, NA adj. De color de perla: *brillo perlino.*

PERLITA f. Especie de feldespato natural.

PERLÓN m. Fibra sintética parecida al Nylon.

PERLONGAR v. i. *Mar.* Navegar a lo largo de una costa: *perlongar una isla.*

PERMANÁ m. *Bol.* Chicha de calidad superior.

PERMANECER v. i. (lat. *permanere*). Mantenerse sin modificación en un sitio, en un estado, etc. ‖ — IRREG. Se conjuga como *merecer.*

PERMANECIENTE adj. Que permanece o se mantiene en un sitio. ‖ — Adj. Permanente.

PERMANENCIA f. Duración constante: *la permanencia de la miseria.* (SINÓN. V. *Continuación.*)

PERMANENTE adj. Que dura sin modificación: *un gas permanente.* (SINÓN. V. *Duradero.* CONTR. *Intermitente, inestable.*)

PERMANENTEMENTE adv. m. Con permanencia.

PERMANGANATO m. Sal de ácido permangánico: *los permanganatos de potasio y de sodio son antisépticos poderosos.*

PERMANSIÓN f. Permanencia.

PERMEABILIDAD f. Calidad de permeable: *la permeabilidad de los suelos calizos.*

PERMEABLE adj. (del lat. *permeabilis*, penetrable). Que se deja atravesar por los cuerpos fluidos o las radiaciones: *el vidrio es permeable a la luz.*

PÉRMICO, CA adj. y s. m. (de la ciudad de *Perm*). Último período de la era primaria, inmediatamente posterior al carbonífero; se calcula su duración en unos 25 millones de años.

PERMIO adj. y s. m. Dícese del nombre de una de las ramas de las lenguas urálicas.

PERMISIBLE adj. Lo que se puede permitir.

PERMISIÓN f. Autorización, permiso. (P. us.) ‖ Figura literaria consistente en permitir a otro hacer aquello de que nos quejamos.

PERMISIVO, VA adj. Que implica un permiso.

PERMISO m. Autorización: *obtener permiso.* (SINÓN. *Licencia, venia.* V. tb. *aprobación.*) ‖ Diferencia consentida en el peso o ley de las monedas.

PERMITIDERO, RA adj. Que puede permitirse.

PERMITIDO, DA adj. Lícito. ‖ — SINÓN. *Autorizado, legal, legítimo, tolerado.*

PERMITIDOR, RA adj. y s. Que permite algo.

PERMITIR v. t. (lat. *permittere*). Dar libertad o facultad de hacer, de decir o de emplear: *permitir el vino a un enfermo; permitir que desembarque un pasajero.* (SINÓN. *Autorizar, habilitar.*) ‖ Tolerar. (SINÓN. V. *Admitir.*) ‖ Dar facilidad para: *su fortuna le permite viajar.* ‖ — V. r. Estar permitido: *no se permite pasar.* ‖ Tomar la libertad de hacer algo: *permitirse una crítica.* ‖ — CONTR. *Prohibir.*

PERMUTA f. Permutación. (SINÓN. V. *Cambio.*)

PERMUTABILIDAD f. Carácter de permutable.

PERMUTABLE adj. Lo que se puede permutar.

PERMUTACIÓN f. Acción de permutar, trueque. ‖ *Mat.* Transformación que consiste en sustituir el orden de cierto número de objetos, por otro orden, sin que cambien ni la naturaleza ni el número de estos objetos: *el número de permutaciones posibles de n objetos (Pn) es* n! (*factorial de n*).

PERMUTAR v. t. Trocar una cosa por otra: *permutar un destino.* (SINÓN. V. *Cambiar.*)

PERNA f. Molusco acéfalo de los mares cálidos.

PERNADA f. Golpe o movimiento violento que se da con la pierna. ‖ Ramal o pierna de un objeto.

PERNEAR v. i. Sacudir las piernas. ‖ *Fig.* y *fam.* Moverse mucho en un negocio o pretensión.

PERNERA f. Pernil de pantalón.

PERNETA f. Pierna pequeña. ‖ *En pernetas*, con las piernas desnudas: *chiquillo en pernetas.*

PERNIABIERTO, TA adj. De piernas abiertas.

PERNICIOSO, SA adj. Peligroso, con grave daño. (SINÓN. V. *Perjudicial.*)

PERNIL m. (lat. *perna*). Anca de un animal. ‖ Parte del pantalón o del calzón que corresponde a cada pierna.

peristilo

Fot. Viollet

PERONÉ

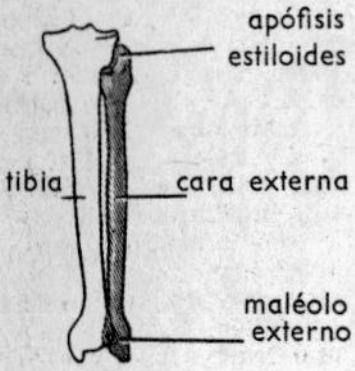

PERNIO m. Gozne que sirve para mantener las puertas y ventanas para que puedan girar las hojas. || — PARÓN. *Perno.*
PERNIQUEBRAR v. t. Romper la pierna: *perniquebrarse al caer.* || — IRREG. Se conjuga como *acertar.*
PERNITUERTO, TA adj. De piernas torcidas.
PERNO m. Clavo grueso de hierro con cabeza redonda por un extremo y un tornillo por el otro que se asegura con una tuerca. || Mitad del pernio en que se halla la espiga.
PERNOCTAR v. i. Pasar la noche en un sitio, generalmente fuera del propio domicilio.
PERO m. Variedad de manzano, de fruto algo parecido a la pera, y su fruto. || *And.* y *Arg.* Peral.
PERO conj. advers. Sirve para indicar la oposición, la restricción, la objeción, etc. || Sino: *no son ricos pero son inteligentes.* || — M. *Fam.* Defecto, dificultad: *esta obra no tiene peros.*
PEROGRULLADA f. *Fam.* Verdad de Perogrullo.
PEROGRULLESCO, CA adj. Que parece perogrullada.
PEROGRULLO n. pr. Se emplea en la loc. *verdad de Perogrullo,* la muy evidente.
PEROJIMÉNEZ m. Nombre de una variedad de uva de Jerez y del vino hecho con ella.
PEROL m. Vasija semiesférica de metal. || Cacerola para calentar agua. || *Col.* Estoperol.
PEROLERO m. *Venez.* Hojalatero.
PERÓN m. *Méx.* Variedad de manzano.
PERONÉ m. (gr. *peronê*). Hueso largo y delgado de la pierna que se articula con la tibia.
PERONIL m. Un árbol maderable de Panamá.
PERORACIÓN f. (lat. *peroratio*). Acción de perorar. || *Ret.* Última parte, conclusión del discurso: *la peroración resume rápidamente los principales puntos del discurso.* || — CONTR. *Exordio.*
PERORAR v. i. (lat. *perorare*). Pronunciar un discurso y especialmente hacer el resumen o epílogo. || *Fam.* Hablar larga y enfáticamente.
PERORATA f. Razonamiento pesado. (SINÓN. V. *Discurso.*)
PERÓXIDO m. (de *per,* y *óxido*). *Quím.* Nombre del grado mayor de oxidación de ciertos cuerpos.
PERPENAR v. t. *Col.* Barb. por *pepenar.*
PERPENDICULAR adj. *Geom.* Dícese de la línea o el plano que forma ángulo recto con otro. || — F. Línea perpendicular: *tirar una perpendicular.*
PERPENDICULARMENTE adv. m. Rectamente.
PERPETRACIÓN f. Acción de perpetrar o cometer: *la perpetración de un crimen.*
PERPETRADOR, RA adj. y s. El que perpetra o comete.
PERPETRAR v. t. Ejecutar o consumar un delito: *perpetrar un crimen.* (SINÓN. V. *Cometer.*)
PERPETUA f. Planta de la familia de las amarantáceas, de flores moradas o anacaradas, que permanecen sin alteración después de segadas: *la perpetua sirve para hacer guirnaldas, coronas funerarias,* etc. || Nombre de una planta compuesta, común en España, de flores amarillas análogas a las de la anterior.
PERPETUACIÓN f. Acción de perpetuar una cosa. || Su resultado: *negar la perpetuación de las especies.*
PERPETUAMENTE adv. m. Siempre, continuamente: *los mismos errores se reproducen perpetuamente.* || Frecuentemente: *está perpetuamente borracho.*
PERPETUÁN m. Cierta tela fuerte de lana.
PERPETUAR v. t. Hacer perpetua una cosa: *las pirámides perpetúan el recuerdo de los faraones.* || Dar a las cosas larga duración: *perpetuar un error.* (SINÓN. V. *Durar.*)
PERPETUIDAD f. Duración perpetua: *la perpetuidad de la miseria.* || *Fig.* Duración muy larga.
PERPETUO, TUA adj. (lat. *perpetuus*). Que dura siempre, incesante: *ardía fuego perpetuo en el altar de Vesta.* || Que dura toda la vida: *destierro perpetuo.* (SINÓN. V. *Eterno.* CONTR. *Efímero, momentáneo.*) || Que se renueva con frecuencia: *un combate perpetuo.*
PERPIAÑO adj. *Arco perpiaño,* el resaltado, a manera de cincho, en la parte interior de la nave. || — M. Piedra grande que atraviesa toda la pared.
PERPLEJIDAD f. Irresolución, duda. (SINÓN. V. *Indecisión.*)
PERPLEJO, JA adj. (lat. *perplexus*). Irresoluto, vacilante, confuso: *estar perplejo en presencia de una dificultad.* || Que causa perplejidad: *situación perpleja.*
PERQUÉ m. (del ital. *perchè,* por qué). Composición poética antigua en forma de pregunta y respuesta. || Libelo infamatorio escrito en la misma forma.
PERQUIRIR v. t. Buscar, indagar, investigar. || — IRREG. Se conjuga como *adquirir.*
PERQUISICIÓN f. Galicismo por *pesquisa.*
PERRA f. Hembra del perro. || *Fig.* y *fam.* Borrachera. || *Fam.* Moneda de 5 ó 10 céntimos: *perra chica, perra gorda.* (SINÓN. V. *Dinero.*) || *Fam.* Rabieta de niño. || *Fam.* Obstinación.
PERRADA f. Conjunto de perros, perrería. || *Fig.* y *fam.* Acción villana, deslealtad, traición: *hacer una perrada.*
PERRAMENTE adv. m. *Fig.* y *fam.* Muy mal.
PERRENGUE m. *Fam.* El niño que se emperra con facilidad. || *Fim.* y *fam.* Negro.
PERRERA f. Lugar donde se guardan los perros. || Empleo trabajoso y mal pagado. || *Fam.* Mal pagador. || *Fam.* Rabieta, cólera de niño. || *Arg.* Barb. por *perrada.* || *Arg.* Carro para recoger los perros vagabundos. || *Col.* Pulguera.

PERROS

chino — de aguas — sabueso — pastor alemán — San Bernardo

galgo ruso — galgo inglés — pachón inglés — braco francés

Fot. Underwood, Dim, Trampus, Wide World, Le Boyer, Dechambre, Ylla, Atlas-Photo, Tesson, Ecringer

ARTE PERSA

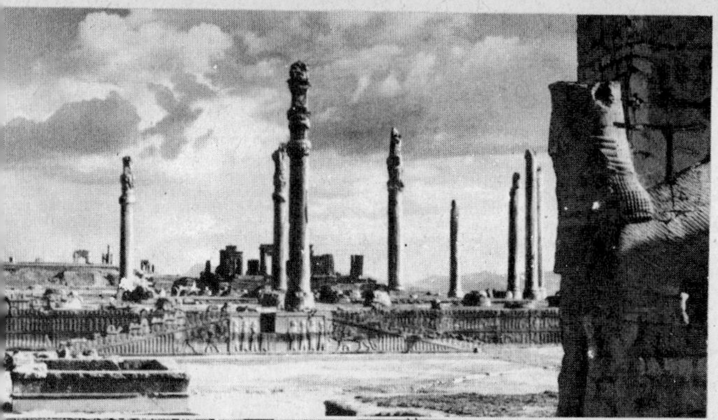

En la época aqueménida (hacia 550-330), Darío, rey de Persia, hizo edificar en Susa y Persépolis grandes palacios cuyas vastas salas se apoyaban en columnas de piedra (1. Ruinas del palacio de Persépolis; en primer término, doble escalera que conduce a la terraza). Un nuevo renacimiento arquitectónico se produce en tiempos de los reyes sasánidas (226-651), renacimiento del cual son esplendorosos testimonios las ruinas de Firuzabad, Ctesifonte y Shapur. Luego, tras el triunfo del Islam, se construyeron en Persia mezquitas al ejemplo del mundo musulmán. Los palacios aquemenidas estaban adornados con bajorrelieves o placas de ladrillos esmaltados (2. Soldados con lanzas, detalle de una escalera de Persépolis). A la Persia sasánida pertenecen esculturas rupestres (escenas de combate y caza : 3. León embistiendo a un toro) u obras maestras de orfebrería (5. León de bronce procedente de Susa, s. VI-V a. de J. C., Museo del Louvre). Más tardía es la miniatura persa (s. XIII), que alcanzó su apogeo hacia la mitad del s. XVI (4. Detalle de una « Fiesta en un jardín », escuela de Safavi, s. XVI, Museo del Louvre).

Fot. Rostamy, Bernard-Pierre, Costa-Brizemur, Giraudon

PERRERÍA f. Conjunto de perros. || *Fig.* Conjunto de mala gente. || *Fig.* Expresión de enojo o ira. || *Fam.* Mala acción: *hacer a uno una perrería.* (SINÓN. V. *Malicia.*)
PERRERO m. Que echa fuera los perros en las iglesias. || El que cuida perros de caza.
PERREZNO m. Perrillo, cachorro.
PERRILLA f. *Pop.* Perra chica. || *Méx.* Orzuelo.
PERRILLO m. Gatillo de la escopeta. || Pieza de hierro que se pone en los frenos para caballos duros de boca. || *Fig.* y *fam. Perrillo de todas bodas,* persona que es aficionada a hallarse en todas las fiestas.
PERRITO m. *Méx.* La digital.
PERRO, RRA m. y f. Mamífero doméstico del orden de los carnívoros y familia de los cánidos, del cual existe gran número de razas. (El *perro* ha sido domesticado por el hombre desde los tiempos prehistóricos, y su vida no sobrepasa los veinte años.) [SINÓN. *Cachorro, can, chucho, gozque.*] || *Fig.* Nombre que se daba antiguamente a moros y judíos. || *Pop.* Perra, moneda: *perro chico.* || — Adj. *Pop.* Malo, arrastrado: *una vida perra.* || *Perro caliente,* bocadillo de salchichas calientes. || *Perro marino,* el cazón. || *Cub. Perro mudo,* el mapache. || *Col.* y *Salv. Perro de agua,* el coipú. || *Salv.* Especie de nutria. || *Fig. A otro perro con ese hueso,* dícese para rechazar una proposición molesta o desagradable. ||*Marcharse como perro con concerro* o *salir a espeta perros,* huir avergonzado. || *Andar como perros y gatos,* aborrecerse algunas personas. || *Darse a perros,* irritarse mucho. || *No atar los perros con longaniza,* no tener mucho dinero. || *Morir como un perro,* morir sin arrepentirse. || *Ser perro viejo,* ser astuto y experimentado. || *Tratar a uno como a un perro,* tratarle mal. || *De perros,* loc. adv., muy malo: *tiempo de perros.* || — PROV. **Muerto el perro, se acabó la rabia,** en cesando una cosa cesan sus efectos. || **Perro ladrador nunca buen mordedor,** en general los que gritan mucho no son de temer. || **El perro del hortelano, que ni come la berza ni la deja comer,** refrán que censura a las personas que no aprovechan una cosa ni dejan que la aproveche otro.
PERROQUETE m. (fr. *perroquet*). Mastelerillo de juanete.
PERRUNO, NA adj. Del perro: *sarna perruna.*
PERSA adj. y s. De Persia, hoy Irán. || *Lenguas persas,* conjunto de idiomas que pertenecen a la familia indoeuropea.
PERSAL f. Sal de un ácido con un peróxido.
PERSECUCIÓN f. Acción de perseguir. || Especialmente la que impusieron a los cristianos los emperadores romanos: *hubo diez grandes persecuciones de Nerón a Diocleciano.* || — CONTR. *Protección, amparo.*
PERSEGUIDOR, RA adj. y s. El que persigue.
PERSEGUIMIENTO m. Persecución.
PERSEGUIR v. t. (lat. *persequi*). Seguir a uno que huye para alcanzarlo: *perseguir al enemigo.* (SINÓN. *Acosar, hostigar.*) || *Fig.* Buscar a uno con empeño y por todas partes. (SINÓN. V. *Rebuscar.*) || *Fig.* Molestar, hacer daño a uno continuamente; no dejarle en paz: *el remordimiento persigue al culpable.* (SINÓN. V. *Atormentar.*) || *Fig.* Solicitar, procurar, conseguir: *perseguir una colocación.* || *For.* Proceder judicialmente contra uno. || — PARÓN. *Proseguir.* || — IRREG. Se conjuga como *pedir.*
PERSEIDAS f. pl. Estrellas fugaces que parecen salir de la constelación de Perseo.
PERSEVERANCIA f. Cualidad del que persevera: *la perseverancia lo consigue todo.* || Firmeza, constancia en la fe y piedad. || SINÓN. *Entereza, persistencia, tenacidad.* || — CONTR. *Inconstancia.*
PERSEVERANTE adj. Que persevera: *tener actividad perseverante.* || — CONTR. *Inconstante, versátil.*
PERSEVERAR v. i. Persistir en el mismo estado de ánimo, con las mismas opiniones: *perseverar en el mal.* || Durar. (SINÓN. V. *Continuar.*)
PERSIANA f. Nombre de una tela de seda rameada de diversos matices. || Especie de celosía formada de tablillas que pueden enrollarse.

persiana

persicaria

PERSICARIA f. Duraznillo, planta poligonácea de hojas lanceoladas, comunes en las orillas de los ríos.
PÉRSICO, CA adj. (lat. *persicus*). Persa, de Persia: *golfo Pérsico.* ‖ — M. Árbol frutal de la familia de las rosáceas: *el melocotón es una variedad del pérsico.* ‖ Fruto de este árbol.
PERSIGNARSE v. r. Santiguarse. ‖ *Fam.* Manifestar su admiración haciéndose cruces. ‖ *Fig.* y *fam.* Empezar la venta del día un comerciante.
PERSISTENCIA f. Cualidad de lo persistente. ‖ Acción de persistir. (SINÓN. V. *Perseverancia.*)
PERSISTENTE adj. Que persiste, que dura: *fiebre persistente.* (SINÓN. V. *Duradero.*) ‖ *Bot.* Perenne: *hojas persistentes.*
PERSISTIR v. i. Permanecer inmutable, constante: *persistir en una resolución.* ‖ Continuar: *persiste la mejoría.* ‖ — CONTR. *Renunciar, cejar.*
PERSOGA f. *Amér. C.* y *Méx.* Soga.
PERSONA f. (lat. *persona*). Hombre o mujer: *convidar a tres personas.* (SINÓN. *Criatura, individuo, mortal, ser.* Pop. *Gachó, quídam, tío, tipo.*) ‖ *Fig.* El supuesto inteligente. ‖ Personaje: *queriendo hacer de persona.* (SINÓN. *Particular.*) ‖ Entidad física o moral capaz de derechos y obligaciones: *persona jurídica.* ‖ *Gram.* Accidente gramatical que indica quién es el agente o paciente de la oración (*primera persona,* la que *habla; segunda persona,* aquella a quien se habla; *tercera persona,* aquella de quien se habla). ‖ *Las tres personas divinas,* la Santísima Trinidad. *Tercera persona,* tercero, persona que media entre otras: *le llegó la noticia por tercera persona.* ‖ *Sin aceptar personas,* sin mostrar preferencia por ninguna. ‖ *En persona,* por sí mismo, estando presente.
PERSONADA f. (del lat. *personata,* enmascarada). *Bot.* Dícese de la corola gamopétola, irregular, de garganta cerrada por un pliegue del labio inferior.
PERSONADO m. Dignidad eclesiástica sin jurisdicción ni oficio, y persona que goza de ella.
persona grata, expresión latina que significa *persona que agrada* y designa, en el lenguaje diplomático, que una persona será recibida con gusto por la potencia cerca de la cual se la acredita. ‖ *Por ext.* Se dice de una persona que goza del favor de otra, del público, etc.
PERSONAJE m. Persona considerable, ilustre: *la fortuna convierte a cualquier tonto en personaje.* (SINÓN. V. *Personalidad.*) ‖ Persona que se representa en una obra literaria: *un personaje antipático.* (SINÓN. V. *Protagonista.*)
PERSONAL adj. Relativo a cada persona: *defender sus intereses personales.* (SINÓN. *Egocéntrico, egoísta, egotista.* V. tb. *original* y *particular.*) ‖ — M. Conjunto de los empleados de una casa. ‖ *Pop.* Gente, concurrencia. ‖ *Contribución personal,* la que corresponde a cada persona. ‖ *Pronombres personales,* los que designan a las tres personas, que son:

	SINGULAR	PLURAL
Para la 1ª persona:	yo, me, mí ..	nosotros, nos.
Para la 2ª persona:	tú, te, ti	vosotros, vos, os.
Para la 3ª persona	él, ella, ello, le, la, lo, sí, se ...	ellos, ellas, les, los, las.

PERSONALIDAD f. Individualidad consciente: *es preciso respetar la personalidad humana.* ‖ Carácter personal y original: *hombre de mucha personalidad.* ‖ Inclinación o aversión que se tiene a una persona determinada. ‖ Ataque o injuria que se saca de la individualidad misma de una persona: *las personalidades son odiosas.* ‖ Cualidad de aquel que puede ser sujeto de derecho: *tener personalidad jurídica.* ‖ Persona notable. (SINÓN. *Celebridad, grande, lumbrera, notabilidad, notable, personaje, pudiente.*) ‖ *Fig.* Conjunto de cualidades que constituyen el supuesto inteligente.
PERSONALISMO m. Vicio del que sólo piensa en sí, egoísmo.
PERSONALISTA m. Egoísta.
PERSONALIZAR v. t. Incurrir en personalidades. ‖ Dar carácter personal: *personalizar la virtud.* ‖ *Gram.* Usar como persona un verbo impersonal: *hasta que Dios amanezca.* ‖ — PARÓN. *Personificar.*
PERSONALMENTE adv. m. En persona: *responder personalmente a una carta.*
PERSONARSE v. r. Avistarse con una persona. ‖ Presentarse personalmente: *se personó en mi casa.*
PERSONERÍA f. Cargo del personero o procurador. ‖ *For. Amer.* Personalidad jurídica.
PERSONERO m. Procurador que entiende o solicita negocios ajenos.
PERSONIFICACIÓN f. Acción de personificar.
PERSONIFICAR v. t. Atribuir a una cosa inanimada o a un ser abstracto la figura, los sentimientos, el lenguaje de una persona: *personificar un vicio.* ‖ Aludir a personas determinadas en un escrito o discurso. ‖ Representar, simbolizar: *Lutero personifica la Reforma.*
PERSPECTIVA f. (lat. *perspectiva*). Arte de representar los objetos según las diferencias que producen en ellos la posición y la distancia: *las leyes de la perspectiva.* ‖ Aspecto que presentan desde un punto determinado diversos objetos lejanos: *desde esta colina se disfruta hermosa perspectiva.* (SINÓN. V. *Panorama.*) ‖ *Fig.* Apariencia, aspecto. ‖ *Fig.* Contingencia que puede preverse en un negocio: *las perspectivas de la industria son buenas.* (SINÓN. V. *Esperanza.*) ‖ *Perspectiva lineal,* la que sólo traza los contornos de los objetos. ‖ *Perspectiva caballera,* perspectiva convencional que sirve para dar una representación clara de los objetos.
PERSPECTIVO, VA adj. Que representa un objeto en perspectiva: *dibujo perspectivo.* ‖ — M. El que profesa la perspectiva.
PERSPICACIA y **PERSPICACIDAD** f. Agudeza de vista. ‖ *Fig.* Penetración del entendimiento. (SINÓN. V. *Clarividencia.*)
PERSPICAZ adj. Que tiene perspicacia o agudeza: *una crítica perspicaz.* ‖ — CONTR. *Torpe, obtuso.*
PERSPICUO, CUA adj. (lat. *perspicuus*). Claro, transparente. ‖ *Fig.* Inteligible, claro: *estilo perspicuo.* ‖ Que se explica con claridad: *un orador perspicuo.*
PERSUADIDOR, RA adj. y s. Que persuade.
PERSUADIR v. t. (lat. *persuadere*). Hacer a alguno que crea una cosa: *fácilmente se nos persuade a lo que nos gusta.* (SINÓN. V. *Convencer e inspirar.*) ‖ — V. r. Convencerse de algo, creerlo. ‖ — CONTR. *Disuadir.*
PERSUASIBLE adj. Creíble, plausible.
PERSUASIÓN f. Acción de persuadir: *ceder a la persuasión de alguno.* ‖ Estado del espíritu persuadido. ‖ Arte de persuadir: *la persuasión es el fin de la elocuencia.*
PERSUASIVA f. Facultad, fuerza de persuadir.
PERSUASIVO, VA adj. Que tiene fuerza bastante para persuadir: *el talento persuasivo de un orador.* (SINÓN. V. *Elocuente.*)
PERSUASOR, RA adj. y s. Que persuade.
PERSULFURO m. Sulfuro que contiene la mayor proporción posible de azufre.
PERTENECER v. i. (lat. *pertinere*). Ser propio de uno una cosa. (SINÓN. V. *Corresponder.*) ‖ Formar parte una cosa de otra: *el pino pertenece a la familia de las coníferas.* ‖ Corresponder una cosa a uno, por su cargo. ‖ — IRREG. Se conjuga como *merecer.*
PERTENENCIA f. Derecho de propiedad que tiene uno sobre una cosa. ‖ Cosa que pertenece a uno. ‖ Cosa accesoria de otra: *una finca con todas sus pertenencias.* (SINÓN. V. *Dependencia.*) ‖ Concesión minera de una hectárea cuadrada. ‖ — PARÓN. *Pertinencia.*
PÉRTICA f. *Ant.* Medida de longitud (2,70 m).
PÉRTIGA f. (lat. *pertica*). Vara larga: *una pértiga de haya.* (SINÓN. *Bichero, caña, vara.*) ‖ *Salto de pértiga,* prueba atlética consistente en pasar un listón colocado a cierta altura sirviéndose de una pértiga.
PÉRTIGO m. Lanza del carro.
PERTIGUEAR v. t. Varear los árboles.
PERTIGUERO m. Ministro inferior de las iglesias catedrales, que lleva en la mano una pértiga con puño de plata. ‖ — PARÓN. *Perdiguero.*
PERTINACIA f. Obstinación, terquedad, testarudez. ‖ *Fig.* Persistencia, duración larga de una cosa.
PERTINAZ f. (lat. *pertinax*). Obstinado, tenaz (SINÓN. V. *Testarudo.*) ‖ *Fig.* Persistente: *erupción cutánea pertinaz.*
PERTINAZMENTE adv. m. Con pertinacia.
PERTINENCIA f. Calidad de pertinente.

PERTINENTE adj. Perteneciente a una cosa. ‖ Que viene a propósito: *razón poco pertinente.* (SINÓN. V. *Apropiado.*) ‖ *For.* Concerniente al pleito. ‖ — CONTR. *Impertinente.*
PERTRECHAR v. t. Abastecer de pertrechos o municiones: *pertrechar una plaza fuerte.* ‖ *Fig.* Disponer lo necesario para una cosa.
PERTRECHOS m. pl. Municiones, armas y demás cosas necesarias para los soldados o las plazas fuertes. (SINÓN. V. *Equipaje.*) ‖ Instrumentos útiles para una cosa: *pertrechos de la siega.* ‖ — OBSERV. No se usa hoy en sing.
PERTURBACIÓN f. Desorden, turbación, especialmente en el cuerpo humano: *perturbaciones del corazón;* en el espíritu: *las perturbaciones de la razón;* en un Estado: *perturbaciones sociales;* en los elementos: *perturbaciones atmosféricas.* (SINÓN. V. *Trastorno.*) ‖ Desviación que de su órbita experimenta un planeta o astro.
PERTURBADOR, RA adj. y s. Que perturba.
PERTURBAR v. t. (lat. *perturbare*). Turbar, trastornar el orden. (SINÓN. V. *Trastornar.*)
PERÚ n. pr. Se emplea en la loc. *valer un Perú,* valer mucho.
PERUANISMO m. Voz o giro propios del Perú.
PERUANIZAR v. t. Dar carácter peruano.
PERUANO, NA adj. y s. Del Perú. (V. ilustr. pág. 797.)
PERULERO, RA adj. y s. Peruano. ‖ — M. y f. Persona que vuelve del Perú a España después de haber hecho fortuna. ‖ — M. Vasija de barro ancha de barriga y estrecha de boca.
PERVERSIDAD f. Corrupción, depravación: *la perversidad de los criminales.* ‖ Acción perversa.
PERVERSIÓN f. Cambio del bien en mal: *la perversión de las costumbres.* ‖ *Med.* Alteración de una función normal: *las perversiones del gusto.*
PERVERSO, SA adj. Depravado: *gustos perversos.* (SINÓN. V. *Vicioso.*) ‖ Que indica perversidad. (SINÓN. V. *Malévolo.*)
PERVERTIDOR, RA adj. y s. Que pervierte.
PERVERTIMIENTO m. Perversión.
PERVERTIR v. t. (lat. *pervertere*). Cambiar moralmente el bien en mal: *las malas lecturas pervierten la juventud.* ‖ Desnaturalizar: *pervertir un texto.* ‖ — V. r. Corromperse. ‖ — IRREG. Se conjuga como *sentir.*
PERVIVENCIA f. Persistencia, continuidad.
PERVIVIR v. i. *Neol.* Persistir, subsistir.
PESA f. Pieza de peso determinado que sirve para pesar: *una pesa de cobre, de hierro.* ‖ Pieza de cierto peso que sirve para poner en movimiento ciertos relojes de contrapeso, etc. ‖ Conjunto formado por el auricular y el micrófono de un teléfono.
PESABEBÉS m. Balanza dispuesta para pesar niños pequeños.
PESACARTAS m. Aparato para pesar cartas.
PESADA f. Lo que se pesa de una vez. ‖ *Arg.* Unidad de peso para cueros en los saladeros (75 libras) y en las barracas de cueros secos (35 a 40 libras).
PESADAMENTE adv. m. Con pesadez. ‖ De un modo pesado.
PESADEZ f. Calidad de pesado: *la pesadez de un bulto.* ‖ Pesantez, gravedad. (P. us.) ‖ *Fig.* Impertinencia, terquedad. ‖ *Fig.* Sensación de peso: *sentir pesadez de cabeza.* ‖ *Fig.* Molestia, trabajo. ‖ — CONTR. *Ligereza.*
PESADILLA f. Congoja, dificultad de respirar durante el sueño. ‖ Sueño poblado de imágenes desagradables. (SINÓN. V. *Sueño.*) ‖ Preocupación grave y continua. ‖ *Fam.* Persona enojosa: *este hombre es mi pesadilla.*
PESADO, DA adj. Que pesa: *cuerpo pesado.* (SINÓN. *Macizo, recargado.*) ‖ *Fig.* Intenso, profundo: *sueño pesado.* ‖ *Fig.* Cargado: *tener la cabeza pesada.* ‖ *Fig.* Tardo, lento. ‖ *Fig.* Molesto, impertinente: *no sea usted tan pesado.* (SINÓN. V. *Empalagoso* e *importuno.*)
PESADOR, RA adj. y s. Que pesa.
PESADUMBRE f. Tristeza que se experimenta por algo: *la pesadumbre de haber hecho daño a otro.* (SINÓN. *Desazón, disgusto, despecho, molestia, pesar.* V. tb. *pena.*)
PESAJE m. Galicismo por *peso*: *el pesaje de los boxeadores.*
PESALECHE m. Areómetro para averiguar la densidad de la leche.
PESALICORES m. Areómetro que se emplea para líquidos menos densos que el agua.

PÉSAME m. Expresión o manifestación del sentimiento que se tiene de la aflicción de otra persona: *dar el pésame por un fallecimiento.* ‖ — CONTR. *Pláceme.*
PESANTE adj. Que pesa: *cuerpo pesante.*
PESANTEZ f. *Fís.* Gravedad. (P. us.)
PESAR m. Sentimiento, pena: *sentir pesar por haber hecho una cosa.* (SINÓN. V. *Pesadumbre.*) ‖ *A pesar,* m. adv., contra la voluntad de otro, contra todos los obstáculos, no obstante: *lo haré a pesar suyo, a pesar de todo.* ‖ *A pesar de los pesares,* a pesar de todo. ‖ *Pese a,* a pesar.
PESAR v. t. (lat. *pensare*). Determinar el peso de una cosa: *pesar un pan.* ‖ *Fig.* Examinar: *pesar maduramente una opinión.* (SINÓN. *Equilibrar, ponderar, sopesar.*) ‖ *Pesar sus palabras,* hablar con circunspección. ‖ *Col.* y *Venez.* Vender la carne de una res. ‖ — V. i. Tener cierto peso: *el platino pesa más que el oro.* ‖ *Fig.* Causar pesar o disgusto: *me pesa haberte dicho aquello.*
PESARIO m. Aparato para corregir el descenso de la matriz. ‖ Aparato para cerrar el cuello de la matriz utilizado con fines anticoncepcionales.
PESAROSO, SA adj. Arrepentido de una cosa. ‖ Que tiene pesadumbre por una cosa.
PESCA f. Acción de pescar. ‖ Oficio del pescador. ‖ Lo que se ha pescado: *una abundante pesca.*
PESCADA f. Merluza, pez.
PESCADERÍA f. Sitio donde se vende pescado.
PESCADERO, RA m. y f. Persona dedicada a vender pescado al por menor.
PESCADILLA f. Pez parecido a la merluza, pero más pequeño.
PESCADO m. (lat. *piscatus*). Pez. (Dícese especialmente del que es comestible y ha sido ya sacado del agua.)
PESCADOR, RA m. y f. (lat. *piscator*). Que se dedica a pescar: *un pescador de atunes.* ‖ — M. Pejesapo. ‖ *Per.* Picotijera, ave.
PESCANTE m. Consola o repisa que sirve para sostener algo en la pared. ‖ Asiento de los cocheros, en ciertos coches: *subir al pescante.* ‖ Tramoya que sirve en los teatros para hacer bajar o subir en el escenario personas o figuras. ‖ Pieza saliente de madera o hierro, a modo de grúa, para bajar o izar los botes.
PESCAR v. t. (lat. *piscari*). Coger peces con redes, cañas, artes de pesca, etc. ‖ *Fam.* Coger, agarrar: *pescó un destino.* ‖ *Fig.* y *fam.* Sorprender a alguno. ‖ *Fig.* y *fam.* Obtener por sagacidad: *pescar un novio.* (SINÓN. V. *Obtener.*)
PESCOCEAR v. t. *Amer.* Dar pescozones. ‖ *Chil.* Asir por el cuello a una persona.
PESCOZADA f. y **PESCOZÓN** m. Golpe que se da en el pescuezo con la mano a una persona (SINÓN. V. *Bofetada.*)
PESCOZUDO, DA adj. De pescuezo muy abultado.
PESCUECETE (Ir de) loc. *Chil.* Ir cogidas del cuello dos personas.
PESCUEZO m. Cuello del hombre y del animal: *torcer el pescuezo a un gallo.* ‖ *Fig.* Vanidad.
PESCUÑO m. (de *pie,* y *cuña*). Cuña que aprieta la esteva, la reja y el dental en la cama del arado.
PESEBRE m. (lat. *praesepe*). Artesa o mueble donde comen las bestias. (SINÓN. V. *Comedero.*) ‖ Sitio donde está colocado: *acudir al pesebre.* ‖ *Col.* Belén, nacimiento.
PESEBRERA f. Conjunto de los pesebres en una cuadra o caballeriza. ‖ *Amer.* Pesebre. (SINÓN. V. *Comedero.*) ‖ *And.* Pesebrón.
PESEBRÓN m. Cajón que suelen tener debajo del suelo ciertos coches.
PESETA f. Unidad monetaria en España. ‖ *Peseta columnaria,* la labrada en América, porque tenía representado el escudo de las armas reales entre dos columnas. ‖ *Fig.* y *fam. Cambiar la peseta,* vomitar por haberse mareado o emborrachado.
PESETADA f. *Amer.* Chasco.
PÉSETE m. Especie de juramento o execración.
PESETEJA f. *Fam.* Dim. de peseta: *préstame unas pesetejas.*
PESETERO, RA adj. *Fam.* Que vale o cuesta una peseta. ‖ *Amer. Fam.* Sablista.
PESIAR v. i. Echar maldiciones.
PÉSIMAMENTE adv. m. Muy mal.

pescadilla

pesebre

PESIMISMO m. Opinión de los que piensan que todo es malo en este mundo: *el pesimismo de Schopenhauer.* || Propensión a juzgar las cosas desfavorablemente. || — CONTR. *Optimismo.*

PESIMISTA adj. y s. Inclinado al pesimismo: *manifestar ideas pesimistas.* (SINÓN. *Melancólico.* V. tb. *triste.*) || Que tiende a juzgar desfavorablemente. (SINÓN. *Derrotista.*) || — CONTR. *Optimista.*

PÉSIMO, MA adj. (lat. *pessimus*). Muy malo, que no puede ser peor: *una novela pésima.* || — CONTR. *Óptimo.*

PESO m. (lat. *pensus*). Cualidad de un cuerpo pesado: *el peso del aire.* || Resultante de la acción que ejerce la gravedad sobre un cuerpo: *el peso de un cuerpo se mide por el esfuerzo necesario para sostenerlo.* || *Peso atómico,* peso del átomo-gramo de un elemento. || *Peso específico de un cuerpo,* número de gramos que pesa un centímetro cúbico de dicho cuerpo: *el peso específico se llama "densidad".* || El que por ley debe tener una cosa. || *Peso molecular,* peso de una molécula-gramo de un cuerpo. || *Peso pesado, pluma, gallo,* categorías en el boxeo y otros deportes. || Balanza: *un peso de cruz.* || Unidad monetaria en varios países. || Nombre de diversas monedas españolas antiguas: *peso duro, peso fuerte, peso sencillo.* || Esfera metálica de 7,257 kg que se lanza con una mano en los juegos atléticos. || *Fig.* Lastre: *el peso de los remordimientos.* (SINÓN. V. *Carga.*) || *Fig.* Fuerza, importancia: *el peso de su palabra.* || *Fig. A peso de oro,* a precio muy subido. || *Caerse una cosa de su peso,* ser muy natural y lógica. || *Tomar a peso una cosa,* sopesarla. || *De peso,* importante: *una persona de peso.* || *Peso muerto,* carga inútil. || *En peso,* m. adv. en el aire: *coger en peso una cosa.* V. cuadro UNIDADES.

PESPITA f. *Guat.* Coqueta, zalamera.

PESPUNTADOR, RA adj. y s. Que pespunta.

PESPUNTAR v. t. Hacer pespuntes en la ropa: *pespuntar un dobladillo.*

PESPUNTE m. Cierta costura. || *Col. Fam. Mirar pespunte,* mirar de reojo los enamorados.

PESPUNTEAR v. t. Pespuntar. || Puntear la guitarra. || *Méx.* Zapatear (baile).

PESQUERA f. Lugar donde se puede pescar mucho. || Presa, muro que ataja un arroyo o río.

PESQUERÍA f. Pesquera: *pesquería de perlas.* || Acción de pescar.

PESQUERO, RA adj. Relativo a la pesca.

PESQUIS m. *Pop.* Cacumen, entendimiento, agudeza de ingenio: *no tener pesquis.*

PESQUISA f. Averiguación o indagación: *hacer una pesquisa judicial.* || — M. *Arg.* y *Ecuad.* Policía secreta.

PESQUISAR v. t. Hacer pesquisas, indagar. (SINÓN. V. *Rebuscar.*)

PESQUISIDOR, RA adj. y s. El que pesquisa.

PESTALOCIANO, NA adj. Relativo a Pestalozzi: *método pestalociano.*

PESTAÑA f. Pelo que hay en el borde de los párpados: *las pestañas sirven para defensa de los ojos.* || Parte saliente que se forma al borde de ciertas cosas: *la pestaña de una rueda de locomotora.* || Ceja del libro encuadernado. || *Bot. Pestaña vibrátil,* cilio.

PESTAÑEAR v. i. Parpadear.

PESTAÑEO m. Movimiento rápido de pestañas.

PESTAÑOSO, SA adj. Que tiene pestañas.

PESTAZO m. *Fam.* Mal olor.

PESTE f. (lat. *pestis*). Enfermedad infecciosa y contagiosa provocada por el bacilo de Yersin, que se transmite por medio de las ratas o pulgas; prácticamente ha desaparecido de Occidente. || *Fig.* Persona o doctrina perniciosa. || *Fig.* Mal olor. || *Fig.* Excesiva abundancia de ciertas cosas. || *Chil.* Viruelas. || *Col.* Romadizo o catarro. || — Pl. Palabras de enojo, de amenaza: *echar pestes contra alguno.*

— La *peste bubónica* se caracteriza por un ganglio infectado o bubón en la región que sufrió la picadura. La *peste pulmonar* ataca a algunos enfermos atacados del bubón y puede transmitirse de hombre a hombre. Se combate actualmente la peste por medio de una serografía eficaz y la administración de estreptomicina. Las medidas preventivas consisten en la vigilancia de los barcos, la desratización y las vacunas.

PESTÍFERAMENTE adv. m. Muy mal.

PESTÍFERO, RA adj. (del lat. *pestis,* peste, y *ferre,* llevar). Que puede causar peste. || Que tiene mal olor. || — Adj. y s. Enfermo de la peste.

PESTILENCIA f. Peste, enfermedad contagiosa. || Olor muy desagradable y putrefacto. (SINÓN. V. *Hediondez.*)

PESTILENCIAL adj. Pestífero.

PESTILENTE adj. Pestífero.

PESTILLO m. Pasador o cerrojo con que se asegura una puerta. || Pieza de la cerradura que entra en el cerradero.

PESTIÑO m. Fruta de sartén mojada en miel.

PESTOREJAZO m. Cogotazo.

PESTOREJO m. Cogote, cerviguillo.

PESTOREJÓN m. Cogotazo.

PESTOSO, SA adj. Relativo a la peste.

PESUÑA f. Pezuña.

PESUÑO m. Cada uno de los dedos, cubierto con su uña, de los animales de pata hendida.

PETACA f. (del azteca *petlacálli,* caja de estera). Arca o baúl forrado de cuero. (Úsase sobre todo en América.) || Estuche para guardar el tabaco o los cigarros. || *Amer.* Tardo, torpe.

PETACONA *Méx.* y **PETACUDA** f. *Arg. Fam.* Mujer muy gruesa y ancha de caderas.

PETALISMO m. *Ant.* Ostracismo que se verificaba en Siracusa escribiendo en hojas de olivo el nombre del personaje que se quería desterrar.

PÉTALO m. (gr. *petalón*). *Bot.* Cada una de las hojas que componen la corola de la flor.

PETANQUE m. *Min.* Mineral de plata nativa.

PETAQUEAR v. i. *Col* Embrollar, desmayar.

PETARDEAR v. t. *Mil.* Batir o derribar con petardos. || *Fig.* Pegar petardos, dar sablazos.

PETARDERO m. Soldado que aplica y dispara el petardo. || *Fig.* Petardista.

PETARDISTA com. El que estafa o pega petardos. (SINÓN. V. *Estafador.*)

PETARDO m. Arte portátil de artillería que sirve para hacer saltar ciertos obstáculos. || Cohete lleno de pólvora y muy atacado, que hace explosión con ruido. || *Fig.* Engaño que consiste en pedir algo prestado sin intención de devolverlo: *pegar un petardo.* (SINÓN. *Sablazo.*) || *Fig.* y *Fam.* Mujer poco atractiva.

PETATE m. (del azteca *pétlatl,* estera). Esterilla de palma. || Lío de la cama y ropa de un marinero. || *Fam.* Equipaje que llevan los pasajeros. || *Fam.* Hombre embustero y desvergonzado. || *Fam.* Hombre despreciable, sin valor. || *Fig.* y *fam. Liar el petate,* mudarse de casa, ser despedido de una casa, y también, morir, perecer.

PETATERÍA f. *Amer.* Estereria.

PETECO m. *Arg.* Hombre chico y pesado.

PETENERA f. Aire popular andaluz que acompaña coplas de cuatro versos octosílabos. || Cierto peinado chulesco. || *Pop. Salir por peteneras,* decir algo fuera de propósito.

PETENERO, RA adj. y s. De El Petén (Guatemala).

PETEQUIA f. *Med.* Manchas violáceas que aparecen sobre la piel, ocasionadas por hemorragias minúsculas de la dermis.

PETERA f. *Fam.* Pelotera, disputa: *armar una petera.* || *Fam.* Obstinación, terquedad.

PETICANO y **PETICANON** m. (fr. *petit canon*). *Impr.* Carácter de letra de 26 puntos.

PETICIÓN f. (lat. *peticio*). Acción de pedir: *una petición no justificada.* (SINÓN. V. *Demanda.*) || Cosa que se pide por escrito a una autoridad. || *For.* Pedimento. || *Lóg. Petición de principio,* razonamiento vicioso que consiste en dar como cierto lo que se trata de probar.

PETICIONARIO, RIA y **PETICIONANTE** adj. y s. *Amer.* Que pide oficialmente una cosa.

PETIFOQUE m. *Mar.* Foque menor que el principal, y que se orienta por fuera de él.

PETIT GRAIN m. (pal. fr., pr. *petigran*). Fruto pequeño y rugoso de una variedad del naranjo *(Citrus aurantium).* || *Esencia de petit grain,* aceite volátil empleado en perfumería y fabricación de explosivos, que antes se obtenía del petit grain y ahora de las hojas del naranjo amargo.

PETIGRÍS m. Piel de ardilla común.

PETILLO m. Peto triangular que usaron por adorno las mujeres.

PETIMETRE, TRA m. y f. (fr. *petit-maître*) Joven elegante y demasiadamente compuesto currutaco, lechuguino. (SINÓN. V. *Elegante.*)

ARTE DEL ANTIGUO PERÚ

2

3

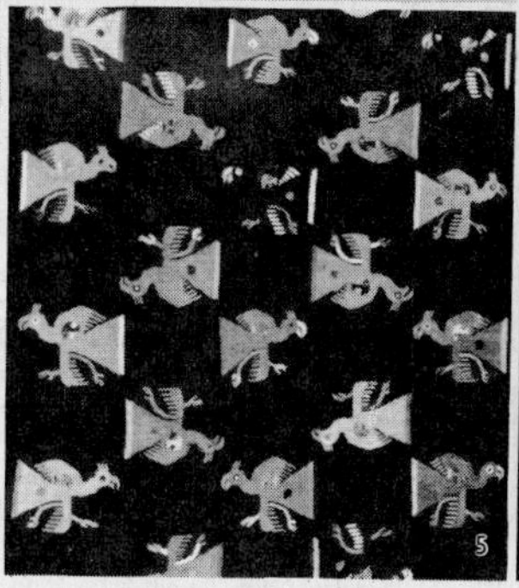

5

6

7

La región del continente americano dominada por los Andes Centrales fue, desde los tiempos más remotos, asiento de agrupaciones humanas que crearon grandes culturas, cuyos vestigios aparecen en diferentes sitios de los valles interandinos o costeños. Uno de estos centros, Chavín de Huantar (Andes de Ancash), ha dado su nombre a una cultura muy avanzada (1200-400 a. de J. C.), caracterizada por la representación de una deidad felino-antropomorfa (1. Adorno de plata que estiliza una cara felínica). Posteriormente, entre los s. V y XI, se desarrollaron en la costa dos importantes culturas : al Norte, la mochica, notable por sus vasijas bícromas llamadas huacos-retratos (Fig. 2), y al Sur, la nazca, creadora de admirables cerámicas polícromas (Fig. 3). Entre los s. XI y XII, Tiahuanaco (Bolivia), a 3 800 m de altitud, fue centro de otra gran civilización que irradió su influencia en tierras andinas. Los exponentes máximos de esta cultura se encuentran en su arquitectura, escultura (4. Monolito representando un flautista), cerámica y orfebrería. El renacimiento de las culturas locales (hacia 1200), tras un eclipse debido al influjo de Tiahuanaco, coincide con la constitución de grandes imperios, como el Chimú, en la costa norte. En este período chimú, la producción de cerámica se industrializa en detrimento de su calidad : típicos huacos de color negro, etc. En cambio, la arquitectura, el arte de los tejidos (Fig. 5) y sobre todo el de los metales (6. Cuchillo ceremonial de oro) alcanzan suma perfección. Con el advenimiento de Pachacútec (1438), se inicia el período de apogeo del Imperio Incaico, cuya fundación se efectuó en el s. XII. El arte de los Incas es relativamente pobre : edificios macizos desprovistos de adornos (7. Detalle de las murallas de Sacsahuaman); cerámica sencilla, inspirada en la de los pueblos sometidos (« aríbalos » con decorados geométricos), y estatuillas de plata.

Fot. Musée de l'Homme, París; Giraudon, Guillén, Verger-Adep

petirrojo

petrel

petunia

PETIRROJO m. Pájaro de color aceitunado con cuello, frente, garganta y pecho de color rojo.
PETISO, SA adj. *Arg.* Pequeño, bajo, rechoncho. || — M. *Arg.* Caballo de corta alzada.
PETISÚ m. (fr. *petit chou*). Pastelillo hueco relleno de crema.
PETITORIA f. *Fam.* Petición, demanda.
PETITORIO, RIA adj. (lat. *petitorius*). Relativo a petición: *juicio petitorio.* || — M. *Fam.* Petición repetida y enojosa. || Cuaderno impreso con la indicación de los medicamentos de que debe haber surtido en las boticas.
PETO m. (del lat. *pectus*, pecho). Armadura para el pecho. || Parte superior de un mono o delantal. || *Taurom.* Protección almohadillada que se pone a los caballos de los picadores. || Adorno que llevan las mujeres sobre el pecho. || *Zool.* Parte inferior de la coraza de la tortuga.
PETRAL m. (lat. *pectorale*). Correa que ciñe y rodea el pecho del caballo de silla.
PETRARQUESCO, CA adj. Perteneciente o relativo a Petrarca.
PETRARQUISMO m. Estilo poético de Petrarca: *el petrarquismo influyó mucho en España.*
PETRARQUISTA m. Imitador de Petrarca.
PETREL m. Ave palmípeda marina propia de los mares fríos, que se ve a gran distancia de las costas.
PÉTREO, A adj. (lat. *petreus*). Pedregoso, que está lleno de piedras. || De piedra: *dureza pétrea.* (SINÓN. V. *Duro.*)
PETRIFICACIÓN f. Acción de petrificar.
PETRIFICANTE adj. Dícese de lo que petrifica o convierte en piedra.
PETRIFICAR v. t. (del lat. *petra*, piedra, y *facere*, hacer). Convertir en piedra: *ciertas aguas petrifican los objetos que en ellas se bañan.* || *Fig.* Dejar inmóvil de asombro: *su aparición le petrificó.*
PETRÍFICO, CA adj. Que petrifica.
PETROGLIFO m. Piedra grabada antigua.
PETROGRAFÍA f. Estudio de las rocas.
PETRÓLEO m. (del bajo lat. *petroleum*, aceite de piedra). Aceite mineral natural, constituido por una mezcla de hidrocarburos y otros compuestos orgánicos.
— El *petróleo* es una substancia combustible líquida, negra y viscosa, formada por carburos de hidrógeno, mezclada a veces con agua salada y carburos gaseosos de hidrógeno. Su origen está en la descomposición de las substancias orgánicas por la acción de los microbios anaerobios. Las grandes zonas mundiales de producción se sitúan en los Estados Unidos, Venezuela, Oriente Medio, U. R. S. S. e Indonesia, y en cantidades también apreciables, en México, Colombia, Argentina, China y el Sáhara. El petróleo bruto ha de ser fraccionado en productos más o menos volátiles y, refinado por destilación, da gasolina, gas-oil, mazut, parafina, etc.
PETROLERO, RA adj. Relativo al petróleo: *industria petrolera.* || Que tiene motor de petróleo: *lancha petrolera.* || — M. El que incendia con petróleo. || Buque que transporta petróleo. || — M. y f. Persona que vende petróleo al por menor.
PETROLÍFERO, RA adj. Que contiene o produce petróleo: *distrito petrolífero.*
PETROSO, SA adj. (lat. *petrosus*). Lleno de piedras. || *Anat.* Relativo al peñasco.
PETULANCIA f. (lat. *petulantia*). Descaro, insolencia: *hablar con petulancia.* || Presunción ridícula. (SINÓN. V. *Afectación.*)
PETULANTE adj. Que tiene petulancia.
PETUNIA f. (de *petún*, nombre del tabaco en el Brasil). Planta de la familia de las solanáceas, de hermosas flores olorosas y blanquecinas.
PEUCÉDANO m. (del gr. *peukedanos*, amargo como la resina). Servato, planta umbelífera.
PEUCO m. *Chil.* Una especie de cernícalo, ave. || *Chil.* Un juego de niños.
PEUMO m. *Chil.* Planta lauràcea. || — Adj. *Méx.* Algo amargo. || De fruto comestible.
PEYORATIVO, VA adj. Despectivo.
PEYOTE m. Planta cactácea de México de la cual se extrae una droga tóxica.
PEZ m. (lat. *piscis*). Animal acuático, vertebrado, de cuerpo fusiforme, cubierto de escamas, respiración branquial y reproducción generalmente ovípara; está provisto de aletas para desplazarse y su temperatura es variable. || Pescado de río. (V. PESCADO.) || Entra en combinación en el nombre de varios peces: *pez espada*, acantopterigio que lleva en la mandíbula superior una especie de espada de un metro de largo: *pez sierra*, el priste; *pez de San Pedro*, el gallo acantopterigio; *pez luna, pez martillo*, especie de tiburón: *pez mujer*, el manatí; *pez volante*, el volador. || *Fig.* Montón de forma prolongada. || *Fig.* Cosa que cuesta gran trabajo. || *Fig.* y *fam.* *Pez gordo*, personaje importante. || *Fam.* *Estar como el pez en el agua*, estar muy bien. || *Fig.* y *fam.* *Estar pez*, no saber nada, estar en la más completa ignorancia del asunto de que se trata.

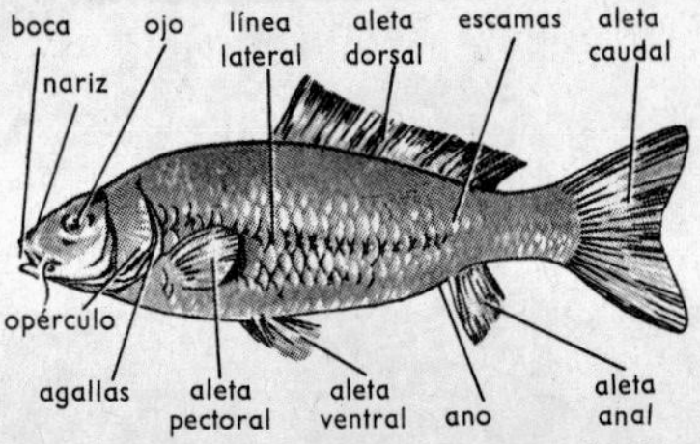

— Dentro de la clase de los *peces* se pueden distinguir: los *selacios*, de esqueleto cartilaginoso (tiburón, raya); los *teleósteos*, de esqueleto óseo (carpa, anguila, salmón, perca), y otros, provistos de branquias y pulmones. Se pescan muchas especies por su carne, muy nutritiva, y por los aceites que pueden proporcionar a la industria y a la alimentación.
PEZ f. (lat. *pix, piscis*). Substancia pegajosa que se extrae de los pinos y abetos.
PEZÓN m. Rabillo de la hoja o fruto. || Extremidad de la mama o teta. || Extremo o cabo.
PEZONERA f. Cabilla que en los coches atraviesa el pezón del eje para que no se salga la rueda. || Especie de dedal de goma que las mujeres se ponen en los pezones cuando crían.
PEZOTE m. *Amer.* Uno de los nombres del *coatí.*
PEZPALO m. Pejepalo.
PEZPITA f. y **PEZPÍTALO** m. Aguzanieves.
PEZUELO m. Principio de la pieza de lienzo.
PEZUÑA f. Conjunto de los pesuños de una misma pata en los animales de pata hendida.
¡PF! interj. Denota desprecio.
PFENNIG m. Moneda alemana que equivale a la centésima parte del marco.
pH m. (abrev. de *potencial Hidrógeno*). Coeficiente que caracteriza el grado de acidez de un medio.
ph, símbolo de *foto*, unidad de iluminancia.
PHI [*fi*] f. Fi, letra griega.
PI f. Letra griega (π) que corresponde a nuestra *p.* || *Mat.* Signo que representa la relación aproximada entre la circunferencia y el diámetro del círculo (3,1416).
PIACHE, voz que se usa en la expr. fam. *tarde piache*, significando que se llegó tarde a una cosa.
PIADA f. Acción de piar. || *Fig.* y *fam.* Expresión que toma uno de otra persona que la suele usar.
PIADOR, RA y **PIANTE** adj. Que pía.
PIADOSAMENTE adv. m. De un modo piadoso.
PIADOSO, SA adj. Que tiene o muestra piedad: *alma piadosa.* || Que mueve a piedad o compasión. || Religioso, devoto: *ser muy piadoso.* (SINÓN. V. *Creyente.* CONTR. *Impío.*)
PIAFAR v. i. Golpear el caballo el suelo con las manos, alzándolas con mucha fuerza y rapidez. || Barb. por *relinchar.*
PIAL m. *Amer.* Lazo. || Tiro de lazo a las patas del animal para voltearlo en su carrera.
PIALA f. *Arg.* y *Chil.* Lazada dirigida a las patas de un animal.
PIALAR v. t. *Amer.* Enlazar un animal por sus patas.
PIAMADRE o **PIAMÁTER** f. Membrana serosa que cubre el cerebro y la medula.
PIAMONTÉS, ESA adj. y s. De Piamonte. || — M. Dialecto italiano hablado en Piamonte.

PETRÓLEO

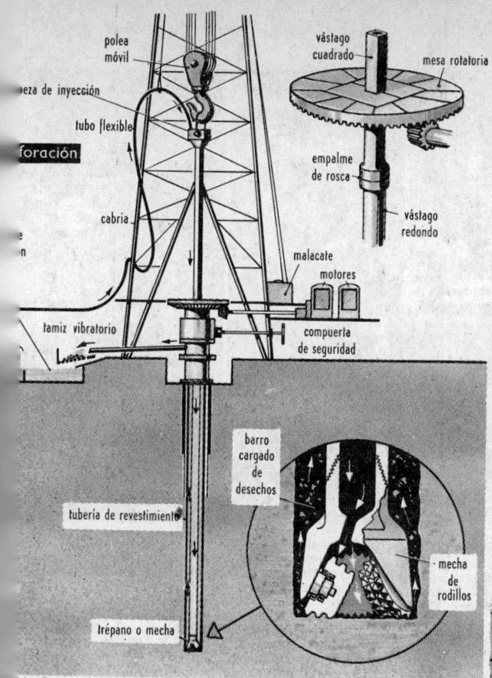

[...]ón Rotary: el barro circula por el hueco del vástago, lubrifica la mecha, el espacio entre la pared del pozo y el vástago, consolida esta pared y hacia la superficie los restos producidos por la perforación.

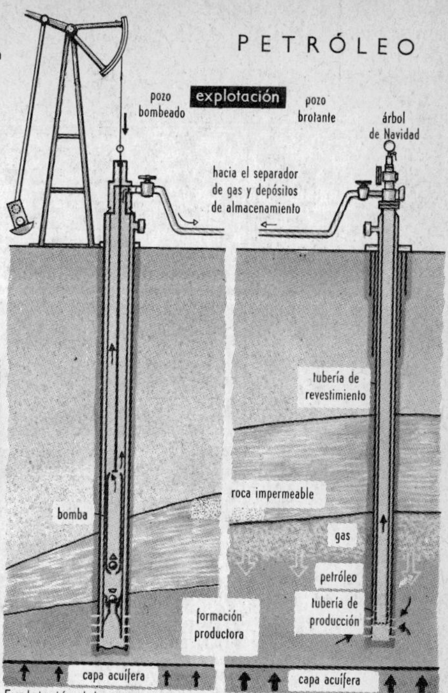

Explotación del yacimiento: el petróleo surge generalmente a causa de la presión del gas y de las capas acuíferas, y esto constituye el llamado pozo brotante. En el caso contrario, pozo bombeado, es necesario extraer el producto mediante una bomba. Ciertos yacimientos contienen gas solamente.

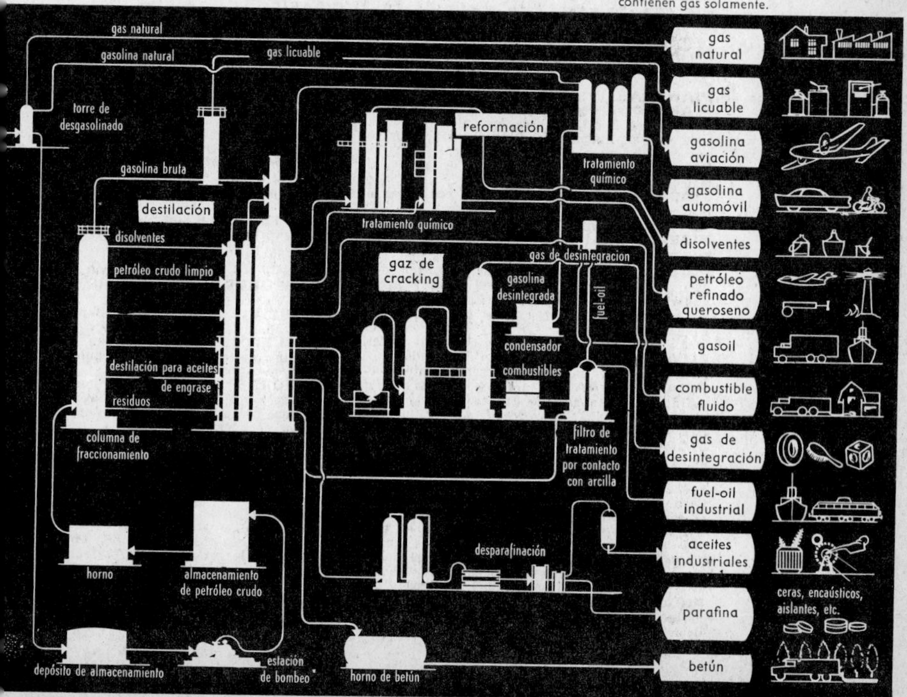

transformación del petróleo bruto en una refinería y aplicaciones principales de sus derivados

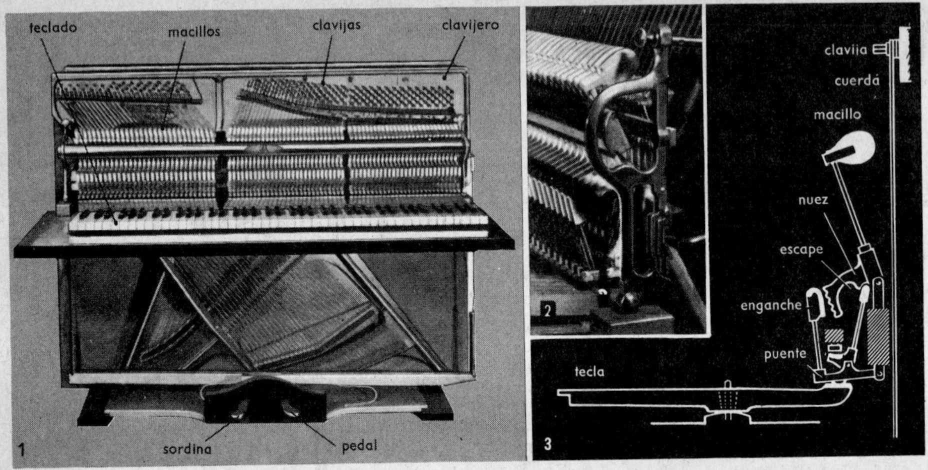

PIANO

1. Vertical de cuerdas
2. Detalle del instrumento en reposo
3. Esquema del funcionamiento.

PIÁN m. Enfermedad tropical parecida a la sífilis que se transmite por los insectos.
PIAN, PIAN y PIAN, PIANO m. adv. (del ital. *piano, piano,* despacio). *Fam.* Poco a poco, muy despacito. (SINÓN. V. *Lentamente.*)
PIANÍSIMO adv. m. *Mús.* Muy suavemente.
PIANISTA m. Persona que toca el piano por oficio: *Listz fue un pianista eminente.* ‖ El que fabrica o vende pianos. (P. us.)
PIANÍSTICO, CA adj. Dícese de las composiciones musicales escritas para piano.
PIANO m. (pal. ital.). Instrumento músico de teclado y cuerdas: *piano recto o vertical, de cola, de media cola, diagonal,* etc. ‖ *Piano de manubrio,* organillo. ‖ *Pop. Tocar el piano,* fregar. ‖ — Adv. m. *Mús.* Suavemente: *cantar piano.* ‖ *Fam.* Despacio, poco a poco.
PIANOFORTE m. (del ital. *piano,* suave, dulce, y *forte,* fuerte). Nombre antiguo del *piano* ordinario.
PIANOLA f. Piano mecánico.
PIAPOCO m. *Venez.* El tucán.
PIAR v. i. Emitir su voz los pollos y algunas aves. ‖ *Fam.* Llamar o pedir con ansia: *piar por una cosa.*
PIARA f. Manada de cerdos o de otros animales.
PIASAVA f. Palmera americana con cuyas fibras se fabrican cuerdas, escobas, etc.
PIASTRA f. Unidad monetaria en varios países.
PIBE, BA m. y f. *Riopl. Fam.* Chiquillo, pebete.
PIBERÍO m. *Arg.* Conjunto de pibes.
PICA f. Especie de lanza. ‖ Soldado armado de pica. ‖ Garrocha del picador de toros. ‖ Acción y efecto de picar a los toros. ‖ Escoda con puntas que sirve para labrar ciertas piedras. ‖ *Col.* Pique, resentimiento. ‖ *Fig.* y *fam. Poner una pica en Flandes,* conseguir una cosa muy difícil.
PICA f. *Med.* Malacia, apetito depravado.
PICACENA f. *Per. Fam.* Resentimiento.
PICACERO, RA adj. Decíase de las aves de rapiña que estaban adiestradas en la caza de picazas. ‖ — F. *Chil., Ecuad.* y *Per.* Comezón.
PICACUREBA f. Barb. por *picazuroba.*
PICACHO m. Punta aguda y escarpada de algunos montes. (SINÓN. V. *Cima* y *montaña.*)
PICADA f. Picotazo. ‖ Picadura: *picada de mosca.* ‖ Acto de picar el pez. ‖ *Per.* y *Chil.* Carbunclo del ganado. ‖ *Amer.* Senda estrecha abierta en un monte. ‖ *Arg.* Vado estrecho.
PICADERO m. Lugar donde adiestran los picadores los caballos. ‖ Hoyo que hacen escarbando los gamos. ‖ *Mar.* Nombre de los maderos en que descansa el buque en construcción o en carena. ‖ *Fam.* Cuarto de soltero. ‖ *Col* Matadero.
PICADILLO m. Guisado de carne cruda picada con tocino, verduras y ajos u otros aderezos. ‖ Lomo de cerdo picado para hacer chorizos.
PICADO m. Acción y efecto de picar. ‖ Picadura: *el picado de una lima.* ‖ *Mús.* Modo de tocar interrumpiendo momentáneamente el sonido entre las notas. ‖ Descenso casi vertical del avión: *bombardeo en picado.* ‖ *Amer.* Achispado, ebrio.
PICADOR m. El que doma caballos. ‖ Torero de a caballo que hiere al toro con una pica para restar fuerzas al animal. ‖ Minero que arranca el mineral por medio del pico. ‖ *Cub.* El que abre picadas. ‖ Tajo de la cocina.
PICADURA f. Acción de picar: *una picadura muy menuda.* ‖ Pinchazo: *una picadura de pulga.* ‖ Maca: *fruta cubierta de picaduras.* ‖ Principio de caries en la dentadura. ‖ Tabaco picado usado para fumar: *picadura cuadrada.*
PICAFIGO m. Papafigo, ave.
PICAFLOR m. Pájaro mosca, colibrí, tominejo. ‖ *Amer. Fig.* Tenorio, mariposón.
PICAJOSO, SA adj. *Fam.* Que fácilmente se pica o se da por ofendido.
PICAMADEROS m. Pájaro carpintero.
PICANA f. *Arg.* y *Chil.* Aijada o aguijada del boyero. ‖ *Arg.* y *Chil.* Carne del anca de las vacas.
PICANEAR v. t. *Arg.* Aguijar con la picana.
PICANTE adj. Que pica. ‖ *Fig.* Mordaz, acerbo: *palabras picantes.* (SINÓN. V. *Obsceno.*) ‖ — M. Acerbidad que tienen algunas cosas: *gustarle a uno lo picante.* ‖ *Amer.* Guiso que tiene mucho pimiento.
PICANTEMENTE adv. m. De modo picante.
PICANTERÍA f. *Per.* Figón donde se venden sobre todo guisos picantes.
PICAÑO, ÑA adj. Pícaro, bribón.
PICAPEDRERO m. Cantero, el que labra piedras.
PICAPICA f. *Ecuad.* y *Cub.* Bejuco que produce picadura como la de la ortiga.
PICAPLEITOS m. *Fam.* Pleitista. ‖ *Fam.* Abogado sin pleitos, tinterillo, leguleyo. (SINÓN. V. *Abogado.*)
PICAPORTE m. Instrumento que sirve para cerrar de golpe las puertas. ‖ Llave con que se abre dicho picaporte. ‖ *Provinc.* y *Amer.* Aldaba, llamador de puerta.
PICAPOSTE m. Picamaderos, pájaro.
PICAPUERCO m. Ave trepadora de plumaje negro manchado de blanco: *el picapuerco se alimenta principalmente de insectos.*
PICAR v. t. Pinchar con una punta: *picar el brazo con un alfiler.* ‖ *Fig.* Controlar los billetes de ferrocarril o análogo. ‖ Morder o herir con el pico o la boca ciertos animales: *picar la pulga, los pájaros, las víboras,* etc. ‖ Herir el picador al toro con la pica. ‖ Morder el pez en el anzuelo. ‖ Quemar la boca ciertas cosas: *la pimienta pica la lengua.* ‖ Cortar a pedacitos muy pequeños: *picar carne.* (SINÓN. V. *Cortar.*) ‖ Comer un poco. ‖ Espolear: *picar el caballo.* ‖ Hac

Fot. Larous

agujeritos en un dibujo para estarcirlo: *picar un patrón.* (SINÓN. V. *Horadar.*) ‖ Imprimir un movimiento especial a la bola de billar o pelota. ‖ Golpear con un pico o piqueta. ‖ *Fig.* Enojar, enfadar: *empieza a picarme con sus bromas.* ‖ *Mar.* Cortar con el hacha: *picar un cable.* ‖ *Cub.* Abrir un picado en un monte. ‖ Lanzarse en vuelo de arriba abajo las aves de rapiña y los aviones para atacar. ‖ *Mar.* Precipitar la boga. ‖ *Mús. Picar una nota,* hacerla sonar muy desligada de la siguiente. ‖ — V. i. Escocer una parte del cuerpo: *me pica la espalda.* ‖ *Ant.* y *Provinc.* Llamar con el picaporte. ‖ Calentar mucho el sol. ‖ *Fig.* y *fam.* Ser engañado por ingenuidad: *muchos han picado en la inocentada.* ‖ *Picar en valiente,* rayar en valiente. ‖ — V. r. Agujerearse la ropa con la polilla. ‖ Avinagrarse o echarse a perder el vino y algunas cosas. ‖ Agitarse la superficie del mar a impulsos del viento. ‖ *Fig.* Irritarse. (SINÓN. V. *Ofenderse.*) ‖ *Fig.* Preciarse de algo: *picarse de caballero.* ‖ *Fig.* Estimularse por vanidad: *el motorista se picó con el automovilista.* ‖ *Amer.* Embriagarse. ‖ *Picarse del pecho,* contraer la tuberculosis. ‖ *Fig. Picar muy alto,* tener demasiada ambición.

PÍCARAMENTE adv. m. Con picardía.

PICARAZA f. Urraca o picaza, ave.

PICARDEAR v. i. Decir o hacer picardías. ‖ Retozar, travesear. ‖ — V. r. Echarse a perder, adquirir algún vicio: *muchacho picardeado.*

PICARDÍA f. Acción baja y vil. ‖ Bellaquería, astucia: *obrar con mucha picardía.* (SINÓN. *Malicia, tunantada, vileza, villanía.*) ‖ Travesura de muchachos: *estar siempre inventando nuevas picardías.* ‖ Acción o palabra deshonesta. ‖ Junta de pícaros.

PICARDO, DA adj. y s. De Picardía. ‖ — M. Dialecto de la lengua de oil.

PICARESCA f. Reunión de pícaros. ‖ Vida de pícaro. ‖ Género de novela española del Siglo de Oro caracterizado por la violenta sátira de la sociedad que describe el pícaro.

PICARESCO, CA adj. Relativo a los pícaros. ‖ Dícese de las obras literarias en que se pinta la vida de los pícaros: *el género picaresco floreció en España en el siglo diecisiete.*

PÍCARO, RA adj. y s. Bajo, ruin, vil: *no quiero tratar con pícaros.* (SINÓN. V. *Taimado.*) ‖ Bellaco: *es un chalán muy pícaro.* (SINÓN. V. *Astuto.*) ‖ *Fig.* Tunante, bribón (tómase en buen sentido): *ese chico es un pícaro.* (SINÓN. V. *Granuja y travieso.*) ‖ — M. Tipo descarado, bribón y holgazán, que figura en varias obras de la literatura española: *el pícaro Guzmán de Alfarache.* ‖ *Pícaro de cocina,* pinche, galopín.

PICARÓN, ONA adj. *Fam.* Pícaro, tunante (en buen sentido). ‖ — M. *Chil.* y *Per.* Especie de buñuelo.

PICATOSTE m. Rebanada de pan tostada y frita: *tomar chocolate con picatoste.*

PICAZA f. Urraca, ave. ‖ *Murc.* Azada pequeña. ‖ *Arg.* Especie de zarigüeya.

PICAZO m. Golpe dado con la pica u otra cosa puntiaguda. ‖ — M. Picotazo.

PICAZO, ZA adj. *Ant.* y *Arg.* Dícese del caballo de cuerpo obscuro, cabeza y pies blancos.

PICAZÓN f. Comezón que causa algo que pica en una parte del cuerpo. ‖ *Fig.* y *fam.* Enojo, disgusto.

PICAZUROBA f. Gallinácea americana parecida a la tórtola, de pecho carmesí.

PICEA f. (lat. *picea*). Árbol parecido al abeto, de hojas puntiagudas y piñas delgadas.

PICIO n. pr. Se emplea en la loc. *más feo que Picio,* muy feo.

PICKLES m. pl. (pal. ingl., pr. *pikl*). Encurtidos en vinagre, pepinillos.

PICKPOCKET m. (pal. ingl.). Ratero, ladrón.

PICK-UP m. (pal. ingl., pr. *pikap*). Aparato que convierte en tensiones eléctricas las vibraciones registradas por el disco de fonógrafo y las transmite a un altavoz. (Debe emplearse en su lugar la palabra *fonocaptor.*) ‖ Aparato que tiene un *pick up,* un amplificador y un altavoz. (Debe emplearse en su lugar la palabra *tocadiscos.*)

PICNIC m. (pal. ingl.). Comida campestre.

PÍCNICO adj. Dícese del tipo constitucional de cuerpo humano rechoncho y miembros cortos.

PICNÓMETRO m. Frasco para determinar la densidad de los cuerpos.

PICO m. Boca córnea de las aves. (SINÓN. V. *Boca.*) ‖ Parte que sobresale en la superficie de algunas cosas: *el pico de un mantón.* ‖ Herramienta de cantero y cavador. ‖ Parte de algunas vasijas, por donde se vierte el líquido. ‖ Mechero de candil. ‖ Cúspide de una montaña. ‖ Montaña puntiaguda: *el pico de Teide.* (SINÓN. V. *Cima* y *montaña.*) ‖ Parte pequeña que sobra de una cantidad redonda: *trescientas pesetas y pico; vino a las tres y pico.* ‖ Cantidad indeterminada de dinero, generalmente en sentido ponderativo: *ha costado un pico.* ‖ *Fam.* Facundia, habladuría: *tener buen pico.* (SINÓN. V. *Elocuencia.*) ‖ *Chil.* Balano, molusco. ‖ *Pico de cigüeña,* planta geraniácea. ‖ *Pico de frasco* o *de canoa,* el tucán, ave americana. ‖ *Venez. Pico de tijera,* el picotijera. ‖ *Pico de plata,* pajarillo cantor de Venezuela y Perú. ‖ *Pico barreno* o *pico carpintero,* picamaderos, pájaro carpintero. ‖ *Pico verde,* ave trepadora de plumaje verdoso, encarnado en la cabeza. ‖ *Pico de oro,* persona que habla muy bien, buen orador. (SINÓN. V. *Elocuente.*) ‖ *Fig.* y *fam. Andar a (de) picos pardos,* andar a la briba, picardeando. ‖ *Fam. Irse del pico,* hablar, confesar. ‖ *Fig.* y *fam. Darse el pico,* besarse. ‖ *Fam. Cerrar el pico,* callarse.

PICO m. Peso de las islas Filipinas igual a 10 chinantas (63,262 kg).

PICOFEO m. *Col.* Tucán, ave trepadora.

PICOLETE m. (fr. *picolet*). Grapa de la cerradura que detiene el pestillo.

PICÓN, ONA adj. Dícese del animal cuyos dientes superiores caen sobre los inferiores. *Fam.* Que se pica fácilmente. ‖ — M. *Fam.* Chasco, burla. ‖ *Col.* Hablador. ‖ Pez pequeño de agua dulce. ‖ Carbón muy menudo que se usa para los braseros.

PICOR m. Escozor, picazón, comezón.

PICORETO, TA adj. *Amer.* Picotero.

PICOSO, SA adj. Picado de viruelas: *tener el rostro picoso.* (SINÓN. *Cacarañado.*)

PICOTA f. Sitio a la entrada de los pueblos donde se exponía a los reos a la vergüenza pública. ‖ Juego de muchachos, que consiste en arrojar, para clavarlo en tierra, un palo puntiagudo. ‖ Cúspide de una torre o montaña. ‖ *Mar.* Parte de la bomba, donde está el eje del guimbalete. ‖ Variedad de cereza.

PICOTADA f. y **PICOTAZO** m. Golpe dado por las aves con el pico, y señal que él deja.

picea

picón

PICOS

1. Pato
2. Cálao rhinoceros
3. Águila
4. Paloma torcaz
5. Pico cruzado
6. Loro
7. Ornitorrinco
8. Pájaro carpintero
9. Cálao bucorvus
10. Avestruz
11. Cálao rhinoplax
12. Pelícano

PIE

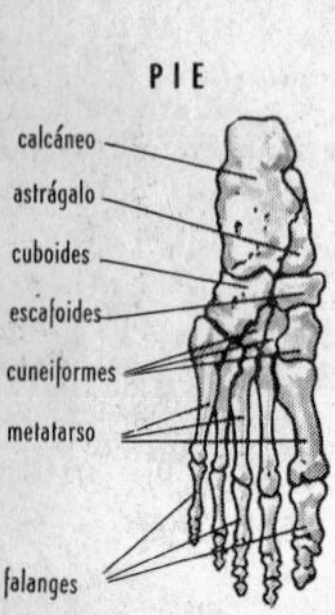

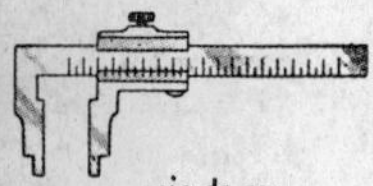

pie de rey

PICOTE m. (fr. *picot.*). Tela áspera de pelo de cabra. || Tela de seda antigua muy lustrosa.
PICOTEADO, DA adj. Que tiene picos o ángulos. || Cacarañado.
PICOTEAR v. t. Golpear o pinchar las aves con el pico. || *Fig.* Picar, comer un poco. || — V. i. Mover mucho la cabeza el caballo. || *Fig.* y *fam.* Hablar mucho y sin substancia. || — V. r. Contender o reñir las mujeres.
PICOTEO m. Acción de picotear.
PICOTERÍA f. *Fam.* Defecto del picotero.
PICOTERO, RA adj. y s. *Fam.* Parlanchín.
PICOTIJERA m. *Per.* Ave palmípeda voladora.
PICOTÍN m. Cuarta parte del cuartal, medida.
PICOTÓN m. *Provinc.* y *Amer.* Picotazo.
PICRATO m. (del gr. *pikros*, amargo). Sal del ácido pícrico: *el picrato de potasa es un explosivo enérgico.*
PÍCRICO adj. *Quím.* Dícese de un ácido que se obtiene haciendo obrar el ácido nítrico sobre el fenol. (Se emplea en medicina para calmar el dolor producido por una quemadura, y en la industria para teñir de amarillo la seda. Calentado bruscamente hace explosión.)
PICTOGRAFÍA f. Escritura ideográfica.
PICTOGRÁFICO, CA adj. Perteneciente o relativo a la pictografía.
PICTÓRICO, CA adj. Relativo a la pintura.
PICUDILLA f. Ave zancuda. || Pez de Cuba.
PICUDO, DA adj. Que tiene pico: *cazuela picuda.* || Hocicudo. || *Fig.* y *fam.* Parlanchín, hablador. || — M. Espetón, asador. || *Méx.* Un insecto parásito del algodón.
PICUÍ m. Ave de México.
PICURO m. *Amer.* Agutí.
PICHAGUA f. *Venez.* El fruto del pichagüero.
PICHAGÜERO m. *Venez.* Especie de calabaza.
PICHANA *Chil.* y *Per.* y **PICHANGA** f. *Col.* Escoba.
PICHE m. *Hond.* Ave palmípeda. || *Amer. Fam.* Miedo. || *Col.* Empujón. || *Arg.* Especie de armadillo. || *Col.* Parte caseosa de la leche desnatada. || — Adj. *Venez.* Descompuesto.
PICHEL m. Vaso alto de estaño con tapa engoznada en el asa: *un pichel de cerveza.*
PICHI m. *Chil.* Arbusto solanáceo. || *Chil.* Piche, armadillo.
PICHICATO adj. *Amer.* Cicatero.
PICHICIEGO, GA adj. *Arg.* Corto de vista. || *Chil.* Una especie de armadillo.
PICHICHO m. *Arg.* Perrito.
PICHINCHA f. *Amer.* Ganga, suerte.
PICHINCHENSE adj. y s. De Pichincha (Ecuador).
PICHINCHERO, RA adj. y s. *Arg.* Amigo de gangas.
PICHIRUCHE m. *Chil.* Persona insignificante.
PICHIRRE adj. *Venez. Fam.* Mezquino.
PICHOCAL m. *Méx.* Pocilga, zahurda.
PICHOLEAR v. i. *Hond.* Jugar apostando poco. || *Guat.* Ganar con trampa en el juego. || *Chil.* Jaranear. || *Arg.* y *Bol.* Trapichear.
PICHOLEO m. *Chil. Fam.* Zambra, jarana, jaleo. || *Arg.* Negocio de poca monta.
PICHÓN m. Pollo de paloma: *pichones guisados.* || *Fig.* y *fam.* Nombre que las mujeres suelen dar a las personas del sexo masculino en señal de cariño. || *Cub.* Pollo de cualquier ave, excepto la gallina. || *Col. Fam.* Niño, pequeñuelo. || — Adj. *Cub. Fam.* Miedoso, tímido.
PICHONA f. *Fam.* Nombre cariñoso que suele darse a las mujeres.
PICHULEAR v. i. *Amér. C.* y *Arg.* Picholear, trapichear.
PICHUSCA f. *Arg.* Flor en cierne.
PIDÉN m. *Chil.* Ave parecida a la gallareta.
PIDGIN-ENGLISH [*-chin-*] m. Inglés corrompido que utilizan los chinos en sus relaciones con los europeos.
PIDÓN, ONA adj. y s. *Fam.* Pedigüeño.
PIE m. Parte de la pierna que sirve al hombre y a algunos animales para sostenerse y caminar. (SINÓN. *Pata.* Pop. *Pinrel, queso.*) || Base de algunas cosas: *el pie de la columna.* || Tronco de los árboles y plantas. || Planta pequeña, mata: *un pie de albahaca.* || Poso, sedimento de un licor. || Uva pisada que se lía en una tela y se coloca en la prensa. || Parte de las medias, calcetas, etc., que cubre el pie. || Parte de dos, tres o más sílabas con que se miden los versos en las lenguas que atienden a la cantidad. || Metro en la poesía castellana. || *Mat.* Punto de encuentro de una perpendicular a una recta o un plano. || Medida de longitud que en Castilla equivalía a 28 cm, y hoy, en Inglaterra, a 30,5 cm, en Francia a 33 cm, etc. || Parte que queda en blanco al final de una carta. || Nota explicativa que se pone debajo de una foto, grabado, etc. || Parte opuesta a la cabecera, en algunas cosas: *los pies de la cama.* || Fundamento, origen o base de una cosa. || Ocasión, motivo: *dar pie a uno para hacer una cosa.* || *Chil.* Arras. || *Pie de amigo,* cosa que sirve de sostén a otra. Hierro que se ponía debajo de la barba a los reos que se sacaban a la vergüenza pública. || *Pie de atleta,* infección del pie ocasionada por un hongo. || *Fam. Pie de banco,* despropósito. || *Pie de cabra,* palanqueta hendida por su extremo. || *Pie de gallo,* cierto lance del juego de damas. Armadura de donde colgaban las sopandas de los antiguos coches. || *Pie de gato,* patilla de las armas de fuego. || *Pie de imprenta,* indicación, en una obra, del impresor y de la fecha y lugar de la impresión. || *Pie derecho,* madero vertical en que estriba una cosa. || *Pies planos,* dícese de los pies anchos y aplastados, en que por insuficiencia del arco, la totalidad de la planta se apoya en el suelo. || *Pie forzado,* rima que se fija de antemano para establecer sobre ella una composición poética. || *Pie de gibao* (y no *pie gibado*), cierto baile antiguo. || *Pie equino,* el que está torcido a la altura del tobillo. || *Pie quebrado,* verso corto, de 4 ó 5 sílabas, que alterna con otros más largos en ciertas composiciones. || *Pie de rey,* especie de calibrador. || Nombre de varias plantas: *pie de becerro,* el arón; *pie de gallina,* los quijones; *pie de león,* planta rosácea; *pie de liebre,* especie de trébol; *pie de paloma,* la onoquiles. || *Zool. Pie de burro,* molusco marino. || *Zool. Pie de cabra,* el percebe. || *A cuatro pies,* m. adv., a gatas. || *Al pie,* m. adv., cerca, al lado. || *Al pie de fábrica* o *de la obra,* m. adv., que indica el precio de una materia en el lugar donde se fabrica o donde se ha de emplear. || *Al pie de la letra,* m. adv., puntual, exactamente. (SINÓN. V. *Literalmente.*) || *A pie,* m. adv., caminando sin caballería ni carruaje. || *A pie enjuto,* m. adv., sin mojarse al andar: *atravesar un río a pie enjunto.* || *A pie firme,* m. adv., sin moverse uno del lugar donde está. || *A pie juntillas,* m. adv. con los pies juntos: *saltar a pie juntillas. Fig.* Firmemente, *creer a pie juntillas.* (Ant.: *a pies juntillas.*) || *Con buen pie,* m. adv., con felicidad, con dicha. || *Con pies de plomo,* m. adv., con suma prudencia y lentitud. || *De a pie,* m. adv., que no va a caballo: *soldado de a pie.* || *De pie, de pies* (p. us.), o *en pie,* m. adv., derecho, levantado, no sentado ni tendido: *ponerse de pie sobre la mesa.* || *De pies a cabeza,* m. adv., desde la cabeza hasta los pies: *vestir a uno de nuevo de pies a cabeza.* || *En pie de guerra,* m. adv., dispuesto para entrar en campaña. || Locs. *Fig. Buscarle tres pies al gato,* empeñarse en cosas peligrosas. || *Fig. Dar pie,* ofrecer ocasión para algo. || *Fig. Hacer una cosa con los pies,* hacerla muy mal. || *Echar pie a tierra,* apearse del caballo, del coche, etc. || *Entrar con buen pie en un asunto,* empezar con acierto un negocio. || *Estar con el pie en el estribo,* estar dispuesto a partir. || *Estar con un pie en la sepultura,* estar cerca de morir. || *Faltarle a uno los pies,* perder el equilibrio. || *Írsele los pies a uno,* resbalar. || *Irse uno por pies,* o *por sus pies,* huir, escaparse. || *Nacer de pie,* o *de pies,* tener buena fortuna. || *No dar pie con bola,* equivocarse continuamente. || *No tener una cosa pies ni cabeza,* ser completamente desacertada. || *Perder pie,* no encontrar el fondo en un río, lago, mar, etc. Confundirse y atascarse en un discurso. || *Pie a tierra,* orden que se da a los que cabalgan para que se apeen. || *Fig. Poner pies en polvorosa,* huir. || *Fig. Saber de qué pie cojea uno,* conocer sus defectos. || *Sacar los pies del plato,* o *de las alforjas,* empezar el que era tímido a tomar ciertas libertades. || *Tomar pie de una cosa,* valerse de ella como pretexto. || *Volver pie atrás,* retroceder. || — OBSERV. Son galicismos las frases: *pie a pie,* por *palmo a palmo; vivir sobre el pie de,* por *gastar tanto* o cuanto. Pl., *pies.* And. y Amer., *pieses.*

PIEDAD f. (lat. *pietas*). Cariño y respeto hacia las cosas santas. ‖ Cariño filial. ‖ Lástima, misericordia: *no tener piedad de un desgraciado.* ‖ Representación artística de la Virgen de las Angustias.

PIEDRA f. (lat. *petra*). Substancia mineral dura y sólida: *piedra caliza.* (SINÓN. *Adoquín, losa, peña, peñasco, risco, roca.* V. tb. *china.*) ‖ Cálculo, piedrecilla que se forma en la vejiga de la orina. ‖ Granizo: *cayó mucha piedra el año pasado.* ‖ Lugar donde se ponen los niños expósitos. ‖ *Piedra preciosa,* la fina y rara que, tallada, se usa como adorno. ‖ *Piedra infernal,* nitrato de plata que usan los médicos para quemar las carnes. ‖ *Piedra filosofal,* v. FILOSOFAL. ‖ *Piedra angular,* la que forma la esquina de un edificio. *Fig.* Base o fundamento de una cosa. ‖ *Piedra de toque,* la que usan los ensayadores de oro y plata. *Fig.* Lo que conduce al conocimiento de la calidad de una cosa. ‖ *Piedra de escándalo,* origen o motivo de escándalo o pecado. ‖ *Piedra litográfica,* mármol arcilloso de grano fino, apto para grabar lo que se quiere imprimir en litografía. ‖ *Guat.* y *Hond. Piedra de moler,* el metate. ‖ *Piedra de rayo,* pedernal labrado que cree el vulgo proviene del rayo. ‖ *Chil.* Obsidiana. ‖ *Col. Piedra de campana,* la fenolita. ‖ *Piedra berroqueña,* el granito. ‖ *Per. Piedra de Huamanga,* alabastro. ‖ *Arg. Piedra de sapo,* mica. ‖ *Piedra meteórica,* aerolito. ‖ *Piedra pómez,* piedra volcánica muy ligera y dura que sirve para pulir. ‖ *Pared de piedra seca,* la que está hecha con piedras, sin argamasa. ‖ *Cerrar a piedra y lodo,* tapar herméticamente una puerta o ventana. ‖ *No dejar piedra por mover,* no escatimar ninguna diligencia para una cosa. ‖ *No dejar piedra sobre piedra,* destruir todo.

PIEL f. (lat. *pellis*). Membrana que cubre el cuerpo del hombre y de los animales: *se divide la piel en dermis y epidermis.* (SINÓN. *Tegumento.*) ‖ Cuero de animal curtido con su pelo: *una piel de zorro.* (SINÓN. *Pellejo.* V. tb. *pelo.*) ‖ Membrana que cubre las frutas: *la piel de la pera.* ‖ *Fig.* y *fam. Ser la piel del diablo,* ser muy revoltoso.

PIÉLAGO m. (lat. *pelagus*). *Poét.* Océano, mar.

PIELERO m. Comerciante en pieles.

PIELITIS f. Inflamación de la pelvis renal.

PIENSO m. (del lat. *pensum,* porción). Alimento seco que se da al ganado en la cuadra o en el establo. (SINÓN. V. *Provisión.*)

PIÉRIDE f. *Zool.* Mariposa de alas blancas con manchas negras, cuya oruga se alimenta de coles. ‖ — Pl. Las musas.

PIERIO, RIA adj. *Poét.* Relativo a las musas.

PIERNA f. (lat. *perna*). Parte del animal que media entre el pie y la cadera. (SINÓN. *Canilla, pata, zanca.*) ‖ Muslo de los cuadrúpedos y aves. ‖ Cada una de las partes de que se componen algunas cosas: *piernas de compás.* ‖ Trazo fuerte de algunas letras: *pierna de M.* ‖ Cada una de las cuatro divisiones de una nuez. ‖ *Arg.* Cada uno de los que se juntan para jugar a la baraja. ‖ *Fig.* y *fam. Dormir a pierna suelta,* dormir sin cuidado, tranquilamente.

PIERNITENDIDO, DA adj. Abierto de piernas.

PIERROT m. (pal fr., pr. *pierró*). Máscara de traje enteramente blanco. (V. *Parte hist.*)

PIETISMO m. *Rel.* Doctrina religiosa de ciertos protestantes que tienden al ascetismo más riguroso.

PIETISTA com. Partidario del pietismo.

PIEZA f. Pedazo, parte de una cosa. (SINÓN. V. *Parte.*) ‖ Moneda: *pieza de oro.* ‖ Objeto trabajado con arte: *una pieza de orfebrería.* ‖ Cada una de las partes de un artefacto. ‖ Porción de tela que se hace de una vez. ‖ Habitación: *una pieza espaciosa.* (SINÓN. *Cuarto, salón.*) ‖ Animal de caza o pesca: *cobrar una pieza.* ‖ Nombre de las fichas o figurillas que se utilizan en ciertos juegos. ‖ Obra dramática: *una pieza en un acto.* ‖ Composición musical. ‖ *Blas.* Figura del escudo que no representa objeto natural o artificial. ‖ *Pieza de artillería,* arma de fuego no portátil. ‖ *Fig.* y *fam. Buena,* o *linda, pieza,* persona astuta. ‖ *Fam. Quedarse de una pieza,* quedarse inmóvil debido a sorpresa.

PIEZGO m. (de *pie*). Parte del odre correspondiente a las extremidades del animal con cuyo cuero se hizo. ‖ *Fig.* Odre: *un piezgo de vino.*

PIEZOELECTRICIDAD f. Fenómeno eléctrico que se observa en un cuerpo sometido a presión.

PIEZOELÉCTRICO, CA adj. Perteneciente o relativo a la piezoelectricidad.

PIEZÓMETRO m. (del gr. *piezein,* comprimir, y *metron,* medida). *Fís.* Instrumento que permite medir la presión experimentada por los líquidos.

PÍFANO m. (al. *pfeifen*). Flautín de tono agudo en una banda militar. (SINÓN. V. *Flauta.*) ‖ Persona que toca el pífano.

PIFIA f. Golpe en falso que se da en el billar. ‖ *Fig.* y *fam.* Equivocación: *cometer una pifia.* (SINÓN. V. *Error.*) ‖ *Amer.* Burla.

PIFIAR v. i. (del al. *pfeifen,* silbar). Oírse demasiado el soplo del flautista en la flauta travesera. ‖ — V. t. Hacer una pifia en el billar. ‖ *Fam.* Cometer una pifia. ‖ *Amer.* Burlar.

PIGARGO m. (lat. *pygargus*). Ave del orden de las rapaces, especie de águila de cola blanca: *el pigargo se alimenta de peces y aves acuáticos.*

PIGMENTACIÓN f. Formación del pigmento.

PIGMENTAR v. t. Colorar con un pigmento.

PIGMENTARIO, RIA adj. Relativo al pigmento.

PIGMENTO m. (lat. *pigmentum*). *Anat.* Materia colorante que se encuentra en las células vegetales o animales.

PIGMEO m. Hombre muy pequeño, por alusión al pueblo mitológico de los pigmeos. (SINÓN. V. *Enano.*) ‖ Individuo de una raza de pequeña estatura que habita el África central y meridional. ‖ *Fig.* Hombre sin mérito, chisgarabís, mequetrefe: *un pigmeo literario.* ‖ *Amer.* Variedad de plátano o cambur.

PIGNORACIÓN f. Acción de pignorar una cosa.

PIGNORAR v. t. Empeñar una prenda.

PIGNORATICIO, CIA adj. Relativo a la pignoración o al empeño: *contrato pignoraticio.*

PIGRE adj. (lat. *piger*). Negligente.

PIGRICIA f. (lat. *pigritia*). Pereza, negligencia. ‖ *Amer.* Pequeñez, insignificancia, pizca.

PIHUELA f. Correa que se ataba a los pies de los halcones. ‖ Estorbo, obstáculo. ‖ — Pl. Grillos, prisiones.

PIHUELO m. *Chil.* Correa que ata la espuela.

PIJAMA m. Pantalón ligero y bombacho que se lleva en la India. ‖ Traje de casa ancho y ligero, compuesto de chaqueta y pantalón, usado para dormir.

PIJE adj. *Chil. Fam.* Cursi, ridículo.

PIJIBAY m. *Amér. C.* Variedad del corojo.

PIJIJE m. *Guat.* y *Salv.* Ave acuática.

PIJIRIGUA (De) m. adv. *Cub. Fam.* Despreciable.

PIJÓN m. *Méx.* Picuí, ave.

PIJOTA f. Merluza pequeña. ‖ *Hacer pijotas,* hacer saltar una piedra plana sobre la superficie del agua.

PIJOTADA f. *Cub.* Pizca. ‖ *Vulg.* Tontería, insignificancia.

PIJOTE m. Esmeril, pieza de artillería antigua.

PIJOTEAR v. i. *Arg., Urug.* y *Col.* Economizar; demorar un pago.

PIJOTERÍA f. Pequeñez.

PIJOTERO, RA adj. y s. *Fam.* Maldito, dichoso. ‖ *Méx., Cub.* y *Col.* Cicatero, mezquino.

PIJUY m. *Amer.* El aní, ave.

PILA f. (lat. *pila*). Recipiente de piedra donde cae el agua o se conserva para diferentes usos: *pila de fuente.* (SINÓN. *Bañera, pilón, recipiente.*) ‖ *Cub.* Grifo, llave, caño. ‖ El que sirve para el bautismo en las iglesias y, en éstas y en las casas, para conservar agua bendita. ‖ Montón, rimero:

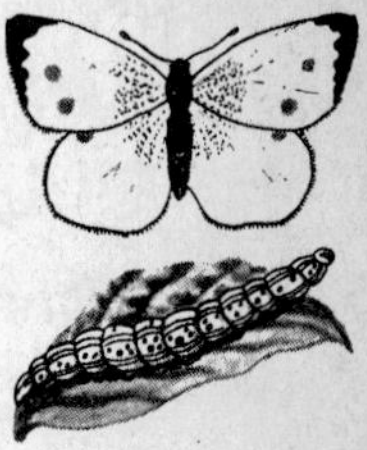

piéride

pijama

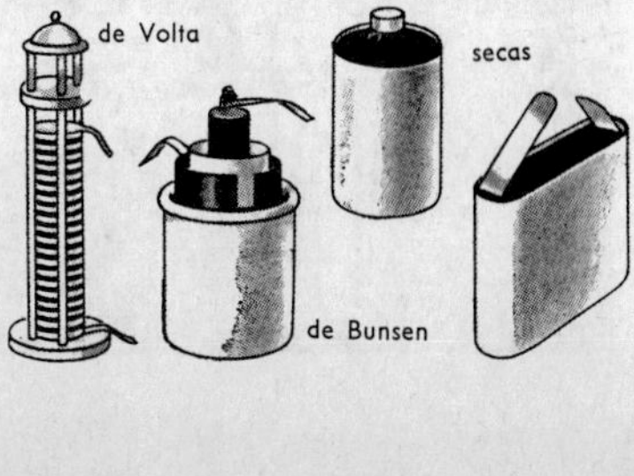

PILAS

pilastra de refuerzo

pimentero

pila de leña. (SINÓN. V. *Acopio.*) ‖ Conjunto de toda la lana que se corta cada año, perteneciente a un solo dueño. ‖ Machón de un puente. ‖ *Blas.* Pieza en forma de cuña cuya parte más ancha está hacia arriba. ‖ *Fís.* Aparato para producir una corriente eléctrica continua mediante una acción química: *pila seca.* ‖ *Pila atómica,* generador de energía que utiliza la fisión nuclear. ‖ *Nombre de pila,* el que se da a la criatura en el bautizo. ‖ *Sacar de pila,* o *tener en la pila a uno,* ser padrino de una criatura en el bautismo.

PILADA f. Mortero que se amasa de una vez. ‖ Paño que se abatana de una vez. ‖ Pila, montón, rimero.

PILADO, DA adj. *Col.* Fácil, hacedero.

PILANCA f. *Ecuad.* Rimero.

PILAPILA f. Arbusto chileno de la familia de las malváceas, de tallo por lo común rastrero.

PILAR m. (de *pila*). Pilón de una fuente. ‖ Hito o mojón que sirve de señal en los caminos. ‖ *Arq.* Especie de pilastra aislada que sostiene un edificio. (SINÓN. V. *Columna.*) ‖ *Arg.* Pila de puente.

PILAR v. t. Descascarar los granos en el pilón.

PILASTRA f. (ital. *pilastro*). Columna cuadrada. (SINÓN. V. *Columna.*)

PILATUNA f. *Amer.* Acción indecorosa; chasco, jugarreta.

PILCA f. *Amér. Merid.* Muro hecho de piedras y barro.

PILCO m. *Chil.* Guiso de porotos o frijoles nuevos maíz tierno y zapallo. ‖ *Chil.* Boca del poncho.

PILCHA f. *Arg.* y *Chil.* Prenda de uso. ‖ *Chil.* Jirón de cuero que se deja colgando como marca del cuello del ganado.

PILCHE m. *Per.* Jícara de madera.

PÍLDORA f. (lat. *pilula*). Medicamento en forma de bola pequeña: *píldora purgante.* ‖ *Fig.* y *fam.* Mala noticia. ‖ *Fig.* y *fam.* *Dorar la píldora,* suavizar con artificio una mala noticia. ‖ *Tragar la píldora,* creer una mentira.

PÍLEO m. (lat. *pileus*). Gorro que, entre los romanos, usaban los hombres libres y los esclavos libertos. ‖ Capelo de los cardenales.

PILETA f. Pila pequeña para diversos usos. ‖ Piscina.

PILGUAJE *Hond.* y *Salv.* y **PILGUANEJO** m. *Méx.* Chiquillo desharrapado. ‖ *Méx.* y *Hond.* Mequetrefe, hombre despreciable.

PILÍFERO, RA adj. Que lleva pelos: *la región pilífera de las raíces.*

PILINQUE adj. *Méx.* Arrugado: *fruta pilinque.*

PILMAMA f. *Méx.* Niñera, nodriza.

PILME m. *Chil.* Especie de cantárida.

PILO m. (lat. *pilum*). Venablo romano antiguo.

PILOCARPINA f. *Quím.* Principio activo del jaborandi: *la pilocarpina hace crecer el cabello.*

PILOCARPO m. Planta de América del Sur de la cual se extrae el jaborandi.

PILÓN m. Pila grande. ‖ Pila grande que se coloca debajo del caño de una fuente. (SINÓN. V. *Pila.*) ‖ Mortero de madera o metal: *majar en un pilón.* ‖ Pan de azúcar cónico. ‖ Pesa móvil de la romana. ‖ *Méx.* Adehala. ‖ — Adj. *Chil.* Dícese de la persona, animal u objeto a quien faltan una oreja o las dos.

PILÓN m. (del gr. *pylôn,* puerta). Construcción grande y maciza de cuatro caras que servía de portada en los monumentos del antiguo Egipto.

pilón egipcio

PILONCILLO m. *Méx.* Especie de azúcar prieta.

PILONERO, RA adj. *Fig.* y *fam.* Dícese de las noticias vulgares y del que las publica. (P. us). ‖ — F. *Col.* Montón grande de trigo.

PILONGO, GA adj. Flaco, extenuado. ‖ *Castaña pilonga,* la secada al horno. ‖ En algunas partes dícese del beneficio eclesiástico reservado a personas bautizadas en ciertas parroquias.

PÍLORO m. (gr. *pylôros*). Abertura inferior del estómago, que comunica con los intestinos.

PILOSO, SA adj. (lat. *pilosus*). Peludo.

PILOTAJE m. Ciencia del piloto. ‖ Derecho que pagan las embarcaciones en algunos puertos cuando necesitan pilotos prácticos. ‖ Conjunto de pilotes.

PILOTAR v. t. Guiar un automóvil, un avión, un barco de motor, etc. (SINÓN. V. *Guiar.*)

PILOTE m. Madero puntiagudo que se hinca en tierra para consolidar una obra de albañilería. ‖ Pieza vertical de cualquier material utilizada en construción para transmitir la carga.

PILOTEAR v. t. Pilotar.

PILOTÍN m. *Mar.* Aprendiz de piloto.

PILOTO m. (ital. *pilota*). El que guía o dirige un buque, avión o vehículo blindado. ‖ Segundo de un buque mercante. (SINÓN. *Conductor, nauta, timonel.* V. tb. *guía.*) ‖ *Piloto automático,* mecanismos (giroscopios, servomotores, etc.) que hacen la función del piloto en un avión o vehículo espacial. ‖ *Piloto práctico,* el que sirve para la navegación costanera. ‖ Luz roja en la parte posterior de un vehículo. ‖ Pequeña lámpara que sirve para indicar el funcionamiento de un aparato. ‖ Llama permanente que en los aparatos de gas sirve para encenderlos. ‖ — Adj. *Neol.* Dícese de aquello que sirve de modelo: *granja, pueblo piloto.*

PILPIL m. *Chil.* Bejuco que produce el cóguil.

PILTRA f. *Pop.* Cama.

PILTRAFA f. Carne flaca que casi no es más que pellejo. ‖ — Pl. Residuos que se arrojan de las carnes y otras viandas. ‖ *Amer.* Ganga.

PILTRE adj. Pitre. ‖ *Chil.* Arrugado.

PILUCHO, CHA adj. *Chil. Vulg.* Desnudo.

PILLADA f. *Fam.* Acción propia de un pillo. ‖ *Amer.* Acción de pillar.

PILLADOR, RA adj. y s. Que roba por fuerza.

PILLAJE m. Hurto, robo con violencia. ‖ *Mil.* Robo, botín que hacen los soldados en país enemigo. (SINÓN. V. *Rapiña.*) ‖ *Entregar al pillaje,* galicismo por *saquear, robar.*

PILLAR v. t. (del lat. *pilare,* robar). Robar con violencia. ‖ Coger, agarrar: *el perro pilló la liebre.* ‖ *Fam.* Coger, agarrar.

PILLASTRE m. *Fam.* Pillo, bribón, pícaro.

PILLEAR v. i. *Fam.* Portarse como los pillos.

PILLERÍA f. *Fam.* Gavilla de pillos. ‖ Pillada. (SINÓN. V. *Trampa.*)

PILLETE o **PILLÍN** m. *Fam.* Pilluelo, golfo.

PILLO, LLA adj. y s. *Fam.* Pícaro. (SINÓN. *Belitre, bribón.* Fig. *Pájaro, pajarraco.* V. tb. *granuja.*) ‖ *Fam.* Tunante: *chico muy pillo.*

PILLUELO, LA adj. y s. Chiquillo travieso. (SINÓN. V. *Galopín.*)

¡PIM!, onomatopeya del ruido de un golpe.

PIMÁN m. *Ecuad.* Acueducto de tablas que pasa por encima de otro cruzándolo.

PIMENTADA f. *Per.* Guiso de pimientos.

PIMENTAL m. Sitio sembrado de pimientos.

PIMENTERO m. Arbusto trepador, de la familia de las piperáceas, cuyo fruto es la pimienta. ‖ Vasija en que se pone la pimienta molida en la mesa. ‖ *Pimentero falso,* turbinto, planta de la familia de las terebintáceas.

PIMENTÓN m. Polvo de pimientos secos. ‖ En algunas partes, pimiento.

PIMIENTA f. Fruto del pimentero: *la pimienta es aromática, ardiente y muy usada como condimento.* ‖ *Pimienta de Chiapa,* o *de Tabasco,* malagueta. ‖ *Pimienta falsa,* fruto del turbinto. ‖ *Pimienta loca* o *silvestre,* sauzgatillo. ‖ *Fig.* y *fam.* *Ser como una pimienta,* ser sumamente vivo y agudo.

PIMIENTILLA f. *Hond.* Arbusto que suministra la cera vegetal.

PIMIENTO m. Planta de la familia de las solanáceas, cuyo fruto, muy variable en forma y tamaño, es muy usado como alimento. ‖ *Pimiento colorado, el maduro.* ‖ Pimentero. ‖ Pimentón,

polvo de pimiento colorado. || Roya, honguillo parásito de los cereales.
PIMPAMPUM m. Juego en que se procura derribar a pelotazos muñecos puestos en fila.
PIMPANTE adj. Vestido con elegancia. || Garboso: *una moza pimpante.*
PIMPI m. *Fam.* Tonto.
PIMPINA f. *Venez.* Alcarraza.
PIMPINELA f. (lat. *bipennella*). Planta rosácea, de sabor aromático: *la pimpinela se ha empleado en medicina como tónica y diaforética.*
PIMPLAR v. t. *Fam.* Beber vino. (SINÓN. V. *Beber.*)
PIMPLEO, A adj. (lat. *pimpleus*). Relativo a las musas.
PIMPOLLAR m. Sitio poblado de pimpollos.
PIMPOLLECER v. i. Brotar pimpollos los árboles. || — IRREG. Se conjuga como *merecer.*
PIMPOLLO m. Vástago que echan los árboles. || Árbol nuevo. || Capullo de rosa. || *Fig.* y *fam.* Niño o niña, muchacho o muchacha hermosos.
PIMPOLLUDO, DA adj. Que tiene muchos pimpollos: *un árbol muy pimpolludo.*
PINA f. (del lat. *pinna*, almena). Mojón cónico. || Cada una de las piezas curvas que forman una rueda.
PINABETE m. Árbol de la familia de las coníferas, propio de los Pirineos españoles: *la madera del pinabete es blanca y elástica.*
PINACATADA f. *Méx.* Conjunto de pinacates. || *Fig.* Acción indecente.
PINACATE m. *Méx.* Insecto áptero, de color negruzco, que vive en los lugares húmedos.
PINACOTECA f. (del gr. *pinax*, cuadro, y *thêkê*, depósito). Galería de pinturas. (SINÓN. V. *Museo.*)
PINÁCULO m. (lat. *pinnaculum*). Parte superior de un templo. || *Fig.* Parte más elevada de una cosa. (SINÓN. V. *Cima.*) || Juego de naipes.
PINADA adj. *Bot.* Dícese de la hoja compuesta de folíolos a ambos lados del pecíolo.
PINAR m. Sitio poblado de pinos. (SINÓN. *Pineda.*)
PINARIEGO, GA adj. Perteneciente al pino.
PINASTRO m. (lat. *pinaster*). El pino rodeno.
PINATÍFIDO, DA adj. (del lat. *pinnatus*, alado, y *findere*, dividir). *Bot.* Dícese de lo que está hendido en tiras largas: *hoja pinatífida.*
PINATRA f. *Chil.* Un hongo comestible grueso.
PINAZA f. Embarcación pequeña de vela y remo que se usa en la marina mercante.
PINCARRASCA f. o **PINCARRASCO** m. Especie de pino de tronco torcido.
PINCARRASCAL m. Plantío de pincarrascos.
PINCEL m. (lat. *penicillum*). Instrumento hecho con pelos atados sólidamente a un asta, y que se usa para aplicar colores: *pincel de marta.* || *Fig.* Modo de pintar: *pincel atrevido.* || *Fig.* Pintor.
PINCELADA f. Toque que se da con el pincel: *dar la última pincelada a un cuadro.* || *Fig.* Expresión resumida y vigorosa de un rasgo característico: *describir con acertadas pinceladas.*
PINCELAR v. t. Pintar.
PINCELAZO m. Pincelada.
PINCELERO, RA m. y f. La persona que hace o vende pinceles. || — M. Caja para guardar los pinceles.
PINCIANO, NA adj. y s. (lat. *pincianus*). *Ant.* Vallisoletano, natural de Valladolid.
PINCHACO m. *Arg.* Tapir.
PINCHADURA f. Acción de pinchar, pinchazo.
PINCHAR v. t. Picar con un pincho, espina, etc. || *Fig.* Picar, meterse con una persona.
PINCHAÚVAS m. *Fam.* Pillete que roba uvas en los mercados. || *Fig.* y *fam.* Hombre despreciable.
PINCHAZO m. Picadura, agujero que se hace con una cosa que pinche: *dar un pinchazo de alfiler.* || Perforación que provoca la salida del aire de un neumático, balón, etc.
PINCHE m. Mozo de cocina, galopín. (SINÓN. V. *Cocinero.*) || *Col.* Gorrión. || Dependiente ínfimo de un escritorio.
PINCHO m. Aguijón, espina, punta aguda: *los pinchos del higo chumbo.* || Varilla de hierro con que los aduaneros reconocen las cargas. || Conjunto de varios manjares, como aceitunas, anchoas, mariscos, etc., que, pinchados en un mondadientes, suele servirse como tapa en los bares. || *Pop.* Guapo. || *Amer.* Alfiler de sombrero, agujón.
PINCHULEAR v. i. *Arg.* Emperejilar, adornar.
PINDÁRICO, CA adj. Característico del poeta griego Píndaro: *oda pindárica.* (SINÓN. V. *Ampuloso.*)
PINDARISMO m. Imitación del estilo lírico de Píndaro.
PINDONGA f. *Fam.* Mujer amiga de callejear.
PINDONGUEAR v. i. *Fam.* Callejear la mujer.
PINEAL adj. *Anat. Glándula pineal*, cuerpecillo ovalado que se encuentra delante del cerebro.
PINEDA f. Pinar, el plantío o bosque de pinos.
PINEDA f. Cinta de hilo y estambre llamada también *cinta manchega*, y que servía generalmente para hacer ligas.
PINENO m. *Quím.* Hidrocarburo que entra en la composición de la esencia de trementina.
PÍNFANO m. Barb. por *tímpano*, instrumento músico.
PINGAJO m. Guiñapo o arambel colgante.
PINGANILLA f. *Amer.* Lechuguino, pisaverde, currutaco. || *Méx. En pinganillas*, en cuclillas; en situación incierta.
PINGANILLO m. Calamoco, canelón, carámbano colgante. || *Col. Fam.* Rechoncho.
PINGANITOS (En) m. adv. En puesto elevado.
PINGAR v. i. Gotear. || Brincar, dar saltos. || Pender.
PINGARRONA f. *Fam.* Mujer despreciable.
PINGO m. *Fam.* Pingajo, arambel. || *Pop.* Pendón, persona despreciable. || — Pl. *Fam.* Vestidos femeninos. || *Arg.* Caballo vivo y corredor. || *Chil.* Caballo malo. || *Méx.* El diablo. || *Fig.* y *fam. Andar de pingo las mujeres*, estar callejeando.
PINGOPINGO m. *Bot. Chil.* Arbusto de la familia de las efedráceas cuyo fruto y hoja son diuréticos y depurativos.
PINGOROTUDO, DA adj. *Fam.* Empinado, elevado o alto.
PINGOTEAR v. i. Dar saltos el caballo.
PING PONG m. Juego de tenis de mesa en el que se emplean pelotillas de celuloide y raquetas de madera.
PINGUCHO m. *Chil. Fam.* Almuerzo ligero.
PINGUE m. (hol. *pink*). Embarcación de carga, generalmente de tres palos y velas latinas.
PINGÜE adj. Graso, mantecoso, grasiento: *cuerpo pingüe.* || Abundante, copioso: *obtener pingües beneficios.*
PINGÜEDINOSO, SA adj. (del lat. *pinguedo*, grasa, manteca). Que tiene grasa, mantecoso.
PINGÜINO m. Género de aves palmípedas, de alas muy cortas, que habitan en los mares polares: *el pingüino es buen nadador.* (V. PÁJARO *bobo.*)
PINGUOSIDAD f. Grasa, manteca, untuosidad.
PINÍFERO, RA adj. *Poét.* Abundante en pinos.
PINILLO m. Planta de la familia de las labiadas que despide un olor parecido al del pino. || Mirabel, planta salsolácea común en España.
PINITO m. Pino que hace el niño al andar.
PINJANTE adj. y s. m. Joya, adorno colgante
PINNADA f. V. PINADA.
PINNATÍFIDO m. V. PINATÍFIDO.
PINNÍPEDOS m. pl. (del lat. *pinna*, aleta, y *pes, pedis*, pie). *Zool.* Orden de mamíferos marinos de patas palmeadas, como la foca.
PINO m. (lat. *pinus*). Árbol de la familia de las abietáceas, de follaje siempre verde, del que se extrae la resina, y cuya madera es muy usada en carpintería. (Existen numerosas especies de *pinos*: el *pino albar*, el *pino blanco*, el *pino negro* y el *negral*, el *pino rodeno*, el *pino piñonero, etc.*)
PINO, NA adj. Muy pendiente: *cuesta bastante pina.* || — M. pl. Primeros pasos que da el niño cuando aprende a andar: *hacer pinos.* || *En pino*, en vilo. || *Hacer el pino*, sostenerse con las manos en postura vertical y con la cabeza hacia abajo.

pimiento

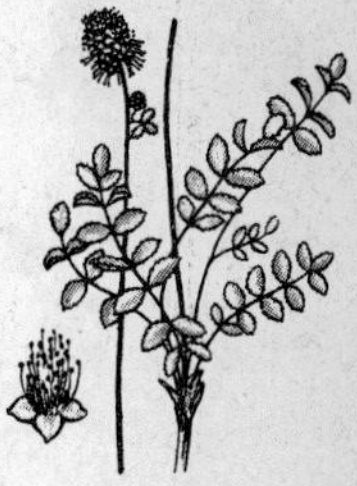

pimpinela

pingüino

PINOS

1. Alerce
2. Piñonero
3. Silvestre
4. Rama de pino silvestre
5. Piñón
6. Piña

Fot. Fox-Photos

pintada

pintarroja

pinzas

pinzón

piñas de pino

PINOCHA f. Hoja del pino. || Panoja de maíz.
PINOL m. Pinole.
PINOLATE m. *Méx.* Pinole en agua con azúcar.
PINOLE mejor que **PÍNOLE** m. (pal. mex.). *Méx.* y *Amér. C.* Harina de maíz tostado.
PINOLERO m. *Amér. C. Fam.* Nicaragüense.
PINOLILLO m. *Méx.* Pequeño acárido que se introduce bajo la piel y causa vivo escozor. || *Hond.* Pinole molido con azúcar, cacao y canela.
PINREL m. *Pop.* Pie. Pl., *pinreles.*
PINSAPAR m. El sitio poblado de pinsapos.
PINSAPO m. Árbol de la familia de las abietáceas: *el pinsapo puebla la Serranía de Ronda y se usa para los árboles de Navidad.*
PINTA f. Mancha o señal: *tela de pintas negras.* || Adorno en forma de mancha. || Señal que tienen los naipes por un extremo. || *Fig.* Señal que permite reconocer una cosa: *descubrir una cosa por la pinta.* (SINÓN. V. *Compostura.*) || Medida de capacidad que en Inglaterra equivale a 0,568 l. || En ciertos juegos de cartas, triunfo. || *Arg.* Color de los animales. || *Arg.* Casta, linaje. || — Pl. Tabardillo, enfermedad. || Juego de naipes. || — M. *Fam.* Golfo, persona poco seria: *este hombre es un pinta.*
PINTADA f. Gallina de Guinea, aclimatada hoy en el mundo entero: *la carne de la pintada es bastante estimada.* || *Salv.* Mano de pintura.
PINTADERA f. Instrumento que sirve para adornar con dibujos o labores el pan u otras cosas.
PINTADILLO m. Jilguero, ave.
PINTADO, DA adj. Que tiene pintas de diversos colores. || *Fig.* Exactísimo, semejante. || *Fig. Venir como pintado,* venir a punto. || *El más pintado,* el más listo: *se la pegan al más pintado.* || — M. Acción de pintar.
PINTAMONAS com. *Fam.* Pintor poco hábil.
PINTAR v. t. Representar un objeto o un ser vivo por medio de líneas o colores: *pintar un retrato.* (SINÓN. *Bosquejar, colorear, pintarrajear.*) || Cubrir con un color: *pintar de verde una pared.* || Adornar con figuras pintadas: *pintar una habitación.* || Escribir: *pintar una tilde en la Ñ.* || *Fig.* Describir: *pintar una escena con palabras elocuentes.* || — V. i. Empezar a mostrar su color las frutas maduras. || *Fam.* Empezar a mostrarse la calidad de algunas cosas. || *Fam.* Pintarla: *es muy amigo de pintar.* || *Fig.* y *fam.* Tener importancia: *Fulano no pinta nada en este negocio.* || — V. r. Darse colores y afeites.
PINTARRAJAR y **PINTARRAJEAR** v. t. *Fam.* Pintorrear: *pintarrajearse la cara.* (SINÓN. V. *Pintar.*)
PINTARRAJO m. *Fam.* Pintura muy mal hecha.
PINTARROJA f. Lija, pez selacio.
PINTEAR v. i. Lloviznar.
PINTIPARADO, DA adj. Muy parecido, igual. || Muy a propósito, que se ajusta perfectamente a una cosa. || Adornado, emperejilado.
PINTIPARAR v. t. *Fam.* Comparar dos cosas.
PINTO n. pr. Se emplea en la loc. fam. *entre Pinto y Valdemoro,* medio borracho.
PINTO, TA adj. Pintado, con pintas. || *Cub.* Pillo, libre. || *Venez.* Ebrio.
PINTOJO, JA adj. Que tiene pintas de color.
PINTÓN, ONA adj. (de *pintar*). Dícese las uvas y otros frutos cuando van tomando color al madurar. || Dícese del ladrillo que no está bien cocido. || *Arg.* Calamocano. || — M. *Ecuad.* Plátano a medio madurar.
PINTONEAR v. i. Enverar las frutas.
PINTOR m. El que se dedica a la pintura. (SINÓN. *Acuarelista, colorista, pastelista, retratista.*) || *Pintor de brocha gorda,* el de puertas y ventanas, y también el mal pintor. || *Amer.* Fachendoso, pinturero.
PINTORA f. Mujer que se dedica a la pintura. || Mujer del pintor.
PINTORESCO, CA adj. Ameno, agradable, lindo, que merece ser pintado. || *Fig.* Vivo y animado, lleno de imágenes: *estilo pintoresco.*
PINTORESQUISMO m. *Neol.* Calidad de pintoresco.
PINTORREAR v. t. *Fam.* Pintar mal y sin arte.
PINTURA f. Arte de pintar: *aprender la pintura.* || *Pintura al óleo, al fresco, al temple, a la aguada,* nombres de diferentes procedimientos de pintura. || Obra que hace el pintor: *una pintura histórica.* (SINÓN. V. *Cuadro* e *imagen.*) || Color con que se pinta: *la pintura de esa pared no está seca.* || *Fig.* Descripción: *hacer la pintura de las costumbres de un país.* || *No poder ver a uno ni en pintura,* no poder soportarlo.
PINTURERÍA f. Tienda de pinturas.
PINTURERO, RA adj. y s. *Fam.* Que alardea de hermoso o elegante: *niña muy pinturera.*
PINUCA f. *Chil.* Marisco de piel coriácea.
PÍNULA f. (lat. *pinnula*). Tablilla de cobre, horadada verticalmente, que sirve en los instrumentos geométricos y astronómicos para dirigir visuales.
PIN UP f. (pal. ingl., pr. *pinap*). Mujer o muchacha de físico muy atractivo.
PINZAS f. pl. (fr. *pince*). Tenacillas de metal que sirven para varios usos: *pinzas de cirujano.* (Úsase a veces en singular.) || Órgano prensil que tienen ciertos animales, como el cangrejo, el alacrán, etc. || Frunces, en costura.
PINZÓN m. Ave cantora de Europa, del tamaño de un gorrión: *el plumaje del pinzón es rojo obscuro con manchas azules, verdes y negras.* || *Pinzón real,* el más robusto y de pico muy grueso.
PINZOTE m. *Mar.* Madero fijo en la cabeza de la caña del timón, que sirve para gobernar el buque.
PIÑA f. (lat. *pinea*). Fruto del pino. || Nombre del *ananás.* || *Fam.* Puñetazo. || Tejido finísimo que se fabrica en Filipinas. || *Fig.* Grupo de personas estrechamente unidas. || *Fig.* Bofetón, bofetada. (SINÓN. V. *Golpe.*)
PIÑACHA f. *Chil.* Cangrejo de agua dulce.
PIÑAL m. *Amer.* El plantío de piñas o ananaes.
PIÑATA f. (ital. *pignatta*). Olla. (P. us.) || Olla llena de dulces que, en los bailes de máscaras, suele colgarse del techo para que procuren los concurrentes, con los ojos vendados, romperla con un palo. || *Chil.* Arrebatiña.
PIÑÉN m. *Chil.* Mugre, suciedad del cuerpo.
PIÑÓN m. Simiente del pino, que se encuentra en la piña: *algunos piñones son comestibles.* || Burro trasero de la recua. || Arbusto americano de la familia de las euforbiáceas: *de la semilla del piñón se saca aceite de quemar.* || Pieza del disparador de las armas de fuego, en que se estriba la patilla cuando está armada. || Huesecillo terminal del ala de las aves. || *Chil.* Hato de animales. || *Estar a partir un piñón con alguno,* estar muy bien con él.
PIÑÓN m. (del lat. *pinna,* almena). Rueda dentada que engrana con otra o con una cadena.
PIÑÓN m. (del lat. *penna,* pluma). *Cetr.* Nombre de las plumas pequeñas que tiene el halcón bajo las alas.
PIÑONATA f. Conserva de almendra y azúcar.
PIÑONATE m. Dulce de piñones y azúcar.
PIÑONEAR v. i. Sonar el piñón de las armas de fuego al montarlas. || Castañetear la perdiz. || *Fam.* Empezar a portarse como hombres los muchachos, o echarlas de muchachos los hombres ya maduros.
PIÑONEO m. Acción de piñonear.
PIÑONERO adj. Dícese de una variedad de pino. || — M. Uno de los nombres del *pinzón real.*
PIÑUELA f. Tela de seda. || Fruto del ciprés.
PIÑUFLE adj. *Arg.* Mezquino.
PÍO m. Voz de los pollos de las aves. || *Fam.* Deseo vivo que se tiene de una cosa. || *Fig.* y *fam. No decir ni pío,* no decir nada.
PÍO, A adj. (lat. *pius*). Devoto, piadoso || Benigno, compasivo, generoso. || *Obra pía,* obra de beneficencia.
PÍO, A adj. (fr. *pie*). Dícese de la caballería que tiene la piel remendada de varios colores.
PIOCHA f. Joya que usan las mujeres en la cabeza. || Flor de mano, hecha de plumas. || *Méx.* Perilla, barba cortada en punta. || Zapapico.
PIÓGENO, NA adj. *Med.* Que produce pus.
PIOJENTO, TA adj. Relativo o perteneciente a los piojos. || Piojoso, que tiene piojos: *muchacho piojento.*
PIOJERA adj. *Hierba piojera,* la estafisagria.
PIOJERÍA f. Abundancia de piojos. || *Fig.* y *fam.* Miseria, escasez. (SINÓN. V. *Pobreza.*)
PIOJILLO m. Un insecto parásito de las aves.
PIOJITO m. *Arg.* Un pajarito trepador

PIOJO m. (lat. *pediculus*). Género de insectos hemípteros parásitos en el hombre y en los animales. ‖ *Col.* Garito. ‖ *Piojo de mar*, crustáceo marino, parásito de los cetáceos. ‖ *Fam. Piojo resucitado*, persona de baja condición que consigue elevarse por malos medios.
PIOJOSO, SA adj. Que tiene muchos piojos. ‖ *Fig.* Miserable, avaro. (SINÓN. V. *Tacaño.*)
PIOLA f. (de *pihuela*). *Mar.* Cabito formado de dos o tres filásticas. ‖ *Amer.* Bramante.
PIÓN, ONA adj. Que pía mucho.
PIONCO, CA adj. *Chil.* Desnudo.
PIONERO m. Persona que prepara el camino a otras: *los pioneros de la civilización.*
PIONÍA f. Semilla del bucare, de color rojo con pintas negras: *en Venezuela se hacen con pionías vistosos collares y pulseras.* ‖ — PARÓN. *Peonía.*
PIONONO *Per.* y **PIOQUINTO** m. *Chil.* y *Ecuad.* Bizcocho enrollado con manjar blanco.
PIORNO m. Gayomba. ‖ Codeso.
PIORREA f. *Med.* Flujo de pus, especialmente en las encías.
PIPA f. Género de batracios anuros de América: *la pipa es inofensiva pero repugnante.*
PIPA f. Barrica: *una pipa de buen vino.* (SINÓN. V. *Tonel.*) ‖ Utensilio para fumar. (SINÓN. *Cachimba, narguila.*) ‖ Lengüeta de las chirimías. ‖ Pipiritaña, flauta de alcacer. ‖ Espoleta de una bomba.
PIPA f. Pepita de algunos frutos: *pipa de limón.*
PIPE-LINE m. (pal. ingl., pr. *paip lain*). Oleoducto.
PIPERÁCEAS f. pl. (del lat. *piper*, pimienta). Familia de plantas dicotiledóneas, a que pertenecen el betel, la cubeba y el pimentero.
PIPERÍA f. Conjunto de varias pipas o toneles.
PIPERINA f. Alcaloide sacado de la pimienta.
PIPERMÍN m. Licor alcohólico de menta.
PIPETA f. Tubo de cristal ensanchado en su parte media, que se utiliza en laboratorios.
PIPI m. *Pop.* Tonto, bobo. ‖ *Pop.* Soldado de línea.
PIPÍ m. Pitpit, pájaro. ‖ Orina. ‖ *Fam. Hacer pipí*, orinar en el lenguaje de los niños.
PIPIÁN m. Guiso americano de carne con tocino y almendra molida. ‖ *Salv.* Planta trepadora.
PIPIAR v. i. (lat. *pipiare*). Piar las aves pequeñas.
PÍPILA f. *Méx.* Pava, hembra del pavo o guajolote.
PIPILICIEGO, GA adj. *Méx.* y **PIPICIEGO, GA** adj. *Col.* Cegato, cegatón.
PÍPILO m. *Méx.* Pavipollo.
PIPIOLA f. *Méx.* Especie de abeja americana: *la pipiola fabrica la cera de Campeche.*
PIPIOLO m. *Fam.* Chiquillo, muchachillo, niño. (SINÓN. V. *Adolescente.*) ‖ *Fam.* Principiante, novato. (SINÓN. *Discípulo* y *novicio.*) ‖ *Chil. Fam.* Liberal.
PIPIRIGALLO m. Planta de la familia de las papilionáceas común en España.
PIPIRIGAÑA f. Pizpirigaña.
PIPIRIJAINA f. Compañía de cómicos de la legua.
PIPIRIPAO m. *Fam.* Convite espléndido, comilona, francachela. ‖ *Amer. De pipiripao*, de poca importancia.
PIPIRITAÑA f. Flautilla de caña.
PIPIRRANA f. *And.* Ensaladilla de pepino y tomate.
PIPISTRELO m. Una clase de murciélagos.
PIPITAÑA f. Pipiritaña.
PIPO m. Ave trepadora de Europa, de plumaje de color negro manchado de blanco y lomo rojizo: *el pipo se alimenta de los insectos que viven en los árboles.* ‖ *Col.* Golpe, porrazo.
PIPÓN, ONA adj. *Amér.* Harto, lleno. ‖ *Amer.* Barrigón. ‖ — *Arg.* Pipa grande.
PIPONCHO, CHA adj. *Col.* Harto, lleno.
PIPORRO m. *Mús.* Bajón.
PIPOTE m. Pipa o tonel pequeño.
PIPRA f. *Arg.* Gallo de roca, ave.
PIPUDO, DA adj. *Fam.* Magnífico, espléndido.
PIQUE m. Resentimiento, disgusto: *tener un pique con uno.* (SINÓN. V. *Desavenencia.*) ‖ Empeño que se pone en hacer algo. ‖ Lance del juego de los cientos. ‖ *Amer.* Nigua, insecto. ‖ *Amer* Ají. ‖ *Arg.* Picada en un bosque.
PIQUE m. *Mar.* Varenga en forma de horquilla.
PIQUE (A) m. adv. A riesgo, en peligro de: *estar a pique de caer.* ‖ *Mar.* Dícese de la costa cortada a plomo. ‖ *Mar. Echar a pique*, hundir una embarcación. *Fig.* Destruir una cosa: *echar a pique una empresa.* ‖ *Irse a pique*, hundirse un buque en el mar.
PIQUÉ m. (del fr. *piqué*, picado). Tela de algodón, formada por dos telas cosidas juntas con pespuntes que forman diversos dibujos, que se emplea en prendas de vestir.
PIQUERA f. Agujero de entrada en las colmenas. ‖ Agujero que tienen los toneles y alambiques para sacar el vino. ‖ En los altos hornos, agujero que sirve para que salga el metal fundido. (SINÓN. *Colada.*) ‖ Mechero de una lámpara.
PIQUERÍA f. Tropa de piqueros.
PIQUERO m. Soldado que usaba pica. ‖ *Ecuad.* Minero que arranca el mineral con piqueta. ‖ *Ecuad.* Vendedor de cereales y otros productos del campo en cantidades pequeñas.
PIQUETA f. Zapapico, herramienta para cavar. ‖ Herramienta de albañiles que tiene dos bocas, una plana y otra puntiaguda. ‖ *Chil.* Aguapié.
PIQUETAZO m. *Amer.* Picotazo, pinchazo.
PIQUETE m. Picadura, pinchazo. ‖ Agujero pequeño: *hacer un piquete en la ropa.* ‖ Jalón pequeño. ‖ Número reducido de soldados o de personas que se emplean para diferentes servicios: *piquete de ejecución, de huelga.* ‖ *Arg.* Corral pequeño junto a la casa, que sirve para encerrar los animales. ‖ *Col.* Merienda campestre.
PIQUICHÓN, ONA adj. *Per.* Cojo.
PIQUILLÍN m. *Arg.* Arbusto ramnáceo.
PIQUÍN m. *Per.* Novio, galán. ‖ *Chil.* Pizca.
PIQUININI *Cub.* y *Amér. C.*, y **PIQUININO** m. *Chil.* Chiquillo, muchachillo pequeño.
PIQUITUERTO m. Pájaro conirrostro de los países templados, de mandíbulas encorvadas.
PIRA f. Hoguera que servía para los sacrificios. ‖ *Fig.* y *fam. Ir de pira*, no asistir a clase los estudiantes.
PIRAGUA f. (voz caribe). Embarcación hecha con un tronco de árbol, y que navega a remo y vela (hoy canoa ligera). [SINÓN. V. *Embarcación.*] ‖ *Amer.* Planta arácea trepadora.
PIRAGÜERO m. El que dirige la piragua.
PIRAL m. (Acad.) y mejor f. (lat. *pyralis*). Pirausta: *la piral de la vid.*
PIRAMIDAL adj. Que tiene forma de pirámide.
PIRÁMIDE f. (gr. *pyramis, idos*). Sólido que tiene por base un polígono cualquiera y por caras laterales triángulos que se reúnen en un mismo punto llamado *vértice de la pirámide.* ‖ *Pirámide regular*, la que tiene por base un polígono regular y cuya altura cae en el centro de dicha base. ‖ *Pirámide truncada*, parte de la pirámide comprendida entre la base y un plano paralelo a ella. (Se llama también *tronco de pirámide.*) ‖ Monumento que tiene forma de pirámide: *las pirámides de Egipto y México.* (V. *Parte hist.*) ‖ Montón de objetos que tiene forma de pirámide: *una pirámide de frutas.*
— Se obtiene la superficie lateral de una *pirámide* regular multiplicando el perímetro de su base por la mitad de su apotema; y el volumen, multiplicando el área de la base por el tercio de la altura.
PIRAÑA f. *Amer.* Pez de río muy voraz.
PIRARSE v. r. *Fam.* Largarse, fugarse.
PIRATA m. (lat. *pirata*). Ladrón que recorre los mares para robar: *los piratas berberiscos asolaron largo tiempo el Mediterráneo.* (SINÓN. *Bucanero, corsario, filibustero.*) ‖ *Fig.* Persona cruel que no se compadece de los trabajos ajenos. ‖ *Pirata del aire*, persona que, valiéndose de amenazas, desvía de su destino normal un avión en vuelo. ‖ — Adj. Clandestino: *emisora pirata.*
PIRATEAR v. i. Robar por el mar. ‖ *Fig.* Robar. ‖ *Fig.* Copiar. (SINÓN. V. *Imitar.*)
PIRATERÍA f. Oficio de pirata: *la piratería ha desaparecido hoy casi por completo.*
PIRAUSTA f. (lat. *pyrausta*). Mariposilla que suponían los antiguos vivía en el fuego.
PIRAYA f. *Amer.* Piraña.
PIRAYENSE adj. y s. De Pirayú (Paraguay).
PIRCA f. *Amér. Merid.* Pilca.
PIRCO m. *Chil.* Pilco.

piquero

piral

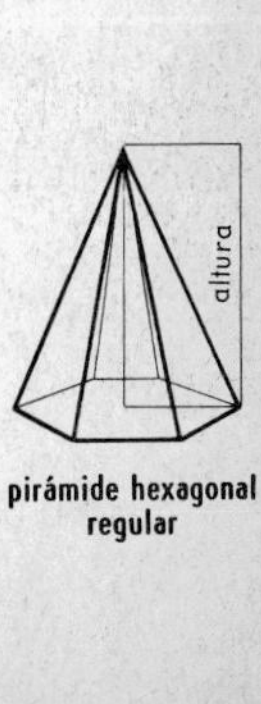

pirámide hexagonal regular

PIRÓGRAFO

PIRENAICO, CA adj. Relativo a los Pirineos.
PIRENEITA f. Granate negro de los Pirineos.
PIRETOTERAPIA f. Método terapéutico que consiste en aumentar la temperatura del enfermo para combatir así un estado patológico.
PIRETRO m. *Bot.* Nombre científico del *pelitre.*
PIREX m. (n. registrado). Cristal poco fusible y muy resistente.
PIREXIA f. (gr. *pyrexia*). Fiebre infecciosa.
PIRGUA f. *Arg.* Troje que se arma entre las ramas de un árbol.
PIRGÜÍN m. *Chil.* Especie de sanguijuela.
PIRHELIÓMETRO m. Aparato utilizado para medir la radiación solar.
PIRÍ m. *Riopl.* Toldo. ‖ *Arg.* Junco para esteras.
PÍRICO, CA adj. Relativo al fuego.
PIRIDINA f. *Quím.* Base orgánica contenida en el alquitrán y aceite de huesos.
PIRIFORME adj. De forma de pera.
PIRIGULLÁN m. *Ecuad.* Especie de granadilla.
PIRINDOLA f. Perinola.
PIRINEO, A adj. Pirenaico.
PIRITA f. (gr. *pyritês*). Sulfuro de hierro o de cobre (calcopirita) que se presenta en forma de cristales con reflejos dorados.
PIRITOSO, SA adj. *Quím.* Que contiene pirita.
PIRLITERO m. Espino majuelo.
PIROFILACIO m. (del gr. *pyr*, fuego, y *phulax*, guarda, custodia). *Ant.* La caverna llena de fuego, que se suponía existir en lo interior de la Tierra.
PIROFÓRICO, CA adj. *Quím.* Que se inflama espontáneamente al aire: *hierro pirofórico.*
PIRÓFORO m. (del gr. *pyr*, fuego, y *phoros*, que lleva). *Quím.* Composición que se inflama al aire.
PIROFOSFATO m. *Quím.* Sal del ácido pirofosfórico.
PIROFOSFÓRICO adj. *Quím.* Dícese de un ácido que se obtiene al calentar el ácido fosfórico.
PIROGÁLICO, CA adj. Dícese impropiamente de un fenol obtenido destilando en seco el ácido gálico, y que se usa mucho como revelador fotográfico; su verdadero nombre debería ser *pirogalol.*
PIROGRABADO m. Decoración de la madera por medio de una punta metálica incandescente.
PIROGRABAR v. t. Adornar con pirograbado.
PIRÓGRAFO m. Aparato eléctrico utilizado en pirograbado.
PIROLEÑOSO, SA adj. *Quím.* Dícese de un ácido que se extrae de la madera por destilación.
PIROLISIS f. Descomposición química obtenida mediante el calor.
PIROLUSITA f. Manganesa.
PIROMANCIA o **PIROMANCÍA** f. (del gr. *pyr*, fuego, y *manteia*, adivinación). Adivinación por medio del fuego.
PIRÓMANO, NA adj. y s. Que incendia por manía.
PIRÓMETRO m. (del gr. *pyr, pyros*, fuego, y *metron*, medida). Instrumento para medir temperaturas muy elevadas. (La lente pirométrica de Fery, provista de un par termoeléctrico, se utiliza para determinar la temperatura en los hornos metalúrgicos.)
PIRÓN m. *Arg.* Cierta pasta de cazabe y caldo, que se suele comer con el puchero a guisa de pan.

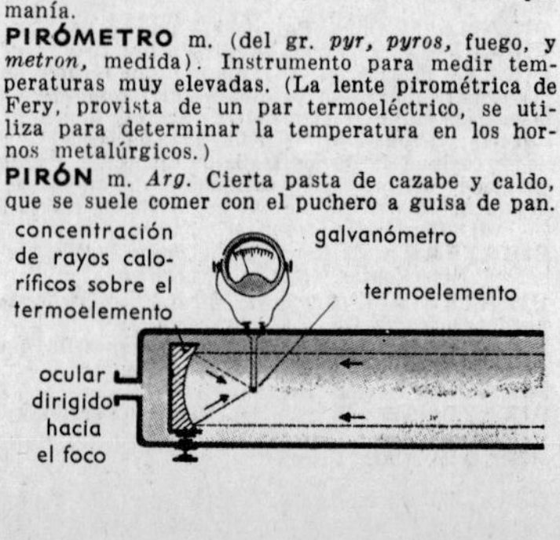

PIRÓMETRO

PIROPEAR v. t. *Fam.* Decir piropos, requebrar.
PIROPO m. (gr. *pyrôpos*). Variedad de granate, muy apreciado. ‖ Carbúnculo. ‖ *Fam.* Requiebro: *decir piropos a todas las muchachas.*
PIRÓSCAFO m. (del gr. *pyr*, fuego, y *skaphê*, barco). Nombre que se dio a los primeros buques de vapor.
PIROSCOPIO m. (del gr. *pyr*, fuego, y *skopein*, examinar). *Fís.* Termómetro que se usa para el estudio de la reflexión y de la radiación del calor.
PIROSFERA f. (del gr. *pyr*, fuego, y *sphaira*, esfera). *Geol.* Nombre con el que se designaba antes el núcleo de la Tierra, que se suponía en fusión.
PIROSIS f. (del gr. *pyrôsis*, acción de arder). *Med.* Sensación de quemadura sentida en el estómago.
PIROTECNIA f. (del gr. *pyr*, fuego, y *tekhnê*, arte). Arte de preparar explosivos y fuegos de artificio.
PIROTÉCNICO, CA adj. Relativo a la pirotecnia. ‖ — M. El que se dedica a la pirotecnia.
PIROXENO m. (del gr. *pyr*, fuego, y *xenos*, huésped). Mineral volcánico que forma parte de diversas rocas y es un silicato de hierro, cal y magnesia.
PIROXILINA f. Algodón pólvora.
PIRÓXILO m. (del gr. *pyr*, fuego, y *xulon*, madera). Producto que resulta de la acción del ácido nítrico sobre una materia semejante a la celulosa (madera, algodón, papel): *el algodón pólvora es un piróxilo.*
PIRQUÉN m. *Chil.* Trabajo del pirquinero.
PIRQUINEAR v. i. *Chil.* Trabajar sin recursos.
PIRQUINERO adj. *Chil.* El minero que trabaja sin tener método ni recursos suficientes.
PIRRARSE v. r. *Fam.* Desvivirse por una cosa.
PIRRIAQUE m. *Fam.* Vino malo.
PÍRRICO, CA adj. y s. Dícese de una danza militar de la antigua Grecia. ‖ Dícese de la victoria obtenida con grandes sacrificios, éxito estéril.
PIRRIQUIO m. Nombre de un pie de la poesía antigua compuesto de dos breves.
PIRROL m. Sustancia extraída del alquitrán de hulla.
PIRRONIANO, NA y **PIRRÓNICO, CA** adj. y s. (de *Pirrón*, filósofo escéptico de la Antigüedad). ‖ Escéptico: *filósofo pirrónico.*
PIRRONISMO m. Escepticismo filosófico.
PIRROTINA f. Sulfuro de hierro que se halla en las pizarras cristalinas y rocas eruptivas, que suele presentar magnetismo.
PIRÚ m. *Bot.* Árbol de América Central.
PIRUETA f. (fr. *pirouette*). Salto. (SINÓN. V. *Cabriola.*) ‖ Vuelta rápida que da el caballo sobre uno de sus pies.
PIRUETEAR v. i. Hacer piruetas.
PIRUJO, JA adj. Libre, desenvuelto. ‖ *Guat.* y *Hond.* Liberal. ‖ *Hond.* Falso: *un real pirujo.*
PIRULÍ m. Caramelo largo y puntiagudo, montado sobre un palo. Pl., *pirulís.*
PIRULO m. Botijo.
PISA f. Acción de pisar. ‖ Aceituna o uva que se pisa de una vez. ‖ *Fam.* Zurra, paliza, vapuleo.
PISADA f. Acción de pisar. ‖ Señal que deja el pie al pisar: *seguir las pisadas de una persona.* (SINÓN. V. *Huella.*)
PISADOR, RA adj. Que pisa. ‖ Dícese del caballo que pisa o camina haciendo mucho ruido. ‖ — M. El que pisa la uva. ‖ *Col.* Cabestro, ronzal.
PISADURA f. Pisada, huella, señal de pasos.
PÍSAMO m. *Col.* Uno de los nombres del *bucare.*
PISANO, NA adj. y s. De Pisa (Italia).
PISAPAPELES m. Objeto que se coloca sobre los papeles para que no se muevan.
PISAR v. t. (lat. *pisare*). Poner el pie sobre alguna cosa. ‖ Apretar con el pisón o masa: *pisar tierra, paño,* etc. ‖ Cubrir el macho la hembra, especialmente en las palomas. ‖ Cubrir una cosa parte de otra. ‖ Tocar la tecla o cuerda de un instrumento músico. ‖ *Fig.* Hollar, maltratar. (SINÓN. *Patear, pisotear.*) ‖ — V. i. Estar el suelo de una habitación sobre el techo de otra. ‖ — V. i. *Arg.* Equivocarse.
PISASFALTO m. (del gr. *pissa*, pez, y *asphaltos*, asfalto). Una variedad de asfalto.
PISAÚVAS m. Pisador de uva.
PISAVERDE m. *Fam.* Joven muy presumido.

PISCATOR m. Almanaque con pronósticos meteorológicos.
PISCATORIO, RIA adj. Relativo a la pesca: *égloga piscatoria.*
PISCÍCOLA adj. Relativo a la piscicultura.
PISCICULTOR, RA m. y f. Persona que se dedica a la piscicultura.
PISCICULTURA f. (del lat. *piscis,* pez, y *cultura,* cultivo). Arte de criar y multiplicar los peces: *la piscicultura permite repoblar muchos ríos.*
PISCIFACTORÍA f. Establecimiento de piscicultura.
PISCIFORME adj. Que tiene la forma de pez.
PISCINA f. (lat. *piscina,* de *piscis,* pez). Estanque para conservar peces. || Estanque para nadar. (SINÓN. V. *Baño.*) || Pila donde se echan algunas materias sacramentales, como las aguas que sirven para limpiar los vasos y lienzos sagrados, el agua del bautismo, etc. || *Piscina probática,* piscina de Jerusalén donde se lavaban las víctimas destinadas a los sacrificios.
PISCIS m. Signo del Zodiaco. (V. *Parte hist.*)
PISCÍVORO, RA adj. (del lat. *piscis,* pez, y *vorare,* comer). Que se alimenta de peces: *la foca es piscívora.*
PISCLE m. *Méx.* Caballo malo, matalón.
PISCO m. *Amer.* Aguardiente que se hace en Pisco. || *Per.* Tinajuela en que se vende el aguardiente. || *Col.* Uno de los nombres del *pavo.* || *Venez.* Borracho.
PISCOLABIS m. *Fam.* Ligera refacción o merienda: *tomar un piscolabis.* || *Amer.* Trago de aguardiente que se toma como aperitivo.
PISCOTE, TA m. y f. *Hond. Fam.* Muchacha demasiado crecida. || *Guat.* Ser despreciable.
PISIFORME adj. y s. Hueso de la muñeca.
PISINGALLO m. *Arg.* Cierta variedad de maíz.
PISO m. Acción de pisar. || Suelo de una habitación: *piso de ladrillo.* || Alto de escalera: *primer piso, piso principal.* || Conjunto de habitaciones que constituyen vivienda independiente. (SINÓN. V. *Vivienda.*) || Suelo natural o artificial de la calle: *está el piso muy mojado.* || Infernáculo, juego. || *Amer.* Derecho de entrada, de estadía.
PISOLITA f. Sedimento calcáreo pequeño.
PISÓN m. (de *pisar,* apretar). Instrumento que sirve para apretar tierra, piedras, etc. || *Amer.* Pisotón.
PISONEAR v. t. Apisonar, apretar con pisón.
PISOTEAR v. t. Pisar repetidamente una cosa. (SINÓN. V. *Oprimir* y *pisar.*)
PISOTEO m. Acción de pisotear una cosa.
PISOTÓN m. *Fam.* Acción de pisar fuerte sobre el pie de otro.
PISPAR v. t. *Amer.* Avispar, acechar.
PISPO, PA adj. *Col.* Guapo, remilgado. || — M. *Arg.* Mujer lista.
PISPORRA f. *Hond. Fam.* Verruga muy grande.
PISQUEÑO, ÑA adj. y s. De Pisco (Perú).
PISTA f. Huella que deja un animal al pasar por un sitio: *la pista de una liebre.* || Sitio por donde corren los caballos, bicicletas, autos, atletas, etc. || Suelo o lugar para patinar, bailar, realizar exhibiciones de circo. || Indicios que permiten descubrir ciertas cosas. (SINÓN. V. *Huella.*) || Terreno dispuesto para el despegue y el aterrizaje de aviones. || Camino carretero. (SINÓN. V. *Camino.*) || *Fam. Ponerse a la pista,* procurar descubrir.
PISTACHERO m. Alfóncigo, árbol.
PISTACHO m. Alfóncigo, fruto.
PISTADERO m. Utensilio para pistar.
PISTAR v. t. (lat. *pistare*). Machacar una cosa para sacarle el jugo: *pistar carne.*
PISTE m. *Col.* Maíz para la mazamorra.
PISTERO m. Vasija con pico y asa, que sirve para dar de beber a los enfermos.
PISTILO m. (del lat. *pistillum,* mano de almirez). *Bot.* Órgano femenino de la flor: *el pistilo consta de ovario, estilo y estigma.*
PISTO m. (lat. *pistus*). Jugo que se saca de la carne machacándola: *pisto de ave.* || Fritada de pimientos y tomates. || *Amér. C.* Dinero. || *Fig.* y *fam. Darse pisto,* lucirse mucho con una cosa.
PISTOLA f. (ital. *pistolese*). Arma de fuego pequeña: *pistola de bolsillo.* (SINÓN. *Browning, revólver.*) || Pulverizador para pintar. || *Venez.* Tonto, necio, bobo.
PISTOLADA f. *Venez. Fam.* Tontería.
PISTOLERA f. Estuche de pistola.
PISTOLERO m. *Fam.* Nombre dado a los bandidos que usan armas de fuego para cometer sus atropellos.
PISTOLETAZO m. Tiro de pistola.
PISTOLETE m. Pistola pequeña o cachorrillo.
PISTÓN m. Émbolo de bomba, máquina de vapor o motor de explosión. || Cápsula, mixto para escopeta o para hacer el efecto de explosión en las pistolas de juguete. || Llave de ciertos instrumentos músicos. || *Amer.* Corneta de llaves.
PISTONUDO, DA adj. *Pop.* Soberbio, magnífico.
PISTORESA f. (de *Pistoya,* ciudad de Italia). Especie de puñal o daga antiguos.
PISTRAJE m. *Fam.* Licor o bodrio desagradable.
PISTURA f. Acción de pistar o machacar.
PITA f. Planta de la familia de las amarilidáceas, oriunda de México, de hojas gruesas, carnosas, de más de un metro de largo, flores amarillas situadas sobre un bohordo central, que se desarrolla cuando tiene la planta veinte o treinta años, elevándose en pocos días a la altura de seis o siete metros. (SINÓN. *Agave, cabuya, cocuí, henequén, maguey.*) || Hilo o tela de pita. (De las hojas de la *pita* se saca excelente hilaza, y una de sus variedades produce por incisiones en su tronco un líquido azucarado con que se fabrica el *pulque*). || Canica, bolita. || *Per. Pedir pita,* pedir misericordia. || *Chil. Fregar la pita,* molestar, fastidiar.
PITA f. Acción y efecto de pitar, abucheo: *pita estruendosa.*
PITACO m. Bohordo de la pita.
PITADA f. Sonido del pito. || Salida inoportuna: *dar una pitada.* || *Arg.* y *Per.* Chupada de cigarro.
PITAGÓRICO, CA adj. Perteneciente a la doctrina de Pitágoras. || *Tabla pitagórica,* la de multiplicar.
PITAGORISMO m. Doctrina de Pitágoras. || Conjunto de principios, máximas y prácticas de los pitagóricos.
PITAHAYA o **PITAJAÑA** f. *Amer.* Planta de la familia de los cactos, trepadora y de hermosas flores encarnadas.
PITANCERÍA f. Lugar donde se distribuye la pitanza.
PITANCERO m. El que reparte la pitanza.
PITANGA f. *Arg.* Árbol mirtáceo americano.
PITANZA f. Reparto de víveres que se hace en algunos sitios gratuitamente a los pobres. || *Fam.* Alimento: *pobre pitanza.* || *Amer. Fam.* Ganga, ventaja.
PITAÑA f. Pitarra, legaña.
PITAR v. i. Tocar un pito. || *Fig.* y *fam.* Marchar bien un asunto: *esta fábrica ya no pita.* || — V. t. Pagar. (P. us.) || Manifestar desaprobación mediante silbidos: *pitar una obra de teatro.* || Distribuir, repartir o dar la pitanza. || *Amer.* Fumar. || *Fam. Salir pitando,* salir a escape.
PITARRA f. Legaña.
PITARROSO, SA adj. Legañoso: *ojo pitarroso.*
PITAY m. *Arg.* Erupción herpética.
PITAYO m. *Méx.* Pitahaya.
PITCHPÍN m. (voz fr., del ingl. *pitch pine,* pino de las alturas). Especie de pino de América del Norte, cuya madera es muy usada en ebanistería.
PITE m. *Col.* Pizca, pedacito, trozo. || *Col.* Hoyuelo, juego.
PITEAR v. i. *Amer.* Pitar.
PITECÁNTROPO m. (del gr. *pithêkos,* mono, y *anthrôpos,* hombre). Ser intermedio entre el hombre y el mono y al que se han atribuido unos huesos fósiles encontrados en Java. (SINÓN. *Antropopiteco.*)
PITEJO m. *And.* Cochero de carro fúnebre.
PITEZNA f. Pestillo que se dispara al más leve contacto en las trampas o cepos.
PITIA f. (del lat. *Pythia*). Pitonisa.
PÍTICO, CA adj. Pitio: *juegos píticos.*
PITIDO m. Silbido.
PITIHUÉ m. *Chil.* Cierta ave trepadora.
PITILLERA f. Cigarrera que fabrica pitillos. || Petaca que sirve para llevar pitillos.
PITILLO m. Cigarrillo: *liar un pitillo.*
PÍTIMA f. Cierto emplasto. || *Fam.* Borrachera.

pistolas

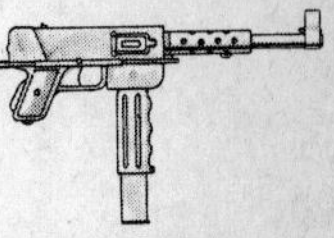
pistola ametralladora

pita

Fot. Caton

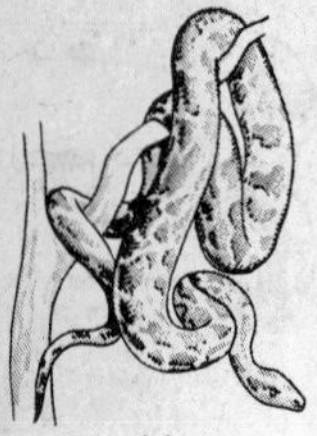
pitón

PITIMINÍ m. Variedad de rosal de flor menuda. || *Amer. De pitiminí*, fútil, quisquilloso.
PITIO, TIA adj. Relativo a Apolo o a Pitia. || *Juegos pitios*, los que se celebraban cada cuatro años en Delfos, en honor de Apolo.
PITÍO m. Silbido del pito o de algunos pájaros.
PITIPIÉ m. Escala usada en matemáticas.
PITIRIASIS f. (del gr. *piturion*, salvado). Dermatosis en que cae la piel formando escamas menudas.
PITIRRE m. Un pajarito cubano.
PITIRREAR v. i. *Cub.* Piar los pajarillos. || *Cub. Fig.* Pedir alguna cosa con ansia.
PITIRROJO m. Petirrojo.
PITO m. Instrumento que forma al soplar en él un sonido agudo. || Especie de garrapata de América del Sur: *el pito produce una comezón insoportable.* || Pitillo, cigarro. || Taba con que juegan los muchachos. || *Amer.* Pipa de fumar. || *Arg. Pito catalán*, ademán de burla hecho tocando la nariz con el pulgar de la mano abierta. || *Pitos flautos*, bagatelas, naderías. || *Fig. No valer un pito*, valer poco. || *Fig. No tocar pito en una cosa*, no tener nada que ver en ella.
PITO m. Pico, ave. || *Guat.* y *Salv.* Bucare.
PITOFLERO, RA m. y f. *Fam.* Músico malo.
PITOITOY m. Ave zancuda americana.
PITÓN m. Género de reptiles ofidios no venenosos, que viven en las regiones cálidas del antiguo continente y alcanzan hasta ocho metros de largo.
PITÓN m. Cuerno del toro y otros animales. || Tubo que tienen los botijos, pisteros y porrones para moderar la salida del líquido. || *Amer.* Lanza de riego. || *Fig.* Bulto pequeño y puntiagudo en la superficie de alguna cosa. || Renuevo del árbol. || *Hond.* Gotera saliente. || *Chil.* Palo para abrir hoyuelos en las sementeras. || Especie de clavo utilizado en alpinismo.
PITONAZO m. Cornada.
PITONISA f. (lat. *pythonissa*). *Antig.* Mujer dotada del don de profecía: *la pitonisa de Endor.* (V. ORÁCULO.) || Hoy, mujer que predice el porvenir.
PITORA f. *Col.* Serpiente venenosa.
PITORRA f. Chochaperdiz, ave.
PITORREARSE v. r. *Pop.* Burlarse de alguno. (SINÓN. V. *Burlar.*)
PITORREO m. *Pop.* Broma, burla.
PITORRO m. *Fam.* Canuto: *un pitorro de goma.*
PITPIT m. Pájaro de plumaje ceniciento verdoso: *el pitpit se alimenta de insectos.*
PITRE m. *Can.* y *Amer.* Petimetre, lechuguino.
PITREO m. Pitaco, bohordo de la pita.
PITUCO, CA adj. *Chil. Vulg.* Flacucho.
PITUITA f. (lat. *pituita*). Humor viscoso que segregan varias mucosas del cuerpo animal, como las de la nariz y los bronquios.
PITUITARIO, RIA adj. Que segrega pituita. || *Anat. Membrana pituitaria*, la mucosa de la nariz.
PITUSO, SA adj. Chico, pequeño, gracioso, lindo. (SINÓN. V. *Bebé.*)
PIU adv. (pal. ital.). *Mús.* Más.
PIUCO, CA adj. *Chil.* Apocado, huraño.
PIUCHEN m. *Chil.* Vampiro. || *Chil.* Boliche.
PIULAR v. i. Piar.
PIURANO, NA adj. y s. De Piura (Perú).
PIVOTANTE adj. *Bot.* Dícese de una raíz central que se introduce perpendicularmente en la tierra: *la zanahoria tiene raíz pivotante.*
PIVOTE m. *Tecn.* Pieza que gira sobre un soporte. || Delantero centro en el baloncesto.
PÍXIDE f. (lat. *pyxis, pyxidis*). Caja pequeña en que se conserva el Santísimo Sacramento o se lleva a los enfermos. || *Bot.* Especie de cápsula cuya parte superior se levanta como una tapadera.
PIYAMA m. Pijama.
PIYOICA f. *Chil.* Mentira, embuste.
PIZARRA f. Piedra blanda y azulada que sirve para techar las casas y fabricar lápices y tablillas para escribir. || Trozo de pizarra en el que se escribe. || *Pizarra bituminosa*, la que contiene betún y de donde se obtienen por destilación aceites minerales.
PIZARRAL m. Lugar poblado de pizarra.
PIZARREÑO, ÑA adj. Parecido a la pizarra.
PIZARRERO m. Artífice que labra pizarras.
PIZARRÍN m. Lápiz para escribir en la pizarra.
PIZARRÓN m. *Amer.* Encerado, tablero.
PIZARROSO, SA adj. Abundante en pizarra o parecido a ella: *terreno pizarroso.*
PIZCA f. *Fam.* Porción mínima de una cosa: *comerse una pizca de pan.* (SINÓN. V. *Pedazo.*) || *Méx.* Cosecha del maíz.
PIZCAR v. t. *Méx.* Cosechar, recoger el maíz.
PIZCAR v. t. *Fam.* Pellizcar.
PIZCO m. *Fam.* Pellizco, la acción de pellizcar.
PIZOTE m. *Méx.* y *Hond.* El mapache o tejón. || *Guat.* y *Salv.* Coatí.
PIZPERETA y **PIZPIRETA** adj. *Fam.* Dícese de la mujer viva y pronta.
PIZPIRIGAÑA f. Juego de muchachos que consiste en pellizcarse en la palma de las manos.
PIZPIRIGUA adj. f. *Chil.* Pizpereta, muy viva.
PIZPITA o **PIZPITILLA** f. Aguzanieve, ave.
PIZZA f. (pal. ital.). Tarta rellena de tomate, anchoas, aceitunas, etc.
PIZZICATO m. (pal. ital.). Trozo musical que se ejecuta pellizcando con los dedos las cuerdas del violín o contrabajo.
PI, símbolo del *poiseuille.*
PLACA f. Lámina, plancha o película. (SINÓN. V. *Letrero.*) || *Fot.* Lámina de cristal o de hierro sensibilizada: *una placa negativa.* || *Electr.* Electrodo de un tubo electrónico. || *Med.* Manchas provocadas por una dolencia en la garganta, boca, etc. || Insignia de ciertas órdenes: *la placa de Carlos III.* || *Placa giratoria*, aparato que sirve en los ferrocarriles para cambiar de vía los coches y las locomotoras.
PLACAJE m. En el juego del rugby, detención del adversario abrazándose a la cintura o piernas.
PLACAMINERO m. *Amer.* Zapote.
PLACATIVO, VA adj. Capaz de aplacar.
PLACEAR v. t. Vender géneros comestibles al por menor en el mercado.
PLACEBO m. Píldora de azúcar, sin valor terapéutico alguno, que se administra a veces a los enfermos para producir un efecto psicológico.
PLACEL m. *Mar.* Placer, banco de arena.
PLÁCEME m. Felicitación: *dar el pláceme.*
PLACENTA f. (del lat. *placenta*, torta). *Anat.* Masa carnosa que une el feto con la superficie del útero. || *Bot.* Parte del fruto a que está unida la semilla.
PLACENTARIO adj. Relativo a la placenta. || — M. pl. Gran división de los mamíferos que comprende los que están provistos de placenta.
PLACENTERO, RA adj. Alegre: *existencia placentera.* (SINÓN. V. *Agradable* y *atractivo.*)
PLACER m. Alegría, contento: *los placeres del alma.* (SINÓN. V. *Dicha* y *júbilo.*) || Diversión, entretenimiento: *entregarse a los placeres.* (SINÓN. *Deleite, delicia, fruición, goce, regalo, sensualidad, voluptuosidad.* V. tb. *recreo.*) || Voluntad, consentimiento: *tal es mi placer.* || *A placer*, sin embarazo.
PLACER m. Banco de arena en el mar. || Yacimiento aurífero: *los placeres de California.* || Pesquería de perlas en América.
PLACER v. i. (lat. *placere*). Agradar, gustar. || — IRREG. Pres. ind.: *plazco, places, place, placemos, placéis, placen;* pret. indef.: *plací, placiste, plació* o *plugo, placimos, placisteis, placieron* o *pluguieron;* imper.: *place, plazca, plazcamos, plazcáis, plazcan;* pres. subj.: *plazca, plazcas, plazca* o *plegue, plazcamos, plazcáis, plazcan;* imperf. subj.: *placiera, placieras, placiera* o *pluguiera, placiéramos, placiérais, placieran; placiese, placieses, placiese* o *pluguiese, placiésemos, placieseis, placiesen;* fut. subj.: *placiere, placieres, placiere* o *pluguiere, placiéremos, placiereis, placieren.*
PLACERO, RA adj. Perteneciente a la plaza. || — M. y f. Tendero que vende comestibles en la plaza. || Persona ociosa, aficionada a charlar en las plazas. || *Arg.* Coche de punto.
PLACET m. (pal. lat. que sign. *agrada*). Aprobación por un gobierno a un diplomático extranjero.
PLACIBLE adj. Agradable, gustoso.
PLÁCIDAMENTE adv. m. Con placidez.
PLACIDEZ f. Calidad de plácido, tranquilidad.
PLÁCIDO, DA adj. (lat. *placidus*). Tranquilo: *carácter plácido.* || Grato, agradable, apacible (SINÓN. V. *Contento.*) || — CONTR. *Violento.*

PLACIENTE adj. Agradable, gustoso, bien visto.
PLÁCITO m. Parecer, dictamen.
PLAFÓN m. *Arq.* Paflón. ‖ Barb. por *painel, cuadro.*
PLAGA f. (lat. *plaga*). Calamidad grande y pública: *las diez plagas de Egipto.* ‖ Daño grave, enfermedad. (SINÓN. V. *Herida* e *infección.*) ‖ *Fig.* Infortunio, trabajo. ‖ *Fig.* Copia, abundancia de una cosa: *haber plaga de higos.* ‖ Clima, zona. ‖ Punto del horizonte.
PLAGAL adj. *Mús.* Dícese del modo cuya dominante es la tercera por bajo de la tónica.
PLAGAR v. t. Llenar de cualquier cosa nociva: *plagar de pulgas la casa.* ‖ — V. r. Llenarse.
PLAGIAR v. t. Cometer plagio: *plagiar un libro.* (SINÓN. V. *Imitar.*) ‖ *Amer.* Apoderarse de uno para pedir rescate.
PLAGIARIO, RIA adj. y s. Que plagia.
PLAGIO m. (lat. *plagium*). Acción de plagiar o imitar servilmente una obra: *un plagio disfrazado.* (SINÓN. V. *Copia.*)
PLAGIÓSTOMOS m. pl. *Zool.* Orden de selacios que tienen la boca en la parte inferior de la cabeza, como el tiburón.
PLAN m. Altura, nivel. ‖ Disposición general de una obra: *hacer el plan de un libro.* ‖ Intento, proyecto: *no sé los planes que trae entre manos.* (SINÓN. V. *Designio.*) ‖ Análisis del trabajo para un cierto tiempo. ‖ Conjunto de disposiciones adoptadas para la ejecución de un proyecto. ‖ Conjunto de medidas gubernamentales tomadas para organizar y dirigir la actividad económica. ‖ *Fig.* y *fam.* Amistad frívola y banal: *Fulano tiene muchos planes.* ‖ Conjunto de escenas, situaciones, caracteres que un autor escribe o realiza brevemente para desarrollarlos después en su obra. ‖ Plano de un edificio. ‖ *Mar.* Madero que descansa sobre el suelo de la nave. ‖ *Min.* Piso de una mina. ‖ *Chil.* Planicie.
PLANA f. (lat. *plana*). Cada una de las dos caras de una hoja de papel. ‖ Ejercicio de escritura que hacen los niños. ‖ Llano, llanura: *la plana de Urgel.* ‖ *Impr.* Página de composición. ‖ *Plana mayor de un regimiento,* los oficiales y demás individuos de él que no pertenecen a ninguna compañía. ‖ *A plana y renglón,* m. adv., copiando exactamente renglón a renglón y plana a plana. ‖ *Fig.* Perfectamente ajustado. ‖ *Fig. Enmendar la plana a uno,* corregir lo que otro hace.
PLANADA f. Llanada.
PLANADOR m. El que aplana piezas de metal. ‖ El que aplana las planchas para grabar.
PLANAZO m. *Amer.* Cintarazo, golpe con el plano del sable. ‖ *Hond.* Golpe que se da al caer al suelo.
PLANCTON m. Conjunto de seres microscópicos que están en suspensión en las aguas marinas o dulces: *la ballena se alimenta de plancton.*
PLANCHA f. (lat. *planca*). Lámina de metal. ‖ Utensilio metálico que sirve para planchar la ropa. ‖ *Fam.* Metedura de pata: *tirarse una plancha.* ‖ *Venez.* Espectáculo generalmente ridículo. ‖ Conjunto de ropa planchada. ‖ *Chil.* Placa fotográfica. ‖ *Impr.* Molde estereotípico. ‖ *Mar.* Andamio o tablón. ‖ *Hacer la plancha,* flotar de espaldas. ‖ — OBSERV. Galicismo por *tabla, lámina, grabado.*
PLANCHADA f. *Mar.* Entarimado para igualar la cubierta. ‖ *Arg.* Tablado a la orilla del río para el embarco y desembarco.
PLANCHADO m. Acción de planchar. ‖ Ropa blanca que se ha de planchar. ‖ — Adj. *Amer. Fam.* Sin un cuarto. ‖ *Guat.* Muy elegante.
PLANCHADOR, RA m. y f. Persona que plancha por oficio la ropa.
PLANCHAR v. t. Estirar y asentar con la plancha caliente la ropa blanca: *planchar una camisa.* ‖ *P. Rico., Per.* y *Venez.* Adular.
PLANCHAZO m. Metedura de pata.
PLANCHEAR v. t. Cubrir con planchas o láminas de metal. (SINÓN. *Chapear.*)
PLANCHETA f. *Topogr.* Instrumento para sacar planos.
PLANCHÓN m. *Col.* Gabarra, chalana (barco).
PLANEADOR m. Aparato para vuelo planeado.
PLANEAMIENTO m. Acción y efecto de planear.
PLANEAR v. t. Trazar el plan de una obra, imaginar. (SINÓN. V. *Proyectar.*) ‖ Organizar. ‖ — V. i. Cernerse en el aire como las aves. ‖ *Vuelo planeado* o *cernido,* el que ejecuta un aeroplano sin utilizar el motor.
PLANEO m. Vuelo planeado.
PLANETA m. Cuerpo celeste que gira alrededor del Sol: *los planetas no tienen luz propia.* (SINÓN. V. *Estrella.*) ‖ — F. Especie de casulla más corta que la ordinaria.
— La Tierra forma parte de un sistema de cuerpos llamados *planetas,* cuyo centro está ocupado por el Sol y que giran alrededor de este astro y de su propio eje. Los nueve planetas mayores son: Mercurio, Venus, la Tierra, Marte, Júpiter, Saturno, Urano, Neptuno y Plutón. Además de los planetas hay satélites, o planetas secundarios, que giran alrededor de uno de los planetas principales. El conjunto de todos estos cuerpos forma lo que se llama *sistema solar.*
No se ha podido aún determinar el origen exacto de los planetas. La teoría cosmogónica de Von Weizsäcker (1943) explica su génesis a partir de una masa difusa que gira alrededor del Sol y que se ha disociado por la diferencia de velocidades entre las diversas capas de dicha masa.
PLANETARIO, RIA adj. Relativo a los planetas. ‖ — M. Aparato mecánico que representa el sistema solar. ‖ Mecanismo del diferencial de automóvil.
PLANETOIDES m. Asteroide.
PLANICIE f. Llanura, espacio llano y extenso.
PLANIFICACIÓN f. Establecimiento de programas económicos con indicación del objetivo propuesto y de las diversas etapas que hay que seguir, así como la estructuración de organismos adecuados para esta realización.
PLANIFICADOR m. Persona que se ocupa de la planificación.
PLANIFICAR v. t. Establecer un plan. ‖ Organizar conforme a un plan.
PLANILLA f. *Amer.* Lista, nómina.
PLANIMETRÍA f. Medición de planos.
PLANÍMETRO m. Instrumento para medir la superficie de las figuras planas.
PLANISFERIO m. (del lat. *planus,* plano, y *esfera*). Mapa en que están representados los dos hemisferios celestes o terrestres en el mismo plano.
PLANNING m. (pal. ingl.). Plan, planificación.
PLANO, NA adj. (lat. *planus*). Llano, liso, unido: *superficie plana.* (SINÓN. V. *Parejo.*) ‖ *Ángulo plano,* el formado por dos planos. ‖ — M. Superficie plana. ‖ Dibujo que representa las diferentes partes de una ciudad, un edificio, una máquina, etc. ‖ *Pint.* Distancia relativa de los objetos que figuran en un cuadro. ‖ Elemento de una película cinematográfica fotografiado de una vez; *plano general,* el que da una vista de conjunto; *plano medio,* el que representa una parte del decorado y varios personajes de pie; *plano americano,* el que representa dos personajes muy cerca; *primer plano,* el consagrado a un objeto o a un detalle de objeto, a un rostro o a un detalle del rostro. ‖ *Fig.* Distancia tomada con relación a un asunto: *preocupaciones de segundo plano.* ‖ *Plano de sustentación,* ala del avión. ‖ *Plano inclinado,* superficie plana, que forma ángulo con el horizonte y sirve para facilitar la elevación de ciertos pesos. ‖ *De plano,* m. adv., claramente, manifiestamente: *hablar de plano.* ‖ *For.* Resolución excusando ciertas formalidades judiciales. ‖ *Levantar un plano,* proceder a dibujarlo según las normas del arte.
PLANTA f. (lat. *planta*). Nombre general que comprende todo lo que vive adherido al suelo por medio de raíces: *la botánica es el estudio de las plantas.* ‖ Parte inferior del pie del hombre y de algunos animales. ‖ Plan, dibujo: *la planta*

plancha eléctrica

tabla de planchar

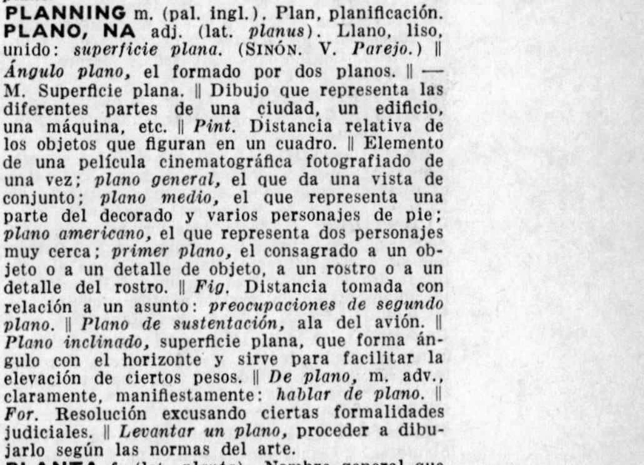

planeador

Fot. Dengremont

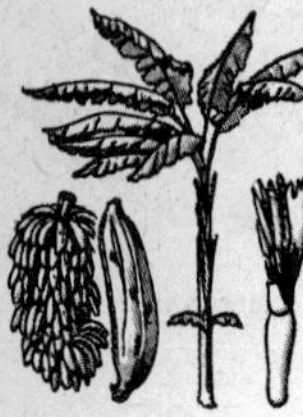

platanero

plátano

de un edificio. || Proyecto, disposición para un negocio. || Lista de las diversas dependencias y empleados de una oficina. || Piso: *la planta baja de un edificio.* || Pie de la perpendicular bajada desde un punto al plano horizontal. || Fábrica, instalación: *planta eléctrica.* || *Fam. Tener buena planta,* tener buena presencia. || *De planta,* desde los cimientos: *hacer de planta una casa.*

PLANTACIÓN f. Acción de plantar. || Conjunto de vegetales plantados: *una plantación de algodón.* (SINÓN. *Criadero, plantío, semillero.*) || Gran explotación agrícola: *plantación de café, de caña de azúcar.*

PLANTADOR, RA adj. y s. El que planta. || Instrumento pequeño de hierro, que usan los labradores para plantar.

PLANTAGINÁCEAS f. pl. Familia de plantas dicotiledóneas a la que pertenece el llantén.

PLANTAINA f. *Bot.* Llantén.

PLANTAR adj. *Zool.* Relativo a la planta del pie: *músculo plantar.*

PLANTAR v. t. (lat. *plantare*). Meter en tierra un vegetal para que arraigue. || Hincar en tierra: *plantar una estaca.* || Poner, colocar. (SINÓN. V. *Elevar.*) || Plantear un sistema, un establecimiento. || *Fig.* y *fam.* Dar un golpe: *le plantó una bofetada.* || *Fig.* y *fam.* Poner con violencia: *le plantaron en la calle.* (SINÓN. V. *Dejar.*) || *Fig.* y *fam.* Burlar: *su novio la plantó.* || — V. r. Ponerse de pie firme en un sitio: *se plantó en medio de la calle.* (SINÓN. V. *Resistir.*) || *Fig.* y *fam.* Llegar con brevedad a un sitio: *en dos horas me plantaré en su casa.* || *Fig.* y *fam.* Pararse un animal sin querer adelantar. || En ciertos juegos, no querer un jugador más cartas que las que tiene. || *Amér. C., Méx.* y *Col.* Ataviarse, arreglarse. || *Fam.* No confesar su verdadera edad a partir de una época: *plantarse en los cuarenta.*

PLANTE m. Acuerdo entre varias personas que viven en común para rechazar o exigir algo enérgicamente: *un plante en la cárcel.*

PLANTEAMIENTO m. Acción de plantear: *el planteamiento de una cuestión.*

PLANTEAR v. t. Tantear, hacer un plan: *plantear un negocio.* || Establecer sistemas, instituciones o reformas. || Proponer un tema o cuestión.

PLANTEL m. Criadero. || *Fig.* Establecimiento de educación: *un plantel de instrucción primaria.* || *Fig.* Conjunto: *un plantel de jóvenes.*

PLANTEO m. Planteamiento.

PLANTIFICACIÓN f. Acción de plantificar.

PLANTIFICAR v. t. Plantear un asunto. || *Fig.* y *fam.* Plantar, dar, poner.

PLANTÍGRADO, DA adj. y s. (del lat. *planta,* planta del pie, y *gradus,* marcha). *Zool.* Que camina apoyando en el suelo toda la planta de los pies: *el oso es un animal plantígrado.*

PLANTILLA f. Suela interior del zapato. || Soleta que se echa a las medias rotas. || Patrón que sirve para labrar ciertas piezas: *una plantilla de dibujo.* || Plano de una obra. || Relación de los empleados en un servicio público u oficina.

PLANTILLERO, RA adj. y s. Fanfarrón.

PLANTÍO, A adj. Dícese del lugar plantado o que se puede plantar. || — M. Acción de plantar. || El lugar plantado de vegetales: *un plantío de melones.* (SINÓN. V. *Plantación.*)

PLANTISTA m. *Fam.* Fanfarrón, bravucón.

PLANTÓN m. Pimpollo nuevo que ha de trasplantarse. || Estaca que se planta para que arraigue. || Soldado que se coloca de guardia en un punto. (SINÓN. V. *Centinela.*) || *Fig.* y *fam. Estar de plantón* o *tener plantón,* estar parado en un sitio sin poderse marchar de él. || *Dar un plantón,* no acudir a una cita, o tardar mucho.

PLÁNTULA f. *Bot.* Embrión que nace.

PLANUDO, DA adj. *Mar.* Aplícase a la embarcación que tiene el fondo muy plano.

PLANY m. (voz cat., pr. *plañ*). Composición poética para lamentar la pérdida de un personaje que usaban los trovadores de Cataluña.

PLAÑIDERA f. Mujer que pagaban los antiguos para acompañar llorando en los entierros.

PLAÑIDERO, RA adj. Lloroso: *voz plañidera.*

PLAÑIDO m. Lamento, queja, lastimera.

PLAÑIR v. i. (lat. *plangere*). Gemir, quejarse, lamentarse. || — V. r. Galicismo por *quejarse.* || — IRREG. Se conjuga como *tañer.*

PLAQUÉ m. (del fr. *plaqué,* chapeado). *Tecn.* Chapa delgada de oro o de plata, sobrepuesta a otro metal de menos valor: *vender joyas de plaqué.*

PLAQUEADO, DA adj. Chapeado de madera.

PLAQUETA f. Placa pequeña. || Elemento celular de la sangre.

PLASMA m. (del gr. *plasma,* formación). *Anat.* Parte líquida que se encuentra en la sangre y en la linfa.

PLASMAR v. t. Figurar, formar, crear.

PLASMÁTICO, CA adj. Relativo al plasma.

PLASMOLISIS f. Pérdida de agua o disminución de volumen de una célula viva sumergida en una solución cuya presión osmótica es superior a la de cualquier otra solución.

PLASTA f. Cualquier substancia blanda y fácil de moldear: *plasta de yeso.* || Cosa aplastada. || *Fig.* y *fam.* Cosa hecha sin método ni arte.

PLASTE m. Masa de yeso y cola que sirve para preparar la superficie que se ha de pintar.

PLASTECER v. t. Preparar con plaste. || — IRREG. Se conjuga como *merecer.*

PLASTECIDO m. Acción de plastecer.

PLÁSTICA f. Arte de formar figuras de barro, yeso, etc.: *estudiar la plástica griega.*

PLASTICIDAD f. Calidad de plástico.

PLÁSTICO, CA adj. Que puede moldearse: *arcilla plástica.* || Relativo a la reproducción de las formas: *artes plásticas.* || — F. Escultura. || — M. Material de origen orgánico o sintético susceptible de ser modelado o moldeado en caliente o a presión. || Explosivo a base de nitroglicerina y nitrocelulosa.

PLASTIFICANTE adj. y s. m. Dícese de las substancias que se añaden a los plásticos para mejorar sus propiedades.

PLASTRÓN m. Galicismo por *pechera.*

PLATA f. Metal blanco brillante, inalterable y muy dúctil (símb. Ag), de número atómico 47. || *Fig.* Monedas de plata: *pagar en plata.* || *Amer.* Dinero: *gastar mucha plata.*

— La *plata* se encuentra rara vez en estado nativo en el seno de la tierra; está casi siempre combinada con azufre o antimonio. Los yacimientos más ricos están en el Perú y México, pero los hay también en los Estados Unidos, Canadá y Unión Soviética. La plata es el más dúctil y maleable de todos los metales, después del oro; se funde a 960,5° C y su densidad es 10,5; se liga generalmente con el cobre para darle mayor dureza. Las monedas de plata están constituidas por una aleación con cobre de diferentes proporciones.

PLATABANDA f. (fr. *plate-bande*). Camino entre los arriates de un jardín. || *Arq.* Moldura plana.

PLATAFORMA f. (fr. *plate-forme*). Suelo o tablero fijo o volante. || Parte de un tranvía o de un autobús en la cual los viajeros van de pie. || Suelo o azotea de ciertas construcciones. || *Fort.* Obra de tierra donde se pone una batería de cañones. || Programa de un partido político: *plataforma electoral.* || Vagón descubierto y con bordes bajos. || *Plataforma continental,* porción de lecho marino que bordea los continentes.

PLATAL m. *Amer. Fam.* Dineral.

PLATANÁCEAS f. pl. *Bot.* Familia de árboles angiospermos dicotiledóneos, como el plátano.

PLATANAL y **PLATANAR** m. Sitio poblado de plátanos: *cosechar un platanal.*

PLATANAZO m. *Amér. C.* y *Venez.* Batacazo. || *Fig.* Caída brusca de un Gobierno.

PLATANERA f. Platanal. || Vendedora de plátanos.

PLATANERO m. Plátano, planta cuyo fruto es el plátano o banana.

PLÁTANO m. Género de plantas monocotiledóneas de los países tropicales. || Fruto de dicha planta. (SINÓN. *Banana, banano.*) || Árbol de la familia de las platanáceas, que suele usarse como árbol de sombra en los paseos.

— El *plátano* es una planta musácea cuyas hojas alcanzan a veces hasta tres metros de largo, y que produce un racimo larguísimo de frutos muy sabrosos. El plátano, originario de la India, está hoy aclimatado en muchos países de la América tropical, donde la exportación de sus frutos, cada vez más estimados en Europa, es grande.

PLATEA f. Patio del teatro. || Palco que está en la planta baja. || *Arg.* Luneta, butaca.

PLATEADO, DA adj. Que tiene color de plata: *viso plateado.* ‖ *Méx.* Adinerado, muy rico. ‖ — M. Plateadura.

PLATEADURA f. Acción de platear.

PLATEAR v. t. Cubrir de plata: *platear un marco.*

PLATEAU m. (pal. fr., pr. *plató*). Plató.

PLATELMINTOS m. pl. Grupo de gusanos que tienen el cuerpo aplastado, como la tenia.

PLATENSE adj. *Arg.* Del Plata o de La Plata.

PLATEÑISMO m. Giro o expresión propia de los países del Río de la Plata.

PLATERESCO, CA adj. Dícese de los adornos caprichosos de follajes y flores de que se revisten algunas obras de arquitectura.

— Corresponde el *estilo plateresco* al primer período del Renacimiento español. Combinado con la elegancia de las nuevas formas de minucia heredada del gótico florido, el nuevo estilo se distinguió por el exceso de los bajorrelieves, que acaban por perderse en el conjunto. A la tradición mudéjar se debe igualmente el abuso de los arabescos. El estilo plateresco brilló especialmente en los retablos de las iglesias, pudiendo considerarse como sus más típicas manifestaciones: el coro de la catedral de Ávila, con su maravillosa sillería; la fachada del convento de San Pablo, en Valladolid; la capilla de los Reyes Nuevos, en la catedral de Toledo; el sepulcro de Don Juan II, en Miraflores, etc.

PLATERÍA f. Arte y taller del platero o del joyero. ‖ Tienda donde se venden obras de plata u oro.

PLATERO m. El que trabaja la plata o el oro. ‖ El que vende objetos de oro y plata. (SINÓN. V. *Joyero.*) ‖ *Fam.* Nombre que suele darse a los asnos de color plateado.

PLÁTICA f. Conversación: *una plática animada.* ‖ Sermón o predicación. ‖ *Mar. Admitir a libre plática un barco,* admitirle a comunicación después de pasada la cuarentena.

PLATICAR v. i. Conversar. ‖ *Amer.* Decir.

PLATIJA f. (lat. *platessa*). Pez marino semejante al lenguado. (SINÓN. *Acedía.*)

PLATILLO m. Plato pequeño: *los platillos de la balanza.* ‖ Instrumento músico de percusión. ‖ Guisado de carne y verduras picadas. ‖ Plato extraordinario que se da a los religiosos en ciertas festividades. ‖ *Fig.* Objeto de crítica y murmuración. ‖ *Platillo volante,* nombre que se daba a ciertos artefactos hipotéticos que aparecían y desaparecían en la atmósfera terrestre.

PLATINA f. (fr. *platine*). *Impr.* Mesa de hierro que sirve para ajustar las formas. ‖ *Impr.* Superficie de la prensa o máquina donde se coloca la forma. ‖ *Fís.* Mesa donde se coloca la campana en la máquina neumática. ‖ Parte del microscopio donde se coloca el objeto que se observa.

PLATINADO m. *Tecn.* Operación galvanoplástica que tiene por objeto cubrir metales con una capa de platino.

PLATINAR v. t. Cubrir con una capa de platino. ‖ Dar el tono del platino: *platinar el cabello.*

PLATINÍFERO, RA adj. Que contiene platino.

PLATINO m. (ant. *platina,* de *plata*). Metal precioso de número atómico 78, blanco grisáceo, muy denso e inalterable (símb.: Pt). ‖ *Esponja de platino,* masa gris esponjosa, que se consigue al preparar el platino. ‖ — Pl. En los motores de automóviles, contactos del ruptor.

— El *platino,* que se encuentra mezclado con otros metales (iridio, paladio, etc.) y en las arenas producidas por la desagregación de rocas antiguas, es un metal de color blanco gris, blando, dúctil, maleable, muy tenaz y pesado (densidad 21,4); no se funde sino a 1 755°. No se oxida a ninguna temperatura y resiste a la acción de todos los ácidos, excepto el agua regia. A causa de su difícil fusibilidad y su inalterabilidad, es empleado en la fabricación de numerosos aparatos de química; sirve igualmente para ciertos aparatos de precisión, y se une con el oro en la fabricación de joyas.

PLATINOTIPIA f. Impresión fotográfica basada en el empleo de las sales de platino.

PLATIRRINIA f. Nariz chata.

PLATIRRINOS m. pl. *Zool.* División de los primates que comprende los monos de nariz chata del Nuevo Mundo.

PLATO m. (lat. *platus*). Vajilla de mesa de forma diversa: *un plato sopero (hondo), llano.* (SINÓN. *Bandeja, escudilla, fuente.*) ‖ Platillo de la balanza. ‖ Cualquier vianda o manjar: *un plato sabroso.* (SINÓN. V. *Guiso.*) ‖ *Fig.* Platillo, asunto de murmuración: *ser plato de reunión.* ‖ *Arq.* Metopa. ‖ *Neol.* Gran piñón de bicicleta. ‖ Objeto, de barro o arcilla, en forma de plato o disco, que, lanzado mecánicamente, sirve como blanco móvil para ejercicio de puntería con arma de fuego: *tiro al plato.* ‖ *Plato montado,* el presentado a la mesa lujosamente dispuesto. ‖ *Fig.* y *fam. Plato de segunda mesa,* cosa que ya ha servido a otro. ‖ *Comer en un mismo plato dos personas,* tener gran intimidad.

PLATÓ m. Escenario de un estudio de cine.

PLATÓN m. *Amer.* Aljofaina, palangana. ‖ *Guat., Méx.* y *Venez.* Fuente.

PLATÓNICO, CA adj. Relativo al sistema de Platón. ‖ Puramente ideal: *amor platónico.* ‖ Que carece de efecto: *protesta platónica.*

PLATONISMO m. Sistema filosófico de Platón y sus discípulos.

PLATUDO, DA adj. *Amer. Fam.* Acaudalado. (SINÓN. V. *Rico.*)

PLAUSIBLE adj. (lat. *plausum,* supino de *plaudere,* aplaudir). Que puede admitirse o aprobarse: *sistema de defensa plausible.* ‖ — SINÓN. *Aceptable, atendible, loable.* V. tb. *estimable.*

PLAYA f. (lat. *plaga*). Ribera arenosa de mar o río. (SINÓN. V. *Litoral.*) ‖ *Arg.* Cancha o explanada delante de un rancho.

PLAYADO, DA adj. Dícese del río o mar con playa.

PLAYERAS f. pl. Aire popular de Andalucía.

PLAYERO, RA m. y f. Persona que trae pescado de la playa para venderlo. ‖ Nombre que se da a ciertas prendas de uso en la playa: *calzar playeras.* ‖ *Per.* Descargador de barco.

PLAYO, YA adj. *Arg.* Llano, no hondo.

PLAZA f. (lat. *platea*). Lugar ancho y sin casas, dentro de poblado. ‖ Sitio, en las poblaciones, donde se reúne el mercado: *ir todos los días a la plaza.* (SINÓN. V. *Mercado.*) ‖ Ciudad fortificada: *una plaza bien defendida.* ‖ Sitio, lugar, espacio. ‖ Asiento en un libro del que quiere ser soldado: *haber sentado plaza.* ‖ Población de cierta importancia: *giro de plaza a plaza.* ‖ Gremio de negociantes de una plaza. ‖ Colocación. (SINÓN. V. *Empleo.*) ‖ Suelo del horno. ‖ *Plaza de armas,* plaza donde hacen sus ejercicios las tropas. ‖ *Plaza fuerte,* ciudad fortificada. ‖ *Sentar plaza,* entrar a servir de soldado. ‖ *Plaza de toros,* circo donde se verifican las corridas de toros. ‖ *Hacer plaza,* hacer lugar.

PLAZO m. Término que se da para pagar o satisfacer una cosa: *dar plazos a un deudor.* (SINÓN. V. *Demora.*) ‖ Cada parte de una cantidad pagadera en dos o más veces.

PLAZOLETA f. Espacio descubierto, a modo de plazuela, en jardines y alamedas. ‖ Plazuela.

PLAZUELA f. Plaza pequeña.

PLEAMAR f. *Mar.* Fin de la creciente del mar y tiempo que dura. ‖ — CONTR. *Bajamar.*

PLEBE f. (lat. *plebs, plebis*). *Antig. rom.* La multitud de los ciudadanos, por oposición a los patricios: *la plebe arrancó poco a poco a los patricios la realidad del poder.* ‖ Pueblo bajo. (SINÓN. V. *Populacho.*)

PLEBEYEZ f. Calidad de plebeyo.

PLEBEYO, YA adj. y s. Propio de la plebe: *edil plebeyo.* (SINÓN. V. *Populachero.*) ‖ Que no es noble: *las luchas entre patricios y plebeyos.*

platija

plaza de toros

Fot. Gilles de La Motte Rouge

plinto

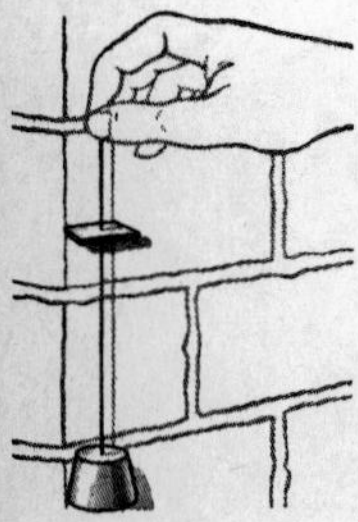

plomada

PLEBISCITAR v. t. Someter a un plebiscito.

PLEBISCITARIO, RIA adj. Relativo o perteneciente al plebiscito: *doctrina plebiscitaria.*

PLEBISCITO m. (lat. *plebiscitum*). Ley establecida por la plebe de Roma reunida por tribus. ‖ Resolución tomada por todos los habitantes de un país a pluralidad de votos. (SINÓN. V. *Votación.*) ‖ Consulta al voto popular directo.

PLECA f. *Impr.* Raya pequeña que, unida con otras, constituye una línea.

PLECTOGNATOS m. pl. Orden de peces teleósteos con la mandíbula superior fija, como el *pez luna.*

PLECTRO m. *Mús.* Palillo que usaban los antiguos para tocar ciertos instrumentos de cuerda. ‖ *Fig.* En poesía, inspiración, estilo.

PLEGABLE adj. Capaz de plegarse, doblegable. (SINÓN. V. *Flexible.*)

PLEGADERA f. Cortapapeles, cuchillo de palo.

PLEGADIZO, ZA adj. Fácil de plegar o doblar.

PLEGADO m. Plegadura. (SINÓN. V. *Rugoso.*)

PLEGADOR, RA adj. y s. Que pliega: *una plegadora de periódicos.* ‖ — M. Instrumento con que se pliega.

PLEGADURA f. Acto de plegar. ‖ Pliegue, doblez.

PLEGAMIENTO m. *Geol.* Deformación de los estratos de la corteza terrestre.

PLEGAR v. t. Hacer pliegues en algo: *plegar un cuello.* ‖ Doblar: *plegar un papel.* ‖ *Ant.* Llorar. ‖ — V. r. Doblarse, someterse. (SINÓN. V. *Ceder.*) ‖ — IRREG. Se conjuga como *acertar.*

PLEGARIA f. Súplica ferviente. ‖ Toque de campanas a mediodía para llamar a oración.

PLEGUERÍA f. Conjunto de pliegues.

PLEISTOCENO, NA adj. y s. m. *Geol.* Dícese de un terreno de principios de la era cuaternaria.

PLEITA f. Trenza de esparto para esteras, etc.

PLEITEANTE adj. y s. Pleitista.

PLEITEAR v. i. Litigar judicialmente.

PLEITESÍA f. *Ant.* Pacto, convenio. ‖ Muestra reverente de acatamiento y cortesía: *rendir pleitesía.*

PLEITISTA adj. y s. Aficionado a los pleitos.

PLEITO m. Disputa o litigio judicial entre dos personas: *sostener un pleito contra un deudor.* ‖ Proceso. ‖ Contienda o riña que se determina por las armas. ‖ Disputa o riña doméstica: *está siempre a pleito con su suegra.*

PLENAMAR f. Pleamar.

PLENAMENTE adv. m. Entera, completamente, de una manera cabal: *estar plenamente convencido.* (SINÓN. V. *Absolutamente.*)

PLENARIO, RIA adj. (lat. *plenarius*). Completo, cumplido: *celebrar una reunión plenaria.* (SINÓN. V. *Entero.*)

PLENILUNIO m. Luna llena.

PLENIPOTENCIA f. Poder pleno que se concede a uno para alguna cosa.

PLENIPOTENCIARIO, RIA adj. y s. Agente diplomático enviado por un Gobierno a otro con plenos poderes.

PLENITUD f. (lat. *plenitudo*). Totalidad: *conservar la plenitud de sus facultades.* ‖ Abundancia excesiva: *plenitud de humores.* (SINÓN. V. *Abundancia.*)

PLENO, NA adj. (lat. *plenus*). Lleno: *estar en pleno vigor.* (SINÓN. V. *Lleno.*) ‖ *Plenos poderes,* delegación temporal del Poder Legislativo otorgado por un Parlamento a un Gobierno. Habilitación para negociar o concluir un tratado. ‖ — M. Reunión o junta general de una corporación. ‖ — OBSERV. Es galicismo decir: *en plena calle* o *cara,* por *en medio de la calle* o *del rostro.*

PLEONASMO m. (del gr. *pleonasmos,* superabundancia). *Gram.* Repetición de palabras de igual sentido para dar más fuerza a la expresión, v. gr.: *lo vi con mis ojos.* ‖ Redundancia viciosa de voces. ‖ — SINÓN. *Batología, datismo, redundancia, tautología.*

PLEONÁSTICO, CA adj. Que encierra pleonasmo.

PLEPA f. *Fam.* Persona o cosa muy defectuosa. ‖ Cosa fastidiosa, molesta.

PLESÍMETRO m. *Med.* Instrumento que sirve para la auscultación.

PLESIOSAURO m. Género de reptiles saurios, fósiles en el terreno secundario.

PLETINA f. Barra de hierro muy aplastada.

PLÉTORA f. (gr. *plêtôra*). *Med.* Superabundancia de sangre o humores. ‖ *Fig.* Exceso. (SINÓN. V. *Abundancia.*)

PLETÓRICO, CA adj. *Med.* Que tiene plétora. ‖ *Fig.* Lleno, rebosante: *pletórico de salud.*

PLEURA f. (del gr. *pleura,* costado). *Zool.* Membrana serosa que cubre el tórax y envuelve los pulmones.

PLEURAL adj. Pleurítico.

PLEURESÍA f. *Med.* Inflamación de la pleura.

PLEURÍTICO, CA adj. y s. *Med.* Que padece pleuresía. ‖ *Anat.* Relativo a la pleura.

PLEURITIS f. *Med.* Pleuresía seca.

PLEURODINIA f. *Med.* Dolor vivo en el tórax.

PLEURONECTOS m. pl. Género de peces planos que nadan de costado.

PLEURONEUMONÍA f. *Med.* Inflamación simultánea de la pleura y el pulmón.

PLEXIGLÁS m. (n. registrado). Una materia plástica transparente como el cristal.

PLEXO m. (del lat. *plexus,* tejido). *Anat.* Red de filamentos nerviosos o vasculares. (El más importante es el *plexo solar,* en el pecho.)

PLÉYADAS f. pl. Pléyades.

PLÉYADE f. Grupo, reunión de hombres, de poetas célebres. (V. *Parte hist.*)

PLÉYADES f. pl. Grupo de estrellas de la constelación de Tauro.

PLICA f. (del lat. *plicare,* plegar, doblar). Pliego cerrado y sellado que no ha de abrirse hasta cierto tiempo. ‖ *Med.* Enfermedad en que se aglomera y pega el pelo o la barba de modo que no se puede desenredar.

PLIEGO m. Papel doblado por medio. ‖ Hoja de papel sin doblar. ‖ Carta o documento cerrado. (SINÓN. V. *Carta.*) ‖ Parte de una hoja de papel doblada 16 ó 32 veces en los impresos. ‖ *Pliego de condiciones,* documento en que constan las que rigen un contrato, servicio, subasta, etc.

PLIEGUE m. Doblez: *hacer dos pliegues en un vestido.* ‖ *Geol.* Ondulación del terreno cuya parte convexa se llama *anticlinal* y la cóncava *sinclinal.*

PLIEGUECILLO m. (dimin. de *pliego*). Medio pliego de papel doblado por la mitad.

PLINTO m. (del gr. *plinthos,* ladrillo). *Arq.* Cuadrado sobre el cual asienta la columna. ‖ Especie de taburete con la superficie almohadillada para ejercicios gimnásticos.

PLIOCENO m. (del gr. *pleion,* más, y *kainos,* reciente). Último período de la era terciaria.

PLISADO m. Acción y efecto de plisar.

PLISAR v. t. Hacer pliegues: *plisar una falda.*

PLOMADA f. Lápiz de plomo que sirve para señalar, en algunos oficios. ‖ Plomo colgado de un hilo que sirve para determinar la vertical. ‖ *Mar.* Sonda. Disciplinas provistas de plomos en las puntas. ‖ Perdigonada, tiro de escopeta. ‖ Plomos que se ponen en las redes de pesca.

PLOMAR v. t. Sellar con plomo un documento.

PLOMAZO m. Herida de perdigón.

PLOMBAGINA f. Grafito, carbón grisáceo y muy deleznable: *la plombagina sirve para fabricar lápices.*

PLOMEAR v. i. Cubrir el blanco los perdigones de un tiro, de acuerdo con la amplitud y precisión del arma que dispara.

PLOMERÍA f. Techo de plomo que se pone en los tejados. ‖ Arte del plomero. ‖ Taller del plomero.

PLOMÍFERO, RA adj. Que contiene plomo: *mena plomífera.* ‖ *Fig.* Pesado, fastidioso.

PLOMIZO, ZA adj. Que tiene plomo. ‖ Que tiene color de plomo: *cielo plomizo.* ‖ Parecido al plomo.

PLOMO m. (lat. *plumbum*). Metal muy pesado, de color gris azulado. ‖ Objeto de plomo: *los plomos de una red.* ‖ Plomada para determinar las verticales. ‖ *Fig.* Bala: *plomo homicida.* ‖ *Fig.* y *fam.* Persona pesada y molesta. ‖ Fusible. ‖ Supercarburante. ‖ *A plomo,* verticalmente.
— El *plomo* (Pb), de número atómico 82, blando y maleable, tiene una densidad de 11,34, punto de fusión a 327,4° C y de ebullición a 1 613° C. Se oxida rápidamente al aire. Encuéntrase en la naturaleza, sobre todo en estado de sulfuro (*galena*), o unido con la plata (*plomo argentífero*). Los principales países productores

son los Estados Unidos, Australia, México, Canadá y Perú. Utilízase el plomo en hojas para cubrir los tejados, las goteras, las paredes de las *cámaras de plomo* que sirven para fabricar el ácido sulfúrico, etc., en tubos para cañerías de agua y gas, etc. Mezclado con arsénico sirve para fabricar balas; con el estaño sirve para hacer vajilla, etc.; por último, entra en la composición de los caracteres de imprenta y en la aleación empleada para las medidas de capacidad. La ingestión y el empleo de las sales de plomo exponen a accidentes graves conocidos con el nombre de *saturnismo*. (V. SATURNISMO.)

PLOMO, MA adj. *Amer.* Plomizo.

PLOMOSO, SA adj. Plomizo.

PLUMA f. (lat. *pluma*). Tubo guarnecido de barbillas o plumón que cubre el cuerpo de las aves. ‖ Conjunto de plumas: *colchón de pluma.* ‖ Pluma de ave que, cortada, sirve para escribir. ‖ Pluma de metal hecha a imitación de las de ave. ‖ Pluma que se usa como adorno: *sombrero con plumas.* ‖ *Col.* Fuente, grifo. ‖ *Fig.* Habilidad en escribir. ‖ *Fig.* Escritor: *una de las mejores plumas de su país.* (SINÓN. V. *Autor.*) ‖ *Fig.* Profesión del escritor. ‖ *Pluma estilográfica,* la que contiene un depósito de tinta en el interior del mango que alimenta la plumilla. ‖ Estilo: *escribir con pluma elocuente.* ‖ *Fig. Al correr de la pluma,* o *a vuela pluma,* muy rápidamente, sin esmerarse. ‖ *Dejar correr la pluma,* escribir con abandono, o dilatarse demasiado en lo que uno escribe.

PLUMADA f. Rasgo de pluma en el papel. ‖ Acción de escribir algo muy breve: *no dar una plumada.*

PLUMADO, DA adj. Que tiene pluma.

PLUMAJE m. Conjunto de las plumas del ave. ‖ Penacho de plumas utilizado como adorno: *el plumaje de un morrión.*

PLUMAJERÍA f. Gran abundancia de plumajes.

PLUMAJERO m. El que hace o vende plumajes.

PLUMARIA adj. f. *Arte plumaria,* arte de bordar figurando aves y plumajes: *el arte plumaria es originario de Oriente.*

PLUMAZO m. El colchón o almohada de pluma. ‖ Plumada, trazo de pluma. ‖ *De un plumazo,* de modo expeditivo.

PLUMAZÓN m. Plumajería. ‖ Plumaje.

PLUMBAGINÁCEAS f. pl. (del lat. *plumbago,* belesa). *Bot.* Familia de plantas dicotiledóneas de Europa que tiene por tipo la belesa.

PLÚMBEO, A adj. De plomo: *aspecto plúmbeo.* ‖ *Fig.* Que pesa como el plomo, pesado.

PLUM-CAKE m. (pal. ingl., pron. *plamkeik*). Pastel de bizcocho con pasas y otros ingredientes.

PLUMEADO m. Conjunto de rayas cruzadas de un dibujo o miniatura.

PLUMEAR v. t. Sombrear un dibujo o formar plumeados en él con trazos de lápiz o de pluma.

PLUMERÍA f. Conjunto o abundancia de plumas.

PLUMERILLO m. o **PLUMERILLA** f. *Riopl.* Especie de mimosa de flor roja.

PLUMERÍO m. Plumería.

PLUMERO m. Mazo de plumas atado a un mango, que sirve para quitar el polvo. ‖ Caja que sirve para llevar las plumas. ‖ Penacho de plumas. ‖ *Amer.* Pluma, portaplumas.

PLUMIER m. Galicismo por estuche donde los estudiantes guardan los lápices, plumas, etc. Pl. *plumieres.*

PLUMÍFERO, RA adj. (de *pluma,* y el lat. *ferre,* llevar). *Poét.* Que tiene o lleva plumas: *ave plumífera.* ‖ *Pop.* Escribiente, chupatintas. (SINÓN. V. *Autor.*)

PLUMILLA f. Pluma pequeña. ‖ *Bot.* Plúmula.

PLUMISTA m. El que tiene por oficio escribir. ‖ El que hace o vende objetos de pluma.

PLUMÓN m. Plumaje delgado y sedoso que tienen las aves entre las plumas mayores. ‖ Colchón lleno de plumón.

PLUMOSO, SA adj. Que tiene mucha pluma.

PLUM-PUDDING m. (pal. ingl., pr. *plumpudin*). Pastel inglés que se hace con harina, grasa, etc.

PLÚMULA f. Yema del embrión de la planta.

PLURAL adj. (lat. *pluralis*). Que indica la pluralidad: *la terminación plural es en castellano la s.* ‖ — M. Número plural: *decir el plural de una palabra.* ‖ — CONTR. *Singular.*

PLURALIDAD adj. (del lat. *pluralis,* plural). El mayor número: *elegido a pluralidad de los votos.* ‖ Multiplicidad.

PLURALISMO m. Multiplicidad. ‖ Sistema político que se basa en la coexistencia de grupos u organismos diferentes e independientes: *pluralismo sindical.*

PLURALIZACIÓN f. Acción y efecto de pluralizar.

PLURALIZAR v. t. *Gram.* Dar el número plural. ‖ Atribuir a dos o más sujetos lo que es sólo propio de uno.

PLURICELULAR adj. De muchas células.

PLUS m. Sobresueldo, aditamento.

PLUSCUAMPERFECTO m. *Gram.* Tiempo que expresa que una cosa estaba ya hecha o podía estarlo cuando otra se hizo: *yo había tenido; yo hubiera, habría* o *hubiese tenido.*

PLUSMARCA f. Récord.

PLUSMARQUISTA m. y f. Persona que tiene un récord o plusmarca.

PLUS ULTRA, loc. lat. que significa *más allá.*

PLUSVALÍA f. Aumento del valor de las cosas. ‖ Aumento en el precio de un trabajo motivado por dificultades en el mismo. ‖ En la doctrina marxista, diferencia entre el valor de los bienes producidos y el salario que recibe el trabajador.

PLUTOCRACIA f. (del gr. *ploutos,* riqueza). Preponderancia de la clase rica en el gobierno.

EL PLURAL

Plural de los nombres comunes

REGLAS GENERALES:

a) Se añade *s* al singular en las palabras acabadas en vocal no acentuada o en *e* acentuada.	*hombre,* *crónica,* *café,*	*hombres.* *crónicas.* *cafés.*
b) Se añade *es* al singular en las palabras acabadas en consonante o en vocal acentuada.	*tizón,* *alhelí,*	*tizones.* *alhelíes.*
Excepciones: papás, mamás, sofás, dominós. *Maravedí* tiene tres plurales, en *is, íes, ises.*		
Los sustantivos esdrújulos o graves acabados en *s* no varían en su plural, y su número se distingue por el artículo.	*la crisis,* *el jueves,*	*las crisis.* *los jueves.*
Algunos sustantivos, al pluralizarse, desplazan el acento.	*régimen,* *carácter,*	*regímenes.* *caracteres.*
Al formar el plural, la *z* final se transforma en *c.*	*luz,* *aprendiz,*	*luces.* *aprendices.*

Notas: 1) Carecen de plural los nombres genéricos de sustancias que son ilimitadas en su cantidad, cuando se habla de ellas en absoluto: *el agua, el vino, la plata.* Igualmente los nombres de ciencias, artes, virtudes, profesiones, etc., cuando se usen con su significación propia: *la física, la pintura, la caridad, la ingeniería,* etc. No obstante, estos nombres admiten plural cuando se refieren a un objeto concreto o a las manifestaciones de dichas cualidades abstractas: *las aguas medicinales, las pinturas primitivas.* Tampoco tienen plural muchos nombres terminados en -ISMO, como *cristianismo, vandalismo,* etc.

2) Carecen de singular los sustantivos que expresan variedad de partes o acciones: *enseres, exequias, andaderas, gafas, nupcias, víveres,* etc., pero existe una tendencia a singularizar algunos: *tijera, tenaza, pantalón.*

Plural de los nombres propios

Como norma general puede considerarse que los nombres propios no tienen plural.

Los apellidos se ponen en plural para designar una familia o un grupo de gentes del mismo nombre. Sin embargo, la costumbre clásica de pluralizar los apellidos se va perdiendo poco a poco. Actualmente hay una tendencia a pluralizar solamente el artículo.

García, *los García.*
Moncada, *los Moncada.*
Montero, *los Montero.*

Un ejemplo clásico de pluralización nos lo da Cervantes: *"Los antiguos Curcios, Gayos y Cipiones romanos... los modernos Colomas y Ursinos.... los Moncadas y Requesenes..."* (EL QUIJOTE.)

No varían los patronímicos graves y esdrújulos acabados en *z.*

López, *los López.*
Díaz, *los Díaz.*

Los apellidos extranjeros no se pluralizan.

Duval, *los Duval.*
Smith, *los Smith.*

Los apellidos compuestos pluralizan sólo el segundo elemento.

Buendía, *los Buendías.*
Calzacorta, *los Calzacortas.*

Precedidos de la palabra hermanos son invariables. Los hermanos Pinzón.

Los apellidos, cuando tienen un carácter apelativo, admiten el plural: *había tres Murillos en el museo,* e igualmente cuando toman una significación genérica: *la época de los Riberas, Zurbaranes,* etc.

Los nombres propios geográficos carecen en general de plural: *Francia, Perú,* etc., a no ser que ellos mismos sean plurales, como *los Pirineos, los Andes, las Canarias.* También se puede decir *las Castillas, las Américas* (por ser varios los componentes de estas entidades geográficas), o *las Españas* (plural que abarca los antiguos reinos peninsulares y los extensos dominios que España poseía).

A veces se ponen en plural nombres que representan objetos únicos, cuando los consideramos multiplicados: *"abrasar dos mil Troyas, si dos mil Troyas hubiera".* (EL QUIJOTE.)

Plural de los nombres abstractos

Algunos nombres que en singular designan cosas abstractas (p. ej., *el bien*) al formar el plural toman una significación concreta (*los bienes; las riquezas*).

interés, *intereses.*
esperanza, *esperanzas.*
amor, *amores.*

Se usan plurales abstractos para designar fuertes estados de ánimo, pasiones, momentos emocionales, etc. Por ejemplo: *mis temores* me perderán; *las prisas* no sirven para nada; *aquellos arrebatos* de un momento desaparecieron más tarde.

Plural de las palabras extranjeras

Las palabras extranjeras no se ajustan a una regla fija de formación del plural. He aquí algunos de los ejemplos más frecuentes:

frac,	*fraques.*	*clown,*	*clowns.*	*cabaret,*	*cabarets.*	*record,*	*records.*
lord,	*lores.*	*cóctel,*	*cócteles.*	*chófer,*	*chóferes.*	*mitin,*	*mítines.*
club,	*clubs.*	*álbum,*	*álbumes.*	*bloc,*	*blocs.*	*coñac,*	*coñacs.*

Fórceps y *bíceps* son invariables.

Plural de las palabras compuestas

No existe regla fija para la pluralización de los compuestos, que depende en cada caso particular del tipo de unión de los elementos. Lo más habitual es que pluralicen el segundo elemento y el primero permanezca invariable. Sin embargo, pueden darse los siguientes casos:

a) Que permanezcan invariables. *cortaplumas,* *los cortaplumas.* *sacapuntas,* *los sacapuntas.*

b) Que pluralicen el primer componente. *hijodalgo,* *hijosdalgo.* *cualquiera,* *cualesquiera.*

c) Que pluralicen el segundo componente. *pasodoble,* *pasodobles.* *ferrocarril,* *ferrocarriles.*

d) Que pluralicen ambos elementos. *ricohombre,* *ricoshombres.*

PLUTÓCRATA m. Individuo de la plutocracia. (SINÓN. V. *Rico.*)
PLUTOCRÁTICO, CA adj. De la plutocracia.
PLUTONIANO, NA o **PLUTÓNICO, CA** adj. Relativo al plutonismo.
PLUTONIO m. Metal (Pu), de número atómico 94, obtenido en las pilas de uranio. Se emplea en la fabricación de bombas atómicas.
PLUTONISMO m. (de *Plutón,* dios mitológico). *Geol.* Teoría geológica que atribuye la formación de la corteza terrestre a la acción del fuego interior.
PLUVIAL adj. Relativo a la lluvia: *agua pluvial.* || *Capa pluvial,* ornamento sagrado que usan los prelados y sacerdotes en las vísperas y las procesiones. || *P. Rico.* Frailecito, ave.
PLUVIOMÉTRICO, CA adj. Perteneciente o relativo al pluviómetro.
PLUVIÓMETRO m. (del lat. *pluvia,* lluvia, y el gr. *metron,* medida). Instrumento para medir la cantidad de lluvia caída.
PLUVIOSIDAD f. Carácter pluvioso. || Cantidad de lluvia caída en tiempo determinado.
PLUVIOSO, SA adj. (lat. *pluviosus*). Lluvioso. || — M. Quinto mes del calendario republicano francés (de 20 de enero a 18 de febrero).
P. M., abrev. de *post-meridiem,* que significa *después de mediodía: a las 3 p. m.*
Pm, símbolo químico del *prometeo.*
Po, símbolo químico del *polonio.* || Símbolo del *poise.*
POBEDA f. Sitio poblado de pobos o álamos.
POBLACIÓN f. Acción y efecto de poblar: *la población de un desierto.* || Conjunto de pobladores: *la población de Chile.* || Ciudad, villa: *población industrial.* (SINÓN. *Aglomeración, aldea, caserío, localidad, lugar, pueblo.*) || *Arg.* Edificios de un establecimiento de campo.
POBLACHO m. *Despect.* Pueblo destartalado.
POBLADA f. *Amer.* Tumulto, sedición, motín, asonada. || *Amer.* Turba, gentío, multitud grande.
POBLADO, DA adj. Habitado. (SINÓN. *Bullicioso, populoso.*) || — M. Población, lugar: *llegar a un poblado.*
POBLADOR, RA adj. y s. Que puebla un país. || Fundador de una colonia.
POBLANO, NA m. y f. *Amer.* Habitante de un pueblo, aldeano. || — Adj. y s. De Puebla.
POBLAR v. t. Establecer hombres, animales o vegetales en un lugar donde no los había antes: *Rómulo pobló Roma; poblar un estanque.* || Procrear mucho. || — V. r. Cubrirse los árboles de hojas por primavera. || — IRREG. Se conjuga como *contar.*
POBO m. (lat. *populus*). Álamo blanco.
POBRE adj. y s. (lat. *pauper*). Desprovisto o mal provisto de lo necesario: *las clases pobres.* (SINÓN. *Apurado, desdichado, desgraciado, desheredado, infeliz, necesitado, paria.* V. tb. *insolvente.*) || Escaso: *lengua pobre de sinónimos.* (SINÓN. V. *Estéril.*) || *Fig.* Humilde, modesto: *un pobre traductor.* || *Fig.* Pacífico, corto de genio: *es un pobre chico sin pretensiones.* || *Más pobre que Carracuca, que una rata,* muy pobre. || — M. Mendigo: *pobre porfiado saca mendrugo.* (CONTR. *Rico.*)
POBREMENTE adv. m. Con pobreza o escasez.
POBRERÍA f. y **POBRERÍO** m. Pobretería.
POBRETE, TA adj. y s. Desgraciado, infeliz. || *Fam.* Sujeto inútil pero de buen natural.
POBRETEAR v. i. Comportarse como pobre.
POBRETERÍA f. Multitud o conjunto de pobres. || Pobreza.
POBRETÓN, ONA adj. y s. Muy pobre.
POBREZA f. Estado del que carece de lo necesario para vivir: *pobreza no es vileza.* || Falta, escasez: *pobreza de recursos.* (SINÓN. *Apuro, estrechez, indigencia, inopia, miseria, molestia, necesidad, pauperismo, penuria, privación.* Pop. *Piojería.*) || Dejación voluntaria de todo lo que se posee: *voto de pobreza.* || Escaso haber de la gente pobre. || *Fig.* Falta de magnanimidad, de nobleza, de gallardía: *pobreza de espíritu.* || — CONTR. *Riqueza, fortuna.*
POBRÍSIMO, MA adj. Superlativo de *pobre.* La forma culta es *paupérrimo.*
POCERO m. El que trabaja en la construcción de los pozos. || El que se dedica a limpiar los pozos o depósitos de inmundicias.

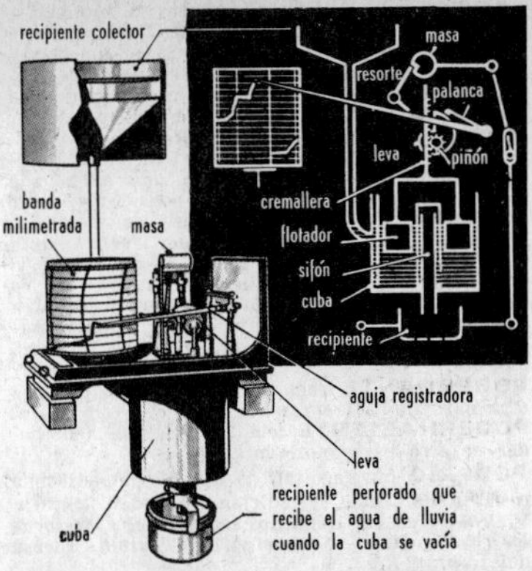

PLUVIÓMETRO

La lluvia recogida por el colector eleva el flotador y la cremallera; este movimiento se transmite por medio del piñón y la leva a la aguja registradora. Al final de su recorrido y antes de ponerse de nuevo a 0, la aguja actúa sobre el resorte y libera la masa, que a su vez presiona la cremallera. El flotador, actuando como émbolo, empuja el agua y ceba el sifón. La cuba se vacía entonces en el recipiente inferior y el peso del agua actúa sobre la masa, que vuelve a su posición primitiva

POCILGA f. Establo para el ganado de cerda. (SINÓN. V. *Establo.*) || *Fig.* y *fam.* Lugar sucio y asqueroso: *esa casa es una verdadera pocilga.*
POCILLO m. Tinaja empotrada en tierra para recoger un líquido. || Jícara para el chocolate.
PÓCIMA f. Cocimiento medicinal de materias vegetales. || *Fig.* Cualquier bebida medicinal: *pócima amarga.* (SINÓN. V. *Medicamento.*)
POCIÓN f. (del lat. *potare,* beber). *Farm.* Remedio líquido que se da a beber. || Bebida.
POCO, CA adj. Escaso, limitado: *trabajo poco abundante.* || — M. Cantidad corta: *un poco de dinero.* || — Adv. c. En corta cantidad: *comer muy poco por las noches.* Indica también corta duración: *poco ha de tardar.* || *A poco,* m. adv., poco tiempo después. || *De poco más o menos,* m. adv., de poca importancia. || *Dentro de poco,* después de un corto tiempo. || *En poco,* m. adv., a punto, muy cerca: *estuvo en poco que le pegase.* || *Poco a poco,* m. adv., despacio, con lentitud. De corta en corta cantidad. || *Poco más o menos,* m. adv., con corta diferencia. || *Por poco,* m. adv., casi: *por poco se cayó al verle.* || *Ser para poco,* ser apocado. || *Ser poca cosa,* tener poca importancia. || *Tener en poco,* desestimar, despreciar.
POCHEQUERÍA f. *Per.* Anemia infantil.
POCHO, CHA adj. Descolorido. || *Chil.* Gordo y chico, rechoncho. || Demasiado maduro. || *Chil.* Truncado. || *Chil.* Torpe. || — *F. Chil. Fam.* Mentira, bola.
POCHOCHO, CHA adj. *Chil.* Rechoncho.
POCHOTE m. *C. Rica* y *Hond.* Árbol malváceo espinoso. || *Méx.* Barrillo en la cara.
PODA f. Acción de podar y tiempo en que se poda.
PODADERA f. *Agr.* Herramienta para podar.
PODADOR, RA adj. y s. Que poda los árboles.
PODADURA f. Poda, acción de podar.
PODAGRA f. (lat. *podagra*). Gota en el pie.
PODAR v. t. (lat. *putare*). Cortar las ramas superfluas de las plantas: *podar un árbol.* || — SINÓN. *Desmochar, escamondar, mondar.*
PODAZÓN f. Tiempo en que se efectúa la poda.
PODENCO, CA m. Clase de perros de caza.
PODER m. Autoridad, dominio, imperio de una cosa: *lo que me pides no está en mi poder.* || Fuerzas militares de un Estado. || Instrumento con que se autoriza a alguien para que haga una cosa por uno. || Posesión: *la carta está en poder del juez.* || — Pl. *Fig.* Autorización para hacer algo: *dar plenos poderes a una persona.* (SINÓN. V. *Facultad* y *mandato.*) || *Poder Legislativo,* en los gobiernos constitucionales, asambleas que preparan las leyes. || *Poder Ejecutivo,* el encargado de hacer ejecutar las leyes. || *Poder Judicial,* el encargado de administrar la justicia. || *Poder absoluto,* autoridad absoluta de un monarca. || *A poder de,* m. adv., a fuerza de. || *De poder a poder,* m. adv., con todas las fuerzas disponibles. *Taurom.* De cualquier modo, en un lance peligroso. || *Dar poder,* autorizar. || *Obrar por poder,* tratar en nombre de otro: *casarse por poder.* || *Hacer un poder,* m. adv., hacer un esfuerzo.

PODADERAS

de árboles

de arbustos

POLEAS

ordinaria

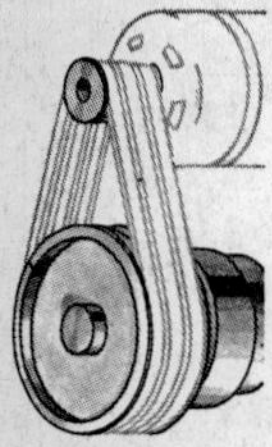

de transmisión

PODER v. t. (lat. *potere*). Tener la facultad o el medio de hacer una cosa: *puedo comprar ese libro.* ‖ Tener fuerza, actividad, para una cosa: *más hace el que quiere que el que puede.* ‖ — Impers. Ser contingente una cosa: *puede que llueva mañana.* ‖ *A más no poder,* m. adv., a la fuerza, y también, todo lo posible: *comer a más no poder.* ‖ *Hasta más no poder,* m. adv., excesivamente. ‖ *Fig. No poder con una persona* o *cosa,* no poderla soportar. ‖ *No poder más,* estar muy fatigado. ‖ *No poder menos,* ser necesario, forzoso. ‖ *Fig. No poder tragar, ver a uno,* tenerle aversión, aborrecerle. ‖ *Fam. Poder a uno,* tener más fuerza que él, vencerle. ‖ *No puede ser,* es imposible. ‖ — IRREG. Se conjuga como *mover.* Además cambia *o* en *u* en el pretérito y sus derivados: *pude, pudiera, pudiese, pudiere.*

PODERDANTE com. Persona que da poder a otra para que le represente.

PODERHABIENTE com. Persona que tiene poder de otra para representarla.

PODERÍO m. Facultad de hacer o impedir una cosa. ‖ Potestad, jurisdición. ‖ Poder. (SINÓN. V. *Autoridad.*) ‖ Dominio, señorío: *el poderío de los reyes.* (SINÓN. V. *Fuerza.*) ‖ *Taurom.* Fuerza del toro.

PODEROSAMENTE adv. m. De modo poderoso.

PODEROSO, SA adj. y s. Que tiene poder: *un hombre muy poderoso.* (SINÓN. V. *Fuerte.*) ‖ Rico, afortunado: *adular a los poderosos.* ‖ Activo, eficaz: *un remedio poderoso.*

PODESTÁ m. Primer magistrado de algunas ciudades de Italia, en la Edad Media; hoy alcalde.

PODIO m. (lat. *podium*). Lugar del circo donde se colocaban los senadores y los principales magistrados romanos. ‖ Base común a varias columnas. (SINÓN. V. *Pedestal.*) ‖ Pequeño escabel donde se suben los triunfadores de una prueba olímpica o de otras competiciones deportivas.

PODÓMETRO m. Aparato que sirve para medir la velocidad de los que caminan a pie.

PODÓN m. *Agr.* Una especie de podadera grande.

PODRE f. Cosa podrida, pus.

PODREDUMBRE f. Corrupción, putrefacción. ‖ Podre: *limpiar la podredumbre de una llaga.* ‖ *Fig.* Sentimiento hondo y no comunicado.

PODREDURA y **PODRICIÓN** f. Putrefacción.

PODRIDERO m. Pudridero.

PODRIDO, DA adj. Echado a perder: *fruta podrida.* ‖ Viciado: *sociedad podrida.*

PODRIGORIO m. *Fam.* Persona llena de achaques: *ser un podrigorio.*

PODRIR v. t. Pudrir. ‖ *Amer.* Denota abundancia: *podrido de dinero.* ‖ — IRREG. Se conjuga como *pudrir* (*pudro, pudría, pudriré, pudriese,* etc.); sólo son regulares el infinitivo *podrir* y el p. p. *podrido.*

PODZOL (pal. rusa). Suelo ceniciento propio de países húmedos y fríos.

POEMA m. (gr. *poiêma*). Obra larga en verso: *los poemas de Homero fueron reunidos por orden de Pisístrato.* ‖ Poesía. ‖ Obra en prosa, de asunto poético: *poemas en prosa de Baudelaire.* ‖ *Poema sinfónico,* composición para orquesta sobre una idea poética u obra literaria.

POEMÁTICO, CA adj. Relativo al poema.

POESÍA f. (gr. *poiêsis*). Arte de hacer versos: *cultivar la poesía.* ‖ Armonía, inspiración. ‖ Elevación de ideas o de estilo: *versos llenos de poesía.* ‖ Cada uno de los géneros poéticos: *poesía épica, lírica.* ‖ Carácter de lo que eleva el alma: *la poesía del mar.* ‖ Poema de poca extensión: *recitar una poesía.* ‖ Obra o composición en verso: *las poesías de Garcilaso.*

POETA m. (lat. *poeta*). El que escribe en verso o está dotado de imaginación poética: *un poeta inspirado.* (Su femenino es *poetisa.* Como adjetivo tiene los dos géneros: *mujer, hombre poeta.*) ‖ — SINÓN. *Aedo, cantor, bardo, rapsoda, vate, rimador.* V. tb. *autor* y *trovador.*

POETASTRO m. *Fam.* Mal poeta.

POÉTICA f. Arte de la poesía. ‖ Obra que da reglas acerca de la poesía: *la poética de Horacio, Boileau, Luján.* ‖ *Licencia poética,* derogación de las reglas de la gramática o de la versificación.

POÉTICAMENTE adv. m. De manera poética.

POÉTICO, CA adj. (lat. *poeticus*). Relativo a la poesía. ‖ Propio de la poesía: *estilo poético.*

POETISA f. La mujer que escribe obras poéticas.

POETIZAR v. t. Elevar al tono de la poesía: *poetizar una escena.* ‖ Embellecer por medio de la poesía: *poetizar su cautiverio.*

POGROM m. (pal. rusa). Movimiento popular dirigido por las autoridades zaristas para la exterminación de los judíos.

POÍNO m. (del lat. *podium,* poyo). Codal que sirve para sustentar las cubas en las bodegas.

POISE m. (de *Poiseuille*). Unidad de viscosidad dinámica (símb.: Po) en el sistema C.G.S., que equivale a la décima parte de poiseuille.

POISEUILLE m. Unidad de viscosidad dinámica (símb.: Pl).

PÓKER m. Juego de cartas de envite de origen norteamericano.

POLACO, CA adj. De Polonia. ‖ — F. Prenda de vestir. ‖ — M. *Guat.* Guardia, policía.

POLAINA f. Especie de botín que cubre la parte superior del pie y la pierna: *polaina de cuero.* ‖ *Hond.* Zapato muy grande o tosco. ‖ *Arg., Bol.* y *Hond.* Contrariedad.

POLAR adj. Relativo a los polos: *estrella polar* (v. *Parte hist.*); *círculo polar* (v. CÍRCULO); *mares, tierras polares.* ‖ *Electr.* Relativo a los polos de un imán o pila eléctrica.

POLARIDAD f. *Electr.* Cualidad que permite distinguir cada polo de un imán o de un generador eléctrico. ‖ Propiedad de un cuerpo de orientar los elementos que lo forman o polarizarse ‖ Propiedad de adquirir una orientación fija en el espacio.

POLARÍMETRO m. *Fís.* Aparato que sirve para medir la desviación experimentada por el plano de polarización.

POLARISCOPIO m. Instrumento para averiguar si un rayo de luz emana directamente de un foco o está ya polarizado.

POLARIZACIÓN f. Conjunto de propiedades particulares que tienen los rayos luminosos reflejados o refractados. ‖ *Electr.* Diferencia de potencial entre dos conductores. ‖ *Polarización de una pila eléctrica,* disminución de su intensidad por depósito de hidrógeno en su polo positivo.

POLARIZADOR adj. y s. Aparato que sirve para polarizar la luz.

POLARIZAR v. t. *Fís.* Causar la polarización. ‖ Concentrar sobre sí la atención o las críticas de la opinión: *polarizar un auditorio.*

POLCA f. Danza originaria de Bohemia: *la polca tiene ritmo vivo.* ‖ Música de este baile. ‖ *Méx.* Frasco de tocador. ‖ *Cub.* Bizcocho para el chocolate. ‖ *Arg.* Látigo para el caballo. ‖ *Hond. A la polca,* m. adv., a las ancas.

PÓLDER m. En Holanda, región fértil ganada por el hombre al mar o hecha en terrenos pantanosos desecados.

POLEA f. (lat. *polea*). Rueda de madera o metal, de canto acanalado, móvil sobre su eje, por la que corre una cuerda: *la polea permite levantar pesos considerables con poco esfuerzo.* ‖ Rueda de llanta plana para transmisión por correas.

POLEADA f. *Arg.* Una sopa muy clara. ‖ — Pl. Gachas, puches.

POLEMARCA m. (del gr. *polemos,* guerra, y *arkhos,* mando). *Antig. gr.* Jefe de un ejército. ‖ Nombre que se daba en Grecia al tercer arconte, encargado del mando del ejército.

POLÉMICA f. Arte de ofender y defender las plazas fuertes. ‖ Controversia: *polémica literaria.* (SINÓN. V. *Discusión.*) ‖ *Fam.* Disputa.

POLÉMICO, CA adj. Relativo a la polémica.

POLEMISTA com. El que sostiene una polémica.

POLEMIZAR v. t. Trabar una polémica.

POLEMONIÁCEAS f. pl. *Bot.* Familia de dicotiledóneas que tienen por tipo el polemonio o valeriana griega.

POLEMONIO m. Planta herbácea polemoniácea, de hojas sentadas y flores olorosas.

POLEN m. (del lat. *pollen,* flor de la harina). *Bot.* Polvillo fecundante de las flores: *los insectos contribuyen a diseminar el polen.*

POLENTA f. (lat. *polenta*). Gachas de maíz.

POLEO m. (lat. *poleium*). Planta de la familia de las labiadas parecida a la hierbabuena. ‖ *Fam.* Viento recio y fresco: *corre un buen poleo.*

POLI, prefijo, del gr. *polis,* que denota pluralidad: *poligamia, polinomio.*

POLIANDRA adj. y s. Que tiene varios maridos.

POLIANDRIA f. Estado de la mujer casada con dos o más hombres. ‖ *Bot.* Condición de la flor que tiene muchos estambres.
POLIANTEA f. (de *poli*, y el gr. *anthos*, flor). Colección de noticias diversas. (SINÓN. *Miscelánea.*)
POLIARQUÍA f. Gobierno de muchos.
POLIBÁSICO m. Ácido que contiene más de un átomo de hidrógeno ácido en una molécula.
POLICÍA f. (del gr. *politeia*, gobierno de una ciudad). Conjunto de los reglamentos que mantienen el orden público: *la policía de un Estado.* ‖ Administración encargada de mantener dicho orden: *denunciar a la policía.* ‖ Conjunto de agentes: *viene la policía.* ‖ Limpieza, aseo: *dormitorio en perfecto estado de policía.* ‖ *Policía secreta*, aquella cuyos individuos no llevan uniforme a fin de pasar desapercibidos. ‖ *Policía urbana*, la encargada de la vía pública. ‖ — M. Agente de policía. (SINÓN. *Detective, esbirro.* Pop. *Chapa.*)
POLICIACO, CA y **POLICÍACO, CA** adj. De la policía.
POLICIAL adj. Relativo o perteneciente a la policía. ‖ — M. *Amer.* Agente de policía.
POLICITACIÓN f. Promesa aún no aceptada.
POLICLÍNICA f. Consultorio de varias especialidades.
POLICROÍSMO m. *Fís.* Fenómeno luminoso que presentan ciertas substancias que cambian de color según el lado de que se miran.
POLICROMÍA f. Mezcla de colores diversos.
POLICROMO, MA adj. (gr. *polykhrômos*). De varios colores: *una composición policroma.*
POLICHINELA m. Personaje cómico del teatro de marionetas. (En este sentido se escribe con mayúscula.) [SINÓN. V. *Bufón* y *muñeco*.] (V. tb. *Parte hist.*). ‖ Hombre que cambia frecuentemente de opinión.
POLIDIPSIA f. Necesidad de beber con frecuencia.
POLIÉDRICO, CA adj. *Geom.* Relativo al poliedro: *cristal poliédrico.*
POLIEDRO adj. m. (de *poli*, y el gr. *edra*, cara). Que tiene varias caras: *ángulo poliedro.* ‖ — M. *Geom.* Cuerpo geométrico limitado por caras planas poligonales.
POLIFÁSICO, CA adj. Que presenta varias fases sucesivas: *una corriente eléctrica polifásica.*
POLIFONÍA f. *Mús.* Conjunto de sonidos simultáneos, en que cada uno expresa su idea musical formando un todo armónico.
POLIFÓNICO, CA y **POLÍFONO, NA** adj. Relativo a la polifonía.
POLIFORME adj. Multiforme.
POLÍGALA f. (de *poli*, y el gr. *gala*, leche). Planta de la familia de las poligaláceas.
POLIGALÁCEAS f. pl. *Bot.* Familia de plantas dicotiledóneas propias de climas templados, a la que pertenecen la polígala y la ratania.
POLIGAMIA f. (gr. *polygamia*). Calidad de polígamo: *la ley castiga la poligamia.*
POLÍGAMO, MA adj. y s. (de *poli*, y el gr. *gamos*, matrimonio). Casado simultáneamente con varias mujeres, hablando de un hombre. (Se dice alguna vez de una mujer casada con varios hombres, pero en ese caso se debe decir *poliandra.*) ‖ *Bot.* Dícese de las plantas que tienen en la misma mata flores machos y hembras. ‖ — CONTR. *Monógamo.*
POLIGENISMO m. Doctrina que admite variedad de orígenes en la especie humana.
POLIGLOTÍA f. Conocimiento práctico de diversos idiomas.
POLÍGLOTO, TA y **POLIGLOTO, TA** adj. y s. (de *poli*, y el gr. *glotta*, lengua). Escrito en varias lenguas: *Biblia poliglota.* ‖ — M. y f. Persona que sabe varias lenguas.
POLIGONÁCEAS f. pl. (de *poli*, y el gr. *gonu*, nudo de una rama). *Bot.* Familia de angiospermas dicotiledóneas de tallos nudosos a que pertenecen el alforfón, la sanguinaria mayor, el ruibarbo y la acedera.
POLIGONAL adj. *Geom.* Que tiene varios ángulos. ‖ Cuya base es un polígono: *un prisma poligonal.*
POLÍGONO, NA m. (de *poli*, y el gr. *gônos*, ángulo). Superficie plana limitada por todas partes por líneas rectas o curvas. ‖ Poligonal. ‖ Campo de tiro y de maniobras de la artillería. ‖ *Polígono de desarrollo*, zona de desarrollo industrial.
POLIGRAFÍA f. (gr. *polygraphia*). Parte de una biblioteca que comprende obras de polígrafos. ‖ Ciencia del polígrafo. ‖ Arte de escribir y descifrar los escritos secretos.
POLÍGRAFO m. (de *poli*, y el gr. *graphein*, escribir). Autor que escribe sobre materias muy diferentes: *San Isidoro de Sevilla fue un polígrafo ilustre.* (SINÓN. *Enciclopedista.*)
POLILLA f. Mariposa nocturna, cuya larva destruye las pieles, el papel, etc. ‖ *Fig.* Cosa que destruye insensiblemente otra: *el vicio es polilla del caudal.*
POLIMETRÍA f. *Ret.* Variedad de metros en una misma composición.
POLÍMETRO m. Aparato formado por un termómetro y un higrómetro, que sirve para determinar el punto de rocío.
POLIMERÍA f. (de *poli*, y el gr. *meros*, parte). Isomería de los cuerpos formados por la reunión de varias moléculas en una sola, como ocurre con los ácidos ciánico y cianúrico.
POLIMERIZACIÓN f. Carácter de polímero.
POLÍMERO, RA adj. y s. m. Dícese de los cuerpos que presentan el fenómeno de la polimería.
POLIMORFISMO m. El carácter de polimorfo.
POLIMORFO, FA adj. Dícese de los cuerpos que se presentan bajo diversas formas, sin cambiar de naturaleza: *el azufre y el fósforo son polimorfos.*
POLÍN m. Rodillo de madera.
POLINESIO, SIA adj. y s. De Polinesia.
POLINEURITIS f. *Med.* Inflamación simultánea de varios nervios.
POLÍNICO, CA adj. Del polen: *tubos polínicos.*
POLINIZACIÓN f. La fecundación por el polen.
POLINOMIO m. (de *poli*, y el gr. *nomos*, división). *Alg.* Expresión algébrica de varios términos.
POLIOMIELITIS f. (del gr. *polios*, gris, y *muelos*, medula). Enfermedad contagiosa del hombre, producida por un virus que se fija sobre los centros nerviosos, en particular sobre la medula espinal, y provoca parálisis que pueden ser mortales cuando tocan los músculos respiratorios.
POLIOMIELÍTICO adj. De la poliomielitis.
POLIPASTO m. Sistema de correas formado por un conjunto de poleas móviles y otras fijas.
POLIPERO m. Grupo de pólipos que viven sobre un soporte calcáreo, arborescente, que ellos mismos segregan.
POLIPÉTALO, LA adj. *Bot.* De muchos pétalos: *corola polipétala.*
PÓLIPO m. (de *poli*, y gr. *pous*, pie). Nombre vulgar de los *celentéreos.* ‖ Pulpo, molusco. ‖ *Med.* Tumor blando, fibroso, que nace en las mucosas: *un pólipo nasal.*
POLIPODIÁCEAS f. pl. Familia de helechos no arborescentes con rizomas ramificados.
POLIPODIO m. Planta de las polipodiáceas.
POLÍPTICO m. Cuadro con muchos tableros pintados: *políptico del Cordero Místico.*
POLIS f. Ciudad-Estado de la antigua Grecia. ‖ Estado.
POLISACÁRIDOS m. pl. Hidratos de carbono formados por la unión de varias moléculas de azúcar, como el almidón, la celulosa, etc.
POLISEMIA f. Pluralidad de significados de una palabra.
POLISÉPALO, LA adj. *Bot.* De muchos sépalos.
POLISÍLABO, BA adj. Que consta de varias sílabas: *palabra polisílaba.*
POLISÍNDETON m. *Ret.* Figura que consiste en repetir las conjunciones.
POLISINTÉTICO, CA adj. Dícese de las lenguas en que las diversas partes de la frase se unen en una especie de palabra muy larga: *muchas lenguas americanas son polisintéticas.*
POLISÓN m. (fr. *polisson*). Especie de ahuecador que llevaban las mujeres bajo la falda.
POLISPASTO m. Polipasto.
POLISSOIR m. (pal. fr., pr. *polisuar*). Instrumento para pulir las uñas.
POLISTA f. Especie de avispa común en Europa. ‖ — Com. Jugador de polo.

polichinela

POLÍGONOS

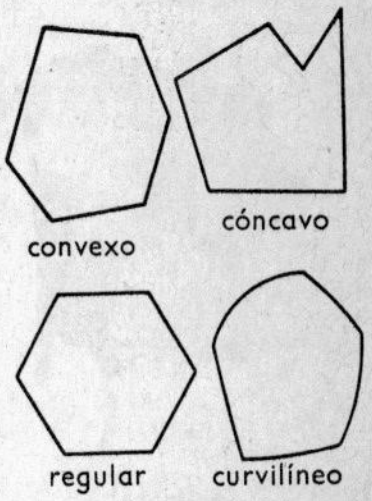

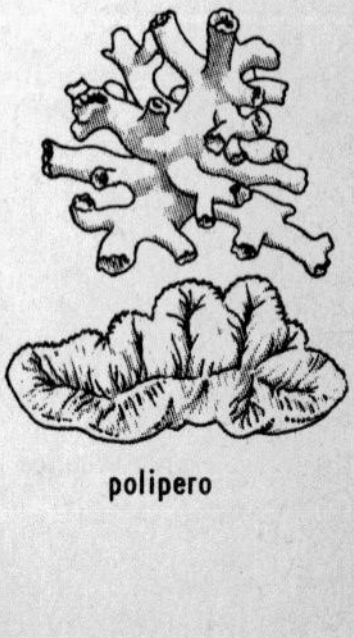
polipero

polo

POLISTILO, LA adj. De varias columnas. || *Bot.* Que tiene muchos estilos.

POLITBURÓ m. Oficina política del Comité Central del Partido Comunista de la U.R.S.S.

POLITÉCNICO, CA adj. (de *poli*, y el gr. *tekhnê*, arte). Que abraza muchas ciencias o artes.

POLITEÍSMO m. (de *poli*, y el gr. *theos*, dios). Religión que admite la pluralidad de los dioses: *el politeísmo romano.* || — CONTR. *Monoteísmo.*

— El *politeísmo* fue la religión de los griegos y de los romanos antes de la llegada de Jesucristo, y es aún la de gran número de pueblos de Asia y África. Los tres principales sistemas de politeísmo son: la *idolatría*, adoración de varios dioses personificados por ídolos groseros; el *sabeísmo*, culto de los astros y del fuego, y el *fetichismo*, culto supersticioso de ídolos u objetos practicado por ciertas tribus.

POLITEÍSTA adj. y s. Que profesa el politeísmo.

POLÍTICA f. (gr. *politikê*). Arte, doctrina u opinión referente al gobierno de los Estados. || Asuntos que interesan al Estado. || Modo de dirigirlos: *política exterior, interior.* || *Por ext.* Arte de conducir un asunto para alcanzar un fin. || Cortesía. (SINÓN. V. *Urbanidad.*)

POLITICASTRO m. *Despect.* El que politiquea.

POLÍTICO, CA adj. Relativo a la política: *periódico político.* || Que se ocupa en los asuntos del Estado: *un hombre político.* || — M.: *un político hábil.* || Versado en las cosas del gobierno y negocios del Estado. || Cortés, urbano: *una persona poco política.* || Con ciertos nombres de parentesco indica el de afinidad: *padre político* (suegro), *hermano político* (cuñado).

POLITICÓN adj. Exageradamente ceremonioso.

POLITIQUEAR v. i. *Fam.* Hablar de cuestiones políticas sin necesidad o sin capacidad para ello. || — V. t. Bastardear los fines de la actuación política.

POLITIQUEO m. *Fam.* Acción y efecto de politiquear.

POLITIQUERÍA f. Politiqueo.

POLITIQUERO, RA adj. *Col.* y *Chil. Fam.* Que se ocupa en la política o en politiquear.

POLITIZACIÓN f. Acción y efecto de politizar.

POLITIZAR v. t. Dar carácter político.

POLIURIA f. (de *poli*, y el gr. *ouron*, orina). *Med.* Emisión exagerada de orina.

POLIÚRICO, CA adj. De la poliuria.

POLIVALENTE adj. *Quím.* Que tiene varias valencias. || *Fig.* Útil para diversos fines.

POLIVALVO, VA adj. *Zool.* Dícese de los testáceos cuya concha tiene más de dos valvas.

PÓLIZA f. (ital. *polizza*). Contrato de seguros: *pagar una póliza de incendio.* || Libranza, papeleta que sirve para diferentes objetos. || Sello suelto con que se satisface el impuesto del timbre.

POLIZÓN m. El que se embarca clandestinamente. || Sujeto ocioso y sin destino.

POLIZONTE m. *Despect.* Agente de policía.

poltrona

polo acuático

POLJÉ m. (pal. eslava). En las regiones de relieve calcáreo, vasta depresión de forma ovalada debida a la presencia de una fosa tectónica.

POLO m. (gr. *pôlos*, de *polein*, girar). Cada uno de los dos extremos del eje imaginario alrededor del cual parece girar la bóveda celeste en veinticuatro horas. || Los dos extremos del eje de la Tierra: *los dos polos están cubiertos de hielo.* || Puntos de un generador de electricidad que sirven para la entrada o la salida de la corriente. || Puntos de un imán donde se manifiesta la acción magnética. || *Altura del polo encima del horizonte*, ángulo que forma la línea de los polos con el horizonte. || *Geom. Polos de un círculo trazado sobre una esfera*, los extremos del diámetro de la esfera perpendicular al plano del círculo. || *Fig.* Término opuesto absolutamente a otro: *el error y la verdad son dos polos.* || *Polo de desarrollo*, amplia zona que beneficia de facilidades (fiscales, administrativas, de transportes, etc.) para instalar industrías y promover así desarrollo económico.

— La Tierra es aproximamente redonda, y gira sobre sí misma como lo haría una bola atravesada de parte a parte por una aguja que pasara por su centro. Dicha línea imaginaria, en torno de la cual ejecuta la Tierra su rotación en veinticuatro horas, se llama *eje*, y se da el nombre de *polos* a sus dos extremos. Se llama uno *Polo Norte, Boreal* o *Ártico*; el otro es el *Polo Sur, Austral* o *Antártico.*

POLO m. Servicio personal que prestaban los indios en Filipinas durante la dominación española.

POLO m. Cierto canto muy popular de Andalucía.

POLO m. Juego de pelota que se realiza a caballo con el jinete provisto de un mazo. || *Polo acuático*, juego realizado con un balón en el agua entre dos equipos de siete nadadores. (SINÓN. *Water-polo.*)

POLO m. Cierto helado provisto de palo en su extremidad: *un polo de naranja.* || Camisa de sport de punto con mangas largas.

POLOLA f. *Chil.* y *Ecuad. Fam.* Muchacha, coqueta. || Mujer impaciente.

POLOLEAR v. t. *Bol.*, *Chil.* y *Ecuad. Fam.* Galantear, coquetear. || Fastidiar, enfadar.

POLOLO m. *Chil.* Género de coleópteros nocturnos de la América austral. || *Chil. Fam.* Galán. || *Chil.* Persona pesada.

POLONÉS, ESA adj. y s. Polaco.

POLONESA f. Especie de gabán de señora. || Danza nacional de Polonia. || *Mús.* Composición que imita esta danza: *las polonesas de Chopin.*

POLONIO m. Metal (Po) radiactivo descubierto por Curie (1898) en la pecblenda, de número atómico 84, y que acompaña a menudo al radio.

POLTRÓN, ONA adj. Flojo, holgazán, perezoso. || — F. Silla baja y cómoda, con brazos, especie de butaca.

POLTRONEAR v. i. *Fam.* Holgazanear.

POLTRONERÍA f. Pereza, holgazanería.

POLUCIÓN f. Efusión del semen.

POLUTO, TA adj. *Poét.* Manchado.

POLVAREDA f. Polvo muy grande, nube de polvo: *levantar una polvareda en el camino.* || *Fig.* Efecto causado entre las gentes por dichos o hechos que las alteran o apasionan.

POLVEAR v. t. Espolvorear.

POLVERA f. Caja que usan las mujeres para guardar los polvos: *una polvera de marfil.*

POLVERO m. *Col.*, *Méx.* y *Venez.* Polvareda, polvo abundante. || *Amér. C.* Moquero, pañuelo.

POLVIFICAR v. t. *Fam.* Pulverizar, moler.

POLVO m. (lat. *pulvis*). Tierra muy deshecha y menuda que se levanta fácilmente en el aire: *traer la ropa llena de polvo.* || Cualquier substancia pulverizada o molida. || Cantidad de una cosa pulverizada que se toma con los dedos: *tomar un polvo de tabaco, un polvillo de sal.* || *Polvo cósmico*, partículas pequeñísimas del espacio cósmico. || — Pl. Substancia sólida finamente pulverizada: *polvos de talco.* || Substancia pulverizada y perfumada que usan las mujeres para espolvorearse la cara. || *Fig.* y *fam. Polvos de la Madre Celestina*, medio secreto y maravilloso de hacer alguna cosa. || *Hacer morder el polvo a uno*, rendirle, vencerle. || *Sacudir el polvo a uno*, darle una paliza. || *Chil. Tomar el polvo*, desaparecer. || *Hacer polvo a uno*, arruinarle. || *Estar hecho polvo*, estar cansado, desmoralizado. || *Fig.* y *fam. Limpio de polvo y paja*, dado sin trabajo o gravamen.

Fot. Rapho, Adant, "l'Equipe"

PÓLVORA f. Mezcla muy inflamable de salitre, carbón y azufre, que sirve para disparar proyectiles. || Conjunto de fuegos artificiales que se disparan en una fiesta. || *Fig.* Viveza, actividad de una cosa. || *Pólvora fulminante,* pólvora que detona muy fácilmente. || *Algodón pólvora* (mejor que *pólvora de algodón*), una preparación explosiva hecha con algodón y ácido nítrico. || *Fig. No haber inventado la pólvora,* no ser muy listo.

— Está demostrado hoy día que desde los primeros siglos de la era cristiana conocían los chinos el uso de la *pólvora,* que la utilizaban para los fuegos artificiales, pero sin haber pensado en emplearla para disparar proyectiles. Hacia mediados del siglo VII la emplearon los griegos del Bajo Imperio en forma de cohetes incendiarios *(fuego griego).* Apareció en Europa en el siglo XIV como medio de destrucción, en manos de los ingleses (batalla de Crecy, 1346). Se ha atribuido sucesivamente la invención, o mejor dicho, la introducción en Europa de la pólvora, a Bacon, Alberto Magno y Bertoldo Schwartz, pero no puede afirmarse lo que hay de cierto en estas suposiciones.

POLVOREAR v. t. Espolvorear.

POLVORERA f. Nube de polvo. || *Chil.* Caja de polvos.

POLVORERO m. *Amer.* Pirotécnico.

POLVORIENTO, TA adj. Que está lleno de polvo: *limpiar un mueble polvoriento.*

POLVORÍN m. Pólvora menuda para cebar las armas. || Frasco para llevar la pólvora. || Lugar donde se guarda la pólvora. || *Fam.* Persona muy viva. || *Arg.* Garrapata pequeña. || *Chil. Fig.* Persona que se acalora fácilmente.

POLVORISTA m. Pirotécnico.

POLVORÓN m. Bollito dulce que se deshace en polvo al comerlo.

POLVOSO, SA adj. *Amer.* Polvoriento.

POLLA f. Gallina joven. || Puesta, en algunos juegos de naipes. || Apuesta en carreras. || *Fam.* Muchachita, jovencita. || *Polla de agua,* nombre de varias aves zancudas. || *Arg.* Carrera de dos o más jinetes en un hipódromo.

POLLADA f. Conjunto de pollos que saca la gallina de una vez. (SINÓN. *Pollazón.*)

POLLANCÓN, ONA m. y f. Pollastro, pollo grande. || *Fig.* y *fam.* El muchacho muy grande y corpulento.

POLLASTRE m. *Fam.* Pollastro, lechuguino.

POLLASTRO, TRA m. y f. Pollo o polla crecidos. || — M. *Fig.* y *fam.* Hombre muy astuto y taimado.

POLLAZÓN f. Huevos que empolla de una vez la gallina y pollos que salen de dichos huevos.

POLLEAR v. i. Empezar los muchachos y muchachas a hacer vida de jóvenes.

POLLERA f. La que cría o vende pollos. || Lugar donde se crían los pollos. || Campana de mimbres en que se mete a los niños que aprenden a andar. (SINÓN. V. *Jaula.*) || Brial, guardapiés, especie de saya antigua. || *Amer.* Falda.

POLLERÍA f. Tienda de gallinas, pollos u otras aves comestibles.

POLLERO m. Persona que cría o vende pollos.

POLLERÓN m. *Arg.* Falda de amazonas.

POLLERONA adj. *Per.* Dícese de la mujer que lleva faldas muy anchas.

POLLINO, NA m. y f. Asno joven. (SINÓN. V. *Asno.*) || *Fig.* y *fam.* Persona necia, ignorante: *hablar como un pollino.*

POLLITO, TA m. y f. *Fig.* y *fam.* Muchacho o muchacha joven.

POLLO m. (lat. *pullus*). Cría de las aves: *pollo de avestruz.* || Gallo joven. || Cría de las abejas. || *Fam.* Mozo joven. || *Pop.* Gargajo. || *Col..* Torrezno. || *Col.* Gusano venenoso. || *Fam. Pollo pera,* lechuguino. || — PARÓN. *Poyo.*

POMA f. Manzana. || Variedad de manzana pequeña de color verdoso. || Perfumador, vaso para quemar perfumes.

POMÁCEAS f. pl. Familia de plantas rosáceas, como el peral y el manzano.

POMADA f. Composición blanda y grasa, perfumada o medicamentosa, aplicada en la piel.

POMAR m. Manzanar.

POMARROSA f. Nombre del fruto del yambo: *la pomarrosa tiene el aspecto de una manzanita.*

POMELO m. Fruto comestible de sabor ácido, amargo, de tamaño más grande que una naranja y de color amarillo.

PÓMEZ adj. f. (lat. *pumex*). *Piedra pómez,* roca volcánica muy porosa y ligera.

POMÍFERO, RA adj. Que lleva manzanas.

POMO m. (lat. *pomum*). Fruto con mesocarpio y endocarpio carnosos, como la manzana y la pera. || Vasito para perfumes. || Extremo del puño de la espada.

POMOL m. *Méx.* Tortilla de harina de maíz.

POMOLOGÍA f. Parte de la agricultura que trata de los frutos comestibles.

POMPA f. (lat. *pompa*). Acompañamiento solemne y suntuoso: *la pompa del triunfo.* (SINÓN. V. *Aparato.*) || Fausto, grandeza. || Procesión solemne. || *Mar.* Bomba. || Esfera que se forma soplando con una caña mojada en agua de jabón. || Ahuecamiento que se forma en la ropa cuando toma aire.

POMPEAR v. i. *Fam.* Hacer alarde. Ú. t. c. r.

POMPEYANO, NA adj. y s. De Pompeya. || — Adj. Perteneciente a Pompeyo o a sus hijos. || Dícese del estilo o gusto artístico de los objetos hallados en Pompeya: *estilo pompeyano.*

POMPI m. *Fam.* Culo (lenguaje infantil).

POMPO, PA adj. *Col.* Romo, embotado.

POMPONEARSE v. r. Pompearse, pavonearse.

POMPOSAMENTE adv. m. Con pompa.

POMPOSIDAD f. Calidad de pomposo. (SINÓN. V. *Aparato.*)

POMPOSO, SA adj. Magnífico, espléndido: *entrada pomposa.* || Hueco, hinchado. || Dícese del estilo ostentoso. (SINÓN. V. *Ampuloso.*)

PÓMULO m. (lat. *pomulum*). Hueso de cada una de las mejillas.

PONCÍ, PONCIDRE y **PONCIL** adj. y s. m. Variedad de limón o cidra.

PONCHA f. *Chil.* Manta de bayeta.

PONCHADA f. *Amer.* Lo que cabe en el poncho. || *Amer.* Porción, cantidad.

PONCHAZO m. *Amer.* Golpe con el poncho.

PONCHE m. (ingl. *punch*). Mezcla de ron u otro licor con agua, limón y azúcar: *un tazón de ponche.*

PONCHERA f. Taza grande en que se prepara el ponche. || *Col.* y *Venez.* Palangana, jofaina. || *Col.* Tina, baño.

PONCHO m. *Amer.* Prenda gauchesca que consiste en una pieza rectangular con abertura en el centro para pasar la cabeza. (Existen muchas variedades de *ponchos.*) || Capote militar con mangas y esclavina. || *Amer.* Capote de monte. || *Per.* y *Ecuad. Estar a poncho,* estar a obscuras sobre un suceso.

PONCHO, CHA adj. Perezoso. || *Col.* Rechoncho. || *Venez.* Corto (vestido).

PONDERABILIDAD f. Calidad de ponderable.

PONDERABLE adj. Que se puede pesar: *el aire es un fluido ponderable.* || Digno de ponderación. || — CONTR. *Imponderable.*

PONDERACIÓN f. Atención con que se dice o hace algo. || Exageración, encarecimiento. || Acción de ponderar o pesar una cosa. || Equilibrio. (SINÓN. V. *Retención.*)

PONDERADO, DA adj. Moderado, prudente.

PONDERADOR, RA adj. y s. Que pondera. || Que pesa o examina. || Que compensa el equilibrio.

PONDERAL adj. Relativo al peso.

PONDERAR v. t. (lat. *ponderare*). Equilibrar. (SINÓN. V. *Pesar.*) || Celebrar mucho, encarecer: *ponderar un libro.*

PONDERATIVO, VA adj. Que pondera. || Dícese de la persona que habitualmente pondera mucho las cosas.

PONDO m. *Ecuad.* Tinaja.

PONEDERO, RA adj. Que puede ponerse. || Dícese de las aves que ponen huevos. || — M. Nidal, nido donde ponen las aves de corral.

PONEDOR, RA adj. Que pone. || Dícese del caballo enseñado a encabritarse. || Ponedero, que pone huevos: *esta gallina es buena ponedora.* || — M. Postor.

PONENCIA f. Cargo de ponente. || Informe dado por el ponente.

PONENTE adj. Dícese del juez a quien toca hacer relación de un expediente para una votación.

PONENTINO, NA y **PONENTISCO, CA** adj. y s. Occidental. || — CONTR. *Levantino.*

polla de agua

pollera

poncho

pope

PONER v. t. (lat. *ponere*). Colocar en un sitio: *poner la mano sobre la mesa.* (SINÓN. *Aplicar, situar.* V. tb. *establecer.*) || Preparar o disponer algunas cosas: *poner la mesa.* || Tardar: *pondremos dos horas en llegar.* || Suponer: *pongamos que no ha pasado nada.* || Soltar el huevo las aves: *esta gallina pone todos los días.* || Causar: *poner miedo.* || Tratar de: *poner de ladrón, por embustero, cual digan dueñas, de oro y azul.* || Instalar: *poner un cuarto a una persona.* || *Teatr.* Representar: *se puso la ópera Carmen.* || Escribir en el papel. || Trabajar con un fin determinado: *puso de su parte.* || — V. r. Colocarse, situarse: *ponerse de pie.* || Vestirse: *iba muy bien puesto.* (SINÓN. V. *Vestir.*) || Mancharse: *ponerse de hollín.* || Ocultarse los astros tras el horizonte: *el sol se pone a las seis de la tarde.* || *Guat.* y *Hond. Fam. Ponérsela,* emborracharse. || *Fig.* y *fam. Poner colorado,* avergonzar. || *Poner en claro,* averiguar, explicar. || *Ponerse al corriente,* enterarse. || — CONTR. *Quitar.* || — OBSERV. Son galicismos las frases: *poner en valor,* por *beneficiar, explotar; poner a la vela,* por *dar a la vela; poner fin,* por *dar fin; poner pie a tierra,* por *echarlo.* || — IRREG. Pres. ind.: *pongo, pones, pone, ponemos, ponéis, ponen;* pret. indef.: *puse, pusiste, puso, pusimos, pusisteis, pusieron;* fut. imp.: *pondré, pondrás, pondrá, pondremos, pondréis, pondrán;* imper.: *pon, poned;* pot.: *pondría,* etc.; pres. subj.: *ponga, pongas, ponga, pongamos, pongáis, pongan;* imperf. subj.: *pusiera, pusieras,* etc., y *pusiese, pusieses,* etc.; fut. subj.: *pusiere, pusieres,* etc.; part.: *puesto.*

PONEY m. (pal. ingl., pr. *pone*). Caballito de pelo largo.

PONGO m. Uno de los nombres vulgares del *orangután.* || *Amer.* Indio que sirve de criado. || *Per.* y *Ecuad.* Paso angosto de un río.

PONIENTADA f. Viento continuo de Poniente.

PONIENTE m. Occidente. || Viento de Occidente.

PONINA f. *Col.* y *Cub.* Diversión costeada a destajo. || Contribución para ello.

PONQUÉ m. (ingl. *pound cake*). *Venez.* y *Cub.* Nombre de una especie de torta.

PONTAJE y **PONTAZGO** m. Derecho que se paga por pasar algunos puentes.

PONTEDERIÁCEAS f. pl. *Bot.* Familia de monocotiledóneas acuáticas como el camalote.

PONTEDURO m. *Méx.* Turrón de maíz.

PONTEVEDRÉS, ESA adj. y s. De o natural de Pontevedra.

PÓNTICO, CA adj. Del Ponto, región de Asia.

PONTIFICADO m. Dignidad de pontífice. || Ejercicio del poder papal: *el pontificado de Juan XXIII.*

PONTIFICAL adj. (lat. *pontificalis*). Relativo al pontífice: *sede pontifical.* || — M. Ritual del papa y los obispos: *el pontifical romano.* || *Fig.* y *fam. De pontifical,* m. adv., de traje de ceremonia, de etiqueta.

PONTIFICAR v. i. Obtener la dignidad pontificia. || Celebrar de pontifical. || *Fam.* Dársela de enterado. (SINÓN. V. *Discursear.*)

PONTÍFICE m. (lat. *pontifex*). Sacerdote de la antigua Roma. || Obispo o arzobispo. (SINÓN. *Prelado.*) || *Sumo Pontífice,* el Papa. (SINÓN. *Santo Padre.*) || *Fig.* y *fam.* Hombre que descuella con su autoridad en alguna materia: *los pontífices de la crítica.* (SINÓN. V. *Pedante.*)

PONTIFICIO, CIA adj. Relativo o perteneciente al pontífice: *dignidad pontificia.*

PONTÍN m. Embarcación filipina de cabotaje.

PONTÓN m. (lat. *ponto, pontonis*). Barco chato que sirve en los puertos para diversos usos. (SINÓN. V. *Embarcación.*) || Buque viejo y desarbolado que sirve de almacén, de hospital o de prisión. || Puente flotante. || Puente de tablas.

PONTONERO m. El que está empleado en la construcción o manejo de pontones. || — Adj.: *ingeniero pontonero.*

PONZOÑA f. Veneno: *la ponzoña de la víbora.* || *Fig.* Doctrina perniciosa: *la ponzoña de la herejía.*

PONZOÑOSO, SA adj. Que tiene ponzoña: *culebra ponzoñosa.* (SINÓN. V. *Venenoso.*) || *Fig.* Nocivo y perjudicial.

POOL m. (voz ingl., pr. *pul*). Asociación de intereses entre un grupo de industriales. (SINÓN. V. *Sociedad.*) || Organismo internacional encargado de la organización de un mercado común entre los países adherentes.

POPA f. (lat. *puppis*). Parte posterior de la nave. || *Fig. De popa a proa,* totalmente.

POPAL m. *Méx.* Laguna cubierta de plantas acuáticas.

POP'ART m. (voz ingl. abrev. de *popular art*). Tendencia artística de origen norteamericano, que se propone evocar la civilización contemporánea mediante composiciones a base de objetos cotidianos,. de ilustraciones publicitarias, etc.

POPAYANEJO, JA adj. y s. Popayanense.

POPAYANENSE adj. y s. De Popayán (Colombia).

POPE m. Sacerdote de rito oriental entre los rusos, servios y búlgaros.

POPELÍN m. o **POPELINA** f. Tejido liso de seda mezclada con lana, lino o algodón.

POPÍ m. *Arg.* Mandioca cortada a tiras y seca.

POPLÍTEO, A adj. *Zool.* Relativo a la corva: *arteria, vena poplítea.*

POPOTAL m. *Méx.* Plantío de popote.

POPOTE m. *Méx.* Paja que sirve para tomar refrescos. || *Fig. Hecho un popote,* muy flaco.

POPOTILLO m. *Méx.* Género de plantas compuestas de México, llamado también *jaral blanco.*

POPULACHERÍA f. Popularidad alcanzada entre el vulgo: *la populachería de un orador.*

POPULACHERO, RA adj. Relativo o perteneciente al populacho: *costumbres populacheras.* || A propósito para el populacho: *un drama popularecho.* || — SINÓN. *Arrabalero, plebeyo, vulgar.*

POPULACHO m. Plebe: *el populacho romano.* || — SINÓN. *Chusma, patulea, plebe, turba, vulgo.*

POPULAR adj. (lat. *popularis*). Relativo al pueblo. || Propio del pueblo: *la opinión popular.* (SINÓN. V. *Vulgar.*) || Acepto al pueblo: *un rey poco popular.* || — CONTR. *Impopular.*

POPULARIDAD f. Favor del pueblo: *un diputado que goza de gran popularidad.* || Fama, renombre. (SINÓN. V. *Reputación.*)

POPULARIZACIÓN f. Acción y efecto de popularizar.

POPULARIZAR v. t. Vulgarizar, hacer popular: *popularizar una idea.* (SINÓN. V. *Propagar.*) || Hacer grato al pueblo.

POPULARMENTE adv. m. De un modo popular.

POPULEÓN m. Cierto ungüento calmante.

PÓPULO m. Pueblo. Úsase sólo en la frase fam. *hacer una de pópulo bárbaro,* tomar una decisión violenta o desatinada.

POPULOSO, SA adj. Muy poblado. (SINÓN. V. *Poblado.*)

POPURRÍ m. Composición formada de fragmentos o temas de obras musicales. || Revoltillo, miscelánea, mezcla confusa.

POQUEDAD f. Escasez, miseria. || Cortedad de ánimo. || Cosa sin valor alguno.

PÓQUER m. Póker.

POQUITO, TA adj. y m. Dimin. de *poco.* || *A poquitos,* en pequeñas y repetidas porciones.

POR prep. (lat. *per*). Indica la causa de una cosa: *hacer algo por fuerza.* || A través: *errar por los campos.* || Indica el medio, el instrumento: *debilitado por la enfermedad.* || Como: *recibir por esposa.* || Indica la manera: *hablar por señas.* || Indica trueque o venta: *compró la casa por tres mil pesetas.* || En lugar de: *lo haré por ti.* || Sin: *está por escribir la carta.* || Lugar aproximado: *eso está por Pamplona.* || Tiempo aproximado: *te veré por septiembre.* || Sustitución, equivalencia: *firma por mí.* || *Por ahí,* sitio de tránsito. || *Por cuenta de,* a expensas de. || *Por descontado,* por supuesto. || *Por medio de,* a través de. || *Fig.* Por intermedio de. || *Por parte de,* por lo que se refiere a. || Con: *salir por peteneras.* || Entra en varias locuciones adverbiales y conjunciones o modos conjuntivos: *por donde, por qué.* || En lugar de: *tiene a sus maestros por padres.*

PORCACHÓN, ONA mejor que **PORCALLÓN, ONA** adj. y s. *Fam.* Muy puerco: *una mujer porcachona.*

PORCELANA f. (ital. *porcellana*). Loza blanca, impermeable y translúcida. || *Méx.* Palangana. || *Guat.* El platillo de la taza de café. || Color blanco mezclado de azul. || Obra de porcelana.

Fot. Zuber-Multiphoto

— Distínguese la *porcelana* de los demás productos cerámicos, especialmente de la loza, por su transparencia y su vitrificación. Se obtiene cociendo una arcilla blanca especial, llamada *caolín*, que proviene de la descomposición del feldespato, y cuyos principales yacimientos se encuentran en China, en el Japón, en Sajonia y en Francia. Cuidadosamente lavado y purificado se modela el caolín en un torno especial o en moldes antes de someterlo a una primera cochura. Aplícasele luego un esmalte particular y finalmente sufre la verdadera cochura, en hornos capaces de producir una temperatura muy elevada. Por último, pueden aplicarse a los objetos de porcelana colores diversos que se incorporan con el esmalte mediante una nueva cochura. La porcelana se emplea para la fabricación de vajillas de toda clase, y algunas, como las de China, del Japón, de Sevres, de Limoges, de Sajonia y de Copenhague, alcanzan gran valor. También fueron muy apreciados los objetos de porcelana que se fabricaban en el Buen Retiro (Madrid).

PORCELANITA f. Roca arcillosa brillante.

PORCENTAJE m. Proporción, tanto por ciento: *un porcentaje crecido.*

PORCINO, NA adj. (lat. *porcinus*). Perteneciente o relativo al puerco: *la cría del ganado porcino.* ‖ — M. Puerco pequeño. ‖ Chichón.

PORCIÓN f. (lat. *portio*). Parte de un todo. ‖ Cantidad de un alimento que se da a cada uno: *recibir una porción abundante.* (SINÓN. *Pedazo, parte, ración.*) ‖ *Fam.* Gran cantidad, gran número: *llegaron una porción de soldados.*

PORCIONERO, RA adj. y s. Partícipe.

PORCIPELO m. *Fam.* Cerda, pelo del puerco.

PORCIÚNCULA f. Primer convento de la orden de San Francisco. ‖ Jubileo con indulgencia plenaria que se gana el 2 de agosto.

PORCUNO, NA adj. Relativo al puerco.

PORCHE m. Soportal, cobertizo: *un porche de estilo andaluz.* ‖ Atrio. (SINÓN. V. *Pórtico.*)

PORDIOSEAR v. i. Mendigar, pedir limosna. ‖ *Fig.* Pedir mucho una cosa.

PORDIOSEO m. y **PORDIOSERÍA** f. Acción de pordiosear o pedir mucho.

PORDIOSERO, RA adj. y s. Pedigüeño, pobre. (SINÓN. V. *Mendigo.*)

PORFÍA f. Acción de porfiar, empeño: *necia porfía.* (SINÓN. V. *Discusión* e *insistencia.*) ‖ *A porfía*, m. adv., con emulación, en competencia: *le llevaron flores a porfía.*

PORFIADAMENTE adv. m. Con porfía.

PORFIADO, DA adj. y s. Obstinado, terco. ‖ *C. Rica, Ecuad.* y *Venez.* Muñeco.

PORFIAR v. i. Disputar con obstinación y tenacidad, importunar para conseguir una cosa. (SINÓN. V. *Insistir.*) ‖ Empeñarse en hacer una cosa: *porfiaba por salir.*

PORFÍDICO, CA adj. Relativo al pórfido.

PÓRFIDO m. (del gr. *porphyra*, púrpura). Roca compacta y dura, especie de mármol de color rojo manchado de verde: *una columna de pórfido.*

PORFIRIZAR v. t. Reducir a polvo finísimo con una moleta de piedra muy dura.

PÓRFIRO m. Galicismo por *pórfido.*

PORFIROGENETO adj. (del gr. *porphyrogenêtos*, nacido en la púrpura). Nombre que se daba a los hijos de los emperadores griegos durante el reinado de su padre.

PORISMA m. (gr. *porisma*). Proposición matemática: *los porismas de Euclides.*

PORMENOR m. Detalle, circunstancia: *referir los pormenores de un suceso.* ‖ Circunstancia secundaria. ‖ — OBSERV. Cuando se trata de una venta debe escribirse separado: *al por menor.*

PORMENORIZAR v. t. Describir o enumerar minuciosamente.

PORNOGRAFÍA f. Tratado acerca de la prostitución. ‖ Carácter obsceno de obras literarias o artísticas. ‖ Obra literaria o artística de este carácter.

PORNOGRÁFICO, CA adj. Relativo a la pornografía: *periódico pornográfico.* (SINÓN. V. *Obsceno.*) ‖ Dícese del autor de obras obscenas.

PORNÓGRAFO m. Autor de obras pornográficas. ‖ El que escribe sobre la prostitución.

PORO m. (del gr. *poros*, pasaje). Intersticio que separa las moléculas de los cuerpos. ‖ Agujerito sutil de la piel: *los poros dejan pasar el sudor.*

PORO m. *Arg.* y *Bol.* Calabacilla para el mate.

PORONGA f. *Chil.* Burla, choteo.

PORONGO m. *Per.* Calabaza que se emplea para llevar licores. ‖ *Riopl.* Calabaza de forma oblonga. ‖ *Chil.* Especie de cantarillo de cuello largo. ‖ *Fig. Chil.* Tipo pequeño y despreciable.

POROR Ó m. *Riopl.* Las rosetas de maíz tostado. ‖ *Arg.* Sucesión desordenada de sonidos estrepitosos.

POROROCA f. Fenómeno que se presenta en ciertos ríos de América cuando se produce el choque de la corriente del río con la marea ascendiente: *la pororoca sube a veces aguas arriba con gran velocidad.* (SINÓN. *Macareo.*)

POROSIDAD f. Calidad de poroso: *la porosidad de la piedra pómez.*

POROSO, SA adj. Que tiene poros.

POROTADA f. *Chil.* Plato de porotos o judías. ‖ *Chil. Vulg.* La comida: *trabajar por la porotada.*

POROTERO, RA adj. *Chil.* Que come principalmente porotos o judías. ‖ — F. *Chil.* La boca. ‖ Redoble más o menos largo. ‖ Juego de niños.

POROTO m. *Amer.* Judía, alubia, fríjol. ‖ *Amer.* Guiso de este vegetal. ‖ *Fig. Chil.* Persona despreciable.

PORQUE conj. causal. Por la razón de que: *no vino porque no quiso.* ‖ Conj. final. Para que.

PORQUÉ m. *Fam.* Motivo: *quiero saber el porqué de nuestra ruptura.* (SINÓN. V. *Causa.*) ‖ *Fam.* Cantidad: *tener su buen porqué de dinero.*

PORQUERÍA m. *Fam.* Suciedad, inmundicia. (SINÓN. V. *Basura.*) ‖ Acción indecente. (SINÓN. V. *Indecencia.*) ‖ *Fam.* Cosa de muy poco valor: *la vendió por una porquería.* ‖ *Fam.* Golosina perjudicial para la salud: *comer porquerías.*

PORQUERIZA f. Pocilga, establo de puercos. (SINÓN. V. *Establo.*)

PORQUERIZO y **PORQUERO** m. El que tiene por oficio guardar los cerdos.

PORRA f. Clava, maza, cachiporra. ‖ *Guardia de la porra*, guardia o policía armado con ella. ‖ Martillo grande de herrero. ‖ *Fam.* Entre muchachos, el último en algunos juegos. ‖ *Fig.* y *fam.* Sujeto pesado y sin gracia. ‖ *Arg.* y *Bol.* Pelo enredado. ‖ *Méx.* Claque política o de un teatro: *ir de porra.* ‖ *Fam. Mandar a la porra*, mandar a paseo. ‖ Especie de churro grande.

PORRÁCEO, A adj. Verde oscuro.

PORRADA f. Porrazo. ‖ *Fig.* y *fam.* Necedad: *soltar una porrada.* ‖ Porción, multitud.

PORRAZO m. Golpe que se da con la porra o con cualquier otro instrumento. ‖ *Fig.* Golpe que se recibe al caer. ‖ *Ecuad.* Abundancia de algo: *porrazo de gente.*

PORREAR v. i. *Fam.* Machacar, moler, insistir demasiado. ‖ — V. r. Aporrearse, golpearse.

PORRECCIÓN f. *Liturg.* Acto de hacer tocar al ordenado los objetos relativos a su ministerio.

PORRERÍA f. *Fam.* Necedad, majadería.

PORRERO m. *Chil.* Nombre que se da al asistente de capa y coro en las iglesias.

PORRETA f. Hojas verdes del puerro, cebolla, etc. ‖ *Fam. En porreta*, en cueros, desnudo.

PORRETADA f. Multitud.

PORRILLA f. Martillo de herrero para labrar clavos. ‖ *Veter.* Tumor en los menudillos del caballo.

PORRILLO m. Maza que usan los canteros.

PORRILLO (A) m. adv. En abundancia, copiosamente: *caían las piedras a porrillo.*

PORRINA f. Trigo y otros sembrados muy pequeños y verdes todavía. ‖ Porreta.

PORRINO m. Planta pequeña de puerro. ‖ Simiente de los puerros.

PORRO, RRA adj. *Fig.* y *fam.* Torpe, pesado. (SINÓN. V. *Tonto.*) ‖ — M. *Col.* Tambor de forma cónica. ‖ *Col.* Jarana al son de este tambor.

PORRÓN m. Botijo. ‖ Redoma con pitón para beber a chorro. ‖ Salsa de ajos. ‖ *Arg.* Caneca, botella de barro. ‖ *Chil.* Puerro, planta.

PORRÓN, ONA adj. *Fam.* Torpe, majadero.

PORSIACASO m. *Arg.* y *Venez.* Alforja, morral pequeño.

PORTA f. *Mar.* Cañonera, tronera de batería. ‖ *Taurom. A porta gayola*, dícese de la suerte hecha a la puerta del toril y con los pies trabados. ‖ *Anat. Vena porta*, la que lleva la sangre al hígado.

PORTAAVIONES m. Portaviones.

portaviones «Forrestal»

PORTABANDERA f. Especie de tahalí con una cuja en que se encaja el asta de la bandera.
PORTABOMBAS adj. Que transporta bombas (avión).
PORTACAJA f. *Mil.* Correa a modo de tahalí de donde se cuelga el tambor.
PORTACARTAS m. Bolsa o valija para llevar las cartas.
PORTACOHETE adj. y s. m. Que lleva un cohete: *globo portacohete.*
PORTACOMIDAS f. *Col.* y *Venez.* Fiambrera.
PORTACRUZ m. El que lleva la cruz en la procesión.
PORTACHUELO m. Paso estrecho o boquete abierto en la convergencia de dos montañas.
PORTADA f. Adorno de la fachada de un edificio. ‖ *Fig.* Frontispicio de una cosa. ‖ Primera plana de un libro impreso. ‖ Portal.
PORTADILLA f. *Impr.* Anteportada.
PORTADO, DA adj. Con los adverbios *bien* o *mal,* que se porta y viste con decoro o sin él.
PORTADOR, RA adj. y s. Que lleva una cosa: (SINÓN. *Cargador de muelle, coolí, descargador, docker.* V. tb. *mozo.*) ‖ — M. *Com.* Persona que presenta al cobro cualquier documento de crédito: *páguese al portador.*
PORTAEQUIPAJES m. Parte de un vehículo para transportar los equipajes.
PORTAESTANDARTE m. El que lleva la bandera de un regimiento, de una asociación, etc. (SINÓN. *Abanderado.*)
PORTAFUSIL m. Correa del equipo militar que sirve para llevar el fusil.
PORTAGUIÓN m. *Mil.* Oficial que lleva el guión.
PORTAHERRAMIENTAS m. Pieza que sujeta la herramienta.
PORTAL m. Zaguán o vestíbulo de una casa. (SINÓN. V. *Puerta.*) ‖ Pórtico. ‖ Soportal. ‖ Belén, nacimiento.
PORTALADA f. Puerta, portal. ‖ Puerta grande en la tapia del patio, frente a la fachada.
PORTALÁMPARAS m. Casquillo donde se sujetan las bombillas eléctricas.
PORTALÁPIZ m. Estuche o tubo de metal para resguardar la punta de los lápices.
PORTALERO m. Funcionario de arbitrios.
PORTALIBROS m. Correa para llevar los libros y cuadernos.

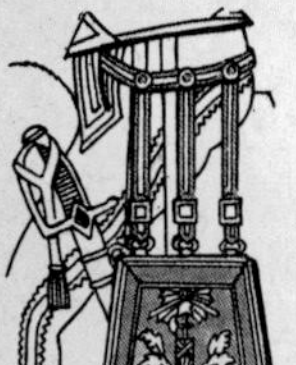

portapliegos

PORTALÓN m. Puerta grande. ‖ Portal grande, portalada. (SINÓN. V. *Puerta.*) ‖ *Mar.* Abertura en los costados de la embarcación, donde está la escalerilla para subir a bordo.
PORTAMANTAS m. Correas con que se llevan a mano las mantas de viaje.
PORTAMANTEO m. Manga, saco de viaje.
PORTAMINAS m. Lápiz de mina recambiable: *un portaminas de oro.*
PORTAMONEDAS m. Bolsa para llevar dinero. (En Chile y Venezuela esta palabra se usa como femenino.)
PORTANARIO m. *Zool.* Píloro.
PORTANTE m. Paso de las caballerías que mueven a un tiempo la mano y el pie del mismo lado. ‖ *Fig.* y *fam. Tomar el portante,* irse.
PORTANTILLO m. Paso menudo y rápido del asno y otros animales.
PORTANUEVAS m. El que trae y lleva noticias a otras personas.
PORTAÑOLA f. *Mar.* Cañonera, tronera.

pórtico

PORTAÑUELA f. Tira de tela que tapa la bragueta de los calzones. ‖ *Col.* y *Mex.* Puerta de carruaje.
PORTAOBJETO m. *Tecn.* Parte del microscopio donde se coloca lo que se va a estudiar.
PORTAPAZ amb. Lámina de metal, con que se da en las iglesias la paz a los fieles.
PORTAPLIEGOS m. Cartera grande que sirve para llevar pliegos.
PORTAPLUMAS m. Palillero, mango en el que se coloca la pluma para escribir.
PORTAR v. t. *Ant.* Llevar. ‖ — V. r. Conducirse, obrar bien o mal: *ese muchacho no se porta muy bien.* ‖ Distinguirse, quedar con lucimiento: *portarse como príncipe.*
PORTÁTIL adj. Fácil de transportar.
PORTAVENTANERO m. Carpintero que fabrica puertas y ventanas.
PORTAVIANDAS m. Fiambrera.
PORTAVIONES m. Buque de guerra destinado a transportar aviones, sobre cuya cubierta despegan y aterrizan estos aparatos.
PORTAVOZ m. *Mil.* Bocina. ‖ El que habla por otro. ‖ *Fig.* Funcionario autorizado para divulgar de manera oficiosa lo que piensa un gobierno acerca de un asunto.
PORTAZGO m. (de *puerto*). Derecho que se paga por pasar por ciertos caminos.
PORTAZGUERO m. El que cobra el portazgo.
PORTAZO m. Golpe recio que se da con la puerta para desairar a uno o el que da la puerta al ser movida por el viento.
PORTE m. Acción de portear o llevar: *se hacen portes.* ‖ Lo que se paga porque lleven una cosa de un sitio a otro: *el porte de una carta.* ‖ Modo de gobernarse y portarse. ‖ Buena o mala disposición de una persona: *tener mal porte un sujeto.* (SINÓN. V. *Compostura.*) ‖ Dimensión, tamaño.
PORTEADOR m. El que por oficio portea cargas de un sitio a otro.
PORTEAR v. t. Llevar o conducir una cosa de una parte a otra. ‖ — V. i. *Arg.* Marcharse.
PORTEAR v. i. Golpear la puerta o ventana.
PORTENTO m. (lat. *portentum*). Cosa extraordinaria o sorprendente: *un portento de belleza.* (SINÓN. V. *Compostura.*) ‖ Dimensión, tamaño.
PORTENTOSAMENTE adv. m. De un modo portentoso o maravilloso: *portentosamente rico.*
PORTENTOSO, SA adj. Extraordinario.
PORTEÑO, ÑA adj. y s. De Cortés (Honduras) y de Valparaíso (Chile). ‖ Bonaerense, de Buenos Aires. ‖ Barrioporteño, de Puerto Barrios (Guatemala).
PORTEO m. Acción de portear o llevar algo.
PORTERÍA f. Pabellón o pieza del zaguán para el portero o la portera. ‖ Aposento, cerca de la calle, donde se atiende en un convento. ‖ Empleo de portero. ‖ *Mar.* Conjunto de portas del buque. ‖ En algunos deportes, como el fútbol, meta.
PORTERO, RA m. y f. Persona que tiene a su cargo el cuidado de una casa, el abrir o cerrar las puertas y prestar a veces pequeños servicios. (SINÓN. V. *Conserje* y *ujier.*) ‖ Jugador que defiende la meta o portería.
PORTERIL adj. Relativo al portero o a la portería: *espíritu porteril.*
PORTEZUELA f. Puerta de carruaje.
PÓRTICO m. (lat. *porticus*). Galería cubierta, delante de una fachada o sobre un patio interior, cuya bóveda está sostenida por columnas o arcadas. (SINÓN. *Peristilo, porche, portalada, puerta.*) ‖ *Fil.* Secta cuyo jefe, Zenón, enseñaba bajo un pórtico en Atenas.
PORTIER m. (del fr. *portière*). Cortina que oculta una puerta o cierra un vano.
PORTILLA f. *Mar.* Ventanilla redonda cerrada con cristal grueso en los costados del buque.
PORTILLO m. Abertura en una pared o muralla. ‖ Postigo, puerta chica abierta en otra mayor. ‖ Puerta pequeña en ciertas poblaciones. ‖ Paso angosto entre montañas. (SINÓN. V. *Desfiladero.*) ‖ *Fig.* Mella o hueco de una cosa quebrada: *el portillo de un plato.*
PORTLAND m. Cierto cemento hidráulico.
PORTOBAQUERICENSE adj. y s. De Puerto Baquerizo (Ecuador).
PORTOVEJENSE adj. y s. De la ciudad de Portoviejo (Ecuador).
PORTÓN m. Puerta grande.
PORTORRIQUEÑO, ÑA adj. De Puerto Rico.

Fot. U. S. I. S.

PORTUARIO, RIA adj. Perteneciente o relativo a los puertos.
PORTUENSE adj. y s. De cualquiera de las ciudades denominadas *Puerto*.
PORTUGUENSE adj. y s. De Portuguesa (Venezuela).
PORTUGUÉS, ESA adj. y s. Natural o propio de Portugal. ‖ — M. Lengua portuguesa: *aprender el portugués.*
— A pesar de su proximidad a España, *el portugués* ha introducido pocas voces en el español peninsular, debiéndose en general las que en él hallamos a la influencia del gallego. La mayor parte de dichos portuguesismos o lusitanismos designan cosas de origen asiático o africano, como *bambú, bayadera, fetiche, macaco, mandarín, monzón, pagoda, sargazo, tumbaga.*
PORTUGUESADA f. *Fam.* Exageración.
PORTUGUESISMO m. Lusitanismo.
PORTULANO m. (ital. *portolano*). *Mar. Ant.* Colección de planos de varios puertos, atlas marítimo.
PORUÑA f. *Arg.* y *Chil.* Asta recortada para ensayar minerales. ‖ *Chil.* Cucharón, librador de tendero.
PORVENIR m. Tiempo futuro, lo que ha de suceder en lo futuro: *no puede adivinarse el porvenir.* (SINÓN. *Futuro, mañana, posteridad.*) ‖ *Joven de porvenir,* joven que promete para el futuro. ‖ *Arriesgar su porvenir,* arriesgar su futuro, su carrera.
POS, prep. insep. (lat. *post*), que significa *detrás,* o *después de: posdata, posponer.*
POS (En) m. adv. En seguimiento, a continuación.
POSA f. Clamor de las campanas por los difuntos. ‖ Parada que hace el clero en los entierros para cantar el responso. ‖ — PARÓN. *Poza.*
POSADA f. Mesón, casa pública para alojarse y comer de viaje. ‖ Casa de huéspedes, fonda. (SINÓN. V. *Hotel.*) ‖ Estuche que contiene cuchara, tenedor y cuchillo y sirve en los viajes. ‖ Hospedaje: *tomar posada en una casa.*
POSADEÑO, ÑA adj. y s. De Posadas (Argentina).
POSADERAS f. pl. Las nalgas, asentaderas. (SINÓN. V. *Trasero.*)
POSADERO, RA m. y f. Persona que tiene mesón o posada para alojar viajeros. (SINÓN. *Mesonero.*)
POSAR v. i. Hospedarse en una posada o casa. ‖ Reposar, descansar. ‖ Pararse las aves: *la golondrina posó en el árbol.* ‖ Colocarse para ser retratado por un pintor o por un fotógrafo. ‖ — V. r. Pararse, descansar. ‖ Dejar caer un líquido su poso al fondo.
POSCOMUNIÓN f. Oración de la misa, después de la comunión.
POSDATA f. Lo que se añade a una carta después de la firma. (SINÓN. *Post scriptum.*)
POSE f. (pal. fr., pr. *pos*). *Fot.* Exposición. ‖ Actitud o postura fingida. ‖ Afectación.
POSEEDOR, RA adj. y s. Persona que posee. (SINÓN. V. *Propietario.*)
POSEER v. t. (lat. *possidere*). Tener uno algo en su poder: *poseer una casa de campo.* (SINÓN. *Detentar, disfrutar, gozar.*) ‖ Saber o conocer perfectamente: *posee bien el francés.* ‖ — V. r. Dominarse. ‖ — IRREG. Pres. ind.: *poseo, posees,* etc.; imp.: *poseía,* etc.; pret. indef.: *poseí, poseíste, poseyó, poseímos, poseísteis, poseyeron;* fut.: *poseeré,* etc.; imper.: *posee, poseed;* pot.: *poseería,* etc.; pres. subj.: *posea, poseas,* etc.: imp. subj.: *poseyera,* etc.; *poseyese,* etc.; fut. subj.: *poseyere,* etc.; ger.: *poseyendo;* p. p.: *poseído, poseso.*
POSEÍDO, DA adj. y s. Poseso. ‖ *Fig.* Furioso, loco, dominado por la ira.
POSESIÓN f. (lat. *possessio*). Acto de poseer o tener una cosa corporal. (SINÓN. V. *Goce.*) ‖ Cosa poseída: *las posesiones de Antonio.* ‖ Apoderamiento del espíritu del hombre por otro espíritu que obra como unido a él: *posesión del demonio.* ‖ *Amer.* Finca rústica.
POSESIONAL adj. Perteneciente a la posesión o que la incluye: *acto posesional.*
POSESIONAR v. t. Poner en posesión de una cosa. ‖ — V. r. Entrar en posesión de algo.
POSESIONERO m. Ganadero que posee los pastos arrendados.
POSESIVO, VA adj. Que denota posesión: *adjetivo posesivo.* ‖ *Pronombres posesivos,* aquellos que van en lugar del nombre y denotan posesión o pertenencia.—Los *pronombres posesivos* son:
MASC. SING. mío (mi), tuyo (tu), suyo (su), nuestro, vuestro, suyo (su).
FEM. SING.: mía (mi), tuya (tu), suya (su), nuestra, vuestra, suya (su).
MASC. PL.: míos (mis), tuyos (tus), suyos (sus), nuestros, vuestros, suyos (sus).
FEM. PL.: mías (mis), tuyas (tus), suyas (sus), nuestras, vuestras, suyas (sus).
POSESO, SA adj. y s. Endemoniado. (SINÓN. V. *Furibundo.*)
POSESOR, RA adj. y s. Poseedor, el que posee.
POSESORIO, RIA adj. *For.* Relativo o perteneciente a la posesión: *juicio posesorio.*
POSEUR m. (pal. fr.). Presumido, presuntuoso.
POSFECHA f. Fecha posterior a la verdadera.
POSGUERRA f. Tiempo que sigue inmediatamente a una guerra.
POSIBILIDAD f. Calidad de lo posible. ‖ Aptitud para hacer o no hacer una cosa. ‖ — Pl. Medios adecuados, bienes, para la consecución de un fin.
POSIBILITAR v. t. Hacer posible.
POSIBLE adj. Que puede ser o suceder; que se puede ejecutar. (SINÓN. *Factible, hacedero, practicable, realizable.*) ‖ — M. Posibilidad, facultad. ‖ — M. pl. Bienes, rentas, fortuna: *no alcanzan a tanto mis posibles.* ‖ *Hacer todo lo posible,* no omitir esfuerzo por conseguir algo. ‖ — CONTR. *Imposible.*
POSIBLEMENTE adv. m. Barb. por *es posible.*
POSICIÓN f. (lat. *positio*). Postura. (SINÓN. V. *Actitud.*) ‖ Acción de poner. ‖ Categoría de una persona: *hombre de buena posición.* (SINÓN. V. *Estado.*) ‖ *Mil.* Punto fortificado. ‖ Suposición. ‖ Situación: *posición crítica.* (SINÓN. *Asiento, disposición.*) ‖ *Posición militar,* la del soldado cuando se cuadra al frente. ‖ *Falsa posición,* suposición que se hace de uno o más números para resolver una cuestión matemática.
POSITIVAMENTE adv. m. De un modo positivo.
POSITIVISMO m. Calidad de atenerse a lo positivo. ‖ Demasiada afición a comodidades y goces materiales. ‖ Filosofía de Augusto Comte que defiende que el espíritu humano debe renunciar a conocer el ser mismo de las cosas y contentarse con verdades sacadas de la observación y de la experiencia.
POSITIVISTA adj. y s. Que profesa el positivismo.
POSITIVO, VA adj. (lat. *positivus*). Cierto, constante: *hecho positivo.* (SINÓN. V. *Evidente.*) ‖ Que se apoya en la experiencia: *ciencias positivas.* ‖ Que no se fija sino en el lado material, en la realidad de las cosas: *espíritu positivo.* ‖ *Mat. Cantidades positivas,* las que van precedidas del signo +. ‖ *Fís. Electricidad positiva,* la que se obtiene frotando el vidrio con un pedazo de paño y que está afectada del signo +. ‖ *Fot. Prueba positiva,* la que se obtiene exponiendo a la luz un negativo en contacto con una hoja de papel sensible: *la prueba positiva reproduce las luces y las sombras del modelo.* (Dícese también *una positiva.*) ‖ — M. Lo material y susceptible de aprovecharse: *no apreciar sino lo positivo.* ‖ *Gram.* Grado de comparación expresado por el adjetivo solo.
PÓSITO m. Depósito en que se guarda trigo en las poblaciones. ‖ *Por ext.* Ciertas asociaciones de cooperación o mutuo auxilio.
POSITRÓN o **POSITÓN** m. Elemento positivo ligero del corpúsculo de electricidad.
POSMA f. *Fam.* Pesadez, lentitud, flema. ‖ — Com. *Fig.* y *fam.* Persona tarda y pesada: *ser muy posma.* ‖ *Venez.* Agua podrida.
POSMOSO, SA adj. Lerdo, perezoso.
POSO m. Sedimento de un líquido.
POSOLOGÍA f. (del gr. *poson,* cuánto, qué cantidad, y *logos,* explicación). *Med.* Parte de la medicina que trata de las dosis en que deben administrarse los medicamentos.
POSPONER v. t. (del lat. *post,* después de, y *ponere,* poner). Poner detrás: *posponer el interés personal al general.* (SINÓN. V. *Demorar.*) ‖ *Fig.* Apreciar o enjuiciar a una persona menos que a otra. ‖ — IRREG. Se conjuga como *poner.*
POSPOSICIÓN f. Acción de posponer.

POSPOSITIVO, VA adj. *Gram.* Que se pospone.
POSROMANTICISMO m. Movimiento literario de transición entre el romanticismo y el realismo.
POSROMÁNTICO, CA adj. y s. Posterior al romanticismo.
POST prep. Pos.
POSTA f. Conjunto de caballos apostados en los caminos a cierta distancia unos de otros, para facilitar los viajes de los correos y otras personas. || Casa donde se custodiaban dichos caballos. || Distancia de una parada otra. || Tajada o pedazo de carne u otra vianda. || Bala pequeña mayor que el perdigón. || En los juegos de envite, dinero que se envida. || *Arq.* Cierto adorno de escultura, en forma de espirales seguidas. || *A posta,* expresamente: *lo hice a posta.* || — M. Persona que corría la posta. || *Por la posta,* m. adv., muy de prisa.
POSTAL adj. Relativo al correo: *tarjeta, giro postal.* || — F. Tarjeta postal.
POSTDATA f. Posdata.
POSTDILUVIANO, NA adj. Posterior al Diluvio.
POSTDORSAL adj. Dícese del sonido que se forma con la parte posterior del dorso de la lengua.
POSTE m. (lat. *postis*). Pilar o puntal: *un poste de madera.* || Estaca. || *Fig.* Castigo que se da a los colegiales poniéndoles de pie algún tiempo en un lugar señalado.
POSTE RESTANTE f. (pal. fr.). Lista de correos.
POSTELERO m. *Mar.* Puntal que sostiene las mesas de guarnición.
POSTEMA f. Absceso, tumor: *abrir una postema.* || *Fig.* Persona pesada.
POSTEMILLA f. *Amer.* Postema en la encía.
POSTERGACIÓN f. La acción de postergar.
POSTERGAR v. t. Retrasar, dejar una cosa para más tarde. || Perjudicar a un empleado dando a otro más moderno un ascenso que él merecía mejor.
POSTERIDAD f. Descendencia: *la posteridad de Abrahán.* (SINÓN. *Herederos, progenie.*) || Generaciones venideras: *transmitir su nombre a la posteridad.* (SINÓN. V. *Porvenir.*) || Fama póstuma.
POSTERIOR adj. (lat. *posterior*). Que viene después: *acto anulado por otro posterior.* (SINÓN. *Consecutivo, siguiente, sucesivo, ulterior.*) || Situado detrás: *la parte posterior de la cabeza.* (SINÓN. V. *Trasero.*) || — CONTR. *Anterior.*
POSTERIORIDAD f. Calidad de lo posterior.
POSTERIORMENTE adv. de ord. y t. Después, en un tiempo posterior. (SINÓN. V. *Después.* CONTR. *Anteriormente.*)
POSTESCOLAR adj. Que sigue a la escuela: *enseñanza postescolar.*
POSTFIJO m. Sufijo.
POSTGUERRA f. Posguerra.
POSTIGO m. (lat. *posticum*). Puerta falsa y excusada. || Puerta chica abierta en otra mayor. || Cada una de las puertecillas hechas en las ventanas o puertaventanas. (SINÓN. *Celosía, contraventana.*) || Puerta pequeña, portillo de ciudad. || Tablero sujeto con bisagras en el marco de una puerta o ventana.
POSTILLA f. (lat. *pustula*). Costra que forma una llaga al secarse.
POSTILLÓN m. Mozo que iba a caballo guiando los que corrían la posta, o montado en uno de los caballos delanteros de una diligencia. (SINÓN. V. *Cochero.*)
POSTILLOSO, SA adj. *Fam.* Con postillas.
POSTÍN m. Presunción, boato: *darse postín.*
POSTINERO, RA adj. Dícese de la persona que se da postín.
POSTIZO, ZA adj. Sobrepuesto, artificial, fingido, de quita y pon: *una dentadura postiza.* (SINÓN. *Añadido, falso.* V. tb. *ficticio.*) || — M. Peluca o cabellera artificial.
POSTMERIDIANO adj. Relativo a la tarde.
POST MERIDIEM loc. lat. Después del mediodía (abrev. *p. m.*).
POSTMODERNISMO m. Movimiento literario que puede considerarse como una reacción conservadora dentro del modernismo y que preconiza la sencillez lírica.
POSTÓNICO, CA adj. Que viene después del tono o acento: *sílaba postónica.*
POSTOPERATORIO, A adj. Que tiene lugar después de una operación: *cuidados postoperatorios.*
POSTOR m. Licitador en una subasta o almoneda: *vender al mejor postor.*
POSTRACIÓN f. (lat. *postratio*). Acción de postrar o postrarse. (SINÓN. V. *Depresión*). || Debilidad muy grande. (SINÓN. V. *Abatimiento.*)
POSTRADO, DA adj. Abatido, desalentado, desanimado. (SINÓN. V. *Decaído.*)
POSTRADOR, RA adj. Que postra. || — M. Tarima de madera puesta al pie de la silla en el coro, que sirve para arrodillarse.
POSTRAR v. t. Humillar, rendir, derribar una cosa. || *Fig.* Debilitar, quitar el vigor: *postrado por la enfermedad.* || — V. r. Debilitarse, perder el vigor. || Arrodillarse: *postrarse a los pies del rey.*
POSTRE adj. (lat. *poster*). Postrero, último. || — M. Fruta o dulce que se sirve al fin de la comida: *llegar a los postres.* || *A la postre,* al fin.
POSTREMO, MA adj. Postrero o último.
POSTRER adj. Postrero: *un postrer deseo.* || — OBSERV. Esta palabra es la forma apocopada del adjetivo *postrero* delante de un sustantivo masculino.
POSTRERO, RA adj. y s. Último. || Que viene detrás. || — F. *Col.* Vasija de leche ordeñada con cuidado de modo que guarde la espuma. || *Amer.* La leche postrera que se ordeña de la vaca. || *Arg.* Figura del pericón.
POSTRIMER adj. Postrimero, postrero, último.
POSTRIMERÍA f. Último período de la vida. || *Teol.* Cada una de las cuatro últimas cosas que esperan al hombre: *las cuatro postrimerías son: muerte, juicio, infierno y gloria.* || Final, último período.
POSTRIMERO, RA adj. Postrero, último.
POSTROMANTICISMO m. Posromanticismo.
POSTROMÁNTICO, CA adj. Posromántico.
POSTSCENIO m. Parte del teatro de los antiguos que estaba situada detrás del escenario.
POST SCRIPTUM m. Posdata.
POSTSINCRONIZACIÓN f. Añadido a la imagen cinematográfica, ya filmada, de la palabra y el sonido: *el doblaje es una postsincronización.*
POSTSINCRONIZAR v. t. Efectuar la postsincronización.
POSTULACIÓN f. Acción y efecto de postular. || Colecta.
POSTULADO m. (lat. *postulatum*). Principio cuya admisión es necesaria para establecer una demostración. || Principio muy claro y evidente.
POSTULADOR m. El que solicita en la curia romana la beatificación o canonización de un venerable.
POSTULANTA f. Mujer que pide entrar en una comunidad religiosa.
POSTULANTE, TA adj. y s. Que postula o pretende. (SINÓN. *Aspirante, candidato, demandante, pretendiente, pretensor.*) || — M. El aspirante que entra en una orden o congregación.
POSTULAR v. t. (lat. *postulare*). Pretender, pedir una cosa: *postular un empleo oficial.* (SINÓN. V. *Solicitar.*) || — V. i. Pedir públicamente para una obra.
PÓSTUMO, MA adj. (lat. *postumus*). Que nace después de muerto el padre: *hijo póstumo.* || Publicado después de la muerte del autor: *obra póstuma.*
POSTURA f. (lat. *positura*). Figura, situación de una persona o cosa: *una postura incómoda.* (SINÓN. V. *Actitud.*) || Precio que se pone a una cosa. || Lo que ofrece el comprador en una almoneda. || Pacto, convenio. || Cantidad que se apuesta entre varias personas. || Huevo de ave y acción de ponerlo la gallina. || Planta o arbolillo que se transporta.
POTABILIDAD f. Cualidad de potable.
POTABLE adj. (lat. *potabilis*). Dícese del líquido que se puede beber: *las aguas estancadas no son potables.* || Líquido: *oro potable.*
POTAJE m. Caldo o sopa. || Legumbres guisadas: *un potaje de berzas.* || Legumbres secas. || Bebida en que entran varios ingredientes. || *Fig.* Conjunto de cosas inútiles mezcladas.
POTALA f. *Mar.* Piedra amarrada a un cabo que sirve para hacer fondear las embarcaciones pequeñas. || *Mar.* Buque pesado de poco andar.

POTASA f. (al. *pottasche*). Hidrato de potasio: *la potasa es un veneno enérgico*.
— El *hidrato de potasio*, llamado también *potasa cáustica*, es un cuerpo básico blanco, sólido y cáustico. (Se utiliza en medicina, para el blanqueo, la fabricación de jabones, la limpieza de las pinturas, etc.)

POTÁSICO, CA adj. *Quím.* Relativo o perteneciente al potasio: *sales potásicas*.

POTASIO m. Metal alcalino (K), de número atómico 19, que se extrae de la potasa, blando, fusible y que arde en contacto con el agua.

POTE m. (lat. *potus*). Vaso de barro de diversas formas y usos. ‖ *Fig.* y *fam.* Puchero, gesto que precede al llanto. ‖ Olla de alubias, verdura y tocino. ‖ *Fig.* y *fam.* *Darse pote*, presumir, vanagloriarse.

POTENCIA f. (lat. *potencia*). Virtud para hacer una cosa, para producir un efecto, etc.: *potencia visual*. (SINÓN. V. *Facultad*.) ‖ Dominación, autoridad: *la potencia paterna*. (SINÓN. V. *Fuerza*.) ‖ Posibilidad. ‖ Facultad del alma: *las tres potencias del alma son entendimiento, voluntad y memoria*. ‖ Nombre de los tres rayos de luz que suelen representarse en las imágenes de Jesús y de los dos que se ponen en la frente de Moisés. ‖ Nación: *las grandes potencias europeas*. ‖ *Artill.* Trayecto que salva en el aire el proyectil de artillería. ‖ *Fil.* Capacidad pasiva para recibir el acto; capacidad de devenir. ‖ *Fís.* Trabajo realizado en la unidad de tiempo: *una potencia de cien caballos*. ‖ Producto de un número multiplicado dos o más veces por sí mismo: *el cubo es la tercera potencia de un número*. ‖ Galicismo por *potestad*: *la potencia del rey*; por *la fuerza, la autoridad, el poder*: *la potencia de los grandes*; por *la actividad*: *la potencia de un veneno*; por *el potencial*: *la potencia de una dínamo*. ‖ — CONTR. *Impotencia*.

POTENCIACIÓN f. *Mat.* Elevación a potencias.

POTENCIAL adj. Que incluye potencia. (SINÓN. V. *Fuerza*.) ‖ Que puede suceder o existir, pero no existe aún. ‖ *Med.* Que sólo obra al cabo de algún tiempo: *cauterio potencial*. ‖ *Electr.* Estado eléctrico de un conductor con respecto a otro. ‖ — M. Función matemática que determina la dirección e intensidad de un campo de fuerzas en un punto dado de éste: *potencial eléctrico*. ‖ *Fig.* Fuerza, capacidad: *potencial económico*. ‖ *Gram.* *Modo potencial*, que expresa la acción del verbo como posible: *tendría, habría tenido*. ‖ — OBSERV. Es incorrecto y galicismo patente el empleo del potencial para expresar una proposición conjetural: *las víctimas del terremoto ascenderían* (en lugar de *se cree que ascienden*) *a millares de personas*.

POTENCIALIDAD f. Calidad de lo potencial.

POTENCIAR v. t. Comunicar potencia.

POTENCIÓMETRO m. Aparato para medir las diferencias de potencial.

POTENTADO m. (lat. *potentatus*). Soberano absoluto de un gran Estado. ‖ *Fig.* Hombre muy poderoso o muy rico.

POTENTE adj. Poderoso, que tiene potencia. ‖ Dícese del hombre capaz de engendrar. ‖ *Fam.* Grande, excesivo. (SINÓN. V. *Fuerte*.)

POTENTEMENTE adv. m. Poderosamente.

POTENZA f. (fr. *potence*). *Blas.* Pieza vertical del escudo de figura de horca o de T.

POTENZADO, DA adj. *Blas.* Dícese de las piezas terminadas en forma de potenza o de T.

POTERNA f. *Fort.* Portillo o puerta pequeña. (SINÓN. V. *Puerta*.)

POTESTAD f. (lat. *potestas, atis*). Dominio, autoridad: *patria potestad*. ‖ En algunas ciudades de Italia, corregidor o gobernador. ‖ Potentado. ‖ — Pl. Espíritus bienaventurados que forman el sexto coro.

POTESTATIVO, VA adj. *For.* Que está en la facultad de uno: *condición potestativa*.

POTINGUE m. *Fam.* Cualquier bebida de botica. ‖ Producto farmacéutico, de cosmética.

POTO m. *Arg., Bol., Chil.* y *Per.* Trasero, ano. ‖ Extremidad inferior o posterior de una cosa. ‖ *Chil., Per.* y *Ecuad.* Vasija de calabaza o barro.

POTOCO, CA adj. *Bol.* y *Chil.* Rechoncho.

POTOSÍ m. *Fig.* Riqueza extraordinaria: *valer un Potosí*.

POTOSINO, NA adj. De Potosí. (Bolivia).

POT-POURRI m. (pal. fr.). Popurri.

POTRA f. Yegua joven. (SINÓN. V. *Yegua*.) ‖ *Fam.* Hernia. ‖ *Fig.* y *fam.* *Tener potra una persona*, tener suerte.

POTRADA f. Conjunto de potros de una yeguada.

POTRANCA f. Yegua de menos de tres años.

POTRANCO m. Potro.

POTREADOR m. *Riopl.* El palenque o vallado.

POTREAR v. t. Incomodar, molestar. ‖ *Amer.* Domar potros. ‖ *Guat.* y *Per.* Zurrar, pegar.

POTRERO, RA adj. Relativo a los potros: *cabezada potrera*. ‖ — M. El que cuida de los potros en la dehesa. ‖ Dehesa para los potros y caballos. ‖ *Amer.* Dehesa cerrada para la cría de ganado.

POTRERO m. *Fam.* Cirujano que cura hernias.

POTRIL adj. Dícese de la dehesa para potros.

POTRILLA m. *Fam.* Viejo que se las echa de mozo.

POTRILLO m. El potro de menos de tres años.

POTRO m. Caballo de menos de cuatro años y medio. (SINÓN. V. *Caballo*.) ‖ Máquina en que se daba tormento. ‖ Máquina de madera donde se sujetan los animales para herrarlos o curarlos. ‖ Aparato de gimnasia para ejecutar diferentes saltos. ‖ *Ecuad., Col.* y *Méx.* Potra, hernia o tumor. ‖ *Fig.* Cualquier cosa que molesta.

potro

POTROSO, SA adj. y s. Hernioso. Que padece hernia. ‖ *Fam.* Afortunado, feliz.

POTT (Mal de), tuberculosis vertebral.

POUND f. (pal ingl., pr. *paund*.). Libra, unidad de peso y moneda.

POYA f. Derecho que se paga por cocer el pan en el horno común: *horno, pan de poya*. ‖ Residuo que sobra de las gárgolas del lino machacado.

POYAL m. Poyo, banco de piedra.

POYETE m. Poyo de piedra pequeño o bajo.

POYO m. (del lat. *podium*, lugar elevado). Banco de piedra arrimado a la pared que se pone generalmente a la puerta de la casa.

POZA f. Charca de agua estancada. ‖ Charca para macerar el cáñamo o lino. ‖ *Ecuad.* Laguna bastante extensa en medio de un tremedal.

POZAL m. Cubo que se emplea para sacar agua del pozo. ‖ Brocal del pozo. ‖ Pocillo, tinaja de barro.

POZANCO m. Poza que dejan algunas veces los ríos en las orillas al retirarse.

POZO m. (lat. *puteus*). Agujero profundo que se hace en la tierra para sacar agua, y suele revestirse de piedra o ladrillo. (SINÓN. V. *Manantial*.) ‖ Sitio donde los ríos tienen mayor profundidad. ‖ Hoyo profundo, aunque esté solo. ‖ *Mar.* Sentina de un barco. ‖ *Ecuad.* Nacimiento o manantial. ‖ *Chil.* y *Col.* Poza, charca. ‖ *Pozo artesiano*, el horadado con una sonda y cuya agua suele surtir a bastante altura. ‖ *Pozo de mina*, excavación por donde se baja a las minas y canteras. ‖ *Pozo de petróleo*, el hecho para extraer este mineral. ‖ *Fig.* *Pozo de ciencia*, hombre muy sabio. ‖ *Pozo negro*, el que se hace junto a las casas para recibir las aguas inmundas. ‖ — PARÓN. *Poso*.

POZOL *Hond.* y **POZOLE** m. *Méx.* Guisado que se hace cociendo maíz en un caldo condimentado. ‖ *Amér. C.* Bebida refrescante.

POZUELO m. Pocillo, tinaja.

Pr, símbolo químico del *praseodimio*.

PRACRITO o **PRÁCRITO** m. Idioma vulgar de la India. (V. SÁNSCRITO.)

PRÁCTICA f. Ejercicio de un arte o facultad. ‖ Destreza adquirida con este ejercicio. (SINÓN. V. *Experiencia*.) ‖ Uso continuado, costumbre o estilo. (SINÓN. V. *Hábito*.) ‖ Método que sigue uno en una cosa. ‖ Ejercicio que en una profesión se hace bajo la dirección de un maestro.

PRACTICABLE adj. Que puede practicarse: *oficio practicable*. ‖ Galicismo por *transitable*: *camino practicable*. ‖ *Teatr.* En el decorado teatral, dícese de las aberturas que no son meramente figuradas, sino que pueden usarse: *puerta practicable*.

PRÁCTICAMENTE adv. m. De modo práctico. ‖ *Fam.* Más o menos, aproximadamente, casi: *prácticamente como si no hubiera venido*.

PRACTICANTE adj. Que practica. ‖ — M. El que posee título para el ejercicio de la cirugía menor. ‖ El que estudia la práctica de la medicina bajo la dirección de un profesor. ‖ — Com. Persona que en los hospitales cuida de los enfermos bajo la dirección del médico.

pozo

PRACTICAR v. t. Poner en práctica: *practicar un ejercicio.* (SINÓN. *Adiestrarse, ejercitar, instruirse.*) || Ejercer: *practicar la medicina.* (SINÓN. V. *Usar.*) || Hacer: *practicar una abertura.*

PRÁCTICO, CA adj. (lat. *practicus*). Perteneciente a la práctica. || Que no es puramente teórico: *la enseñanza práctica del francés.* || Que sabe aprovecharlo todo: *los anglosajones son muy prácticos.* || Cómodo: *procedimiento práctico.* || Experimentado, diestro. || — M. Piloto práctico.

PRACTICÓN, ONA m. y f. El que conoce un arte o ciencia, por haberlo practicado mucho más que por haberlo estudiado.

PRADERA f. Prado muy fértil que se puede segar. (SINÓN. V. *Campo* y *pasto.*)

PRADIAL m. Noveno mes del calendario republicano francés (de 20 de mayo a 18 de junio). || — Adj. De los prados.

PRADO m. (lat. *pratum*). Campo en que se deja crecer hierba para pasto del ganado. || Sitio ameno para pasear.

PRAGMÁTICA f. Ley que se diferenciaba de las reales órdenes en la fórmula de su publicación. || *Pragmática Sanción,* la dictada en 1713 por el emperador germánico Carlos VI que daba derecho a las hembras a acceder al trono.

PRAGMÁTICO, CA adj. Relativo al pragmatismo.

PRAGMATISMO m. Método filosófico divulgado por William James, según el cual el único criterio para juzgar la verdad de cualquier doctrina se ha de fundar en sus efectos prácticos.

PRAGMATISTA adj. y s. Partidario del pragmatismo o perteneciente a él.

PRAO m. Embarcación malaya, larga y estrecha.

PRASEODIMIO m. Metal (Pr) de número atómico 59, perteneciente al grupo de las tierras raras.

PRASIO m. Cristal de roca con estrías verdes de silicato de magnesia, cal y hierro.

PRASMA m. Ágata de color verde obscuro.

PRATENSE adj. De los prados.

PRATICULTURA f. Cultivo de los prados.

PRE, prep. insep. (lat. *prae*), que denota *antelación, prioridad: preámbulo, precursor.*

PREADAMISMO m. Doctrina que supone que Adán no fue el primer hombre creado.

PREADAMITA m. Supuesto antecesor de Adán.

PREADAMÍTICO, CA adj. Relativo al preadamita. || — M. Época de los preadamitas.

PREÁMBULO m. (del lat. *praeambulus,* que va delante). Exordio, prólogo: *un preámbulo fastidioso.* (SINÓN. V. *Preliminar.*) || Rodeo, digresión impertinente: *andar siempre con preámbulos.*

PREBENDA f. (lat. *praebenda*). Renta que corresponde a ciertas dignidades eclesiásticas. || *Fig.* y *fam.* Oficio lucrativo y poco penoso.

PREBENDADO adj. y s. Dícese del que disfruta una prebenda: *canónigo prebendado.*

PREBENDAR v. t. Conferir prebenda a uno. || — V. i. Obtenerla.

PREBOSTE m. Sujeto que es cabeza de una comunidad. || Capitán encargado de velar el cumplimiento de las ordenanzas, etc.

PRECARIO, RIA adj. (lat. *precarius*). De poca estabilidad, inseguro: *tener una salud muy precaria.* (SINÓN. V. *Pasajero.*)

PRECAUCIÓN f. (lat. *praecautio*). Lo que se hace por previsión, por evitar algún daño o peligro. (SINÓN. V. *Prudencia.*)

PRECAUCIONARSE v. r. Precaverse, prevenirse: *precaucionarse contra la enfermedad.*

PRECAUTORIO, RIA adj. Preventivo.

PRECAVER v. t. (lat. *praecavere*). Prevenir un riesgo o un peligro: *precaverse de todos los peligros.* (SINÓN. V. *Evitar* y *proteger.*)

PRECAVIDO, DA adj. Sagaz, astuto, prudente.

PRECEDENCIA f. Anterioridad, prioridad. || Preferencia que se da a ciertas personas en algunos actos honoríficos. || Superioridad, preeminencia.

PRECEDENTE adj. Que precede o es anterior o primero en el tiempo. || — M. Antecedente: *apoyarse en un precedente.* || — CONTR. *Siguiente.*

PRECEDER v. t. (lat. *praecedere*). Ir delante. || Anteceder, estar antes: *el ejemplo que precede.* (SINÓN. V. *Adelantar.*) || *Fig.* Tener una persona primacía sobre otra u otras.

PRECEPTISTA adj. Que da o enseña preceptos y reglas.

PRECEPTIVO, VA adj. Que incluye preceptos. || — F. Conjunto de preceptos aplicables a determinada materia. || *Preceptiva literaria,* tratado normativo de retórica y poética.

PRECEPTO m. (lat. *praeceptum*). Mandato, orden, regla: *los preceptos del Decálogo.* (SINÓN. V. *Mandamiento.*) || Regla, método: *seguir los preceptos del arte.* (SINÓN. V. *Instrucción.*) || *Día, fiesta de precepto,* obligación de cumplir con la Iglesia en determinados días o fiestas.

PRECEPTOR, RA m. y f. (lat. *praeceptor*). Persona encargada de la educación de un joven. (SINÓN. V. *Maestro.*) || Persona que enseña. || Persona que enseña gramática latina.

PRECEPTUAR v. t. Dar preceptos.

PRECES f. pl. (lat. *preces*). Oraciones, ruegos.

PRECESIÓN f. *Ret.* Reticencia. || *Astr. Precesión de los equinoccios,* movimiento retrógrado de los puntos equinocciales.

PRECIADO, DA adj. Precioso, estimado: *una obra muy preciada.* || Jactancioso, vano.

PRECIADOR, RA adj. y s. Tasador.

PRECIAR v. t. (lat. *pretiare*). Apreciar, estimar, tasar. || — V. r. Jactarse, vanagloriarse. (SINÓN. V. *Afectar.*)

PRECINTA f. Tira de cuero que se pone a los cajones y baúles en sus esquinas.

PRECINTADO m. Acción y efecto de precintar.

PRECINTAJE m. Galicismo por *precintado.*

PRECINTAR v. t. Poner precinto o precinta.

PRECINTO v. i. (lat. *praecinctus*). Acción y efecto de precintar. || Ligadura sellada con que se atan los cajones, baúles, paquetes, etc.

PRECIO m. (lat. *pretium*). Valor en que se estima algo: *poner precio a una mercancía.* (SINÓN. *Costo, importe.*) || *Fig.* Valor, estimación: *persona de gran precio.* || *Poner a precio una cosa,* ofrecer recompensa a quien la encuentre: *poner a precio la cabeza de un asesino.* || *Fig. Al precio de,* a fuerza de: *al precio de su salud lo consiguió.* || *Alzar el precio,* subirlo. || *Fig. No tener precio,* valer mucho. || *Precio tope,* precio máximo que no se puede sobrepasar.

PRECIOSAMENTE adv. De un modo precioso.

PRECIOSIDAD f. Calidad de precioso. || Cosa preciosa o exquisita: *ese niño es una preciosidad.*

PRECIOSISMO m. Especie de culteranismo francés del siglo XVII que busca la belleza en el refinamiento de las imágenes y expresiones. || Extremado atildamiento del estilo.

PRECIOSISTA adj. y s. Relativo al preciosismo.

PRECIOSO, SA adj. Excelente, exquisito. || Chistoso, ingenioso, agudo: *escribir versos preciosos.* || *Fam.* Hermoso, lindo: *esta mujer es preciosa.* (SINÓN. V. *Bello.*) || De mucho valor o elevado coste: *piedra preciosa.*

PRECIOSURA f. *Amer.* Preciosidad: *esa niña es una preciosura.*

PRECIPICIO m. (lat. *praecipitium*). Despeñadero, sima, sitio arriesgado. (SINÓN. V. *Abismo.*) || *Fig.* Ruina, desastre.

PRECIPITACIÓN f. Acción y efecto de precipitar. || Prisa extremada. (SINÓN. V. *Velocidad.*) || Lluvia, nieve o granizo. || *Quím.* Separación en forma sólida de un cuerpo disuelto en un líquido.

PRECIPITADAMENTE adv. m. Con precipitación.

PRECIPITADO, DA adj. Atropellado, inconsiderado: *hacerlo todo de un modo precipitado.* || — M. *Quím.* Depósito que se forma en un líquido en que se efectúa alguna reacción química.

PRECIPITAR v. t. Despeñar, arrojar desde un lugar alto. (SINÓN. V. *Lanzar.*) || Apresurar: *precipitar el paso.* (SINÓN. V. *Acelerar.*). || *Fig.* Exponer o incitar a una ruina: *precipitarle en el vicio.* || *Quím.* Producir en una disolución, por medio de un agente químico, un precipitado que caiga al fondo del vaso. || — V. r. Arrojarse inconsideradamente a una cosa.

PRECIPITOSO, SA adj. Resbaladizo, arriesgado, peligroso. || *Fig.* Precipitado, atropellado.

PRECIPUO, PUA adj. (lat. *praecipuus*). Principal, señalado, muy notable, muy importante.

PRECISAMENTE adv. m. De un modo preciso. || Necesaria, indispensablemente.

PRECISAR v. t. Fijar de modo preciso: *precisar la hora de la cita.* || Obligar a una cosa. || Necesitar: *precisar un libro.* || — V. i. Ser necesario: *precisa que le escribas.*

PRECISIÓN f. Obligación, necesidad imprescindible: *tener precisión de hacer una cosa.* || Concisión, claridad: *hablar con precisión.* (SINÓN. V. *Exactitud.*) || *Instrumento, arma de precisión,* los de gran perfección y muy exactos.
PRECISO, SA adj. (lat. *praecisus*). Necesario, imprescindible. || Fijo, determinado: *fijar día preciso.* (SINÓN. V. *Categórico.*) || Exacto: *un estilo preciso.* (SINÓN. V. *Conciso.*) || *Fil.* Abstraído o separado por el entendimiento.
PRECITADO, DA adj. Antes citado.
PRECITO, TA adj. y s. (del lat. *praecitus,* sabido de antemano). Réprobo, condenado al infierno.
PRECLARO, RA adj. (lat. *praeclarus*). Ilustre, famoso: *preclara nobleza.*
PRECLÁSICO, CA adj. Dícese de lo que antecede a lo clásico.
PRECOCIDAD f. Calidad de precoz.
PRECOGNICIÓN f. Conocimiento anterior.
PRECOLOMBIANO, NA o **PRECOLOMBINO, NA** adj. Dícese de lo relativo a América antes de su descubrimiento por Cristóbal Colón: *estudiar las civilizaciones precolombinas.*
PRECONCEBIDO, DA adj. Que ha nacido en la mente sin examen: *tener ideas preconcebidas.*
PRECONIZACIÓN f. Acción y efecto de preconizar: *la preconización de un obispo.*
PRECONIZADOR, RA adj. y s. Que preconiza.
PRECONIZAR v. t. (del lat. *praeconium,* publicación, alabanza). Celebrar, encomiar. || Hacer relación en consistorio romano de los méritos del sujeto propuesto para una prelacía u obispado. || Patrocinar una idea, un proyecto, una persona. (SINÓN. V. *Recomendar.*)
PRECONOCER v. t. Conocer anticipadamente una cosa. || — IRREG. Se conjuga como *conocer.*
PRECORDIAL adj. (del lat. *precordia,* diafragma). Relativo a la región del corazón: *dolor precordial.*
PRECOZ adj. (lat. *precox*). Maduro antes de tiempo: *fruto precoz.* || *Fig.* Que se desarrolla antes de tiempo: *un niño muy precoz.* || — SINÓN. *Adelantado, anticipado, prematuro, temprano.*
PRECURSOR, RA adj. (lat. *praecursor*). Que precede: *signos precursores de la tempestad.* || — M. El que anuncia una cosa: *Wiclef fue uno de los precursores de la Reforma.* || Por antonomasia, San Juan Bautista, precursor de Jesús.
PREDECESOR, RA m. y f. (lat. *praedecessor*). Antecesor: *el papa Pío XII fue el predecesor inmediato de Juan XXIII.* (SINÓN. V. *Abuelo.*)
PREDECIR v. t. Anunciar lo futuro: *predecir un acontecimiento.* || — IRREG. Se conjuga como *decir.*
PREDEFINIR v. t. *Teol.* Determinar el tiempo en que han de existir las cosas según el decreto de Dios.
PREDESTINACIÓN f. Destinación anterior de una cosa. || *Teol.* Ordenación de la voluntad divina con que *ab aeterno* tiene elegidos a los que por medio de su gracia han de lograr la gloria. || Determinación inmutable de los acontecimientos futuros: *la infancia de ciertos hombres es una predestinación para el crimen.*
PREDESTINACIONISMO m. Conjunto de errores sobre la predestinación.
PREDESTINADO, DA adj. y s. Elegido por Dios para lograr la gloria eterna. (SINÓN. V. *Santo.*) || Destinado para otra cosa: *predestinado para el crimen.* || *Fig.* Cornudo.
PREDESTINAR v. t. Destinar anticipadamente una cosa para un fin. || *Teol.* Elegir Dios *ab aeterno* los que han de lograr la gloria.
PREDETERMINACIÓN f. *Teol.* Acción por la cual Dios, según ciertos teólogos, determina de antemano la libertad humana: *la predeterminación aniquila la libertad.*
PREDETERMINAR v. t. Determinar anticipadamente una cosa. || *Teol.* Determinar Dios la voluntad humana.
PREDIAL adj. Relativo al predio.
PRÉDICA f. Sermón de un ministro no católico. || Plática, conferencia. (SINÓN. V. *Sermón.*) || Perorata, discurso vehemente.
PREDICABLE adj. Que puede predicarse. || Digno de ser predicado. || — M. *Lóg.* Nombre de las clases a que se reducen las cosas que se pueden decir del sujeto: *los predicables son cinco: género, especie, diferencia, individuo y propio.*
PREDICACIÓN f. (lat. *praedicatio*). Acción de predicar: *entregarse a la predicación.* (SINÓN. V. *Sermón.*) || Doctrina que se predica, o enseñanza que se da con ella. (SINÓN. V. *Misión.*)
PREDICADERAS f. pl. *Fam.* Cualidades oratorias: *tener un sacerdote buenas predicaderas.*
PREDICADO m. Atributo de una proposición. (SINÓN. V. *Adjetivo.*) || *Gram.* Todo lo que se dice del sujeto en una oración. || *Predicado nominal,* el que enuncia una cualidad del sujeto. || *Predicado verbal,* el que enuncia una acción del sujeto.
PREDICADOR, RA adj. y s. Que predica. (SINÓN. V. *Orador.*) || — M. Orador sagrado: *un predicador dominico.* (SINÓN. V. *Sacerdote.*) || *Zool.* Insecto ortóptero llamado también *manta religiosa.*

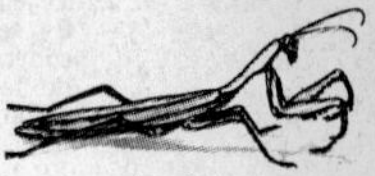
predicador

PREDICAMENTO m. *Lóg.* Cada una de las categorías a que se reducen las cosas: *los predicamentos se dividen en diez, que son: substancia, cantidad, cualidad, relación, acción, pasión, lugar, tiempo, situación y hábito.* || Opinión, estima que se hace de una persona: *tener buen predicamento.*
PREDICANTE adj. Que predica un sermón.
PREDICAR v. t. (lat. *praedicare*). Publicar, manifestar una cosa. || Pronunciar un sermón. || Alabar mucho a uno. || *Fig.* Reprender, amonestar, regañar: *por más que le predico no se enmienda.* || *Predicar en desierto,* no hacer caso a lo que se dice. || *Una cosa es predicar y otra dar trigo,* la predicación debe ir acompañada de la práctica.
PREDICATIVO, VA adj. *Gram.* Perteneciente al predicado o con carácter de tal.
PREDICCIÓN f. Acción y efecto de predecir lo futuro. (SINÓN. V. *Presagio.*)
PREDICHO, CHA adj. Dicho antes.
PREDILECCIÓN f. Preferencia señalada hacia una persona o cosa: *tener predilección por la música.* (SINÓN. V. *Inclinación* y *preferencia.*)
PREDILECTO, TA adj. Preferido: *hijo predilecto.* (SINÓN. V. *Favorito.*)
PREDIO m. (lat. *praedium*). Heredad o finca. || — SINÓN. *Dominio, hacienda, propiedad, tierra.*
PREDISPONER v. t. Disponer previamente, preparar una cosa o el ánimo para un fin: *ese ambiente la predispone para el mal.* || — IRREG. Se conjuga como *poner.*
PREDISPOSICIÓN f. Inclinación a una cosa.
PREDOMINANCIA f. Predominio.
PREDOMINANTE adj. Que predomina.
PREDOMINAR v. t. Preponderar, tener superioridad: *el interés lo predomina todo.* (SINÓN. V. *Prevalecer.*) || *Fig.* Exceder mucho en altura.
PREDOMINIO m. Carácter predominante. || Poder: *el predominio del poder temporal sobre el espiritual.* (SINÓN. V. *Superioridad.*)
PREDORSAL adj. De la parte anterior del espinazo. || Dícese del sonido que se ejecuta con la parte anterior del dorso de la lengua.
PREELEGIR v. t. Elegir con anticipación. || — IRREG. Se conjuga como *decir.*
PREEMINENCIA f. Privilegio. (SINÓN. V. *Superioridad.*)
PREEMINENTE adj. (lat. *praeeminens*). Superior, más elevado por la situación, la dignidad o el mérito: *virtud preeminente.*
PREESTABLECIDO, DA adj. Establecido previamente: *la armonía preestablecida de Leibniz.*
PREEXISTENCIA f. *Fil.* Existencia anterior.
PREEXISTENTE adj. Que preexiste.
PREEXISTIR v. i. Existir antes una cosa.
PREFABRICACIÓN f. Fabricación previa de los elementos de un conjunto (casa, barco, etc.) destinados a ser unidos con los demás.
PREFABRICADO, DA adj. Hecho con elementos fabricados de antemano: *casas prefabricadas.*
PREFABRICAR v. t. Fabricar de antemano.
PREFACIO m. (lat. *praefatio*). Prólogo: *prefacio pesado.* (SINÓN. *Advertencia, introducción, pródromo, prolegómenos.* V. tb. *preliminar.*) || Parte de la misa que se reza antes del canon.
PREFECTO m. (lat. *praefectus*). Nombre de varios jefes militares romanos. || Nombre de dignidades militares o políticas, en diversos países.
PREFECTORAL adj. Relativo o perteneciente al prefecto o a la prefectura.
PREFECTURA f. Dignidad de prefecto y territorio gobernado por él. || Casa o despacho del prefecto.

Prefijos de origen griego

prefijos	significado	ejemplos
a-, an-	privación	ateo; anarquía
ana-	1º contra, sobre	anacronismo
	2º separación	análisis; anatomía
anti-	contra	antirreligioso; antipirético
apo-	de lejos, fuera	apogeo; apostasía
archi-, arz-	1º en el grado más alto	archimillonario; arquidiócesis
	2º preeminencia	arzobispo
cata-	hacia abajo, completamente	cataplasma; catástrofe
di(a)-	a través de, distancia	diagonal; diorama
dis-	con dificultad	disentería
ecto-	fuera de	ectoparásito
en-	dentro	encéfalo
end(o)-	en el interior	endocarpio
epi-	sobre	epitafio; epidermis
eu-, ev-	bien	eufemismo; evangelio
exo-	fuera de	exotismo; éxodo
hemi-	medio	hemisferio; hemiciclo
hiper-	exceso, superioridad	hipérbole; hipertensión
hipo-	debajo, inferioridad	hipótesis; hipotensión
met(a)-	más allá, cambio	metafísica; metátesis
pali(m)-	de nuevo	palimpsesto
para-	1º junto a	parábola; paralelo
	2º contra	paradoja
peri-	alrededor	perífrasis; perímetro
pro-	delante	prognatismo; prólogo
si(m), (n)-	con	simpatía; sinónimo

Palabras griegas empleadas como prefijos o que forman parte de vocablos españoles

prefijos	significado	ejemplos
acant(o)-	espina	acantáceas
acro-	elevado	acrópolis; acróbata
actin(o)-	rayo de luz	actinómetro; actínico
aden(o)-	glándula	adenitis; adenotomía
aero-	aire	aeródromo; aerobio
agon(o)-	lucha	agonía
agro-	campo	agrónomo
alo-	otro	alotropía; alopatía
andro-	hombre	andrógino
anemo-	viento	anemómetro; anémona
anfi-	1º ambos	anfibio; anfibología
	2º alrededor	anfiteatro
anto-	flor	antología
antr(c)-	carbón	antracita; ántrax
antropo-	hombre	antropología
aristo-	mejor, noble	aristocracia
aritm(o)-	número	aritmética
arqueo-	antiguo	arqueología
arterio-	arteria	arteriosclerosis
arto-	pan	artesa
artr(o)-	articulación	artritis; artrópodo
aster(o)-, astr(o)-	estrella, astro	asterisco; astronauta
atmo-	vapor	atmósfera
auto-	1º uno mismo	autodidacta; automóvil
	2º abrev. de *automóvil*	autopista; autocar
bar(o)-	pesado	barómetro; baritina
bato-	profundidad	batometría; batolito
bibli(o)-	libro	bibliografía; Biblia
bio-	vida	biografía; biología
bleno-	mucosidad	blenorrea
bradi-	lento	bradipepsia
braqui-	corto	braquicéfalo
brom(o)-	hedor	bromuro
bronc(o)-	tráquea	bronconeumonía; bronquitis
butir (o)-	manteca	butírico
caco-, caq-	malo	cacofonía; caquexia
calco-	cobre	calcografía; calcopirita
cali-	hermoso	caligrafía
cardi(o)-	corazón	cardiaco; cardiograma
cefal(o)-	cabeza	cefalalgia; cefalópodo
ceno-	vacío	cenotafio
ceno-	común	cenobio
cero-	cera	ceroplástica
cian(o)-	azul	cianuro
cicl(o)-	círculo	cíclico; ciclón
cinemat(o)-, cinet(o)-	movimiento	cinematógrafo; cinético.
cito-	célula	citología
clepto-	robar	cleptomanía
cloro-	verde	clorofila; clorhídrico
cosm(o)-	mundo	cosmografía; cósmico
cresto-	útil	crestomatía
cript(o)-	escondido	criptografía; cripta
cris-	oro	crisóstomo
crom(o)-	color	cromolitografía; cromático
cron(o)-	tiempo	cronografía; crónica
dactil(o)-	dedo	dactilografía
deca-	diez	decálogo
demo-	pueblo	democracia; demografía
derma-	piel	dermatología
didact-	enseñar	didáctica
dinam(o)-	fuerza	dinamismo; dinamita
dodeca-	doce	dodecágono
dolico-	largo	dolicocéfalo
dox(o)-	opinión	doxología
enter(o)-	intestino	enteritis
entomo-	insecto	entomología
eo-	aurora	eoceno; eolítico
equino-	erizo	equinodermo
erot-	amor	erotismo; erótico
escaf(a)-	barco	escafandra
escato-	último	escatología
esfeno-	cuña	esfenoides
esfero-	globo	esférico
esquizo-	hendir	esquizofrenia
estat-	estable	estático
estereo-	sólido	estereofónico
esteto-	pecho	estetoscopio
estilo-	punzón	estilo; estilográfica
estoma-	boca	estomatología
etimo-	origen	etimología
etio-	causa	etiología
etn(o)-	pueblo, raza	etnología; étnico
fago-	comer	fagocito
fanero-	visible	fanerógama
faring-	faringe	faringitis
farmac(o)-	medicamento	farmacia; farmacopea
feno-	aparecer	fenómeno
fil(o)-	amigo, amante	filosofía; filántropo
filo-	hoja	filoxera
fisi(o)-	naturaleza	fisiología; física
fito-	planta	fitología
fleb-	vena	flebitis
fon(o)-	sonido, voz	fonógrafo
foto-	luz	fotografía
fren(o)-	inteligencia	frenología
galact-, galax-	leche	galactómetro; galaxia
gam(o)-	unión	gameto
gastero-, gastr(o)-	vientre	gasterópodo; gastralgia; gastronomía
geo-	tierra	geografía
geront(o)-	viejo	gerontotogía
ginec(o)-	mujer	gineceo; ginecología
giro-	círculo	giroscopio
glos-	lengua	glosario
gluc-, glicer(o)-	dulce	glucosa; glucógeno; glicerina
gnom(o)-	sentencia	gnómico
graf(o)-	escribir	gráfico; grafología
hagio-	santo	hagiografía
hect(o)-	ciento	hectómetro; hectárea
helio-	sol	helioterapia
hemat(o)-, hemo-	sangre	hematosis; hemorragia
hepat(o)-	hígado	hepático
hepta-	siete	heptágono
hetero-	otro	heterodoxo; heterogéneo.
hexa-	seis	hexámetro
hidr(o)-	agua	hidráulica; hidra; hidroterapia
hier(o)-	sagrado	hierático
higro-	húmedo	higrómetro; higroscopio
hipno-	sueño	hipnotizar
hip(o)-	caballo	hipódromo; hípico
histo-	tejido	histología

prefijos	significado	ejemplos
holo-	todo	holocausto
homeo-, hom(o)-	parecido	homeopatia; homólogo
horo-	hora	horóscopo
icono-	imagen	iconoclasta
icter-	amarillez	ictericia
ide(o)-	idea	ideograma; ideología
idio-	propio	idiosincracia; idioma
iso-	igual	isomorfo; isoterma
kilo-	mil	kilogramo
leuco-	blanco	leucocito
lexic(o)-	lenguaje	lexicología
lit(o)-	piedra	litografía; litiasis
log(o)-	palabra, ciencia	lógica; logogrifo
macro-	grande	macrocosmos; macrocéfalo
mega(lo)-	grande	megalomanía; megáfono
melan(o)-	negro	melancolía; melanosis
mel(o)-	canto, música	melodía
meso-	medio	mesopotámico
meteor(o)-	elevado, en el aire	meteoro; meteorito
metr(o)-	medida	metrónomo; **métrica**
micr(o)-	pequeño	microcosmos; **microbio**; micra
miel(o)-	medula	mielitis
mio-	músculo	miocardio
miri(a)-	diez mil	miriópodo; miriámetro
mis(o)-	odiar	misántropo; misógino
mit(o)-	fábula, leyenda	mitología; mítico
mnemo-	memoria	mnemotecnia
mon(o)-	único	monarquía; monolito
morfo-	forma	morfología
nau-	nave	náutico; náusea
necro-	muerto	necrología; necrópolis
nefr(o)-	riñón	nefritis
neo-	nuevo	neologismo; neófito
neumo-	pulmón	neumotórax; neumonía
neur(o)-	nervio	neurosis; neuralgia
noso-	enfermedad	nosomántica
octa-, octo-	ocho	octaedro; octógono
odont(o)-	diente	odontólogo
oftalm(o)-	ojo	oftalmía; oftalmólogo
olig(o)-	poco	oligarquía; oligoceno
onir(o)-	sueño	oniromancia; onírico
onoma-	nombre	onomástica; onomatopeya
onto-	ser	ontología
ornito-	pájaro	ornitología
oro-	montaña	orografía
orto-	recto	ortografía; ortopedia
oste(o)-	hueso	osteoblasto; osteítis
ot(o)-	oído	otólogo; otitis
oxi-	ácido	oxígeno
paleo-	antiguo	paleolítico; paleografía
pan-, pant(o)-	todo	panacea; panteísmo; pantógrafo
paqui-	espeso	paquidermo
pato-	enfermedad	patología
ped-	niño	pedagogía; pediatría
penta-	cinco	pentágono
pir(o)-	fuego	pirotecnia; pirita
pitec-	mono	pitecántropo; piteco
plast-	formar	plasticidad
pleur-	costado	pleura; pleuritis
pluto-	rico	plutocracia
pod(o)-	pie	podómetro; podio
poli-	mucho	polígrafo; poliedro
proto-	primero	prototipo
psic(o)-, sic(o)-, psiqui-	alma	psicología; psiquiatría
ptero-	ala	pterodáctilo
quiro-, cir-	mano	quiromancia; cirugía
rino-	nariz	rinoceronte
rizo-	raíz	rizófago; rizoma
sacar(o)-	azúcar	sacarina; sacarosa
sarco-	carne	sarcoma; sarcófago
sema-	señal, significación	semáforo; semántica
seudo-	falso	seudónimo
sider(o)-	hierro	siderurgia; siderosis
somat(o)-	cuerpo	somático; somatología
taqui-	rápido	taquigrafía; taquicardia
tauro-	toro	tauromaquia
tauto-	lo mismo	tautología
taxi-	tasa	taxímetro
tecn(o)-	arte	tecnología; técnica
tele-	lejos	teléfono; televisión
teo-	dios	teología; teocracia
terapeut-	que cura	terapéutica
term(o)-	calor	termómetro; térmico
tetra-	cuatro	tetraedro; tetralogía
toco-	parto	tocología
top(o)-	lugar	toponimia; tópico
toxico-	veneno	toxicología
urano-	cielo	uranometría
xeno-	extranjero	xenofobia
xero-	seco	xeroftalmía
xilo-	madera	xilófago; xilografía
zoo-	animal	zoología

Prefijos de origen latino

prefijos	significado	ejemplos
a-, ad-	proximidad	acostar; adventicio
ab-, abs-	separación	abdicar; abstinencia
ante-	delante	anteojo; antepenúltimo
bis-, bi-, biz-	dos	bisabuelo; bípedo; bizcocho
circun-	alrededor	circunferencia
cis-, citer-	de acá	cisalpina; citerior
co-, col-, con-, com-, cor-	reunión, cooperación	coadjutor; colección; compadre; convecino; correlativo
cuadr(i)-, cuatri-, cuadru-	cuatro	cuadriga; cuatrimotor; cuadrúpedo
cuasi-	casi	cuasi delito
de-	intensidad	depurar
deci-	diez	decimal; decímetro
di-, dis-	separación	difamar; discordancia
e-, es-, ex-	separado, fuera de	emanar; estirar; excéntrico
ex-	que ha dejado de ser	ex diputado; ex ministro
extra-	extremado, fuera de	extraordinario
i-, im-, in-, ir-	en, privado de	ilícito; impío; inexacto; irresponsable
infra-	debajo de	infrarrojo.
inter-	en medio de, entre	interlínea; internacional
intra-	adentro	intramuscular
multi-	numeroso	multicolor; multiforme
octa- octo-	ocho	octaedro; octosílabo
omni-	todo	omnipresente; omnívoro
pen-	casi	penumbra; penúltimo
pos(t)-	después	posguerra; postdiluviano
pre-	delante de	preposición; prehistoria
pro-	por, en vez de	pronombre
quinqu-	cinco	quinquenio; quinquagésima
radio-	rayo	radiografía; radiología
re-	repetición, de nuevo	recobrar
retro-	atrás, hacia atrás	retroceder; retroactivo
satis-	bastante	satisfecho
sobr-	sobre	sobresalto
sub-	bajo	subterráneo; subalterno
super-, supra	sobre	superestructura; suprarrenal
trans-, tras-	más allá	transatlántico; trascoro
tri-	tres	trilogía; triangular
ulter-, ultra-	más allá	ulterior; ultramar
.uni-	uno	uniforme
vi(z)-, vice-	en vez de	virrey; vizconde; vicecónsul
yuxta-	junto a	yuxtaponer.

PREFERENCIA f. Ventaja que una persona o cosa tiene sobre otra. ‖ Elección de una cosa o persona entre varias. (SINÓN. *Favoritismo, parcialidad, predilección.* V. tb. *selección.*)
PREFERENTE adj. Que prefiere o es preferido.
PREFERENTEMENTE adv. m. Con preferencia.
PREFERIBLE adj. Que debe preferirse. ‖ *Ser preferible*, valer más: *es preferible venir.*
PREFERIDO, DA adj. Elegido. (SINÓN. V. *Favorito.*)
PREFERIR v. t. (del lat. *praeferre*, llevar o poner delante). Dar la preferencia a una persona o cosa sobre otra. (SINÓN. V. *Escoger.*) ‖ — IRREG. Se conjuga como *sentir.*
PREFIGURACIÓN f. Representación anticipada de una cosa.
PREFIGURAR v. t. (lat. *praefigurare*). Figurar anticipadamente una cosa.
PREFIJACIÓN f. Formación de voces nuevas con ayuda de prefijos.
PREFIJAR v. t. Fijar antes, determinar anticipadamente una cosa: *prefijar un plazo.*
PREFIJO, JA adj. y m. (lat. *praefixus*). *Gram.* Dícese del afijo que se antepone a la palabra para modificar su sentido, como *desconfiar, reponer, antialcohólico.*
PREFINICIÓN f. Acción de prefinir.
PREFINIR v. t. (lat. *praefinire*). Fijar el tiempo o plazo para ejecutar una cosa.
PREFLORACIÓN f. *Bot.* Disposición que tienen los órganos florales antes de la florescencia.
PREFOLIACIÓN f. *Bot.* Disposición de las hojas dentro de la yema.
PREFORMADO, DA adj. Formado con anticipación.
PREFORMISMO m. Teoría filosófica que defiende que en el germen del individuo se halla el organismo humano constituido, aunque en miniatura.
PREFULGENTE adj. Muy resplandeciente.
PREGÓN m. (lat. *praeconium*). Publicación que se hace de una cosa en voz alta y en público. ‖ Discurso con que se comienza una fiesta o acontecimiento: *pregón de Semana Santa; pregón de la Fiesta del Olivo.*
PREGONAR v. t. Publicar una cosa: *pregonar un objeto perdido.* ‖ Anunciar a voces una mercancía que se quiere vender. (SINÓN. V. *Propagar.*) ‖ *Fig.* Anunciar o publicar lo que estaba oculto. ‖ *Fig.* Alabar o celebrar en público: *pregonar mucho los méritos de una persona.*
PREGONERO adj. y s. El que anuncia o pregona. ‖ — M. Oficial público que anuncia los pregones.
PREGUNTA f. Interrogación que se hace para que conteste uno lo que sabe acerca de una cosa. ‖ *Fig.* y *fam. Andar, estar, quedar a la cuarta pregunta*, estar escaso de dinero, o no tener ninguno. ‖ *Estrechar a preguntas*, preguntar insistentemente y con intención.
PREGUNTADOR, RA adj. Que pregunta. ‖ Molesto e impertinente en preguntar.
PREGUNTANTE adj. Que pregunta.
PREGUNTAR v. t. (lat. *precunctari*). Interrogar, hacer preguntas: *preguntar por una persona o cosa.* (SINÓN. V. *Inquirir, interpelar.*) ‖ Barb. por *llamar.*
PREGUNTÓN, ONA adj. y s. Preguntador.
PREHELÉNICO, CA adj. Anterior a la Grecia helénica: *arte prehelénico.*
PREHISTORIA f. Ciencia que trata de la historia del mundo y del hombre con anterioridad a todo documento histórico.
PREHISTÓRICO, CA adj. Anterior a los tiempos a que alcanza la historia: *el hombre prehistórico.*
PREINCAICO, CA adj. Anterior a la dominación incaica en América.
PREJUDICIAL adj. *For.* Que requiere decisión previa a la sentencia de lo principal. ‖ *For.* Dícese de la acción que ante todo debe examinarse.
PREJUICIO m. Juicio u opinión sobre algo antes de tener verdadero conocimiento de ello. ‖ *Prejuicio de clase, racial*, actitud discriminatoria hacia personas de otra clase social o de otro origen racial. ‖ — SINÓN. *Obstinación, preocupación, prevención.* V. tb. *manía.* ‖ — PARÓN. *Perjuicio.*
PREJUZGAR v. t. Juzgar de las cosas antes de tiempo y sin tener cabal conocimiento de ellas.
PRELACÍA f. Dignidad y oficio de prelado.
PRELACIÓN f. (lat. *praelatio*). Preferencia de una cosa respecto de otras.
PRELADA f. Superiora de un convento.
PRELADO m. (del lat. *praelatus*, puesto delante). Dignatario eclesiástico. (SINÓN. V. *Pontífice.*) ‖ Superior de un convento. ‖ *Prelado doméstico*, eclesiástico de la familia del Papa.
PRELATICIO, CIA adj. Propio del prelado: *traje prelaticio.*
PRELATURA f. Prelacía, dignidad de prelado.
PRELECCIÓN f. Explicación de un texto o lección.
PRELIMINAR adj. (del lat. *prae*, antes, y *liminaris*, del umbral). Que precede el estudio de una materia: *discurso preliminar.* ‖ — M. Lo que precede y prepara: *fijar los preliminares de la paz.* (SINÓN. *Exordio, preámbulo, preludio, proemio.* V. tb. *prefacio.*)
PRELUCIR v. t. Lucir anticipadamente. ‖ — IRREG. Se conjuga como *lucir.*
PRELUDIAR v. i. (lat. *praeludere*). *Mús.* Probar o ensayar el instrumento o la voz antes de comenzar a cantar o tocar. ‖ — V. t. *Fig.* Preparar o iniciar una cosa. (SINÓN. V. *Comenzar.*)
PRELUDIO m. Lo que se toca o canta para ensayar la voz o el instrumento. ‖ Composición musical independiente o que precede a una representación escénica: *un preludio de Chopín, el preludio de Carmen, de Bizet.* ‖ Lo que precede otra cosa: *los escalofríos son el preludio de la calentura.* (SINÓN. V. *Preliminar.*)
PREMATURAMENTE adv. t. De un modo prematuro: *morir prematuramente.*
PREMATURO, RA adj. (de *pre*, y el lat. *maturus*, maduro). Maduro antes de tiempo. ‖ *Fig.* Hecho antes del tiempo conveniente: *empresa prematura.* (SINÓN. V. *Precoz.*) ‖ Que sucede antes de tiempo: *vejez prematura.*
PREMEDITACIÓN f. Acción de premeditar. ‖ *For.* Una de las circunstancias que agravan la responsabilidad de los delincuentes caracterizada por el transcurso de cierto tiempo entre la resolución criminal y la ejecución del delito.
PREMEDITADO, DA adj. Hecho con premeditación: *crimen premeditado.* ‖ — CONTR. *Impremeditado.*
PREMEDITAR v. t. Pensar y reflexionar una cosa antes de ejecutarla. (SINÓN. V. *Proyectar.*) ‖ *For.* Proponerse cometer un delito, tomando al efecto previas disposiciones: *premeditó su atentado con mucha anticipación.*
PREMIACIÓN f. *Col., Chil.* y *Ecuad.* Repartición de premios.
PREMIADO, DA adj. y s. Que ha obtenido un premio. (SINÓN. V. *Vencedor.*)
PREMIADOR, RA adj. y s. El que premia.
PREMIAR v. t. Recompensar, galardonar: *premiar una obra en un certamen.*
PREMIER m. (pal. ingl.). Primer ministro: *el premier británico se trasladó a Washington.*
PREMIO m. (lat. *praemium*). Galardón: *dar un premio al niño más aplicado.* (SINÓN. V. *Recompensa.*) ‖ Cantidad que se añade en un cambio para igualar el valor de las cosas trocadas. ‖ Aumento de valor que se da en ciertas circunstancias a algunas monedas: *el oro tiene premio sobre la plata.* ‖ Cada uno de los lotes sorteados en la lotería nacional. ‖ *Premio gordo*, también *el gordo*, premio mayor de la lotería pública.
PREMIOSAMENTE adv. m. De modo premioso.
PREMIOSIDAD f. Calidad de premioso.
PREMIOSO, SA adj. Apretado, ajustado. ‖ Molesto, incómodo, gravoso. ‖ Que apremia: *una orden premiosa.* ‖ Que carece de flexibilidad: *estilo premioso.* ‖ *Fig.* Rígido, estricto. ‖ Calmoso, lento. ‖ *Fig.* Que habla o escribe con dificultad.
PREMISA f. (del lat. *praemisa*, puesta o colocada delante). *Lóg.* Cada una de las dos primeras proposiciones de un silogismo: *de las premisas se saca la conclusión.*
PREMISO, SA adj. Prevenido, anticipado. ‖ *For.* Que precede: *premisa la autorización.*
PREMOCIÓN f. Moción anterior a otra moción. ‖ — PARÓN. *Promoción.*
PREMOLAR f. Dícese de los molares que reemplazan a los de la primera dentición.

ARTE PREHISTÓRICO

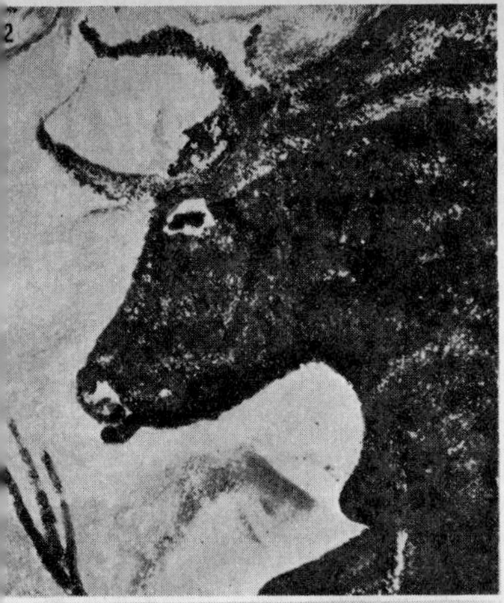

La evolución del arte prehistórico se relaciona con las circunstancias geológicas. Así, durante los períodos glaciales del continente europeo, al comienzo de la era cuaternaria, el hombre se vio obligado a habitar en cavernas. Se han encontrado grabados y pinturas que representan, con un movimiento y realismo extraordinarios, la fauna de la época : renos, bisontes, mamuts, osos, caballos salvajes, etc. Estas pinturas rupestres aparecen sobre todo en el sudoeste de Francia (Font-de-Gaume, Lascaux, Niaux) y en el norte y este de España (Altamira, Cogul, Minadeta). En el Sáhara se encuentran vestigios del arte prehistórico con una antigüedad de varios milenios. Son abundantes las estatuillas femeninas de la época auriñaciense, a las cuales se ha dado el nombre de « Venus », de formas generalmente amplias y pesadas. Unos 10 000 años antes de nuestra era, los glaciares se retiraron y así el hombre del neolítico abandonó las cavernas y se estableció en las riberas de los ríos o lagos, construyendo ciudades lacustres. Con el empleo del bronce y el hierro, el hombre inaugura una nueva civilización. Hacia 2 500 años antes de J. C., levanta enormes monumentos de piedras alineadas (menhires), dispuestas en forma circular (cromlechs), o bien cámaras funerarias (dólmenes).

1. Pintura de la gruta de Teruel (España), según J. Cabré; 2 y 4. Pinturas de la cueva de Lascaux (Francia); 3. Algunos menhires del alineamiento de Carnac (Francia); 5. Venus de marfil encontrada en Lespugue (Francia); 6. Venus de Willendorf (Museo de Historia Natural de Viena); 7. Ciervos y salmones grabados en hueso, de la época paleolítica (Lortet, Francia)

Fot. Monuments historiques (Francia), Le Boyer, Arch. Phot., Musée de l'Homme

PREMONICIÓN f. *Neol.* Señal premonitoria.
PREMONITORIO, RIA adj. Dícese de las señales que preceden a veces la aparición de ciertas enfermedades.
PREMONSTRATENSE adj. y s. Miembro de una orden de canónigos regulares.
PREMORIENCIA f. Muerte anterior a otra.
PREMORIENTE adj. y s. *For.* El que muere antes de otra persona.
PREMORIR v. i. *For.* Morir antes que otro. || — IRREG. Se conjuga como *dormir.*
PREMOSTRAR v. t. Mostrar con anticipación.
PREMURA f. (del lat. *premere*, apretar). Apuro, aprieto. || Prisa, instancia: *pedir algo con premura.*
PRENATAL adj. Anterior al nacimiento.
PRENDA f. Alhaja que se da para seguridad de una deuda o contrato: *al buen pagador no le duelen prendas.* || Pieza del vestido: *una prenda en buen estado.* (SINÓN. V. *Vestido.*) || *Fig.* Cosa que sirve de señal o prueba de una cosa: *dar una prenda de amor.* || *Fig.* Lo que se ama intensamente, como mujer, hijos, etc. || *Fig.* Cualidades o perfecciones morales de una persona: *hombre de buenas prendas.* || *Juego de prendas,* aquel en que tiene que dar una prenda todo el que se equivoca, obligándose luego a ciertas penalidades para rescatarla. || *En prenda,* en empeño o fianza. En señal: *te regalo esto en prenda de mi amor.* || *No soltar prenda,* ser muy discreto.
PRENDAR v. t. Sacar una prenda en seguridad de alguna cosa. || Ganar la voluntad de una persona: *la muchacha me tiene prendado.* || — V. r. Enamorarse de una persona o cosa: *se prendó de su hermosura.*
PRENDEDERO m. Broche o alfiler que sirve para prender una cosa: *un prendedero de oro.* || Cinta con que se aseguraba el pelo.
PRENDEDOR m. El que prende. || Prendedero, alfiler para prender: *prendedor de plata.*
PRENDER v. t. (lat. *prehendere*). Coger, asir. || Apoderarse de un delincuente. metiéndolo en la cárcel: *prendieron al asesino.* || Hacer presa una cosa en otra. || Atar, clavar: *prender un alfiler.* || — V. i. Arraigar una planta. || Empezar a arder la lumbre: *no prende la leña.* || *Amer.* Encender. || *Amer.* Suministrar claridad: *prende la habitación.* || — V. r. Ataviarse o aderezarse las mujeres. || *P. Rico.* Embriagarse. || *Col.* Ponerse las botas. || — OBSERV. Este verbo tiene dos participios pasivos: *prendido* (en el sentido general) y *preso* (encarcelado).
PRENDERÍA f. Tienda en que se compran y venden prendas, alhajas o muebles de lance.
PRENDERO, RA m. y f. El que tiene prendería. (SINÓN. V. *Chamarilero.*)
PRENDIDO m. Adorno que usan las mujeres en la cabeza.
PRENDIDO, DA adj. *P. Rico.* Ebrio. || *Chil.* Estreñido. || *Méx.* Acicalado.
PRENDIMIENTO m. Acción de prender: prisión, captura. || *Chil.* Dolor, opresión. || *Col.* y *Venez.* Irritación, acaloramiento.
PRENOCIÓN f. *Fig.* Primera noción de una cosa. (SINÓN. V. *Presentimiento.*)
PRENOMBRADO, DA adj. *Amer.* Sobredicho, precitado, susodicho.
PRENOMBRE m. (lat. *praenomen*). Nombre que entre los romanos precedía al de familia; corresponde a nuestro nombre de pila.
PRENOTAR v. t. (lat. *praenotare*). Notar con anticipación.
PRENSA f. (lat. *pressa*). Máquina que sirve para prensar o comprimir frutos, papeles, etc. || *Prensa hidráulica,* v. HIDRÁULICA. || La imprenta: *castigar un delito de prensa.* || *Fig.* Conjunto de las publicaciones periódicas, especialmente las diarias: *¿qué dice la prensa?* || *Meter en prensa,* comenzar la tirada del impreso. || *Fig. Tener buena* o *mala prensa,* serle ésta favorable o adversa. || *Fig. Dar un libro a la prensa,* imprimirlo.
PRENSADO m. Lustre que presentan los tejidos prensados.
PRENSADOR, RA adj. y s. Que prensa.
PRENSADURA f. Acción y efecto de prensar.
PRENSAR v. t. Apretar una cosa en la prensa o de otro modo: *prensar un libro.* (SINÓN. *Macerar.*)
PRENSIL adj. Que sirve para coger o agarrarse: *el elefante tiene trompa prensil.*
PRENSIÓN f. Acción y efecto de prender.
PRENSISTA m. Oficial de imprenta que trabaja en la prensa tipográfica.
PRENSOR, RA adj. Que agarra: *órgano prensor.* || — F. pl. Trepadoras (aves).
PRENUNCIAR v. t. Anunciar alguna cosa con anticipación. || — PARÓN. *Pronunciar.*
PRENUNCIO m. Anuncio anticipado.
PRENUPCIAL adj. Anterior al matrimonio.
PREÑADILLA f. *Ecuad.* Pececillo bastante común en los ríos y arroyos andinos.
PREÑADO, DA adj. (lat. *praegnatus*). Dícese de la hembra que ha concebido: *preñada de ocho meses.* || *Fig.* Dícese de la pared que forma panza. || *Fig.* Lleno, cargado: *una nube preñada de agua.* || *Fig.* Que incluye en sí una cosa que no se descubre. || — M. Estado de la hembra preñada. || Tiempo en que lo está. || Feto en el vientre materno.
PREÑAR v. t. Empreñar. || *Fig.* Llenar.
PREÑEZ f. Preñado de la hembra. || *Fig.* Amenaza continua de un suceso de resultado incierto. || *Fig.* Confusión, dificultad.
PREOCUPACIÓN f. (lat. *praeoccupatio*). Anticipación o prevención que una cosa merece. (SINÓN. V. *Prejuicio.*) || Primera impresión que causa una cosa en el ánimo: *debemos juzgar sin preocupación.* || Idea falsa y preconcebida que tenemos acerca de una cosa. || Cuidado, desvelo: *estoy lleno de preocupaciones.* (SINÓN. *Desasosiego, inquietud, intranquilidad.*)
PREOCUPADO, DA adj. Absorto, distraído: *tener el espíritu preocupado por un proyecto.*
PREOCUPAR v. t. (lat. *praeoccupare*). Ocupar una cosa antes que otro. || *Fig.* Prevenir el ánimo de uno en favor de una persona o cosa. || Absorber, distraer: *este asunto me preocupa.* || — V. r. Estar prevenido en favor o en contra de una persona o cosa. || Inquietarse por una cosa: *preocuparse por algo.*
PREOPINANTE adj. y s. Persona que en una discusión manifiesta su opinión antes que otra.
PREPARACIÓN f. Acción y efecto de preparar. || Cosa preparada: *una preparación farmacéutica.* || — SINÓN. *Aparato, aprestos, avío, disposición, preparativo.*
PREPARADOR, RA adj. y s. Que prepara.
PREPARAMIENTO m. Preparación. (P. us.)
PREPARAR v. t. Disponer: *preparar una comida.* (SINÓN. *Aderezar, aprestar, combinar, concretar, elaborar, organizar.* V. tb. *arreglar* y *ordenar.*) || Predisponer: *preparar los ánimos para una noticia.* || Poner en estado: *preparar una casa para vivir en ella.* || *Por ext.* Hacer estudiar las materias de: *preparar un examen; preparar para el bachillerato.* || Reservar: *se preparan una sorpresa.* || Fabricar un producto químico. || — V. r. Disponerse para una cosa.
PREPARATIVO, VA adj. Preparatorio, que prepara. || — M. Cosa que se prepara: *preparativos de viaje.* (SINÓN. V. *Preparación.*)
PREPARATORIO, RIA adj. Que prepara o dispone: *escuela militar preparatoria.*
PREPONDERANCIA f. Superioridad de crédito, autoridad, etc.: *Bismark estableció la preponderancia de Prusia sobre Alemania del Norte.* (SINÓN. V. *Superioridad.*)
PREPONDERANTE adj. Que tiene preponderancia: *autoridad preponderante.*
PREPONDERAR v. i. (lat. *praeponderare*). *Fig.* Prevalecer o hacer más fuerza una opinión. || *Fig.* Ejercer una persona o una institución influjo dominante o decisivo.
PREPONER v. t. Anteponer una cosa a otra. || — PARÓN. *Proponer.* || IRREG. Se conjuga como *poner.*
PREPOSICIÓN f. (lat. *praepositio*). *Gram.* Parte invariable de la oración que une palabras denotando la relación que entre sí tienen. (Las preposiciones castellanas son: *a, ante, bajo, cabe, con, contra, de, desde, en, entre, hacia, hasta, para, por, según, sin, so, sobre, tras.*)
PREPOSICIONAL adj. Que tiene carácter de preposición.
PREPOSITIVO, VA adj. Relativo a la preposición: *una partícula prepositiva.*
PREPÓSITO m. Jefe de junta o comunidad.
PREPOTENCIA f. Poder muy grande. (SINÓN V. *Autoridad* y *superioridad.*)
PREPOTENTE adj. Muy poderoso o fuerte.

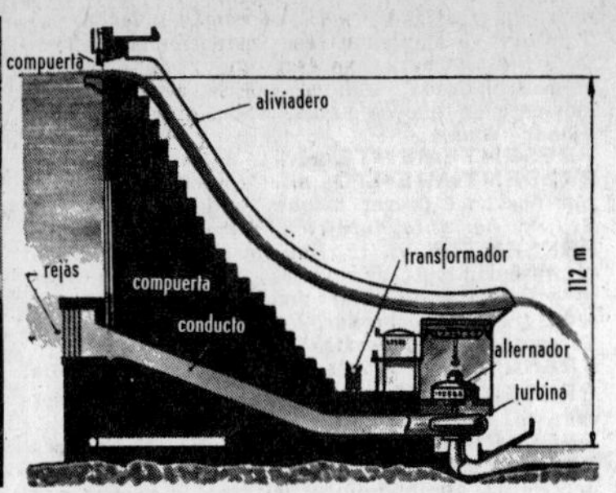

PRESA

PREPUCIO m. Prolongación de la piel del pene que cubre el bálano.
PRERRAFAELISMO m. Doctrina estética del siglo XIX de los artistas alemanes en Roma (Cornelius y Overbeck), y después entre los pintores ingleses de la era victoriana, que, bajo la influencia de Ruskin, defendían la vuelta a la espiritualidad e ingenuidad de los pintores anteriores a Rafael de Urbino. || Arte y estilo pictórico anteriores a Rafael de Urbino.
PRERRAFAELITA o **PRERRAFAELISTA** adj. Dícese del arte y estilo pictórico anteriores a Rafael de Urbino. || — M. Partidario del prerrafaelismo.
PRERROGATIVA f. (lat. *praerogativa*). Privilegio, ventaja: *las prerrogativas de la fortuna.* || *Fig.* Atributo o dignidad muy honrosa.
PRERROMANTICISMO m. Movimiento literario de transición entre el neoclasicismo y el romanticismo.
PRERROMÁNTICO, CA adj. Dícese del autor o del escrito afectado de prerromanticismo.
PRESA f. (lat. *prensa*). Acción de prender o coger. || Cosa apresada. (SINÓN. V. *Víctima.*) || Acequia. || Obra para embalsar un curso de agua en un valle. || Tajada de carne, miembro de ave guisada. || — Pl. Colmillos o uñas de algunos animales. || *Fig. Hacer presa,* agarrar, asir una cosa. || — OBSERV. Son galicismos las frases: *ser presa de la calumnia, del incendio,* por *ser víctima; estar en presa al temor,* por *experimentar un gran temor.*
PRESADA f. Agua retenida en el caz del molino para servir de fuerza motriz.
PRESAGIAR v. t. Anunciar, predecir una cosa. (SINÓN. V. *Augurar.*)
PRESAGIO m. (lat. *praesagium*). Señal que indica lo porvenir. || Adivinación o conjetura. || — SINÓN. *Augurio, predicción, profecía, vaticinio.*
PRESAGIOSO, SA adj. Que presagia.
PRESAGO, GA y mejor **PRÉSAGO, GA** adj. (lat. *praesagus*). Que anuncia una cosa venidera.
PRESBICIA f. *Med.* Defecto del présbite.
PRÉSBITA o **PRÉSBITE** adj. (del gr. *presbytês,* viejo). Que ve mejor de lejos que de cerca.
PRESBITERADO m. Sacerdocio.
PRESBITERAL adj. Relativo al presbítero.
PRESBITERIANISMO m. Secta de los presbiterianos: *el presbiterianismo fue organizado por Knox, discípulo de Calvino.*
PRESBITERIANO, NA adj. Dícese del protestante que no reconoce la autoridad episcopal sino únicamente la de los presbíteros: *Jacobo I persiguió a los presbiterianos.* (SINÓN. V. *Protestante.*) || Relativo a los presbiterianos.
PRESBITERIO m. Área del altar mayor hasta el pie de las gradas por donde se sube a él.
PRESBÍTERO m. (lat. *presbyter*). Sacerdote.
PRESCIENCIA f. (lat. *praescentia*). Conocimiento o adivinación de lo futuro.
PRESCINDENCIA f. *Amer.* Abstracción.
PRESCINDENTE adj. *Amer.* Independiente.
PRESCINDIBLE adj. Dícese de lo que puede prescindirse. || — CONTR. *Imprescindible.*
PRESCINDIR v. i. (del lat. *praescindere,* cortar por delante). Hacer abstracción de una cosa, pasarla en silencio, omitirla. || Abstenerse, privarse de ella, evitarla. || *Prescindiendo de,* abstracción hecha de, independientemente.

PRESCRIBIR v. t. (lat. *praescribere*). Señalar, ordenar, determinar una cosa. || — V. i. Adquirir una cosa gracias a la prescripción. || Extinguirse una carga u obligación al cabo de cierto tiempo.
PRESCRIPCIÓN f. *For.* Medio legal para adquirir la propiedad por una posesión ininterrumpida (*prescripción adquisitiva*), o de liberarse de una carga cuando su ejecución no es exigida por el acreedor (*prescripción extintiva*). || Plazo a cuya expiración no puede ejercerse acción penal sobre el delincuente.
PRESCRITO adj. Señalado, ordenado: *mañana cumple el plazo prescrito por la ley.*
PRESEA f. Alhaja, joya o cosa preciosa.
PRESELECCIÓN f. Selección previa.
PRESENCIA f. Asistencia personal de una persona: *exigir la presencia de un testigo.* || Figura, talle, disposición: *mujer de buena presencia.* (SINÓN. V. *Aspecto* y *compostura.*) || *Presencia de ánimo,* serenidad, tranquilidad.
PRESENCIAL adj. Lo relativo a la presencia: *testigo presencial.*
PRESENCIAR v. t. Hallarse presente, asistir a una cosa: *presenciar un suceso.*
PRESENTABLE adj. Que puede presentarse.
PRESENTACIÓN f. Acción y efecto de presentar. || Fiesta en memoria del día en que la Virgen María fue presentada a Dios por sus padres en el templo (21 de noviembre). || *Teatr.* Arte de representar con propiedad y perfección: *la presentación de la comedia ha sido buena.* || *Carta de presentación,* carta de introducción. || *Amer.* Pedimento, demanda, memorial, súplica.
PRESENTADOR, RA adj. y s. El que presenta: *el presentador de un conferenciante.*
PRESENTÁNEO, A adj. Que produce prontamente su efecto.
PRESENTANTE adj. Que presenta una cosa.
PRESENTAR v. t. (lat. *praesentare*). Poner una cosa en presencia de uno: *presentar a uno un libro.* (SINÓN. V. *Mostrar.*) || Dar graciosamente, regalar. || Proponer a un sujeto para un cargo o dignidad. || Introducir: *presentar a uno en una reunión.* || — V. r. Mostrarse, comparecer ante alguno: *se presentó ante su jefe.* || *For.* Comparecer en juicio.
PRESENTE adj. (lat. *praesens, entis*). Que está en presencia de otro. || Actual: *el tiempo presente.* || *Gram.* Tiempo del verbo que expresa una acción no terminada que se realiza en el momento de hablar, por ej.: *yo canto.* || En la misma población (cartas). || — M. Regalo: *presente de valor.* (SINÓN. V. *Don.*) || *Lo presente,* el tiempo presente. || *Al,* o *de, presente,* m. adv., ahora. En la época actual. || *Por la, por lo, presente,* por ahora, en este momento. || *Mejorando lo presente,* expr. de cortesía cuando se alaba a una persona delante de otra. || *¡Presente!,* contestación qe se da al pasar lista. || *Tener presente,* acordarse.
— Muchas veces, ya sea en la conversación ordinaria, ya sea como recurso de estilística en un escrito, se emplea, para referir hechos pasados, el llamado *presente histórico* (*San Martín cruza los Andes, conquista Santiago y proclama la independencia chilena*). Otras veces se suele utilizar el presente con valor futuro (*presente futuro*) para dar mayor viveza a una acción que todavía

Presentación de la Virgen

Fot. *Baranger, Giraudon*

no se ha realizado (*mañana vamos a los toros*). También se emplea a veces este tiempo (*presente habitual*) para expresar una acción continua y acostumbrada, aunque no se realice en el momento en que se habla (*estudio* o *estoy estudiando canto*).

PRESENTEMENTE adv. t. Al presente, ahora.

PRESENTIMIENTO m. Movimiento interior que nos hace prever lo que ha de suceder. ‖ — SINÓN. *Barrunto, intuición, prenoción.*

PRESENTIR v. t. (lat. *praesentire*). Tener el presentimiento de una cosa: *presentir su muerte próxima.* ‖ Adivinar una cosa antes que suceda. (SINÓN. *Sospechar.* Pop. *Oler*). ‖ — IRREG. Se conjuga como *sentir.*

PRESERO m. Guarda de una presa o acequia.

PRESERVACIÓN f. Acción y efecto de preservar: *la preservación de las telas.*

PRESERVADOR, RA adj. y s. El que preserva.

PRESERVAR v. t. (lat. *praeservare*). Defender contra algún daño o peligro: *la vacuna preserva contra la viruela.* (SINÓN. V. *Defender.*)

PRESERVATIVO, VA adj. Que tiene virtud de preservar. ‖ — M. Lo que preserva o guarda: *la sobriedad es el mejor preservativo contra las enfermedades.* (SINÓN. V. *Remedio.*)

PRESIDARIO m. Presidiario.

PRESIDENCIA f. Dignidad o cargo de presidente. ‖ Acción de presidir. ‖ Sitio que ocupa el presidente en una asamblea. ‖ Palacio del presidente. ‖ Tiempo que dura el cargo.

PRESIDENCIAL adj. Perteneciente o relativo a la presidencia: *ocupar la silla presidencial.*

PRESIDENCIALISMO m. Sistema político en que el presidente de la República es también jefe del Gobierno.

PRESIDENCIALISTA adj. Perteneciente al presidencialismo.

PRESIDENTA f. Mujer que preside o dirige: *la presidenta de Hijas de María.*

PRESIDENTE m. El que preside o dirige una asamblea, un cuerpo político, tribunal, Estado, etc.: *presidente de la República.*

PRESIDIARIO m. Penado que cumple en presidio su condena. (SINÓN. V. *Preso.*)

PRESIDIO m. (lat. *praesidium*). Guarnición de soldados en una plaza fuerte. ‖ Establecimiento penitenciario en que cumplen condena los penados. (SINÓN. *Cautividad, fortaleza, galeras, penal, penitenciaría.* V. tb. *cárcel.*) ‖ Conjunto de presidiarios. ‖ Pena de trabajos forzosos: *diez años de presidio.* ‖ *Fig.* Auxilio, ayuda, socorro.

PRESIDIR v. t. Dirigir como presidente: *presidir una sesión académica.* ‖ Predominar: *el amor lo presidía todo.*

PRESIDIUM m. En la U. R. S. S., presidencia del Consejo Supremo de los Soviets.

PRESILLA f. Cordón que sirve de ojal. ‖ Entre sastres, punto de ojal. ‖ *Amer.* Charretera.

PRESIÓN f. (lat. *pressio*). Acción y efecto de apretar o comprimir. ‖ Estado de lo que se halla comprimido: *una máquina en presión.* ‖ *Fig.* Influjo poderoso ejercido sobre alguien. (SINÓN. V. *Coacción.*) ‖ *Fís.* Relación entre la fuerza ejercida por un fluido sobre una superficie y esta superficie. ‖ *Presión atmosférica,* la que el aire ejerce al nivel del suelo. ‖ *Fisiol. Presión* o *tensión arterial,* la producida por la sangre sobre la pared de las arterias. ‖ *Grupo de presión,* agrupación de personas con intereses económicos o políticos comunes que ejercen su influjo sobre la opinión pública y sobre el gobierno.

PRESIONAR v. t. Apretar, oprimir: *presione el botón.* ‖ *Fig.* Hacer presión.

PRESO, SA adj. y s. (lat. *prensus*). Dícese de la persona detenida, en régimen de custodia, preventivamente o a título penal. ‖ SINÓN. *Arrestado, cautivo, detenido, internado, penado, presidiario, prisionero, recluso.*

PRESTACIÓN f. Acción y efecto de prestar. ‖ Servicio, renta o tributo: *prestaciones jurisdiccionales.* ‖ Cosa o servicio exigido por una autoridad o convenido en un pacto. ‖ *Prestación personal,* servicio personal obligatorio exigido por la ley para la utilidad común. *Prestación social,* cantidad pagada por un organismo de seguridad social a sus asegurados, con motivo de accidente de trabajo, enfermedad, invalidez, familia numerosa u otras circunstancias.

PRESTADIZO, ZA adj. Que puede prestarse.

PRESTADOR, RA adj. y s. Que presta.

PRESTAMENTE adv. m. Rápidamente, pronto.

PRESTAMISTA com. Persona que da dinero a préstamo.

PRÉSTAMO m. Acto de prestar y dinero prestado, empréstito: *casa de préstamos.*

PRESTANCIA f. (lat. *praestantia*). Excelencia. (SINÓN. V. *Compostura.*)

PRESTAR v. t. (lat. *praestare*). Ceder por cierto tiempo una cosa, con obligación de devolverla. ‖ Auxiliar, ayudar: *prestar auxilio.* ‖ *Prestar oídos, atención,* etc., escuchar, atender. ‖ — V. i. Dar de sí, extenderse: *esta tela no presta nada.* ‖ Aprovechar, ser útil o conveniente. ‖ Barb. por *tomar prestado.* ‖ Galicismo por *presentar: prestar el flanco; atribuir: esta idea se presta a Pitágoras; suministrar: todo presta armas al placer.* ‖ — V. r. Ofrecerse, convenirse a una cosa: *se prestó a todos sus caprichos.* (SINÓN. V. *confesar* y *consentir.*)

PRESTATARIO m. El que toma un préstamo.

PRESTE m. Sacerdote que celebra misa cantada: *ordenar de preste.* ‖ *Preste Juan,* título del emperador de los abisinios, porque antiguamente eran sacerdotes estos príncipes.

PRESTEZA f. Agilidad, diligencia o vivacidad. (SINÓN. V. *Velocidad.*)

PRESTIDIGITACIÓN f. Arte o habilidad para hacer juegos de manos y otros embelecos.

PRESTIDIGITADOR, RA m. y f. (de *presto,* y el lat. *digitus,* dedo). Jugador de manos. ‖ — SINÓN. *Escamoteador, ilusionista, tramposo.*

PRESTIGIADOR, RA adj. Que causa prestigio. ‖ — M. y f. Persona embaucadora.

PRESTIGIAR v. t. Dar prestigio o autoridad: *su presencia prestigiaba la reunión.*

PRESTIGIO m. (lat. *praestigium*). Fascinación mágica. ‖ Engaño, ilusión. ‖ Ascendiente, autoridad: *el prestigio de una familia.* (SINÓN. V. *Influencia.*)

PRESTIGIOSO, SA adj. Que tiene prestigio: *Castelar fue un orador prestigioso.*

PRESTO, TA adj. (lat. *praesto*). Pronto, vivo, diligente. (SINÓN. V. *Ágil.*) ‖ Preparado o dispuesto: *estoy presto para salir.* ‖ — Adv. t. En seguida, pronto, luego: *vístete presto.*

PRESUMIBLE adj. Que puede presumirse.

PRESUMIDO, DA adj. y s. Presuntuoso, vano. (SINÓN. V. *Marisabidilla* y *vanidoso.*)

PRESUMIR v. t. Sospechar, conjeturar, juzgar por inducción. (SINÓN. V. *Suponer.*) ‖ *Bol.* Cortejar a una mujer. ‖ — V. i. Tener una persona alto concepto de sí: *presumir uno de listo.* (SINÓN. V. *Vanagloriar.*) ‖ Vestir con elegancia afectada. (SINÓN. V. *Pavonear.*)

PRESUNCIÓN f. (lat. *praesumptio*). Acción y efecto de presumir: *la presunción es un defecto de necios.* (SINÓN. V. *Afectación* y *orgullo.*) ‖ *For.* Sospecha basada en indicios y no en pruebas. (SINÓN. V. *Suposición.*)

PRESUNTAMENTE adv. m. Por presunción.

PRESUNTIVO, VA adj. Que está apoyado en presunción.

PRESUNTO, TA adj. (lat. *praesumptus*). Supuesto: *es el presunto autor del crimen.* ‖ Dícese del heredero probable de un trono.

PRESUNTUOSAMENTE adv. m. Vanamente, con presunción.

PRESUNTUOSIDAD f. Presunción o vanidad.

PRESUNTUOSO, SA adj. y s. Lleno de presunción, vanidoso, fatuo: *mozalbete presuntuoso.*

PRESUPONER v. t. Suponer previamente una cosa antes de tratar de otra. (SINÓN. V. *Suponer.*) ‖ Hacer un presupuesto. ‖ — IRREG. Se conjuga como *poner.*

PRESUPOSICIÓN f. Suposición previa: *presuposición arriesgada.* ‖ Presupuesto, motivo.

PRESUPUESTAR v. t. Establecer un presupuesto.

PRESUPUESTARIO, RIA adj. Relativo al presupuesto.

PRESUPUESTO, TA adj. Supuesto previamente. ‖ — M. Motivo, causa de una cosa. ‖ Suposición. ‖ Ingresos y gastos, para un período de tiempo determinado, de una corporación, de un organismo público, de un Estado. ‖ Cálculo anticipado del coste de una obra.

PRESURA f. Prisa, prontitud en hacer algo. ‖ Ahínco, empeño, porfía.

PRESURIZAR v. t. Comprimir el aire en lo interior de un avión que vuela muy alto.

PRESUROSO, SA adj. Apresurado, pronto.

PRETAL m. Petral, correa del arreo de los caballos. || *Hond.* Trincha que sujeta el pantalón.

PRÊT-À-PORTER m. (pal. fr., pr. *pretaporté.*) Vestido o traje ya confeccionado según unas medidas determinadas y que se adapta luego a la talla del cliente. Pl. *prêts-à-porter.*

PRETENCIOSO, SA adj. Galicismo por *presuntuoso, presumido.*

PRETENDER v. t. (lat. *praetendere*). Solicitar una cosa: *pretender un destino.* (SINÓN. V. *Ambicionar.*) || Procurar, intentar: *pretende convencerme.* (SINÓN. V. *Tratar.*) || OBSERV. Es galicismo en el sentido de *suponer, darse por*: *se pretende hijo de reyes,* y en el de *aspirar*: *a todo puedes pretender.*

PRETENDIDO, DA adj. Galicismo por *presunto, pretenso, supuesto*: *un pretendido duque.*

PRETENDIENTA f. La que pretende una cosa.

PRETENDIENTE adj. y s. Persona que pretende una cosa: *el pretendiente al trono.* (SINÓN. V. *Postulante.*) || Dícese especialmente del que pretende a una mujer. (SINÓN. *Enamorado, galanteador, novio.*)

PRETENSIÓN f. Solicitación, empeño en conseguir algo. || Derecho que uno cree tener sobre una cosa: *una pretensión mal fundada.* || Vanidad, presunción: *muchacha de muchas pretensiones.* (SINÓN. V. *Ambición.*)

PRETENSIOSO, SA adj. Que tiene pretensiones.

PRETENSOR, RA adj. y s. Que pretende.

PRETERICIÓN f. (lat. *praeteritio*). Acción de preterir. || Figura de retórica por medio de la cual se declara no querer hablar de una cosa, dando a entender sin embargo lo que se quería decir. || *For.* Omisión de los herederos forzosos en un testamento. (SINÓN. V. *Omisión.*)

PRETERINTENCIONALIDAD, f. *For.* Cualidad de los delitos que producen un resultado más grave que el previsto o querido por el delincuente.

PRETERIR v. t. (del lat. *praeterire,* pasar adelante). No hacer caso de una persona o cosa. || *For.* Omitir en un testamento a los herederos forzosos, sin desheredarlos expresamente. (SINÓN. V. *Desheredar.*) || — OBSERV. Es verbo defectivo. || — IRREG. Se conjuga como *sentir.*

PRETÉRITO, TA adj. (lat. *praeteritus,* p. p. de *praeterire,* pasar, dejar atrás). Pasado: *suceso pretérito.* || *Gram.* Tiempo del verbo para indicar una acción realizada en un tiempo pasado.

— Hay diferentes clases de *pretéritos.* El *pretérito anterior* expresa que la acción es inmediatamente anterior a un tiempo ya pasado (*cuando hubo cenado se acostó*). El *pretérito imperfecto* indica que una acción pasada y no acabada, sucede simultáneamente a otra acción pasada (*mientras tú comías yo trabajaba; hubiera venido si lo hubiera sabido*). El *pretérito indefinido* expresa que lo que se afirma sucede en un tiempo anterior sin precisar si la acción está o no terminada (*llegué, vi, vencí*). Es error muy común, en la lengua hablada, y a veces en la escrita, añadir una *s* a la segunda persona del singular del pretérito indefinido (*cantastes, vinistes,* por *cantaste, viniste*). El *pretérito perfecto* indica un hecho que se acaba de realizar al momento de la palabra (*él ha bebido; no creo que haya llegado*). El *pretérito pluscuamperfecto* expresa que una acción estaba ya terminada cuando otra se hizo (*ya había tenido tiempo de escribir cuando llegamos*).

PRETERMITIR v. t. Omitir, preterir una cosa.

PRETERNATURAL adj. Que no es natural: *dones preternaturales.*

PRETEXTA f. (lat. *praetexta*). Toga blanca, orlada con una lista de púrpura, que usaban los magistrados romanos y los jóvenes patricios.

PRETEXTAR v. t. Valerse de un pretexto: *pretextar una enfermedad.* || — SINÓN. *Disculparse, valerse.* V. tb. *fingir.*

PRETEXTO m. (lat. *praetextus*). Motivo o razón aparente alegados para ocultar el verdadero motivo: *so* (no *con, a*) *pretexto de pasearse.* || — SINÓN. *Disculpa, evasiva, excusa.* V. tb. *causa* y *huida.*

PRETIL m. (del lat. *pectus, pectoris,* pecho). Murete o baranda que se pone en los puentes y otros sitios para seguridad de los transeúntes. (SINÓN. V. *Balaustrada.*) || *Amer.* Atrio edificado delante de un templo o monumento. || *Venez.* Poyo de piedra o ladrillo.

PRETINA f. Cinturón con hebilla para sujetar ciertas prendas de ropa. || Parte de las prendas de vestir que se ciñe a la cintura. || *Fig.* Lo que ciñe una cosa.

PRETINAZO m. Golpe dado con la pretina.

PRETOR m. (lat. *praetor*). Magistrado antiguo de Roma que administraba justicia. (La *pretoría* fue creada en el año 389 a. de J. C., reservada primitivamente a los patricios y posteriormente accesible a los plebeyos [327].)

PRETORÍA f. Pretura, la dignidad de pretor.

PRETORIAL adj. Relativo o perteneciente al pretor: *derecho pretorial.*

PRETORIANISMO m. Influencia política abusiva ejercida por un grupo militar.

PRETORIANO, NA adj. Pretorial. || — Adj. y s. Decíase de los soldados que formaban la guardia de los emperadores romanos.

PRETORIENSE adj. Perteneciente al pretorio.

PRETORIO, RIA adj. Pretorial, propio del pretor. || — M. Tribunal de los pretores romanos. || Palacio donde habitaban y juzgaban los pretores romanos. || *Cub.* Escalinata.

PRETURA f. Dignidad de pretor.

PREUNIVERSITARIO m. Enseñanza preparatoria para ingresar en la Universidad. || Examen que sanciona esta enseñanza: *aprobar el preuniversitario.*

PREVALECER v. i. (lat. *praevalescere*). Aventajar una persona o cosa a otras. (SINÓN. *Predominar, sobrepujar, sobresalir.*) || Conseguir una cosa en oposición de otros: *su opinión prevaleció.* || Arraigar, crecer: *esta planta no prevalece.* || *Fig.* Crecer una cosa no material. || — IRREG. Se conjuga como *merecer.*

PREVALECIENTE adj. Que prevalece.

PREVALER v. i. (lat. *praevalere*). Prevalecer. || — V. r. Valerse de una cosa: *prevalerse de su talento.* || — PARÓN. *Prevalecer.* || — IRREG. Se conjuga como *valer.*

PREVARICACIÓN f. Delito cometido por el juez que, a sabiendas, dicta una resolución injusta. (SINÓN. V. *Concusión.*)

PREVARICADOR, RA adj. y s. Que prevarica: *destitutir a un magistrado prevaricador.* || Que pervierte e incita a uno a faltar a su deber.

PREVARICAR v. i. (lat. *praevaricare*). Faltar voluntariamente a la obligación de su cargo: *juez que prevarica.* || *Fam.* Desvariar, delirar. || Cometer una falta en el ejercicio de sus deberes.

PREVARICATO m. *For.* Delito del magistrado que falta a la fidelidad de su parte. || Delito del funcionario que falta gravemente a sus deberes. (SINÓN. V. *Traición.*)

PREVENCIÓN f. (lat. *praeventio*). Acción y efecto de prevenir. || Preparación, disposición que se toma para evitar algún peligro. || Previsión: *tener víveres de prevención.* || Concepto desfavorable o perjudicial: *tener prevención contra uno.* (SINÓN. V. *Prejuicio.*) || Puesto de policía donde se llevan las personas que han cometido algún delito. || *Mil.* Guardia del cuartel. || *A prevención* o *de prevención,* de repuesto, de reserva.

PREVENIDAMENTE adv. m. De antemano, con prevención.

PREVENIDO, DA adj. Preparado para una cosa. || Abundante, lleno: *un frasco bien prevenido.* || Advertido, cuidadoso: *hombre prevenido vale por dos.*

PREVENIR v. t. (lat. *praevenire*). Preparar con anticipación una cosa. || Prever un daño o peligro: *prevenir una enfermedad.* || Anticiparse uno a otro. || Impedir: *prevenir una rebelión.* (SINÓN. V. *Evitar.*) || Avisar: *le prevengo a usted que no se atreva a hacer eso.* (SINÓN. V. *Advertir.*) || Preocupar el ánimo de uno contra una persona o cosa: *estar prevenido contra alguien.* || *For.* Anticiparse el juez en el conocimiento de la causa que puede tocar a varios. || — V. r. Disponerse para una cosa. || — IRREG. Se conjuga como *venir.*

PREVENTIVAMENTE adv. m. Con prevención.

PREVENTIVO, VA adj. Que previene o impide. || *Prisión preventiva,* detención de las personas acusadas de un delito, antes del juicio.

PREVENTORIAL adj. Relativo a un preventorio.

PREVENTORIO m. Establecimiento hospitalario para prevenir el desarrollo de ciertas enfermedades. (SINÓN. V. *Sanatorio.*)

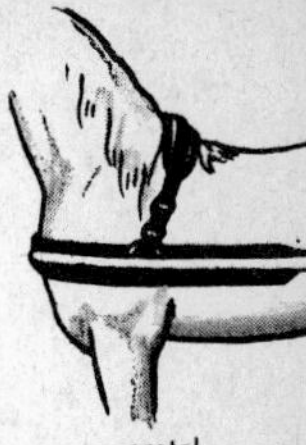
pretal

PREVER v. t. Ver, saber, conocer con anticipación lo que ha de pasar: *prever el fracaso de un libro.* ‖ — PARÓN. *Proveer.* ‖ — IRREG. Se conjuga como *ver.*

PREVIAMENTE adv. m. Con anticipación. (SINÓN. V. *Antes.*)

PREVIO, VIA adj. Anticipado: *discusión previa.*

PREVISIBLE adj. Que puede preverse.

PREVISIÓN f. Acción y efecto de prever. ‖ Acción de disponer lo conveniente para atender a necesidades previsibles: *Instituto Nacional de Previsión.*

PREVISIVO, VA adj. Previsor, que prevé.

PREVISOR, RA adj. y s. Que prevé. (SINÓN. V. *Prudente.*)

PREVISTO, TA adj. Visto con anticipación.

PREZ amb. (lat. *pretium*). Honor, gloria.

PRIETO, TA adj. Muy obscuro y casi negro. ‖ Miserable, cicatero. ‖ Apretado.

PRIMA f. (del lat. *prima,* primera). Primera de las cuatro partes iguales en que dividían los romanos el día. ‖ Una de las siete horas canónicas, que se canta por la mañana. ‖ Cuerda más delgada de la guitarra y otros instrumentos. ‖ *Com.* Cantidad que se paga como regalo o indemnización en ciertos casos. ‖ *Com.* Premio que concede el Gobierno para estimular operaciones o empresas de interés común. (SINÓN. V. *Recompensa.*) ‖ Cantidad que cobra el asegurador por el seguro.

PRIMACÍA f. Superioridad que tiene una cosa sobre las otras de su especie. (SINÓN. V. *Superioridad.*) ‖ Dignidad de primado.

PRIMACIAL adj. Relativo o perteneciente al primado o a la primacía: *dignidad primacial.*

PRIMADA f. *Fam.* Engaño que padece un incauto: *pagar la primada.*

PRIMADO m. Primero de todos los obispos y arzobispos de un país: *el primado de España.*

PRIMADO, DA adj. Relativo o perteneciente al primado: *iglesia primada.*

PRIMA DONNA f. (pal. ital.). Nombre que suele darse a la cantante principal de una ópera.

PRIMAL, LA adj. y s. Dícese del cordero o del cabrito que sólo tienen un año.

PRIMARIO, RIA adj. Primero en orden o grado. ‖ Dícese de la primera enseñanza. ‖ *Geol.* Dícese de los terrenos sedimentarios más antiguos. ‖ *Electr.* En una bobina de inducción, dícese de la corriente inductora y del circuito por donde fluye.

PRIMATE m. Prócer. ‖ — Pl. *Zool.* Orden de mamíferos que comprende los que se designan con el nombre de *monos,* y en el que varios naturalistas modernos quieren comprender al hombre: *las primates se dividen en catirrinos y platirrinos.*

PRIMAVERA f. (del lat. *primus,* primero, y *ver, veris,* primavera). Estación del año que corresponde en el hemisferio boreal a los meses de marzo, abril y mayo, y en el austral a los meses de octubre, noviembre y diciembre: *la primavera astronómica dura desde el 22 de marzo hasta el 21 de junio.* ‖ Planta primulácea, de lindas florecitas amarillas. ‖ Tela de seda sembrada de flores. ‖ Cosa muy adornada. ‖ *Fig.* Tiempo en que está una cosa más hermosa. ‖ *Fig.* y *fam.* Pasmado, despistado.

PRIMAVERAL adj. Relativo o perteneciente a la primavera: *calor primaveral.*

PRIMAZGO m. Parentesco que tienen los primos entre sí. ‖ Primado.

PRIMEARSE v. r. *Fam.* Darse tratamiento de primos el rey y los grandes de España.

PRIMER adj. Apócope de *primero,* que se usa antes de los sustantivos masculinos: *primer espada, primer ministro.* ‖ — OBSERV. Este apócope se emplea a veces delante de un sustantivo femenino: *la primer palabra* o *la primera palabra.* No existe nunca apócope cuando una conjunción va detrás del adjetivo: *el primero y quinto mes del año.*

PRIMERA f. Cierto juego de naipes. ‖ Velocidad más desmultiplicada de un automóvil. ‖ *De primera,* excelente. (SINÓN. V. *Superior.*) ‖ *Primera prueba,* la que se saca en las imprentas de una composición en galeradas. ‖ — Pl. Bazas seguidas que ganan la partida, antes que los demás jugadores hagan ninguna.

PRIMERAMENTE adv. t. y ord. Previamente.

PRIMERIZO, ZA adj. Novicio, principiante. ‖ Dícese de la hembra que pare por primera vez.

primavera

PRIMERO, RA adj. (lat. *primarius*). Que precede a los demás en orden, tiempo, clase, etc.: *el primer hombre, el primer piso, la primera empleada.* (SINÓN. *Inicial, primitivo, primordial.*) ‖ Mejor, más notable: *Demóstenes fue el primero de los oradores griegos.* ‖ Indispensable, urgente: *socorrer las primeras necesidades.* ‖ *Primeras materias,* materias primas. ‖ Pronombre numeral ordinal: *este es el primero.* ‖ — Adv. t. Primeramente: *haz esto primero.* ‖ Barb. por *antes de; primero de salir.* ‖ Antes, más bien: *primero morir que cometer tal crimen.*

PRIMEVO, VA adj. De más edad que los otros.

PRIMICIA f. (lat. *primitiae*). Primer fruto de cualquier cosa. ‖ Prestación de frutos y ganados, que se daba a la Iglesia además del diezmo. ‖ — Pl. *Fig.* Primeros frutos que produce una cosa no material: *las primicias del ingenio.* (SINÓN. V. *Comienzo.*)

PRIMICIAL adj. Relativo a las primicias.

PRIMIGENIO, NIA adj. Primitivo, originario.

PRIMILLA f. Perdón que se concede por una primera culpa.

PRIMÍPARA f. *Med.* Mujer primeriza.

PRIMITIVAMENTE adv. m. En un principio.

PRIMITIVISMO m. *Neol.* Calidad de primitivo, de poco evolucionado.

PRIMITIVO, VA adj. Que pertenece al primer estado de las cosas: *las costumbres primitivas.* (SINÓN. V. *Primero y simple.*) ‖ *Lengua primitiva,* la que se supone fue hablada antes que las demás. ‖ *Terrenos primitivos,* los que provienen de la primera solidificación de la corteza terrestre. ‖ *Gram. Palabra primitiva,* la que sirve de raíz a otras palabras. ‖ — M. El que posee una civilización poco evolucionada. ‖ *B. Artes.* Pintor o escultor anterior al Renacimiento: *los primitivos italianos.* ‖ *Mat. Función primitiva de otra función,* función de la cual esta última es la derivada.

PRIMO, MA adj. Primero: *materias primas.* ‖ — M. y f. Hijo o hija del tío o tía: *primo segundo, carnal,* etc. ‖ *Fig.* y *fam.* Tonto, incauto. (SINÓN. V. *Bobo.*) ‖ *Primo hermano,* el primo carnal, hijo del tío carnal. ‖ Tratamiento que daba el rey de España a los grandes del reino. ‖ *Número primo,* el que es sólo divisible por sí mismo y por la unidad. ‖ *Fig.* y *fam. Hacer el primo,* dejarse engañar fácilmente.

PRIMOGÉNITO, TA adj. y s. (lat. *primogenitus*). Que ha nacido primero: *hijo primogénito.*

PRIMOGENITURA f. Calidad o derecho del hijo primogénito: *Esaú vendió la primogenitura por un plato de lentejas.*

PRIMOINFECCIÓN, f. Primer síntoma de infección producido por un germen. (Dícese especialmente en la tuberculosis.)

PRIMOR m. Habilidad, esmero en hacer una cosa. ‖ Hermosura, perfección: *ese bordado es un primor.*

PRIMORDIAL adj. (lat. *primordialis*). Primitivo, más antiguo: *estado primordial del globo.* (SINÓN. V. *Primero.*)

PRIMOREAR v. i. Hacer primores al trabajar. ‖ Embellecer.

PRIMOROSAMENTE adv. m. Con gran primor.

PRIMOROSO, SA adj. Precioso, excelente, delicado. ‖ Diestro, muy hábil: *artista primoroso.*

PRÍMULA f. Primavera, planta.

PRIMULÁCEAS f. pl. (del lat. *primula,* primavera). *Bot.* Familia de plantas herbáceas angiospermas dicotiledóneas, a que pertenecen el pamporcino y la primavera.

PRINCEPS adj. (pal. lat.). Príncipe (edición).

PRINCESA f. Mujer del príncipe. ‖ Mujer que posee un Estado. ‖ En España, nombre que se daba a la hija del rey inmediata sucesora del reino.

PRINCIPADA f. *Fam.* Acción de autoridad ejecutada por quien no tiene ningún derecho a hacerla.

PRINCIPADO m. (lat. *principatus*). Título de príncipe. ‖ Territorio que gobierna el príncipe. ‖ Ventaja, superioridad de una cosa sobre otra. ‖ — Pl. Espíritus bienaventurados que forman el séptimo coro de los ángeles.

PRINCIPAL adj. (lat. *principalis*). Más considerable o importante que los demás de su línea: *empleado principal de una casa.* ‖ Ilustre, esclarecido: *caballero muy principal.* ‖ Esencial o

Fot. Downward

fundamental: *asunto principal.* (SINÓN. *Capital, cardinal, dominante, esencial, fundamental, importante.*) ‖ Dícese de las habitaciones que se hallan entre la planta baja o entresuelo y el primer piso. ‖ *Gram. Oración principal,* aquella que no depende de ninguna y de la cual dependen otras. (CONTR. *Subordinada.*) ‖ — M. El capital prestado, sin los réditos. ‖ Jefe de una casa de comercio.

PRINCIPALIDAD f. Calidad de lo principal.

PRINCIPALMENTE adv. m. Primeramente, preferentemente, antes que otra cosa: *debe usted mostrarse principalmente claro en su carta.*

PRÍNCIPE adj. (lat. *princeps*). Dícese de la primera edición de un libro. ‖ — M. El que posee una soberanía o pertenece a una familia soberana: *un príncipe alemán.* ‖ Por antonomasia, hijo primogénito del rey, heredero de su corona. ‖ Soberano de un Estado: *el príncipe de Mónaco.* ‖ Título de honor que dan los reyes. (SINÓN. V. *Monarca.*) ‖ *Príncipe de la sangre,* el de la familia real de Francia. ‖ *Príncipe de Asturias,* heredero presunto del rey de España. ‖ *Príncipes de la Iglesia,* los cardenales. ‖ *El príncipe de los apóstoles,* San Pedro. ‖ *El príncipe de las tinieblas,* nombre dado al demonio. ‖ *Fig.* El primero: *el príncipe de los poetas.* ‖ Entre colmeneros, pollo de las abejas que no se halla aún en estado de procrear. ‖ *Vivir como un príncipe,* vivir magníficamente.

PRINCIPESCO, CA adj. Propio de príncipes.

PRINCIPIADOR adj. y s. Que principia.

PRINCIPIANTA f. Aprendiza.

PRINCIPIANTE adj. y s. Que principia. ‖ Que empieza a estudiar o ejercer un oficio, facultad, etc.: *hay que ser muy indulgente con los principiantes.* (SINÓN. V. *Novicio.*)

PRINCIPIAR v. t. Comenzar, dar principio.

PRINCIPIO m. (lat. *principium*). Primer instante de la existencia de una cosa: *el principio de un reinado.* (SINÓN. V. *Origen.*) ‖ Punto que se considera como el primero de una extensión: *el principio de un camino.* (SINÓN. *Apertura, encabezamiento, iniciación.*) ‖ Base, fundamento sobre el cual se apoya una cosa: *los principios de la filosofía.* (SINÓN. V. *Regla.*) Causa primitiva o primera de una cosa. ‖ Plato que se sirve entre la olla y los postres. ‖ Rudimentos: *principios de metafísica.* ‖ Componente de un cuerpo: *aislar los principios inmediatos del aire.* ‖ Máxima: *seguir los principios de la razón.* ‖ *A principios de,* en los primeros días: *a principios de mes.* ‖ *En principio,* m. adv., dícese de lo que se acepta en general, sin adhesión entera a todos sus detalles. ‖ *En un principio,* al principio, al empezar. ‖ *Principio de contradicción,* es imposible que una cosa sea y no sea al mismo tiempo.

PRINGADA f. Rebanada de pan con pringue.

PRINGAMOZA f. *Cub.* Nombre de una especie de bejuco. ‖ *Col.* y *Hond.* Especie de ortiga.

PRINGAR v. t. Empapar en pringue o grasa. ‖ Mojar pan en la pringue de un guisado. ‖ Manchar con pringue: *pringar el vestido.* (SINÓN. V. *Ensuciar.*) ‖ *Fam.* Herir haciendo sangre. ‖ *Fig.* y *fam.* Tomar parte, mangonear en un negocio. ‖ *Fig.* y *fam.* Denigrar, manchar la fama de una persona. ‖ — V. i. *Fam.* Trabajar con ahínco. ‖ *Guat., Méx.* y *Venez.* Lloviznar. ‖ — V. r. Sacar beneficios ilícitos en un negocio.

PRINGÓN, ONA adj. *Fam.* Sucio de grasa o de pringue, pringoso. ‖ — M. *Fam.* Acción de pringarse. ‖ *Fam.* Mancha de pringue o grasa, lamparón.

PRINGOSO, SA adj. Que tiene mucha pringue: *un guisado muy pringoso.*

PRINGOTE m. *Fam.* Amasijo de carne, tocino y chorizo de la olla.

PRINGUE amb. (del lat. *pringuis,* gordo, adiposo). Grasa: *la pringue del tocino.* ‖ *Fig.* Suciedad, grasa: *mancha de pringue.* ‖ — OBSERV. Se usa más como femenino.

PRIODONTE m. Género de mamíferos desdentados de América del Sur.

PRIOR adj. (lat. *prior*). Que precede a otra cosa. ‖ — M. Superior de algunas comunidades. ‖ *Gran prior,* dignidad superior de la orden de los caballeros de San Juan.

PRIORA f. Prelada de un convento de monjas.

PRIORAL adj. Relativo o perteneciente al prior o a la priora: *autoridad prioral.*

PRIORATO mejor que **PRIORAZGO** m. Dignidad de prior. ‖ Comunidad religiosa gobernada por un prior. ‖ Nombre que se da a ciertos monasterios. (SINÓN. V. *Abadía.*)

PRIORATO m. Vino tinto muy renombrado del Priorato (Tarragona).

PRIORI (A) loc. lat. Dícese de los conocimientos que son independientes de la experiencia.

PRIORIDAD f. Anterioridad de una cosa respecto de otra: *prioridad de fecha, de hipoteca.* ‖ Precedencia o anterioridad de una cosa a otra que depende o procede de ella: *prioridad de naturaleza, de origen.*

PRISA f. Prontitud, rapidez: *hacer una cosa con mucha prisa.* (SINÓN. V. *Velocidad.*) ‖ Ansia, premura: *tengo prisa por verla.* ‖ *A prisa,* o *de prisa,* con prontitud. ‖ *A toda prisa,* m. adv., con gran precipitación. ‖ *Correr prisa,* ser urgente una cosa: *ese trabajo corre prisa.* ‖ *Estar de prisa* o *tener prisa,* tener que hacer algo con urgencia. ‖ *Meter prisa,* apresurar las cosas. ‖ *De prisa y corriendo,* con la mayor celeridad, atropelladamente.

PRISCILIANISMO m. Doctrina de Prisciliano, heresiarca español del siglo IV.

PRISCILIANISTA adj. y s. Sectario de Prisciliano.

PRISCILIANO, NA adj. y s. Priscilianista.

PRISCO m. El abridero, variedad de melocotón.

PRISIÓN f. Acción de prender o coger. ‖ Cárcel donde se encierra a los presos. ‖ *Fig.* Cosa que ata. ‖ Lo que une estrechamente las voluntades y afectos. ‖ *For.* Pena de privación de libertad, inferior a la reclusión y superior a la de arresto. (SINÓN. *Detención, encarcelamiento, reclusión.*) ‖ *Fig.* Cosa que detiene moralmente: *las prisiones del amor.* ‖ — Pl. Grillos que se ponen a los prisioneros. ‖ *Prisión de Estado,* cárcel en que se encierran los reos del Estado. ‖ *Prisión mayor,* la que dura desde seis años y un día hasta doce años. ‖ *Prisión menor,* la de seis meses y un día a seis años.

PRISIONERO, RA m. y f. Militar u otra persona que en campaña cae en poder del enemigo. (SINÓN. V. *Preso.*) ‖ *Fig.* Cautivo de un afecto o pasión.

PRISMA m. (lat. *prisma*). Sólido que tiene por bases dos polígonos y por caras laterales paralelogramos: *prisma triangular; cuadrangular,* etc. (El volumen del *prisma* se obtiene multiplicando la superficie de la base por la altura del prisma.) ‖ *Fís.* Sólido triangular, de cristal blanco, que sirve para producir la reflexión, la refracción y la descomposición de la luz. ‖ *Fig.* Lo que nos hace ver las cosas de modo distinto de lo que son: *ver las cosas a través del* (*por el*) *prisma* (nunca *bajo el prisma*) *de la pasión.*

PRISMÁTICO, CA adj. Que tiene la figura de un prisma: *cuerpo prismático.* ‖ — M. Anteojo basado en una combinación de prismas para ampliar la imagen.

PRISTE m. (gr. *pristis*). Pez grande marino del orden de los selacios llamado también *pez espada.*

PRÍSTINO, NA adj. (lat. *pristinus*). Primitivo, original, antiguo: *prístina belleza.* ‖ Puro, sin igual. ‖ — OBSERV. Es incorrecta la pronunciación *pristino.*

PRÍTANE m. (gr. *prytanis*). *Antig.* Principal magistrado en algunas ciudades de Grecia.

PRITANEO m. Nombre que se daba en Atenas al edificio que estaba habitado por los prítanes.

PRIVACIÓN f. Acción de despojar, impedir o privar. ‖ Ausencia, supresión de un bien, de una facultad, etc.: *privación de la vista, de los derechos civiles.* ‖ Deseo que no ha sido satisfecho: *soportar uno de mala gana una privación.* (SINÓN. V. *Ayuno* y *pobreza.*)

PRIVADAMENTE adv. m. De un modo privado, familiar o separadamente.

PRIVADO, DA adj. Interior, íntimo: *la vida privada.* ‖ Personal: *carta privada.* ‖ — M. El que tiene privanza con otro. ‖ *En privado,* familiar y separadamente.

PRIVADOR, RA adj. *Chil.* Dícese de la persona que cambia con mucha facilidad de predilecciones.

PRIVANZA f. Preferencia en el favor y confianza de un príncipe o alto personaje.

PRIVAR v. t. (lat. *privare*). Despojar a uno de lo que poseía. (SINÓN. *Defraudar, destetar, frustrar.*) ‖ Destituir del empleo, dignidad, etc. ‖

coronas de príncipe

PRISMA

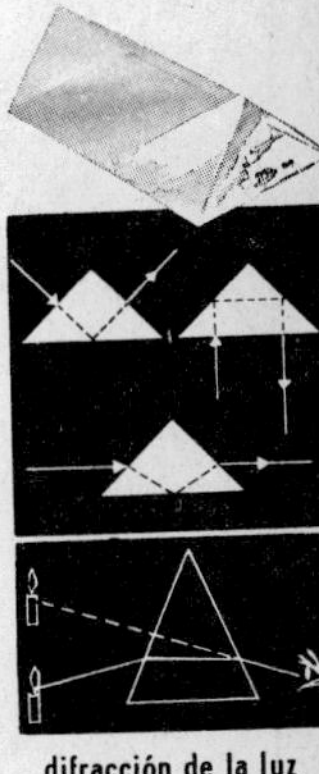

difracción de la luz a través de un prisma

prismáticos

Prohibir o vedar. ‖ Quitar o suspender el sentido. ‖ — V. i. Tener privanza con un soberano. ‖ Tener aceptación general una persona o cosa: *esta moda priva mucho ahora.* ‖ — V. r. Quedarse voluntariamente sin una cosa: *privarse de una distracción.* (SINÓN. V. *Abstenerse.*)

PRIVAT DOCENT m. Profesor libre, en algunas universidades alemanas.

PRIVATIVAMENTE adv. m. De modo privativo, con exclusión de todos los demás.

PRIVATIVO, VA adj. Que causa una privación. ‖ Propio de una cosa o persona: *carácter privativo.*

PRIVILEGIAR v. t. Conceder algún privilegio.

PRIVILEGIO m. (lat. *privilegium*). Ventaja exclusiva: *obtener un privilegio.* (SINÓN. *Exclusiva, favor, monopolio, prerrogativa.*) ‖ Documento en que consta la concesión de un privilegio. ‖ Derecho, prerrogativa: *los privilegios de la vejez.* ‖ *Fig.* Don natural: *la razón es uno de los privilegios del hombre.* ‖ *Privilegio del canon,* el que gozan las personas religiosas, de que quien impusiere las manos violentamente contra ellas, incurre ipso facto en excomunión.

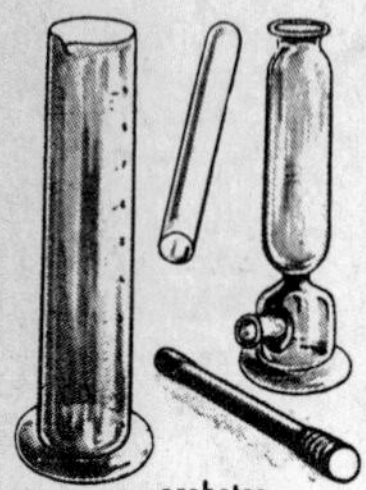

probetas

PRO amb. Provecho: *hombre de pro; buena pro le haga.* ‖ *En pro,* m. adv., en favor: *trabajar en pro del bien del país.* ‖ *El pro y el contra,* lo favorable y adverso. ‖ *No estar ni en pro ni en contra,* ser indiferentes, no tomar partido.

PRO, preposición inseparable (voz lat.) que significa *por, en vez de,* como en *pronombre,* o delante, como *proponer,* etc. ‖ — Preposición lat. que significa en *favor o en provecho de: fiesta pro damnificados.* ‖ — Prefijo latino que unido a ciertos sustantivos significa *favorable a,* como en *procomunista.*

PROA f. (lat. *prora*). Parte delantera de la nave: *la proa de algunos barcos antiguos solía ir armada de un espolón.* ‖ — CONTR. *Popa.*

PROAL adj. Perteneciente o relativo a la proa.

PROBABILIDAD f. Característica de un suceso del que existen razones para creer que se realizará: *estudiar las probabilidades.* (SINÓN. V. *Apariencia.*) ‖ *Cálculo de probabilidades,* conjunto de las reglas que permiten calcular las probabilidades que hay para que ocurra una cosa.

PROBABILISMO m. Doctrina teológica según la cual en la calificación de las acciones humanas se puede seguir lícitamente la probable en contraposición a la más probable. ‖ Sistema filosófico según el cual toda opinión tiene un cierto grado de probabilidad, sin ser jamás ni totalmente falsa ni totalmente cierta.

PROBABILISTA adj. y s. *Teol.* Que profesa el probabilismo.

PROBABLE adj. (lat. *probabilis*). Que tiene apariencias de verdad: *opinión probable.* ‖ Que se puede probar. ‖ Que puede suceder: *acontecimiento probable.* ‖ — SINÓN. *Acaecedero, verosímil, viable.* ‖ — CONTR. *Improbable.*

PROBABLEMENTE adv. m. De modo probable.

PROBACIÓN f. Prueba. ‖ En las órdenes regulares, prueba de la vocación y virtud de los novicios.

PROBADO, DA adj. Demostrado por experiencia. ‖ Dícese de la persona que ha sufrido grandes adversidades. ‖ *For.* Acreditado como verdad en los autos.

PROBADOR, RA adj. y s. Que prueba. ‖ — M. Sala donde se prueban las ropas.

PROBADURA f. Acción de probar o ensayar.

PROBANZA f. Averiguación o prueba que jurídicamente se hace de una cosa.

PROBAR v. t. (lat. *probare*). Experimentar las cualidades de una persona, un animal, una cosa. (SINÓN. V. *Ensayar.*) ‖ Examinar la medida o exactitud de una cosa: *probar un vestido.* ‖ Manifestar la verdad de una cosa: *probar una afirmación.* (SINÓN. *Confirmar, convencer, demostrar, evidenciar, justificar.*) ‖ Gustar un manjar: *probar el pan.* (SINÓN. V. *Saborear.*) ‖ Intentar: *probó a levantarse.* ‖ — V. i. Sentar: *no me prueba bien el vino.* ‖ — IRREG. Se conjuga como *contar.*

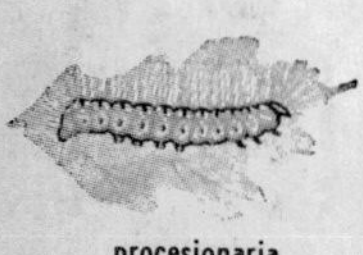

procesionaria

PROBÁTICA adj. Decíase de una piscina de Jerusalén donde se lavaban los enfermos.

PROBATORIA f. *For.* Término que concede la ley para hacer la prueba de una cosa.

PROBATORIO, RIA adj. Que sirve para probar.

PROBATURA f. *Fam.* Ensayo, probación.

PROBETA f. Tubo de cristal cerrado por un extremo que sirve para diversos experimentos químicos. ‖ Manómetro de mercurio que se pone en la máquina neumática. ‖ Máquina para probar la fuerza de la pólvora. ‖ Trozo de metal destinado a ensayos.

PROBIDAD f. Rectitud, integridad: *la probidad es la regla de nuestros actos.* ‖ — CONTR. *Improbidad.*

PROBLEMA m. (gr. *problêma*). Cuestión que se trata de resolver por medio de procedimientos científicos: *un problema de física.* ‖ Proposición dirigida a averiguar el modo de obtener un resultado, conociendo ciertos datos. ‖ Cosa difícil de explicar: *la vida de ciertos hombres es un verdadero problema.* (SINÓN. V. *Enigma.*) ‖ Asunto difícil, delicado, susceptible de varias soluciones: *el problema del origen del hombre, problemas políticos o sociales.*

PROBLEMÁTICO, CA adj. Incierto, inseguro: *éxito problemático.* (SINÓN. V. *Dudoso* y *supuesto.* CONTR. *Seguro.*) ‖ — F. *Neol.* Conjunto de problemas propio de un asunto.

PROBO, BA adj. (lat. *probus*). Íntegro. (SINÓN. V. *Honrado.*)

PROBOSCIDIOS m. pl. (del lat. *proboscis,* trompa). Orden de mamíferos ungulados que tienen trompa prensil, como el elefante. ‖ — OBSERV. Muchos naturalistas escriben *proboscídeos.*

PROCACIDAD f. Insolencia, desvergüenza.

PROCAÍNA f. Clorhidrato de procaína, anestésico.

PROCAZ adj. (lat. *procax, procacis*). Insolente, soez, desvergonzado: *una criada procaz.*

PROCEDENCIA f. Origen de una cosa. ‖ Punto de salida de un buque, tren o una persona. ‖ Conformidad con lo moral, la razón o el derecho. ‖ *For.* Oportunidad de una demanda o petición.

PROCEDENTE adj. Que procede de otra cosa. ‖ Conforme a derecho: *una demanda poco procedente.* ‖ Arreglado a la prudencia, a la razón.

PROCEDER m. Modo de portarse: *su proceder es de un egoísmo absoluto.* ‖ — SINÓN. *Comportamiento, conducta.* ‖ — PARÓN. *Procedimiento.*

PROCEDER v. i. (lat. *procedere*). Originarse una cosa de otra. (SINÓN. V. *Resultar.*) ‖ Portarse bien o mal una persona: *proceder injustamente con uno.* ‖ Ejecutar una cosa: *proceder a una elección.* ‖ *For.* Ser conforme a derecho. ‖ Convenir: *procede ir con tiento.* ‖ *Proceder contra uno,* hacerle causa, formar proceso contra él.

PROCEDIMIENTO m. Acción o modo de obrar: *procedimiento ingenioso.* (SINÓN. V. *Método.*) ‖ *For.* Modo de proceder en justicia: *procedimiento costoso.* (SINÓN. V. *Recurso.*)

PROCELOSO, SA adj. Borrascoso, tormentoso.

PRÓCER adj. (lat. *procer*). Alto, elevado. ‖ — M. Personaje importante.

PROCERO, RA y **PRÓCERO, RA** adj. (lat. *procerus*). Prócer, elevado, alto: *la procera palma.*

PROCESADO, DA adj. Declarado y tratado como presunto reo. (SINÓN. V. *Inculpado.*) ‖ *For.* Aplícase al escrito y letra del proceso.

PROCESAL adj. Relativo o perteneciente al proceso: *costas procesales; derecho procesal.*

PROCESAR v. t. Formar autos o procesos. ‖ Formar causa: *le procesaron por robo.*

PROCESIÓN f. (lat. *processio*). Paseo solemne, de carácter religioso, acompañado por canto y música. ‖ *Fig.* y *fam.* Serie de personas o cosas que van de un sitio a otro: *una procesión de mendigos.* (SINÓN. V. *Desfile.*) ‖ Acción de proceder una cosa de otra. ‖ *Fig.* y *fam. Andar por dentro la procesión,* no dejar ver exteriormente la cólera o enojo. ‖ — PROV. **No se puede repicar y andar en la procesión,** no se pueden hacer a un mismo tiempo dos cosas enteramente distintas. ‖ — PARÓN. *Procesión.*

PROCESIONAL adj. En forma de procesión.

PROCESIONALMENTE adv. m. En forma de procesión: *adelantar procesionalmente.*

PROCESIONARIA f. Especie de orugas del género bómbice muy perjudiciales para los árboles, y que deben su nombre a la costumbre que tienen de caminar en largas filas cuando pasan de un árbol a otro.

PROCESIONARIO adj. y s. m. Dícese del libro que contiene las oraciones que se suelen rezar en las procesiones.

PROCESO m. (lat. *procesus*). *For.* Causa criminal. (SINÓN. *Debate, litigio, pleito.*) ‖ Agregado de los autos y escritos de una causa criminal o civil. ‖ Transcurso del tiempo. ‖ Serie de fases de un fenómeno. (SINÓN. V. *Adelante.*) ‖ *Med.* Evolución de una serie de fenómenos. ‖ *Proceso ciliar,* franja que rodea el cristalino del ojo. ‖ *Proceso de datos,* tratamiento de la información. ‖ *Amer. Proceso verbal,* acta, nota.

PROCLAMA f. Notificación pública que se hace de una cosa. ‖ Alocución política o militar. ‖ — Pl. Amonestaciones: *correr las proclamas.*

PROCLAMACIÓN f. (lat. *proclamatio*). Publicación solemne de un decreto, bando o ley. ‖ Acto público con que se inaugura un nuevo reinado. ‖ Alabanza pública.

PROCLAMAR v. t. (lat. *proclamare*). Anunciar una cosa públicamente. (SINÓN. V. *Anunciar.*) ‖ Declarar solemnemente el principio de un reinado, etc. ‖ Aclamar, celebrar. ‖ — V. r. Declararse uno investido de un cargo, autoridad.

PROCLÍTICO, CA adj. y s. (del gr. *proklinein,* inclinar hacia adelante). *Gram.* Dícese de la palabra sin acentuación prosódica que se liga en la cláusula con el vocablo siguiente: *los proclíticos son los artículos, los pronombres posesivos mi, tu, su,* etc.

PROCLIVE adj. Inclinado a una cosa mala.

PROCOMÚN y **PROCOMUNAL** m. Utilidad pública.

PROCÓNSUL m. Entre los romanos, gobernador de una provincia.

PROCONSULADO m. Dignidad de procónsul. ‖ Tiempo que duraba esta dignidad.

PROCONSULAR adj. Relativo o perteneciente al procónsul: *conferir la autoridad proconsular.*

PROCORDADOS m. pl. Animales cordados sin encéfalo que carecen de esqueleto y respiran por branquias.

PROCREACIÓN f. Participación en el proceso biológico de la reproducción.

PROCREADOR, RA adj. y s. Que procrea.

PROCREAR v. t. Engendrar, dar vida.

PROCURA f. Procuración, poder dado a uno. ‖ *Arg.* Busca, seguimiento: *ir en procura de algo.*

PROCURACIÓN f. (lat. *procuratio*). Cuidado o diligencia con que se maneja un negocio. (SINÓN. V. *Mandato.*) ‖ Poder que da uno a otro para que obre en su nombre. ‖ Cargo de procurador, y oficina del mismo.

PROCURADOR, RA adj. y s. Que procura. ‖ — M. El que ejecuta algo en nombre de otro: *nombrar un procurador.* ‖ El que por oficio, en los tribunales, hace, a petición de una de las partes, todas las diligencias necesarias. ‖ — M. y f. En las comunidades religiosas, la persona que tiene a su cargo el gobierno económico del convento. ‖ *Procurador de, a, en Cortes,* cada uno de los individuos que designaban ciertas ciudades para concurrir a las Cortes. Actualmente representan en España a los municipios, provincias, sindicatos y familias, y son también procuradores otras altas jerarquías del Estado.

PROCURADURÍA f. El oficio y oficina del procurador.

PROCURAR v. t. (lat. *procurare*). Hacer esfuerzos por conseguir una cosa: *procurar apoderarse de un nido.* (SINÓN. V. *Intentar.*) ‖ Ocasionar, originar: *ese niño sólo me procura satisfacciones.* ‖ — V. r. Conseguir: *procurarse el sustento.*

PRODIGALIDAD f. (lat. *prodigalitas*). Gasto excesivo: *arruinado por sus prodigalidades.* (SINÓN. V. *Liberalidad.* CONTR. *Economía.*) ‖ Abundancia o multitud de alguna cosa.

PRÓDIGAMENTE adv. m. Con prodigalidad.

PRODIGAR v. t. Disipar, desperdiciar una cosa: *prodigar sus esfuerzos.* (SINÓN. V. *Gastar.*) ‖ *Fig.* Dispensar profusamente: *prodigar elogios.* (SINÓN. V. *Mostrar.*) ‖ Dar con profusión. ‖ — V. r. Excederse en la exhibición personal.

PRODIGIO m. (lat. *prodigium*). Cosa que parece en contradicción con las leyes de la naturaleza: *los prodigios de Moisés.* (SINÓN. V. *Fenómeno.*) ‖ Cosa maravillosa y sorprendente: *la ciencia realiza hoy verdaderos prodigios.* (SINÓN. V. *Maravilla.*) ‖ Milagro.

PRODIGIOSAMENTE adv. m. De un modo prodigioso: *ser prodigiosamente rico.*

PRODIGIOSIDAD f. Calidad de prodigioso.

PRODIGIOSO, SA adj. Maravilloso, extraordinario: *un hecho prodigioso.* ‖ Excelente, perfecto. (SINÓN. V. *Admirable.*)

PRÓDIGO, GA adj. y s. Malgastador, manirroto, disipador. ‖ Muy generoso: *pródigo de consejos.* ‖ Que desprecia la vida u otra cosa. ‖ *Hijo pródigo,* joven que regresa a su familia después de una larga ausencia y mala vida. ‖ — CONTR. *Avaro, cicatero, miserable.*

PRODITORIO, RIA adj. Alevoso, traicionero.

PRÓDROMO m. (del gr. *prodromos,* que precede). Malestar que precede a una enfermedad. (SINÓN. V. *Síntoma.*) ‖ *Fig.* Principio de una cosa. (SINÓN. V. *Prefacio.*)

PRODUCCIÓN f. (lat. *productio*). Acción de producir. (SINÓN. *Creación, elaboración, fabricación.* V. tb. *obra* y *rendimiento.*) ‖ Cosa producida: *las producciones del suelo.* ‖ Acto de mostrar una cosa: *la producción de un documento.* ‖ Suma de los productos del suelo o de la industria. ‖ En cinematografía, organismo que facilita el capital para asegurar la realización de una película.

PRODUCENTE adj. Que produce alguna cosa.

PRODUCIBLE adj. Que se puede producir.

PRODUCIR v. t. (lat. *producere*). Engendrar, criar: *los árboles producen frutos.* ‖ Crear: *las maravillas que produce el arte.* (SINÓN. V. *Causar.*) ‖ Redituar, originar interés: *el dinero prestado debe producir interés.* ‖ *Fig.* Elaborar. (SINÓN. *Componer, fabricar, hacer.* V. tb. *trabajar.*) ‖ Ocasionar: *los males que produce la guerra.* ‖ *For.* Exhibir, manifestar pruebas o razones. ‖ Alegar, citar un hecho: *no producir prueba alguna.* ‖ — V. r. Explicarse, manifestarse. ‖ — IRREG. Se conjuga como *conducir.*

PRODUCTIVIDAD f. Facultad de producir. ‖ Calidad de lo que es productivo: *productividad de una tierra.* ‖ Incremento simultáneo de la producción y del rendimiento debido a la modernización del material y a la mejora de los métodos de trabajo.

PRODUCTIVO, VA adj. Que produce: *suelo muy productivo.* ‖ — CONTR. *Improductivo.*

PRODUCTO, TA adj. (lat. *productus*). Producido. ‖ — M. Cosa producida, producción: *los productos naturales de un país.* (SINÓN. *Fruto, resultado.* V. tb. *obra.*) ‖ Beneficio: *el producto de un capital.* (SINÓN. V. *Ganancia* e *interés.*) ‖ Cosa formada: *producto químico.* (SINÓN. V. *Mercancía.*) ‖ Caudal que se obtiene de una cosa que se vende. ‖ *Mat.* Cantidad que resulta de la multiplicación.

PRODUCTOR, RA adj. y s. Que produce. ‖ — M. Cada una de las personas que intervienen en la producción de alguna cosa. ‖ El que aporta el capital necesario y organiza la realización de una obra cinematográfica.

PROEJAR v. i. Remar contra la corriente o el viento. ‖ — PARÓN. *Prohijar.*

PROEL adj. *Mar.* Relativo a la proa: *extremo proel de la quilla.* ‖ — M. Marinero que se coloca a la proa de las embarcaciones menores.

PROEMIAL adj. Relativo al proemio.

PROEMIO m. (lat. *proemium*). Prólogo, prefacio. (SINÓN. V. *Preliminar.*)

PROEZA f. Acción animosa, acto de valor, valentía: *las proezas del Gran Capitán.* (SINÓN. V. *Hazaña.*)

PROFANACIÓN f. Acción y efecto de profanar. ‖ — SINÓN. *Perjurio, sacrilegio, violación.*

PROFANADOR, RA adj. y s. El que profana.

PROFANAMENTE adv. m. Con profanidad.

PROFANAR v. t. (lat. *profanare*). Tratar con desprecio las cosas santas o aplicarlas a un uso profano. ‖ *Fig.* Deshonrar, prostituir: *profanar su talento.* (SINÓN. V. *Manchar* y *violar.*)

PROFANO, NA adj. (del lat. *pro,* delante, y *fanus,* templo). Contrario al respeto debido a las cosas sagradas. ‖ Que no tiene que ver con la religión: *historia profana.* ‖ Inmodesto o deshonesto. ‖ — M. Persona no iniciada en un misterio. ‖ *Por ext.* El que no entiende de una ciencia.

PROFASE f. Fase primera de la división de la célula por mitosis.

PROFECÍA f. Predicción inspirada por Dios: *las profecías de Isaías.* ‖ Predicción de un acontecimiento futuro: *las profecías de Nostradamus.* ‖ Anuncio de lo futuro que está basado en conjeturas. (SINÓN. V. *Presagio.*)

PROFERIR v. t. Pronunciar o articular: *proferir injurias.* || — IRREG. Se conjuga como *sentir.*
PROFESAR v. t. Ejercer un arte o ciencia, o enseñarlo: *profesar la medicina.* (SINÓN. V. *Enseñar.*) || Obligarse a vivir toda la vida en una orden religiosa. || Creer, confesar públicamente: *profesar el mahometismo, un principio.* || *Fig.* Sentir algún afecto, inclinación o interés: *profesar amistad, odio,* etc.
PROFESIÓN f. Acción y efecto de profesar. || Género de trabajo habitual de una persona, oficio: *ejercer una profesión.* (SINÓN. *Actividad, arte, carrera, ocupación, oficio.* V. tb. *empleo.*) || Conjunto de intereses de la colectividad de personas que ejercen un mismo oficio: *la defensa de la profesión constituye uno de los atributos del sindicato.* || *Profesión de fe,* declaración pública de su fe religiosa o de sus opiniones políticas. || *Hacer profesión de una cosa,* vanagloriarse o preciarse de ella. || *De profesión,* por oficio: *jugador de profesión.*
PROFESIONAL adj. Perteneciente a la profesión: *fomentar la enseñanza profesional.* || — Com. Dícese del escritor, pintor, músico, jugador deportivo, etc., que realiza su trabajo mediante retribución, por oposición al *aficionado*: *tener la experiencia de un profesional.*
PROFESIONALISMO m. Cultivo o utilización de ciertas disciplinas, artes o deportes, como medio de lucro.
PROFESO, SA adj. Dícese del religioso que ha profesado.
PROFESOR, RA m. y f. (lat. *professor*). Persona que enseña o ejerce una ciencia o arte cualquiera. (SINÓN. V. *Maestro.*)
PROFESORADO m. Cargo de profesor y cuerpo de profesores: *pertenecer al profesorado superior.*
PROFESORAL adj. Propio y característico del profesor: *tono profesoral.*
PROFETA m. (gr. *prophêtês*). El que predice las cosas por inspiración divina: *el profeta Isaías.* || *El Rey Profeta,* David. || *El Profeta,* Mahoma. || *Por ext.* El que anuncia un acontecimiento futuro.
— Según la Sagrada Escritura, fueron los primeros *profetas:* Moisés, con quien comunicó especialmente el Señor; Samuel, que poseía en alto grado el don de profecía; Elías y Eliseo, iluminados por la gracia celeste, y David, convertido por la gracia divina. Desde aquel momento empieza otro orden de profetas, divididos en dos clases: Isaías, Jeremías, Daniel, Ezequiel, llamados también *profetas mayores,* y otros doce, autores de obras mucho menos importantes, y llamados *profetas menores.* También contó Judea con varias profetisas: María, hermana de Moisés; Débora y Ana, una de las primeras que reconocieron a Jesús por el Mesías.
PROFÉTICAMENTE adv. m. Como profeta, de un modo profético: *hablar proféticamente.*
PROFÉTICO, CA adj. Relativo o perteneciente al profeta: *emplear un lenguaje profético.*
PROFETISA f. Mujer que tiene don de profecía: *la profetisa Ana.*
PROFETISMO m. Tendencia de algunos filósofos y escritores de religión a profetizar.
PROFETIZAR v. t. Anunciar lo futuro en virtud de un don divino. || *Fig.* Prever, presagiar por algunas señales: *profetizar lluvia.*
PROFICIENTE adj. Que aprovecha en algo.
PROFILÁCTICA f. *Med.* Higiene, profilaxia.
PROFILÁCTICO, CA adj. y s. (del gr. *prophylassein,* prevenir, precaver). Preservativo: *decretar medidas profilácticas contra una epidemia.*
PROFILAXIS mejor que **PROFILAXIA** f. *Med.* Preservación de las enfermedades: *los descubrimientos de Pasteur han hecho hacer enormes adelantos a la profilaxis.* (SINÓN. V. *Higiene.*) || *Por ext.* Conjunto de medidas preventivas.
PRÓFUGO, GA adj. y s. (lat. *profugus*). Dícese del que huye de la justicia. || Desertor. || Fugitivo. || — M. Mozo que huye para evitar la suerte de soldado.
PROFUNDAMENTE adv. m. Con profundidad: *ahondar profundamente.* || *Fig.* Alta, excesivamente: *profundamente triste.*
PROFUNDIDAD f. Calidad de profundo: *la profundidad de una cueva.* || Hondura. || *Geom.* Una de las tres dimensiones de los sólidos.
PROFUNDIZAR v. t. Hacer más profunda una cosa: *profundizar un hoyo.* (SINÓN. *Ahondar, cavar, escarbar, excavar, socavar.*) || *Fig.* Discurrir atentamente en una cosa, darse cuenta exacta de ella: *profundizar una ciencia.*
PROFUNDO, DA adj. (lat. *profundus*). Que tiene el fondo distante del orificio: *pozo profundo.* (SINÓN. *Hondo, hueco.*) || Que penetra a bastante distancia: *herida profunda.* || *Fig.* Grande, excesivo, intenso: *dolor profundo.* || Difícil de penetrar: *misterio profundo.* (SINÓN. *Recóndito.*) || Muy penetrante: *filósofo profundo.* || *Fig.* Humilde en sumo grado: *profunda reverencia.*
PROFUSAMENTE adv. m. Con profusión: *hablar profusamente.* || — CONTR. *Parcamente.*
PROFUSIÓN f. Exceso. (SINÓN. V. *Abundancia.*) || — CONTR. *Escasez, miseria.*
PROFUSO, SA adj. (lat. *profussus,* derramado). Abundante con exceso, copioso: *sudor profuso.*
PROGENIE f. (lat. *progenies*). Generación, familia, descendencia: *la progenie de Abrahán.* (SINÓN. V. *Consanguinidad* y *posteridad.*)
PROGENITOR m. (lat. *progenitor*). Ascendiente, padre o abuelo: *parecerse mucho a sus progenitores.* (SINÓN. V. *Padre.*)
PROGENITURA f. (del lat. *progenitum,* supino de *progignere,* engendrar). Progenie, descendencia. (SINÓN. V. *Posteridad.*)
PROGESTERONA f. Hormona sexual femenina.
PROGNATISMO m. La calidad de prognato.
PROGNATO, TA adj. y s. (del gr. *pro,* hacia adelante, y *gnathos,* mandíbula). De mandíbulas salientes: *los negros suelen ser prognatos.*
PROGRAMA m. (del gr. *pro,* delante, y *gramma,* escritura). Escrito que indica los pormenores de una fiesta, las condiciones de un examen, etc. || Proyecto determinado: *seguir su programa.* || Exposición que fija la línea de conducta que ha de seguirse: *el programa de un partido político.* || Conjunto de instrucciones preparadas de modo que una calculadora, máquina herramienta u otro aparato automático puedan efectuar una sucesión de operaciones determinadas.
PROGRAMACIÓN f. Establecimiento de un programa.
PROGRAMADOR, RA adj. y s. Que establece un programa. || Especialista encargado de la preparación del programa que se introduce en un ordenador. || — M. Aparato acoplado a una calculadora, en el cual se inscribe el programa de las operaciones que la máquina ha de resolver para hallar la solución del problema planteado.
PROGRAMAR v. t. Establecer un programa. || En informática, transformar un problema administrativo, contable, estadístico o científico en una serie de instrucciones que constituyen el programa de un ordenador.
PROGRESAR v. i. Adelantar, hacer progresos: *un negocio que no progresa.*
PROGRESIÓN f. Acción de adelantar o avanzar: *progresión continua.* (SINÓN. V. *Adelanto.*) || Serie no interrumpida: *la progresión de las ideas.* || *Mat. Progresión aritmética,* serie de números en que los términos consecutivos difieren en una cantidad constante: *1, 3, 5, 7, 9...* || *Progresión geométrica,* serie de números en que cada uno es igual al anterior multiplicado por una cantidad constante *(1, 3, 9, 27, 81, 243).*
PROGRESISMO m. Ideas y doctrinas progresistas.
PROGRESISTA adj. y s. Aplícase a un partido liberal de España que tenía por fin el más rápido desenvolvimiento de las libertades públicas. || Relativo a este partido: *senador progresista.* || Hoy, persona de ideas políticas y sociales avanzadas.
PROGRESIVAMENTE adv. m. De un modo progresivo: *desarrollarse progresivamente.* || — SINÓN. *Gradualmente, prósperamente.*
PROGRESIVO, VA adj. Que adelanta: *marcha progresiva.* || Que aumenta continuamente: *impuesto progresivo.* || Que progresa.
PROGRESO m. (lat. *progressus*). Desarrollo de un ser o de una actividad: *los progresos de una enfermedad.* || Desarrollo de la civilización: *la instrucción favorece el progreso.* (SINÓN. V. *Adelanto.*) || — CONTR. *Decadencia.*
PROHIBICIÓN f. Acción y efecto de prohibir.
PROHIBICIONISTA m. Partidario de la prohibición: *adoptar medidas prohibicionistas.*

PROHIBIDO, DA adj. Vedado, que no está permitido: *cazar en tiempo prohibido.* ‖ — SINÓN. *Ilegal, ilícito.* ‖ — CONTR. *Permitido.*
PROHIBIR v. t. (lat. *prohibere*). Vedar, impedir: *prohibir una reunión.* ‖ — CONTR. *Autorizar.*
PROHIBITIVO, VA y **PROHIBITORIO, RIA** adj. Que prohibe: *adoptar medidas prohibitivas.*
PROHIJAMIENTO m. La acción de prohijar.
PROHIJAR v. t. Recibir como hijo, adoptar: *prohijar a un huérfano.* (SINÓN. V. *Recibir.*) ‖ *Fig.* Acoger o adoptar opiniones ajenas. (SINÓN. V. *Escoger.*) ‖ — PARÓN. *Proejar.*
PROHOMBRE m. En ciertos gremios de artesanos, nombre que daban a cada uno de los maestros que se elegían para gobernar el gremio. ‖ El que goza de autoridad y consideración entre los de su clase.
PROINDIVISIÓN f. Estado de lo *pro indiviso.*
PRO INDIVISO loc. lat. *For.* Dícese de la herencia antes de hacer las particiones.
PROÍS o **PROÍZ** m. *Mar.* Piedra u otra cosa en tierra, en que se amarra el barco. (SINÓN. *Noray.*)
PRÓJIMA f. *Fam.* Mujer de poca estimación pública o de conducta dudosa.
PRÓJIMO m. (lat. *proximus*). La humanidad, los demás hombres, respecto de cada uno de nosotros: *no hagamos al prójimo lo que no quisiéramos que nos hicieran a nosotros mismos.* ‖ *Fam.* Individuo: *¿quién es ese prójimo?.* ‖ *Fig.* y *fam. Al prójimo contra una esquina*, expr. con que se moteja a los egoístas. ‖ — PARÓN. *Próximo.*
PROLAPSO m. (lat. *prolapsus*). *Med.* Caída de una víscera: *prolapso del riñón.*
PROLE f. (lat. *proles*). Progenie o descendencia de una persona: *Abrahán tuvo numerosa prole.*
PROLEGÓMENOS m. pl. (del gr. *prolegomena*, preámbulos). Introducción de una obra o escrito. (SINÓN. V. *Prefacio.*)
PROLEPSIS f. *Ret.* Anticipación.
PROLETARIADO m. Clase social constituida por los proletarios.
PROLETARIO, RIA m. y f. Persona que vive de un trabajo manual pagado a jornal. (SINÓN. V. *Trabajador.*) ‖ — Adj. *Fig.* Plebeyo, vulgar: *costumbres proletarias.*
PROLETARIZACIÓN f. Acción de reducir una categoría de productores independientes a la necesidad de poner su fuerza de trabajo a disposición de los propietarios de los medios de producción o de cambio. ‖ Acción de proletarizar.
PROLETARIZAR v. t. Reducir al estado proletario: *una sociedad proletarizada.*
PROLIFERACIÓN f. Multiplicación de una célula por subdivisión. ‖ *Por ext.* Multiplicación.
PROLIFERAR v. i. Multiplicarse.
PROLÍFERO, RA adj. Que se multiplica. (SINÓN. V. *Prolífico.*)
PROLÍFICO, CA adj. (del lat. *proles*, prole, y *facere*, hacer). Dícese de lo que tiene virtud de engendrar, que se multiplica rápidamente: *el conejo es un animal muy prolífico.* (SINÓN. *Fértil, prolífero, reproductor.*) ‖ *Fig.* Se dice de un escritor que tiene abundante producción literaria. ‖ — CONTR. *Estéril.*
PROLIJAMENTE adv. m. Con prolijidad: *escribir prolijamente.*
PROLIJIDAD f. Defecto de lo que es prolijo: *prolijidad insoportable.* ‖ — CONTR. *Laconismo.*
PROLIJO, JA adj. (lat. *prolixus*). Muy extenso: *carta prolija.* (SINÓN. V. *Difuso.* CONTR. *Lacónico, conciso.*)
PROLOGAR v. t. Escribir un prólogo.
PRÓLOGO m. (lat. *prologus*). Discurso que precede ciertas obras para explicarlas o presentarlas al público: *un prólogo interesante.* (SINÓN. V. *Prefacio.*) ‖ Lo que sirve de principio.
PROLOGUISTA m. Autor de un prólogo.
PROLONGA f. *Mil.* Cuerda que une el avantrén con la cureña del cañón.
PROLONGABLE adj. Que se puede prolongar.
PROLONGACIÓN f. Acción de prolongar. ‖ Parte prolongada: *la prolongación de una línea recta.* (SINÓN. V. *Continuación.*)
PROLONGADAMENTE adv. m. y t. Con larga extensión: *hablar prolongadamente.*
PROLONGADO, DA adj. Largo, dilatado: *un silencio prolongado.* ‖ Alargado, oblongo.
PROLONGADOR, RA adj. y s. Que prolonga.
PROLONGAMIENTO m. Prolongación. (SINÓN. V. *Continuación.*)
PROLONGAR v. t. (lat. *prolongare*). Alargar, hacer más largo: *prolongar una calle.* (SINÓN. *Dilatar, estirar, extender.*) ‖ Hacer que dure más tiempo una cosa: *prolongar una tregua.* (SINÓN. *Prorrogar.*) ‖ — CONTR. *Acortar.*
PROMEDIAR v. t. Dividir en dos partes iguales. ‖ — V. i. Interponerse entre dos personas desavenidas. ‖ Llegar a la mitad: *antes de promediar el mes.*
PROMEDIO m. Punto medio de algo: *el promedio de una tabla.* ‖ Término medio entre dos cosas. ‖ — PARÓN. *Por medio.*
PROMESA f. Ofrecimiento hecho a Dios o a los santos de hacer una cosa. ‖ Expresión de la voluntad de dar a uno o hacer por él una cosa. ‖ *Fig.* Augurio, señal. (SINÓN. V. *Esperanza.*)
PROMETEDOR, RA adj. y s. Que promete.
PROMETEO m. Elemento químico del grupo de los lantánidos (símb.: Pm), de número atómico 61.
PROMETER v. t. (lat. *promittere*). Comprometerse a hacer o a dar: *prometer un regalo.* (SINÓN. *Dar su palabra, jurar.* V. tb. *otorgar.*) ‖ Asegurar: *te prometo que iré.* (SINÓN. V. *Ofrecer.*) ‖ — V. i. Dar muestras de capacidad: *el muchacho promete.* ‖ — V. r. Esperar mucho una cosa. ‖ — V. rec. Darse mutua palabra de casamiento dos personas. ‖ *Fam. Prometérselas felices*, tener halagüeña esperanza de conseguir algo.
PROMETIDO, DA m. y f. Futuro, el que promete matrimonio. ‖ — M. Promesa.
PROMINENCIA f. Elevación de lo prominente. (SINÓN. V. *Protuberancia.*)
PROMINENTE adj. (lat. *prominens*). Que se levanta sobre lo que lo rodea: *una nariz prominente.* ‖ — PARÓN. *Preeminente.*
PROMISCUACIÓN f. Acción de promiscuar.
PROMISCUAR v. t. Comer al mismo tiempo en días de vigilia carne y pescado: *está prohibido a los católicos promiscuar.* ‖ *Fig.* Participar en cosas heterogéneas u opuestas.
PROMISCUAMENTE adv. m. Con promiscuidad: *vivir promiscuamente.*
PROMISCUIDAD f. Mezcla confusa. ‖ Convivencia heterogénea de personas de sexos diferentes o de condiciones o nacionalidades diversas.
PROMISCUO, CUA adj. (lat. *promiscuus*). Mezclado confusamente. ‖ Ambiguo, de doble sentido. ‖ Que tiene el carácter de la promiscuidad.
PROMISIÓN f. Promesa: *tierra de promisión.*
PROMISORIO, RIA adj. Que contiene promesa.
PROMOCIÓN f. (lat. *promotio*). Conjunto de individuos que al mismo tiempo han obtenido un grado, título, empleo: *ése es de mi promoción.* ‖ Acción de promover. ‖ Ascenso a un nivel de vida superior, a la cultura: *promoción obrera.*
PROMONTORIO m. (lat. *promontorium*). Altura de tierra considerable, generalmente formando cabo a orillas del mar: *Gibraltar se alza sobre un promontorio.* ‖ Cosa de mucho bulto.
PROMOTOR, RA adj. y s. Que promueve una cosa: *promotor de una rebelión.* (SINÓN. V. *Instigador.*) ‖ Nombre de algunos magistrados: *promotor fiscal.* ‖ *Promotor de la fe*, individuo de la Congregación de Ritos que en las causas de canonización suscita dudas y objeciones.
PROMOVEDOR, RA adj. y s. Promotor.
PROMOVER v. t. (lat. *promovere*). Adelantar una cosa. ‖ Elevar a una persona a una dignidad. ‖ — IRREG. Se conjuga como *mover.*
PROMULGACIÓN f. Publicación solemne de una ley: *la promulgación de un decreto.*
PROMULGADOR, RA adj. y s. Que promulga.
PROMULGAR v. t. (lat. *promulgare*). Publicar solemnemente: *promulgar un decreto.* ‖ *Fig.* publicar, anunciar.
PRONACIÓN f. Movimiento de rotación de la mano hacia adentro. ‖ — CONTR. *Supinación.*
PRONAOS m. Parte anterior de un templo antiguo.
PRONO, NA adj. Inclinado a una cosa. ‖ Que está echado sobre el vientre: *decúbito prono.*
PRONOMBRE m. Palabra que hace las veces del nombre y toma el género y número de éste. (El *pronombre* es una de las diez partes de la oración y se divide en *personal, demostrativo, posesivo, relativo* e *indeterminado.*)

PRONOMINADO, DA adj. *Gram. Verbo pronominado,* aquel que tiene por complemento un pronombre, como *tutearse, ausentarse.*
PRONOMINAL adj. (lat. *pronominalis*). *Gram.* Perteneciente al pronombre: *forma pronominal.* (V. PRONOMINADO.)
PRONOSTICACIÓN f. Pronóstico.
PRONOSTICADOR, RA adj. y s. Que pronostica. (SINÓN. V. *Adivino.*)
PRONOSTICAR v. t. Predecir lo futuro: *pronosticar un fracaso.*
PRONÓSTICO m. (gr. *prognôstikon*). Conjetura acerca de lo que puede suceder: *el pronóstico de la meningitis es siempre grave.* ‖ Señal por donde se conjetura una cosa futura. ‖ Calendario en que se anuncian los fenómenos meteorológicos. ‖ *Med.* Juicio que forma el médico respecto a los cambios de una enfermedad. ‖ *Pronóstico reservado,* el que se reserva el médico a causa de las contingencias posibles de una lesión.
PRONTAMENTE adv. t. Con prontitud, pronto.
PRONTITO adv. m. *Fam.* Muy pronto.
PRONTITUD f. Rapidez en hacer algo. (SINÓN. V. *Velocidad.*) ‖ Viveza de ingenio, de imaginación. ‖ — CONTR. *Lentitud, pereza.*
PRONTO, TA adj. Veloz, acelerado. ‖ Que se produce rápidamente: *pronta curación.* (SINÓN. V. *Temprano.*) ‖ Dispuesto, preparado: *estar pronto para salir.* (SINÓN. V. *Ágil.*) ‖ — M. Movimiento repentino: *tener uno muchos prontos.* ‖ — Adv. m. Prontamente, presto, en seguida: *ven pronto.* ‖ *Al pronto,* m. adv., en un principio. ‖ *Arg.* De pronto. ‖ *De pronto,* m. adv., apresuradamente. ‖ *Por de, el, lo, pronto,* m. adv., entretanto. ‖ *Fam. Primer pronto,* primer arranque o movimiento del ánimo. ‖ *Hasta pronto,* hasta ahora. ‖ — CONTR. *Lento.*
PRONTUARIO m. Resumen de una cosa. ‖ Compendio de una ciencia: *prontuario de ortografía.* ‖ *Amer.* Cédula judicial de un individuo detenido. ‖ Agenda, libro de apuntes.
PRONUNCIACIÓN f. (lat. *pronuntiatio*). Acción y efecto de pronunciar: *la pronunciación de la sentencia.* ‖ Articulación de las letras, las sílabas y las palabras: *pronunciación clara.* ‖ *Pronunciación figurada,* transcripción especial que indica el modo de pronunciar una palabra, especialmente extranjera.
PRONUNCIADO, DA adj. Galicismo muy usual por *saliente, fuerte, abultado.*
PRONUNCIADOR, RA adj. y s. Que pronuncia una palabra o discurso.
PRONUNCIAMIENTO m. Golpe de Estado militar. ‖ *For.* Acto de pronunciar la sentencia.
PRONUNCIAR v. t. (lat. *pronuntiare*). Articular, proferir: *pronunciar palabras.* (SINÓN. *Balbucear.*) ‖ Decir: *pronunciar un discurso.* (SINÓN. V. *Recital.*) ‖ Declarar con autoridad: *pronunciar una sentencia.* (SINÓN. V. *Juzgar.*) ‖ *Fig.* Sublevar: *el general se pronunció al frente de sus tropas.* ‖ — V. r. Galicismo por *declararse, manifestarse: me pronuncio a favor de esta teoría.*
PRONUNCIO m. Eclesiástico investido transitoriamente de las funciones del nuncio pontificio.
PROPAGACIÓN f. Acción y efecto de propagar: *la propagación del género humano.* ‖ *Fig.* Difusión, desarrollo: *la propagación de las ideas.* (SINÓN. *Difusión, expansión.*) ‖ *Fís.* Modo de transmisión del sonido y la luz.
PROPAGADOR, RA adj. y s. Que propaga.
PROPAGANDA f. Lo que se hace para esparcir una idea, una opinión cualquiera. ‖ *Por ext.* Asociación para propagar doctrinas, opiniones. ‖ Trabajo empleado en este fin. ‖ Publicidad dada a un producto comercial para fomentar su venta.
PROPAGANDÍSTICO, CA adj. Relativo a la propaganda: *finalidad propagandística.*
PROPAGANTE adj. Que propaga.
PROPAGAR v. t. (lat. *propagare*). Multiplicar por vía de reproducción: *propagar una especie animal.* ‖ *Fig.* Extender, difundir: *propagar las ideas.* (SINÓN. *Esparcir, popularizar, pregonar, vulgarizar.* V. tb. *divulgar.*) ‖ Extender el conocimiento de una cosa o la afición a ella: *propagar un nuevo juego.* — CONTR. *Limitar, restringir.*
PROPAGATIVO, VA adj. Que propaga algo.
PROPALADOR, RA adj. Que propala.
PROPALAR v. t. Divulgar un secreto.

propileo

PROPANO m. *Quím.* Hidrocarburo saturado gaseoso, empleado como combustible.
PROPAO m. *Mar.* Madero provisto de varias cabillas que sirve para amarrar los cabos.
PROPAROXÍTONO adj. Esdrújulo.
PROPASAR v. t. Pasar más adelante de lo debido. ‖ — V. r. Excederse de lo razonable.
PROPEDÉUTICA f. Enseñanza preparatoria.
PROPEDÉUTICO, CA adj. Relativo a la propedéutica.
PROPENDER v. i. (lat. *propendere*). Inclinarse a una cosa, tener propensión a ella.
PROPENSIÓN f. Inclinación que se tiene hacia una cosa: *tener uno propensión al vino.* (SINÓN. V. *Inclinación.*) ‖ Predisposición a contraer una enfermedad. (SINÓN. V. *Herencia.*)
PROPENSO, SA adj. (lat. *propensus*). Que tiene propensión a una cosa: *ser muy propenso a la ira.* ‖ Con inclinación a lo que es natural a uno.
PROPERGOL m. Materia cuya reacción química produce gases calientes que mantienen el movimiento de un cohete espacial.
PROPIAMENTE adv. m. Con propiedad.
PROPICIACIÓN f. Sacrificio que se hace para aplacar la justicia divina.
PROPICIADOR, RA adj. Que propicia o calma.
PROPICIAMENTE adv. m. Favorablemente.
PROPICIAR v. t. (lat. *propitiare*). Calmar la cólera de uno: *propiciar la ira divina.* ‖ *Amer.* Proponer, patrocinar.
PROPICIATORIO, RIA adj. Que tiene virtud para hacer propicio o favorable: *sacrificio propiciatorio.* ‖ — M. Tabla de oro que en la ley hebrea se colocaba sobre el arca del Testamento. ‖ Reclinatorio.
PROPICIO, CIA adj. (lat. *propitius*). Benigno, dispuesto a ayudar: *mostrarse poco propicio a los pobres.* (SINÓN. V. *Favorable.* CONTR. *Desfavorable.*) ‖ Oportuno: *ocasión propicia.*
PROPIEDAD f. (lat. *proprietas*). Dominio que tenemos sobre la cosa que poseemos. ‖ Cosa que es objeto del dominio. ‖ Atributo: *el magnetismo es una propiedad del hierro, el níquel y el cobalto.* (SINÓN. V. *Cualidad* y *esencia.*) ‖ Inmuebles o bienes raíces que se poseen: *comprar una propiedad.* (SINÓN. V. *Predio.*) ‖ Semejanza perfecta: *este retrato tiene mucha propiedad.* ‖ *For.* Dominio de una cosa, separado del usufructo. (SINÓN. V. *Goce.*) ‖ *Gram.* Significado exacto que tienen las palabras. ‖ *Propiedad horizontal,* la que recae sobre los pisos de una casa, adquiridos por varios dueños.
PROPIETARIO, RIA adj. y s. Que tiene derecho de propiedad sobre una cosa. ‖ Que tiene cargo u oficio que le pertenece. ‖ — SINÓN. *Poseedor, dueño, casero, señor.*
PROPILENO m. Hidrocarburo etilénico $CH_3CH = CH_2$, homólogo superior de etileno.
PROPILEO no **PROPÍLEO** m. (del gr. *pro,* delante, y *phylê,* puerta). Vestíbulo de templo o palacio.
PROPÍLICO, CA adj. *Quím.* Relativo o perteneciente al propilo.
PROPILO m. *Quím.* Radical monovalente del propano.
PROPINA f. Gratificación con que se recompensa un servicio eventual. (SINÓN. V. *Recompensa.*) ‖ Agasajo que sobre el precio convenido se da por algún servicio. ‖ *De propina,* por añadidura.
PROPINAR v. t. (lat. *propinare*). Dar algo a beber. ‖ *Fam.* Dar: *propinar una paliza.*
PROPINCUIDAD f. La calidad de propincuo.
PROPINCUO, CUA adj. (lat. *propinquus*). Cercano, próximo.
PROPIO, PIA adj. (lat. *proprius*). Que pertenece exclusivamente a una persona o cosa: *carácter propio.* (SINÓN. V. *Innato*). ‖ Que es de la misma persona: *escribió con su propia mano.* (SINÓN. V. *Original.*) ‖ Sin cambio alguno: *éstas son sus propias palabras.* ‖ Natural, no artificial: *es su pelo propio.* ‖ Mismo: *el propio empresario esperaba.* ‖ Adecuado, conveniente: *eso es propio de un anormal. Lo propio,* lo mismo: *haré lo propio que tú.* ‖ Conveniente para una cosa: *no es su conducta propia para granjearle amistades.* ‖ *C. Rica* y *Chil. Al propio,* expresamente. ‖ *Nombre propio,* el que sólo se aplica a una persona, país, etc. ‖ *Fil.* Dícese del accidente que es inseparable de la esencia y naturaleza de las cosas. ‖ — M. Hombre que se manda de

Fot. Viollet

un punto a otro con un mensaje. (SINÓN. V. *Mensajero.*) || Finca que pertenece a la ciudad o lugar y cuyo producto sirve para los gastos públicos.

PROPÓLEOS m. Substancia cérea con que bañan las abejas las colmenas.

PROPONEDOR, RA adj. y s. Que propone.

PROPONENTE adj. Que propone alguna cosa.

PROPONER v. t. (lat. *proponere*). Manifestar una cosa: *proponer un parecer.* || Tener intención de hacer una cosa: *me propongo ir a verle.* (SINÓN. V. *Ofrecer.*) || Presentar a uno para un destino o empleo. || Hacer una propuesta. || — IRREG. Se conjuga como *poner.*

PROPORCIÓN f. (lat. *proportio*). Disposición o correspondencia entre las cosas: *las proporciones del cuerpo humano.* (SINÓN. V. *Dimensión.*) || Conveniencia, coyuntura: *esperar una buena proporción.* || Disposición u oportunidad para hacer o lograr una cosa. || Tamaño. || *Mat.* Igualdad de dos razones. || *A proporción,* según, conforme a.

PROPORCIONABLE adj. Que puede proporcionarse.

PROPORCIONADO, DA adj. Regular, de buena proporción: *cuerpo bien proporcionado.*

PROPORCIONAL adj. Perteneciente a la proporción o que la incluye en sí. || *Mat. Magnitudes directamente proporcionales,* las que aumentan o disminuyen guardando la misma relación. || *Magnitudes inversamente proporcionales,* dícese de aquellas en que cuando una aumenta, la otra disminuye en la misma proporción.

PROPORCIONALIDAD f. Proporción.

PROPORCIONALMENTE adv. m. Con proporción.

PROPORCIONAR v. t. Disponer una cosa proporcionadamente. || Poner las cosas en disposición para conseguir lo que se desea: *proporcionar los medios al objeto.* || Suministrar: *le proporcionó dinero.* (SINÓN. *Proveer de.*)

PROPOSICIÓN f. Acción y efecto de proponer. || Cosa que se propone para la deliberación. (SINÓN. *Invitación, moción, propuesta.*) || *Gram.* Oración. || *Lóg.* Expresión verbal de un juicio. || *Mat.* Teorema: *demostrar una proposición.* || *Ret.* Exposición del asunto.

PROPÓSITO m. Intención, ánimo: *tengo propósito de salir.* || Objeto, mira: *propósitos interesados.* || Materia de que se trata. (SINÓN. V. *Materia.*) || *A propósito,* m. adv. con que se indica que una cosa es oportuna, o relacionada con lo que se dice. || *De propósito,* m. adv., de intento. || *Fuera de propósito,* m. adv., sin venir al caso. || — OBSERV. Son galicismos las frases: *a todo propósito,* por *a cada paso; mal a propósito,* por *fuera de propósito; discurrir a propósito de algo,* por *acerca de algo.*

PROPRETOR m. (lat. *propraetor*). *Antig.* Magistrado romano que, después de ser pretor, pasaba a gobernar una provincia pretorial.

PROPRETURA f. Cargo, dignidad de propretor. || Período de su duración.

PROPUESTA f. Acto de proponer. || Consulta de uno o más sujetos hecha al superior para un empleo o beneficio. (SINÓN. V. *Proposición.*)

PROPUGNACIÓN f. Acción y efecto de propugnar.

PROPUGNAR v. t. Defender, proteger.

PROPULSA f. Repulsa.

PROPULSAR v. t. Repulsar. || Impeler hacia adelante.

PROPULSIÓN f. Impulso hacia adelante. || *Propulsión a chorro,* procedimiento para que un avión, cohete o proyectil avance en el espacio por medio de la reacción producida por una corriente de fluido que sale por la parte posterior de ellos.

PROPULSOR, RA adj. y s. (lat. *propulsor*). Que propulsa; dícese del mecanismo que mueve un barco, un avión.

PRORRATA f. (del lat. *prorata parte,* a parte o porción fija). || Porción que toca a uno en un reparto. || *A prorrata,* mediante prorrateo.

PRORRATEAR v. t. Repartir a prorrata.

PRORRATEO m. Repartición proporcionada que se hace de una cantidad entre varias personas. (SINÓN. V. *Cuota.*)

PRÓRROGA f. Prorrogación: *pedir una prórroga.* (SINÓN. V. *Demora* y *continuación.*)

PRORROGABLE adj. Que puede prorrogarse.

PRORROGACIÓN f. Continuación de una cosa por un tiempo determinado: *la prorrogación de un plazo.* (SINÓN. V. *Continuación.*)

PRORROGAR v. t. (lat. *prorogare*). Continuar, dilatar: *prorrogar el plazo de un vencimiento.* (SINÓN. V. *Prolongar.*) || Suspender hasta una fecha ulterior.

PRORROGATIVO, VA adj. Lo que prorroga: *acto prorrogativo.* || — PARÓN. *Prerrogativa.*

PRORRUMPIR v. i. (lat. *prorrumpere*). Saltar, brotar, salir con ímpetu una cosa. || *Fig.* Emitir repentinamente gritos, voces, suspiros, llanto.

PROSA f. (lat. *prosa*). Estructura del lenguaje que no está sujeta, como el verso, a medida y cadencia. || Forma natural para expresar las ideas. || *Prosa poética,* poesía escrita en prosa. || *Fig.* Aspecto de las cosas que se opone al ideal de las mismas o a su perfección: *la prosa de la vida, del amor.* || *Fig. y fam.* Abundancia de palabras inútiles, palabrería: *gastar mucha prosa.*

PROSADO, DA adj. Escrito en prosa.

PROSADOR, RA m. y f. Prosista, escritor en prosa. || *Fig. y fam.* Hablador impertinente.

PROSAICAMENTE adv. m. De modo prosaico.

PROSAICO, CA adj. (lat. *prosaicus*). Relativo a la prosa. || Que adolece de prosaísmo: *poema prosaico.* || *Fig.* Que carece de nobleza o elevación: *gustos prosaicos; vida prosaica.* (SINÓN. V. *Vulgar.*)

PROSAÍSMO m. Falta de armonía o de carácter poético en los versos. || *Fig.* Vulgaridad, trivialidad: *el prosaísmo de ciertas existencias.*

PROSAPIA f. (lat. *prosapia*). Ascendencia o linaje: *hombre de ilustre prosapia.*

PROSCENIO m. (lat. *proscenium*). En el teatro antiguo, espacio entre la escena y la orquesta, donde estaba el tablado en que representaban los actores. || Hoy, nombre dado a la parte del escenario inmediata al público: *palco de proscenio.*

PROSCRIBIR v. t. (lat. *proscribere*). Echar a uno de su país: *proscribir a un hombre político.* (SINÓN. V. *Desterrar.*) || *Fig.* Prohibir: *proscribir el uso de un objeto.* (SINÓN. V. *Condenar.*)

PROSCRIPCIÓN f. Acción de proscribir: *la proscripción de un uso.* || Destierro ilegal: *Roma padeció por las proscripciones de Sila y Antonio.*

PROSCRIPTOR, RA adj. y s. Que proscribe.

PROSCRITO, TA adj. y s. Desterrado, que ha sido echado de su país: *amparar a un proscrito.*

PROSEAR v. i. *Riopl.* Charlar.

PROSECTOR m. El que prepara las disecciones para un curso de anatomía.

PROSECUCIÓN f. (lat. *prosecutio*). Acción de proseguir o seguir. || Seguimiento de alguna cosa, persecución: *la prosecución de un fin determinado.* (SINÓN. V. *Continuación.*)

PROSEGUIBLE adj. Que puede seguirse.

PROSEGUIMIENTO m. Acción de proseguir.

PROSEGUIR v. t. (lat. *prosequi*). Seguir: *proseguir un relato interrumpido.* (SINÓN. V. *Continuar.*) || — IRREG. Se conjuga como *pedir.* || — PARÓN. *Perseguir.*

PROSELITISMO m. Celo por ganar prosélitos: *el proselitismo católico.*

PROSELITISTA adj. Que practica el proselitismo o lo incluye.

PROSÉLITO m. (lat. *proselytus*). Gentil o pagano convertido a una religión: *las persecuciones consiguen siempre hacer prosélitos.* || *Fig.* Adepto a un partido o doctrina. (SINÓN. V. *Partidario.*)

PROSÉNQUIMA m. *Hist. nat.* Tejido orgánico de células alargadas, sin espacios intercelulares.

PROSIFICAR v. t. Poner en prosa: *prosificar un drama clásico.*

PROSIMIOS m. pl. *Zool.* Mamíferos primates con hocico prominente que se encuentran en Madagascar y la India, como el lemuz y el aye-aye.

PROSISTA com. Escritor o escritora de obras en prosa. (SINÓN. V. *Autor.*)

PROSÍSTICO, CA adj. Relativo a la prosa.

PROSODIA f. (lat. *prosodia*). Parte de la gramática que estudia las reglas de la pronunciación y acentuación. || Conjunto de las reglas relativas a la cantidad de las vocales.

PROSÓDICO, CA adj. Relativo a la prosodia.

PROSOPOGRAFÍA f. Descripción del exterior de una persona, animal o cosa.

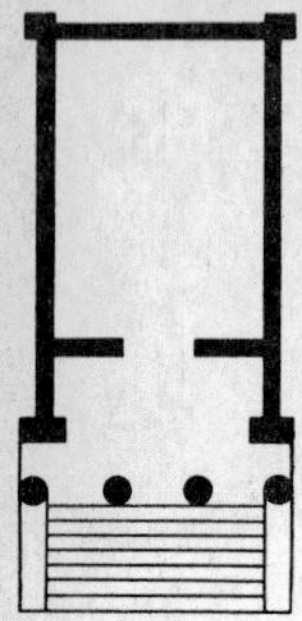

próstilo

próteles

PRÓTESIS

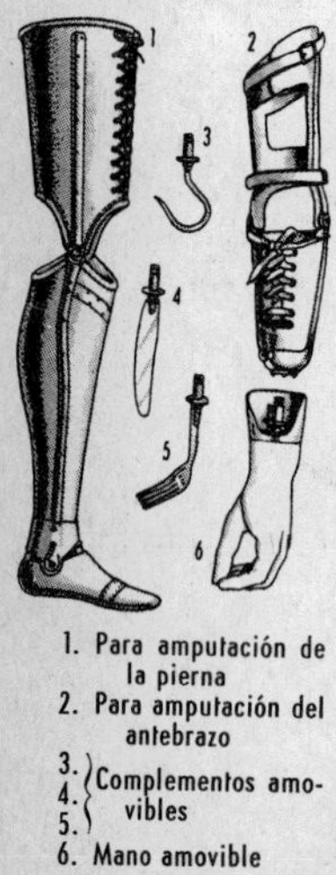

1. Para amputación de la pierna
2. Para amputación del antebrazo
3. }
4. } Complementos amovibles
5. }
6. Mano amovible

PROSOPOPEYA f. (gr. *prosopopoeia*). *Ret.* Figura de retórica que consiste en atribuir el sentimiento, la palabra y la acción a las cosas inanimadas o abstractas, a los muertos, a los animales, a los ausentes, etc. ‖ *Fam.* Gravedad y pompa afectadas: *venir con mucha prosopopeya.*

PROSPECCIÓN f. Exploración del subsuelo para descubrir la presencia de minerales. ‖ *Por ext.* Estudio de las salidas o colocación de productos de un mercado y búsqueda de clientes.

PROSPECTO m. (lat. *prospectus*). Anuncio breve, impreso, de una obra o escrito, de un establecimiento o de un negocio: *prospecto de propaganda.* ‖ — SINÓN. *Manifiesto, programa.*

PRÓSPERAMENTE adv. m. Con prosperidad.

PROSPERAR v. i. (lat. *prosperare*). Tener prosperidad: *negocio que prospera.* ‖ — V. t. Ocasionar prosperidad.

PROSPERIDAD f. (lat. *prosperitas*). Buena suerte en lo que se emprende. ‖ Acontecimiento feliz. (SINÓN. V. *Dicha.*)

PRÓSPERO, RA adj. Favorable: *fortuna próspera.* ‖ Favorecido por la suerte: *un comercio próspero.*

PRÓSTATA f. Glándula pequeña unida al cuello de la vejiga en los machos de los mamíferos.

PROSTÁTICO, CA adj. De la próstata.

PROSTATITIS f. Inflamación de la próstata.

PROSTERNARSE v. r. (lat. *prosternare*). Postrarse: *prosternarse de rodillas, ante los soberanos.* (SINÓN. V. *Arrodillarse.*)

PRÓSTESIS f. *Gram.* Prótesis.

PROSTÍBULO m. Lugar de prostitución.

PRÓSTILO adj. y s. (del gr. *pro*, delante, y *stylos*, columna). *Arq.* Dícese del templo u otro edificio que sólo tiene columnas por delante.

PROSTITUCIÓN f. Comercio sexual que una mujer hace, por lucro, de su propio cuerpo. ‖ Acción de prostituir o prostituirse. ‖ Vida y acciones de la prostituta.

PROSTITUIR v. t. y r. Exponer públicamente a todo género de torpeza. ‖ Entregarse una mujer a la prostitución. ‖ También corromper a una mujer. ‖ *Fig.* Deshonrar, vender uno su empleo, autoridad: *prostituir su talento.* ‖ IRREG. Se conjuga como *huir.*

PROSTITUTA f. Mujer de mala vida. ‖ — SINÓN. *Buscona, hetaira, meretriz, mundana, pendanga, puta, zorra.*

PROTACTINIO m. Metal radioactivo (Pa) de número atómico 91.

PROTAGONISTA com. (del gr. *protos*, primero, y *agônistês*, actor). Héroe principal de un poema dramático. ‖ *Por ext.* Persona que en un suceso cualquiera tiene la parte principal. (SINÓN. V. *Animador.*) ‖ Actor que tiene el papel principal. (SINÓN. *Papel, personaje.* V. tb. *actor.*)

PROTARGOL m. *Farm.* Sal de plata medicinal.

PRÓTASIS f. (gr. *protasis*). Exposición del poema dramático. ‖ *Ret.* Primera parte del período, que deja incompleto el sentido. ‖ — PARÓN. *Prótesis.*

PROTECCIÓN f. (lat. *protectio*). Acción y efecto de proteger. ‖ Socorro: *solicitar protección de una persona.* (SINÓN. V. *Apoyo, auspicio* y *favor.*) ‖ Conjunto de las medidas empleadas por el sistema protector. ‖ — CONTR. *Opresión, tiranía.*

PROTECCIONISMO m. *Econ. pol.* Sistema que consiste en proteger la agricultura, el comercio o la industria de un país de la competencia de ciertos productos extranjeros, gravando su importación. ‖ Régimen aduanero fundado en esta doctrina. ‖ — CONTR. *Librecambio.*

PROTECCIONISTA adj. Relativo al proteccionismo. ‖ — M. Partidario de dicho sistema. ‖ — CONTR. *Librecambista.*

—Los que se oponen a los *proteccionistas* son los *librecambistas*, que sostienen que la utilidad del consumidor no debe sacrificarse a la del productor y que la mayoría de la nación no debe verse obligada a pagar más caros los objetos de que necesita por la única razón de que los fabricantes de su país no son capaces de sostener la competencia extranjera.

PROTECTOR, RA o **TRIZ** adj. y s. Que protege. ‖ Que cuida de los intereses de una comunidad. (SINÓN. *Bienhechor, defensor, mecenas, tutor.* V. tb. *padrino.*) ‖ — M. Título dado a Cromwell, Artigas, San Martín y Santa Cruz. ‖ — CONTR. *Opresor, tirano.*

PROTECTORADO m. Dignidad de protector. ‖ Nombre dado en Inglaterra al gobierno de Cromwell. ‖ Tribu, nación u otra entidad política en la que el gobierno interior corresponde a las autoridades indígenas, mientras que las relaciones exteriores, defensa y seguridad están a cargo de un Estado más poderoso: *una parte de Marruecos fue protectorado español.*

PROTECTORÍA f. El ministerio del protector.

PROTECTORIO, RIA adj. Perteneciente o relativo a la protección.

PROTEGER v. t. (lat. *protegere*). Tomar la defensa de uno: *proteger a los desvalidos.* ‖ Apoyar, ayudar. (SINÓN. *Abrigar, adoptar, defender, inmunizar, precaver, preservar, resguardar, salvar.*) ‖ Alentar, amparar.

PROTEGIDO, DA m. y f. Favorito, ahijado, que tiene un protector: *los protegidos del ministro.* ‖ — SINÓN. *Hechura, paniaguado, recomendado.* V. tb. *favorecido.*

PROTEICO, CA adj. Que cambia con frecuencia de forma. ‖ Dícese de ciertas albúminas.

PROTEÍNA f. *Quím.* Materia albuminoidea.

PROTEÍNICO, CA adj. Relativo o perteneciente a las proteínas.

PRÓTELES m. *Zool.* Género de mamíferos carniceros, parecidos a las hienas, que viven en África del Sur.

PROTEO m. Hombre que cambia continuamente de opinión o de aspecto, por alusión al Proteo de la Fábula. (V. *Parte Hist.*)

PROTERVAMENTE adv. m. Con protervia.

PROTERVIA y **PROTERVIDAD** f. Maldad.

PROTERVO, VA adj. y s. Perverso, malo.

PRÓTESIS f. (del gr. *pro*, delante, y *thesis*, colocación). *Cir.* Pieza o aparato que reemplaza un órgano o parte de él: *prótesis dental.* ‖ *Gram.* Metaplasmo que consiste en agregar letras al principio de un vocablo como *aqueste* por *este.* ‖ — PARÓN. *Prótasis.*

PROTESTA f. Acción de protestar y su efecto. ‖ Promesa positiva: *protesta de amistad.* ‖ *For.* Declaración formal hecha para mantener un derecho.

PROTESTACIÓN f. Protesta.

PROTESTANTE adj. Que protesta. ‖ — Adj. y s. Partidario de la Reforma: *los protestantes se dividen en numerosas sectas.* (SINÓN. *Hugonote, luterano, presbiteriano, puritano, luterano.*)

PROTESTANTISMO m. Movimiento religioso nacido en el siglo XVI que se separó de la Iglesia católica y romana, originando gran número de sectas, como el *luteranismo*, que se profesa en Alemania, los países escandinavos, etc.; el *anglicanismo*, profesado en Inglaterra, y el *calvinismo*, que se profesa en Francia, Suiza, Holanda, Escocia, Estados Unidos, etc. ‖ La doctrina de los protestantes. ‖ Conjunto de las sectas luteranas, calvinistas, anglicanas, etc., que proceden de la Reforma. (V. Reforma, *Parte Hist.*)

— De manera general, las Iglesias protestantes difieren de la católica en los puntos siguientes: 1º autoridad soberana de las Escrituras en materia de fe; 2º justificación por la fe sola; 3º libre examen o sea interpretación de la Escritura por los fieles bajo la inspiración del Espíritu Santo; 4º dos sacramentos, el bautismo y la comunión; 5º culto rendido a Dios solamente (exclusión del culto a la Virgen, los santos, las reliquias); 6º supresión de la confesión oral, de la jerarquía eclesiástica, del celibato sacerdotal y de los votos monásticos.

Al principio de la Reforma protestante, se formaron en España algunos núcleos de partidarios de las nuevas ideas, especialmente en Valladolid y Sevilla. Denunciados muy pronto, fueron castigados por la Inquisición con la mayor severidad en diferentes autos de fe. Entre los procesados más famosos figuraron el arzobispo de Toledo Fr. Bartolomé de Carranza y el capellón del rey, Constantino Ponce de la Fuente. Algunos españoles consiguieron huir al extranjero, como los humanistas Juan de Valdés, Juan Pérez de Pineda, Casiodoro Reina (traductor de la Biblia), Antonio del Corro (profesor en Oxford), Pedro Galés y el médico aragonés Miguel Servet, quien posteriormente murió en la hoguera, tras inicuo proceso ordenado por Calvino.

PROTESTAR v. t. (lat. *protestari*). Manifestar disconformidad vehemente. (SINÓN. *Murmurar, reclamar, refunfuñar.*) ‖ Amenazar. ‖ Confesar públicamente su fe. ‖ Hacer el protesto: *protestar una letra.* ‖ *Protestar de una cosa*, asegurarla con ahínco: *protestar de su inocencia.* ‖ *Protestar contra una cosa*, negar su validez, su exactitud, su justicia: *protestar contra la censura.*
PROTESTO m. Protestación, protesta. ‖ *Com.* Requerimiento ante notario que se hace al que no quiere pagar una letra de cambio o aceptarla. ‖ Testimonio por escrito del mismo requerimiento.
PROTÉTICO, CA adj. *Gram.* Relativo a la prótesis: *letra protética.*
PRÓTIDOS m. pl. *Quím.* Agrupación de aminoácidos de elevado peso molecular.
PROTO, prefijo del gr. *prôtos*, que significa *primero* y se usa en varias palabras compuestas para denotar superioridad o preeminencia: *protomártir, protomédico.*
PROTOCOLAR y **PROTOCOLARIO, RIA** adj. Relativo al protocolo.
PROTOCOLAR y **PROTOCOLIZAR** v. t. Incluir en el protocolo.
PROTOCOLIZACIÓN f. Acción de protocolizar.
PROTOCOLO m. (b. lat. *protocollum*). Libro en que guarda el notario o escribano los registros de las escrituras que han pasado ante él. (SINÓN. V. *Convenio.*) ‖ Libro donde se consignan las actas de un congreso. ‖ Ceremonial. (SINÓN. *Etiqueta.*)
PROTOFITAS f. pl. Tipo de plantas unicelulares que se reproducen por escisión.
PROTOHISTORIA f. Período anterior a la historia, basado en tradiciones y leyendas.
PROTOHISTÓRICO, CA adj. Relativo o concerniente a la protohistoria.
PROTOMÁRTIR m. El primero de los mártires, nombre que se suele dar a *San Esteban.*
PROTOMÉDICO m. Nombre dado a los médicos que formaban el protomedicato o tribunal que examinaba a los futuros médicos.
PROTÓN m. Núcleo del átomo de hidrógeno cargado de electricidad positiva: *el protón constituye, con el neutrón, uno de los dos elementos contenidos en los núcleos de todos los átomos.*
PROTÓNICO, CA adj. Relativo al protón.
PROTONOTARIO m. Dignidad antigua de Aragón. ‖ Hoy, oficial apostólico encargado de la redacción de las actas pontificales.
PROTOPLASMA m. (de *proto*, y el gr. *plasma*, formación). *Bot.* y *Zool.* Substancia que constituye la parte principal y viva de la célula: *el protoplasma contiene un núcleo.*
PROTOPLASMÁTICO, CA y **PROTOPLÁSMICO** adj. *Bot.* y *Zool.* Relativo o perteneciente al protoplasma: *vida protoplasmática.*
PROTÓRAX m. *Zool.* Nombre que se da al segmento anterior del tórax de los insectos.
PROTOTIPO m. (de *protos*, y el gr. *typos*, modelo). Original, modelo, primer tipo de una cosa.
PROTÓXIDO m. *Quím.* Primer grado de oxidación de algunos cuerpos: *protóxido de hierro.*
PROTOZOARIOS o **PROTOZOOS** m. pl. (de *proto*, y el gr. *zôon*, animal). *Zool.* Tipo de animales, de cuerpo reducido a una sola célula o a una colonia de células iguales entre sí.
PROTRÁCTIL adj. Dícese de la lengua de algunos reptiles que puede proyectarse mucho fuera de la boca.
PROTUBERANCIA f. (del lat. *protuberare*, sobresalir). Prominencia más o menos redonda. (SINÓN. *Bulto, chichón, hinchazón, joroba, prominencia.*) ‖ — F. pl. Grandes masas de vapores incandescentes que salen del Sol.
PROTUBERANTE adj. Saliente.
PROTUTOR m. Individuo que, sin ser tutor, ejerce en ciertos casos las funciones de éste.
PROVECTO, TA adj. (lat. *provectus*). Antiguo, viejo. ‖ Maduro, entrado en años: *hombre de edad provecta.*
PROVECHABLE adj. Barb. por *provechoso*: *una visita provechable.*
PROVECHO m. (lat *profectus*). Beneficio, utilidad: *negocio de mucho provecho.* (SINÓN. *Fruto, ganga, utilidad, ventaja.* V. tb. *ganancia.*) ‖ Aprovechamiento o adelantamiento en las ciencias, artes o virtudes. ‖ *Fam. Persona de provecho*, persona trabajadora y de buena conducta. ‖ *Fam. Buen provecho*, expr. para desear que una cosa sea útil o conveniente a la salud o bienestar de uno, sobre todo refiriéndose a las comidas.
PROVECHOSAMENTE adv. m. Con provecho.
PROVECHOSO, SA adj. Que causa provecho o utilidad: *empleo provechoso.*
PROVEEDOR, RA m. y f. Persona encargada de abastecer de lo necesario un ejército, armada, comunidad, etc.
PROVEEDURÍA f. Cargo de proveedor. ‖ Casa donde se guardan las provisiones.
PROVEER v. t. (lat. *providere*). Prevenir las cosas necesarias para un fin: *proveerse abundantemente de víveres.* (SINÓN. V. *Suministrar.*) ‖ Disponer un negocio. ‖ Conferir una dignidad o empleo. (SINÓN. V. *Proporcionar.*) ‖ *For.* Despachar un auto. ‖ — PARÓN. *Prever.*
PROVEÍDO m. Resolución, provisión judicial.
PROVEIMIENTO m. Acción de proveer.
PROVENIENTE adj. Que proviene.
PROVENIR v. i. Nacer, proceder, originarse una cosa de otra. (SINÓN. V. *Resultar.*) ‖ — IRREG. Se conjuga como *venir.*
PROVENZAL adj. y s. De Provenza (Francia). ‖ — M. Lengua que hablan los provenzales.
PROVENZALISMO m. Vocablo, giro o modo de hablar de los provenzales.
PROVENZALISTA com. Persona que cultiva la lengua y literatura provenzales.
PROVERBIAL adj. Relativo al proverbio: *expresión proverbial.* ‖ Muy notorio y conocido: *la crueldad proverbial de Nerón.*
PROVERBIALMENTE adv. m. Dispuesto en forma de proverbio. ‖ De una manera proverbial.
PROVERBIO m. (lat. *proverbium*). Sentencia, adagio o refrán, expresado en pocas palabras: *los proverbios son el eco de la experiencia.* (SINÓN. V. *Pensamiento.*) ‖ Obra dramática que pone en acción un proverbio o refrán: *representar proverbios.* ‖ — Pl. Libro de la Sagrada Escritura.
PROVERBISTA com. *Fam.* Persona aficionada a decir proverbios o refranes.
PROVIDENCIA f. (lat. *providentia*). Disposición, prevención: *tomar las providencias del caso.* ‖ Suprema sabiduría de Dios, que dirige todas las cosas: *los decretos de la Divina Providencia.* ‖ Dios. ‖ *Fig.* Persona que cuida de otra: *ser la providencia de los desvalidos.* ‖ *For.* Resolución del juez.
PROVIDENCIAL adj. Relativo a la Providencia o que viene de ella: *socorro providencial.*
PROVIDENCIALISMO m. Doctrina según la cual todo sucede por disposición de la Providencia.
PROVIDENCIALISTA adj. Que profesa la doctrina del providencialismo.
PROVIDENCIALMENTE adv. m. De manera providencial. ‖ Provisionalmente.
PROVIDENCIAR v. t. Tomar o dictar providencia.
PROVIDENTE adj. Prudente. ‖ Próvido.
PRÓVIDO, DA adj. Prevenido, cuidadoso para lograr un fin. ‖ Propicio, benévolo.
PROVINCIA f. (lat. *provincia*). Gran división territorial: *España está dividida en provincias.* ‖ En la Antigüedad romana, territorio conquistado fuera de Italia, administrado por un gobernador. ‖ Conjunto de casas de religiosos que ocupan determinado territorio. ‖ — Pl. Todo un país menos la capital: *vivir en provincias.*
PROVINCIAL adj. Relativo a la provincia: *Diputación Provincial.* ‖ — M. Religioso superior general de todos los conventos de una provincia.
PROVINCIALA f. Superiora religiosa que gobierna las casas de una provincia.
PROVINCIALATO m. Dignidad del provincial y tiempo que dura.
PROVINCIALISMO m. Modales o costumbres provincianas: *un provincialismo intolerante.* ‖ Voz o giro peculiar de una provincia.
PROVINCIANO, NA adj. y s. Habitante de una provincia.
PROVISIÓN f. Acción y efecto de proveer. (SINÓN. V. *Abastecimiento.*) ‖ Conjunto de cosas necesarias: *provisión de trigo.* (SINÓN. *Subsistencia, viático, vitualla.* Fam. *Pienso.*) ‖ Providencia que se encamina al logro de una cosa. ‖ *Provisión de boca*, víveres, vituallas. ‖ *Provisión de fondos*, existencia en poder del pagador del valor de una letra de cambio, cheque, etc. (SINÓN. V. *Anticipo.*)

proyección ortogonal sobre dos planos

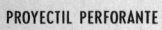

PROYECTIL PERFORANTE

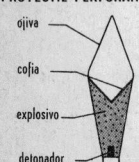

PROVISIONAL adj. Dispuesto interinamente. (SINÓN. V. *Pasajero.*)

PROVISIONALMENTE adv. m. De un modo provisional: *habitar provisionalmente en la fonda.*

PROVISOR m. (lat. *provisor*). Proveedor, abastecedor. ‖ Juez eclesiástico en quien el obispo delega en ciertos casos su autoridad. ‖ *Col.* Garrafón de lata. ‖ — PARÓN. *Previsor.*

PROVISORA f. Nombre dado a la religiosa que cuida del abasto del convento.

PROVISORATO m. y **PROVISORÍA** f. Cargo o dignidad de provisor. ‖ En los conventos, lugar para las provisiones. (SINÓN. *Despensa.*)

PROVISORIO, RIA adj. *Amer.* Provisional. (SINÓN. V. *Pasajero.*)

PROVISTO, TA p. p. irreg. de *proveer.* ‖ — F. *Riopl.* Conjunto de comestibles.

PROVOCACIÓN f. Acción de provocar. ‖ Insulto, desafío: *responder a una provocación.*

PROVOCADOR, RA adj. y s. El que provoca.

PROVOCANTE adj. Que provoca o incita.

PROVOCAR v. t. (lat. *provocare*). Incitar a una cosa: *provocar con gestos.* (SINÓN. V. *Excitar.*) ‖ Irritar: *provocar a sus adversarios.* (SINÓN. V. *Atacar* y *desafiar.*) ‖ Facilitar, ayudar. ‖ Mover: *provocar a compasión.* (SINÓN. V. *Causar.*) ‖ *Fam.* Vomitar.

PROVOCATIVO, VA adj. Que provoca o excita a hacer una cosa. ‖ Provocador, provocante.

PROXENETA com. Alcahuete, intermediario.

PROXENETISMO m. Actividad de la persona que fomenta el vicio sirviendo de intermediario.

PRÓXIMAMENTE adv. m. De modo próximo. ‖ — Adv. t. Pronto, en breve. ‖ — Adv. c. Aproximadamente.

PROXIMIDAD f. Calidad de próximo, cercanía.

PRÓXIMO, MA adj. (lat. *proximus*). Que dista poco: *casas próximas una a otra.* (SINÓN. V. *Cercano.*) ‖ Barb. por *siguiente, que viene*: *el próximo día escribiré.* ‖ — PARÓN. *Prójimo.*

PROYECCIÓN f. Acción de lanzar un cuerpo pesado: *proyección de bombas;* un líquido o fluido: *proyección de agua, de vapor,* etc. ‖ Rayos proyectados por un foco. ‖ Imagen iluminada reflejada sobre una pantalla: *proyección fotográfica.* ‖ *Geom.* Representación de un cuerpo sobre un plano, hecha según ciertas reglas geométricas. ‖ *Proyección ortogonal,* pie de la perpendicular bajada desde un punto de una recta a un plano. ‖ Acción de proyectar una película. ‖ *Geogr.* Procedimiento cartográfico consistente en proyectar una parte de la superficie esférica de la Tierra sobre una superficie plana. ‖ *Fig.* Influencia, influjo poderoso.

PROYECTANTE adj. Que proyecta. ‖ *Geom.* Dícese de la línea recta que sirve para proyectar un punto en una superficie.

PROYECTAR v. t. Arrojar. (SINÓN. V. *Lanzar.*) ‖ Dirigir sobre: *proyectar sombra sobre la pared.* ‖ *Geom.* Efectuar una proyección. ‖ Disponer, preparar: *proyectar un viaje.* (SINÓN. *Concebir, meditar, planear, premeditar.*) ‖ Hacer ver una película en la pantalla. (SINÓN. V. *Cinematografiar.*)

PROYECTIL m. Cuerpo arrojado con fuerza: *proyectil de artillería, proyectil dirigido.*

PROYECTISTA com. El que hace proyectos.

PROYECTO, TA adj. Representado en perspectiva. ‖ — M. Empresa, intención: *un proyecto malogrado.* ‖ Representación de la obra que se ha de fabricar, con indicación del precio y demás detalles. (SINÓN. *Apunte, boceto, bosquejo, croquis, esbozo, esquema, maqueta.*) ‖ Pensamiento de hacer algo. (SINÓN. V. *Designio.*)

PROYECTOR, RA adj. Que sirve para proyectar. ‖ — M. Reflector. ‖ Aparato para proyectar imágenes sobre una pantalla.

PRUDENCIA f. (lat. *prudentia*). Virtud que hace prever y evitar las faltas y peligros: ‖ Buen juicio, cordura. ‖ Templanza, moderación. ‖ — SINÓN. *Discreción, ecuanimidad, medida, mesura, precaución, sabiduría.*

PRUDENCIAL adj. Relativo a la prudencia. ‖ Prudente: *plazo prudencial.* ‖ *Fam.* Aproximativo: *un cálculo prudencial.*

PRUDENCIARSE v. r. *Amer.* Revestirse de paciencia, moderarse, no irritarse, calmarse.

PRUDENTE adj. y s. Que obra con prudencia. (SINÓN. *Avisado, discreto, previsor.* V. tb. *juicioso.*)

PRUDENTEMENTE adv. m. Con prudencia.

PRUEBA f. Acción y efecto de probar. ‖ Razón con que se demuestra una cosa: *dar una prueba de lo que se afirma.* (SINÓN. *Demostración* y *testimonio.*) ‖ Indicio o señal de una cosa. (SINÓN. *Ensayo, experiencia.* V. tb. *examen* y *tentativa.*) ‖ *Arit.* Operación que sirve para comprobar si estaba bien otra operación anterior. ‖ *For.* Justificación del derecho de las partes. ‖ *Impr.* Primeras muestras de la impresión que se sacan para poder corregir las erratas. ‖ — Pl. Ejercicios acrobáticos. ‖ *Prueba positiva,* cliché fotográfico obtenido directamente. ‖ *A prueba,* que se puede probar o experimentar. ‖ *A prueba de bomba, de agua,* etc., m. adv., muy sólido. ‖ *Poner a prueba,* probar, ensayar.

PRUEBISTA m. *Amer.* Gimnasta, volatinero.

PRURIGINOSO, SA adj. Que escuece.

PRURIGO m. (lat. *prurigo*). Nombre de diversas enfermedades cutáneas, caracterizadas por comezón.

PRURITO m. (lat. *pruritus*). *Med.* Comezón. ‖ *Fig.* Deseo excesivo: *sentir el prurito de hablar.*

PRUSIANO, NA adj. y s. De Prusia.

PRUSIATO m. Sal formada por el ácido prúsico.

PRÚSICO, CA adj. *Ácido prúsico,* composición de carbono, nitrógeno e hidrógeno, que es veneno violento. (Llámase también *óxido cianhídrico.*)

PSEUDO adj. (gr. *pseudos*). Seudo.

PSI f. Vigésima tercera letra del alfabeto griego.

PSICASTENIA f. Enfermedad mental en forma de depresión, falta de confianza en sí mismo, indecisión, angustia.

PSICO, prefijo griego, que entra en la composición de algunas palabras. (Actualmente se autoriza prescindir de la *p* inicial.)

PSICOANÁLISIS amb. Investigación psicológica que tiene por objeto traer a la conciencia los sentimientos oscuros o reprimidos. (El *psicoanálisis* fue creado por Sigmund Freud.) ‖ Método para el tratamiento de las enfermedades nerviosas de origen psíquico, basado en esta investigación.

PSICOFÍSICA f. Parte de la filosofía empírica que estudia las relaciones entre lo físico y lo psíquico: *la ley de Weber-Fechner sobre la intensidad de las sensaciones pertenece a la psicofísica.*

PSICOLOGÍA f. (del gr. *psykhe,* alma, y *logos,* tratado, doctrina). Parte de la filosofía, que trata del alma, sus facultades y operaciones. ‖ Manera de sentir de una persona, de un pueblo, carácter.

PSICOLÓGICO, CA adj. Relativo a la psicología. ‖ *Momento psicológico,* momento oportuno. ‖ *Guerra psicológica,* guerra de propaganda.

PSICOLOGISMO m. Sistema que da preponderancia a los elementos psíquicos y psicológicos sobre los demás.

PSICÓLOGO, GA adj. y s. Que estudia o profesa la psicología. ‖ Que observa y comprende los caracteres de los hombres.

PSICÓPATA com. *Med.* Enfermo mental.

PSICOPATÍA f. Enfermedad mental.

PSICOPATOLOGÍA f. Estudio de las enfermedades mentales.

PSICOSIS f. Nombre general de todas las enfermedades mentales. ‖ *Por ext.* Obsesión constante y pertinaz: *psicosis de guerra.*

PSICOSOMÁTICO, CA adj. Que se refiere al mismo tiempo al alma y al cuerpo.

PSICOTECNIA f. Estudio científico del carácter y las facultades de un individuo para apreciar sus reacciones psicológicas.

PSICOTÉCNICO, CA adj. Relativo a la psicotecnia: *examen psicotécnico.*

PSICOTERAPIA f. Tratamiento de la psicosis por medios psíquicos, como sugestión, etc.

PSICOTÓNICO, CA adj. Dícese de las sustancias que producen una acción estimulante sobre el psiquismo.

PSICRÓMETRO m. *Fís.* Aparato que sirve para determinar el estado higrométrico del aire.

PSIQUE y comúnmente **PSIQUIS** f. (gr. *psykhê*. El alma, la inteligencia. (V. *Parte Hist.*)

PSIQUÍATRA o **PSIQUIATRA** m. Médico especialista de las enfermedades mentales.

PSIQUIATRÍA f. Estudio de las enfermedades mentales.

PSÍQUICO, CA adj. Relativo al alma: *fenómenos psíquicos.*

PSIQUISMO m. Conjunto de los caracteres psíquicos de un individuo determinado.
PSITÁCIDOS m. pl. o **PSITÁCIDAS** f. pl. Familia de prensoras a que pertenece el loro.
PSITACISMO m. Método de enseñanza fundado exclusivamente en el ejercicio de la memoria.
PSITACOSIS f. Enfermedad contagiosa de los loros y papagayos y que es transmisible al hombre.
PSORIASIS f. Enfermedad de la piel que se manifiesta por manchas y descamación.
Pt, símbolo químico del *platino*.
PTERIDOFITAS f. pl. *Bot.* Plantas criptógamas fibrovasculares con generación alternante.
PTERO, prefijo, del gr. *pteron,* que significa *ala* y entra en la composición de algunas palabras.
PTERODÁCTILO m. Género de reptiles voladores, de los que sólo se conocen restos fósiles.
PTERÓPODOS m. pl. Clase de moluscos cuyo pie lleva expansiones que les sirven de aletas.
PTIALINA y no **TIALINA** f. Fermento soluble que se encuentra en la saliva.
PTIALISMO m. (del gr. *ptyalon,* saliva). *Med.* Producción anormal de la saliva.
PTOMAÍNA f. Alcaloide venenoso que proviene de la descomposición de las materias orgánicas.
Pu, símbolo químico del *plutonio*.
PÚA f. Punta aguda. ‖ Vástago de un árbol, que se injerta en otro. ‖ Diente de peine. ‖ Gancho de la carda. ‖ Pincho del erizo, del puerco espín, etc. ‖ Chapa triangular para tocar la bandurria o la guitarra. ‖ *Arg.* Espolón de ave. ‖ Hierro del trompo. ‖ *Fig.* Causa de sentimiento o pesar. ‖ *Fig.* y *fam.* Persona sutil y astuta.
PÚBER, RA y **PÚBERO** adj. y s. Que ha llegado ya a la pubertad. ‖ — CONTR. *Impúber.*
PUBERTAD f. (lat. *pubertas*). Época de la vida en que se manifiesta la aptitud para la reproducción. (SINÓN. V. *Juventud.*)
PUBESCENCIA f. Vellosidad de un órgano.
PUBESCENTE adj. (lat. *pubescens*). *Bot.* Velloso, cubierto de vello: *hoja pubescente.*
PUBIS m. Parte inferior del vientre. ‖ *Zool.* Parte anterior de los huesos iliacos.
PUBLICACIÓN f. Acción y efecto de publicar una obra. (SINÓN. *Aparición, difusión, divulgación, lanzamiento, revelación.*) ‖ Obra publicada: *publicación artística.* (SINÓN. V. *Edición.*)
PUBLICADOR, RA adj. y s. Que publica.
PÚBLICAMENTE adv. m. De un modo público.
PUBLICANO m. (lat. *publicanus*). Entre los romanos, cobrador de impuestos.
PUBLICAR v. t. (lat. *publicare*). Hacer pública una cosa. ‖ Revelar lo que estaba secreto. ‖ Imprimir y poner en venta un escrito: *publicar un libro.* (SINÓN. V. *Divulgar.*) ‖ Correr las amonestaciones para el matrimonio y las órdenes sagradas.
PUBLICIDAD f. Calidad de público: *publicidad de un proceso.* ‖ Conjunto de medios para divulgar o extender las noticias o hechos. ‖ Conjunto de medios empleados para dar a conocer un producto comercial o industrial. ‖ Anuncios: *agencia de publicidad.*
PUBLICISTA com. Persona versada en Derecho público. ‖ Persona que escribe generalmente de varias materias. (SINÓN. V. *Periodista.*)
PUBLICITARIO, RIA adj. Relativo a la publicidad, a los anuncios.
PÚBLICO, CA adj. (lat. *publicus*). Notorio, manifiesto. (SINÓN. V. *Evidente.*) ‖ Que no es privado: *edificio público.* (SINÓN. V. *Oficial.*) ‖ Perteneciente a todo el pueblo: *una vía pública.* ‖ — M. El pueblo en general: *opinión del público.* ‖ Asistencia, concurrencia: *público escogido.* (SINÓN. V. *Auditorio.*) ‖ Conjunto de personas que participan de las mismas aficiones o concurren a determinado lugar: *cada escritor, cantante, etc., tiene su público.* ‖ *En público,* m. adv., públicamente. ‖ *Fig. Dar al público,* publicar.
PUCALLPEÑO, ÑA adj. y s. De Pucallpa (Perú).
PUCARÁ m. *Amer.* Fortín prehispánico.
PUCO m. *Arg., Col.* y *Ecuad.* Hortera, plato.
PUCO m. *Arg., Col.* y *Ecuad.* Escudilla.
PUCHA f. *Cub.* Ramillete. ‖ *Col.* Cuarta parte del cuartillo. ‖ *Riopl. ¡Pucha!,* interj. vulgar de sorpresa.
PUCHADA f. Cataplasma de harina desleída.
PUCHERA f. *Fam.* Olla: *ganar para la puchera.*
PUCHERAZO m. Golpe dado con un puchero. ‖ *Fig.* y *fam. Dar pucherazo,* computar votos no emitidos en una elección.
PUCHERO m. (lat. *pultarius*). Vasija de barro o porcelana que sirve para cocer la comida. ‖ Olla, guisado: *comer siempre puchero.* ‖ *Fig.* y *fam.* Alimento diario: *no ganar para el puchero.* ‖ *Fam.* Gesto que hacen los niños al empezar a llorar: *hacer pucheros.* ‖ *Fam. Oler a puchero el enfermo,* ser una cosa despreciable o durar demasiado. ‖ *Per.* Buscador de puchos o colillas.
PUCHES amb. pl. (lat. *puls, pultis*). Gachas.
PUCHICHE m. *Bol.* Fangal. ‖ *Bol.* Divieso. ‖ *Bol.* Persona o cosa que molesta.
PUCHO m. Colilla de cigarro. ‖ *Chil.* Cabo de vela. ‖ *Amer.* Poco, poquito, cantidad insignificante. ‖ *Arg.* Sobra o resto de algo.
PUCHUSCO m. *Chil.* El último hijo.
PUDDING m. Pastel inglés hecho generalmente con harina, pasas de Corinto, etc.
PUDELACIÓN f. **PUDELADO** o **PUDELAJE** m. Acción de pudelar el hierro.
PUDELAR v. t. (ingl. *puddle*). *Tecn.* Convertir en acero o hierro dulce el hierro colado, quemando parte de su carbono: *horno de pudelar.*
PUDENDO, DA adj. Torpe, vergonzoso. ‖ *Partes pudendas,* los órganos de la generación.
PUDIBUNDO, DA adj. Pudoroso, honesto, casto. (SINÓN. V. *Gazmoño.*)
PUDICICIA f. (lat. *pudicitia*). Castidad, honestidad. (SINÓN. V. *Decencia.*)
PÚDICO, CA adj. (lat. *pudicus*). Que indica pudor, casto; modesto, recatado: *ademán púdico.* (SINÓN. V. *Gazmoño.*)
PUDIENTE adj. y s. Poderoso, afortunado, rico. (SINÓN. V. *Personalidad.*)
PUDINGA f. *Geol.* Almendrilla, conglomerado.
PUDOR m. (lat. *pudor*). Honestidad, recato, castidad. (SINÓN. *Castidad, moderación, reserva.*) ‖ *Fig.* Vergüenza. ‖ — CONTR. *Impudicia.*
PUDOROSO, SA adj. Lleno de pudor. (SINÓN. V. *Gazmoño.*)
PUDRICIÓN f. Putrefacción.
PUDRIDERO m. Sitio donde se pudre una cosa. ‖ Cámara destinada a los cadáveres antes de colocarlos en el panteón.
PUDRIMIENTO m. Putrefacción, corrupción.
PUDRIR v. t. (lat. *putrere*). Sufrir putrefacción una cosa: *las raíces de los árboles se pudren con la humedad.* (SINÓN. *Depravar, descomponer, echar a perder, encenagarse, estropear, gangrenar, manirse.*) ‖ *Fig.* Consumir, molestar: *pudrirse de aburrimiento.* ‖ — V. i. Haber muerto. ‖ — IRREG. El p. p. de este verbo es *podrido* y el infinitivo puede ser también *podrir.*
PUDÚ m. *Chil.* Especie de ciervo pequeño.
PUEBLA f. *Ant.* Población: *La Puebla de Montalbán.* ‖ Siembra de verduras o legumbres. ‖ Posesión del inquilino de una hacienda.
PUEBLADA f. *Riopl., Col.* y *Per.* Poblada, motín, gentío.
PUEBLERINO, NA adj. y s. Lugareño.
PUEBLERO, RA adj. *Arg., Bol., Urug.* y *Venez.* Poco avezado a los usos campesinos.
PUEBLO m. (lat. *populus*). Población: *un pueblo de tres mil almas.* ‖ Conjunto de los habitantes de un lugar, región o país: *el pueblo español.* (SINÓN. *Clan, raza, tribu.* V. tb. *nación* y *país.*) ‖ Gente común de una población: *el pueblo de los barrios bajos de Madrid.* (SINÓN. *Público, vecindario.*) ‖ Gente común y humilde de una población. ‖ Nación: *los pueblos civilizados.* ‖ *Pueblo bajo,* la plebe.
PUELCHE m. *Chil.* Viento que sopla de la cordillera andina. ‖ *Chil.* Indígena que vive en la parte oriental de la cordillera de los Andes.
PUENTE m. [antes f.] (lat. *pons, pontis*). Construcción que permite pasar un río, barranco, etc. (SINÓN. *Pasarela, viaducto.*) ‖ *Mar.* Cubierta de un barco de guerra. ‖ *Mar.* Plataforma en un sitio elevado de los buques desde la cual el oficial puede dar las voces de mando. ‖ Tablilla que mantiene levantadas las cuerdas en un instrumento músico. ‖ Nombre de algunos maderos principales en ciertas máquinas. ‖ Pieza metálica que usan los dentistas para sujetar los dientes artificiales con los naturales. ‖ *Puente de barcas,* el que está tendido sobre flotadores, que pueden ser barcas, pontones, etc. ‖ *Puente colgante,* el sostenido por cables. ‖ *Puente levadizo,* el que

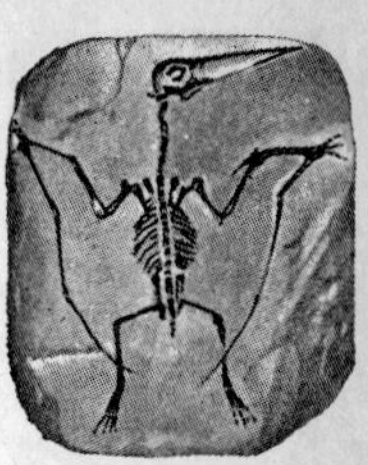
pterodáctilo

puente de mando

puente levadizo

puede levantarse o bajarse para pasar sobre el foso de una fortaleza. || *Fís. Puente de Wheastone,* aparato para medir resistencias eléctricas, basado en las leyes de Kirchoff. || *Fig.* y *fam. Hacer un puente de plata a uno,* facilitarle todas las cosas en que pudiera hallar dificultad para que se empeñe en un asunto. || *Fig. Hacer puente,* considerar como festivo el día intermedio entre dos que lo son. || — OBSERV. Algunas veces esta palabra se emplea como femenina en el lenguaje rústico o arcaizante.

puerco espín

PUERCA f. Hembra del puerco. || Cochinilla, crustáceo. || Escrófula. || Mitad del pernio en que penetra la espiga. || *Fig.* y *fam.* Mujer sucia, grosera.
PUERCADA f. *Amer.* Cochinada, porquería.
PUERCAMENTE adv. m. De un modo puerco.
PUERCO, CA adj. Sucio, que no tiene limpieza, desaseado.
PUERCO m. (lat. *porcus*). Cerdo. || *Fig.* y *fam.* Hombre sucio y grosero: *portarse como un puerco.* (SINÓN. V. *Sucio.*) || *Puerco espín,* mamífero roedor del norte de África, que tiene el cuerpo cubierto de púas.
PUERICIA f. (lat. *pueritia*). Edad que media entre la infancia y la adolescencia.
PUERICULTOR, RA m. y f. Médico de niños.
PUERICULTURA f. Arte de criar y educar a los niños.
PUERIL adj. (lat. *puerilis*). Del niño: *juegos pueriles.* || *Fig.* Frívolo, fútil, infundado.
PUERILIDAD f. Calidad de pueril. || Acción o palabra pueril: *perder el tiempo en puerilidades.* || *Fig.* Cosa insignificante o despreciable. (SINÓN. V. *Bagatela.*)
PUERILMENTE adv. m. De modo pueril.
PUÉRPERA f. Mujer recién parida.
PUERPERAL adj. Relativo al puerperio. || *Fiebre puerperal,* enfermedad infecciosa que suele declararse después del parto.
PUERPERIO m. (lat. *puerperium*). Sobreparto.
PUERRO m. (lat. *porrus*). Planta de la familia de las liliáceas cuyo bulbo es comestible.

puerro

PUERTA f. (lat. *porta*). Vano abierto en pared, cerca o verja, desde el suelo hasta la altura conveniente para entrar y salir: *abrir o cerrar una puerta.* (SINÓN. *Portal, portalón, portilla, poterna.* V. tb. *pórtico* y *salida.*) || Armazón de hierro o madera, que engoznada sirve para impedir la entrada o salida. || En ciertos juegos, portería. || *Fig.* Entrada, introducción: *la virtud es puerta de la felicidad.* || En deportes, portería, meta. || *Puerta accesoria,* la que sirve en el mismo edificio que tiene otra u otras principales. || *Puerta cochera,* aquella por donde pueden pasar los coches. || *Puerta falsa,* o *excusada,* la que da a paraje excusado. || *Puerta secreta,* la muy oculta y que no es fácil de descubrir. || *Puerta vidriera,* la que tiene vidrios o cristales. || *Puerta de golpe,* la cancilla. || *A puertas,* o *por puertas,* m. adv., en gran pobreza: *quedarse por puertas.* || *A puerta cerrada,* m. adv., en secreto. || *Fuera de puertas,* m. adv., extramuros. || *Fig. Abrir la puerta a un abuso,* dar facilidad para que se realice. || *A las puertas de la muerte,* en cercano peligro de morir. || *Puerta a puerta,* técnica de transporte directo. || *Fig.* y *fam. Echar las puertas abajo,* llamar muy fuerte. || *Cerrársele a uno todas las puertas,* faltarle todos los recursos. || *Dar a uno con la puerta en las narices,* desairarle cerrándole la puerta cuando quiere entrar. || *Tomar la puerta,* marcharse.

PUERTA

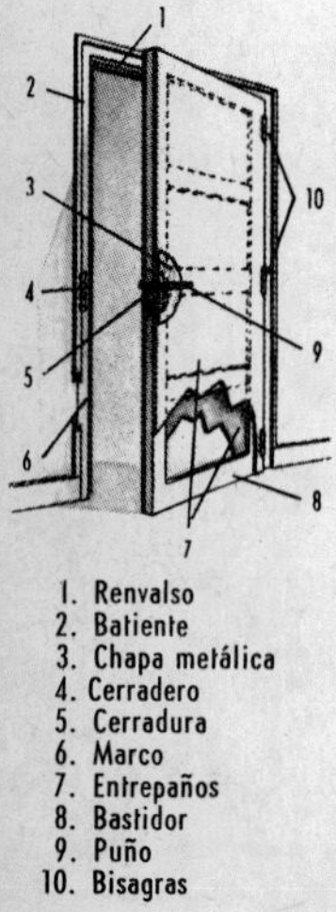

1. Renvalso
2. Batiente
3. Chapa metálica
4. Cerradero
5. Cerradura
6. Marco
7. Entrepaños
8. Bastidor
9. Puño
10. Bisagras

PUERTAVENTANA f. Contraventana.
PUERTO m. (lat. *portus*). Lugar de la costa dispuesto por el hombre para dar abrigo a los barcos. (SINÓN. *Abra, apostadero, dársena, desembarcadero, fondeadero, rada.*) || Ciudad edificada junto al puerto: *vivir en un puerto.* || Garganta que da paso entre montañas. (SINÓN. V. *Desfiladero.*) || *Fig.* Amparo, abrigo: *descansar en el puerto.* || *Puerto franco,* el que goza de franquicia de derechos de aduana. || *Puerto libre,* puerto franco. || *Puerto aéreo,* aeropuerto. || *Tomar puerto,* arribar a él. *Fig.* Refugiarse en parte segura el que no ha sido bloqueado.
PUERTOCARRENSE adj. y s. De Puerto Carreño (Colombia).
PUERTOMONTTINO, NA adj. y s. De Puerto Montt (Chile).
PUERTORRIQUEÑO, ÑA adj. y s. De Puerto Rico.
PUES conj. (lat. *post*). Denota causa o motivo: *págalo, pues lo compraste.* || — Conj. ilativa: *no me escuchas, pues ya te saldrá caro.* || — Conj. continuativa: *te digo, pues, que debes hacer eso; pues bien, como te decía...* || Úsase en principio de cláusula en sentido enfático: *¡pues no faltaba otra cosa!, ¡pues no es listo que digamos!* || Introducción a una respuesta: *¿qué quieres que les diga? —Pues... eso, que estoy bien.* || Con interrogación equivale a *¿cómo?, ¿por qué? Te quiero ver esta noche... —¿Pues?*
PUESTA f. Acción de ponerse un astro: *la puesta del Sol.* || Cantidad que se apuesta en un juego. || *Arg.* Empate en las carreras de caballos. || Acción de poner sus huevos las aves.
PUESTEAR v. i. *Col.* Acechar.
PUESTERO m. *Riopl.* El encargado de cierta porción en la hacienda. || El que tiene animales que cría por su cuenta.
PUESTO, TA p. p. irreg. de *poner.* || — Adj. Vestido: *iba muy bien puesto.* || — M. Sitio: *ocupar un puesto elevado.* (SINÓN. V. *Lugar.*) || Tiendecilla ambulante: *un puesto de verduras.* (SINÓN. V. *Tienda.*) || Cargo: *un puesto oficial.* (SINÓN. V. *Empleo.*) || *Mil.* Lugar donde hay soldados apostados con algún fin. || Sitio donde se oculta el cazador. || *Arg.* Lugar de la hacienda donde se establece el puestero. || — Conj. advers. Puesto que: *hazlo, puesto que no hay otro remedio.*
PUF m. (fr. *pouf*). Especie de taburete bajo de asiento relleno.
¡PUF! interj. Denota repugnancia o asco.
PUFO m. *Fam.* Petardo. || *Fam.* Sin pagar, deuda: *dejar de pufo mil pesetas.*
PÚGIL m. Gladiador que contendía a puñadas. || Boxeador.
PUGILATO m. Contienda o pelea a puñadas. (SINÓN. V. *Lucha.*) || Boxeo. || *Fig.* Disputa en que se extrema la porfía.
PUGILISTA m. Púgil.
PUGNA f. Lucha: *la pugna de los elementos.* (SINÓN. V. *Combate.*) || Oposición.
PUGNACIDAD f. Belicosidad, afición a luchar.
PUGNAR v. i. (lat. *pugnare*). Luchar, batallar, pelear. (SINÓN. V. *Reñir.*) || *Fig.* Solicitar con ahínco, porfiar por lograr una cosa: *pugnaba el ladrón por desasirse.*
PUJA f. Acción de pujar en una subasta. || Cantidad en que se puja: *una puja elevada.* || *Fig.* y *fam. Sacar de la puja a uno,* excederle, vencerle o sacarle de apuros.
PUJADOR, RA m. y f. El que puja en una subasta. || — M. *Pan.* Tambor de sonido grave.
PUJAMEN m. *Mar.* Tercio u orilla inferior de las velas.
PUJAMIENTO m. Abundancia de humores en el cuerpo: *sentir un pujamiento de sangre.*
PUJANTE adj. Con pujanza: *mozo pujante.*
PUJANZA f. Fuerza, vigor: *luchar con pujanza.*
PUJAR v. t. Aumentar un licitador el precio de una cosa que se vende o arrienda. || Pugnar, hacer fuerza. || — V. i. Experimentar dificultad en expresarse. || Vacilar en una cosa. || *Fig.* Hacer pucheros al llorar. || *Per.* Despedir, rechazar. || *Amer. Pujar para adentro,* aguantar sin chistar.
PUJAVANTE m. Instrumento que usan los herradores para cortar el casco a las caballerías.
PUJIDO m. *Amer.* Pujo, lamento, queja.
PUJO m. Sensación penosa que consiste en una gana frecuente y dolorosa de evacuar el cuerpo. || *Fig.* Gana violenta de prorrumpir en risa o llanto. || *Fig.* Deseo grande de una cosa. || *Fam.* Conato.
PULCRITUD f. Esmero, aseo: *vestir con pulcritud.* || Cuidado, esmero: *trabajo hecho con pulcritud.*
PULCRO, CRA adj. (lat. *pulcher*). Aseado, limpio. || Delicado, bello.
PULCHEN m. *Chil.* Ceniza fina de las brasas.
PULCHINELA m. Polichinela.
PULGA f. (lat. *pulex*). Género de insectos dípteros que viven parásitos en el cuerpo del hombre y de algunos animales. || *Pulga de mar,* pequeño crustáceo anfípodo que queda en las playas en la bajamar. || Peón pequeño para jugar. || *Fig.* y *fam. Cada uno tiene su modo de matar pulgas,* cada uno tiene su modo de obrar particular en ciertas ocasiones. || *No aguantar pulgas,* ser muy quisquilloso. || *Tener la pulga tras de la oreja,* estar inquieto. || *Tener malas pulgas,* ser poco sufrido.

Fot. Ylla-Rapho

PUERTO

PULGADA f. (de *pulgar*). Medida que equivale a la duodécima parte del pie, es decir, a algo más de 23 milímetros. ‖ Medida de longitud inglesa que equivale a 25,4 mm.

PULGAR adj. y s. m. (lat. *pollex, icis*). Dedo más grueso de la mano o del pie: *dedo pulgar.* ‖ — M. Parte de sarmiento que se deja para que broten los vástagos.

PULGARADA f. Golpe que se da con el dedo pulgar. (SINÓN. V. *Papirote.*) ‖ Polvo: *una pulgarada de tabaco.* ‖ Pulgada.

PULGÓN m. Insecto hemíptero de diferentes especies que vive sobre las plantas, cuyo jugo chupa para alimentarse.

PULGOSO, SA adj. Que tiene pulgas.

PULGUERA f. Sitio donde hay muchas pulgas. ‖ Zaragatona, planta. ‖ Empulguera de ballesta.

PULGUERO m. *Amer.* Pulguera. ‖ *C. Rica* y *Venez.* La cárcel.

PULGUIENTO adj. *Amer.* Lleno de pulgas.

PULGUILLAS m. *Fam.* Hombre bullicioso.

PULICÁN o **PELICÁN** m. Tenaza de dentista.

PULIDEZ f. Calidad de pulido.

PULIDO, DA adj. Lindo, pulcro, primoroso. (SINÓN. V. *Liso.*)

PULIDOR, RA adj. Que pule o alisa una cosa. ‖ — M. Instrumento que sirve para pulir. ‖ Pedacito de cuero que se tiene entre los dedos cuando se devana.

PULIMENTAR v. t. Alisar o dar lustre a algunas cosas. (SINÓN. V. *Pulir.*)

PULIMENTO m. Acción y efecto de pulir una cosa: *el pulimento de una madera.*

PULIR v. t. (lat. *polire*). Dar brillo o lustre a una cosa. (SINÓN. *Bruñir, frotar, lustrar.*) ‖ Componer, alisar: *pulir una obra de arte.* (SINÓN. *Afinar, esmerilar, lijar, pulimentar.* V. tb. *acabar.*) ‖ Adornar, ataviar: *pulirse mucho una persona.* ‖ *Fig.* Civilizar, quitar la rudeza y grosería: *pulir una campesina.* ‖ *Pop.* Robar y también, vender.

PULMÓN m. (lat. *pulmo*). Víscera contenida dentro del tórax y que constituye el principal órgano de la respiración: *en los pulmones se regenera la sangre.* (V. ilustr. pág. siguiente.) ‖ *Pulmón de acero,* cámara metálica, herméticamente cerrada, donde se provoca la respiración de ciertos enfermos por medio de un aparato neumático. (El tronco y los miembros del paciente están dentro del cofre; la cabeza, fuera.) ‖ Órgano respiratorio en forma de cámara o saco de algunos arácnidos y moluscos.

PULMONADO, DA adj. *Zool.* Dícese del animal articulado que tiene pulmones, como la araña.

PULMONAR adj. Relativo o perteneciente a los pulmones: *tuberculosis pulmonar.*

PULMONARIA f. Planta borraginácea, cuyas hojas se emplean en medicina como pectorales. ‖ Liquen de color pardo que vive parásito sobre los troncos de los árboles.

PULMONÍA f. *Med.* Inflamación del pulmón o de una parte de él.

PULMONIACO, CA y **PULMONÍACO, CA** adj. *Med.* Relativo a la pulmonía: *inflamación pulmoniaca.* ‖ — Adj. y s. Que padece pulmonía.

pulgones

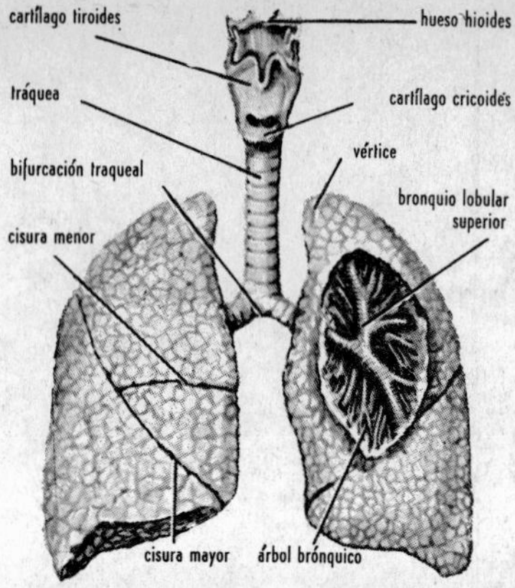

PULMÓN

púlpito

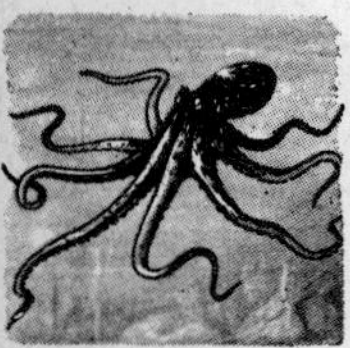

pulpo

PULPA f. Parte mollar de la carne. || Parte carnosa de los dientes. || Carne de la fruta: *la pulpa del melocotón.* || Medula de las plantas leñosas. || En la industria azucarera, residuo de la remolacha después de extraer el jugo azucarado. (Se suele dar como pienso.) || — Adj. *Cub.* Excelente, admirable.

PULPEJO m. Parte carnosa: *el pulpejo de la oreja, del dedo.* || Parte blanca que tienen las caballerías en la parte interior de los cascos.

PULPERÍA f. *Amer.* Tienda donde se venden comestibles, bebidas y géneros pertenecientes a droguería, buhonería, mercería, etc.: *ir a hacer las compras a la pulpería.*

PULPERO m. El que tiene una pulpería. || — M. y f. *Amer.* Dueño de una pulpería.

PULPETA f. Tajada de carne.

PULPITIS f. Inflamación de la pulpa dental.

PÚLPITO m. (lat. *pulpitum*). Tribuna donde se coloca el predicador en la iglesia: *subir al púlpito.* || Empleo de predicador: *se quedó sin púlpito.*

PULPO m. (lat. *polypus*). Molusco cefalópodo con ocho tentáculos, que alcanza hasta diez metros de largo. || Conjunto de elásticos a modo de tentáculos utilizado para sujetar fardos u objetos en la baca de un automóvil, etc.

PULPOSO, SA adj. Que tiene mucha pulpa.

PULQUE m. *Méx.* Bebida espiritosa que se saca de la fermentación del aguamiel, agave, etc.

PULQUERÍA f. Tienda donde se vende pulque.

PULQUERO, RA m. y f. *Méx.* Vendedor de pulque.

PULQUÉRRIMO, MA adj. superl. de *pulcro.*

PULSACIÓN f. (lat. *pulsatio*). Latido de una arteria: *la fiebre acelera las pulsaciones.* || *Fís.* Movimiento vibratorio observado en los fluidos elásticos.

PULSADA f. Pulsación.

PULSADOR, RA adj. y s. Que pulsa. || — M. Llamador de timbre eléctrico.

PULSAR v. t. (del lat. *pulsare*, agitar). Tocar: *pulsar un instrumento músico.* || Tomar el pulso a un enfermo. || *Fig.* Tantear un asunto. (SINÓN. V. *Sondear.*) || — V. i. Latir las arterias o el corazón. || — PARÓN. *Pulsear, vibrar.*

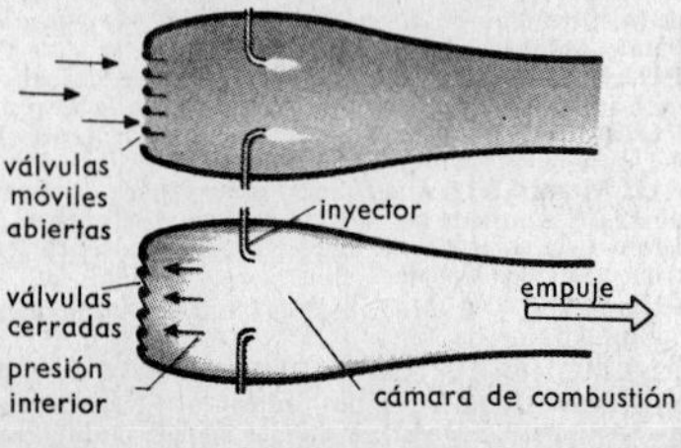

PULSORREACTOR

PULSÁTIL adj. Pulsativo, que pulsa o golpea.

PULSATILA f. (lat. *pulsatilla*). Ranunculácea medicinal, de flores violáceas.

PULSATIVO, VA adj. Que pulsa o golpea.

PULSEAR v. i. Probar dos personas la fuerza del pulso, cogiéndose de la mano derecha y apoyando los codos sobre una mesa.

PULSERA f. Manilla, joya que se pone en la muñeca. || Venda que se pone en el pulso. || Guedeja que cuelga sobre la sien. || *Pulsera de pedida,* la que regala el novio a su novia el día que pide su mano, como recuerdo de esta fecha.

PULSO m. (lat. *pulsus*). Latido intermitente de las arterias y del corazón. || Parte de la muñeca donde se siente el pulso. || *Pulso arrítmico,* se dice del irregular en el ritmo o desigual en la intensidad. || *Col.* y *Cub.* Pulsera, brazalete. || Seguridad o fuerza manual. || *Fig.* Tiento o cuidado: *ir con mucho pulso.* || *A pulso,* haciendo fuerza con la muñeca y la mano: *levantar a pulso.*

PULSORREACTOR m. Motor de reacción constituido por una sola tobera cuya entrada está provista de válvulas móviles. (Cuando la presión interior es inferior a la exterior, las válvulas se abren y permiten penetrar el aire para una nueva combustión.)

PULULACIÓN f. Acción de pulular o brotar: *la pululación de los microbios es muy rápida.*

PULULANTE adj. Que pulula.

PULULAR v. i. (lat. *pullulare*). Brotar o echar renuevos un vegetal. || Multiplicarse rápidamente: *pululan las hormigas en algunos sitios.* || Abundar en un sitio personas o cosas: *allí pululaban las muchachas.* (SINÓN. V. *Abundar.*)

PULVERIZACIÓN f. Acción y efecto de pulverizar. (SINÓN. V. *Vaporización.*)

PULVERIZABLE adj. Que se puede pulverizar: *yeso pulverizable.*

PULVERIZADOR m. Aparato que sirve para pulverizar un líquido. (SINÓN. *Vaporizador.*)

PULVERIZAR v. t. (lat. *pulverizare*). Reducir a polvo una cosa: *pulverizar azúcar.* (SINÓN. V. *Destruir* y *moler.*) || Reducir un líquido a partículas muy tenues por medio de un pulverizador: *pulverizar agua de violetas.*

PULVERULENTO, TA adj. Reducido a polvo.

PULLA f. Expresión grosera e indecente. || Expresión aguda y picante dicha con prontitud. (SINÓN. V. *Broma* y *sátira.*) || — F. *Col.* Machete estrecho. || —PARÓN. *Puya.*

PULLMAN m. Coche de lujo en ciertas líneas de ferrocarril.

PULL-OVER m. (pal. ingl., pr. *pulóver*). Chaleco de punto que se viste por la cabeza.

¡PUM! onomatopeya que expresa ruido o golpe.

PUMA m. Mamífero carnívoro de América, de pelo suave y leonado.

PUMPO, PA adj. *Amér. C.* Mofletudo.

PUNA f. Nombre dado en los Andes del Perú, Bolivia, Argentina y Chile a las tierras frías y secas situadas entre 3 000 y 5 000 m de altura, según la latitud. || Soroche.

PUNCIÓN f. (lat. *punctio*). *Cir.* Operación que consiste en pinchar una cavidad llena de líquido: *punción lumbar.* || Punzada, dolor.

PUNCIONAR v. t. Hacer punciones.

PUNCH m. (pal. ingl., pr. *ponch*). Ponche.

PUNCHAR v. t. Punzar, picar. || — V. r. *Hond.* Agrietarse algunas cosas con el calor.

PUNCHES m. pl. *Hond.* Las rosetas de maíz.

PUNCHING BALL m. (pal. ingl., pr. *punchingbol*). Saco o balón de cuero suspendido para entrenamiento de los boxeadores.

PUNDONOR m. El punto de honor o de honra.

PUNDONOROSO, SA adj. Que tiene pundonor, caballeroso: *hombre pundonoroso.*

PUNEÑO, ÑA adj. y s. De Puno (Perú).

PUNGIMIENTO m. Acción de pungir.

PUNGIR v. t. Punzar.

PUNIBLE adj. Castigable: *un delito punible.*

PUNICÁCEAS f. pl. Familia de plantas angiospermas, de hojas pequeñas, flores vistosas y fruto que tiene muchas semillas alojadas en celdas, como el granado.

PUNICIÓN f. (lat. *punitio*). Castigo.

PÚNICO, CA adj. (lat. *punicus*). Relativo a los cartagineses: *medalla púnica.* || *Guerras púnicas,* las que hubo entre Roma y Cartago.

Fot. Stengel

(V. *Parte hist.*) ‖ *Fig. Fe púnica,* mala fe, alusión a la perfidia de que acusaban los romanos a los cartagineses.

PUNIR v. t. Castigar.

PUNITIVO, VA adj. (del lat. *punire,* castigar). Relativo al castigo: *justicia punitiva.*

PUNITORIO, RIA adj. *Amer.* Aplicado como castigo: *intereses punitorios de una deuda.*

PUNTA f. (lat. *puncta*). Extremo agudo: *la punta de una lanza.* ‖ Extremidad de otras cosas. (SINÓN. V. *Cima.*) ‖ Asta de toro. ‖ Lengua de tierra que penetra en el mar. ‖ Extremo de cualquier madero. ‖ Sabor agrio del vino que empieza a avinagrarse. ‖ Parada del perro ante la caza. ‖ *Fig.* Corta cantidad, algo: *tener una punta de loco.* ‖ Cabo de cigarro, colilla. ‖ Clavo: *dame una punta.* ‖ *Amer.* Cierto número de cabezas de ganado. ‖ Cierto número de personas o cosas, multitud. ‖ *Arg.* Cabecera de un río. ‖ Nombre de diversos instrumentos de artes y oficios. ‖ Clavo muy fino: *punta de París.* ‖ *Punta seca,* aguja de grabador. ‖ *Punta de diamante,* pirámide que suele hacerse como adorno en la superficie de algunas cosas. ‖ *Punta con cabeza,* cierto juego de muchachos que se hace con alfileres. ‖ *De punta en blanco,* m. adv., con todas las piezas de la armadura, y, en sent. fig., de uniforme, de etiqueta: *vestirse de punta en blanco.* ‖ *Pop. Sacar punta a alguna cosa,* interpretarla maliciosamente. ‖ *Ponerse de punta con uno,* disgustarse con él. ‖ *Amer. A punta de,* a fuerza de. ‖ *Amér. C. En punta,* en conjunto. ‖ *De punta a cabo,* de cabo a rabo. ‖ *Fig. Tener en la punta de la lengua,* estar a punto de decir una cosa. *Fig.* Estar a punto de acordarse de una cosa y no dar con ella.

PUNTADA f. Agujero que se hace en la tela con una aguja enhebrada para coser: *coser a puntadas largas.* ‖ *Fig.* Cosa que se apunta en la conversación para recordar una cosa. ‖ Punzada y también dolor de costado.

PUNTAL m. Madero hincado en tierra para sostener la pared ruinosa. ‖ Madero grueso, empleado en la entibación de las minas. ‖ *Fig.* Apoyo. (SINÓN. V. *Sostén.*) ‖ *Fig.* Elemento principal. ‖ *Venez.* Merienda ligera.

PUNTANO, NA adj. De San Luis (Argentina).

PUNTAPIÉ m. Golpe dado con la punta del pie.

PUNTARENENSE adj. y s. De Punta Arenas (Costa Rica y Chile).

PUNTEADO m. Acción de puntear la guitarra. ‖ Serie de puntos. ‖ *Arg.* y *Per. Estar punteado,* tener el principio de la borrachera.

PUNTEAR v. t. Tocar un instrumento hiriendo cada cuerda con un dedo. ‖ Señalar puntos en una cosa. ‖ Compulsar una cuenta por partidas. ‖ *Arg.* Marchar al frente de un grupo. ‖ Dibujar con puntos.

PUNTEL m. Cañón de hierro con que en las fábricas de vidrio se soplan las piezas huecas.

PUNTEO m. Acción y efecto de puntear la guitarra o una cuenta comercial.

PUNTERA f. Remiendo que se echa al calzado, a las medias, etc., por la punta del pie. ‖ Contrafuerte de cuero que se coloca en la punta de algunos zapatos: *botas con punteras de charol.* ‖ Punta del pie. ‖ *Fam.* Puntapié. ‖ Golpe dado al balón con la punta del pie.

PUNTERÍA f. Acción de apuntar un arma arrojadiza: *hacer la puntería de un cañón.* ‖ Dirección del arma apuntada: *enmendar la puntería.* ‖ Destreza, habilidad del tirador: *mala puntería.*

PUNTERO, RA adj. Dícese de la persona que sabe hacer la puntería con un arma. ‖ — M. Punzón para señalar una cosa. ‖ Cañita pegada a la tapa de las crismeras para ungir. ‖ Cincel de cantero. ‖ Aguja del reloj. ‖ *Arg.* y *Col.* Animal que corre adelante en las manadas.

PUNTEROLA f. *Min.* Barreta de punta acerada.

PUNTIAGUDO, DA adj. De punta aguda. ‖ — SINÓN. *Acuminado, agudo, aguzado, penetrante.*

PUNTILLA f. Encaje fino. ‖ Clavo pequeño, tachuela. ‖ Especie de punzón que sirve para trazar. ‖ Especie de puñal corto y agudo con que se remata a las reses. ‖ *Venez,* Cortaplumas. ‖ *De puntillas,* m. adv., sobre las puntas de los pies: *ponerse de puntillas.* ‖ *Fig. Dar la puntilla,* rematar. Clavar la puntilla al toro.

PUNTILLAZO m. *Fam.* Puntapié, puntera.

PUNTILLERO m. Torero que remata al toro con la puntilla. (SINÓN. *Cachetero.*)

PUNTILLO m. Cosilla en que repara la persona pundonorosa. ‖ *Mús.* Punto a la derecha de una nota, que aumenta en la mitad su duración. ‖ Pundonor.

PUNTILLISMO m. Procedimiento de pintura de los neoimpresionistas que consiste en descomponer los tonos por pinceladas separadas.

PUNTILLISTA adj. Perteneciente o relativo al puntillismo. ‖ — M. Adepto del puntillismo: *Seurac y Signac son los jefes de la escuela puntillista.*

PUNTILLOSO, SA adj. Quisquilloso. (SINÓN. V. *Concienzudo* y *exigente.*)

PUNTISECO, CA adj. Que tiene seca la punta.

PUNTIZÓN m. *Impr.* Agujero que dejan en el pliego impreso las puntas que lo sujetan al tímpano. ‖ Rayas paralelas que se ven por transparencia en ciertos papeles.

PUNTO m. (lat. *punctum*). Señal diminuta: *señalar un punto con lápiz en un papel.* ‖ Granito de acero que tienen las armas de fuego junto a la boca, para que sirva de mira. ‖ Piñón donde descansa la patilla de la llave en las armas de fuego. ‖ Puntada de costura: *punto por encima.* (V. COSTURA.) ‖ Malla de tejido hecho con agujas, con gancho o a máquina: *medias de punto.* ‖ Nombre de diversas labores de tapicería o de bordado. ‖ Medida longitudinal (1/12 de la línea). ‖ Medida que se emplea en tipografía (0'37mm). ‖ Sitio: *un punto poco conocido.* (SINÓN. V. *Lugar.*) ‖ Carrera pequeña en las medias. ‖ Paraje público donde se paran coches de alquiler. ‖ Valor que se atribuye a las cartas de la baraja, a las caras de un dado, etc. ‖ En ciertos juegos, as de cada palo. ‖ Unidad de tanteo en algunos juegos, exámenes, oposiciones. ‖ Cosa muy corta, parte mínima. ‖ Ocasión oportuna de hacer una cosa: *llegó a punto de lograrlo.* ‖ Asunto diferente de que se trata en un discurso. ‖ (SINÓN. V. *Materia.*) ‖ Estado actual de una cosa: *llegaron a tal punto que no podían entenderse.* ‖ Parte o cuestión de una ciencia: *punto filosófico.* ‖ Temperatura a la cual se produce un fenómeno físico determinado. ‖ Pundonor. ‖ El que apunta contra el banquero en algunos juegos de azar. ‖ *Pop.* Hombre listo, tipo. (También se dice *punto filipino.*) ‖ *Mar.* Posición, en el mapa, de un barco en marcha. ‖ *Ortogr.* Nombre de diversos signos de puntuación: el *punto* (.), que indica una pausa bastante grande y se coloca al final de cada frase; el *punto y coma* (;), que indica una pausa menor y se emplea para separar dos miembros de la misma frase; los *dos puntos* (:), que se emplean antes de una cita, desarrollo o explicación, o antes de una enumeración; los *puntos suspensivos* (...), que se emplean cuando se deja sin concluir una sentencia. ‖ Coeficiente para calcular el pago de los subsidios familiares. ‖ *Punto interrogante,* la interrogación. ‖ *Puntos cardinales,* el Norte, el Sur, el Este y el Oeste. ‖ *Punto de apoyo,* aquel en que estriba una palanca. ‖ *Punto de caramelo,* punto del almíbar cuando, al solidificarse, se convierte en caramelo. ‖ *Punto de costado,* punzada en el lado del corazón. ‖ *Fís. Punto de fusión, de ebullición, de liquefacción,* temperatura a la cual empieza a hervir, a licuarse o solidificarse un cuerpo. ‖ *Punto de honra,* o *de honor,* pundonor. ‖ *Punto de vista,* aquel en que se coloca el observador para examinar un objeto distante. ‖ *Fig.* Modo de ver: *desde este punto de vista.* (Dícese también, *bajo este punto de vista.*) ‖ *Arco de medio punto,* aquel cuya curva forma un semicírculo exacto. ‖ *Punto muerto,* posición del émbolo, parado en el punto más alto o más bajo de su recorrido y que no puede obrar sobre el cigüeñal sin auxilio exterior. *Fig.* Estado de un asunto o negociación que no se lleva adelante. ‖ *A punto,* m. adv., a tiempo, prontamente: *estaba todo a punto cuando llegamos.* ‖ *A punto fijo,* m. adv., con certidumbre. ‖ *Fig. Punto en boca,* frase para indicar que uno se calle o guarde secreto. (SINÓN. V. *Silencio.*) ‖ *De todo punto,* m. adv., enteramente, cabalmente. ‖ *En buen* o *mal punto,* m. adv., en buena o mala hora. ‖ *Dar punto a una cosa,* terminarla. ‖ *En punto,* m. adv., sin sobra ni falta: *las tres en punto.* ‖ *En punto a,* barb. por *en punto de, en materia de.* ‖ *Hasta cierto punto,* en alguna manera: *hasta cierto punto tiene razón.* ‖ *Poner*

puma

Fot. Schall

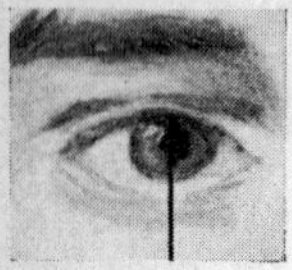
pupila

puñales

los puntos a una cosa, m. adv., dirigir la intención hacia ella. ‖ *Fig.* y *fam. Poner los puntos sobre las íes,* acabar o perfeccionar una cosa minuciosamente. ‖ *Punto por punto,* m. adv., con todos los pormenores.

PUNTOSO, SA adj. Que tiene muchas puntas.

PUNTUACIÓN f. Acción y efecto de puntuar. ‖ El conjunto de signos ortográficos que se emplean para puntuar.

PUNTUAL adj. Pronto, diligente, exacto: *hombre muy puntual.* ‖ Indubitable, seguro.

PUNTUALIDAD f. Calidad de puntual o exacto. (SINÓN. V. *Exactitud.*)

PUNTUALIZAR v. t. Grabar con exactitud una cosa en la memoria. ‖ Referir puntualmente un suceso. ‖ Acabar, perfeccionar una cosa.

PUNTUALMENTE adv. m. Con puntualidad.

PUNTUAR v. t. Poner puntuación en la escritura. ‖ Sacar puntos: *he puntuado el tercero.*

PUNTURA f. (lat. *punctura*). Herida hecha con instrumento punzante. ‖ *Impr.* Nombre de las puntas con que en la prensa de imprimir se sujeta el pliego que se imprime. ‖ *Veter.* Sangría hecha en la palma del casco de la caballería.

PUNZADA f. Herida o pinchazo con instrumento de punta. ‖ *Fig.* Dolor agudo o intermitente. ‖ *Fig.* Dolor interior: *las punzadas del remordimiento.* ‖ *Cub.* Necedad.

PUNZADOR, RA adj. y s. Que punza.

PUNZADURA f. Punzada, pinchazo.

PUNZANTE adj. Que punza: *un dolor punzante.* (SINÓN. V. *Mordaz.*)

PUNZAR v. t. (lat. *pungere*). Pinchar: *punzar con un aguijón.* (SINÓN. V. *Horadar.*) ‖ *Fig.* Dar punzadas. (SINÓN. V. *Embromar* y *zaherir.*) ‖ *Fig.* Molestar interiormente algún pesar.

PUNZÓ adj. (fr. *ponceau*). Dícese del color encarnado muy subido: *una cortina punzó.*

PUNZÓN m. Instrumento de hierro puntiagudo. ‖ Buril de grabador. ‖ Instrumento de acero grabado que sirve para estampar matrices, cuños, etc. (SINÓN. V. *Marca.*) ‖ Pitón, cuerno de los venados.

PUÑADA f. Puñetazo: *darse de puñadas.*

PUÑADO m. Porción de una cosa que cabe en el puño, o en la mano. ‖ *Fig.* Corta cantidad de una cosa: *un puñado de soldados.* ‖ *Fig. A puñados,* larga o abundantemente.

PUÑAL m. Arma blanca de corto tamaño, puntiaguda y cortante: *un puñal toledano.* (SINÓN. V. *Cuchillo.*)

PUÑALADA f. Golpe dado con el puñal y herida que resulta de dicho golpe. ‖ *Fig.* Sentimiento grande y repentino. ‖ *Fig.* y *fam. Coser a puñaladas a uno,* darle muchas puñaladas. ‖ *No ser puñalada de pícaro una cosa,* no correr prisa o ser urgente la realización de una cosa.

PUÑETAZO m. El golpe dado con el puño. (SINÓN. V. *Golpe.*)

PUÑETE m. Puñetazo. ‖ Manilla o pulsera.

PUÑO m. (lat. *pugnus*). Mano cerrada. ‖ Puñado. ‖ Parte de las prendas de vestir que rodea la muñeca: *los puños de una camisa.* ‖ Mango de ciertas cosas: *puño de bicicleta, de bastón.* ‖ *Ant.* y *Col.* Puñetazo: *darse de puños.* ‖ *Mar.* Ángulo inferior de la vela. ‖ *Fig.* y *fam. Meter a uno en un puño,* intimidarle, acobardarle. ‖ — ‖ *Fig.* y *fam. Por puños,* con gran esfuerzo y sin ayuda ajena: : *conseguir una cosa por puños.*

PUPA f. Erupción en los labios. ‖ Postilla, llaga pequeña. ‖ Daño, en el lenguaje infantil: *hacerse mucha pupa.* ‖ *Pupa viva,* la que crece poco a poco. ‖ *Fig.* y *fam. Hacer pupa,* darle que sentir, causarle daño.

PUPILA f. (lat. *pupilla*). *Zool.* Abertura del iris, niña del ojo: *la pupila se contrae bajo la influencia de la luz.* ‖ Barb. muy frecuente por *ojo*: *pupilas saltonas;* por *iris*: *pupilas azules.* ‖ Huérfana menor de edad respecto de su tutor. ‖*Pop. Tener pupila,* ser uno muy listo. (SINÓN. V. *Clarividencia.*)

PUPILAJE m. Condición de pupilo o pupila. ‖ Casa donde se reciben pupilos. ‖ Cantidad que éstos pagan por el gasto que hacen.

PUPILAR adj. Relativo al pupilo. ‖ *Anat.* Relativo a la pupila o la niña del ojo: *contracción pupilar.*

PUPILERO, RA m. y f. El que recibe pupilos.

PUPILO, LA m. y f. (lat. *pupilus*). Huérfano o huérfana, respecto de su tutor. ‖ Persona que se hospeda en casa particular: *casa de pupilos.* ‖ *Medio pupilo,* el que solamente come al mediodía en una casa de huéspedes. ‖ Alumno o alumna que permanece en el colegio hasta la noche, comiendo allí al mediodía.

PUPITRE m. (fr. *pupitre*). Mueble de madera en forma de plano inclinado, que sirve para escribir.

PUPO m. *Amer.* Ombligo.

PUPOSO, SA adj. Que tiene pupas: *boca puposa.*

PUQUIAL y **PUQUIO** m. *Per.* Fuente que llega a formar un estanque. ‖ *Arg.* Fuente, manantial, que se forma escarbando en terrenos húmedos.

PURAMENTE adv. m. Con pureza. ‖ Únicamente, estrictamente: *lo hacemos puramente por caridad.* (SINÓN. V. *Absolutamente.*)

PURANAS m. pl. Poemas sánscritos que contienen la teogonía y la cosmogonía de la India, para la enseñanza de las castas inferiores.

PURAQUÉ m. *Arg.* Gimnoto, pez.

PURÉ m. (fr. *purée*). Pasta que se hace de legumbres cocidas, pasadas por el tamiz. ‖ Sopa formada por esta pasta desleída en caldo.

PUNTUACIÓN

Signos	Empleo	Ejemplos
punto	Indica pausa completa. Se emplea:	
	— Después de un período con sentido completo. El *punto y seguido* separa frases independientes dentro de un mismo párrafo. El *punto y aparte* separa los diferentes párrafos.	Es este café un lujoso establecimiento. La sala inmensa está cuajada de mesitas en que se sirven diluvios de café. Es un punto de reunión diaria y constante, pues en España la vida del café es notoria y llamativa. Pues bien, estaba en el Café Colón ... (RUBÉN DARÍO.)
	— En las abreviaturas y después de cada elemento de una sigla.	Sr. D.; O. N. U.
coma	Indica pausa breve. Sirve para indicar la división de las frases o miembros más cortos de la oración o del período. Se usa:	
	— En las enumeraciones.	Aragón tiene tres provincias: Zaragoza, Huesca y Teruel.
	— Para separar las palabras que están en vocativo.	Estos, Fabio, ¡ay dolor!, que ves ahora. (RODRIGO CARO.)
	— Para separar las diversas oraciones de un período, palabras o frases explicativas.	A las ocho, todos los días, invariablemente, fatalmente, el hidalgo sale de casa, el rosario en la mano... (AZORÍN.)
	— Cuando se invierte el orden natural de la cláusula y se pone delante la oración que debe ir después.	Donde interviene conocerse las personas, tengo para mí, aunque simple y pecador, que no hay encantamiento alguno. (CERVANTES.)

Signos	Empleo	Ejemplos
; punto y coma	Indica pausa algo mayor que la coma. Sirve para separar cláusulas independientes entre sí, pero subordinadas a la unidad lógica del pensamiento.	Él [San Martín] llegó a Buenos Aires; no hizo discursos; levantó un escuadrón de caballería; en San Lorenzo fue su primera batalla. (JOSÉ MARTÍ.)
: dos puntos	Indica pausa mayor que la del punto y coma. Se usa: — Siempre que se citan palabras textuales. — Cuando a una o varias oraciones sigue otra que es consecuencia, aclaración o demostración de lo que antecede. — En exposiciones, solicitudes, sentencias, decretos, etc. — Después del encabezamiento de una carta.	El marqués, con gran ánimo, decía a su hermano: "Mueran, que traidores son." (EL INCA GARCILASO DE LA VEGA.) Suelo sentir las plantas como emociones de la tierra: los magueyes son versos de fortalezas, estrofas heroicas. (GABRIELA MISTRAL) El alcalde de la ciudad hace saber: Que debiéndose empadronar... Querido amigo: Contesto a tu carta...
... puntos suspensivos	— Cuando conviene dejar la oración incompleta o el sentido en suspenso. — Si en una cláusula se necesita pararse un poco, expresando temor o duda, o para sorprender al lector con palabras contrarias a las que deben constituir el sentido. — Cuando se cita un texto y no es imprescindible copiarlo íntegro. En este caso los puntos suspensivos pueden ir también al principio o en medio de la frase.	Lo digo porque luego saltan con.... Bien que si uno hubiera de hacer caso... ¿Y fue niño o niña? (LEANDRO FERNÁNDEZ DE MORATÍN.) Sí, debo morir... pero a vuestras manos. (DUQUE DE RIVAS.) La edad de oro amanecía, y los griegos... contemplaban aún... (VALLE INCLÁN.)
¿? interrogación	— Para formular una pregunta o expresar una duda. — Para señalar la incertidumbre de un dato.	¿Para quién edifiqué torres? ¿Para quién adquirí honras? ¿A dónde hallará abrigo mi desconsolada vejez? (LA CELESTINA.) El Arcipreste de Hita nació en 1283 (?).
¡! admiración	— Expresa admiración, queja, ponderación o énfasis. — Cuando la frase es a la vez interrogativa y exclamativa se pone el signo de admiración al principio y el de interrogación al final, o viceversa. — Para significar ironía.	¡Ancha es Castilla! y ¡qué hermosa la tristeza reposada de ese mar petrificado y lleno de cielo! (MIGUEL DE UNAMUNO.) ¡Tú también, hijo mío? Sí, tú eres fuerte (!), mira cómo te tiemblan las piernas.
( ) paréntesis	— Para cortar el sentido del discurso con una oración incidental, de sentido independiente de la anterior. — Para intercalar fechas u otros datos aclaratorios. — Para las acotaciones y los apartes en las obras dramáticas.	Si acaso enviudares (cosa que puede suceder), y con el cargo mejorares de consorte... (CERVANTES.) El descubrimiento de América (1492) significó... (Asiéndole del brazo.) No, tú no saldrás de aquí.
[ ] corchetes	— Para sustituir conjeturalmente lo que falta de una inscripción, códice o referencia. — Para encerrar una frase que ya tiene un paréntesis o para evitar la repetición seguida de dos paréntesis.	Llegó... a un pueblo grande de los mismos indios [pipiles], Obispado [Guatemala] y visita [de clérigos], llamado Izalco. Francisco de Goya y Lucientes, n. en Fuendetodos (Zaragoza) [1746-1828], fue un pintor de prodigiosa actividad...
{ llave	— Para abrazar varios conceptos, partidas de una cuenta, divisiones, etc., que guardan relación entre sí y forman un grupo que se diferencia de los demás.	La oración puede ser { simple / compuesta
* asterisco	— Para llamar la atención sobre alguna nota aclaratoria puesta al pie de la página. — Para indicar la fecha de nacimiento de una persona. — Para sustituir después de X un nombre o palabra que no quiere indicarse.	La Marquesa X***.
" " « » comillas	— Para transcribir un texto o palabra dicha o escrita por alguien. — Para señalar el título de una obra, periódico, etcétera.	El uno insinúa: "Podía ser"; el otro añade: "Se dice"; un tercero agrega: "Ocurrió así", y el último asegura: "Lo he visto". (PÍO BAROJA.) Los monumentos más importantes de la novela, como el «Amadís», son refundiciones de libros anteriores. (MENÉNDEZ Y PELAYO.)
- guión	— Para dividir una palabra que va al fin de línea y no cabe entera en ella. — Entre dos palabras que, sin llegar a fundirse, forman una compuesta.	... constitu- cional. Cólera-morbo; teórico-práctico.
— raya	— Para indicar diálogo. — Para sustituir un paréntesis. — Para separar los enunciados de un programa y para evitar, a principio de línea, la repetición de una palabra o concepto.	— ¿Qué hiciste ayer? — Nada. Sr. Redactor —me dice una carta seductora—, confío en el talento de Vd... (LARRA.) Trabajar a destajo. — de sastre. — por distinguirse.

PUREZA f. Calidad de puro: *la pureza del agua.* || *Fig.* Virginidad, doncellez. || SINÓN. *Incorruptibilidad, integridad, simplicidad, virginidad.*)
PURGA f. Remedio que se toma para purgarse. || *Fig.* Eliminación de individuos considerados indeseables o sospechosos por ciertos partidos políticos.
PURGACIÓN f. La acción de purgar o purgarse. || Sangre que evacuan las mujeres todos los meses. || — F. pl. Líquido purulento que se produce en la uretra y sale por su orificio exterior.
PURGADOR, RA adj. y s. Que purga.
PURGAMIENTO m. Purgación.
PURGANTE adj. Que purga. || — M. Medicina que purga: *administrar un purgante enérgico.* || *Iglesia purgante,* congregación de los fieles que están en el purgatorio.
PURGAR v. t. (lat. *purgare*). Limpiar. (SINÓN. V. *Purificar.*) || *Fig.* Purificar. || *For.* Desvanecer los indicios o sospechas que había contra una persona. || Dar la medicina conveniente para exonerar el vientre. || Dar purga a un enfermo. || — V. i. Pagar un delito con una pena: *purgar la condena.* || Padecer las almas en el Purgatorio. || Evacuar un humor una llaga. || *Fig.* Expiar: *purgar su culpa.* || — V. r. Tomar una purga.
PURGATIVO, VA adj. Que purga: *remedio purgativo.* || — M. Galicismo por *purgante.*
PURGATORIO m. Lugar donde las almas de los justos, incompletamente purificadas, acaban de purgar sus faltas. || *Fig.* Lugar donde se sufre mucho. || Esta misma pena.
PURIDAD f. Pureza. || Secreto: *hablar en puridad.*
PURIFICACIÓN f. (lat. *purificatio*). Acción y efecto de purificar o purificarse. (SINÓN. V. *Depuración.*) || Ceremonia de la misa que precede la ablución. || Fiesta que celebra la Iglesia en honor de la Virgen María (2 de febrero).
PURIFICADOR, RA adj. y s. Que purifica. || — M. Paño con que se enjuga el cáliz. || Lienzo en que se limpia los dedos el sacerdote en el altar.
PURIFICAR v. t. Limpiar de toda impureza: *purificar el aire.* (SINÓN. *Clarificar, depurar, deterger, filtrar, refinar, sanear.*) || Purgar: *purificar los metales.* (SINÓN. V. *Mejorar.*) || Acrisolar Dios las almas por medio de las aflicciones. || *Fig.* Limpiar de toda mancha moral: *el sufrimiento purifica las almas.* || — CONTR. *Contaminar, manchar.*
PURIFICATORIO, RIA adj. Que purifica.
PURIM m. Fiesta israelita que conmemora el fracaso de la conjuración de Amán.
PURISCO m. *C. Rica.* Flor del frijol.
PURÍSIMA f. (abr. de *Purísima Concepción*). La Virgen María: *una estatua de la Purísima.*
PURISMO m. Calidad de purista: *el purismo exagerado produce la frialdad del estilo.*
PURISTA adj. Que escribe con pureza excesiva. || Muy riguroso en evitar o censurar toda palabra de origen extranjero.
PURITANISMO m. Doctrina de los puritanos. || *Fig.* Rigorismo excesivo en las costumbres.
PURITANO, NA adj. y s. (ingl. *puritan*). Dícese del miembro de una secta de presbiterianos rígidos, rigurosos observadores de la letra del Evangelio, que persiguieron mucho los Estuardos y que emigraron en gran número a América: *los puritanos de Escocia.* (SINÓN. V. *Protestante.*) || Dícese del que real o afectadamente profesa con rigor las virtudes. (SINÓN. V. *Gazmoño.*) || Rígido, austero.
PURO, RA adj. (lat. *purus*). Sin mezcla: *vino puro.* (SINÓN. *Incorrupto, intacto.*). || No alterado ni viciado: *aire puro.* || *Fig.: intención pura.* || Correcto: *estilo puro.* (SINÓN. *Perfecto, recto.*) || Casto: *joven pura.* || Exento de toda falta: *una moral pura.* || Que no está turbado por nada: *un cielo puro.* (Esta palabra se emplea comúnmente en América y a veces en España en el sentido de sólo, único; mismo; idéntico, muy parecido.) || — M. *Cigarro puro,* el que está formado por la hoja de tabaco enrollada. || *A puro,* m. adv., a fuerza de. Ú. tb. en pl.: *a puros azotes.* || *De puro,* m. adv., sumamente, o a fuerza de: *de puro boba.* (No debe decirse *de pura boba.*)
PÚRPURA f. (lat. *purpura*). Molusco gasterópodo marino que segrega un líquido que se usaba en tintorería y pintura. || Tinte rojo que sacaban los antiguos de este animal: *la púrpura de Tiro era la más estimada.* (SINÓN. V. *Rojo.*) || Tela de púrpura: *manto de púrpura.* || *Poét.* Sangre. || *Fig.* Dignidad imperial, consular, cardenalicia, etc. || Color rojo obscuro algo morado. || *Med.* Enfermedad caracterizada por la aparición de manchas rojas en la piel. || *Púrpura de Casio,* oro en polvo finísimo obtenido por medio de una precipitación química.
PURPURADO m. Cardenal de la Iglesia.
PURPURAR t. v. Teñir o vestir de púrpura.
PURPÚREA f. *Bot.* Lampazo.
PURPUREAR v. i. Mostrar una cosa el color purpúreo que tiene. || Tirar a purpúreo un color.
PURPÚREO, A adj. (lat. *purpureus*). De color de púrpura: *rosa purpúrea.* || Relativo a la púrpura.
PURPURINA f. Substancia colorante roja, extraída de la raiz de la rubia. || Polvo finísimo de bronce o de metal blanco, usado en pintura.
PURPURINO, NA adj. Purpúreo.
PURRELA f. Aguapié, vino malo.
PURRIELA f. *Fam.* Cosa despreciable.
PURULENCIA f. Estado de lo que es purulento: *detener la purulencia de una llaga.*
PURULENTO, TA adj. *Med.* Que contiene pus o es de la naturaleza del pus: *llaga purulenta.*
PURUÑA f. *Arg.* Tinaja.
PURURÚ m. *Arg.* Pororó.
PUS m. (lat. *pus*). *Med.* Humor espeso, blanco amarillento, que segregan los tejidos inflamados, constituido por los residuos de leucocitos y microbios.
PUS adj. (del fr. *puce,* pulga). *Amer.* Dícese del color de chocolate claro: *falda marrón pus.*
PUSANA f. *Venez.* Brebaje afrodisiaco indígena.
PUSILÁNIME adj. (lat. *pusillanimis*). Cobarde, tímido, falto de ánimo.
PUSILANIMIDAD f. Calidad de pusilánime.
PÚSTULA f. (lat. *pustula*). *Med.* Postilla o llaga. (SINÓN. V. *Absceso.*)
PUSTULOSO, SA adj. *Med.* Relativo a la pústula.
PUSUQUEAR v. i. *Arg.* Vivir de gorra.
PUSZTA f. V. *Parte hist.*
PUTATIVO, VA adj. (lat. *putativus*). Reputado, supuesto, falso: *padre putativo.*
PUTREFACCIÓN f. (lat. *putrefactio*). Descomposición que sufren los cuerpos organizados cuando los abandona la vida: *el frío retrasa la putrefacción.* || Estado de una cosa podrida.
PUTREFACTIVO, VA adj. Que produce putrefacción: *la influencia putrefactiva del aire.*
PUTREFACTO, TA adj. Podrido, corrompido.
PUTRESCENTE adj. En putrefacción.
PUTRESCIBLE adj. Que puede pudrirse.
PUTRIDEZ f. Calidad de pútrido. || Putrefacción.
PÚTRIDO, DA adj. (lat. *putritus*). Podrido. || Producido por la putrefacción: *miasmas pútridos.* || Que presenta los fenómenos de la putrefacción: *fermentación pútrida.*
PUTUMAENSE adj. y s. Putumayense.
PUTUMAYENSE adj. y s. De Putumayo (Colombia).
PUTUMAYO, YA adj. y s. Putumayense.
PUY m. (pal. fr.). Cono volcánico extinguido.
PUYA f. Punta acerada de las garrochas de los picadores y vaqueros. || *Chil.* Planta bromeliácea. || *Pan.* Machete. || — PARÓN. *Pulla.*
PUYADA f. *Hond.* Corrida de toros.
PUYADOR m. *Guat.* y *Hond.* Picador de toros.
PUYAR v. t. *Amer.* Herir con puya. || *Chil.* y *Salv.* Bregar, luchar. || *Venez.* Despuntar un vegetal.
PUYAZO m. Herida hecha con la puya.
PUYO, YA adj. *Guat.* Pobre, sin dinero. || — M. *Arg.* Especie de poncho o capote basto de lana.
PUYÓN m. *Amér. C.* y *Venez.* Púa o punta del trompo. || Pimpollo o brote de las plantas. || *Bol.* Corta suma de dinero.
PUYUENSE adj. y s. De Puyo (Ecuador).
PUZOL m. y mejor **PUZOLANA** f. Roca volcánica pulverulenta que se encuentra en Puzol, cerca de Nápoles, y sirve para hacer mortero hidráulico.
PUZZLE m. (pal. ingl.). Rompecabezas.

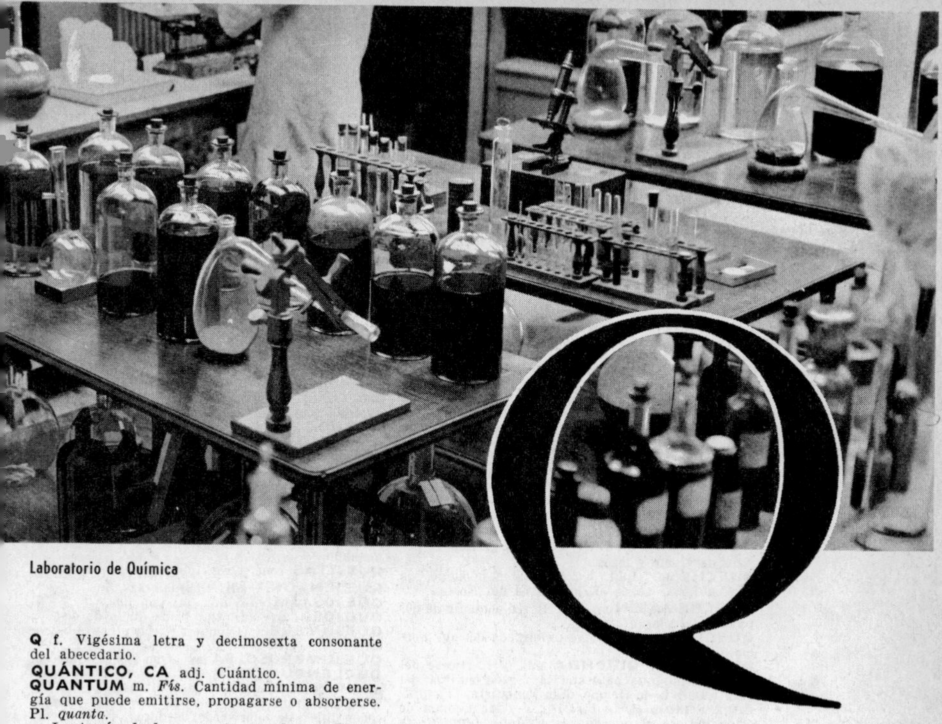

Laboratorio de Química

Q f. Vigésima letra y decimosexta consonante del abecedario.

QUÁNTICO, CA adj. Cuántico.

QUANTUM m. *Fís.* Cantidad mínima de energía que puede emitirse, propagarse o absorberse. Pl. *quanta.*

— La *teoría de los quanta,* creada por Planck en 1900, afirma que la energía de radiación, al igual que la materia, tiene una estructura discontinua. Esta energía sólo puede concebirse en forma de corpúsculos, o quanta, de valor *hv,* en el que *h* es una constante universal de valor $6{,}624 \times 10^{-27}$ C. G. S., y *v* la frecuencia de radiación. Esta teoría es el fundamento de la física moderna.

QUE (lat. *qui*). Pronombre relativo que equivale a *el, la* o *lo cual, los* o *las cuales: el hombre que ves, las mujeres que te hablan.* (También se construye con artículo: *el que ahí viene es tu padre.*) ‖ Equivale a veces a *cuan, cuanto,* o *cual,* sobre todo en frases interrogativas o admirativas: *¿qué gente es ésa? ¡qué de tristezas hay que pasar!*

QUE conj. (lat. *quid*). Sirve para unir dos cláusulas cuyos verbos tienen entre sí cierta subordinación: *quiero que vengas.* ‖ Equivale a veces a *y: pido justicia, que no gracia.* ‖ Equivale a *porque* o *pues*: *con la hacienda perdió la honra, que a tal desgracia le arrastraron sus vicios.* ‖ Conjunción ilativa equivalente a *o, ya: que quieras, que no quieras, lo has de hacer.* ‖ Conjunción ilativa: *trabaja tanto que no se le ve por ninguna parte.* ‖ Conjunción que equivale a *para que: dio orden que le trajeran papel y pluma.* ‖ Seguido de *no,* equivale a *sin que: no salgo una vez que no tropiece con él.* ‖ Sirve para indicar una repetición: *trabaja que trabaja, dale que le das.* ‖ *Fig.* y *fam. El que más y el que menos,* todos sin excepción. ‖ *¡Pues qué!,* interj. que denota enfado o contrariedad y precede frases de forma interrogativa, pero de fondo negativo: *¡Pues qué!, ¿se figura que se va a salir siempre con la suya?* ‖ *¡Qué!* interj. negativa y ponderativa. ‖ *Qué de,* m. adv., cuánto, cuántos: *¡qué de flores!* ‖ *Sin que ni para qué,* m. adv., sin motivo alguno. ‖ *Fam. A que,* apuesto a que: *¡a que no lo dices!* ‖ — OBSERV. El empleo de *que* con el verbo *ser* ocasiona muchos galicismos (*fue ayer que vino; es por eso que lo digo; por esto es que escribo;* etcétera), que pueden desaparecer quitando aquel verbo y la conjunción *que* (*ayer vino, por eso lo digo, por esto escribo*). Son igualmente galicismos las frases siguientes: *¡que muera si miento!* por *¡muera yo!; apenas salió que se cayó,* por *cuando se cayó; el día que ocurrió aquello,* por *el día en que.*

QUEBRACHO m. Árbol sapindáceo de madera muy apreciada. ‖ *Quebracho blanco,* árbol apocináceo de la Argentina, muy rico en tanino. ‖ *Quebracho colorado,* árbol terebintáceo sudamericano.

QUEBRADA f. Abertura estrecha entre dos montañas. (SINÓN. V. *Desfiladero.*) ‖ *Amer.* Arroyo o riachuelo. ‖ Quiebra, hendedura o grieta en las tierras, causada por las aguas.

QUEBRADERO m. Quebrador, que quiebra. ‖ *Fam. Quebradero de cabeza,* cosa que inquieta el ánimo.

QUEBRADIZO, ZA adj. Fácil de quebrar, delicado. ‖ *Fig.* Frágil: *virtud quebradiza.* ‖ *Fig.* Delicado de salud. ‖ *Fig.* Dícese de la voz que hace quiebros. ‖ *Fig.* Quisquilloso.

QUEBRADO, DA adj. y s. Que ha hecho quiebra: *comerciante quebrado.* ‖ Que padece hernia o quebradura. ‖ Quebrantado, debilitado: *color quebrado.* ‖ Dícese del terreno desigual, tortuoso. ‖ *Arit.* Fracción: *quebrado decimal.* ‖ — M. *Cub.* Hoja de tabaco de calidad superior, pero agujereada.

QUEBRADOR, RA adj. y s. Que quiebra algo.

QUEBRADURA f. Grieta. (SINÓN. V. *Hendedura.*) ‖ Hernia o potra: *curar una quebradura con un braguero.*

QUEBRAJA f. Grieta, raja, hendidura.

QUEBRAJAR v. t. Resquebrajar, rajar.

QUEBRAJOSO, SA adj. Quebradizo, frágil. ‖ Lleno de quebrajas o grietas: *una madera muy quebrajosa.*

QUEBRANTADOR, RA adj. y s. Que quebranta. ‖ — M. Máquina para quebrantar minerales, raíces, etc.

QUEBRANTADURA f. Quebrantamiento.

QUEBRANTAHUESOS m. Ave rapaz diurna parecida al águila: *el quebrantahuesos es la mayor ave de rapiña de Europa.* ‖ Cierto juego de muchachos. ‖ *Fig.* y *fam.* Sujeto pesado e impertinente.

Fot. G. Krull

QUEBRANTAMIENTO m. Acción y efecto de quebrantar: *el quebrantamiento de una ley.*
QUEBRANTAOLAS m. *Mar.* Barco viejo lleno de piedras que se echa a pique en un puerto para quebrantar la marejada delante de una obra hidráulica.
QUEBRANTAPIEDRAS f. Planta de la familia de las cariofiláceas, común en España: *la quebrantapiedras se usó contra el mal de piedra.*
QUEBRANTAR v. t. Quebrar, cascar, machacar una cosa: *quebrantar semillas, nueces,* etc. (SINÓN. V. *Romper.*) ‖ Violar: *quebrantar una ley.* ‖ *Fig.* Forzar, romper: *quebrantar la prisión.* ‖*Fig.* Suavizar: *quebrantar un color.* ‖ Templar: *quebrantar el agua.* ‖ *Fig.* Molestar, fastidiar. ‖ *Fig.* Mover a lástima. ‖ *Amer.* Domar un potro. ‖ — V. r. Experimentar un malestar por un golpe, caída, enfermedad, etc. (SINÓN. V. *Debilitar.*)
QUEBRANTO m. Acción de quebrantar. ‖ *Fig.* Descaecimiento, falta de fuerzas: *el quebranto de su salud le impide ir a verte.* ‖ *Fig.* Gran pérdida: *quebranto de fortuna.* (SINÓN. V. *Pérdida.*) ‖ *Fig.* Aflicción, pena.
QUEBRAR v. t. Romper, rajar: *quebrar una vasija.* ‖ *Fig.* Interrumpir una cosa, estorbarla. ‖ *Fig.* Suavizar: *quebrar el color.* ‖ *Fig.* Perder la amistad. ‖ *Arg.* Quebrantar, domar un potro. ‖ — V. i. Ceder, disminuir. ‖ *Com.* Cesar en el comercio por no poder pagar las deudas. ‖ — V. r. Hacerse una hernia. ‖ *Arg.* Hacer quiebros al andar o bailar. ‖ — IRREG. Se conjuga como *acertar.*
QUEBRAZAS f. pl. Hendeduras o rajas que suelen formarse en una hoja de espada.
QUEBRAZÓN f. *Amer.* Destrozo grande de objetos de vidrio y loza.
QUECHE m. (ingl. *ketch*). Barco pequeño, de una cubierta, usado en los mares del Norte.
QUECHEMARÍN m. *Mar.* Barco pequeño de dos palos con velas al tercio.
QUECHOL m. *Méx.* Ave palmípeda de muy hermosos colores.
QUECHUA o **QUICHUA** adj. y s. Dícese del pueblo indio que habitaba la región andina del Perú y Bolivia en tiempo de la Conquista. (V. QUECHUA e INCA, *Parte hist.*) ‖ — M. Lengua de estos indios: *el quechua se hablaba desde Quito hasta Santiago del Estero.*
— El *quechua,* lengua primitivamente hablada en el Perú, el Ecuador y Bolivia, se difundió antes de la conquista española por los países vecinos: Colombia, norte de Chile y de la Argentina. Los misioneros españoles continuaron la difusión del quechua, que facilitaba su evangelización. Pocas palabras ha introducido en las lenguas europeas: *alpaca, coca, cóndor, guano, inca, llama, pampa, quina* y, en el español peninsular, *papa* y acaso *chiripa, tanda.* Pero bastantes de sus voces se han extendido por casi toda la América meridional: *cancha, caracha, concho, coto, chacra, charqui, chaucha, china, choclo, guasca, guaso, macana, pisco, poroto, soroche, yuyo* y, con menos extensión, *cacharpas, callana, carpa, chaguar, chala, chigua, chuño, humita, guaca, guagua, locro, ojota, paco, palla, pichana, puna, quirquincho, tambo, totora.* (ARTE QUECHUA. V. lám. PERÚ [*Arte del antiguo,* pág. 799].)
QUECHUISMO m. Voz de origen quechua.
QUEDA f. (del lat. *quies, quietis,* descanso). Toque de campana que se daba por la noche para que se recogieran todos los vecinos.
QUEDADA f. Acción de quedarse en un lugar.
QUEDADO, DA adj. Sin iniciativa.
QUEDAMENTE adv. m. Quedo, en voz baja.
QUEDAR v. i. (del lat. *quietari,* descansar). Permanecer después de haber quitado una parte: *quedan sólo ruinas de aquel palacio.* ‖ Permanecer, estar en un lugar: *quédate sentado en esa silla* (SINÓN. V. *Durar.*) ‖ Convenir: *quedaron en verse.* ‖ — V. r. Permanecer: *se quedó en Madrid.* (SINÓN. V. *Parar.*) ‖ *Quedarse con una cosa,* retenerla en su poder: *se quedó con el libro que le prestaron.* ‖ *Quedar bien,* o *mal, en un asunto,* portarse bien o mal en él. ‖ *Quedar en una cosa,* convenirla. ‖ *Fig. Quedarse con uno,* engañarle. ‖ *Quedarse a la luna de Valencia,* esperar inútilmente. ‖ *Fig.* y *fam. Quedarse uno tan ancho,* mostrarse despreocupado y tranquilo de haber dicho o hecho alguna cosa inconveniente o que puede tener consecuencias desagradables.
QUEDO, DA adj. Quieto, tranquilo: *estarse quedo.* ‖ — Adv. m. En voz baja o que apenas se oye: *hablar muy quedo.*
QUEHACERES m. pl. Ocupaciones, trabajos: *entregarse una mujer a los quehaceres domésticos.*
QUEJA f. Expresión de dolor o aflicción: *las quejas del herido.* ‖ Resentimiento, disgusto: *tengo queja de tu padre.* ‖ Querella, acusación en justicia. (SINÓN. V. *Reproche.*)
QUEJARSE v. r. Emitir quejas: *quejarse lastimosamente.* ‖ Manifestar resentimiento contra uno. (SINÓN. V. *Lamentar.*) ‖ Presentar queja o querella contra una persona.
QUEJICA adj. y s. Que se queja mucho.
QUEJICOSO, SA adj. *Fam.* Dícese del que se queja demasiado y con afectación, quejumbroso.
QUEJIDO m. Queja lastimosa: *dar quejidos.* ‖ — SINÓN. *Lamentación, lamento, jeremiada, queja.* V. tb. *llanto.*
QUEJIGAL m. El terreno plantado de quejigos.
QUEJIGO m. Especie de encina, común en España y muy estimada por su bellota. ‖ Roble pequeño.
QUEJITAS com. *Guat. Fam.* Quejumbroso.
QUEJÓN, ONA adj. Quejumbroso.
QUEJOSAMENTE adv. m. Con queja.
QUEJOSO, SA adj. Que tiene queja de otro.
QUEJUMBRE f. La queja frecuente y sin motivo.
QUEJUMBROSO, SA adj. Que se queja mucho.
QUELENQUELEN m. *Bot.* y *Chil.* Planta medicinal de la familia de las poligaláceas.
QUELITE m. *Méx.* Nombre de varias hierbas comestibles, de color verde, verduras. ‖ *Fig. Tener cara de quelite,* tener la tez verdosa. ‖ *Fam. Poner a uno como quelite,* ponerle verde.
QUELONIOS m. pl. (del gr. *khelonê,* tortuga). Nombre científico de la familia de las *tortugas.*
QUELTEHUE m. Ave zancuda de Chile.
QUEMA f. Acción de quemar: *condenar a un hereje a la quema.* ‖ Incendio: *la quema del almacén.* ‖ *Bol. Hacer quema,* dar en el blanco el tirador. ‖ *Fig. Huir de la quema,* apartarse de un peligro.
QUEMADA f. *Méx.* Quemadura, incendio. ‖ *Cub.* Chasco.
QUEMADERO, RA adj. Que debe quemarse. ‖ — M. Hoguera para quemar a los ajusticiados.
QUEMADO m. Rodal de monte consumido por un incendio. ‖ *Fam.* Cosa quemada: *huele a quemado.* ‖ *Ecuad.* Ponche.
QUEMADOR, RA adj. y s. Que quema. ‖ — M. Mechero: *un quemador de gas.*
QUEMADURA f. Efecto que causa el fuego o substancia corrosiva en un tejido orgánico.
QUEMANTE adj. Que quema, ardiente.
QUEMAR v. t. (lat. *cremare*). Consumir por medio del fuego: *quemar un leño.* (SINÓN. *Abrasar, arder, calcinar, carbonizar, consumir, crepitar, devorar, encender, escaldar, chamuscar, chispear, incendiar, incinerar.*) ‖ Destilar (vinos). ‖ Calentar mucho: *el sol quema esta tarde.* ‖ Desecarse mucho las plantas: *el hielo y el sol suelen quemar las plantas.* ‖ Causar sensación ardiente en la boca: *ese pimiento me ha quemado.* ‖ *Fig.* Malbaratar, malvender. ‖ *Fig.* y *fam.* Impacientar, fastidiar. ‖ *Cub.* Estafar, engañar. ‖ — V. i. Estar muy caliente: *esa carne está quemando.* ‖ — V. r. Consumirse por medio del fuego. ‖ Sentir calor, abrasarse. ‖ *Fig.* Arder en una pasión o afecto. ‖ *Fig.* y *fam.* Estar muy cerca de hallar una cosa: *¡que te quemas!* ‖ *Fig. Quemar las naves,* tomar una decisión extrema y definitiva
QUEMARROPA (A) loc. adv. A quema ropa.
QUEMAZÓN f. Quema, acción de quemar. ‖ Calor excesivo. ‖ *Fig.* y *fam.* Comezón. ‖ *Fig.* y *fam.* Palabra picante. ‖ *Fig.* y *fam.* Desazón o resentimiento que causa una palabra picante. ‖ *Arg.* Espejismo observado en la pampa.

quena

Fot. Atlas Photo

QUEMÓN m. *Méx.* Herida producida por un arma de fuego.
QUENA f. Flauta de los indios peruanos: *la quena suele acompañar el canto del yaraví.*
QUENOPODIÁCEAS f. pl. *Bot.* Familia de plantas angiospermas dicotiledóneas con fruto en aquenio, como la espinaca.
QUENUA f. Rosácea ecuatoriana. || — PARÓN. *Quinoa.*
QUEPIS m. (fr. *képi*). Gorra con visera que usan los militares en algunos países. Pl. *quepis.*
QUEQUE m. (ingl. *cake*). *Amer.* Panqueque.
QUERATINA f. *Zool.* Substancia albuminoidea que constituye la capa externa de la epidermis de los vertebrados y de los órganos como plumas, cuernos, uñas, etc.
QUERATITIS f. *Med.* Inflamación de la córnea transparente del ojo.
QUERELLA f. (lat. *querella*). Queja. || Discordia. (SINÓN. V. *Disputa*). || *For.* Acusación propuesta ante un juez contra una persona.
QUERELLADOR, RA adj. Querellante.
QUERELLANTE adj. y s. *For.* Que se querella.
QUERELLARSE v. r. *For.* Presentar querella contra uno.
QUERELLOSO, SA adj. Querellante.
QUERENCIA f. Acción de querer o amar. || Cariño que cobran los animales a su guarida. || Guarida de dichos animales. || *Fam.* Sitio donde uno vive. || *Taurom.* Lugar de la plaza adonde se dirige el toro con más frecuencia.
QUERENCIOSO, SA adj. Que tiene querencia.
QUERENDÓN, ONA adj. *Amer.* Muy cariñoso. || — M. y f. *Fam.* Amante, querido.
QUERER m. Cariño, afecto: *un querer profundo.*
QUERER v. t. (lat. *quaerere*). Desear: *quiero comer.* (SINÓN. V. *Codiciar.*) || Tener cariño: *querer a sus padres.* (SINÓN. V. *Amar.*) || Resolver, decidir: *quiero hacer lo que me da la gana.* || Intentar, procurar: *querer lo imposible.* || Conformarse o avenirse. || Aceptar el envite en el juego. || — V. impers. Estar a punto de ocurrir una cosa: *quiere llover.* || *Como quiera que,* m. adv., de cualquier modo, y tb. supuesto que. || *¡Que si quieres!* expr. para rechazar una pretensión o encarecer dificultad. || *Querer decir,* significar. || *Sin querer,* sin intención. || *Querer el oro y el moro,* querer lo imposible. || — IRREG. Pres. ind.: *quiero, quieres, quiere, queremos, queréis, quieren;* pret. indef.: *quise, quisiste, quiso, quisimos, quisisteis, quisieron;* fut. imperf.: *querré, querrás, querrá, queremos, querréis, querrán;* imper.: *quiere, quered;* pot.: *querría,* etc.; pres. subj.: *quiera, queramos,* etc.; pret. imperf.: *quisiera, quisieras,* etc., y *quisiese, quisieses,* etc.; fut. subj.: *quisiere,* etc.
QUERESA f. Cresa.
QUERETANO, NA adj. De Querétaro.
QUERIDO, DA m. y f. Hombre, respecto de la mujer, o mujer, respecto del hombre, con quien se tiene relaciones amorosas ilícitas.
QUERINDANGA f. *Fam.* Querida.
QUERMES m. (del ar. *quermes,* grana). Insecto parecido a la cochinilla, que vive en la coscoja y cuyas agallas producen la grana. || *Farm.* Mezcla de sulfuro de antimonio que se usa como expectorante.
QUEROCHA f. Queresa, cresa de abejas.
QUEROSENO m. Hidrocarburo muy elevado que solamente es explosivo a gran presión (se emplea en los motores de aviación).
QUERQUES y **QUERREQUERRE** m. *Col.* y *Venez.* Carriquí, ave americana.
QUERSONESO m. (del gr. *khersos,* seco, árido, y *nêsos,* isla). Península: *el quersoneso címbrico.*
QUERUB y **QUERUBE** m. *Poét.* Querubín. (SINÓN. V. *Angel.*)
QUERUBÍN m. (hebr. *kerubim*). Nombre de los espíritus celestes del primer coro angélico. (SINÓN. V. *Angel* y *niño.*)
QUESADILLA f. Especie de pastel de queso y masa. || Pastelillo relleno de dulce. || *Amer.* Pan de maíz, doblado, relleno de queso y azúcar.
QUESEAR v. t. Hacer quesos.
QUESERA f. Mujer que hace o vende queso. || Molde donde se fabrica el queso; vasija donde se guarda, etc. || Plato para servir el queso.
QUESERÍA f. Quesera, mesa que sirve para hacer queso. || La tienda donde se venden quesos.
QUESERO m. El que hace o vende queso.
QUESO m. (lat. *caseus*). Alimento obtenido haciendo fermentar la leche cuajada. || *Queso de cerdo,* manjar hecho con carne de cerdo picada y prensada. || *Queso helado,* helado que tiene forma de queso. || *Medio queso,* tabla que sirve a los sastres para planchar ciertas costuras. || *Pop. Darla con queso,* engañar a uno, pegársela.
QUETZAL m. (mex. *quetzalli*). Ave trepadora de la América tropical, de plumaje suave, verde tornasolado y rojo: *el quetzal figura en las armas de Guatemala.* || Unidad monetaria de Guatemala.
QUEVEDESCO, CA adj. Característico del escritor Quevedo, o parecido a su estilo.
QUEVEDOS m. pl. Anteojos que se sujetan en la nariz. || — SINÓN. *Antiparras, binóculo, impertinentes, lentes.*
QUEZALTECO, CA adj. y s. De Quezaltenango (Guatemala).
¡QUIA! interj. *Fam.* Denota incredulidad.
QUIANTI m. (ital. *Chianti*). Clase de vino elaborado en Toscana.
QUIASMA m. *Anat.* Cruce.
QUIBDOANO, NA o **QUIBDOENSE** adj. y s. De Quibdó (Colombia).
QUIBEBE m. *Riopl.* Quiveve.
QUIBEY m. Planta lobeliácea de las Antillas.
QUIBOMBO m. Quingombó.
QUICIAL m. Madero que asegura al quicio las puertas y ventanas por medio de pernios y bisagras. || Quicio.
QUICIALERA f. Quicial.
QUICIO m. Parte de la puerta o ventana en que entra el espigón del quicial. || *Fig. Fuera de quicio,* fuera de lo regular. || *Fig. Sacar de quicio,* exasperar.
QUICHÉ adj. y s. Pueblo indígena de Guatemala. || Lengua hablada por estos indios.
QUICHELENSE adj. y s. De El Quiché (Guatemala).
QUICHUA adj. y s. Quechua.
QUICHUISMO m. Quechuismo.
QUID m. (del lat. *quid,* qué cosa). Esencia o motivo de una cosa: *ése es el quid del negocio.*
QUÍDAM m. (del lat. *quidam,* uno, alguno). *Fam.* Sujeto indeterminado. (SINÓN. V. *Persona.*) || *Fam.* Sujeto sin importancia.
QUIEBRA f. Rotura, grieta. (SINÓN. V. *Hendedura.*) || Grieta que se produce en la tierra con las lluvias. || Pérdida o menoscabo. || *Com.* Acción de quebrar un comerciante. (SINÓN. *Bancarrota, insolvencia, liquidación, ruina.*) || Riesgo: *las quiebras del oficio.*
QUIEBRACAJETE m. *Guat.* Planta de la familia de las convolvuláceas, de hermosas flores.
QUIEBRAHACHA m. El jabí, árbol.
QUIEBRO m. Ademán hecho hurtando el cuerpo sin moverse del sitio. || *Mús.* Adorno que consiste en acompañar una nota de otras tres o cuatro ligeras. || *Taurom. Al quiebro,* modo de clavar las banderillas hurtando el cuerpo con un movimiento rápido de cintura.
QUIEN pron. rel. (lat. *quinam*). Se refiere más especialmente a las personas: *mi madre, a quien respeto; las personas a quien* (mejor *a quienes*) *has visto.* || — Pron. indet. Equivale a *qué persona: ¿quién ha venido?* o a *la persona que: quien bien te quiera te hará llorar.* || *Ser quien para una cosa,* tener autoridad o capacidad para ella. || *Como quien no quiere la cosa,* con disimulo.
QUIENQUIERA pron. indet. Cualquier persona indeterminada: *quienquiera que sea llorará.*
QUIETACIÓN f. Acción de quietar o aquietar.
QUIETAR v. t. Aquietar, tranquilizar.
QUIETE f. Hora de recreo que se toma después de comer, en algunas comunidades.
QUIETISMO m. Doctrina preconizada por el teólogo español Miguel de Molinos acerca de la eficacia del puro amor de Dios para nuestra salvación. || Quietud, inacción.
QUIETISTA adj. y s. Partidario del quietismo.
QUIETO, TA adj. (lat. *quietus*). Inmóvil, sin movimiento. || *Fig.* Pacífico, sosegado: *estarse quieto.* (SINÓN. V. *Tranquilo.*)
QUIETUD f. Inmovilidad, falta de movimiento. || *Fig.* Sosiego, paz, reposo, descanso. (SINÓN. V. *Tranquilidad.* CONTR. *Inquietud.*)
QUIJADA f. Cada una de las dos mandíbulas de los vertebrados que tienen dientes.
QUIJAL y **QUIJAR** m. Quijada.

quepis

quetzal

QUIJERA f. Hierro del tablero de la ballesta. || Nombre de dos correas de la cabezada del caballo, que van de la frontalera a la muserola.
QUIJERO m. Lado en declive de una acequia.
QUIJO m. Cuarzo.
QUIJONES m. pl. Planta umbelífera aromática.
QUIJONGO m. *C. Rica.* Instrumento músico de cuerdas.
QUIJOTADA f. Acción propia de un quijote.
QUIJOTE m. Pieza del arnés que cubre el muslo. || Parte superior del anca del caballo.
QUIJOTE m. (de *D. Quijote de la Mancha*). *Fig.* Hombre exageradamente serio o entonado. || Hombre que muestra amor excesivo a lo ideal y no sabe avenirse con las cosas corrientes. || *Fig.* Hombre aficionado a meterse a juzgar cosas que no le importan. (V. *Parte hist.*)
QUIJOTERÍA f. Carácter y acciones dignos de un quijote. (SINÓN. *Quijotismo.*)
QUIJOTESCO, CA adj. Que obra con quijotería, ridículamente grave y entonado: *un tono quijotesco.*
QUIJOTISMO m. Exageración de caballerosidad. || Vanidad, orgullo ridículos.
QUILA f. *Chil.* Gramínea alta y ramosa.
QUILATAR v. t. Aquilatar.
QUILATE m. (ár. *quirat*). Unidad de peso para las perlas y piedras preciosas (205 mg). || Cada una de las veinticuatro partes de oro fino que contiene una mezcla: *el oro de veintidós quilates contiene 22 partes de oro fino y 2 de cobre.*
QUILI, prefijo. (V. KILI.)
QUILICO m. *Ecuad.* Cernícalo, ave de rapiña.
QUILÍFERO, RA adj. Dícese de los vasos linfáticos que absorben el quilo en la digestión.
QUILIFICACIÓN f. Acción de quilificar.
QUILIFICAR v. t. (del lat. *chylus* y *facere*). *Zool.* Convertir en quilo los alimentos.
QUILIGUA f. *Méx.* Guacal para cargar legumbres.
QUILMA f. En algunos sitios, costal, saco.
QUILMOLE m. *Méx.* Cierto potaje de hierbas.
QUILO m. (del gr. *khylos,* jugo). Líquido blanquecino que circula por los vasos quilíferos y es absorbido por la mucosa intestinal durante la digestión. || *Fam. Sudar el quilo,* trabajar mucho.
QUILO m. Kilo.
QUILOMBO m. *Venez.* Choza, cabaña en el campo. || — Pl. *Venez. Fam.* Andurriales. || *Riopl.* Lupanar.
QUILÓPODOS m. pl. *Zool.* Orden de artrópodos miriápodos, como la escolopendra.
QUILTRÍN m. Quitrín.
QUILTRO m. *Chil.* Perro gozque.
QUILLA f. Pieza de madera o hierro que forma la base del barco y que sostiene toda su armazón. || *Anat.* Parte saliente y afilada del esternón de las aves voladoras.
QUILLANGO m. *Riopl.* Manta de pieles cosidas que usan los indios.
QUILLAPÍ m. Quiyapí.
QUILLAY m. *Chil.* y *Arg.* Árbol llamado también *palo de jabón.*
QUILLOTRA f. *Fam.* Amiga, querida.
QUILLOTRAR v. t. *Fam.* Excitar, estimular. || *Fam.* Enamorar, cautivar. || *Fam.* Meditar, discurrir. || — V. r. *Fam.* Enamorarse. || Componerse, ataviarse, acicalarse. || Quejarse.
QUILLOTRO m. *Fam.* Estímulo, incentivo. || *Fam.* Indicio, síntoma. || *Fam.* Enamoramiento, devaneo. || *Fam.* Requiebro, galanteo. || *Fam.* Amigo, favorito.
QUIMBA f. *Amer.* Contoneo al andar o al bailar, garbo, gallardía. || *Col.* Apuro. || *Col., Ecuad.* y *Venez.* Calzado rústico.
QUIMBO m. *Cub.* Machete. || — Adj. *Arg.* Chimbo.
QUIMBOLIYO m. *Ecuad.* El tamal no relleno.
QUIMBOMBÓ m. *Cub.* y *Venez.* Quingombó.
QUIMERA f. (del gr. *khimaira,* animal fabuloso). Monstruo fabuloso. (V. *Parte hist.*) || *Fig.* Idea falsa. (SINÓN. V. *Fábula* e *ilusión.* CONTR. *Realidad.*) || *Fig.* Pendencia, riña. || *Zool.* Nombre de un pez y de una mariposa.
QUIMÉRICO, CA adj. Que se forja quimeras: *espíritu quimérico.* (SINÓN. V. *Soñador.*) || Sin fundamento: *idea quimérica.* (SINÓN. V. *Imaginario.*)

quimera

QUIMERISTA adj. y s. Amigo de quimeras. || Aficionado a riñas o pendencias, camorrista.
QUÍMICA f. (gr. *khêmeia*). Ciencia que estudia la naturaleza y las propiedades de los cuerpos simples, la acción molecular de los mismos unos sobre otros y las combinaciones debidas a dichas acciones. || *Química biológica* o *bioquímica,* parte de la química que comprende el estudio de las reacciones que se producen en los tejidos orgánicos. || *Química general,* la que estudia las leyes relativas al conjunto de los elementos químicos. || *Química industrial,* parte de la química que estudia especialmente las relaciones de la química con la industria. || *Química mineral,* la que estudia los metales, los metaloides y sus combinaciones. || *Química orgánica,* la que estudia especialmente los compuestos del carbono.
QUÍMICAMENTE adv. m. Según las leyes y los procedimientos de la química.
QUÍMICO, CA adj. Relativo o perteneciente a la química: *composición química.* || — M. El que profesa la química.
QUIMIFICACIÓN f. *Zool.* Transformación de los alimentos en quimo, realizada por la digestión.
QUIMIFICAR v. t. *Zool.* Convertir en quimo.
QUIMIL m. *Méx.* Lío de ropa; maleta, maletín.
QUIMIOTERAPIA f. Terapéutica que utiliza productos químicos.
QUIMO m. (gr. *khymos*). Especie de pasta que forman los alimentos después de la primera operación sufrida en el estómago.
QUIMONO m. (japonés *kimono*). Especie de bata japonesa. || Tela de algodón, estampada y pintada, que se fabrica en el Japón.
QUINA f. (del lat. *quini,* cada cinco). Quiterna, suerte de cinco números en la lotería antigua. || — Pl. Armas de Portugal (cinco escudos azules en cruz, que llevan cada uno cinco dineros en aspa). || En los juegos de dados, dos cincos que salen en una tirada.
QUINA f. Corteza del quino usada en medicina como febrífugo: *la quina amarilla es la más estimada.* || *Pop. Tragar quina,* aguantar, sufrir. || *Fam. Más malo que la quina,* muy malo.
QUINADO, DA adj. Dícese del vino o licor que se prepara con quina.
QUINAL m. *Mar.* Cabo encapillado en los palos para aliviar los obenques. || *Col.* y *Per.* Quino, árbol.
QUINAO m. (del lat. *quin autem,* más en contra). Enmienda que hace el que argumenta al error del adversario. (P. us.)
QUINAQUINA f. Quina, corteza del quino. || Árbol de la familia de las leguminosas.
QUINAR v. t. *Cub. Fam.* Vencer con argumentos.
QUINARIO adj. Compuesto de cinco elementos o unidades. || — M. Moneda romana de plata, equivalente a cinco ases. || Espacio de cinco días dedicados a oraciones y devociones especiales.
QUINCALLA f. Conjunto de objetos de metal de escaso valor: *una tienda de quincalla.*
QUINCALLERÍA f. Fábrica, tienda de quincalla.
QUINCALLERO, RA m. y f. Persona que fabrica o vende quincalla.
QUINCE adj. (lat. *quindecim*). Tres veces cinco. || Decimoquinto: *año quince.* || *Pop. Dar quince y raya,* aventajar en mucho.
QUINCENA f. Espacio de quince días. || Paga que se recibe quincenalmente. || Acertijo que se ha de adivinar en quince preguntas.
QUINCENAL adj. Que sucede cada quincena o dura una quincena: *revista quincenal.*
QUINCONCE m. Galicismo por *tresbolillo.*
QUINCUAGENA f. Cincuentena.
QUINCUAGENARIO, RIA adj. De cincuenta unidades. || — Adj. Cincuentón, de cincuenta años.
QUINCUAGÉSIMA f. Domínica que precede a la primera de cuaresma.
QUINCUAGÉSIMO, MA adj. (lat. *quincuagesimus*). Que sigue a lo cuadragésimo nono. || — M. Cada una de las cincuenta partes iguales en que se divide un todo.
QUINCHA f. *Amer.* Zarzo de juncos que sirve para varios usos. || *Per.* y *Chil.* Pared de cañas y barro o sólo de palos y cañas. || *Col.* Tominejo, colibrí, ave.

QUINCHAR v. i. *Per.* Hacer una quincha o cercar con quincha. ‖ *Riopl.* Poner quinchas en una cosa.
QUINCHIHUE m. *Amér. Merid.* Planta anual de color verde claro, olorosa y medicinal.
QUINCHO m. Quincha.
QUINCHONCHO m. Arbusto de la familia de las leguminosas, de semilla comestible.
QUINDE m. *Amer.* Colibrí.
QUINDÉCIMO, MA adj. y s. Quinzavo. (P. us.)
QUINDENIAL adj. Cada quince años.
QUINDENIO m. Espacio de quince años.
QUINFA f. *Col.* Sandalia.
QUINGENTÉSIMO, MA adj. Que sigue inmediatamente a lo cuadringentésimo nonagésimo nono. ‖ — M. Cada una de las 500 partes iguales de un todo.
QUINGO m. *Amer.* Zigzag, ese.
QUINGOMBÓ m. *Amer.* Género de malváceas.
QUINGUEAR v. i. *Amer.* Formar quingos.
QUINIELAS f. pl. Juego de apuestas en varios deportes, como fútbol, pelota vasca, carreras de caballos, etc. ‖ *Arg.* Cierto juego de azar.
QUINIELISTA adj. y s. Que hace quinielas.
QUINIENTOS, TAS adj. Cinco veces ciento: *quinientos hombres.* ‖ Quingentésimo: *año quinientos.*
QUININA f. *Quím.* Alcaloide vegetal extraído de la quina: *la quinina se emplea como febrífugo.*
QUINO m. Árbol de la familia de las rubiáceas, cuya corteza es la quina. ‖ Zumo de varios vegetales, usado como astringente. ‖ Quina, corteza del quino.
QUÍNOA f. Quinua.
QUÍNOLA f. Juego de naipes en que gana el que reúne cuatro cartas del mismo palo. ‖ *Fam.* Cosa rara, extraña. ‖ —F. pl. Juego de naipes cuyo lance principal es la *quínola.*
QUINOLEÍNA f. *Quím.* Derivado del alquitrán utilizado en medicina y fotografía.
QUINOLILLAS f. pl. Quínolas, juego.
QUINOQUINO m. *Per.* Árbol que produce bálsamo.
QUINQUÉ m. (fr. *quinquet*). Especie de lámpara con depósito de combustible y tubo de cristal.
QUINQUENAL adj. Que sucede cada quinquenio. ‖ Que dura cinco años: *plan quinquenal.*
QUINQUENIO m. (lat. *quinquennium,* de *quinque,* cinco, y *annus,* año). Espacio de cinco años.
QUINQUÍN m. *Ecuad.* Hormiga venenosa.
QUINQUINA f. Quina.
QUINTA f. Casa de campo que sirve generalmente de recreo y se arrienda por la quinta parte de sus frutos. (SINÓN. V. *Villa.*) ‖ Acción de quintar. ‖ En el juego de los cientos, cinco cartas del mismo palo. ‖ Reemplazo anual para el ejército. ‖ *Mús.* Intervalo de tres tonos y un semitono mayor, es decir, de cinco notas seguidas.
QUINTACOLUMNISTA adj. y s. Perteneciente a la quinta columna. (V. COLUMNA.)
QUINTADOR, RA adj. y s. Que quinta.
QUINTAESENCIA f. Última esencia de una cosa. ‖ — SINÓN. *Extracto, substancia.*
QUINTAESENCIAR v. t. Refinar, alambicar.
QUINTAL m. Peso de cien libras (en Castilla, 46 kg). ‖ *Quintal métrico,* peso de cien kilogramos.
QUINTAMIENTO m. La acción de quintar.
QUINTANTE m. Instrumento astronómico que sirve algunas veces para observaciones marítimas.
QUINTAÑÓN, ONA adj. y s. *Fam.* Centenario.
QUINTAR v. t. Tomar una cosa de cada cinco. ‖ Sacar por suerte los soldados. ‖ — V. i. Llegar al número quinto, al quinto día, etc.: *la Luna ha quintado.* ‖ Pujar la quinta parte en un remate.
QUINTE m. *Zool.* Especie de gamo de México.
QUINTERÍA f. Casa de campo, cortijo o labor.
QUINTERNA f. Quinterno, suerte de la lotería.
QUINTERNO m. Cuaderno de cinco pliegos. ‖ Suerte de cinco números en la lotería.
QUINTETO m. (ital. *quintetto*). Combinación de cinco versos de arte mayor: *escribir un quinteto.* ‖ *Mús.* Composición para cinco voces. ‖ Agrupación de cinco músicos.
QUINTIL m. Quinto mes del año romano.
QUINTILLA f. Combinación de cinco versos octosílabos y, por extensión, de cualquiera otra medida.
QUINTILLO m. El juego de naipes parecido al del hombre, entre cinco.
QUINTILLÓN m. Quinta potencia del millón (10^{30}).
QUINTÍN (San), n. pr. Empléase en la frase: *armarse la de San Quintín,* haber gran pendencia entre dos o varias personas.
QUINTO, TA adj. (lat. *quintus*). Que sigue en orden a lo cuarto. ‖ — M. Cada una de las cinco partes iguales en que se divide un todo. ‖ Aquel a quien le toca ser soldado. (SINÓN. V. *Novicio.*) ‖ *For.* Quinta parte de su caudal que puede legar el testador a quien quiera. ‖ *Méx.* y *Chil.* Moneda de 5 centavos. ‖ *Arg.* Nombre de diversas porciones en que se dividen las tierras de labor.
QUINTOVÉ m. *Arg.* Bienteveo, ave.
QUINTRAL m. Muérdago de flores rojas. ‖ Cierta enfermedad que sufren las sandías y porotos.
QUINTUPLICACIÓN f. Acción y efecto de quintuplicar o quintuplicarse.
QUINTUPLICAR v. t. Multiplicar por cinco una cantidad: *quintuplicar las ganancias.*
QUÍNTUPLO, PLA adj. y s. Que es cinco veces mayor: *cantidad quíntupla de otra.*
QUINUA f. *Bot. Amér. Merid.* Planta anual de la familia de las quenopodiáceas cuya semilla es alimenticia y sirve para hacer una bebida y sus hojas se comen como espinacas.
QUINUZA f. *Venez.* Tristeza.
QUINZAVO, VA adj. y s. *Arit.* Cada una de las quince partes iguales en que se divide un todo.
QUIÑADO, DA adj. *Per.* Que tiene agujeros o señales. ‖ Cacarañado, señalado de viruelas.
QUIÑAR v. t. *Per.* Hacer hoyuelos en la madera. ‖ *Chil.* y *Per.* Dar cachadas al trompo mientras baila.
QUIÑAZO m. *Amer.* Encontrón.
QUIÑÓN m. (lat. *quinio, quinionis*). Parte que toca a cada uno en un reparto. (P. us.) ‖ Medida agraria filipina (2 Ha. 79 a., 50).
QUIOSCO o **KIOSCO** m. (del turco *kiuchk,* mirador). Edificio pequeño, de estilo oriental, que adorna las azoteas, jardines, etc. ‖ Edificio pequeño, donde se suelen vender periódicos, flores, etc.
QUIOTE m. *Méx.* Bohordo del maguey.
QUIPE m. *Per.* Morral que se lleva a cuestas.
QUIPOS m. pl. Cuerdas de varios colores con que, haciendo diversos nudos, los indios del Perú suplían la falta de escritura y hacían las cuentas.
QUIQUE m. *Arg.* y *Chil.* Especie de hurón o comadreja.
QUIQUIRIQUÍ m. Onomatopeya del canto del gallo: *un alegre quiquiriquí.*
QUIRAGRA f. *Med.* Gota en las manos.
QUÍRICO m. *Venez.* Mandadero.
QUIRITE m. (lat. *quiris*). Ciudadano romano.
QUIRÓFANO m. *Cir.* Sala de operaciones. (V. ilustr. pág. 862.)
QUIROGRAFARIO, RIA y **QUIRÓGRAFO, FA** adj. Dícese del documento concerniente a una obligación contractual, que no está autorizada por notario.
QUIROMANCIA f. (del gr. *kheir,* mano, y *manteia,* adivinación). Adivinación por las rayas de la mano.
QUIROMÁNTICO, CA adj. y s. Relativo a la quiromancia o que profesa esta ciencia.
QUIRÓPTEROS m. pl. (del gr. *kheir,* mano, y *pteron,* ala). *Zool.* Orden de mamíferos carniceros nocturnos que comprende los murciélagos, vampiros, etc.
QUIRQUINCHO m. Armadillo americano: *el carapacho del quirquincho sirve para hacer charangos.* ‖ *Chil. Ponerse como un quirquincho,* como una fiera.
QUIRÚRGICO, CA adj. Relativo a la cirugía.
QUISCA f. *Chil.* Espina que tienen los cactos. ‖ *Arg.* Cabello grueso y duro.
QUISCAL m. Ave dentirrostra de América, de plumaje negro con reflejos metálicos.
QUISCO m. *Chil.* Cardón.
QUISCUDO, DA adj. *Amer.* De pelo duro y cerdoso.

quino

quinqué

quinta

quipos

quiscal

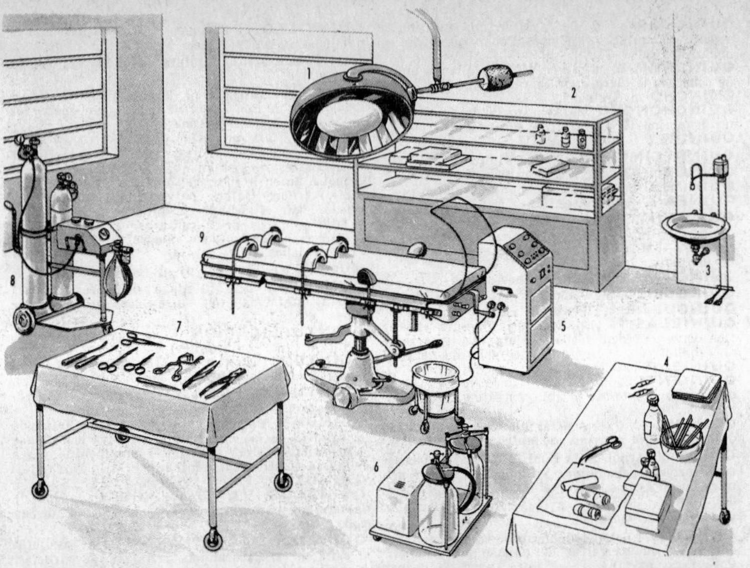

QUIRÓFANO

1. Lámpara
2. Vitrina
3. Lavabo
4. Mesa para medicinas, vendas, etc.
5. Bisturí eléctrico
6. Lavadora aspiradora
7. Mesa de instrumentos
8. Aparato para la anestesia
9. Mesa de operaciones

QUISICOSA f. *Fam.* Enigma, duda, inquietud.
QUISNEADO, DA y **QUISNETO, TA** adj. *Hond.* Que está torcido o tuerto.
QUISQUE, voz latina usada en la expresión familiar: *cada quisque,* cada uno, cada cual: *le dieron a cada quisque su merecido.*
QUISQUIDO, DA adj. *Arg.* Estreñido.
QUISQUILLA f. *Fam.* Pequeñez o menudencia: *dejarse de quisquillas.* ‖ Especie de camarón.
QUISQUILLAR v. i. *Chil. Fam.* Sentir cojijo.
QUISQUILLOSO, SA adj. y s. Que se para en quisquillas. ‖ Muy delicado: *un hombre demasiado quisquilloso.* (SINÓN. V. *Susceptible.*)
QUISTE m. (gr. *kustis*). *Cir.* Especie de vejiga membranosa que se forma dentro del cuerpo y cuyo contenido es líquido: *los quistes se extirpan quirúrgicamente.* (SINÓN. V. *Tumor.*)
QUITA f. *For.* Remisión de parte de una deuda.
QUITACIÓN f. Renta, salario. ‖ *For.* Quita.
QUITADOR, RA adj. y s. Que quita una cosa.
QUITAIPÓN m. Quitapón.
QUITAMANCHAS com. Sacamanchas, tintorero. ‖ Producto para quitar manchas.
QUITAMERIENDAS f. *Bot.* Planta liliácea parecida al cólquico.
QUITAMIENTO m. Quita.
QUITAMOTAS com. *Fam.* Lisonjero, adulador.
QUITANIEVES m. Aparato móvil para despejar de nieve las carreteras, ferrocarriles, etc.
QUITANZA f. Recibo. (P. us.)
QUITAPESARES m. *Fam.* Consuelo, alivio.
QUITAPÓN m. Adorno con borlas que suele ponerse en la testera de las caballerías. ‖ *De quitapón,* loc. fam., de quita y pon.
QUITAR v. t. Separar una cosa de otras o del lugar donde debe estar. (SINÓN. V. *Sacar.*) ‖ Robar: *le quitaron la capa.* (SINÓN. V. *Robar.*) ‖ Impedir: *me quitas que salga; lo cortés no quita a lo valiente.* ‖ Despojar o privar de algo: *quitar la vida.* (SINÓN. *Confiscar, retirar, suprimir.*) ‖ *Esgr.* Evitar una estocada. ‖ — V. r. Apartarse de una cosa. ‖ *Fig. y fam. Quitar el hipo,* sorprender, asombrar una persona o cosa. ‖ *Quitarse de en medio,* irse. ‖ *Quitarse a uno de encima,* desembarazarse de él. ‖ *De quita y pon,* m. adv., que fácilmente se quita y se pone.
QUITASOL m. Especie de paraguas que sirve para resguardarse del sol. (SINÓN. *Parasol, sombrilla.*) ‖ *Méx.* Una especie de hongo silvestre.
QUITASOLILLOS m. Planta acuática, especie de lenteja de Cuba.
QUITASUEÑO m. *Fam.* Lo que desvela.
QUITE m. Acción de quitar o estorbar. ‖ *Taurom.* Lance con que se aleja el toro del picador caído o de cualquier otro torero en peligro. ‖ *Esgr.* Movimiento que se hace para evitar un tajo o estocada. ‖ *Col.* Regate, acción de hurtar el cuerpo. ‖ *Estar al quite,* remediar a tiempo un peligro.
QUITEÑO, ÑA adj. y s. De Quito, cap. del Ecuador.
QUITINA f. Substancia orgánica que constituye el esqueleto de los animales articulados.
QUITINOSO, SA adj. *Zool.* Que está constituido por quitina: *caparacho quitinoso.*
QUITÓN m. (gr. *khitón*). *Zool.* Molusco anfineuro muy abundante en las costas de España.
QUITRÍN m. *Amer.* Especie de carruaje abierto que tiene dos ruedas y una capota de fuelle.
QUIVEVE m. *Riopl.* Guisado de zapallo cocido.
QUIYÁ m. *Riopl.* Género de mamíferos bastante parecidos al capincho. (SINÓN. *Coipú.*)
QUIYAPÍ m. *Arg.* Manta de pieles de los indios guaraníes.
QUIZÁ o **QUIZÁS** adv. de duda. Denota la posibilidad de una cosa: *quizá venga tu primo.* ‖ *Quizá y sin quizá,* m. adv., de todos modos, seguramente: *lo haré, quizá y sin quizá.*
QUÓRUM m. (pal. lat.). Número de individuos necesario para que sea válida una votación.

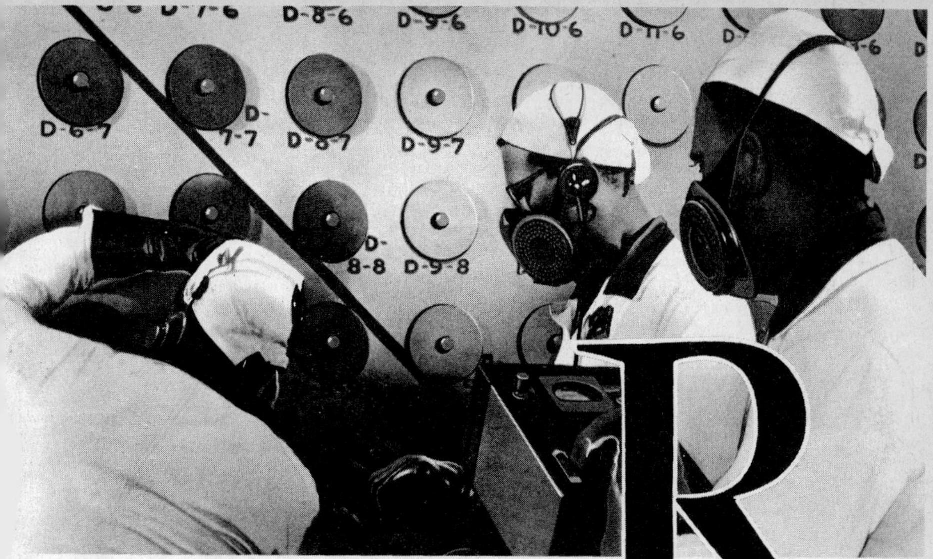

Reactor nuclear: cambio de barras de uranio

R

R f. Vigésima primera letra y decimoséptima consonante del abecedario castellano. ‖ Símbolo del *roentgen* o *röntgen*.
Ra, símbolo químico del *radio*.
RABA f. Cebo de huevas de bacalao para la pesca. (SINÓN. V. *Cebo.*)
RABADA f. Parte del cuarto trasero de una res de carnicería.
RABADÁN m. Mayoral que gobierna la cabaña y manda a los demás zagales y pastores.
RABADILLA f. Punta inferior del espinazo. ‖ En las aves, extremidad de la columna vertebral, donde están las plumas de la cola.
RABANAL m. Sitio sembrado de rábanos.
RABANERA f. Mujer que vende rábanos, verdulera. ‖ *Fig.* y *fam.* Mujer muy grosera, desvergonzada.
RABANERO, RA adj. Dícese del vestido corto que usan algunas mujeres. ‖ *Fig.* y *fam.* Desvergonzado: *modales rabaneros.* ‖ — M. El que vende rábanos.
RABANILLO m. Planta de la familia de las crucíferas. ‖ *Fig.* Agrio del vino que va haciéndose vinagre. ‖ *Fig.* y *fam.* Desdén y esquivez en el trato. ‖ *Fig.* y *fam.* Deseo grande de una cosa.
RABANIZA f. Simiente del rábano. ‖ Planta de la familia de las crucíferas, común en lugares incultos.
RÁBANO m. (lat. *raphanus*). Planta comestible, de la familia de las crucíferas, de raíz carnosa, fusiforme, blanca, roja o negra: *el rábano es originario de China.* ‖ Raíz comestible de esta planta. ‖ *Fig. Tomar el rábano por las hojas,* interpretar o ejecutar una cosa equivocadamente.
RABDOMANCIA f. Adivinación por medio de una varilla mágica.
RABEAR v. i. Menear el rabo los animales.
RABEL m. (ár. *rabeb*). Instrumento músico pastoril hecho a modo de laúd. ‖ *Fig.* y *fest.* El trasero.
RABEO m. Acción de rabear.
RABERA f. Parte posterior de ciertas cosas. ‖ Mango de herramienta. ‖ Tablero de la ballesta, desde la nuez para abajo. ‖ Lo que sobra de acribar las semillas.
RABERÓN m. Nombre que se da a la extremidad superior del árbol cortado para madera.
RABÍ m. Forma de la palabra *rabino* usada como título ante un nombre: *rabí Samuel.*

Fot. U. S. I. S.

RABIA f. (lat. *rabies*). Enfermedad virulenta que se transmite de los animales al hombre, caracterizada por fenómenos de excitación, de parálisis y de muerte: *Pasteur inventó la vacuna contra la rabia.* ‖ Una enfermedad del garbanzo. ‖ *Fig.* Ira, enojo, cólera: *me da rabia de leer eso.* (SINÓN. V. *Furor.*) ‖ *Fig.* y *fam. Tener rabia a una persona,* odiarla.
RABIACANA f. Arísaro, planta arácea.
RABIADA f. *Hond. Fam.* Movimiento de cólera.
RABIAMARILLO m. *Amer.* Gulungo, ave.
RABIAR v. i. Padecer la enfermedad llamada *rabia.* ‖ *Fig.* Sufrir mucho: *rabiar de dolor de muelas.* ‖ *Fig.* Desear con vehemencia: *rabia por salir.* ‖ *Fig.* Impacientarse. (SINÓN. *Encolerizarse, irritarse, trinar.*) ‖ *Fig.* Exceder en mucho lo usual: *este pimiento pica que rabia.* ‖ *A rabiar,* mucho, con exceso. ‖ — PARÓN. *Rabear.*
RABIASCA f. *Cub.* Rabieta, rabia sin motivo.
RABIATAR v. t. Atar por el rabo un animal.
RÁBICO, CA adj. Perteneciente o relativo a la rabia: *inocular el virus rábico a un conejo.*
RABICORTO, TA adj. Que tiene el rabo corto: *un perro rabicorto.* ‖ *Fig.* Que viste faldas bastante más cortas que lo regular: *una chiquilla rabicorta.*
RABIETA f. *Fam.* Rabia, enojo sin motivo.
RABIHORCADO m. Ave palmípeda muy voladora, de tres metros de envergadura y cola ahorquillada: *el rabihorcado se alimenta de peces, que pesca a flor de agua.* ‖ *Col.* Planta de hojas parecidas a las del plátano y usadas para techar.
RABIJUNCO m. Pájaro de la América meridional.
RABILARGO, GA adj. De rabo largo. ‖ *Fig.* Que trae las vestiduras arrastrando. ‖ — M. Pájaro de plumaje leonado negro en la cabeza y azul en las alas y la cola. (SINÓN. *Gálgulo.*)
RABILLO m. Pecíolo de las hojas. ‖ Pedúnculo de las frutas. ‖ Cizaña, gramínea. ‖ Mancha negra en los granos de los cereales atacados por el tizón. ‖ Ángulo, punta: *mirar con el rabillo del ojo.* ‖ Tira de tela con hebilla que sirve para apretar los pantalones o chalecos. ‖ *Rabillo de conejo,* planta de la familia de las gramíneas.
RABIMOCHO, CHA adj. *Col.* y *Per.* Rabón.

rábano

rabel

rabihorcado

rabino

RABINCHO, CHA adj. *Ecuad.* y *Arg.* Sin mango: *cuchillo rabincho.*
RABÍNICO, CA adj. Relativo a los rabinos.
RABINISMO m. Doctrina que siguen o enseñan los rabinos.
RABINISTA com. Persona que sigue las doctrinas de los rabinos.
RABINO m. (del hebr. *rabb,* maestro). Doctor de la ley judaica. || Ministro del culto israelita: *los rabinos son nombrados por el Consistorio.*
RABIÓN m. Parte de un río donde se estrecha el cauce y se hace mucho más violenta la corriente.
RABIOSAMENTE adv. m. Con rabia o cólera.
RABIOSO, SA adj. y s. Que padece rabia: *perro rabioso.* || *Fig.* Enojado. (SINÓN. V. *Colérico.*) || *Fig.* Vehemente, excesivo: *deseo rabioso.* || *Fam.* Chillón (color). || *Fam.* Muy picante (sabor).
RABIRRUBIA f. *Cub.* Un pez de las Antillas.
RABISALSERA adj. f. *Fam.* Viva y desenvuelta.
RABIZA f. Punta de la caña de pescar. (SINÓN. *Mediana.*) || *Mar.* Extremo de ciertas cosas. || Terreno arenoso y falso.
RABO m. (del lat. *rapum,* rabo). Cola: *el rabo de la zorra.* ||Rabillo de una hoja o fruto. || Ángulo, rabillo: *el rabo del ojo.* || *Rabo de junco,* pájaro americano de hermoso color dorado y verde. || *Fig. Amér. C.* y *Méx.* Viejo verde. || *Faltar aún el rabo por desollar,* no haber acabado aún un trabajo. || *Irse* (o *salir*) *con el rabo entre piernas,* ir avergonzado.
RABÓN, ONA adj. Que tiene corto o cortado el rabo: *perro rabón.* || *Venez.* Dícese del cuchillo que perdió las cachas.
RABONA f. *Per.* y *Chil.* Mujer que suele acompañar al soldado en marcha, llevando a cuestas los útiles de cocina y hasta a los hijos pequeños. || *Fam. Hacer rabona,* hacer novillos: *niños que hacían frecuentemente rabona.*
RABONEAR v. i. *Fam.* Hacer rabona.
RABOPELADO m. Zarigüeya.
RABOSEADA y **RABOSEADURA** f. Acción de rabosear o chafar una cosa.
RABOSEAR v. t. Chafar, manosear las cosas.
RABOSO, SA adj. Que tiene rabos o puntas deshilachadas.
RABOTADA f. *Fam.* Grosería: *soltar rabotadas.*
RABOTEAR v. t. Desrabotar, cortar el rabo.
RABOTEO m. La acción de rabotear las ovejas.
RABUDO, DA adj. Que tiene rabo grande.

RÁBULA m. (lat. *rabula*). El abogado charlatán.
RACA f. *Mar.* Racamento.
RACACHA f. *Chil.* Planta bulbosa comestible.
RACAMENTA f. y mejor **RACAMENTO** m. *Mar.* Aro con que se sujeta la verga a su palo.
RACER m. (pal. ingl., pr. *réser*). Caballo de carreras muy veloz. || Cierto barco de vela muy veloz.
RACIMA f. Conjunto de cencerrones.
RACIAL adj. De la raza: *discriminación racial.*
RACIMAR v. t. Rebuscar la racima después de hecha la vendimia. || — V. r. Arracimarse.
RACIMO m. (lat. *racemus*). Conjunto de flores o de frutos sostenidos por un eje común, como en las uvas, la grosella, los plátanos, etc. || *Fig.* Conjunto análogo de cosas o personas: *un racimo de muchachos.*
RACIMOSO, SA adj. Que tiene muchos racimos.
RACIMUDO, DA adj. Que tiene racimos grandes.
RACIONABILIDAD f. Facultad intelectiva que juzga de las cosas con razón.
RACIOCINACIÓN f. La acción de raciocinar.
RACIOCINAR v. i. Emplear el raciocinio para conocer y juzgar las cosas. (SINÓN. V. *Razonar.*)
RACIOCINIO m. (lat. *ratiocinium*). La facultad de raciocinar. (SINÓN. V. *Sentido.*) || Razonamiento, discurso. (SINÓN. *Argumento, lógica, razón.*)
RACIÓN f. (del lat. *ratio,* medida). Porción de alimento que corresponde a una persona o animal. || Porción o cantidad de una cosa que se vende por determinado precio: *dos raciones de garbanzos tostados.* (SINÓN. V. *Porción.*) || Prebenda en ciertas catedrales.
RACIONAL adj. Relativo a la razón. || Arreglado a la razón, razonable. || — Adj. y s. m. Dotado de razón: *el hombre es un animal racional.* || Pedazo de tela cuadrado, adornado con doce piedras preciosas, que llevaba al pecho el sumo sacerdote hebreo. || *Mat. Número racional,* el que su relación con la unidad puede expresarse con una cifra.
RACIONALIDAD f. La calidad de racional.
RACIONALISMO m. Doctrina filosófica que rechaza la revelación y pretende explicarlo todo por medio de la razón: *racionalismo cartesiano.* || Doctrina que pretende que nacen las ideas no de la experiencia, sino de la razón: *el racionalismo de Kant se opone al empirismo de Hume.*
RACIONALISTA adj. y s. Relativo al racionalismo o que lo profesa: *filósofo racionalista.*

RADAR

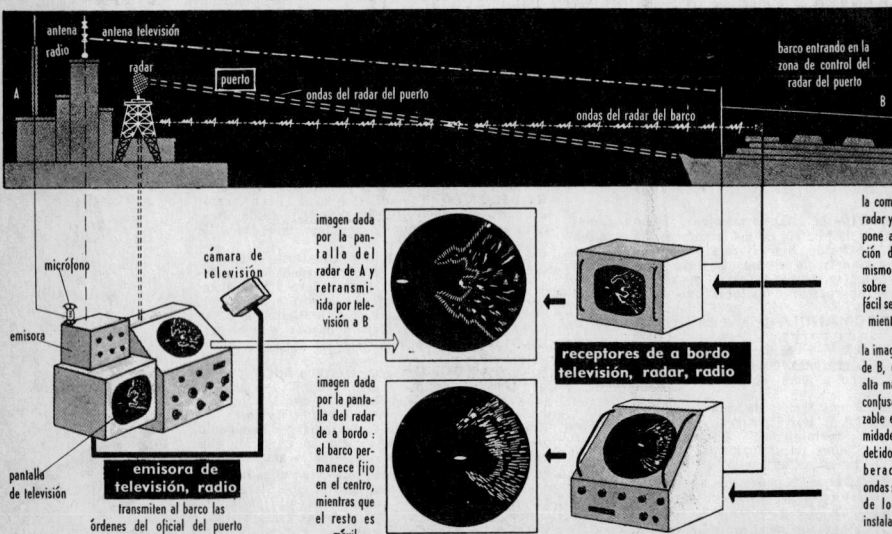

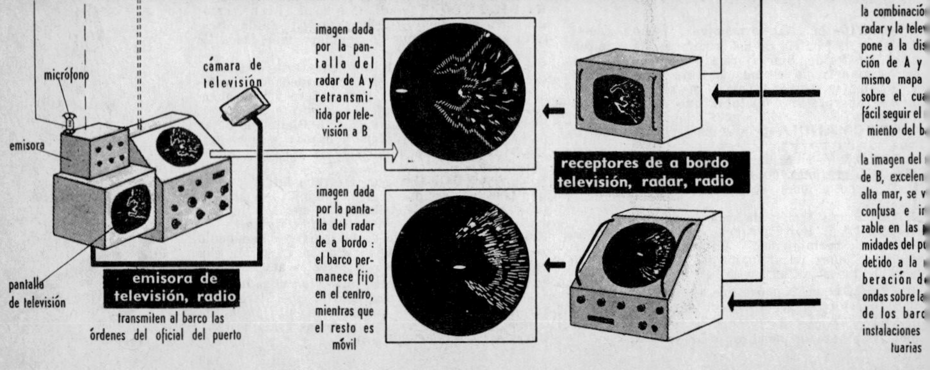

RACIONALIZACIÓN f. Organización sistemática del trabajo para obtener un mayor rendimiento: *la racionalización de una producción.*
RACIONALIZAR v. t. Determinar, organizar según cálculos o razonamientos. || Hacer más eficaz y menos costoso un proceso de producción.
RACIONALMENTE adv. m. De modo racional.
RACIONAMIENTO m. Acción y efecto de racionar. (SINÓN. V. *Abastecimiento.*)
RACIONAR v. t. *Mil.* Dar raciones a la tropa. || Limitar un reparto en tiempo de escasez.
RACIONERO m. o **RACIONISTA** com. Persona que disfruta de un sueldo. || Actor de poco valor.
RACISMO m. Teoría que sostiene la preeminencia de ciertas razas sobre otras.
RACISTA adj. y s. Relativo al racismo. || Partidario del racismo.
RACLETA f. (fr. *raclette*). Galicismo por *raedera.*
RACHA f. *Mar.* Ráfaga súbita y corta de viento. (SINÓN. V. *Borrasca.*) || *Fig.* y *fam.* Breve período de fortuna o de suerte.
RADA f. Bahía, ensenada. (SINÓN. V. *Puerto.*)
RADAR m. (iniciales de RA*dio* D*etection* A*nd* R*anging,* detección y localización por radio). Aparato de detección por medio de ondas hertzianas que permite percibir y localizar exactamente y a gran distancia aviones, barcos, etc.
— Las hondas hertzianas emitidas se reflejan en el obstáculo y son captadas por un receptor. El tiempo entre la emisión y recepción determina la distancia, que se manifiesta por medio de un trazo en una pantalla. Se empleó el *radar* por primera vez en la Segunda Guerra mundial, y actualmente es un poderoso auxiliar en la navegación aérea y marítima.
RADIACIÓN f. La acción de radiar. || *Fís.* Emisión de partículas. || Elemento de una onda luminosa o electromagnética.
RADIACTIVIDAD f. Fenómeno presentado por ciertos elementos químicos que se transmutan espontáneamente y emiten radiaciones capaces de efectos químicos o fisiológicos.
RADIACTIVO, VA adj. Que tiene radiactividad.
RADIADO, DA adj. Dispuesto en forma de estrella o corona: *flor radiada.* || Difundido por radio. || — M. pl. *Zool.* Clase de animales invertebrados de cuerpo dispuesto en forma de radios alrededor de un centro (esponjas, estrellamar, pólipo, etc.).
RADIADOR m. Aparato que sirve para aumentar la superficie de radiación de un tubo. || Aparato de calefacción compuesto de varios elementos huecos por los que circula agua caliente, vapor, etc., y así difunde el calor. || Dispositivo para enfriar el agua en un motor de explosión.
RADIAL adj. *Geom.* Relativo al radio.
RADIÁN m. *Geom.* Unidad angular que corresponde a un arco de longitud igual a su radio.
RADIANTE adj. *Fís.* Que radia: *calor radiante.* || *Fig.* Brillante de placer: *rostro radiante.*
RADIAR v. t. (lat. *radiare*). *Fís.* Despedir rayos de luz o calor. || Tratar una lesión por medio de los rayos X. || Difundir por medio de la radio. || *Col., Chil.* y *P. Rico.* Eliminar un nombre de una lista. || — PARÓN. *Irradiar.*
RADICACIÓN f. Acción de radicar o arraigar. || *Fig.* Establecimiento de un uso, costumbre, etc. || *Mat.* Extracción de raíces.
RADICAL adj. (lat. *radix, icis*). Relativo a la raíz: *pedúnculo radical.* || Relativo al principio de una cosa: *un vicio radical.* || Completo: *curación radical.* || — Adj. y s. Partidario de reformas absolutas en materia política: *periódico radical.* || — M. *Gram.* Parte de una palabra que permanece invariable mientras se modifica la terminación: AM *es el radical de* AMAR. || *Quím.* Grupo de átomos que actúa como un elemento en las combinaciones. || *Mat.* Signo ($\sqrt{\ }$) debajo del cual se coloca una expresión algébrica o un número para indicar que se debe extraer la raíz de dicha expresión o de dicho número.
RADICALISMO m. El sistema político radical. || *Por ext.* Modo extremado de tratar los asuntos.
RADICALMENTE adv. m. De un modo radical.
RADICANDO m. *Mat.* Número del cual se ha de extraer la raíz.
RADICAR v. i. Arraigar. || Estar en un lugar: *radica en París.* || — V. r. Establecerse.
RADÍCULA f. *Bot.* Rejo, raicilla.
RADIESTESIA f. Arte de percibir las radiaciones electromagnéticas.
RADIESTESISTA com. Persona que se dedica a la radiestesia.
RADIO m. (lat. *radius*). *Geom.* Recta que une el centro del círculo con un punto de su circunferencia. || *Por ext.* Lo que arranca de un centro común y va divergiendo: *radio de una rueda.* || *Anat.* Uno de los huesos del antebrazo. || *Radio de acción,* distancia máxima que puede recorrer un móvil en ida y vuelta.
RADIO m. (lat. *radium*). Metal (Ra) de número atómico 88, descubierto en 1898 por P. Curie, M. Curie y G. Bemont. (Posee una intensa radiactividad.)
RADIO f. Apócope de *radiograma* y *radiodifusión.* || Aparato radiorreceptor. || — M. *Fam.* Radiotelegrafista o radionavegante.
RADIOACTIVIDAD f. Radiactividad.
RADIOACTIVO, VA adj. Radiactivo.
RADIOAFICIONADO, DA m. y f. Persona que por medio de una emisora de radio privada comunica con otras.
RADIOASTRONOMÍA f. Estudio de los astros según las ondas electromagnéticas que emiten.
RADIOBALIZA f. Señalización de una ruta aérea o marítima por un procedimiento radioeléctrico.
RADIOCOBALTO m. Isótopo radiactivo del cobalto.
RADIOCOMPÁS m. Radiogoniómetro a bordo de un avión o barco, que permite a los mismos conservar un rumbo dado gracias a las señales emitidas por una estación en tierra.
RADIOCOMUNICACIÓN f. Transmisión por un procedimiento radioeléctrico de textos, signos, imágenes y sonidos de toda naturaleza. || Comunicación mediante ondas electromagnéticas.
RADIOCONDUCTOR m. *Fís.* Nombre dado al *receptor de las ondas* en telegrafía sin hilos.
RADIOCRISTALOGRAFÍA f. Estudio de la estructura de los cristales basada en la difracción de los rayos X, de los electrones, neutrones, etc.
RADIODERMATITIS f. Dermatitis producida por los rayos X o substancias radiactivas.
RADIODETECCIÓN f. Detección mediante radiaciones.
RADIODIFUNDIR v. t. Difundir por radio.
RADIODIFUSIÓN o **RADIOEMISIÓN** f. Emisión por telegrafía o telefonía sin hilos.
RADIOELÉCTRICO, CA adj. Relativo a la radioelectricidad.
RADIOELECTRICIDAD f. Parte de la física que estudia las ondas hertzianas.
RADIOELEMENTO m. *Quím.* Cuerpo simple dotado de radiactividad.
RADIOEMANACIÓN f. Radón.
RADIOESCUCHA com. Persona que oye las emisiones radiotelefónicas o radiotelegráficas.

RADIODIFUSIÓN

RADIADOR DE AUTOMÓVIL

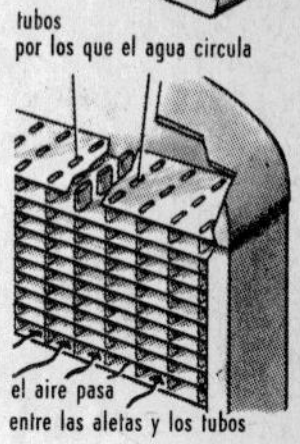

RADIO

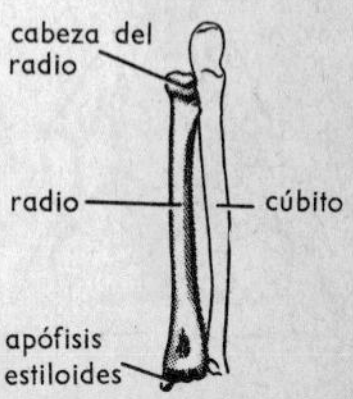

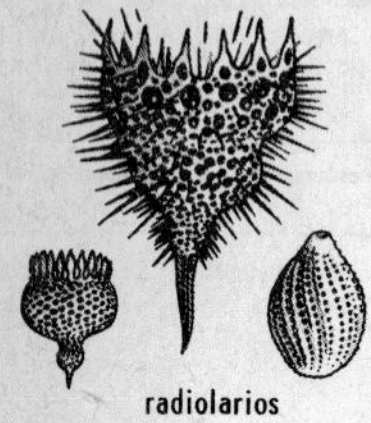

radiolarios

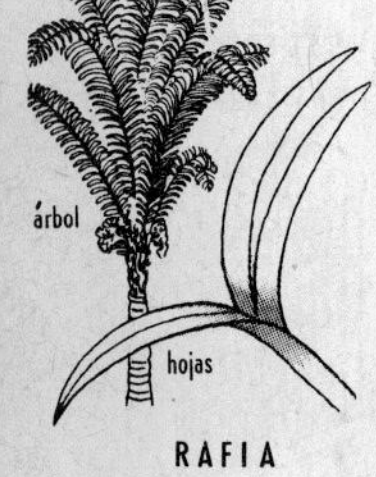

RAFIA

raglán

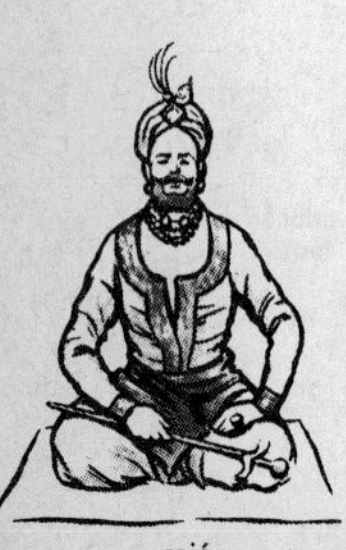

rajá

RADIOFARO m. Emisora que señala la ruta en la navegación marítima o aérea.
RADIOFONÍA f. Radiotelefonía.
RADIOFÓNICO, CA adj. Relativo a la radiofonía.
RADIOFONISTA com. Persona que practica la radiofonía.
RADIOFOTOGRAFÍA f. Fotografía transmitida por radio.
RADIOFRECUENCIA f. *Electr.* Frecuencia superior a 10 000 ciclos por segundo.
RADIOGONIOMETRÍA f. Método que permite determinar la dirección de una emisora de radio.
RADIOGONIÓMETRO m. Aparato que permite a un barco o avión determinar su posición.
RADIOGRAFÍA f. Fotografía por medio de los rayos X: *la radiografía determina la situación de las lesiones internas.*
RADIOGRAFIAR v. t. Hacer una radiografía.
RADIOGRÁFICO, CA adj. Relativo a la radiografía.
RADIOGRAMA m. Despacho transmitido por telegrafía sin hilos.
RADIOISÓTOPO m. Isótopo radiactivo de un elemento natural.
RADIOLARIOS m. pl. *Zool.* Orden de protozoarios con seudópodos radiados.
RADIOLOCALIZACIÓN f. Radar.
RADIOLOGÍA m. Aplicación de los rayos X en el diagnóstico y la terapéutica.
RADIÓLOGO m. Médico que se dedica a la radiología.
RADIONAVEGACIÓN f. Navegación basada en la utilización de las propiedades de las ondas radioeléctricas para la dirección y detección de barcos y aviones.
RADIONAVEGANTE m. Operador de radio que forma parte de la tripulación de un barco o avión.
RADIORRECEPTOR m. Receptor en telegrafía o telefonía sin hilos.
RADIOSCOPIA f. Examen de un objeto por los rayos X: *la radioscopia de una fractura.*
RADIOSEÑALIZACIÓN f. Señalización por radio de la ruta de los barcos y aviones.
RADIOSONDA f. Conjunto de aparatos registradores automáticos que, elevados en un globo, transmiten informaciones meteorológicas.
RADIOTÉCNICO, CA adj. Relativo a la técnica de los conocimientos radiolécticos. || — F. Esta técnica. || — M. Experto en radiotécnica.
RADIOTELECOMUNICACIÓN f. Radiocomunicación.
RADIOTELEFONÍA f. Telefonía sin hilos.
RADIOTELEGRAFÍA f. Telegrafía sin hilos.
RADIOTELEGRÁFICO, CA adj. Perteneciente o relativo a la radiotelegrafía.
RADIOTELEGRAFISTA com. Operario de un aparato radiotelegráfico.
RADIOTELESCOPIO m. Aparato receptor utilizado en radioastronomía.
RADIOTELEVISADO, DA adj. Transmitido simultáneamente por radio y televisión: *discurso radiotelevisado.*
RADIOTERAPIA f. Método de curación de las enfermedades por los rayos X. || Empleo terapéutico del radio.
RADIOTRANSMITIR v. t. Transmitir por radio: *radiotransmitir un acontecimiento.*
RADIOTRANSMISOR m. Transmisor de telegrafía o telefonía sin hilos.
RADIOYENTE m. Radioescucha.
RADÓN m. Elemento químico (Rn), radiactivo, de número atómico 86, llamado antes *radioemanación.*
RAEDERA f. Instrumento que sirve para raer o raspar.
RAEDOR, RA adj. y s. Que rae. || — M. Rasero.
RAEDURA f. Acción de raer o raspar. || Parte que se rae de alguna cosa.
RAER v. t. (lat. *radere*). Quitar o raspar la superficie de una cosa con un instrumento cortante: *raer un pellejo.* || *Fig.* Extirpar, suprimir. || — IRREG. Se conjuga como *caer.*
RAFA f. Cortadura en una acequia. || Macho que se introduce en una pared para reforzarla. || *Veter.* V. RAZA.
RAFAELESCO, CA adj. Propio del pintor Rafael. || Que recuerda los tipos pintados por este maestro: *madona rafaelesca.*
RÁFAGA f. Movimiento violento del viento. (SINÓN. V. *Borrasca.*) || Golpe de luz súbito, relámpago. || Serie de tiros en sucesión rápida de un arma automática: *los bandidos tiraron una ráfaga de ametralladora.*
RAFANIA f. (del lat. *raphanus,* rábano). *Med.* Enfermedad de carácter tetánico común en Alemania, producida por la ingestión de semillas de rábano silvestre.
RAFE com. (del gr. *raphê,* costura). *Anat.* Rugosidad saliente a modo de costura que hay en ciertos tejidos.
RAFEAR v. t. Reforzar con rafas un edificio.
RAFIA f. *Bot.* Género de palmeras de África y América que dan una fibra muy resistente y flexible. || Esta fibra: *bolso de rafia.*
RAGLÁN m. Especie de gabán de hombre. || *Manga raglán,* la que arranca del cuello y no tiene hombrera.
RAGUA f. Remate de la caña de azúcar.
RAHALÍ adj. Rehalí.
RAHEZ adj. Vil, despreciable.
RAICEAR v. i. *Amér. C.* y *Venez.* Echar raíces.
RAICILLA f. Raíz secundaria de las plantas. (SINÓN. V. *Raíz.*)
RAICITA f. *Bot.* Radícula.
RAID m. (pal. ingl., pr. *reed*). Incursión rápida en terreno enemigo. || Vuelo a larga distancia.
RAÍDO, DA adj. Usado. (SINÓN. V. *Gastado.*) || Desvergonzado, descarado.
RAIGAL adj. Relativo a la raíz. || Extremo del árbol cortado que corresponde a la raíz.
RAIGAMBRE f. Conjunto de raíces del vegetal. || *Fig.* Conjunto de caracteres que constituyen lo esencial de una cosa.
RAIGÓN m. Raíz grande. (SINÓN. V. *Raíz.*) || Raíz de las muelas y dientes. (SINÓN. V. *Diente.*) || *Murc.* Atocha, esparto. || *Raigón del Canadá,* árbol de la familia de las papilionáceas.
RAÍL o **RAIL** m. (ingl. *rail*). Riel, carril.
RAIMIENTO m. Raedura. || *Fig.* Desvergüenza, descaro, grosería, desfachatez grande.
RAÍZ f. (lat. *radix*). Órgano de las plantas, clavado en tierra, y que les permite aspirar su alimento: *según su forma se dividen las raíces en adventicias, nabiformes, tuberosas,* etc. (SINÓN. *Raicilla, raigón, tocón.*) || *Por ext.* Base de un objeto hundido en el suelo. || *Anat.* Parte de un órgano que se introduce en un tejido: *la raíz de una muela.* || Prolongación profunda de ciertos tumores. || *Gram.* Palabra primitiva de una lengua, de la que derivan otras palabras: PIE *es la raíz de* PEDAL, PEDÍCULO, APEAR, DESPEAR. (SINÓN. V. *Origen.*) || — Pl. Fincas. || *Mat.* Cada uno de los valores que puede tener la incógnita de una ecuación. || *Raíz cuadrada de un número,* número que, elevado a la segunda potencia, reproduce aquél. || *Raíz cúbica de un número,* número que, elevado a la tercera potencia, reproduce aquél. || *A raíz de,* m. adv., muy cerca: *a raíz de los acontecimientos.* || *De raíz,* m. adv., enteramente: *arrancar de raíz.* || *Echar raíces,* fijarse, establecerse en un lugar.
RAIZAL adj. *Col.* Aplícase al natural de una ciudad que se ausenta rara vez de ella.
RAJA f. Hendedura o quiebra que se hace en una cosa. || Pedazo de un leño o madero abierto longitudinalmente. || Pedazo cortado a lo largo en un melón, sandía, etc.
RAJÁ m. (del sánscr. *raga,* rey). Soberano de la India.
RAJABLE adj. Fácil de rajar: *una madera rajable.*
RAJABROQUELES m. *Fig* y *fam.* Matón, perdonavidas, quimerista. (SINÓN. V. *Bravucón.*)
RAJADA f. *Méx.* Cobardía.
RAJADERA f. Instrumento que sirve para rajar alguna cosa.
RAJADIZO, ZA adj. Fácil de rajar o hender.
RAJADO, DA adj. y s. Persona que falta a su palabra. (SINÓN. V. *Cobarde.*)
RAJADURA f. Raja, grieta, hendedura: *las rajaduras de una tabla.*

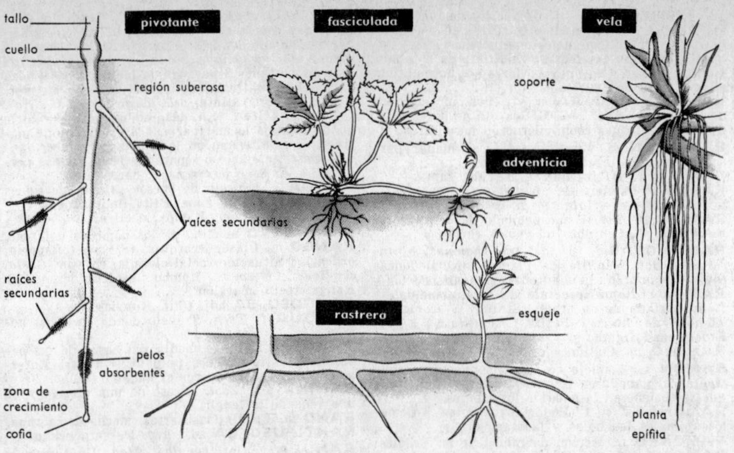

DIFERENTES CLASES DE RAÍCES

RAJAR v. t. Dividir en rajas: *rajar un melón.* || Hender, agrietar: *el mueble se rajó.* || — V. i. *Fig.* y *fam.* Decir mentiras, jactarse de valiente. || *Fam.* Acobardarse. || *Fam.* Hablar mucho o hablar mal de uno. (SINÓN. V. *Charlar* y *murmurar.*) || *Col.* Vencer, apabullar, fastidiar. || — V. r. *Fig.* y *fam.* Faltar a su palabra, arrepentirse. || *Col.* Equivocarse. || *Amér. C.* Gastar mucho. || *Arg.* y *Cub.* Huir.
RAJATABLAS m. *Col.* Reprimenda, reprensión. || *Guat. A rajatablas,* de prisa, corriendo. (V. TABLA.)
RAJETA f. Paño de menos cuerpo que la raja. || — Com. Rajado.
RAJETEAR v. t. *Arg.* Resquebrajar.
RAJÓN, ONA adj. y s. *Amér. C.* Fanfarrón, ostentoso. || Que falta a su palabra.
RALADA f. *Cub.* Excremento de los animales.
RALEA f. Raza, linaje: *persona de baja ralea.* || *Fig.* Clase, género, calidad de una cosa. || *Cetr.* Presa acostumbrada de las aves de rapiña: *la ralea del azor son las perdices.*
RALEAR v. i. Hacerse rala o clara una cosa: *esa tela ya ralea.* || No granar bien los racimos de uvas. || Descubrir una persona su mala ralea.
RALENTÍ m. *Cin.* Proyección cinematográfica más lenta que el rodaje. || *Mec. Al ralentí,* marcha de un motor de explosión con el mínimo de gases.
RALEÓN, ONA adj. *Cetr.* Dícese del ave de rapiña que hace muchas presas: *gavilán raleón.*
RALEZA f. Calidad de ralo.
RALI m. *Chil.* Lebrillo o palangana de madera.
RALO, LA adj. Dícese de lo que tiene sus partes muy separadas: *cabello ralo, dientes ralos.*
RALLADOR m. Rallo, utensilio de cocina que sirve para rallar.
RALLADURA f. Señal que hace el rallo en una cosa. || Lo que queda rallado: *unas ralladuras de pan.*
RALLAR v. t. Reducir a polvo una cosa con el rallo. || *Fam.* Molestar. || — PARÓN. *Rayar.*
RALLO m. (lat. *rallum*). Rallador, utensilio de cocina que sirve para reducir a polvo el pan, el queso, etc. || Lima de dientes muy gruesos. || Alcarraza, vasija. || — PARÓN. *Rayo.*
RALLYE m. (pal ingl., pr. *rali*). Competición deportiva en la cual los participantes, a pie, a caballo o motorizados, deben reunirse en un punto tras haber realizado varias pruebas: *rallye automovilístico.*
RAMA f. Parte que nace del tronco o tallo principal del árbol o la planta. (SINÓN. *Pámpano, ramilla, ramo.*) || Serie de personas que traen su origen del mismo tronco. || Diferentes partes de una ciencia. || *Impr.* Cerco de hierro con que se aprieta el molde en la prensa. || Cada una de las partes simétricas de ciertas curvas. || Ramificación, división. || *Fig.* y *fam. Andarse por las ramas,* pararse en menudencias olvidando el asunto principal. || *En rama,* m. adv., dícese de ciertas materias no manufacturadas (algodón en rama) y de los ejemplares de una obra impresa que no están encuadernados aún.
RAMADA f. Conjunto de ramas o ramos. (SINÓN. V. *Ramaje.*) || *Amer.* Cobertizo, toldo. (V. GALPÓN.)
RAMADÁN m. Noveno mes del año lunar musulmán, que está consagrado al ayuno. (Durante el *ramadán* deben los musulmanes guardar la más completa abstinencia desde la salida hasta la puesta del Sol).
RAMAJE m. Conjunto de ramas: *ramaje de sauce.* || — SINÓN. *Enramada, ramada.*
RAMAL m. Cada uno de los cabos de que se compone una cuerda o soga. || Ronzal atado al cabezón del caballo. || Cada uno de los tiros que concurren a una meseta de escalera. || Parte que arranca de otra principal: *ramal de una vía férrea, de una acequia, de una cordillera.* etc. (SINÓN. V. *Ramificación.*) || — Pl. *Arg.* Las bolas de enlazar.
RAMALAZO m. Golpe que se da con el ramal. || *Fig.* Señal que deja un golpe en el rostro. || *Fig.* Dolor agudo en una parte del cuerpo. || *Fig.* Pesar inesperado.
RAMALEAR v. i. Cabestrear.
RAMAZÓN f. Conjunto de ramas cortadas de los árboles, ramaje o ramiza.
RAMBLA f. Terreno cubierto de arena, después de una avenida. || Artefacto en que se colocan los paños para enramblarlos. || En ciertas poblaciones, paseo, avenida que ocupa el lugar de una antigua rambla arenosa: *las Ramblas de Barcelona.* || *Amer.* Muelle, andén a orillas del mar.
RAMBLAR m. Confluencia de varias ramblas.
RAMBLAZO mejor que **RAMBLIZO** m. Lugar por donde corren los turbiones y avenidas.
RAMEADO, DA adj. Dícese del tejido, papel, etc., con ramos y flores pintados.
RAMERA f. Puta.
RAMIFICACIÓN f. Acción de ramificarse. || División de un vegetal en ramas. || División de una arteria, de un nervio, de un objeto cualquiera, a manera de las ramas de un vegetal: *las ramificaciones de una vía férrea.* (SINÓN. *Bifurcación, empalme, ramal.*) || *Fig.* Subdivisión: *las ramificaciones de una conspiración.*
RAMIFICARSE v. r. Dividirse en varias ramas o ramificaciones. || *Fig.* Subdividirse: *el protestantismo se ramifica hasta lo infinito.*
RAMILLA f. Rama de tercer orden. (SINÓN. V. *Rama.*) *Fig.* Pequeña cosa de la que uno se vale para un intento.
RAMILLETE m. Ramo de flores formado artificialmente con flores cortadas. (SINÓN. V. *Rama.*)

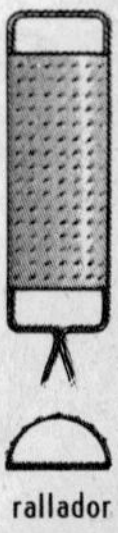

rallador

rana

|| *Fig.* Plato de dulces dispuesto de un modo vistoso. || Adorno que suele colocarse en medio de la mesa en los banquetes suntuosos. || *Fig.* Colección de cosas excelentes: *ramillete de máximas morales.* || *Bot.* Conjunto de flores que forman una cima o copa muy apretada.

RAMILLETERO, RA m. y f. Persona que hace o vende ramilletes. || — M. Maceta de flores artificiales que se usa como adorno en los altares.

RAMILLÓN m. *Venez.* Vasija con mango para sacar agua de la tinaja.

RAMINA f. Hilaza que se saca del ramio.

RAMIO m. Género de plantas urticáceas textiles: *el ramio es originario de la India.*

RAMITO m. *Bot.* Ramo pequeño de una planta.

RAMIZA f. Conjunto de ramas cortadas.

RAMNÁCEAS f. pl. (del lat. *rhamnus,* espino cerval). *Bot.* Familia de plantas dicotiledóneas como el cambrón, la aladierna y el azufaifo.

RAMO m. Rama que sale de otra principal. || Rama cortada de un árbol. (SINÓN. V. *Rama.*) || Manojo de flores. (SINÓN. *Ramillete.*) || *Fig.* Enfermedad ligera: *un ramo de locura.*

RAMOJO m. Conjunto de ramas cortadas.

RAMÓN m. Ramojo con que los pastores apacientan el ganado en tiempo de nieves. || Ramaje que se obtiene en la poda de los árboles.

RAMONEAR v. t. Podar los árboles. || Comer los animales las hojas y las ramas.

RAMONEO m. Acción de ramonear los árboles.

RAMOSO, SA adj. Dícese de lo que tiene muchas ramas: *planta ramosa.*

RAMPA f. Plano inclinado. (SINÓN. V. *Subida.*) || *Bol.* Andas, litera o silla de manos. || *Rampa de lanzamiento,* plano inclinado para el lanzamiento de aviones, proyectiles balísticos o cohetes de propulsión.

RAMPANTE adj. (fr. *rampant*). *Blas.* Dícese del animal que está representado en el escudo de armas con la mano abierta y las garras extendidas. || Galicismo por *rastrero.*

RAMPIÑETE m. Instrumento que usaban los artilleros para limpiar el fogón de las piezas.

RAMPLÓN, ONA adj. Tosco, grosero: *zapatos ramplones.* || — M. Piececita de hierro que se pone en los callos de una herradura para que las caballerías puedan caminar por el hielo sin resbalarse en él.

RAMPLONERÍA f. Carácter ramplón.

RAMPOJO m. Raspojo de uva.

RAMPOLLO m. Rama que se corta de un árbol para plantarla. (SINÓN. *Estaca.*)

RANA f. Género de batracios anuros, que viven por todo el globo. (V. BATRACIOS y REPTILES.) || Cierto juego de destreza, que consiste en arrojar tejos a un mueble especial donde hay numerosos agujeros y una rana de hierro con la boca abierta.

RANCAGÜINO, NA adj. y s. De Rancagua (Chile).

RANCAJADA f. La acción de arrancar de cuajo.

RANCAJO m. Astilla de madera u otra cosa, que se clava en la carne.

RANCIAR v. t. Enranciar.

RANCIDEZ o **RANCIEDAD** f. Calidad de lo que se pone rancio. || *Fig.* Antigualla.

RANCIO, CIA adj. (lat. *rancidus*). Dícese de los comestibles que con el tiempo sufren una alteración que los mejora o los echa a perder: *vino rancio, manteca rancia.* || *Fig.* Antiguo: *rancias costumbres.* || — M. Suciedad grasienta del paño trabajado. || Rancidez.

RANCIOSO, SA adj. Rancio.

RANCLA f. *Ecuad. Fam.* Fuga, escapatoria.

RANCLARSE v. r. *Ecuad.* Fugarse, escaparse.

RANCHADA adj. (de *rancho*). *Col.* Dícese de la embarcación cubierta con un techo de hojas.

RANCHAR v. i. *Col.* Ranchear, pernoctar.

RANCHEADERO m. Sitio o lugar donde se ranchea.

RANCHEAR v. i. Formar ranchos en un sitio.

RANCHERA f. *Méx., Per.* y *Venez.* Cierta canción popular.

RANCHERÍA f. Conjunto de ranchos o chozas

RANCHERÍO m. *Chil.* Ranchería o toldería.

RANCHERO m. El que guisa el rancho para varios. (SINÓN. V. *Cocinero.*) || Jefe de un rancho. || El que vive en un rancho.

RANCHO m. Comida hecha para muchos: *el rancho de los soldados.* (SINÓN. V. *Guiso.*) || Personas que comen a un tiempo dicho rancho. || Lugar despoblado donde se albergan varias personas: *rancho de carboneros.* || *Fig.* y *fam.* Unión de algunas personas separadas de las demás. || Choza o casucha con techo de ramas o paja. || *Amer.* Granja. || *Per.* Quinta, casa de campo. || *P. Rico.* Cobertizo. || *Mar.* En las embarcaciones, sitio donde se aloja la marinería. || *Mar.* Grupo de marineros que alternan en las faenas. || *Hacer rancho aparte,* alejarse o separarse de las demás personas. || *Fam. Hacer rancho,* hacer lugar.

ranúnculo

RANDA f. Especie de encaje grueso, de nudos apretados. || — M. *Fam.* Pillo, ladronzuelo.

RANFLA f. *Amer.* Rampa, declive.

RANGÍFERO m. Uno de los nombres del *reno.*

RANGO m. Clase, jerarquía. (SINÓN. *Categoría, orden.*) || Situación social elevada. (SINÓN. *Casta, condición.*) || *Amer.* Rumbo, esplendidez. || *Col.* Ranga, rocín, matalón.

RANGOSO, SA adj. *Chil.* Rumboso.

RANGUA f. *Tecn.* Tejuelo donde juega el gorrón.

RANILLA f. Parte media del casco de las caballerías entre los dos pulpejos. || *Veter.* Enfermedad que suele padecer el ganado vacuno.

RANINA adj. *Zool.* Dícese de una arteria y de una vena de la lengua.

RANO m. En algunas partes, macho de la rana.

RANTIFUSO, SA adj. *Arg.* Desvergonzado.

RÁNULA f. (lat. *ranula*). *Med.* Un tumor de consistencia blanda que se forma debajo de la lengua.

RANUNCULÁCEAS f. pl. Familia de dicotiledóneas que tienen por tipo el acónito y la peonía.

RANÚNCULO m. (lat. *ranunculus*). Planta ranunculácea de flores amarillas, común en España: *el jugo del ranúnculo es acre y muy venenoso.*

RANURA f. (fr. *rainure*). Canal estrecha y larga de un pedazo de madera, piedra, etc. (SINÓN. V. *Corte* y *hendedura.*)

RANZAL m. Tela antigua de hilo.

RAÑA f. Garfio que sirve para pescar pulpos, ostras, mariscos, etc. || Terreno de monte bajo.

RAÑO m. Cierto pez marino acantopterigio.

RAPA f. Flor del olivo.

RAPABARBAS m. *Fam.* Barbero, rapador. (SINÓN. V. *Peluquero.*)

RAPACEJO m. Alma de hilo o cáñamo en que se lía estambre, seda o metal para formar los flecos.

RAPACERÍA f. Rapazada, muchachada. (P. us.)

RAPACIDAD f. (lat. *rapacitas*). Avidez grande. (SINÓN. V. *Codicia.*)

RAPADOR, RA adj. y s. Que rapa o rae una cosa. || — M. *Fam.* Rapabarbas, peluquero.

RAPADURA f. Acción de rapar o raparse. || *Bol.* Dulce que se fabrica con miel de caña y leche. || *Arg., Guat.* y *Hond.* Panela, raspadura, mazacote, chancaca.

RAPADURITAS f. pl. *Guat.* Dulce de azúcar envuelto generalmente en hoja de maíz.

RAPAGÓN m. *Fam.* Mozo barbilampiño.

RAPAMIENTO m. Rapadura.

RAPANTE adj. Que rapa. || *Blas.* V. RAMPANTE.

RAPAPIÉS m. Buscapiés, especie de cohete.

RAPAPOLVO m. *Fam.* Reprensión, jabón.

RAPAR v. t. (lat. *rapere*). Afeitar la barba. || Cortar el pelo al rape. (SINÓN. V. *Pelar.*) || *Fig.* y *fam.* Hurtar, robar, arrebatar: *le raparon la bolsa.* || — PARÓN. *Raspar.*

RAPAVELAS m. *Pop.* Monaguillo o sacristán.

RAPAZ adj. (lat. *rapax*). Inclinado al robo. || Ávido de ganancia: *usurero rapaz.* || Dícese de las aves de rapiña. || — M. pl. Orden de aves carnívoras, como el águila, el halcón, el buitre, etcétera.

RAPAZ, ZA m. y f. Muchacho joven, chiquillo. (SINÓN. V. *Niño.*)

RAPAZADA f. Muchachada.

RAPE m. Acción de afeitar ligeramente. || *Fam.* Reprensión: *dar un rape a un empleado.* || Pejesapo. || *Al rape,* m. adv., casi a raíz: *pelar al rape un muchacho.*

RAPÉ adj. y s. m. (del fr. *râpé,* rallado). Dícese del tabaco en polvo: *tomar un polvo de rapé.*

RÁPIDAMENTE adv. m. Con rapidez.

Fot. Baufle

RAPIDEZ f. Velocidad grande, celeridad: *la rapidez del tiempo.* (SINÓN. V. *Velocidad.*)
RÁPIDO, DA adj. (lat. *rapidus*). Veloz: *movimiento rápido.* ‖ Que se ejecuta con rapidez: *rápida conquista.* ‖ — M. Tren muy veloz: *tomar el rápido.* ‖ Ruptura de pendiente en un río. ‖ Rabión, raudal, recial. ‖ — CONTR. *Lento.*
RAPIÑA f. (lat. *rapina*). El robo con violencia. (SINÓN. *Bandidaje, bandolerismo, depredación, pillaje, saqueo.* V. tb. *robo.*) ‖ *Ave de rapiña,* la que se alimenta de otros animales.
RAPIÑAR v. t. *Fam.* Robar algo con violencia. (SINÓN. V. *Hurtar.*)
RAPÓNCHIGO m. Planta campanulácea de raíz blanca, carnosa y comestible.
RAPÓNTICO m. *Bot.* Ruipóntico.
RAPOSA f. Zorra o vulpeja, mamífero. ‖ *Cub.* Envase en que se suelen poner cebollas, papas, etc.
RAPOSEAR v. i. Usar ardides como la raposa.
RAPOSERA f. Zorrera, cueva de raposas.
RAPOSERO, RA adj. Que sirve especialmente para la caza de zorros: *perro raposero.*
RAPOSO m. V. ZORRO.
RAPOSUNO, NA adj. Zorruno.
RAPSODA m. (gr. *rapsôdos*). Nombre que daban los griegos a los que iban de pueblo en pueblo cantando trozos de los poemas de Homero. (SINÓN. V. *Poeta.*)
RAPSODIA f. (gr. *rapsodia*). Trozo de los poemas de Homero, que cantaban los rapsodas. ‖ Centón, obra literaria hecha con diversos materiales ajenos. ‖ Composición musical constituida por fragmentos de otras varias.
RAPTAR v. t. Cometer un rapto o robo.
RAPTO m. (lat. *raptus*). Impulso, arrebato: *en un rapto de cólera.* ‖ Delito que consiste en apoderarse de una mujer con miras deshonestas. ‖ Éxtasis, arrobamiento. ‖ *Med.* Accidente que priva del sentido.
RAPTOR, RA adj. y s. (lat. *raptor*). Que comete un rapto.
RAQUE m. (del al. *Wrack,* naufragio). Rebusca de objetos arrojados a las costas por algún naufragio. ‖ — Adj. *Venez.* Flaco.
RAQUEAR v. i. Andar al raque.
RAQUERO, RA adj. y s. Pirata, ladrón de mar. ‖ — M. El que anda al raque, robando por las costas. ‖ Ratero de puertos.
RAQUETA f. (fr. *raquette*). Aro de madera cubierto generalmente de red, que sirve en el juego de pelota, de tenis, etc. ‖ Calzado con esta forma para andar por la nieve. ‖ Jaramago, planta crucífera. ‖ Rastrillo que se usa en las casas de juego para remover el dinero de las apuestas.
RAQUIALGIA f. *Med.* Dolor en el raquis.
RAQUIANESTESIA f. *Med.* Anestesia inyectada en el conducto raquídeo.
RAQUÍDEO, A adj. *Anat.* Relativo al raquis.
RAQUIS m. (gr. *rakhis*). *Anat.* Espinazo.
RAQUÍTICO, CA adj. y s. *Med.* Que padece raquitismo. (SINÓN. V. *Canijo.*) ‖ *Fig.* Exiguo, mezquino.
RAQUITIS f. y mejor **RAQUITISMO** m. Enfermedad crónica infantil caracterizada por las deformaciones y la falta de solidez del sistema óseo del cuerpo: *la causa esencial del raquitismo es la mala alimentación.*
RAQUÍTOMO m. *Cir.* Instrumento que se emplea en ciertas afecciones para abrir el conducto vertebral sin interesar la medula.
RARA f. *Amér. Merid.* Ave del tamaño de la codorniz que causa destrozos en los sembrados.
RARAMENTE adv. m. Rara vez: *viene raramente.* ‖ De un modo raro o ridículo: *ir raramente vestido.*
RARA AVIS, expresión latina para indicar excepción o rareza de una persona o cosa.
RAREFACCIÓN f. Acción y efecto de rarefacer: *la máquina neumática produce rarefacción del aire.*
RAREFACER v. t. (lat. *rarefacere*). Enrarecer. ‖ IRREG. Se conjuga como *hacer.*
RAREFACTO, TA p. p. irregular de *rarefacer.*
RAREZA f. La calidad de raro. Acción caprichosa o extravagante: *ese muchacho tiene muchas rarezas.* (SINÓN. V. *Manía.*) ‖ Cosa rara.
RARI m. Arbusto medicinal de Chile.
RARIFICAR v. t. Enrarecer, rarefacer.
RARIFICATIVO, VA adj. Que puede rarificar.
RARÍSIMO, MA adj. Muy raro, poco frecuente.
RARO, RA adj. (lat. *rarus*). Poco común o frecuente: *animal muy raro.* (SINÓN. *Extraordinario, extraño, insólito, irregular.* V. tb. *excepcional.*) ‖ Singular, extraño: *enfermedad rara.* (SINÓN. V. *Inusitado.*) ‖ Insigne, muy notable: *las raras cualidades de un escritor.* ‖ Extraño, extravagante: *un hombre muy raro.* (SINÓN. *Estrafalario, estrambótico, fantasmagórico, fantástico.* V. tb. *caprichoso.*) ‖ *Gases raros,* gases que entran en la constitución de la atmósfera, en pequeña proporción (helio, neón, argón, criptón, xenón).
RAS m. Igualdad de nivel de las cosas. ‖ *Ras con ras,* m. adv., a un mismo nivel. ‖ Rasando o tocando ligeramente un cuerpo a otro. ‖ *A ras de,* casi tocando.
RASA f. Raleza de un tejido. ‖ Llano alto y despejado en medio de un monte. ‖ — PARÓN. *Raza.*
RASADURA f. La acción de rasar o de igualar.
RASANTE adj. Que rasa: *hacer un tiro rasante.* ‖ — F. Línea de un camino considerada en su relación con el plano horizontal. ‖ *Cambio de rasante,* el punto más alto de la cuesta de una carretera.
RASAR v. t. Igualar una medida con el rasero. ‖ Pasar rasando: *la bala rasó su frente* (SINÓN. V. *Rozar.*) ‖ — V. r. Ponerse raso el cielo.
RASCA f. *Amer.* Borrachera, embriaguez.
RASCABARRIGA m. *Cub.* Un árbol silvestre.
RASCACIELOS m. Edificio moderno altísimo. (SINÓN. V. *Casa.*)
RASCADERA f. Rascador. ‖ *Fam.* Almohaza.
RASCADILLAR v. t. *Ecuad.* Escardillar.
RASCADO, DA adj. *Amér. C.* De genio irritable.
RASCADOR m. Instrumento que sirve para rascar. ‖ Especie de alfiler adornado que se suelen poner en la cabeza las mujeres. ‖ Instrumento de hierro que sirve para desgranar las espigas de maíz. ‖ Instrumento para encender los fósforos.
RASCADURA f. La acción de rascar o de raer.
RASCALINO m. *Bot.* Tiñuela, cuscuta del lino.
RASCAMIENTO m. Rascadura, acción y efecto de rascar o rascarse.
RASCAMOÑO m. Rascador, aguja que llevan en el pelo las mujeres.
RASCAR v. t. Raer con las uñas. ‖ Arañar, rasguñar. ‖ Raer con el rascador. ‖ — V. i. Barbarismo por *picar, escocer.* ‖ — V. r. *Amer.* Emborracharse.
RASCARRABIAS com. *Fam.* Cascarrabias, persona muy colérica.
RASCASO m. *Cub.* Pez marino de las Antillas.
RASCATRIPAS m. *Fam.* Mal violinista.
RASCAZÓN f. Comezón.
RASCLE m. Arte usada en la pesca del coral.
RASCÓN, ONA adj. Áspero. ‖ — M. Polla de agua.
RASERO, RA adj. Rasante. ‖ — M. Palo que se usa para rasar las medidas de áridos. ‖ *Fig. Medir por el mismo rasero,* medir con rigurosa igualdad. ‖ — F. Paleta con agujeros para volver los fritos.
RASETE m. Raso muy sencillo.
RASGADO, DA adj. Muy abierto o muy grande en su línea: *tener ojos rasgados; una boca muy rasgada.* ‖ *Fam.* Desenvuelto.
RASGADOR, RA adj. Que rasga o desgarra.
RASGADURA f. Acción y efecto de rasgar.
RASGAR v. t. Desgarrar, romper una cosa: *rasgar un pedazo de papel.* ‖ *Fig.* y *fam. Rasgarse las vestiduras,* escandalizarse. ‖ — PARÓN. *Rasguear.*
RASGO m. Línea trazada con la pluma. ‖ *Fig.* Expresión feliz: *rasgo ingenioso.* ‖ *Fig.* Acción notable en cualquier género: *rasgo heroico.* ‖ Pl. Facciones del rostro: *tener los rasgos muy abultados.* ‖ — OBSERV. Son galicismos las frases siguientes: *trazar un relato a grandes rasgos,* por *referir rápidamente una cosa.*
RASGÓN m. Rotura o desgarradura que se hace en una tela: *hacerse un rasgón en el vestido.*
RASGUEADO m. Rasgueo hecho en la guitarra.
RASGUEAR v. t. (de *rasgo*). *Mús.* Tocar la guitarra paseando la mano por todas las cuerdas a un tiempo. ‖ — V. i. Hacer rasgos al escribir. ‖ — PARÓN. *Rasgar.*

RAQUETAS

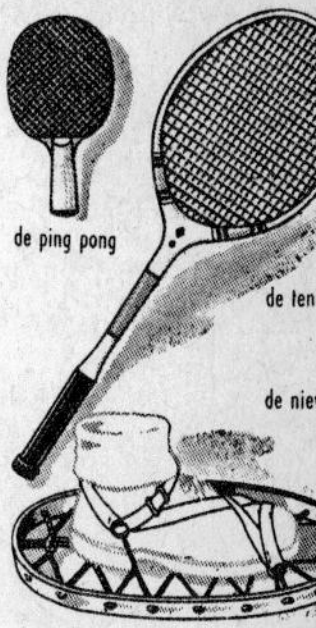

rascacielos

Fot. Almasy

RASGUEO m. Acción de rasguear en la guitarra.
RASGUÑAR v. t. Arañar: *rasguñar el cuero.* || *Pint.* Hacer un boceto o tanteo.
RASGUÑO m. Arañazo. (SINÓN. V. *Desolladura*). || *Pint.* Apuntamiento, tanteo.
RASILLA f. Tela de lana delgada. || Ladrillo delgado y hueco.
RASMILLAR v. t. *Chil.* y *Ecuad.* Rasguñar.
RASO, SA adj. Llano, sin estorbo ninguno: *campo raso.* (SINÓN. V. *Parejo.*) || Sin nubes: *cielo raso.* || Dícese del asiento sin respaldo. || Dícese del que no tiene título especial en su clase: *soldado raso.* || — M. Tela de seda brillante, llamada también *satén.* || *Al raso* m. adv., en el campo, al aire libre.

rata

RASOLISO m. Raso, seda.
RASPA f. Espina de un pescado. || Arista del grano de trigo. || *Provinc.* Gajo de uvas. || Eje o pedúnculo de un racimo o espiga. || *Amer. Fam.* Reprimenda áspera. || *Cub.* Residuo que se queda pegado en la cazuela. || *Arg.* Ratero.
RASPADA f. *Méx.* Reprimenda.
RASPADILLA f. *Per.* Hielo raspado mezclado con jarabe.
RASPADO m. Acción y efecto de raspar. || *Med.* Operación que consiste en limpiar ciertos tejidos enfermos por medio de una legra.
RASPADOR m. Instrumento usado para raspar.
RASPADURA f. Acción de raspar. || Lo que se raspa de una cosa: *raspaduras de papel.* || *Amer.* Panela o chancaca. || *Fam.* Rapadura.
RASPAJO m. Escobajo, pedúnculo de las uvas.
RASPALENGUA m. *Cub.* Árbol que produce un fruto que, comido con exceso, irrita la boca.
RASPAMIENTO m. Raspadura.
RASPANTE *adj.* Que raspa.
RASPAR v. t. (lat. *raspare*). Raer ligeramente una cosa. (SINÓN. V. *Borrar.*) || Tener sabor áspero algunos manjares. || Hurtar, quitar. || *Amer.* Reprender. || Rasar. || — V. i. *Venez.* Largarse.
RASPEAR v. i. Arañar la pluma el papel al escribir. || *Chil.* y *Ecuad.* Reconvenir, regañar.
RASPETÓN (De) loc. adv. *Amer.* De refilón.
RASPILLA f. Planta borraginácea.
RASPÓN m. *Col.* Sombrero de paja que usan los campesinos. || *Amer.* Reconvención áspera. || *Amer.* Desolladura. || *De raspón,* m. adv., de refilón, de soslayo.

ratel

RASPONAZO m. Lesión por un roce violento.
RASPONERA f. *Sant.* Arándano.
RASPOSO, SA adj. *Méx.* Bromista. || *Arg.* Tacaño.
RASPUDO, DA adj. Que tiene raspas.
RASQUETA f. Planchuela de hierro que sirve para raer los palos, cubiertas y costados de los barcos. || *Amer.* Almohaza para el caballo.
RASQUETEAR v. t. *Amer.* Almohazar.
RASQUIÑA f. Rascazón, comezón.
RASTRA f. Señal que deja por el suelo la cosa arrastrada. || Narria, carro fuerte para arrastrar cosas de gran peso. || Grada, instrumento de agricultura. || Cosa que se lleva arrastrando. || *Riopl.* Adorno, generalmente de plata, que los campesinos llevan en el cinturón a manera de hebilla. || *A la rastra* m. adv., arrastrando. || *A rastras,* a la fuerza.
RASTRA f. Rastro, especie de azada de dientes.
RASTRALLAR v. i. Restallar el látigo.
RASTREADOR, RA adj. Que rastrea.
RASTREAR v. t. Seguir el rastro de una persona o cosa. (SINÓN. V. *Buscar* y *seguir.*) || Llevar arrastrando una cosa. || Vender la carne en el rastro. || *Fig.* Averiguar una cosa por diferentes indicios. (SINÓN. V. *Descubrir.*) || — V. i. Ir volando muy cerca del suelo.

rastrillos

RASTREAR v. i. *Agr.* Trabajar con el rastro.
RASTREL m. Ristrel, listón grueso de madera.
RASTREO m. La acción y efecto de rastrear.
RASTRERA f. *Mar.* Arrastradera, vela.
RASTRERAMENTE adv. m. De un modo rastrero.
RASTRERO, RA adj. Que va arrastrando. || *Bot. Tallo rastrero,* el que tendido por el suelo echa raicillas. || *Perro rastrero,* el que busca la caza por el rastro. || *Fig.* Bajo, despreciable: *alma rastrera.* (SINÓN. V. *Servil.*) || — M. El que trabaja en el rastro o matadero.
RASTRILLADA f. Lo que se recoge con el rastrillo. || *Amer.* Huella de hombre o bestia en el campo.
RASTRILLADO m. Acción y efecto de rastrillar: *el rastrillado de un jardín.*
RASTRILLADOR, RA adj. y s. Que rastrilla.
RASTRILLAJE m. Maniobra que se hace con la rastra o rastrillo.
RASTRILLAR v. t. Limpiar con el rastrillo. || Recoger con el rastrillo: *rastrillar la parva.* || *Col.* Disparar, descerrajar un tiro, encender un fósforo, etc. || *Arg.* Preparar el fusil para disparar.
RASTRILLO m. Rastro, instrumento de jardinería. || Instrumento de forma parecida al rastro, usado en las mesas de juego. || Especie de carda que sirve para limpiar el cáñamo y el lino. || Verja levadiza a la puerta de algunas plazas de armas. || Pieza de las armas de chispa en que hiere el pedernal. || Pieza de la cerradura. || *Col.* Negocio, propuesta.
RASTRO m. Señal que deja una cosa arrastrada. (SINÓN. V. *Huella.*) || Lugar donde se vende la carne al por mayor. || Matadero. || En Madrid, mercado de cosas viejas. (En este sentido, se escribe con mayúscula.) || *Fig.* Señal o huella que queda de una cosa.
RASTRO m. (lat. *rastrum*). Instrumento de jardinería compuesto de un travesaño con dientes y mango largo: *igualar con el rastro.* || Azada de dientes que sirve para varios usos.
RASTROJAR v. t. *Agr.* Arrancar el rastrojo.
RASTROJERA f. Tierras de rastrojo. || Temporada en que pastan los ganados los rastrojos.
RASTROJO m. Residuo que queda en el campo de las mieses segadas. || Rastrojera. || Tierra en que está el rastrojo. || *Col.* Bosque de arbustos.
RASURA y **RASURACIÓN** f. Acción de rasurar.
RASURAR v. t. Afeitar. || Raer, raspar.
RATA f. Mamífero roedor pequeño que vive generalmente en los edificios y embarcaciones: *la rata es animal perjudicial.* || Juego de muchachos en que se pasan unos a otros con disimulo un pañuelo que debe descubrir uno de ellos. || — M. *Fig.* y *fam.* Ratero, ladrón. || *Fig.* y *fam. Más pobre que una rata,* sumamente pobre.
RATAFÍA f. (port. *ratafia*). Rosoli de cerezas.
RATANIA f. del quechua *ratani,* mata rastrera). Arbusto del Perú cuya corteza es muy usada en medicina como astringente.
RATA PARTE loc. lat. V. PRORRATA.
RATAPLÁN m. Imitación del ruido del tambor.
RATA POR CANTIDAD m. adv. A prorrata.
RATEAR v. t. (del lat. *ratus,* proporcionado). Repartir a prorrata alguna cosa.
RATEAR v. t. (de *rata*). Hurtar con ratería. (SINÓN. V. *Robar.*) || — V. i. Arrastrarse por el suelo. || *Fam.* Fallar el motor.
RATEL m. Género de mamíferos carnívoros de la India, que son parecidos a los tejones.
RATEO m. Prorrateo.
RATERÍA f. Robo de cosas de poca importancia hecho por lo común con maña. (SINÓN. V. *Robo.*)
RATERISMO m. Ratería.
RATERO, RA adj. y s. Ladrón muy mañoso: *un ratero muy hábil.* (SINÓN. V. *Ladrón.*) || *Fig.* Bajo, rastrero.
RATIFICACIÓN f. Acción de ratificar o aprobar. (SINÓN. V. *Aprobación.*)
RATIFICADOR, RA adj. y s. Que ratifica.
RATIFICAR v. t. (del lat. *ratus,* confirmado, y *facere,* hacer). Aprobar o confirmar una cosa: *ratificar una proposición.* (SINÓN. V. *Sancionar.*) || — PARÓN. *Rectificar.*
RATIFICATORIO, RIA adj. Lo que ratifica.
RATIGAR v. t. Sujetar el rátigo con una soga.
RÁTIGO m. Carga de un carro.
RATIHABICIÓN f. *For.* Declaración por la que se aprueba la validez de un acto ejecutado por la persona a quien se encargó.
RATINA f. (fr. *ratine*). Tela de lana de granillo.
RATINADO, DA adj. Parecido a la ratina.
RATO m. (lat. *ratus*). Espacio de tiempo de corta duración. || Momento agradable o desagradable: *pasar un mal rato.* || *A cada rato,* loc. adv., a cada momento. || *Amer. Hasta cada rato,* hasta luego. || *Fam. Pasar el rato,* perder el tiempo. || *Fam. Un rato,* mucho: *sabe un rato de matemáticas.*
RATO, TA adj. (del lat. *ratus,* confirmado). *Matrimonio rato,* el celebrado y no consumado aún.

RATÓN m. (ant. alto al. *ratto*). Mamífero roedor menor que la rata y muy común, que suele vivir en las casas: *los ratones hacen grandes estragos en los graneros.* || *Venez. Ratón de monte,* pequeño mamífero didelfo. || *Ratón almizclero,* el desmán. || *Fig.* y *fam. Ratón de biblioteca,* dícese del erudito de corto vuelo que frecuenta asiduamente este centro de cultura y posee un amplio conocimiento bibliográfico.
RATONA f. Hembra del ratón. || *Arg.* Pajarito de la América austral.
RATONAR v. t. Roer los ratones una cosa: *estar el queso ratonado.* || — V. r. Enfermar el gato por haber comido muchos ratones.
RATONCITO m. *Bol.* Juego de la gallina ciega. || *Ratoncito Pérez,* personaje infantil que se supone hace regalos a los niños cuando pierden los primeros dientes.
RATONERA f. Trampa para ratones. || Agujero que hace el ratón. || Madriguera de ratones. || *Arg.* Ratona. || *Arg.* Casucha, cuchitril. || *Fig.* Trampa: *caer en la ratonera.*
RATONERO, RA adj. Propio del ratón. || Perro para cazar ratones. || *Fig.* y *fam. Música ratonera,* la de mala calidad y ramplona.
RATONESCO, CA y **RATONIL** adj. Propio de ratones: *tocar una música ratonil.*
RAUCO, CA adj. (lat. *raucus*). *Poét.* Ronco.
RAUDAL m. Caudal violento de agua. || Recial, torrente. || *Fig.* Abundancia o copia de cosas que ocurren de golpe.
RAUDO, DA adj. (lat. *rapidus*). Rápido, violento, precipitado.
RAULÍ m. *Chil.* Nombre de una especie de haya.
RAVENALA f. Palmera de Madagascar cuyas hojas retienen el agua de lluvia.
RAVENÉS, ESA adj. y s. De Ravena.
RAVIOLES m. pl. (ital. *ravioli*). Cuadritos de masa que contienen carne picada y se sirven con salsa y queso rallado.
RAYA f. Señal larga y estrecha: *una tela de rayas.* (SINÓN. V. *Trazo.*) || Término o límite: *poner raya a los excesos de una persona.* || Separación de los cabellos que deja ver la piel. || Pliegue del pantalón. || Cada una de las estrías en el ánima de un arma de fuego. || Cierto tipo de vino de Jerez. || *Gram.* Guión que separa oraciones incidentales o indica el diálogo. || *Méx.* Sueldo, jornal. || *Amer.* Rayuela, juego. || *Tres en raya,* juego de muchachos. || *A raya,* dentro de los justos límites. || *Pasar de la raya,* propasarse. || *Dar tres y raya,* aventajar en mucho.
RAYA f. (lat. *raia*). Pez marino del orden de los selacios, de cuerpo aplastado, común en todos los mares templados.
RAYADILLO m. Cierta tela de algodón rayada.
RAYADO m. Conjunto de rayas. || Acción de rayar.
RAYADOR m. Ave marina americana de pico aplanado y de mandíbula superior mucho más corta que la inferior.
RAYANO, NA adj. Que linda con otra cosa. (SINÓN. V. *Cercano.*) || Que está en la raya que divide dos cosas. || Semejante.
RAYAR v. t. Hacer rayas: *rayar papel.* || Subrayar. || Borrar un escrito con rayas. (SINÓN. V. *Borrar.*) || — V. i. Confinar una cosa con otra. || *Fig.* Asemejarse una cosa a otra. || Empezar: *rayar el alba.* || *Fig.* Sobresalir, descollar. (SINÓN. V. *Señalar.*) || *Méx.* Pagar a los operarios. || *Arg.* Parar de golpe el caballo. || *Amér. C.* Espolear. || —PARÓN. *Rallar.*
RAYERO m. *Arg.* Juez de raya en las carreras de caballos.
RÁYIDOS m. pl. *Zool.* Orden de peces selacios con el cuerpo deprimido y cola larga y delgada, como el torpedo y la raya.
RAYO m. (lat. *radius*). Línea de luz que emite un cuerpo luminoso: *los rayos del Sol.* (SINÓN. *Fucilazo, fulguración.* V. tb. *luz.*) || Dícese de las cosas que nacen de un centro común y van apartándose: *los rayos de una rueda.* (Se emplea más *radio.*) || Chispa eléctrica que se desprende de una nube. (SINÓN. *Relámpago.* V. tb. *chispa.*) || *Fig.* Cosa que obra con suma violencia y eficacia: *cayó como un rayo sobre sus enemigos.* || *Fig.* Desgracia imprevista. || *Rayos X* o *de Röntgen,* rayos luminosos no perceptibles a simple vista que, bajo la acción de una corriente eléctrica, nacen dentro de una ampolla de cristal, donde se ha hecho el vacío muy perfectamente: *los rayos X atraviesan casi todos los cuerpos opacos a la luz ordinaria, impresionan las placas fotográficas, iluminan las substancias fluorescentes y poseen propiedades terapéuticas.* (V. RADIOGRAFÍA y RADIOSCOPIA.) || *Rayos cósmicos,* los que proceden del espacio sideral. (V. CÓSMICO.) || *Rayos* α, β, γ, los que proceden de cuerpos radiactivos. || *Con la velocidad de un rayo,* rápidamente. || *Echar rayos,* estar muy furioso.
RAYÓN m. y **RAYONA** f. Seda artificial.
RAYOSO, SA adj. Que tiene muchas rayas.
RAYUELA f. Raya pequeña || Juego en que se tiran monedas a una raya hecha en el suelo.
RAYUELO m. Agachadiza, ave zancuda.
RAZA f. Origen o linaje: *la raza de Abrahán.* (SINÓN. *Alcurnia, casa, cepa, descendencia, familia, nacimiento, sangre, tronco.* V. tb. *pueblo.*) || Variedad constante en una especie animal: *las razas de perros son muy numerosas.*
RAZA f. (lat. *radia*). Grieta, hendedura. || Grieta en el casco de las caballerías. || Lista, en algunas telas, más clara que lo demás. || — PARÓN. *Rasa.*
RAZÓN f. Facultad por medio de la cual puede el hombre discurrir y juzgar: *la razón distingue al hombre del animal.* (SINÓN. V. *Raciocinio.*) || Facultad intelectual: *la razón no triunfa siempre de las pasiones.* || Argumento en apoyo de un razonamiento: *razón convincente.* || Motivo: *por esa razón no le saludé.* (SINÓN. V. *Causa.*) || *Razón de Estado,* consideración de interés superior que invoca la autoridad soberana de un Estado para ejecutar acciones contrarias a la justicia. || Recado. || *Com. Razón social,* nombre de los socios de una casa de comercio, en el orden establecido por sus estatutos. || *Mat.* Resultado de la comparación entre dos cantidades: *razón directa o inversa.* || *Fil. Razón pura, razón práctica,* aspectos de la razón distinguidos por Kant, que se refieren al conocimiento y a la moral. || *A razón de,* m. adv., al precio de. Al respecto: *a razón de 5 %.* || *En razón,* m. adv., en consideración a. || *Puesto en razón,* razonable. || *Dar razón,* informar de una cosa. || *Perder la razón,* volverse loco.
RAZONABLE adj. Conforme a razón, justo, arreglado: *una proposición muy razonable.* (SINÓN. V. *Equitativo.*) || *Fig.* Mediano, bastante en calidad o en cantidad: *una fortuna razonable.*
RAZONABLEMENTE adv. m. De un modo razonable: *hablar razonablemente.*
RAZONADAMENTE adv. m. Por medio de razones.
RAZONADO, DA adj. Fundado en el razonamiento: *el estudio razonado de un fenómeno.*
RAZONADOR, RA adj. y s. Que razona o discurre: *un razonador temible.*
RAZONAMIENTO m. Facultad, acción o modo de razonar. (SINÓN. V. *Sentido.*) || Serie de conceptos que se deducen unos de otros y permiten llegar a una demostración: *razonamiento bien fundado.*
RAZONAR v. i. Valerse de la razón para juzgar una cosa. (SINÓN. *Filosofar, pensar, raciocinar.*) || Hablar, discurrir. || — V. t. Explicar por medio de razones y pruebas un dictamen, etc.: *razonar muy bien un informe.* (SINÓN. *Argumentar.*)
RAZZIA f. (del ár. *gáziy,* ataque). Expedición guerrera de los musulmanes contra los infieles. || Saqueo, robo, correría. (SINÓN. V. *Incursión.*) || Redada de policía.
Rb, símbolo químico del *rubidio.*
RE, prep. insep. que forma parte de varias voces de nuestra lengua e indica repetición, reiteración, oposición, resistencia, retroceso, etc., como en *reacción, realzar, rebatir.*
RE m. *Mús.* Segunda nota de la escala musical.
REA f. Mujer acusada de un delito. (V. REO.)
REABRIR v. t. Abrir de nuevo lo cerrado.
REABSORBER v. t. Absorber de nuevo.
REABSORCIÓN f. Nueva absorción.
REACCIÓN f. Acción que ejerce un cuerpo para oponerse a la que otro realiza sobre él. || *Fig.* Acción contraria a otra: *reacción política.* || Tendencia política que se opone al progreso y quiere conservar las cosas antiguas. || *Quím.* Acción que producen unos cuerpos sobre otros. || *Reacción en cadena,* reacción química o nuclear en la cual unos átomos liberan una energía suficiente para desencadenar la misma reacción entre los átomos

ratón

ravenala

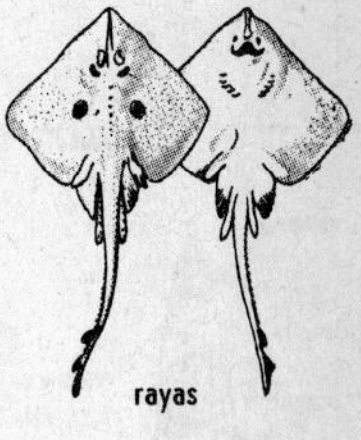
rayas

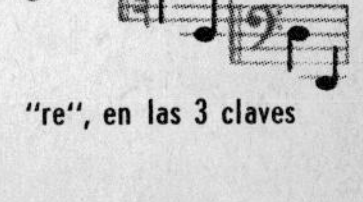
"re", en las 3 claves

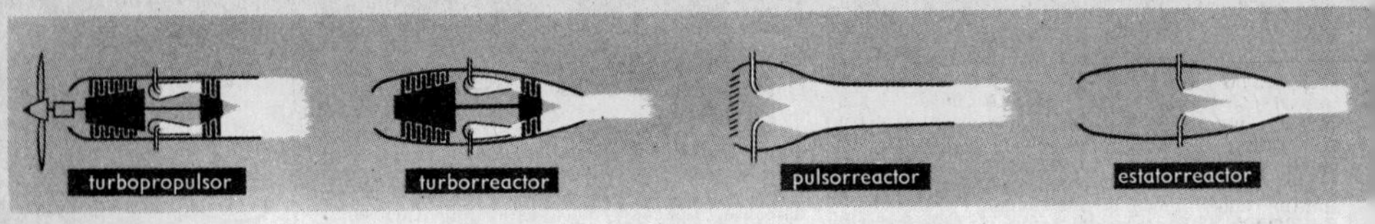

MOTORES DE REACCIÓN

vecinos. || *Fisiol.* Acción orgánica que produce un efecto contrario al del agente que la provoca. || *Avión de reacción,* el movido por la reacción producida por los gases que expulsa su motor.
— La *propulsión por reacción* se basa en el principio de acción y reacción, según el cual *a toda fuerza que actúa sobre un punto se le opone otra igual y de sentido contrario.* En un *motor de reacción,* la acción se efectúa mediante la proyección de chorros de gases a gran velocidad, los cuales provocan una reacción en sentido contrario que hace avanzar el vehículo.
REACCIONAR v. i. Producir una reacción. (SINÓN. V. *Resistir.*)
REACCIONARIO, RIA adj. y s. Partidario de la reacción en materia de política.
REACIO, CIA adj. (del lat. *reatum,* supino de *reagere,* reaccionar). Terco, porfiado, (SINÓN. V. *Indócil.*)
REACTANCIA f. *Electr.* Resistencia.
REACTIVACIÓN f. Acción de reactivar.
REACTIVAR v. t. Dar más actividad.
REACTIVO, VA adj. Que produce reacción: *fuerza reactiva.* || — M. Substancia que se emplea en química para reconocer la naturaleza de ciertos cuerpos por medio de la acción que produce sobre ellos.
REACTOR m. Nombre genérico dado a los *propulsores de reacción.* || *Reactor nuclear,* pila atómica.
REACTORISTA m. Piloto de avión de reacción.
READAPTACIÓN f. Acción de readaptarse.
READAPTAR *v.* t. Adaptar de nuevo.
READMISIÓN f. Admisión por segunda vez.
READMITIR v. t. Volver a admitir.
REAFIRMAR v. t. Afirmar de nuevo.
REAGRAVACIÓN f. La acción de reagravar.
REAGRAVAR v. t. Volver a agravar: *reagravar una falta.* || — V. r. Agravarse de nuevo.
REAGRUPAR v. t. Agrupar otra vez.
REAGUDO, DA adj. Muy agudo: *dolor reagudo.*
REAJUSTAR v. t. Volver a ajustar.
REAJUSTE m. Acción de reajustar: *un reajuste de precios.*
REAL adj. (lat. *realis*). Que existe verdaderamente: *una necesidad real.* || — SINÓN. *Concreto, tangible, verdadero.* || — CONTR. *Imaginario.*
REAL adj. (lat. *realis*). Perteneciente al rey: *palacio real.* || Dícese de algunos animales y cosas superiores en su clase: *tigre real, águila real, pino real, octava real.* || *Fig.* Generoso, espléndido. || *Fig.* Muy bueno o muy hermoso: *una real moza.* || — M. Campamento de un ejército: *alzar el real.* || Campo donde se celebra la feria. || Moneda española (real o imaginaria) que ha tenido diferentes valores y actualmente equivale a veinticinco céntimos de peseta. || Moneda de plata o de níquel de diversos países de América que equivale, en la mayor parte de ellos, a 10 centavos de peso. || *Sentar los reales,* fijarse, domiciliarse. || *Camino real,* carretera de primer orden. || *Derechos reales,* impuesto que grava toda transferencia de propiedad.
REALCE m. Relieve, cosa que sobresale: *hacer un bordado de realce.* (SINÓN. V. *Adorno.*) || *Fig.* Lustre, esplendor: *el realce de la nobleza.* (SINÓN. V. *Brillo.*) || *Fig.* Parte que resalta más en una pintura.
REALENGO, GA adj. Dícese de los pueblos que no eran de señorío y de los terrenos pertenecientes al Estado. || *Per.* Dícese del fundo en que no pesa hipoteca ni censo. || *P. Rico.* Que no tiene dueño (animal). || — M. *Arg.* Carga, gravamen.
REALEZA f. Dignidad real, majestad.
REALIDAD f. Existencia efectiva: *la realidad del mundo exterior.* (CONTR. *Ficción, quimera.*) || Verdad, sinceridad. || *En realidad, verdaderamente, efectivamente, sin duda.*
REALILLO m. Real de vellón.

COHETE DE REACCIÓN

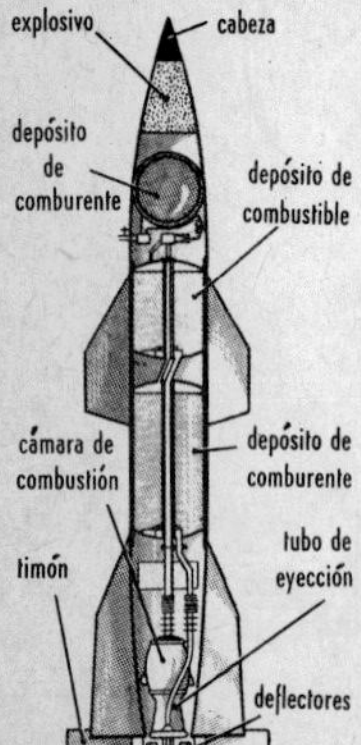

REALISMO m. Doctrina filosófica de la Edad Media, que consistía en considerar las ideas generales como seres reales: *el realismo fue defendido por Escoto.* || Tendencia de ciertos escritores y artistas que representan la naturaleza sin ninguna idealidad: *el realismo del arte flamenco o de las novelas de Pérez Galdós.* (CONTR. *Idealismo.*) || Doctrina política u opinión favorable a la monarquía.
REALISTA adj. y s. Partidario del realismo en filosofía, arte o literatura. || Partidario de la monarquía.
REALITO m. Realillo, real de vellón. || *Hond.* Género de miriópodos americanos.
REALIZABLE adj. Que puede realizarse: *un proyecto realizable.* (SINÓN. V. *Posible.*)
REALIZACIÓN f. Acción y efecto de realizar o realizarse una cosa: *la realización completa de un proyecto.*
REALIZADOR m. Director de cine o de una emisión televisada.
REALIZAR v. t. Hacer real o efectiva una cosa: *realizar una promesa.* (SINÓN. V. *Cumplir y hacer.*) || Reducir a dinero lo más rápidamente posible: *realizar mercancías, sus muebles.*
REALMENTE adv. m. De un modo real.
REALQUILAR v. t. Subarrendar.
REALZAR v. t. Poner de realce o relieve. || Labrar de realce. || *Pint.* Hacer resaltar un objeto en el cuadro. || *Fig.* Dar brillo o resplandor a una cosa: *realzar el mérito de uno.*
REANIMAR v. t. Devolver la vida. || Restablecer las fuerzas: *este vino me ha reanimado.* (SINÓN. *Reconfortar, vigorizar.*) || *Fig.* Infundir ánimo nuevo: *el ejemplo de los jefes reanima con frecuencia a los soldados.* (SINÓN. *Despertar, reavivar.*) || *Fig.* Rejuvenecer: *la primavera reanima la naturaleza.* (SINÓN. *Remozar.*)
REANUDACIÓN f. Acción de reanudar.
REANUDAR v. t. Proseguir lo interrumpido.
REAPARECER v. i. Volver a aparecer. || — IRREG. Se conjuga como *merecer.*
REAPARICIÓN f. Acción y efecto de reaparecer. (SINÓN. V. *Renacimiento.*)
REAPERTURA f. Acción de abrir de nuevo.
REAPRETAR v. t. Volver a apretar o apretar mucho. || — IRREG. Se conjuga como *apretar.*
REARMAR v. t. Armar nuevamente.
REARME m. Acción de rearmar.
REASEGURAR v. t. Hacer un reaseguro.
REASEGURO m. Operación por la cual una compañía de seguros, después de haber asegurado a un cliente por una suma importante, se cubre a sí misma de una parte del riesgo asegurándose a su vez en una o varias otras compañías.
REASUMIR v. t. Volver a tomar lo que antes se dejó. || *For.* Asumir una autoridad superior facultades que corresponden a otras. || — PARÓN. *Resumir.*
REASUNCIÓN f. Acción y efecto de reasumir.
REATA f. Cuerda o correa con que se atan varias caballerías unas detrás de otras. || Hilera de caballerías que van en esta forma. || Mula que se agrega al carro, delante del tiro principal. || *Cub.* Arriate. || *Ecuad.* Cinta de algodón. || *De reata,* m. adv., formando reata. || *Fig.* Que sigue ciegamente a otro.
REATAR v. t. Volver a atar o atar más apretadamente. || Atar las caballerías unas detrás de otras.
REATO m. Obligación de expiar la pena correspondiente a un pecado.
REAVIVAR v. t. Avivar de nuevo o avivar intensamente. (SINÓN. V. *Reanimar.*)
REBABA f. Resalto que se forma, en ciertos objetos de metal vaciados, en los puntos que corresponden a las junturas del molde.
REBAJA f. Lo que se rebaja o descuenta de algo. (SINÓN. V. *Abaratamiento.*)

REBAJADO, DA adj. Dícese del arco cuya altura es inferior a la mitad de su anchura. (V. ARCO.) || — M. Soldado rebajado del servicio.
REBAJADOR m. Un baño que se usa en fotografía para rebajar las imágenes muy intensas.
REBAJAMIENTO m. Rebaja.
REBAJAR v. t. Disminuir, quitar algo de una cosa. (SINÓN. V. *Adelgazar* y *substraer.*) || *Fig.* Humillar, abatir el orgullo: *rebajarle la vanidad a uno.* (SINÓN. V. *Bajar.*) || Disminuir u obscurecer un color en pintura o fotografía. || — V. r. Humillarse, abatirse. || Quedar dispensado del servicio un militar.
REBAJE m. *Mil.* Dispensa para no hacer algún servicio. || *Mil. Rebaje de rancho,* dinero que se entrega al soldado que no come en el cuartel.
REBAJETE adj. *Fam.* Muy bajo.
REBAJO m. Parte del canto de una cosa cuyo espesor se ha disminuido por medio de un corte.
REBALSA f. Agua estancada.
REBALSAR v. t. e i. Detener las aguas corrientes formando una balsa. Ú. t. c. r.: *el río se rebalsa cerca del vado.* || — PARÓN. *Rebasar.*
REBALSE m. Acción de rebalsar. || Rebalsa.
REBANADA f. Porción delgada que se corta de algunas cosas: *rebanada de pan.* (SINÓN. *Pedazo, rodaja, rueda, tajada.*) || *Méx.* Picatoste.
REBANAR v. t. Cortar en rebanadas una cosa. (SINÓN. V. *Cortar.*)
REBAÑADERA f. Gancho que se emplea para sacar los objetos que se caen en un pozo.
REBAÑADOR, RA adj. y s. Que rebaña.
REBAÑADURA f. Lo que se rebaña.
REBAÑAR v. t. Recoger algo sin dejar nada: *rebañar un plato.*
REBAÑO m. Hato de ganado: *un rebaño de carneros.* || *Fig.* Congregación de los fieles que están sometidos a la autoridad de sus pastores espirituales. (SINÓN. V. *Multitud.*)
REBASADERO m. Lugar por donde se rebasa.
REBASAR v. t. Pasar de cierto límite. (SINÓN. V. *Pasar.*) || *Mar.* Pasar, salvar un peligro. || — PARÓN. *Rebalsar.*
REBATE m. Riña, combate.
REBATIBLE adj. Dícese de lo que se puede rebatir o refutar: *argumento rebatible.*
REBATINGA f. *Hond.* Rebatiña, arrebatiña.
REBATIÑA f. Arrebatiña. || *Andar a la rebatiña,* luchar por apoderarse de una cosa.
REBATIR v. t. Rechazar la fuerza o violencia que intenta hacer alguno. || Batir de nuevo, o mucho. || Rebajar o disminuir una cantidad de una suma. || Refutar, combatir: *rebatir una proposición.* (SINÓN. V. *Contradecir.*)
REBATO m. Llamamiento de los habitantes de un pueblo, hecho en caso de peligro: *llamar a rebato.* || *Fig.* Alarma, emoción súbita. || *Mil.* Ataque repentino.
REBAUTIZAR v. t. Bautizar de nuevo.
REBECA f. Especie de jersey de mangas largas que suele cerrarse por delante mediante un juego de botones.
REBECO m. Gamuza que vive en los Pirineos.
REBELARSE v. r. (lat. *rebellare*). Alzarse contra la autoridad legítima. (SINÓN. V. *Sublevar.*) || *Fig.* Apartarse de la amistad o trato con alguno. || *Fig.* Oponer resistencia: *rebelarse contra la suerte.*
REBELDE adj. y s. (lat. *rebellis,* de *re,* prefijo, y *bellum,* guerra). Que se niega a obedecer a la autoridad legítima: *general rebelde.* (SINÓN. V. *Revolucionario.* CONTR. *Obediente.*) || *Fig.* Que se resiste a una cosa: *rebelde a los mandatos de su conciencia.* (SINÓN. V. *Indócil* y *opuesto.*) || *For.* Que no comparece en juicio en el plazo señalado por el juez. || *Fig. Enfermedad rebelde,* la que resiste a todos los remedios.
REBELDÍA f. Calidad de rebelde y acción propia de él. || *For.* Omisión del reo que no comparece en juicio: *declarar a un reo en rebeldía.*
REBELIÓN f. Acción de rebelarse. (SINÓN. V. *Desobediencia.*) || Resistencia violenta hecha a la autoridad: *castigar la rebelión.* (SINÓN. V. *Revolución.*)
REBELÓN, ONA adj. Dícese de la caballería que no obedece con facilidad a la rienda.
REBENCAZO m. Golpe con el rebenque.
REBENCUDO, DA adj. *Cub.* Testarudo.
REBENQUE m. Látigo de cuero con que se castigaba a los galeotes. || *Amér. Merid.* Látigo fuerte de jinete con mango. || *Mar.* Cuerda que sirve para diversos usos.
REBENQUEAR v. t. *Amér. Merid.* Pegar con el rebenque.
REBIÉN adv. Muy bien.
REBINA f. Segunda bina que se da a las viñas.
REBINAR v. t. Cavar una viña por tercera vez. || — V. i. *And. Fig.* Reflexionar.
REBISABUELO, LA m. y f. Tatarabuelo.
REBISNIETO, TA m. y f. Tataranieto.
REBLANDECER v. t. Poner blanda una cosa. (SINÓN. V. *Debilitar.*) || — IRREG. Se conjuga como *merecer.*
REBLANDECIMIENTO m. Acción de reblandecer. || Estado de una cosa reblandecida. || *Med.* Supresión o disminución de la consistencia de los elementos de un tejido: *un reblandecimiento cerebral.*
REBOCILLO y **REBOCIÑO** m. Mantilla usada por las mujeres para rebozarse.
REBOLEAR v. t. *Arg.* Bolear.
REBOLLAR y **REBOLLEDO** m. Sitio donde hay muchos rebollos.
REBOLLO m. (del lat. *robur,* roble). Árbol de la familia de las fagáceas.
REBOLLUDO, DA adj. Rehecho, gordo. || *Diamante rebolludo,* el diamante en bruto, de forma redonda.
REBOMBAR v. i. Sonar con estrépito.
REBONITO, TA adj. Muy bonito.
REBORDA adj. f. *Pega reborda,* el alcaudón.
REBORDE m. Borde saliente de algunas cosas. (SINÓN. V. *Linde.*)
REBORDEAR v. t. Formar un reborde.
REBORUJAR v. t. *Méx.* Mezclar en desorden.
REBOSADERO m. Sitio donde rebosa un líquido. || *Chil.* Mineral que se halla en depósitos más o menos grandes, sin formar vetas. || — PARÓN. *Rebasadero.*
REBOSADURA f. y **REBOSAMIENTO** m. Acción de rebosar un líquido.
REBOSAR v. i. Derramarse un líquido por no caber en el recipiente donde se echa. || *Fig.* Abundar con exceso: *rebosar en dinero.* (SINÓN. V. *Abundar* y *exceder.*) || — PARÓN. *Rebozar.*
REBOTACIÓN f. *Fam.* Acción de rebotar. || *Col.* Derrame de bilis y otros humores.
REBOTADURA f. La acción de rebotar, rebote.
REBOTAR v. i. Botar varias veces un cuerpo elástico: *la pelota rebotó en el suelo.* || — V. t. Torcer o doblar la punta de una cosa: *rebotar un clavo.* || Rechazar. || *Fam.* Irritar, enfadar. || *Méx.* Embotar. || *Col.* Enturbiar el agua. || — V. r. Sofocarse, irritarse.
REBOTE m. La acción de rebotar. || Bote que de una cosa que rebota. (SINÓN. V. *Salto.*) || *Fig. De rebote,* m. adv., de rechazo.
REBOTICA f. Trastienda en las farmacias: *iba a la tertulia de la rebotica.*
REBOTÍN m. Segunda hoja que cría la morera.
REBOZAR v. t. Cubrir el rostro con la capa o manto. || Bañar una cosa comestible en huevo, harina, miel, etc || — PARÓN. *Rebosar.*
REBOZO m. Modo de llevar la capa o manto cubriéndose con él el rostro. || Rebociño, mantilla. || *Fig.* Simulación, pretexto. || *De rebozo,* ocultamente. || *Fig. Sin rebozo,* con franqueza.
REBRILLAR v. i. Brillar mucho.
REBROTAR v. i. Retoñar.
REBROTE m. Retoño.
REBUDIAR v. t. Roncar el jabalí acosado.
REBUDIO m. Gruñido de jabalí.
REBUENO, NA adj. Muy bueno.
REBUFAR v. i. Bufar con fuerza.
REBUFE m. Bufido del toro.
REBUFO m. Movimiento violento que produce el aire alrededor de la boca de las armas de fuego.
REBUJADO, DA adj. Desordenado, enredado. || Envuelto.
REBUJAL m. Número de reses de un rebaño que pasan de cincuenta o de un múltiplo de cincuenta.
REBUJAR v. t. Arrebujar.
REBUJINA o **REBUJIÑA** f. *Fam.* Bullicio.
REBUJO m. Embozo. || Envoltorio, bulto.
REBULLICIO m. Bullicio grande.

rebeco

REBULLIR v. i. Empezar a bullir una cosa. || — V. t. *Col.* Menear. || — V. r. Moverse, agitarse. || — IRREG. Se conjuga como *mullir.*
REBUMBIO m. Alboroto, bulla. (SINÓN. V. *Escándalo.*)
REBURUJAR v. t. *Fam.* Revolver una cosa haciendo con ella un buruión o bulto.
REBURUJÓN m. Rebujo, envoltorio, bulto.
REBUSCA f. Acción de rebuscar. || Fruto que queda olvidado en los campos después de la cosecha. || *Fig.* Desecho, parte inútil de una cosa.
REBUSCADO, DA adj. Afectado.
REBUSCADOR, RA adj. y s. Que rebusca.
REBUSCAMIENTO m. Rebusca, registro. || Afectación.
REBUSCAR v. t. Buscar con cuidado. (SINÓN. *Escudriñar, perseguir, pesquisar, sondear.* V. tb. *buscar.*) || Recoger lo que queda en los campos después de las cosechas.
REBUSCO m. Rebusca: *hacer un rebusco muy cuidadoso.* || *Ecuad.* Cosecha parcial del cacao.
REBUTIR v. t. Embutir, rellenar.
REBUZNAR v. i. Emitir el asno su voz o grito. (SINÓN. V. *Gritar.*)
REBUZNO m. Voz del asno: *sonoro rebuzno.*
RECABAR v. t. Alcanzar, obtener, conseguir lo que se desea. || Pedir, solicitar. || — PARÓN. *Recavar.*
RECADERO, RA m. y f. Persona que lleva recados por oficio. (SINÓN. V. *Mensajero.*)
RECADO m. Mensaje que se manda de palabra por medio de otra persona. || Regalo o presente. || Provisión que se trae diariamente para el surtido de una casa: *mandar a la criada por el recado.* || Conjunto de cosas necesarias para un fin: *recado de escribir.* || Mandado: *le envié a un recado.* || Documento justificativo de una cuenta. || Precaución, seguridad. || *Amer.* Conjunto de piezas que componen la montura de los campesinos y comprende las siguientes partes: *bajera,* dos *caronas* separadas por la *jerga, lomillo, cincha, acionera* con sus *estriberas, cojinillos, sobrepuesto* y *sobrecincha.* || *A buen recado,* m. adv., V. RECAUDO.
RECAER v. i. Volver a caer en un pecado o falta. || Volver a caer enfermo el que había sanado ya. || Parar en uno una cosa: *la herencia recayó en su primo hermano.* || — IRREG. Se conjuga como *caer.*
RECAÍDA f. *Med.* Segunda caída en una enfermedad, vicio, reincidencia: *padecer grave recaída.* || — SINÓN. *Reincidencia, reiteración.*
RECALADA f. *Mar.* Acción de recalar un buque.
RECALADOR, RA adj. Penetrante.
RECALAR v. t. Penetrar un líquido por los poros de un cuerpo. || — V. i. *Mar.* Llegar el buque a la vista de una costa conocida. || Bucear, nadar bajo el agua. || *Can.* y *Venez.* Llegar a sitio determinado.
RECALCADA f. Acción de recalcar un barco.
RECALCADAMENTE adv. Muy apretadamente. || Insistentemente.
RECALCADURA f. Acción de recalcar o apretar.
RECALCAR v. t. Apretar, comprimir mucho una cosa con otra. || Llenar una cosa con otra. || *Fig.* Insistir mucho en las palabras al pronunciarlas: *recalcar mucho sus palabras.* || — V. i. *Mar.* Inclinarse mucho el barco. || — V. r. Repetir una cosa muchas veces. || *Fig.* y *fam.* Arrellanarse. || *Recalcarse el pie,* torcérselo y lastimárselo.
RECALCIFICACIÓN f. Procedimiento para fijar el calcio en el organismo.
RECALCIFICAR v. t. Aumentar el calcio en el organismo.
RECALCITRANTE adj. Obstinado, terco: *caballo recalcitrante.* (SINÓN. V. *Indócil.*)
RECALCITRAR v. i. (lat. *recalcitrare*). Retroceder, volver pies atrás. || *Fig.* Resistir con terquedad.
RECALCÓN m. *And.* Esguince.
RECALENTAMIENTO m. Acción de recalentar.
RECALENTAR v. t. Volver a calentar, o calentar demasiado. || *Fig.* Excitar o avivar una pasión. || — V. r. Fermentar y echarse a perder ciertos frutos con el excesivo calor, echarse a perder la madera por descomponerse la savia. || — IRREG. Se conjuga como *alentar.*
RECALIENTE adj. Recalentado.
RECALMÓN m. Súbita calma en el mar.
RECALZAR v. t. (lat. *recalceare*). *Agr.* Echar tierra al pie de las plantas o árboles. || *Arq.* Hacer un recalzo en los cimientos de un edificio.
RECALZO m. Recalzón de la rueda de un carro. || *Arq.* Reparo hecho en los cimientos de un edificio.
RECAMADO m. Bordado de realce.
RECAMAR v. t. Bordar de realce.
RECÁMARA f. Cuarto que sigue a la cámara y depende de ella. || *Méx.* Alcoba, dormitorio. || Muebles o alhajas. || Parte de la culata por donde se cargan las armas de fuego de retrocarga. || Hornillo de mina. || *Fig.* y *fam.* Prudencia, astucia, cautela: *tener mucha recámara.*
RECAMARERA f. *Méx.* Doncella o criada.
RECAMBIAR v. t. Cambiar de nuevo. || *Com.* Volver a girar contra el librador la letra no pagada.
RECAMBIO m. Acción de recambiar. || Lo que sirve para cambiar: *pieza de recambio.*
RECANCAMUSA f. *Fam.* Cancamusa.
RECAMO m. Recamado. || Alamar, galón.
RECANCANILLA f. Modo de andar los niños fingiendo que cojean. || *Fig.* y *fam.* Modo de hablar recalcando las palabras: *hablar con recancanilla.*
RECANTÓN m. Guardacantón, poste de piedra.
RECAPACITAR v. t. Meditar mucho en algo.
RECAPITULACIÓN f. La acción de recapitular.
RECAPITULAR v. t. Recordar, repetir sumariamente: *recapitular los cargos.* (SINÓN. V. *Resumir.*)
RECAPITULATIVO, VA adj. Relativo a la recapitulación.
RECARGADO, DA adj. Cargado de nuevo o demasiado. || Puesto encima. || *Fig.* Excesivo, exagerado. (SINÓN. V. *Pesado.*)
RECARGAR v. t. Volver a cargar, o aumentar la carga. (SINÓN. *Acumular, agravar, aumentar.*) || Hacer nuevo cargo a uno. (SINÓN. *Abrumar.* V. tb. *agobiar.*) || *Fig.* Adornar con exceso. || Agravar la condena de un reo. || — V. r. Tener recargo.
RECARGO m. Carga nueva o aumento de carga. || Nuevo cargo hecho a uno: *recargo de pena.* || *Med.* Aumento de calentura: *el enfermo tuvo recargo.* || *Mil.* Tiempo de servicio suplementario.
RECATA f. Acción de recatar o catar de nuevo.
RECATADAMENTE adv. m. Con recato: *vivir una mujer recatadamente.*
RECATADO, DA adj. Que tiene mucho recato. (SINÓN. V. *Modesto.*)
RECATAR v. t. Esconder u ocultar una cosa. || — V. r. No atreverse a tomar una resolución.
RECATO m. Cautela, astucia. (SINÓN. V. *Circunspección.*) || Modestia, honestidad: *el recato es la principal virtud de la mujer.* (SINÓN. V. *Modestia.*)
RECAUCHUTAR v. t. Recubrir un neumático gastado con una disolución de caucho.
RECAUCHUTADO m. Acción y efecto de recauchutar.
RECAUDACIÓN f. Acción de recaudar: *la recaudación de los impuestos.* (SINÓN. *Cobranza, cobro, colecta, cuestación, percepción.*) || Oficina donde se recaudan los caudales públicos: *ir a la Recaudación.* || Cantidad recaudada.
RECAUDADOR m. El encargado de recaudar caudales públicos: *un recaudador de impuestos.*
RECAUDAMIENTO m. Recaudación o recaudo.
RECAUDAR v. t. Cobrar los caudales públicos u otras cosas: *recaudar tributos.* || Asegurar, custodiar.
RECAUDATORIO, RIA adj. Perteneciente o relativo a la recaudación.
RECAUDERÍA f. *Méx.* Pequeño negocio de frutas y verduras, cacharros de barro, etc.
RECAUDO m. Recaudación, acción de cobrar. || Precaución, cuidado. || *For.* Caución, seguridad. || *Ant., Méx.* y *Chil.* Legumbres surtidas. || *Poner a buen recaudo,* poner en seguro. || — PARÓN. *Recado.*
RECAVAR v. t. Volver a cavar la tierra: *recavar un hoyo.* || — PARÓN. *Recabar.*
RECAZO m. Guarnición de la espada. || Parte de un cuchillo opuesta al filo. || Taza de la candileja.

RECEBAR v. t. Echar recebo a las carreteras.
RECEBO m. Arena o guijo muy menudo que se echa sobre el firme de una carretera.
RECELAMIENTO m. Recelo.
RECELAR v. t. (del lat. *recelare*, hacerse atrás). Temer: *recelo que me vais a engañar.* (SINÓN. V. *Sospechar.*)
RECELO m. Acción y efecto de recelar. ‖ Miedo de alguna cosa. (SINÓN. V. *Sospecha* y *temor.*)
RECELOSO, SA adj. Que tiene recelo o temor. (SINÓN. V. *Desconfiado, incrédulo* y *temeroso.*)
RECENSIÓN f. Reseña de una obra.
RECENTADURA f. Levadura que se guarda para hacer fermentar otra masa.
RECENTAL adj. y s. Dícese de ciertos animales que no han pastado aún: *un corderillo recental.*
RECENTAR v. t. Agregar a la masa la levadura para que fermente. ‖ — V. r. Renovarse. ‖ — IRREG. Se conjuga como *alentar.*
RECEÑIR v. t. Ceñir de nuevo. ‖ — IRREG. Se conjuga como *ceñir.*
RECEPCIÓN f. Acción de recibir: *la recepción de una carta.* ‖ Admisión: *la recepción de un académico.* (SINÓN. V. *Acogida.*) ‖ Reunión con fiesta. ‖ Lugar donde se recibe a los huéspedes en un hotel.
RECEPTÁCULO m. (lat. *receptaculum*). Sitio donde se contiene cualquier cosa. ‖ *Bot.* Parte de la flor donde se asientan sus verticilos.
RECEPTIVIDAD f. Capacidad de recibir.
RECEPTIVO, VA adj. Que recibe.
RECEPTOR, RA adj. Que recibe: *máquina receptora.* ‖ — M. *Fís.* Aparato que recibe las señales eléctricas en telegrafía y radiotelegrafía. ‖ *For.* Escribano comisionado para recibir pruebas, fondos, etc.
RECEPTORÍA f. Oficio y oficina del receptor. ‖ *For.* Comisión o despacho que se confía al receptor.
RECESIÓN f. (lat. *recessio*). Acción de retroceder: *recesión económica.*
RECÉSIT m. Recle, recreación en un convento.
RECESO m. (lat. *recessus*). Separación. (P. us.) ‖ *Amer. Estar en receso,* no funcionar una asamblea.
RECETA f. (lat. *receptus*). Prescripción de un medicamento hecha por un médico. ‖ Nota escrita de esta prescripción. ‖ Nota que indica el modo de hacer una cosa. ‖ *Fig.* y *fam.* Memoria de cosas pedidas. ‖ Entre contadores, relación de partidas que se pasa de una contaduría a otra.
RECETADOR m. El que receta o prescribe.
RECETAR v. t. Prescribir el médico una medicina. ‖ *Fig.* y *fam.* Pedir alguna cosa: *recetar largo.*
RECETARIO m. Libro donde se apuntan las recetas en una farmacia. ‖ Farmacopea o formulario.
RECIAL m. Corriente impetuosa de un río.
RECIAMENTE adv. m. Con mucha fuerza: *pegar reciamente, llueve reciamente.*
RECIARIO m. Gladiador romano armado de un tridente y de una red con la que procuraba envolver a su adversario armado de punta en blanco.
RECIBÍ m. Expresión que se suele poner en los documentos, recibos, etc., para indicar que se ha recibido aquello de que se trata. (SINÓN. V. *Recibo.*)
RECIBIDERO, RA adj. Que puede recibirse.
RECIBIDOR, RA adj. y s. Que recibe. ‖ — M. Sala para recibir las visitas.
RECIBIMIENTO m. Recepción, acción de recibir. ‖ Acogida: *tuvo muy mal recibimiento.* ‖ Antesala, salón, vestíbulo. ‖ En algunas partes, sala principal de una casa. ‖ Acción de recibir una persona a otras muchas con motivo de una enhorabuena o pésame.
RECIBIR v. t. (lat. *recipere*). Tomar uno lo que le dan o envían. ‖ Percibir una cantidad. (SINÓN. V. *Cobrar.*) ‖ Padecer un daño: *recibió una herida.* ‖ Admitir, aceptar: *no recibieron muy bien su proposición.* (SINÓN. *Adoptar, prohijar.* V. tb. *aceptar.*) ‖ Admitir visitas una persona en determinado día. (SINÓN. *Acoger, albergar, dar de comer.*) ‖ Salir al encuentro del que viene de fuera. ‖ Esperar y resistir al enemigo. ‖ *Taurom. Estocada recibiendo,* la que se da sin moverse aprovechando el impulso del toro. ‖ — V. r. Tomar el título necesario para ejercer una profesión: *recibirse de médico.*

RECIBO m. Recepción, acción de recibir. ‖ Recibimiento. ‖ Escrito en que afirma uno haber recibido una cosa. (SINÓN. *Garantía, recibí, reconocimiento, resguardo.*) ‖ *Ser de recibo,* ser aceptable. ‖ *Estar de recibo una persona,* estar vestida para recibir visitas.
RECIDIVA f. (lat. *recidivus*). *Med.* Reaparición de una enfermedad después de curado el enfermo.
RECIEDUMBRE f. Fuerza o vigor.
RECIÉN adv. t. Recientemente. (Úsase antepuesto a participios pasivos: *recién nacido.*) ‖ — OBSERV. Es un error usarlo sin dichos participios: *llegó recién; recién vino su padre.*
RECIENTE adj. (lat. *recens*). Nuevo, que acaba de suceder o hacerse: *acontecimiento reciente, pan reciente.* (SINÓN. *Fresco, moderno.* V. tb. *nuevo.*) ‖ — M. *And.* Levadura, recentadura.
RECIENTEMENTE adv. t. Poco antes, poco ha. ‖ — SINÓN. *Recién, últimamente.*
RECIENTÍSIMO, MA adj. Muy reciente.
RECINTO m. Espacio comprendido dentro de límites determinados: *el recinto de un monumento.*
RECIO, CIA adj. Vigoroso: *hombre de recia constitución.* (SINÓN. V. *Fuerte.*) ‖ Abultado. (SINÓN. V. *Grueso.*) ‖ Duro, áspero. (SINÓN. *Grave, rígido.*) ‖ Riguroso, frío: *en lo más recio del invierno.* ‖ Veloz. ‖ Fuerte, alto: *hablar recio.* ‖ *De recio,* m. adv., reciamente.
RÉCIPE m. (imper. del lat. *recipere,* recibir). Palabra con que suelen encabezar los médicos sus recetas. ‖ *Fam.* Receta. ‖ *Fig.* y *fam.* Disgusto, reprensión, regaño fuerte: *darle a uno un récipe.*
RECIPIENDARIO m. El que se recibe en una asamblea, academia, etc.
RECIPIENTE adj. Que recibe. ‖ — M. Vaso que recibe un líquido o un fluido: *recipiente de un alambique.* (SINÓN. *Jarro, vasija.* V. tb. *pila.*) ‖ Campana de cristal de la máquina neumática.
RECÍPROCAMENTE adv. De modo recíproco.
RECIPROCAR v. t. Establecer la reciprocidad. ‖ Responder a una acción con otra.
RECIPROCIDAD f. Correspondencia mutua de una persona o cosa con otra.
RECÍPROCO, CA adj. (lat. *reciprocus*). Que tiene lugar entre dos personas o cosas que obran una sobre otra: *amistad, odio recíprocos.* (SINÓN. *Bilateral, mutuo, sinalagmático.*) ‖ *Gram. Verbo recíproco,* aquél que expresa la acción de varios sujetos unos sobre otros: *Pedro y Juan se tutean desde la infancia.* ‖ *Teorema recíproco de otro,* aquel en que la conclusión del otro sirve de hipótesis.
RECITACIÓN f. Acción de recitar.
RECITADO m. *Mús.* Canto que imita la declamación hablada y que no se ajusta a ninguna medida.
RECITADOR, RA adj. y s. Que recita.
RECITAL m. Concierto en que un artista ejecuta varias obras musicales con un solo instrumento. (SINÓN. V. *Concierto.*) ‖ *Por ext.* Lectura o recitación de composiciones poéticas.
RECITAR v. t. (lat. *recitare*). Pronunciar una cosa que se sabe de memoria: *recitar la lección.* ‖ Referir, contar o decir en voz alta una cosa. ‖ — SINÓN. *Declamar, pronunciar, salmodiar.*
RECITATIVO, VA adj. *Mús.* Dícese del canto que imita la declamación.
RECIURA f. Calidad de recio. ‖ Rigor del invierno.
RECLAMACIÓN f. Acción de reclamar, de reivindicar o de oponerse: *una reclamación enérgica.*
RECLAMADOR, RA adj. y s. El que reclama.
RECLAMANTE adj. y s. Que reclama.
RECLAMAR v. t. (lat. *reclamare*). Pedir con instancia: *reclamar la palabra.* (SINÓN. *Exigir, pedir, requerir.* V. tb. *insistir.*) ‖ Implorar: *reclamar un socorro.* ‖ Reivindicar: *reclamar su derecho.* ‖ — V. i. Protestar: *reclamar contra una injusticia.* ‖ *Poét.* Resonar. ‖ Llamar las aves por medio del reclamo. ‖ — V. r. Llamarse entre sí ciertas aves.
RECLAME m. *Mar.* Cajera con sus poleas que está en los cuellos de los masteleros.
RECLAMO m. Ave amaestrada que se lleva a la caza para que llame con su canto a las de la misma especie. ‖ Voz del ave cuando llama a otra de su especie. ‖ Instrumento con que los cazadores imitan la voz de ciertas aves y otros animales:

reciario

monje recoleto

cazar con reclamo. || Llamada, voz con que se llama a uno. (SINÓN. V. *Llamamiento.*) || *Fig.* Cosa que atrae o incita a hacer algo. || *For.* Reclamación. (Debe evitarse en el lenguaje corriente.) || *Impr.* Palabra que se ponía al pie de cada página y era la que encabezaba la página siguiente. || Galicismo por anuncio disfrazado generalmente con aspecto de crónica, gacetilla o información: *reclamo ingenioso.* (SINÓN. V. *Publicidad.*)

RECLE m. Tiempo de descanso en los conventos.

RECLINACIÓN f. Acto de reclinar o reclinarse.

RECLINAR v. t. Inclinar el cuerpo apoyándolo sobre alguna cosa: *reclinarse sobre la cama.* || Inclinar una cosa sobre otra. (SINÓN. V. *Apoyar.*)

RECLINATORIO m. Cosa dispuesta para reclinarse. || Silla baja para arrodillarse y orar.

RECLUIR v. t. (lat. *recludere*). Encerrar: *recluir a uno en una cárcel.* || — IRREG. Se conjuga como *huir.*

RECLUSIÓN f. Encierro: *vivir en una reclusión voluntaria.* (SINÓN. V. *Prisión.*)

RECLUSO, SA adj. y s. Encerrado, preso.

RECLUTA f. Reclutamiento. || — M. El que sienta voluntariamente plaza de soldado. || Mozo alistado para cumplir el servicio militar. (SINÓN. V. *Miembro.*) || *Arg.* La acción de reunir el ganado disperso.

RECLUTADOR, RA adj. y s. El que recluta.

RECLUTAMIENTO m. La acción de reclutar. || Conjunto de los reclutas de un año.

RECLUTAR v. t. (fr. *recruter*). Alistar los reclutas o soldados. (SINÓN. V. *Comprometer.*) || *Arg.* Hacer la recluta del ganado.

RECOBRAR v. t. Volver a cobrar lo que se perdió: *recobrar la salud.* (SINÓN. *Reconquistar, recuperar, volver a tomar.*) || — V. r. Desquitarse de un daño o de una pérdida. || Volver en sí.

RECOBRO m. Acción de recobrar o recobrarse.

RECOCER v. t. Volver a cocer o cocer mucho una cosa. (SINÓN. V. *Cocer.*) || Caldear los metales después de haberlos labrado: *se recuecen los metales para devolverles la ductilidad o el temple.* || — V. r. Atormentarse. || — IRREG. Se conjuga como *mover.* || — PARÓN. *Recoser.*

RECOCIDA f. y **RECOCIDO** m. Acción de recocer un metal.

RECOCINA f. Cuarto contiguo a la cocina que sirve para desahogo de ella.

RECOCHINEARSE v. r. *Pop.* Regodearse.

RECOCHINEO m. *Pop.* Regodeo.

RECODADERO m. Mueble bueno para recodarse.

RECODAR v. i. Apoyarse sobre el codo. Ú. m. c. r.: *recodarse en la almohada.*

RECODAR v. i. Formar recodo: *río que recoda.*

RECODO m. Ángulo o codo que hacen ciertas cosas: *un recodo del río.*

RECOGEDERO m. Lugar donde se recogen algunas cosas. || Instrumento para recoger las basuras.

RECOGEDOR, RA adj. Que recoge o da acogida a uno. || — M. *Agr.* Instrumento usado para recoger la parva en la era. || Recogedero.

RECOGER v. t. Coger de nuevo o levantar una cosa caída: *recoger un libro del suelo.* || Juntar. (SINÓN. V. *Reunir.*) || Hacer la cosecha de los frutos: *recoger la aceituna.* (SINÓN. V. *Cosechar.*) || Encoger, estrechar. || Guardar: *recoger dinero.* || Dar asilo, acoger: *recoger a un pobre en su casa.* || Encerrar a uno por loco. || — V. r. Retirarse a una parte. || Retirarse a su casa: *Pepe se recoge temprano.* || *Fig.* Abstraerse de todo lo mundano para no pensar uno sino en Dios. (SINÓN. V. *Pensar.*)

RECOGIDA f. La acción de recoger alguna cosa. || Acción de recoger las cartas de un buzón para hacerlas llegar a su destino.

RECOGIDO, DA adj. Que vive apartado del mundo. || Dícese de la mujer retirada en ciertos conventos.

RECOGIMIENTO m. La acción de recoger alguna cosa. || Casa donde viven las mujeres recogidas.

RECOLAR v. t. Volver a colar: *recolar un licor.* || — IRREG. Se conjuga como *consolar.*

RECOLECCIÓN f. Acción y efecto de recolectar. || Recopilación, resumen. || Cosecha: *la recolección del trigo.* || Cobro de frutos o rentas. || Nombre que se da a ciertos conventos. || *Fig.* Casa particular en que se vive en recogimiento. || *Teol.* Recogimiento y meditación.

RECOLECTAR v. t. Recoger frutos o cosechas. (SINÓN. V. *Cosechar.*)

RECOLECTOR m. Recaudador, el que hace la recolección: *recolector de diezmos.*

RECOLEGIR v. t. Colegir. || — IRREG. Se conjuga como *pedir.*

RECOLETO, TA adj. y s. Aplícase al religioso que guarda recolección y al convento donde vive. || *Fig.* Que vive con retiro y abstracción.

RECOMENDABLE adj. Que es digno de recomendación: *persona poco recomendable.* (SINÓN. V. *Estimable.*)

RECOMENDACIÓN f. Acción de recomendar. || Consejo: *olvidar las recomendaciones de su padre.* || — SINÓN. *Instancia, súplica.* || Súplica que se hace para diligenciar un asunto. || Alabanza de una persona para introducirla con otra.

RECOMENDADO, DA m. y f. Persona en cuyo favor se ha hecho una recomendación. (SINÓN. V. *Protegido.*)

RECOMENDAR v. t. Encargar a uno que haga una cosa: *recomendar a un criado que le despierte a uno.* (SINÓN. *Aconsejar, encomendar, preconizar, suplicar.*) || Hablar en favor de uno: *recomendar a una persona.* || — IRREG. Se conjuga como *arrendar.*

RECOMENDATORIO adj. Que recomienda.

RECOMERSE v. r. Concomerse.

RECOMPENSA f. Compensación: *la recompensa de una pérdida.* || Cosa que se da a uno en premio de algo: *recompensa magnífica.* (SINÓN. *Gratificación, premio, prima, propina, regalo, retribución, tributo.* Pop. *Guante.*) || — CONTR. *Castigo.*

RECOMPENSABLE adj. Dícese de lo que se puede recompensar o merece una recompensa.

RECOMPENSAR v. t. Compensar: *mi caza de hoy me recompensa de la de ayer.* || Conceder una recompensa: *recompensar un trabajo.* (SINÓN. *Corresponder, gratificar, pagar, retribuir.*) || — CONTR. *Castigar.*

RECOMPONER v. t. Componer de nuevo. || — IRREG. Se conjuga como *poner.*

RECOMPOSICIÓN f. La acción de recomponer.

RECONCENTRACIÓN f. y **RECONCENTRAMIENTO** m. Acción de reconcentrar.

RECONCENTRAR v. t. Concentrar, reunir. || *Fig.* Disimular un sentimiento: *reconcentrar su ira.* || — V. r. Ensimismarse, abstraerse.

RECONCILIABLE adj. Que puede reconciliarse.

RECONCILIACIÓN f. Acción de reconciliar: *preparar la reconciliación entre dos hermanos.*

RECONCILIADOR, RA adj. y s. Que reconcilia.

RECONCILIAR v. t. (lat. *reconciliare*). Restablecer la armonía o la concordia entre dos personas o cosas: *reconciliar enemigos.* (SINÓN. *Armonizar, componer.* CONTR. *Desunir, enemistar.*) || — V. r. Volver a trabar amistad con uno. || Confesarse de alguna culpa ligera.

RECONCOMERSE v. r. Concomerse mucho. || Tener gran impaciencia, consumirse.

RECONCOMIO m. Acción de reconcomerse. || *Fig.* y *fam.* Recelo, sospecha: *guardar un reconcomio.* || *Fig.* y *fam.* Movimiento interior del ánimo.

RECONDENAR v. t. Condenar de nuevo.

RECONDITEZ f. *Fam.* Cosa muy escondida.

RECÓNDITO, TA adj. (lat. *reconditus*). Que está muy oculto y reservado: *misterios recónditos.* (SINÓN. V. *Profundo.*)

RECONDUCCIÓN f. *For.* Acción y efecto de reconducir.

RECONDUCIR v. t. *For.* Prorrogar un contrato de arriendo. || — IRREG. Se conjuga como *conducir.*

RECONFORTANTE adj. y s. m. Que reconforta. (SINÓN. V. *Consolador.*)

RECONFORTAR v. t. Confortar de nuevo, confortar mucho. (SINÓN. V. *Consolar.*)

RECONOCEDOR, RA adj. y s. Que reconoce.

RECONOCER v. t. (lat. *recognoscere*). Distinguir a una persona o cosa que por cualquier motivo se tenía olvidada: *reconocer a un amigo al cabo de diez años de ausencia.* || Distinguir por ciertos caracteres: *reconocer a uno por la voz.*

(SINÓN. V. *Identificar.*) ‖ Admitir como cierto: *reconocer una verdad.* ‖ Aceptar un nuevo estado de cosas: *reconocer un gobierno.* ‖ Confesar: *reconoció su culpa.* ‖ Examinar detenidamente una persona o cosa: *reconocer a un enfermo.* (SINÓN. *Estudiar, explorar, inquirir, mirar.*) ‖ Declarar solemnemente: *reconocer por hijo.* ‖ — V. r. Dejarse comprender una cosa: *ya se reconoce que no me amas.* ‖ Arrepentirse, confesarse. (P. us.) ‖ — CONTR. *Desconocer.* ‖ — IRREG. Se conjuga como *conocer.*
RECONOCIBLE adj. Que puede reconocerse.
RECONOCIDAMENTE adv. m. Con gratitud.
RECONOCIDO, DA adj. Agradecido: *persona reconocida.* ‖ — CONTR. *Ingrato.*
RECONOCIMIENTO m. Acción de reconocer a una persona o cosa. (SINÓN. V. *Recibo.*) ‖ Confesión. ‖ Gratitud, agradecimiento. ‖ *Reconocimiento médico,* examen médico.
RECONQUISTA f. La acción de reconquistar. ‖ Por antonomasia, la reconquista de España por los cristianos sobre los moros. (V. *Parte Hist.*)
RECONQUISTAR v. t. Conquistar de nuevo: *reconquistar una provincia.* ‖ *Fig.* Recobrar lo que se perdió: *reconquistar la estimación pública.* (SINÓN. V. *Recobrar.*)
RECONSIDERAR v. t. Considerar de nuevo.
RECONSTITUCIÓN f. Acción de reconstituir.
RECONSTITUIR v. t. Volver a constituir: *reconstituir un edificio.* ‖ Dar o devolver al organismo sus condiciones normales. Ú. t. c. r. ‖ — IRREG. Se conjuga como *huir.*
RECONSTITUYENTE adj. Que reconstituye. ‖ — M. *Med.* Dícese de las medicinas que tienen virtud de reconstituir el organismo en su estado normal: *el aceite de hígado de bacalao es un reconstituyente muy enérgico.* (SINÓN. *Analéptico, fortificante, roborativo, tónico, tonificador.* CONTR. *Debilitante.*)
RECONSTRUCCIÓN f. Acción de reconstruir.
RECONSTRUCTIVO, VA adj. Relativo a la reconstrucción.
RECONSTRUIR v. t. Volver a construir: *reconstruir una casa.* ‖ *Fig.* Evocar en la memoria las circunstancias de un hecho para recordarlo por entero. ‖ — IRREG. Se conjuga como *huir.*
RECONTAR v. t. Volver a contar o referir una cosa. ‖ — IRREG. Se conjuga como *contar.*
RECONTENTO, TA adj. Muy contento: *estoy recontento de verte.* ‖ — M. Gran satisfacción.
RECONVALECER v. i. Volver a convalecer.
RECONVENCIÓN f. Cargo que se hace a uno. (SINÓN. V. *Reproche.*)
RECONVENIR v. t. Hacer cargo a uno. (SINÓN. V. *Reprender.*) ‖ *For.* Pedir uno contra el mismo que le demandó en justicia. ‖ — IRREG. Se conjuga como *venir.*
RECOPILACIÓN f. Compendio o resumen de una obra. ‖ Colección: *una recopilación de leyes.* (V. *Parte Hist.*)
RECOPILADOR m. El que recopila o reúne.
RECOPILAR v. t. Reunir escritos, leyes, etc.
RÉCORD m. (pal. ingl., pr. *récor*). Proeza deportiva, comprobada oficialmente y que excede a cuantas se realizaron antes, plusmarca: *batir el récord de la milla.* (SINÓN. V. *Hazaña.*) ‖ *Por ext.* Resultado notable de cualquier género: *récord de producción.*
RECORDABLE adj. Que se puede recordar o digno de ser recordado. (SINÓN. *Memorable.*)
RECORDACIÓN f. Acto de recordar. ‖ Recuerdo. (SINÓN. V. *Memoria.*)
RECORDAR v. t. (lat. *recordari*). Traer a la memoria: *esto me recuerda mi juventud.* ‖ Avisarle a uno una cosa para que no la olvide: *que no tenga yo que recordarte más tu deber.* ‖ *Ant.* y *Amer. Fig.* Despertar al dormido. ‖ — V. i. Despertar: *recuerde el alma dormida.* Ú. t. c. r. ‖ — IRREG. Se conjuga como *acordar.*
RECORDATIVO, VA adj. (lat. *recordativus*). Que hace recordar. ‖ — M. Recordatorio o aviso.
RECORDATORIO m. Aviso, advertencia. ‖ Estampa religiosa que suele llevarse dentro de un libro para recordar algo o para señalar las páginas.
RECORDMAN m. (pal. ingl., pr. *recorman*). El que ha conseguido realizar un récord deportivo. Pl. *recordmen.* (Se dice en fem. *recordwoman,* que hace en pl. *recordwomen.*)
RECORRER v. t. (lat. *recurrere*). Caminar, andar: *ayer recorrimos nueve leguas.* (SINÓN. V. *Atravesar.*) ‖ Registrar o mirar algo con cuidado. ‖ Repasar: *recorrer un escrito.* ‖ Reparar lo deteriorado. ‖ *Impr.* Pasar letras de una línea a otra como consecuencia de una enmienda.
RECORRIDO m. Espacio que recorre una persona o cosa: *el recorrido del émbolo de una máquina.* (SINÓN. V. *Trayecto.*) ‖ Acción de recorrer o repasar. ‖ *Pop.* Paliza o tunda. ‖ *Impr.* Disposición de un texto tipográfico al lado de una ilustración.
RECORTADO m. o **RECORTADURA** f. Recorte.
RECORTAR v. t. Cortar lo que sobra de una cosa. (SINÓN. V. *Cortar.*) ‖ Cortar el papel u otra cosa formando diversas figuras. ‖ *Pint.* Dibujar el perfil de una figura, destacar: *sombra que se recorta en la pared.*
RECORTE m. Acción de recortar. ‖ *Taurom.* Regate que se hace al pasar el toro. ‖ Regate, finta. ‖ Cosa recortada: *un recorte de periódico.* ‖ — Pl. Porciones que sobran de cualquier materia recortada: *recortes de seda.*
RECORVAR v. t. Encorvar o doblar una cosa.
RECOSER v. t. Coser de nuevo alguna cosa. ‖ Zurcir o remendar la ropa blanca.
RECOSIDO m. Acción de recoser. ‖ Zurcido.
RECOSTADERO m. Reclinatorio, silla baja.
RECOSTAR v. t. Reclinar el busto el que está de pie o sentado. (SINÓN. V. *Apoyar.*) ‖ Reclinar, inclinar una cosa. ‖ — IRREG. Se conjuga como *costar.*
RECOVA f. Compra de huevos, gallinas, etc., para revenderlos. ‖ Cubierta que resguarda algunas cosas. ‖ Jauría. ‖ *Amer.* Mercado temporal.
RECOVAR v. t. Practicar la recova.
RECOVECO m. Vuelta que da una calle, camino, arroyo, etc. (SINÓN. V. *Rincón.*) ‖ *Fig.* Rodeo que se emplea para algún fin. ‖ *Méx.* Adorno muy complicado.
RECOVERO, RA m. y f. Persona que se dedica a la compra y venta de huevos, gallinas, etc.
RECRE m. Recle en los conventos.
RECREACIÓN f. Entretenimiento, distracción: *tomar alguna recreación.* ‖ Tiempo que se concede a los muchachos para jugar: *una hora de recreación.* (SINÓN. V. *Recreo.*)
RECREAR v. t. (lat. *recreare*). Divertir, deleitar: *espectáculo que recrea.* (SINÓN. V. *Entretener.*) ‖ Crear de nuevo.
RECREATIVO, VA adj. Que recrea o entretiene, ameno, divertido: *un libro muy recreativo.*
RECRECER v. t. (lat. *recrescere*). Aumentar una cosa. ‖— V. i. Ocurrir una cosa de nuevo. ‖ — V. r. Cobrar ánimo. ‖ — IRREG. Se conjuga como *merecer.*
RECREÍDO, DA adj. *Cetr.* Decíase antiguamente del ave de caza que se volvía salvaje.
RECREMENTICIO, CIA adj. *Fisiol.* Relativo al recremento: *depósito recrementicio.*
RECREMENTO m. (lat. *recrementum*). *Fisiol.* Conjunto de residuos funcionales que permanecen en el organismo y acaban por ser absorbidos por él.
RECREO m. Recreación. ‖ Diversión, distracción: *yate de recreo.* ‖ — SINÓN. *Entretenimiento, fiesta, juego, partida, pasatiempo, placer, recreación, regocijo.* V. tb. *vacación.* ‖ Sitio dispuesto para diversión.
RECRÍA f. Acción de recriar.
RECRIADOR m. El que recría.
RECRIAR v. t. Engordar animales nacidos en otra región.
RECRIMINACIÓN f. La acción de recriminar. (SINÓN. V. *Reproche.*)
RECRIMINADOR, RA adj. y s. Que recrimina.
RECRIMINAR v. t. Responder a una injuria o acusación con otra: *recriminar contra su acusador.* ‖ — V. rec. Acriminarse uno a otro.
RECRIMINATORIO, RIA adj. Que implica recriminación: *discurso recriminatorio.*
RECRUDECER v. i. (lat. *recrudescere*). Tomar nueva fuerza una enfermedad o una cosa perjudicial, desagradable: *el frío recrudece.* ‖ — IRREG. Se conjuga como *merecer.*
RECRUDECIMIENTO m. Recrudescencia. ‖ — SINÓN. *Agravación, empeoramiento, encono, incremento.*

RECRUDESCENCIA f. Acción de recrudecer.
RECRUDESCENTE adj. Que recrudece.
RECRUJIR v. i. Crujir mucho.
RECRUZAR v. t. Cruzar de nuevo un camino.
RECTAL adj. Relativo al intestino recto.
RECTAMENTE adv. m. Con rectitud.
RECTANGULAR adj. Dícese en general de cualquier figura que tiene uno o más ángulos rectos. || *Coordenadas rectangulares*, coordenadas referidas a ejes rectangulares.
RECTÁNGULO adj. (del lat. *rectus*, recto, y *ángulo*). Dícese de la figura que tiene ángulos rectos. || *Triángulo rectángulo*, aquel que tiene un ángulo recto. (V. TRIÁNGULO.) || *Paralelepípedo rectángulo*, el recto de base rectangular. || — M. Cuadrilátero con todos sus ángulos rectos: *la superficie del rectángulo equivale al producto de la base por la altura.*
RECTIFICACIÓN f. La acción de rectificar. (SINÓN. V. *Corrección*.)
RECTIFICADOR, RA adj. Que rectifica. || — M. *Electr.* Aparato para cambiar una corriente alterna en continua.
RECTIFICADORA f. Máquina para el ajuste de piezas de precisión.
RECTIFICAR v. t. Hacer recta o plana una cosa: *rectificar el trazado de una carretera.* (SINÓN. V. *Enderezar.*) || Volver exacto: *rectificar un cálculo.* (SINÓN. V. *Corregir* y *revisar.*) || Purificar por medio de la destilación: *rectificar aguardiente.* || *Mec.* Revestir la superficie de una pieza desgastada.
RECTIFICATIVO, VA adj. Que rectifica o enmienda: *poner una nota rectificativa.*
RECTILÍNEO, A adj. *Geom.* Compuesto de líneas rectas: *triángulo rectilíneo.*
RECTITIS f. *Med.* Inflamación del recto.
RECTITUD f. (lat. *rectitudo*). Calidad de lo que está en línea recta. || Conformidad con los verdaderos principios o la sana razón: *tener rectitud de juicio.* (SINÓN. V. *Justicia.*)
RECTO, TA adj. (lat. *rectus*). Derecho: *la línea recta es el camino más corto de un punto a otro.* || Justo: *un hombre recto.* (SINÓN. V. *Equitativo* y *leal.*) || Dícese del sentido primitivo de una palabra, por oposición a *figurado.* (SINÓN. V. *Puro.*) || — F. Línea recta: *trazar una recta.* || — M. *Zool.* Última porción del intestino grueso, que termina en el ano. || *Impr.* Anverso de una página.

rectángulo

RECTOR, RA adj. Que rige o gobierna. || — M. y f. Superior de un colegio, comunidad, etc. || — M. Párroco, cura. || Superior de una universidad.
RECTORADO m. El oficio y cargo del rector.
RECTORAL adj. Del rector: *autoridad rectoral.* || — F. Casa del párroco.
RECTORÍA f. El oficio y la oficina del rector.
RECUA f. Conjunto de acémilas: *guiar una recua.* || *Fig.* y *fam.* Multitud de personas o cosas que van siguiendo unas tras otras.
RECUADRAR v. t. Cuadrar o cuadricular.
RECUADRO m. Filete cuadrado o rectangular que rodea un texto o dibujo.
RECUARTA f. Una de las cuerdas de la vihuela.
RECUBRIMIENTO m. Acción y efecto de recubrir.
RECUBRIR v. t. Cubrir. || Cubrir de nuevo.
RECUDIR v. t. Pagar a uno con lo que le corresponde recibir. || — V. i. Volver una cosa a su sitio.
RECUELO m. Lejía muy fuerte que sirve para colar la ropa muy sucia. || Acción de colar o pasar de nuevo: *café de recuelo.*
RECUENTO m. Segunda enumeración que se hace de una cosa. || Escrutinio. (SINÓN. V. *Empadronamiento.*) || *Recuento globular*, determinación de la cantidad total de glóbulos rojos y blancos en la sangre.
RECUERDO m. Impresión que conserva la memoria de una impresión anterior: *recuerdo confuso.* (SINÓN. V. *Memoria.*) || Cosa que recuerda un hecho: *su herida constituye un glorioso recuerdo.* || Objeto que se regala para que quien lo recibe se acuerde de uno. || *Col.* Una enredadera americana. || — Pl. Memorias, saludo afectuoso que se manda a uno con otra persona.
RECUERO m. El arriero que guía la recua.
RECUESTA f. Requerimiento, intimación.
RECULADA f. Acción de recular, retroceso.
RECULAR v. i. Retroceder: *hacer recular un coche.* || *Fig.* y *fam.* Ceder uno en su empeño.
RECULO, LA adj. Dícese del ave sin cola.
RECULÓN m. *Arg.* y *Chil.* Reculada. || *A reculones*, retrocediendo: *andar a reculones.*
RECUPERABLE adj. Que puede recuperarse.
RECUPERACIÓN f. La acción de recuperar.
RECUPERADOR, RA adj. y s. Que recupera.
RECUPERAR v. t. Recobrar: *recuperar los gastos.* || — V. r. Recobrarse, volver en sí.
RECUPERATIVO, VA adj. Dícese de lo que tiene virtud de recuperar.
RECURA f. Cuchillo que usan los peineros.
RECURAR v. t. Formar las púas del peine con la recura.
RECURRENTE adj. Que recurre. || Que vuelve atrás: *nervios recurrentes.*
RECURRIR v. i. Dirigirse a uno para obtener alguna cosa: *recurrir a Dios, al médico.* || Valerse de un medio: *recurrir a la astucia.* || Volver una cosa a su punto de origen. (P. us.) || *For.* Entablar recurso contra una resolución. || — PARÓN. *Recorrer.*
RECURSO m. (lat. *recursus*). Acción de recurrir a una persona o cosa. || Memorial, solicitud. (SINÓN. *Demanda, requerimiento.*) || Medio, auxilio: *no me queda otro recurso.* (SINÓN. *Procedimiento, trámite.*) || *For.* Acción que queda al reo condenado para recurrir a otro juez. (SINÓN. *Apelación.*) || — Pl. Medios de subsistencia: *esa familia carece de recursos.* || Elementos que constituyen la riqueza o la potencia de una nación: *los recursos naturales del Brasil.* || *Fig.* Arbitrios. (SINÓN. *Expediente.*)
RECUSABLE adj. Que puede recusarse.
RECUSACIÓN f. La acción de recusar o de no admitir, rechazo: *la recusación de un testigo.*
RECUSAR v. t. (lat. *recusare*). No admitir la competencia de un tribunal, juez, perito, etc.: *recusar un juez.* || No aceptar: *recusar un testimonio.* (SINÓN. V. *Rechazar.*)
RECHAZADOR, RA adj. y s. Que rechaza.
RECHAZAMIENTO m. La acción de rechazar. (SINÓN. V. *Negativa.*)
RECHAZAR v. t. Resistir, obligar a retroceder: *rechazar un asalto.* (SINÓN. V. *Empujar.*) || No ceder a: *rechazar la tentación.* || No aceptar: *rechazar una oferta.* (SINÓN. *Apartar, declinar, desairar, desdeñar, desechar, desterrar, excluir, recusar, rehusar, repudiar.*)
RECHAZO m. Rebote que hace un cuerpo al chocar con otro. || *Med.* No aceptación de un injerto por un órgano. || *De rechazo*, de resultas.
RECHIFLA f. La acción de rechiflar, silbido. (SINÓN. V. *Broma* y *burla.*)
RECHIFLAR v. t. Silbar mucho o hacer burla. (SINÓN. V. *Burlarse.*)
RECHINADOR, RA adj. Que rechina o cruje.
RECHINAMIENTO m. La acción de rechinar.
RECHINANTE adj. Que rechina.
RECHINAR v. i. Hacer ciertas cosas un ruido desapacible al ludir con otras. || *Fig.* Hacer algo a disgusto. || — V. r. *Col.* y *Hon.* Requemarse o tostarse la manteca, los guisados.
RECHISTAR v. i. Chistar, hacer algún ruido.
RECHONCHO, CHA adj. *Fam.* Que es grueso y bajo: *un hombrecillo rechoncho.*
RECHUPADO, DA adj. Flaco, enjuto.
RECHUPE m. Contracción que se produce en las piezas coladas.
RECHUPETE (Ser, o estar, de) loc. fam. Ser exquisito.
RED f. (lat. *rete*). Aparejo que sirve para cazar o pescar: *una red muy apretada.* || Tejido de mallas: *una red de alambre.* (SINÓN. *Enrejado, malla, redecilla.*) || *Fig.* Ardid, trampa: *caer en la red.* || Conjunto de líneas de ferrocarril, telégraficas, etc. || Redecilla para la cabeza. || Serie de calles afluentes a un mismo punto. || Conjunto de cosas que obran en pro o en contra de un intento: *red de espionaje.* || *Fig.* Cosa ramificada: *red nerviosa.*
REDACCIÓN f. Acción de redactar. (SINÓN. *Composición, despacho, escritura.*) || Lugar donde se redacta: *la redacción de un periódico.* || Conjunto de los redactores de un periódico.
REDACTAR v. t. Poner por escrito, escribir una cosa: *redactar artículos para un periódico.* (SINÓN. V. *Escribir.*)
REDACTOR, RA adj. y s. Que redacta o escribe. (SINÓN. V. *Periodista.*)

REDADA f. Lance de red: *sacar una buena redada.* || *Fig.* y *fam.* Conjunto de personas o cosas que se cogen de una vez: *coger una redada de ladrones.*
REDAJE m. *Ecuad.* Red, intrincamiento.
REDAÑO m. *Anat.* Prolongación del peritoneo que cubre los intestinos: *el redaño se carga de grasa.* || Pl. *Fam.* Fuerzas, valor.
REDAR v. t. Echar la red.
REDARGÜIR v. t. (lat. *redarguere*). Convertir un argumento contra su autor. || *For.* Impugnar, rechazar una cosa por el vicio que contiene: *redargüir un instrumento presentado en juicio.* || —IRREG. Se conjuga como *huir.*
REDAYA f. Red para pescar en los ríos.
REDECILLA f. Red pequeña o de mallas apretadas para el pelo. (SINÓN. V. *Red.*) || *Anat.* El segundo estómago de los animales.
REDECIR v. t. Repetir uno o más vocablos. (SINÓN. V. *Repetir.*)
REDEDOR m. Contorno, lo que rodea. (P. us.) || *Al* o *en rededor,* m. adv., v. ALREDEDOR.
REDEJÓN m. Redecilla mayor que la común.
REDEL m. *Mar.* Cuaderna en que principian los delgados de popa y proa.
REDENCIÓN f. (lat. *redemptio*). Rescate. || Dícese, sobre todo, del rescate del género humano por Nuestro Señor Jesucristo: *el misterio de la Redención.* (En este caso se escribe con mayúscula.) || *Fig.* Remedio.
REDENTOR, RA adj. y s. Que redime. (Dícese, sobre todo, de Jesucristo, que redimió el mundo, y en tal caso se escribe con mayúscula.)
REDENTORISTA adj. y s. Miembro de la orden religiosa del Redentor, que fue fundada en Nápoles por San Alfonso Ligorio en 1732.
REDERO, RA adj. Perteneciente a la red. || — M. y f. Persona que hace redes o las arma para pescar o cazar.
REDESCUENTO m. Segundo descuento.
REDICHO, CHA adj. Afectado.
REDHIBICIÓN f. Acción y efecto de redhibir.
REDHIBIR v. t. (lat. *redhibere*). Anular la venta el comprador por haber ocultado el vendedor algún vicio grave de la cosa vendida.
REDHIBITORIO, RIA adj. *For.* Dícese de lo que da derecho a la redhibición: *defecto redhibitorio.*
REDICIÓN f. Repetición. || — PARÓN. *Rendición.*
REDICHO, CHA adj. *Fam.* Que pronuncia con perfección exagerada: *una persona muy redicha.*
REDIENTE m. *Fort.* Obra de fortificación compuesta de dos caras de igual longitud que forman un ángulo saliente. || En la escultura de la Edad Media, adorno que tenía forma de diente.
REDIL m. Aprisco cerrado para el ganado: *meter en el redil.* (SINÓN. V. *Establo.*) || *Fig. Volver al redil,* volver al buen camino.
REDIMIBLE adj. Que se puede redimir o rescatar: *censo redimible.*
REDIMIR v. t. (lat. *redimere*). Rescatar al cautivo: *redimir esclavos.* (SINÓN. V. *Liberar.*) || Rescatar, volver a comprar lo que antes se vendió o empeñó. || Librar en un censo. || Poner término a alguna adversidad.
REDINGOTE m. (fr. *redingote,* del ingl. *riding coat,* traje para montar). Especie de levitón.
RÉDITO m. (lat. *reditus*). Renta de un capital prestado. (SINÓN. V. *Interés.*)
REDITUABLE adj. Que rinde beneficio.
REDITUAR v. t. Rendir utilidad.
REDIVIVO, VA adj. Aparecido, resucitado.
REDOBLADO, DA adj. Rechoncho, grueso: *hombre redoblado.* || *Paso redoblado,* el que se hace con velocidad doble del ordinario.
REDOBLADURA f. y **REDOBLAMIENTO** m. Acción de redoblar o duplicar una cosa.
REDOBLANTE m. Tambor de caja prolongada para acompañar redoblando. || El músico que lo toca.
REDOBLAR v. t. Duplicar, hacer una cosa doble de lo que antes era o aumentarla. (SINÓN. V. *Aumentar.*) || Doblar la punta del clavo después de atravesar lo que se clavaba. || Repetir. || — V. i. Tocar redobles con el tambor.
REDOBLE m. Redoblamiento, acción de redoblar. || Toque de tambor vivo y rápido: *tocar un redoble.*
REDOBLEGAR v. t. Redoblar, duplicar.
REDOBLÓN adj. Dícese del clavo que se redobla.
REDOLOR m. Dolor sordo y leve.
REDOMA f. Botella ancha de asiento y angosta de boca. || *Hond.* Fruto de una balsamina. || *Chil.* Pecera. || *Venez.* Fanal. || *Venez.* Arco que cierra una calle.
REDOMADO, DA adj. Astuto: *pícaro redomado.*
REDOMÓN, ONA adj. y s. *Amer.* Nombre que se da al caballo medio domado o recién domado.
REDONDA f. Comarca: *es el campo más hermoso de la redonda.* || Dehesa o pasto. || *Mús.* Semibreve. || *A la redonda,* m. adv., en torno: *a diez leguas a la redonda.*
REDONDAMENTE adv. m. Alrededor, en torno. || *Fig.* Clara, rotundamente.
REDONDEADO, DA adj. De forma más o menos redonda.
REDONDEAR v. t. Poner redonda una cosa. (SINÓN. V. *Tornear.*) || Convertir una cantidad en un número completo de unidades. || *Fig.* Sanear un negocio, caudal o finca. || — V. r. Adquirir cierta fortuna. || Librarse una persona de deudas y obligaciones.
REDONDEL m. *Fam.* Círculo: *dibujar un redondel.* || Capa redonda por abajo. || Espacio donde se efectúa la lidia en las plazas de toros: *bajar al redondel.*
REDONDEZ f. Calidad de redondo. || Superficie de un cuerpo redondo: *la redondez de la Tierra.* || — SINÓN. *Curvatura, esfericidad, rotundidad.*
REDONDILLA f. *Poét.* Combinación poética de cuatro versos octosílabos. || *Letra redondilla,* la de mano o imprenta que es derecha y circular.
REDONDILLO m. *Venez.* Redondel o ruedo. || Rollo de carne.
REDONDO, DA adj. (lat. *rotondus*). De figura circular: *mesa redonda.* || Dícese de la persona igual en su nacimiento por los cuatro costados: *hidalgo redondo.* || *Fig.* Claro, sin rodeo. || *Guat.* Dícese de las tiendas que no tienen comunicación con lo interior de la casa. || *Número redondo,* número aproximado que sólo expresa unidades completas. || — M. Cosa de figura circular. || *En redondo* m. adv., alrededor, a la redonda. || *Caer redondo,* caer sin movimiento. || *Fam. Negocio redondo,* negocio afortunado. || *Fam. Virar en redondo,* tomar ritmo opuesto.
REDOPELO m. Acción de pasar la mano a contrapelo. || *Fig.* y *fam.* Riña entre chiquillos. || *Al* o *a redopelo* m. adv., a contrapelo.
REDOR m. Estera redonda. || *Poét.* Rededor.
REDORAR v. t. Dorar de nuevo.
REDRO adv. l. (lat. *retro*). *Fam.* Atrás o detrás. || — M. Anillo que se forma cada año en los cuernos del ganado lanar y cabrío.
REDROJO m. Racimo pequeño que dejan los vendimiadores. || Fruto o flor que echan por segunda vez las plantas y que no suele llegar a sazón. || *Fig.* y *fam.* Muchacho endeble o enclenque y que medra poco.
REDROPELO m. Redopelo.
REDRUEJO m. Redrojo, racimillo de uvas.
REDUCCIÓN f. Acción y efecto de reducir: *reducción de impuestos.* (SINÓN. V. *Disminución.*) || Acción y efecto de someter: *la reducción de los rebeldes.* || Pueblos de indios convertidos al cristianismo. (V. *Parte hist.*) || Copia reducida: *la reducción de una estatua.* || Disminución: *compás de reducción.* || *Arit.* Conversión de una cantidad en otra equivalente: *reducción de quebrados.* || *Quím.* Operación mediante la cual se quita su oxígeno a un óxido metálico para obtener el metal puro. || *Cir.* Acción de restablecer los huesos rotos. || — CONTR. *Aumento.*
REDUCIBLE adj. Que se puede reducir.
REDUCIDO, DA adj. Muy corto o limitado. (SINÓN. V. *Concentrado.*)
REDUCIMIENTO m. Reducción.
REDUCIR v. t. (lat. *reducere*). Volver una cosa a su estado o posición primitiva. || Disminuir: *reducir sus gastos.* (SINÓN. *Restringir.*) || Hacer menor: *reducir el efectivo de un ejército.* (SINÓN. *Amenguar, aminorar, menguar.*) || Transformar, convertir una cosa en otra: *reducir a polvo.* || Copiar disminuyendo: *la fotografía permite reducir fácilmente los dibujos.* (SINÓN. *Abreviar.*) || Resumir un discurso, narración, etc. (SINÓN. V. *Re-*

redecilla

redingote

sumir.) || Dividir en partes menudas. || Someter a la obediencia: *Alejandro redujo el Asia entera.* (SINÓN. V. *Someter*). || Concentrar: *reducir una disolución.* || *Arit.* Transformar: *reducir dos quebrados al mismo denominador.* || *Cir.* Restablecer en su posición los huesos rotos o descompuestos. || *Quím.* Separar de un óxido el oxígeno: *el carbón sirve para reducir muchos óxidos.* || — V. r. Arreglarse en su modo de vivir. || Resolverse a ejecutar una cosa. || — IRREG. Se conjuga como *conducir.*
REDUCTIBLE adj. Reducible.
REDUCTO m. *Fort.* Obra de defensa construida en lo interior de otra fortificación.
REDUCTOR, RA adj. Que reduce. || *Quím.* Dícese de los cuerpos que pueden desoxidar a los demás: *el carbón es un reductor industrial.*
REDUNDANCIA f. Superabundancia de cualquier cosa. (SINÓN. V. *Abuso.*) Repetición inútil de un concepto: *emplear una redundancia de palabras.* (SINÓN. V. *Pleonasmo.*)
REDUNDANTE adj. Dícese de lo que redunda: *expresión redundante.* (SINÓN. V. *Difuso.*)
REDUNDAR v. i. (lat. *redundare*). Rebosar una cosa. (P. us.) || Resultar una cosa en beneficio o daño de uno: *su mala acción redundó en perjuicio suyo.*
REDUPLICACIÓN f. (lat. *reduplicatio*). Acción de reduplicar. || *Ret.* Figura que se comete repitiendo un vocablo varias veces en una misma cláusula.
REDUPLICAR v. t. Redoblar.
REDUPLICATIVO, VA adj. Que reduplica.
REDUVIO m. Género de insectos hemípteros.
REEDICIÓN f. Nueva edición. (SINÓN. V. *Reproducción.*)
REEDIFICACIÓN f. La acción de reedificar.
REEDIFICAR v. t. Volver a edificar o construir.
REEDITAR v. t. Editar nuevamente.
REEDUCACIÓN f. Acción de reeducar.
REEDUCAR v. t. Educar de nuevo: *reeducar un miembro paralizado.*
REELECCIÓN f. Acción y efecto de reelegir.
REELEGIBLE adj. Que puede ser reelegido.
REELEGIR v. t. Elegir de nuevo. || — IRREG. Se conjuga como *pedir.*
REEMBARCAR v. t. Volver a embarcar.
REEMBARQUE m. Acción de reembarcar.
REEMBOLSABLE adj. Que puede o debe reembolsarse.
REEMBOLSAR v. t. y **REEMBOLSARSE** v. r. Cobrar lo que se prestó. || — OBSERV. Es galicismo en el sentido de pagar lo que se tomó prestado.
REEMBOLSO m. Acción de reembolsar o reembolsarse: *un reembolso difícil.* || *A reembolso,* servicio de correos por el cual el destinatario recibe una mercancía previo pago al cartero.
REEMPLAZANTE adj. y s. Que reemplaza.
REEMPLAZAR v. t. Colocar en lugar de una cosa otra: *reemplazar un mueble viejo.* || Suplir una cosa con otra: *reemplazar el azúcar con miel.* || Suceder a una persona, tomar su puesto. (SINÓN. *Substituir, suplantar, relevar.*)
REEMPLAZO m. Acción de reemplazar. (SINÓN. *Cambio, conmutación, relevo, subrogación, substitución.*) || Renovación parcial y periódica del contingente militar. || Hombre que sirve en lugar de otro en la milicia. || *De reemplazo* m. adv., dícese del oficial que no tiene plaza efectiva, sino opción a ella en las vacantes.
REENCARNACIÓN f. Acción y efecto de reencarnar o reencarnarse.
REENCARNAR v. i. Volver a encarnar.
REENCUENTRO m. Encuentro de dos cosas que se chocan. || Choque de dos destacamentos enemigos.
REENGANCHAMIENTO m. *Mil.* Reenganche.
REENGANCHAR v. t. *Mil.* Volver a enganchar un soldado. || — V. r. Engancharse de nuevo.
REENGANCHE m. *Mil.* Acción de reenganchar. || *Mil.* Premio que se da al soldado que se reengancha.
REENSAYAR v. t. Volver a ensayar una cosa.
REENSAYO m. *Teatr.* Segundo ensayo.
REENVIAR v. t. Enviar de nuevo una cosa que se ha recibido. (SINÓN. V. *Devolver.*)
REENVIDAR v. t. Envidar sobre lo envidado.
REENVÍO m. Acción y efecto de reenviar.
REENVITE m. Envite hecho sobre otro envite.
REESTRENAR v. t. Representar de nuevo una obra teatral o cinematográfica.
REESTRENO m. Segunda representación de una obra teatral o cinematográfica: *ir a los cines de reestreno.*
REEXAMINAR v. t. Examinar algo de nuevo.
REEXPEDICIÓN f. Acción y efecto de reexpedir.
REEXPEDIR v. t. Expedir lo ya recibido.
REEXPORTACIÓN f. Segunda exportación.
REEXPORTAR v. t. *Com.* Exportar lo que se había importado. (SINÓN. V. *Devolver.*)
REFACCIÓN f. Alimento ligero que sirve para recobrar fuerzas. (SINÓN. V. *Colación.*) || *Ant.* y *Amer.* Reparación, refección: *la refacción del edificio.* || *Fam.* Lo que en cualquier venta se da al comprador por añadidura. || *Cub.* Gasto que ocasiona el sostenimiento de una finca o ingenio.
REFACCIONAR v. t. *Amer.* Reparar un edificio.
REFACCIONARIO adj. Relativo a la refacción.
REFAJO m. Saya interior o enaguas que usan las mujeres para abrigo.
REFALOSA f. *Arg.* Aire con que los mazorqueros tocaban a degüello. (V. RESBALOSA.)
REFECCIÓN f. Refacción. || Compostura, arreglo.
REFECTORIO m. (lat. *refectorium*). Habitación destinada en las comunidades y colegios para comer. || — SINÓN. *Cantina, comedor.*
REFEREE m. (pal. ingl., pron. *réferi*). Árbitro.
REFERENCIA f. Narración de una cosa. || Relación de una cosa con otra. || Remisión de un libro o manuscrito. || Indicación colocada en el encabezamiento de una carta a la cual hay que referirse en la respuesta. || Informe comercial sobre una persona.
REFERENDARIO m. Refrendario.
REFERÉNDUM m. (pal. lat. que sign. *lo que debe referirse*). Dipl. Despacho que envía a su Gobierno un agente diplomático para pedir nuevas instrucciones. || Voto directo de los ciudadanos de un país para ratificar unas leyes o Constitución. Pl. *referéndums.* (SINÓN. V. *Votación.*)
REFERENTE adj. Que se refiere a una cosa.
REFERIBLE adj. Que puede referirse, contable.
REFERIR v. t. (lat. *referre*). Relatar o contar un acontecimiento: *referir una aventura curiosa.* (SINÓN V. *Explicar.*) || Dirigir, encaminar hacia cierto fin. || Relacionar: *eso se refiere a tu asunto.* (SINÓN. V. *Citar.*) || *Méx.* Echar en cara. || — V. r. Remitirse a un libro o escrito. || — IRREG. Se conjuga como *sentir.*
REFILÓN (De) m. adv. De soslayo: *ver de refilón.* || *Fig.* De pasada.
REFINACIÓN f. La acción de refinar una cosa. (SINÓN. V. *Depuración.*)
REFINADERA f. Piedra larga y cilíndrica que sirve para moler o labrar el chocolate.
REFINADO, DA adj. Muy fino. (SINÓN. V. *Liso*). || *Fig.* Que se distingue en cualquier especie: *un hombre refinado.* (SINÓN. *Distinguido, cortés caballeroso, obsequioso.*) || *Fig.* Astuto, pícaro. || — M. Aguardiente refinado. || Refinación.
REFINADOR m. Lo que refina.
REFINADURA f. Acción de refinar, refinación.
REFINAMIENTO m. Esmero: *vestirse con refinamiento.* (SINÓN. V. *Fineza.*) || Ensañamiento.
REFINAR v. t. Hacer más fina una cosa: *refinar el azúcar.* (SINÓN. V. *Purificar.*) || Perfeccionar una cosa: *refinar su estilo.* || — V. r. Educarse, perder las costumbres rústicas.
REFINERÍA f. Fábrica donde se refina un producto: *refinería de azúcar, de petróleo.*
REFINO, NA adj. Muy fino. || — M. Refinación: *el refino del azúcar.* (SINÓN. V. *Depuración.*) || Lonja donde se vende cacao, azúcar, chocolate, etcétera. || *Méx.* Aguardiente refinado.
REFISTOLERÍA f. *Cub.* Orgullo, presunción.
REFISTOLERO adj. y s. *Méx.* y *Cub.* Presumido, orgulloso, que tiene mucha presunción. || *Venez.* Embrollón.
REFITOLERO, RA adj. y s. Que cuida del refectorio. || *Fig. y fam.* Entremetido, zaragutero, cominero. || *Fam. Cub.* Obsequiador, zalamero. (V. REFISTOLERO.)
REFLECTANTE adj. Que refleja.
REFLECTAR v. t. *Fís.* Reflejar.

PINTURA DEL RENACIMIENTO 1

Paolo UCCELLO.
BATALLA. *Louvre*

edro BERRUGUETE. AUTO DE FE PRESIDIDO
R SANTO DOMINGO DE GUZMÁN. *Prado*

Leonardo de VINCI
LA VIRGEN DE LAS ROCAS
(detalle). *Louvre*

MANTEGNA. CRUCIFIXIÓN (detalle). *Louvre*

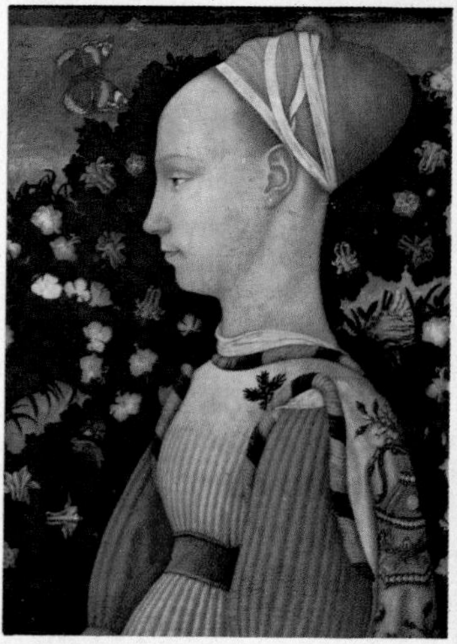

PISANELLO. RETRATO DE GINEVRA D'ESTE. *Louvre*

PINTURA DEL RENACIMIENTO 2

EL TINTORETO
LA MUJER ADÚLTERA
(detalle). *Roma*

abajo, a la derecha
TIZIANO
JOVEN PEINÁNDOSE. *Louvre*

RAFAEL
LA ESCUELA DE ATENAS
(detalle). *Vaticano*

VERONÉS
LAS BODAS DE CANÁ
(detalle). *Louvre*

a la derecha
DURERO
APÓSTOLES
Munich

Fot. Giraudon

REFLECTOR, RA adj. Que refleja. || — M. *Opt.* Aparato que sirve para reflejar los rayos luminosos.

REFLEJAR v. t. *Fís.* Hacer cambiar de dirección: *los espejos reflejan los rayos luminosos; imágenes que se reflejan en el agua.* (SINÓN. V. *Repercutir.*) || — V. r. Dejarse ver, transparentarse una cosa en otra: *el alma se refleja en los ojos.* || — PARÓN. *Refractar.*

REFLEJO, JA adj. (lat. *reflexus*). Que ha sufrido reflexión: *rayo reflejo.* || Que tiene lugar mediante la reflexión: *una visión refleja.* || — M. Luz reflejada. || Imagen, representación. || Reacción rápida ante una situación inesperada. || *Fisiol. Acción* o *fenómeno reflejo* (motor o secretorio), reacción nerviosa inconsciente que resulta de una impresión exterior. || *Gram. Verbo reflejo,* el que indica que el sujeto es al mismo tiempo complemento del verbo. || *Reflejo condicionado,* reflejo en el cual se ha substituido experimentalmente el excitante normal por otro excitante.

REFLEXIÓN f. (lat. *reflexio*). *Fís.* Acción de reflejar un rayo luminoso, calorífico, una onda sonora, etc. || *Ángulo de reflexión,* el que hace el rayo incidente con la normal en el punto de incidencia. || Examen detenido de una cosa que hace el alma. (SINÓN. *Examen, introspección.* V. tb. *atención.*) || Juicio que resulta de este examen: *una reflexión moral.*

REFLEXIONAR v. i. Meditar una cosa: *reflexionar antes de obrar.* (SINÓN. V. *Pensar.*)

REFLEXIVAMENTE adv. m. Con reflexión.

REFLEXIVO, VA adj. Que refleja. || Que habla y obra con reflexión: *un niño reflexivo.* (SINÓN. V. *Juicioso.*) || *Gram. Verbo reflexivo,* el que indica que el sujeto sufre la acción.

REFLORECER v. i. Florecer de nuevo. || — IRREG. Se conjuga como *merecer.*

REFLORECIMIENTO m. Acción y efecto de reflorecer.

REFLUENTE adj. Que refluye.

REFLUIR v. i. Volver hacia atrás un líquido (SINÓN. V. *Volver.*) || *Fig.* Resultar. || — IRREG. Se conjuga como *huir.*

REFLUJO m. El movimiento de descenso de la marea. (SINÓN. V. *Oleaje.*) || *Fig.* Retroceso: *el reflujo de la multitud.*

REFOCILACIÓN f. Refocilo.

REFOCILAR v. t. Divertir, alegrar. || *Arg.* Fucilar, relampaguear. Ú. t. c. v. r.

REFOCILO m. Refocilación, alegría, gozo. || *Arg.* Fucilazo, relámpago.

REFORMA f. Acción de reformar o reformarse. || Lo que se propone, proyecta o ejecuta como innovación o mejora. (SINÓN. V. *Modificación.*) || Religión reformada, protestantismo. (V. *Protestantismo,* pág. 846, y *Reforma,* en la *Part. Hist.*)

REFORMABLE adj. Que puede reformarse o es digno de reforma.

REFORMACIÓN f. Reforma.

REFORMADO, DA adj. Nombre que se aplica a la religión protestante y a los que la siguen. (SINÓN. V. *Protestante.*)

REFORMADOR, RA adj. y s. Que reforma una cosa: *Solón fue un sabio reformador.*

REFORMAR v. t. (lat. *reformare*). Dar nueva forma: *reformar las leyes, las costumbres.* (SINÓN. V. *Corregir.*) || Reparar, restaurar. || Suprimir lo perjudicial: *reformar un abuso.* || Restituir una orden religiosa a su primitiva disciplina. || Deshacer un establecimiento o empleo. || Dar de baja en un empleo. || — V. r. Enmendarse, corregirse. || Contenerse, moderarse, en lo que se dice o hace.

REFORMATIVO, VA adj. Reformatorio.

REFORMATORIO, RIA adj. Que reforma algo.

REFORMATORIO m. Establecimiento educativo para jóvenes en el que reina una dura disciplina.

REFORMISTA adj. y s. Partidario de reformas.

REFORZADO, DA adj. Que tiene un refuerzo: *cañón reforzado.* || — M. Cinta fuerte de un dedo de ancho.

REFORZADOR m. *Tecn.* Baño que sirve para reforzar un cliché fotográfico débil.

REFORZAR v. t. Hacer más fuerte: *reforzar un sonido.* || Dar nuevas fuerzas. (SINÓN. V. *Afirmar.*) || Dar mayor solidez: *reforzar un tubo.* || Reparar lo ruinoso: *reforzar una pared.* || *Fig.* Animar, dar valor. || — IRREG. Se conjuga como *almorzar.*

REFRACCIÓN f. (lat. *refractio*). Cambio de dirección que experimenta la luz al pasar de un medio a otro. || *Doble refracción,* propiedad que presentan algunos cuerpos de duplicar las imágenes de los objetos vistos a través de ellos: *la doble refracción del espato de Islandia se utiliza en algunos aparatos de óptica.* — Las leyes de la *refracción* son dos: 1ª el rayo incidente AI, el rayo refractado IR' y la normal NIN' están en el mismo plano, que se llama *plano de incidencia;* 2ª la relación entre el seno del ángulo de refracción *i'* y el del ángulo de incidencia *i* es constante para dos medios determinados. Dicha constante se llama: *índice de refracción.*

REFRACTAR v. t. Producir la refracción: *el prisma refracta los rayos de luz.* || — PARÓN. *Reflejar.*

REFRACTARIO, RIA adj. (lat. *refractarius*). Que se niega a cumplir una promesa o deber. || Dícese del cuerpo que resiste sin fundirse una temperatura elevada: *arcilla refractaria.* || Rebelde: *ser refractario al progreso.* (SINÓN. V. *Indócil* y *opuesto.*)

REFRACTO, TA adj. Que ha sido refractado: *el rayo luminoso refracto cambia de dirección.*

REFRACTÓMETRO m. Aparato utilizado para determinar el índice de refracción.

REFRÁN m. Proverbio, dicho sentencioso: *un refrán popular.* (SINÓN. V. *Pensamiento.*)

REFRANERO m. Colección de refranes.

REFRANESCO, CA adj. Propio de refranes.

REFRANGIBILIDAD f. Calidad de lo que es refrangible: *cada color tiene su refrangibilidad.*

REFRANGIBLE adj. Que puede refractarse: *los rayos violeta son los más refrangibles del espectro.*

REFRANISTA con. Persona que cita refranes.

REFREGADURA f. Refregamiento. || Señal que queda de haber refregado una cosa.

REFREGAMIENTO m. La acción de refregar.

REFREGAR v. t. (lat. *refricare*). Estregar, frotar. || *Fig.* y *fam.* Echar en cara a uno una cosa desagradable o que le molesta. || — IRREG. Se conjuga como *acertar.*

REFREGÓN m. *Fam.* Refregadura.

REFREIR v. t. Volver a freir o freir mucho una cosa. || — IRREG. Se conjuga como *freir.*

REFRENABLE adj. Lo que puede refrenarse.

REFRENAMIENTO m. La acción de refrenar.

REFRENAR v. t. (lat. *refrenare*). Sujetar un caballo por medio del freno. (SINÓN. V. *Detener.*) || *Fig.* Contener, reprimir.

REFRENDA f. *Ecuad.* Acción de refrendar.

REFRENDACIÓN f. La acción de refrendar.

REFRENDADOR m. *Per.* Refrendario.

REFRENDAR v. t. Legalizar un documento por medio de una firma autorizada: *refrendar un pasaporte.* || *Fig.* y *fam.* Volver a ejecutar una acción. (SINÓN. V. *Repetir.*)

REFRENDARIO m. El que refrenda o firma después del superior un documento.

REFRENDATA f. Firma del refrendario.

REFRENDO m. (lat. *refrendum*). Refrendación.

REFRESCADOR, RA adj. Que refresca.

REFRESCADURA f. La acción de refrescar.

REFRESCAMIENTO m. Refresco.

REFRESCANTE adj. Que refresca.

REFRESCAR v. t. Moderar, disminuir el calor de una cosa. (SINÓN. V. *Enfriar.*) || Renovar una acción. || *Fig.* Recordar: *refrescar el recuerdo de una cosa.* || *Fig.* Fortalecerse. || — V. i. Templarse el calor: *esta tarde ha refrescado.* || Tomar el fresco. || Beber un refresco. || *Col.* Merendar. || — V. r. Disminuir el calor que se tenía.

REFRESCO m. Alimento ligero que se toma para reparar las fuerzas. || Bebida fresca o fría. || Bebidas y dulces que se ofrecen en las visitas, reuniones, etc. || *De refresco,* de nuevo.

REFRESQUERÍA f. *Amér. C.* Tienda de refrescos.

REFRIEGA f. Combate de poca importancia. || — SINÓN. *Colisión, encuentro, choque, reyerta.* V. tb. *asalto* y *combate.*

REFRIGERACIÓN f. Disminución artificial de la temperatura. || Refrigerio.

REFRIGERADOR, RA adj. y s. Dícese de los aparatos para refrigerar. (SINÓN. V. *Nevera.*)

REFRIGERANTE adj. Que refrigera o enfría. || — M. Corbato de alambique. || — M. *Quím.* Aparato que sirve para enfriar un producto.

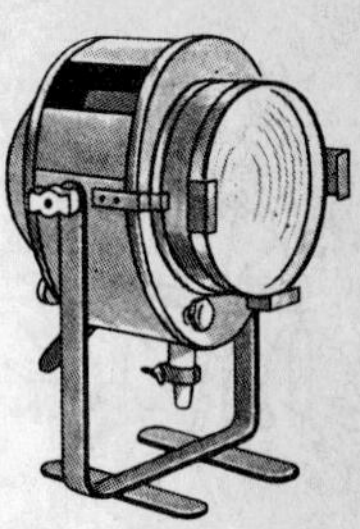

reflector

REFLEXIÓN Y REFRACCIÓN

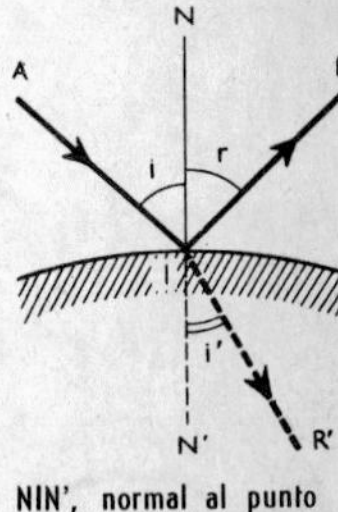

NIN', normal al punto de incidencia I
AI, rayo incidente
i, ángulo de incidencia
IB, rayo reflejado
r, ángulo de reflexión
IR', rayo refractado
i', ángulo de refracción

regaliz

REFRIGERAR v. t. (lat. *refrigerare*). Refrescar, disminuir el calor. (SINÓN. V. *Enfriar.*) || *Fig.* Reparar las fuerzas.
REFRIGERATIVO, VA adj. Que puede refrigerar: *remedio refrigerativo.*
REFRIGERIO m. Alivio que produce una cosa fresca. || Refresco: *tomar un refrigerio.* || *Fig.* Alivio. || Comida ligera. (SINÓN. V. *Colación.*)
REFRINGENCIA f. Calidad de refringente: *la refringencia del agua.*
REFRINGENTE adj. Que refringe o refracta.
REFRINGIR v. t. (lat. *refringere*). Refractar.
REFRITO, TA adj. Muy frito, frito de nuevo. || — M. Cosa rehecha o aderezada nuevamente. (Dícese especialmente de las obras literarias o musicales que no son de primera mano y que se presentan con ligeras modificaciones para aparentar novedad.)
REFUCILO m. *Arg.* Relámpago.
REFUERZO m. Mayor grueso que se da a una cosa para fortificarla. || Reparo que se pone para asegurar una cosa que amenaza ruina. || *Fot.* Acción de reforzar un cliché fotográfico demasiado claro.
REFUGIADO, DA adj. y s. Persona que a causa de gueras, revoluciones, etc., busca asilo en país extranjero.
REFUGIAR v. t. Acoger, amparar a uno. || — V. r. Retirarse a un lugar para ponerse a salvo, acogerse a un asilo: *se refugió en Francia.*
REFUGIO m. (lat. *refugium*). Asilo, retiro: *las iglesias eran en otro tiempo lugares de refugio.* || Asilo para los pobres, los viajeros, etc. (SINÓN. *Asilo, cobijo.*) || Abrigo en la montaña. (SINÓN. *Abrigo, albergue.*) || Instalación, generalmente subterránea, para proteger a la población de los bombardeos.
REFULGENCIA f. Resplandor, brillo o fulgor.
REFULGENTE adj. Que brilla o resplandece.
REFULGIR v. i. Resplandecer. (SINÓN. V. *Brillar* y *llamear.*)
REFUNDICIÓN f. Acción y efecto de refundir.
REFUNDIDOR, RA m. y f. El que refunde.
REFUNDIR v. t. Fundir de nuevo los metales. || *Fig.* Dar nueva forma a una obra literaria: *refundir un discurso.* || Comprender, incluir. || — V. i. *Fig.* Redundar, resultar una cosa en beneficio de otro. || *Amer.* Perderse, extraviarse.
REFUNFUÑADOR, RA adj. Que refunfuña. (SINÓN. V. *Regañón.*)
REFUNFUÑADURA f. Gruñido de enojo.
REFUNFUÑAR v. i. Gruñir en señal de disgusto. (SINÓN. V. *Protestar.*) || Rezongar, hablar entre dientes. (SINÓN. V. *Murmurar.*)
REFUNFUÑO m. *Fam.* Refunfuñadura.
REFUNFUÑÓN, ONA adj. Refunfuñador.
REFUTABLE adj. Que puede refutarse: *argumento refutable.* || — CONTR. *Irrefutable.*
REFUTACIÓN f. Acción de refutar. || Argumento que destruye las razones del adversario. || *Ret.* Parte del discurso en que se responde a las objeciones.
REFUTAR v. t. (lat. *refutare*). Rebatir, destruir con argumentos o razones lo que otro asegura: *refutar una calumnia.* (SINÓN. V. *Contradecir.*)
REFUTATORIO, RIA adj. Que refuta.
REGABLE adj. Irrigable.
REGADERA f. Vasija que sirve para regar. || Reguera, canal en el campo para el riego. || *Fig.* y *fam. Estar como una regadera,* estar loco.
REGADERO m. Regadera, reguera, zanja.
REGADÍO, A adj. Que se riega: *terreno regadío.* || — M. Terreno fertilizado mediante el riego.
REGADIZO, ZA adj. Regadío, de riego.
REGADOR m. Punzón que sirve para señalar las púas de los peines.
REGADOR, RA adj. Que riega. || — M. *And.* y *Col.* Regadera.
REGADURA f. Riego, acción y efecto de regar.
REGAIFA f. (del ár. *regaifa,* torta). Torta, hornazo. || Piedra por donde, en la aceña, corre el aceite que sale de los capachos estrujados.
REGAJO m. Charco formado por un arroyuelo.
REGALA f. *Mar.* Tablón que forma el borde exterior de las embarcaciones.
REGALADA f. Caballeriza real donde están los caballos de regalo, y caballos que hay en ella.

regadera

REGALADO, DA adj. Delicado: *vida regalada.* (SINÓN. V. *Gratis.*)
REGALADOR, RA adj. y s. Aficionado a regalar. || — M. Palo que usan los boteros para alisar la corambre.
REGALAMIENTO m. Acción de regalar.
REGALAR v. t. Dar como regalo: *regalar una cartera a un amigo, con un convite.* || Recrear, deleitar. || Halagar, acariciar. || — V. r. Tratarse bien y con mucha comodidad.
REGALÍA f. Derecho perteneciente al rey o al soberano. || Privilegio, excepción: *las regalías de la Corona.* || *Fig.* Sobresueldo que cobran algunos empleados. || *Chil.* y *Arg.* Manguito, regalillo. || *P. Rico.* Regalo, obsequio. || *Tabaco de regalía,* el de superior calidad. || — M. Cigarro de regalía.
REGALISMO m. Sistema o escuela de los regalistas.
REGALISTA adj. y s. Nombre dado a los partidarios o defensores de las regalías de la Corona.
REGALIZ m. (lat. *glycyrrhiza*) y **REGALIZA** f. Planta leguminosa de raíz medicinal. || Zumo de dicha raíz.
REGALO m. Cosa que se da gratuitamente en muestra de afecto u obsequio. (SINÓN. V. *Don* y *recompensa.*) || Gusto que se siente en una cosa. (SINÓN. V. *Placer.*) || Comida delicada. (SINÓN. V. *Festín.*) || Comodidad o buen trato: *vivir con mucho regalo.* || *Bol. Regalo de la reina,* flor amarantácea.
REGALÓN, ONA adj. *Fam.* Criado con regalo.
REGALONEAR v. t. *Arg.* y *Chil.* Mimar.
REGALONERÍA f. *Arg.* y *Chil.* Mimo, halago.
REGANTE m. El que tiene derecho de regar: *comunidad de regantes.* || El que por oficio riega.
REGAÑADIENTES (A) loc. adv. *Fam.* A disgusto.
REGAÑADO, DA adj. Dícese de la boca o del ojo que no pueden cerrarse por completo. || Dícese de las frutas que se rasgan al madurar: *ciruela regañada.* || Dícese del pan que se abre en el horno.
REGAÑAMIENTO m. y **REGAÑADURA** f. La acción de regañar.
REGAÑAR v. i. Gruñir el perro mostrando los dientes. || Abrirse ciertas frutas. || Dar muestras de enfado: *ese hombre se pasa la vida regañando.* || — V. t. *Fam.* Reñir: *regañar a una criada.* (SINÓN. V. *Reprender.*)
REGAÑINA f. Regaño.
REGAÑIR v. t. Gañir repetidas veces. || — IRREG. Se conjuga como *tañer.*
REGAÑO m. Gesto de disgusto o enojo. || *Fig.* Parte del pan que revienta en el horno al cocerse. || *Fam.* Reprensión: *un regaño severo.*
REGAÑÓN, ONA adj. y s. Que regaña mucho. || — SINÓN. *Gruñón, refunfuñador.*
REGAR v. t. (lat. *rigare*). Esparcir agua por el suelo para refrescarlo. (SINÓN. *Asperjar, bañar, remojar.* V. tb. *mojar.*) || Echar agua a las plantas. (SINÓN.. *Irrigar, rociar.*) || Atravesar un río una comarca. || Derramar, derribar, esparcir, sembrar: *regar vino por el suelo, regar trigo.* || *Fam.* Beber con la comida. || — IRREG. Se conjuga como *acertar.*
REGATA f. Reguera pequeña en una huerta.
REGATA f. (ital. *regata*). || *Mar.* Carrera entre varias lanchas o embarcaciones ligeras. || *Bol.* Cierta tela de algodón. || *Chil.* Regateo.
REGATE m. Movimiento que se hace burlando el cuerpo. || *Fig.* y *fam.* Escape, efugio, pretexto.
REGATEADOR, RA adj. *Amer.* Regatón.
REGATEAR v. t. (del lat. *re,* y *captare,* coger). Discutir el comprador con el vendedor el precio de una cosa. (SINÓN. V. *Comprar.*) || Vender al menudeo lo que se compró al por mayor. || *Fam.* Poner dificultades para hacer algo. || Dar regates o fintas. || — V. i. *Mar.* Disputar una carrera varias embarcaciones.
REGATEO m. Acción de regatear en la compra. || Serie de regates o fintas.
REGATERÍA f. Regatonería, venta por menor.
REGATERO, RA adj. y s. Regatón, vendedor.
REGATO m. Regajo, charco.
REGATÓN m. Contera, virola de lanza o bastón.

Fot. B. H. V.

REGATÓN, ONA adj. y s. Vendedor al por menor. ‖ *Fam.* Que regatea mucho: *una mujer muy regatona.*
REGATONEAR v. t. Comprar ciertos géneros al por mayor para venderlos al por menor.
REGATONERÍA f. Venta por menor, menudeo.
REGAZAR v. t. Arregazar, remangar las faldas.
REGAZO m. Enfaldo de la saya. ‖ *Fig.* Cosa que recibe otra dentro de sí. (SINÓN. V. *Seno.*)
REGENCIA f. Acción de regir o gobernar. ‖ Empleo de regente. ‖ Gobierno de un Estado durante la menor edad del heredero de la corona. (V. *Parte Hist.*) ‖ Tiempo que dura. ‖ Nombre de ciertos Estados vasallos de otros. ‖ *Col.* Especie de zaraza.
REGENERACIÓN f. Acción y efecto de regenerar. (SINÓN. V. *Renacimiento.*) ‖ Renovación moral: *la regeneración de la sociedad.*
REGENERADOR, RA adj. y s. Que regenera.
REGENERAR v. t. Reproducir lo que estaba destruido: *la savia regenera los tejidos.* ‖ *Fig.* Renovar moralmente: *el bautismo nos regenera.* (SINÓN. V. *Corregir.*)
REGENTA f. La mujer del regente de imprenta o botica.
REGENTAR v. t. Dirigir como regente o superior: *regentar una cátedra.* ‖ *Fig.* Mandar, ostentando autoridad: *regentar a todo el mundo.* (SINÓN. V. *Dirigir.*)
REGENTE adj. y s. (del lat. *regens*, que gobierna). Jefe del Estado durante la menor edad de un príncipe: *reina regente.* ‖ — M. Director de los estudios en ciertas órdenes religiosas. ‖ Catedrático de ciertas universidades. ‖ El que dirige el trabajo en una imprenta, botica, etc. (SINÓN. V. *Maestro.*)
REGENTEAR v. t. Regentar con gran autoridad.
REGIAMENTE adv. m. De un modo regio, suntuosa, espléndidamente: *portarse regiamente.*
REGICIDA adj. y s. (del lat. *rex, regis*, rey, y *caedere*, matar). Asesino de un rey o reina.
REGICIDIO m. Asesinato de un rey o una reina.
REGIDOR, RA adj. y s. Que rige o gobierna. ‖ — M. Miembro de un ayuntamiento o concejo.
REGIDORA f. Mujer del regidor.
REGIDORÍA y **REGIDURÍA** f. Oficio de regidor.
RÉGIMEN m. (lat. *regimen*). Conjunto de reglas que se imponen o se siguen. ‖ Reglamento que se observa en el modo de vivir y sobre todo de alimentarse: *un régimen severo.* ‖ Forma o gobierno de un Estado: *régimen monárquico.* (SINÓN. V. *Gobierno.*) ‖ Racimo: *régimen de plátanos.* ‖ *Régimen de un curso de agua*, flujo del mismo en el transcurso de un acto. ‖ *Gram.* Dependencia que tienen entre sí las palabras. ‖ *Gram.* Preposición que pide cada verbo: *las equivocaciones en el régimen son frecuentes en castellano.* ‖ *Med.* Uso metódico de los medios necesarios para recobrar la salud o para mantenerla. ‖ *Mec.* Funcionamiento de un motor en las mejores condiciones de rendimiento. Pl. *regímenes.*
REGIMENTAR v. t. Incorporar en un regimiento compañías o partidas aisladas: *regimentar guerrillas.* ‖ — IRREG. Se conjuga como *alentar.*
REGIMIENTO m. (lat. *regimentum*). Acción de regir. ‖ Cuerpo militar compuesto de varios batallones, escuadrones o baterías: *un regimiento de artillería.* ‖ Cargo de regidor y conjunto de regidores de un ayuntamiento.
REGIO, GIA adj. (lat. *regius*). Perteneciente al rey: *majestad regia.* ‖ *Fig.* Suntuoso, espléndido: *regio edificio.* ‖ *Agua regia*, mezcla de ácido nítrico y clorhídrico, que disuelve el oro y el platino.
REGIÓN f. (lat. *regio*). Gran extensión de terreno: *las regiones árticas.* ‖ Cada una de las diversas partes del cielo: *la región del Zodíaco.* ‖ Porción de territorio determinada por caracteres geográficos, étnicos, lingüísticos y administrativos. (SINÓN. V. *País.*) ‖ Circunscripción territorial militar, aérea o naval, mandada por un oficial general. ‖ Punto a que llega uno en el estudio de una ciencia: *las regiones más elevadas del arte.* ‖ *Anat.* Espacio determinado de la superficie del cuerpo: *la región lumbar.*
REGIONAL adj. (lat. *regionalis*). Perteneciente o relativo a una región: *periódico regional.*
REGIONALISMO m. Doctrina según la cual debe el Gobierno considerar los intereses particulares de cada región del Estado: *el regionalismo catalán.* ‖ Amor a determinada región. ‖ Giro o vocablo propio de una región. ‖ Carácter de la obra de un regionalista.
REGIONALISTA adj. y s. Partidario del regionalismo o relativo a él: *una agitación regionalista.* ‖ — M. Escritor cuyas obras se localizan en una región determinada de un país.
REGIR v. t. (lat. *regere*). Gobernar: *regir una sociedad.* ‖ Llevar o conducir una cosa. (SINÓN. V. *Dirigir.*) ‖ *Gram.* Tener una palabra a otra bajo su dependencia. ‖ *Gram.* Pedir un verbo tal o cual preposición. ‖ — V. i. Estar vigente: *aún rige este decreto.* ‖ Funcionar bien algo. ‖ *Mar.* Obedecer la nave al timón. ‖ — IRREG. Se conjuga como *pedir.* ‖ — OBSERV. Es barbarismo decir: *el mes que rige*, por *el corriente.*
REGISTRADOR, RA adj. y s. Que registra: *caja registradora.* ‖ — M. El que tiene por oficio registrar: *registrador de la propiedad.*
REGISTRAR v. t. Examinar con detención una cosa: *registrar mercaderías en la aduana.* ‖ Copiar una cosa en los libros de registro. ‖ Poner un registro entre las hojas de un libro. ‖ Señalar, notar, llevar la cuenta de algo. ‖ Anotar las indicaciones variables.
REGISTRO m. (lat. *regestus*, de *regerere*, notar, copiar). Acción de registrar y lugar donde se registra. ‖ Pieza de reloj que sirve para aligerar o retrasar el movimiento. ‖ Abertura para examinar las alcantarillas y cañerías. ‖ Padrón o matrícula de las personas que hay en un Estado o lugar. ‖ Oficina donde se registra. ‖ Asiento que queda de una cosa registrada y cédula que lo acredita. ‖ Libro con índice donde se apuntan diferentes cosas. ‖ Cinta que se pone entre las hojas de un libro para su mejor manejo y consulta. ‖ Pieza del órgano que permite modificar su timbre. ‖ Cada género de voces en el órgano: *registro flautado mayor.* ‖ Mecanismo que sirve para apagar o reforzar el sonido en el plano. ‖ *Impr.* Correspondencia entre las dos caras de una hoja impresa. ‖ *Arg.* Almacén de tejidos al por mayor. ‖ *Registro Civil*, aquel en que se hacen constar los nacimientos, matrimonios, defunciones, etc.
REGLA f. (lat. *regula*). Instrumento recto, plano y largo, que sirve para trazar líneas. ‖ *Fig.* Principio, base: *las reglas de la cortesía.* (SINÓN. *Cánon, estatuto, ley, norma, prescripción, reglamento.* V. tb. *instrucción.*) ‖ Disciplina: *restablecer la regla en una comunidad.* (SINÓN. V. *Ejemplo.*) ‖ Principios que rigen la enseñanza de un arte o ciencia: *las reglas de la arquitectura.* ‖ *Arit.* Nombre que se da a ciertas operaciones importantes: *regla de aligación, de compañía*, etc. ‖ Moderación, templanza. ‖ Pauta. ‖ *Regla de cálculo*, intrumento que permite efectuar mecánicamente un cálculo. ‖ *Falsa regla*, falsilla para escribir. ‖ — Pl. Menstruo. (SINÓN. V. *Menstruación.*) ‖ *En regla*, m. adv., como se debe. ‖ *Salir de regla*, propasarse, excederse.
REGLADO, DA adj. Moderado, templado. ‖ *Geom. Superficie reglada*, aquella sobre la cual puede aplicarse una regla en ciertos sentidos.
REGLAJE m. Reajuste de las piezas de un mecanismo para mantenerlo en buen estado de funcionamiento. ‖ Corrección de puntería de una boca de fuego: *reglaje de tiro.*
REGLAMENTACIÓN f. Acción y efecto de reglamentar. ‖ Conjunto de reglas.
REGLAMENTAR v. t. Sujetar a reglamento: *reglamentar una industria.*
REGLAMENTARIO, RIA adj. Perteneciente o conforme al reglamento: *un trabajo reglamentario.*
REGLAMENTO m. Colección de órdenes y reglas que rigen una cosa: *un reglamento de policía.* (SINÓN. V. *Regla.*)
REGLAR v. t. Rayar el papel. ‖ Ajustar las acciones a una regla. ‖ — V. r. Medirse, moderarse, sujetarse a una regla o norma.
REGLERO m. Instrumento para reglar papel.
REGLETA f. Planchuela usada para regletear.
REGLETEAR v. t. *Impr.* Espaciar la composición poniendo regletas entre los renglones.
REGLÓN m. Regla grande usada en algunos oficios.
REGOCIJADAMENTE adv. m. Con regocijo.

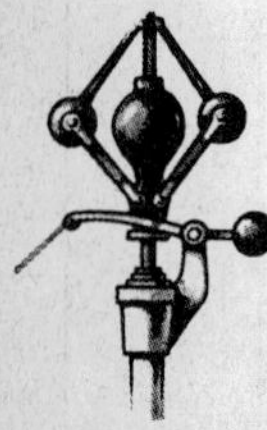

regulador de locomotora

REGOCIJADO, DA adj. Que causa regocijo o que lo manifiesta: *rostro regocijado.* || — CONTR. *Triste.*
REGOCIJADOR, RA adj. y s. Que regocija.
REGOCIJAR v. t. Alegrar, causar placer. || — V. r. Alegrarse, ponerse contento: *regocijarse por una buena noticia.* || — CONTR. *Entristecer.*
REGOCIJO m. Júbilo, goce. (SINÓN. V. *Recreo.*)
REGODEAR v. t. *Chil.* Regatear, escatimar. || — V. r. *Fam.* Deleitarse en una cosa. || *Fam.* Bromear, estar de chacota. || *Amer.* Mostrarse delicado y descontentadizo.
REGODEO m. La acción de regodearse, deleite.
REGODEÓN, ONA y **REGODIENTO, TA** adj. *Amer.* Delicado, regalón, descontentadizo.
REGOJO m. (del lat. *recollectus*, recogido). Pedazo de pan que sobra de la comida. || *Fig.* Muchachuelo.
REGOLDANA adj. Dícese de la castaña silvestre.
REGOLDAR v. i. *Vulg.* Eructar, despedir regüeldos. || — IRREG. Se conjuga como *contar.*
REGOLDO m. Castaño silvestre.
REGOLDÓN, ONA adj. Que regüelda.
REGOLFAR v. i. y **REGOLFARSE** v. r. Rebalsarse, formar las aguas corrientes un remanso.
REGOLFO m. Remanso del agua contra su corriente. || *Mar.* Seno o bahía en el mar.
REGONA f. Reguera grande, canal para riego.
REGORDETE, TA adj. *Fam.* Pequeño y bastante grueso, rechoncho: *un hombre regordete.* (SINÓN. V. *Grueso.*)
REGOSTARSE v. r. Arregostarse, engolosinarse.
REGOSTO m. Engolosinamiento, afición que se toma a lo que se empezó a gustar o gozar.
REGRESAR v. i. Volver una persona o cosa al lugar de donde salió: *regresar a su patria.* (SINÓN. V. *Venir* y *volver.*) || — OBSERV. Es barbarismo usar este verbo como t. y r.
REGRESIÓN f. Retroceso.
REGRESIVO, VA adj. Que hace retroceder: *marcha regresiva.* || — CONTR. *Progresivo.*
REGRESO m. Vuelta, acción de regresar: *viaje de regreso.* || Barb. por *retroceso, regresión.*
REGRUÑIR v. i. Gruñir mucho. || — IRREG. Se conjuga como *tañer.*
REGUARDARSE v. r. Guardarse, resguardarse.
REGÜELDO m. *Vulg.* Eructo.
REGUERA f. *Agr.* Canal o atarjea de riego. || — SINÓN. *Badén, cauce, cuneta, zanja.*
REGUERO m. Corriente o chorro continuo de una cosa líquida: *un reguero de sangre.* || Señal que deja lo que se derrama. || Reguera, canal de riego. || *Fig. Propagarse algo como un reguero de pólvora,* extenderse muy rápidamente.
REGUILETE m. Rehilete, flechilla de papel.
REGULACIÓN f. Acción de regular u ordenar.
REGULADO, DA adj. Conforme a una regla.
REGULADOR, RA adj. Que regula: *potencia reguladora.* || — M. Aparato que sirve para regular el movimiento de una máquina y en particular el que regula el paso del vapor de la caldera de una locomotora a los cilindros. || Especie de reloj de pesas, de movimiento muy regular.
REGULAR adj. (lat. *regularis*). Conforme a regla: *movimiento regular.* (SINÓN. *Normal, uniforme.*) || Ajustado, conveniente: *un salario regular.* (SINÓN. *Arreglado.*) || Mediano: *es un empleado muy regular.* || Que vive sometido a regla: *canónigo regular.* || *Geom. Figura regular,* aquella cuyos lados y ángulos son respectivamente iguales. || — Adv. m. *Pop.* Regularmente: *comer regular.* || *Gram. Verbos regulares,* los que siguen la conjugación ordinaria. || *Clero regular,* órdenes religiosas sometidas a una regla (opuesto en este sentido a *secular*). || *Por lo regular,* m. adv., regularmente. || — CONTR. *Irregular.*
REGULAR v. t. (lat. *regulare*). Medir, ajustar a regla: *regular su vida.* || Reglar o poner en orden una cosa: *regular sus negocios.*
REGULARIDAD f. Carácter de lo que es regular. || Conformidad con una regla: *regularidad de vida.* || Puntualidad: *regularidad en las comidas.* || Justa proporción: *regularidad de rasgos.* (SINÓN. V. *Exactitud.*) || Observación exacta de las reglas del deber. || Observación de las reglas estéticas establecidas: *la regularidad se opone con frecuencia a lo pintoresco.*
REGULARIZACIÓN f. Acción y efecto de regularizar: *la regularización de un estado.*
REGULARIZADOR, RA adj. Que regulariza.
REGULARIZAR v. t. Ajustar a regla, hacer regular alguna cosa: *regularizar una situación.*
REGULARMENTE adv. m. De una manera regular. || Comúnmente. || Medianamente.
REGULATIVO, VA adj. Que regula.
RÉGULO m. (lat. *regulus*). Reyezuelo: *un régulo despótico.* || Basilisco, animal fabuloso. || Reyezuelo, ave. || *Quím.* Parte más pura que queda de los minerales: *el régulo de antimonio sirve para fabricar caracteres de imprenta.*
REGURGITACIÓN f. La acción de regurgitar.
REGURGITAR v. i. (del lat. *re,* hacia atrás, y *gurges, gurgitis,* abismo, sima). Vomitar sin esfuerzo. (SINÓN. V. *Vomitar.*)
REGUSTADO, DA adj. *Cub. Fam.* Que ha quedado muy satisfecho de algo.
REGUSTO m. *Fam.* Dejo.
REHABILITACIÓN f. Acción de rehabilitar.
REHABILITAR v. t. Restablecer en su primer estado, en sus derechos, al que los perdió por una condena jurídica: *rehabilitar la memoria de un condenado.* || *Fig.* Devolver la estimación pública. (SINÓN. V. *Restablecer.*)
REHACER v. t. Hacer de nuevo. (SINÓN. *Reiterar, repetir.*) || Reparar, componer una cosa. (SINÓN. *Renovar, reponer.* V. tb. *restablecer.*) || — V. r. Fortificarse, tomar nuevas fuerzas. || *Fig.* Dominarse, serenarse. || — IRREG. Se conjuga como *hacer.*
REHACIMIENTO m. Acción de rehacer o rehacerse.
REHALA f. Rebaño de ganado perteneciente a diversos dueños y conducido por un mayoral.
REHALERO m. Mayoral de la reala.
REHECHO, CHA adj. Hecho de nuevo. || Pequeño, grueso y robusto: *un hombrecillo rehecho.*
REHELEAR v. i. (de *hiel*). Amargar una cosa.
REHÉN m. Persona que queda en poder del enemigo como prenda de la ejecución de un convenio: *quedar en rehenes.* (Ú. generalmente en pl.) || Plaza o castillo que se deja por fianza en casos análogos.
REHENCHIDO m. Relleno, lo que rehinche.
REHENCHIR v. t. Rellenar, henchir: *rehenchir un cojín con paja.* || — IRREG. Se conjuga como *pedir.*
REHERIR v. t. (del lat. *referire,* herir a su vez). Rechazar, rebatir. || — IRREG. Se conjuga como *sentir.*
REHERRAR v. t. Volver a herrar una caballería. || — IRREG. Se conjuga como *acertar.*
REHERVIR v. i. Hervir de nuevo. || *Fig.* Arder en una pasión. || — V. r. Fermentarse las conservas. || — IRREG. Se conjuga como *sentir.*
REHILANDERA f. Molinete, juguete.
REHILAR v. t. Hilar demasiado una hebra. || — V. i. Temblar una persona o cosa como si vibrara. || Pasar zumbando las flechas o saetas.
REHILETE m. Flechilla de papel con una púa, que sirve de juguete. || Banderilla. || Volante de plumas que sirve para jugar, arrojándolo con raqueta. || *Fig.* Pulla, chanza o dicho malicioso.
REHILETERO m. *Taurom.* Banderillero.
REHÍLO m. Ligero temblor.
REHOGAR v. t. Cocer una vianda a fuego lento, sin agua, con manteca, aceite y especias.
REHOLLAR v. t. Volver a hollar, pisotear una cosa. || — IRREG. Se conjuga como *hollar.*
REHOYAR v. i. Renovar el hoyo hecho para plantar árboles.
REHOYO m. Barranco, hoyo profundo.
REHUIDA f. Acción de rehuir.
REHUIR v. t. Apartar, quitar una cosa. || Rehusar: *rehuir un compromiso.* (SINÓN. V. *Evitar.*) || — V. i. Volver a huir el ciervo por las mismas huellas. || — V. r. Apartarse de algo. || — IRREG. Se conjuga como *huir.*
REHUMEDECER v. t. Humedecer mucho una cosa. || — IRREG. Se conjuga como *merecer.*
REHUNDIDO m. Vaciado, hundido, hueco.
REHUNDIR v. t. Hundir muy profundamente una cosa. || Ahondar. || *Fig.* Gastar sin peso ni medida.
REHURTARSE v. r. *Mont.* Echar la caza por diferente camino del que llevaba.
REHUSAR v. t. No aceptar una cosa ofrecida. (SINÓN. V. *Rechazar.*) || No conceder lo que se pide: *rehusar un permiso.* (SINÓN. V. *Negar.*)
REICH m. (pal. al.). Imperio.

REICHSMARK m. (pal. al.). Unidad monetaria alemana de 1924 a 1945, hoy substituida por el *deutsche Mark*.
REICHSTAG m. (pal. al.). Cámara de diputados, en Alemania.
REIDOR, RA adj. y s. Que ríe mucho, risueño.
REIMPORTACIÓN f. La acción de reimportar.
REIMPORTAR v. t. Importar lo que se había exportado.
REIMPRESIÓN f. Acción de reimprimir. ‖ Obra reimpresa: *una reimpresión mala.*
REIMPRESO, SA p. p. irreg. de *reimprimir.*
REIMPRIMIR v. t. Volver a imprimir una obra: *reimprimir una obra agotada.*
REINA f. (lat. *regina*). Mujer del rey. ‖ La que ejerce el dominio real por autoridad propia. ‖ Dama en el ajedrez. ‖ *Fig.* La más hermosa: *la rosa es la reina de las flores.* ‖ *Reina del cielo, de los ángeles,* la Santísima Virgen. ‖ *Reina de los prados,* planta rosácea de flores blancas, que se cultiva como planta de adorno. ‖ *Amer. Reina luisa,* flor de Cuba.
REINADO m. Tiempo que dura el gobierno de un rey o de una reina: *el reinado de Carlos III.*
REINANTE adj. Que reina: *dinastía reinante.*
REINAR v. i. Gobernar como rey. ‖ Dominar: *la moda que reina en este momento.* ‖ Existir una enfermedad: *el cólera reina endémicamente en algunos países.* ‖ Existir: *reina un espíritu revolucionario.*
REINCIDENCIA f. Repetición de culpa o delito. (SINÓN. V. *Recaída.*)
REINCIDENTE adj. y s. Que reincide o recae.
REINCIDIR v. i. Volver a incurrir en una culpa o delito. (SINÓN. V. *Rehacer.*) ‖ Recaer en una enfermedad.
REINCORPORACIÓN f. Acto de reincorporar o reincorporarse.
REINCORPORAR v. t. Volver a incorporar.
REINETA f. (fr. *reinette*). Clase de manzanas.
REINGRESAR v. i. Ingresar, entrar de nuevo.
REINO m. (lat. *regnum*). Territorio sometido al gobierno de un rey. ‖ Diputados que representan el reino y hablan en su nombre. ‖ *Hist. nat.* Cada una de las grandes divisiones de los cuerpos naturales: *reino animal, vegetal, mineral.* ‖ Galicismo por *reinado*: *bajo el reino de Nerón,* por *durante el reinado.*
REINOSOS m. pl. *Col.* Nombre que se da a la gente de la tierra fría de la meseta oriental.
REINSTALACIÓN f. Nueva instalación.
REINSTALAR v. t. Instalar de nuevo. (SINÓN. V. *Restablecer.*)
REINTEGRABLE adj. Que puede reintegrarse.
REINTEGRACIÓN f. Acción de reintegrar y resultado de dicha acción.
REINTEGRAR v. t. Restituir: *reintegrar una suma.* (SINÓN. V. *Devolver* y *restablecer.*) ‖ Poner pólizas a los documentos. ‖ — V. r. Recobrarse de lo perdido.
REINTEGRO m. Reintegración. ‖ Pólizas que han de ponerse a un documento. ‖ Premio consistente en el reembolso de lo que se jugó en la lotería.
REIR v. i. (lat. *ridere*). Manifestar con ciertos movimientos del rostro la alegría o regocijo. (SINÓN. *Carcajear, desternillarse* [de risa], *sonreír.*) ‖ *Fig.* Burlarse de una persona o cosa: *se rieron de él.* ‖ Tener una cosa aspecto placentero y risueño: *una fuente que ríe.* ‖ — V. t. Celebrar una cosa con risa: *reír a uno una gracia.* ‖ — V. r. Reír, burlarse: ‖ *Fig.* y *fam.* Empezar a rajarse la tela de un vestido viejo. ‖ — IRREG. Se conjuga como *freír.*
REIS m. pl. (port. *reis*). Moneda imaginaria de los portugueses y brasileños.
REITERACIÓN f. Acción de reiterar, repetición. (SINÓN. V. *Recaída* y *reproducción.*)
REITERADAMENTE adv. m. Con reiteración, repetidas veces: *pedir una cosa reiteradamente.*
REITERAR v. t. (lat. *reiterare*). Volver a hacer: *reiterar una pregunta.* (SINÓN. V. *Repetir.*)
REITERATIVO, VA adj. Que repite una cosa: *una orden reiterativa.*
REITRE m. (del al. *Reiter,* jinete). Antiguo soldado de caballería alemana: *hubo reitres en España en tiempos de Carlos I.*
REIVINDICABLE adj. Que puede reivindicarse.

REIVINDICACIÓN f. *For.* Acción y efecto de reivindicar: *reivindicación de posesiones.*
REIVINDICAR v. t. Reclamar una cosa que pertenece a uno pero que está en manos de otro. (SINÓN. V. *Reclamar.*)
REIVINDICATORIO, RIA adj. Relativo a la reivindicación.
REJA f. Hierro del arado. ‖ Conjunto de barras de hierro que se ponen en las ventanas para su defensa. (SINÓN. V. *Cerca.*) ‖ *Fig.* Labor que se da a la tierra con el arado.
REJAL m. Pila de ladrillos de canto y cruzados.
REJALGAR m. (del ár. *rehchalgar,* arsénico). Sulfuro de arsénico, de color rojo y lustre resinoso: *el rejalgar es muy venenoso.* ‖ *Bol.* y *Col.* Planta solanácea.
REJEADA f. *Amér. C.* y *Col.* Azotaina.
REJEGO, GA adj. *Amer.* Manso, remiso.
REJERA f. Cable para amarrar el barco.
REJERÍA f. Arte del rejero. ‖ Conjunto de rejas.
REJERO m. El que fabrica las rejas o verjas.
REJILLA f. Celosía o reja pequeña que cierra algunas aberturas: *rejilla de confesonario.* (SINÓN. V. *Cerca.*) ‖ Tejido con que se forman los asientos de algunas sillas. ‖ Rejuela, braserillo. ‖ Parte de las hornillas y hornos que sostiene el combustible. ‖ Redecilla para poner el equipaje en los vagones de ferrocarril. ‖ En radiotelefonía, pantalla para regular el flujo electrónico que se coloca entre el ánodo y el cátodo.
REJO m. Punta o aguijón: *rejo de hierro.* ‖ *Fig.* Aguijón: *el rejo de la abeja.* ‖ Clavo grande con que se juega al herrón. ‖ Vigor, robustez. ‖ *Bot.* Raicilla del embrión de la planta. ‖ Conjunto de vacas lecheras. ‖ Azote, látigo: *dar rejo a uno.* ‖ *Col.* Cuero crudo: *riendas de rejo.* ‖ *Cub.* Soga que sirve para atar el ternero a la vaca. ‖ *Ecuad.* Ordeño, acción de ordeñar las vacas: *corral de rejo.*
REJÓN m. Barra de hierro que remata en punta. ‖ Varilla con una moharra, que usan los toreros para rejonear. ‖ Especie de puñal. ‖ Púa del trompo.
REJONAZO m. El golpe que se da con un rejón.
REJONCILLO m. Rejón que usa el torero.
REJONEADOR m. Torero a caballo, que rejonea.
REJONEAR v. t. En la lidia a caballo, herir al toro con el rejón.
REJONEO m. La acción de rejonear.
REJUELA f. Reja pequeña. ‖ Braserillo o estufilla para calentarse los pies.
REJUNTAR v. t. Juntar, escoger.
REJUVENECEDOR, RA adj. Que rejuvenece.
REJUVENECER v. t. e i. Comunicar nueva juventud. ‖ Renovar, modernizar. ‖ — IRREG. Se conjuga como *merecer.*
REJUVENECIMIENTO m. Acción y efecto de rejuvenecer o rejuvenecerse.
RELABRAR v. t. Volver a labrar.
RELACIÓN f. (lat. *relatio*). Acción y efecto de referir o referirse. ‖ Conexión de una cosa con otra. (SINÓN. *Analogía, consonancia, correlación, correspondencia.*) ‖ Correspondencia entre dos personas o cosas que se consideran a un mismo tiempo: *relación entre la causa y el efecto.* ‖ Correspondencia o trato: *tener relaciones comerciales con una persona.*) ‖ Narración: *una relación pesada.* (SINÓN. V. *Lista* y *relato.*) ‖ *Gram.* Enlace entre dos términos de una misma oración. (SINÓN. V. *Enlace.*) ‖ Persona conocida: *tener muchas relaciones.* (Es galicismo.) ‖ — Pl. *Fam.* Amoríos, noviazgo: *pedir relaciones.* ‖ *Fisiol. Funciones de relación,* conjunto de funcio-

reja del siglo XVII

reitre

rejoneador

Fot. Giraudon, A. G.-P.

relicario

nes orgánicas necesarias para la relación con el medio exterior. || — OBSERV. Es galicismo decir: *este libro es bueno con relación a tal materia*, por *respecto de tal materia*.

RELACIONAR v. t. Hacer relación de una cosa. || Poner en relación varias personas o cosas. || — V. r. Tener relación dos personas o cosas. (SINÓN. V. *Corresponder.*) || *Fig.* Hacer amistades. (SINÓN. V. *Frecuentar.*)

RELAIS m. (pal. fr., pr. *relé*). Relé.

RELAJACIÓN f. Acción de relajar. || Disminución en la tensión. || Hernia. || *Fig.* Disminución en el celo, el ardor, etc.: *manifestar relajación en el trabajo.*

RELAJADAMENTE adv. m. Con relajación.

RELAJADOR, RA adj. Que relaja.

RELAJAMIENTO m. Relajación. (SINÓN. V. *Desenfreno.*)

RELAJAR v. t. (lat. *relaxare*). Aflojar, ablandar: *la humedad relaja las cuerdas.* || *Fig.* Distraer, esparcir el ánimo. || Hacer menos riguroso: *relajar la disciplina.* || *For.* Relevar de un voto o juramento. || *For.* Entregar el juez eclesiástico un reo de muerte al juez secular. || *For.* Aliviar la pena o castigo. || *Cub.* Burlarse de uno. || — V. r. Aflojarse. || Hacerse menos severo. || Laxarse una parte del cuerpo. || *Fig.* Viciarse, estragarse las costumbres.

RELAJO, JA adj. *Méx.* Arisco, fogoso. || — M. *Cub.* y *Méx.* Burla, escarnio, y tb., desorden, escándalo.

RELAMER v. t. (lat. *relambere*). Lamer de nuevo. || — V. r. Pasarse la lengua por los labios: *relamerse de gusto.* || *Fig.* Afeitarse, componerse mucho el rostro. || *Fig.* Gloriarse de algo.

RELAMIDO, DA adj. Demasiadamente pulcro. (SINÓN. V. *Afectado.*) || *Fam. Descarado.*

RELÁMPAGO m. Resplandor vivísimo que produce el rayo. (SINÓN. V. *Rayo.*) || *Fig.* Resplandor muy vivo. || *Fig.* Cosa que pasa con suma ligereza: *pasar como un relámpago.*

RELAMPAGUEANTE adj. Que relampaguea.

RELAMPAGUEAR v. i. Hacer relámpagos. || *Fig.* Centellear: *sus ojos relampagueaban.*

RELAMPAGUEO m. Acción de relampaguear.

RELANCE m. Segundo lance. || Acontecimiento fortuito. || En los juegos, suerte que sigue a otras. || *De relance*, por casualidad.

RELANCINA (De) m. adv. *Amér. Merid.* De relance, casualmente.

RELAPSO, SA adj. y s. (lat. *relapsus*). Dícese del que vuelve a incurrir en un pecado o en una herejía. (SINÓN. V. *Apóstata.*)

RELATADOR, RA adj. y s. Que relata.

RELATAR v. t. Referir: *relatar una anécdota.* (SINÓN. V. *Explicar.*)

RELATIVAMENTE adv. m. Con relación, respecto de: *es grande relativamente a su edad.*

RELATIVIDAD f. Calidad de lo relativo. || *Fís.* Teoría de Einstein según la cual la duración del tiempo no es la misma para dos observadores que se mueven uno con respecto al otro.

RELATIVISMO m. Teoría filosófica fundada en la relatividad de los conocimientos.

RELATIVISTA adj. y s. Partidario del relativismo. || — Adj. Que se refiere a la teoría de la relatividad: *mecánica relativista.*

RELATIVO, VA adj. Que guarda relación con otra cosa: *padre e hijo son términos relativos.* || Proporcional: *cada cosa tiene su valor relativo.* || *Pronombres relativos*, los que se refieren a personas o cosas de las que ya se hizo mención anteriormente: *los pronombres relativos son* QUE, QUIEN, CUAL, CUYO.

alto relieve de la iglesia de San Martín, en Pisa

RELATO m. (lat. *relatus*). Acción de relatar o de referir. (SINÓN. *Acta, exposición, historial, informe.*) || Narración: *relato inverosímil.* (SINÓN. *Cuento, relación.*)

RELATOR, RA adj. y s. Que relata alguna cosa. || — M. Letrado que hace relación de los autos o expedientes en los tribunales superiores.

RELATORÍA f. Empleo u oficina del relator.

RELÉ m. (fr. *relais*). Relevador.

RELEER v. t. Leer de nuevo: *releer un libro.*

RELEGACIÓN f. Acción de relegar o desterrar.

RELEGAR v. t. Desterrar: *relegar a un preso.*

RELEJAR v. i. *Arq.* Formar releje una pared.

RELEJE m. Rodada o carrilada. || Sarro que se forma en los dientes. || Faja brillante que dejan los afiladores a lo largo del hilo de las navajas. || *Arq.* Lo que dista la parte superior del paramento de un talud, de la vertical que pasa por su pie. || *Artill.* Resalto que se forma en el alma de algunos cañones.

RELENTE m. Humedad que se observa durante las noches serenas. || *Fig.* y *fam.* Descaro.

RELENTECER v. i. Lentecer, ablandar. || — IRREG. Se conjuga como *merecer*.

RELEVACIÓN f. Acción de relevar. || Alivio de carga u obligación.

RELEVADOR m. Estación de radio o televisión que retransmite mediante ondas hertzianas las señales recibidas desde una estación principal. (SINÓN. *Repetidor.*)

RELEVANTE adj. Sobresaliente, notable.

RELEVAR v. t. (lat. *relevare*). Hacer algo de relieve. || Exonerar de un cargo u obligación. || Remediar, socorrer. || Absolver: *relevar de una pena.* || *Mil.* Mudar una centinela o tropa. || *Fig.* Substituir en un empleo. (SINÓN. V. *Reemplazar.*) || *Pint.* Pintar una cosa de manera que parezca de relieve. || — V. i. *Esc.* Salir una figura del plano. || — V. r. Reemplazarse mutuamente; trabajar alternativamente. || Galicismo por *notar, tachar, relevar una falta.*

RELEVO m. Acto de relevar. (SINÓN. V. *Reemplazo.*) || Soldado que releva. || *Carrera de relevos*, prueba deportiva en la cual los corredores de un mismo equipo se sustituyen.

RELIARSE v. r. Liarse muy bien en una cosa.

RELICARIO m. Caja o estuche para custodiar reliquias. || *And.* y *Amer.* Medallón.

RELICTO adj. *For. Bienes relictos*, dícese de los bienes que deja una persona al morir.

RELIEVE m. Cosa que resalta sobre un plano: *encuadernación con relieves.* || Conjunto de desigualdades en la superficie de un país: *el relieve de España es muy variado.* || *Pint.* Realce aparente de una cosa pintada. || — Pl. Sobras de una comida. || *Alto relieve*, aquel en que las figuras salen del fondo más de la mitad de su grueso. || *Bajo relieve*, aquel en que las figuras resaltan poco. (Puede ortografiarse también *bajorrelieve.*) || *De relieve*, importante: *persona de relieve.* || *Medio relieve*, aquel en que resaltan las figuras la mitad de su grueso.

RELIGAR v. t. Volver a ligar o atar. (SINÓN. V. *Mezclar.*)

RELIGIÓN f. (lat. *religio*). Culto que se tributa a la Divinidad. || Doctrina religiosa: *la religión cristiana.* || Fe, piedad: *hombre sin religión.* (SINÓN. *Creencia, devoción.* V. tb. *adoración.*) || Orden, instituto religioso. || *Religión natural*, la que se funda únicamente en nuestra razón. || *Religión reformada*, el protestantismo. || Obligación de conciencia, cumplimiento de un deber. || *Entrar en religión*, tomar el hábito.

RELIGIOSAMENTE adv. m. Con religión: *vivir religiosamente.* || Exactamente, con religiosidad: *observar religiosamente un convenio.*

RELIGIOSIDAD f. Carácter religioso. || Piedad, religión. || Exactitud grande: *pagar con religiosidad.*

RELIGIOSO, SA adj. Propio de la religión: *canto religioso.* || Piadoso, que practica la religión: *hombre religioso.* (SINÓN. V. *Creyente.* CONTR. *Irreligioso.*) || Que pertenece a una orden religiosa: *hábito religioso.* (SINÓN. *Cenobita, clérigo, congregante, fraile, monje.* Pop. *Frailuco.*) || *Fig.* Exacto, puntual: *religioso cumplidor de su palabra.*

Fot. Alinari

RELIMPIO, PIA adj. *Fam.* Sumamente limpio.
RELINCHADOR, RA adj. Que relincha mucho.
RELINCHAR v. i. Hacer oír los caballos su voz.
RELINCHO m. Voz del caballo.
RELINDO, DA adj. *Fam.* Muy lindo o bonito.
RELINGA f. *Mar.* Cabo que se pone para reforzar la orilla de una vela, de una red barredera, etc.
RELINGAR v. t. *Mar.* Pegar la relinga a la vela o a una red. ‖ — V. i. Agitarse la relinga con el viento.
RELIQUIA f. (lat. *reliquiae*). Parte del cuerpo de un santo u objeto que le perteneció o sirvió para su martirio, que se conserva piadosamente: *una reliquia de la verdadera cruz.* (SINÓN. *Cenizas, huesos.*) ‖ *Chil.* Barb. por *exvoto.* ‖ *Guardar como una reliquia,* muy cuidadosamente. ‖ Residuos que quedan de una cosa. ‖ *Fig.* Vestigios: *las reliquias de lo pasado.* ‖ *Fig.* Dolor o achaque que queda de una enfermedad.
RELOJ m. (lat. *horologium*). Máquina que sirve para señalar la hora: *las clepsidras eran los relojes de los antiguos.* ‖ *Reloj de Flora,* lista de plantas que se abren sucesivamente a las diferentes horas del día. ‖ *Reloj de arena,* el que consiste en dos compartimentos y mide la duración del tiempo mediante el paso de una cantidad de arena determinada de uno a otro. ‖ *Reloj de sol,* artificio para saber la hora diurna, basado en la proyección de la sombra de un vástago. ‖ *Reloj de pulsera,* el que se lleva en la muñeca. ‖ *Carrera contra reloj,* aquella en la que los corredores no compiten en línea sino que vence el que realice mejor tiempo.
RELOJERÍA f. Arte y comercio del relojero: *la relojería suiza tiene fama mundial.* ‖ Taller o tienda del relojero. ‖ *Mecanismo de relojería,* mecanismo que pone en funcionamiento un dispositivo a una hora determinada.
RELOJERO m. El que hace, repara o vende relojes.
RELUCIENTE adj. Que reluce: *joyas relucientes.*
RELUCIR v. i. Brillar: *la plata bruñida reluce mucho.* ‖ *Fig.* Manifestarse con esplendor: *la virtud reluce en sus acciones.* ‖ *Fam. Sacar a relucir,* citar, revelar. ‖ — IRREG. Se conjuga como *lucir.*
RELUCTANCIA f. Resistencia de un circuito al flujo magnético.
RELUCTANTE adj. Que resiste con porfía.
RELUJAR v. t. *Méx.* Lustrar o embetunar.
RELUMBRANTE adj. Que relumbra o brilla.
RELUMBRAR v. i. Relucir mucho o con exceso. (SINÓN. V. *Brillar.*)
RELUMBRÓN m. Golpe de luz pasajero, chispazo: *dar un relumbrón.* ‖ Oropel: *vestirse de relumbrón.* ‖ *De relumbrón,* de más apariencia que calidad.
RELUMBROSO, SA adj. Relumbrante.
RELLANAR v. t. Volver a allanar una cosa. ‖ — V. r. Arrellanarse.
RELLANO m. Meseta de escalera. (SINÓN. *Descanso.*)
RELLENA f. *Col.* y *Méx.* Morcilla, embutido. ‖ *Nicar.* Torta de maíz con queso.
RELLENAR v. t. Volver a llenar. (SINÓN. V. *Llenar.*) ‖ Llenar, henchir: *rellenar de borra un cojín.* ‖ Llenar de carne picada: *rellenar un pollo.* ‖ *Fig.* y *fam.* Dar de comer.
RELLENO, NA adj. Muy lleno. (SINÓN. V. *Grueso* y *lleno.*) ‖ — M. Picadillo sazonado con que se rellenan tripas, aves, hortalizas, etc.: *relleno de un pollo.* ‖ Acción de rellenar. ‖ Parte superflua de algo.
REMACHADO, DA adj. *Col.* Callado, cazurro.
REMACHAR v. t. Machacar la punta del clavo ya clavado, para darle mayor firmeza. ‖ Recalcar, afianzar: *remachar uno sus palabras.* ‖ — V. r. *Col.* Guardar silencio.
REMACHE m. Acción y efecto de remachar: *remache de un clavo.* ‖ Roblón, clavo remachado. ‖ *Col.* Tenacidad.
REMADOR, RA m. y f. Remero, el que rema.
REMADURO, RA adj. *Amér. C.* y *Chil.* Dícese de la fruta muy madura.
REMALLAR v. t. Componer las mallas.
REMANECER v. i. (lat. *remanere*). Aparecer nuevamente. ‖ — IRREG. Se conjuga como *merecer.*
REMANECIENTE adj. Que aparece de nuevo.
REMANENCIA f. Conservación de una parte del magnetismo en el hierro sometido a la imantación.
REMANENTE m. El residuo de ciertas cosas. (SINÓN. V. *Resto.*)
REMANGAR v. t. Arremangar, levantar.
REMANSARSE v. r. Rebalsarse o estancarse una corriente de agua, formando un remanso.
REMANSO m. (lat. *remansum*). Retención de corriente de agua. ‖ Lugar tranquilo. ‖ *Fig.* Flema, lentitud.
REMAR v. i. Mover los remos para hacer adelantar una embarcación. ‖ *Fig.* Bregar, luchar.
REMARCABLE adj. Galicismo por *muy notable.*
REMARCAR v. t. Marcar de nuevo una cosa.
REMATADAMENTE adv. m. Completamente, enteramente: *un hombre rematadamente tonto.*
REMATADO, DA adj. Que se halla en muy mal estado y no tiene remedio: *loco rematado.* ‖ *For.* Condenado a presidio sin recurso alguno.
REMATADOR, RA adj. y s. Que remata.
REMATAMIENTO m. Remate, fin, extremo.
REMATANTE m. Persona a quien se adjudica la cosa vendida en una subasta o almoneda.
REMATAR v. t. Acabar una cosa. ‖ Dar muerte a la persona o animal que está agonizando. (SINÓN. V. *Matar.*) ‖ En fútbol, tirar a gol. ‖ Afianzar la última puntada de una costura. ‖ Hacer remate en una venta o subasta. ‖ *Chil.* Parar en firme un caballo. ‖ — V. i. Terminar, concluir. ‖ — V. r. Perderse, destruirse.
REMATE m. Fin, cabo, extremo. ‖ Última postura en una subasta o venta. ‖ Lo que termina una cosa: *el remate de un tejado.* ‖ *Dep.* Tiro a gol. ‖ *For.* Adjudicación en subasta o almoneda. ‖ *Méx.* Borde, hirma del paño. ‖ *De remate,* m. adv., absolutamente, sin remedio. ‖ *Por remate,* m. adv., por último, al fin.
REMATISTA m. *Amer.* Rematante.
REMBOLSAR v. t. Reembolsar.
REMECER v. t. Mover o sacudir repetidas veces una cosa. ‖ *Amer.* Agitar, menear.
REMEDADOR, RA adj. y s. Que remeda.
REMEDAR v. t. Imitar una cosa: *remedar la voz de otro.* (SINÓN. V. *Imitar.*) ‖ Seguir las huellas o el ejemplo de otro. ‖ Imitar los gestos y ademanes de otro para burlarse.
REMEDIABLE adj. Que puede remediarse: *miseria remediable.* ‖ — CONTR. *Irremediable.*
REMEDIADOR, RA adj. y s. Que remedia.
REMEDIAR v. t. (lat. *remediari*). Reparar un daño o perjuicio. (SINÓN. *Suplir.* V. tb. *corregir.*) ‖ Socorrer una necesidad. (SINÓN. *Aliviar, paliar, socorrer.*) ‖ Librar de un riesgo o peligro. ‖ Evitar, impedir; *no pudo remediarlo.*
REMEDIAVAGOS m. Libro que trata una materia en poco espacio para facilitar su estudio.
REMEDIO m. (lat. *remedium*). Cualquier substancia que se toma como medicina: *un remedio violento.* (SINÓN. V. *Medicamento.*) ‖ Cualquier cosa que sirve para reparar un daño. (SINÓN. *Antídoto, panacea, preservativo.*) ‖ Enmienda, corrección. ‖ *For.* Recurso: *el remedio de la apelación.* ‖ *Fig.* Lo que sirve para calmar un padecimiento moral: *dolor sin remedio.* ‖ *No haber remedio,* o *más remedio,* ser forzosa una cosa.
REMEDIÓN m. *Teatr.* Función que sustituye la anunciada cuando no puede ésta representarse.
REMEDIR v. t. Medir de nuevo. ‖ — IRREG. Se conjuga como *pedir.*
REMEDO m. Imitación o copia imperfecta de una cosa: *el mono parece un remedo del hombre.*
REMELLADO, DA adj. Que tiene mella: *ojos remellados.* ‖ — Adj. y s. De ojos o labios remellados.
REMELLAR v. t. Mellar. ‖ Raer las pieles en las tenerías.
REMELLÓN, ONA adj. y s. *Fam.* Remellado.
REMEMBRANZA f. Recuerdo. (SINÓN. V. *Memoria.*)
REMEMBRAR v. t. Recordar.
REMEMORACIÓN f. Acción y efecto de rememorar. (SINÓN. V. *Conmemoración.*)
REMEMORAR v. t. Recordar: *rememorar un acontecimiento histórico.* (SINÓN. *Conmemorar.*)
REMEMORATIVO, VA adj. Que rememora o recuerda: *celebrar una fiesta rememorativa.*
REMENDADO, DA adj. Que tiene manchas como remiendos: *las panteras tienen la piel remendada.*

RELOJES

de arena

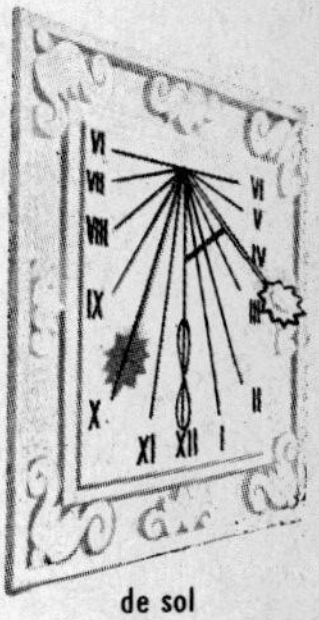

de sol

remates

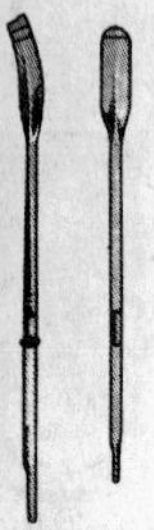
remos

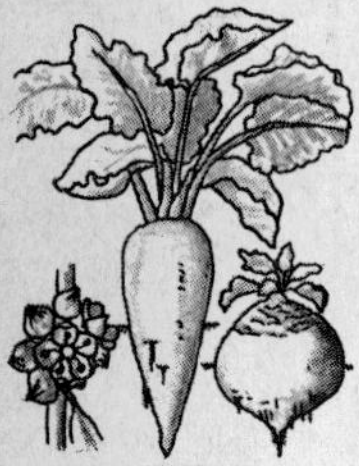
remolachas

rémora

REMENDAR v. t. Componer lo viejo o roto, poniéndole remiendos: *remendar un zapato.* (SINÓN. V. *Reparar.*) || Corregir, enmendar. || Aplicar una cosa a otra para enmendarla o completarla. || — IRREG. Se conjuga como *alentar.*
REMENDÓN, ONA adj. y s. Dícese del que remienda o compone: *zapatero remendón.*
REMENEO m. Contoneo.
REMENEARSE v. r. Contonearse.
REMERA f. Nombre que se da a las plumas largas que terminan las alas de las aves.
REMERO, RA m. y f. Persona que rema: *una lancha de diez remeros.* || *Zool.* Insecto hemíptero acuático.
REMESA f. (del lat. *remissa*, remitida). Remisión de alguna cosa: *una remesa de dinero.* || La cosa enviada. || *Ant.* Cochera.
REMESAR v. t. Mesar, arrancar la barba o el cabello. || *Com.* Hacer remesas.
REMESÓN m. Acción de remesar.
REMESÓN m. Carrera corta que hace dar el jinete al caballo, parándolo después muy bruscamente. || Treta de esgrima. V. REMEZÓN.
REMETER v. t. Volver a meter o meter más adentro: *remeter las sábanas.* || Poner al niño un metedor sin desenvolverlo.
REMEZÓN m. (de *re*, y *mecer*). *Amer.* Sacudida violenta, terremoto. || *Bol. A remezones*, a intervalos, a trechos.
REMIEL f. Segunda miel de la caña dulce.
REMIENDO m. Pedazo de tela que se cose a una prenda rota. || Compostura de una cosa deteriorada: *en este cuadro han puesto bastantes remiendos.* || Mancha en la piel de los animales. || *Fig.* Enmienda o añadidura que se introduce en algunas cosas. || *Fig.* Insignia de las órdenes militares, cosida al lado izquierdo del vestido. || *Impr.* Obra de corta extensión.
RÉMIGE adj. Dícese de las plumas mayores de las alas de las aves.
REMILGADO, DA adj. Exageradamente compuesto y delicado: *una muchacha muy remilgada.* (SINÓN. V. *Afectado* y *marisabidilla.*)
REMILGARSE v. r. Hacer ademanes y gestos.
REMILGO m. Gesto, mueca o ademán afectados. (SINÓN. V. *Afectación.*)
REMILGOSO, SA adj. *Méx.* Remilgado.
REMILITARIZAR v. t. Instalar nuevamente tropas en un lugar; dar de nuevo carácter militar.
REMINERALIZAR v. t. *Med.* Restaurar las pérdidas minerales en el organismo.
REMINGTON m. Fusil inventado por el ingeniero norteamericano Remington.
REMINISCENCIA f. Recuerdo inconsciente: *para Platón no era el conocimiento más que una reminiscencia.* || Cosa que se recuerda inconscientemente: *un poema lleno de reminiscencias.* (SINÓN. V. *Memoria.*)
REMIRADO, DA adj. Demasiado escrupuloso.
REMIRAR v. t. Volver a mirar una cosa o examinarla con atención. || — V. r. Esmerarse mucho en lo que se hace. || Mirar una cosa con fruición, deleitándose en ella.
REMISAMENTE adv. m. Floja, perezosamente.
REMISIBLE adj. Lo que puede perdonarse.
REMISIÓN f. (lat. *remissio*). Acción de remitir: *la remisión de un objeto.* || Perdón. || Indicación en un escrito de otro lugar, a que se remite al lector.
REMISIVO, VA adj. Que remite: *nota remisiva.*
REMISO, SA adj. (lat. *remissus*). Flojo, perezoso, desidioso. || Poco activo, dicho de las calidades físicas.
REMISOR, RA adj. y s. *Amer.* Remitente.
REMISORIAS f. pl. *For.* Despacho por el cual remite el juez la causa a otro tribunal.
REMISORIO, RIA adj. Que remite o perdona.
REMITE m. Indicación del que escribe una carta que suele ponerse en la parte posterior del sobre.
REMITENTE adj. y s. Que remite. || *Med. Fiebre remitente*, la que disminuye de violencia a ratos.
REMITIDO m. Comunicado en un periódico, que se publica previo pago.
REMITIR v. t. (lat. *remittere*). Enviar: *remitir dinero a su corresponsal.* || Perdonar la pena u obligación. || Dejar, aplazar, suspender. (SINÓN. V. *Demorar.*) || Ceder una cosa en intensidad. || Dejar al juicio de otro la resolución de una cosa. || Indicar en un escrito otro pasaje relativo a lo que se dice. || — V. r. Atenerse a lo que ha dicho o escrito otra persona.
REMO m. (lat. *remus*). Instrumento de madera, de pala plana, que sirve para mover las embarcaciones. (SINÓN. *Espadilla, pagaya, palamenta.*) || Práctica de remar. || Brazo o pierna del hombre o los animales. || *Fig.* Trabajo pesado: *andar al remo.* || *Fig.* Pena de remar en las galeras.
REMOCIÓN f. Acción de remover.
REMOJAR v. t. Volver a mojar, poner en remojo, meter en un líquido: *remojar pan.* (SINÓN. V. *Regar.*) || *Fig.* Convidar a beber a los amigos para celebrar algo. || *Amer.* Dar propina.
REMOJO m. Acción de remojar una cosa: *echar garbanzos en remojo.* || *Amer.* Propina.
REMOLACHA f. Planta quenopodiácea de raíz grande y carnosa: *de la remolacha se extrae gran cantidad de azúcar.* || *Remolacha forrajera*, la utilizada para alimento del ganado.
REMOLACHERO, RA adj. Relativo a la remolacha.
REMOLAR m. Carpintero que fabrica especialmente remos. || Taller donde se hacen remos.
REMOLCADOR, RA adj. y s. Que remolca: *remolcador de vapor.*
REMOLCAR v. t. Arrastrar una embarcación o vehículo por medio de un cabo o cuerda. (SINÓN. *Atoar, toar.*) || *Fig.* Convencer a otras personas a la causa de uno.
REMOLER v. t. Moler mucho o muy finamente || *Chil.* y *Per.* Jaranear, divertirse. || *Per.* Fastidiar, incomodar: *remoler la paciencia.* || — IRREG. Se conjuga como *mover.*
REMOLIDO m. *Min.* Mineral menudo antes del lavado.
REMOLIENDA f. *Chil.* y *Per. Fam.* Jarana.
REMOLINAR v. i. Formar remolinos. || *Fig.* Amontonarse, apiñarse.
REMOLINEAR v. t. Agitar algo en forma de remolino. || — V. i. Remolinar, formar remolino. (SINÓN. V. *Girar.*)
REMOLINO m. Torbellino de aire, polvo, agua, etc.: *un remolino del río.* || Porción de pelo que nace formando una espiral. || *Fig.* Apiñamiento de la multitud: *los remolinos de la gente.* || *Fam.* Persona inquieta. || Disturbio, alteración.
REMOLÓN m. Colmillo superior del jabalí. || — Pl. Puntas que coronan las muelas de las caballerías.
REMOLÓN, ONA adj. Flojo, holgazán, malicioso. (SINÓN. V. *Blando* y *lento.*)
REMOLONEAR v. i. *Fam.* Mostrarse remolón. (SINÓN. V. *Perecear.*)
REMOLQUE m. Acción de remolcar: *llevar a remolque.* || Cabo con que se remolca. || Vehículo remolcado: *un remolque habitable.*
REMONTA f. Compostura de las botas, de una prenda de vestir. || Rehenchido de las sillas de caballería. || *Mil.* Cría y adquisición de los caballos que sirven para la tropa. || Conjunto de caballos destinados a un cuerpo militar. || Establecimiento destinado a la compra, cría y cuidado del ganado para los institutos militares.
REMONTAR v. t. Ahuyentar la caza. || Proveer de caballos nuevos a la tropa. || Rehenchir una silla de montar. || Componer una bota. || *Fig.* Elevar. || — V. r. Elevarse: *remontarse hasta los más remotos tiempos.* (Es galicismo decir: *remontar a tal época.*) || Refugiarse en los montes los esclavos cimarrones.
REMONTE m. Acción de remontar o remontarse. || Especialidad en el juego de pelota vasca.
REMONTISTA m. El individuo encargado de la compra de caballos para un cuerpo de caballería. || Jugador de remonte.
REMOQUETE m. Moquete, puñetazo. || *Fig.* Dicho agudo y picante. || *Pop.* Apodo. || *Fam.* Cortejo, galanteo. || *Fig. Dar remoquete*, fastidiar a alguno.
RÉMORA f. (lat. *remora*). Pez marino acantopterigio que se adhiere a los objetos flotantes. || *Fig.* y *fam.* Obstáculo, estorbo. (SINÓN. V. *Complicación.*)
REMORDEDOR, RA adj. Que remuerde.
REMORDER v. t. Volver a morder. || *Fig.* Inquietar interiormente: *el recuerdo de su crimen le remuerde la conciencia.* || — V. r. Manifestar con una acción exterior el sentimiento que se padece interiormente. || — IRREG. Se conjuga como *mover.*

REMORDIMIENTO m. Pesar interno que produce en el alma una mala acción.
REMOSQUEARSE v. r. *Fam.* Mostrar disgusto de lo que se ve u oye. || *Impr.* Mancharse el pliego recién tirado con tinta.
REMOSTAR v. t. Echar mosto en el vino añejo. || — V. r. Echarse a perder las uvas y otras frutas unas con otras. || Saber a mosto el vino.
REMOSTO m. Acto de remostar o remostarse.
REMOTAMENTE adv. l. y t. Lejanamente. || *Fig.* De un modo poco probable. || Confusamente, vagamente: *recordar algo remotamente.*
REMOTO, TA adj. (lat. *remotus*). Distante, lejano. || *Fig.* Inverosímil, improbable.
REMOVER v. t. Cambiar de sitio una cosa. (SINÓN. V. *Mover* y *trasladar.*) || Quitar, apartar obstáculos. || Alterar los humores. || Deponer a uno del empleo. || — V. r. Agitarse. (SINÓN. V. *Sacudir.*) || — IRREG. Se conjuga como *mover.*
REMOZAR v. t. Rejuvenecer, volver más joven. (SINÓN. V. *Reanimar.*)
REMPLAZAR v. t. Reemplazar.
REMPUJAR v. t. *Fam.* Empujar.
REMPUJO m. Acción de rempujar, empujón.
REMPUJÓN m. *Fam.* Empujón, empellón.
REMUDA f. Acción de remudar o remudarse. || Muda, ropa que se muda uno.
REMUDAR v. t. Poner a una persona, animal o cosa en lugar de otra: *remudar los muebles en la casa.* || — V. r. Mudarse de ropa interior.
REMULLIR v. t. Mullir mucho: *remullir los colchones.* || — IRREG. Se conjuga como *mullir.*
REMUNERABLE adj. Capaz de remuneración.
REMUNERACIÓN f. Acción de remunerar, recompensa o pago: *aceptar la remuneración de un servicio.* (SINÓN. V. *Retribución.*)
REMUNERADOR, RA adj. y s. Que remunera o recompensa: *empresa poco remuneradora.*
REMUNERAR v. t. (lat. *remunerari*). Recompensar: *remunerar generosamente un servicio.* (SINÓN. V. *Pagar.*)
REMUNERATIVO, VA adj. Que produce recompensa o provecho.
REMUNERATORIO, RIA adj. Dícese de lo que se hace o da en recompensa de una cosa.
REMUSGAR v. i. Sospechar, barruntar.
REMUSGO m. Vientecillo fresco.
RENACENTISTA adj. Relativo o perteneciente al Renacimiento. Ú. t. c. s.
RENACER v. i. Volver a nacer: *las flores renacen por primavera.* (SINÓN. V. *Vivir.*) || *Fig.* Recobrar fuerzas: *renacer después de una enfermedad.* || — IRREG. Se conjuga como *nacer.*
RENACIMIENTO m. Acción de renacer: *el renacimiento del ave Fénix es un mito.* (SINÓN. *Palingenesia, reaparición, regeneración, resurrección.*) || Actividad nueva dada a las artes o ciencias. || Movimiento literario y artístico que se produjo en Europa en los siglos XV y XVI, y se fundaba, principalmente, en la imitación de la Antigüedad. (V. *Parte hist.*) || — Adj. Perteneciente a la época o al estilo del Renacimiento. (V. ilustración en la pág. 891.)
RENACUAJO m. *Zool.* Cría de la rana: *el renacuajo tiene una cola y respira por medio de branquias.* || *Zool.* Larva de cualquier batracio. || *Fig.* y *fam.* Hombrecillo, chisgarabís, mequetrefe.
RENADÍO m. (del lat. *renatus*, vuelto a nacer). *Agr.* Sembrado que retoña después de segado en hierba.
RENAL adj. De los riñones: *arteria renal.*
RENANO, NA adj. y s. Del Rin: *provincias renanas.*
RENCILLA f. Disputa de la que queda rencor: *tuvimos una rencilla hace tiempo por un asunto de intereses.*
RENCILLOSO, SA adj. Aficionado a rencillas.
RENCO, CA adj. y s. (del lat. *renes*, riñones). Cojo por enfermedad de las caderas. V. RENGO.
RENCOR m. Resentimiento tenaz que se conserva de una ofensa: *no guardar rencor a alguno.* (SINÓN. V. *Resentimiento.*)
RENCOROSAMENTE adv. m. Con rencor.
RENCOROSO, SA adj. y s. El que guarda rencor.
RENDA f. Segunda cava de la vid. (SINÓN. *Bina.*)
RENDAJE m. Conjunto de riendas que forman el arreo de las cabalgaduras.
RENDAJO m. El arrendajo, ave de España.
RENDEZ-VOUS m. (pal. fr., pr. *randevú*). Cita, entrevista: *dar un rendez-vous.* || Muestra de cortesía, acatamiento.
RENDIBÚ m. (del fr. *rendez-vous*, cita). Manifestación de cortesía.
RENDICIÓN f. Acción de rendir o rendirse: *la rendición de la plaza.* || Réditos de una cosa.
RENDIDO, DA adj. Excesivamente sumiso y obsequioso: *rendido admirador.* (SINÓN. V. *Sumiso.*) || Muy cansado. (SINÓN. V. *Cansado.*) || Muy enamorado.
RENDIJA f. Hendedura, raja, grieta, abertura muy estrecha: *mirar por una rendija de la puerta.*
RENDIMIENTO m. Fatiga, cansancio. || Sumisión, humildad: *manifestar rendimiento hacia un superior.* || Obsequiosidad, sumisión excesiva. || Producto que da una cosa: *el rendimiento de una máquina.* (SINÓN. *Cosecha, producción.* V. tb. *ganancia.*)
RENDIR v. t. (lat. *reddere*). Vencer: *rendir un barco enemigo.* || Sujetar uno una cosa a su dominio. Ú. t. c. r. || Adjudicar a uno lo que le corresponde. || Dar utilidad una cosa: *esta hacienda rinde muy poco.* || Cansar, fatigar. Ú. t. c. r. (SINÓN. V. *Ceder.*) || Vomitar, devolver la comida. || *Amer.* Cundir: *la costura no le rinde.* || *Mil.* Pasar una cosa a otro: *rendir la guardia.* || *Mil.* Hacer acto de respeto con ciertas cosas: *rendir el arma.* || — IRREG. Se conjuga como *pedir.*
RENEGADO, DA adj. y s. Que abandona la religión cristiana para abrazar otra, especialmente la mahometana. (SINÓN. V. *Apóstata.*) || *Fig.* y *fam.* Áspero de genio. || — M. Especie de juego del hombre entre tres personas.
RENEGADOR, RA adj. y s. Que reniega.
RENEGAR v. t. Negar mucho una cosa. || Detestar, abominar. || — V. i. Abandonar la religión cristiana para pasar a la mahometana. || *Por ext.* Cambiar de religión. (SINÓN. *Abjurar, apostatar, renunciar.*) || Blasfemar. || *Fam.* Decir injurias. || — IRREG. Se conjuga como *negar.*
RENEGÓN, ONA adj. *Fam.* Que reniega mucho.
RENEGREAR v. i. Negrear mucho una cosa.
RENEGRIDO, DA adj. Denegrido o negruzco.
RENGÍFERO m. El reno, mamífero.
RENGLÓN m. Línea escrita. || — Pl. *Fig.* y *fam.* Escrito: *sírvase leer estos renglones que le mando.* || Renta o beneficio: *el azúcar es el principal renglón de la economía cubana.* || *Fig.* y *fam.* *Leer entre renglones,* penetrar la intención oculta de un escrito.
RENGLONADURA f. Rayas horizontales que se señalan en el papel para escribir sobre ellas.
RENGO, GA adj. y s. Renco. (SINÓN. V. *Cojo.*) || *Fig.* y *fam.* *Hacer la de rengo,* fingir enfermedad para no trabajar.
RENGUEAR v. i. *Amer.* Renquear, cojear.
RENGUERA f. *Amer.* Renquera, cojera.
RENIEGO m. Acción de renegar. || Juramento: *soltar un reniego.* (SINÓN. V. *Blasfemia.*)
RENIFORME adj. Que tiene la forma de riñón.
RENIO m. Elemento químico (Re) de número atómico 75, blanco y brillante.
RENITENCIA f. Calidad de renitente, repugnante. || *Med.* Estado de la piel tersa y tirante.
RENITENTE adj. Que se resiste.
RENO m. (al. *Reen*). Género de mamíferos rumiantes de las regiones boreales, usados como animales de tiro.
— El *reno* alcanza hasta 1,20 m de alto; es un animal sobrio y resistente. Sus cuernos están aplastados por la punta y le sirven como de cuchara para buscar bajo la nieve los líquenes de que se alimenta. Los lapones y esquimales lo han reducido a una especie de domesticidad, y lo emplean generalmente como animal de tiro.
RENOMBRADO, DA adj. Muy célebre y famoso. (SINÓN. V. *Ilustre.*)
RENOMBRE m. Apellido, sobrenombre o apodo. || Fama o gloria: *adquirir gran renombre.* (SINÓN. V. *Reputación.*)
RENOVABLE adj. Que puede renovarse.
RENOVACIÓN f. Acción y efecto de renovar una cosa: *la renovación de un contrato.*
RENOVADOR, RA adj. y s. Que renueva o modifica: *influencia renovadora.*
RENOVAL m. Sitio de un bosque poblado de renuevos o retoños de árboles cortados antes.
RENOVANTE adj. Que renueva.

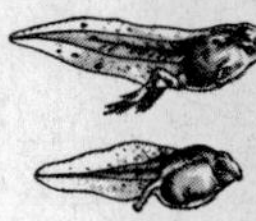
renacuajos

reno

Fot. New York Zoological Society

RENOVAR v. t. Hacer una cosa de nuevo, o substituirla con otra igual: *renovar sus vestidos.* (SINÓN. V. *Rehacer.*) ‖ Reiterar, repetir: *renovar un aviso.* ‖ Volver a poner de moda: *renovar un vestido.* ‖ Transformar: *renovar un país.* (SINÓN. V. *Mejorar.*) ‖ — IRREG. Se conjuga como *contar.*
RENQUEAR v. i. Cojear.
RENQUERA f. *Amer.* Cojera.
RENTA f. (lat. *reddita*). Utilidad o rédito anual: *vivir de sus rentas.* (SINÓN. *Jubilación, pensión, retiro.* V. tb. *ganancia.*) ‖ Lo que se paga anualmente como interés de una cantidad: *renta del Estado.* ‖ Deuda pública. ‖ *Renta vitalicia,* la pagada mientras vive el beneficiario.
RENTABILIDAD f. Calidad de rentable.
RENTABLE adj. Que puede producir beneficio: *empresa rentable.*
RENTADO, DA adj. Que disfruta de una renta.
RENTAR v. t. Producir renta una cosa.
RENTERO, RA adj. Tributario. ‖ — M. y f. Arrendatario de una finca, que paga renta o tributo. (SINÓN. V. *Granjero.*)
RENTISTA com. Persona que tiene renta del Estado o de cualquiera otra clase. (SINÓN. V. *Socio.*) ‖ Persona versada en materia de hacienda. ‖ Persona que vive de sus rentas.
RENTÍSTICO, CA adj. Relativo o perteneciente a las rentas públicas.
RENTO m. Prestación anual que el arrendatario de una tierra paga al propietario.
RENUENCIA f. Repugnancia a hacer una cosa.
RENUENTE adj. (lat. *renuens*). Indócil, terco.
RENUEVO m. Vástago que echa el árbol después de la poda. ‖ Renovación, la acción de renovar. (SINÓN. V. *Brote.*)
RENUNCIA f. Acción de renunciar a una cosa. ‖ — SINÓN. *Abandono, dejación, desistimiento.* V. tb. *abdicación, cesión* y *sacrificio.*
RENUNCIABLE adj. Que se puede renunciar.
RENUNCIACIÓN f. Renuncia.
RENUNCIAMIENTO m. Renuncia.
RENUNCIANTE adj. y s. Que renuncia.
RENUNCIAR v. t. Desistir de una cosa: *renunciar un derecho a una cosa.* (SINÓN. V. *Abandonar, abdicar, dejar* y *renegar.*) ‖ No aceptar: *renunció su ofrecimiento.* (SINÓN. V. *Abstenerse.*) ‖ En los juegos de naipes, no servir al palo que se juega teniendo cartas de él.
RENUNCIATARIO m. Persona en cuyo favor se hace una renuncia o desistimiento.
RENUNCIO m. Falta que comete el que renuncia en el juego. ‖ *Fam.* Mentira en que se coge a alguno.
RENVALSAR v. t. *Carp.* Hacer el renvalso.
RENVALSO m. *Carp.* Rebajo del canto de las puertas y ventanas, para que encajen en el marco.
REÑIDERO m. Sitio destinado a las riñas de animales: *reñidero de gallos.*
REÑIDO, DA adj. Disgustado con otro.
REÑIDOR, RA adj. El que riñe con frecuencia.
REÑIDURA f. *Fam.* Regaño, reprensión.
REÑIR v. i. Disputar, pelear: *estar siempre riñendo con sus hermanos.* (SINÓN. *Batallar, luchar, pugnar.*) ‖ Enemistarse: *reñir con su suegra.* (SINÓN. *Disgustarse, enfadarse.*) ‖ — V. t. Regañar, reprender: *reñir a un niño.* ‖ Llevar a cabo una batalla o desafío. ‖ — IRREG. Se conjuga como *ceñir.*
REO com. Acusado. culpado: *reo de Estado.* (SINÓN. V. *Inculpado.*) ‖ — OBSERV. Debe decirse: *la reo* y no *la rea.*
REO, A adj. Culpado, criminoso: *ser reo de un crimen.*
REOCA f. Se usa en la expresión familiar: *es la reoca,* es extraordinario.
REÓFORO m. *Fís.* Conductor en un aparato eléctrico.
REOJO (Mirar de) fr. Mirar con disimulo, por encima del hombro. ‖ *Fig.* y *fam.* Mirar con desprecio.
REOLOGÍA f. Parte de la física que trata de la viscosidad, la plasticidad, la elasticidad y, en general, del flujo de la materia.
REÓMETRO m. Aparato que sirve para medir corrientes eléctricas o de agua.
REORDENACIÓN f. Nueva ordenación.
REORGANIZACIÓN f. Acción de reorganizar.
REORGANIZADOR, RA adj. y s. Que organiza de nuevo: *decreto reorganizador.*
REORGANIZAR v. t. Organizar de nuevo.
REÓSTATO m. (del gr. *rheos,* corriente, y *statos,* resistente). ‖ *Fís.* Resistencia eléctrica regulable que se intercala en un circuito.
REPACER v. t. Pacer la hierba el ganado por completo. ‖ — IRREG. Se conjuga como *nacer.*
REPANCHIGARSE v. r. Repantigarse.
REPANOCHA f. Se usa en la expresión: *es la repanocha,* es la reoca, es extraordinario.
REPANTIGARSE v. r. Sentarse arrellanándose para mayor comodidad.
REPARABLE adj. Que se puede reparar o remediar: *daño reparable.* Que merece reparo.
REPARACIÓN f. Acción de reparar. (SINÓN. V. *Corrección.*) ‖ Satisfacción de la ofensa o injuria: *una reparación por las armas.*
REPARADA f. Rehuida brusca del caballo.
REPARADOR, RA adj. y s. Que repara o compone una cosa. ‖ Que nota demasiado los defectos de las cosas. ‖ Que restablece las fuerzas: *alimento reparador.*
REPARAR v. t. (lat. *reparare*). Componer una cosa: *reparar un reloj.* (SINÓN. *Apañar, arreglar, componer, remendar.* V. tb. *restablecer.*) ‖ Mirar con mucha atención una cosa. ‖ Reflexionar, considerar. ‖ Enmendar, corregir. ‖ Satisfacer una ofensa: *reparar una injuria con las armas.* ‖ Evitar un golpe: *reparar una estocada.* ‖ Restablecer las fuerzas. ‖ *Bol.* Imitar, remedar. ‖ — V. i. Pararse en un sitio. ‖ — V. r. Contenerse o reportarse. ‖ *Amer.* Encabritarse el caballo.
REPARATIVO, VA adj. Que repara.
REPARO m. Remedio, compostura. (SINÓN. V. *Miramiento.*) ‖ Obra que se hace para restaurar un edificio. ‖ Advertencia, observación, crítica: *no poner reparo a un proyecto.* (SINÓN. V. *Objeción* y *reproche.*) ‖ Duda, dificultad. ‖ Confortante que se da al enfermo. ‖ La cosa que sirve de defensa. ‖ *Esgr.* Parada o quite. ‖ *Méx.* Reparada. ‖ *No andar con reparos,* no dudar.
REPARÓN, ONA adj. *Fam.* Reparador.
REPARTIBLE adj. Lo que se puede repartir.
REPARTICIÓN f. Acción de repartir o dividir. ‖ *Arg.* y *Chil.* Rama de la administración pública.
REPARTIDA f. Reparto.
REPARTIDOR, RA adj. Que reparte una cosa. ‖ — M. y f. Empleado que entrega a domicilio las mercancías.
REPARTIJA f. Reparto.
REPARTIMIENTO m. La acción de repartir. (V. *Parte Hist.*)
REPARTIR v. t. Dividir una cosa entre varias personas: *repartir un pastel, un tributo.* (SINÓN. V. *Separar.*) ‖ Dar a cada cosa su oportuna colocación. (SINÓN. V. *Distribuir.*) ‖ *Fam.* Dar, administrar: *repartir bofetadas.*
REPARTO m. Repartimiento, acción de repartir. (SINÓN. *Clasificación, distribución, división.*) ‖ Distribución de papeles en una película cinematográfica.
REPASADOR m. *Amer.* Lienzo para secar platos.
REPASAR v. t. Pasar de nuevo: *repasar por una calle.* ‖ Examinar de nuevo. (SINÓN. V. *Revisar.*) ‖ Recorrer lo estudiado para refrescar la memoria: *repasar las lecciones.* ‖ Pasar ligeramente la vista por un escrito: *repasar unas pruebas de imprenta.* ‖ Recoser y componer la ropa. ‖ *Min.* Pisar el mineral de plata con magistral para amalgamar el metal precioso.
REPASATA f. *Fam.* Reprimenda, reprensión.
REPASO m. Acción de repasar. ‖ Lectura ligera de lo que se tiene estudiado de memoria: *dar un repaso a su papel un actor.* ‖ Examen o reconocimiento de una cosa. ‖ *Fam.* Repasata, reprimenda.
REPASTO m. Pasto que se añade al ordinario.
REPATRIACIÓN f. Acción de repatriar.
REPATRIADO, DA adj. y s. Que regresa a su patria.
REPATRIAR v. t. Volver a su patria: *los consulados repatrian a sus nacionales pobres.* ‖ — V. r. Volver a su patria. ‖ — CONTR. *Expatriarse.*
REPECHAR v. t. Subir un repecho o cuesta.
REPECHO m. Cuesta bastante empinada, pero corta. (SINÓN. V. *Subida.*)
REPEINARSE v. r. Peinarse con mucho esmero

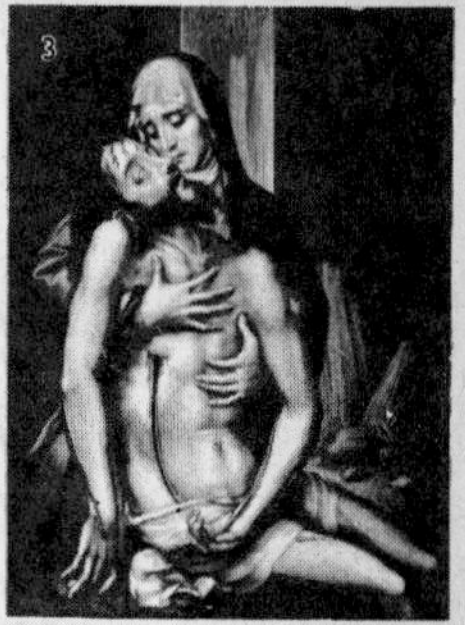

ARTE DEL RENACIMIENTO

Surgido en la Italia del siglo XV (Quattrocento), que descubría de nuevo las fuentes clásicas y reaccionaba contra el estilo gótico, ya agotado en la época, el Renacimiento se extendió a todo el occidente de Europa, donde predominó durante dos siglos. En el arte se caracterizó por la liberación casi absoluta del artista y el respeto de las formas y los cánones clásicos. En esta búsqueda de la belleza a través de un nuevo ideal artístico, cuyo primer escenario fueron las ciudades italianas de Venecia, Florencia y Roma, se inmortalizaron Leonardo de Vinci, Rafael, Miguel Angel, Cellini, el Tiziano, Durero, Van Eyck, etc. En Francia, el Renacimiento tuvo gran repercusión : la arquitectura se orientó hacia un vigoroso clasicismo, brilló la escultura (Goujon, Pilon) y floreció una forma nueva de pintura (Escuela de Fontainebleau). En España, donde el Renacimiento coincide con el resurgir nacional que imprimió al país el reinado de los Reyes Católicos, las aportaciones italianas, sumadas a la manera mudéjar, originaron el estilo *plateresco,* en el que se distinguieron los arquitectos Juan Guas y Enrique de Egas. Durante el reinado de Carlos I alcanzaron gran esplendor la arquitectura (Alonso Covarrubias, Machuca) y la escultura (Diego de Siloé, Alonso Berruguete). La influencia italiana, matizada, acabó no obstante por predominar en la época de Felipe II e influyó decisivamente en la arquitectura (Juan de Herrera, arquitecto de El Escorial, Juan Bautista de Toledo), la pintura y la escultura (Juan de Juanes, Alejo Fernández, Pedro Berruguete, Luis de Vargas, Luis Morales, etc.). Al mismo tiempo que el plateresco en España, y originado de modo semejante, apareció en Portugal el estilo *manuelino* (Batalha, Belem, Coimbra), que fue italianizándose paulatinamente a partir de siglo XVI.

1. Leonardo de Vinci : La Anunciación (Museo del Louvre) ; 2. Pedro de Berruguete : Muerte de San Pedro mártir (Museo del Prado) ; 3. Luis de Morales : Piedad (Madrid) ; 4. Jean Clouet : Retrato de Francisco I (Museo del Louvre) ; 5. Claustro del monasterio de los Jerónimos, en Belem (Portugal) ; 6. Fachada del palacio de Carlos I, en la Alhambra (Granada) ; 7. Mausoleo de Carlos I, en el Escorial, obra de Pompeyo Leoni. (Fot. Anderson, Ferlet, Garzon, Vernacci)

REPELAR v. t. Tirar del pelo. || Dar un repelón. || Hacer dar al caballo una carrera corta. || Cortar las puntas a la hierba. || *Fig.* Cercenar una cosa. || *Ecuad.* Repacer el ganado en una dehesa. || *Méx.* Exasperar, regañar.

REPELENTE adj. Que repele o rechaza: *gesto repelente.* || Impertinente. || Repulsivo. (SINÓN. V. *Repugnante.*)

REPELER v. t. (lat. *repellere*). Rechazar, arrojar, no querer una cosa. (SINÓN. V. *Empujar.*) || Rechazar una idea o proposición. || Repugnar.

REPELO m. Lo que no está al pelo. || Parte pequeña que se levanta en algunas cosas: *repelo de las uñas.* || Línea torcida en las vetas de la madera. || *Fig.* y *fam.* Riña de poca importancia. || *Fig.* y *fam.* Repugnancia que se experimenta hacia alguna cosa. || *Méx.* Andrajo, harapo. || *Repelo de frío,* escalofrío.

REPELÓN m. Tirón del pelo. || En las medias, hebra que encoge los puntos inmediatos. || Porción pequeña que se toma de una cosa. || Carrera brusca e impetuosa del caballo. || *Méx.* Sofión, regaño. || — Pl. *Min.* Llamas que salen por las grietas de los hornos. || *A repelones,* m. adv., poco a poco y con dificultad. || *De repelón,* m. adv., sin pararse, ligeramente.

REPELOSO, SA adj. Dícese de la madera que levanta muchos repelos. || *Fig.* y *fam.* Rencoroso.

REPELUCO y **REPELUZNO** m. Escalofrío.

REPELLAR v. t. Arrojar el albañil pelladas de yeso al fabricar una pared.

REPELLO m. Acción de repellar.

REPENSAR v. t. Volver a pensar alguna cosa. || — IRREG. Se conjuga como *pensar.*

REPENTE m. (lat. *repens, repentis*). *Fam.* Movimiento brusco: *un repente de ira.* || *De repente,* de pronto, sin preparación. De memoria.

REPENTINAMENTE adv. m. De repente.

REPENTINO, NA adj. Súbito, impensado, no prevenido. (SINÓN. V. *Imprevisto.*)

REPENTIZAR v. i. *Mús.* Ejecutar a la primera lectura un trozo de música.

REPERCUSIÓN f. La acción de repercutir.

REPERCUSIVO, VA adj. y s. *Med.* Que repercute: *los astringentes son buenos repercusivos.*

REPERCUTIR v. i. (lat. *repercutere*). Retroceder, cambiar de dirección un cuerpo al chocar con otro. || — V. r. Reverberar. || Reflejarse el sonido. (SINÓN. *Reflejar, repetir, sonar.*) || — V. t. *Med.* Rechazar, hacer refluir un humor hacia dentro.

REPERIQUETE m. *Méx. Fam.* Adorno cursi.

REPERTORIO m. (del lat. *repertorium,* inventario). Tabla en que están dispuestas las materias de modo que sea fácil encontrarlas: *repertorio alfabético.* (SINÓN. V. *Lista.*) || Título de ciertas obras de consulta: *repertorio jurídico.* || Nomenclatura de piezas que representa generalmente un teatro: *el repertorio de la Zarzuela.*

REPETICIÓN f. Acción de reproducir varias veces la misma idea, la misma palabra. (SINÓN. V. *Reproducción.*) || Acción de repetir lo que otro ha dicho. (SINÓN. *Aliteración, cantinela, estribillo, leitmotiv, ritornelo.* Pop. *Lata.* V. tb. *pleonasmo.*) Reproducción de la misma acción: *repetición de un movimiento.* || Mecanismo de ciertos relojes que les permite dar la hora. || Disposición del arma que puede hacer varios tiros sin recargarse, cuando se apoya en un muelle. || *For.* Figura que se comete repitiendo palabras.

REPETIDOR, RA adj. y s. (lat. *repetitor*). Que repite una cosa. || Que vuelve al mismo curso por no haber aprobado. || — M. El que repasa a otro la lección. || Amplificador telefónico para las comunicaciones muy lejanas. || Relevador de radio o de televisión.

REPETIR v. t. (lat. *repetere*). Volver a decir lo ya dicho o hacer lo que ya se hizo: *repetir una pregunta, un experimento.* (SINÓN. *Redecir, refrendar, reiterar.* Fam. *Machacar, soplar.* V. tb. *rehacer* y *repercutir.*) || Volver al mismo curso escolar por no haber aprobado. || *For.* Demandar lo que a uno le corresponde por derecho. || — V. i. Volver a la boca el sabor de lo que se ha comido: *los ajos repiten mucho.* || — IRREG. Se conjuga como *pedir.*

REPICAR v. t. Picar mucho una cosa. || Tañer rápidamente las campanas. (SINÓN. V. *Sonar.*) || En el juego de los cientos, contar un jugador noventa puntos antes que cuente uno su contrario. || *Hond.* Castigar. || — V. r. Preciarse de alguna cosa. || *Fig.* y *fam. Repicar gordo,* celebrar con solemnidad algún acontecimiento.

REPINTAR v. t. Pintar sobre lo pintado. || — V. r. Pintarse mucho las mujeres. || *Impr.* Señalarse la impresión de una página en la contigua.

REPIPI adj. *Fam.* Redicho, afectado.

REPIQUE m. Acción de repicar: *el repique de las campanas.* || *Fam.* Quimera, riña ligera. || *Méx.* Bravata, insulto.

REPIQUETE m. Repique muy vivo de campanas. || Lance, reencuentro. || *Col.* Pique, resentimiento, disgusto. || — Pl. *Chil.* Gorjeos, trinos.

REPIQUETEAR v. t. Repicar rápidamente las campanas o golpear repetida y rápidamente una cosa. || *Fig.* Reñirse, injuriarse dos personas.

REPIQUETEO m. La acción de repiquetear.

REPISA f. *Arq.* Ménsula que sirve para sostener un objeto de adorno, una estatua, un balcón, etc. || Anaquel, estante.

REPISAR v. t. Volver a pisar.

REPISO m. Vino malo, hecho con uva repisada.

REPLANA m. Caló peruano.

REPLANTACIÓN f. Acción y efecto de replantar.

REPLANTAR v. t. Volver a plantar.

REPLANTEAR v. t. Plantear de nuevo.

REPLANTEO m. Acción de replantear una cosa.

REPLECIÓN f. Calidad de repleto.

REPLEGAR v. t. (lat. *replicare*). Plegar repetidas veces. || — V. r. Retirarse en orden: *el ejército se replegó.* || — IRREG. Se conjuga como *acertar.*

REPLETAR v. t. Llenar, hartar.

REPLETO, TA adj. (lat. *repletus*). Muy lleno: *un saco repleto de dinero.* (SINÓN. V. *Grueso.*)

RÉPLICA f. Acción de replicar. || Argumento con que se replica. (SINÓN. V. *Objeción.*) || Copia de una obra artística. || *Derecho de réplica,* facultad que tiene una persona que ha sido criticada en un periódico para responder en el mismo a las imputaciones que se le hacen.

REPLICAR v. t. (lat. *replicare*). Responder a la respuesta o argumento: *replicar agriamente.* (SINÓN. V. *Responder.*) || Poner objeciones a lo que le mandan a uno: *los niños deben obedecer sin replicar.*

REPLICATO m. Réplica.

REPLICÓN, ONA adj. y s. *Fam.* Que replica mucho: *niño replicón.* (SINÓN. *Respondón.*)

REPLIEGUE m. Acción de replegarse el ejército. (SINÓN. V. *Retroceso.*) || Pliegue o doblez. (SINÓN. V. *Rincón.*)

REPOBLACIÓN f. Acción y efecto de repoblar.

REPOBLAR v. t. Volver a poblar: *repoblar un estanque.* || — IRREG. Se conjuga como *poblar.*

REPODRIR v. t. Repudrir, pudrir mucho. || — IRREG. Se conjuga como *podrir.*

REPOLLAR v. i. (del lat. *repullulare,* arrojar hojas). Formar repollo ciertas plantas: *lechuga que repolla.*

REPOLLO m. Especie de col de hojas firmes y apretadas. || Cabeza más o menos apretada que forman algunas plantas. || *Per.* Repullo.

REPOLLUDO, DA adj. Que hace repollo: *lechuga repolluda.* || De figura de repollo. || *Fig.* Rechoncho.

REPONER v. t. (lat. *reponere*). Volver a poner. (SINÓN. V. *Rehacer.*) || Volver a representar una obra dramática. || Replicar. (SINÓN. V. *Responder.*) || Reemplazar lo que falta de una cosa. || — V. r. Recobrar la salud o la fortuna. (SINÓN. V. *Curar.*) || Serenarse. || — IRREG. Se conjuga como *poner.*

REPORTAJE m. *Neol.* Artículo periodístico escrito tras una encuesta personal del autor.

REPORTAR v. t. (lat. *reportare*). Reprimir, contener una pasión. || Conseguir, obtener. || Traer, llevar. || Pasar una litografía de un papel a una piedra. || — V. r. Moderarse, contenerse.

REPORTE m. Prueba litográfica estampada en otra piedra para multiplicar las tiradas. || Noticia, chisme.

REPÓRTER m. (pal. ingl.). Reportero.

REPORTERIL adj. Propio del reportero.

REPORTERISMO m. Oficio del reportero.

REPORTERO, RA adj. y s. Dícese del periodista que hace reportajes. (SINÓN. V. *Periodista.*)

REPORTISTA m. El que hace reportes litográficos.
REPOSADAMENTE adv. m. Con reposo.
REPOSADERO m. *Metal.* Pileta que en los hornos recibe el metal fundido que sale por la piquera.
REPOSADO, DA adj. Descansado, tranquilo.
REPOSAPIÉS m. Lo que sirve para apoyar los pies.
REPOSAR v. i. (lat. *repausare*). Descansar del trabajo o cansancio. || Descansar: *hay que dejarle reposar.* (SINÓN. V. *Dormir.*) || Yacer enterrado: *aquí reposa el cuerpo de Fulano.* || — V. r. Posarse los líquidos.
REPOSICIÓN f. Acción de reponer.
REPOSITORIO m. Sitio donde se guarda algo.
REPOSO m. Acción de reposar: *dejar una cosa en reposo.* || Descanso: *tomar un momento de reposo.* (SINÓN. *Alivio, tregua.* V. tb. *pausa, tranquilidad* y *vacación.*)
REPOSTAR v. t. Reponer provisiones. Ú. t. c. r.
REPOSTERÍA f. Establecimiento donde se fabrican dulces, pasteles, confites, etc. || Lugar donde se guardan, en las casas grandes, los objetos del servicio de la mesa. || Oficio del repostero.
REPOSTERO m. Pastelero que fabrica pastas, dulces, confites, helados, etc. || El que tenía a su cargo en los palacios todo lo relativo a la mesa. || Paño bordado con las armas de un príncipe, que se ponía sobre las cargas de las acémilas y se colgaba en los balcones en ciertos casos.
REPRENDER v. t. (lat. *reprehendere*). Censurar, amonestar a uno: *le reprendió su mala conducta.* || — SINÓN. *Amonestar, bronquear, fustigar, increpar, morigerar, reconvenir, recriminar, regañar, sacudir, solfear.* V. tb. *desaprobar.*
REPRENDIENTE adj. Que reprende o censura.
REPRENSIBLE adj. Digno de reprensión: *acto reprensible.* || — CONTR. *Irreprensible.*
REPRENSIÓN f. Acción de reprender, censura.
REPRENSOR, RA adj. y s. Que reprende.
REPRESA f. (lat. *repressus*). Acción de represar. || Estancamiento o detención del agua corriente: *hacer una represa para el molino.* || *Fig.* Parada momentánea de una cosa.
REPRESALIA f. (fr. *représaille*). Daño que se hace sufrir al enemigo para vengarse del que se sufrió por culpa suya: *ejercer injustas represalias.* (SINÓN. V. *Venganza.*)
REPRESAR v. t. Estancar el agua corriente: *represar un arroyo.* || *Fig.* Detener, contener. || Volver a apoderarse de la embarcación que habían apresado los enemigos.
REPRESENTABLE adj. Que puede representarse: *drama difícilmente representable.*
REPRESENTACIÓN f. Acción de representar: *la representación de un drama.* (SINÓN. V. *Espectáculo.*) || Figura, imagen, cosa que expresa otra: *la representación de una batalla.* (SINÓN. *Cuadro, símbolo.* V. tb. *idea.*) || *Fig.* Autoridad importante: *hombre de representación.* || Petición apoyada en razones: *hacer representaciones a un príncipe.* || Cuerpo de los representantes de una nación: *la representación nacional.*
REPRESENTADOR, RA adj. Que representa.
REPRESENTANTE adj. Que representa. || *Com.* Persona que representa otra: *un representante comercial.* (SINÓN. V. *Enviado* e *intermediario.*) || Comediante, cómico.
REPRESENTAR v. t. Presentar de nuevo. || Informar, declarar. || Ejecutar en público una obra teatral: *representar una zarzuela.* || Hacer las veces de otro: *representar al ministro en la inauguración de un monumento.* || Ser imagen de una cosa: *el lujo representa la riqueza.* || *Fig.* Aparentar, parecer: *sólo representa veinte años.*
REPRESENTATIVO, VA adj. Que representa otra cosa: *signos representativos de la riqueza.* || Dícese de un organismo al que se le reconoce el derecho de representar una nación, una comunidad. .|| *Gobierno representativo,* aquel en que concurren a formar las leyes los representantes de la nación.
REPRESIÓN f. Acción de reprimir o contener: *la represión de los delitos comunes.*
REPRESIVO, VA adj. Dícese de lo que reprime: *medidas represivas.*
REPRESOR, RA adj. y s. Que reprime.
REPRIMENDA f. Reprensión severa. (SINÓN. V. *Reproche.*)
REPRIMIR v. t. (lat. *reprimere*). Contener, refrenar, moderar: *reprimir un levantamiento popular.* (SINÓN. V. *Castigar* y *detener.*)
REPRISE f. (pal. fr., pr. *reprís*). Acelerada (automóviles). || *Teatr.* Reestreno.
REPROBABLE adj. Que merece reprobación.
REPROBACIÓN f. Acción de reprobar. || Censura: *merecer la reprobación universal.* (SINÓN. V. *Maldición.*)
REPROBADOR, RA adj. y s. Que reprueba o condena: *tono reprobador.*
REPROBAR v. t. No aprobar, dar por malo, condenar. (SINÓN. V. *Desaprobar.*) || — IRREG. Se conjuga como *contar.*
REPROBATORIO, RIA adj. Que reprueba.
RÉPROBO, BA adj. y s. (lat. *reprobus*). El condenado a las penas eternas: *los justos y los réprobos.* || — SINÓN. *Condenado, maldito.*
REPROCHABLE adj. Digno de ser reprochado.
REPROCHADOR, RA m. y f. Persona que reprocha.
REPROCHAR v. t. Reconvenir, echar en cara, censurar: *reprochar a uno su conducta.* (SINÓN. V. *Imputar.*)
REPROCHE m. Censura, palabra con que se reprocha: *soportar con paciencia reproches injustos.* || — SINÓN. *Acusación, amonestación, censura, desaprobación, imputación, observación, queja, reconvención, recriminación, reparo, reprimenda, requisitoria, sermoneo.*
REPRODUCCIÓN f. Acción y efecto de reproducir. (SINÓN. V. *Reiteración.* V. tb. *fecundación.*) || Cosa reproducida. (SINÓN. *Reedición, repetición.*) || *Derecho de reproducción,* derecho que tiene el autor o propietario de una obra literaria o artística para autorizar su difusión.
REPRODUCIBLE adj. Que puede reproducirse.
REPRODUCIR v. t. Volver a producir: *reproducir un cuadro.* (SINÓN. V. *Copiar.*) || — V. r. Procrear. (SINÓN. *Aumentar* y *engendrar.*) || — IRREG. Se conjuga como *conducir.*
REPRODUCTIVO, VA adj. Que produce beneficio o provecho.
REPRODUCTOR, RA adj. y s. Que reproduce. (SINÓN. V. *Prolífico.*) || — M. y f. Animal destinado a mejorar su raza.
REPS m. Cierta tela de cordoncillo que se usa para forrar muebles: *un canapé de reps verde.*
REPTACIÓN f. Acción de reptar.
REPTANTE adj. Que repta.
REPTAR v. i. Caminar arrastrándose como los reptiles.
REPTIL adj. y s. (lat. *reptilis,* de *repere,* arrastrarse). Dícese de una clase de vertebrados que se arrastran, con patas o sin ellas, como la culebra, el lagarto, la tortuga, etc. || *Fig.* Persona vil y rastrera.
— Los *reptiles* son animales de sangre fría, generalmente ovíparos, de respiración pulmonar, y organizados generalmente para la vida terrestre, aunque algunos de ellos, como los cocodrilos, pueden permanecer un tiempo bastante largo dentro del agua. Tienen la piel reforzada por láminas dérmicas, a veces muy resistentes (conchas de las tortugas, de los cocodrilos, etc.). En las serpientes, la piel, muy sólida y flexible, se renueva cada año. Suelen tener los reptiles uno o dos pares de miembros, que les permiten gran vivacidad en los movimientos, pero con frecuencia también están atrofiados dichos miembros o han desaparecido por completo, como sucede en las serpientes, que caminan reptando, es decir, arrastrándose por el suelo o enroscándose en los árboles. Con poquísimas excepciones son carnívoros. Pueden, gracias a la prodigiosa elasticidad de sus quijadas, tragar toda su presa sin dividirla. En muchos reptiles se verifica la digestión lentamente y en una especie de sueño letárgico. Algunos de estos animales son *venenosos* y su mordedura puede ser mortal para el hombre (víbora, naja, etc.). Los reptiles resisten muy bien las causas de destrucción que diezman los otros animales; pueden sufrir sin perecer terribles mutilaciones. Abundan en todo el globo y sus especies son tanto más numerosas y grandes cuanto más se acerca uno al ecuador. Sin embargo, ninguna de las especies conocidas puede compararse con los gigantescos reptiles fósiles, los

cuales alcanzaban a veces hasta treinta metros de largo. Sólo algunos reptiles son útiles para el hombre: los lagartos, salamanquesas y culebras limpian de insectos las casas y jardines. También se utiliza la piel de los cocodrilos y de las serpientes de gran tamaño; por último, la concha de tortuga, especialmente el carey, es una materia muy apreciada. Los reptiles se dividen en órdenes: los más importantes son los *quelonios*, los *ofidios* y los *saurios*.

REPÚBLICA f. (lat. *respublica*). Cosa pública, gobierno del Estado (independientemente de la forma de gobierno). ‖ Forma de gobierno representativo en el que el poder reside en el pueblo, personificado éste por un presidente elegido por la nación o sus representantes: *la República Francesa.* ‖ Asociación, reunión, conjunto de personas que se dedican a la misma cosa: *la república de las letras.*

REPUBLICANISMO m. Carácter republicano.

REPUBLICANIZAR v. t. Dar carácter republicano.

REPUBLICANO, NA adj. y s. Relativo a la república: *gobierno republicano.* ‖ Partidario de la república: *un republicano convencido.*

REPÚBLICO m. Hombre capaz de desempeñar un oficio público importante. ‖ Estadista. ‖ Patriota.

REPUDIABLE adj. Digno de repudiarse.

REPUDIACIÓN f. Acción de repudiar, repudio.

REPUDIAR v. t. Repeler la mujer propia con las formalidades legales. (SINÓN. V. *Rechazar.*) ‖ Renunciar voluntariamente: *repudiar una herencia.* (SINÓN. V. *Dejar.*)

REPUDIO m. (lat. *repudium*). Acto de repudiar.

REPUDRIR v. t. Pudrir mucho. ‖ — V. r. *Fig.* y *fam.* Consumir interiormente algún sentimiento o pesar. ‖ — IRREG. Se conjuga como *pudrir.*

REPUESTO, TA adj. (lat. *repositus*). Puesto de nuevo. ‖ Apartado, retirado. ‖ — M. Prevención que se tiene de algunas cosas: *repuesto de víveres.* (SINÓN. V. *Reserva.*) ‖ Pieza de recambio. ‖ Aparador en que se dispone lo necesario para una comida.

REPUGNANCIA f. (lat. *repugnantia*). Oposición entre dos cosas. ‖ Aversión o antipatía: *sentir repugnancia hacia una persona.* (SINÓN. *Asco, hastío, náusea, repulsión.*)

REPUGNANTE adj. Que repugna o causa repugnancia: *un espectáculo repugnante.* (SINÓN. *Desagradable, infecto, nauseabundo, repelente.*)

REPUGNANTEMENTE adv. m. De un modo repugnante. ‖ Con repugnancia o aversión.

REPUGNAR v. t. (lat. *repugnare*). Oponerse una cosa a otra. ‖ Contradecir. ‖ Hacer una cosa con repugnancia. ‖ — V. i. Causar repugnancia: *esto me repugna.*

REPUJADO m. Acto de repujar. ‖ Metal repujado.

REPUJAR v. t. Labrar de relieve a martillo un objeto metálico: *una vajilla de plata repujada.*

REPULGADO, DA adj. Afectado, escrupuloso.

REPULGAR v. t. Hacer repulgos a una tela.

REPULGO m. Dobladillo, costura doblada. ‖ Borde labrado de masa que tienen las empanadas o pasteles.

REPULIDO, DA adj. Acicalado, listo, ataviado. (SINÓN. V. *Afectado.*)

REPULIR v. t. Pulir de nuevo. ‖ Acicalar mucho.

REPULSA f. (lat. *repulsa*). Acción de repulsar. (SINÓN. V. *Negativa* y *resistencia.*)

REPULSAR v. t. Rechazar o negar alguna cosa.

REPULSIÓN f. (lat. *repulsio*). Acción de repeler. ‖ Repulsa. ‖ Antipatía: *ese vicio causa repulsión.* (SINÓN. V. *Repugnancia.*)

REPULSIVO, VA adj. Que rechaza: *fuerza repulsiva.* ‖ *Fig.* Antipático: *cara repulsiva.*

REPULLO m. (del lat. *repulsus*, rechazo). Rehilete, flechilla. ‖ Movimiento violento que se hace por miedo o susto. ‖ *Fig.* Demostración brusca de sorpresa. ‖ — PARÓN. *Repollo.*

REPUNTA f. Punta saliente de tierra, cabo. ‖ *Fig.* Indicio de una cosa. ‖ *Fig.* y *fam.* Desazón, quimera. ‖ *Per.* y *Col.* Creciente de un río.

REPUNTADOR m. *Arg.* El que repunta ganado.

REPUNTAR v. i. *Mar.* Empezar la marea a subir o bajar. ‖ *Amer.* Empezar a manifestarse algo. ‖ *Ecuad.* Revisar las vacadas en los páramos para ver si están completas. ‖ *Arg.* Reunir los animales dispersos en un campo. ‖ *Arg.* Volver a subir el río que bajaba. ‖ — V. r. Empezar a picarse el vino. ‖ *Fig.* y *fam.* Disgustarse una persona con otra.

REPUNTE m. *Mar.* Acción de repuntar la marea. ‖ *Arg.* Acción de repuntar ganado. ‖ *Arg.* Aumento del río que estaba bajando. ‖ *Riopl.* Alza de precios.

REPURGAR v. t. Purgar nuevamente una cosa.

REPUTACIÓN f. (lat. *reputatio*). Fama, nombre: *tener buena, o mala, reputación una persona.* ‖ — SINÓN. *Consideración, gloria, notoriedad, popularidad, renombre.*

REPUTANTE adj. Que reputa.

REPUTAR v. t. (lat. *reputare*). Estimar, considerar: *hombre reputado por sabio.* ‖ Apreciar.

REQUEBRAR v. t. Volver a quebrar. ‖ Decir requiebros a una mujer. ‖ *Fig.* Adular. ‖ — IRREG. Se conjuga como *acertar.*

REQUECHETE m. *Guat.* Rechoncho, regordete.

REQUEMADO, DA adj. Tostado, de color obscuro. ‖ — M. Tejido negro, delgado y de cordoncillo, con que se hacían mantos.

REQUEMAR v. t. (lat. *recremare*). Volver a quemar. ‖ Tostar demasiado. ‖ Secar las plantas el sol. ‖ Resquemar el paladar una bebida. ‖ Encender mucho la sangre y los humores. ‖ — V. r. Quemarse o tostarse mucho. ‖ Secarse las plantas. ‖ Sentir algo interiormente sin manifestarlo.

REQUEMAZÓN f. Resquemo.

REQUERER v. t. e i. *Fam.* Querer mucho.

REQUERIDOR, RA y **REQUERIENTE** adj. y s. Que requiere u ordena una cosa.

REQUERIMIENTO m. La acción de requerir. (SINÓN. V. *Mandamiento* y *recurso.*)

REQUERIR v. t. (lat. *requirere*). Ordenar, mandar, intimar con autoridad pública. (SINÓN. V. *Reclamar.*) ‖ Reconocer o examinar una cosa. ‖ Necesitar: *esto requiere cuidado.* ‖ Solicitar amorosamente a una persona. ‖ — IRREG. Se conjuga como *sentir.*

REQUESÓN m. Masa de leche cuajada.

REQUETE, prefijo que significa *muy*, como en *requetebién, requetemalo.*

REQUETÉ m. Cuerpo de voluntarios que defienden la tradición carlista en España.

REQUETEBIÉN adv. m. *Fam.* Muy bien.

REQUIEBRO m. Acción de requebrar. ‖ Frase con que se requiebra a una mujer, piropo.

RÉQUIEM m. (pal. lat. que sign. *descanso*). Oración que reza la Iglesia por los difuntos: *cantar un réquiem.* ‖ Música compuesta para dicha oración: *el Réquiem de Mozart.*

REQUILORIO m. *Fam.* Requisito o formalidad innecesarios: *necesita muchos requilorios.*

REQUINTAR v. t. Pujar la quinta parte en un arrendamiento ya quintado. ‖ Exceder, aventajar. ‖ *Mús.* Subir o bajar cinco puntos: *requintar una cuerda.* ‖ *Hond.* Ponerse a hacer una cosa. ‖ *Méx.* y *Amer.* Apretar.

REQUINTO m. Segundo quinto de una cantidad ya quintada. ‖ Puja de la quinta parte en un arrendamiento ya pujado y quintado. ‖ Clarinete pequeño de tono agudo. ‖ Especie de guitarrillo. ‖ Tributo que se impuso a los indios del Perú. ‖ *Arg.* Avaro.

REQUISA f. Revista, inspección. ‖ Requisición.

REQUISAR v. t. Practicar una requisición.

REQUISICIÓN f. Recuento y embargo de ciertas cosas que para el servicio militar es lícito hacer en tiempo de guerra.

REQUISITO m. Circunstancia, condición: *ese documento llena todos los requisitos.*

REQUISITORIO, RIA adj. y s. f. *For.* Despacho de un juez a otro, requiriéndole que ejecute un mandamiento suyo. (SINÓN. V. *Reproche.*)

REQUIVE m. Arrequive.

RES f. Animal cuadrúpedo de algunas especies domésticas o salvajes. (SINÓN. V. *Animal.*)
— Se suele dar el nombre de *res* a los animales domésticos de cierto tamaño (buey, carnero, etc.) y a los animales salvajes grandes y comestibles (jabalí, venado). En varios puntos sólo significa, abusivamente, ganado vacuno: *carne de res.*

RES, prep. insep. que disminuye la significación de ciertas voces simples: *resquebrar, resquemar.*

RESABER v. t. Saber muy bien alguna cosa. || — IRREG. Se conjuga como *saber*.
RESABIADO, DA adj. Que muestra resabios.
RESABIAR v. t. Hacer tomar un resabio o un vicio. || — V. r. Disgustarse o enfadarse.
RESABIDO, DA adj. Que se precia de entendido.
RESABIO m. Vicio o mala costumbre: *los resabios de un caballo.* || Mal gusto de algunas cosas.
RESABIOSO, SA adj. Resabiado.
RESACA f. Movimiento de las olas del mar cuando se retiran de la orilla. (SINÓN. V. *Oleaje.*) || *Com.* Letra que el tenedor de otra protestada gira contra el librador para reembolsarse. || *Fig.* y *fam.* Malestar que se sufre al día siguiente de la borrachera. || *Cub.* Paliza muy larga: *dar una resaca de palos.* || *Col.* Aguardiente de buena calidad. (En Bolivia se dice *resacado.*) || *Arg.* Limo que deja la bajada de un arroyo.
RESACADO m. *Bol.* Resaca.
RESACAR v. t. *Mar.* Halar o tirar de un cabo. || *Col.* y *Ecuad.* Destilar un líquido.
RESALADO, DA adj. *Fig.* y *fam.* Muy salado, simpático.
RESALAR v. t. Salar de nuevo una cosa.
RESALGA f. La salmuera que suelta el pescado.
RESALIR v. i. *Arq.* Resaltar, salir. || — IRREG. Se conjuga como *salir.*
RESALTAR v. i. Rebotar. || Sobresalir: *un balcón que resalta.* || *Fig.* Sobresalir una cosa entre otras: *resalta mucho su belleza.*
RESALTE m. Resalto, parte que sobresale.
RESALTO m. Acción de resaltar. || Parte que sobresale en una cosa: *un resalto de la pared.* || *Mont.* Modo de tirar al jabalí, disparándole al salir de su guarida.
RESALVO m. Vástago que, al cortar un monte, se deja en cada mata para formar un árbol nuevo.
RESANAR v. t. (lat. *resanare*). Tapar las partes de un dorado que han quedado mal. || Arreglar, restaurar la parte dañada de una cosa. || *Amer.* Tapar los desconchados de una pared.
RESARCIBLE adj. Que se puede o debe resarcir.
RESARCIMIENTO m. La acción de resarcir.
RESARCIR v. t. (lat. *resarcire*). Indemnizar, compensar, pagar: *resarcirse de un perjuicio.*
RESBALADA f. *Arg.* Resbalón.
RESBALADERO, RA adj. Resbaladizo. || — F. Corredera. || — M. Lugar resbaladizo.
RESBALADIZO, ZA adj. Que se resbala fácilmente. || Dícese del paraje en que es fácil resbalar.
RESBALADOR, RA adj. Que resbala.
RESBALADURA f. Señal de un resbalón.
RESBALAR v. i. Escurrirse: *resbalar por el hielo.* (SINÓN. *Deslizarse, patinar, rodar.*) || *Fig.* Cometer un desliz, tropezar.
RESBALERA f. Sitio resbaladizo.
RESBALÓN m. Acción y efecto de resbalar.
RESBALOSO, SA adj. Resbaladizo, escurridizo. || — F. *Arg.* Cierto baile. || *Tocar la resbalosa,* degollar. (V. REFALOSA.)
RESCACIO m. *Zool.* Pez teleósteo marino que se esconde en la arena.
RESCALDAR v. t. Escaldar.
RESCATADOR, RA adj. y s. Que rescata.
RESCATANTE m. *Col.* Traficante, trajinero.
RESCATAR v. t. Recobrar pagando: *rescatar un objeto vendido.* || Libertar pagando: *rescatar un cautivo.* || *Fig.* Redimir un trabajo, obligación, etc. (SINÓN. V. *Liberar.*) || *Ant.* y *Amer.* Traficar de pueblo en pueblo.
RESCATE m. Acción de rescatar. (SINÓN. *Liberación, redención, salvación.*) || Dinero con que se rescata: *un rescate subido.* || *Arg.* Marro, juego.
RESCAZA f. Escorpina, pez.
RESCINDIBLE adj. Que se puede rescindir.
RESCINDIR v. t. Deshacer, anular una cosa: *rescindir un contrato.* (SINÓN. V. *Anular.*)
RESCISIÓN f. Acción de rescindir o de anular.
RESCISORIO, RIA adj. Que rescinde o anula: *cláusula rescisoria de un contrato.*
RESCOLDERA f. Pirosis, ardor en el estómago.
RESCOLDO m. Brasa que se conserva entre la ceniza. || *Fig.* Escozor, resquemor, escrúpulo.
RESCONTRAR v. t. Compensar en las cuentas una partida con otra. || — IRREG. Conjúgase como *contar.*
RESCRIPTO m. Contestación de los emperadores romanos a las preguntas que les dirigían los magistrados y gobernadores de provincias. || Carta del Papa (*breve* o *bula*) dada en favor de ciertas personas o para un asunto particular. || Decisión de cualquier soberano sobre ciertos puntos.
RESCUENTRO m. Acción de rescontrar. || Papeleta provisional que se daba a los jugadores de la lotería y se cambiaba luego por un pagaré impreso.
RESECAR v. t. Secar mucho.
RESECAR v. t. *Cir.* Efectuar la resección de un órgano.
RESECCIÓN f. (del lat. *resectio,* acción de cortar). *Cir.* Operación que consiste en cortar el todo o parte de un órgano: *la resección de un nervio.* (SINÓN. V. *Amputación.*)
RESECO, CA adj. Muy seco, desecado: *un dulce reseco.* || — M. Parte seca de algunas cosas.
RESEDA f. (lat. *reseda*). Planta de la familia de las resedáceas, de flores muy olorosas: *la reseda es originaria de Egipto.*
RESEDÁCEAS f. pl. *Bot.* Familia de plantas dicotiledóneas que tienen por tipo la reseda.

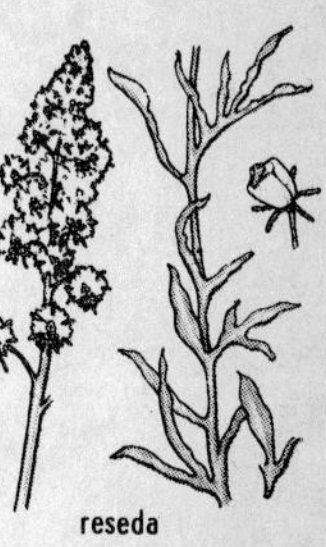
reseda

RESEGAR v. t. Volver a segar un campo o prado. || — IRREG. Se conjuga como *acertar.*
RESEGUIR v. t. Rectificar el filo de la espada. || — IRREG. Se conjuga como *pedir.*
RESELLAR v. t. Volver a sellar: *resellar papel.*
RESELLO m. Acción de resellar una cosa. || Segundo sello: *resello de la moneda.*
RESEMBRAR v. t. Volver a sembrar: *resembrar un campo.* || — IRREG. Se conjuga como *sembrar.*
RESENTIDO, DA adj. y s. Que muestra o tiene algún resentimiento.
RESENTIMIENTO m. Acción de resentirse. || Disgusto o sentimiento que se experimenta por algo. (SINÓN. *Animadversión, animosidad, enemistad, hostilidad, malevolencia, odio, rencor.*)
RESENTIRSE v. r. Empezar a sentirse una cosa. || Empezar a sentir las malas consecuencias de una cosa. || *Fig.* Enojarse o enfadarse por una cosa: *resentirse por la conducta de una persona.* || — IRREG. Se conjuga como *sentir.* || — OBSERV. Son galicismos las frases: *su labor se resiente de tal defecto,* por *adolece; no es capaz de resentir la amistad,* por *sentir.*
RESEÑA f. Revista de la tropa. || Descripción de las señales más notables de una persona o un animal. || Descripción de un asunto: *reseña histórica.* || Noticia y análisis somero de una obra literaria.
RESEÑAR v. t. Hacer reseña: *reseñar la tropa.*
RESERO m. *Amer.* El que arrea un rebaño. || *Arg.* Comprador de reses.
RESERVA f. Guarda o custodia que se hace de alguna cosa. (SINÓN. *Ahorro, depósito, provisión, repuesto.*) || Retención de plaza en un hotel, barco, avión, etc. || Excepción o reservación: *dar una cosa con muchas reservas* (no *bajo todas reservas*). || Discreción: *hablar con mucha reserva.* (SINÓN. V. *Circunspección, pudor* y *silencio.*) || Terreno reservado para la repoblación. || Territorio reservado en ciertos países a los indígenas: *las reservas del Canadá.* || Acción de reservar el Santísimo Sacramento. || Reservado, hostia consagrada que se conserva en el sagrario. || — Pl. *Fisiol.* Substancias almacenadas en los órganos o tejidos para su utilización ulterior. || Parte del ejército que no está en servicio activo: *llamar todas las reservas.* || — M. Sustituto en algún equipo. || *Sin reserva,* con toda franqueza.
RESERVACIÓN f. Acción de reservar una cosa.
RESERVADAMENTE adv. m. Con reserva: *hablar reservadamente.* (SINÓN. V. *Secretamente.*)
RESERVADO, DA adj. (lat. *reservatus*). Cauteloso, sigiloso. (SINÓN. V. *Silencioso.*) || Discreto, prudente, circunspecto. (SINÓN. V. *Modesto.*) || — M. Sacramento de la Eucaristía que se conserva en el sagrario. || Parte de un edificio, jardín, vagón de ferrocarril, etc., destinado a personas o usos determinados. || *Ecuad.* Prado cerrado que se veda algún tiempo al ganado para que críe pasto.
RESERVAR v. t. (lat. *reservare*). Guardar una parte de alguna cosa: *reservar una parte del botín.* (SINÓN. V. *Conservar* y *retener.*) || Guardar para otra ocasión: *reservar algún dinero para los gastos imprevistos.* (SINÓN. V. *Ahorrar.*) ||

Retener plaza en un hotel, barco, avión, etc. ‖ Encubrir, callar una cosa. ‖ Ocultar el Santísimo Sacramento en el sagrario. ‖ — V. r. Conservarse para mejor ocasión: *me reservo para mañana.* ‖ Desconfiar de uno.

RESERVATIVO, VA adj. Relativo a la reserva.

RESERVISTA adj. y s. Soldado de la reserva.

RESERVÓN, ONA adj. Muy reservado. ‖ *Taurom.* Dícese del toro que muestra poca codicia.

RESFRIADERA f. *Cub.* Depósito en que se pone a enfriar el guarapo.

RESFRIADO m. Destemple general del cuerpo causado por supresión de la transpiración. ‖ Constipado, catarro. ‖ *Arg.* Indiscreto.

RESFRIADURA f. *Veter.* Resfriado.

RESFRIANTE m. Corbato.

RESFRIAR v. t. Enfriar. ‖ *Fig.* Templar, moderar. ‖ — V. i. Empezar a hacer frío. ‖ — V. r. Contraer un resfriado. ‖ *Fig.* Entibiarse el cariño.

RESGUARDAR v. t. Defender. (SINÓN. V. *Proteger.*) ‖ — V. r. Defenderse contra un daño.

RESGUARDO m. Guardia que se pone a una cosa. ‖ Defensa, reparo. ‖ Guarda que custodia un paraje para que no pasen por allí contrabando. ‖ Documento que certifica algo. ‖ Talón, recibo.

RESIDENCIA f. Permanencia acostumbrada en un lugar: *tener residencia en Madrid.* ‖ Lugar donde se reside: *una residencia agradable.* (SINÓN. V. *Morada.*) ‖ Acción y efecto de residenciar. ‖ Espacio de tiempo que debe residir un eclesiástico en el lugar en donde está su beneficio. ‖ Edificio donde una autoridad ejerce sus funciones.

RESIDENCIAL adj. Dícese de lo que pide residencia personal: *obtener un beneficio residencial.* ‖ Reservado a viviendas: *barrio residencial.*

RESIDENCIAR v. t. Pedir cuenta a un funcionario de sus gestiones. ‖ *Por ext.* Pedir cuenta en cualquier otro caso.

RESIDENTE adj. y s. Que reside: *ministro residente.*

RESIDIR v. i. (lat. *residere*). Permanecer, estar, hallarse en un lugar: *residir el invierno en París.* ‖ *Fig.* Estar o radicar en una cosa el quid de lo que se trata: *aquí reside la dificultad.* (SINÓN. V. *Consistir.*)

RESIDUAL adj. Que constituye un residuo.

RESIDUO m. (lat. *residuum*). Lo que queda de un cuerpo sometido a la combustión, la evaporación, etc.: *las cenizas son el residuo de la combustión.* (SINÓN. V. *Desperdicio* y *sedimento.*) ‖ *Álg.* y *Arit.* Resultado de la operación de restar. (SINÓN. V. *Resto.*)

RESIEMBRA f. Nueva siembra que se hace en un terreno inmediatamente después de la cosecha.

RESIGNA f. Acción y efecto de resignar un beneficio eclesiástico.

RESIGNACIÓN f. Cesión de sus derechos en favor de otro. (SINÓN. V. *Abdicación.*) ‖ Sumisión a la suerte o a la voluntad de otro: *sufrir la pena con resignación.*

RESIGNADAMENTE adv. m. Con resignación.

RESIGNAR v. t. (lat. *resignare*). Renunciar una cosa en favor de otro: *resignar un beneficio.* (SINÓN. V. *Abdicar.*) ‖ Entregar el mando a otro: *el general resignó su mando.* ‖ — V. r. Conformarse: *resignarse a la pobreza.*

RESIGNATARIO m. Sujeto en cuyo favor se hacía la resigna.

RESINA f. (lat. *resina*). Substancia viscosa que fluye de varios árboles, como el abeto. (SINÓN. *Bálsamo, laca.*) ‖ *Resina sintética,* cuerpo químico artificial análogo a la resina.

RESINACIÓN f. Acción y efecto de resinar.

RESINAR v. t. Sacar resina: *resinar un pino.*

RESINERO, RA adj. Relativo a la resina: *industria resinera.* ‖ — M. El que resina.

RESINÍFERO, RA adj. Que produce la resina.

RESINOSO, SA adj. Que destila resina: *madera resinosa.* ‖ Que tiene las cualidades de la resina: *olor resinoso.*

RESISTENCIA f. (lat. *resistentia*). Lo que se opone a la acción de una fuerza: *la resistencia de la materia.* ‖ Fuerza que permite sufrir el cansancio, el hambre, etc.: *los soldados españoles tienen mucha resistencia.* (SINÓN. V. *Fuerza.*) ‖ Defensa contra el ataque: *una resistencia desesperada.* ‖ Oposición. (SINÓN. *Entereza, indocilidad, obstinación, repulsa.* V. tb. *desobediencia.*) ‖ Nombre dado a las organizaciones que combatieron al invasor alemán en la Segunda Guerra mundial. (En este sentido se escribe con mayúscula.) ‖ *Resistencia eléctrica,* dificultad variable que opone un conductor al paso de la corriente. ‖ *Electr.* Elemento que se intercala en un circuito para dificultar el paso de la corriente o que ésta se transforme en calor. ‖ *Resistencia pasiva,* resistencia consistente en oponer al adversario la fuerza de inercia.

RESISTENTE adj. Que resiste, muy fuerte. (SINÓN. V. *Fuerte.*) ‖ — M. Miembro de la Resistencia.

RESISTERO m. Reverberación del sol: *no poder soportar el resistero.*

RESISTIBLE adj. Que puede resistirse.

RESISTIDERO m. Resistero o reverberación.

RESISTIDOR, RA adj. Que resiste o no cede.

RESISTIR v. i. No ceder a la acción de otro cuerpo: *el hierro frío resiste al martillo.* ‖ Defenderse: *resistir a la violencia.* (SINÓN. *Cuadrarse, forcejear, oponer, plantarse, reaccionar.*) ‖ — V. t. Sufrir, tolerar: *esta vida no se puede resistir.* (SINÓN. V. *Soportar.*) ‖ Combatir, rechazar las pasiones: *resistir la tentación.* ‖ — V. t. Luchar, bregar. ‖ *Col.* Repropiarse el caballo.

RESISTIVIDAD f. *Electr.* Resistencia específica de una substancia.

RESMA f. (del ár. *rezma,* paquete). En el comercio, conjunto de veinte manos de papel.

RESMILLA f. Conjunto de veinte cuadernillos de papel de cartas.

RESOBADO, DA adj. Usado con exceso.

RESOBRINO, NA m. y f. Hijo, hija del sobrino.

RESOL m. Reverberación o resistero.

RESOLANA f. y **RESOLANO** m. Sitio donde se toma el sol. ‖ Resol, reverberación o resistero.

RESOLUBLE adj. Que puede resolverse.

RESOLUCIÓN f. (lat. *resolutio*). Acción de resolver o resolverse. ‖ Decisión de una duda: *la resolución de un problema difícil.* (SINÓN. *Decisión, determinación, fallo.* V. tb. *energía.*) ‖ Proyecto, decisión: *tomar una resolución.* ‖ Actividad, ánimo, valor: *es hombre de mucha resolución.* ‖ Decreto, auto o fallo de la autoridad gubernativa o judicial.

RESOLUTIVO, VA adj. Que procede por resolución: *método resolutivo.* ‖ — M. *Med.* Que tiene virtud de resolver los humores: *las cataplasmas de harina de linaza son excelentes resolutivos.*

RESOLUTO, TA adj. Resuelto.

RESOLUTORIO, RIA adj. Dícese de lo que denota solución. (P. us.) ‖ Que resuelve algo.

RESOLVER v. t. (lat. *resolvere*). Tomar una resolución: *el rey resolvió la guerra.* (SINÓN. *Aclarar, solucionar, solventar.* V. tb. *decidir* y *juzgar.*) ‖ Resumir, epilogar. ‖ Descomponer un cuerpo en sus elementos constitutivos: *Tales lo resolvía todo en agua.* ‖ Hacer desaparecer poco a poco: *resolver un tumor.* ‖ Hallar la solución: *resolver un problema.* ‖ — V. r. Tomar la decisión de hacer una cosa. ‖ Reducirse: *resolverse en agua.* ‖ *Med.* Terminar una inflamación. ‖ — IRREG. Se conjuga como *mover.*

RESOLLADERO m. *Cub.* Ojos de un río que reaparece después de haberse hundido bajo la tierra.

RESOLLAR v. i. Respirar, haciéndolo por lo común con ruido. (SINÓN. V. *Aspirar.*) ‖ *Fig.* y *fam.* Dar noticia de sí la persona ausente o hablar la que está callada: *hace dos años que no resuella.* ‖ — IRREG. Se conjuga como *hollar.*

RESONACIÓN f. Acción de resonar, sonido.

RESONADOR adj. Que resuena. ‖ — M. Aparato que hace resonar o que resuena: *resonador eléctrico.*

RESONANCIA f. Prolongación de un sonido, que se va apagando por grados. ‖ Sonido elemental que acompaña al principal: *las resonancias comunican el timbre a cada voz o instrumento.* ‖ Sonido que resulta de la repercusión de otro. ‖ *Fig.* Gran divulgación, importancia.

RESONANTE adj. Que resuena. (SINÓN. V. *Sonoro.*) ‖ *Fig.* Importante: *victoria resonante.*

RESONAR v. i. (lat. *resonare*). Repercutir el sonido. (SINÓN. V. *Sonar.*) ‖ Ser muy sonoro. ‖ *Fig.* Tener repercusiones: *el suceso ha resonado fuera de las fronteras.* ‖ — IRREG. Se conjuga como *contar.*

RESOPLAR v. i. Dar resoplidos o resoplos. (SINÓN. V. *Aspirar* y *respirar.*)
RESOPLIDO y **RESOPLO** m. Resuello fuerte.
RESORBER v. t. V. REABSORBER.
RESORCINA f. *Quím.* Nombre de uno de los fenoles procedentes de la bencina.
RESORCIÓN f. V. REABSORCIÓN.
RESORTE m. (fr. *ressort*). Muelle de metal. ‖ Elasticidad de una cosa. ‖ *Fig.* Medio para lograr un objeto. (SINÓN. V. *Fuerza.*) Galicismo por *incumbencia: esto no es de mi resorte;* y por *instancia: juzgar en último resorte.*
RESPAILAR v. i. *Fam.* Moverse atropelladamente. (Úsase con v. de movimiento: *ir, venir,* etcétera).
RESPALDAR m. El respaldo de un asiento.
RESPALDAR v. t. Notar una cosa en el respaldo de un escrito. ‖ Guardar las espaldas. ‖ *Fig.* Proteger, garantizar, amparar. ‖ — V. r. Arrimarse de espaldas a una cosa. ‖ Apoyarse en el respaldo de una silla. ‖ *Veter.* Despaldarse las caballerías.
RESPALDO m. Parte de la silla o butaca en que descansan las espaldas. (SINÓN. *Respaldar.*) ‖ Vuelta del escrito en que se ha apuntado alguna cosa. ‖ Cosa escrita a la vuelta de un papel. ‖ *Fig.* Garantía, protección, amparo.
RESPECTAR v. i. Tocar, corresponder, pertenecer: *por lo que respecta a tu hermano, ya nos arreglaremos.* ‖ — OBSERV. Es verbo defectivo.
RESPECTIVAMENTE adv. De modo respectivo; con relación a una cosa.
RESPECTIVO, VA adj. Que corresponde a persona o cosa determinada: *comparar los derechos respectivos de los herederos.*
RESPECTO m. (lat. *respectus*). Relación de una cosa a otra. ‖ *Al respecto, con respecto a,* o *respecto a,* o *de,* m. advs., respectivamente.
RÉSPED o **RÉSPEDE** m. Lengua de la serpiente. ‖ Aguijón de la abeja.
RESPETABILIDAD f. Calidad de respetable.
RESPETABLE adj. Que es digno de respeto. ‖ — M. *Fam.* El público en los toros, circo, etc.
RESPETAR v. t. Tener respeto: *respetar a los ancianos.* (SINÓN. V. *Honrar* y *acatar.*) ‖ — V. i. Respectar, corresponder. (SINÓN. V. *Observar.*)
RESPETO m. (del lat. *respectus,* atención). Veneración, reverencia: *el respeto debido a los padres.* (SINÓN. *Enaltecimiento, obediencia.* V. tb. *homenaje.*) ‖ Miramiento, atención. ‖ Cosa de repuesto: *coche de respeto.* ‖ — Pl. Manifestaciones de cortesía: *presentar sus respetos.* ‖ *Respeto humano,* miramiento excesivo a la opinión general, contrario a la estricta religión o moral. ‖ *Fig.* y *fam. Campar por su respeto,* ser dueño de sus acciones. ‖ *De respeto,* respetable: *un señor de respeto.*
RESPETUOSAMENTE adv. m. Con respeto o reverencia: *saludar respetuosamente a un anciano.*
RESPETUOSO, SA adj. Que manifiesta respeto: *niño respetuoso.* ‖ Respetable, que mueve a respeto.
RÉSPICE m. (lat. *respice*). *Fam.* Respuesta seca y áspera. ‖ *Fam.* Reprensión corta y severa.
RESPIGÓN m. Padrastro que sale en los dedos. ‖ *Veter.* Llaga que sale al caballo en los pulpejos.
RESPINGAR v. i. Sacudirse y gruñir la bestia. ‖ Levantar, arremangar. ‖ *Fig.* y *fam.* Resistir, hacer a regañadientes una cosa.
RESPINGO m. Acción de respingar. ‖ *Fig.* y *fam.* Movimiento de disgusto que hace uno al recibir una orden. ‖ *Hond.* y *Chil.* Parte de la falda levantada por cualquier motivo.
RESPINGÓN, ONA y **RESPINGOSO, SA** adj. Dícese de la bestia que respinga o que se sacude. ‖ *Nariz respingona,* la que tiene la punta ligeramente levantada.
RESPIRABLE adj. Que se puede respirar: *aire respirable.* ‖ — CONTR. *Irrespirable.*
RESPIRACIÓN f. Función mediante la cual se efectúan los cambios gaseosos entre los tejidos vivos y el medio exterior. ‖ Aire que se respira. ‖ Circulación del aire en un aposento. ‖ *Respiración artificial,* método de tratamiento de la asfixia o de las parálisis respiratorias que consiste en la provocación manual o mecánica de las contracciones de la caja torácica de manera que se

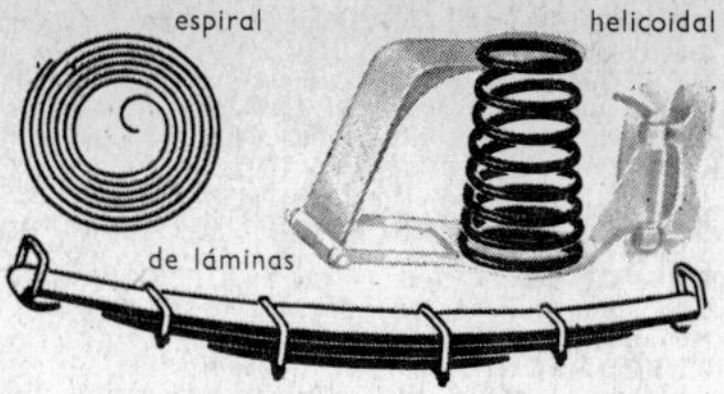

RESORTES

restablezca la circulación del aire en los pulmones, y suele asociarse a la oxigenoterapia.
— Ofrece la serie animal cuatro modos de *respiración:* 1º Por medio de pulmones (*respiración pulmonar* de los mamíferos, aves y reptiles); 2º Por medio de branquias (*respiración branquial* de los peces, anélidos, crustáceos, moluscos); 3º Por medio de tráqueas (*respiración traqueal* de los insectos y arácnidos); 4º Por la piel (*respiración cutánea* de los zoofitos).
El aparato respiratorio del hombre y los animales comprende esencialmente la nariz y la boca, por donde se verifican la *inspiración* y la *espiración* del aire; la *laringe* y la *tráquea;* por último, el *pulmón,* órgano doble situado en el pecho o tórax, y por el que circula el aire por medio de los canales infinitamente ramificados de los *bronquios,* prolongaciones de la tráquea. El movimiento mecánico de las costillas y del diafragma produce la inspiración y la espiración del aire. La sangre del cuerpo pasa por los pulmones, se apodera del oxígeno del aire inspirado y abandona una cantidad casi igual de ácido carbónico.
RESPIRADERO m. Abertura por donde sale el aire. ‖ Tronera o lumbrera. ‖ Ventosa, abertura hecha en la parte superior de una cañería. ‖ *Fig.* Alivio o descanso. ‖ *Fam.* Órgano de la respiración.
RESPIRADOR, RA adj. Que respira. ‖ *Anat.* Dícese de los músculos que sirven para la respiración.
RESPIRAR v. i. (lat. *respirare*). Absorber el aire ambiente y expelerlo después de haber tomado parte de su oxígeno para regenerar la sangre. (SINÓN. *Anhelar, jadear, resoplar, soplar, suspirar.*) ‖ Exhalar un olor. ‖ Absorber un gas o vapor por los pulmones: *respirar cloroformo.* ‖ Vivir: *aún respira.* ‖ *Fig.* Animarse, cobrar aliento. ‖ *Fig.* Descansar: *déjeme usted respirar.* ‖ *Fig.* y *fam.* Hablar: *Juan no respiró.* ‖ *Sin respirar,* m. adv., sin descanso.
RESPIRATORIO, RIA adj. Que sirve para la respiración: *el aparato respiratorio de un insecto.*
RESPIRO m. Respiración, acción de respirar. ‖ Rato de descanso que se da al que está trabajando. ‖ *Fig.* Alivio. ‖ *Fig.* Prórroga que se concede al expirar un plazo. (SINÓN. V. *Demora.*)
RESPLANDECER v. i. Brillar, despedir rayos de luz: *el Sol resplandece.* ‖ *Fig.* Sobresalir en una cosa. ‖ — IRREG. Se conjuga como *merecer.*
RESPLANDECIENTE adj. Que resplandece. (SINÓN. V. *Nítido.*)
RESPLANDECIMIENTO m. Resplandor.
RESPLANDINA f. *Fam.* Regaño.
RESPLANDOR m. Luz: *el resplandor del Sol.* (SINÓN. V. *Brillo.*) ‖ Afeite blanco que usan las mujeres. ‖ *Fig.* Brillo de ciertas cosas. ‖ *Fig.* Lucimiento. ‖ *Amer.* Diadema.
RESPONDEDOR, RA adj. y s. Que responde.
RESPONDER v. t. (lat. *respondere*). Contestar a la pregunta, el llamamiento, la carta, etc.: *le respondí dos palabras.* (SINÓN. *Contestar, discutir, objetar, replicar, reponer, retrucar.*) ‖ — V. i. Corresponder: *responde a los favores que se le hacen.* ‖ Replicar, ser respondón: *los niños no deben responder a los padres.* ‖ *Fig.* Surtir el efecto que se espera de alguna cosa: *esta máquina responde bien.* ‖ Ser responsable por otro: *no responder por un amigo.*
RESPONDIENTE adj. Que responde.
RESPONDÓN, ONA adj. y s. *Fam.* Que replica a todo por costumbre: *niño respondón.*
RESPONSABILIDAD f. Calidad de responsable: *la responsabilidad implica la libertad.* (SINÓN. V. *Deber.*) ‖ *Responsabilidad civil,* obligación de indemnizar el daño causado a otro.

RESPONSABILIZARSE v. r. Responder, hacerse responsable.
RESPONSABLE adj. Que está obligado a responder de ciertos actos: *el alcohólico no es completamente responsable de sus actos.* || — SINÓN. *Fiador, garante, solidario.*
RESPONSAR v. i. Decir responsos.
RESPONSIVO, VA adj. Relativo a la respuesta.
RESPONSO m. (lat. *responsum*). Responsorio u oración que se reza por los difuntos. || *Arg.* Regaño.
RESPONSORIO m. (lat. *responsorium*). Oraciones y versículos que se rezan después de las lecciones en maitines y de las capítulas de otras horas.
RESPUESTA f. Contestación a la pregunta, carta, etc.: *respuesta satisfactoria.* || Réplica, refutación. || Acción con la cual uno corresponde a la de otro.
REPUESTO m. Recambio.
RESQUEBRADURA f. Hendedura, grieta.
RESQUEBRAJADIZO, ZA adj. Que se resquebraja fácilmente: *madera muy resquebrajadiza.*
RESQUEBRAJADURA f. Resquebradura.
RESQUEBRAJAMIENTO m. Resquebradura.
RESQUEBRAJAR v. t. Agrietar la superficie de algunos cuerpos duros: *resquebrajar la loza.*
RESQUEBRAJO m. Resquebradura.
RESQUEBRAJOSO, SA adj. Que se resquebraja fácilmente: *loza resquebrajosa.*
RESQUEBRAR v. i. Empezar a quebrarse una cosa. || — IRREG. Se conjuga como *acertar.*
RESQUEMAR v. t. Causar resquemo un alimento. || Resquemar, quemar de nuevo. || Escocer.
RESQUEMAZÓN f. y **RESQUEMO** m. Acción de resquemar. || Calor picante que producen en la boca ciertos manjares o bebidas: *el resquemo del pimiento.* || Sabor desagradable del alimento resquemado.
RESQUEMOR m. Escozor. || Resentimiento.
RESQUICIO m. Hendedura, particularmente la que hay entre el quicio y la puerta. || *Fig.* Ocasión que se encuentra para conseguir un fin. || *Cub.* y *Venez.* Pizca.
RESTA f. *Mat.* Sustracción, operación de restar: *la resta es una de las cuatro operaciones fundamentales.* || Residuo de la sustracción.
RESTABLECER v. t. Volver a establecer: *restablecer un reglamento.* (SINÓN. *Rehabilitar, rehacer, reintegrar, reinstalar, restaurar, restituir.* V. tb. *reparar.*) || — V. r. Reponerse de una enfermedad o daño: *el enfermo se restablecerá pronto.* (SINÓN. V. *Curar.*) || — IRREG. Se conjuga como *merecer.*
RESTABLECIMIENTO m. Acción de restablecer o restablecerse: *le deseo a usted un pronto restablecimiento.* (SINÓN. V. *Convalecencia.*)
RESTALLAR v. i. Chasquear el látigo. || Crujir, hacer un ruido fuerte y brusco: *la madera muy seca restalla junto a la lumbre.*
RESTANTE adj. (lat. *restans, antis*). Que resta o queda: *el trabajo restante es poco.*
RESTAÑADERO m. Estuario de un río.
RESTAÑADURA f. y **RESTAÑAMIENTO** m. Acción y efecto de restañar.
RESTAÑAR v. t. Estancar, detener la sangre de una herida: *la sangre se restaña fácilmente con percloruro de hierro.* || Volver a estañar: *restañar un perol.*
RESTAÑASANGRE f. La alaqueca o cornalina.
RESTAÑO m. Tela antigua de plata o de oro.
RESTAÑO m. La acción de restañar la sangre. || Remanso, estancamiento.
RESTAR v. t. (lat. *restare*). Sustraer una parte del todo. || Devolver el resto la pelota al saque. || *Mat.* Buscar la diferencia entre dos cantidades. || *Fig.* Quitar. (SINÓN. V. *Suprimir.*) || — V. i. Quedar, faltar: *no nos resta más que marcharnos.*
RESTAURACIÓN f. Reparación, restablecimiento: *la restauración de un monumento.* || *Fig.* Nueva existencia que se da a una institución: *la restauración de las letras.* || Restablecimiento en el trono de una dinastía caída: *la restauración de los Estuardos, de los Borbones.* (V. *Parte hist.*) || Período histórico que comienza con este restablecimiento.
RESTAURADOR, RA adj. y s. Que restaura: *restaurador de cuadros.* || — M. El que restablece una cosa en su primer esplendor: *Petrarca fue uno de los restauradores de las letras antiguas.*
RESTAURANT m. (pal. fr., pr. *restorán*). Restaurante.
RESTAURANTE adj. Dícese de lo que restaura o repara. || — M. Establecimiento donde se sirven comidas. (SINÓN. *Cantina, cervecería, colmado, figón, fonda, grill-room, merendero, restorán, ventorrillo.*)
RESTAURAR v. t. Recobrar, recuperar. (SINÓN. V. *Nutrir.*) || Reparar, poner nuevamente en su primitivo estado: *restaurar una pintura, un edificio.* (SINÓN. V. *Restablecer.*)
RESTAURATIVO, VA adj. Que restaura: *un procedimiento restaurativo.* || — M. La cosa que restaura.
RESTINGA f. *Mar.* Banco de arena, en el mar, a poca profundidad.
RESTINGAR m. *Mar.* Sitio en que hay restingas.
RESTITUCIÓN f. Reintegración o devolución de una cosa a su anterior poseedor.
RESTITUIBLE adj. Dícese de aquello que puede restituirse: *cantidad restituible en plazo fijo.*
RESTITUIDOR, RA adj. y s. Que restituye.
RESTITUIR v. t. (lat. *restituere*). Devolver lo que se posee injustamente: *restituir bienes ajenos.* (SINÓN. V. *Volver.*) || Devolver: *restituir su antiguo esplendor a una familia.* || ||*Fig.* Restablecer: *restituir un texto.* || — IRREG. Se conjuga como *huir.*
RESTITUTORIO, RIA adj. *For.* Relativo a la restitución: *publicar una decisión restitutoria.*
RESTO m. Lo que queda de un todo después de suprimir algunas de sus partes: *el resto de una suma.* (SINÓN. *Diferencia, remanente, residuo, saldo* y *sobrante.*) || Jugador que devuelve la pelota al saque. || Acción de restar en el juego de pelota y lugar desde donde se resta. || *Mat.* Residuo de la sustracción. || — Pl. Cadáver: *restos mortales de una persona.* (SINÓN. V. *Ruina.*) || Residuo, sobra: *los restos de su comida.* || *Fig. Echar el resto,* jugar todo el dinero que tiene el jugador en la mesa.
RESTORÁN m. Restaurante.
RESTREGADURA f. y **RESTREGAMIENTO** m. Acción de restregar mucho una cosa.
RESTREGAR v. t. Estregar con fuerza repetidas veces. || — IRREG. Se conjuga como *acertar.*
RESTREGÓN m. Estregón, restregadura fuerte.
RESTRICCIÓN f. Limitación o modificación. || *Restricción mental,* reserva que se hace mentalmente para dar a lo que se dice sentido distinto del que se piensa.
RESTRICTIVAMENTE adv. m. Con restricción, de manera restrictiva.
RESTRICTIVO, VA adj. Dícese de aquello que restringe y limita: *cláusula restrictiva.*
RESTRINGENTE adj. y s. Que restringe.
RESTRINGIR v. t. Reducir: *restringir el sentido de una proposición.* (SINÓN. V. *Limitar.*) || Restriñir, astringir.
RESTRIÑIR v. t. Astringir, estrechar. || — IRREG. Se conjuga como *tañer.*
RESUCITACIÓN f. *Med.* Acción de volver a la vida a los seres en estado de muerte aparente.
RESUCITADOR, RA adj. y s. Que hace resucitar.
RESUCITAR v. t. (del lat. *re,* y *suscitare,* despertar). Volver la vida a un muerto: *refiere el Evangelio que Jesús resucitó a Lázaro.* || *Fig.* Renovar, dar vida nueva: *resucitar una moda.* || — V. i. Volver de la muerte a la vida: *Jesucristo resucitó al tercer día.* (SINÓN. V. *Revivir.*)
RESUDAR v. i. (lat. *resudare*). Tener resudor. || — V. r. Rezumarse.
RESUDOR m. Sudor ligero.
RESUELTAMENTE adv. m. De manera resuelta, enérgicamente: *hablar resueltamente con uno.*
RESUELTO, TA adj. (lat. *resolutus*). Muy audaz y atrevido: *un hombre resuelto.* || Pronto, diligente.
RESUELLO m. Respiración, aliento.
RESULTA f. Resultado, consecuencia. || Lo que se resuelve finalmente en una deliberación. || — Pl. Consignaciones que por no haberse pagado durante un ejercicio pasan a otro presupuesto. || *De resultas,* m. adv., por consecuencia, a causa: *se puso en cama de resultas de la enfermedad.*

RESULTADO m. Lo que resulta de un hecho, principio: *sacar el resultado de una multiplicación.* || — SINÓN. *Consecuencia, conclusión, desenlace, solución, término.* V. tb. *obra* y *producto.*
RESULTANDO m. *For.* Cada uno de los fundamentos de hecho que se enumeran en sentencias o autos.
RESULTANTE adj. Que resulta. || — F. *Méc.* Fuerza equivalente al conjunto de otras varias.
RESULTAR v. i. (lat. *resultare*). Ser consecuencia una cosa de otra. (SINÓN. *Emanar, provenir, proceder, derivarse, seguirse, inferirse, salir.*) || Redundar: *no le resultó muy bien la combinación.* || Nacer una cosa de otra. || *Fam.* Agradar, placer: *esto no me resulta.*
RESUMEN m. Acción de resumir. || Exposición sumaria de una cosa: *el resumen de una obra.* (SINÓN. V. *Compendio.*) || *En resumen,* m. adv., recapitulando lo dicho antes.
RESUMIDAMENTE adv. m. En resumen.
RESUMIDERO m. *Amer.* Sumidero.
RESUMIR v. t. (lat. *resumere*). Expresar en pocas palabras lo esencial de lo que se ha dicho o escrito más extensamente: *resumir un discurso.* (SINÓN. *Condensar, recapitular, reducir.*) || — V. r. Comprenderse una cosa dentro de otra. || — PARÓN. *Reasumir, rezumarse.*
RESUNTA f. *Col.* Resumen, recuento. || *Col.* Discurso inaugural o terminal universitario.
RESURGENCIA f. Reaparición de un curso de agua subterráneo.
RESURGIMIENTO m. Renacimiento.
RESURGIR v. i. Resucitar, renacer, volver a aparecer. (SINÓN. V. *Revivir.*)
RESURRECCIÓN f. (lat. *resurrectio*). Acción de resucitar: *la resurrección de la carne.* (SINÓN. V. *Renacimiento.*) || Fiesta en que celebra la Iglesia la resurrección de Nuestro Señor.
RESURTIR v. i. Retroceder un cuerpo al chocar con otro. (SINÓN. *Rebotar.*)
RETABLERO m. Constructor de retablos.
RETABLO m. (del (lat. *retro,* detrás, y *tabla,* mesa). Conjunto de figuras pintadas o talladas que representan una historia. || Obra de piedra, madera u otra materia que constituye la decoración de un altar.
RETACAR v. t. Tocar dos veces la bola con el taco en el billar: *está prohibido retacar.* || — V. r. *Chil.* Negarse a avanzar.
RETACO m. Especie de escopeta corta. || En el billar, taco más corto que los demás. || *Fam.* Hombre rechoncho y bajito.
RETACÓN, ONA adj. y s. *Arg.* Rechoncho.
RETADOR, RA adj. y s. Que reta o desafía.
RETAGUARDIA f. Tropa que camina detrás y sirve para cubrir la marcha y movimiento de un ejército. || — CONTR. *Vanguardia.*
RETAHÍLA f. Conjunto de cosas puestas en fila o seguidas: *le dijo una retahíla de injurias.*
RETAJAR v. t. Cortar en redondo: *retajar una tabla.* || Volver a cortar la pluma de escribir.
RETAL m. Pedazo que sobra de una cosa recortada: *retal de piel.* (SINÓN. V. *Desperdicio.*)
RETALIACIÓN f. *Venez.* Pena del talión.
RETALTECO, CA adj. y s. De Retalhuleu (Guatemala).
RETALLAR v. t. Pasar el buril para avivar las líneas de una lámina gastada. || *Arq.* Hacer retallos.
RETALLAR v. i. Retallecer. (P. us.)
RETALLECER v. i. Volver a entallecer la planta. || — IRREG. Se conjuga como *merecer.*
RETALLO m. Resalto que forma en un muro el grueso diferente de dos partes sobrepuestas.
RETALLO m. Tallo nuevo que arroja una planta. (SINÓN. V. *Tallo.*)
RETAMA f. (ár. *retama*). Planta papilionácea, de pequeñas flores amarillas, común en España: *la retama se emplea para hacer escobas.*
RETAMAL y **RETAMAR** m. Sitio donde abunda la retama: *enredarse en un retamar.*
RETAMILLA f. *Méx.* Agracejo, planta.
RETAMO m. *Provinc.* y *Amer.* La retama.
RETAR v. t. (b. lat. *reptare*). Desafiar a duelo o batalla. (SINÓN. V. *Desafiar.*) || *Fam.* Censurar o reprender a una persona. || *Chil.* y *Arg.* Insultar, denostar.
RETARDACIÓN f. (lat. *retardatio*). Retraso.
RETARDAR v. t. Retrasar, dilatar: *retardar la marcha de uno.* || — CONTR. *Acelerar.*

retablo
arte catalán s. XIV

RETARDATARIO, RIA adj. Dícese de lo que tiende a producir retraso.
RETARDATRIZ adj. f. Que retarda o retrasa: *fuerza retardatriz.* || — CONTR. *Aceleratriz.*
RETARDO m. Retardación, retraso.
RETARTALILLA f. Retahíla de palabras.
RETASA y **RETASACIÓN** f. Segunda tasa.
RETASAR v. t. Tasar una cosa de nuevo.
RETAZO m. Retal o pedazo: *retazo de tela.* || *Fig.* Fragmento de un escrito o discurso. || *Méx.* Piltrafa.
RETE, prefijo enfático: *retebonito, retebién, reteviejo, retenada.*
RETEJADOR m. El que reteja.
RETEJAR v. t. Recorrer los tejados poniendo las tejas que les faltan. || *Fig.* y *fam.* Vestir al que lo necesita.
RETEJER v. t. Tejer apretadamente.
RETEJO m. Acción y efecto de retejar.
RETEMBLAR v. i. Temblar mucho. || Vibrar: *retiembla la casa cuando pasa un coche por la calle.* || — IRREG. Se conjuga como *acertar.*
RETEMPLAR v. t. *Amer.* Templar, dar vigor.
RETÉN m. Repuesto que se tiene de alguna cosa. || *Mil.* Tropa que refuerza un puesto militar.
RETENCIÓN f. (lat. *retentio*). Acción de retener. || Lo que se retiene de un sueldo o salario. (SINÓN. *Comedimiento, moderación, ponderación, sobriedad, templanza.*) || *Med.* Detención en el cuerpo humano de un líquido que debiera evacuarse: *retención de orina.*
RETENER v. t. Guardar, conservar: *retener en su poder una cantidad.* (SINÓN. *Contener, detener, mantener, reservar.*) || Guardar en la memoria: *no puede retener las fechas.* || Deducir, quitar: *retener parte del sueldo a un empleado.* || — V. r. Moderarse. || — IRREG. Se conjuga como *tener.*
RETENIDAMENTE adv. m. Con retención.
RETENIMIENTO m. Retención.
RETENTAR v. t. (del lat. *retentare,* reproducir). Volver a amenazar la enfermedad o resentirse de sus consecuencias. || — IRREG. Se conjuga como *acertar.*
RETENTIVA f. Memoria, facultad del recuerdo.
RETENTIVO, VA adj. y s. Lo que puede retener.
RETEÑIR v. t. Volver a teñir. || — IRREG. Se conjuga como *ceñir.*
RETESAMIENTO m. Acción de retesar.
RETICENCIA f. (lat. *reticentia*). Omisión voluntaria de lo que se debería decir: *hablar con reticencias.* || *Ret.* Figura que consiste en detenerse en medio de una frase, dejando entender lo que se calla. (SINÓN. V. *Circunspección.*)
RETICENTE adj. Que usa reticencias o incluye reticencia: *emplear palabras reticentes.*
RÉTICO m. Romanche, idioma de origen latino hablado en parte de Suiza y en el norte de Italia.
RETÍCULA f. *Fís.* Hilos cruzados que se ponen en el foco de algunos instrumentos ópticos y sirven para precisar la visual.
RETICULADO, DA adj. Reticular.
RETICULAR adj. De figura de red.
RETÍCULO m. Tejido de forma de red. || Retícula.
RETINA f. (b. lat. *retina,* del lat. *rete,* red). Membrana interior que tapiza el fondo del ojo: *la retina está formada por una expansión del nervio óptico.*

retama

Fot. Bulloz

retorta

RETINIANO, NA adj. Perteneciente o relativo a la retina.
RETINITIS f. *Med.* Inflamación de la retina.
RETINTE m. El segundo tinte dado a una cosa.
RETINTE y **RETINTÍN** m. Sonido prolongado que produce la vibración de un cuerpo sonoro. || *Fig.* y *fam.* Tonillo que se suele usar para zaherir a uno.
RETINTINEAR v. i. Hablar con retintín.
RETINTO, TA adj. (lat. *retinctus*). De color castaño obscuro: *caballo retinto.*
RETIÑIR v. i. (del lat. *retinniere,* resonar). Oírse el retintín: *la campana retiñe.* || — IRREG. Se conjuga como *tañer.*
RETIRACIÓN f. *Impr.* Acción de retirar el pliego impreso por una de sus caras. || *Prensa de retiración,* la que imprime las dos caras del papel.
RETIRADA f. Acción de retirarse. || Sitio adonde se retira o acoge uno. || Retreta, toque. || Paso de la antigua danza española. || *Mil.* Retroceso en buen orden: *emprender la retirada.*
RETIRADO, DA adj. Apartado: *lugar retirado.* || — Adj. y s. *Mil.* Que deja el servicio activo.
RETIRAMIENTO m. Retiro.
RETIRAR v. t. Apartar, separar: *retirar la mano.* || Quitar de la vista: *retirar un papel de la mesa.* || Sacar: *retirar a un niño del colegio.* || Quitar: *retirar un arma a un niño.* || *Impr.* Tirar por detrás el pliego que ya ha sido impreso por delante. || — V. r. Apartarse del trato de las gentes. || Marcharse, irse, recogerse: *se retiró a su cuarto.* || Jubilarse.
RETIRO m. Acción y efecto de retirarse. (SINÓN. *Aislamiento, soledad.*) || Lugar donde se retira uno. || Recogimiento: *vivir en el retiro.* || Ejercicio de devoción que consiste en retirarse durante algún tiempo para orar. || Situación del militar retirado y sueldo que disfruta. || Jubilación. (SINÓN. V. *Renta.*)
RETO m. Provocación o desafío: *no responder a un reto.* || Amenaza, bravata: *echar retos.* || *Ant.* y *Amer.* Regaño, denuesto.
RETOBADO, DA adj. *Hond.* Indómito, salvaje: *un toro retobado.* || *Amer.* Porfiado, terco.
RETOBAR v. t. *Chil.* y *Per.* Enfardar, enfardelar. || *Amer.* Forrar en cuero un objeto. || — V. r. *Amer.* Enojarse, enfadarse.
RETOBEAR v. i. *Guat. Fam.* Porfiar.
RETOBO m. *Hond.* y *Col.* Desecho de ganado. || *Amer.* Forro de cuero. || — Adj. Dícese del ganado que sólo sirve para la carnicería.
RETOCADOR, RA m. y f. Persona que retoca, especialmente la dedicada a retocar fotografías.
RETOCAR v. t. Tocar de nuevo o tocar repetidas veces. || Perfeccionar un cuadro o retrato dándole los últimos toques: *retocar una fotografía.* (SINÓN. V. *Acabar* y *revisar.*) || Dar la última mano a una cosa.
RETOÑAR v. i. Echar nuevos vástagos la planta. || *Fig.* Reproducirse o repetirse una cosa.
RETOÑECER v. i. Retoñar, brotar. || — OBSERV. Se conjuga como *merecer.*
RETOÑO m. Vástago nuevo que brota del vegetal. || *Fig.* Hijo de corta edad.
RETOQUE m. Acción de retocar. || Última mano que se da a ciertas cosas para perfeccionarlas: *retoque fotográfico.* || Amago o ataque leve de una enfermedad: *retoque de gota.*
RETOR m. Tela de algodón.
RÉTOR m. *Ant.* El que escribe o enseña retórica. (SINÓN. V. *Orador.*)
RETORCEDURA f. Retorcimiento, retorsión.
RETORCER v. t. Torcer mucho. || Volver un argumento contra el que lo emplea. || Interpretar siniestramente una cosa. || — IRREG. Se conjuga como *mover.*
RETORCIDO, DA adj. *Fig.* De malas intenciones. (SINÓN. V. *Torcido.*)
RETORCIJÓN m. Retortijón.
RETORCIMIENTO m. La acción de retorcer. (SINÓN. V. *Torsión.*)
RETÓRICA f. (lat. *rhetorica*). Arte que enseña las reglas del bien decir. || Libro que enseña dicho arte: *la retórica de Aristóteles.* || — Pl. Sofisterías o razones que no son del caso. || *Figura de retórica,* giro que cambia la expresión del pensamiento para hacerlo más claro o más fácil de comprender. — Se distinguen las figuras que cambian el sentido de las palabras (*elipsis, silepsis, inversión, pleonasmo, metáfora, alegoría, catacresis, sinécdoque, metonimia, eufemismo, antonomasia, antífrasis,* etc.) y las que modifican sólo el sentido de la frase (*antítesis, exclamación, epifonema, interrogación, gradación, reticencia, interrupción, perífrasis, hipérbole, lítote, preterición, prosopopeya, hipotiposis,* etc.).
RETÓRICAMENTE adv. m. Según las reglas de la retórica: *expresarse retóricamente.*
RETORICISMO m. Abuso de las reglas de la retórica: *su retoricismo ampuloso.*
RETÓRICO, CA adj. Perteneciente o relativo a la retórica. || — M. Versado en retórica.
RETORNAMIENTO m. La acción de retornar.
RETORNAR v. t. Volver, devolver. || Hacer que retroceda una cosa. || — V. i. Retroceder.
RETORNELO m. *Mús.* Repetición del principio de un aria musical.
RETORNO m. Acción de retornar. || Paga o recompensa por un servicio. || Cambio, trueque. || Caballería o carruaje que vuelve al punto de donde salió.
RETORROMANO, NA adj. y s. m. Rético.
RETORSIÓN f. La acción y efecto de retorcer. || *Fig.* Acción de devolver el mismo daño que de otra persona se ha recibido.
RETORSIVO, VA adj. Que incluye retorsión.
RETORTA f. (del lat. *retorta,* retorcida). Vasija de cuello largo y doblado usada en las operaciones químicas. || Cierta tela de hilo entrefina, de trama y urdimbre muy torcidas.
RETORTERO m. Vuelta, revuelta. || *Fam. Traer a uno al retortero,* traerle a vueltas, no dejarle parar.
RETORTIJAR v. t. Retorcer.
RETORTIJÓN m. Retorcimiento o ensortijamiento de una cosa. || *Retortijón de tripas,* dolor breve y agudo en los intestinos.
RETOSTADO, DA adj. De color muy obscuro.
RETOSTAR v. t. Volver a tostar o tostar mucho. || — IRREG. Se conjuga como *contar.*
RETOZADOR, RA adj. Que retoza mucho.
RETOZADURA f. Retozo.
RETOZAR v. i. Saltar, brincar. || Travesear, juguetear: *esos niños están siempre retozando.* (SINÓN. *Corretear, jugar, loquear, mariposear.*) || *Fig.* Agitarse interiormente las pasiones.
RETOZO m. Acción y efecto de retozar.
RETOZÓN, ONA adj. Que retoza con frecuencia. (SINÓN. V. *Juguetón.*)
RETRACCIÓN f. Acción de retraer. || *Med.* Reducción o disminución en el volumen de los tejidos.
RETRACTABLE adj. Dícese de lo que se puede retractar: *concesión retractable.*
RETRACTACIÓN f. Acción de retractarse o retirar lo que se dijo: *hacer una retractación pública.* || — SINÓN. *Contraorden, revocación.*
RETRACTAR v. t. (lat. *retractare*). Revocar, retirar lo que se ha dicho: *retractarse públicamente.* || *For.* Retraer la cosa vendida a otro.
RETRÁCTIL adj. Contráctil, que puede contraerse, dícese de las uñas de los gatos, tigres, etc.
RETRACTILIDAD f. Calidad de retráctil.
RETRACTO m. (lat. *retractus*). *For.* Derecho, en ciertos casos, de adquirir las cosas vendidas a otro.
RETRADUCIR v. t. Traducir de nuevo o traducir al idioma primitivo.
RETRAER v. t. (lat. *retrahere*). Volver a traer. || Apartar de un intento. (SINÓN. V. *Contraer* y *retroceder.*) || *For.* Adquirir una cosa vendida a otro. || — V. r. Refugiarse, ampararse: *retraerse a sagrado.* || Retirarse, retroceder. || Hacer vida retirada. || Apartarse temporalmente. || — IRREG. Se conjuga como *traer.*
RETRAÍDO, DA adj. Refugiado a lugar sagrado. || Amigo de la soledad, solitario: *hombre muy retraído.* || *Fig.* Poco comunicativo, tímido.
RETRAIMIENTO m. Acción de retraerse. || Lugar adonde se retrae uno. || Vida retirada. || Abstención. || Carácter poco comunicativo. || — SINÓN. *Retiro, aislamiento.*
RETRANCA f. Especie de ataharre para las caballerías de tiro. || *And.* Galga. || *Amer.* Freno.
RETRANQUEAR v. t. *Arq.* V. BORNEAR.
RETRANSMISIÓN f. Acción de retransmitir.

RETRANSMITIR v. t. Volver a transmitir. || Transmitir desde una emisora de radio o televisión lo que se ha transmitido a ella desde otro lugar.
RETRASAR v. t. Atrasar, dejar para después una cosa: *retrasar un viaje.* (SINÓN. V. *Demorar.*) || — V. i. Ir a menos una cosa. || Señalar el reloj hora anterior a la actual. || — V. r. Quedar retrasado. || — SINÓN. *Retardar.*
RETRASO m. Acción de retrasar o retrasarse.
RETRATADOR, RA m. y f. Retratista.
RETRATAR v. t. Hacer un retrato: *retratar a una persona.* || Imitar, copiar, describir una persona o cosa. || Fotografiar.
RETRATERÍA f. *Amer.* Fotografía.
RETRATISTA com. Persona que hace retratos. (SINÓN. V. *Pintor.*)
RETRATO m. Pintura, grabado o fotografía que representa la figura de una persona o de un animal. (SINÓN. *Efigie, figura, imagen.*) || Descripción de una persona o de una cosa: *un retrato fiel.* || *Fig.* Lo que se parece a una persona o cosa: *es el vivo retrato de su padre.*
RETRAYENTE adj. Lo que retrae o aparta.
RETRAZAR v. t. Galicismo por *trazar, referir.*
RETRECHERÍA f. *Fam.* Artificio, maña para eludir una obligación. || *Venez.* Cicatería.
RETRECHERO, RA adj. *Fam.* Astuto, mañoso. || *Fam.* Que tiene un gran atractivo: *ojos retrecheros.* || *Venez.* Tacaño.
RETREPADO, DA adj. Reclinado hacia atrás.
RETREPARSE v. r. Reclinar hacia atrás el cuerpo: *no es correcto retreparse en la silla.*
RETRETA f. (fr. *retraite*). Toque militar que anuncia la retirada y se usa por la noche para avisar a los soldados que se recojan al cuartel. || Fiesta nocturna militar. || *Amer.* Serie, retahíla. || *Amer.* Función de música al aire libre.
RETRETE m. (lat. *retractus*). Cuarto pequeño que sirve para retirarse. || Instalación para orinar y evacuar el vientre. (SINÓN. *Excusado, letrina, water closet.*)
RETRIBUCIÓN f. (lat. *retributio*). Recompensa o pago de una cosa por otra. || — SINÓN. *Dietas, emolumentos, pago, remuneración.* V. tb. *ganancia, recompensa* y *sueldo.*
RETRIBUIR v. t. (lat. *retribuere*). Pagar: *retribuir los servicios de un criado.* (SINÓN. V. *Recompensar.*) || *Amer.* Corresponder a un favor. || — IRREG. Se conjuga como *huir.*
RETRIBUTIVO, VA adj. Que retribuye.
RETRIBUYENTE adj. Que retribuye.
RETRO, pal. lat. que significa *hacia atrás.* Partícula prepositiva que expresa retroceso: *retroceder, retrovender.*
RETROACCIÓN f. Regresión.
RETROACTIVIDAD f. Calidad de retroactivo.
RETROACTIVO, VA adj. Que obra sobre el tiempo pasado: *una ley con efectos retroactivos.*
RETROCARGA (De) m. adv. Dícese de las armas de fuego que se cargan por la culata o recámara.
RETROCEDER v. i. (lat. *retrocedere*). Volver atrás, cejar: *hacer retroceder un caballo.* || — SINÓN. *Cejar, desandar, recular, retraerse, retrogradar.*
RETROCESIÓN f. *For.* Cesión hecha a uno del derecho que él había cedido antes.
RETROCESIVO adj. Que implica retrocesión.
RETROCESO m. Acción de retroceder. (SINÓN. *Regresión, repliegue, retrogradación.*) || *Med.* Recrudescencia del mal que empezaba a declinar. || Lance en el juego de billar consistente en picar la bola para que vuelva al punto de partida.
RETROCOHETE m. Cohete que sirve de freno a otro cohete.
RETROGRADACIÓN f. *Astr.* Acción y efecto de retrogradar los planetas. (SINÓN. V. *Retroceso.*)
RETROGRADAR v. i. (lat. *retrogradare*). Retroceder, volver atrás. || *Astr.* Retroceder aparentemente los planetas, vistos desde la Tierra.
RETRÓGRADO, DA adj. Que retrograda o retrocede. || *Fig.* Opuesto al progreso: *espíritu retrógrado.* || — M. y f. Partidario de instituciones políticas de otro tiempo. || *Movimiento retrógrado,* el retroceso aparente de algunos planetas vistos desde la Tierra.
RETROGRESIÓN f. Retroceso.
RETRONAR v. i. Retumbar el trueno.
RETROPROPULSIÓN f. Producción de un movimiento mediante la reacción.
RETROPRÓXIMO, MA adj. *Amer.* Próximo pasado: *te escribí el 15 de julio retropróximo.*
RETROSPECCIÓN f. Acción de mirar hacia el pasado.
RETROSPECTIVO, VA adj. Relativo a tiempo pasado: *un estudio artístico retrospectivo.*
RETROTRACCIÓN f. *For.* Acción y efecto de retrotraer.
RETROTRAER v. t. *For.* Fingir para varios efectos legales que sucedió una cosa en tiempo anterior al verdadero. || — IRREG. Se conjuga como *traer.*
RETROVENDENDO, voz lat. que se emplea en la expr. forense: *contrato de retrovendendo,* aquel en que el vendedor se reserva el derecho de volver a comprar la cosa vendida.
RETROVENDER v. t. *For.* Devolver el comprador una cosa al vendedor, devolviéndole éste en cambio el precio pagado por ella.
RETROVENDICIÓN f. Acción de retrovender.
RETROVENTA f. *For.* Retrovendición.
RETROVERSIÓN f. *Med.* Desviación hacia atrás experimentada por ciertos órganos del cuerpo.
RETROVISOR m. Espejo que permite al conductor de un vehículo ver detrás de sí.
RETRUCAR v. i. Retroceder en los trucos la bola al dar en la tablilla, hiriendo a la que le causó el movimiento. || En el juego del truque, envidar en contra sobre el primer envite. || *Provinc.* y *Arg. Fam.* Replicar con acierto y energía. (SINÓN. V. *Responder.*)
RETRUCO m. Retruque.
RETRUÉCANO m. Juego de palabras.
RETRUQUE m. Acción de retrucar con la bola en el juego de trucos y el del truque. || *Arg.* Réplica.
RETUMBANTE adj. Que retumba o resuena. (SINÓN. V. *Ampuloso* y *sonoro.*)
RETUMBAR v. i. Resonar con mucho estruendo una cosa: *retumbó el trueno por todo el valle.* (SINÓN. V. *Zumbar.*)
RETUMBO m. Acción y efecto de retumbar. || Ruido grande. || *Hond.* Retobo.
RETUNDIR v. t. (lat. *retundere*). *Arq.* Igualar el paramento de una fábrica. || *Med.* Repeler.
REUCLINIANO, NA adj. y s. Partidario de la pronunciación griega de Reuchlin, fundada en el uso de los griegos modernos. || — CONTR. *Erasmiano.*
REÚMA o **REUMA** m. Reumatismo.
REUMÁTICO, CA adj. y s. *Med.* Que padece reuma. || — Adj. *Med.* Relativo al reumatismo.
REUMÁTIDE f. Dermatosis de origen reumático.
REUMATISMO m. (lat. *rheumatismus*). *Med.* Enfermedad caracterizada generalmente por dolores más o menos vivos en las articulaciones y músculos.
REUNIFACIÓN f. Acción y efecto de reunificar.
REUNIFICAR v. t. Volver a unir.
REUNIÓN f. Acción y efecto de reunir. (SINÓN. V. *Agrupación.*) || Grupo de personas reunidas: *reunión política.* (SINÓN. *Asamblea, comicio, conciliábulo, concilio, congreso, consistorio.*)
REUNIR v. t. Juntar lo que estaba separado: *reunir los dos extremos de una cuerda.* || *Fig.* Agrupar: *reunir pruebas.* || — V. r. Juntarse: *reunirse en un bosque.* || — SINÓN. *Agrupar, concentrar, convocar, juntar, recoger, unir.* || — CONTR. *Dispersar.*
REVACUNAR v. t. Vacunar nuevamente.
REVÁLIDA f. Acción y efecto de revalidarse. || Examen final para obtener un grado académico.
REVALIDACIÓN f. La acción de revalidar.
REVALIDAR v. t. Dar validez, confirmar una cosa: *revalidar un título.* || — V. r. Aprobarse en una facultad por tribunal superior.
REVALORIZACIÓN f. Acción y efecto de revalorizar.
REVALORIZAR v. t. Dar nuevo valor.
REVANCHA f. Galicismo usual por *desquite*: *tomar una brillante revancha.* (SINÓN. V. *Venganza.*)
REVEILLON m. (pal. fr.). Cena de Nochebuena o Nochevieja.

REVEJECER v. i. Envejecer, ponerse viejo. || — IRREG. Se conjuga como *merecer*.
REVEJIDO, DA adj. Viejo antes de tiempo. || *Col.* Enteco, flacucho, delgado.
REVELACIÓN f. Acto y efecto de revelar: *revelación de un secreto.* (SINÓN. V. *Publicación.*) || Inspiración por la cual nos da Dios a conocer su voluntad. || Cosa revelada: *las revelaciones de San Juan.* || Religión revelada.
REVELADO, DA adj. Comunicado por la revelación: *dogma revelado.* || — M. Conjunto de operaciones necesarias para revelar una imagen fotográfica.
REVELADOR, RA adj. Que revela: *circunstancia reveladora.* || — M. Baño para revelar la fotografía.
REVELANDERO, RA m. y f. Persona que pretende disfrutar de revelaciones divinas.
REVELAR v. t. (lat. *revelare*). Descubrir un secreto: *revelar una conspiración.* (SINÓN. *Confesar, decir, exteriorizar, manifestar.* V. tb. *divulgar.*) || Mostrar, descubrir: *este libro revela gran talento.* || Manifestar Dios una cosa a sus siervos: *Dios reveló a Moisés la verdadera ley.* || *Fot.* Hacer visible la imagen latente en la placa o película. || — PARÓN. *Rebelar, reveler.*
REVELER v. t. (del lat. *revellere*, arrancar). *Med.* Alejar la causa de una enfermedad, llamándola hacia otra parte del cuerpo. (V. REVULSIVO.)
REVELLÍN m. Obra exterior de fortificación que defiende la cortina.
REVENAR v. i. *Agr.* Brotar un tronco cortado.
REVENDEDOR, RA adj. y s. Que revende.
REVENDER v. t. (lat. *revendere*). Vender por menudo ciertos géneros comprados al por mayor.
REVENDÓN, ONA m. y f. *And.* y *P. Rico.* Revendedor.
REVENIMIENTO m. *Min.* Hundimiento.
REVENIR v. i. Retornar, volver a su estado propio. || — V. r. Encogerse o reducirse lentamente una cosa. || Avinagrarse: *el vino empieza a revenirse.* || Soltar una cosa la humedad que tiene dentro: *la pintura se reviene.* || Ponerse correosa una pasta. || *Fig.* Ceder, transigir, flaquear. || — IRREG. Se conjuga como *venir.*
REVENO m. Brote de árbol cortado.
REVENTA f. Segunda venta de una cosa.
REVENTADERO m. Sitio o terreno muy difícil de transitar. || *Fig.* y *fam.* Trabajo grande y penoso. || *Chil.* Sitio donde rompen las olas.
REVENTAR v. i. Abrirse o romperse una cosa por impulso interior. (SINÓN. V. *Romper.*) || Abrirse o romperse un neumático. || Romper las olas en los peñascos. || Brotar con ímpetu. || *Fig.* Tener ansia vehemente de una cosa. || *Fig.* y *fam.* Estallar: *reventó el cohete.* || — V. t. Romper una cosa golpeándola o aplastándola con violencia. || *Fig.* y *fam.* Molestar, enfadar. (SINÓN. V. *Cansar.*) || *Fig.* Causar gran perjuicio: *aquel gasto me reventó.* || *Fam.* Morir. || — IRREG. Se conjuga como *alentar.*
REVENTAZÓN f. Reventón, acción de reventar. || *Arg.* Cadena de montañas poco elevadas.
REVENTÓN adj. Que parece que va a reventar: *clavel reventón.* || — M. Acción de reventar o reventarse: *el reventón de un neumático.* || *Fig.* Cuesta muy pendiente. || *Fig.* Aprieto grave, apuro en que se halla uno. || *Fig.* Fatiga grande: *darse un reventón para acabar su trabajo.* || *Amer.* Afloramiento de un filón.
REVER v. t. Ver de nuevo, examinar. || *For.* Ver un tribunal el pleito visto en otra sala del mismo.
REVERBERACIÓN f. Acción de reverberar: *la reverberación del sol en los heleros produce insolaciones graves.* || *Quím.* Calcinación hecha en un horno de reverbero.
REVERBERANTE adj. Que reverbera.
REVERBERAR v. i. (lat. *reverberare*). Reflejarse la luz de un cuerpo luminoso en otro: *el sol reverbera en la superficie del lago.*
REVERBERO m. Reverberación. || Espejo reflector: *un reverbero de cobre bruñido.* || Farol con reflectores. || *Horno de reverbero,* el que utiliza la reverberación del calor. || *Amer.* Cocinilla, infiernillo. || *And.* Quinqué.
REVERDECER v. i. Ponerse verdes de nuevo los campos. || *Fig.* Recobrar nuevo vigor y lozanía. || — IRREG. Se conjuga como *merecer.*
REVERENCIA f. (lat. *reverentia*). Veneración. (SINÓN. V. *Respeto.* CONTR. *Irreverencia.*) || Inclinación del cuerpo que se hace para saludar: *una reverencia profunda.* (SINÓN. V. *Saludo.*) || Título que se da a los religiosos condecorados.
REVERENCIAL adj. Inspirado por la reverencia: *respeto reverencial.*
REVERENCIAR v. t. Respetar, venerar: *reverenciar la religión.* (SINÓN. V. *Honrar* y *acatar.*)
REVERENDAS f. pl. Cartas dimisorias en que un obispo da facultad a su súbdito para recibir órdenes de otro. || Prenda o calidades muy notables de un sujeto: *es un hombre de muchas reverendas.*
REVERENDÍSIMO, MA adj. Tratamiento que se aplica a los cardenales, arzobispos y algunas otras dignidades eclesiásticas.
REVERENDO, DA adj. (lat. *reverendus*). Digno de reverencia. || Título o tratamiento que se aplica a los religiosos y religiosas. || *Fam.* Muy circunspecto. || *Fam.* Muy grande, enorme, vasto.
REVERENTE adj. Que muestra reverencia.
RÊVERIE f. (pal. fr., pr. *reveri*). Ensueño.
REVERSIBILIDAD f. Calidad de reversible: *la reversibilidad de un movimiento.*
REVERSIBLE adj. Que puede revertir: *bienes reversibles.* || *Biol.* Dícese de la alteración de una función u órgano cuando puede volverse a su estado normal. || *Mec.* Dícese de la transmisión que puede ponerse en movimiento actuando sobre cualquiera de los elementos enlazados por ella.
REVERSIÓN f. (lat. *reversio*). Restitución de una cosa a su primer estado. || *For.* Acción y efecto de revertir.
REVERSO, SA adj. (del lat. *reversus*, vuelto). Inverso: *gala reversa.* || — M. Revés: *el reverso de una tela, medalla, moneda,* etc. || *Fig.* y *fam.* *El reverso de la medalla,* persona que parece la antítesis de otra.
REVERTER v. i. Rebosar una cosa de sus límites. || — IRREG. Se conjuga como *tender.*
REVERTIR v. i. Volver una cosa a su condición o estado primitivo. || Venir a parar una cosa en otra. || *For.* Volver una cosa a su primer dueño o a otro. || — IRREG. Se conjuga como *sentir.*
REVÉS m. Parte de una cosa opuesta a la cara principal: *el revés de una tela.* (SINÓN. *Contrahaz, contrario, envés, dorso, vuelta.*) || Golpe que se da con la mano vuelta. (SINÓN. V. *Bofetada.*) || Golpe que se da con la espada o la raqueta de izquierda a derecha. || *Fig.* Desgracia: *reveses de fortuna.* (SINÓN. V. *Fracaso.*) || Derrota: *un revés militar.* || *Al revés,* al contrario. || *De revés,* de izquierda a derecha.
REVESA f. *Mar.* Corriente marina de poca intensidad, causada por las mareas de distinta dirección.
REVESADO, DA adj. Difícil, trabajoso de entender: *frase muy revesada.* || *Fig.* Muy travieso.
REVESINO m. (fr. *reversi*). Un juego de naipes.
REVESTIMIENTO m. Obra de piedra, ladrillo, etc., que sirve para mantener la tierra en un foso, fortificación, etc. || Cubierta de piedra, yeso, madera, etc., que se pone a una construcción para su mayor solidez y ornato: *muchos templos tienen un revestimiento de mármol.*
REVESTIR v. t. Vestir por encima: *revestir los ornamentos sagrados.* || Cubrir con un revestimiento: *revestir de piedra.* || Presentar un aspecto. || — V. r. Imbuirse, dejarse llevar por una idea. || Engreirse. || Poner a contribución la energía de ánimo necesaria: *revestirse de paciencia.*
REVEZAR v. t. Reemplazar a otro: *revezar los bueyes de labranza.*
REVEZO m. Acción de revezar. || Cosa que reveza.
REVIEJO, JA adj. Muy viejo. (SINÓN. V. *Antiguo.*) || — M. Rama seca.
REVIENTABUEY m. Bupresto, insecto.
REVIENTACABALLO m. *Cub.* Género de plantas lobeliáceas venenosas de las Antillas.
REVIERNES m. Cada uno de los siete viernes que siguen a la pascua de Resurrección.
REVIGORAR y **REVIGORIZAR** v. t. Dar nuevo vigor.
REVINDICAR v. t. Reivindicar.
REVIRAR v. i. *Mar.* Volver a virar.
REVISABLE adj. Que se puede revisar.

REVISACIÓN y **REVISADA** f. *Amer.* Revisión.
REVISAR v. t. Someter a nuevo examen una cosa para corregirla o repararla. (SINÓN. *Corregir, modificar, rectificar, repasar, retocar.* V. tb. *revista.*) || Controlar: *revisar los billetes del tren.*
REVISIÓN f. (lat. *revisio*). Acción de revisar.
REVISIONISMO m. Actitud de aquellos que ponen en tela de juicio las bases de una doctrina.
REVISIONISTA adj. y s. Relativo al revisionismo o su partidario.
REVISITA f. Segunda visita o reconocimiento que se hace de una cosa.
REVISOR, RA adj. Que revisa o reconoce; especialmente el funcionario de ferrocarriles que comprueba que los viajeros tienen billetes.
REVISORÍA f. Cargo u oficina del revisor.
REVISTA f. Inspección exacta, examen detallado: *pasar revista a sus papeles* (no *pasar en revista*). || Inspección de la tropa, de los caballos, etc.: *una revista severa.* (SINÓN. *Alarde, examen, inspección, revisión.* V. tb. *desfile.*) || Título de ciertas publicaciones: *revista científica.* (SINÓN. V. *Periódico.*) || Espectáculo teatral de carácter frívolo, consistente en cuadros sueltos, generalmente tomados de la actualidad, con predominio de la música y coreografía. || Sección de un periódico en que se hace una reseña de carácter crítico: *revista teatral.*
REVISTAR v. t. Pasar revista a la tropa.
REVISTERO, RA m. y f. Persona que escribe revistas.
REVITALIZAR v. t. Dar nueva vida.
REVIVIFICAR v. t. Vivificar, dar nueva vida. (SINÓN. V. *Reanimar.*)
REVIVIR v. i. Resucitar. (SINÓN. *Renacer, resurgir.*) || Vivir de nuevo. || Volver en sí el que parecía muerto. || *Fig.* Renovarse una cosa: *revivió la discordia entre los socios.*
REVOCABILIDAD f. Calidad de revocable.
REVOCABLE adj. Que puede revocarse: *una decisión revocable.* || — CONTR. *Irrevocable.*
REVOCACIÓN f. Anulación, acción de revocar o anular una cosa: *revocación de un edicto.*
REVOCADOR, RA adj. y s. Que revoca o anula. || — M. Albañil que revoca las paredes.
REVOCADURA f. El revoque de las paredes.
REVOCANTE adj. Que revoca o anula una cosa.
REVOCAR v. t. (lat. *revocare*). Anular: *revocar una orden injusta.* || Apartar a uno de un designio. (SINÓN. V. *Destituir.*) || Hacer retroceder: *el viento revoca el humo.* || Enlucir las paredes de un edificio.
REVOCATORIO, RIA adj. Que revoca o anula: *decreto revocatorio.* || — F. *Col.* Revocación.
REVOCO m. Acción de revocar o anular una cosa. || Revoque de las paredes. || Defensa de retama que se pone en las seras del carbón.
REVOLAR v. i. Volar nuevamente el ave. || Revolotear. || — IRREG. Se conjuga como *contar.*
REVOLCADERO m. Sitio donde se revuelcan por costumbre los animales.
REVOLCAR v. t. Derribar a uno y revolverle por el suelo: *el toro revolcó al banderillero.* || *Fig.* y *fam.* Dejar vencido y apabullado al adversario en una discusión. (SINÓN. V. *Vencer.*) || *Fam.* Suspender en un examen. || — V. r. Echarse sin cuidado sobre una cosa estropeándola. || Empeñarse en una cosa. || — IRREG. Se conjuga como *contar.*
REVOLCÓN m. *Fam.* Revuelco, acto de revolcar. || *Fam.* Suspenso en un examen.
REVOLEAR v. i. Volar las aves dando vueltas. || — V. t. *Arg.* Ejecutar molinetes con una correa, lazo, etc. || — PARÓN. *Bolear.*
REVOLEO m. Revuelo.
REVOLETEAR v. i. *Amer.* Revolotear.
REVOLOTEAR v. i. Volar dando vueltas o giros: *un pajarillo que revolotea.* || Ir por el aire dando vueltas una cosa: *papel que revolotea.* (SINÓN. V. *Flotar.*)
REVOLOTEO m. Acción y efecto de revolotear.
REVOLTIJO, REVOLTILLO m. y **REVOLTINA** f. Conjunto de cosas revueltas. (SINÓN. V. *Mezcla.*) || Trenza de tripas de carnero. || *Fig.* Confusión, enredo. (SINÓN. V. *Desorden.*)
REVOLTOSO, SA adj. y s. Sedicioso, alborotador: *castigar a un revoltoso.* || Travieso, enredador. (SINÓN. V. *Turbulento.*)
REVOLTURA f. *Amer.* Revoltijo.

REVOLUCIÓN f. Movimiento circular: *la revolución de los astros en su órbita.* || Alzamiento. (SINÓN. *Insurrección, rebelión, sublevación.* V. tb. *motín.*) || Cambio grande en una cosa, especialmente en el gobierno de los Estados: *la Revolución Francesa.* (V. *Parte hist.*) || *Mec.* Vuelta completa de una pieza móvil alrededor de un eje. || *Geom.* Movimiento supuesto de un plano alrededor de uno de sus lados para engendrar un sólido: *la esfera es el producto de la revolución de un semicírculo alrededor de su diámetro.* || *Fig.* Transformación profunda: *revolución literaria.*
REVOLUCIONAR v. t. Promover revoluciones, alborotar: *revolucionar un país.* (SINÓN. V. *Conmover.*) || *Mec.* Imprimir más o menos revoluciones a un motor.
REVOLUCIONARIO, RIA adj. Perteneciente a la revolución: *el calendario revolucionario francés.* (SINÓN. *Agitador, faccioso, insurrecto, rebelde.*) || — Adj. y s. Partidario de la revolución. || Alborotador, sedicioso, rebelde.
REVOLVEDERO m. Revolcadero.
REVOLVEDOR, RA adj. y s. Que revuelve o sacude alguna cosa. || — M. *Agr.* Sacudidor de hierba. || *Cub.* Recipiente donde se revuelve el guarapo para reducirlo a pasta.
REVÓLVER m. (ingl. *revolver*). Pistola de recámara múltiple y un cilindro giratorio o tambor, con la que pueden tirarse varios tiros sin volver a cargar. (SINÓN. V. *Pistola.*) Pl. *revólvers* o *revólveres.*
REVOLVER v. t. (lat. *revolvere*). Sacudir, menear. (SINÓN. V. *Agitar* y *derribar.*) || Envolver o enredar una cosa. || Volver la cara al enemigo. || Producir náuseas: *el bicarbonato revuelve el estómago.* || Registrar separando o buscando algunas cosas: *revolver papeles.* || Discurrir en varias cosas: *revolver pensamientos diversos.* || Hacer dar vuelta el jinete al caballo rápidamente. || Meter en pleito o disputa: *revolver los ánimos.* || Hacer una cosa una vuelta o revolución entera. || Alterar el buen orden de las cosas. || — IRREG. Se conjuga como *mover.*
REVOLVIMIENTO m. La acción de revolver.
REVOQUE m. Acción de revocar las paredes. || La mezcla de cal y arena que se usa para revocar.
REVUELCO m. Acción de revolcar o revolcarse.
REVUELO m. Segundo vuelo. || Movimiento confuso de ciertas cosas. || *Fig.* Turbación, emoción: *la noticia produjo gran revuelo.* || *Amer.* Golpe con el espolón que da el gallo de pelea. || *Salv.* Vuelo corto, salto, brinco.
REVUELTA f. Alboroto, sedición, motín. || Punto en que se tuerce una cosa: *las revueltas de un camino.* || Dirección oblicua que se toma. || Mudanza de estado o de parecer. || Segunda vuelta. || Riña, pendencia, disputa.
REVUELTAMENTE adv. m. De un modo revuelto, sin orden ni concierto.
REVUELTO, TA adj. En desorden. || Inquieto, travieso. || *Fig.* Enrevesado o intrincado.
REVUELVEPIEDRAS m. Ave marina que se alimenta de moluscos que busca entre las piedras.
REVULSIÓN f. (lat. *revulsio*). *Med.* Método curativo que consiste en producir una irritación local para hacer cesar la congestión o inflamación de una parte del cuerpo.
REVULSIVO, VA adj. y s. *Med.* Dícese de los medicamentos que producen revulsión: *la tintura de yodo es un excelente revulsivo.*
REVULSORIO, RIA adj. y s. *Med.* Revulsivo.
REY m. (lat. *rex*). Jefe soberano de una monarquía. (SINÓN. V. *Monarca.*) || *Rey Católico*, nombre que se daba al rey de España. || Persona que ejerce autoridad muy grande en una cosa: *el rey del petróleo.* || Pieza principal del juego de ajedrez. || Carta duodécima de la baraja: *el rey de oros.* || *El día de los Reyes*, la Epifanía. || *El rey de la creación*, el hombre. || *El rey de los animales*, el león. || *Rey de codornices*, ave zancuda que suele acompañar a las codornices en sus migraciones. || *Rey de los gallinazos*, especie de buitre. || *El rey que rabió*, o *que rabió por gachas*, personaje fabuloso que se toma como símbolo de una antigüedad muy grande. || *Servir al rey*, ser soldado.
REYERTA f. Riña, disputa, cuestión, pendencia. (SINÓN. V. *Refriega.*)
REYEZUELO m. Rey de poca monta. || Pájaro de 8 a 10 cm de longitud, de alas cortas y redondeadas, con plumaje vistoso.

revólver

revuelvepiedras

reyezuelo

REYUNAR v. t. *Riopl.* Cortar la punta de la oreja a un cuadrúpedo.
REYUNO, NA adj. *Riopl.* Dícese del animal que tiene cortada la punta de una oreja, por pertenecer al Estado (antiguamente al rey).
REZADO m. Rezo. (P. us.)
REZADOR, RA adj. y s. Que reza mucho.
REZAGA f. Retaguardia.
REZAGANTE adj. Que se rezaga. ‖ — PARÓN. *Rozagante.*
REZAGAR v. t. Dejar atrás. ‖ Atrasar, dejar alguna cosa para hacerla más tarde. ‖ — V. r. Quedarse atrás, retrasarse.
REZAR v. t. (lat. *recitare*). Orar de palabra. ‖ Recitar las oraciones usadas por la Iglesia. ‖ Leer el oficio divino. ‖ Decir la misa sin cantarla. ‖ *Fam.* Anunciar, decir: *según reza una inscripción.* ‖ — V. i. *Fam.* Gruñir, rezongar. ‖ *Fam.* Tocar: *eso no reza conmigo.*
REZNO m. (lat. *ricinus*). Larva de una especie de mosca que vive parásita sobre el buey, el caballo y otros mamíferos. ‖ *Bot.* Ricino.
REZO m. Acción de rezar. (SINÓN. V. *Oración.*) ‖ Oficio religioso que se reza cada día.
REZÓN m. *Mar.* Ancla pequeña, de cuatro uñas.
REZONGADOR, RA adj. y s. El que rezonga o refunfuña mucho.
REZONGAR v. i. Gruñir, refunfuñar: *niño que rezonga.* (SINÓN. V. *Murmurar.*) ‖ *Amér. C.* Regañar, reprender a uno.
REZONGLÓN, ONA adj. Rezonguero.
REZONGO m. Rezongueo.
REZONGÓN, ONA adj. Rezonguero.
REZONGUEO m. *Amer.* Acción de rezongar.
REZONGUERO, RA adj. y s. *Fam.* Rezongador, gruñón, descontentadizo. (SINÓN. V. *Regañón.*)
REZUMADERO m. Parte de una vasija por donde se rezuma un líquido.
REZUMARSE v. r. Salirse un líquido por los poros del vaso que lo encierra. (SINÓN. V. *Correr.*) ‖ *Fam.* Translucirse y susurrarse una especie. ‖ — PARÓN. *Resumir.*
rH, índice, análogo al pH, que representa cuantitativamente el valor del poder oxidante o reductor de un medio.
Rh, símbolo químico del *rodio.*
RHESUS m. V. FACTOR *Rhesus.*
RHO f. (gr. *rô*). Decimoséptima letra del alfabeto griego, que corresponde a nuestra *erre.*
RÍA f. Penetración que forma el mar en la costa: *las rías de Galicia.* ‖ Ensenada amplia. (SINÓN. V. *Golfo.*)
¡RIÁ!, voz con que los carreteros hacen torcer a izquierda a la caballería.
RIACHO m. Riachuelo, río pequeño, arroyuelo.
RIACHUELO m. Río pequeño, arroyuelo.
RIADA f. Avenida, aluvión, crecida del río. (SINÓN. V. *Inundación.*) ‖ *Fig.* Multitud, bandada.
RIBA f. (lat. *ripa*). Ribazo, colina.
RIBADOQUÍN m. (fr. *ribaudequin*). Nombre de una pieza de artillería usada en la Antigüedad.
RIBALDERÍA f. Vida del ribaldo, bellaquería.
RIBALDO, DA adj. (ital. *ribaldo*). Bribón, pícaro, bellaco. ‖ — M. *Hist.* Mercenario de ciertos cuerpos de infantería que hubo antiguamente en Europa.
RIBAZO m. Terreno algo elevado y en declive.
RIBAZÓN f. Arribazón, afluencia de peces.
RIBERA f. Orilla del mar o de un río. (SINÓN. V. *Litoral.*) ‖ Tierra situada cerca de la orilla del río: *los habitantes de las riberas del Guadalquivir.* ‖ — PARÓN. *Rivera.*
RIBEREÑO, ÑA y **RIBERANO, NA** adj. Relativo o perteneciente a la ribera de un río o mar: *pueblos ribereños del Duero.*
RIBERIEGO, GA adj. Dícese del ganado lanar que no es trashumante.
RIBERO m. Vallado que se establece a la orilla de una presa para que no se salga el agua.
RIBETE m. Borde, cinta u orilla que se pone a ciertas cosas. ‖ Lo que se agrega a una cosa. ‖ *Fig.* Adornos que agrega una persona a lo que cuenta. ‖ — Pl. *Fig.* y *fam.* Visos: *tiene sus ribetes de médico.*
RIBETEADO m. Ribete.
RIBETEADOR, RA adj. y s. Que ribetea.
RIBETEAR v. t. Echar o poner ribetes. ‖ Orlar.

rezón

ricino

RICACHO, CHA y **RICACHÓN, ONA** m. y f. *Fam.* Persona muy rica y vulgar.
RICADUEÑA, RICAHEMBRA o **RICAFEMBRA** f. *Ant.* Hija o mujer del ricohombre.
RICAHOMBRÍA f. *Ant.* Título de ricohombre.
RICAMENTE adv. m. Con riqueza y abundancia. ‖ Preciosamente, perfectamente: *comer ricamente.* ‖ Muy bien, con comodidad: *descansar ricamente.*
RICAZO, ZA m. y f. Ricacho.
RICIAL adj. Dícese de la tierra segada en verde, que vuelve a retoñar. ‖ Dícese de la tierra sembrada de verde para pasto del ganado.
RICINO m. (lat. *ricinus*). Planta euforbiácea de cuyas semillas se extrae un aceite purgante. (SINÓN. *Higuera infernal.*)
RICO, CA adj. Que posee gran fortuna: *rico propietario.* ‖ Acaudalado, opulento. (SINÓN. *Acomodado, adinerado, capitalista, creso, fúcar, hacendado, nabab, plutócrata, propietario, terrateniente.* Pop. *Ricacho, platudo.*) ‖ Fértil, abundante: *una rica cosecha.* ‖ Magnífico: *ricos bordados.* ‖ Sabroso, exquisito: *una comida muy rica.* ‖ *Fig.* y *fam.* Bonito, simpático; dícese especialmente de los niños pequeños. ‖ *Nuevo rico,* persona que ha hecho fortuna recientemente, sin haber adquirido la cultura y modales de su nueva condición. ‖ — CONTR. *Pobre.*
RICOHOMBRE y **RICOHOME** m. *Ant.* Individuo de la primera nobleza de España.
RICTUS m. (lat. *rictus*). Cierta contracción de los labios que da a la boca la apariencia de la sonrisa: *un rictus sardónico.* (SINÓN. V. *Mueca.*)
RICURA f. Calidad de rico o sabroso. ‖ Cosa rica.
RIDÍCULAMENTE adv. m. De modo ridículo: *un individuo ridículamente vestido.*
RIDICULEZ f. Acción o palabra ridícula.
RIDICULIZAR v. t. Poner en ridículo a una persona o cosa: *la comedia ridiculiza los vicios.* (SINÓN. V. *Embromar.*)
RIDÍCULO m. (del lat. *reticulus,* bolsa de red). La bolsa manual que usaban las señoras.
RIDÍCULO, LA adj. (lat. *ridiculus*). Dícese de lo que mueve a risa: *pronunciar un discurso ridículo.* (SINÓN. *Burlesco, grotesco, risible.*) ‖ Extraño, extravagante. (SINÓN. V. *Absurdo.*) ‖ Escaso, corto. ‖ Nimiamente delicado y reparón. ‖ — M. Ridiculez: *caer en un ridículo.* ‖ *Poner en ridículo,* ridiculizar.
RIEGO m. Acción y efecto de regar. (SINÓN. *Aspersión, irrigación.*) ‖ Agua disponible para regar. ‖ *Riego sanguíneo,* cantidad de sangre que nutre los órganos y tejidos del cuerpo.
RIEL m. (lat. *regula*). Barra de metal en bruto. ‖ Carril de una vía férrea: *los rieles del tranvía.* ‖ Barra con ranura por la que corren los anillos de una cortina.
RIELAR v. i. *Poét.* Brillar trémulamente: *las estrellas rielan en el cielo.* (SINÓN. V. *Destellar.*)
RIELERA f. Molde de hierro donde se vacían los metales derretidos para formar lingotes.
RIENDA f. (lat. *retina*). Correa que sirve para gobernar la caballería. (SINÓN. *Brida, cabestro, ronzal.*) ‖ — Pl. *Fig.* Dirección de una cosa: *las riendas del Gobierno.* ‖ *Falsa rienda,* segunda rienda que sirve para sujetar al caballo cuando llegan a faltar las principales. ‖ *Fig. Aflojar las riendas,* ceder de la vigilancia que uno tenía. ‖ *A rienda suelta,* con toda velocidad. *Fig.* Sin ninguna sujeción. ‖ *Dar rienda suelta,* dar libre curso. ‖ *Tirar la rienda,* sujetar, dominar.
RIENTE adj. Que ríe. ‖ *Fig.* Alegre: *paisaje riente.*
RIESGO m. Peligro, contingencia de un daño. ‖ Cada una de las contingencias que cubre un contrato de seguro.
RIESGOSO, SA adj. *Amer.* Arriesgado.
RIFA f. Sorteo de una cosa que se hace generalmente por medio de billetes. ‖ Riña, pelea.
RIFADOR m. El que rifa o sortea alguna cosa.
RIFAR v. t. Efectuar el juego de la rifa. ‖ — V. i. Reñir, disputar con uno. ‖ — V. r. *Mar.* Romperse, desgarrarse una vela. ‖ *Fig.* y *fam.* Tener mucho éxito una mujer: *María se rifa entre los hombres.*
RIFEÑO, ÑA adj. Del Rif, región de Marruecos.
RIFIRRAFE m. *Fam.* Contienda, riña.
RIFLE m. (ingl. *rifle*). Fusil rayado y de cañón largo. (SINÓN. V. *Fusil.*)

Fot. Viollet

RIFLERO m. *Amer.* Soldado armado de rifle.
RÍGIDAMENTE adv. m. Con rigidez.
RIGIDEZ f. Calidad de rígido: *la rigidez de una barra.* ‖ *Fig.* Probidad rigurosa: *la rigidez de un magistrado.* ‖ — CONTR. *Flexibilidad.*
RÍGIDO, DA adj. (lat. *rigidus*). Tieso, poco flexible: *el acero es mucho más rígido que el cobre.* ‖ *Fig.* Severo, inflexible. (SINÓN. V. *Exigente* y *serio.*)
RIGODÓN m. (fr. *rigodon*). Especie de contradanza que se bailaba antiguamente.
RIGOR m. (lat. *rigor*). Severidad, dureza: *el rigor de un padre.* ‖ Aspereza, vehemencia: *rigor del invierno.* ‖ Exactitud inflexible: *el rigor de una regla.* (SINÓN. V. *Exactitud.*) ‖ Forma exacta: *el rigor de un razonamiento.* ‖ *Med.* Rigidez preternatural de un órgano. ‖ Frío intenso que acomete al principio de ciertas enfermedades. ‖ *Col.* Multitud de cosas. ‖ *En rigor* m. adv., en realidad. ‖ *Ser de rigor una cosa,* ser indispensable. ‖ *Ser el rigor de las desdichas,* ser muy infeliz.
RIGORISMO m. Exceso de rigor o servidad: *los puritanos hacen alarde de rigorismo excesivo.*
RIGORISTA adj. y s. Que muestra rigorismo. (SINÓN. V. *Austero.*)
RIGOROSO, SA adj. Riguroso, severo.
RIGUROSAMENTE adv. m. Con sumo rigor.
RIGUROSIDAD f. Calidad de riguroso o severo.
RIGUROSO, SA adj. Que muestra mucha severidad en sus máximas, en su conducta: *moralista riguroso.* ‖ Duro, difícil de soportar: *riguroso castigo.* (SINÓN. V. *Severo.*) ‖ Rígido: *deber riguroso.* ‖ Rudo, áspero: *pasar un invierno riguroso.* (SINÓN. *Brusco, inclemente.*) ‖ Sin réplica: *hacer una demostración rigurosa.* ‖ — CONTR. *Clemente, indulgente.*
RIJA f. *Med.* Fístula que se forma algunas veces en el ojo, debajo del lagrimal.
RIJA f. (lat. *rixa*). Riña, alboroto, pendencia.
RIJADOR, RA adj. Rijoso.
RIJOSO, SA adj. (lat. *rixosus*). Que está siempre dispuesto para reñir o contender. ‖ Inquieto y alborotado a vista de la hembra: *caballo rijoso.*
RIJO m. Propensión a lo sensual.
RILA f. *Col.* Estiércol de las aves de corral. ‖ *Col.* Ternilla.
RIMA f. Consonancia o asonancia de dos voces. ‖ Consonante o asonante: *una rima pobre.* ‖ Composición poética: *las rimas de Garcilaso.* ‖ Conjunto de consonantes de una lengua: *el diccionario de la Rima.*
RIMA f. Rimero, montón de ciertas cosas. (P. us.)
RIMADO m. *Ant.* Crónica rimada: *el Rimado de Palacio del canciller López de Ayala.*
RIMADOR, RA adj. y s. Poeta que se distingue sobre todo por la calidad de su rima.
RIMAR v. i. (lat. *rimari*). Hacer versos rimados. ‖ Ser una voz consonante de otra: RESTO *rima con* CESTO. ‖ — V. t. Hacer que una palabra rime con otra.
RIMBOMBANCIA f. La calidad de rimbombante.
RIMBOMBANTE adj. Que rimbomba o resuena. (SINÓN. V. *Ampuloso.*)
RIMBOMBAR v. i. (ital. *rimbombare*). Resonar, retumbar, repercutirse un sonido.
RIMBOMBE y **RIMBOMBO** m. Retumbo, repercusión, eco prolongado de un sonido. (P. us.)
RÍMEL m. Cosmético que usan las mujeres para embellecer los ojos.
RIMERO m. Pila o montón de ciertas cosas: *rimero de libros.*
RINALGIA f. (del gr. *rhis, rhinos,* nariz, y *algos,* dolor). *Med.* Dolor que reside en la nariz.
RINANTO m. Nombre vulgar de la *gallocresta.*
RINCÓN m. Ángulo entrante de dos paredes. (SINÓN. V. *Ángulo.*) ‖ Escondrijo, sitio apartado: *esconder algo en un rincón de la casa.* (SINÓN. *Esconce, escondrijo, recoveco, repliegue.*) ‖ *Fig.* y *fam.* Sitio adonde se va uno a vivir retirado del comercio de las gentes. ‖ *Per.* Valle angosto que está encerrado entre dos cerros. ‖ *Arg.* Punta de tierra en la confluencia de dos ríos o formado por un recodo de río.
RINCONADA f. Ángulo de dos casas, calles, etc. ‖ *Arg.* Rincón.
RINCONERA f. Mesa pequeña y triangular, que se pone en un rincón de habitación. ‖ Armario o vitrina que se pone en un rincón. ‖ *Arq.* Lienzo de pared entre una esquina y la ventana próxima.
RING m. (pal. ingl.). Plataforma acondicionada para los combates de boxeo y lucha.
RINGLA f., **RINGLE** m. y **RINGLERA** f. Hilera de cosas puestas en orden: *ringlera de botellas.* (SINÓN. V. *Fila.*)
RINGLERO m. Cada una de las rayas o líneas del papel pautado en que se aprende a escribir.
RINGLETE m. *Col.* y *Arg.* Rehilandera, molinete, juguete. ‖ *Amer.* Persona muy activa.
RINGLETEAR v. i. *Chil. Fam.* Callejear.
RINGORRANGO m. *Fam.* Rasgo de pluma: *escribir con muchos ringorrangos.* ‖ *Fam.* Adorno inútil.
RINITIS f. (del gr. *rhis, rhinos,* nariz, y el sufijo *itis*). Inflamación de la mucosa de las fosas nasales.
RINOCERONTE m. (del gr. *rhin, rhinos,* nariz, y *keras,* cuerno). Género de mamíferos perisodáctilos de las regiones cálidas de África y Asia, caracterizado por la presencia de uno o dos cuernos en la nariz. — Los *rinocerontes* son vigorosos animales salvajes, de piel gruesa; miden hasta 4 metros de largo y 2 de alto. El rinoceronte de Asia no tiene más que un cuerno en la nariz, mientras que el africano tiene dos.
RINOLOGÍA f. Estudio de las enfermedades de la nariz.
RINÓLOGO m. Médico especialista de las enfermedades de las fosas nasales.
RINOPLASTIA f. (del gr. *rhis, rhinos,* nariz, y *plassein,* formar). *Cir.* Operación quirúrgica para restaurar la nariz.
RINOSCOPIA f. (del gr. *rhis, rhinos,* nariz, y *skopein,* ver). *Med.* Examen médico de las fosas nasales.
RIÑA f. Pendencia, quimera: *una riña sangrienta.* (SINÓN. V. *Disputa.*)
RIÑÓN m. (lat. *ren, renis*). Víscera doble que segrega la orina: *los riñones están a ambos lados de la columna vertebral.* ‖ *Fig.* Interior o centro de una región: *el riñón de Castilla.* ‖ *Min.* Trozo redondo de mineral. ‖ — Pl. Región de la pelvis: *un golpe en los riñones.* ‖ *Fam. Tener el riñón bien cubierto,* ser rico. ‖ *Fig.* y *fam. Pegarse al riñón,* ser muy nutritivo un alimento. ‖ *Fig.* y *fam. Costar un riñón,* costar mucho.
RIÑONADA f. Tejido adiposo que envuelve los riñones. ‖ Sitio donde están colocados los riñones en el cuerpo. ‖ Guisado de riñones. ‖ *Fig.* y *fam.* Mucho dinero: *cuesta una riñonada.*
RÍO m. (lat. *rivus*). Corriente de agua bastante considerable que desemboca en otra o en el mar: *el Misisipí y el Amazonas son los dos ríos más grandes de América.* ‖ *Fig.* Gran abundancia de un líquido: *corrieron ríos de sangre.* ‖ *A río revuelto,* m. adv., en desorden. ‖ — PROV. **A río revuelto, ganancia de pescadores,** censura a los que saben aprovechar las turbaciones o los desórdenes para sacar su provecho.

Ríos más importantes del mundo

NOMBRE	PAÍS	KM.
Nilo	Egipto	6 700
Amazonas	Perú-Brasil	6 500
Misuri-Misisipí	Estados Unidos	6 260
Yang Tse Kiang	China	5 500
Hoang Ho	China	5 200
Congo	África ecuatorial	4 640
Mackenzie	Canadá	4 600
Paraná	Brasil - Paraguay - Argentina	4 500
Amur	Mongolia-U.R.S.S.	4 500
Lena	Siberia	4 260
Níger	África occidental	4 200
Mekong	Asia del Sudoeste	4 200
Obi	U.R.S.S.	4 000
Ienisei	Siberia	3 800
San Lorenzo	Estados Unidos-Canadá	3 800
Volga	U.R.S.S.	3 688
Yukon	Canadá	3 300
San Francisco	Brasil	3 161
Bravo (Grande)	Estados Unidos-México	2 896
Orinoco	Venezuela	2 400

RINOCERONTE

de Asia

de África

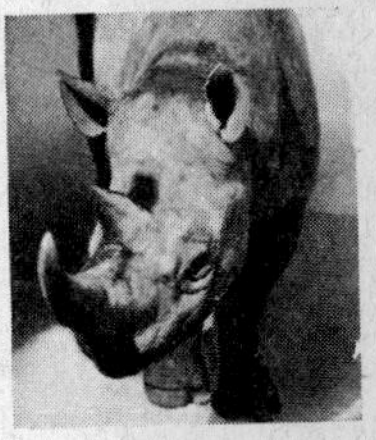

RIÑÓN

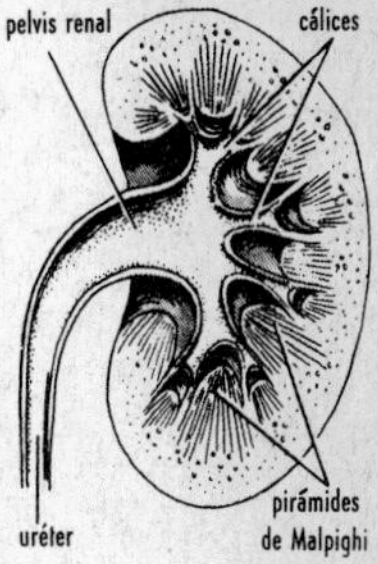

Fot. Viollet

RIOBAMBEÑO, ÑA adj. y s. De Riobamba (Ecuador).
RIOHACHERO, RA adj. y s. De Riohacha (Colombia).
RIOJANO, NA adj. y s. De La Rioja (Argentina) o de la Rioja (España).
RIOLADA f. *Fam.* Afluencia grande de una cosa.
RIONEGRENSE adj. y s. De Río Negro (Uruguay).
RIONEGRINO, NA adj. y s. De Río Negro (Argentina).
RIOPLATENSE adj. y s. Del Río de la Plata.
RIOSTRA f. *Arq.* Pieza oblicua de una armazón.
RIPIA f. Tabla delgada que se deja sin cepillar. || Costera tosca de un madero.
RIPIAR v. t. Enripiar, llenar con ripio. || *Col.* Quitar a las plantas textiles la parte verde para que queden limpios los hilos. || *Cub.* Desmenuzar una cosa.
RIPIO m. Residuo de una cosa. (SINÓN. V. *Desperdicio.*) || Fragmentos de ladrillo o piedra que se desechan, cascote que sólo sirve para rellenar. || Palabra inútil que sólo se emplea para completar el verso. || Conjunto de palabras inútiles en un discurso o escrito: *meter mucho ripio.* || *Fig. No perder ripio,* escuchar todo.
RIPIOSO, SA adj. *Fig.* Lleno de ripios o inutilidades: *versos ripiosos.*
RIQUEZA f. Abundancia de bienes: *la riqueza del Estado.* (SINÓN. V. *Abundancia.*) || Opulencia: *vive en la riqueza.* (SINÓN. V. *Lujo.*) || Fertilidad: *la riqueza del suelo.* || *Fig.* Fecundidad de ideas, de imágenes: *la riqueza del estilo.* || Objetos de gran valor: *amontonar riquezas en un museo.*
RISA f. (lat. *risus*). Movimiento de la boca y del rostro que denota alegría: *la risa es propia del hombre.* (SINÓN. V. *Sonrisa.*) || Lo que mueve a reir: *ese libro es una verdadera risa.* (SINÓN. V. *Burla y mueca.*) || *Risa sardónica,* contracción convulsiva de los músculos del rostro que imita la risa. || *Morirse, caerse* o *desternillarse de risa,* reir mucho. || *Tomar a risa,* no dar crédito o importancia. || — PARÓN. *Riza.*
RISCADILLO m. *Amer.* Un lienzo de algodón.
RISCAL m. Sitio lleno de riscos o de peñascos.
RISCO m. Peñasco, roca alta.
RISCOSO, SA adj. Que está lleno de riscos.
RISIBILIDAD f. Calidad de lo risible.
RISIBLE adj. Capaz de reírse. || Que causa risa: *proyecto risible.* (SINÓN. V. *Ridículo.*)
RISIBLEMENTE adv. m. De un modo risible.
RISO m. (lat. *risus*). *Poét.* Sonrisa apacible.
RISORIO m. *Anat.* Nombre de un músculo pequeño fijo en las comisuras labiales.
RISOTADA f. Carcajada, risa ruidosa.
RISPIDEZ f. Aspereza.
RÍSPIDO, DA adj. Áspero, rudo.
RISTRA f. (del lat. *restis,* cuerda). Trenza hecha con los tallos de ajos o cebollas. || *Fig.* y *fam.* Conjunto de cosas colocadas en fila.
RISTRE m. Hierro del peto de la armadura antigua, donde se afianzaba la lanza: *lanza en ristre.*
RISTREL m. *Arq.* Listón grueso de madera.
RISUEÑO, ÑA adj. Que muestra risa: *mostrar un rostro risueño.* (SINÓN. V. *Amable.*) || Que ríe con facilidad: *niño risueño.* || *Fig.* De aspecto agradable: *prado risueño.* || *Fig.* Próspero, favorable: *suerte risueña.*
RITMAR v. t. Disponer con ritmo voces y cláusulas.
RÍTMICO, CA adj. Perteneciente al ritmo.
RITMO m. (lat. *rhythmus*). Disposición periódica y armoniosa de voces y cláusulas en el lenguaje: *ritmo poético.* || Metro o verso: *mudar de ritmo.* || *Mús.* Proporción simétrica de los tiempos fuertes y débiles en una frase musical. (SINÓN. *Cadencia, compás.*)
RITO m. (lat. *ritus*). Orden establecido para las ceremonias de una religión: *rito católico.* (SINÓN. V. *Hábito.*)
RITO m. *Chil.* Manta o poncho grueso. || *Chil.* Jerga que se pone en el apero bajo las coronas.
RITÓN m. (pal. gr.). Vaso griego para beber, en forma de cuerno o de cabeza de animal.
RITORNELO m. (ital. *ritornello*). *Mús.* Trozo instrumental que precede y a veces sigue un trozo de canto. || *Fam.* Estribillo, repetición (SINÓN. V. *Repetición.*)

róbalo

RITUAL adj. Relativo a los ritos: *leyes rituales.* || — M. Libro que contiene las ceremonias de la administración de los sacramentos. || *Fig.* Ceremonial. || *Ser de ritual,* ser de costumbre.
RITUALIDAD f. Observancia de las formalidades.
RITUALISMO m. En Inglaterra, tendencia religiosa de los que quieren aumentar la importancia de las ceremonias religiosas.
RITUALISTA adj. y s. Partidario del ritualismo.
RIVAL adj. (lat. *rivalis*). Que aspira a las mismas ventajas que otro. || El que alcanza casi el mérito de otro: *Cervantes tuvo imitadores, pero no rivales.* || — SINÓN. *Competidor, contendiente, contrario.* V. tb. *enemigo.* || — CONTR. *Partidario, socio.*
RIVALIDAD f. (lat. *rivalitas*). Competencia entre dos personas que aspiran a una misma cosa. (SINÓN. V. *Envidia.*) || Enemistad.
RIVALIZAR v. i. Competir: *rivalizar en ardor.* (SINÓN. V. *Luchar.*)
RIVERA f. (del lat. *rivus,* riachuelo). Arroyuelo, riachuelo. (P. us.) || — PARÓN. *Ribera.*
RIVENSE adj. y s. De Rivas (Nicaragua).
RIVERENSE adj. y s. De Rivera (Uruguay).
RIZA f. (del *lat.* residua, cosas que quedan). Residuo del alcacer después de segado. (SINÓN. *Rastrojo.*) || Parte dura de la paja que dejan en los pesebres las caballerías. || PARÓN. *Risa.*
RIZA f. Destrozo, daño, estrago: *hacer riza.*
RIZADO m. Acción de rizar: *el rizado del pelo.*
RIZAL adj. Ricial.
RIZAR v. t. Formar rizos en el pelo: *rizar con tenacillas.* (SINÓN. *Encrespar, ensortijar, ondular.*) || Formar olas pequeñas el viento en el mar. || Hacer dobleces menudos: *rizar papel.* || *Rizar el rizo,* dar vueltas de campana el avión. || — V. r. Ensortijarse el pelo naturalmente.
RIZO, ZA adj. Ensortijado, que hace rizos. || || — Adj. y s. Dícese del terciopelo no cortado en el telar y que forma cordoncillo. || — M. Mechón de pelo ensortijado: *cortarse un rizo.* (SINÓN. V. *Mechón.*) || — Pl. *Mar.* Cabos que sirven para acortar las velas cuando arrecia el viento. || Vuelta de campana en avión.
RIZÓFAGO, GA adj. Dícese del animal que se alimenta de raíces.
RIZÓFORA f. Árbol de los países tropicales, llamado también *mangle,* que alcanza de quince a dieciocho metros de altura.
RIZOFORÁCEAS f. pl. Familia de plantas dicotiledóneas que tiene por tipo el mangle o rizófora.
RIZOMA m. Tallo subterráneo que tienen ciertas plantas: *el iris se desarrolla por medio de rizomas.*
RIZÓPODOS m. pl. *Zool.* Nombre de una clase de protozoarios gelatinosos.
RIZOSO, SA adj. Que tiene rizos: *pelo rizoso.*
Rn, símbolo químico del *radón.*
RO, voz que, repetida, sirve para arrullar al niño.
ROA f. *Mar.* Roda, parte de la quilla.
ROANO, NA adj. Dícese del caballo de pelo mezclado de blanco, gris y bayo.
ROAST-BEEF m. V. ROSBIF.
ROATENENSE adj. y s. De Roatán (Honduras).
ROBADERA f. Traílla, instrumento agrícola.
ROBADOR, RA adj. y s. Que roba. || — SINÓN. *Ladrón.*
ROBALIZA f. Hembra del róbalo.
RÓBALO o **ROBALO** m. Pez marino acantopterigio, con dos aletas en el lomo y carne muy apreciada. (SINÓN. *Lubina.*)
ROBAR v. t. (lat. *rapere*). Quitar lo ajeno, hurtar: *robar el portamonedas a un transeúnte.* (SINÓN. *Despojar, desvalijar, estafar, saquear, saltear, timar.* Fig. *Explotar.* Pop. *Ratear.* V. tb. *apropiarse, arrebatar, desposeer* y *hurtar.*) || Llevarse las aguas de los ríos tierra de sus orillas. || En ciertos juegos de naipes y de dominó, tomar algunos de los que quedan sin repartir. || *Fig.* Atraer con astucia o maña: *robar el corazón.*
ROBEZO m. Rebeco, gamuza, mamífero.
ROBÍN m. Orín, herrumbre.
ROBLADERO, RA adj. Que puede roblarse o remacharse: *clavo robladero.*
ROBLADURA f. La acción y efecto de roblar.

ROBLAR v. t. (lat. *robare*). *Tecn.* Doblar, remachar un clavo, etc., para que esté más firme.
ROBLE m. Árbol fagáceo de Europa, parecido a la encina, que puede alcanzar 20 a 40 m de

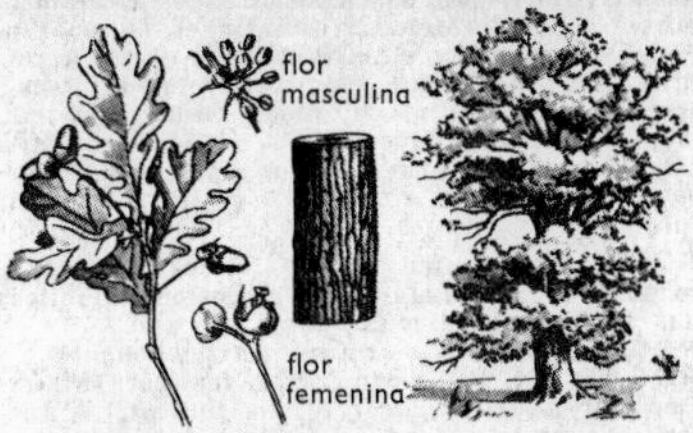

altura. ‖ *Fig.* Persona o cosa muy resistente.
ROBLEDAL y **ROBLEDO** m. Plantío de robles: *el robledal de Corpes.*
ROBLERÍA f. *Chil.* Robledal, encinar.
ROBLIZO, ZA adj. Fuerte, robusto, vigoroso.
ROBLÓN m. Clavo de hierro que, después de pasado por los agujeros de las piezas que ha de unir, se remacha por el extremo opuesto. ‖ Cobija, teja que cubre otras dos.
ROBO m. Acción y efecto de robar, cosa robada: *cometer un robo.* (SINÓN. *Estafa, hurto, merodeo, ratería.* V. tb. *rapiña.*) ‖ En ciertos juegos, naipes que toman del monte los jugadores para suplir las faltas.
ROBORANTE adj. Que robora o fortifica: *medicamento roborante.* ‖ — CONTR. *Debilitante.*
ROBORAR v. t. (lat. *roborare*). Dar fuerza a una cosa. ‖ *Fig.* Corroborar, confirmar. ‖ CONTR. *Debilitar.*
ROBORATIVO, VA adj. Que robora o fortifica. (SINÓN. V. *Reconstituyente.*)
ROBOT m. Aparato automático, con mando electromagnético, que puede ejecutar diversas operaciones. (SINÓN. V. *Autómata.*)
ROBRA f. Alboroque.
ROBUSTAMENTE adv. m. Con robustez.
ROBUSTECIMIENTO m. Acción y efecto de robustecer.
ROBUSTECER v. t. Dar robustez, fortificar. (SINÓN. V. *Afirmar.*) ‖ — IRREG. Se conjuga como *merecer.*
ROBUSTEZ y **ROBUSTEZA** f. Fuerza.
ROBUSTO, TA adj. (lat. *robustus*). Vigoroso, recio: *temperamento robusto.* (SINÓN. V. *Fuerte.*)
ROCA f. (fr. *roc*). Masa grande de piedra: *roca eruptiva.* ‖ Piedra dura y sólida. ‖ Peñasco, piedra grande en la tierra o en el mar: *escalar una roca.* (SINÓN. V. *Escollo* y *piedra.*) ‖ *Fig.* Cosa muy dura: *tener un corazón de roca.*
ROCADERO m. Coraza, capirote que se ponía en la cabeza a los criminales. ‖ Armazón del extremo de la rueca, donde se coloca el copo que se está hilando.
ROCADOR m. Rocadero de la rueca.
ROCALLA f. Piedrecillas o fragmentos de roca. ‖ Abalorio grueso.
ROCALLOSO, SA adj. Abundante en rocalla.
ROCAMBOLA f. Planta liliácea hortense parecida al ajo.
ROCAMBOR m. *Amer.* Juego del tresillo.
ROCAMBOREAR v. i. *Amer.* Jugar al tresillo.
ROCE m. Acción de rozar. ‖ *Fig.* Trato frecuente.
ROCKET m. (pal. ingl.). Cohete.
ROCIADA f. Acción de rociar. ‖ Rocío. ‖ Hierba mojada con rocío que se da como medicina a las bestias. ‖ *Fig.* Conjunto de cosas que se esparcen a modo de lluvia: *aguantar una rociada de balas.* ‖ *Fig.* Reprensión severa, especialmente si se dirige a varios. (SINÓN. V. *Paliza.*)
ROCIADO, DA adj. Mojado por el rocío.
ROCIADOR m. Escobilla para rociar la ropa. ‖ *Ecuad.* Vaporizador.
ROCIADURA f. y **ROCIAMIENTO** m. Rociada.
ROCIAR v. i. Caer el rocío. ‖ — V. t. Regar en forma de lluvia: *rociar con agua las flores de una maceta.* (SINÓN. V. *Mojar* y *regar.*) ‖ *Fig.* Arrojar ciertas cosas de modo que caigan diseminadas: *rociar confites.*
ROCÍN m. (del al. *Ross*, caballo). Caballo de poca alzada. (SINÓN. V. *Asno.*) ‖ Caballo de trabajo. (SINÓN. V. *Caballo.*) ‖ *Fig.* y *fam.* Hombre rudo e ignorante. ‖ *Bol.* Buey que está adiestrado para el tiro.
ROCINANTE m. (n. del caballo que montaba Don Quijote de la Mancha). *Fig.* Rocín, matalón. (SINÓN. V. *Caballo.*)
ROCÍO m. (lat. *ros*). Vapor que se condensa por la mañana y la noche en gotas menudas sobre las plantas: *prado húmedo de rocío.* ‖ Lluvia corta y pasajera, llovizna. ‖ *Fig.* Cualquier cosa que se parezca al rocío: *un rocío de lágrimas.*
ROCIÓN m. Salpicadura del agua del mar producida por el choque contra un obstáculo.
ROCOCÓ adj. (pal. fr.). Dícese del estilo francés muy amanerado que surgió a fines del reinado de Luis XV.
ROCOSO, SA adj. Peñascoso.
ROCOTE y **ROCOTO** m. *Amer.* Planta solanácea, especie de ají grande, y su fruto.
ROCHA f. Roza, tierra rozada. ‖ *Bol.* *Hacer rocha*, hacer novillos, faltar a clase.
ROCHELA f. *Ant.* y *Amer.* Gran ruido.
ROCHELEAR v. i. *Venez.* Retozar, juguetear.
ROCHELERO, RA adj. *Venez.* Juguetón.
ROCHENSE adj. y s. De Rocha (Uruguay).
ROCHO m. Ave fabulosa a la que atribuían los antiguos viajeros desmesurado tamaño.
RODA f. (del lat. *rota*, rueda). *Mar.* Pieza que forma la proa de la nave.
RODABALLO m. Pez teleósteo del suborden de los anacantos, de cuerpo aplanado y boca oblicua, que vive en el fondo del mar: *la carne del rodaballo es muy estimada.* ‖ *Fam.* Hombre astuto.
RODADA f. Señal que deja la rueda al pasar por la tierra. ‖ *Arg.* Acción de rodar o caer el caballo.
RODADERO, RA adj. Dícese del caballo que tiene en la piel manchas redondas. ‖ Dícese de las piedras redondeadas a fuerza de rodar: *canto rodado.* ‖ *Min.* Dícese de los pedazos de mineral desprendidos del filón y que han rodado por el suelo. ‖ Dícese del período o frase muy fluidos. ‖ — M. *Arg.* y *Chil.* Vehículo, carruaje. ‖ *Privilegio rodado*, privilegio que llevaba el sello real y alrededor las firmas de las personas de la casa real, de los prelados y ricos hombres. ‖ *Tránsito rodado*, circulación de vehículos.
RODADOR, RA adj. Que rueda: *coche muy rodador.* ‖ — M. *Amer.* Mosquito que, después de chupar la sangre, cae rodando como la sanguijuela. ‖ Rueda, pez.
RODADURA f. Acción y efecto de rodar.
RODAJA f. Disco plano de madera, metal, etc. ‖ Estrellita de la espuela. ‖ Ruedecilla, rueda pequeña. (SINÓN. V. *Rebanada.*)
RODAJE m. Conjunto de ruedas: *rodaje de reloj.* ‖ En cinematografía, acción de filmar una película. ‖ Impuesto sobre los carruajes. ‖ *Mec.* *Período de rodaje*, tiempo durante el cual las piezas de un motor nuevo no han de soportar grandes esfuerzos, hasta que por frotamiento se realice el ajuste total de las mismas.
RODAL m. Terreno o campo pequeño: *cultivar un rodal.*
RODAMIENTO m. *Mec.* Cojinete formado por dos cilindros entre los que se intercala un juego de bolas o de rodillos que pueden girar libremente.
RODAMINA f. Materia colorante roja.
RODANTE adj. Que rueda: *material rodante.*
RODAPELO m. Redopelo.
RODAPIÉ m. Friso. ‖ Tabla o celosía que rodea la parte inferior del balcón.
RODAPLANCHA f. Abertura de la llave que divide el paletón hasta la tija.
RODAR v. i. (lat. *rotare*). Dar vueltas un cuerpo alrededor de su eje. (SINÓN. V. *Girar.*) ‖ Moverse una cosa por medio de ruedas: *el coche rueda.* ‖ Caer dando vueltas: *rodó por la escalera.* (SINÓN. V. *Caer, descender* y *resbalar.*) ‖ *Arg.* Caer hacia delante el caballo al correr. ‖ *Fig.* Andar vagando sin ocupación fija. ‖ *Fig.* Abundar, haber gran cantidad de algo. ‖ *Fig.* Suceder unas cosas a otras. ‖ — V. t. En cinematografía, fotografiar una escena. (SINÓN. V. *Cinematografiar.*) ‖ *Mec.* Someter un mecanismo al período de rodaje. ‖ *Hond.* Derribar de un golpe o tiro. ‖ Galicismo por *arrastrar: rueda el río arenas de oro.* ‖ — IRREG. Se conjuga como *contar.*

ROBLONES

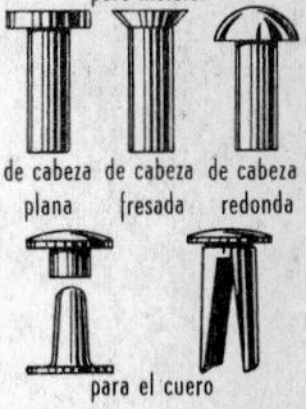

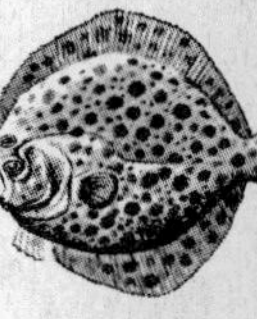

rodaballo

RODAMIENTOS

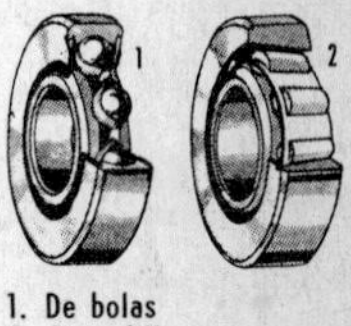

1. De bolas
2. De rodillos

rodela

rododendro

rodilla

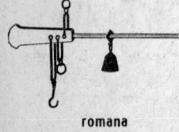

romana

RODEABRAZO (A) m. adv. Dando una vuelta con el brazo para arrojar una cosa.
RODEAR v. i. Dar la vuelta a una cosa. ‖ Dar un rodeo para ir a alguna parte. (SINÓN. *Ceñir, circundar, encerrar, envolver.* V. tb. *abrazar* y *cercar.*) ‖ *Fig.* Usar de rodeos al hablar. ‖ —V. t. Poner alrededor: *rodear de flores.* ‖ *Amer.* Recoger un hato de ganado, circundándolo generalmente a caballo. ‖ — V. r. Revolverse, removerse.
RODELA f. (del lat. *rotella,* ruedecilla). Escudo redondo y pequeño. ‖ *Chil.* Rosca.
RODELERO m. Soldado armado de rodela.
RODENO, NA adj. Rojo, rojizo: *tierra rodena.* ‖ Nombre de una variedad de pino.
RODEO m. Acción de rodear. ‖ Camino más largo que el camino derecho. ‖ Vuelta que se da para librarse de una persecución. (SINÓN. *Descamino, desviación, desvío.*) ‖ Reunión o recuento que se hace del ganado disperso en el campo. ‖ Lugar donde se reúne el ganado en los mercados. ‖ Fiesta dada con motivo del herraje del ganado en algunas partes de América. ‖ *Fig.* Modo ambiguo de decir una cosa por medio de indirectas: *dejémonos de rodeos.* (SINÓN. *Sesgo.* V. tb. *ambage.*) ‖ *Fig.* Escape, efugio, pretexto que se invoca para eludir una contestación.
RODERA f. Carrilada, rodada en los caminos.
RODERICENSE adj. y s. De Ciudad Rodrigo.
RODERO, RA adj. De las ruedas.
RODETE m. Rosca de pelo que se hacen las mujeres como peinado. ‖ Rosca de lienzo que se lleva en la cabeza para sostener algún peso. ‖ Pieza de algunas cerraduras. ‖ Articulación que permite girar al juego delantero de los coches de cuatro ruedas. ‖ *Mec.* Rueda hidráulica horizontal con paletas.
RODEZNO m. Rueda hidráulica: *rodezno de molino.* ‖ Rueda dentada que mueve la muela de molino.
RODIL m. Prado situado entre tierras dedicadas a la labranza.
RODILLA f. (del lat. *rotula,* rodaja). Articulación del muslo con la pierna. ‖ En el caballo y otros animales, unión del antebrazo con la caña. ‖ *De rodillas,* con las rodillas en tierra. ‖ *Fig. Doblar,* o *hincar, uno la rodilla,* rendirse, humillarse a otro.
RODILLA f. Paño basto para limpiar el suelo.
RODILLADA f. Rodillazo.
RODILLAZO m. Golpe dado con la rodilla.
RODILLERA f. Cosa que se pone por abrigo, defensa o adorno en la rodilla: *rodillera de lana.* ‖ Remiendo que se echa a las rodillas de un pantalón. ‖ Bolsa que forma el pantalón viejo en las rodillas. ‖ Herida que se hace el caballo al caer de rodillas.
RODILLO m. Cilindro de madera que se usa para diversas cosas: *rodillo de albañil.* ‖ Cilindro grande de hierro que se emplea para allanar la tierra. ‖ Cilindro de pasta especial que se usa para dar tinta en las máquinas de imprimir.
RODILLONA f. *Venez.* Solterona, jamona.
RODILLUDO, DA adj. De rodillas gruesas.
RODIO m. (del lat. *rhodinus,* sonrosado). Metal (Rh), de número atómico 45, análogo al cromo y al cobalto, de densidad 12,48 y punto de fusión a 1985° C.
RODIO, DIA adj. y s. De Rodas.
RODO m. Rodillo.
RODODAFNE f. (del gr. *rhodon,* rosa, y *daphnê,* laurel). Uno de los nombres de la *adelfa.*
RODODENDRO m. (del gr. *rhodon,* rosa, y *dendron,* árbol). Arbusto de la familia de las ericáceas, de bellas flores en corimbo.
RODOMIEL m. Miel rosada.
RODRIGAR v. t. Poner rodrigones: *rodrigar un arbusto.*
RODRIGÓN m. Vara que se clava al pie de una planta para sostenerla. ‖ *Fig.* y *fam.* Criado viejo que acompañaba en otro tiempo a las señoras.
ROEDOR, RA adj. Que roe. ‖ *Fig.* Que consume el ánimo: *un sentimiento roedor.* ‖ — M. pl. *Zool.* Orden de mamíferos provistos en cada quijada de dos incisivos, sin colmillos, como la ardilla, el ratón, el castor y el conejo.
ROEDURA f. Acción de roer y cosa que se roe.
ROEL m. *Blas.* Disco en los escudos de armas. ‖ Señal o mancha redonda.
ROELA f. Cospel, disco de oro o plata en bruto.
ROENTGEN m. Röntgen.
ROER v. t. (lat. *rodere*). Cortar menudamente con los dientes una cosa dura: *los ratones roen todo lo que encuentran.* ‖ Quitar con los dientes la carne de un hueso. (SINÓN. V. *Comer.*) ‖ *Fig.* Gastar poco a poco una cosa. (SINÓN. *Carcomer, corroer.*) ‖ *Fig.* Molestar, afligir el ánimo una cosa: *ese pesar le roe continuamente.* ‖ — IRREG. Pres. ind.: *roo, roes, roe, roemos, roéis, roen;* pret. indef.: *roí, roíste, royó, roímos, roísteis, royeron;* imperf.: *roe, roa* o *roiga; roamos* o *roigamos, roed* y *roan* o *roigan;* pret. subj.: *royera, royeras,* etc., *royese, royeses,* etc.; fut. subj.: *royere, royeres,* etc.; ger.: *royendo.*
ROGACIÓN f. (lat. *rogatio*). Ruego, acción de rogar. ‖ — Pl. Letanías y procesiones públicas que se hacen en ciertas épocas del año.
ROGANTE adj. Que ruega: *actitud rogante.*
ROGAR v. t. Pedir por gracia, suplicar. (SINÓN. *Implorar, pedir, suplicar.* V. tb. *invocar.*) ‖ Instar. (SINÓN. *Conjurar.* V. tb. *invitar.*) ‖ — IRREG. Se conjuga como *contar.*
ROGATIVA f. Oración pública que se hace para conseguir de Dios el remedio de alguna necesidad.
ROGATIVO, VA adj. Que incluye ruego.
ROGATORIO, RIA adj. Que se refiere a la rogación o súplica. ‖ Que ruega: *un despacho rogatorio.*
ROÍDO, DA adj. *Fig.* y *fam.* Corto, mezquino.
ROJAL adj. Dícese de lo que tira algo a rojo: *tierra rojal.* ‖ — M. Campo cuyo color tira a rojo.
ROJEAR v. i. Tirar a rojo el color de una cosa.
ROJETE m. Color que se usa como afeite.
ROJEZ f. Calidad de rojo.
ROJIZO, ZA adj. De color que tira a rojo.
ROJO, JA adj. y s. (lat. *russus*). Encarnado, colorado: *el rojo es el primer color del espectro solar.* (SINÓN. *Bermejo, bermellón, carmesí, coloradote, escarlata, púrpura, rubicundo.*) ‖ Rubio. ‖ Dícese del pelo que es casi colorado. ‖ Dícese de una tendencia política de extrema izquierda y de sus partidarios. ‖ — M. Color característico de las señales de peligro o detención: *el semáforo está en rojo.*
ROJURA f. Rojez, calidad de rojo.
ROL m. (fr. *rôle*). Lista, catálogo. ‖ *Mar.* Licencia que lleva el capitán, y donde consta la lista de la marinería. ‖ Galicismo por *papel: desempeñar un gran rol.*
ROLAR v. i. *Mar.* Dar vueltas en redondo: *rolar el viento.* ‖ *Amer.* Tener trato o relaciones. ‖ *Amer.* Tratar, conversar, platicar con uno.
ROLDANA f. *Mar.* Rodaja de una garrucha.
ROLEO m. *Arq.* Voluta.
ROLO m. *Col.* y *Venez.* Galicismo por *rodillo.*
ROLLA f. Trenza de espadaña, forrada con pellejo, que se pone en el yugo para adaptarlo a las colleras de las caballerías. ‖ — PARÓN. *Roya.*
ROLLAR v. t. Arrollar.
ROLLETE m. *Bol.* Jeta, hocico. ‖ *Venez.* y *Col.* ‖ Rodete para llevar cargas en la cabeza.
ROLLIZO, ZA adj. Redondo, cilíndrico. ‖ Robusto: *un niño rollizo.* (SINÓN. V. *Grueso.*) ‖ — M. Madero en rollo.
ROLLO m. (lat. *rotulus*). Cilindro de cualquier materia: *rollo de manteca.* ‖ Cilindro de madera o rodillo que sirve para diferentes usos: *rollo de pastelero.* ‖ Madero redondo sin labrar: *madero en rollo.* ‖ *Fam.* Persona o cosa pesada, tediosa. ‖ *Fig.* y *fam. Soltar el rollo,* pronunciar un discurso o alegato pesado y rutinario. ‖ — PARÓN. *Royo.*
ROLLÓN, ONA adj. Dícese del niño envuelto en pañales. ‖ — M. Acemite.
ROLLONA f. *Fam.* Niñera, nodriza.
ROMADIZARSE v. r. Resfriarse.
ROMADIZO m. (del gr. *reuma,* fluxión). *Med.* Catarro de la membrana pituitaria.
ROMAICO, CA adj. y s. (del gr. *rômaikos,* romano). Dícese de la lengua griega moderna.
ROMANA f. Instrumento para pesar, formado por una palanca de dos brazos desiguales y un pilón que corre por el brazo mayor donde está señalada la escala de los pesos. (SINÓN. V. *Balanza.*)
ROMANAR v. t. Romanear.
ROMANCE adj. y s. Dícese de las lenguas modernas derivadas del latín: *el español, el francés, el portugués, el italiano, el rumano, el provenzal y el catalán son lenguas romances.* ‖ — M. Idio-

Fot. Larousse

ma castellano: *escribir en romance.* || Novela de caballerías. || Composición poética que consiste en repetir al fin de todos los versos pares una asonancia, no dando rima alguna a los impares. || Galicismo por *novela.* || *Fig. Hablar en romance,* hablar claramente.

ROMANCEAR v. t. Traducir al romance. (P. us.) || *Chil.* Galantear, requebrar, enamorar a una persona.

ROMANCERESCO, CA adj. Novelesco.

ROMANCERO, RA m. y f. Persona que hace o canta romances. || — M. Colección de romances poéticos. (V. *Parte hist.*)

ROMANCESCO, CA adj. Novelesco, romanesco.

ROMANCISTA adj. y s. Nombre que se daba a los que escribían en romance o lengua castellana.

ROMANCHE m. Rético (idioma).

ROMANEAR v. t. Pesar con la romana.

ROMANEO m. Acción de romanear.

ROMANESCO, CA adj. Relativo o perteneciente a los romanos. || Romancesco, novelesco.

ROMÁNICO, CA adj. Dícese de la arquitectura que se desarrolló en los países latinos en los siglos XI, XII y parte del XIII. (V. ilustr. pág. 911.) || Neolatino.

ROMANILLA f. *Venez.* Cancel corrido puesto en las habitaciones, principalmente en el comedor.

ROMANILLA adj. *Letra romanilla,* la redonda.

ROMANINA f. Juego en que se derriban con una peonza unos bolos colocados en una mesa especial.

ROMANISMO m. Conjunto de instituciones, cultura o tendencias políticas de Roma.

ROMANISTA adj. y s. El profesor de Derecho romano. || Filólogo versado en las lenguas romances.

ROMANIZACIÓN f. Acción de romanizar.

ROMANIZAR v. t. Difundir la civilización romana o la lengua latina. || — V. r. Adoptar la civilización romana.

ROMANO, NA adj. De la antigua Roma: *la República Romana.* || De Roma actual. || Digno de los antiguos romanos: *virtud romana.* || *Números romanos,* las letras numerales I, V, X, L, C, D y M. (V. NUMERACIÓN.) || *Iglesia romana,* la católica. || *Arquitectura romana,* el orden toscano y el compuesto. || *Escuela romana,* la escuela de pintura fundada por el Perugino. || Dícese de una variedad de lechuga. || *Obra de romanos,* obra de arquitectura muy antigua, y por extensión, cualquier cosa muy difícil. (V. ilustr. pág. 913.)

ROMANTICISMO m. Sistema, escuela literaria de los escritores románticos.

— Se da el nombre de *romanticismo* al movimiento literario y artístico que, a comienzos del siglo XIX, creó una estética basada en el rompimiento con la disciplina y reglas del clasicismo y del academicismo. Inicióse en literatura en Alemania (Schiller, Tieck, Heine) e Inglaterra (Wordsworth, Coleridge, W. Scott, Byron, Shelley, Keats) y se propagó por Francia, donde Rousseau había sido un precursor, con Madame de Staël, Chateaubriand, Lamartine, V. Hugo, A. de Vigny y A. de Musset. El movimiento iba luego a irradiar al mundo entero: en Italia, con Manzoni y Leonardi; en España, con Martínez de la Rosa, el Duque de Rivas, Espronceda, Zorrilla y Bécquer; en Portugal, con Almeida Garret y Castelo Branco; en Rusia, con Puschkin; en Estados Unidos, con Emerson y Melville; y en Hispanoamérica, donde se dejó sentir hacia 1830, con el argentino Echeverría y el mexicano Rodríguez Galván, entre otros muchos. El subjetivismo romántico produjo un intenso cultivo de la lírica, una valoración creciente del paisaje, un gusto retrospectivo por las cosas de la Edad Media, y un amor a lo folklórico y local, tendencias estas últimas que condujeron al renacimiento de lenguas como la catalana y la provenzal, largo tiempo relegadas al olvido. El reflejo del romanticismo es patente en las otras artes: en pintura, la reacción contra el arte antiguo y clásico de la escuela de David está representada en Francia por Gros, Géricault y Delacroix. En música, los máximos representantes romáticos son: Mendelssohn, Schubert, Chopin, Liszt, Schumann y Berlioz.

ROMÁNTICO, CA adj. Dícese de los escritores que, a principios del siglo XIX, se libertaron de las reglas de composición y estilo establecidas por los autores clásicos. || Novelesco, romancesco: *tener imaginación romántica.* || Sentimental, generoso, fantástico. || Barb. por *románico.*

ROMANTIZAR v. t. Dar carácter romántico.

ROMANZA f. (ital. *romanza*). Aria o composición musical de carácter sencillo y tierno. (SINÓN. V. *Melodía.*)

ROMAZA f. (lat. *rumex*). Hierba poligonácea común en España: *la raíz de romaza se ha usado como tónico y laxante.*

ROMBAL adj. De forma de rombo.

ROMBO m. (gr. *rhombos*). *Geom.* Paralelogramo de lados iguales y ángulos iguales de dos en dos. || Rodaballo, pez plano y grande.

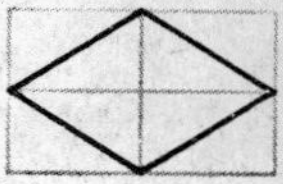
rombo

ROMBOEDRO m. (del gr. *rhombos,* rombo, y *edra,* cara). *Geom.* Prisma cuyas caras son todas rombos.

ROMBOIDAL adj. De figura de romboide.

ROMBOIDE m. (del gr. *rhombos,* rombo, y *eidos,* forma). *Geom.* Paralelogramo de ángulos y lados iguales de dos en dos.

ROMEO, A adj. y s. Griego bizantino. || *Fig.* Persona muy enamorada.

ROMERAL m. Sitio que está poblado de romero.

ROMERÍA f. Viaje hecho por devoción. || Fiesta popular con pretexto de una peregrinación. (SINÓN. V. *Fiesta.*)

ROMERILLO m. Planta silvestre de Cuba.

ROMERO m. (lat. *rosmarinus*). Planta de la familia de las labiadas, aromática y de flores estimulantes, común en España.

ROMERO, RA adj. y s. (de *Roma*). Peregrino que viaja con bordón y esclavina. || — M. Nombre de algunos peces marinos. || *Echar un romero,* sortear entre varias personas el que ha de cumplir el voto o promesa de una romería.

ROMO, MA adj. Obtuso: *punta roma.* (CONTR. *Agudo.*) || De nariz pequeña, chato. (SINÓN. *Mocho.*)

ROMPECABEZAS m. Arma formada por dos bolas de hierro o plomo fijas en los extremos de un mango flexible: *un rompecabezas de caucho.* || *Fig.* y *fam.* Problema, acertijo difícil. || Juego que consiste en reconstituir un dibujo recortado caprichosamente.

ROMPEDERA f. Puntero que sirve para abrir a martillo un agujero en el hierro.

ROMPEDERO, RA adj. Fácil de romper.

ROMPEDOR, RA adj. y s. Que rompe. || *Fam.* Dícese de la persona que gasta mucho los vestidos.

ROMPEGALAS com. *Fig.* y *fam.* Persona que rompe mucho la ropa y anda siempre mal vestida.

ROMPEHIELOS m. *Mar.* Espolón que tienen ciertos barcos para abrirse paso entre los hielos. || Barco construido para abrir camino en el hielo.

ROMPENUECES m. Partenueces, partidor.

ROMPEOLAS m. Dique avanzado en el mar, para procurar abrigo a un puerto o rada. (SINÓN. V. *Dique.*)

ROMPER v. t. (lat. *rumpere*). Dividir en pedazos una cosa: *romper un papel.* || Quebrar, hacer pedazos: *romper un plato.* (SINÓN. *Abrir, estallar, fracturar, hender, partir, rajar, reventar.*) || Gastar, destrozar: *romper la ropa.* || Roturar: *romper un campo.* || *Fig.* Interrumpir la continuidad de algo: *romper el silencio.* || *Fig.* Surcar, dividir: *romper las aguas el barco.* || *Fig.* Quebrantar: *romper el ayuno.* || — V. i. Empezar: *romper el día.* || *Fig.* Reventar: *romper las olas del mar.* || *Fig.* Empezar de pronto: *romper a hablar un niño.* || *Fig.* Brotar, prorrumpir. || *Fig.* Brotar las flores. || *Romper con uno,* disgustarse con él. || *De rompe y rasga,* m. adv., muy resuelto.

ROMPIBLE adj. Que se puede romper.

ROMPIENTE adj. Que rompe. (P. us.) || — M. y a veces f. Escollo donde rompen las olas del mar o la corriente de un río. (SINÓN. V. *Escollo.*)

ROMPIMIENTO m. Acción de romper, ruptura. || Quiebra o abertura en un cuerpo sólido. || *Teatr.* Telón cortado que deja ver otros por detrás. || *Fig.* Desavenencia, riña. || *Pint.* Porción del fondo del cuadro donde se pinta una abertura que deja ver otro fondo, paisaje, etc.

ROMPOPO m. *Amér. C.* Bebida muy nutritiva hecha con leche, aguardiente, huevos y azúcar.

RON m. (ingl. *rum*). Licor alcohólico bastante fuerte que se saca de la melaza.

RONCA f. Grito del gamo. || *Fam.* Amenaza jactanciosa: *echar roncas.* || Reprimenda. || Época del celo en el gamo.

romero

rondador

RONCADOR, RA adj. y s. Que ronca. ‖ — M. Pez marino acantopterigio: *cuando se saca del agua, el roncador produce sonido especial.* ‖ Sobrestante, en las minas de Almadén. ‖ — F. *Ecuad.* y *Bol.* Espuela de rodaja grande que se usa para montar a caballo.
RONCAMENTE adv. m. Bronca, desapacible, ásperamente: *responder roncamente a un aviso.*
RONCAR v. i. Hacer ruido con la respiración cuando se duerme. ‖ Gritar el gamo. ‖ *Fig.* Hacer ruido sordo o bronco. ‖ *Fam.* Echar roncas.
RONCE m. *Fam.* Roncería, halago.
RONCEAR v. i. Retrasar, dilatar una cosa, o hacerla de mala gana. ‖ *Fam.* Halagar a una persona para engañarla. ‖ *Mar.* Caminar lentamente la embarcación. ‖ *Amer.* Atisbar cautelosamente. ‖ — PARÓN. *Ronzar.*
RONCERÍA f. Tardanza que se pone en hacer una cosa, mala gana con que se ejecuta. ‖ *Fam.* Halago interesado. ‖ *Mar.* Movimiento muy lento del barco.
RONCERO, RA adj. Tardo y perezoso. ‖ Que refunfuña o gruñe a lo que le mandan. ‖ Que usa roncerías para conseguir alguna cosa. ‖ *Mar.* Dícese del buque pesado y tardo.
RONCO, CA adj. (lat. *raucus*). Que tiene ronquera. (SINÓN. *Afónico.*) ‖ Áspero y bronco: *sonido ronco.* (SINÓN. V. *Sonoro.*) ‖ — M. Pez de Cuba.
RONCÓN m. Tubo de la gaita gallega que, al sonar la flauta, forma el bajo del instrumento. ‖ — Adj. *Col.* y *Venez. Fam.* Fanfarrón.
RONCHA f. Bulto que se eleva en el cuerpo del animal después de una picadura: *roncha de pulga.* ‖ Cardenal, señal de un golpe. ‖ *Fig.* y *fam.* Estafa, engaño en materia de dinero. ‖ *Fig. Levantar roncha,* escocer mucho una palabra o cosa.
RONCHAR v. t. Ronzar, mascar las cosas duras.
RONDA f. (fr. *ronde*). Acción de rondar. ‖ Grupo de personas que rondan. ‖ Reunión nocturna de mozos. ‖ Camino que separa el muro de una plaza fuerte de las casas más exteriores. ‖ Camino de circunvalación en una población. ‖ *Fam.* Distribución de bebida o tabaco a varias personas: *pagar una ronda de aguardiente.* ‖ *Chil.* Corro (juego).
RONDADOR m. El que ronda. ‖ — M. *Ecuad.* Especie de flauta de Pan, llamada *sicu* en Bolivia.
RONDALLA f. Conjunto musical, generalmente con instrumentos de cuerda, que suele tocar por las calles y plazas: *la rondalla de la Universidad de Salamanca.* ‖ Cuento, patraña.
RONDANA f. Rodaja de plomo o cuero engrasado agujereada por el centro, que sirve de asiento a tuercas y tornillos. ‖ *Amer.* Roldana.
RONDAR v. i. Andar de noche vigilando una población, edificio, etc., para asegurarse de que reina el buen orden. ‖ Andar de noche paseando las calles: *rondar a la novia.* (SINÓN. V. *Errar.*) ‖ — V. t. Dar vueltas alrededor: *las mariposas rondan la luz.* ‖ *Fig.* y *fam.* Andar en pos de uno solicitando algo. ‖ *Fig.* y *fam.* Retentarle a uno una enfermedad.
RONDEL m. Rondó.
RONDEÑO, ÑA adj. y s. De Ronda. ‖ — F. Música y canto populares de Ronda, parecidos al fandango.
RONDÍN m. Ronda que hace el cabo de escuadra para celar los centinelas. ‖ Vigilante en los arsenales de marina.
RONDÓ m. (fr. *rondeau*). *Mús.* Cierta composición música cuyo tema se repite varias veces.
RONDÓN (De) m. adv. Impetuosamente y sin reparo alguno: *entrar de rondón en una casa.*
RONGACATONGA f. *Arg.* Ronda (juego).
RONQUEAR v. i. Hablar roncamente.
RONQUEDAD f. Aspereza de la voz o sonido.
RONQUERA mejor que **RONQUEZ** f. Afección de la garganta que vuelve ronca la voz.
RONQUIDO m. Ruido que hace el que ronca. ‖ *Fig.* Sonido ronco: *el ronquido del huracán.*
RONRÓN m. *Guat., Salv.* y *Hond.* Árbol ulmáceo de excelente madera. ‖ *Salv.* y *Hond.* Escarabajo pelotero. ‖ *Hond.* Bramadera, juguete.
RONRONEAR v. i. Runrunear el gato.
RONRONEO m. Runrún del gato.
RONSOCO m. *Per.* Capibara, roedor americano.
RÖNTGEN o **ROENTGEN** m. Unidad de cantidad de radiación X o γ (símb.: R).

ARTE ROMÁNICO

La arquitectura románica, predominante en los países latinos durante los siglos XI y XII, está ampliamente representada por numerosos edificios religiosos. Éstos se caracterizan por la planta rectangular latina, los espesos muros, hechos de piedras aparejadas, y sostenidos por sólidos contrafuertes y las bóvedas de cañón o arista, apoyadas en grandes pilares adornados con capiteles de diferentes formas. El ábside románico suele estar rodeado de capillas semicirculares construidas en torno al mismo, que le sirven de sostén (Vezelay, San Trófimo de Arles, Santiago de Compostela). La escultura románica, esencialmente decorativa, sirve como complemento de la arquitectura en las fachadas y pórticos (Ripoll), y ornamenta los tímpanos, arquivoltas y capiteles de las columnas de las iglesias y de las de sus claustros (Santo Domingo de Silos). La pintura románica se manifiesta de dos formas diferentes, marcadas ambas por su carácter simbólico : el fresco (San Clemente de Tahull) y la miniatura o ilustración de los manuscritos (« Libro de los Testamentos », de Oviedo). El esmalte, la orfebrería y el arte textil (« Tapiz de la Creación », de Gerona), completan el panorama de las principales disciplinas en que se desarrolló el románico. El norte de Italia y Francia han sido las regiones en las que el arte románico alcanzó mayor difusión. Este estilo se introdujo posteriormente en Inglaterra (hacia 1066, con los conquistadores normandos), y se extendió a Renania, donde inspiró la construcción de magníficas iglesias de planta carolingia (catedral de Worms). En la Península Ibérica, el arte románico presenta gran variedad. Penetró por Cataluña y Aragón, y, desde Francia, se extendió a Castilla y León siguiendo el camino de las peregrinaciones medievales a Santiago de Compostela. Más al Sur, el estilo románico se hispaniza merced a la mezcla con elementos árabes y da origen a las primeras manifestaciones del mudéjar.

ILUSTRACIONES

1. Paray-le-Monial (Francia) : ábside y campanario (s. XII); 2. Vezelay : nave de la iglesia de la Magdalena; 3. La catedral de Tréveris (Alemania); 4. San Clemente de Tahull, Lérida (España); 5. Poitiers (Francia) : Nuestra Señora la Grande; 6. Catedral de Santiago de Compostela (España), construida de 1078 a 1124; 7. Iglesia de Santa María de Ripoll, Gerona (España); 8. Brescia (Italia) : la primitiva catedral (s. X y XI); 9. León (España) : colegiata de San Isidoro; 10. Tímpano del pórtico de la iglesia de San Trófimo de Arles (Francia); 11. Claustro de Moissac (Francia); 12. Claustro de Santo Domingo de Silos, Burgos (España).
Abajo : *Cristo de San Clemente de Tahull* (detalle *del fresco del ábside)*

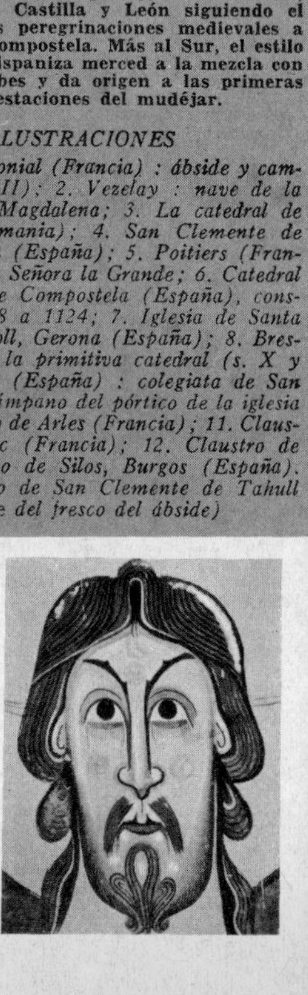

Fot. Gisele Freund, Braben, Boudot-Lamotte, Marburg, Vernacci, Neurdein, Martin, Mas, Oficina de Turismo Español

ARTE ROMÁNICO

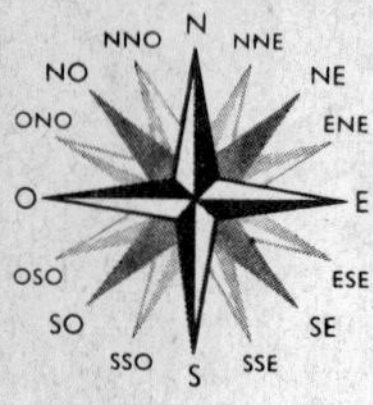

rosa de los vientos

rosetón

diversos tipos de rosas

RÖNTGENTERAPIA f. (de *Röntgen*). Tratamiento mediante los rayos x.
RONZA (Ir a la) fr. *Mar.* Sotaventarse el barco.
RONZAL m. Cuerda que se ata al pescuezo o a la cabeza de las caballerías. (SINÓN. V. *Rienda.*) ‖ *Mar.* Palanca o cuerda.
RONZAR v. t. Mascar cosas duras con ruido. ‖ *Mar.* Mover una cosa con una palanca.
ROÑA f. Sarna de los carneros. ‖ Mugre, suciedad pegada fuertemente. ‖ Corteza del pino. ‖ *Fig.* Daño moral y contagioso. ‖ *Fig.* y *fam.* Roñería. ‖ Persona roñosa. ‖ Enfermedad de la vid caracterizada por la aparición de manchas negras. ‖ *Ant.* y *Col. Fam.* Astucia, treta.
ROÑERÍA f. *Fam.* Miseria, tacañería, avaricia.
ROÑICA f. *Fam.* Persona roñosa.
ROÑOSERÍA f. Roñería.
ROÑOSO, SA adj. Que tiene roña: *oveja roñosa.* ‖ Puerco, mugriento. ‖ *Fig.* y *fam.* Miserable, mezquino. (SINÓN. V. *Tacaño.*)
ROPA f. Cualquier cosa que sirve de vestido o adorno: *ropa de casa, de dormir.* (SINÓN. V. *Vestido.*) ‖ *Ropa blanca,* la interior, de hilo, algodón o lana. ‖ *Ropa vieja,* guisado que se hace con carne que sobró de la olla. ‖ *Fig. A quema ropa,* de improviso: *preguntar algo a quema ropa.* ‖ *Fig. Nadar y guardar la ropa,* procurar conciliar varios intereses contrarios. ‖ *Fig. Tentarse la ropa,* considerar mucho lo que ha de hacer uno, antes de emprenderlo. ‖ *Fig.* y *fam. Haber ropa tendida,* tener mucha cautela para impedir que algunos de los presentes sepa de algo que conviene ocultarle.
ROPAJE m. Vestido generalmente largo y vistoso. ‖ Conjunto de ropas.
ROPAVEJERÍA f. La tienda del ropavejero.
ROPAVEJERO m. Vendedor de ropas viejas y diversos objetos usados. (SINÓN. V. *Chamarilero.*)
ROPERÍA f. Oficio y tienda del ropero. ‖ Habitación donde se guarda la ropa en una comunidad. ‖ Empleo de guardarropa.
ROPERO, RA m. y f. Persona que vende ropa hecha. ‖ El que cuida de la ropa de una comunidad. ‖ — M. Armario que sirve para guardar la ropa. (SINÓN. V. *Armario.*) [Ú. en América excluyendo a *armario.*] ‖ Asociación benéfica que distribuye ropa entre los necesitados.
ROPILLA f. Vestidura corta antigua con mangas. ‖ *Venez.* Toga que usan los magistrados.
ROPÓN m. Ropa larga que se lleva suelta sobre los demás vestidos. ‖ *Chil.* y *Col.* Falda de amazona.
ROQUE m. (del persa *roj,* carro de guerra). Torre del ajedrez. ‖ *Blas.* Torre figurada en un blasón. ‖ *Fig.* y *fam. Quedarse roque,* quedarse profundamente dormido.
ROQUEDA f. y **ROQUEDAL** m. Sitio abundante en rocas.
ROQUEFORT m. (del n. de una pobl. fr., pr. *rocfor*). Queso francés hecho con leche de ovejas y pan enmohecido que le da un aspecto y sabor peculiares.
ROQUEÑO, ÑA adj. Lleno de rocas o peñascos.
ROQUERÍA f. (ingl. *rookery*). *Arg.* Lugar de la costa donde abundan los lobos marinos.
ROQUERO, RA adj. Perteneciente a las rocas o edificado sobre ellas.
ROQUETE m. Especie de sobrepelliz cerrada.
RORCUAL m. Especie de ballena de los mares del Norte, llamada también *ballenóptero.*
RORRO m. *Fam.* Niño pequeñito. (SINÓN. V. *Bebé* y *niño.*) ‖ *Méx.* Muñeca.
ROS m. (del general *Ros de Olano*). Especie de gorra con visera que usaban los soldados españoles.
ROSA f. (lat. *rosa*). Flor del rosal: *las rosas presentan infinitas variedades de color.* ‖ *Rosa de té,* la de color amarillo rojizo. ‖ Mancha encarnada que suele salir en el cuerpo. ‖ Adorno de figura de rosa. ‖ Diamante labrado en facetas por un lado y plano por el otro. ‖ Color parecido al de la rosa. ‖ — Adj. De color de rosa. ‖ *Rosa de Jericó,* planta crucífera de los arenales de Siria y Palestina, que tiene la propiedad curiosa de revivir después de seca, cuando se pone en agua. ‖ *Rosa de los vientos* o *náutica,* círculo que tiene marcados los treinta y dos rumbos en que se divide el horizonte. ‖ *Agua de rosas,* la que se obtiene destilando dicha flor. ‖ *Verlo todo de color de rosa,* ser muy optimista. ‖ — OBSERV. Es un arcaísmo confundir *rosa* con *rosal* y decir: *sembrar rosas.* ‖ — PARÓN. *Roza.*
ROSÁCEO, A adj. Parecido a la rosa o al rosal. ‖ — F. pl. *Bot.* Familia de vegetales dicotiledóneos a que pertenecen el rosal, el almendro, la fresa, el escaramujo y el peral.
ROSADO, DA adj. De color de rosa. ‖ Preparado con rosas: *miel rosada.* ‖ *Amer.* Rosillo (ganado). ‖ *Casa Rosada,* residencia del presidente de la Rep. Argentina, en Buenos Aires.
ROSAL m. Arbusto de la familia de las rosáceas cuya flor es la rosa. ‖ *Amer.* Plantío de rosales. ‖ *Rosal silvestre,* el escaramujo o zarzaperruna.
ROSALEDA y **ROSALERA** f. Plantío de rosales. (SINÓN. V. *Jardín.*)
ROSARINO, NA adj. y s. De Rosario (Argentina) y de Villa del Rosario (Paraguay).
ROSARIO m. Sarta de cuentas separadas de diez en diez por otras más gruesas, que se usan para rezar: *el rosario conmemora los quince misterios de la Virgen María.* ‖ *Fig.* Sarta. ‖ Acto de rezar el rosario y conjunto de personas que con este fin se reúnen. ‖ Máquina hidraúlica a modo de noria.
ROSARSE v. r. Sonrosearse, tomar color de rosa.
ROSBIF m. (ingl. *roastbeef*). Carne de vaca asada: *un rosbif con patatas.*
ROSCA f. Corona, rodete: *una rosca de pan.* ‖ Vuelta circular o espiral de una cosa: *la rosca de un tornillo.* ‖ — M. *Pop.* Taimado: *ser una rosca.* ‖ *Chil.* Rodete para llevar bultos en la cabeza. ‖ *Rosca de Arquímedes,* aparato para elevar el agua. ‖ *Pop. Hacer la rosca,* hacer zalamerías. ‖ *Pasarse de rosca,* no entrar bien un tornillo en su rosca. *Fig.* Excederse.
ROSCA (En) m. adv. (b. bret. *rushen,* corteza). *Mar.* Dícese del barco sin carga o desarbolado.
ROSCADO, DA adj. En forma de rosca.
ROSCAR v. t. Labrar roscas.
ROSCO m. Roscón. ‖ Rosca de pan. ‖ Flotador que se pone alrededor del cuerpo de los que no saben nadar.
ROSCÓN m. Bollo en forma de rosca.
RÓSEO, A adj. (lat. *roseus*). De color de rosa.
ROSÉOLA f. *Med.* Enfermedad caracterizada por la formación de manchas róseas en la piel.
ROSETA f. Rosa pequeña. ‖ Chapeta, mancha encarnada en las mejillas. ‖ *Min.* Costra del cobre puro que se forma en los hornos de afino echando agua sobre el metal líquido. ‖ Adorno en figura de roseta: *roseta de crochet.* ‖ *Arg.* Rodaja de espuela. ‖ — Pl. Maíz tostado y reventado.
ROSETÓN m. Roseta grande. ‖ *Arq.* Ventana redonda y calada con adornos: *rosetón de piedra.* ‖ Vidriera de iglesia en forma circular. ‖ *Arq.* Adorno circular que se suele poner en los techos.
ROSICLER m. Color rosado de la aurora. ‖ Plata roja, arseniuro de plata.
ROSILLO, LLA adj. (lat. *russeolus*). Rojo claro. ‖ Dícese de la caballería que tiene el pelo mezclado de blanco, negro y castaño.
ROSITA o mejor **ROSITAS (De)** loc. adv. *Pop.* De balde, de guagua, gratis.
ROSITAS f. pl. *Cub.* Rosetas o flores de maíz.

Fot. Baudot-Lamotte; Giraudon, Archivos fotográficos, Anderson, Giraudon, Brogi, A.-V. Thomas, Terni, Alinari, Anderson

ARTE ROMANO

2

3

5

4

6

7

El arte romano, expresión del genio de un pueblo que logra el dominio del universo por medio de sus conquistas, se singulariza por la grandiosidad, la magnificencia la solidez de sus monumentos, rasgos en los que se advierte el doble influjo de los rtes etrusco y griego. Las provincias, gracias a la protección que se les otorga, dquieren gran prosperidad y sus ciudades están ornadas con obras de arte que ivalizan en suntuosidad con la misma Roma. Los monumentos más típicos de la rquitectura romana son las basílicas, lugares de administración de justicia (basílica e Constantino); las termas destinadas a baños públicos (termas de Caracalla); los nfiteatros, donde tenían lugar los combates de los gladiatores y las luchas de las eras (Itálica [1], Mérida); los teatros (Pompeya, Mérida, Sagunto, Orange [2]); os circos, en los que se verificaban carrerras de caballos o de carros (Arles y Nimes, n Francia; Mérida, en España; el Coliseo, en Roma [3]; los arcos de triunfo (Timgad, n Argelia; Medinaceli, en Soria; Bará, en Tarragona; Constantino, en Roma [4]); as obras de ingeniería, como son los acueductos (Segovia, Tarragona) y los puentes Alcántara, sobre el Tajo). Los templos tenían forma rectangular (Nimes [5]) o cirular (Tívoli), y en ellos se manifiesta la influencia griega. El panteón de Roma une un pórtico del s. I una inmensa rotunda edificada en tiempos de Adriano (6). La dmiración de los romanos por las estatuas griegas, cuyo estilo imitaban servilmente, ace que muchas de las obras helénicas hayan llegado hasta nosotros. La pintura omana, como se puede ver en los frescos de Pompeya (a la derecha : el panadero aquius Proculus y su mujer, Museo de Nápoles), se caracteriza por su perspectiva.

ROSMARINO, NA adj. Rojo claro. || — M. Romero.
ROSMARO m. Manatí.
ROSOLI m. (fr. *rossolis*). Licor aromatizado con canela, anís, etc.: *el rosoli se fabrica en Italia y Turquía.* || — Observ. Es error acentuar esta palabra.
ROSÓN m. Rezno, insecto.
ROSQUEADO, DA adj. De forma de rosca.
ROSQUETE m. Rosquilla bastante grande. || *Hond.* Bollo de harina de maíz con manteca y leche.
ROSQUILLA f. Bollo en figura de rosca. || Larva que se enrosca al menor peligro.
ROSQUILLERO, RA m. y f. Persona que hace o vende rosquillas.
ROSTRADO, DA adj. (lat. *rostratus*). Que remata en una punta. || *Antig. rom.* En forma de espolón de barco. || *Columna rostrada,* la que se adornaba con espolones de barco. || *Corona rostrada,* la que se daba al soldado que saltaba primero al barco enemigo.
ROSTRAL adj. (lat. *rostralis*). *Ant.* Rostrado.
ROSTRO m. (lat. *rostrum*). Cara: *poner un rostro alegre.* || *Ant.* Pico del ave. || Cosa que termina en punta. || *Mar.* Espolón del barco antiguo. || *Los rostros,* nombre que se dio en Roma a la tribuna de las arengas, que estaba adornada con espolones de navíos cogidos a los volscos en la batalla de Accio. || *Fig. y fam. Tener rostro,* ser muy osado.
ROTA f. Derrota.
ROTA f. (del lat. *rota,* rueda). Tribunal de la corte romana compuesto de diez jueces llamados *auditores: la Rota decide en apelación las causas eclesiásticas del orbe católico.*
ROTA f. Palma de la India que sirve para hacer bastones.
ROTACIÓN f. (lat. *rotatio*). Movimiento de un cuerpo alrededor de un eje fijo: *rotación de la Tierra.* || *Agr.* Alternación de cultivos.
ROTARIO adj. y s. Miembro de la asociación *Rotary Club,* cuyo fin es defender la moral profesional y fomentar la paz y la fraternidad universal. (V. *Parte Hist.*)
ROTATIVO, VA adj. Que da vueltas. || — F. Máquina de imprimir, de movimiento continuo, que comprime el papel desenrollado de una bobina contra dos cilindros recubiertos por una plancha estereotipada y entintada: *las rotativas se emplean para hacer grandes tiradas.* (V. ilustr. Imprenta.) || — M. *Por ext.* Periódico impreso en estas máquinas. (Sinón. V. *Periódico.*)
ROTATORIO, RIA adj. Circular, en círculo.
ROTERÍA f. *Chil.* Conjunto de rotos, plebe.
ROTÍFEROS m. pl. Animalillos microscópicos, provistos de un aparato de rotación en su parte anterior, y que viven en el agua.
ROTO, TA adj. Desgarrado, quebrado. || Andrajoso. || *Fig.* Licencioso, perdido. || *Chil.* Hombre del ínfimo pueblo. || *Méx.* Petimetre. || — Prov. **Nunca falta un roto para un descosido,** siempre encuentra un pobre a otro más pobre que él.
ROTONDA f. Edificio o plaza circular.
ROTOR m. Parte móvil en un motor, turbina, etcétera. || Aspas giratorias de un helicóptero.
ROTOSO, SA adj. *Amer.* Andrajoso.
RÓTULA f. (del lat. *rotula,* ruedecilla). || *Anat.* Hueso redondo de la parte anterior de la rodilla. || *Farm.* Trocisco, trozo redondo de una cosa. || *Mec.* Una especie de articulación.
ROTULACIÓN f. Acción y efecto de rotular.
ROTULADO m. Rótulo.
ROTULADOR, RA adj. y s. Que rotula.
ROTULAR adj. De la rótula o rodilla.
ROTULAR v. t. Poner un rótulo.
RÓTULO m. El título, inscripción que se pone a una cosa indicando lo que es. (Sinón. V. *Título.*) || Cartel, letrero, anuncio público. (Sinón. V. *Letrero.*)
ROTUNDAMENTE adv. m. De un modo rotundo.
ROTUNDIDAD f. Calidad de rotundo. (Sinón. V. *Redondez.*)
ROTUNDO, DA adj. (lat. *rotundus*). Redondo. (P. us.) || *Fig.* Lleno y sonoro: *lenguaje rotundo.* || *Fig.* Terminante: *negativa rotunda.*
ROTUNO, NA adj. *Chil.* Propio de un roto.
ROTURA f. Rompimiento, roto.

RÓTULA

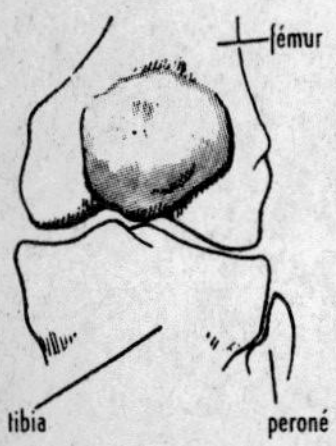

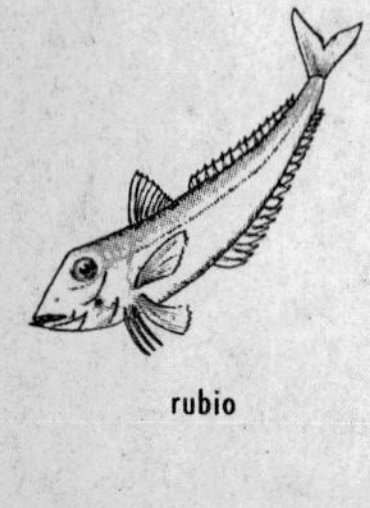

rubio

ROTURACIÓN f. Acción de roturar un campo.
ROTURADOR, RA adj. y s. Que rotura la tierra. || — F. Máquina que sirve para roturar.
ROTURAR v. t. Arar por primera vez una tierra para empezar a cultivarla.
ROUND m. (pal. ingl., pr. *raund*). Asalto en un combate de boxeo o lucha.
ROYA f. Honguillo parásito de varios cereales.
ROYO, YA adj. *Ar.* Rubio, rojo. || *Pino royo,* el pino albar. || — Parón. *Rollo.*
ROZA f. Acción de rozar la tierra. || Campo que se roza y limpia para sembrar. || — Parón. *Rosa.*
ROZADERO m. Lugar o campo que se roza.
ROZADO, DA adj. Dícese del helado que está a medio cuajar. || — Parón. *Rosado.*
ROZADOR, RA m. y f. La persona que roza.
ROZADURA f. Acción de rozar o ludir una cosa con otra. || *Bot.* Enfermedad que suele atacar la madera. || *Cir.* Erosión superficial de la piel.
ROZAGANTE adj. Decíase de la vestidura muy vistosa. || *Fig.* Ufano: *iba rozagante en su caballo.*
ROZAMIENTO m. Roce. || *Mec.* Resistencia debida al frotamiento. (Sinón. V. *Tacto.*)
ROZAR v. t. Limpiar una tierra de maleza para sembrarla después. || Cortar las bestias con los dientes la hierba que pacen. || Raer una cosa. || — V. i. Pasar una cosa tocando ligeramente otra. (Sinón. *Acariciar, frisar, frotar, rasar.*) || — V. r. Tropezarse un pie con otro. || Tratarse mucho dos personas. || Trabarse la lengua al hablar.
ROZNAR v. t. Ronzar. || — V. i. Rebuznar.
ROZNIDO m. Ruido hecho roznando. || Rebuzno.
ROZO m. Roza, acción de rozar terreno.
Ru, símbolo químico del *rutenio.*
RÚA f. Calle de pueblo.
RUANA f. Tejido de lana. || Capote de monte.
RUANO, NA adj. Roano.
RUBEFACCIÓN f. *Med.* Rubicundez producida en la piel por un medicamento irritante.
RUBEFACIENTE adj. y s. *Med.* Dícese del medicamento que produce rubefacción sobre la piel.
RUBÉOLA f. *Med.* Especie de sarampión.
RUBESCENTE adj. Que tira a encarnado.
RUBETA f. (lat. *rubeta*). Rana de zarzal.
RUBÍ m (del lat. *ruber,* rojo). Piedra preciosa, variedad de alúmina cristalizada, transparente y de color rojo vivo: *los rubíes más estimados son los de la India.*
RUBIA f. (lat. *rubia*). Planta de la familia de las rubiáceas, cuya raíz, seca y pulverizada, se usa como colorante rojo. || Su raíz. || Pececillo de agua dulce, muy común. || *Fam.* Furgoneta automóvil de carrocería de madera. || *Pop.* Peseta.
RUBIÁCEAS f. pl. *Bot.* Familia de dicotiledóneas, a que pertenecen la rubia, el quino y el café.
RUBIAL adj. De color algo rubio: *trigo rubial.*
RUBICÁN, ANA adj. Dícese de la caballería que tiene el pelo mezclado de blanco y rojo.
RUBICELA f. Rubí de color claro. || Cuarzo hialino coloreado artificialmente de rojo.
RUBICÓN (Pasar el), fr. fig. Dar un paso decisivo. (V. *Parte Hist.*)
RUBICUNDEZ f. Calidad de rubicundo. || *Mec.* Color rojizo y de origen morboso en ciertos tejidos.
RUBICUNDO, DA adj. (lat. *rubicundus*). Rubio, rojizo. || Dícese de la persona de rostro muy colorado. (Sinón. V. *Rojo.*)
RUBIDIO m. (del lat. *rubidus,* rubio). Metal alcalino (Rb), de número atómico 37, densidad 1,52 y punto de fusión a 38,5° C, semejante al potasio, pero mucho más escaso.
RUBIERA f. *Venez. Fam.* Calaverada.
RUBIFICAR v. t. Poner colorada una cosa.
RUBIO, BIA adj. (lat. *ruber*). De color amarillo dorado: *pelo rubio.* || — M. Pez marino acantopterigio de hocico prominente y unos 60 cm de largo.
RUBIÓN adj. y s. Dícese de una especie de trigo.
RUBLO m. Moneda rusa, unidad monetaria. || — Parón. *Rubro.*
RUBOR m. (lat *rubor*). Color encarnado muy subido. || Color rojo que sube al rostro con la vergüenza. || *Fig.* Vergüenza: *sentir rubor.*

Fot. Baudot-Lamotte

RUBORIZARSE v. r. Teñirse el rostro de rubor. || *Fig.* Sentir vergüenza, avergonzarse.
RUBOROSAMENTE adv. m. *Fig.* Con rubor.
RUBOROSO, SA adj. *Fig.* Que tiene rubor o vergüenza: *frente ruborosa.*
RÚBRICA f. (lat. *rubrica*). Señal roja que se pone en una cosa. || Rasgo de diversa figura que suele ponerse después de la firma. (SINÓN. V. *Firma.*) || Título de un capítulo o parte de un libro. || Regla de las ceremonias y ritos de la Iglesia. || *Ser de rúbrica una cosa,* ser conforme a una regla establecida.
RUBRICAR v. t. Poner uno su rúbrica después de la firma. || Firmar y sellar un documento. || *Fig.* Subscribir o dar testimonio de una cosa.
RUBRO, BRA adj. (lat. *rubrus*). Encarnado. || *Amer.* Título, epígrafe. || — PARÓN. *Rublo.*
RUCIO, CIA adj. (lat. *russeus*). De color gris o pardo claro: *caballo rucio.* || *Fam.* Entrecano, gris.
RUCO, CA adj. *Amer.* Viejo, gastado.
RUCHE (Estar o quedarse), loc. fam. Sin dinero.
RUCHO m. *Fam.* Pollino, burro.
RUDA f. (lat. *ruta*). Planta de la familia de las rutáceas, que se usa en medicina. || *Fam. Ser más conocido que la ruda,* ser muy conocido.
RUDAMENTE adv. m. Con rudeza, duramente.
RUDEZA f. Calidad de rudo, aspereza.
RUDIMENTARIO, RIA adj. Relativo a los rudimentos. (SINÓN. V. *Simple.*)
RUDIMENTO m. (lat. *rudimentum*). Primeras nociones de una ciencia o de un arte: *los rudimentos de la gramática.* (SINÓN. *Elemento, principio.*) || Libro que contiene los elementos de una ciencia, y particularmente de la lengua latina. || Primer esbozo de la estructura de los órganos: *los rudimentos de una planta.*
RUDO, DA adj. Tosco, basto. || Que no se ajusta a las reglas del arte. || Poco inteligente. (SINÓN. V. *Torpe.*) || *Fig.* Duro, penoso. (SINÓN. V. *Difícil* y *riguroso.*) || *Fig.* Grosero, áspero.
RUECA f. Instrumento que sirve para hilar. || *Fig.* Vuelta de una cosa.
RUEDA f. (lat. *rota*). Órgano de forma circular que gira alrededor de su centro y sirve para facilitar el movimiento de un vehículo, máquina, etc.: *las ruedas de un coche.* || Suplicio antiguo. || Rodaja, tajada. (SINÓN. V. *Rebanada.*) || *Rueda hidráulica,* rueda provista de paletas, movida por el agua y que acciona un molino o cualquier otra máquina. || Pez marino plectognato. || *And.* y *Col. Rueda de pólvora,* girándula. || *Rueda catalina,* la del reloj, que hace mover el volante. || *Rueda de molino,* muela. || *Rueda de prensa,* reunión de varios periodistas para interrogar a un personaje. || *Clavar la rueda de la fortuna,* hacer uno estable su suerte. || *Comulgar con ruedas de molino,* creerse una persona todo cuanto le dicen.
RUEDO m. Acción de rodar. || Cosa que se coloca alrededor de otra. || Forro que tienen por abajo los vestidos talares. || Esterilla redonda. || Circunferencia de una cosa. || Corro, cierto juego de muchachos. || Redondel, arena de la plaza de toros. || *Arg.* Suerte en el juego.
RUEGO m. Súplica, petición: *un ruego vehemente.* (SINÓN. V. *Demanda* y *oración.*)
RUFIÁN m. Traficante de mujeres públicas. || *Fig.* Hombre vicioso y despreciable.
RUFIÁN, ANA adj. *Cub. Fam.* Gracioso, burlón.
RUFIANADA f. *Cub.* Burla, gracia, chiste.
RUFIANESCO, CA adj. Propio de rufianes.
RUFO, FA adj. (lat. *rufus*). Rojo, bermejo. || Tieso fuerte. || Agradable, vistoso.
RUGBY m. Especie de fútbol practicado con las manos y pies, en el cual dos equipos de 15 ó 13 jugadores se disputan un balón ovalado. (El juego consiste en llevar el balón detrás de la línea de gol adversaria [ensayo] o en pasarlo por encima de la barra transversal de la portería.)
RUGIDO m. (lat. *rugitus*). Voz del león. || Ruido muy fuerte: *los rugidos de la tempestad.* || *Fig.* Ruido que hacen las tripas.
RUGIDOR, RA adj. Rugiente.
RUGIENTE adj. Que ruge: *un león rugiente.*
RUGINOSO, SA adj. Mohoso, tomado de orín.
RUGIR v. i. (lat. *rugire*). Bramar el león. (SINÓN. V. *Gritar.*) || Crujir, hacer ruido una cosa: *ruge la tempestad.* || — V. impers. Empezar a divulgarse una cosa oculta.
RUGOSIDAD f. Calidad de lo rugoso. || Arruga.
RUGOSO, SA adj. (lat. *rugosus*). Que está arrugado o que presenta asperezas: *una superficie rugosa.* || — SINÓN. *Arrugado, desigual, doblado, plegado.*
RUIBARBO m. Planta de la familia de las poligonáceas, originaria del Asia central, y cuya raíz se usa en medicina como purgante. || Su raíz.
RUIDO m. (lat. *rugitus*). Conjunto de sonidos diversos sin ninguna armonía. (SINÓN. V. *Alboroto.*) || Sonido más o menos fuerte o inarticulado. (SINÓN. V. *Sonido.*) || *Fig.* Resonancia: *el ruido de ese acontecimiento llegó hasta nosotros.* (SINÓN. V. *Publicidad.*) || *Fig. Hacer* o *meter ruido,* llamar la atención una cosa. || *Quitarse de ruidos,* apartarse de cualquier asunto peligroso. || *Ser más el ruido que las nueces,* no valer una cosa la importancia que se le daba.
RUIDOSAMENTE adv. m. De un modo ruidoso.
RUIDOSO, SA adj. Dícese de lo que produce mucho ruido. || *Fig.* Que llama mucho la atención.
RUIN adj. Pequeño, despreciable. || Dícese de la persona baja y despreciable. || *Fig.* Dícese de las acciones bajas y viles. || Mezquino, avaro, miserable. (SINÓN. V. *Tacaño.*) || Dícese de los animales que tienen malas mañas. || — M. Huesecillo o ternilla en que termina la cola de los gatos.
RUINA f. (lat. *ruina*). Acción de caer o destruirse un edificio u otra cosa: *la ruina de una iglesia.* (SINÓN. *Caída, cascote, derribo, escombros, restos, vestigios.* V. tb. *destrucción.*) || *Fig.* Pérdida grande de fortuna: *una ruina completa.* (SINÓN. V. *Quiebra.*) || *Fig.* Decadencia, caimiento: *la ruina del Imperio Romano.* (SINÓN. V. *Perdición.*) || Causa de esta decadencia. || *Fig.* Persona muy achacosa: *estar hecho una ruina.* || — Pl. Restos de uno o más edificios arruinados.
RUINDAD f. Calidad de ruin: *la ruindad de su conducta.* || Acción ruin, bajeza: *cometer ruindades.* (SINÓN. V. *Villanía.*)
RUINMENTE adv. m. Con ruindad, de una manera indigna: *portarse ruinmente.*
RUINOSO, SA adj. (lat. *ruinosus*). Que amenaza ruina: *casa ruinosa.* || Pequeño y desmedrado. || Que arruina: *una empresa ruinosa.* (SINÓN. V. *Costoso.*)
RUIPONCE m. *Bot.* Rapónchigo.
RUIPÓNTICO m. Género de plantas poligonáceas, de hojas comestibles y raíz purgante.
RUISEÑOR m. (lat. *lusciniola*). Género de pájaros dentirrostros de Europa, de plumaje pardo y canto muy agradable.
RUIZ m. *Guat.* Ave fringílida americana.
RULETA f. (fr. *roulette*). Juego de azar en que se usa una rueda horizontal giratoria, dividida en casillas numeradas.
RULO m. Bola o cilindro grueso que rueda fácilmente. || Piedra vertical de los molinos de aceite. || Especie de peinado. || Rodillo de agricultor. || *Chil.* Secano: *tierra de rulo.* || *Arg.* Metro de cinta. || *And.* Rizo de pelo.
RUMA f. *Per., Arg.* y *Chil.* Rimero, montón.
RUMANO, NA adj. y s. De Rumania. || — M. La lengua neolatina hablada por los rumanos.
RUMBA f. *Chil.* Ruma, montón. || Cierto baile y su música. || *Cub.* Fiesta, francachela.
RUMBANTELA f. *Cub.* Serenata nocturna.
RUMBEAR v. i. *Bol.* Abrirse camino por el monte. || *Arg.* y *Chil.* Tomar un rumbo o dirección. || *Amér. C.* y *Antill.* Ir de rumba o parranda. || Bailar la rumba.
RUMBO m. (lat. *rhombus*). Cada una de las divisiones de la rosa náutica. || Camino o senda que sigue uno: *tomar otro rumbo, ir con rumbo a.* || *Fig.* y *Fam.* Pompa, ostentación. || *Amér. C.* Rumba, jarana. || *Abatir el rumbo,* declinarlo hacia sotavento. || *Hacer rumbo,* dirigirse la nave hacia cierto sitio.
RUMBOSO, SA adj. *Fam.* Espléndido, magnífico. || *Fam.* Desprendido, generoso.
RUMÍ m. Nombre dado por los moros a los cristianos.
RUMIA f. Acción de rumiar ciertos animales.
RUMIADURA f. Rumia, la acción de rumiar.
RUMIANTE adj. Que rumia. || — M. pl. Orden de mamíferos artiodáctilos que carecen de dientes incisivos en la mandíbula superior y tienen cuatro compartimentos en el estómago, como el buey, el camello, el carnero, etc.

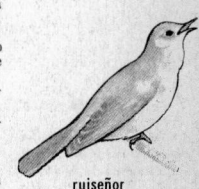

RUEDAS

de automóvil

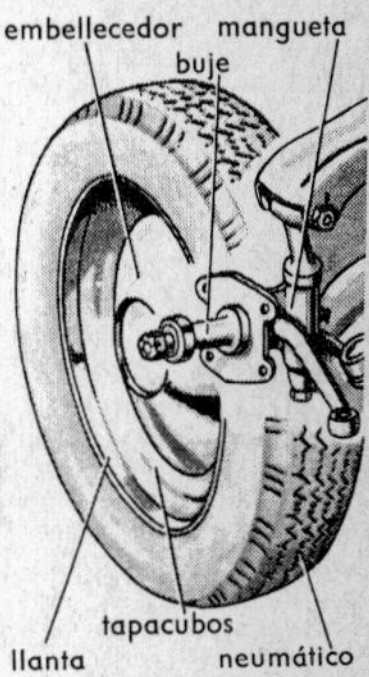

de avión

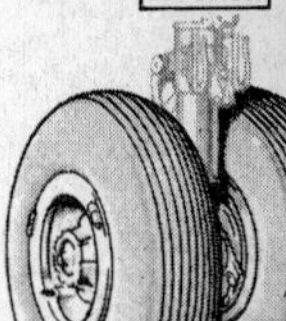

ruiseñor

RUMIAR v. t. (lat. *rumigare*). Mascar de nuevo, volviéndolos a la boca, los alimentos que ya estuvieron en el estómago: *los bueyes y los carneros rumian sus alimentos.* || *Fig.* y *fam.* Considerar despacio y pensar con madurez una cosa: *rumiar un proyecto.* (SINÓN. V. *Pensar.*) || *Fig.* y *fam.* Refunfuñar.

RUMOR m. (lat. *rumor*). Ruido confuso de voces: *el rumor de una asamblea.* (SINÓN. V. *Alboroto.*) || Voz que corre entre el vulgo. || Ruido sordo y confuso: *el rumor ensordecedor de las olas.*

IMPRENTA		ESCRITURA		SONIDOS
А	а	*А*	*а*	a
Б	б	*Б*	*б*	b
В	в	*В*	*в в*	v
Г	г	*Г*	*г*	gue
Д	д	*Д*	*д д*	d
Е	е	*Е*	*е*	e
Ж	ж	*Ж*	*ж*	j (fr)
З	з	*З*	*з*	ds
И	и	*И*	*и*	i
Й	й	*Й*	*й*	ii
К	к	*К*	*к*	k
Л	л	*Л*	*л*	l
М	м	*М*	*м*	m
Н	н	*Н*	*н*	n
О	о	*О*	*о*	o
П	п	*П*	*п*	p
Р	р	*Р*	*р*	r
С	с	*С*	*с*	s
Т	т	*Т*	*т*	t
У	у	*У*	*у*	u
Ф	ф	*Ф*	*ф*	f
Х	х	*Х*	*х*	j
Ц	ц	*Ц*	*ц*	ts
Ч	ч	*Ч*	*ч*	ch
Ш	ш	*Ш*	*ш*	x
Щ	щ	*Щ*	*щ*	xch
Ъ	ъ	*Ъ*	*ъ ъ*	signo fuerte
Ы	ы	*Ы*	*ы ы*	y
Ь	ь	*Ь*	*ь ь*	signo débil
Э	э	*Э*	*э*	e
Ю	ю	*Ю*	*ю*	yu
Я	я	*Я*	*я*	ya

ALFABETO RUSO

El alfabeto ruso proviene del cirílico o eslavo. En tiempo de los zares tenía también las letras І, Ѣ, Ѵ y Ѳ que equivalían a И, Е, И y Ф. Los signos Ъ y Ь sirven para indicar que la consonante que les precede se pronuncia fuerte o débilmente.

RUMORARSE v. r. Rumorearse.

RUMOREANTE adj. Rumoroso.

RUMOREARSE v. r. Correr el rumor o la voz entre la gente: *se rumorea por todos lados la caída del Gobierno.*

RUMOROSO, SA adj. Que causa rumor o ruido.

RUNA f. Nombre de los caracteres de escritura de los antiguos alfabetos escandinavos.

RUNA adj. *Ecuad.* Vulgar, bajo, ordinario.

RUNCHERA f. *Col.* Tontería, simpleza.

RUNCHO m. *Col.* Pequeño mamífero anfibio, parecido a la nutria. || — Adj. *Col.* Ignorante.

RUNDÚN m. *Arg.* Pájaro mosca.

RUNFLA f. Serie de varias cosas de la misma especie. (SINÓN. V. *Serie.*) || *Arg. Fam.* Multitud de personas.

RÚNICO, CA adj. Que está escrito en runas: *poesía, inscripción rúnicas.*

RUNRÚN m. *Fam.* Rumor, ruido. || Ronquido de satisfacción del gato. || *Arg.* y *Chile.* Bramadera. || *Arg.* Rundún, pájaro mosca.

RUNRUNEAR v. i. Hacer runrún el gato. (SINÓN. V. *Zumbar.*) || — V. r. *Fig.* Correr el rumor.

RUPESTRE adj. De las rocas. || Aplícase a los dibujos y pinturas, de la época prehistórica, que existen en algunas cavernas.

RUPIA f. (del sánscr. *rupya*, oro o plata amonedados). Unidad monetaria de la India.

RUPIA f. (del gr. *rupos*, suciedad). *Med.* Enfermedad cutánea caracterizada por ampollas y costras.

RUPICABRA y **RUPICAPRA** f. (del lat. *rupes*, roca, peñasco, y *capra*, cabra). Gamuza, rumiante.

RUPTOR m. Dispositivo de ruptura. || *Electr.* Interruptor de una bobina de inducción.

RUPTURA f. (lat. *ruptura*). *Fig.* Rompimiento: *ruptura de negociaciones diplomáticas.* (SINÓN. V. *Desavenencia.*) || *Cir.* Rotura.

RURAL adj. (lat. *ruralis*). Relativo al campo: *la vida rural.* (SINÓN. V. *Campestre.*) || — Adj. y s. m. *Amer.* Rústico, campesino.

RUS m. (lat. *rhus*). Zumaque, planta.

RUSALCA f. Náyade de la mitología eslava, que atrae a los hombres.

RUSCO m. (lat. *ruscus*). *Bot.* Brusco.

RUSH m. (pal. ingl., pr. *rach*). Esfuerzo impetuoso, asalto.

RUSIENTE adj. Que se pone rojo con el fuego.

RUSIFICAR v. t. Hacer o dar carácter ruso.

RUSO, SA adj. y s. Natural de Rusia o perteneciente a esta nación. || — M. La lengua eslava que se habla en Rusia. || Gabán grande y fuerte.

RUSÓFILO, LA adj. y s. Que ama lo ruso.

RÚSTICAMENTE adv. m. De manera rústica. || Con tosquedad.

RUSTICIDAD f. Calidad de rústico, grosería.

RÚSTICO, CA adj. (lat. *rusticus*). Relativo al campo: *casa rústica.* (SINÓN. V. *Campestre.*) || *Fig.* Tosco, grosero: *modales rústicos.* || — M. Hombre del campo. (SINÓN. V. *Palurdo.*) || *A la,* o *en, rústica,* encuadernado con cubierta de papel.

RUSTIQUEZ f. Rusticidad.

RUTA f. (fr. *route*). Camino, itinerario, derrota de un viaje: *la ruta del Cabo de Buena Esperanza.* || Galicismo por *carretera, camino.*

RUTÁCEAS f. pl. (del lat. *ruta*, ruda). Familia de dicotiledóneas como la ruda y la ayúa.

RUTENIO m. Metal (Ru) perteneciente al grupo del platino, de número atómico 44, densidad 12,71 y punto de fusión a 2 450° C.

RUTENO, NA adj. y s. De Rutenia.

RUTILANTE adj. Que rutila o resplandece, brillante: *un plato de cobre rutilante.*

RUTILAR v. impers. (lat. *rutilare*). *Poét.* Brillar, resplandecer. (SINÓN. V. *Llamear.*)

RUTILO m. Óxido natural de titanio.

RÚTILO, LA adj. (lat. *rutilus*). Rutilante.

RUTINA f. (fr. *routine*). Costumbre inveterada o irreflexiva. || Habilidad debida sólo a la costumbre.

RUTINARIO, RIA adj. Que se hace por rutina: *un procedimiento rutinario.* || — Adj. y s. Rutinero.

RUTINERO, RA adj. y s. Dícese de la persona que obra por mera rutina: *hombre rutinero.*

RUZAFA f. (pal. ár.). Jardín de recreo.

Salto de pértiga

S

S f. Vigesimosegunda letra del abecedario y decimoctava de sus consonantes. Su nombre es *ese.* ‖ Símbolo químico del *azufre.* ‖ Símbolo del *segundo.* ‖ Abreviatura de Sur.
SABACO m. *Cub.* Pez del mar de las Antillas.
SABACÚ m. *Arg.* Un ave zancuda.
SABADELLENSE adj. y s. De Sabadell.
SÁBADO m. (lat. *sabbatum*). Séptimo día de la semana. ‖ *Sábado inglés,* sábado en que sólo se trabaja por las mañanas.
SABALAR m. Red usada para pescar sábalos.
SABALERA f. Rejilla o bóveda donde se pone el carbón en los hornos de reverbero.
SABALETA f. *Col.* Pez parecido al sábalo.
SÁBALO m. Pez marino malacopterigio, de forma de lanzadera.
SABANA f. *Amer.* Llanura de gran extensión, cubierta de vegetación gramínea, con grupos de árboles aislados. ‖ *Cub.* Prado o llanura donde pasta el ganado. ‖ *Fig.* y *fam. Venez. Ponerse en la sabana,* adquirir súbitamente gran fortuna. ‖ *Fig.* y *fam. Venez. Estar en la sabana,* estar una persona sobrada de recursos. ‖ — PARÓN. *Sábana.*
SÁBANA f. (b. lat. *sabanum*). Pieza de lienzo que se coloca en la cama. ‖ Manto de los hebreos y otros pueblos orientales. ‖ Sabanilla que se pone sobre el altar. ‖ *Fig.* y *fam. Pegársele a uno las sábanas,* levantarse tarde por pereza. ‖ — PARÓN. *Sabana.*
SABANAZO m. *Cub.* Sabana pequeña.
SABANDIJA f. Animalillo asqueroso o molesto. ‖ *Fig.* Persona despreciable.
SABANEAR v. i. *Amer.* Recorrer la sabana para buscar y recontar el ganado o para vigilarlo. ‖ *Amér. C.* Aprehender.
SABANERO, RA adj. y s. *Amer.* Habitante de una sabana. ‖ Relativo a la sabana. ‖ — M. Pájaro parecido al estornino. ‖ *Amer.* El que tiene por oficio recorrer y vigilar las sabanas donde pasta el ganado. ‖ *Amér. C.* Matón, espadachín. ‖ — F. *Venez.* Culebra que vive en las sabanas.
SABANILLA f. Lienzo pequeño, como pañuelo, toalla, etc. ‖ Mantel de lienzo con que se cubre el altar. ‖ *Chil.* Cubrecama ligero.
SABAÑÓN m. Inflamación acompañada de comezón causada por el frío, principalmente en pies, manos y orejas. ‖ *Fam. Comer como un sabañón,* comer mucho.
SABARA f. *Venez.* Niebla ligera.

Fot. L'Equipe

SABÁTICO, CA adj. (lat. *sabbaticus*). Relativo al sábado: *descanso sabático.* ‖ Nombre que daban los judíos al séptimo año, en que dejaban descansar las tierras, las viñas y los olivares.
SABATINA f. Oficio divino del sábado. ‖ Ejercicio literario que hacían los sábados los estudiantes. ‖ *Chil.* Zurra.
SABATINO, NA adj. Perteneciente al sábado.
SABEDOR, RA adj. Noticioso de alguna cosa.
SABEÍSMO m. Religión de los sabeos, que daban culto a los astros.
SABELA f. *Zool.* Gusano anélido marino con las branquias colocadas en semicírculo.
SABELIANISMO m. Doctrina de Sabelio.
SABELIANO, NA adj. y s. Sectario de Sabelio. (V. *Parte Hist.*)
SABELOTODO com. *Fam.* Sabidillo.
SABEO, A adj. y s. De Sabá o de Arabia.
SABER m. Sabiduría. ‖ — SINÓN. *Ciencia, conocimiento, cultura, doctrina, erudición, omnisciencia.*
SABER v. t. (lat. *sapere*). Conocer: *sabe lo que ocurre.* (SINÓN. V. *Advertir.*) ‖ Tener habilidad para una cosa: *saber pintar.* ‖ Ser docto: *sabe matemáticas.* ‖ — V. i. Ser sagaz y astuto. ‖ *Saber de,* conocer. ‖ Tener noticias de una persona. ‖ Tener sabor: *esto sabe a café.* ‖ Tener aptitud para lograr un fin. ‖ Sujetarse a una cosa. ‖ *Arg., Ecuad.* y *Per.* Soler, acostumbrar: *sabe venir por casa.* ‖ *A saber,* esto es, es decir. ‖ Es difícil de averiguar: *vete a saber.* ‖ *No saber dónde meterse,* sentir gran temor y vergüenza por una cosa. ‖ *No saber por dónde se anda,* no tener ni idea. ‖ *No sé qué,* algo que no se puede explicar. Ú. t. c. m.: *tiene un no sé qué agradable.* ‖ *Sabérselo todo,* estar muy enterado. ‖ — IRREG. Pres. ind.: *sé, sabes, sabe, sabemos, sabéis, saben;* pret. indef.: *supe, supiste, supo, supimos, supisteis, supieron;* fut.: *sabré, sabrás,* etc.; imper.: *sabe, sabed;* pot.: *sabría, sabrías,* etc.; pres. subj.: *sepa, sepas,* etc.; imperf. subj.: *supiera, supieras,* etc., o *supiese, supieses,* etc.: fut. de subj.: *supiere, supieres,* etc.; ger.: *sabiendo;* p. p.: *sabido.*
SABIÁ m. *Arg.* Especie de zorzal.
SABIAMENTE adv. m. Con sabiduría.

sabela

SACABOCADOS

de percusión

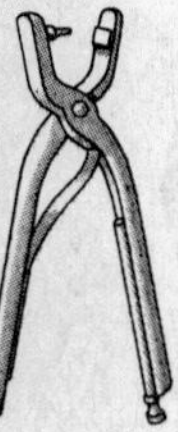

de tenaza

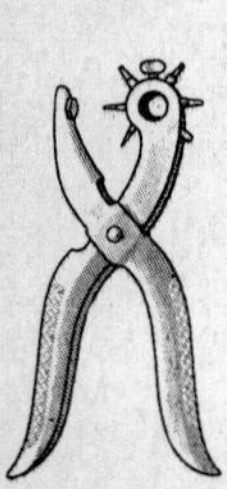

de revólver

SABLES

de abordaje

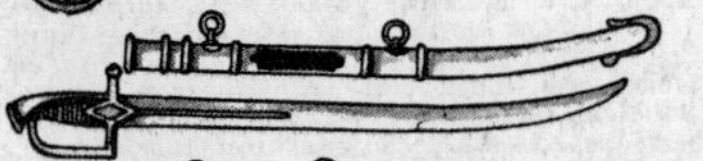

de caballería

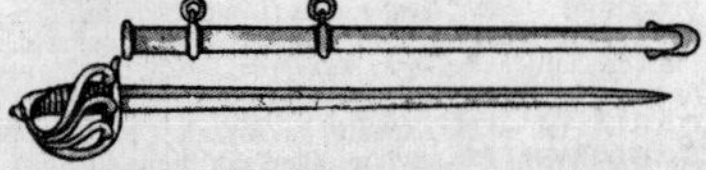

de infantería

SABICÚ m. Árbol leguminoso de Cuba parecido a la acacia y con flores blancas muy olorosas.
SABIDILLO, LLA adj. y s. *Despect.* Que presume de sabio sin serlo.
SABIDO, DA adj. Conocido: *sabido es lo poco que vale ese libro.* (CONTR. *Ignorado.*) || *Fam.* Dícese del que sabe mucho. || *De sabido,* a ciencia cierta.
SABIDURÍA f. Prudencia: *obrar con sabiduría.* || Instrucción. || *La sabiduría eterna,* el Verbo divino. (SINÓN. V. *Conocimiento.*)
SABIENDAS (A) m. adv. A ciencia segura, con seguridad: *equivocarse a sabiendas.*
SABIHONDEZ f. *Fam.* Calidad de sabihondo.
SABIHONDO, DA adj. *Fam.* Dícese del que presume de sabio sin serlo. (SINÓN. V. *Pedante.*)
SÁBILA f. *Amer.* Zábila, acíbar.
SABINA f. (lat. *sabina*). Arbusto de la familia de las cupresáceas cuyas hojas se usan en medicina.
SABINILLA f. *Chil.* Arbusto rosáceo de fruto comestible.
SABINO, NA adj. y s. Dícese de cierto pueblo de la Italia antigua. (V. *Parte Hist.*)
SABINO, NA adj. Rosillo, dícese de caballerías.
SABIO, BIA adj. y s. Que tiene sabiduría. (SINÓN. *Docto, erudito, letrado, omnisciente.*) || Instructivo: *sabia disertación.* || Cuerdo, prudente: *los siete sabios de Grecia.* (V. *Parte Hist.*) || Habilidoso, amaestrado: *perro sabio.*
SABIONADO *Fam.* Sabihondo.
SABLAZO m. Golpe dado con el sable y herida que hace. || *Fig.* y *fam.* Acto de sacar dinero u otra cosa con maña: *vivir de sablazos.*
SABLE m. (al. *Säbel*). Arma blanca, especie de espada de un solo corte. || *Fig.* y *fam.* Habilidad para sacar dinero a otro. || *Cub.* Cierto pez parecido a la anguila, de cuerpo muy aplastado.
SABLEADOR, RA m. y f. Sablista.
SABLEAR v. i. *Fam.* Dar sablazos.
SABLISTA adj. y s. *Fam.* Que vive de sablazos.
SABLÓN m. (lat. *sabulo, onis*). Arena gruesa.
SABOGA f. Uno de los nombres del *sábalo.*
SABOGAL adj. y s. Red para pescar los sábalos.
SABONETA f. (ital. *savonetta*). Reloj de bolsillo que tiene la esfera cubierta con una tapa de metal que se levanta apretando un muelle.
SABOR m. (lat. *sapor*). Efecto que producen en el paladar ciertas cosas. (SINÓN. *Gusto, sapidez.*) || *Fig.* Impresión en el ánimo. || Parecido: *drama de sabor clásico.* || Carácter propio: *sabor local.* || — Pl. Cuentas de acero que se ponen en el freno, junto al bocado, para refrescar la boca del caballo.
SABOREAMIENTO m. Acción de saborear.
SABOREAR v. t. Dar sabor a una cosa. || Percibir con deleite el sabor de una cosa. (SINÓN. *Catar, paladear, probar.* V. tb. *beber.*) || — V. r. Deleitarse con el sabor de algo.
SABOREO m. Acción de saborear.
SABOTAJE m. (pal. fr.). Acción de perjudicar el obrero al patrono ejecutando mal un trabajo o provocando desperfectos en los talleres y máquinas. || *Por ext.* Entorpecimiento malicioso de cualquier actividad.
SABOTEADOR, RA adj. y s. Que sabotea.
SABOTEAR v. t. Realizar un sabotaje. (SINÓN. V. *Deteriorar.*)
SABOTEO m. Sabotaje.
SABOYANA f. Una especie de basquiña que usaban las mujeres. || Pastel de especial hechura.
SABOYANO, NA adj. y s. Natural de Saboya.
SABROSAMENTE adv. m. De un modo sabroso.
SABROSEARSE v. r. *Amér. C.* Relamerse de gusto.
SABROSERA *Hond.* y **SABROSURA** f. *Col.* y *Amér. C. Fam.* Cosa muy sabrosa.
SABROSO, SA adj. (lat. *saporosus*). Grato al paladar. (SINÓN. V. *Agradable.*) || *Fig.* Delicioso, gustoso. || *Fam.* Algo salado. || *Méx.* y *Per.* Sabrosón.
SABROSÓN, ONA adj. *Cub.* y *Venez.* Hablador. || *Fam.* Sabroso.
SABUCAL m. Sitio poblado de sabucos o saúcos.
SABUCO m. Saúco.
SABUESO adj. y s. Variedad de perro podenco. || — M. *Fig.* Investigador, pesquisidor.
SABUGO m. Sabuco, saúco, arbusto.
SABURRA f. (del lat. *saburra,* lastre de navío). *Med.* Acumulación de materia que se suponía formarse en el estómago tras una mala digestión.
SABURRAL adj. *Med.* Relativo a la saburra.
SABURROSO, SA adj. *Med.* Que indica la presencia de saburra en el estómago: *lengua saburrosa.*
SACA f. Acción y efecto de sacar. || Extracción de frutos o géneros de un país a otro. || Primera copia que sacan los escribanos de un documento protocolizado. || Acción de retirar los estanqueros los géneros que después venden al público.
SACA f. Costal grande fabricado con tela burda que sirve para transportar la correspondencia.
SACABALA f. Instrumento de cirugía que sirve para sacar las balas que se quedan en una herida.
SACABOCADOS m. Instrumento que sirve para recortar o taladrar. || *Fig.* Medio eficaz que se emplea para conseguir una cosa.
SACABOTAS m. Tabla con una hendedura para descalzar las botas.
SACABROCAS m. Sacaclavos de zapatero para arrancar las brocas.
SACABUCHE m. (fr. *saquebute*). Instrumento músico de metal que se alarga y acorta para producir la diferencia de sonido. (SINÓN. *Trombón.*) || Músico que lo toca. || *Fig.* y *fam.* Renacuajo, hombrecillo pequeño. || *Mar.* Bomba de mano para sacar el vino de las pipas. || *Hond.* La zambomba. || *Méx.* Cuchillo de punta.
SACACLAVOS m. Instrumento que sirve para sacar clavos.
SACACORCHOS m. Instrumento para sacar los tapones de las botellas.
SACACUARTOS m. Sacadineros.
SACADA f. Acción de sacar.
SACADILLA f. Batida corta y que abraza poco terreno.
SACADINERO y **SACADINEROS** m. *Fam.* Alhaja de poco valor, baratija vistosa, espectáculo atractivo que sólo engaña a la gente incauta. || — M. y f. *Fam.* Persona que se las arregla para sacar dinero.
SACADOR, RA adj. y s. Que saca o extrae.
SACADURA f. Acción de sacar. Corte que hacen los sastres en sesgo en una prenda para que sienten bien. || *Chil.* Saca.
SACÁIS m. pl. *Pop.* Los ojos.
SACALAGUA m. *Per.* Mestizo de piel casi blanca.
SACALIÑA f. Garrocha, vara. || *Fig.* Socaliña.
SACAMANCHAS com. Quitamanchas.
SACAMANTAS m. *Fig.* y *fam.* El que por oficio apremia y embarga a los contribuyentes morosos.
SACAMANTECAS com. *Fam.* Criminal que despanzurra a sus víctimas.
SACAMIENTO m. Acción de sacar o extraer.
SACAMUELAS com. *Despect.* Dentista. || *Fig.* Charlatán.
SACAPERRAS adj. y s. m. Que hace gastar dinero.
SACAPUNTAS m. Afilalápices.
SACAR v. t. Extraer una cosa de otra. (SINÓN. *Descubrir, extraer, quitar, separar.*) || Hacer salir a una persona de un sitio: *sacar a uno de su casa.* || Librar: *sacar de apuro.* || Averiguar: *sacar una cuenta.* || Hacerle decir a uno lo que quería ocultar: *sacar a uno la verdad.* || Conocer, descubrir: *sacar por el rastro.* || Conseguir, obtener, lograr. || Adelantar, alargar: *saca el pecho al andar.* || Exceptuar, excluir. || Inventar, traer: *sacar una moda.* || Hacer perder el juicio: *este asunto me saca de mí.* || Tomar nota: *sacar*

citas. || Poner la pelota otra vez en juego. || Extraer: *sacar azúcar de la remolacha.* || Ganar al juego, a la lotería: *sacar la puesta.* || Tomar, copiar: *sacar una cita de un libro.* || *Arg.* Quitar: *sacarse el sombrero.* || *Sacar adelante,* llevar a buen fin. || *Sacar en claro,* deducir claramente. || *Sacar a relucir,* mostrar. || *Sacar de quicio* o *de sus casillas,* hacer que una persona pierda el dominio de sí mismo. || *Fig. Sacar en limpio una cosa,* asegurarse de su certeza.

SACÁRIDO m. Nombre de los hidratos de carbono más sencillos.

SACARÍFERO, RA adj. Que produce azúcar.

SACARIFICACIÓN f. Acción de sacarificar.

SACARIFICAR v. t. *Quím.* Convertir en azúcar.

SACARÍGENO, NA adj. Dícese de la substancia que puede convertirse en azúcar por hidratación.

SACARIMETRÍA f. Procedimiento para saber la proporción de azúcar de un líquido.

SACARÍMETRO m. Instrumento para determinar la proporción de azúcar contenida en un líquido.

SACARINA f. Substancia blanca obtenida por transformación de la brea mineral, de sabor azucarado, utilizado por los diabéticos. (La *sacarina* puede endulzar tanto como 300 veces su peso en azúcar.)

SACARINO, NA adj. (del lat. *saccharum,* azúcar). Que tiene azúcar. || Relativo al azúcar.

SACAROIDEO, A adj. Dícese de aquello que tiene aspecto de azúcar: *un mármol sacaroideo.*

SACAROMICETOS m. pl. Hongos axomicetos llamados también *levaduras.*

SACAROSA f. Nombre que se da a todas las substancias análogas al azúcar.

SACARURO m. Medicamento de base sacarina.

SACATAPÓN m. Sacacorchos.

SACATEPESANO, NA adj. y s. De Sacatepéquez (Guatemala).

SACATINTA f. *Amér. C.* Acantácea tintórea.

SACATRAPOS m. Instrumento que sirve para sacar los tacos del ánima de las armas de fuego.

SACERDOCIO m. Dignidad, estado del sacerdote. || Ejercicio y ministerio del sacerdote. || Conjunto de sacerdotes. || *Fig.* Consagración al desempeño de una función.

SACERDOTAL adj. Perteneciente o relativo al sacerdote: *la dignidad sacerdotal.*

SACERDOTE m. (lat. *sacerdos, otis*). Ministro de un culto religioso: *sacerdote cristiano, de Buda.* || En la religión católica, hombre ungido y ordenado para celebrar el sacrificio de la misa. (SINÓN. *Abad, abate, capellán, eclesiástico, padre, párroco, pastor, predicador, presbítero, vicario.*)

SACERDOTISA f. Mujer dedicada al culto de ciertos dioses gentílicos: *una sacerdotisa de Vesta.*

SACIABLE adj. Que puede saciarse.

SACIAR v. t. (lat. *satiare*). Hartar de bebida o de comida: *saciar el hambre.* || *Fig.* Hartar, cumplir: *saciar los deseos de una persona.* || — SINÓN. *Hastiar, llenar.* V. tb. *satisfacer.*

SACIEDAD f. (lat. *satietas*). Hartura, hastío producido por el exceso de una cosa: *la saciedad de los placeres, de los honores.*

SACO m. (lat. *saccus*). Especie de bolsa abierta por arriba: *un saco de lienzo.* (SINÓN. *Alforja.* V. tb. *zurrón.*) || Su contenido. || Vestidura tosca de paño burdo. || En algunas partes, americana, chaqueta, prenda de vestir masculina. || *Anat.* Cavidad orgánica cerrada por un extremo: *saco conjuntival.* || Vestidura holgada. || *Amer.* Bolso de mujer. || Saqueo: *entrar a saco una población.* || En el juego de pelota, saque. || *Fig.* Cualquier cosa que en sí incluye muchas otras: *saco de mentiras.* || *Saco de viaje,* o *de noche,* bolsa, por lo común de cuero, que se emplea para ir de viaje. || *Saco de dormir,* especie de saco almohadillado que sirve de cama a los excursionistas. || *Fig.* y *fam. No echar en saco roto,* no olvidar una cosa.

SACÓN, ONA adj. *Amér. C. Fam.* Adulador.

SACONERÍA f. *Amér. C.* Adulación.

SACRA f. Oración, impresa o manuscrita, encerrada en marco con cristal, que se coloca en el altar.

SACRAMENTADO, DA adj. Aplícase a Nuestro Señor Jesucristo en el sacramento de la Eucaristía.

SACRAMENTAL adj. Del sacramento: *especies sacramentales.* || Dícese de los remedios aplicados por la Iglesia para perdonar los pecados veniales. || *Fig.* Consagrado por la ley o los usos: *palabras sacramentales.* || — F. En Madrid, cofradía que entierra a sus cofrades en terreno de su propiedad: *la Sacramental de San Isidro.*

SACRAMENTAR v. t. Administrar los sacramentos a un enfermo. || Convertir el pan en el cuerpo de Nuestro Señor Jesucristo.

SACRAMENTARIO, RIA adj. y s. Nombre dado a los luteranos que negaban la presencia real de Jesucristo en la Eucaristía.

SACRAMENTE adv. m. Sagradamente.

SACRAMENTINO, NA adj. y s. *Chil.* De la orden religiosa de la adoración perpetua del Santísimo Sacramento.

SACRAMENTO m. (lat. *sacramentum*). Acto religioso que tiene por objeto la santificación de una persona: *los sacramentos de la Iglesia católica son siete: bautismo, confirmación, eucaristía, penitencia, extremaunción, orden y matrimonio.* || *El Santísimo Sacramento,* Jesucristo sacramentado. || *Sacramento del altar,* la Eucaristía. || *Recibir los sacramentos,* recibir el viatico un enfermo.

SACRATÍSIMO, MA adj. Sumamente sagrado.

SACRE m. Ave rapaz muy parecida al gerifalte.

SACRIFICADERO m. Lugar donde se hacían antiguamente los sacrificios. || Matadero.

SACRIFICADOR, RA adj. y s. El que sacrifica las víctimas: *los sacrificadores romanos.*

SACRIFICANTE adj. Que ofrece un sacrificio.

SACRIFICAR v. t. (lat. *sacrificare*). Ofrecer en sacrificio: *sacrificar una víctima.* (SINÓN. *Inmolar, ofrecer, ofrendar.* V. tb. *matar.*) || Matar reses para el consumo. || — V. r. Ofrecerse a Dios. || Consagrarse enteramente: *sacrificarse por la patria.* || *Fig.* Privarse voluntariamente de una cosa en beneficio de otro: *sacrificarse por un amigo.*

SACRIFICIO m. (lat. *sacrificium*). Ofrenda que se hace a la divinidad con ciertas ceremonias. || *El sacrificio del altar,* la santa misa. || *Fig.* Acto de abnegación: *el honor exige este sacrificio.* (SINÓN. *Abnegación, holocausto, renuncia.*)

SACRILEGIO m. (lat. *sacrilegium*). Profanación de una cosa sagrada: *cometer sacrilegio.* (SINÓN. V. *Profanación.*) || Atentado contra una persona digna de veneración: *pegar a su padre es un sacrilegio.*

SACRÍLEGO, GA adj. Que comete sacrilegio: *castigar a un sacrílego.* || Perteneciente o relativo al sacrilegio: *intención sacrílega.* || Que sirve para cometer sacrilegio: *mano sacrílega.*

SACRISMOCHE y **SACRISMOCHO** m. *Fam.* Hombre vestido de negro, como los sacristanes.

SACRISTÁN m. El que cuida de la sacristía de una iglesia. || *Venez. Fam.* Entremetido.

SACRISTANA f. Mujer del sacristán. || Religiosa que cuida de la sacristía.

SACRISTANÍA f. Empleo de sacristán.

SACRISTÍA f. (lat. *sacristia*). Lugar donde se guardan los ornamentos del culto. || Sacristía, empleo de sacristán.

SACRO, CRA adj. Sagrado. || *Hueso sacro,* el extremo inferior de la columna vertebral.

SACROSANTO, TA adj. Muy sagrado y santo. (Se emplea a menudo esta palabra irónicamente.)

SACROVERTEBRAL adj. *Anat.* Dícese de lo que pertenece al sacro y a las vértebras.

SACUDIDA f. Movimiento violento. (SINÓN. V. *Estremecimiento.*) || Cada una de las oscilaciones del suelo en un terremoto. (SINÓN. V. *Seísmo.*) || *Fig.* Daño o perjuicio causado en la salud, en el crédito, en un orden establecido: *esta enfermedad ha sido para mí una terrible sacudida.*

SACUDIDO, DA adj. *Fig.* Áspero, arisco: *muchacho muy sacudido.* || *Fig.* Desenfadado.

SACUDIDOR, RA adj. y s. Que sacude. || — M. Instrumento con que se sacude. || Zorros.

SACUDIDURA f. y **SACUDIMIENTO** m. Acción y efecto de sacudir, sacudida.

SACUDIR v. t. (lat. *succutere*). Agitar violentamente una cosa. (SINÓN. *Bambolear, remover, vibrar.* V. tb. *agitar.*) || Golpear una cosa para quitarle el polvo. || Arrojar con violencia una cosa. || Golpear, dar golpes. || Dar, propinar. || — V. r. Rechazar con aspereza a una persona o cosa. || *Fam.* Dar dinero.

SACUDÓN m. *Amer.* Sacudida.

SACHA, prefijo quechua, que significa *parecido a*, y entra en el nombre de varias plantas y animales: *sachacol, sachacabra.*
SACHADURA f. Acción de sachar o escardar.
SACHAGUASCA f. *Arg.* Planta enredadera.
SACHAR v. t. Escardar la tierra.
SACHO m. Escardillo, instrumento de agricultura. || *Chil.* Especie de ancla o lastre.
SÁDICO, CA adj. Que muestra sadismo. || — Adj. y s. Que le complace hacer sufrir. (SINÓN. V. *Lujurioso.*)
SADISMO m. Placer malsano en ver o en hacer sufrir al prójimo. (SINÓN. V. *Barbarie.*) [El *sadismo* se considera actualmente como una perversión sexual.]
SADUCEÍSMO m. Doctrina de los saduceos.
SADUCEO, A adj. y s. (lat. *sadducaeus*). Miembro de una secta judía opuesta a los fariseos, favorable al helenismo, y que se reclutaba principalmente en la clase rica.
SAETA f. (lat. *sagitta*). Flecha, arma. || Manecilla del reloj. || Brújula. || Copla breve que se canta en las iglesias y en las procesiones.
SAETADA f. y **SAETAZO** m. Herida de saeta.
SAETEAR v. t. Asaetear, herir con saetas.
SAETERA f. Aspillera. || *Fig.* Ventanilla estrecha.
SAETÍA f. *Cub.* Gramínea parecida al espartillo.
SAETILLA f. Saeta del reloj. || Sagitaria, planta.
SAETÍN m. En los molinos, canal por donde llega el agua desde la presa hasta el rodete. || Especie de clavillo delgado y sin cabeza.
SAFARI m. Expedición de caza (en África).
SAFARSE v. r. Zafarse.
SAFENA f. (gr. *saphênês*). *Anat.* Una de las venas de los miembros inferiores.
SÁFICO, CA adj. (de *Safo,* poetisa griega). *Verso sáfico,* el verso griego o latino de once sílabas.
SAFIO m. *Cub.* Pez parecido al congrio.
SAFISMO m. Homosexualidad en la mujer.
SAGA f. (lat. *saga*). Hechicera.
SAGA f. Nombre de las leyendas mitológicas de la antigua Escandinavia contenidas en los Eddas, redactados principalmente en Islandia, entre los siglos XII y XIV.
SAGACIDAD f. Calidad de sagaz o astuto. (SINÓN. V. *Clarividencia.*)
SAGAPENO m. (lat. *sagapenum*). Gomorresina sacada de una planta umbelífera de Persia.
SAGATÍ m. Estameña de urdimbre blanca y trama de color.
SAGAZ adj. (lat. *sagax, acis*). Prudente y precavido. (SINÓN. V. *Astuto.*)
SAGAZMENTE adv. m. Con sagacidad.
SAGITA f. (del lat. *sagitta,* saeta). *Geom.* Parte del radio comprendida entre el punto medio de un arco de círculo y el de su cuerda.
SAGITAL adj. Que tiene figura de saeta.
SAGITARIA f. Planta de la familia de las alismatáceas, de hojas en figura de saeta, que vive en los terrenos encharcados.
SAGITARIO m. Noveno signo o parte del Zodiaco. (V. *Parte Hist.*)
SÁGOMA f. (ital. *sagoma*). *Arq.* Escantillón.
SAGRADO, DA adj. (lat. *sacratus*). Dedicado a Dios y al culto divino: *vasos sagrados.* (SINÓN. *Sacro, santo.*) || Que debe inspirar profunda veneración: *la persona de un padre debe ser sagrada para sus hijos.* || Inviolable: *depósito sagrado.* (SINÓN. *Intangible, tabú.*) || — M. Lugar que se consideraba como asilo para los delincuentes: *acogerse a sagrado.*
SAGRARIO m. (lat. *sacrarium*). Parte del templo donde se guardan las cosas sagradas. || Parte del altar donde se guarda a Cristo sacramentado. || Capilla que sirve de parroquia en algunas catedrales.
SAGÚ m. (malayo *çagú*). Palmera de la India y Malasia. || *Amér. C.* y *Cub.* Planta herbácea de la familia de las marantáceas, de flor blanca y tubérculos de los que se extrae una fécula nutritiva. || Fécula que se saca de la medula del burí y otras palmeras: *el sagú se usa para hacer sopa por ser muy nutritivo.*
SAGUAIPÉ m. *Amer.* Especie de larva parásita en el hígado de los carneros. (SINÓN. *Babosa.*)
SAGUÍ m. *Arg.* Zaguí.
SAGUNTINO, NA adj. y s. De Sagunto.
SAGUO m. *Col.* Árbol americano de cuya fruta se extrae un hermoso color azul.
SAHARIANA f. Prenda de vestir a modo de chaqueta holgada.
SAHARIANO, NA o **SAHÁRICO, CA** adj. Del Sáhara.
SAHINO m. V. SAÍNO.
SAHORNARSE v. r. Escocerse, desollarse.
SAHORNO m. Efecto de sahornarse, desollón.
SAHUMADO, DA adj. *Fig.* Dícese de una cosa que resulta mejor por la adición de otra: *pagaré un real sobre otro, y aun sahumados.* || *Amer.* Calamocano, achispado.
SAHUMADOR m. Perfumador, vaso para quemar perfumes. || Armazón de mimbres que sirve para sahumar la ropa; camilla, enjugador.
SAHUMADURA f. Sahumerio, fumigación.
SAHUMAR v. t. (del lat. *sub,* debajo, y *humo*). Quemar aromas para perfumar.
SAHUMERIO m. Acción de sahumar. || Humo aromático. || Materia que se quema para sahumar algo.
SAIBOR m. (ingl. *side-board*). *Col.* Aparador.
SAIGA m. *Zool.* Género de antílopes de Oriente, que tienen la nariz muy arqueada.
SAIMIRÍ m. Nombre de un mono pequeño de América Central, de cola larga y prensil.
SAÍN m. (del lat. *sagina,* crasitud). Grosura, grasa de un animal. || La grasa de sardina usada como aceite de quemar en varios puntos del litoral de España. || Mugre.
SAINAR v. t. Engordar, cebar a los animales.
SAINETE m. Saín, grasa. || Salsa de ciertos manjares. || Pieza dramática pequeña, de asunto jocoso y carácter popular. (SINÓN. V. *Comedia.*) || *Fig.* Bocado delicioso al paladar. || Sabor suave de un manjar. || *Fig.* Lo que aviva el valor de una cosa.
SAINETEAR v. i. Representar sainetes.
SAINETERO y **SAINETISTA** m. Autor de sainetes: *Ramón de la Cruz fue notable sainetero.*
SAINETESCO, CA adj. Perteneciente o relativo al sainete, cómico.
SAÍNO (Acad.) o **SAHINO** m. Mamífero paquidermo americano, parecido al jabato, sin cola y con cerdas largas, cuya carne es muy apreciada.
SAISON f. (pal fr., pr. *sesón*). Temporada.
SAJA f. Sajadura, cortadura.
SAJADURA f. Cortadura, acción de sajar.
SAJAR v. t. (lat. *sectare*). Hacer sajaduras. (SINÓN. V. *Cortar.*)
SAJELAR v. t. Limpiar el barro que usan los alfareros para sus labores.
SAJÓN, ONA adj. y s. Natural de Sajonia. || Dícese del individuo de un pueblo germánico que habitaba en la desembocadura del Elba y parte del cual se trasladó a Inglaterra en el siglo V. || Dícese del antiguo y bajo idioma alemán.
SAJÚ m. Uno de los nombres del *mono capuchino.*
SAJUMAYA f. *Cub.* Enfermedad de los cerdos.
SAJURIANA f. *Per.* y *Chil.* Un baile popular.
SAKÍ m. Aguardiente de arroz que se usa en el Japón. || Especie de mono americano.
SAL f. (lat. *sal*). Substancia dura, seca, soluble y de gusto acre, que se emplea como condimento. || *Sal gema,* la que se extrae del interior de la tierra. || *Sal marina,* la que se obtiene evaporando las aguas del mar. || *Sal amoniaco,* el clor-

sagú

saiga

saimirí

salinas

mina de sal gema

hidrato de amoniaco. || *Sal de Sedlitz, de Epsom* o *de la Higuera*, sulfato de magnesia natural. || *Sal de Glauber*, sulfato de sodio. || *Sal de Saturno*, acetato de plomo. || *Sal de Vichy*, bicarbonato de sosa. || *Sal de acederas*, oxalato de potasio. || *Quím.* Cuerpo que resulta de la substitución de los átomos de hidrógeno de un ácido por radicales básicos. || *Fig.* Agudeza, donaire. || Gracia, salero. || *Con su sal y pimienta*, con gracia y donaire. || *Amér. C.* Desgracia, mala suerte. || — Pl. Lo que se hace respirar para reanimar: *un frasco de sales.* || Substancias cristaloides perfumadas que se mezclan con el agua del baño.
— La *sal común* o cloruro de sodio se encuentra en abundancia en la naturaleza, en estado pétreo (*sal gema*), mezclada con arcillas, o disuelta en el agua del mar (25 g por litro próximamente).

SALA f. (del germ. *sal*, morada). Pieza principal de la casa: *recibir una visita en la sala.* (SINÓN. V. *Pieza.*) || Aposento de grandes dimensiones. || Local destinado a un servicio público o a un espectáculo. || Público que se encuentra en este local. || Dormitorio en un hospital. || Habitación donde se constituye un tribunal: *Sala de Apelación.* || Conjunto de magistrados o jueces que entiende sobre determinadas materias. || *Sala oscura*, cinematógrafo. || *Sala de fiestas*, local donde se celebran fiestas, reuniones, etc.

SALABARDO m. Manga de red para sacar la pesca de las redes grandes.

SALACIDAD f. Inclinación a la lascivia.

SALACOT m. Sombrero tropical a modo de casco fabricado con fibras tejidas de caña.

SALADAMENTE adv. m. *Fam.* Con gracia.

SALADAR m. Charca donde se cuaja la sal en las marismas. || Terreno estéril por las muchas sales.

SALADERÍA f. Industria de las salazones.

SALADERIL adj. *Arg.* Relativo al saladero.

SALADERO m. Sitio donde se sala carne o pescado. || *Pop.* Nombre de una antigua cárcel de Madrid. || *Riopl.* Matadero grande. || *Col.* Salegar.

SALADILLA f. Planta salsolácea.

SALADILLO adj. Dícese del tocino a media sal.

SALADO, DA adj. Que tiene sal: *agua salada.* || Dícese de los alimentos que tienen más sal que la necesaria. || Dícese del terreno estéril por la demasiada sal que contiene. || *Fig.* Gracioso, agudo: *unas muchachas muy saladas.* (SINÓN. V. *Divertido.*) || *Amer.* Desgraciado. || *Arg.* y *Chil.* Caro, costoso. || — M. Caramillo.

SALADOR, RA adj. y s. Que sala. || — M. Saladero.

SALADURA f. Acción y efecto de salar.

SALAMANCA f. *Arg.* Especie de salamandra. || *Cub.* Lagartija. || *Arg.* Brujería, ciencia diabólica. || *Chil.* Cueva natural en algunos cerros.

SALAMANDRA f. (lat. *salamandra*). Batracio urodelo de Europa que se alimenta de insectos. || *Salamandra acuática*, batracio acuático de Europa. || Especie de calorífero de combustión lenta.

SALAMANQUESA o **SALAMANQUEJA** f. *Amer.* Género de saurios terrestres de Europa.

SALAMANQUINO, NA adj. y s. Salmantino. || — F. *Chil.* Lagartija.

SALAMANQUITA f. *Cub.* Lagartija.

SALAMATECO, CA adj. y s. De Salama (Guatemala).

SALAME m. *Arg.* (ital. *salami*). Especie de salchichón.

SALANGANA f. Especie de golondrina de Oriente, cuyos nidos, formados por la saliva gelatinosa del ave, son apreciados en China como comestibles.

SALAR m. *Arg.* Salina, saladar.

SALAR v. t. Echar en sal: *salar carne.* || Sazonar con sal: *salar el caldo.* || *Col.* Dar sal al ganado. || *Amer. C.* Desgraciar, echar a perder. || *Cub.* y *Hond.* Manchar, deshonrar.

SALARIADO m. Organización del pago del trabajo del obrero por medio del salario exclusivamente.

SALARIAR v. t. Asalariar.

SALARIO m. (lat. *salarium*). Cantidad de dinero que se da a alguno para pagar un servicio o trabajo. (SINÓN. V. *Sueldo.*) || *Salario base*, cantidad mensual utilizada para calcular los subsidios familiares. || *Salario mínimo*, el de menor cuantía que la ley permite dar a un trabajador.

SALAZ adj. (lat. *salax, salacis*). Lujurioso.

SALAZÓN f. Acción y efecto de salar (carnes, pescados, etc.). || Acopio de carnes o pescados salados. || Industria y tráfico que se hace con estas conservas. || *Amér. C.* y *Cub. Fam.* Mala suerte.

SALBANDA f. (del al. *sahlband*, orilla). *Min.* Capa arcillosa, que separa el filón metálico de la roca.

SALCE m. (lat. *salix, salicis*). Sauce, árbol.

SALCEDA f. y **SALCEDO** m. Plantío de sauces.

SALCOCHAR v. t. Cocer un alimento con agua y sal. || — PARÓN. *Sancochar.*

SALCOCHO m. *Amer.* Alimento cocido sólo con agua y sal, que se prepara para condimentarlo después. || — PARÓN. *Sancocho.*

SALCHICHA f. Embutido de carne de cerdo, que se sazona de diversas maneras. || *Fort.* Fajina larga. || *Mil.* Cilindro de lienzo largo y delgado, lleno de pólvora, que sirve para pegar fuego a las minas.

SALCHICHERÍA f. Tienda donde se venden salchichas y otros embutidos.

SALCHICHERO, RA m. y f. El que hace o vende embutidos.

SALCHICHÓN m. Embutido de jamón, tocino y pimienta en grano, prensado y curado.

SALDAR v. t. Liquidar enteramente una cuenta. (SINÓN. V. *Pagar.*) || Vender a bajo precio una cosa para salir de ella.

SALDISTA m. El que compra y vende saldos.

SALDO m. (ital. *saldo*). Finiquito de las cuentas. || Cantidad que en una cuenta resulta a favor o en contra de uno: *saldo deudor.* || Mercancías que vende un comerciante a bajo precio para salir de ellas. (SINÓN. V. *Resto.*)

SALDO, DA adj. *Col.* Saldado, liquidado.

SALDUBENSE adj. y s. De la antigua Sálduba (Zaragoza).

SALEDIZO m. *Arq.* Salidizo. || — Adj. Saliente.

SALEGAR m. Sitio donde se da la sal al ganado.

SALEMA f. Salpa, pez.

SALEP m. Fécula comestible extraída de los tubérculos del satirión y algunas otras orquídeas.

SALERA f. *Chil.* Salina.

SALERO m. Vaso en que se pone la sal en la mesa. || Almacén donde se guarda sal. || Salegar, sitio donde se da la sal al ganado. || *Chil.* Salinero y tb. salina. || *Fig.* y *fam.* Gracia, chiste: *tener mucho salero.*

SALEROSO, SA adj. *Fam.* Que tiene gracia.

SALERNITANO, NA adj. y s. De Salerno (ciudad de Italia).

SALESA f. Religiosa de la Visitación, orden fundada por San Francisco de Sales.

SALESIANO, NA adj. y s. De San Francisco de Sales: *las escuelas salesianas fueron creadas por San Juan Bosco.*

SALETA f. Sala de apelación en los tribunales.

SALGADA y **SALGADERA** f. Orgaza, planta.

SALGAR v. t. Dar sal a los ganados.

SALICÁCEAS f. pl. Familia de dicotiledóneas a que pertenecen el sauce, el álamo y el chopo.

SALICARIA f. (del lat. *salix, salicis*, sauce). Planta de la familia de las litráceas, de hojas parecidas a las del sauce, común en España: *la salicaria se ha empleado como astringente.*

SALICILATO m. *Quím.* Sal del ácido salicílico.

SALICÍLICO, CA adj. Dícese de un ácido derivado de la salicina: *el ácido salicílico se usa mucho contra los reumatismos.*

SALICINA f. *Quím.* Glucósido que se extrae de la corteza del sauce.

SALICÍNEAS f. pl. *Bot.* Salicáceas.

SÁLICO, CA adj. Perteneciente a los salios o francos. || *Ley sálica*, la que excluía a las hembras de la sucesión a la corona. (V. *Parte Hist.*)

SALICOR m. *Bot.* Planta de la familia de las quenopodiáceas que produce barrilla o sosa por incineración.

SALIDA f. Acción y efecto de salir. || Parte por donde se sale: *no dar con la salida.* (SINÓN. *Abertura, apertura, paso, puerta.*) || Campo en las afueras de los pueblos. || Parte saliente de una cosa. || *Fig.* Escapatoria, efugio: *no tiene salida ese negocio.* || *Fig.* Fin o término de un asunto. || *Fig.* y *fam.* Ocurrencia: *tener buenas salidas.* || Despacho o venta de los géneros. || Posibilidad de venta de las mercancías. || *Fig.*

salamandras

salamanquesa

salangana

Carrera abierta a la actividad de alguien. ‖ *Mil.* Acometida violenta de los sitiados contra los sitiadores. ‖ Misión de combate efectuada por un avión militar. ‖ Transporte de mercancías fuera del lugar donde se encontraban. ‖ *Fig.* y *fam. Salida de pie de banco,* disparate, despropósito. ‖ *Fig. Salida de tono,* inconveniencia, tontería.

SALIDERO adj. Amigo de salir. ‖ — M. Salida, espacio para salir.

salidizo

SALIDIZO m. *Arq.* Parte de un edificio que sobresale de la pared, como balcón, tejadillo, etc.

SALIDO, DA adj. Que sobresale demasiado. ‖ En celo.

SALIDOR, RA adj. *Chil.* Andariego. ‖ *Méx.* Animoso, brioso.

SALIENTE adj. Que sale: *ángulo saliente.* (SINÓN. V. *Ángulo.* CONTR. *Entrante.*) ‖ — M. Oriente, Este. (P. us.) ‖ Salida, parte saliente. ‖ Voladizo.

SALÍFERO, RA adj. Salino, que contiene sal.

SALIFICABLE adj. Que puede salificarse.

SALIFICACIÓN f. Formación de una sal.

SALIFICAR v. t. Transformar en sal una substancia: *salificar un ácido.*

SALÍN m. Salero, almacén donde se guarda sal.

SALINA f. Mina de sal. (V. ilustr. pág. 920.) ‖ Establecimiento donde se beneficia el agua del mar o de manantiales salados.

SALINERA f. Salina.

SALINERO m. El que trabaja en las salinas.

SALINIDAD f. Calidad de salino. ‖ Cantidad proporcional de sales del agua del mar.

SALINO, NA adj. Que tiene sal: *concreción salina.*

SALIO, LIA adj. y s. Dícese de los habitantes de un antiguo poblado franco. (V. *Parte Hist.*)

SALIO, LIA adj. Perteneciente a los sacerdotes de Marte: *los cantos salios se entonaban en las procesiones de la antigua Roma.* ‖ — M. Sacerdote de Marte, en Roma.

SALIR v. i. (del lat. *salire,* saltar). Pasar de dentro afuera: *salir de la casa.* (CONTR. *Entrar.*) ‖ Partir: *mañana salimos para Madrid.* (SINÓN. V. *Marchar.*) ‖ Escapar, librarse: *salir de apuro.* ‖ Aparecer: *salir el sol.* (SINÓN. *Surgir.*) ‖ Brotar: *salir el trigo.* (SINÓN. *Emerger, nacer.*) ‖ Quitarse, borrarse una mancha. ‖ Sobresalir, resaltar: *este balcón sale mucho.* ‖ Descubrir sus cualidades una cosa: *su chico salió muy torpe.* ‖ Resultar: *el melón salió bueno.* ‖ Deshacerse de una cosa: *salir de toda la mercancía.* (SINÓN. V. *Derramar.*) ‖ Ocurrir: *no le salió ocupación.* ‖ Costar: *me sale a peseta.* ‖ Ser el primero que juega. ‖ Publicarse: *salir un libro.* ‖ Decir o hacer una cosa inesperada: *ahora sale con eso.* ‖ *Salir con una cosa,* conseguirla: *salir con su pretensión.* ‖ Tener buen o mal éxito una cosa: *le salió bien su negocio.* ‖ Parecerse: *el niño sale a su padre.* ‖ Ser elegido por suerte o votación: *salió su billete en la lotería.* ‖ Dar: *esta calle sale a la plaza.* ‖ — V. r. Derramarse: *esta vasija se sale.* ‖ Rebosar un líquido al hervir. ‖ *A lo que salga* o *salga lo que saliere,* sin preocuparse del resultado. ‖ *Salir uno adelante,* vencer una dificultad. ‖ *Salirle caro,* resultarle caro. ‖ *Fig.* y *fam. Salir pitando,* echar a correr. ‖ *Salir por uno,* defenderle. ‖ *Salir del paso,* hacer una cosa de cualquier manera. ‖ *Salirse con la suya,* realizar lo que uno deseaba. ‖ *Salirse de madre,* desbordarse un río. ‖ — IRREG. Pres. ind.: *salgo, sales, sale, salimos, salís, salen;* pret. indef.: *salí, saliste,* etc.; fut.: *saldré, saldrás, saldrá,* etc.; pot.: *saldría, saldrías,* etc.; pres. subj.: *salga, salgas,* etc.; imperf. subj.: *saliera, salieras,* etc.; *saliese, salieses,* etc.; fut. subj.: *saliere, salieres,* etc.; imper.: *sal, salid;* ger. *saliendo;* p. p. *salido.*

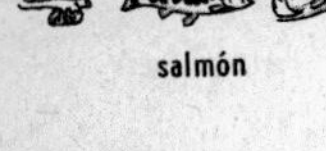

salmón

SALISIPÁN m. Embarcación filipina parecida a la panca, pero de bordas más altas.

SALITRADO, DA adj. Mezclado con salitre.

SALITRAL adj. Salitroso. ‖ — M. Criadero de salitre.

SALITRE m. Nombre vulgar del *nitro: el salitre se emplea para fabricar la pólvora.*

SALITRERA f. Salitral.

SALITRERÍA f. Lugar donde se fabrica salitre.

SALITRERO, RA adj. Relativo al salitre. ‖ — M. y f. Persona que trabaja en salitre o lo vende.

SALITROSO, SA adj. Que tiene salitre.

columna salomónica

SALIVA f. (lat. *saliva*). Humor acuoso y algo viscoso, segregado por las glándulas de la boca: *la saliva sirve para preparar la digestión de los alimentos.* ‖ *Fig.* y *fam. Gastar saliva en balde,* hablar inútilmente. ‖ *Tragar saliva,* tener que callarse uno ante algo que le ofende o disgusta.

SALIVACIÓN f. Secreción de saliva.

SALIVADERA o **SALIVERA** f. *Amer.* Escupidera.

SALIVAJO m. *Fam.* Escupitajo, esputo.

SALIVAL (Acad.) y **SALIVAR** adj. Relativo a la saliva. ‖ *Glándulas salivares,* las glándulas de la boca que producen la saliva.

SALIVAR v. i. Producir o arrojar saliva.

SALIVAZO m. *Fam.* Salivajo.

SALIVERAS f. pl. Sabores del freno del caballo.

SALIVOSO, SA adj. Que produce mucha saliva. ‖ Parecido a la saliva: *líquido salivoso.*

SALMANTICENSE adj. y s. Salmantino.

SALMANTINO, NA adj. y s. De Salamanca.

SALMER m. (fr. *sommier*). *Arq.* Nombre de la piedra del machón de donde arranca un arco.

SALMERÓN adj. y s. Dícese de una variedad de trigo fanfarrón.

SALMISTA m. (lat. *psalmista*). Persona que compone salmos. ‖ *Por anton.* el rey David.

SALMO m. (lat. *psalmus*). Canto o cántico sagrado de los hebreos y de los cristianos: *el salmo se recitaba o cantaba.* ‖ Composición poética que contiene alabanzas a Dios. (V. *Parte Hist.*)

SALMODIA f. Canto que se usa en la Iglesia para los salmos. ‖ *Fig.* y *fam.* Canto monótono.

SALMODIAR v. t. Recitar salmos sin inflexión de voz, monótonamente. (SINÓN. V. *Recitar.*) ‖ *Fig.* Cantar monótonamente. (SINÓN. V. *Cantar.*)

SALMÓN m. (lat. *salmo, onis*). Pez marino teleósteo, del suborden de los fisóstomos, fusiforme, parecido a la trucha.

— El *salmón* puede alcanzar hasta 1,50 m de largo; pasa el invierno en el mar y en otoño sube por los ríos para desovar. La carne del salmón es muy apreciada.

SALMONADO adj. Dícese de los pescados cuya carne se parece a la del salmón. ‖ De color de la carne de salmón.

SALMONETE f. Pez teleósteo marino acantopterigio, de color rojo y cabeza grande: *la carne del salmonete es comestible apreciado.*

SALMÓNIDOS m. pl. *Zool.* Familia de peces que comprende los salmones y los géneros vecinos.

SALMOREJO m. (de *salmuera*). Salsa de vinagre y aceite con que suelen guisarse los conejos.

SALMUERA f. Agua salada: *carne en salmuera.*

SALOBRAL adj. Dícese de la tierra salobreña.

SALOBRE adj. Dícese de lo que tiene sabor de sal: *agua salobre.* ‖ — PARÓN. *Salubre.*

SALOBREÑO, ÑA adj. Que tiene sal, salobre.

SALOBRIDAD f. Calidad de salobre.

SALOMA f. *Mar.* Canto rítmico con que acompañan los marineros las faenas hechas entre varios.

SALOMAR v. i. Cantar la saloma en una faena.

SALOMÓN m. *Fig.* Hombre sabio.

SALOMÓNICO, CA adj. Relativo a Salomón. ‖ *Arq. Columna salomónica,* la que tiene el fuste contorneado en espiral.

SALÓN m. Sala grande: *salón de conferencias, de descanso.* ‖ Habitación de un aposento destinada a recibir las visitas. (SINÓN. V. *Pieza.*) ‖ Galería donde se exponen obras de arte. ‖ *Por ext.* Exposición. ‖ Nombre dado a ciertos establecimientos: *salón de té, de peluquería.* ‖ *Amer.* Tienda lujosa de licores, refrescos, dulces. ‖ *Salones literarios,* tertulias de gentes distinguidas que se celebraban en la casa de algún noble o literato conocido.

SALONCILLO m. *Teatr.* Salón de descanso.

SALPA f. Pez marino del Mediterráneo.

SALPICADERO m. Tablero situado en los automóviles delante del conductor, en el que se hallan algunos mandos y aparatos indicadores.

SALPICADURA f. Acción y efecto de salpicar.

SALPICAR v. t. Rociar, esparcir en gotas. (SINÓN. V. *Brotar.*) ‖ Caer gotas de un líquido: *le salpicó el traje con salsa.* (SINÓN. V. *Motear.*) ‖ *Fig.* Esparcir, diseminar como rociando: *salpicar de bromas la conversación.* ‖ *Fig.* Pasar de una cosa o otra sin orden: *salpicar la lectura de un libro.*

SALPICÓN m. Fiambre de carne picada con sal, vinagre y cebolla. || *Ecuad.* Helado de zumo de frutas. || *Fig.* y *fam.* Cosa picada o hecha pedazos menudos. || Salpicadura.
SALPIMENTAR v. t. Adobar con sal y pimienta: *salpimentar carne.* || *Fig.* Amenizar, hacer sabrosa. || — IRREG. Se conjuga como *acertar.*
SALPIMIENTA f. Mezcla de sal y de pimienta.
SALPRESAR v. t. (del lat. *sal,* sal, y *pressare,* prensar, apretar). Salar una cosa apretándola mucho al mismo tiempo: *salpresar pescado.*
SALPULLIDO m. Erupción cutánea leve y pasajera. || Roncha leve que deja la picadura de la pulga.
SALPULLIR v. t. Causar salpullido. || — V. r. Cubrirse la piel de salpullido. || — IRREG. Se conjuga como *mullir.*
SALSA f. (del lat. *salsus,* salado). Composición líquida que sirve para aderezar o condimentar algunos manjares: *salsa blanca, media salsa.* || *Fig.* Sainete, cosa que excita el apetito: *no hay mejor salsa que el hambre.* || *Pop.* Sal, gracia. || *Fig.* y *fam. En su propia salsa,* en su propio elemento.
SALSERA f. Vasija en que se sirve la salsa a la mesa. || Salserilla de pintor.
SALSERETA y mejor **SALSERILLA** f. Taza pequeña y muy chata en que mezcla y deslíe el pintor los colores que utiliza a menudo.
SALSERO adj. Bueno para salsa: *tomillo salsero.* || — M. *Chil.* Salinero, que vende sal.
SALSERUELA f. Salserilla de pintor.
SALSIFÍ m. (fr. *salsifis*). Planta de la familia de las compuestas, de raíz fusiforme y comestible.
SALSOLÁCEAS f. pl. (del lat. *salsus,* salado). *Bot.* Quenopodiáceas.
SALTABANCO y **SALTABANCOS** m. Charlatán. || Jugador de manos, titiritero. || *Fig.* y *fam.* Hombre bullidor e insubstancial.
SALTABARRANCOS com. *Fig.* y *fam.* Persona muy traviesa y aficionada o correr o saltar por todas partes.
SALTABLE adj. Que puede saltarse.
SALTACHARQUILLOS com. (de *saltar,* y *charquillos*). *Fig.* y *fam.* Persona que camina pisando de puntillas con afectación.
SALTADERO m. Sitio que es a propósito para saltar. || Surtidor de agua.
SALTADIZO, ZA adj. Que salta fácilmente.
SALTADOR, RA adj. Que salta. || — M. y f. Persona que salta. || — M. Comba.
SALTAEMBARCA f. Especie de ropilla antigua.
SALTAGATOS m. *Col.* Saltamontes.
SALTAMONTES m. Género de insectos ortópteros, pequeños, de color verde y de patas posteriores muy desarrolladas.
SALTANA f. *Arg.* Pasadera.
SALTANEJAL m. *Col.* Sitio en que abundan los saltanejos, cenagal, pantano.
SALTANEJO m. *Col.* Albardilla de barro que forma el tránsito en los caminos durante las sequías.
SALTANEJOSO, SA adj. *Cub.* Dícese del terreno plano pero algo ondulado.
SALTANTE adj. *Chil.* Sobresaliente, notable.
SALTAOJOS m. Planta ranunculácea de hermosas flores. (SINÓN. *Peonía.*)
SALTAPAREDES com. *Fam.* Persona traviesa.
SALTAR v. i. (lat. *saltare*). Levantarse del suelo con esfuerzo o lanzarse de un lugar a otro. || Arrojarse de una altura. || Moverse algunas cosas con gran velocidad: *la pelota saltó del suelo, saltó una astilla de madera.* || Salir un líquido con violencia hacia arriba. (SINÓN. V. *Brotar.*) || Romperse violentamente una cosa: *no se debe echar agua hirviendo en los vasos de cristal, para que no salten.* || Desprenderse una cosa de donde estaba unida. || *Fig.* Notarse mucho una cosa: *eso salta a los ojos.* || Hacer comprender que está uno enfadado. || Salir con ímpetu: *el novillo saltó a la plaza.* || Responder de mala manera. || Venir repentinamente a la memoria una especie. || Abandonar contra su voluntad un puesto: *saltó del Gobierno.* || Resaltar, sobresalir. || Ascender a un puesto sin seguir el orden jerárquico. || Romper a hacer algo: *saltó y dijo.* || — V. t. Atravesar de un salto: *saltar un arroyo.* || Pasar de una cosa a otra sin orden. || Omitir parte de un escrito en la lectura: *saltar párrafos.* || *A la que salta,* en la primera ocasión. || *Saltar a la vista,* o *a los ojos,* ser muy evidente. || *Saltarse las lágrimas,* empezar a llorar. || — PARÓN. *Saltear.*
SALTARELO m. Baile español antiguo.
SALTARÉN m. Cierto aire de guitarra que se tocaba para bailar. || Saltamontes.
SALTARÍN, INA adj. y s. Que danza o salta mucho. || *Fig.* Inquieto, travieso, atolondrado.
SALTARREGLA f. Falsa escuadra.
SALTATRIZ f. Mujer que salta y baila por oficio.
SALTATUMBAS m. *Fig.* y *fam.* El clérigo que vive principalmente de la asistencia en los entierros.
SALTEADOR m. El que saltea en los caminos. (SINÓN. V. *Bandido.*)
SALTEAMIENTO m. Acción de saltear.
SALTEAR v. t. Robar en despoblado a los caminantes. (SINÓN. V. *Robar.*) || Asaltar, acometer. || Hacer una cosa con interrupciones. || Sofreír a fuego vivo.
SALTEÑO, ÑA adj. y s. De Salta (Argentina). || De Salto (Uruguay).
SALTEO m. Salteamiento.
SALTERIO m. Colección de los salmos de la Biblia. || Rosario de 150 avemarías. || Instrumento músico antiguo de cuerdas.
SALTIMBANCO y **SALTIMBANQUI** m. (ital. *saltimbanco*). *Fam.* Titiritero. || — SINÓN. *Acróbata, equilibrista, feriante, trapecista, volatinero.*
SALTO m. (lat. *saltus*). Acción y efecto de saltar. (SINÓN. *Bote, brinco, rebote, sobresalto.*) || Lugar que no se puede pasar sin saltar. || Sima, despeñadero profundo. || *Fig.* Paso de una cosa a otra sin seguir orden. || Omisión de una parte de un escrito al leer o copiar. || Cascada de agua: *el salto del Niágara.* (SINÓN. V. *Cascada.*) || Espacio que se salta. || Palpitación violenta del corazón. || Caída del nadador de un trampolín: *salto del ángel, de la carpa.* || En atletismo, prueba deportiva que consiste en salvar un obstáculo o un espacio: *salto de altura, de longitud, de pértiga.* || *Salto de campana,* vuelta completa en el aire. || *Salto de carnero,* el que da el caballo encorvándose para tirar al jinete. || *Salto mortal,* aquel en que el cuerpo da la vuelta completa en el aire para volver a caer de pie. || *Salto de cama,* bata o batín. || *A salto de mata,* huyendo y escondiéndose. || *A saltos,* con interrupciones. || *En un salto,* en un instante.

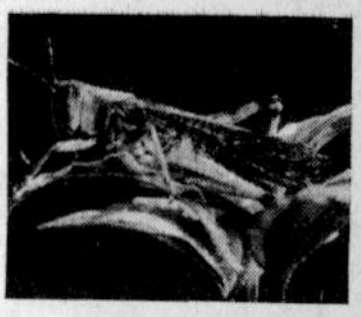
saltamontes

SALTÓMETRO m. Barra horizontal, colocada entre dos postes verticales graduados en centímetros, utilizada en atletismo para los saltos.
SALTÓN, ONA adj. Que anda a saltos. || *Ojos saltones,* los muy abultados y salientes. || *Col.* Sancochado, medio cocido. || — M. Saltamontes.
SALUBÉRRIMO, MA adj. Muy salubre.
SALUBRE adj. Saludable. (SINÓN. V. *Sano.*) || — PARÓN. *Salobre.*
SALUBRIDAD f. Calidad de salubre o saludable. (SINÓN. V. *Higiene.*)
SALUD f. (lat. *salus*). Estado del que no tiene ninguna enfermedad. || Estado de gracia: *la salud del alma.* || Salvación: *la salud eterna.* || *Beber a la salud de uno,* brindar a su salud.
SALUDA m. Esquela redactada en tercera persona y sin firma en la que aparece impresa la palabra *saluda.*
SALUDABLE adj. Bueno para conservar la salud del cuerpo, la virtud, etc.: *un ejemplo muy saludable.* (SINÓN. V. *Sano.*)
SALUDADOR m. Embaucador o curandero.
SALUDAR v. t. (lat. *salutare*). Dar a uno alguna muestra exterior de cortesía o respeto: *saludar a un amigo.* || Curar por ensalmo. || Honrar con ciertas señales de cortesía establecidas: *saludar un barco con veinte cañonazos.* || Aclamar: *saludar el advenimiento de la libertad.*
SALUDO m. La acción de saludar: *saludo cortés.* || — SINÓN. *Inclinación, reverencia, salutación, zalema.*
SALUTACIÓN f. (lat. *salutatio*). Saludo. || *Salutación angélica,* la oración del arcángel San Gabriel a la Virgen, que forma la primera parte del Avemaría.
SALUTÍFERO, RA adj. Saludable, benéfico.
SALVA f. Prueba que se hacía de los manjares servidos a los reyes. || Saludo o bienvenida. || Saludo hecho con armas de fuego: *tirar una salva.*

Fot. Baufle

salvia

samovar

sampán

samurai

|| Aplausos repetidos. || Prueba que en la antigua jurisprudencia hacía uno de su inocencia, exponiéndose a un peligro, seguro de que Dios le salvaría. || Salvilla, bandeja. || — PARÓN. *Salve.*

SALVABARROS m. Guardalodos.

SALVACIÓN f. Acción y efecto de salvar o salvarse: *áncora de salvación.* (SINÓN. V. *Rescate.*) || Gloria y bienaventuranza eternas.

SALVADA f. *Antill., Méx.* y *Per. Fam.* Salvación, suerte.

SALVADO m. Cascarilla que envuelve el trigo, y se mezcla con la harina en la molienda.

SALVADOR, RA adj. y s. Que salva: *medicina salvadora.* || — M. *Por anton.* Jesucristo.

SALVADOREÑO, ÑA adj. y s. De El Salvador.

SALVAGUARDA f. Protección.

SALVAGUARDAR v. t. Proteger.

SALVAGUARDIA f. Salvoconducto que se da a uno para que no sea molestado en lo que tiene que ejecutar. (SINÓN. V. *Garantía.*) || *Fig.* Protección, defensa, amparo. (SINÓN. V. *Auspicio.*)

SALVAJADA f. Hecho o dicho de salvaje.

SALVAJE adj. (del lat. *silvaticus,* silvestre). Silvestre, sin cultivo: *planta salvaje.* || No doméstico: *caballo salvaje.* || Áspero, inculto, fragoso: *país salvaje.* || *Fig.* Violento, rudo. || — Adj. y s. Natural de país sin civilizar: *campamento de salvajes.* || *Fig.* Muy necio e ignorante. (SINÓN. V. *Bruto.*) || — M. *Ecuad.* Planta bromeliácea de la que se saca crin vegetal.

SALVAJERÍA f. Salvajada, barbaridad.

SALVAJINA f. Pieles de animales monteses. (P. us.) || Animal montaraz: *cazar salvajina.*

SALVAJINO, NA adj. Dícese de la carne de los animales monteses.

SALVAJISMO m. *Fig.* Acción propia de salvajes. (SINÓN. *V. Barbarie.*)

SALVAMANTELES m. Pieza de vajilla o de lienzo que se pone en la mesa debajo de las fuentes o botellas.

SALVAMENTO m. Acción y efecto de salvar o salvarse. || Lugar en que se pone uno a salvo de algún peligro. || Liberación de una persona de un peligro.

SALVAMIENTO m. Salvamento.

SALVAR v. t. (lat. *salvare*). Librar de un peligro. (SINÓN. V. *Proteger.*) || Dar Dios la gloria eterna. || Evitar: *salvar la dificultad.* || Recorrer la distancia entre dos puntos. || Saltar: *salvar el arroyo.* || Exceptuar, excluir. || Devolver la salud: *salvar a un enfermo.* || Conservar intacto: *salvar su honor.* || Poner los escribanos al final de un documento una nota para autorizar lo borrado o añadido. || — V. r. Librarse de un peligro, evitarlo. || Alcanzar la eterna salvación. || *Sálvese el que pueda,* grito con que en momentos de grave peligro se incita a huir para ponerse a salvo.

SALVARSÁN m. Preparado de arsénico para el tratamiento de la sífilis.

SALVAVIDAS adj. y m. *Mar.* Aparato de salvamento para los náufragos: *una boya salvavidas.* || Dispositivo protector, en caso de atropello, colocado en las ruedas delanteras de los tranvías.

SALVE interj. (lat. *salve*). Úsase en poesía como saludo. || — F. Oración en honor de la Virgen.

SALVEDAD f. Excusa o descargo que hace uno antes de decir una cosa que pudiera ofender a otro. || Nota para legalizar una enmienda en un documento.

SALVIA f. (lat. *salvia*). Planta de la familia de las labiadas, de olor y sabor aromático: *el cocimiento de las hojas de salvia es tónico y estomacal.* || *Arg.* Planta verbenácea con cuyas hojas se prepara una infusión medicinal.

SALVILORA f. *Arg.* Arbusto loganiáceo de hermosas flores.

SALVILLA f. Bandeja con encajes para asegurar las copas, tazas o jícaras que se colocan en ella. || *Chil.* Taller, convoy, vinagreras.

SALVO, VA adj. (lat. *salvus*). Salvado de un peligro. (SINÓN. *Indemne, ileso, sano, intacto.*) || Exceptuado, omitido. || — Adv. m. Excepto: *todos vinieron salvo él.*

SALVOCONDUCTO m. Permiso que da en ciertos casos la autoridad a un sujeto para que pueda pasar de un lugar a otro. (SINÓN. V. *Pase.*) || *Fig.* Seguridad.

SÁMAGO m. Parte inútil que se desecha en la madera de construcción: *madera llena de sámago.*

SAMÁN m. Árbol americano parecido al cedro.

SÁMARA f. *Bot.* Fruto seco, indehiscente, de pericarpio plano: *la sámara del olmo.*

SAMARIO m. Elemento químico (Sm) del grupo de las tierras raras, de número atómico 62.

SAMARIO, RIA adj. y s. De Santa Marta (Colombia).

SAMARITANO, NA adj. y s. De Samaria: *la parábola del buen samaritano.* (V. *Parte Hist.*)

SAMARUGUERA f. Red de mallas pequeñas.

SAMBA f. Música y baile brasileños.

SAMBENITAR v. t. Infamar con el sambenito.

SAMBENITO m. Capotillo de los penitentes reconciliados por la Inquisición. || Letrero que se ponía en las iglesias, con el nombre y castigo que se imponía a los penitenciados. || Nota infamante que sigue al delito. || *Fig.* Difamación, descrédito.

SAMBEQUE m. *Cub.* Zambra, jaleo.

SAMBUCA f. (lat. *sambuca*). Instrumento músico antiguo de cuerda. || Una máquina antigua de guerra.

SAMBUMBIA f. *Cub.* Bebida hecha con agua, miel de caña y ají. || *Méx.* Refresco de piña y azúcar. || *Col.* Mazamorra. || *Col. Fig.* y *fam. Volver sambumbia,* hacer añicos una cosa.

SAMBUMBIERÍA f. *Cub.* Tienda donde se hace y vende sambumbia.

SAMBUMBIERO m. Fabricante o vendedor de sambumbia.

SAMIO, MIA adj. y s. De Samos.

SAMNITA adj. y s. De Samnio.

SAMOVAR m. Especie de tetera rusa, generalmente de cobre, con hornillo para calentar el agua y chimenea interior.

SAMPA f. Arbusto ramoso, de copa muy amplia, que existe en América.

SAMPAGUITA f. Planta jazmínea, cultivada por el aroma de sus flores.

SAMPÁN m. Una embarcación china.

SAMPEDRANO, NA adj. y s. De la Villa de San Pedro (Paraguay). || De San Pedro Sula (Honduras).

SAMURAI m. Individuo perteneciente a la clase de los guerreros en la organización feudal japonesa anterior a 1868.

SAMURO m. *Amer.* Aura, zopilote.

SAN adj. *Apócope* de santo, antes de un nombre, excepto Tomás o Tomé, Toribio o Domingo. || — OBSERV. No se repite en *Santiago* [sant Iago o Jacobo]; dícese *San Tomás* tratándose de la isla. El plural sólo se usa en las fr. fam. *¡Por vida de sanes!* y *¡Voto a sanes!*

SANABLE adj. Lo que puede ser sanado.

SANACO, CA y **SANANO, NA** adj. *Cub.* y *P. Rico.* Bobo, sandio, mentecato.

SANADOR, RA adj. y s. Que sana o cura.

SANALOTODO m. Cierto emplasto. || *Fig.* Medio que algunos suelen aplicar a todo lo que les ocurre.

SANAMENTE adv. m. Con sanidad: *comer sanamente.* || *Fig.* Sinceramente, francamente.

SANANDRESANO, NA adj. y s. De San Andrés (Colombia).

SANAR v. t. Curar, devolver la salud. || — V. i Recobrar la salud, curarse: *la herida sanó pronto.*

SANATE m. *Amer.* El quiscal, ave.

SANATIVO, VA adj. Que sana o cura.

SANATORIAL adj. Relativo a los sanatorios.

SANATORIO m. Establecimiento para la estancia de enfermos que necesitan someterse a tratamientos médicos, quirúrgicos o climatológicos. || — SINÓN. *Preventorio, solario.* V. tb. *hospital.*

SANCIÓN f. (lat. *sanctio*). Acto solemne por el que autoriza el jefe del Estado cualquier ley o estatuto. || Pena o recompensa que asegura la ejecución de una ley. (SINÓN. V. *Castigo.*) || Autorización, aprobación. || Consecuencia moral de un acto, castigo o recompensa. || Medida represiva.

SANCIONABLE adj. Que merece sanción.

SANCIONADOR, RA adj. y s. Que sanciona.

SANCIONAR v. t. Dar autoridad o fuerza a la ley. || Autorizar o aprobar cualquier acto, uso o costumbre. (SINÓN. *Aprobar, confirmar, homologar, ratificar, validar.*) || Aplicar una sanción. (SINÓN. V. *Castigar.*)

Fot. Larousse

SANCO m. *Amer.* Mazamorra grosera hecha de maíz o trigo. || *Chil.* Lodo consistente.
SANCOCHADO m. *Per.* Sancocho.
SANCOCHAR v. t. Guisar la vianda, dejándola medio cruda y sin sazonar.
SANCOCHO m. Plato americano de yuca, carne, plátano, etc.: *el sancocho es el principal alimento del pueblo en el litoral del Ecuador.* || *Cub.* Guiso mal hecho. || *Amér. C. Fig.* Lío, embrollo.
SANCTA m. Parte anterior del tabernáculo de los judíos en el desierto, y del templo de Jerusalén.
SANCTASANCTÓRUM m. Parte más sagrada del tabernáculo y del templo de Jerusalén: *el sanctasanctórum estaba separado del sancta por un velo.* || *Fig.* Cosa de gran precio. || *Fig.* Cosa secreta, reservada.
SANCTUS m. Parte de la misa, en la cual se canta tres veces esta palabra.
SANCHOPANCESCO, CA adj. Propio de Sancho Panza. || Falto de idealismo.
SANDALIA f. (lat. *sandalium*). Calzado formado por una simple suela de cuero asegurada con correas. (SINÓN. V. *Calzado.*)
SÁNDALO m. Planta de la familia de las labiadas que se cultiva en los jardines. || Árbol de la familia de las santaláceas parecido al nogal, y con madera amarillenta de excelente olor. || Leño oloroso de este árbol.
SANDÁRACA f. (del ár. *sandars*, barniz). Resina de una tuya que se usa en barnices y como grasilla.
SANDE m. *Col.* Árbol de la leche o árbol vaca.
SANDEZ f. Calidad de sandio. || Despropósito, necedad. (SINÓN. V. *Tontería.*)
SANDÍA f. Género de plantas cucurbitáceas, de fruto casi esférico y de pulpa encarnada, aguanosa y dulce, propio de los países mediterráneos.
SANDIAL o **SANDIAR** m. Plantío de sandías.
SANDIO, DIA adj. y s. *Fam.* Necio. (SINÓN. V. *Tonto.*)
SANDUCERO, RA adj. y s. De Paysandú. (Uruguay).
SANDUNGA f. *Fam.* Gracia, chiste o donaire. || *Chil., Méx.* y *Per.* Zambra, jolgorio. || *Méx.* Cierto baile.
SANDUNGUERO, RA adj. *Fam.* Gracioso.
SANDWICH m. (pal. ingl., pr. *sánduich*). Bocadillo, emparedado, panecillo con una loncha de jamón, queso, etc., dentro. Pl. *sandwiches.*
SANEADO, DA adj. Aplícase a la renta que está libre de cargas: *fortuna bien saneada.*
SANEAMIENTO m. Dotación de condiciones de salubridad a los terrenos o edificios desprovistos de ellas. (SINÓN. *Asepsia, desinfección, esterilización.* V. tb. *depuración.*) || *For.* Obligación que tiene el vendedor de responder de la posesión pacífica y útil de la cosa vendida. || Acción de estabilizar la moneda o evitar su depreciación.
SANEAR v. t. Asegurar o garantizar el reparo de un daño. || Reparar o remediar una cosa. || Dar condiciones de salubridad. (SINÓN. V. *Purificar.*) || Equilibrar, estabilizar o evitar lo que es causa de depreciación: *sanear la moneda.*
SANEDRÍN m. (del gr. *sunedrion*, tribunal) Tribunal de los antiguos judíos de Jerusalén, compuesto de los sacerdotes, de los ancianos y de los escribas, que juzgaba los asuntos del Estado y de la religión. || Sitio donde se reunía.
SANFASÓN adv. m. *amer.* Sans-façon.
SANFELIPEÑO, ÑA adj. y s. De San Felipe (Chile).
SANFERNANDINO, NA adj. y s. De San Fernando (Chile).
SANFOR m. Procedimiento mecánico para tratar los tejidos y restablecer la tensión natural.
SANGLEY adj. y s. *Indio sangley*, dícese del indio chino que pasa a comerciar a Filipinas.
SANGO m. *Per.* Sanco.
SANGRADERA f. Lanceta. || Vasija en que se recoge la sangre cuando sangran a uno. || Acequia que se deriva de otra principal. || *Fig.* Portillo o abertura hecha en un caz o canal. || *Amer.* Barb. por *sangradura*, parte del brazo.
SANGRADOR m. El que sangra por oficio. || *Fig.* Abertura para sacar el líquido de un vaso.
SANGRADURA f. Parte del brazo opuesta al codo, donde suele sangrarse a los enfermos. || Acción de sangrar. || *Fig.* Salida artificial que se da a las aguas de un río, caz o canal.
SANGRANTE adj. Que sangra.
SANGRAR v. t. Sacar sangre de la vena. || Dar salida a un líquido: *sangrar una presa.* || *Impr.* Empezar un renglón más adentro que los demás. || *Fig.* y *fam.* Sacar dinero, sacar parte de un todo. || — V. i. Arrojar sangre: *la herida sangra mucho.* || — V. r. Hacerse dar una sangría.
SANGRAZA f. Sangre corrompida y espesa.
SANGRE f. (lat. *sanguis*). Líquido rojo que circula en las venas y las arterias y que lleva los elementos nutritivos y los residuos de todas las células del organismo. || *Fig.* Linaje, parentesco: *sangre plebeya.* || Familia: *tener la misma sangre.* || *Sangre azul*, sangre noble. || *Fam. Sangre blanca o de horchata*, flema y lentitud excesivas. || *Mala sangre*, mala intención (ú. tb. c. s. m.). || *Sangre de drago*, resina encarnada del drago. || *Sangre fría*, serenidad de ánimo. || *Amer. Sangre ligera*, aplícase a la persona simpática. || *Sangre pesada*, antipático, chinchoso. || *De sangre*, loc. adv., tirado o movido por animales. || *A sangre fría*, m. adv., con sosiego, sin arrebatarse. || *Bullirle la sangre*, tener mucho vigor y lozanía. || *Hacer sangre*, causar una herida que sangra. || *Lavar con sangre*, derramar la del enemigo para vengar una injuria. || *No llegará la sangre al río*, no tendrá la cosa consecuencias muy graves. || *Llevar una cosa en la sangre*, ser innata o hereditaria. || *Tener sangre de chinches*, ser muy pesado y molesto. || *Fam. Freir*, o *quemar, la sangre*, fastidiar. || *Sudar sangre*, costar algo un gran esfuerzo. || *Tener la sangre gorda*, ser pachorrudo, muy lento.
— La *sangre* transporta los principios nutritivos desde el aparato digestivo a las células; es conducida por todo el cuerpo por las arterias, y llevada de nuevo por las venas al corazón, que la envía a los pulmones para su oxigenación. (V. ilustr. HOMBRE.) Recibe los materiales procedentes de la digestión y recoge las substancias de desecho que luego serán eliminadas por los riñones y otros órganos de excreción. Se compone de un líquido, *plasma*, y de células móviles, *glóbulos*, que se

sandía

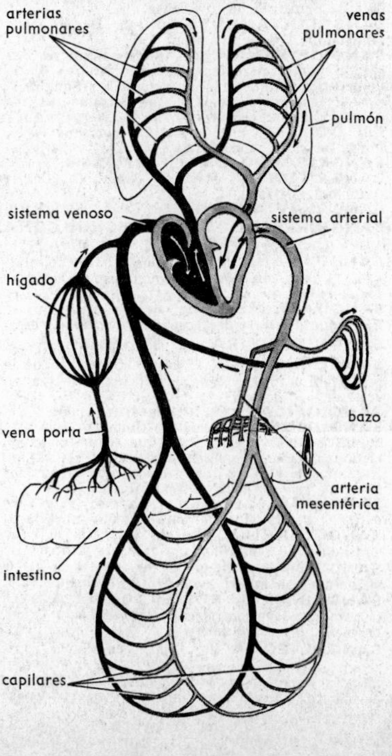

CIRCULACIÓN DE LA SANGRE

encuentran suspendidos en el líquido. El plasma contiene agua, sales minerales, glucosa, proteínas, secreciones de las glándulas endocrinas (hormonas) y vitaminas. Los glóbulos pueden ser rojos o *hematíes*, que recogen oxígeno en los pulmones para alimentar los tejidos y se lleva de éstos anhídrido carbónico que será eliminado en aquéllos; blancos o *leucocitos*, que destruyen los microbios y otros cuerpos nocivos por medio de la fagocitosis, y *plaquetas*, que participan en la coagulación de la sangre. La *transfusión sanguínea* permite dar a un enfermo o a un herido sangre de otra persona sana, pero esta intervención debe hacerse siempre teniendo en cuenta los *grupos sanguíneos*, determinados por los fenómenos de aglutinación que se producen entre los diferentes grupos. Se llaman *enfermedades de la sangre* las anomalías existentes en la calidad y en el número de los diferentes glóbulos (V. ANEMIA, LEUCEMIA, LEUCOCITOSIS y LEUCOPENIA) y las anomalías del plasma (defectos de coagulación, como la hemofilia). Las enfermedades infecciosas o parasitarias (septicemias, paludismo, etc.) se consideran enfermedades generales; lo mismo ocurre con las afecciones en las cuales la composición de la sangre es modificada por una afección determinada de un órgano. (Así, en la uremia, el exceso de urea en la sangre depende de una enfermedad nefrítica; en la diabetes, el exceso de glucosa depende de factores pancreáticos.)

SANGREGORDA adj. y s. *Fig.* y *fam.* Sangre gorda.

SANGRÍA f. Abertura que se hace a una vena para sacar sangre: *la sangría se usa menos ahora que en otro tiempo.* || Sangre que se extrae de esta suerte: *sangría abundante.* || Pliegue del brazo opuesto al codo. || Salida que se da a las aguas. || Corte que se da a un árbol para que fluya la resina. || *Fig.* Gasto continuo sin compensación. || *Fig.* Extracción, hurto de una cosa por pequeñas partes. || Bebida hecha con agua, vino tinto y azúcar, y en la que se suelen partir en algunos sitios duraznos o melocotones. || *Tecn.* El chorro de metal fundido que sale del horno. || *Impr.* Acción y efecto de sangrar, espacio que se deja al principio de una línea.

SANGRIENTAMENTE adv. m. De un modo sangriento o sanguinario.

SANGRIENTO, TA adj. Que echa sangre: *herida sangrienta.* || Manchado de sangre: *arma sangrienta.* (SINÓN. *Sanguinolento.*) || Sanguinario: *el sangriento Nerón.* || Que derrama sangre: *riña sangrienta.* (SINÓN. *Cruento, mortífero.*) || *Fig.* Que ofende mucho: *una injuria sangrienta.* *Poét.* De color de sangre.

SANGRIGORDO, DA adj. *Cub.* Fastidioso.

SANGRILIGERO, RA adj. *Amér. C.*, *Col.* y *Cub.* Sangriliviano.

SANGRILIVIANO, NA adj. *Fam.* Simpático.

SANGRIPESADO, DA y **SANGRÓN, ONA** adj. *Col.*, *Amér. C.* y *Cub. Fam.* Antipático.

SANGUARAÑA f. *Per.* Cierto baile popular. || — Pl. *Fig.* Rodeos, circunloquios: *dejarse de sanguarañas.*

SANGUAZA f. Sangraza, sangre corrompida. || *Fig.* Líquido rojizo de algunas legumbres y frutas.

SANGUÍFERO, RA adj. Que contiene sangre.

SANGUIFICACIÓN f. *Fisiol.* Oxidación de la hemoglobina que convierte la sangre venosa en arterial.

SANGUIFICAR v. t. Criar sangre nueva.

SANGUIJUELA f. Anélido chupador, que vive en las lagunas y arroyos, y que se utilizaba en medicina para las sangrías locales. || *Fig.* y *fam.* Persona que saca el dinero a otra con maña: *los usureros son verdaderas sanguijuelas.*

SANGUINA f. Lápiz rojo: *retrato a la sanguina.* || Cierto tipo de naranja muy apreciada.

SANGUINARIA f. Especie de ágata, de color de sangre. || *Sanguinaria mayor,* la centinodia.

SANGUINARIAMENTE adv. m. De un modo sanguinario o cruel: *gobernar sanguinariamente.*

SANGUINARIO, RIA adj. Que se goza en derramar sangre: *un tirano sanguinario.* || Cruel, perverso: *ley sanguinaria.*

SANGUÍNEO, A adj. (lat. *sanguineus*). De sangre. || Que contiene sangre. || En que predomina la sangre: *complexión sanguínea.* || De color de sangre. || *Vasos sanguíneos,* las arterias y las venas.

SANGUINO, NA adj. Sanguíneo. || — M. Aladierna, arbusto. || Uno de los nombres del *cornejo.*

SANGUINOLENCIA f. Calidad de sanguinolento.

SANGUINOLENTO, TA adj. De color de sangre: *trapo sanguinolento.* (SINÓN. V. *Sangriento.*)

SANGUINOSO, SA adj. Que participa de la naturaleza de la sangre. || *Fig.* Sanguinario.

SANGUIS m. La sangre de Cristo, bajo la apariencia del vino eucarístico.

SANÍCULA f. Planta de la familia de las umbelíferas, usada a veces como vulneraria.

SANIDAD f. (lat. *sanitas*). Calidad de sano. (P. us.) || Conjunto de servicios administrativos encargados de mantener y mejorar el estado sanitario de una región o de un país.

SANIDINA f. Variedad de ortosa.

SANIE y **SANIES** f. (lat. *sanies*). *Med.* Icor.

SANIOSO, SA adj. *Med.* Lleno de pus.

SANITARIO, RIA adj. (del lat. *sanitas*, sanidad). Relativo a la sanidad: *tomar medidas sanitarias.* || — M. Individuo del cuerpo de sanidad.

SANJACADO y **SANJACATO** m. Territorio del imperio turco, gobernado por un sanjaco.

SANJACO m. Gobernador de un sanjacado.

SANJOSENSE adj. y s. De San José (Uruguay).

SANJOSIANO adj. y s. De San José (Paraguay).

SANJOSINO adj. y s. Sanjosense.

SANJUANADA f. Fiesta que se celebra el día de San Juan: *hacer una sanjuanada.*

SANJUANEÑO, ÑA adj. y s. De Río San Juan (Nicaragua).

SANJUANERO, RA adj. Calificativo de ciertas frutas que vienen por San Juan. || — Adj. y s. De San Juan (Cuba).

SANJUANINO, NA adj. y s. De San Juan (Argentina). || De San Juan Bautista (Paraguay).

SANJUANISTA adj. y s. Individuo perteneciente a la orden de San Juan de Jerusalén.

SANLUISEÑO, ÑA y **SANLUISERO, RA** adj. y s. De San Luis (Argentina).

SANLUQUEÑO, ÑA adj. y s. De Sanlúcar.

SANMARTINENSE adj. y s. De San Martín (Perú).

SANMARTINIANO, NA adj. y s. Relativo al general argentino José de San Martín.

SANMIGUELADA f. Últimos días del mes de septiembre, próximos a la fiesta de San Miguel.

SANO, NA adj. (lat. *sanus*). Que no está enfermo. || Saludable: *comida sana.* (SINÓN. *Salubre.*) || *Fig.* Sin daño: *fruta sana; árbol sano.* || Que está libre de error o de vicio: *una doctrina sana.* || Razonable, sensato, justo. || *Fig.* y *fam.* Entero: *no queda una copa sana en toda la casa.* (SINÓN. V. *Salvo.*) || *Fig. Cortar por lo sano,* emplear medios heroicos para conseguir una cosa o librarse de una molestia. || *Sano y salvo,* m. adv., sin daño ni menoscabo.

SANSCRITISTA com. Persona versada en la lengua y literatura sánscritas.

SÁNSCRITO, TA adj. Dícese de la lengua sagrada de los brahmanes y de los libros escritos en ella: *traducir poemas sánscritos.* || — M. El idioma sánscrito.

SANS-CULOTTE m. Nombre que dieron los aristócratas en Francia, en 1789, a los revolucionarios que sustituyeron el calzón corto por el pantalón. Hízose la palabra sinónima de "patriota".

SANSEACABÓ loc. fam. Ya está.

SANS-FAÇON adv. m. (voz. fr., pr. *sanfasón*). *Amer.* Al descuido, descaradamente.

SANSIMONIANO, NA adj. y s. Partidario del sansimonismo o relativo a esta doctrina.

SANSIMONISMO m. Doctrina de Saint-Simon y de sus discípulos, como Enfantin y Bazard. — El *sansimonismo* preconiza el colectivismo que asegurará "a cada uno según su capacidad y a cada capacidad según sus obras". Critica la propiedad privada porque desemboca en una organización anárquica de la producción que conduce a "la explotación del hombre por el hombre". El sansimonismo degeneró en una verdadera secta religiosa.

SANSÓN m. *Fig.* Hombre forzudo.

SANTABÁRBARA f. Pañol de la pólvora.

SANTABARBARENSE adj. y s. De Santa Bárbara (Honduras).
SANTACRUCEÑO, ÑA adj. y s. De Santa Cruz (Argentina).
SANTACRUZANO, NA adj. y s. De Santa Cruz del Quiché (Guatemala).
SANTAFECINO, NA adj. y s. De San Fe (Argentina).
SANTAFEREÑO, ÑA adj. y s. De Santa Fe (Colombia).
SANTAFESINO, NA adj. y s. Santafecino.
SANTALÁCEAS f. pl. Familia de plantas dicotiledóneas, que tienen por tipo el sándalo.
SANTALUCENSE adj. y s. De Santa Lucía (Uruguay).
SANTAMENTE adv. m. Con santidad.
SANTANDEREANO, NA adj. y s. De Santander (Colombia).
SANTANDERIENSE adj. y s. Santanderino.
SANTANDERINO, NA adj. y s. Natural de Santander (España).
SANTANECO, CA adj. y s. De Santa Ana (El Salvador).
SANTATERESA f. Insecto ortóptero.
SANTARROSEÑO, ÑA adj. y s. De Santa Rosa (Guatemala y El Salvador).
SANTEÑO, ÑA adj. y s. De Los Santos (Panamá).
SANTERO, RA adj. Que tributa a las imágenes un culto supersticioso. ‖ — M. y f. El que cuida del santuario. ‖ El que pide limosna por un santo.
¡SANTIAGO! interj. Grito de guerra de los españoles antiguos. ‖ — M. Ataque en la batalla.
SANTIAGUEÑO, ÑA adj. Dícese de algunas frutas que vienen por Santiago. ‖ — Adj. y s. De Santiago (Panamá y Paraguay). ‖ De Santiago del Estero (Argentina).
SANTIAGUERO, RA adj. y s. De Santiago de Cuba. ‖ *P. Rico.* Curandero que cura santiguando.
SANTIAGUÉS, ESA adj. y s. De Santiago de Compostela.
SANTIAGUINO, NA adj. y s. De Santiago de Chile.
SANTIAGUISTA adj. y s. Individuo perteneciente a la orden de Santiago.
SANTIAMÉN m. *Fam.* Espacio breve, instante.
SANTIDAD f. (lat. *sanctitas*). Calidad de santo: *olor de santidad.* ‖ Tratamiento que se da al Papa.
SANTIFICABLE adj. Que merece o puede santificarse.
SANTIFICACIÓN f. Acción y efecto de santificar: *la santificación de las fiestas.*
SANTIFICADOR, RA adj. y s. Que santifica.
SANTIFICANTE adj. Que santifica.
SANTIFICAR v. t. Hacer santo: *la gracia divina santifica.* ‖ Dedicar a Dios una cosa. (SINÓN. V. *Celebrar.*) ‖ Venerar como santo: *santificar la memoria de una persona.*
SANTIGUADA f. Acción y efecto de santiguarse. ‖ Úsase en el juramento antiguo *para,* o *por, mi santiguada,* por mi fe, o por la cruz.
SANTIGUADERA f. Acción de santiguar supersticiosamente a una persona.
SANTIGUAMIENTO m. Acción de santiguar.
SANTIGUAR v. t. Hacer sobre el cuerpo la señal de la cruz con la mano. ‖ Hacer cruces sobre uno supersticiosamente. ‖ *Fig.* y *fam.* Abofetear a uno. ‖ — V. r. Persignarse, hacerse la señal de la cruz en el cuerpo. ‖ *Fig.* y *fam.* Hacerse cruces, maravillarse de una cosa.
SANTISCARIO m. Invención. (Úsase sólo en la frase familiar *de mi santiscario.*)
SANTÍSIMO, MA adj. Muy santo. ‖ Tratamiento honorífico que se aplica al Papa: *Santísimo Padre.* ‖ — M. *El Santísimo,* Cristo sacramentado.
SANTO, TA adj. (lat. *sanctus*). Especialmente puro, soberanamente perfecto: *la santa Iglesia católica.* ‖ Dícese de los elegidos que merecieron en el cielo especial recompensa y que reconoce la Iglesia como tales: *los santos mártires.* (SINÓN. *Bendito, bienaventurado, elegido, justo, predestinado.*) ‖ Conforme a la ley de Dios: *vida santa.* (SINÓN. V. *Sagrado.*) ‖ Que pertenece a la religión: *santo templo.* ‖ Dícese de los días de la semana que precede la Pascua: *Jueves Santo, Semana Santa.* ‖ Sencillo, muy bueno: *un santo varón.* ‖ Sagrado, inviolable. ‖ Que trae al hombre especial provecho: *medicina santa.* ‖ Úsase para encarecer el significado de ciertos nombres: *hago mi santa voluntad; estuve allí todo el santo día.* ‖ — M. Imagen de un santo: *un santo de palo.* ‖ Festividad del santo de una persona: *mañana será tu santo.* ‖ *Fam.* Ilustración, estampa: *libro con santos.* ‖ *A santo de,* con motivo de. ‖ *Santo Padre,* el Papa. (SINÓN. V. *Pontífice.*) ‖ *Santo Oficio,* tribunal de la Iglesia católica. (V. *Parte histórica.*) ‖ *Santo y seña,* en el ejército, palabra secreta que permite entrar a un lugar defendido por una centinela. ‖ *Írsele a uno el santo al cielo,* perder la memoria de lo que debía hacer. ‖ *Desnudar a un santo para vestir a otro,* quitar una cosa a una persona para dársela a otra. ‖ *Tener el santo de espaldas,* no hacer nada a derechas. ‖ *No ser uno santo de su devoción,* no ser su compañía o amistad agradable. ‖ *A qué santo, a santo de qué,* con qué motivo. ‖ *Chil. Pesar el santo,* dar una paliza.
SANTÓN m. Asceta mahometano. (SINÓN. *Derviche, faquir.*) ‖ *Fig.* y *fam.* Santurrón, gazmoño, hipócrita. ‖ *Fig.* y *fam.* Persona muy autorizada o influyente en una colectividad.
SANTÓNICO m. Planta de la familia de las compuestas cuyas cabezuelas se usan en medicina como vermífugas. ‖ Cabezuela de esta planta y de otras análogas, usadas en medicina. (SINÓN. Semencontra.)
SANTONINA f. Substancia que se extrae del santónico y se emplea como vermífugo.
SANTOÑÉS, ESA adj. y s. De la Santoña, antigua prov. de Francia. ‖ De la villa de Santoña.
SANTORAL m. Libro de vidas de santos. (P. us.) ‖ Libro de coro que contiene los oficios de los santos. ‖ Lista de los santos de cada día.
SANTUARIO m. (lat. *sanctuarium*). Templo. (SINÓN. V. *Iglesia.*) ‖ Sancta del templo de Jerusalén. ‖ *Fig.* Asilo sagrado e inviolable. ‖ *Fig.* Intimidad. ‖ *Col.* Tesoro enterrado.
SANTUCHO, CHA adj. y s. y **SANTULÓN, ONA** adj. y s. *Amer. Fam.* Santurrón, beato.
SANTURRÓN, ONA m. y f. Devoto con afectación. (SINÓN. V. *Beato.*)
SANTURRONERÍA f. Calidad de santurrón. (SINÓN. V. *Falsedad.*)
SAÑA f. Furor, ira, cólera: *castigar con saña.*
SAÑOSO, SA adj. Sañudo, iracundo, colérico.
SAÑUDO, DA adj. Ensañado, iracundo.
SAO m. Labiérnago, planta. ‖ *Cub.* Sabana corta con partes de arbolado y maleza.
SAPAJÚ m. *Amer.* Saimirí, mono.
SAPALLADA f. *Arg.* Chiripa, suerte.
SAPAN m. *Filip.* Sibucao.
SAPANECO, CA adj. *Hond.* Rechoncho.
SAPENCO m. Caracolillo de concha rayada.
SAPIDEZ f. Calidad de sápido, sabroso. (SINÓN. V. *Sabor.*)
SÁPIDO, DA adj. (lat. *sapidus*). Sabroso, que tiene sabor: *fruto sápido.* ‖ — CONTR. *Insípido.*
SAPIENCIA f. Libro de la Sabiduría, de Salomón. ‖ Sabiduría.
SAPIENCIAL adj. Perteneciente o relativo a la sabiduría: *los Libros Sapienciales de la Escritura.*
SAPIENTE adj. y s. Sabio.
SAPILLO m. Ránula, tumorcillo en la lengua. ‖ En algunas partes, muguete, enfermedad bucal.
SAPINDÁCEAS f. pl. (del lat. *sapo,* jabón). *Bot.* Familia de plantas dicotiledóneas a que pertenecen el farolillo y el jaboncillo.
SAPINO m. (lat. *sapinus*). Abeto.
SAPO m. Batracio anuro insectívoro, de cuerpo rechoncho, ojos saltones, piel gruesa y verrugosa: *el sapo es un insectívoro muy útil en los jardines.* ‖ *Arg.* Rana, juego. ‖ *Chil.* Chiripa. ‖ *Sapo marino,* el pejesapo. ‖ *Fig.* y *fam. Echar sapos y culebras,* jurar, blasfemar.
SAPONÁCEO, A adj. (del lat. *sapo, saponis,* jabón). Jabonoso. ‖ Parecido al jabón.
SAPONARIA f. Plata cariofilácea con flores rosas, que crece en los lugares húmedos y cuyas raíces contienen saponina. (Llámase también *jabonera.*)
SAPONIFICABLE adj. Que puede saponificarse: *grasa saponificable.*

sapo

saponaria

sardina

sarape

sarcófago

SAPONIFICACIÓN f. Transformación de materias grasas en jabón a causa de su descomposición por una base en sal de ácido graso y en glicerina.
SAPONIFICAR v. t. (del lat. *sapo*, jabón, y *facere*, hacer). Convertir en jabón: *saponificar sebos.*
SAPONINA f. Glucósido contenido en la jabonera, el palo de Panamá, etc.
SAPORÍFERO, RA adj. Que causa sabor.
SAPORRO, RRA adj. *Amer.* Rechoncho.
SAPOTÁCEAS f. pl. *Bot.* Familia de dicotiledóneas que tienen por tipos el zapote y el ácana.
SAPOTE m. Zapote.
SAPOTINA f. *Ecuad.* Hidrosilicato de magnesia y alúmina usado en la fabricación de porcelana.
SAPROFITO m. (del gr. *sapros*, podrido, y *phyton*, planta). *Bot.* Organismo vegetal que se desarrolla sobre las substancias podridas.
SAPUYULO m. *Guat.* Cuesco, hueso del zapote.
SAQUE m. Acción de sacar, en el juego de pelota. ‖ Raya desde donde se saca la pelota. ‖ El que saca la pelota. ‖ Saque de esquina, córner. ‖ *Col.* Establecimiento donde se destila aguardiente. ‖ *Fig.* y *fam. Tener buen saque*, tener muy buen apetito.
SAQUÉ m. (fr. *jaquette*). Chaqué.
SAQUEADOR, RA adj. y s. Que saquea.
SAQUEAMIENTO m. Saqueo.
SAQUEAR v. t. Apoderarse los soldados de lo que hallan en una ciudad vencida. ‖ Entrar en un lugar robándolo todo. ‖ *Fig.* Robar.
SAQUEO m. Acción y efecto de saquear. (SINÓN. V. *Rapiña.*)
SAQUERA adj. Dícese de la aguja muy grande.
SAQUERÍA f. Fábrica de sacos. ‖ Conjunto de sacos.
SAQUERO, RA m. y f. Persona que hace o vende sacos.
SAQUETE m. Saco pequeño.
SAQUÍ m. *Ecuad.* Cierta especie de agave.
SARAGUATE *Guat.* y *Nicar.*, o **SARAGUATO** m. *Méx.* Especie de mono velloso.
SARAGÜETE m. Sarao de poca importancia.
SARAMPIÓN m. *Med.* Enfermedad febril, contagiosa, que ataca sobre todo a los niños: *el sarampión se manifiesta por una erupción de manchas rojas en la piel.*
SARANDÍ m. Un arbusto euforbiáceo americano.
SARANDISAL m. *Arg.* Plantío de sarandíes.
SARAO m. (fr. *soirée*). Reunión nocturna donde se baila y toca música.
SARAPE m. *Méx.* Especie de manta de lana o colcha de algodón, generalmente con franjas de colores vivos.
SARAPIA f. Árbol leguminoso de América del Sur, cuya madera se emplea en carpintería.
SARAPICO m. Zarapito.
SARASA m. *Fam.* Hombre afeminado.
SARAVIADO, DA adj. *Col.* y *Venez.* Pintado, manchado, mosqueado (aves).
SARAZA f. Sarasa.
SARAZO adj. *Col., Cub., Méx.* y *Venez.* Dícese del maíz que empieza a madurar. ‖ *Amer.* Calamocano.
SARCASMO m. Burla sangrienta, ironía mordaz. (SINÓN. V. *Burla.*)
SARCÁSTICAMENTE adv. m. Con sarcasmo.
SARCÁSTICO, CA adj. (gr. *sarkastikos*). Que implica sarcasmo: *un tono sarcástico.* ‖ Que es propenso a emplear el sarcasmo: *escritor sarcástico.* ‖ — SINÓN. *Cáustico, irónico, sardónico, satírico.* V. tb. *mordaz.*
SARCOCELE m. (del gr. *sarx, sarkos*, carne, y *kêlê*, tumor). *Med.* Tumor duro y crónico del testículo.
SARCOCOLA f. (lat. *sarcocolla*). Goma que fluye de un arbusto parecido al espino negro.
SARCÓFAGO m. (del gr. *sarx, sarkos*, carne, y *phagein*, comer). Sepulcro en que encerraban los antiguos los cuerpos que no incineraban: *sarcófago egipcio.* ‖ Hoy día, parte de un monumento fúnebre que representa el ataúd, aunque no contenga el cuerpo del difunto: *elevar un sarcófago.* ‖ *Amer.* Ataúd. (SINÓN. V. *Féretro.*)
SARCOLEMA f. *Anat.* Membrana que envuelve las fibras musculares.
SARCOMA m. (del gr. *sarx, sarkos*, carne). Tumor maligno constituido por tejido conjuntivo. (Se precisa generalmente el tejido dañado por un prefijo: *osteosarcoma, fibrosarcoma*, etc.)
SARCOMATOSO, SA adj. *Med.* Parecido al sarcoma.
SARCOPTO m. Ácaro que produce la sarna.
SARDA f. (lat. *sarda*). Caballa, pez.
SARDANA f. Danza popular catalana.
SARDANAPALESCO, CA adj. *Fam.* Digno de Sardanápalo, disoluto: *vida sardanapalesca.*
SARDANÉS, ESA adj. y s. De Cerdaña.
SARDESCO, CA adj. y s. Dícese del caballo o asno pequeño. ‖ *Fig.* y *fam.* Dícese de la persona excesivamente áspera y descarada o astuta.
SARDINA f. (gr. *sardinê*). Pez de mar parecido al arenque pero más pequeño: *la pesca de la sardina constituye uno de los principales recursos de los pescadores del Cantábrico.* ‖ *Pop.* Caballo, en la plaza de toros. ‖ *Fig.* y *fam. Como sardina en banasta* o *en lata*, muy apretado.
SARDINAL m. Red para pescar las sardinas.
SARDINEL m. *Arq.* Obra de ladrillos de canto tocándose por las caras.
SARDINERO, RA adj. Perteneciente a las sardinas: *barco sardinero.* ‖ — M. y f. Vendedor de sardinas.
SARDINETA f. Adorno militar compuesto de dos galones apareados y terminados en punta.
SARDO, DA adj. y s. De Cerdeña, isla de Italia. ‖ — M. Lengua hablada en Cerdeña.
SARDO, DA adj. Dícese del toro que tiene en su pinta manchas negras, blancas y rojas.
SARDONIA f. (del lat. *sardonia*, de Cerdeña). Especie de ranúnculo cuya jugo venenoso produce la contracción de los músculos de la cara.
SARDÓNICE f. (lat. *sardonyx*). *Miner.* Ágata de color amarillo con fajas obscuras.
SARDÓNICO, CA adj. Dícese de la risa producida por una contracción de los músculos del rostro. ‖ Irónico. (SINÓN. V. *Sarcástico.*)
SARGA f. (del lat. *serica*, de seda). Una tela de seda. ‖ *Pint.* Tela para decorar habitaciones.
SARGA f. Arbusto salicáceo.
SARGADILLA f. Planta de la familia de las quenopodiáceas común en España y Francia.
SARGADO adj. Asargado, parecido a la sarga.
SARGAZO m. Alga marina de color oscuro que flota en el agua y cuya acumulación forma cerca de las costas de Florida *(mar de los Sargazos)* una superficie a modo de pradera en la que desovan las anguilas. (SINÓN. V. *Alga.*)
SARGENTA f. Alabarda que usaba el sargento. ‖ Mujer del sargento.
SARGENTEAR v. i. Ejercer el oficio de sargento. ‖ *Fig.* Capitanear, dirigir. ‖ *Fig.* y *fam.* Mandar con afectado imperio.
SARGENTÍA f. Empleo o mando del sargento.
SARGENTO m. (fr. *sergent*). Individuo de la clase de tropa, superior al cabo, que cuida, bajo las órdenes de los oficiales, del orden y disciplina de una compañía. ‖ Nombre de algunos oficiales o funcionarios antiguos.
SARGENTONA f. *Fam.* Mujerona.
SARGO m. Pez marino acantopterigio.
SARI m. Traje de mujer, en la India.
SARIAMA f. *Arg.* Un ave zancuda.
SARIGA f. *Amer.* Zarigüeya.
SARILLA f. Mejorana.
SÁRMATA adj. y s. De Sarmacia.
SARMENTAR v. i. Coger los sarmientos podados. ‖ — IRREG. Se conjuga como *acertar.*
SARMENTERA f. Sitio para guardar sarmientos.
SARMENTICIO, CIA adj. Nombre que daban los romanos, por ultraje, a los cristianos que quemaban a fuego lento con sarmientos.
SARMENTOSO, SA adj. Parecido a un sarmiento: *arbusto sarmentoso.*
SARMIENTO m. Rama o vástago de la vid.
SARNA f. Enfermedad contagiosa de la piel que consiste en multitud de vesículas y pústulas diseminadas por el cuerpo, producidas por el *ácaro de la sarna* o *arador*, que causan viva picazón. ‖ *Sarna con gusto no pica, pero mortifica*, las molestias causadas por voluntad propia no incomodan, pero producen cierta inquietud.
SARNOSO, SA adj. y s. Que padece o tiene sarna: *un viejo perro sarnoso.*
SARPULLIDO m. Salpullido.

Fot. Aubert de la Rüe, Arch. Phot. d'Art et d'Histoire

SARRACÉNICO, CA adj. Propio de sarracenos.
SARRACENO, NA adj. y s. Nombre que daban los cristianos de la Edad Media a los musulmanes de Europa y África: *la batalla de Poitiers, en 732, detuvo la invasión de los sarracenos.*
SARRACINA f. Pelea, riña, alboroto confuso.
SARRILLO m. Estertor del moribundo.
SARRO m. (del lat. *saburra,* lastre). Sedimento que se forma en las vasijas donde se conservan ciertos líquidos. || Substancia amarillenta y calcárea que se pega a los dientes. || Materia amarillenta que cubre la parte superior de la lengua. || Roya de los cereales.
SARROSO, SA adj. Que está cubierto de sarro.
SARTA f. (del lat. *serta,* enlazada). Serie de varias cosas metidas en un hilo. || *Fig.* Conjunto de personas o cosas que están en fila. || *Fig.* Serie de sucesos o cosas no materiales, iguales o análogas: *sarta de mentiras.*
SARTAL m. Sarta, serie de cosas ensartadas.
SARTÉN f. (lat. *sartago, inis*). Vasija de hierro que sirve para freir ciertas cosas. || Sartenada. || *Fig.* y *fam. Tener la sartén por el mango,* tener el principal manejo de un negocio.
SARTENADA f. Lo que se fríe de una vez.
SARTENAZO m. Golpe de sartén. || *Fig.* y *fam.* Porrazo fuerte dado con una cosa.
SARTENEJA f. Sartén pequeña. || *Ant., Ecuad.* y *Méx.* Porción de la sabana arcillosa que se resquebraja con la sequía.
SARTENEJAL m. *Ecuad.* Sitio lleno de sartenejas.
SARTENERO m. El que hace o vende sartenes.
SARTORIO adj. y s. (del lat. *sartor,* sastre). *Músculo sartorio,* uno de los que forman el muslo en su parte anterior e interna.
SASAFRÁS m. Árbol lauráceo, cuya madera se usa como sudorífico.
SASTRA f. Mujer del sastre o mujer que tiene el oficio de sastre.
SASTRE m. (lat. *sartor*). El que tiene por oficio hacer vestidos. || *Traje sastre* o *sastre,* traje de chaqueta y falda usado por las mujeres.
SASTRERÍA f. El oficio y taller de sastre.
SATÁN y mejor **SATANÁS** m. El diablo.
SATÁNICO, CA adj. Relativo a Satanás o al demonio. || *Fig.* Muy perverso: *plan satánico.*
SATANISMO m. Carácter satánico. || Movimiento caracterizado por el culto a Satanás.
SATÉLITE m. (lat. *satelles, itis*). *Astr.* Astro opaco que gira alrededor de un planeta primario: *la Luna es satélite de la Tierra.* || *Fam.* Alguacil, esbirro. || *Fig.* Persona que depende de otra y ejecuta todas sus órdenes. (SINÓN. V. *Partidario.*) || Rueda dentada de un engranaje que gira sobre un eje para transmitir el movimiento de otra rueda dentada. || — Adj. y s. m. Que depende de otro política o económicamente: *países satélites.* || *Ciudad satélite,* la vinculada a otra ciudad cercana para determinados fines. || *Satélite artificial,* astronave situada por un cohete en una órbita elíptica alrededor de un planeta.
— Para lanzar un *satélite artificial* es necesario el empleo de un cohete que tenga al menos tres cuerpos. La primera parte conduce el satélite más allá de la atmósfera; la segunda lo lleva a proximidad de la órbita que se ha escogido y a una velocidad suficiente para que la fuerza centrífuga producida sea equivalente a la intensidad de la gravedad en la altura considerada; la tercera parte del cohete sirve para ajustar la velocidad del satélite y la orientación de esta velocidad final, de la cual depende la forma de la trayectoria. El primer satélite artificial, que pesaba 80 kg y llevaba el nombre de *Sputnik,* fue lanzado en octubre de 1957 por los soviéticos. Posteriormente se han lanzado otros por los Estados Unidos y la U. R. S. S.
SATELIZACIÓN f. Acción de satelizar.
SATELIZAR v. t. Poner un país bajo la dependencia política o económica de otro. || Poner en órbita un vehículo espacial alrededor de un astro que tiene un campo de atracción propio.
SATÉN o **SATÍN** m. Galicismo por *raso.*
SATÍN m. Madera americana parecida al nogal.
SATINADO, DA adj. Sedoso, lustrado. || — M. Acción de satinar; su resultado.
SATINAR v. t. Lustrar papel o tela.
SÁTIRA f. (lat. *satira*). Composición poética que censura o ridiculiza personas o cosas. (SINÓN. *Crítica, diatriba, epigrama, filípica, panfleto, pasquín, pulla.*) || Discurso, dicho o escrito agudo, picante y mordaz. (SINÓN. V. *Burla.*)
SATIRIASIS f. Exacerbación sexual de carácter patológico en el hombre.
SATÍRICAMENTE adv. m. De modo satírico.
SATÍRICO, CA adj. Relativo o perteneciente a la sátira: *poesía satírica.* (SINÓN. V. *Sarcástico.*) || — Adj. y s. m. Que escribe sátiras. || Propenso a ser mordaz.
SATIRIO m. Mamífero roedor bastante parecido a la rata, que habita a orillas de los arroyos.
SATIRIÓN m. (gr. *saturion*). Planta de la familia de las orquidáceas que crece en las regiones cálidas y de cuyas raíces puede sacarse salep.
SATIRIZANTE adj. Que satiriza.
SATIRIZAR v. i. Escribir sátiras. || — V. t. Zaherir y motejar. (SINÓN. V. *Burlarse.*)
SÁTIRO m. *Mitol.* Semidiós, compañero de Baco, representado con dos orejas puntiagudas, dos cuernecitos y patas de macho cabrío. || *Fig.* Hombre muy cínico y lascivo.

sátiro

SATISDACIÓN f. *For.* Fianza, caución, seguro.
SATISFACCIÓN f. Contento, placer, gusto: *un testimonio de satisfacción.* (SINÓN. V. *Júbilo.* CONTR. *Disgusto.*) || Acción por la que se repara una ofensa o un daño.
SATISFACER v. t. (del lat. *satis,* bastante y *facere,* hacer). Contentar : *satisfacer a sus padres.* (SINÓN. V. *Agradar* y *apaciguar.* CONTR. *Disgustar.*) || Pagar: *satisfacer una deuda.* || Saciar: *satisfacer sus pasiones.* (SINÓN. *Colmar, saturar.*) || Dar solución a una duda, a una dificultad. || Deshacer un agravio u ofensa. || — V. r. Vengarse de una ofensa. || — IRREG. Se conjuga como *hacer;* tiene doble imperativo: *satisfaz* y *satisface.*
SATISFACIENTE adj. Que satisface.
SATISFACTORIAMENTE adv. m. De una manera satisfactoria.
SATISFACTORIO, RIA adj. Que satisface o contenta: *recibir una contestación satisfactoria.*
SATISFECHO, CHA adj. Contento: *estoy satisfecho de tu trabajo.* || Lleno, cumplido: *están satisfechos todos tus deseos.* (SINÓN. V. *Harto.*) || *Darse por satisfecho con,* estar contento de.
SATIVO, VA adj. (lat. *sativus*). Dícese del vegetal que se cultiva: *planta sativa.* || — CONTR. *Silvestre.*
SÁTRAPA m. Gobernador de una provincia entre los antiguos persas: *los sátrapas ejercían una autoridad casi ilimitada.* || *Fig.* y *fam.* Hombre astuto, que sabe gobernarse. || *Fig.* y *fam.* Persona con amplios poderes.
SATRAPÍA f. Dignidad y gobierno del sátrapa
SATURABLE adj. Que puede saturarse.
SATURACIÓN f. *Quím.* Acción y efecto de saturar o saturarse.
SATURADO, DA adj. Dícese de una solución que no puede disolver una cantidad complementaria de solido, o de un compuesto orgánico. || *Fig.* Lleno, colmado. (SINÓN. V. *Harto.*)
SATURAR v. t. (lat. *saturare*). Impregnar un cuerpo en un fluido hasta el mayor punto de concentración: *saturar un ácido.* || *Fig.* Colmar. (SINÓN. V. *Satisfacer.*)
SATURNAL adj. Relativo a Saturno. || — F. pl. Fiestas en honor de Saturno. || Fiesta en que reinan el desorden y la licencia: *los días de carnaval son verdaderas saturnales.*
SATURNILISMO m. Doctrina herética de Saturnilio que defendía el dualismo de Zoroastro.
SATURNINO, NA adj. Relativo al plomo o producido por el plomo: *enfermedades saturninas.* || *Fig.* Triste, melancólico. (P. us.)
SATURNIO, NIA adj. Saturnal.
SATURNISMO m. (de *Saturno*). Intoxicación crónica por el plomo.
— El *saturnismo,* frecuente entre los impresores y obreros que están en contacto con el plomo, se manifiesta con un cólico intestinal que sobreviene después de ciertos trastornos gástricos.
SATURNO m. Nombre dado al *plomo* por los antiguos alquimistas. || *Extracto de Saturno,* disolución de acetato de plomo usada en medicina. || *Mit.* y *Astr.* V. *Parte Hist.*

Fot. Giraudon

SAUCES

1. De río
2. Llorón

saúco

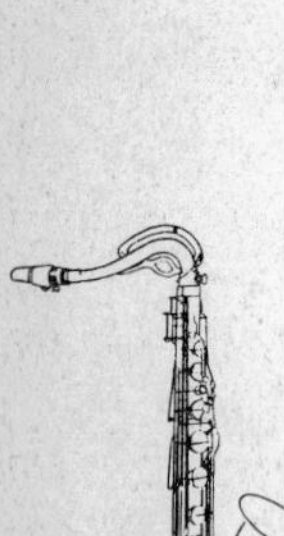

saxofón

SAUCE m. Árbol de la familia de las salicáceas que crece a orillas de los ríos: *la madera del sauce, blanca y ligera, se usa en carpintería.* ‖ *Sauce llorón,* árbol de la familia del anterior, cuyas ramas cuelgan hasta el suelo: *el sauce llorón se cultiva como planta de adorno.*
SAUCEDA f., **SAUCEDAL** m. y **SAUCERA** f. Salceda, lugar donde abundan los sauces.
SAÚCO m. (lat. *sambucus*). Arbusto de la familia de las caprifoliáceas, de medula abundante y ligera y flores blancas aromáticas. ‖ Segunda tapa de los cascos de las caballerías.
SAUDADE f. Nostalgia. (SINÓN. *Añoranza.*)
SAUDOSO, SA adj. *Gal.* Nostálgico.
SAUNA f. Baño de calor seco y de vapor.
SAUQUILLO m. *Bot.* Mundillo.
SAURIOS m. pl. (del gr. *sauros,* lagarto). Orden de reptiles que comprende los lagartos, cocodrilos, etc.
SAUSERÍA f. (del lat. *saucier,* salsero). Nombre del servicio de palacio encargado de la mesa del rey.
SAUSIER m. (del lat. *saucier,* salsero). Jefe de la sausería en palacio.
SAUZAL m. Sauceda, salceda.
SAUZGATILLO m. Un género de verbenáceas.
SAVARINA f. *Neol.* Pastel empapado en ron.
SAVIA f. (del lat. *sapa,* jugo). Jugo nutritivo que circula por los vasos de las plantas: *la savia circula principalmente por primavera.* ‖ *Fig.* Energía, vigor, elemento vivificador.
SAVOIR-FAIRE [*savuar-fer*], loc. fr. que significa *desenvoltura en la vida, habilidad.*
SAVOIR-VIVRE (loc. fr. que significa *saber vivir,* pr. *savuar vivr*). Expresión equivalente a mundología, a saber portarse en las relaciones de sociedad: *ese hombre carece de savoir- vivre.*
SAXAFRAX f. *Bot.* Saxífraga.
SAXÁTIL adj. *Hist. nat.* Criado entre peñas.
SAXÍFRAGA f. (del lat. *saxum,* piedra, y *frangere,* romper). Planta de la familia de las saxifragáceas común en los sitios húmedos.
SAXIFRAGÁCEAS f. pl. Familia de dicotiledóneas como la saxífraga y la hortensia.
SAXÓFONO o **SAXOFÓN** m. (de *Sax,* nombre del inventor, y el gr. *phonê,* sonido). Familia de instrumentos de viento, de metal, con boquilla y varias llaves, de sonido análogo al del clarinete.
— El más empleado es el *saxofón tenor.* Actualmente este instrumento forma parte de las orquestas y en la música de jazz es el más apreciado por los solistas.
SAYA f. (lat. *saga*). Ropa exterior o falda de las mujeres. ‖ Vestidura talar antigua.
SAYAL m. Tela basta de lana burda.
SAYETE m. Sayo pequeño, túnica corta.
SAYO m. (lat. *sagum*). Casaca hueca, larga y abierta. ‖ Nombre de diversas vestiduras antiguas. ‖ *Fam.* Cualquier vestido. ‖ *Cortar a uno un sayo,* murmurar de él, criticarlo.
SAYÓN m. (del lat. *saio, saionis,* alguacil). En la Edad Media, ministro de Justicia. ‖ Verdugo. ‖ *Fig.* y *fam.* Hombre sumamente rudo y feroz.
SAYUELA f. Camisa de estameña, usada por algunos religiosos. ‖ *Cub.* Camisa de mujer.
SAZÓN f. Madurez, punto de algunas cosas: *fruta en sazón.* ‖ Ocasión de una cosa. (SINÓN. V. *Época.*) ‖ Gusto, sabor de los manjares. ‖ — M. *Amer.* Buen gusto, buena manera de cocinar. ‖ — Adj. *Amer.* Sazonado, maduro. ‖ *A la sazón,* m. adv., entonces. ‖ *En sazón,* m. adv., oportunamente. ‖ *Fuera de sazón,* mal a propósito.
SAZONADO, DA adj. Sabroso, bien aderezado. ‖ *Fig.* Substancioso, expresivo.
SAZONAR v. t. Dar sazón al manjar, condimentarlo: *sazonar un guisado.* ‖ Poner las cosas en su punto. (SINÓN. V. *Aderezar.*) ‖ — V. i. Madurar.
Sb, símbolo químico del *antimonio.*
Sc, símbolo químico del *escandio.*
SCOOTER m. (pal. ingl., pr. *scúter*). Motocicleta pequeña con cuadro abierto y motor protegido.
SCORE m. (pal. ingl.) Tanteo.
SCOUT m. (pal. ingl.). Explorador.
SCRATCH m. (pal. ingl.) Carrera en que no se aventaja a ningún competidor.
SCREEN *m.* (pal. ingl., pr. *scrin*). Pantalla.
SCRIPT GIRL f. (pal. ingl., pr. *guerl*). Secretaria de director cinematográfico, que anota todos los detalles relativos a cada escena filmada.
SCHERZO m. (pal. ital., pr. *squerso*). *Mús.* Trozo vivo y alegre. ‖ — Adv. m. *Mús.* Viva y alegremente.
SE (lat. *se*). Forma reflexiva del pronombre personal de la 3ª pers. en dativo y acusativo de ambos géneros y números: *se acercó a mí.*
— La partícula *se,* puede desempeñar las siguientes funciones: la de acción y efecto reflexivo (*se divirtió, se mató*) ; la de auxiliar para la voz pasiva con formas activas (*se resolvió el problema,* en lugar de *el problema fue resuelto*) ; la de recíproco de 3ª persona del plural (*ellos se escriben a menudo*) ; la de pronombre indefinido, empleado con formas intransitivas en 3ª persona del singular para dar a la oración un matiz impersonal (*se dice, se rumorea*) ; la de pronombre personal no reflexivo de 3ª persona que sustituye a *le* o *les,* cuando precede a otro pronombre personal con sonido *l* (*se lo dije,* en lugar de *le lo dije; se lo dijimos* en lugar de *les lo dijimos.*) Este uso se explica por necesidad de evitar la cacofonía y confusión de sílabas iguales o muy parecidas.
Puede usarse el *se* antepuesto al verbo (*se hirió*), forma preferida, o pospuesto (*hirióse*), forma menos empleada actualmente. Sin embargo, siempre ha de posponerse al verbo cuando éste vaya en infinitivo (*marcharse*) o en gerundio (*calentándose*). La partícula reflexiva *se* debe siempre preceder a *me* y *te* (*se me cayó* en lugar de *me se cayó; se te dijo* en lugar de *te se dijo*). Distínguese esta partícula, que no lleva acento, de la forma homófona *sé,* que es presente de indicativo del verbo *saber,* que lo lleva.
Se, símbolo químico del *selenio.*
SEBÁCEO, A adj. Parecido o relativo al sebo.
SEBERA f. *Chil.* Cartera de cuero para echar el sebo.
SEBESTÉN m. Arbolito borragináceo cuyo fruto se emplea como emoliente y pectoral.
SEBIL m. *Arg.* Uno de los nombres del *curupay.*
SEBISTA m. *Arg.* Holgazán, vagabundo.
SEBO m. (lat. *sebum*). Grasa de los herbívoros: *el sebo se emplea para hacer las velas.* ‖ Cualquier género de gordura. ‖ *Pop.* Borrachera. ‖ *Per.* Agasajo que piden los niños al padrino en un bautizo. ‖ *Arg. Hacer sebo,* haraganear.
SEBÓN, ONA adj. *Arg.* Haragán.
SEBORO m. *Bol.* Cangrejo de agua dulce.
SEBORREA f. Hipersecreción sebácea.
SEBORUCO m. *Cub.* Cierta piedra muy porosa.
SEBOSO, SA adj. Que tiene sebo. ‖ Untado de sebo.
SEBUCÁN m. Especie de colador que se usa en Venezuela para separar el yare de la yuca.
SECA f. Sequía. ‖ Período de desecación de algunas enfermedades eruptivas. ‖ Infarto de una glándula. ‖ Secano, banco de arena. ‖ *Arg.* Bocanada de humo que traga el fumador.
SECADAL m. Secano, tierra que no es de riego.
SECADERO, RA adj. Dícese de las frutas que se conservan secas. ‖ — M. Sitio donde se pone a secar una cosa: *secadero de tabaco.*
SECADILLO m. Dulce de almendras y huevo.
SECADÍO, DÍA adj. Que puede secarse.
SECADO m. Secamiento.
SECADOR m. Aparato para poner a secar las placas fotográficas. ‖ Aparato para secar el cabello o cualquier otra cosa. ‖ *Arg.* Toalla. ‖ *Amer.* Sahumador, enjugador de ropa.
SECADORA f. Máquina para secar la ropa.
SECAMENTE adv. m. Con sequedad, de una manera seca o brusca: *hablar secamente.*
SECAMIENTO m. Acción y efecto de secar.
SECANO m. Tierra sin riego: *campo de secano.* ‖ Banco de arena a flor de agua. ‖ *Fig.* Cosa muy seca.
SECANSA f. (fr. *séquence*). Cierto juego de naipes. ‖ Serie de tres cartas seguidas de un mismo palo.
SECANTE adj. Que seca: *papel secante.* ‖ *Pint. Aceite secante,* el de linaza que se usa en pintura. ‖ — M. Papel secante. ‖ Sustancia que se añade a las pinturas para acelerar su desecación. ‖ En deportes, jugador dedicado especialmente a anular la acción de un adversario determinado.

SECANTE adj. (lat. *secans, antis,* de *secare,* cortar). Que corta: *línea secante.* || — F. Línea que corta a otra. || *Secante de un círculo,* recta que corta la circunferencia del mismo en dos puntos. (V. CIRCUNFERENCIA.) || *Secante trigonométrica,* línea recta tirada del centro de un círculo a la extremidad de un arco y prolongada hasta que encuentre la tangente tirada por el otro extremo del mismo arco.

SECAR v. t. (lat. *siccare*). Sacar la humedad de un cuerpo: *secar la ropa al sol.* (SINÓN. *Desecar, enjugar.*) || Consumir el jugo de un cuerpo: *secar ciruelas.* (SINÓN. *Apergaminar, deshidratar.*) || *Fig.* Fastidiar, aburrir. || — V. r. Evaporarse la humedad de un cuerpo. || Quedar sin agua una fuente o río. || Perder una planta su vigor y frescura. || Enflaquecer mucho. || *Fig.* Perder su sensibilidad.

SECARAL m. Sequeral.

SECARRÓN, ONA adj. De carácter seco.

SECATIVO, VA adj. Secante.

SECCIÓN f. (lat. *sectio*). Acción de cortar. || Lugar donde una cosa está cortada: *la sección de los tendones.* || Cada una de las partes en que se divide un todo. || Cada uno de los grupos en que se divide un conjunto de personas. || División hecha en una obra escrita: *capítulo dividido en dos secciones.* || Categoría introducida en una clasificación cualquiera. || *Mil.* Unidad elemental de infantería, etc., mandada por un oficial. || Perfil que representa el corte de un edificio. || *Geom.* Intersección de dos líneas, de una línea y de una superficie o de una superficie y de un sólido. || *Sección plana,* sección de una superficie por un plano. || *Sección cónica,* la línea curva que produce la sección de un cono por un plano.

SECCIONAR v. t. Dividir en secciones, fraccionar. (SINÓN. V. *Cortar.*)

SECENTISMO m. Nombre dado al movimiento italiano barroco del siglo XVII.

SECESIÓN f. Acción de separarse de una colectividad a la cual se pertenecía. (SINÓN. V. *Disidencia.*)
— La palabra *secesión* se emplea principalmente cuando un Estado o un grupo de Estados se separan de una federación o de una confederación. Se utiliza el vocablo *escisión* cuando una fracción de miembros de una asociación abandonan conjuntamente ésta para constituir otra. (V. *Parte hist.*)

SECESIONISTA adj. y s. Partidario de la secesión. || Relativo a ella.

SECO m. *Amér. C.* y *Méx.* Golpe dado con la púa de un trompo a otro. || *Chil., Méx.* y *Urug.* Golpe, puñetazo.

SECO, CA adj. (lat. *siccus*). Árido, que carece de humedad: *terreno seco; tiempo seco.* || Falto de agua: *río seco.* || Sin caldo: *arroz seco.* || Que no llueve: *tiempo seco.* || Que ya no está verde: *nuez seca, leña seca.* || Que no está mojado o húmedo: *tener la boca seca.* || Delgado, descarnado. (SINÓN. V. *Flaco.*) || *Fig.* Desabrido, áspero, poco cariñoso. || *Fig.* Estricto, riguroso: *justicia seca.* || *Fig.* En sentido místico, poco fervoroso. || *Fig.* Dícese de los vinos y aguardientes sin azúcar: *champagne seco, anisado seco.* || *Fig.* Ronco, áspero: *voz seca.* || Dícese del golpe o ruido brusco y corto: *crujido seco.* || *Fig.* Que está solo. || *Fig.* Árido, falto de amenidad: *estilo seco.* || *A secas,* m. adv., solamente. || *A palo seco,* sin ningún acompañamiento. || *En seco,* m. adv., fuera del agua. *Fig.* Bruscamente. || *Fig. Dejar a uno seco,* dejarle muerto en el acto.

SECOYA f. Árbol gigantesco de la familia de las cupresáceas de América que mide hasta 150 m de alto: *las secoyas más hermosas se encuentran en California.*

SECRECIÓN f. *Fisiol.* Función por la cual una célula o un tejido emite una sustancia que interviene posteriormente en la fisiología del organismo. || Esta sustancia.

SECRETA f. Cierto examen que se pasaba en las universidades antiguas. || Sumaria secreta que se hace a los residenciados. || Oración de la misa, que se reza entre el prefacio y el ofertorio. || Letrina, excusado. || *Pop.* La policía secreta.

SECRETAMENTE adv. m. En secreto. || — SINÓN. *A escondidas, a hurtadillas, bajo mano, calladamente, de tapadillo, escondidamente, furtivamente, de callada, callandito, ocultamente, reservadamente, silenciosamente, sordamente.*

SECRETAR v. t. *Fisiol.* Segregar, producir o fabricar: *el hígado secreta la bilis.*

SECRETARIA f. Mujer del secretario o la que desempeña el oficio del mismo.

SECRETARÍA f. Cargo y oficina del secretario.

SECRETARIADO m. *Neol.* Conjunto de personas que desempeñan el cargo de secretario. || *Neol.* Empleo de secretario. || Secretaría.

SECRETARIO m. Persona cuyo oficio consiste en escribir cartas por cuenta de otro, extender las actas de una oficina o asamblea, dar fe de los acuerdos de la misma, etc.: *secretario de un ministro, de una sociedad.* || Amanuense. || *Secretario de Estado,* ministro de Asuntos Exteriores en los Estados Unidos y en el Vaticano.

SECRETEAR v. i. *Fam.* Hablar en secreto dos o más personas. (SINÓN. V. *Charlar.*)

SECRETEO m. *Fam.* Acción de secretear.

SECRETER m. (fr. *secrétaire*). Escritorio, mesita para escribir, por lo común con cajones.

SECRETINA f. Hormona segregada por la mucosa del duodeno que estimula la secreción de los jugos pancreático e intestinal.

SECRETISTA adj. *Fam.* Aficionado a secretear.

SECRETO m. (lat. *secretum*). Lo que debe guardarse secreto: *vender un secreto.* || Reserva, sigilo, silencio sobre una cosa confiada: *observar el secreto.* || Una de las partes más difíciles, más esenciales de un arte, de una ciencia: *el secreto del arte de escribir.* || Mecanismo oculto: *conocer el secreto de una cerradura.* || Razón o medio oculto de hacer una cosa: *el secreto de la felicidad.* || Escondrijo: *armario de secreto.* || *Mús.* Tabla armónica del órgano, del piano, etc. || *Fam. Secreto a voces,* el que todo el mundo sabe. || *Secreto de Estado,* grave asunto que no puede ser divulgado. || *Secreto profesional,* prohibición legal de divulgar un secreto conocido en el ejercicio de su profesión. || *Secreto de Polichinela,* secreto conocido de todos. || ***De secreto,*** o ***en secreto,*** m. adv., secretamente.

SECRETO, TA adj. (lat. *secretus*). Que se mantiene oculto: *negociación secreta.* (SINÓN. *Arcano, cifra, misterio.* V. tb. *silencioso.*) || Que no es visible: *los resortes secretos de un mecanismo.* (SINÓN. V. *Oculto.*) || Que no es aparente: *encanto secreto.* || Que disimula sus sentimientos: *tener un enemigo secreto.* || *Escalera secreta, puerta secreta,* las que están ocultas.

SECRETOR, RA adj. Que segrega.

SECRETORIO, RIA adj. Que segrega o produce: *el hígado es el aparato secretorio de la bilis.*

SECTA f. (lat. *secta*). Reunión de personas que siguen la misma doctrina: *la secta de Epicuro.* (SINÓN. V. *Partido.*) || Doctrina religiosa que se aparta de la comunión principal: *la secta de Lutero.*

SECTADOR, RA adj. y s. Sectario. (SINÓN. V. *Partidario.*)

SECTARIO, RIA adj. y s. Intolerante, fanático, de una secta religiosa o filosófica, de un partido político. (SINÓN. V. *Partidario.*) || — Adj. Intransigente de ideas. (SINÓN. V. *Fanático.*)

SECTARISMO m. Celo del sectario.

SECTOR m. (lat. *sector*). *Geom.* Porción de círculo comprendida entre dos radios y el arco que los une: *se obtiene la superficie de un sector multiplicando la longitud de su arco por la mitad del radio del mismo.* || *Sector esférico,* sólido engendrado por un sector circular que gira alrededor de un diámetro que no atraviesa. || *Mil.* Zona de acción de una unidad. || Subdivisión de una población. || *Fig.* Parte, aspecto particular de un conjunto; campo: *sector económico.*

SECUAZ adj. y s. Que sigue el partido de otro. (SINÓN. V. *Fanático* y *partidario.*)

SECUELA f. Consecuencia de una cosa.

SECUENCIA f. (lat. *sequentia*). Prosa que se dice en la misa después del gradual. || Serie de escenas de un film relativas a una misma acción.

SECUESTRACIÓN f. Secuestro.

SECUESTRADOR, RA adj. y s. Que secuestra.

SECUESTRAR v. t. (lat. *sequestrare*). Depositar una cosa en manos de un tercero hasta decidir de quién es: *secuestrar una finca.* || Aprehender a una persona para exigir dinero por su rescate. (SINÓN. V. *Encerrar.*) || Embargar una cosa en virtud de mandato judicial.

SECUESTRO m. Apoderamiento y retención de una persona con fines delictivos. || Bienes secuestrados.

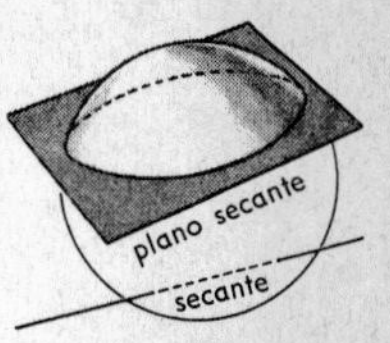

secante

secoya

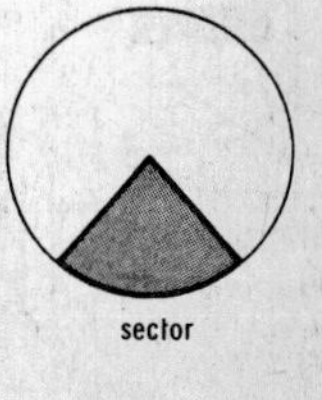
sector

SECULAR adj. (lat. *secularis*). Seglar: *entregar al brazo secular.* ‖ Que sucede cada siglo: *fiesta secular.* ‖ Que dura un siglo por lo menos: *árboles seculares.* ‖ Muy viejo: *prejuicio secular.* (SINÓN. V. *Antiguo.*) ‖ Dícese del sacerdote que sirve en el siglo y no en clausura; contrapónese a *regular.* ‖ Laico, profano.

SECULARIZACIÓN f. Acción de secularizar.

SECULARIZAR v. t. Hacer secular lo que era antes eclesiástico: *secularizar a un religioso.*

SECULARMENTE adv. m. De un modo secular, en el siglo: *vivir secularmente.*

SECUNDAR v. t. Ayudar, favorecer. ‖ — SINÓN. *Asistir, colaborar, servir.*

SECUNDARIAMENTE adv. m. En segundo lugar.

SECUNDARIO, RIA adj. Que viene en segundo lugar: *motivo secundario.* (SINÓN. *Accesorio, complementario, subsidiario.*) ‖ *Med.* Dícese de los fenómenos patológicos que están subordinados a otros. ‖ *Geol.* Dícese de los terrenos triásicos, jurásicos o cretáceos. ‖ *Electr.* Dícese de la corriente inducida y del circuito por donde fluye. ‖ Dícese de la enseñanza que prepara para la entrada en la universidad y corresponde al actual bachillerato. (Tb. se llama *enseñanza media.*)

SECUNDINAS f. pl. *Anat.* Placenta.

SECURA f. Sequedad. (P. us.)

SED f. (lat. *sitis*). Deseo, necesidad de beber: *apagar la sed.* (SINÓN. *Dipsomanía, sequedad.*) ‖ *Fig.* Deseo inmoderado. (SINÓN. V. *Deseo.*)

SEDA f. (lat. *seta*). Líquido viscoso segregado en forma de hilo fino y brillante por ciertas glándulas de algunos artrópodos, como las orugas y las arañas. ‖ Tela hecha con la seda producida por el *gusano de seda.* ‖ Cerda de algunos animales. ‖ *Seda artificial,* filamento textil constituido por celulosa disuelta y que imita el aspecto de la seda, rayón. ‖ *Como una seda,* muy suave, muy bien; dócil.

SEDACIÓN f. Acción y efecto de sedar.

SEDAL m. (del lat. *seta,* cerda). Hilo o cuerda de la caña de pescar. ‖ *Cir.* y *Veter.* Cinta que se mete por debajo de la piel para excitar una supuración.

SEDANTE adj. y s. m. *Med.* Que seda, sedativo, calmante. ‖ — PARÓN. *Sedoso.*

SEDAR v. t. (lat. *sedare*). Sosegar, calmar.

SEDATIVO, VA adj. y s. m. *Med.* Dícese del medicamento que calma o sosiega: *agua sedativa.*

SEDE f. (del lat. *sedes,* silla). Silla o trono de un prelado. ‖ Capital de una diócesis, y también, la misma diócesis. ‖ Jurisdicción y potestad del Sumo Pontífice. ‖ *Neol.* Residencia, lugar de emplazamiento. ‖ *Sede social,* lugar en que funcionan los organismos administrativos de una sociedad. ‖ *Sede apostólica,* o *Santa Sede,* el Sumo Pontificado.

SEDEAR v. t. Limpiar con sedera: *sedear joyas.*

SEDENTARIO, RIA adj. Que permanece sentado demasiado tiempo. ‖ De poca agitación o movimiento: *vida, empleo sedentario.* ‖ Poco aficionado a salir: *los ancianos son generalmente sedentarios.* ‖ Dícese de los animales que carecen de órganos de locomoción y permanecen siempre en el mismo sitio en que han nacido.

SEDENTE adj. Que está sentado.

SEDEÑA f. Estopilla que se saca al rastrillar el lino. ‖ Hilaza que se hace de ella.

SEDEÑO, ÑA adj. De seda o parecido a ella.

SEDERA f. Escobilla de cerdas de los plateros.

SEDERÍA f. Conjunto de géneros de seda. ‖ Comercio de la seda. ‖ Tienda donde se venden géneros de seda.

SEDERO, RA adj. Relativo a la seda: *industria sedera.* ‖ — M. y f. Persona que labra la seda y se dedica a comerciar en ella.

SEDICENTE o **SEDICIENTE** adj. Barb. por *supuesto, pretenso: un sediciente marqués.*

SEDICIÓN f. (lat. *seditio*). Tumulto, rebelión, levantamiento contra la autoridad: *las sediciones eran numerosas en Bizancio.* (SINÓN. V. *Motín.*)

SEDICIOSAMENTE adv. De modo sedicioso.

SEDICIOSO, SA adj. y s. Promotor de una sedición o que toma parte en ella.

SEDIENTE adj. (lat. *sedens, sedentis*). *For. Bienes sedientes,* bienes raíces o del campo.

SEDIENTO, TA adj. y s. Que tiene sed. ‖ *Fig.* Dícese del campo que necesita riego. ‖ *Fig.* Que desea con ansia una cosa: *sediento de riquezas.*

SEDIMENTACIÓN f. Formación de sedimentos. ‖ Progresión lenta de un depósito. ‖ *Velocidad de sedimentación,* reconocimiento de la sangre que permite medir la importancia de una inflamación.

SEDIMENTAR v. t. Depositar sedimento un líquido. ‖ — V. r. Formar un sedimento.

SEDIMENTARIO, RIA adj. Relativo al sedimento: *un depósito sedimentario.*

SEDIMENTO m. (lat. *sedimentum*). Materia que se precipita al fondo de un líquido. (SINÓN. *Depósito, poso, residuo.*) ‖ Depósito natural en el fondo del mar que tiene a veces un origen lacustre o continental.

SEDOSO, SA adj. Que es parecido a la seda. ‖ Suave al tacto, como la seda.

SEDUCCIÓN f. (lat. *seductio*). Acción de seducir. ‖ Atractivo. (SINÓN. V. *Encanto.*)

SEDUCIR v. t. (lat. *seducere*). Hacer caer en un error o pecado: *seducir a una mujer.* (SINÓN. V. *Tentar.*) ‖ Sobornar, corromper: *seducir un testigo.* ‖ Cautivar, encantar: *esa mujer me ha*

FABRICACIÓN DE LA SEDA

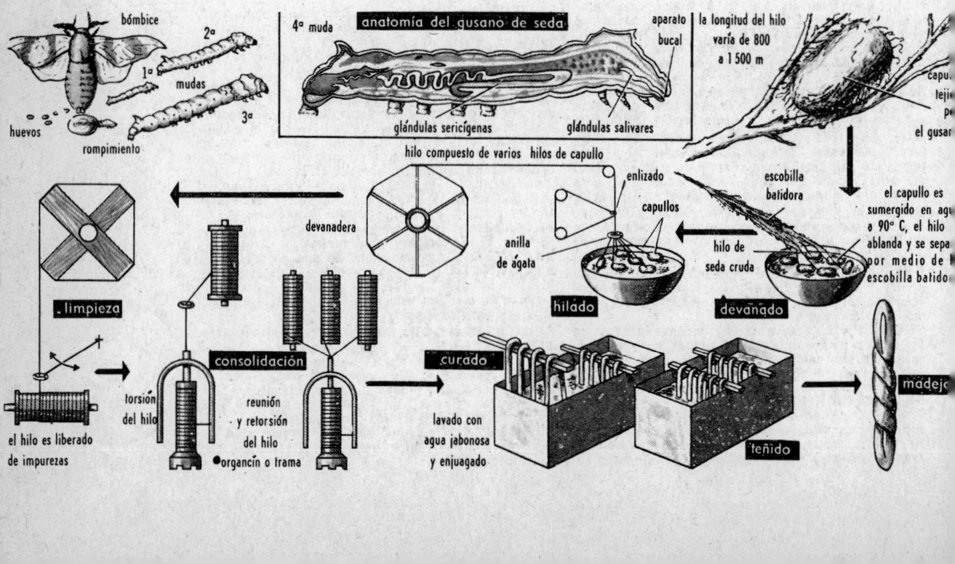

seducido. (SINÓN. V. *Enamorar.*) || IRREG. Se conjuga como *conducir.*

SEDUCTIVO, VA adj. y **SEDUCTOR, RA** adj. y s. Que seduce o encanta.

SEFARDÍ o **SEFARDITA** adj. y s. Judío oriental de origen español. (V. *Part. hist.*)

SEGADERO, RA adj. Segable: *campo segadero.* || — F. Hoz que sirve para segar.

SEGADOR m. El que siega o corta las mieses. || Arácnido de patas muy largas.

SEGADORA adj. y s. f. Dícese de la máquina que siega: *una segadora trilladora.*

SEGAR v. t. (del lat. *secare,* cortar). Cortar con la hoz: *segar la hierba.* (SINÓN. V. *Cosechar.*) || *Fig.* Cortar, cercenar. || — IRREG. Se conjuga como acertar. || — PARÓN. *Cegar.*

SEGLAR adj. Perteneciente o relativo a la vida del siglo o mundo: *vestir traje seglar.* || — Adj. y s. Lego, religioso que no es sacerdote.

SEGMENTACIÓN f. División en segmentos. || *Biol.* Conjunto de las primeras divisiones del óvulo después de la fecundación.

SEGMENTO m. (lat. *segmentum*). Pedazo o parte cortada de una cosa. || *Geom.* Parte del círculo comprendida entre el arco y la cuerda: *la superficie de un segmento es igual a la del sector de igual arco, menos la superficie del triángulo formado por la cuerda y los dos radios extremos del arco.* || *Mec.* Aro metálico que asegura el cierre hermético de un émbolo del motor. || Cada una de las partes en que se divide el cuerpo de los gusanos y artrópodos.

SEGOVIANO, NA adj. y s. De Segovia.

SEGREGACIÓN f. Separación. || Separación de las personas de origen, raza o religión diferentes verificada en un país: *segregación racial.*

SEGREGACIONISMO m. Política de segregación racial.

SEGREGACIONISTA adj. Relativo o partidario de la segregación racial: *la política segregacionista de un país.* Ú. t. c. s.

SEGREGAR v. t. (lat. *segregare*). Separar una cosa de otra. (CONTR. *Reunir.*) || Secretar humor.

SEGREGATIVO, VA adj. Que segrega.

SEGRÍ m. Cierta tela antigua de seda fuerte.

SEGUETA f. Sierra de marquetería.

SEGUETEAR v. i. *Tecn.* Cortar con la segueta.

SEGUIDA f. Serie, orden. (P. us.) || *En seguida,* m. adv., inmediatamente. || *De seguida,* m. adv., sin interrupción, acto continuo. || Galicismo por *seguido: dos noches de seguida.*

SEGUIDAMENTE adv. m. De seguida, en seguida. (SINÓN. V. *Después.*)

SEGUIDILLA f. Corta composición poética de siete versos usada en cantos populares. || — Pl. Aire popular español y danza que lo acompaña. || *Fig.* y *fam.* Cámaras, flujo de vientre.

SEGUIDO, DA adj. Continuo, sin interrupción. || Que está en línea recta: *camino seguido.* || *De seguido,* m. adv., de seguida, acto continuo. || — Adv. m. *Amer.* A menudo, en breve.

SEGUIDOR, RA adj. y s. Que sigue.

SEGUIMIENTO m. Acción y efecto de seguir.

SEGUIR v. t. (lat. *sequi*). Caminar detrás de otro. || Ir en pos de una persona o cosa: *seguir los pasos de otro.* (SINÓN. V. *Ir.*) || Continuar: *seguir hablando.* || Ir en compañía de uno. (SINÓN. *Acompañar, escoltar.*) || Perseguir, acosar: *seguir una fiera.* (SINÓN. *Rastrear.*) || Espiar: *seguir a un sospechoso.* (SINÓN. V. *Vigilar.*) || Caminar, ir: *seguir el mismo sendero.* || *Fig.* Acompañar: *su imagen me sigue de continuo.* || Observar: *seguir los adelantos de la obra.* || Adherir: *seguir una doctrina.* || Prestar atención: *seguir un discurso.* || Venir después: *el otoño sigue al verano.* || Ser del dictamen de otro: *seguir la doctrina de un filósofo.* || — V. r. Inferirse una cosa de otra. || Suceder o continuarse dos cosas. SINÓN. V. *Resultar.*) || — IRREG. Se conjuga como *pedir.*

SEGÚN prep. (lat. *secundum*). Con arreglo a: *según eso no vendrá.* || — Adv. Como, con arreglo a: *se le pagará según lo que haga.* || Con arreglo a lo que dice otro: *según San Mateo.* || *Según y como,* m. adv., de igual manera. || *Según y conforme,* m. adv., según y como. También se usa en sentido de duda: *¿Lo harás mañana? — Según y conforme.* Abréviase a veces en *según.*

SEGUNDA f. Vuelta doble en las cerraduras. || Segunda intención: *hablar con segunda.*

segadora trilladora

SEGUNDAR v. t. Asegundar, repetir una cosa segunda vez. || Galicismo por *ayudar, auxiliar.*

SEGUNDARIO, RIA adj. Secundario.

SEGUNDERO, RA adj. Dícese del segundo fruto anual que suelen dar ciertos árboles. || — M. Aguja de los segundos, en un reloj.

SEGUNDILLA f. Campana pequeña de convento.

SEGUNDILLO m. Segundo principio que suele darse a los religiosos en algunas comidas.

SEGUNDO, DA adj. (lat. *secundus*). Que sigue inmediatamente a lo primero. || Otro: *es un segundo Alejandro.* || — M. *Mat.* Sexagésima parte del minuto (Símb.: s). || Unidad de medida angular (Símb.: ″). || El que sigue en importancia al principal: *segundo de a bordo.* || El segundo piso de una casa: *vivo en el segundo.* || Persona que ayuda a otra en un negocio o asunto, en un empleo. || *Cub.* Pez parecido al pámpano.

SEGUNDOGÉNITO, TA adj. y s. Hijo segundo.

SEGUNDOGENITURA f. Dignidad, prerrogativa o derecho del segundogénito.

SEGUNDÓN m. Hijo segundo de una familia y, por ext., cualquier hijo que no sea el primogénito. (SINÓN. V. *Menor.*)

SEGUNTINO, NA adj. y s. De Sigüenza.

SEGUR f. Hacha que formaba parte de las fasces de los lictores romanos. || Hoz para segar.

SEGURAMENTE adv. m. De un modo seguro. || — SINÓN. *A buen seguro, de seguro, cierto, ciertamente, evidentemente, inaudablemente, infaliblemente.*

SEGURIDAD f. (lat. *securitis*). Confianza, tranquilidad de una persona procedente de la idea de que no hay ningún peligro que temer. (SINÓN. *Certeza, certidumbre, firmeza, entereza.* Fam. *Tupé, frescura.* V. tb. *evidencia, garantía* y *tranquilidad.*) || Fianza que se da como garantía de algo. || *Mil.* Dispositivo que impide que las armas de fuego se disparen solas: *mecanismo de seguridad.* || *De seguridad,* ramo de la administración pública que vela por la tranquilidad de los ciudadanos: *dirección general, agente, de seguridad.* || *Seguridad Social,* conjunto de leyes, y de los organismos que las aplican, que tienen por objeto proteger contra determinados riesgos sociales (accidentes, enfermedad, paro, vejez, etc.).

SEGURO, RA adj. (lat. *securus*). Que no corre peligro. || Cierto, que no puede faltar: *un acontecimiento seguro.* || Firme, sólido: *está el clavo bien seguro.* || — M. Seguridad, confianza. || Contrato en virtud del cual una persona o sociedad (*asegurador*) asume un riesgo que debe recaer sobre otra persona (*asegurado*) a cambio del pago de una cantidad de dinero (*prima*): *seguros de vida, de robo.* || Muelle existente en algunas armas de fuego que sirve para evitar que se disparen solas. || *Seguros sociales,* los que en previsión de ciertos riesgos se establecen a favor de empleados. || *A buen seguro,* ciertamente. (SINÓN. V. *Seguramente.*) || *En seguro,* m. adv., a salvo. || *Sobre seguro,* m. adv., sin aventurarse.

SEIBA f. Mala ortografía de *ceiba.*

SEÍBO, más comúnmente que **SEIBO** m. *Riopl.* Uno de los nombres del *bucare,* árbol de flores rojas. || — PARÓN. *Ceiba.*

SEIBÓ m. *Col.* y *Venez.* Aparador de comedor.

SEIBÓN m. Ceibón.

SEIS adj. (lat. *sex*). Cinco y uno: *seis hombres.* || Sexto: *año seis.* || — M. Cifra que representa

segador

Fot. Schall

el número seis. || Naipe de seis puntos: *el seis de copas.* || Nombre de los seis regidores de ciertas villas. || *P. Rico.* Un baile popular.

SEISAVO, VA adj. y s. Sexto.

SEISCIENTOS, TAS adj. Seis veces ciento. || Sexcentésimo: *año seiscientos.*

SEISE m. Nombre de los monaguillos vestidos de seda azul y blanca, que bailan y cantan en la catedral de Sevilla en ciertas festividades.

SEISILLO m. *Mús.* Grupo de seis notas iguales que se cantan o tocan en el tiempo correspondiente a cuatro de ellas.

SEÍSMO m. Sacudida de la corteza terrestre que se produce a cierta profundidad. || — SINÓN. *Cataclismo, sacudida, terremoto.*

SEJE m. *Amer.* Árbol parecido al coco.

SELACIOS m. pl. (gr. *selakhion*). Orden de peces cartilagíneos, de tamaño bastante grande, a que pertenecen el tiburón y la raya.

SELECCIÓN f. Elección. (SINÓN. *Apartado, preferencia, separación, surtido.* V. tb. *antología.*) || Conjunto de los elegidos. || *Selección natural,* supervivencia de las especies animales más aptas para ciertas condiciones de vida: *la teoría de la selección natural se debe a Malthus y a Darwin.*

SELECCIONADO, DA adj. y s. En deportes, jugador escogido para representar a un club o a un país. || — M. *Amer.* Selección.

SELECCIONAR v. t. Elegir por medio de una selección. (SINÓN. V. *Escoger.*)

SELECTIVIDAD f. Calidad de un aparato de radio selectivo.

SELECTIVO, VA adj. Que permite elegir o separar fácilmente. || Dícese del aparato radiorreceptor que aisla la emisión escogida. || — M. Curso que se hace antes de empezar una carrera especial técnica.

SELECTO, TA adj. Escogido: *poesías selectas.* || — F. pl. Analectas, trozos escogidos.

SELECTOR m. Dispositivo de contacto que efectúa la conexión entre dos teléfonos al accionarse el disco de llamada.

SELENIO m. (del gr. *selênion,* resplandor de la Luna). Metaloide (Se) de número atómico 34, sólido, de densidad 4,8, que funde a 217° C, semejante al azufre y cuya conductividad eléctrica aumenta con la luz que recibe.

SELENITA f. (gr. *selênitês*). *Miner.* Espejuelo, yeso. || — Com. Supuesto habitante de la Luna.

SELENITOSO, SA adj. Dícese de lo que contiene yeso, yesoso: *agua selenitosa.*

SELENIURO m. *Quím.* Combinación del selenio con un metal: *seleniuro de hierro.*

SELENOGRAFÍA f. Parte de la astronomía que trata de la descripción de la Luna.

SELENOSIS f. Mentira, mancha en las uñas.

SELF m. (pal. ingl.) Carrete de self-inducción.

SELF-CONTROL m. (pal. ingl.). Dominio de sí mismo.

SELF-GOVERNMENT m. (pal. ingl. que sign. *autogobierno*). Sistema de administración de los dominios británicos que han obtenido su autonomía.

SELF-INDUCCIÓN f. Inducción que produce una corriente eléctrica sobre su propio circuito.

SELF-INDUCTANCIA f. Coeficiente de self-inducción.

SELF-SERVICE m. Autoservicio.

SELF-MADE-MAN m. (*-meid-*) (pal. ingl.) Persona que se ha elevado a una posición social y económica por sus propios medios.

SELTZ n. pr. *Agua de Seltz,* agua natural o artificial cargada de gas carbónico.

SELVA f. (lat. *silva*). Lugar generalmente extenso donde hay muchos árboles frondosos, bosque grande. (SINÓN. V. *Bosque.*) || *Selva virgen,* la que no ha sido aún explorada por ningún hombre.

SELVÁTICO, CA adj. Silvestre, de las selvas: *planta selvática.* || *Fig.* Tosco, silvestre, rústico.

SELVOSO, SA adj. Cubierto de selvas.

SELLADOR, RA adj. y s. Que sella.

SELLADURA f. Acción de sellar un documento.

SELLAR v. t. Poner el sello: *sellar papel.* || *Fig.* Estampar una cosa con otra. || *Fig.* Concluir.

SELLO m. (lat. *sigillum*). Instrumento que sirve para estampar armas, divisas, letras, etc. || Señal que deja el sello. (SINÓN. V. *Marca.*) || Disco de plomo o cera, con el sello estampado, que se unía por medio de hilos a ciertos documentos. || Viñeta de papel que se usa como señal del pago de algún derecho: *sello postal, sello fiscal, sello móvil.* || *Med.* Conjunto de dos obleas entre las que se pone una dosis de algún medicamento. || *Fig.* Carácter distintivo. || *Arg.* Papel sellado. || *Sello de Salomón,* planta esmilácea. || *Poner el sello a una cosa,* rematarla, acabarla.

SEMÁFORO m. (del gr. *sêma,* señal, y *phoros,* que lleva). Telégrafo óptico establecido en las costas. || Aparato de señales de ferrocarril. || Poste indicador con luces verde, naranja o roja que regula el tráfico en los cruces de las calles.

SEMANA f. (lat. *septimana*). Período de siete días fijado por el calendario: *hay cincuenta y dos semanas en el año.* || Serie de siete días consecutivos: *vendrá dentro de tres semanas.* || *Fig.* Salario ganado en una semana. || *Semana Santa,* la que precede al domingo de Resurrección. || *Semana inglesa,* semana de trabajo que termina el sábado a mediodía. || *Fin de semana,* tiempo que va del sábado al lunes.

SEMANAL adj. Dícese de lo que sucede cada semana o dura una semana: *una revista semanal.*

SEMANALMENTE adv. t. Por semanas, de un modo semanal: *esta revista sale semanalmente.*

SEMANARIO, RIA adj. Semanal. || — M. Periódico que sale semanalmente: *publicar un semanario ilustrado.* (SINÓN. V. *Periódico.*) || Juego de siete navajas de afeitar.

SEMANERO, RA adj. y s. Dícese del que ejerce un empleo sólo por semanas.

SEMANILLA f. Libro de coro que contiene el rezo de Semana Santa.

SEMÁNTICO, CA adj. Relativo a la significación: *valor semántico de una palabra.* || — F. Ciencia que trata de los cambios de significación de las palabras.

SEMASIOLOGÍA f. Semántica.

SEMBLANTE m. Rostro, cara: *mostrar un semblante risueño.* || Apariencia o figura de una cosa. (SINÓN. V. *Aspecto.*)

SEMBLANTEAR v. t. *Amer.* Mirar cara a cara. || *Méx.* Examinar, observar.

SEMBLANZA f. Biografía.

SEMBRADERA f. Máquina para sembrar.

SEMBRADERO m. *Col.* Tierra labrantía.

SEMBRADÍO, A adj. A propósito para sembrar.

SEMBRADO m. Campo sembrado.

SEMBRADOR, RA adj. y s. Que siembra. || — F. Máquina para sembrar, sembradera.

SEMBRADURA f. Acción de sembrar, siembra.

SEMBRAR v. t. (lat. *seminare*). Esparcir semilla en tierra para que germine. (SINÓN. *Sementar.*) || *Fig.* Derramar, esparcir por el suelo: *ir sembrando una cosa por la calle.* (SINÓN. *Dispersar, diseminar, lanzar.*) || *Fig.* Causar, provocar: *sembrar discordia.* || *Fig.* Esparcir noticias. || *Fig.* Hacer algunas cosas para lograr después un fruto. || *Méx.* Derribar, echar por tierra. || — IRREG. Se conjuga como *acertar.*

SEMBRÍO m. *Amer.* Sembrado.

SEMEJA f. Semejanza o parecido. || Señal.

SEMEJANTE adj. Que se parece: *dos objetos semejantes.* (SINÓN. *Adecuado, afín, análogo, conforme, congénere, equivalente, homogéneo, parecido, similar.*) Úsase en sentido de ponderación: *¡habráse visto semejante hombre!* || Tal: *no he conocido a semejante hombre.* (SINÓN. *Idéntico, igual.*) || *Geom.* Dícese de las figuras parecidas, pero de tamaño diferente. || — M. Hombre o animal considerado con relación a los demás.

SEMEJANZA f. Calidad de semejante, parecido. (SINÓN. V. *Analogía.*) || Figura retórica para significar el parecido entre dos objetos.

SEMEJAR v. i. Parecerse: *semejar uno a otro.*

SEMEN m. (lat. *semen*). *Bot.* Semilla, simiente. || Líquido que sirve para la reproducción.

SEMENCONTRA m. *Farm.* Santónico.

SEMÁFOROS

de tráfico urbano

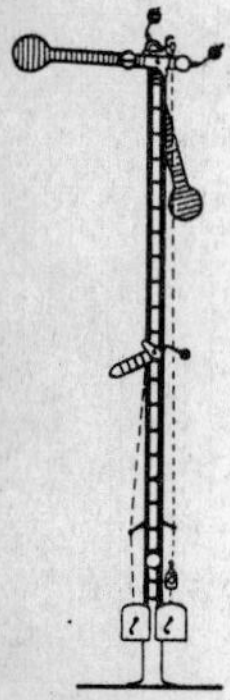

de ferrocarril

embradora

Fot. Justin

SEMENTAL m. Animal macho destinado a la reproducción. (SINÓN. V. *Caballo.*)
SEMENTAR v. t. Sembrar.
SEMENTERA f. Acción de sembrar. || Tierra sembrada. || Lo que se siembra. || Tiempo en que se suelen hacer las siembras.
SEMENTERO m. Saco en que se lleva el grano para la siembra. || Sementera.
SEMESTRAL adj. Dícese de lo que sucede cada semestre o dura un semestre.
SEMESTRE m. (lat. *semestris*). Espacio de seis meses: *pensión pagadera por semestres.* || Renta o pensión que se cobra al fin del semestre.
SEMI, prefijo inseparable (voz lat.) que significa *medio* y forma parte de varios vocablos compuestos: SEMI*círculo*, SEMI*difunto*.
SEMIBREVE f. *Mús.* Nota que vale un compasillo entero.
SEMICILÍNDRICO, CA adj. Dícese de lo que tiene la forma de un medio cilindro.
SEMICILINDRO m. Cada una de las dos mitades de un cilindro.
SEMICIRCULAR adj. Relativo al semicírculo o semejante a él.
SEMICÍRCULO m. *Geom.* Mitad del círculo dividido por un diámetro.
SEMICIRCUNFERENCIA f. *Geom.* Mitad de una circunferencia.
SEMICONDUCTOR m. Conductor eléctrico cuya resistencia disminuye al aumentar la temperatura.
SEMICONSONANTE adj. y f. Dícese de las vocales *i, u* en principio de diptongo o triptongo: *hielo, huevo, apreciáis, averiguáis.*
SEMICOQUE m. Combustible muy poroso obtenido al destilar la hulla a poca temperatura (500° C).
SEMICORCHEA f. *Mús.* Nota que vale media corchea.
SEMICROMÁTICO, CA adj. *Mús.* Dícese del género de música que participa del diatónico y del cromático.
SEMIDIÁMETRO m. Mitad del diámetro.
SEMIDIARIO, RIA adj. Cada dos días.
SEMIDIFUNTO, TA adj. Medio muerto.
SEMIDIÓS m. *Mitol.* Héroe a quien los antiguos colocaban entre los dioses: *el semidiós Hércules.*
SEMIDIOSA f. *Mitol.* Mujer a quien los gentiles colocaban en el número de sus diosas.
SEMIDORMIDO, DA adj. Medio dormido.
SEMIEJE m. *Geom.* Mitad de un eje.
SEMIESFERA f. Hemisferio, media esfera.
SEMIFINAL f. Cada una de las dos penúltimas competiciones de un campeonato.
SEMIFINALISTA adj. y s. Que participa en una semifinal.
SEMIFLÓSCULO m. *Bot.* Nombre que se da a las florecitas terminadas en figura de lengüeta que forman parte de una flor compuesta.
SEMIFUSA f. Nota musical cuyo valor es la mitad de una fusa.
SEMILUNIO m. *Astr.* Mitad de una lunación.
SEMILLA f. (lat. *semen, seminis*). *Bot.* Parte del fruto capaz de germinar. (SINÓN. V. *Germen.*) || *Fig.* Cosa que es causa u origen de otra. || — Pl. Granos que no sean trigo ni cebada.
SEMILLERO m. Sitio en que se siembran vegetales que después se transplantan: *semillero de árboles frutales.* (SINÓN. V. *Plantación.*) || Sitio donde se guardan colecciones de semillas. || *Fig.* Origen o causa de alguna cosa.
SEMINAL adj. (lat. *seminalis*). Relativo a la semilla o al semen.
SEMINARIO m. (lat. *seminarius*). Semillero. || Establecimiento destinado para la enseñanza de los jóvenes que se dedican al estado eclesiástico: *seminario conciliar.* || Curso práctico de investigación en las universidades, anejo a la cátedra: *seminario de filología.*
SEMINARISTA m. Alumno de un seminario.
SEMINÍFERO, RA adj. Que tiene semen.
SEMÍNIMA m. *Mús.* Nota que vale media mínima.
SEMIOLOGÍA f. (del gr. *semeion*, signo, y *logos*, tratado) y **SEMIÓTICA** f. Parte de la medicina que estudia especialmente los signos de las enfermedades.
SEMIPERÍODO m. *Electr.* Mitad del período de un sistema de corrientes bifásicas.
SEMIPESADO adj. y s. m. Una de las categorías en boxeo.
SEMIPLENO, NA adj. *For.* Incompleto, imperfecto: *prueba semiplena.*
SEMITA adj. y s. Dícese de los árabes, hebreos, sirios. (SINÓN. V. *Israelita.*) [V. *Parte hist.*] || Semítico. || *Amer.* Especie de bollo o galleta.
SEMÍTICO, CA adj. Relativo a los semitas: *estudiar las lenguas semíticas.*
SEMITISMO m. Carácter semítico. || Giro o vocablo propios de las lenguas semíticas.
SEMITISTA m. Hebraísta.
SEMITONO m. *Mús.* Intervalo de medio tono.
SEMITRANSPARENTE adj. Casi transparente.
SEMIVOCAL adj. y s. f. Dícese de la consonante cuyo nombre empieza por una vocal, como la *efe.* || Dícese de las vocales *i, u* cuando forman diptongo con la vocal precedente: *peine, causa.*
SEMNOPITECO m. Género de monos que habitan en las selvas de Asia.
SÉMOLA f. (lat. *semola*). Trigo descortezado y quebrantado. || Pasta de harina o fécula reducida a granos y que se usa para hacer sopa.
SEMOVIENTE adj. (lat. *se movens*). Que se mueve por sí. || *For. Bienes semovientes,* el ganado.
SEMPITERNA f. Tela de lana antigua muy sólida. || Perpetua, siempreviva, flor.
SEMPITERNO, NA adj. Perpetuo. (SINÓN. V. *Eterno.*)
SEN m. Arbusto papilionáceo de África y Asia parecido a la casia: *las hojas de sen se usan como purgante.*
SEN m. Una división de la unidad monetaria en varios países de Extremo Oriente.
SENA f. Conjunto de los seis puntos que hay en una cara del dado o dominó: *doble sena.* || — Pl. En las tablas reales, suerte de salir los dos seises. || — PARÓN. *Cena.*
SENADO m. (del lat. *senatus*, de *senex*, anciano). Nombre de diversas asambleas de los antiguos. || Nombre dado en los países que tienen dos asambleas legislativas a la formada de personalidades designadas o elegidas por su edad o por su importancia. || Lugar donde se reúne la asamblea de los senadores.
SENADOCONSULTO m. Decreto del Senado.
SENADOR m. Individuo que forma parte del Senado. || — PARÓN. *Cenador.*
SENADURÍA f. Dignidad o cargo de senador.
SENARIO, RIA adj. Que consta de seis unidades o de seis elementos: *número senario.* || — M. Verso latino de seis pies.
SENATORIO, RIA o **SENATORIAL** adj. Relativo al Senado o al senador.
SENCILLAMENTE adv. m. Con sencillez, de una manera sencilla: *hablar sencillamente.*
SENCILLEZ f. Calidad de sencillo: *la sencillez del vestido.* (SINÓN. *Confianza, flaqueza, naturalidad, llaneza.*) || *Fig.* Ingenuidad. (SINÓN. V. *Candor.*)
SENCILLO, LLA adj. Que no está compuesto: *el oro y la plata son cuerpos sencillos.* || Que no tiene complicación: *máquina sencilla.* || Fácil: *un método sencillo.* || Que carece de adornos: *vestido sencillo.* || De menos cuerpo que otra cosa: *tela sencilla.* || Simple, natural: *estilo sencillo.* (SINÓN. V. *Modesto.*) || Dícese del nombre que no es compuesto. || *Ant.* y *Amer.* Suelto (dinero). || *Fig.* Incauto, que se deja engañar fácilmente. || *Fig.* Ingenuo, que no engaña a los demás.
SENDA f. (lat. *semita*). Caminito estrecho. || *Fig.* Camino: *no abandonar la senda de la virtud.*
SENDEREAR v. t. Guiar por el sendero. || Hacer senderos o caminos. || — V. i. *Fig.* Discurrir u obrar por caminos extraordinarios.
SENDERO m. Senda. (SINÓN. V. *Calle* y *camino.*)
SENDOS, AS adj. pl. Uno o una para cada cual: *dio a ambos sendos puñetazos.* || — OBSERV. Es un disparate tomar *sendos* por *grandes, descomunales, ambos.*
SÉNECA m. *Fig.* Sabio.
SENECTUD f. Edad senil. (SINÓN. V. *Vejez.*)
SENEGALÉS, ESA adj. y s. Del Senegal.
SENEQUISMO m. Doctrina moral y filosófica de Séneca. || Norma de vida ajustada a los principios de Séneca.
SENEQUISTA adj. Relativo al senequismo. || — Adj. y s. Partidario de la doctrina de Séneca.

semnopitecos

sen

SENO

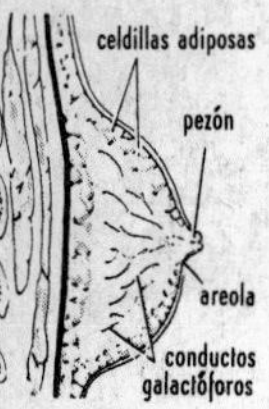

SENESCAL m. (ant. alto al. *sini*, anciano, y *skalk*, servidor). Mayordomo de una casa real. ‖ Jefe de la nobleza.
SENESCALADO m. Senescalía.
SENESCALÍA f. Dignidad o cargo del senescal.
SENESCENTE adj. Que empieza a envejecer.
SENIL adj. Propio de la vejez: *debilidad senil.*
SENIOR m. (lat. *senior*). Mayor de más edad. ‖ En deportes, participante que ha sobrepasado la edad de los juniors (unos 20 años).
SENO m. (lat. *sinus*). Hueco, concavidad. ‖ Matriz, claustro materno. ‖ Pecho, mama. (SINÓN. *Teta.*) ‖ Cavidad del cuerpo del animal: *los senos frontales.* ‖ Golfo o bahía pequeños. ‖ Cavidad entre el pecho y el vestido: *encerrar algo en el seno.* (SINÓN. *Regazo.*) ‖ *Fig.* Parte interna de una cosa. ‖ *Mat.* Perpendicular tirada de uno de los extremos del arco al radio que pasa por la otra extremidad: *el seno del arco AM es MP.* ‖ *Fig. Seno de Abrahán,* el limbo.
SENOIDE f. Sinusoide.
SENSACIÓN f. (lat. *sensatio*). Impresión que producen las cosas en el alma gracias a los sentidos. (SINÓN. V. *Percepción.*) ‖ Emoción que produce en el ánimo un suceso o noticia.
SENSACIONAL adj. Que causa sensación.
SENSACIONALISMO m. *Neol.* Calidad de sensacional.
SENSACIONALISTA adj. De carácter sensacional: *prensa sensacionalista.*
SENSATEZ f. Calidad de sensato, prudencia.
SENSATO, TA adj. Prudente, cuerdo. (SINÓN. V. *Juicioso.*)
SENSIBILIDAD f. Facultad de experimentar impresiones físicas: *los nervios son los órganos de la sensibilidad.* (SINÓN. *Perceptibilidad.*) ‖ Facultad de sentir vivamente. (SINÓN. *Emotividad, intuición.*) ‖ Sentimientos de humanidad, de compasión: *tener demasiada sensibilidad.* ‖ Carácter de una cosa que recibe fácilmente las impresiones exteriores: *la sensibilidad de una balanza.* ‖ Receptividad para determinados efectos: *sensibilidad de una película fotográfica.*
SENSIBILIZACIÓN f. Acción de sensibilizar. ‖ Acción de volver impresionable (fotos).
SENSIBILIZADOR m. Lo que sirve para sensibilizar: *sensibilizador fotográfico.*
SENSIBILIZAR v. t. Hacer sensible.
SENSIBLE adj. (lat. *sensibilis*). Dotado de la facultad de experimentar sensaciones: *los animales son sensibles.* ‖ Fácil de conmover, sentimental: *corazón sensible.* (SINÓN. *Delicado, impresionable, susceptible.*) ‖ Apreciable para los sentidos: *el mundo sensible.* ‖ Fácil de observar: *progreso sensible.* ‖ Que produce profunda impresión: *pérdida sensible.* ‖ Que siente cualquier impresión física o moral. ‖ *Fís.* Que indica muy leves diferencias: *balanza sensible.* ‖ Alterable por ciertos agentes naturales: *placa sensible.*
SENSIBLEMENTE adv. m. De modo sensible.
SENSIBLERÍA f. Sensibilidad excesiva o afectada: *provocar la sensiblería del público.*
SENSIBLERO, RA adj. Que muestra sensiblería.
SENSITIVA f. Género de plantas mimosáceas originarias de América Central, cuyas hojuelas se doblan y caen si se las toca o sacude.
SENSITIVO, VA adj. Relativo a los sentidos: *facultad sensitiva.* ‖ Capaz de sentir: *seres sensitivos.* ‖ Que excita la sensibilidad.
SENSORIAL o **SENSORIO, RIA** adj. Relativo a la sensibilidad: *fenómenos sensorios.* ‖ — M. Parte del cerebro que se supone centro de las sensaciones. ‖ — PARÓN. *Censorio.*
SENSUAL adj. Sensitivo, relativo a los sentidos. ‖ Dícese de los deleites de los sentidos y de las personas aficionadas a ellos: *hombre sensual; placeres sensuales.* (SINÓN. V. *Lujurioso.*) ‖ Relativo al apetito carnal.
SENSUALIDAD f. Calidad de sensual. ‖ Afición a los deleites de los sentidos: *vivir con sensualidad.* (SINÓN. V. *Placer.*)
SENSUALISMO m. Propensión excesiva a los deleites de los sentidos. ‖ *Fil.* Doctrina que atribuye a los sentidos el origen de todas las ideas: *Condillac defendió el sensualismo.*
SENSUALISTA m. Partidario del sensualismo.
SENSUNTEPEQUENSE adj. y s. De Sensuntepeque (El Salvador).
SENTADA f. Asentada: *leyó el libro en dos sentadas.* ‖ *Col.* Remesón dado a la caballería.

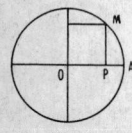

seno

SENTADERO m. Objeto que sirve de asiento.
SENTADO, DA adj. Juicioso, prudente, cuerdo. ‖ Dícese del pan correoso. ‖ *Bot.* Dícese de las hojas sin pedúnculo.
SENTAMIENTO m. *Arq.* Asiento de los materiales de un edificio.
SENTAR v. t. (del lat. *sedere*, sentar). Asentar, poner en un asiento: *sentar a uno en una butaca, a la mesa.* (SINÓN. V. *Establecer.*) ‖ — V. i. Caer bien o mal un alimento o bebida en el estómago: *me ha sentado mal la comida.* ‖ *Fig.* Hacer provecho o daño: *le sentará mal la salida.* ‖ Caer bien o mal una prenda de vestir: *le sienta bien ese chaleco.* (SINÓN. V. *Adaptar.*) ‖ *Fig.* Cuadrar, convenir: *el hablar así te sienta bien.* ‖ *Fig.* y *fam.* Gustar, agradar una cosa. ‖ *Ecuad.* Sofrenar al caballo. ‖ *Col.* Apabullar a uno. ‖ — V. r. Asentarse, ponerse en un asiento: *sentarse en el suelo.* ‖ *Fig.* y *fam.* Hacer huella en la carne una prenda de vestir, lastimándola. ‖ — IRREG. Se conjuga como *acertar.*
SENTAZÓN f. *Chil.* Derrumbamiento de una mina.
SENTENCIA f. (lat. *sententia*). Máxima, pensamiento corto, sucinto y moral: *una sentencia de Séneca.* (SINÓN. V. *Pensamiento.*) ‖ Decisión del juez o árbitro: *una sentencia injusta.* (SINÓN. V. *Juicio.*) ‖ Decisión cualquiera: *las sentencias de la opinión.* ‖ *Sentencia en rebeldía,* la pronunciada sin que el reo haya asistido al juicio.
SENTENCIADOR, RA adj. Que sentencia.
SENTENCIAR v. t. Pronunciar una sentencia. ‖ Condenar por sentencia. ‖ *Fig.* Expresar un juicio.
SENTENCIOSAMENTE adv. m. De una manera sentenciosa: *hablar sentenciosamente.*
SENTENCIOSO, SA adj. Que se suele expresar por medio de sentencias: *hombre sentencioso.* ‖ Que contiene sentencias: *lenguaje sentencioso.* ‖ Que tiene forma de sentencia: *frase sentenciosa.* ‖ Con cierta afectada gravedad: *tono sentencioso.*
SENTENEJA f. *P. Rico.* Sarteneja.
SENTIDO, DA adj. Que incluye sentimiento: *frase muy sentida.* ‖ Que se ofende o resiente fácilmente: *ser muy sentido.* ‖ — M. Facultad mediante la cual perciben el hombre y los animales la impresión de los objetos exteriores a través de ciertos órganos. (Hay cinco sentidos, que son: la *vista,* el *oído,* el *olfato,* el *gusto* y el *tacto.*) ‖ Entendimiento, juicio: *ese hombre no tiene sentido.* (SINÓN. *Conocimiento, discernimiento, juicio, raciocinio, razonamiento.* Pop. *Caletre.*) ‖ Significado: *palabra de doble sentido.* ‖ Interpretación: *este pasaje tiene diferentes sentidos.* ‖ Inteligencia, conocimiento: *leer con sentido.* ‖ Finalidad, objeto: *su conducta carece de sentido.* ‖ Lado de un cuerpo, dirección de una cosa: *el sentido de la longitud; el sentido de un movimiento.* ‖ *Amer.* En algunos puntos, sien. ‖ Sentido común, juicio recto que tienen la mayor parte de los hombres. ‖ *Fig. Abundar en un sentido,* mostrarse adicto a la opinión ajena. ‖ *Con todos sus cinco sentidos,* con toda atención. ‖ *Costar un sentido,* costar mucho una cosa. ‖ *Perder el sentido,* desmayarse.
SENTIMENTAL adj. Que indica sentimiento verdadero o fingido: *discurso sentimental.* ‖ De sensibilidad exagerada. (SINÓN. V. *Sensible.*)
SENTIMENTALISMO m. Carácter sentimental. ‖ Exagerada sensibilidad.
SENTIMENTALMENTE adv. m. De un modo sentimental: *escribir sentimentalmente.*
SENTIMIENTO m. Acción y efecto de sentir. ‖ Aptitud para recibir las impresiones exteriores. (SINÓN. V. *Percepción.*) ‖ Conciencia íntima que se tiene de una cosa: *tener el sentimiento de su debilidad.* (SINÓN. V. *Opinión.*) ‖ Pasión, movimiento del alma. ‖ Pesar, aflicción.
SENTINA f. (lat. *sentina*). Parte más baja de una nave, donde se acumula siempre la suciedad. ‖ *Fig.* Lugar muy sucio. (SINÓN. V. *Cloaca.*) ‖ *Fig.* Lugar donde abundan los vicios.
SENTIR m. Sentimiento. ‖ Dictamen, opinión.
SENTIR v. t. (lat. *sentire*). Percibir por medio de los sentidos: *sentir frío, hambre.* ‖ Experimentar en el alma: *sentir pena, alegría.* (SINÓN. *Concebir.*) ‖ Apreciar, comprender: *sentir las bellezas de una obra.* ‖ Oir: *siento golpes.* ‖ Dar el sentido adecuado: *sentir bien el verso.* ‖ Opinar, juzgar una cosa. ‖ Prever, tener aviso inconsciente de algo futuro: *los animales sienten las mudanzas de tiempo.* ‖ — V. r. Formar queja

una persona. || Padecer un dolor: *sentirse del pecho.* || Hallarse, encontrarse: *sentirse malo.* || Empezar a abrirse o quebrarse una cosa: *este vaso se siente.* || Resentirse. || Considerarse, reconocerse: *sentirse obligado a hacerlo.* || *Cub.* Resentirse, ofenderse. || *Sin sentir,* m. adv., inadvertidamente. || — IRREG Pres. ind.: *siento, sientes, siente, sentimos, sentís, sienten;* pret. indef.: *sentí, sentistes, sintió, sentimos, sentisteis, sintieron;* fut.: *sentiré,* etc.; pot.: *sentiría, sentirías,* etc.; pres. subj.: *sienta, sientas, sienta, sintamos sintáis, sientan;* imp. subj.: *sintiera, sintieras,* etc., *sintiese, sintieses,* etc.; fut. subj.: *sintiere, sintieres,* etc.; imper.: *siente, sentid;* ger.: *sintiendo;* p. p.: *sentido.*

SENTÓN m. *Amer.* Sofrenada que da el jinete.

SEÑA f. (lat. *signa*). Indicio que da a entender alguna cosa. (SINÓN. V. *Indicio.*) || Cosa que conciertan dos personas para entenderse ulteriormente: *convenir una seña de reconocimiento.* (SINÓN. V. *Firma.*) || Señal que se pone para recordar algo. || *Mil.* Palabra que suele acompañar al santo para los reconocimientos, rondas, etc. || — Pl. Domicilio, dirección: *le di mis señas.* || *Por más señas,* para precisar más. || *Seña mortal,* la muy segura. || *Fig. Dar señas,* mostrar, manifestar: *dar señas de impaciencia.* || *Hablar por señas,* hablar por medio de ademanes.

SEÑAL f. Marca que se pone a una cosa para distinguirla de otras: *poner una señal a un árbol.* (SINÓN. V. *Marca.*) || Hito o mojón que señala un término. || Signo que sirve para recordar una cosa: *poner una señal en un libro.* || Placa o anuncio en las vías de comunicación para indicar algo o para regular la marcha del tráfico rodado. || Vestigio que queda de una cosa y permite conocerla. (SINÓN. V. *Testimonio.*) || Cicatriz: *señales de viruelas.* || Dinero que se da como anticipo y garantía de un pago. || *Señal de la cruz,* la que se hace con los dedos, en figura de cruz, sobre diferentes partes del cuerpo. || *En señal,* m. adv., en prueba de una cosa.

SEÑALA *Chil.* y **SEÑALADA** f. *Arg.* Acción ción de señalar el ganado.

SEÑALADAMENTE adv. m. De un modo señalado. || Particularmente, especialmente.

SEÑALADO, DA adj. Famoso, célebre. (SINÓN. V. *Notable.*)

SEÑALAMIENTO m. La acción de señalar.

SEÑALAR v. t. Poner una señal: *señalar un carnero.* (SINÓN. *Rayar, subrayar, trazar.* V. tb. *escribir.*) || Llamar la ateción hacia una persona o cosa: *señalar con el dedo.* (SINÓN. V. *Indicar.*) || Determinar: *señalar el día de una reunión.* || Hacer herida que cause cicatriz: *dejarle a uno señalado.* || Hacer una señal para indicar una cosa: *el semáforo señaló el vapor.* || Hacer el amago de una cosa sin ejecutarla. || — V. r. Distinguirse, hacerse muy notable: *señalarse en las artes.*

SEÑALIZACIÓN f. Colocación o utilización de señales en una carretera, una vía férrea, un puerto, etc. || Conjunto o sistema de señales.

SEÑALIZAR v. t. Poner señales (caminos).

SEÑERO, RA adj. Decíase del territorio que levantaba pendón en las proclamaciones de los reyes.

SEÑERO, RA adj. Solitario, aislado. (P. us.) || Única, sin par: *figura señera de la historia.*

SEÑOLEAR v. i. Cazar con señuelo.

SEÑOR, RA adj. y s. (lat. *senior*). Dueño de una cosa. || Dueño de una tierra, de un feudo: *señores feudales.* (SINÓN. V. *Patrono* y *propietario.*) || *Fam.* Noble, distinguido. (SINÓN. V. *Caballero.*) || *El Señor,* Dios. || *Nuestro Señor,* Jesucristo. || Tratamiento de cortesía que se aplica a cualquier hombre: *señor González.* (Ú. a veces familiarmente como explicativo: *pues sí señor, lo harás.*) || *Fam.* Gran: *me dio un señor disgusto.* || *¡Señor!,* exclam. de sorpresa, de dolor, etc.

SEÑORA f. Mujer del señor. || Dueña de una señoría. || Ama, dueña de una cosa. || Término de cortesía que se aplica a toda mujer casada: *señora López de Pérez.* || Esposa: *dele usted recuerdos a su señora.* (SINÓN. V. *Mujer.*) || *Nuestra Señora,* la Santísima Virgen.

SEÑORADA f. Acción o acto propio de señor.

SEÑOREAR v. t. Dominar o mandar en una cosa como señor. || Apoderarse de una cosa y sujetarla a su dominio: *señorearse de una finca.* || Sujetar las pasiones a la voluntad. || *Fig.* Estar una cosa en situación superior o a mayor altura que otra.

SEÑORÍA f. Tratamiento de cortesía, aplicado a ciertas personas. || Señorío, dominio. || Soberanía de ciertos Estados que se gobernaban como repúblicas: *la Señoría de Venecia.*

SEÑORIAL adj. (de *señorío*). Dominical, propio del dominio. || Señoril, majestuoso.

SEÑORIL adj. De señor: *tierras señoriles.*

SEÑORÍO m. Dominio de una cosa. (SINÓN. V. *Autoridad.*) || Territorio del dominio del señor. || Dignidad de señor. || *Fig.* Gravedad, dignidad: *portarse con señorío.* || *Fig.* Dominio de las pasiones. || Conjunto de señores, gente rica.

SEÑORITA f. Hija de persona de cierta representación. || Término de cortesía aplicado a la mujer soltera. || *Fam.* Nombre que dan los criados a su ama. || *Señorita de compañía,* la que acompaña a las jóvenes como persona de respeto.

SEÑORITINGO, GA m. y f. *Despect.* Señorito.

SEÑORITISMO m. *Fam.* Calidad de señorito; cacicazgo de los señoritos.

SEÑORITO m. Hijo de persona de alguna representación. || *Fam.* Nombre que dan los criados al amo. || *Fam.* Persona acomodada y ociosa.

SEÑORÓN, ONA adj. y s. Dícese del que es muy señor o que afecta mucho señorío.

SEÑUELO m. Objeto que sirve para atraer las aves. || Cimbel, ave que se emplea para cazar otras aves. || *Fig.* Cosa que sirve para atraer. (SINÓN. V. *Cebo.*) || *Amer.* Buey cabestro o guía. || *Arg.* Grupo de novillos mansos que guía al ganado chúcaro. || *Arg.* Madrina de tropilla.

SEO f. Iglesia catedral: *la seo de Zaragoza.*

SÉPALO m. (de *separar,* y *pétalo*). *Bot.* Nombre dado a las divisiones del cáliz de la flor.

SEPARABLE adj. Dícese de lo que puede separarse. || — CONTR. *Inseparable.*

SEPARACIÓN f. Acción de separar o separarse. (SINÓN. *Desunión, desviación, disociación disyunción, división.* V. tb. *divorcio* y *selección*). || Lo que separa (pared, tabique, etc.). (SINÓN. V. *Distancia.*) || *Separación de bienes,* régimen matrimonial en el cual cada esposo conserva la propiedad y la gestión de sus bienes. || *Separación de poderes,* doctrina que sostiene que para el mejor funcionamiento de la democracia las funciones legislativa, ejecutiva y judicial han de ser autónomas.

SEPARADAMENTE adv. m. Con separación.

SEPARADO, DA adj. y s. Que separa: *partes separadas de un todo.* (SINÓN. V. *Suelto.*) || *Por separado,* m. adv., separadamente.

SEPARADOR, RA adj. y s. Que separa.

SEPARAR v. t. Desunir lo que estaba junto: *separar la cabeza del cuerpo.* (SINÓN. *Desmembrar, eliminar.* V. tb. *apartar, dejar* y *sacar.*) || Dividir: *separar el cabello en dos partes.* (SINÓN. *Disociar, repartir.* V. tb. *partir.*) || Ordenar separadamente. || Impedir que luchen: *separar a dos combatientes.* || Considerar aparte: *separar un asunto del conjunto de un problema.* || Estar entre: *el istmo de Panamá separa América en dos.* || Destituir de un empleo. || — V. r. Retirarse, apartarse. || No vivir juntos los esposos por decisión judicial.

SEPARATA f. Tirada aparte.

SEPARATISMO m. Tendencia de los habitantes de un territorio a separar éste del Estado del cual forma parte. || Partido separatista.

SEPARATISTA adj. y s. El que quiere separarse de un Estado, de una religión, etc. || Relativo a dicha separación.

SEPARATIVO, VA adj. Que separa o divide.

SEPEDÓN m. (gr. *sepedôn*). *Zool.* Eslizón.

SEPELIO m. Sepultura. (SINÓN. V. *Entierro.*)

SEPIA f. (lat. *sepia*). Nombre científico de la *jibia.* || Materia colorante negruzca que se saca de la jibia y se emplea en pintura.

SEPTEMBRINO, NA adj. De septiembre: *la revolución septembrina.* (V. SEPTIEMBRE. [*Parte hist.*].)

séptima

serbal

SEPTEMBRISTA adj. y s. Dícese de los conjurados que intentaron asesinar a Bolívar en la noche del 25 de septiembre de 1828.
SEPTENADO m. Septenio, periodo de siete años.
SEPTENARIO, RIA adj. Que se compone de siete unidades o elementos constitutivos. || — M. Período de siete días, semana. || Verso latino de siete pies.
SEPTENIO m. Período de siete años.
SEPTENTRIÓN m. (del lat. *septentriones*, las siete estrellas de la Osa Menor). El Norte, punto cardinal.
SEPTENTRIONAL adj. Relativo al Septentrión, o al Norte. || Que está al Norte: *el polo septentrional.*
SEPTETO m. (del lat. *septem*, siete). *Mús.* Composición musical para siete instrumentos o voces. || *Mús.* Conjunto de siete instrumentos o voces.
SEPTICEMIA f. (del gr. *septikos*, que corrompe, y *ahima*, sangre). Alteración de la sangre, causada por la presencia de microbios infecciosos.
SEPTICÉMICO, CA adj. De la septicemia.
SEPTICIDAD f. Estado séptico.
SÉPTICO, CA adj. Que produce putrefacción o es causado por ella. || Que contiene gérmenes nocivos.
SEPTIEMBRE m. (lat. *september*). Séptimo mes del año romano y noveno del calendario actual: *el mes de septiembre tiene treinta días.* || — OBSERV. Algunos escritores y lingüistas prefieren la ortografía *setiembre.*
SEPTILLO m. *Mús.* Conjunto de siete notas que se cantan o tocan en el tiempo correspondiente a seis de ellas.
SÉPTIMA f. En el juego de cientos, siete cartas de valor correlativo. || *Mús.* Intervalo de siete grados.
SÉPTIMO, MA adj. (lat. *septimus*). Que sigue en orden a lo sexto. || — M. Cada una de las siete partes iguales en que se divide un todo.
SEPTINGENTÉSIMO, MA adj. Que sigue en orden a lo sexcentésimo nonagésimo nono. || — M. Cada una de las setecientas partes iguales en que se puede dividir un todo.
SEPTUAGENARIO, RIA adj. y s. Dícese del que tiene más de setenta años y menos de ochenta.
SEPTUAGÉSIMA f. Fiesta religiosa, tres semanas antes de la primera domínica de cuaresma.
SEPTUAGÉSIMO, MA adj. Que sigue en orden a lo sexagésimo. || — M. Cada una de las setenta partes iguales en que se divide un todo.
SEPTUPLICACIÓN f. Acción de septuplicar.
SEPTUPLICAR v. t. Multiplicar por siete una cantidad: *septuplicar un número.*
SÉPTUPLO, PLA adj. y s. Siete veces mayor.
SEPULCRAL adj. Relativo o perteneciente al sepulcro. || *Fig.* Lúgubre. (SINÓN. V. *Sordo.*)
SEPULCRO m. (lat. *sepulcrum*). Monumento destinado para la sepultura de uno o varios cuerpos. (SINÓN. V. *Tumba.*) || Urna que contiene una efigie de Jesucristo. || *El Santo Sepulcro*, el de Jesús en Jerusalén. (V. *Parte hist.*)
SEPULTADOR, RA adj. y s. El que sepulta.
SEPULTAR v. t. Poner en la sepultura: *sepultar a un difunto.* (SINÓN. V. *Enterrar.*) || *Fig.* Ocultar, esconder una cosa. || *Fig.* Sumergir, abismar: *sepultado en sus pensamientos.*
SEPULTO, TA p. p. irreg. Enterrado.
SEPULTURA f. (lat. *sepultura*). Acción y efecto de sepultar. || Lugar donde se entierra un cadáver. (SINÓN. V. *Tumba.*)
SEPULTURERO m. El que tiene por oficio enterrar a los muertos. (SINÓN. *Enterrador.*)
SEQUEDAD f. Calidad de seco: *la sequedad de un terreno.* || *Fig.* Palabras ásperas y duras.
SEQUEDAL y **SEQUERAL** m. Terreno seco.
SEQUETE m. Mendrugo seco y duro.
SEQUÍA f. Temporada seca: *las sequías son muy malas para los campos.* || *Ant.* y *Amer.* Sed.
SEQUÍO m. Secano, tierra de labranza sin riego.
SÉQUITO m. Conjunto de personas que forman el acompañamiento de otra. (SINÓN. V. *Comitiva.*)
SEQUIZO, ZA adj. Fácil de secar.
SER m. Naturaleza. (SINÓN. V. *Esencia.*) || Ente: *la sucesión ininterrumpida de los seres.* (SINÓN. V. *Persona.*) || Modo de existir o de vivir: *dar el ser.* (SINÓN. *Coexistir, existir, subsistir.*) || Valor, precio, estimación.
SER v. substantivo (lat. *sedere*). Sirve para reunir el sujeto con su atributo: *la nieve es blanca.* || — V. auxiliar. Sirve para la conjugación de la voz pasiva. || — V. i. Existir. || Pertenecer: *este objeto es mío.* || Servir: *no es José para ese destino.* || Suceder: *¿cómo fue eso?* || Valer: *¿a cómo es esa tela?* || Corresponder: *sus modales no son de persona decente.* || Formar parte de un cuerpo: *es de la Academia.* || Tener principio, origen o naturaleza: *yo soy de Málaga.* || *¡Cómo es eso!*, expresión de enfado o reconvención. || *¡Cómo ha de ser!*, expresión que indica resignación. || *Es a saber*, expresión que se usa para explicar lo que se ha expresado ya. || *Ser para poco*, no servir para gran cosa. || *Un si es no es*, una pequeñez. || — OBSERV. Este verbo es en algunos puntos de América motivo de muchos barbarismos. Debe suprimirse en las siguientes cláusulas: *hablaba, era de tu padre; estudié la lección, fue ayer. Sea que*, repetido, se substituye mejor por *ya... ya, ora... ora, bien... bien.* || — IRREG. Pres. ind.: *soy, eres, es, somos, sois, son;* imperf.: *era, eras*, etc.; pret. indef.: *fui, fuiste, fue, fuimos, fuisteis, fueron;* fut.: *seré, serás*, etc.; imper.: *se, sed;* pot.: *sería*, etc.; pres. subj.: *sea, seas*, etc.; imp. subj.: *fuera, fueras*, etc.; *fuese, fueses*, etc.; fut. subj.: *fuere, fueres*, etc.; ger.: *siendo;* p. p.: *sido.*
SERA f. (del gr. *seira*, pleita). Espuerta grande de pleita. || — PARÓN. *Cera.*
SERÁFICO, CA adj. Parecido al serafín: *belleza seráfica.* || Nombre que se da a San Francisco de Asís y a la orden religiosa fundada por él. || *Fig.* y *fam.* Pobre y humilde: *vida seráfica.* || *Doctor Seráfico*, San Buenaventura.
SERAFÍN m. Nombre de los espíritus que forman el segundo coro de los ángeles. (SINÓN. V. *Ángel.*) || *Fig.* Persona sumamente hermosa.
SERAFINA f. Tela de lana semejante a la bayeta.
SERAPEO m. Templo de Serapis en Menfis.
SERAPIA f. Árbol de América, cuyo fruto, llamado *haba tonca*, suele servir para aromatizar el tabaco.
SERBA f. (lat. *sorba*). Fruto comestible del serbal doméstico.
SERBAL y **SERBO** m. Árbol de Europa, de la familia de la rosáceas, cuyo fruto es la *serba.*
SERENA f. Composición poética o musical que solía cantarse de noche. || Sereno, humedad de la noche. || *Fam. A la serena*, al sereno.
SERENAR v. t. (lat. *serenare*). Sosegar, tranquilizar, calmar: *el mar se serenó.* (SINÓN. V. *Apaciguar.*) || Enfriar agua al sereno. (P. us.) || Aclarar los licores que están turbios. || *Fig.* Calmar, apaciguar los ánimos. || Templar o moderar la ira o el enojo. || — CONTR. *Agitarse, irritarse.*
SERENATA f. (ital. *serenata*). Música que se toca en la calle por la noche en honor de una persona. (SINÓN. V. *Concierto.*) || Composición poética que se canta de noche. || Canto nocturno de los trovadores. || *Fig.* y *fam.* Lata, molestia: *me dio la serenata toda la noche.*
SERENENSE adj. y s. De La Serena (Chile).
SERENERA f. *Col.* Serenero, sereno. || *Col.* y *Amér. C.* Abrigo contra el sereno.
SERENERO m. *Amer.* En algunos sitios, sereno. || *Arg.* Pañuelo doblado en triángulo, que llevan las campesinas atado a la cabeza.
SERENÍ m. Baile antiguo. || Juego de niñas.
SERENIDAD f. Tranquilidad, sosiego: *la serenidad del cielo.* || Título de honor de ciertos príncipes.
SERENÍSIMO, MA adj. Muy sereno. || Título de honor que se da a ciertos personajes y a algunos Estados: *la Serenísima República de Venecia.*
SERENO, NA adj. (lat. *serenus*). Sosegado. (SINÓN. V. *Tranquilo.*) || Dícese del cielo sin nubes. || — M. Humedad de la noche: *exponer lienzo al sereno.* || Vigilante que en ciertas poblaciones ronda las calles de noche, velando por la seguridad de casas y habitantes. || *Al sereno*, m. adv., a la intemperie de la noche: *dormirse al sereno.*
SERETA f. y **SERETE** m. Sera pequeña.
SERGAS f. pl. (corrupción de la palabra gr. *erga*, obras). Título de un famoso libro de caballerías: *Las sergas de Esplandián.* || Proezas.
SERGENTA f. Religiosa lega de Santiago.

SERIAL m. *Neol.* Novela radiofónica que se da por episodios.
SERIAMENTE adv. m. Con seriedad.
SERIAR v. t. Poner en serie.
SERÍCEO, A adj. De seda.
SERICÍCOLA adj. Relativo a la sericicultura.
SERICICULTOR, RA o **SERICULTOR** m. y f. Persona que se dedica a la sericicultura.
SERICICULTURA o **SERICULTURA** f. Industria de la seda.
SERICÍGENO, NA adj. Que produce seda: *la glándula sericígena de la araña.*
SERIE f. (lat. *series*). Conjunto de cosas que se siguen. (SINÓN. *Ciclo, sucesión.* Fam. *Retahíla, runfla.* V. tb. *hornada.*) ‖ *Mat.* Sucesión de cantidades que se siguen unas a otras según determinada ley. ‖ *Hist. nat.* Disposición de los seres con el orden natural de sus afinidades: *serie zoológica.* ‖ *Electr.* Dícese de los elementos conectados unos con otros y que son atravesados por la corriente sucesivamente. ‖ *Quím.* Grupos de cuerpos enlazados unos con otros. ‖ *En serie,* dícese de la fabricación de muchos objetos iguales entre sí. ‖ *Fam. Fuera de serie,* que no es habitual, sobresaliente, extraordinario.
SERIEDAD f. (lat. *serietas*). Calidad de serio. (SINÓN. V. *Gravedad.*)
SERIGRAFÍA f. Procedimiento de impresión mediante una pantalla de seda.
SERIJO m. Sera pequeña: *un serijo de higos.*
SERINGA f. *Amer.* Siringa.
SERIO, RIA adj. (lat. *serius*). Que tiene carácter grave, sin frivolidad: *hombre serio.* ‖ Que indica este carácter: *rostro serio.* ‖ Positivo, real, sincero: *promesas serias.* ‖ Importante: *enfermedad seria.* ‖ *En serio,* m. adv., seriamente.
SERMÓN m. (del lat. *sermo,* discurso). Discurso pronunciado en el púlpito sobre un punto religioso. (SINÓN. *Discurso, exhortación, homilía, prédica, predicación.*) ‖ *Fig.* Reprensión, amonestación: *oír un sermón.* ‖ *Sermón de la Montaña,* el pronunciado por Jesús en un monte de Galilea.
SERMONARIO, RIA adj. Del sermón. ‖ — M. Colección de sermones.
SERMONEAR v. t. *Fam.* Amonestar: *sermonear a un muchacho.* (SINÓN. V. *Reprender.*)
SERMONEO m. *Fam.* Reprensión áspera, regaño. (SINÓN. V. *Reproche.*)
SERODIAGNÓSTICO m. *Med.* Diagnóstico basado en la reacción de una gota de sangre del presunto enfermo que se pone en contacto con un cultivo microbiano.
SEROLOGÍA f. Tratado de los sueros.
SERÓN m. Sera grande, que sirve generalmente para la carga de una caballería.
SEROSIDAD f. Líquido que segregan ciertas membranas del cuerpo. ‖ Humor que constituye las ampollas, los edemas y las hidropesías.
SEROSO, SA adj. (del lat. *serum,* suero). Relativo al suero o a la serosidad: *parte serosa de la leche.* ‖ — F. *Anat.* Membrana que segrega serosidad.
SEROTERAPIA f. *Med.* Sueroterapia.
SERPA f. (del lat. *serpere,* arrastrarse). Jerpa.
SERPEAR v. i. Serpentear.
SERPENTARIA f. Dragontea.
SERPENTARIO m. Género de aves rapaces africanas, de patas largas, utilísimas por las serpientes que devoran.
SERPENTEADO, DA adj. Ondulado.
SERPENTEAR v. i. Andar dando vueltas. ‖ Tener curso muy sinuoso: *arroyuelo que serpentea.*
SERPENTEO m. Acción y efecto de serpentear.
SERPENTÍN m. Tubo del alambique donde se condensan los productos de la destilación. (V. ALAMBIQUE.) ‖ En los antiguos arcabuces, gatillo donde estaba fija la mecha. ‖ Pieza antigua de artillería.
SERPENTINA f. Piedra fina, manchada como la piel de las serpientes: *vaso de serpentina.* ‖ Serpentín de arcabuz. ‖ Venablo antiguo de hierro ondeado. ‖ Cinta de papel arrollada que se arroja en ciertas diversiones.
SERPENTINO, NA adj. Relativo a la serpiente. ‖ *Fig.* Sinuoso. (SINÓN. V. *Ondulado.*) ‖ *Mármol serpentino,* el abigarrado de color verde.
SERPENTÓN m. Serpiente grande. ‖ *Mús.* Instrumento de viento formado por un tubo de madera delgado forrado de cuero, con diferentes agujeros para colocar los dedos.
SERPIENTE f. (lat. *serpens*). Reptil sin pies, por lo común de gran tamaño. ‖ El demonio. ‖ *Serpiente de cascabel,* el crótalo.
SERPIGINOSO, SA adj. Relativo al serpigo o que lo padece.
SERPIGO m. (lat. *serpigo*). Enfermedad cutánea formada por llagas de contorno sinuoso que se cicatrizan por un lado y se extienden por el otro.
SERPOL m. Planta labiada parecida al tomillo.

serpentario

SERIGRAFÍA

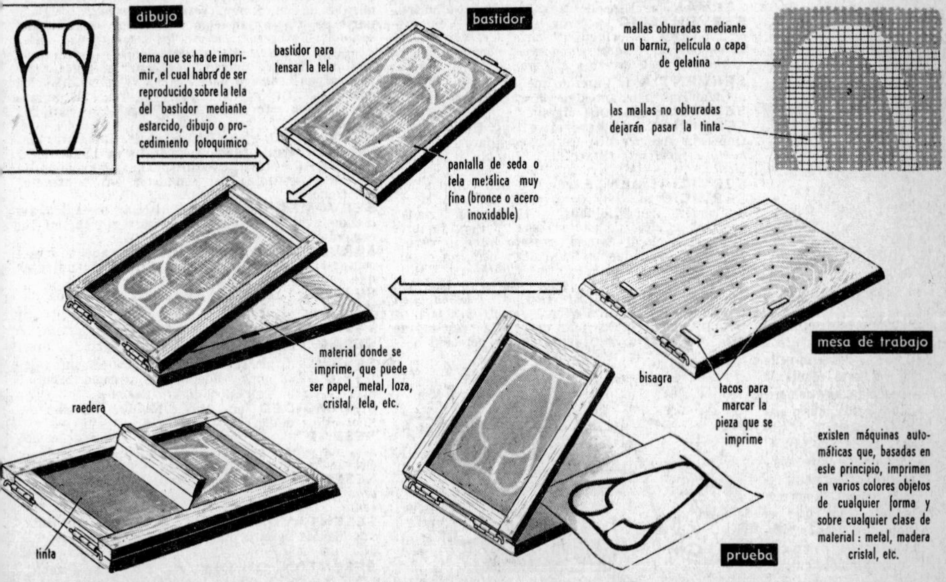
dibujo
tema que se ha de imprimir, el cual habrá de ser reproducido sobre la tela del bastidor mediante estarcido, dibujo o procedimiento fotoquímico
bastidor
bastidor para tensar la tela
pantalla de seda o tela metálica muy fina (bronce o acero inoxidable)
mallas obturadas mediante un barniz, película o capa de gelatina
las mallas no obturadas dejarán pasar la tinta
material donde se imprime, que puede ser papel, metal, loza, cristal, tela, etc.
mesa de trabajo
bisagra
tacos para marcar la pieza que se imprime
raedera
tinta
prueba
existen máquinas automáticas que, basadas en este principio, imprimen en varios colores objetos de cualquier forma y sobre cualquier clase de material: metal, madera cristal, etc.

Fot. Scaïoni

serrucho

SERPOLLAR v. i. Echar serpollos los árboles.
SERPOLLO m. (del lat. *serpere,* arrastrarse). Rama nueva que nace al pie de un árbol o en la podadura. ‖ Renuevo, retoño de un vegetal.
SÉRPULA f. Género de anélidos marinos que viven dentro de tubos calizos que abren y cierran cuando quieren.
SERRADIZO, ZA adj. Dícese de la madera aserradiza o fácil de aserrar.
SERRADO, DA adj. (lat. *serratus*). Dícese de lo que tiene dientes como la sierra.
SERRADOR, RA adj. y s. Aserrador.
SERRADURAS f. pl. Serrín, polvo de madera.
SERRALLO m. (del turco *serai,* palacio). Lugar en que los mahometanos guardan sus mujeres. (SINÓN. V. *Harén.*) ‖ *Fig.* Sitio donde se cometen actos obscenos.
SERRANA f. Género de composición poética.
SERRANÍA f. Espacio de tierra que comprende montañas y sierras: *la Serranía de Ronda.*
SERRANIEGO, GA adj. Serrano, de la sierra.
SERRANILLA f. Género de composición lírica de asunto rústico, escrita en metros cortos: *las serranillas del Marqués de Santillana.*
SERRANO, NA adj. y s. Que habita en una sierra. ‖ Perteneciente a las sierras: *costumbres serranas.* ‖ *Fam.* Término cariñoso. ‖ *Fam. Partida serrana,* mala jugada. ‖ *Fam. Mi cuerpo serrano,* yo mismo.
SERRAR v. t. (lat. *serrare*). Aserrar, cortar con la sierra. ‖ — IRREG. Se conjuga como *acertar.*
SERRÁTIL adj. (del lat. *serra,* sierra). *Med. Pulso serrátil,* el desigual. ‖ *Anat. Juntura serrátil,* la que imita los dientes de una sierra.
SERRATO, TA adj. (lat. *serratus*). Que tiene dientes de sierra. ‖ — M. Un músculo del cuerpo humano.
SERRERÍA f. Aserradero.
SERRETAZO m. Sofrenada que se da a la serreta.
SERRIJÓN m. Sierra de montes poco extensa.
SERRÍN m. Aserrín, polvo de madera.
SERRINO, NA adj. Perteneciente a la sierra. ‖ *Med. Pulso serrino,* el frecuente y desigual.
SERROTE m. *Méx.* Serrucho, sierra corta.
SERRUCHO m. Sierra de hoja ancha con una manija sola. ‖ Cierto pez común de Cuba.
SERTÃO m. (pal. port.). Zona semiárida, poco poblada y dedicada a la cría extensiva del ganado, que es característica del nordeste brasileño.
SERVAL m. Especie de gato salvaje africano.
SERVENTESIO m. (prov. *serventes*). Composición poética de origen provenzal: *el serventesio es un cuarteto endecasílabo cuyos versos riman el primero con el tercero y el segundo con el cuarto.*
SERVENTÍA f. Camino que cruza una finca y utilizan los habitantes de otra finca vecina.
SERVIBLE adj. Que sirve.
SERVICIAL adj. Que sirve con diligencia. ‖ Que está siempre dispuesto a complacer a otros: *hombre servicial.* (SINÓN. V. *Amable* y *complaciente.*) ‖ — M. Ayuda. ‖ *Bol.* Criado.
SERVICIALMENTE adv. m. Con diligencia.
SERVICIO m. (lat. *servitium*). Acción y efecto de servir, domesticidad. ‖ Estado de criado: *estar al servicio de una persona.* ‖ Servidumbre. ‖ Función en el Estado: *treinta años de servicio.* ‖ Tiempo que un ciudadano está como soldado: *el servicio se hace a los 21 años.* ‖ Culto: *consagrarse al servicio de los altares.* ‖ Utilidad que presta una cosa: *este vestido ha hecho buen servicio.* (SINÓN. *Beneficio, favor, gracia.*) ‖ Orinal grande. ‖ Conjunto de vajilla: *servicio de café.* ‖ Lavativa. ‖ Organización y personal destinados a satisfacer necesidades públicas: *servicio de correos, de incendios.* ‖ Transporte, distribución: *servicio de telegramas.* ‖ Disposición: *me tiene a su servicio.* ‖ Celebración del oficio divino. ‖ En el tenis, saque de la pelota. ‖ *Servicio público,* empresa dirigida por la administración destinada a satisfacer intereses colectivos. ‖ *Escalera de servicio,* la destinada a los empleados de una casa. ‖ *Servicio secreto,* cuerpos de agentes que se informan secretamente.

SERVOFRENO

Al apoyar sobre el pedal (1), la varilla del freno (2) actúa sobre el grifo (3), el cual regula la llegada del aire comprimido a los tubos que terminan en los cilindros del freno (4). El depósito de aire comprimido (5) está alimentado por un compresor (6) accionado por el motor. La presión ejercida es de 8 kg/cm² aproximadamente

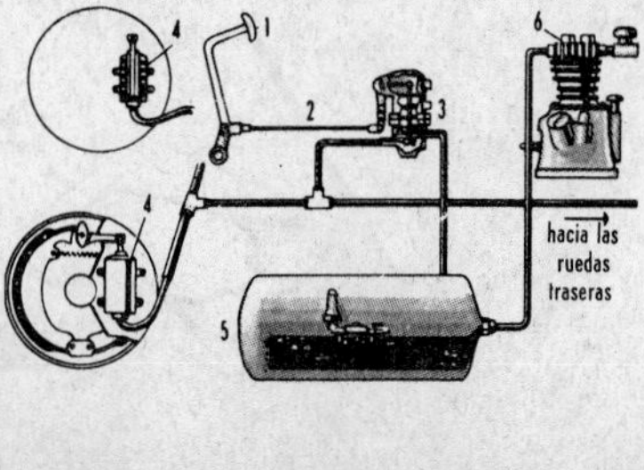

SERVIDOR, RA adj. y s. Persona que sirve como criado. (SINÓN. *Criado, sirviente, lacayo.*) ‖ Término de cortesía: *quedo de Ud. atento y seguro servidor.* ‖ El que maneja un arma, una maquinaria.
SERVIDUMBRE f. Conjunto de criados: *una numerosa servidumbre.* ‖ Oficio o estado del servidor: *someterse a una servidumbre deshonrosa.* (SINÓN. *Esclavitud, sujeción, sumisión, vasallaje, yugo.*) ‖ Obligación que se tiene de hacer una cosa. ‖ *Fig.* Sujeción de las pasiones. ‖ *For.* Derecho que tiene una casa o heredad sobre otra: *servidumbre de paso.*
SERVIL adj. (lat. *servilis*). Perteneciente a los siervos: *ocupaciones serviles.* ‖ Perteneciente al estado de siervo. ‖ *Fig.* Bajo, rastrero: *alma servil.* (SINÓN. *Adulador, obsequioso.*) ‖ Que sigue demasiado estrechamente un modelo: *imitación servil.* ‖ *Oficio servil,* el manual. ‖ *Fam.* Apodo que daban los liberales a los conservadores en España.
SERVILISMO m. Carácter servil. (SINÓN. V. *Bajeza* y *obediencia.*)
SERVILMENTE adv. m. De una manera servil.
SERVILÓN, ONA adj. y s. Servil, conservador en sentido político.
SERVILLETA f. (del lat. *servare,* resguardar). Paño que sirve para limpiarse la boca en la mesa.
SERVILLETERO m. Aro para la servilleta.
SERVIO, VIA adj. y s. Natural de Servia. ‖ — M. Idioma servio.
SERVIOLA f. *Mar.* Pescante del que se cuelgan las anclas. ‖ Marinero que guarda este pescante.
SERVIR v. i. (lat. *servire*). Estar al servicio de otro: *servir a un amo exigente.* (SINÓN. V. *Secundar.*) ‖ Consagrarse al servicio de: *servir la patria.* ‖ Vender, suministrar mercancías: *este tendero me sirve muy bien.* ‖ Ser útil una cosa: *esta máquina no sirve para eso.* ‖ Ser soldado en activo. ‖ Asistir con naipe del mismo palo. ‖ Poder utilizar: *esto ya no sirve.* ‖ En tenis, hacer el saque de la pelota. ‖ Poner en la mesa lo que se ha de comer: *servir el puchero.* ‖ Dar parte de un manjar a un convidado: *servir a un niño.* ‖ Favorecer: *servir las pasiones de uno.* ‖ — V. t. Dar culto o adoración. ‖ Hacer algo en favor de otra persona. ‖ Llenar el plato o el vaso al que come o bebe. ‖ — V. r. Valerse de una cosa. (SINÓN. V. *Usar.*) ‖ Tener a bien: *sírvase leer este libro.* ‖ — IRREG. Se conjuga como *pedir.*
SERVITA adj. y s. Dícese de los miembros de una orden tercera fundada en Italia en 1223.
SERVOFRENO m. Mecanismo auxiliar que multiplica el esfuerzo del conductor en el manejo del freno.
SERVOMECANISMO m. Sistema mecánico de mando y regulación capaz de corregir automáticamente sus errores.
SERVOMOTOR m. Aparato destinado a acrecentar el efecto de la energía para un movimiento que requiere un trabajo considerable.
SESADA f. Sesos de un animal. ‖ Fritada de sesos.
SESÁMEAS f. pl. *Bot.* Pedaliáceo.
SÉSAMO m. (lat. *sesamum*). La alegría, planta.
SÉSAMO n. pr. sacado de uno de los cuentos de las *Mil y una noches* que se emplea como fórmula mágica en la expresión *ábrete Sésamo.*
SESAMOIDEO m. *Anat.* Nombre de ciertos huesecillos del carpo y del tarso.
SESEAR v. i. Pronunciar la *ce* o la *zeda* como *ese,* por vicio o por defecto orgánico. ‖ — PARÓN. *Cecear.*
SESENTA adj. (lat. *sexaginta*). Seis veces diez: *tener sesenta libros.* ‖ Sexagésimo: *el año sesenta.* ‖ — M. Cifra del número sesenta.
SESENTAVO, VA adj. y s. Nombre de cada una de las sesenta partes iguales en que se divide un todo.
SESENTÓN, ONA adj. y s. *Fam.* Sexagenario.

SESEO m. Acción y efecto de sesear. (El *seseo* es típico de casi toda Andalucía, Extremadura, Murcia, Alicante y Canarias, y en los países de América de habla española.)
SESERA f. Cráneo del animal donde están colocados los sesos. ‖ *Fam.* Sesos, cerebro del hombre.
SESGADAMENTE adv. Al sesgo, oblicuamente.
SESGADURA f. Acción y efecto de sesgar.
SESGAR v. t. Cortar en sesgo. ‖ Torcer a un lado una cosa. ‖ *Arg.* Desistir de un propósito.
SESGO, GA adj. Torcido, oblicuo: *corte sesgo.* ‖ — M. Oblicuidad, torcimiento. ‖ *Fig.* Medio término que se toma en un negocio difícil. ‖ Rumbo, camino. (SINÓN. V. *Rodeo.*) ‖ *Al sesgo,* m. adv., oblicuamente. Modo de clavar las banderillas estando el toro pegado a la barrera.
SESÍ m. *Cub.* Pez parecido al pargo.
SÉSIL adj. *Bot.* Sentado: *hoja sésil.*
SESIÓN f. (del lat. *sedere,* sentarse). Tiempo durante el cual permanece reunido un cuerpo deliberante: *las sesiones de un concilio.* ‖ *Cin.* Representación. ‖ — PARÓN. *Cesión.*
SESIONAR v. i. *Neol.* Celebrar una sesión.
SESMA f. Sexma. ‖ *Col.* La octava de una vara.
SESO m. (lat. *sensus*). Cerebro. ‖ *Fig.* Prudencia: *no tener mucho seso.* ‖ — Pl. Masa cerebral: *sesos de carnero.* (SINÓN. V. *Cerebro.*) ‖ *Fig. Perder el seso,* volverse loco. ‖ *Sorber los sesos a uno,* dominarle por completo. ‖ *Devanarse los sesos,* preocuparse mucho por resolver una cuestión.
SESO m. (del lat. *sesus,* asentamiento). Piedra o hierro con que se calza la olla en el fuego.
SESQUI, prefijo latino que se usa en composición y significa *uno y medio.*
SESQUIÁLTERO, RA adj. (lat. *sesquialter*). Que contiene la unidad y una mitad de ella.
SESQUIÓXIDO m. *Quím.* Óxido que contiene una mitad más de oxígeno que el ordinario.
SESTEADERO m. Sitio donde sestea el ganado.
SESTEAR v. i. Pasar la siesta: *sestear en casa.*
SESTEO m. Acción y efecto de sestear.
SESTERCIO m. (lat. *sestertius*). Moneda de plata romana que valía dos ases y medio.
SESTERO y **SESTIL** m. Sesteadero.
SESUDO, DA adj. y s. Juicioso, cuerdo: *hombre sesudo.* ‖ Que tiene seso o reflexión.
SET m. (pal. ingl.). Partida de tenis en la que el vencedor debe haber ganado al menos seis juegos. ‖ Plató de cine.
SETA f. Hongo de sombrerillo: *seta comestible.* ‖ *Fig.* Moco de la luz. ‖ — PARÓN. *Zeta.*
SETECIENTOS, TAS adj. Siete veces ciento: *setecientos pies.* ‖ Septingentésimo: *año setecientos.* ‖ — M. Cifra del número setecientos.
SETENA f. Septena, conjunto de siete unidades. ‖ — Pl. Pena del séptuplo de una cantidad determinada: *pagar una cosa con las setenas.*
SETENTA adj. (lat. *septuaginta*). Siete veces diez: *comprar setenta libros.* ‖ Septuagésimo: *año setenta.* ‖ — M. Cifra del número setenta.
SETENTAVO, VA adj. y s. m. Septuagésima.
SETENTÓN, ONA adj. y s. *Fam.* Septuagenario.
SETIEMBRE m. Septiembre.
SÉTIMO, MA adj. y s. Séptimo.
SETO m. (lat. *septum*). Cercado, valla: *saltar un seto.* (SINÓN. V. *Cerca.*) ‖ *Seto vivo,* el que se hace de arbustos vivos.
SETTER m. Raza inglesa de perro de caza, de pelo largo, suave y ondulado.
SETTLEMENT m. (pal. ingl.). Establecimiento, colonia.
SEUDO (gr. *pseudos*), prefijo que significa *supuesto: seudoprofeta, seudomembrana.* (SINÓN. V. *Falso.*)
SEUDÓNIMO, MA adj. (de *seudo,* y el gr. *onoma,* nombre). Dícese del autor que firma con un nombre falso y de la obra así firmada. ‖ — M. Nombre empleado por un escritor en vez del suyo: *Rubén Darío era el seudónimo de Félix Rubén García Sarmiento.*
SEUDÓPODO m. Prolongación de protoplasma que emiten para moverse algunos seres unicelulares.
S. E. u O., sigla de *salvo error u omisión.*
SEVERAMENTE adv. m. Con severidad.
SEVERIDAD f. Calidad de severo, rigor grande. ‖ Exactitud en la observancia de una ley. ‖ Gravedad, seriedad.
SEVERO, RA adj. (lat. *severus*). Riguroso, sin indulgencia: *magistrado severo.* ‖ Que muestra gran rigor: *una ley severa.* ‖ Grave. (SINÓN. *Duro, implacable, inexorable, inflexible, intransigente.* V. tb. *exigente.*) ‖ Costumbres severas. (SINÓN. V. *Austero.*) ‖ Que muestra gran regularidad pero pocos adornos : *arquitectura severa.*
SEVICIA f. Crueldad excesiva. ‖ Malos tratos. ‖ — F. *Cub.* Ave de río parecida a la garza.
SEVICHE m. *Per.* Plato hecho con corvina cocida en jugo de naranja.
SEVILLANAS f. pl. Aire y danza propios de la provincia de Sevilla.
SEVILLANO, NA adj. y s. De Sevilla.
SÉVIRO m. Jefe de cada una de las seis decurias de caballeros romanos.
SEXAGENARIO, RIA adj. y s. Dícese del que tiene más de sesenta años y menos de setenta.
SEXAGÉSIMA f. Domínica que llega quince días antes de la primera de cuaresma, es decir, el sexagésimo día antes del domingo de Pascua.
SEXAGESIMAL adj. Relativo al número sesenta o que consta de sesenta partes.
SEXAGÉSIMO, MA adj. Que sigue en orden a lo quincuagésimo nono. ‖ — M. Cada una de las sesenta partes en que se divide un todo.
SEX-APPEAL [*-apil*] m. Expresión norteamericana que significa *atractivo sexual.*
SEXCENTÉSIMO, MA adj. (lat. *sexcentesimus*). Que sigue en orden a lo quingentésimo nonagésimo nono. ‖ — M. Cada una de las seiscientas partes iguales en que se divide un todo.
SEXENAL adj. Que ocurre cada seis años.
SEXENIO m. Período que dura seis años.
SEXMA f. Sexta parte de una cosa.
SEXO m. (lat. *sexus*). Diferencia física y constitutiva del hombre y de la mujer, del macho y de la hembra: *sexo masculino, femenino.* ‖ Órgano de la generación. ‖ Conjunto de individuos del mismo sexo: *las personas de ambos sexos.* ‖ *Bello sexo* o *sexo débil,* las mujeres. ‖ — PARÓN. *Seso.*
SEXTA f. (lat. *sexta*). Una de las horas menores del rezo eclesiástico, que se dice en la sexta hora del día, es decir, a mediodía. ‖ En el juego de los cientos, reunión de seis cartas correlativas. ‖ *Mús.* Intervalo de seis grados.
SEXTANTE m. (lat. *sextans*). Instrumento formado por un sector de 60 grados o la sexta parte del círculo, que sirve para medir ángulos y distancias.
SEXTETO m. Composición para seis instrumentos o voces y conjunto de estos instrumentos o voces.
SEXTIL adj. *Astr.* Dícese de la distancia angular de 60° entre dos astros.
SEXTILLA f. Combinación poética que consta de seis versos de arte menor.
SEXTILLO m. *Mús.* Seisillo.
SEXTINA f. Composición poética que consta de seis estrofas de seis versos endecasílabos y otra que sólo se compone de tres, ordenados de cierta manera. ‖ Cada una de las estrofas de seis endecasílabos de la composición anterior. ‖ Combinación métrica de seis endecasílabos.
SEXTO, TA adj. (lat. *sextus*). Que sigue inmediatamente a lo quinto. ‖ — M. Cada una de las seis partes iguales en que se divide un todo.
SEXTUPLICACIÓN f. Acción de sextuplicar.
SEXTUPLICAR v. t. Multiplicar por seis, hacer seis veces mayor: *sextuplicar una cantidad.*
SÉXTUPLO, PLA adj. y s. Seis veces mayor.
SEXUADO, DA adj. Que tiene órganos sexuales.
SEXUAL adj. Relativo al sexo de los animales y las plantas: *observar diferencias sexuales.* ‖ *Caracteres sexuales,* dícese del conjunto de manifestaciones fisiológicas y anatómicas determinadas por el sexo. (Se distinguen caracteres *sexuales primarios* [órganos genitales] y caracteres *sexuales secundarios* [pilosidad (barba, etc.), adiposidad, voz], especiales a cada sexo).
SEXUALIDAD f. Lo característico de un sexo.
SEXY adj. (pal. ingl.). *Fam.* Dícese de una mujer muy atractiva y de una publicación, película, etc. de carácter erótico.
SFORZANDO adv. (pal. ital.). *Mús.* Término de matiz menos prolongado que el crescendo.
SHA m. Cha.
SHAKER m. (pal. ingl., pr. *cheker*). Coctelera.
SHAKÓ m. (pal. húngara). Chacó.

setter

sexta

sextante

Fot. Dim, Larousse

shullo

"si", en las 3 claves

SHAKESPERIANO, NA [*chekspiriano*] adj. Relativo a Shakespeare.
SHAMPOO o **SHAMPOOING** m. (pal. ingl.). Champú.
SHANTUNG m. (pal. china, pr. *chantung*). Una tela de seda.
SHERIFF m. (pal. ingl., pr. *cherif*). Oficial que representa la Corona en cada condado de Inglaterra. ‖ En los Estados Unidos, oficial de administración elegido que tiene un poder judicial limitado.
SHERRY m. (pal. ingl., pr. *cherri*). Vino de Jerez.
SHILLING m. Chelín.
SHIMMY m. (pal. ingl., pr. *chimi*). Baile de los negros norteamericanos.
SHINTOISMO m. Sintoísmo.
SHOCK m. (pal. ingl., pr. *chok*). *Med.* Súbita y grave depresión física y psíquica producida por una conmoción fuerte.
SHOGÚN m. (pr. *chogún*). Taicún.
SHORT m. (pal. ingl., pr. *chort*). Pantalón corto. (SINÓN. V. *Calzón.*)
SHOW m. (pal. ingl.). Espectáculo basado en la intervención de un artista de variedades.
SHULLO m. *Per.* Gorro con orejeras.
SHUNT m. (pal ingl., pr. *chunt*). Derivación que se toma en un circuito para que sólo pase una fracción de la corriente.
SI m. (palabra formada con las iniciales de *Sancte Iohannes*, del himno a San Juan Bautista). Séptima voz de la escala música de *do.*
SÍ (lat. *sibi*). Forma reflexiva del pronombre personal de 3ª persona. Se emplea en los casos oblicuos y lleva siempre preposición: *por sí, para sí, consigo.* ‖ *De por sí,* m. adv., por separado. ‖ *De sí,* m. adv., de suyo: *ya es malo de sí.* ‖ *Para sí,* m. adv., mentalmente, para su capote: *lo dijo para sí.* ‖ *Dar de sí,* alargarse, estirarse: *tela que da de sí.* ‖ *Metido en sí,* ensimismado. ‖ — OBSERV. Es solecismo usarlo en otra persona que la tercera: *Juan, es preciso que vuelvas en sí* por *en ti.*
SÍ adv. afirm. (lat. *sic*). Se opone a *no.* ‖ — M. Consentimiento, permiso: *conseguí el sí de mi tutor.* Pl. *síes.* ‖ *Sí tal,* m. adv., ya lo creo, ciertamente. ‖ *Amer. Sí que,* barb. por *sino; no sólo en casa, sí que también en la calle,* por *sino también.*
SI conj. (lat. *si*). Denota una condición: *lo haré si quiero.* ‖ Expresa la duda: *no sé si lo hará.* ‖ Denota a veces aseveración: *si ayer lo dijiste, ¿cómo lo niegas hoy?* ‖ Indica ponderación: *ya sabes si te quiero.* ‖ — Conj. distributiva: *si el sabio no aprueba, malo, ni el necio aplaude, peor.* ‖ — Conj. adversativa. Aunque: *si me ahogase...*
Si, símbolo químico del *silicio.*
SIAL m. (primeras sílabas de *SIlicio* y *ALuminio*). Parte superficial y sólida de la corteza terrestre de 10 a 15 km de espesor y de densidad de 2,7 a 3, formada principalmente de rocas cristalinas (granito, gneiss), en las que predominan los silicatos alumínicos.
SIALISMO m. Secreción abundante de saliva.
SIAMÉS, ESA adj. y s. Natural de Siam. ‖ *Hermanos siameses,* nombre dado a algunos hermanos que nacen unidos por el tórax.
SIBARITA adj. y s. De Síbaris. ‖ *Fig.* Muy dado a los pleceres y deleites.
SIBARÍTICO, CA adj. Relativo o perteneciente a la ciudad de Síbaris. ‖ *Fig.* Sensual.
SIBARITISMO m. Vida regalada y sensual.
SIBERIANO, NA adj. y s. De Siberia.
SIBIL m. Gruta natural o artificial.
SIBILA f. Entre los antiguos, mujer dotada de espíritu profético. ‖ *Fig.* Adivina.
SIBILANTE adj. Dícese del sonido que se pronuncia como un silbido. ‖ — Adj. y s. Dícese de la letra con este sonido.
SIBILISMO m. Doctrina de las sibilas.
SIBILINO, NA adj. (lat. *sibyllinus*). Relativo a la sibila: *oráculo sibilino.* ‖ *Fig.* Oscuro, incomprensible.
SIBUCAO m. *Filip.* Arbolito de la familia de las papilionáceas, cuya madera es objeto de gran comercio por el tinte encarnado que produce.
SIC adv. lat. Significa *así* y se usa entre paréntesis después de una palabra o expresión para indicar que se cita textualmente.
SICALIPSIS f. Pornografía.
SICALÍPTICO, CA adj. Pornográfico, erótico, que excita la lujuria. (SINÓN. V. *Obsceno.*)
SICAMOR m. Ciclamor.
SICARIO m. (lat. *sicarius*). Asesino pagado.
SICASICA f. *Bol.* Una especie de oruga vellosa.
SICIGIA f. (del gr. *syn,* con, y *zygos,* lazo). *Astr.* Conjunción u oposición de un planeta con el Sol.
SICILIANO, NA adj. y s. De Sicilia.
SICLO m. Moneda y peso hebreo.
SICOANÁLISIS amb. *Med.* Psicoanálisis.
SICOFANTA y **SICOFANTE** f. (del gr. *sykon,* higo, y *phainein,* descubrir). Nombre dado en Atenas a los que delataban a los exportadores de higos de contrabando. ‖ Delator, calumniador.
SICOFÍSICA f. Psicofísica.
SICOLOGÍA f. Psicología.
SICOLÓGICO, CA adj. Psicológico.
SICÓLOGO m. Psicólogo.
SICÓMORO o **SICOMORO** m. Especie de higuera de Egipto, cuya madera incorruptible usaban los antiguos para fabricar las cajas de sus momias. ‖ Plátano falso.
SICONO m. Fruto carnoso semejante al higo.
SICÓPATA com. *Med.* Psicópata.
SICOPATÍA f. Psicopatía.
SICOSIS f. Psicosis.
SICOTE m. *Amer.* Mugre en los pies.
SICOTERAPIA f. Psicoterapia.
SICU m. *Bol.* Flauta de Pan.
SÍCULO, LA adj. y s. Siciliano.
SIDECAR m. (pal. ingl., pr. *saidcar*). Vehículo

de una sola rueda acoplado a una motocicleta. Pl. *sidecares.*
SIDERAL y **SIDÉREO, A** adj. (lat. *sidereus*). Relativo a los astros.
SIDERITA f. Planta labiada de flores amarillas y fruto seco. ‖ Siderosa.
SIDEROSA f. (del gr. *sidêros,* hierro). *Miner.* Carbonato de óxido de hierro natural de color pardo amarillento.
SIDEROTECNIA f. Metalurgia del hierro.
SIDEROSIS f. *Med.* Neumoconiosis producida por el polvo del hierro.
SIDERURGIA f. (del gr. *sidêros,* hierro, y *ergon,* obra). Conjunto de procedimientos de extracción, de producción, de trabajo del hierro, de la fundición y del acero.
SIDERÚRGICO, CA adj. Relativo o perteneciente a la siderurgia: *la industria siderúrgica de los Estados Unidos.*
SIDRA f. (lat. *sicera*). Bebida alcohólica que se saca del zumo de las manzanas. ‖ — PARÓN. *Cidra.*
SIDRERÍA f. Despacho de sidra.
SIEGA f. Acción y efecto de segar las mieses y tiempo en que se siegan. ‖ Mieses segadas.
SIEMBRA f. Acción y efecto de sembrar y tiempo en que se siembra. ‖ Sembrado.
SIEMPRE adv. t. (lat. *semper*). En todo tiempo: *hace siempre lo mismo.* (SINÓN. *Asiduamente, constantemente, invariablemente.*) ‖ En todo caso: *siempre tendrá ese gusto.* ‖ *Amér. C., Col.* y *Méx.* Con seguridad: *siempre me iré mañana.* ‖ *Siempre que,* m. adv., con tal que.
SIEMPRETIESO m. Dominguillo.
SIEMPREVIVA f. Perpetua, planta compuesta.
SIEN f. Parte lateral de la frente. ‖ — PARÓN. *Cien.*
SIENA adj. y s. m. De color parecido al ocre.
SIENITA f. Especie de granito rojizo.
SIERPE f. *Poét.* Serpiente, culebra. ‖ *Fig.* Persona muy mala y fea. ‖ *Fig.* Cualquier cosa que se mueve con ondulaciones a manera de sierpes. ‖ *Bot.* Vástago de una raíz leñosa.

Fot. A. Robillard, X

SIERRA f. (lat. *serra*). Instrumento que sirve para serrar madera, piedra, etc. || Cordillera de montañas: *la Sierra Morena.* (SINÓN. V. *Montaña.*) || *Zool. Pez sierra,* priste.
SIERVO, VA adj. y s. (lat. *servus*). Esclavo. || En los países feudales, persona afecta o la gleba y que dependía del señor: *el siervo se vendía con la heredad.* || Servidor: *siervo de Dios.* || — PARÓN. *Ciervo.*
SIESO m. Ano, la parte inferior del recto.
SIESTA f. (del lat. *sexta hora,* mediodía). Tiempo de mediodía en que aprieta mucho el calor. || Tiempo que se suele dormir en dicho momento: *dormir la siesta.* (SINÓN. V. *Sueño.*)
SIETE adj. (lat. *septem*). Seis y uno: *siete libros.* || Séptimo: *el año siete.* || — M. Signo que representa este número: *un siete pintado.* || Carta o naipe de siete puntos: *siete de bastos.* || *Las siete,* la séptima hora desde medianoche o mediodía. || Barrilete, instrumento de carpintero. || *Fam.* Rasgón angular: *hacerse un siete en el delantal.* || *Más que siete,* mucho: *comer más que siete.* || *Amer.* Sieso, ano.
SIETECOLORES y **SIETECUCHILLOS** m. Nombre vulgar de un pájaro muy hermoso de América especie de tanagra.
SIETECUEROS m. *Amer.* Divieso en el talón. || *Col.* Planta melastomácea americana. || *Per.* y *Amer.* Panadizo que nace en los dedos de la mano.
SIETEMESINO, NA adj. y s. Dícese del niño nacido a los siete meses de engendrado. || *Fig.* Enclenque.
SIETEÑAL adj. Que tiene siete años.
SÍFILIS f. Enfermedad infecciosa y contagiosa provocada por un treponema heredosifilítico que se manifiesta por un chancro cutáneo y por afecciones viscerales.
SIFILÍTICO, CA adj. Relativo a la sífilis. || — Adj. y s. Que padece esta enfermedad.
SIFILOGRAFÍA f. Estudio de la sífilis.
SIFÓN m. Tubo doblado, que sirve para trasegar líquidos. || Aparato para hacer salvar algún obstáculo a las aguas de alimentación o evacuación. || Tubo acodado que se pone en las cañerías de los fregaderos, excusados, etc., para evitar los malos olores. || Botella de agua gaseosa provista de una llave de metal para vaciarla: *sifón de agua de Seltz.* || Órgano en forma de tubo de ciertos moluscos lamelibranquios que les permite el cambio del agua utilizada para respirar.
SIFONÓFOROS m. pl. *Zool.* Género de hidromedusas que comprende ciertas colonias de animales marinos.
SIFUÉ m. Sobrecincha de las caballerías.
SIGA f. *Amer.* Seguimiento.
SIGILACIÓN f. Acción de sigilar o sellar.
SIGILAR v. t. (lat. *sigillare*). Sellar. (P. us.) || Callar, encubrir, ocultar, obrar con secreto.
SIGILO m. (lat. *sigillum*). Sello. (P. us.) || Secreto, discreción, prudencia: *obrar con sigilo.*
SIGILOGRAFÍA f. Estudio de los sellos.
SIGILOSAMENTE adv. m. Con sigilo.
SIGILOSO, SA adj. Que guarda sigilo.
SIGISBEO m. Chichisbeo.
SIGLA f. (del lat. *sigla,* cifras, abreviaturas). Letra inicial usada como abreviatura: *S. D. M. son las siglas de Su Divina Majestad.* || Abreviatura, mediante las iniciales, de los nombres de Estados, entidades públicas o privadas, sociedades, comerciales, etc. EE. UU. *(Estados Unidos),* U. R. S. S. *(Unión de Repúblicas Socialistas Soviéticas),* O. N. U. *(Organización de las Naciones Unidas),* F. I. A. T. *(Fábrica Italiana de Automóviles, Turín).* [SINÓN. V. *Abreviatura.*]
SIGLO m. (lat. *saeculum*). Espacio de cien años: *vivir un siglo.* || Espacio de cien años, numerados desde un punto fijo llamado *era: el siglo III antes de J. C.* || Dícese en general de los espacios de cien años contados desde el nacimiento de J. C.: *los filósofos del siglo XVIII.* || Época en que vive uno: *hay que ser de su siglo.* || Mucho tiempo: *hace un siglo que no asoma por aquí.* || Época muy notable: *el siglo de Augusto, el siglo del átomo.* || Comercio y trato de los hombres: *retirarse del siglo, volver al siglo.* || *Fig. Siglo de Oro,* época más esplendorosa: *el Siglo de Oro de la literatura española.* || *Por los siglos de los siglos,* m. adv., eternamente.

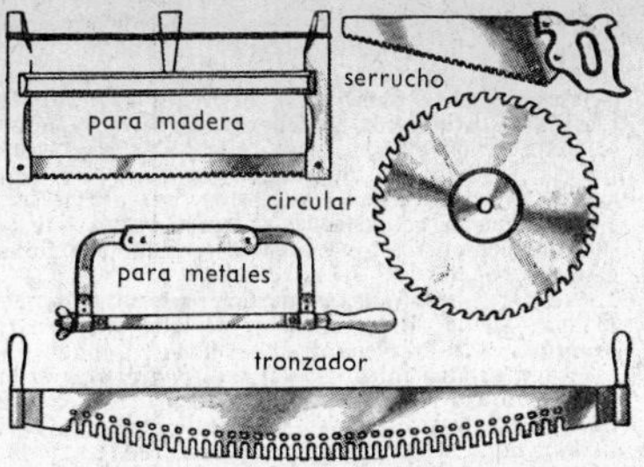

SIERRAS

SIGMA f. Decimoctava letra del alfabeto griego equivalente a nuestra *ese.*
SIGMOIDEO, A y **SIGMOIDES** adj. De figura de sigma: *las válvulas sigmoides de la aorta.*
SIGNAR v. t. (lat. *signare*). Firmar: *signar un documento.* (P. us.) || Hacer la señal de la cruz con la mano: *signarse ante un peligro.*
SIGNATARIO, RIA adj. y s. Firmante.
SIGNATURA f. Señal. (P. us.) || *Impr.* Número que se pone al pie de la primera página de un pliego. || Señal que se pone a un libro para indicar su colocación en una biblioteca.
SIGNIFICACIÓN f. (lat. *significatio*). Acción y efecto de significar: *la significación de un juicio.* || Sentido de una cosa. (SINÓN. V. *Significado.*) || Importancia.
SIGNIFICADO m. Sentido: *significado de una palabra.* (SINÓN. *Acepción, significación, valor.*) || — Adj. Importante, reputado.
SIGNIFICADOR, RA adj. y s. Que significa.
SIGNIFICANTE adj. Que significa: *demostración significante.* || — CONTR. *Insignificante.*
SIGNIFICAR v. t. (lat. *significare*). Tener una cosa el sentido de, querer decir: *en latín "auriga" significa "cochero".* || Ser signo de: *¿qué significa esta alegoría?* || Hacer saber: *significar una orden.* (SINÓN. V. Notificar) || — V. i. Tener importancia, valer. || — V. r. Hacerse notar, distinguirse.
SIGNIFICATIVO, VA adj. que significa o indica claramente una cosa. || Que tiene importancia.
SIGNO m. (lat. *signum*). Indicio, señal: *signo de lluvia.* (SINÓN. *Huella, indicación.*) || Figura o rúbrica que anteponen los notarios a su firma en los documentos públicos. (SINÓN. V. *Abreviatura* y *número.*) || Caracteres de escritura o de imprenta. (V. PUNTUACIÓN.) || Señal de bendición. || Hado, signo. (SINÓN. V. *Síntoma.*) || Nombre de las doce partes en que se considera dividido el Zodiaco: *el signo de Aries.* || *Mat.* Señal que se usa en los cálculos para indicar ciertas operaciones: *el signo + indica la adición, y el signo ×, la multiplicación.* || *Mús.* Nombre de los caracteres con que se escribe la música. || *Astr.* Nombre de las figuras adoptadas por los astrónomos para representar los principales astros. || *Signos exteriores de riqueza,* indicio sacado del modo de vivir de que se sirve la hacienda pública para valorar la renta del contribuyente.
SIGSE m. *Ecuad.* Caña que sirve para techar.
SIGUA f. *Cub.* Árbol silvestre de la familia de las lauráceas. || *Cub.* Especie de caracol.
SIGUÁN m. *Guat.* Hoyo profundo.
SIGUAPA f. *C. Rica* y *Cub.* Ave de rapiña.
SIGUEMEPOLLO m. Cinta que las mujeres ancianas ponen rodeándole el cuello.
SIGUIENTE adj. Que sigue, posterior: *lo hará el día siguiente.* || — SINÓN. *Correlativo, subsecuente, subsiguiente, sucesor.* V. tb. *posterior.* || — CONTR. *Anterior.*
SIJÚ m. Ave rapaz nocturna de las Antillas.
SÍLABA f. (lat. *syllaba*). Una o varias letras que se pronuncian con una sola emisión de voz: *la palabra* MANO *tiene dos sílabas.*
— La unión de letra o letras que forman un sonido independiente dentro de una palabra se llama *sílaba.* La sílaba puede estar formada por una vocal *(e-se),* por una vocal y varias consonantes *(es-te, com-pra, trans-parente),* por dos vocales que forman diptongo unidas a una o a varias consonantes *(vio, Dios, entréis),* por tres vocales

SIFONES

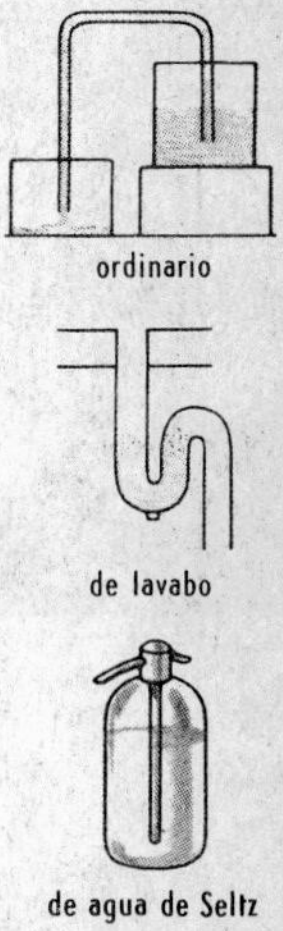

SIGNOS ASTRONÓMICOS

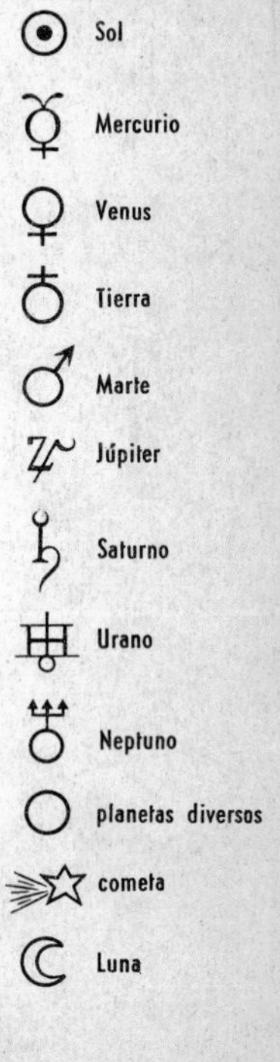

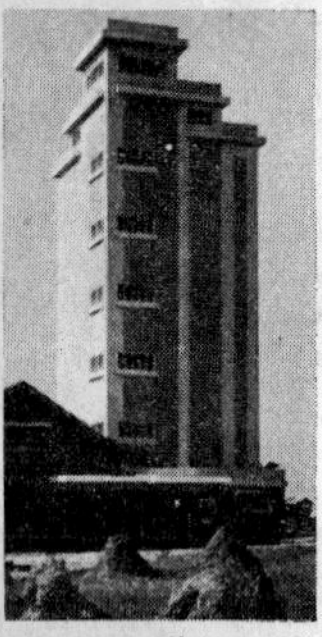

silo

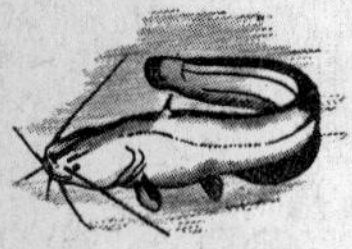

siluro

SILLA INGLESA

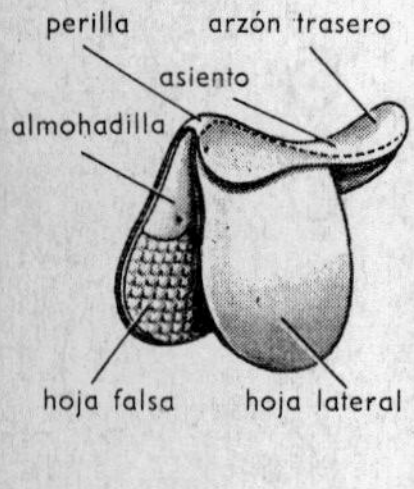

sillar

que forman triptongo, unidas a una o más consonantes (*descon-fiáis, a-griéis*).
Cuando sea necesario en la escritura dividir una palabra en dos renglones, la regla general es efectuar esta división de acuerdo con la agrupación silábica: *mari-nero*, o bien, si la palabra es compuesta, se hace la separación entre los dos elementos que la forman: *vos-otros, pre-establecer*. Esta norma es actualmente potestativa, ya que la palabra compuesta, puede dividirse según la regla general (*vo-sotros, prees-tablecido.*)
Existen también ciertas normas aconsejadas por el uso: Se ha de evitar dejar aislada una vocal: *a-síntota, tore-o*; separar dos vocales, aunque estas sean sílabas diferentes (*perí-odo, prove-er*); las palabras que tienen una consonante seguida de una *h* han de dividirse separando ambas letras: *in-humano, clor-hídrico*. Las palabras extranjeras deben dividirse según su propia ortografía. Las letras compuestas *ch* y *ll*, así como el grupo *rr*, no admiten la descomposición.

SILABAR v. i. Silabear.

SILABARIO m. Libro para enseñar a leer con sílabas sueltas y palabras divididas en sílabas. (SINÓN. V. *Abecedario.*)

SILABEAR v. i. Pronunciar por separado cada sílaba: *silabear una palabra.*

SILABEO m. Acción y efecto de silabear.

SILÁBICO, CA adj. Perteneciente a las sílabas.

SILAMPA f. *Amér. C.* Llovizna.

SILANGA f. *Filip.* Canal, brazo de mar.

SILBA f. Acción de silbar. ‖ — PARÓN. *Silva.*

SILBADOR, RA adj. y s. Que silba.

SILBANTE adj. y s. Que silba.

SILBAR v. i. (lat. *sibilare*). Producir silbos o silbidos: *silbar con la boca en una llave.* ‖ Herir el aire produciendo un ruido como el del silbo. ‖ *Fig.* Manifestar con silbidos que no se aprueba una cosa: *silbar una comedia.* (SINÓN. V. *Patear.*)

SILBATINA f. Silba.

SILBATO m. Instrumento que sirve para silbar.

SILBIDO m. Silbo: *el silbido de una culebra.*

SILBO m. (lat. *sibilus*). Sonido agudo que se produce silbando. ‖ Sonido que hace el aire.

SILBÓN m. Ave palmípeda parecida a la zarceta: *el silbón lanza un silbido fuerte.*

SILBOSO, SA adj. Que silba.

SILENCIADOR m. Aparato que sirve para apagar un ruido en un motor de explosión.

SILENCIAR v. t. Pasar en silencio, callar.

SILENCIARIO, RIA adj. Que guarda el silencio.

SILENCIO m. (lat. *silentium*). Estado de una persona que no habla: *guardar silencio.* (SINÓN. *Discreción, mordaza, reserva.* Pop. *Chitón, punto en boca.*) ‖ Omisión de una explicación: *el silencio de la ley acerca de este caso.* ‖ Falta de ruido: *el silencio de los campos.* ‖ Interrupción en el comercio epistolar: *el silencio de un amigo.* ‖ *Sufrir en silencio,* sin quejarse. ‖ *Entregar una cosa al silencio,* olvidarla. ‖ *Pasar en silencio una cosa,* omitirla, dejarla. ‖ *Mús.* Interrupción más o menos larga en el canto o en el toque de instrumentos, que se indica con signos especiales en la música escrita.

SILENCIOSAMENTE adv. m. Con silencio, sin hacer ruido alguno. (SINÓN. V. *Secretamente.*)

SILENCIOSO, SA adj. Que guarda silencio: *un hombre muy silencioso.* ‖ Que no hace ruido: *máquina de coser silenciosa.* ‖ — SINÓN. *Callado, mudo, reservado, secreto, taciturno.* V. tb. *Sordo.* ‖ — CONTR. V. *Ruidoso.*

SILENTE adj. Silencioso, callado.

SILEPSIS f. (lat. *syllepsis*). *Gram.* Figura de retórica por medio de la cual se establece la concordancia con arreglo al sentido y no a las reglas gramaticales, v. gr.: *la mayor parte murieron* (silepsis de número); *Vuestra Majestad está equivocado* (silepsis de género). ‖ *Ret.* Figura que consiste en emplear una palabra en sentido recto y figurado: *poner más suave que un guante.*

SILÉPTICO, CA adj. Relativo o perteneciente a la silepsis: *dar forma siléptica a una frase.*

SILERÍA f. Lugar donde hay silos.

SILERO m. Silo.

SILESIO, SIA adj. y s. De Silesia.

SÍLEX m. Pedernal, sílice.

SÍLFIDE f. Nombre de ciertas ninfas del aire. ‖ *Fig.* Mujer delgada y graciosa.

SILFO m. Nombre dado a los genios del Aire en las mitologías céltica y germánica.

SILGAR v. t. Remar con espadilla, sirgar.

SILGUERO m. Jilguero.

SILICATO m. *Quím.* Sal de ácido silícico.

SÍLICE f. (lat. *silex, silicis*). *Quím.* Óxido de silicio SiO_2. (Existen muchas variedades naturales: el cuarzo cristalizado, la calcedonia de estructura fibrosa, el ópalo amorfo, etc.)

SILÍCEO, A adj. De sílice o parecido a ella.

SILÍCICO, CA adj. *Quím.* Relativo a la sílice.

SILICIO m. Metaloide (Si) de número atómico 14, de densidad 2,4, que, en estado amorfo, es de color pardo y, en estado cristalizado, gris plomizo. (El *silicio* se funde a 1414°C y se volatiliza en el horno eléctrico.)

SILICIURO m. Compuesto de un metal y de silicio: *siliciuro de hierro.*

SILICONA f. *Quím.* Compuesto análogo a los cuerpos orgánicos, en el que el silicio reemplaza el carbono.

SILICOSIS f. Enfermedad pulmonar ocasionada por la inhalación de partículas de sílice.

SILICUA f. *Bot.* Fruto seco, abridero, que contiene la semilla de las crucíferas.

SILO m. Hoyo subterráneo donde se guardan ciertos frutos para conservarlos. ‖ Depósito cilíndrico que, cargado por su parte superior, se vacía por la inferior y sirve como almacén de granos u otras cosas.

SILOGISMO m. (lat. *syllogismus*). *Lóg.* Argumento que consta de tres proposiciones: la *mayor*, la *menor* y la *conclusión*, deducida la última de la primera por medio de la segunda. Ej.: Todos los hombres son mortales (*mayor*), es así que tú eres hombre (*menor*), luego eres mortal (*conclusión*).

SILOGÍSTICO, CA adj. *Lóg.* Perteneciente o relativo al silogismo: *hablar en forma silogística.*

SILOGIZAR v. i. Disputar con silogismos.

SILUETA f. Dibujo de perfil ejecutado siguiendo la sombra proyectada por el rostro. ‖ *Por ext.* Líneas generales del cuerpo: *tener una silueta elegante.* ‖ *Por ext.* Dibujo de color uniforme, sin detalles interiores, que se destaca sobre un fondo de color diferente. ‖ *Fig.* Semblanza.

SILUETEAR v. t. *Neol.* Dibujar una silueta.

SILURIANO o **SILÚRICO** adj. y s. *Geol.* Dícese de un terreno sedimentario antiguo.

SILÚRICO m. Segundo período de la era primaria.

SILÚRIDOS m. pl. Familia de peces que tiene por tipo el siluro.

SILURO m. (lat. *silurus*). Pez grande de río, de boca grande rodeada de barbillas largas.

SILVA f. (lat. *silva*). Colección de varias especies: *silva de varia lección.* ‖ Combinación métrica bastante libre: *Silva a la agricultura de la zona tórrida* de Bello. ‖ — PARÓN. *Silba.*

SILVANOS m. pl. Nombre que se daba entre los latinos a las deidades fabulosas de las selvas.

SILVÁTICO, CA adj. Selvático.

SILVESTRE adj. (lat. *silvestris*). Que vive naturalmente en las selvas o los campos. ‖ Salvaje, agreste.

SILVICULTOR m. El que estudia silvicultura.

SILVICULTURA f. (del lat. *silva*, selva, y *cultura*, cultivo). Ciencia que trata del cultivo de las selvas o bosques.

SILVINA f. *Miner.* Cloruro natural de potasio.

SILVOSO, SA adj. Selvoso, abundante en selvas.

SILLA f. Asiento con respaldo y generalmente sin brazos: *la silla curul se reservaba en Roma para los ediles romanos.* ‖ Aparejo para montar a caballo: *silla inglesa, de señora.* ‖ Sede. ‖ *Silla de manos,* vehículo de lujo llevado por dos hombres. ‖ *Silla de la reina* o *silla de manos,* asiento que forman dos personas con las manos cruzadas para transportar a otra. ‖ *Silla de posta,* carruaje en que se corre la posta. ‖ *Silla gestatoria,* silla portátil que usa el Papa en ciertas ceremonias. ‖ *Silla de tijera,* la que tiene asiento de tela y puede plegarse.

SILLADA f. Rellano en la ladera de un monte.

SILLAR m. Nombre de las piedras grandes labradas usadas en arquitectura. ‖ Parte del lomo de la caballería donde cae la silla, albarda, etc.

SILLERÍA f. Conjunto de sillas y demás asientos de una misma clase: *sillería de terciopelo.* ‖ Conjunto de asientos del coro de una iglesia. ‖

Fot. X

Taller donde se hacen sillas y almacén donde se venden. || Oficio de sillero.
SILLERÍA f. Fábrica hecha de sillares o piedras grandes. || Conjunto de sillares.
SILLERO, RA m. y f. Persona que hace o vende sillas. || *Méx.* Guadarnés. || *Arg.* Caballería de silla. || — PARÓN. *Cillero.*
SILLETA f. Silla pequeña. || *Amer.* Silla ordinaria: *silleta de esterilla.* || Silla pequeña de los arreos de tiro. || Orinal para la cama.
SILLETAZO m. Golpe que se da con una silla.
SILLETERO m. Portador de la silla de manos. || *Amer.* Sillero.
SILLICO m. Bacín, orinal.
SILLÍN m. Jamuga de madera, más cómoda y lujosa que la común. || Silla de montar más ligera que la común. || Silla pequeña que suele llevar la caballería de varas. || Asiento de bicicleta o motocicleta.
SILLÓN m. Silla de brazos mayor que la común: *sillón de cuero.* || Silla de montar para que pueda la mujer ir sentada a caballo como en una silla común. || — Adj. *Arg.* Dícese del caballo ensillado, de lomo hundido.
SILLONERO, RA adj. *Amer.* Dícese del animal que admite fácilmente la silla de montar.
SIMA f. Abismo, hoyo muy profundo. (SINÓN. V. *Abismo.*) || — PARÓN. *Cima.*
SIMA m. (de *silicio*, y *magnesio*). Zona intermedia del globo terrestre, entre el *nife* y el *sial*, en que predominan los silicatos ferromagnésicos.
SIMARUBA f. *Amer.* Especie de cuasia.
SIMARUBÁCEAS f. pl. Familia de plantas dicotiledóneas.
SIMBIONTE adj y s. m. Dícese de los individuos asociados en simbiosis.
SIMBIOSIS f. (del gr. *syn*, con, y *bios*, vida). Asociación de organismos diferentes en la que éstos sacan provecho de la vida en común.
SIMBIÓTICO, CA adj. Relativo a la simbiosis.
SIMBOL m. *Arg.* Gramínea con la que se hacen cestos.
SIMBÓLICAMENTE adv. m. De modo simbólico, por símbolos: *hablar simbólicamente.*
SIMBÓLICO, CA adj. Relativo o perteneciente al símbolo: *lenguaje simbólico.* || *Por ext.* Que no tiene más que apariencia: *ofrenda simbólica.*
SIMBOLISMO m. Sistema de símbolos con que se representan creencias, conceptos o sucesos. || Movimiento poético, aparecido en Francia a fines del s. XIX, que intenta explicar las afinidades secretas de las cosas con nuestra alma y sugiere, por el valor musical y simbólico de las palabras, los matices más sutiles de las impresiones y de los estados anímicos: *los más conocidos representantes del simbolismo fueron Mallarmé y Verlaine.*
SIMBOLISTA adj. y s. Partidario del simbolismo. || — Adj. Relativo al simbolismo.
SIMBOLIZACIÓN f. La acción de simbolizar.
SIMBOLIZAR v. t. Expresar una idea por medio de un símbolo: *el olivo simboliza la paz.*
SÍMBOLO m. (gr. *sumbolon*). Figura, objeto que tiene significación convencional: *el perro es el símbolo de la fidelidad.* (SINÓN *Atributo, divisa, emblema, insignia.* V. tb. *representación.*) || *Teol.* Fórmula que contiene los principales artículos de la fe: *el Símbolo de los Apóstoles.* || *Quím.* Letras adoptadas para designar los cuerpos simples: Fe *es el símbolo del hierro.*
SIMETRÍA f. (del gr. *syn*, con, y *metron*, medida). Proporción adecuada de las partes de un todo entre sí y con el todo mismo. || Armonía que resulta de ciertas combinaciones: *simetría arquitectónica.* (SINÓN. V. *Armonía.*)
SIMÉTRICAMENTE adv. m. Con simetría.
SIMÉTRICO, CA adj. Que tiene simetría: *construcciones simétricas.* || — CONTR. *Asimétrico.*
SIMIENTE f. (lat. *sementis*). Semilla. (SINÓN. V. *Germen.*) || Huevos del gusano de seda.
SIMIESCO, CA adj. Que se asemeja al simio.
SÍMIL adj. Semejante. || — M. Comparación.
SIMILAR adj. Semejante, análogo, parecido: *un producto similar.* (SINÓN. V. *Semejante.*)
SÍMILI, prefijo que significa *semejante.*
SIMILICADENCIA f. (de *símili*, y *cadencia*). *Ret.* Figura que se comete empleando al fin de varias cláusulas palabras de sonido semejante: *la similicadencia debe evitarse.*
SIMILIGRABADO m. Procedimiento de fotograbado para obtener reproducciones de fotografías en medias tintas.
SIMILITUD f. Semejanza, parecido. (SINÓN. V. *Analogía* y *comparación.*)
SIMILITUDINARIO, RIA adj. Semejante, que tiene similitud o semejanza con otra cosa. (P. us.)
SIMILOR m. (pal. fr.). Aleación de cobre y cinc, que tiene el color del oro: *joya de similor.*
SIMIO, MIA m. y f. (lat. *simius*). Mono.
SIMÓN m. (del nombre de un alquilador de co-

ches en Madrid). Coche de punto de tracción hipomóvil.
SIMONÍA f. (de *Simón Mago*, que pretendía comprar a San Pedro el don del Espíritu Santo). Comercio ilícito de las cosas espirituales.
SIMONIACO, CA y **SIMONIÁTICO, CA** adj. Perteneciente a la simonía. || — Adj. y s. Que comete simonía: *contrato simoniaco.*
SIMPA f. *Amer.* Cimpa, trenza de pelo.
SIMPAR adj. Barb. por *impar, sin par, único.*
SIMPATÍA f. del gr. *syn*, con, y *pathein*, sentir). *Med.* Relación entre dos órganos simétricos, que hace que cuando uno padece una dolencia, la experimenta el otro también. || Inclinación o afecto natural que experimenta una persona respecto de otra: *ese hombre me inspira simpatía.* (SINÓN. *Afinidad, atracción, estima, interés.*) || Manera de ser de una persona que la hace agradable y atractiva a las demás. || Correspondencia que se suponía entre ciertos cuerpos: *el oro se une con el mercurio por simpatía.* || — CONTR. *Antipatía.*
SIMPÁTICAMENTE adv. m. Con simpatía.
SIMPÁTICO, CA adj. Que inspira simpatía: *fisonomía simpática.* || Relativo a la simpatía: *sentimiento simpático.* || *Tinta simpática*, composición química que se emplea para escribir caracteres invisibles que aparecen bajo la influencia del calor, de un reactivo, etc. || *Anat. Gran simpático*, parte del sistema nervioso a lo largo de la columna vertebral: *el gran simpático rige la vida vegetativa.* || — CONTR. *Antipático.*
SIMPATIZANTE adj. y s. Que manifiesta simpatía (con una doctrina, un partido, etc.).
SIMPATIZAR v. i. Sentir simpatía hacia una persona o cosa: *simpatizar con toda clase de gente.* (SINÓN. V. *Conciliar.*)
SIMPLADA f. *Amér. C.* y *Col.* Simpleza.
SIMPLAINA y **SIMPLAINAS** m. *Fam.* Tonto.
SIMPLE adj. (lat. *simplex*). Puro, sin mezcla. || Que no es doble. || Que no está compuesto o que está compuesto de elementos homogéneos, de la misma naturaleza: *el oro y el oxígeno son cuerpos simples.* || Que no presenta complicación: *procedimiento simple.* (SINÓN. *Elemental, primitivo, rudimentario, somero.*) || Fácil: *un método simple.* || Sin adornos: *vestido simple.* || Que rehuye la afectación: *una mujer muy simple.* (SINÓN. V. *Modesto.*) || Falto de sabor, desabrido. || — Adj. y s. Que tiene poca gracia: *un hombre muy simple.* || Sencillo o incauto: *engañar a los simples.* (SINÓN. V. *Bobo.*) || — M. Partido de tenis entre dos jugadores únicamente. || *Med.* Material que sirve por sí solo a la medicina, o que entra en la composición de un medicamento.
SIMPLEMENTE adv. m. Con sencillez: *vestir simplemente.* || Absolutamente, sin condición alguna. (SINÓN. V. *Únicamente.*)
SIMPLEZA f. Bobería, necedad: *decir simplezas.* (SINÓN. V. *Candor* y *nadería.*)
SIMPLICIDAD f. (lat. *simplicitas*). Sencillez, calidad de sencillo. (SINÓN. V. *Pureza.*)
SIMPLICÍSIMO, MA adj. Muy simple.
SIMPLICISTA adj. y s. Simplista.
SIMPLIFICABLE adj. Que puede simplificarse.
SIMPLIFICACIÓN f. Acción de simplificar.
SIMPLIFICADOR, RA adj. y s. Que simplifica.
SIMPLIFICAR v. t. Hacer más sencilla una cosa. || — CONTR. *Complicar.*
SIMPLISMO m. Calidad de simplista.

sillón

Fot. L. P.

SIMPLISTA m. *Med.* El que estudia los simples. || — Adj. y s. Que gusta de simplificar. || Muy simplificado: *ideas simplistas.*

SIMPLÓN, ONA y **SIMPLOTE** adj. y s. *Fam.* Muy simple. (SINÓN. V. *Bobo.*)

SIMPOSIO o **SIMPOSIUM** m. (del gr. *symposion,* banquete). Conjunto de trabajos o estudios sobre una misma materia realizados por diferentes personas. || Reunión de personas para discutir, estudiar o exponer asuntos referentes a un tema.

SIMULACIÓN f. (lat. *simulatio*). Acción de simular o fingir. (SINÓN. V. *Disimulo.*)

SIMULACRO m. (lat. *simulacrum*). Imagen, estatua. || Fantasma, aparición, visión: *ver en sueños vanos simulacros.* || Apariencia sin realidad: *en tiempos de Julio César no había en Roma más que un simulacro de república.* || Representación, acción simulada: *un simulacro de combate.*

SIMULADO, DA adj. Fingido: *fuga simulada.*

SIMULADOR, RA adj. y s. (lat. *simulator*). Que simula o finge. (SINÓN. V. *Impostor.*) || — M. Aparato o instalación que simula un fenómeno o reproduce el funcionamiento de una máquina, vehículo, etc.: *simulador de vuelo.*

SIMULAR v. t. (lat. *simulare*). Fingir una cosa.

SIMULTÁNEAMENTE adv. m. Al mismo tiempo.

SIMULTANEAR v. t. Realizar al mismo tiempo dos o más cosas. || Cursar a un tiempo dos o más asignaturas de distintos años o facultades.

SIMULTANEIDAD f. Calidad de simultáneo. (SINÓN. V. *Coincidencia.*)

SIMULTÁNEO, A adj. Que sucede o se hace al mismo tiempo: *efectuar dos acciones simultáneas.*

SIMÚN m. Viento abrasador del desierto.

SIN prep. (lat. *sine*). Indica la falta o la ausencia de: *salió sin dinero.* || Fuera de, aparte de: *vale cien pesetas, sin los gastos.*

SIN, preposición inseparable (gr. *syn*), que significa unión: SÍN*tesis,* SIN*crónico,* SIN*artrosis.*

SINAGOGA f. (gr. *synagôgê*). Templo de los judíos. (SINÓN. V. *Iglesia.*) || Congregación religiosa de los judíos.

SINALAGMÁTICO, CA adj. *For.* Bilateral, que liga las dos partes: *contrato sinalagmático.* (SINÓN. V. *Recíproco.*)

SINALEFA f. (gr. *synaloiphê*). Reunión en una sola sílaba de la última de un vocablo y la primera del siguiente: *la sinalefa ocurre cuando se encuentran dos vocales.*

SINAMAY m. *Filip.* Tela fina de abacá y pita.

SINÁNTROPO m. (lat. *Sina,* China, y gr. *anthrôpos,* hombre). Primate fósil, descubierto cerca de Pekín, que vivió en la misma época que el pitecántropo y tiene cierto parecido con él.

SINAPISMO m. (lat. *sinapismus*). *Med.* Medicamento externo hecho con polvo de mostaza. || *Fig.* y *fam.* Persona muy molesta.

SINARTROSIS f. (gr. *synartrosis*). *Anat.* Articulación fija, como la de los huesos del cráneo.

SINATROÍSMO m. Figura que consiste en juntar en una frase muchos términos correlativos.

SINCERADOR, RA adj. y s. Que sincera.

SINCERAMENTE adv. m. Con sinceridad.

SINCERAR v. t. Justificar, inocentar.

SINCERIDAD f. Veracidad, franqueza.

SINCERO, RA adj. (lat. *sincerus*). Que se expresa sin disfrazar su pensamiento. (SINÓN. V. *Franco.*) || Real, no fingido: *tener pesar sincero.* || — CONTR. *Falso, hipócrita.*

SINCLINAL m. *Geol.* Pliegue hundido de un terreno estratificado. || — CONTR. *Anticlinal.*

SÍNCOPA f. (gr. *synkopê*). *Gram.* Supresión que se hace en ciertos casos de una o varias letras en el cuerpo de una palabra: *navidad* (de *natividad*), *alante* (de *adelante*). || *Mús.* Nota emitida en un tiempo débil y continuada en uno fuerte.

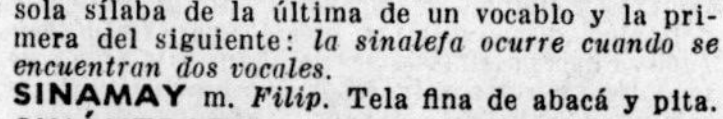

(La *síncopa* se representa generalmente por el signo ⁀.)

SINCOPADO, DA adj. *Mús.* Dícese de la nota que se encuentra entre dos o más notas de menos valor, pero que juntas valen tanto como ella. || Aplícase al ritmo o canto con notas sincopadas.

SINCOPAR v. t. Suprimir una o varias letras por síncopa: *sincopar una sílaba.* || *Fig.* Abreviar. || *Mús.* Hacer síncopa.

SÍNCOPE m. *Med.* Pérdida momentánea del movimiento y de la sensibilidad: *padecer un síncope profundo.* (El *síncope* es provocado por una detención poco duradera del funcionamiento del corazón.) [SINÓN. V. *Desvanecimiento.*]

SINCRÉTICO, CA adj. Relativo al sincretismo.

SINCRETISMO m. Sistema filosófico o religioso que pretende conciliar varias doctrinas diferentes. || *Gram.* Acumulación en una forma, de varias funciones gramaticales.

SINCRETISTA adj. Partidario del sincretismo.

SINCROCICLOTRÓN m. Aparato acelerador de partículas electrizadas derivado del ciclotrón.

SINCRONÍA f. Conjunto de fenómenos en un momento determinado de la historia.

SINCRÓNICO, CA adj. Que ocurre al mismo tiempo: *cuadro sincrónico de los acontecimientos.*

SINCRONISMO m. Calidad de sincrónico: *el sincronismo de relojes.* || Coincidencia de fechas.

SINCRONIZACIÓN f. Acción de sincronizar. || *Cin.* Concordancia que ha de realizarse entre las imágenes y el sonido de una película.

SINCRONIZAR v. t. Hacer sincrónico.

SINCROTRÓN m. Acelerador de partículas análogo al ciclotrón con el cual se restablece el sincronismo que tiende a destruir el incremento de la masa relativa de las partículas producido por la velocidad de éstas.

SINDÁCTILO, LA adj. De dedos soldados.

SINDÉRESIS f. (gr. *syntêrêsis*). Entendimiento, juicio, capacidad para juzgar rectamente.

SINDICABLE adj. Que puede sindicarse.

SINDICACIÓN f. Acción y efecto de sindicarse.

SINDICADO m. Junta de síndicos.

SINDICADOR, RA adj. y s. Que sindica.

SINDICAL adj. Relativo al síndico o al sindicato: *la acción sindical.* || *Cámara sindical,* especie de tribunal disciplinario de una corporación.

SINDICALISMO m. Sistema de organización obrera por medio del sindicato. || Sistema que propugna un papel decisivo de los sindicatos obreros en la vida orgánica de una nación.

SINDICALISTA adj. Propio del sindicalismo. || — Com. Que forma parte de un sindicato; que milita en un sindicato.

SINDICAR v. t. Acusar, delatar. || Destinar una cantidad para un compromiso especial. || Organizar en sindicato. || — V. r. *Neol.* Entrar en un sindicato.

SINDICATO m. Sindicado, junta de síndicos. || Agrupación formada para la defensa de intereses económicos comunes: *los sindicatos obreros.* (SINÓN. *Federación, gremio, sociedad, unión.*)

SINDICATURA f. Oficio de síndico.

SÍNDICO m. El que cuida de los intereses de una corporación. || Liquidador de una quiebra.

SINDINERITIS f. *Fam.* Falta de dinero.

SÍNDROME m. Conjunto de los síntomas de una enfermedad. (SINÓN. V. *Síntoma.*)

SINÉCDOQUE f. Figura de retórica que consiste en tomar una parte por el todo, o el todo por una parte, o la materia de una cosa por la cosa misma: *a tanto por cabeza; tañer el bronce,* etc.

SINECURA f. (del lat. *sine cura,* sin cuidado). Empleo bien retribuido y que ocasiona poco trabajo. (SINÓN. V. *Empleo.*)

SINE DIE loc. adv. latina que significa *sin fijar fecha.*

SINE QUA NON loc. adv. latina que significa *indispensable, necesario.*

SINÉRESIS f. (gr. *synairesis*). *Gram.* Contracción de dos sílabas en una sola: *aho-ra,* por *a-ho-ra.*

SINERGIA f. Asociación de varios órganos para la producción de un trabajo.

SINESTESIA f. *Psicol.* Asociación espontánea (y que es diferente según los individuos) entre sensaciones de naturaleza distinta, pero que parecen determinarse por ellas mismas.

SINFÍN m. Infinidad.

SINFINIDAD f. Barb. por *infinidad.*

SÍNFISIS f. *Anat.* Articulación poco móvil cuyos huesos están unidos por tejido conjuntivo: *la sínfisis del pubis.* || Adherencia anormal entre dos hojas serosas: *sínfisis pleural.*

SINFONÍA f. (gr. *sumphônia*). Trozo de música compuesto para ser ejecutado por varios instrumentos: *orquestar una sinfonía.* || Composición para orquesta, de la fórmula de la sonata, y que comprende: 1º un *allegro;* 2º un *adagio, largo* o *andante;* 3º un *minué* o *scherzo;* 4º un *rondó* o *allegro vivo*: *las sinfonías de Haydn.* || *Fig.* Colorido acorde, armonía.
SINFÓNICO, CA adj. Relativo a la sinfonía.
SINFONISTA m. El que compone sinfonías o toma parte en su ejecución.
SINFONIZAR v. t. *Neol.* Dar forma sinfónica.
SINGAR v. i. *Mar.* Cinglar.
SINGLADURA f. *Mar.* Camino que recorre una nave en veinticuatro horas.
SINGLAR v. i. Navegar un barco con rumbo determinado. (SINÓN. V. *Navegar.*)
SINGLE m. (pal. ingl.). En el tenis, partida entre dos adversarios, simple. || En los coches cama, compartimento individual.
SINGLÓN m. *Mar.* Genol.
SINGRACIA adj. y s. *And.* Persona poco graciosa o muy sosa: *ser una mujer muy singracia.*
SINGULAR adj. (lat. *singularis*). Único. (SINÓN. *Original* y *particular.* CONTR. *Plural.*) || Que no se parece a los demás, inusitado, extraordinario: *aventura singular.* (SINÓN. V. *Excepcional.*) || Original en sus palabras o su conducta: *hombre singular.* || Raro, excelente: *virtud singular.*
SINGULARIDAD f. Carácter de lo que se relaciona con uno solo: *la singularidad de una opinión.* (CONTR. *Pluralidad.*) || Carácter de lo que es extraordinario: *observar la singularidad de un hecho.* || Modo extraordinario de hablar o de obrar. (SINÓN. V. *Afectación.*)
SINGULARIZAR v. t. Distinguir de los demás: *un traje que singulariza a una persona.* || *Gram.* Dar número singular a palabras que deben tenerlo plural: *la parrilla, el bofe.* || — V. r. Distinguirse. (SINÓN. V. *Sobresalir.*)
SINGULARMENTE adv. m. De un modo singular: *un hombre que va singularmente vestido.*
SINHUESO f. *Fam.* La lengua.
SINIESTRA f. La mano izquierda.
SINIESTRADO, DA adj. y s. Dícese de lo que ha sufrido un siniestro.
SINIESTRO, TRA adj. (lat. *sinister*). Izquierdo: *lado siniestro.* || *Fig.* Perverso, mal intencionado. || *Fig.* Infeliz, funesto. (SINÓN. V. *Triste.*) || Que aterra: *mirada siniestra.* || — M. Propensión a lo malo, vicios o resabios: *ese mulo tiene muchos siniestros.* (P. us.) || Daño, destrucción o pérdida que sufren las personas o la propiedad por causa de muerte, incendio, naufragio, etc., y que hacen entrar en acción la garantía del asegurador. (SINÓN. V. *Incendio.*)
SINIQUITATE m. *Venez.* Mentecato.
SINISTRÓRSUM adj. Que va de derecha a izquierda. || — CONTR. *Dextrorso.*
SINN-FEIN m. (pal. irlandesa que significa *nosotros mismos*). Movimiento nacionalista irlandés que consiguió la independencia de Irlanda de la Gran Bretaña.
SINNÚMERO m. Número incalculable o muy grande: *decir un sinnúmero de tonterías.*
SINO m. Signo, hado. (SINÓN. V. *Destino* y *suerte.*) || *Cub.* Horma de azúcar, sin agujero, que se emplea en los ingenios.
SINO conj. adversativa: *no fuiste tú, sino Juan.* || Denota a veces excepción: *nadie lo sabe, sino tú.* || — PARÓN. *Si no.*
SINODAL adj. Del sínodo: *decisiones sinodales.*
SINÓDICO, CA adj. Relativo o perteneciente al sínodo. || *Carta sinódica,* la que se escribe en nombre del sínodo a los obispos ausentes.
SÍNODO m. (del gr. *synodos,* compañía). Nombre antiguo que se daba a los concilios. (SINÓN. V. *Concilio.*) || Asamblea de eclesiásticos que se reúnen para estudiar los asuntos relativos a una diócesis: *reunir un sínodo.* || Asamblea de ministros protestantes. || *El Santo Sínodo,* asamblea suprema de la Iglesia rusa.
SINOJAPONÉS, ESA adj. Relativo a China y al Japón: *la guerra sinojaponesa.*
SINOLOGÍA f. Ciencia de la lengua, la historia y las instituciones chinas.
SINÓLOGO, GA adj. y s. (del lat. *Sina,* China, y *logos,* discurso). Que se dedica a la sinología.
SINONIMIA f. Calidad de sinónimo: *la sinonimia perfecta no es muy frecuente.* || Elegancia del lenguaje al emplear voces sinónimas en grado ascendente o descendente. || — CONTR. *Antonimia.*
SINÓNIMO, MA adj. y s. m. (del gr. *syn,* con, y *onoma,* nombre). Dícese de las palabras de igual significación: FLECHA *y* SAETA *son voces sinónimas.* || — SINÓN. *Equivalente, igual, parejo.*
SINOPLE adj. y s. (fr. *sinople*). *Blas.* Verde.
SINOPSIS f. (del gr. *syn,* con, y *opsis,* vista). Suma, resumen. (SINÓN. V. *Compendio.*)
SINÓPTICO, CA adj. Que permite abrazar a primera vista un conjunto: *cuadro sinóptico.* || *Evangelios sinópticos,* los tres Evangelios de San Mateo, San Marcos y San Lucas, que tienen gran semejanza en el relato.
SINOVIA f. (del gr. *syn,* con, y *ôon,* huevo). Humor que baña las articulaciones de los huesos.
SINOVIAL adj. *Anat.* Relativo a la sinovia.
SINOVITIS f. Inflamación de la membrana sinovial.
SINRAZÓN f. Acción hecha contra justicia y fuera de lo razonable o debido. (SINÓN. V. *Contrasentido.*)
SINSABOR m. *Fig.* Disgusto, desazón, pesadumbre. (SINÓN. V. *Descontento.*)
SINSONTE m. (pal. mex.). Cenzontle, ave americana de canto armonioso. || *Cub. Bobo.*
SINSUBSTANCIA com. *Fam.* Persona insubstancial.
SINTÁCTICO, CA adj. Relativo a la sintaxis.
SINTAXIS f. (del gr. *syn,* con, y *taxis,* orden). Parte de la gramática que enseña a coordinar y unir las palabras para formar oraciones.
SÍNTESIS f. (gr. *synthesis*). Método que procede de lo simple a lo compuesto, de los elementos al todo, de la causa a los efectos, del principio a las consecuencias: *la síntesis es operación inversa al análisis.* || Suma, compendio. || *Quím.* Formación artificial de un cuerpo compuesto mediante la combinación de sus elementos.
SINTÉTICAMENTE adv. m. De modo sintético.
SINTÉTICO, CA adj. Dícese de lo que pertenece a la síntesis: *método sintético.* (CONTR. *Analítico.*) || Dícese de productos por procedimientos industriales o por síntesis química: *caucho sintético.*
SINTETIZABLE adj. Que puede sintetizarse.
SINTETIZAR v. t. Reunir por medio de la síntesis: *sintetizar varios hechos aislados.*
SINTOÍSMO m. Religión nacional del Japón, que honra a los antepasados y a las fuerzas de la naturaleza. (La diosa Amaterasu, personificación del Sol, domina el panteón sintoísta.)
SINTOÍSTA adj. y s. Perteneciente o partidario del sintoísmo: *doctrina sintoísta.*
SÍNTOMA m. (gr. *symptôma*). Fenómeno que revela un trastorno funcional o una lesión: *síntomas de anemia.* || *Fig.* Indicio, presagio: *síntomas de rebelión.* || — SINÓN. *Pródromo, signo, síndrome.*
SINTOMÁTICO, CA adj. Que es síntoma. || *Fig.* Que revela un cierto estado de cosas, un estado particular.
SINTOMATOLOGÍA f. Estudio de los síntomas de las enfermedades.
SINTONÍA f. Ajuste de diversas transmisiones radiofónicas de distinta frecuencia mediante mandos adecuados. || Música característica que se hace oir siempre al comienzo de una emisión radiofónica o televisada.
SINTÓNICO, CA adj. Sintonizado.
SINTONISMO m. Calidad de sintónico.
SINTONIZACIÓN f. Método de ajuste de un receptor radiofónico a la frecuencia deseada.
SINTONIZADOR m. Botón que permite poner la onda o frecuencia deseada en un aparato receptor de radio.
SINTONIZAR v. t. Hacer vibrar al unísono. || Adaptar las longitudes de onda de un aparato receptor de radio.
SINUOSIDAD f. Calidad de sinuoso. || Seno.
SINUOSO, SA adj. Torcido, que da vueltas. || — SINÓN. *Flexuoso, tortuoso.* V. tb. *ondulado* y *torcido.*
SINUSITIS f. Inflamación de la mucosa de los senos frontales.
SINUSOIDAL adj. En forma de sinusoide.

sirena

sisal

SINUSOIDE f. Curva que representa las variaciones del seno al variar el arco.
SINVERGONZÓN, ONA adj. Sinvergüenza.
SINVERGÜENCERÍA f. *Fam.* Poca vergüenza.
SINVERGÜENZA adj. y s. *Fam.* Persona que no tiene vergüenza. Pl. *sinvergüenzas.*
SIONISMO m. Movimiento que tendía a la formación de un Estado judío moderno en Palestina.
SIONISTA com. Adepto del sionismo. ‖ — Adj. Relativo al sionismo.
SIQUÍATRA m. Psiquíatra.
SIQUIATRÍA f. Psiquiatría.
SÍQUICO, CA adj. Psíquico.
SIQUIERA conj. advers. Equival. a *aunque: haz esto, siquiera no hagas otra cosa.* ‖ — Adv. c. y m. Por lo menos: *ni una carta siquiera.* ‖ *Col.* Con tal que: *siquiera me lo agradezcas.*
SIR m. (pal. ingl., pr. *ser*). Tratamiento de nobleza inglesa usado antes del nombre.
SIRCA f. *Chil.* Veta de una mina.
SIRE m. (pal. fr., pr. *sir*). Tratamiento que se aplicaba en Francia a los soberanos.
SIRENA f. Ser fabuloso, mitad mujer, mitad pez. ‖ *Fig.* Mujer seductora. ‖ Generador de sonidos intensos para señales acústicas. ‖ Aparato que permite determinar el número de vibraciones correspondiente a cada sonido. ‖ *Voz de sirena,* la voz muy melodiosa.
SIRÉNIDOS o **SIRENIOS** m. pl. *Zool.* Orden de mamíferos pisciformes a que pertenece el manatí o vaca marina.
SIRGA f. *Mar.* Cable o soga que sirve para halar

barcos, redes, etc. ‖ *Navegar a la sirga,* dícese del barco que navega tirado de una sirga.
SIRGAR v. t. Llevar a la sirga.
SIRIACO, CA adj. y s. De Siria.
SIRIGOTE m. *Arg.* Lomillo, silla.
SIRIMBA f. *Cub.* Síncope, patatús.
SIRIMIRI v. *Vizc.* Llovizna.
SIRINGA f. Un nombre del *árbol del caucho.* ‖ Flauta pagana, zampoña.
SIRINGUERO m. *Bot.* El picador de siringas.
SIRIO, RIA adj. y s. De Siria.
SIRLE m. Excremento de carneros y cabras.
SIROCO m. Viento violento, muy seco y caluroso que sopla en el Sáhara.
SIRÓ o **SIROPE** m. Galicismo por *jarabe.*
SIRRIA f. Sirle, excremento de carnero.
SIRTE f. (gr. *syrtis*). Banco o bajo de arena.
SIRVIENTA f. Criada.
SIRVIENTE adj. y s. m. Persona que sirve a otra. (SINÓN. V. *Servidor.*)
SISA f. Lo que hurtan algunos criados al hacer la compra. (SINÓN. V. *Ganancia.*) ‖ Sesgadura hecha en algunas prendas para que sienten mejor. ‖ Cierto impuesto antiguo.
SISA f. (fr. *assise*). Mordente que usan los doradores para preparar los objetos que han de dorar.
SISADOR, RA adj. y s. Que sisa o hurta.
SISAL m. Variedad de agave de México, cuyas fibras se utilizan para hacer cuerdas, sacos, etc.
SISALLO m. *Bot.* Jijallo, camarilla.
SISAR v. t. Hurtar algo al comprar por cuenta ajena. ‖ Hacer sisas en las prendas de vestir. ‖ Percibir el impuesto de la sisa. ‖ Aplicar sisa a lo que se ha de dorar. ‖ *Bol.* y *Ecuad.* Pegar la loza rota.
SISEAR v. t. e i. Pronunciar repetidamente el sonido de la *s,* para indicar la desaprobación o el desagrado, o para llamar: *sisear a un orador.*
SISEO m. Acción y efecto de sisear.
SISIMBRIO m. *Bot.* Jaramago.
SÍSMICO, CA adj. (del gr. *seismos,* agitación). Relativo al terremoto: *un movimiento sísmico.*
SISMO m. Seísmo.
SISMÓGRAFO f. (del gr. *seismos,* agitación, y *graphein,* describir). Aparato que sirve para registrar los movimientos sísmicos.
SISMOLOGÍA f. (del gr. *seismos,* agitación, y *logos,* tratado). *Geol.* Ciencia que estudia los terremotos.
SISMOLÓGICO, CA adj. Relativo a la sismología.
SISÓN m. Género de aves zancudas de Europa.
SISÓN, ONA adj. *Fam.* Que sisa frecuentemente
SISTEMA m. (del gr. *syn,* con, y *istêmi,* coloco). Conjunto de principios verdaderos o falsos reunidos entre sí, de modo que formen un cuerpo de doctrina: *el sistema de Descartes.* (SINÓN. V. *Enseñanza.*) Combinación de partes reunidas para obtener un resultado o formar un conjunto: *sistema nervioso; sistema planetario.* ‖ Modo de organización: *sistema de Taylor.* ‖ *Hist. nat.* Método de clasificación fundado en ciertos caracteres: *el sistema de Linneo.* ‖ Modo de gobierno: *sistema constitucional.* ‖ Conjunto de unidades fijadas para poder expresar las medidas principales de manera sencilla y racional. (SINÓN. V. *Método.*) ‖ *Sistema métrico,* V. MÉTRICO. ‖ *Fís. Sistema C. G. S.,* véase C. G. S. ‖ *Sistema periódico de los elementos,* ordenación de los elementos químicos según el número atómico. (V. ELEMENTO.)
SISTEMAR v. t. *Amer.* Sistematizar.
SISTEMÁTICA f. Ciencia de la clasificación.
SISTEMÁTICAMENTE adv. m. Por sistema.
SISTEMÁTICO, CA adj. Perteneciente a un sistema. ‖ Combinado con arreglo a un sistema: *la ciencia es un conocimiento sistemático.* ‖ Voluntario, adoptado como principio.
SISTEMATIZACIÓN f. Acción de sistematizar.
SISTEMATIZAR v. t. Reducir a sistema una cosa: *sistematizar sus ideas.*
SÍSTILO adj. (gr. *systulos*). *Arq.* Dícese del edificio cuyo intercolumnio vale cuatro módulos.
SÍSTOLE f. (lat. *systole*). *Poét.* Licencia que consiste en usar como *breve* una sílaba *larga.* ‖ *Anat.* Movimiento de contracción del corazón y las arterias que produce la circulación de la sangre.
SISTRO m. (lat. *sistrum*). Instrumento músico que usaban los antiguos egipcios: *el sistro consistía en un arco de metal atravesado por varillas, que se hacía sonar agitándolo con la mano.*
SITIADO, DA adj. y s. Que está sitiado.
SITIADOR, RA adj. y s. Que sitia una plaza o fortaleza: *ejército sitiador.*
SITIAL m. Asiento de ceremonia.
SITIAR v. t. Poner cerco a una plaza o fortaleza. (SINÓN. V. *Cercar.*) ‖ *Fig.* Cercar a uno cerrándole toda salida: *sitiar a un ladrón en una casa.*
SITIBUNDO, DA adj. *Poét.* Sediento.
SITIERÍA f. *Cub.* Ranchería, casería.
SITIERO, RA m. y f. *Cub.* Que posee un sitio o casería.
SITIO m. (lat. *situs*). Lugar, punto: *no sé en qué sitio puso el libro.* ‖ Cerco que se pone a una plaza fuerte: *el sitio de Zaragoza.* ‖ Casa campestre. ‖ *Cub.* Estancia pequeña para la cría de animales domésticos. ‖ *Arg.* y *Chil.* Solar. ‖ *Col.* Poblado. ‖ *Fig. Dejar en el sitio,* dejar a uno muerto en el acto. ‖ *Poner sitio,* sitiar.
SITO, TA adj. Situado, colocado en un sitio.
SITUACIÓN f. Posición: *situación de una ciudad, de una casa.* ‖ Postura: *situación incómoda.* ‖ Estado, condición: *estar en brillante situación.* ‖ Estado característico de los personajes de un relato, de un drama: *situación dramática.* ‖ *Amer. Precios de situación,* precios muy reducidos.
SITUADO m. Renta señalada sobre una finca.
SITUAR v. t. (lat. *situs*). Poner: *casa bien situada.* (SINÓN. V. *Colocar* y *localizar.*) ‖ Asignar una cantidad para un gasto.
SÍU m. *Chil.* Pájaro parecido al jilguero.
SIÚTICO, CA adj. *Chil. Fam.* Cursi, currutaco.
SIUTIQUERÍA y **SIUTIQUEZ** f. *Chil.* Cursilería.
SIUX adj. y s. Dícese de los individuos de una tribu india de Norteamérica.
SKATING m. (pal. ingl., pr. *skéting*). Acción de patinar, especialmente con patines de ruedas.
SKETCH m. (pal. ingl.). Sainete, piececilla. ‖ Escena corta de teatro o cine.
SKI m. Esquí.
SKIFF m. (pal. ingl.). Esquife.
SKIAR v. i. Esquiar.

Fot. Aegté, A. Robillard

S. L. o **Ltd,** abrev. de *sociedad de responsabilidad limitada.*
SLALOM m. (pal. noruega). Descenso en esquíes por un camino lleno de vueltas. ‖ Prueba deportiva disputada sobre un recorrido en pendiente que está jalonado por una serie de obstáculos artificiales que lo hace muy sinuoso.
SLANG m. (pal. ingl.). Germanía en inglés.
SLEEPING-CAR m. (pal. ingl., pr. *slipin car*). Coche cama.
SLIP m. (pal. ingl.). Calzoncillos cortos, bragas.
SLOGAN m. (pal. ingl.). Fórmula publicitaria o de propaganda política, concisa y elocuente.
SLOOP m. (pal. ingl., pr. *slup*). Barco de cabotaje provisto de un solo palo.
Sm, símbolo químico del *samario.*
SMART adj. (pal. ingl.). Elegante.
SMASH m. (pal. ingl.). Mate (tenis).
SMOKING m. (pal. ingl.). Prenda de vestir, a modo de frac sin faldones y con solapas de seda, que se usa en ciertas comidas y fiestas.
Sn, símbolo químico del *estaño* (stannum).
SNACK-BAR m. (pal. ingl.). Especie de cafetería.
SNOB adj. y s. El que da pruebas de snobismo. (SINÓN. V. *Vanidoso.*)
SNOBISMO m. Admiración ridícula por todas las cosas que están de moda.
SO m. (de *seó*). *Fam.* Se usa con ciertos adjetivos despectivos: *so bruto, so animal,* etc.
SO prep. (lat. *sub*). Bajo. Ú. en las frases siguientes: *so capa, so pena.* ‖ — Prep. insep. Sub.
¡SO! interj. Es usada por los carreteros para hacer que se detengan las caballerías. ‖ *Venez.* Sirve para ahuyentar las gallinas, para imponer silencio. ‖ — CONTR. *Arre.*
SOASAR v. t. Asar ligeramente una cosa.
SOBA f. Acción de sobar. ‖ *Fig.* Zurra. (SINÓN. V. *Paliza.*)
SOBACO m. Axila.
SOBADERO, RA adj. Que se puede sobar. ‖ — M. El sitio donde se soban las pieles.
SOBADO, DA adj. Muy usado, manido, trillado. ‖ *Amer. Vulg.* Grande, terrible.
SOBADOR m. Instrumento para sobar las pieles.
SOBADURA f. Soba, acción de sobar.
SOBAJAR y **SOBAJEAR** v. t. Sobar, manosear. ‖ *Fig.* Humillar.
SOBAJEO m. Acción y efecto de sobajar.
SOBANDERO m. *Col.* Algebrista, curandero.
SOBAQUERA f. Abertura que se deja en algunos vestidos en la parte del sobaco. ‖ Refuerzo que se pone al vestido por la parte del sobaco. ‖ Pieza que resguarda del sudor la parte del vestido correspondiente al sobaco. ‖ *Amér. C.* y *Méx.* Sobaquina.
SOBAQUINA f. Mal olor de los sobacos.
SOBAR v. t. Manejar, manosear una cosa para ablandarla: *sobar la masa, una piel.* ‖ *Fig.* Zurrar, vapulear, azotar. ‖ *Fig.* Manosear mucho a una persona. ‖ *Amer.* Componer un hueso dislocado. ‖ *Chil.* Vencer en una lucha. ‖ *Ecuad.* Estregar. ‖ *Ecuad., Méx.* y *Per.* Adular.
SOBARBA f. Muserola. ‖ Papada.
SOBARBADA f. Sofrenada, tirón que se da a la rienda para detener el caballo. ‖ *Fig.* Reprensión áspera: *dar una sobarbada.*
SOBARBO m. Álabe de una rueda de batán.
SOBARCAR v. t. Poner una cosa debajo del sobaco. ‖ Subir la ropa hacia los sobacos.
SOBEO m. Correa con que se ata al yugo la lanza del carro. ‖ *Fam.* Acción y efecto de sobar.
SOBERADO m. *Amer.* Sobrado, desván.
SOBERANAMENTE adv. m. Con soberanía. ‖ Extremadamente, altamente.
SOBERANEAR v. i. Mandar como soberano.
SOBERANÍA f. Autoridad suprema: *la soberanía del pueblo.* ‖ Territorio de un príncipe soberano. ‖ Poder supremo que posee el Estado. ‖ Estado del poder político de una nación o de un organismo que no está sometido al control de otra nación o de otro organismo. ‖ *Soberanía nacional,* la que corresponde al pueblo, de quien emanan todos los poderes del Estado.
SOBERANO, NA adj. y s. Que ejerce la autoridad suprema. ‖ Que se ejerce sin control: *potencia soberana.* ‖ Extremo: *desprecio soberano.* (SINÓN. *Grande, sumo, supremo.*) ‖ Alto, expresivo: *soberana belleza.* ‖ — M. Moneda de oro inglesa, libra esterlina. ‖ — Jefe de un Estado monárquico. (SINÓN. V. *Monarca.*)
SOBERBIA f. Orgullo desmedido: *la soberbia de un monarca.* (SINÓN. V. *Orgullo.*) ‖ Gran magnificencia: *la soberbia de un edificio.* ‖ Ira, cólera, rabia: *contestar con soberbia.*
SOBERBIAMENTE adv. m. Con soberbia.
SOBERBIAR v. t. *Ecuad.* Despreciar.
SOBERBIO, BIA adj. Que muestra soberbia. ‖ Altivo, arrogante: *un hombre soberbio.* (SINÓN. V. *Orgulloso.* CONTR. *Modesto.*) ‖ *Fig.* Hermoso, magnífico: *soberbio monumento.* (SINÓN. V. *Admirable* e *imponente.*) ‖ Colérico, iracundo.
SOBERBIOSO, SA adj. Soberbio.
SOBERNA f. *Ecuad.* y **SOBERNAL** m. *Col.* Sobornal, sobrecarga; soga que asegura la carga.
SOBIJO y **SOBIJÓN** m. *Amér. C.* Soba.
SOBO m. Soba.
SOBÓN, ONA adj. y s. *Fam.* Que acaricia mucho por excesiva familiaridad. ‖ *Fam.* Taimado y holgazán. ‖ *Per.* Adulador.
SOBORDO m. Revisión de la carga de un buque para confrontar las mercancías con la documentación. ‖ Libro donde se anota el cargamento. ‖ La carga misma del barco.
SOBORNABLE adj. Que puede ser sobornado.
SOBORNACIÓN f. Soborno.
SOBORNADOR, RA adj. y s. Que soborna.
SOBORNAL m. Sobrecarga.
SOBORNAR v. t. (del lat. *subornare,* corromper). Corromper con dádivas.
SOBORNO m. Acción y efecto de sobornar: *la ley castiga el soborno de testigo.* ‖ Dádiva con que se soborna. ‖ *Amer.* Sobornal. ‖ *Amer. De soborno,* que se pone de añadidura, de suplemento.
SOBRA f. Exceso de una cosa. ‖ — Pl. Lo que queda de la comida: *dar las sobras a los pobres.* ‖ Lo que sobra de una cosa. ‖ Desperdicios, desechos. ‖ Dinero que queda al soldado una vez pagado el rancho. ‖ *De sobra,* m. adv., con exceso o sin necesidad.
SOBRADAMENTE adv. c. De sobra.
SOBRADILLO m. Tejadillo que se pone encima de los balcones para defenderlos de la lluvia.
SOBRADO, DA adj. Que tiene gran abundancia: *estar sobrado de recursos.* (SINÓN. V. *Excesivo.*) ‖ *Chil.* Tamaño grande. ‖ — M. Desván. ‖ *Arg.* Vasar. ‖ — Adv. c. De sobra.
SOBRANCERO adj. y s. Dícese del que no trabaja o no tiene oficio determinado.
SOBRANTE adj. y s. Que sobra o está de más. (SINÓN. V. *Ganancia y resto.*)
SOBRAR v. t. Exceder, sobrepujar. ‖ — V. i. Estar una cosa de más: *este adorno sobraba en el vestido.* ‖ Haber más que lo necesario de una cosa: *sobró vino.* ‖ Quedar, restar.
SOBRASADA f. Especie de salchichón de las Baleares muy estimado.
SOBRASAR v. t. Poner brasas junto a una vianda para que cueza mejor.
SOBRE m. Cubierta que encierra la carta. ‖ Sobrescrito, dirección.
SOBRE prep. (lat. *super*). Encima: *está el libro sobre la mesa.* ‖ Acerca de: *discutir sobre un tema.* ‖ Próximamente: *tengo sobre cincuenta mil pesetas.* ‖ Úsase en varias palabras compuestas: SOBRE*agudo,* SOBRE*cama.* ‖ Después: *sobre comida.* ‖ Además: *decir tonterías sobre tonterías.* ‖ *Sobre que,* barb. por *aparte de que.* ‖ — OBSERV. Es galicismo decir que una ciudad está *sobre un río,* por *a orillas de; ganar terreno sobre el contrario,* por *al contrario; hizo efecto sobre él,* por *en él; sobre una señal,* por *a una señal.*
SOBREABUNDANCIA f. Abundancia grande.
SOBREABUNDANTE adj. Que sobreabunda.
SOBREABUNDAR v. i. Abundar con exceso.
SOBREALIMENTACIÓN f. Acción y efecto de sobrealimentar.
SOBREALIMENTAR v. t. Dar a uno más alimento de lo ordinario.
SOBREALZAR v. t. Alzar, levantar mucho.
SOBREAÑADIR v. t. Añadir algo con exceso.
SOBREAÑAL adj. De poco más de un año.
SOBREASADA f. Sobrasada.
SOBREBOTA f. *Amér. C.* Polaina.
SOBRECAMA f. Colcha de adorno.
SOBRECAÑA f. *Veter.* Especie de tumor óseo en la caña de las extremidades anteriores de las caballerías.
SOBRECARGA f. Lo que se añade a la carga. ‖ Soga para asegurar la carga sobre las bestias.
SOBRECARGAR v. t. Cargar algo demasiado.

SOBRECARGO m. En los buques mercantes, oficial que cuida del cargamento.
SOBRECARTA f. Sobre de carta.
SOBRECEJA f. Parte frontal sobre las cejas.
SOBRECEJO m. Ceño: *poner sobrecejo.*
SOBRECEÑO m. Ceño, sobrecejo.
SOBRECIELO m. Dosel, toldo.
SOBRECINCHA f. Faja que pasa por debajo del vientre del caballo y que sujeta el aparejo.

sobrecincha

SOBRECOGER v. t. Sorprender, coger desprevenido. ‖ — V. r. Sorprenderse.
SOBRECOGIMIENTO m. Sorpresa. (SINÓN. V. *Emoción.*)
SOBRECOSER v. t. *Col., Chil.* y *Méx.* Sobrecargar una costura.
SOBRECOSIDO m. y **SOBRECOSTURA** f. Cierto punto de costura.
SOBRECOSTILLA f. *Arg.* Carne que está entre las costillas y el matambre.
SOBRECUBIERTA f. Segunda cubierta.
SOBRECUELLO m. Cuello puesto sobre otro.
SOBREDICHO, CHA adj. Dicho arriba o antes.
SOBREDIENTE m. Diente que nace sobre otro. (SINÓN. V. *Diente.*)
SOBREDORAR v. t. Dorar: *plata sobredorada.* ‖ *Fig.* Disculpar o paliar: *sobredorar una falta.*
SOBREEDIFICAR v. t. Edificar sobre otra construcción: *sobreedificar una casa.*
SOBREENTENDER v. t. Sobrentender. ‖ — IRREG. Se conjuga como *tender.*
SOBREENTENDIDO, DA adj. Implícito. ‖ — SINÓN. *Tácito, virtual.*
SOBREESDRÚJULO, LA adj. Sobresdrújulo.
SOBREESTADÍA f. *Com.* Sobrestadía.
SOBREEXCEDER v. t. Sobrexceder.
SOBREEXCITACIÓN f. Excitación exagerada.
SOBREEXCITAR v. t. Excitar más de lo ordinario: *sobreexcitar el sistema nervioso.*
SOBREFALDA f. Falda corta puesta sobre otra como adorno.
SOBREFAZ f. Superficie exterior de una cosa.
SOBREFLOR f. Flor que nace en medio de otra.
SOBREFUSIÓN f. Permanencia de un cuerpo en estado líquido a temperatura inferior a la de fusión.
SOBREHAZ f. Sobrefaz. ‖ Cubierta.
SOBREHILADO m. Costura en el borde de una tela para que no se deshilache.
SOBREHILAR v. t. Dar puntadas sobre el borde de una tela cortada.
SOBREHUESO m. Tumor que nace sobre un hueso. ‖ *Fig.* Cosa que molesta mucho. (P. us.)
SOBREHUMANO, NA adj. Que excede las fuerzas humanas.
SOBREIMPRESIÓN f. Fotografía de dos o más escenas sobre la misma placa o película.
SOBREJALMA f. Manta puesta sobre la jalma.
SOBRELECHO m. *Arq.* Superficie inferior de la piedra contrapuesta al lecho.
SOBRELLAVE f. Segunda llave de una puerta.
SOBRELLENAR v. t. Llenar en abundancia.
SOBRELLEVAR v. t. Ayudar a uno a llevar una carga. ‖ *Fig.* Soportar con resignación: *sobrellevar las penas.* (SINÓN. V. *Soportar.*)
SOBREMANERA adv. m. Con exceso.
SOBREMANO f. *Veter.* Tumor óseo que se desarrolla en el casco delantero de las caballerías.
SOBREMESA f. Tapete que se pone sobre la mesa. ‖ Tiempo que se queda a la mesa después de haber comido. ‖ Sobrecomida, postre. ‖ *De sobremesa,* dícese de algunas cosas que se colocan sobre una mesa. Inmediatamente después de comer y sin levantarse de la mesa.

sobrepelliz

SOBREMESANA f. *Mar.* Vela cuadrada que se pone en el palo de mesana.
SOBRENADAR v. i. Flotar.
SOBRENATURAL adj. Que excede las fuerzas de la naturaleza: *poder sobrenatural.* ‖ Que sólo se conoce gracias a la fe: *verdades sobrenaturales.* ‖ Extraordinario. ‖ — CONTR. *Natural.*
SOBRENOMBRE m. Apodo o nombre añadido: *Escipión recibió el sobrenombre de "Africano".* ‖ — SINÓN. *Apodo, calificativo.* V. tb. *nombre.*
SOBRENTENDER v. t. Entender una cosa no expresa pero que se deduce de otras. ‖ — IRREG. Se conjuga como *tender.*
SOBREPAGA f. Aumento de paga.
SOBREPAÑO m. Paño que se pone sobre otro.
SOBREPARTO m. Tiempo inmediatamente posterior al parto.
SOBREPASAR v. i. Exceder, pasar. ‖ — SINÓN. *Adelantarse, superar.* V. tb. *exceder.*
SOBREPELO m. *Arg.* Sudadero. ‖ *De sobrepelo,* loc. adv., por encima.
SOBREPELLIZ f. Vestidura blanca que visten sobre la sotana los sacerdotes, los sacristanes, etc.
SOBREPESO m. Sobrecarga. ‖ Obesidad.
SOBREPIÉ m. *Veter.* Tumor óseo que se desarrolla sobre los cascos traseros de las caballerías.
SOBREPONER v. t. Añadir una cosa a otra. ‖ — V. r. Hacerse superior a los obstáculos y adversidades. ‖ *Fig.* Obtener superioridad una persona sobre otra. ‖ — IRREG. Se conjuga como *poner.*
SOBREPRECIO m. Recargo de precio.
SOBREPRIMA f. Aumento de prima (seguros).
SOBREPRODUCCIÓN f. Superproducción.
SOBREPUERTA f. Pieza de madera colocada sobre una puerta, y de la que cuelgan las cortinas. ‖ Adorno colocado sobre las puertas.
SOBREPUESTO, TA adj. Puesto encima. ‖ — M. Cosa que se pone sobre otra. ‖ *Arg.* Pieza del recado que va sobre el cojinillo.
SOBREPUJAMIENTO m. Acto de sobrepujar.
SOBREPUJAR v. t. Exceder, aventajar. (SINÓN. V. *Prevalecer.*)
SOBREQUILLA f. *Mar.* Madero grueso que está clavado de popa a proa sobre la quilla.
SOBRERO, RA adj. Sobrante, de repuesto. ‖ — M. Toro que se tiene de más para que sustituya a otro de la corrida si éste se inutiliza.
SOBRERRIENDA f. *Amer.* Falsa rienda.
SOBRESALIENTA f. *Teatr.* Sobresaliente.
SOBRESALIENTE adj. y s. Que sobresale. ‖ — Com. *Fig.* Cómico o torero que suple la falta de otro. ‖ — M. Calificación máxima en los exámenes.
SOBRESALIR v. i. Aventajar una persona o cosa a otras. ‖ — IRREG. Se conjuga como *salir.* ‖ — SINÓN. *Despuntar, destacarse, distinguirse, singularizarse.* V. tb. *exceder* y *prevalecer.*
SOBRESALTAR v. t. Saltar, acometer de repente. ‖ Asustar, causar un sobresalto. (SINÓN. V. *Estremecer.*) ‖ — V. i. Resaltar.
SOBRESALTO m. Sensación de temor repentina: *tuvo un sobresalto al verlo llegar.* (SINÓN. V. *Emoción, estremecimiento* y *salto.*) ‖ *De sobresalto,* m. adv., de improviso, de repente.
SOBRESANAR v. t. Curar una herida sólo superficialmente. ‖ Paliar o disimular un defecto.
SOBRESATURACIÓN f. Obtención de una solución más concentrada que la solución saturada. ‖ Calidad de esta solución.
SOBRESATURADO, DA adj. Muy saturado.
SOBRESCRIBIR v. t. Escribir sobre una cosa ya escrita. ‖ Poner el sobrescrito a una carta.
SOBRESCRITO m. Lo que se escribe en el sobre de una carta: *leer un sobrescrito.*
SOBRESDRÚJULO, LA adj. y s. Dícese de la palabra cuya acentuación carga en la sílaba que precede a la antepenúltima: *devUÉLvemelo.*
SOBRESEER v. i. Desistir de un empeño o pretensión. ‖ Cesar en el cumplimiento de una obligación. ‖ *For.* Dejar sin curso un procedimiento. (SINÓN. V. *Demorar.*)
SOBRESEIMIENTO m. Resolución de un tribunal de suspender un proceso por falta de causas que justifiquen la acción de la justicia.
SOBRESELLAR v. t. Poner un sobresello.
SOBRESELLO m. Segundo sello.
SOBRESEMBRAR v. t. Sembrar de nuevo sobre lo sembrado. ‖ — IRREG. Se conjuga como *acertar.*
SOBRESTADÍA f. Día que pasa después del plazo fijado para cargar o descargar un buque. ‖ Lo que se paga por esta demora.
SOBRESTANTE m. El encargado de dirigir a ciertos operarios: *sobrestante de obras públicas.*
SOBRESTIMAR v. t. Estimar en más de su valor.
SOBRESUELDO m. Lo que se paga además del sueldo fijo: *tener un buen sobresueldo.*
SOBRETARDE f. Momento antes del anochecer.
SOBRETODO m. Ropa ancha y larga como gabán.
SOBREVENIDA f. Venida imprevista.
SOBREVENIR v. i. (lat. *supervenire*). Suceder una cosa además de otra. ‖ Venir de improviso: *sobrevino un suceso.* (SINÓN. V. *Venir.*) ‖ — IRREG. Se conjuga como *venir.*

SOBREVIENTO m. Golpe de viento. || *Mar. Estar*, o *ponerse, a sobreviento*, tener el barlovento respecto de otra nave.
SOBREVISTA f. Visera del morrión antiguo.
SOBREVIVIENTE adj. y s. El que sobrevive.
SOBREVIVIR v. i. (lat. *supervivere*). Vivir después de la muerte de otro. || *Fig.* Seguir vivo después de una ruina, un desastre.
SOBREXCEDER v. t. Exceder, aventajar.
SOBREXCITAR v. t. Sobreexcitar.
SOBRIAMENTE adv. m. Con sobriedad, de una manera sobria: *vivir sobriamente.*
SOBRIEDAD f. (lat. *sobrietas*). Calidad de sobrio. (SINÓN. *Frugalidad, templanza.*) || Falta de exageración. (SINÓN. V. *Retención.*)
SOBRINO, NA m. y f. (lat. *sobrinus*). Hijo o hija del hermano o la hermana, o del primo o la prima. Los primeros se llaman *sobrinos carnales*, y los otros, *sobrinos segundos, terceros*, etc.
SOBRIO, BRIA adj. (lat. *sobrius*). Moderado en comer y beber: *convidado sobrio.* || Desprovisto de adornos excesivos. || *Fig.* Moderado.
SOBROS m. pl. *Amér. C.* Sobras.
SOCA f. *Amer.* Último retoño que da la caña de azúcar y sirve generalmente para transplantarla. || *Bol.* El brote de la cosecha de arroz. || *Ecuad.* Tabaco de superior calidad.
SOCADO, DA adj. *Amér. C.* Borracho.
SOCAIRE m. *Mar.* Lado que está opuesto al viento. || *Al socaire*, al abrigo del viento.
SOCALAR v. t. *Amér. C., Col.* y *Venez.* Socolar.
SOCALIÑA f. Ardid o maña para sacar algo.
SOCALIÑAR v. t. Sacar una cosa con socaliña.
SOCALIÑERO, RA adj. Que usa de socaliñas.
SOCALZAR v. t. Reforzar por los cimientos un edificio que está amenazando ruina.
SOCAPA f. *Fam.* Pretexto. || *A socapa*, o *so capa*, con disimulo.
SOCAPAR v. t. *Amer.* Encubrir, ocultar.
SOCAR v. t. *Amér. C.* Azocar, apretar una cosa. || Fastidiar. || Emborrachar.
SOCARRA f. Acción de socarrar. || Socarronería.
SOCARRAR v. t. Quemar ligeramente una cosa.
SOCARRÉN m. Alero de un tejado.
SOCARRENA f. Hueco, cavidad (dícese principalmente del hueco formado entre los maderos de un suelo o un tejado).
SOCARRINA f. *Fam.* Chamusquina.
SOCARRÓN, ONA adj. y s. *Fam.* Astuto, taimado. || Burlón, guasón.
SOCARRONERÍA f. Astucia, bellaquería.
SOCAVA f. Acción de socavar. || Hoyo que se hace alrededor de un árbol para conservar la humedad.
SOCAVACIÓN f. Acción y efecto de socavar.
SOCAVAR v. t. Excavar o cavar una cosa por debajo. (SINÓN. V. *Minar* y *profundizar.*)
SOCAVÓN m. Galería o mina subterránea. || Hundimiento, hoyo: *los socavones de la carretera.*
SOCIABILIDAD f. Calidad de sociable.
SOCIABLE adj. (del lat. *socius*, compañero). Nacido para vivir en sociedad: *el hombre es esencialmente sociable.* || Que se muestra inclinado a la sociedad: *hombre sociable.* || Que es fácil de tratar con él: *tener un carácter sociable.* (SINÓN. V. *Afable.*) || — CONTR. *Insociable.*
SOCIAL adj. Relativo a la sociedad: *orden social.* || Relativo a una compañía o sociedad, o a los socios. || *Medidas sociales*, leyes que tienden a mejorar la condición de los asalariados.
SOCIALDEMOCRACIA f. Denominación del Partido Socialista en algunos países.
SOCIALISMO m. Denominación de diversas doctrinas económicas, sociales y políticas que propugnan una distribución más justa de la riqueza y condenan la propiedad privada de los medios de producción y de cambio. || —SINÓN. *Bolchevismo, colectivismo, comunismo, marxismo.*
— La base del *socialismo* se encuentra en la denuncia de las desigualdades sociales, que desde Platón a Babeuf, no tiene más que un fundamento moral. Luego vienen las explicaciones técnicas de estas desigualdades y después las proposiciones de Sismondi y Saint-Simon. En esta línea aparece a finales del siglo XIX el socialismo de Estado y ya en el siglo XX el intervencionismo y la planificación. Los *sansimonianos* (Enfantin, Bazard) y los *asociacionistas* (Fourier y Luis Blanc en Francia, Owen en Inglaterra) preconizan la sustitución del régimen de propiedad privada por una socialización estatal o por un federalismo de las asociaciones de productores, concretizado en las "cooperativas de consumo" y "cooperativas de producción". Con Marx y Engels aparece el *socialismo científico* o *marxismo* (v. esta palabra), que declara que la transformación de las estructuras sociales es ineludible y que ella es la consecuencia lógica de las contradicciones internas del régimen capitalista. El marxismo constituye el fundamento de la mayor parte de los partidos socialistas y la base doctrinal de los comunistas.
SOCIALISTA adj. y s. Partidario del socialismo o perteneciente o relativo a él.
SOCIALIZACIÓN f. Proceso de colectivización de los medios de producción y de intercambio.
SOCIALIZAR v. t. Desposeer, mediante compra o expropiación, a los propietarios de ciertos medios de producción o de intercambio en beneficio de una colectividad.
SOCIEDAD f. (lat. *societas*). Estado de los hombres o de los animales que viven sometidos a leyes comunes: *las abejas viven en sociedad.* || Cada uno de los diversos estados de la evolución del género humano: *sociedad primitiva, feudal, capitalista.* || Reunión de varias personas sometidas a una misma regla: *formar una sociedad.* (SINÓN. V. *Sindicato.*) || Cuerpo social: *los deberes del hombre para con la sociedad.* (SINÓN. V. *Mundo.*) || Reunión de personas formada para mutua diversión o con otro fin: *sociedad literaria, deportiva.* (SINÓN. *Asociación.* V. tb. *corporación.*) || *Sociedad comercial*, asociación de varias personas hecha con el fin de proporcionarse alguna utilidad. (SINÓN. *Hansa, cartel, compañía, consorcio, holding, pool, trust.*) || *Sociedad civil*, la que no tiene por objeto realizar actos de comercio. || *Buena sociedad*, reunión de las personas que se distinguen por su cultura y modales. || *Sociedad anónima* (S. A.), la formada por acciones, con responsabilidad circunscrita al capital que éstos representan. || *Sociedad comanditaria* o en *comandita*, aquella en que unos socios tienen derechos y obligaciones como en la sociedad colectiva y otros, llamados *comanditarios*, tienen limitada a una cierta cuantía sus beneficios y responsabilidades. || *Sociedad de responsabilidad limitada* (S. L. o Ltd.), la formada por un número reducido de socios con derechos en proporción a sus aportaciones y en que se responde de las deudas sólo por la cuantía del capital social.
SOCINIANISMO m. Herejía de Socino, que negaba la Trinidad y la divinidad de Jesucristo.
SOCINIANO, NA adj. y s. Partidario del socinianismo o relativo a él.
SOCIO, CIA m. y f. (lat. *socius*). Persona asociada con otras. (SINÓN. *Accionista, capitalista, comanditario, rentista.* V. tb. *asociado.*) || Individuo de una sociedad. (SINÓN. V. *Miembro.*) || *Fam.* Individuo, prójimo.
SOCIOECONÓMICO, CA adj. Que se refiere a la sociedad considerada en términos económicos: *la evolución socioeconómica del empleo.*
SOCIOLOGÍA f. Ciencia que estudia al hombre en sus relaciones con los otros.
SOCIOLÓGICO, CA adj. De la sociología.
SOCIOLOGISMO m. Tendencia que relaciona todo con la sociología.
SOCIÓLOGO, GA m. y f. Persona que se dedica a la sociología.
SOCIOMETRÍA f. Medida de los fenómenos sociales: *la estadística es una de las bases de la sociometría.*
SOCO, CA adj. *Chil.* y *P. Rico.* Manco. || *Amér. C.* Borracho. || — M. *Col.* Muñón.
SOCOBE m. *Amér. C.* Vasija, calabaza.
SOCOLA f. *Col.* y *Amér. C.* Acción de socolar.
SOCOLAR v. t. *Col.* y *Amér. C.* Cortar las malezas para dejar despejado el terreno alrededor de los árboles mayores. (V. ZOCOLAR.)
SOCOLOR m. Pretexto, apariencia. || — Adv. m. So color: *hacer algo socolor de filantropía.*
SOCOLLADA f. *Mar.* Sacudida que da la vela cuando está floja. || *Mar.* Cabezada de un buque.
SOCOLLÓN m. *Amér. C.* Sacudida violenta.
SOCONUSCO m. (de *Soconusco*, n. geogr.). Nombre de un chocolate muy fino.
SOCORO, m. Sitio que se encuentra debajo del coro en las iglesias.
SOCORREDOR, RA adj. y s. Que socorre.

soja

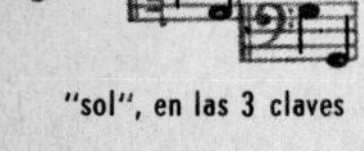

"sol", en las 3 claves

SOCORRER v. t. (lat. *succurrere*). Ayudar, auxiliar, amparar a uno. (SINÓN. V. *Remediar.*)

SOCORRIDO, DA adj. Que socorre fácilmente a los demás. ‖ Que abunda en ciertas cosas: *esta ciudad es muy socorrida.* ‖ Común y trillado: *un tema muy socorrido.*

SOCORRISMO m. Método de los primeros socorros: *curso de socorrismo.*

SOCORRISTA m. y f. Miembro de una sociedad de socorrismo.

SOCORRO m. Acción y efecto de socorrer. ‖ Dinero, alimento u otras cosas con que se socorre. (SINÓN. *Limosna* y *subsidio.*) ‖ Tropa que acude para auxiliar a otra; pertrechos y municiones que se llevan a ésta para ayudarla: *llevar socorros a una plaza.* (SINÓN. V. *Apoyo.*)

SOCORVA f. *Ecuad.* Tumor de los caballos.

SOCOYOTE m. *Méx.* Benjamín, hijo menor.

SOCRÁTICO, CA adj. y s. Perteneciente a Sócrates, partidario de su doctrina.

SOCRATISMO m. Ideas e influencia de las doctrinas de Sócrates.

SOCROCIO m. (del lat. *succus,* jugo, y *crocus,* azafrán). Emplasto en que entra el azafrán. ‖ *Ecuad.* Una especie de azucarillo de raspadura.

SOCUCHO m. *Amer.* Zaquizamí, sucucho.

SOCHANTRE m. El que dirige el coro en los oficios divinos.

SOCHE m. *Ecuad.* Cariacú, especie de ciervo. ‖ *Col.* Piel sin pelo.

SODA f. (ital *soda*). Sosa. ‖ Agua que contiene ácido carbónico. ‖ Bebida de agua gaseosa aromatizada.

SODERÍA f. *Col.* Despacho de sodas.

SÓDICO, CA adj. Relativo al sodio: *sal sódica.*

SODIO m. (del lat. *soda,* sosa). Metal (Na), de número atómico 11, densidad 0,97, punto de fusión 97,9° C y es blando como la cera, muy ligero, que descompone el agua a la temperatura ordinaria: *el sodio abunda en la naturaleza bajo las formas de cloruro* (sal común), *sulfato y nitrato.*

SODOMÍA f. Perversión sexual contra natura. ‖ Homosexualismo.

SODOMITA adj. y s. De Sodoma. ‖ Que comete sodomía.

SOEZ adj. Indecente, grosero: *expresión soez.*

SOFÁ m. (fr. *sofa*). Asiento cómodo, con respaldo y brazos para dos o más personas. (SINÓN. V. *Canapé.*) ‖ *Sofá cama,* sofá que hace también las veces de cama. Pl. *sofás.*

SOFALDAR v. t. Alzar las faldas a una persona. ‖ *Fig.* Levantar una cosa que cubre otra.

SOFALDO m. Acción y efecto de sofaldar.

SOFÍ m. Nombre antiguo de los soberanos persas.

SOFIÓN m. (ital. *soffione*). Bufido, expresión de enfado. ‖ Trabuco de boca muy ancha.

SOFISMA m. (lat. *sophisma*). Falso razonamiento para inducir a error: *la escuela de Elea imaginó sofismas para demostrar la no existencia del movimiento.*

SOFISMO m. Sufismo.

SOFISTA adj. y s. (lat. *sophista*). Que se vale de sofismas. ‖ — M. Filósofo o retórico de la Antigüedad: *Sócrates combatió los sofistas.* (Los más famosos *sofistas* fueron Trasímaco, Critias, Protágoras, Gorgias y Calicles.) ‖ Persona que hace razonamientos falsos.

SOFISTERÍA f. Empleo de sofismas o engaños.

SOFÍSTICA f. Arte de los sofistas.

SOFISTICACIÓN f. Acción de sofisticar.

SOFISTICADO, DA adj. *Neol.* Carente de naturalidad.

SOFISTICAR v. t. Falsificar una cosa con sofismas, engañar. ‖ *Fig.* Adulterar, falsificar. (SINÓN. V. *Falsear.*)

SOFÍSTICO, CA adj. Aparente, fingido, falso.

SOFITO y no **SÓFITO** m. (ital. *soffito*). *Arq.* Plano inferior de cualquier cuerpo voladizo: *sofito adornado.* (SINÓN. V. *Techo.*)

SOFLAMA f. Reverberación del fuego. ‖ Fuego o ardor que sube al rostro por enojo, vergüenza, etcétera. ‖ *Fig.* Engaño, trampa. ‖ *Fig.* Roncería, arrumaco. ‖ *Fam.* Proclama, discurso.

SOFLAMAR v. t. Chasquear o engañar a uno. ‖ *Fig.* Avergonzar, abochornar a uno. ‖ — V. r. Tostarse, quemarse con la llama lo que se asa.

SOFLAMERÍA f. *Fam.* Palabrería.

SOFLAMERO, RA adj. y s. *Fig.* Que usa de soflamas. ‖ *Méx. Fam.* Nimiamente delicado.

SOFOCACIÓN f. Acción y efecto de sofocar o sofocarse. ‖ Disgusto grande.

SOFOCADOR, RA y mejor **SOFOCANTE** adj. Que sofoca: *experimentar un calor sofocante.*

SOFOCAR v. t. (lat *suffocare*). Ahogar, hacer perder la respiración. ‖ *Fam.* Causar emoción violenta. ‖ *Fig.* Avergonzar, abochornar a una persona. ‖ *Fam.* Acosar, importunar.

SOFOCLEO, A adj. Propio y característico de Sófocles: *ironía sofoclea.*

SOFOCO m. Efecto de sofocarse. ‖ *Fig.* Grave disgusto que se da o recibe.

SOFOCÓN m. *Fam.* Disgusto que sofoca o aturde.

SOFOQUINA f. *Fam.* Sofocón, disgusto grande.

SÓFORA f. Árbol de la familia de las papilionáceas, originario de Oriente.

SOFREIR v. t. Freir ligeramente un manjar.

SOFRENADA f. Acción y efecto de sofrenar.

SOFRENAR v. t. Tirar el jinete violentamente de las riendas a la caballería. ‖ *Fig.* Reprender ásperamente. ‖ *Fig.* Moderar una pasión.

SOFRITO m. Frito ligero.

SOGA f. (lat. *soga*). Cuerda gruesa de esparto. (SINÓN. V. *Cordaje.*) ‖ Cuerda, medida antigua. ‖ Medida agraria antigua. ‖ *Arg.* Tira de cuero sin sobar. ‖ *Arg.* Parte de un sillar o ladrillo que queda al descubierto. ‖ — M. *Fig.* y *fam.* Hombre astuto y taimado. ‖ *Fig.* y *fam. Dar soga a uno,* darle cuerda. ‖ *Echar la soga tras el caldero,* abandonar lo accesorio, perdido lo principal. ‖ *Fig. Estar con la soga al cuello,* estar en situación muy apurada, en un grave riesgo. ‖ — PROV. **No hay que mentar la soga en casa del ahorcado,** no se deben recordar en la conversación cosas que molesten a uno de los circunstantes.

SOGUEAR v. t. *Amer.* Atar el animal con un ronzal. ‖ *Col.* Dar soga a uno. ‖ *Cub.* Amansar.

SOGUERÍA f. Oficio y tienda del soguero.

SOGUERO m. El que hace o vende las sogas.

SOGUILLA f. Trenza delgada de pelo. ‖ Trencilla de esparto. ‖ *Fam.* Trencilla de tripas para los gatos.

SOIRÉE f. (pal. fr., pr. *suaré*). Velada, tertulia.

SOJA f. Planta leguminosa, de fruto parecido a la judía, originaria de las regiones cálidas de Asia. (Tiene un elevado valor nutritivo y de ella se extrae aceite.)

SOJUZGADOR, RA adj. Que sojuzga o sujeta.

SOJUZGAR v. t. Sujetar, avasallar, dominar. (SINÓN. V. *Oprimir.*)

SOL m. (lat. *sol*). Astro luminoso, centro de nuestro sistema planetario: *la luz del Sol.* ‖ *Fig.* Luz, calor o influjo directo del Sol: *hace mucho sol, tomar el sol.* ‖ *Fig.* Día. ‖ *Fig.* Persona a quien se quiere mucho, persona muy amable y servicial: *Jacinta es un sol.* ‖ Cosa que brilla mucho: *la verdad es el sol de las inteligencias.* ‖ Parte soleada de las plazas de toros donde se encuentran las localidades populares. ‖ Unidad monetaria del Perú. ‖ *El Sol Naciente,* el Japón. ‖ *Sol de las Indias,* el girasol. ‖ *Fig.* y *fam. Adorar el sol que nace,* adular al que empieza a ser poderoso o ha de serlo pronto. ‖ *Arrimarse al sol que más calienta,* adular al más poderoso. ‖ *No dejar a uno a sol ni a sombra,* perseguirle con importunidad. ‖ *Sol y sombra,* copa de aguardiente triple con aguardiente de caña. En los toros, localidad intermedia entre el sol y la sombra. ‖ *De sol a sol,* desde el amanecer hasta el anochecer.

— Es el *Sol* centro de nuestro sistema planetario y regulador del movimiento de la Tierra y los demás planetas. Fuente de calor y de luz, es el principio vivífico de todos los seres organizados. Le atribuyen los astrónomos un núcleo obscuro rodeado de una atmósfera luminosa. La distancia del Sol a la Tierra es de unos 150 millones de km. Es 1 300 000 veces mayor que la Tierra. Creíase antes de Copérnico que el Sol daba vueltas alrededor de la Tierra. El Sol fue adorado por casi todos los pueblos primitivos.

SOL m. (primera sílaba de la palabra *solve,* en el himno de San Juan Bautista). *Mús.* Quinta nota de la escala música y signo que la representa.

SOL m. *Quím.* Coloide dispersado en un líquido.

SOLACEAR v. t. Solazar, dar solaz o placer.

SOLADO m. El suelo o revestimiento de un piso.

SOLADOR m. El obrero que suela los pisos.

SOLADURA f. Acción de solar pisos, y material que en ello se emplea.
SOLAMENTE adv. m. Únicamente, nada más: *beber solamente agua.* || *Solamente que,* con sólo que, con la única condición de que.
SOLANA f. Sitio donde da el sol de lleno. || Pieza más expuesta al sol en una casa.
SOLANÁCEAS f. pl. (del lat. *solanum,* hierba mora). *Bot.* Familia de plantas a que pertenecen la hierba mora, la tomatera, la patata, la berenjena, el pimiento y el tabaco.
SOLANINA f. Glucósido venenoso de algunas solanáceas.
SOLANO m. (lat. *solanus*). Viento de Oriente.
SOLANO m. (lat. *solanum*). Hierba mora.
SOLAPA f. Parte del vestido, junto al cuello, que se dobla hacia fuera. || Ficción con que se disimula una cosa. || *Veter.* Llaga con cavidad interior. || Parte del sobre de carta que sirve para cerrarla. || Prolongación lateral de la cubierta de un libro que se dobla hacia adentro.
SOLAPADAMENTE adv. m. *Fig.* Con cautela, taimadamente: *obrar solapadamente.*
SOLAPADO, DA adj. *Fig.* Taimado y cauteloso.
SOLAPAR v. t. Poner solapas a un vestido. || *Fig.* Cubrir una cosa a otra. || *Fig.* Ocultar maliciosamente. || — V. i. Caer una parte del vestido sobre otra: *chaleco que solapa bien.*
SOLAR adj. Perteneciente al Sol: *rayos solares.* || *Día* solar, intervalo de tiempo comprendido entre dos vueltas consecutivas del Sol por el meridiano de un lugar. || *Sistema solar,* conjunto de planetas y de sus satélites que giran alrededor del Sol.
SOLAR m. Terreno edificado o donde se ha de edificar. || Casa antigua, cuna de una familia noble. || *Amer.* Trascorral. || *Per.* Casa de vecindad.
SOLAR v. t. Cubrir el suelo con ladrillos, losas, etcétera: *solar una habitación.* || Echar suelas al calzado. || — IRREG. Se conjuga como *cantar.*
SOLARIEGO, GA adj. Perteneciente o relativo al solar: *casa solariega.* || Antiguo y noble.
SOLARIUM o **SOLARIO** m. Lugar en las piscinas donde se toma el sol. || Establecimiento donde se tratan ciertas afecciones por la luz solar. (SINÓN. V. *Sanatorio.*)
SOLAZ m. Descanso, placer: *la lectura es un solaz del espíritu.* || *A solaz,* con placer, a gusto.
SOLAZAR v. t. Dar solaz, descansar. (SINÓN. V. *Entretener.*)
SOLAZO m. *Fam.* Sol excesivamente fuerte.
SOLDADA f. Sueldo. || Haber del soldado.
SOLDADESCA f. (ital. *soldatesca*). Conjunto de soldados indisciplinados.
SOLDADESCO, CA adj. Relativo o perteneciente a los soldados: *modales soldadescos.*
SOLDADO m. El que sirve en la milicia de una nación: *alistar soldados.* || Militar sin graduación: *soldado raso.* || El que defiende algo.
SOLDADOR m. El que suelda: *soldador de latas de conservas.* || Instrumento para soldar.
SOLDADURA f. Acción y efecto de soldar. || Composición metálica para soldar: *los plomeros usan la soldadura de plomo y estaño.* || Juntura por adhesión: *la soldadura de un hueso roto.* (SINÓN. V. *Adherencia.*) || *Fig.* Enmienda, compostura. || *Soldadura autógena,* la hecha sin materia extraña por fusión de las superficies en contacto.
SOLDAR v. t. (del lat. *solidare,* consolidar). Pegar dos cosas con una soldadura; *soldar dos alambres.* || *Fig.* Unir. || *Fig.* Componer, enmendar. || — V. r. Pegarse: *huesos que se sueldan.* || — IRREG. Se conjuga como *contar.*
SOLEÁ f. Tonada andaluza de carácter melancólico de compás de tres por ocho. || Copla que se canta y danza que se baila con esta música. Pl. *soleares.*
SOLEAR v. t. Exponer mucho al sol.
SOLECISMO m. Falta de sintaxis.
— Son *solecismos* las frases siguientes: LA *di el libro,* por LE *di; le regaló una joya,* CUYA *joya era de oro, por* LA CUAL*; voy* A POR *mi sombrero,* en lugar de *voy* POR*; un reloj* CON O SIN *cadena,* por CON CADENA O SIN ELLA.
SOLEDAD f. (lat. *solitas, atis*). Estado del que vive lejos del mundo: *los encantos de la soledad.* || Lugar solitario: *retirarse a una soledad.* || Pesar y melancolía por la ausencia, muerte o pérdida de persona o cosa. || Soleá. (SINÓN. V. *Retiro.*)
SOLEJAR m. Solana, sitio expuesto al sol.
SOLEMNE adj. (lat. *solemnis*). Que se celebra cada año con ceremonias públicas: *fiestas solemnes.* || Hecho con extraordinaria pompa: *ceremonia solemne.* || Acompañado por formalidades importantes: *acto solemne.* || Enfático, grave, majestuoso: *hablar con tono solemne.* || Encarece en sentido peyorativo la significación de algunos nombres: *hizo una solemne tontería.*
SOLEMNEMENTE adv. m. De manera solemne.
SOLEMNIDAD f. Calidad de solemne: *la solemnidad de una fiesta.* || Ceremonia solemne: *las solemnidades de la Iglesia.* || Formalidades que hacen un acto solemne: *solemnidad de un juramento.* || *Pobre de solemnidad,* muy pobre.
SOLEMNIZAR v. t. Celebrar de una manera solemne. (SINÓN. V. *Celebrar.*)
SOLEN m. Género de moluscos lamelibranquios llamados vulgarmente *cuchillos* o *navajas.*
SOLENOIDE m. (del lat. *solem,* canal, y el gr. *eidos,* forma). *Electr.* Alambre arrollado en forma de hélice sobre un cilindro que, atravesado por una corriente, crea un campo magnético comparable al de un imán recto.

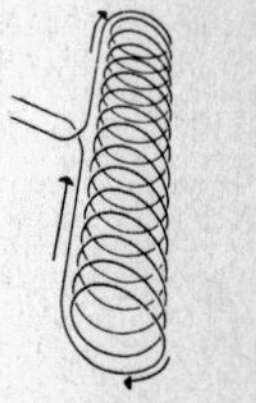
solenoide

SÓLEO m. (del lat. *solea,* suela). *Zool.* Nombre de un músculo de la pantorrilla. (V. la lámina HOMBRE.)
SOLER m. (del lat. *solum,* suelo). *Mar.* Suelo de las embarcaciones en lo bajo del plan.
SOLER v. i. (lat. *solere*). Acostumbrar, ser frecuente: *suele llover en este tiempo.* (Es defectivo.) || — IRREG. Se conjuga como *mover.*
SOLERA f. (del lat. *solum,* suelo). Madero horizontal sobre el cual descansan o se ensamblan otros. || Piedra plana que sostiene un pie derecho o cosa semejante. || Muela fija del molino. || Suelo del horno. || Tradición: *esa casa tiene solera.* || *Chil.* Encintado. || *Arg.* Alero de rancho. || Madre del vino. || *Méx.* Baldosa, ladrillo.
SOLERÍA f. Material para solar. || Solado, suelo.
SOLETA f. Remiendo que se echa a la planta del pie de la media o calceta. || *Méx.* Dulce de harina y azúcar.
SOLEVANTADO, DA adj. Inquieto, agitado.
SOLEVANTAMIENTO m. Acción y efecto de solevantar o solevantarse.
SOLEVANTAR v. t. Levantar una cosa empujándola desde abajo. || *Fig.* Soliviantar, inquietar.
SOLFA f. Arte de solfear. || Conjunto de signos con que se escribe la música. || *Fig.* Música. || *Fig.* y *fam.* Zurra: *dar una solfa.* (SINÓN. V. *Paliza.*) || Cantinela. || *Fig.* y *fam. Poner en solfa,* poner en ridículo. Hacer una cosa con arte y regla.
SOLFATARA f. (ital. *solfatara*). *Geol.* Grieta de donde salen vapores sulfurosos en los terrenos volcánicos.
SOLFEADOR, RA adj. y s. Que solfea.
SOLFEAR v. t. Cantar música pronunciando el nombre de las notas: *solfear un trozo.* || *Fam.* Dar una solfa. (SINÓN. V. *Reprender.*) || *Hond. Quedar solfeando,* arruinarse.
SOLFEO m. Acción y efecto de solfear. || Libro donde se solfea. || *Fig.* y *fam.* Zurra.
SOLICITACIÓN f. Acción de solicitar o pedir.
SOLICITADOR, RA adj. y s. Que solicita.
SOLÍCITAMENTE adv. m. De un modo solícito.
SOLICITANTE adj. y s. Que solicita.
SOLICITAR v. t. (lat. *sollicitare*). Buscar, pretender una cosa: *solicitar un destino.* (SINÓN. *Mendigar, pedir, postular.*) || Hacer diligencias para la realización de algún negocio. || *Fís.* Atraer: *la gravedad solicita a todos los cuerpos.* || *Fig.* Atraer: *solicitar la atención del público.*
SOLÍCITO, TA adj. (lat. *solicitus*). Cuidadoso, diligente. (SINÓN. V. *Complaciente.*)
SOLICITUD f. Cuidado minucioso, diligencia: *solicitud materna.* (SINÓN. V. *Cuidado.* CONTR. *Indiferencia.*) || Memorial en que se solicita alguna cosa: *dirigir una solicitud.*
SÓLIDAMENTE adv. m. Con solidez o firmeza: *atar un lío sólidamente.* || — CONTR. *Débilmente.*
SOLIDAR v. t. Consolidar, solidificar una cosa. || *Fig.* Establecer una cosa con razones verdaderas.
SOLIDARIAMENTE adv. m. Con solidaridad.
SOLIDARIDAD f. Sentimiento que impele a los hombres a prestarse una ayuda mutua. || *Fil.* Dependencia mutua entre los hombres que hace que no puedan ser felices unos si no lo son los demás. || *For.* Modalidad de una obligación.
SOLIDARIEDAD f. Solidaridad.

SOLIDARIO, RIA adj. Que obliga a varias personas a una misma cosa: *compromiso solidario.* || Obligado solidariamente: *el marido es solidario de los actos de su mujer.* || Dícese de una pieza de un mecanismo ligada a otra de una manera rígida. || *Fig.* Dícese de las personas que responden unas de otras. (SINÓN. V. *Responsable.*)
SOLIDARISMO m. Doctrina o sistema económico que se fundamenta en la solidaridad.
SOLIDARIZAR v. t. Hacer solidario. || — V. r. Unirse solidariamente con otro.
SOLIDEO m. (del lat. *soli Deo*, sólo a Dios). Casquete redondo de seda u otra tela que suelen llevar los eclesiásticos. (SINÓN. V. *Gorro.*)
SOLIDEZ f. Calidad de sólido. (SINÓN. V. *Volumen.*)
SOLIDIFICACIÓN f. Paso de un cuerpo del estado líquido al estado sólido.
SOLIDIFICAR v. t. Hacer sólido lo que era fluido. (SINÓN. V. *Coagular.*)
SÓLIDO, DA adj. (lat. *solidus*). Que tiene consistencia, y cuyas partes son adherentes, por oposición a *fluido: cuerpo sólido.* (SINÓN. *Denso, duro, compacto, concreto, consistente, macizo.* CONTR. *fluido, frágil, líquido.*) || Robusto, vigoroso. (SINÓN. V. *Fuerte.*) || Firme: *un argumento sólido.* || — M. Cuerpo sólido: *los sólidos se dilatan menos que los líquidos.* || *Mat.* Espacio limitado por superficies.
SOLILOQUIAR v. i. *Fam.* Hablar a solas.
SOLILOQUIO m. (lat. *soliloquium*). Discurso de una persona que se habla a sí misma: *los Soliloquios de San Agustín.* || Lo que habla de este modo un personaje de obra dramática. (SINÓN. V. *Monólogo.*)
SOLIO m. (lat. *solium*). Trono, asiento con dosel para un soberano o príncipe.
SOLÍPEDO, DA adj. (lat. *solipes*, de *solidus*, sólido, y *pes*, pie). *Zool.* Dícese de los mamíferos ungulados cuyas extremidades están terminadas por un solo dedo, como el caballo, el asno y la cebra. || — M. pl. *Zool.* Orden de estos animales.
SOLIPSISMO m. Teoría filosófica idealista según la cual nada existe fuera del pensamiento individual y que toda realidad percibida no es más que fruto de nuestra imaginación.
SOLISTA com. *Mús.* Artista que ejecuta un solo de una pieza vocal o instrumental: *un magnífico solista de violín.* || *Fig.* Latoso.
SOLITARIA f. *Zool.* Tenia.
SOLITARIAMENTE adv. m. De un modo solitario, en soledad: *vivía solitariamente en su casa de campo.*
SOLITARIO, RIA adj. Que vive solo o es aficionado a la soledad: *el lobo es solitario.* || Desierto: *lugar solitario.* (SINÓN. V. *Inhabitado.*) || — M. Anacoreta, que ama la soledad. (SINÓN. V. *Ermitaño.*) || Diamante montado aisladamente. || Nombre que se da a varios juegos de naipes que sólo necesitan un jugador.
SÓLITO, TA adj. (lat. *solitus*). Acostumbrado, frecuente. (CONTR. *Insólito.*) || — F. pl. *Amer.* Facultades concedidas por el Papa a los obispos de Indias para resolver ciertos casos de absolución o impedimentos matrimoniales.
SOLIVIANTAR v. t. Mover, alterar el ánimo de una persona. (SINÓN. V. *Excitar.*)
SOLIVIAR v. t. Solevantar, levantar por debajo una cosa. || *Arg.* Hurtar. || — V. r. Alzarse un poco el que está sentado o tendido.
SOLIVIÓN m. Esfuerzo de tracción para sacar una cosa oprimida por otra que tiene encima.
SOLIVO m. Madero de construcción.
SOLO, LA adj. (lat. *solus*). Que no tiene compañía, aislado: *vivir solo.* || Único en su especie. || Que no tiene quien le ampare, socorra o consuele en sus necesidades o penas. || — M. Paso de danza que se ejecuta sin pareja. || Juego de naipes parecido al tresillo. || Lance del juego del tresillo, en que se hacen todas las bazas sin ayuda de robo ni de compañero. || *Mús.* Composición para una sola voz o un solo instrumento. || *Arg. Fam.* Lata. || *A solas,* m. adv., sin ayuda ajena. Solo con una persona o cosa: *a solas con su conciencia.*
SÓLO adv. m. Solamente: *sólo harás lo que te ordeno.* (SINÓN. V. *Únicamente.*)
SOLOLATECO, CA adj. y s. De Sololá (Guatemala).
SOLOMILLO m. Carne de las reses de matadero que está situada entre las costillas y los lomos.
SOLOMO m. Solomillo. || Lomo de cerdo adobado.
SOLSTICIO m. (lat. *solstitium*). Tiempo en que se halla el Sol más lejos del ecuador: *el solsticio de verano ocurre del 21 al 22 de junio y el de invierno del 21 al 22 de diciembre.*
SOLTADIZO, ZA adj. Que se dice disimuladamente para averiguar alguna cosa.
SOLTADOR, RA adj. y s. Que suelta una cosa.
SOLTANÍ m. Moneda antigua de oro del imperio turco.
SOLTAR v. t. Dejar suelto: *soltar un cabo de cuerda.* (SINÓN. *Aflojar, desatar.* V. tb. *dar.*) || Poner en libertad: *soltar un preso.* (SINÓN. *Liberar.* V. tb. *dejar.*) || Explicar, resolver: *soltar la dificultad.* || *Fam.* Evacuar con frecuencia. || Romper en una señal de afecto: *soltó la carcajada.* || Desasir: *soltarse los puntos de una media.* || Decir: *soltar majaderías.* || — V. r. Adquirir soltura: *soltarse en un trabajo.* || *Fig.* Volverse desenvuelta una persona. || *Fig.* Empezar a hablar, a andar, etc. || — IRREG. Se conjuga como *contar.*
SOLTERÍA f. Estado de soltero: *presentar un certificado de soltería.*
SOLTERO, RA adj. y s. Célibe, que no está casado. || Suelto, libre.
SOLTERÓN, ONA adj. y s. *Fam.* Soltero bastante viejo. (SINÓN. V. *Célibe.*)
SOLTURA f. Acción de soltar. || Agilidad, prontitud, facilidad en los movimientos. || *Fig.* Libertad, desvergüenza: *hablar con mucha soltura.* || *Fig.* Facilidad y lucidez de dicción. || *For.* Libertad: *dar soltura a un preso.* || *Col. Soltura de vientre,* flujo de vientre. | *Guat., Hond., Méx.* y *Venez.* Diarrea.
SOLUBILIDAD f. Calidad de soluble.
SOLUBILIZAR v. t. Tornar soluble.
SOLUBLE adj. (lat. *solubilis*). Que se puede disolver: *sal soluble.* || *Fig.* Que se puede resolver. || — CONTR. *Insoluble.*
SOLUCIÓN f. (lat. *solutio*). Acción y efecto de disolver o desatar. || Explicación: *la solución de una duda.* || Desenlace: *la solución del drama.* (SINÓN. V. *Resultado.*) || *Mat.* Explicación de un problema: *problema sin solución.* || Interrupción: *solución de continuidad.* || Disolución, líquido: *solución alcohólica.*
SOLUCIONAR v. t. Resolver un asunto, hallar solución a un negocio. (SINÓN. V. *Resolver.*)
SOLUTIVO, VA adj. y s. m. *Farm.* Dícese del medicamento laxante.
SOLUTRENSE m. Período del paleolítico superior.
SOLVENCIA f. Acción y efecto de solventar una cuenta. || Calidad de solvente.
SOLVENTAR v. t. Arreglar cuentas pagando la deuda. || Dar solución a un asunto complicado. (SINÓN. V. *Resolver.*)
SOLVENTE adj. Que resuelve o decide una cosa. || Libre de deudas. || Capaz de pagar lo que debe. (CONTR. *Insolvente.*) || Capaz de cumplir una obligación. || — M. Disolvente.
SOLLA f. Pez semejante al lenguado.
SOLLADO m. (del port. *solhado*, suelo). *Mar.* Piso o cubierta interior de un barco o buque.
SOLLAMAR v. t. Socarrar, tostar con la llama.
SOLLASTRE m. Pinche. || *Fig.* Pícaro.
SOLLO m. Esturión, pez. || — PARÓN. *Solio.*
SOLLOZAR v. i. Llorar con sollozos. (SINÓN. V. *Llorar.*)
SOLLOZO m. Contracción espasmódica del diafragma, seguida de la emisión brusca del aire contenido en el pecho: *prorrumpir en sollozos.*
SOMA f. (lat. *summa*). Cabezuela, harina gruesa. || Preparación alcohólica que arrojaban los indios védicos en la hoguera del sacrificio.
SOMA m. (del gr. *sôma*, cuerpo). Parte material del cuerpo, por oposición a la parte inmaterial o psique.
SOMANTA f. *Fam.* Tunda, corrección severa.
SOMATAR v. t. *Amér. C. Fam.* Dar una tunda. || — V. r. *Amér. C.* Caerse, casi matarse.
SOMATÉN m. En Cataluña, cuerpo de gente armada no perteneciente al ejército y que se reúne al toque de rebato: *tocar a somatén.* || *Fig.* y *fam.* Bulla, algazara, jaleo grande. || ¡Somatén!, grito de guerra de las antiguas milicias catalanas.

SOMATENISTA m. Miembro de un somatén.
SOMÁTICO, CA adj. Que pertenece al cuerpo.
SOMATOLOGÍA f. (del gr. *sôma, atos*, cuerpo, y *logos*, tratado). Tratado de la estructura del cuerpo.
SOMBRA f. (lat. *umbra*). Obscuridad: *la luz y la sombra*. (SINÓN. *Opacidad, penumbra, sombría, umbría*.) ‖ Obscuridad de forma especial que produce un cuerpo sobre otro: *la sombra de un árbol*. ‖ Espectro, aparición: *las sombras de los muertos*. (SINÓN. V. *Fantasma*.) ‖ *Fig.* Obscuridad intelectual. ‖ *Fig.* Asilo, favor: *la sombra de los poderosos*. ‖ *Fig.* Apariencia: *esto no tiene la más mínima sombra de verdad*. ‖ Parte de las plazas de toros protegida del sol donde se encuentran las localidades preferentes. ‖ Falsilla, falsa regla. ‖ *Chil.* Quitasol. ‖ *Méx.* Toldo. ‖ Nombre de ciertos colores obscuros usados en las artes: *sombra de hueso, de Venecia, de viejo*. ‖ *Sombras chinescas*, espectáculo cuyos personajes son recortes proyectados en una pantalla. ‖ *Fig. y poét. El imperio de las sombras*, la estancia de los muertos. ‖ *Fam. Poner a la sombra*, meter en la cárcel. ‖ *Fig. y fam. Tener [buena] sombra*, ser simpático. *Fig.* y *fam.* Tener chiste. *Fig.* y *fam.* Ser de buen agüero. ‖ *Fig.* y *fam. Tener mala sombra*, ser antipático. *Fig.* Ejercer mala influencia sobre los que le rodean.
SOMBRAJE m. Sombrajo, abrigo contra el sol.
SOMBRAJO m. Reparo que se hace para tener sombra. ‖ *Fam.* Sombra que hace uno poniéndose delante de la luz. ‖ *Fam. Caérsele a uno los palos del sombrajo*, desanimarse.
SOMBRAR v. t. Asombrar, hacer sombra.
SOMBREADOR, RA adj. Que sombrea.
SOMBREAR v. t. Dar sombra a una cosa: *sombrear un dibujo*. ‖ Dar o producir sombra. ‖ V. i. Empezar a hacer sombra el bigote o la barba: *ya le sombrea el labio superior*.
SOMBRERADA f. Lo que cabe en un sombrero.
SOMBRERAZO m. Golpe que se da con el sombrero. ‖ *Fam.* Saludo precipitado que se hace con el sombrero.
SOMBRERERA f. Mujer del sombrerero. ‖ La que hace o vende sombreros. ‖ Caja para sombreros.
SOMBRERERÍA f. Fábrica de sombreros o tienda donde se venden.
SOMBRERERO m. El que hace o vende los sombreros.
SOMBRERETE m. Sombrero pequeño. ‖ *Bot.* Parte redonda superior de algunos hongos.
SOMBRERILLO m. Parte superior de algunos hongos. ‖ Ombligo de Venus, planta crasulácea.
SOMBRERO m. Prenda del vestido que sirve para cubrir la cabeza. (SINÓN. V. *Tocado*.) ‖ Tejadillo del púlpito que sirve para repartir mejor el sonido. ‖ Privilegio que tienen los grandes de España de cubrirse ante el rey. ‖ *Mar.* Parte superior del cabrestante en la que están las bocabarras. ‖ Parte superior de ciertas piezas mecánicas. ‖ *Sombrero chambergo*, el de ala ancha y levantada por un lado. ‖ *Sombrero calañés*, el de ala estrecha y vuelta hacia arriba, que usa en España la gente del pueblo en algunas provincias. ‖ *Sombrero cordobés*, el ancho de ala y bajo de copa. ‖ *Sombrero de canal, de canoa*, o *de teja*, el que usan ciertos eclesiásticos. ‖ *Sombrero de copa*, el de copa cilíndrica forrada de felpa. ‖ *Sombrero de tres picos*, o *de tres candiles* (en Venezuela: *sombrero al tres*), el tricornio. ‖ *Sombrero hongo*, el de copa redonda, de fieltro duro. ‖ *Méx. Sombrero jarano*, el de fieltro blanco, ala ancha y copa baja. ‖ *Sombrero jíbaro*, en las Antillas, el que usa la gente del campo y se hace de palma. ‖ *Amer. Sombrero de pelo*, el de copa.
SOMBRÍA f. Umbría, sitio donde hay sombra.
SOMBRILLA f. Quitasol.
SOMBRÍO, A adj. Dícese del lugar donde hay sombra: *un rincón sombrío*. (SINÓN. *Anubarrado, lúgubre, nebuloso, tenebroso*.) ‖ *Fig.* Melancólico, tétrico: *tenía un rostro sombrío y lleno de preocupaciones*.
SOMBROSO, SA adj. Que hace mucha sombra: *un árbol sombroso*. ‖ Sombrío: *lugar sombroso*.
SOMERAMENTE adv. m. De un modo somero.
SOMERO, RA adj. Que está encima de otra cosa. ‖ *Fig.* Ligero, superficial: *hacer un examen somero*. (SINÓN. V. *Simple*.)

SOMETER v. t. (lat. *submittere*). Sujetar, subyugar, dominar, vencer: *someter a unos insurrectos*. (SINÓN. *Humillar, reducir, subordinar, supeditar*. V. tb. *obedecer* y *oprimir*.) ‖ Subordinar el juicio, decisión o afecto. ‖ Proponer a la consideración razones, reflexiones, etc.
SOMETIMIENTO m. Acción y efecto de someter o sujetar: *el sometimiento de una provincia*.
SOMIER m. Especie de bastidor provisto de muelles para sostener el colchón.
SOMMELIER m. (pal. fr.) Encargado de servicio del vino en un restaurante, sumiller, bodeguero.
SOMNAMBULISMO m. Sonambulismo.
SOMNÁMBULO, LA adj. y s. Sonámbulo.
SOMNÍFERO, RA adj. y s. m. Dícese de lo que produce el sueño: *la adormidera es una planta somnífera*. (SINÓN. V. *Narcótico*.)
SOMNOLENCIA f. Estado intermedio entre el sueño y la vigilia. ‖ Pesadez, torpeza de los sentidos. ‖ Ganas de dormir. (SINÓN. V. *Adormecimiento*.) ‖ *Fig.* Falta de actividad, pereza.
SOMONTANO, NA adj. y s. De la región del Alto Aragón situada en la falda de los Pirineos.
SOMORGUJAR v. t. Sumergir, chapuzar, hundirse: *somorgujarse en el mar*. ‖ Bucear.
SOMORGUJO mejor que **SOMORGUJÓN** m. Género de aves palmípedas de Europa.
SOMORMUJAR v. t. Somorgujar, chapuzar.
SOMOTEÑO, ÑA adj. y s. De Somoto (Nicaragua).
SOMPANCLE m. *Méx.* Género de leguminosas, llamadas también *colorines* o *coralinas*.
SON m. (lat. *sonus*). Sonido agradable: *el son de un arpa*. ‖ *Fig.* Noticia, fama de una cosa. ‖ *Fig.* Modo, manera: *por este son*. ‖ *Fig.* Motivo, pretexto: *¿a qué son viene esto?* ‖ *Fig.* y *fam. Bailar uno al son que le tocan*, acomodarse a todas las circunstancias. ‖ *En son de*, m. adv., a manera de: *venir en son de paz*. ‖ *Sin son*, m. adv., sin razón ni fundamento.
SONADERA f. Acto de sonarse las narices.
SONADO, DA adj. Famoso, que tiene resonancia: *hacer una que sea sonada*.
SONADOR, RA adj. Que suena o hace ruido.
SONAJA f. Nombre de las chapas de metal que se colocan en algunos juguetes o instrumentos músicos: *una sonaja de pandereta*. ‖ Sonajero. ‖ *Méx.* Instrumento músico antiguo de barro. ‖ — Pl. Instrumento rústico que se compone de varias sonajas dispuestas en los agujeros de un aro de madera.
SONAJERA f. Sonajero. ‖ *Chil.* Sonaja.
SONAJERO m. Especie de juguete con sonajas o cascabeles que sirve para entretener a niños pequeños. (SINÓN. V. *Campana*.)
SONAMBULISMO m. Movimientos automáticos que se producen durante el sueño. ‖ *Sonambulismo provocado* o *magnético*, hipnotismo.
SONÁMBULO, LA adj. y s. Dícese de la persona que durante el sueño se levanta, anda y habla.
SONANTE adj. Dícese de lo que suena: *dinero contante y sonante*.
SONAR v. i. (lat. *sonare*). Hacer ruido una cosa: *sonar una campana*. (SINÓN. *Resonar, tintinear*. V. tb. *repercutir*.) ‖ Tener una letra valor fonético: *la* U *no suena en las sílabas* QUI, QUE. ‖ *Fig.* Pronunciarse, murmurarse: *no quiero que suene mi nombre*. ‖ Tener visos o apariencia de algo: *eso sonaba a interés*. ‖ *Fam.* Ofrecerse vagamente al recuerdo: *no me suena ese nombre*. ‖ Dar: *reloj que suena*. ‖ — V. t. Hacer que suene una cosa: *sonar una pandereta*. (SINÓN. *Campanear, cascabelear, repicar, tañer*.) ‖ Limpiar las narices. ‖ — V. r. Limpiarse las narices. ‖ *Como suena*, literalmente. ‖ — IRREG. Se conjuga como *contar*.
SONATA f. (ital. *sonata*). Composición de música instrumental, compuesta de tres y a veces cuatro trozos de carácter diferente: *las sonatas de Mozart*.
— La *sonata* comprende: 1.º un *alegro*; 2.º un *adagio* o un *andante*; 3º un *final* de mucho movimiento, a los que suelen añadirse un *minué* o un *scherzo*, en segundo o tercer lugar.
SONATINA f. *Mús.* Sonata corta de fácil ejecución: *Clementi escribió agradables sonatinas*.
SONCLE m. *Méx.* Unidad que suelen usar los comerciantes en leña, equivalente a 400 leños.
SONCO m. *Arg.* Hígado de res.

somorgujo

sombrero cordobés

Fot. Highman, Larousse

SONDA f. Instrumento que sirve para reconocer la profundidad del mar o la altura de un avión: *sonda de ultrasonidos.* || Barrena grande que sirve para abrir agujeros profundos en el suelo. || *Cir.* Instrumento para sondar las llagas. || Instrumento análogo empleado para la alimentación artificial. || Vehículo espacial que se utiliza para obtener informaciones sobre el espacio y los planetas.

SONDABLE adj. Que puede sondarse.

SONDALEZA f. *Mar.* Sonda que sirve para medir la profundidad del mar: *echar la sondaleza.*

SONDAR v. t. Sondear.

SONDEAR v. t. Reconocer, por medio de la sonda, la profundidad del mar, la naturaleza de un terreno, etc. || Introducir en el cuerpo instrumentos para combatir estrecheces, destruir obstáculos, o para conducir al exterior substancias líquidas o gaseosas. || *Fig.* Averiguar: *sondear las intenciones de un amigo.* || — SINÓN. *Ahondar, pulsar, tantear.* V. tb. *examinar* y *rebuscar.*

SONDEO m. La acción de sondar o sondear. (SINÓN. V. *Investigación.*)

SONECILLO m. Son ligero. || Son alegre y vivo.

SONETICO m. Sonecillo que se hace golpeando con los dedos en una cosa.

SONETILLO m. Soneto de ocho o menos sílabas.

SONETISTA com. Autor de sonetos.

SONETO m. (ital. *sonetto*). Composición poética de catorce versos, ordenados en dos cuartetos y dos tercetos, cuyos versos están sujetos a ciertas reglas: *escribir un soneto con estrambote.*

SONGO, GA adj. *Col.* y *Méx.* Tonto, taimado. || — F. *Amer.* Ironía, burla. || *Méx.* Chocarrería. || *Amér. C., Chil.* y *Ecuad. A la songa-songa,* disimuladamente.

SONIDO m. (lat. *sonitus*). Sensación que se percibe por medio del oído. (SINÓN. *Estridor, ruido.*) || Ruido rítmico: *el sonido de las campanas.* (SINÓN. *Timbre, tonalidad, tono.*) || Valor y pronunciación de las palabras.

— Cuando se golpea un cuerpo sonoro, experimentan en seguida sus moléculas un movimiento de *ondulación* o *vibración.* El aire que rodea ese cuerpo participa de dicho movimiento y forma en torno suyo ondas que no tardan en llegar al oído. El aire es, pues, el principal vehículo del *sonido,* que se propaga a una velocidad de 340 m por segundo. Los líquidos lo transmiten con mayor rapidez; la velocidad por segundo dentro del agua es 1 425 metros. La velocidad es mayor aún en los sólidos. El sonido no se transmite en el vacío, y aumenta o disminuye su intensidad con la densidad de la atmósfera. Cuando las ondas sonoras tropiezan con un obstáculo fijo, se reflejan normalmente y producen el llamado *eco.*

SONIQUETE m. Sonsonete.

SONÓMETRO m. Instrumento para medir los sonidos.

SONORAMENTE adv. m. De un modo sonoro.

SONORIDAD f. Calidad de los cuerpos sonoros. || Calidad de lo que hace un sonido agradable.

SONORIZACIÓN f. Acción de sonorizar.

SONORIZAR v. t. Tornar sonoro. || Convertir una letra o articulación sorda en sonora. || Poner una instalación destinada a amplificar los sonidos.

SONORO, RA adj. (lat. *sonorus*). Que suena: *cuerpo sonoro.* || Que suena mucho: *lenguaje muy sonoro.* (SINÓN. *Estruendoso, estrepitoso, fragoso, resonante, retumbante, ronco, vibrante.* V. tb. *ampuloso.*) || Que refleja bien el sonido: *bóveda sonora.* || *Gram.* Dícese del sonido producido con vibración de las cuerdas vocales. (CONTR. *Sordo.*)

SONREIR v. i. Reirse un poco o levemente y sin ruido. Ú. t. c. r. (SINÓN. V. *Reír.*) || *Fig.* Mostrarse favorable algo: *la vida me sonríe.* || — IRREG. Se conjuga como *freír.*

SONRIENTE adj. Que sonríe: *rostro sonriente.*

SONRISA f. Risa ligera. (SINÓN. V. *Risa.*)

SONRODARSE v. r. Atascarse las ruedas de un carruaje. || — IRREG. Se conjuga como *contar.*

SONROJAR v. t. Hacer salir los colores al rostro de vergüenza. Ú. t. c. r. (SINÓN. *Ruborizarse.*)

SONROJO m. Vergüenza, rubor. || Improperio, palabra ofensiva que hace sonrojarse.

SONROSAR v. t. Dar color de rosa a una cosa.

SONROSEAR v. t. Sonrosar. || — V. r. Ponerse de color de rosa, avergonzarse.

SONROSEO m. Color rosado que sale al rostro.

SONSACA f. Acción y efecto de sonsacar.

SONSACADOR, RA adj. y s. Que sonsaca.

SONSACAR v. t. Sacar algo arteramente del lugar donde está. (SINÓN. V. *Obtener.*) || Solicitar secretamente a uno para que deje el puesto que ocupa y pase a otro. || *Fig.* Procurar con maña que diga una persona lo que sabe.

SONSONATECO, CA adj. y s. De Sonsonate (El Salvador).

SONSONETE m. Serie de golpecitos que se dan en una cosa a compás. || Tonillo que denota desprecio o burla: *hablar con cierto sonsonete.* || Ruido desapacible y continuado. || Tonillo monótono del que lee o habla sin expresión.

SOÑACIÓN f. Sueño. Úsase únicamente en la loc. adv. *ni por soñación.*

SOÑADOR, RA adj. Dícese del que sueña mucho. || *Fig.* y *fam.* Que cuenta mentiras o patrañas. (SINÓN. *Imaginativo, meditativo, pensativo, quimérico.*) || *Fig.* Que discurre sin tener en cuenta la realidad.

SOÑAR v. t. (lat. *somniare*). Representarse en la fantasía algún objeto durante el sueño. || *Fig.* Discurrir fantásticamente y figurarse lo que no es cierto: *soñar con la felicidad, soñar despierto.* (SINÓN. *Imaginar, trasoñar.*) || — V. i. *Fig.* Anhelar persistentemente una cosa: *soñar con la fama.* || *Ni soñarlo,* ni lo pienses siquiera. || — OBSERV. Es barbarismo usar este verbo como reflexivo: *soñarse rico.* || — IRREG. Se conjuga como *contar.*

SOÑARRERA f. *Fam.* Acción de soñar mucho. || *Fam.* Soñera, sueño o modorra pesados.

SOÑERA f. Propensión al sueño.

SOÑOLENCIA f. Somnolencia.

SOÑOLIENTO, TA adj. Que tiene mucho sueño, o esta dormitando. || Que causa sueño o adormece. || *Fig.* Tardo o perezoso.

SOPA f. (al. *Suppe*). Pedazo de pan que se moja en un líquido: *mojar sopas en leche.* || Plato de caldo con pan, fécula, arroz, fideos, etc., y el caldo de la olla en que se ha cocido: *sopa de cocido.* Se da por extensión este nombre a cualquier líquido alimenticio en que se moja pan: *sopa de almendras.* || Comida que se da a los pobres en los conventos y colegios. || — Pl. Rebanadas de pan que se cortan para echarlas en el caldo. || *Sopas de ajo,* guisado de pan mojado frito con ajos, sal y pimienta. || *Sopa juliana* o *de hierbas,* la que se hace cociendo en caldo verduras. || *Fam. Estar como una sopa,* estar muy mojado. || *Comer la sopa boba,* comer de gorra, gratis. Llevar vida holgazana y a expensas de otro.

SOPAIPILLA f. *Amer.* Buñuelo frito con miel.

SOPANDA f. Viga que sirve para fortificar otra que está encima. || — Pl. Correas para sostener la caja de los coches antiguos.

SOPAPEAR v. t. *Fam.* Dar sopapos o bofetadas. || *Fig.* y *fam.* Sopetear, maltratar o ultrajar. (SINÓN. V. *Maltraer.*)

SOPAPINA f. Tunda de sopapos.

SOPAPO m. Golpe dado con la mano debajo de la papada. || *Fam.* Bofetada.

SOPAR y **SOPEAR** v. t. Ensopar pan. || *Bol.* Mojar la pluma en el tintero. || *Arg.* Introducir una cosa en un líquido. || — V. r. *Arg.* Entrometerse.

SOPERA f. La vasija en que se sirve la sopa.

SOPERO adj. y s. Dícese del plato que sirve para sopa. || *Col.* Curioso, chismoso.

SOPESAR v. t. Levantar una cosa para tantear el peso que tiene. (SINÓN. V. *Pesar.*)

SOPETEAR v. t. Mojar muchas veces el pan en el caldo o salsa. || *Fig.* Maltratar.

SOPETEO m. Acción de sopetear.

SOPETÓN m. Pan tostado y mojado en aceite.

SOPETÓN m. Golpe fuerte que se da con la mano. || *De sopetón,* m. adv., de improviso.

SOPICALDO m. Caldo con pocas sopas.

SOPITIPANDO m. *Fam.* Soponcio.

SOPLADERO m. Abertura por donde sale con más o menos fuerza el aire de una gruta o cueva.

SOPLADO, DA adj. Muy compuesto y limpio. || *Fig.* y *fam.* Engreído, estirado. || *Fam.* Borracho. || — M. *Min.* Grieta profunda en el terreno. || Operación de soplar el vidrio.

SOPLADOR, RA adj. Que sopla. || Que excita o enciende una cosa. || Soplillo.

SOPLAMOCOS m. *Fig.* y *fam.* Golpe en las narices. (SINÓN. V. *Bofetada.*)

SOPLAR v. i. (lat. *sufflare*). Despedir aire con violencia con la boca o con un fuelle. ‖ Correr el viento: *sopla el cierzo esta noche.* ‖ — V. t. Apartar con el viento una cosa: *el viento sopla las hojas secas.* ‖ *Fig.* Robar: *le sopló el reloj.* (SINÓN. V. *Hurtar.*) ‖ Llenar de aire: *soplar de aire una vejiga.* ‖ *Fig.* Inspirar: *le sopla la musa a Fulano.* ‖ En el juego de damas, quitar al contrario la pieza con que no comió debiendo hacerlo: *soplada por no comer.* ‖ Dar bofetadas, cachetes. ‖ *Fig.* Apuntar o decir a uno lo que debe decir: *le sopló la lección.* (SINÓN. V. *Repetir.*) ‖ *Fig.* Acusar o delatar. ‖ — V. r. *Fig.* y *fam.* Beber y comer mucho.
SOPLEQUE m. *Arg.* Hinchado, presumido.
SOPLETE m. Tubo metálico por medio del cual se dirige sobre una llama una corriente viva de

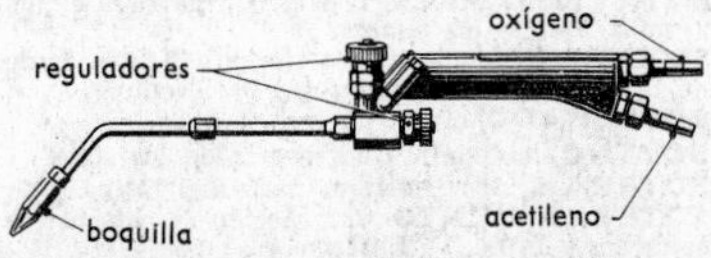

aire, o de oxígeno e hidrógeno, produciendo gran calor: *el soplete oxhídrico puede fundir el platino.* ‖ *Arg.* y *Chil.* El que sopla a otro la lección.
SOPLILLO m. Ruedo pequeño, comúnmente de esparto, con mango o sin él, para avivar el fuego. ‖ Cosa muy ligera o delicada. ‖ Tela de seda muy ligera. ‖ Bizcocho esponjoso y delicado.
SOPLO m. Acción y efecto de soplar. ‖ *Fig.* Instante, momento. ‖ *Fig.* y *fam.* Aviso, secreto. ‖ *Fig.* y *fam.* Delación: *venir con soplos.* ‖ *Fig.* y *fam.* Soplón, delator.
SOPLÓN, ONA adj. y s. *Fam.* Acusador, delator: *castigar a un niño soplón.* (SINÓN. V. *Chismoso* y *espía.*) ‖ *Méx.* Gendarme. ‖ *Per.* Miembro de la policía secreta. ‖ *Amér. C.* Apuntador de teatro.
SOPLONEAR v. i. *Fam.* Delatar, acusar.
SOPONCIO f. *Fam.* Desmayo. (SINÓN. V. *Desvanecimiento.*)
SOPOR m. (lat. *sopor*). Estado morboso parecido al sueño. (SINÓN. V. *Adormecimiento.*) ‖ Adormecimiento, modorra.
SOPORÍFERO, RA y **SOPORÍFICO, CA** adj. Que mueve al sueño. (SINÓN. V. *Narcótico.*) ‖ *Fam.* Pesado, latoso: *una obra soporífera.*
SOPOROSO, SA adj. Soporífero. (SINÓN. V. *Narcótico.*)
SOPORTABLE adj. Que se puede soportar.
SOPORTADOR, RA adj. y s. Que soporta.
SOPORTAL m. Portal o vestíbulo cubierto que, en algunas casas, está antes de la entrada principal. ‖ Pórtico, a manera de claustro, en las fachadas de algunos edificios.
SOPORTAR v. t. (lat. *supportare*). Llevar sobre sí una carga o peso. (SINÓN. V. *Sostener.*) ‖ *Fig.* Sufrir una cosa: *soportar las penas de esta vida.* (SINÓN. *Resistir, sobrellevar, tolerar.*)
SOPORTE m. Lo que sirve de apoyo. (SINÓN. V. *Sostén.*)
SOPRANO m. (ital. *soprano*). La más aguda de las voces humanas. ‖ — Com. Persona que tiene voz de soprano: *llegará a ser una gran soprano.*
SOPUNTAR v. t. Poner puntos debajo de una letra o palabra: *sopuntar una frase.*
SOR f. Hermana, religiosa: *sor María de Jesús.*
SORA f. *Per.* Bebida alcohólica hecha con maíz.
SORBER v. t. Beber aspirando: *sorber un huevo.* ‖ Aspirar por la nariz. ‖ *Fig.* Atraer o chupar algo. ‖ *Fig.* Tragar. (SINÓN. V. *Absorber.*) ‖ *Fam. Sorber el seso,* estar muy ensimismado o enamorado.
SORBETE m. (ár. *xorbat*). Bebida helada hecha con zumo de frutas: *sorbete de albaricoque.* ‖ *Méx.* Chistera, sombrero de copa. ‖ *P. Rico* y *Urug.* Cánula o paja para tomar refrescos.
SORBIBLE adj. Que se puede sorber fácilmente.
SORBO m. Acción y efecto de sorber. ‖ Líquido que se bebe de una vez: *tomar un sorbo de leche.* ‖ *Fig.* Cantidad pequeña de un líquido.
SORCHE m. *Fam.* Recluta.
SORDA f. Agachadiza, ave zancuda de Europa.
SORDAMENTE adv. m. *Fig.* De un modo sordo. (SINÓN. V. *Secretamente.*)
SORDERA f. Privación o disminución del oído.
SÓRDIDAMENTE adv. m. De un modo sórdido.
SORDIDEZ f. Calidad de sórdido o sucio.
SÓRDIDO, DA adj. (lat. *sordidus*). Repugnante: *vestido sórdido.* (SINÓN. V. *Sucio.*) ‖ *Fig.* Impuro, indecente. (SINÓN. V. *Abyecto.*) ‖ *Fig.* Mezquino, avariento. (SINÓN. V. *Tacaño.*) ‖ *Fig. Avaricia sórdida,* avaricia excesiva. ‖ *Med.* Dícese de la úlcera que produce supuración.
SORDINA f. Aparato que sirve para apagar la intensidad del sonido: *la sordina de una trompeta.* ‖ Muelle que impide que suene la campana del reloj. ‖ *Fig. Poner sordina,* moderar, callar.
SORDINO m. *Mús.* Instrumento músico de cuerda parecido al violín, pero de voces menos sonoras.
SORDO, DA adj. y s. (lat. *surdus*). Que no oye, u oye mal. ‖ Silencioso, que no se oye. (SINÓN. *Cavernoso, insonoro, sepulcral.*) ‖ Que hace muy poco ruido: *campana sorda.* ‖ *Fig.* Insensible a las súplicas, o la persuasión: *sordo a las voces de su honor.* ‖ *Gram.* Dícese del sonido que se produce sin vibración de las cuerdas vocales.
SORDOMUDEZ f. Estado de sordomudo.
SORDOMUDO, DA adj. y s. El privado por sordera nativa de la facultad de hablar.
SORGO m. (b. lat. *sorgum*). Zahína, gramínea.
SORIANENSE adj. y s. De Soriano (Uruguay).
SORIANO, NA adj. y s. De Soria.
SORITES m. Argumento compuesto de una serie de proposiciones ligadas entre sí, de modo que el predicado de cada una de ellas pasa a ser el sujeto de la siguiente y en la conclusión el sujeto de la primera se une con el predicado de la última.
SORNA f. *Fig.* Bellaquería, disimulo: *hablar con sorna.* (SINÓN. V. *Burla.*)
SORO m. *Bot.* Nombre que se da a los grupos de cuerpos reproductores en los helechos.
SOROCHARSE v. r. *Amer.* Padecer soroche. ‖ *Chil.* Ruborizarse, avergonzarse, correrse.
SOROCHE m. *Amer.* Ansiedad que produce la travesía de los Andes por causa de la rarefacción del aire. ‖ *Chil.* Rubor. ‖ *Bol.* y *Chil.* Galena, piedra.
SORPRENDENTE adj. Que sorprende o admira. (SINÓN. V. *Admirable.*) ‖ Desusado, extraordinario.
SORPRENDER v. t. Coger desprevenido: *sorprender a un ladrón.* ‖ Maravillar, admirar, asombrar. ‖ Descubrir. (SINÓN. V. *Ver.*)
SORPRENDIDO, DA adj. Desprevenido. (SINÓN. *Estupefacto.* V. tb. *boquiabierto.*)
SORPRESA f. Acción y efecto de sorprender. ‖ Cosa que sorprende. ‖ *Cogerle de sorpresa,* hallarle desprevenido, sorprenderle.
SORPRESIVO, VA adj. *Amér. C.* y *Arg.* Imprevisto, repentino, sorprendente.
SORRA f. *Mar.* Lastre de arena muy gruesa.

SORDINAS

de instrumento de viento

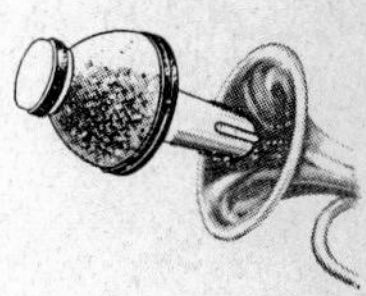

de instrumento de cuerda

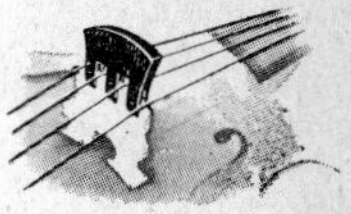

SONDA DE ULTRASONIDO

El haz dirigido de ultrasonidos que sale del emisor, se refleja en el banco de peces, y, si la densidad de éste no es elevada, lo puede atravesar y señalar el relieve submarino mediante el eco

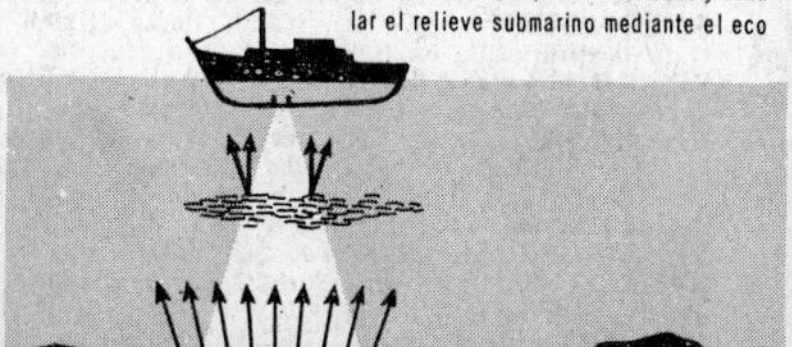

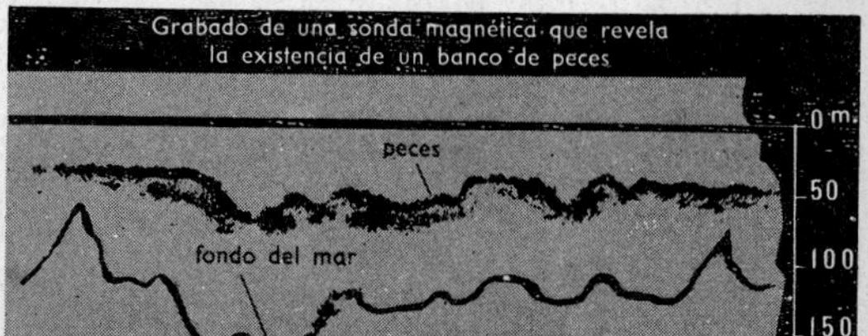

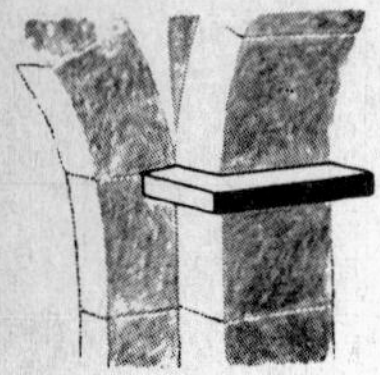
sotabanco

sotana

SORREGAR v. t. Regar un bancal el agua que cae del superior que se está regando. ‖ — IRREG. Se conjuga como *acertar.*
SORRONGAR v. i. *Col.* Refunfuñar.
SORROSTRADA f. Insolencia, descaro.
SORTEABLE adj. Que puede sortearse.
SORTEADOR, RA adj. y s. Que sortea.
SORTEAMIENTO m. Sorteo, acción de sortear.
SORTEAR v. i. Someter a sorteo: *sortear los mozos de la quinta.* ‖ *Fig.* Evitar o eludir un obstáculo, compromiso o dificultad. ‖ Lidiar a pie y hacer suertes a los toros.
SORTEO m. Acto de sortear: *sorteo de lotería.*
SORTIJA f. Anillo: *sortija de oro.* ‖ Rizo de pelo. ‖ Aro que refuerza los cubos de las ruedas en los carros. ‖ Ejercicio de destreza que consiste en ensartar en una vara, y corriendo a caballo, una sortija pendiente de una cinta: *correr sortija.*
SORTILEGIO m. Maleficio: *conjurar los sortilegios de un hechicero.* (SINÓN. V. *Encantamiento.*) ‖ Adivinación que se hace por suertes supersticiosas.
S. O. S. m. Señal radiotelegráfica para pedir socorro, emitida por las naves o los aviones en peligro. (Esta señal se adoptó en 1906 en la Conferencia Radiotelegráfica de Berlín, porque en morse se recibe fácilmente.)
SOSA f. (del lat. *salsa,* salada). Barrilla, planta quenopodiácea, de la que se extrae la sosa. ‖ *Quím.* Óxido de sodio, base salificable muy cáustica. ‖ *Sosa cáustica,* hidróxido sódico de escamas blancas.
SOSAINA com. *Fam.* Persona sosa.
SOSEGADAMENTE adv. m. Tranquilamente.
SOSEGADO, DA adj. Tranquilo: *vida sosegada.*
SOSEGADOR, RA adj. y s. Que sosiega.
SOSEGAR v. t. Apaciguar, tranquilizar. ‖ *Fig.* Aquietar el ánimo. ‖ — V. i. Descansar, reposar. ‖ — IRREG. Se conjuga como *acertar.*
SOSERA y **SOSERÍA** f. Insulsez, tontería.
SOSIA o **SOSIAS** m. V. *Parte hist.*
SOSIEGO m. Quietud. (SINÓN. V. *Tranquilidad.*)
SOSLAYAR v. t. Poner al soslayo alguna cosa. ‖ Pasar por alto o de largo una dificultad.
SOSLAYO (Al, o de) m. adv. Oblicuamente, de lado: *mirar de soslayo.*
SOSO, SA adj. Que no tiene sal: *está la comida sosa.* (SINÓN. *Desaborido, insípido, insulso.*) ‖ Que no tiene azúcar. ‖ *Fig.* Sin gracia.
SOSPECHA f. Acción y efecto de sospechar. ‖ Recelo. (SINÓN. *Desconfianza, duda, suposición, temor.*)
SOSPECHABLE adj. Sospechoso.
SOSPECHAR v. t. (lat. *suspectare*). Imaginar una cosa fundada en apariencias. (SINÓN. V. *Presentir.*) ‖ — V. i. Desconfiar, recelar: *sospecho de la honradez de Fulano.* (SINÓN. *Dudar, recelar.*)
SOSPECHOSAMENTE adv. m. De un modo sospechoso.
SOSPECHOSO, SA adj. Que da motivos para sospechar: *un individuo muy sospechoso.* (SINÓN. *Dudoso, equívoco, intérlope.*) ‖ Que sospecha.
SOSTÉN m. Persona o cosa que sostiene a otra: *ser el sostén de su familia.* (SINÓN. *Apoyo, puntal, soporte.*) ‖ Acción de sostener. ‖ *Fig.* Apoyo moral o protección. ‖ Prenda interior que usan las mujeres para sostener el pecho.
SOSTENEDOR, RA adj. y s. Que sostiene.
SOSTENER v. t. (lat. *sustinere*). Mantener firme una cosa, sustentar. (SINÓN. *Apoyar, escorar, soportar.* V. tb. *atestiguar.*) ‖ *Fig.* Prestar apoyo, dar alimento o auxilio. (SINÓN. V. *Ayudar y proteger.*) ‖ Sustentar una proposición. ‖ *Fig.* Sufrir, tolerar. ‖ Dar a uno lo necesario para su subsistencia. ‖ — IRREG. Se conjuga como *tener.*
SOSTENIDO, DA adj. *Mús.* Dícese de la nota cuya entonación excede en un semitono mayor a la natural: *do sostenido.* ‖ *Mús. Doble sostenido,* dícese de la nota cuya entonación es dos semitonos más alta que la natural: *fa doble sostenido.* ‖ *Fig.* Duradero: *esfuerzo sostenido.* ‖ — M. Movimiento de la danza española. ‖ *Mús.* Signo que representa la alteración de la nota sostenida.
SOSTENIMIENTO m. Acción y efecto de sostener. ‖ Sostén, mantenimiento.
SOTA f. Carta décima de cada palo de la baraja española que lleva la figura de un paje o infante. ‖ Mujer insolente o desvergonzada. ‖ — M. *Chil.* Sobrestante.
SOTA, prep. inseparable que sirve para significar el subalterno o sustituto en algunos oficios como: *sotacochero, sotacómitre.* Ú. t. c. s.
SOTABANCO m. *Arq.* Hilada puesta sobre la cornisa para levantar los arranques de un arco o bóveda. ‖ *Arq.* Piso habitable que está situado encima de la cornisa de la casa: *vivir en un sotabanco.* (SINÓN. V. *Buhardilla.*)
SOTABARBA f. *Fam.* Barba que se deja crecer por debajo de la barbilla.
SOTACOLA f. Ataharre del aparejo del caballo.
SOTACORO m. Socoro, sitio debajo del coro.
SOTACURA m. *Amer.* El coadjutor.
SOTANA f. Vestidura talar de los eclesiásticos. ‖ Estado eclesiástico: *colgar la sotana.*
SOTANA f. *Fam.* Azotaina, paliza.
SÓTANO m. Parte subterránea de un edificio.
SOTAVENTARSE v. r. *Mar.* Quedarse el buque a sotavento de un punto.
SOTAVENTO m. (ital. *sottovento*). *Mar.* Lado de la nave que está opuesto al barlovento.
SOTECHADO m. Cobertizo, techado.
SOTEÑO, ÑA adj. Que se cría en los sotos.
SOTERA f. *Arg.* Azotera, parte del látigo.
SOTERRAMIENTO m. Acción y efecto de soterrar. (SINÓN. V. *Entierro.*)
SOTERRAÑO, ÑA adj. y s. m. Subterráneo.
SOTERRAR v. t. Meter debajo de tierra: *soterrar un pilote.* (SINÓN. V. *Enterrar.*) ‖ *Fig.* Esconder una cosa de modo que no parezca. ‖ — IRREG. Se conjuga como *acertar.*
SOTIE f. (pal. fr.). Género dramático francés de los s. XIV y XV en el cual los personajes tenían un carácter disparatado.
SOTILEZA f. Sutileza. ‖ Nombre que se da a la parte más fina del aparejo de pescar.
SOTO m. (del lat. *saltus,* bosque, selva). Sitio poblado de árboles en riberas o vegas. ‖ Monte, bosque. (SINÓN. V. *Matorral.*)
SOTRETA m. *Riopl.* Caballo viejo y malo, rocín, matalón. ‖ *Riopl. Fam.* Persona inútil.
SOTROZO m. Pasador, anillo de hierro.
SOTTO VOCE [*-voche*], expr. ital. que significa en *voz baja.*
SOTUER m. (fr. *sautoir*). *Blas.* Pieza honorable del escudo.
SOTUTO m. *Bol.* Género de insectos dípteros que depositan sus larvas en la piel de los hombres. ‖ — SINÓN. *Sote, nigua, pique.*
SOUFFLÉ adj. y s. m. (pal. fr., pr. *suflé*). Dícese de ciertos platos de cocina de consistencia esponjosa preparados en el horno.
SOUPER m. pal. fr., pr. *supé*). Cena después del teatro.
SOUTENEUR m. (pal. fr., pr. *sutener*). Rufián.
SOVIET m. Consejo formado por delegados de los obreros, campesinos y soldados en la U.R.S.S. — Los primeros *soviets* se formaron durante la revolución de 1905. Los consejos de obreros y soldados, constituidos en 1917, permitieron el triunfo de las dos revoluciones de este mismo año. La primera Constitución revolucionaria (1918) organizó la administración política sobre las bases de una jerarquía de los consejos de obreros, campesinos y soldados, y los diversos Estados de la U.R.S.S. recibieron la denominación de Repúblicas Socialistas Soviéticas.
SOVIÉTICO, CA adj. Propio de los soviets. ‖ *Por ext.* Que se refiere a la U.R.S.S.: *la economía soviética.* ‖ — M. Ciudadano de la U.R.S.S.
SOVIETIZACIÓN f. Acción de sovietizar.
SOVIETIZAR v. t. Someter al régimen de los soviets.
SOVJOZ m. (pal. rusa). Gran explotación agrícola estatal en la U.R.S.S.
SOYACAL m. *Guat.* Capa rústica de los indios.
SPAGHETTI m. pl. (pal. ital.). Pasta alimenticia deshidratada en forma de fideos gruesos.
SPARRING-PARTNER m. (pal. ingl.). Boxeador que entrena a otro antes de un combate.
SPEAKER m. (pal. ingl., pr. *spíker*). Locutor que anuncia los programas, da las noticias, etc., en radio y televisión. ‖ Presidente de la Cámara de los Comunes en Inglaterra y de la Cámara de Representantes en los Estados Unidos.
SPEECH m. (pal. ingl., pr. *spich*). Pequeño discurso. (SINÓN. V. *Discurso.*)
SPIDER m. (pal. ingl.). Cavidad detrás de un automóvil, para pasajeros o equipajes.

SPIEGEL m. (pal. al., pr. *spighel*). Hierro colado magnesiano.
SPIN m. (pal. ingl.). *Fís.* Momento cinético del electrón o de cualquier otra partícula, debido a la rotación de la partícula sobre sí misma.
SPIRITUAL m. (pal. ingl.). Canto religioso peculiar de los negros norteamericanos.
SPLEEN m. (pal. ingl., pr. *splin*). Aburrimiento, tedio, melancolía. ‖ Enfermedad hipocondríaca. Escríbese a menudo *esplín*.
SPORT m. (pal. ingl.). Deporte. ‖ *Chaqueta, zapatos de sport,* prenda de vestir cómoda y sencilla.
SPORTSMAN m. y **SPORTSWOMAN** f. (voces ingl.). Deportista. — Pl. *sportsmen* y *sportswomen*.
SPRINT m. (pal. ingl.). En deporte, aceleración súbita de un corredor, generalmente al aproximarse a la meta.
SPRINTAR v. i. Aumentar la velocidad, al llegar cerca de la meta.
SPRINTER m. (pal. ingl.). Corredor de velocidad sobre pequeñas distancias o capaz de más velocidad al final de una larga carrera.
SPUTNIK m. (pal. rusa). *Astron.* Satélite artificial lanzado por la U.R.S.S. (El primer *sputnik* fue lanzado en 1957.)
Sr, símbolo químico del *estroncio*.
St, símbolo del *stokes*.
STÁBAT m. Himno de la Iglesia y canto musical que recuerda los dolores de la Virgen al pie de la Cruz. (V. *Parte hist.*)
STACCATO adj. (pal. ital. que sign. *destacado*). *Mús.* Palabra que indica que, en una serie de notas rápidas, debe destacarse cada una de las demás.
STÁDIUM m. Estadio.
STAJANOVISMO m. (de *Stajanov,* nombre del obrero creador de este método hacia 1935, en las minas del Donetz). Esfuerzo colectivo de acrecentamiento de la producción por una simplificación y reorganización del trabajo, dejando la iniciativa a los mismos trabajadores.
STAJANOVISTA m. Trabajador que en la U.R.S.S. participa activamente en el esfuerzo de la organización metódica del trabajo.
STAND m. (pal. ingl.). Tribuna de los espectadores de una carrera de caballos. ‖ Lugar cerrado que sirve para ejercitarse en el tiro. ‖ Sitio reservado a los expositores, en una exposición, feria, etc. (SINÓN. *Caseta.*)
STANDARD m. (pal. ingl., pr. *stándar*). Tipo, modelo. ‖ De serie: *un coche standard.* ‖ *Standard de vida,* nivel de vida.
STANDARDIZACIÓN f. Fabricación con arreglo a un tipo uniforme.
STANDING m. (pal. ingl.). Tren de vida. ‖ Confort, lujo: *standing de un apartamento.*
STAR pal. ingl. Estrella de cine.
STARTER m. (pal. ingl.). El que en las carreras de caballos da la señal de partida. ‖ *Mec.* Dispositivo de los carburadores cuya misión es aumentar la riqueza en carburante de la mezcla y facilitar así el arranque en frío de un motor de explosión.
STATOR m. Parte inmóvil de ciertas máquinas.
STATU QUO m. (lat. *in statu quo ante*). Estado actual de las cosas: *mantener el statu quo.*
STAYER m. (pal. ingl.). Corredor ciclista de medio fondo tras moto.
STEAMER m. (pal. ingl., pr. *stímer*). Barco grande de vapor: *steamer transatlántico.*
STEEPLE-CHASE m. (pal. ingl., pr. *stipl'ches*). Carrera de caballos o pedestre en que se franquean toda clase de obstáculos. (V. OBSTÁCULO.)
STÉNCIL m. (pal. ingl.). Papel perforado, estarcido.
STERLING adj. (pal. ingl.). V. ESTERLINA.
STEWARD m. (pal. ingl., pr. *steuard*). Mozo que sirve a bordo de los aviones (su femenino es *stewardesse*).
STICK m. (pal. ingl.). Palo utilizado por los jugadores de hockey para impulsar la pelota.
STOCK m. (pal. ingl.). Cantidad de mercancías disponible, existencias, provisión. ‖ *Stock exchange,* la Bolsa inglesa.
STOKES m. Unidad de medida de viscosidad cinemática en el sistema C. G. S. (símb.: St).
STOP (pal. ingl.) interj. Término empleado para ordenar pararse. ‖ Señal en las carreteras que obliga al conductor de un vehículo a marcar un tiempo de parada. ‖ Término empleado en los telegramas para separar las frases, punto.
STORE m. (pal. ingl.). Persiana.
STOUT m. (pal. ingl., pr. *staut*). Una cerveza inglesa muy fuerte.
STRADIVARIUS m. Violín fabricado por Stradivarius. (V. *Parte hist.*)
STRIP-TEASE m. (pal ingl., pr. *striptis*). Espectáculo consistente en desnudarse en público con música de fondo o de danza.
STRASS m. (del inventor *Stras*). Especie de cristal muy refringente que imita el diamante.
STRETTA f. (pal. ital.). *Mús.* Parte final de un aria, con movimiento gradualmente acelerado.
STUD m. (pal. ingl.). Reunión de caballos para carreras, ventas, etc.
STUD-BOOK m. (pal. ingl., pr. *studbuk*). Libro en que se apunta la genealogía de los caballos.
STUKA m. (abrev. de STURZKA*mpfflugzeug,* avión de combate en picado). Nombre dado en la Segunda Guerra mundial al Junkers 87, bombardero alemán de ataque en picado.
STUPA m. Monumento funerario de cenizas o de reliquias de los budas.
SU prep. insep. Sub.
SU, SUS, adjetivo posesivo, y pron. poses. de 3ª pers. en gén. m. y f. y ambos núms., que se usa antepuesto al nombre: *su casa, sus libros.* — La forma apocopada *su* suele llevar aparejada ambigüedad en la frase, ya que puede referirse indistintamente a la segunda persona de cortesía (usted), a la tercera persona del singular (él) o a la tercera persona del plural (ellos). Para evitar este inconveniente hay que valerse de ciertos recursos, como aludir de nuevo a la persona del poseedor mediante un pronombre, o alterar el orden de la oración. Si decimos: *iré a su casa,* es imposible deducir de qué casa se trata, y habrá que añadir *de usted* o *de él,* para precisar. En la frase *Juan fue a ver a Pedro en su coche,* no se sabe a ciencia cierta a quien pertenecía el coche. Para aclarar esta anfibología, puede redactarse de esta otra forma: *Juan fue en su coche a ver a Pedro.*
SUARISMO m. Sistema escolástico contenido en las obras del jesuita F. Suárez.
SUASORIO, RIA adj. Propio de la persuasión.
SUAVE adj. (lat. *suavis*). Dulce: *perfume, música suave.* (SINÓN. V. *Agradable.*) ‖ Sin aspereza: *tela suave.* (SINÓN. V. *Liso* y *tierno.*) ‖ *Fig.* Tranquilo, manso. ‖ Lento, moderado. ‖ Dócil, afable. ‖ *Chil.* y *Méx.* Muy grande: *paliza suave.*
SUAVEMENTE adv. m. Con suavidad.
SUAVIDAD f. (lat. *suavitas*). Calidad de suave.
SUAVIZACIÓN f. Acción de suavizar una cosa.
SUAVIZADOR, RA adj. Que suaviza. ‖ — M. Pedazo de cuero para suavizar las navajas.
SUAVIZAR v. t. Quitar la aspereza: *suavizar una piel.* (SINÓN. V. *Aguzar.*) ‖ *Fig.* Templar la aspereza del carácter. (SINÓN. V. *Moderar.*)
SUB, prefijo que indica *inferioridad.*
SUBA f. *Arg.* Alza, subida de precio.
SUBAFLUENTE m. Río que desemboca en un afluente.
SUBALPINO, NA adj. Que está situado al pie de los Alpes: *Italia subalpina.*
SUBALTERNO, NA adj. Subordinado, que depende de otro: *empleado subalterno.* ‖ Secundario. (SINÓN. V. *Inferior.*)
SUBARRENDADOR, RA m. y f. Persona que da en subarriendo una cosa.
SUBARRENDAMIENTO m. Subarriendo.
SUBARRENDAR v. t. (de *sub,* secundariamente, y *arrendar*). Dar en arriendo una cosa que uno mismo ha tomado en arriendo de otro. ‖ — IRREG. Se conjuga como *acertar.*
SUBARRENDATARIO, RIA m. y f. Persona que toma en subarriendo una cosa.
SUBARRIENDO m. Acción y efecto de subarrendar. ‖ Contrato por el que se subarrienda algo. ‖ Precio en que se subarrienda.
SUBASTA f. (de *sub,* y el lat. *hasta,* lanza). Venta pública que se hace al mejor postor: *subasta poco concurrida.* (SINÓN. *Almoneda, encante, licitación, mejora.*) ‖ Adjudicación pública de una contrata. ‖ *Sacar a pública subasta,* ofrecer algo al mejor postor. Decir o mostrar algo que debía estar oculto.
SUBASTAR v. t. Vender en pública subasta.
SUBCLASE f. *Hist. nat.* Cada uno de los grupos taxonómicos en que se dividen las clases de plantas y animales.

SUBCLAVIO, VIA adj. *Anat.* Que está debajo de la clavícula: *venas subclavias.*
SUBCOMISIÓN f. Grupo de individuos de una comisión con cometido determinado.
SUBCONSCIENCIA f. Estado inferior de la conciencia psicológica en el que, por la poca intensidad o duración de las percepciones, escapan a la introspección del sujeto.
SUBCONSCIENTE adj. Que se refiere a la subconsciencia o que no llega a ser consciente. ‖ — M. La subconsciencia.
SUBCOSTAL adj. De debajo de las costillas.
SUBCUTÁNEO, A adj. *Anat.* Que está o se hace debajo de la piel: *inyección subcutánea.*
SUBDELEGACIÓN f. Acción y efecto de subdelegar. ‖ Distrito, oficina y empleo del subdelegado.
SUBDELEGADO, DA adj. y s. El que sirve a las órdenes del delegado o lo sustituye.
SUBDELEGAR v. t. *For.* Trasladar el delegado su potestad a otra persona.
SUBDESARROLLADO, DA adj. *País subdesarrollado,* aquel en el cual el nivel de vida de sus habitantes es bajo debido a la insuficiente explotación de sus riquezas agrícolas y mineras y al poco desarrollo de su industria.
SUBDIACONADO m. Orden de subdiácono.
SUBDIÁCONO m. Clérigo ordenado de epístola.
SUBDIRECTOR m. El que tiene una autoridad inmediatamente inferior a la del director.
SUBDISTINGUIR v. t. Distinguir en lo ya distinguido.
SÚBDITO, TA adj. y s. (lat. *subditus*). Sometido al superior y obligado a obedecerle: *los súbditos del rey.* ‖ — M. y f. Natural o ciudadano de un país.
SUBDIVIDIR v. t. Dividir nuevamente.
SUBDIVISIÓN f. Acción y efecto de subdividir.
SUBDOMINANTE f. *Mús.* Nombre que se da a la cuarta nota de la escala diatónica.
SUBDUPLO, PLA adj. *Mat.* Dícese del número o cantidad que es la mitad de otro u otra.
SUBEMPLEO m. Empleo parcial o limitado de la mano de obra disponible.
SUBENTENDER v. t. Sobrentender. ‖ — Irreg. Se conjuga como *tender.*
SUBERINA f. *Quím.* Substancia orgánica que forma la membrana de las células del corcho.
SUBEROSO, SA adj. Que se parece al corcho.
SUBESPECIE f. Subdivisión de la especie.
SUBESTIMAR v. t. Estimar en menos de lo que merece o vale.
SUBFEBRIL adj. *Med.* De temperatura ligeramente superior a la normal.
SUBGÉNERO m. Cada uno de los grupos taxonómicos en que se dividen los géneros de plantas y animales.
SUBGOBERNADOR m. El inferior al gobernador o que le sustituye.
SUBIBAJA m. Columpio formado por una tabla móvil alrededor de un eje.
SUBIDA f. Acción y efecto de subir: *la subida de un ascensor.* ‖ Sitio o camino que va subiendo: *a gran subida, gran bajada.* (Sinón. *Costanilla, rampa, repecho.* V. tb. *pendiente.*)
SUBIDO, DA adj. Muy fuerte: *color, olor subidos.* ‖ Muy elevado: *precio muy subido.* ‖ Dícese de lo más fino y acendrado de una cosa. ‖ — M. *Col.* Dulce de azúcar esponjada.
SUBIMIENTO m. Subida, acción de subir.
SUBÍNDICE m. *Mat.* Letra o número que se añade a un símbolo. (Se coloca a su derecha y algo más bajo.)
SUBINSPECTOR m. Funcionario inmediatamente inferior al inspector.
SUBINTENDENTE m. El intendente que está inmediatamente debajo de otro intendente.
SUBINTRANTE adj. Que subintra.
SUBINTRAR v. i. Entrar en lugar de otro. ‖ *Cir.* Colocarse en una fractura un pedazo de hueso debajo de otro. ‖ *Med.* Comenzar un acceso de fiebre antes de que haya acabado el anterior.
SUBIR v. i. (lat. *subire*). Pasar de un lugar a otro más alto: *subir al tejado.* (Sinón. *Ascender, encaramarse, escalar.*) ‖ Crecer mucho una cosa: *el río ha subido.* ‖ Ponerse el gusano en las ramas para hilar su capullo. ‖ Importar, ascender a: *la cuenta sube a mil pesetas.* ‖ *Fig.* Ascender en dignidad o empleo. ‖ *Fig.* Agravarse: *subió la fiebre.* ‖ *Mús.* Elevar la voz o el sonido de un instrumento. ‖ — V. t. Llevar de un sitio a otro más alto: *subir una cuesta.* ‖ Levantar: *sube la cabeza.* ‖ Dar más precio a una cosa: *el panadero subió el pan.* ‖ — Observ. Evítense las formas pleonásticas: *subir arriba, subir a lo alto,* etc.
SÚBITAMENTE adv. m. De manera súbita.
SÚBITO, TA adj. (lat. *subitus*). Repentino, que sucede de pronto. (Sinón. V. *Imprevisto.*) ‖ Precipitado, impetuoso. ‖ — Adv. t. Súbitamente, de pronto. ‖ *De súbito,* de pronto.
SUBJEFE m. El que hace las veces de jefe.
SUBJETIVAR v. t. *Neol.* Hacer subjetivo.
SUBJETIVIDAD f. Calidad de subjetivo.
SUBJETIVISMO m. *Fil.* Sistema que no admite otra realidad que la del sujeto pensante.
SUBJETIVO, VA adj. (del lat. *subjectus,* colocado debajo). Relativo al sujeto pensante por oposición a *objetivo* (relativo al objeto pensado). ‖ *Por ext.* Individual, que varía con los gustos, los hábitos, etc., de cada uno. ‖ — M. Lo que es subjetivo.
SUBJUNTIVO, VA adj. Que pertenece al modo subjuntivo: *proposición subjuntiva.* ‖ — M. Modo del verbo que indica que una acción se concibe como subordinada a otra, como dudosa, posible o querida.
SUBLEVACIÓN f. y **SUBLEVAMIENTO** m. Acción y efecto de sublevar o sublevarse. (Sinón. V. *Revolución.*)
SUBLEVAR v. t. (lat. *sublevare*). Alzar en rebelión: *sublevar al pueblo.* (Sinón. *Agitar, amotinar, desencadenar, levantar, pronunciarse, rebelarse.*) ‖ *Fig.* Excitar indignación: *me sublevó su forma de actuar.*
SUBLIMACIÓN f. *Quím.* Transformación directa de un sólido en vapor sin pasar por el estado líquido y transformación inversa: *la sublimación del azufre.* ‖ *Fig.* Acción de elevar hasta lo sublime: *la sublimación de una pasión.*
SUBLIMADO m. *Quím.* Cuerpo volatilizado y condensado. ‖ *Quím. Sublimado corrosivo,* o simplemente *sublimado,* bicloruro de mercurio, substancia blanca, acre y cáustica, usada como desinfectante enérgico, pero muy venenosa.
SUBLIMAR v. t. (lat. *sublimare*). *Quím.* Volatilizar un cuerpo sólido, sin pasar por el estado líquido o viceversa: *sublimar el alcanfor.* ‖ Elevar hasta lo sublime.
SUBLIMATORIO, RIA adj. *Quím.* Relativo a la sublimación.
SUBLIME adj. (lat. *sublimis*). Muy grande, dicho de cosas morales: *pensamiento, abnegación sublimes.* (Sinón. V. *Elevado.*) ‖ Grande, elevado: *escritor sublime.* (Sinón. V. *Admirable.*)
SUBLIMEMENTE adv. m. De modo sublime.
SUBLIMIDAD f. Calidad de sublime o elevado.
SUBLINGUAL adj. (del lat. *sub,* debajo, y *lingua,* lengua). Situado debajo de la lengua.
SUBLUNAR adj. Situado debajo de la Luna.
SUBMARINO, NA adj. Que está o se desarrolla bajo la superficie del mar: *planta submarina.* ‖ — M. Barco de guerra capaz de navegar bajo el agua: *el primer submarino atómico se debe a los Estados Unidos (1955).*
SUBMAXILAR adj. *Anat.* Situado debajo de la mandíbula inferior: *glándula submaxilar.*
SUBMARINISTA m. Miembro del equipo de un submarino.
SUBMÚLTIPLO, PLA adj. y s. Dícese del número o cantidad que están contenidos en otro exactamente varias veces: *3 es submúltiplo de 27.*
SUBOFICIAL m. Militar entre oficial y sargento.
SUBORDEN m. Cada uno de los grupos taxonómicos en que se dividen los órdenes de plantas y animales.
SUBORDINACIÓN f. Sujeción, dependencia. (Sinón. V. *Orden* y *obediencia.*)
SUBORDINADO, DA adj. y s. Que está sujeto a otro o que depende de él. (Sinón. V. *Inferior.*) ‖ — F. *Gram.* Oración que completa el sentido de otra.
SUBORDINAR v. t. Sujetar unas personas o cosas a la dependencia de otras. (Sinón. V. *Someter.*) ‖ Clasificar como inferiores en orden.
SUBPREFECTO m. Jefe que es inmediatamente inferior al prefecto.
SUBPRODUCTO m. Producto secundario obtenido en una industria.

SUBRANQUIAL adj. *Anat.* Que está situado debajo de las branquias: *aleta subranquial.*
SUBRAYADO m. Acción y efecto de subrayar. || — Adj. Que en un impreso va en letra cursiva.
SUBRAYABLE adj. Que puede o merece ser subrayado.
SUBRAYAR v. t. Señalar por debajo con raya: *subrayar una frase.* (SINÓN. V. *Señalar.*) || *Fig.* Recalcar lo que se dice. (La pronunciación más correcta es *subrrayar.*)
SUBREINO m. Cada uno de los dos grupos taxonómicos en que se divide el reino animal.
SUBREPCIÓN f. Acción oculta y a escondidas. || *For.* Ocultación de un hecho que se hace para obtener alguna cosa.
SUBREPTICIO, CIA adj. Dícese de lo que se hace con subrepción: *pacto subrepticio.*
SUBRIGADIER m. Oficial que desempeña las funciones de un sargento.
SUBROGACIÓN f. *For.* Acción y efecto de subrogar. (SINÓN. V. *Reemplazo.*)
SUBROGAR v. t. (lat. *subrogare*). *For.* Substituir una persona o cosa en lugar de otra. (La pronunciación correcta es *subrrogar.*)
SUBSANABLE adj. Que puede subsanar.
SUBSANAR v. t. Disculpar una falta o delito. || *Fig.* Reparar, resarcir un daño o error.
SUBSCAPULAR adj. *Anat.* Que está debajo de los hombros: *músculo subscapular.*
SUBSCRIBIR v. t. (lat. *subscribere*). Firmar al pie de un escrito. || Convenir con el dictamen ajeno. || Abonar a un periódico. || — V. r. Abonarse a un periódico o publicación. || Obligarse uno a contribuir con otros al pago de una cantidad: *subscribirse para costear una estatua.*
SUBSCRIPCIÓN f. Acción y efecto de subscribir o subscribirse: *subscripción en favor de las víctimas de una inundación.*
SUBSCRIPTOR, RA m. y f. Persona que subscribe o se subscribe: *subscriptor de un diario.*
SUBSECRETARÍA f. Empleo de subsecretario. || *Subsecretaría de Estado,* administración dirigida por un subsecretario de Estado.
SUBSECRETARIO, RIA m. y f. Persona que ayuda o reemplaza al secretario. || — M. Secretario general de un ministro.
SUBSECUENTE adj. Subsiguiente. (SINÓN. V. *Siguiente.*)
SUBSEGUIR v. i. Seguirse una cosa a otra. Ú. t. c. r. || — IRREG. Se conjuga como *pedir.*
SUBSIDIARIO, RIA adj. Que se da accesoriamente para ayudar a otra cosa: *medio subsidiario.* || *For.* Dícese de la acción que robustece a otra principal.
SUBSIDIO m. Impuesto extraordinario. || Prestación efectuada por un organismo para completar los ingresos de un individuo o familia: *subsidio a la vejez.* (SINÓN. *Asignación, socorro, subvención.*) || — PARÓN. *Susidio.*
SUBSIGUIENTE adj. Que subsigue. || Después del siguiente. (SINÓN. V. *Siguiente.*)
SUBSISTENCIA f. (lat. *subsistentia*). Permanencia, estabilidad de una cosa. || Lo necesario para la vida humana: *proveer de subsistencias una plaza.* (SINÓN. V. *Provisión.*) || *Ecuad.* Falta de asistencia, ausencia (voz militar).
SUBSISTENTE adj. Que subsiste.
SUBSISTIR v. i. (lat. *subsistere*). Permanecer, existir aún: *aquel edificio subsiste.* (SINÓN. *Durar* y *ser.*) || Estar en vigor: *subsiste la ley.* || Vivir: *los peces no subsisten fuera del agua.*
SUBSTANCIA f. (lat. *substantia*). Cualquier materia: *substancia dura, blanda.* (SINÓN. *Cuerpo, elemento, materia.*) || Lo que subsiste por sí, aparte de todo accidente: *substancia espiritual, corporal.* || Lo mejor, lo esencial: *la substancia de un escrito.* (SINÓN. V. *Esencia* y *quintaesencia.*) || Jugo: *la substancia de la gallina.* || Juicio, madurez: *hombre sin substancia.* || *En substancia,* m. adv., en compendio.
SUBSTANCIACIÓN f. Acción de substanciar.
SUBSTANCIAL adj. Relativo a la substancia. || Substancioso. || Lo más importante de una cosa.
SUBSTANCIALISMO m. *Fil.* Doctrina que cree en la existencia de la substancia. || (SINÓN. *Realismo.* CONTR. *Idealismo.*)
SUBSTANCIALMENTE adv. En substancia.
SUBSTANCIAR v. t. Compendiar. || *For.* Formar la causa hasta ponerla en estado de sentencia.
SUBSTANCIOSO, SA adj. Que tiene substancia: *negocio, guiso substancioso.*
SUBSTANTIVACIÓN f. Empleo como substantivo de palabras que no lo son.
SUBSTANTIVAR v. t. *Gram.* Dar a una palabra valor de substantivo: *el artículo neutro sirve para substantivar algunos adjetivos.*
SUBSTANTIVIDAD f. Calidad de substantivo.
SUBSTANTIVO, VA adj. Que expresa la substancia. || Dícese de lo que expresa el ser, la existencia. || *Verbo substantivo,* el verbo *ser.* || — M. Cualquier palabra que designa un ser u objeto: *substantivo masculino.*
SUBSTITUCIÓN f. Acción y efecto de substituir. (SINÓN. V. *Reemplazo.*) || *For.* Acción y efecto de subrogar alguna persona o cosa en lugar de otra.
SUBSTITUIBLE adj. Que puede substituirse.
SUBSTITUIDOR, RA adj. y s. Que substituye.
SUBSTITUIR v. t. Poner a una persona o cosa en lugar de otra. (SINÓN. V. *Reemplazar.*) || — IRREG. Se conjuga como *huir.*
SUBSTITUTIVO adj. y s. Que puede reemplazar a otra cosa.
SUBSTITUTO, TA m. y f. Persona que substituye a otra en un empleo o servicio.
SUBSTRACCIÓN f. Acción de substraer o quitar una cosa. || *Álg.* y *Arit.* Resta, operación que consiste en quitar una cantidad de otra.
SUBSTRAENDO m. Cantidad que se resta.
SUBSTRAER v. t. Separar, apartar: *substraer una parte de un todo.* (SINÓN. V. *Suprimir.*) || Robar: *les substrajeron la cartera.* (SINÓN. V. *Hurtar.*) || *Mat.* Restar: *substraer 3 de 5.* (SINÓN. *Deducir, disminuir, rebajar.*) || — V. r. Eludir, evitar, separarse de lo proyectado. || — IRREG. Se conjuga como *traer.*
SUBSTRATO m. *Fil.* Lo que forma la parte esencial del ser y es independiente de sus calidades. || *Geol.* Terreno que queda bajo una capa superpuesta.
SUBSUELO m. El terreno situado debajo de la capa labrantía superficial. || Parte profunda del terreno. (SINÓN. V. *Subterráneo.*) || *Chil.* Sótano.
SUBTE m. *Arg.* y *Urug.* Tren subterráneo.
SUBTENDER v. t. *Geom.* Unir una recta los extremos de un arco o de una línea quebrada. || — IRREG. Se conjuga como *tender.*
SUBTENIENTE m. *Mil.* El segundo teniente.
SUBTENSA f. La cuerda que subtiende un arco.
SUBTERFUGIO m. (lat. *subterfugium*). Pretexto, evasiva, escapatoria. (SINÓN. V. *Huida.*)

SUBMARINO ATÓMICO

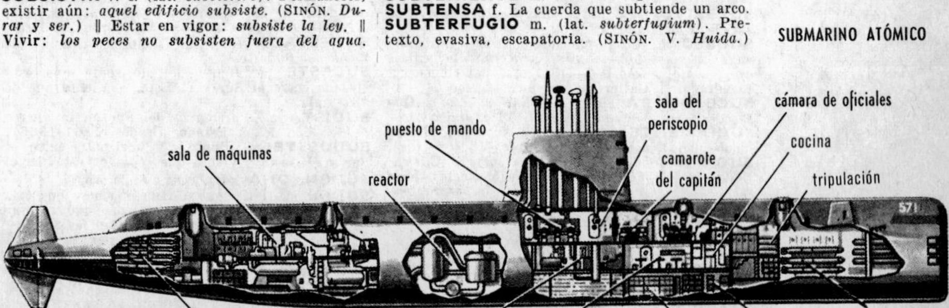

SUBTERRÁNEO, A adj. Que está debajo de tierra: *ferrocarril subterráneo.* ‖ — M. Lugar que está situado debajo de tierra: *un obscuro subterráneo.* ‖ — SINÓN. *Galería, mina, subsuelo, túnel.*
SUBTIPO m. Cada división de los tipos en las plantas y animales.
SUBTITULAR v. t. Poner subtítulo.
SUBTÍTULO m. Título secundario. ‖ *Cin.* Traducción resumida de las palabras de un film en versión original.
SUBTROPICAL adj. Situado bajo los trópicos.
SUBURBANO, NA adj. Próximo a la ciudad: *terreno suburbano.* ‖ — M. Habitante de un suburbio. ‖ Tren subterráneo que une al suburbio con la ciudad: *tomar el suburbano.*
SUBURBIO m. (lat. *suburbium*). Conjunto de las aglomeraciones que rodean un centro urbano. (SINÓN. V. *Afueras.*)
SUBVENCIÓN f. Concesión de dinero efectuada a una entidad o individuo por el Estado, ayuntamiento, etc., para fomentar una obra o un servicio de interés público. (SINÓN. V. *Subsidio.*)
SUBVENCIONAR v. t. Dar una subvención.
SUBVENIR v. i. (lat. *subvenire*). Auxiliar, ayudar, socorrer: *subvenir a los gastos.* (SINÓN. V. *Contribuir.*) ‖ — IRREG. Se conjuga como *venir.*
SUBVERSIÓN f. Acción y efecto de subvertir.
SUBVERSIVO, VA adj. Dícese de lo que es capaz de subvertir o corromper.
SUBVERTIR v. t. Trastornar, revolver: *subvertir el orden.* (SINÓN. V. *Derribar.*) ‖ — IRREG. Se conjuga como *sentir.*
SUBYACENTE adj. Dícese de lo que yace debajo: *tejidos subyacentes.*
SUBYUGACIÓN f. Acción de subyugar.
SUBYUGADOR, RA adj. y s. Que subyuga.
SUBYUGAR v. t. (lat. *subjugare*). Avasallar, dominar violentamente: *Esparta subyugó a Mesenia.* (SINÓN. V. *Oprimir.*) ‖ *Fig.* Dominar.
SUCCÍNICO, CA adj. *Quím.* Dícese de un ácido que se encuentra en el ámbar amarillo.
SUCCINO m. (lat. *succinum*). Ámbar amarillo.
SUCCIÓN f. Acción y efecto de chupar.
SUCEDÁNEO, A adj. (lat. *succedaneus*). Dícese del medicamento o de cualquier substancia que puede reemplazar a otra. U. t. c. s. m.
SUCEDER v. t. (lat. *succedere*). Seguirse una persona a otra: *suceder a un ministro* (SINÓN. V. *Reemplazar.*) ‖ Heredar los bienes de uno: *los hijos suceden a los padres.* ‖ — V. impers. Efectuarse un hecho: *no ha sucedido nada.* (SINÓN. *Acontecer, advenir, acaecer, ocurrir, pasar, parvenir, sobrevenir.* ‖ — V. r. Seguirse.
SUCEDIDO m. *Fam.* Suceso o acontecimiento.
SUCENTURIADO, DA adj. *Ventrículo sucenturiado*, bolsa que tienen las aves en el esófago.
SUCESIBLE adj. Dícese de aquello en que se puede suceder: *tener un parentesco sucesible.*
SUCESIÓN f. (lat. *successio*). Acción y efecto de suceder: *la sucesión de un comerciante* (SINÓN. V. *Continuación* y *serie.*) ‖ Descendencia, prole. ‖ Herencia. (SINÓN. *Patrimonio.*)
SUCESIVAMENTE adv. m. De un modo sucesivo.
SUCESIVO, VA adj. (lat. *succesivus*). Que sucede o se sigue. (SINÓN. V. *Posterior.*)
SUCESO m. Cosa que sucede, acontecimiento: *un suceso notable.* (SINÓN. *Acaecimiento, episodio, evento, hecho.*) ‖ Transcurso del tiempo. ‖ Resultado. ‖ Galicismo por *buen éxito.*
SUCESOR, RA adj. y s. (lat. *succesor*). Que sucede o sigue a uno. (SINÓN. V. *Siguiente.*)
SUCIAMENTE adv. m. Con suciedad, de un modo sucio: *portarse suciamente.*
SUCIEDAD f. Calidad de sucio. (CONTR. *Limpieza.*) ‖ *Fig.* Palabra o acción sucia: *decir suciedades.* ‖ Porquería. (SINÓN. *Impureza, inmundicia.* V. tb. *basura.*)
SUCINTAMENTE adv. m. De un modo sucinto.
SUCINTARSE v. r. Ceñirse, restringirse.
SUCINTO adj. (lat. *succintus*). Breve, lacónico, dicho en pocas palabras: *contestación sucinta.* (SINÓN. V. *Corto.*) ‖ *Chil.* Recogido o ceñido por abajo. ‖ *Méx.* Circunstanciado, detallado.
SUCIO, CIA adj. Que no está limpio: *trapo sucio.* (SINÓN. *Mugriento.* V. tb. *desaseado.*) ‖ Contrario al pudor: *palabras sucias.* (SINÓN. *Asqueroso, inmundo, puerco, sórdido.*) ‖ Dícese del color confuso: *amarillo sucio.* ‖ *Fig.* Con daño o impureza: *labor sucia.* ‖ *Fig.* Que tiene alguna impureza. ‖ Que se ensucia fácilmente. ‖ — Adv. m. *Fig.* Sin las debidas reglas o leyes. ‖ *Arg. Andar sucio*, estar mal con uno. ‖ *Arg. Jugar sucio a uno*, jugarle una mala pasada.
SUCO, CA adj. *Ecuad.* Bermejo, pelirrubio. ‖ *Per.* Anaranjado. ‖ — M. *Bol.* y *Venez.* Terreno fangoso.
SUCOTRINO adj. De Socotora: *el áloe sucotrino es el más apreciado.*
SUCRE m. Unidad monetaria del Ecuador.
SUCRENSE adj. y s. De Sucre (Venezuela). ‖ Sucreño.
SUCREÑO, ÑA adj. y s. De Sucre (Bolivia).
SÚCUBO adj. *Demonio súcubo*, nombre dado a cierto demonio femenino, por oposición a *íncubo.*
SUCUCHEAR v. t. *Bol.* Ocultar algo.
SUCUCHO m. Rincón, entrante.
SUCULENCIA f. Calidad de suculento.
SUCULENTAMENTE adv. De modo suculento.
SUCULENTO adj. (lat. *succulentus*). Jugoso, nutritivo, sabroso. (SINÓN. V. *Agradable.*)
SUCUMBÉ m. *Bol.* Bebida hecha con yema de huevo.
SUCUMBIR v. i. (lat. *succumbere*). Caer agobiado por una carga. ‖ Rendirse: *sucumbió a los golpes.* (SINÓN. V. *Ceder.*) ‖ *Fig.* No resistir: *sucumbir a la tentación.* ‖ Morir: *el enfermo no sucumbió.* ‖ Perder el pleito.
SUCURSAL adj. y s. f. (del lat. *succursus*, socorro). Establecimiento que depende de otro más importante: *la sucursal de un banco.* ‖ — SINÓN. *Agencia, anejo, filial.* V. tb. *dependencia.*
SUCURUCÚ m. *Bol.* Especie de boa.
SUCHE m. *Ecuad.* y *Per.* Árbol apocináceo, de flor amarilla o roja. ‖ *Arg.* Barro, granillo. ‖ *Chil.* Individuo adulador y despreciable. ‖ — Pl. *Col.* Ciertos caracolillos usados por algunos indios como adorno. ‖ — Adj. *Venez.* Agrio.
SÚCHIL m. Nombre vulgar de la *magnolia.*
SUCHITEPESANO, NA adj. y s. De Suchitepéquez (Guatemala).
SUCHO, CHA adj. *Ecuad.* Tullido, paralítico,
SUD, forma prefija de *Sur: Sudáfrica, Sudamérica.* ‖ — M. *Amer.* Sur.
SUDACIÓN f. Producción abundante del sudor.
SUDADERO m. Lienzo para limpiar el sudor. ‖ Manta que se pone a los caballos bajo la silla. ‖ En los baños, sala que está destinada para sudar. ‖ Rezumadero.
SUDAFRICANO, NA adj. y s. De África del Sur.
SUDAMERICANO, NA adj. y s. De América del Sur.
SUDANÉS, ESA adj. y s. Del Sudán.
SUDAR v. i. (lat. *sudare*). Arrojar por los poros de la piel un líquido llamado *sudor.* (SINÓN. *Exudar, transpirar, trasudar.*) ‖ *Fig.* Destilar líquido ciertas plantas. (SINÓN. *Rezumar.*) ‖ *Fig.* y *Fam.* Trabajar mucho: *¡cómo me hizo sudar!* (SINÓN. V. *Trabajar.*) ‖ — V. t. Empapar en sudor. ‖ Mantener contra el tronco de la madre a un recién nacido para calentarle.
SUDARIO m. (lat. *sudarium*). Lienzo en que se envuelven los difuntos. ‖ *El Santo Sudario*, el que sirvió para envolver el cuerpo de Jesús.
SUDESTADA f. *Arg.* Viento con lluvia que viene del Sudeste.
SUDESTE m. Punto del horizonte que está situado entre el Sur y el Este. ‖ Viento que de allí sopla.
SUDISTA m. Partidario del Sur en la guerra de Secesión de los Estados Unidos (1861-1865).
SUDOESTE m. Punto del horizonte entre el Sur y el Oeste y viento que sopla de esta parte.
SUDÓN, ONA adj. *Amer.* Sudoroso.
SUDOR m. (lat. *sudor*). Humor acuoso que sale por los poros. ‖ Acción de sudar: *¡qué sudores ha pasado!* ‖ *Fig.* Licor que destilan los árboles. ‖ *Fig.* Gotas que salen de las peñas u otras cosas. ‖ *Fig.* Trabajo y fatiga. ‖ *Con el sudor de su frente*, m. adv., con gran trabajo.
SUDORÍFERO, RA y **SUDORÍFICO, CA** adj. y s. Que causa gran sudor: *un sudorífico.*
SUDORÍPARO, RA adj. Dícese de lo que produce el sudor: *las glándulas sudoríparas.*

SUDOROSO, SA adj. Que suda mucho o es muy propenso a sudar: *tener la frente sudorosa.*

SUDRAS m. pl. Nombre de la casta religiosa de la India que comprende los obreros y labradores.

SUDSUDESTE m. Punto del horizonte situado entre el Sur y el Sudeste y viento que de allí sopla.

SUDSUDOESTE m. Punto del horizonte situado entre el Sur y el Sudoeste y viento que de allí sopla.

SUECIA f. Una piel muy fina para guantes.

SUECO, CA adj. y s. De Suecia. || *Fam. Hacerse el sueco,* hacerse el desentendido. || — M. Idioma sueco. || — PARÓN. *Zueco.*

SUEGRA f. Madre de uno de los esposos respecto del otro. || Parte más cocida de una rosca de pan.

SUEGRO m. (lat. *socer*). Padre de uno de los esposos respecto del otro.

SUELA f. (lat. *solea*). Parte del calzado que toca el suelo. || Cuero de buey curtido que sirve para suelas y otros usos. || *Media suela,* pedazo de cuero con que se remienda la parte del calzado que corresponde a la planta del pie. || *Pop.* Media tostada. || Cuero de los tacos del billar. || Lenguado, pez. || *Fig.* y *fam. No llegarle a uno a la suela del zapato,* ser muy inferior a él. || *Fig.* y *fam. Un pícaro de siete suelas,* un pícaro redomado.

SUELAZO m. *Amer. Fam.* Costalada, golpe.

SUELDACOSTILLA f. Planta liliácea, de flores blancas, común en España.

SUELDO m. (lat. *solidus*). Moneda antigua de distinto valor según los tiempos y países. || Salario: *cobrar buen sueldo.* (SINÓN. *Honorarios, jornal, paga, retribución.*) || *A sueldo,* mediante retribución fija.

SUELO m. (lat. *solum*). Superficie de la tierra. || Tierra considerada en relación a sus cualidades productivas: *suelo fértil.* (SINÓN. V. *Terreno.*) || *Fig.* Tierra o mundo. || Territorio. || *Fig.* Superficie inferior de una cosa: *el suelo de una vasija.* || Piso de una casa: *suelo de ladrillo.* (SINÓN. *Entarimado, pavimento, piso.*) || *El suelo natal,* la patria. || *Fig.* y *fam. Estar una cosa por los suelos,* estar muy barata.

SUELTA f. Acción de soltar. || Traba que se pone a las caballerías. || *Dar suelta a uno,* darle libertad.

SUELTAMENTE adv. m. Con soltura. || Espontáneamente, voluntariamente.

SUELTO, TA adj. Libre. || *Fig.* Ligero, veloz. || *Fig.* Hábil en la ejecución de una cosa. || *Fig.* Libre, atrevido. || *Fig.* Fácil, corriente: *estilo suelto.* (SINÓN. V. *Ágil.*) || Poco compacto, disgregado: *la mayonesa está suelta.* || Dícese del que tiene diarrea. || *Fig.* Que no hace juego con otra cosa; *pliego suelto.* (SINÓN. *Aislado, separado.*) || Dícese de la moneda con relación a otra de más valor: *no tener suelto.* || — M. Artículo pequeño de un periódico.

SUEÑO m. (lat. *somnus*). Acto de dormir. (SINÓN. *Dormida, siesta.*) || Representación en la fantasía de diversos sucesos, durante el sueño: *un sueño desagradable.* (SINÓN. *Pesadilla.*) || *Fig.* Estado de inercia, de inactividad: *el invierno es el sueño de la naturaleza.* || Gana de dormir: *tener sueño.* (SINÓN. V. *Adormecimiento.*) || *Fig.* Cosa fantástica y sin fundamento. (SINÓN. *Desvarío, divagación.* V. tb. *ilusión.*) || *En sueños,* m. adv., durmiendo. || *Enfermedad del sueño,* enfermedad contagiosa, propia de la costa occidental de África, caracterizada por largos accesos de sueño, y debida a la presencia en la sangre de un tripanosoma inoculado por la mosca tsé-tsé. || *Sueño de plomo, de muerte,* sueño profundo. || *El sueño eterno,* la muerte. || *Entre sueños,* medio dormido. || *Fig.* y *fam. Ni por sueños,* expresión empleada para ponderar que algo ha estado muy lejos de suceder.

SUERO m. (lat. *serum*). Líquido untuoso, amarillo y dulce que se saca de la leche cuajada. || Líquido amarillento que se saca de la sangre cuajada. || Líquido extraido de la sangre de un animal (generalmente el caballo) vacunado contra un mal microbiano. (La riqueza en antitoxinas de este *suero* permite una lucha rápida contra la afección correspondiente en el hombre. Se utilizan los sueros antitetánico, antidiftérico, etcétera). || *Med.* Disolución del suero en agua de sales, u otras substancias, que se administra en inyecciones con fin curativo.

SUEROTERAPIA f. Tratamiento con sueros curativos o preventivos.

SUERTE f. Encadenamiento de los sucesos, hado: *así lo dispuso la suerte.* || Buena o mala fortuna: *tener mala suerte.* (SINÓN. *Estrella, éxito, sino.*) || Suerte favorable: *tener suerte en la lotería.* || Hado: *¿cuál será mi suerte?* (SINÓN. V. *Destino* y *dicha.*) || Estado, condición: *mejorar la suerte del pueblo.* || Género de una cosa: *¿Qué suerte de tela quieres?* (SINÓN. V. *Especie.*) || Porción de tierra deslindada. || Jugada en ciertos juegos. || Cada uno de los lances de la lidia taurina: *suerte de varas, de banderillas, de matar.* || Casualidad: *por suerte te escogí a ti.* || *Arg.* y *Urug.* Medida de superficie. || Juego de manos, equilibrio, etc.: *hacer suertes con un bastón.* || *Per.* Billete de lotería. || *Tocarle a uno la suerte,* sacar buen o mal número en un sorteo o lotería. || *Echar a suertes,* resolver una cosa por medios casuales, por el azar. || *La suerte está echada* (palabras de César al pasar el Rubicón), ya está decidido.

SUERTERO m. *Per.* Vendedor de billetes de lotería. || *Amer.* Afortunado, dichoso.

SUESTADA f. Viento fuerte del Sueste.

SUESTE m. Sudeste. || Sombrero impermeable de lona encerada y ala levantada por delante.

sueste

SUFIJOS

sufijos para formar substantivos

sufijos	significado	ejemplos
-ada, -aje -al, -ar	colectivo	manada, ropaje, arrozal, pinar
-ada, -ata	acción verbal	bajada, caminata
-ado, -ato, -azgo, -ante, -ario	profesión, dignidad	abogado, priorato, mayorazgo, dibujante, notario
-aje, -azo	acción, instrumento	pillaje, cañonazo
-ancia, -anza, -encia	cualidad, efecto	abundancia, holganza, prudencia, presidencia
-ario	lugar, establecimiento	acuario, anticuario
-ción, -sión, -tión	acción verbal	dicción, concesión, digestión
-dad, -tad	cualidad, defecto	bondad, libertad, falsedad
-dor, -tor -sor	agente, profesión	comprador, escultor, revisor
-dura, -tura, -sura	acción, efecto	armadura, montura, censura
-eda, -edo, -ena	colectivo	alameda, robledo decena
-ente, -iente	cargo, oficio	regente, teniente

sufijos	significado	ejemplos
-ero, -era	recipiente, profesión, lugar	puchero, zapatero, lavadero, cantera
-ez, -eza	cualidad, defecto	sencillez, pereza
-ia, -ía, ie	cualidad, defecto	gracia, alegría, barbarie
-ía, -ica -ina	voces técnicas	filosofía, química morfina
-ia, -io, -ista	profesión	boticaria, sacerdocio, dentista
-ido, -ida, -io	acción verbal	sentido, comida, estudio
-ismo	sistema, doctrina	kantismo, comunismo
-men, -mento, -miento	acción y efecto	certamen, armamento, establecimiento
-monia	cualidad, defecto	parsimonia, acrimonia
-orio	lugar	refectorio, oratorio
-ría	lugar, establecimiento	panadería, regiduría
-ud, -tud, -ura	cualidad, defecto	salud, plenitud lentitud, blandura
-umbre, -ura	cualidad	mansedumbre, cordura

sufijos para formar adjetivos

sufijos	significado	ejemplos
-áceo, -ado	semejanza	herbáceo, anaranjado
-aco, -án, -ano	gentilicio	polaco, alemán, venezolano
-ado, -al, -ario, -ante	cualidad	pintado, liberal, primario, apremiante
-al, -ar,	propensión,	vital, militar
-áneo, -ano	referencia	sucedáneo, cristiano
-ando- endo	digno de	venerando, reverendo
-bil, ble	posibilidad, capacidad	hábil, soluble, amable, comestible
-dor, -tor, -sor	agente	andador, conductor, defensor
-ego, -eno, -ense, -eño, -eo, -ero, -és	gentilicio	gallego, chileno, cretense, madrileño, hebreo, habanero, francés
-el, -eño, -ero	cualidad, defecto	novel, trigueño, sincero
-eno, -ero, -ésimo	ordinales	onceno, primero, vigésimo
-érrimo	superlativo	pulquérrimo
-estre	relación	rupestre, pedestre
-í	gentilicio	marroquí, israelí
-icio, -iego,	pertenencia,	tribunicio, mujeriego,
-il, -ino,	relación,	senil, libertino,
-io, -izo	cualidad	sectario, fronterizo
-icio, -iento, -ido	cualidad, defecto	propicio, avariento, divertido
-ino	gentilicio	saguntino, santanderino
-ísimo	superlativo	bellísimo
-ivo	capacidad	comprensivo
-izo	disposición	antojadizo
-olento, -oso	plenitud	violento, valeroso
-orio	posibilidad, aptitud	declamatorio
-undo	intensidad	meditabundo, iracundo
-uno	referencia	vacuno
-uo	cualidad	arduo

palabras griegas empleadas como sufijos

sufijos	significado	ejemplos
-agónico	combate	antagónico
-algia	dolor	cefalalgia
-arca, -arquía	el que manda, mando	jerarca, jerarquía
-atra, atría	el que cura, curación	psiquiatra, psiquiatría
-bara	presión	isobara
-bolo	el que lanza	discóbolo
-carpio	fruto	pericarpio
-céfalo	cabeza	dolicocéfalo
-ciclo	que tiene rueda	triciclo
-cosmo	mundo	microcosmo
-cracia, -crata	poder, que tiene el poder	aristocracia, aristócrata
-dáctilo	que tiene dedos	pterodáctilo
-doja	opinión	paradoja
-dromo	carrera	hipódromo
-edro	base, cara	dodecaedro
-fago	que come	antropófago
-fanía	manifestación	epifanía
-fano	que brilla	diáfano
-filia	amistad por	hispanofilia
-filo	amigo de	hispanófilo
-fila	hoja	clorofila
-fobia	enemistad, odio	hidrofobia
-fobo	enemigo de	hidrófobo
-fonía, -fono	voz, sonido	cacofonía, micrófono
-foro	que lleva	semáforo
-frasis	expresión	perífrasis
-gamia	unión, casamiento	monogamia
-geno	que engendra	hidrógeno
-geo	tierra	epigeo
-gono	ángulo	polígono
-grafía	arte de escribir	taquigrafía
-grama	letra	telegrama
-hidro	agua	anhidro
-itis	hinchazón	apendicitis
-latría	adoración	idolatría
-lito	piedra	monolito
-logía	ciencia	fisiología
-logo	que estudia	fisiólogo
-mancia	adivinación	quiromancia
-manía	pasión	cleptomanía
-mano	aficionado	melómano
-metro	medida	centímetro
-nauta	navegante	astronauta
-onimia	nombre	metonimia
-patía	dolor, afección	neuropatía, simpatía
-pedia	educación	enciclopedia
-podo	pie	gasterópodo
-polis	ciudad	acrópolis
-ptero	ala	helicóptero
-ragia	brotar	hemorragia
-scopio	visión	microscopio
-sofía	sabiduría	filosofía
-stico	verso	dístico
-tafio	tumba	epitafio
-teca	caja, archivo	biblioteca
-tecnia	arte, ciencia	politecnia
-teo	dios	ateo
-terapia	curación, que cura	radioterapia
-terma	calor	isoterma
-tesis	colocación	antítesis
-tipia	impresión	fototipia
-tipo	impresión, carácter	teletipo, prototipo
-tomía	acción de cortar	traqueotomía
-tropo	que se vuelve	heliotropo

palabras latinas empleadas como sufijos

sufijos	significado	ejemplos
-cida	que mata	homicida, infanticida
-cola	relativo al cultivo	vinícola, oleícola
-cultura	arte de cultivar	horticultura
-ducción	que conduce	introducción
-fero	que lleva	aurífero
-forme	que tiene la forma de	cuneiforme, filiforme
-fuga,-fugo	que huye o hace huir	tránsfuga, vermífugo
-paro	que engendra	ovíparo
-pedo	que tiene pies	bípedo, cuadrúpedo
-peto	que se dirige hacia	centrípeto
-sono	sonido	unísono
-voro	que se alimenta de	carnívoro, herbívoro

SUÉTER m. Especie de jersey de lana. Pl. *suéteres.*
SUEVO, VA adj. y s. De Suevia. ‖ Dícese de un pueblo germánico establecido en el siglo III entre el Rin, Suabia y el Danubio. (V. *Parte historia.*)
SUFETE m. o **SUFETAS** m. (lat. *suffes*). Nombre de los dos antiguos magistrados de Cartago, de Tiro, etc.
SUFÍ adj. y s. Partidario del sufismo, en Persia.
SUFICIENCIA f. Capacidad, aptitud para alguna cosa. ‖ Presunción, engreimiento.
SUFICIENTE adj. Bastante: *no tener dinero suficiente.* (SINÓN. V. *Aceptable.* CONTR. *Insuficiente.*) ‖ Apto, idóneo, que sirve para una cosa. ‖ Propenso a la pedantería.
SUFICIENTEMENTE adv. De modo suficiente.
SUFIJO, JA adj. y s. Dícese del afijo que va pospuesto: *dímeLO, morirSE.*
SUFISMO m. Doctrina religiosa, especie de panteísmo místico, de ciertos mahometanos de Persia.
SUFRA f. (fr. *surfaix*). Correón que sostiene en ciertos carros las varas de la caballería de tiro.
SUFRAGÁNEO, A adj. Dícese de lo que depende de la jurisdicción de otro: *obispo sufragáneo.*
SUFRAGAR v. t. Costear. ‖ Ayudar. ‖ — V. i. *Amer.* Votar. (Se usa seguido por la pre. *por.*)
SUFRAGIO m. Voto: *el sufragio universal concede el derecho de votar a todos los ciudadanos.* (SINÓN. V. *Votación.*) ‖ Ayuda, auxilio. ‖ Obra aplicada por las almas del purgatorio.
SUFRAGISMO m. Movimiento político partidario de la concesión de los derechos electorales a la mujer.
SUFRAGISTA com. Persona partidaria del voto de la mujer.
SUFRIBLE y **SUFRIDERO, RA** adj. Que puede sufrirse o tolerarse: *una pena sufridera.*
SUFRIDO, DA adj. Que sufre o soporta algo. ‖ — SINÓN. *Calmoso, paciente, pacienzudo, sumiso.*
SUFRIDOR, RA adj. Que sufre o tolera. ‖ — M. *Col.* y *Venez.* Sudadero.
SUFRIMIENTO m. Paciencia, tolerancia: *tener gran sufrimiento.* (SINÓN. V. *Pena.*) ‖ Dolencia, padecimiento.
SUFRIR v. t. (lat. *sufferre*). Padecer: *sufrir mil dolores.* (SINÓN. *Aguantar, llevar.*) ‖ Llevar con resignación un daño material o moral: *sufrir la pobreza con paciencia.* (SINÓN. V. *Soportar.*) ‖ Sostener, soportar: *sufrir una gran fatiga.* ‖ Permitir, tolerar: *no sufriré insolencias tuyas.*
SUFUSIÓN f. (lat. *suffusio*). *Med.* Penetración en los tejidos orgánicos de un líquido extravasado. ‖ Cierta enfermedad de los ojos.
SUGERENCIA f. Insinuación, idea que se sugiere: *escribir sugerencias.*
SUGERENTE, SUGERIDOR, RA adj. Que sugiere.
SUGERIR v. t. (lat. *suggerere*). Insinuar: *sugerir una idea.* (SINÓN. V. *Insinuar.*) ‖ — IRREG. Se conjuga como *sentir.*
SUGESTIÓN f. (lat. *suggestio*). Acción de sugerir: *la sugestión de un pensamiento.* ‖ Idea sugerida: *sugestiones del demonio.* ‖ Acción de sugestionar.
SUGESTIONABLE adj. Fácil de sugestionar.
SUGESTIONAR v. t. Sugerir a una persona hipnotizada ideas o actos involuntarios. ‖ Captar o dominar la voluntad ajena.
SUGESTIVO, VA adj. Que llama la atención, notable, llamativo: *un espectáculo sugestivo.* (SINÓN. V. *Interesante.*)
SUICIDA com. Persona que se suicida. ‖ — Adj. Que constituye suicidio: *idea suicida.*
SUICIDARSE v. r. Darse voluntariamente muerte.
SUICIDIO m. Acción y efecto de suicidarse.
SUIDOS m. pl. Familia de mamíferos que comprende los cerdos, jabalíes, etc.
Sui generis, loc. lat. que significa *de su especie.* Se emplea a veces irónicamente hablando de lo que caracteriza una cosa: *un olor "sui generis".*
SUINDÁ f. *Arg.* Especie de lechuza.
SUIRIRÍ m. *Arg.* Especie de pato.
SUITE f. (pal. fr.). *Mús.* Serie de piezas instrumentales escritas en el mismo tono. ‖ Apartamento en un hotel.
SUIZA f. *Fig.* Contienda, riña. ‖ *Amer.* Felpa.
SUIZO, ZA adj. y s. De Suiza. ‖ — M. Bollo especial de harina, huevo y azúcar.
SUJECIÓN f. Acción de sujetar o mantener. (SINÓN. V. *Servidumbre.*) ‖ *Ret.* Figura en que el orador o escritor se pregunta y él mismo se responde.
SUJETADOR, RA adj. y s. Que sujeta. ‖ — M. Sostén.
SUJETALIBROS m. inv. Accesorio que sirve para sostener los libros.
SUJETAPAPELES m. inv. Objeto de alambre, plástico u otra materia que sirve para sujetar papeles.
SUJETAR v. t. Afirmar, mantener una cosa. (SINÓN. V. *Asegurar.*) ‖ Someter al dominio: *sujetarse a una regla severa.* (SINÓN. V. *Oprimir.*)
SUJETO, TA adj. (lat. *subjectus*). Expuesto o propenso a una cosa. (SINÓN. V. *Sumiso.*) ‖ — M. Persona, individuo: *un sujeto poco recomendable.* ‖ Asunto, materia: *un sujeto peliagudo.* (SINÓN. V. *Trama.*) ‖ *Gram.* Palabra que expresa la idea de la cual afirma algo el verbo. ‖ *Lóg.* Ser del cual se enuncia alguna cosa. ‖ *Fil.* El espíritu humano considerado en oposición al mundo exterior.
SULF, prefijo que indica la presencia del azufre en un compuesto químico.
SULFAMIDA f. Nombre genérico de compuestos orgánicos activos contra numerosos microbios infecciosos.
SULFATACIÓN f. Sulfatado.
SULFATADO m. Acción y efecto de sulfatar.
SULFATADOR, RA adj. y s. Que sulfata. ‖ — M. y f. Máquina para sulfatar.
SULFATAR v. t. Impregnar con algún sulfato: *sulfatar la vid contra la filoxera.*
SULFATO m. *Quím.* Sal de ácido sulfúrico.
SULFHIDRATO m. Sal del ácido sulfhídrico.
SULFHÍDRICO, CA adj. Dícese de un ácido (H_2S) compuesto de azufre e hidrógeno.
— Prodúcese el *ácido sulfhídrico* en la descomposición de las materias animales; es un gas incoloro, de olor o huevos podridos, soluble en el agua. Empléase en la fabricación de la anilina, y, en medicina, se utiliza en las afecciones de la piel y de la laringe. Llámase también *hidrógeno sulfurado.*
SULFITO m. Sal formada por el ácido sulfuroso.
SULFO, prefijo. v. SULF.
SULFONAL m. *Farm.* Medicamento anestésico que se obtiene por medio del ácido sulfhídrico.
SULFOVÍNICO, CA adj. Dícese de un ácido obtenido mediante la acción del ácido sulfúrico sobre el alcohol.
SULFURADO, DA adj. *Quím.* En estado de sulfuro: *hidrógeno sulfurado.* ‖ *Fig.* Irritado.
SULFURAR v. t. Convertir en sulfuro. ‖ *Fig.* Irritar. ‖ — V. r. Irritarse.
SULFÚREO, A adj. *Quím.* Que contiene azufre. ‖ Relativo o perteneciente al azufre.
SULFÚRICO, CA adj. *Ácido sulfúrico,* ácido oxigenado (H_2SO_4) derivado del azufre, que existe en la naturaleza en gran abundancia en estado de sulfato y es conocido en el comercio con el nombre de *vitriolo*: *el ácido sulfúrico es un corrosivo muy violento.* (Empléase este ácido en la industria para la fabricación de otros varios ácidos, para destruir residuos animales, para purificar las grasas, fabricar la glucosa, etc.)
SULFURO m. *Quím.* Combinación del azufre con un cuerpo: *el sulfuro de carbono disuelve el caucho.* ‖ Sal del ácido sulfhídrico. (El *sulfuro de carbono* CS_2 es utilizado para vulcanizar el caucho, extraer el perfume de las plantas, como insecticida, etc.)
SULFUROSO, SA adj. Que contiene azufre: *beber agua sulfurosa.* ‖ *Quím. Anhídrido sulfuroso,* compuesto oxigenado (SO_2) derivado del azufre. (Es un gas incoloro, que se emplea como decolorante y desinfectante.)
SULKY m. (pal. ingl.). Carruaje ligero de dos ruedas, desprovisto de caja, utilizado en las carreras al trote.
SULTÁN m. Emperador de los turcos. ‖ Nombre que dan los mahometanos a ciertos príncipes.
SULTANA f. Mujer del sultán. ‖ Antigua galera que usaban los turcos en la guerra.
SULTANADO y **SULTANATO** m. Sultanía.
SULTANÍA f. Territorio sujeto a un sultán.
SULLANENSE adj. y s. De Sullana (Perú).

SUMA f. (lat. *summa*). Agregado de varias cosas. (SINÓN. *Adición, total.*) ‖ Cantidad de dinero: *una suma considerable.* ‖ Acción de sumar: *equivocarse en una suma.* ‖ Lo más importante de una cosa. ‖ Recopilación de todas las partes de una ciencia: *la "Suma Teológica" de Santo Tomás.* (SINÓN. V. *Compendio.*) ‖ *En suma,* m. adv., en resumen. ‖ *Suma y sigue,* que continúa la suma en la plana siguiente. *Fig.* y *fam.* Repetición o continuación de una cosa.
SUMACA f. Cierta embarcación pequeña de dos palos que se emplea en América para el cabotaje.
SUMADOR, RA adj. Que suma o adiciona.
SUMAMENTE adv. m. Excesivamente. (SINÓN. V. *Mucho* y *muy.*)
SUMANDO m. *Álg.* y *Arit.* Nombre que se da a cada una de las cantidades que se suman.
SUMAR v. t. Compendiar, abreviar una materia. ‖ *Álg.* y *Arit.* Reunir en una sola varias cantidades homogéneas. ‖ Hacer un total de: *suma cien pesetas.* ‖ — V. r. Agregarse a un partido o doctrina.
SUMARIA f. Proceso escrito. ‖ Sumario en el procedimiento criminal militar.
SUMARIAL adj. De la sumaria o el sumario.
SUMARIAMENTE adv. m. De modo sumario. ‖ *For.* Por trámites abreviados.
SUMARIAR v. t. *For.* Someter a una sumaria.
SUMARIO, RIA adj. (lat. *summarium*). Compendiado, breve. (SINÓN. V. *Corto.*) ‖ *For.* Dícese de los juicios en que se procede brevemente, prescindiendo de ciertas formalidades. ‖ — M. Resumen. (SINÓN. V. *Compendio.*) ‖ *For.* Conjunto de actuaciones encaminadas a preparar un juicio. ‖ Epígrafe al comienzo de un capítulo en que se numeran los temas que se van a desarrollar.
SUMARÍSIMO, MA adj. Dícese de ciertos juicios que por su urgencia o por su gravedad señala la ley una tramitación brevísima.
SUMERGIBLE adj. Que puede sumergirse. ‖ — M. Barco submarino.
SUMERGIR v. t. Meter debajo del agua. ‖ *Fig.* Abismar, hundir: *sumergir en una profunda tristeza.* ‖ — V. r. Meterse debajo del agua.
SUMERIO, RIA adj. y s. De Sumeria.
SUMERSIÓN f. Acción y efecto de sumergir.
SUMIDERO m. Conducto o agujero por donde se sumen las aguas. ‖ *Per.* y *P. Rico.* Pozo negro. ‖ — PARÓN. *Rezumadero.*
SUMILLER m. (fr. *sommelier*). Nombre de ciertos oficiales de palacio: *sumiller de corps.*
SUMINISTRABLE adj. Que puede suministrarse.
SUMINISTRACIÓN f. Suministro.
SUMINISTRADOR, RA adj. y s. Que suministra.
SUMINISTRAR v. t. Proveer a uno de alguna cosa: *suministrar víveres al ejército.* ‖ — SINÓN. *Abastecer, aprovisionar, avituallar, dotar, equipar, proveer, surtir.*
SUMINISTRO m. Acción y efecto de suministrar una cosa. (SINÓN. V. *Abastecimiento.*) ‖ — Pl. *Mil.* Víveres y utensilios para la tropa.
SUMIR v. t. (lat. *sumere*). Hundir debajo de la tierra o del agua. ‖ *Fig.* Sumergir, hundir. ‖ Consumir el sacerdote en la misa. ‖ — V. r. Hundirse los carrillos por cualquier motivo, adelgazar mucho. ‖ *Fig.* Abismarse: *sumirse en la desesperación.*
SUMISIÓN f. Acción y efecto de someter o someterse. (SINÓN. V. *Servidumbre.*) ‖ Rendimiento: *mostrar sumisión.* (SINÓN. V. *Obediencia.*)
SUMISO, SA adj. Obediente, dócil: *un niño sumiso.* (CONTR. *Rebelde*). ‖ Rendido, sometido. (SINÓN. *Esclavo, rendido, sujeto, vasallo.*)
SUMISTA m. Autor de una suma o compendio. ‖ El que sólo ha aprendido por sumas la teología.
SUMMA f. (pal. lat.). Suma.
SÚMMUM m. (pal. lat.). El grado sumo, el colmo. (SINÓN. V. *Colmo.*)
SUMO, MA adj. (lat. *summus*). Supremo, muy elevado: *el Sumo Pontífice.* (SINÓN. V. *Soberano.*) ‖ *Fig.* Muy grande: *suma tontería.* ‖ *A lo sumo,* m. adv., a lo más. Cuando más, si acaso. ‖ *De sumo,* m. adv., entera, cabalmente.
SUMOSCAPO m. (del lat. *summus,* elevado, superior, y *scapus,* tallo). *Arq.* Porción curva en la parte superior de la columna. ‖ — CONTR. *Imoscapo.*
SÚMULAS f. pl. Compendio de los principios elementales de la lógica.
SUNA f. Sunna.
SUNCIÓN f. Acto de sumir el sacerdote.
SUNCO, CA adj. *Chil.* Manco.
SUNCHO m. *Amer.* Arbusto americano de la familia de las compuestas.
SUNGO, GA adj. *Col.* Negro.
SUNITA m. (de *suna*). Sunnita.
SUNLIGHT m. (pal. ingl., pron. *sunláit*). Foco luminoso de gran potencia usado en las tomas de vistas cinematográficas.
SUNNA f. Colección de preceptos atribuidos a Mahoma y a los cuatro califas ortodoxos. ‖ *Por ext.* Ortodoxia musulmana.
SUNNITA m. Musulmán que observa las sunnas y que, por lo tanto, sólo reconoce las tradiciones de los califas ortodoxos.
SUNTUARIO, RIA adj. Relativo al lujo. ‖ *Ley suntuaria,* la que tiene por objeto limitar el lujo en un país: *las leyes suntuarias de Esparta.*
SUNTUOSAMENTE adv. m. De modo suntuoso.
SUNTUOSIDAD f. Calidad de suntuoso, riqueza. (SINÓN. V. *Lujo.*)
SUNTUOSO, SA adj. Magnífico, espléndido. ‖ Dícese de la persona magnífica en su gasto y porte.
SUPEDITACIÓN f. Acción de supeditar.
SUPEDITAR v. t. Oprimir, apretar con violencia. ‖ *Fig.* Avasallar, someter, subordinar.
SUPER, prep. inseparable que significa *sobre.* ‖ M. *Fam.* Supercarburante.
SUPERABLE adj. Dícese de lo que se puede superar o vencer: *esa obra será difícilmente superable.* ‖ — CONTR. *Insuperable.*
SUPERABUNDANCIA f. Abundancia grande. (SINÓN. V. *Abundancia* y *abuso.*)
SUPERABUNDANTE adj. Muy abundante, sobrado, que excede los límites de lo ordinario: *obtener una cosecha superabundante.*
SUPERABUNDAR v. i. Ser muy abundante.
SUPERACIÓN f. Acción y efecto de superar.
SUPERALIMENTACIÓN f. Sobrealimentación, acción de superalimentar.
SUPERALIMENTAR v. t. Sobrealimentar.
SUPERAR v. t. (lat. *superare*). Sobrepujar, aventajar, ser mayor: *esta cantidad supera a la otra.* ‖ — SINÓN. *Dominar, triunfar, vencer.* V. tb. *pasar.*
SUPERÁVIT m. *Com.* Exceso del haber sobre el debe de una cuenta. Pl. *superávit* o *superávits.* (SINÓN. V. *Ganancia.*)
SUPERCARBURANTE m. Gasolina comercial cuyo índice de octano es particularmente elevado.
SUPERCILIAR adj. De las cejas.
SUPERCOSTAL adj. *Anat.* Que está situado sobre las costillas: *músculos supercostales.*
SUPERCHERÍA f. (ital. *soperchieria*). Trampa, treta, astucia censurable: *no se debe usar de supercheria.* (SINÓN. *V. Engaño.*)
SUPERDOMINANTE f. *Mús.* Sexta nota de la escala diatónica.
SUPEREMINENCIA f. Elevación, superioridad de una persona o de una cosa respecto de otras.
SUPEREMINENTE adj. Muy alto o eminente.
SUPERESTIMAR v. t. Estimar demasiado.
SUPERESTRUCTURA f. Lo que se superpone a cualquier base.
SUPEREROGACIÓN f. Acción ejecutada sobre o además de la obligación.
SUPERFETACIÓN f. Nueva concepción que sobreviene durante la preñez. ‖ *Fig.* Redundancia, repetición: *debe evitarse la superfetación.*
SUPERFICIAL adj. Relativo a la superficie: *la extensión superficial de un campo.* ‖ Que está en la superficie: *hacerse una quemadura superficial.* (SINÓN. V. *Externo.*) ‖ *Fig.* Aparente, ligero: *aspecto superficial.* ‖ Sin fundamento, que no va al fondo de las cosas: *espíritu superficial.* ‖ — CONTR. *Profundo.*
SUPERFICIALIDAD f. Calidad de superfluo.
SUPERFICIALMENTE adv. m. *Fig.* De un modo superficial: *examinar superficialmente.*
SUPERFICIARIO, RIA adj. *For.* Dícese del que tiene el uso de la superficie del fundo ajeno.
SUPERFICIE f. (lat. *superficies*). Parte exterior de un cuerpo: *la superficie de la Tierra.* ‖

Geom. Extensión en que se consideran sólo dos dimensiones. (SINÓN. *Área.*) [V. ilustr. página 968.]
SUPERFINO, NA adj. Muy fino.
SUPERFLUIDAD f. Calidad de superfluo: *la superfluidad de una palabra.* || Cosa superflua.
SUPERFLUO, A adj. No necesario: *adorno superfluo.* || Inútil: *lo que dices es superfluo.*
SUPERFORTALEZA f. Avión de bombardeo pesado.
SUPERFOSFATO m. *Quím.* Fosfato ácido de cal que se emplea mucho como abono.
SUPERHETERODINO m. y adj. Aparato radiorreceptor en el que las oscilaciones producidas por la onda recibida son amplificadas por la combinación con las de un oscilador local.
SUPERHOMBRE m. Nombre dado por Nietzsche a un hombre muy superior a los demás, y a cuyo tipo debe tender la humanidad.
SUPERHUMERAL m. Banda con que el sacerdote coge la custodia, la patena y las reliquias.
SUPERINTENDENCIA f. Empleo y oficina de superintendente.
SUPERINTENDENTE com. Persona a cuyo cargo está la dirección superior de ciertas cosas.
SUPERIOR adj. (lat. *superior*). Dícese de lo que está más alto que otra cosa: *vivir en un piso superior.* (SINÓN. V. *Alto.*) || Muy excelente; *vino superior.* (SINÓN. *Extra, de primera.*) || Que tiene un grado más elevado: *temperatura superior a la normal.* || *Fig.* De notable virtud y prendas: *hombre superior.* (SINÓN. V. *Distinguido.*) || — M. Persona que tiene autoridad sobre otros: *obedecer a sus superiores.* (SINÓN. V. *Jefe.*)
SUPERIOR, RA m. y f. Persona que dirige una comunidad religiosa.
SUPERIORATO m. Empleo de superior y tiempo que dura.
SUPERIORIDAD f. Calidad de superior: *reconocer la superioridad de una persona.* (SINÓN. *Hegemonía, preeminencia, preexcelencia, predominio, preponderancia, prepotencia, primacía, supremacía.* V. tb. *elevación.*) || Conjunto de personas de superior autoridad.
SUPERIORMENTE adv. m. De modo superior.
SUPERLATIVO, VA adj. Muy grande en su línea. || — M. Grado superior de significación del adjetivo y el adverbio.
SUPERMERCADO m. Establecimiento comercial donde la clientela se sirve a sí misma los diversos productos.
SUPERNUMERARIO, RIA adj. Puesto además del número señalado: *empleado supernumerario.* || Dícese de los militares en situación análoga a la de excedencia. || — M. y f. Persona que trabaja en una oficina sin figurar en la plantilla.
SUPERPOBLADO, DA adj. Excesivamente poblado.
SUPERPONER v. t. Sobreponer. || — IRREG. Se conjuga como *poner.*
SUPERPOSICIÓN f. Acción y efecto de sobreponer.
SUPERPRODUCCIÓN f. Exceso de producción, sobreproducción. || Film producido y lanzado con muchos gastos.
SUPERREALISMO m. Surrealismo.
SUPERSATURAR v. t. *Quím.* Saturar un líquido excediendo los límites ordinarios de la saturación.
SUPERSÓNICO, CA adj. De velocidad superior a la del sonido: *avión supersónico.*
SUPERSTICIÓN f. Desviación del sentimiento religioso que nos hace creer en cosas falsas, temer cosas que nos pueden hacer daño, o poner nuestra confianza en otras que de nada sirven: *la superstición pagana sobrevivió largo tiempo al paganismo.* || Vano presagio sobre cosas fortuitas, como la caída de un salero, el número trece, etc.
SUPERSTICIOSAMENTE adv. m. De un modo supersticioso: *obrar supersticiosamente.*
SUPERSTICIOSO, SA adj. Relativo o la superstición. || Dícese del que cree en supersticiones.
SUPERVENCIÓN f. *For.* Acción de sobrevenir nuevo derecho.
SUPERVENIENCIA f. Acción y efecto de supervenir.
SUPERVENIENTE adj. Que superviene.
SUPERVENIR v. i. Sobrevenir, venir mientras. || — IRREG. Se conjuga como *venir.*
SUPERVISAR v. t. Revisar un trabajo.
SUPERVISIÓN f. Acción y efecto de supervisar.
SUPERVISOR, RA adj. y s. Que supervisa.
SUPERVIVENCIA f. Acción y efecto de sobrevivir. || Permiso que se concede a uno para gozar una renta después de la muerte de la persona que la obtenía. || *Fig.* Lo que subsiste después de una desaparición: *es supervivencia de una época pasada.*
SUPERVIVIENTE adj. y s. Sobreviviente.
SUPINACIÓN f. Estado de una persona tendida boca arriba, o de la mano con la palma para arriba.
SUPINADOR adj. y s. *Anat.* Músculo que sirve para la supinación de la mano.
SUPINO, NA adj. (lat. *supinus*). Que está boca arriba. || Dícese de la ignorancia que procede de negligencia. || — M. Forma verbal del latín que hace veces de substantivo y denota el término de la acción.
SÚPITO, TA adj. *Méx., Col.* y *Chil.* Atontado, lelo: *quedarse súpito.* || *Fam.* Impaciente.
SUPLANTACIÓN f. Acción de suplantar.
SUPLANTAR v. t. Falsificar un escrito. || Ocupar el lugar de otro. (SINÓN. V. *Reemplazar.*)
SUPLE m. *Chil.* Cantidad que se anticipa a cuenta.
SUPLEFALTAS com. *Fam.* Persona que sirve para suplir las faltas ajenas.
SUPLEMENTAL y mejor **SUPLEMENTARIO, RIA** adj. Que sirve para suplir la falta de otra cosa: *un trabajo suplementario.* || *Geom.* *Ángulos, arcos suplementarios,* aquellos cuya suma iguala 180°.
SUPLEMENTERO m. *Chil.* Vendedor de periódicos.
SUPLEMENTO m. (lat. *supplementum*). Acción de suplir. || Lo que se agrega para completar. (SINÓN. *Adición, agregado, anejo, añadidura, complemento.*) || Hoja o pliego que se añade a un libro, revista, etc., independiente del número ordinario. || Billete que expide un revisor de trenes, teatros, para probar que se le ha pagado una suma suplementaria. || Lo que le falta a un ángulo para igualar 180°.
SUPLENCIA f. Acción y efecto de suplir.
SUPLENTE adj. y s. Que suple: *jugador suplente.*
SUPLETORIO, RIA adj. Que suple una falta.
SÚPLICA f. Acción de suplicar: *dirigir vehementes súplicas.* (SINÓN. V. *Oración* y *recomendación.*) || Escrito en que se suplica. (SINÓN. V. *Demanda.*) || *For.* Cláusula final de un escrito.
SUPLICACIÓN f. Súplica, petición. (SINÓN. V. *Oración.*) || *For.* Apelación de una sentencia.
SUPLICANTE adj. Que suplica: *voz suplicante.*
SUPLICAR v. t. (lat. *supplicare*). Rogar, pedir con instancia y humildad: *te suplico que me creas.* (SINÓN. V. *Invitar y recomendar.*) || *For.* Hacer la suplicación de una sentencia.
SUPLICATORIA f. y **SUPLICATORIO** m. *For.* Oficio que pasa un tribunal a otro superior.
SUPLICIO m. (lat. *supplicium*). Castigo corporal: *el suplicio de la horca.* (SINÓN. *Martirio, tormento, tortura.* V. tb. *pena.*) || Lugar donde el reo padece este castigo. || *Fig.* Vivo dolor físico o moral: *el dolor de muelas es un suplicio.* || *Último suplicio,* la pena de muerte.
SUPLIDOR, RA adj. y s. Suplente.
SUPLIR v. t. (lat. *supplere*). Añadir lo que falta, completar: *yo supliré lo demás.* (SINÓN. V. *Completar.*) || Reemplazar: *suplir a un profesor.* || Remediar la falta de alguna cosa: *el valor suple al número.* (SINÓN. V. *Remediar.*)
SUPONEDOR, RA adj. y s. Que supone.
SUPONER m. Suposición.
SUPONER v. t. Dar por sentada una cosa. (SINÓN. *Creer, presumir, presuponer.* V. tb. *augurar.*) || Importar: *los gastos suponen mucho.* || Poner por hipótesis: *supongamos que sea verdad.* (SINÓN. V. *Imaginar.*) || — V. i. Tener importancia o autoridad. || — IRREG. Se conjuga como *poner.* || — OBSERV. Evítese el uso reflexivo.
SUPOSICIÓN f. Acción y efecto de suponer. || Lo que se supone. (SINÓN. *Conjetura, hipótesis, presunción.* V. tb. *sospecha.*) || Autoridad, distinción. || Impostura, mentira. || Opinión que no está fundada en pruebas positivas: *suposición gratuita.* || *Lóg.* Acepción de un término en lugar de otro. (SINÓN. V. *Teoría.*)

SUPERFICIES

polígonos irregulares

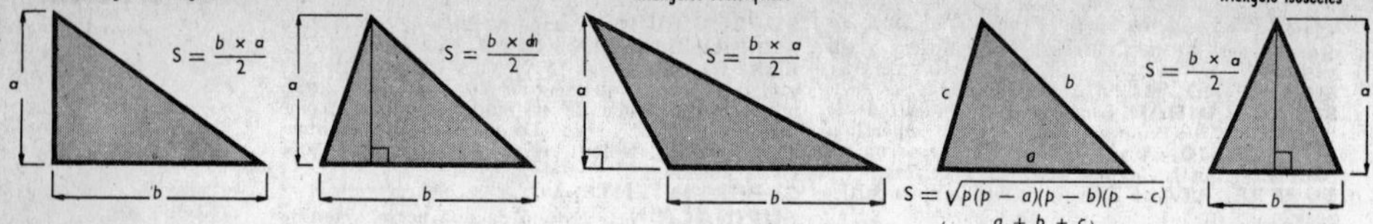

- triángulo rectángulo: $S = \frac{b \times a}{2}$
- triángulos cualesquiera: $S = \frac{b \times a}{2}$; $S = \frac{b \times a}{2}$; $S = \sqrt{p(p-a)(p-b)(p-c)}$ $\left(p = \frac{a+b+c}{2}\right)$
- triángulo isósceles: $S = \frac{b \times a}{2}$

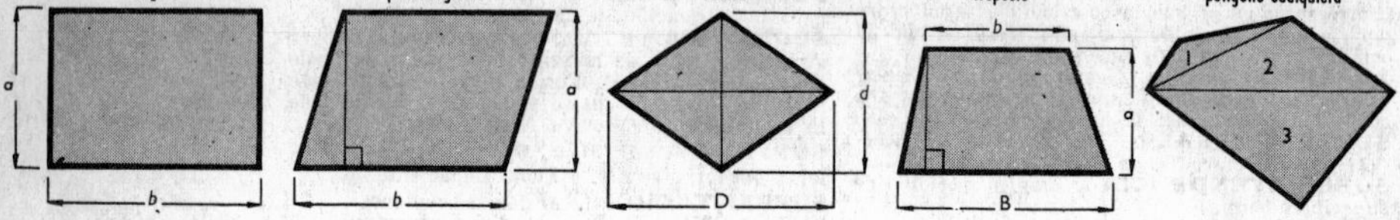

- rectángulo: $S = b \times a$
- paralelogramo: $S = b \times a$
- rombo: $S = \frac{D \times d}{2}$
- trapecio: $S = \frac{B + b}{2} \times a$
- polígono cualquiera: $S = S_1 + S_2 + S_3$

polígonos regulares

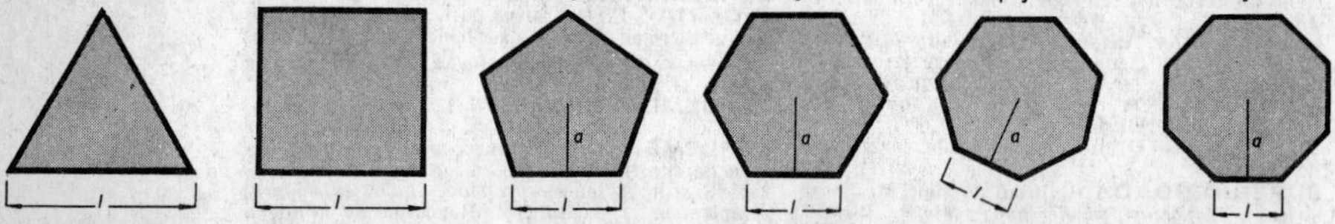

- triángulo equilátero: $S = \frac{l^2\sqrt{3}}{4}$
- cuadrado: $S = l^2$
- pentágono, hexágono, heptágono, octógono: $S = P\frac{a}{2}$ (P, *perímetro*; a, *apotema*)

polígonos inscritos

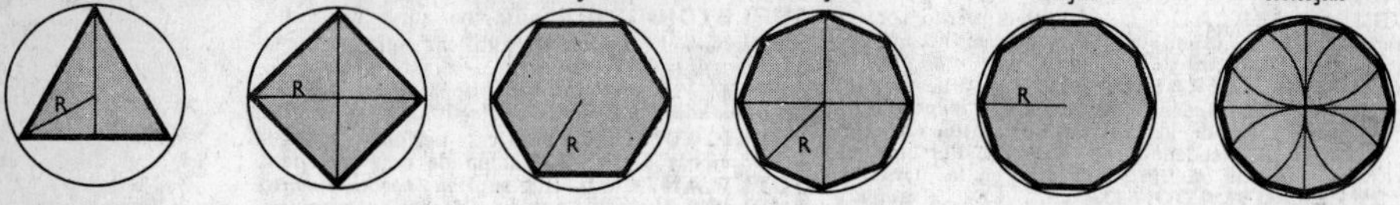

- triángulo equilátero: $S = \frac{3R^2\sqrt{3}}{4}$
- cuadrado: $S = 2R^2$
- hexágono: $S = \frac{3R^2\sqrt{3}}{2}$
- octógono: $S = 2R^2\sqrt{2}$
- decágono: $S = \frac{5}{4}R^2\sqrt{10 - 2\sqrt{5}}$
- dodecágono: $S = 3R^2$

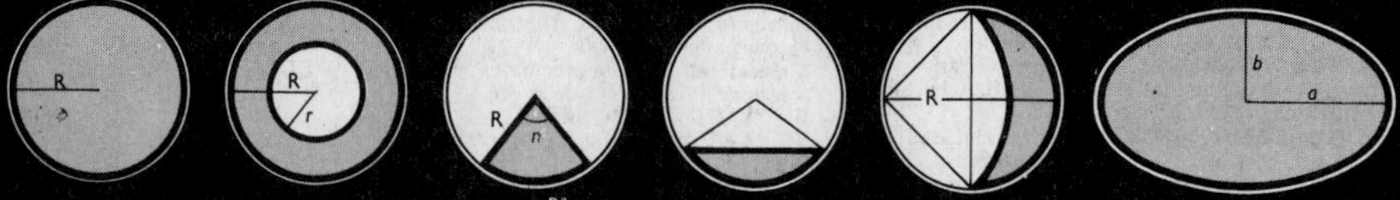

- círculo: $S = \pi R^2$
- corona: $S = \pi(R^2 - r^2)$
- sector: $S = \frac{\pi R^2 n}{360}$
- segmento: $S =$ *sector − triángulo*
- media luna: $S = R^2$
- elipse: $S = \pi ab$

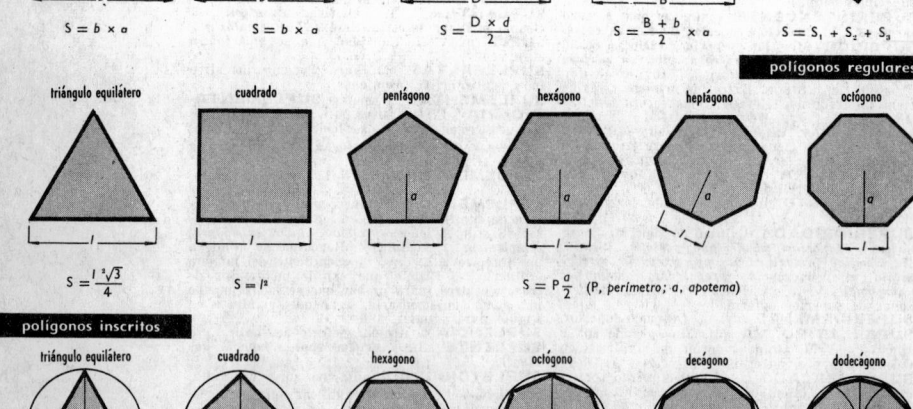

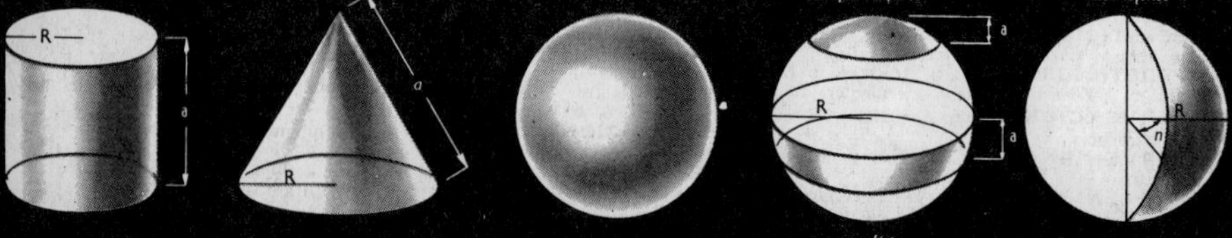

- cilindro: $S\ lat. = 2\pi Ra$
- cono: $S\ lat. = \pi Ra$
- esfera: $S = 4\pi R^2$
- casquete esférico, zona esférica: $S = 2\pi Ra$
- huso esférico: $S = \frac{\pi R^2 n}{90}$

SUPOSITIVO, VA adj. Que indica suposición.
SUPOSITORIO m. Medicamento sólido que se introduce en el recto, vagina, uretra, etc.
SUPRA, adv. latino que significa *sobre, arriba, más allá*; *supradicho*. ‖ — CONTR. *Infra*.
SUPRADICHO, CHA adj. Susodicho.
SUPRARREALISMO m. Surrealismo.
SUPRARRENAL adj. *Anat.* Que está situado encima de los riñones: *glándulas suprarrenales*.
SUPRANACIONAL adj. Relativo a un organismo, a un poder superior a los gobiernos de cada nación.
SUPRASENSIBLE adj. Superior a los sentidos.
SUPREMA f. Consejo supremo de la Inquisición.
SUPREMACÍA f. Grado supremo de la superioridad. (SINÓN. V. *Superioridad.*)
SUPREMO, MA adj. (lat. *supremus*). Muy alto. ‖ Que no tiene superior: *belleza suprema*. (SINÓN. V. *Soberano.*) ‖ Postrero, definitivo: *el momento supremo*. (SINÓN. V. *Último.*) ‖ — M. Tribunal supremo. ‖ *El Ser Supremo*, Dios.
SUPRESIÓN f. Acción y efecto de suprimir.
SUPRIMIR v. t. (lat. *supprimere*). Hacer cesar, quitar. (SINÓN. *Cercenar, eliminar, extirpar, restar, substraer*. V. tb. *matar* y *quitar.*) ‖ Omitir, callar, pasar por alto: *suprimir un pasaje de una carta*. (SINÓN. V. *Anular* y *borrar.*)
SUPRIOR m. Prelado inferior al prior.
SUPRIORA f. Religiosa que hace las veces de priora en algunas comunidades.
SUPUESTO, TA adj. Fingido: *nombre supuesto*. (SINÓN. *Admisible, hipotético, problemático*. V. tb. *falso.*) ‖ — M. *Fil.* Cualquier ser principio de sus acciones. ‖ Materia de que no se trata en la proposición, pero de donde depende la verdad de ella. ‖ Hipótesis. ‖ *Mil. Supuesto táctico*, ejercicio militar de entrenamiento utilizando todos los medios de combate. ‖ *Por supuesto*, m. adv., ciertamente.
SUPURACIÓN f. Producción de pus.
SUPURANTE adj. Que supura o forma pus.
SUPURAR v. i. (lat. *suppurare*). Formar pus o materia una llaga: *un absceso que supura*.
SUPURATIVO, VA adj. y s. Que hace supurar.
SUPUTAR v. t. Computar, calcular.
SUR m. Punto cardinal del horizonte, que está opuesto al Norte. (SINÓN. *Antártico, austro* [viento], *mediodía.*) ‖ Países situados hacia dicha parte. ‖ Viento que sopla de esa parte. ‖ — OBSERV. La forma prefija de *sur* es habitualmente *sud* (Sudoeste, Sudamérica) pero a veces se emplea también *sur* (Suramérica, Suroeste).
SURA m. Nombre de las lecciones del Corán.
SURÁ m. Tela de seda fina.
SURAL adj. (del lat. *sura*, pantorrilla). *Anat.* Perteneciente a la pantorrilla: *arteria sural*.
SURAMERICANO, NA adj. y s. Sudamericano.
SURATA f. Nombre que se da a los capítulos del Corán dispuestos por orden de longitud.
SURCAR v. t. Hacer surcos en la tierra. ‖ Hacer rayas en una cosa. ‖ *Fig.* Caminar o ir por un fluido cortándolo: *la nave surca las aguas*.
SURCO m. Cortadura que hace el arado en la tierra. ‖ Señal que deja una cosa sobre otra. (SINÓN. V. *Huella.*) ‖ Arruga en el rostro.
SURCOREANO, NA adj. y s. De Corea del Sur.
SURCULADO, DA adj. *Bot.* Que echa súrculos.
SURERO, RA *Bol.* y *Arg.*, y **SUREÑO, ÑA** adj. y s. *Chil.* Natural del Sur. ‖ M. Viento de esa parte.
SURESTADA f. *Arg.* Suestada.
SURGIDERO m. *Mar.* Fondeadero.
SURGIR v. i. Surtir. ‖ *Fig.* Nacer, manifestarse: *ha surgido una dificultad*. (SINÓN. V. *Salir.*) ‖ *Mar.* Fondear.
SURI m. *Amer.* Uno de los nombres del *ñandú*.
SURIANO, NA adj. y s. *Méx.* Del Sur.
SURICACINA f. *Bol.* Huevo de avestruz.
SURIPANTA f. *Fam.* Figuranta de teatro. ‖ *Fam.* Mujer de mala vida.
SURMENAJE m. (fr. *surmenage*). Exceso de trabajo, de cansancio. (Es galicismo.)
SUROESTE m. Sudoeste.
SURPLUS m. (pal. fr.). *Neol.* Suplemento, exceso, sobra, lo que se da de más.
SURRA f. *Med.* Tripanosomiasis particular a los bóvidos de la India y las islas Filipinas.
SURREALISMO m. Esfuerzo para sobrepasar lo real, por medio de lo imaginario y lo irracional. ‖ Movimiento literario y artístico que intenta expresar el pensamiento puro con exclusión de toda lógica o preocupación moral y estética. — Los precursores de esta doctrina fueron Rimbaud, Apollinaire y Kafka, y no tomó el nombre de *surrealismo* hasta 1924, después del manifiesto de Andrés Breton. En literatura sobresalen Breton, Aragon, Eluard, en parte García Lorca, Alberti y Aleixandre. En pintura, Chirico, Picasso, Miró, Dalí, Max Ernst, Klee, etc.

Pintura surrealista de Chirico

SURREALISTA adj. y s. Relativo o partidario del surrealismo.
SÚRSUM CORDA o **SURSUNCORDA** m. *Fig.* y *fam.* Supuesto personaje al que atribuye mucha importancia: *que lo haga el sursuncorda*.
SURTIDA f. *Mil.* Salida secreta. ‖ *Mar.* Plano inclinado en algunos muelles, donde pueden varar las embarcaciones menores. ‖ *Mar.* Varadero.
SURTIDERO m. Buzón de un estanque.
SURTIDO m. Acción de surtir o surtirse. ‖ Cosa con que se surte: *un surtido de paños*. ‖ *De surtido*, de uso común. (Dícese en las librerías de las obras que no son del fondo de la casa.)
SURTIDOR, RA adj. y s. Que surte o provee. ‖ — M. Chorro de agua que brota verticalmente. (SINÓN. V. *Manantial.*) ‖ *Autom.* Vaporizador del carburador. ‖ Aparato distribuidor de gasolina.
SURTIMIENTO m. Surtido.
SURTIR v. t. Proveer de una cosa: *surtir una tienda*. (SINÓN. V. *Suministrar.*) ‖ — V. i. Brotar el agua. (SINÓN. V. *Brotar.*) ‖ *Mar.* Fondear el barco.
SURUBÍ m. *Arg.* y *Bol.* Pez grande de río.
SURUCUCÚ m. *Arg.* Una serpiente venenosa.
SURUMPE m. *Per.* y **SURUPÍ** m. *Bol.* Inflamación de los ojos debida a la reverberación del sol en la nieve.
¡SUS! interj. Suele usarse para excitar.
SUSCEPTIBILIDAD f. Carácter susceptible.
SUSCEPTIBLE y **SUSCEPTIVO, VA** adj. Capaz de modificación. ‖ Delicado, quisquilloso. (SINÓN. *Enfadadizo, irritable, quisquilloso, vidrioso*. V. tb. *sensible.*)
SUSCITAR v. t. (lat. *suscitare*). Levantar, causar, provocar: *suscitar una rebelión en el pueblo*. (SINÓN. V. *Causar.*)
SUSCRIBIR v. t. Subscribir. (SINÓN. V. *Consentir.*)
SUSCRIPCIÓN f. Subscripción.
SUSCRIPTOR, RA m. y f. Subscriptor.
SUSIDIO m. Inquietud, preocupación.
SUSODICHO, CHA adj. Dicho.
SUSPENDEDOR, RA adj. y s. Que suspende.

Surtidores delante del Palacio de Chaillot. París

Fot. Larousse, J. D. E.

SUSPENDER v. t. (lat. *suspendere*). Colgar en alto. (SINÓN. V. *Enganchar* y *tender*.) || Detener: *suspender un trabajo*. (SINÓN. V. *Interrumpir*.) || *Fig.* Causar admiración: *eso me tiene suspendido*. || *Fig.* Privar a uno de su destino momentáneamente. (SINÓN. V. *Destituir*.) || No aprobar a un examinando.

SUSPENSE m. (pal. igl.). Ansiosa expectación ante el desenlace de un argumento de un film, una novela, etc.

SUSPENSIÓN f. Acción y efecto de suspender. || Privación temporal del ejercicio de un empleo o cargo y de sus emolumentos. || Censura eclesiástica que priva a un sacerdote de ciertos derechos. || Cesación momentánea: *suspensión de pagos*. || Suspense. || *Quím.* Estado de un cuerpo muy dividido que se mezcla con la masa del fluido sin disolverse en él. || Modo de suspender: *suspensión de cardán*. || *Autom.* Conjunto de dispositivos que sostienen la caja del coche. || *Ret.* Figura con que se difiere la declaración de un concepto. || *Suspensión de armas*, cesación de las hostilidades durante cierto tiempo. (SINÓN. V. *Tregua*.)

SUSPENSIVO, VA adj. Que suspende. || *Puntos suspensivos*, signo ortográfico que indica en un escrito que se deja incompleta la frase (...).

SUSPENSO, SA adj. Admirado, perplejo. || — M. Nota de haber sido suspendido en examen. || *En suspenso*, pendiente de alguna resolución.

SUSPENSORES m. pl. *Amer.* Tirantes.

SUSPENSORIO, RIA adj. Que suspende. || — M. Vendaje para sostener el escroto.

SUSPICACIA f. Calidad de suspicaz.

SUSPICAZ adj. (lat. *suspicax*). Desconfiado: *es un hombre muy suspicaz*.

SUSPIRADO, DA adj. *Fig.* Deseado con ansia.

SUSPIRAR v. i. Dar suspiros. (SINÓN. V. *Respirar*.) || *Fig.* Ansiar mucho una cosa: *suspirar por un destino*. (SINÓN. V. *Codiciar*.) || *Suspirar de amor por alguien*, estar muy enamorado.

SUSPIRO m. (lat. *suspirium*). Aspiración lenta y prolongada que denota generalmente alguna emoción. || Especie de dulce. || Pito de vidrio, de sonido penetrante. || *Mús.* Pausa breve. || *Arg.* y *Chil.* Planta convolvulácea. || *P. Rico.* Merengue. || *Suspiro de monja*, cierta especie de buñuelo pequeño, relleno de crema o sin ella. || *Dar el último suspiro*, morir.

SUSTANCIA f. Substancia.

SUSTANTIVO, VA adj. y s. Substantivo.

SUSTENTACIÓN f. Acción de efecto de sustentar.

SUSTENTÁCULO m. Apoyo de una cosa.

SUSTENTADOR, RA adj. Que sustenta.

SUSTENTAMIENTO m. Acción y efecto de sustentar o sustentarse.

SUSTENTANTE adj. Que sustenta o mantiene. || — M. Cada parte que sustenta un edificio. || El que defiende conclusiones en un acto académico.

SUSTENTAR v. t. Mantener o sostener algo. || — V. r. Alimentarse. (SINÓN. V. *Nutrir*.)

SUSTENTO m. Lo que sirve para sustentar, alimento: *trabajar para ganar el sustento diario*.

SUSTITUCIÓN f. Substitución, reemplazo.

SUSTITUIR v. t. Substituir.

SUSTITUTO, TA adj. y s. Substituto.

SUSTO m. (del lat. *substultus*, salto). Impresión repentina de miedo: *dar un susto, pasar un susto*. (SINÓN. V. *Espanto*.) || *Fig.* Preocupación vehemente. || *Fig.* y *fam.* *Dar un susto al miedo*, expr. para encarecer lo muy feo o repugnante.

SUSTRACCIÓN f. Substracción.

SUSTRAER v. t. Substraer.

SUSURRACIÓN f. Murmuración, susurro.

SUSURRADOR, RA adj. y s. Que susurra.

SUSURRANTE adj. Que susurra o murmura.

SUSURRAR v. i. (lat. *susurrare*). Hablar quedo, murmurar. || Empezar a divulgar una cosa que debía guardarse secreta. || *Fig.* Moverse con ruido suave el agua, el viento.

SUSURRO m. Murmullo, ruido muy apacible.

SUSURRÓN, ONA adj. y s. *Fam.* Murmurador.

SUTACHE o **SUTÁS** (Acad.) m. (fr. *soutache*). Galón a modo de trencilla.

SUTE adj. *Col.* y *Venez.* *Fam.* Enteco, canijo.

SUTIL y no **SÚTIL** adj. (lat. *subtilis*). Tenue, *una punta sutil*. (SINÓN. V. *Delicado*.) || *Fig.* Perspicaz: *espíritu sutil*. || *Mar.* Dícese de las fuerzas navales compuestas de barcos pequeños: *escuadra sutil*.

SUTILEZA f. Calidad de sutil. (SINÓN. V. *Fineza*.) || Agudeza. (SINÓN. *Argucia, ingenio, ingeniosidad*.) || *Teol.* Uno de los cuatro dotes de cuerpo glorioso.

SUTILIDAD f. Sutileza.

SUTILIZADOR, RA adj. y s. Que sutiliza.

SUTILIZAR v. t. Adelgazar. || *Fig.* Pulir y perfeccionar. || *Fig.* Discurrir ingeniosamente.

SUTILMENTE adv. m. De un modo sutil.

SUTURA f. Costura de los bordes de una llaga. || Articulación dentada de dos huesos: *la sutura del cráneo*. || *Bot.* Línea de unión entre los carpelos de un pistilo.

SUTURAR v. t. Hacer una sutura.

SUYO, YA, SUYOS, YAS (lat. *suus*) adj. y pron. pos. de 3.ª pers. m. y f., en ambos números: *mi casa es más linda que la suya*. || *Fig.* y *fam.* *Salirse con la suya*, hacer su voluntad. || *Los suyos*, los parientes. || *De suyo*, m. adv., naturalmente. || Propiamente: *de suyo no es así*. || *Hacer de las suyas*, obrar malamente. || *Ir a lo suyo*, preocuparse sólo de los intereses de uno.

SVÁSTICA f. Símbolo religioso de la India, cruz de brazos iguales, de extremidades dobladas en forma de gamma. Antig. se usó como diagrama místico de buen agüero. Fue adpotada por el nacionalsocialismo de Hitler.

SWEATER m. (pal. ingl., pr. *suíter*). Suéter.

SWEEPSTAKE m. (pal. ingl., pr. *suipstek*). Lotería en que la suerte depende del resultado de una carrera de caballos.

SWING m. (pal. ingl., pron. *suin*). Golpe dado balanceando lateralmente el brazo. || Estilo de jazz.

SYLLABUS m. Lista de errores referentes a materia de fe condenados por el Papa. [Se dice del Syllabus de Pío IX (1864) y Pío X (1907).]

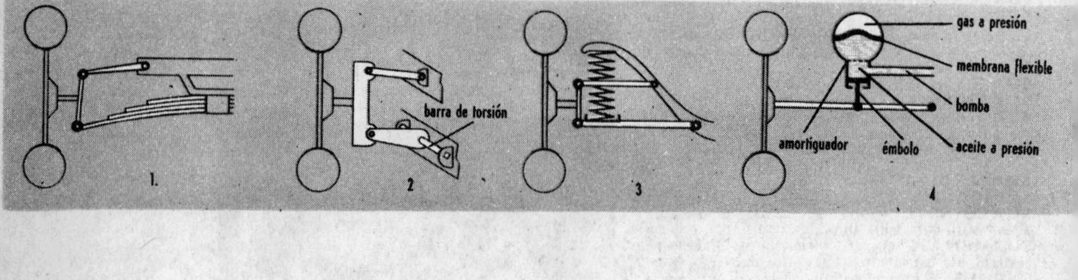

SUSPENSIÓN DEL AUTOMÓVIL

1. Ballesta de hojas
2. Barra de torsión
3. Muelle helicoidal
4. Hidroneumático

Tigre real

T

T f. Vigésima tercera letra del abecedario y decimonona de las consonantes: *una T mayúscula.* ‖ Símbolo de *tesla.*
t, símbolo de *tonelada,* unidad de masa.
Ta, símbolo químico del *tantalio.*
¡TA! interj. ¡Tate!; poco a poco. ‖ Onomatopeya de los golpes dados a una puerta para llamar.
TABA f. Astrágalo, hueso del pie. ‖ Juego de muchachos que se hace arrojando al aire, con cierto orden, tabas de carnero. ‖ *Col.* Barb. por *atabe* en las cañerías. ‖ *Méx.* Charla: *darle taba a uno* (En la Argentina se dice *menear taba.*)
TABACAL m. Campo de tabaco.
TABACALERO, RA adj. Relativo o perteneciente al tabaco: *la industria tabacalera cubana.* ‖ — F. Nombre que se da en España al organismo estatal que tiene el monopolio de la venta del tabaco. ‖ — Adj. y s. Persona que cultiva o vende tabaco.
TABACO m. Planta solanácea originaria de las Antillas, cuyas hojas, preparadas de diversos modos, se fuman, se mascan o se aspiran en polvo por las narices: *el tabaco debe su perfume y sus propiedades a un alcaloide peligroso, la nicotina.* ‖ Cigarro: *fumar un tabaco habano.* ‖ Cierta enfermedad de los árboles. ‖ — Adj. Dícese del color de las hojas de tabaco.
— El *tabaco* es una planta que puede alcanzar 2 m de altura, y cuyas hojas miden hasta 60 ó 70 cm. de largo. Importada en Europa por los españoles, se cultiva hoy día en casi todos los países, especialmente en Brasil, Cuba, México, Java, Sumatra, Estados Unidos, Turquía y Asia Menor. Las hojas de tabaco se ponen a secar y se someten a una fermentación especial, luego se escogen las más hermosas para arrollarlas (cigarros puros); las demás se pican de diversos modos, o se pulverizan. El comercio y el cultivo del tabaco están severamente regulados en casi todos los países de Europa.
TABACÓN m. Un árbol maderable de América.
TABACOSO, SA adj. *Fam.* Dícese del que toma mucho tabaco de polvo o está manchado con él.
TABAIBA f. *Can.* Una planta euforbiácea. ‖ *Cub.* Árbol de madera apreciada.
TABALADA f. *Fam.* Tabanazo, porrazo. ‖ *Fam.* Golpe que se da uno al caer violentamente.
TABALARIO m. *Fam.* Tafanario, trasero.
TABALEAR v. t. Menear, agitar una cosa. ‖ — V. i. Golpear acompasadamente con los dedos en una tabla.
TABALEO m. Acción y efecto de tabalear o sacudir. ‖ Sonido que se hace tabaleando en una tabla.
TABANAZO m. *Fam.* Manotazo, golpe.
TABANCO m. Puesto ambulante donde se venden comestibles. ‖ *Amér. C.* Desván, sotabanco.
TABANERA f. Sitio donde hay tábanos.
TÁBANO m. (lat. *tabanus*). Especie de mosca grande cuya hembra pica a las caballerías y otros animales.
TABANQUE m. Rueda del torno de alfareros.
TABAOLA f. Bataola.
TABAQUE m. Cestillo de mimbres donde ponen las mujeres su labor. ‖ Clavo algo mayor que la tachuela común. ‖ — PARÓN. *Tabaco.*
TABAQUERA f. Caja para llevar tabaco en polvo. (SINÓN. *Fusique.*) ‖ Receptáculo donde se pone el tabaco en la pipa. ‖ *Amer.* Petaca.
TABAQUERÍA f. Tienda donde venden tabaco.
TABAQUERO, RA adj. y s. Persona que trabaja el tabaco o vende tabaco, cigarros, etc. ‖ *Amer.* Pañuelo de las narices, moquero.
TABAQUILLO m. *Arg.* Una planta solanácea.
TABAQUISMO m. Intoxicación por el tabaco.
TABARDETE m. Tabardillo.
TABARDILLO m. (del lat. *tabes,* fiebre, y *ardens,* ardiente). Nombre vulgar de la *fiebre tifoidea.* ‖ Insolación. ‖ *Fig.* y *fam.* Disgusto grande; persona cargante.
TABARDO m. Prenda de abrigo de paño tosco.
TABARRA f. *Fam.* Molestia, pejiguera, lata.
TABARRERA f. *And.* Avispero, nido de avispas: *caer en una tabarrera.* ‖ *Fam.* Tabarra.
TABARRO m. Tábano.
TABASQUEÑO, ÑA adj. y s. De Tabasco (México).
TABEAR v. i. *Arg.* Jugar a la taba. ‖ Charlar.
TABELIÓN m. (lat. *tabellio*). *Ant.* Escribano.
TABERNA f. (lat. *taberna*). Tienda donde venden por menor vino, aguardiente y otras bebidas. ‖ — SINÓN. *Alegría, bodega, bochinche, cantina, tabernucha, tasca.*
TABERNÁCULO m. (lat. *tabernaculum*). Entre los hebreos, tienda en que se colocaba el arca santa. ‖ Sagrario, especie de armario colocado sobre el altar, donde se encierra la custodia. ‖ Tienda de los antiguos hebreos. ‖ *Fiesta de los*

tabaco

tábano

Fot. *Dragesco*

Tabernáculos, una de las tres grandes solemnidades de los hebreos, que celebraban después de la cosecha, yendo a vivir durante algunos días bajo tiendas en el campo, en recuerdo de la salida de Egipto.

TABERNARIO, RIA adj. Propio de la taberna o del borracho. || *Fig.* Vil, soez.

TABERNERO, RA m. y f. Persona que vende vinos, aguardiente, etc., en una taberna.

TABERNUCHO, CHA m. y f. Taberna pequeña y de mala apariencia. (SINÓN. V. *Taberna.*)

TABES f. (lat. *tabes*). *Med.* Enfermedad provocada por lesiones en la medula espinal caracterizada por una abolición gradual de la coordinación de los movimientos.

TABICA f. *Arg.* Tablilla que cubre el hueco de una socarrena, el frente de un escalón, etc.

TABICAR v. t. Cerrar con tabique. || *Fig.* Tapar, obstruir, cerrar. Ú. t. c. r.

TÁBIDO, DA adj. *Med.* Enfermo de consunción.

TABINETE m. (fr. *tabinet*). Especie de tela arrasada, usada para el calzado.

tabique de carga

TABIQUE m. (ár. *taxbic*). Pared delgada hecha de cascote, ladrillo o adobes. (SINÓN. V. *Pared.*) || División, separación: *tabique de las fosas nasales.* || *Ecuad.* Barb. por *alero de un tejado.* || *Méx.* Ladrillo que tiene base cuadrada. || *Tabique de carga*, el grueso y sólido sobre el que se apoyan las vigas.

TABLA f. (lat. *tabula*). Pieza de madera, larga y estrecha y de poco grueso. || Pieza plana y poco gruesa de cualquier materia: *una tabla de mármol.* || Cara más ancha de un madero. || Dimensión mayor de una escuadría. || Diamante plano y poco grueso. || Pliegue ancho en la ropa: *las tablas de una falda.* || Mesa. (P. us). || Tablilla del billar. || Índice de las materias de un libro. || Lista, catálogo: *tablas cronológicas.* || Cuadro en que se disponen los números para facilitar los cálculos: *tabla de multiplicar.* || Cuadro o plancha de madera en que se fijan anuncios o listas. (SINÓN. V. *Lista.*) || Parte más plana de algunas partes del cuerpo: *la tabla del muslo.* || Faja de tierra de labor. || Cuadro de tierra en que se siembran hortalizas: *una tabla de berzas.* || Aduana de los puertos secos. || Mostrador de carnicería y puesto donde se vende la carne. || *Pint.* Cuadro pintado en una tabla. || Parte muy plana y mansa de un río. || *Col.* Pastilla de chocolate. || — Pl. Estado, en el juego de ajedrez y el de damas, en que ninguno de los adversarios puede ganar la partida. || *Fig.* Empate, resultado indeciso entre dos adversarios: *hacer tablas.* || *Fam.* El escenario: *subir a las tablas.* (SINÓN. V. *Teatro.*) || *Taurom.* Barrera de la plaza de toros. Tercio del ruedo inmediato a la barrera o vallas. || *Tabla de armonía*, parte superior de algunos instrumentos de cuerda, sobre la cual están colocadas las cuerdas. || *Tablas de la Ley*, tablas de piedra en que estaba grabada la ley que Dios entregó a Moisés. || *Tabla de lavar*, la de madera que sirve para frotar la ropa al enjabonarla. || *Tabla finlandesa*, cuadro que indica los valores respectivos de los resultados atléticos. || *Tablas reales*, juego parecido al de las damas. || *Amer. Tabla de rezo*, añalejo. || *Tabla rasa*, dícese en filosofía de la mente antes de haber tenido cualquier representación. || *Fig. Tabla de salvación*, último recurso existente para salir de un apuro. || *De la Tabla Redonda*, dícese, en los libros de caballerías, de los caballeros que tenían asiento en la mesa del rey Arturo. || *Fig.* y *fam. A raja tabla*, cueste lo que cueste, sin remisión. || *Hacer tabla rasa de algo*, prescindir de ello. || *Pisar bien las tablas*, tener un actor gran naturalidad.

TABLACHO m. Compuerta para detener el agua.

TABLADA f. *Arg.* Lugar donde se reúne y reconoce el ganado que se destina al matadero.

TABLADO m. Suelo de tablas. || Escenario de un teatro: *salir al tablado.* (SINÓN. V. *Teatro.*) || Suelo de la cama sobre el cual se pone el colchón. || Patíbulo, cadalso.

TABLAJE m. Conjunto de tablas. || Garito.

TABLAJERÍA f. Vicio de jugar en los tablajes. || Carnicería.

TABLAJERO m. El que hace tablados para las fiestas y cobra el precio de los asientos. || Garitero, el que tiene un tablaje. || Carnicero.

TABLAO m. Tablado en el que se baila flamenco.

TABLAZO m. Golpe que se da con una tabla. || Parte de mar o de río ancho, pero de poco fondo.

TABLAZÓN f. Agregado de tablas. || Conjunto de tablas que forman la cubierta de la embarcación.

TABLEADO, DA adj. Con pliegues: *falda tableada.* || — M. Conjunto de tablas o pliegues que se hacen en una tela.

TABLEAR v. t. Dividir en tablas: *tablear un madero, un terreno.* || Hacer tablas en la ropa.

TABLEAU m. (pal. fr., pr. *tabló*). *Neol.* Cuadro, espectáculo: *un tableau encantador.*

TABLEÑO, ÑA adj. y s. De Las Tablas (Panamá).

TABLEO m. Acción y efecto de tablear.

TABLERO adj. Que sirve para hacer tablas: *madero tablero.* || — M. Superficie plana formada por tablas reunidas de modo que se evite el alabeo. || Tabla, pieza plana y de poco espesor. || Palo de la ballesta. || Tabla escaqueada para jugar a las damas o al ajedrez, o a otros juegos. || Encerado, en las escuelas. || Mostrador de tienda. || Garito, tablaje, casa de juego. || Mesa grande de sastre. || Tablar, conjunto de tablas de huerta. || *Arq.* Plano resaltado, con molduras o liso. || *Carp.* Cuadro de una puerta. || *Cub.* Caja en que los vendedores ambulantes llevan sus mercancías. || — Pl. Barrera de una plaza de toros. || *Tablero contador*, ábaco. || *Fig. Poner*, o *traer, al tablero*, aventurar, jugarse una cosa.

TABLESTACA f. Tablón con los bordes labrados para encajar perfectamente con otros, que se clava en el suelo.

TABLESTACADO m. Pared hermética constituida por tablestacas, que se utiliza para la protección de los muelles fluviales o marítimos.

TABLETA f. Tabla pequeña: *una tableta de pino.* || Pastilla de chocolate. || Pastilla: *tableta de aspirina.* || *Arg.* Alfajor. || — Pl. Tablillas de San Lázaro.

TABLETEADO m. Ruido de tabletas o tablas.

TABLETEAR v. i. Hacer ruido con tabletas. || Hacer un ruido continuo los disparos de las ametralladoras.

TABLETEO m. Acción y efecto de tabletear.

TABLILLA f. Tableta, tabla pequeña. || Trozo de baranda de la mesa de trucos o billar, entre dos troneras. || Plancha de madera donde se fijan los avisos, los anuncios, etc. || *Tablillas de San Lázaro*, tablillas de madera que hacían sonar las personas que pedían limosna para los hospitales de San Lázaro.

TABLÓN m. Tabla grande o gruesa. || Tablilla de anuncios. || *Fam.* Borrachera. || Trampolín.

TABLONAJE m. Conjunto de tablones.

TABLONCILLO m. Nombre del último asiento en las gradas y tendidos de las plazas de toros.

TABO m. *Filip.* Vasija hecha con la cáscara del coco.

TABÓN m. *Filip.* Ave zancuda marítima.

TABONUCO m. *P. Rico.* Árbol burseráceo cuya resina se emplea como incienso.

TABOR m. Cuerpo de tropa española, existente en la época del protectorado, formado por soldados marroquíes y compuesto de tres compañías.

TABÚ m. Prohibición de comer o tocar ciertas cosas impuestas por algunas religiones de Polinesia. || *Por ext.* Objeto, cosa que no se puede tocar. || — Adj. Que tiene el carácter de sagrado, de intocable: *palabra tabú.* (SINÓN. V. *Sagrado.*) Pl. *tabúes.*

TABUCO m. (ár. *tabac*). Habitación pequeña y estrecha. || — PARÓN. *Trabuco.*

TABULADOR m. Mecanismo que tienen las máquinas de escribir para formar columnas de cifras o de palabras.

TABULAR adj. Que tiene forma de tabla.

TABULARIO m. *Antig. rom.* Archivos públicos.

TABURETE m. (fr. *tabouret*). Asiento sin brazos ni respaldo. || Silla de respaldo muy estrecho, forrada de vaqueta, terciopelo. || Banquillo. || — Pl. En los antiguos teatros, media luna en el patio, cerca del escenario.

TAC, onomatopeya del ruido que producen ciertos golpes. || — OBSERV. No tiene plural.

TACA f. En algunos sitios, mancha. || Alacena pequeña. || *Chil.* Chaca, marisco comestible.

TACA f. (fr. *taque*). *Min.* Nombre de las placas de hierro que forman el crisol de una forja, de un alto horno, etc.

TACADA f. Golpe que se da con la maza del taco a la bola de billar. || Serie de carambolas seguidas. || *Mar.* Conjunto de tacos de madera que se emplean para una cosa.
TACALOTE m. *Méx.* Especie de haba americana.
TACAMACA f. Árbol gutífero de América que produce una resina sólida de color amarillento.
TACAMACHA f. Tacamaca.
TACAMACHÍN m. *Méx.* Una especie de bagre.
TACAMAHACA f. Tacamaca.
TACANA f. Mineral de plata negruzco. || *Bol.* Escalón cultivado en las laderas de los Andes.
TACANEAR v. t. *Arg.* Apisonar, aplastar.
TACAÑEAR v. i. *Fam.* Portarse con tacañería.
TACAÑERÍA f. Calidad y acción de tacaño.
TACAÑO, ÑA adj. y s. Pícaro, bellaco, ruin: *la "Vida del Gran Tacaño", de Quevedo.* (P. us.) Ruin, avaro. (SINÓN. *Avaro, cicatero, escatimoso, parco, roñoso, sórdido.* Fam. *Mirado, agarrado.* Pop. *Piojoso.* CONTR. *Espléndido, dadivoso.*)
TACAR v. t. Señalar, manchar. || *Col.* Atacar un arma de fuego. || *Col.* Dar tacazo en el billar.
TACARIGUA f. *Salv.* y *Venez.* La palma real.
TACATACA m. Especie de sillita con ruedas, con un agujero en el asiento por donde pasa la parte inferior del cuerpo de un niño, que sirve para aprender a andar.
TACAZO m. Golpe que se da con el taco.
TACETA f. Calderito o cazo de cobre que sirve para trasegar el aceite en los molinos.
TÁCITAMENTE adv. m. De un modo tácito. (SINÓN. V. *Sobreentendido.*) || Secretamente, en silencio.
TÁCITO, TA adj. (lat. *tacitus,* p. p. de *tacere,* callar). No expresado formalmente: *convenio tácito.* || *Tácita reconducción,* renovación de un contrato por la voluntad común de las partes no expresadas.
TACITURNIDAD f. Calidad de taciturno.
TACITURNO, NA adj. (lat. *taciturnus*). Callado, que habla poco: *los marineros suelen ser taciturnos.* (SINÓN. V. *Silencioso.*) || Triste. (SINÓN. V. *Melancólico.*)
TACIZO m. *Col.* Calabozo estrecho.
TACLOBO m. Molusco bivalvo de gran tamaño, del género tridacne.
TACNEÑO, ÑA adj. y s. De Tacna (Perú).
TACO m. Pedazo de madera u otra materia corto y grueso. || Pelotilla de trapo, papel o estopa que se colocaba en las armas de fuego entre el proyectil y la pólvora. || Cilindro de estopa, trapo o arena con que se aprieta la pólvora del barreno. || Baqueta para atacar las armas de fuego. || Bastón con que se impulsan las bolas en el billar. || Cilindro de cuero u otro material que se fija a la suela de las botas de fútbol para no resbalar. || Canuto de madera con que los muchachos lanzan bolitas de trapo o papel por medio del aire comprimido. || Conjunto de hojas del calendario de pared. || Conjunto de billetes que se vende en las taquillas para evitar las aglomeraciones del público: *un taco de metro.* || *Fig.* y *fam.* Bocado ligero que se toma entre dos comidas. || *Fig.* y *fam.* Trago de vino. || *Fig.* y *fam.* Palabrota, grosería: *soltar un taco.* (SINÓN. V. *Blasfemia.*) || *Fig.* y *fam.* Lío, confusión: *hacerse un taco.* || *Impr.* Botador. || *Chil.* Atasco, impedimento. || *Amér. C.* Preocupación, temor. || *Chil.* Persona rechoncha. || *Amer.* Tacón de zapato.
TACO, CA adj. *Cub.* Currutaco.
TACÓMETRO m. Taquímetro.
TACÓN m. Pieza más o menos alta del zapato en la parte que corresponde al talón.
TACONAZO m. Golpe dado con el tacón.
TACONEAR v. i. Hacer ruido con los tacones. || — V. t. *Chil.* Henchir, rellenar.
TACONEO m. Acción y efecto de taconear al andar o al bailar.
TACOTAL m. *Hond.* Lodazal, ciénaga, barrizal. || *C. Rica.* Matorral espeso.
TÁCTICA f. (gr. *taktikê*). Arte de disponer y emplear las tropas en el campo de batalla: *cada arma tiene su táctica particular.* (SINÓN. V. *Estrategia.*) || *Fig.* Medios que se emplean para conseguir un intento: *una táctica sabia.*
TÁCTICO, CA adj. Relativo a la táctica: *disposiciones tácticas.* || — M. Perito en táctica.
TÁCTIL adj. Propio del tacto: *sensación táctil.*
TACTISMO m. Movimiento de un ser viviente en respuesta a un factor externo. (El *tactismo* puede ser positivo cuando el movimiento se efectúa en dirección del factor externo y negativo en el caso contrario.)
TACTO m. (lat. *tactus*). Uno de los cinco sentidos, mediante el cual percibimos, gracias al contacto directo, la forma y el estado exterior de los cuerpos: *el sentido del tacto se ejerce, sobre todo, por medio de los dedos de las manos.* (SINÓN. V. *Destreza.*) || Acción de tocar. (SINÓN. *Contacto, frotamiento, rozamiento, toque.*) || *Fig.* Sentimiento delicado de las conveniencias, comedimiento: *persona de tacto.* (SINÓN. V. *Delicadeza.*)
TACUACÍN m. *Amer.* Zarigüeya.
TACUACO, CA adj. *Chil. Fam.* Rechoncho.
TACUACHA f. *Cub.* Engaño hecho con astucia.
TACUACHE m. *Cub.* y *Méx.* Pequeño mamífero insectívoro. || *Méx.* Zarigüeya. || *Cub.* Mentira.
TACUARA f. *Arg.* Caña fuerte, especie de bambú. (SINÓN. *Guadua.*)
TACUARAL m. Plantío de tacuaras.
TACUAREMBÓ m. *Arg.* Especie de junco largo.
TACUAREMBOENSE adj. y s. De Tacuarembó (Uruguay).
TACUAZÍN m. *Méx.* La zarigüeya.
TACURÚ m. *Riopl.* Hormiguero alto y redondo. || *Riopl.* Especie de hormiga. || *Riopl.* Montículo de tierra arcillosa en los terrenos anegadizos.
TACURUZAL m. *Arg.* Lugar poblado de tacurúes.
TACHA f. Falta, defecto. (SINÓN. V. *Mancha.*)
TACHA f. Clavo algo mayor que la tachuela.
TACHA f. *Amer.* Tacho, vasija de metal.
TACHADURA f. Acción y efecto de tachar.
TACHAR v. t. Poner faltas o tachas a una cosa. || Borrar lo escrito. (SINÓN. V. *Borrar.*) || *Fig.* Censurar: *tachar la conducta de una persona.* (SINÓN. V. *Imputar.*) || *For.* Alegar una incapacidad legal.
TACHERO m. *Amer.* Obrero que maneja los tachos en los ingenios de azúcar. || *Amer.* Hojalatero.
TACHIGUAL m. *Méx.* Cierto encaje o randa.
TACHIRENSE adj. y s. De Táchira (Venezuela).
TACHO m. *Amer.* Vasija grande de metal, de fondo redondo. || *Amer.* Paila para la cochura del melado. || *Chil.* Cacerola de metal o barro. || *Amer.* Hoja de lata. || *Arg. Fam. Irse al tacho,* hundirse, fracasar. || *Arg. Echar al tacho,* quitar toda esperanza.
TACHÓN m. (del fr. *tache,* mancha). Raya o señal que se hace para borrar lo escrito. || Golpe de galón o cinta que se pone para adornar las ropas o telas.
TACHÓN m. Tachuela grande que se usa como adorno en los cofres, los muebles, etc.
TACHONAR v. t. Adornar con tachones. || *Fig.* Salpicar: *cielo tachonado de estrellas.*
TACHONERÍA f. Labor hecha con tachones.
TACHOSO, SA adj. Que tiene defectos.
TACHUELA f. Clavo pequeño de cabeza grande. || *Col.* y *Cub.* Escudilla para calentar algo.
TACHUELO m. Col. Planta berberidácea.
TAEL m. Antigua moneda china. Pl. *taeles.*
TAFANARIO m. *Fam.* Trasero o asentaderas.
TAFETÁN m. (persa *tafta*). Tela de seda muy delgada y tejida como el lienzo. || — Pl. *Fig.* Las banderas. || *Fig.* y *fam.* Galas de las mujeres. || *Tafetán inglés,* tela de seda que, engomada por una de sus caras, se usa para curar heridas.
TAFIA f. Aguardiente de caña.
TAFILETE m. Cuero delgado, bruñido y lustroso. || *Medio tafilete,* encuadernación que tiene el lomo de tafilete y los planos de tela o de papel.
TAFILETEAR v. t. Adornar con tafilete.
TAFILETERÍA f. Arte de trabajar el tafilete. || Tienda donde se vende tafilete.
TAFÓN m. Molusco gasterópodo marino.
TAFUREA f. Embarcación grande sin quilla.
TAGALO, LA adj. y s. Dícese de una raza indígena de Filipinas y de su lengua.
TAGARINO, NA adj. y s. Decíase de los moriscos que vivían confundidos entre los cristianos.
TAGARNIA f. *Col. Fam.* Atracón, hartazgo.

tacos

tahalí

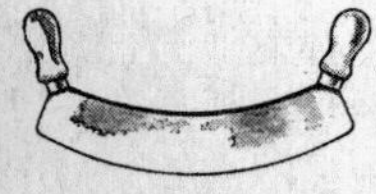
tajadera

tajamar

TALADROS

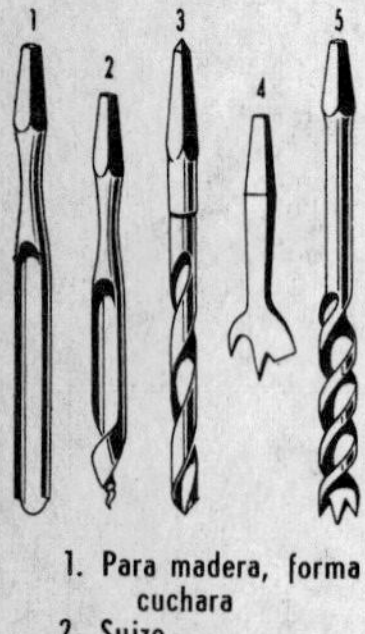

1. Para madera, forma cuchara
2. Suizo
3. Extensible
4. De tres puntas
5. Helicoidal

TAGARNINA f. *Bot.* Cardillo. ‖ *Fam.* y *fest.* Cigarro puro o cigarillo o tabaco muy malo.

TAGAROTE m. Baharí, halcón. ‖ *Fig.* Escribiente de un notario o escribano. ‖ *Fam.* Hidalgo pobre. ‖ *Fam.* Hombre alto y desgarbado. ‖ *Amér. C.* Hombre de pro. ‖ *Amér. C.* Mañoso; abusivo.

TAGASASTE m. Especie de citiso de Canarias.

TAGUA f. Corozo o marfil vegetal. ‖ *Chil.* Especie de fúlica. ‖ *Chil. Hacer taguas,* zambullirse.

TAGUÁN m. *Zool.* Guiguí.

TAGÜITAS f. pl. r. Se usa en la loc.: *jugar a las tagüitas,* hacer pijotas.

TAHA f. Comarca, distrito.

TAHALÍ m. (ár. *tahlil*). Tira de cuero u otra materia que cuelga del hombro derecho y sostiene la espada. ‖ *Por ext.* Pieza de cuero que sostiene el machete, la bayoneta, etc. ‖ Caja de cuero en que se solían llevar reliquias. Pl. *tahalíes.*

TAHARAL m. Tarayal.

TAHEÑO, ÑA adj. Barbitaheño, barbirrojo.

TAHITIANO, NA adj. y s. De Tahití. ‖ — M. Lengua de Polinesia de la familia malaya.

TAHONA f. (del ár. *tahona,* molino). Molino de harina movido por una caballería. ‖ Panadería.

TAHONERO, RA m. y f. Dueño de la tahona.

TAHÚLLA f. Medida agraria de Murcia, Almería y Granada (11 áreas y 18 centiáreas).

TAHÚR m. Jugador y en particular el fullero.

TAHURERÍA f. Garito, casa de juego. ‖ Vicio del tahúr. ‖ Juego con trampas y engaños.

TAICÚN o **SHOGÚN** m. Título que llevaban los poderosos señores feudales del Japón que, desde 1186 hasta la revolución de 1868, gobernaron efectivamente el país, dominando en cierto modo a los emperadores o *micados.*

TAIFA f. Parcialidad: *la España árabe se dividió entre algunos reyes de taifa.* ‖ *Fig.* y *fam.* Reunión de gente de mala vida.

TAIGA f. En la Rusia septentrional y en Siberia, regiones de clima frío, inmensa selva formada principalmente por coníferas, abedules y arces.

TAIKÚN m. Taicún.

TAILANDÉS, ESA adj. y s. De Tailandia.

TAIMA f. Taimería. ‖ *Chil.* Murria.

TAIMADO, DA adj. y s. Astuto, hipócrita, disimulado: *mujer taimada.* (SINÓN. *Bribón, falso, pícaro.* V. tb. *astuto* y *desconfiado.*) ‖ *Chil.* Hosco, displicente.

TAIMARSE v. r. *Arg.* y *Chil.* Amorrarse, obstinarse. ‖ *Arg.* y *Chil.* Hacerse taimado.

TAIMERÍA f. Astucia, picardía.

TAINO, NA adj. y s. Individuo de una tribu americana. ‖ — M. Dialecto que hablaban.

TAIRA f. Mustélido del Paraguay.

TAITA m. Nombre que suele dar el niño por cariño a sus padres, a su nodriza, etc. ‖ *Ecuad.* y *Chil. Fam.* Padre, papá. ‖ *Cub.* Nombre que se da a los negros despectivamente. ‖ *Col. Fam.* Jayán, gigante. ‖ *Arg.* Entre los gauchos, matón.

TAITETÚ m. *Bol.* Pecarí.

TAITÓN m. *Cub.* Nombre que suele darse al abuelo en el interior de la isla.

TAJA f. Cortadura, división. ‖ Tarja, escudo.

TAJÁ m. *Cub.* Ave trepadora.

TAJADA f. Porción que se corta de una cosa: *una tajada de carne.* ‖ *Fam.* Ronquera, tos. ‖ *Pop.* Borrachera. ‖ *Fig.* y *fam. Sacar tajada,* sacar provecho.

TAJADERA f. Cuchilla en forma de media luna que sirve para cortar algunas cosas. ‖ Cortafrío de herreros.

TAJADERO m. El tajo en que se corta la carne.

TAJADILLA f. Guiso de tajadas de livianos.

TAJADO, DA adj. Cortado verticalmente: *costa tajada.* ‖ *Blas. Escudo tajado,* partido diagonalmente. ‖ *Fam.* Borracho, ebrio. (SINÓN. V. *Borracho.*)

TAJADOR, A adj. Que taja. ‖ — M. Tajo para cortar.

TAJADURA f. Acción y efecto de tajar.

TAJALÁN, ANA adj. *Cub. Fam.* Holgazán.

TAJAMANIL m. *Méx.* Tejamanil.

TAJAMAR m. Parte inferior del espolón de los barcos. ‖ El espolón de los puentes. ‖ *Chil.* Malecón. ‖ *Arg.* Presa, balsa. ‖ *Arg.* Zanja hecha en las orillas de un río para disminuir los efectos de las crecidas.

TAJANTE adj. Que taja o corta. (SINÓN. *Afilado, cortante, incisivo.*) ‖ *Fig.* Completo, sin término medio, decisivo. ‖ *Fig.* Decisivo, categórico: *respuesta tajante.* ‖ — M. En algunas partes, cortador, carnicero.

TAJAPLUMAS m. Cortaplumas, cuchillito.

TAJAR v. t. Dividir: *tajar la carne.* (SINÓN. V. *Cortar.*) ‖ — V. r. *Fam.* Emborracharse.

TAJARRAZO m. *Hond.* Tajo, cortadura, corte.

TAJARRIA f. *Cub.* Ataharre, arreo del caballo.

TAJEA f. Atarjea de cañería. ‖ Alcantarilla que sirve para dar paso al agua debajo de los caminos

TAJIBO m. *Arg.* Tayuyá.

TAJO m. Cortadura. (SINÓN. V. *Corte.*) ‖ Tarea. ‖ Obra, taller: *ir al tajo* ‖ Escarpa vertical. ‖ Filo o corte: *el tajo de un hacha.* ‖ Pedazo de madera que se usa para picar la carne. ‖ *Col.* y *Venez.* Camino de herradura. ‖ Trozo de madera sobre el cual se cortaba la cabeza a los condenados. ‖ *Esgr.* Corte que se da con la espada o sable.

TAJÓN m. Tajo que sirve para cortar la carne.

TAJONA f. *Cub.* Un canto popular.

TAJUELA f. y **TAJUELO** m. Tajo pequeño. ‖ Banquillo para una sola persona. ‖ *Mec.* Tejuelo donde entra el gorrón de un eje.

TAL adj. (lat. *talis*). Parecido: *nunca se ha visto tal cosa.* (SINÓN. V. *Parecido.*) ‖ De este modo: *tal es mi parecer.* ‖ Tan grande: *tal es su poderío que nadie le resiste.* ‖ *Fam.* Calificativo que se aplica a persona o cosa de que se ignora o no se recuerda el nombre: *Fulano de tal; vivir en la calle de tal.* ‖ *Tal que,* tal como. ‖ — M. Cosa, cosa tal: *para conseguir esto no hay tal como ir a ver a tu amigo.* ‖ — Pron. indef. Una persona cualquiera: *tal habrá que lo sienta y no lo diga.* ‖ — Adv. m. Así: *tal estaba de distraído que no me saludó.* ‖ Así, de este modo: *cual el Sol ilumina la Tierra, tal ilumina la verdad nuestro entendimiento.* ‖ *Con tal que,* m. conj., con la condición que: *te lo daré con tal que no lo pidas.* ‖ *Tal cual,* como está, sin cambio: *es muy grande, pero tal cual es, me contento con ello.* Corto número: *sólo pasa por la calle tal cual transeúnte.* Mediano, regular: *es una persona tal cual.* Así, así, medianamente: *vamos tal cual.* ‖ *Tal para cual,* m. adv., que denota igualdad o semejanza.

TALA f. Acción y efecto de talar. ‖ Juego de muchachos que consiste en hacer saltar con un palo un tarugito de madera de forma de husillo. ‖ Este mismo palito. ‖ *Arg.* Árbol espinoso de madera apreciada. ‖ *Mil.* Defensa de árboles talados para obstruir el paso.

TALABARTE m. Cinturón del que se lleva colgante la espada o el sable.

TALABARTERÍA f. Taller o tienda de talabartero.

TALABARTERO m. Guarnicionero, el que fabrica los talabartes, cinturones y arreos.

TALABRICENSE adj. y s. De Talavera de la Reina.

TALACHO m. *Méx.* Instrumento para escarbar, parecido al zapapico.

TALADOR, RA adj. y s. El que tala o corta.

TALADRADOR, RA adj. y s. Que taladra. ‖ — F. Máquina de taladrar.

TALADRAR v. t. Agujerear. (SINÓN. V. *Horadar.*) ‖ *Fig.* Herir los oídos un sonido agudo. ‖ *Fig.* Penetrar, comprender. ‖ *Col.* Estafar a uno.

TALADRO m. (lat. *taratrum*). Instrumento con que se taladra o agujerea una cosa. ‖ Agujero hecho con el taladro o barrena. ‖ Insecto que roe la madera.

TALAJE m. *Hond.* Chinche. ‖ *Chil.* Pasturaje. ‖ *Arg.* Potrero ya pastado.

TALAMATE m. *Méx.* Una planta medicinal.

TALAMERA f. Árbol donde se coloca el señuelo.

TALAMETE m. *Mar.* Cubierta pequeña que sólo ocupa la parte de proa.

TALAMIFLORA adj. y s. *Bot.* Nombre de las plantas dicotiledóneas que tienen perigonio doble y pétalos distintos insertos en el receptáculo.

TÁLAMO m. (gr. *thalamos*). Lecho de los desposados. (SINÓN. V. *Cama.*) ‖ En la Antigüedad, lugar donde recibían los desposados los parabienes de sus amigos. ‖ *Bot.* Receptáculo de los verticilos de la flor. ‖ *Anat. Tálamos ópticos,* nombre de los lóbulos del cerebro.

TALAMOCO m. *Ecuad.* Albino.

TALÁN m. Onomatopeya del sonido de la campana. (Úsase más repetido.)

TALANQUERA f. Armazón de tablas que sirve de defensa o cerca. ‖ *Col.* Pared de cañas o guaduas entretejidas. ‖ *Fig.* Seguridad, defensa.
TALANTE m. Modo de hacer una cosa. ‖ Ánimo, semblante, rostro: *estar de mal talante una persona.* (SINÓN. V. *Humor.*) ‖ Voluntad, deseo.
TALAPUINO m. Sacerdote budista de Siam.
TALAR adj. (lat. *talaris*). Dícese de la ropa que llega a los talones. ‖ — M. pl. Las alas que llevaba el dios Mercurio en los talones.
TALAR m. *Arg.* Monte de talas.
TALAR v. t. Cortar por el pie: *talar un árbol.* ‖ Destruir, arrasar: *talar un edificio.*
TALAREÑO, ÑA adj. y s. De Talara (Perú).
TALASOTERAPIA f. Empleo terapéutico de los baños o del aire de mar.
TALAVERA m. Porcelana de Talavera.
TALAVERANO, NA adj. y s. De Talavera.
TALAYOTE m. Monumento megalítico de las Baleares, semejante a una torre de poca altura. ‖ *Méx.* Fruto de algunas asclepiadáceas, parecido a una calabaza.
TALCO m. (ár. *talc*). Silicato natural de magnesio de textura hojosa, suave al tacto, y que reducido a polvo se usa en farmacia. ‖ Lámina de metal muy delgada que se emplea en bordados.
TALCOSO, SA adj. Que tiene talco.
TALCUALILLO, LLA adj. *Fam.* Medianamente bueno: *un libro talcualillo.* ‖ *Fam.* Que experimenta mejoría: *el enfermo está talcualillo.*
TALCHOCOTE m. *Hond.* Árbol de fruto parecido a la aceituna.
TALED m. Velo con que se cubren los judíos la cabeza y el cuello en la sinagoga.
TALEGA f. (ár. *talica*). Saco o bolsa ancha y corta. ‖ Su contenido. ‖ Bolsa que llevaban las mujeres para preservar el cabello. ‖ Culero que se pone a los niños. ‖ Caudal monetario, dinero. ‖ *Fig.* y *fam.* Pecados que confiesa uno.
TALEGADA f. Lo que cabe en la talega.
TALEGALLO m. Ave gallinácea de Oceanía.
TALEGAZO m. Golpe dado con una talega. ‖ *Fam.* Caída, costalada.
TALEGO m. Saco largo y angosto. ‖ *Fig.* y *fam.* Persona que tiene mal cuerpo y poco garbo: *ir hecho un talego.*
TALEGUILLA f. Talega. ‖ Calzón de torero.
TALENTO m. (lat. *talentum*). Peso antiguo de los griegos (26 kilogramos en Ática). ‖ Moneda imaginaria de los griegos que representaba el valor de una suma de oro o plata del peso de un talento. ‖ *Fig.* Aptitud natural para hacer alguna cosa: *un escritor de gran talento.* ‖ *Fig.* y *fam.* Entendimiento, inteligencia: *ese muchacho no tiene ni pizca de talento.*
TALENTOSO, SA adj. Que tiene talento, muy inteligente o entendido: *escritor talentoso.*
TALENTUDO, DA adj. Talentoso.
TALERAZO m. *Arg.* Golpe de talero.
TALERO m. *Arg.* y *Chil.* Rebenque.
TÁLERO o **TÁLER** m. Antigua moneda alemana de plata.
TALGO m. Tren articulado español.
TALIO m. Metal blanco (Tl), de número atómico 81, descubierto en 1861, parecido al plomo y que existe en las piritas.
TALIÓN m. (lat. *talio*). Pena igual a la ofensa: *la pena del talión existía en la religión mosaica.* ‖ *Ley del talión,* ley que consiste en hacer sufrir al delincuente un daño igual al que causó.
TALISMÁN m. Objeto al que se atribuye la virtud de comunicar la suerte o un poder sobrenatural a quien lo posee. (SINÓN. V. *Fetiche.*) ‖ *Fig.* Cosa que produce un efecto maravilloso.
TALMA f. Esclavina.
TALMUD m. Libro santo de los judíos que contiene las enseñanzas de los antiguos doctores de la ley. (V. *Parte Hist.*)
TALMÚDICO, CA adj. Relativo al Talmud.
TALMUDISTA adj. y s. Que sigue el Talmud.
TALO m. *Bot.* Aparato vegetativo de los vegetales inferiores en el que no se pueden diferenciar la raíz, el tallo o las hojas.
TALOFITAS f. pl. *Bot.* Tipo que comprende las algas, los hongos, los líquenes y las bacterias.
TALÓN m. (lat. *talus*). Parte posterior del pie, calcañar. ‖ Parte del zapato o de una media o calcetín que cubre el calcañar. ‖ Parte saliente añadida en este lugar a la suela de un zapato. ‖ Pulpejo de las caballerías. ‖ Parte del arco del violín inmediata al mango. ‖ *Arq.* Moldura sinuosa cóncava por abajo y convexa por arriba. ‖ Cada uno de los bordes reforzados de la cubierta del neumático. ‖ *Com.* Parte que se arranca de una hoja de talonario. ‖ *Mar.* Extremo posterior de la quilla del barco. ‖ *Pisarle a uno los talones,* seguirle de cerca; emularle con cierta fortuna.
TALÓN m. (fr. *étalon*). Patrón monetario.
TALONADO, DA adj. *Amer.* Dícese del libro talonario con los documentos y sus talones. ‖ — F. Golpe dado al caballo con los talones.
TALONARIO m. Libro o cuadernillo constituido por un cierto número de hojas, las cuales a su vez están divididas por medio de un trepado en dos partes: el *talón,* que se arranca y se entrega, y la *matriz,* que se conserva como justificante: *un talonario de cheques.* Ú. t. c. adj. m.: *libro talonario.*
TALONAZO m. Golpe dado con el talón.
TALONEAR v. i. *Fam.* Andar a pie y deprisa. ‖ *Amer.* Golpear con los talones.
TALONERA f. Refuerzo que lleva el pantalón en la parte más baja. ‖ *Chil.* y *Per.* Pieza de cuero en el talón de la bota para asegurar la espuela.
TALPA y **TALPARIA** f. (del lat. *talpa,* topo). *Cir.* Absceso formado en la piel de la cabeza.
TALQUE m. Tierra refractaria que sirve para fabricar crisoles.
TALQUEZA f. *C. Rica.* Hierba para cubrir las chozas.
TALQUINA f. *Chil. Fam.* Traición, engaño.
TALQUINO, NA adj. y s. De Talca (Chile).
TALQUITA f. Roca pizarrosa compuesta principalmente de talco.
TALTUZA f. *C. Rica.* Mamífero roedor, especie de rata. (SINÓN. *Tuza.*)
TALUD m. (fr. *talus*). Declive del paramento de un muro o del suelo: *los taludes de un ferrocarril.* ‖ — SINÓN. *Glacis, terraplén.* V. tb. *pendiente.*
TALUDÍN m. *Guat.* Especie de caimán.
TALLA f. Obra de escultura en madera o piedra. ‖ Estatura: *hombre de poca talla.* ‖ Marca, instrumento para medir las personas. ‖ *Fig.* Altura moral o intelectual. ‖ *Cir.* Incisión que se hace en la vejiga para extraer los cálculos. ‖ Tributo antiguo. ‖ Premio ofrecido por la prisión de un delincuente. ‖ Mano, en el juego del monte y otros. ‖ *Mar.* Aparejo, polea. (P. us.) ‖ *Arg.* y *Chil.* Charla, conversación. ‖ *Amér. C.* Embuste. ‖ *Tener talla para,* ser capaz de.
TALLADO, DA adj. Con los adv. *bien* o *mal,* que tiene buen, o mal talle. ‖ *Blas.* Dícese de los ramos y flores que tienen el tallo de diferente esmalte. ‖ — M. Acción de tallar el diamante, la madera, etc.
TALLADOR m. Grabador en hueco. ‖ *Mil.* El que talla a los quintos. ‖ *Arg.* Banquero (juegos).
TALLADURA f. Entalladura.
TALLAR adj. Que puede ser talado o cortado: *monte tallar.* ‖ — M. Soto o monte que se encuentra en disposición de sufrir la primera corta.
TALLAR v. t. Llevar la baraja en el monte o la banca. ‖ Hacer obras esculpidas. ‖ Labrar piedras finas: *tallar el diamante.* ‖ Cargar de tallas o impuestos. ‖ Tasar, valuar. ‖ Medir con la talla. ‖ — V. i. *Arg.* y *Chil.* Charlar, conversar. ‖ *Chil.* Hablar de amores.
TALLARÍN m. (del ital. *tagliarini*). Cinta estrecha de pasta de macarrones que se usa para sopa.
TALLAROLA f. (fr. *taillerolle*). Cuchilla con que se corta el terciopelo para sacarle el vello.
TALLE m. Disposición del cuerpo humano. ‖ Cintura y parte del vestido que corresponde a la cintura. ‖ *Fig.* Traza, apariencia de una cosa. ‖ *Chil.* Almilla interior sin mangas que usan las mujeres.
TALLECER v. i. Entallecer, echar tallo. ‖ — IRREG. Se conjuga como *agradecer.*
TALLER m. Lugar en el que trabajan obreros, artistas: *taller de automóviles.* (SINÓN. *Astillero, obrador.* V. tb. *fábrica.*) ‖ *Fig.* Escuela, seminario.
TALLER m. (fr. *tailloir*). Angarillas.
TALLETA f. *Arg.* Especie de alfajor, dulce.
TALLISTA m. Escultor en madera o marmolista. (SINÓN. V. *Escultor.*) ‖ Persona que labra piedras.

talla

tamanduá

tamborilero

TALLO m. (lat. *thallus*). Parte de la planta que sostiene las hojas, las flores y los frutos. || Renuevo que echa una planta. (SINÓN. *Bohordo, caña, cefa, estípite, retallo.* V. tb. *esqueje.*) || Germen de una planta: *patata que echa tallos.* || *Col.* Berza, col: *una hoja de tallo.* || *Chil.* Cardo santo.
TALLUDO, DA adj. De tallo largo. || *Fig.* Crecido, muy alto: *muchacho talludo.* || Dícese de la persona que va pasando de la juventud.
TALLULLO m. *Cub.* Tamal.
TAMAGÁS f. *Amér. C.* Víbora muy venenosa.
TAMAL m. *Amer.* Empanada de masa de harina de maíz, envuelta en hojas de plátano y rellena de diferentes condimentos. || *Chil.* Bulto grande. || *Amer. Fam.* Intriga: *amasar un tamal.*
TAMALADA f. *Méx.* Merienda de tamales.
TAMALAYOTE m. *Méx.* Especie de calabaza.
TAMALEAR v. t. *Méx. Fam.* Manosear, sobar a una persona: *tamalear a un niño.*
TAMALERÍA f. Sitio donde se venden tamales.
TAMALERO, RA m. y f. Persona que hace o vende tamales.
TAMANDUÁ mejor que **TAMANDÚA** y **TAMÁNDOA** m. Mamífero desdentado parecido al oso hormiguero, pero más pequeño (50 cm).
TAMANGO m. *Arg.* y *Chil.* Envoltura de trapo para los pies; calzado rústico.
TAMAÑITO, TA adj. (dimin. de *tamaño.*) *Dejar a uno tamañito,* dejarle chiquito, apabullarlo.
TAMAÑO, ÑA adj. (del lat. *tam,* tan, y *magnus,* grande). Tan grande o tan pequeño: *tamaño como una vaca.* || Muy grande o muy pequeño. || — M. Volumen, magnitud de una cosa: *calcular el tamaño de una caja.* (SINÓN. V. *Dimensión.*)
TÁMARA f. En Canarias, datilera. || — Pl. Dátiles en racimo.
TAMARAO m. *Filip.* Especie de búfalo.
TÁMARAS f. pl. Leña delgada, ramillas de los árboles: *quemar támaras.*
TAMARICÁCEAS f. pl. *Bot.* Familia de plantas dicotiledóneas abundante en los países mediterráneos y en Asia Central.
TAMARINDO m. Árbol de la familia de las papilionáceas, cuyo fruto contiene una pulpa de sabor agradable, que se usa en medicina como laxante. || Su fruto.
TAMARISCÍNEAS f. pl. *Bot.* Tamaricáceas.
TAMARISCO y **TAMARIZ** m. Taray.
TAMARRIZQUITO, TA y **TAMARRUSQUITO, TA** adj. *Fam.* Muy pequeño.
TAMARUGAL m. *Chil.* Plantío de tamarugos.
TAMARUGO m. *Chil.* Árbol papilionáceo, parecido al algarrobo, que crece en la pampa.
TAMAULIPECO, CA adj. y s. De Tamaulipas (México).
TAMAZUL m. *Méx.* Sapo de gran tamaño.
TAMBA m. *Ecuad.* Chiripá de los indios.
TAMBAL m. *Ecuad.* Palma que produce cera.
TAMBALEANTE adj. Que se tambalea.
TAMBALEAR v. i. Menearse una cosa como si no estuviera en equilibrio. Ú. m. c. r. (SINÓN. V. *Sacudir.*)
TAMBALEO m. Acción de tambalear.
TAMBALISA f. *Cub.* Planta leguminosa de flores amarillas.
TAMBANILLO m. *Arq.* Frontón colocado sobre una puerta o ventana.
TAMBAR v. t. *Col.* y *Ecuad.* Engullir, tragar.
TAMBARILLO m. Caja con una tapa combada.
TAMBARRIA f. *Amer.* Parranda, jolgorio.
TAMBERO m. *Amer.* Dueño de un tambo. || — Adj. *Arg.* Manso: *ganado tambero.* || *Arg.* y *Chil.* Que tiene vacas lecheras.
TAMBIÉN adv. m. Igualmente. (SINÓN. V. *Además.*) || *Si que también,* barb. por *sino también.* || — Interj. ¡Vaya!, ¡verdad es que!
TAMBO m. (del quechua *tampu*). *Amer.* Edificio que sirve de albergue en los caminos: *los incas habían edificado tambos en los principales caminos.* || *Arg.* Vaquería. || *Bol.* Posada o conventillo. || *Parag.* Palenque o bramadero.
TAMBOCHA f. *Col.* Especie de hormiga carnívora.
TAMBOR m. (ár. *tanbor*). Instrumento músico de percusión, formado por un cilindro cerrado por dos pieles tensas, y que se toca con palillos. (SINÓN. *Atabal, caja, pandero, tamboril, timbal.*) || El que toca el tambor en las bandas militares. || Cilindro hueco de metal, que sirve para tostar café. || Cilindro grueso en que se arrolla un cable. || Cilindro en que se extiende la tela que se borda. || Cilindro que gira donde se encuentran las balas de un revólver. || Tamiz usado por los reposteros para cernir el azúcar. || Tímpano del oído. || *Arq.* Aposentillo hecho con tabiques dentro de otro. || *Arq.* Muro cilíndrico que sirve de base a una bóveda. || *Arq.* Cuerpo del capitel corintio. || *Mar.* Cabrestante del timón. || *Mar.* Cada uno de los cajones o cubiertas de las cuerdas en los vapores. || *Mec.* Rueda de canto liso de más espesor que la polea. || Pieza circular del freno, solidaria de la rueda, en cuyo interior actúan las zapatas del freno. || *Cub.* Pez que puede inflar el cuerpo por una dilatación del esófago. || *Cub.* y *Méx.* Tejido basto de yute. || *Méx.* Colchón de muelles. || *Ecuad.* Tamal de yuca con dulce. || *Amer.* Tonel de metal para gasolina, etc. || *Tambor mayor,* jefe de una banda de tambores. || *A tambor batiente,* con aire triunfal.
TAMBORA f. Bombo, tambor grande de una banda de música. || *Amer.* Tambor.
TAMBOREAR v. i. Tabalear.
TAMBOREO m. Acción y efecto de tamborear.
TAMBORETE m. Tambor pequeño. || *Mar.* Trozo de madera que sujeta dos palos sobrepuestos.
TAMBORIL m. Especie de tambor más largo y estrecho que los ordinarios, y que se suele tocar con un solo palillo. (SINÓN. V. *Tambor.*)
TAMBORILADA f. *Fig.* y *fam.* Golpe que se da al caer en el suelo. || *Fig.* y *fam.* Manotazo en la cabeza o en las espaldas.
TAMBORILAZO m. *Fig.* y *fam.* Tamborilada.
TAMBORILEAR v. i. Tocar el tamboril. || Imitar el ruido del tambor. || — V. t. Celebrar mucho a uno. || *Impr.* Igualar las letras de molde con el tamborilete.
TAMBORILEO m. Ruido que hace el tamboril o el tambor.
TAMBORILERO m. El que toca el tamboril.
TAMBORILETE m. Tamboril pequeño. || *Impr.* Tablita para igualar en el molde las letras.
TAMBORÍN y **TAMBORINO** m. Tamboril.
TAMBORITEAR v. i. Tamborilear.
TAMBORITERO m. Tamborilero.
TAMBRE m. *Col.* Presa, azud.
TAMEGUA f. *Salv.* Limpia de las milpas.
TAMEME m. *Chil., Méx.* y *Per.* Cargador indio.
TAMIZ m. (fr. *tamis*). Cedazo muy tupido: *tamiz metálico.*
TAMIZAR v. t. Pasar una cosa por el tamiz. (SINÓN. *Ahechar, cerner, colar, cribar, pasar.*) || *Por ext.* Dejar pasar suavemente: *cristales que tamizan la luz.* || *Por ext.* Pasar o escoger lo que solamente reúne ciertas condiciones.
TAMO m. Pelusa del lino, algodón o lana. || Paja menuda que despiden las semillas trilladas. || Pelusilla o polvo que se cría debajo de los muebles. || *Ecuad.* Paja de cualquier clase.
TAMOJAL m. Sitio poblado de tamojos.
TAMOJO m. *Bot.* Matojo.
TAMPIQUEÑO, ÑA adj. y s. De Tampico (México).
TAMPOCO adv. neg. Sirve para negar una cosa después de haber negado otra: *no te doy ese libro ni éste tampoco.*
TAMPÓN m. (pal. fr.). Almohadilla para entintar sellos.
TAMPONAR v. t. Marcar con un sello.
TAM-TAM m. Batintín, tantán.
TAMUGA f. *Salv.* y *C. Rica.* Envoltorio de azúcar, plátano, achiote, etc., en hoja de maíz.
TAMUJAL m. Sitio poblado de tamujos.
TAMUJO m. Planta de la familia de las euforbiáceas: *con las ramas de tamujo se hacen escobas para barrer las calles.* || — PARÓN. *Tamojo.*
TAMUL m. Lengua de los tamules.
TAN m. Onomatopeya del ruido del tambor u otro instrumento semejante.
TAN m. Corteza de encina.
TAN adv. c. Apócope de *tanto,* que se emplea siempre precediendo la palabra que modifica: *no seas tan curioso; lo hizo tan deprisa.* || Denota también idea de comparación: *tan grande como tú.* || *Fam.* Úsase como ponderativo: *se quedó tan tranquilo.* || *Tan siquiera,* m. adv., siquiera. || — OBSERV. No puede ponerse *tan* antes del verbo. v. gr.: *tan es así,* por *tan así es; tan es verdad,*

Fot. Scaïoni, Agence Internationale

por *tan verdad es.* Está mal igualmente la frase: *tan no está enfermo que ayer estuvo bailando,* por *tan falso es que,* etc.
TANACETO m. Hierba lombriguera.
TANAGRA f. Lindo pajarito cantor de América. || Estatuita que se fabricaba en Tanagra (Beocia).
TANATE m. (mex. *tanatli*). *Méx.* y *Hond.* Mochila, zurrón. || *Guat.* Lío, envoltorio. || *Fig.* y *fam. Amér. C. Cargar con los tanates,* marcharse.
TANDA f. Turno o alternativa: *tanda de riego.* || Tarea. || Tonga, tongada, capa de una cosa. || Grupo de personas o bestias que alternan en un trabajo. || Partida de algunos juegos. || Gran cantidad: *dar una tanda de palos.* || *Min.* Período de trabajo o descanso en las minas. || *Amer.* División de un espectáculo teatral a la que se asiste por separado: *teatro por tandas.* (En esp.: *por horas.*) || *Arg.* Resabio, maña.
TÁNDEM m. (del lat. *tandem,* al fin). Bicicleta de dos asientos, uno ante otro. || Tiro de dos caballos enganchados uno delante del otro. Pl. *tándemes.*
TANDEO m. Reparto de agua de riego por tandas.
TANDILENSE adj. y s. De Tandil (Argentina).
TANDISTA m. *Per.* Aficionado al teatro por tandas.
TANELA f. *C. Rica.* Pasta de hojaldre adobada con miel.
TANGÁN m. *Ecuad.* Tablero suspendido del techo en el que se colocan comestibles.
TANGANILLAS (En) m. adv. Con poca firmeza; en peligro de caerse.
TANGANILLO m. Objeto que se pone para sostener una cosa que va a caerse. (SINÓN. *Puntal.*)
TÁNGANO m. Chito. || — Adj. *Méx.* Chaparro.
TANGARÁ m. *Arg.* Tanagra, ave.
TANGENCIA f. Calidad de tangente: *la tangencia de curvas.* || Contacto: *punto de tangencia.*
TANGENCIAL adj. Perteneciente o relativo a la tangente: *línea tangencial.*
TANGENTE adj. (del lat. *tangens,* que toca). *Geom.* Que toca una línea o superficie en un solo punto. || — F. *Geom.* Recta que sólo tiene un punto común con la curva. || Relación entre el seno y el coseno de un ángulo (símb.: tg). || *Fig.* y *fam. Irse* o *salir por la tangente,* eludir hábilmente un apuro.
TANGERINO, NA adj. y s. De Tánger.
TANGIBLE adj. Que puede tocarse. || *Por ext.* Sensible, que se percibe de una manera precisa. (SINÓN. V. *Real.*)
TANGO m. Baile de origen argentino. || Música que lo acompaña y canción a este mismo son. || *Cub.* Baile de negros. || *Col.* Andullo de tabaco. || *Hond.* Instrumento músico indígena.
TANGÓN m. (fr. *tangon*). *Mar.* Botalón que sale desde el pie del trinquete de las goletas.
TANGUEAR v. i. *Ecuad.* Hacer eses el ebrio.
TANGUILLO m. *And.* Peonza que se hace bailar con un látigo. || Baile y canción andaluza.
TANGUISTA adj. y s. Cantor de cabaret. || Dícese de la persona de vida alegre y libertina.
TÁNICO, CA adj. Que contiene tanino.
TANINO m. (fr. *tanin*). Substancia astringente que se encuentra en algunos productos vegetales y se emplea generalmente para curtir las pieles.
TANORÍA f. Servicio doméstico que los indígenas de Filipinas prestaban obligatoriamente a los españoles.
TANQUE m. Propóleos de las abejas.
TANQUE m. Automóvil de guerra blindado y artillado que puede moverse en terrenos escabrosos mediante la sustitución de las ruedas por una llanta flexible o cadena sin fin. (SINÓN. *Carro de combate.*) || Depósito, cisterna de un petrolero. || Depósito para un líquido.
TANREC m. Mamífero insectívoro de Madagascar.
TANTA f. *Per.* Borona.
TANTALIO m. Metal (Ta) de número atómico 73, muy duro, denso (d = 16,7), difícil de separar de sus combinaciones, que se presenta ordinariamente en forma de polvo negro brillante.
TÁNTALO m. Ave parecida a la cigüeña, de plumaje blanco y negro que vive en Asia, África y América. || Tantalio.
TANTÁN m. En África, especie de tambor que se golpea con las manos.

Fot. Larousse

TANTARANTÁN m. Onomatopeya del sonido del tambor. || *Fig.* y *fam.* Golpe, porrazo.
TANTEADOR m. El que tantea en el juego. || Marcador donde se inscriben los tantos de los contendientes en un encuentro deportivo o juego de naipes.
TANTEAR v. t. Examinar con cuidado una persona o cosa: *tantear al adversario.* || Considerar una cosa con prudencia antes de empezarla: *tantear el vado.* || Medir o proporcionar una cosa con otra. || Señalar los tantos en el juego. || *Fig.* Explorar la intención de una persona. (SINÓN. V. *Sondear* y *tocar.*) || *For.* Dar por una cosa, en virtud de cierto derecho, el precio en que se remató a otro en pública subasta. || *Pint.* Comenzar a trazar un dibujo. || *Col.* y *Chil.* Calcular el precio aproximado de una cosa. || — V. i. Ir a tientas. (SINÓN. V. *Vacilar.*) || — V. r. Pagar la cantidad en que una renta o alhaja está arrendada o rematada.
TANTEO m. Acción y efecto de tantear. (SINÓN. V. *Investigación.*) || Número señalado de los tantos que se ganan en el juego. || *Chil.* y *Arg. Al tanteo,* loc. adv., a ojo.
TANTO, TA adj. (lat. *tantus*). Aplícase a una cantidad indefinida: *te daré tanto trabajo cuanto quieras.* || — Pron. dem. Eso: *a tanto le arrastró la codicia.* || — M. Cantidad determinada: *le pagan un tanto por cada día de trabajo.* || Ficha con que se señalan los puntos en algunos juegos. || En ciertos deportes, gol. || *Com.* Cantidad que se estipula respecto de otra: *un tanto por ciento.* (SINÓN. V. *Comisión.*) || — Pl. Número que no se quiere o sabe expresar: *vinieron veinte y tantos hombres.* || — Adv. m. y c. De tal modo: *no trabajes tanto.* || *Tanto como,* m. adv., lo mismo que. || *Arg. Tanto más,* más aún. || *Con tanto que,* con tal que. || *Algún tanto,* un poco. || *Al tanto,* m. adv,. por el mismo precio. Con tal motivo: *se lo dije al tanto de lo que me contaba.* Al corriente: *estar al tanto del asunto.* || *En tanto* o *entre tanto,* m. adv., mientras. || *Por lo tanto,* m. adv., por consiguiente. || *Por tanto,* m. adv., por consiguiente. || *Las tantas,* hora muy avanzada del día o de la noche.
TÁNTUM ERGO m. Estrofa del himno *Pange lingua* que suele cantarse antes de la bendición del Santísimo Sacramento.
TANZA f. Sedal que se pone a la caña de pescar.
TAÑEDOR, RA adj. Que tañe un instrumento.
TAÑER v. t. (lat. *tangere*). Tocar un instrumento músico. (SINÓN. V. *Sonar.*) || — IRREG. Pret. indef.: *tañí, tañiste, tañó, tañimos, tañisteis, tañeron;* imperf. subj.: *tañera, tañeras,* etc.; *tañese, tañeses,* etc.; fut. subj.: *tañere, tañeres,* etc.; p. p. *tañido;* ger.: *tañendo.*
TAÑIDO m. El sonido de cualquier instrumento.
TAÑIMIENTO m. Acción y efecto de tañer.
TAO m. (de *tau,* letra griega). Insignia de figura de T usada por los comendadores de la orden de San Antonio y los miembros de la de San Juan.
TAOÍSMO m. Religión popular de China.
TAOÍSTA adj. y s. Sectario del taoísmo.
TAPA f. Pieza que cubre y cierra una caja, vasija, etc. || Cubierta de un libro encuadernado. || Capa de suela que se pone al tacón del calzado. || Bocado con que se suele acompañar las bebidas: *una tapa de salchichón.* || Carne del medio de la pata trasera. || *Col.* Compuerta de presa o estanque. || *Col.* y *Chil.* Tapadera, tapón. || *Bol.* Colmena de avispa cartonera. || *Fil.* Cecina, tasajo. || *Fam. La tapa de los sesos,* el cráneo.
TAPA f. *Hond.* Datura, estramonio.
TAPABALAZO m. *Mar.* Tapón de estopa, usado en los barcos para cerrar los agujeros que abren las balas. || *Col.* y *Méx.* La portañuela del pantalón.
TAPABARRO m. *Chil.* y *Per.* Guardabarros.
TAPABOCA m. Golpe que se da en la boca. || Bufanda, abrigo para la boca. || *Fig.* y *fam.* Cosa con que se obliga a uno a que se calle.
TAPABOCAS m. Tapaboca, bufanda. || Taco cilíndrico de madera para cerrar el ánima de las piezas de artillería.
TAPACAMINO m. *Arg.* Especie de chotacabras.
TAPACETE m. Toldo que cubre la carroza o la escotilla de un buque. || *Col.* Cortina que se suele poner delante del carruaje.

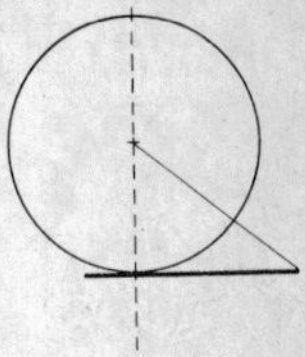
tangente

tántalo

tantán africano

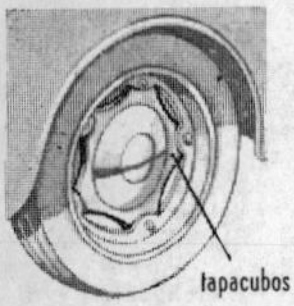

tapacubos

tapir

TAPACUBOS m. Tapa metálica que se pone para cubrir el buje de la rueda.
TAPACULO m. Nombre dado al escaramujo y otros frutos por alusión a lo astringente del fruto. ‖ Pez parecido al lenguado.
TAPACHULTECO, CA adj. y s. De Tapachula (México).
TAPADA f. Mujer que se tapa el rostro con el manto. ‖ *Méx.* Desmentida, mentís: *dar una tapada.*
TAPADERA f. Cobertura de una vasija, caja. ‖ *Fig.* Persona que encubre a alguien o disimula algo.
TAPADERO m. Instrumento que sirve para tapar. ‖ Tapón, tapadera, cobertera.
TAPADILLO m. Acción de taparse el rostro las mujeres con el manto. ‖ *Mús.* Un registro del órgano. ‖ *Fam.* Tapujo, cosa oculta: *andar con tapadillos.* ‖ *De tapadillo,* a escondidas. (SINÓN. V. *Secretamente.*)
TAPADIZO m. Cobertizo.
TAPADO adj. *Arg.* Dícese del caballo sin mancha en su capa. ‖ *Col.* Torpe, escaso de ingenio. ‖ — M. *Col.* Barbacoa, asado hecho en un agujero. ‖ *Amer.* Entierro, tesoro oculto. ‖ *Amer.* Abrigo de mujer.
TAPADOR, RA adj. y s. Dícese del que tapa o cubre. ‖ — M. Tapadera, cobertera.
TAPADURA f. Tapamiento, la acción de tapar.
TAPAFUNDA f. Cubierta que cierra la boca de las pistoleras. ‖ *Col.* Cubierta de la silla de montar.
TAPAGUJEROS m. *Fig.* y *fam.* Albañil malo. ‖ *Fig.* y *fam.* Sustituto para cualquier faena.
TAPALCATE m. *Guat. Fam.* Trasto, chisme.
TAPALCÚA f. *Guat.* Género de batracios ápodos americanos.
TÁPALO m. *Méx.* Chal, mantón con que se tapan el rostro las mujeres.
TAPAMIENTO m. Acción de tapar.
TAPANCA f. *Ecuad.* y *Per.* Gualdrapa.
TAPANCO m. *Filip.* Toldo de caña de las bancas.
TAPAOJO m. *Col.* y *Venez.* Quita y pon. ‖ *Fig.* Engaño. ‖ *Col.* Anteojera de las caballerías.
TAPAR v. t. Cerrar lo que está abierto. (SINÓN. *Atajar, calafatear, cejar, cerrar, interceptar, obstruir, obturar, taponar, vallar.*) ‖ Cubrir, abrigar. ‖ *Chil.* Empastar las muelas. ‖ *Fig.* Esconder, disimular, encubrir: *tapar a un delincuente.*
TAPARA f. Fruto del taparo, especie de calabaza. ‖ *Fig.* y *fam. Venez. Vaciarse uno como una tapara,* decir todo la que sabe una persona.
TÁPARA f. (lat. *capparis*). Alcaparra.
TAPARO m. *Amer.* Árbol semejante a la güira.
TAPARRABO m. Pedazo de tela con que se cubren ciertos salvajes las partes pudendas. ‖ Calzón corto que cubre sólo la región pelviana y que se usa, generalmente, como traje de baño.
TAPATE m. *C. Rica.* Datura, planta. (SINÓN. *Tapa.*)
TAPATÍO, TÍA adj. y s. *Méx.* De Guadalajara (México).
TAPAYAGÜE f. *Hond.* y **TAPAYAGUA** f. *Salv.* Lluvia corta y menuda, cernidillo, calabobos.
TAPE m. *Arg.* Indio guaraní.
TAPEGUA f. *Hond.* Trampa o armadijo de caza.
TAPERA f. *Riopl.* Ruinas de casa abandonada.
TAPERUJARSE v. r. *Fam.* Taparse, arrebujarse o envolverse las mujeres con el manto.
TAPERUJO m. *Fam.* Tapón tosco o mal colocado. ‖ Modo desaliñado de taparse o embozarse.
TAPESCO m. *Méx.* y *Amér. C.* Cama tosca de madera o de carrizo colocada sobre cuatro palos.
TAPESTE m. *Salv.* Tapesco o estera de cañas.
TAPETE m. (lat. *tapete*). Alfombra pequeña. ‖ Paño que se pone por adorno encima de un mueble. ‖ *Tapete verde,* mesa de juego. ‖ *Fig. Estar una cosa sobre el tapete,* estar en discusión.
TAPETÍ m. Un lepórido de Argentina y Brasil.
TAPIA f. Pared de tierra apisonada en una horma. ‖ Cerca: *una tapia de piedra.* (SINÓN. V. *Pared.*) ‖ *Fig.* y *fam. Más sordo que una tapia,* muy sordo.
TAPIADOR m. Obrero que fabrica las tapias.
TAPIAL m. Molde de tablas que sirve para hacer las tapias. ‖ Tapia o pared.
TAPIALAR v. t. *Ecuad.* Tapiar.
TAPIAR v. t. Cerrar algo con tapias: *tapiar una heredad.* ‖ *Fig.* Cerrar, tapar: *tapiar la puerta.*
TAPICERÍA f. Juego de tapices. ‖ Local donde se guardan tapices. ‖ Arte o tienda del tapicero.
TAPICERO m. Oficial que teje tapices. ‖ El que tiene por oficio poner alfombras y cortinajes, guarnecer muebles, etc.
TAPIERÍA f. Conjunto de tapias de una heredad.
TAPIERO m. *Col.* El obrero que hace las tapias.
TAPÍN m. Clavija de bronce que se usaba antiguamente para tapar el polvorín de los cañones.
TAPIOCA f. Nombre comercial de la fécula blanca que se saca de la raíz de la mandioca y sirve para hacer sopas. ‖ Sopa así preparada.
TAPIR m. Mamífero perisodáctilo de Asia y América del Sur, que tiene el hocico alargado en forma de trompa (2 m de largo).
TAPIRUJARSE v. r. *Fam.* Taperujarse.
TAPIS m. Faja ancha de las indias filipinas.
TAPISCA f. *Amér. C.* y *Méx.* Recolección del maíz, llamada *chapisca* en Costa Rica.
TAPISCAR v. t. *Amér. C.* Cosechar el maíz.
TAPIZ m. (lat. *tapes, tapetis*). Paño tejido de lana o seda, con figuras, flores, etc., con que se cubren las paredes: *un tapiz de Persia.* (SINÓN. V. *Cortina.*) ‖ Alfombra.
TAPIZAR v. t. Adornar una habitación con tapices, entapizar. ‖ *Fig.* Cubrir, alfombrar. ‖ Forrar cualquier superficie.
TAPÓN m. Pieza con que se tapan las botellas, frascos y otras vasijas: *un tapón de corcho.* ‖ *Cir.* Masa de hilas o algodón en rama que se usa para limpiar una herida u obstruir un conducto. ‖ *Fam. Tapón de alberca,* gordinflón.
TAPONAMIENTO m. Acción de taponar.
TAPONAR v. t. Cerrar con tapones una herida. ‖ Obstruir. (SINÓN. V. *Tapar.*)
TAPONAZO m. Golpe que da el tapón de una botella al destaparse con alguna violencia, y estruendo que produce.
TAPONERÍA f. La fábrica o tienda de tapones.
TAPONERO, RA adj. Relativo a la taponería: *la industria taponera.* ‖ — M. y f. Persona que fabrica o vende tapones.
TAPSIA f. (lat. *thapsia*). Planta de la familia de las umbelíferas, usada como revulsivo.
TAPUCHO, CHA adj. *Chil.* Rabón, reculo.
TAPUJARSE v. r. Taparse de rebozo la mujer.
TAPUJO m. Embozo con que se tapa una persona para no ser conocida. ‖ *Fig.* y *fam.* Disimulo con que se disfraza la verdad.
TAPUJÓN, ONA adj. Que gasta tapujos.
TAPUYA adj. y s. Dícese de los individuos de una tribu indígena que habitaba en el Brasil.
TAQUE m. Ruido que hace la puerta al cerrarse.
TAQUÉ m. *Mec.* Vástago que transmite la acción del árbol de levas a las válvulas de un motor.
TAQUEAR v. t. *Amer.* Apretar el taco un arma de fuego. ‖ *Fig.* Atestar, atiborrar, llenar mucho. ‖ — V. i. *Arg.* y *Chil.* Taconear.
TAQUERA f. El estante para los tacos de billar.
TAQUIA f. *Bol.* La bosta de llama que se usa en las mesetas de los Andes como combustible.
TAQUICARDIA f. *Med.* Ritmo excesivo de los latidos del corazón.
TAQUIGRAFÍA f. Arte de escribir con la misma velocidad que la palabra. (SINÓN. *Estenografía.*)
TAQUIGRAFIAR v. t. Escribir en taquigrafía.
TAQUIGRÁFICO, CA adj. Relativo o perteneciente a la taquigrafía: *un resumen taquigráfico.*
TAQUÍGRAFO m. (del gr. *takhys,* pronto, y *graphein,* escribir). El que sabe la taquigrafía o la practica.
TAQUILLA f. Papelera, armario de oficina. ‖ Despacho donde se venden billetes de teatro, ferrocarril, etc. ‖ Cantidad recaudada. ‖ *Ecuad.* Estaquilla, clavillo pequeño. ‖ *C. Rica.* Taberna.
TAQUILLERO, RA m. y f. El que vende billetes de teatro o ferrocarril en la taquilla. ‖ — Adj. *Fig.* Dícese del artista o espectáculo que atrae gran masa de público.
TAQUILLO m. *Méx.* Barquillo, especie de dulce.
TAQUIMECA f. *Fam.* Taquimecanógrafa.
TAQUIMECANÓGRAFO, FA m. y f. Persona que conoce la taquigrafía y la mecanografía.
TAQUIMETRÍA f. (del lat. *takhys,* rápido, y *metron,* medida). Arte de levantar planos por medio de taquímetros.

Fot. X

TAQUÍMETRO m. Instrumento que mide ángulos y distancias y sirve para levantar planos. || Contador de velocidad, velocímetro.
TARA f. Peso que se rebaja en las mercancías por motivo de los embalajes, vehículo o cosa semejante en que están incluidas. || Galicismo por *defecto*.
TARA f. Palito en que señalan con rayas ciertas cuentas las personas que no saben escribir, tarja.
TARA f. *Venez.* Langostón, insecto ortóptero. || *Col.* Una culebra venenosa. || *Chil.* y *Per.* Arbusto tintóreo.
TARABA f. *Col.* Estribera.
TARABILLA f. Cítola del molino. || Taruguillo de madera que sirve para cerrar las puertas y ventanas. || Listón que mantiene tirante el cordel de la sierra. || *Fig.* y *fam.* Persona que habla mucho y sin reflexión. || Copia de palabras sin sentido. || *Sal.* Carraca. || *Amer.* Bramadera.
TARABITA f. El clavillo de la hebilla para apretar la cincha. || *Amér. Merid.* Cuerda atada a dos árboles en diferentes orillas del río, por la cual corre la oroya.
TARACEA f. Obra de incrustaciones. (SINÓN. *Marquetería.*)
TARACEAR v. t. Adornar alguna cosa con taraceas: *taracear una mesa.*
TARADO, DA adj. Que presenta alguna tara.
TARAGALLO m. Trangallo.
TARAJALLO adj. y s. Grandullón.
TARAJE m. Taray, arbusto tamaricáceo.
TARAMBA f. *Hond.* Instrumento músico con cuerda de alambre.
TARAMBANA com. *Fam.* Persona loca y tonta.
TARANDO m. (lat. *tarandus*). Reno, mamífero.
TARÁNGANA f. Especie de morcilla.
TARANTA f. Cierto baile. || *Amer.* Repente, locura. || Desmayo.
TARANTANEO m. Ruido persistente.
TARANTELA f. (ital. *tarantella*). Baile italiano de movimiento muy vivo. || Su música.
TARANTÍN m. *Amér. C.* Trasto o chisme viejo. || *Cub.* Trasto que se tiene colgado en alto.
TARÁNTULA f. (ital. *tarantola*). Nombre vulgar de una araña muy grande, común en los alrededores de Tarento. (Creíase en otro tiempo que producía su picadura grave melancolía, que sólo se disipaba agitándose mucho.) || *Fig.* y *fam.* *Picado de la tarántula*, que adolece de algún defecto físico o moral.
TARAPAQUEÑO, ÑA adj. y s. De Tarapacá (Chile).
TARAPÉ m. Taropé.
TARAR v. t. Señalar la tara, determinar el peso que ha de rebajarse en el transporte de mercancías por razón de la vasija, saco o embalaje en que éstas están contenidas para obtener así el peso neto.
TARARÁ m. Onomatopeya del sonido de la trompeta.
TARAREAR v. t. Canturrear entre dientes. (SINÓN. V. *Cantar.*)
TARAREO m. Acción de tararear, canturreo.
TARARIRA f. *Fam.* Chanza, bulla alegre. || *Arg. Vulg.* El puñal gauchesco. || Pez de la Argentina y el Brasil. || — Com. *Fam.* Botarate, persona alborotadora.
TARASCA f. (fr. *tarasque*). Figura de dragón monstruoso que se sacaba en algunas poblaciones en la procesión del Corpus. (SINÓN. V. *Espantajo.*) || *Fig.* y *fam.* Mujer fea y perversa. || *Chil.* y *C. Rica.* Boca muy grande. || *Arg.* Especie de pandorga o cometa cuadrangular.
TARASCADA f. Mordedura, bocado, arañazo: *dar una tarascada.* || *Fig.* y *fam.* Respuesta áspera o grosera.
TARASCAR v. t. Morder. || *Arg. Vulg.* Agarrarse.
TARASCÓN m. Tarasca. || *Arg.* Tarascada, bocado.
TARASCONA f. Tarasca.
TARATÁNTARA m. Tarará.
TARAY m. Arbusto de la familia de las tamaricáceas, común en las orillas de los ríos.
TARAYAL m. Sitio poblado de tarayes o tamariscos.
TARAZA f. Broma, molusco.
TARAZANA f. y **TARAZANAL** m. Atarazana.
TARAZAR v. t. Atarazar, morder, tirar bocados. || *Fig.* Molestar, mortificar a una persona.
TARAZÓN m. Trozo, tajada: *arrancar un tarazón.* || — PARÓN. *Torozón.*
TARCO m. *Arg.* Árbol saxifragáceo cuya madera se usa en ebanistería.
TARDADOR, RA adj. y s. Que tarda.
TARDANZA f. Detención, retraso: *tardanza inexcusable.* (SINÓN. V. *Demora.*)
TARDAR v. i. (lat. *tardare*). Emplear mucho tiempo en una cosa: *tardó una hora en acabar su trabajo.* || No llegar a tiempo: *ha tardado mucho el tren.*
TARDE f. Tiempo que transcurre desde mediodía hasta el anochecer. || — Adv. t. A una hora avanzada del día o de la noche: *levantarse, acostarse tarde.* || Fuera de tiempo: *llegó tarde el médico.* || *Buenas tardes*, saludo que se emplea por la tarde. || *De tarde en tarde*, m. adv., de cuando en cuando.
TARDECER v. i. Caer la tarde, anochecer, atardecer. || — IRREG. Se conjuga como *merecer;* es verbo unipersonal.
TARDÍAMENTE adv. t. Tarde.
TARDÍGRADO, DA adj. *Zool.* Dícese de los animales que caminan con lentitud.
TARDÍO, A adj. Que madura algo después de lo regular: *patatas tardías.* || Que tarda mucho: *ser muy tardío en el andar.* (SINÓN. V. *Lento.*) || Que sucede después del tiempo conveniente: *intervención tardía.* || Pausado, lento.
TARDÍSIMO adv. t. Muy tarde.
TARDO, DA adj. (lat. *tardus*). Lento, pesado. || Que sucede después del tiempo oportuno. || Torpe, que no comprende fácilmente. (SINÓN. V. *Tonto.*)
TARDÓN, ONA adj. y s. *Fam.* Que tarda mucho, perezoso. (SINÓN. V. *Lento.*) || *Fam.* Que comprende con suma dificultad.
TAREA f. Obra. (SINÓN. V. *Trabajo.*) || Trabajo que ha de hacerse en tiempo determinado. || *Fig.* Afán, capricho: *siempre estás con la misma tarea.*
TARECO m. *Amer.* Trasto, cachivache, chisme.
TARGUI adj. y s. V. TUAREG.
TARGUM m. Libro judío que contiene las glosas caldeas en la Sagrada Escritura.
TARIFA f. Tabla o catálogo de precios, derechos o impuestos: *aplicar una tarifa muy elevada.*
TARIFAR v. t. Aplicar una tarifa.
TARIJEÑO, ÑA adj. y s. De Tarija (Bolivia).
TARIMA f. Entablado, estrado o suelo movible.
TARIMADOR m. El obrero que hace tarimas.
TARIMÓN m. Tarima grande.
TARJA f. (lat. *targia*). Escudo grande. || Antigua moneda de vellón que equivalía a un cuartillo de real de plata. || Tablita que sirve de contraseña. || Vara partida en dos que se usa en algunas partes para apuntar lo que se vende fiado, haciendo una muesca en ambas mitades y llevándose una el comprador y otra el vendedor. || *Fam.* Golpe, azote. || *Arg.* y *Chil.* Tarjeta.
TARJADOR, RA m. y f. Persona que tarja.
TARJAR v. t. Señalar en la tarja lo que se vende fiado. || *Chil.* Rayar o tachar lo escrito.
TARJERO, RA m. y f. Tarjador.
TARJETA f. Pedazo de cartulina rectangular con el nombre y dirección de una persona, con una invitación o con cualquier aviso impreso o manuscrito: *tarjeta de visita.* || Adorno plano, sobrepuesto a un miembro arquitectónico, que lleva inscripciones. || Membrete de los mapas. || *Tarjetas perforadas*, tarjetas o fichas de cartulina con agujeros en puntos determinados que indican un dato o información y que se emplean en máquinas especiales de clasificación. || *Tarjeta postal*, cartulina, generalmente ilustrada por una cara, que se emplea como carta sin sobre: *las tarjetas postales tienen un franqueo reducido.*
TARJETEARSE v. rec. *Fam.* Escribirse tarjetas.
TARJETEO m. Uso frecuente de tarjetas.
TARJETERA f. *Amer.* Tarjetero.
TARJETERO m. Cartera para llevar tarjetas.
TARJETÓN m. Tarjeta grande.
TARLATÁN m. *Venez.* Tarlatana, tela.
TARLATANA f. (fr. *tarlatane*). Cierta tela de algodón muy ligera y muy rala.

tarántula

tartana

tatú

TARMEÑO, ÑA adj. y s. De Tarma (Perú).
TAROPÉ m. *Zool.* Planta acuática, especie de nenúfar de hojas grandes.
TARPÁN m. Caballo silvestre de Asia.
TARQUÍN m. Légamo, cieno, barro espeso.
TARQUINO, NA adj. y s. *Arg.* Dícese del animal vacuno de raza fina.
TARRABASQUIÑA f. *Venez.* Rabieta o cólera.
TARRACONENSE adj. y s. (lat. *tarraconensis*). De Tarragona. ‖ De la provincia romana del mismo nombre: *la España tarraconense.*
TÁRRAGA f. Cierto baile español del s. XVII.
TARRAJA f. *Mec.* Terraja. ‖ *Venez.* Tira de cuero en la que los ganaderos llevan las cuentas.
TARRAJAZO m. *Ecuad.* Desgracia inesperada.
TARRALÍ f. *Col.* Planta trepadora silvestre.
TARREÑAS f. pl. Especie de castañuelas.
TARRICO m. Caramillo, planta.
TARRO m. (del lat. *terreus,* térreo). Vasija de barro o vidrio de forma cilíndrica: *tarro de dulce.* ‖ *Arg.* Vasija de lata. ‖ *Cub.* Cuerno.
TARSANA f. *Per.* Corteza de quillay.
TARSECTOMÍA f. Ablación quirúrgica de los huesos del tarso.
TARSIO m. Mamífero arborícola nocturno e insectívoro de Indonesia.
TARSO m. (gr. *tarsos*). *Anat.* Parte posterior del pie que se articula con la pierna. (V. la lámina HOMBRE.) ‖ *Zool.* Parte de las patas de las aves que corresponde al tarso humano. ‖ *Zool.* Corvejón de los cuadrúpedos.
TARTA f. Pastel compuesto de una masa plana y fina cubierta de nata, frutas cocidas, etc.
TÁRTAGO m. Planta de la familia de las euforbiáceas cuyas semillas tienen virtud purgante y emética. ‖ *Fig.* y *fam.* Suceso infeliz. ‖ *Fig.* y *fam.* Broma pesada: *dar el tártago.*
TARTAJEAR v. i. Articular mal al hablar. (SINÓN. V. *Balbucir.*)
TARTAJEO m. Acción de tartajear.
TARTAJOSO, SA adj. y s. Que tartajea mucho.
TARTALEAR v. i. *Fam.* Moverse trémulamente y sin orden. ‖ *Fam.* Turbarse al hablar.
TARTAMUDEAR v. i. Pronunciar con trabajo y repitiendo las sílabas de las palabras. (SINÓN. V. *Balbucir.*)
TARTAMUDEO m. La acción de tartamudear.
TARTAMUDEZ f. Defecto del tartamudo.
TARTAMUDO, DA adj. y s. El que tartamudea.
TARTÁN m. (ingl. *tartan*). Especie de tela de lana con cuadros de varios colores.
TARTÁN m. (n. registrado). Conglomerado de amianto, caucho y materias plásticas, inalterable a la acción del agua, con el que se revisten las pistas de atletismo.
TARTANA f. (ital. *tartana*). Embarcación menor usada en el Mediterráneo para la pesca y el cabotaje. ‖ Coche de dos ruedas con toldo y asientos laterales.
TARTÁREO, A adj. *Poét.* Infernal, diabólico.
TARTÁRICO, CA adj. Tártrico.
TARTARIZAR v. t. Hacer un preparado con tártaro.
TÁRTARO m. Tartrato de potasio impuro que se deposita en los toneles. ‖ Sarro que crían los dientes. ‖ *Venez.* Tártago.
TÁRTARO m. (lat. *Tartarus*). *Poét.* El infierno.
TÁRTARO, RA adj. y s. De Tartaria.
TARTAROSO, SA adj. Que contiene tártaro.
TARTERA f. Tortera, vasija. ‖ Fiambrera.
TARTRATO m. *Quím.* Sal del ácido tártrico.
TÁRTRICO, CA adj. *Quím.* Dícese del ácido que se extrae del tártaro.
TARTUFO m. (de *Tartufo,* personaje de una comedia de Molière). Hipócrita o santurrón.
TARUGA f. Mamífero rumiante de América del Sur, del mismo género que la vicuña.
TARUGADA f. *Méx.* Acción propia de un tarugo. ‖ *Méx. De tarugada,* de casualidad.
TARUGO m. Clavija gruesa de madera. ‖ Zoquete. (SINÓN. V. *Estúpido.*) ‖ *Cub.* Sobresalto.
TARUMÁ m. *Riopl.* Árbol verbenáceo que produce un fruto oleoso.
TARUMBA (Volver) loc. fam. Atolondrar.
TAS m. (fr. *tas*). Yunque pequeño de plateros, grabadores, repujadores. ‖ — PARÓN. *Taz.*
TASA f. Acción y efecto de tasar. ‖ Documento en que se indica la tasa. ‖ Precio puesto oficialmente a ciertas cosas vendibles. (SINÓN. V. *Impuesto.*) ‖ Medida, norma. ‖ — PARÓN. *Taza.*
TASACIÓN f. (lat. *taxatio*). Tasa, evaluación.
TASADAMENTE adv. m. Con tasa o medida. ‖ *Fig.* De un modo limitado.
TASADOR, RA adj. y s. Que tasa. ‖ — M. El que ejerce el oficio público de tasar o fijar precio.
TASAJEAR v. t. *Amer.* Atasajar.
TASAJERA f. *Cub.* Sitio donde se guarda tasajo.
TASAJO m. Pedazo de carne seca que se conserva. ‖ Pedazo de carne. ‖ *Col.* Hombre alto y flaco.
TASAJUDO, DA adj. *Amer.* Muy alto y flaco.
TASAR v. t. (lat. *taxare*). Poner tasa o precio a una cosa. ‖ Valuar, estimar: *tasar un trabajo.* ‖ *Fig.* Regular, medir: *tasarle a un enfermo la comida.* ‖ *Fig.* Reducir una cosa: *tasarle a uno la libertad.*
TASCA f. *Fam.* Riña. ‖ *Germ.* Casa. ‖ *Pop.* Taberna. ‖ Garito, casa de juego. ‖ *Per.* Oleaje.
TASCAR v. t. Espadar el cáñamo. ‖ *Fig.* Quebrantar con ruido la hierba las bestias al pacer. ‖ *Fig. Tascar el freno,* resistir con impaciencia una sujeción. ‖ *Ecuad.* Mascar, mascullar, ronzar.
TASCO m. Hebra de estopa.
TASI m. *Arg.* Especie de enredadera. ‖ Rodete para cargar bultos en la cabeza.
TASMANIO, IA adj. y s. De Tasmania.
TASQUERA f. *Fam.* Pendencia, disputa.
TASQUIL m. Fragmento que salta de la piedra.
TASTAZ m. Polvo de crisoles viejos empleado para limpiar azófar y otros metales.
TASTILLO m. Gustillo de un vino o manjar.
TASTO m. (del ital. *tasto,* gusto). Sabor desagradable de las viandas cuando están pasadas.
TASUGO m. Nombre vulgar del *tejón.*
TATA f. Nombre infantil de la *niñera.* ‖ — M. *Amer. Fam.* Papá.
TATABRA y **TATABRO** m. *Col.* Pécari.
TATAGUA f. *Cub.* Bella mariposa nocturna.
TATAIBÁ m. *Arg.* Especie de moral silvestre.
TATARABUELO, LA m. y f. Tercer abuelo.
TATARADEUDO, DA m. y f. Pariente antiguo.
TATARANIETO, TA m. y f. Tercer nieto.
TATARÉ m. Árbol paraguayo de madera recia.
TÁTARO, RA adj. y s. Tártaro.
TATAS f. pl. *Fam. Andar a tatas,* empezar a caminar el niño y también andar a gatas.
¡TATE! interj. (aféresis de *estate*). ¡Detente! ¡Poco a poco! Denota además haber caído uno en la cuenta de algo.
TATEMAR v. t. *Méx.* Asar raíces o frutas.
TATETÍ m. *Arg.* Tres en raya, juego.
TATITO m. *Per.* y *Bol. Fam.* Tata, papá, padre.
TATO m. *Fam.* Hermano pequeño.
TATO, TA adj. Dícese del tartamudo que convierte la *c* y la *s* en *t.*
TATOLE m. *Méx. Fam.* Convenio, conspiración.
TATÚ m. Mamífero de la América tropical, con el cuerpo cubierto de placas córneas y que se enrolla en bola. (Long. 30 cm, sin la cola; orden de los desdentados.) ‖ *Arg.* Nombre con que se designan diversas especies de armadillo.
TATUAJE m. Acción de tatuar. ‖ Dibujo tatuado: *un tatuaje muy complicado.*
TATUAR v. t. (ingl. *tattow,* sacado de la lengua de Tahití). Imprimir en la piel humana dibujos indelebles hechos con una aguja y una materia colorante o quemados con pólvora: *tatuarse una figura en el brazo.*
TATUSA f. *Arg.* Mujercilla, mujerzuela.
TAU f. (gr. *tau*). Decimonovena letra del alfabeto griego, que corresponde a nuestra *te.* ‖ Tao, insignia.
TAUJÍA f. (ár. *tauxia*). Ataujía.
TAUMATURGIA f. Arte de hacer prodigios.
TAUMATURGO, GA m. y f. (del gr. *thauma, atos,* maravilla, y *ergon,* obra). Persona admirable en sus obras y que realiza hechos prodigiosos: *San Gregorio Taumaturgo.* (SINÓN. V. *Adivino.*)
TAURINO, NA adj. (lat. *taurinus*). Relativo o perteneciente al toro o a los toros: *revista taurina.*
TAURÓFILO, LA adj. Aficionado a las corridas de toros.
TAURÓMACO, CA adj. Tauromáquico.

Fot. Game Fish and Oyster Commission

AUROMAQUIA

paseillo

tercio de varas

capa : media verónica

tercio de banderillas

pase de muleta : derechazo

pase de pecho

estocada

descabello

arrastre

TAUROMAQUIA f. El arte de lidiar los toros.

TAUROMÁQUICO, CA adj. Relativo o perteneciente a la tauromaquia.

TAUTOLOGÍA f. (del gr. *tauto*, el mismo, y *logos*, discurso). *Ret.* Repetición inútil de un mismo pensamiento en distintos términos. (SINÓN. *Pleonasmo.*)

TAUTOLÓGICO, CA adj. Relativo a la tautología o que la contiene: *una expresión tautológica.*

TAXÁCEAS f. pl. *Bot.* División de las coníferas, que tiene por tipo el género *tejo.*

TAXATIVO, VA adj. *For.* Que limita y reduce un caso a determinadas circunstancias.

TAXI m. Coche de alquiler con un taxímetro.

TAXIDERMIA f. (del gr. *taxis*, colocación, arreglo, y *dermis*, piel). Arte de disecar animales.

TAXIDERMISTA m. Disecador.

TAXÍMETRO m. (del gr. *taxis*, tasa, y *metron*, medida). Aparato que registra la distancia recorrida por un vehículo y el precio devengado. ‖ Coche que lo lleva.

TAXISTA m. y f. Conductor de taxi.

TAXONOMÍA f. (del gr. *taxis*, orden, y *nomos*, ley). Ciencia de la clasificación en historia natural.

TAXONÓMICO, CA adj. Perteneciente o relativo a la taxonomía.

TAYA f. *Col.* Una culebra venenosa americana.

TAYLORISMO o **TAYLORIZACIÓN** f. Organización metódica del trabajo conforme a los principios establecidos por Taylor.

TAYÚ m. Un árbol de Chile.

TAYUYÁ f. *Arg.* Cucurbitácea medicinal.

TAZ A TAZ m. adv. Dícese del cambio o trueque hecho sin añadir precio alguno a una de las cosas. ‖ *Taz con taz*, iguales, parejos.

TAZA f. (ár. *taça*). Vasija pequeña con asa, que sirve para beber. ‖ Recipiente de las fuentes. ‖ Recipiente de un retrete. ‖ Pieza cóncava que forma parte de la guarnición de las espadas. ‖ *Chil.* Palangana, jofaina. ‖ — PARÓN. *Tasa.*

TAZARSE v. r. Rozarse y romperse algo la ropa.

TAZMÍA f. Grano que llevaba al acervo decimal cada cosechero. ‖ Repartición de los diezmos.

TAZOL m. *Amér. C.* El tlazole del maíz.

TAZÓN m. Taza grande y comúnmente sin asa.

Tb, símbolo químico del *terbio.*

Tc, símbolo químico del *tecnecio.*

Te, símbolo químico del *telurio.*

Fot. G.-Pelayo, Cano, doc. Marty, X

TE f. Nombre de la letra *t.* ‖ Regla de dibujo en forma de T.
TE, dativo o acusativo del pron. personal de 2.ª pers. en ambos gén. y núm. sing.: *te doy.*
TÉ m. (del chino *tscha*). Arbusto de China. ‖ Hoja seca de dicho arbusto. ‖ Infusión de hojas de té. ‖ Reunión por la tarde en la que se suele servir té. ‖ *Fam.* Dar el té, importunar.
— El *te*, originario de China, es un arbusto teáceo de hojas alternas, lanceoladas. Los principales países productores son China, la India, Ceilán, Cochinchina y las islas de la Sonda. Se da el nombre de *té del Paraguay* o *de los jesuitas* al mate, y de *té de México* al pazote.

té

TEA f. (lat. *taeda*). Raja de madera resinosa, que sirve para alumbrar. ‖ *Mar.* Cable para suspender el ancla.
TEÁCEAS f. pl. *Bot.* Familia de plantas angiospermas dicotiledóneas, siempre verdes, como el té y la camelia.
TEAM m. (pal. ingl., pr. *tim*). Equipo.
TEATINO m. Miembro de una orden religiosa fundada en 1524 por San Cayetano y Pedro Caraffa: *los teatinos se dedicaban a ayudar a bien morir a los condenados.* (V. *Parte hist.*)
TEATRAL adj. (lat. *theatralis*). Perteneciente o relativo al teatro: *acción teatral.* ‖ Amplificado, exagerado: *adoptar una actitud teatral.*
TEATRALIDAD f. Carácter teatral.
TEATRALMENTE adv. m. De un modo teatral.
TEATRO m. (gr. *theatron*). Lugar o edificio donde se representan obras dramáticas o se ejecutan espectáculos. (SINÓN. *Candilejas, coliseo, escenario, tablado, tablas.*) ‖ Profesión de cómico: *dedicarse al teatro.* ‖ Arte de componer obras dramáticas: *las reglas del teatro.* ‖ Colección de las obras dramáticas de un país o de un autor: *el teatro de Calderón.* ‖ Lugar donde ocurre una cosa: *el teatro de la guerra.* ‖ *Teatro de operaciones,* zona donde se desarrollan las operaciones militares. ‖ *Fig.* y *fam. Tener mucho teatro,* tener cuento.
TEBAICO, CA adj. Perteneciente a Tebas, ciudad de Egipto antiguo. ‖ *Farm. Extracto tebaico,* extracto de opio.
TEBAIDA f. Desierto, soledad.
TEBANO, NA adj. y s. De Tebas.
TEBEO m. Publicación infantil ilustrada.
TECA f. Árbol de la familia de las verbenáceas, originario de la India, cuya madera se emplea para construcciones navales. ‖ *Chil.* Cereal desconocido que cultivaban los mapuches.
TECA f. (del gr. *thèkê*, cofre). *Bot.* Celdilla en cuyo interior se forman las esporas de ciertos hongos.
TECALI m. *Méx.* Alabastro de Tecali.
TECLA f. (del lat. *tegula*, tejuela). Cada una de las piezas que se tocan con los dedos para hacer sonar un aparato músico o hacer funcionar otros aparatos. ‖ *Fig.* Materia delicada.
TECLADO m. Conjunto de las teclas de un instrumento: *el teclado de una máquina de escribir, de un piano.*
TECLE m. *Mar.* Aparejo con un solo motón. ‖ — Adj. *Chil.* Enclenque, trémulo.
TECLEAR v. i. Tocar las teclas. ‖ *Fig.* y *fam.* Mover los dedos como si se estuviera tocando teclas. ‖ Tocar torpemente el piano. ‖ *Chil.* Estar dando las boqueadas. ‖ — V. t. *Fig.* y *fam.* Intentar varios medios para conseguir un fin: *teclear bien un asunto.*
TECLEÑO, ÑA adj. y s. De Santa Tecla (El Salvador).
TECLEO m. Acción de teclear: *tecleo inseguro.*
TECNECIO m. Elemento químico (Tc), de número atómico 43, obtenido artificialmente. (SINÓN. *Masurio.*)
TÉCNICA f. Conjunto de procedimientos de un arte o ciencia: *estudiar la técnica musical.* ‖ Habilidad para usar de esos procedimientos. (SINÓN. V. *Método.*)
TÉCNICAMENTE adv. m. De un modo técnico.
TECNICIDAD f. Carácter técnico de una cosa.
TECNICISMO m. Calidad de técnico. ‖ Vocabulario técnico de un arte, ciencia u oficio. ‖ Voz técnica.
TÉCNICO, CA adj. (gr. *tekhnikos*, de *tekhnê*, arte). Que pertenece a una ciencia o arte: *voz técnica.* ‖ Que prepara para la carrera de técnico: *escuela técnica.* ‖ — M. Especialista. (SINÓN. *Perito.*)
TECNICOLOR m. Nombre comercial con que se designa un procedimiento de cinematografía en color.
TECNOCRACIA f. Gobierno en que domina la influencia de los técnicos, los especialistas.
TECNOLOGÍA f. Ciencia de las artes y oficios en general. ‖ Conjunto de los términos técnicos de un arte o ciencia: *cada ciencia tiene su tecnología.* ‖ Medios y procedimientos para la fabricación de productos industriales.
TECNOLÓGICO, CA adj. Relativo a la tecnología: *un diccionario tecnológico.*
TECOL m. *Méx.* Gusano que se cría en el maguey.
TECOLINES m. pl. *Méx. Fam.* Cuartos, dinero.
TECOLOTE m. *Méx.* y *Hond.* El búho. ‖ *Méx.* Lance del juego de albures. ‖ *Méx. Fam.* Polizonte nocturno.
TECOMAL m. *C. Rica.* Vasija de barro o piedra.
TECOMATE m. *Amér. C.* Vaso de calabaza.
TECORRAL m. *Méx.* Cerca de piedras.
TECTÓNICO, CA adj. Relativo a la estructura de la corteza terrestre. ‖ — F. Parte de la geología que trata de dicha estructura.
TECTRIZ f. Cada una de las plumas que cubren las alas y la cola del ave.
TECUCO, CA adj. *Méx.* Avaro, mezquino.
TECHADO m. Techo: *vivir bajo techado.*
TECHADOR m. El que se dedica a techar.
TECHAR v. t. Cubrir el edificio con un techo.
TECHO m. (lat. *tectum*). Parte superior que cubre un edificio o una habitación. ‖ Tejado: *techo de paja.* (SINÓN. *Techumbre, sófito.*) ‖ *Fig.* Casa, morada. ‖ *Fig.* Altura máxima, tope.
TECHUMBRE f. Cubierta de un edificio. (SINÓN. V. *Techo.*)
TEDÉUM o **TE DEUM** m. Cántico de acción de gracias de la Iglesia católica.
TEDIAR v. t. Aborrecer, tener tedio de algo.
TEDIO m. (lat. *taedium*). Hastío, repugnancia. ‖ Aburrimiento.
TEDIOSO, SA adj. Fastidioso, repugnante.
TEGENARIA f. Especie de araña de patas largas, bastante común en las bodegas y graneros.
TEGUCIGALPENSE adj. y s. De Tegucigalpa (Honduras).
TEGUMENTARIO, RIA adj. Perteneciente o relativo al tegumento.
TEGUMENTO m. *Hist. nat.* Tejido, membrana, envoltura: *tegumento cutáneo.* (SINÓN. V. *Piel.*)
TEÍNA f. *Quím.* Alcaloide que se extrae de las hojas del té: *la teína es análoga a la cafeína.*
TEÍSMO m. (del gr. *theos*, dios). Creencia en un dios personal y en su acción providente.
TEÍSTA adj. y s. Partidario del teísmo
TEJA f. (lat. *tegula*). Pieza de barro cocido que se emplea para techumbres. ‖ Cada una de las dos hojas de acero que envuelven el alma de la espada. ‖ *Fam.* Sombrero de teja de los eclesiásticos. ‖ *Mar.* Hueco semicircular que se hace en un palo para empalmar otro. ‖ Peineta muy grande. ‖ *A teja vana,* sin más techo que las tejas. ‖ *A toca teja,* en dinero contante. ‖ *De tejas abajo,* según el orden regular, sin contar con lo sobrenatural. ‖ *De tejas arriba,* contando con la voluntad de Dios.
TEJADILLO m. Tejado pequeño que se pone a algunas cosas. ‖ Tapa de la caja de un coche.
TEJADO m. Techumbre de casa: *tejado de vidrio.* (SINÓN. V. *Techo.*)
TEJAMANI *Cub.* **TEJAMANIL** m. *Méx.* Tabla delgada que se usa para fabricar los techos en lugar de las tejas.
TEJANO, NA adj. y s. De Tejas.
TEJAR m. Taller de tejas y ladrillos.
TEJAR v. t. Cubrir de tejas: *tejar un edificio*
TEJAROZ m. Alero de tejado.
TEJAVANA f. Cobertizo, tinglado o tejadillo
TEJAZO m. Golpe que se da con una teja.
TEJEDERA f. Tejedora.
TEJEDOR, RA adj. Que teje. ‖ — M. y f. Persona que teje. ‖ *Amer. Fam.* Persona intrigante. ‖ — M. Insecto hemíptero acuático. ‖ Género de pájaros de América Central.
TEJEDURA f. Acción de tejer. ‖ Textura, disposición de los hilos de un tejido.

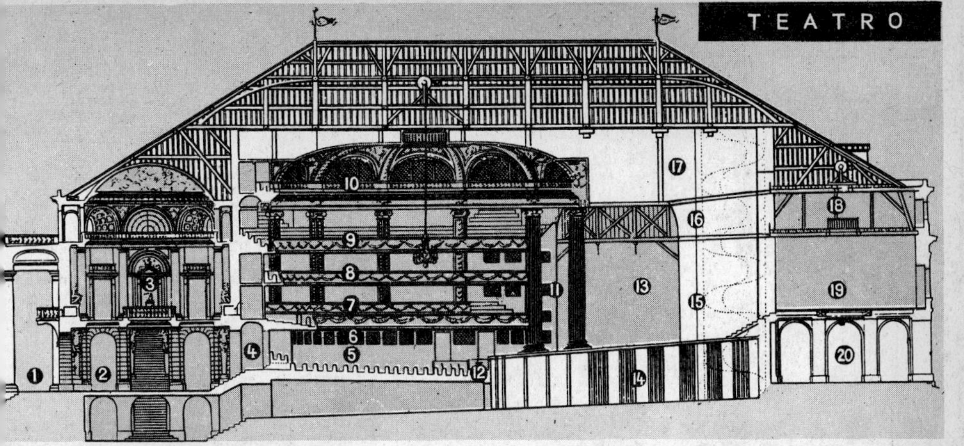

1. Entrada
2. Vestíbulo
3. Hall
4. Pasillo
5. Butacas de patio
6. Palcos
7. Piso principal
8. Segundo piso
9. Anfiteatro
10. Segundo anfiteatro o paraíso
11. Palco de proscenio
12. Foso de la orquesta
13. Escenario
14. Foso del escenario
15. Bastidores
16. Administración
17. Vestuario de artistas, peluquero, accesorios
18. Camerinos
19. Saloncito de artistas y sala de ensayos
20. Entrada de artistas

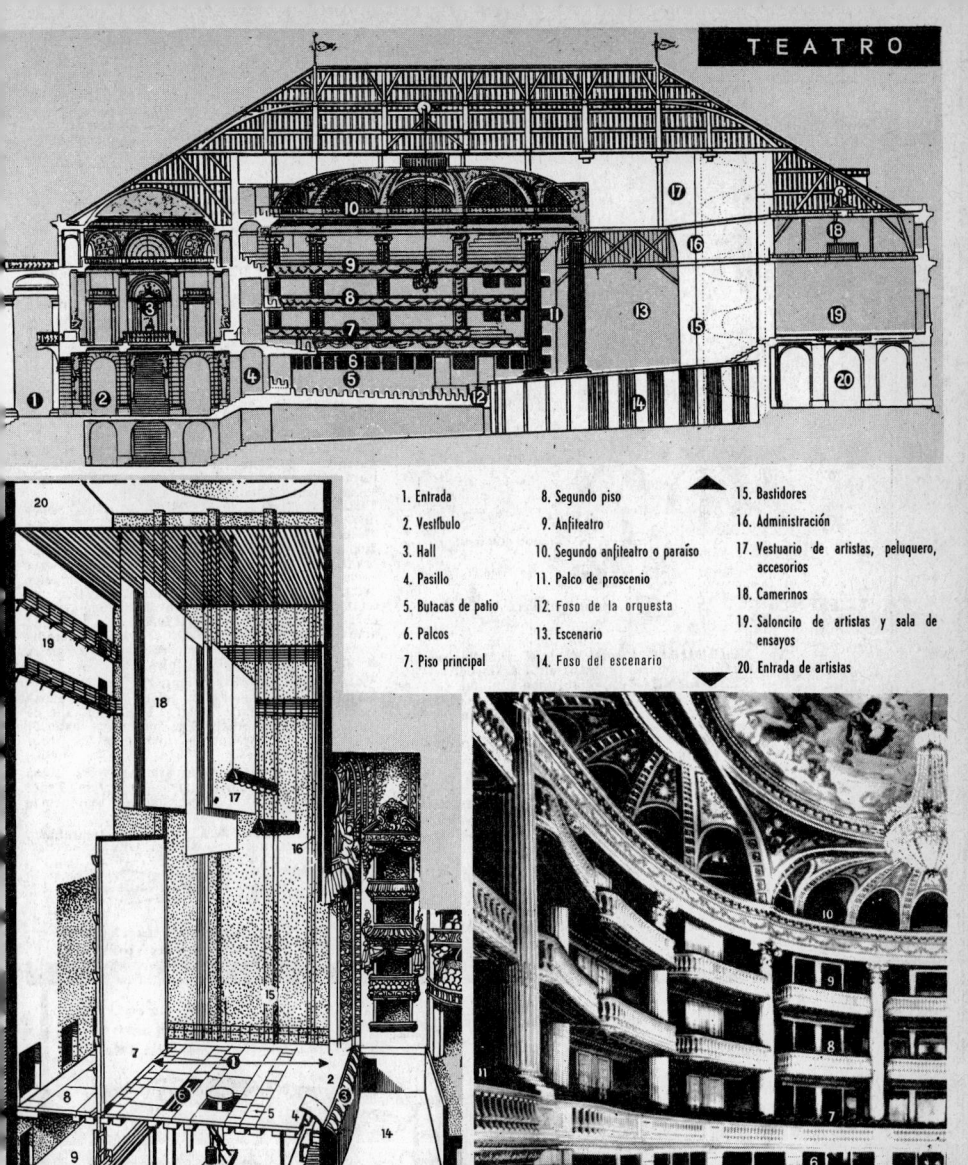

1. Escenario
2. Proscenio
3. Candilejas
4. Concha del apuntador
5. 6. Escotillones
7. Fondo
8. Bastidores
9. 10. 11. 12. Parte inferior o foso del escenario
13. Plataforma elevadora para apariciones
14. Emplazamiento de la orquesta
15. Lateral del escenario
16. Telón metálico, y, delante, telón de boca
17. Luces altas
18. Telón de fondo
19. 20. Telares

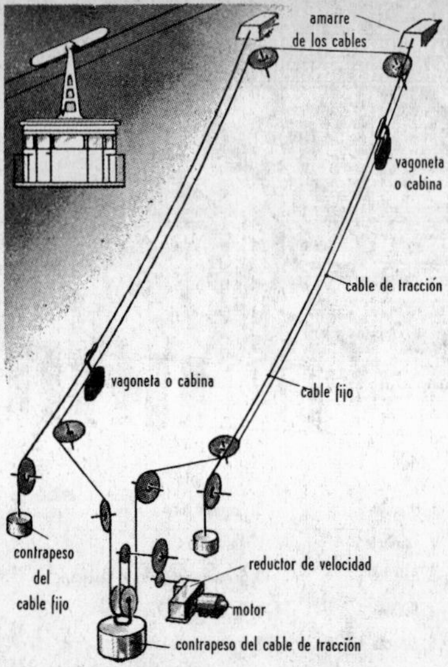

TELEFÉRICO

TEJEDURÍA f. Arte de tejer. ‖ Taller en que están los telares y trabajan los tejedores.
TEJEMANEJE m. Habilidad con que se hace una cosa. ‖ *Fam.* Enredo, lío. (SINÓN. V. *Intriga.*)
TEJER v. i. (lat. *texere*). Entrelazar regularmente hilos para formar una tela: *tejer algodón, cáñamo.* ‖ *Fig.* Componer, preparar, formar: *tejer una intriga.* ‖ *Amer.* Intrigar.
TEJERA y **TEJERÍA** f. Tejar, fábrica de tejas.
TEJERINGO m. Cohombro, churro.
TEJERO m. El que fabrica tejas y ladrillos.
TEJIDO m. Tela: *tejido de lana.* (SINÓN. *Lienzo, paño.*) ‖ Textura: *el tejido de esta tela es flojo.* (SINÓN. *Entretejedura.*) ‖ Combinación definida de elementos anatómicos: *tejido adiposo.*
TEJILLO m. Ceñidor que usaban las mujeres.
TEJO m. Pedazo redondo de cualquier materia que sirve para jugar. ‖ Chito, juego. ‖ Disco de metal. ‖ *Mec.* Tejuelo donde encaja el gorrón de un árbol.
TEJO m. (lat. *taxus*). Árbol siempre verde de la familia de las taxáceas.
TEJOCOTE m. *Méx.* Fruta parecida a la ciruela.
TEJOLETA f. Pedazo de teja. ‖ Pedazo de barro cocido. ‖ — Pl. Tarreñas.
TEJOLOTE m. *Méx.* Mano de piedra del mortero.
TEJÓN m. (b. lat. *taxonus*). Mamífero carnicero de la familia de los mustélidos, común en Europa (70 cm): *del pelo del tejón se hacen pinceles.* ‖ *Amer.* Uno de los nombres del *mapache* o el *coendú.*
TEJÓN m. Tejo o disco de oro.
TEJONERA f. Madriguera del tejón.
TEJUELA f. Teja pequeña. ‖ Tejoleta de barro. ‖ Trozo de madera del fuste de la silla de montar.
TEJUELO m. Tejo pequeño. ‖ Pedazo rectangular de papel que se pega en el lomo de un libro para poner el rótulo. ‖ *Mec.* Pieza en que entra el gorrón de un árbol.
TELA f. (lat. *tela*). Tejido de lana, seda, lino, etc.: *la tela de hilo o cáñamo se llama "lienzo".* (SINÓN. V. *Tejido.*) ‖ Sitio cerrado dispuesto para una fiesta o espectáculo. ‖ Membrana: *las telas del corazón.* ‖ Nata que se cría en la superficie de un líquido. ‖ Túnica interior del fruto: *las telas de la granada.* ‖ Tejido que forman algunos animales: *tela de araña.* ‖ Galicismo por *lienzo, cuadro.* ‖ *Fig.* Asunto, materia: *hay tela para rato.* ‖ *Tela de juicio,* procedimiento judicial, juicio. ‖ *Tela metálica,* malla de alambre que tiene múltiples usos.
TELAMÓN m. *Arq.* Atlante.
TELAR m. Máquina para tejer. ‖ *Teatr.* Parte superior del escenario. ‖ *Arq.* Parte del vano de una puerta más próxima al paramento exterior de la pared. ‖ Aparato en que cosen los libros los encuadernadores.
TELARAÑA f. Tela de araña. ‖ *Fig.* Cosa sutil y de poca importancia. ‖ *Fig.* y *fam.* *Tener telarañas en los ojos,* no ver las cosas teniéndolas delante.
TELARAÑOSO, SA adj. Lleno de telarañas.

FABRICACIÓN DE TEJIDOS

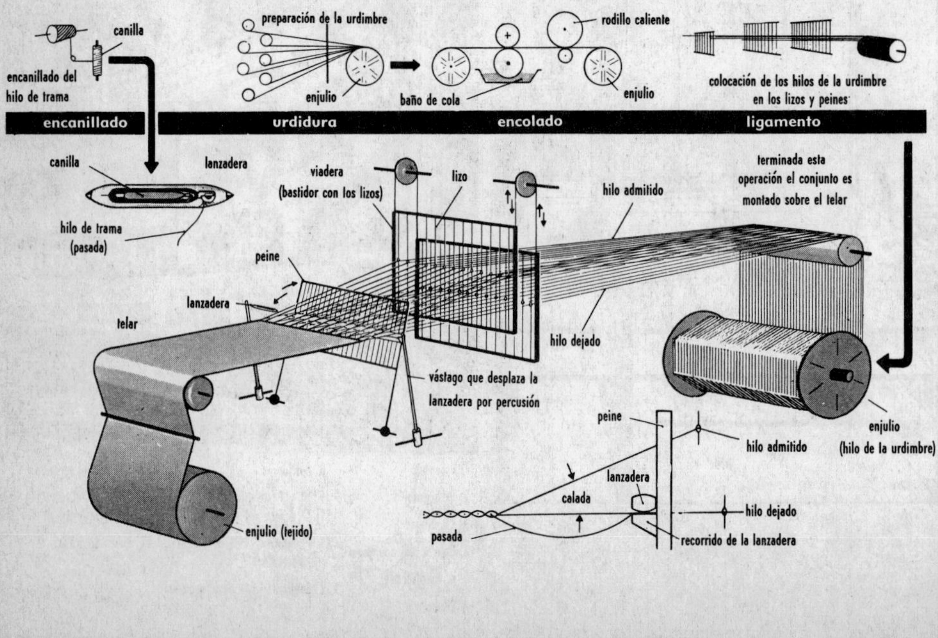

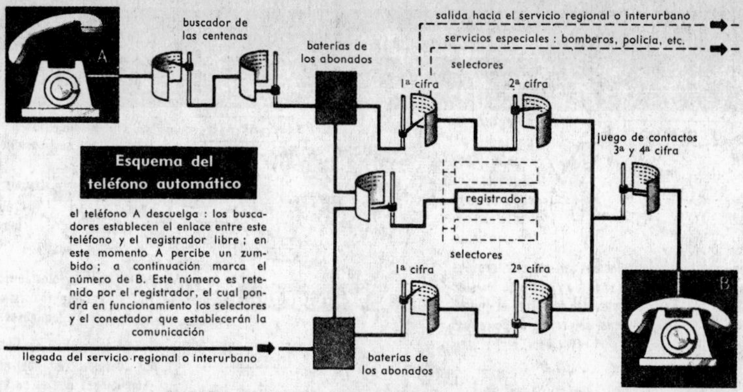

las centenas
baterías de
los abonados
salida hacia el servicio regional o interurbano
servicios especiales : bomberos, policía, etc.

juego de contactos
3ª y 4ª cifra

el teléfono A descuelga : los buscadores establecen el enlace entre este teléfono y el registrador libre ; en este momento A percibe un zumbido ; a continuación marca el número de B. Este número es retenido por el registrador, el cual pondrá en funcionamiento los selectores y el conectador que establecerán la comunicación

llegada del servicio regional o interurbano
baterías de
los abonados

TELÉFONO

TELECINEMATÓGRAFO m. Aparato que transmite películas cinematográficas por televisión.

TELECOMUNICACIÓN f. Conjunto de medios de comunicación a distancia. ‖ Servicio que agrupa todas las transmisiones y todos los procedimientos de localización electrónica.

TELEDIFUSIÓN f. Radiodifusión.

TELEDINAMIA f. (del gr. *têle*, lejos, y *dynamis*, fuerza). Acción de transmitir la fuerza a lo lejos.

TELEDINÁMICO, CA adj. Que transmite a lo lejos una fuerza o movimiento: *cable teledinámico*.

TELEDIRECCIÓN f. Telemando.

TELEDIRIGIDO, DA adj. Que es dirigido a distancia, generalmente por ondas hertzianas.

TELEDIRIGIR v. t. Dirigir un vehículo a distancia, generalmente por un sistema de servomotores que, impulsados por ondas hertzianas, actúan sobre los órganos de dirección.

TELEFÉRICO m. Medio de transporte constituido por uno o más cables sobre los que se mueve una vagoneta o cabina, funicular aéreo.

TELEFONAZO m. *Fam.* Llamada telefónica.

TELEFONEAR v. t. Hablar por el teléfono.

TELEFONEMA m. Despacho transmitido por teléfono.

TELEFONÍA f. Transmisión a distancia de los sonidos por corrientes de ondas eléctricas.

TELEFÓNICO, CA adj. Relativo al teléfono o a la telefonía.

TELEFONISTA com. Persona ocupada en el servicio de los teléfonos.

TELÉFONO m. (del gr. *têle*, lejos, y *phônê*, voz). Instrumento que permite reproducir a lo lejos la palabra o cualquier sonido.
— La transmisión de la voz fue realizada en 1876 la primera vez por Graham Bell, cuyos aparatos fueron perfeccionados por Hughes, Bert, d'Arsonval, etc. Los dispositivos telefónicos comprenden, esencialmente: un *transmisor*, ante el cual se habla; un *receptor*, que sirve para escuchar, y el *hilo* o alambre que los reúne. El órgano principal del transmisor es un micrófono de carbón cuya resistencia varía bajo la influencia de las vibraciones de una laminita flexible ante la cual se habla, y que transmite, modulándola, la corriente de una pila eléctrica. Al otro extremo de la línea, la placa del receptor, atraída y repelida por un *electroimán*, reproduce exactamente aquellas vibraciones, amplificadas en el transmisor por un *micrófono*.

TELEFOTO m. Telefotografía.

TELEFOTOGRAFÍA f. Transmisión a distancia de imágenes por corrientes eléctricas.

TELEGRAFÍA f. Arte de construir, instalar y manejar los telégrafos. ‖ *Telegrafía sin hilos* (T. S. H.), transmisión de señales mediante las ondas hertzianas.

TELEGRAFIAR v. t. Transmitir un despacho por medio del telégrafo. ‖ Manejar el telégrafo.

TELEGRÁFICAMENTE adv. m. Por medio del telégrafo.

TELEGRÁFICO, CA adj. Relativo al telégrafo o a la telegrafía.

TELEGRAFISTA com. Persona que se ocupa en el servicio de los telégrafos.

TELÉGRAFO m. (del gr. *têle*, lejos, y *graphein*, escribir). Aparato que sirve para transmitir mensajes a larga distancia mediante los impulsos eléctricos que circulan por un hilo metálico. ‖ *Telégrafo óptico*, aparato colocado sobre un lugar elevado y que, por medio de combinaciones diversas de sus brazos movibles, puede transmitir avisos a lo lejos. ‖ *Telégrafo submarino*, el que consta de un hilo apoyado sobre el lecho marino y enlaza dos orillas. (V. ilustr. pág. siguiente.)

TELEGRAMA m. (del gr. *têle*, lejos, y *gramma*, escrito). Despacho telegráfico.

TELEGUIADO, DA adj. Teledirigido.

TELEGUIAR v. t. Teledirigir.

TELEIMPRESOR m. Teletipo.

TELELE m. *Méx.* y *Amér. C. Fam.* Temblor, patatús, susto.

TELEMANDO m. Sistema que permite dirigir a distancia una maniobra mecánica.

TELEMECÁNICO, CA adj. Relativo a la telemecánica. ‖ — F. Arte de dirigir a distancia una acción mecánica mediante ondas eléctricas.

TELEMETRÍA f. Arte de medir distancias entre objetos lejanos.

TELEMÉTRICO, CA adj. Relativo al telémetro.

TELÉMETRO m. Instrumento para medir desde un sitio la distancia que hay hasta otro punto.

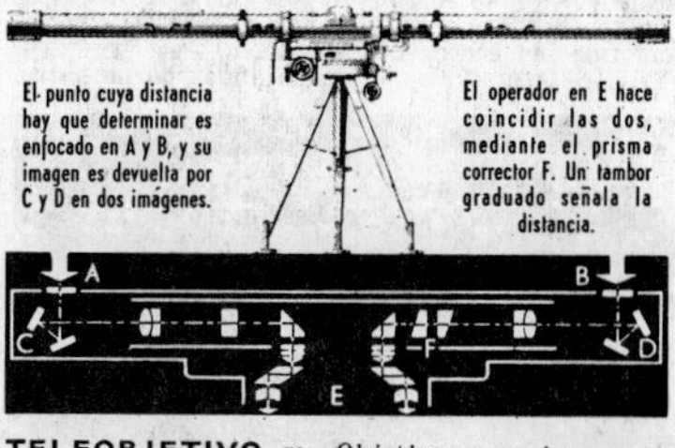

El punto cuya distancia hay que determinar es enfocado en A y B, y su imagen es devuelta por C y D en dos imágenes.
El operador en E hace coincidir las dos, mediante el prisma corrector F. Un tambor graduado señala la distancia.
A
B
C
D
E
F

TELEOBJETIVO m. Objetivo que sirve para fotografiar desde muy lejos.

TELEOLOGÍA f. Doctrina de las causas finales.

TELEOLÓGICO, CA adj. *Fil.* Relativo o perteneciente a la teleología: *argumento teleológico*.

TELEÓSTEOS m. pl. Orden de peces que tienen esqueleto óseo, opérculos que protegen las branquias y escamas delgadas (*carpa, lucio, trucha, sardina, atún, bacalao, lenguado, caballa, anguila*, etc.).

tejón

Fot. Higham

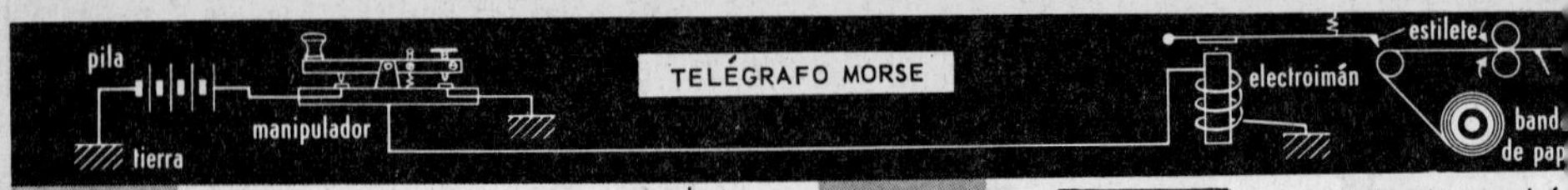

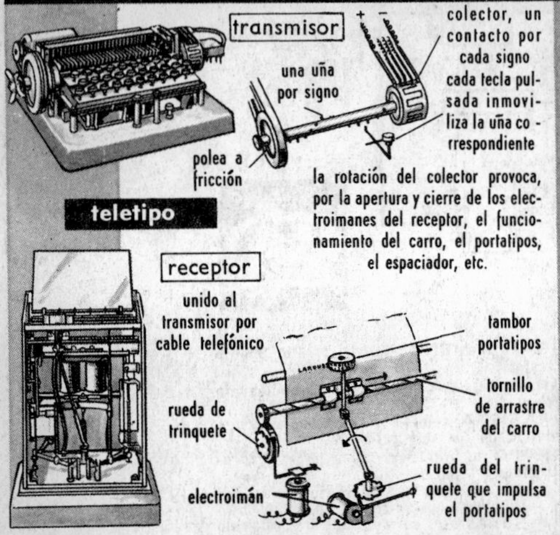

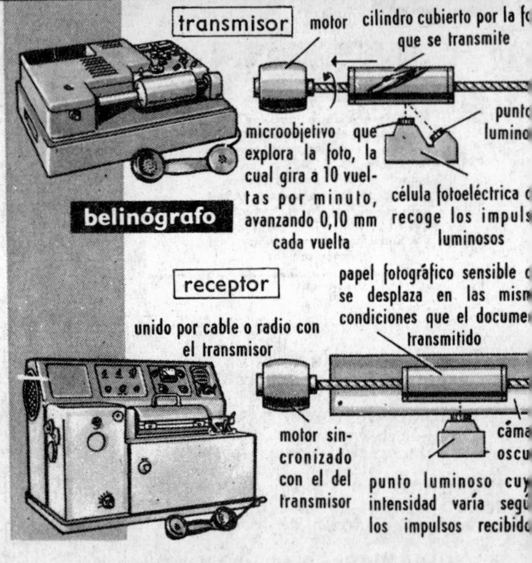

TELEPATÍA f. Sensación experimentada por un sujeto y que se relaciona con un acontecimiento sobrevenido en el mismo momento, pero a una distancia o en circunstancias tales que parezca materialmente imposible que las conozca dicho sujeto. (SINÓN. *Transmisión del pensamiento.*)

TELEPÁTICO, CA adj. Relativo o perteneciente a la telepatía.

TELERA f. Pieza que atraviesa desde la cama al dental del arado y sirve para graduar el ángulo que forman. ‖ Redil formado por tablas. ‖ Nombre de los maderos paralelos de las escaleras de mano, las prensas de carpinteros, encuadernadores, etc. ‖ Pieza del carro que enlaza el pértigo con las tiperas. ‖ *Artill.* Nombre de las tablas que unen las gualderas de las cureñas. ‖ *Mar.* Palo con agujeros que sirve para formar la araña de un toldo, y para otros usos. ‖ *And.* Pan bazo grande y ovalado. ‖ *Huelv.* Gran montón de mineral de pirita de cobre. ‖ *Col.* Gambalachero, cambiador. ‖ *Méx.* Pan de trigo.

TELERRADIOGRAFÍA f. Radiografía obtenida colocando la ampolla de rayos X lejos del sujeto (2 a 3 metros), con lo que se suprime la deformación cónica de la imagen.

TELERO m. Palo de las barandas de un carro.

telliz

telesquí

TELESCÓPICO, CA adj. Que no se ve sino con el telescopio: *planeta telescópico.* ‖ Hecho con auxilio del telescopio: *observaciones telescópicos.* ‖ Dícese del objeto cuyos elementos encajan unos en otros: *horquilla telescópica.*

TELESCOPIO m. (del gr. *têle,* lejos, y *skopein,* examinar). Instrumento óptico que sirve para observar los objetos lejanos.

TELESILLA m. Teleférico constituido por sillas suspendidas a un cable aéreo único.

TELESPECTADOR, RA m. y f. Persona que asiste a un espectáculo televisado.

TELESQUÍ m. Dispositivo teleférico para subir los esquiadores.

TELESTESIA f. Telepatía.

TELETA f. Papel secante.

TELETIPO m. Aparato telegráfico en el que la recepción se efectúa con caracteres tipográficos.

TELEVIDENTE m. y f. Telespectador.

TELEVISADO, DA adj. Transmitido por televisión.

TELEVISAR v. t. Transmitir por televisión.

TELEVISIÓN f. Transmisión a distancia por corrientes eléctricas u ondas hertzianas de la imagen de un objeto animado.

TELEVISOR m. Aparato receptor de televisión.

TELEX m. Servicio de mecanografía a distancia mediante teletipos.

TELILLA f. Tela ligera o poco tupida. ‖ Tejido de lana muy delgado. ‖ Tela, nata.

TELINA f. (gr. *tellinê*). Almeja, molusco.

TELOFASE f. Última fase de la mitosis celular.

TELÓN m. Lienzo grande pintado, que puede subirse y bajarse y se pone en el escenario del teatro para cerrarlo o para figurar una decoración. ‖ *Telón de acero,* nombre que suele darse a la frontera que separa las repúblicas populares orientales de los países de Europa Occidental.

TELSON m. (del gr. *telson,* extremo). Último segmento del cuerpo de los crustáceos.

TELÚRICO, CA adj. Relativo a la Tierra. ‖ Perteneciente o relativo al telurismo.

TELURIO m. (del lat. *tellus, telluris,* la Tierra). Cuerpo simple (Te), sólido, de número atómico 52, de color blanco azulado, quebradizo, de densidad 6,2 y que funde a 452° C.

TELURISMO m. Influencia del suelo de una región sobre sus habitantes (costumbres, carácter, literatura, etc.).

Fot. Office National Suisse du Tourisme

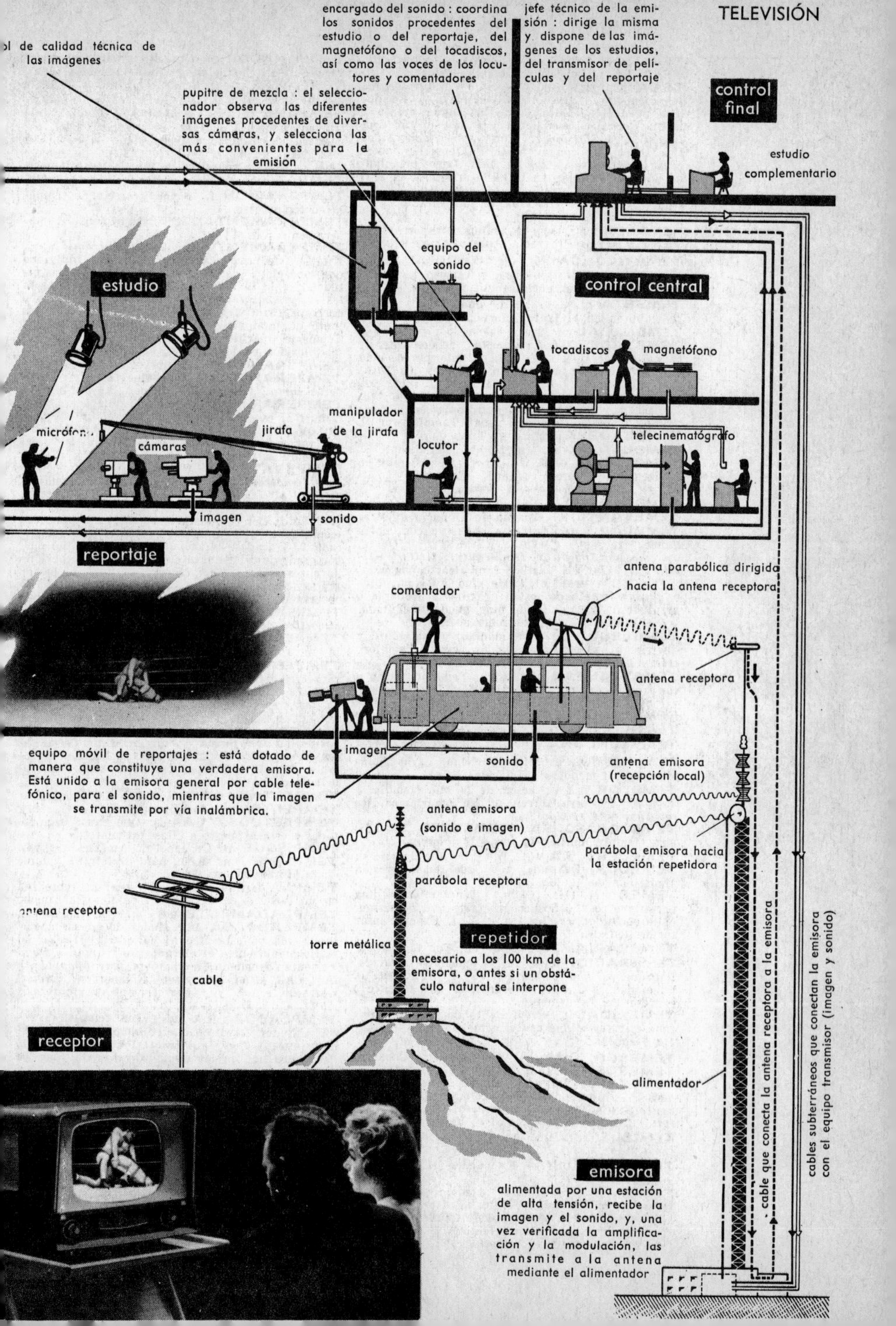
encargado del sonido : coordina los sonidos procedentes del estudio o del reportaje, del magnetófono o del tocadiscos, así como las voces de los locutores y comentadores
jefe técnico de la emisión : dirige la misma y dispone de las imágenes de los estudios, del transmisor de películas y del reportaje
ol de calidad técnica de las imágenes
control final
pupitre de mezcla : el seleccionador observa las diferentes imágenes procedentes de diversas cámaras, y selecciona las más convenientes para la emisión
estudio complementario
equipo del sonido
estudio
control central
tocadiscos
magnetófono
manipulador de la jirafa
jirafa
micrófono
cámaras
locutor
telecinematógrafo
imagen
sonido
reportaje
antena parabólica dirigida hacia la antena receptora
comentador
antena receptora
equipo móvil de reportajes : está dotado de manera que constituye una verdadera emisora. Está unido a la emisora general por cable telefónico, para el sonido, mientras que la imagen se transmite por vía inalámbrica.
imagen
sonido
antena emisora (recepción local)
antena emisora (sonido e imagen)
parábola emisora hacia la estación repetidora
parábola receptora
antena receptora
torre metálica
repetidor
necesario a los 100 km de la emisora, o antes si un obstáculo natural se interpone
cable
receptor
alimentador
cable que conecta la antena receptora a la emisora
cables subterráneos que conectan la emisora con el equipo transmisor (imagen y sonido)
emisora
alimentada por una estación de alta tensión, recibe la imagen y el sonido, y, una vez verificada la amplificación y la modulación, las transmite a la antena mediante el alimentador

álamo temblón

TELLIZ m. Caparazón que se pone al caballo.
TELLIZA f. Sobrecama, manta o colcha.
TEMA m. (gr. *thema*). Asunto: *desarrollar un tema ingrato.* (SINÓN. V. *Materia.*) ‖ Lo que debe traducir el alumno de la lengua propia a la que estudia: *tema latino.* (SINÓN. V. *Traducción.* CONTR. *Versión.*) ‖ Porfía, obstinación, idea fija: *cada loco con su tema.* ‖ Oposición, antipatía: *tener tema a uno.* ‖ *Mús.* Parte principal de una composición musical con arreglo a la cual se desarrolla el resto de ella. ‖ *Gram.* Parte esencial, fija o invariable de un vocablo.
TEMAR v. i. *Arg.* Porfiar.
TEMASCAL m. *Amér. C.* Baños de vapor indios.
TEMARIO m. Programa, cuestionario, lista.
TEMÁTICO, CA adj. (gr. *thematikos*). Relativo al tema: *tabla temática.* ‖ Temoso, porfiado, terco. ‖ — F. Tema o conjunto de temas.
TEMBETÁ m. *Arg.* Palito que algunos indios se embuten en el labio inferior.
TEMBLADAL m. Tremedal.
TEMBLADERA f. Vaso ancho, con dos asas, de cristal o metal y tan delgado que parece que tiembla al menor movimiento. ‖ Tembleque, joya. ‖ Torpedo, pez. ‖ Planta gramínea. ‖ *And.* Enfermedad caracterizada por temblores. ‖ *Arg.* Enfermedad que padecen los animales en la Cordillera. ‖ *Cub.* y *Guat.*, tremedal. Tembladero.
TEMBLADERAL m. *Arg.* Tremedal.
TEMBLADERO m. Que tiembla. Tremedal.
TEMBLADOR, RA adj. y s. Que tiembla o se agita, tembloroso. (SINÓN. *Trémulo.*) ‖ — M. y f. Cuáquero. ‖ — M. *Venez.* Gimnoto.
TEMBLADORA f. *Cub.* Tremedal.
TEMBLANTE m. Especie de ajorca o pulsera.
TEMBLAR v. i. Agitarse una cosa con movimiento frecuente y rápido. (SINÓN. *Calofriarse, estremecerse, palpitar, temblequear, tiritar, titiritar, trepidar.*) ‖ Vacilar, tambalearse una cosa. ‖ *Fig.* Tener gran miedo de algo. ‖ *Estar, dejar o quedar temblando,* estar próximo a acabarse o arruinarse: *la botella de vino quedó temblando.* ‖ — IRREG. Se conjuga como *acertar.*
TEMBLEQUE m. Joya montada en alambre y que tiembla al moverse quien la lleva. ‖ Temblón, trémulo. ‖ *And.* y *Hond.* Temblor.
TEMBLEQUEAR v. i. *Fam.* Temblar mucho o con frecuencia una persona. (SINÓN. V. *Temblar.*) ‖ *Fam.* Fingir temblor.
TEMBLEQUETEO m. *Fam.* Temblor frecuente.
TEMBLETEAR v. i. *Fam.* Temblequear.
TEMBLÓN, ONA adj. y s. *Fam.* Temblador. ‖ *Álamo temblón,* especie de chopo, cuyas hojas tiemblan al menor soplo de aire.
TEMBLOR m. Agitación de lo que tiembla. ‖ *Temblor de tierra,* terremoto. En América se dice sencillamente *temblor.*
TEMBLOROSO, SA y **TEMBLOSO, SA** adj. Que tiembla mucho: *la mano temblorosa.*
TEMEDERO, RA adj. Temible, que da miedo.
TEMEDOR, RA adj. y s. Que teme o recela algo: *temedor de un castigo.*
TEMER v. t. (lat. *timere*). Tener miedo a una persona o cosa. ‖ Sospechar: *temo que no venga.* (SINÓN. *Dudar, recelar.*) ‖ — V. i. Experimentar temor. (SINÓN. *Despavorir.*)
TEMERARIAMENTE adv. m. Con temeridad.
TEMERARIO, RIA adj. Demasiado atrevido, imprudente: *hombre temerario.* ‖ Inspirado por la temeridad. ‖ *Juicio temerario,* el que se hace o expresa sin fundamento.
TEMERIDAD f. Atrevimiento imprudente: *confundir la temeridad con el valor.* ‖ Juicio temerario, locura.
TEMERÓN, ONA adj. Fanfarrón. ‖ Cobarde.
TEMEROSAMENTE adv. m. Con temor.
TEMEROSO, SA adj. Temible, que causa temor. ‖ Tímido, pusilánime, cobarde: *niño temeroso.* (SINÓN. *Aprensivo, miedoso, receloso, timorato.* CONTR. *Valiente, audaz, denodado.*)
TEMIBLE adj. Que es digno de ser temido. (SINÓN. V. *Terrible.*)
TEMOLÍN m. *Méx.* Especie de escarabajo grande.
TEMOR m. (lat. *timor*). Miedo, aprensión: *el temor es mal consejero.* (SINÓN. *Alarma, aprensión, inquietud.* Pop. *Canguelo, jindama.* V. tb. *espanto.* CONTR. *Atrevimiento.*) ‖ Presunción. (SINÓN. *Recelo.* V. tb. *sospecha.*)
TEMPANADOR m. Cuchillo grande que sirve para quitar a las colmenas los témpanos o tapas.
TEMPANAR v. t. Echar témpanos o tapas a las colmenas, cubas, etc.
TÉMPANO m. (lat. *tympanum*). Timbal, instrumento músico. ‖ Hoja de tocino. ‖ Piel del pandero, del tambor. ‖ Trozo plano de cualquier cosa dura: *témpano de hielo.* ‖ Tapa de cuba o tonel. ‖ Corcho que sirve de tapa a las colmenas.
TEMPATE m. *C. Rica* y *Hond.* Piñón, planta.
TEMPERACIÓN f. Acción y efecto de temperar o temperarse.
TEMPERAMENTAL adj. Perteneciente al temperamento.
TEMPERAMENTO m. (lat. *temperamentum*). Estado fisiológico característico de un individuo que condiciona sus reacciones ante las diversas situaciones de la vida: *se distinguen clásicamente los temperamentos sanguíneo, bilioso, linfático y nervioso.* (SINÓN. V. *Naturaleza.*) ‖ *Por ext.* Conjunto de inclinaciones: *temperamento violento.* ‖ Temperie. ‖ Arbitrio, conciliación. ‖ *Mús.* Ligera modificación en los sonidos. ‖ *Col.* Clima.
TEMPERANCIA f. Templanza o moderación.
TEMPERANTE adj. y s. Que tempera o modera: *virtud temperante.* ‖ *Amer.* Abstemio.
TEMPERAR v. t. Atemperar, templar. ‖ Disminuir el exceso de una cosa: *temperar el calor.* (SINÓN. V. *Moderar.*) ‖ Calmar: *la edad tempera las pasiones.* ‖ — V. i. *Amer.* Mudar de aires, veranear: *salir a temperar.*
TEMPERATURA f. Grado de calor en los cuerpos: *temperatura de un baño.* ‖ Estado atmosférico del aire desde el punto de vista de su acción sobre nuestros órganos. ‖ *Temperatura absoluta,* la definida por consideraciones teóricas, prácticamente igual a la temperatura centesimal aumentada 273 grados. ‖ *Temperatura máxima,* el mayor grado de calor durante un determinado período de observación. ‖ *Temperatura mínima,* el menor grado de calor durante un período determinado de observación. ‖ Fiebre: *tener mucha temperatura.*
TEMPERIE f. (lat. *temperies*). Estado de la atmósfera o del tiempo.
TEMPERO m. *Agr.* Buena sazón que adquiere la tierra con la lluvia.
TEMPESTAD f. (lat. *tempestas*). Violenta perturbación de la atmósfera, sobre todo en el mar, borrasca, tormenta: *las tempestades son frecuentes en los trópicos.* ‖ Fuerte perturbación del mar, causada por la violencia de los vientos. (SINÓN. V. *Borrasca.*) ‖ Explosión súbita y violenta: *una tempestad de injurias.* ‖ *Fig.* Turbación del alma: *las tempestades de las pasiones.* ‖ Discusión violenta, disputa. ‖ *Fig.* Agitación: *la tempestad revolucionaria.*
TEMPESTIVIDAD f. Calidad de tempestivo.
TEMPESTIVO, VA adj. Oportuno.
TEMPESTUOSO, SA adj. Que causa tempestades o está expuesto a ellas, tormentoso.
TEMPISQUE m. Un árbol de América Central.
TEMPLA f. *Pint.* Agua para desleír los colores de la pintura al temple.
TEMPLA f. *Cub.* Porción de guarapo contenida en un tacho y en disposición de hacerse azúcar.
TEMPLADAMENTE adv. m. Con templanza.
TEMPLADO, DA adj. Moderado en sus apetitos. ‖ Que no está frío ni caliente. ‖ Dícese del estilo medio entre el elevado y el vulgar. ‖ *Fam.* Valiente, denodado: *un hombre muy templado.* ‖ *Bol., Chil.* y *Col. Fig.* y *fam.* Enamorado. ‖ *Amer.* Borracho. ‖ *Col.* y *Venez.* Severo, riguroso. ‖ *Amér. C.* y *Méx.* Listo, hábil.
TEMPLADOR, RA adj. Que templa. ‖ — M. Afinador, llave con que se templan ciertos instrumentos. ‖ *Per.* Jaula central que para refugio del torero hay en las arenas de más de 8 m. de diámetro.
TEMPLADURA f. Acción y efecto de templar.
TEMPLANZA f. Virtud cardinal que consiste en moderar los apetitos. (SINÓN. V. *Sobriedad.*) ‖ Continencia, moderación. (SINÓN. V. *Retención.*) ‖ Buena temperatura y constitución del aire de un país. ‖ *Pint.* Proporción de los colores.
TEMPLAR v. t. (lat. *temperare*). Moderar, suavizar una cosa. (SINÓN. V. *Aliviar.*) ‖ Moderar la temperatura de una cosa, especialmente de un líquido. (SINÓN. V. *Enfriar.*) ‖ Dar mayor dureza al metal o al cristal por medio de ciertos procedimientos: *los antiguos peruanos sabían templar el bronce.* ‖ Poner en tensión moderada ciertas co-

sas: *templar una tuerca, un freno.* || *Fig.* Mezclar una cosa con otra para mitigar su fuerza. || *Fig.* Moderar la ira o violencia. (SINÓN. V. *Apaciguar.*) || *Mús.* Disponer un instrumento para que produzca los sonidos convenientes: *templar un piano.* || *Pint.* Juntar los colores armonizándolos. || *Ecuad.* y *Per.* Matar. || *C. Rica.* Zurrar. || *Col.* y *Ecuad.* Derribar a alguien. || — V. i. Perder el frío, comenzar a calentarse: *el tiempo ha templado mucho.* || *Cub.* Huir. || — V. r. Moderarse, contenerse. || *Ecuad.* Arrostrar un peligro. || *Chil.* Enamorarse. || *Ecuad., Guat.* y *Hond.* Morirse. || — PARÓN. Temblar.

TEMPLARIO m. Caballero de la orden del Temple. (V. *Parte hist.*)

TEMPLE m. Temperie, estado de la atmósfera. || Temperatura. || Dureza que se comunica a ciertos metales, al vidrio, etc. || Carácter, genio: *es hombre de mal temple.* (SINÓN. V. *Naturaleza.*) || *Fig.* Término medio entre dos cosas. || *Fig.* Arrojo, valentía. || *Mús.* Disposición y acuerdo armónico de dos o más instrumentos. || *Chil.* Enamoramiento. || *Pintura al temple,* la que se ejecuta con colores desleídos en clara o yema de huevo, miel o cola.

TEMPLETE m. Armazón pequeña en figura de templo. || Pabellón o quiosco.

TEMPLISTA com. *Pint.* Persona que pinta al temple.

TEMPLO m. (lat. *templum*). Edificio consagrado en honor de una divinidad: *los templos griegos.* || Iglesia católica: *los templos del Señor.* || Iglesia protestante: *la decoración de los templos es generalmente severa.* || Edificio religioso elevado en Jerusalén por Salomón (con mayúscula en este sentido). [V. *Parte hist.*] || *Fig.* Lugar real o imaginario en que se rinde culto al saber, la bondad, la justicia, etc. || *Fam. Como un templo,* muy grande.

TEMPO m. (pal. ital.). Palabra empleada en música para señalar los diferentes movimientos en que está escrita una pieza.

TEMPORADA f. Espacio de tiempo de cierta duración: *la temporada de los baños.*

TEMPORAL adj. (lat. *temporalis*). Perteneciente al tiempo, contrapuesto a *eterno*: *la existencia temporal del hombre.* || Relativo a las cosas materiales, contrapuesto a *espiritual*: *el poder temporal de los papas.* || Que pasa con el tiempo. (SINÓN. V. *Pasajero.*) || — M. Temperie buena o mala del tiempo. || Tempestad: *aguantar un temporal en el Cantábrico.* (SINÓN. V. *Borrasca.*) || Tiempo de lluvia persistente. (SINÓN. V. *Lluvia.*) || *Cub.* Trapacero.

TEMPORAL adj. (del lat. *tempora,* las sienes). De la sien: *músculos temporales.* || — M. Hueso de la sien.

TEMPORALEAR v. i. *Guat.* Hacer mal tiempo.

TEMPORALIDAD f. Calidad de temporal o profano. || *Fil.* Carácter de lo que existe en el tiempo. || — Pl. Frutos que perciben los eclesiásticos de sus beneficios.

TEMPORALIZAR v. t. Convertir lo eterno en temporal.

TEMPORÁNEO, A y **TEMPORARIO, RIA** adj. Temporal, momentáneo: *poder temporario.*

TÉMPORAS f. pl. (lat. *tempora*). Tiempo de ayuno que prescribe la Iglesia en las cuatro estaciones.

TEMPOREJAR v. t. *Mar.* Aguantarse a la capa durante un temporal para no perder ningún terreno.

TEMPORALMENTE adv. t. Por algún tiempo. || — Adv. m. En el orden temporal y terreno.

TEMPORERO, RA adj. y s. Dícese del que ejerce temporalmente un oficio o empleo o trabaja en el campo sólo en ciertas temporadas del año. || — F. *And.* Un canto popular.

TEMPORIZAR v. i. Contemporizar con el dictamen ajeno. || Ocuparse en una cosa por pasatiempo.

TEMPRANAL adj. Dícese de la tierra y plantío que producen el fruto muy temprano.

TEMPRANAMENTE adv. t. Temprano, pronto.

TEMPRANERO, RA adj. Temprano, anticipado.

TEMPRANILLA adj. y s. Dícese de la uva temprana.

TEMPRANO, NA adj. Anticipado, que llega o sucede antes del tiempo señalado: *frutos tempranos.* (SINÓN. *Inmaturo, pronto, verde.* V. tb. *precoz.*) || — Adv. t. En tiempo anterior al señalado: *llegar temprano a la reunión.* || En las primeras horas del día o de la noche: *levantarse muy temprano.*

TEMU m. Árbol mirtáceo de Chile.

TEMUQUENSE adj. y s. De Temuco (Chile).

TENACEAR v. t. Atenacear, sujetar con tenazas.

TENACEAR v. i. Insistir con terquedad.

TENACIDAD f. (lat. *tenacitas*). Calidad de tenaz. || Resistencia de un metal a la ruptura por tracción. || *Fig.* Terquedad, obstinación, empeño. (SINÓN. V. *Perseverancia.*)

TENACILLAS f. pl. Tenazas pequeñas, que sirven para varios usos: *tenacillas de rizar el pelo.*

TENÁCULO m. *Cir.* Aguja encorvada usada para coger y sostener las arterias que deben ligarse.

TENADA f. Tinada para ganado.

TENALLÓN m. (fr. *tenaillon*). *Fort.* Especie de falsabraga que sirve para cubrir una cara o la punta de una media luna.

TENAMASTE m. *Guat. Fam.* Trasto, cachivache.

TENANTE m. (fr. *tenant*). *Blas.* Nombre de las figuras que sostienen un escudo.

TENAR m. (gr. *thenar*). *Anat.* Eminencia del lado exterior de la palma de la mano.

TENAZ adj. (lat. *tenax*). Resistente a la ruptura: *el hierro es tenaz.* || Que se pega a una cosa: *la lapa es tenaz.* || Difícil de extirpar o destruir: *preocupación tenaz.* || Obstinado: *solicitante tenaz.* (SINÓN. V. *Testarudo.*)

TENAZA f. Instrumento de hierro compuesto de dos piezas cruzadas, móviles alrededor de un clavillo o eje, y que sirve para arrancar o sujetar algunas cosas. || Instrumento de metal que sirve para coger la leña o el carbón en las chimeneas. (En estas dos acepciones se suele usar mucho en plural.) || *Fig.* En el juego, par de cartas con las cuales se hacen dos bazas, esperando quien las tiene que venga el juego a la mano. || *Fort.* Obra exterior que tiene uno o dos ángulos retirados, sin flancos, situada delante de la cortina.

TENAZADA f. Acción de agarrar con la tenaza o pinza. || *Fig.* Bocado, acción de morder fuertemente.

TENAZAZO m. Golpe dado con las tenazas.

TENAZMENTE adv. m. Con tenacidad o fuerza.

TENAZÓN (A, o de) m. adv. Sin fijar la puntería. || *Fig.* De pronto, sin preparación, súbitamente. (P. us.)

TENCA f. (lat. *tinca*). Pez teleósteo de agua dulce, comestible: *la carne de la tenca suele tener sabor de cieno.* || *Chil.* y *Arg.* Calandria, pájaro cantor. || *Chil.* Mentira, filfa.

TENCOLOTE m. *Méx.* Jaula grande que suele servir para llevar las aves de corral a los mercados.

TEN CON TEN expr. fam. usada c. s. m. Tiento, cuidado, prudencia grande: *ir con mucho ten con ten en una cosa.*

TENCUA adj. y s. *Méx.* Que tiene labio leporino.

TENCUANETE m. Planta euforbiácea de México.

TENDAJO m. *Fam.* Tendejón, tienda pequeña.

TENDAL m. Toldo. || Lienzo que se coloca debajo de los olivos para recoger las aceitunas. || Tendedero, sitio donde se tiende una cosa. || *Arg.* Lugar cubierto donde se esquila el ganado. || *Bol.* Campo llano. || *Ecuad.* y *Cub.* Espacio donde se pone a secar el café. || *Arg., Chil.* y *Per.* Conjunto de cosas tendidas por el suelo. || *Arg.* y *Chil.* Multitud de cosas de la misma especie. || *Chil.* Puesto, tiendecilla.

TENDALADA f. *Amer.* Tendalera.

TENDALERA f. *Fam.* Desorden que se observa en una porción de cosas tendidas por el suelo.

TENDALERO f. Tendedero

TENDEDERA f. *Cub.* y *Guat.* Cordel para tender la ropa.

TENDEDERO m. Sitio donde se suelen tender algunas cosas: *tendedero de ropa.*

TENDEDOR, RA m. y f. Persona que tiende.

TENDEL m. Cuerda tendida horizontalmente para colocar los ladrillos. || Capa de mortero que se tiende sobre cada hilada de ladrillos.

TENDENCIA f. Fuerza que impulsa un cuerpo a dirigirse hacia un punto. || *Fig.* Inclinación: *tener tendencia al vicio.* || Elemento fundamental

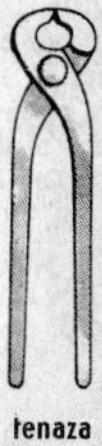

tenaza

tenaza

tenca

TÉNDER

1. Carbonera
2. Depósito de agua
3. Conducción de agua a la caldera
4. Conducción del carbón por tornillo sin fin

de la vida psicológica, en particular afectiva. || Parte organizada de un grupo sindical o político.

TENDENCIOSAMENTE adv. m. De manera tendenciosa.

TENDENCIOSO, SA adj. Que manifiesta una intención secreta, una tendencia hacia algo: *informe, libro tendencioso.*

TENDENTE adj. Que tiende a; que tiene por fin: *investigación tendente a...*

TENDER v. t. Desdoblar, extender. || Extender por el suelo. || Extender la ropa mojada para que se seque. || Alargar o extender. (SINÓN. *Colgar, suspender.* V. tb. *extender.*) || Avanzar, llevar delante: *tender la mano.* || Propender una cosa hacia un fin determinado: *no sé a qué fin tiende su proposición.* || *Albañ.* Revocar con cal, yeso o mortero. || — V. r. Echarse, tumbarse a la larga. || Encamarse las mieses. || Extenderse el caballo en la carrera, aproximando el vientre al suelo. || Presentar el jugador todas sus cartas en ciertos lances del juego. || *Fig.* y *fam.* Descuidar un negocio. || *Ecuad.* Hacer la cama. || — IRREG. Pres. ind.: *Tiendo, tiendes, tiende, tendemos, tendéis, tienden;* imperf.: *tendía,* etc.; pret. indef.: *tendí, tendiste,* etc.; fut.: *tenderé,* etc.; imperf.: *tiende, tended;* pot.: *tendería,* etc.; pres. subj.: *tienda, tiendas,* etc.; imperf. subj.: *tendiera* y *tendiese,* etc.; fut. subj.: *tendiere,* etc.; ger.: *tendiendo;* p. p. *tendido.*

TÉNDER m. (ingl. *tender*). Vagón que sigue la locomotora, llevando el combustible y el agua.

TENDERETA *Venez.* Se usa en la loc. *quedar en la tendereta,* quedar tendido en el suelo.

TENDERETE m. *Fam.* Tendalera. || Puesto de venta por menor al aire libre: *tenderete de feria.* || Cierto juego de naipes.

TENDERO, RA m. y f. Persona que vende por menor. (SINÓN. V. *Comerciante.*) || — M. El que hace tiendas de campaña. || El que cuida de ellas.

TENDIDAMENTE adv. m. Extensa y difusamente.

TENDIDO, DA adj. Extendido. || Dícese del galope del caballo cuando éste se tiende. || — M. Acción de tender: *el tendido de un cable.* || Gradería próxima a la barrera en las plazas de toros. || Porción de encaje que se hace sin levantarla del patrón. || Ropa que tiende cada lavandera. || Masa hecha panes que se deja para que se venga. || *Albañ.* Parte del tejado entre el caballete y el alero. || Capa de yeso o cal que se tiende en una pared o techo. || *Col.* Ropa de la cama.

TENDINOSO, SA adj. Dícese de lo que tiene muchos tendones: *carne tendinosa.* || Relativo a los tendones.

TENDÓN m. (lat. *tendo*). Parte delgada, conectiva y fibrosa, por la cual un músculo se inserta a un hueso. (SINÓN. *Ligamento, nervio.*) || *Col.* Faja de tierra de cierta extensión. || *Tendón de Aquiles,* nombre de un tendón grueso situado en la parte posterior e inferior de la pierna, que une el talón con la pantorrilla.

TENDUCHA f. y **TENDUCHO** m. *Despect.* Tienda fea y pobre: *abrir un tenducho.*

TENEBRARIO m. (del lat. *tenebrae,* tinieblas). Candelabro con quince velas que se enciende en los oficios de las tinieblas durante la Semana Santa.

TENEBRIO m. Insecto coleóptero de color oscuro que vive en la harina.

TENEBRISMO m. Tendencia de la pintura barroca que acentuaba los contrastes de luz y sombra: *representantes del tenebrismo fueron en Italia: Caravaggio, y en España, Ribalta, Ribera y Navarrete.*

TENEBROSAMENTE adv. m. Con tenebrosidad.

TENEBROSIDAD f. Calidad de lo tenebroso.

TENEBROSO, SA adj. Sumido en las tinieblas: *prisión tenebrosa.* || Sombrío, negro. || *Fig.* Secreto y pérfido: *abrigar proyectos tenebrosos.* || *Fig.* Que se expresa en términos obscuros: *un filósofo muy tenebroso.*

TENEDERO m. Punto del fondo del mar en que agarra bien el ancla.

TENEDOR m. El que tiene una cosa: *el tenedor de una letra de cambio.* || Utensilio de mesa con dientes que sirve para pinchar los alimentos y llevarlos a la boca. || *Tenedor de libros,* el empleado que está encargado de la contabilidad en una casa de comercio.

TENEDURÍA f. Cargo y oficina del tenedor de libros. || *Teneduría de libros,* arte de llevar los libros de contabilidad.

TENENCIA f. Posesión de una cosa: *tenencia de armas.* || Cargo u oficio de teniente. || Oficina en que lo ejerce: *tenencia de alcaldía.*

TENEÑO, ÑA adj. y s. De Tena (Ecuador).

TENER v. t. (lat. *tenere*). Asir una cosa. || Poseer y gozar una cosa. (SINÓN. V. *Poseer.*) || Contener, parar: *tente amigo, no corras.* || Ocuparse en una cosa: *tener consejo.* || Pasar: *tener muy mal día.* || Poseer, estar adornado o abundante de una cosa: *tener habilidad, belleza.* || Estar en precisión de hacer algo u ocuparse en ello: *tener junta, consejo.* || Juzgar, reputar: *yo lo tenía por bueno.* || Estimar, apreciar: *tener en menos.* || — V. i. Ser rico y adinerado. || — V. r. Asegurarse, agarrarse a algo para no caer. || Resistir a uno en una riña o pelea: *tenerse con cualquiera.* || Atenerse a una cosa: *a mi trabajo me tengo.* || Como auxiliar y con la preposición *de* o la conjunción *que* más el infinitivo de otro verbo indica estar obligado a: *tengo que estudiar.* || *Tener lugar,* suceder, ocurrir. || *Fig.* y *fam. No tenerlas uno todas consigo,* estar intranquilo o receloso. || *Fig.* y *fam. No tener uno sobre qué caerse muerto,* hallarse en suma *pobreza.* || *Tener uno a menos,* desdeñarse de hacer algo. || *Tener uno para sí una cosa,* formar opinión particular en una materia. || *Tener presente una cosa,* no olvidarla. || *Tener que ver,* haber entre las personas o las cosas alguna relación o semejanza. || *Tener parte en,* interesarse por: *no tienes parte en este asunto.* || *Tenérselas tiesas con uno,* mantenerse firme con él en una discusión. || *Fam. Ten con ten,* prudencia, contemporización. || *Tener en cuenta,* reparar, tener en consideración. || *Tenga la bondad,* sírvase usted, tenga a bien. || PROV. *Quien más tiene más quiere,* refrán que indica la insaciabilidad de la codicia. || — OBSERV. Son galicismos las frases: *tener mucho de uno,* por *parecerse a él; tener una cosa de otra persona,* por *saberla de ella; tener a una cosa,* por *ser aficionado a ella; tener lugar,* por *suceder.* || — IRREG. Pres. ind.: *tengo, tienes, tiene, tenemos, tenéis, tienen;* pret. indef.: *tuve tuviste tuvo, tuvimos, tuvisteis, tuvieron;* fut.: *tendré, tendrás,* etc.; imper.: *ten, tened;* pot.: *tendría,* etc.; pres. subj.: *tenga, tengas,* etc.; imperf. subj.: *tuviera, tuvieras,* etc.; *tuviese, tuvieses,* etc.; fut. subj.: *tuviere, tuvieres,* etc.

TENERÍA f. (fr. *tannerie*). Curtiduría.

TENESMO m. (lat. *tenesmus*). *Med.* Pujo.

TENGUE m. *Cub.* Árbol leguminoso parecido a la acacia.

TENGUERENGUE (En) loc. adv. Temblando, en mal equilibrio.

TENIA f. (lat. *taenia*). Gusano platelminto intestinal que vive en el tubo digestivo de los vertebrados y llega a medir varios metros de largo: *la tenia pasa en el cerdo las primeras fases de su vida.* (SINÓN. *Solitaria.*) || *Arq.* Listel o filete, moldura.

TENIDA f. Sesión, reunión, en especial masónica. || *Chil.* Traje, uniforme.

TENIENTA f. Mujer del teniente.

TENIENTAZGO m. Tenencia, cargo de teniente.

TENIENTE adj. Que tiene una cosa. || Dícese de la fruta no madura. || *Fam.* Algo sordo. || *Fig.* Miserable, avaro, cicatero. || — M. El que ejerce las funciones de otro como substituto. || *Mil.* Oficial de grado inmediatamente inferior al de capitán. || *Teniente coronel,* oficial inmediatamente inferior al coronel. || *Teniente general,* oficial de grado inmediatamente inferior al de capitán general. || *Segundo teniente,* alférez. || *Teniente de alcalde,* concejal que ejerce ciertas funciones de alcaldía.

TENÍFUGO, GA adj. y s. *Med.* Dícese del medicamento que sirve para la expulsión de la tenia: *la corteza de granado es un tenífugo.*

TENIS m. Deporte que consiste en enviar una pelota por encima de una red por dos o cuatro jugadores provistos de unas raquetas y formando dos campos. ‖ Espacio dispuesto para el juego del tenis. ‖ *Tenis de mesa* (o *ping-pong*), juego parecido al tenis.

TENISTA com. Persona que juega al tenis.

TENIU m. *Chil.* Árbol saxifragáceo de corteza medicinal.

TENOR m. Constitución de una cosa. (SINÓN. V. *Composición.*) ‖ Contenido de un escrito: *enterarse del tenor de una carta.* ‖ *A este tenor,* m. adv., por el mismo estilo.

TENOR m. (ital. *tenore*). *Mús.* Voz media entre contralto y barítono, y persona que tiene esta voz.

TENORINO m. (pal. ital.). Tenor muy ligero que canta en falsete.

TENORIO m. *Fig.* Galanteador audaz y pendenciero. (SINÓN. V. *Seductor.*)

TENOTOMÍA f. Corte de un tendón.

TENSAR v. t. Poner tensa alguna cosa: *tensar un cable.*

TENSIÓN f. Estado de lo que está estirado: *la tensión de los músculos.* ‖ Presión de un vapor. ‖ Reacción de un cuerpo elástico ante las fuerzas que tienden a deformarlo. ‖ *Tensión eléctrica,* diferencia de potencial. ‖ *Tensión arterial,* presión de la sangre en las arterias. ‖ *Fig. Tensión de espíritu,* esfuerzo continuado del espíritu. ‖ *Fig.* Desacuerdo en las relaciones entre los Estados, entre las clases sociales o entre los partidos políticos. ‖ Tensón.

TENSO, SA adj. En estado de tensión.

TENSÓN f. En la poesía provenzal, controversia entre dos o más poetas.

TENSOR m. Aparato que sirve para tensar o estirar alguna cosa. ‖ Músculo que sirve para extender.

TENSOR, RA adj. Que origina tensión.

TENTACIÓN f. (lat. *tentatio*). Movimiento interior que nos impulsa a hacer una cosa, particularmente si es mala: *caer en la tentación.* (SINÓN. V. *Pecado.*) ‖ *Fig.* Sujeto que induce o persuade. ‖ Deseo: *tentación de viajar.*

TENTACULADO, DA adj. Que tiene tentáculos.

TENTACULAR adj. Perteneciente o relativo a los tentáculos: *apéndice tentacular.*

TENTÁCULO m. *Zool.* Nombre de los apéndices móviles de muchos animales (moluscos, infusorios) que les sirven como órganos de tacto y prensión.

TENTADERO m. Lugar donde se hace la tienta.

TENTADO, DA adj. *Col.* Inquieto, travieso.

TENTADOR, RA adj. Que tienta. ‖ Que hace caer en la tentación. ‖ — M. El diablo.

TENTADURA f. *Quím.* Ensayo que se hace de un mineral de plata tratándole con el azogue. ‖ Muestra para dicho ensayo. ‖ Zurra, soba.

TENTALEAR v. t. *Fam.* Tentar repetidas veces; reconocer a tientas.

TENTAR v. t. (lat. *tentare*). Palpar una cosa. (SINÓN. V. *Tocar.*) ‖ Reconocer una cosa por medio del tacto: *ir tentando el camino en la obscuridad.* ‖ Instigar, seducir: *la serpiente tentó a Eva.* (SINÓN. *Engolosinar, incitar, seducir.* V. tb. *animar.*) ‖ Intentar: *tentar una empresa.* ‖ Examinar, probar a uno. ‖ *Cir.* Reconocer con la tienta: *tentar una herida.* ‖ *Tentar a Dios,* emprender alguna cosa que está más allá de las fuerzas del hombre. ‖ — IRREG. Se conjuga como *acertar.*

TENTATIVA f. Acción que tiene por objeto la consecución de un proyecto: *tentativa de asesinato.* (SINÓN. *Intento, prueba.*) ‖ *For.* Principio de ejecución de un delito que no se realiza.

TENTATIVO, VA adj. Lo que sirve para tantear.

TENTENELAIRE com. Hijo o hija de cuarterón y mulata, o de mulato y cuarterona. ‖ *Amer.* Hijo de jíbaro y albarazada o de albarazado y jíbara. ‖ — M. *Arg.* Colibrí.

TENTEMOZO m. Puntal que se pone a una cosa expuesta a caerse. ‖ Palo colgado del carro que sirve para impedir que caiga hacia adelante. ‖ Dominguillo.

TENTEMPIÉ m. *Fam.* Refrigerio. ‖ Dominguillo.

TENTETIESO m. Tentemozo, dominguillo.

TENTÓN m. *Fam.* Acción de tentar bruscamente. ‖ *Guat.* Herida grave.

TENUE adj. (lat. *tenuis*). Delicado, delgado: *hilo tenue.* ‖ De poca importancia. ‖ Sencillo.

TENUEMENTE adv. m. Con tenuidad.

TENUIDAD f. Calidad de tenue o delgado: *la tenuidad de un hilo.* ‖ Cosa de poco valor.

TENUIRROSTRO adj. De pico alargado, recto y a veces arqueado. ‖ — M. pl. Suborden de estos animales, como la abubilla y los pájaros moscas.

TENUTA f. *For.* Posesión de una renta que se goza hasta la decisión judicial, entre los litigantes.

TENUTO adv. (pal. ital.). *Mús.* Acorde o nota sostenido.

TEÑIBLE adj. Que se puede teñir.

TEÑIDO m. Acción de teñir.

TEÑIDURA f. Acción y efecto de teñir o teñirse.

TEÑIR v. t. (lat. *tingere*). Dar a una cosa color distinto del que tenía: *teñir un vestido.* ‖ *Pint.* Rebajar un color con otro. ‖ *Fig.* Imbuir de una opinión o afecto. ‖ — IRREG. Se conjuga como *ceñir.*

TEOBROMA m. mejor que f. (del gr. *theos,* dios, y *broma,* alimento). *Bot.* Nombre científico del *cacao.*

TEOBROMINA f. Principio activo del cacao.

TEOCALI m. Templo antiguo de los mexicanos.

TEOCRACIA f. (del gr. *theos,* dios, y *kratein,* dominar, reinar). Gobierno cuya autoridad, mirada como procedente de Dios, está ejercida por sus ministros.

TEOCRÁTICAMENTE adv. m. De manera teocrática.

TEOCRÁTICO, CA adj. Relativo a la teocracia: *poder teocrático.*

TEODICEA f. (del gr. *theos,* dios, y *dikê,* justicia). Teología natural. ‖ Tratado sobre la justicia de Dios: *la teodicea de Leibniz.* (V. *Parte hist.*) ‖ Parte de la metafísica que trata de Dios, de su existencia y de sus atributos.

TEODOLITO m. Instrumento de geodesia para establecer planos, medir ángulos, etc.

TEODOSIANO, NA adj. Perteneciente a Teodosio: *Código Teodosiano.* (V. *Parte hist.*)

TEOFANÍA f. Aparición, manifestación de Dios, epifanía.

TEOFILANTROPÍA f. En Francia, bajo el Directorio, doctrina filosófica fundada en la creencia en un Dios poderoso y bueno, sin culto. ‖ Amor de Dios y de los hombres.

TEOFILÁNTROPO m. Partidario o adepto a la teofilantropía. ‖ Miembro de una sociedad deísta.

tensor de alambre

TEODOLITO

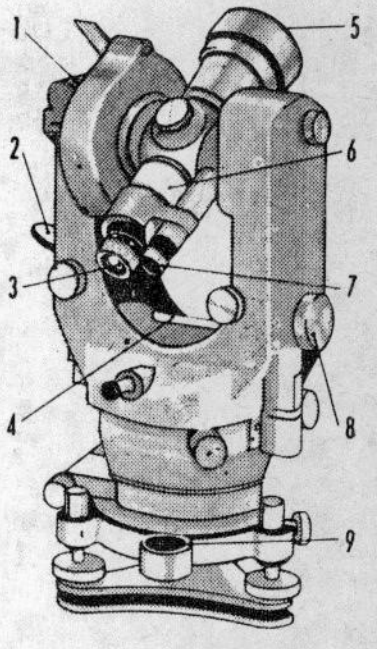

1. Nivel del círculo vertical
2. Espejo para iluminar los círculos y el micrómetro
3. Ocular del anteojo
4. Nivel de verticalidad
5. Objetivo del anteojo
6. Tornillo de enfoque del anteojo
7. Ocular del microscopio
8. Botón del micrómetro óptico
9. Nivel esférico

TENIS

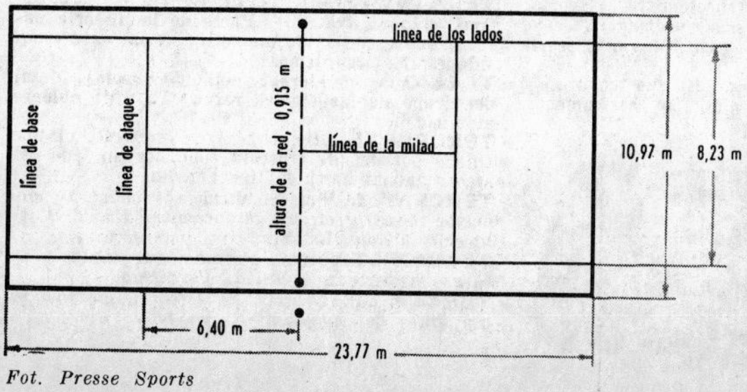

Fot. Presse Sports

fundada en Francia bajo el Directorio, partidaria del papel necesario de la religión en el Estado.

TEOFILANTROPÍA f. Amor de Dios y de los hombres.

TEOFOBIA f. Temor morboso de provocar la ira de Dios.

TEÓFOBO, BA adj. y s. Que padece teofobia.

TEOGONÍA f. (del gr. *theos*, dios, y *genos*, generación). Generación de los dioses. ‖ Nombre dado al conjunto de las divinidades que forman el sistema religioso de un pueblo politeísta: *la teogonía de los indios.*

TEOGÓNICO, CA adj. Relativo a la teogonía: *Leyendas teogónicas.*

TEOLOGAL adj. Relativo a la teología. ‖ *Virtudes teologales,* nombre que se da a la fe, la esperanza y la caridad, porque tienen a Dios por objeto.

TEOLOGÍA f. (del gr. *theos*, dios, y *logos*, discurso). Ciencia que trata de Dios, de sus atributos y perfecciones. ‖ Doctrina teológica: *la teología de Santo Tomás.* ‖ Tratado teológico: *la "Teología" de Belarmino.* ‖ *Teología ascética,* la que se refiere al ejercicio de las virtudes. ‖ *Teología natural* o *racional (teodicea),* la que hace uso de la razón, debiendo ser demostradas todas sus verdades. ‖ *Teología positiva* o *revelada,* la que trata de Dios a la luz de la revelación. ‖ *Fig.* y *fam. No meterse en teologías,* no meterse a discutir cuestiones arduas sin entenderlas bien.

TEOLÓGICAMENTE adv. m. En términos o principios teológicos.

TEOLÓGICO, CA adj. Relativo a la teología. ‖ *Estado teológico,* según Augusto Comte, estado inicial del conocimiento humano, en el cual el hombre primitivo asigna a los hechos naturales causas sobrenaturales o divinas. (A este estado siguen el *estado metafísico* y después el *estado positivo.*)

TEOLOGISMO m. Abuso de las discusiones sobre asuntos teológicos.

TEOLOGIZAR v. i. Discurrir sobre principios teológicos.

TEÓLOGO, GA adj. Teologal. ‖ — M. y f. Persona que profesa la teología o discute acerca de ella: *Santo Tomás es el más grande de los teólogos católicos de la Edad Media.* ‖ Estudiante de teología.

TEOMANÍA f. Manía de creerse Dios.

TEOMANIACO, CA adj. y s. Que padece teomanía.

TEOREMA m. (lat. *theôrêma*). Proposición que exige demostración. ‖ *Mat.* Conclusión de un estudio matemático. ‖ *Por ext.* Enunciado de una proposición o de una propiedad que se demuestra por un razonamiento lógico a partir de hechos dados o de hipótesis, incluidos en este enunciado.

TEORÉTICO, CA adj. contemplativo, especulativo, intelectual: *la actividad teorética del espíritu.* ‖ Perteneciente al teorema.

TEORÍA f. (gr. *theôria*). Conocimiento especulativo puramente racional (opuesto a *práctica*). (SINÓN. *Especulación, suposición.*) ‖ Conjunto de conocimientos que dan la explicación completa de un cierto orden de hechos: *teoría atómica.* ‖ Conjunto sistematizado de opiniones, de ideas: *teoría política.* (SINÓN. V. *Método.*) ‖ Procesión religiosa, entre los antiguos griegos.

TEÓRICA f. (gr. *thêorikê*). Teoría, especulación.

TEÓRICAMENTE adv. m. De un modo teórico.

TEÓRICO, CA adj. Perteneciente a la teoría: *esta discusión presenta interés puramente teórico.* ‖ — M. El que conoce los principios o la teoría de un arte.

TEORIZANTE adj. y s. m. El que teoriza.

TEORIZAR v. t. Tratar algo sólo teóricamente.

TEPONASCLE

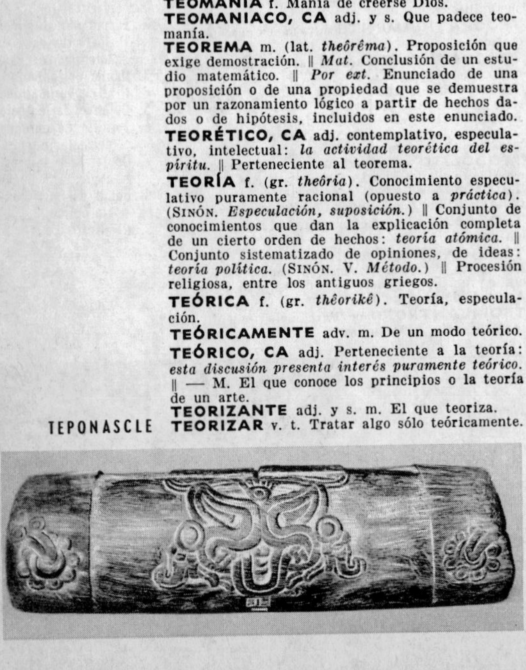

TEOSO, SA adj. Perteneciente o relativo a la tea. ‖ Dícese de la madera resinosa que puede servir para teas.

TEOSOFÍA f. Doctrina religiosa que tiene por objeto la unión con la divinidad, prescindiendo de la razón y la fe.

TEÓSOFO m. Partidario de la teosofía.

TEPACHE m. *Hond.* Nombre que se da a la elaboración y venta de aguardiente de contrabando. ‖ *Méx.* Bebida que se hace con pulque, agua y piña.

TEPALCATE m. *Méx.* El tiesto o trasto de barro. ‖ *Méx. De tal jarro, tal tepalcate,* de tal palo, tal astilla.

TEPALCATERO m. *Méx.* Alfarero.

TÉPALO m. *Bot.* Cada una de las piezas del periantio.

TEPATE m. *Amér. C.* El estramonio o datura, planta venenosa.

TEPE m. (del b. lat. *teppa*, césped). Trozo cuadrado de tierra cubierto de césped, que sirve para hacer paredes y malecones.

TEPEIZCUINTE m. *Méx.* y *C. Rica.* Paca, animal.

TEPEMECHÍN m. *C. Rica, Hond.* y *Méx.* Pez de río, que se encuentra en las cascadas: *la carne del tepemechín es muy sabrosa.*

TEPERETE m. V. PERETE.

TEPETATE m. *Méx.* Roca que se emplea en la fabricación de casas. ‖ *Hond.* y *Méx.* La tierra de mina que no tiene metal. ‖ *Méx. Sembrar en tepetate,* predicar en desierto.

TEPIDARIO m. En las termas romanas, sala donde se tomaban baños tibios.

TEPOCATE m. *Amér. C.* Renacuajo. ‖ *Méx.* Rechoncho.

TEPONASCLE m. *Méx.* Árbol de la familia de las burseráceas usado para construcciones. ‖ *Méx.* Instrumento músico de percusión de madera llamado también *teponaztli.*

TEPOZÁN m. *Méx.* Un árbol escrofulariáceo.

TEPÚ m. *Chil.* Árbol mirtáceo que se usa para leña.

TEQUENSE adj. y s. De los Teques (Venezuela).

TEQUEZQUITE m. *Méx.* Carbonato de sosa natural; salitre.

TEQUIAR v. t. *Amér. C.* Dañar, perjudicar.

TEQUICHE m. *Venez.* Dulce de harina de maíz tostada, con leche de coco y papelón.

TEQUILA m. y f. *Méx.* Bebida semejante a la ginebra que se destila de una especie de maguey.

TEQUIO m. *Amer.* Porción de mineral que forma el destajo de un barretero. ‖ *Amer. Fig.* Molestia.

TEQUIOSO, SA adj. *Amér. C.* Molesto, pesado.

TERA, prefijo que indica una multiplicación por un millón de millones (10^{12}).

TERAPEUTA m. Nombre dado a los monjes judíos extendidos por Egipto y cuyas doctrinas se parecían a las de los esenios. ‖ — Com. Persona que aplica racionalmente los dones de la terapéutica.

TERAPÉUTICA f. (del gr. *therapeuein*, servir, cuidar). Parte de la medicina que enseña el modo de tratar las enfermedades. (SINÓN. V. *Tratamiento.*)

TERAPÉUTICO, CA adj. Relativo o perteneciente a la terapéutica: *agente terapéutico muy activo.*

TERAPIA f. *Med.* Terapéutica.

TERATOLOGÍA f. (del gr. *teras, teratos,* monstruo, y *logos*, tratado). Parte de la historia natural que estudia las anomalías y las monstruosidades del organismo.

TERBIO m. (de *Iterby*, pueblo de Suecia). Metal del grupo de las tierras raras (Tb), de número atómico 65.

TERCELETE adj. *Arq. Arco tercelete,* el que en las bóvedas de crucería sube por un lado del arco diagonal hasta la línea media.

TERCENA f. Almacén donde se venden al por mayor tabaco y efectos estancados. ‖ *Ecuad.* Carnicería. ‖ *Salv.* Estanco.

TERCENISTA com. Persona que tiene a su cargo la tercena. ‖ *Ecuad.* Carnicero.

TERCER adj. Apócope de *tercero*, que sólo se usa antes del substantivo: *un tercer día.*

TERCERA f. Reunión, en el juego de los cientos, de tres cartas seguidas del mismo palo. ‖ *Mús.* Consonancia que comprende un intervalo de dos tonos y medio. ‖ Dítono. ‖ Alcahueta.
TERCERÍA f. Cargo de tercero. (SINÓN. *Mediación.*) ‖ *For.* Derecho que deduce un tercero entre los otros litigantes.
TERCERILLA f. Composición métrica de tres versos de arte menor.
TERCERO, RA adj. y s. Que sigue a lo segundo. ‖ Que media entre dos o más personas para una cosa: *servir de tercero en una reconciliación.* ‖ — M. Alcahuete. ‖ Religioso de la orden tercera de San Francisco. ‖ Persona que no es ninguna de dos o más de quien se trata: *comunicar un convenio a un tercero.* ‖ El tercer piso: *vivo en el tercero.* ‖ El tercer curso de un liceo, colegio o academia: *mi hijo estudia tercero.* ‖ Cada una de las 60 partes en que se divide el segundo.
TERCEROL m. *Mar.* Dícese de ciertas cosas que ocupan el lugar tercero en un barco.
TERCEROLA f. (ital. *terzeruolo*). Carabina corta usada por la caballería. ‖ Barril de mediana cabida. ‖ Flauta más pequeña que la ordinaria. ‖ *Fam.* Vagón de tercera clase en los ferrocarriles.
TERCERÓN m. Hijo de blanco y mulato o viceversa.
TERCETO m. (ital. *terzetto*). *Poét.* Combinación de tres versos endecasílabos que riman el primero con el tercero, quedando el segundo libre. ‖ *Terceto encadenado,* aquel cuyo segundo verso rima con el primero y tercero del terceto siguiente. ‖ Tercerilla. ‖ *Mús.* Composición para tres voces o instrumentos, y conjunto de los mismos. (SINÓN. *Trío.*)
TERCIA f. (lat. *tertia*). Tercera parte de la vara. ‖ Tercio, tercera parte. ‖ Segunda de las cuatro partes iguales en que dividían el día los romanos. ‖ En el oficio divino, hora después de prima. ‖ Tercera, en los cientos. ‖ Tercera cava que se da a las viñas.
TERCIADO, DA adj. Dícese de la azúcar morena. ‖ Dícese del toro de mediano tamaño. ‖ — M. Espada corta de hoja ancha. ‖ Cinta más estrecha que el listón. ‖ Madero que resulta de dividir en tres partes la alfarjía.
TERCIADOR, RA adj. y s. Que tercia o media.
TERCIANARIO, RIA adj. y s. Que tiene tercianas. ‖ — Adj. Dícese del país o comarca que las ocasiona.
TERCIANAS f. pl. (lat. *tertiana*). *Med.* Calentura intermitente que vuelve cada tres días.
TERCIANELA f. Gro de cordoncillo muy grueso.
TERCIAR v. t. Poner una cosa atravesada diagonalmente: *terciar la escopeta.* ‖ Dividir una cosa en tres partes. ‖ Equilibrar la carga repartiéndola sobre la acémila. ‖ Dar la tercera labor a las tierras. ‖ *Col.* Cargar a la espalda una cosa. ‖ *Amer.* Aguar: *terciar el vino, la leche.* ‖ — V. i. Interponerse en una discusión, ajuste, etc. ‖ Tomar parte en una cosa: *terciar en un contrato.* (SINÓN. V. *Intervenir.*) ‖ Completar el número de personas necesario para una cosa. ‖ Llegar la Luna a su tercer día. ‖ — V. r. Ocurrir: *terciarse la ocasión.*
TERCIARIO, RIA adj. Tercero. ‖ *Arq.* Dícese de un arco de las bóvedas formadas con cruceros. ‖ —M. *Geol.* Era geológica precedente a la actual era cuaternaria, caracterizada por el plegamiento alpino y la diversificación de los mamíferos: *la era terciaria duró alrededor de 70 millones de años.* ‖ — M. y f. Persona que profesa una de las terceras órdenes.
TERCIAZÓN f. La tercera labor de las tierras.
TERCIO, CIA adj. (lat. *tertius*). Tercero. ‖ Tercia parte. ‖ — M. Cada una de las tres partes iguales en que se divide un todo. ‖ Cada uno de los fardos que lleva una acémila. ‖ Mitad de la carga cuando va en fardos. ‖ *Taurom.* Cada una de las tres partes en que se divide la lidia: *tercio de varas, de banderillas, de muerte.* ‖ *Mil.* Nombre de los regimientos españoles de infantería de los siglos XVI y XVII. ‖ Nombre de las divisiones de la Guardia Civil española. ‖ Cuerpo militar de voluntarios extranjeros o nacionales, legión. ‖ *Mar.* Asociación de los armadores y pescadores de un puerto. ‖ *Taurom.* Cada una de las tres partes concéntricas en que se divide el ruedo. Por antonomasia, el comprendido entre las tablas y los medios.

TERCIOPELADO, DA adj. Aterciopelado. ‖ — M. Tejido parecido al terciopelo, con el fondo de raso.
TERCIOPELERO m. Obrero que trabaja los terciopelos, felpas, etc.
TERCIOPELO m. Tela de seda o algodón velluda por una de sus caras.
TERCO, CA adj. Obstinado: *un muchacho terco* (SINÓN. V. *Intransigente* y *testarudo.*) ‖ *Ecuad.* Despegado, desamorado, desabrido.
TEREBENTENO m. Hidrocarburo de la esencia de trementina.
TEREBINTÁCEAS f. pl. *Bot.* Familia de árboles de las regiones cálidas, como el *anacardio,* el *terebinto.* (Clase de dicotiledóneas, subclase de las dialipétalas.) [SINÓN. *Anacardiáceas.*]
TEREBINTO m. (lat. *terebinthus*). Arbolillo de la familia de las anacardiáceas, de 3 a 6 metros de altura.
TEREBRANTE adj. (del lat. *terebrare,* taladrar). *Med.* Dícese de ciertos dolores que producen la sensación de un taladramiento de la parte dolorida.
TEREBRÁTULA f. *Zool.* Animal braquiópodo.
TERENCIANO, NA adj. Propio y característico del poeta Terencio.
TERENIABÍN m. Nombre de una especie de goma que fluye de un arbusto de Persia y Arabia.
TEREQUE m. *Col.* y *Venez.* Trebejo, chisme.
TERESIANA f. *Mil.* Especie de quepis de algunos oficiales.
TERESIANO, NA adj. Perteneciente o relativo a Santa Teresa de Jesús. ‖ Afiliado a la devoción de esta santa: *orden teresiana.*
TERGAL m. Nombre comercial de un tejido sintético: *traje de tergal.*
TERGIVERSABLE adj. Que puede tergiversarse.
TERGIVERSACIÓN f. Acción y efecto de tergiversar: *la tergiversación de sus ideas.*
TERGIVERSADOR, RA adj. y s. Que tergiversa.
TERGIVERSAR v. t. Forzar las razones, relatar un hecho deformándolo intencionadamente. (SINÓN. V. *Falsear.*)
TERLIZ m. Cierta tela fuerte de lino o algodón.
TERMAL adj. Relativo a las termas o caldas. ‖ Caliente: *aguas termales medicinales.*
TERMALIDAD f. Naturaleza, cualidad de las aguas termales.
TERMALISMO m. Estudio y organización de los recursos termales de un país.
TERMAS f. pl. (gr. *therma*). Caldas, baños calientes. (SINÓN. V. *Baño.*) ‖ Baños públicos de los antiguos romanos.
TERMES m. Comején.
TERMIA f. Cantidad de calor necesaria para elevar de 1°C la temperatura de una tonelada de agua tomada a 14,5°C, bajo la presión atmosférica normal (símb.: th): *una termia vale un millón de calorías.*
TÉRMICO, CA adj. (del gr. *thermê,* calor). Dícese de los fenómenos químicos acompañados de aumento o disminución de calor. ‖ Perteneciente o relativo al calor.
TERMIDOR m. El undécimo mes del calendario republicano francés (del 20 de julio al 18 de agosto).
TERMINACIÓN f. Acción de terminar. ‖ Manera cómo termina una cosa: *la terminación de una comedia.* (SINÓN. V. *Resultado.*) ‖ Parte final de una obra o cosa. (SINÓN. *Fin.*) ‖ Desinencia de una palabra: ACHO *es una terminación generalmente despectiva.* ‖ Parte variable de una palabra, en contraposición a *radical.* (SINÓN. *Declinación, final.*)
TERMINACHO m. *Fam.* Palabra poco culta o grosera. ‖ *Fam.* Término bárbaro o mal usado.
TERMINADOR, RA adj. y s. Que termina.
TERMINAJO m. *Fam.* Terminacho.
TERMINAL adj. Final, último: *flores terminales.* ‖ — M. *Electr.* Extremo de un conductor preparado para facilitar su conexión con un aparato. ‖ — F. En un aeropuerto, conjunto de edificios reservados a los viajeros y a las mercancías.
TERMINANTE adj. Que termina. ‖ Claro, concluyente: *dar una contestación terminante.* (SINÓN. V. *Decisivo.*)
TERMINANTEMENTE adv. m. De un modo terminante: *negarse terminantemente a una cosa.*

tercera

TERMO

ternero

TERMINAR v. t. (lat. *terminare*). Poner término a una cosa. || Acabar. || — V. i. Tener término una cosa. || *Med.* Acabarse una enfermedad. || — V. r. Encaminarse, dirigirse una cosa a su fin u objeto.
TERMINATIVO, VA adj. Relativo al término o fin de una acción.
TERMINISTA com. Persona que usa términos rebuscados.
TÉRMINO m. (lat. *terminus*). Fin, respecto del tiempo o del espacio: *término de una carrera, de la vida.* || (SINÓN. *Final, límite, meta.*) || *Fig.* Límite o extremo de una cosa inmaterial. || Expresión: *términos poco escogidos.* (SINÓN. V. *Palabra.*) || Mojón, límite. || Terreno contiguo a una ciudad y sometido a su jurisdicción: *término municipal.* || Línea divisoria de los Estados, provincias, distritos, etc. (SINÓN. *Confín, límite.*) || Lugar señalado para algún fin. || Tiempo o plazo determinado: *en el término de cinco días...* || Estado o situación en que se halla una persona o cosa. (SINÓN. V. *Resultado.*) || Trato: *estar en buenos términos con uno.* || Busto humano colocado sobre un estípite. || *Lóg.* Aquello dentro de lo cual se contiene una cosa enteramente. || Cada una de las partes de una proposición o silogismo. || *Mat.* Cada una de las cantidades que componen un polinomio, razón, quebrado, etc. || *Términos de una fracción,* el numerador y el denominador. || *Pint.* Plano en que se representa algún objeto en un cuadro. || *Teatro.* Plano de distancia en el escenario. || *Término medio,* cantidad que resulta de sumar varias cantidades y dividir el total por el número de ellas. *Fig.* Arbitrio prudente y proporcionado que se toma en ciertos casos: *contentarse con un término medio.* || *Medios términos,* rodeos, tergiversaciones. || *En buenos términos,* m. adv., con perífrasis y rodeos. En buenas relaciones. || *En propios términos,* m. adv., textualmente. || *Poner término* a una cosa, hacer que cese, que acabe.
TERMINOLOGÍA f. Conjunto de los términos técnicos empleados en un arte, una ciencia, etc.
TERMINOTE m. *Fam.* Palabra desusada o afectadamente culta.
TÉRMINUS m. (pal. lat.). Punto final de una línea de transportes.
TERMITA m. (del lat. *termes*). Comején.
TERMITA f. (del gr. *thermê,* calor). Mezcla de aluminio y de óxidos de diferentes metales que produce por inflamación elevadísima temperatura.
TERMITERO m. Nido de termes.
TERMO m. (de *thermos,* calor). Nombre comercial de un recipiente aislante, para conservar los líquidos a la temperatura en que son introducidos. || *Fam.* Termosifón.
TERMOCAUTERIO m. *Cir.* Cauterio que se mantiene incandescente gracias a una corriente de aire carburado.
TERMOCOMPRESOR m. Bomba de calor que vaporiza jugos de frutas, salmueras, etc.
TERMODINÁMICA f. Parte de la física que estudia las relaciones existentes entre los fenómenos dinámicos y los caloríficos.
TERMOELECTRICIDAD f. *Fís.* Nombre que se da a la electricidad producida por la acción del calor. || Parte de la física que estudia la energía eléctrica producida por el calor.
TERMOELÉCTRICO, CA adj. Relativo a la termoelectricidad: *pila termoeléctrica.* || Dícese del aparato en que se desarrolla electricidad por la acción del calor.
TERMOGÉNESIS f. Producción del calor.
TERMÓGENO, NA adj. *Fís.* Que engendra calor: *reacción termógena.* || — M. Aparato para producir calor mecánicamente.
TERMÓGRAFO m. Instrumento que registra las variaciones de temperaturas.
TERMÓLISIS f. Descomposición por el calor de los compuestos químicos.
TERMOLOGÍA f. Parte de la física que estudia el calor.
TERMOLÓGICO, CA adj. Relativo a la termología.
TERMOMANÓMETRO m. Aparato para medir la tensión del vapor en las calderas.
TERMOMETRÍA f. *Fís.* Medición de la temperatura: *termometría clínica.*
TERMOMÉTRICO, CA adj. Relativo al termómetro: *escala termométrica.*
TERMÓMETRO m. (del gr. *thermos,* calor, y *metron,* medida). Instrumento que sirve para medir la temperatura. || *Termómetro centígrado,* el que comprende 100 divisiones entre el 0 correspondiente a la temperatura del hielo en fusión y el 100 que corresponde a la temperatura del vapor de agua hirviendo a la presión atmosférica normal. || *Termómetro Fahrenheit,* el dividido en 180 partes entre la división 32, que corresponde al hielo en fusión, y la 212, que es la del vapor de agua hirviendo. || *Termómetro Reaumur,* el que comprende 80 divisiones entre las temperaturas del hielo en fusión (0º) y del vapor de agua hirviendo (80º). || *Termómetro registrador,* el que va señalando en un papel las diferencias de temperatura. || *Termómetro de máxima y mínima,* termómetro que registra las temperaturas, máxima y mínima, en un determinado período de tiempo. || *Termómetro clínico,* el que se usa para tomar la temperatura a los enfermos y cuya escala se divide en décimas de grado.
TERMONUCLEAR adj. Dícese de las reacciones de fusión nuclear de dos núcleos atómicos, que se producen a temperaturas de millones de grados. || *Bomba termonuclear* o *bomba de hidrógeno,* clase de bomba atómica fabricada entre 1950 y 1954, que pone en juego la fusión de los núcleos de los átomos ligeros, tales como el hidrógeno. (Sus efectos son un millar de veces mayores que los de la bomba atómica de 1945. Su potencia se mide en megatones.)
TERMOPLÁSTICO, CA adj. Dícese de las substancias que adquieren plasticidad por los efectos del calor. || Dícese de una materia plástica cuyas propiedades no son modificadas por la acción de las altas temperaturas.
TERMOPROPULSADO, DA adj. Movido por termopropulsión.
TERMOPROPULSIÓN f. Propulsión de un móvil por la energía desprendida directamente, sin transformación mecánica previa.
TERMOPROPULSIVO, VA adj. Que mueve algo por termopropulsión.
TERMOQUÍMICA f. Parte de la química que se ocupa de las cantidades de calor producido por las combinaciones.
TERMORREGULACIÓN f. Regulación automática de la temperatura.
TERMORREGULADOR m. Aparato para regular la temperatura de los hornos, secaderos, etc.
TERMORREÓSTATO m. Termorregulador utilizado en los hornos eléctricos.
TERMOSCOPIO m. Especie de termómetro de aire que sirve para estudiar las diferencias de temperaturas entre dos medios.
TERMOSIFÓN m. Aparato de calefacción por medio del agua caliente. || Aparato anejo a una cocina que sirve para calentar agua y distribuirla a los baños, lavabos, etc., de una casa.
TERMOSTATO m. Aparato que mantiene constante una temperatura.
TERMOTERAPIA f. Tratamiento de las enfermedades por el calor.
TERNA f. (del lat. *terna,* triple). Conjunto de tres personas propuestas para un cargo o empleo. || Pareja de tres puntos en los dados. || Juego de dados.
TERNARIO, RIA adj. De tres elementos. || *Mús.* Que se compone de tres tiempos o de un múltiplo de tres: *compás ternario.* || — M. Espacio de tres días dedicados a una devoción.
TERNE adj. y s. *Fam.* Valentón. || — M. *Arg.* Facón o navaja grande que usan los gauchos.
TERNEJO adj. *Ecuad.* y *Per. Fam.* Enérgico, vigoroso.
TERNEJÓN, ONA adj. *Fam.* Demasiado sensible.
TERNERA f. Cría hembra de la vaca. || Carne de ternera o de ternero: *ternera guisada.*
TERNERAJE m. *Amer.* Conjunto de terneros.
TERNERO m. Cría macho de la vaca. || *Ternero recental,* el de leche o que no ha pastado todavía.
TERNEZA f. Ternura, calidad de lo que es tierno. || *Fam.* Requiebro.
TERNILLA f. Tejido cartilaginoso de los animales vertebrados. || *Cub.* Costillas falsas del ganado.

TERNILLOSO, SA adj. Compuesto de ternillas o es parecido a ellas. (SINÓN. *Cartilaginoso.*)
TERNÍSIMO, MA adj. Muy tierno.
TERNO m. (lat. *ternus*). Conjunto de tres cosas de una misma clase. || Pantalón, chaleco y chaqueta, confeccionados de la misma tela. (SINÓN. V. *Vestido.*) || Suerte de tres números en la lotería primitiva. || Voto, juramento. (SINÓN. V. *Blasfemia.*) || *Impr.* Conjunto de tres pliegos impresos. || *Col.* El juego de jícara y platillo.
TERNURA f. Calidad de tierno, blandura. (CONTR. *Dureza.*) || Sensibilidad: *la ternura de una madre.* (SINÓN. V. *Afección.*) || Requiebro.
TERO m. *Arg.* Ave zancuda provista de espolones en las alas.
TERÓPODOS m. pl. Saurios bípedos de gran tamaño que se desarrollaron en el jurásico.
TERPENO m. Nombre genérico de los hidrocarburos que tiene por tipo el terebenteno.
TERPINA f. Hidrato de trementina, que sirve para preparar el terpinol o esencia de muguete y que se ha introducido en la terapéutica como sucedáneo de la trementina.
TERPINOL m. *Quím.* Un compuesto que se saca de la terpina y huele como la esencia de muguete.
TERQUEDAD f. Calidad de terco. || Porfía, obstinación. (SINÓN. V. *Insistencia.*) || *Ecuad.* Desvío, desapego.
TERRACOTA f. (pal. ital.). Figura, escultura de barro cocido.
TERRADO m. Tejado plano de algunas casas.
TERRAJA f. Tabla recortada para hacer molduras de yeso. || Barra de acero con un agujero en medio donde se fijan las piezas que sirven para labrar roscas de tornillos. || *Col.* Pájaro de lindos colores.
TERRAJE m. Terrazgo, renta de una tierra.
TERRAJERO m. Terrazguero.
TERRAL adj. y s. Dícese del viento de tierra.
TERRAMICINA f. *Med.* Antibiótico poderoso que se extrae de un hongo.
TERRANOVA m. Perro de pelo oscuro, originario de Terranova.
TERRAPLÉN m. Macizo de tierra con que se rellena o levanta un hueco u hondonada: *terraplén de un ferrocarril.* (SINÓN. V. *Talud.*)
TERRAPLENAR v. t. Llenar de tierra un vacío o hueco. || Acumular tierra para levantar un terraplén.
TERRÁQUEO, A adj. Que está compuesto de tierra y agua: *el globo terráqueo.*
TERRATENIENTE com. Poseedor de tierra o hacienda. (SINÓN. V. *Rico.*)
TERRAZA f. Jarra vidriada de dos asas. || Arriate de un jardín. || Terrado. || Parte de la acera a lo largo de un café donde se colocan mesas. || Sobre las vertientes de un valle, rellano frecuentemente cubierto de depósitos fluviales. || Elevación de terreno, generalmente sostenido por un muro de albañilería, para comodidad del paseo o para el placer de la vista. || Terreno cultivable sobre una ladera, retenido por un pequeño muro.
TERRAZGO m. Pedazo de tierra cultivable. || Renta que paga el labrador al dueño de una tierra.
TERRAZGUERO m. El que paga el terrazgo. (SINÓN. V. *Granjero.*)
TERRAZO m. *Pint.* Terreno representado en un paisaje. || Especie de cemento.
TERREAR v. i. Descubrirse o dejarse ver la tierra de un sembrado.
TERREGOSO, SA adj. Lleno de terrones.
TERREMOTO m. (del lat. *terra*, tierra, y *motus*, movimiento). Temblor o sacudimiento del terreno en una gran extensión. (SINÓN. V. *Seísmo.*)
TERRENAL adj. Perteneciente o relativo a la tierra: *la vida terrenal.* || *Paraíso terrenal*, lugar amenísimo en donde Dios puso a Adán después que lo crió. || — CONTR. *Celestial.*
TERRENIDAD f. La calidad de terreno.
TERRENO, NA adj. (lat. *terrenus*). Terrestre o terrenal: *los bienes terrenos son perecederos.* || — M. *Geol.* Masas minerales de origen común o cuya formación es de una misma época. || Espacio de tierra: *ocupar un dilatado terreno.* || Suelo considerado desde el punto de vista de su naturaleza: *un terreno arcilloso.* (SINÓN. *Campo, gleba, tierra, suelo.*) || *Dep.* Lugar donde se disputa un partido. || Campo de acción, esfera de una persona o cosa: *en el terreno de las hipótesis todo es posible.* || *Fig.* *Reconocer* o *tantear el terreno*, intentar descubrir el estado de las cosas o de los ánimos. || *Ganar terreno*, ir adelantando en un asunto. || *Vehículo todo terreno*, vehículo capaz de circular por carretera y por diferentes terrenos, jeep. || *Fig.* *Minarle* a uno *el terreno*, trabajar solapadamente para desbaratar a uno sus planes.
TÉRREO, A adj. De tierra o parecido a ella.
TERRERA f. Terreno escarpado. || Alondra, ave.
TERRERO, RA adj. Relativo a la tierra. || De tierra: *piso terrero.* || Dícese del vuelo rastrero de algunas aves. || Dícese del caballo que levanta poco las patas al caminar. || *Fig.* Bajo, humilde de condición. || *Can.* y *P. Rico.* De un solo piso: *casa terrera.* || — Adj. y s. f. Que sirve para llevar tierra: *saco terrero.* || — M. Montón de tierra. || Terrado, azotea. || Montón de broza o escombros.
TERRESTRE adj. Relativo a la Tierra: *el globo terrestre.* || Que vive sobre la parte sólida del globo: *plantas terrestres.* || *Fig.* Perteneciente a la tierra, terrenal.
TERREZUELA f. La tierra pequeña o sin valor.
TERRIBILIDAD f. Calidad de terrible.
TERRIBLE adj. (lat. *terribilis*). Que causa terror: *grito terrible.* (SINÓN. *Temible.* V. tb. *espantoso.*) || *Fig.* Violento, fuerte: *golpe terrible.* (SINÓN. *Desmesurado, formidable.*) || En sentido peyorativo, extraordinario: *es un charlatán terrible.*
TERRIBLEMENTE adv. m. De una manera terrible. || *Fam.* Extraordinaria o excesivamente: *estaba terriblemente enamorado.*
TERRÍCOLA com. Morador de la tierra.
TERRIER m. Raza de perros de caza cuyo tipo es el *fox-terrier* y que comprende diversas variedades como el *bull-terrier, skye-terrier, irish-terrier.*
TERRIFICAR v. t. Horrorizar.
TERRÍFICO, CA adj. (lat. *terrificus*). Dícese de lo que causa espanto o terror.
TERRÍGENO, NA adj. Nacido o engendrado de la tierra.
TERRINO, NA adj. De tierra.
TERRITORIAL adj. (lat. *territorialis*). Perteneciente o relativo al territorio: *establecer un impuesto territorial.*
TERRITORIALIDAD f. Privilegio en virtud del cual los buques y los domicilios de los agentes diplomáticos se consideran como parte del territorio de la nación a que pertenecen. || Condición de lo que forma parte del territorio de un Estado.
TERRITORIO m. (lat. *territorium*). Extensión de tierra perteneciente a una nación, provincia, comarca, etc. || Término de una jurisdicción. (SINÓN. V. *Nación.*) || *Arg.* Demarcación sujeta al mando de un gobernador.
TERRIZO, ZA adj. De tierra o semejante a la tierra. || — M. y f. Barreño, lebrillo.
TERRÓN m. Masa pequeña de tierra apretada. || Pedazo pequeño de azúcar u otros cosas: *terrón de sal.* || Orujo que queda en los capachos de los molinos de aceite. || *Fig.* y *fam.* Campo pequeño: *labrar un terrón.* || *A rapa terrón*, m. adv., a raíz: *pelar a un muchacho a rapa terrón.* || *Col.* *Meter los terrones*, meter miedo.
TERRONAZO m. Golpe dado con un terrón.
TERROR m. (lat. *terror*). Miedo grande, pavor: *experimentar un terror infinito.* (SINÓN. V. *Espanto.*) || Persona o cosa que lo causa: *ser el terror de un país.* || *Época del Terror*, v. TERROR. (*Parte hist.*)
TERRORÍFICO, CA adj. Terrífico u horroroso.
TERRORISMO m. Conjunto de actos de violencia cometidos por grupos revolucionarios. || Régimen de violencia instaurado por un Gobierno.
TERRORISTA adj. y s. Que participa en un acto de terrorismo: *grupo terrorista.* || Dícese del partidario del terrorismo.
TERROSIDAD f. Calidad de terroso.
TERROSO, SA adj. Que parece de tierra. (SINÓN. V. *Pálido.*) || Mezclado con tierra. || Sucio de tierra: *unas manos terrosas.*
TERRUÑO m. Espacio de tierra. || Terrón, masa de tierra. || Tierra, comarca natal: *tener apego al terruño.* (SINÓN. V. *País.*)
TERSAR v. t. Poner tersa o brillante una cosa.

tero

terranova

Fot. Dim

TERSO, SA adj. (lat. *tersus*). Limpio, brillante, resplandeciente: *un espejo terso.* ‖ *Fig.* Dícese del lenguaje, estilo, etc., muy puro. ‖ — CONTR. *Empañado.*
TERSURA f. Calidad de terso.
TERTEL m. *Chil.* Capa de tierra dura debajo del subsuelo.
TERTULIA f. Reunión de personas que se juntan para distraerse y conversar. ‖ Corredor que había en lo alto de los teatros antiguos. ‖ *Arg.* Luneta.
TERTULIANISMO m. Doctrina de Tertuliano.
TERTULIANISTA com. Partidario de la doctrina de Tertuliano.
TERTULIANO, NA adj. y s. El individuo que suele concurrir a una tertulia.
TERTULIANTE adj. Tertuliano.
TERTULIAR v. i. *Amer.* Charlar, tener tertulia.
TERTULIO, LIA adj. y s. Tertuliano.
TERUTERO m. *Venez.* y *Arg.* Tero.
TERUTERU adj. *Arg., Bol.* y *Urug.* Listo, vivo.
TERZUELO f. Tercio, tercera parte de algunas cosas. ‖ *Cetr.* Nombre vulgar del *halcón macho.*
TESALIENSE y **TESALIO, LIA** adj. y s. De Tesalia.
TESALONICENCE adj. y s. De Tesalónica.
TESAR v. t. *Mar.* Poner tieso un cabo. ‖ *Cub.* Tesar una cosa. ‖ — V. i. Andar hacia atrás los bueyes uncidos.
TESCAL m. *Méx.* Terreno cubierto de basalto.
TESCALERA f. *Méx.* Pedregal.
TESELA f. (lat. *tessela*). Nombre de las piezas cúbicas de mármol, piedra, etc., que empleaban los antiguos para formar los pavimentos de mosaico.
TESELADO, DA adj. Dícese del pavimento formado con teselas.
TÉSERA f. Tablilla que usaban los romanos como contraseña, billete de teatro, boletín de voto, etc.
TESIS f. (gr. *thesis*). Proposición: *tesis atrevida.* (SINÓN. V. *Opinión.*) ‖ Disertación presentada para doctorarse. ‖ *Teatro* o *novela de tesis,* obras destinadas a demostrar la verdad de una teoría. ‖ *Fil.* Primer término de un sistema dialéctico, en particular en las teorías de Hegel, siendo el segundo término la *antítesis* y el tercero la *síntesis,* que sobrepasa el sentido de las dos primeras. (Ej.: *tesis,* el ser; *antítesis,* el no-ser; *síntesis,* llegar a ser.)
TESITURA f. (ital. *tessitura*). *Mús.* Conjunto de los sonidos que son propios de cada voz o instrumento: *tesitura grave, aguda.* ‖ *Fig.* Actitud o disposición del ánimo.
TESLA m. Unidad de inducción magnética (símbolo: T), equivalente a la inducción magnética uniforme que, repartida normalmente sobre una superficie de un metro cuadrado, produce a través de esta superficie un flujo magnético total de 1 weber.
TESMOFORIAS f. pl. Fiestas que celebraban las mujeres de Atenas y de otras ciudades griegas en honor de Deméter y de su hija Perséfone.
TESMÓTETA m. (del gr. *thesmos,* ley, y *tithêmi,* establezco). Título que se daba en Atenas a los magistrados guardianes de las leyes.
TESO, SA adj. Tieso, tenso, tirante. ‖ — M. Alto o cumbre de una colina o cerro. ‖ Pequeña salida o eminencia que se observa en una superficie lisa.
TESÓN m. Empeño, firmeza, constancia.
TESONERÍA f. Terquedad, obstinación.
TESONERO, RA adj. Pertinaz, terco.
TESORERÍA f. Cargo u oficina de tesorero.
TESORERO, RA m. y f. Persona encargada de recaudar y emplear los caudales en una comunidad o administración. ‖ — M. Canónigo que custodia los tesoros de una catedral o colegiata.
TESORO m. (lat. *thesaurus*). Gran cantidad de oro, plata y cosas preciosas conservadas en un sitio oculto. ‖ Lugar donde se encierra el tesoro. ‖ Objeto precioso y oculto, que se descubre por casualidad: *descubrir un tesoro.* ‖ Reliquias y joyas que se custodian en ciertas iglesias, y lugar donde están: *el tesoro de la catedral de Zaragoza.* ‖ Erario, fortuna del Estado. ‖ Persona o cosa que vale mucho: *esta niña es un tesoro.* ‖ *Fig.* Nombre de ciertos diccionarios: *el Tesoro de Covarrubias.* V. *Parte hist.*
TESPÍADES f. pl. Las musas.
TEST m. (pal. ingl.). Prueba que sirve para examinar o medir las aptitudes naturales o adquiridas, con el objeto de prever la conducta futura de una persona o el funcionamiento de un instrumento o maquinaria en circunstancias determinadas. ‖ *Por ext.* Prueba en un sentido general.
TESTA f. (del lat. *testa,* tiesto). *Fam.* Cabeza. ‖ Frente o cara de algunas cosas. ‖ *Fig.* y *fam.* Entendimiento, inteligencia: *testa dura.* ‖ *Testa coronada,* monarca.
TESTÁCEO, A adj. y s. m. (lat. *testaceus,* de *testa,* tiesto). Que está cubierto de una concha.
TESTACIÓN f. Acto y efecto de testar o tachar.
TESTADA f. Testarada, cabezazo.
TESTADO, DA adj. Dícese de la persona que muere dejando hecho un testamento.
TESTADOR, RA m. y f. Persona que hace testamento.
TESTAFERRO m. (del ital. *testaferro,* cabeza de hierro). *Fam.* La persona que presta su nombre en un asunto ajeno.
TESTAL f. *Méx.* Bolita de harina de maíz.
TESTAMENTARÍA f. Ejecución de lo dispuesto en un testamento. ‖ Sucesión y caudal de lo dejado por testamento desde la muerte del testador hasta que termina la liquidación y división. ‖ Reunión de los testamentarios. ‖ Conjunto de documentos y papeles referentes al cumplimiento de la voluntad del testador.
TESTAMENTARIO, RIA adj. Relativo al testamento: *disposiciones testamentarias.* ‖ — M. y f. Persona encargada de cumplir la voluntad del testador, albacea.
TESTAMENTERÍA f. *Amer.* Testamentaría.
TESTAMENTO m. (lat. *testamentum*). Documento mediante el cual declara uno su última voluntad y dispone de sus bienes para después de la muerte. ‖ Cualquier escrito póstumo en el cual su autor expone sus ideas o sus proyectos: *testamento político, literario.* ‖ *Testamento abierto,* o *auténtico,* o *público,* el dictado por el testador ante notario en presencia de testigos. ‖ *Testamento cerrado,* el otorgado por escrito y guardado en sobre cerrado que no puede abrirse hasta la muerte del testador. ‖ *Testamento ológrafo,* el dejado escrito y firmado por el propio testador. ‖ *Antiguo Testamento,* libros que contienen los escritos de Moisés y todos los demás anteriores a la venida de Jesucristo. ‖ *Nuevo Testamento,* los comprendidos en *Los Evangelios, Los Hechos de los Apóstoles, Las Epístolas* y *El Apocalipsis.*
TESTAR v. i. (lat. *testari*). Hacer testamento. ‖ — V. t. Borrar lo escrito. ‖ *Ecuad.* Subrayar.
TESTARADA f. Golpe que se da con la testa, cabezazo. ‖ *Fam.* Terquedad y obstinación.
TESTARAZO m. Cabezazo.
TESTARRÓN, ONA adj. y s. *Fam.* Testarudo.
TESTARRONERÍA f. *Fam.* Testarudez grande.
TESTARUDEZ f. Calidad de testarudo o terco. (SINÓN. V. *Insistencia.*) ‖ Acción propia de un testarudo.
TESTARUDO, DA adj. y s. Porfiado, obstinado. ‖ — SINÓN. *Encarnizado, inflexible, pertinaz, tenaz, terco.*
TESTE m. Testículo. ‖ *Arg.* Grano que sale en los dedos de las manos.
TESTERA f. Frente o fachada de una cosa. ‖ Asiento en que se va de frente en un coche. ‖ Adorno que se pone en la frente de las caballerías. ‖ Parte anterior de la cabeza del animal. ‖ Cada una de las paredes del horno de fundición.
TESTERADA f. y **TESTERAZO** m. Testarada, golpe con la cabeza.
TESTERO m. Testera, frente o fachada. ‖ *Min.* Macizo de mineral de dos caras descubiertas.
TESTICULAR adj. Relativo a los testículos.
TESTÍCULO m. Glándula genital que produce los espermatozoides.
TESTIFICACIÓN f. Acción y efecto de testificar. (SINÓN. V. *Testimonio.*)
TESTIFICAL adj. *For. Per.* Relativo a los testigos: *prueba testifical.*
TESTIFICANTE adj. Que testifica o afirma.
TESTIFICAR v. t. (lat. *testificari*). Afirmar o probar por medio de testigos o documentos auténticos. ‖ Deponer como testigo. ‖ *Fig.* Explicar o probar.
TESTIFICATIVO, VA adj. Que testifica.

TESTIGO com. (lat. *testis*). Persona que atestigua una cosa: *recusar un testigo.* ‖ Persona que asiste a otra en ciertos actos: *servir de testigo para un testamento.* ‖ Que ha visto u oído algo: *ser testigo de una escena conmovedora.* (OBSERV. No ha de decirse *la testiga* sino *la testigo.*) ‖ — M. Prueba, testimonio de un hecho: *la catedrales antiguas son testigo de la piedad de nuestros antepasados.* ‖ Hito que se deja en una excavación para apreciar la cantidad de tierra sacada. ‖ Animal, planta, etc., que mantenido en condiciones normales sirve en una experimentación de término de comparación con otros de la misma especie sometidos a ciertas manipulaciones. ‖ Objeto que se transmiten los corredores en una carrera de relevos. ‖ *Testigo abonado,* el que no tiene tacha legal. ‖ *Testigo de cargo,* o *de descargo,* el que depone en contra o a favor del procesado. ‖ *Testigo de oídas,* el que ha oído su deposición de otros. ‖ *Testigo ocular* o *de vista,* el que ha presenciado el suceso.

TESTIMONIAL adj. Que resulta del testimonio: *prueba testimonial.*

TESTIMONIAR v. t. Atestiguar una cosa.

TESTIMONIERO, RA adj. y s. Dícese del que levanta falsos testimonios.

TESTIMONIO m. (lat. *testimonium*). Atestación de una cosa. (SINÓN. *Testificación.*) ‖ Instrumento legalizado que da fe de un hecho. (SINÓN. *Atestación.*) ‖ Prueba o justificación de una cosa. (SINÓN. *Muestra, señal.* V. tb. *demostración.*) ‖ *Falso testimonio,* imputación falsa que se levanta contra uno.

TESTO, TA adj. *Méx.* Lleno, colmado.

TESTÓN m. Moneda antigua de plata de varios países y de valor muy diverso.

TESTOSTERONA f. Hormona producida por los testículos que tiene como función el desarrollo de las glándulas genitales y el mantener los caracteres secundarios del varón.

TESTUDO m. Nombre científico de la *tortuga.* (SINÓN. *Galápago.*) ‖ *Mil. ant.* Cubierta que se hacía con los escudos unidos y que servía a los soldados para acercarse a las murallas enemigas.

TESTUZ m. En algunos animales, la frente, en otros la nuca. (Es f. en Andalucía.) [SINÓN. V. *Cabeza.*]

TESURA f. Tiesura, rigidez de algunas cosas.

TETA f. Órgano glanduloso que segrega la leche en las hembras de los mamíferos. (SINÓN. *Seno.*) ‖ Pezón. ‖ *Teta de vaca,* especie de merengue. Especie de uva. Barbaja, planta. ‖ *De teta,* en período de lactancia.

TETANIA f. Estado patológico caracterizado por crisis, por contracciones musculares espasmódicas: *la insuficiencia de la secreción de las glándulas paratiroides provoca la tetania.*

TETÁNICO, CA adj. *Med.* Relativo al tétanos.

TETANISMO m. Tetania.

TÉTANO y mejor **TÉTANOS** m. (del gr. *tetanos,* rigidez). *Med.* Contracción prolongada de un músculo. (El *tétanos* es imperfecto cuando las convulsiones elementales no son continuas [espasmo], y completo cuando lo son.) ‖ *Med.* Enfermedad infecciosa grave, caracterizada por contracciones dolorosas en todos los músculos del cuerpo. (Su agente es un bacilo anaerobio que se introduce en una herida que ha entrado en contacto con tierra del suelo después de haber pasado por éste caballos o rebaños. El tétanos produce un poderoso veneno (toxina) que irrita y excita los centros nerviosos. Se combate esta enfermedad por medio de una vacuna y por un suero.)

TETAR v. t. Atetar, dar de mamar. (P. us.)

TÊTE-À-TÊTE m. (pal. fr., pr. *tetatet*). Conversación entre dos personas, plática o charla, entrevista.

TETELEMEME m. *Per.* y *Chil. Fam.* Tonto, lelo.

TETELQUE adj. *Amér. C.* Astringente.

TETEPÓN, ONA adj. *Méx.* Rechoncho.

TETERA f. Vasija de porcelana, metal, etc., que se usa para hacer y servir el té. ‖ *Amer.* Mamadera, biberón. ‖ *Chil.* Vasija para calentar agua, llamada en otras partes *pava* o *cafetera.*

TETERO m. *Amer.* Biberón.

TETILLA f. Teta de los mamíferos. ‖ Parte de goma que se chupa en el biberón. ‖ *Chil.* Hierba saxifragácea de pecíolos muy abultados. ‖ *Col.* Toronja.

TETÓN m. Pedazo de rama adherido al tronco.

TETONA adj. *Fam.* Tetuda.

TETABRANQUIALES m. pl. Grupo zoológico constituido por los cefalópodos que tienen cuatro branquias, como el nautilo.

TETRACORDIO m. (del gr. *tetra,* cuatro, y *khordê,* cuerda). *Mús.* Escala antigua, compuesta de cuatro sonidos que forman un intervalo de cuarta.

TETRADÁCTILO, LA adj. De cuatro dedos.

TETRADINAMO, MA adj. *Bot.* Dícese de los estambres, en número de seis, cuatro de los cuales son más largos.

TETRAÉDRICO, CA adj. Relativo al tetraedro. ‖ En forma de tetraedro.

TETRAEDRO m. (del gr. *tetra,* cuatro, y *edra,* cara). *Geom.* Sólido que está limitado por cuatro planos triangulares: *el volumen del tetraedro es igual al producto de la superficie del triángulo de base por la tercera parte de la altura.*

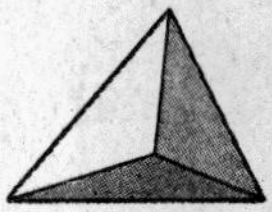

tetraedro

TETRÁGONO m. (del gr. *tetra,* cuatro, y *gonos,* ángulo). *Geom.* Cuadrilátero, figura de cuatro lados. ‖ — Adj. y s. Dícese del polígono de cuatro ángulos y cuatro lados.

TETRAGRAMA m. (del gr. *tetra,* cuatro, y *grammê,* línea). *Mús.* Conjunto de cuatro líneas, usada en la escritura del canto gregoriano.

TETRAGRÁMATON m. Nombre o palabra de cuatro letras.

TETRALOGÍA f. (gr. *tetralogia*). Conjunto de cuatro obras dramáticas que presentaban los antiguos poetas griegos en los concursos: *la tetralogía comprendía tres tragedias y un drama satírico.* ‖ *Mús.* Conjunto de cuatro óperas: *la tetralogía de Ricardo Wagner.*

TETRÁMERO, RA adj. Dividido en cuatro partes.

TETRAMOTOR adj. y s. m. Cuatrimotor.

TETRÁPODOS m. pl. Batracios, reptiles, aves y mamíferos cuyos cuatro miembros están construidos sobre el mismo tipo de esqueleto.

TETRÁPTERO, RA adj. Que tiene dos pares de alas.

TETRARCA m. Gobernador de una tetrarquía: *Herodes fue tetrarca de Galilea.*

TETRARQUÍA f. Subdivisión de la falange griega. ‖ Función de un tetrarca. ‖ Gobierno del Imperio Romano, divido por Dioclesiano entre cuatro emperadores: *instituyóse la tetrarquía para la defensa del Imperio contra los bárbaros.*

TETRAS m. Nombre científico del *urogallo.*

TETRASÍLABO, BA adj. (del gr. *tetra,* cuatro, y *syllabê,* sílaba). Que consta de cuatro sílabas.

TETRÁSTROFO, FA adj. Dícese de la composición poética que tiene cuatro estrofas.

TETRAVALENTE adj. y s. m. Elemento químico que tiene cuatro de valencia.

TÉTRICO, CA adj. (lat. *tetricus*). Triste, melancólico, sombrío: *carácter tétrico.*

TETRODO m. Válvula electrónica de cuatro electrodos.

TETUANÍ adj. y s. De Tetuán (Marruecos).

TETUDA adj. Dícese de la hembra de tetas grandes. ‖ *And.* Especie de aceituna.

TETUNTE m. *Hond.* Cosa muy grande y deforme.

TEUCALI m. Teocali.

TEUCRIO m. Cierta planta labiada.

TEUCRO, CRA adj. y s. Troyano.

TEURGIA f. (del gr. *theos,* Dios, y *ergon,* obra). Magia fundada en la comunicación con las divinidades.

TEÚRGICO, CA adj. Relativo a la teurgia.

TEÚRGO m. El que se dedica a la teurgia, mago.

TEUTÓN, ONA adj. y s. Alemán. (V. *Parte histórica.*)

TEUTÓNICO, CA adj. Perteneciente a los teutones. ‖ Aplícase a una orden militar de Alemania. V. *Parte hist.* ‖ — M. Lengua de los teutones.

TEUTÓNICO, CA adj. Relativo a los teutones: *lengua teutónica.* ‖ *Orden teutónica,* v. *Parte hist.*

TEXCAL m. *Méx.* Tescal.

TEXTIL adj. (lat. *textilis*). Que puede tejerse: *el lino y el cáñamo son plantas textiles.* Ú. t. c. s. m. ‖ Relativo a la fabricación de tejidos: *industria textil.*

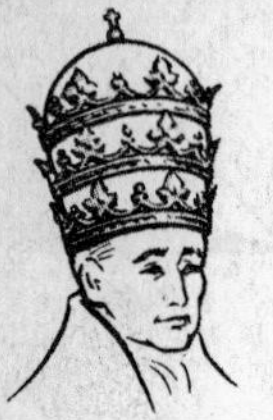

tiara

TIBIA

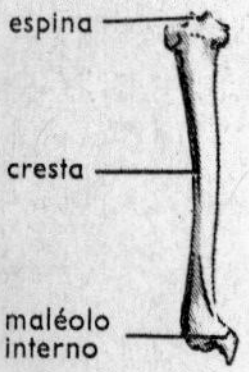

tiendas

TEXTO m. (lat. *textus*). Términos propios de un autor, de un libro, a distinción de los comentarios, glosas, traducciones, etc.: *citar el texto de Cicerón.* || Lo escrito exactamente en una ley u ordenanza. || Cita o pasaje de una obra literaria. || Sentencia de la Sagrada Escritura. || Libro de texto. || *Impr.* Grado de letra de catorce puntos. || *Libro de texto*, el que adopta un maestro para su clase y hace comprar a sus alumnos.
TEXTORIO, RIA adj. Relativo al arte de tejer.
TEXTUAL adj. Dícese del documento, cita, etc., que está conforme con el texto: *cita textual.*
TEXTUALISTA m. Dícese de la persona que sigue rigurosamente los textos.
TEXTUALMENTE adv. m. De un modo textual. (SINÓN. V. *Literalmente.*)
TEXTURA f. (lat. *textura*). Disposición de los hilos de una tela. (SINÓN. V. *Tejido.*) || Operación de tejer. || *Fig.* Estructura: *la textura de un cuerpo.*
TEYOLOTE m. *Méx.* Ripio que usan los albañiles.
TEYÚ m. Especie de lagarto americano.
TEZ f. Piel del rostro humano: *una tez morena.*
TEZADO, DA adj. Atezado, negro, moreno.
TEZONTLE m. *Geol. Méx.* Piedra volcánica.
Th, símbolo químico del *torio.*
th, símbolo de la *termia,* unidad de cantidad de calor.
THALWEG m. *Geogr.* Germanismo por *vaguada* o por línea de máxima profundidad de un río.
THETA f. (gr. *thêta*). Octava letra del alfabeto griego (θ), que en latín y otras lenguas modernas se representa con *th,* y en español actual sólo con *t*: *tálamo, teatro, Atenas.*
TI (lat. *tui, tibi, te*) pron. pers. de 2ª pers. sing. Úsase siempre con preposición: *a ti, para ti, de ti.* || Con la prep. *con* forma una sola palabra: *contigo.*
Ti, símbolo químico del *titanio.*
TÍA f. Hermana o prima del padre o la madre de una persona, respecto de ésta. || *Tía carnal,* la hermana del padre o la madre. || En los pueblos, calificativo de respeto de las mujeres casadas o de cierta edad: *la tía Ramona.* || *Fam.* Mujer grosera. || *Fam.* Ramera. || *Fig.* y *fam. No hay tu tía,* no hay medio de conseguir lo que se desea.
TIACA f. *Chil.* Árbol saxifragáceo.
TIALINA f. (Acad.). Ptialina.
TIAMINA f. Vitamina B_1.
TIANGUIS m. *Méx.* y **TIANGUE** o **TIÁNGUEZ** m. *Amér. C.* y *Filip.* Plaza, mercado.
TIARA f. (lat. *tiara*). Especie de adorno para la cabeza que usaban los persas. || Mitra de tres coronas, insignia de la autoridad suprema del Papa. || Dignidad papal, pontificado: *renunciar a la tiara.*
TIBANTE adj. *Col.* Orgulloso, altanero.
TÍBAR m. (del ár. *tibr,* oro puro). *Oro de tíbar,* el muy fino y acendrado. || — OBSERV. Es barbarismo muy frecuente escribir *Tíbar,* con mayúscula.
TIBE m. *Col.* y *Cub.* Variedad de esmeril usada como piedra de afilar.
TIBERINO, NA adj. Relativo al río Tíber.
TIBERIO m. *Fam.* Ruido, gresca, alboroto. (SINÓN. V. *Orgía.*)
TIBETANO, NA adj. y s. Del Tíbet, región de Asia. || — M. Lengua de los tibetanos.
TIBI m. *Per.* Especie de golondrina de mar.
TIBÍ m. (pal. fr.). *Amer.* Botón gemelo de camisa.
TIBIA f. (del lat. *tibia,* flauta). Hueso mayor de la pierna.
— Las partes de la *tibia* son: las *espinas,* las *tuberosidades externa* e *interna* y *anterior,* el *borde inferior* y el *maléolo.* (V. lám. HOMBRE.)

TIBURONES

1. Pez martillo
2. Carcharadón lamia

TIBIAMENTE adv. m. Con tibieza, sin fervor: *orar tibiamente.*
TIBIAR v. t. Entibiar. (P. us.). || — V. r. *Venez.* Amoscarse. || *Amér. C.* y *Venez.* Irritarse.
TIBIERA f. *Venez. Fam.* Molestia, fastidio.
TIBIEZA f. Calidad de lo que está tibio o templado. || Falta de fervor.
TIBIO, BIA adj. (lat. *tepidus*). Templado, entre caliente y frío: *agua tibia.* || *Fig.* Flojo, poco fervoroso. || *Col., Per.* y *Venez. Fam.* Colérico, enojado, irritado.
TIBISÍ m. *Cub.* Especie de carrizo.
TIBOR m. Vaso grande de barro o porcelana oriental. || *Méx.* En Yucatán, jícara. || *Cub.* Orinal.
TIBURÓN m. Nombre vulgar de los *escualos*: *los tiburones son comunes en el océano Atlántico tropical.* En América se llaman también *tintoreras.* (Los tiburones son enormes peces marinos, que miden hasta 15 m de largo. || *Amer. Fig.* Egoísta, tragaldabas. || *Arg.* Hombre donjuanesco.
TIC m. Movimiento convulsivo habitual de ciertos músculos, principalmente del rostro.
TICA f. *Hond.* Cierto juego de niños.
TICKET m. Palabra inglesa que se usa como sinónimo de *billete, entrada, boleto*: *un ticket de ferrocarril.* (Se ha intentado españolizar esta palabra con *tíquet* y *tiquete.*)
TICO, CA adj. y s. *Amér. C. Fam.* Costarricense.
TICTAC o **TIC TAC** m. Onomatopeya que representa ciertos ruidos repetidos: *escuchar el tic tac de un reloj.*
TICHELA f. *Bol.* y *Per.* Recipiente en que se recoge el caucho que mana del árbol.
TICHOLO m. *Arg.* Ladrillo chico. || *Arg.* Panecillo de pasta de guayaba, chicholo.
TIEMBLO m. Álamo temblón. (P. us.)
TIEMPLA f. *Col.* Barb. por *borrachera.*
TIEMPLE m. *Chil.* Barb. por *amor, pasión.*
TIEMPO m. (lat. *tempus*). Duración de los fenómenos. || Duración limitada: *emplear bien el tiempo.* || Época, siglo: *en tiempo de los romanos.* || Ocasión de hacer algo: *ya no es tiempo; se acerca el tiempo.* (SINÓN. V. *Momento.*) || Lugar, espacio libre para hacer algo: *no tengo tiempo de ir a verle.* || Largo espacio de tiempo: *hace tiempo que no le escribo.* || Estado de la atmósfera: *tiempo de lluvias.* || División de ciertos actos: *los tiempos de una maniobra, los tiempos del compás.* || *Gram.* Modificaciones del verbo que sirven para expresar lo presente, lo pasado y lo futuro. || *Mar.* Temporal o tempestad. || *Mús.* Cada una de las partes en que se divide un compás. || *Astr. Tiempo verdadero,* el medido por el movimiento real de la Tierra; *tiempo medio,* el medido por la velocidad media de la Tierra. || *Tiempos heroicos,* aquellos en que se supone vivieron los héroes del paganismo. || *A tiempo,* en oportunidad. || *A un tiempo,* mejor que *al mismo tiempo,* juntamente. || *Andando el tiempo,* más adelante. || *A su tiempo,* en el momento oportuno. || *Con tiempo,* anticipadamente, o en ocasión oportuna: *le socorrieron con tiempo.* || *De tiempo en tiempo,* a intervalos. || *Fuera de tiempo,* intempestivamente. || *Fig. Darse buen tiempo,* divertirse. || *Engañar* o *matar el tiempo,* entretenerse de cualquier manera mientras se espera algo. || *Ganar tiempo,* temporizar. || *Perder el tiempo,* no hacer nada. || *Pasar el tiempo,* distraerse, entretenerse. || *En tiempo del rey que rabió, en tiempo de Maricastaña* (*Arg.* y *Per.*: *en tiempo de ñaupas*), época muy lejana. || — PROV. **A mal tiempo buena cara,** hay que saber sobrellevar los reveses de la fortuna.
TIENDA f. (del lat. *tendere,* extender). Pabellón de tela, lona o piel, armado con palos hincados en tierra, y que sirve de alojamiento en el campo. || Toldo para servir de resguardo del sol. || Casa o puesto donde se vende cualquier mercancía: *abrir una tienda de ultramarinos.* (SINÓN. *Bazar, comercio, despacho, establecimiento, puesto.*) || *Amer.* Tienda de tejidos al por menor, prendas de vestir, etc.: *surtido de tienda y mercería.* || — PROV. **Quien tiene tienda, que la atienda,** debe cada uno cuidar de sus negocios.
TIENTA f. (de *tentar*). *Cir.* Instrumento de cirujano que sirve para explorar cualquier conducto natural del cuerpo, heridas, etc. || Operación que

consiste en probar la bravura de los becerros destinados a la lidia. || *Fig.* Astucia, habilidad, sagacidad. || *A tientas,* a tiento, tanteando. *Fig.* En la duda: *andar a tientas en un negocio.*

TIENTAAGUJA o **TIENTAGUJA** f. *Tecn.* Barra de hierro con que se sondean los terrenos en que se va a edificar.

TIENTO m. Ejercicio del sentido del tacto. || Palo con que se guían los ciegos. || Contrapeso de los volatineros. || Pulso, seguridad en la mano: *hacer algo con mucho tiento.* || *Fig.* Prudencia, cuidado: *anda con mucho tiento en ese asunto.* || *Fig.* y *fam.* Golpe, porrazo. || *Mús.* Floreo que hace el músico antes de empezar a tocar para ver si está bien afinado su instrumento. || *Fam.* Trago: *dar un tiento al jarro.* || *Pint.* Varita que usa el pintor para apoyar la mano. || *Arg.* Tenteempié, refrigerio. || *Zool.* Tentáculo. || *Amer.* Correa fina sin curtir. || — Pl. Un cante andaluz. || *A tiento,* m. adv., por el tiento. *Fig.* Dudosamente.

TIERNAMENTE adv. m. De un modo tierno, muy blandamente: *hablar tiernamente a un niño.*

TIERNO, NA adj. Blando, muelle, flexible: *un colchón tierno.* (SINÓN. *Elástico, flojo, suave.* CONTR. *Duro.*) || *Fig.* Reciente, joven: *la tierna edad.* || *Fig.* Sensible, propenso al llanto: *tener los ojos tiernos.* (SINÓN. *Delicado.*) || *Fig.* Afectuoso, afable, cariñoso: *tierna madre.* (SINÓN. V. *Cariñoso.*) || *Chil.* y *Ecuad.* No maduro: *fruta tierna.*

TIERRA f. (lat. *terra*). Planeta perteneciente al sistema solar y habitado por el hombre: *la rotación de la Tierra.* (Debe escribirse con mayúscula en este sentido.) [SINÓN. *Globo, mundo.*] || Parte sólida de la superficie de nuestro planeta: *la tierra ocupa la cuarta parte de la superficie del globo.* || Materia desmenuzable que constituye el suelo natural: *un puñado de tierra.* || Suelo o piso: *cayó a tierra.* || Terreno dedicado a cultivo: *comprar muchas tierras.* (SINÓN. V. *Predio* y *terreno.*) || Patria: *salir de su tierra.* (SINÓN. V. *Patria.*) || Comarca. (SINÓN. V. *País.*) || Contacto entre un circuito eléctrico y la tierra: *toma de tierra.* || *Tierra de batán,* greda que se usa para desengrasar. || *Tierra de nadie,* territorio no ocupado entre las primeras líneas de dos beligerantes. || *Tierra de pan llevar,* la destinada al cultivo de cereales. || *Tierra de Promisión,* la que Dios prometió al pueblo de Israel. *Fig.* La muy fértil y abundante. || *Tierra firme,* terreno sólido, continente. || *Tierras raras,* óxidos de ciertos metales que existen en cantidades exiguas y tienen propiedades análogas a las del aluminio. Estos mismos metales. || *Tierra Santa,* lugares de Palestina donde vivió Jesucristo. || *Tierra vegetal,* parte del suelo impregnada de humus y propia para el cultivo. || *Dar en tierra con una cosa,* derribarla. *Fig.* Deshacer las esperanzas que en esa cosa se fundan. || *Echar por tierra,* arruinar, destruir los fundamentos de una cosa. || *Echar tierra a un asunto,* echarlo en olvido. || *Fig. En toda tierra de garbanzos,* por todas partes. || *Fam. La tierra de María Santísima,* Andalucía. || *Perder tierra,* resbalar. Levantarse del suelo en virtud de una fuerza superior: *perder tierra en el río.* || *Poner tierra por medio,* alejarse, ausentarse. || *Tomar tierra,* arribar una nave o un avión. || *Tierra adentro,* lejos de la costa. || — PROV. **En tierra de ciegos, el tuerto es rey,** por poco que valga uno puede sobresalir entre los que valgan menos.
— La *Tierra* es un planeta que tiene la figura de una esfera ligeramente aplastada por los polos. El radio medio tiene 6 371 km, la circunferencia ecuatorial mide 40 076 km y los grandes círculos que pasan por los polos 40 009 km. La densidad media de la Tierra es 5,52 y su masa 6 por 10^{21} t. La superficie es de 510 101 000 km². La Tierra tiene dos movimientos principales: de rotación sobre su eje (de una duración de 23 h, 56 mn, 4 s) y de traslación alrededor del Sol (de una duración de 365 días, 6 h, 9 mn, 5 s). Está constituida de una capa gaseosa, o *atmósfera,* de una capa líquida, o *hidrosfera,* y de una corteza externa sólida, o *litosfera.* Esta masa comprende la corteza terrestre propiamente dicha, o *sial,* una capa viscosa, o *sima,* y el núcleo central sólido y elástico, o *nife.* La Tierra está dividida en dos hemisferios, separados por el ecuador.

TIERRAFRÍA com. *Col.* Habitante del altiplano.

TIERRAL m. *Amér. C., Chil.* y *Per.* y **TIERRERO** m. *Amér. C., Col.* y *Méx.* Polvareda, polvo muy grande.

TIERRUCA f. Dimin. de *tierra.* || *Fam.* La Montaña de Santander.

TIESO, SA adj. (lat. *tensus*). Duro, rígido: *una vara tiesa.* || Robusto, vigoroso, muy fuerte. (P. us.) || Tirante, estirado. || *Fig.* Valiente, animoso. || *Fig.* Grave, estirado: *ponerse tieso.* || *Fig.* Terco, tenaz, obstinado. (P. us.) || — Adv. m. Recia o fuertemente.

TIESTA f. (lat. *testa*). Canto de las tablas que forman las tapas de los toneles.

TIESTO m. (lat. *testum*). Fragmento de vasija de barro: *tirar un tiesto.* (SINÓN. V. *Pedazo.*) || Maceta para plantar flores. (SINÓN. V. *Recipiente.*) || *Chil.* Vasija cualquiera.

TIESURA f. Rigidez de una cosa. || *Fig.* Gravedad o seriedad exagerada: *hablar con ridícula tiesura.*

TIFÁCEAS f. pl. (del lat. *typha,* espadaña). *Bot.* Familia de monocotiledóneas a que pertenece la espadaña.

TIFIAR v. t. (ingl. *thieve*). *Cub.* Robar.

TÍFICO, CA adj. *Med.* Relativo o perteneciente al tifus: *enfermedad tífica.* || Que tiene tifus. Ú. t. c. s.

TIFLITIS f. *Med.* Inflamación del ciego y de su apéndice.

TIFO m. (del gr. *typhos,* estupor). *Med.* Tifus.

TIFOBACILOSIS f. Tuberculosis aguda, de apariencia de tifus.

TIFOIDEO, A adj. (de *tifo,* y el gr. *eidos,* forma). *Med.* Que es relativo al tifus, o parecido a este mal. || Perteneciente a la fiebre tifoidea. || — F. Fiebre tifoidea. || *Fiebre tifoidea,* enfermedad infecciosa provocada por la ingestión de alimentos que contienen bacilos de Eberth.
— La *fiebre tifoidea,* cuya existencia puede determinarse actualmente en sus comienzos gracias a ciertas pruebas de laboratorio, tiene menos gravedad que antes y el índice de mortalidad que causaba ha disminuido por las medidas preventivas que se toman (análisis de las aguas que se consumen y de los moluscos comestibles) y por la administración de vacunas y de un antibiótico específico (*cloranfenicol*).

TIFÓN m. Huracán que sopla en el mar de China. || Tromba, manga, torbellino que sopla en el mar. (SINÓN. V. *Borrasca.*)

TIFUS m. *Med.* Género de enfermedades infecciosas graves. || Enfermedad infecciosa, ocasionada por un microbio rickettsia transmitido por medio de un piojo, que se caracteriza por la aparición de una erupción en la piel o exantemas (por eso se llama también *tifus exantemático*), y por un debilitamiento profundo del enfermo. (El *tifus,* endémico en África y en la India, se trata con una vacuna y con la cloromicetina.) || *Fig.* y *fam.* Conjunto de personas que asisten a un espectáculo sin pagar.

TIGANA f. Ave domesticable de Venezuela.

TIGRA f. *Amer.* Jaguar hembra.

TIGRE m. (lat. *tigris*). Cuadrúpedo carnicero del género félido y de piel rayada. (OBSERV. Se ha usado como f. Para diferenciar el género del animal hay que especificar *tigre macho* y *tigre hembra;* la forma *tigresa* es galicismo.) || *Fig.* Persona cruel y sanguinaria. || *Amer.* Jaguar. || *Ecuad.* Pájaro de tamaño mayor que una gallina cuyo plumaje se asemeja a la piel del tigre.
— El *tigre* vive principalmente en el sur de Asia, Sumatra y Java. Su pelaje es de color amarillo anaranjado, blanco por el vientre y rayado de negro en el lomo y cola. El tigre, lo mismo que el león, es uno de los carniceros más poderosos; es nocturno y vive generalmente en las selvas pantanosas, cerca de los ríos. Ataca particularmente al hombre. Su piel es muy estimada. (Long. 2 m; peso 200 kg; longevidad 25 años.)

TIGRERO m. *Amer.* El que se dedica a la caza de tigres o jaguares.

TIGRESA f. Galicismo muy empleado por *tigre hembra.*

TIGRILLO m. *Ecuad.* y *Venez.* Género de mamíferos carniceros americanos del género félido.

TIGUA f. *P. Rico.* Un ave acuática.

TIERRA

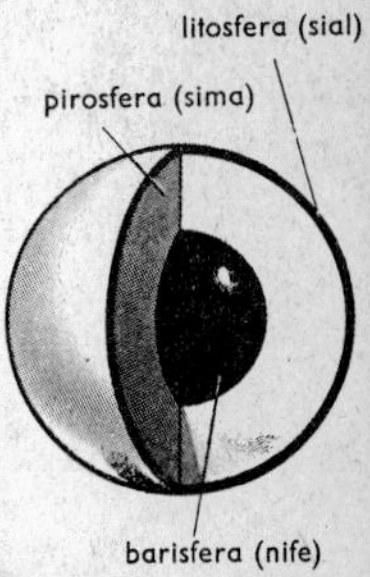

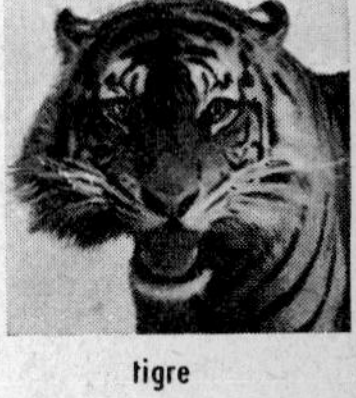
tigre

Fot. Ed. Prisma

TIGÜILOTE m. *Amér. C.* Árbol cuya madera es utilizada en tintorería.

TIJA f. (del fr. *tige,* varilla). *Tecn.* Astil de la llave entre el ojo y el paletón.

TIJERA f. Instrumento compuesto de dos hojas de acero que se utiliza para cortar. (Se usa más comúnmente en pl.) ‖ *Fig.* Nombre de diferentes cosas que se cruzan como las tijeras. ‖ Zanja de desagüe en las tierras húmedas. ‖ Aspa en que se apoya el madero que se labra. ‖ Viga, madero. ‖ *Fig.* Persona murmuradora. ‖ Pluma primera de las alas del halcón. ‖ En deportes, llave en la lucha y también manera de saltar. ‖ *Silla de tijera,* la que se puede plegar. ‖ *Cortado por la misma tijera,* de gran semejanza con otro.

tijereta

TIJERADA f. (de *tijera*). Tijeretada, corte.

TIJERAL m. *Chil.* Tijera, viga.

TIJERETA f. Tijera pequeña. ‖ Zarcillo de las vides. ‖ Cortapicos, insecto ortóptero de Europa. ‖ Ave palmípeda de América del Sur. ‖ Manera de golpear el balón haciendo un movimiento con las dos piernas parecido al hecho con unas tijeras al manejarlas. ‖ *Fig.* y *fam. Decir tijeretas,* porfiar neciamente. ‖ *Fam. Tijeretas han de ser,* expr. con que se censura cualquier porfía necia.

TIJERETADA f. y **TIJERETAZO** m. Corte que se da de un golpe con las tijeras.

TIJERETEAR v. t. Hacer cortes con las tijeras: *tijeretear un vestido.* ‖ *Fig.* y *fam.* Decidir uno según su capricho en negocios ajenos.

TIJERETEO m. Acción y efecto de tijeretear o cortar. ‖ Ruido que hacen las tijeras al cerrarse.

tila

TIJERILLA y **TIJERUELA** f. Tijereta de la vid. ‖ *Hond.* Insecto afaníptero. ‖ *Salv.* Fragata, ave.

TIJUY o **TIJUIL** m. *Amér. C.* Aní, ave.

TILA f. (lat. *tilia*). Tilo, árbol de la familia de las tiliáceas. (P. us.) ‖ Flor del tilo. ‖ Tisana hecha con la flor del tilo: *la infusión de tila es sudorífica.*

TILBE m. *Arg.* Nasa para pescar.

TÍLBURI m. (ingl. *tilbury,* nombre del inventor).

Coche ligero y descubierto de dos plazas.

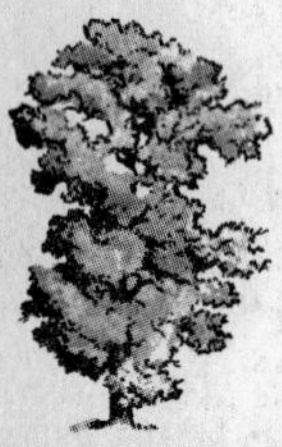

tilo

TILDAR v. t. Poner tilde a una letra. ‖ Borrar o tachar lo que estaba escrito. ‖ *Fig.* Señalar con alguna nota denigrativa a una persona o cosa.

TILDE f. Virgulilla que se pone sobre la *ñ* y sobre algunas abreviaturas. ‖ Acento. ‖ Cosa mínima, reparo, censura, crítica leve: *poner una tilde a una cosa.*

TILE m. *Salv.* Carbón, hollín.

TILIÁCEAS f. pl. (del lat. *tilia,* tilo). *Bot.* Familia de vegetales dicotiledóneos a la que pertenecen el tilo y la patagua.

tímalo

TILICO, CA adj. *Méx. Fam.* Enclenque, flaco.

TILICHERO m. *Amér. C.* Buhonero.

TILICHES m. pl. *Méx.* y *Amér. C.* Enseres, trastos, andrajos.

TILÍN m. Onomatopeya del sonido de la campanilla. ‖ *Fam. Hacer tilín,* hacer gracia. ‖ *En un tilín,* en un momento. *Col.* y *Chil.,* en un tris, a pique de.

TILINGO, GA adj. *Per., Méx.* y *Riopl. Fam.* Tonto, simple.

TILINGUEAR v. i. Obrar como tilingo.

TILINTE adj. *Amér. C.* Estirado, guapo, muy elegante. ‖ *C. Rica.* Tirante, tenso, estirado.

TILINTEAR v. i. Sonar la campanilla.

TILMA f. *Méx.* Manta de algodón que suelen llevar algunos campesinos al hombro.

timbal

TILO m. Árbol de la familia de las tiliáceas. ‖ *Col.* Yema floral del maíz. ‖ *Chil.* y *Arg.* Tila, tisana.

TILOSO, SA adj. *Amér. C.* Sucio, mugriento.

TILLA f. *Mar.* Especie de suelo o entablado que sólo cubre parte de la nave.

TILLADO m. Entablado, entarimado, suelo o techo de tablas.

TILLANDSIA f. Nombre científico de la *barba de viejo,* planta americana.

TIMADOR, RA m. y f. Persona que tima o roba. (SINÓN. V. *Estafador.*)

TÍMALO m. (gr. *thumallos*). Pez teleósteo, parecido al salmón.

TIMANEJO, JA adj. *Col.* De Timaná, neivano, tolimense.

TIMAR v. t. Robar con engaño. (SINÓN. V. *Engañar y robar.*) ‖ — V. r. *Fam.* Hacerse guiños los enamorados.

TIMBA f. *Fam.* Partida de un juego de azar. ‖ Casa de juego: *pasar la vida en las timbas.* ‖ *Filip.* Cubo para el agua. ‖ *Amér. C., Méx.* y *Venez.* Barriga. (SINÓN. V. *Vientre.*) ‖ *Cub.* Dulce de guayaba.

TIMBAL m. Especie de tambor con la caja semiesférica. (SINÓN. V. *Tambor.*) ‖ Cubilete o pastel de carne.

TIMBALERO m. El tocador de timbal o atabal.

TIMBEQUE m. *Cub.* Baile de negros; guateque.

TIMBIRICHE m. *Méx.* Árbol rubiáceo de fruto comestible. ‖ *Cub.* Tenducho, cantina de mal aspecto.

TIMBIRIMBA f. *Fam.* Timba, partida de juego. ‖ *Col.* Instrumento músico indígena.

TIMBÓ m. Árbol leguminoso del Paraguay, de madera muy sólida. (SINÓN. *Pacará.*) ‖ *Hond.* Animal fantástico que figura en algunas leyendas americanas.

TIMBÓN, ONA adj. *Méx.* y *Guat.* Barrigón, de vientre abultado.

TIMBRADO, DA adj. Dícese del papel que lleva una marca o sello que ha de utilizarse para redactar ciertos documentos.

TIMBRADOR m. El que timbra. ‖ Instrumento para timbrar.

TIMBRAR v. t. Poner timbre al escudo de armas. ‖ Estampar un timbre en un documento, sello o membrete.

TIMBRAZO m. Toque fuerte del timbre.

TIMBRE m. (fr. *timbre*). Sello para estampar, especialmente en seco. ‖ Sello que hay que poner en algunos documentos públicos en concepto de derechos fiscales. ‖ Aparato de llamada que suena por medio de un muelle, de la electricidad, etc.: *tocar el timbre.* ‖ Sonido característico de una voz o instrumento: *timbre metálico.* (SINÓN. V. *Sonido.*) ‖ Insignia que se suele colocar sobre el escudo de armas. (SINÓN. V. *Marca.*) ‖ *Fig.* Acción gloriosa que ennoblece a una persona.

TIMBUSCA f. *Col.* y *Ecuad.* Sopa o caldo bastante fuerte.

TIMELEÁCEAS f. pl. (del gr. *thyma,* perfume, y *elaia,* aceite). *Bot.* Familia de plantas dicotiledóneas que tienen por tipo la adelfilla y el torvisco.

TIMIDEZ f. Calidad de tímido: *hablar con timidez.* ‖ — CONTR. *Atrevimiento, audacia.*

TÍMIDO, DA adj. (lat. *timidus*). Miedoso, encogido: *un niño muy tímido.* (SINÓN. V. *Temeroso.*)

TIMO m. Glándula situada detrás del esternón.

TIMO m. *Fam.* Acción y efecto de timar. ‖ *Fam.* Broma que se da a los incautos. ‖ *Fam. Dar un timo a uno,* timarle, robarle.

TIMOCRACIA f. (gr. *timocratia*). Gobierno en que el poder pertenece a los ciudadanos más ricos.

TIMOCRÁTICO, CA adj. De la timocracia.

TIMOL m. Compuesto orgánico perteneciente a los fenoles, que se saca del tomillo: *el timol es buen desinfectante.*

TIMÓN m. Palo derecho que sale de la cama del arado y al que se fija el tiro. ‖ Pértiga del carro. ‖ Varilla del cohete. ‖ *Fig.* Dirección de un negocio. ‖ *Mar.* Pieza móvil que se coloca en la popa de la embarcación y sirve para darle dirección. (SINÓN. *Gobernalle.*) ‖ Mecanismo para la dirección de un avión, cohete, etc.: *timón de dirección, de profundidad.* ‖ *Col.* Volante del automóvil. ‖ *Hond.* Contrapeso o tiento de los volatineros. ‖ *Manejar el timón,* dirigir.

TIMONEAR v. i. Gobernar el timón.

TIMONEL m. Marinero que gobierna el timón. (SINÓN. V. *Piloto.*)

TIMONERA f. Nombre de las plumas grandes de la cola de las aves, que le sirven para dirigirse. ‖ Mar. Emplazamiento del pinzote del timón.

Fot. Larousse

TIMONERO adj. Dícese del arado de timón. || — M. *Mar.* Timonel, marinero que gobierna el timón.
TIMORATO, TA adj. (lat. *timoratus*). Que tiene el temor de Dios: *un cristiano timorato.* || Tímido. (SINÓN. V. *Temeroso.*)
TIMPA f. *Metal.* Barra fuerte de hierro que mantiene la pared delantera del crisol de un alto horno.
TIMPÁNICO, CA adj. Relativo al tímpano.
TIMPANILLO m. *Impr.* Tímpano pequeño que tenían las prensas antiguas.
TIMPANITIS f. (del gr. *tympanon*, tambor). *Med.* Hinchazón del vientre por acumulación de gases.
TIMPANIZACIÓN f. Acción y efecto de timpanizarse.
TIMPANIZARSE v. r. Abultarse el vientre y ponerse tenso con timpanitis.
TÍMPANO m. (lat. *tympanum*). Atabal, timbal. || Instrumento músico formado por varias teclas o cuerdas que se golpean con un macillo de corcho. || *Arq.* Espacio triangular entre las tres cornisas de un frontón. || *Arq.* Espacio liso o con escultura, circunscrito por varios arcos o varias líneas rectas. || *Impr.* Bastidor de las prensas, sobre el cual descansa el papel. || Témpano de tonel. || *Anat.* Membrana tensa situada en el fondo del conducto auditivo externo y que transmite las vibraciones de las ondas al oído medio: *la ruptura del tímpano causa la sordera.*
TINA f. (lat. *tina*). Tinaja, vasija grande de barro. || Vasija grande que sirve para diversos usos. (SINÓN. V. *Cubo.*) || Baño. || *Cub.* Vasija alta de madera. || *Venez.* Mitad de tonel. (SINÓN. V. *Tonel.*)
TINACO m. Tina pequeña de madera. (SINÓN. V. *Cubo.*) || *Amer.* Tinaja de barro. || Alpechín.
TINADA f. Montón de leña. || Cobertizo para recoger el ganado.
TINAJA f. Vasija grande de barro para guardar agua, aceite u otros líquidos. || Lo que cabe en ella. || *Filip.* Medida de capacidad para líquidos (48 litros y 4 centilitros).
TINAJERA f. *Amér. C.*, *Ecuad.* y *Per.* y **TINAJERÍA** f. *And.* Tinajero, sitio donde suelen estar puestas las tinajas.
TINAJERO m. El que hace o vende tinajas. || Sitio donde se colocan las tinajas. || *Murc.* y *Venez.* Armario donde están la piedra de filtrar, el bernegal y el cántaro.
TINAJÓN m. Tinaja grande y tosca.
TINAMÚ m. Género de aves gallináceas muy comunes en América del Sur.
TINAPÁ m. *Filip.* Pescado seco ahumado.
TINCA f. *Bol.* Fiesta obligada, asalto. || *Chil.* Presentimiento.
TÍNCAL m. Borato natural hidratado de sosa.
TINCAR v. t. Lanzar con la uña del pulgar la bolita o canica. || Dar capirotes. || — V. r. *Chil.* Tener una corazonada.
TINCAZO m. *Amer.* Papirotazo.
TINDALIZACIÓN f. Procedimiento de esterilización fraccionada por medio del calor a una temperatura que oscila entre 60 y 80° C.
TINDALIZAR v. t. Efectuar la tindalización.
TINDALO m. *Filip.* Árbol de la familia de las leguminosas, de madera apreciada para ebanistería.
TINDÍO m. *Per.* Especie de gaviota, ave.
TÍNEA f. Polilla.
TINELO m. *Ant.* Comedor de la servidumbre.
TINERFEÑO, ÑA adj. y s. De Tenerife.
TINETA f. Tina pequeña: *una tineta de barro.*
TINGAR v. t. *Arg.* y *Ecuad.* Tincar, dar capirotes.
TINGAZO m. *Ecuad.* Tincazo, papirotazo.
TINGE m. Especie de búho grande.
TINGITANO, NA adj. y s. Tangerino.
TINGLADO m. Cobertizo. || Tablado armado a la ligera. || *Fig.* Artificio, enredo, maquinación. || *Cub.* Tablado en el cual cae la miel que purgan los panes de azúcar.
TINGLE f. (fr. *tringle*, varilla). Herramienta que usan los vidrieros para encajar los vidrios en las tiras de plomo.
TINGO y **TINGUE** m. *Ecuad.* Tincazo.

Fot. Pierre Phaure

tímpano (Catedral de Burgos)

TINIEBLAS f. pl. (lat. *tenebrae*). Falta de luz: *caminar en las tinieblas.* (SINÓN. V. *Obscuridad.*) || *Fig.* Suma ignorancia, incertidumbre: *las tinieblas de la idolatría.* || *El ángel* o *espíritu de las tinieblas*, el demonio.
TINILLO m. Depósito donde se recoge el mosto.
TINO m. Acierto, habilidad. (SINÓN. V. *Destreza.*) || Puntería con un arma. || *Fig.* Juicio y cordura: *hablar sin tino.* || *A tino*, a tientas. || *Perder el tino*, atolondrarse. || *Sacar de tino*, atolondrar a una persona. || *Sin tino*, sin tasa.
TINO m. Tina, vasija. || Lagar.
TINOSO, SA adj. *Col.* y *Venez.* Hábil, diestro.
TINQUE m. *Chil.* Tingue.
TINQUIRRE m. *C. Rica.* Cuchillo viejo y roto.
TINTA f. Color con que se tiñe. || Líquido de color que sirve para escribir. || Tinte, acción y efecto de teñir. || Matiz. || Líquido que poseen los cefalópodos que lo vierten para ocultarse y escapar de un peligro. || — Pl. Colores para pintar. || *Tinta de imprenta*, composición grasa que sirve para imprimir. || *Tinta simpática*, la que no es visible sino mediante cierto reactivo. || *Tinta china*, especie de tinta negra que sirve para dibujar. || *Media tinta*, color que une los claros con los obscuros. || *Fig.* y *fam. Medias tintas*, dícese de lo que no es seguro, vago. || *Fig.* y *fam. Saber de buena tinta*, estar bien informado de alguna cosa. || *Fam. Sudar tinta*, trabajar mucho. || *Fig. Recargar las tintas*, exagerar.
TINTAR v. t. Teñir: *tintar de azul.* (P. us.)
TINTE m. (lat. *tinctus*). Acción y efecto de teñir y color con que se tiñe: *tinte subido.* (SINÓN. V. *Color.*) || Casa donde se tiñen telas, ropas, etc. || *Fig.* Artificio con que se desfiguran o transforman cosas no materiales.
TINTERAZO m. Golpe que se da con el tintero.
TINTERILLADA f. *Amér. C.*, *Col.* y *Chil.* Acción de un leguleyo.
TINTERILLAR v. i. *Amér. C.* y *Col.* Pleitear.
TINTERILLO m. *Fig.* y *fam.* Escribiente, chupatintas. || *Amer.* Abogado de poco saber y respeto, picapleitos. (SINÓN. V. *Abogado.*)
TINTERO m. Vaso en que se pone la tinta de escribir. || Neguilla de los dientes de las caballerías. || *Impr.* Depósito que impregna de tinta los cilindros giratorios. || *Fig.* y *fam. Dejarse* o *quedársele a uno en el tintero una cosa*, olvidarla u omitirla al escribir.
TINTILINEO m. Tintineo.
TINTILLA f. Vino tinto y dulce hecho en Rota.
TINTILLO adj. y s. m. Dícese del vino poco subido de color: *un vaso de tintillo.*
TINTÍN m. Onomatopeya que representa el sonido del timbre, del cristal, de las campanillas, etcétera.
TINTINAR o **TINTINEAR** v. i. Sonar la campanilla. (SINÓN. V. *Sonar.*)
TINTINEO m. Sonido de una campanilla.
TINTO, TA adj. (lat. *tinctus*). Teñido. || — Adj. y s. m. Dícese de la uva de color negro y del vino que con ella se hace: *un vaso de tinto.* || *Hond.* De color de vino. || *Col.* Dícese del café puro y sin leche.
TINTÓREO, A adj. (lat. *tinctorius*). Dícese de las plantas y otras substancias usadas para teñir.
TINTORERA f. La que tiene por oficio dar tintes. || Tiburón muy semejante al cazón.
TINTORERÍA f. Oficio y tienda del tintorero.

TIMONES

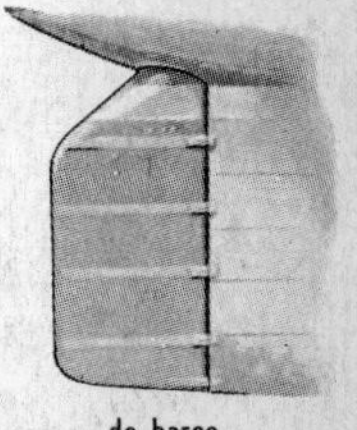

de barco

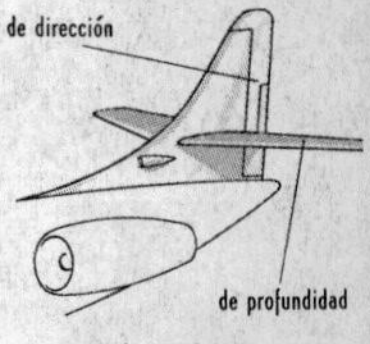

de avión

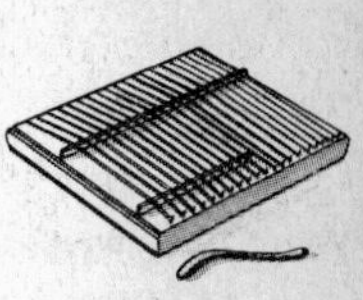

tímpano

tinaja

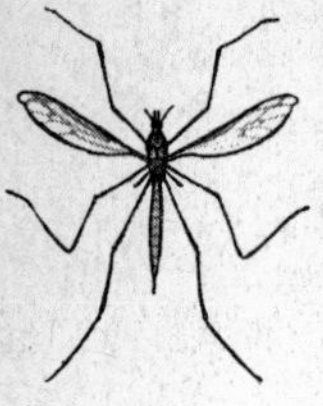
típula

tirador

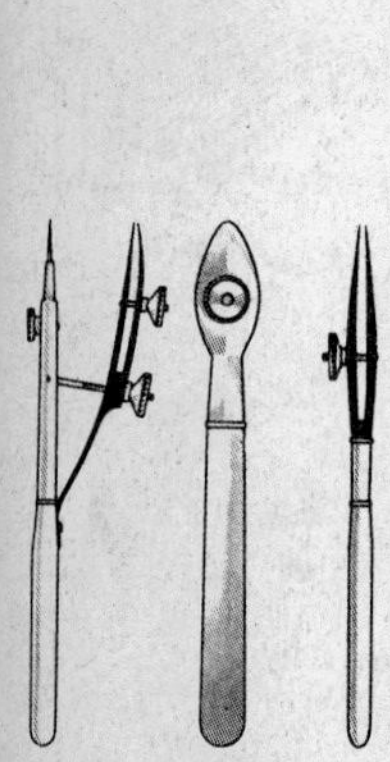
tiralíneas

TINTORERO, RA m. y f. Persona que tiene por oficio teñir las telas, ropas, etc.
TINTORRO m. *Fam.* Vino tinto.
TINTURA f. (lat. *tinctura*). Tinte, lo que sirve para teñir: *una tintura para el cabello.* || Afeite para el rostro. || Líquido que contiene en disolución cualquier color. || *Fig.* Noticia ligera de una cosa: *tiene alguna tintura de historia.* || *Farm.* Alcohol o éter mezclado con principios activos de una sustancia de naturaleza vegetal, animal o mineral: *tintura de yodo.*
TINTURAR v. t. Teñir.
TINYA f. (voz quechua). Especie de tamborcillo de los indios.
TIÑA f. (del lat. *tinea*, polilla). Parásito que ataca las colmenas. || *Med.* Enfermedad producida por diversos parásitos en la piel de la cabeza o en diferentes partes del cuerpo: *la tiña ocasiona la caída del cabello.* || *Fam.* Miseria, roña.
TIÑERÍA f. *Fam.* Tiña, miseria.
TIÑOSO, SA adj. y s. Que padece tiña: *un niño tiñoso.* || *Fig.* y *fam.* Avaro, mezquino, ruin.
TÍO m. El hermano o primo del padre o de la madre de una persona. || *Tío carnal*, el hermano del padre o de la madre. || *Fam.* Hombre casado o de cierta edad: *el tío Lucas.* || *Fam.* Hombre rústico y grosero. || *Fam.* Persona notable: *¡vaya un tío!* (SINÓN. V. *Persona.*) || *Fam.* Se antepone a ciertos adjetivos para reforzar el sentido despectivo: *tío sinvergüenza.* || *Arg.* Negro viejo. || *Tío vivo*, tiovivo. || *Fig.* y *fam. El tío del saco*, el coco, el bu.
TIÓNICO, CA adj. *Quím. Serie tiónica*, nombre dado a una serie de ácidos oxigenados del azufre.
TIORBA f. (ital. *tiorba*). Especie de laúd.
TIOVIVO m. Diversión que consiste en una máquina giratoria que arrastra caballitos de madera u otras figuras.
TIPA f. Árbol americano de la familia de las leguminosas, del que se saca una especie de sangre de drago. || Pájara, mujer despreciable. || *Arg.* Bolsa, talega de cuero.
TIPACHES m. pl. *Salv.* El juego de las cuepas.
TIPARRACO, CA m. y f. *Despect.* Tipejo.
TIPEJO, JA m. y f. *Despect.* Persona ridícula y despreciable.
TIPERRITA f. *Cub.* Anglicismo y barbarismo por *mecanógrafa.*
TIPIADORA f. Máquina de escribir. || Mecanógrafa.
TÍPICO, CA adj. Simbólico, alegórico: *el sentido típico.* || Que caracteriza un tipo: *los rasgos típicos de la raza amarilla.* || Muy original: *personaje típico.*
TIPISMO m. *Neol.* Carácter típico.
TIPLE m. La más aguda de las voces humanas: *la voz de tiple es característica de mujeres y niños.* || Guitarrillo de voces agudas. || *Mar.* Vela y falucho con rizos tomados. || *Mar.* Palo de una pieza. || — Com. Persona que tiene voz de tiple.
TIPLISONANTE adj. Que posee voz o tono de tiple.
TIPO m. (lat. *typus*) Modelo ideal que reúne los caracteres esenciales de todos los seres de igual naturaleza: *el tipo de la belleza humana.* (SINÓN. V. *Modelo.*) || Conjunto de los rasgos característicos: *el tipo inglés.* || Figura o traza de una persona: *tener buen tipo.* || *Fam.* Persona extraña o estrafalaria. || *Fam.* Persona: *¿quién es ese tipo?* || *Biol.* Dícese de la forma general alrededor de la cual oscilan las variaciones individuales de una raza o especie. || *Hist. nat.* Cada una de las grandes divisiones de un reino. (SINÓN. V. *Especie.*) || *Tipogr.* Carácter de imprenta.
TIPOGRAFÍA f. Composición de un texto destinado a la impresión valiéndose de elementos en relieve que tienen la misma altura.
TIPOGRÁFICO, CA adj. Relativo o perteneciente a la tipografía.
TIPÓGRAFO m. (del gr. *typos*, tipo, y *graphein*, escribir). Cajista, oficial de imprenta que compone lo que se ha de imprimir.
TIPOLOGÍA f. Estudio de los caracteres morfológicos del hombre comunes a los distintos tipos raciales. || Estudio sistemático de los rasgos de carácter en relación con los datos somáticos. (Las *tipologías* más conocidas son las de Kretschmer [1921] y de Sheldon [1927].)
TIPOMETRÍA f. Medida de los puntos tipográficos.
TIPÓMETRO m. Regla para medir los puntos tipográficos en la imprenta.
TIPOY m. Camisa larga y sin mangas de las indias del Paraguay.
TÍPULA f. Una especie de mosquito.
TIQUE m. Árbol euforbiáceo de Chile.
TÍQUET y **TIQUETE** m. Ticket. (SINÓN. V. *Billete.*)
TIQUICIA f. *Amér. C. Fest.* Costa Rica.
TIQUÍN m. *Filip.* Bichero o vara de bambú que suelen usar los indios filipinos, en lugar de remo.
TIQUIS MIQUIS y **TIQUISMIQUIS** m. pl. Escrúpulos nimios. || Cortesías ridículas o afectadas. || Molestias pequeñas.
TIQUISMO m. *Amér. C.* Costarriqueñismo.
TIRA f. Pedazo largo y angosto de una cosa que se puede desgarrar: *una tira de trapo viejo.* || *Hond.* Fiestas que se celebraban en el martes de carnaval.
TIRABALA m. Taco, juguete de muchachos.
TIRABEQUE m. Guisante mollar. (P. us.)
TIRABOTAS m. Gancho para calzar las botas.
TIRABUZÓN m. (fr. *tirebouchon*). Sacacorchos. || *Fig.* Rizo de cabello retorcido como un sacacorchos. || Salto de trampolín en el que el cuerpo del saltador se retuerce como un tirabuzón. || *Fig.* y *fam. Sacar con tirabuzón*, sacar a la fuerza.
TIRADA f. Acción de tirar. || Distancia o espacio entre dos cosas. || Serie de cosas que se escriben o dicen de una sola vez: *tirada de versos.* || *Impr.* Acción de tirar una obra, y número de ejemplares que se tiran de un libro o periódico: *tirada poco importante.* (SINÓN. V. *Edición.*) || Lo que se imprime en una jornada de trabajo. || *P. Rico.* Chasco, burla. || Galicismo por *trozo, pasaje.*
TIRADERA f. Flecha larga de los indios de América: *la tiradera se disparaba por medio de correas.* || *Cub.* Sufra. || *Amér. C., Cub.* y *Chil.* Tirantes. || *Col. Fam.* Burla sostenida.
TIRADERO m. Puesto donde el cazador acecha.
TIRADO, DA adj. Dícese de las cosas muy baratas, o que abundan mucho, o que se encuentran fácilmente. || Fácil: *este trabajo está tirado.* || Dícese de la letra escrita con facilidad y soltura. || *Mar.* Dícese del barco de mucha eslora y poca altura. || — M. Acción de tirar hilos de metal. || *Impr.* Tirada, número de ejemplares impresos.
TIRADOR, RA m. y f. Persona que tira: *tirador de pistola.* || — M. Instrumento con que se tira o estira. || Asidero o puño para abrir un cajón o gaveta. || Cordón o cadenilla para tirar de una campanilla. || *Impr.* Prensista. || *Arg.* Cinturón de cuero del gaucho. || Tiragomas.
TIRAFONDO m. Sonda, instrumento que sirve al cirujano para sacar cuerpos extraños. || *Mec.* Perno largo.
TIRAGOMAS m. Juguete para tirar piedrecillas con una tira de goma.
TIRALÍNEAS m. Instrumento de metal que sirve para trazar líneas rectas y curvas, con tinta, en los dibujos.
TIRAMIENTO m. Acción y efecto de tirar.
TIRAMIRA f. Serie de varias cosas seguidas, sarta, cáfila.
TIRAMOLLAR v. i. *Mar.* Tirar de un cabo para aflojar una cosa.
TIRANA f. (por las palabras: *Ay tirana*, con que empieza). Canción popular española antigua.
TIRANAMENTE adv. m. Con tiranía.
TIRANDO p. a. de *tirar.* || *Tirando a*, acercándose a, semejándose a. || *Ir tirando*, más o menos bien.
TIRANÍA f. (gr. *tyrannia*). Poder soberano usurpado e ilegal: *la tiranía de Pisístrato en Atenas.* || Gobierno injusto y cruel: *la tiranía de Calígula.* (SINÓN. V. *Dictadura.*) || *Fig.* Opresión. || *Fig.* Poder de ciertas cosas sobre los hombres: *la tiranía de las pasiones.*
TIRÁNICAMENTE adv. m. De manera tiránica.
TIRANICIDA adj. y s. El que da muerte a un tirano.
TIRANICIDIO m. Muerte dada a un tirano.
TIRÁNICO, CA adj. Relativo a la tiranía: *ley tiránica.* (SINÓN. V. *Despótico.*) || *Fig.* Irresistible, fuerte: *encanto tiránico.*

Fot. Meot

TIRANIZACIÓN f. Acción y efecto de tiranizar.

TIRANIZAR v. t. Gobernar tiránicamente. || *Por ext.* Ejercer una autoridad opresiva sobre: *tiranizar a sus subordinados.* || *Fig.* Ejercer un poder absoluto, dominar tiránicamente: *tiranizar las conciencias.* (SINÓN. V. *Oprimir.*)

TIRANO, NA adj. y s. (gr. *turannos*). Usurpador del poder soberano: *Policrates fue tirano de Samos.* || Príncipe que gobierna con crueldad: *Nerón fue un tirano cruel.* || *Fig.* El que abusa de su autoridad: *los niños mimados son verdaderos tiranos.* || *Zool.* Género de pájaros de América del Sur.

TIRANTA f. *Col., Chil., Méx.* y *Per.* Tirantes.

TIRANTE adj. Que tira, tenso. || *Fig.* Próximo a romperse: *sus relaciones están muy tirantes.* || — M. Cuerda o correa que sirve para tirar de un carruaje. || Nombre de las tiras elásticas que sujetan los pantalones. || Tiro, correa de la espada, el sable. || *Arq.* Pieza de la armadura de un tejado que impide que se separen los pares. || *Tecnol.* Pieza de madera o metal que sirve para reunir otras dos y mantenerlas fijas.

TIRANTEZ f. Calidad de lo tirante. || *Fig.* Desacuerdo en las relaciones entre Estados, entre clases sociales, entre partidos políticos. || Dirección de los planos de hilada de un arco o de una bóveda.

TIRAPIÉ m. Correa con que sujetan los zapateros el zapato al coserlo.

TIRAR v. t. Arrojar con la mano una cosa: *tirar una piedra.* (SINÓN. V. *Echar.*) || Lanzar en dirección determinada: *tirar la jabalina.* || Derribar: *tirar un edificio.* || Traer hacia sí: *tirar la puerta.* || Disparar un arma de fuego: *tirar un cañonazo.* (SINÓN. *Ametrallar, disparar, fulminar, tirotear.*) || Estirar: *tirar alambre.* || Hacer, trazar una línea: *tirar paralelas.* || Ejecutar una acción, dar: *tirar un mordisco, un pellizco.* || *Fig.* Disipar: *tirar el dinero.* || Imprimir: *tirar la portada de un libro.* || Reproducir en positivo un cliché fotográfico. || *Cub.* y *Chil.* Conducir, transportar. || — V. i. Atraer: *el imán tira del acero.* || Arrastrar: *el caballo tira del coche.* || Manejar un arma: *tirar a la espada.* || Sacar: *tirar de pistola.* || Producir corriente de aire una chimenea u otro conducto: *esta chimenea tira bien.* || *Fam.* Andar, funcionar: *este coche tira muy bien.* || *Fig.* Atraer el ánimo: *la patria siempre tira.* || Torcer: *tirar a la derecha.* || *Fig.* Durar: *no tirará su vestido otro año.* || Pasar: *se tiró el día estudiando.* || *Fig.* Tender, tener propensión. || *Fig.* Imitar, parecerse: *este color tira a verde.* || Aspirar, desear: *tirar a ser diputado.* || — V. r. Abalanzarse. || Arrojarse, precipitarse: *se tiró al agua.* || *Fam.* Ejecutar, hacer: *se tiró un planchazo.* || *Cub.* Propasarse. || *A todo tirar,* cuando más. || *Tira y afloja,* sucesión del rigor por la suavidad.

TIRATA f. *Col. Fam.* Burla, chasco, engaño.

TIRATACOS m. Tirabala, taco, juguete.

TIRATIRA f. *Col.* Melocha, azúcar elástica.

TIRATRÓN m. *Electr.* Aparato que se emplea para regular la corriente alternativa y para cambiar la frecuencia.

TIRELA f. Tela listada.

TIRICIA f. Barb. por *ictericia.*

TIRILLA f. Tira de lienzo que se pone por cuello a las camisas para fijar en ella el cuello postizo. || *Chil.* Andrajo.

TIRIO, RIA adj. y s. De Tiro, ciudad antigua de Fenicia. || *Fig.* y *fam. Tirios y troyanos,* partidarios de opiniones opuestas.

TIRISUYA f. *Per.* Chirimía.

TIRITAÑA f. (fr. *tiretaine*). Tela antigua de lana o seda. || *Fig.* y *fam.* Cosa de poca importancia, insignificante.

TIRITAR v. i. Temblar de frío. (SINÓN. V. *Temblar.*)

TIRITERA f. Tiritona.

TIRITIRÍ m. *Bol.* Cierto baile popular.

TIRITÓN m. Estremecimiento grande de frío.

TIRITONA f. *Fam.* Temblor.

TIRO m. Acción y efecto de tirar. || Pieza de artillería. || Disparo: *un tiro de fusil.* || Estampido que produce el arma de fuego: *sonó un tiro de pistola.* || Carga de un arma de fuego. || Alcance de un arma de fuego. || Dirección que se da al disparo: *tiro sesgado.* || Sitio destinado para tirar al blanco: *campo de tiro.* || Conjunto de caballerías que tiran de un coche. || Tirante del coche. || Cuerda que sirve para subir algo por medio de garrucha. || Longitud de una pieza de tejido. || Anchura del vestido por delante y de hombro a hombro. || Holgura entre las perneras del pantalón. || Corriente de aire que produce el fuego en un hogar o en una casa entre sus puertas y ventanas. || Tramo de escalera. || Medida de distancia: *a un tiro de bala.* || *Fam.* Chut (en fútbol). || *Fig.* Chasco, broma, burla. || *Fig.* Robo, hurto. || *Min.* Pozo abierto en el suelo de una galería. || Profundidad de un pozo. || *Veter.* Vicio de algunas caballerías que chocan los dientes con el pesebre. || *Col.* Especie de lagarto. || *Chil., Méx.* y *Per.* Canica. || *Hond.* Camino por el que se arrastra la madera. || *Chil.* Espacio que han de recorrer los caballos en una carrera. || *Venez.* Argucia. || — Pl. Correas de que cuelga la espada. || *Arg.* Los tirantes. || *Fig.* y *fam. De tiros largos,* vestido de gala. || *Salirle a uno el tiro por la culata,* dar una cosa resultado contrario del que se deseaba. || *A tiro hecho,* con seguridad; con propósito deliberado. || *A tiro limpio,* por la fuerza de las armas. || *Cub. De a tiro,* por consecuencia. || *Ni a tiros,* de ningún modo. || *Tiro de gracia,* el que sirve para rematar al que está gravemente herido.

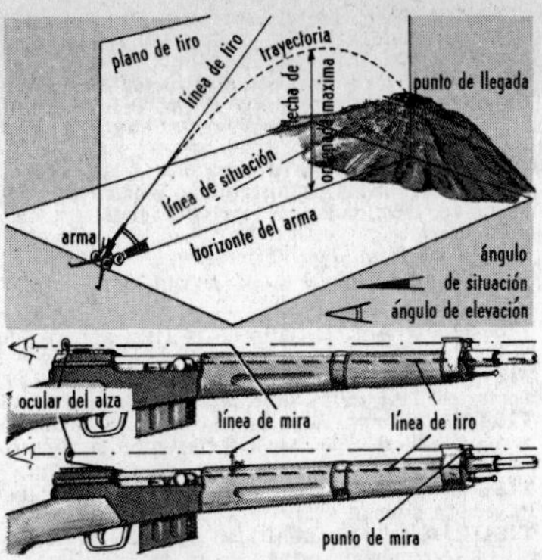

TIRO

TIROIDECTOMÍA f. Extirpación total o parcial de la glándula tiroides.

TIROIDEO, A adj. Relativo al tiroides.

TIROIDES adj. y s. f. Glándula endocrina situada delante de la tráquea que produce una hormona, la tiroxina, que interviene en el crecimiento y el metabolismo.

TIROIDINA f. Extracto de tiroides.

TIROIDITIS f. Inflamación de la glándula tiroides.

TIROLÉS, ESA adj. y s. Del Tirol, región de Europa Central. || — M. Vendedor de juguetes y quincalla. || Un aire popular del Tirol.

TIRÓN m. Acción y efecto de tirar con violencia: *dar un tirón de orejas.* || Estirón, acción de estirar. || *Fam.* Agarrotamiento de un músculo. || *De un tirón,* de una vez. || *Arg. Ganar el tirón,* adelantarse, anticiparse.

TIRONEAR v. i. *Amer.* Dar tirones.

TIRONIANAS adj. *Notas tironianas,* especie de taquigrafía, usada entre los romanos e inventada por Tirón, liberto de Cicerón.

TIRORIRO m. *Fam.* Onomatopeya que reproduce el sonido de los instrumentos músicos de viento. || — Pl. *Fam.* Estos mismos instrumentos.

TIROTEAR v. t. Disparar repetidos tiros. (SINÓN. V. *Tirar.*)

TIROTEO m. Acción y efecto de tirotear.

TIROXINA f. Hormona segregada por la glándula tiroides.

TIRRIA f. *Fam.* Antipatía o aversión que se tiene contra una persona o cosa: *tener tirria.*

TIRSO m. (lat. *thyrsus*). Vara adornada con hojas de parra que servía de cetro a Baco. || *Bot.* Panoja de flores semejante a la de la lila.

TIRANTES

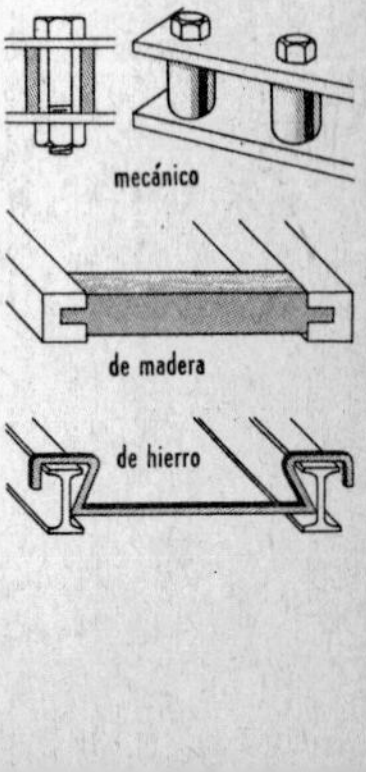

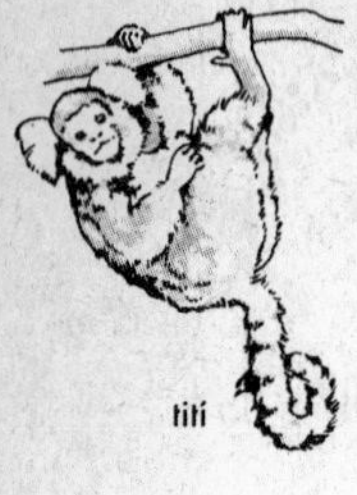

tití

¡TIRTE! interj. (de *tírate*). *Ant.* Quítate, retírate: *tirte allá.*
TIRULATO, TA adj. Turulato.
TISAJE m. Galicismo por *fabricación de tejidos.*
TISANA f. (lat. *ptisana*). *Farm.* Bebida medicinal que se obtiene cociendo en agua ciertas hierbas.
TISANUROS m. pl. (del gr. *thysanos,* franja, y *oura,* cola). Orden de insectos ápteros cuyo abdomen está terminado por varios apéndices, como la *lepisma.*
TISERAS f. pl. *Pop.* Tijeras.
TÍSICO, CA adj. y s. *Med.* Que padece tisis. ‖ Relativo a la tisis.
TISIOLOGÍA f. Estudio de la tisis y parte de la medicina que se ocupa de ello.
TISIS f. (del gr. *phthisis,* consunción). *Med.* Nombre vulgar de la *tuberculosis pulmonar.*
TISTE m. *Amer.* Especie de chocolate de maíz, cacao y azúcar, que se usa bastante en Centro América y México.
TISÚ m. Tela de seda con hilos de oro o de plata. Pl. *tisúes* o *tisús.*
TISURIA f. *Med.* Debilidad causada por la excesiva secreción de orina.
TITA f. *Fam.* Tía.
TITÁN m. (lat. *Titan*). *Mit.* Gigante. (V. *Parte hist.*) ‖ *Fig.* Persona de mucha fuerza, muy destacada.
TITÁNICO, CA adj. Enorme, propio de los titanes: *una empresa titánica.* (SINÓN. V. *Colosal.*)
TITANIO m. (del gr. *titanos,* tierra blanca). Cuerpo simple metálico (Ti), de color gris y de densidad 4,5, cuyas propiedades recuerdan las del silicio y el estaño.
TITEAR v. t. *Riopl.* Burlarse, tomar el pelo.
TITEO m. *Riopl.* Burla, tomadura de pelo.
TÍTERE m. Figurilla pequeña que se mueve con cualquier artificio: *teatro de títeres.* ‖ *Fig.* y *fam.* Sujeto pequeño y muy presumido. ‖ *Fig.* y *fam.* Sujeto informal y tonto. ‖ *Fig.* y *fam.* Persona dominada por otra. ‖ *Cub.* Frailecito, ave. ‖ — Pl. Diversión pública de volatines.
TITERETADA f. *Fam.* Necedad, tontería.
TITERISTA com. Titiritero.
TITÍ m. Mono pequeño de América del Sur.
TITIARO adj. Dícese de una variedad de cambur o plátano de fruto muy pequeño.
TITILACIÓN f. (lat. *titillatio*). Acción y efecto de titilar.
TITILADOR, RA adj. Que titila, tembloroso.
TITILAR v. i. (lat. *titillare*). Moverse con ligero temblor ciertas partes del organismo. ‖ Centellear la luz de un cuerpo luminoso: *las estrellas titilan.*
TITILEAR v. i. Titilar.
TITILEO m. Acción y efecto de titilar.
TITIMICO, CA adj. *Guat. Fam.* Achispado, ebrio.
TITIRIBÍ m. *Col.* Cardenal, ave americana.
TITIRIMUNDI m. Tutilimundi, mundonuevo.
TITIRITAINA f. *Fam.* Ruido confuso de instrumentos músicos de viento. ‖ Bulla.
TITIRITAR v. i. Tiritar. (SINÓN. V. *Temblar.*)
TITIRITERO, RA m. y f. Persona que maneja los títeres. ‖ Volatinero. (SINÓN. V. *Saltimbanqui.*)
TITO m. *Fam.* Tío. ‖ Almorta, leguminosa.
TITUBEAR v. i. (lat. *titubare*). Oscilar, tambalearse. ‖ *Fig.* Dudar, no saber qué hacer o decir. (SINÓN. V. *Vacilar.*)
TITUBEO m. Acción y efecto de titubear.
TITULADO, DA m. y f. El que tiene un título. ‖ *Amer.* Pretenso, supuesto.
TITULAR adj. Que tiene algún título. ‖ Que da su nombre por título a una cosa. ‖ Que tiene en propiedad una plaza o destino: *profesor titular.* ‖ — Com. El que posee en propiedad un puesto o destino. ‖ — M. pl. Letras que componen el título o encabezamiento de informaciones de un periódico: *lo publicaron con grandes titulares.*
TITULAR v. t. Poner un título. ‖ — V. i. Obtener un título nobiliario.
TITULARIZACIÓN f. Acción de dar carácter de titular.
TITULARIZAR v. t. Dar carácter titular.
TITULILLO m. *Impr.* Renglón en lo alto de la página que indica la materia de que se trata.
TÍTULO m. (lat. *titulus*). Inscripción que se pone al frente de un libro, de un capítulo, etc., para dar a conocer el asunto de que trata. (SINÓN. *Inscripción, lema, letrero, rótulo.*) ‖ Calificativo de dignidad concedido a una persona: *el título de duque.* (SINÓN. V. *Trato.*) ‖ Pieza auténtica que establece un derecho: *título de propiedad.* ‖ Persona que disfruta de un título de nobleza. ‖ División principal de una ley, reglamento, etc. ‖ Causa, razón, motivo. ‖ Fundamento jurídico de un derecho. ‖ Documento representativo de un valor mueble, que puede ser nominativo al portador. ‖ Calidad, capacidad: *éste es el candidato que posee más títulos.* (SINÓN. V. *Diploma.*) ‖ Calificación de una relación social: *el título de padre.* ‖ *A título,* con motivo o pretexto.
TIUFADO m. Jefe visigodo de un ejército de mil hombres.
TIUQUE m. *Arg.* y *Chil.* Un ave de rapiña común. ‖ *Chil. Fig.* Persona astuta.
TIXOTROPÍA f. Licuación de ciertas gelatinas por agitación o acción de ondas ultrasonoras.
TIZA f. Arcilla blanca terrosa: *la tiza sirve para escribir en los encerados.* ‖ Asta de ciervo quemada. ‖ Compuesto de tiza usado para untar la suela de los tacos de billar. ‖ *Col. Ponerle tiza a una cosa,* exagerarla, ponderarla.
TIZATE m. *Amér. C.* y *Méx.* Tiza. (SINÓN. *Gis.*)
TIZNA f. Cualquier materia que puede tiznar.
TIZNADO, DA adj. y s. *Amér. C.* y *Arg.* Borracho.
TIZNADURA f. Acción y efecto de tiznar.
TIZNAJO m. *Fam.* Tiznón, mancha, suciedad.
TIZNAR v. t. Manchar, especialmente con tizne. (SINÓN. V. *Ensuciar.*) ‖ *Fig.* Deslustrar, manchar: *tiznar la reputación.* ‖ — V. r. *Amér. C.* y *Arg.* Emborracharse.
TIZNE amb. Humo, hollín que hace la lumbre.
TIZNÓN m. Mancha de tizne: *hacerse un tiznón.*
TIZO m. Carbón que echa mal humo al arder.
TIZÓN m. Madera mal carbonizada. ‖ Honguillo parásito de los cereales. ‖ *Fig.* Borrón, mancha en la reputación. ‖ *Arq.* Parte del sillar que penetra en la fábrica.
TIZONA f. (nombre de la célebre espada del Cid). *Fig.* y *fam.* Espada o sable.
TIZONADA f. y **TIZONAZO** m. Golpe dado con un tizón. ‖ *Fam.* Castigo del fuego en el infierno.
TIZONCILLO m. Tizón, parásito de los cereales.
TIZONEAR v. i. Atizar la lumbre.
Tl, símbolo químico del *talio.*
TLACO m. *Méx. Ant.* Moneda que valía la octava parte del real columnario: *no valer un tlaco.*
TLACOCOL m. *Méx.* Jalapa, planta.
TLACOPACLE m. *Méx.* Aristoloquia.
TLACOTE m. *Méx. Fam.* Divieso, furúnculo.
TLACOYO m. *Méx.* Tortilla grande de frijoles.
TLACUACHE m. *Méx.* Zarigüeya.
TLACHIQUE m. *Méx.* Pulque sin fermentar.
TLALCHICHOL m. *Méx.* Tenducho.
TLANCUINO, NA adj. *Méx.* Mellado.
TLAPA m. *Méx.* Ricino.
TLAPALERÍA f. *Méx.* Tienda de pinturas, droguista.
TLASCALTECA adj. y s. De Tlascala (México).
TLASPI m. Nombre científico del *carraspique.*
TLAZOL o **TLAZOLE** m. *Méx.* Extremo de la caña de maíz: *el tlazole sirve generalmente de forraje.*
Tm, símbolo químico del *tulio.*
T. N. T., abreviatura de *trinitrotolueno.*
TMESIS f. *Gram.* Intercalación de una o varias palabras entre dos elementos de un mismo vocablo, como en los futuros absolutos antiguos: *hablar-te-he,* o en los siguientes versos de Quevedo:

Quien quisiere ser culto en sólo un día
la "jeri" aprenderá "gonza" siguiente:

TOA f. *Amer.* Maroma, sirga usada para atoar.
TOALLA f. Lienzo para limpiarse las manos y el rostro. ‖ Cubierta que se pone a las almohadas.
TOALLERO m. Mueble para colgar las toallas.
TOALLETA f. Toalla pequeña. ‖ Servilleta.
TOAR v. t. (ingl. *to tow*). *Mar.* Atoar un barco.
TOAST m. (pal. ingl.) Brindis: *decir un toast.*
TOBA f. Piedra caliza muy ligera. ‖ Sarro que nace en los dientes. ‖ *Fig.* Costra que se forma sobre algunas cosas. ‖ Cardo borriquero, planta compuesta.

TOBAR m. Cantera de donde se extrae la toba.
TOBAR v. t. *Col.* Toar, remolcar un barco.
TOBERA f. (de *tubo*). *Tecn.* Abertura por donde se inyecta el aire en un horno o forja. || Parte posterior de un motor de reacción que sirve para la expansión del gas de combustión.
TOBIANO, NA adj. Tubiano.
TOBILLERA adj. y s. f. *Fam.* Decíase de la jovencita que todavía no se había puesto de largo. || — Pl. *Col.* Calcetines cortos.
TOBILLO m. Protuberancia formada por los huesos a cada lado de la garganta del pie.
TOBO m. *Venez.* Balde, cubo.
TOBOBA f. *C. Rica.* Especie de víbora.
TOBOGÁN m. (pal. ingl.). Especie de trineo bajo que descansa sobre patines y que cubre una tabla acolchada. || *Por ext.* Pista utilizada para los descensos. || Rampa de madera, rectilínea o helicoidal, utilizada para el transporte de mercancías. || Construcción en forma de pista inclinada que en las ferias sirve a los niños para que se deslicen por ella. || Construcción parecida que se pone al borde de las piscinas para lanzarse al agua.
TOBOSEÑO, ÑA adj. y s. De El Toboso.
TOCA f. (del célt. *toc*, sombrero). Prenda de abrigo o adorno para la cabeza. (SINÓN. V. *Tocado.*) || Prenda de lienzo blanco que usan en la cabeza algunas religiosas. || Tela ligera con que se hacen generalmente las tocas. || — Pl. Socorro que se da en ciertos casos a la viuda o las hijas de un empleado a su fallecimiento.
TOCABLE adj. Que se puede tocar.
TOCADISCOS m. Aparato provisto de un fonocaptor y de un altavoz cuyo platillo se mueve por un motor eléctrico a velocidades diferentes, según el disco fonográfico que se ponga para reproducir los sonidos grabados en éste.
TOCADO m. Peinado y adorno de la cabeza, en las mujeres. (SINÓN. *Boina, gorro, chapeo, sombrero, toca.*) || Galicismo por *vestidos, atavíos.*
TOCADO, DA adj. *Fam.* Chiflado. (SINÓN. V. *Loco.*)
TOCADOR m. Mueble destinado para el aseo y peinado de una persona. || Cuarto destinado a este fin. || Paño que servía de adorno para la cabeza. || Tocado. || Neceser.
TOCADOR, RA adj. y s. Que toca: *tocador de guitarra.*
TOCADURA f. Tocado, peinado de las mujeres.
TOCAMIENTO m. Acción y efecto de tocar.
TOCANTE adj. Que toca. || Galicismo por *conmovedor.* || *Tocante a*, respecto a.
TOCAR v. t. Estar en contacto con: *tocar un objeto con el dedo.* (SINÓN. *Palpar, tantear, tentar.*) || Alcanzar: *tocar al techo con el bastón.* || Hacer sonar un instrumento músico: *tocar la guitarra.* || Avisar o llamar: *tocar a muerto, tocar a la puerta.* || Tropezar una cosa con otra. || Estar próximo a, contiguo: *mi casa toca la tuya.* || Poner una cosa en contacto con otra: *tocar un hierro con el imán.* || Ensayar con la piedra de toque: *tocar una joya.* || *Fig.* Estimular, persuadir, inspirar: *tocar de un alto pensamiento.* || *Fig.* Tratar o hablar de algo superficialmente. || *Fig.* Llegar el momento de: *tocan a pagar.* || Empezar: *no ha tocado a su comida.* || *Fig.* Hacer arreglos, modificaciones: *tocar a un reglamento.* || *Mar.* Dar el barco con la quilla en el fondo. || — V. i. Pertenecer, corresponder: *esto me toca a mí.* || Llegar o arribar de paso a un lugar: *tocar en un puerto.* (SINÓN. V. *Abordar.*) || Caber, corresponder parte de una cosa que se distribuye entre varios. || Caer en suerte: *le tocó la lotería.* || Ser de la obligación o cargo de uno: *me tocó hacer este trabajo.* (SINÓN. V. *Convenir.*) || Ser pariente de uno: *Fulano no me toca nada.* || Galicismo por *interesar: es un asunto que me toca de cerca.* || *A toca teja*, de la mano a la mano. || *Tocar a rebato*, dar la señal de alarma.
TOCAR v. t. Aderezar el cabello. || — V. r. Cubrirse la cabeza con la gorra o el sombrero.
TOCATA f. (ital. *toccata*). Pieza de música breve dedicada generalmente a instrumentos de teclado. || *Fig.* y *fam.* Zurra, paliza: *dar una buena tocata.*
TOCAY m. Especie de mono chillón de Colombia.
TOCAYO, YA m. y f. Persona que tiene el mismo nombre que otra: *mi tío es mi tocayo.*
TOCINERÍA f. Tienda donde se vende tocino. || *Méx.* Carnicería.
TOCINERO, RA m. y f. Vendedor de tocino.
TOCINO m. Carne gorda del cerdo. || Lardo. || Témpano de la canal del cerdo. || Saltos muy rápidos y seguidos en la comba. || *Cub.* Arbusto mimosáceo silvestre. || *Tocino del cielo*, cierto dulce de huevo y almíbar.
TOCO m. *Arg.* Una especie de cedro americano. || *Arg. lunf.* Lo que toca a cada uno en un robo. || *Venez.* Tocón, muñón. || *Arg. Pop.* Pedazo. || *Per.* Nicho de forma rectangular en la arquitectura incaica.
TOCOCO m. *Col.* y *Venez.* Alcatraz, ave.
TOCOLOGÍA f. Obstetricia.
TOCÓLOGO m. Médico de obstetricia.
TOCOLOTEAR v. t. *Cub.* Barajar los naipes.
TOCOMATE m. Vasija que se hace con una cáscara de coco.
TOCÓN m. Parte del tronco que queda unida a la raíz cuando cortan un árbol: *arrancar tocones de un campo.* (SINÓN. V. *Raíz.*) || Muñón de un miembro. || — Adj. *Col.* Rabón.
TOCONAL m. Sitio de un bosque donde quedan muchos tocones. || Olivar de renuevos de tocones.
TOCORORO m. Ave trepadora de Cuba, de plumaje azul y rojo, y canto monótono.
TOCOTÍN m. *Méx.* Antigua danza y su música.
TOCOTOCO m. *Venez.* Tococo.
TOCTE m. *Ecuad.* Especie de nogal.
TOCUYO m. *Amer.* Nombre de una tela entrefina de algodón empleada para confeccionar ropa de casa y que se hacía en un principio en el Perú.
TOCHE m. *Col.* y *Venez.* Cacique, pájaro conirrostro de hermoso color amarillo. || *Col.* Especie de serpiente.
TOCHEDAD f. Tosquedad, tontería, majadería.
TOCHIMBO m. *Per.* Horno de fundición.
TOCHO, CHA adj. Tosco, grosero. (P. us.) || — M. Barra de hierro.
TOCHUELO adj. Dícese de una clase de hierro.
TODABUENA f. Planta gutífera usada en medicina como vulneraria.
TODASANA f. Todabuena.
TODAVÍA adv. t. Aún: *todavía está escribiendo.* || — Adv. m. A pesar de, con todo: *es malo, pero todavía le quiero.* || Aún: *es todavía más listo que tú.*
TODERO, RA adj. *Venez.* Dícese de aquello que sirve para todo.
TODITO, TA adj. Encarece el sentido de todo: *he estado todito el año estudiando.*
TODO, DA adj. (lat. *totus*). Expresa lo que se toma entero, con sus diferentes partes: *todos los hombres.* || Dícese de una cosa considerada en entero: *emplear toda su autoridad.* || Cada: *todo trabajo merece su recompensa.* || Indica el exceso de cualquier calidad o circunstancia: *este pescado es todo raspas.* || Cada: *paga diez duros todos los días.* || — M. Cosa entera o integral: *el todo es mayor que sus partes.* || En las charadas, voz que reúne todas las sílabas enunciadas. || — Adv. m. Enteramente: *todo un mozo.* || *Ante todo*, principalmente. || *A todo*, sumamente: *a todo correr.* || *Así y todo*, a pesar de eso. || *Del todo*, enteramente. || *Con todo*, sin embargo, a pesar de todo. || *En todo y por todo*, absolutamente. || *Sobre todo*, especialmente, en particular. || *Fam. Todo quisque*, todo el mundo. || *Fam. Todo Madrid*, conjunto de personas distinguidas de la ciudad. || — OBSERV. Son galicismos las formas: *todo entero*, por *enterito; todo azul*, por *enteramente azul; todos dos*, por *ambos; después de todo es mi hermano*, por *al fin y al cabo*, e incorrecto cuando se emplea *todo* como adverbio de cantidad en el sentido de totalmente o del todo (*todo sacrílego*) ante numeral sin artículo (*todos* [los] *cinco*) o con el significado de cada (*todos los cinco días iba a mi casa*).
TODOPODEROSO, SA adj. Omnipotente, que todo lo puede. || *El Todopoderoso*, Dios, el Creador.
TOESA f. (fr. *toise*). Cierta medida antigua francesa de longitud equivalente a unos dos metros.
TOFANA f. (de *Toffana*, nombre de la inventora de esta agua). *Agua tofana*, veneno célebre en Italia en los siglos XVI y XVII. (Era sin duda una disolución de ácido arsenioso.)
TOFFEE m. (pal. ingl., pron. *tofi*). Caramelo blando.
TOFO m. (del gr. *tophos*, toba). *Chil.* Arcilla refractaria. || *Med.* Nodo, tumor de origen artrítico que se forma sobre los huesos.

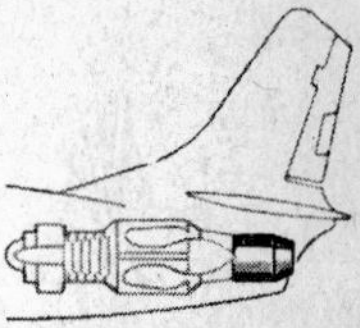
tobera

TOGA f. (lat. *toga*). Manto de lana amplio y largo que constituía el traje nacional romano. ‖ Traje exterior de ceremonia que suelen usar los magistrados, abogados y catedráticos.
TOGADO, DA adj. y s. Dícese de la persona que viste toga: *magistrado togado*.
TOILETTE f. (pal. fr., pr. *tualet*). Galicismo por *tocado* y más generalmente por *vestido, traje: estrenar una toilette suntuosa*. ‖ Tocador, lavabo.
TOISÓN DE ORO m. V. *Parte hist.*
TOJAL m. Terreno que está poblado de tojos.
TOJINO m. *Mar.* Tarugo de madera que se clava en la embarcación y que sirve para diversos usos.
TOJO m. Planta de la familia de las papilionáceas, común en el mediodía de España. ‖ *Bol.* Alondra. ‖ — Adj. *Bol.* Mellizo, gemelo.
TOJOSA f. Especie de paloma silvestre de Cuba.
TOKAI m. Cierto vino licoroso de Hungría.
TOL m. *Guat.* Calabaza cortada por la mitad.
TOLA f. *Ecuad.* Túmulo, entre los indios caras. ‖ *Amer.* Género de plantas compuestas comunes de América del Sur.
TOLANOS m. pl. *Veter.* Enfermedad que padecen las bestias en las encías. ‖ *Fam.* Nombre de los pelillos cortos que suelen nacer en el cogote. (SINÓN. *Abuelos, viejos.*)
TOLDA f. *Col.* y *Ecuad.* Toldo.
TOLDADURA f. Toldo, colgadura o pabellón.
TOLDAR v. t. Entoldar, cubrir con un toldo.
TOLDERÍA f. *Arg., Bol., Chil.* y *Per.* Campamento de indios.
TOLDILLA f. *Mar.* Cubierta que se pone a popa sobre el alcázar de la nave.
TOLDILLO m. Silla de manos cubierta. ‖ *Amer.* Pabellón de tela usado contra los mosquitos.
TOLDO m. Pabellón de lienzo que se extiende sobre un paraje para darle sombra. (SINÓN. V. *Cortina.*) ‖ Entalamadura de zarzas sobre un carro. ‖ *Arg.* Cabaña de indios. ‖ *Amer.* Fuelle de un coche. ‖ *Fig.* Engreimiento, soberbia.
TOLE m. (del lat. *tolle*, quita). *Fig.* Gritería, algazara, vocerío. (SINÓN. V. *Grito.*) ‖ *Fig.* Desaprobación general: *levantar el tole contra una ley.* ‖ *Fig. Tomar el tole,* huir.
TOLE m. *Salv.* Guacal grande. (V. TOL.)
TOLEDANO, NA adj. y s. De Toledo. ‖ *Fig.* y *fam. Noche toledana,* la que pasa uno sin dormir, al raso.
TOLEMAICO, CA adj. De Ptolomeo.
TOLERABLE adj. Que se puede tolerar. (SINÓN. V. *Aceptable.*)
TOLERABLEMENTE adv. De modo tolerable.
TOLERADO, DA adj. Permitido.
TOLERANCIA f. Indulgencia, respeto y consideración hacia las maneras de pensar, de actuar y de sentir de los demás, aunque éstas sean diferentes a las nuestras: *la virtud más útil en la vida social es la tolerancia.* ‖ *Tolerancia religiosa,* condescendencia mediante la cual se deja libre a cada uno para que practique la religión que profesa. ‖ Propiedad del organismo que le permite soportar sin padecer algunos remedios. ‖ Diferencia consentida en el peso o las dimensiones de una cosa. ‖ Permiso o favor otorgado a alguien a causa de las circunstancias que median.
TOLERANTE adj. Que manifiesta tolerancia, sobre todo en lo concerniente a la religión. (SINÓN. V. *Indulgente.*)
TOLERANTISMO m. Sistema de los que preconizan la tolerancia en materia religiosa.
TOLERAR v. t. Soportar con indulgencia: *tolerar la presencia de una persona.* ‖ Permitir tácitamente, no impedir una cosa: *tolerar los abusos es hacerse cómplice de ellos.* (SINÓN. V. *Aceptar* y *admitir.* CONTR. *Prohibir, vedar.*) ‖ Soportar, aguantar: *mi estómago no tolera el vino.*
TOLETE m. *Mar.* Escálamo. ‖ *Amér. C.* Garrote. ‖ *Cub.* Trozo, pedazo. ‖ *Col.* Balsa, jangada.
TOLETOLE m. *Fam.* Habladuría, rumor. ‖ *Venez.* Vida alegre. ‖ *Per.* Enredo.
TOLIMENSE adj. y s. De Tolima (Colombia).
TOLITA f. Explosivo formado por un derivado del tolueno.
TOLMO m. Peñasco elevado y aislado. (Se dice tb. *tormo.*)
TOLOBOJO m. *Guat.* Pájaro bobo.
TOLONCHO m. *Col.* Tolete, trozo, pedazo.
TOLONDRO, DRA adj. y s. Tonto, bobo, sandio. ‖ — M. Bulto o chichón: *hacerse un tolondro en la frente.*

toga

toldilla

toldo

TOLONDRÓN m. Tolondro, chichón. ‖ *Fig. A tolondrones,* a ratos, con interrupción.
TOLONÉS, ESA adj. y s. De Tolón (Francia).
TOLOSANO, NA adj. y s. De Tolosa.
TOLTECA adj. y s. V. *Parte hist.*
TOLÚ m. *Farm.* Bálsamo originario de Tolú (Colombia): *el bálsamo de Tolú sirve para hacer jarabe.*
TOLUENO m. *Quím.* Hidrocarburo líquido, análogo al benceno, empleado como solvente, en la preparación de colorantes y medicamentos, y, principalmente, en la fabricación de trinitrotolueno.
TOLUIDINA f. Anilina derivada del tolueno.
TOLUOL m. Tolueno bruto.
TOLUQUEÑO, ÑA adj. y s. De Toluca (México).
TOLVA f. Caja abierta por abajo en la cual se echa el grano para que vaya cayendo poco a poco entre las ruedas del molino.
TOLVANERA f. Remolino de polvo, polvareda.
TOLLA f. *Cub.* Bebedero para las bestias.
TOLLINA f. *Fam.* Zurra: *dar una tollina.* (SINÓN. V. *Paliza.*)
TOLLO m. Cazón, pez selacio. ‖ Carne que tiene el ciervo junto a los lomos. ‖ Hoyo o enramada donde se ocultan los cazadores. ‖ Atolladero.
TOMA f. Acción de tomar: *toma de hábito.* ‖ Conquista de una ciudad: *la toma de Granada por los Reyes Católicos.* ‖ Cantidad que se toma de una cosa: *toma de quina.* ‖ Abertura que se hace en una cañería o en una corriente o depósito de agua. ‖ Lugar por donde se deriva una corriente de fluido o electricidad. ‖ *Guat.* Arroyo, riachuelo, río chico. ‖ *Col.* Acequia, cauce. ‖ *Chil.* Presa. ‖ *Toma del sonido, de vistas,* grabación fonográfica, cinematográfica. ‖ *Toma de tierra,* conexión conductora entre un aparato eléctrico y el suelo; aterrizaje de un avión.
TOMADERO m. Parte por donde se toma alguna cosa. ‖ Toma en un depósito de agua.
TOMADO, DA adj. Dícese de la voz que está un poco ronca. ‖ *Pop.* Ebrio.
TOMADOR, RA adj. y s. Que toma. ‖ Ratero. ‖ *Arg.* y *Chil.* Bebedor. ‖ — M. *Mar.* Cajeta larga con que se aferran las velas. ‖ *Com.* El que recibe una letra de cambio.
TOMADURA f. Toma, acción de tomar una cosa. ‖ Cantidad que se toma de una cosa y de una sola vez. (P. us.) ‖ *Tomadura de pelo,* burla.
TOMAHAWK [*tomaok*] m. Hacha de guerra de los pieles rojas.
TOMAÍNA f. (del gr. *ptôma*, cadáver). Nombre de los alcaloides sumamente venenosos que se forman en la putrefacción de las substancias orgánicas.
TOMAJÓN, ONA adj. y s. *Fam.* Que toma con frecuencia o descaro las cosas que no le pertenecen.
TOMAR v. t. Coger con la mano una cosa: *tomar flores en el jardín.* ‖ Coger: *tomar vino del tonel.* ‖ Recibir de otro: *tomar dinero prestado.* (SINÓN. V. *Aceptar.*) ‖ Ocupar por la fuerza: *tomar una ciudad.* (SINÓN. V. *Apropiarse.*) ‖ Comer o beber: *tomar un vaso de agua.* ‖ Emplear, usar, adoptar: *tomar una medida enérgica.* ‖ Adquirir, contraer: *tomar malas costumbres.* ‖ Contratar: *tomar criado.* ‖ Alquilar: *tomar un taxi, un piso.* ‖ Recibir: *tomar lecciones de inglés.* ‖ Sacar: *tomar un ejemplo en Cervantes.* ‖ Interpretar: *tomas mal cuanto te digo.* ‖ Padecer: *tomar frío.* ‖ Elegir una cosa entre varias. (SINÓN. V. *Escoger.*) ‖ Imitar, seguir los usos: *tomar los modales de alguno.* ‖ Cobrar, adquirir: *tomar fuerzas, ánimo.* ‖ Ejecutar la acción para lo cual sirve el sustantivo: *tomar la pluma, la aguja.* ‖ Hacer uso de: *tomar el tren.* ‖ *Col.* Fastidiar, embromar. ‖ *Amer. Fam.* Beber. ‖ — V. i. Encaminarse, seguir una dirección: *tomó por la derecha.* ‖ — V. r. Cubrirse de moho los metales: *este cuchillo se ha tomado.* ‖ *¡Toma!,* interj. con que se expresa que una cosa no es novedad o que acaba uno de comprenderla: *¡toma, pues si es muy sencillo!* ‖ *Tomar parte,* participar. ‖ *Tomar tierra,* aterrizar un avión. ‖ *Tomarla con uno,* meterse con él. ‖ *Tomar sobre sí una cosa,* cargar con la responsabilidad de ella. ‖ — PROV. **Más vale un toma que dos te daré,** más vale una cosa mediana segura que una mucho mejor pero sólo en esperanza.

Fot. Larousse

TOMATA f. *Col. Fam.* Burla, bufonería, mofa.
TOMATADA f. Fritada de tomate.
TOMATAL m. Plantación de tomate. ‖ *Guat.* Tomatera, planta solanácea.
TOMATAZO m. Golpe que se da con un tomate.
TOMATE m. (azteca *tomatl*). Fruto comestible de la tomatera: *una salsa de tomates.* ‖ Tomatera. ‖ *Fam.* Roto o agujero en los calcetines, en una prenda de punto. ‖ *Fam.* Dificultad: *tiene mucho tomate hacer tal cosa.*
TOMATERA f. Planta de la familia de las solanáceas, originaria de América, cuyo fruto es el tomate. ‖ *Fam.* Engreimiento, altanería, tontería: *tiene una tomatera que es muy molesta.* ‖ *Chil.* Borrachera.
TOMATERO, RA m. y f. Persona que vende tomates. ‖ — Adj. Dícese de un pollo pequeño: *pollito tomatero.*
TOMATESA f. *Méx.* Tomatera.
TOMATICÁN m. *Chil.* Guiso o salsa de tomate.
TOMATILLO m. *Chil.* y *Cub.* Arbusto solanáceo de bayas amarillas o rojas.
TOMATÓN m. *Chil.* Género de plantas solanáceas americanas, llamadas también *tomates de Bolivia.*
TOMAVISTAS m. Cámara de fotografiar usada en el cine o en la televisión.
TÓMBOLA f. (pal. ital.). Especie de rifa pública en la que no hay premios en dinero: *organizar una tómbola de beneficencia.*
TOME m. *Chil.* Especie de espadaña.
TOMEGUÍN m. *Cub.* Especie de pájaro mosca.
TOMENTO m. Estopa basta del lino o cáñamo. ‖ *Bot.* Vello suave de los vegetales.
TOMENTOSO, SA adj. Que tiene tomento o vello.
TOMILLAR m. Sitio poblado de tomillo.
TOMILLO m. (lat. *thymum*). Planta de la familia de las labiadas común en España, y que se se usa como tónica y estomacal.
TOMÍN m. Tercera parte del adarme (cerca de seis decigramos). ‖ Moneda pequeña antigua de plata.
TOMINEJA f. y **TOMINEJO** m. Pájaro mosca.
TOMISMO m. Sistema escolástico contenido en las obras de Santo Tomás de Aquino y de sus discípulos.
TOMISTA adj. y s. *Teol.* Partidario de la doctrina teológica de Santo Tomás de Aquino.
TOMÍSTICO, CA adj. Propio de Santo Tomás: *doctrina tomística.*
TOMIZA f. Cuerda o soguilla de esparto.
TOMO m. (del lat. *tomos,* sección). División de una obra que forma por lo común un volumen completo: *un diccionario en siete tomos.* (SINÓN. V. *Libro.*) ‖ Barb. por *volumen: esta obra forma un solo tomo.* ‖ Grueso o cuerpo de una cosa. ‖ *Fig.* Importancia de una cosa. ‖ *Fig.* y *fam. De tomo y lomo,* de mucho bulto, notable.
TON m. Apócope de *tono,* que se usa en las fr. fam.: *sin ton ni son* y *sin ton y sin son,* que significan *sin motivo u ocasión.*
TONADA f. Composición métrica que puede cantarse y música que la acompaña. (SINÓN. V. *Canto.*) ‖ *Amer.* Tono, acento, dejo.
TONADILLA f. Canción corta. ‖ Tonada alegre.
TONADILLERO, RA m. y f. Persona que compone o canta tonadillas.
TONAL adj. *Mús.* Relativo al tono o tonalidad.
TONALIDAD f. *Mús.* Sistema de sonidos de una composición musical. ‖ Sistema de tonos o colores. ‖ Tinte, matiz. (SINÓN. V. *Color.*) ‖ Calidad de un receptor radioeléctrico que reproduce fielmente los tonos graves y los agudos.
TONANTE adj. *Poét.* Que truena: *Júpiter tonante.*
TONAR v. i. (lat. *tonare*). *Poét.* Tronar.
TONCA adj. f. Tonga.
TONDERO m. *Per.* Cierto baile popular.
TONDINO m. *Arq.* Astrágalo de la columna.
TONDO m. *Arq.* Acanaladura circular.
TONDOI m. *Per.* Instrumento músico de los indios formado por troncos que se golpean.
TONEL m. (al. *Tonne*). Vasija de madera en que se echa un líquido para transportarlo: *un tonel de vinagre.* (SINÓN. *Barrica, barril, bocoy, pipa, tina.*) ‖ Su contenido. ‖ Medida antigua para el arqueo de las naves, que valía cinco sextos de tonelada.
— La capacidad de un *tonel* es sensiblemente igual a la de un cilindro que tenga por altura la del tonel, y por diámetro el mayor diámetro del mismo, menos la tercera parte de la diferencia entre dicho diámetro y el del fondo.
TONELADA f. Unidad de masa equivalente a 1 000 kg (símb.: t). ‖ Medida antigua para el arqueo de las naves igual a 2,83 m^3. ‖ Derecho antiguo que pagaban las embarcaciones. ‖ *Mar.* Tonelería, provisión de toneles.
TONELAJE m. *Mar.* Arqueo de una embarcación, desplazamiento en toneladas de un buque. (SINÓN. V. *Cabida.*) ‖ Peso de un vehículo. ‖ Derecho antiguo que pagaban las embarcaciones.
TONELERÍA f. Arte y taller del tonelero. ‖ Conjunto de toneles. ‖ *Mar.* Provisión de toneles de agua que lleva una embarcación.
TONELERO m. El que hace o vende los toneles. ‖ — Adj. Relativo al tonel: *industria tonelera.*
TONELETE m. Tonel pequeño. ‖ Falda corta: *niña de tonelete.* ‖ Parte de la armadura antigua a modo de faldilla que tenía esta forma. ‖ *Teatr.* Traje de hombre con falda corta. ‖ Faldilla corta de bailarina clásica.
TONGA adj. *Haba tonga,* especie de haba que sirve para aromatizar el tabaco: *el haba tonga es fruto de un árbol de la familia de las leguminosas llamado "cumarú".* ‖ — F. *Amer.* Datura, floripondio.
TONGA y **TONGADA** f. Capa de una cosa: *tongada de cal, de ladrillos.* ‖ *Cub.* Pila de tablas, leñas, toneles, etc. ‖ *Col.* Tanda, tarea.
TONGO m. *Chil.* y *Per.* Sombrero hongo. ‖ *Chil.* Ponche de aguardiente y agua. ‖ Trampa en las carreras de caballos, partidos de pelota, combates de boxeo u otro encuentro deportivo por la que uno de los participantes en la contienda acepta dinero para dejarse ganar. ‖ — Adj. *Méx.* Manco.
TONGONEARSE v. r. *Amer. Fam.* Contonearse.
TONGONEO m. *Amer. Fam.* Contoneo.
TONGORÍ m. *Riopl.* Achura.
TONICIDAD f. Manifestación permanente de la elasticidad de los tejidos vivos, de los músculos, etc.
TÓNICO, CA adj. Que recibe el tono o acento: *sílaba tónica.* ‖ *Acento tónico,* el que se coloca en la pronunciación sobre una de las sílabas en que apoya la voz con más intensidad. ‖ *Nota tónica,* primera de la escala del tono en que está compuesto un trozo. ‖ — Adj. y s. m. Remedio que fortifica y despierta la actividad de los órganos: *la quina es un excelente tónico.* (SINÓN. V. *Reconstituyente.*) ‖ — M. *Mús.* Nota tónica. ‖ Vocal o sílaba tónicas.
TONIFICACIÓN f. Acción y efecto de tonificar.
TONIFICADOR, RA y **TONIFICANTE** adj. Que tonifica. (SINÓN. V. *Reconstituyente.*)
TONIFICAR v. t. Entonar: *tonificar el cuerpo.*
TONILLO m. Tono monótono. ‖ Dejo, acento. ‖ Entonación enfática al hablar.
TONINA f. Atún fresco. ‖ Delfín, marsopla.
TONO m. (gr. *tonos*). Grado de elevación de la voz o del sonido de un instrumento: *tono grave, agudo.* (SINÓN. V. *Sonido.*) ‖ Inflexión o expresión de la voz: *tono grave, altanero.* ‖ Carácter del estilo: *tono noble, sostenido.* ‖ Modo particular de hablar, de expresarse: *el tono de la corte.* ‖ Tensión, elasticidad o firmeza de los órganos. ‖ Vigor, energía. ‖ Color. ‖ *Mús.* Intervalo entre dos tonos de la escala que se siguen diatónicamente. ‖ Escala de un trozo: *el tono de fa se indica con un bemol en la clave.* ‖ *Mús.* Pieza que se muda en ciertos instrumentos para hacer subir o bajar el tono. ‖ *Fig. Mudar el tono,* moderarse al hablar. ‖ *Darse tono,* darse importancia. ‖ *De buen o mal tono,* propio, o no, de personas decentes: *espectáculo de mal tono.* ‖ *Salida de tono,* inconveniencia fuera de lugar.
TONQUINÉS, ESA adj. y s. De Tonquín.
TONSILA f. (lat. *tonsillae*). *Anat.* Amígdala, glándula.
TONSILAR adj. *Anat.* Relativo a las tonsilas o amígdalas.
TONSURA f. (del lat. *tonsum,* supino de *tondere,* trasquilar). Acción y efecto de tonsurar. ‖ Ceremonia de la Iglesia que consiste en cortar al aspirante a sacerdote un poco de cabello en la coronilla. ‖ Parte del pelo así cortada.
TONSURADO m. El que ha recibido la tonsura.

tomate

tomillo

tope

topinambur

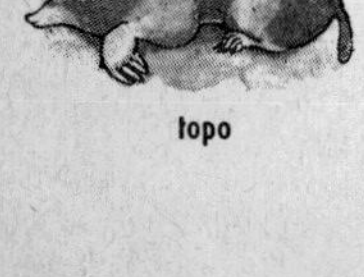

topo

TONSURAR v. t. Conferir la tonsura eclesiástica. || Cortar el pelo o la lana.
TONTADA f. Tontería: *decir tontadas.*
TONTAINA y **TONTAINAS** adj. y s. Muy tonto. (SINÓN. V. *Bobo.*)
TONTAMENTE adv. m. Con tontería.
TONTARRÓN, ONA adj. Muy tonto.
TONTEAR v. i. Hacer o decir tonterías. || *Fam.* Entenderse amistosamente o amorosamente.
TONTEDAD, TONTERA y **TONTERÍA** f. Calidad de tonto. || Acción o palabra tonta, necedad. (SINÓN. *Absurdo, burrada, estupidez, sandez.*) || *Fig.* Lo dicho o hecho sin importancia. (SINÓN. *Cuchufleta, cuento, pamplina, paparrucha.*)
TONTILOCO, CA adj. Tonto, alocado.
TONTILLO m. Faldellín emballenado que usaban las mujeres para ahuecar las faldas.
TONTINA f. (del inventor *Lorenzo Tonti*). Especie de asociación mutua en la que cada socio pone cierta cantidad para obtener una renta vitalicia que ha de repartirse en una época determinada entre todos los supervivientes.
TONTITO m. *Chil.* Chotacabras.
TONTIVANO, NA adj. Tonto vanidoso.
TONTO, TA adj. y s. Mentecato, necio, poco inteligente. (SINÓN. *Cernícalo, imbécil, lerdo, mamarracho, sandio, tardo, torpe.* Fam. *Asno, bodoque, borrico, jumento, porro, zote, zopenco, zoquete.* V. tb. *bobo* y *estúpido.*) || Dícese del dicho o hecho de poco entendimiento. || *Chil.* Boleadora, arma. || *Pop.* Payaso de los circos. (SINÓN. V. *Payaso.*) || *Col.* Inquieto (hablando de niños). || — M. *Chil.* Juego de naipes de la mona. || *Fam. Tonto de capirote,* hombre muy necio. || *A tontas y a locas,* tontamente, sin orden ni concierto. || *Hacerse el tonto,* aparentar engañosamente de que no se da uno cuenta de las cosas. || *Ponerse tonto,* mostrar vanidad o terquedad.
TONTUCIO, CIA adj. Medio tonto.
TONTUNA y **TONTURA** f. Tontería, simpleza.
TONTUNECO, CA adj. y s. *Amér. C.* Tontaina.
TONUDO, DA adj. *Arg.* Lujoso.
TOÑA f. Tala, juego de muchachos. || *Fam.* Bofetada, golpe. || *Fam.* Borrachera.
¡TOP! interj. (del ingl. *to stop,* detener). *Mar.* Voz de mando con que se hace parar una maniobra.
TOPACIO m. Piedra preciosa de color amarillo (fluorsilicato de aluminio), muy dura y transparente.
TOPADA f. Topetada, cabezazo, porrazo.
TOPADOR, RA adj. Que topa o choca: *carnero topador.* || Que topa en el juego con poca reflexión.
TOPAR v. t. Chocar una cosa con otra. (SINÓN. V. *Chocar.*) || Hallar casualmente: *topé a mi amigo en la calle.* (SINÓN. V. *Encontrar.*) || *Mar.* Unir al tope: *topar dos maderos.* || *Amer.* Echar a pelear dos gallos por vía de ensayo. || — V. i. Topetar los carneros. || Aceptar el envite en el juego. || *Fig.* Constar, consistir: *en eso topa la dificultad.* || *Fig.* Tropezar. || *Fig.* y *fam.* Acertar, salir bien: *lo dije a ver si topaba.*
TOPE m. Parte por donde pueden topar dos cosas. || Pieza que detiene el movimiento de un mecanismo. || Cada una de las piezas metálicas redondas, colocadas en los extremos de los coches de ferrocarril o al final de una línea férrea. || *Fig.* Punto difícil de una cosa: *ahí está el tope.* || *Fig.* Reyerta, riña. || *Col.* Hallazgo. || *Mar.* Extremo superior de cualquier palo. || *Mar.* Punta del mastelero: *poner una grímpola en el tope.* || *Mar.* Canto de un madero. || *Al tope,* dícese de las cosas reunidas por los extremos. || *Estar hasta los topes,* estar muy cargado o muy lleno. *Fig.* Estar harta de algo una persona. || *Precio tope,* precio máximo.
TOPEADURA f. *Chil.* Diversión de los guasos consistente en empujar un jinete a otro para desalojarlo de su cabalgadura.
TOPEAR v. t. *Chil.* Empujar un jinete a otro para desalojarlo de su cabalgadura.
TOPERA f. Madriguera o agujero del topo.
TOPETADA f. Golpe que dan con la cabeza los animales cornudos. || *Fig.* y *fam.* Golpe que se da con la cabeza: *darse de topetadas.*
TOPETAR o **TOPETEAR** v. i. Dar topetadas los carneros y otros animales. || *Fam.* Topar o chocar.
TOPETAZO m. Golpe dado con la cabeza o con un tope.
TOPETÓN m. Choque de dos cosas. || Topetada.
TOPETUDO, DA adj. Que da topetadas.
TÓPICO, CA adj. Relativo a determinado lugar. || — M. *Med.* Medicamento de uso externo. || *Ret.* Lugar común. (SINÓN. V. *Vulgaridad.*) || Frase hecha muy usada en la conversación o en el discurso. || *Neol.* Barb. por *asunto, tema.*
TOPIL m. *Méx.* y *Ant.* Alguacil.
TOPINADA f. *Fam.* Acción propia de un topo.
TOPINAMBUR o **TOPINAMBO** m. *Arg.* y *Bol.* Planta compuesta que produce unos tubérculos semejantes a las batatas.
TOPINERA f. Topera, guarida o agujero del topo.
TOPINO, NA adj. Dícese del caballo que pisa con la parte anterior del casco.
TOPO m. (lat. *talpa*). Mamífero insectívoro de pelo negro, de ojos pequeños y casi invisibles, que vive en galerías subterráneas donde se alimenta de gusanos y larvas. || *Méx.* Taltusa, roedor. || *Fig.* y *fam.* Persona que ve poco y en todo tropieza. || *Fig.* y *fam.* Persona que tiene muy cortos alcances. || *Amer.* Alfiler grande con que las indias se prenden el mantón.
TOPO m. *Amer.* Medida itineraria de legua y media, usada entre ciertos indios.
TOPOCHO, CHA adj. *Cambur topocho,* el de fruto muy pequeño. || *Venez.* Rechoncho.
TOPOGRAFÍA f. (del gr. *topos,* lugar, y *graphein,* describir). Arte de representar gráficamente un lugar sobre el papel, con todos los accidentes de la superficie. || Conjunto de particularidades que tiene un terreno en su relieve: *la complicada topografía de España.*
TOPOGRÁFICO, CA adj. Relativo a la topografía: *mapa topográfico.*
TOPÓGRAFO m. Especialista en topografía.
TOPOLOGÍA f. Ciencia que estudia los razonamientos matemáticos sin consideración a ningún significado concreto.
TOPOMETRÍA f. Conjunto de las operaciones efectuadas en el terreno para la determinación métrica de los elementos de un mapa.
TOPÓN m. *Col., Cub.* y *Chil.* Topetón.
TOPONIMIA f. Estudio de los nombres propios de lugar.
TOPONÍMICO, CA adj. Relativo a la toponimia.
TOPÓNIMO m. Nombre propio de lugar.
TOQUE m. Acción de tocar una cosa. (SINÓN. V. *Tacto.*) || Ensayo de un objeto de oro o plata hecho con la piedra de toque. || Tañido de ciertos instrumentos: *toque de campanas.* || *Fig.* Prueba, examen de una persona o cosa. || *Fig.* y *fam.* Golpe. || *Pint.* Pincelada ligera. || *Fig.* Llamamiento, indicación, advertencia: *le di un toque de atención.* || *Bol.* Turno o vez. || *Dar un toque a uno,* ponerle a prueba; sondearle sobre algo. || *Toque de queda,* señal que indica que hay que retirarse a su domicilio y apagar las luces.
TOQUEADO m. Son hecho con manos, pies, etc.
TOQUETEAR v. t. Tocar reiteradamente.
TOQUETEO m. Toques repetidos.
TOQUI m. *Chil.* Cacique, caudillo araucano.
TOQUILLA f. Pañuelo de malla que se ponen las mujeres en la cabeza o al cuello para abrigo. || Pañuelo pequeño triangular que llevan las mujeres a la cabeza. || Adorno de gasa o cintas que se ponía antiguamente a los sombreros de hombre. || *Amer.* Paja con que se hacen los sombreros de Jipijapa. || *Amer.* Sombrero de paja.
TORA f. Cierto tributo que pagaban los judíos por familias. || Libro que contiene la ley judía.
TORACENTESIS f. Punción del tórax para evacuar los líquidos acumulados en esta cavidad.
TORÁCICO, CA adj. *Zool.* Relativo al tórax. || *Caja torácica,* cavidad formada por las vértebras, las costillas y el esternón, limitada en su parte inferior por el diafragma y que contiene el corazón y los pulmones.
TORACOPLASTIA f. *Cir.* Operación que consiste en modificar la estructura de la caja torácica mediante resección de una o varias costillas.
TORADA f. Manada de toros.
TORAL adj. Principal: *arco toral.* || *Cera toral,* en Andalucía, la que está por curar. || *Arco toral,* cada uno de los cuatro en que estriba la media naranja de un edificio. || *Tecn.* Molde para vaciar barras de cobre, y barra así obtenida.

TÓRAX m. (gr. *thorax*). *Zool.* Cavidad de los vertebrados limitada por las costillas y el diafragma que contiene los pulmones y el corazón. ||

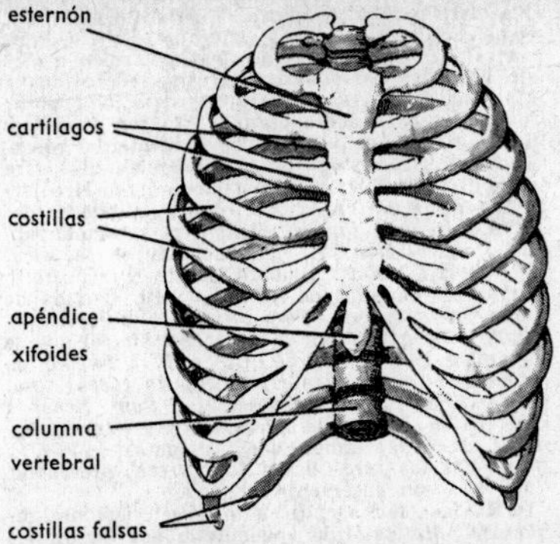

Segunda parte de los cuerpos de los insectos, arácnidos y crustáceos, en la cual se hallan las patas. Pl. *tórax*.

TORBELLINO m. Viento impetuoso que sopla dando vueltas: *los ciclones son torbellinos de gran radio.* || Masa de agua que gira rápidamente como un embudo. (SINÓN. V. *Borrasca.*) || Cualquier materia arrastrada en movimiento giratorio: *torbellino de polvo.* || *Fig.* Lo que arrastra a los hombres: *el torbellino de los negocios.* || *Fig.* Abundancia de cosas en un mismo tiempo. || *Fig.* y *fam.* Persona viva e inquieta.

TORCA f. Concavidad entre rocas y peñas.

TORCAL m. El sitio donde hay torcas o grutas: *el torcal de Antequera.*

TORCAZ adj. y s. (del lat. *torquata*, con collar). *Paloma torcaz,* variedad de paloma silvestre que ostenta una especie de collar blanco. (SINÓN. V. *Paloma.*)

TORCAZO, ZA adj. y s. Torcaz: *una paloma torcaza.* || *Col. Fam.* Tonto, bobo, mentecato.

TORCECUELLO m. Ave trepadora de Europa.

TORCEDERO, RA adj. Torcido, que se aparta de lo recto. || — M. Instrumento para torcer.

TORCEDOR, RA adj. y s. Que tuerce. || — M. Huso que sirve para torcer la hilaza. || *Fig.* Cosa que ocasiona disgusto o pesar.

TORCEDURA f. Acción y efecto de torcer o torcerse, torcimiento. || Aguapié, vino flojo. || Distensión de las partes blandas que rodean las articulaciones de los huesos. || Desviación de un miembro u órgano de su dirección normal.

TORCER v. t. (lat. *torquere*). Dar vueltas a un cuerpo por sus dos extremidades en sentido contrario: *torcer una cuerda.* || Doblar, encorvar: *torcer una barra de hierro.* || Mover violentamente: *torcer un brazo a alguien.* || Desviar de su dirección habitual: *torcer los ojos.* || Dar muestras de desagrado: *torcer el gesto, el semblante.* || Cambiar de dirección: *el camino tuerce a la derecha.* || *Fig.* Interpretar siniestramente: *torcer las intenciones de alguien.* || Desviar de la rectitud: *torcer la justicia con dádivas.* || — V. i. Doblar: *torcer la esquina.* || — V. r. Agriarse el vino, cortarse la leche, etc. || Dificultarse o frustrarse un negocio. || *Fig.* Desviarse del buen camino. || — IRREG. Se conjuga como *mover.*

TORCIDA f. Mecha de lámparas, velones, etc.

TORCIDILLO m. Torcido, torcedura, aguapié.

TORCIDO, DA adj. Que no es recto: *camino torcido.* (SINÓN. *Sinuoso, retorcido, tuerto, zambo.*) || *Fig.* Que no obra con rectitud. || *Amér. C.* Desdichado. || — M. Rollo de pasta de frutas en dulce. || Torcedura, aguapié. (SINÓN. V. *Agrio.*) || Hebra muy gruesa de seda torcida. || — F. Conjunto de partidarios.

TORCIJÓN m. Retortijón de tripas. || Torozón, enteritis que padecen las bestias.

TORCIMIENTO m. Torcedura, acción de torcer. || *Fig.* Perífrasis o circunlocución para dar a entender una cosa que se pudiera decir más brevemente.

TORCIONARIO m. Galicismo por *verdugo*: *los torcionarios de la Inquisición.*

TORCULADO, DA adj. En forma de tornillo.

TÓRCULO m. Prensa de tornillo.

TÓRDIGA f. Túrdiga. (P. us.)

TORDILLO, LLA adj. y s. Tordo, caballo.

TORDITO m. *Amer.* Nombre de varios pájaros, insectos y frutos.

TORDO m. (lat. *turdus*). Pájaro de Europa, de lomo gris, aceitunado, vientre blanco con manchas pardas y cobijas de color amarillo: *el tordo se alimenta de uvas y aceitunas.* || *Amér. C., Arg.* y *Chil.* Estornino. || — Adj. y s. Dícese de la caballería que tiene el pelo mezclado de color negro y blanco.

TOREADOR m. Torero.

TOREAR v. i. y t. Lidiar los toros en la plaza. || *Riopl.* Ladrar. || — V. t. *Fig.* Entretener a uno engañándole. || Burlarse con disimulo: *no dejarse torear.* || *Fig.* Incomodar. || *Arg.* Azuzar a un animal.

TOREO m. Acción de torear y arte de torear.

TORERÍA f. Clase de los toreros. || *Fam.* Travesura de muchachos. || *Per.* Bulla.

TORERO, RA adj. *Fam.* Relativo o perteneciente al toreo en las plazas. || — M. El que torea. || — F. Chaquetilla corta y ceñida.

TORÉS m. *Arq.* Toro que asienta sobre el plinto de la basa de una columna.

TORETE m. Toro pequeño. || *Fam.* Grave dificultad, asunto peliagudo. || *Fam.* Asunto de que se trata en una conversación.

TORÉUTICA f. Arte de trabajar y grabar la madera, el marfil, los metales.

TORIBIO n. pr. Personaje imaginario, símbolo de tontería. || — Pl. Establecimiento religioso para niños indisciplinados.

TORIL m. Encierro para los toros de lidia.

TORIO m. Elemento químico radiactivo (Th), de color plomizo y de número atómico 90.

TORITA f. Silicato hidratado de torio.

TORITO m. *Per.* y *Arg.* Escarabajo que lleva un cuerno en la frente. || *Ecuad.* Linda planta orquídea. || *Chil.* Sombrajo, toldo. || *Cub.* Juego del monte en pequeño. || *Cub.* Pez cofre que tiene dos espinas a manera de cuernos. || *Amér. C.* Baile nacional.

TORLOROTO m. Instrumento músico de viento parecido al orlo.

TORMAGAL m. y **TORMELLERA** f. Sitio cubierto de tormos o peñascos. (SINÓN. *Peñascal.*)

TORMENTA f. Tempestad: *guarecerse de la tormenta.* (SINÓN. V. *Borrasca.*) || *Fig.* Adversidad, desgracia: *aguantar una tormenta.* || *Fig.* Excitación de los ánimos: *tormenta revolucionaria.*

TORMENTARIO, RIA adj. Relativo a la maquinaria de guerra antigua. || *Arte tormentaria,* nombre que se daba a la artillería antigua.

TORMENTILA f. Planta rosácea cuyo rizoma se emplea en medicina como astringente y contra el dolor de muelas.

TORMENTÍN m. Mástil puesto sobre el bauprés.

TORMENTO m. (lat. *tormentum*). Acción y efecto de atormentar. || Dolor o padecimiento grande: *un tormento físico.* || Tortura a que se sometía en otro tiempo los acusados para obligarlos a declarar: *confesar en el tormento.* (SINÓN. V. *Suplicio.*) || *Fig.* Congoja, angustia, aflicción. || *Fig.* Persona que la ocasiona. || *Fam.* Persona querida.

TORMENTOSO, SA adj. Que ocasiona tormentas: *tiempo tormentoso.* || Dícese del tiempo que amenaza tormenta. || *Mar.* Dícese del buque que trabaja mucho con la mar y el viento.

TORMO m. Terrón de tierra. || Tolmo.

TORNA f. Acción de tornar o devolver. || Regreso. || Abertura hecha en las huertas para llevar el agua desde las regueras a las eras. || — Pl. Vuelta, pago, recompensa: *volverle a uno las tornas.*

TORNABODA f. Día y fiesta que sigue a la boda.

TORNACHILE m. *Méx.* Pimiento muy grueso.

TORNADA f. Acción de tornar o regresar. || Vuelta, repetición de un viaje.

TORNADERA f. Horca para dar vuelta a la parva.

TORNADIZO, ZA adj. Dícese del que muda fácilmente de opinión: *un político tornadizo.* (SINÓN. V. *Cambiante.*)

tordo

torera

TORNOS

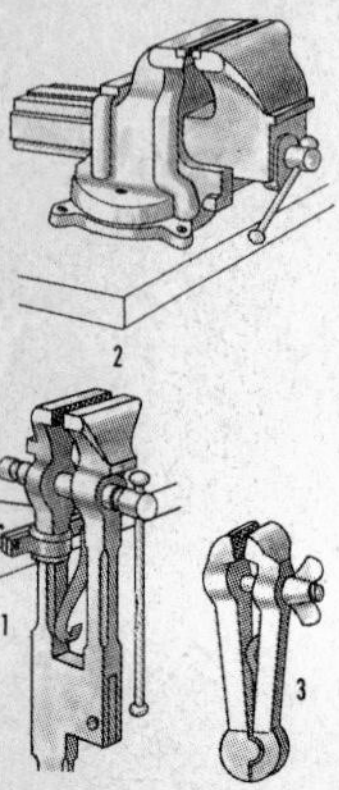

1 con soporte
2 de tenazas paralelas
3 de mano

torniquete

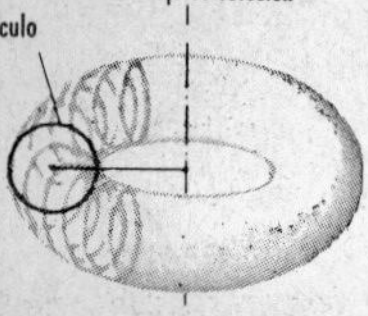

TORO

toronja

TORNADO m. Huracán, tempestad de carácter ciclónico: *hubo un tornado en la cuenca del Misisipí.* (SINÓN. V. *Borrasca.*)
TORNADURA f. Torna, tornada.
TORNAGUÍA f. Recibo de la guía de despacho de una mercancía.
TORNAMIENTO m. Acción y efecto de tornar.
TORNAPUNTA f. Madero ensamblado en uno horizontal que sirve para afianzar otro madero vertical o inclinado. ‖ Puntal, sostén.
TORNAR v. t. (lat. *tornare*). Devolver: *le torné lo que me prestó.* ‖ Mudar, cambiar: *tornar a uno taciturno.* ‖ — V. i. Regresar, volver: *tornar a su casa.* ‖ Volver, seguir: *tornar a escribir.* ‖ — V. r. Volverse, hacerse. ‖ — PARÓN. *Tornear.*
TORNASOL m. Girasol, planta compuesta. ‖ Cambiante o viso: *los tornasoles de una tela.* ‖ Materia colorante vegetal azul que se torna roja con los ácidos y sirve de reactivo químico. ‖ *Col.* Tucusito, ave.
TORNASOLADO, DA adj. Dícese de lo que hace visos o aguas: *una tela tornasolada.*
TORNASOLAR v. i. Hacer tornasoles una cosa. (SINÓN. V. *Brillar.*)
TORNÁTIL adj. Que está hecho a torno. ‖ *Poét. Que gira* fácilmente. ‖ *Fig.* Tornadizo, que cambia fácilmente.
TORNATRÁS com. Descendiente de mestizos, pero con caracteres de una sola de las razas originarias.
TORNAVÍA f. Placa giratoria en los ferrocarriles.
TORNAVIAJE m. Viaje de regreso, vuelta.
TORNAVOZ m. Sombrero del púlpito. ‖ Aparato dispuesto para amplificar o dirigir el sonido.
TORNEADOR m. Tornero: *torneador de cobre.* ‖ El que combate en un torneo.
TORNEADURA f. Viruta de una cosa torneada.
TORNEANTE adj. Que combate en un torneo.
TORNEAR v. t. Labrar una cosa al torno: *tornear una pata de mesa.* (SINÓN. *Labrar, redondear.*) ‖ — V. i. Girar en torno. ‖ *Fig.* Dar vuelta a algo la imaginación. ‖ — PARÓN. *Tornar.*
TORNEAR v. i. Combatir en torneo.
TORNELA f. Planta sarmentosa de América.
TORNEO m. Fiesta guerrera celebrada antiguamente y en que se combatía a caballo. (SINÓN. V. *Lucha.*) ‖ Certamen, campeonato: *torneo de fútbol.* ‖ *Veter.* Modorra, enfermedad del ganado.
TORNERA f. La monja que sirve en el torno. ‖ Mujer del tornero.
TORNERÍA f. El oficio o la tienda del tornero.
TORNERO m. Obrero que labra objetos al torno. ‖ *And.* Demandadero de las monjas.
TORNILLA f. *And.* El torno de hilar.
TORNILLAZO m. Media vuelta (caballo). ‖ *Fam.* Deserción.
TORNILLERO m. *Fam.* Soldado desertor.
TORNILLO m. Cilindro de metal o madera con resalto helicoidal, que entra en la tuerca. ‖ Clavo con resalto helicoidal. ‖ Torno pequeño. ‖ *Fig.* y *fam.* Deserción de un militar. ‖ *Tornillo de Arquímedes,* artificio para elevar un líquido, consistente en un cilindro de forma helicoidal movido por un eje. ‖ *Tornillo micrométrico,* palmer. ‖ *Tornillo sin fin,* engranaje compuesto de una rueda dentada y un cilindro con resalto helicoidal. ‖ *Fig.* y *fam. Faltarle a uno un tornillo,* estar medio loco. ‖ *Fig. Apretar a uno los tornillos,* exigirle, hacer fuerza para que ejecute algo.
TORNIQUETE m. (fr. *tourniquet*). Especie de torno móvil para cerrar una entrada por donde deben pasar una a una las personas. ‖ *Cir.* Artificio de cirugía que se emplea para contener las hemorragias. ‖ *Arg.* Tensor de alambre para las cercas. ‖ *Cub.* Figura de danza.
TORNISCÓN m. *Fam.* Golpe que se da con la mano sobre el rostro o en la cabeza. (SINÓN. V. *Golpe.*) ‖ *Amer. Fam.* Pellizco retorcido: *dar un torniscón.*

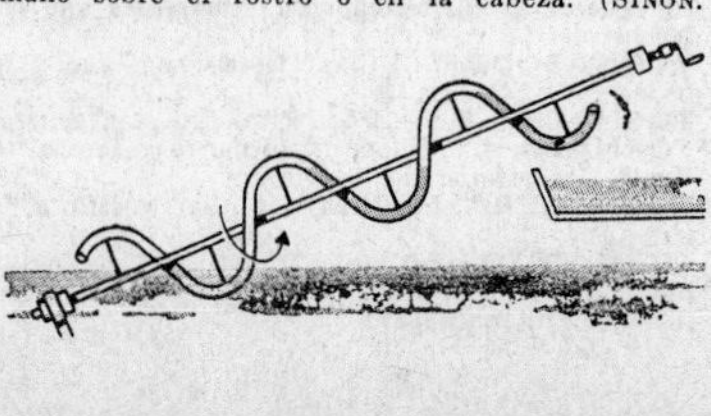

tornillo de Arquímedes

TORNO m. (lat. *tornus*). Cilindro horizontal móvil alrededor del cual se arrolla una cuerda y que sirve para alzar pesos. ‖ Armario giratorio, empotrado en una pared y que sirve en los conventos para pasar cosas de una habitación a otra sin verse las personas que a cada lado están. ‖ Máquina de diversas formas que sirve para labrar cosas con movimiento circular: *labrar madera a torno.* ‖ Prensa pequeña de carpinteros, cerrajeros, etc.: *torno de mano.* ‖ Máquina que sirve para hilar. ‖ Vuelta, rodeo, movimiento circular. ‖ Recodo de un río. ‖ *En torno a,* alrededor de.
TORO m. (lat. *taurus*). Mamífero rumiante, armado de cuernos, cuya hembra es la vaca. (V. BUEY.) ‖ *Fig.* Hombre fuerte y robusto. ‖ *Cub.* Pez. parecido al cofre. ‖ — Pl. Corrida de toros. ‖ *Fig.* y *fam. Toro corrido,* el sujeto escamado y experimentado. ‖ *Toro de lidia,* el que se destina a las corridas de toros. ‖ *Toro de cola,* en México, el que se colea. ‖ *Toro de fuego,* tora, armazón de fuegos artificiales. ‖ *Fam. Echar a uno el toro,* increparle severamente. ‖ *Fam. Haber toros y cañas,* haber jaleo, disputa. ‖ *Fig.* y *fam. Ver los toros desde la barrera,* presenciar una cosa sin intervenir en ella.
TORO m. (lat. *torus*). *Arq.* Bocel, moldura redonda. ‖ *Mat.* Sólido engendrado por un círculo que gira alrededor de un eje situado en su mismo plano y que no pasa por el centro de dicho círculo.
TORONJA f. Nombre de una especie de cidra de forma esférica. ‖ *Chil.* Toronjo.
TORONJIL m. Planta labiada medicinal y digestiva, común en España.
TORONJO m. Cidro que produce las toronjas.
TOROZÓN m. *Veter.* Enteritis o cólico que padecen las caballerías. ‖ *Amer.* Trozo, pedazo.
TORPE adj. (lat. *turpis*). Que no tiene movimientos libres, pesado, lerdo. ‖ Desmañado, que carece de habilidad: *ser muy torpe para un trabajo.* (SINÓN. *Desmañado, inhábil, obtuso, rudo.*)
TORPEDEAMIENTO m. Torpedeo.
TORPEDEAR v. t. Atacar con torpedos. ‖ *Fig.* Poner obstáculos, estorbar por cualquier medio: *torpedear la conferencia.*
TORPEDERO m. Barco que se emplea para lanzar torpedos: *los torpederos son barcos pequeños y muy veloces.* Ú. t. c. adj.: *una lancha torpedera.*
TORPEDISTA m. Marinero encargado de la maniobra de los torpedos.
TORPEDEO m. Acción y efecto de torpedear.
TORPEDO m. (lat. *torpedo*). Pez selacio del suborden de los rávidos que posee cerca de la cabeza un aparato eléctrico con el cual produce descargas bastante fuertes. ‖ Máquina de guerra cargada de explosivo y provista de un mecanismo automotor, que utilizan los barcos de guerra como arma submarina.
TORPEMENTE adv. m. Con torpeza, sin habilidad: *hablar torpemente.*
TORPEZA f. Calidad de torpe: *obrar con torpeza.* ‖ Acción o palabra torpe.
TÓRPIDO, DA adj. *Med.* Que reacciona con torpor.
TORPOR m. *Med.* Entorpecimiento profundo. (SINÓN. V. *Adormecimiento* y *depresión.*)
TORQUES f. (lat. *torques*). *Antig.* Collar que usaban los antiguos romanos y los soldados galos.
TORRADO m. Garbanzo tostado.
TORRAR v. t. Tostar, quemar muy ligeramente.
TORRE f. (lat. *turris*). Edificio más alto que ancho, de forma cuadrada, redonda, etc.: *la torre Eiffel mide 320 m de alto.* ‖ En algunas provincias, casa de campo, quinta. (SINÓN. V. *Villa.*) ‖ Pieza del juego de ajedrez. ‖ Construcción blindada donde se colocan cañones en los barcos, torreta. ‖ Armazón metálico que sostiene la barra de perforación de un pozo de petróleo. (SINÓN. *Derrick.*) ‖ *Torre albarrana,* torre fuerte que antiguamente se ponía a trechos en las murallas. ‖ *Torre del homenaje,* la dominante y más fuerte en la que el castellano juraba guardar y defender la fortaleza con valor. ‖ *Torre de mando* o *de control,* torre situada en un aeródromo de la cual se dirigen todas las operaciones de los aviones durante el despegue y el aterrizaje.
TORREAR v. t. Guarnecer con torres.
TORRECILLA f. *Mar.* Torre de un buque.

TORREFACCIÓN f. Tostadura, acción de tostar: *la torrefacción desarrolla el aroma del café.*
TORREFACTADO, DA adj. Tostado.
TORREFACTAR v. t. Tostar el café.
TORREJA f. Torrija. ‖ *Amer.* Rebanada. ‖ *Chil.* Luquete, rueda de limón que se echa en un refresco.
TORRENCIAL adj. Que parece un torrente, sumamente violento: *aguantar una lluvia torrencial.*
TORRENTE m. (lat. *torrens, entis*). Corriente de agua rápida, impetuosa: *los torrentes causan peligrosas inundaciones.* ‖ Curso de la sangre en el aparato circulatorio. ‖ *Fig.* Abundancia, muchedumbre: *un torrente de injurias.* ‖ Fuerza impetuosa.
TORRENTERA f. Cauce, lecho de un torrente.
TORRENTOSO, SA adj. Torrencial.
TORREÓN m. Torre grande para defensa de una plaza o castillo.
TORRERO m. Labrador que cuida de una torre o granja. ‖ El individuo que cuida de una atalaya o un faro.
TORRETA f. Torre pequeña. ‖ *Mil.* Prominencia blindada, generalmente orientable, en la que se colocan los cañones o ametralladoras de una fortaleza, barco de guerra o carro de combate.
TORREZNADA f. Fritada de torreznos.
TORREZNERO, RA adj. y s. *Fam.* Holgazán, perezoso.
TORREZNO m. (de *torrar*). Pedazo de tocino frito: *comer huevos con torreznos.*
TÓRRIDO, DA adj. (lat. *torridus*). Muy ardiente: *clima tórrido.* (SINÓN. V. *Caliente.*) ‖ *Zona tórrida,* parte de la Tierra situada entre los dos trópicos.
TORRIFICADO, DA adj. *Méx.* Dícese del café tostado.
TORRIJA f. Rebanada de pan mojada en vino, o leche, frita y bañada después en miel o en almíbar.
TORRONTERA f. *And.* y *Cub.* y **TORRONTERO** m. Tierra que dejan las avenidas de los ríos.
TORRONTÉS adj. Dícese de una uva blanca con que se hace una especie de vino muy oloroso.
TÓRSALO m. *Amér. C.* Gusano parásito del hombre.
TORSIÓN f. Acción de torcer: *la torsión de las cuerdas de tripa disminuye con la humedad.* ‖ — SINÓN. *Contorsión, distorsión, retorcimiento.*
TORSO m. (ital. *torso*). Tronco de una estatua: *dibujar un torso de Hércules.* ‖ Busto de una persona.
TORTA f. (lat. *torta*). Pastel de forma circular que contiene varios ingredientes. ‖ *Fig.* Cualquier masa de figura de torta: *torta de brea, de lino.* ‖ *Pop.* Bofetada. (SINÓN. V. *Golpe.*) ‖ *Impr.* Paquete de caracteres de imprenta. ‖ *Impr.* Plana mazorral sin distribuir. ‖ *Ecuad.* Especie de judía grande y de hermosos colores con que juegan los niños. ‖ *Fig.* y *fam. Ser una cosa tortas y pan pintado,* ser una cosa mucho menos fastidiosa o difícil que otra.
TORTADA f. Torta grande rellena de carne o dulce. ‖ *Albañ.* Capa de argamasa tendida sobre cada hilada de piedras o ladrillos.
TORTAZO m. *Fam.* Bofetada, soplamocos.
TORTEDAD f. Calidad de tuerto.
TORTERA f. Rodaja debajo del huso, que sirve para torcer la hebra al hilar.
TORTERA f. Cazuela de barro que sirve generalmente para hacer tortadas.
TORTERO m. Tortera, rodaja.
TORTICERO, RA adj. Injusto.
TORTÍCOLIS mejor que **TORTICOLI** o **TORTICOLIS** m. Dolor o reumatismo en los músculos del cuello. ‖ — OBSERV. Es muy frecuente el uso de esta palabra en femenino.
TORTILLA f. Fritada de huevos batidos con cualquier otro manjar: *tortilla de jamón.* ‖ *Amer. Por anton.* Torta de harina de maíz. ‖ *Fig.* y *fam. Hacer tortilla a una persona* o *cosa,* aplastarla, reventarla. ‖ *Volverse la tortilla,* suceder una cosa al revés de lo que se pensaba, o trocarse la fortuna que era antes favorable.
TORTILLERA f. *Amer.* La mujer que fabrica las tortillas de maíz. ‖ *Fig.* y *fam.* Lesbiana.
TORTILLO m. *Blas.* Pieza redonda de color.
TORTOL m. (lat. *tortor*). *Hond.* Acial.

TÓRTOLA f. (lat. *turtur*). Género de aves parecidas a las palomas pero algo más pequeñas. (SINÓN. V. *Paloma.*)
TORTOLEAR v. t. Requebrar.
TÓRTOLO m. Macho de la tórtola. ‖ *Fig.* y *fam.* Hombre o mujer muy enamorados. ‖ *Col.* Tonto, bobo.
TORTOR m. (del lat. *tortus,* retorcido). *Mar.* Vuelta dada a la trinca que liga dos objetos. ‖ *Per.* Torcedor. ‖ *Cub.* Acción de dar varias vueltas repetidas a una cosa.
TORTOZÓN adj. (del lat. *tortus,* torcido). Dícese de una uva de grano bastante grueso.
TORTUGA f. (b. lat. *tortuca*). Término general que designa a todos los reptiles quelonios, de cuerpo corto encerrado en una envoltura ósea: *las tortugas producen la concha.* ‖ Testudo, especie de defensa que formaban los soldados romanos reuniendo los escudos. ‖ *Fig. A paso de tortuga,* muy lentamente.
— La *tortuga* es un animal pesado y lento, cuyo cuerpo está encerrado en un carapacho óseo muy resistente. No tiene dientes y su boca, provista de labios córneos, forma un pico como el de las aves. Su carne es comestible bastante apreciado. Hay tortugas de mar, tortugas de agua dulce y tortugas terrestres. Algunas tortugas, en las islas Mascareñas, alcanzan hasta un metro de largo y pesan más de 300 kg.
TORTUGUILLO m. *Bot.* Un árbol de Puerto Rico.
TORTUOSIDAD f. Calidad de tortuoso.
TORTUOSO, SA adj. Que da muchos rodeos: *un camino tortuoso.* (SINÓN. V. *Sinuoso.* CONTR. *Recto.*) ‖ *Fig.* Solapado.
TORTURA f. (lat. *tortura*). Calidad de tuerto. ‖ Tormento: *aplicar la tortura a un reo.* (SINÓN. V. *Suplicio.*) ‖ Dolor, aflicción grande: *padecer una tortura moral.*
TORTURAR v. t. Atormentar o hacer padecer: *ese pensamiento me tortura sin cesar.*
TORUNDA f. Tapón de algodón y gasa empleado en las operaciones quirúrgicas.
TORUNO m. *Chil.* Buey castrado después de los tres años.
TORVA f. Remolino de nieve o lluvia.
TORVISCO m. (lat. *turbiscus*). Planta timeleácea.
TORVO, VA adj. (lat. *torvus*). Airado o irritado: *mirada torva.*
TORY m. y adj. Denominación que se da a los miembros del Partido Conservador inglés.
TORZADILLO m. Una especie de torzal delgado.
TORZAL m. Cordoncillo torcido de seda, que sirve para coser. ‖ *Fig.* Unión de varias cosas que están torcidas o trenzadas entre sí. ‖ *Arg.* y *Chil.* Lazo, maniota de cuerno, etc.
TORZÓN m. *Veter.* Torozón, enteritis. ‖ *Ecuad.* Meteorismo o timpanitis de las bestias.
TORZONADO, DA adj. *Veter.* Dícese de la bestia que padece torzón o enteritis.
TORZUELO m. *Cetr.* Terzuelo, halcón macho.
TOS f. (lat. *tussis*). Expiración brusca, convulsiva y sonora del aire contenido en los pulmones: *la tos es provocada por la irritación de la mucosa de la garganta y los bronquios.* ‖ *Tos ferina,* enfermedad que suele atacar a los niños y está caracterizada por accesos de tos sofocantes.
TOSCA f. Toba, piedra caliza.
TOSCAMENTE adv. m. De una manera tosca.
TOSCANO, NA adj. y s. De Toscana. ‖ Dícese de un orden de arquitectura. ‖ — M. Lengua italiana.
TOSCO, CA adj. (b. lat. *tuscus*). Grosero, sin pulimento, basto: *un trabajo demasiado tosco.* ‖ *Fig.* Inculto, rudo.
TOSEDERA f. *Col.* Tos continua.
TOSEGOSO, SA adj. *Ant.* Tosigoso, envenenado.
TOSER v. i. (lat. *tussire*). Tener tos. ‖ *Fig.* y *fam. Toser una persona a otra,* competir con ella en cualquier cosa: *a mí nadie me tose.*
TOSIDO m. *Ant.* y *Chil.* Golpe de tos.
TÓSIGO m. (del gr. *toxikon,* veneno). Ponzoña, veneno. ‖ *Fig.* Angustia grande.
TOSIGOSO, SA adj. Ponzoñoso, envenenado. (SINÓN. V. *Venenoso.*) ‖ Que padece tos y opresión. ‖ *Venez. Fig.* Tipo asqueroso.
TOSQUEDAD f. La calidad de tosco o grosero.

torre del homenaje

torre de perforación

tórtola

tortuga

Fot. Arch. Phot., Esso, Baufle

traba

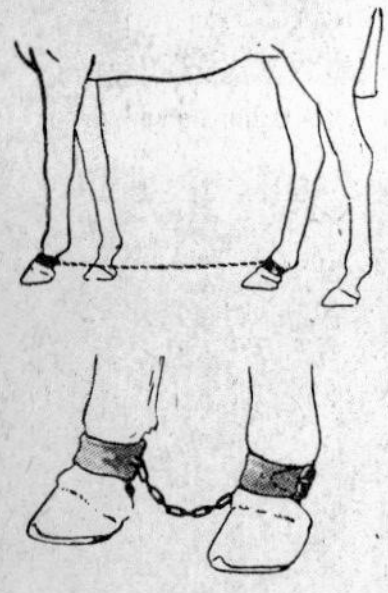

TOSTADA f. Rebanada de pan tostada, untada con manteca, miel, etc. || *Arg. Fam.* Lata. || *Fig. y fam. Dar o pegar a uno la tostada,* darle un chasco, engañarle. || *No ver la tostada,* no comprender una cosa.

TOSTADERO m. Sitio donde se tuesta algo: *tostadero de café.*

TOSTADILLO m. *Sant.* Cierto vino afamado de Liébana. || *Horno de tostadillo,* el de reverbero.

TOSTADO, DA adj. Dícese del color muy subido y obscuro. (SINÓN. *Bronceado, cobrizo, curtido, moreno.*) || — M. Tostadura: *el tostado del café.* || *Ecuad.* Cancha, maíz tostado. || *Amer.* Alazán oscuro.

TOSTADOR, RA adj. y s. Que tuesta. || — M. Instrumento para tostar el café y otras cosas.

TOSTADURA f. Acción y efecto de tostar.

TOSTAR v. t. Exponer una cosa a la lumbre hasta que tome color y se deseque, sin quemarse: *tostar café.* || *Fig.* Calentar mucho. || *Fig.* Curtir, broncear la piel. U. m. c. r.: *tostarse la cara.* || *Fam.* Azotar. || — IRREG. Se conjuga como *contar.*

TOSTEL m. *C. Rica.* Dulce o pastelillo.

TOSTÓN m. Garbanzo tostado. || Tostada mojada en aceite. || Cosa demasiado asada. || Cochinillo asado. || *Fam.* Cosa pesada, rollo, disco.

TOTA (A) loc. adv. *Chil.* A cuestas.

TOTAL adj. (lat. *totalis*). Completo: *ruina total.* (SINÓN. V. *Entero.*) || — M. Conjunto de varias partes que forman un todo. || Barb. por *totalidad, conjunto.* || Suma, adición.

TOTALIDAD f. Calidad de total. || Todo, conjunto.

TOTALITARIO, RIA adj. Dícese de los regímenes políticos no democráticos en los cuales los poderes ejecutivo, legislativo y judicial están concentrados en un pequeño grupo de dirigentes, quienes sacrifican los derechos fundamentales de la persona humana en favor de la razón de Estado. (SINÓN. V. *Absoluto.*)

TOTALITARISMO m. Régimen, sistema totalitario. (SINÓN. V. *Dictadura.*)

TOTALIZADOR m. Dispositivo que efectúa mecánicamente el total de los resultados parciales.

TOTALIZAR v. t. Sumar, hacer el total.

TOTALMENTE adv. m. Completa, enteramente. (SINÓN. V. *Absolutamente.*)

TOTAY m. *Amer.* Especie de palmera muy útil.

TOTAZO m. *Col.* Golpe. || *Cub.* Coscorrón.

TOTE m. *Col.* Tronera, juguete de papel.

TOTEAR v. i. *Col.* Reventar.

TÓTEM m. En ciertas tribus de salvajes, animal considerado como antepasado de la raza. || Representación de este animal. || — OBSERV. El plural es *tótemes,* aunque también se emplea *totems.*

TOTÉMICO, CA adj. Relativo a un tótem.

TOTEMISMO m. Creencia en los totems.

TOTÍ m. *Cub.* Una especie de quiscal, ave.

TOTILIMUNDI m. Tutilimundi, mundo nuevo.

TOTOLATE m. *C. Rica.* El piojillo de las aves.

TOTOLEAR v. t. *C. Rica. Fam.* Mimar a un niño.

TOTOLOQUE m. Nombre de un juego de los antiguos mexicanos, parecido al del tejo.

TOTOPOSTE m. *Amér. C.* La tortilla de maíz.

TOTONICAPA, TOTONICAPANÉS, ESA o **TOTONICAPENSE** adj. y s. De Totonicapán (Guatemala).

TOTORA f. *Amer.* Especie de anea o espadaña.

TOTORAL m. Sitio cubierto de totora.

TOTORECO, CA adj. *Amér. C.* Aturdido.

TOTOVÍA f. Cogujada, ave, especie de alondra.

TOTUMA f. y **TOTUMO** m. *Amer.* Calabaza, güira.

TOUR DE FORCE expr. francesa (pr. *turdefors*) que significa cosa extraordinaria o muy notable, maravilla, alarde.

TOURNÉE f. (pal. fr., pr. *turné*). Gira teatral.

TOXEMIA f. Conjunto de accidentes patológicos causados por las toxinas que lleva la sangre.

TOXICIDAD f. Carácter de lo que es tóxico o venenoso: *la toxicidad del arsénico es grande.*

TÓXICO, CA adj. (del gr. *toxikon,* veneno). Venenoso: *el plomo es muy tóxico.* || — M. Veneno, tósigo.

TOXICOLOGÍA f. Estudio de los venenos.

TOXICOLÓGICO, CA adj. De la toxicología.

TOXICÓLOGO m. Especialista en toxicología.

TOXICOMANÍA f. Vicio del toxicómano.

TOXICÓMANO, NA adj. y s. Persona que abusa de las sustancias tóxicas para procurarse sensaciones agradables o suprimir el dolor, tales como éter, morfina, cocaína, opio, etc.

TOXINA f. Veneno producido por los microbios. (SINÓN. V. *Veneno.*)

TOYUYO m. *Per.* Una especie de jabirú.

TOZ f. *Amer.* Ave pintada de varios colores.

TOZA f. En algunos sitios, pedazo de corteza de árbol. || *Ar.* Tocón del tronco de los árboles.

TOZAR v. i. *Ar.* Topar el carnero. || *Fig. Ar.* Porfiar mucho una persona, mostrarse testaruda.

TOZOLADA f. y **TOZOLÓN** m. Golpe dado en el tozuelo.

TOZUDEZ f. Obstinación, porfía.

TOZUDO, DA adj. Obstinado, porfiado o terco.

TOZUELO m. La cerviz de algunos animales.

TRABA f. Lo que une y sujeta dos cosas entre sí. || Cuerda o cadena con que se atan los pies a los caballos. || *Fig.* Estorbo: *no poner trabas a una industria nueva.* (SINÓN. V. *Impedimento.*) || *For.* Acción de trabar ejecución, o embargar muebles o inmuebles. || — PARÓN. *Trabe.*

TRABACUENTA f. Error en una cuenta. || *Fig.* Discusión o controversia: *andar con trabacuentas.*

TRABADERO m. Cuartilla de las caballerías.

TRABADO, DA adj. Dícese de la caballería que tiene blancas las dos manos o la mano derecha y el pie izquierdo. || *Fig.* Robusto, vigoroso.

TRABADURA f. La acción y efecto de trabar.

TRABAJADO, DA adj. Muy cansado o fatigado. || Dícese de aquello en que se han hecho grandes esfuerzos o se ha tenido gran cuidado: *estilo muy trabajado.*

TRABAJADOR, RA adj. Que trabaja mucho: *un hombre muy trabajador.* || — M. y f. Obrero, operario. (SINÓN. *Asalariado, bracero, jornalero, proletario.*)

TRABAJAR v. i. (latín *tripaliare*). Ocuparse en un ejercicio u obra: *trabajar para ganarse la vida.* (SINÓN. *Laborar, producir.* Pop. *Bregar.*) || Funcionar activamente: *imaginación que trabaja continuamente.* || Producir un interés: *hacer trabajar su dinero.* || *Fig.* Torcerse, doblarse: *una madera que trabaja mucho.* || *Fig.* Procurar con eficacia una cosa: *trabajar por conseguir un empleo.* (SINÓN. *Afanarse, atarearse, matarse.*) || *Fam.* Actuar, desempeñar un papel en el teatro o en el cine. || — V. t. Labrar: *trabajar madera.* (SINÓN. *Elaborar, obrar.*) || *Fig.* Hacer sufrir trabajos. || Ejercitar al caballo. || — V. r. Ocuparse con empeño en conseguir una cosa.

TRABAJERA f. *Fam.* Trabajo, tarea pesada.

TRABAJO m. Acción de trabajar: *trabajo intelectual; trabajo manual.* || Obra hecha o por hacer: *repartir el trabajo entre los obreros.* (SINÓN. *Faena, labor, negocio, obra, tarea.*) || Ocupación retribuida: *vivir de su trabajo.* (SINÓN. V. *Misión y ocupación.*) || Uno de los factores de la producción. || Fenómenos que se producen en una substancia que cambia de constitución: *el trabajo de la fermentación.* || Estudio: *un trabajo sobre el pauperismo.* || *Fís.* Producto de la intensidad de una fuerza por la proyección, sobre la dirección de la fuerza, del camino recorrido por su punto de aplicación. || — Pl. Penas, miserias: *pasar muchos trabajos en esta vida.* (SINÓN. V. *Dificultad.*) || *Trabajos forzados* o *forzosos,* pena a que se somete a los presidiarios. || *Accidente de trabajo,* accidente ocurrido durante las horas de labor o durante el trayecto desde el domicilio al lugar de trabajo.

TRABAJOSAMENTE adv. m. Con trabajo.

TRABAJOSO, SA adj. Que cuesta trabajo, molesto: *estudio muy trabajoso.* (SINÓN. V. *Difícil.*) || *Fig.* Defectuoso. || *Fig.* Enfermizo. || *Amer.* Poco complaciente. || *Arg.* Remolón.

TRABAL adj. Dícese del clavo largo y grueso.

TRABALENGUAS m. Palabra o frase difícil de pronunciar.

TRABAMIENTO m. Acción de trabar.

TRABANCO m. Trangallo que se pone al cuello a algunos perros.

TRABAR v. t. Unir, atar. || Prender, asir. || Echar trabas: *trabar un caballo.* || Triscar los dientes de una sierra. || *Fig.* Emprender, empezar: *trabar una conversación.* || *Fig.* Enlazar o conformar. || — V. i. Espesar, dar consistencia. || —

V. r. Pelear, contender. || *Trabarse la lengua,* tener dificultad en hablar.
TRABAZÓN f. Unión, enlace de dos cosas. || Espesor o consistencia dado a un líquido o una masa. || *Fig.* Relación o dependencia de dos cosas.
TRABE f. (lat. *trabs*). Viga. || — PARÓN. *Traba.*
TRÁBEA f. (lat. *trabea*). Toga de gala que usaban los antiguos romanos.
TRABILLA f. Tira pequeña de tela o cuero que sujeta los bordes del pantalón debajo de la bota. || Tira que, a veces, se pone por detrás en la cintura de los abrigos, chaquetas, etc. || El punto que queda suelto al hacer media.
TRABÓN m. Traba grande. || Argolla de hierro a la que se atan los caballos. || Pieza de los lagares y alfarjes.
TRABUCA f. El cohete que estalla al apagarse.
TRABUCACIÓN f. La acción de trabucarse.
TRABUCAIRE m. (de *trabuco,* escopeta). *Ant.* Faccioso catalán que iba armado de trabuco.
TRABUCANTE adj. Que trabuca. || *Moneda trabucante,* moneda que tiene algo más del peso legal.
TRABUCAR v. t. Volcar, poner una cosa boca arriba. || *Fig.* Confundir, ofuscar. || *Fig.* Turbar, interrumpir una conversación. || *Fig.* Pronunciar una palabra o letra por otra.
TRABUCAZO m. Disparo o tiro de trabuco. || *Fig.* y *fam.* Disgusto inesperado: *sufrir un trabucazo.*
TRABUCO m. Máquina de guerra antigua para lanzar piedras. || Escopeta corta de mayor calibre

que la ordinaria. || Taco, juguete. || Cierto cigarro puro. || *Trabuco naranjero,* el de boca acampanada. || — PARÓN. *Tabuco.*
TRACA f. *Mar.* Hilada de tablas o planchas de cobre que forman los forros del buque. || Serie de petardos colocados en una cuerda que estallan sucesivamente.
TRACAL m. *Chil.* Odre grande para llevar uva.
TRÁCALA f. *Méx.* Trampa, engaño, triquiñuela.
TRACALADA f. *Amer.* Muchedumbre confusa, cáfila, matracalada.
TRACALERO, RA adj. y s. *Méx. Fam.* Tramposo.
TRACAMUNDANA f. *Fam.* Cambalache, trueque, cambio. || *Fam.* Alboroto, confusión, jaleo grande.
TRACAYÁ f. *Bol.* Tortuga acuática.
TRACCIÓN f. Arrastre: *tranvía de tracción animal.* (SINÓN. V. *Transporte.*) || Acción de tirar: *tracción rítmica de la lengua.*
TRACERÍA f. *Arq.* Decoración geométrica.
TRACIO, CIA adj. y s. De Tracia.
TRACOMA f. Conjuntivitis granulosa.
TRACTIVO, VA adj. Que tira o arrastra.
TRACTO m. Versículo que se suele cantar antes del Evangelio.
TRACTOR m. Vehículo automotor provisto de ruedas que se adhieren fuertemente al terreno, empleado en las faenas agrícolas. || *Tractor oruga,* el provisto de cadenas sin fin.
TRADE MARK f. (pal. ingl.). Marca registrada.
TRADE UNION [*trediunion*] m. (del ingl. *trade,* oficio, y *union*). Sindicato obrero en Gran Bretaña y algunos países del Commonwealth.
TRADICIÓN f. Transmisión oral, durante largo espacio de tiempo: *la tradición enlaza lo pasado con lo porvenir.* || Transmisión oral o escrita de los hechos o doctrinas que se relacionan con la religión. (SINÓN. V. *Leyenda.*) || Cosas transmitidas por dicho conducto: *la anécdota de la loba que crió a Rómulo y Remo es una tradición.* || *For.* Entrega: *tradición de lo vendido.*
TRADICIONAL adj. Lo relativo a la tradición.
TRADICIONALISMO m. Sistema de creencia que está fundado en la tradición. || Opinión filosó-

trabuco

fica que disminuye la parte de la razón en el conocimiento de la verdad, atribuyéndola a la revelación. || Movimiento político español que preconiza el restablecimiento de las instituciones antiguas, carlismo.
TRADICIONALISTA adj. y s. Partidario del tradicionalismo. || En España, carlista.
TRADICIONALMENTE adv. m. Por tradición.
TRADICIONISTA m. Narrador, escritor o colector de tradiciones.
TRADUCCIÓN f. (lat. *traductio*). Acción de traducir a otra lengua: *hacer una traducción de Shakespeare* (SINÓN. *Traslación, versión.*) || La obra traducida. || *Por ext.* Interpretación que se da a un texto o escrito.
TRADUCIBLE adj. Que se puede traducir: *Píndaro es difícilmente traducible.*
TRADUCIR v. t. (lat. *traducere*). Verter una obra de una lengua a otra: *traducir del francés al español.* || Representar, expresar: *traducir sus sentimientos con frases conmovedoras.* (SINÓN. V. *Explicar.*) || Galicismo por *citar ante un tribunal.* || — IRREG. Se conjuga como *conducir.*
TRADUCTOR, RA adj. y s. Persona que traduce una obra de una lengua a otra: *traductor infiel.* || — SINÓN. *Intérprete, truchimán, trujamán.*
TRAEDIZO, ZA adj. Lo que se puede traer.
TRAEDOR, RA adj. y s. Que trae alguna cosa.
TRAER v. t. (lat. *trahere*). Trasladar una cosa al lugar donde se halla uno: *trae acá ese libro.* || Atraer. || *Fig.* Causar: *esto ha de traer muchos inconvenientes.* || Llevar: *traer un traje nuevo.* || *Fig.* Alegar razones para comprobar algo: *traer autoridades.* || *Fig.* Tratar una cosa, tenerla pendiente: *traer un negocio entre manos.* || *Traer cola,* tener consecuencias. || *Traer de cabeza,* causar preocupaciones, ocasionar mucho trabajo. || *Fam. Traer a mal traer,* molestar o maltratar. || — V. r. Vestir bien o mal. || *Fam. Traérselas,* tener mala intención. || — IRREG. Pres. ind.: *traigo, traes, trae, traemos, traéis, traen;* pret. indef.: *traje, trajiste, trajo, trajimos, trajisteis, trajeron;* pres. subj.: *traiga, traigas,* etc.; imperf. subj.: *trajera, trajeras,* etc., *trajese, trajeses,* etc.; fut. subj.: *trajere,* etc.; ger.: *trayendo.*

tractor

Fot. Boudon-Rapho

tragaluz

TRAFAGAR v. i. *Ant.* Traficar. ‖ Trajinar, andar.

TRÁFAGO m. Tráfico, negocio. ‖ Faena, ocupación: *andar uno en muchos tráfagos.* (SINÓN. V. *Trastorno.*) ‖ — Pl. *Arg.* Bártulos.

TRAFAGÓN, ONA adj. y s. *Fam.* La persona que negocia o trajina con demasiada solicitud y ansia.

TRAFALGAR m. Tela de algodón para forros.

TRAFALMEJO, JA y **TRAFALMEJAS** adj. *Fam.* Atrevido y procaz.

TRAFICANTE adj. y s. Que trafica o comercia. (SINÓN. V. *Comerciante.*)

TRAFICAR v. i. Hacer tráfico o comercio: *traficar en granos.* (SINÓN. *Especular, trapichear.*) ‖ *Fam.* Andar de un lado para otro.

TRÁFICO m. Negocio: *en este puerto se hace un tráfico importante.* (SINÓN. *Comercio y especulación.*) ‖ Tránsito, circulación de vehículos.

TRAGABOLAS m. Juego que consiste en una cabeza grande de cartón, con la boca abierta, por la que procuran meter unas bolas.

TRAGACANTO m. (del gr. *tragos,* macho cabrío, y *akantha,* espina). Arbusto de la familia de las papilionáceas que produce una goma usada en farmacia.

TRAGADAL m. *Col.* Lodazal, barrizal.

TRAGADERAS f. pl. Tragadero, faringe. ‖ *Fig.* y *fam. Tener buenas tragaderas,* creer cosas absurdas.

TRAGADERO m. Faringe. (SINÓN. V. *Garganta.*) ‖ Agujero que traga una cosa, como agua, etcétera. (SINÓN. V. *Boca.*)

TRAGADOR, RA adj. y s. El que traga mucho.

TRAGAHOMBRES m. *Fam.* Perdonavidas.

TRÁGALA m. (de las palabras de dicha canción *Trágala tú, servilón*). Canción con que los liberales españoles se burlaban de los absolutistas. ‖ *Fig.* y *fam. Cantarle a uno el trágala,* burlarse del que por fuerza tiene que aceptar aquello que antes rechazaba.

TRAGALDABAS com. *Fam.* El que traga mucho. (SINÓN. V. *Glotón.*)

TRAGALEGUAS com. *Fig.* y *fam.* Persona que camina con mucha velocidad.

TRAGALUZ m. La ventanilla que se abre en un techo o en lo alto de una pared. (En Arg. se usa esta palabra como femenino.) ‖ — SINÓN. *Claraboya, ojo de buey, ventanillo.*

TRAGAMILLAS com. *Fig.* y *fam.* Tragaleguas.

TRAGANÍQUEL m. *Col.* Tragaperras.

TRAGANTADA f. Trago muy grande de un líquido.

TRAGANTE adj. Que traga. ‖ — M. *And.* Cauce por donde entra el agua del río en la presa del molino. ‖ *Metal.* Abertura en la parte superior de los hornos de cuba y los altos hornos.

TRAGANTÓN, ONA adj. *Fam.* Que traga mucho.

TRAGANTONA f. *Fam.* Comilona: *darse una tragantona.* (SINÓN. V. *Festín.*) ‖ *Fam.* Acción de tragar algo sin gana o por fuerza. ‖ *Fig.* y *fam.* Violencia que hace uno para creer alguna cosa extraordinaria.

TRAGAPERRAS adj. *Fam.* Que funciona al introducir monedas: *máquina tragaperras.*

TRAGAR v. i. Hacer pasar una cosa por el tragadero: *tragar con dificultad.* (SINÓN. *Absorber, engullir, ingurgitar.*) ‖ — V. t. *Fig.* Comer mucho. (SINÓN. V. *Comer.*) ‖ *Fig.* Hundirse en la tierra o el agua una cosa: *el mar se tragó el barco.* ‖ *Fig.* Dar crédito fácilmente a algo. Ú. t. c. r. ‖ *Fig.* Soportar algo repulsivo o vejatorio. Ú. t. c. r. ‖ *Fig.* Disimular cuando se oye algo desagradable. Ú. t. c. r. ‖ *Fig.* y *fam. No tragar a alguien,* sentir profunda antipatía. ‖ *Fig.* y *fam. Tenerse tragada una cosa,* estar persuadido de que ha de suceder algo desagradable.

TRAÍNA

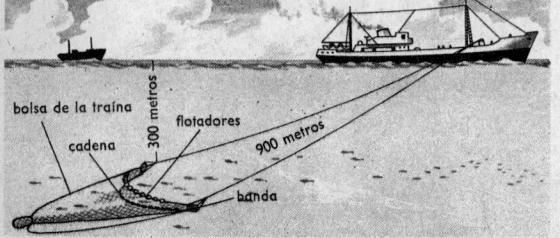

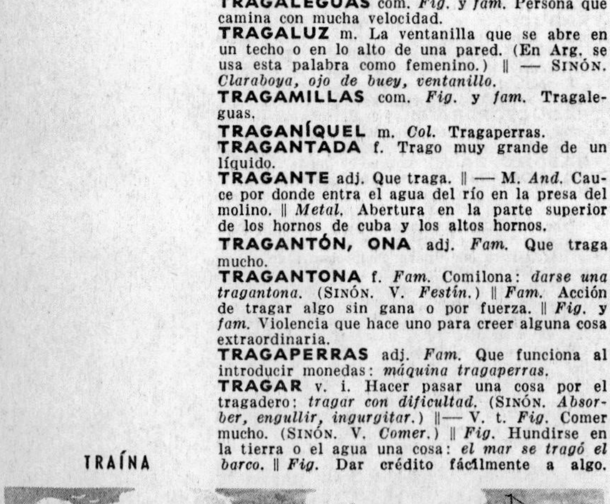

TRAGAVENADO f. Serpiente de Venezuela y Colombia bastante parecida a la boa.

TRAGAVIROTES m. *Fam.* Hombre ridículamente serio y erguido.

TRAGAZÓN f. *Fam.* Glotonería, voracidad.

TRAGEDIA f. (lat. *tragoedia*). Poema dramático que representa una acción importante sucedida entre personajes ilustres y capaz de excitar el terror o la compasión: *las tragedias de Esquilo.* ‖ (SINÓN. V. *Drama.*) ‖ Género trágico: *cultivar la tragedia.* ‖ *Fig.* Acontecimiento funesto: *una sangrienta tragedia.*

TRÁGICAMENTE adv. m. De modo trágico.

TRÁGICO, CA adj. Relativo a la tragedia: *actor trágico* ‖ *Fig.* Sangriento y terrible: *tener fin trágico.* (SINÓN. V. *Emocionante.*) ‖ — M. Autor o actor de tragedias.

TRAGICOMEDIA f. Poema dramático con incidentes cómicos o cuyo desenlace no es trágico: *el "Anfitrión", de Plauto, es una tragicomedia.* (SINÓN. V. *Drama.*) ‖ Obra jocoseria escrita en diálogo y no destinada a ser representada: *la tragicomedia de "Calixto y Melibea".* ‖ *Fig.* Suceso que provoca risa y piedad.

TRAGICÓMICO, CA adj. Dícese de lo que es a la vez trágico y cómico, jocoserio.

TRAGO m. Líquido que se bebe de una vez. ‖ *Fig.* y *fam.* Adversidad, mal rato: *pasar un trago amargo.* ‖ *Fam.* Bebida: *aficionados al trago.* ‖ *Ecuad. Pop.* El aguardiente. ‖ *A tragos,* m. adv., poco a poco, lentamente.

TRAGO m. (del gr. *tragos,* macho cabrío). *Anat.* Prominencia de la oreja, delante del conducto auditivo.

TRAGÓN, ONA adj. y s. *Fam.* Que traga mucho. (SINÓN. V. *Glotón.*)

TRAGONERÍA f. *Fam.* El vicio del tragón.

TRAGONÍA f. *Fam.* Tragonería o glotonería.

TRAICIÓN f. (lat. *traditio*). Delito del que quebranta la fidelidad o lealtad: *hacer traición a un amigo.* (SINÓN. *Alevosía, deslealtad, felonía, infidelidad, prevaricato.*) ‖ *Alta traición,* la cometida contra el soberano o el Estado. ‖ *A traición,* alevosamente. ‖ — OBSERV. Es a veces *hacer traición* galicismo por *vender, denunciar, descubrir: su mirada le hizo traición, hacer traición a su pensamiento.*

TRAICIONAR v. t. Hacer traición. (SINÓN. V. *Divulgar* y *engañar.*)

TRAICIONERO, RA adj. y s. Que traiciona o ataca alevosamente: *el tigre es muy traicionero.*

TRAÍDA f. La acción de traer: *traída de aguas.*

TRAÍDO, DA adj. Dícese de la ropa usada. ‖ *Fam. Bien traído,* oportuno.

TRAIDOR, RA adj. y s. (lat. *traditor*). Que comete traición (SINÓN. V. *Desleal.*) ‖ Dícese de los animales que son taimados y falsos: *un caballo traidor.* ‖ Que implica o denota traición: *ojos traidores.* ‖ — CONTR. *Leal, fiel.*

TRAIDORAMENTE adv. m. A traición, de una manera traidora: *hablar traidoramente.*

TRAILER m. (pal. ingl.). Avance de una película.

TRAÍLLA f. Cuerda con que se llevan atados los perros en las cacerías. ‖ Tralla, látigo. ‖ Apero de labranza que sirve para igualar los terrenos. ‖ Par de perros atraillados, o conjunto de traíllas que están unidas por una cuerda.

TRAILLAR v. t. Allanar la tierra con la traílla.

TRAÍNA f. Red grande de fondo que se recoge tirando de las bandas.

TRAINERA f. Barco pesquero con traína.

TRAÍÑA f. Red grande para pescar sardinas.

TRAJANO, NA adj. Perteneciente o relativo al emperador Trajano: *columna trajana.*

TRAJE m. (del lat. *trahere,* traer). Vestido: *traje de seda, de ceremonia.* ‖ Conjunto de chaqueta, chaleco y pantalón que se lleva puesto al mismo tiempo: *un traje gris.* ‖ *Baile de trajes,* aquel en que los concurrentes están disfrazados. ‖ *Traje de luces,* el que usan los toreros.

TRAJEADO, DA adj. *Bien, o mal, trajeado,* bien o mal vestido.
TRAJEAR v. t. Vestir con un traje, ataviar, aderezar: *trajearse de nuevo.* (SINÓN. V. *Vestir.*)
TRAJÍN m. Acción de trajinar. || *Fam.* Tráfago.
TRAJINANTE adj. y s. Que trajina o acarrea.
TRAJINAR v. t. Acarrear géneros de un punto a otro. || — V. i. *Fam.* Andar de un sitio a otro, trafagar, moverse mucho: *estar trajinando por la casa.* || *Chil.* Registrar, hurgar. || *Chil.* Engañar.
TRAJINERÍA f. Ejercicio del trajinero, trajín.
TRAJINERO m. Trajinante.
TRAJINO m. Trajín.
TRALLA f. (lat. *tragula*). Cuerda, soga. || Trencilla puesta en la punta del látigo para que restalle.
TRALLAZO m. Golpe o chasquido dado con la tralla.
TRAMA f. (lat. *trama*). Conjunto de hilos que, cruzados con la urdimbre, forman una tela. || *Fig.* Intriga, complot: *una trama odiosa.* || *Fig.* Conjunto de sucesos, argumento: *la trama de una novela.* (SINÓN. *Argumento, asunto, guión, sujeto.*) || Cuadriculado muy fino grabado en una lente que se emplea en fotograbado. || Flor del olivo.
TRAMADOR, RA adj. y s. Persona que trama la tela.
TRAMAR v. t. Cruzar la trama con la urdimbre para tejer alguna tela. || *Fig.* y *fam.* Preparar, maquinar: *tramar una conspiración contra el gobierno.* (SINÓN. V. *Urdir.*)
TRAMILLA f. Bramante, guita.
TRAMITACIÓN f. Acción y efecto de tramitar. || Serie de trámites necesarios para resolver un asunto.
TRAMITAR v. t. Hacer que pase un negocio por los trámites acostumbrados.
TRÁMITE m. (del lat. *trames, tramitis,* camino, medio). Paso de una parte a otra. (SINÓN. V. *Recurso.*) || Cada una de las diligencias que exige la realización de un negocio.
TRAMO m. (lat. *trames*). Trozo de terreno contiguo a otro y separado de él por cualquier señal. || Parte de una escalera entre dos mesetas o dos descansos. || Parte de un canal, camino, andamio, etc.
TRAMOJO m. Vencejo que sirve para atar las mieses. || — Pl. *Fam.* Penas, apuros: *pasar muchos tramojos.* || Trabanco, trangallo.
TRAMONTANA f. Norte. || Viento del Norte, en el Mediterráneo. || *Fig.* Vanidad, soberbia. || *Fig.* y *fam. Perder uno la tramontana,* perder la cabeza.
TRAMONTANO, NA adj. De allende los montes.
TRAMONTAR v. i. Pasar al otro lado de los montes: *el sol ha tramontado.*
TRAMOYA f. Máquina o artificio con que se efectúan en el teatro los cambios de decoración. || *Fig.* Enredo, trampa, embuste: *armar una tramoya.*
TRAMOYISTA m. El que fabrica o mueve las tramoyas de teatro. || *Fam.* Tramposo, embaucador.
TRAMPA f. Artificio de caza, formado por una tabla que cubre una excavación. (SINÓN. V. *Emboscada.*) || Puerta abierta en el suelo: *la trampa de una bodega.* || Tablero horizontal y levadizo en los mostradores de las tiendas. || Portañuela de pantalón. || *Fig.* Ardid, treta. (SINÓN. *Añagaza, embaucamiento, engaño, farsa, mistificación.* Pop. *Cuchufleta, chasco.*) || Deuda que no se paga: *estar lleno de trampas.*
TRAMPAL m. Pantano, atolladero, atascadero.
TRAMPANTOJO m. *Fam.* Ilusión de óptica, engaño: *dejarse engañar por un trampantojo.*
TRAMPEADOR, RA adj. y s. *Fam.* Que trampea.
TRAMPEAR v. i. *Fam.* Petardear, pedir prestado o fiado sin intención de pagar. || *Fig.* y *fam.* Buscar medios de pasar lo mejor posible un trance malo: *vamos trampeando.* || — V. t. *Fam.* Usar de trampa o engaño para defraudar a otra persona. (SINÓN. V. *Engañar.*)
TRAMPERÍA f. Acción propia de un tramposo.
TRAMPERO, RA m. y f. El que pone trampas para cazar. || — Adj. *Méx.* Tramposo.
TRAMPILLA f. Ventanilla pequeña en el suelo de una habitación para ver lo que pasa en el piso bajo. || Portezuela de la carbonera del fogón de cocina. || Portañuela de la bragueta.
TRAMPISTA adj. y s. *Fam.* Embustero, petardista, persona que usa con frecuencia de trampas.
TRAMPOLÍN m. (ital. *trapolino*). Plano inclinado en que toma impulso el gimnasta o saltador. || *Fig.* Lo que sirve para obtener un resultado.
TRAMPOSERÍA f. *Cub.* y *Col.* Trampería.
TRAMPOSO, SA adj. *Fam.* Trampista, embustero. (SINÓN. V. *Estafador y prestidigitador.*)
TRANCA f. (b. lat. *trancus*). Palo grueso. (SINÓN. V. *Estaca.*) || Viga que se pone para seguridad, cruzada detrás de una puerta o ventana. || *Pop.* Borrachera. || *Amer.* Tranquera, puerta rústica en un cercado.
TRANCADA f. Tranco, paso largo: *llegar a un sitio en dos trancadas.* || *Arg.* Trancazo, garrotazo.
TRANCAHÍLO m. Nudo que estorba el paso de un hilo o cuerda por alguna parte.
TRANCANIL m. *Mar.* Madero que liga las latas y baos de la cubierta con los maderos del costado.
TRANCAR v. t. Atrancar: *trancar la puerta.* || *Col.* Resistir, atacar. || — V. i. *Fam.* Atrancar. || *Venez.* Cerrar la puerta con llave. || — V. r. *Chil.* Estremecerse.
TRANCAZO m. Palo, garrotazo: *soltar a uno un trancazo.* || *Fig.* y *fam.* Gripe, influenza.
TRANCE m. Momento, paso: *un trance desagradable.* || Mal paso, apuro. || Últimos momentos de la vida. || Estado hipnótico del médium. || *A todo trance,* resueltamente, sin parar en barras.
TRANCO m. Paso largo, salto: *andar a trancos.* || Umbral de la puerta. || *Amer.* Paso largo del caballo. || *En dos trancos,* en un momento. || *A trancos,* de prisa y corriendo.
TRANCHETE m. Chaira o cuchilla de zapatero.
TRANGALLO m. Palo que, durante la cría de la caza, se cuelga del collar a algunos perros para que no puedan bajar la cabeza.
TRANQUEAR v. i. Trancar, andar a trancos.
TRANQUERA f. Estacada, empalizada. || *Amer.* Talanquera, valla de madera. || *Cub., Arg.* y *Per.* Especie de puerta hecha de trancas en un cerco.
TRANQUERO m. Piedra con que se forma el marco de puertas y ventanas. || *Chil.* Tranquera, puerta.
TRANQUIL m. *Arq.* Línea vertical. || *Arq. Arco por tranquil,* el que tiene sus arranques a distinta altura uno de otro.
TRANQUILAMENTE adv. De modo tranquilo.
TRANQUILAR v. t. (lat. *tranquillare*). Señalar con dos rayitas las partidas, en el cargo y data de un libro de comercio, hasta donde iguala la cuenta.
TRANQUILIDAD f. (lat. *tranquillitas*). Sosiego, calidad de tranquilo: *la tranquilidad de un lago.* || — SINÓN. *Bonanza, calma, paz, quietud, reposo, seguridad.* V. tb. *orden.*
TRANQUILIZANTE m. Sedante, calmante.
TRANQUILIZAR v. t. Poner tranquilo, calmar, sosegar: *tranquilizar el ánimo.* (SINÓN. V. *Apaciguar.* CONTR. *Inquietar.*)
TRANQUILO, LA adj. (lat. *tranquillus*). Sosegado, pacífico, sin agitación: *mar tranquilo.* (SINÓN. *Apacible, plácido, quieto, sereno.*) || Sin inquietud: *un alma tranquila.* (SINÓN. V. *Impasible.* CONTR. *Inquieto.*)
TRANQUILLA f. *Fig.* Especie que se suelta en la conversación para desconcertar al adversario.
TRANQUILLO m. Manera de proceder para hacer una cosa con más destreza: *cogerle el tranquillo a un trabajo.*
TRANQUILLÓN m. Mezcla de trigo con centeno. (SINÓN. *Comuña.*)
TRANQUIZA f. *Méx. Fam.* Paliza, felpa.
TRANS, prep. lat. inseparable que significa *del otro lado, a la parte opuesta* (*transalpino*), o *a través de* (*transparente*). (El uso autoriza en casi todos los casos la supresión de la *n*: *trasatlántico, trascribir.*)
TRANSACCIÓN f. Convenio que zanja una diferencia, proceso, etc. (SINÓN. V. *Convenio.*) || Convenio comercial. (SINÓN. V. *Trato, negocio.*)
TRANSACCIONAL adj. De la transacción.
TRANSALPINO, NA adj. De allende los Alpes: *Galia Transalpina.*

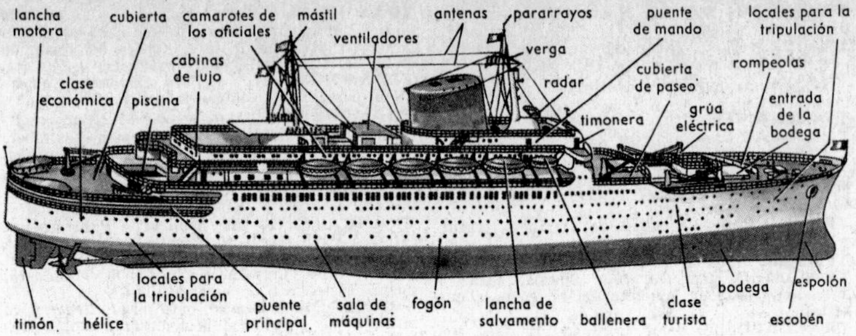

TRANSATLÁNTICO

TRANSANDINO, NA adj. De allende los Andes. ‖ — Adj. y s. m. Que atraviesa los Andes: *ferrocarril transandino.* (V. *Parte hist.*)

TRANSAR v. t. *Amer.* Transigir.

TRANSATLÁNTICO, CA adj. Situado del otro lado del Atlántico: *países transatlánticos.* ‖ — M. Barco de grandes dimensiones, que hace regularmente la travesía del Atlántico o, por extensión, de otro gran océano. (SINÓN. V. *Barco.*)

TRANSBORDADOR, RA adj. Que transborda. ‖ — M. Puente colgante con plataforma transbordadora. ‖ Barco grande preparado para transportar de una orilla a otra vagones, automóviles, etc. (SINÓN. *Ferry-boat.*)

TRANSBORDAR v. t. Pasar personas o mercancías de un barco a otro, de un vagón de ferrocarril a otro, de una orilla a otra de un río.

TRANSBORDO m. Acción de transbordar.

TRANSCENDENCIA f. Carácter de lo que es transcendente. ‖ *Fig.* Carácter de lo que se sitúa fuera de la acción o del pensamiento. (V. TRASCENDENCIA.) ‖ — CONTR. *Inmanencia.*

TRANSCENDENTAL adj. *Fil.* Que pertenece a la razón pura, a priori, anteriormente a toda experiencia: *según Kant el espacio y el tiempo son dos conceptos transcendentales.* (V. TRASCENDENTAL.)

TRANSCENDENTALISMO m. Escuela filosófica norteamericana, representada por Emerson y caracterizada por un cierto misticismo panteísta.

TRANSCENDENTE adj. Que transciende. ‖ Que destaca en su género, superior: *espíritu transcendente.* ‖ *Fil.* Fuera de la acción o del conocimiento. (CONTR. *Inmanente.*) ‖ *Mat.* Dícese de todo número irracional que no es solución de ninguna ecuación algébrica de coeficientes enteros: *π es un número transcendente.*

TRANSCENDER v. t. *Fil.* Sobrepasar un dominio del conocimiento. (V. TRASCENDER.)

TRANSCONTINENTAL adj. Que atraviesa un continente: *ferrocarril transcontinental.*

TRANSCRIBIR v. t. (lat. *transcribere*). Copiar un escrito: *transcribir una carta.* (SINÓN. V. *Copiar.*) ‖ Escribir en un sistema de caracteres lo que está escrito en otro. ‖ *Mús.* Arreglar para un instrumento la música escrita para otro u otros.

TRANSCRIPCIÓN f. (lat. *transcriptio*). Acción y efecto de transcribir. ‖ *Mús.* Acción de escribir para un instrumento la música que fue hecha para otro.

TRANSCRIPTOR m. El que transcribe.

TRANSCULTURACIÓN f. *Neol.* Proceso de difusión o de influencia de los rasgos culturales de una sociedad cuando entra en contacto con otra que se encuentra bastante menos evolucionada.

transbordador

TRANSCURRIR v. i. (lat. *transcurrere*). Pasar el tiempo: *ha transcurrido un mes desde que vino.*

TRANSCURSO m. (lat. *transcursus*). Paso del tiempo: *en el transcurso de este año.*

TRANSEPTO m. Galería transversal de una iglesia que separa el coro de la nave principal, y forma los brazos de la cruz.

TRANSEÚNTE adj. y s. (lat. *transiens, transeuntis*). Pasajero, que pasa: *calle llena de transeúntes.* (SINÓN. V. *Paseante.*) ‖ Que reside transitoriamente en un sitio. ‖ *Fil.* Dícese de lo que se produce por el agente de tal suerte que el efecto pasa fuera de él mismo.

TRANSFERENCIA f. La acción y efecto de transferir. ‖ Operación bancaria consistente en imponer una cantidad procedente de una cuenta en otra cuenta. ‖ Documento que acredita esta operación.

TRANSFERIBLE adj. Que puede ser transferido al dominio de otro: *una propiedad no transferible.*

TRANSFERIDOR, RA adj. y s. Que transfiere.

TRANSFERIR v. t. Pasar de un lugar a otro: *transferir un prisionero.* (SINÓN. V. *Llevar.*) ‖ Ceder: *transferir el dominio de una finca.* (SINÓN. V. *Transmitir.*) ‖ Extender el sentido de una palabra. ‖ — IRREG. Se conjuga como *sentir.*

TRANSFIGURACIÓN f. Cambio de una figura en otra. (SINÓN. V. *Metamorfosis.*) ‖ *Rel.* Estado glorioso en que se manifestó Jesucristo a tres de sus discípulos en el monte Tabor. (En este sentido toma mayúscula.) ‖ Fiesta católica que conmemora esta manifestación el 6 de agosto.

TRANSFIGURAR v. t. Cambiar la figura, la forma o el carácter. (SINÓN. V. *Transformar.*) ‖ — V. r.: *Nuestro Señor se transfiguró en el monte Tabor.*

TRANSFIXIÓN f. Acción de clavar, traspasar o atravesar. ‖ *Fig.: la Transfixión de la Virgen Santísima.*

TRANSFLOR m. *Pint.* Pintura sobre metales.

TRANSFLORAR v. t. *Pint.* Transflorear, adornar con transflor. ‖ *Pint.* Copiar un dibujo al trasluz. ‖ — V. i. Transparentarse, dejarse ver una cosa.

TRANSFLOREAR v. t. *Pint.* Aplicar transflor.

TRANSFORMABLE adj. Que se transforma.

TRANSFORMACIÓN f. Acción y efecto de transformar o transformarse, cambio, modificación. (SINÓN. V. *Metamorfosis.*) ‖ En el rugby, conversión del ensayo en tanto.

TRANSFORMADOR, RA adj. y s. Que transforma o modifica. ‖ — M. Aparato para cambiar una corriente eléctrica alterna en otra de la misma frecuencia pero de tensión diferente. ‖ Instrumento que permite modificar una imagen proyectada en otra.

TRANSFORMAMIENTO m. Transformación.

TRANSFORMAR v. t. (lat. *transformare*). Cambiar de forma; metamorfosear: *transformar vino en vinagre.* ‖ *Por ext.* Mejorar. ‖ *Mat.* *Transformar una ecuación,* ponerla en términos diferentes pero equivalentes. ‖ En rugby, convertir en tanto un ensayo: *un ensayo transformado vale cinco puntos.* ‖ — V. r. Cambiar de aspecto, de costumbres, etc. (SINÓN. *Mudar, variar.*)

TRANSFORMATIVO, VA adj. Que transforma.

puente transbordador

Fot. Boyer

TRANSFORMISMO m. Teoría biológica según la cual los seres vivos se han transformado durante el curso de los tiempos geológicos: *Lamarck y Darwin defendieron el transformismo.*

TRANSFORMISTA m. Partidario del transformismo. || — Adj. Relativo al transformismo.

TRANSFREGAR v. t. Estregar, frotar una cosa. || — IRREG. Se conjuga como *acertar.*

TRÁNSFUGA mejor que **TRÁNSFUGO** m. (lat. *tránsfuga*). Persona que huye o pasa de un partido a otro: *los tránsfugas del liberalismo.*

TRANSFUNDIR v. t. (lat. *transfundere*). Trasegar un líquido de un recipiente a otro. || *Fig.* Comunicar una cosa a varias personas.

TRANSFUSIÓN f. (lat. *transfusio*). Acto de transfundir o trasegar. || *Cir. Transfusión de sangre,* operación que consiste en hacer pasar cierta cantidad de sangre de un individuo a otro.

TRANSFUSOR, RA adj. y s. Que transfunde.

TRANSGREDIR v. t. (lat. *transgredi*). Infringir, violar: *transgredir una ley.* (Es v. defectivo.) [SINÓN. V. *Desobedecer.*]

TRANSGRESIÓN f. Quebrantamiento, infracción o violación de una ley.

TRANSGRESOR, RA adj. Que infringe la ley.

TRANSIBERIANO, NA adj. y s. m. Que cruza Siberia: *ferrocarril transiberiano.* (V. *Parte hist.*)

TRANSICIÓN f. Paso de un estado a otro. || Estado o fase intermedio: *pasar sin transición del feudalismo a la democracia moderna.* || Modo de pasar de un razonamiento a otro, de ligar entre sí las partes de un discurso: *transición hábil.*

TRANSIDO, DA adj. Angustiado, acongojado: *transido de hambre.* || *Fig.* Miserable, ruin.

TRANSIGENTE adj. Dícese del que transige o se aviene fácilmente. (SINÓN. V. *Conciliador.*)

TRANSIGIR v. i. (lat. *transigere*). Convenir o ajustarse mediante concesiones recíprocas: *transigió con todo lo que yo pedía.*

TRANSILVANO, NA adj. y s. De Transilvania.

TRANSISTOR m. (pal. ingl., contracción de *transfer resistor*). Pequeño aparato que aprovecha las propiedades semiconductoras del germanio o el silicio, y que se utiliza para ampliar oscilaciones eléctricas y para realizar otras funciones llevadas a cabo generalmente por tubos electrónicos. || *Por ext.* Aparato de radio provisto de transistores.

TRANSITABLE adj. Dícese del paraje por donde puede transitarse: *este camino es transitable.*

TRANSITAR v. i. Pasar caminando de un punto a otro. || Viajar, caminar.

TRANSITIVAMENTE adv. m. De modo transitivo: *algunos verbos neutros se usan transitivamente.*

TRANSITIVO, VA adj. Dícese de lo que se transfiere de uno a otro. || *Verbo transitivo,* el que expresa una acción que pasa directamente del sujeto al complemento. || — CONTR. *Intransitivo.*

TRÁNSITO m. (lat. *transitus*). Paso. || Acción y efecto de transitar, tráfico. || Lugar de parada en un viaje. || Muerte de los santos, de la Virgen. (SINÓN. V. *Fallecimiento.*) || Fiesta en honor de la muerte de la Virgen (15 de agosto).

TRANSITORIAMENTE adv. m. De un modo transitorio o pasajero.

TRANSITORIEDAD f. Calidad de transitorio.

TRANSITORIO, RIA adj. (lat. *transitorius*). Que no dura, momentáneo: *una ley transitoria.* (SINÓN. V. *Pasajero.*)

TRANSLACIÓN f. Traslación.

TRANSLATICIO, CIA adj. Traslaticio.

TRANSLIMITACIÓN f. Acción y efecto de translimitar.

TRANSLIMITAR v. t. Pasar la frontera de un Estado en una operación militar, sin violar por esto su territorio.

TRANSLITERACIÓN f. Representación de sonidos de una lengua con los signos alfabéticos de otra.

TRANSLUCIDEZ f. La calidad de lo translúcido: *la translucidez de un papel.*

TRANSLÚCIDO, DA adj. (lat. *translucidus*). Dícese del cuerpo que deja pasar la luz, pero que no permite ver lo que hay detrás de él: *la porcelana es translúcida.* (SINÓN. V. *Diáfano.*)

TRANSLUCIRSE v. r. Ser translúcido un cuerpo: *la porcelana se transluce.* || Deducirse o inferirse una cosa de otra. || — IRREG. Se conjuga como *lucir.*

TRANSMARINO, NA adj. Del otro lado del mar.

TRANSMIGRACIÓN f. Acción de transmigrar.

TRANSMIGRAR v. i. (lat. *transmigrare*). Pasar de un lugar, de un país a otro. || Según ciertas creencias, pasar el alma de un cuerpo a otro.

TRANSMISIBLE adj. Que puede transmitirse: *hay enfermedades transmisibles por la herencia.*

TRANSMISIÓN f. Acción de transmitir y su efecto: *la transmisión de un derecho.* || *Mec.* Comunicación de movimiento de un órgano a otro. || Mecanismo que comunica el movimiento. || Propagación de un movimiento ondulatorio. || *Transmisión del pensamiento,* telepatía. || — Pl. *Mil.* Servicio encargado de los enlaces (teléfono, radio, etc.) en un ejército.

TRANSMISOR, RA adj. y s. Que transmite. || Aparato que sirve para transmitir las señales eléctricas telegráficas o telefónicas.

TRANSMITIR v. t. (lat. *transmittere*). Transferir, comunicar: *transmitir una posesión.* (SINÓN. *Ceder, pasar.* V. tb. *inocular.*) || Emitir: *transmitir por radio.*

TRANSMUDAR v. t. Trasladar, mudar de sitio. || Transmutar, convertir o cambiar una cosa.

TRANSMUTABLE adj. Que puede transmutarse.

TRANSMUTACIÓN f. Cambio o conversión de una cosa en otra: *la transmutación de los metales.* (SINÓN. V. *Metamorfosis.*)

TRANSMUTAR v. t. (lat. *transmutare*). Convertir, cambiar una cosa en otra: *los alquimistas pretendían transmutar los metales en oro.* (SINÓN. V. *Transformar.*)

TRANSMUTATIVO, VA y **TRANSMUTATORIO, RIA** adj. Que puede transmutar.

TRANSOCEÁNICO, CA adj. Al otro lado del océano.

TRANSPACÍFICO, CA adj. De allende el Pacífico. || Que atraviesa el Pacífico: *vapor transpacífico.*

TRANSPADANO, NA adj. De allende o de la otra parte del río Po.

TRANSPARENCIA f. Calidad de transparente: *la transparencia del vidrio.* (CONTR. *Opacidad.*) || Diapositiva.

TRANSPARENTARSE v. r. Verse una cosa a través de otra transparente. || Ser transparente un cuerpo. || *Fig.* Dejarse descubrir una cosa: *se transparentaban sus intenciones.*

TRANSPARENTE adj. Dícese de los cuerpos que se dejan atravesar por la luz y permiten divisar claramente los objetos a través de su espesor: *el cristal es transparente.* (SINÓN. V. *Diáfano* y *nítido.* CONTR. *Opaco.*) || Dícese del color que, aplicado sobre otro, lo deja ver más o menos. || *Fig.* De sentido fácil de descubrir: *alusión transparente.* || — M. Tela o papel que se coloca delante de la ventana destinado a templar la luz.

TRANSFORMADOR

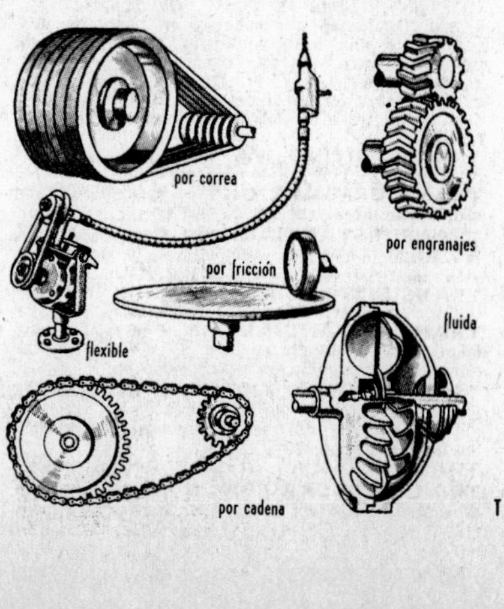

TRANSMISIONES

TRANVÍA

TRANSPIRABLE adj. Que puede transpirar.
TRANSPIRACIÓN f. Acto de transpirar, sudor.
TRANSPIRAR v. i. (de *trans*, y el lat. *spirare*, exhalar, brotar). Exhalarse del cuerpo por los poros de la piel el sudor: *humor que transpira.* ‖ Sudar: *hombre que transpira mucho.* ‖ *Fig.* Rezumarse.
TRANSPIRENAICO, CA adj. Situado del otro lado de los Pirineos: *la nación transpirenaica.*
TRANSPLANTAR v. t. Trasplantar.
TRANSPONEDOR, RA adj. y s. Que transpone.
TRANSPONER v. t. (lat. *transponere*). Poner en lugar diferente, trasladar. ‖ Mudar de sitio. ‖ — V. r. Ocultarse a la vista detrás de alguna cosa. ‖ Ocultarse detrás del horizonte el Sol. ‖ Quedarse algo dormido. ‖ — IRREG. Se conjuga como *poner.*
TRANSPORTACIÓN f. Acción de transportar.
TRANSPORTADOR, RA adj. y s. Que transporta. ‖ — M. Semicírculo graduado, de metal, de materia plástica o de papel, que sirve a los dibujantes para medir ángulos. ‖ Instalación para el transporte continuo de materiales.
TRANSPORTAR v. t. (lat. *transportare*). Llevar de un lugar a otro: *transportar viajeros.* (SINÓN. *Mudar, trasladar, trasplantar.*) ‖ Hacer pasar de un medio a otro: *transportar a la escena un hecho histórico.* (SINÓN. V. *Llevar.*) ‖ *Mús.* Cambiar el tono de una composición. ‖ — V. r. Enajenarse.
TRANSPORTE m. Acción de transportar: *el transporte de los viajeros, de las mercancías.* (SINÓN. *Acarreo, camionaje, conducción, tracción, traslación.* V. tb. *traslado.*) ‖ Embarcación que sirve para transportar tropas, mercancías, etc. ‖ *Fig.* Efusión, sentimiento vivo: *experimentar transportes de alegría.* (SINÓN. V. *Delirio.*) ‖ — Pl. Conjunto de los diversos medios para trasladar personas, mercancías, etc.
TRANSPORTISTA m. El que hace transportes: *el gremio de transportistas.*
TRANSPOSICIÓN f. Acción de transponer. ‖ Inversión del orden natural de las palabras, v. gr.:

En una de fregar cayó caldera,
Transposición se llama esta figura.
LOPE DE VEGA, *"Gatomaquia"*.

‖ *Alg.* Operación que consiste en pasar en una ecuación o una desigualdad un término de un miembro a otro. ‖ *Med.* Inversión de ciertos órganos del cuerpo. ‖ *Impr.* Interversión de letras, páginas, etc., en un impreso. ‖ *Mús.* Reproducción de un trozo de música en una tonalidad diferente.
TRANSPOSITIVO, VA adj. Capaz de transposición. ‖ Relativo a la transposición.
TRANSTERMINAR v. t. *For.* Pasar de un término judicial a otro.
TRANSUBSTANCIACIÓN f. *Teol.* Cambio de la substancia del pan y del vino en la del cuerpo y sangre de Jesucristo, en la Eucaristía.
TRANSUBSTANCIAL adj. Que se transubstancia o convierte en otra substancia.
TRANSUBSTANCIAR v. t. Convertir totalmente una substancia en otra. ‖ — V. r. Convertirse una substancia en otra.
TRANSURÁNICO adj. y s. m. Dícese de los elementos químicos de número atómico superior al uranio (92), que se obtienen artificialmente en la pila atómica.
TRANSVASAR v. t. Trasegar: *transvasar vino.*
TRANSVERBERACIÓN f. Transfixión: *la transverberación del corazón de Santa Teresa.*

TRAPECIOS

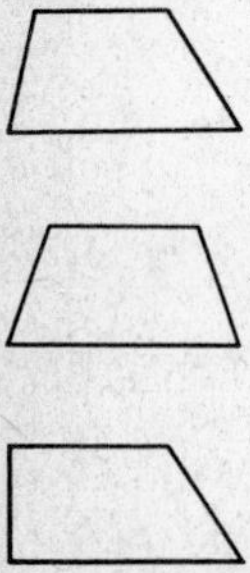

TRANSVERSAL adj. Que cruza de un lado a otro: *una línea transversal.* ‖ — CONTR. *Longitudinal.*
TRANSVERSO, SA adj. Oblicuo. ‖ — Adj. y s. Dícese en anatomía de ciertos órganos: *arteria transversa, el transverso de la nariz.*
TRANVÍA m. (ingl. *tramway*). Ferrocarril establecido en una calle o camino, generalmente de tracción eléctrica, con carriles que no sobresalen de la calzada, permitiendo así la circulación de otros vehículos. ‖ *Fig.* Coche de tranvía: *fue atropellado por un tranvía.*
TRANVIARIO, RIA y **TRANVIERO, RA** adj. Relativo a los tranvías. ‖ — M. Empleado en el servicio de tranvías.
TRANZADERA f. Trenzadera, especie de lazo.
TRANZAR v. t. Cortar, tronchar, partir.
TRANZÓN m. Parte en que se divide un monte o terreno.
TRAPA f. *Mar.* Cabo para cargar una vela cuando hace viento. ‖ — Pl. *Mar.* Aparejos con que se sujeta la lancha dentro del buque.
TRAPA f. (de *Trappe*, lugar donde se fundó). Nombre que suele darse a la orden del Cister reformada. (V. *Parte hist.*)
TRAPACEAR v. i. Usar de trapaza o artificio.
TRAPACERÍA f. Trapaza, trampa. (SINÓN. V. *Engaño.*)
TRAPACERO, RA adj. Trapacista, engañador.
TRAPACISTA adj. y s. Persona que usa de trapazas, tramposo, engañador.
TRAPAJERÍA f. Conjunto de trapos.
TRAPAJOSO, SA adj. Guiñaposo o desastrado.
TRÁPALA f. Ruido, bulla. (SINÓN. V. *Alboroto.*) ‖ Ruido del trote o galope de un caballo. ‖ *Fam.* Embuste, trampa, engaño. ‖ — M. *Fam.* Flujo de hablar sin necesidad. ‖ — Com. *Fig.* y *fam.* Hablador sin substancia. ‖ *Fig.* y *fam.* Mentiroso, embustero, tramposo.
TRAPALEAR v. i. *Fam.* Mentir, decir embustes. ‖ *Fam.* Hablar mucho y sin substancia.
TRAPALERO, RA y **TRAPALÓN, ONA** adj. *Fam.* Trápala, embustero.
TRAPATIESTA f. *Fam.* Riña, jaleo, ruido grande: *armar una trapatiesta.* (SINÓN. V. *Alboroto* y *confusión.*)
TRAPAZA f. Engaño, trampa, fraude, en compra o venta.
TRAPAZAR v. i. Trapacear, usar de trapazas.
TRAPE m. Entretela fuerte con que se armaban los pliegues de los vestidos. ‖ *Chil.* Cuerda de lana.
TRAPEADOR m. *Méx.* y *Chil.* Estropajo.
TRAPEAR v. t. *Méx.* Limpiar con un trapo. ‖ *Guat. Fam.* Sacudir el polvo a uno.
TRAPECIO m. (del gr. *trapezion*, mesa). *Geom.* Cuadrilátero que tiene dos lados desiguales y paralelos (los dos lados paralelos se llaman *bases* y su distancia es la *altura*): *la superficie de cualquier trapecio se obtiene multiplicando la semisuma de las bases por la altura.* ‖ *Trapecio isósceles*, aquel cuyos lados no paralelos son iguales. ‖ *Trapecio rectángulo*, el que tiene dos ángulos rectos. ‖ Aparato de gimnasia formado por dos cuerdas verticales reunidas por abajo por una barra redonda. ‖ *Anat.* Un músculo de la región dorsal. Ú. t. c. adj.: *músculo trapecio.* ‖ Hueso del carpo.
TRAPECISTA com. Gimnasta que trabaja en el trapecio. (SINÓN. V. *Saltimbanqui.*)
TRAPENSE adj. y s. Monje de la Trapa.
TRAPERÍA f. Conjunto de trapos viejos y tienda donde se venden. ‖ Oficio del trapero.
TRAPERO, RA m. y f. El que trafica en trapos viejos. (SINÓN. V. *Chamarilero.*) ‖ — Adj. *Puñalada trapera*, la traidora.
TRAPEZOIDAL adj. *Geom.* Relativo al trapezoide o que tiene la figura de un trapezoide.
TRAPEZOIDE m. *Geom.* Cuadrilátero que no tiene ningún lado paralelo a otro. ‖ *Anat.* Hueso del carpo.
TRAPICHE m. (del lat. *trapetes*, piedra de molino de aceite). Molino de aceituna o caña de azúcar. ‖ *Amer.* Ingenio de azúcar. ‖ *Amer.* Molino para el mineral.
TRAPICHEAR v. i. *Fam.* Ingeniarse para lograr algún objeto. (SINÓN. V. *Urdir.*) ‖ Comerciar al menudeo. (SINÓN. V. *Traficar.*)
TRAPICHEO m. *Fam.* Acción de trapichear: *amigo de trapicheos.* (SINÓN. V. *Intriga.*)

Fot. doc. S. T. C. R. P.

TRAPIENTO, TA adj. Andrajoso o haraposo.
TRAPILLO m. *Fig.* y *fam.* Galán de baja estofa. || *Fig.* y *fam.* Caudal pequeño, ahorrillos: *tener un buen trapillo.* || *De trapillo,* con vestido casero, mal vestido: *salir de trapillo.*
TRAPÍO m. Velamen de la embarcación. || *Fig.* y *fam.* Aire garboso de algunas mujeres. || *Fig.* y *fam.* Buena planta de un toro, o ímpetu con que acude la fiera al engaño del torero.
TRAPISONDA f. *Fam.* Bulla, jaleo, algazara: *armar una trapisonda.* || *Fam.* Lío: *ser aficionado a las trapisondas.* (SINÓN. V. *Enredo.*) || *Fig.* Agitación del mar.
TRAPISONDEAR v. i. Armar continuas trapisondas, trapacear. (SINÓN. V. *Enredar.*)
TRAPISONDISTA adj. Amigo de trapisondas. (SINÓN. V. *Intrigante.*)
TRAPISTA m. *Arg.* Trapero, el que comercia en trapos viejos. || Galicismo por *trapense.*
TRAPITO m. Trapo pequeño. || *Fam.* La ropa de los domingos: *ponerse los trapitos de cristianar.*
TRAPO m. (fr. *drap*). Pedazo de tela viejo y roto. || Velamen: *navegar a todo trapo.* || Capote o muleta del torero. || — Pl. Vestidos de mujer, telas, etc.: *hablar de trapos.* || *Fig.* y *fam. Poner a uno como un trapo,* reprenderle mucho. || *Soltar uno el trapo,* echarse a llorar o a reir.
TRAPOSO, SA adj. Trapiento.
TRAQUE m. Estallido del cohete. || Guía de pólvora que une las diferentes partes de un fuego artificial.
TRÁQUEA o **TRAQUEARTERIA** f. (gr. *trakheia*). Conducto que lleva el aire a los pulmones. || *Bot.* Vaso cilíndrico, rodeado de un hilillo en espiral. || *Zool.* El órgano respiratorio de los insectos y otros animales articulados.
TRAQUEAL adj. Relativo a la tráquea. || *Zool.* Que respira por tráqueas: *arácnido traqueal.*
TRAQUEAR v. i. y t. Traquetear.
TRAQUEITIS f. *Med.* Inflamación de la traquearteria.
TRAQUEO m. Ruido que producen los cohetes en los fuegos artificiales. || La acción de traquear.
TRAQUEOTOMÍA f. (del gr. *trakheia,* tráquea, y *tomê,* incisión). *Cir.* Incisión de la tráquea para hacer posible la respiración en ciertos casos.
TRAQUETEAR o **TRAQUEAR** v. i. Hacer ruido como un cohete. || — V. t. Mover, agitar. || *Fig.* y *fam.* Manosear una cosa. || *P. Rico.* Ensayar, probar.
TRAQUETEO m. Ruido producido por los cohetes. || Movimiento que produce un ruido: *el traqueteo del tren.*
TRAQUIDO m. Traque, estruendo, disparo.
TRAQUITA f. Roca volcánica parecida al pórfido: *la traquita se estima para la construcción.*
TRAS prep. (lat. *trans*). Después de: *echar la soga tras el caldero.* || Detrás de: *caminar uno tras otro.* || Además: *tras de ser malo es caro.* || — Pref. que indica cierta atenuación: TRAS*colar,* TRAS*ijado.* || Trans, después: TRAS*alcoba.* || — M. *Fam.* Asentaderas. (SINÓN. V. *Trasero.*)
TRAS, onomatopeya que imita ciertos ruidos.
TRASALCOBA f. Pieza detrás de la alcoba.
TRASALPINO, NA adj. Transalpino.
TRASANDINO, NA adj. Transandino.
TRASANTEANOCHE adv. t. Durante la noche de trasanteayer.
TRASANTEAYER mejor que **TRASANTIER** adv. t. El día inmediatamente anterior al de anteayer.
TRASAÑEJO, JA adj. Tresañejo.
TRASATLÁNTICO, CA adj. Transatlántico.
TRASBARRÁS m. Ruido que produce una cosa al caer.
TRASBOCAR v. t. *Amer. Fam.* Vomitar.
TRASBOTICA f. Trastienda.
TRASBUCAR v. t. *Chil.* Trasegar.
TRASCA f. Correa fuerte y sobada para arreos.
TRASCANTÓN m. Guardacantón, poste de piedra. || Mozo de cordel, ganapán.
TRASCENDENCIA f. Calidad de trascendente. || Importancia, consecuencia de una cosa (V. TRANSCENDENCIA.)
TRASCENDENTAL adj. Que se extiende a otras cosas. || *Fig.* Que es de suma importancia, muy grave: *un asunto trascendental.* || Elevado. (V. TRANSCENDENTAL.)
TRASCENDENTE p. a. de *trascender.* || — Adj. Que trasciende. (V. TRANSCENDENTE.)
TRASCENDER v. i. Exhalar olor muy subido y penetrante. || Empezar a divulgarse o ser conocida una cosa: *ha trascendido su proyecto.* || Extenderse, propagarse los efectos de unas cosas a otras. (V. TRASCENDER.) || — IRREG. Se conjuga como *tender.*
TRASCENDIDO, DA adj. Que tiene inteligencia muy viva.
TRASCOCINA f. Pieza detrás de la cocina.
TRASCOLAR v. t. Colar, pasar: *trascolar vino por un paño.* || *Fig.* Pasar de un lado a otro. || — IRREG. Se conjuga como *contar.*
TRASCONEJARSE v. r. Quedarse los conejos detrás de los perros que los persiguen. || *Fig.* y *fam.* Perderse una cosa: *se me ha trasconejado tu carta.*
TRASCORDARSE v. r. Olvidar, no recordar. || — IRREG. Se conjuga como *contar.*
TRASCORO m. Parte de las iglesias que está situada detrás del coro.
TRASCORRAL m. Patio o espacio despejado que hay en algunas casas detrás del corral.
TRASDÓS m. (ital. *estradosso*). *Arq.* Superficie exterior de un arco o bóveda. (CONTR. *Intradós*). || *Arq.* Pilastra que está situada detrás de una columna.
TRASDOSEAR v. t. *Arq.* Reforzar por detrás.
TRASECHAR v. t. Asechar, armar asechanzas.
TRASEGADURA f. Trasiego, acción de trasegar.
TRASEGAR v. t. Revolver, trastornar. || Cambiar un líquido de vaso. (SINÓN. V. *Trasladar.*) || *Fig.* y *fam.* Beber mucho vino. || — IRREG. Se conjuga como *acertar.*
TRASERA f. La parte posterior de algunas cosas: *sentarse a la trasera de un coche.*
TRASERO, RA adj. Que está detrás: *la parte trasera de un edificio.* || — M. Parte posterior del animal. (SINÓN. *Asentadero, culo, nalgas, posaderas, posterior, tras.*) || — Pl. *Fam.* Abuelos, antepasados.
TRASFOLLO m. *Veter.* Alifafe en los corvejones.
TRASFORMAR v. t. Transformar.
TRASGO m. Duendecillo, espíritu revoltoso. (SINÓN. V. *Duende.*)
TRASGUEAR v. i. Portarse como los trasgos.
TRASGUERO, RA m. y f. Aficionado a trasguear.
TRASHOGUERO, RA adj. Dícese del perezoso que se queda en casa, cuando los demás van a trabajar. || — M. Losa colocada detrás del hogar. || Leño grueso que se arrima a la pared del hogar para conservar la lumbre.
TRASHOJAR v. t. Pasar las hojas. (SINÓN. V. *Hojear.*)
TRASHUMANTE adj. Que trashuma o cambia de pastos: *carneros trashumantes.*
TRASHUMAR v. i. (de *tras,* y el lat. *humus,* tierra). Pasar el ganado en verano a las montañas y regresar de ellas en el invierno.
TRASIEGO m. Acción de trasegar un líquido.
TRASIJADO, DA adj. Que tiene los ijares muy recogidos o estrechos: *una caballería trasijada.* || *Fig.* Dícese del individuo que está muy flaco.
TRASLACIÓN f. Acción de trasladar: *la traslación de un preso.* (SINÓN. V. *Transporte.*) || *Gram.* Figura de construcción que consiste en emplear un tiempo del verbo con significación distinta de la natural, como: *mañana es sábado* (por *mañana será sábado*). || *Ret.* Metáfora. || Traducción.
TRASLADADOR, RA adj. y s. El que traslada.
TRASLADANTE p. a. de *trasladar.* || — Adj. El que traslada o cambia.
TRASLADAR v. t. Mudar de lugar: *trasladar un mueble a otra habitación.* (SINÓN. *Cambiar, invertir, mover, remover, transponer, trasegar.* V. tb. *transportar.*) || Cambiar de puesto a un funcionario. || Cambiar de día la celebración de una junta, una función, etc. || Traducir de un idioma a otro: *trasladar un libro al español.* || Copiar un escrito.
TRASLADO m. Copia: *fiel traslado.* (SINÓN. *Copia, imitación, transporte.*) || Acción de trasladar: *pedir su traslado un juez.* (SINÓN. V. *Cambio y viaje.*) || *For.* Comunicación hecha a uno de los que litigan de las pretensiones del otro.

trashoguero

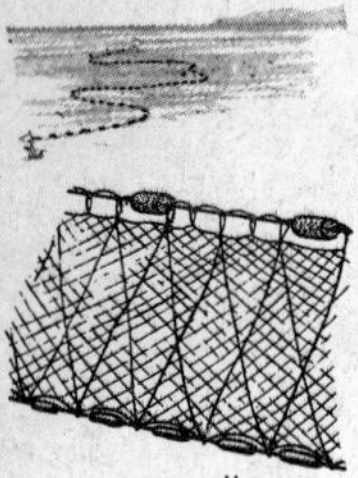

trasmallo

TRASLAPAR v. t. Cubrir una cosa a otra de un modo más o menos completo. (SINÓN. *Solapar.*)
TRASLAPO m. Parte de una cosa traslapada.
TRASLATICIO, CIA adj. Dícese del sentido figurado en que se usa algunas veces un vocablo.
TRASLATIVO, VA adj. Dícese de lo que comunica o transfiere: *título traslativo.*
TRASLIMITAR v. t. Translimitar.
TRASLÚCIDO, DA adj. Translúcido.
TRASLUCIRSE v. r. Translucirse.
TRASLUMBRAMIENTO m. Deslumbramiento.
TRASLUMBRAR v. t. Deslumbrar. || — V. r. Pasar repentinamente una cosa.
TRASLUZ m. Luz que pasa por transparencia o se refleja de soslayo sobre un cuerpo. || *Al trasluz,* por transparencia: *mirar al trasluz.*
TRASMALLO m. Arte de pesca que está compuesto de varias redes superpuestas.
TRASMANO m. El que sigue al mano en el juego. || *Cub. Por trasmano,* ocultamente.
TRASMATAR v. t. *Fam.* Suponer una persona que ha de vivir más que otro.
TRASMINANTE adj. *Chil.* Dícese del frío muy intenso y penetrante.
TRASMINAR v. i. Abrir una mina debajo de tierra. || Penetrar, atravesar un olor, un líquido, etc.
TRASMITIR v. t. Transmitir.
TRASMOCHAR v. t. Podar mucho los árboles.
TRASMUNDO m. La otra vida.
TRASMUTAR v. t. Transmutar.
TRASNOCHADA f. Noche anterior al día actual. || Vela, vigilia. || *Mil.* Sorpresa nocturna.
TRASNOCHADO, DA adj. Dícese de ciertas cosas que por haber pasado una noche por ellas no valen nada: *ensalada trasnochada.* || *Fig.* Macilento, desmedrado. || *Fig.* Sin novedad: *cuento trasnochado.*
TRASNOCHADOR, RA adj. y s. Que trasnocha.
TRASNOCHAR v. i. Pasar la noche sin dormir. || Pernoctar, pasar la noche en una parte. || — V. t. Dejar pasar la noche sobre cualquier asunto.
TRASNOMBRAR v. t. Cambiar los nombres.
TRASNOMINACIÓN f. *Ret.* Metonimia.
TRASOIR v. t. Equivocarse al oir una cosa. || — IRREG. Se conjuga como *oir.*
TRASOJADO, DA adj. Muy abatido y ojeroso.
TRASOÑAR v. t. Imaginar. || Soñar.
TRASOVADO, DA adj. *Bot. Hoja trasovada,* la hoja aovada más ancha por la punta que por la base.
TRASPALAR y **TRASPALEAR** v. t. Mover con la pala una cosa: *traspalar trigo.* || *Fig.* Mover una cosa de un lugar a otro.
TRASPALEO m. Acción y efecto de traspalar.
TRASPAPELARSE v. r. Perderse un papel entre otros: *se traspapeló la carta en su despacho.*
TRASPARENTE adj. y s. Transparente.
TRASPASACIÓN f. Acción y efecto de traspasar o ceder: *la traspasación de un derecho.*
TRASPASADOR, RA adj. y s. Que traspasa.
TRASPASAMIENTO m. Traspaso.
TRASPASAR v. t. Pasar de un sitio a otro. || Atravesar: *traspasar el arroyo.* || Vender o ceder a otro el dominio de una cosa: *traspasar un comercio.* || Pasar de parte a parte, atravesar: *le traspasó el brazo con la lanza.* (SINÓN. V. *Horadar.*) || Quebrantar una ley o precepto. || *Fig.* Experimentar un dolor físico o moral con violencia extremada. || — V. r. Excederse en lo que es debido: *traspasarse en un negocio.*
TRASPASO m. Acción y efecto de traspasar: *el traspaso de una tienda, de un precepto.* || Lo traspasado. || Lo que se paga por el traspaso o cesión. || *Ayunar el traspaso,* ayunar desde el Jueves Santo al mediodía hasta el Sábado Santo al tocar a gloria.
TRASPATIO m. Segundo patio trasero.
TRASPIÉ m. Resbalón, tropezón: *dar traspiés.* || Zancadilla.
TRASPINTAR v. t. Engañar a los puntos el que lleva la baraja dejándoles ver la pinta de una carta y sacando otra. || — V. r. *Fig.* y *fam.* Salir una cosa al revés de lo que se esperaba. || Clarearse un escrito.
TRASPLANTAR v. t. Mudar una planta. || Injertar un tejido humano o animal en otro. || — V. r. *Fig.* Cambiar de país una persona. (SINÓN. V. *Transportar.*)
TRASPLANTE m. Acción de trasplantar. || Injerto de tejido humano o animal: *trasplante de córnea.*
TRASPONER v. t. Transponer.
TRASPONTÍN m. Traspuntín, colchón pequeño. || *Fam.* Trasero, posaderas, asentaderas.
TRASPORTE m. *P. Rico.* Especie de guitarra.
TRASPORTÍN m. Traspuntín.
TRASPOSICIÓN f. Transposición.
TRASPUNTE m. *Teatr.* Apuntador que avisa a cada actor cuando ha de salir a escena.
TRASPUNTÍN m. Cada uno de los colchoncillos atravesados que se ponen debajo del colchón de la cama. || Asiento suplementario y plegable en vehículos o salas de espectáculos.
TRASQUILA f. La trasquiladura del ganado.
TRASQUILADO m. *Fam.* Tonsurado, sacerdote.
TRASQUILADOR m. El que trasquila o esquila.
TRASQUILADURA f. Acción y efecto de trasquilar.
TRASQUILAR v. t. Cortar el pelo sin arte. (SINÓN. V. *Pelar.*) || Esquilar el ganado. || *Fig.* y *fam.* Mermar, menoscabar.
TRASQUILIMOCHO adj. *Fam.* Pelado a rape.
TRASQUILÓN m. *Fam.* Trasquiladura. || *Fig.* y *fam.* Dinero que se le quita a uno con maña.
TRASTABILLAR v. i. Titubear, vacilar: *ir trastabillando.* (V. TRASTRABILLAR.)
TRASTABILLÓN m. *Arg.* y *Chil.* Tropezón.
TRASTADA f. *Fam.* Acción informal, barbaridad o majadería: *hizo una trastada.*
TRASTAZO m. *Fam.* Porrazo: *dar un trastazo.*
TRASTE m. Nombre de los resaltos de metal o hueso colocados en el mástil de la guitarra y otros instrumentos, que sirven para modificar la longitud libre de las cuerdas. || En algunas partes, trasto, chisme. || *And.* Vaso en que prueban el vino los catadores. || *Can.* y *Amer. Fam.* Trasero. || *Fam. Dar al traste con una cosa,* romperla, abandonarla, tirarla. || — PARÓN. *Trasto.*
TRASTEADO m. Conjunto de los trastes que tiene la guitarra u otro instrumento músico.
TRASTEADOR, RA adj. y s. *Fam.* Que trastea.
TRASTEAR v. i. Menear o mudar trastos. || *Col.* y *Amér. C.* Mudarse de casa. || *Fig.* Discurrir, charlar sobre alguna especie. || — V. t. *Taurom.* Dar el espada pases de muleta. || *Fig.* y *fam.* Manejar hábilmente a uno. || Pisar las cuerdas de la guitarra con habilidad.
TRASTEJADOR, RA adj. y s. El que trasteja.
TRASTEJADURA f. Trastejo, acción de trastejar.
TRASTEJAR v. t. Retejar, arreglar el tejado. || *Fig.* Recorrer cualquier cosa para componerla.
TRASTEJO m. Acción de trastejar. || *Fig.* Movimiento continuo y desconcertado.
TRASTEO m. Acción de trastear. || *Amer.* Mudanza.
TRASTERÍA f. Conjunto o almacén de trastos viejos. || *Fig.* y *fam.* Trastada, barbaridad.
TRASTERO, RA adj. y s. Dícese de la pieza o desván donde se guardan los trastos viejos o rotos.
TRASTIENDA f. Cuarto situado detrás de la tienda. || *Fig.* y *fam.* Cautela, astucia en el modo de obrar: *tener mucha trastienda.*
TRASTO m. Mueble o utensilio, especialmente si no sirve: *un trasto viejo.* || Bastidores o decoración de teatro. || *Fig.* y *fam.* Persona inútil, estorbo. || *Fig.* y *fam.* Persona informal. || — Pl. Espada, daga y demás armas: *salieron los trastos a relucir.* || Útiles de un arte: *los trastos de torear.* (SINÓN. V. *Equipaje.*) || *Fig.* y *fam. Tirarse los trastos a la cabeza,* pelearse.
TRASTOCAR v. t. Trastornar, invertir, revolver. Ú. t. c. r.
TRASTORNADOR, RA adj. y s. Que trastorna.
TRASTORNADURA f. y **TRASTORNAMIENTO** m. Trastorno, confusión.
TRASTORNAR v. t. Volver una cosa de abajo arriba. (SINÓN. V. *Derribar.*) || Invertir el orden de las cosas: *trastornar unos papeles.* (SINÓN. *Descomponer, desorganizar, perturbar.*) || *Fig.* Inquietar. (SINÓN. V. *Conmover.*) || *Fig.* Perturbar el sentido cualquier accidente: *este vino trastorna en seguida.* (SINÓN. V. *Enloquecer.*)

TRASTORNO m. Acción de trastornar. ‖ Confusión, enredo: *un trastorno político.* ‖ — SINÓN. *Desarreglo, desorden, desorganización, perturbación, tráfago.* V. tb. *confusión* y *emoción.*

TRASTRABADO, DA adj. Dícese de la caballería que tiene la mano izquierda y el pie derecho blancos.

TRASTRABILLAR v. i. *Ecuad.* y *Per.* Titubear, tropezar al andar. (V. TRASTABILLAR.)

TRASTRÁS m. *Fam.* El penúltimo en ciertos juegos. ‖ Onomatopeya de ciertos ruidos monótonos.

TRASTROCAMIENTO m. Acción de trastrocar.

TRASTROCAR v. t. Mudar, cambiar, trocar. ‖ — IRREG. Se conjuga como *contar.*

TRASTRUECO y **TRASTRUEQUE** m. Trastrocamiento, cambio, conversión.

TRASTULO m. Entretenimiento o pasatiempo.

TRASUDACIÓN f. Trasudor.

TRASUDAR v. i. Exhalar un trasudor ligero. (SINÓN. V. *Sudar.*) ‖ — V. t. Empapar de trasudor.

TRASUDOR m. Sudor ligero.

TRASUNTAR v. t. Copiar, trasladar una obra. ‖ Compendiar, abreviar: *trasuntar una obra.*

TRASUNTO m. (lat. *trasumptus*). Copia, traslado: *hacer el trasunto fiel de un documento.* ‖ Imitación.

TRASVASAR v. t. Transvasar.

TRASVASIJAR v. t. *Chil.* Transvasar.

TRASVASIJO m. *Chil.* Trasiego.

TRASVENARSE v. r. Extravenarse la sangre. ‖ *Fig.* Derramarse una cosa.

TRASVER v. t. Ver a través o ver mal. ‖ — IRREG. Se conjuga como *ver.*

TRASVERTER v. i. Rebosar un líquido. ‖ — IRREG. Se conjuga como *tender.*

TRASVINARSE v. r. Rezumarse el vino de las vasijas. ‖ *Fig.* y *fam.* Translucirse, inferirse una cosa.

TRASVOLAR v. t. Atravesar volando de un lugar a otro. ‖ — IRREG. Se conjuga como *contar.*

TRATA f. Tráfico de negros esclavos: *la trata está severamente prohibida por todos los países civilizados.* ‖ *Trata de blancas,* tráfico que consiste en comerciar con mujeres con vistas a la prostitución.

TRATABLE adj. Que se trata fácilmente. ‖ Cortés, educado.

TRATADISTA m. Autor que escribe tratados sobre cualquier materia.

TRATADO m. (lat. *tractatus*). Obra que trata de un arte o ciencia: *tratado de matemáticas.* (SINÓN. *Curso, disertación, ensayo, estudio, memoria.*) ‖ Convenio entre dos gobiernos: *celebrar un tratado de comercio.* ‖ Convenio entre particulares y administraciones: *celebrar un tratado con una compañía.* (SINÓN. V. *Convenio.*)

TRATADOR, RA adj. Que trata un asunto.

TRATAMIENTO m. Acción de tratar: *malos tratamientos.* (SINÓN. V. *Frecuentación* y *trato.*) ‖ Título de cortesía que se da a una persona: *dar tratamiento de excelencia.* ‖ Sistema de curación: *tratamiento homeopático.* (SINÓN. *Medicación, terapéutica.*) ‖ Modo de trabajar ciertas materias que quiere uno transformar: *tratamiento metalúrgico.* (SINÓN. V. *Método.*) ‖ *Apear el tratamiento,* no admitirlo quien lo tiene, o no dárselo quien le habla. ‖ *Tratamiento de la información,* técnica basada en el empleo de las calculadoras electrónicas que sirve para realizar conjuntos complejos de operaciones matemáticas y lógicas para fines científicos, administrativos, contables, etc.

TRATANTE m. Persona que trata: *un tratante en granos.*

TRATAR v. t. (lat. *tractare*). Manejar una cosa, usar de ella. ‖ Conversar, comunicarse: *no trato con gente mala.* (SINÓN. V. *Frecuentar.*) ‖ Obrar bien o mal con uno: *¡qué mal me tratas!* ‖ Dar un tratamiento: *le trató de señoría.* ‖ Considerar a uno bien o mal: *en esa casa están bien tratados los criados.* ‖ *Quím.* Someter a la acción de: *tratar el hierro por el ácido sulfúrico.* ‖ Calificar de: *le trató de tonta.* ‖ *Tratar de,* procurar: *tratar de salir de un apuro.* (SINÓN. *Gestionar, pretender.* V. tb. *ensayar.*) ‖ Discutir, disputar, hablar: *trata acerca de un asunto.* ‖ *Tratar en,* comerciar: *tratar en ganado.* ‖ — V. r. Cuidarse: *¡qué bien se trata Fulano!*

TRATO m. Acción de tratar o tratarse. (SINÓN. V. *Frecuentación.*) ‖ Tratamiento de cortesía. (SINÓN. *Cortesía, dignidad, título, tratamiento.*) ‖ Negocio, tráfico: *un trato activo.* (SINÓN. V. *Comercio, convenio, transacción.*) ‖ *Trato de gentes,* experiencia en la vida social.

TRAUMA m. Herida; traumatismo.

TRAUMÁTICO, CA adj. *Cir.* Relativo, perteneciente a las llagas y heridas: *una lesión traumática.*

TRAUMATISMO m. (del gr. *trauma,* herida). *Cir.* Trastorno causado por una herida. (SINÓN. V. *Herida.*) ‖ Trastorno psíquico producido por un choque.

TRAUMATOLOGÍA f. Parte de la cirugía que trata de las heridas o llagas.

TRAVELÍN m. Travelling.

TRAVELLER'S CHECK m. (pal. ingl). Cheque de viaje.

TRAVELLING m. (pal. ingl., pr. *traveliñ*). En cinematografía, carro que soporta la cámara y permite su movimiento durante la toma de vistas. ‖ Esta misma operación.

TRAVERSA f. Madero que atraviesa los carros para dar firmeza al brancal. ‖ *Mar.* Estay.

TRAVERTINO m. (pal. ital.). Depósito generalmente calizo que precipitan ciertos manantiales.

TRAVÉS m. Inclinación, torcimiento. ‖ *Fig.* Desgracia, suceso infausto: *los traveses de la vida.* ‖ *Arq.* Pieza en que se asegura el segundo pendolón del edificio. ‖ *Fort.* Obra exterior para estorbar el paso en un pasaje angosto. ‖ *Fort.* Defensa de tierra o sacos para defenderse de los fuegos de enfilada, de través o de rebote. ‖ *Mar.* Dirección perpendicular a la quilla. ‖ *A través* o *al través,* por entre: *a través de un velo.* ‖ *De través,* oblicua, transversalmente.

TRAVESAÑO m. Barra horizontal que atraviesa de una parte a otra en un armazón: *travesaño de escalera.* ‖ Almohada larga para la cama. ‖ *Cub.* Traviesa de ferrocarril.

TRAVESEAR v. i. Hacer travesuras: *muchacho aficionado a travesear.* ‖ *Fig.* Discurrir con suma viveza. ‖ *Fig.* Portarse de una manera viciosa.

TRAVESERO, RA adj. Que se pone de través: *flauta travesera.* ‖ — M. Travesaño, almohada de cama.

TRAVESÍA f. Camino transversal, calle que atraviesa entre otras dos. ‖ Parte de la carretera que está dentro de una población. ‖ Distancia entre dos puntos de tierra o de mar: *larga travesía.* ‖ Viaje por mar: *la travesía del Atlántico.* (SINÓN. V. *Periplo.*) ‖ Cantidad atravesada en el juego. ‖ *Fort.* Conjunto de traveses de fortificación. ‖ *Mar.* Viento perpendicular a la costa. ‖ *Arg.* Llanura extensa entre dos sierras.

TRAVESÍO, A adj. Dícese del ganado que, sin trashumar, sale de los terminos del pueblo de donde procede. ‖ Dícese de los vientos laterales. ‖ — M. Sitio por donde se atraviesa.

TRAVESTIR v. i. Vestir a una persona con la ropa del sexo opuesto.

TRAVESURA f. Acción traviesa: *hacer travesuras.* ‖ *Fig.* Viveza de genio. ‖ *Fig.* Acción digna de castigo, pero hecha con destreza y maña.

TRAVIESA f. Travesía, distancia entre dos puntos. ‖ Lo que se juega además de la puesta. ‖ Madero de la vía férrea para asentar los rieles. ‖ Cuchillo de una armadura. ‖ *Arq.* Pared maestra que no está en fachada ni medianería. ‖ *Min.* Galería transversal.

TRAVIESO, SA adj. (lat. *transversus*). Puesto de través. ‖ *Fig.* Turbulento, revoltoso: *chiquillo travieso.* (SINÓN. *Demonio, diablillo, diablo, pícaro, revoltoso.*) ‖ *Fig.* Sagaz, sutil. ‖ *Fig.* Aplícase a las cosas que están en continuo movimiento: *arroyuelo travieso.* ‖ *De travieso,* de través. ‖ *For.* Por línea transversal.

TRAYECTO m. (del lat. *trajectus,* pasaje). Espacio que debe recorrerse de un punto a otro. (SINÓN. *Camino, espacio, itinerario, trecho.*) ‖ Acción de recorrer dicho espacio: *nuestro trayecto fue fácil.* (SINÓN. *Recorrido, viaje.*)

TRAYECTORIA f. (del lat. *trajectus,* trayecto). Línea que describe un proyectil lanzado por un arma de fuego desde el momento en que sale del arma hasta aquel en que toca el blanco o el suelo: *la trayectoria de una parábola.* ‖ *Por ext.* Línea recorrida por un móvil.

TRAZA f. Planta que ejecuta el arquitecto para la edificación de una obra. || *Fig.* Medio de que se vale uno para conseguir un fin. || *Fig.* Arbitrio, invención: *hombre pobre todo es trazas.* || *Fig.* Apariencia o figura de una persona o cosa: *esto no tiene trazas de acabar.* (SINÓN. V. *Aspecto.*) || *Geom.* Intersección de una línea o superficie con uno de los planos de proyección. || Galicismo por *huella.* || *Venez.* Especie de polilla.
TRAZADO, DA adj. Que tiene buena o mala traza: *persona muy mal trazada.* || — M. Representación de un plano por medio del dibujo: *hacer el trazado de una figura.* || Recorrido o dirección de un camino, canal, etc.: *hacer el trazado del Metropolitano.*
TRAZADOR, RA adj. y s. Que traza.
TRAZAR v. t. Diseñar la traza de un edificio. || *Fig.* Discurrir los medios oportunos para conseguir alguna cosa. || Delinear: *trazar una línea recta.* || *Fig.* Describir los rasgos principales de una persona o cosa. (SINÓN. V. *Señalar.*)
TRAZO m. Línea: *un trazo rectilíneo.* (SINÓN. *Barra, raya.*) || Diseño o planta de un edificio. (SINÓN. *Delineación, lineamiento.*) || Parte de la letra manuscrita: *el trazo magistral es el más grueso de la letra.* || *Pint.* Pliegue del ropaje. || *Al trazo,* dícese del dibujo hecho sólo con líneas.
TRAZUMARSE v. r. Rezumarse una vasija.
TRÉBEDE f. (del lat. *tripes, tripedis,* que tiene tres pies). Parte de una habitación levantada del suelo y calentada por debajo como los antiguos hipocaustos: *úsanse las trébedes en varias comarcas de Castilla la Vieja.* || — Pl. Utensilio de hierro con tres pies, que sirve para poner vasijas al fuego. || — PARÓN. *Trípode.*
TREBEJAR v. i. (del lat. *tripudiare,* danzar, saltar). Travesear, juguetear, retozar.
TREBEJO m. Trasto o utensilio: *los trebejos de la cocina.* || Juguete con que uno se entretiene. || Cada una de las piezas del ajedrez.
TREBELEAR v. i. *Venez.* Trebejar, retozar.
TRÉBOL m. (lat. *trifolium*). Planta herbácea de la familia de las papilionáceas, de flores blancas, rojas o moradas: *el trébol se cultiva como planta forrajera.* || *Cub.* Arbusto de la familia de las compuestas. || *Arq.* Adorno geométrico que se compone de tres lóbulos.

trébol

TREBOLAR m. *Arg.* Campo de trébol.
TRECE adj. (lat. *tredecim*). Diez y tres: *trece libros.* || Decimotercero: *el año trece.* || Cada uno de los trece caballeros de Santiago, diputados al capítulo general. || *Fig.* y *fam. Mantenerse en sus trece,* persistir en un empeño.
TRECÉN m. Antiguo impuesto que consistía en la decimotercera parte del valor de las ventas.
TRECENO, NA adj. Tredécimo, decimotercero.
TRECENTISTA adj. Perteneciente o relativo al siglo XIV.
TRECHA f. Voltereta.
TRECHEL adj. y s. *Trigo trechel,* una variedad de trigo que se siembra generalmente por primavera.
TRECHEAR v. t. *Min.* Transportar una carga de trecho en trecho.
TRECHEO m. *Min.* Acarreo de minerales en espuertas que se pasan de unos a otros operarios situados a trechos.
TRECHO m. Espacio, distancia: *me esperó largo trecho.* (SINÓN. V. *Trayecto.*) || *A trechos,* con intermisión: *hacer un trabajo a trechos.* || *De trecho a trecho* o *en trecho,* de distancia a distancia, de tiempo en tiempo: *le escribo a Juan muy de trecho en trecho.*
TREDÉCIMO, MA adj. Decimotercero.
TREFE adj. Endeble, flojo, sin gran solidez. || Falso, falto de ley: *moneda trefe.*
TREFILADO m. Acción de trefilar.
TREFILADOR m. Especialista en la tarea de trefilar.
TREFILAR v. t. Reducir un metal a hilo.
TREFILERÍA f. (fr. *tréfilerie*). Fábrica de alambre. || Operación de trefilar.
TREGUA f. (del ant. germ. *triwa,* fe, seguridad). Suspensión temporal de hostilidades entre los beligerantes: *firmar una tregua.* (SINÓN. *Armisticio, cesación, suspensión* [de armas]. V. tb. *demora.*) || *Fig.* Intermisión, descanso: *su enfermedad no le da tregua.* (SINÓN. *Espera, pausa.* V. tb. *reposo.*) || *Fig. No dar tregua una cosa,* ser muy urgente. || *Tregua de Dios.* V. *Parte Hist.*
TREINTA adj. (lat. *triginta*). Tres veces diez: *he comprado treinta libros.* || Trigésimo: *año treinta.*
TREINTANARIO m. Serie de treinta días dedicados a un ejercicio.
TREINTAVO, VA adj. y s. Trigésimo.
TREINTENA f. Conjunto de treinta unidades: *una treintena de días.* || Treinteava parte de un todo.
TREINTENO, NA adj. (lat. *treinta*). Trigésimo.
TREJA f. Tirada por tabla en el juego de trucos.
TREMADAL m. Tremedal.
TREMATODOS m. pl. *Zool.* Orden de gusanos aplastados, que viven parásitos en los vertebrados.
TREMEBUNDO, DA adj. Terrible o espantable.
TREMEDAL m. (del lat. *tremere,* temblar). Sitio cenagoso que retiembla al menor movimiento.
TREMENDO, DA adj. (lat. *tremendus*). Terrible, horrendo: *catástrofe tremenda.* (SINÓN. V. *Espantoso.*) || Digno de respeto: *la tremenda majestad de la justicia.* || *Fig.* y *fam.* Muy grande: *disparate tremendo.* || *Fam. Tomarlo por la tremenda,* tomar una cosa por el lado más violento o desagradable.
TREMENTINA f. Resina semilíquida que sale del terebinto y de otros árboles (coníferos y terebintáceos). || *Esencia de trementina,* esencia producida por la destilación de las trementinas, que se emplea para fabricar los barnices, desleír los colores, disolver los cuerpos grasos, etc.
TREMESINO, NA adj. De tres meses.
TREMIELGA f. (lat. *tremella*). El torpedo, pez.
TREMÍS m. Cierta moneda antigua de Castilla. || Una moneda romana.
TREMÓ o **TREMOL** m. (fr. *trumeau*). Espejo con marco que se coloca en la pared entre dos ventanas.
TREMOLANTE adj. Que tremola o agita.
TREMOLAR v. t. Enarbolar y agitar pendones o banderas moviéndolos en el aire: *tremolar el estandarte victoriosamente.*
TREMOLINA f. Agitación ruidosa del aire. || *Fig.* y *fam.* Bulla, griterío, algazara, gran jaleo: *armar la tremolina.* (SINÓN. V. *Escándalo.*)
TRÉMOLO m. (ital. *tremolo*). *Mús.* Repetición rápida de un mismo sonido: *el trémolo se utiliza mucho en los instrumentos de arco.*
TREMOR m. Temblor. || Principio del temblor.
TREMOTILES m. pl. *Col.* y *P. Rico.* Bártulos.
TRÉMULAMENTE adv. m. Temblorosamente.
TREMULANTE, TREMULENTO, TA y más generalmente **TRÉMULO, LA** adj. Tembloroso, que tiembla: *movimiento trémulo; luz trémula.*
TREN m. (fr. *train*). Aparato y prevención de las cosas necesarias para un viaje. (SINÓN. V. *Equipaje.*) || Conjunto de instrumentos para una misma operación o servicio: *tren de dragado, tren de laminar.* || Ostentación, pompa, boato: *un tren espléndido.* || *Guat.* Tráfago, trajín. || Conjunto de vagones y locomotora que los arrastra. || Marcha sostenida: *ir a buen tren.* || *Tren de aterrizaje,* dispositivo de aterrizaje de un avión. || *Tren correo,* el que lleva normalmente la correspondencia. || *Tren directo,* o *expreso,* el muy rápido que se detiene sólo en las estaciones principales. || *Tren rápido,* o *el rápido,* el que lleva mayor velocidad que el expreso. || *Tren mixto,* el que conduce viajeros y mercancías. || *Tren ómnibus,* el que se para en todas las estaciones. || *Tren botijo, tren de recreo,* el que se organiza para alguna fiesta o espectáculo, generalmente con rebaja de precio. || *Tren de artillería,* pertrechos necesarios para el servicio de los cañones. || *Fig. Tren de vida,* manera de vivir. || *Fig.* y *fam. Vivir a todo tren,* vivir con gran lujo.
TRENA f. Banda que se usaba como cinturón. || *Fam.* Cárcel.
TRENADO, DA adj. Que tiene forma de redecilla, enrejado o trenza.
TRENCA f. (del lat. *truncus,* tronco). Nombre de las varillas que se ponen en la colmena para sostener los panales. || Raíz principal de una cepa. || Abrigo corto, con capucha, en tejido impermeable. (SINÓN. *Duffle-coat.*)
TRENCELLÍN m. Trencillo, galoncillo.
TRENCERÍA f. Fábrica de trenzas y trencillas.
TRENCILLA f. Galoncillo, adorno. || *Ecuad.* Nombre de algunas especies de licopodios.

TRENCILLAR v. t. Adornar con una trencilla.

TRENCILLO m. Trencilla.

TRENO m. (gr. *threnos*). Canto fúnebre, lamentación, queja: *los trenos del profeta Jeremías.*

TRENZA f. Entrelazamiento de tres o más hebras, cuerdas, etc.: *trenza de esparto.* ‖ La que se hace entretejiendo el cabello largo. ‖ *Arq.* Adorno arquitectónico formado por pequeños filetes entrelazados. ‖ *Arg.* Lucha cuerpo a cuerpo. ‖ *En trenza,* con las trenzas del pelo sueltas.

TRENZADERA f. Lazo que se obtiene trenzando una cuerda. ‖ *Ar.* y *Nav.* Cinta de hilo.

TRENZADO m. Peinado en trenza. ‖ Salto ligero en el baile en el cual se cruzan los pies en el aire. (SINÓN. V. *Cabriola.*) ‖ *Equit.* Paso que da el caballo piafando. ‖ *Al trenzado,* m. adv., sin cuidado.

TRENZAR v. t. Hacer trenzas: *trenzar el pelo a una niña.* (SINÓN. *Entrelazar, entrenzar, entretejer.*) ‖ — V. i. *Danz.* y *Equit.* Hacer trenzados. ‖ — V. r. *Chil., Arg. Per.* y *Urug.* Agarrarse cuerpo a cuerpo dos personas.

TREO m. *Mar.* Vela cuadrada que sustituye a la vela latina cuando hay fuerte marejada.

TREPA f. Acción de trepar o subir. ‖ *Fam.* Media voltereta que se da sobre la cabeza. ‖ Acción de trepar o taladrar. ‖ Guarnición que se pone a la orilla de algunos vestidos. ‖ Ondulaciones de la madera labrada. ‖ *Fam.* Astucia, malicia, engaño. ‖ *Fam.* Castigo de azotes.

TREPADO, DA adj. Trepa. ‖ Línea de puntos taladrados a máquina para separar con facilidad los documentos de sus matrices o los sellos de correos.

TREPADO, DA adj. Retrepado. ‖ Dícese del animal rehecho y fornido.

TREPADOR, RA adj. y s. Que trepa. ‖ Dícese de las plantas de tallo largo que trepan, fijándose a las paredes, en otros vegetales, etc., mediante raíces adventicias, etc. ‖ — F. pl. *Zool.* Orden de aves que pueden trepar a los árboles, como el papagayo, el pájaro carpintero, el cuclillo, etcétera. ‖ — M. Sitio donde se trepa. ‖ Cada uno de los garfios con dientes, sujetados con correas a cada pie que sirve para subir a los postes telegráficos, etc.

TREPAJUNCOS m. Arandillo, pájaro.

TREPANACIÓN f. Acción y efecto de trepanar. ‖ Operación hecha con el trépano. ‖ Perforación de un hueso.

TREPANAR v. t. *Cir.* Horadar el cráneo u otro hueso con fin curativo o diagnóstico.

TRÉPANO m. (gr. *trepanon*). Instrumento que se usa para trepanar o taladrar. ‖ Aparato de sondeo para disgregar las rocas, utilizado para las perforaciones y exploraciones del subsuelo.

TREPAR v. i. Subir a un lugar alto y de acceso difícil: *trepar a un árbol.* (SINÓN. V. *Subir.*) ‖ Crecer las plantas agarrándose a los árboles y paredes: *la hiedra trepa por las paredes*

TREPAR v. t. Taladrar, horadar, agujerear. ‖ Guarnecer con trepa. ‖ — V. r. Retreparse.

TREPE m. *Fam.* Regaño: *echar un trepe a uno.*

TREPIDACIÓN f. Acción de trepidar o temblar: *la trepidación de los trenes.*

TREPIDANTE adj. Que trepida o tiembla. ‖ *Fig.* De mucha acción.

TREPIDAR v. i. (lat. *trepidare*). Temblar, retemblar: *el suelo trepida al pasar los coches.* ‖ *Chil.* y *Per.* Vacilar.

TREPONEMA m. Otro nombre del *espiroqueta de la sífilis.* ‖ En general, microbio en forma de espiral.

TRES adj. (lat. *tres*). Dos y uno: *tres libros.* ‖ Tercero: *año tres.* ‖ — M.: *el tres de junio, un tres mal hecho.* ‖ Signo con que se representa el número tres. ‖ Trío. ‖ *Col.* Cierto baile popular. ‖ Carta que tiene tres señales: *el tres de copas.* ‖ *Mat. Regla de tres,* regla que tiene por objeto la solución de todos los problemas en los que se busca el cuarto término de una proporción, conociendo los otros tres. ‖ *Las tres de la mañana, o de la tarde,* hora tercera, contando desde media noche o mediodía. ‖ *Fig.* y *fam. Como tres y dos son cinco,* expr. con que se pondera la evidencia de una verdad. ‖ *Fig.* y *fam. De tres al cuarto,* de poca importancia. ‖ *Fig.* y *fam. Dar tres y raya,* superar, aventajar en mucho. ‖ *Fig.* y *fam. Ni a la de tres,* ni por asomo, nunca. ‖ *Amer. Sombrero al tres,* nombre antiguo del sombrero de tres picos.

TRESALBO, BA adj. Dícese de la caballería que tiene tres pies blancos.

TRESAÑAL y **TRESAÑEJO** adj. De tres años.

TRESBOLILLO (A o AI) m. adv. Dícese de las plantas colocadas en filas paralelas cruzadas en diagonal: *plantar árboles al tresbolillo.*

TRESCIENTOS, TAS adj. Tres veces ciento: *trescientos libros.* ‖ Tricentésimo: *el año trescientos.* ‖ Conjunto de signos con que se representa el número trescientos.

TRES CUARTOS m. inv. Abrigo corto.

TRESDOBLAR v. t. Triplicar, hacer triple alguna cosa. ‖ Dar tres dobleces a una cosa.

TRESDOBLE adj. y s. Triple, tres veces mayor.

TRESILLISTA com. Jugador de tresillo.

TRESILLO m. Juego de naipes entre tres personas y en el cual gana el que hace mayor número de bazas. ‖ Conjunto de un sofá y dos butacas que hacen juego. ‖ Sortija con tres piedras que hacen juego. ‖ *Mús.* Conjunto de tres notas de igual valor ejecutadas en el tiempo correspondiente a dos de ellas: *se coloca un 3 encima o debajo del tresillo para indicarlo.*

TRESNAL m. *Agr.* Montón de haces de mies que se deja en la haza, para que se vayan secando.

TRESPIÉS m. Trébede, y tb. trípode.

TRESQUILA f. *Ecuad.* Esquileo del ganado.

TRESQUILAR v. t. *Pop.* Esquilar el ganado.

TRETA f. Artificio, artimaña para lograr algún intento. ‖ *Esgr.* Engaño, finta, golpe fingido para engañar al adversario. ‖ *Arg.* Vicio, mala costumbre.

TREZAVO, VA adj. y s. Dícese de cada una de las trece partes iguales en que se divide un todo.

TRI, prefijo latino que significa *tres* y forma parte de varias palabras: TRI*ángulo,* TRI*cornio.*

TRIACA f. Confección farmacéutica antigua que comprendía varios ingredientes: *la triaca se ha empleado para las mordeduras de animales venenosos.* ‖ *Fig.* Remedio, paliativo de un mal.

TRIÁCIDO m. Cuerpo químico que posee tres funciones ácidas.

TRIACHE m. Café de calidad inferior.

TRÍADA f. Conjunto de tres unidades, de tres personas, etc.

TRIANERO, RA adj. y s. Vecino del barrio de Triana, en Sevilla.

TRIANGULACIÓN f. División de una superficie terrestre en una red de triángulos para medir una línea geodésica o para trazar el mapa de una región.

TRIANGULADO, DA adj. De forma triangular.

TRIANGULAR adj. De figura de triángulo: *objeto de forma triangular.* ‖ Cuya base es un triángulo: *pirámide triangular.*

TRIANGULAR v. t. Hacer una triangulación: *triangular un terreno.* ‖ Dar forma de triángulo.

TRIANGULARMENTE adv. m. En figura de triángulo.

TRIÁNGULO adj. (lat. *triangulus*). Triangular. ‖ — M. *Geom.* Figura formada por tres líneas que se cortan mutuamente, formando tres ángulos: *el área de un triángulo es igual a la mitad de un lado por la altura correspondiente.* ‖ *Triángulo equilátero,* el que tiene sus tres lados iguales. ‖ *Triángulo isósceles,* el que tiene dos lados iguales. ‖ *Triángulo escaleno,* aquel cuyos tres lados son desiguales. ‖ *Triángulo rectángulo,* aquel que tiene un ángulo recto. ‖ *Triángulo esférico,* porción de la superficie de la esfera limitada por tres arcos de círculo máximo. ‖ *Mús.* Instrumento de percusión en forma de triángulo.

TRIAR v. i. Entrar y salir las abejas de una colmena muy poblada. ‖ — V. t. Escoger, separar, entresacar. ‖ — V. r. Clarearse una tela.

TRIARIOS m. pl. (lat. *triarii*). Veteranos que en la milicia romana formaban una reserva.

TRÍAS m. *Geol.* El terreno triásico.

TRIÁSICO, CA adj. *Geol.* Relativo al trías o triásico. ‖ — M. Primer período de la era secundaria que duró aproximadamente 35 millones de años y que se compone de tres órdenes de rocas, areniscas rojas, calizas y margas abigarradas, correspondientes a tres fases sedimentarias (de donde le viene el nombre).

trenzas

treo

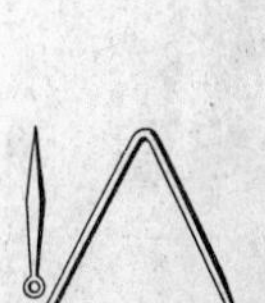

triángulo

triciclo

tricornio

triedro

triforio

TRIATÓMICO, CA adj. Dícese de los cuerpos cuya molécula está formada por tres átomos.

TRIBAL adj. Tribual.

TRIBÁSICO, CA adj. Dícese de un cuerpo químico que posee tres funciones básicas.

TRIBÓMETRO m. Aparato que se emplea para medir la fuerza de un frotamiento.

TRIBRAQUIO m. (de *tri*, y el gr. *brakhys*, breve). *Poes. ant.* Pie formado por tres breves.

TRIBU f. (lat. *tribus*). Aglomeración de familias o pueblos bajo la autoridad de un mismo jefe, que viven en una misma comarca, y tienen origen común: *las tribus salvajes de África.* (SINÓN. V. *Pueblo.*) || Nombre de ciertas agrupaciones de los pueblos antiguos: *las doce tribus de Israel.* (SINÓN. V. *Familia.*) || *Hist. nat.* Subdivisión de la familia.

TRIBUAL adj. Relativo a la tribu. || *Organización tribal,* que tiene la tribu por base.

TRIBULACIÓN f. (lat. *tribulatio*). Congoja, aflicción, adversidad moral: *padecer tribulaciones.* (SINÓN. V. *Desgracia.*) || Persecución.

TRÍBULO m. (del lat. *tribulus*, abrojo). Nombre de varias plantas espinosas de Europa.

TRIBUNA f. (b. lat. *tribuna*). Plataforma elevada desde donde hablan los oradores. || Galería elevada, en ciertos espectáculos. || Especie de balcón en el interior de ciertas iglesias. || *Fig.* Conjunto de oradores políticos de un país, de una época.

TRIBUNADO m. Dignidad de tribuno en Roma. || Tiempo que duraba. || Cuerpo legislativo en la constitución consular francesa.

TRIBUNAL m. (lat. *tribunal*). Lugar donde pronuncian sus sentencias los magistrados: *comparecer ante un tribunal.* (SINÓN. *Audiencia, corte, fiscalía, justicia, juzgado.*) || Los magistrados que componen el tribunal: *declararse incompetente un tribunal.* || Conjunto de jueces ante el que se efectúan exámenes, oposiciones, etc. || Cualquier cosa que se considera capaz de pronunciar una sentencia: *el tribunal de la conciencia.* || *Tribunal de la penitencia,* la confesión. || *Tribunal de Dios,* juicio que Dios hace a los hombres, después de la muerte. || *Tribunal de Casación,* el que sólo conoce de los quebrantamientos o infracciones de ley alegados contra los fallos de instancias. || *Tribunal Supremo,* el más alto de la justicia ordinaria, cuyos fallos no son recurribles ante otra autoridad. || *Tribunal Tutelar de Menores,* el que sin solemnidad resuelve acerca de la infancia delincuente o desamparada.

TRIBÚNICO, CA o **TRIBUNICIO, CIA** adj. Relativo al tribuno: *elocuencia tribunicia.*

TRIBUNO m. (lat. *tribunus*). Magistrado romano encargado de defender los derechos y los intereses del pueblo: *los tribunos del pueblo, que en un principio fueron dos, se crearon en 493 a. de J. C., después de la retirada de la plebe al monte Sacro.* || *Tribunos militares,* magistrados romanos que disfrutaron, durante cierto tiempo, de la autoridad consular. || *Fig.* Orador popular. (SINÓN. V. *Orador.*)

TRIBUTABLE adj. Que puede tributar.

TRIBUTACIÓN f. Acción de tributar. || Tributo. || Régimen o sistema tributario.

TRIBUTANTE adj. y s. Que tributa.

TRIBUTAR v. t. Pagar el tributo. || *Fig.* Manifestar sumisión, respeto o admiración: *tributar gran sumisión a una persona.*

TRIBUTARIO, RIA adj. (lat. *tributarius*). Relativo al tributo. || Que paga tributo: *pueblo tributario.* || *Fig.* Dícese de un curso de agua que va a parar al río o al mar.

TRIBUTO m. (lat. *tributum*). Lo que paga un Estado a otro o un vasallo a su señor para indicar su sumisión: *pagar pesado tributo.* || Impuesto: *tributo excesivo.* || Censo. || Carga u obligación de tributar. || *Fig.* Cualquier carga continua. || Lo que se debe a una persona o cosa: *es el respeto tributo que se debe a la virtud.* (SINÓN. V. *Recompensa.*)

TRICAHUE m. *Chil.* Especie de papagayo, de color verde.

TRICÉFALO, LA adj. De tres cabezas: *monstruo tricéfalo.* || Sobrenombre de algunas divinidades.

TRICENAL adj. Que dura treinta años o se verifica cada treinta años: *un certamen tricenal.*

TRICENTENARIO m. Tiempo de trescientos años. || Fecha en que se cumplen trescientos años de un suceso famoso o del nacimiento o muerte de algún personaje. || Fiestas que se celebran por estos motivos.

TRICENTÉSIMO, MA adj. y s. Que sigue en orden a lo ducentésimo nonagésimo nono. || Dícese de cada una de las trescientas partes iguales en que se divide un todo.

TRÍCEPS adj. y s. (lat. *triceps*). *Zool.* Nombre de los músculos que tienen tres cabezas: *tríceps braquial.*

TRICÉSIMO, MA adj. y s. Trigésimo.

TRICICLO m. (de *tri*, y el gr. *kyklos*, rueda). Pequeño vehículo de tres ruedas.

TRICÍPITE adj. (lat. *triceps*). Que tiene tres cabezas: *el monstruo tricípite de los infiernos.*

TRICLÍNICO m. Sistema cristalográfico cuyo único elemento de simetría es el centro.

TRICLINIO m. (lat. *triclinium*). Comedor de los antiguos griegos y romanos, que contenía tres lechos alrededor de una mesa. || Cada uno de los tres lechos.

TRICOCÉFALO m. Parásito filiforme que vive en el cuerpo del hombre y de algunos animales, y que mide de tres a cinco cm.

TRICOFITOSIS f. Enfermedad del cabello, llamada *tiña,* originada por un hongo ascomiceto.

TRICOLOGÍA f. Ciencia que estudia el cabello.

TRICÓLOGO, GA m. y f. Especialista en tricología.

TRICOLOR adj. (lat. *tricolor*). Que tiene tres colores: *bandera tricolor.*

TRICOMA m. Pelo.

TRICOMONAS m. Protozoo flagelado que vive parásito en ciertas cavidades naturales y produce infecciones (*vaginitis de tricomonas,* etc.).

TRICORNE adj. *Poét.* Que tiene tres cuernos.

TRICORNIO adj. y s. m. Tricorne. || Sombrero con los bordes replegados en tres picos.

TRICOT m. (pal. fr., pr. *tricó*). Malla, tejido de punto: *medias de tricot.* || Vestido tricotado.

TRICOTA f. *Arg.* Jersey de punto.

TRICOTAR v. t. (fr. *tricoter*). Hacer un tejido en puntos entrelazados con agujas o máquinas especiales.

TRICOTOMÍA f. *Bot.* Trifurcación de un tallo o de una rama. || División en tres partes.

TRICOTÓMICO, CA adj. Perteneciente a la tricotomía.

TRICÓTOMO, MA adj. Que está dividido en tres partes.

TRICOTOSA adj. y s. f. (fr. *tricoteuse*). Dícese de la máquina de tejer con la que se hacen géneros de punto.

TRICROMÍA f. Procedimiento de impresión o de fotografía en colores basado en la superposición de tres colores fundamentales, cuyas mezclas producen diferentes tonos. || Impresión así realizada.

TRICÚSPIDE adj. Que está provisto de tres puntas: *la válvula tricúspide del corazón.*

TRIDACNA f. Molusco lamelibranquio, cuyas conchas suelen alcanzar un tamaño gigantesco.

TRIDÁCTILO, LA adj. Que posee tres dedos.

TRIDENTE adj. (lat. *tridens, tridentis*). De tres dientes. || — M. Cetro en forma de arpón de tres dientes que tienen en la mano las figuras de Neptuno.

TRIDENTINO, NA adj. y s. De Trento, ciudad del Tirol. || Perteneciente al concilio ecuménico celebrado en esta ciudad a partir de 1545.

TRIDIMENSIONAL adj. Que se desarrolla siguiendo las tres dimensiones del espacio.

TRIDUO m. (lat. *triduum*). Ejercicio religioso que dura tres días.

TRIEDRO, DRA adj. (de *tri*, y el gr. *edra*, base). Formado por tres planos o caras. || *Ángulo triedro* o *triedro,* porción de espacio limitada por tres semirrectas, llamadas *aristas,* salidas de un mismo punto, o *vértice,* y por las porciones de planos, llamadas *caras,* comprendidas entre las semirrectas tomadas de dos en dos.

TRIENAL adj. Que dura tres años: *cargo trienal.* || Que sucede o se repite cada trienio.

TRIENIO m. (pal. lat.). Espacio de tres años.

TRIERA f. Trirreme.

TRIESTINO, NA adj. y s. De Trieste, ciudad del Adriático.

TRIFÁSICO, CA adj. Dícese de un sistema de tres corrientes eléctricas alternas iguales que, procedentes del mismo generador, tienen cada una, respecto de las otras dos, una diferencia de fase de un tercio de período.
TRIFAUCE adj. De tres fauces o gargantas: *el perro trifauce de los infiernos.*
TRIFENILMETANO m. *Quím.* Compuesto derivado del metano y que tiene importancia considerable en la industria de las materias colorantes.
TRÍFIDO, DA adj. Hendido en tres partes.
TRIFLORO, RA adj. Que tiene tres flores.
TRIFOLIADO, DA adj. *Bot.* Que tiene hojas de tres folíolos.
TRIFOLIO m. Trébol.
TRIFORIO m. Galería que rodea el interior de una iglesia sobre los arcos de las naves y que suele tener ventanas de tres huecos.
TRIFORME adj. De tres formas: *Diana triforme.*
TRIFULCA f. Aparato con que se mueven los fuelles en los hornos metalúrgicos. || *Fig.* y *fam.* Disputa, riña, pelea: *armar una trifulca.*
TRIFURCACIÓN f. Acción y efecto de trifurcarse.
TRIFURCADO, DA adj. De tres ramales, brazos o puntas.
TRIFURCARSE v. r. Dividirse una cosa en tres ramales, brazos o puntas: *trifurcarse el camino.*
TRIGA f. Carro de tres caballos.
TRIGAL m. Campo de trigo.
TRIGARANTE adj. Que incluye tres garantías. (Díjose en 1821, en México, del Plan de Iguala, que garantizaba la independencia mexicana, la religión católica y la igualdad de razas. [V. *Parte histórica.*])
TRIGAZA adj. f. Dícese de la paja de trigo.
TRIGÉMINO adj. y s. m. Dícese del nervio craneal que se divide en tres ramas. || — Adj. Que se refiere a él.
TRIGÉSIMO, MA adj. y s. Que sigue en orden al o a lo vigésimo nono: *el trigésimo día del mes.* || Dícese de cada una de las treinta partes iguales en que se divide un todo.
TRIGLA f. (gr. *trigla*). Trilla, pez.
TRIGLIFO o **TRÍGLIFO** m. *Arq.* Adorno del friso dórico que presenta la forma de un rectángulo saliente, surcado por tres canales verticales, que va del arquitrabe a la cornisa.
TRIGO m. (lat. *triticum*). Planta gramínea, muy abundante en Europa, que produce el grano del cual se saca la harina utilizada principalmente en la fabricación del pan: *el trigo es el cereal por excelencia, la planta alimenticia más cultivada.* || Grano de esta planta. || Conjunto de granos. || *Fig.* Dinero. || *Trigo candeal,* variedad de trigo que da una harina muy blanca. || *Trigo chamorro,* el que tiene la espiga pequeña y achatada, y da poco salvado. || *Trigo sarraceno,* el alforfón. || *Fig.* y *fam. No ser trigo limpio,* no ser un asunto o una persona tan intachable como parece. || — PROV. **No es lo mismo predicar que dar trigo,** es más fácil aconsejar que practicar lo que se aconseja.
TRIGÓN m. (lat. *trigonus*). Instrumento músico antiguo de forma triangular y cuerdas metálicas.
TRÍGONO m. *Geom.* Triángulo. || *Astr.* Conjunto de tres signos del Zodiaco que equidistan entre sí.
TRIGONOCÉFALO m. Género de serpientes muy venenosas, de la familia de las víboras, propias de Asia y África.
TRIGONOMETRÍA f. (del gr. *trigônom,* triángulo, y *metron,* medida). Parte de las matemáticas que tiene por objeto calcular los elementos de los triángulos, tanto planos como esféricos.
TRIGONOMÉTRICO, CA adj. Relativo a la trigonometría: *estudiar el cálculo trigonométrico.*
TRIGUEÑO, ÑA adj. De color del trigo, entre moreno y rubio.
TRIGUERA f. Planta gramínea parecida al alpiste.
TRIGUERO, RA adj. Relativo al trigo: *campaña triguera.* || Que se cría entre el trigo: *espárrago triguero.* || Dícese del terreno en que crece bien el trigo. || — M. Criba para aechar el trigo. || El que comercia en trigo.
TRILATERAL adj. Que tiene tres lados.
TRILÁTERO, RA adj. Que tiene tres lados.
TRILE m. *Chil.* Especie de tordo.
TRILINGÜE adj. (lat. *trilinguis*). Que tiene tres lenguas. || Que habla tres lenguas. || Escrito en tres lenguas: *incripción trilingüe.*
TRILITA f. Trinitrotolueno.
TRILÍTERO, RA adj. Que consta de tres letras.
TRILITO m. Dolmen que tiene dos piedras verticales que sostienen una tercera horizontal.
TRILOBITES m. *Geol.* Género de crustáceos fósiles que se encuentran en los terrenos primarios.
TRILOBULADO, DA adj. Que tiene tres lóbulos o divisiones: *arco trilobulado.*
TRILOCULAR adj. Dividido en tres partes.
TRILOGÍA f. (de *tri,* y el gr. *logos,* discurso). En Grecia, conjunto de tres tragedias que debía presentar cada uno de los competidores en los concursos dramáticos: *"La Orestiada" es la trilogía más importante del teatro antiguo.* || Conjunto de tres obras dramáticas cuyo tema tiene entre sí cierto enlace.
TRILÓGICO, CA adj. Relativo o la trilogía.
TRILLA f. Trillo, instrumento para trillar. || Acción de trillar y tiempo en que se efectúa. || Pez teleósteo marino parecido al rubio. (SINÓN. *Trigla.*) || *P. Rico* y *Chil. Fam.* Tunda, zurra. || *Cub.* Senda, vereda.
TRILLADERA f. Trillo.
TRILLADO, DA adj. *Fig.* Muy común. (SINÓN. *Trivial, vulgar.* Fig. *Árido.*) || *Camino trillado,* dícese del camino muy frecuentado.
TRILLADOR, RA adj. y s. Que trilla. || — F. Máquina agrícola que sirve para trillar.
TRILLADURA f. Trilla, acción y efecto de trillar.
TRILLAR v. t. Separar el grano de la paja pisando o quebrantando la mies con el trillo o con la trilladora. || *Fig.* y *fam.* Frecuentar mucho una cosa. || *Fig.* Maltratar, quebrantar.
TRILLIZO m. Cada uno de los tres hermanos nacidos de un mismo parto.
TRILLO m. Instrumento para trillar, que consiste en un tablón provisto por debajo de pedernales o cuchillitas de acero. || *Amer.* Vereda angosta.

triglifo

trigo

trilla

TRILLADORA

El grano es liberado de la cáscara y separado de la paja. Las flechas indican el trayecto recorrido por la gavilla, y luego por la paja y el grano

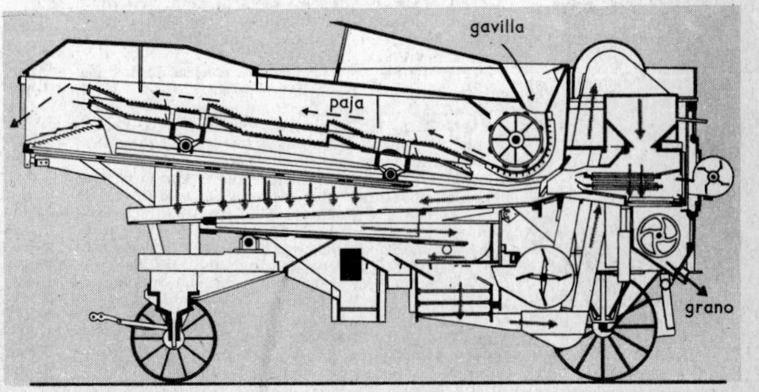

trinquete

trineo

TRILLÓN m. *Arit.* Un millón de billones: *el trillón se expresa por la unidad seguida de dieciocho ceros.*

TRIMEMBRE adj. Que consta de tres miembros.

TRÍMEROS m. pl. Suborden de insectos coleópteros que tienen en cada tarso tres artejos bien desarrollados.

TRIMESTRAL adj. Que sucede cada trimestre o dura un trimestre: *revista trimestral.*

TRIMESTRALMENTE adv. m. Por trimestres.

TRIMESTRE adj. (lat. *trimestris*). Trimestral. ‖ — M. Espacio de tres meses. ‖ Cantidad que se cobra o paga cada trimestre. ‖ Conjunto de los números de un periódico o revista publicados durante un trimestre.

TRÍMETRO m. (de *tri*, y el gr. *metron*, medida). Verso compuesto de tres metros o medidas: *trímetro yámbico.*

TRIMORFO, FA adj. Dícese de una substancia capaz de cristalizar bajo tres formas diferentes.

TRIMOTOR adj. y s. m. Dícese del avión provisto de tres motores.

TRIMURTI f. Trinidad india: *la Trimurti se compone de Brahma, principio creador; Siva, principio destructor, y Visnú, principio conservador.*

TRINACRIO, RIA adj. y s. De Trinacria, hoy Sicilia.

TRINADO m. *Mús.* Trino. ‖ Gorjeo de las aves.

TRINAR v. i. *Mús.* Hacer trinos: *pájaro que trina.* ‖ *Fam.* Impacientarse: *estoy que trino.* (SINÓN. V. *Rabiar.*)

TRINCA f. Reunión de tres cosas iguales. ‖ Conjunto de tres personas que arguyen recíprocamente en las oposiciones. ‖ *Mar.* Ligadura: *aflojar una trinca.* ‖ Cabo o cuerda que sirve para trincar. ‖ *Chil.* Hoyuelo que hacen los niños para el juego de canicas, choclón. ‖ *Chil. A la trinca*, loc. adv., pobremente.

TRINCADURA f. Especie de lancha de dos palos, de gran tamaño.

TRINCAESQUINAS m. Parahúso.

TRINCAPIÑONES m. *Fam.* Mozo liviano y de poco juicio.

TRINCAR v. t. Partir, romper. ‖ *Mar.* Asegurar un cabo amarrado a alguna parte. ‖ Sujetar con los brazos o las manos. ‖ *Fig. Pop.* Matar. ‖ *Fig.* y *fam. Pop.* Comer: *se trincaron un pollo cada uno.* ‖ *Fam.* Beber. ‖ *Fam.* Coger. (SINÓN. V. *Apropiarse.*)

TRINCHA f. Ajustador, con hebillas o botones, que sirve para ceñir ciertas prendas.

TRINCHADOR, RA adj. y s. Que trincha. ‖ *Méx.* Mueble de comedor.

TRINCHANTE adj. Que trincha: *escudero trinchante.* ‖ — M. El que corta las viandas en la mesa. ‖ Tenedor con que se asegura lo que se ha de trinchar. ‖ Escoda.

TRINCHAR v. t. Cortar en trozos la vianda para servirla a la mesa. (SINÓN. *Cortar, descuartizar, despedazar.* V. tb. *partir.*) ‖ *Fam.* Disponer o mangonear.

TRINCHE m. *Amer.* Tenedor. ‖ *Amer.* Trinchero. ‖ *Ecuad. Plato trinche*, el plato trinchero.

TRINCHERA f. Defensa de tierra para cubrir el cuerpo de los soldados. (SINÓN. *Foso, parapeto, zanja, zapa.*) ‖ Desmonte de terreno para hacer pasar un camino, con taludes a ambos lados. ‖ Abrigo impermeable. ‖ *Méx.* Instrumento cortante.

TRINCHERO adj. *Plato trinchero*, el plato grande que sirve para trinchar los manjares. ‖ — M. Mueble de comedor sobre el cual se trinchan las viandas.

TRINCHETE m. Tranchete, chaira de los zapateros. ‖ *Amer.* Cuchillo de mesa.

TRINCHO m. *Col.* Parapeto, dique, defensa.

TRINEO m. (fr. *traîneau*). Vehículo sin ruedas tirado por perros o caballos que se desliza sobre hielo o nieve: *un viaje en trineo.*

TRINIDAD f. (lat. *trinitas*). *Rel.* Unión de tres personas distintas que forman un solo dios: *la trinidad india.* ‖ *Por anton.* La Trinidad cristiana compuesta del Padre, el Hijo y el Espíritu Santo. ‖ Fiesta católica que se celebra en honor de este misterio, en el primer domingo después de Pentecostés. (En este sentido, lo mismo que en el anterior, se escribe siempre con mayúscula.) ‖ Orden religiosa aprobada por Inocencio III en el año 1198, para la redención de cautivos. (V. *Parte hist.*) ‖ *Fig.* Unión de tres personas en algún negocio. Suele usarse despectivamente.

TRINITARIA f. Planta de la familia de las violáceas llamada vulgarmente *pensamiento*: *la trinitaria es una planta de jardín, común en España.* ‖ Flor de esta planta.

TRINITARIO, RIA adj. y s. Religioso de la orden de la Trinidad. ‖ De Trinidad (Bolivia y Uruguay).

TRINITROTOLUENO m. Sólido cristalizado producido por nitrificación del tolueno, que constituye un explosivo muy poderoso llamado *tolita.* (Abrev. T. N. T.)

TRINO, NA adj. (lat. *trinus*). Que contiene tres cosas distintas: *Dios es trino y uno.* ‖ Ternario, compuesto de tres elementos. ‖ — M. *Mús.* Adorno que consiste en la sucesión rápida y alternada de dos notas de igual duración.

TRINOMIO m. (de *tri*, y el gr. *nomios*, partición, distribución). *Mat.* Expresión algebraica que está compuesta de tres términos.

TRINQUE m. *Per.* Bebida alcohólica.

TRINQUETADA f. *Mar.* Navegación hecha con sólo el trinquete: *correr una trinquetada.* ‖ *Per., Cub.* y *Méx. Fam.* Racha, período más o menos largo de mala suerte que toca a alguno.

TRINQUETE m. (ital. *trinchetto*). *Mar.* Palo inmediato a la proa en ciertos barcos. ‖ Verga mayor del palo de proa y vela que se larga en ella. ‖ Juego de pelota cerrado. ‖ Garfio que resbala sobre los dientes de una rueda para impedir que ésta gire hacia atrás. ‖ *Arg. Fam.* Persona muy alta, varal. ‖ *Fig.* y *fam. A cada trinquete*, m. adv., a cada trique, a cada momento.

TRINQUETILLA f. *Mar.* Foque más cercano al palo del trinquete.

TRINQUIS m. *Fam.* Trago: *echar un trinquis.*

TRINTRE adj. *Chil.* Dícese del pollo que tiene las plumas crespas.

TRÍO m. (ital. *trio*). *Mús.* Terceto, composición para tres instrumentos o voces. ‖ Conjunto de músicos que ejecutan esta pieza. ‖ Grupo de tres individuos o tres cosas: *un trío poco recomendable.*

TRÍODO o **TRIODO** m. *Electr.* Tubo de tres electrodos que tiene una importancia capital en muchos aparatos electrónicos.

TRIONES m. pl. (lat. *triones*). *Astr.* Las siete estrellas que forman la Osa Mayor.

TRIONIX m. Tortuga de río en las regiones cálidas (Ganges, Congo, Senegal), que mide 70 centímetros y es muy feroz.

TRIÓXIDO m. *Quím.* Cuerpo que resulta de la combinación de un radical con tres átomos de oxígeno.

TRIPA f. Intestino del hombre o los animales. (SINÓN. V. *Intestino.*) ‖ Vientre y especialmente el de la hembra en el embarazo: *tener mucha tripa.* ‖ Panza: *llenar la tripa.* ‖ Relleno del cigarro puro. ‖ — Pl. Laminillas que se encuentran en las plumas de las aves. ‖ Partes interiores de ciertos frutos. ‖ *Fig.* Interior de ciertas cosas: *al acerico se le salen las tripas.* ‖ Plato de cocina hecho con el estómago de los rumiantes, diversamente preparado. (SINÓN. *Callos.*) ‖ *Arg. Tripa de fraile*, una enredadera. ‖ *Fig.* y *fam. Hacer de tripas corazón*, poner buena cara a una cosa desagradable. ‖ *Fig.* y *fam. Echar uno las tripas*, echar las entrañas. ‖ *Tener malas tripas*, ser cruel.

TRIPADA f. *Fam.* Panzada.

TRIPANOSOMA m. *Zool.* Protozoo parásito de la sangre que produce varias enfermedades, especialmente la del sueño: *la mosca tse-tsé inocula el tripanosoma gambiense.*

TRIPANOSOMIASIS m. *Med.* Nombre de varias enfermedades causadas por el tripanosoma.

TRIPARTICIÓN f. Acción de dividir una cantidad en tres partes iguales.

TRIPARTIR v. t. Dividir algo en tres partes.

TRIPARTISMO m. Coalición gubernamental formada por tres partidos políticos.

TRIPARTITO, TA adj. (lat. *tripartitus*). Que está dividido en tres partes. ‖ Constituido por la asociación de tres partidos: *gobierno tripartito.* ‖ Realizado entre tres: *acuerdo tripartito.* ‖ *Comisión tripartita*, comisión que comprende los representantes del Estado, los patronos y los trabajadores o bien los productores, los consumidores y los representantes del Estado.

TRIPASTOS m. Aparejo compuesto de tres poleas.

TRIPE m. (fr. *tripe*). Especie de terciopelo basto de lana o esparto.

TRIPERÍA f. Tienda donde se venden tripas. ‖ Comercio de tripas. ‖ Conjunto o agregado de tripas.
TRIPERO, RA m. y f. Persona que vende tripas. ‖ — M. *Fam.* Bayeta que se pone para abrigo del vientre. ‖ *Fam.* Comilón, glotón.
TRIPICALLERO, RA m. y f. Persona que vende o guisa tripicallos.
TRIPICALLOS m. pl. Callos, el estómago del carnero cortado y guisado: *un plato de tripicallos.*
TRÍPILI m. Cierta tonadilla cantada y bailada. ‖ Especie de mosca que deposita sus huevos en las yemas de los árboles frutales.
TRIPLANO m. Avión de tres planos.
TRIPLE adj. y s. (lat. *triplex*). Dícese del número que contiene otro tres veces. ‖ — Adj. Tres veces mayor: *triple muralla.* ‖ — M. Cantidad tres veces mayor: *nueve es el triple de tres.* ‖ *Triple salto,* prueba de salto de longitud en la que un atleta debe salvar la mayor distancia en tres saltos.
TRIPLETA f. Bicicleta de tres asientos. ‖ Conjunto de tres personas o cosas: *la tripleta central.*
TRIPLETE m. Objetivo fotográfico de tres lentes corregidos especialmente para la aberración.
TRIPLICACIÓN f. Acción y efecto de triplicar.
TRIPLICADO m. Tercera copia de un acta, manuscrito, etc. ‖ *Por triplicado,* en tres copias.
TRIPLICADOR adj. y s. Que triplica una cosa.
TRIPLICAR v. t. Multiplicar por tres: *triplicar un número.* ‖ Hacer tres veces una misma cosa.
TRIPLICATA f. (pal. ital.). Triplicado.
TRÍPLICE adj. (lat. *triplex, icis*). Triple.
TRIPLICIDAD f. Calidad de lo que es triple.
TRIPLO, PLA adj. y s. Triple.
TRIPOCA f. *Chil.* Especie de pato americano.
TRÍPODE amb. (lat. *tripus, tripodis*). Mesa o banquillo de tres pies. ‖ Asiento de tres pies en que se colocaba la sacerdotisa de Apolo para dar los oráculos en Delfos. ‖ — M. Armazón de tres pies que sostiene ciertos instrumentos fotográficos, geodésicos, etc.: *trípode metálico.* ‖ — Adj. De tres pies.
TRÍPOLI m. (de *Trípoli,* país de África). Roca silícea que sirve para pulimentar y se usa también como absorbente de la nitroglicerina.
TRIPOLINO, NA y mejor **TRIPOLITANO, NA** adj. y s. De Trípoli.
TRIPÓN, ONA adj. y s. *Fam.* Tripudo, gordo. ‖ *Méx.* Chivo pequeño, cría.
TRIPSINA f. Fermento que existe en el jugo pancreático.
TRÍPTICO m. (del gr. *tryptikhos,* plegado en tres). Tablita de tres hojas que usaban los antiguos para escribir. ‖ Libro o tratado dividido en tres partes. ‖ Pintura hecha en una tabla dividida en tres hojas que pueden doblarse unas sobre otras. ‖ Documento de tres hojas que permite a un automovilista pasar una frontera con su coche, sin tener que depositar garantía.
TRIPTONGAR v. t. Formar o pronunciar un triptongo.
TRIPTONGO m. (de *tri,* y el gr. *phthoggos,* sonido). *Gram.* Conjunto de tres vocales, que forman una sílaba: *uai, uei.*
TRIPUDO, DA adj. y s. De tripa muy abultada.
TRIPULACIÓN f. Conjunto de personas que van en una embarcación o vehículo aéreo, dedicadas a su maniobra y servicio.
TRIPULANTE m. Persona que forma parte de una tripulación.
TRIPULAR v. t. Dotar un barco o un vehículo aéreo de tripulación. ‖ Ir la tripulación en el barco o avión. ‖ *Chil.* Chapurrar líquidos.
TRIPULINA f. *Arg.* y *Chil.* Bulla, jaleo, ruido.
TRIQUE m. Estallido, chasquido. ‖ *A cada trique,* m. adv., a cada momento. ‖ *Chil.* Planta iridácea de rizoma purgante. ‖ *Amer.* Juego de tres en raya. ‖ *Col.* Treta. ‖ — Pl. *Méx.* Trastos.
TRIQUINA f. (del gr. *thrix, trikhos,* pelo). Gusano parásito que vive en estado adulto en el intestino del hombre y del cerdo y en estado larvario en sus músculos: *la triquina origina la triquinosis.* (Mide de 2 a 4 mm; clase de los nemaltelmintos.)
TRIQUINOSIS f. *Med.* Enfermedad producida por la triquina en el organismo: *para evitar la triquinosis hay que cocer la carne de cerdo.*
TRIQUIÑUELA f. *Fam.* Treta, rodeo, artimaña: *andar con triquiñuelas.* (SINÓN. V. *Enredo.*)
TRIQUITRAQUE m. Golpe desordenado. ‖ Los mismos golpes. ‖ Rollo de papel con pólvora, atado en varios dobleces, que se quema como cohete. ‖ *Fig.* y *fam. A cada triquitraque,* m. adv., a cada trique.
TRIRRECTÁNGULO adj. *Geom.* Que tiene tres ángulos rectos: *tiedro trirrectángulo.*
TRIRREME m. Galera antigua con tres órde-

nes de remeros superpuestos: *trirreme ateniense.*
TRIS m. Ruido ligero que hace una cosa al quebrarse. ‖ *Fig.* Instante, causa u ocasión levísima, poca cosa, casi nada: *estuvo en un tris que viniera.* ‖ *Fig.* y *fam. En un tris,* m. adv., en peligro, a pique.
TRISAGIO m. (de *tris,* y el gr. *agios,* santo). Himno cantado en honor de la Santísima Trinidad.
TRISAR v. i. Chirriar o cantar las golondrinas y otros pájaros. ‖ *Chil.* Hender, rajar levemente: *trisar un cristal.*
TRISCA f. Ruido que se hace quebrando con los pies alguna cosa. ‖ *Por ext.* Jaleo, algazara, ruido, bullicio. ‖ *Cub.* Burla disimulada.
TRISCADOR, RA adj. y s. Que trisca. ‖ — M. Instrumento que sirve para triscar los dientes de las sierras.
TRISCAR v. t. Enredar, trabar: *el trigo está triscado.* ‖ *Fig.* Torcer a uno y otro lado los dientes de una sierra para que corte sin dificultad. ‖ — V. i. Patear, hacer ruido con los pies. ‖ *Fig.* Retozar, travesear: *ese cabrito se pasa el día triscando.* ‖ *Col.* Criticar, murmurar. ‖ *Cub.* Burlarse.
TRISCÓN m. *Col. Fam.* Criticón, murmurador.
TRISECAR v. t. *Geom.* Cortar una cosa en tres partes: *trisecar un ángulo.* (SINÓN. *Tripartir.*)
TRISECCIÓN f. *Geom.* División de una cosa en tres partes iguales: *la trisección de un ángulo es un problema insoluble.*
TRISECTOR, RA adj. *Geom.* Que triseca. ‖ — M. Aparato que efectúa mecánicamente la trisección.
TRISEMANAL adj. Que se repite tres veces por semana o cada tres semanas.
TRISÉPALO, LA adj. Que tiene tres sépalos.
TRISILÁBICO, CA adj. Que se refiere a un trisílabo.
TRISÍLABO, BA adj. y s. m. Que consta de tres sílabas.
TRISMEGISTO adj. (de *tris,* y el gr. *megistos,* muy grande). Tres veces grande. (Nombre que daban los griegos a *Hermes* o al dios egipcio *Tot.*)
TRISMO m. (gr. *trismos*). *Med.* Contracción violenta de los maxilares: *el trismo es uno de los síntomas característicos del tétanos.*
TRISNADO, DA adj. *Sant.* Lucio, hermoso.
TRISPASTO m. Aparejo de tres poleas.
TRISTE adj. (lat. *tristis*). Afligido, que tiene pena: *estar triste por un accidente.* ‖ De carácter melancólico: *una mujer muy triste.* (SINÓN. *Alicaído, melancólico, pesimista.*) ‖ *Fig.* Que expresa tristeza: *aspecto triste.* (SINÓN. *Fúnebre, siniestro.*) ‖ Aflictivo: *noticia triste.* ‖ Que inspira tristeza: *ceremonia triste.* ‖ Obscuro: *color triste.* (SINÓN. *Sombrío.*) ‖ Funesto, deplorable: *fin triste.* (SINÓN. V. *Desagradable* y *lastimoso.*) ‖ *Bol.* Tímido, corto de genio. ‖ Enojoso: *es triste*

tríptico

Fot. Arch. Phot.

tritones

trítono

troglodita

troica

trabajar tanto para vivir tan mal. || Despreciable, mezquino: *llevar una triste existencia.* || *Fig.* Insignificante, insuficiente, ineficaz: *es un triste consuelo el que me das.* || — M. Canción popular de la Argentina, Perú y otros países sudamericanos que se canta al son de la guitarra.

TRISTEMENTE adv. m. Con tristeza.

TRISTEZA f. (lat. *tristitia*). Estado natural o accidental de aflicción: *ella vive siempre en la tristeza.* (SINÓN. V. *Melancolía.*) || *Riopl.* Morriña, enfermedad del ganado.

TRISTÓN, ONA adj. Un poco triste.

TRISTURA f. Tristeza.

TRISULCO, CA adj. De tres puntas o canales.

TRITÍCEO, A adj. Parecido al trigo.

TRITIO m. Isótopo radiactivo del hidrógeno, de número de masa 3.

TRITÓN m. *Mitol.* Nombre de ciertas deidades marinas descendientes de Tritón. (V. *Parte hist.*) || *Zool.* Género de batracios de cola aplastada, que vive en las charcas y estanques y que mide de 10 a 20 cm según las especies.

TRÍTONO m. *Mús.* Intervalo melódico u armónico de tres tonos.

TRITURABLE adj. Que se puede triturar.

TRITURACIÓN f. Acción de reducir a polvo o pasta una substancia.

TRITURADOR, RA adj. Que tritura. || — F. Máquina que sirve para triturar rocas, minerales, etc.

TRITURAR v. t. (lat. *triturare*). Desmenuzar, quebrar una cosa dura: *triturar almendras.* (SINÓN. V. *Moler.*) || Mascar, ronzar. || *Fig.* Moler, maltratar, molestar. || *Fig.* Desmenuzar, rebatir: *triturar un argumento.*

TRIUNFADOR, RA adj. y s. Que ha obtenido los honores del triunfo: *general triunfador.* || — Que ha conseguido la victoria: *nación triunfadora.* (SINÓN. V. *Vencedor.*)

TRIUNFAL adj. Relativo o perteneciente al triunfo: *arco triunfal, corona triunfal.* || Que se hace con brillo, que excita admiración, entusiasmo: *una acogida triunfal.*

TRIUNFALMENTE adv. m. De un modo triunfal: *entrar triunfalmente en una ciudad.* || *Fam.* Con pompa.

TRIUNFANTE adj. Que triunfa: *general triunfante.* || Que incluye triunfo, decisivo: *argumento triunfante.* || *Iglesia triunfante,* v. IGLESIA. (*Parte hist.*)

TRIUNFANTEMENTE adv. Triunfalmente.

TRIUNFAR v. i. (lat. *triumphare*). Entrar en la Roma antigua con pompa y solemnidad el vencedor de los enemigos de la república. || Vencer en la guerra: *los españoles triunfaron de la invasión francesa.* || Salir vencedor: *triunfar en una disputa.* || *Fig.* Vencer: *triunfar de sus pasiones.* (SINÓN. V. *Superar.*) || *Fam.* Gastar mucho, lucir. || En ciertos juegos, jugar del palo del triunfo.

TRIUNFO m. (lat. *triumphus*). Entrada solemne en Roma del general que había vencido en alguna gran batalla: *obtener el triunfo.* || Gran éxito militar, victoria: *los triunfos de Alejandro.* || *Fig.* Éxito brillante: *su examen fue un triunfo.* (SINÓN. V. *Éxito.*) || Carta del palo preferido en algunos juegos: *echar un triunfo.* || Burro, juego de naipes. || *Fig.* Lujo, derroche. || *Fig.* Lo que sirve de despojo o trofeo del mismo triunfo. || *Fig.* Éxito feliz en un empeño dificultoso. || *Arg.* y *Per.* Cierta danza popular especial. || *En triunfo,* entre aclamaciones del público.

TRIUNVIRAL adj. Relativo a los triunviros.

TRIUNVIRATO m. Dignidad de triunviro y tiempo que duraba. || Gobierno de los triunviros. || Unión de tres personas en una empresa. — Este nombre fue dado: 1º a la asociación política de César, Pompeyo y Craso para tomar el Poder, en el año 60 a. de J. C.; 2º a la asociación formada, después de la muerte de César, por Marco Antonio, Octavio y Lépido (43 a. de J. C.).

TRIUNVIRO m. (lat. *triunvir*). Magistrado romano, encargado, con dos colegas, de una parte de la administración.

TRIVALENCIA f. Calidad de trivalente.

TRIVALENTE ad.. *Quím.* Que posee la valencia 3. V. VALENCIA.

TRIVALVO, VA adj. y s. Dícese de los moluscos que tienen tres valvas.

TRIVIAL adj. (lat. *trivalis*). Llano, muy conocido: *una expresión trivial.* (SINÓN. V. *Vulgar.*) || *Fig.* Que no sobresale de lo ordinario y común: *concepto, poesía trivial.* (SINÓN. V. *Insignificante.*)

TRIVIALIDAD f. Calidad de trivial. || Pensamiento o expresión trivial: *decir trivialidades.* (SINÓN. V. *Vulgaridad.*)

TRIVIALMENTE adv. m. De manera trivial.

TRIVIO o **TRIVIUM** m. (del lat. *trivium*, encrucijada de tres caminos). En la Edad Media, conjunto de las tres primeras artes liberales (la gramática, la retórica y la dialéctica): *el trivio iba seguido del cuadrivio.* || División de un camino en tres ramales.

TRIZA f. (del lat. *tritus*, quebrantado). Pedazo pequeño, fragmento: *hacer trizas un papel.* || *Mar.* Driza.

TRIZAR v. t. Hacer trizas, desmenuzar.

TROCABLE adj. Que se puede trocar.

TROCADA (A la) m. adv. Al revés, en sentido inverso de lo que ordinariamente se entiende. || A trueque.

TROCADAMENTE adv. m. Trocando las cosas.

TROCADOR, RA adj. y s. Que trueca una cosa.

TROCAICO, CA adj. (lat. *trochaicus*). *Verso trocaico,* el de la poesía griega y latina cuyo pie fundamental era el troqueo.

TROCAMIENTO m. Trueque, cambio, permuta.

TROCANTE adj. Que trueca o cambia una cosa.

TROCÁNTER m. (del gr. *trokhos*, rodaja). *Anat.* Nombre de dos tuberosidades donde se fijan los músculos que mueven el muslo. || *Zool.* La segunda de las cinco piezas de las patas de un insecto.

TROCANTINA f. *Arg.* y *Venez.* Trueque.

TROCAR m. (fr. *trocart*). Instrumento de cirugía, en forma de punzón cilíndrico, contenido en una cánula, y que sirve para hacer punciones.

TROCAR v. t. Cambiar, permutar: *trocar un caballo por otro.* || Equivocar: *este muchacho trueca cuanto se le dice.* || Vomitar. (P. us.) || *Per.* Vender. || — V. r. Cambiarse, mudarse: *se trocó el color.* || — IRREG. Se conjuga como *contar.*

TROCEAR v. t. Dividir en trozos.

TROCATINTA f. *Fam.* Trueque o cambalache.

TROCEO m. Acción de trocear. || *Mar.* Cabo grueso, a veces forrado en cuero.

TROCISCAR v. t. Reducir una cosa a trociscos.

TROCISCO m. (lat. *trochiscus*). *Farm.* Trozo pequeño de ciertas confecciones medicinales.

TROCLA f. (lat. *trochlea*). Polea.

TROCOIDE f. (gr. *trokhoeidês*). *Geom.* Cicloide.

TRÓCOLA f. Trocla.

TROCHA f. Vereda muy estrecha que sirve de atajo. || Camino abierto en la maleza. (SINÓN. V. *Camino.*) || *Venez.* y *Col.* Trote. || *Amer.* Vía del ferrocarril: *trocha ancha.*

TROCHAR v. i. *Col.* y *Venez.* Trotar.

TROCHEMOCHE (A) o **A TROCHE Y MOCHE** m. adv. *Fam.* Sin ton ni son, disparatadamente.

TROCHUELA f. Trocha o vereda pequeña.

TROFEO m. (lat. *tropheum*). Monumento, insignia o señal de una victoria. || Despojos del enemigo vencido: *los trofeos de una victoria.* || Adorno formado por un grupo de armas colgadas de una pared. (SINÓN. *Panoplia.*) || *Fig.* Victoria, triunfo.

TRÓFICO, CA adj. *Med.* Que se refiere a la nutrición: *desórdenes tróficos.*

TROFONEUROSIS f. Afección nerviosa causada por perturbaciones tróficas.

TROGLODITA adj. y s. m. (del gr. *troglê*, agujero, y *dueín*, entrar). Que habita en las cavernas. || Dícese de un antiguo pueblo que los antiguos situaban al SE. de Egipto. || *Fig.* Dícese del hombre bárbaro y cruel. || *Fig.* Muy comedor. || — M. Género de pajarillos que anidan en agujeros de árboles y paredes.

TROGLODÍTICO, CA adj. Relativo o perteneciente a los trogloditas. || *Habitación troglodítica,* habitación subterránea, frecuente, sobre todo, en las grutas calcáreas.

TROICA f. Trineo ruso muy grande, tirado por tres caballos enganchados de frente.

TROJ f. Granero o algorín.

TROJA f. *Venez.* Barbacoa. || *Ant.* y *Amer.* Troj. || *Col.* y *Venez.* Zarzo; camastro.

TROJE f. Troj.

TROJEZADO, DA adj. Cortado, despedazado, dividido en trozos pequeños: *conserva trojezada.*
TROLA f. *Fam.* Engaño, embuste, mentira. ‖ *Chil.* Gajo de corteza de árbol. ‖ *Chil.* Cualquier cosa colgante. ‖ *Col.* Rebanada de jamón.
TROLE m. (del ingl. *trolley,* carretilla). Dispositivo que asegura, por un contacto que rueda o se desliza, la unión eléctrica entre un conductor aéreo y un receptor móvil. ‖ La pértiga que trasmite esta corriente. ‖ *P. Rico.* Tranvía eléctrico.
TROLEBÚS m. Vehículo eléctrico de transporte en común, montado sobre neumáticos y que toma la corriente por medio de un cable aéreo.
TROLERO, RA adj. y s. *Fam.* Mentiroso.
TROLUDO, DA adj. *Arg.* y *Chil.* Cachazudo.
TROLLA f. *Chil.* Un juego de canicas.
TROMBA f. Columna de agua o vapor que se eleva desde el mar con movimiento giratorio por efecto de un torbellino atmosférico. (SINÓN. *Manga.* V. tb. *borrasca.*) ‖ *Fig. En tromba,* violentamente, en masa: *atacar en tromba.*
TROMBINA f. Un componente de la sangre que actúa en la coagulación.
TROMBO m. Coágulo de sangre.
TROMBOCITO m. Plaqueta.
TROMBOFLEBITIS f. Grave enfermedad de las venas ocasionada por un trombo.
TROMBÓN m. (ital. *trombone*). *Mús.* Instrumento de viento, cuyos sonidos se obtienen alargando las varas que lleva. ‖ Músico que toca este instrumento. ‖ *Trombón de pistones,* trombón en el que las llaves o pistones, reemplazan a las varas.
TROMBOSIS f. (del gr. *thrombos,* grumo). *Med.* Obstrucción de un vaso sanguíneo a causa de la formación de coágulos de sangre: *trombosis coronaria.*
TROMPA f. Especie de trompeta enroscada: *trompa de caza.* (SINÓN. V. *Trompeta.*) ‖ *Fig.* Instrumento que por ficción poética se supone que hace sonar el poeta épico al entonar sus cantos. ‖ Parte de la boca o de la nariz de ciertos animales, prolongada, y que sirve para la prensión, la aspiración, etc.: *la trompa del elefante, del tapir, de la mariposa.* ‖ *Fam.* Hocico. ‖ *Fam.* Borrachera: *coger una trompa.* ‖ Ventilador hidráulico para las forjas. ‖ Tromba, manga. ‖ Trompo grande para jugar. ‖ Trompo de metal que suena al girar. ‖ Prolongación del extremo anterior del cuerpo de muchos gusanos. ‖ Bohordo de cebolla que usan los muchachos para pitar. ‖ *Arq.* Porción de bóveda saledіza en el ángulo de un edificio para sostener una parte edificada en desplomo. ‖ *Anat.* Nombre dado a ciertos conductos recubiertos y anchos. ‖ — M. El que toca la trompa. ‖ *Trompa neumática,* máquina hidráulica para hacer el vacío. ‖ *Trompa de Eustaquio,* canal que comunica la boca con el tímpano del oído. ‖ *Trompa de Falopio,* oviducto de los mamíferos. ‖ *Trompa marina,* instrumento músico de una sola cuerda muy gruesa. ‖ *Trompa gallega,* el birimbao.
TROMPADA f. *Fam.* Trompazo, porrazo. (SINÓN. V. *Golpe.*) ‖ *Fig.* y *fam.* Encontrón, tropezón. ‖ *Fig.* y *fam.* Puñetazo, golpe: *andar a trompadas.* ‖ *Mar.* Embestida que da un buque.
TROMPAZO m. Golpe que se da con el trompo o con la trompa. ‖ *Fig.* Golpe fuerte: *darse un trompazo con la pared.* (SINÓN. V. *Golpe.*)
TROMPEADOR m. *Amer. Fam.* El que trompea.
TROMPEAR v. i. *Amer.* Dar trompadas.
TROMPE-L'ŒIL m. (pal. fr.). Pintura que da a distancia la sensación de realidad.
TROMPETA f. Instrumento músico de viento, que lleva unos pistones y cuyo sonido es muy penetrante. (SINÓN. *Clarín, trompa.*) ‖ Parte ancha del puente trasero, cerca del diferencial. ‖ *Méx.* Borrachera. ‖ *Arg.* y *Bol.* Bozal para los terneros. ‖ — M. El que toca la trompeta. ‖ *Fig.* y *fam.* Persona despreciable o sin valor. ‖ — Adj. *Arg.* Dícese del vacuno que ha perdido un cuerno.
TROMPETADA f. *Fam.* Clarinada.
TROMPETAZO m. Sonido muy fuerte producido con la trompeta o con cualquier instrumento de igual clase. ‖ Golpe que se da con la trompa. ‖ *Fig.* y *fam.* Trompetada, clarinada.
TROMPETEAR v. i. *Fam.* Tocar la trompeta.
TROMPETEO m. Acción y efecto de trompetear.
TROMPETERÍA f. El conjunto de trompetas. ‖ Conjunto de todos los registros del órgano formado con trompetas de metal.

TROLEBÚS

TROMPETERO m. Trompeta, el que toca este instrumento. ‖ El que hace trompetas. ‖ Pájaro de Venezuela, parecido al gorrión, de hermoso canto. ‖ Pez teleósteo acantopterigio de hocico en forma tubo. ‖ Cada uno de los músculos de las mejillas, llamados más frecuentemente *bucinadores.*
TROMPETILLA f. Embudillo pequeño de metal, que suelen emplear los sordos para oír. ‖ Cigarro filipino, de forma cónica. ‖ *De trompetilla,* dícese de ciertos mosquitos que al volar producen un zumbido.
TROMPETISTA m. y f. Persona que toca la trompeta.
TROMPETO, TA adj. *Méx.* Borracho.
TROMPICAR v. t. Hacer tropezar. ‖ *Fig.* y *fam.* Promover a uno sin derecho a un puesto u oficio. ‖ — V. i. Tropezar: *trompicón al subir por la escalera.* (SINÓN. V. *Chocar.*)
TROMPICÓN m. Tropezón. ‖ Mojicón.
TROMPILLAR v. t. e i. Trompicar, tropezar. (SINÓN. V. *Chocar.*)
TROMPILLO m. Arbusto de la familia de las bixáceas, de madera rosada, usada en tornería. ‖ Tocón de jara.
TROMPILLÓN m. (fr. *trompillon*). *Arq.* Clave de una trompa o de una bóveda circular.
TROMPIS m. *Fam.* Trompazo, puñetazo, golpe.
TROMPIZA f. *Amer.* Pugilato, riña a puñadas.
TROMPO m. Peón y peonza, juguetes. (SINÓN. *Perinola.*) ‖ Molusco gasterópodo marino de España, de concha cónica. ‖ *Fig.* Bolo, ignorante. ‖ Instrumento de forma cónica utilizado para abocardar cañerías. ‖ *Fig.* y *fam. Ponerse uno como un trompo,* o *hecho un trompo,* comer o beber hasta hincharse.
TROMPÓN m. Trompo grande. ‖ Narciso, planta. ‖ Trompazo, golpe.
TROMPÓN (De) m. adv. *Fam.* Sin orden ni concierto: *hacer una cosa de trompón.*
TROMPUDO, DA adj. *Amer.* Jetudo, hocicudo.
TRONA f. Carbonato de sosa cristalizado que suele hallarse formando incrustaciones en las orillas de algunos lagos y grandes ríos.
TRONADA f. Tempestad de truenos.
TRONADO, DA adj. *Fam.* Falto de recursos, pobre.
TRONADOR, RA adj. Que truena: *cohete tronador.* ‖ — F. *Méx.* Begonia, flor.
TRONANTE adj. Que truena: *Júpiter tronante.*
TRONAR v. impers. (lat. *tonare*). Sonar los truenos. ‖ — V. i. Sonar con estrépito o estampido: *truena el cañón.* ‖ *Fig.* y *fam.* Arruinarse: *estar tronado.* ‖ *Fig.* y *fam.* Hablar o escribir violentamente contra una cosa o persona: *tronar contra el vicio.* ‖ *Fig.* y *fam. Tronar con uno,* reñir con él. ‖ — V. t. *Méx.* Matar a uno a tiros.
TRONAZÓN f. *Amér. C.* Tronada.
TRONCA f. Truncamiento.
TRONCAL adj. Perteneciente al tronco: *bienes troncales.*
TRONCAR v. t. Truncar, cortar una cosa.
TRONCO m. (lat. *truncus*). Tallo fuerte y macizo de los árboles y arbustos: *el tronco de la palmera es muy esbelto.* ‖ El cuerpo del hombre, considerado sin los miembros ni la cabeza. ‖ Par de caballerías que tiran de un carro, enganchadas al juego delantero y separadas por la lanza. ‖ Cualquier cosa que presenta ramificaciones: *tronco arterial, nervioso.* ‖ *Per.* Nombre familiar del sol (moneda). ‖ *Fig.* Origen común: *tronco de una familia.* (SINÓN. V. *Raza.*) ‖ *Fig.* Perso-

TROMBONES

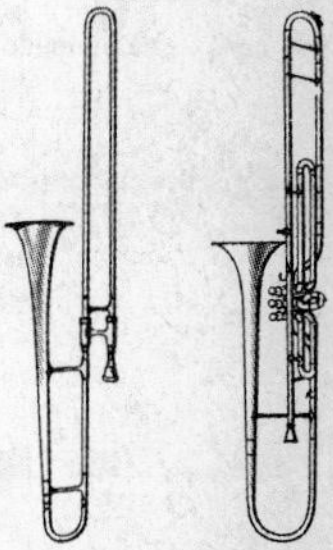

de varas — de pistones

TROMPAS

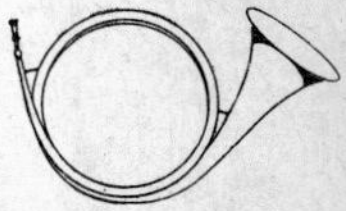

de caza

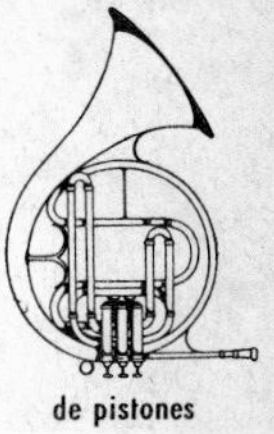

de pistones

TROMPETAS

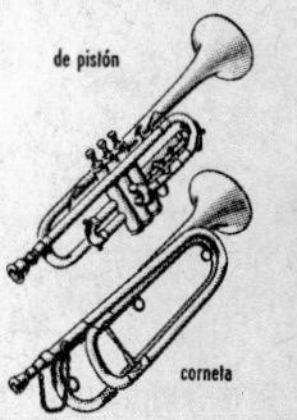

Fot. doc. S. T. C. R. P.

TRONCOS

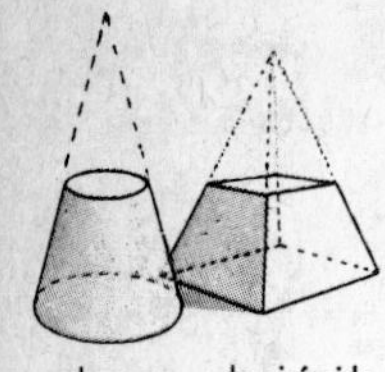

de cono de pirámide

tronera

TRÓPICOS

na insensible. ‖ *Fig.* y *fam.* *Dormir como un tronco; estar hecho un tronco,* estar muy dormido. ‖ *Tronco de cono, de pirámide,* porción del volumen de un cono, de una pirámide, comprendida entre la base y un plano paralelo a dicha base. ‖ *Tronco de prisma,* porción del volumen de un prisma comprendida entre dos secciones planas no paralelas entre sí ni a las aristas: *en un tronco de prisma las caras laterales son trapecios.*

TRONCOCÓNICO, CA adj. En forma de tronco de cono.

TRONCHA f. *Amer.* Tajada. ‖ *Amer. Fam.* Ganga, buen destino: *sacar troncha.*

TRONCHADO adj. Dícese del escudo que está partido diagonalmente de izquierda a derecha.

TRONCHAR v. t. Partir, romper: *tronchar un arbolito.* ‖ *Fig.* Romper alguna cosa con violencia. ‖ *Fig.* y *fam.* *Troncharse de risa,* partirse de risa, reír mucho.

TRONCHAZO m. Golpe dado con un troncho.

TRONCHO m. Tallo de las coles, lechugas, etc. ‖ *Col.* Trozo, pedazo.

TRONCHO, CHA adj. *Arg.* Trunco.

TRONCHUDO, DA adj. Dícese de las hortalizas de tronco muy grueso; *una col tronchuda.*

TRONERA f. Abertura en el costado de un buque, parapeto o muralla para disparar los proyectiles. ‖ Ventana pequeña y estrecha. ‖ Agujero de la mesa de trucos por donde pueden colarse las bolas. ‖ Juguete de muchachos hecho con una hoja de papel plegada de modo que produzca sonido violento al abrirse. ‖ — Com. *Fam.* Calavera, persona de muy poco juicio: *ser un tronera.*

TRONERAR v. t. Atronerar, abrir troneras.

TRONIDO m. Estampido del trueno. ‖ Tronío.

TRONÍO m. Rumbo, arrogancia, importancia: *una fiesta de mucho tronío.*

TRONO m. (lat. *thronus*). Asiento de ceremonia de los reyes y de los emperadores: *un trono de marfil.* ‖ Tabernáculo sobre el altar, donde se expone el Santísimo Sacramento. ‖ Lugar donde se sienta el obispo en las ceremonias religiosas. ‖ Lugar donde se coloca la efigie de un santo para honrarle con culto más solemne. ‖ *Fig.* Dignidad de rey o soberano. ‖ — Pl. Uno de los coros de ángeles.

TRONQUISTA m. Cochero que gobierna las caballerías del tronco de un carruaje.

TRONZAR v. t. Dividir, quebrar, tronchar. (SINÓN. V. *Cortar* y *romper.*) ‖ Hacer ciertos pliegues en las faldas de las mujeres. ‖ *Fig.* Cansar excesivamente: *estoy tronzado de trabajar.*

TRONZO, ZA adj. Dícese de la caballería que tiene cortadas una o las dos orejas.

TROPA f. Reunión de gente: *una tropa de hombres.* ‖ Gente militar: *ayer llegó la tropa a la ciudad.* (SINÓN. *Banda, caravana, cuadrilla.* V. tb. *multitud.*) ‖ *Mil.* Conjunto de los soldados, cabos y sargentos. (SINÓN. *Batallón, ejército, falange, legión, milicia.*) ‖ *Mil.* Toque que sirve para que las tropas tomen las armas y formen. ‖ *Amer.* Recua de ganado. ‖ *Amer.* Muchedumbre de animales, cáfila de carretas. ‖ — M. *Cub.* y *Méx.* Perdido, calavera. ‖ — F. pl. Conjunto de cuerpos que componen un ejército, división, etc.

TROPEAR v. i. *Arg.* y *Urug.* Conducir tropas de ganados.

TROPEL m. Movimiento acelerado y desordenado. ‖ Prisa, confusión. ‖ Conjunto de cosas mal ordenadas. (SINÓN. V. *Multitud.*) ‖ *En tropel,* m. adv., sin orden ni concierto. Con movimiento acelerado y violento.

TROPELÍA f. Aceleración confusa y desordenada. ‖ Atropellamiento. ‖ Hecho violento y contrario a las leyes. ‖ Vejación, atropello.

TROPEÑA f. *Ecuad.* Mujer que sigue a los soldados cuando salen a campaña. (V. RABONA.)

TROPEOLÁCEAS f. pl. Familia de plantas angiospermas dicotiledóneas de raíz tuberculosa de abundante gluten.

TROPERO m. *Arg.* Guía de una tropa de ganado.

TROPEZADERO m. Lugar donde se tropieza con mucha facilidad.

TROPEZADOR, RA adj. y s. Que tropieza mucho.

TROPEZADURA f. Acción de tropezar.

TROPEZAR v. i. Trabarse los pies en cualquier estorbo y estar uno en peligro de caer. (SINÓN. V. *Chocar.*) ‖ Detenerse una cosa porque otra le estorba el paso: *tropezó su proyecto con una dificultad.* ‖ *Fig.* Deslizarse en una falta o error. ‖ *Fig.* Reñir con uno. ‖ *Fig.* y *fam.* Hallar casualmente una persona a otra: *tropezar con un amigo.* ‖ — V. r. Rozarse las manos las bestias. ‖ Tropezar, dar con una persona o cosa. ‖ — IRREG. Se conjuga como *acertar.*

TROPEZÓN, ONA adj. *Fam.* Tropezador: *caballo tropezón.* ‖ — M. Tropezadura, tropiezo: *dar un tropezón.* ‖ *Fig.* y *fam.* Pedazo pequeño de jamón en otra carne que se mezcla con las sopas o legumbres. (Se usa mucho en plural.) ‖ *Fig.* y *fam.* *A tropezones,* m. adv., con tardanza e interrupción: *hablar a tropezones.*

TROPEZOSO, SA adj. *Fam.* Que tropieza.

TROPICAL adj. Relativo a los trópicos: *zona tropical.* ‖ Muy caliente: *temperatura tropical.*

TRÓPICO, CA adj. (del gr. *tropikos,* que gira). Relativo a los trópicos: *año trópico.* ‖ — M. Cada uno de los dos círculos menores de la esfera, paralelos al ecuador, y entre los cuales se efectúa el movimiento anual aparente del Sol alrededor de la Tierra. ‖ *Astr.* *Trópico de Cáncer,* lugar del globo por donde pasa el Sol al cenit el día del solsticio de verano. (El *trópico de Cáncer* es el paralelo de latitud 23° 27′ N.) ‖ *Trópico de Capricornio,* lugar de la Tierra por donde pasa el Sol al cenit el día del solsticio de invierno. (El trópico de Capricornio es el paralelo de latitud 23° 27′ S.)

TROPIEZO m. Cosa en que se tropieza. ‖ Acción de tropezar, tropezón: *dar un tropiezo.* ‖ *Fig.* Desliz, yerro, falta. ‖ *Fig.* Causa de la culpa cometida. ‖ *Fig.* Persona con quien se comete. ‖ *Fig.* Dificultad, estorbo: *dar con un tropiezo impensado.* (SINÓN. V. *Complicación* e *impedimento.*) ‖ *Fig.* Riña, discusión, reyerta.

TROPILLA f. *Arg.* y *Urug.* Corto número de caballos que están acostumbrados a ir siempre juntos, siguiendo una yegua madrina.

TROPISMO m. Movimiento de un organismo en una dirección, determinado por un estímulo exterior (luz, calor, actividad nutritiva, etc.).

TROPO m. (del gr. *tropos,* vuelta). *Ret.* Figura que consiste en emplear las palabras con diferente sentido del que usualmente tienen.

TROPOLOGÍA f. Lenguaje figurado, sentido alegórico. ‖ Mezcla de moralidad y doctrina en un discurso.

TROPOLÓGICO adj. Relativo a la tropología. ‖ Figurado, expresado por tropos.

TROPOPAUSA f. Superficie de separación entre la troposfera y la estratosfera.

TROPOSFERA f. Zona inferior de la atmósfera, de un espesor de 11 km aproximadamente.

TROQUEL m. Bloque de acero grabado que sirve para acuñar monedas, estampar sellos, etc. ‖ Barb. por *molde, crisol.*

TROQUELAR v. t. Acuñar, estampar monedas o sellos con un troquel.

TROQUEO m. Pie de la poesía antigua que comprende dos sílabas, una larga y otra breve. ‖ En la poesía española, pie compuesto de una sílaba acentuada y otra átona.

TROQUILO m. *Arg.* Especie de moldura cóncava a modo de mediacaña. (SINÓN. *Escocia.*)

TROTACALLES com. *Fam.* Azotacalles.

TROTACONVENTOS f. *Fam.* Alcahueta (V. *Parte hist.*)

TROTADA f. Trote, carrera: *dar una trotada.*

TROTADOR, RA adj. Que trota bien: *un caballo muy trotador.*

TROTAMUNDOS com. Persona aficionada a viajar y recorrer países. (SINÓN. V. *Vagabundo.*)

TROTAR v. i. Ir al trote: *caballo que trota bien.* ‖ *Fig.* y *fam.* Andar mucho y rápidamente una persona. ‖ Cabalgar en caballo que va al trote.

TROTE m. Modo de andar del caballo y de ciertos cuadrúpedos, intermedio entre el paso y el galope: *ir al trote.* ‖ *Fam.* Apuro, trabajo. ‖ *Fam.* *Trote cochinero,* trote corto y apresurado. ‖ *Fig.* *Al trote,* m. adv., muy de prisa, sin parar: *volveré al trote.*

TROTINAR v. i. *Amér. C.* Trotar.

TROTÓN, ONA adj. Dícese del caballo cuyo paso ordinario es el trote. ‖ — M. Caballo.

TROTONERÍA f. El trote continuo del caballo.

TROUPE f. (pal. fr., pr. *trup*). Compañía de cómicos o comediantes.

TROTSKISTA adj. y s. Dícese del partidario de las ideas de Trotski.
TROUSSEAU m. (pal. fr., pr. *trusó*). Ajuar de la novia: *un elegante trousseau.*
TROVA f. Verso, poesía. ‖ Composición métrica formada a imitación de otra. ‖ Composición métrica escrita generalmente para canto. ‖ Canción amorosa de los trovadores.
TROVADOR, RA adj. y s. Poeta, poetisa. ‖ Nombre dado a los poetas provenzales de la Edad Media: *los trovadores escribían en lengua de oc y ellos mismos componían los poemas que cantaban.* (SINÓN. *Felibre, juglar, ministril.*)
TROVADORESCO, CA adj. Propio del trovador.
TROVAR v. i. Hacer versos. ‖ Hacer trovas. ‖ — V. t. Imitar una composición métrica, aplicándola a otro asunto. ‖ *Fig.* Dar a una cosa diverso sentido del que tiene.
TROVERO m. (fr. *trouvère*). Poeta francés de la Edad Media, que escribía en lengua de oíl.
TROVO m. (de *trova*). Composición poética antigua popular de asunto generalmente amoroso.
TROYA f. *Arg., Bol.* y *Venez.* Pelea de trompos. ‖ *Chil.* y *Per.* Juego de boliche.
TROYA n. p. *Fig.* y *fam. Allí, aquí, fue Troya,* expr. con que se indica un acontecimiento desgraciado, una catástrofe. Se emplea para indicar el momento en que estalla un conflicto. ‖ *Arda Troya,* expr. con que se indica el propósito de hacer una cosa a pesar de todos los peligros que ofrece.
TROYANO, NA adj. y s. Natural de Troya.
TROZA f. Tronco aserrado para hacer tablas. ‖ *Mar.* Combinación de dos pedazos de cabo grueso.
TROZAR v. t. Hacer pedazos una cosa. ‖ Dividir en tronzas un árbol.
TROZO m. Pedazo, fragmento de una cosa: *un trozo de madera.* ‖ *Mil.* Cada una de las dos partes en que se dividía una columna: *se distinguían el trozo de vanguardia o de San Felipe, y el de retaguardia o de Santiago.* ‖ *Mar.* Cada uno de los grupos de hombres de mar.
TRÚA f. *Arg.* y *Bol. Fam.* Embriaguez: *estar en trúa.*
TRUCAJE m. (fr. *truquage*). *Cin.* Artificio que permite obtener una visión irreal.
TRUCAR v. i. Hacer el primer envite en el juego del truque. ‖ Hacer truco en el juego de billar o en el del truque.
TRUCIDAR v. t. (lat. *trucidare*). Despedazar. ‖ Matar.
TRUCO m. (del lat. *drucken,* apretar). Suerte del juego de trucos, consistente en meter con la bola propia la del contrario por las troneras o por encima de la barandilla de la mesa. ‖ Truque, juego de naipes. ‖ Apariencia engañosa hecha con arte. ‖ *Arg., Bol.* y *Chil.* Puñada. ‖ — Pl. Juego parecido al billar, en el que se utiliza una mesa con tablillas, troneras, barras y bolillo.
TRUCULENCIA f. Calidad de truculento o cruel.
TRUCULENTO, TA adj. Terrible, cruel, atroz o excesivo: *un cuadro truculento.*
TRUCHA f. Pez teleósteo de agua dulce, del suborden de los fisóstomos, de carne sabrosa. ‖ *Trucha asalmonada,* la que tiene la carne roja como el salmón. ‖ *Trucha de mar,* uno de los nombres del raño. ‖ *Mec.* Cabria. ‖ *Amér. C.* Tenducha. ‖ *Arg.* Boca de labio inferior colgante. ‖ — PROV. **No se cogen truchas a bragas enjutas,** para conseguir algo es necesario trabajar.
TRUCHE adj. *Col.* Currutaco, elegante.
TRUCHERO m. El que pesca o vende truchas. ‖ — Adj. Que tiene truchas: *río truchero.*
TRUCHIMÁN, ANA m. y f. *Fam.* Trujamán, intérprete. (SINÓN. V. *Traductor.*) ‖ — Adj. y s. *Fam.* Persona astuta y ladina.
TRUCHO, CHA adj. *Amér. C.* Vivo, astuto.
TRUCHUELA f. Trucha pequeña. ‖ Bacalao curado más delgado que el común.
TRUDGEON m. Forma de nadar consistente en una tracción alternativa de los brazos y un movimiento de tijera de las piernas, mientras el cuerpo se desliza siempre del mismo lado.
TRUECO m. Trueque, cambio.
TRUENO m. Ruido fuerte que acompaña al relámpago. ‖ Ruido del tiro de un arma o cohete. ‖ *Col.* Petardo, cohete ruidoso. ‖ *Venez.* Fiesta escandalosa, orgía. ‖ *Fam.* Muchacho atolondrado, tronera. ‖ *Trueno gordo,* estampido final y grande de los fuegos artificiales. ‖ *Gente del trueno,* gente apicarada, calaveras.
TRUEQUE m. Cambio, acción y efecto de trocar: *un trueque ventajoso.* ‖ — Pl. *Amer.* La vuelta del dinero. ‖ *A trueque,* m. adv., en cambio, en vez: *le di mi libro a trueque del suyo.*
TRUFA f. (ital. *truffa.*) Mentira, engaño, bola o patraña: *contar trufas.*
TRUFA f. Género de hongos ascomicetos subterráneos muy sabrosos, sin tallo ni raíces aparentes: *para buscar las trufas se emplean generalmente cerdos o perros adiestrados.*
TRUFAR v. i. Mentir, decir trufas o mentiras.
TRUFAR v. t. Rellenar de trufas: *trufar un pavo.*
TRUFERA f. El terreno en que se hallan trufas.
TRUFICULTURA f. Arte de cultivar las trufas.
TRUHÁN, ANA adj. y s. Pícaro, bribón, tunante. (SINÓN. V. *Granuja.*) ‖ *Fam.* Bufón, gracioso: *ser muy truhán.*
TRUHANADA f. Truhanería, bufonería.
TRUHANEAR v. i. Chasquear, estafar, engañar. ‖ *Fam.* Decir bufonadas propias de un truhán.
TRUHANERÍA f. Acción truhanesca, bribonada. ‖ *Fam.* Bufonería, chanza: *obrar con truhanería.* ‖ Conjunto de truhanes.
TRUHANESCO, CA adj. Propio de truhán.
TRUISMO m. (ingl. *truism,* de *true,* verdadero). Verdad muy sencilla y que no tiene alcance ninguno. (SINÓN. V. *Verdad.*)
TRUJAL m. Prensa para las uvas o la aceituna. ‖ Molino de aceite. ‖ Tinaja donde se prepara la barrilla en las jabonerías.
TRUJAMÁN, ANA m. y f. (del ár. *trochamán,* intérprete). Intérprete. (SINÓN. V. *Traductor.*) ‖ — M. El que aconseja a otras personas en ciertos tratos.
TRUJAMANEAR v. i. Hacer el oficio de trujamán, servir de intérprete. ‖ Trocar o cambiar géneros.
TRUJILLANO, NA adj. y s. De Trujillo, c. de Honduras y Perú, y Estado de Venezuela. ‖ De Trujillo, ciudad de España.
TRUJILLENSE adj. y s. De Trujillo, c. de Venezuela.
TRULLA f. Bulla, alboroto: meter trulla. ‖ Turba, multitud. (P. us.) ‖ *P. Rico.* Gente que sale por Navidad a pedir aguinaldos. ‖ *Col.* Broma. ‖ Llana.
TRULLADA f. *Cub.* y *P. Rico.* Trulla, multitud grande.
TRULLO m. (lat. *truo*). Género de aves palmípedas que pasan el invierno en España.
TRUMAO m. *Chil.* Tierra arenisca muy fina.
TRUN m. *Chil.* Fruto espinoso de algunas plantas que se adhieren al pelo o a la lana.
TRUNCADO, DA adj. Mutilado, disminuido: *columna truncada.* ‖ Dícese de las cosas a las que se ha quitado alguna parte esencial: *obra truncada.* ‖ *Geom.* Dícese de ciertos sólidos a los que se ha quitado una parte: *una pirámide truncada.* (V. TRONCO.)
TRUNCAMIENTO m. Acción y efecto de truncar.
TRUNCAR v. t. (lat. *truncare*). Mutilar, disminuir: *truncar una estatua.* ‖ Cortar una parte a

trucha

TROTE

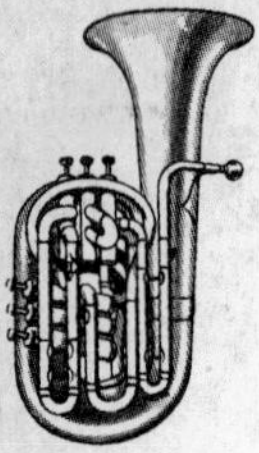

tuba

TUBOS

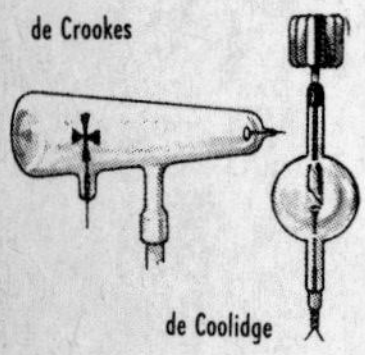

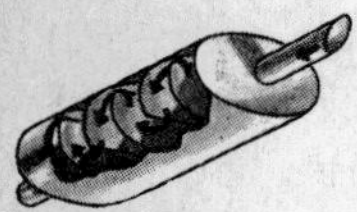

tubo de escape

tucán

alguna cosa. || *Fig.* Callar, omitir. || *Fig.* Interrumpir, dejar imperfecto el sentido. || *Fig.* Interrumpir una acción u obra.

TRUNCO, CA adj. (lat. *truncus*). Truncado, cortado. (P. us.) || *Amer.* Descabal, incompleto.

TRUNCHO, CHA adj. *Col.* Rabón, trunco.

TRUPIAL m. Turpial, ave americana.

TRUQUE m. Cierto juego de envite.

TRUQUIFLOR m. Cierto juego de naipes parecido al truque usado antiguamente.

TRUSAS f. pl. (fr. *trousses*). Gregüescos o calzones acuchillados que llegaban hasta medio muslo.

TRUST m. (pal. ingl., pr. *trost*). Asociación entre productores formada para unificar sus esfuerzos, reducir los gastos de producción, evitar la competencia y dominar el mercado: *el trust del acero.* (SINÓN. V. *Sociedad.*) || En la U.R.S.S., conjunto industrial de dirección única.

TRUSTEE m. (pal. ingl.). *Cub.* Administrador.

TRUTRUCA f. *Chil.* Corneta de los araucanos.

TSE-TSÉ f. Nombre vulgar de una mosca africana cuya picadura causa la *enfermedad del sueño.*

T. S. H., abreviatura de *telegrafía* o *telefonía sin hilos.*

TÚ pron. pers. de segunda pers. en singular. || *Tratar de tú,* tutear. || *Fig.* y *fam. A tú por tú,* sin modo ni respeto. || *Fam. Más eres tú,* frase con que rechaza una calificación injuriosa.

TU, TUS pron. poses. de 2ª pers. de sing. usado como adjetivo antes de un substantivo.

TUAREG m. pl. Pueblo nómada de raza beréber: *los tuareg habitan en el Sáhara.* || — OBSERV. A veces el singular de esta palabra es *targui.*

TUATÚA f. Árbol euforbiáceo americano cuyas hojas y semillas se suelen usar como purgantes.

TUÁUTEM m. (de las pal. lat. del breviario: *Tu autem, Domine, miserere nobis*). || *Fam.* Individuo o cosa que se cree indispensable para algo.

TUBA f. Licor alcohólico filipino que se saca de la nipa, el coco, el burí y otras varias palmeras.

TUBA f. *Mús.* Instrumento de viento, metálico, de tubo cónico con cilindros o pistones.

TUBERÁCEO, A adj. Relativo a la trufa. || — F. pl. Grupo de hongos que tienen por tipo la trufa.

TUBERCULINA f. *Med.* Extracto de un cultivo de bacilos de Koch, usado para diagnosticar las enfermedades tuberculosas.

TUBERCULIZACIÓN f. *Med.* Infección de un organismo por la tuberculosis.

TUBERCULIZAR v. t. Producir tubérculos. || — V. r. Volverse tuberculoso.

TUBÉRCULO m. (lat. *tuberculum*). Parte de un tallo subterráneo o raíz, que se hace más grueso y acumula gran cantidad de substancias de reservas, como en la patata, la batata, etc. || Protuberancia natural en el cuerpo de algunos animales. || *Patol.* Tumorcillo redondeado que se forma en los tejidos y que es característico de la tuberculosis.

TUBERCULOSIS f. (de *tubérculo*). Enfermedad infecciosa y contagiosa debida al bacilo de Koch, caracterizada por la formación de tubérculos en los distintos órganos: pulmones, vértebras (mal de Pott), piel (lupus), riñones, meninges (meningitis tuberculosa), intestinos.

— La *tuberculosis pulmonar,* la más frecuente (80 por ciento de los casos), presenta una evolución variable según el estado de resistencia del individuo. Puede consistir en una primoinfección, detectable por el cambio de la cutirreacción, que aumenta la resistencia a la enfermedad; a veces se produce la formación de tubérculos o nódulos, visibles al examen radioscópico o radiográfico, con aparición de cavernas, expectoraciones cargadas de bacilos o hemoptisis (tuberculosis *ulceronodular*); otras veces se origina una reacción fibrosa de defensa alrededor de los nódulos (tuberculosis *fibronodular*); en fin, las lesiones pueden extenderse a los dos pulmones y a otros órganos. Todas las formas de tuberculosis pueden combatirse mediante la administración de antibióticos (estreptomicina, P. A. S., isoniacida, etc.), combinada con operaciones quirúrgicas (lesiones no regresivas) y curas de aire en los sanatorios, según los casos.

TUBERCULOSO, SA adj. Perteneciente al tubérculo: *raíz tuberculosa.* || Que tiene eminencias como tubérculos. || *Patol.* Relativo a la tuberculosis. || — Adj. y s. Que padece tuberculosis: *existen sanatorios para los tuberculosos.*

TUBERÍA f. Serie de tubos. (SINÓN. V. *Conducción.*) || Fábrica, taller o comercio de tubos.

TUBERIFORME adj. Dícese de una producción animal o vegetal en forma de trufa.

TUBERIZACIÓN f. Transformación en tubérculos.

TUBEROSIDAD f. Tumor, hinchazón, tubérculo. || Protuberancia de un hueso. || Parte superior del estómago.

TUBEROSO, SA adj. Que tiene tuberosidades. || — F. Nardo.

TUBIANO, NA adj. *Arg.* y *Urug.* Pelo del caballo en manchas grandes de dos colores.

TUBÍCULA adj. y s. Dícese del gusano anélido acuático que vive encerrado en un tubo construido por él mismo con fango, gelatina o quitina.

TUBO m. (lat. *tubus*). Pieza cilíndrica hueca: *un tubo de plomo.* (SINÓN. *Canal, canuto, cañería.*) || Canal o conducto natural: *el tubo digestivo.* || Parte inferior y tubulosa de los cálices o de las corolas gamopétalas. || Recipiente metálico o de cristal destinado a contener pintura, pastillas, píldoras, etc. || *Tubo lanzatorpedos,* tubo metálico que sirve para lanzar un torpedo en la dirección escogida. || *Tubo lanzallamas,* arma de combate para lanzar gases o líquidos inflamados. || *Tubo de ensayo,* tubo de cristal usado para análisis químicos. || *Tubo de escape,* el que sirve para evacuar los gases quemados en un motor. || *Tubo de Crookes, de Coolidge,* aparatos productores de rayos X. || *Tubo de Geissler,* tubo que combate para lanzar gases o líquidos inflamados. de la descarga eléctrica provoca efectos luminosos partiulares. || Chimenea de cristal de las lámparas.

— El *tubo electrónico* consta de un conjunto de electrodos dispuestos en una ampolla de cristal o de metal en cuyo interior se ha hecho el vacío o se ha introducido un gas a baja presión. Los electrodos son un *cátodo,* que, caldeado, emite electrones, y un *ánodo,* que, mantenido a un potencial positivo con relación al cátodo, atrae los electrones emitidos por éste. Los electrodos perforados o *rejillas* están dispuestos en diversas cantidades entre el ánodo y el cátodo para controlar y regular el paso de corriente a través del tubo.

TUBULADO, DA adj. En forma de tubo.

TUBULADURA f. Abertura que tienen ciertas vasijas, destinada para recibir un tubo.

TUBULAR adj. Perteneciente al tubo; que tiene su figura o está formada de tubos: *faja*

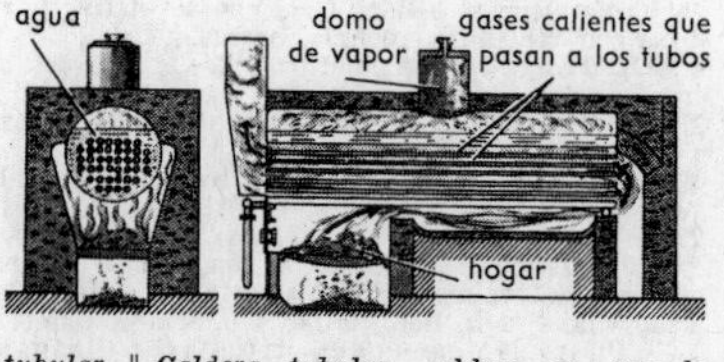

tubular. || *Caldera tubular,* caldera en que la masa líquida está atravesada por gran número de tubos por donde pasan los productos de la combustión. || *Puente tubular,* puente formado por una serie de tubos metálicos ajustados por sus extremos. || — M. Neumático especial de bicicleta de carreras.

TUBULOSO, SA adj. De forma de tubo.

TUCÁN m. Ave trepadora americana, de pico arqueado, grueso, muy largo, y plumaje negro y de colores vivos en el cuello y el pecho: *el tucán es bastante fácil de domesticar.*

TUCINTE m. *Hond.* Planta de la familia de las gramíneas, de hojas grandes que se utilizan para techar las chozas.

TUCIORISMO m. Doctrina teológica moral que en puntos discutibles sigue la opinión más favorable a la ley.

TUCIORISTA adj. y s. (del lat. *tutior,* más seguro). Dícese del que, en puntos de moral, sigue la opinión más segura.

Fot. Baufle

TUCO m. *Arg.* Coleóptero luminoso, especie de cocuyo. (SINÓN. *Alúa.*) ‖ *Hond.* Fragmento, pedazo. ‖ *Hond.* Tocayo. ‖ *Per.* Especie de búho. ‖ *Amer.* Muñón, trozo de un miembro cortado.
TUCUMANO, NA adj. y s. De Tucumán (Argentina).
TUCÚQUERE m. Una especie de búho chileno.
TUCURA f. *Bol.* Langosta grande, saltamontes. ‖ *Bol. Fam.* Cura católico de mala conducta.
TUCURPILLA f. *Ecuad.* Una tórtola pequeña.
TUCUSITO m. *Col.* Especie de curruca, ave.
TUCUSO m. *Venez.* Chupaflor, colibrí, pájaro.
TUCUTUCO m. *Arg.* y *Bol.* Género de mamíferos americanos, de costumbres muy semejantes a las del topo.
TUCUTUZAL m. *Arg.* Terreno que está minado por los tucutucos.
TUCUYO m. *Amer.* Tocuyo, lienzo de algodón.
TUDEL m. *Mús.* Tubo de latón del bajón u otros instrumentos, en cuyo extremo se fija el estrangul.
TUDELANO, NA adj. y s. De Tudela.
TUDENSE adj. y s. (lat. *tudensis*). De Túy.
TUDESCO, CA adj. y s. Alemán: *modales tudescos.* ‖ *Fig.* y *fam.* Persona que come o bebe mucho: *beber como un tudesco.* ‖ — M. Capote alemán.
TUECA f. o **TUECO** m. Tocón, tronco o pedazo que queda en tierra del árbol que fue cortado. ‖ Oquedad en las maderas.
TUERA f. Coloquíntida.
TUERCA f. (del lat. *torques*, vuelta, círculo). Pieza taladrada en que encaja la rosca de un tornillo.
TUERCE m. Torcedura. ‖ *Amér. C.* Desgracia, daño.
TUERO m. Trashoguero, leño grueso. ‖ Leña delgada de forma redonda. ‖ *Guat.* y *Col.* Escondite, juego.
TUERTO, TA p. p. irreg. de *torcer.* ‖ — Adj. Torcido, que no es recto: *escribir un renglón tuerto.* ‖ — Adj. y s. Que no ve con un ojo. ‖ — M. Agravio, sinrazón. ‖ — Pl. Entuertos, dolores de vientre. ‖ *Fam. A tuertas*, al revés.
TUESTE m. Tostadura, la acción de tostar.
TUÉTANO m. Medula de un hueso. ‖ Lo más íntimo o más profundo de una persona. ‖ *Fig.* y *fam. Hasta los tuétanos*, hasta lo más íntimo o profundo: *estar enamorado hasta los tuétanos.* ‖ — PARÓN. *Tétanos.*
TUFARADA f. Olor fuerte y repentino.
TUFILLAS m. *Fam.* Persona irritable.
TUFILLO m. *Fam.* Tufo, olor, vapor, perfume.
TUFO m. (del gr. *tuphos*, vapor, miasma dañino). Humo o vapor que se desprende de ciertas cosas: *el tufo del carbón.* ‖ *Fig.* y *fam.* Olor desagradable. (SINÓN. V. *Olor.*) ‖ *Fig.* y *fam.* Soberbia, engreimiento.
TUFO m. (del fr. *touffe*, mechón). Mechón de pelo peinado o rizado, que cuelga delante de las orejas.
TUFO m. (lat. *tofus*). Toba, piedra volcánica.
TUGAR v. i. *Ecuad.* Arrullar.
TUGURIO m. (lat. *tugurium*). Cabaña o choza de pastores. ‖ *Fig.* Habitación pequeña y mezquina.
TUI m. *Arg.* Loro pequeño.
TUICIÓN f. (lat. *tuitio*). *For.* Acción y efecto de defender.
TUINA f. Chaquetón largo y holgado.
TUITIVO, VA adj. (del lat. *tueri*, defender). *For.* Que defiende o protege. ‖ — PARÓN. *Intuitivo.*
TUL m. (fr. *tulle*). Tejido delgado y transparente de seda, algodón o hilo, que forma malla, generalmente en octágonos.
TUL m. *Guat.* Tule, junco.
TULA f. *Chil.* Garza muy blanca.
TULCANEÑO, ÑA adj. y s. De Tulcán (Ecuador).
TULE m. *Méx.* Especie de junco.
TULENCO, CA adj. *Amér. C.* Enclenque.
TULIO m. Elemento químico (Tm) de número atómico 69, del grupo de las tierras raras.
TULIPA f. Pantalla de cristal de forma parecida a la del tulipán. ‖ Tulipán pequeño.
TULIPÁN m. (del turco *dulband*, turbante). Planta liliácea de hermosas flores inodoras: *el cultivo del tulipán se practica sobre todo en Holanda.* ‖ Su flor. ‖ *Antill. Fig.* y *fam.* Peso, dólar.
TULIPANERO o **TULIPERO** m. Género de magnoliáceas que comprende árboles hermosos de América.
TULPA f. *Col.* Nombre de las piedras que forman el fogón de la gente del campo.
TULUNCONA f. *Guat. Fam.* Mujer jamona o pesada.
TULLA f. *Cub.* Cierto árbol cupresáceo.
TULLECER v. t. Tullir, lisiar. ‖ — V. i. Quedarse tullido.
TULLIDEZ f. Tullimiento.
TULLIDO, DA adj. y s. Baldado, que no puede mover alguno de sus miembros: *dar limosna a un tullido.* (SINÓN. V. *Paralítico.*)
TULLIDURA f. Excremento de las aves de rapiña.
TULLIMIENTO m. Acción y efecto de tullir.
TULLIR v. t. Hacer que uno quede tullido. ‖ — V. i. Expeler su excremento las aves de rapiña. ‖ — V. r. Perder el uso del cuerpo o parte de él. ‖ — IRREG. Se conjuga como *mullir.*
TUMBA f. Sepulcro, sepultura: *bajar a la tumba.* (SINÓN. *Cenotafio, hipogeo, hoya, mausoleo, panteón, sepulcro, sepultura.*) ‖ Armazón en forma de ataúd que se coloca para la celebración de las honras fúnebres. ‖ Cubierta arqueada: *coche de tumba.* ‖ *Cub., Col.* y *Méx.* Acción de desmontar arboladas silvestres. ‖ Tumbo, caída, vaivén. (P. us.) ‖ Voltereta: *dar tumbas.* ‖ Cierto baile andaluz. ‖ *Arg., Chil.* y *Urug.* Carne flaca, mal preparada; rancho. ‖ *Cub.* Temblor africano.
TUMBACUARTILLOS com. *Fam.* Borracho, ebrio.
TUMBADERO m. *Cub.* y *P. Rico.* Lugar donde se hacen tumbas o desmontes. ‖ *Cub.* Burdel. ‖ *Venez.* Corral para la hierra.
TUMBADO, DA adj. Que tiene figura de tumba: *coche tumbado.* ‖ *Ecuad.* Dícese del techo raso.
TUMBAGA f. (voz malaya). Liga metálica de oro y cobre. ‖ Sortija hecha de esta materia, y, por extensión, de cualquier metal: *una tumbaga de plata.*
TUMBAGO m. *Arg.* y *Col.* Tumbaga.
TUMBAGÓN m. Brazalete grande de tumbaga.
TUMBAL adj. Relativo a la tumba.
TUMBAR v. t. Derribar, hacer caer: *tumbar a uno por tierra.* ‖ *Fig.* y *fam.* Suspender en un examen. ‖ Inclinar mucho. ‖ *Fig.* y *fam.* Privar de sentido: *el vino me tumbó.* ‖ *Cub.* Desmontar un terreno. ‖ — V. i. Caer rodando al suelo. ‖ *Mar.* Dar de quilla un barco. ‖ — V. r. Echarse a dormir: *tumbarse a la bartola.* ‖ *Fig.* Disminuir el rendimiento en un trabajo.
TUMBESINO, NA adj. y s. De Tumbes (Perú).
TÚMBILO m. *Col.* Calabazo, calabacino, fruto.
TUMBILLA f. Armazón de madera en la que se coloca un braserillo para calentar la cama.
TUMBO m. Vaivén violento o caída: *dar un tumbo.* ‖ Ondulación de la ola del mar o del terreno. ‖ Retumbo, estruendo. ‖ *Col.* Tarro, vasija.
TUMBO m. Libro grande de pergamino de las iglesias, monasterios y comunidades, donde están copiados sus privilegios. ‖ *Ecuad.* Fruto que produce la pasionaria.
TUMBÓN, ONA adj. y s. *Fam.* Socarrón. ‖ *Fam.* Perezoso. ‖ — M. Coche o cofre con cubierta de tumba. ‖ — F. Especie de hamaca.
TUMEFACCIÓN f. *Med.* Hinchazón de un órgano: *la picadura de la abeja produce tumefacción.*
TUMEFACER v. t. *Med.* Causar tumefacción.
TUMEFACTO, TA adj. Hinchado.
TUMESCENCIA f. Estado de lo que está tumescente. ‖ Tumefacción, hinchazón.
TUMESCENTE adj. Que se hincha, hinchado.
TÚMIDO, DA adj. Hinchado.
TUMOR m. (lat. *tumor*). Aumento del volumen de parte de un tejido o de un órgano debido a un crecimiento anárquico y desordenado de ciertas células del cuerpo. (SINÓN. *Fibroma, quiste, tuberosidad.*)
— Hay que distinguir entre *tumores benignos* (verrugas, fibromas, etc.), que aparecen sólo en una parte del cuerpo, no contaminan los tejidos cercanos y no se generalizan nunca, y *tumores malignos*, o *cáncer*, que tienen estas características. (V. CÁNCER.)

TUERCAS

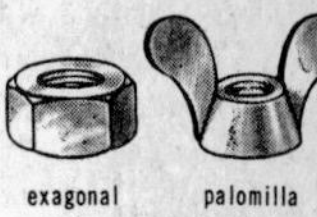

tulipán

túnica

TUMOROSO, SA adj. Que tiene varios tumores.
TUMULARIO, RIA adj. Relativo o perteneciente al túmulo: *piedra tumularia.*
TÚMULO m. (lat. *tumulus*). Montón de tierra. || Construcción de piedra, de forma cónica, que levantaban los antiguos encima de las sepulturas. || Armazón fúnebre que se levanta para celebrar los funerales.
TUMULTO m. (lat. *tumultus*). Confusión: *el tumulto de las armas.* (SINÓN. V. *Alboroto.*) || *Fig.* Turbación, agitación: *el tumulto de las pasiones.* || Movimiento animado: *el tumulto de los negocios.*
TUMULTUANTE adj. Que promueve tumulto.
TUMULTUAR v. i. Promover tumulto. (P. us.)
TUMULTUARIAMENTE adv. m. Con tumulto.
TUMULTUARIO, RIA adj. Que causa tumulto, tumultuoso. || Desordenado, sin concierto.
TUMULTUOSAMENTE adv. m. De modo tumultuoso.
TUMULTUOSO, SA adj. Tumultuario, ruidoso. (SINÓN. V. *Turbulento.*)
TUN m. *Guat.* Especie de tambor de madera.
TUNA f. Nopal: *comer higos de tuna.* || Higo de tuna. || *Guat.* y *Venez.* Borrachera. || *Col.* y *Guat.* Espina.
TUNA f. Vida holgazana y pícara: *correr la tuna.* || Orquestina formada por los estudiantes, estudiantina. || Estudiante de la tuna.
TUNAL m. Nopal. || Sitio donde abunda la tuna.
TUNANTA adj. y s. *Fam.* Pícara, bribona.
TUNANTADA f. Acción del tunante. (SINÓN. V. *Picardía.*)
TUNANTE adj. y s. Pillo, pícaro. (SINÓN. V. *Galopín.*)
TUNANTEAR v. i. Tunear, obrar como pícaro.
TUNANTERÍA f. Tunantada, acción picaresca. || Calidad de tunante.
TUNANTESCO, CA adj. Propio de los tunantes.
TUNAR v. i. Vivir holgadamente, vagando.
TUNARSE v. r. *Col.* Clavarse una espina.
TUNCO, CA adj. *Méx.* Mocho, manco. || *Hond.* Lisiado. || — M. *Méx.* y *Hond.* Cerdo o cochino. (V. TUNGO.)
TUNDA f. Acción y efecto de tundir el paño. || *Fam.* Castigo de azotes, azotaina. (SINÓN. V. *Paliza.*)
TUNDEAR v. t. Azotar, vapulear.
TUNDENTE adj. Que tunde. || Contundente.
TUNDICIÓN f. Tunda del paño.
TUNDIDOR m. El que tunde el pelo del paño.
TUNDIDORA adj. y s. f. Máquina que sirve para tundir el paño u otras cosas.
TUNDIDURA f. Acción y efecto de tundir.
TUNDIR v. t. Cortar la tijera el pelo del paño. || Cortar otras cosas. || *Fig.* y *fam.* Golpear, dar una tunda.
TUNDIZNO m. Borra o pelo que se saca del paño.
TUNDRA f. Nombre dado al terreno abierto y llano, de clima subglacial y subsuelo helado, falto de vegetación arbórea, suelo cubierto de musgos y líquenes, que abunda en Siberia y Alaska.
TUNDUQUE m. *Chil.* Especie de ratón.
TUNEAR v. i. Vivir y proceder a lo tuno, a lo pícaro.
TUNECÍ adj. y s. Tunecino.
TUNECINO, NA adj. y s. Natural de Túnez.

TUNA
DE ESTUDIANTES

TÚNEL m. (ingl. *tunnel*). Galería subterránea grande abierta artificialmente a través de un monte, por debajo de un río u otro obstáculo para dar paso a una vía de comunicación: *túnel de ferrocarril.* (SINÓN. V. *Subterráneo.*) || *Túnel*

aerodinámico, túnel utilizado para hacer experimentos, consistente en un dispositivo tubular por el cual pasa una corriente de aire rápida que permite determinar la acción que ejerce el viento sobre los cuerpos en ensayo (aviones, automóviles, etc.).
— Los *túneles* más largos del mundo son los siguientes: Simplón 19 821 m y 19 801 m), túnel de los Apeninos (18 516 m), San Gotardo (14 997 m), Lötschberg (14 611 m), Mont-Cenis (13 655 m), Cascade (12 541 m), Mont Blanc (11 600 m), Arlberg (10 239 m). En España hay que mencionar el de Somport en los Pirineos (7 857 m), La Engaña en los Montes Cantábricos (6 954 m), Padornuelo en los Montes Galaicos (5 900 m), Viella en los Pirineos (4 900 m), y en América del Sur el Transandino, entre Argentina y Chile.
TUNERÍA f. Calidad de tunante.
TUNERO, RA m. y f. *Amer.* Persona que vende tunas. || — M. *Col.* Nopal.
TUNES m. pl. *Col.* Pinos o pasitos: *hacer tunes.*
TÚNGARO m. *Col.* Especie de sapo americano.
TUNGO m. *Chil.* Cerviz, testud. || *Col.* Mocho. || *Arg.* Matungo.
TUNGSTENO m. (del sueco *tungsten,* piedra pesada). *Quím.* Volframio.
TUNGURAHUENSE adj. y s. De Tungurahua (Ecuador).
TÚNICA f. (lat. *tunica*). Traje interior a modo de camisa que llevaban los antiguos. || Nombre dado a cualquier vestidura amplia y larga. || *Anat.* Nombre de las diversas membranas que envuelven los órganos: *la túnica del ojo.* || *Bot.* Envoltura de un bulbo. || Envoltura en general.
TUNICADO, DA adj. Que está envuelto en una o varias túnicas: *bulbo tunicado.* || — Pl. M. Uno de los tipos del reino animal que comprende animales marinos blandos, de forma de saco, con una envoltura exterior o túnica, de la que toman su nombre.
TUNICELA f. Túnica, vestidura. || Vestidura que llevan los obispos debajo de la casulla cuando ofician de pontifical.
TÚNICO m. *Teatr.* Vestidura talar amplia y larga. || *Amér. C., Col., Cub.* y *Venez.* Vestido talar completo de las mujeres.
TUNJANO, NA adj. y s. De Tunja (Colombia).
TUNJO m. *Col.* Objeto de oro hallado en las sepulturas de los indios. (V. GUACA.) || — M. *Col.* y *Cub.* Higo de tuna.
TUNO, NA adj. y s. Tunante, bribón. (SINÓN. V. *Granuja.*) || — M. Componente de una tuna.
TUNOSO, SA adj. *Col.* Espinoso como la tuna.
TUNQUI m. *Bol.* Uno de los nombres vulgares del *gallito de roca.*
TUNTÚN (Al, o al buen) m. adv. *Fam.* Sin reflexión, a lo que salga. || *Fam.* Sin certidumbre.
TUNTUNITA f. *Col.* Estribillo, repetición.
TUÑECO, CA adj. *P. Rico* y *Venez.* Baldado, tullido, manco.
TUPA f. Acción y efecto de tupir. || *Fig.* y *fam.* Hartazgo, hartura. || *Chil.* Hermosa planta lobeliácea.
TUPÉ m. (fr. *toupet*). Copete: *llevar tupé.* (SINÓN. V. *Mechón.*) || *Fig.* y *fam.* Desfachatez, descaro: *tener mucho tupé.* (SINÓN. V. *Seguridad.*)
TUPÍ adj. y s. V. *Parte Hist.*
TUPIA f. *Col.* Tambre, presa de agua, azud. || *Col.* Hartazgo.

TUPICIÓN f. *Chil.* Acción de tupir; multitud de cosas.
TUPIDO, DA adj. Apretado, espeso: *tela muy tupida.* || Cerrado de mollera, obtuso, torpe. || *Chil.* Abundante.
TUPINAMBO m. *Bot.* Aguaturma.
TUPIR v. i. Apretar mucho una cosa: *tupir una tela.* || — V. r. Hartarse, llenarse de una cosa. || *Amer.* Cortarse, turbarse, avergonzarse.
TUPIRCA f. *Chil.* Cupilca.
TUQUEQUE m. *Venez.* Especie de lagarto.
TURANIO, NIA adj. y s. Nombre dado por los arios y los iranios a los pueblos turcos de Asia Media y Asia Occidental.
TURBA f. Muchedumbre: *turba de mendigos.* (SINÓN. V. *Populacho.*)
TURBA f. (al. *Torf*). Combustible fósil formado por materias vegetales más o menos carbonizadas. (La *turba* contiene 60 % de carbono y es un combustible de poco poder calorífico que desprende mucho humo y deja como residuo cenizas.) || Estiércol mezclado con carbón mineral.
TURBACIÓN f. Acción y efecto de turbar o turbarse. (SINÓN. V. *Emoción.*) || Desorden. (SINÓN. V. *Confusión.*)
TURBADAMENTE adv. m. Con turbación.
TURBADOR, RA adj. y s. Que turba o conmueve: *noticia turbadora.*
TURBAMIENTO m. Turbación.
TURBAMULTA f. *Fam.* Muchedumbre.
TURBANTE m. (del turco *dulbend,* venda para la cabeza). Tocado de los orientales que se compone de una faja larga arrollada alrededor de la cabeza. || *Por ext.* Todo tocado parecido.
TURBAR v. t. (lat. *turbare*). Alterar, descomponer una cosa: *turbar el orden público.* || Enturbiar: *turbar un licor.* || *Fig.* Sorprender, aturdir, causar inquietud: *me turbó mucho aquella noticia.* (SINÓN. *Azarar, desconcertar, embarazar.*) || *Fig.* Interrumpir la quietud: *turbar el silencio.* (SINÓN. V. *Estremecer.*)
TURBATIVO, VA adj. Que turba o altera.
TURBERA f. Yacimiento de turba.
TURBIAMENTE adv. De modo turbio.
TÚRBIDO, DA adj. Turbio.
TURBIEDAD f. Calidad de turbio, falta de claridad. || *Fig.* Obscuridad.
TURBIEZA f. (de *turbio*). Calidad de turbio.
TURBINA f. (del lat. *turbo, inis,* torbellino). Rueda hidráulica de eje vertical que hace girar el agua chocando en paletas o álabes de forma diversa. || Aparato en el que se efectúa, por centrifugación, la separación de los cristales de azúcar de otros componentes de la melaza. || Máquina que transforma en movimiento giratorio la fuerza viva o la presión de un fluido: *turbina de vapor, hidráulica.*
TURBINO m. Raíz pulverizada del turbit.
TURBINTO m. Árbol anacardiáceo de América Meridional: *con las bayas del turbinto se hace una bebida agradable.*
TURBIO, BIA adj. Que no está claro: *agua turbia.* || *Fig.* Revuelto, poco claro: *negocio turbio.* || *Fig.* Agitado, azaroso: *período turbio.* || *Fig.* Obscuro, confuso: *expresión turbia.* (SINÓN. V. *Ambiguo.*) || *Fig.* Confuso, poco claro: *visión confusa.*
TURBIÓN m. Aguacero repentino, chaparrón. || *Fig.* Multitud de cosas que caen de golpe. || *Fig.* Multitud de cosas que caen o vienen juntas.
TURBIT m. (ár. *turbid*). Planta convolvulácea de Asia, cuyas raíces se han empleado en medicina como purgante drástico. || Raíz de dicha planta. || *Turbit mineral,* sulfato de mercurio usado en medicina como purgante.
TURBO, prefijo que se usa para formar los nombres de aparatos que comprenden una turbina: *turbomotor, turborreactor, turbocompresor,* etc.
TURBOALTERNADOR m. Grupo generador de electricidad.
TURBOCOMPRESOR m. Grupo dinámico formado de una turbina acoplada a un compresor centrífugo de alta presión para la compresión de un fluido.
TURBODINAMO m. Combinación de una turbina y una dinamo.
TURBOGENERADOR m. Turbina de vapor directamente acoplada a un generador eléctrico.
TURBOHÉLICE m. Turbopropulsor.
TURBOMOTOR m. Turbina de vapor.

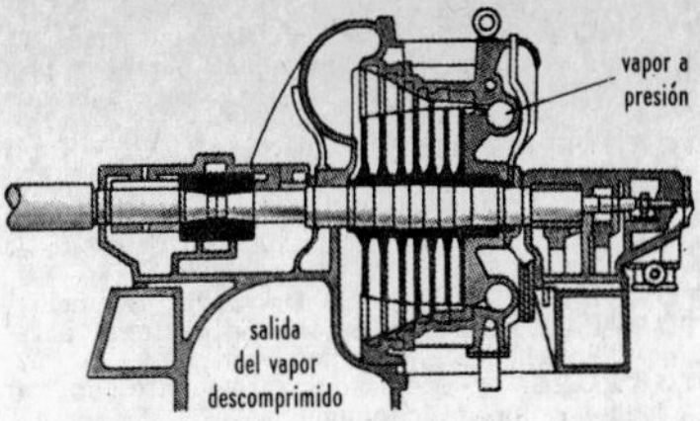

TURBINA DE VAPOR

TURBONADA f. Aguacero, chaparrón. (SINÓN. V. *Lluvia.*) || *Arg.* Vendaval, viento fuerte.
TURBOPROPULSOR m. Motor de avión formado por una turbina de gas acoplada a una hélice por medio de un reductor de velocidad. (V. ilustr. motores de REACCIÓN.)
TURBORREACTOR m. Motor de reacción formado por una turbina de gas cuya expansión a través de una o varias toberas produce un efecto de propulsión por reacción. (V. lámina en color MOTORES [de reacción].)
TURBOVENTILADOR m. Ventilador movido por una turbina.
TURBULENCIA f. Carácter del que es turbulento: *corregir la turbulencia de los niños.*
TURBULENTO, TA adj. Que hace ruido: *niño turbulento.* (SINÓN. *Alborotador, belicoso, revoltoso, tumultuoso.*) || Que agita: *un espíritu turbulento.* || *Fig.* Confuso, alborotado.
TURCA f. *Fam.* Borrachera, embriaguez.
TURCA f. *Chil.* Pájaro conirrostro de plumaje pardo rojizo.
TURCO, CA adj. y s. De Turquía. || *Gran Turco,* título que daban los cristianos a los emperadores turcos. || — M. Lengua turca: *aprender el turco.* || *Turca* o *cama turca,* cama baja que tiene estantes de madera en la parte que toca la pared y en la cabecera y en los pies. (SINÓN. V. *Canapé.*) || *Anat. Silla turca,* cavidad del esfenoides donde está la hipófisis.
TURCOMANO, NA adj. y s. Dícese al individuo de cierta raza turca.
TURDETANO, NA adj. y s. De Turdetania.
TÚRDIGA f. Tira o correa de pellejo colgante. (SINÓN. V. *Correa.*)
TURE m. *Col.* Especie de trompeta de los indios, hecha de bambú.
TURF m. (pal. ingl. que sign. *césped*). Pista, terreno donde se efectúan las carreras de caballos. || Deporte de las carreras de caballos; relativo a las carreras de caballos.
TURGENCIA f. *Med.* Hinchazón, tumefacción.
TURGENTE adj. Abultado, tumefacto. (SINÓN. V. *Hinchado.*)
TÚRGIDO, DA adj. Turgente, grueso, hinchado.
TURIBULARIO m. El que lleva el turíbulo.
TURÍBULO m. (lat. *turibulum*). Incensario.
TURIFERARIO m. (lat. *turiferarius*). El que lleva la naveta del incienso. || *Fig.* y *fam.* Adulador.
TURIÓN m. (del lat. *turio,* yema). *Bot.* Yema de un tallo subterráneo: *los espárragos son turiones.*
TURISMO m. Afición a los viajes de recreo: *el desarrollo del turismo internacional permite a los pueblos conocerse mejor.* || Organización de los medios conducentes a facilitar estos viajes. || *Fam.* Automóvil de uso privado y no comercial.
TURISTA com. Persona que viaja por distracción y recreo. (SINÓN. V. *Viajero.*)
TURÍSTICO, CA adj. Relativo al turismo: *viajes turísticos.* || Que atrae a los turistas: *ciudades turísticas.*
TURMA f. Criadilla de tierra, hongo. || *Col.* Patata.
TURMALINA f. (malayo *turnamal*). Mineral de color variable que se presenta en forma de prismas alargados electrizables por el calor o por frotamiento. || Piedra fina roja, azul, marrón, negra o incolora.
TURNAR v. i. Alternar con otras personas.
TURNIO, NIA adj. De ojos torcidos. || *Fig.* Que mira con mucho ceño.

TURBINAS HIDRÁULICAS

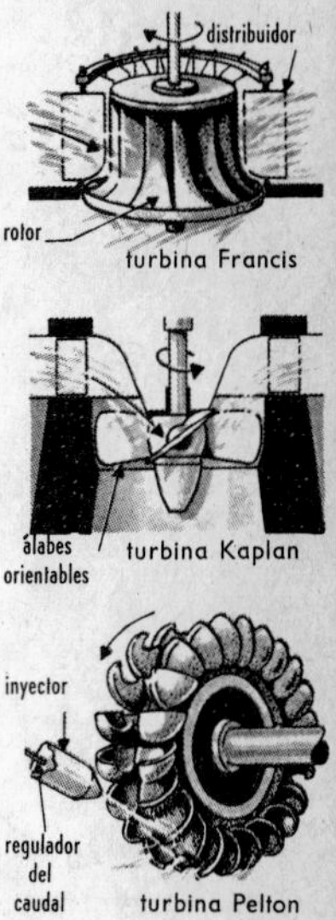

turbina Francis
turbina Kaplan
turbina Pelton

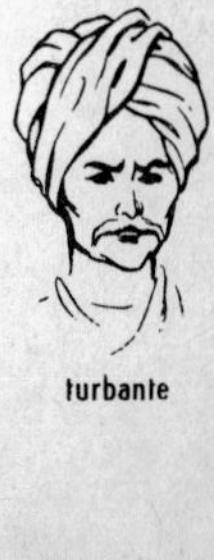

turbante

TURNO m. Orden: *pasar por turno.* || *Amér. C.* Tómbola. || *A su turno,* galicismo por *a su vez.* || *De turno,* dícese de la persona o cosa a la que corresponde actuar.
TUROLENSE adj. y s. De Teruel.
TURÓN m. Mamífero carnicero vermiforme, de pelaje pardo obscuro y olor fétido, que habita en sitios montañosos donde abunda la caza, de la cual se alimenta.
TURONENSE adj. y s. De Tours (Francia).
TURPIAL m. Pájaro americano bastante parecido a la oropéndola. (SINÓN. *Trupial.*)
TURQUESA f. Molde que servía para fabricar bodoques o balas de plomo.
TURQUESA f. Piedra preciosa, de color azul verdoso más o menos claro, que se emplea en joyería: *la turquesa es un fosfato de alúmina.*
TURQUESCO, CA adj. Turco.
TURQUÍ o **TURQUINO, NA** adj. (del ár. *turquí,* de Turquía). Dícese del azul más obscuro.
TURRA f. *Col.* Tángano, tango, cierto juego.
TURRADA f. *Guat.* Picatoste.
TURRAR v. t. Tostar, asar: *turrar almendras.*
TURRO, RRA adj. *Arg. Fam.* Imbécil, estúpido.
TURRÓN m. Masa dulce de almendras, avellanas o nueces, tostadas y mezcladas con miel y otros ingredientes: *turrón de Jijona, de Alicante.* || *Fig.* y *fam.* Destino que se obtiene del Estado.
TURRONERÍA f. Tienda en que se venden turrones.
TURRUTÍN adj. y s. *Col.* Chiquitín, pequeñuelo.
TURUBÍ m. *Arg.* Cierta planta aromática.
TURULATO, TA adj. *Fam.* Alelado, atontado. (SINÓN. V. *Boquiabierto.*)
TURULETE m. *P. Rico.* Cantar de cuna.
TURULLO m. Cuerno que usan los pastores para llamar y reunir el ganado.
TURURÚ m. En algunos juegos, reunir un jugador tres cartas del mismo valor.
TURUMBA f. *Amer.* Tarumba.
TURUMBÓN m. *Fam.* Tolondrón, chichón.
TURUPE m. *Col.* Chichón.
TURUPIAL m. *Venez.* y *Arg.* Trupial.
TUS m. o **¡TUS!** interj. Voz que se usa para llamar a los perros: *a perro viejo no hay tus tus.* || *Fig.* y *fam.* *Sin decir tus ni mus,* sin decir palabra, sin chistar.
TUSA f. *Amer.* Zuro, raspa del maíz. || *Cub.* y *Amér. C.* Espata del maíz. || *And.* y *Amer.* Pajilla, cigarro envuelto en tusa. || *Chil.* y *Amér. C.* Cabello de la mazorca del maíz. || *Arg.* y *Chil.* Acción de tusar las crines. || *Chil.* Crin de caballo atusado. || *Col. Fig.* Persona torpe e inútil. || *Amér. C.* y *Cub.* Mujer ligera de cascos. || — PARÓN. *Tuza.*
TUSAR v. t. *Amer. Fam.* Atusar, cortar el pelo. || *Guat.* Murmurar.
TUSILAGO m. Planta herbácea de la familia de las compuestas empleada como pectoral, fárfara.

tusilago

TUSO m. *Fam.* Perro. || — Adj. *Col.* Cacarañado, picoso, picado de viruelas. || *Ant.* y *Ast.* Rabón.
TUSONA f. *And.* Yegua menor de dos años. || *Fam.* Ramera.
TUTE m. (del ital. *tutti,* todos, porque gana quien reúne todos los reyes o caballos). Juego de naipes, parecido a la brisca. || Reunión, en dicho juego, de los cuatro reyes o caballos. || *Pop.* Paliza, mal rato. || *Fig.* y *fam.* *Darse un tute,* trabajar en algo durante corto espacio de tiempo con gran intensidad y sin descanso.
TUTEAR v. t. Hablar a una persona de tú.
TUTELA f. (lat. *tutela*). Autoridad conferida por la ley para cuidar de la fortuna de un menor. || *Fig.* Protección, salvaguardia: *la tutela de la ley.* (SINÓN. V. *Auspicio.*) || *Territorio bajo tutela,* región cuya administración está confiada por la O. N. U. a un Gobierno determinado.
TUTELAR adj. (lat. *tutelaris*). Protector: *genio tutelar de una ciudad.* || Favorable, que protege: *potencia tutelar.* || Relativo a la tutela.
TUTELAR v. t. Ejercer una tutela.
TUTEO m. Acción y efecto de tutear.
TUTILIMUNDI m. Mundonuevo, cosmorama.
TUTIPLÉN (A) m. adv. *Fam.* En gran abundancia, con exceso: *comer a tutiplén.*
TUTOR, RA m. y f. (lat. *tutor*). Persona a quien se confía la tutela de un menor. (SINÓN. V. *Protector.*) || — M. Rodrigón.
TUTORÍA f. Tutela, cargo de tutor.
TUTRIZ f. (lat. *tutrix, tutricis*). Tutora.
TUTTI FRUTTI m. (pal. ital.). Helado que se hace con varias frutas.
TUTUMA f. *Amer.* Totuma, calabaza. || *Chil.* Bulto, chichón y también postema.
TUTUMITO, TA adj. *Col. Fam.* Bobo, tonto.
TUTURUTO, TA adj. y s. *Amer.* Turulato, lelo: *ser muy tuturuto.* || — F. *Arg.* Bullanguera. || *Chil.* Alcahueta.
TUYA f. Árbol de la familia de las cupresáceas originario de Asia o América que se cultiva en parques y jardines. || Un ave peruana.
TUYO, YA (lat. *tuus*), pron. pos. de 2ª pers. en ambos géneros: *toma lo que es tuyo.* || — OBSERV. Esta palabra es en realidad un adjetivo posesivo, y no toma forma de pronombre sino precedida del artículo: *el tuyo, lo tuyo.*
TUYU m. *Chil.* Uno de los nombres del *ñandú.*
TUYUYÚ m. *Arg.* Especie de cigüeña.
TUZA f. *Amér. C.* Pequeño mamífero roedor de América. || *Méx.* *Tuza real,* uno de los nombres vulgares del *agutí.* || — PARÓN. *Tusa.*
TV, abreviatura de *televisión.*
TWEED m. (pal. ingl., pr. *tuid*). Cierto tejido de lana utilizado en la confección de chaquetas de sport.
TWIST m. (del ingl. *to twist,* torcer). Danza moderna aparecida en 1961-1962.
TWO STEP m. (pal. ingl., pr. *tu step*). Danza norteamericana de ritmo análogo al de la polca.

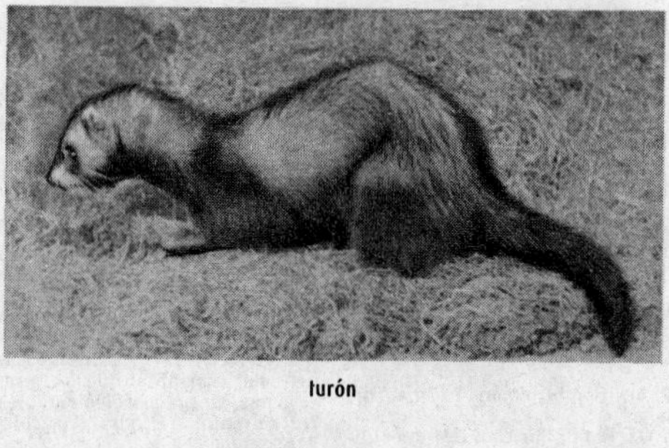

turón

Fot. Mondiale

Universidad de México

U

U f. Vigesimocuarta letra del abecedario y última de las vocales: *la* U *es muda cuando va precedida de q o g, siempre, en este último caso, que no tenga diérisis.* ‖ —Símbolo químico del *uranio.* ‖ *U consonante,* la V. ‖ *U valona,* nombre antiguo de la *V doble.*

U conj. disyunt. Se emplea en vez de *o* antes de palabras que empiezan por *o* o por *ho;* v. gr.: *siete u ocho; española u holandesa.* ‖ — OBSERV. Es craso barbarismo usar la *u* delante de otras letras: *cubierto u no de piel.*

UBAJAY m. Árbol mirtáceo de fruto ácido comestible, de color amarillo.

UBÉRRIMO, MA adj. sup. (lat. *uberrimus*). Muy fértil: *campos ubérrimos.*

UBETENSE adj. y s. De Úbeda.

UBÍ m. *Cub.* Especie de bejuco.

UBICACIÓN f. Acción de ubicar, situación.

UBICAR v. i. (del lat. *ubi,* en donde). Encontrarse en cierto lugar: *la casa ubica en tal calle.* ‖ — V. t. *Amer.* Situar o instalar en un sitio o lugar. ‖ — V. r. *Arg.* Colocarse en un empleo.

UBICUIDAD f. Facultad de estar presente en varios sitios a la vez.

UBICUO, CUA adj. (del lat. *ubique,* en todas partes). Que se encuentra a un mismo tiempo en todas partes. ‖ *Fig.* Dícese de la persona aficionada a enterarse de todo y que todo lo quiere presenciar.

UBIQUIDAD f. Ubicuidad.

UBIQUITARIO, RIA adj. y s. (del lat. *ubique,* en todas partes). Miembro de una secta luterana que sostenía que el cuerpo de Jesucristo está presente en la Eucaristía, no en virtud de la transubstanciación, sino porque se halla presente en todas partes.

UBRE f. (lat. *uber, uberis*). Nombre que se da a las tetas de los mamíferos.

UBRERA f. Llaga pequeña que se hace algunas veces en la boca de los niños de teta. (P. us.)

UCASE (Acad.) y generalmente **UKASE** m. Edicto del zar: *no obedecer un ukase imperial.* ‖ *Por ext.* Decisión autoritaria e imperativa. (SINÓN. V. *Mandamiento.*)

UCRANIO, NIA adj. y s. De Ucrania.

UCUMARI m. Un oso del Perú.

UCHÚ m. (pal quechua). Guindilla.

UCHUVA f. *Col.* Nombre de la fruta del capulí.

UCHUVITO adj. *Col. Fam.* Borracho, ebrio.

UCHUVO m. *Col.* Uno de los nombres del *capulí.*

UDÓMETRO m. (del lat. *udor,* lluvia). Pluviómetro.

¡UF! interj. Denota cansancio o repugnancia.

UFANAMENTE adv. m. Con ufanía.

UFANARSE v. r. Engreírse, enorgullecerse. (SINÓN. V. *Vanagloriar.*)

UFANÍA f. Calidad de ufano. ‖ Orgullo, vanidad.

UFANO, NA adj. Orgulloso, engreído. (SINÓN. V. *Vanidoso.*) ‖ *Fig.* Satisfecho, contento. ‖ *Fig.* Que obra con mucho desembarazo.

UFO (A) m. adv. *Fam.* De gorra, de pegote.

UGRE m. *C. Rica.* Cierto árbol bixáceo.

UGROFINÉS, ESA adj. Relativo a los fineses o a otros pueblos de lengua semejante. ‖ — Adj. y s. m. Dícese de un grupo de lenguas uraloaltaicas (húngaro, finlandés, estoniano).

UISTITÍ m. *Méx.* Tití.

UJIER m. Portero de estrados en un palacio. (SINÓN. *Guardián, portero.*) ‖ Empleado subalterno de algunos tribunales. (SINÓN. *Bedel, ordenanza.*)

UKASE m. Ucase. (SINÓN. V. *Mandamiento.*)

ULALA f. *Bol.* Especie de cacto.

ULANO m. (del al. *Uhlan,* lancero). Soldado de caballería armado de lanza en los antiguos ejércitos austriaco, alemán y ruso.

ÚLCERA f. (lat. *ulcera*). *Med.* Solución de continuidad en un tejido con pérdida de substancia determinada por una causa local: *úlcera varicosa.* (SINÓN. *Exutorio, llaga, ulceración.*) ‖ Llaga que se produce algunas veces en los vegetales.

ULCERACIÓN f. Formación de una úlcera. ‖ La misma úlcera.

ULCERANTE adj. Que ulcera o llaga.

ULCERAR v. t. Causar úlcera, llagar. ‖ *Fig.* Herirse moralmente, lastimar, provocar un resentimiento profundo y duradero: *tus críticas me han ulcerado.* ‖ — V. r. Convertirse en úlcera: *tener un miembro ulcerado.*

ULCERATIVO, VA adj. Que causa úlcera.

ULCEROSO, SA adj. Que está lleno de úlceras. ‖ Que tiene aspecto de úlcera: *llaga ulcerosa*.
ULCOATE m. *Méx.* Una serpiente venenosa.
ULEMA m. Doctor de la ley mahometana.
ULERO m. *Chil.* Rodillo que usan los pasteleros. (Se dice tb. *uslero.*)
ULIGINOSO, SA adj. Que crece en los sitios húmedos: *plantas uliginosas.*
ULITIS f. *Med.* Inflamación de las mucosas de las encías.
ULMÁCEAS f. pl. (del lat. *ulmus,* olmo). Familia de árboles o arbustos angiospermos que tienen por tipo el olmo.
ULMARIA f. Género de plantas rosáceas llamadas vulgarmente *reinas de los prados.*
ULMÉN m. *Chil.* Hombre rico, poderoso e influyente entre los araucanos.
ÚLMICO, CA adj. *Quím.* Dícese de un ácido nacido en la descomposición de las materias animales y vegetales.
ULMO m. *Chil.* Árbol corpulento cuya corteza sirve para curtir.
ULPEAR v. i. *Chil.* Tomar ulpo.
ULPO m. *Chil.* y *Per.* Cierta bebida que se hace con harina tostada con agua y a veces con azúcar.
ULTERIOR adj. (lat. *ulterior*). De la parte de allá, respecto de un punto: *la Calabria Ulterior.* ‖ Que se ha de hacer o decir después de otra cosa: *recibir noticias ulteriores.* (SINÓN. V. *Posterior.*) ‖ — CONTR. *Anterior.*
ULTERIORMENTE adv. m. Después.
ULTIMACIÓN f. Acción y efecto de ultimar.
ÚLTIMAMENTE adv. m. Por último, al fin. (SINÓN. V. *Recientemente.*)
ULTIMAR v. t. (lat. *ultimare*). Acabar, finalizar, terminar: *ultimar un trato.* ‖ *Chil.* Rematar.
ULTIMA RATIO expr. latina que significa *recurso extremo.*
ULTIMÁTUM m. (voz lat.). Última proposición, precisa y perentoria, que hace un Estado a otro, y cuya falta de aceptación debe causar la guerra: *dirigir un ultimátum.* ‖ Resolución terminante, definitiva. (SINÓN. V. *Mandamiento.*) ‖ *Fam.* Decisión irrevocable, definitiva. Pl. *ultimátums.*
ULTIMIDAD f. Carácter de último o postrero.
ÚLTIMO, MA adj. (lat. *ultimus*). Que viene detrás o después de los demás. (SINÓN. *Final.*) ‖ Dícese de lo que en una serie se encuentra en el postrer lugar: *el último de los reyes godos fue Don Rodrigo.* (SINÓN. *Postrero.*) ‖ Dícese de lo más remoto, retirado o escondido: *está en la última habitación de la casa.* (SINÓN. *Extremo.*) ‖ Mayor, superior, más excelente. ‖ *Por último,* después de todo, al fin: *por último se decidió a salir.* ‖ *Fam. Hacer las diez de últimas,* proceder de tal modo que al final no se obtiene lo que se deseaba.
ULTRA adv. (lat. *ultra*). Además de. ‖ Úsase en algunas voces compuestas significando *más allá de, más que: ultramar, ultraliberal.* ‖ Muy, demasiado, *ultrafamoso.* ‖ — M. *Neol.* El que profesa opiniones extremas.
ULTRACENTRIFUGADORA f. Centrifugadora que tiene un régimen de rotación muy elevado (más de 60 000 revoluciones por minuto).
ULTRACORTO, TA adj. *Electr.* Dícese, principalmente en radioelectricidad, de la onda cuya longitud es inferior a un metro.
ULTRAÍSMO m. Movimiento literario, nacido en 1919, creado por poetas españoles e hispanoamericanos, que proponía una renovación total del espíritu y de la técnica poética.
ULTRAÍSTA adj. Relativo al ultraísmo. ‖ — Adj. y s. Partidario del ultraísmo: *Jorge Luis Borges fue ultraísta en sus comienzos.*
ULTRAJADOR, RA adj. y s. Que ultraja. (SINÓN. *Insultante, ofensivo, ultrajante.*)
ULTRAJANTE adj. Que ultraja o injuria. (SINÓN. V. *Ultrajador.*)
ULTRAJAR v. i. Insultar o injuriar de obra o de palabra: *ultrajar a un adversario vencido.*
ULTRAJE m. Injuria grave que se hace de obra o de palabra: *no soportar un ultraje.* (SINÓN. V. *Ofensa.*)
ULTRAJOSO, SA adj. Que ultraja, que causa o incluye ultraje. (SINÓN. V. *Ultrajador.*)

ulmaria

umbela

ULTRAMAR m. País situado de la otra parte del mar: *establecerse en ultramar.* ‖ *Azul de ultramar,* el lapislázuli, piedra de color azul.
ULTRAMARINO, NA adj. Del otro lado del mar: *posesiones ultramarinas.* ‖ — M. pl. Comestibles traídos de la otra parte del mar y especialmente de América y Asia y tienda donde se venden. ‖ Tienda de comestibles.
ULTRAMICROSCÓPICO, CA adj. Muy pequeño.
ULTRAMICROSCOPIO m. Instrumento óptico más poderoso que el microscopio común.
ULTRAMODERNO, NA adj. Muy moderno.
ULTRAMONTANISMO m. Sistema político y religioso de los ultramontanos.
ULTRAMONTANO, NA adj. Que está más allá de la otra parte de los montes: *países ultramontanos.* ‖ Relativo a los ultramontanos. ‖ Partidario de Roma y del Papa. ‖ *Por ext.* Conservador fanático.
ULTRAMUNDANO, NA adj. Del otro mundo.
ULTRANZA (A) m. adv. A muerte. ‖ A todo trance, resueltamente.
ULTRAPASAR v. i. Galicismo por *exceder, pasar.*
ULTRARREALISTA adj. y s. Partidario exaltado de las doctrinas monárquicas.
ULTRARRÁPIDO, DA adj. Muy rápido.
ULTRARROJO, JA adj. Infrarrojo.
ULTRASENSIBLE adj. Muy sensible.
ULTRASÓNICO, CA adj. Relativo a los ultrasonidos.
ULTRASONIDO m. Sonido de frecuencia vibratoria muy elevada, imperceptible para el oído.
ULTRATUMBA f. Lo que pasa más allá del sepulcro: *escuchar una voz de ultratumba.*
ULTRAVIOLETA adj. *Fís.* Dícese de las radiaciones invisibles del espectro luminoso, que se extienden a continuación del color violado.
ULTRAVIRUS m. Virus tan diminuto que pasa a través de los filtros.
ULULACIÓN f. Grito del autillo, del búho, etc.
ULULAR v. i. (lat. *ululare*). Gritar, dar alaridos.
ULULATO m. Alarido.
ULVA f. Género de algas gelatinosas.
ULLUCO m. Género de quenopodiáceas de Bolivia y el Perú, usadas como sucedáneo de la patata. (SINÓN. *Olluco.*)
UMBELA f. (del lat. *umbella,* quitasol). Modo de inflorescencia en que los pedúnculos, como en el hinojo, salen todos del mismo plano para elevarse al mismo nivel, como los radios de una sombrilla.
UMBELÍFERAS f. pl. Familia de plantas dicotiledóneas de flores dispuestas en umbelas: *el hinojo, el perejil, el apio, el comino, la zanahoria, etc., son umbelíferas.*
UMBILICADO, DA adj. De forma de ombligo.
UMBILICAL adj. *Anat.* Perteneciente o relativo al ombligo: *cordón umbilical.*
UMBRÁCULO m. Cobertizo de ramaje, que se dispone para resguardar las plantas del sol.
UMBRAL m. (del lat. *umbratilis,* que está a la sombra). Parte inferior de la puerta, contrapuesta al dintel: *pisar el umbral de una casa.* ‖ *Fig.* Entrada de cualquier cosa: *estar en los umbrales de la juventud.* ‖ *Arq.* Madero atravesado en lo alto de un vano. ‖ — OBSERV. Es barb. confundir *dintel* con *umbral.* (V. DINTEL.)
UMBRALADA f., **UMBRALADO** m. *Amer.* y **UMBRALADURA** f. *Ecuad.* Umbral.
UMBRALAR v. t. Poner umbral a un vano.
UMBRÁTICO, CA adj. Que produce sombra.
UMBRÁTIL adj. Umbroso, sombrío.
UMBRÍA f. Lugar en que hay mucha sombra. (SINÓN. V. *Sombra.*)
UMBRÍO, A adj. Sombrío, umbroso.
UMBROSO, SA adj. (lat. *umbrosus*). Que tiene sombra: *pasearse por una alameda umbrosa.*
UMECHE m. *Bol.* Cera vegetal.
UN adj. Apócope de *uno,* que se usa antes de los substantivos. (V. UNO.)
UNÁNIME adj. (del lat. *unus,* uno, y *animus,* ánimo). Dícese de las personas que son todas de un mismo parecer: *estuvieron unánimes en censurarlo.* ‖ General, sin excepción: *dictamen unánime.*

UNÁNIMEMENTE adv. m. De modo unánime: *una proposición adoptada unánimemente.*
UNANIMIDAD f. Acuerdo total de las opiniones, pareceres, sufragios. || *Por unanimidad,* unánimemente: *le aclamaron por unanimidad.*
UNÁU m. *Zool.* Perezoso.
UNCIA f. (del lat. *uncia,* duodécima parte). Moneda romana de cobre que valía la duodécima parte del as. || *For.* Duodécima parte de la herencia.
UNCIAL adj. (del lat. *uncialis,* de una pulgada). Nombre de la escritura en letras mayúsculas, del tamaño de una pulgada, que se usó en Europa desde el siglo IV hasta el VII.
UNCIFORME m. Un hueso del carpo o muñeca.
UNCIÓN f. (lat. *unctio*). Acción y efecto de ungir: *aplicar una unción mercurial.* || Extremaunción, sacramento de la Iglesia católica. || *Fig.* Devoción, recogimiento, sentimiento profundo: *hablar con unción.* (SINÓN. V. *Dulzura.*)
UNCIR v. t. (lat. *jungere*). Atar al yugo un animal: *uncir los bueyes al arado.*
UNCU m. *Per.* Especie de camiseta larga.
UNDEBÉ n. pr. Dios, en caló gitano.
UNDÉCIMO, MA adj. (lat. *undecimus*). Que sigue en orden a lo décimo. || — M. Cada una de las once partes iguales en que se divide un todo.
UNDÉCUPLO, PLA adj. y s. Que es once veces mayor.
UNDÍSONO, NO adj. (lat. *undisonus*). *Poét.* Dícese de las aguas corrientes ruidosas.
UNDÍVAGO, GA adj. Que ondea como las olas.
UNDOSO, SA adj. Dícese de lo que forma muchas ondas: *un río undoso.*
UNDULACIÓN f. Ondulación.
UNDULANTE adj. Ondulante.
UNDULAR v. i. (del lat. *undula,* ola pequeña). Ondular.
UNDULATORIO, RIA adj. Ondulatorio.
UNGIDO m. Persona que ha sido signada con el óleo santo: *el ungido del Señor.*
UNGIMIENTO m. Acción y efecto de ungir.
UNGIR v. t. (lat. *ungere*). Frotar con aceite u otra materia grasa: *los gladiadores se ungían los miembros con aceite.* || Signar a una persona con óleo sagrado: *ungir a un enfermo.* (SINÓN. V. *Consagrar.*)
UNGÜENTO m. (lat. *unguentum*). En otro tiempo, droga aromática, perfume: *las momias egipcias se envolvían en vendas cargadas de ungüentos.* Hoy día es un medicamento externo compuesto de resina y diversos cuerpos grasos. (SINÓN. V. *Linimento.*) || *Fig.* Cualquier cosa que suaviza, facilita.
UNGUICULADO, DA adj. y s. Que tiene los dedos terminados por uñas.
UNGUIS m. (pal. lat. que sign. *uña*). Huesecillo de las órbitas que contribuye a formar los conductos lagrimal y nasal.
UNGULADO, DA adj. Dícese de los animales cuyo pie tiene casco o pezuña. || — Pl. *Zool.* División de los mamíferos que comprende los que tienen el pie encerrado en un casco o pezuña: *los ungulados se subdividen en dos órdenes: los perisodáctilos y los artiodáctilos.*
UNGULAR adj. Relativo a la uña.
UNIATO m. Cristiano griego que reconoce la supremacía del Papa. Ú. t. c. adj.: *los griegos uniatos.*
UNIBLE adj. Que puede unirse.
ÚNICAMENTE adv. m. Exclusivamente: *pensar únicamente en su deber.* (SINÓN. *Meramente, simplemente, solamente.*) || Antes que todo: *querer únicamente una cosa.*
UNICAMERAL adj. De una sola cámara o asamblea.
UNICAULE adj. *Bot.* Que tiene un solo fallo.
UNICELULAR adj. Que sólo tiene una célula.
UNICIDAD f. Calidad de único.
ÚNICO, CA adj. Solo de su especie: *hijo único.* (SINÓN. V. *Original* y *raro.*) || *Fig.* Singular, extraordinario: *acontecimiento único.* (SINÓN. V. *Excepcional* e *imponente.*)
UNICOLOR adj. De un solo color, monocromo.
UNICORNIO m. Animal fabuloso, de cuerpo de caballo, que se representa con un cuerno en medio de la frente. || Rinoceronte.

UNIDAD f. (lat. *unitas*). Principio de todo número: *no pueden sumarse más que unidades de la misma especie.* || Cantidad que se toma como medida común de todas las demás de igual clase: *unidad de longitud, de peso, de capacidad.* (V. cuadro en las págs. 1040 y 1041.) || Cualidad de lo que es uno, opuesto a *pluralidad: la unidad de Dios.* || Acción simultánea que tiende al mismo fin: *no hay unidad entre ellos.* (SINÓN. V. *Unión.*) || Armonía de conjunto de una obra artística o literaria: *unidad de acción.* || En la literatura clásica, conjunto de reglas según las cuales debe desarrollarse el poema dramático: 1º en una sola acción principal; 2º en el espacio de un solo día; 3º en un solo lugar: *los grandes dramaturgos españoles daban poca importancia a la regla de las tres unidades.* || *Mil.* Formación militar constituida permanentemente. || *Unidad monetaria,* moneda que sirve legalmente de patrón en cada país.
UNIDAMENTE adv. m. Con unión o concordia.
UNIDO, DA adj. Que tiene unión: *una familia muy unida.* (SINÓN. V. *Adherente.* CONTR. *Separado, dividido.*) || Galicismo por *liso: superficie unida.*
UNIFICACIÓN f. Acción y efecto de unificar o unificarse.
UNIFICADOR, RA adj. y s. Que unifica.
UNIFICAR v. t. (del lat. *unus,* uno, y *facere,* hacer). Reducir muchas cosas a una: *unificar un partido.* (SINÓN. V. *Identificar.*)
UNIFOLIADO, DA adj. Que sólo tiene una hoja.
UNIFORMADOR, RA adj. Que uniforma.
UNIFORMAR v. t. Hacer uniformes dos cosas. || Dar uniforme a varias personas: *uniformar los empleados.*
UNIFORME adj. (del lat. *unus,* uno, y *forma*). Que tiene igual forma, semejante: *edificar varias casas uniformes.* (SINÓN. *Igual, monocorde, monótono, parejo.*) || Siempre igual: *velocidad uniforme.* (SINÓN. V. *Regular.*) || Que no tiene ninguna variedad: *color, estilo uniforme.* || Que ofrece pocos cambios, por el estilo: *vida, conducta uniforme.* || *Movimiento uniforme,* movimiento de un cuerpo que recorre espacios iguales en tiempos iguales. || — M. Traje igual para las personas que pertenecen a un mismo cuerpo: *uniforme militar.* (SINÓN. V. *Vestido.*)
UNIFORMEMENTE adv. m. De modo uniforme: *movimiento uniformemente acelerado.*
UNIFORMIDAD f. Calidad de uniforme (SINÓN. V. *Igualdad.*)
UNIFORMIZAR v. t. Hacer uniforme.
UNIGÉNITO, TA adj. Dícese del hijo único. || — M. El Verbo eterno, Hijo de Dios.
UNILATERAL adj. (del lat. *unus,* uno solo, y *latus, eris,* lado). Que está situado de un solo lado: *estacionamiento unilateral; nectario unilateral.* || *For.* Que no compromete sino a una de las partes: *la donación constituye un contrato unilateral.* || *Por ext. Decisión unilateral,* la tomada por sólo una de las partes en presencia.
UNINOMINAL adj. Que sólo contiene un nombre; que sólo se indica un nombre: *escrutinio uninominal.*
UNIÓN f. (lat. *unio*). Asociación de diferentes cosas, de manera que formen un todo: *la unión de dos tierras.* (SINÓN. V. *Articulación* y *ensambladura.*) || Conformidad de esfuerzos o pensamientos: *la unión hace la fuerza.* (SINÓN. *Acuerdo, amistad, concordia, entente, inteligencia, unidad.* V. tb. *convenio.*) || Asociación de intereses que se establece entre varias personas o asociaciones: *unión comercial, agrícola,* etc. (SINÓN. V. *Sindicato.*) || Casamiento: *unión mal hecha.* (SINÓN. V. *Matrimonio.*) || Concordia, sortija doble. || Consolidación de los labios de una herida. || Soldadura de los dos fragmentos de un hueso fracturado.
UNIONENSE adj. y s. De La Unión, c. de España (Murcia). || De La Unión (El Salvador).
UNIONISMO m. Doctrina de los unionistas.
UNIONISTA adj. y s. Partidario de cualquier idea de unión.
UNÍPARO, RA adj. Que da nacimiento a un solo hijo: *hembra unípara.*
UNÍPEDE adj. De un solo pie: *monstruo unípede.*

unicornio

TABLA DE UNIDADES DE MEDIDA LEGALES

Las unidades principales del sistema S I van en **MAYÚSCULAS NEGRILLAS.**
Las unidades secundarias del sistema S I van en **minúsculas negrillas.**
Los múltiplos y submúltiplos de las unidades del sistema S I van en minúsculas.
Las unidades del sistema C. G. S. van en *itálica.*
Las unidades no pertenecientes a un sistema van en VERSALITAS.

MÚLTIPLOS Y SUBMÚLTIPLOS DECIMALES

tera	T.	1 000 000 000 000	de unidades
giga	G.	1 000 000 000	—
mega	M.	1 000 000	—
kilo	k.	1 000	unidades
hecto	h.	100	—
deca	da	10	—
unidad		1	—

unidad		1	unidad
deci	d.	0,1	—
centi	c.	0,01	—
mili	m.	0,001	—
micro	μ.	0,000 001	—
nano	n.	0,000 000 001	—
pico	p.	0,000 000 000 001	—

I. UNIDADES GEOMÉTRICAS

longitud

METRO	m		
centímetro	cm	0,01	m
micra	μ	0,000 001	—
MILLA		1 852	—

área o superficie

metro cuadrado	m^2		
área	a	100	m^2
centímetro cuadrado	cm^2	0,000 1	—

volumen

metro cúbico	m^3		
estéreo	st	1	m^3
litro	l	0,001	—
centímetro cúbico	cm^3	0,000 001	—

ángulo plano

radián	rd	
tour	tr	2π
GRADO CENTESIMAL	gr	$\pi/200$
GRADO SEXAGESIMAL	°	$\pi/180$
MINUTO	′	$\pi/10\,800$
SEGUNDO	″	$\pi/648\,000$

ángulo sólido

estereorradiante . . sr

II. UNIDADES DE MASA

masa

KILOGRAMO	kg		
tonelada	t	1 000	kg
QUINTAL	Qm	100	—
gramo	g	0,001	—
QUILATE		0,000 2	—

masa volúmica

kilogramo por metro cúbico	kg/m^3	
gramo por centímetro cúbico	g/cm^3	1 000 kg/m^3

graduación alcohométrica

grado alcohométrico centesimal . °GL

III. UNIDADES DE TIEMPO

tiempo

SEGUNDO	s		
MINUTO	mn	60	s
HORA	h	3 600	—
DÍA	d	86 400	—

frecuencia

hertz . . . . Hz

IV. UNIDADES MECÁNICAS

velocidad

metro por segundo	m/s		
centímetro por segundo	cm/s	0,01	m/s
NUDO		1 852/3 600	—

aceleración

metro por segundo cada segundo	m/s^2		
gal	cm/s^2	0,01	m/s^2

fuerza

newton	N		
dina	dyn	0,000 01	N

energía, trabajo o cantidad de calor

julio	J		
ergio		0,000 000 1	J
VATIO-HORA	Wh	3 600	
ELECTRÓN-VOLTIO	eV	$1{,}59 \cdot 10^{-19}$	—
CALORÍA	cal	4,185 5	—
TERMIA (O MEGACALORÍA)	th	$4{,}185\,5 \cdot 10^{6}$	—
FRIGORÍA	fg	$-4{,}185\,5 \cdot 10^{3}$	—

potencia

vatio	W		
ergio por segundo		0,000 000 1	W

tensión y presión

pascal	Pa		
bar		100 000	Pa
baria	dyn/cm	0,1	—

viscosidad dinámica

poiseuille	Pl		
poise	Po	0,1	Pl

viscosidad cinemática

(*La unidad S I no ha recibido nombre*). m^2/s
stokes . . . . . . *St* 0,000 1 unidad S I.

V. UNIDADES ELÉCTRICAS

intensidad de corriente eléctrica

AMPERIO	A		
unidad electromagnética C. G. S.		10	A

fuerza electromotriz y diferencia de potencial (o tensión)

voltio	V		
unidad electromagnética C. G. S.		0,000 000 01	V

resistencia eléctrica

ohmio	Ω		
unidad electromagnética C. G. S.		0,000 000 001	Ω

cantidad de electricidad

culombio	C	
unidad electromagnética C. G. S.		10 C
AMPERIO-HORA	Ah	3 600 —

capacidad eléctrica

faradio	F	
unidad electromagnética C. G. S.		1 000 000 000 F

inductancia eléctrica

henrio	H	
unidad electromagnética C. G. S.		0,000 000 001 H

flujo magnético

weber	Wb	
maxwell	M	0,000 000 01 Wb

inducción magnética

tesla	T	
gauss	G	0,000 1 T

VI. UNIDADES CALORÍFICAS

temperatura

GRADO KELVIN	°K
GRADO CELSIUS	°C

cantidad de calor

Ver *unidades mecánicas* (energía)

VII. UNIDADES ÓPTICAS

intensidad luminosa

CANDELA	cd	

flujo luminoso

lumen	lm	

iluminancia

lux	lx	
foto	ph	10 000 lx

luminancia

candela por metro cuadrado	cd/m²

vergencia de los sistemas ópticos

dioptría	δ

VIII. UNIDADES DE RADIACTIVIDAD

actividad nuclear

CURIE	Ci

cantidad de radiación X o γ

RÖNTGEN	R

PRINCIPALES UNIDADES DE MEDIDA ANGLOSAJONAS

NOMBRE INGLÉS		NOMBRE CASTELLANO Y EQUIVALENCIA		OBSERVACIONES
longitud				
inch	in o ″	pulgada	25,4 mm	
foot	ft o ′	pie	0,304 8 m	vale 12 inches
yard	yd	**yarda**	0,914 4 m	vale 3 feet
fathom	fm	braza	1,828 8 m	vale 2 yards
statute mile		milla terrestre	1,609 3 km	vale 1 760 yards
nautical mile	m o mile	milla marina británica	1,853 1 km	vale 6 080 feet
U. S. nautical mile		milla marina norteamericana	1,853 2 km	
masa (comercio)				
ounce	oz	onza	28,349 g	
pound	lb	**libra**	453,592 g	vale 16 onzas
capacidad				
U. S. liquid pint	U. S. pt	pinta norteamericana	0,473 l	
pint	pt	pinta británica	0,568 l	
U. S. gallon	U. S. gal	**galón norteamericano**	3,785 l	
imperial gallon	imp. gal	**galón británico**	4,546 l	vale 8 pints
U. S. bushel	U. S. bn		35,238 3 l	
bushel	bn		36,368 l	vale 8 gallons
U. S. barrel (petroleum)	U. S. bbl	barril norteamericano	158,98 l	
fuerza				
poundal	pdl	0,138 2 N		
potencia				
horse power	HP	caballo-vapor británico	0,745 7 kW	equivale a 1,013 c v
temperatura				
grado Fahrenheit	deg	**grado Fahrenheit** (°F)		una temperatura de *t* grados Fahrenheit corresponde a: $\frac{5}{9}(t - 32)$ grados Celsius 212 °F corresponde a 100 °C 32 °F corresponde a 0 °C
calor, energía, trabajo				
british termal unit	B. T. U.		1 055,06 J	

UNIPERSONAL adj. Que sólo se usa en una persona. ‖ Dícese de los verbos que sólo se emplean en tercera persona, como *acontecer*. ‖ Que corresponde o pertenece a una sola persona.

UNIPOLAR adj. Que tiene un solo polo.

UNIR v. t. (lat. *unire*). Confundir en uno: *unir dos tablas*. ‖ Juntar uno con otro: *unir dos océanos*. ‖ Asociar: *unir sus intereses con los de otro*. (SINÓN. *Aliar, coligar, confederar, federar, ligar*. V. tb. *reunir*.) ‖ Ligar por medio del amor o del matrimonio: *unir dos jóvenes*. (SINÓN. V. *Acercar*.) ‖ Empastar bien un color. ‖ — V. r. Aliarse. ‖ Juntarse dos cosas.

UNISEXUAL adj. *Biol.* Planta o animal que tiene un solo sexo: *flor unisexual*. ‖ — CONTR. *Hermafrodita*.

UNISÓN adj. Unísono: *voces unisones*. ‖ — M. *Mús.* Trozo de música de sonidos iguales.

UNISONANCIA f. *Mús.* Concurrencia de varias voces o instrumentos en un mismo tono. ‖ Monotonía viciosa en el tono de voz del orador.

UNISONAR v. i. Sonar al unísono.

UNÍSONO, NA adj. (lat. *unisonus*). Que tiene el mismo tono o sonido: *tres voces unísonas*. ‖ — M. Unisonancia: *cantar al unísono*. ‖ *Al unísono*, al mismo tiempo, sin discrepancias.

UNITARIO, RIA adj. Relativo a la unidad política: *doctrina unitaria*. ‖ — M. Partidario de la unidad y de la centralización en política. ‖ El que sólo reconoce una persona en Dios, como los socinianos.

UNITARISMO m. Doctrina de los unitarios.

UNITIVO, VA adj. Capaz de unir.

UNIVALVO, VA adj. Dícese del molusco de una sola valva y del fruto de una sola ventalla.

UNIVERSAL adj. General, que a todo se extiende o se aplica: *remedio universal*. (SINÓN. *Cosmopolita, ecuménico, general, internacional, mundial*.) ‖ Que procede de todos: *consentimiento universal*. ‖ Que tiene aptitudes para todo, conocimientos en todo. ‖ Válido de una manera total e imperativa: *Kant decía que los principios de la razón son universales y necesarios*.

UNIVERSALIDAD f. (lat. *universalitas*). Calidad de universal, generalidad, totalidad: *la universalidad de los seres*. ‖ Carácter de lo que abraza todos los conocimientos: *la universalidad del espíritu humano*. ‖ *Lóg.* Carácter de una proposición universal. ‖ *For.* Conjunto de bienes y de obligaciones del difunto en una herencia.

UNIVERSALÍSIMO, MA adj. *Lóg.* Supremo, que comprende otros géneros también universales.

UNIVERSALISMO m. Opinión que no reconoce más autoridad que el consentimiento universal.

UNIVERSALISTA adj. y s. Partidario del universalismo.

UNIVERSALIZACIÓN f. Generalización.

UNIVERSALIZAR v. t. Hacer universal, generalizar.

UNIVERSALMENTE adv. m. De modo universal o general: *un sabio universalmente conocido*.

UNIVERSIDAD f. (lat. *universitas*). Grupo de escuelas llamadas *facultades* o *colegios*, según los países, para la enseñanza superior: *la Universidad de Madrid, de Oxford*. ‖ Edificios en que reside una universidad. (V. *Parte hist.*)

UNIVERSITARIO, RIA adj. Relativo o perteneciente a la universidad: *grados universitarios*. ‖ — M. Catedrático de universidad. ‖ Persona que cursa sus estudios en la universidad o que ha adquirido en ella un grado.

UNIVERSO m. (lat. *universus*). Conjunto de las cosas existentes, el mundo: *la inmensidad del universo*. (SINÓN. *Cosmos, naturaleza*.) ‖ La Tierra y sus habitantes. (SINÓN. *Globo, mundo, orbe*.) ‖ La generalidad de los hombres: *todo el universo cree esto*. ‖ Medio en el que uno vive: *su habitación es todo su universo*. ‖ *Fig.* Mundo material, intelectual o moral: *los estudios que hacía era todo mi universo*.

UNIVOCACIÓN f. Acción y efecto de univocarse.

UNIVOCARSE v. r. *Fil.* Convenir en una misma razón varias cosas.

UNÍVOCO, CA adj. Que designa varios objetos distintos, pero del mismo género, con el mismo sentido: *hombre es unívoco de Pedro y de Pablo*. ‖ *Gram.* Que designa con el mismo sonido objetos diferentes: HAYA *es unívoco de un árbol y de una persona del verbo* HABER.

UNO, NA adj. (lat. *unus*). Que no admite división: *Dios es uno*. ‖ Igual, idéntico: *esa persona y yo somos uno solo*. ‖ Único. ‖ Úsase también contrapuesto a otro: *uno estudiaba su lección y otro escribía*. ‖ *La una*, la primera hora desde mediodía a medianoche. ‖ — Pl. Algunos: *unos años después*. ‖ Próximamente: *esto vale unas cuatro pesetas*. ‖ — M. El primero de todos los números: *un uno mal hecho* ‖ Unidad: *uno y uno son dos*. ‖ — Pron. indet. Dícese de una persona cuyo nombre se ignora o no quiere decirse: uno *lo dijo*. ‖ — Art. indef. Alguno, individuo: *un clásico ha escrito*. ‖ *A una*, a un tiempo: *todos a una empezaron el trabajo*. ‖ *Cada uno*, cualquier persona considerada separadamente. ‖ *De uno en uno, uno a uno, uno por uno*, siguiéndose uno a otro. ‖ *En uno*, en unión o conformidad. ‖ *Una de dos*, loc. que se emplea para contraponer dos ideas. ‖ *Uno a otro*, recíprocamente: *se saludaron uno a otro*. ‖ *Uno que otro*, algunos. ‖ — OBSERV. Antes de un substantivo, m. sing., se convierte en *un*. ‖ El empleo inútil de *uno*, sobre todo repetido, es galicismo: *lo dijo con un tono áspero; este hombre tiene una gran inteligencia y un buen corazón*.

UNTADOR, RA adj. y s. Que unta.

UNTADURA f. Acción y efecto de untar: *untadura de grasa*. ‖ Cosa con que se unta.

UNTAMIENTO m. Untadura, untura.

UNTAR v. t. Ungir, aplicar una grasa a algo: *untarse los dedos de pringue*. (SINÓN. V. *Engrasar*.) ‖ *Fig.* y *fam.* Corromper a uno con dádivas. ‖ — V. r. Mancharse con una materia grasa. ‖ *Fig.* y *fam.* Sacar interés ilícito de las cosas que se manejan. ‖ *Fig.* y *fam.* *Untar la mano*, sobornar con dádivas.

UNTAZA f. Unto, gordura del animal. (P. us.)

UNTO m. (lat. *unctum*). Materia grasa usada para untar: *unto de carros*. ‖ Grasa o gordura del animal. ‖ *Chil.* Betún para el calzado. ‖ *Col.*, *Méx.* y *Per.* Untura; untadura. ‖ *Fam.* *Unto de México*, el dinero.

UNTUOSIDAD f. Calidad de untuoso o graso.

UNTUOSO, SA adj. Grasiento: *pasta untuosa*. (SINÓN. V. *Graso*.)

UNTURA f. (lat. *unctura*). Untadura, acción de untar: *dar una untura a un enfermo*.

UÑA f. (lat. *ungula*). Parte córnea que cubre la punta de los dedos por la parte superior. ‖ Garras de ciertos animales. ‖ Pezuña de algunos animales. ‖ Gancho de la cola del alacrán. ‖ Escopleadura en ciertos objetos para empujarlos con la uña. ‖ Dátil, molusco. ‖ Punta o garfio de ciertos objetos: *las uñas del ancla*. ‖ *Uña de gato*, planta leguminosa de América Central. ‖ *Chil.* Araña venenosa llamada también *poto colorado*. ‖ *A uña de caballo*, a todo correr. ‖ *De uñas*, enfadados. ‖ *Fig.* y *fam.* *Largo de uñas*, inclinado a robar. ‖ *Ser uña y carne dos personas*, ser muy amigas.

UÑADA f. Señal hecha con la uña. ‖ Arañazo.

UÑARADA f. Rasguño, arañazo.

UÑATE m. Uñeta, juego de muchachos. ‖ Acción y efecto de apretar alguna cosa con la uña.

UÑERO m. Inflamación del dedo, en la raíz de la uña. ‖ Uña que crece viciosamente y se introduce en la carne, especialmente en los dedos de los pies.

UÑETA f. Uña pequeña. ‖ Cincel pequeño de cantero. ‖ Juego de muchachos, que se ejecuta tirando monedas a un hoyuelo. ‖ *Chil.* Plectro usado para tocar un instrumento de cuerdas. ‖ — Pl. *Col. Fam.* Largo de uñas.

UÑETAZO m. Uñada, uñarada.

UÑI m. *Chil.* Arbusto mirtáceo de fruto comestible.

UÑIDURA f. Acción y efecto de uñir.

UÑIR v. t. (lat. *iungere*). Unir, juntar.

UÑOPERQUÉN m. *Chil.* Planta herbácea que crece en terrenos pedregosos.

UÑOSO, SA adj. Que tiene las uñas demasiado largas. ‖ *Chil* Dícese del animal despeado.

¡UPA! interj. Se usa algunas veces para estimular a los niños a que se levanten. ‖ *A upa*, en brazos.

UPAR v. t. Aupar.

UPAS m. Veneno sacado del látex de diversos árboles y en particular del estricno, y que sirve a los javaneses para envenenar sus flechas.
¡UPE! interj. *C. Rica.* Úsase al entrar en una casa para llamar a sus habitantes.
UPPERCUT m. (pal. ingl.). En boxeo, gancho al mentón.
UPUPA f. Abubilla.
URA f. *Arg.* Gusano en las llagas de los animales.
URACO m. *Amer.* Huraco.
URAETO m. Género de aves rapaces de Australia, que son unas águilas de gran tamaño.
URALALTAICO, CA adj. Dícese de un grupo de lenguas aglutinantes que comprende el mogol, el turco y el ugrofinés.
URALITA f. (nombre registrado). Plancha ondulada hecha con cemento y otras materias.
URALOALTAICO, CA adj. Uralaltaico.
URANATO m. *Quím.* Sal del ácido uránico.
URANIA f. Gran lepidóptero de Madagascar.
URÁNICO, CA adj. Relativo al uranio.
URANÍFERO, RA adj. Que tiene uranio.
URANIO m. *Quím.* Metal (U) de número atómico 92, de densidad 18,7, extraído del urano. (El *átomo del uranio,* poco radiactivo, es fisible y este metal en su estado puro se emplea principalmente en la producción de energía atómica y como manantial de neutrones.) [V. cuadro ÁTOMO.]
URANIO, NIA adj. De los astros o del cielo.
URANITA f. Fosfato hidratado natural de uranio.
URANO m. *Quím.* Óxido natural del uranio.
URANOGRAFÍA f. Cosmografía.
URANÓGRAFO m. Cosmógrafo.
URANOLITO m. Aerolito.
URANOMETRÍA f. Parte de la astronomía que se ocupa de la medición de las distancias celestes.
URAO m. Carbonato de sosa natural.
URAPE m. *Venez.* Arbusto leguminoso con el cual se hacen setos vivos.
URATO m. *Quím.* Sal derivada del ácido úrico. (Los *uratos,* poco solubles en el agua, pueden depositarse en el organismo, ya en las articulaciones [gota], ya en las vías urinarias [cálculos].)
URBANAMENTE adv. m. Con urbanidad.
URBANIDAD f. Cortesía, buenos modales: *acoger a una persona con urbanidad.* ‖ — SINÓN. *Civilidad, corrección, educación, política.* V. tb. *afabilidad.*
URBANISMO m. Conjunto de medidas técnicas, administrativas, económicas y sociales que se refieren al desarrollo armónico, racional y humano de los poblados.
URBANISTA adj. Relativo al urbanismo. ‖ — M. Arquitecto que se encarga de la creación, desarrollo, reforma y progreso de los poblados de habitación.
URBANÍSTICO, CA adj. Relativo al urbanismo: *un valioso servicio urbanístico.*
URBANIZACIÓN f. Acción y efecto de urbanizar.
URBANIZAR v. t. Hacer urbano, civilizar: *urbanizar a un paleto.* ‖ Convertir un terreno en poblado abriendo calles y dotándolo de luz y otros servicios municipales.
URBANO, NA adj. (lat. *urbanus*). De la ciudad, por oposición a *rural: población urbana.* ‖ *Fig.* Cortés, atento. (CONTR. *Grosero.*)
URBE f. Ciudad grande y populosa.
URBI ET ORBI, expr. latina que significa *por todas partes, a los cuatro vientos.*
URCA f. (lat. *orca*). Embarcación grande usada para transporte. ‖ Orca, cetáceo.
URCEOLARIA f. Género de líquenes que viven en la tierra, los árboles y las rocas.
URCÉOLO m. Órgano vegetal que tiene la forma de un saco o urna.
URCHILLA f. (ital. *orciglia*). Especie de liquen de Europa. ‖ Color violeta que se saca de este liquen y se usa en tintorería.
URDIDERA f. Máquina para urdir.
URDIDOR, RA adj. y s. Que urde. ‖ — M. Urdidera.
URDIDURA f. Acción y efecto de urdir las telas.

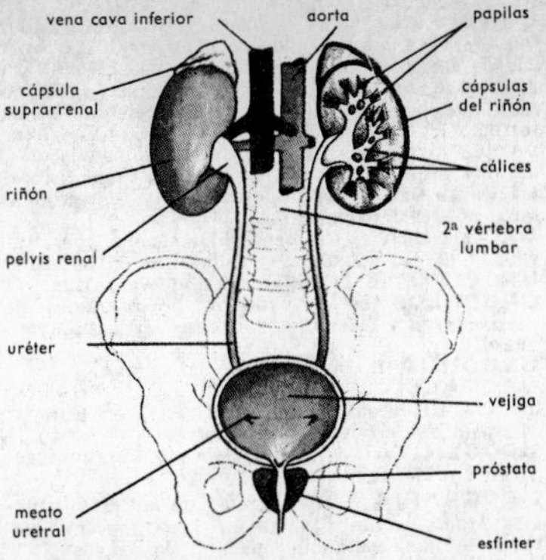

VÍAS URINARIAS

URDIMBRE f. Estambre urdido. ‖ Conjunto de hilos paralelos entre los que pasa la trama para formar una tela. ‖ *Fig.* Maquinación, trama.
URDIR v. t. (lat. *ordiri*). Preparar los hilos de la urdimbre de una tela. ‖ *Fig.* Tramar alguna cosa: *urdir una conspiración.* (SINÓN. *Maquinar, preparar, tramar, trapichear.*)
UREA f. (del gr. *ouron,* orina). Substancia de fórmula $CO(NH_2)_2$, residuos de la descomposición de las proteínas del organismo que se encuentran en la sangre, linfa y orina. (El plasma humano tiene en cada litro 0,30 g de urea, la orina 20 g por litro, y el sudor 1 g por litro.)
UREDÍNEAS f. pl. Orden de hongos parásitos de los vegetales, que forman manchas conocidas con el nombre de *roya.*
UREICO, CA adj. Relativo o perteneciente a la urea.
UREIDO m. Compuesto derivado de la urea.
UREMIA f. *Med.* Aumento patológico de la proporción de urea en la sangre por deficiencia del funcionamiento del riñón.
URÉMICO, CA adj. Relativo a la uremia.
URENTE adj. (del lat. *urere,* quemar). Ardiente, abrasador: *la pimienta tiene sabor urente.*
URÉTER m. (gr. *ourêtêr*). Cada uno de los dos canales que llevan la orina de los riñones a la vejiga.
URÉTERA f. *Zool.* Uretra.
URÉTICO, CA adj. *Zool.* Relativo a la uretra.
URETRA f. (gr. *ourêthra*). *Anat.* Canal que conduce la orina fuera de la vejiga.
URETRAL adj. *Anat.* Relativo a la uretra.
URETRITIS f. Inflamación de la membrana mucosa que cubre la uretra. ‖ Blenorragia.
URGENCIA f. Calidad de urgente, gran prisa: *le llamo con gran urgencia* (no *de urgencia*). ‖ Necesidad o falta apremiante de lo que es menester para algo. ‖ Obligación de cumplir las leyes o preceptos.
URGENTE adj. Que corre prisa, que no puede ser retrasado: *negocio urgente.* ‖ — SINÓN. *Apremiante, imperioso, inminente, perentorio.* V. tb. *presuroso.*
URGENTEMENTE adv. m. De modo urgente.
URGIR v. i. (lat. *urgere*). Instar, correr prisa: *urge hacer este trabajo.* ‖ Obligar una ley o precepto. ‖ — OBSERV. Es barbarismo hacer este verbo activo con el sentido de *impulsar, hostigar: urgido por un presentimiento.*
URGONIENSE adj. y s. m. Dícese de la parte inferior de los terrenos cretáceos.
URIBIENSE adj. y s. De Uribia (Colombia).
ÚRICO, CA adj. Relativo al ácido úrico. ‖ *Quím. Ácido úrico,* ácido nitrogenado eliminado por el organismo, que se encuentra en la orina humana y, en menor dosis, en la sangre. ‖ *Cálculo úrico,* cálculo de ácido úrico.
URINAL adj. Urinario, relativo a la orina.
URINARIO, RIA adj. (del lat. *urina,* orina). Relativo a la orina: *vías urinarias.* ‖ — M. Lugar destinado para orinar en sitios públicos.
URINÍFERO, RA adj. Que lleva orina: *conductos uriníferos.*

uro

urogallo

urraca

ursulina

urubú

URNA f. (lat. *urna*). Vaso de forma variable, que servía a los antiguos para encerrar las cenizas de los muertos, para sacar agua, etc. ‖ Vaso que tiene la forma de urna antigua. ‖ Arca o caja que sirve para depositar papeletas en los sorteos, en las votaciones, etc. ‖ Caja de cristales que sirve para guardar, dejándolos visibles, algunos objetos: *conservar reliquias en una urna.*
URO m. (lat. *uris*). Bóvido salvaje parecido al toro, hoy casi extinguido.
UROBILINA f. Pigmento biliario que constituye una de las substancias colorantes de la orina.
UROCISTITIS f. Inflamación de la vejiga.
URODELOS m. pl. Género de batracios de cuerpo largo y miembros cortos, como la salamanquesa.
URODINIA f. Dolor sentido al orinar.
UROGALLO m. Ave bastante grande del orden de las gallináceas, que vive silvestre en Europa: *la carne del urogallo es estimada.*
UROGENITAL adj. Relativo a los órganos genitales y los urinarios.
UROGRAFÍA f. Radiografía de las vías urinarias, tomada después de la inyección intravenosa de una sustancia opaca a los rayos X.
UROLOGÍA f. Estudio de las enfermedades de las vías urinarias.
URÓLOGO m. Médico especialista en urología.
UROMANCIA f. Adivinación supersticiosa por el examen de la orina.
URÓMETRO m. Areómetro para pesar la orina.
UROSCOPIA f. (del gr. *ouron*, orina, y *skopein*, examinar). *Med.* Examen químico de la orina.
URPILA f. *Amer.* Especie de paloma pequeña.
URRACA f. Pájaro de Europa, de plumaje blanco y negro, y larga cola: *la urraca remeda palabras y suele robar objetos brillantes.* ‖ *Amer.* Ave parecida al arrendajo. ‖ *Fig.* y *fam.* Persona muy habladora, cotorra.
URSULINA adj. y s. f. Religiosa de la regla de Santa Úrsula, fundada en 1537 por Santa Ángela de Mérici, de Brescia, para educación de niñas y cuidado de enfermos.
URTICÁCEAS f. pl. (del lat. *urtica*, ortiga). Familia de plantas dicotiledóneas a que pertenece la ortiga.
URTICANTE adj. Dícese de los animales y vegetales cuyo contacto produce una picadura análoga a la de la ortiga: *la medusa es urticante.*
URTICARIA f. (del lat. *urtica*, ortiga). Erupción cutánea, parecida a la que produce la ortiga y caracterizada por comezón violenta, provocada generalmente por una reacción alérgica a ciertos alimentos (fresas, huevos, crustáceos, etc.).
URÚ m. *Arg.* Ave de plumaje pardo, parecida a la perdiz.
URUBÚ m. Especie de buitre del tamaño de un pavo, que vive en toda América del Sur y que es de color negro, patas rojizas y cabeza y cuello azulados.
URUCÚ m. *Arg.* Bija, achiote.
URUGUAYISMO m. Vocablo o giro del Uruguay.
URUGUAYO, YA adj. y s. Del Uruguay.
URUNDAY o **URUNDEY** m. *Riopl.* Árbol anacardiáceo de gran altura, cuya madera es muy apreciada.
URUTAÚ m. *Arg.* Especie de lechuza.
USADO, DA adj. Que ha servido mucho: *un libro muy usado.* (SINÓN. V. *Gastado.*) ‖ Que está ejercitado o es práctico en una cosa. (P. us.)
USAGRE m. *Med.* Erupción pustulosa que suele observarse en el rostro de ciertos niños, durante la primera dentición.
USANZA f. Uso, costumbre: *a usanza de España.* (SINÓN. V. *Hábito.*)
USAR v. t. Emplear una cosa: *usar un instrumento* (no *de un instrumento*). (SINÓN. *Aplicar, practicar, utilizar.*) ‖ Disfrutar de una cosa. (SINÓN. *Servirse, valerse.*) ‖ — V. i. Acostumbrar, soler: *uso salir de paseo todas las mañanas.*
USARCÉ com. Apócope de *usarced.*
USARCED com. Metapl. de *vuestra merced.*
USENCIA com. Metapl. de *vuestra reverencia.*
USEÑORÍA com. Metapl. de *vuestra señoría.*
USÍA com. Síncopa de *useñoría.*
USHUAIENSE adj. y s. Natural de la ciudad de Ushuaia (Argentina), o perteneciente a la misma.
USINA f. Galicismo inaceptable por *fábrica, planta de gas* o *de energía eléctrica.*
USLERO m. Rollo de madera usado en cocina y pastelería.
USO m. (lat. *usus*). Acción y efecto de usar: *el uso de un objeto.* ‖ Ejercicio: *las prendas se estropean con el mucho uso.* ‖ Manera, estilo: *vestirse al uso del día.* (SINÓN. V. *Moda.*) ‖ Derecho de servirse de una cosa ajena: *reservarse el uso de una finca.* (SINÓN. V. *Goce.*) ‖ Empleo continuado y habitual. ‖ Costumbre, práctica consagrada: *ir en contra del uso generalmente establecido.* (SINÓN. V. *Hábito.*) ‖ *For.* Forma del derecho consuetudinario. ‖ *Uso de razón*, posesión del natural discernimiento.
USTAGA f. *Mar.* Ostaga.
USTED com. Metapl. de *vuestra merced*, que se usa como tratamiento cortesano y familiar. ‖ — OBSERV. La forma *usted* exige el verbo en tercera persona y no debe confundirse con *vosotros*, plural de *tú*, que lo exige en segunda. Esta falta es muy corriente en Andalucía.
USTIBLE adj. Lo que se puede quemar. (P. us.)
USTILAGÍNEOS f. pl. Orden de hongos parásitos de los vegetales, que producen la *roya*, el *carbón* y otras enfermedades.
USTIÓN f. (lat. *ustio*). Combustión, quema. (P. us.)
USTORIO adj. (del lat. *ustor, oris*, que quema). *Espejo ustorio*, espejo cóncavo que sirve para concentrar el calor del Sol en un punto determinado: *Arquímedes incendió la flota romana en Siracusa por medio de inmensos espejos ustorios.*
USUAL adj. (lat. *usualis*). Que se emplea comúnmente: *términos usuales.* ‖ — CONTR. *Desusado.*
USUALMENTE adv. m. De manera usual.
USUARIO, RIA adj. y s. *For.* Dícese del que tiene derecho de usar hasta cierto punto de la cosa ajena. ‖ El que usa habitualmente una cosa.
USUCAPIÓN f. (lat. *usucapio*). *For.* Modo de adquirir el dominio de una cosa, fundado en su posesión prolongada durante cierto tiempo.
USUCAPIR v. t. *For.* Adquirir la propiedad de una cosa por usucapión. ‖ — OBSERV. Es verbo defectivo.
USUFRUCTO m. (del lat. *usus*, uso, y *fructus*, fruto). Derecho de usar de los productos o rentas de una cosa que pertenece a otro. (SINÓN. V. *Goce.*)
USUFRUCTUAR v. t. Tener el usufructo de una cosa. ‖ — V. i. Fructificar, producir fruto.
USUFRUCTUARIO, RIA adj. y s. Que usufructúa o aprovecha una cosa.
USULUTECO, CA adj. y s. De Usulután (El Salvador).
USUPUCA f. *Arg.* Pito, bicho colorado, parásito que causa un vivo escozor.
USURA f. (lat. *usura*). Interés que se cobra por el dinero prestado. (SINÓN. V. *Interés.*) ‖ Interés excesivo que se exige por el dinero prestado: *vivir de la usura.* ‖ *Fig.* Provecho que se saca de una cosa. ‖ *Con usura*, más de lo recibido, con exceso: *pagar una injuria con usura.*
USURAR v. i. Usurear, prestar dinero a usura.
USURARIAMENTE adv. m. Con usura.
USURARIO, RIA adj. Dícese de contratos en que hay usura: *conceder un préstamo usurario.*
USUREAR v. i. Dar a usura, prestar a interés.
USURERO, RA adj. y s. Persona que presta con usura: *ese banquero es un verdadero usurero.* (SINÓN. V. *Avaro.*)
USURPACIÓN f. Delito consistente en el apoderamiento de bienes ajenos, sin título que lo justifique y contra la voluntad de su dueño.
USURPADOR, RA adj. y s. Que usurpa. ‖ Dícese especialmente del que se apodera valiéndose de procedimientos injustos de la autoridad soberana.
USURPAR v. t. (lat. *usurpare*). Apoderarse con violencia: *usurpar un trono.* (SINÓN. *Arrogarse, expoliar.* V. tb. *apropiarse.*) ‖ *Fig.* Llegar a poseer sin derecho: *usurpar una gloria no merecida.*
USURPATORIO, RIA adj. Que presenta carácter de usurpación, inmerecido, ilegal.
USUTA f. *Arg.* y *Bol.* Ojota, especie de sandalia.
UT, primera palabra del himno de San Juan Bautista. ‖ *Mús. Ant.* Do.
UTA f. *Per.* Enfermedad de úlceras faciales.

Fot. Ed. Nelson

UTENSILIO m. (lat. *utensilio*). Cualquier instrumento, mueble, etc., que sirve para el uso manual y frecuente: *utensilio de cocina, de carpintero.* (SINÓN. V. *Instrumento.*) || *Mil.* Auxilio que se debe al soldado alojado: *el utensilio comprende cama, agua, vinagre y sal.* || — Pl. Leña y aceite que suministra a los soldados la administración militar.
UTERINO, NA adj. (lat. *uterinus*). Dícese de los hermanos y hermanas nacidos de una misma madre. || *Anat.* Relativo al útero: *enfermedades uterinas.*
ÚTERO m. (lat. *uterus*). *Anat.* Órgano de la gestación en los animales superiores y en la mujer. — SINÓN. *Matriz.*
ÚTIL adj. (lat. *utilis*). Que puede servir: *ocuparse en trabajos útiles.* || *Tiempo útil,* tiempo oportuno fuera del cual no sirve lo que se hace. || — M. Utilidad, provecho: *conviene unir lo útil con lo agradable.* || — M. pl. Utensilios de los soldados. || Utensilio, herramienta, enser: *útiles de escritorio.* (SINÓN. V. *Instrumento.*)
UTILIDAD f. (lat. *utilitas*). Calidad de útil. (CONTR. *Inutilidad.*) || Provecho que se saca de una persona o cosa: *comprender la utilidad de un reglamento.* (SINÓN. V. *Provecho* e *interés.*) || — Pl. Ingresos procedentes del trabajo, del capital o de la actividad mercantil: *impuestos de utilidades.*
UTILITARIO, RIA adj. Que sólo se propone un objetivo interesado: *política utilitaria.* || Dícese del vehículo automóvil destinado a servirse de él para trabajar: *un coche utilitario.* || — M. Persona que coloca la utilidad por encima de todas las consideraciones.
UTILITARISMO m. Sistema filosófico que considera la utilidad como principio de la moral: *Stuart Mill ha defendido el utilitarismo.*
UTILITARISTA adj. y s. Referente al utilitarismo o que lo practica.
UTILIZABLE adj. Que puede utilizarse: *un trabajo utilizable.* || — CONTR. *Inutilizable.*
UTILIZACIÓN f. Aprovechamiento: *la utilización de una cascada.* || — CONTR. *Inutilización.*
UTILIZADOR, RA adj. y s. Que utiliza.
UTILIZAR v. t. Aprovechar, sacar utilidad o partido de una cosa: *utilizar una herramienta rota.* (SINÓN. V. *Explotar* y *usar.*)
ÚTILMENTE adv. m. De manera provechosa.
UTILLAJE m. Galicismo por *útiles, herramientas, maquinaria, instrumental, material.*
UTOPÍA f. (del gr. *ou,* no, y *topos,* lugar: un lugar que no existe; país imaginario inventado por el canciller inglés Tomás Moro para título de uno de sus libros). Concepción imaginaria de un gobierno ideal. (SINÓN. V. *Ilusión.*) || Sistema o plan que parece imposible de realizar: *perder miserablemente el tiempo ideando utopías.*
UTÓPICO, CA adj. Relativo a la utopía, ideal: *enunciar un proyecto utópico.* (SINÓN. V. *Imaginario.*) || *Socialismo utópico,* doctrina socialista sistemática y abstracta (por oposición a *socialismo científico.*) || — Adj. y s. Que cree en una utopía.
UTOPISTA adj. y s. Persona que forma utopías o proyectos extraordinarios.
UTRERO, RA m. y f. Novillo o novilla que tienen más de dos años y menos de tres.
UTRÍCULA f. o **UTRÍCULO** m. *Bot.* Saquito, bolsa, receptáculo que hay en algunos vegetales: *los utrículos de las algas son verdaderos flotadores.* || *Anat.* Parte del oído interno.
UTURUNCO m. *Arg.* Jaguar.
UVA f. (lat. *uva*). Fruto de la vid: *uva blanca.* || Fruto del agracejo. || Tumorcillo en la úvula. || *Uva de gato,* planta de la familia de las crasuláceas, que se cría generalmente en los tejados. || *Uva de playa,* o *de caleta,* fruta del uvero. || *Uva de raposa,* planta liliácea. || *Uva espina,* variedad de grosellero. || *Uva lupina,* o *de lobo,* el acónito o anapelo. || *Uva marina,* uno de los nombres del *belcho.* || *Uva moscatel,* la de grano redondo y muy liso, y de gusto sumamente dulce. || *Fig.* y *fam. Entrar por uvas,* arriesgarse a participar en algo. || *Fig.* y *Pop. Mala uva,* malas intenciones.
UVADA f. Gran copia de uva.
UVADUZ f. Gayuba.
UVAL adj. Parecido a la uva.
UVATE m. Conserva de uvas cocidas con mosto.
UVAYEMA f. Una especie de vid silvestre.
UVE f. La letra *v.*
ÚVEA f. *Anat.* Capa pigmentaria del iris. || Nombre dado ant. a la *membrana coroides.*
UVEÍTIS f. *Med.* Inflamación de la úvea.
UVERAL m. *Amer.* Plantío de uveros.
UVERO, RA m. y f. Persona que vende uvas. || — M. Árbol americano de la familia de las poligonáceas, cuyo fruto es la uva de playa. || — Adj. Relativo a las uvas: *exportación uvera.*
UVIFORME adj. Que tiene la forma de una uva.
UVILLA f. *Chil.* Especie de grosella.
UVILLO m. *Chil.* Arbusto fitolacáceo de frutos anaranjados.
ÚVULA f. (del lat. *uvula,* de *uva,* uva). *Zool.* Apéndice carnoso que cuelga del velo palatino. || — SINÓN. *Campanilla, galillo.*
UVULAR adj. *Anat.* Relativo a la úvula o galillo: *apéndice uvular.* || Dícese del sonido en cuya articulación interviene la úvula.
UVULARIA f. Una planta liliácea ornamental.
UXORICIDA m. El que mata a su esposa.
UXORICIDIO m. Asesinato de la esposa.
¡UY! interj. Denota sorpresa.
UYAMA f. *Col.* Auyama.
UZEAR v. i. *Chil.* Golpear algo con las manos.

uva

El volcán Fusi Yama

V

V f. Vigésima quinta letra del abecedario y vigésima de sus consonantes: *V mayúscula.* (Su nombre es *uve* o *ve* y su pronunciación es similar a la de la *b* ya que en la práctica nadie le da el sonido labiodental fricativo que tiene en otros idiomas.) ‖ Cifra romana que vale 5. ‖ Símbolo del *vanadio.* ‖ *Electr.* Símbolo del *voltio.* ‖ Símbolo de *velocidad* y de *volumen.* ‖ *V doble,* la W.

V1, V2 f. (abrev. alem. de *Vergeltungswaffe,* arma de represalias). Bombas autopropulsadas de gran radio de acción, empleadas por los alemanes en 1944 y 1945. (La *V2* es la precursora de los modernos artefactos teledirigidos.) [V. ilustr. COHETE.]

VA, símbolo del *voltio-amperio,* unidad de potencia aparente en las corrientes alternas.

VACA f. (lat. *vacca*). Hembra del toro: *leche de vacas.* ‖ Carne de vaca o buey: *comer lomo de vaca.* ‖ Dinero que juegan en común varias personas. ‖ Cuero de vaca o buey curtido. ‖ *Vaca de San Antón,* la mariquita, insecto. ‖ *Vaca de montaña* o *de anta,* el tapir. ‖ *Vaca marina,* el manatí, cetáceo. ‖ — PARÓN. *Baca.*

VACABUEY m. *Cub.* Árbol silvestre de fruto comestible y de madera usada en la construcción.

VACACIÓN f. (lat. *vacatio*). Suspensión del trabajo o del estudio durante algún tiempo. (SINÓN. *Asueto, descanso, holganza, recreo, reposo.*) ‖ Tiempo que dura dicha suspensión: *los calegiales están de vacaciones.* (SINÓN. V. *Estancia.*) ‖ Acción de vacar un empleo: *hay una vacación en el tribunal.*

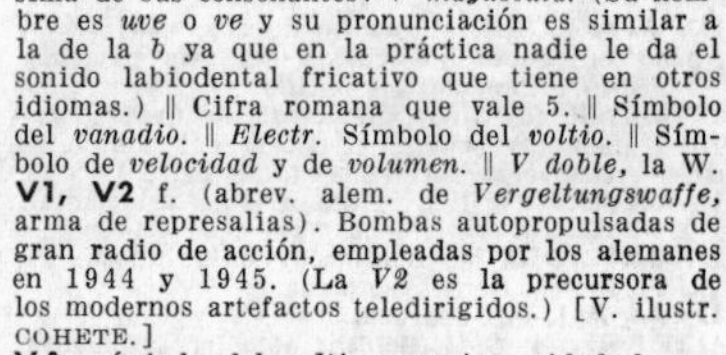

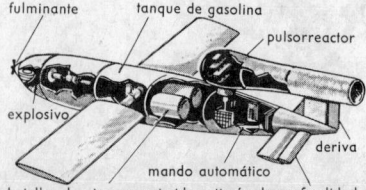

CORTE DE UNA V1

VACADA f. Manada o rebaño de vacas o bueyes.

VACANCIA f. Vacante, empleo sin proveer.

VACANTE adj. No ocupado: *cuarto vacante.* (SINÓN. *Inhabilitado, vacío.*) ‖ Dícese del cargo que no tiene titular: *obispado vacante.* (SINÓN. *Disponible, libre.*) ‖ — F. Vacancia, vacación. ‖ — PARÓN. *Bacante.*

VACAR v. i. (del lat. *vacare,* estar vacío). Estar vacante: *los buenos destinos no vacan muchos días.* ‖ Cesar en sus funciones durante algún tiempo. ‖ Dedicarse a, emplearse en: *vacar a [en] sus ocupaciones.* ‖ Carecer: *no vacó de misterio.*

VACARAY m. *Arg.* Ternero nonato.

VACARÍ adj. De cuero de vaca, o cubierto de este cuero: *adarga vacarí.*

VACATURA f. Tiempo que vaca un empleo.

VACCEO, A adj. y s. De una región de la España Tarraconense (Zamora, Palencia, Valladolid).

VACCÍNEO, A y **VACCÍNICO, CA** adj. Relativo a la vacuna: *hacer la inoculación vaccínica.*

VACCINIEAS f. pl. Familia de plantas dicotiledóneas de Europa que tienen por tipo el arándano.

VACCINÍFERO, RA adj. Que produce vacuna.

VACIADERO m. Sitio donde se vacía una cosa y conducto por donde se vacía.

VACIADIZO, ZA adj. Dícese de la obra vaciada.

VACIADO m. Figura de yeso formada en un molde: *aplicar un vaciado en una pared.* ‖ *Arq.* Fondo del neto del pedestal.

VACIADOR m. El que vacía. ‖ Instrumento que sirve para vaciar.

VACIAMIENTO m. Acción de vaciar o vaciarse.

VACIANTE f. Menguante o descenso del mar.

VACIAR v. t. (lat. *vacuare*). Dejar vacío: *vaciar un tonel.* (SINÓN. *Sacar.*) ‖ Beber el contenido de: *vaciar una botella.* ‖ Hacer evacuar: *vaciar una sala.* ‖ Formar objetos en molde: *vaciar una estatua en bronce.* (SINÓN. V. *Fundir.*) ‖ Formar un hueco en una cosa. ‖ Sacar filo: *vaciar una navaja.* (SINÓN. V. *Aguzar.*) ‖ *Fig.* Exponer o explicar ampliamente una doctrina. ‖ — V. i. Desaguar: *el río vacía en el mar.* (SINÓN. *Evacuar, limpiar.*) ‖ — V. r. Decir uno sin reparo cuanto sabe.

VACIEDAD f. Necedad, bobería, sandez: *no sabe decir más que vaciedades.*
VACILACIÓN f. Acción y efecto de vacilar: *las vacilaciones de una barca.* (SINÓN. V. *Oscilación.*) || *Fig.* Irresolución, falta de decisión: *vacilación en la opinión.* (SINÓN. V. *Indecisión.*) || — CONTR. *Fijeza, firmeza.*
VACILANTE adj. Que vacila: *luz vacilante.* || *Fig.* Irresoluto, móvil: *mente vacilante.*
VACILAR v. i. (lat. *vacillare*). Tambalearse una cosa: *la mesa vacila.* (SINÓN. V. *Fluctuar.*) || Temblar: *vacila la luz.* || *Fig.* Estar perplejo: *memoria que vacila.* (SINÓN. *Dudar, tantear, titubear.*)
VACÍO, A adj. Que no contiene nada: *bolsa vacía.* || Que sólo contiene aire: *espacio vacío.* || Que no contiene alimentos: *estómago vacío.* || Que no tiene cría: *hembra vacía.* || Sin gente: *estaba la sala vacía.* || Que ha sido desprovisto de todo: *casa vacía.* || *Fig.* Falto: *una cabeza vacía de ideas.* || Que está privado de: *palabra vacía de sentido.* || *Fig.* Vano, presuntuoso, fatuo. || — M. Cavidad, hueco: *hay un vacío en esta pared.* || Ijada: *le dio un codazo en un vacío.* || Vacante de un empleo. (SINÓN. V. *Vacante.*) || *Fig.* Falta, carencia o ausencia: *su muerte ha dejado un gran vacío.* || Vanidad, vacuidad, nada: *sentir el vacío de todas las cosas.* || *Fís.* Espacio que no contiene aire ni ningún otro cuerpo: *el vacío más perfecto es el que se consigue con la trompa de mercurio.* || *Fís.* Enrarecimiento. || *Fig.* y *fam. Hacer el vacío a uno,* huir de él, dejarlo aislado.
VACO, CA adj. Vacante: *un empleo vaco.*
VACUIDAD f. (lat. *vacuitas*). Calidad de vacuo o vacío.
VACUNA f. (del lat. *vacca,* vaca). Cultivo microbiano o toxina de efectos atenuados que, inoculado a un individuo, le confiere inmunización contra una enfermedad determinada: *Pasteur descubrió la vacuna de la rabia.* || Especialmente, líquido seroso que proviene de una pústula que se desarrolla en los pezones de la vaca y cuya inoculación preserva de las viruelas.
VACUNACIÓN f. *Med.* Acción y efecto de vacunar: *la inmunidad de la vacunación dura unos diez años.*
VACUNADOR, RA m. y f. El médico que vacuna.
VACUNAR v. t. Inocular la vacuna a una persona: *vacunar un niño contra la difteria.* (SINÓN. V. *Inocular.*) || *Fig.* y *fam.* Poner al abrigo de.
VACUNO, NA adj. Perteneciente o relativo a los bueyes y vacas: *ganado vacuno.* || — M. Res vacuna.
VACUNOTERAPIA f. Tratamiento médico por medio de la vacuna.
VACUO, A adj. (lat. *vacuus*). Vacío. || Vacante: *un puesto vacuo.* || — M. Vacío, hueco.
VACUOLA f. *Anat.* Cavidad del citoplasma de una célula que contiene diversas sustancias disueltas en una solución acuosa.
VADE m. Vademécum, cartapacio de los niños.
VADEABLE adj. Que se puede vadear. || *Fig.* Que puede vencerse o superarse con el ingenio o arte.
VADEAR v. t. Pasar un río por el vado. || *Fig.* Vencer una dificultad. || *Fig.* Tantear las disposiciones de uno. || — V. r. Manejarse, portarse, conducirse. (P. us.)
VADEMÉCUM m. (del lat. *vade,* ve, y *mecum,* conmigo). Cualquier cosa que lleva uno consigo. || Libro manual que lleva uno en general consigo. || Bolsa que llevan los chicos en la escuela.
VADERA f. Vado ancho de un río.
VADE RETRO, expr. latina que se emplea para rechazar algo.
VADO m. (lat. *vadus*). Punto de un río donde, por su poca profundidad, puede atravesarse a pie. || *Fig.* Recurso, medio de que se vale uno para algo: *no hallar vado en un negocio.*
VADOSO, SA adj. Que tiene vados numerosos.
VAFE m. Golpe atrevido.
VAGABUNDAJE m. Galicismo por *vagancia.*
VAGABUNDEAR v. i. Andar vagando. (SINÓN. V. *Errar.*)
VAGABUNDEO m. Estado de aquel que no tiene domicilio ni medios de subsistencia.
VAGABUNDERÍA f. Vagabundeo.
VAGABUNDEZ f. Vagabundeo.

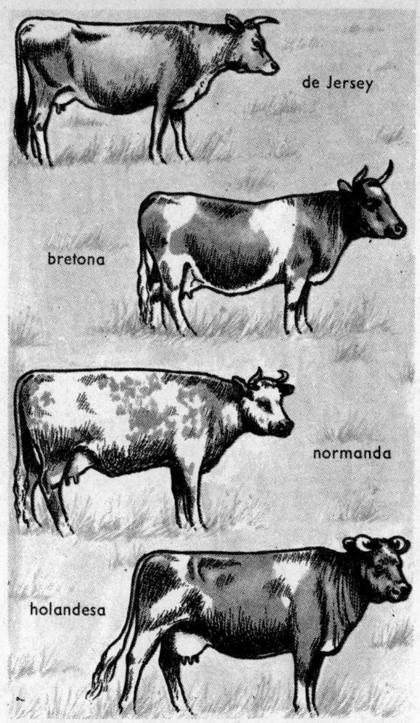

VACAS

VAGABUNDO, DA adj. y s. (lat. *vagabundus*). Que anda errante: *mendigo vagabundo.* (SINÓN. *Errante, errático, gitano, nómada.*) || Hombre sin domicilio fijo: *detener a un vagabundo.* (SINÓN. *Trotamundos, volandero.* V. tb. *mendigo.*) || — Adj. *Fig.* Desordenado, sin orden: *imaginación vagabunda.*
VAGAMENTE adv. m. De un modo vago, incierto.
VAGAMUNDEAR v. i. Vagabundear. (P. us.)
VAGAMUNDERÍA f. *Amér. C.* y *Antill.* Vagancia.
VAGAMUNDO, DA adj. y s. *Fam.* Vagabundo.
VAGANCIA f. Situación de la persona sin medios de subsistencia y refractaria al trabajo.
VAGANTE adj. Que vaga.
VAGAR v. i. Andar acá y allá sin fijarse en ningún lugar. (SINÓN. V. *Errar.*) || Andar buscando una cosa sin hallarla: *vagar por la plaza.* Andar libre y suelto, sin orden. || Andar ocioso. || Tener tiempo bastante para hacer algo. || — PARÓN. *Bagar.*
VAGAR m. Tiempo libre que tiene uno para hacer una cosa. || Espacio, lentitud.
VAGAROSAMENTE adv. m. De modo vagaroso.
VAGAROSO, SA adj. *Poét.* Vagabundo.
VAGIDO m. (lat. *vagitus*). Gemido o grito débil del niño recién nacido. || — PARÓN. *Vahído.*
VAGINA f. Canal al que llega el útero y se abre en la vulva. || *Bot.* La vaina ensanchada y envolvente de algunas hojas.
VAGINAL adj. Relativo a la vagina. || En forma de vagina.
VAGINISMO m. Contracción espasmódica del músculo que compone las paredes de la vagina.
VAGINITIS f. Inflamación de la vagina por blenorragia o cualquier otra infección microbiana.
VAGNERIANO, NA adj. Wagneriano (Acad.).
VAGO, GA adj. (lat. *vagus*). Que anda de un lugar a otro sin fijarse en ninguno. (SINÓN. V. *Ocioso.*) || Persona sin oficio ni beneficio Ú. t. c. s.: *no querer tratar con vagos.* || Indeterminado, indeciso: *deseos vagos.* || *Pint.* Indeciso: *perfiles vagos.* (SINÓN. *Ligero, vaporoso.* V. tb. *obscuro.*) || — M. Décimo nervio craneal que desciende por las partes laterales del cuello, penetra

vagonetas

en las cavidades del pecho y el vientre y termina en el estómago y el plexo solar. || *En vago,* sin firmeza o consistencia. Al aire: *golpe en vago. Fig.* En vano.

VAGÓN m. (ingl. *wagon*). Carruaje de ferrocarril: *vagón de primera.* (SINÓN. V. *Coche.*)

VAGONETA f. Vagón pequeño, descubierto, usado para transportes en las minas, obras públicas, etc.

VAGOTONÍA f. *Med.* Excitibilidad anormal del nervio vago.

VAGUADA f. Línea que señala el fondo de un valle: *las aguas corrientes naturales siguen la vaguada de los valles.* (SINÓN. V. *Valle.*)

VAGUEACIÓN f. Inconstancia de imaginación.

VAGUEAR v. i. Vagar. (SINÓN. V. *Callejear.*) || — PARÓN. *Vahear.*

VAGUEDAD f. Calidad de vago, indeterminación. || Expresión o frase vaga: *decir vaguedades.*

VAGUEMAESTRE m. (al. *wagenmeister*). Oficial que cuidaba antiguamente en el ejército de la marcha de los equipajes.

VÁGUIDO m. *Ant.* y *Amer.* Vaguido.

VAGUIDO, DA adj. Que padece vahídos, desmayado. (P. us.) || — M. Vahído, desvanecimiento.

VAHAJE m. Viento suave, aura débil. (P. us.)

VAHAR v. i. Vahear, echar vaho o vapor.

VAHARADA f. Acción de despedir el vaho.

VAHARERA f. Erupción pustulosa que nace a los niños en las comisuras de los labios.

VAHARINA f. *Fam.* Vaho, vapor.

VAHEAR v. i. Echar de sí vaho o vapor.

VAHÍDO m. Desvanecimiento, desmayo breve: *darle a uno un vahído.* || — PARÓN. *Vagido.*

vaina

VAHO m. Vapor tenue que se eleva de una cosa. (SINÓN. V. *Vapor.*)

VAINA f. (lat. *vagina*). Funda de ciertas cosas: *la vaina de la espada.* (SINÓN. V. *Envoltura.*) || Cáscara tierna de las leguminosas: *la vaina de un guisante, de un haba.* || *Mar.* Dobladillo con que se refuerza la orilla de una vela. || *Col.* Chiripa, suerte. || *Amer. Fam.* Molestia, contratiempo. || — M. *Fam.* Sujeto inútil y despreciable. || — Adj. *Amer. Fam.* Fastidioso, enojoso.

VAINAZAS m. *Fam.* Persona floja o descuidada.

VAINICA f. Especie de deshilado menudo que hacen por adorno las costureras en la tela.

vainilla

VAINILLA f. *Bot.* Planta orquidácea americana, que produce un perfume muy apreciado en la cocina y pastelería: *la vainilla se cultiva en las Antillas.* || Heliotropo de América. || Vainica, labor de costura.

VAINILLERA f. Vainilla, planta.

VAINILLÓN m. *Amer.* Especie de vainilla menos fina que la común.

VAINIQUERA f. Obrera que hace vainicas.

VAINITA f. *Amer.* Habichuela verde.

VAIVÉN m. Movimiento alternativo de un objeto que se mueve entre dos puntos. (SINÓN. V. *Oscilación.*) || *Fig.* Inconstancia o variedad de las cosas. || *Mar.* Cabillo formado de tres cordones que sirve para varios usos.

VAIVODA m. (del eslavo *vaivod,* príncipe). Título que se daba a los príncipes de Moldavia, Valaquia o Transilvania.

VAJILLA f. Conjunto de vasos, platos, fuentes, etcétera, que se destinan al servicio de la mesa.

VAL m. Apócope de *valle,* que se usa generalmente en composición: *Valdepeñas.*

VALACO, CA adj. y s. De Valaquia.

VALAR adj. (lat. *vallaris*). Del vallado o muro. || *Corona valar,* la de oro que se concedía al que primero entraba al campamento enemigo.

valeriana

VALDENSE adj. y s. Relativo a la herejía de P. de Valdo y partidario de ella (V. *Parte hist.*)

VALDEPEÑAS m. Vino tinto procedente de Valdepeñas, Ciudad Real (España).

VALDIVIA f. *Col.* Vomipurgante venenoso. || *Ecuad.* Cierta ave trepadora. || *Pop. De valdivia,* de balde.

VALDIVIANO, NA adj. y s. De Valdivia (Chile). || — M. *Chil.* Guiso de charqui.

VALE m. Documento por el cual reconoce uno una deuda u obligación, pagaré: *un vale de mil pesetas.* || Nota o papel que se da al que ha de entregar algo para que acredite la entrega y cobre el importe. || Contraseña para que el poseedor pueda asistir a un espectáculo gratuitamente. || Papel que da el maestro al discípulo como premio, y que le permite redimir, después, un castigo. || *Amer.* Valedor, amigo.

VALE (pal lat. que significa *consérvate sano*). Palabra que se emplea alguna vez como despedida en las cartas.

VALEDERO, RA adj. Que debe valer. || — SINÓN. *Eficaz, firme, válido, vivo.*

VALEDOR, RA m. y f. Persona que vale a otra. || *Méx.* Amigo, camarada, compañero.

VALEDURA f. *Méx.* Valimiento, privanza.

VALENCIA f. *Quím.* Número máximo de átomos de hidrógeno que pueden combinarse con un átomo de un cuerpo simple.

VALENCIANISMO m. Vocablo o giro propio de Valencia.

VALENCIANO, NA adj. y s. De Valencia. || — M. Lengua hablada en la mayor parte del antiguo reino de Valencia. || — F. *Hond.* Refuerzo interior o tirilla de tela con que se protegen por abajo los pantalones. || Cierto encaje.

VALENTÍA f. Valor, ánimo: *obrar con valentía.* || Hecho ejecutado con valor. || Jactancia, arrogancia, arrojo.

VALENTÍSIMO, MA adj. sup. Muy valiente. || Muy perfecto en un arte o ciencia: *escritor valentísimo.*

VALENTÓN, ONA adj. y s. Arrogante, que hace alarde de valentía. || Jactancioso. (SINÓN. V. *Bravucón.*)

VALENTONA y **VALENTONADA** f. Jactancia, alarde de valor: *hacer una valentonada.*

VALER v. i. (lat. *valere*). Tener un valor de: *un reloj que vale mil pesetas.* || *Fig.* Ser igual que, significar: *una nota blanca, en música, vale dos negras.* || *Fig.* Tener cierto mérito: *sabe lo que vale.* || Servir: *no te valdrán tus protectores.* || — V. t. Procurar, dar, producir: *sus hazañas le han valido una gran gloria.* || — V. impers. *Más vale,* es preferible, es más ventajoso. || — V. r. Servirse de una cosa: *valerse de todos los medios posibles.* (SINÓN. V. *Pretextar* y *usar.*) || Moverse, obrar: *no poder valerse.* || — M. Valor. || — PROV.: **Más vale tarde que nunca,** no debe desanimarnos al emprender una cosa, el haberla empezado tarde. || — IRREG. Pres. ind.: *valgo, vales, vale, valemos, valéis, valen;* fut.: *valdré, valdrás,* etc.; pr. subj.: *valga, valgas,* etc.; potencial: *valdría, valdrías,* etc. || — OBSERV. Son galicismos las frases: *hacer valer,* por *beneficiar; hacerse valer,* por *darse tono; ese hombre no me vale,* por *no vale lo que yo.*

VALERIANA f. Planta valerianácea, de flores rosas, blancas o amarillentas, que suele crecer en los lugares húmedos: *la valeriana se usa como antiespasmódico y antifebrífugo.*

VALERIANÁCEAS f. pl. *Bot.* Familia de plantas dicotiledóneas y gamopétalas que tienen por tipo la valeriana.

VALERIANATO m. *Quím.* Sal del ácido valeriánico, muy usada como calmante en las enfermedades nerviosas.

VALERIÁNICO adj. *Quím.* Dícese de un ácido que se halla en la raíz de la valeriana.

VALEROSAMENTE adv. m. Con valor, animosamente. || Con fuerza, eficazmente.

VALEROSIDAD f. Calidad de valeroso.

VALEROSO, SA adj. Eficaz, que puede mucho. || Valiente. || Valioso, que vale mucho.

VALETUDINARIO, RIA adj. y s. (lat. *valetudinarius*). Enfermizo, débil: *un anciano valetudinario.*

VALÍ m. Gobernador de una provincia en un Estado musulmán.

VALÍA f. Valor: *una joya de gran valía.* || Privanza o valimiento: *tener gran valía con alguien.*

VALIATO m. Gobierno y territorio de un valí.

VALICHÚ m. *Riopl.* Entre los indios uno de los nombres del *espíritu maligno.* (V GUALICHÚ.)

VALIDACIÓN f. Acción y efecto de validar o hacer válido. || Firmeza, seguridad de algún acto.

VÁLIDAMENTE adv. m. De manera válida.

VALIDAR v. t. Dar fuerza a una cosa, hacerla válida: *no validar una elección.* (SINÓN. V. *Sancionar.* CONTR. *Invalidar.*)

VALIDEZ f. Calidad de válido o valedero: *impugnar la validez de un acto.* || Período de tiempo en el que un documento está en vigencia.

VÁLIDO, DA adj. (lat. *validus*). Sano, que puede trabajar: *hombre válido.* (SINÓN. V. *Fuerte.* CONTR. *Inválido.*) ‖ Que tiene las condiciones necesarias: *un contrato válido.* (SINÓN. V. *Valedero.*)
VALIDO, DA adj. Que tiene valimiento o privanza. ‖ — M. Ministro favorito. ‖ — PARÓN. *Balido.*
VALIENTE adj. (lat. *valens, valentis*). Que vale. ‖ Fuerte, enérgico, animoso: *un soldado valiente.* ‖ Activo, eficaz. ‖ Excelente, de primer orden. ‖ *Fig.* Grande, excesivo: *valiente frío hace.* ‖ Úsase irónicamente: *¡valiente tonto!*
VALIENTEMENTE adv. m. Con valor, animosamente: *portarse valientemente.* ‖ Excelentemente: *escribir valientemente.*
VALIJA f. (ital. *valigia*). Maleta portátil. (SINÓN. V. *Baúl.*) ‖ Saco de cuero, donde lleva la correspondencia el correo y, por extensión, el mismo correo: *la valija diplomática está exenta de la inspección de la Aduana.* ‖ — PARÓN. *Balija.*
VALIJERO m. El que conduce las cartas de la caja principal de correos a los pueblos de travesía o la correspondencia diplomática.
VALIMIENTO m. Privanza, favor: *gozar de gran valimiento en la Corte.* ‖ Amparo, favor: *no tener valimiento ninguno.* ‖ Impuesto o servicio que solía pedir el rey a sus súbditos para alguna urgencia.
VALIOSO, SA adj. Que vale mucho: *un trabajo valioso.* (SINÓN. V. *Estimable* y *precioso.*) ‖ Adinerado, acaudalado, rico, poderoso.
VALISOLETANO, NA adj. y s. Vallisoletano.
VALÓN, ONA adj. Perteneciente a los valones. ‖ *U valona,* nombre de la *W.* ‖ — M. Idioma de los valones, dialecto del antiguo francés. ‖ — Pl. Zaragüelles al uso de los valones.
VALONA f. Cuello grande, que se llevaba en otro tiempo. ‖ *Amer.* Crines que cubren el cuello de las caballerías.
VALONAR v. t. *Amer.* Cortar al rape la crin.
VALOR m. (lat. *valor*). Lo que vale una persona o cosa: *un cuadro de gran valor.* (SINÓN. V. *Importancia.*) ‖ Precio elevado: *un objeto de valor.* (SINÓN. V. *Precio.*) ‖ Documentos, títulos de renta, acciones u obligaciones que representan cierta suma de dinero: *tener valores seguros.* ‖ *Mat.* Determinación de una cantidad. ‖ *Mús.* Duración que ha de tener cada nota según la figura. ‖ *Fig.* Importancia: *no dar valor a una frase.* (SINÓN. V. *Significado.*) ‖ Osadía: *un valor indomable.* (SINÓN. V. *Ánimo.*) ‖ Atrevimiento, desvergüenza: *tuvo valor para pedir que le pagaran.* ‖ Subsistencia y firmeza de algún acto. ‖ Estimación aproximada. ‖ Fruto, producto. ‖ *Poner en valor,* galicismo por *beneficiar, sacar provecho, explotar* una cosa.
VALORACIÓN f. Acción de valorar, explotación. ‖ Utilización, aprovechamiento de una cosa: *la valoración de un terreno.* ‖ Operación que constituye la base del análisis volumétrico.
VALORAR v. t. Señalar o poner precio a una cosa. (SINÓN. V. *Estimar.*) ‖ Aumentar el valor de una cosa.
VALORIZACIÓN f. Acción y efecto de valorizar.
VALORIZAR v. t. Valorar, evaluar. ‖ Aumentar el valor de.
VALKIRIA f. V. WALKIRIA, *Parte hist.*
VALS m. (al. *Walzer,* de *walzen,* dar vueltas). Baile que ejecutan las parejas girando rápidamente: *vals de tres tiempos.* ‖ Música de este baile: *Strauss ha compuesto valses célebres.*
VALSAR v. i. Bailar el vals. ‖ — V. t. Ejecutar valsando: *valsar una mazurca.* ‖ *Fig.* Bailar: *valsar sobre nuestros pecados.*
VALUACIÓN f. Valoración.
VALUADOR, RA adj. y s. Que valúa o valora.
VALUAR v. t. Valorar: *valuar los perjuicios.* (SINÓN. V. *Estimar.*)
VALVA f. (del lat. *valva,* puerta). *Bot.* Ventalla de algunos frutos. ‖ *Zool.* Cada una de las dos conchas de ciertos moluscos.
VÁLVULA f. (lat. *valvula*). Pieza móvil que sirve para cerrar o interrumpir la comunicación entre dos partes de una máquina, o un aparato. ‖ Dispositivo de cierre para regular el paso de líquidos o gases por tuberías. ‖ Obturador móvil: *válvula de neumáticos.* ‖ Lámpara de radio. ‖ Aparato del organismo animal que intercepta ciertos orificios: *la válvula mitral del corazón.* ‖ *Válvula de seguridad,* la que en las máquinas de vapor se abre por sí sola cuando el vapor que está contenido en ellas llega a cierta presión, impidiendo de esta suerte la explosión de la caldera. ‖ *Válvula electrónica,* tubo en el que se ha hecho un alto vacío y que contiene dos electrodos entre los que se efectúa la corriente eléctrica. ‖ *Fig.* y *fam. Válvula de escape,* subterfugio para salir de un apuro. ‖ *Fig.* y *fam. De válvula,* gratis.
VALVULAR adj. Que tiene válvulas. ‖ Relativo a las válvulas.
VALLA f. (lat. *valla*). Vallado, estacada que cerca alguna cosa: *saltar la valla.* ‖ *Fig.* Obstáculo, estorbo: *poner una valla a la ambición de uno.* ‖ Obstáculo artificial puesto en ciertas carreras deportivas. ‖ *Cub.* Reñidero de gallos. ‖ *Col.* En algunas partes, barb. por *zanja.* ‖ — PARÓN. *Vaya, baya.*
VALLADAR m. Vallado, cerco. ‖ *Fig.* Obstáculo.
VALLADEAR v. t. Vallar, cercar, poner vallas.
VALLADO m. Cerco de tierra apisonada que sirve para impedir la entrada en un sitio. (SINÓN. V. *Obstáculo.*)
VALLAR adj. Valar: *corona vallar.* ‖ — M. Valladar.
VALLAR v. t. Cercar con valla: *vallar un campo.*
VALLE m. (lat. *vallis*). Espacio entre dos montes o alturas: *un valle fértil.* ‖ Cuenca de un río. ‖ Lugar o población situado en un valle. ‖ *Fig.: valle de lágrimas.* ‖ — SINÓN. *Cañada. hoz, nava, abra, vaguada, val, vallejo.*
VALLECAUCANO, NA adj. y s. De Valle del Cauca (Colombia).
VALLEJO m. Valle pequeño. (SINÓN. V. *Valle.*)
VALLEÑO, ÑA adj. y s. De Valle (Honduras).
VALLISOLETANO, NA adj. y s. De Valladolid.
VALLISTA adj. *Arg.* Natural de los valles.
VALLUNCO, CA adj. *Amér. C.* Del valle.
VALLUNO, NA adj. *Col.* Natural de los valles. ‖ Vallecaucano.
VAMP f. (pal ingl.). Vampiresa.
VAMPIRESA f. *Cin.* Tipo de mujer fatal.
VAMPIRISMO m. Creencia en los vampiros. ‖ *Fig.* Avidez de los que se enriquecen a costa ajena.
VAMPIRO m. (al. *Vampir*). Cadáver que según creencia popular salía de noche de las tumbas para chupar la sangre de los vivos. ‖ Persona que se enriquece con el trabajo ajeno: *los usureros son vampiros.* ‖ Género de mamíferos quirópteros de la América tropical que se alimentan con frutas, insectos y chupan la sangre del hombre y los animales dormidos.
VANÁDICO, CA adj. *Quím.* Dícese de un ácido derivado del vanadio.
VANADIO m. Metal blanco (V), de número atómico 23 y densidad 5,5, que funde a 1 720° C y se encuentra en cantidades pequeñas en muchos minerales, en las arcillas y los basaltos.
VANAGLORIA f. Jactancia, presunción, arrogancia: *hablar con mucha vanagloria.*
VANAGLORIARSE v. r. Jactarse de una cosa: *vanagloriarse uno de su ciencia.* ‖ — SINÓN. *Alabarse, engreírse, glorificarse, presumir.*
VANAGLORIOSO, SA adj. y s. Vano, presumido, orgulloso. ‖ Jactancioso, fanfarrón. ‖ — CONTR. *Modesto.*
VANAMENTE adv. m. En vano, inútilmente: *intentar una cosa vanamente.* ‖ Con vanidad. ‖ Sin fundamento, tontamente: *discurrir vanamente.*
VANARSE v. r. *Col.* y *Chil.* Hacerse vana una cosa: *su fruto se vanó.*
VANDA f. Género de orquídeas ornamentales.
VANDÁLICO, CA adj. Relativo a los vándalos o al vandalismo.
VANDALISMO m. Espíritu de destrucción: *vandalismo revolucionario.* (SINÓN. V. *Barbarie.*)
VÁNDALO m. *Fig.* Persona que destruye o mutila los monumentos. (V. *Parte hist.*)
VANDEANO, NA adj. y s. De Vandea, región del oeste de Francia: *la insurrección vandeana.* (V. *Parte hist.*)

VÁLVULA ELECTRÓNICA

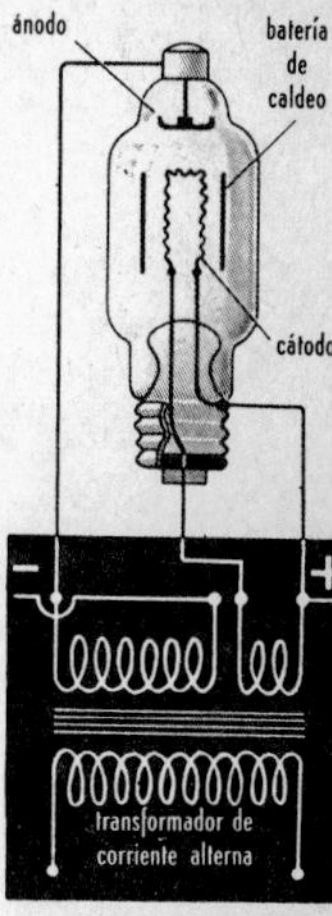

VÁLVULA DE SEGURIDAD

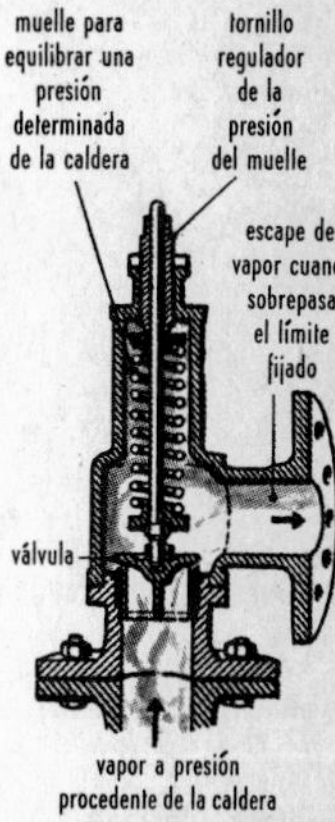

vampiro

VANGUARDIA f. Parte de una tropa que camina delante del cuerpo principal y lo protege. || *Fig.* Lo que precede a su época por sus audacias: *espíritu de vanguardia.*
VANGUARDISMO m. Doctrina artística de tendencia renovadora, nacida en el siglo XX, que reacciona contra lo tradicional.
VANGUARDISTA adj. y s. Relativo al vanguardismo o partidario de él.
VANIDAD f. (lat. *vanitas*). Fragilidad, nada: *la vanidad de la gloria humana.* || Cosas vanas, inútiles: *despreciar las vanidades del mundo.* || Deseo de ostentar, de lucir: *la vanidad es una forma inferior del orgullo.* (SINÓN. V. *Orgullo.*)
VANIDOSO, SA adj. y s. Que tiene vanidad o la demuestra: *una mujer vanidosa.* || — SINÓN. *Fachendoso, fanfarrón, pedante, presumido, snob, ufano.* Pop. *Pavo.* V. tb. *orgulloso.*
VANILOCUENCIA f. Verbosidad, palabrería.
VANILOCUENTE adj. Vanílocuo.
VANÍLOCUO, A adj. y s. Hablador sin substancia.
VANILOQUIO m. Palabrería insubstancial.
VANISTORIO m. *Fam.* Vanidad ridícula. || *Fam.* Hombre vanidoso, fanfarrón.
VANO, NA adj. (lat. *vanus*). Sin efecto, sin resultado: *esfuerzo vano.* || Infructuoso: *excusas vanas.* (SINÓN. V. *Inútil.*) || Ilusorio, sin fundamento: *esperanzas vanas.* || Frívolo, fútil, tonto: *entretenimiento vano.* || Vanidoso, presuntuoso: *un espíritu vano.* || — M. Hueco. (SINÓN. V. *Ventana.*) || *En vano,* inútilmente.
VAPOR m. (lat. *vapor*). Gas debido a la vaporización de un líquido o, a veces, de un sólido: *vapor de agua.* (SINÓN. *Exhalación, gas, vaho.*) || Nube que se levanta de las cosas húmedas bajo la influencia del calor. || Vértigo o desmayo. || Buque de vapor: *un vapor de la Compañía Transatlántica.* (SINÓN. V. *Barco.*) || — Pl. Acceso histérico o hipocondriaco que se atribuía en otro tiempo a unos vapores que subían al cerebro. || || *Máquina, barco de vapor,* que funciona con ayuda del vapor de agua.
— Una gota de agua que se evapora en la superficie de la Tierra y a 100° C ocupa un volumen 1 700 veces mayor que en estado líquido; resulta de ello una fuerza de expansión inmensa aprovechada como fuerza motriz. A 100° C la presión del vapor de agua saturada es de una atmósfera y esta presión aumenta rápidamente con la temperatura. En 1540 el español Blasco de Garay presentó al emperador Carlos V una máquina de vapor aplicada a la navegación; más tarde hizo en Francia el mismo descubrimiento Salomón de Caus. Luego imaginó Dionisio Papin, también francés, la primera máquina de émbolo; por último, el inglés James Watt hizo llegar este aparato a tal perfección, que puede atribuírsele casi todo el mérito de la invención.
VAPORABLE adj. Capaz de evaporarse. (P. us.)
VAPORACIÓN f. Evaporación.
VAPORAR o **VAPOREAR** v. t. Evaporar.
VAPORIZACIÓN f. Acción de vaporizar. || (SINÓN. *Evaporización, pulverización, volatilización.*) || Transformación de un líquido en gas.
VAPORIZADOR m. Recipiente en el que se efectúa la vaporización || Aparato que se emplea para pulverizar un líquido, un perfume, etc.

MÁQUINA DE VAPOR

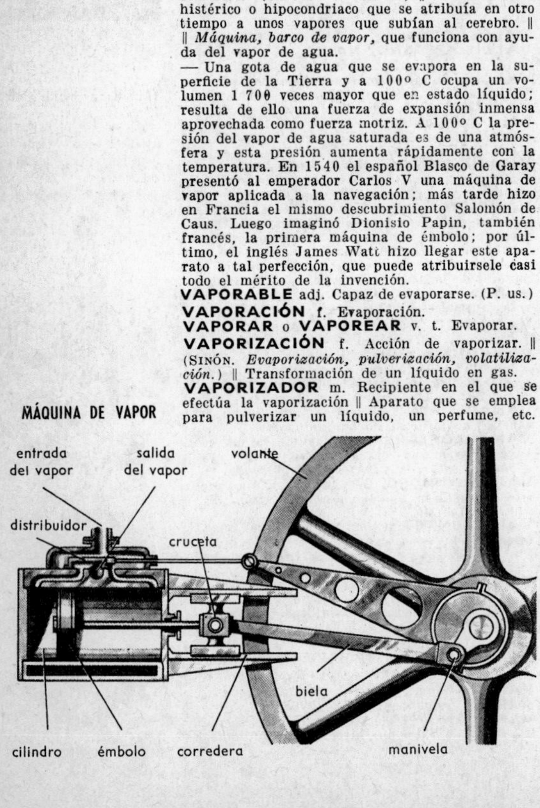

VAPORIZAR v. t. Convertir en vapor: *el calor vaporiza el agua.* || Dispersar un líquido en gotitas muy finas: *vaporizar agua de Colonia.*
VAPOROSO, SA adj. Que despide vapores o contiene vapores. || *Fig.* Tenue, ligero, leve: *tejido vaporoso, estilo vaporoso.* (SINÓN. V. *Fluido y vago.*)
VAPULACIÓN f. y **VAPULAMIENTO** m. Acción y efecto de vapulear. (SINÓN. V. *Paliza.*)
VAPULAR v. t. Vapulear.
VAPULEAMIENTO m. Vapulación.
VAPULEAR v. t. (lat. *vapulare*). Azotar, pegar, dar una paliza: *vapulear a un niño.*
VAPULEO m. Vapulación.
VAQUEAR v. i. *Arg.* Buscar el ganado cimarrón.
VAQUEIRA f. Cierta composición poética gallega o provenzal antigua.
VAQUEREAR v. i. *Per.* Hacer novillos.
VAQUERÍA f. Vacada, manada de vacas. || Lugar donde se crían o guardan vacas para vender leche. (SINÓN. V. *Establo.*) || *Venez.* Caza con lazo.
VAQUERIL m. Dehesa donde pastan las vacas.
VAQUERIZA f. Establo donde se recoge el ganado vacuno.
VAQUERIZO, ZA adj. Relativo a las vacas: *corral vaquerizo.* || — M. y f. Vaquero, pastor de vacas.
VAQUERO, RA adj. Propio de los pastores de vacas. || — Adj. y s. f. Dícese de una silla de montar semejante a la cordobesa. || — M. *Venez.* Látigo. || — M. y f. Pastor de vacas y toros.
VAQUETA f. Cuero de buey o vaca curtido: *un coche con cubierta de vaqueta.* || — PARÓN. *Baqueta.*
VAQUETÓN m. *Méx.* Descarado.
VAQUILLA f. *Arg.* y *Chil.* Ternera de año y medio a dos años. (Llámase *vaquillona* la de dos a tres años.)
VÁQUIRA *Venez.* y **VAQUIRA** f. *Col.* El pecarí.
VAQUITA f. Vaca de San Antón, insecto.
VARA f. (lat. *virga*). Rama delgada y larga. || Palo largo y delgado. (SINÓN. V. *Palo* y *pértiga.*) || Bastón de mando: *vara de alcalde.* || Medida de longitud que valía en Castilla 0,835 m, pero que variaba con las provincias. || Pica del picador. || Garrochazo que da el picador al toro. || Tallo con flores de algunas plantas: *vara de nardo.* || Cada uno de los dos palos del coche entre los cuales se enganchan las caballerías. || Larguero de escalera de mano. || *Vara alta,* autoridad: *tener vara alta en una casa.* || *Vara de San José,* nardo. || *Col.* y *Arg.* *Vara de premio,* la cucaña. || *C. Rica.* *Vara de la fortuna,* cucaña. || *Poner varas,* dar garrochazos el picador al toro. || *Tomar varas,* acudir el toro al picador.
VARADA f. Acción y efecto de varar una embarcación.
VARADA f. *And.* Conjunto de jornaleros del campo que trabajan bajo la dirección de un capataz. || Tiempo que duran las faenas agrícolas. || *Min.* Medición de los trabajos de una mina hechos cada tres meses, y reparto de ganancias que se hace al cabo de este período: *repartir la varada.*
VARADERA f. *Mar.* Nombre de los palos o tablas que se ponen en el costado de un buque para protegerlo cuando se suben o bajan los botes.
VARADERO m. Lugar donde varan los barcos para su compostura. || *Mar.* Plancha de hierro que defiende el costado del buque donde descansa el ancla.
VARADO, DA adj. *Amer.* Envarado. || *Chil.* Sin ocupación fija.
VARADURA f. Varada, acción de varar el barco.
VARAL m. Vara larga. || Nombre de los palos redondos en que encajan las estacas de los costados del carro. || *Fig.* y *fam.* Persona alta y desgarbada. || — Pl. Varas del carro.
VARANO m. Reptil saurio, carnívoro, de gran tamaño, que vive en África, Asia y Australia.
VARAPALO m. Palo largo, vara gruesa. || Golpe que se da con la vara. || *Fig.* y *fam.* Daño, disgusto, desazón grande: *llevar un varapalo.*
VARAR v. t. (b. lat. *varare*). Botar al agua un barco. || — V. i. Encallar un barco en la costa.

|| *Fig.* Pararse o detenerse un negocio. || — V. r. *Col.* y *Per.* Varar: *se varó la embarcación.* || — PARÓN. *Varear.*
VARASETO m. Cierre o enrejado de cañas.
VARAZO m. Golpe que se da con la vara o palo.
VAREADOR m. El que varea.
VAREAJE m. Acción de varear frutos. || Medición o venta de un género por varas: *vareaje del paño.*
VAREAR v. t. Derribar con una vara: *varear aceituna.* || Dar golpes con la vara. || Picar con la vara los toros o fieras. || Medir o vender por varas: *varear paño.* || *Arg.* Preparar al caballo para la carrera. || — V. r. Enflaquecer. || — PARÓN. *Varar.*
VAREC m. (fr. *varech*). Nombre que suele darse a las plantas marinas de la familia de las algas: *el varec se usa bastante como abono.* (SINÓN. V. *Alga.*)
VAREJÓN m. Vara gruesa. || *Amer.* Vara delgada, verdasca. || *Col.* Especie de salvia.
VAREJONAZO m. Varazo.
VARENGA f. (del sueco *vränger,* costados de un buque). *Mar.* Percha, madero en forma de medio punto que se pone en la proa del barco. || *Mar.* Pieza curva atravesada sobre la quilla y que forma la base de la cuaderna.
VARENGAJE m. *Mar.* Conjunto de las varengas de un barco.
VAREO m. Vareaje: *el vareo de las aceitunas.*
VAREQUE m. *Amer.* Barb. por *bajareque.*
VARETA f. Vara pequeña. || Vara untada con liga para cazar pájaros. || *Fig.* Expresión picante con que se zahiere a uno. || *Fig.* y *fam.* Indirecta. || *Fig.* y *fam. Irse de vareta,* tener diarrea. || — PARÓN. *Barreta.*
VARETAZO m. Paletazo, cornada del toro.
VARETEAR v. t. Formar listas en un tejido.
VARETÓN m. Ciervo joven con cornamenta de una sola punta.
VARGA f. Parte más inclinada de una cuesta. || Especie de congrio.
VARGANAL m. Seto hecho de várganos.
VÁRGANO m. Palo de una empalizada. (P. us.)
VARGAS (Averígüelo), frase proverbial empleada cuando algo es muy difícil de averiguar.
VARGUEÑO m. Bargueño.
VARI m. Especie de maki de la isla de Madagascar.
VARÍ m. *Chil.* y *Per.* Ave de rapiña diurna.
VARIA m. pl. (pal. lat.). Colección bibliográfica de obras diversas.
VARIABILIDAD f. Disposición para variar. || *Gram.* Carácter que distingue las palabras variables.
VARIABLE adj. Que puede variar. || Instable, inconstante: *ánimo variable.* (SINÓN. V. *Cambiante.*) || *Gram.* Dícese de la palabra cuya terminación varía. || — CONTR. *Invariable.* || — F. *Mat.* Cantidad susceptible de tomar valores numéricos diferentes, comprendidos o no dentro de un cierto límite.
VARIABLEMENTE adv. m. De manera variable.
VARIACIÓN f. Acción de variar, cambio: *las variaciones del tiempo.* || *Mat.* Cambio de valor de una cantidad o de una magnitud. || *Mús.* Procedimiento de composición musical consistente en emplear el mismo tema transformándolo de diferentes maneras. || — Pl. Transformaciones: *las variaciones de una doctrina.*
VARIADO, DA adj. Diverso, que tiene variedad: *colores variados.* || — CONTR. *Uniforme.*
VARIAMENTE adv. m. De un modo vario.
VARIANTE adj. Que varía o cambia. || — F. Texto de un autor que difiere de la lección generalmente admitida: *estudiar las variantes de La Ilíada.*
VARIAR v. t. Diversificar, introducir variedad: *es preciso variar sus alimentos.* (SINÓN. V. *Transformar.*) || — V. i. Cambiar: *ha variado el viento.* || Ser una cosa diferente de otra.
VARICE f. (lat. *varix*). *Med.* Dilatación permanente de una vena: *las varices pueden causar úlceras en las piernas.* || — OBSERV. Puede también escribirse *variz* y *várice* y se ha usado también como masculino.
VARICELA f. (ital. *varicella*). *Med.* Enfermedad infecciosa, contagiosa, que se observa especialmente en los niños y carece de gravedad. (Está caracterizada por una erupción de manchas rojas que se convierten en vesículas que supuran moderadamente para desaparecer a los diez días de su aparición.)
VARICOCELE m. *Med.* Tumor formado por la dilatación varicosa de las venas del escroto y del cordón espermático.
VARICOSO, SA adj. *Med.* De las varices: *úlcera varicosa.* || — Adj. y s. *Med.* Que tiene varices.
VARIEDAD f. Estado de un objeto compuesto de partes varias: *la variedad de un paisaje.* (SINÓN. *Inconstancia, instabilidad, variación.*) || Diferencia entre cosas que tienen características comunes: *gran variedad de plantas.* || Diversidad, carácter de las cosas que no se parecen: *variedad de opiniones.* (SINÓN. V. *Diferencia.*) || *Hist. nat.* Subdivisión de la especie. (SINÓN. V. *Especie.*) || — Pl. *Teatr.* Varietés.
VARIETÉS f. pl. (pal. fr.). Espectáculo teatral compuesto de atracciones variadas.
VARILARGUERO m. Picador de toros.
VARILLA f. Vara larga y delgada. || Nombre de las tiras de diversas materias que forman la armazón del abanico, del paraguas, etc. || *Fam.* Cada uno de los dos huesos que forman la quijada. || Barra delgada de metal. || *Venez.* Prueba de los caballos de carreras. || *Méx.* Mercancías del buhonero. || *Chil.* Arbusto, variedad del palhuén. || *Venez.* Pulla. || — Pl. Bastidor en que se colocan los cedazos para cerner. || *Col.* Convulsiones de los niños. || *Varilla de virtudes,* o *mágica,* varita mágica.
VARILLAJE m. Conjunto de las varillas de un abanico, paraguas o quitasol: *varillaje de marfil.*
VARILLAR v. t. *Venez.* Ensayar un caballo para una carrera.
VARILLERO m. *Méx.* Buhonero.
VARIO, RIA adj. (lat. *varius*). Diverso, distinto: *colores varios, dibujos varios.* || Inconstante: *espíritu muy vario.* || — Pl. Algunos: *he comprado varios libros.*
VARIÓLICO adj. Varioloso: *pústula variólica.*
VARIOLIZACIÓN f. Método empleado antes de que Jenner descubriese la vacuna que consistía en la inoculación de gérmenes de viruela para provocar la enfermedad en forma benigna e inmunizar así al paciente.
VARIOLOIDE f. (del lat. *variola,* viruela, y gr. *eidos,* forma). *Med.* Forma atenuada de las viruelas.
VARIOLOSO, SA adj. y s. Relativo a la viruela. || *Med.* Virolento: *hospital de variolosos.*
VARITA f. Vara pequeña. || *Varita de virtudes* o *mágica,* la que tienen las hadas y los prestidigitadores para realizar cosas portentosas y de magia.
VARIZ f. *Med.* Varice.
VARÓN m. Hombre, criatura racional del sexo masculino: *tener dos hijos varones.* || Hombre de edad viril. || Hombre respetable. || *Fam. Santo varón,* hombre bueno, pero algo sencillo. || *Mar.* Cuerda o cadena que permite gobernar cuando se rompe la caña del timón. || — PARÓN. *Barón.*
VARONA f. Mujer varonil, marimacho. (P. us.)
VARONÍA f. Descendencia de varón en varón.
VARONIL adj. Relativo o perteneciente al varón: *carácter varonil.* || Esforzado, valeroso.
VARONILMENTE adv. m. De un modo varonil.
VARRACO m. Verraco.
VARRAQUEAR v. i. *Fam.* Verraquear.
VARSOVIANA f. Danza polaca, variante de la mazurca. || Música que la acompaña.
VARSOVIANO, NA adj. y s. De Varsovia.
VASALLAJE m. Condición o deberes del vasallo: *un vasallaje intolerable.* (SINÓN. V. *Servidumbre.*) || *Fig.* Rendimiento, sujeción.
VASALLO, LLA adj. y s. (lat. *vassallus*). Persona sujeta a un tributo o señor: *el vasallo debía obediencia a su señor.* (SINÓN. V. *Sumiso.*) || Súbdito de un Estado. || *Fig.* El que reconoce a otro por superior.
VASAR m. Poyo en las cocinas y despensas donde se colocan los vasos, los platos, etc. || — PARÓN. *Bazar.*
VASCO, CA adj. y s. Vascongado. || Natural del territorio francés que comprende el departamento de los Bajos Pirineos: *un vasco francés.* || — M. Vascuence.

varec

varetón

Fot. W. W.

VASCÓFILO m. El aficionado a la lengua, cultura o costumbres vascongadas.
VASCÓN, ONA adj. y s. De Vasconia, región de la España Tarraconense. (V *Parte hist.*)
VASCONGADO, DA adj. y s. Natural de las provincias de Álava, Guipúzcoa y Vizcaya o propio de ellas. ‖ — M. Vascuence.
VASCÓNICO, CA adj. Vascón.
VASCUENCE m. Lengua que hablan los vascongados y los habitantes del territorio vasco francés. ‖ *Fig.* y *fam.* Lo muy oscuro y confuso.
VASCULAR adj. (del lat. *vasculum,* vaso pequeño). *Bot.* Que tiene celdillas de figura tubular: *planta vascular.* ‖ *Anat.* Relativo a los vasos o compuesto de vasos: *una membrana vascular.*
VASCULOSO, SA adj. Vascular.
VASELINA f. (del al. *wasser,* cera). Especie de grasa mineral que se saca de la parafina y aceites densos del petróleo, y se utiliza en farmacia y perfumería.
VASERA f. Vasar, poyo.
VASIJA f. Recipiente de materia y forma diversa: *vasija de barro.* (SINÓN. V. *Recipiente.*)
VASILLO m. Celdilla del panal de las abejas.
VASO m. (lat. *vasis*). Vasija: *un vaso de cristal.* (SINÓN. V. *Recipiente.*) ‖ Vasija que sirve para beber, y lo que en ella se echa: *beberse un vaso de vino.* ‖ Embarcación. (P. us.) ‖ Bacín, orinal. (P. us.) ‖ Jarrón: *vaso de mármol.* ‖ Casco de las caballerías. ‖ *Hist. nat.* Nombre de los conductos por donde circulan los líquidos del organismo. ‖ *Vaso de elección,* sujeto escogido por Dios. ‖ *Vasos comunicantes,* vasos reunidos por un tubo inferior, y en los que sube el agua al mismo nivel en todos. ‖ — PARÓN. *Bazo.*
VASOCONSTRICTOR adj. Dícese de lo que contrae los vasos sanguíneos.
VASODILATADOR adj. Dícese de lo que dilata los vasos sanguíneos.
VASOMOTOR, RA adj. *Anat.* Dícese de los nervios que determinan la contracción o la dilatación de los vasos sanguíneos.
VÁSTAGO m. Renuevo o brote del árbol o planta: *un vástago de la vid.* (SINÓN. V. *Esqueje.*) ‖ *Fig.* Persona descendiente de otra. (SINÓN. V. *Hijo.*) ‖ *Mec.* Varilla o parte más delgada de algunos mecanismos: *vástago del émbolo.* ‖ *C. Rica* y *Venez.* Tallo del plátano.
VASTEDAD f. Anchura o grandeza.
VASTO, TA adj. (lat. *vastus*). Amplio, espacioso, muy grande: *un vasto proyecto.* ‖ — PARÓN. *Basto.*
VATE m. (lat. *vates*). Poeta: *un inspirado vate.*
VATICANISTA adj. Relativo a la política del Vaticano. ‖ Partidario de ella.
VATICANO, NA adj. (lat. *vaticanus*). Perteneciente al Vaticano: *corte vaticana.* ‖ — M. *Fig.* Corte pontificia. ‖ — F. Biblioteca vaticana.
VATICINADOR adj. y s. Que vaticina.
VATICINAR v. t. Pronosticar, adivinar, profetizar.
VATICINIO m. (lat. *vaticinium*). Adivinación, pronóstico, predicción: *un vaticinio equivocado.* (SINÓN. V. *Presagio.*)
VATÍDICO, CA adj. Relativo al vaticinio.
VATÍMETRO m. *Electr.* Aparato para medir directamente la potencia absorbida por un circuito eléctrico.
VATIO m. *Electr.* Unidad de potencia (símb. W) equivalente a un julio por segundo, es decir, 10^7 ergios por segundo.
VATIO-HORA m. *Electr.* Unidad de trabajo y de energía. (Símb.: Wh.) [Es la energía dada en una hora por una potencia de un vatio.]
VAUDEVILLE m. (pal. fr., pr. *vodvil*). *Teatr.* Especie de comedia alegre y desenfadada de origen francés.
VAUPENSE adj. y s. De Vaupés (Colombia).
VAYA f. *Fam.* Burla: *dar vaya.* ‖ — PARÓN. *Baya, valla.*
VE f. Nombre de la letra *v.*
VECERA f. Hato de ganado que va a la vez.
VECERÍA f. Ganado que pertenece al vecindario.
VECERO, RA adj. Dícese del que tiene que ejercer un cargo por vez o turno. ‖ Dícese de los vegetales que en un año dan mucho fruto, y poco en otros. ‖ — M. y f. Parroquiano de una tienda. ‖ Persona que aguarda turno para una cosa.
VECINAL adj. Perteneciente o relativo al vecindario de un pueblo: *abrir un camino vecinal.*
VECINAMENTE adv. m. Cerca, en la cercanía.
VECINDAD f. Calidad de vecino. ‖ Conjunto de personas que viven en una misma casa o barrio, vecindario. ‖ Cercanías: *mi amigo vive en la vecindad.* ‖ Relaciones entre vecinos: *política de buena vecindad.*
VECINDARIO m. Conjunto de vecinos de una población. (SINÓN. V. *Pueblo.*) ‖ Lista de los vecinos de un pueblo. ‖ Calidad de vecino de un pueblo.
VECINDONA f. *And. Fam.* Comadre.
VECINO, NA adj. y s. (lat. *vicinus*). Que habita con otros en un mismo pueblo, barrio o casa. ‖ Habitante de un pueblo: *repartir una contribución entre todos los vecinos.* ‖ *Fig.* Próximo: *el pueblo vecino.* (SINÓN. V. *Cercano.*) ‖ *Fig.* Semejante o parecido. ‖ *Fam. Cualquier hijo de vecino,* cualquier persona, todo el mundo.
VECTOR adj. (del lat. *vector,* que conduce). *Radio vector,* en geometría, el que se traza desde un punto fijo y en dirección variable para obtener la posición variable de un punto que sigue una curva definida. ‖ — M. Recta definida en tamaño, dirección y sentido.
VECTORIAL adj. *Mat.* Relativo a los vectores.
VECTRICES f. pl. *Bot.* Clase de gimnospermas que comprende las coníferas.
VEDA f. Acción y efecto de vedar o prohibir. ‖ Tiempo en que está vedada la caza o la pesca.
VEDADO adj. No permitido. (SINÓN. V. *Prohibido.*) ‖ — M. Lugar cerrado: *cazar en vedado* .
VEDAR v. t. (lat. *velare*). Prohibir, impedir.
VEDAS m. pl. (del sánscr. *veda,* libro de ciencia). Libros sagrados primitivos de la India. (V. *Parte hist.*)
VEDEGAMBRE m. Planta liliácea, usada en medicina como estornutatorio.
VEDEJA f. Guedeja, cabellera muy larga.
VEDETTE f. (pal. fr.). Artista de fama, estrella.
VÉDICO, CA adj. De los Vedas. (V. *Parte hist.*)
VEDIJA f. (b. lat. *velludella*). Porción de lana o pelo apretada y enredada. ‖ *Fig.* Espiral del humo.
VEDIJOSO, SA y **VEDIJUDO, DA** adj. Que tiene el pelo enredado. ‖ Que forma vedijas.
VEDISMO m. Nombre con que designan los europeos la forma primitiva de la religión india.
VEEDOR adj. y s. Aficionado a mirar o registrar las acciones ajenas. ‖ — M. Inspector encargado de examinar ciertas cosas. ‖ Cargo antiguo de palacio.
VEEDURÍA f. Cargo y oficina de veedor.
VEER v. t. (lat. *videre*). Forma antigua de *ver.*
VEGA f. Tierra baja bien regada y muy fértil: *la vega de Granada.* ‖ *Cub.* Campo de tabaco. ‖ *Ecuad.* Terreno movedizo formado en los recodos del río. ‖ *Chil.* Terreno muy húmedo.
VEGETACIÓN f. (lat. *vegetatio*). Desarrollo y crecimiento de las partes constituyentes de los vegetales: *árboles en plena vegetación.* ‖ Conjunto de los vegetales de una región: *vegetación tropical.* ‖ *Patol.* Excrecencia anormal que se desarrolla en el cuerpo. ‖ *Vegetaciones adenoideas* o simplemente *vegetaciones,* hipertrofia de las amígdalas faríngea y nasal y, principalmente, de los folículos linfáticos que obstruyen la parte posterior de las fosas nasales.
VEGETAL adj. Perteneciente a los vegetales: *reino vegetal.* ‖ — M. Árbol, planta: *la botánica estudia los vegetales.*
VEGETALISMO m. Vegetarianismo.
VEGETALISTA com. Vegetariano.
VEGETANTE adj. Que vegeta.
VEGETAR v. i. (lat. *vegetare*). Crecer y desarrollarse las plantas. (SINÓN. *Brotar, germinar.*) ‖ *Fig.* Vivir con vida inerte, u obscura: *funcionario que vegeta en un pueblo.* (SINÓN. *Ir tirando.*)
VEGETARIANISMO m. Sistema de alimentación en el que se suprimen la carne y a veces los alimentos de origen animal y se adopta un régimen en el que entran exclusivamente vegetales o sustancias de origen vegetal.
VEGETARIANO, NA adj. y s. Dícese de las personas que sólo se alimentan con vegetales. (SINÓN. *Frugívoro, herbívoro, vegetalista.*) ‖ Adj. Relativo al vegetarianismo.

VEGETATIVO, VA adj. Que vegeta o determina la vegetación: *principio vegetativo.* || Común a los animales y a las plantas: *tener una vida vegetativa.* || *Fig.* Disminuido; que se reduce a la satisfacción de las necesidades esenciales: *vida vegetativa.* || Que concurre a las funciones de nutrición o reproducción: *tejidos, órganos, aparatos vegetativos.*
VEGOSO, SA adj. *Chil.* Húmedo (terreno).
VEGUER m. (del lat. *vicarius,* lugarteniente). Magistrado que, en ciertos lugares, ejercía la misma jurisdicción que los corregidores de Castilla. || Cada uno de los dos delegados de las soberanías protectoras en Andorra.
VEGUERÍA f. y **VEGUERÍO** m. Territorio sometido antiguamente a la jurisdicción del veguer.
VEGUERO, RA adj. Relativo a la vega. || — M. Labrador que cultiva una vega. || Cigarro puro hecho de una sola hoja de tabaco.
VEHEMENCIA f. Impetuosidad, violencia, arrebato: *hablar con vehemencia.* (SINÓN. V. *Elocuencia* y *fogosidad.*) || — CONTR. *Dulzura.*
VEHEMENTE adj. (lat. *vehemens*). Ardiente, impetuoso: *orador vehemente.* || — CONTR. *Suave, dulce.*
VEHEMENTEMENTE adv. m. Con vehemencia, de manera vehemente.
VEHÍCULO m. (lat. *vehiculum,* de *vehere,* conducir). Medio de transporte por tierra, por agua o por aire: *vehículos para mercancías.* (SINÓN. V. *Coche.*) || Lo que sirve para transmitir: *el aire es el vehículo del sonido.* || *Fig.* Medio de comunicar: *la imprenta es el vehículo del pensamiento.*
VEINTAVO, VA adj. y s. m. Vigésimo.
VEINTE adj. (lat. *viginti*). Dos veces diez: *he comprado veinte libros.* || Vigésimo: *nació el año veinte.* || — M. Conjunto de signos para representar el número veinte.
VEINTÉN m. Escudo de oro de veinte reales.
VEINTENA f. m. Conjunto de veinte unidades: *una veintena de libros.*
VEINTENARIO, RIA adj. Que tiene veinte años.
VEINTENO, NA adj. y s. Vigésimo. || Veintavo: *ser el veinteno en una lista.*
VEINTEÑAL adj. Que dura lo menos veinte años.
VEINTICINCO adj. Veinte y cinco: *tener veinticinco libros.* || Vigésimo quinto: *número veinticinco.* || — M. La representación gráfica del número veinticinco.
VEINTICUATRÍA f. El cargo de veinticuatro.
VEINTICUATRO adj. Veinte y cuatro: *veinticuatro libros.* || Vigesimocuarto. || Número veinticuatro. || — M. Regidor del ayuntamiento, en algunas ciudades.
VEINTIDÓS adj. Veinte y dos: *veintidós libros.* || Vigésimo segundo: *número veintidós.*
VEINTINUEVE adj. Veinte y nueve: *veintinueve libros.* || Vigésimo nono: *número veintinueve.*
VEINTIOCHO adj. Veinte y ocho: *comprar veintiocho libros.* || Vigésimo octavo: *número veintiocho.*
VEINTISÉIS adj. Veinte y seis: *veintiséis libros.*
VEINTISIETE adj. Veinte y siete: *veintisiete libros.* || Vigésimo séptimo: *el número veintisiete.*
VEINTITANTOS, TAS adj. Más de veinte y menos de treinta: *estar a veintitantos de enero.*
VEINTITRÉS adj. Veinte y tres: *veintitrés libros.* || Vigésimo tercio: *número veintitrés.*
VEINTIÚN adj. Apócope de *veintiuno,* que se usa antes de los substantivos: *tener veintiún libros.*
VEINTIUNA f. Un juego de naipes o de dados.
VEINTIUNO, NA adj. Veinte y uno: *veintiuna mujeres.* || Vigésimo primero: *el número veintiuno.*
VEJACIÓN f. (lat. *vexatio*). Maltrato o molestia causado a una persona para herir su dignidad.
VEJADOR, RA adj. y s. Que veja.
VEJAMEN m. (lat. *vexamen*). Molestia, vejación. || Reprensión satírica o severa.
VEJANCÓN, ONA adj. y s. *Fam.* Muy viejo.
VEJAR v. t. (lat. *vexare*). Molestar, perseguir, fastidiar: *vejar a los contribuyentes.* (SINÓN. V. *Zaherir.*)
VEJERANO, NA adj. y s. *Amer. Fam.* Viejo.
VEJARRÓN, ONA adj. y s. *Fam.* Muy viejo.
VEJATORIO, RIA adj. Dícese de lo que puede vejar o molestar: *imponer condiciones vejatorias.*
VEJESTORIO m. Persona o cosa muy vieja. (SINÓN. V. *Anciano.*)
VEJETE adj. y s. *Fam.* Viejo ridículo y pequeño. (SINÓN. V. *Anciano.*)
VEJEZ f. Calidad de viejo: *morir de vejez.* (SINÓN. *Ancianidad, caducidad, caduquez, decrepitud, senectud.*) || *Fig.* Impertinencia propia de los viejos. || *Fig.* Repetición de una cosa sabida, machaqueo.
VEJIGA f. (lat. *vesica*). Saco membranoso que recibe y retiene la orina. || Ampolla: *la quemadura levantó una vejiga.* || Saquito de forma de vejiga, hecho de piel, goma, etc.: *una vejiga de pelota.* || *Vejiga de la bilis* o *de la hiel,* bolsita en que va depositando el hígado este humor. || *Vejiga de perro,* el alquequenje. || *Vejiga natatoria,* bolsa llena de gas que se encuentra en el cuerpo de los peces y les permite subir y bajar en el agua.
VEJIGANTE m. *P. Rico.* Mojiganga, máscara.
VEJIGATORIO m. (del lat. *vesicare,* levantarse ampollas). *Med.* Parche irritante que se aplica sobre la piel para levantar vejigas, con fin medicinal.
VEJIGAZO m. Golpe que se da con una vejiga de animal llena de aire u otra cosa. || *Hond.* Porrazo.
VEJIGOSO, SA adj. Que está lleno de vejigas.
VEJIGUILLA f. Vejiga pequeña. || Ampolluela.
VELA f. Tiempo que se vela: *pasar la noche en vela.* || Tiempo que se trabaja por la noche: *hoy tenemos vela en el taller.* || Velación, acción de velar. || Asistencia delante del Santísimo Sacramento. || Romería, peregrinación. || Centinela que se ponía de noche en un punto. || Cilindro de cera, estearina, etc., con una torcida, que sirve para alumbrar. || *Méx.* Reconvención, regaño. || *C. Rica.* Velación, velorio. || — Pl. *Fam.* Moco colgante. || *En vela,* sin dormir. || *Fig. No darle a uno vela en un entierro,* no darle autorización para intervenir en un asunto. || *Entre dos velas,* algo ebrio. || *A dos velas,* sin un cuarto, con pocos o escasos medios económicos.

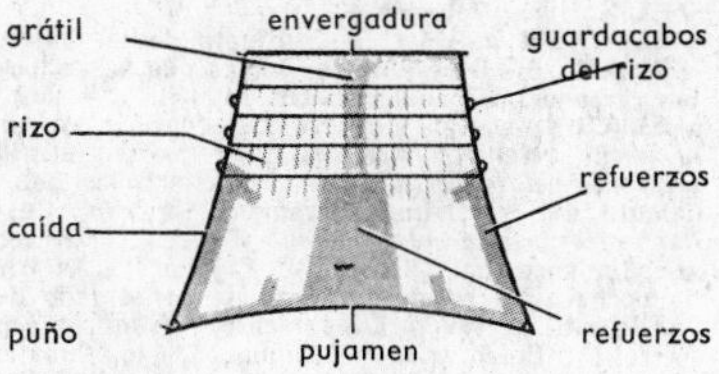

DETALLES DE UNA VELA

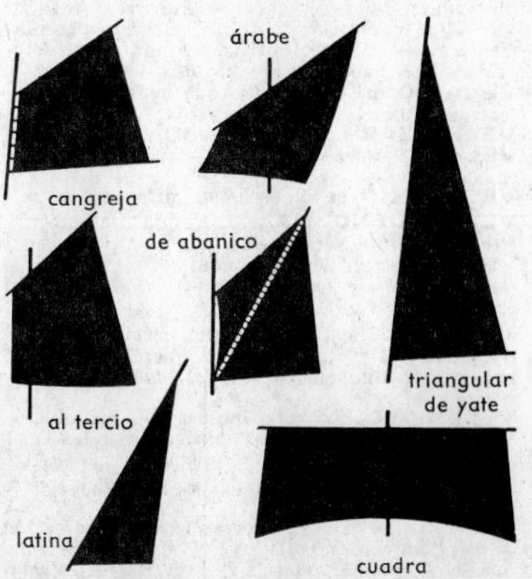

DIVERSOS TIPOS DE VELAS

VELAS DE UN BUQUE DE TRES PALOS

1. Bandera nacional
2. Cangreja
3. Sobrejuanete de perico
4. Perico
5. Sobremesana
6. Sobrejuanete mayor
7. Juanete mayor
8. Gavia
9. Vela mayor
10. Estay de sobrejuanete
11. Estay de juanete
12. Estay mayor
13. Sobrejuanete de proa
14. Juanete de proa
15. Gavia de trinquete o velacho
16. Trinquete
17. Petifoque
18. Foque
19. Contrafoque
20. Cuarto foque

VELA f. (lat. *vela*). Lona fuerte que se ata a los mástiles y a las vergas de un barco para recibir el viento y hacer adelantar la nave: *navegar a la vela.* || *Col.* Exposición del Santísimo Sacramento. || *Fig.* Barco de vela: *se divisó una vela a lo lejos.* (V. tb. ilustr. pág. anterior.)
VELACIÓN f. Acción de velar. || Ceremonia del matrimonio, que consiste en cubrir con un velo a los cónyuges. || *Abrirse,* o *cerrarse las velaciones,* empezar o concluir la época en que permite la Iglesia que se velen los desposados.
VELACHO m. *Mar.* Gavia del trinquete: *largar el velacho.*
VELADA f. Vela, acción de velar. || Reunión nocturna de varias personas con intención de divertirse y solazarse. || Concurrencia nocturna a una plaza o paseo público, con motivo de alguna fiesta o espectáculo: *velada de boxeo.* || Fiesta musical o literaria por la noche: *velada poética.*
VELADO, DA adj. Oculto por un velo. || Dícese de la voz sorda, sin timbre. || En fotografía, dícese de la imagen borrada o confusa por la acción indebida de la luz.
VELADOR, RA adj. y s. Que vela. || — M. El que vela o cuida de alguna cosa. || Candelero de madera. (P. us.) || *Méx.* Bomba de cristal que se pone a ciertas lámparas. || Mesita oval o redonda que tiene un solo pie: *velador de caoba.* || *Chil.* Mesa de noche. || — F. Lamparilla de dormitorio.
VELADURA f. *Pint.* Tinta o color transparente con que se vela algunas veces el tono de lo pintado.
VELAJE m. Velamen.
VELAMEN m. *Mar.* El conjunto de las velas.
VELAR adj. Dícese de las letras que se articulan cerca del velo del paladar, como la *u* y la *k.*
VELAR v. i. (lat. *vigilare*). No dormir: *pasar la noche velando.* || Trabajar de noche: *en la imprenta velarán esta semana.* || Asistir los fieles delante del Santísimo Sacramento. || *Fig.* Cuidar: *velar por la salud de uno.* || — V. t. Hacer guardia nocturna. (SINÓN. V. *Vigilar.*) || Asistir de noche a un enfermo o permanecer al lado de un difunto: *velar a un pariente.* || Cubrir con un velo. || Celebrar las velaciones. || *Fig.* Cubrir, disimular: *velar un cuadro de horror.* (SINÓN. V. *Callar* y *esconder.*) || *Fig.* Observar atentamente. || — V. r. Inutilizarse una placa fotográfica por haberle dado la luz.
VELARIO m. *Ant.* Toldo que cubría los anfiteatros. (SINÓN. V. *Cortina.*)
VELARIZAR v. t. Dar a una letra sonido velar.
VELARTE m. Paño negro, que servía para capas.
VELATORIO m. Vela de un difunto.
VELAZQUEÑO, ÑA adj. Propio o característico del pintor Velázquez.
VELAY interj. *Pop.* He aquí, mire: *¡velay lo que tiene el ser tonto!* || *Amer.* Vedlo ahí, ahí está, eso es.
VELD m. Estepa en el África meridional.
VELEIDAD f. (del lat. *velle,* querer). Voluntad imperfecta, intención leve: *veleidades de resistencia.*
VELEIDOSO, SA adj. Inconstante, mudable.
VELEJAR v. i. Navegar un barco con las velas desplegadas.
VELERÍA f. Tienda de velas y candelas para el alumbrado.
VELERO, RA adj. Dícese de la embarcación de vela muy manejable. || — M. y f. Persona que hace o vende velas. || — M. Barco de vela.

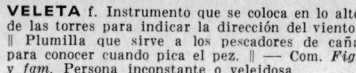

velocípedo

VELETA f. Instrumento que se coloca en lo alto de las torres para indicar la dirección del viento. || Plumilla que sirve a los pescadores de caña para conocer cuando pica el pez. || — Com. *Fig.* y *fam.* Persona inconstante o veleidosa.
VELETE m. Velo delgado o pequeño.
VELILLO m. Tela sutil, muy delgada y rala.
VÉLITE m. Soldado romano de infantería ligera.
VELÍVOLO, LA adj. *Poét.* Velero.
VELO m. (lat. *velum*). Cortina o lienzo con que se cubre una cosa. || Prenda con que se cubren las mujeres la cabeza: *un velo de gasa.* || Trozo de tul, gasa, etc., que guarnece la parte superior de la mantilla o que forma parte del sombrero de las mujeres. || Lienzo con que se cubren la cabeza las religiosas. || Lienzo con que se cubren los esposos en la ceremonia de las velaciones. || Humeral del sacerdote. || Un tejido muy ligero, a modo de muselina. || *Fig.* Cosa ligera que cubre u oculta otra. || *Fig.* Pretexto, excusa: *el velo de la indulgencia.* || *Fig.* Lo que impide el conocimiento de una cosa. || *Velo del paladar,* cortina membranosa que separa la boca de las fauces. || *Tomar el velo,* profesar una monja.
VELOCIDAD f. Ligereza, rapidez. (SINÓN. *Celeridad, diligencia, precipitación, prisa, presteza, prontitud, vivacidad.*) || Celeridad en un movimiento uniforme. || Relación entre el camino recorrido y el tiempo empleado en recorrerlo. || *Carrera de velocidad,* carrera corta pero de gran rapidez. || — CONTR. *Lentitud.*
VELOCÍMETRO m. Dispositivo que indica la velocidad de un automóvil, avión, etc.
VELOCIPEDISMO m. Ciclismo.
VELOCIPEDISTA com. Persona que sabe andar en velocípedo. (P. us.) [SINÓN. *Ciclista.*]
VELOCÍPEDO m. (del lat. *velox,* veloz, y *pes, pedis,* pie). Vehículo con ruedas que se mueve con los pies.
VELOCISTA m. y f. Atleta especializado en las carreras de velocidad.
VELÓDROMO m. (de *velocípedo* y el gr. *dromos,* carrera). Pista para carreras de bicicletas.
VELOMOTOR m. Motocicleta ligera de una cilindrada comprendida entre 50 y 125 cm^3.
VELÓN m. Lámpara de aceite, de metal, con uno o varios mecheros y un eje por el que puede girar, subir y bajar. || *Per.* y *Chil. Ant.* Vela de sebo muy gruesa. || *Méx.* Vela de sebo o estearina.
VELONERA f. La repisa para colocar el velón.
VELONERO m. El que hace o vende los velones.
VELORIO m. Acto de velar difuntos, velatorio. || Ceremonia de tomar el velo una religiosa. || *Arg.* Fiesta deslucida, poco concurrida. || *Venez.* Ventorrillo. || *Arg. ¡Velorio!,* interjección de incredulidad.
VELORTA f. Vilorta.
VELOZ adj. (lat. *velox*). Rápido, ligero: *barco sumamente veloz.* || — CONTR. *Lento.*
VELOZMENTE adv. m. Con velocidad.
VELUDILLO m. Velludillo, terciopelo.
VELUDO m. Velludo, felpa.
VELLERA f. Mujer que tiene por oficio quitar el vello a otras.
VELLIDO, DA adj. Velloso.
VELLO m. (lat. *villus*). Pelo corto y suave que nace en algunas partes del cuerpo humano. (SINÓN. V. *Cabello.*) || Pelusilla que tienen las frutas o plantas: *el vello de un melocotón.* || — PARÓN. *Bello.*
VELLOCINO m. Vellón, lana o piel de carnero: *el vellocino de Gedeón, el vellocino de oro.* (V. *Parte hist.*)
VELLÓN m. (lat. *vellus*). Lana del carnero que sale junta al esquilarlo. (SINÓN. V. *Pelo.*) || Piel de carnero que tiene aún adherida la lana. || Vedija de lana.
VELLÓN m. (fr. *billon*). Moneda de cobre: *real de vellón.* || Liga de plata y cobre con que se labraba moneda antiguamente.
VELLONERA f. *P. Rico* y *Dom.* Máquina que reproduce discos fonográficos mediante la inserción de monedas.
VELLORÍ y **VELLORÍN** m. Paño entrefino.
VELLORITA f. La maya o primavera, planta.
VELLOSIDAD f. Abundancia de vello en la superficie del cuerpo. || *Vellosidad intestinal,* cada una de las rugosidades de la superficie del intestino.

VELLOSILLA f. Una planta de la familia de las compuestas, llamada vulgarmente *oreja de ratón*.
VELLOSO, SA adj. Que tiene vello.
VELLUDILLO m. Terciopelo de algodón.
VELLUDO, DA adj. Que tiene abundante vello: *hombre muy velludo*. (SINÓN. V. *Peludo*.) ‖ — M. Felpa, terciopelo.
VELLUTERO m. El que trabaja en terciopelos.
VENA f. (lat. *vena*). Canal que vuelve la sangre desde los miembros y los pulmones al corazón. ‖ Porción larga y estrecha en la madera y las piedras duras: *una vena de la caoba, del mármol*. ‖ Veta de una mina: *una vena abundante*. (SINÓN. V. *Filón*.) ‖ *Fig.* Inspiración poética. ‖ *Fig. Vena de loco*, genio inconstante. ‖ *Fig. Estar en vena*, estar dispuesto para una cosa, sentir inspiración, etc.: *no está hoy en vena para escribir*. ‖ *Darle a uno la vena*, sentir impulsos de hacer una locura. ‖ *Ecuad.* Tallo de bejuco que sirve de lazo; fibra de la carne o los vegetales.
VENABLO m. (lat. *venabulum*). Dardo o jabalina: *disparar un venablo*. (SINÓN. V. *Flecha*.) ‖ *Fig.* y *fam. Echar venablos*, decir palabras de cólera y enojo.
VENADERO m. Querencia de los venados. ‖ *Ecuad.* Cierto perro que sirve para la caza de los venados.
VENADO m. (del lat. *venatus*, caza). Ciervo común: *los cuernos de un venado*. ‖ Nombre vulgar de varios cérvidos americanos. ‖ *Méx. Pintar el venado*, hacer novillos.
VENAL adj. Relativo a las venas: *la red venal*.
VENAL adj. (lat. *venalis*, de *venum*, venta). Que se puede comprar por dinero: *empleo venal*. ‖ *Fig.* Que se deja sobornar: *funcionario venal*.
VENALIDAD f. (lat. *venalitas*). Calidad de venal o comprable: *la venalidad de un destino*.
VENÁTICO, CA adj. *Fam.* Que tiene vena de loco.
VENATORIO, RIA adj. Relativo a la caza.
VENCEDERO, RA adj. *Com.* Sujeto a vencimiento.
VENCEDOR, RA adj. y s. Que vence o triunfa. ‖ — SINÓN. *Ganador, triunfador, victorioso*.
VENCEJO m. Lazo, ligadura. ‖ Pájaro parecido a la golondrina: *el vencejo se alimenta de insectos*.
VENCER v. t. (lat. *vincere*). Rendir al enemigo: *vencer en una batalla*. (SINÓN. *Anonadar, aplastar, arrollar, batir, derrotar*. Fig. *Deshacer, destrozar, desbaratar, revolcar*.) ‖ Rendir, dominar: *vencer el sueño, las pasiones*. ‖ Aventajar: *vencer a sus rivales*. ‖ Superar las dificultades. (SINÓN. V. *Superar*.) ‖ *Col.* Desplomar. ‖ — V. i. Cumplirse un plazo: *mañana vence la letra*. ‖ Perder su vigencia un contrato. ‖ — V. r. Dominar el genio o pasión: *los hombres deben saber vencerse*. ‖ Ladearse, torcerse: *este mueble se vence del lado izquierdo*. ‖ *Chil.* Gastarse con el uso una cosa.
VENCETÓSIGO m. Planta de la familia de las asclepiadáceas cuya raíz tiene cierto olor de alcanfor.
VENCIBLE adj. Que puede vencerse.
VENCIDA f. Vencimiento. ‖ *Ir de vencida una persona o cosa*, estar a punto de ser vencida o concluida. ‖ *A la tercera, va la vencida*, con la perseverancia se suele conseguir lo que se desea. Se usa también para amenazar al que ha cometido ya dos faltas sin ser castigado.
VENCIDO, DA adj. y s. Persona que ha sufrido una derrota: *¡ay de los vencidos!*
VENCIMIENTO m. Acción de vencer, victoria. ‖ Inclinación, torcimiento. ‖ Cumplimiento de un plazo: *mañana será el vencimiento de la letra*.
VENDA f. Faja de lienzo, que sirve para ligar un miembro, herida, etc. (SINÓN. V. *Banda*.) ‖ Faja ceñida a las sienes que servía a los reyes de adorno distintivo. ‖ *Fig. Tener una venda en los ojos*, desconocer la verdad.
VENDAJE m. Ligadura de vendas acomodadas a la forma de la parte del cuerpo donde se aplican. (SINÓN. V. *Banda*.) ‖ *Vendaje enyesado*, el impregnado de yeso que se utiliza para el tratamiento de fracturas.
VENDAJE m. Comisión dada a uno por una venta. (P. us.) ‖ *Amer.* Lo que da el vendedor de gracia, además de lo comprado.
VENDAR v. t. Atar con la venda: *vendar la frente*. ‖ *Fig.* Cegar a uno las pasiones del ánimo.
VENDAVAL m. Viento muy fuerte que sopla generalmente de la parte del mar. ‖ *Por ext.* Cualquier viento fuerte. (SINÓN V. *Borrasca*.)
VENDEDERA f. Vendedora.
VENDEDOR, RA adj. y s. Que vende. ‖ Revendedor. (SINÓN. V. *Comerciante*.)
VENDEHÚMOS com. *Fam.* Persona que se jacta de valimiento con un poderoso y pretende vender su favor a otros.
VENDEJA f. Venta pública. ‖ *And.* Venta de ciertos frutos que se hace en el tiempo de la cosecha.
VENDER v. t. Ceder por cierto precio: *vender un objeto en veinte pesos*. (SINÓN. *Ceder, enajenar, liquidar. Fam. Pulir*.) ‖ Hacer comercio de: *vender patatas*. (SINÓN. *Despachar, expender*.) ‖ Sacrificar por dinero: *vender la patria*. ‖ *Fig.* Faltar a la confianza o amistad que se debe a una persona. ‖ — V. r. Dejarse sobornar. ‖ *Fig.* Dejar adivinar lo que uno quería ocultar: *su curiosidad le vendió*. ‖ *Fig. Estar uno vendido*, estar en un peligro del cual es difícil salir. ‖ *Fig. Vender cara una cosa a uno*, hacer que le cueste mucho trabajo conseguirla: *vender cara su derrota*.
VENDETTA f. (pal. ital. que sign. *venganza*). En Córcega, enemistad que proviene de una ofensa y se transmite a todos los parientes de la víctima.
VENDÍ m. Certificado que da el vendedor para atestiguar la procedencia de la cosa comprada.
VENDIBLE adj. Que se puede vender.
VENDIMIA f. (lat. *vindemia*). Cosecha de la uva y tiempo en que se hace. ‖ *Fig.* Fruto o cosecha que se saca de una cosa. ‖ *Ecuad.* Barbarismo por *vendeja* o *mercancía*.
VENDIMIADOR, RA m. y f. El que vendimia. (SINÓN. V. *Viñador*.)
VENDIMIAR v. t. (lat. *vindemiare*). Recoger el fruto de la vid: *vendimiar una viña*. (SINÓN. V. *Cosechar*.) ‖ *Fig.* Disfrutar o aprovechar una cosa. ‖ *Fig.* y *fam.* Matar.
VENDIMIARIO m. (fr. *vendémiaire*). Primer mes del calendario republicano francés (del 22 de septiembre al 21 de octubre).
VENDO m. El orillo del paño. (SINÓN. *Fimbria*.)
VENDUTA f. *Amer.* Almoneda o venta pública. ‖ *Cub.* Verdulería.
VENDUTERO m. *Amer.* Corredor de vendutas.
VENECIANO, NA adj. y s. De Venecia.
VENENCIA f. Utensilio compuesto de una varilla flexible con un recipiente cilíndrico en la punta, con el cual se sacan pequeñas cantidades de vino o mosto de una bota.
VENENÍFERO, RA adj. *Poét.* Venenoso, tóxico.
VENENÍFICO, CA adj. Que forma veneno.
VENENO m. (lat. *venenum*). Cualquier substancia que destruye o altera las funciones vitales: *la estricnina es un veneno violento*. (SINÓN. *Ponzoña, tóxico, toxina*.) ‖ Bebida o alimento de mala calidad, o pernicioso: *el alcohol es un veneno*. ‖ *Fig.* Lo que puede producir un daño moral.
VENENOSIDAD f. Calidad de venenoso.
VENENOSO, SA adj. Que contiene veneno: *seta venenosa*. (SINÓN. *Ponzoñoso, tosigoso*.)
VENERA f. (lat. *veneriae*). Concha bivalva de valvas grandes, común en los mares de Galicia: *los peregrinos que volvían de Santiago traían veneras cosidas en las esclavinas*. ‖ Insignia que llevan colgada del pecho los caballeros de ciertas órdenes.
VENERA f. Venero, manantial.
VENERABILÍSIMO, MA adj. Muy venerable.
VENERABLE adj. Digno de veneración: *anciano venerable*. ‖ — M. Presidente de logia masónica. ‖ — M. y f. Primer grado en el proceso de canonización de la Iglesia católica.
VENERACIÓN f. (lat. *veneratio*). Respeto profundo y algo religioso. ‖ Honor que se tributa a las personas y cosas que se veneran. (SINÓN. V. *Homenaje*.)
VENERAR v. t. (lat. *venerari*). Respetar en sumo grado, o dar culto: *venerar las reliquias*. (SINÓN. V. *Honrar*.) ‖ Tener gran respeto a: *venerar a un bienhechor*.
VENÉREO, A adj. Dícese de las enfermedades contraídas generalmente por contacto sexual: *la sífilis es una enfermedad venérea*.

VENERO m. Manantial, fuente de agua. || Línea horaria de un reloj de sol. || *Fig.* Manantial, origen de una cosa. || *Min.* Criadero, filón de un mineral.

VÉNETO, TA adj. y s. Veneciano, de Venecia.

VENEZOLANISMO m. Voz o giro de Venezuela.

VENEZOLANO, NA adj. y s. De Venezuela.

VENGABLE adj. Que es digno de ser vengado.

VENGADOR, RA adj. y s. Que venga o se venga.

ventalle

VENGANZA f. Acción de vengarse. || Mal que se hace a alguien para castigarlo y reparar así una injuria o daño recibido. || — SINÓN. *Desquite, represalia, revancha, vindicta.*

VENGAR v. t. (lat. *vindicare*). Tomar satisfacción de un agravio u ofensa. Ú. t. c. r. || — CONTR. *Perdonar.*

VENGATIVO, VA adj. Inclinado a la venganza, rencoroso. || — CONTR. *Misericordioso, generoso.*

VENIA f. (lat. *venia*). Perdón, remisión de una falta. || Licencia, permiso, autorización: *hacer algo con la venia del maestro.* (SINÓN. V. *Aprobación* y *permiso.*) || Saludo ligero hecho inclinando la cabeza. || *Amer.* Saludo militar.

VENIAL adj. (lat. *venialis*). *Pecado venial,* pecado leve que no merece la condenación eterna. || — CONTR. *Pecado mortal.*

VENIALIDAD f. Calidad de venial o ligero.

VENIALMENTE adv. m. De un modo venial, levemente: *pecar venialmente.*

VENIDA f. Acción de venir. || Regreso. (SINÓN. V. *Llegada.*) || Avenida de aguas. (P. us.) || *Esgr.* Acometimiento de los combatientes que dura todo el lance. || *Fig.* Ímpetu, vivacidad.

VENIDERO, RA adj. Que ha de venir: *siglo venidero.* (SINÓN. V. *Futuro.*) || — M. pl. Sucesores, los que han de nacer después.

VENIR v. i. (lat. *venire*). Transportarse de un lugar a otro donde está el que habla: *vino a nuestro país.* (SINÓN. *Llegar, regresar, sobrevenir.*) || Comparecer una persona ante otra: *dile a la criada que venga.* || Ajustarse: *este vestido viene bien a tu hermana.* || Transigir, avenirse, consentir: *ya acabarás por venir a lo que te propongo.* || Resolver, acordar: *venimos en decretar tal cosa.* || Inferir, deducir. || Producirse: *la cebada viene bien en este campo.* || Acercarse el tiempo en que una cosa ha de suceder: *tras el invierno vendrá la primavera.* || Proceder: *su mala conducta viene de su educación.* || Presentarse a la mente: *las ideas nos vienen involuntariamente.* || Suceder finalmente una cosa: *al fin vino a sacar lo que deseaba.* || Resultar: *eso viene a ser lo mismo.* || *Venir en deseo,* desear. || *Venir en conocimiento,* conocer. || — V. r. Fermentar: *venirse el pan, el yeso.* || *Venir a menos,* decaer, empeorar. || *Venir en,* decretar, disponer: *vengo en disolver el Parlamento.* || *Venirse abajo una cosa,* caer rodando. (SINÓN. V. *Desplomar.*) || *Venir al pelo,* venir a medida del deseo. || *Venir ancha una cosa,* ser superior a la capacidad o méritos de uno. || *Venir al mundo,* nacer. || *Venirse a tierra,* derrumbarse. || *Ver venir,* adivinar las intenciones: *a Enrique se le ve venir.* || — IRREG. Pres. ind.: *vengo, vienes, viene, venimos, venís, vienen;* pret. indef.: *vine, viniste,* etc.; fut.: *vendré, vendrás,* etc.; pot.: *vendría, vendrías,* etc.; pres. subj.: *venga, vengas,* etc.; imperf. subj.: *viniera, vinieras,* etc.; *viniese, vinieses,* etc.; fut. subj.: *viniere, vinieres,* etc.; ger.: *viniendo.*

VENORA f. *Ar.* Hilada de ladrillos dispuesta en una acequia para servir de señal para la limpia.

VENOSO, SA adj. Que tiene venas: *una hoja venosa.* || Relativo a la vena: *la sangre venosa.*

ventanillo

VENTA f. Acción de vender. || Cesión mediante un precio convenido: *contrato de venta.* || *Venta pública,* almoneda. || Posada o mesón en los caminos o despoblados: *almorzar en una venta.* || *Chil.* Puesto de vendedor. (SINÓN. V. *Hotel.*) || *Fig.* Sitio desamparado en medio del campo.

— La *venta* puede ser *al contado,* cuando se paga la mercancía en el momento de tomarla; *a crédito,* cuando el precio se paga con posterioridad a la adquisición; *a plazos,* cuando el pago se fracciona en varias entregas sucesivas.

VENTADA f. Golpe o racha fuerte de viento.

VENTAJA f. Superioridad de una persona o cosa respecto de otra: *sacar ventaja en el cambio.* (SINÓN. V. *Éxito.*) || Sobresueldo. || Ganancia anticipada que da un jugador a otro: *dar a un corredor diez metros de ventaja.* || En el tenis, punto marcado por uno de los jugadores cuando se encuentran empatados a 40. || Utilidad. (SINÓN. V. *Provecho.*) || *Tomar ventaja de,* galicismo por *aprovecharse de.*

VENTAJERO m. *Amer.* Hombre astuto, ladino. || *Arg.* Ganguero.

VENTAJISMO m. *Amer.* Descaro, astucia.

VENTAJISTA adj. y s. Dícese de la persona que por todos los medios procura obtener ventajas en los juegos, tratos, etc.

VENTAJOSAMENTE adv. m. De manera ventajosa.

VENTAJOSO, SA adj. Que tiene ventaja, provechoso: *un trato ventajoso.* || *Amer.* Ganguero. || — CONTR. *Perjudicial.*

VENTALLA f. Válvula de una máquina. (P. us.) || *Bot.* Cada una de las partes de un fruto que están reunidas por costuras.

VENTALLE m. Pieza del casco que, en unión de la visera, cerraba la parte delantera del mismo.

VENTANA f. Abertura en la pared que sirve para dar paso al aire y a la luz. (SINÓN. *Abertura,*

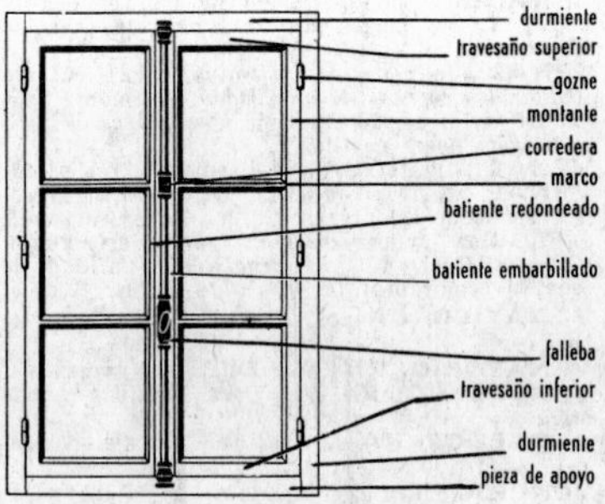

hueco, vano.) || Armazón con que se cierra: *ventana de cristales.* || Abertura de la nariz. || *Fig. Tirar por la ventana,* desperdiciar.

VENTANAJE m. Conjunto de ventanas.

VENTANAL m. Ventana grande.

VENTANAZO m. Golpe que se da al cerrar una ventana violentamente, y ruido que produce.

VENTANEAR v. i. *Fam.* Asomarse mucho a la ventana una mujer: *estar siempre ventaneando.*

VENTANEO m. *Fam.* Afición a ventanear.

VENTANERO, RA adj. y s. Dícese de la mujer que ventanea o del hombre que mira descaradamente las ventanas donde hay mujeres. || — M. El que hace o compone ventanas.

VENTANICO m. Ventanillo.

VENTANILLA f. Ventana pequeña, ventanillo. || Taquilla. || Ventana de la nariz. || Ventana de coche.

VENTANILLO m. Postigo o ventana pequeños. (SINÓN. V. *Tragaluz.*) || Abertura que se hace en la puerta para poder reconocer a la persona que llama, antes de franquearle la entrada. || Ventana, lumbrera en los barcos.

VENTANO m. Ventana pequeña.

VENTANUCO y **VENTANUCHO** m. *Fam.* Ventana pequeña y fea. Ú. t. los f. *ventanuca* y *ventanucha.*

VENTAR v. impers. Ventear, soplar el viento.

VENTARRÓN m. *Fam.* Viento fuerte, huracán.

VENTEADURA f. Efecto de ventearse.

VENTEAR v. impers. Soplar el viento. || — V. t. Tomar los perros el viento con el olfato. || Exponer una cosa al viento, airearla: *ventear la ropa.* || *Fig.* Andar oliendo o buscando algo: *esa mujer está siempre venteando.* (SINÓN. V. *Buscar.*) — V. r. Henderse una cosa. || *Arg.* y *Chil.* Andar mucho fuera de casa. || Echarse a perder una cosa con el aire. || Ventosear.

VENTERIL adj. Propio o característico de la venta o del ventero.

VENTERO, RA adj. Dícese del animal que ventea u olfatea la caza: *perro muy ventero.*

VENTERO, RA m. y f. El que cuida de la venta o mesón, mesonero.

VENTILACIÓN f. Acción y efecto de ventilar. ‖ Abertura para ventilar un local. ‖ Corriente de aire que se establece al ventilarlo.

VENTILADOR m. Instrumento que sirve para ventilar: *ventilador eléctrico.*

VENTILAR v. t. (lat. *ventilare*). Renovar el aire de un lugar: *ventilar un túnel.* ‖ Exponer al viento. ‖ *Fig.* Discutir o examinar: *ventilar una cuestión.* ‖ *Fam. Ventilárselas,* arreglárselas bien: *se las ventila muy decorosamente en la vida.*

VENTISCA f. Borrasca de nieve.

VENTISCAR v. impers. Nevar con mucho viento.

VENTISCO m. Ventisca o borrasca de nieve.

VENTISCOSO, SA adj. Que abunda en ventiscas o borrascas: *sitio ventiscoso.*

VENTISQUEAR v. impers. Ventiscar.

VENTISQUERO m. Ventisca, borrasca. ‖ Altura de un monte expuesta a las ventiscas. ‖ Sitio donde se conservan la nieve y el hielo en los montes. ‖ Masa de hielo o nieve reunida en los montes.

VENTOLA f. Fuerza del viento al chocar con un obstáculo y ruido que produce.

VENTOLERA f. Golpe de viento recio y fuerte. ‖ Rehilandera, molinete, juguete. ‖ *Fig.* y *fam.* Jactancia, vanidad. ‖ *Fig.* y *fam.* Pensamiento extravagante: *le dio una ventolera.*

VENTOLINA f. *Mar.* Viento ligero y fresco. ‖ *Chil.* Ventolera.

VENTOR, RA adj. y s. *Perro ventor,* el que sigue la caza por el olfato y el viento. (SINÓN. *Ventero.*)

VENTORRERO m. Lugar muy azotado por los vientos.

VENTORRILLO m. Ventorro. ‖ Merendero en las afueras de un pueblo: *ir a comer a un ventorrillo.* (SINÓN. V. *Restaurante.*) ‖ *P. Rico* Tenducho.

VENTORRO m. *Despect.* Venta o posada pequeña o de muy mala traza: *dormir en un ventorro.* (SINÓN. V. *Hotel.*) ‖ Ventorrillo.

VENTOSA f. (lat. *ventosa*). Vaso que se aplica sobre la piel para producir una irritación local enrareciendo el aire dentro de él: *aplicar ventosas.* ‖ Órgano de la sanguijuela y de algunos otros animales acuáticos. ‖ Abertura que se hace en una cañería o chimenea para dar paso al aire.

VENTOSEAR v. i. Expeler ventosidades.

VENTOSIDAD f. (lat. *ventositas*). Calidad de ventoso: *la ventosidad de las judías.* ‖ Gases intestinales que se expelen del cuerpo: *soltar ventosidades.* ‖ *Col.* Neuralgia.

VENTOSO m. Sexto mes del calendario republicano francés (19 de febrero a 20 de marzo).

VENTOSO, SA adj. Que contiene viento. ‖ Dícese del tiempo en que hace mucho viento: *estación ventosa.* ‖ Flatulento: *legumbre ventosa.*

VENTRADA f. *Arg.* Ventregada, lechigada.

VENTRAL adj. Del vientre: *la región ventral.*

VENTRECHA f. Las entrañas de los pescados.

VENTREGADA f. Conjunto de animales que nacen de un mismo parto. ‖ *Fig.* Abundancia de cosas que salen de una vez.

VENTRERA f. Faja que ciñe el vientre. ‖ Armadura que protegía el vientre. ‖ La cincha del caballo.

VENTRICULAR adj. *Anat.* Del ventrículo.

VENTRÍCULO m. (lat. *ventriculus*). *Anat.* Cavidad del corazón provista de paredes musculosas, cuyas contracciones envían la sangre a las arterias. ‖ Cada una de las cuatro cavidades del encéfalo, que contienen el líquido cefalorraquídeo.

VENTRIL m. Nombre dado al madero que equilibra la viga en un molino de aceite.

VENTRÍLOCUO, A adj. y s. (lat. *ventriloquus,* de *venter, ventris,* vientre, y *loqui,* hablar). Persona que tiene el arte de hablar de modo que su voz parezca venir del vientre o de lejos.

VENTRILOQUIA f. El arte del ventrílocuo.

VENTRÓN m. Vientre abultado. ‖ Redaño de los rumiantes que se come con el nombre de *callos.*

VENTROSO, SA y **VENTRUDO, DA** adj. Que tiene vientre abultado.

VENTURA f. (lat. *ventura*). Felicidad, suerte: *tener mucha ventura.* (SINÓN. V. *Dicha.*) ‖ Contingencia, riesgo, peligro: *las venturas del mar.* ‖ *Buena ventura,* buenaventura. ‖ *A la ventura* o *a la buena ventura,* a lo que depare la suerte.

VENTURADO, DA adj. Venturoso, afortunado.

VENTURANZA f. Ventura, suerte.

VENTURERO, RA adj. Ocioso, vagabundo, aventurero. (P. us.) ‖ Venturoso, afortunado.

VENTURINA f. Cuarzo amarillento que contiene en la masa laminitas de mica dorada.

VENTURO, RA adj. Que ha de suceder después.

VENTURÓN m. Ventura o suerte muy grande.

VENTUROSAMENTE adv. m. Afortunadamente.

VENTUROSO, SA adj. Afortunado, feliz.

VENUS f. (de *Venus,* diosa de la belleza). Estatua que representa a Venus. (V. *Parte hist.*) ‖ *Fig.* Mujer muy hermosa.

VENUS f. Género de moluscos lamelibranquios marinos, algunos de los cuales son comestibles.

VENUSTEZ y **VENUSTIDAD** f. Belleza perfecta.

VENUSTO, TA adj. Hermoso, agraciado.

VER m. Sentido de la vista. ‖ Aspecto, apariencia: *esta casa no tiene mal ver.* ‖ Parecer: *a mi ver no está bien lo que has hecho.*

VER v. t. Percibir por medio de los ojos: *el ciego no ve nada.* (SINÓN. *Divisar, entrever, percibir.*) ‖ Ser testigo de una cosa: *esto sucederá pero nosotros no lo veremos.* ‖ Visitar: *ir a ver a un enfermo.* ‖ Examinar: *vea usted si le va este traje.* ‖ Notar: *vea usted lo mal escrita que está su carta.* (SINÓN. *Descubrir, mirar, sorprender.*) ‖ Conocer: *Dios ve el fondo de nuestro corazón.* ‖ Prevenir o inferir una cosa: *veo que va a estallar la guerra.* ‖ *For.* Asistir los jueces a la discusión de un pleito o causa. ‖ Comprender: *ya veo lo que vas buscando por aquí.* ‖ — V. r. Hallarse: *verse pobre y despreciado.* ‖ Visitarse: *mi mujer y la tuya no se ven.* ‖ Encontrarse: *se vieron en el paseo.* ‖ *A más ver,* expresión de despedida. (SINÓN. V. *Adiós.*) ‖ *Ser de ver una cosa,* ser digna de atención. ‖ *A ver,* expresión para pedir una cosa que se quiere examinar. Ú. tb. para expresar sorpresa, incredulidad: *a ver el libro ese; vamos a ver si viene.* ‖ *Veremos,* expr. que se usa para diferir la ejecución de una cosa. ‖ *Verse negro,* hallarse en gran apuro. ‖ *Verse y desearse,* costarle a uno gran trabajo algo. ‖ — IRREG. Pres. ind.: *veo, ves, ve, vemos, veis, ven;* imperf.: *veía, veías, veía, veíamos, veíais, veían;* pres. subj.: *vea, veas,* etc.

VERA f. Orilla: *sentarse a la vera del camino.*

VERA f. Árbol cigofiláceo americano: *la madera de la vera es muy pesada.*

VERACIDAD f. (lat. *veracitas*). Calidad de veraz: *negar la veracidad de un relato.* ‖ Sinceridad. (SINÓN. V. *Franqueza.*)

VERAGÜENSE adj. y s. De Veraguas (Panamá).

VERALCA f. *Chil.* Piel del guanaco utilizada como alfombra o cubrecama.

VERANADA f. Nombre que se da entre los ganaderos a la temporada de verano. ‖ *Arg.* Pastos de verano.

VERANADERO m. Pasto de verano. (SINÓN. V. *Pasto.*)

VERANDA f. *Neol.* Galería o balcón ligero que corre a lo largo de las casas de la India y el Extremo Oriente, y que suele imitarse en Europa. ‖ *Neol.* Balcón cubierto, con cierre de cristales.

VERANEADERO m. *Col.* Lugar para veranear.

VERANEANTE com. Persona que veranea.

VERANEAR v. i. Pasar el verano en sitio distinto de la residencia habitual: *veranear en el Cantábrico.* ‖ *Col.* Cambiar de clima.

VERANEO m. La acción de veranear.

VERANERO m. Sitio donde veranea el ganado. ‖ *Ecuad.* Pardillo, gorrión. ‖ — Adj. *Amer.* Veraniego.

VERANIEGO, GA adj. Perteneciente al verano. ‖ *Fig.* Ligero, que tiene muy poca importancia.

VERANILLO m. Tiempo breve de calor que suele hacer en otoño: *hay el veranillo de San Miguel y el de San Martín* (en América del Sur; *de San Juan.* ‖ — OBSERV. En América Central se llama *veranillo* la suspensión corta de las lluvias a fines del mes de junio.

VERANO m. (del lat. *vernum,* primavera). Estío, estación la más calurosa del año: *el verano comprende en el hemisferio septentrional los meses de junio, julio y agosto, y en el meridional*

ventilador

veranda

Fot. Larousse

verbena

verderón

verdolaga

verdugado

los de diciembre, enero y febrero. || En el Ecuador, temporada de sequías: *el verano ecuatorial dura unos seis meses.* || *Fig.* y *fam. De verano,* desentendiéndose de algo.

VERAS f. pl. Verdad, sinceridad: *decir una cosa de veras.* || Actividad o fervor que se emplea en una cosa: *hacer algo muy de veras.*

VERATRINA f. Alcaloide de la cebadilla.

VERAZ adj. (lat. *verax*). Sincero, franco, que dice la verdad: *un hombre muy veraz.* (SINÓN. V. *Leal.*)

VERBA f. Verbosidad, locuacidad, labia.

VERBAL adj. (lat. *verbalis*). De palabra: *contrato verbal.* || *Gram.* Relativo al verbo: *desinencia verbal.* || — Adj. y s. Dícese de las palabras que se derivan del verbo: *un substantivo verbal.*

VERBALISMO m. Sistema fundado sólo en palabras: *verbalismo filosófico.* || Método de enseñanza que propende más a enseñar las palabras que las ideas.

VERBALISTA adj. Fundado en el verbalismo: *enseñanza verbalista.*

VERBALMENTE adv. m. De palabra: *dar una orden verbalmente.* || — CONTR. *Por escrito.*

VERBASCO m. (lat. *verbascum*). *Bot.* El gordolobo, género de escrofulariáceas de Europa.

VERBENA f. (lat. *verbena*). Planta de la familia de las verbenáceas, de hermosas flores, cuyo cocimiento se usa en medicina. || Feria nocturna que, en algunas poblaciones, se celebra en la víspera de San Antonio, San Juan, San Pedro y otras festividades. || *Por ext.* Fiesta y baile nocturno, generalmente de carácter benéfico. (SINÓN. V. *Fiesta.*)

VERBENÁCEAS f. pl. *Bot.* Familia de plantas dicotiledóneas, a que pertenecen la verbena, la hierba luisa y el sauzgatillo.

VERBENEAR v. i. *Fig.* Apiñarse en algún sitio personas o cosas. || *Fig.* Agitarse.

VERBENERO, RA adj. Relativo a la verbena.

VERBERACIÓN f. Acción y efecto de verberar.

VERBERAR v. t. Azotar. (P. us.) || *Fig.* Azotar el viento o el agua: *la lluvia verberaba las paredes.*

VERBIGRACIA y **VERBI GRATIA** expr. lat. Por ejemplo. Escríbese abreviadamente *v. gr.*

VERBO m. (lat. *verbum*). Segunda persona de la Santísima Trinidad, encarnada en Jesús: *la encarnación del Verbo.* || Palabra.

VERBO m. *Gram.* Parte de la oración que expresa una acción o un estado bajo una forma variable, según las disposiciones del sujeto que habla.

— Hay varias clases de verbos: *el verbo activo* o *transitivo,* el *verbo neutro* o *intransitivo,* el *verbo reflexivo,* el *verbo recíproco,* el *verbo impersonal* y el *verbo auxiliar,* que sirve para conjugar los demás verbos en los tiempos compuestos. El verbo está sujeto a cuatro modificaciones o cambios de forma: puede cambiar de persona, de número, de tiempo y de modo. Compónese de dos partes distintas: el radical y la terminación, y, según la terminación del presente de infinitivo, se dividen los verbos en tres clases o conjugaciones. Distínguense por último, respecto de la conjugación, los verbos *regulares,* los *irregulares* y los *defectivos.*

VERBORREA f. *Fam.* Verbosidad.

VERBOSIDAD f. Palabrería, labia, abundancia de palabras generalmente inútiles.

VERBOSO, SA adj. (lat. *verbosus*). Dícese del que habla con verbosidad. || — CONTR. *Lacónico.*

VERDACHO m. Arcilla verde para pintar.

VERDAD f. (lat. *veritas*). Calidad de lo que es cierto. (SINÓN. *Axioma, truismo.*) || Conformidad de lo que se dice con lo que existe: *juró que diría toda la verdad.* || Cosa cierta: *verdades matemáticas.* || Sinceridad, buena fe: *hablar con el acento de la verdad.* || Veracidad: *es hombre de verdad.* (SINÓN. *Autenticidad.*) || Reprensión, cargo: *decirle a uno cuatro verdades.* || Barbarismo por *verdadero, sincero: una liquidación verdad.* || *Fam. Verdad de Perogrullo,* perogrullada, verdad demasiado evidente. || *A la verdad,* o *de verdad,* con seguridad, seguramente. || *De verdad,* de veras, seguramente: *¿lo dices de verdad?* || *Bien es verdad,* o *verdad es que,* loc. con que se contraponen dos cosas. || *En verdad,* verdaderamente. || *Fam. ¿Verdad?,* ¿es cierto? || — CONTR. *Mentira.*

VERDADERAMENTE adv. m. Con verdad, de verdad: *es verdaderamente bueno.*

VERDADERO, RA adj. Que contiene verdad: *historia verdadera.* || Cierto: *un verdadero diamante.* (SINÓN. *Comprobado, exacto, justo.* V. tb. *real.*) || Sincero, veraz. (SINÓN. *Auténtico, verídico.*) || — CONTR. *Falso.*

VERDAL adj. Verde: *ciruela, aceituna verdal.*

VERDASCA f. Vara delgada.

VERDE adj. (lat. *viridis*). De color semejante al de la hierba fresca: *el color verde se puede obtener combinando el azul y el amarillo.* (SINÓN. *Glauco, verdoso.*) || Que tiene savia y no está seco: *arbusto muy verde.* || Dícese de la leña recién cortada. || Fresco: *legumbres verdes.* || Que aún no está maduro: *comer fruta verde.* (SINÓN. V. *Temprano.*) || *Fig.* Joven, lozano, vigoroso: *un hombre muy verde aún.* || *Fig.* Libre, desvergonzado: *libros verdes.* || (SINÓN. V. *Obsceno.*) || *Fig.* Que conserva inclinaciones galantes a pesar de su edad: *viejo verde.* || — M. Alcacer que se da a las bestias. || Sabor áspero del vino. (SINÓN. V. *Agrio.*) || Follaje. || *Verde de montaña,* carbonato de cobre natural. || *Fig. Darse un verde,* tomar algún tiempo de descanso, divertirse. || *Poner a uno verde,* afrentarlo, insultarlo.

VERDEAR v. i. Mostrar una cosa color verde: *esta tela verdea.* || Tirar a verde. || Empezar a nacer las plantas: *el campo verdea.* || — V. t. Coger la aceituna.

VERDECELEDÓN m. (fr. *vert-céladon*). Color verde claro que se da a algunas telas.

VERDECER v. i. Cubrirse de verde la tierra o los árboles: *los árboles verdecen por primavera.* || — IRREG. Se conjuga como *merecer.*

VERDECILLO m. Verderón, ave.

VERDEGAL m. Sitio muy verde en los campos.

VERDEGAY adj. y s. De color verde muy claro.

VERDEGUEAR v. i. Verdear, mostrar su color verde una cosa: *la tierra verdeguea.*

VERDEJA adj. Verdal, verde: *una uva verdeja.*

VERDEMAR m. Cierto color verdoso semejante al del mar: *una esmeralda verdemar.*

VERDEMONTAÑA m. Verde de montaña.

VERDEOSCURO, RA adj. Verde obscuro.

VERDEROL y mejor **VERDERÓN** m. Pájaro del tamaño del gorrión, con plumaje verde y amarillo: *el verderón se acomoda fácilmente al cautiverio.* || Berberecho, molusco.

VERDETE m. Cardenillo que cría el cobre: *candelero cubierto de verdete.*

VERDEVEJIGA m. Cierta preparación de hiel de vaca y sulfato de hierro que se usa en pintura.

VERDEZUELO adj. Dimin. de *verde.* || — M. El verdecillo o verderón, ave.

VERDIAL adj. *And.* Dícese de una aceituna que sigue verde cuando madura. || — M. pl. Cierto cante y baile propio de los montes de Málaga.

VERDIGÓN m. *And.* Especie de almeja.

VERDÍN m. Color verde de las hierbas o plantas que no están aún en sazón. || Estas mismas plantas. || Algas verdes o mohos que se crían en las aguas dulces y en los lugares húmedos: *árbol cubierto de verdín.* || Cardenillo, verdete. || *Guat.* Hermoso pajarillo de color verde. || *Tabaco verdín,* una variedad de tabaco en polvo.

VERDINEGRO, GRA adj. Verde muy obscuro.

VERDINO, NA adj. Muy verde. || — M. *Guat.* Pájaro conirrostro americano.

VERDISECO, CA adj. Dícese de los vegetales que no están del todo secos.

VERDOLAGA f. (lat. *portulaca*). Planta hortense, comestible, de la familia de las portulacáceas, de hojas carnosas. (Una variedad, procedente de América del Sur, se cultiva por sus flores de colores variados.)

VERDÓN m. Verderón, ave.

VERDÓN, ONA adj. *Arg.* Verdoso.

VERDOR m. Color verde de los vegetales. || Color verde. || *Fig.* Vigor o robustez de la juventud. (SINÓN. V. *Fuerza.*)

VERDOSO, SA adj. Lo que tira al color verde. (SINÓN. V. *Verde.*)

VERDUGADA f. *Arq.* Verdugo, hilada de ladrillo.

VERDUGADO m. Especie de ahuecador que usaban antes las mujeres por debajo de la basquiña.

VERDUGAL m. Monte bajo cubierto de verdugos.

VERDUGAZO m. Golpe dado con un verdugo.
VERDUGO m. Vara, vástago de árbol. ‖ Estoque delgado. ‖ Azote flexible y roncha que se levanta con él en la piel: *estar cubierto de verdugos.* ‖ Ejecutor de la justicia. ‖ Alcaudón, pega reborda, ave. ‖ *Fig.* y *fam.* Persona muy cruel: *ser el verdugo de sus padres.* ‖ *Fig.* Cosa que atormenta: *esa deuda es mi verdugo.* ‖ *Arq.* Hilada de ladrillo horizontal en una fábrica de otro material.
VERDUGÓN m. Verdugo, roncha. ‖ *Amer.* Herida que causa el calzado. ‖ *Amer.* Rotura en la ropa.
VERDUGUILLO m. Ronchita que se levanta en las hojas de algunas plantas. ‖ Navaja estrecha de afeitar. ‖ Verdugo, estoque. ‖ Arillo, arete para los oídos. ‖ *Mar.* Galón o listoncillo exterior del barco.
VERDULERA f. Vendedora de verduras. ‖ *Fig.* y *fam.* Mujer desvergonzada y grosera.
VERDULERÍA f. Tienda de verduras. ‖ *Fam.* Dicho o acción obsceno, verde.
VERDULERO m. Vendedor de verduras.
VERDURA f. Verdor, color verde. ‖ Hortaliza, legumbre que se come cocida. ‖ Follaje que se pinta en un cuadro o tapiz. ‖ Obscenidad, calidad de verde.
VERDUSCO, CA adj. Que tira a verde obscuro.
VERECUNDIA f. Vergüenza.
VERECUNDO, DA adj. Vergonzoso.
VEREDA f. Senda, camino muy angosto. ‖ *Amer.* Acera de las calles. ‖ *Col.* Sector de un municipio o parroquia rural. ‖ *Fig. Hacer entrar a uno por vereda,* obligarle a portarse bien.
VEREDERO m. El que se envía para notificar un despacho en varios lugares de un mismo camino.
VEREDICTO m. *For.* Definición sobre un hecho dictada por el jurado. ‖ *Por ext.* Dictamen, parecer. (SINÓN. V. *Juicio.*)
VEREDÓN m. *Arg.* Acera grande.
VERGA f. Miembro viril. ‖ Arco de acero de la ballesta. ‖ *Mar.* Palo puesto horizontalmente en un mástil y que sirve para sostener la vela.
VERGAJAZO m. Golpe dado con un vergajo.
VERGAJO m. Verga del toro, que, seca y retorcida, se usa algunas veces como látigo.
VERGÉ adj. Dícese del papel de filigrana listada.
VERGEL m. (b. lat. *virgarium*). *Poét.* Huerto. (SINÓN. V. *Jardín.*)
VERGENCIA f. Inverso de la distancia focal de un sistema óptico centrado.
VERGETEADO, DA adj. (fr. *vergeté*). *Blas.* Dícese del escudo dividido por diez o más palos.
VERGONZANTE adj. Que tiene vergüenza: *un pobre vergonzante.*
VERGONZOSAMENTE adv. m. De una manera vergonzosa: *portarse vergonzosamente.*
VERGONZOSO, SA adj. Que causa vergüenza: *acción vergonzosa.* ‖ — Adj. y s. Persona que se avergüenza con facilidad. ‖ — M. Una especie de armadillo.
VERGÜENZA f. (lat. *verecundia*). Turbación del ánimo causada por el miedo a la deshonra, al ridículo, etc.: *darle a uno vergüenza de hablar en público.* (SINÓN. V. *Pudor.*) ‖ Oprobio: *los criminales son la vergüenza de su familia.* ‖ Pundonor: *ser persona de vergüenza.* (SINÓN. V. *Honor.*) ‖ Exposición pública de un reo: *sacar a la vergüenza.* ‖ *Sin vergüenza* o *sinvergüenza,* persona descarada.
VERI m. *Chil.* Mugre, grasa que sale de la lana.
VERICUETO m. Caminillo estrecho y áspero.
VERÍDICO, CA adj. (lat. *veridicus*). Sincero, que dice verdad: *hombre verídico.* ‖ Auténtico: *relato verídico.* (SINÓN. V. *Verdadero.*)
VERIFICACIÓN f. Acción y efecto de verificar o de comprobar: *la verificación de una cuenta.*
VERIFICADOR m. El que verifica o comprueba.
VERIFICAR v. t. (del lat. *verus,* verdadero, y *facere,* hacer). Probar la verdad de una cosa que se dudaba. (SINÓN. V. *Confirmar.*) ‖ Comprobar: *verificar una cuenta.* (SINÓN. *Contrastar, controlar, examinar.*) ‖ Realizar, efectuar: *la boda se verificará mañana.* ‖ — V. r. Resultar cierta una cosa.
VERIFICATIVO, VA adj. Que sirve para verificar o probar una cosa.
VERIJA f. Bajo vientre, pelvis, parte del cuerpo. ‖ *Amer.* Ijares del caballo.
VERIL m. *Mar.* La orilla de un bajo o placer. ‖ Curva de nivel submarino.
VERILEAR v. i. *Mar.* Navegar por un veril.
VERINGO adj. *Col.* Viringo, desnudo.
VERISÍMIL adj. Verosímil.
VERISMO m. Nombre dado en Italia a la escuela literaria y musical, que como el realismo, tiende a representar las cosas tal como son.
VERISTA adj. y s. Perteneciente o relativo al verismo o partidario del mismo.
VERJA f. (del lat. *virga,* vara). Enrejado, reja que cierra una puerta, ventana, jardín, etc. (SINÓN. V. *Cerca.*)
VERJURADO, DA adj. Vergé.
VERME m. (del lat. *vermis,* gusano). *Med.* Lombriz, ascáride.
VERMICIDA adj. y s. (del lat. *vermis,* gusano, y *caedere,* matar). *Med.* Vermífugo.
VERMICULADO, DA adj. *Arq.* Dícese de los adornos irregulares de un paramento que simulan roeduras de gusanos.
VERMICULAR adj. (del lat. *vermiculis,* gusanillo). Que cría gusanos o vermes. ‖ Que tiene forma de gusano: *el apéndice vermicular del intestino ciego.*
VERMIFORME adj. (del lat. *vermis,* gusano, y *forma,* figura). De figura de gusano.
VERMÍFUGO, GA adj. y s. m. (del lat. *vermis,* gusano, y *fugare,* ahuyentar). *Med.* Que mata las lombrices, vermicida.
VERMINOSO, SA adj. (lat. *verminosus*). Dícese de las enfermedades causadas por las lombrices.
VERMUT o **VERMÚ** m. (del al. *Wermut,* ajenjo). Vino blanco, aderezado con varias substancias amargas y tónicas, que sirve como aperitivo. ‖ *Amer.* Función de cine o teatro por la tarde. Pl. *vermuts* o *vermús.*
VERNÁCULO, LA adj. (lat. *vernaculus*). Propio del país: *lengua vernácula, nombre vernáculo.*
VERNAL adj. (lat. *vernalis*). Perteneciente a la primavera: *equinoccio vernal.* ‖ *Punto vernal,* punto equiccional de primavera.
VERNISSAGE m. (pal. fr.). Recepción dada para inaugurar una exposición de pintura.
VERO m. (lat. *varius*). Uno de los nombres de la *marta cebellina.* (P. us.) ‖ — Pl. *Blas.* Esmaltes de figura de campanillas, alternadas, unas de plata y otras de azur, que tienen las bocas opuestas.
VERONAL m. Hipnótico activo derivado del ácido barbitúrico.
VERONÉS, ESA adj. y s. De Verona.
VERÓNICA f. Planta escrofulariácea común en España: *la verónica se usa en medicina como sudorífico.* ‖ Lance del toreo que consiste en pasar al toro con la capa extendida con ambas manos. ‖ *Chil.* Manto negro de las mujeres.
VEROSÍMIL adj. Que parece verdadero y puede creerse. (SINÓN. V. *Probable.* CONTR. *Inverosímil.*)
VEROSIMILITUD f. Calidad de verosímil. (SINÓN. V. *Apariencia.*)
VERRACO m. Cerdo padre. ‖ *Cub.* Cerdo montaraz. ‖ *Arg.* Roedor parecido a la vizcacha.
VERRAQUEAR v. i. *Fam.* Gruñir o rabiar como el cerdo. ‖ *Fig.* y *fam.* Llorar los niños con rabia.
VERRAQUERA f. *Fam.* Lloro rabioso de los niños. ‖ *Cub.* Embriaguez, borrachera.
VERRAQUERO m. *Cub.* Perrillo destinado para perseguir verracos o cerdos montaraces.
VERRIONDEZ f. La calidad de verriondo.
VERRIONDO, DA adj. (del lat. *verres,* verraco). Aplícase al cerdo y otros animales cuando están en celo. ‖ Dícese de las legumbres mal cocidas y duras.
VERROJO m. *Ant.* Cerrojo.
VERRÓN m. (lat. *verres*). Verraco, cerdo padre que se echa a las puercas para cubrirlas.
VERRUGA f. (lat. *verruca*). Excrecencia pequeña de carne en el rostro o las manos. ‖ *Fig.* y *fam.* Persona molesta, fastidiosa. ‖ *Fig.* Vicio, defecto.
VERRUGATO m. Un pez de Cuba.
VERRUGO m. *Fam.* Hombre avaro y miserable.

veros

verónica

VERRUGOSO, SA adj. (lat. *verrucosus*). Que tiene muchas verrugas: *manos verrugosas.*
VERSACIÓN f. *And. Fam.* Modo de hablar.
VERSADA f. *Amer.* Retahíla, sarta de versos.
VERSADO, DA adj. (lat. *versatus*). Diestro, práctico, instruido: *hombre versado en historia.*
VERSAL adj. y s. *Impr.* Mayúscula.
VERSALILLA, TA adj. y s. Mayúscula pequeña. (SINÓN. V. *Mayúscula.*)
VERSALLESCO, CA adj. Perteneciente o relativo a Versalles, especialmente en lo que se refiere a la corte francesa allí establecida y que tuvo su apogeo en el siglo XVIII. || *Fam.* Dícese de los modales y del lenguaje excesivamente afectados.
VERSAR v. i. (lat. *versare*). Dar vueltas alrededor de una cosa. || *Versar sobre,* tratar de tal o cual materia: *este libro versa sobre arte.* || *Cub.* Versificar. || — V. r. Hacerse práctico en el ejercicio de una cosa.
VERSÁTIL adj. (lat. *versatilis*). Que se vuelve fácilmente: *algunos pájaros tienen el pulgar versátil.* || *Fig.* Voluble e inconstante: *ánimo versátil.* (SINÓN. V. *Cambiante.*)
VERSATILIDAD f. Calidad de versátil: *versatilidad de opiniones.* || — CONTR. *Fijeza.*
VERSERÍA f. *Fam.* Conjunto de versos.
VERSÍCULA f. Lugar para los libros de coro.
VERSICULARIO m. El que canta los versículos o cuida de los libros de coro.
VERSÍCULO m. (lat. *versiculus*). Cada uno de los párrafos numerados de las Sagradas Escrituras. || Parte del responsorio que se reza en las horas canónicas.
VERSIFICACIÓN f. Acción y efecto de versificar: *versificación elegante.*
VERSIFICADOR, RA adj. y s. Persona que hace versos, poeta: *un versificador hábil.*
VERSIFICANTE adj. Que versifica.
VERSIFICAR v. i. (del lat. *versus,* verso, y *facere,* hacer). Hacer versos: *versificar una fábula.* || — V. t. Poner en verso: *versificar con soltura.*
VERSIÓN f. (lat. *versum*). Traducción: *una versión española de La Ilíada.* || Modo de referir un mismo suceso: *hay varias versiones de este hecho.* || *Med.* Operación consistente en cambiar la postura del feto que se presenta mal para el parto.
VERSISTA com. Versificador: *ser mal versista.*
VERSO m. (lat. *versus*). Reunión de palabras combinadas con arreglo a la cantidad de las sílabas (versos griegos o latinos), con arreglo al número de sílabas, a su acentuación y a su rima (versos españoles, alemanes, ingleses) o con arreglo sólo al número de sílabas y a su rima (versos franceses). || Barb. por *poema.* || *Verso blanco* o *suelto,* el que no forma rima con otros. || *Méx. Echar verso,* hablar por hablar. || — PARÓN. *Berzo.*
VERSO m. (del lat. *versus,* arrastrado). Pieza pequeña de artillería antigua.
VÉRTEBRA f. (lat. *vertebra*). *Anat.* Cada uno de los huesecillos que forman el espinazo: *las vértebras están atravesadas por la medula espinal.*
VERTEBRADO, DA adj. Dícese de los animales que tienen vértebras. || — M. pl. *Zool.* Una de las cuatro grandes divisiones o tipos del reino animal, que comprende los seres provistos de esqueleto. (Divídense los *vertebrados* en cinco órdenes: los *peces,* los *reptiles,* los *batracios,* las *aves* y los *mamíferos.*) || — CONTR. *Invertebrados.*
VERTEBRAL adj. Perteneciente o relativo a las vértebras: *columna vertebral.*
VERTEDERA f. Orejera que voltea la tierra levantada por el arado: *arado de vertedera doble.*
VERTEDERO m. Sitio por donde se vierte algo.
VERTEDOR, RA adj. y s. Que vierte. || — M. Canal por donde se vierte alguna cosa. || *Mar.* Achicador, instrumento para achicar el agua.
VERTER v. t. (lat. *vertere*). Derramar líquidos o substancias pulverulentas, etc.: *verter vino en el mantel; verter sal.* (SINÓN. *Derramar, esparcir.*) || Inclinar una vasija para vaciarla. (SINÓN. *Volcar.*) || Traducir: *verter al castellano.* || — V. i. Correr un líquido por una pendiente. || — IRREG. Se conjuga como *tender.*
VERTIBLE adj. Que puede verterse.
VERTICAL adj. (lat. *verticalis*). Que tiene la dirección de la plomada. || — F. *Geom.* Perpendicular al plano del horizonte: *plano vertical.* || Dirección de la plomada. (CONTR. *Horizontal.*) || — M. *Astr.* Círculo máximo de la esfera celeste que contiene la vertical del lugar de observación.
VERTICALIDAD f. Calidad de lo que está vertical: *comprobar la verticalidad de una pared.*
VERTICALMENTE adv. m. De un modo vertical: *levantar verticalmente un bastón.*
VÉRTICE m. (lat. *vertex, icis*). *Geom.* Punto en que se unen los dos lados de un ángulo. || *Geom.* Punto donde se unen tres o más planos. || *Geom.* Cúspide de pirámide o cono. || *Geom.* Punto superior de una curva. || *Fig.* Parte más elevada de la cabeza, coronilla.
VERTICIDAD f. Facultad de moverse.
VERTICILADO, DA adj. *Bot.* Que forma verticilo: *una hoja verticilada.*
VERTICILO m. Conjunto de ramos, hojas o flores situados alrededor de un punto del tallo.
VERTIENTE adj. Que vierte: *aguas vertientes.* || — F. y alguna vez m. Declive por donde corre el agua: *la vertiente de un tejado, de una colina.* || *Chil.* Barb. por *fuente.*
VERTIGINOSIDAD f. Calidad de vertiginoso.
VERTIGINOSO, SA adj. Relativo al vértigo. || Que produce vértigo: *una altura vertiginosa.*
VÉRTIGO m. (lat. *vertigo*). Vahído, mareo, desmayo: *sentir vértigo.* (SINÓN. *Aturdimiento, desmayo, desvanecimiento, mareo.*) || *Fig.* Locura pasajera. || *Fig.* Apresuramiento de la actividad: *el vértigo de las grandes ciudades.*
VERTIMIENTO m. Acción y efecto de verter.
VESANIA f. (lat. *vesania*). Demencia, furia.
VESÁNICO, CA adj. y s. Que padece vesania.
VESICAL adj. (del lat. *vesica,* vejiga). *Zool.* Relativo o perteneciente a la vejiga.
VESICANTE adj. y s. m. Que produce ampollas en la piel: *aplicar una cataplasma vesicante.*
VESÍCULA f. (lat. *vesicula*). *Med.* Vejiguilla, ampolla en la piel. || *Anat.* Saco membranoso parecido a una vejiga: *la vesícula biliar.* || *Bot.* Ampolla de aire que tienen ciertas plantas acuáticas en las hojas y en el tallo.
VESICULAR adj. Que tiene forma de vesícula: *tejido vesicular; erupción vesicular.*
VESICULOSO, SA adj. Que está lleno de vesículas: *erupción vesiculosa.*
VESPASIANA f. *Arg.* y *Chil.* Urinario público.
VESPERAL adj. (del lat. *vesper,* tarde). De la tarde: *claridad vesperal.* || — CONTR. *Matutino.*
VÉSPERO m. Lucero de la tarde.
VESPERTILIO m. (lat. *vespertilio*). Especie de murciélago de orejas grandes.
VESPERTINO, NA adj. Relativo a la tarde: *lucero vespertino.* || *Astr.* Dícese de los astros que trasponen el horizonte después del Sol.
VÉSPIDOS m. pl. *Zool.* Familia de insectos himenópteros cuyas hembras poseen un aguijón venenoso, como las avispas.
VESTAL adj. (lat. *vestalis*). Relativo a la diosa Vesta. || Nombre de las sacerdotisas que mantenían día y noche el fuego sagrado sobre el altar de Vesta. (V. *Parte hist.*)
VESTE f. (lat. *vestis*). *Poét.* Vestido, hábito.
VESTÍBULO m. (lat. *vestibulum*). Atrio situado a la entrada de un edificio. || Antesala, pieza que da entrada a las demás habitaciones de un piso. (SINÓN. *Entrada, hall, propileo, zaguán.*) || En los grandes hoteles, sala de amplias dimensiones, que está próxima a la entrada del edificio. || *Zool.* Cavidad interior del oído de los vertebrados.
VESTIDO m. (lat. *vestitus*). Lo que sirve para cubrir el cuerpo humano: *vestido sucio, pobre.* (SINÓN. *Atavío, indumentaria, prenda, ropa.*) || Conjunto de las principales piezas de vestir: *llevar un vestido de seda, de etiqueta.* (SINÓN. *Terno, traje, uniforme.*)
VESTIDURA f. Vestido, traje: *ricas vestiduras.* || — Pl. Ornamentos eclesiásticos para el culto divino: *vestiduras sagradas.*
VESTIGIO m. (lat. *vestigium*). Señal: *no quedaron vestigios de su paso.* (SINÓN. V. *Huella.*) || Restos: *los vestigios de Babilonia.* (SINÓN. V. *Ruina.*) || — PARÓN. *Vestiglo.*
VESTIGLO m. Monstruo horrendo.

VESTIMENTA f. (lat. *vestimenta*). Vestidura.
VESTIR v. t. (lat. *vestire*). Cubrir con vestidos. (SINÓN. *Ataviar, cubrir, poner, trajear.*) || Guarnecer, cubrir: *vestir de cuero una silla.* || Suministrar vestidos: *vestir a una familia pobre.* || *Fig.* Adornar con galas retóricas. || *Fig.* Cubrir: *la hierba viste el campo.* || *Fig.* y *fam. Quedarse una mujer para vestir santos,* quedarse soltera. || — V. i. Ir vestido: *vestir bien, vestir de levitón.* || — V. r. Cubrirse: *vestirse el cielo de nubes.* || — IRREG. Se conjuga como *pedir.*
VESTUARIO m. Vestido, vestidura. || Conjunto de trajes de un teatro. || Lugar del teatro donde se visten los actores. || *Mil.* Uniforme de la tropa. || Conjunto de los trajes de una persona.
VESUBIANO, NA adj. Del Vesubio, volcánico.
VETA f. (del lat. *vitta,* faja). Vena: *una veta metálica.* (SINÓN. V. *Filón.*) || Vena de madera. || *Ecuad.* Cinta de hilo, lana o algodón.
VETADO, DA adj. Veteado.
VETAR v. t. *Amer.* Poner veto.
VETEADO, DA adj. Que tiene vetas: *una madera poco veteada.*
VETEAR v. t. Señalar o pintar vetas. (SINÓN. V. *Abigarrar.*) || *Ecuad.* Azotar.
VETERANÍA f. Calidad de veterano.
VETERANO, NA adj. (lat. *veteranus*). Entre los romanos, soldado que obtenía su licencia. || Soldado viejo. || *Por ext.* Hombre que ha pasado mucho tiempo en un empleo: *veterano de la enseñanza.* (SINÓN. V. *Antiguo.*)
VETERINARIA f. Arte de curar las enfermedades de los animales. || — Adj.: *medicina veterinaria.*
VETERINARIO m. (del lat. *veterinae,* bestias de carga). El médico dedicado a la veterinaria.
VETEVÉ m. *Col.* Canapé, sofá.
VETIVER m. Planta gramínea de la India.
VETO m. (del lat. *veto,* prohibo). Fórmula que empleaban en Roma los tribunos de la plebe para oponerse a un decreto del Senado. || Actualmente, derecho por el cual una autoridad puede oponerse a la entrada en vigor de una ley (veto *suspensivo* o *absoluto* del jefe del Estado) o de una resolución (veto de cada una de las cinco grandes potencias del Consejo permanente de la O. N. U.). || *Por ext.* Oposición, negativa: *el padre puso el veto al matrimonio de su hija.*
VETUSTEZ f. (lat. *vetustas*). Calidad de vetusto o viejo: *estos edificios se están cayendo de vetustez.*
VETUSTO, TA adj. Muy viejo: *mueble vetusto.* (SINÓN. V. *Antiguo.*)
VEZ f. (del lat. *vicis,* vuelta). Unido con un numeral indica reiteración, multiplicación: *Napoleón abdicó dos veces.* || Ocasión: *hay veces que conviene no decir toda la verdad.* || Tiempo, turno: *ya le llegó su vez.* || Manada de cerdos perteneciente a los vecinos de un pueblo. || — Pl. Ministerio, oficio: *hacer las veces de otro.* || *A las veces,* en ocasiones: *a veces nos equivocamos.* || *A la vez,* al mismo tiempo. || *A su vez,* por su turno. || *De una vez,* de un golpe, en una sola acción. || *De vez en cuando,* de cuando en cuando. || *En vez de,* en lugar de. || *Tal vez,* quizá. || *Una que otra vez,* rara vez. || *Amer. En veces,* a veces. || *Amer. Toda vez que,* siempre que. || *Amer. De vez,* de vez en cuando. || *Érase una vez,* fórmula inicial de muchos cuentos infantiles.
VEZA f. (lat. *vicia*). Arveja, planta leguminosa.
VEZAR v. t. Avezar, acostumbrar. || — PARÓN. *Besar.*
VÍA f. (lat. *via*). Camino: *vía muy cómoda.* || Medio de transporte: *la vía marítima.* || Canal: *las vías respiratorias.* || Camino que ha de seguir un correo: *vía Panamá.* || Espacio entre las ruedas de un coche. || Carril. || Entre los ascéticos, orden de vida espiritual: *vida purgativa.* || *For.* Ordenamiento procesal: *vía ejecutiva.* || *Quím.* Procedimiento: *vía húmeda, vía seca.* || — Pl. Mandatos o leyes divinas: *las vías de Dios.* || Medios de que se vale la Providencia. || *Vía de agua,* agua, grieta en el casco del barco. || *Vía férrea,* el ferrocarril. || *Vía láctea,* v. LÁCTEA. || *Vía muerta,* vía férrea sin salida. || *Vía pública,* calle por donde se puede transitar. || *En vías de,* en camino de. || *Cuaderna vía,* estrofa monorrima de cuatro versos alejandrinos, utilizada en los siglos XIII y XIV.
VIABILIDAD f. Calidad de viable.
VIABLE adj. (fr. *viable*). Dícese de la criatura nacida en condiciones de poder vivir. (SINÓN. V. *Vivo.*) || Dícese del proyecto que tiene condiciones para realizarse. (SINÓN. V. *Probable.*) || Galicismo por *transitable.*
VIACRUCIS o **VÍA CRUCIS** m. y no f. Camino formado con diversas estaciones en memoria de los pasos que dio el Redentor al subir al Calvario. || *Fig.* Trabajo molesto, aflicción continuada que sufre una persona. || — OBSERV. Su plural es invariable.
VIADERA f. Pieza de los telares antiguos que servía para colgar los lizos y subía o bajaba a impulso de la cárcola.
VIADOR m. (del lat. *viator,* caminante). *Teol.* Criatura que en esta vida aspira y camina hacia la eternidad.
VIADUCTO m. (del lat. *via,* camino, y *ductus,* conducido). Puente con arcos, para el paso de un camino sobre una hondonada. (SINÓN. V. *Puente.*)
VIAJADOR, RA m. y f. Viajero.
VIAJANTE adj. y s. Que viaja. || — M. Empleado que viaja para colocar mercancías, por cuenta de una casa de comercio: *un viajante de aguardientes.* (SINÓN. V. *Intermediario.*)
VIAJAR v. i. Hacer viaje: *viajar en coche.* || — SINÓN. *Correr mucho, navegar, peregrinar.* V. tb. *andar.*
VIAJE m. Jornada de un país o de un punto a otro: *un viaje a América; ir de* [no *en*] *viaje.* (SINÓN. *Expedición, exploración, peregrinación, traslado.* V. tb. *periplo* y *trayecto.*) || Escrito donde se relata lo que ha observado un viajero. || Ida y venida de un lugar a otro: *llevar una carga en dos viajes.* (SINÓN. *Gira, paseo.*) || Agua que se conduce por cañerías para el abasto de una población. || *Fam.* Ataque con arma blanca: *tirar viajes.* || *Amer. De un viaje,* de una vez. || *Taurom.* Derrote.
VIAJERO, RA adj. Que viaja. || — M. y f. Persona que viaja, y particularmente la que escribe comentarios sobre esos viajes. (SINÓN. *Caminante, excursionista, pasajero, peregrino, turista.*) || *Chil.* Recadero de una chacra.
VIAL adj. Relativo a la vía. || — M. Calle de árboles.
VIALIDAD f. Calidad de vial. || Conjunto de servicios relacionados con las vías públicas.
VIANDA f. (del b. lat. *vivanda,* comida). Sustento de los racionales. || Cualquier manjar que se sirve a la mesa. || *Cub.* Frutos o raíces que se suelen poner cocidos en la mesa para comerlos con la olla.
VIANDANTE com. Persona que va de viaje. || Transeúnte, caminante.
VIARAZA f. Flujo de vientre, despeño. || Acción inconsiderada y brusca.
VIARIO, RIA adj. Relativo a la vía, vial.
VIATICAR v. t. Administrar el viático.
VIÁTICO m. (lat. *viaticum*). Dinero o provisiones que se dan a la persona que hace un viaje. || Sacramento de la Eucaristía administrado a un enfermo en peligro de muerte.
VÍBORA f. (lat. *vipera*). Serpiente venenosa, de 50 a 60 cm de largo, de cabeza triangular, que vive en los lugares pedregosos y soleados.

víbora

viaducto de Garabit (Francia)

vicuña

hoja de vid

— La mordedura de la *víbora* inocula un veneno peligroso, mortal en un 10 por 100 de los casos. El tratamiento más eficaz consiste en la inyección del suero antivenenoso. Inmediatamente a la mordedura hay que hacer una ligadura encima de la herida, agrandar ésta para hacerla sangrar, lavarla con una solución de cloruro de cal al 1,6 por 100 o de lejía. También es conveniente chupar la mordedura para extraer el veneno, a condición de no tener ninguna llaga en la boca.

VIBORÁN m. *Amér. C.* Género de plantas asclepiadáceas medicinales.

VIBOREAR v. i. *Amer.* Serpentear.

VIBOREZNO m. Víbora pequeña.

VIBRACIÓN f. Movimiento oscilatorio rápido. (SINÓN. V. *Oscilación.*) || Temblor rápido de un cuerpo vibrante, que produce el sonido. || *Vibración del hormigón,* acción de someterlo a una serie de vibraciones para obtener mayor homogeneidad.

VIBRADO adj. Dícese del hormigón que ha sido sometido a la vibración.

VIBRADOR, RA adj. Que vibra. || — M. Aparato que transmite las vibraciones eléctricas.

VIBRANTE adj. Que vibra: *cuerda vibrante.* || *Fig.: la elocuencia vibrante de un tribuno.* (SINÓN. V. *Sonoro.*)

VIBRAR v. t. Producir vibraciones, entrar en vibración. (SINÓN. V. *Sacudir.*) || Arrojar con ímpetu una lanza, flecha, etc. || — V. i. *Fig.* Sentirse conmovido: *no vibró su corazón al oir el relato de tanto infortunio.* (SINÓN. *Agitarse, brandir, cimbrar.*)

VIBRÁTIL adj. Que es capaz de vibrar. || *Pestaña vibrátil,* filamento protoplasmático de las células y protozoos que asegura, gracias a sus movimientos, la locomoción de las células en un medio líquido.

VIBRATORIO, RIA adj. Que vibra o se compone de vibraciones: *un movimiento vibratorio.*

VIBRIÓN m. Género de bacterias.

VIBURNO m. (lat. *viburnum*). Arbusto de la familia de las caprifoliáceas común en Europa.

VICARIA f. Religiosa inmediatamente inferior a la superiora en un convento. || *Cub.* Género de plantas apocináceas de las Antillas.

VICARÍA f. Dignidad de vicario y territorio de su jurisdicción. || Oficina del vicario.

VICARIAL adj. De la vicaría.

VICARIATO m. Vicaría y tiempo que dura.

VICARIO m. (lat. *vicarius*). El que hace las veces de otro. || En el Imperio Romano, gobernador de una diócesis. || *Vicario general,* suplente de un obispo. || *Vicario de Jesucristo,* el Papa. || Cura de la parroquia. (SINÓN. V. *Sacerdote.*) || — Pl. Sueldacostilla, planta liliácea.

VICE del latín *vicis,* que significa *vez,* partícula que entra en varias palabras compuestas, e indica así las funciones ejercidas por el que hace las veces de otro.

VICEALMIRANTAZGO m. Dignidad de vicealmirante.

VICEALMIRANTE m. Oficial de marina, inmediatamente inferior al almirante.

VICECANCILLER m. Cardenal de la curia romana que preside el despacho de bulas y breves. || El que hace las veces de canciller.

VICECANCILLERÍA f. Cargo de vicecanciller. || Oficina del mismo.

VICECÓNSUL m. Funcionario inmediatamente inferior al cónsul o que hace las veces de éste.

VICECONSULADO m. Empleo de vicecónsul. || Oficina de este funcionario.

VICEGERENCIA f. Funciones del vicegerente.

VICEGERENTE m. El que hace las veces de gerente.

VICEGOBERNADOR m. El que hace las veces de gobernador.

VICEJEFE m. El que hace las veces del jefe.

VICENAL adj. (lat. *vicennalis*). Que sucede cada veinte años o que tiene esta duración.

VICENTINO, NA adj. y s. De San Vicente (El Salvador).

VICEPRESIDENCIA f. Cargo de vicepresidente o vicepresidenta.

VICEPRESIDENTE, TA m. y f. Persona que hace las veces del presidente o de la presidenta.

VICERRECTOR, RA m. y f. Funcionario que hace las veces del rector o de la rectora.

VICESECRETARÍA f. Cargo de vicesecretario o vicesecretaria. || Oficina de estos funcionarios.

VICESECRETARIO, RIA m. y f. Persona que hace las veces de secretario o de la secretaria.

VICÉSIMA f. (lat. *vicesima*). *Antig. rom.* Impuesto del cinco por ciento sobre ciertos bienes.

VICETIPLE f. Corista.

VICEVERSA adv. m. (de *vicis,* y el lat. *versa,* vuelta). Recíprocamente, al revés, al contrario.

VICIA f. (lat. *vicia*). Arveja.

VICIABLE adj. Que puede viciarse o dañarse.

VICIAR v. t. (lat. *vitiare*). Dañar, corromper: *viciar el aire.* || Falsear, adulterar: *viciar un manuscrito.* (SINÓN. V. *Alterar.*) || Anular, quitar el valor a un acto: *error que vicia un contrato.* || Pervertir, corromper: *viciar las costumbres.* || — V. r. Entregarse a los vicios. || Enviciarse, aficionarse mucho a una cosa. || Alabearse o pandearse una superficie.

VICIO m. (lat. *vitium*). Imperfección que hace a una persona o cosa impropia para el fin a que se destina: *vicio de conformación.* (SINÓN. V. *Defecto.*) || Disposición o tendencia acostumbrada a lo malo: *castigar el vicio.* || Licencia, libertinaje: *vivir en el vicio.* || Frondosidad excesiva: *este árbol tiene mucho vicio.* || Mimo: *ese niño llora de vicio.* || Deformidad, pandeo o alabeo de una superficie. || *Fam. Quejarse de vicio,* quejarse sin razón una persona. || — CONTR. *Virtud.*

VICIOSAMENTE adv. m. De manera viciosa: *hablar viciosamente.*

VICIOSO, SA adj. y s. Que tiene algún defecto o vicio: *cláusula viciosa, locución viciosa.* || Relativo al vicio: *castigar una inclinación viciosa.* || Entregado al vicio: *hombre vicioso.* (SINÓN. *Calavera, depravado, disoluto, pervertido.* V. tb. *erótico, lujurioso* y *obsceno.*) || *Fam.* Dícese del niño mimado. || — CONTR. *Virtuoso.*

VICISITUD f. (lat. *vicissitudo*). Orden sucesivo de las cosas. || Alternativa de sucesos prósperos y adversos: *las vicisitudes de la fortuna.* (SINÓN. V. *Crisis.*)

VICISITUDINARIO, RIA adj. Alternativo.

VÍCTIMA f. (lat. *victima*). Persona o animal sacrificado. || *Fig.* Persona que se expone a un grave riesgo. || *Fig.* Persona que padece por culpa ajena: *ser víctima de una intriga.* (SINÓN. *Mártir.* Fig. *Presa.*)

VICTIMAR v. t. Barb. por *sacrificar.*

VICTIMARIO m. Sacrificador de los antiguos sacerdotes gentiles. || Barb. por *asesino.*

¡VÍCTOR! interj. (del lat. *victor,* vencedor). ¡Vítor!, ¡bravo!, exclamación de aplauso.

VICTOREAR v. t. Vitorear, aclamar, celebrar.

VICTORIA f. (lat. *victoria*). Ventaja conseguida en la guerra: *conseguir la victoria.* || Éxito conseguido sobre un rival: *la victoria de un jugador de ajedrez.* || *Fig.* Resultado feliz: *conseguir una victoria científica.* (SINÓN. V. *Éxito.*) || Coche hipomóvil descubierto de cuatro ruedas. || Flor de la familia de las ninfeáceas, originaria de América, y cuyas hojas tienen hasta dos metros de diámetro. || *Cub.* Cierta tela fuerte.

VICTORIOSAMENTE adv. m. De un modo victorioso: *combatir victoriosamente al enemigo.*

VICTORIOSO, SA adj. Que ha conseguido una victoria: *tropas victoriosas.* (SINÓN. V. *Vencedor.*) || *Fig.* Decisivo, que no tiene réplica: *ofrecer un argumento victorioso.*

VICUÑA f. Mamífero rumiante, parecido a la llama del Perú: *la lana de vicuña es muy apreciada.* || Tejido hecho con lana de este animal.

VICHADENSE adj. y s. De Vichada (Colombia).

VICHADOR m. *Amer.* Bombeador, espía.

VICHAENSE adj. y s. Vichadense.

VICHAR v. t. *Amer.* Espiar, atisbar, acechar.

VICHE adj. *Col.* Dícese de la fruta verde o en leche, y de la persona enteca. || *Méx.* Desnudo, pelado.

VÍCHENES! (¡Por) interj. *And.* ¡Por vida!

VICHOCO, CA adj. Bichoco.

VICHY m. (pal. fr.). Una tela de algodón.

VID f. (lat. *vitis*). Planta vivaz y trepadora de la familia de las vitáceas, de tronco retorcido, vástagos muy largos y flexibles, y hojas pecioladas, cuyo fruto es la uva: *la vid exige un clima templado y bastante seco.* (SINÓN. V. *Viña.*)

— Las especies de *vides* son muy numerosas y están esparcidas por todos los puntos del globo. Desde la invasión de la filoxera ha sido preciso reconstituir muchos de los viñedos europeos con cepas americanas en las que se injertaron las vides indígenas. El cultivo de la vid, importantísimo en España, se ha desarrollado igualmente en algunos países de América, especialmente en Chile, en Uruguay y en la República Argentina.

VIDA f. (lat. *vita*). Resultado del juego de los órganos, que concurre al desarrollo y la conservación del sujeto: *las condiciones necesarias a la vida.* || Espacio de tiempo que transcurre en el ser vivo desde el nacimiento hasta la muerte: *vida corta.* (SINÓN. *Existencia, vitalidad.*) || Modo de alimentarse, de sustentarse: *una vida sobria.* || Modo de vivir: *llevar una vida agitada.* || Biografía: *vida de César.* (SINÓN. V. *Historia.*) || Profesión: *abrazar uno la vida religiosa.* || Costo de la subsistencia: *la vida está muy cara.* || Actividad, movimiento: *estilo lleno de vida.* || *Entre la vida y la muerte,* en peligro inminente. || *Vida eterna,* la felicidad eterna de los elegidos. || *La vida futura,* existencia del alma después de la muerte. || Bienaventuranza: *pasar a mejor vida.* || Palo del triunfo en algunos juegos: *en el tute, el siete quita la vida.* || *Echarse a la vida* o *ser de la vida,* dedicarse una mujer a la prostitución. || *Fig.* y *fam. Vida de canónigos,* la muy cómoda. || *Vida de perros,* la que se pasa con muchos trabajos. || *Vida y milagros,* modo de vivir de uno: *contar la vida y milagros de una persona.* || *En la vida,* nunca: *en la vida he visto hombre igual.* || *Buscarse la vida,* asegurarse uno el sustento. || *Escapar con vida,* librarse de un grave peligro. || *Pasar a mejor vida,* morir. || *Pasar la vida,* ir viviendo con apuros. || *¡Por vida!* interj. que se usa para ponderar algo o como juramento. || *Tener la vida en un hilo,* estar en gran peligro. || — CONTR. *Muerte.*

VIDALITA f. *Arg.* Canción popular melancólica acompañada a la guitarra.

VIDE, voz verbal latina que significa *mira, ve* y se usa para remitir de un sitio a otro en libros, diccionarios, etc. (Abrev.: V.)

VIDENTE adj. Que ve. || — M. y f. Persona que pretende ver lo pasado y lo futuro.

VIDORRA f. *Fam.* Vida holgada y placentera.

VIDORRIA f. *Arg.* y *Venez. Fam.* Vida triste y arrastrada.

VIDRIADO, DA adj. Vidrioso, que parece de vidrio. || Barnizado: *vasija vidriada.* || — M. Loza recubierta de un barniz vítreo.

VIDRIAR v. t. Dar a la loza barniz vítreo. || — V. r. *Fig.* Ponerse vidriosa alguna cosa.

VIDRIERA f. Conjunto de vidrios, generalmente de colores, dispuestos con plomos en el bastidor de una puerta o ventana: *las vidrieras de una iglesia.* || *Amer.* Escaparate. || — Adj.: *puerta vidriera.*

VIDRIERÍA f. Taller donde se fabrica el vidrio. || Vidriera.

VIDRIERO m. El que fabrica o vende vidrio.

VIDRIO m. (lat. *vitrum*). Cuerpo sólido, transparente y frágil, que proviene de la fusión de una arena silícea con potasa o sosa: *el vidrio es muy frágil.* (SINÓN. *Cristal, luna.*) || Parte del coche opuesta a la testera: *ir al vidrio.* || *Por ext.* Cualquier pieza o vaso de vidrio. || *Arg.* Cristal de ventana.

VIDRIOSIDAD f. Calidad de vidrioso.

VIDRIOSO, SA adj. Quebradizo como el vidrio. || *Fig.* Resbaladizo: *suelo vidrioso.* || *Fig.* Delicado. || *Fig.* Que fácilmente se resiente: *carácter vidrioso.* || *Fig.* Dícese de los ojos moribundos y de su mirada.

VIDUAL adj. Relativo a la viudez.

VIDUEÑO y mejor **VIDUÑO** m. (lat. *vitineus,* de vid). Variedad de vid.

VIDURRIA f. *Col.* Vidorria.

VIEIRA f. Molusco comestible muy común en Galicia, cuya concha es la venera. || Su concha.

VIEJA f. Pez de unos 10 centímetros de largo, de cabeza grande y tentáculos cortos sobre las cejas, que se encuentra en el Pacífico.

VIEJO, JA adj. y s. (lat. *vetus*). De mucha edad: *soldado viejo.* (SINÓN. V. *Anciano.*) || Antiguo: *castillo viejo.* || Que no es reciente: *leer en un libro viejo.* || Deslucido, que está estropeado por el uso: *vestido viejo.* || *And.* y *Amer.* Voz de cariño aplicada a los padres, cónyuges, etc. (CONTR. *Joven.* DIM. *Viejecito* [*Provinc.* y *Amer.*: *viejito*].) || — Pl. *And. Fam.* Pelos que nacen en el cogote. (SINÓN. *Abuelos, tolanos.*) || — F. Pez marino. || Buscapiés, cohete que corre por el suelo.

vidriera de colores (Catedral de Bourges, Francia)

VIENÉS, ESA adj. y s. De Viena (Austria).

VIENTO m. (lat. *ventus*). Aire atmosférico que se mueve en dirección determinada: *los vientos alisios.* || Movimiento del aire así agitado: *ponerse al abrigo del viento.* (SINÓN. *Aire, brisa, céfiro, cierzo.* V. tb. *borrasca.*) || Aire agitado de cualquier modo. || Aire: *globo lleno de viento.* || Olor que deja la caza: *seguir el jabalí por el viento.* || *Fig.* Vanidad, jactancia. || *Artill.* Huelgo de la bala en el cañón. || *Mús. Instrumentos de viento,* aquellos en que forma el sonido el aire que en ellos se introduce. || *Fig.* Impulso, causa que derriba: *el viento de la adversidad.* || Cuerda o alambre para mantener erguida una cosa. || *Fam.* Ventosidad. || *Ir como el viento,* muy deprisa. || *Fig. Beber los vientos por una persona,* solicitarla con toda la diligencia posible. || *Contra viento y marea,* a pesar de todos los obstáculos. || *Moverse a todos vientos,* ser inconstante. || *Tomar el viento,* rastrear por él la caza los perros. || *Viento en popa,* con buena suerte. || — PROV. **Quien siembra vientos recoge tempestades,** el que predica malas doctrinas o suscita enconos acaba por recoger el castigo que merece.

VIENTRE m. (lat. *venter*). Cavidad del cuerpo donde están los intestinos y el aparato genitourinario. (SINÓN. *Abdomen.* Fam. *Barriga, panza.* Pop. *Andorga, timba.*) || Región del cuerpo donde está dicha cavidad. || Conjunto de las vísceras contenidas en esta cavidad. || Feto o preñado. || Panza de una vasija. || *Fís.* En un sistema de ondas estacionarias, parte más ensanchada. || *For.* Criatura humana que no ha salido del claustro materno. || *Bajo vientre,* hipogastrio, parte inferior del vientre. || *De vientre,* dícese de la hembra destinada a la reproducción. || *Evacuar, exonerar, mover el vientre,* o *hacer de,* o *del, vientre,* descargarlo del excremento. || *Libertad de vientre,* en algunas legislaciones, privilegio por el que el hijo de la esclava nacía libre.

VIERNES m. Sexto día de la semana. || *Viernes Santo,* día aniversario de la muerte de Jesucristo. || *Comer de viernes,* comer de vigilia. || *Fig.* y *fam. Cara de viernes,* la macilenta y triste.

VIERTEAGUAS m. Resguardo en la parte baja de puertas y ventanas, para escurrir la lluvia.

VIETNAMITA adj. y s. Del Viet Nam.

VIGA f. Madero largo y grueso: *una viga del techo.* || Barra de cemento, hierro o madera que se emplea en los edificios. || Pieza que en algunos coches antiguos enlaza el juego delantero con el trasero. || Prensa que se usa en los molinos de aceite y las fábricas de paños. || Porción de aceituna que se muele de una vez. || *Viga de aire,* la que sólo está sostenida en sus extremos. || *Viga maestra,* la que sostiene la cabeza de otros maderos y en la que se apoyan cuerpos superiores del edificio. || — PARÓN. *Biga.*

VIGENCIA f. Calidad de vigente: *estar en vigencia una ley.*

VIGENTE adj. (lat. *vigens*). Dícese de las leyes, ordenanzas o costumbres que están aún en vigor.

Fot. Larousse

VIGESIMAL adj. Dícese del modo de contar subdividiendo de veinte en veinte.
VIGÉSIMO, MA adj. Que sigue en orden al o lo décimo nono. ‖ — M. Una de las veinte partes iguales en que se divide un todo: *vigésimo de billete de lotería.*
VIGÍA m. Marinero que está de centinela en la arboladura de un barco. ‖ Hombre encargado de atalayar el mar desde la costa. ‖ — F. Atalaya, torre en que se suele colocar el vigía. ‖ *Mar.* Escollo que sobresale en el mar.
VIGIAR v. t. Velar o vigilar: *vigiar el campo.*
VÍGIL m. Guarda nocturno o sereno en Roma: *los vígiles fueron instituidos por Augusto.*
VIGILANCIA f. (lat. *vigilantia*). Cuidado atento, acción de velar. (SINÓN. V. *Cuidado.* CONTR. *Descuido, negligencia.*) ‖ Servicio para vigilar.
VIGILANTE adj. Que vigila: *un guardia vigilante.* ‖ Que vela. ‖ — M. El que vela por una cosa: *el vigilante de una obra.* ‖ Agente de policía.
VIGILANTEMENTE adv. m. Con vigilancia.
VIGILAR v. i. (lat. *vigilare*). Velar sobre una cosa, cuidar muy bien de ella: *vigilar un trabajo.* ‖ — SINÓN. *Acechar, espiar, observar, otear, seguir, velar.* ‖ — OBSERV. Se usa también como verbo transitivo.
VIGILATIVO, VA adj. Que causa vigilias.
VIGILIA f. (lat. *vigilia*). Acción de estar despierto o en vela. ‖ Privación de sueño durante la noche: *pasar la noche de vigilia.* ‖ Trabajo intelectual hecho durante la noche: *este libro es el fruto de mis vigilias.* ‖ Día que precede a una festividad religiosa importante. ‖ Oficio que se reza en estos días. ‖ Oficio de difuntos que se canta o reza en la iglesia. ‖ Comida con abstinencia. ‖ *Comer de vigilia,* comer pescado, legumbres, etc., con exclusión de carnes.
VIGITANO, NA adj. y s. De Vich (Barcelona).
VIGOR m. (lat. *vigor*). Fuerza física: *el vigor de la juventud.* (SINÓN. V. *Fuerza.*) ‖ Energía de carácter: *obrar con vigor.* (SINÓN. V. *Energía.*) ‖ *Fig.* Entonación, expresión enérgica en las obras literarias o artísticas. ‖ Potencia de espíritu: *vigor de imaginación.* ‖ Fuerza de obligar, eficacia: *esta ley carece de vigor.* ‖ — CONTR. *Debilidad.*
VIGORAR v. t. (lat. *vigorare*). Vigorizar.
VIGORIZADOR, RA adj. Que da vigor.
VIGORIZAR v. t. Dar vigor. ‖ *Fig.* Animar o alentar. (SINÓN. V. *Reanimar.*)
VIGOROSAMENTE adv. m. De modo vigoroso.
VIGOROSIDAD f. Calidad de vigoroso, vigor.
VIGOROSO, SA adj. Que tiene vigor: *hombre vigoroso.* (SINÓN. V. *Fuerte.*) ‖ Hecho con vigor: *un ataque vigoroso.*
VIGOTA f. (ital. *bigotta*). *Mar.* Motón chato sin roldana por donde se hacen pasar los acolladores.
VIGUERÍA f. Conjunto de vigas de un edificio.
VIGUÉS, ESA adj. y s. De Vigo.
VIGUETA f. Viga pequeña: *una vigueta de hierro.*
VIHUELA f. Instrumento de cuerda parecido a la guitarra.
VIHUELISTA com. Persona que toca la vihuela.
VIJÚA f. *Col.* Sal gema.
VIL adj. y s. (lat. *vilis*). Despreciable, bajo: *tener un alma vil.* (SINÓN. V. *Abyecto.*) ‖ Indigno, torpe, infame. ‖ Dícese de la persona que falta a la confianza depositada.
VILANO m. (del lat. *villus,* pelo). Apéndice de filamentos que corona el fruto de algunas plantas compuestas y le sirve para ser transportado por el aire. ‖ Flor del cardo.
VILAYETO m. División administrativa turca.
VILEZA f. Calidad de vil: *la vileza de su conducta me indigna.* ‖ Acción vil, indigna; infamia. (SINÓN. V. *Picardía* y *villanía.*)
VILIPENDIADOR, RA adj. y s. Que vilipendia.
VILIPENDIAR v. t. (lat. *vilipendere*). Despreciar, tratar con vilipendio. (SINÓN. V. *Maltratar.*)
VILIPENDIO m. Desprecio, falta de estimación.
VILIPENDIOSO, SA adj. Que causa vilipendio o lo implica.
VILMENTE adv. m. De una manera vil.
VILO (En) m. adv. Suspendido; sin el fundamento o apoyo necesario; sin estabilidad. ‖ *Fig.* Sin seguridad, con indecisión, con inquietud: *está en vilo en su destino.*
VILORDO, DA adj. Lerdo, perezoso, tardo.
VILORTA f. Vencejo de madera flexible. ‖ Nombre de las abrazaderas que unen el timón y la cama del arado. ‖ Arandela del eje de un coche. ‖ Juego que consiste en lanzar una bola de madera con el vilorto, según ciertas reglas. ‖ Vilorto, flor.
VILORTO m. Especie de clemátide. ‖ Vilorta, vencejo. ‖ Palo terminado por una especie de cayado encordelado, que sirve para jugar a la vilorta.
VILOTE, TA adj. *Arg.* y *Chil.* Cobarde.
VILTROTEAR v. i. *Fam.* Corretear, callejear.
VILLA f. (lat. *villa*). Población pequeña, menor que la ciudad y mayor que la aldea. (SINÓN. V. *Población.*) ‖ Casa de recreo en el campo. (SINÓN. *Casa de campo, chalet, quinta, torre.*) ‖ — PARÓN. *Billa.*
VILLADIEGO, n. propio de lugar imaginario, que se emplea en la expr. fam. *coger o tomar las de Villadiego,* largarse, irse.
VILLANADA f. Villanía.
VILLANAJE m. Gente del estado llano. ‖ Calidad del estado de los villanos.
VILLANAMENTE adv. m. De un modo villano.
VILLANCEJO, VILLANCETE y VILLANCICO m. Composición poética popular con estribillo de asunto religioso que se suele cantar por Navidad. ‖ Forma de poesía tradicional castellana parecida al zéjel.
VILLANERÍA f. Villanía, vileza: *cometer villanerías.* ‖ Villanaje, estado de villano.
VILLANESCA f. Cancioncilla y danza antiguas.
VILLANESCO adj. De villano: *traje villanesco.*
VILLANÍA f. Bajeza de nacimiento o condición. (SINÓN. V. *Bajeza* e *indecencia.*) ‖ *Fig.* Vileza, acción ruin, palabra grosera o indecorosa: *decir villanías.* (SINÓN. *Maldad, ruindad.* V. tb. *picardía.*)
VILLANO, NA adj. y s. (lat. *villanus*). Vecino de una villa o aldea, a distinción de noble o hidalgo. ‖ *Fig.* Rústico, grosero: *portarse como un villano.* ‖ Ruin, indigno. ‖ — M. Cierta danza antigua. ‖ *Fig. Villano harto de ajos,* persona mal educada. ‖ — PROV. **Juego de manos, juego de villanos,** no deben las personas bien educadas jugar agarrándose o forcejando unas con otras.
VILLAR m. Villaje, aldea, pueblo pequeño.
VILLARRIQUEÑO, ÑA adj. y s. De Villarrica (Paraguay).
VILLAVICENSE adj. y s. De Villavicencio (Colombia).
VILLAVICENCIUNO, NA adj. y s. Villavicense.
VILLORRIO m. *Despect.* Aldehuela, poblacho.
VIMBRE m. (lat. *vimen*). Mimbre.
VINAGRADA f. Refresco de agua, vinagre y azúcar.
VINAGRAR v. t. *Col.* Avinagrar, agriar.
VINAGRE m. (de *vino,* y *agrio*). Producto que resulta de la fermentación acética del vino o de soluciones alcoholizadas, empleado como condimento. ‖ *Fig.* y *fam.* Persona de genio áspero y desapacible. ‖ *Fig.* y *fam. Cara de vinagre,* cara de pocos amigos.
VINAGRERA f. Vasija que contiene vinagre para el uso diario. ‖ Acedera. ‖ *Amer.* Acedía, pirosis del estómago. ‖ — Pl. Angarillas en que se ponen el aceite y vinagre en la mesa. ‖ — PARÓN. *Vinajera.*
VINAGRERÍA f. La fábrica de vinagre.
VINAGRERO m. y f. Persona que hace o vende vinagre.
VINAGRETA f. Salsa de aceite, cebolla y vinagre: *guisar merluza a la vinagreta.*
VINAGRILLO m. Vinagre ligero. ‖ Cosmético a base de vinagre, alcohol y esencias aromáticas. ‖ *Arg.* y *Chil.* Planta oxalidácea de jugo bastante ácido. ‖ *Tabaco vinagrillo,* el tabaco de polvo aderezado con vinagre.
VINAGRÓN m. Vino repuntado y de inferior calidad.
VINAGROSO, SA adj. Que tiene gusto parecido al del vinagre. ‖ *Fig.* y *fam.* Que tiene genio desagradable.

VINAJERA f. Jarrillo en que se sirven en la misa el vino y el agua. ‖ — Pl. Aderezo de ambos jarrillos y de la bandeja donde se colocan.
VINAL m. *Arg.* Especie de algarrobo arborescente cuyas hojas son medicinales.
VINAPÓN m. *Per.* Cerveza de maíz.
VINARIEGO m. Viticultor.
VINARIO, RIA adj. (lat. *vinarius*). Dícese de lo relativo o perteneciente al vino. (P. us.) ‖ — PARÓN. *Binario.*
VINATERA f. *Mar.* Cordel para amadrinar dos cabos, etc.
VINATERÍA f. Tienda de vinos. ‖ Tráfico y comercio del vino.
VINATERO, RA adj. Del vino: *industria vinatera.* ‖ — M. El que trafica en vinos.
VINAZA f. Vino inferior lleno de posos y heces. ‖ Líquido espeso que queda después de la fermentación y destilación.
VINAZO m. *Fam.* Vino fuerte y espeso.
VINCA f. *Arg.* Uno de los nombres del *nopal.*
VINCAPERVINCA f. Género de apocináceas, de flores azules.
VINCULABLE adj. Que se puede vincular: *bienes vinculables.*
VINCULACIÓN f. Acción de vincular o gravar a vínculo: *la vinculación de una finca.*
VINCULAR v. t. Gravar los bienes a vínculo para perpetuarlos en una familia. ‖ *Fig.* Asegurar, estribar una cosa en otra: *vinculo mis esperanzas en esta visita.* ‖ *Fig.* Perpetuar, continuar una cosa.
VINCULAR adj. Relativo al vínculo.
VÍNCULO m. Lazo, atadura, unión de una persona o cosa con otra. (SINÓN. V. *Enlace.*) ‖ *For.* Unión o sujeción de una finca al perpetuo dominio en una familia.
VINCHA f. *Amer.* Pañuelo o cinta con que se ciñen la frente los indios. ‖ Cinta con que las mujeres se suelen recoger el cabello.
VINCHUCA f. *Amer.* Especie de chinche grande y alada cuya picadura es muy dolorosa. ‖ *Chil.* Especie de flechilla, rehilete.
VINDICACIÓN f. Acción y efecto de vindicar.
VINDICADOR, RA adj. y s. Que vindica.
VINDICAR v. t. (lat. *vindicare*). Vengar. ‖ Defender por escrito contra una calumnia o maledicencia. ‖ *For.* Reivindicar.
VINDICATIVAMENTE adv. m. De un modo vindicativo o vengativo.
VINDICATIVO, VA adj. Vengativo, que implica venganza: *escrito vindicativo, carácter vindicativo.* ‖ Dícese del escrito o discurso en que se defiende la fama u opinión de uno.
VINDICATORIO, RIA adj. Que sirve para vindicar o vindicarse.
VINDICTA f. (lat. *vindicta*). Venganza: *la vindicta de las leyes.* ‖ *Vindicta pública,* castigo que se impone a los delincuentes, en nombre de la sociedad.
VINERÍA f. *Amer.* Tienda de vinos.
VÍNICO, CA adj. Relativo al vino: *éter vínico.*
VINÍCOLA adj. (del lat. *vinum,* vino, y *colere,* cultivar). Relativo al cultivo de la vid y a la fabricación del vino: *sociedad vinícola.* ‖ — M. Vinariego.
VINICULTOR, RA m. y f. (del lat. *vinum,* vino, y *cultor,* cultivador). Persona que se dedica a la vinicultura.
VINICULTURA f. Elaboración de vinos.
VINIEBLA f. *Bot.* Cinoglosa, planta borragínácea.
VINÍFERO, RA adj. (del lat. *vinum,* vino, y *ferre,* llevar). Que produce vino: *un terreno vinífero.*
VINIFICACIÓN f. (del lat. *vinum,* vino, y *facere,* hacer). Conjunto de los procedimientos empleados para transformar la uva en vino.
VINÍLICO, CA adj. Dícese de una clase de resinas obtenidas del acetileno.
VINILLO m. *Fam.* Vino demasiado flojo.
VINO m. (lat. *vinum*). Bebida que resulta de la fermentación de la uva bajo los efectos de ciertas levaduras. ‖ Licor análogo sacado de ciertas plantas. ‖ Preparación medicinal en la que entra el vino como excitante: *vino de quina.* ‖ *Vino de coco,* aguardiente flojo que se saca de la tuba, en Filipinas. ‖ *Vino de dos orejas,* el fuerte y bueno. ‖ *Vino de dos, tres hojas,* el de dos, tres años. ‖ *Vino de garnacha,* el vino sacado de la garnacha. ‖ *Vino de garrote,* el que se saca a fuerza de viga o prensa. ‖ *Vino de lágrima,* el que destila de la uva sin exprimir el racimo. ‖ *Vino de yema,* el que está en medio del tonel. ‖ *Vino de mesa, de pasto,* el común y ligero que se bebe durante la comida. ‖ *Vino de postre, vino generoso,* el más fuerte y añejo que el vino común. ‖ *Vino seco,* el que no tiene sabor dulce. ‖ *Fam. Vino peleón,* el muy malo. ‖ *Fig.* y *fam. Bautizar* o *cristianar el vino,* echarle agua. ‖ *Vino de honor,* el que las instituciones, sociedades, etc., ofrecen a un personaje importante, a un nuevo elegido. ‖ *Fig. Dormir el vino,* dormir mientras dura la borrachera. ‖ *Tener mal vino,* ser pendenciero en la embriaguez.
— El *vino* se obtiene haciendo fermentar el zumo de uvas frescas. Esta operación se efectúa en grandes cubas y sigue a la *pisa.* Conforme se dejan o no el escobajo y el hollejo en contacto con el líquido, se obtiene el *vino tinto* o el *vino blanco.* El blanco puede convertirse en vino espumoso, embotellándolo antes de su completa fermentación. Los vinos licorosos se obtienen concentrando el azúcar en el mosto o secando previamente la uva en la cepa o en una capa de paja (*vinos de paja*) o evaporándolos en la caldera. Se fabrican igualmente *vinos de orujo* (o *vinos de azúcar*) haciendo fermentar por segunda vez el orujo con agua y azúcar, y del mismo modo se obtiene el *vino de pasas.* Tomado en pequeña cantidad, el vino es una bebida sana, pero su abuso conduce al alcoholismo.
VINOLENCIA f. Exceso en el beber vino.
VINOLENTO, TA adj. Borracho, dado al vino.
VINOSIDAD f. Carácter de los licores vinosos.

ELABORACIÓN DEL VINO

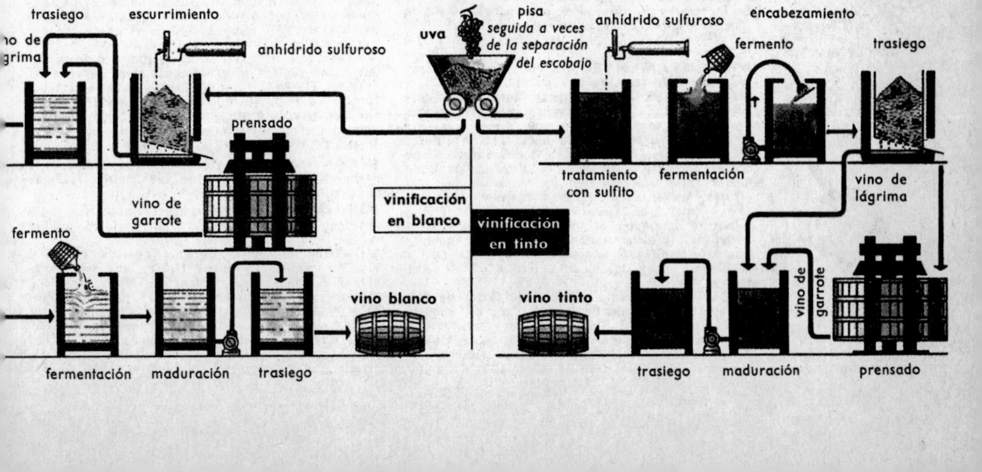

viola

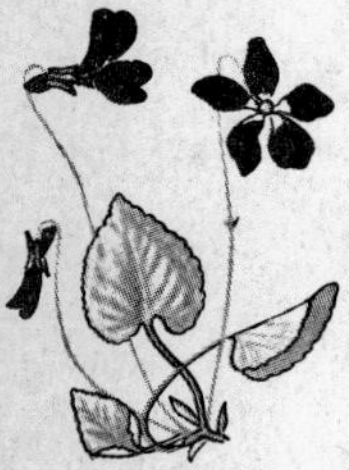

violeta

violín y su arco

violonchelo y su arco

VINOSO, SA adj. (lat. *vinosus*). Que tiene el sabor, el olor o la apariencia del vino: *un licor de aspecto vinoso.* || Vinolento, dado al vino.
VINOTE m. Residuo que queda en el alambique, después de destilado el vino.
VINOTERÍA f. *Amér. C.* Vinatería.
VINOTINTO m. *Venez.* Lindo pájaro dentirrostro americano del género *cotinga.*
VINTÉN m. Moneda de cobre uruguaya del valor de uno y dos centésimos de peso.
VIÑA f. (lat. *vinea*). Terreno plantado de vides: *labrar una viña.* (SINÓN. *Pago, vid, viñedo.*) || *Arropar las viñas,* abrigar las raíces de las cepas con basuras, trapos, etc. || *Fig. La viña del Señor,* conjunto de fieles. || *Fig.* y *fam. De todo hay en la viña del Señor,* incluso en lo que mejor parece hay defectos.
VIÑADERO m. Viñador, guarda de una viña.
VIÑADOR m. El que se dedica al cultivo de las viñas. (SINÓN. *Vendimiador, viticultor.*) || Guarda de una viña.
VIÑAL m. *Arg.* Viñedo.
VIÑATERO m. *Amer.* Viñador o viñadero.
VIÑEDO m. (lat. *vinetum*). Campo plantado de vides: *cultivar un rico viñedo.* (SINÓN. V. *Viña.*)
VIÑETA f. (fr. *vignette*). Dibujo pequeño que se pone como adorno al principio y fin de un libro o capítulo. || Dibujo puesto como orla.
VIÑETERO m. *Impr.* Armario para guardar los moldes de las viñetas.
VIOLA f. Instrumento músico parecido al violín, aunque algo mayor, que equivale al contralto y que se toca con arco. || — Com. Persona que toca este instrumento.
VIOLÁCEO, A adj. (lat. *violaceus*). Violado: *color violáceo.* || — F. pl. *Bot.* Familia de plantas angiospermas dicotiledóneas, como la violeta y la trinitaria.
VIOLACIÓN f. Crimen cometido por el hombre que abusa por la violencia de una mujer o de una doncella. (SINÓN. *Desfloración, estupro, violencia.*) || Acción y efecto de violar. (SINÓN. V. *Delito* y *profanación.*) || *Violación del secreto de correspondencia,* delito que consiste en abrir o hacer desaparecer las cartas.
VIOLADO, DA adj. De color de violeta: *el violado es el séptimo color del espectro solar.*
VIOLADOR, RA adj. y s. Que viola o quebranta: *violador de las leyes.*
VIOLAR v. t. (lat. *violare*). Infringir, quebrantar: *violar un precepto.* (SINÓN. V. *Desobedecer.*) || Abusar de una mujer por violencia o por astucia. (SINÓN. *Deshonrar, forzar.*) || Profanar un lugar sagrado: *violar un templo.* (SINÓN. *Profanar.*) || *Fig.* Ajar, deslucir una cosa. || *Violar el domicilio de alguno,* penetrar allí sin ningún derecho.
VIOLENCIA f. Fuerza intensa, impetuosa: *la violencia del viento, de las pasiones.* (SINÓN. V. *Fogosidad.*) || Abuso de la fuerza. || Coacción ejercida sobre una persona para obtener su aquiescencia en un acto jurídico: *la violencia es una de las causas de nulidad de un contrato.* || Fuerza que se emplea contra el derecho o la ley: *usar la violencia.* || *Fig.* Violación de una mujer. (SINÓN. V. *Violación.*)
VIOLENTAMENTE adv. m. Con violencia: *empujar violentamente una puerta.*
VIOLENTAR v. t. Obligar, forzar: *violentar las conciencias.* || *Fig.* Interpretar violentamente: *violentar el sentido de una ley.* || — V. r. *Fig.* Vencer uno su repugnancia hacia algo o alguien.
VIOLENTO, TA adj. Que tiene fuerza impetuosa: *tempestad violenta.* || Fogoso, iracundo: *hombre muy violento.* (SINÓN. *Apasionado, autoritario, brutal, vivo.* V. tb. *colérico.*) || Arrebatado, impetuoso: *discurso violento.* || Difícil de soportar, excesivo: *es un poco violento que me traten así.* || *Estar violento* en un lugar, no estar a gusto. || *Muerte violenta,* la causada por un accidente, un homicidio, un suicidio. || — CONTR. *Dulce, suave.*
VIOLETA f. Planta violácea de flores de color morado muy perfumadas: *la violeta es emblema de la modestia.* || Su misma flor: *un ramo de violetas.* || Sustancia colorante de color violado. || — Adj. y s. m. De color de la violeta. || — OBSERV. Como adjetivo es invariable en género (*vestido violeta; cortina violeta*) y muchas veces en número (*luz violeta; luces violeta*).
VIOLETERA f. Mujer que vende ramitos de violetas.
VIOLETERO m. Florero pequeño para violetas.
VIOLETO m. Peladillo, fruto.
VIOLÍN m. (der. de *viola*). Instrumento músico de cuatro cuerdas, templadas de quinta en quinta (*sol, re, la, mi*), que se toca con un arco: *Stradivarius construyó admirables violines.* || Músico que toca este instrumento. || *Violín de Ingres,* ocupación secundaria en la cual uno sobresale.
— El *violín* se deriva de la viola. Se menciona por primera vez en 1529. El violín debe sus perfeccionamientos de forma a los fabricantes de Cremona (siglos XVII y XVIII). Su caja de resonancia se compone de dos tablas reunidas por armazones; la de abajo y los armazones son de haya o arce; la de arriba es de abeto o cedro. Las dos tablas están encorvadas, para resistir a la tensión de las cuerdas (12 kg). Su extensión es tres octavas y una sexta.
VIOLINISTA com. Persona que toca el violín.
VIOLÓN m. Instrumento músico de cuatro cuerdas, parecido al violín, pero mucho mayor y de diapasón más bajo, contrabajo. || Persona que lo toca. || *Fig.* y *fam. Estar tocando el violón,* desatinar, estar embobado.
VIOLONCELISTA m. Violonchelista.
VIOLONCELO m. (ital. *violoncello*). Violonchelo.
VIOLONCHELISTA com. Persona que toca el violonchelo.
VIOLONCHELO m. Instrumento músico de cuatro cuerdas, más pequeño que el violón y de la misma forma, que equivale al barítono. || Músico que toca este instrumento.
— El *violonchelo* sirve de fondo musical y a veces de instrumento cantante; sus cuatro cuerdas, de las cuales las dos últimas son de metal, están templadas de quinta en quinta a partir del *do.* Su extensión pasa de tres octavas.
VIPÉREO, A adj. Viperino.
VIPERINO, NA adj. Relativo a la víbora. || *Fig.* Que tiene sus propiedades. || *Fig. Lengua viperina,* persona maldiciente. || — F. Hierba borraginácea muy común, de flores azules o blancas.
VIRA f. Saeta delgada y aguda. || Tira de tela o badana que se cose entre la suela y la pala del zapato.
VIRACOCHA m. Nombre con que los antiguos peruanos e indios chilenos designaban a los españoles conquistadores.
VIRADA f. Acción y efecto de virar o dar vuelta.
VIRADOR m. *Mar.* Cabo grueso que sirve para diversas faenas. || Líquido empleado en fotografía para virar.
VIRAGO f. Mujer varonil.
VIRAJE m. Acción de girar, de cambiar de dirección, de dar vuelta a alguna cosa. || Lugar donde se vira: *un viraje peligroso.* || *Fig.* Cambio de dirección, de conducta: *la política tomó un viraje inesperado.* || *Fot.* Operación que consiste en modificar el tono de las pruebas haciéndolas pasar por diversos baños (sales de oro, de platino, etc.). || *Mar.* Acción de virar de bordo y punto donde se vira.
VIRAR v. t. *Mar.* Cambiar de rumbo o de bordada. || Dar vueltas el cabrestante para levar algo. (SINÓN. V. *Girar.*) || *Fot.* Reemplazar en el papel fotográfico impresionado la sal de plata por otra sal más estable o que produzca un color determinado. || — V. i. Mudar de dirección.
VIRATÓN m. Virote, vira grande.
VIRAVIRA f. *Arg., Chil., Per.* y *Venez.* Planta herbácea de la familia de las compuestas que se emplea en infusiones.
VIRAZÓN f. Viento que en ciertas costas sopla del mar durante el día y de la tierra por la noche.
VIRGEN adj. y s. Persona que ha vivido o vive en una continencia perfecta: *una joven virgen.* || *La Santísima Virgen,* la Virgen María. || Pintura que la representa: *las Vírgenes de Rafael.* || — Adj. *Fig.* Que no está manchado ni mezclado, intacto: *reputación virgen.* || Que no tiene artificio. || *Selva virgen,* la todavía sin explorar. || *Tierra virgen,* la que nunca ha sido cultivada. || *Aceite virgen,* el que se saca de las

aceitunas sin presión. ‖ *Cera virgen,* la que no ha sido fundida ni trabajada. ‖ — F. Cada uno de los pies derechos que guían la viga en los lagares y los alfarjes. ‖ *Film virgen,* film no impresionado. ‖ *Fam. Fíate de la Virgen y no corras,* frase que se aplica al que por estar demasiado confiado no hace nada para conseguir algo. ‖ *Fam. Viva la Virgen,* se aplica a la persona informal, o que no se preocupa por nada.

VIRGILIANO, NA adj. Propio de Virgilio.

VIRGINAL mejor que **VIRGÍNEO, A** adj. Perteneciente o relativo a la virgen: *candor virginal.* ‖ *Fig.* Puro, incólume, inmaculado.

VIRGINIA m. Tabaco de Virginia.

VIRGINIANO, NA adj. y s. De Virginia (Estados Unidos).

VIRGINIDAD f. Estado de la persona virgen. ‖ *Fig.* Pureza, candor. ‖ *Fig.* Estado de una cosa pura, intacta.

VIRGO m. Virginidad. ‖ Himen. ‖ *Astr.* Sexto signo del Zodiaco. (V. *Parte hist.*)

VÍRGULA f. (lat. *virgula*). Varilla. ‖ Rayita. ‖ *Med.* Vibrión causante del cólera.

VIRGULILLA f. Signo ortográfico de figura de coma o rasguillo, como el apóstrofo, la zedilla y la tilde. ‖ Rayita muy delgada.

VIRIL m. Vidrio o campana con que se cubren algunas cosas para preservarlas. ‖ Custodia pequeña metida dentro de la grande.

VIRIL adj. (lat. *virilis*). Varonil: *edad viril.* (SINÓN. V. *Fuerte.*) ‖ *Miembro viril,* órgano de la generación en el hombre. ‖ *Fig.* Digno de un hombre: *acción viril.*

VIRILIDAD f. Lo que caracteriza al sexo masculino. ‖ Fuerza, vigor del hombre. ‖ Edad viril.

VIRILISMO m. Afección de la mujer, caracterizada por la aparición de los caracteres sexuales del sexo opuesto (bigote, voz grave, etc.) y en relación con perturbaciones endocrinas.

VIRILMENTE adv. m. Con virilidad, con fuerza.

VIRINGO adj. *Col.* Desnudo, que no tiene pelo.

VIRIPOTENTE adj. Dícese de la mujer casadera. ‖ Vigoroso, potente.

VIROL m. (fr. *virole*). *Blas.* Figura de la boca de la bocina u otro instrumento músico de viento.

VIROLA f. (lat. *viriola*). Casquillo, abrazadera de hierro. ‖ *Arg.* Rodaja de plata con que se adornan los arreos del caballo. ‖ Pequeño anillo de metal, bastante largo, que sirve para fijar dos objetos, uno en la punta del otro. ‖ Anillo en la punta de la garrocha para que la púa no penetre.

VIROLENTO, TA adj. y s. Dícese del que tiene viruelas o está señalado de ellas. ‖ — PARÓN. *Virulento.*

VIROLEÑO, ÑA adj. y s. De Zacatecoluca (El Salvador).

VIROLOGÍA f. Tratado de los agentes patógenos, filtrables y ultramicroscópicos, llamados *virus.*

VIROSIS f. Nombre genérico de las enfermedades originadas por virus patógenos.

VIROTADA f. *Venez. Fam.* Necedad.

VIROTAZO m. Golpe que se da con el virote.

VIROTE m. Saeta gruesa provista de un casquillo. ‖ Hierro que se colgaba del cuello a los esclavos que solían fugarse. ‖ Mazo de trapo o cualquier otra cosa que se cuelga a uno del vestido por detrás. ‖ *Fig.* y *fam.* Mozo soltero y amigo de divertirse. ‖ Hombre demasiado serio y estirado, quijote. ‖ *Fam.* Mujer muy aficionada a salir de paseo, marimacho. ‖ *Col.* y *Venez.* Tonto.

VIROTILLO m. *Arq.* Madero vertical estribado en uno horizontal, y que sostiene otro madero.

VIROTISMO m. *Fam.* Seriedad quijotesca, presunción.

VIRREINA f. Mujer del virrey. ‖ La que gobierna como virrey.

VIRREINAL adj. Del virrey, de la virreina o del virreinato: *la corte virreinal.*

VIRREINATO m. Dignidad de virrey. ‖ Tiempo que dura su cargo y distrito gobernado por él. (V. *Parte hist.*)

VIRREINO m. Virreinato.

VIRREY m. (de *vice,* y *rey*). Individuo que gobierna un Estado o provincia en nombre y con autoridad del rey.

VIRTUAL adj. (del lat. *virtus,* fuerza, virtud). Que tiene virtud para realizar un acto aunque no lo produzca: *fuerza virtual.* ‖ Implícito, tácito. (SINÓN. V. *Sobreentendido.*) ‖ *Fís. Objeto, imagen virtual,* dícese cuando los puntos se encuentran en la prolongación de los rayos luminosos.

VIRTUALIDAD f. Calidad de virtual: *la virtualidad, para existir, debe estar actualizada.*

VIRTUALMENTE adv. m. De un modo virtual. ‖ Tácitamente, implícitamente.

VIRTUD f. (lat. *virtus*). Disposición constante del alma que nos incita a obrar bien y evitar el mal. ‖ Castidad, hablando de las mujeres. ‖ Propiedades, eficacia: *virtud de las plantas.* (SINÓN. V. *Calidad.*) ‖ Poder o potestad de obrar. ‖ Integridad de ánimo y bondad de vida. ‖ Acción virtuosa. ‖ — Pl. Espíritus bienaventurados que tienen fuerza para cumplir las operaciones divinas. ‖ *Virtud cardinal,* cada una de las cuatro (prudencia, justicia, fortaleza y templanza) que son principio de otras. ‖ *Virtud teologal,* cada una de las tres (fe, esperanza y caridad) cuyo objeto directo es Dios. ‖ *En virtud de,* m. adv., en fuerza o por resultado de: *en virtud de mi autoridad ordeno...*

VIRTUOSAMENTE adv. m. De manera virtuosa.

VIRTUOSIDAD f. y **VIRTUOSISMO** m. Perfecto dominio de la técnica de cualquier arte y en especial de la ejecución musical.

VIRTUOSO, SA adj. Que tiene virtud: *hombre virtuoso.* (SINÓN. V. *Casto.*) ‖ Inspirado por la virtud: *acción virtuosa.* (SINÓN. V. *Honrado.*) ‖ — M. y f. Artista que domina de modo extraordinario la técnica de su instrumento y, por extensión, de cualquier arte.

VIRUELA f. (lat. *variola,* de *varius,* manchado). Enfermedad eruptiva, infecciosa, contagiosa y epidémica, originada por un virus y caracterizada por una erupción pustulosa, que deja al secarse hoyuelos característicos en la piel: *el pronóstico de la viruela es grave, mortal en el 15 por 100 de los casos, aproximadamente.* ‖ *Viruelas locas,* varicela.

VIRULÉ (A la) m. adv. Forma de llevar la media arrollada. ‖ *Pop. Ojo a la virulé,* de color morado por algún golpe.

VIRULENCIA f. (lat. *virulentia*). Calidad de virulento: *la virulencia de los humores.* (SINÓN. V. *Fogosidad.*)

VIRULENTO, TA adj. Producido por un virus: *enfermedad virulenta.* ‖ Que tiene materia o podre. ‖ *Fig.* Violento y enérgico, mordaz: *discurso virulento.*

VIRUS m. (lat. *virus*). *Med.* Principio de las enfermedades contagiosas: *el virus de la fiebre tifoidea.* ‖ Podre, humor maligno. ‖ Microbios invisibles al microscopio ordinario, que tienen una dimensión inferior a 0,2 micras, que pasan a través de los filtros de porcelana y son causa de muchas enfermedades en el hombre (rabia, viruela, poliomielitis, sarampión, escarlatina, gripe), en los animales y en las plantas. ‖ *Fig.* Fuente de contagio moral: *el virus de la anarquía.*

VIRUTA f. Laminilla de madera o metal que se saca con el cepillo u otra herramienta.

VISADO, DA adj. Con el visado: *pasaporte visado.* ‖ — M. Sello, firma o escrito puesto en un documento ya para darle validez, ya para atestiguar el pago de un derecho: *para visitar algunos países hay que obtener un visado.*

VISAJE m. Gesto, mueca, figura: *hacer visajes.*

VISAJERO, RA adj. Aficionado a hacer muecas.

VISAR v. t. (del lat. *visare,* examinar). Hacer el visado. ‖ Reconocer, examinar una certificación, etc., poniéndole el visto bueno. ‖ Dirigir la puntería o visual.

VIS A VIS loc. adv. (pal. fr., pr. *visaví*). Frente a frente, uno delante de otro.

VISAYO, YA adj. y s. De las Visayas.

VÍSCERA f. (lat. *viscera*). Cada uno de los órganos encerrados en las cavidades del cuerpo, como el cerebro, el corazón, etc.

VISCERAL adj. De las vísceras: *cavidad visceral.*

VISCO m. (lat. *viscus*). Liga que sirve para coger pájaros. ‖ *Arg.* Árbol leguminoso de 10 metros de altura. ‖ — PARÓN. *Bizco.*

VIS CÓMICA expr. lat. Comicidad, fuerza cómica.

VISCOSA f. Celulosa sódica empleada para la fabricación de fibras textiles.

VISCOSIDAD f. Calidad de viscoso. ‖ Materia viscosa. ‖ *Fís.* Frotamiento interno de los flui-

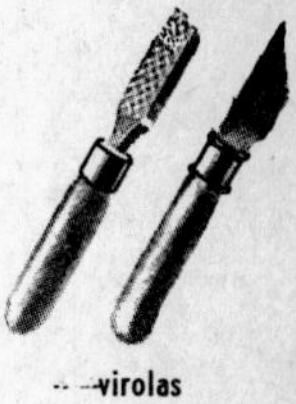

virolas

visón

dos. || Propiedad que tiene un fluido de resistir a un movimiento interno.

VISCOSILLA f. Fibra textil artificial, inferior a la seda.

VISCOSÍMETRO m. Aparato para medir la viscosidad.

VISCOSO, SA adj. Pegajoso. (SINÓN. *Gelatinoso, glutinoso, peguntoso.*) || Que tiene elevada viscosidad.

VISERA f. (del lat. *visus,* vista). Parte del casco que se podía alzar y bajar delante la cara. || Parte delantera de la gorra, chacó, etc., que sirve para resguardar la vista. || *Cub.* y *P. Rico.* Anteojeras del caballo.

VISIBILIDAD f. (lat. *visibilitas*). Calidad de visible. (SINÓN. V. *Vista.*) || Posibilidad de ver.

VISIBLE adj. (lat. *visibilis*). Que se puede ver: *cuerpos visibles al microscopio.* (SINÓN. *Perceptible, percibible.* CONTR. *Invisible.*) || *Fig.* Manifiesto: *una impostura visible.* (SINÓN. *Aparente, ostensible.* V. tb. *evidente.*) || *Fam.* Presentable, decente.

VISIBLEMENTE adv. m. De un modo visible.

VISIGODO, DA adj. y s. Dícese del individuo de una parte del pueblo godo que fundó un reino en España. (V. *Parte hist.*) || Visigótico.

VISIGÓTICO, CA adj. Relativo a los visigodos: *la dominación visigótica en España.*

VISILLO m. Cortinilla puesta a las ventanas.

VISIÓN f. (lat. *visio*). Percepción por medio del órgano de la vista: *desórdenes de la visión.* (SINÓN. V. *Vista.*) || *Teol.* Cosas que permite Dios ver a algunas personas: *las visiones de los profetas.* || Percepción imaginaria de objetos irreales: *tener visiones.* (SINÓN. *Alucinación, aparición, espejismo, fantasía.*) || *Fig.* y *fam.* Persona fea y ridícula. || *Visión beatífica,* acto de ver a Dios, en el cual consiste la bienaventuranza. || *Fig.* y *fam. Quedarse* uno *como quien ve visiones,* quedarse atónito, pasmado. || *Fig.* y *fam. Ver visiones,* dejarse llevar mucho de la imaginación.

VISIONARIO, RIA adj. y s. Que cree ver visiones sobrenaturales. (SINÓN. *Alucinado, iluminado.*) || Que tiene ideas extravagantes. (SINÓN. *Extravagante.*)

VISIR m. Ministro de un soberano musulmán. || *Gran visir,* primer ministro del sultán en el imperio otomano.

VISIRATO m. Cargo o dignidad de visir. || Tiempo que dura este cargo.

VISITA f. Acción de ir a ver a una persona en su casa: *una visita de cortesía.* || Persona que hace la visita: *está esperando la visita en la sala.* || Acto del médico que va a ver a un enfermo. || Inspección de cualquier género. || *Visita pastoral,* la que hace el obispo a su diócesis. || *Fig.* y *fam. Visita de médico,* la de corta duración.

VISITACIÓN f. Visita. (P. us.) || Visita de María Santísima a su prima Santa Isabel. || Fiesta que la Iglesia celebra el 2 de julio, en memoria de dicha visita. || Una congregación de religiosas. (V. *Parte hist.*) [En los tres casos toma una mayúscula.]

VISITADOR, RA adj. y s. Que visita. || Persona aficionada a visitar. || — M. Persona encargada de una visita: *visitador de aduanas.* || — M. y f. Religioso o religiosa encargada de inspeccionar los diversos monasterios o conventos de su orden o de su provincia.

VISITADORA f. *Hond.* y *Venez.* Ayuda, lavativa.

VISITANDINA adj. y s. Dícese de la religiosa de la Visitación. (V. *Parte hist.*)

VISITANTE adj. y s. Que visita.

VISITAR v. t. Ir a ver por cortesanía, deber, curiosidad o caridad: *visitar a un amigo, un enfermo, un museo.* (SINÓN. V. *Ir.*) || Recorrer examinando: *visitar una costa.* (SINÓN. V. *Examinar.*) || Ir a un templo o santuario por devoción o para ganar indulgencias. || Ir el médico a casa del enfermo. || Registrar en las aduanas, etc. || Acudir con frecuencia a algún lugar.

VISITEO m. Acción de hacer o recibir visitas con mucha frecuencia.

VISITERO, RA adj. *Fam.* Aficionado a visitas.

VISITÓN m. *Fam.* Visita muy larga y pesada.

VISIVO, VA adj. (lat. *visum*). Relativo a la vista; que sirve para ver: *potencia visiva.*

VISLUMBRAR v. t. (del lat. *vix,* apenas, y *luminare,* alumbrar). Ver débilmente un objeto: *vislumbrar la costa.* || *Fig.* Conjeturar por algunos indicios: *vislumbrar las consecuencias de una acción.*

VISLUMBRE f. Reflejo de la luz, o tenue resplandor, por la distancia de ella. || *Fig.* Sospecha, apariencia, indicio: *tener vislumbres de algo.* || *Fig.* Corta o dudosa noticia. || *Fig.* Leve semejanza de una cosa con otra.

VISO m. (lat. *visus*). Reflejo de ciertas cosas que parece ser de color diferente del suyo propio: *tela de seda azul con visos morados.* || Destello luminoso que producen algunas cosas heridas por la luz. || Forro de color o combinación que llevan las mujeres debajo de algunos vestidos transparentes. || *Fig.* Capa ligera de ciertas cosas. || *Fig.* Apariencias: *esta acción tiene visos de honrada, pero no lo es.* || Altura, eminencia. (P. us.) || *Viso de altar,* cuadro de tela bordada con que se cubren las puertas del sagrario. || *A dos visos,* con dos miras diferentes. || *De viso,* de importancia: *una persona de viso.*

VISÓN m. Mamífero carnívoro parecido a la nutria, de piel muy estimada. (Se encuentra en Europa, Asia y América.) || Abrigo hecho con esta piel: *le compró un visón.*

VISOR m. Lente que en las máquinas fotográficas y cinematográficas sirve para centrar la imagen. || Telescopio astronómico auxiliar. || Dispositivo en las armas de fuego.

VISORIO, RIA adj. Relativo a la vista.

VÍSPERA f. (del lat. *vespera,* tarde). Día anterior: *la víspera de ciertas fiestas debe ayunarse.* || *Fig.* Cualquier cosa que antecede a otra. || — Pl. Una de las divisiones del día romano, que correspondía al crepúsculo de la tarde. || Una de las horas del oficio canónico. || *En vísperas,* cerca de, próximo a: *en vísperas de ser rey.*

VISTA f. Facultad de ver: *perder la vista.* (SINÓN. *Ojo, visibilidad, visión.*) || Uno de los cinco sentidos, que nos permite ver los objetos: *tener buena vista.* || Apariencia: *este traje tiene buena vista.* (SINÓN. V. *Aspecto.*) || Campo o paisaje que se descubre desde un punto: *tener una casa con vistas al mar.* (SINÓN. V. *Panorama.*) || Ojos, miradas: *dirigir la vista a un punto.* || Encuentro: *hasta la vista.* (SINÓN. V. *Adiós.*) || Cuadro, fotografía: *una vista de Barcelona.* || Apariencia de una cosa respecto de otras: *a vista de la nieve el cisne es negro.* || Intento, propósito. || Vistazo: *echar una vista a un papel.* (SINÓN. V. *Mirada.*) || *For.* Actuación de una causa ante el tribunal. || Concurrencia de dos o más sujetos que se ven para determinado fin. || — Pl. Ventanas o aberturas de una casa. || Cuello, pechera y puños de una camisa: *camisa de algodón con vistas de hilo.* || — M. Empleado de aduanas. || *Vista cansada,* la del présbita. || *Vista corta* o *baja,* la del miope. || *Vista de águila,* o *de lince,* la muy penetrante. || *Segunda,* o *doble vista,* facultad de ver, por medio de la imaginación, cosas distantes o invisibles naturalmente. (SINÓN. *Telepatía.*) || *Fig. Aguzar la vista,* recogerla y aplicarla con atención. || *Pop. Los de la vista baja,* los cerdos. || *A la vista,* m. adv., a su presentación: *el cheque es pagadero a la vista.* || *A primera vista,* m. adv., sin examen. || *A vista,* m. adv., en presencia de: *a vista de testigos.* || *A media vista,* m. adv., ligeramente, de paso. || *A vista de pájaro,* m. adv., desde un punto elevado: *panorama fotografiado a vista de pájaro.* || *Fig.* y *fam. Comerse con la vista,* mirar a uno con grande ansia o airadamente. || *Conocer a uno de vista,* conocerle por haberle visto alguna vez, pero sin tratarle. || *Corto de vista,* miope. *Fig.* Poco perspicaz. || *En vista de,* m. adv., en consideración a. || *Estar a la vista,* estar a la mira o en acecho de una cosa. Ser evidente una cosa. || *Hacer la vista gorda,* fingir uno que no ve una cosa. || *Hasta la vista,* a más ver. || *Fig. Írsele* a uno *la vista,* desvanecerse, marearse, turbársele el sentido. || *No perder de vista a una persona o cosa,* vigilarla mucho. *Fig.* Seguir sin intermisión un intento. *Fig.* Cuidar con suma vigilancia o pensar continuamente en ella. || *Perder de vista,* dejar de ver. || *Perderse uno de vista,* dícese de la persona extremadamente lista. || *Saltar una cosa a la vista,* ser muy visible. || *Tener vista,* ser muy perspicaz. Tener buena apariencia. || *Fig.* y *fam. Tragarse con la vista,*

comerse con la vista. || *Fig. Volver la vista atrás,* recordar, meditar sucesos pasados. || *Toma de vistas,* operación que consiste en filmar una escena animada. || — OBSERV. Son galicismos las frases: *tener en vista una cosa,* por *proyectarla; golpe de vista,* por *ojeada.*
VISTAZO m. Ojeada ligera: *dar un vistazo a una cosa.* (SINÓN. V. *Mirada.*)
VISTEAR v. i. *Riopl.* Simular lucha sin armas.
VISTO, TA p. p. irreg. de *ver.* || Fórmula con que se da por concluida la vista pública de un negocio. || *Bien,* o *mal, visto,* juzgado bien o mal. || *Es,* o *está visto,* expr. con que se da una cosa por cierta y segura. || *Ni visto ni oído,* con suma rapidez. || *No visto* o *nunca visto,* raro o extraordinario en su línea. || *Visto bueno,* fórmula con que se autorizan ciertos documentos: *visto bueno en esta embajada.* (En abreviatura se escribe V.º B.º). || *Visto que,* pues que, una vez que.
VISTOSAMENTE adv. m. De un modo vistoso: *un templo vistosamente adornado.*
VISTOSIDAD f. Calidad de vistoso.
VISTOSO, SA adj. Que llama mucho la atención, hermoso, llamativo: *llevar un traje vistoso.*
VISU (De), loc. lat. A vista de ojos.
VISUAL adj. Perteneciente a la vista: *percepción visual.* || — F. Línea recta tirada desde el ojo del espectador hasta el objeto. || *Memoria visual,* memoria que guarda el recuerdo de lo que se ha visto (por oposición a *memoria auditiva*).
VISUALIDAD f. Efecto agradable producido por varios objetos vistosos.
VITÁCEAS f. pl. Familia de plantas angiospermas dicotiledóneas, tallos nudosos, hojas alternas, fruto en baya, como la vid.
VITAL adj. Relativo a la vida, que da o conserva la vida. (SINÓN. V. *Vivo.*) || *Fig.* De suma importancia: *cuestión vital.* || *Fil. Impulso vital,* impulso original de la vida, lanzado a través de la materia y creador de las diversas formas de organización, según Bergson.
VITALICIO, CIA adj. Dícese de cargos, mercedes, rentas, etc., que duran hasta el fin de la vida: *renta vitalicia.* || Que posee un cargo vitalicio: *senador vitalicio.* || — M. Seguro, renta sobre la vida. (P. us.)
VITALICISTA com. El que disfruta de una renta vitalicia. (P. us.)
VITALIDAD f. Calidad de tener vida. (SINÓN. V. *Vida.*) || Actividad o energía de las facultades vitales, energía, dinamismo: *está dotada de una gran vitalidad.*
VITALISMO m. Doctrina biológica que admite un principio vital distinto del alma y del organismo y del cual dependen las acciones orgánicas.
VITALISTA adj. y s. Partidario del vitalismo o que sigue sus doctrinas.
VITALIZAR v. t. Dar un carácter vital. || Rejuvenecer.
VITAMINA f. Substancia orgánica que existe en los alimentos y que en cantidades muy pequeñas (algunos mg por día, en general), son necesarias para el equilibrio de las funciones vitales. (Se conocen una decena de *vitaminas*: vitaminas A, B_1, B_2, C, D, etc. La carencia o insuficiencia ocasiona graves trastornos [avitaminosis].)
VITAMINADO, DA adj. Que contiene una o varias vitaminas: *alimento vitaminado.*
VITAMÍNICO, CA adj. Relativo a las vitaminas.
VITANDO, DA adj. (lat. *vitandus*). Que debe evitarse: *excomulgado vitando.* || Odioso.
VITELA f. (lat. *vitella*). Pergamino que sirve para pintar o escribir. || *Col.* Estampa de papel.
VITELINA adj. (del lat. *vitellum,* yema de huevo). Dícese de la membrana que envuelve la yema del huevo. || Dícese de la bilis de color amarillo obscuro.
VITELO m. *Anat.* Conjunto de substancias de reserva contenidas en el óvulo de los animales.
VITÍCOLA adj. Relativo a la viticultura: *la industria vitícola de Chile está muy desarrollada.* || — Com. Viticultor.
VITICULTOR, RA m. y f. (del lat. *vitis,* vid, y *cultor,* cultivador). El que se dedica al cultivo de la vid. (SINÓN. V. *Viñador.*)
VITICULTURA f. (del lat. *vitis,* vid, y *cultura,* cultivo). Cultivo de la vid: *la viticultura europea ha sufrido mucho con la filoxera.* || Arte de cultivar las vides.
VITÍLIGO m. Desaparición, en ciertas partes de la piel, de la pigmentación cutánea.
VITIVINÍCOLA adj. Perteneciente a la vitivinicultura. || — Com. Vitivinicultor.
VITIVINICULTOR, RA m. y f. Persona que se dedica a la vitivinicultura.
VITIVINICULTURA f. Arte de cultivar las vides y elaborar el vino.
VITO m. Baile andaluz muy vivo, y su música.
VITOCO, CA adj. *Venez.* Presuntuoso, fantoche.
VITOLA f. Plantilla para calibrar una cosa. || Faja litografiada en colores que rodea el cigarro de calidad. || *Fig.* Facha o aspecto de alguien.
VITOLFILIA f. Afición a coleccionar vitolas.
¡VÍTOR! interj. Denota alegría o aplauso.
VITOREAR v. t. Aplaudir con vítores a una persona, cosa o acción: *vitorear a un actor.* (SINÓN. V. *Aclamar.*)
VITORIA f. *Col.* Cidracayote, fruto comestible.
VITORIANO, NA adj. y s. De Vitoria.
VITRE m. (de *Vitré,* ciudad de Francia). *Mar.* Especie de lona delgada.
VÍTREO, A adj. (lat. *vitreus*). De vidrio o parecido al vidrio: *substancia de brillo vítreo.* || *Fís. Electricidad vítrea,* sinónimo de *electricidad positiva.* || *Humor vítreo,* líquido que llena el globo del ojo detrás del cristalino.
VITRIFICABLE adj. Que se puede vitrificar.
VITRIFICACIÓN f. Acción y efecto de vitrificar o vitrificarse.
VITRIFICAR v. t. (del lat. *vitrum,* vidrio, y *facere,* hacer). Convertir en vidrio: *vitrificar la arena.* || Adquirir las apariencias del vidrio. || — V. r. Convertirse en vidrio: *el óxido de plomo se vitrifica fácilmente.*
VITRINA f. (fr. *vitrine*). Escaparate, armario o caja provisto de puertas de cristales para exponer cualquier objeto: *vitrina de exposición.*
VITRIOLAR v. t. Someter a la acción del ácido sulfúrico.
VITRIÓLICO, CA adj. Parecido al vitriolo o que tiene sus propiedades.
VITRIOLO m. (lat. *vitreolus,* de *vitrum,* vidrio). *Quím.* Nombre que daban los antiguos a las sales llamadas hoy *sulfatos.* || *Quím. Aceite de vitriolo,* o simplemente *vitriolo,* otro nombre del *ácido sulfúrico concentrado.* || *Vitriolo azul,* sulfato de cobre. || *Vitriolo blanco,* sulfato de cinc. || *Vitriolo verde,* sulfato de hierro.
VITUALLA f. (del lat. *victualia,* víveres). Víveres, especialmente en los ejércitos: *abundantes vituallas.* (SINÓN. V. *Provisión.*) || *Fam.* Abundancia de comida.
VITUALLAR v. t. Proveer de vituallas.
VITUPERABLE adj. Que es digno de vituperio. (SINÓN. V. *Abominable.*)
VITUPERACIÓN f. Acción y efecto de vituperar.
VITUPERADOR, RA adj. y s. Que vitupera.
VITUPERANTE adj. Que vitupera.
VITUPERAR v. t. Censurar, reprobar: *vituperar la conducta de una persona.* (SINÓN. V. *Desaprobar.* CONTR. *Celebrar.*)
VITUPERIO m. (b. lat. *vituperium*). Afrenta, baldón, oprobio. (SINÓN. V. *Blasfemia.*) || Censura, reprobación: *conducta digna de vituperio.* || — CONTR. *Alabanza.*
VITUPERIOSO, SA adj. Que incluye vituperio.
VIUDA f. Planta de la familia de las dipsacáceas, que tiene flores de color morado y fruto capsular. || Flor de esta planta.
VIUDAL adj. Relativo al viudo o a la viuda.
VIUDEDAD f. Pensión que se asigna a las viudas mientras permanecen en dicho estado. || *Amer.* Viudez.
VIUDEZ f. Estado del viudo o la viuda.
VIUDITA f. Monito de América. || *Arg.* y *Chil.* Especie de loro. || *Venez.* Pajarito negro y blanco con copete.
VIUDO, DA adj. y s. (lat. *viduus*). Persona que ha perdido a su consorte y no ha vuelto a casarse. || *Fig.* Dícese de ciertas aves que se quedan sin compañero para criar, como la tórtola. || — M. *Col.* Cierto plato de pescado y plátano.
¡VIVA! interj. Denota aplauso, aclamación. Ú. t. c. s.: *dieron muchos vivas.* || *Fig.* y *fam. Ser un viva la Virgen,* ser despreocupado, informal.
VIVAC m. Vivaque. (SINÓN. V. *Campo.*) || *Cub.* Prevención (policía).

VIVACE adj. o adv. m. (pal. ital., pr. *-che*). *Mús.* Vivo, rápido, animado: *allegro vivace.*
VIVACIDAD f. Prontitud o celeridad en las acciones. (SINÓN. V. *Animación* y *velocidad.*) ‖ Ardor, violencia: *la vivacidad de las pasiones.* ‖ Penetración: *una gran vivacidad de espíritu.* ‖ Viveza, brillo: *la vivacidad de un color.*
VIVALES m. *Fam.* Fresco, tunante, vivo: *ser un vivales.*
VIVAMENTE adv. m. Con viveza: *responder vivamente.* (CONTR. *Lentamente.*) ‖ Con propiedad. ‖ Profundamente.
VIVANDERO, RA m. y f. (fr. *vivandier*). Persona que vende víveres a los militares en campaña. ‖ *Amér. C.* y *Col.* Vendedor del mercado.
VIVAQUE m. (fr. *bivouac*). En las plazas de armas, guardia principal adonde van las demás a tomar el santo. ‖ *Mil.* Campamento militar al aire libre: *estar al vivaque la tropa.* (SINÓN. V. *Campo.*)
VIVAQUEAR v. i. *Mil.* Acampar al raso.
VIVAR m. (lat. *vivarium*). Lugar donde crían los conejos del campo. ‖ Vivero para conservar los peces.
VIVARACHO, CHA adj. *Fam.* Muy vivo y alegre: *ojillos vivarachos.* (SINÓN. V. *Ágil.*)
VIVARIO m. Lugar donde se conservan vivos diversos animales pequeños.
VIVAZ adj. (lat. *vivax, vivacis*). Que vive mucho tiempo. (SINÓN. V. *Vivo.*) ‖ *Fig.* Que resiste largo tiempo: *preocupación vivaz.* ‖ Eficaz, enérgico. ‖ Agudo, que comprende fácilmente. ‖ *Bot.* Dícese de las plantas que viven más de dos años y fructifican varias veces.
VIVENCIA f. Hecho de experiencia que, con participación consciente o inconsciente del sujeto, se incorpora a su personalidad. ‖ Según Husserl, propia experiencia de lo vivido.
VÍVERES m. pl. Provisiones de boca: *proveer de víveres una plaza.* (SINÓN. V. *Alimento.*) ‖ Comestibles necesarios para una persona.
VIVERO m. (lat. *vivarium*). Terreno adonde se trasplantan los arbolillos. (SINÓN. V. *Plantación.*) ‖ Lugar donde se mantienen o crían dentro del agua peces, moluscos, etc. ‖ *Fig.* Semillero.
VIVERO m. Cierto lienzo fabricado en Galicia.
VIVÉRRIDOS m. pl. (del lat. *viverra*, algalia). Familia de mamíferos carnívoros que comprende los gatos de algalia, las mangostas, etc.
VIVEZA f. Prontitud en obrar, en moverse: *la viveza de los niños.* ‖ *Fig.* Ardor, violencia: *la viveza de las pasiones.* ‖ Propiedad y semejanza en la representación. ‖ Penetración, agudeza: *la viveza del espíritu.* ‖ Brillo vivo, *la viveza de un color.* ‖ Gracia en la mirada: *ojos llenos de viveza.* ‖ Acción o palabra inconsiderada. ‖ — CONTR. *Apatía, pereza.*
VIVIDERO, RA adj. Habitable.
VIVIDIZO m. *Méx. Fam.* Gorrón, pegote, parásito.
VÍVIDO, DA adj. *Poét.* Vivaz, vigoroso, eficaz.
VIVIDO, DA adj. En las obras literarias dícese de lo que parece producto de una experiencia real de la vida.
VIVIDOR, RA adj. y s. Que vive, vivaz. ‖ Muy laborioso y trabajador. ‖ — M. y f. Persona que vive a expensas de los demás. ‖ Persona de humor alegre y fácil.
VIVIENDA f. Morada, casa: *vivienda lacustre; el problema de la vivienda.* (SINÓN. *Alojamiento, apeadero, cuarto, estudio, departamento* (amer.), *habitación, habitáculo, piso.* Fig. *Barraca, cabaña.* V. tb. *casa* y *morada.*) ‖ Género de vida.
VIVIENTE adj. y s. Que vive: *seres vivientes.*
VIVIFICACIÓN f. Acción y efecto de vivificar.
VIVIFICADOR, RA y **VIVIFICANTE** adj. Que vivifica o da vida: *soplo vivificante.*
VIVIFICAR v. t. (lat. *vivificare*). Dar vida. ‖ Confortar o refrigerar.
VIVIFICATIVO, VA adj. Capaz de vivificar.
VIVÍFICO, CA adj. Que incluye vida o nace de ella.
VIVIPARIDAD f. Modo de reproducción de los animales vivíparos.
VIVÍPARO, RA adj. y s. Dícese de los animales que paren vivos los hijos (a distinción de *ovíparos*): *los mamíferos son generalmente vivíparos.*
VIVIR m. Vida, existencia: *un modesto vivir, hombre de mal vivir.*
VIVIR v. i. (lat. *vivere*). Estar en vida: *Matusalén vivió 969 años.* ‖ Habitar: *vivir en el campo.* ‖ Pasar la vida de tal o cual manera: *vivir solo.* ‖ *Fig.* Durar: *su gloria vivirá eternamente.* ‖ Llevar cierta vida: *vivir en el estado religioso.* ‖ Portarse, conducirse: *vivir santamente.* ‖ Pasar la vida, mantenerse: *vivir del trabajo.* ‖ *Fig.* Acomodarse a las necesidades de la vida social: *enseñar a uno a vivir; ese hombre no sabe vivir.* ‖ *Vivir al día,* vivir con lo que se gana o se tiene cada día, sin preocuparse del porvenir. ‖ *¿Quién vive?*, grito de alarma del centinela cuando se acerca alguien. ‖ — V. t. *Vivir su vida,* seguir sus aspiraciones.
VIVISECCIÓN f. (del lat. *vivus*, vivo, y *sectio*, corte). Operación quirúrgica efectuada en un animal vivo para estudiar algún fenómeno fisiológico. (SINÓN. V. *Anatomía.*)
VIVISECTOR m. El que efectúa vivisecciones: *atrevido vivisector.*
VIVISMO m. Sistema filosófico de Luis Vives.
VIVISTA adj. Relativo a Luis Vives. ‖ Partidario del vivismo.
VIVITO, TA adj. *Fam.* Que está muy vivo: *pescado vivito y coleando.*
VIVO, VA adj. y s. Que tiene vida: *los vivos y los muertos.* (SINÓN. *Viable, vital, vivaz.* CONTR. *Muerto.*) ‖ Intenso, agudo: *dolor vivo.* (SINÓN. V. *Violento.*) ‖ Sutil, agudo: *un hombre muy vivo.* ‖ Perseverante, durable en la memoria. (SINÓN. V. *Valedero.*) ‖ *Fig.* Diligente, activo. ‖ *Fig.* Expresivo, persuasivo. ‖ Poco considerado en las expresiones. (SINÓN. V. *Mordaz.*) ‖ *Carne viva,* parte desollada del cuerpo del animal. ‖ Que concibe pronto: *imaginación viva.* (SINÓN. V. *Ágil.*) ‖ *Fig.* Brillante: *color vivo.* ‖ *Lengua viva,* lengua que se habla actualmente (por oposición a *lengua muerta.*) ‖ *Obra viva,* parte del barco que está debajo del agua. ‖ *Arq.* Dícese de la arista o ángulo muy agudos. ‖ — M. Borde, canto, orilla. ‖ Cordoncillo de adorno en los bordes de las prendas de vestir. ‖ *Veter.* Enfermedad cutánea de los perros. ‖ Ardínculo, tumor que nace a las caballerías. ‖ *Fam.* Hombre muy listo. ‖ *A lo vivo,* m. adv., con la mayor eficacia. ‖ *En carne viva,* dícese de la carne del animal accidentalmente despojado de la epidermis. ‖ *Lo vivo,* lo más sensible y doloroso de un afecto o asunto: *herirla en lo vivo.*
VIXIT (pal. lat. que significa *vivió*). Fórmula con que los romanos anunciaban la muerte de una persona.
VIZCACHA f. Género de roedores del tamaño de una liebre que viven en las montañas del Perú, Bolivia, Chile y Argentina.
VIZCACHERA f. La madriguera de la vizcacha. ‖ *Arg.* Leonera, trastera.
VIZCAINADA f. Acción o dicho propios de vizcaíno. ‖ *Fig.* Palabras o expresiones mal concertadas.
VIZCAÍNO, NA adj. y s. Natural de Vizcaya. ‖ Un dialecto del vascuence. ‖ *Fig. A la vizcaína,* al modo de los vizcaínos o según sus costumbres.
VIZCAITARRA adj. y s. Bizcaitarra.
VIZCONDADO m. Título, dignidad y territorio de vizconde.
VIZCONDE m. (de *vice,* y *conde*). Título de nobleza inmediatamente inferior al de conde. ‖ Título de honor y de dignidad.
VIZCONDESA f. Mujer del vizconde. ‖ La que goza este título.
VOCABLO m. Palabra: *vocablo extranjero.*
VOCABULARIO m. (del lat. *vocabulum,* vocablo). Diccionario abreviado. (SINÓN. V. *Diccionario.*) ‖ Conjunto de vocablos usados en alguna facultad o ciencia: *vocabulario náutico.* ‖ Conjunto de las palabras de un idioma o dialecto. ‖ Catálogo, lista de palabras con definiciones o explicaciones: *estudiar el vocabulario de la lección.*
VOCABULISTA m. El que se dedica al estudio del vocabulario.
VOCACIÓN f. (lat. *vocatio*). Inspiración con que predestina la Providencia para un papel determinado. ‖ *Teol.* Llamada al sacerdocio o a la vida religiosa. ‖ *Por ext.* Aptitud especial para una profesión o carrera: *sentir vocación literaria.* (SINÓN. V. *Inclinación.*)
VOCAL adj. (lat. *vocalis*). Perteneciente a la voz: *órganos vocales.* ‖ *Música vocal,* la que se canta, en contraposición a la música instrumen-

tal. || Que se expresa con la voz. || — F. Sonido del lenguaje, producido por la vibración de la laringe con la ayuda de la boca más o menos abierta. || Cada una de las letras que representan este sonido. (El alfabeto español tiene cinco *vocales*, que son: **a, e, i, o, u.**) || — Com. Persona que tiene voz en una junta.

VOCÁLICO, CA adj. Relativo a las vocales.

VOCALISMO m. Conjunto de las vocales de una lengua.

VOCALISTA com. Persona que canta en una orquesta.

VOCALIZACIÓN f. Emisión de vocales. || Acción y efecto de vocalizar. || *Mús.* Ejercicio preparatorio de canto en el que, valiéndose de cualquiera de las vocales, se ejecutan escalas, arpegios, etc. || *Mús.* Pieza compuesta para la vocalización.

VOCALIZADOR, RA adj. Que vocaliza.

VOCALIZAR v. i. Hacer ejercicios de canto sin nombrar las notas ni las palabras, pronunciando sólo una misma vocal o sílaba. (SINÓN. V. *Cantar.*) || Ejecutar los ejercicios de vocalización.

VOCALMENTE adv. m. Con la voz.

VOCATIVO m. (lat. *vocativus*). *Gram.* En las lenguas que tienen declinación, caso que sirve para invocar o llamar a una persona o una cosa.

VOCEADOR, RA adj. y s. Que vocea mucho, vocinglero. || — M. Pregonero.

VOCEAR v. i. Dar voces. (SINÓN. V. *Gritar.*) || — V. t. Publicar una cosa a voces. || Llamar a uno a voces. || Aclamar a voces. || *Fig.* y *fam.* Pregonar, anunciar públicamente una cosa: *es muy aficionado a vocear los favores que nos hace.*

VOCEJÓN m. Voz áspera y bronca, vozarrón.

VOCEO m. Acción de vocear o dar voces. || — PARÓN. *Voseo.*

VOCERÍA f. Gritería, alboroto grande.

VOCERÍO m. Vocería.

VOCERO m. El que habla en nombre de otro.

VOCIFERACIÓN f. Acción y efecto de vociferar.

VOCIFERADOR, RA adj. y s. Que vocifera.

VOCIFERANTE adj. Que vocifera.

VOCIFERAR v. t. (lat. *vociferari*). Hablar gritando y con mucha cólera: *vociferar injurias.* || — V. i. Vocear, dar grandes voces. (SINÓN. V. *Gritar.*)

VOCINGLEO m. y **VOCINGLERÍA** f. Gritería, vocerío. || Ruido de voces por lo común chillonas.

VOCINGLERO, RA adj. y s. Que da voces al hablar: *niña vocinglera.* (SINÓN. V. *Chillón.*) || Que habla mucho y vanamente.

VODEVIL m. Vaudeville.

VODKA f. Aguardiente de maíz o de trigo, aromatizado, que se consume sobre todo en Rusia.

VOIVODA m. En los países balcánicos y en Polonia, alto dignatario civil o militar.

VOLADA f. Vuelo corto. || Veces que se ejecuta. || *Méx.* Noticia inventada. || *Col.* y *Ecuad. Fam.* Trampa, jugarreta. || *Arg.* Lance, sucedido, acontecimiento. || *Amer. A las voladas,* en volandas. || — PARÓN. *Bolada.*

VOLADERA f. Paleta de una rueda hidráulica.

VOLADERO, RA adj. Que puede volar.

VOLADIZO, ZA adj. y s. m. Saledizo, dícese de la parte de un edificio que sobresale de un muro, como una pilastra, cornisa, balcón.

VOLADO, DA adj. *Impr.* Dícese de las letritas que se ponen en la parte superior del renglón, como en: S^{r}. D^{n}. Fr^{co}. || *Col.* Aturdido, colérico. || — M. Azucarillo. || *Méx.* Juego de cara o cruz. || *Arg.* y *Venez.* Volante, faralá. || *Amér. C.* Rumor, viento.

VOLADOR, RA adj. Que vuela: *ave voladora.* || Que cuelga de modo que el aire lo pueda mover. || Que corre con gran ligereza. || — M. Cohete, petardo. || Pez marino acantopterigio, cuyas aletas pectorales son tan largas que sirven al animal para volar a alguna distancia sobre el agua. || Molusco cefalópodo, comestible, parecido al calamar, pero de mayor tamaño y sabor menos delicado. || Árbol de la América tropical, de la familia de las lauráceas. || Juego de los indios mexicanos consistente en un palo alrededor del cual giran varios hombres colgados de una cuerda a gran distancia del suelo. || — F. *Guat.* Bofetada.

VOLADURA f. (lat. *volatura*). Acción y efecto de volar o hacer saltar: *la voladura de un edificio.*

VOLANDAS (En) m. adv. Por el aire, sin tocar el suelo: *ir en volandas.* || *Fig.* y *fam.* Rápidamente.

VOLANDERA f. Arandela de la rueda de un coche. || Piedra circular que rueda sobre la solera en los molinos de aceite. || Muela de molino. || Rodaja de hierro en el eje del carro. || *Impr.* Tableta delgada que entra en el rebajo y por entre los listones de la galera.

VOLANDERO, RA adj. (lat. *volandus*). Volantón, dícese del pájaro que empieza a volar. || Suspenso en el aire. || *Fig.* Accidental, imprevisto. (P. us.) || *Fig.* Que no se fija en ningún lugar. (SINÓN. V. *Vagabundo.*)

VOLANDILLAS (En) m. adv. En volandas.

VOLANDO adv. *Fam.* En seguida.

VOLANTA f. Volante, coche.

VOLANTE adj. Que vuela. || *Fig.* Que no tiene asiento fijo. || De quita y pon: *asiento volante.* || Que se desplaza fácilmente: *brigada volante.* || — M. Zoquetillo de corcho con plumas, que se lanza con una raqueta. || Juego que se hace con él. || Rueda muy pesada cuya inercia regulariza la velocidad de rotación del árbol sobre el que está calado. || Órgano de transmisión de un mecanismo. || *Volante magnético,* volante que en ciertos motores de explosión ligeros sirve para producir la corriente de encendido. || Aparato de dirección en un automóvil. || Guarnición rizada de ciertas prendas de vestir femeninas. || Pieza del reloj. || Prensa para acuñar moneda. || *Amer.* Coche bastante parecido al quitrín y cuya parte superior no puede doblarse. || *Per. Fam.* El frac. || Hoja de papel doblada en la que se escribe alguna comunicación o aviso. || Criado de librea que acompaña un coche.

VOLANTÍN m. Cordel con varios anzuelos, que sirve para pescar. || *Amer.* Voltereta, vuelta dada en el aire. || *Chil., Arg., Cub.* y *P. Rico.* Cometa, juguete. || *Bol.* Cohete, volador.

VOLANTÓN, ONA adj. y s. Dícese del pájaro que empieza a volar. || *Ecuad.* Vagabundo.

VOLAPIÉ m. *Taurom.* Suerte que consiste en herir de corrida el espada al toro cuando éste se halla parado: *dar una estocada a volapié.*

VOLAPUK m. Lengua universal inventada en 1879 por Johann Martin Schleyer y hoy casi olvidada.

VOLAR v. i. (lat. *volare*). Moverse y mantenerse en el aire por medio de alas. || Hablando del hombre, desplazarse en el aire con la ayuda de aparatos apropiados o en un aparato de aviación. || Hablando de un objeto, proyectarlo en el aire con gran velocidad. || *Fig.* Desaparecer rápida e inesperadamente una cosa. || *Fig.* Hacer las cosas con prontitud y ligereza. || *Fig.* **Ir muy de prisa**: *este caballo vuela.* (SINÓN. V. *Correr.*) || *Fig.* Propagarse con rapidez: *voló la noticia de boca en boca.* || Correr, transcurrir rápidamente: *las horas vuelan.* || — V. t. Hacer saltar por medio de una explosión: *volar un subterráneo.* || *Impr.* Levantar una letra o signo. || — V. r. *Amer.* Encolerizarse. || — IRREG. Se conjuga como *contar.* || — PARÓN. *Volear.*

VOLATERÍA f. Caza de aves hecha con halcones. || Conjunto de aves. || *Ecuad.* Conjunto de juegos artificiales.

VOLATERO m. Cazador de volatería.

VOLÁTIL adj. (lat. *volatilis*). Que vuela o puede volar. || Dícese de las cosas que se mueven ligeramente y andan por el aire: *átomos volátiles.* || *Quím.* Que puede convertirse en vapor. || *Álcali volátil,* el amoniaco. || *Fig.* Mudable, inconstante, vario. || — M. Animal que vuela. (SINÓN. V. *Pájaro.*)

VOLATILIDAD f. *Quím.* Calidad de volátil.

VOLATILIZABLE adj. Que se volatiliza.

VOLATILIZACIÓN f. Acción y efecto de volatilizar o volatilizarse. (SINÓN. V. *Vaporización.*)

VOLATILIZAR v. t. Cambiar en vapor: *volatilizar azufre.* || — V. r. Disiparse en vapor.

VOLATÍN m. Volatinero. || Ejercicios que hace el volatinero.

VOLATINERO, RA m. y f. Persona que hace ejercicios acrobáticos o gimnásticos. (SINÓN. V. *Saltimbanqui.*)

volante para acuñar moneda

VOLANTE MAGNÉTICO

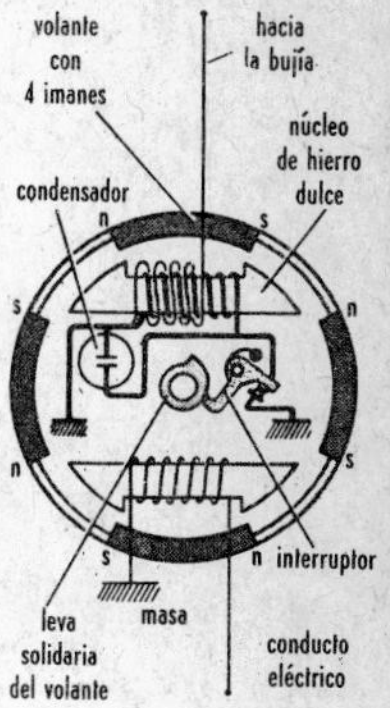

pez volador

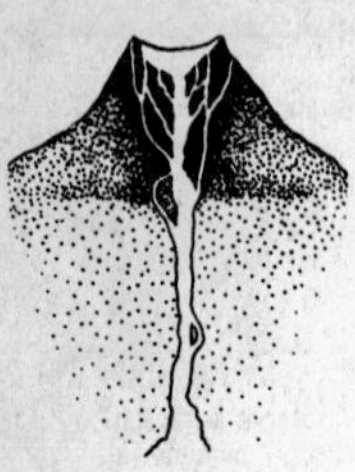
volcán

VOL-AU-VENT m. (pal. fr., pr. *volován*). Pastel de carne o pescado con salsa, setas, etc.
VOLAVÉRUNT, voz latina que se usa familiarmente para indicar que falta, se perdió o desapareció alguna cosa.
VOLCÁN m. (lat. *vulcanus*). Montaña de donde salen, por una abertura llamada *cráter,* torbellinos de fuego y de materias abrasadas: *el Etna y el Vesubio son los dos principales volcanes de Europa.* ‖ *Fig.* Persona de naturaleza ardiente, impetuosa. ‖ Peligro inmediato, pero oculto: *estar sobre un volcán.* ‖ *Col.* Derrumbadero, precipicio. ‖ *Arg., Bol.* y *Col.* Torrente, avenida.
VOLCANADA f. *Chil.* Bocanada, tufarada: *una volcanada de humo.*
VOLCANCITO m. *Amer.* Especie de volcán pequeño que despide lodo caliente.
VOLCANICIDAD f. Volcanismo.
VOLCÁNICO, CA adj. Relativo al volcán o perteneciente a él: *escorias volcánicas.* ‖ *Rocas volcánicas,* rocas magmáticas, de estructura microlítica, producidas por los volcanes. ‖ *Fig.* Muy ardiente o fogoso.
VOLCANISMO m. *Geol.* Conjunto de las manifestaciones volcánicas y de las teorías que explican sus causas.
VOLCANIZACIÓN f. *Miner.* La formación de rocas volcánicas o eruptivas.
VOLCAR v. t. Derribar una cosa, volverla, de modo que caiga lo que tiene dentro: *volcar la cesta.* (SINÓN. V. *Verter.*) ‖ Turbar la cabeza un olor muy fuerte: *ese perfume vuelca.* ‖ *Fig.* Hacer mudar de parecer. ‖ *Fig.* Molestar, excitar, irritar a uno. ‖ — V. i. Derribarse un vehículo: *volcó el carruaje en la bajada.* (SINÓN. *Voltear, zozobrar.*) ‖ *Volcarse en un asunto,* tener el mayor interés o empeño, hacer el máximo. ‖ — IRREG. Se conjuga como *contar.*
VOLEA f. Palo que cuelga de la punta de la lanza de un carruaje y sujeta los tirantes de las caballerías delanteras. ‖ Voleo, en el juego de pelota y otros deportes
VOLEAR v. t. Golpear una cosa en el aire para impulsarla: *volear la pelota.* ‖ Sembrar a voleo. ‖ *Col.* Batir, lanzar: *volear el sable.* ‖ — PARÓN. *Volar, bolear.*
VOLEO m. Golpe que se da a una cosa en el aire antes de que caiga: *dar un voleo a la pelota.* ‖ Cierto movimiento de la danza española. ‖ Bofetón. ‖ *Fig.* y *fam. Del primer,* o *de un, voleo,* con presteza o ligereza. ‖ *Sembrar a voleo,* esparciendo al aire la semilla.
VOLFRAMIO m. *Quím.* Metal (W) de densidad 19,3, que funde a 3 650° C, de un gris casi negro, que se utiliza para fabricar los filamentos de las lámparas de incandescencia. (SINÓN. *Tungsteno.*)
VOLFRAMITA f. Mena del volframio, de color pardo.
VOLICIÓN f. (del lat. *volo,* quiero). Acto por el cual la voluntad se determina a alguna cosa.
VOLITAR v. i. (lat. *volitare*). Revolotear.
VOLITIVO, VA adj. *Fil.* Relativo a la voluntad.
VOLOVÁN m. Vol-au-vent.
VOLQUETA f. *Col.* Volquete.
VOLQUETAZO m. *Fam.* Vuelco.
VOLQUETE m. Carro, camión o vagón pequeño. que se puede volcar girando sobre el eje y sirve generalmente para transportar piedras, arena, escombros, etc.
VOLQUETERO m. Conductor de un volquete.
VOLSCOS m. pl. Pueblo antiguo del Lacio, sometido a Roma en 338 a. de J. C.
VOLT m. *Fís.* Nombre del *voltio* en la nomenclatura internacional.
VOLTA f. *Mús.* Vez, repetición. (Se usa en las expresiones: *prima volta, seconda volta,* etc.)
VOLTAICO, CA adj. *Fís.* Dícese de la pila de Volta y de los efectos que produce: *un arco voltaico.* ‖ Dícese del arco luminoso formado por interrupción de un circuito eléctrico.
VOLTAÍSMO m. *Fís.* Electricidad desarrollada por la pila de Volta o por acciones químicas análogas a las que se verifican en la pila.
VOLTAJE m. *Electr.* Número de voltios necesarios para el funcionamiento de una lámpara o de cualquier otro aparato eléctrico. ‖ Diferencia de potencial entre los extremos de un conductor.

voluta

VOLTÁMETRO m. *Fís.* Todo aparato donde se produce una electrólisis. ‖ Aparato que permite descomponer el agua con la corriente eléctrica.
VOLTARIEDAD f. Calidad de voltario. (P. us.)
VOLTARIO, RIA adj. Versátil, cambiadizo.
VOLTEADA f. *Arg.* Apartamiento de una porción de ganado arrollándolo al correr del caballo.
VOLTEADO, DA adj. *Col.* Tránsfuga.
VOLTEADOR, RA adj. y s. Que voltea: *volteadora de heno.*
VOLTEAR v. t. Dar vueltas: *voltear una honda.* ‖ Poner una cosa al revés de como estaba: *voltear un disco.* ‖ Trastocar, mudar. ‖ Construir un arco o bóveda. ‖ — V. i. Dar vueltas una persona o cosa: *el volatinero volteó en el trampolín.* (SINÓN. V. *Girar.*) ‖ *Amer.* Volver: *voltear la espalda, la hoja.* ‖ *Amer.* Derribar. (SINÓN. V. *Volcar.*) ‖ *Arg.* Recorrer para vigilar. ‖ *Col.* Volver un traje. ‖ — V. r. *Venez.* Ser infiel una mujer. ‖ *Col., Chil.* y *P. Rico.* Chaquetear, volver casaca.
VOLTEJEAR v. t. Voltear, dar vueltas. (SINÓN. V. *Girar.*) ‖ *Mar.* Navegar de bolina para ganar el barlovento.
VOLTEO m. Acción y efecto de voltear o girar. ‖ Ejercicio de equitación que consiste en saltar de diversas maneras sobre un caballo en marcha o parado. ‖ *P. Rico.* Reprensión.
VOLTERETA f. Vuelta ligera que se da en el aire. ‖ Lance del tresillo en que se descubre una carta para saber qué palo ha de ser triunfo. ‖ *Fig.* Cambio brusco, pirueta.
VOLTERIANISMO m. Filosofía e incredulidad análogas a las de Voltaire.
VOLTERIANO, NA adj. y s. De la naturaleza de las obras de Voltaire. ‖ Relativo a las opiniones de Voltaire: *impiedad volteriana.* ‖ Que denota impiedad o incredulidad cínica y burlona.
VOLTI m. (pal. ital. que sign. *vuelve*). *Mús.* Palabra que se escribe al final de una página para indicar que sigue el trozo en la siguiente: *volti subito.*
VOLTIJEAR v. i. Galicismo por *revolotear.*
VOLTÍMETRO m. Aparato para medir la fuerza electromotriz y las diferencias de potencial.
VOLTIO m. Unidad de fuerza electromotriz y de diferencia de potencial o tensión equivalente a la diferencia de potencial eléctrico que existe entre dos puntos de un conductor recorrido por una corriente constante de 1 amperio, cuando la corriente perdida entre esos puntos es igual a 1 vatio.
VOLTIZO, ZA adj. Torcido. ‖ *Fig.* Versátil. ‖ Dícese del calzado de piel cuando el envés queda hacia afuera.
VOLUBILIDAD f. Calidad de voluble.
VOLÚBILIS m. Nombre de una enredadera.
VOLUBLE adj. (lat. *volubilis*). Que se puede mover alrededor. ‖ *Fig.* Voltario, versátil: *genio voluble.* (SINÓN. V. *Cambiante.*) ‖ *Bot.* Dícese del tallo que se arrolla en espiral alrededor de los objetos vecinos: *el tallo voluble de la enredadera.*
VOLUMEN m. (del lat. *volumen,* rollo). Entre los antiguos, manuscrito arrollado en forma de rodillo. ‖ Libro encuadernado: *obra en cuatro volúmenes.* (SINÓN. V. *Libro.*) ‖ Extensión, grueso de un objeto: *medir el volumen de un bloque de piedra.* (SINÓN. *Capacidad, cuerpo, solidez.* V. tb. *dimensión.*) ‖ Porción de espacio ocupado por un cuerpo cualquiera. ‖ Número para indicar el tamaño de esa porción. ‖ Dícese de la masa de agua arrastrada por un río, una fuente, etc. ‖ Fuerza, amplitud de los sonidos. ‖ Extensión de la voz. ‖ *Volumen molecular,* volumen ocupado por una molécula-gramo.
VOLUMÉTRICO, CA adj. Relativo o perteneciente a la determinación de los volúmenes: *análisis volumétrico.*
VOLUMINOSO, SA adj. Que tiene mucho volumen o bulto: *un paquete voluminoso.* (SINÓN. V. *Grueso.*)
VOLUNTAD f. (lat. *voluntas*). Facultad de determinarse a ciertos actos: *los reflejos no dependen de la voluntad.* ‖ Ejercicio de dicha facultad. ‖ Acto que de ella resulta: *dar a conocer su voluntad.* ‖ Firmeza del alma que quiere: *voluntad inflexible.* (SINÓN. V. *Energía.*) ‖ Disposición, intención: *mala voluntad.* ‖ Intención, ánimo de hacer una cosa. (SINÓN. *Aliento, designio, intento.*) ‖ Amor, cariño, afecto: *tenerle mucha voluntad a una persona.* ‖ Gana o deseo de

hacer una cosa. ‖ *Libre albedrío o libre determinación.* ‖ *Ultima voluntad,* testamento que deja
una persona. La expresada en el testamento. ‖
A voluntad, al libre albedrío de una persona.

VOLUNTARIADO m. Alistamiento voluntario.

VOLUNTARIAMENTE adv. m. De modo voluntario, espontáneo. ‖ — SINÓN. *Amablemente,
buenamente, con gusto, de buen grado, gustoso.*

VOLUNTARIEDAD f. Calidad de voluntario.
‖ Capricho, antojo.

VOLUNTARIO, RIA adj. Hecho mediante un
acto de voluntad: *acto voluntario.* ‖ Que se hace
por espontánea voluntad. (SINÓN. V. *Espontáneo.*)
‖ Voluntarioso, caprichoso. ‖ Soldado que sirve
en un ejército o persona que ejecuta un trabajo
o servicio sin estar obligado a ello. Ú. t. c. s.
‖ — CONTR. *Involuntario.*

VOLUNTARIOSO, SA adj. Caprichoso, testarudo, terco: *un niño muy voluntarioso.* (CONTR.
Dócil.) ‖ Deseoso, que hace una cosa con gusto
y voluntad.

VOLUNTARISMO m. *Fil.* Teoría metafísica
que defiende la voluntad como fundamento del
universo y de la vida psíquica individual: *el
voluntarismo de Schopenhauer.* ‖ Teoría psicológica que defiende la superioridad y primacía de
la voluntad sobre el entendimiento: *el voluntarismo de Occam, Maine de Biran, Nietzsche.*

VOLUPTUOSAMENTE adv. m. De manera
voluptuosa.

VOLUPTUOSIDAD f. Complacencia en los
deleites sensuales: *beber con voluptuosidad.*
(SINÓN. V. *Placer.* CONTR. *Castidad.*) ‖ Cualquier placer, en general: *las voluptuosidades del
estudio.*

VOLUPTUOSO, SA adj. Amigo de la voluptuosidad: *hombre voluptuoso.* ‖ Que inspira o
denota voluptuosidad: *un gesto voluptuoso.* ‖ —
Adj. y s. Dado a los deleites sensuales. (SINÓN.
V. *Erótico.*) ‖ — CONTR. *Casto.*

VOLUTA f. (del lat. *voluta,* enrollada). Adorno
desarrollado en forma de espiral, principalmente
en los capiteles del orden jónico y compuesto. ‖
Fig. Espiral: *volutas de humo.* ‖ Molusco univalvo que tiene concha espiral.

VOLVA f. *Bot.* Velo fugaz que suele rodear el
piececillo y el sombrerete de algunos hongos.

VOLVÁCEO, A adj. *Anat.* Parecido a una
bolsa.

VOLVEDERA f. Instrumento para dar vueltas
a la mies.

VOLVEDOR adj. *Arg. y Col.* Dícese del caballo
que se vuelve a la querencia.

VOLVER v. t. (lat. *volvere*). Dar vuelta a una
cosa: *volver la hoja de un libro.* ‖ Corresponder,
pagar. ‖ Dirigir: *volver los ojos hacia la puerta.*
‖ Devolver: *ya te volveré el libro cuando lo
haya leído.* ‖ Vomitar. ‖ Restablecer una persona
o cosa en su primer estado. ‖ Tornar, trocar: *se
volvió negro el licor. Fam.: volver loco; volver
a uno tarumba.* ‖ Mudar la faz de las cosas po-
niéndolas al contrario. ‖ Hacer mudar de dictamen. ‖ Cerrar o entornar la puerta o la ventana
haciéndola girar sobre sus goznes. ‖ Dar la vuelta. ‖ Restar la pelota. ‖ Dar a la tierra segunda
labor. ‖ — V. i. Regresar: *mañana volveré a mi
casa.* (SINÓN. *Refluir, retornar.* V. tb. *recobrar.*)
‖ Torcer: *el camino vuelve hacia la derecha.* ‖
Repetir una cosa: *volvió a hablar.* ‖ — V. r. Trocarse, cambiarse. ‖ Agriarse ciertos licores. ‖
Mudar de opinión. ‖ *Volver en sí,* recobrar el sentido. ‖ *Volver sobre sí,* reflexionar. ‖ —IRREG.
Se conjuga como *mover.*

VOLVOX m. Protozoo de agua dulce.

VÓLVULO m. Obstrucción del intestino.

VOLLEY-BALL m. (pal. ingl.). Balonvolea.

VÓMER m. (del lat. *vomer,* reja de arado).
Anat. Huesecillo que divide la nariz en dos partes.

VOMICINA f. Uno de los nombres de la *brucina,* alcaloide que se extrae de la 'nuez vómica.

VÓMICO, CA adj. (lat. *vomicus*). Que causa
vómito. ‖ *Nuez vómica,* semilla del estricno, que
contiene estricnina, y que en dosis pequeñas es un
estimulante del sistema nervioso.

VOMIPURGANTE y **VOMIPURGATIVO,
VA** adj. y s. *Med.* Dícese del medicamento que
es a la vez vomitivo y purgante.

VOMITADO, DA adj. *Fig. y fam.* Dícese de la
persona descolorida y de mala figura.

VOMITADOR, RA adj. y s. Que vomita.

V, volumen
B, b, superficie de las bases
H, altura
D, d, diámetro
R, r, radio
n, número de caras
S, área de una cara
A, radio de la esfera inscrita
a, arista
c, cuerda
α, número de grados sexagesimales
π = 3,1416

tetraedro
$V = \frac{1}{3}BH$

hexaedro o cubo
$V = a^3$

esfera
$V = \frac{4}{3}\pi R^3 \text{ ou } \frac{1}{6}\pi D^3$

segmento esférico
$V = \frac{1}{6}\pi H^2 + \frac{B+b}{2} \times H$

cono oblicuo
$V = \frac{1}{3}BH$

cuña esférica
$V = \frac{4}{3}\pi R^3 \times \frac{\alpha}{360}$

sector esférico
$V = \frac{2}{3}\pi R^2 \times H$

cono truncado
$V = \pi\frac{H}{3}(R^2 + r^2 + Rr)$

anillo esférico
$V = \frac{1}{6}\pi c^3 H$

cilindro oblicuo
$V = B \times H$

cilindro truncado
$V = \pi R^2 \left(\frac{H+H'}{2}\right)$

tonel
$V = \pi l \left[\frac{d}{2} + \frac{2}{3}\left(\frac{D}{2} - \frac{d}{2}\right)\right]^2$

paralelepípedo
$V = B \times H$

romboedro
$V = B \times H$

prisma recto
$V = B \times H$

prisma oblicuo
$V = B \times H$

prisma truncado
$V = B\left(\frac{H+H'+H''}{3}\right)$

pirámide
$V = \frac{1}{3}BH$

pirámide truncada
$V = \frac{H}{3}(B + b + \sqrt{Bb})$

artesa
$V = \frac{H}{6}[l(2a + a') + l'(2a' + a)]$

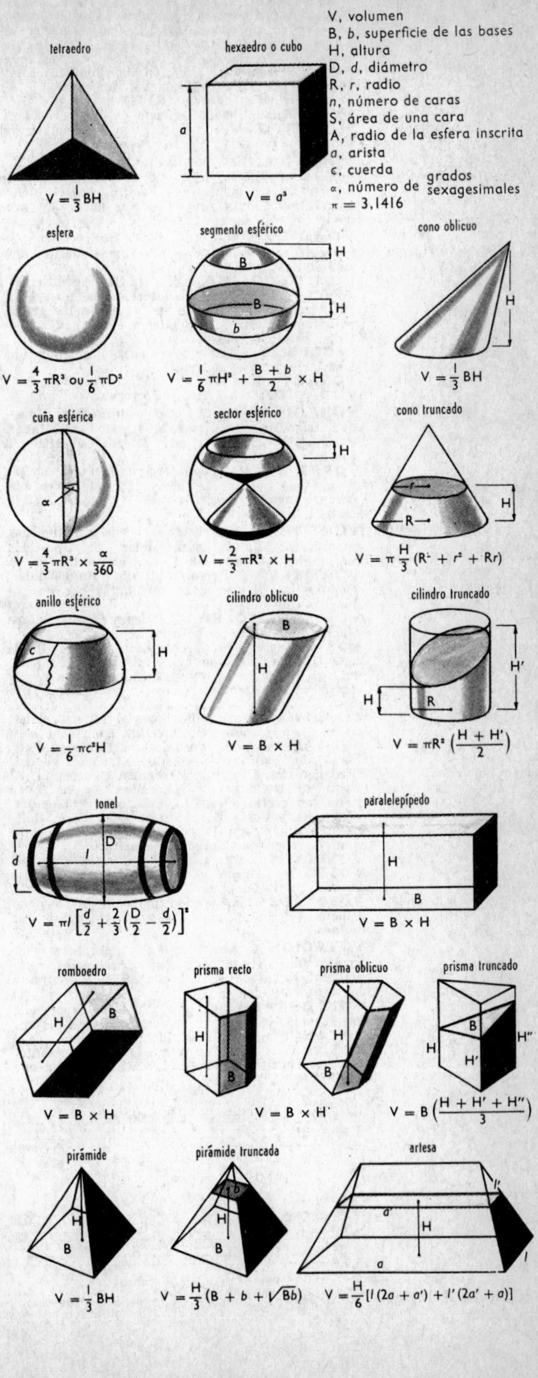

VOMITAR v. t. (lat. *vomitare*). Echar con esfuerzo por la boca lo que había en el estómago: *vomitar el almuerzo.* (SINÓN. *Desembuchar, devolver, regurgitar, volver.*) ‖ *Fig.* Arrojar violentamente fuera de sí: *los cañones vomitan el fuego y la muerte.* ‖ Proferir con violencia: *vomitar injurias.* ‖ *Fig.* Revelar lo que no se quiere descubrir. ‖ *Fig.* y *fam.* Restituir.

VOMITEL m. *Cub.* Arbusto de buena madera.

VOMITIVO, VA adj. y s. m. Que mueve al vómito. (SINÓN. V. *Contraveneno.*)

VÓMITO m. (lat. *vomitus*). Acción de vomitar: *provocar el vómito.* ‖ Lo que se vomita. ‖ *Vómito de sangre,* hemoptisis. ‖ *Vómito negro,* fiebre amarilla. ‖ *Fig.* y *fam. Provocar a vómito,* producir fastidio o repugnancia.

VOMITÓN, ONA adj. *Fam.* Que vomita mucho: *niño vomitón.* ‖ — F. *Fam.* Vómito muy abundante.

VOMITORIO, RIA adj. y s. (lat. *vomitorius*). Vomitivo. ‖ — M. Entre los romanos, puerta del circo por donde entraban las gentes a las gradas y salían de ellas. ‖ Lo mismo en las plazas de toros, estadios, etc.

¡VOO! interj. Voz que se usa para que una caballería vaya a derecha.

VORACE adj. *Poét.* Paragoge de *voraz.*

VORACIDAD f. Calidad de voraz.

VORÁGINE f. (lat. *vorago, voraginis*). Remolino, torbellino en el mar, en los ríos o los lagos.

VORAGINOSO, SA adj. Dícese del sitio en que hay vorágines.

VORAZ adj. (lat. *vorax, voracis*). Que devora o come con avidez: *tigre voraz.* ‖ Que come mucho: *un apetito voraz.* (SINÓN. V. *Glotón.*) ‖ *Chil.* Barb. por *difamador.*

VÓRTICE m. (lat. *vortex, vorticis*). Torbellino, remolino. ‖ Centro de un ciclón. ‖ Disposición concéntrica que adoptan ciertos órganos.

VORTICELA f. Protozoo ciliado de agua dulce, fijado a las piedras o a las plantas por un pedúnculo contráctil.

VORTIGINOSO, SA adj. Dícese del movimiento circular de los torbellinos.

VOS (lat. *vos*), pron. pers. de 2.ª pers. usado como tratamiento y que exige el verbo en 2.ª pers. del pl.: *vos sois amigo.* Esta forma, muy corriente antiguamente, sólo se emplea hoy día para dirigirse a Dios, a los santos, a las personas de mucha autoridad, o en poesía. El uso actual de *vos,* en el lenguaje popular americano empleando desinencias verbales particulares (*-ás, -és*), debe evitarse: *vos estás.* El *voseo,* general en Argentina, Uruguay, Paraguay, Guatemala, El Salvador, Honduras y Nicaragua, se halla en lucha con el *tuteo* en Chile, Ecuador, Colombia, Venezuela y Costa Rica. En México, Perú, Bolivia, Panamá y en la costa colombiana, ecuatoriana y venezolana, predomina el tuteo.

VOSEAR v. t. Dar a uno el tratamiento de vos.

VOSEO m. Acción y efecto de vosear. ‖ Uso de *vos,* pron. pers. de 2ª pers. en lugar de *tú.*

VOSOTROS, TRAS pron. personal de 2.ª pers. de ambos gén. y núm. pl.: *vosotros sois mis amigos.*

VOTACIÓN f. Acción y efecto de votar: *modo de votación.* (SINÓN. *Escrutinio, plebiscito, referéndum, sufragio.* V. tb. *elección.*) ‖ Conjunto de votos emitidos.

VOTADOR, RA adj. y s. Votante, la persona que vota. ‖ — M. y f. Persona que vota o jura.

VOTANTE adj. y s. El que vota.

VOTAR v. i. Hacer un voto a Dios o a un santo. ‖ Echar votos o juramentos, renegar. ‖ Dar uno su voto en una deliberación o elección. ‖ — V. t. Decidir o pedir por un voto: *votar una ley.* ‖ — PARÓN. *Botar.*

EXTENSIÓN DE LA VOZ

VOTIVO, VA adj. Ofrecido por voto: *misa votiva.*

VOTO m. (lat. *votum*). Promesa que hace uno a Dios o a los santos. ‖ *Votos monásticos,* los tres votos de pobreza, castidad y obediencia, que se pronuncian al tomar el hábito religioso. ‖ Parecer que dan las personas autorizadas para ello en una reunión, elección, etc.: *ser elegido por mayoría de votos.* ‖ Persona que da su voto. ‖ Juramento o execración, reniego: *decir votos a troche y moche.* (SINÓN. V. *Blasfemia.*) ‖ Deseo: *formular votos de felicidad por una persona.*

VOZ f. (lat. *vox, vocis*). Conjunto de sonidos que salen de la boca del hombre: *hablar en alta voz; voz sonora, voz débil.* ‖ Dícese también para ciertos animales: *la voz de la cotorra.* ‖ Ruido: *la voz del trueno.* ‖ Voz modificada por el canto: *una voz de tenor.* ‖ Parte vocal o instrumental de una composición musical: *coro a dos voces.* ‖ Consejo: *escuchar la voz de un amigo.* (SINÓN. V. *Palabra.*) ‖ Impulso, llamada interior: *la voz de la sangre, la voz de la conciencia.* ‖ Grito: *dar voces.* ‖ Vocablo: *una voz anticuada.* ‖ *Fig.* Voto: *dar su voz a un candidato.* ‖ *Fig.* Fama, rumor. ‖ *Gram.* Forma que toma el verbo para indicar si la acción es hecha o sufrida por el sujeto: *voz pasiva; voz activa.* ‖ *Voz media,* en la lengua griega, la que indica una acción hecha y sufrida por el sujeto. ‖ *Voz sintética,* producción técnica de los sonidos de la voz humana. ‖ *De viva voz,* m. adv., de palabra. ‖ *A media voz,* m. adv., en voz baja. ‖ *A una voz,* m. adv., unánimemente. ‖ *A voces,* m. adv., a gritos. ‖ *A voz en cuello,* m. adv., gritando. ‖ *Estar en voz,* estar con la voz clara para poder cantar. ‖ *Levantar la voz a uno,* hablarle con tono descompuesto. ‖ — PROV. **Voz del pueblo, voz del cielo,** la opinión general suele ser prueba de una verdad.

— Las voces humanas se reparten en dos categorías: las *voces de hombre,* que son las más graves, y las *voces de mujer,* que suelen ser una octava más alta que aquéllas. Las voces de niño se confunden con las de mujer. Entre las voces de hombre, se distinguen la de *tenor* (la más alta) y la de *bajo* (la más grave); entre las de mujer, la de *soprano* o *tiple* y la de *contralto.* Estas cuatro voces forman el cuarteto vocal. Entre ellas se colocan las voces de *barítono, tenor ligero, mezzosoprano.* Salvo contadas excepciones, cada una de estas voces normales comprende una extensión de trece a catorce notas.

VOZARRÓN m. Voz muy fuerte y bronca.

VOZARRONA f. Vozarrón.

VUECELENCIA y **VUECENCIA** com. Metaplasmo de *vuestra excelencia,* usados antiguamente.

VUELCO m. Acción y efecto de volcar una cosa: *el coche dio un vuelco.* ‖ *Fig.* y *fam. Darle a uno vuelco el corazón,* tener el presentimiento de una cosa. Sentir de pronto sobresalto, alegría, etc.

VUELILLO m. Vuelo, adorno.

VUELO m. Acción de volar: *el vuelo del águila.* ‖ Espacio que se recorre volando: *un vuelo largo.* ‖ Desplazamiento en el aire a bordo de una aeronave. (Se llama *vuelo planeado* cuando el avión desciende con el motor parado; *vuelo a vela,* si el modo de desplazamiento de un planeador es utilizando las corrientes de aire; *vuelo ciego,* el que se hace sin ver la tierra.) ‖ Envergadura de un ave. ‖ Amplitud de un vestido: *falda de poco vuelo.* ‖ Adorno ligero en las bocamangas: *vuelos de encaje.* ‖ Parte saliente de una fábrica: *el vuelo de un balcón.* ‖ *Al vuelo,* o *a vuelo,* m. adv., inmediatamente: *fue a hacerlo al vuelo.* ‖ *Fig. Cortar los vuelos a uno,* cortarle las alas, ponerle trabas. ‖ *Tocar a vuelo las campanas,* tocarlas todas al mismo tiempo. ‖ *Tomar vuelo una cosa,* desarrollarse, crecer. ‖ *A vuelo de pájaro,* galicismo por *a vista de pájaro.*

VUELTA f. Movimiento giratorio de una cosa: *la Tierra da vueltas alrededor del Sol.* ‖ Circunvolución de una cosa alrededor de otra: *dar una vuelta a la ciudad.* (SINÓN. *Circuito, contorno, perímetro.*) ‖ Curvatura, torcedura: *ese camino da muchas vueltas.* ‖ Devolución de una cosa: *dejar un libro con vuelta.* ‖ Regreso: *billete de ida y vuelta.* ‖ Repetición de una cosa. ‖ Revés: *la vuelta de una hoja de papel.* ‖ Paliza, tunda: *te voy a dar una vuelta.* || Adorno en los puños de ciertas prendas: *vueltas de seda.* || Embozo de la capa. || Serie circular de puntos en la media: *una vuelta de nudillo.* || Mudanza, cambio, alteración. (SINÓN. V. *Revés.*) || Lo sobrante del dinero, que se devuelve de una compra: *quedarse con la vuelta.* || Labor que se da a la tierra. || Voltereta: *el coche dio una vuelta de campana.* || *Arq.* Bóveda, y también techo. || *Arq.* Curva de intradós. || *Min.* Destello vivísimo que despide la plata en el momento en que termina la copelación. || *Vuelta de campana,* la que se da con el cuerpo en el aire, volviendo a caer de pie. || *A la vuelta de,* m. adv., al cabo de: *a la vuelta de pocos años.* || *Andar a vueltas,* reñir con uno. || *A vueltas de,* m. adv., además de. || *Dar una vuelta,* pasear un rato. (SINÓN. V. *Paseo.*) Ir por poco tiempo a una población o país. || *Dar vueltas,* andar alrededor buscando alguna cosa, o discurrir sobre una cosa: *por más que doy vueltas, no acierto a comprenderlo.* || *Fam. Estar de vuelta,* estar enterado de una cosa antes que otro. Ser muy experimentado en la vida. || *No tener una cosa vuelta de hoja,* ser indudable. || *Poner a uno de vuelta y media,* insultarle, injuriarle. || *¡Vuelta!* interj. ¡Dale!

VUELTA f. *Mat.* Unidad de ángulo plano, igual al ángulo en el centro que intercepta sobre la circunferencia un arco de longitud igual a la de la circunferencia.

VUELTO, TA p. p. irreg. de *volver.* Ú. t. c. adj.: *folio vuelto.* || — M. *Amer.* Vuelta del dinero: *guardar el vuelto.*

VUESTRO, TRA, TROS, TRAS pron., pos. de 2ª pers. en gén. pl.: *vuestra casa es grande.* || — OBSERV. El uso autoriza, en las cuatro formas, a referirse también a un solo poseedor: *vuestro consejo, Vuestra Majestad.*

VULCANICIDAD f. *Fís.* Conjunto de los fenómenos geológicos y meteorológicos que se producen en la superficie del globo terrestre bajo la influencia de los volcanes.

VULCANISMO m. *Geol.* Plutonismo.

VULCANISTA adj. y s. *Geol.* Partidario del vulcanismo.

VULCANITA f. Ebonita.

VULCANIZACIÓN f. Operación que consiste en mezclar azufre con el caucho para aumentar su resistencia y conservar su elasticidad.

VULCANIZADOR m. Aparato para vulcanizar.

VULCANIZAR v. t. (del lat. *vulcanis,* fuego). Someter el caucho a la vulcanización.

VULGACHO m. *Despect.* Plebe o pueblo ínfimo.

VULGAR adj. (lat. *vulgaris*). Comúnmente admitido: *opinión vulgar.* (SINÓN. *Popular, común.*) || Trivial, ordinario: *idea vulgar.* (SINÓN. *Bajo, prosaico.* V. tb. *trillado.*) || Común, general, no especial ni técnico: *término vulgar.* || Que no se distingue en nada del común: *espíritu vulgar.* (SINÓN. V. *Populachero.*) || Que carece de delicadeza, de elegancia: *su comportamiento es vulgar.* (SINÓN. V. *Grosero.*) || *Lengua vulgar,* la que se habla comúnmente, en contraposición a sabia: *latín vulgar.* || — Adj. y s. Perteneciente al vulgo: *muchacho vulgar.*

VULGARIDAD f. Calidad de vulgar: *vulgaridad de modales.* (SINÓN. *Chabacanería, necedad.*) || Cosa vulgar: *decir vulgaridades.* (SINÓN. *Lugar común, tópico, trivialidad.*)

VULGARISMO m. Cosa, palabra, pensamiento vulgar. || Manera de hablar típica de las gentes incultas.

VULGARIZACIÓN f. Acción y efecto de vulgarizar o divulgar: *la vulgarización de las ciencias.*

VULGARIZADOR, RA adj. y s. Que vulgariza: *espíritu vulgarizador.*

VULGARIZAR v. t. (del lat. *vulgaris,* vulgar). Hacer vulgar. || Poner al alcance de todos: *vulgarizar una ciencia.* (SINÓN. V. *Propagar.*) || — V. r. Volverse vulgar.

VULGARMENTE adv. m. De un modo vulgar: *hablar vulgarmente.* || Comúnmente: *la estafisagria se llama vulgarmente "hierba piojera".*

VULGATA f. (del lat. *vulgata,* divulgada). V. *Parte hist.*

VULGO m. (lat. *vulgus*). El común de los hombres, el pueblo. (SINÓN. V. *Populacho.*) || — Adv. m. Vulgarmente, comúnmente: *el Crategus oxiacantha, vulgo, "espino blanco".*

VULNERABILIDAD f. Carácter de lo que es vulnerable o atacable. || — CONTR. *Invulnerabilidad.*

VULNERABLE adj. Que puede ser herido, atacable (en el sentido propio y en el figurado): *el cocodrilo es poco vulnerable; posición vulnerable.* || *Fig.* Defectuoso, censurable: *reputación vulnerable.* || — CONTR. *Invulnerable.*

VULNERACIÓN f. Acción y efecto de vulnerar. (P. us.)

VULNERAR v. t. (lat. *vulnerare*). Herir. || *Fig.* Perjudicar: *vulnerar la reputación ajena.* || Violar la ley.

VULNERARIO m. (lat. *vulnerarius*). Medicina alcohólica para curar las llagas y heridas.

VULPEJA f. Zorra, mamífero.

VULPINO, NA adj. (lat. *vulpinus*). Relativo a la zorra o parecido a ella. || *Fig.* Que tiene sus propiedades. || — M. *Bot.* Planta gramínea llamada también *cola de zorra* o *carricera.*

VULTUOSIDAD f. Estado de un rostro vultuoso.

VULTUOSO, SA adj. (lat. *vultuosus*). *Med.* Dícese del rostro que está rojo y congestionado. (SINÓN. V. *Hinchado.*)

VULTÚRIDOS m. pl. (del lat. *vultur,* buitre). Familia de aves rapaces que comprende los buitres y algunos géneros vecinos.

VULVA f. Conjunto de las partes genitales externas en la mujer y en las hembras de los animales superiores.

VULVARIO, RIA adj. Perteneciente o relativo a la vulva: *enfermedad vulvaria.*

VULVITIS f. Inflamación producida en la vulva.

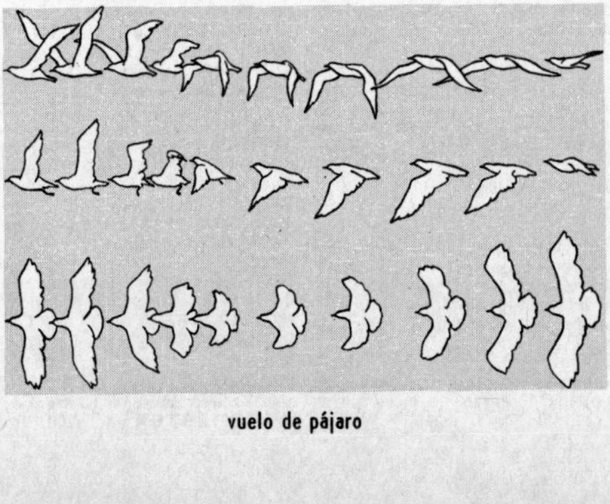

vuelo de pájaro

Yachting

W f. Letra propia de algunas lenguas extranjeras del Norte y que no figura en el alfabeto castellano. Se llama *doble v* o *v doble.* Úsase sólo en las palabras tomadas de aquellas lenguas sin modificar su ortografía. En la mayor parte de los casos, cuando la palabra está suficientemente aclimatada se escribe con *v* en vez de *w: vagón, valón.* Tratándose de derivados de nombres propios, es imposible dicha transformación, v. gr.: *wagneriano.* En los nombres góticos o alemanes, la *w* equivale a *v* ordinaria; *Wamba* y *Wagram,* se pronuncia *vamba* y *vagram.* En inglés, holandés y flamenco, la *w* equivale a *u;* así, por ejemplo, *whisky, Wellington, Waterloo,* se pronuncian *uiski, uélington, uáterlo.*
W, símbolo químico del *volfranio.* ‖ Símbolo del *vatio.*
WAD m. *Min.* Nombre genérico de diversos minerales de manganeso.
WAGNERIANO, NA [*vag-*] adj. Relativo a Wagner: *los temas wagnerianos; la escuela wagneriana.* ‖ — M. Partidario de la música de Wagner.
WAGON-LIT m. Coche cama.
WAKUF [*va-*] m. Institución del Derecho musulmán que permite hacer inalienable una finca, afectando sus rentas a una obra piadosa o pública.
WALKIRIA f. V. WALKIRIA, *Parte hist.*
WALK-OVER m. (pal. ingl., pr. *uakóver*). Carrera en la que toma parte un solo caballo. ‖ Abandono, participante cuyo contrincante ha abandonado o ha sido eliminado: *ganar por walkover.* (Abrev. W. O.)
WALÓN, ONA adj. y s. Valón.
WAPITÍ m. (pr. *ua-*). Ciervo grande de América del Norte.
WARRANT m. (pal. ingl. que sign. *garantía,* pr. *uárant*). *Com.* Recibo de una mercancía depositada en los docks o almacenes especiales, y negociable como una letra de cambio.
WAT m. *Fís.* Nombre del *vatio* en la nomenclatura internacional.
WATERBALLAST m. (pal. ingl., pr. *uaterbalast*). Parte de un barco, especialmente de un submarino, que puede llenarse de agua para equilibrarlo.
WATERCLOSET o **WATER** m. (pal. ingl., pr. *ua-*). Excusado, retrete, inodoro provisto de agua corriente. Se escribe a veces con la abreviatura W. C. (SINÓN. V. *Retrete.*)
WATERGANG [*ua-*] m. Acequia o canal a orillas de un camino o polder, en Holanda.
WATERMAN [*uáterman*] m. Máquina que se emplea para excavar el suelo debajo del agua.
WATER-POLO [*uater-*] m. Polo acuático.
WATERPROOF [*uaterpruf*] m. Especie de abrigo impermeable.
WATT [*uat*] m. Vatio.
WAU f. Nombre con el que se conoce en lingüística la *u* cuando se la considera como semiconsonante explosiva, agrupada con la consonante anterior (*guarda*), o como semivocal implosiva agrupada con la vocal precedente (*auto*).
Wb, símbolo del *weber.*
W. C., abreviatura de *watercloset.*
WEBER m. *Electr.* Unidad de flujo magnético. (símb.: Wb.), equivalente al flujo magnético que, al atravesar un circuito de una sola espira, produce una fuerza electromotriz de 1 voltio, si se reduce a cero en 1 segundo, por disminución uniforme.
WEEK-END m. (pal. ingl. pr. *uiken*). Fin de semana, descanso, excursión del sábado al lunes.
WELTER m. En boxeo, semimedio.
WESTERN m. Película de aventuras de los cow-boys o vaqueros en los Estados Unidos. (SINÓN. *Película del Oeste.*)
Wh, símbolo del *vatio-hora.*
WHARF m. (pal. ingl., pr. *uarf*). Muelle donde atracan los barcos.
WHIG m. (pal. ingl., pr. *uig*). Miembro del Partido Liberal en Inglaterra. ‖ — CONTR. *Tory.*
WHISKY [*uiski*] m. Aguardiente de semillas fabricado en Escocia, Irlanda, Estados Unidos y Canadá.
WHIST m. (pal. ingl. que sign. *silencio,* pr. *uist*). Juego de naipes en que participan cuatro personas, dos contra dos.
WICKET m. (pal. ingl., pr. *uiket*). En el juego del cricket, aparato formado por tres palos, que hay que derribar con la pelota.
WICLEFISMO [*ui-*] m. Doctrina de Wiclef.
WICLEFISTA adj. y s. Relativo a la secta de Wiclef.
WIGWAM [*uiguam*] m. Aldea de pieles rojas en Norteamérica. ‖ Choza de pieles rojas.
WINCHESTER m. Fusil de repetición.

Fot. Rollet.

WINTERGREEN [*uintergrín*] m. *Esencia de wintergreen*, salicilato de metilo, muy empleado en la perfumería y que se saca de la gaulteria.
WISKI m. Especie de cabriolé ligero, de origen

inglés, con dos ruedas y tirado por un caballo.
WITERITA [*ui-*] f. *Min.* Carbonato bárico que se presenta en forma de cristales asociados o maclados que parecen una pirámide hexagonal.
W. O. V. WALK-OVER.
WOLFRAM o **WOLFRAMIO** [*vol-*] m. Volframio.
WORKHOUSE m. (pal. ingl., pr. *uorjaus*). En Inglaterra, casa de detención donde se somete a los vagabundos al trabajo.
WORMIANO [*vor-*] adj. y s. Dícese de los huesecillos del cráneo estudiados por el médico Worm.
WURTEMBERGUÉS, ESA [*vur-*] adj. y s. Natural de Wurtemberg: *el ejército wurtembergués.*
WURTZITA f. Variedad hexagonal de blenda.

X

X f. Vigésima sexta letra del abecedario castellano y vigésima primera de sus consonantes: *una X mayúscula.* (Se llama *equis.*) ‖ Como cifra romana, equivale a diez; precedida de I, sólo vale nueve. ‖ En álgebra *x* representa la incógnita o una de las incógnitas. ‖ Sirve para designar una persona o una cosa que no se quiere o no se puede nombrar más explícitamente: *El Señor X; a la hora x.* ‖ Objeto en forma de X. ‖ *Rayos X,* radiaciones electromagnéticas de débil longitud de onda que atraviesan los cuerpos materiales. ‖ — OBSERV. En otro tiempo tuvo, además de su actual sonido, el de *j: relox, mexicano.* Hoy sólo se conserva esta pronunciación en México, en contadas palabras.
XANA f. Ninfa de las fuentes y de los montes en la mitología popular asturiana.
XANTINA f. *Quím.* Materia colorante amarilla que se encuentra en la orina, y en el té y otras plantas.
XANTOFILA f. Clorofila amarilla que colorea en otoño las hojas verdes de los vegetales.
XANTOMA m. Tumor benigno, cutáneo o subcutáneo, de color amarillo y compuesto principalmente de colesterol.
XANTOSIS f. Coloración amarillenta de la piel.
Xe, símbolo químico del *xenón.*
XENOFILIA f. Simpatía hacia los extranjeros.
XENÓFILO, LA adj. y s. Amigo de los extranjeros.
XENOFOBIA f. Odio u horror a los extranjeros.
XENÓFOBO, BA adj. y s. Enemigo de los extranjeros.
XENÓN m. Uno de los gases raros de la atmósfera, donde se encuentra en proporciones mínimas. (Símb.: Xe.)
XERASIA f. (del gr. *xêrasia,* sequedad). *Med.* Enfermedad que seca el cabello y le impide crecer.
XERODERMIA f. Endurecimiento de la piel.
XERÓFILO, LA adj. *Bot.* Dícese de las plantas que viven en climas muy secos.
XEROFTALMÍA f. Disminución de la transparencia de la córnea, provocada por la carencia de vitamina A.
XEROGRAFÍA f. Procedimiento electrostático para imprimir en seco.
XI f. Decimocuarta letra del alfabeto griego, que corresponde a nuestra *equis.*
XIFOIDEO, A adj. Relativo al apéndice xifoides.
XIFOIDES adj. y s. m. (del gr. *xiphos,* espada). *Anat.* Se dice del apéndice en que termina el esternón.
XILÓCOPO m. Género de insectos himenópteros, esparcidos por todo el globo, y que se llaman también *abejas carpinteras.*
XILÓFAGO, GA adj. y s. (del gr. *xylon,* madera, y *phagein,* comer). *Zool.* Que se alimenta con madera.
XILÓFONO m. Instrumento músico de madera o de metal, compuesto de varias tablillas de longitud diferente, sostenidas por dos soportes, y que se tocan con dos macillos de madera.
XILOGRAFÍA f. Arte de grabar en madera. ‖ Impresión conseguida con el empleo de caracteres de madera.
XILOGRÁFICO, CA adj. Relativo a la xilografía: *la impresión xilográfica se conoce en Europa desde el siglo XII.*
XILÓGRAFO m. Grabador en madera. (P. us.)
XILOIDEO, A adj. Que parece de madera.
XILOIDINA f. *Quím.* Precipitado blanco que se obtiene haciendo obrar el ácido nítrico sobre las materias vegetales.
XILÓRGANO m. Xilófono.
XILOTITA f. *Ecuad.* Hidrosilicato de magnesia y hierro, parecido a la madera fósil.
XOCOCO m. *Méx.* Agracejo, planta.

Y

Y f. Vigésima séptima letra del abecedario castellano, y vigésima segunda de sus consonantes. (Se llama *i griega* o *ye.* Esta letra puede ser a la vez vocal y consonante. Muchos la confunden en la pronunciación con la *ll.*)
Y conj. cop. (lat. *et*). Sirve para unir las palabras o cláusulas en una oración. ‖ Suele emplearse a principio de cláusula para dar énfasis a lo que se dice: *¡y si nos equivocamos!* ‖ — OBSERV. Por motivos fonéticos la conjunción *y* se cambia en *e* delante de palabras que comienzan por *i* (*Federico e Isabel; Pelayo e hijos*). Este cambio sólo se realiza cuando la *i* es vocal plena y no semiconsonante (*cobre y hierro*) y cuando *y* no tiene valor tónico en una interrogación: *¿Y Isabel?*
Y, símbolo químico del *itrio.*
YA adv. t. (lat. *iam*). En tiempo pasado: *ya hemos dicho esto más de una vez.* ‖ Ahora: *era rico, pero ya es pobre.* ‖ Más adelante: *ya se te dará lo que pides.* ‖ Finalmente, últimamente: *ya es preciso tomar una resolución.* ‖ Luego, en seguida: *ya voy.* ‖ Ora: *combatió ya con la pluma, ya con la espada.* ‖ Úsase enfáticamente en ciertos casos: *ya se deja ver lo que quieres.* ‖ *Pues ya,* clara, ciertamente. ‖ *Ya que,* puesto que, aunque: *ya que fuiste tonto, paga tu torpeza*
YAACABÓ m. Ave insectívora de América, con pico y uñas fuertes: *el canto del yaacabó recuerda las sílabas de su nombre.*
YABA f. Género de árboles de la familia de las papilionáceas de las Antillas.

YABIRÚ m. *Arg.* Jabirú.
YABUNA f. *Cub.* Hierba gramínea que abunda en las sabanas.
YAC m. Bóvido rumiante cubierto de largos pelos que abunda en el Tíbet en las regiones monta-

ñosas de 5 000 m y sirve como animal de carga.
YACA f. Anona de la India.
YACAL m. *Filip.* Árbol de la familia de las dipterocarpáceas, de madera apreciada.
YACAMAR m. Pájaro de la América tropical.
YACARÉ m. *Amer.* Caimán.
YÁCATA f. Restos arquitectónicos de la arqueología tarasca en México.
YACEDOR m. Mozo que lleva caballos a yacer.
YACENTE adj. (lat. *jacens, jacentis*). Que yace: *la estatua yacente de don Juan de Austria.*

estatua yacente

‖ *Herencia yacente,* aquella en que no ha entrado aún el heredero. ‖ — M. *Min.* Cara inferior de un filón metalífero.
YACER v. i. (lat. *jacere*). Estar echado o tendido: *yacer en un lecho de dolor.* ‖ Estar un cadáver enterrado: *aquí yace Fulano.* ‖ Estar una persona o cosa en algún lugar: *aquel manuscrito yace sepultado.* ‖ Tener trato carnal con una persona. ‖ Pacer de noche las caballerías en el campo. ‖ — IRREG. Pres. ind.: *yazgo, yazco* o *yago, yaces, yace, yacemos, yacéis, yacen;* imper.: *yace* o *yaz tú, yaced;* pres. subj.: *yazca, yazga* o *yaga; yazcas, yazgas* o *yagas,* etc.
YACIENTE adj. Yacente, que yace.
YACIJA f. Lecho o cama. ‖ Sepultura, tumba. ‖ *Fig. Ser de mala yacija,* ser de mal dormir o estar inquieto. *Fig.* Ser mala persona.
YACIMIENTO m. *Geol.* Disposición de las capas minerales en el seno de la Tierra. ‖ Masa mineral bastante extensa: *explotar yacimientos de uranio.*
YACIO m. Árbol de la familia de las euforbiáceas de los bosques de la América tropical.
YACK m. Yac.
YACO m. *Per.* Nutria.
YACOPOLLO m. *Arg.* Yacú joven.
YACTURA f. Pérdida o daño sufrido.
YACU m. *Bol.* Una planta crucífera comestible.
YACÚ m. *Arg.* Chacha, ave.
YACUMAMA f. *Per.* Especie de boa marina.
YACUTINGA f. y **YACUTORO** m. *Arg.* Chachalaca.
YACHT m. (pal. ingl., pr. *iot*). Yate.
YACHTING m. (pal. ingl., pr. *ioting*). Navegación de recreo, deporte náutico.
YACHTMAN m. (pal. ingl.). Hombre aficionado al yachting. En f.: *yachtwoman.* Pl. *yachtmen, yachtwomen.*
YAGRUMA f. *Cub.* Nombre de dos árboles de la familia de las araliáceas y de las moráceas.
YAGRUMO m. *Venez.* Yagruma.
YAGUA f. *Venez.* Palma que se usa como hortaliza, para techar chozas, hacer cestos, sombreros y cabuyas: *la yagua da aceite para el alumbrado.* ‖ *Cub.* y *P. Rico.* Corteza de la parte superior de la palma real.
YAGUAL m. *Méx., Hond.* y *Guat.* Rodete que suelen usar los indios para llevar cargas sobre la cabeza.

yatagán

YAGUANA f. *Arg.* Vasija para hervir leche.
YAGUANÉ adj. y s. *Riopl.* Dícese del animal que tiene el pescuezo y los costillares de color diferente del lomo y barriga. ‖ — M. Mofeta, zorrino.
YAGUAR m. Jaguar.
YAGUARETÉ o **YAGUARUNDÍ** m. *Arg.* Jaguar, mamífero félido.
YAGUARÚ m. *Arg.* Nutria.
YAGUASA f. *Cub.* y *Hond.* Un pato silvestre.
YAGURÉ m. *Amer.* Mofeta, mamífero hediondo.
YAICUAJE m. *Cub.* Árbol sapindáceo de madera rojiza.
YAICHIHUE m. *Chil.* Planta bromeliácea.
YAINISMO m. Jainismo.
YAITÍ m. *Cub.* Árbol euforbiáceo.
YAJÁ m. *Arg.* Chajá.
YAK m. Yac.
YAL m. *Chil.* Pájaro conirrostro de plumaje gris y pico amarillo.
YAMAO m. *Cub.* Árbol meliáceo cuyas hojas sirven de pasto y su madera para la construcción.
YÁMBICO adj. Relativo al yambo: *verso yámbico.*
YAMBO m. (lat. *iambus*). Pie de la poesía antigua formado de dos sílabas, una breve y otra larga.
YAMBO m. Árbol antillano de la familia de las mirtáceas, cuyo fruto es la pomarrosa.
YANA f. *Cub.* Árbol combretáceo de cuya madera se hace carbón.
YANACÓN, ONA adj. y s. *Per.* Mediero, aparcero.
YANACONA adj. y s. (voz quechua). Nombre dado a la *encomienda* en algunos países de América. ‖ Nombre dado por los incas a los servidores de los grandes Estados. ‖ *Bol.* y *Per.* Yanacón.
YANGÜÉS, ESA adj. y s. De Yanguas.
YANILLA f. *Cub.* Árbol simarubáceo que crece en los terrenos pantanosos.
YANKEE o **YANQUI** adj. y s. Norteamericano.
YANTAR m. Tributo antiguo. ‖ Comida.
YANTAR v. t. (lat. *jantare*). Comer.
YAPA f. *Amer.* Azogue que se agrega al plomo argentífero para aprovecharlo. ‖ *Amer.* Adehala, alipego, regalo que hace el vendedor al comprador. ‖ *Riopl.* Parte última y más fuerte del lazo. ‖ — OBSERV. Escríbese también *llapa* y *ñapa.*
YAPAR v. t. *Amer.* Añadir la yapa.
YAPOK m. Uno de los nombres del *runcho,* pequeño mamífero marsupial de América del Sur.
YAPÚ m. *Amer.* Un nombre del *gulungo,* ave.
YÁQUIL m. *Chil.* Arbusto ramnáceo cuyas raíces se usan para lavar.
YARACUYANO, NA adj. y s. De Yaracuy (Venezuela).
YARARÁ f. *Arg.* Víbora muy venenosa.
YARAVÍ m. Cantar dulce y melancólico, generalmente amoroso, de los indios y criollos serranos de Chile, Perú y Colombia.
YARDA f. (ingl. *yard*). Medida inglesa de longitud que equivale a unos 91 centímetros.
YARE m. Jugo venenoso de la yuca amarga.
YARETA f. *Bol.* Género de plantas umbelíferas.
YAREY m. *Cub.* Guano, palma de las Antillas.
YARO m. Aro, planta aroidea.
YARUMA f. *Col.* y *Venez.* Palma moriche.
YARUMBA f. *Per.* y **YARUMO** m. *Col.* Yagruma.
YATAGÁN m. (pal. turca). Especie de sable curvo de turcos y árabes. (SINÓN. V. *Espada.*)
YÁTARO m. *Col.* El tucán, ave.
YATAY m. *Arg.* Especie de palma.
YATE m. (ingl. *yacht*). Embarcación de gala o de recreo: *un yate de vapor, de velas.* (SINÓN. V. *Barco.*)
YAYA f. *Per.* Un ácaro. ‖ Planta anonácea de las Antillas. ‖ *Col. Fam.* Llaga pequeña, dolor ligero. ‖ *Cub. Fam. Dar yaya,* dar una paliza.
YAYAY m. El diablo, en ciertos juegos de niños.
Yb, símbolo químico del *iterbio.*
YBICUIENSE adj. y s. De Ybycuí (Paraguay).
YE f. Nombre de la *y.*
YEARLING m. (pal. ingl., pr. *iarling*). Caballo de pura sangre y de sólo un año de edad.

Fot. doc. "Gain de place"

YECO m. *Chil.* Una especie de cuervo marino.
YEDRA f. (lat. *hedera*). Hiedra.
YEGREÑO, ÑA adj. y s. De Yegros (Paraguay).
YEGUA f. (lat. *equa*). Hembra del caballo. (SINÓN. *Hacanea, jaca, potra.*) || *Amér. C.* Cabo o colilla de cigarro.
YEGUADA f. Piara o manada de caballos. || *Amér. C.* Burrada, disparate.
YEGUAR adj. Relativo a las yeguas.
YEGUARIZO, ZA adj. Caballar: *cuero yeguarizo.* || — M. *Arg.* Cabeza de ganado caballar.
YEGÜERÍA f. Yeguada, piara de caballos.
YEGÜERIZO y **YEGÜERO** m. El que guarda las yeguas y los caballos mientras están pastando.
YEÍSMO m. Defecto muy común que consiste en pronunciar la *elle* como *ye* (*gaYIna* por *gaLLIna*). (El *yeísmo,* fenómeno muy extendido en España y en Hispanoamérica, predomina en las zonas del Río de la Plata y en las Antillas, y también en Filipinas.)
YELMO m. (b. lat. *hermus*). Pieza de la armadura antigua que cubría toda la cabeza y el rostro: *el yelmo se compone de morrión, visera y babera.*
YEMA f. (lat. *gemma*). Renuevo o botón que nace en los vegetales: *la yema produce, según los casos, ramos, hojas* o *flores.* || Parte amarilla del huevo del ave: *la yema es la parte más nutritiva del huevo.* || Dulce hecho con azúcar y yema de huevo. || *Yema mejida,* yema de huevo batida con azúcar y leche, que se usa como medicina contra el catarro. || *Fig.* Medio de una cosa: *yema del vino.* || *Fig.* Lo mejor de una cosa. || *Fam.* Dificultad: *dar en la yema.* || Parte del dedo en la punta, opuesta a la uña. || *Biol.* El corpúsculo más pequeño que resulta al dividirse una célula por gemación.
YEMENITA adj. y s. Del Yemen.
YEN m. Unidad monetaria del Japón.
YENTE adj. Que va. (Se usa solamente en la loc. *yentes* y *vinientes.*)
YERAL m. Plantío de yeros.
YERBA f. (lat. *herba*). Hierba. || *Amer.* Mate.
YERBAJO m. Yerba despreciable.
YERBAL m. *Amer.* El campo de hierba mate. || *Amer.* Recipiente para echar el mate. || *Amer.* Herbazal.
YERBATERO, RA m. y f. Persona que recoge mate o comercia en él. || *Amer.* Curandero. || El que vende hierba, forraje, chala, etc.
YERBEAR v. i. *Arg.* Tomar mate.
YERBERA f. *Arg.* Vasija para tomar mate.
YERMAR v. t. Dejar yermo o desierto un lugar.
YERMO, MA adj. (lat. *eremus*). Desierto, inculto: *tierra yerma.* (SINÓN. V. *Estéril.*) || Deshabitado. (SINÓN. V. *Inhabitado.*) || — M. Desierto.
YERNO m. (lat. *gener*). Respecto de una persona, marido de su hija. (SINÓN. *Hijo político.*) [Su fem. es *nuera.*]
YERO m. Planta de la familia de las papilionáceas: *el yero sirve de alimento al ganado.*
YERRA f. *Amer.* Hierra.
YERRO m. Falta o delito cometido por ignorancia o malicia. (SINÓN. V. *Pecado.*) || Equivocación cometida por descuido. (SINÓN. V. *Error.*) || — PARÓN. *Hierro.*
YERTO, TA adj. (lat. *erectus*). Tieso, derecho: *quedarse yerto de frío.* || *Fig.* *Quedarse yerto,* quedar sobrecogido de una cosa.
YERVO m. (lat. *ervum*). Yero, planta.
YESAL y **YESAR** m. Sitio donde abunda el mineral de yeso. || Cantera de yeso.
YESCA f. Materia seca preparada machacando hongos secos y que arde con suma facilidad. || *C. Rica.* Corteza de coco seca. || *Fig.* Cosa muy seca y que fácilmente arde. || *Fig.* Incentivo de una pasión o afecto. || *Fig.* y *fam.* Cosa que excita la sed. || — Pl. Pedernal, eslabón y yesca que se llevan para encender. || *Echar una yesca,* encender la yesca con el eslabón y el pedernal para fumar.
YESERA f. Yesar, sitio abundante en yeso.
YESERÍA f. Fábrica o tienda de yeso.
YESERO, RA adj. Dícese de lo relativo al yeso: *industria yesera.* || — M. El que fabrica o vende yeso.
YESO m. (lat. *gypsum*). Sulfato de cal hidratado que, calcinado, molido y amasado con agua, se endurece rápidamente. || Obra vaciada en yeso. || *Yeso mate,* el yeso amasado con agua de cola. — El *yeso* se encuentra en la naturaleza en masas a veces considerables. Una de sus variedades, translúcida y cristalizada en forma de hierro de lanza, lleva el nombre vulgar de *espejuelo de burro.* Tiene el yeso numerosas aplicaciones en la construcción, en bellas artes, en medicina, en agricultura, etc.
YESÓN m. Pedazo de yeso procedente de derribos.
YESOSO, SA adj. De yeso: *alabastro yesoso.* || Abundante en yeso: *terreno yesoso.*
YESQUE m. *Col.* Horquilla, gancho.
YESQUERO adj. *Hongo yesquero,* variedad de boleto que sirve para fabricar la yesca. || — M. Esquero, bolsa para las yescas, el dinero, etc. || El que fabrica yesca o el que las vende. || *Per.* Caja donde llevaban la yesca los fumadores. || *Arg.* Eslabón.
YETA f. *Arg.* Jettatura, mala suerte.
YETAR v. t. *Arg.* Producir mal de ojo.
YEYUNO m. (lat. *jejunum*). *Zool.* Parte del intestino delgado que principia en el duodeno y acaba en el íleon.
YEZGO m. Una planta caprifoliácea que tiene cierta semejanza con el saúco.
YIDDISH m. Lengua judeoalemana.
YIRA y **YIRANTA** f. *Arg.* Ramera.
YLANG-YLANG m. Planta de Oceanía, cuyas flores despiden olor muy suave.
YO pron. pers. de primera persona. Ú. t. c. s. m. || — M. En filosofía, afirmación de conciencia de la personalidad humana como ser racional y libre.
YOD f. Nombre dado en lingüística a la semivocal o semiconsonante *y.*
YODADO, DA adj. Que contiene yodo: *el agua del mar es yodada.*
YODHÍDRICO, CA adj. *Quím.* Dícese de un ácido compuesto de yodo e hidrógeno.
YÓDICO, CA adj. *Quím.* Dícese de la combinación del yodo con el oxígeno.
YODO m. Cuerpo simple (I), de número atómico 53, color gris negruzco, brillo metálico, densidad 4,93, que funde a 114° C y desprende, cuando se calienta, vapores de color violeta. (Tiene propiedades antisépticas; su solución alcohólica se llama *tintura de yodo.*)
YODOFORMO m. Cuerpo compuesto de yodo, carbono e hidrógeno, usado como antiséptico.
YODURAR v. t. Preparar con yoduro. || Convertir en yoduro.
YODURO m. *Quím.* Combinación del yodo con un cuerpo simple: *el yoduro de potasio es calmante.*
YOGA m. Sistema filosófico de la India que hace consistir el estado perfecto en la contemplación, la inmovilidad absoluta, el éxtasis y las prácticas ascéticas.
YOGI o **YOGHI** m. Asceta indio que, por medio de meditación, éxtasis y mortificaciones corporales, llega a conseguir la sabiduría y la pureza perfectas.
YOGHOURT m. Yogur.
YOGUISMO m. Práctica del sistema filosófico y ascético de yoga.
YOGUR o **YOGURT** m. Leche cuajada por el fermento láctico, de gran riqueza vitamínica. Pl. *Yogures.*
YOL m. *Arg.* y *Chil.* Árguenas de cuero para llevar frutas o maíz.
YOLA f. Embarcación ligera de remos y vela.
YOLE m. Yol.
YOLILLO m. *C. Rica.* Palmera pequeña.
YOREÑO, ÑA adj. y s. De Yoro (Honduras).
YOS m. *C. Rica.* Planta euforbiácea que segrega un jugo lechoso cáustico utilizado como liga.
YOYO m. Juguete formado por un disco ahuecado interiormente como una lanzadera y que sube y baja a lo largo de una cuerdecilla.
YPERITA f. Gas asfixiante usado por primera vez por los alemanes en Ypres en la Primera Guerra Mundial.
YPSILON f. Ípsilon.
Yt, símbolo químico del *itrio.*
YTRIO m. Itrio.
YUAMBÚ m. Ave gallinácea de América.
YUBARTA f. (fr. *jubarte*). Especie de ballena.

yelmo

yemas

yuca

YUCA f. La mandioca, planta de raíz feculenta comestible: *el pan de yuca se llama* cazabe. ‖ El izote, planta americana de la familia de las liliáceas: *la yuca se cultiva en Europa como planta de adorno.* ‖ *Hond. Fam.* Noticia desagradable. ‖ *Amér. C.* Embuste.
YUCAL m. Plantío de yuca.
YUCATANENSE adj. y s. De Yucatán (México).
YUCATECO, CA adj. y s. Yucatanense.
YUGADA f. Espacio de tierra que puede arar un par de bueyes en un día. ‖ Yunta de bueyes.
YUGLANDÁCEAS f. pl. Familia de plantas angiospermas como el nogal y la pacana.
YUGO m. (lat. *jugum*). Madero que se coloca en la cabeza a los bueyes para uncirlos. ‖ *Fig.* Dominación: *el yugo romano pesó sobre toda Europa.* (SINÓN. V. *Servidumbre.*) ‖ Horca formada por tres picas, debajo de las cuales hacían pasar los romanos a los enemigos vencidos: *Poncio Herenio hizo pasar bajo el yugo a una legión romana.* ‖ Armazón de madera de que cuelga la campana. ‖ *Fig.* Velo en la ceremonia de casamiento. ‖ *Fig.* Ley: *el yugo de las pasiones.* ‖ *Fig.* Carga pesada. ‖ *Mar.* Cada uno de los tablones que forman la proa del barco. ‖ *Sacudir el yugo,* librarse de la tiranía.

yugo

YUGOSLAVO, VA adj. y s. De Yugoslavia.
YUGUERO m. Mozo de labranza que ara con un par de bueyes o mulas.
YUGULAR adj. (lat. *jugularis*). Relativo o perteneciente a la garganta: *vena, arteria yugular.* ‖ — F. Vena yugular.
YUGULAR v. t. *Neol.* Dominar, reprimir, hacer abortar, detener su desarrollo.
YULE (Estar en su) loc. *C. Rica. Fam.* Triunfar, hacer una persona su voluntad.
YUMBO, BA adj. y s. Indio salvaje del oriente de Quito.
YUNGAS f. pl. *Per., Bol.* y *Chil.* Nombre que se da a los valles cálidos del Perú y Bolivia. ‖ — Adj. Originario de dichos valles: *café yungas.*
YUNQUE m. Bloque de hierro de diversa forma encajado en un tajo de madera, y que sirve para labrar a martillo los metales. ‖ *Fig.* Persona de gran fuerza y paciencia o muy perseverante en el trabajo. ‖ Huesecillo que se halla en el oído interno.
YUNTA f. (del lat. *juncta,* junta). Par de bueyes u otros animales que aran juntos. ‖ Yugada. ‖ Pareja. ‖ *Venez.* Gemelos (botones).
YUNTO, TA adj. y adv. m. Junto.
YUQUERÍ m. *Arg.* Arbusto espinoso mimosáceo.
YUQUILLA f. Planta cingiberácea de Centroamérica. ‖ Planta acantácea de Venezuela. ‖ *Cub.* Arruruz.
YURAGUANO m. *Cub.* Miraguano.
YURÉ m. *C. Rica.* Especie de paloma pequeña.
YURTA f. Choza lapona.
YURUMA f. *Venez.* Medula de una palma con que hacen pan los indios.
YURUMÍ m. *Amer.* Oso hormiguero.
YUSCARANENSE adj. y s. De Yuscarán (Honduras).
YUSERA f. La piedra grande que sirve de suelo en los molinos de aceite.
YUSIÓN f. *For.* Mandato, precepto, orden.
YUSO adv. l. Ayuso, abajo.
YUTA f. *Chil.* Babosa. ‖ *Arg. Fam. Hacer la yuta,* hacer novillos.
YUTE m. Materia textil suministrada por las fibras de una planta de la India, parecida al tilo: *el yute sirve para tejer telas muy sólidas.* ‖ Tejido de esta materia.
YUTYENSE adj. y s. De Yuty (Paraguay).
YUXTALINEAL adj. Renglón por renglón.
YUXTAPONER v. t. Poner una cosa junto a otra. ‖ — IRREG. Se conjuga como *poner.*
YUXTAPOSICIÓN f. (lat. *juxtapositio*). Acción y efecto de yuxtaponer.
YUYAL m. *Amer.* Lugar cubierto de yuyos.
YUYO m. *Amer.* Yerba silvestre. ‖ *Chil.* Jaramago. ‖ *Per.* Yerba comestible, hortaliza. ‖ *Ecuad.* Planta usada como condimento. ‖ *Col.* Cierta salsa de hierba. ‖ *C. Rica.* Ampolla que se forma en los pies. ‖ *Per. Fig.* y *fam.* Cosa insípida; persona boba y sin gracia.
YUYUBA f. (gr. *zizuphon*). Azufaifa, fruto.

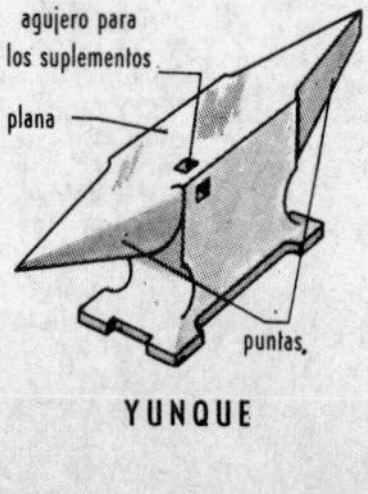

YUNQUE

Fot. doc. A. G. P., Larousse

Zancos, por Goya. Museo del Prado

Z

Z f. Vigésima octava letra del abecedario castellano: *una Z mayúscula*. Llámase *zeta* o *zeda*. ‖ — OBSERV. En zonas muy extensas de habla castellana se pronuncia defectuosamente este fonema con sonido de *s* (*seseo*).
ZABARCERA f. Revendedora de frutos y otros comestibles.
ZÁBIDA, ZÁBILA o **ZABILA** (Acad.) f. (ár. *çabira*). Nombre antiguo del *áloe* o *acíbar*.
ZABORDA f. y **ZABORDAMIENTO** m. Acción y efecto de zabordar.
ZABORDAR v. i. Varar y encallar un barco.
ZABORDO m. Zaborda.
ZABRA f. Barco antiguo de dos palos, de cruz.
ZABULLIR v. t. y sus derivados. V. ZAMBULLIR.
ZACA f. *Min.* Zaque grande usado en las minas.
ZACAPELA o **ZACAPELLA** f. *Fam.* Riña.
ZACAPANECO, CA adj. y s. De Zacapa (Guatemala).
ZACATAL m. *Amer.* Pastizal.
ZACATE m. *Amer.* y *Filip.* Forraje de plantas gramíneas. ‖ *Zacate limón*, una gramínea aromática.
ZACATECA m. *Cub.* Sepulturero.
ZACATECANO, NA o **ZACATECO, CA** adj. y s. De Zacatecas (México).
ZACATÍN m. *Ant.* Barrio de los ropavejeros.
ZACATÓN m. *Amer.* Hierba alta de pasto.
ZACEAR v. t. Espantar, ahuyentar los animales. ‖ — V. i. Cecear.
ZACEO m. Acción y efecto de zacear.
ZACUARA f. *Per.* Extremo de la caña brava.
ZADORIJA f. *Bot.* Pamplina.
ZAFACOCA f. *Fam.* Pendencia, riña, reyerta.
ZAFADA f. *Mar.* Acción de zafar o de soltar.
ZAFADO, DA adj. *Arg.* Vivo, despierto. ‖ *Gal.*, *Can.* y *Amer.* Desvergonzado, descarado.
ZAFADURÍA f. *Arg.* Desvergüenza, descaro.
ZAFAR v. t. *Mar.* Soltar, desembarazar, desatar: *zafar un nudo*. ‖ Adornar, guarnecer. (P. us.) ‖ — V. r. Esconderse para evitar algún encuentro o peligro. ‖ *Fig.* Excusarse de hacer algo. ‖ *Fig.* Librarse: *zafarse de un compromiso*. (SINÓN. V. *Liberar*.) ‖ *Amer.* Dislocarse. ‖ *Arg.* Faltar al respeto. ‖ Salirse la correa del carril de la rueda.
ZAFARÍ o **ZAJARÍ** adj. Dícese de una especie de granada, de higo o de naranja.
ZAFARRANCHO m. *Mar.* Acción y efecto de desembarazar cierta parte del barco para efectuar determinada maniobra: *zafarrancho de limpieza, de combate*. ‖ *Fig.* y *fam.* Destrozo. ‖ *Fig.* y *fam.* Riña, alboroto, reyerta: *se armó un tremendo zafarrancho*.
ZAFIAMENTE adv. m. Con zafiedad o grosería.
ZAFIEDAD f. Calidad de zafio, grosería.
ZAFIO, FIA adj. Grosero, tosco. (SINÓN. V. *Palurdo*.) ‖ *Per.* Desalmado.
ZAFIR m. Zafiro.
ZAFIRINA f. Calcedonia azul.
ZAFIRINO, NA adj. De color de zafiro, azul.
ZAFIRO m. (lat. *sapphirus*). Piedra fina, corindón de color azul. ‖ — PARÓN. *Céfiro*.
ZAFO, FA adj. *Mar.* Suelto, libre, desembarazado. ‖ *Fig.* Libre, sin daño: *salirse zafo de una reyerta*.
ZAFÓN m. Zahón, especie de calzón.
ZAFRA f. Vasija de metal en que se ponen a escurrir las medidas de aceite. ‖ Vasija grande de metal que sirve para guardar aceite.
ZAFRA f. Cosecha de caña de azúcar. ‖ Fabricación de azúcar. ‖ Tiempo que dura esta operación. ‖ *Min.* Escombro, derribo. ‖ *Riopl.* Aprovechamiento y venta del ganado.
ZAFRE m. Óxido de cobalto que se usa en la industria para dar color azul a la loza y al vidrio.
ZAFRERO m. *Min.* Operario que transporta las zafras o escombros en las minas.
ZAGA f. Parte posterior de algunas cosas. ‖ Carga dispuesta en la trasera de un carro. ‖ En deportes, defensa de un equipo. ‖ — M. El postrero en el juego. ‖ *En zaga*, detrás. ‖ *Fig. No irle uno en zaga a otro*, no serle inferior. ‖ — PARÓN. *Saga*.
ZAGAL m. (pal. ár.). Muchacho, mozo: *un zagal robusto*. (SINÓN. V. *Adolescente*.) ‖ Pastor mozo: *el zagal está a las órdenes del rabadán*. ‖ Mozo que arreaba las caballerías en las diligencias. ‖ Zagalejo, falda.
ZAGALA f. Muchacha o pastora.
ZAGALEJO m. Falda que llevaban las mujeres encima de las enaguas.
ZAGALÓN, ONA m. y f. Adolescente muy crecido.
ZAGUA f. Arbusto de la familia de las quenopodiáceas utilizado como planta barrillera.

zahína

zambomba

zampas

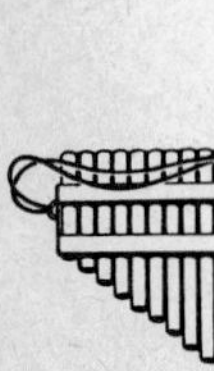
zampoña

ZAGUAL m. Remo corto con pala plana que no se apoya en el barco. || *Chil.* Atarjea, sumidero.
ZAGUÁN m. Vestíbulo de una casa, portal. (SINÓN. V. *Vestíbulo.*)
ZAGUANETE m. Aposento de palacio donde está la guardia del príncipe. || Escolta de guardias que acompaña en ciertos casos a las personas reales.
ZAGUERO, RA adj. Que va en zaga. || — M. En deportes, defensa. || En el juego de pelota, jugador que se coloca detrás de los demás.
ZAGÜÍ m. *Arg.* Una especie de mono diminuto.
ZAHAREÑO, ÑA adj. *Cetr.* Dícese del pájaro bravo, difícil de domesticar. || *Fig.* Salvaje, intratable.
ZAHÉN y **ZAHENA** adj. y s. f. Dícese de una dobla de oro de los moros españoles que valía dos ducados.
ZAHERIDOR, RA adj. y s. Que zahiere.
ZAHERIMIENTO m. Acción de zaherir.
ZAHERIR v. t. Censurar, criticar, pinchar. || — IRREG. Se conjuga como *sentir.*
ZAHÍNA f. Planta de la familia de las gramíneas originaria de la India cuyos granos, mayores que los cañamones, sirven para hacer pan.
ZAHINAR m. Campo de zahína.
ZAHONADO, DA adj. Que tiene color anteado obscuro.
ZAHONDAR v. t. Ahondar o cavar la tierra. || — V. i. Hundirse en la tierra. (P. us.)
ZAHONES m. pl. Especie de calzones con perniles abiertos a lo largo de los muslos, que usan los cazadores y los campesinos encima del vestido ordinario.
ZAHORÍ m. Adivino. || *Fig.* Persona perspicaz.
ZAHORRA f. *Mar.* Lastre que se pone en el barco.
ZAHUATE m. *C. Rica.* Perro flaco.
ZAHÚRDA f. Pocilga, porqueriza, sitio sucio.
ZAIDA f. (del ár. *çaida,* pescadora). Ave zancuda, parecida a la grulla, y con un moño eréctil de plumas.
ZAINO, NA adj. Dícese de las caballerizas de color castaño, sin manchas de otro color. || Dícese del ganado vacuno de color negro sin ningún pelo blanco. || *Fig.* Taimado.
ZAITE m. *Salv.* Aguijón.
ZAJONES m. pl. Zahones.
ZALÁ f. Azalá, oración de los mahometanos. || *Fig.* y *fam. Hacer la zalá a otro,* mostrarle excesivo rendimiento y sumisión.
ZALAGARDA f. Emboscada: *caer en una zalagarda.* || Escaramuza, pelea. || *Fig.* Lazo para cazar animales. || *Fig.* y *fam.* Astucia, maña. || *Fig.* y *fam.* Alboroto, reyerta, pendencia: *se armó una zalagarda.*
ZALAMA f., **ZALAMELÉ** m. y mejor **ZALAMERÍA** f. Demostración afectada de cariño: *hacer zalamerías a uno.*
ZALAMERO, RA adj. y s. Que hace zalamerías. (SINÓN. V. *Empalagoso.*)
ZALEA f. Vellón de carnero. || *P. Rico.* Pelliza.
ZALEAR v. t. Arrastrar o zarandear una cosa.
ZALEMA f. (del ár. *salem,* salutación). *Fam.* Reverencia, cortesía grande. (SINÓN. V. *Saludo.*) || Zalamería.
ZALEO m. Acción de zalear. || Zalea de carnero.
ZALMEDINA m. Magistrado con jurisdicción civil y criminal en el antiguo reino de Aragón.
ZAMACUCO m. *Fam.* Hombre tonto y bruto. || Hombre solapado. || *Fig.* y *fam.* Borrachera, embriaguez.
ZAMACUECA f. Nombre de un baile popular de Chile y Perú. (Llámase generalmente *cueca.*) || Música y canto de este baile. || *P. Rico.* Hipócrita.
ZAMANCA f. *Fam.* Somanta, tunda, zurra.
ZAMARRA f. Prenda de vestir, a modo de chaqueta, hecha de piel de carnero con su lana o pelo. || Piel de carnero, vellón.
ZAMARREAR v. t. Sacudir, zarandear una cosa o persona. (SINÓN. V. *Maltratar.*)
ZAMARREO m. Acción y efecto de zamarrear.
ZAMARREÓN m. Zamarreo, sacudida fuerte.
ZAMARRICO m. Zurrón de piel con su lana.
ZAMARRILLA f. Planta aromática y medicinal que se emplea en la composición de la triaca.
ZAMARRO m Zamarra. || *Fig.* y *fam.* Hombre rústico y grosero. || *Venez.* Hombre taimado. || *Hond.* Pícaro, bribón. || — Pl. *Amer.* Calzones anchos de cuero, para montar, abiertos hasta las corvas.
ZAMARRÓN m. Zamarra grande.
ZAMBA f. *Arg.* Zamacueca, baile. || Samba.
ZAMBAIGO, GA adj. y s. *Méx.* Dícese del descendiente de chino e india o de indio y china.
ZAMBAPALO m. Danza grotesca de los indios que se usó en España en los siglos XVI y XVII.
ZAMBARCO m. Correa a que se sujetan los tirantes de las caballerías de tiro. || Francalete, cincha.
ZAMBARDO m. *Amer.* Chiripa, casualidad, suerte. || *Chil.* Torpeza, avería. || *Chil.* Hombre torpe.
ZAMBEQUE m. *Cub.* y *Venez.* Zambra. || — Adj. *Cub.* Tonto.
ZÁMBIGO, GA adj. Zambo, patizambo.
ZAMBO, BA adj. y s. Que tiene las piernas separadas hacia afuera y las rodillas juntas. (SINÓN. V. *Cojo* y *torcido.*) || *Amer.* Hijo de negro e india o al contrario. || *Col.* y *Chil.* Mulato. || *Venez.* De hermosas proporciones. || — M. Mono cinocéfalo muy feroz.
ZAMBOA f. Azamboa, fruto.
ZAMBOMBA f. Instrumento rústico musical formado por un cilindro hueco, cerrado por un extremo con una piel tensa que tiene en el centro un mástil de carrizo, cuyo sonido se obtiene empuñando el carrizo con la mano húmeda y frotando arriba y abajo.
ZAMBOMBAZO m. Porrazo, golpe. || Explosión.
ZAMBOMBO m. *Fam.* Hombre tosco y grosero.
ZAMBORONDÓN, NA, ZAMBOROTUDO, DA y **ZAMBORROTUDO, DA** adj. y s. *Fam.* Tosco y grosero. || Torpe, desmañado.
ZAMBRA f. Fiesta morisca con bulla y algazara. || Fiesta semejante de los gitanos andaluces. || *Fam.* Algazara, ruido.
ZAMBUCAR v. t. *Fam.* Esconder rápidamente una cosa dentro de otra.
ZAMBUCO m. *Fam.* Acción y efecto de zambucar o esconder una cosa dentro de otra.
ZAMBULLIDA f. Zambullidura. || Treta de esgrima.
ZAMBULLIDOR, RA adj. Que zambulle o se zambulle. || — M. *Col.* Somorgujo, ave.
ZAMBULLIDURA f. La acción de zambullir.
ZAMBULLIMIENTO m. Zambullidura.
ZAMBULLIR v. t. Meter bruscamente debajo del agua: *zambullir un perro en el agua.* || — V. r. Meterse en el agua. || Esconderse en alguna parte. || — IRREG. Se conjuga como *mullir.*
ZAMBULLO m. *Amer.* En algunos países, tonel cubierto para el transporte de las inmundicias.
ZAMBUMBIA f. *Venez.* y *Guat.* Zambomba. || *Méx.* Mezcla, revoltillo.
ZAMORANO, NA adj. y s. De Zamora.
ZAMPA f. Estaca que se hunde en un suelo poco firme para hacer un zampeado. (SINÓN. *Pilote.*)
ZAMPABODIGOS y **ZAMPABOLLOS** com. *Fam.* Zampatortas.
ZAMPALIMOSNAS com. *Fam.* Pobre que va pidiendo por todas partes, sin ninguna vergüenza.
ZAMPAPALO com. *Fam.* Zampatortas.
ZAMPAR v. t. Meter o esconder rápidamente una cosa en otra: *zampar un pan en el zurrón.* || Comer deprisa, con ansia. (SINÓN. V. *Tragar.*) || — V. r. Meterse de golpe en una parte: *se zampó en la casa.*
ZAMPATORTAS com. *Fam.* Persona que come ansiosamente, con gula. || *Fig.* y *fam.* Persona grosera e incapaz.
ZAMPEADO m. *Arq.* Obra de pilotes, zampas y macizos de mampostería, que se establece antes de edificar sobre terrenos falsos.
ZAMPEAR v. t. Afirmar el suelo con zampeado.
ZAMPÓN, ONA adj. Tragón.
ZAMPOÑA f. Instrumento rústico pastoril, compuesto de varias flautas juntas. || Especie de flauta rústica. || Pipiritaña, flautilla que se hace con alcacer. || *Fig.* y *fam.* Tontería, trivialidad.
ZAMPUZAR v. t. Esconder bruscamente.
ZAMPUZO m. Acción y efecto de zampuzar.
ZAMURO m. *Venez.* Samuro.
ZANAHORIA f. Planta umbelífera de raíz fusiforme comestible. || Raíz de esta planta: *la zanahoria contiene cierta cantidad de azúcar.* || *Arg. Fam.* Tonto, bobo.

Fot. Aubert de la Rüe

ZANAHORIATE m. Zanahoria confitada.

ZANATE m. Sanate.

ZANCA f. Pierna de las aves: *una zanca de gallina.* || *Fig.* y *fam.* Pierna delgada: *hombre de zancas largas.* (SINÓN. V. *Pierna.*) || *And.* Alfiler grande. || *Arq.* Madero oblicuo en que se apoyan los peldaños de una escalera.

ZANCADA f. Paso largo, tranca. || *Fig.* y *fam. En dos zancadas,* con gran ligereza.

ZANCADILLA f. Acción de derribar a una persona enganchándola con la pierna: *echarle la zancadilla a uno.* || *Fig.* y *fam.* Engaño, manera hábil, pero poco leal, de suplantar a alguien.

ZANCADO adj. Dícese del salmón desovado y flaco.

ZANCAJEAR v. i. Andar mucho y con prisa.

ZANCAJERA f. Parte del estribo del coche donde se apoya el pie.

ZANCAJO m. Hueso del talón. || Talón del pie. || *Fig.* y *fam.* Zancarrón, hueso grande. || *Fig.* Parte del zapato o media que cubre el talón: *ir arrastrando los zancajos.* || *Fig.* y *fam.* Persona muy pequeña y fea.

ZANCAJOSO, SA adj. Que tiene los pies torcidos hacia afuera. || Que lleva zancajos en el calzado: *muchacha zancajosa.*

ZANCARRÓN m. *Fam.* Huesos de la pierna y, por extensión, cualquier hueso grande y descarnado. || *Fig.* y *fam.* Hombre muy viejo y flaco. || *Fig.* y *fam.* El que enseña ciencias o artes, sin saberlas bien.

ZANCO m. Palo alto que se usa para andar sin mojarse por los sitios pantanosos, y también como ejercicio de gimnasia. || *Fig.* y *fam. Estar en zancos,* estar una persona en situación elevada.

ZANCÓN, ONA adj. *Fam.* Zancudo. || *Amer.* Dícese del vestido corto.

ZANCUDO, DA adj. De zancas largas. || *Zool.* Dícese de las aves de tarsos muy largos, como la *cigüeña* y la *grulla.* || — F. pl. Orden de estas aves. || — M. Especie de mosquito americano.

ZANFONÍA f. (del lat. *symphonia,* instrumento músico). Instrumento músico de cuerda, que se toca dando vueltas a un manubrio.

ZANGA f. Juego parecido al del cuatrillo.

ZANGAMANGA f. *Fam.* Treta, astucia.

ZANGANADA f. *Fam.* Impertinencia, majadería.

ZANGANDONGO, GA, ZANGANDULLO, LLA y mejor **ZANGANDUNGO, GA** m. y f. *Fam.* Persona holgazana y muy desmañada.

ZANGANEAR v. i. *Fam.* Vivir como un zángano, vagabundear de una parte a otra sin trabajar.

ZANGANERÍA f. Calidad de zángano.

ZÁNGANO m. Macho de la abeja, desprovisto de aguijón y que no labra miel. || *Fig.* y *fam.* Hombre holgazán que vive del trabajo ajeno. || *Amér. C.* Pícaro, bribón, tunante. || — PARÓN. *Tángano.*

ZANGARILLEJA f. *Fam.* Muchacha muy sucia.

ZANGARREAR v. i. *Fam.* Rasguear sin arte la guitarra. || *And.* Sacudir, agitar violentamente.

ZANGARRIANA f. *Veter.* Modorra del ganado lanar. || *Fig.* y *fam.* Dolencia periódica aunque poco grave, al parecer. || *Fig.* y *fam.* Melancolía, murria.

ZANGARRO m. *Méx.* Tendejón.

ZANGARULLÓN m. *Fam.* Zangón, muchachote.

ZANGOLOTEAR v. t. *Fam.* Sacudir o mover continuamente una cosa: *zangolotear una botella.* || *Fig.* y *fam.* Moverse sin concierto: *ese niño está siempre zangoloteando.* || — V. r. *Fam.* Moverse una cosa por haberse aflojado sus clavos o tornillos: *una ventana que zangolotea.*

ZANGOLOTEO m. *Fam.* Acción y efecto de zangolotear: *hacer un zangoloteo muy desagradable.*

ZANGOLOTINO, NA adj. *Fam. Niño zangolotino,* muchacho grandullón que quiere pasar por niño.

ZANGÓN m. *Fam.* Muchacho crecido y holgazán.

ZANGOTEAR v. i. *Fam.* Zangolotear.

ZANGOTEO m. *Fam.* Zangoloteo.

ZANGUANGA f. *Fam.* Acción de fingir una enfermedad para no trabajar: *hacer la zanguanga.* || *Fam.* Lagotería, zalamería, afecto fingido.

ZANGUANGO, GA adj. *Fam.* Holgazán, perezoso. || *Fam.* Hombre alto y desvaído.

ZANJA f. (del ár. *zanca,* calle estrecha). Excavación larga en la tierra: *zanja de desagüe.* (SINÓN. V. *Reguera* y *trinchera.*) || *Amer.* Arroyada. || *Ecuad.* Cerca.

ZANJAR v. t. Abrir zanjas en un terreno. || *Fig.* Resolver una dificultad o inconveniente. (SINÓN. V. *Decidir.*)

ZANJÓN m. La zanja grande o profunda.

ZANQUEADOR, RA adj. y s. Que camina zanqueado. || Andador, que anda mucho.

ZANQUEAMIENTO m. La acción de zanquear.

ZANQUEAR v. i. Torcer las piernas al andar. || Caminar mucho a pie de un sitio para otro.

ZANQUILARGO, GA adj. *Fam.* De zancas largas.

ZANQUILLAS m. *Fig.* y *fam.* Hombre que tiene las piernas muy cortas: *ser un zanquillas.*

ZANQUITUERTO, TA adj. De zancas tuertas.

ZANQUIVANO, NA adj. De piernas largas y flacas.

ZAPA f. (del lat. *sappa,* escardillo). Pala que usan los zapadores o gastadores. || *Fort.* Zanja de una trinchera. (SINÓN. V. *Trinchera.*)

ZAPA f. Lija, pez selacio marino. || Piel labrada que forma grano como la de la lija. || Labor que se hace en ciertas materias imitando la lija.

ZAPADOR m. Soldado que trabaja con la zapa en las obras de fortificación o destrucción.

ZAPALLADA f. *Arg.* Chiripa.

ZAPALLO m. *Amer.* Especie de calabaza. (Escríbese también *sapallo.*)

ZAPALLÓN, ONA adj. *Chil.* Gordinflón.

ZAPAPICO m. Herramienta a modo de pico con dos bocas, una puntiaguda y la otra de corte angosto.

ZAPAR v. i. Trabajar con zapa. (SINÓN. V. *Minar.*) || — PARÓN. *Zapear.*

ZAPARRADA f. *Fam.* Zaparrazo, zarpazo.

ZAPARRASTRAR v. i. *Fam.* Llevar los vestidos arrastrando: *ir zaparrastrando por las calles.*

ZAPARRASTROSO, SA adj. *Fam.* Zarrapastroso.

ZAPARRAZO m. *Fam.* Zarpazo, arañazo.

ZAPATA f. Calzado que llega a media pierna. || Suela que se pone debajo del quicio de una puerta, para que no rechine. || Pieza del freno de los carros, vagones, etc., que actúa friccionando la rueda o su eje. || Pieza redonda con un agujero en el centro, que se utiliza para el cierre de los grifos. || Calce de una herramienta. || *Mar.* Tablón afianzado en la parte inferior de la quilla, y que le sirve de resguardo. || Zócalo: *la zapata de un capitel.*

ZAPATAZO m. Golpe que se da con el zapato. || *Fam.* Golpe recio que se da con cualquier cosa. || *Mar.* Sacudida que produce el viento en las velas. || *Fam. Mandar a uno a zapatazos,* tratarlo muy mal.

ZAPATEADO m. Baile español antiguo con zapateo. || Música que acompañaba este baile.

ZAPATEADOR, RA adj. y s. Que zapatea.

ZAPATEAR v. t. Golpear con el zapato o con el pie calzado. || Alcanzarse las caballerías cuando van corriendo. || *Fig.* y *fam.* Traer a uno a mal traer, maltratarle. || *Esgr.* Tocar varias veces al adversario con el botón o zapatilla. || — V. i. *Mar.* Dar zapatazos las velas. || — V. r. *Fig.* Tenerse firme con uno.

ZAPATEO m. Acción y efecto de zapatear.

ZAPATERÍA f. Oficio o comercio del zapatero. || Lugar donde se fabrica o vende el calzado.

ZAPATERO, RA adj. y s. Dícese de las legumbres que se encrudecen por haber parado de hervir el agua de la olla antes de que estén cocidas. || *Aceituna zapatera,* la que empieza a podrirse. || — M. Persona que hace, repara o vende zapatos. || Pez marino de la América tropical. || *Fam.* El que no hace baza en el juego: *quedarse zapatero.* || — PROV. **Zapatero, a tus zapatos,** cada uno ha de juzgar solamente de lo que entiende.

ZAPATETA f. Palmada que se da en el zapato en ciertos bailes, brincando al mismo tiempo. || Cabriola. || — Pl. Golpes que se dan con el zapato en el suelo en ciertos bailes.

ZAPATIESTA f. Trapatiesta.

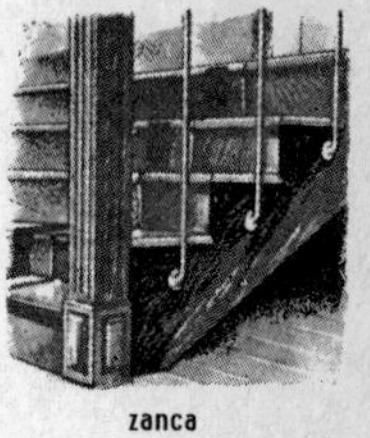
zanca

zancos

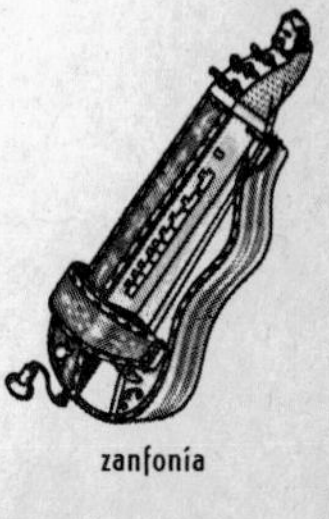
zanfonía

ZAPATILLA f. Zapato ligero, de suela muy delgada. ‖ Zapato que se usa por comodidad o abrigo en la casa. (SINÓN. *Babucha, chancleta, chinela, pantufla.*) ‖ Zapata, pieza redonda de cuero que se pone en los grifos. ‖ Uña de los animales de pata hendida. ‖ *Esgr.* Botón de cuero que se pone a los floretes y espadas. ‖ *Arg.* Juego de la rata. ‖ *Zapatilla de la reina,* la zadorija.
ZAPATO m. Calzado que no pasa del tobillo: *zapatos de piel.* (SINÓN. V. *Calzado.*) ‖ *Zapatos papales,* los grandes, que se suelen usar por encima de los ordinarios. ‖ *Fig. Saber uno dónde le aprieta el zapato,* saber lo que le conviene.
ZAPATÓN m. Zapato grande. (SINÓN. V. *Calzado.*) ‖ *Guat.* Chanclo, zapato exterior, de hule, contra la lluvia. ‖ — Adj. *Cub.* Duro, correoso.
ZAPATUDO, DA adj. Que tiene zapatos muy grandes o fuertes: *gañán zapatudo.* ‖ Dícese del animal de uña gruesa. ‖ Reforzado con una zapata. ‖ *Cub.* Zapatero (fruto).
¡ZAPE! interj. *Fam.* Sirve para ahuyentar a los gatos o para negar ciertas cosas. ‖ — M. *Per.* Reprensión.
ZAPEAR v. t. Decir ¡zape!: *zapear un gato.* ‖ — PARÓN. *Zapar.*
ZAPEROCO m. *Venez.* Zambra, alboroto, jaleo.
ZAPOTAL m. Sitio plantado de zapotes.
ZAPOTE m. (mex. *tzapotl*). Árbol americano de la familia de las sapotáceas, de fruto comestible: *el zapote está aclimatado en el sur de*

España. ‖ Fruto de dicho árbol. ‖ *Chico zapote,* árbol de la familia de las sapotáceas, de fruto comestible muy dulce. ‖ Fruto de este árbol.
ZAPOTECA adj. y s. Individuo de un pueblo indio mexicano que se estableció en el territorio del actual Estado de Oaxaca. (V. *Parte hist.*)
ZAPOTERA f. Lugar donde se guardan zapotes para que maduren. ‖ Mujer que los vende.
ZAPOTERO m. El zapote, árbol sapotáceo.
ZAPOTILLO m. Chico zapote.
ZAPOYOL m. *C. Rica.* La almendra del zapote.
ZAPOYOLITO m. *Amér. C.* Ave trepadora, especie de perico pequeño.
ZAPUZAR v. t. Chapuzar, zambullir.
ZAQUE m. Odre pequeño: *un zaque de vino.* ‖ *Fig.* y *fam.* Borracho: *estar hecho un zaque.*
ZAQUE m. *Col. Ant.* Cacique de Tunja.
ZAQUEAR v. t. Trasegar o transportar líquidos por medio de zaques. ‖ — PARÓN. *Saquear.*
ZAQUIZAMÍ m. Desván a teja vana (SINÓN. V. *Buhardilla.*) ‖ *Fig.* Cuarto pequeño y poco cómodo: *vivir en un zaquizamí.* Pl. *zaquizamíes.*
ZAR m. Emperador de Rusia.
ZARA f. Uno de los nombres del *maíz.* (P. us.)
ZARABANDA f. Danza antigua de España y música alegre que solía acompañarla. ‖ *Fig.* Ruido estrepitoso, algazara, bulla.
ZARABANDISTA adj. y s. Persona que baila la zarabanda. ‖ *Fig.* Persona muy alegre y bulliciosa.
ZARABUTEAR v. t. Zaragutear.
ZARABUTERO, RA adj. y s. Zaragutero.
ZARAGALLA f. Carbón vegetal menudo.
ZARAGATA f. *Fam.* Gresca, riña, pendencia. ‖ *Cub.* Zalamería.
ZARAGATE m. *Méx.* Pícaro, bribón. ‖ *Amer.* Persona despreciable. ‖ *Cub.* Adulador, zalamero. ‖ *Col.* Mentecato, necio, majadero.
ZARAGATERO, RA adj. y s. *Fam.* Bullicioso.
ZARAGATONA f. Planta de la familia de las plantagináceas, de semilla mucilaginosa.
ZARAGOCÍ adj. Dícese de una ciruela amarilla.
ZARAGOZANO, NA adj. y s. De Zaragoza.
ZARAGÜELLES m. pl. Calzones antiguos anchos y follados que usan aún los labradores en Valencia y Murcia. ‖ Planta de la familia de las gramíneas. ‖ *Fig.* y *fam.* Calzones muy anchos, bombachos.
ZARAGUTEAR v. i. *Fam.* Meterse a hacer cosas que no entiende uno.
ZARAGUTERO, RA adj. y s. *Fam.* Entremetido.
ZARAMAGULLÓN m. Somorgujo, ave acuática.
ZARAMBEQUE m. Cierta danza de negros.
ZARAMULLO m. *Per.* y *Venez.* Zaragate, mamarracho. ‖ — Adj. *Hond.* Remilgado, delicado.
ZARANDA f. (del persa *sarand,* criba). Criba, cedazo. ‖ *Venez.* Trompa de música. ‖ Trompo, juguete.
ZARANDAJAS f. pl. *Fam.* Cosas menudas de poca importancia: *entretenerse en zarandajas.*
ZARANDALÍ adj. Dícese de la paloma torcaz.
ZARANDAR y **ZARANDEAR** v. i. Limpiar con el cedazo o zaranda: *zarandar grano.* ‖ *Fig.* y *fam.* Agitar. ‖ — V. r. Contonearse. (SINÓN. V. *Balancear.*)
ZARANDEO m. Acción y efecto de zarandear. ‖ Contoneo.
ZARANDERO, RA m. y f. El que zaranda.
ZARANDILLO m. Zaranda pequeña. ‖ *Fig.* y *fam.* Persona viva y ágil: *ese muchacho es un zarandillo.* ‖ *Fig.* y *fam. Traerle a uno como un zarandillo,* hacerle ir continuamente de una parte a otra.
ZARANDO, DA adj. *Venez. Fam.* Ligero de cascos.
ZARAPATEL m. Especie de alboronía.
ZARAPE m. Sarape.
ZARAPITO m. Ave zancuda que vive en las playas y sitios pantanosos: *el zarapito se alimenta principalmente de insectos y moluscos.*
ZARATÁN m. Nombre vulgar del *cáncer del pecho,* en la mujer. ‖ *Hond.* La triquina.
ZARATE m. *Hond.* Sarna, enfermedad cutánea.
ZARAZA f. Tela de algodón muy ancha y fina. ‖ Veneno usado para matar perros, gatos y ratones. ‖ *Col.* Tela muy ordinaria.
ZARAZO, ZA adj. Dícese de los frutos pintones.
ZARAZÓN, ONA adj. *Méx. Fam.* Achispado, alegre.
ZARCEAR v. t. Limpiar con zarzas una cañería. ‖ — V. i. Entrar el perro en un zarzal para buscar la caza. ‖ *Fig.* Andar apresuradamente de una parte a otra.
ZARCEÑO, ÑA adj. Perteneciente o relativo a las zarzas.
ZARCERO, RA adj. y s. *Perro zarcero,* el que se mete con facilidad en las zarzas para cazar.
ZARCETA f. Cerceta, ave.
ZARCILLITOS m. pl. Tembladera, gramínea.
ZARCILLO m. Pendiente, joya. ‖ Especie de azada que sirve para escardar. ‖ *Ar.* Aro de cuba. ‖ *Bot.* Nombre de los tallitos volubles y prensiles de algunas plantas trepadoras.
ZARCO, CA adj. Azul claro: *una muchacha de ojos zarcos.* ‖ *Arg.* Dícese del animal que tiene un ojo blanco. ‖ *Guat.* Hombre de raza blanca.
ZAREVICH o **ZAREVITZ** m. Hijo primogénito del zar de Rusia.
ZARGATONA f. Zaragatona.
ZARIANO, NA adj. Del zar: *potestad zariana.*
ZARIGÜEYA f. Mamífero didelfo americano, de cabeza parecida a la de la zorra, cuya hembra

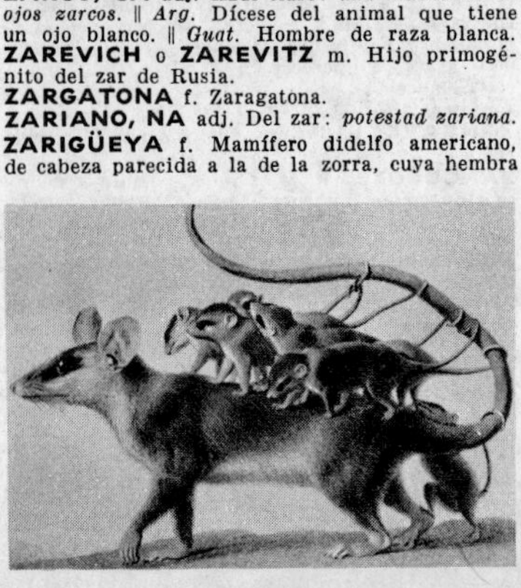

Fot. Larousse

lleva bajo el vientre una bolsa en que guarda a sus crías: *la zarigüeya es carnicera.*

ZARINA f. Esposa del zar. || Emperatriz de Rusia.

ZARISMO m. Régimen de gobierno de los zares en Rusia.

ZARISTA adj. Relativo al zarismo. || — M. y f. Partidario de los zares.

ZARPA f. Acción de zarpar. || Garra de ciertos animales, como el león. || *Fig.* y *Fam. Echar uno la zarpa,* agarrar, apoderarse de una cosa. || *Arq.* Parte de la anchura de los cimientos que excede a la del muro. || Cazcarria, barro.

ZARPADA f. El golpe que se da con la zarpa.

ZARPANEL adj. *Arco zarpanel,* curva cuyo aspecto es el de una semielipse, que se obtiene por medio de arcos de círculo reunidos.

— Modo sencillo de trazarlo: Divídase la base *ab* del dibujo en tres partes iguales, *ac, cd* y *db;* tomando como centros los puntos *c* y *d,* y con un radio igual a *ac,* descríbanse dos arcos que se cortarán en *i;* trácense los arcos *ae* y *bf* y luego, con centro en *i,* el arco *ef.* La curva *aefb* es el arco zarpanel. Utilízase en la construcción de ciertas bóvedas rebajadas, como los arcos de un puente.

ZARPAR v. t. *Mar.* Levar el ancla un barco, hacerse a la mar: *la goleta zarpó del puerto.*

ZARPAZO m. Golpe estrepitoso que da una cosa al caer al suelo. || Zarpada, golpe dado con la zarpa o garra: *el gato dio un zarpazo.*

ZARPE m. *Amér. C.* Zarpa, cazcarria.

ZARPEAR v. t. *Amér. C.* Salpicar algo de barro, llenar de zarpas o cazcarrias.

ZARPOSO, SA adj. Que está lleno de zarpas o barro, cazcarriento: *llevar la falda zarposa.*

ZARRACATERÍA f. *Fam.* Halago fingido.

ZARRACATÍN m. *Fam.* Regatón, revendedor.

ZARRAMPLÍN m. *Fam.* Hombre chapucero, mal obrero. || *Fam.* Chisgarabís.

ZARRAMPLINADA f. *Fam.* Chapucería.

ZARRAPASTRA f. *Fam.* Zarpa, cazcarria.

ZARRAPASTRÓN, ONA adj. y s. Zarrapastroso.

ZARRAPASTROSAMENTE adv. m. *Fam.* Con desaliño.

ZARRAPASTROSO, SA adj. y s. *Fam.* Roto y andrajoso.

ZARRIA f. Cazcarria, lodo, zarpa. || Tira de cuero que se emplea para asegurar bien la abarca al pie.

ZARRIENTO, TA adj. Lleno de zarrias.

ZARRIO, RRIA adj. *And.* Charro, rústico.

ZARZA f. Arbusto rosáceo, cuyo fruto es la zarzamora: *las hojas y el fruto de la zarza se emplean en medicina.*

ZARZAGÁN m. Cierzo muy frío, viento helado.

ZARZAHÁN m. Tela de seda antigua con listas.

ZARZAL m. Lugar poblado de zarzas. || Matorral espinoso: *enredarse en un zarzal.*

ZARZAMORA f. Fruto comestible de la zarza.

ZARZAPARRILLA f. Arbusto de la familia de las liliáceas, común en España, cuya raíz se usa como sudorífico y depurativo. || Bebida refrescante preparada con esta planta.

ZARZAPERRUNA f. El escaramujo.

ZARZARROSA f. La flor del escaramujo.

ZARZO m. Tejido plano que se hace con varas, cañas o mimbres: *extender fruta en un zarzo.* || *Col.* Desván.

ZARZOSO, SA adj. Lleno de zarzas. || Espinoso.

ZARZUELA f. (del sitio real de la *Zarzuela*). Obra dramática en que alternativamente se declama y se canta. || Letra o música de dicha obra.

ZARZUELA f. Cierto plato de cocina que consiste en varias clases de pescado condimentados con una salsa especial.

ZARZUELERO o **ZARZUELISTA** m. El que escribe zarzuelas.

¡ZAS! m. Onomatopeya del ruido de un golpe.

ZASCANDIL m. *Fam.* Hombre muy entremetido.

ZASCANDILEAR v. i. Andar como zascandil.

ZASCANDILEO m. Acción y efecto de zascandilear.

ZATA y **ZATARA** f. Balsa de madera que sirve en los ríos para transportar mercancías.

ZATICO m. Oficial que tenía en palacio el cargo de cuidar del pan. || Zato, mendrugo.

ZATO m. Pedazo, mendrugo de pan. || — Adj. *Venez.* Dícese del animal bajo y rechoncho. || — Parón. *Sato.*

ZAZOSO, SA adj. Tartajoso.

ZEDA f. Nombre de la letra *z.* || — Parón. *Seda.*

ZEDILLA f. Letra de la escritura española antigua (ç): *la zedilla expresaba sonido parecido al de la zeda.* || Virgulilla que se coloca debajo de la *c.*

ZÉJEL m. Composición estrófica de la métrica popular de los musulmanes españoles: *los Zéjeles del Cancionero de Aben Guzmán.*

ZELANDÉS, ESA adj. y s. De Zelanda o Zelandia, perteneciente a esta provincia de Holanda.

ZELAYENSE adj. y s. De Zelaya (Nicaragua).

ZELOTAS m. pl. Partido nacionalista judío contra los romanos, en tiempo de Tito.

ZEMSTVO m. Asamblea provincial de los antiguos gobiernos rusos.

ZENDO, DA adj. y s. Nombre de un idioma de la familia indoeuropea, en el que está escrito el *Avesta.*

ZENIT m. Cenit.

ZEOLITA f. *Min.* Silicato natural que se encuentra en ciertas rocas volcánicas.

ZEPPELIN m. (del nombre del inventor). Globo dirigible alemán de estructura metálica.

ZETA f. (gr. *zêta*). Zeda, letra. || Sexta letra del alfabeto griego. || — Parón. *Seta.*

ZEUGMA f. (del gr. *zeugma,* reunión). *Gram.* Elipsis que se comete cuando un verbo o adjetivo relacionado con dos o más voces se expresa una sola vez: *era de complexión recia, seco de carnes, enjuto de rostro, gran madrugador y amigo de la caza.*

ZEUMA f. *Gram.* Zeugma.

ZIGOMA f. Cigoma.

ZIGOMÁTICO, CA adj. Cigomático.

ZIGOFILÁCEAS f. y s. *Bot.* Cigofiláceas.

ZIGOTO m. *Biol.* Cigoto.

ZIGURAT m. Torre escalonada con terraza, en los templos caldeos o babilonios.

ZIGZAG m. (fr. *zigzag*). Serie de líneas que forman alternativamente ángulos entrantes y salientes.

ZIGZAGUEAR v. i. Hacer zigzags o zigzagueos. || Serpentear, marchar o avanzar en zigzag.

ZIGZAGUEO m. Acción de zigzaguear.

ZINC m. (al. *Zink*). Cinc.

ZÍNGARO m. Gitano bohemio que va de un sitio a otro, húngaro.

ZINGIBERÁCEAS f. pl. *Bot.* Cingeberáceo.

ZINNIA f. Género de plantas compuestas originarias de México.

ZIPA m. *Col. Ant.* Cacique de Bogotá.

ZIPIZAPE m. *Fam.* Riña, alboroto, pelea.

ZIRCÓN m. Circón.

ZIRCONIO m. Circonio.

¡ZIS, ZAS! interj. *Fam.* Voces con que se expresa el ruido de golpes, ¡zas!, ¡zas!

ZLOTY m. Unidad monetaria polaca.

Zn, símbolo químico del *cinc.*

ZOANTROPÍA f. Género de locura en que el enfermo se cree convertido en un animal.

ZÓCALO m. *Arq.* Base o cuerpo inferior de un edificio. || *Arq.* Friso. || *Arq.* Parte del pedestal que está situada debajo del neto. || *Arq.* Pedestal pequeño de busto, vaso, etc. (Sinón. V. *Pedestal.*) || *Méx.* Nombre que se da a la parte central de la plaza mayor de algunas poblaciones, generalmente más elevada y arbolada.

ZOCATEARSE v. r. Ponerse zocatos los frutos, corromperse sin madurar.

ZOCATO, TA adj. Dícese de ciertos frutos que se ponen amarillos y acorchados sin madurar. || *Fig.* y *fam.* Zurdo, lerdo.

ZOCLO o **ZOCO** m. Zueco o chanclo. || *Fig.* y *fam. Andar de zocos en colodros,* ir de mal en peor.

ZOCO m. *Ant.* Plaza, mercado. || *Arq.* Zócalo, parte del pedestal. (P. us.)

ZOCO, CA adj. y s. *Fam.* Zocato, torpe, zurdo *mano zocata.* || — M. *Salv.* Carraspera, tos. || *Col.* Manco.

ZOCOLAR v. t. *Amer.* Desmontar un terreno antes de sembrarlo.

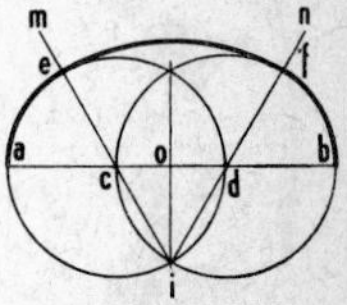

arco zarpanel

zarzamora

zarzaparrilla

zócalo

SIGNOS DEL ZODIACO

ZODIACAL adj. Perteneciente o relativo al Zodiaco: *estrellas, constelaciones zodiacales.*

ZODIACO o **ZODÍACO** m. (gr. *zodiakos*). Zona circular de la esfera terrestre por cuyo centro pasa la Eclíptica, y que contiene las doce constelaciones que parece recorrer el Sol en el espacio de un año. ‖ Representación de la misma zona con las constelaciones designadas o figuradas por signos: *existen zodiacos notables en Egipto y en México.*

— El *Zodiaco* está comprendido entre dos paralelas de la Eclíptiea. Contiene las trayectorias aparentes del Sol, de los grandes planetas, y de la mayor parte de los pequeños planetas conocidos. Está dividido en doce regiones de 30° de longitud llamadas *signos del Zodiaco,* que reciben su nombre de las doce constelaciones que allí se encontraban en el tiempo de Hiparco (siglo II a. de J. C.): *Aries, Tauro, Géminis, Cáncer, Leo, Virgo, Libra, Escorpión, Sagitario, Capricornio, Acuario* y *Piscis.* A causa de la precesión de los equinoccios no ocupan los signos, al cabo de algunos años, la misma posición en el cielo, es decir, no comprenden en su interior las mismas estrellas, pero se encuentran en la misma posición cada 26 000 años. Hace 3 000 años, el equinoccio de primavera se encontraba en la constelación de Tauro; en el año 128 a. de J. C. estaba en la entrada de Aries; ahora está cerca de Piscis. Inmediatamente después del equinoccio de primavera entra el Sol en el signo de Aries, de donde sale para pasar al de Tauro, después al de Géminis, etc. A cada estación del año corresponden tres signos del Zodiaco.

ZOE m. *Zool.* Forma larval de ciertos crustáceos.

ZOEA f. *Zool.* Zoe.

ZOÉTICO, CA adj. Perteneciente o relativo a la vida animal.

ZOFRA f. Alfombra morisca. (P. us.)

ZOILO m. *Fig.* Crítico presumido y maligno. (SINÓN. V. *Crítico.*) [V. tb. *Parte hist.*]

ZOÍSMO m. (del gr. *zôon,* animal). Conjunto de los caracteres que hacen clasificar un organismo vivo entre los animales.

ZOLESCO, CA adj. Propio y característico del escritor Zola.

ZOLOCHO, CHA adj. y s. *Fam.* Tonto, simple.

ZOLTANÍ m. Soltaní, moneda turca antigua.

ZOLLIPAR v. i. *Fam.* Sollozar hipando.

ZOLLIPO m. *Fam.* Sollozo con hipo.

ZOLLVEREIN m. (pal. alemana). Antigua unión aduanera en los Estados alemanes.

ZOMA f. Soma, cabezuela, harina gruesa.

zona esférica

ZOMPO, PA adj. y s. Zopo, contrahecho o torpe.

ZOMPOPO m. *Amér. C.* Especie de hormiga. ‖ Tonto, simplón.

ZONA f. (del gr. *zônê,* cintura). Parte de una superficie de la esfera comprendida entre dos planos paralelos. (La superficie de una *zona* es igual al producto de la circunferencia de un círculo que tiene el mismo radio que la esfera, por la altura de esta misma zona o distancia que separa los dos planos paralelos.) ‖ Enfermedad caracterizada por una erupción dolorosa a lo largo de los nervios. ‖ Cada una de las grandes divisiones de la superficie de la Tierra determinadas por los círculos polares y los trópicos (la *zona tórrida* entre los dos trópicos, las *zonas templadas* entre los trópicos y los círculos polares, y las *zonas glaciales* más allá de los círculos polares): *las cinco zonas determinan cinco climas principales.* (V. TRÓPICO.) [Estas distinciones son insuficientes para darse cuenta de la complejidad de los climas del globo.] ‖ Dícese de las partes del cielo que corresponden a las zonas de la Tierra. ‖ Espacio de la Tierra, largo y estrecho, caracterizado por alguna circunferencia particular: *zona postal.* ‖ Extensión de un país que forma una división administrativa: *zona fiscal.* ‖ Extensión limitada de un país: *zona fronteriza.* ‖ *Fig.* Todo lo que es comparable a un espacio cualquiera: *zona de influencia.* ‖ *Zona militar,* extensión de terreno ocupado en tiempo de guerra por los ejércitos y colocado bajo la jurisdicción del mando militar (por oposición a *zona interior,* que queda sometida a la autoridad civil). ‖ *Zona de ensanche,* la destinada en las cercanías de las poblaciones a una futura extensión de éstas.

ZONAL adj. Que presenta zonas o fajas transversales coloreadas: *espóndilo zonal.*

ZONCEAR v. i. *Arg., Chil.* y *Guat.* Tontear.

ZONCERA f. *Amer.* y **ZONCERÍA** f. Tontería.

ZONCHICHE m. *C. Rica* y *Hond.* Buitre de cabeza roja.

ZONDA f. *Arg.* y *Bol.* Viento cálido y fuerte de la región andina.

ZONIFORME adj. De forma de zona o de faja.

ZONOTE m. Cenote.

ZONTE m. Medida azteca que se utiliza en México para contar el maíz, frutos, leña, etc., y que equivale a cuatrocientas unidades.

ZONTO, TA adj. Desorejado.

ZONZAMENTE adv. m. Con zoncería, tontamente, sin gracia.

ZONZO, ZA adj. y s. *Fam.* Soso, tonto, majadero.

ZOO m. Abreviatura de *jardín zoológico.*

ZOOBIOLOGÍA f. Biología de los animales.

ZOOFAGIA f. Instinto que poseen ciertos animales de alimentarse de carne.

ZOÓFAGO, GA adj. y s. Que se alimenta de la carne de los animales.

ZOÓFITO adj. y s. Dícese de ciertos animales cuyas formas recuerdan las de los seres vegetales. ‖ — M. pl. Grupo de la antigua clasificación zoológica, que comprendía los animales con aspecto de plantas.

ZOOFITOLITO m. *Ant.* Zoófito fósil.

ZOOFITOLOGÍA f. Parte de la zoología que estudia especialmente los zoófitos o celentéreos.

ZOOFOBIA f. Temor mórbido que se experimenta delante de ciertos animales.

ZOOFÓRICO, CA adj. *Arq.* Que sirve de sostén a una figura de animal: *columna zoofórica.* (P. us.)

ZOÓFORO m. (del gr. *zôon,* animal, y *phoros,* que lleva). Nombre antiguo del *friso del entablamento,* que llevaba en otro tiempo figuras de animales.

ZOOFTIRIO m. Anopluro.

ZOOGENIA y **ZOOGONÍA** f. Parte de la zoología que trata del desarrollo de los animales.

ZOOGEOGRAFÍA f. Estudio de la repartición geográfica de los animales.

ZOOGRAFÍA f. Parte de la zoología que tiene por objeto la descripción de los animales.

ZOOGRÁFICO, CA adj. Perteneciente o relativo a la zoografía.

ZOÓGRAFO m. El que se dedica al estudio de la zoografía.

ZOÓLATRA adj. y s. Adorador de animales.

ZOOLATRIA f. del gr. *zôon*, animal, y *latreia*, adoración). Adoración, culto de los animales.
ZOOLÍTICO, CA adj. y s. Que contiene zoolitos: *rocas zoolíticas.*
ZOOLITO m. Parte petrificada de un animal.
ZOOLOGÍA f. (del gr. *zôon*, animal, y *logos*, discurso). Parte de la historia natural que trata de los animales: *Cuvier renovó la zoología.*
ZOOLÓGICO, CA adj. Relativo a la zoología. ‖ *Jardín zoológico*, parque donde se encuentran reunidos animales salvajes.
ZOÓLOGO m. El que se dedica a la zoología o es versado en ella.
ZOOM m. Objetivo de distancia focal variable en una cámara cinematográfica. ‖ Efecto de travelling obtenido con este objetivo.
ZOOMORFISMO m. Acción de dar la forma de un animal.
ZOOMORFO, FA adj. De forma de animal.
ZOONOMÍA f. Conjunto de leyes que rigen el mundo animal.
ZOONOSIS f. *Med.* Enfermedad de los animales que a veces se comunica a las personas, como la rabia, etc.
ZOOPSIA f. *Med.* Alucinación en la que se ven animales: *las zoopsias son frecuentes en los alcohólicos.*
ZOOSPERMO m. Espermatozoide.
ZOOSPORA m. *Bot.* Espora que puede nadar por medio de pestañas vibrátiles, como en muchas algas y hongos.
ZOOSPORANGIO m. *Bot.* Esporangio que produce zoosporas.
ZOOTAXIA f. Clasificación metódica del reino animal.
ZOOTECNIA f. (del gr. *zôon*, animal, y *tekhnê*, arte). Arte de criar los animales domésticos y de adaptarlos a necesidades determinadas: *la zootecnia es una de las partes más importantes de la agricultura.*
ZOOTÉCNICO, CA adj. Perteneciente o relativo a la zootecnia.
ZOOTERAPIA f. Terapéutica animal.
ZOOTOMÍA f. (del gr. *zôon*, animal, y *tomê*, sección). *Anat.* Disección de los animales.
ZOOTÓMICO, CA adj. Lo relativo a la zootomía.
ZOÓTROPO m. (del gr. *zôon*, animal, y *trôpein*, volver). Aparato que al girar produce la impresión de que se mueven unas figuras dibujadas.
ZOPAS com. *Fam.* Persona que cecea mucho.
ZOPE m. Zopilote, aura, buitre de América.
ZOPENCO, CA adj. *Fam.* Bruto, necio. (SINÓN. V. *Tonto.*)
ZOPETERO m. Ribazo, terreno elevado. (P. us.)
ZOPILOTE m. *Amer.* Aura, ave de rapiña.
ZOPISA f. (lat. *zopissa*). Brea, resina del pino.
ZOPO, PA adj. y s. (ital. *zoppo*). Dícese del pie o mano torcidos. ‖ Dícese de la persona que tiene los pies o las manos torcidos o contrahechos.
ZOQUETA f. Especie de guante de madera que usa el segador.
ZOQUETE m. Pedazo de madera pequeño sin labrar. ‖ *Fig.* Mendrugo o pedazo de pan. ‖ *Fig.* y *fam.* Hombre tosco y rudo: *tu primo es un zoquete.* ‖ *Fig.* y *fam.* Torpe. (SINÓN. V. *Tonto.*)
ZOQUETERO, RA adj. y s. Pobre que anda buscando mendrugos de pan.
ZOQUETUDO, DA adj. Basto y mal hecho.
ZORCICO m. (del vasc. *zortzico*, octava). Composición musical usada en las Provincias Vascongadas y baile que se ejecuta con ella. ‖ Letra de esta composición musical.
ZORENCO, CA adj. *Amér. C.* Alelado, torpe.
ZORITO, TA adj. Zurito.
ZOROÁSTRICO, CA adj. y s. Relativo a Zoroastro y partidario de su doctrina.
ZOROASTRISMO m. Nombre de la doctrina de Zoroastro: *el zoroastrismo es una religión dualista.*
ZOROCHO m. *Min.* Cierto mineral de plata parecido al talco. ‖ — Adj. *Venez.* Dícese del trigo zorollo.
ZOROLLO adj. Dícese del trigo segado antes de su completa madurez.
ZORONGO m. Pañuelo doblado que llevan a la cabeza los aragoneses y navarros. ‖ Moño aplastado que usan algunas mujeres del pueblo. ‖ Baile popular andaluz. ‖ Música y canto de este baile: *se oían los compases de un zorongo.*
ZORRA f. Mamífero carnicero de cola peluda y hocico puntiagudo, destructores de aves y mamíferos pequeños: *la astucia de la zorra es proverbial.* ‖ Piel de dicho animal. ‖ Hembra de esta especie. ‖ *Chil.* El aguarachay. ‖ *Fig.* Hombre astuto y taimado. ‖ Carro bajo y fuerte para arrastrar grandes pesos. ‖ *Arg.* Vagoneta. ‖ *Fig.* y *fam.* Ramera. (SINÓN. V. *Prostituta.*) ‖ *Méx. Fig.* y *fam.* Borrachera. ‖ *Zorra de mar*, especie de tiburón. ‖ *Fig.* y *fam. No ser la primera zorra que uno ha desollado*, no ser la primera vez que hace uno una cosa mala.
ZORRAL adj. *Amér. C.* y *Col.* Importuno, pesado, cargante.
ZORRASTRÓN, ONA adj. *Fam.* Pícaro, bribón, astuto.
ZORRERA f. Madriguera de la zorra. ‖ *Fig.* Habitación llena de humo.
ZORRERA f. *Fam.* Azorramiento, turbación.
ZORRERÍA f. *Fig.* y *fam.* Astucia, maña, cautela, hipocresía.
ZORRERO, RA adj. Dícese del barco muy pesado. ‖ Dícese del perro que sirve para cazar zorras. ‖ *Fig.* Astuto, taimado, hipócrita.
ZORRILLA f. Vehículo automóvil que rueda sobre los carriles y sirve para la inspección de la vía férrea.
ZORRILLO y **ZORRINO** m. *Amer.* Mofeta, mamífero.
ZORRO m. Macho de la zorra. ‖ Piel de la zorra curtida. ‖ *Amer.* La mofeta. ‖ *Chil.* Harina de trigo tostada con miel. ‖ *Fig.* y *fam.* Persona taimada o astuta. ‖ *Fig.* y *fam.* Persona que hace la tonta para no trabajar. ‖ *Venez. Zorro guache*, el coatí. ‖ *Zorro negro*, el mapache. ‖ — Pl. Látigo de tiras de paño o piel que sirve para sacudir el polvo. ‖ *Hacerse el zorro*, aparentar ignorancia o distracción.
ZORROCLOCO m. *Fam.* Hombre pesado en obrar pero que sabe buscar su utilidad y provecho. ‖ *Fam.* Arrumaco, demostración de cariño: *hacer zorroclocos a una persona.*
ZORRONGLÓN, ONA adj. y s. *Fam.* Refunfuñador.
ZORRULLO m. Zurullo.
ZORRUNO, NA adj. Perteneciente o relativo a la zorra: *mañas zorrunas.*
ZORZAL m. Pájaro parecido al tordo, de plumaje pardo por encima, rojizo en el pecho y blanco en el vientre: *el zorzal vive en España durante el invierno.* ‖ *Fig.* Hombre astuto. ‖ *Chil.* Papanatas, hombre simple. ‖ *Fam.* Muchacho. (Ú. tb. en este sentido el f. *zorzala.*) ‖ *Arg.* y *Chil. Fam.* Primo, el que paga el pato. ‖ *Zorzal marino*, pez teleósteo acantopterigio de los mares de España.
ZORZALADA f. *Chil.* Inocentada.
ZORZALEAR v. i. *Chil. Fam.* Engañar, vivir de gorra.
ZORZALEÑO, ÑA adj. Dícese de una variedad de aceituna muy pequeña y menuda.
ZORZALERO, RA adj. y s. *Chil.* Gorrón, pegote. ‖ — M. Cazador de zorzales.
ZOSTER f. *Med.* Zona, enfermedad cutánea.
ZOSTERA f. Planta marina monocotiledónea que sirve para embalar.
ZOTE adj. y s. Torpe y muy tardo en aprender. (SINÓN. V. *Ignorante* y *tonto.*)
ZOTERA f. *Arg.* Azotera.
ZOZOBRA f. Acción y efecto de zozobrar. ‖ Oposición y contraste de los vientos. ‖ *Fig.* Inquietud, congoja: *vivir en una perpetua zozobra.* (SINÓN. V. *Angustia.*)
ZOZOBRANTE adj. Que zozobra.
ZOZOBRAR v. i. Peligrar la embarcación: *el barco zozobró cerca del puerto.* ‖ Perderse o irse a pique. (SINÓN. *Hundirse.* V. tb. *perder* y *volcar.*) ‖ *Fig.* Acongojarse o afligirse mucho. ‖ — V. t. Hacer zozobrar.
Zr, símbolo químico del *circonio.*
ZUACA f. *C. Rica.* Broma pesada, zumba, vaya. ‖ *Chil.* Calzado más grande que el zueco.
ZUAVO m. (fr. *zouave*). Soldado de un cuerpo de infantería francés, creado en Argelia en 1831
ZUBIA f. Lugar por donde corre mucha agua.
ZUCARINO, NA adj. Sacarino.
ZUCUCHO m. *Cub.* Sucucho.
ZUDA f. Azud.

zorra

zuavo

Fot. Dragesco

ZUECO m. (lat. *soccus*). Zapato de madera: *caminar con zuecos*. ‖ Zapato de cuero que tiene la suela de madera. ‖ *Provinc.* Zurdo. ‖ — PARÓN. *Sueco.*
ZUIZA f. Suiza, zurra, tunda.
ZULACAR v. t. Cubrir una cosa con zulaque.
ZULAQUE m. Betún de estopa y cal, para tapar juntas de cañerías y otras obras hidráulicas.
ZULIANO, NA adj. y s. De Zulia (Venezuela).
ZULÚ adj. y s. Dícese del individuo de cierto pueblo del África austral. ‖ Relativo a este pueblo. (V. *Parte hist.*)
ZULLA f. Planta papilionácea de tallo ramoso bastante común en España: *la zulla constituye un excelente pasto para el ganado.*
ZULLA f. *Fam.* Excremento humano. (P. us.)
ZULLARSE v. r. *Fam.* Ensuciarse, hacer sus necesidades. ‖ *Fam.* Ventosear.
ZULLENCO, CA adj. *Fam.* Que ventosea mucho.
ZULLÓN, ONA adj. y s. *Fam.* Zullenco. ‖ — M. *Fam.* Follón, ventosidad.
ZUMACAL y **ZUMACAR** m. Plantío de zumaque.
ZUMACAR v. t. Dar zumaque: *zumacar las pieles.*
ZUMAQUE m. Arbusto de la familia de las anacardiáceas usado como curtiente. ‖ *Zumaque del Japón*, barniz del Japón. ‖ *Zumaque flojo*, ailanto.
ZUMAYA f. Autillo, ave nocturna. ‖ Chotacabras, ave trepadora. ‖ Ave zancuda, de paso en España.
ZUMBA f. Cencerro que lleva en las recuas la caballería delantera. ‖ Bramadera, juguete. ‖ *Amer.* Zurra, azotaina. ‖ *Fig.* Chanza, burla: *hacer zumba a uno.* ‖ *Amer.* *¡Zumba!* interjección que sirve para espantar a los perros.
ZUMBADOR, RA adj. Que zumba mucho. ‖ — M. *Amer.* Bramadera, juguete. ‖ — F. *Salv.* Especie de culebra.
ZUMBAR v. i. Hacer una cosa ruido bronco y continuo. (SINÓN. *Retumbar, roncar, ronronear.*) ‖ *Fig.* y *fam.* Estar muy cerca de una cosa: *ya le zumban los cincuenta años.* ‖ *Antill.* y *Col.* Largarse. ‖ — V. t. *Fam.* Dar vaya, chasquear a uno. ‖ *Amer.* Arrojar, echar. ‖ Dar, atizar: *le zumbó una bofetada.*
ZUMBEL m. Cuerda para hacer bailar el peón o trompo. ‖ *Fam.* Expresión de ceño: *poner zumbel.*
ZUMBIDO m. Ruido de una cosa que zumba: *el zumbido de los insectos.* ‖ Ruido sordo y continuo: *zumbido de oídos.* ‖ *Fam.* Golpe o porrazo que se da a uno.
ZUMBILÍN m. *Filip.* Venablo arrojadizo.
ZUMBO m. Zumbido, ruido. ‖ *Col.* Calabazo, vasija.
ZUMBÓN, ONA adj. Que zumba. ‖ *Fam.* Burlón.
ZUMELES m. pl. *Chil.* Calzado que usan los indios araucanos semejante a las botas de potro.
ZUMIENTO, TA adj. Que arroja mucho zumo.
ZUMILLO m. Dragontea, planta. ‖ Tapsia, planta umbelífera.
ZUMO m. Líquido que se extrae de las hierbas, flores o frutas: *zumo de limón.* ‖ *Fig.* Utilidad o provecho que se saca de una cosa. ‖ — PARÓN. *Sumo.*
ZUMOSO, SA adj. Que tiene zumo.
ZUNA f. Ley tradicional mahometana.
ZUNCHAR v. t. Fijar con un zuncho.
ZUNCHO m. Abrazadera o anillo de metal.
ZUNZÚN m. *Cub.* Especie de colibrí.
ZUPIA f. Vino turbio. ‖ Poso del vino. ‖ *Fig.* Cosa que tiene mal aspecto. ‖ *Fig.* Las heces, lo inútil de una cosa. ‖ *Bol.* y *Venez.* Aguardiente malo.
ZUQUE m. *Col.* Golpe, porrazo.
ZURCIDO m. Costura que se hace para zurcir.
ZURCIDOR, RA adj. y s. Que zurce. ‖ *Zurcidor, zurcidora de voluntades*, alcahuete, alcahueta.
ZURCIDURA f. Acción y efecto de zurcir. ‖ Zurcido, costura hecha para zurcir: *una zurcidura esmerada.*
ZURCIR v. t. Coser una rotura de una tela: *zurcir unas medias.* ‖ Suplir con puntadas muy juntas y entrecruzadas el agujero de un tejido. ‖ *Fig.* y *fam.* Combinar varias mentiras para dar apariencia de verdad. ‖ *Fig.* Unir, enlazar sutilmente dos cosas: *zurcir mentiras con habilidad.*
ZURDERA f. Zurdería.
ZURDERÍA f. Calidad de zurdo.
ZURDO, DA adj. y s. Que usa la mano izquierda mejor que la derecha. (SINÓN. V. *Izquierdo.*) ‖ *Mano zurda*, la mano izquierda. ‖ Perteneciente o relativo a ésta. ‖ *A zurdas*, con la mano zurda. *Fig.* y *fam.* Al contrario de como se debía hacer.
ZUREAR v. i. Hacer arrullos la paloma.
ZUREO m. Acción de zurear, arrullo de la paloma.
ZURITO, TA adj. Zuro, zura.
ZURO m. Raspa o cuesco de la mazorca del maíz.
ZURO, RA adj. Dícese de las palomas y palomos silvestres.
ZURRA f. Curtido de las pieles. ‖ *Fig.* y *fam.* Castigo, paliza, tunda. ‖ *Fig.* y *fam.* Trabajo pesado y continuado. ‖ *Fig.* y *fam.* Reyerta, pendencia, riña.
ZURRADOR, RA adj. y s. Que zurra. ‖ — M. El que zurra las pieles.
ZURRAPA f. Brizna o pelusa que forma el poso de los líquidos. ‖ *Fig.* y *fam.* Cosa muy despreciable. ‖ *Fig.* y *fam.* Muchacho desmedrado y feo. ‖ *Fig.* y *fam.* *Con zurrapas*, con poca limpieza física o moral.
ZURRAPELO m. *Fam.* Reprensión áspera, jabón.
ZURRAPIENTO, TA y **ZURRAPOSO, SA** adj. Que tiene zurrapas: *vino zurraposo.*
ZURRAR v. t. Curtir las pieles. ‖ *Fig.* y *fam.* Castigar, dar una paliza. (SINÓN. V. *Pegar.*) ‖ *Fig.* y *fam.* Disputar en pendencia o riña. ‖ *Fig.* y *fam.* Censurar a uno en público con dureza. ‖ — V. r. Irse de vientre involuntariamente. ‖ *Fig.* y *fam.* Experimentar gran temor o miedo.
ZURRIA f. *Amér. C.* y *Col.* Zurra, y también multitud.
ZURRIAGA f. Zurriago, látigo.
ZURRIAGAR v. t. Dar o castigar con el zurriago.
ZURRIAGAZO m. Golpe que se da con el zurriago o con una cosa sensible. ‖ *Fig.* Desgracia, suceso infausto e impensado. ‖ Mal trato o desdén.
ZURRIAGO m. Látigo, azote. ‖ El latiguillo o correa con que los muchachos hacen andar el trompo. ‖ *Fig.* y *fam.* Hombre torpe y despreciable.
ZURRIAR v. i. Zurrir, zumbar.
ZURRIBANDA f. *Fam.* Zurra. (SINÓN. V. *Paliza.*) ‖ *Fam.* Pendencia o riña: *armar una zurribanda.*
ZURRIBURRI m. *Fam.* Sujeto vil y despreciable. ‖ Conjunto de personas de ínfima calidad. ‖ Barullo, confusión.
ZURRIDO m. Sonido desagradable y bronco. ‖ *Fam.* Golpe, porrazo: *dar un zurrido.*
ZURRIR v. i. Sonar una cosa de modo bronco y desapacible
ZURRÓN m. Bolsa grande de pellejo que usan los pastores. ‖ Cualquier bolsa de cuero. (SINÓN. *Bolsa, macuto, morral, mochila.* V. tb. *saco.*) ‖ Cáscara exterior que envuelve algunos frutos.
ZURRONA f. *Fam.* Mujer perdida.
ZURRONADA f. Lo que cabe en un zurrón.
ZURRUSCARSE v. r. *Fam.* Zurrarse.
ZURUBÍ m. *Arg.* Especie de bagre, pez.
ZURULLO m. Pedazo rollizo de materia blanda.
ZURUMBÁTICO, CA adj. Aturdido, lelo.
ZURUPETO m. *Fam.* Corredor de bolsa intruso.
ZUTANO, NA m. y f. Nombre usado, como Fulano y Mengano, cuando se alude a tercera persona.
¡ZUZO! interj. ¡Chucho!
ZUZÓN m. Hierba cana.
ZWINGLIANISMO m. Doctrina de Zwinglio, reformador suizo del siglo XVI, cuyos partidarios se unieron luego con los de Calvino y Lutero.
ZWINGLIANO, NA adj. Perteneciente al zwinglianismo. ‖ — M. Partidario de esta doctrina.

zuecos

zumaque

LOCUCIONES Y TRADUCCIÓN	APLICACIÓN
Ab absurdo . . . . *Por lo absurdo.*	*En geometría, se demuestra con frecuencia por el método* **ab absurdo.**
Ab aeterno . . . . *Desde la eternidad.*	*Dios lo dispone todo* **ab aeterno.**
Ab imo pectore o **imo pectore** . *Desde el fondo del corazón.*	De todo corazón, con entera franqueza: *Expresar su indignación* **ab imo pectore.**
Ab initio . . . . *Desde el principio.*	*Narrar un hecho* **ab initio.**
Ab irato . . . . *Por un movimiento de ira.*	*No tomar ninguna resolución* **ab irato.** — *Un testamento* **ab irato.**
Ab origine . . . . *Desde el origen.*	*El hombre es malo* **ab origine.**
Ab ovo . . . . *Desde el huevo.*	Palabras de Horacio (*Arte poética,* 147) que aluden al *huevo de Leda,* de donde salió Helena. Horacio alaba el hecho de que *La Ilíada* de Homero arranque de un episodio del sitio de Troya (la cólera de Aquiles), en vez de comenzar por el nacimiento de Helena, es decir, **ab ovo.**
Ab uno disce omnes . . . . . *Por uno solo conoce a los demás.*	Expresión de Virgilio (*Eneida,* II, 65) que se cita a propósito de cualquier rasgo distintivo, que permite juzgar cierta clase de individuos.
Ab urbe condita . . . . *Desde la fundación de la ciudad.*	Los romanos contaban los años de la fundación de Roma **ab urbe condita** o **urbis conditae,** que corresponde al año 753 a. de J. C. Indícanse estas palabras algunas veces con las siglas **U. C. (urbis conditae)**: *El año 532* **U. C.,** es decir, *el año 532 de la fundación de Roma.*
Abusus non tollit usum . . . . *El abuso no quita el uso.*	Máxima del Derecho antiguo, que se aplica en el sentido de que el abuso que se hace de una cosa no impide usarla debidamente.
Abyssus abyssum invocat . . . . *El abismo llama al abismo.*	Expresión figurada de un salmo de David (XLI, 8) que significa que una falta acarrea otra.
A contrariis . . . . *Por los contrarios.*	*Demostrar un argumento* **a contrariis.**
Acta est fabula . . . . *La comedia ha concluido.*	En el teatro antiguo se anunciaba así el final de la representación. **Acta est fabula,** dijo Augusto en su lecho de muerte. Los sainetes españoles suelen terminar con estos versos u otros análogos: *Aquí concluye el sainete,* *Perdonad sus muchas faltas.*
Ad augusta per angusta . . . . *A resultados grandes por vías estrechas.*	No se llega al triunfo sino venciendo mil dificultades.
Ad calendas graecas . . . . . . *Por las calendas griegas.*	Máxima latina para expresar irónicamente que un asunto, negocio, etc., no se realizará nunca, pues los griegos no tenían calendas.
Ad gloriam . . . . *Por la gloria.*	*Trabajar* **ad gloriam**: trabajar por la gloria, e, irónicamente, por nada.
Ad hominem . . . . *Contra el hombre.*	Úsase sólo en la expresión *argumento* **ad hominem,** argumento mediante el cual se confunde a un adversario oponiéndole sus propias palabras o sus propios actos.
Ad honores . . . . *Por los honores, gratuitamente.*	Se emplea hablando de un título o de un empleo que no tiene retribución: *funciones* **ad honores.**
Adhuc sub judice lis est . . . . *El pleito está todavía ante el juez.*	Hemistiquio de Horacio (*Arte poética,* 78), en el que examina la cuestión controvertida del origen del ritmo elegiaco. Empléase esta locución para expresar que una cuestión no está resuelta y que aún no se ha llegado a un acuerdo.
A divinis . . . . *En las cosas divinas.*	La cesación **a divinis** es la pena por la cual se suspende a un eclesiástico en el ejercicio de los oficios divinos.
Ad libitum . . . . *A voluntad, a elección.*	*Tocar un trozo de música* **ad libitum** es tocarlo en el movimiento que se quiera.
Ad limina apostolorum . . . . *A los umbrales de los apóstoles.*	Perífrasis para decir: *A Roma; hacia la Santa Sede.* Para abreviar se dice: *Hacer una peregrinación* **ad limina.**
Ad litem . . . . *Para un pleito.*	Fórmula forense: *El mandato* **ad litem** *se limita al pleito de que se trata.*
Ad litteram . . . . *A la letra.*	*Debe citarse un autor* **ad litteram.**
Ad majorem Dei gloriam . . . . *Para mayor gloria de Dios.*	Divisa de la Orden de los Jesuitas. Las iniciales A. M. D. G. sirven de epígrafe a los libros que tienen su origen en esta Compañía.
Ad multos annos . . . . *Por muchos años.*	Fórmula de felicitación: *Desear que tal cosa sea* **ad multos annos.**

Ad patres . . . .
Junto a los antepasados.
Ir **ad patres,** morir; *enviar* **ad patres,** matar. Se emplea familiarmente.

Ad pedem litterae . . . .
Al pie de la letra.
Recitar la lección **ad pedem litterae.**

Ad perpetuam rei memoriam . .
Para perpetuar el recuerdo de la cosa.
Fórmula que se ponía al principio de ciertas bulas que contenían la solución de dificultades sometidas a la Santa Sede. También se encuentra en ciertos monumentos conmemorativos, medallas, etc.

Ad referendum . . . .
Bajo condición de informar.
Fórmula de cancillería: *Aceptar una proposición* **ad referendum.**

Ad rem . . . .
A la cosa.
Precisamente: *Responder* **ad rem.**

Ad usum . . . .
Según el uso, o costumbre.
Celebrar un aniversario **ad usum.**

Ad valorem . . . .
Según el valor.
Dícese de los derechos arancelarios basados en el valor de los objetos importados.

Ad vitam aeternam . . . . . .
Por la vida eterna.
Por siempre, eternamente.

Aequo animo . . . .
Con igual ánimo.
El sabio soporta **aequo animo** *las adversidades de la fortuna.*

Aeternum vale . . . .
Adiós para siempre.
V. SUPREMUN VALE.

Age quod agis . . . .
Haz lo que haces.
Es decir, *pon cuidado en lo que haces,* consejo que suele darse a los que se distraen en sus ocupaciones.

A giorno . . . .
Como de día.
Expresión italiana: *Alumbrado* **a giorno.**

À la dernière [-dernier] . . . .
A la última (moda).
Expresión francesa: *Una señora vestida* **à la dernière.**

A latere . . . .
Del lado, de cerca.
Dícese de ciertos cardenales escogidos por el Papa entre los que le rodean, entre los que están *a su lado,* para desempeñar funciones diplomáticas: *Un legado* **a latere.**

Alea jacta est . . . .
La suerte está echada.
Palabras famosas que se atribuyen a César (Suetonio, *Caesar,* 32), cuando se preparaba a atravesar el Rubicón, porque ordenaba una ley que todo general que entrase en Italia por el Norte licenciase sus tropas antes de atravesar dicho río. Cítase esta frase cuando se toma una decisión arriesgada después de haber vacilado largo tiempo.

A limine . . . .
Desde el umbral.
Rechazar una petición **a limine.**

Aliquando bonus dormitat Homerus. . . .
V. QUANDOQUE BONUS.

Alma mater o **Alma parens** . . .
Madre nutricia.
Expresiones usadas con frecuencia por los poetas latinos para designar la patria, y algunas veces empleadas por los escritores modernos para designar la Universidad.

Altius, citius, fortius . . . . .
Más alto, más rápido, más fuerte.
Lema de los Juegos Olímpicos.

All right [ol rait] . . . . . .
Muy bien, de acuerdo.
Locución inglesa: *Todo va bien, todo está preparado, puede Vd. venir:* **all right.**

Amicus humani generis . . . .
Amigo del género humano.
El amigo de todo el mundo, es decir, amigo de nadie. En español existe el refrán: *Amigo de todos y amigo de ninguno, todo es uno.*

Amicus Plato, sed magis amica veritas . . . .
Amigo de Platón, pero más amigo de la verdad.
Proverbio que citan con frecuencia los filósofos para significar que no basta que una opinión o una máxima sea afirmada por un nombre respetable como el de Platón, sino que ha de estar conforme con la verdad.

A nativitate . . . .
De nacimiento.
Ser tonto **a nativitate.**

Anch'io son'pittore . . . . . .
Y yo también soy pintor.
Exclamación atribuida a Corregio al ver la *Santa Cecilia* de Rafael y que decidió la vocación del artista.

Anno aetatis suae . . . .
En el año de su edad.
Inscripción de algunas tumbas, a continuación de la cual se escribe la edad de la persona difunta.

A novo . . . .
De nuevo.
Asunto remitido **a novo** *ante otro tribunal.*

Ante diem . . . .
Antes del día.
Cédula, citación **ante diem.**

Aperto libro . . . .
A libro abierto.
Traducir **aperto libro.**

Après nous, le déluge . . . . .
Después de nosotros, el diluvio.
Frase que se atribuye a Luis XV, rey de Francia.

Aquila non capit muscas . . . .
El águila no caza moscas.
Empléase para indicar que un hombre superior no debe ocuparse en cosas inferiores, que debe despreciar las pequeñeces.

A remotis . . . .
A un lado.
Poner un objeto **a remotis.**

Arrière-pensée . . . .
Pensamiento oculto.
Locución francesa que significa reserva mental, segunda intención: *Hablar sin* **arrière-pensée;** *su discurso fue claro, franco y sin* **arrière-pensée.**

Arrivederci [-chi] . . . .
Hasta la vista.
Expresión italiana de despedida.

Ars longa, vita brevis . . . . .
El arte es largo, la vida breve.
Traducción latina del primer aforismo de Hipócrates.

A sacris . . . .
En las cosas sagradas.
El sacerdote suspendido **a sacris** no puede ejercer ninguna función de su ministerio.

Asinus asinum fricat . . . . . .
El asno frota al asno.
Dícese de dos personas que se dirigen mutuamente elogios exagerados.

At home [at joum] . . . .
En casa.
Locución inglesa: *Encontrarse bien* **at home.**

Audaces fortuna juvat . . . . .
La fortuna ayuda a los audaces.
Locución imitada del hemistiquio de Virgilio (*Eneida,* X, 284): *Audentes fortuna juvat...*

Audi alteram partem . . . .
Escucha la otra parte.
Para juzgar con imparcialidad hay que escuchar las dos partes litigantes.

Auf wiedersehen [au viderseen] . .
Hasta la vista.
Expresión alemana de despedida.

Au grand complet [o gran complé].
En totalidad, sin faltar nadie.
Locución francesa: *La Asamblea estaba reunida* **au grand complet.**

Aura popularis . . . .
El viento popular.
Expresión metafórica que expresa en Virgilio (*Eneida,* VI, 816) y en Horacio (*Odas,* III, 220) la inconstancia del favor popular.

Aurea mediocritas . . . .
Dorada medianía.
Expresión de Horacio (*Odas,* II, 10, 5) para indicar que es preferible una medianía tranquila a las riquezas, honores, etc.

Aures habent et non audient . .
Tienen oídos y no oirán.
V. OCULOS HABENT ET NON VIDEBUNT.

Au revoir [o revoar] . . . . . .
Hasta la vista.
Expresión francesa de despedida.

Auri sacra fames! . . . .
¡Detestable hambre de oro!
Expresión de Virgilio (*Eneida,* III, 57). En castellano se diría: *Insaciable sed de riquezas.*

Austriae est imperare orbi universo . . . .
A Austria pertenece gobernar a todo el universo.
Ambiciosa divisa de la Casa de Austria. Se escribe abreviadamente: **A. E. I. O. U.** Está compuesta por las cinco vocales del alfabeto y se traduce al alemán por palabras que comienzan con las mismas letras: *Alles Erdreich ist Oesterreich unterthan.*

Aut Caesar, aut nihil . . . . . .
O César, o nada.
Divisa atribuida a César Borgia y que puede aplicarse a todos los ambiciosos.

Aut vincere, aut mori . . . . .
O vencer, o morir.
Locución latina: **Aut vincere aut mori** *era la divisa de muchos generales antiguos.*

Ave Caesar (o **Imperator**), **morituri te salutant** . . . .
Salve César (o Emperador), los que van a morir te saludan.
Palabras que, según Suetonio (*Claudio,* 21), pronunciaban los gladiadores romanos desfilando, antes del combate, delante del palco imperial.

Beati pauperes spiritu . . . . .
Bienaventurados los pobres de espíritu.
Es decir, aquellos que saben desprenderse de los bienes de este mundo. Palabras que se encuentran al principio del *Sermón de la montaña* (San Mateo, V, 3) y que, irónicamente, se emplean para designar a aquellos que alcanzan el éxito, a pesar de su poca inteligencia.

Beati possidentes . . . .
Felices los que poseen.
Locución empleada por Bismarck, que significa que, para reivindicar con provecho un país o un derecho, primero hay que apoderarse de él.

Beatus ille qui procul negotiis . .
Dichoso aquel que lejos de los negocios...
Primer verso del segundo épodo de Horacio. Fray Luis de León ha dicho:
Qué descansada vida
La del que huye el mundanal rüido.

Bis dat qui cito dat . . . . . .
Quien da pronto da dos veces.
Proverbio latino que indica que quien hace un favor prontamente merece doble agradecimiento del favorecido.

Bis repetita placent . . . . . .
Las cosas repetidas gustan.
Aforismo inspirado en un verso del *Arte poética,* de Horacio (365), donde el poeta dice que existen obras que sólo agradan una vez, mientras que otras, repetidas diez veces, agradarán siempre (*Haec decies repetita placebit*).

Bona fide . . . .
De buena fe.
Obrar, equivocarse **bona fide.**

Bonum vinum laetificat cor hominis . . . .
El buen vino alegra el corazón del hombre.
Proverbio de la Biblia (*Eclesiástico,* XL, 20), cuyo texto verdadero es: **Vinum et musica laeticant cor** (*El vino y la música alegran el corazón*), y el texto añade: *y más que ambos, el amor de la sabiduría.*

Caeli enarrant gloriam Dei . . .
Los cielos pregonan la gloria de Dios.
Pasaje de los Salmos (XVIII, 2). Los mundos celestes atestiguan la sabiduría y potencia del Creador.

Caelo tonantem credidimus Jovem regnare . . . .
Creímos que reinaba Júpiter en el cielo cuando lo oímos tronar.
Principio de una oda de Horacio (*Odas,* III, 5, 1) que corresponde al refrán español: *Nadie se acuerda de Santa Bárbara hasta que truena.*

Caetera desiderantur . . . . . .
Lo demás se desea.
Es decir, *lo demás falta.* Fórmula empleada para indicar que está incompleta una obra. También se dice: **caetera desunt,** *lo demás falta.*

Calamo currente . . . .
Al correr de la pluma.
Escribir **calamo currente,** es decir, sin previa reflexión, con ligereza. También se dice **currente calamo.**

Carpe diem . . . .
Aprovecha el día presente.
Palabras de Horacio (*Odas,* I, 11, 8) que nos recuerdan que la vida es corta y debemos apresurarnos a gozar de ella.

Castigat ridendo mores . . . .
Enmienda las costumbres riendo.
Divisa de la comedia creada por el poeta francés Santeul.

Casus belli . . . .
Caso de guerra.
Acontecimiento que da motivo a una guerra: *El hundimiento del "Maine" fue el* **casus belli** *entre España y los Estados Unidos.*

Caveant consules! . . . .
¡Que tengan cuidado los cónsules!
Primeras palabras de una fórmula que se completa con **ne quid detrimenti respublica capiat** (*para que la república no sufra menoscabo*), y por la cual el Senado romano, en los momentos de crisis, invitaba a designar un dictador. Se emplea en sentido figurado: *La revolución amenaza:* **caveant consules!**

Cave ne cadas . . . .
Cuida de no caer.
Consejo que daba al triunfador romano un esclavo colocado detrás de él para impedir que se envaneciera demasiado. Empléase figuradamente en el sentido de decaer, de verse desposeído de una elevada situación: *Ocupas un puesto elevado,* **cave ne cadas.**

Cedant arma togae . . . .
Que las armas cedan a la toga.
Primer hemistiquio de un verso de Cicerón en alabanza propia, en memoria de su consulado. Se emplea esta frase para expresar que el gobierno militar, representado por las armas o por la espada, debe ceder el paso al gobierno civil, representado por la toga, o inclinarse ante él.

Cogito, ergo sum . . . .
Pienso, luego existo.
Comprobación de la existencia de un sujeto pensante, sobre la cual Descartes (*Discurso del Método*), después de haber dudado de todos los razonamientos de los filósofos, construyó su propio sistema.

Col canto . . . .
Con el canto.
Locución italiana empleada en música.

Commedia dell'arte . . . . . .
Comedia de fantasía, de habilidad.
Locución italiana que se aplica a un género especial de comedias en que sólo se determina el asunto, improvisando los actores el diálogo.

Comme il faut [com il fó] . . . .
Como es debido.
Locución francesa: *Fue una recepción* **comme il faut.**

Compos sui . . . .
Dueño de sí mismo.
En todas circunstancias el sabio permanece **compos sui.**

Compte rendu [cont randú] . . .
Cuenta dada.
Palabras francesas que significan informe: *Redactar un* **compte rendu** fiel.

Consensus omnium . . . . . .
El consentimiento universal.
Probar una cosa por el **consensus omnium.**

Consummatum est . . . .
Todo está acabado.
Últimas palabras de Jesucristo en la Cruz (*San Juan,* XIX, 30). Se emplean estas palabras a propósito de un desastre, de un gran dolor, etc.

Contraria contrariis curantur . .
Los contrarios se curan con los contrarios.
Máxima de la medicina clásica, opuesta a la de la homeopatía: **Similia similibus curantur** (*los semejantes se curan con los semejantes*).

Coram populo . . . .
Delante del público, ante la multitud.
Expresión de Horacio (*Arte poética,* 185), a propósito de ciertos espectáculos que el autor dramático no debe mostrar al público: *Hablar* **coram populo,** en voz alta y sin temor.

Corpus delicti . . . .
Cuerpo del delito.
Objeto que prueba la existencia del delito ya porque haya servido para cometerlo, ya porque sea su resultado.

Coup d'État [cu detá] . . . . .
Golpe de Estado.
Palabras francesas: *Aquella elección provocó un* **coup d'État.**

Coup de théâtre [cu de teatr] . .
Golpe de teatro.
Locución francesa que significa lance imprevisto, sorpresa impensada: *Su aparición en ese momento fue un* **coup de théâtre.**

Credo quia absurdum . . . . .
Creo porque es absurdo.
Palabras de Tertuliano (*De Carne Christi*), atribuidas equivocadamente a San Agustín, quien enseña que es propio de la fe el creer sin necesidad de comprender.

Cuique suum . . . .
A cada cual lo suyo.
Aforismo de la legislación romana: *Hay que dar* **cuique suum.**

Cujus regio, ejus religio . . . .
De tal país, de tal religión.
Máxima latina que indica que se profesa generalmente la religión que domina en el propio país.

Cum quibus . . . .
Con los cuales.
Expresión latina que, en sentido figurado, designa el dinero: *No pudo comprar nada porque no llevaba* **cum quibus.**

Chi lo sa? [ki-] . . . .
¿Quién lo sabe?
Locución italiana empleada a veces en castellano.

Chi va piano, va sano [ki-] . . . .
Quien va despacio, va seguro.
Proverbio italiano que se completa con **chi va sano, va lontano** (*quien va seguro, va lejos*).

De auditu . . . .
De oídas.
Saber una cosa sólo **de auditu.**

Debellare superbos . . . . . .
Derribar a los poderosos.
Palabras que Virgilio (*Eneida*, VI, 853) pone en boca de Anquises explicando a Eneas el futuro papel del pueblo romano. El verso completo es: **Parcere subjectis et debellare superbos** (*perdonar a los que se someten y derribar a los poderosos*).

De cujus . . . .
De aquel, de aquella de quien.
Primeras palabras de la locución latina *De cujus successione agitur* (De aquel o de aquella de cuya sucesión se trata), y que se emplea en forma abreviada: *Las últimas voluntades del* **de cujus.**

De facto . . . .
De hecho.
Opónese a **de jure,** *de derecho: Para los carlistas, Isabel II era el monarca* **de facto,** *y Don Carlos el* **de jure.**

De gustibus et coloribus non disputandum . . . .
De gustos y colores no se debe discutir.
Proverbio de los escolásticos de la Edad Media. Cada uno es libre de pensar y de obrar como quiera. En español se dice: *Sobre gustos no hay nada escrito.*

Dei gratia . . . .
Por la gracia de Dios.
Locución que figura en algunas monedas españolas antiguas.

De jure . . . .
De derecho.
V. DE FACTO.

Delenda est Cartago . . . . . .
Hay que destruir a Cartago.
Palabras con que Catón el Censor (Floro, *Hist, rom.*, II, 15) terminaba todos sus discursos, cualquiera que fuera su asunto. Empléanse para designar una idea fija, que persigue a uno sin descanso.

De minimis non curat praetor . .
El pretor no se ocupa de asuntos pequeños.
Axioma que se cita para significar que un hombre de cierta categoría no debe ocuparse de pequeñeces.

De motu proprio . . . .
Por propia iniciativa.
Hacer una cosa **de motu proprio.**

Deo gratias . . . .
Gracias a Dios.
Palabras que se repiten frecuentemente en las oraciones litúrgicas. Empléanse familiarmente para dar a entender que se alegra uno de que acabe una cosa pesada o molesta.

Deo ignoto . . . .
Al dios desconocido.
San Pablo leyó en un templo de Atenas la inscripción: *Al dios desconocido*, y declaró a los griegos que ese dios era el que él venía a predicar (*Hechos de los Apóstoles*, XVII, 23).

Deo juvante . . . .
Con la ayuda de Dios.
Locución latina usada así en castellano y que significa *Dios mediante.* También se dice **Deo volente** *(Si Dios quiere).* [V. *Part. lengua.*]

De omni re scibili, et quibusdam aliis . . . .
De todas las cosas que pueden saberse y de algunas más.
De omni re scibili era la divisa del famoso Pico de la Mirandola, que se comprometía a discutir con cualquiera de cuanto puede saber el hombre; **et quibusdam aliis** añadió un gracioso, quizá Voltaire, criticando ingeniosamente la vanidad del joven sabio. Aplícase hoy irónicamente para designar a un profundo erudito, o más bien a un hombre que cree saberlo todo sin saber nada en realidad.

Deo optimo maximo . . . . . .
Al Dios muy bueno y muy grande.
Inscripción latina que se encuentra abreviada con frecuencia en **D. O. M.**

De profundis (clamavi) . . . . .
De lo profundo (te invoqué).
Primeras palabras de un salmo de penitencia (CXXIX) que se dicen generalmente en las oraciones de los difuntos.

De viris . . . .
De los hombres.
Primeras palabras de un libro elemental (*De viris illustribus urbis Romae* [De los hombres ilustres de la ciudad de Roma]), escrito por el francés Lhomond.

De visu . . . .
De vista, por haberla visto.
Hablar de una cosa **de visu.**

De vita et moribus . . . .
Sobre la vida y las costumbres.
Dícese de la investigación que se hace de la vida y costumbres de los candidatos a ciertos puestos o destinos.

Deus ex machina . . . .
Un Dios (bajado) *por medio de una máquina.*
Expresión que designa, en una obra de teatro, la intervención de un ser sobrenatural que baja al escenario por medio de una máquina y, en sentido figurado, la intervención feliz e inesperada de una persona que resuelve una situación trágica.

Diem perdidi . . . .
He perdido el día.
Palabras de Tito (según Suetonio), cuando había pasado el día sin haber encontrado ocasión de hacer una obra buena.

Dies irae . . . .
Día de la cólera.
Primeras palabras y título de una secuencia del misal romano que se canta por los difuntos.

Dieu et mon droit . . . .
Dios y mi derecho.
Divisa del escudo de la Gran Bretaña.

Divide et vinces . . . .
Divide y vencerás.
Máxima latina. No lo hagas todo a un tiempo, ve por partes.

Divide ut regnes . . . .
Divide para reinar.
Máxima política enunciada por Maquiavelo, y cuya forma más común es: *Divide ut imperes,* o *Divide et impera* (Divide y reina).

Dixi . . . .
He dicho.
Fórmula con que se suele terminar la exposición de una prueba, de un razonamiento, de un discurso, etc.

Doctus cum libro . . . .
Sabio con el libro.
Dícese de aquellos que, incapaces de pensar por sí mismos, buscan las ideas en las obras ajenas.

Dolce far niente [dolche-] . . . .
Dulce ociosidad.
Locución italiana: *Entregarse al* **dolce far niente.**

Dolce vita [dolche-] . . . . .
Dulce vida.
Locución italiana para designar una vida frívola y disoluta.

Dominus dedit, Dominus abstulit; sit nomen Domini benedictum . . . .
El Señor me lo dio, el Señor me lo quitó; sea bendito el nombre del Señor.
Palabras de Job (*Libro de Job,* I, 21), cuando es probado por la adversidad. Cítanse como ejemplo de resignación.

Dominus vobiscum . . . . . .
El Señor esté con vosotros.
Palabras que pronuncia el sacerdote durante la celebración de la misa, volviéndose hacia los fieles.

Donec eris felix, multos numerabis amicos . . . .
Mientras seas feliz tendrás muchos amigos.
Verso de Ovidio (*Tristes,* I, 1, 39) después de haber sido desterrado por Augusto y abandonado por sus amigos. Se añade ordinariamente el segundo verso:
Tempora si fuerint nubila, solus eris.
(Si el cielo se nubla, estarás solo.)

Do ut des . . . .
Doy para que des.
Locución latina que expresa que muchas veces el móvil de una acción es la esperanza de la reciprocidad.

Dulce et decorum est pro patria mori . . . .
Dulce y bello es morir por la patria.
Verso de Horacio (*Odas,* III, 2, 13), en que aconseja a los jóvenes romanos que imiten las virtudes de sus antepasados y, especialmente, su valor guerrero.

Dura lex, sed lex . . . .
Dura es la ley, pero es la ley.
Máxima que se recuerda al hablar de una ley, reglamento o regla penosa a la que es preciso someterse.

Ego sum qui sum . . . .
Yo soy el que soy.
Es decir, soy el Ser de los seres, el Ser supremo. Palabras de Dios a Moisés (*Éxodo,* III, 14).

Eli, Eli, lamma sabacthani . . .
Dios mío, Dios mío, ¿por qué me has abandonado?
Palabras hebreas. Grito de Cristo al morir en la Cruz (*San Mateo,* XXVII, 46; *San Marcos,* XV, 34).

Enfant gâté . . . .
Niño mimado.
Locución francesa: *Ese pianista es el* **enfant gâté** *del público.*

English spoken [inglich] . . . .
Se habla inglés.
Frase que se escribe en los escaparates de las tiendas, etc., para indicar que allí hay alguna persona que habla inglés.

Ense et aratro . . . .
Con la espada y el arado.
Divisa del ciudadano que sirve a su patria en tiempo de guerra con la espada, y en tiempo de paz en los trabajos de la agricultura.

Entente cordiale . . . .
Armonía cordial.
Buena armonía entre dos países.

Epicuri de grege porcum . . . .
Cerdo del rebaño de Epicuro.
Así se llamaba a sí mismo Horacio en una epístola a Tibulo (I, 4, 16), más por burlarse del lenguaje severo de los estoicos que por colocarse entre las bestias. La expresión ha quedado para designar a un hombre aficionado a los goces de los sentidos.

Eppur (o **E pur**)**, si muove!** . . .
¡Y sin embargo se mueve!
Palabras italianas atribuidas a Galileo, obligado a retractarse por haber proclamado, después de Copérnico, que la Tierra giraba sobre sí misma, contrariamente a la letra de las Escrituras.

Eritis sicut dii . . . .
Seréis como dioses.
Palabras que dirige la serpiente a Eva, en el Paraíso, para invitarla a comer el fruto del árbol de la ciencia del bien y del mal (*Génesis,* III, 5). Recuérdanse a veces a propósito de promesas falaces.

Errare humanum est . . . . . .
Es propio del hombre equivocarse.
Empléase para paliar o excusar una falta, una caída moral.

Et in Arcadia ego! . . . .
¡Yo también he vivido en Arcadia!
Frase que expresa la efímera duración de la felicidad y el pesar que se siente por el bien perdido.

Et nunc reges, intelligite; erudimini qui judicatis terram . . . .
Ahora, pues, ¡oh reyes!, obrad prudentemente; dejaos persuadir, rectores todos de la Tierra.
Palabras de David (*Salmos,* II, 10), que se recuerdan para indicar que debemos aprovechar la experiencia de los demás.

Ex abundantia cordis os loquitur . *De la abundancia del corazón habla la boca.*
El hombre suele hablar de lo que abunda en su corazón.

Ex aequo . . . . *Con igual mérito.*
Se les clasificó a los dos en segundo lugar **ex aequo.**

Excelsior . . . . *Más alto.*
Comparativo de *excelso,* empleado para designar algunas cosas excelentes.

Exceptis excipiendis . . . . . . *Excepto lo que hay que exceptuar.*
Por regla general, exceptuando lo que haya que exceptuar.

Ex consensu . . . . *Con el consentimiento.*
Con la venia de la persona a quien se dirige uno o de quien se habla.

Ex corde o **Ex toto corde** . . . . *De todo corazón.*
Sabes que te quiere **ex corde,** *tu amigo. — Hacer un favor a alguien* **ex corde** o **ex todo corde.**

Excusatio non petita, accusatio manifesta . . . . *Excusa no pedida, acusación manifiesta.*
El que se excusa sin que nadie le haya acusado declara que es culpable.

Exegi monumentum aere perennius . . . . *He acabado un monumento más durable que el bronce.*
Primer verso de la última oda del tercer libro de las *Odas* de Horacio. El poeta, al terminar la colección de sus tres primeros libros, promete la inmortalidad a su obra. A veces sólo se citan la primera o la segunda mitad del verso.

Exempli gratia . . . . *Por ejemplo.*
En abreviatura **e. g.**— Dícese también, en el mismo sentido, **verbi gratia.**

Exeunt, exit . . . . *Salen, sale.*
Palabras empleadas a veces en las comedias para indicar la salida de uno o varios personajes.

Ex nihilo nihil . . . . *De nada, nada.*
Célebre aforismo que resume la filosofía de Lucrecio y de Epicuro, pero que está sacado de un verso de Persio (*Sátiras,* III, 24), que comienza por *De nihilo nihi* (Nada viene de nada, es decir: Nada ha sido sacado de nada. Nada ha sido creado, pero todo cuanto existe existía ya de alguna manera desde la eternidad).

Fait accompli . . . . *Hecho consumado.*
Expresión francesa: *No pudo hacer nada ante el* **fait accompli.**

Fama volat . . . . *La fama vuela.*
Expresión de Virgilio (*Eneida,* III, 121) que expresa la rapidez con que se extiende una noticia.

Felix culpa! . . . . *¡Feliz pecado!*
Palabras de San Agustín que hacen alusión al pecado de nuestros primeros padres, que nos valió el Redentor.

Felix qui potuit rerum cognoscere causas . . . . *Feliz quien pudo conocer las causas de las cosas.*
Verso de Virgilio (*Geórgicas,* II, 489) citado frecuentemente para celebrar la felicidad de aquellos cuyo espíritu vigoroso penetra los secretos de la naturaleza y se eleva así sobre las opiniones de los demás.

Fervet opus . . . . *El trabajo hierve.*
Expresión empleada por Virgilio (*Geórgicas,* IV, 169) para describir la actividad de las abejas.

Festina lente . . . . *Apresúrate lentamente.*
Palabras atribuidas a Augusto, según Suetonio (*Augusto,* 25): Caminad lentamente si queréis llegar más pronto a un trabajo bien hecho. Corresponde al refrán castellano *Vísteme despacio, que tengo prisa.*

Fiat lux! . . . . *¡Hágase la luz!*
Alusión a la palabra creadora del Génesis (I, 3): Dios dijo: "*Que la luz sea", y la luz se hizo...*

Fiat voluntas tua . . . . *Hágase tu voluntad.*
Palabras del *Padre Nuestro* que se emplean como fórmula de consentimiento resignado.

Fides punica . . . .
V. PUNICA FIDES.

Finis coronat opus . . . . *El fin corona la obra.*
Empléase en buen y mal sentido para indicar que el fin de una cosa está en relación con su principio.

Fluctuat nec mergitur . . . . . *Flota sin hundirse.*
Lema que figura en el escudo de la ciudad de París.

Fugit irreparabile tempus . . . . *Huye el irreparable tiempo.*
Final de un verso de Virgilio (*Geórgicas,* III, 284) que se emplea para expresar la fugacidad del tiempo.

Gaudeamus igitur, juvenes dum sumus . . . . *Alegrémonos, pues, mientras somos jóvenes.*
Comienzo de una canción estudiantil de la Edad Media que todavía cantan los estudiantes de nuestros días.

Genus irritabile vatum . . . . . *La raza irritable de los poetas.*
Expresión de Horacio (*Epístolas,* II, 2, 102) que sirve para caracterizar la gran susceptibilidad de los poetas y literatos.

Gloria in excelsis Deo . . . . . *Gloria a Dios en las alturas.*
Expresión latina con que se inician algunas oraciones litúrgicas.

Gloria victis! . . . . *¡Gloria a los vencidos!*
Antítesis de la locución latina **Vae victis!**

Gnothi seauton [gnozi-] . . . . .
Conócete a tí mismo.
Inscripción grabada en el frontón de Delfos y que Sócrates tomó como divisa. La traducción latina es: **Nosce te ipsum.**

God save the king! . . . .
¡Dios salve al rey!
Canto nacional de los ingleses. *A la llegada del rey la música entona el* **God save the king.** (Si se trata de una reina se dice *God save the* **queen.**)

Good-by [gud bai] . . . .
Adiós.
Expresión inglesa de despedida.

Grammatici certant . . . . .
Los gramáticos discuten.
Comienzo de un verso de Horacio (*Arte poética,* 78) que se completa con **et adhuc sub judice lis est.** V. ADHUC.

Grande tenue . . . .
Traje de gala.
Locución francesa: *Los militares iban en* **grande tenue.**

Hannibal ad portas . . . . . .
Aníbal en las puertas.
Grito de los romanos después de la batalla de Cannas (Cicerón, *De finibus,* IV, 9; Tito Livio, 23, 16), que se puede recordar cuando nos amenaza un enemigo.

Hic et nunc . . . .
Aquí y ahora.
Usted va a pagarme **hic et nunc,** es decir, en seguida, ahora mismo.

Hic jacet... . . . .
Aquí yace...
Primeras palabras de una inscripción tumularia.

Hoc volo, sic jubeo, sit pro ratione voluntas . . . .
Lo quiero, lo mando, sirva mi voluntad de razón.
Verso de Juvenal (*Sátiras,* VI, 223) que pone estas palabras en boca de una mujer imperiosa. Cítanse al hablar de una voluntad arbitraria.

Hodie mihi, cras tibi . . . . . .
Hoy a mí, mañana a tí.
Dirígese en el lenguage familiar a la persona que ha de sufrir pronto una prueba que nosotros hemos ya pasado.

Homo homini lupus . . . . . .
El hombre es un lobo para el hombre.
Pensamiento de Plauto (*Asinaria,* II, 4, 88), repetido por Bacon y Hobbes, que expresa que a veces el hombre es para su semejante peor que las fieras. En la misma idea abunda Gracián.

Homo sum: humani nihil a me elienum puto . . . .
Soy hombre: nada de lo que es humano me es extraño.
Verso de Terencio (*El hombre que se castiga a sí mismo,* I, 1, 25) que expresa el sentimiento de la solidaridad humana.

Honest Yago . . . .
El honrado Yago.
Palabras irónicas de Shakespeare (*Otelo*) para designar a un malvado.

Honni soit qui mal y pense [oni suá ki mal i pans] . . . .
Vergüenza para quien piense mal.
Lema de la orden inglesa de la Jarretera.

Id est . . . .
Esto es.
Locución que suele escribirse abreviadamente **i. e.**

Ignoti nulla cupido . . . . . .
No se desea lo que no se conoce.
Aforismo de Ovidio (*Arte de amar,* III, 397): *La indiferencia nace con frecuencia de la ignorancia*: **ignoti nulla cupido.**

In abstracto . . . .
En lo abstracto.
Muchos principios establecidos **in abstracto** *no se comprueban luego en la realidad.*

In actu . . . .
En acto.
Potencia que se revela **in actu.**

In aeternum . . . .
Para siempre.
Comprometerse **in aeternum** *por los votos religiosos.* Se dice también **in perpetuum.**

In albis . . . .
En blanco.
Sin comprender una cosa, sin estar enterado de ella: *Me he quedado* **in albis;** *estar* **in albis.**

In ambiguo . . . .
En ambigüedad.
A pesar de las discusiones, la cuestión permanece **in ambiguo.** Dícese igualmente **in dubio.**

In anima vili . . . .
En un ser vil.
Locución que se aplica a los experimentos científicos hechos generalmente con animales: *Ensayar un veneno* **in anima vili.**

In articulo mortis . . . .
En el artículo de la muerte.
Se casó **in articulo mortis.**

In extenso . . . .
Por entero, con todos sus pormenores.
Relación **in extenso** *de un pleito.*

In extremis . . . .
En el último momento.
Confesarse **in extremis.** *Hacer su testamento* **in extremis.**

Infandum, regina, jubes renovare dolorem . . . .
Me mandáis, reina, que renueve un dolor indecible.
Verso de la *Eneida* (II, 3). Palabras con las que comienza Eneas el relato que hace a Dido de la toma de Troya. Se cita a modo de preámbulo, cuando se va a hacer alguna confidencia más o menos dolorosa; se emplea ordinariamente en lenguaje festivo.

In hoc signo vinces . . . . . .
Por este signo vencerás.
Refieren los historiadores que cuando Constantino I iba a combatir contra Majencio, se apareció a su ejército una cruz rodeada de estas palabras: "**In hoc signo vinces**". Hizo pintar dicha señal sobre su estandarte o *lábaro.* Empléase para designar lo que en una circunstancia determinada nos ha de hacer vencer.

In illo tempore . . . .
En aquel tiempo.

Por entonces: **In illo tempore,** *Jesús predicaba en Cafarnaún.* — **In illo tempore,** *había un rey muy cruel...*

Initium sapientiae timor Domini .
El principio de la sabiduría [es] *el temor de Dios.*

Frase que se encuentra varias veces en la Biblia (*Salm.* CX, 10; *Eclesiástico,* I, 15), a veces con forma algo diferente: **Timor Domini, principium sapientiae** (*Prov.* I, 7; IX, 10; XIV, 27).

In limine . . . .
En el umbral.

Por extensión, *al principio*: *El autor de este libro inscribe un soneto* **in limine.**

In medias res . . . .
En medio de las cosas.

En plena acción, en pleno asunto. Expresión de Horacio (*Arte poética,* 148), explicando que Homero pone al lector **in medias res.**

In medio stat virtus . . . . .
La virtud está en medio.

Es decir, igualmente alejada de los extremos.

In memoriam . . . .
Para recuerdo.

Palabras que suelen esculpirse sobre las tumbas.

In naturalibus . . . .
En desnudez.

Sorprender a uno **in naturalibus.** Dícese también **in puris naturalibus** y, por corrupción, **in puribus.**

In nomine . . . .
Nominalmente.

Ser dueño de una cosa **in nomine.**

In partibus (infidelium) . . . . .
En los países [ocupados por los infieles].

Dícese del obispo cuyo título es puramente honorífico y no tiene derecho a ninguna jurisdicción.

In pectore . . . .
En el pecho.

Dícese del cardenal cuya institución o proclamación se reserva el Papa para una época ulterior. Significa también para sus adentros: *Pensar algo* **in pectore.** Se dice igualmente **in petto.**

In praesenti . . . .
En el tiempo presente.

El recuerdo de lo pasado o la esperanza de lo porvenir sirven de consuelo a los males que padecemos **in praesenti.**

In rerum natura . . . .
En la naturaleza de las cosas.

Una hipótesis científica que no se comprueba **in rerum natura** *carece de valor.*

In sacris . . . .
En las cosas sagradas.

Estar ordenado **in sacris.**

In saecula saeculorum . . . . .
Por los siglos de los siglos.

Empléase figurativamente para expresar la gran duración de una cosa.

In situ . . . .
En el mismo sitio.

Locución empleada especialmente en mineralogía: *Diamantes hallados* **in situ,** *es decir, en la roca misma donde se formaron.*

Intelligenti pauca . . . .
Al inteligente, pocas palabras.

Frase latina que equivale al refrán castellano *Al buen entendedor, pocas palabras bastan.*

In tempore opportuno . . . . .
En el tiempo conveniente.

El socorro no llegó **in tempore opportuno.**

Inter nos . . . .
Entre nosotros.

Inter nos, *no creo que tenga mucho talento.*

In utroque jure . . . .
En ambos derechos.

En Derecho civil y canónico: *Un doctor* **in utroque jure.** Dícese abreviadamente **in utroque.**

In vino veritas . . . .
La verdad en el vino.

Es decir, el hombre es expansivo cuando ha bebido.

In vitro . . . .
En el vidrio.

Expresión que designa las reacciones fisiológicas que se estudian en el laboratorio, fuera del organismo (tubos, probetas, etc.): *Experimento* **in vitro.**

In vivo . . . .
En el ser vivo.

Expresión que designa toda reacción fisiológica que se verifica en el organismo: *Experimento* **in vivo.**

Io non so lettere . . . .
Yo no conozco las letras.

Contestación del papa Julio II a Miguel Ángel, quien al hacer la estatua de dicho pontífice le preguntó si debía ponerle un libro en las manos. "Ponme una espada —dijo el Papa—, *yo no sé leer.*"

Ita est . . . .
Así es.

Fórmula para expresar la conformidad de una copia con el original en las escrituras antiguas. Se emplea sobre todo en las discusiones filosóficas para explicar o confirmar un texto.

Ite, misa est . . . .
Idos, la misa ha terminado.

Fórmula litúrgica de la misa que precede a la bendición final.

Jure et facto . . . .
De derecho y de hecho.

Ser rey **jure et facto.**

Juro . . . .
Lo juro.

Palabra latina que se usa para jurar algo que se nos demanda.

Jus est ars boni et aequi . . . .
El derecho es el arte de lo bueno y de lo justo.

Definición del Derecho enunciada por el *Digesto.*

Jus et norma loquendi . . . . .
Ley y norma del lenguaje.

Horacio afirma en su *Arte poética* (72) que el uso es el que decide en materia de lenguaje.

Jus gentium
Derecho de gentes.
Entre los romanos, Derecho aplicado a los extranjeros. Hoy día, Derecho internacional.

Jus privatum
Derecho privado.
Derecho de los particulares entre sí; Derecho civil.

Jus publicum
Derecho público.
Derecho común de los ciudadanos en su relación con el Estado; Derecho político.

Kyrie eleison
Señor, ten piedad.
Invocación griega que el sacerdote repite varias veces en la misa.

Labor omnia vincit improbus
Un trabajo ímprobo todo lo vence.
Fragmentos de dos versos de las *Geórgicas* de Virgilio (I, 144-145) convertidos en proverbio.

Laissez faire, laissez passer [lesé fer, lesé pasé]
Dejad hacer, dejad pasar.
Frase que sirvió de lema a los fisiócratas (Quesnay, Gournay, etc.), que preconizaban la libertad de comercio.

Lasciate ogni speranza, voi ch'entrate [-kentrate]
Dejad toda esperanza, vosotros los que entráis.
Inscripción que en el poema de Dante está colocada a la puerta de los infiernos (*Infierno,* III, 9).

Lato sensu
En sentido lato.
Hablando **latu sensu** *puede decirse que...* Locución latina que significa en sentido lato, por extensión, y se opone a la expresión: **Stricto sensu** (en sentido estricto).

Lege, quaeso
Lee, te lo ruego.
Palabras que se dicen o escriben para invitar a alguno a leer algo.

Le style c'est l'homme [le stil se lom]
El estilo es el hombre.
Frase del naturalista francés Buffon, que significa que el estilo refleja el espíritu de un escritor.

L'union fait la force [lunión fe la fors]
La unión hace la fuerza.
Divisa del reino de Bélgica.

Magister dixit
El maestro lo ha dicho.
Palabras con que pretendían los escolásticos de la Edad Media citar como un argumento sin réplica la opinión del maestro (Aristóteles), a imitación de los discípulos de Pitágoras. Hoy se aplica por extensión a cualquier jefe de escuela o doctrina. También se dice **Ipse dixit.**

Mane, thecel, fares
Pesado, contado, dividido.
Amenaza profética que una mano misteriosa trazó en la pared de la sala donde el rey Baltasar celebraba el que había de ser su último festín cuando Ciro penetraba en Babilonia (*Libro de Daniel,* V).

Man spricht deutsch
Se habla alemán.
Frase que se escribe en los escaparates de las tiendas, etc., para indicar que allí hay una persona que habla alemán.

Manu militari
Por mano militar.
Locución empleada sobre todo en el lenguaje jurídico y que equivale a la expresión por la fuerza de las armas: *Expulsar a alguien* **manu militari.**

Margaritas ante porcos
(No arrojéis) *perlas a los puercos.*
Palabras del *Evangelio* (San Mateo, VII, 6) que, en sentido figurado, significan que no debe hablarse a los ignorantes de cosas que son incapaces de comprender.

Maxima debetur puero reverentia
Débese al niño el mayor respeto.
Célebre verso de Juvenal (*Sátiras,* XIV, 47) que indica la suma prudencia con que hay que tratar a los niños.

Medice, cura te ipsum
Médico, cúrate a tí mismo.
Se dice de aquellos que dan consejos que debieran seguir ellos mismos.

Mehr Licht!
¡Más luz!
Expresión alemana. Últimas palabras de Goethe pidiendo que se abriese una ventana para tener más luz y que se cita en sentido diferente para decir: "¡Más claridad intelectual, más ciencia, más verdad!".

Memento, homo, quia pulvis es et in pulverem reverteris
Acuérdate, hombre, que eres polvo y en polvo te convertirás.
Palabras que pronuncia el sacerdote al aplicar la ceniza en la frente de los fieles el miércoles de Ceniza, en recuerdo de las palabras del *Génesis* (III, 19) dichas por Dios a Adán después del pecado original.

Mens sana in corpore sano
Mente sana en cuerpo sano.
Máxima de Juvenal (*Sátiras,* X, 356). El hombre verdaderamente sabio, dice el poeta, no pide al cielo sino *la salud del cuerpo con la del alma.* Estos versos suelen cambiar de sentido expresando que la salud del cuerpo es una condición importante para la salud del espíritu.

Minima de malis
De los males los menores.
Máxima sacada de las fábulas de Fedro.

Mirabile visu
Cosa admirable de ver.
Era verdaderamente un espectáculo curioso, **mirabile visu.** En un sentido análogo, se dice: **Mirabile dictu** (Admirable de decir).

Mise en scène [mis an sen]
Disposición del escenario, escenografía.
Escenografía, realización escénica o cinematográfica de una obra lírica o dramática, de un escenario: *Esta ópera exige una gran* **mise en scène.**

Modus faciendi
Modo de obrar.
El **modus faciendi** *denota casi siempre la intención del agente.*

More majorum . . . .
Según la costumbre de los antepasados.

Los antiguos hacían todas las cosas **more majorum.**

Mors ultima ratio . . . .
La muerte es la última razón de todo.

El odio, la envidia, todo se borra con la muerte: **mors ultima ratio.**

Multa paucis . . . .
Mucho en pocas palabras.

Expresión que se aplica a los escritores concisos.

Multi sunt vocati, pauci vero electi . . . .
Muchos son los llamados y pocos los escogidos.

Palabras del *Evangelio* (San Mateo, XX, 16 y XXII, 14) que se refieren a la vida futura, pero que se aplican en la vida presente en muchas circunstancias.

Mutato nomine . . . .
Cambiado el nombre.

Es **mutato nomine** *siempre la misma cosa.*

Nascuntur poetae, fiund oratores.
Nacen los poetas, los oradores se hacen.

En otros términos: *La elocuencia es hija del arte; la poesía, hija de la naturaleza.*

Natura non facit saltus . . . . .
La naturaleza no da saltos.

Es decir, la naturaleza no crea especies ni géneros absolutamente distintos; existe siempre entre ellos algún intermediario que los une al anterior. Aforismo científico enunciado por Leibniz (*Nuevos Ensayos*, IV, 16).

Necessitas caret lege . . . . . .
La necesidad carece de ley.

Lo que hacemos a impulsos de una necesidad imprescindible no se nos puede imputar.

Nec pluribus impar . . . . . .
No diferente a muchos (soles).

Divisa de Luis XIV (el Rey Sol) que significa: *superior a todo el mundo.*

Nec plus ultra . . . .
No más allá.

Inscripción grabada por Hércules, según la Fábula, en los montes Abila y Calpe, que creyó eran los límites del mundo y que separó para unir el Océano con el Mediterráneo. Designa en general cualquier límite que no ha sido pasado o cualquier cosa excelente: *Era el* **nec plus ultra** *de la elegancia.* Dícese también **non plus ultra.**

Nemine discrepante . . . . . .
Sin que nadie discrepe.

Unánimemente, con consentimiento universal.

Nessun maggior dolore che ricordarsi del tempo felice nella miseria . . . .
No hay mayor dolor en el infortunio que recordar el tiempo feliz.

Versos de Dante en la *Divina Comedia* (Infierno, V, 121, 123). Con estos versos comienza Francesca de Rímini a referir al poeta sus amores desgraciados, cuyo castigo padece en el infierno.

Ne varietur . . . .
Para que nada se cambie.

Rubricar un acta, un documento, **ne varietur.** *Una edición* **ne varietur.**

Nihil obstat o **Nil obstat** . . . .
Nada se opone.

Fórmula empleada por la censura eclesiástica para autorizar la impresión de una obra, para afirmar que no contiene ningún error: *El* **nihil obstat** *precede al imprimatur.*

Nil admirari . . . .
No conmoverse por nada.

Palabras de Horacio (*Epístolas*, I, 6, 1). Esta máxima estoica es, según él, el principio de la felicidad. Se emplea con frecuencia en el sentido de *no maravillarse por nada,* y es entonces la divisa de los indiferentes.

Nil novi sub sole . . . .
Nada nuevo bajo el sol.

Palabras del *Eclesiastés* (I, 9), cuyo texto completo es: *Lo que fue, eso será. Lo que ya se hizo, eso es lo que se hará; no se hace nada nuevo bajo el sol.*

Noblesse oblige [nobles oblich] . .
Nobleza obliga.

El que es de noble nacimiento, debe portarse siempre como tal.

Nolens, volens . . . .
No queriendo, queriendo.

Expresión latina que equivale a la expresión castellana *Quieras o no quieras, por grado o por fuerza.* V. VELIS NOLIS.

Noli me tangere . . . .
No me toques.

Expresión sacada del *Evangelio* de San Juan (XX, 17). Son las palabras de Jesús a la Magdalena. Recuérdanse cuando se habla de una persona o cosa que una especie de religión nos impide tocar.

Non decet . . . .
No conviene.

Locución que se emplea para advertir a uno de la inconveniencia de un acto o de una palabra.

Non liquet . . . .
No está claro.

Esta locución se emplea para indicar que una cosa es oscura o poco inteligible.

Non multa sed multum . . . . .
No muchas cosas, sino mucho.

Dícese al hablar de resultados que valen no por su número, sino por su importancia.

Non, nisi parendo, vincitur . . .
No se la vence sino obedeciéndola.

Axioma que aplica a la naturaleza el filósofo Francis Bacon. Para hacer servir la naturaleza a las necesidades del hombre, es preciso obedecer a sus leyes.

Non nova, sed nove . . . . . .
No cosas nuevas, sino de una manera nueva.

Se dice, por ejemplo, de un escritor que no descubre cosas nuevas, pero que hace suyas ideas ya conocidas, presentándolas de un modo nuevo.

Non omnis moriar . . . .
No moriré del todo.

Pensamiento de Horacio (*Odas*, III, 30, 6): Yo no moriré del todo, pues mi obra me sobrevivirá.

Nosce te ipsum . . . .

V. GNOTHI SEAUTON.

Nulla dies sine linea . . . . . .
Ni un día sin línea.
Palabras atribuidas por Plinio (*Hist. nat.*, 35, 36) a Apeles, quien no pasaba un día sin trazar una línea, es decir, sin pintar. Esta expresión aplícase sobre todo a los escritores.

Nunc dimittis servum tuum, Domine . . . .
Ahora, Señor, puedes ya dejar ir a tu siervo.
Palabras del anciano Simeón, después de haber visto al Mesías (*San Lucas*, II, 29). Puede uno morir después que se han cumplido sus más gratas esperanzas o deseos.

Nunc est bibendum . . . . . .
Ahora hay que beber.
Palabras tomadas de una oda de Horacio (*Odas*, I, 37, 1) compuesta con motivo de la victoria de Actio. Manera familiar de decir que hay que celebrar un gran éxito, un triunfo inesperado.

Oculos habent et non videbunt .
Tienen ojos y no verán.
Palabras sacadas del salmo *In exitu Israel*. Aplícanse a aquellos que por cualquier motivo padecen de ceguera intelectual. En el mismo salmo se encuentran las palabras: **Os habent et non loquentur:** *Tienen boca y no hablarán;* **Manus habent et non palpabunt:** *Tienen manos y no tocarán;* **Aures habent et non audient:** *Tienen oídos y no oirán.*

Odi profanum vulgus . . . . . .
Odio el vulgo profano.
Pensamiento de Horacio (*Odas*, III, 1, 1), que se precia de no hacer caso de los aplausos de la multitud y sí de desear la aprobación de los hombres de buen gusto.

O fortunatos, nimium, sua si bona norint, Agricolas . . . .
Demasiado afortunados los campesinos si conocieran su suerte.
Versos de Virgilio (*Geórgicas*, II, 458, 459), de los que sólo suele citarse la primera parte, aplicándola a los que disfrutan de una felicidad que no saben apreciar.

Omne vivum ex ovo . . . . .
Todo ser vivo proviene de un germen.
Aforismo biológico del inglés Harvey.

Omnia mecum porto . . . . . .
Llevo todo lo mío conmigo.
Contestación del filósofo Bías, uno de los Siete Sabios de Grecia, a sus conciudadanos de Priene, quienes, amenazados por el ejército de Ciro, abandonaban la ciudad cargados con todas sus riquezas y se admiraban al ver que el filósofo no hacía ningún preparativo. Dábales a entender que las verdaderas riquezas son las de la sabiduría.

Omnia vincit amor . . . .
El amor todo lo vence.
Primera parte de un verso de Virgilio (*Églogas*, X, 69). Se trata del amor personificado, tirano de los hombres y de los dioses.

Omnis homo mendax . . . . . .
Tomo hombre es mentiroso.
Palabras del salmo CXV, 15, cuyo texto texto completo es: *Habíame dicho en mi abatimiento: " Todos los hombres son engañosos".*

On parle français [parl fransé] . .
Se habla francés.
Frase que se escribe en los escaparates de las tiendas, etc., para indicar que allí hay una persona que habla francés.

O sancta simplicitas! . . . . . .
¡Oh santa simplicidad!
Exclamación atribuida a Juan Hus, al ver a una anciana llevar un leño a la hoguera en que él ardía. Cítase con frecuencia irónicamente para burlarse de una conducta, palabra, etc., demasiado ingenua.

O tempora! O mores! . . . . .
¡Oh tiempos! ¡Oh costumbres!
Exclamación de Cicerón contra la perversidad de los hombres de su tiempo (*Catilinarias*, I, 1, y *Verrinas*: *De signis*, 25, 56).

O terque quaterque beati! . . .
¡Oh, tres y cuatro veces dichosos!
Expresión que Virgilio (*Eneida*, I, 94) pone en boca de Eneas envidiando la suerte de los troyanos muertos en defensa de su patria. Imitado de Homero (*Odisea*, V, 306).

O ubi campi! . . . .
¡Oh, dónde están los campos!
Exclamación de Virgilio (*Geórgicas*, II, 458) echando de menos la tranquilidad de los campos. Horacio (*Sátiras*, II, 6, 60) dijo en el mismo sentido: **O rus!, quando ego te aspiciam!** ¡Oh campo, cuándo te volveré a ver!

Pane lucrando . . . .
Para ganar el pan.
Dícese de las obras artísticas o literarias hechas para ganarse la vida.

Panem et circenses . . . .
Pan y juegos del circo.
Palabras de amargo desprecio dirigidas por Juvenal (*Sátiras*, X, 81) a los romanos de la decadencia, que sólo pedían en el Foro trigo y espectáculos gratuitos. En castellano existe la expresión *Pan y toros.*

Panta rhei . . . .
Todo corre, fluye.
Expresión griega de Heráclito, uno de los principales axiomas de su filosofía.

Parturiunt montes, nascetur ridiculis mus . . . .
Paren los montes, nacerá un ridículo ratón.
Pensamiento de Horacio (*Arte poética*, 139) que se aplica como burla cuando a grandes promesas siguen resultados ínfimos o ridículos.

Pauca, sed bona . . . .
Poco, pero bueno.
Dícese sobre todo de los escritores que escriben pocas obras, pero buenas.

Paulo majora canamus . . . .
Cantemos cosas un poco más elevadas.
Verso de Virgilio (*Églogas*, IV, 1). Esta locución sirve de transición para pasar de un asunto a otro más importante.

Per accidens . . . .
Por accidente.
Desempeñar un cargo **per accidens.**

Per fas et nefas . . . .
Por lo lícito y lo ilícito.
Es decir, por todos los medios posibles.

Per se . . . .
Por sí.
Dícese de lo que tiene existencia por sí propio.

Pertransiit benefaciendo . . . . *Pasó haciendo el bien.*	Palabras sencillas y conmovedoras de San Pedro al centurión Cornelio (*Hechos de los Apóstoles,* X, 38) para explicarle quién era Jesús, y que se aplican a los hombres cuya vida se consagró al bien de sus semejantes.
Plus minusve . . . . *Más o menos.*	Locución latina empleada en castellano con el mismo sentido.
Post hoc, ergo propter hoc . . . *Después de esto, luego a consecuencia de esto.*	Fórmula con que se designaba en la escolástica el error que consiste en tomar como causa lo que sólo es un antecedente.
Post mortem nihil est . . . . . *Después de la muerte no hay nada.*	Principio de un verso de Séneca el Trágico (*Troyanas,* 398). El verso acaba con *ipsaque mors nihil* (y la misma muerte no es nada).
Post nubila Phoebus [-febus] . . *Después de las nubes el sol.*	Tras los tiempos malos vienen otros mejores.
Potius mori quam foedari . . . . *Antes morir que deshonrarse.*	Expresión latina que puede servir de divisa a los que prefieren la muerte a la deshonra.
Prima facie . . . . *A primera vista.*	*El asunto me parece difícil* **prima facie.**
Primo mihi . . . . *Primero a mí.*	Máxima representativa del espíritu del egoísta.
Primum vivere, deinde philosophari . . . . *Primero vivir, luego filosofar.*	Precepto de los antiguos por el que uno se burla de los que no saben más que filosofar y son incapaces de buscarse medios de existencia.
Primus inter pares . . . . . . *Primero entre sus iguales.*	*El presidente de una república no es más que el* **primus inter pares.**
Principiis obsta . . . . *A los comienzos oponte.*	Máxima de Ovidio, que aconseja poner remedio al mal desde el principio.
Pro domo sua . . . . *Por su casa.*	Título de una arenga de Cicerón litigando a su vuelta del destierro contra el patricio Clodio, que había confiscado sus bienes. *Hablar* **pro domo sua,** es hablar por su propia causa. Dícese a veces **pro domo.**
Pro forma . . . . *Por la forma.*	*Enviar una factura* **pro forma,** es decir, para cumplir las formalidades.
Pro memoria . . . . *Por o para memoria.*	Fórmula empleada todavía en diplomacia para recordar un derecho caducado desde hace tiempo.
Pulsate et aperietur vobis . . . . *Llamad y se os abrirá.*	Palabras del *Evangelio* (San Lucas, XI, 9) que se suelen citar para aconsejar a uno a perseverar en sus esfuerzos.
Punica fides . . . . *Fe púnica, cartaginesa.*	Acusaban los romanos a los cartagineses de infringir con frecuencia los tratados y esto les hizo emplear dicha expresión como símbolo *de mala fe.*
Qualis artifex pereo! . . . . . . *¡Qué gran artista perece conmigo!*	Última exclamación de Nerón al darse muerte, según Suetonio (*Nerón,* 44), indicando la pérdida que sufría el mundo con su muerte.
Qualis pater, talis filius . . . . *Tal padre, tal hijo.*	*Es raro que pueda decirse de los grandes hombres:* **Qualis pater talis filius.** En español se dice: *De tal palo tal astilla.*
Quandoque bonus dormitat Homerus . . . . *También alguna vez dormita el bueno de Homero.*	Horacio (*Arte poética,* 359) da a entender con estas palabras que aun los escritores de genio suelen incurrir en faltas.
Quantum mutatus ab illo! . . . . *¡Cuán diferente de lo que antes era!*	Palabras que pone Virgilio (*Eneida,* II, 247) en boca de Eneas, horrorizado al ver a Héctor, que se le aparece en sueños, cubierto de heridas.
Qui aures audiendi, audiat . . . *Quien tenga oídos para oír, que oiga.*	Palabras que se encuentran en varios lugares del *Evangelio,* después de algunas parábolas de Cristo y que se emplean para advertir que se debe aprovechar un consejo.
Qui bene amat, bene castigat . . *Quien bien ama, bien castiga.*	Locución latina que expresa que cuando se quiere a una persona se le corrige y castiga por su propio bien. En castellano se dice: *Quien bien te quiere te hará llorar.*
Quid pro quo . . . . *Una cosa por otra.*	Una confusión, un error.
Qui nescit dissimulare nescit regnare . . . . *Quien no sabe disimular no sabe reinar.*	Máxima política de Maquiavelo.
Qui scribit, bis legit . . . . . . *Quien escribe, lee dos veces.*	Axioma latino. Para comprender y retener un texto, no hay nada mejor que copiarlo.
Quis, quid, ubi, quibus auxiliis, cur, quomodo, quando? *¿Quién, qué, dónde, por qué medios, por qué, cómo, cuándo?*	Hexámetro técnico que encierra lo que en retórica se llama las circunstancias: la *persona,* el *hecho,* el *lugar,* los *medios,* los *motivos,* la *manera* y el *tiempo.* Resume también toda la instrucción criminal: *¿Quién es el culpable?, ¿cuál es su crimen?, ¿dónde lo cometió?, ¿por qué medios o con qué cómplices?, ¿por qué?, ¿de qué modo?, ¿en qué tiempo?* Este hexámetro nos ha sido transmitido por Quintiliano.
Quod erat demostrandum . . . *Lo que había que demostrar.*	Frase que suele pronunciarse después de una demostración y que se encuentra reproducida en los libros con las iniciales: **Q. E. D.**

Quod scripsi, scripsi . . . . . . Respuesta de Poncio Pilatos a los príncipes de los sacerdotes (*San Juan*, XIX, 22), que le reprochaban el haber escrito sobre la cruz: *Jesús, rey de los judíos* (*San Juan*, XIX, 19). Empléase para indicar una resolución inquebrantable.
Lo escrito, escrito está.

Quot capita, tot sensus . . . . . *Nunca se vio semejante confusión*: **quot capita tot sensus.** Terencio ha dicho en el mismo sentido (*Formión*, II, 4, 14): **Quot homines, tot sententiae** (*Cuantos hombres, tantos pareceres*).
Cuantas cabezas, tantos pareceres.

Quousque tandem . . . . Primeras palabras del primer discurso de Cicerón contra Catilina, cuando éste se atrevió a presentarse ante el Senado, después de descubierta su conspiración contra la República.
¿Hasta cuándo...?

Requiescat in pace! . . . . . Palabras que se cantan en el oficio de difuntos y que se suelen escribir sobre las tumbas.
¡Descanse en paz!

Res non verba . . . . Expresión latina que se emplea para decir que hacen falta actos, efectos y no palabras.
Realidades, no palabras.

Res nullius . . . . Lo que no pertenece a nadie: *La tierra no se considera nunca como* **res nullius.**
Cosa de nadie.

Roma locuta, causa finita . . . . Locución que se refiere a la decisión inapelable del Tribunal de la Rota y aplicada también, por extensión, a cualquier veredicto de una autoridad o tribunal supremo.
Cuando habla Roma, termina la causa.

Rule, Britannia . . . . Comienzo de un himno patriótico de los ingleses en el cual se enorgullecen de poseer el imperio de los mares.
Gobierna, Inglaterra.

Salus populi suprema lex est . . Máxima del Derecho público, en Roma: Todas las leyes particulares deben olvidarse cuando se trata de salvar la patria. (*Ley de las XII Tablas.*)
Sea la ley suprema la salvación del pueblo.

Se non é vero é bene trovato . . Proverbio italiano que se aplica a lo que se refiere como cierto, aunque sea falso.
Si no es verdad, está bien encontrado.

Sic transit gloria mundi . . . . Palabras (quizás sacadas de la *Imitación de Cristo*, I, 3, 6) dirigidas al Soberano Pontífice, en el momento de su elevación, para recordarle la fragilidad de todo el poderío humano.
Así pasa la gloria del mundo.

Similia similibus curantur . . . . V. CONTRARIA CONTRARIIS.

Sine die . . . . Locución latina empleada en el lenguaje parlamentario o diplomático: *Aplazar la discusión* **sine die.**
Sin fijar día.

Sint ut sunt, aut non sint . . . . Célebre respuesta atribuida equivocadamente al P. Ricci, general de los jesuitas, a quien se le proponía la modificación de las *Constituciones* de su Compañía, y debida en realidad a Clemente XIII. Empléase para dar a entender que se trata de un cambio sustancial, que no se puede aceptar a ningún precio.
Sean como son, o que no sean.

Si parla italiano . . . . Frase que se escribe en los escaparates de las tiendas, etc., para indicar que allí hay una persona que habla italiano.
Se habla italiano.

Sit tibi terra levis! . . . . Inscripción tumularia frecuentemente empleada.
¡Que la tierra te sea leve!

Si vis pacem, para bellum . . . Locución que significa que, para no ser atacado, lo mejor es ponerse en estado de defensa. Vegecio (*Instit. rei milit.*, III, Pról.) dice: *Qui desiderat pacem, praeparet bellum.*
Si quieres la paz, prepara la guerra.

Sol lucet omnibus . . . . Todo el mundo tiene derecho a gozar de ciertas ventajas naturales.
El sol brilla para todos.

Sponte sua . . . . *Obrar* **sponte sua.**
Por propio impulso.

Stultorum infinitus est numerus . Palabras del *Eclesiastés* para ponderar el gran número de necios que existen en todos los tiempos.
El número de los tontos es infinito.

Sublata causa, tollitur effectus . Consecuencia evidente del principio filosófico: *No hay efecto sin causa.*
Suprimida la causa, desaparece el efecto.

Summun jus, summa injuria . . Adagio latino de Derecho, citado por Cicerón (*De officiis*, I, 10, 36). Significa que suelen cometerse iniquidades aplicando la ley de modo demasiado riguroso.
Exceso de justicia, exceso de injusticia.

Suo tempore . . . . *Debe hacerse cada cosa* **suo tempore.**
A su tiempo.

Super flumina Babylonis . . . . Primeras palabras de uno de los más hermosos salmos (CXXXVI), relativo al cautiverio de Babilonia, y que se recuerda para lamentar la suerte de los desterrados y los cautivos. El texto completo es: *Junto a los ríos de Babilonia, allí nos sentábamos y llorábamos, acordándonos de Sión.*
En los ríos de Babilonia.

Supremum vale . . . . Palabras que pone Ovidio en boca de Orfeo, cuando pierde por segunda vez a Eurídice (*Metam.*, X, 62).
Adiós para siempre, adiós supremo.

Sursum corda . . . . Palabras que pronuncia el sacerdote en la misa, al comienzo del prefacio. Cítanse estas palabras para significar que uno hace llamada a los sentimientos elevados o que debemos elevar nuestro pensamiento.
Elevad los corazones.

Sustine et abstine . . . .
Soporta y abstente.

Máxima de los estoicos (en griego: *Aneku kai apekhu*). *Soporta* todos los males sin que se turbe tu alma; *abstente* de los placeres que puedan perjudicar tu libertad moral.

Taedium vitae . . . .
Aburrimiento de la vida.

El **taedium vitae** *suele ser consecuencia de una vida inactiva y sin objeto.*

Terminus ad quem... . . . . . .
Límite hasta el cual...

Terminus a quo... . . . .
Límite desde el cual...

En el intervalo comprendido entre el **terminus a quo** *y el* **terminus ad quem,** *se encuentra la fecha aproximada de un hecho cuya fecha cierta se ignora.*

Testis unus, testis nullus . . . .
Testigo solo, testigo nulo.

Adagio de jurisprudencia que se emplea para dar a entender que el testimonio de uno solo no basta para establecer en justicia la verdad de un hecho.

That is the question [dat is de kueschion] . . . .
Ésta es la cuestión.

Expresión de Shakespeare, en el primer verso del monólogo de *Hamlet* (III, 1): *Ser o no ser, ésta es la cuestión.* Empléase para expresar un caso dudoso.

Time is money [táim is mani] . .
El tiempo es dinero.

Proverbio inglés. Máxima de un pueblo práctico, que sabe que el tiempo bien aprovechado vale mucho. Dícese en castellano *el tiempo es oro.*

Timeo Danaos et dona ferentes .
Temo a los griegos, aun cuando hacen ofrendas (a los dioses).

Palabras de Virgilio (*Eneida,* II, 49) puestas en boca del sumo sacerdote Laocoonte para disuadir a los troyanos de meter en la ciudad el famoso caballo de madera que los griegos habían abandonado en la playa. Expresan la idea de que debemos desconfiar de un enemigo por generoso que nos parezca.

Timeo hominem unius libri . . .
Temo al hombre de un solo libro.

Pensamiento de Santo Tomás de Aquino: El hombre que sólo conoce un solo libro, pero lo conoce bien, es un adversario temible. Dáse a veces otro sentido a esta frase: Temo al hombre que sólo conoce un libro y por él juzga de todo.

To be or not to be [tu bi-] . . .
Ser o no ser.

Comienzo del primer verso del monólogo de *Hamlet* (III, 1), en el drama de Shakespeare. Sirve para designar una situación en que está en juego la existencia de un individuo o de una nación.

Tolle, lege . . . .
Toma, lee.

Un día que San Agustín, violentamente agitado por las vacilaciones que precedieron a su conversión, se había refugiado en un bosquecillo para meditar, oyó una voz que pronunciaba estas palabras: **Tolle, lege.** Mirando entonces un libro que leía su amigo Alipio leyó una epístola de San Pablo, que decidió su conversión.

Tout est perdu, fors l'honneur [tu e perdí for lonoer] . . . .
Todo se ha perdido, menos el honor.

Locución francesa. Palabras atribuidas a Francisco I, después de haber sido derrotado en Pavía por los españoles. Empléanse en circunstancias análogas.

Traduttore, traditore . . . . .
Traductor, traidor.

Refrán italiano que significa que toda traducción es forzosamente infiel y traiciona el pensamiento del autor original.

Trahit sua quemque voluptas . .
Cada cual tiene una afición que le arrastra.

Máxima de Virgilio (*Églogas,* II, 65) que significa que cada cual tiene sus inclinaciones.

Tu quoque, fili mi! . . . . . .
¡Tú también, hijo mío!

Grito de dolor de César, cuando vio entre sus asesinos a su hijo adoptivo Bruto.

Tutti quanti . . . .
Todos cuantos son.

Palabras italianas que se emplean para completar una enumeración, para expresar la idea de *todos sin excepción.*

Ubi bene ibi patria . . . .
Donde se está bien, allí está la patria.

Divisa de aquellos en quienes los bienes materiales dominan el sentimiento patriótico. Recuerda el verso de Pacuvio, citado por Cicerón (*Tusculanas,* V, 37):

Patria est ubinque est bene.

Ultima ratio regum . . . . . .
Último argumento de los reyes.

Divisa que hizo grabar Luis XIV de Francia en sus cañones.

Un bel morir tutta la vita onora .
Una bella muerte honra toda una vida.

Refrán italiano al que opone jocosamente Lope de Vega en su *Gatomaquia*: *Un bel fuggir tutta la vita scampa* (una bella huida libra toda la vida).

Up to date [ap tu deit] . . . . .
Hasta la fecha.

Expresión inglesa que significa que una cosa está al día, de moda, que es actual.

Urbi et Orbi . . . .
A la ciudad (Roma) *y al universo.*

Palabras que forman parte de la bendición del Soberano Pontífice cuando se dirige al universo entero. Por extensión, dícese también *publicar una noticia* **urbi et orbi,** o sea a los cuatro vientos.

Ut infra . . . .
Como abajo.

V. UT SUPRA.

Uti, non abuti . . . .
Usar, pero no abusar.

Axioma de moderación que se aplica a cualquier orden de ideas.

Uti possidetis . . . .
Como poseéis.

Fórmula diplomática empleada a propósito de convenios fundados en las posesiones territoriales actuales de los beligerantes: *Un tratado basado en el* **uti possidetis.**

Ut retro . . . .
Como detrás.

V. UT SUPRA.

Ut supra . . . .
Como arriba.
Fórmula que se emplea con frecuencia en los documentos para remitir a lo que antecede. También se dice **Vide supra** (*véase más ariba*). — Las locuciones **ut retro** y **ut infra** tienen análogo empleo.

Vade in pace . . . .
Ve en paz.
Palabras del confesor al despedir al penitente después de haberle dado la absolución.

Vade retro, Satana! . . . . . .
¡Retírate, Satanás!
Palabras de Jesús que se encuentran en el *Evangelio* bajo una forma un poco distinta (San Mateo, IV, 10 y San Marcos, VIII, 33). Se aplican para rechazar a alguno, desechando sus proposiciones.

Vae soli! . . . .
¡Ay del hombre solo!
Palabras del *Eclesiastés* (IV, 10) que señalan la posición desgraciada del hombre aislado, abandonado a sí mismo. El texto completo es: (Más valen dos que uno solo, porque logran mejor fruto de su trabajo). *Si uno cae, el otro le levanta; pero ¡ay del solo que si cae no tiene quien le levante!*

Vae victis! . . . .
¡Ay de los vencidos!
Palabras dirigidas por Breno a los romanos en el momento en que arrojaba su espada en la balanza en que se pesaba el oro destinado a comprar la salida de los galos de la ciudad de Roma, que habían conquistado y saqueado (*Tito Livio*, V, 48). Suelen recordarse para dar a entender que el vencido está a merced del vencedor.

Valet de chambre . . . .
Ayuda de cámara.
Doméstico principal al servicio de un señor.

Vanitas vanitatum, et omnia vanitas . . . .
Vanidad de vanidades y todo vanidad.
Palabras con que el *Eclesiastés* (I, 2) deplora el vacío y la nada de las cosas de esta vida. Es la traducción de las palabras griegas: *Mataiotes mataioteton, kai panta mataiotes.*

Varium et mutabile . . . . .
Cosa variable y cambiante.
Palabras de Virgilio (*Eneida*, IV, 569), aplicadas por Mercurio a la mujer, para decidir a Eneas a salir de Cartago, donde le retenía el amor de Dido.

Vedi Napoli, e poi muori . . . .
Ve Nápoles y luego muérete.
Proverbio con el que los italianos expresan su admiración por Nápoles y su magnífico golfo. En castellano existe una expresión similar: *De Madrid al cielo... y allí un agujerito para verlo.*

Velis nolis . . . .
Quieras no quieras.
Palabras latinas empleadas para significar *de grado o por fuerza, quieras o no quieras.*

Veni, vidi, vici . . . .
Vine, vi, vencí.
Célebres palabras con que anunció César al Senado la rapidez de la victoria que acababa de conseguir cerca de Zela contra Farnaces, rey del Ponto. Expresa familiarmente la facilidad de un éxito cualquiera.

Verba volant, scripta manent . .
Las palabras vuelan, lo escrito permanece.
Afirma este proverbio latino que es imprudente dejar una prueba material de una opinión, de un hecho, etc.

Verbi gratia . . . .
Por ejemplo.
V. EXEMPLI GRATIA.

Veritas odium parit . . . . . .
La verdad engendra el odio.
Frase de Terencio que denota que el decir verdad suele acarrear enemistad. En el mismo sentido se lee en *La Celestina* (Acto II): *Mal me quieren mis comadres porque digo las verdades.*

Victis honos . . . .
Honor a los vencidos.
Palabras que indican que el enemigo, aunque vencido, tiene derecho al respeto de los vencedores. V. GLORIA VICTIS!

Video meliora proboque, deteriora sequor . . . .
Veo el bien y lo apruebo, pero hago el mal.
Estas palabras, puestas por Ovidio en boca de Medea (*Metamorfosis*, VII, 20), pintan al hombre a quien su inteligencia recta muestra el camino del deber y de la verdad, pero que su debilidad le arrastra sin embargo hacia el mal.

Vir bonus, dicendi peritus . . . .
Un hombre de bien, que sabe hablar.
Definición del orador que proponía Catón el Censor dando a entender que el orador necesita la doble autoridad de la virtud y del talento.

Vitam impendere vero . . . . .
Consagrar su vida a la verdad.
Palabras de Juvenal (*Sátiras*, IV, 91).

Vivere parvo . . . .
Vivir con poco.
La felicidad consiste en el **vivere parvo.**

Volti subito . . . .
Volved pronto.
Expresión italiana (abreviadamente **V. S.**) que indica que debe volverse rápidamente la hoja de una partitura.

Vox clamantis in deserto . . . .
La voz del que clama en el desierto.
Palabras de San Juan Bautista a los que le preguntaban si era el Cristo, Elías o un profeta: "*Soy*, respondió, *la voz del que clama en el desierto: Enderezad las sendas del Señor*" (San Mateo, III, 3). Aludía a sus predicaciones ante la multitud en el desierto. Por extensión se dice del que habla sin ser escuchado, que predica en el desierto.

Vox populi, vox Dei . . . . . .
Voz del pueblo, voz de Dios.
Adagio según el cual se establece la verdad de un hecho o la justicia de una cosa sobre el acuerdo unánime de las opiniones del vulgo.

Vulnerant omnes, ultima necat .
Todas hieren, la última mata.
Hablando de las horas, antigua inscripción latina que se lee en algunos relojes de las iglesias o monumentos públicos.

LA ACRÓPOLIS, vista desde la montaña de las Musas

AABO o **ABO,** n. sueco de **Turku,** c. de Finlandia.

AACHEN, n. alemán de **Aquisgrán.**

AAIÚN (El), capital de la provincia de Sáhara Español o Río de Oro.

AALAND (ISLAS DE). V. AHVENANMAA.

AALBORG o **ALBORG,** c. y puerto de Dinamarca; numerosas industrias.

AALESUND, c. y puerto de Noruega; pesca.

AAR, río de Suiza, afl. del Rin; 280 km.

AARAU, c. de Suiza, cap. de Argovia.

AARGAU o **ARHUS.** V. ARGOVIA.

AARHUS, c. y puerto de Dinamarca (Jutlandia); industrias mecánicas. Universidad.

AARÓN, hermano mayor de Moisés, y primer sumo sacerdote de los hebreos. *(Biblia.)*

ABACO, la mayor de las islas Lucayas.

ABAD I, primer rey árabe de Sevilla, fundador de la dinastía de los Abaditas; libró a su pueblo de la dominación de los califas de Córdoba; m. en 1042. — Su hijo, ABAD II, reinó de 1042 a 1069, y aumentó sus Estados. — ABAD III, llamado *Almotamid,* hijo del anterior, reinó de 1069 a 1095, sometió a Córdoba y se unió con Alfonso VI de Castilla contra los moros de Toledo. Destronado por los Almorávides.

ABADÁN, c. y puerto de Irán, en una isla del Chatt el-Arab, a orillas del golfo Pérsico; refinerías de petróleo.

ABADÍA Y MÉNDEZ (Miguel), escritor y político colombiano (1867-1947), pres. de la Rep. de 1926 a 1930.

ABADITAS, dinastía mora, fundada por Abad I.

ABANCAY, c. del Perú, cap. de la prov. del mismo n. y del dep. de Apurímac; caña de azúcar, algodón, trigo. (Hab. *abancainos*). Obispado. Batalla entre las tropas de Pizarro y las de Almagro, que resultaron triunfantes (1537).

ABANDO, suburbio de Bilbao (España).

ABANTO Y CIÉRVANA, pobl. de España (Vizcaya); minas de hierro.

ABARÁN, v. de España (Murcia); esparto.

ABARBANEL (Isaac), rabino portugués (1437-1508), ministro de Alfonso V de Portugal y de Fernando el Católico. Padre de León Hebreo.

ABARCA (Baltasar de), gobernador de Tucumán en el siglo XVIII.

ABARCA (Joaquín), obispo de León (1780-1844), uno de los jefes del Partido Carlista durante la primera guerra entre sus adeptos y los liberales. Desterrado en 1839.

ABARCA (Sancho), rey de Aragón y Navarra que murió hacia el año 926.

ABARCA Y BOLEA. V. ARANDA *(Conde de).*

ABAROA, prov. de Bolivia (Oruro), dividida en dos secciones; cap. *Challapata* y *Salinas de Garci-Mendoza.*

ABASCAL (José Fernando), militar y político español, n. en Oviedo (1743-1827), virrey del Perú en 1806. Hizo frente al movimiento de emancipación y fue destituido por orden de Fernando VII en 1815. Fue buen administrador.

ABASIDAS, dinastía de 37 califas, fundada por Abulabás, quien destronó a los Omeyas en 750. Los Abasidas reinaron en Bagdad de 762 a 1258.

ABASOLO (Jenaro), sociólogo chileno (1833-1884), autor de *El pensamiento de América.*

ABASOLO (Mariano de), patriota mexicano, n. en 1780, que se distinguió en la guerra de independencia de su país. Apresado en 1811, fue conducido a España y murió en el castillo gaditano de Santa Catalina (1816).

ABATI Y DÍAZ (Joaquín), dramaturgo español (1865-1936), autor de las zarzuelas *El asombro de Damasco* y *El velón de Lucena.*

ABBAT (Per), clérigo español del s. XIV, autor de la copia del *Cantar de Mío Cid,* hecha en 1307.

ABBEVILLE [*-vil*], c. de Francia (Somme).

A. B. C., pacto de amistad y colaboración entre la Argentina, el Brasil y Chile, firmado en 1915 a instigación de Ramón Barros Luco.

ABDALÁ, padre de Mahoma (545-570).

ABDALÁ ABENABÓ, caudillo morisco, sucesor de Aben Humeya en la sublevación de las Alpujarras, asesinado en 1571.

ABDALAZIZ, segundo virrey árabe de España. Se apoderó en 713 de Jaén, Murcia y Granada.

ABDALMUMÉN, primer califa almohade. Reinó en Marruecos y en una parte de España (1100-1163).

ABDELAZIZ (Muley), sultán de Marruecos en 1894, destronado en 1908 (1880-1943).

ABD EL-KADER (El-Hadi), emir árabe (1808-1883), que sostuvo, de 1832 a 1847, la guerra contra los franceses.

ABASCAL

M. DE ABASOLO

Fot. Viollet, doc. A. G. P.

ABD EL-KRIM

ABDERRAMÁN III

ABRAHÁN, por VERONÉS, *detalle* museo del Prado

ABD EL-KRIM, caudillo moro (1882-1963). Se sublevó en el Rif contra España (1921), y más tarde contra Francia. Obtuvo algunos éxitos, pero la colaboración militar francoespañola acabó por reducirlo en 1926.
ABDERA, ant. c. de España, hoy **Adra.**
ABDERA o **ABDERAS,** c. de la antigua Tracia, a orillas del mar Egeo.
ABDERRAMÁN el Gafequi, emir musulmán de España, derrotado y muerto por Carlos Martel cerca de Poitiers, en 732.
ABDERRAMÁN I el Justo, primer emir omeya de España (756-788). — ABDERRAMÁN II *el Victorioso,* cuarto emir omeya; se apoderó de Barcelona (822-852). — ABDERRAMÁN III, octavo emir omeya, fundador de la Escuela de Medicina de Córdoba y primer califa (912-961). — ABDERRAMÁN IV, decimocuarto califa omeya; reinó de 1017 a 1025.
ABDÍAS, uno de los profetas menores judíos.
ABDULAZIZ, sultán de Turquía (1830-1876)
ABDUL HAMID I, sultán de Turquía, de 1774 a 1789. — ABDUL HAMID II, hijo de Abdul Mechid (1842-1918), sultán de 1876 a 1909.
ABDUL MECHID, sultán de Turquía (1823-1861), que reinó a partir de 1839 y tomó parte en la guerra de Crimea.
ABDULLAH, rey hachemita de Jordania en 1946 (1882-1951). Murió asesinado.
ABEJORRAL, pobl. de Colombia (Antioquia); agricultura y minas.
ABEL, segundo hijo de Adán y Eva, a quien dio muerte por envidia su hermano Caín.
ABELARDO (Pedro), filósofo y teólogo escolástico francés (1079-1142), famoso por sus amores con Eloísa. Su filosofía es una tentativa de crítica racional de las ideas recibidas.
ABELLA CAPRILE (Margarita), poetisa argentina (1901-1960), autora de *Sonetos.*
ABELLO (Manuel), hombre de Estado y hacendista colombiano (1812-1872).
ABENABÓ. V. ABDALÁ ABENABÓ.
ABENARABÍ, místico árabe español (1164-1240), maestro del sufismo.
ABENCERRAJES, tribu morisca que ejerció gran influencia en el reino de Granada en el siglo XV. Su rivalidad con los Zegríes fue una de las causas de la caída del reino de Granada. Ginés Pérez de Hita compuso en el siglo XVI una *Historia de los Zegríes y los Abencerrajes,* en la que se inspiró Chateaubriand.
Abencerraje y la Hermosa Jarifa (*Historia del*), relato español de inspiración fronteriza y de autor desconocido, redactado probablemente hacia mediados del siglo XVI.
ABEN EZRA, sabio rabino español, astrónomo y comentador de la Biblia (¿1092?-1167).
ABEN GURU, c. de la Costa de Marfil.
ABEN HUMEYA, n. que tomó Fernando de Córdoba y Válor (1520-1568) cuando fue elegido rey de los moriscos de las Alpujarras. Murió ahorcado por orden de Felipe II.
ABENMASSARRA, filósofo platónico cordobés (883-931).
ABENTOFAIL, pensador y médico arabigoespañol (1100-1185), autor de la novela *El filósofo autodidacto.*
ABENUX, sierra de la provincia de Albacete.
ABEOKUTA, c. de Nigeria; centro comercial.
ABERASTÁIN (Antonio), político argentino (1800-1861), gobernador de San Juan, fusilado por su actitud autonomista.
ABERDARE, c. de Gran Bretaña (Gales).
ABERDEEN [-*dín*], c. de Escocia, cap. de condado, puerto en el mar del Norte. Universidad. Construcciones navales.
ABIBE, serranía de Colombia, en la Cord. Occidental; culmina en el Alto de Quimarí.
ABIDJÁN, cap. de Costa de Marfil; puerto activo; 187 500 h. Arzobispado.
ABIDOS, c. de Asia Menor, en el Helesponto, enfrente de Sestos, plaza famosa por la aventura de Hero y Leandro, y por el puente de barcos que hizo establecer Jerjes sobre el estrecho en 480 a. de J. C.
ABIDOS, c. del Alto Egipto, en cuyas ruinas se encontraron (1817) tablas donde están grabados los nombres de dos series de faraones.
ABIGAÍL, viuda de Nabal, con quien casó David. — Hermana de David.
ABILA, ant. nombre de **Ceuta.** Su montaña formaba, con la de Calpe (Gibraltar), las famosas *Columnas de Hércules.*
ABILENE, c. de los Estados Unidos (Texas). Refinerías de petróleo.
ABIMELEC, hijo de Gedeón. Fue juez de Israel, después de degollar a sus hermanos, y murió en el sitio de Tebas (Palestina), hacia 1100 a. de J. C.
ABIPONES, pueblo indígena, ya extinguido, del Chaco argentino.
ABISINIA, ant. nombre de **Etiopía.**
ABJASIA, república autónoma de la U.R.S.S que forma parte de la Rep. Federal de Georgia; cap. *Sujumi.* Tabaco; frutas.
ABNER, general de Saúl y David, asesinado por Joab, envidioso de su fortuna.
ABOMEY, antigua capital de Dahomey.
ABOUT [-*bu*] (Edmond), novelista francés (1828-1885), autor de relatos humorísticos.
ABRA, río de la isla de Luzón (Filipinas).
ABRABANEL. V. ABARBANEL (Isaac).
ABRAHAM o **ABRAHÁN,** patriarca hebreo, n. en Ur (Caldea), venerado por judíos, cristianos y mahometanos. De su esclava Agar engendró a Ismael, padre de los árabes, y de Sara a Isaac, patriarca hebreo.
ABRAMO (Fernando), militar argentino (1786-1872), que luchó en la guerra de Independencia.
ABRANTES, c. de Portugal, cerca del Tajo, en Extremadura (distr. de Santarem).
ABREU GÓMEZ (Ermilo), escritor mexicano, n. en 1894, autor de dramas de tema colonial, cuentos y novelas (*Naufragio de indios*).
ABRÉU LIMA (José Ignacio), historiador y patriota brasileño (1797-1869), que sirvió a las órdenes de Bolívar en 1817.
ABREUS, térm. mun. de Cuba (Las Villas).
ABRIL (Manuel), escritor y crítico de arte español (1884-1946), autor de *Hacia la luz lejana.*
ABRIL (Pedro Simón), humanista español (¿1530-1595?), traductor de Aristóteles, Esopo, Platón y Terencio.
ABRUZOS, región montañosa de Italia, en los Apeninos Centrales.
ABRUZOS (Luis Amadeo de SABOYA, *duque de los*), hijo del rey de España Amadeo, marino y explorador (1873-1933).
ABSALÓN, hijo de David, rebelado contra su padre. Fue muerto por Joab. (*Biblia.*)
ABUBEKER, suegro y sucesor de Mahoma, y primero de los califas, m. en Medina en 634.
ABUBEKER BEN TOFAIL. V. ABENTOFAIL.
ABUKIR, pobl. del Bajo Egipto. Derrota de la armada francesa por Nelson, en 1798.
ABULABÁS, primer califa abasida; hizo asesinar a los Omeyas y mereció por su crueldad el nombre de *Sanguinario;* reinó de 749 a 754.
ABULMECA DE RONDA, poeta arabigoandaluz del siglo XIII, que compuso una elegía a la pérdida de Valencia y de Sevilla, traducida al castellano por J. Valera.
ABUNÁ, río de América del Sur, que nace en Bolivia, sirve de límite entre este país y Brasil y des. en el Madeira; 321 km. — Prov. de Bolivia (Pando); cap. *Santa Rosa.*
ABUNDIO (*San*), religioso cordobés martirizado en 854. Fiesta el 11 de julio.
ABU NUWAS, poeta lírico árabe (747-¿815?), maestro de la composición báquica.
ABÚ SIMBEL, localidad del Alto Egipto, a 40 km al N. de la segunda catarata. Santuario consagrado a Ramsés II, desmontado al construir la segunda presa de Asuán.
Academia, escuela filosófica fundada en los jardines de Academos por Platón. El nombre de *Academia* ha sido aplicado después a sociedades o instituciones científicas, literarias, artísticas.
Academia Española o *Real Academia Española de la Lengua,* creada, a imitación de la Academia Francesa, por el rey Felipe V (Real Cédula del 3 de octubre de 1714). En sus principios se compuso de ocho miembros, y sus objetivos, la propiedad, elegancia y pureza de las voces del idioma castellano, fueron enunciados en el lema; *limpia, fija y da esplendor.* En

Fot. W. W., doc. A. G. P., Larousse

la época presente la docta corporación consta de 36 académicos de número, 30 correspondientes en las provincias españolas y más de 40 en las naciones extranjeras. Existen asimismo academias correspondientes en los países de lengua castellana, que colaboran activamente con la Real Academia Española. Estas Academias, citadas por el orden de su establecimiento, son las siguientes: Colombiana, Ecuatoriana, Mexicana, Salvadoreña, Venezolana, Chilena, Peruana, Guatemalteca, Uruguaya, Costarricense, Filipina, Panameña, Cubana, Paraguaya, Boliviana, Nicaragüense, Dominicana, Hondureña y Puertorriqueña. También la Academia Argentina de Letras es colaboradora de la Española.
Lo primero que hizo la Academia fue redactar un diccionario de la lengua castellana, publicado en seis tomos y conocido con el nombre de *Diccionario de Autoridades* (1726-1739). Años más tarde, en 1780, esta obra fue resumida en un solo volumen. A partir de entonces se han publicado diecinueve ediciones, la última de las cuales data de 1970. La Academia ha publicado también una *Gramática* y un *Diccionario Manual Ilustrado,* especie de antesala para las palabras que no tienen aún entrada en el diccionario oficial. A partir de 1948 un Seminario de Lexicografía inició la redacción de un *Diccionario Histórico de la Lengua Española,* cuyo primer fascículo salió en 1960. En él se estudia la evolución histórica y semántica de cada palabra, apoyada en textos literarios y científicos.
En 1951 se reunió en la ciudad de México, por iniciativa del presidente de la República mexicana, el primer Congreso de Academias de la Lengua Española. Sólo faltó en esta ocasión el concurso de la Academia matritense. Dicho Congreso acordó la creación de la Asociación de Academias de la Lengua Española y de la respectiva Comisión permanente, con residencia en México. El propósito fundamental de esta asamblea fue unificar criterios lingüísticos y formular planes de unidad idiomática. El segundo Congreso, reunido en Madrid en 1956, discutió las "Nuevas Normas", que afectan a la morfología de algunas palabras o constituyen nuevas reglas ortográficas. En 1960, Santa Fe de Bogotá vio de nuevo congregados a los representantes de las diferentes Academias, que recomendaron las medidas necesarias para lograr la mayor unificación posible del idioma. En 1964 el Congreso se celebró en Buenos Aires y en 1968 en Quito.

Academias españolas. Existen además de la Academia de la Lengua, las Academias *de la Historia* (1738), *de Bellas Artes de San Fernando* (1744), *de Ciencias Exactas, Físicas y Naturales, de Ciencias Morales y Políticas, de Medicina* (1732), *de Legislación y Jurisprudencia* y la *Médico Quirúrgica Española.* En provincias deben citarse: la *Sevillana de Buenas Letras,* la *Gaditana de Ciencias y Letras,* la *de Ciencias Naturales y Artes* de Barcelona, la de *San Telmo* de Málaga, etc.

ACADEMOS, héroe mítico de Ática, en cuyas posesiones estaban los jardines frecuentados por los filósofos, origen de la *Academia* de Platón.

ACAHAY, cerro de Paraguay; 580 m.—C. del Paraguay, cab. del part. del mismo n. (Paraguarí). Fundada en 1783.

ACAJETE, cima volcánica de México (Oaxaca). — Mun. de México (Puebla). — Mun. de México (Veracruz).

ACAJUTLA, c. y puerto de El Salvador (Sonsonate), llamada, por la abundancia de cocoteros, *Ciudad de las Palmeras.* Fue conquistada por Pedro de Alvarado (1524).

ACAMAPICHTLI, primer señor o soberano de los aztecas, después del establecimiento de éstos en Tenochtitlán, que gobernó de 1350 a 1403.

ACÁMBARO, c. de México (Guanajuato); centro agrícola y ferroviario.

ACAPONETA, río de México (Nayarit), que des. en la albufera de Teacapa; 210 km.—Pobl. de México (Nayarit); estación arqueológica.

ACAPULCO, c. y puerto de México (Guerrero) en la *bahía de Acapulco;* centro turístico; famosas playas. (Hab. *acapulqueños.*) Obispado.

ACARAY, río del Paraguay (Alto Paraná), afl. del Paraná; 140 km. Complejo hidroeléctrico.

ACARI o **ACARAHY,** sierra del Brasil (Guayanas).

ACARIGUA, v. de Venezuela, ant. cap. del Estado de Portuguesa.

ACARNANIA, región de la Grecia antigua, regada por el Aqueloo.

ACATENANGO, volcán de Guatemala; 3 960 m.—Mun. de Guatemala (Chimaltenango).

ACATLÁN, v. de México (Puebla); salinas.

ACAXOCHITLÁN, v. de México (Hidalgo).

ACAY, nevado de la Argentina (Salta); 5 950 m. Oro.

ACAYA, región del Peloponeso. Formó en la Edad Media una provincia del Imperio Romano.

ACAYUCÁN, c. de México (Veracruz); estación arqueológica.

ACCIO, c. y promontorio de Grecia, célebre por la victoria naval de Octavio sobre Marco Antonio (31 a. J. C.).

ACCIO (Lucio), poeta trágico latino (170-¿84? a. J. C.), el más notable de Roma.

Acción Católica, conjunto de organismos católicos laicos por los que los seglares participan en el apostolado de la Iglesia. Pío XI le dio una estructura orgánica.

ACCRA, cap. de Ghana; puerto en el golfo de Guinea; 337 000 h.

ACCURSIO (Francisco), jurisconsulto italiano (1185-¿1263?), uno de los renovadores del derecho romano.

ACEGUÁ, pobl. del Uruguay (Cerro Largo).

ACEVAL (Emilio), político paraguayo (1854-1931), pres. de la Rep. en 1898, derribado en 1902 por un golpe militar.

ACEVEDO (Eduardo), legislador y político uruguayo (1815-1863).

ACEVEDO (Jesús Tito), arquitecto mexicano (¿1888-1918?), iniciador, en su país, del estudio de la arquitectura colonial.

ACEVEDO BERNAL (Ricardo), pintor colombiano (1867-1929) de gran fecundidad.

ACEVEDO DÍAZ (Eduardo), político, diplomático y escritor uruguayo (1851-1921), autor de *Ismael, Nativa* y *Grito de gloria,* novelas históricas, y de *Soledad,* de estilo gauchesco. — Su hijo EDUARDO (1882-1959), geógrafo, novelista y jurisconsulto argentino.

ACEVEDO Y GÓMEZ (José), patriota colombiano (1773-1817), prócer de la Independencia.

ACIREALE, puerto de Sicilia (Catania); aguas minerales famosas.

ACOBAMBA, c. del Perú, cap. de la prov. del mismo n. (Huancavelica).

ACOMAYO, c. del Perú, cap. de la prov. del mismo n. (Cuzco); trigo.

ACONCAGUA, cumbre de la Argentina, en la provincia de Mendoza; 6 959 m. Pertenece a los Andes y es la cima más alta de América.—Río de Chile; 290 km.—Prov. de Chile; cap. *San Felipe;* cobre. (Hab. *aconcagüinos.*)

ACONQUIJA, sierra de la Argentina, estribación de los Andes que señala parte del límite entre las prov. de Catamarca y Tucumán; alt. máx. 5 400 m.

Acordada *(La),* especie de Santa Hermandad establecida en México, en 1710, contra los salteadores.

ACOSTA (Agustín), poeta cubano, n. en 1886, de tendencia modernista, autor de *La zafra* y de *Los camellos distantes.*

ACOSTA (Cecilio), jurisconsulto, escritor y poeta romántico venezolano (1818-1881), autor de *Estudios de sociología venezolana.*

ACOSTA (Joaquín), político, militar y escritor colombiano (1800-1852), autor de un interesante y documentado *Compendio histórico del descubrimiento de Nueva Granada* (1848).

ACADEMIA ESPAÑOLA

ACEVEDO DÍAZ

bahía de ACAPULCO

ACONCAGUA

Fot. doc. A. G. P., Air France, Larousse

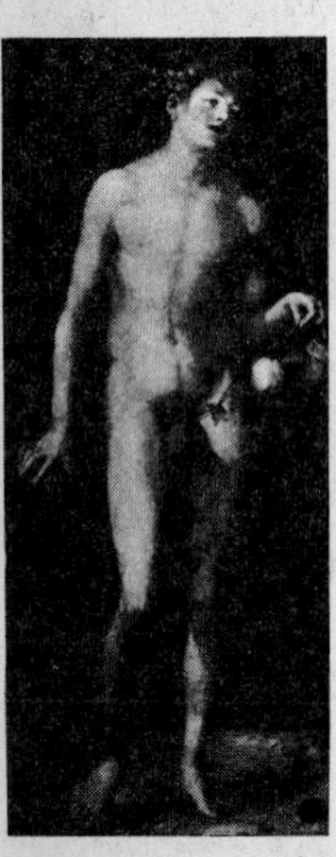

ADÁN por DURERO

ADENAUER

ACOSTA (José de), misionero y cronista español (1539-1600), autor de *Historia natural y moral de las Indias.*
ACOSTA (José Julián), político y escritor puertorriqueño (1825-1891), uno de los jefes de la rebelión de Lares (1867).
ACOSTA (Santos), médico, político y general colombiano (1828-1901), pres. interino de la Rep. de 1867 a 1868.
ACOSTA DE SAMPER (Soledad), novelista romántica colombiana (1833-1903), autora de relatos históricos.
ACOSTA ENRÍQUEZ (José Mariano), novelista mexicano (¿1779-1816?), autor de *Sueño de Sueños,* relato imaginativo y satírico.
ACOSTA GARCÍA (Julio), político costarricense (1872-1954), pres. de la Rep. de 1920 a 1924.
ACOSTA ÑU, lugar del Paraguay (Cordillera), donde, durante la guerra de la Triple Alianza (1869) se distinguieron los niños y las mujeres en una heroica resistencia.
ACOYAPA, pobl. de Nicaragua (Chontales).
ACQUAVIVA, familia napolitana, cuyo miembro más notable fue CLAUDIO (1543-1615), general de los jesuitas.
ACRE, río de América del Sur, que nace en el Perú y penetra en el Brasil, donde confluye con el Purús; 800 km.—Estado del Brasil, al SO. de Amazonia; 153 000 km²; cap. *Rio Branco;* caucho. Se declaró indep. en 1900 y fue incorporado a la comunidad brasileña por el Tratado de Petrópolis (1903).
ACRE (San Juan de), hoy **Akka,** ant. **Ptolemais,** c. y puerto de Israel. Aceitunas.
Acrocorinto, ciudadela de la antigua Corinto.
Acrópolis, ciudadela de la antigua Atenas, en una roca de 270 m. de alto, a la que se llegaba por los *Propileos.* Estaba su cima cubierta de templos y monumentos; entre éstos deben citarse el *Partenón,* la *Pinacoteca,* el *Erecteón,* etc.
Acta de Navegación, ley inglesa (1651) que prohibía a los navíos extranjeros transportar mercancías que no fueran de su propio país. Fue la base del poderío naval británico.
Acta Diurna, especie de crónica que indicaba los acontecimientos diarios, establecida en Roma hacia 131 y que César hizo oficial en 59 a. J. C.
Acta Sanctorum, inmensa colección establecida por los bolandistas, y que contiene la vida de todos los santos (62 tomos en folio).
ACTEÓN, cazador que sorprendió a Diana en el baño, y que, convertido en ciervo por la irritada diosa, fue devorado por sus propios perros.
ACTIUM. V. ACCIO.
ACTOPAN, río de México (Hidalgo), afl. del Tula.—Mun. de México (Hidalgo); plata, hierro, plomo; estación arqueológica.
ÁCTOR, hijo de Neptuno, abuelo de Patroclo.
Actos de los Apóstoles. V. HECHOS DE LOS APÓSTOLES.
AÇU, mun. del Brasil (Rio Grande do Norte); salinas.
ACULCO, pobl. de México (México). Derrota de Hidalgo en 1810.
ACUNHA [-*ña*] (Tristán de). V. CUNHA (Tristán da).
ACUÑA (Álvaro), capitán español, conquistador de Costa Rica en 1526.
ACUÑA (Antonio OSORIO DE), obispo de Zamora en tiempos de Fernando el Católico y de Carlos V y uno de los principales jefes de la insurrección de las comunidades de Castilla. Fue preso y decapitado en Simancas (1526).
ACUÑA (Cristóbal de), misionero español (1597-¿1675?), que visitó la cuenca del río Amazonas en 1639 y escribió un notable relato de su viaje.
ACUÑA (Hernando de), poeta español (1520-1586), perteneciente al movimiento petrarquista. Es celebrado sobre todo por un soneto a la gloria de Carlos I titulado *Al Rey nuestro Señor,* en que se encuentra el verso: *"Un monarca, un imperio y una espada."*
ACUÑA (Manuel), poeta romántico mexicano (1849-1873), autor de un notable *Nocturno.*
ACUÑA (Pedro BRAVO DE), militar español del s. XVI, que fue gobernador de Filipinas y conquistó las islas Molucas a los holandeses (1606). M. envenenado el mismo año.
ACUÑA DE FIGUEROA (Francisco), poeta uruguayo (1791-1862), autor del himno nacional de su patria.
ACHA (Mariano), militar argentino (1801-1841), que, enemigo de Rosas, fue hecho prisionero y decapitado.
ACHA (Francisco de), poeta y dramaturgo uruguayo (1828-1888).
ACHÁ (José María de), general y político boliviano (1811-1868), pres. de la Rep. en 1861 derrocado por una revolución en 1864.
ACHAGUAS, tribu de indios del Orinoco.
ACHKHABAD, c. de la U. R. S. S., cap. del Turkmenistán; centro comercial. Universidad.
ACHALA, peniplanicie de la Argentina, azotea de Sierra Grande de Córdoba, a 2 200 m.
ACHARD (Marcel), comediógrafo francés, n. en 1899, autor de *Juan de la Luna* y *Patata.*
ADAJA, río de España, afl. del Duero, que pasa por Ávila; 192 km.
ADAM, monte de la Argentina, en las islas Malvinas; 700 m.
ADAM (Paul), novelista francés (1862-1920), autor de *La fuerza del mal* y *Vestidos encarnados.*
Adamástor o *el Gigante de las tempestades,* personaje ficticio de *Los Lusíadas,* una de las más bellas evocaciones de la poesía épica.
ADAMOV (Arthur), dramaturgo francés, de origen ruso (1908-1970). Se suicidó.
ADAMS (John), político norteamericano (1735-1826), segundo pres. de los Estados Unidos, electo en 1797. — Su hijo JOHN QUINCY (1767-1848) fue el sexto pres. de los Estados Unidos de 1825 a 1829.
ADAMS (Samuel), político norteamericano (1722-1803), uno de los promotores de la revolución de los Estados Unidos; fue llamado **el Catón de América.**
ADAMUZ, v. de España (Córdoba); mármol.
ADÁN, nombre del primer hombre. *(Biblia.)*
ADANA, c. de Turquía (Cilicia); industria algodonera; tabaco.
ADDA, río de Italia, que nace en el macizo de Bermina, atraviesa el lago de Como y des. en el Po; 300 km.
ADDIS-ABEBA, cap. de Etiopía; centro comercial importante; 450 000 h.
ADDISON (Joseph), ensayista inglés (1672-1719), fundador de la revista *Spectator,* que inspiró a Ortega y Gasset sus conocidos ensayos.
ADDISON (Tomás), médico inglés (1793-1860) que estudió la enfermedad producida por la deficiencia de las glándulas suprarrenales.
ADELA *(Santa),* abadesa, hija del rey de Francia Dagoberto II; m. hacia 734. Fiesta el 24 de diciembre.
ADELAIDA, cap. del Est. de Australia Meridional; centro comercial. Universidad.
Adelantado, primera autoridad política, militar y judicial en América durante el período de los descubrimientos y conquistas. El título desapareció a fines del s. XVI.
ADEMUZ, v. de España (Valencia); azafrán.
ADEMUZ (RINCÓN DE), parte de la prov. de Valencia, enclavada entre las de Cuenca y Teruel.
ADÉN, c. del SE. de Arabia, en el *golfo de Adén;* 99 300 h. El ant. *protectorado británico de Adén,* que se extendía sobre varios principados, forma parte actualmente de la *Rep. Popular del Yemen del Sur.*
ADENAUER (Konrad), político alemán (1876-1967). Presidente del Partido Demócrata Cristiano, fue elegido canciller de la República de Alemania occidental en 1949 y reelegido en 1953, 1957 y 1961. Integró a Alemania en la comunidad europea. Dimitió en 1963.
ADER (Clemente), ingeniero francés (1841-1925), precursor de la aviación.
ADERNO. V. ADRANO.
ADHERBAL, hijo de Micipsa, rey de Numidia en 118, muerto por orden de Yugurta en 112 a. de J. C.
ADÍCORA, mun. de Venezuela (Falcón).
ADIGIO, río de Italia, que nace en los Alpes, pasa por Verona y des. en el Adriático; 410 km.
ADIRONDACKS, macizo cristalino de los Estados Unidos (Nueva York); 1 628 m.
ADJARIA, república autónoma de la U.R.S.S. que forma parte de la rep. federada de Georgia, a orillas del mar Negro. Cap. *Batum.* Agrios; té.

Fot. X, Keystone

ADLER (Alfredo), médico psiquiatra austriaco (1870-1937), creador de la teoría psicoanalista basada en el carácter individual. Autor, entre otras obras, de *Conocimiento del hombre.*
ADLER (María Raquel), poetisa argentina, n. en 1904, autora de versos místicos.
ADLERCREUTZ (Carlos Juan), general sueco (1757-1815), uno de los jefes de la revolución de 1809.
ADMETO, fundador y rey de Feres, en Tesalia, uno de los argonautas; esposo de Alcestes.
ADOLFO *(San),* obispo de Osnabrück, en Westfalia, m. en 1224. Fiesta el 11 de febrero.
ADOLFO DE NASSAU, emperador de Occidente en 1292, que fue derrotado y muerto por Alberto de Austria en 1298.
ADOLFO FEDERICO, rey de Suecia (1710-1771), coronado en 1751.
ADONAI (en hebreo *señor, soberano, maestro*), uno de los nombres dados a *Dios* por los judíos.
Adonais, poema elegiaco de Shelley dedicado a la muerte del poeta J. Keats.
ADONÍAS, hijo de David que disputó el trono a Salomón, por lo que éste le condenó a muerte (1014 a. de J. C.).
ADONIS, divinidad fenicia. Joven de gran belleza, fue herido de muerte por un jabalí; Afrodita lo metamorfoseó en anémona (*Mit.*). Celébranse en su honor las fiestas llamadas *Adonías.* Su nombre es sinónimo de belleza.
Adonis, poema italiano en veinte cantos, de Juan Bautista Marini (1623), que tiene por asunto los amores de Venus y de Adonis.
ADOUR [*adur*], río de Francia, que pasa por Dax y Bayona; 335 km.
ADRA, c. de España (Almería); caña de azúcar. Es la ant. **Abdera.**
ADRANO, ant. **Aderno,** v. de Italia (Sicilia).
ADRAR, oasis montañoso del Sáhara occidental, al S. de Marruecos.
ADRASTO, rey de Argos. Acogió a Polinices expulsado de Tebas por su hermano Etéocles, y emprendió contra éste la guerra llamada de los Siete Jefes.
ADRIA, c. de Italia (Venecia). Ha dado su n. al golfo Adriático, del que la han alejado considerablemente los aluviones del Po.
ADRIANO (Publio Elio), emperador romano n. en Itálica (España) en 76; reinó de 117 a 138. Era hijo adoptivo y sucesor de Trajano; fomentó la industria, las artes y las letras, reformó la administración, construyó en Roma el *Mausoleo de Adriano,* hoy castillo de Sant'Angelo, y protegió el Imperio contra los bárbaros.
ADRIANO I, papa de 772 a 795. — ADRIANO II, papa de 867 a 872. — ADRIANO III papa de 884 a 885. — ADRIANO IV, papa de 1154 a 1159. — ADRIANO V, papa en 1276. — ADRIANO VI, papa de 1522 a 1523. Su nombre era *Adriano de Utrecht* y anteriormente fue preceptor de Carlos I y regente de Castilla.
ADRIANÓPOLIS. V. ANDRINÓPOLIS.
ADRIÁTICO (GOLFO O MAR), parte del Mediterráneo, que baña Italia, Yugoslavia y Albania. El río Po es su afluente principal.
ADROGUÉ. V. ALMIRANTE BROWN.
ADRUMETO o **HADRUMETO,** c. de África, ant. colonia fenicia. Ruinas cerca de Susa (Túnez).
ADSERBEIYÁN. V. AZERBAIDJÁN.
ADUA, c. de Etiopía, ant. cap. del Imperio.
ADY (Endre), poeta húngaro (1877-1919), renovador de la lírica nacional.
AECIO, general romano, uno de los vencedores de Atila en los Campos Cataláunicos en 451. Asesinado por Valentiniano III, celoso de su gloria (454).
A. E. F. V. ÁFRICA ECUATORIAL FRANCESA.
ÆPINUS (Francisco Ulrich HOCH, llamado), físico alemán (1724-1802), a quien se atribuye el electróforo y el condensador eléctrico.
AETAS, n. de los negritos de las Filipinas.
AFÁN DE RIBERA (Fulgencio), costumbrista español de fines del siglo XVII, autor de la novela cortesana *Virtud al uso y mística a la moda.*
AFARS E ISSAS (TERRITORIO FRANCÉS DE LOS), Est. autónomo en África oriental; 21 700 km²; 82 000 h. Cap. *Jibuti,* 41 200 h. Es la ant. *Somalia Francesa.*

Fot. Alinari, Anderson-Giraudon

AFGANISTÁN, Estado del Asia occidental, entre la India e Irán; 650 000 km²; 16 113 000 h. (*afganos*); cap. *Kabul,* 206 200; c. pr.: *Herat,* 100 000; *Kandahar,* 100 000; *Mazar i-Sharif,* 75 000. País montañoso donde se yergue la mole colosal del Hindu-Kuch, regado por el Amu Daria y el Hilmend. Población irania. Frutas, cereales, ganadería, tapices. Desde su completa independencia de Inglaterra (Tratado de Rawalpindi, 1921), el país se ha desarrollado.
AFORTUNADAS (ISLAS), nombre que dieron los romanos a las *islas Canarias.*
Afrancesados o **Josefinos,** n. dado a los partidarios españoles del rey intruso José Bonaparte.
AFRANIO (Lucio), poeta cómico latino (s. II a. de J. C.), imitador de Menandro.
ÁFRICA, una de las cinco partes del mundo; 30 224 000 km², y una población aproximada de 330 millones de hab. (*africanos*). Su superficie es tres veces mayor que Europa y equivale a diez veces la de la República Argentina, a quince la de México o a sesenta la de España. (V. mapa pág. 1473.)
— GEOGRAFÍA. — *Relieve.* El continente africano presenta costas poco recortadas. Las cadenas montañosas se encuentran en el N. (Atlas); Futa Yalón, en Guinea; cordillera del Camerún, en el interior del golfo de Guinea; los montes de El Cabo y los macizos del África oriental. existen dos mesetas, al N. y al S. El desierto del Sáhara tiene zonas de un nivel inferior al del mar. Al E., las fallas han originado grandes lagos: Nyassa, Tanganica, Victoria y Rodolfo, en cuyas proximidades se encuentran algunos volcanes como el Kenia y el Kilimanjaro. El resto del continente está constituido por cuencas enormes, como las del Níger, el Chad y el Congo.
— *Clima, vegetación e hidrografía.* — El clima está claramente determinado por la línea ecuatorial, principalmente en el O. La zona ecuatorial se distingue por el calor constante, lluvias continuas y vegetación densa. La zona tropical, con calores más fuertes durante las estaciones secas. La zona desértica, en el Sáhara y Kalaharí. con sus grandes diferencias de temperatura y su vegetación casi nula. La zona subtropical, con clima y vegetación mediterráneos. Los grandes ríos de África llegan al mar después de haber franqueado enormes obstáculos, y son muy conocidos los saltos y cataratas: Nilo, Congo, Zambeze y Níger. Tanto en el N. como en el S., los ríos llevan agua solamente en las estaciones lluviosas.
— HISTORIA. África ha sido mal conocida durante mucho tiempo, si se exceptúa la parte septentrional, cuna de las viejas civilizaciones egipcia, cartaginesa y la romanización posterior de la llamada Mauritania, que comprendía los actuales territorios de Marruecos, Argelia y Túnez. Más tarde, vándalos y bizantinos ocuparon estas tierras. La invasión árabe abrió una nueva etapa en la historia de África del Norte al organizarse numerosos Estados bajo el común denominador de la religión mahometana. Sin embargo, el interior continuaba sometido a emperadores negros (Ghana, Songhai, Bantús, etcétera). En 1488, Bartolomé Días dobló el Cabo de Buena Esperanza, como algo más tarde lo haría Vasco de Gama, y puso en contacto con Europa varios puntos de la costa africana, si bien hay que reconocer que muchos siglos antes fenicios y cartagineses exploraron estas costas para establecer relaciones comerciales con los indígenas del interior. Franceses, ingleses y holandeses hicieron frecuentes incursiones en el siglo XVI, atraídos por el mercado de esclavos negros. La parte oriental de África fue menos accesible, debido a la barrera que impusieron los árabes a toda penetración europea. Los holandeses ocuparon la zona meridional de África (boers), en el siglo XVIII, y la expedición de Bonaparte en Egipto abrió estas tierras a la influencia francesa. No obstante, el interior continuaba inexplorado, y fue solamente en el siglo XIX cuando los europeos se lanzaron a la empresa de explorar, conquistar y colonizar el continente africano, cuyos principales episodios son: la conquista de Argelia por los franceses (1830) y la apertura del canal de Suez. Las exploraciones del Senegal,

ADONIS
escultura antigua

ADRIANO, emperador
escultura antigua

L. AGOTE

I. AGRAMONTE

Sor María de Jesús DE ÁGREDA

África Central, Sudán y las expediciones de Livingstone y Stanley por el SE. y el centro, y otras varias condujeron al reparto del territorio africano entre las potencias europeas a partir de 1870, reparto que no se verificó sin disputas entre las naciones colonizadoras, como lo atestiguan las rivalidades franco-belgas en el Congo, anglo-francesas en el África oriental y anglo-alemanas en el sudeste africano. Hubo guerra en el Transvaal (1899-1902), y en Marruecos, donde, después de numerosos hechos de armas, Francia y España delimitaron sus respectivas zonas de influencia por el Acta de Algeciras (1906), que creaba al mismo tiempo una zona internacional en Tánger. El período anterior y posterior a la Segunda Guerra mundial, está marcado por un movimiento general de emancipación política, que ha ido liberando extensos territorios de la tutela europea y ha señalado el principio de una nueva etapa histórica.
Actualmente, desde el punto de vista político, África comprende: 1º Estados independientes: Egipto, Sudán, Liberia, Etiopía, Libia, Marruecos, Argelia, Túnez, Togo, Camerún, Guinea Ecuatorial, Rep. Dem. del Congo, Somalia, Senegal, Malí, Mauritania, Alto Volta, Guinea, Níger, Costa de Marfil, Gabón, Congo, Rep. Centroafricana, Chad, Madagascar (Rep. Malgache), Rep. de África del Sur, Rodesia del Sur (hoy Rodesia), Ruanda y Burundi; 2º Estados y terr. del Commonwealth: Gambia, Sierra Leona, Ghana, Nigeria, Uganda, Kenia, Rodesia del Norte (hoy Zambia), Nyassalandia (hoy Malawi), Tanganica y Zanzíbar (hoy República de Tanzania), Botswana, Lesotho, Suazilandia, las islas Mauricio, Seychelles y Almirantes; 3º Territorio Francés de los Afars e Issas, autónomo, y las islas francesas de Comores y Reunión; 4º Las posesiones portuguesas de Guinea, Angola, Mozambique y las islas de Cabo Verde, Azores y Madera; 5º Las posesiones españolas de Río de Oro, las plazas de soberanía de Ceuta y Melilla y las Canarias.

ÁFRICA DEL SUDOESTE o **Sudoeste Africano,** ant. colonia alemana del África austral, bajo la tutela de la Unión Sudafricana en 1920 y hoy dependencia de hecho de la Rep. Sudafricana; 824 295 km², 564 000 h.; cap. *Windhoek*, 35 900 h. Ganadería. De su subsuelo se extraen diamantes, oro, cobre y uranio. Desde 1966 tiene el nombre de **Namibia.**

ÁFRICA DEL SUR (REPÚBLICA DE), n. actual de la **República Sudafricana.**

ÁFRICA ECUATORIAL FRANCESA, ant. colonia francesa del África central que abarcaba las actuales repúblicas de Gabón, Congo, Ubangui-Chari y Chad.

ÁFRICA OCCIDENTAL FRANCESA, ant. colonia francesa que comprendía las actuales repúblicas de Mauritania, Senegal, Sudán, Alto Volta, Guinea, Níger, Costa de Marfil y Dahomey.

ÁFRICA OCCIDENTAL PORTUGUESA. V. ANGOLA.

ÁFRICA ORIENTAL ALEMANA. V. TANGANICA.

ÁFRICA ORIENTAL INGLESA. V. KENIA.

AFRICA ORIENTAL ITALIANA, nombre que llevó el conjunto de Etiopía, Eritrea y Somalia de 1936 a 1941.

ÁFRICA ORIENTAL PORTUGUESA. V. MOZAMBIQUE.

AFRODITA, diosa griega de la Belleza y del Amor, identificada con la **Venus** de los romanos.

AGABAMA, río de Cuba, que des. en el mar de las Antillas con el n. de **Manatí; 110** kilómetros.

AGADIR, ciudad y puerto de Marruecos, en el Atlántico. Destruida en 1960 por un terremoto.

AGAG, rey de los amalecitas. *(Biblia.)*

AGA KHAN III, jefe religioso de los musulmanes ismaelitas (1877-1957).

AGAMENÓN o **AGAMEMNÓN,** hijo de Atreo, hermano de Menelao, rey legendario de Micenas y de Argos, jefe de los héroes griegos que sitiaron Troya.

Agamenón, tragedia de Esquilo, que forma con *Las Coéforas* y *Las Euménides* la gran trilogía de *La Orestíada* (460 a. de J. C.).

Ágape (del gr. *agape*, amor), convite de caridad de los primeros cristianos en recuerdo de la Última Cena de Jesucristo y durante el cual cambiaban el beso de paz. Habiendo dado lugar a abusos, fueron suprimidos por la Iglesia.

AGAPITO *(San)*, papa de 535 a 536. — AGAPITO II, papa de 946 a 955.

AGAR, personaje bíblico, esclava egipcia, segunda esposa de Abrahán y madre de Ismael, el cual originó la raza árabe (***ismaelitas***).

AGARTALA, c. de la India, cap. del territorio de Tripura.

AGASSIZ (Luis), geólogo y paleontólogo suizo (1807-1873), que estudió los fósiles y la acción de los glaciares.

AGATOCLES, tirano de Siracusa (361-289 a. de J. C.), enemigo de los cartagineses.

AGATÓN *(San)*, nacido en Palermo, papa de 678 a 681. Fiesta el 10 de enero.

AGBOVILLE, c. de la Costa de Marfil.

AGEN, c. de Francia, cap. del dep. de Lot-et-Garonne, a orillas del Garona; **frutas, conservas.** Maquinarias. Obispado.

AGEO, uno de los profetas menores. *(Biblia.)*

Agermanamiento, pacto de los primitivos españoles mediante el cual se comprometían varios guerreros a seguir a su jefe, obligándose a defenderle y a no sobrevivirle si llegaba a morir.

AGESILAO, rey de Esparta (398-358 a. de J. C.), que venció a los persas, derrotó a los enemigos griegos de Esparta en Queronea (394) y salvó a su patria, amenazada por Epaminondas después de la derrota de Mantinea (362).

AGIDAS, una de las dinastías reales de Esparta.

AGILA, rey de los visigodos de España en 549, asesinado cinco años después.

AGIS, nombre de varios reyes de Esparta. El más famoso, AGIS IV, reinó de 244 a 241.

AGLABIDAS, dinastía árabe de África, que reinó en Túnez de 800 a 909.

AGLAE o **AGLAYA,** la más joven de las tres Gracias. *(Mit.)*

AGLIPAY (Gregorio), sacerdote y patriota filipino (1870-1940), fundador en 1902 de una Iglesia filipina independiente de carácter racionalista.

AGOTE (Luis), médico argentino (1869-1954), que inventó el procedimiento de agregar citrato de sodio a la sangre para evitar la coagulación en las transfusiones (1914).

AGRA, c. de la India, cap. del Estado de Uttar Pradesh. Célebres mezquitas. Centro industrial.

AGRACIADA, ribera del río Uruguay (Soriano), donde desembarcaron los Treinta y Tres Orientales que iniciaron la lucha por la liberación del país (1825).

AGRAM. V. ZAGREB.

Agramante, personaje del *Orlando furioso*, de Ariosto, jefe de los sarracenos que sitiaron París.

AGRAMONTE, mun. de Cuba (Matanzas).

AGRAMONTE (Arístides), bacteriólogo cubano (1868-1931), que estudió la fiebre amarilla.

AGRAMONTE (Ignacio), abogado y patriota cubano, n. en Puerto Príncipe (1841-1873), que se distinguió en la guerra de los Diez Años, fue jefe de la división del Camagüey y redactó la Constitución de Guáimaro (1869). Murió en el campo de batalla.

Agramonteses, facción navarra del s. XV, acaudillada por el señor de Agramont y enemiga de los beamonteses. Los *agramonteses* eran partidarios del rey don Juan, viudo de Blanca I de Navarra, y los *beamonteses*, del príncipe de Viana, hijo de aquéllos.

AGRAMUNT (José), llamado **el Cura de Flix,** cabecilla carlista (1826-1887), famoso por sus crueldades.

ÁGREDA, v. de España (Soria); fuentes sulfurosas. Murallas; iglesias antiguas.

ÁGREDA (Sebastián), general y político boliviano (1797-1872).

ÁGREDA (*Sor* María de Jesús de), monja franciscana española (1602-1665), famosa por su correspondencia con Felipe IV. Compuso una vida novelada de la Virgen: *La mística ciudad de Dios*.

AGRELO (Pedro José), magistrado argentino (1776-1864), autor de la Constitución de Entre Ríos.

AGRÍCOLA (Cneo Julio), general romano (40-93), suegro del historiador Tácito. Terminó la conquista de la Gran Bretaña.

Fot. Valotaire, doc. A. G. P.

AGRIGENTO, c. y puerto de Sicilia. Patria de Empédocles. Llamóse **Girgenti** hasta 1927. Minas de azufre. Obispado. Ruinas dóricas.
AGRIO, río de la Argentina, afl. del Neuquen; 175 km.
AGRIPA (Cornelio), sabio, alquimista y filósofo alemán (1486-1535), historiógrafo de Carlos I de España.
AGRIPA (Marco Vipsanio), general romano (63-12 a. de J. C.), yerno y ministro favorito de Augusto; se distinguió en Accio y edificó el Panteón de Roma.
AGRIPA (Menenio). V. MENENIO AGRIPA.
AGRIPINA la Mayor, nieta de Augusto, hija de Agripa y de Julia; esposa de Germánico, de quien tuvo nueve hijos (entre ellos Calígula y Agripina), fue desterrada por Tiberio (m. en 33).
AGRIPINA la Menor, hija de la anterior y de Germánico (16-59), madre de Nerón. Ambiciosa, casó en terceras nupcias con su tío el emperador Claudio, a quien hizo adoptar su hijo. Ayudada por Locusta, envenenó a Claudio para colocar a Nerón en el trono. Pero éste, encontrando enojosa la tutela materna, la hizo asesinar.
AGUA, volcán de Guatemala, a 25 km de la capital; 3 752 m.
AGUA BLANCA, mun. de Guatemala (Jutiapa). — Pobl. de la Argentina (Salta); petróleo.
AGUACALIENTE DE CÁRATE, balneario de México (Sinaloa).
AGUACATE, montañas de la Rep. Dominicana, entre las prov. de Azua y Barahona. — Mun. de Cuba (Habana).
AGUADA DE PASAJEROS, térm. mun. de Cuba (Las Villas).
AGUADAS, mun. de Colombia (Caldas).
AGUADILLA, c. y puerto de Puerto Rico, al O. de la isla. Tabaco.
AGUADO (Alejandro María), financiero español (1784-1842), amigo y protector del general San Martín durante su destierro en Francia.
AGUADO (Francisco de), jesuita español (¿1566?-1654), ministro de Felipe IV.
AGUADULCE, pobl. de Panamá (Coclé).
AGUA GRANDE, sierra de Venezuela. (Lara-Falcón).
AGUA HEDIONDA, balneario de México (Morelos).
AGUÁN, río de Honduras, que nace en el dep. de Yoro y des. en el mar Caribe; 193 km. Navegable en su curso bajo.
AGUAPEY, río de la Argentina (Corrientes), afl. del Uruguay; 226 km.
AGUARÁ-GUAZÚ, río del Paraguay (San Pedro), afl. del Jejuí.
AGUARICO, río del Ecuador (Oriente), afl. del Napo; 480 km. — C. del Ecuador, cap. del dep. del mismo n. Pref. Apostólica.
AGUAS BLANCAS, com. de Chile (Antofagasta).
AGUASCALIENTES, Estado de México, en la altiplanicie central; minas de cobre, plomo, hierro y cinc; viñedos. — C. de México, cap. del Estado del mismo n.; talleres ferroviarios. Obispado. Convención revolucionaria en 1914.
AGUAS DO PRATA, balneario del Brasil (São Paulo).
ÁGUEDA (*Santa*), virgen y mártir, nacida en Palermo, muerta en 251. Fiesta el 5 de febrero.
AGÜERA (La), distrito del Sáhara Español, al S. del cabo Bojador.
AGÜERO (Bartolomé de), cirujano español (1531-1597), autor de un *Tesoro de la verdadera cirugía* (1684).
AGÜERO (Catalina), heroína peruana que se señaló durante la guerra de la Independencia.
AGÜERO (Cristóbal), religioso mexicano, n. en 1600, que estudió a fondo la lengua zapoteca, de la que escribió un notable vocabulario.
AGÜERO (Diego de), conquistador español del siglo XVI. Contribuyó a la fundación de Piura y se distinguió en la conquista de Quito. Fue nombrado por Pizarro regidor perpetuo de Lima. M. en 1544.
AGÜERO (Joaquín de), patriota cubano (1816-1851), que encabezó el alzamiento de 1851. Fracasada su empresa, fue fusilado.
AGÜERO VELAZCO (Francisco), patriota cubano, que murió ahorcado en 1826.

templo de la Concordia, en AGRIGENTO

AGÜEROS (Victoriano), periodista y crítico literario mexicano (1854-1911). Publicó una *Biblioteca de autores mexicanos*.
AGUESSEAU [-*só*] (Enrique Francisco de), magistrado francés (1668-1751), orador elocuente y muy erudito.
AGUIAR (Antonio), religioso dominicano chileno (1701-1742), autor de una *Crónica*.
AGUIAR (Tomás de), pintor español del siglo XVII, discípulo de Velázquez, autor de notables retratos.
Águila Negra, asociación secreta creada en Cuba para conseguir su independencia.
Águila y la serpiente (*El*), conjunto de relatos del escritor mexicano Martín Luis Guzmán (1928), de vigoroso estilo.
AGUILAR, pobl. de la Argentina, en la puna jujeña; yac. de plomo. — Sierra de la Argentina en el borde sobreelevado de la Puna.
AGUILAR (Eugenio), político salvadoreño del siglo XIX, pres. de la Rep. de 1846 a 1848.
AGUILAR (Félix), ingeniero y astrónomo argentino (1884-1944).
AGUILAR (Gaspar de), dramaturgo español (1561-1623), perteneciente al grupo de autores valencianos. Sus comedias más celebradas son *Los amantes de Cartago, La venganza honrosa, La fuerza del interés* y *El mercader amante*.
AGUILAR (Jerónimo de), soldado español (1489-1531), que, prisionero de los mayas y rescatado ocho años después por Hernán Cortés, fue un importante auxiliar de la conquista de Nueva España.
AGUILAR (José Gabriel), patriota peruano (1759-1805), que lanzó en Huánuco el grito de independencia (1805). Fracasada su conspiración, fue fusilado.
AGUILAR (Manuel), político costarricense (1797-1846), jefe del Estado en 1837, derribado por una revolución en 1838.
AGUILAR (Marcos de), político español del siglo XVI, alcalde mayor de Santo Domingo, que acompañó como juez especial a Ponce de León (1525) para residenciar a Cortés en México. M. en 1527.
AGUILAR (Nicolás), presbítero y patriota salvadoreño (1742-1818), que, con sus hermanos MANUEL (1750-1819) y VICENTE (n. en 1746), participó en la insurrección de Delgado (1811) y en la de 1814.
AGUILAR (Pedro), geógrafo español del s. XVI, autor de un interesante estudio de América (1581).
AGUILAR BARQUERO (Francisco), político costarricense (1857-1924), pres. interino de la Rep. de 1919 a 1920.
AGUILAR DE CAMPOO, pobl. de España (Palencia); vestigios del monasterio premonstratense de Santa María la Real (s. XIII).
AGUILAR DE LA FRONTERA, c. de España (Córdoba). Ruinas de un castillo moro.
ÁGUILAS, v. y puerto de España (Murcia). Termas romanas.
AGUILERA (Francisco Vicente), patriota y político cubano, n. en Bayamo (1821-1877), uno de los colaboradores de Céspedes en la revolución de 1868. Fue jefe militar de Oriente y vicepres. de la Rep. en Armas (1870).
AGUILERA MALTA (Demetrio), novelista ecuatoriano, n. en 1905, autor de narraciones de carácter social y de defensa de los indios (*Don Goyo, La isla virgen*).
AGUILERA PALACIOS (Eliseo), naturalista mexicano (1896-1944).

AGRIPINA LA MENOR

Fot. Viollet, Anderson

AGUINALDO

AGUIRRE CERDA

SAN AGUSTÍN *detalle* de un cuadro de GOZZOLI

AGUINALDO (Emilio), político filipino (1869-1964), que acaudilló la insurrección de 1896 contra la dominación española. Más tarde se rebeló contra las fuerzas norteamericanas y fue apresado en 1901. En la Segunda Guerra mundial fue acusado de colaboración con los japoneses.

AGUIRRE (Atanasio Cruz), político uruguayo (1804-1875), pres. interino de la Rep. de 1864 a 1865.

AGUIRRE (Elías), marino peruano, comandante del *Huáscar*, que murió heroicamente en el combate de Angamos (1879).

AGUIRRE (Francisco de), conquistador español (1500-1580), compañero de Pizarro y de Valdivia. Fue gobernador de Tucumán y fundó la c. argentina de Santiago del Estero (1553).

AGUIRRE (Francisco Javier), literato y político ecuatoriano (1808-1882).

AGUIRRE (José Antonio), político español (1904-1961), pres. del Gobierno autónomo de Vasconia en 1936.

AGUIRRE (José María), general cubano (1840-1896), que se distinguió en las guerras de 1868 y 1895.

AGUIRRE (José Urbano), ingeniero argentino, n. en 1888, entre cuyas obras se distingue el *Estudio sobre caminos y ferrocarriles*.

AGUIRRE (Juan Bautista de), poeta ecuatoriano (1725-1786), autor de obras barrocas.

AGUIRRE (Julián), compositor argentino (1868-1924), autor de canciones (*Tristes argentinos, Gato*, etc.) y piezas para piano.

AGUIRRE (Lope de), capitán español (1518-1561), que se distinguió en el Perú por su crueldad, y fue apodado *el Traidor* o *el Peregrino*.

AGUIRRE (Nataniel), novelista histórico boliviano (1843-1888), autor de *Juan de la Rosa*.

AGUIRRE CERDA (Pedro), profesor y político chileno (1879-1941), pres. de la Rep. de 1938 a 1941. Reorganizó la enseñanza y fomentó la producción nacional.

AGUIRRE Y SALINAS (Osmín), militar y político salvadoreño, pres. interino de la Rep. de 1944 a 1945.

AGUJAS (CABO DE LAS), el promontorio más meridional de África, al E. del cabo de Buena Esperanza.

AGULHAS NEGRAS, monte del Brasil (Minas Gerais); 2 787 m.

AGUSTÍ (Ignacio), novelista español, n. en Barcelona en 1913, autor del ciclo de relatos histórico-novelescos *La ceniza fue árbol* (*Mariona Rebull, El viudo Rius, Desiderio* y *El 19 de julio*).

AGUSTÍN (*San*), padre de la Iglesia y obispo de Hipona, hijo de Santa Mónica (356-430). Tras una juventud azarosa, se sintió llamado a la vida religiosa gracias a las predicaciones de San Ambrosio. Sus principales obras son *La ciudad de Dios, Confesiones* (v. CONFESIONES) y *Tratado de la Gracia*. Fiesta el 28 de agosto.

AGUSTÍN (*San*), apóstol de Inglaterra, m. hacia 605, fundador de la sede episcopal de Cantorbery.

AGUSTÍN I, n. que tomó Iturbide durante su breve Imperio (1822).

AGUSTINA DE ARAGÓN. V. ZARAGOZA DOMÉNECH (Agustina).

AGUSTÍN DE LA CORUÑA (*Fray*), llamado **el Santo Obispo de Popayán,** dominico español que combatió la esclavitud de los indios en el siglo XVI.

AGUSTINI (Delmira), poetisa uruguaya (1886-1914), de gran lirismo e imaginación. Obras: *El libro blanco, Cantos de la mañana* y *Los cálices vacíos*.

AHMED I, sultán de Turquía, de 1603 a 1617. — AHMED II, sultán de los turcos de 1691 a 1695; abandonó el Poder al gran vizir Kupruli. — AHMED III, sultán de los turcos de 1703 a 1736; acogió a Carlos XII de Suecia después de la batalla de Poltava.

AHMEDABAD, c. de la India, cap. del Gujerate; gran centro de industria textil.

AHRIMÁN, principio del mal, opuesto a Ormuz, principio del bien, en la religión de Zoroastro.

AHUACATLÁN, pobl. de México (Nayarit); estación arqueológica.

AHUACHAPÁN, c. de El Salvador, cap. del dep. del mismo n., al O. del país. (Hab. *ahuachapanecos*.) En sus cercanías abundan los géiseres. Imp. prod. de café.

AHUÍZOTL, emperador azteca de México (1486-1502), bajo cuyo reinado alcanzó el Imperio su máxima extensión.

AHUMADA Y VILLALÓN (Agustín de), virrey de Nueva España de 1755 a 1760.

AHURAMAZDA. V. ORMUZ.

AHVENANMAA (ISLAS DE), en sueco **Aaland** o **Aland,** archipiélago finlandés en el mar Báltico formado por 6 554 islas o islotes.

AHWAZ, c. del Irán, al N. de Abadán; centro comercial. Nudo de comunicaciones.

AICHA, hija de Abubeker y tercera mujer de Mahoma, muerta en 678.

Aida, ópera en cuatro actos, de Verdi (1871).

AIDIN, c. de Turquía, al SE. de Esmirna.

AIMARAES, prov. del Perú (Apurímac); cap. *Chalhuanca*.

AIMARAES o **AYMARAES,** pueblo indio de Bolivia y del Perú, que habita en la región del lago Titicaca. Los *aimaraes* fueron sometidos por los incas en el s. XV, mas antes que éstos, como atestiguan las ruinas de Tiahuanaco, lograron un alto grado de civilización. Durante la Conquista lucharon contra los españoles. Su lengua se habla todavía en Bolivia y Perú.

AIMORÉS, tribu india, ya extinguida, de América del Sur. Sus actuales descendientes son los botocudos.

AIN [*an*], río de Francia, afl. del Ródano; 200 km. — Departamento de Francia; cap. *Bourg*.

AINOS, pueblo del Asia oriental (Hokkaido).

AIQUILE, pobl. de Bolivia, cap. de la prov. de Campero (Cochabamba). Prelatura nullius.

AIR, macizo montañoso del Sáhara meridional (Rep. del Níger).

AIROLO, com. de Suiza (Tesino), a la entrada del túnel de San Gotardo.

AIRY [*eré*] (*sir* George Bidell), astrónomo y matemático inglés (1801-1892).

AISÉN, río de Chile, formado por el Simpson y el Mañiuales. — Dep. y prov. de Chile; cap. *Puerto Aisén*. (Hab. *aiseninos*).

AISNE [*en*], río de Francia, afl. del Oise; 280 km. — Departamento de Francia; cap. *Laon*.

AIX-EN-PROVENCE [*eks-*], c. de Francia (Bocas del Ródano), ant. cap. de Provenza. Fundada por los romanos en 123 a. de J. C. Universidad. Obispado.

AIX-LA-CHAPELLE, n. fr. de **Aquisgrán.**

AJACCIO [*ayaccio*], cap. del dep. francés de Córcega. Obispado. Centro turístico y comercial. Patria de Napoleón Bonaparte.

AJMER, c. de la India (Rayastán).

AJUSCO, pico de México, en la sierra del mismo nombre (Distrito Federal); 3 926 m.

AKABA o **AQABA** (GOLFO DE), golfo formado por el mar Rojo en su parte norte.

AKBAR, emperador mogol de la India, de la Casa de Tamerlán (1556-1605). Reorganizó el Imperio con ayuda de su primer ministro Abul Fazl. A su advenimiento (1556) empieza la *gran era oriental* o *era de Akbar*.

AKENSIDE (Marco), médico y poeta inglés (1721-1770), autor de *Placeres de la imaginación*, poema descriptivo y filosófico.

AKITA, c. del Japón, en el norte de la isla de Hondo. Centro metalúrgico.

AKKAD o **AKAD,** región de la Baja Mesopotamia en que estableció su dominio Babilonia.

AKKERMAN, c. de Ucrania (antes rumana), puerto en el estuario del Dniéster.

AKMETCHET, nombre tártaro de **Simferopol,** c. de la U. R. S. S. (Ucrania).

AKRON, c. de los Estados Unidos (Ohio). Gran centro de la industria del caucho.

AKTIUBINSK, c. de la U.R.S.S. (Kazakstán).

ALÁ (en árabe *al ilah*, la Divinidad), nombre que dan los musulmanes a su Dios.

ALABAMA, río de los Estados Unidos; pasa por Montgomery y des. en el estuario del Mobile. — Uno de los Estados Unidos de Norteamérica; cap. *Montgomery*.

ALACALUFES, tribu india del litoral de la Tierra del Fuego. Hoy desaparecida.

ALACOQUE. V. MARGARITA MARÍA (*Santa*).

Aladino o **La lámpara maravillosa,** cuento de *Las mil y una noches*. Aladino, poseedor de esta lámpara mágica, realiza todo cuanto desea.

Fot. Larousse, Giraudon

ALAGOA DO MONTEIRO, pobl. del Brasil (Paraíba); aguas minerales.

ALAGOAS, Estado del NE. del Brasil; cap. *Maceió;* salinas, ind. azucarera y textil.

ALAHUISTLÁN, río de México, afl. del Balsas. — Pobl. de México (Guerrero); batalla durante la guerra de la Independencia (1817).

ALAIN (Emile CHARTIER, llamado), filósofo y profesor francés (1868-1951), autor de numerosos artículos y reflexiones reunidos bajo el título de *Charlas,* que revelan un espiritualismo optimista.

ALAIN-FOURNIER. V. FOURNIER.

ALAJUELA, c. de Costa Rica, cap. de la prov. del mismo n. (Hab. *alajuelenses*); ind. de aceite; mercado de café, maderas, ganado y oro. Obispado. Llamóse primitivamente **Villa Hermosa.**

ALAJUELITA, pobl. de Costa Rica (San José).

ALAMÁN (Lucas), político e historiador mexicano (1792-1853), triunviro en 1829. Fue ministro de Bustamante y Santa Anna.

ALAMANES, confederación de tribus germánicas, establecidas en el Rin.

ALAMANNI (Luis), poeta y humanista italiano (1495-1556), autor de un *Arte de cultivar.*

ALAMINOS (Antón de), marino español del s. XVI, que acompañó como piloto a Colón en su segundo viaje y participó en las expediciones de Hernández de Córdoba, de Grijalva y de Cortés. Descubrió la corriente del golfo de México.

ÁLAMO, pobl. de los Estados Unidos (Texas). Asalto y conquista del fuerte de esta pobl. por las tropas mexicanas de Santa Anna (1836).

ÁLAMOGORDO, pobl. de los Estados Unidos (Nuevo México), en cuyas inmediaciones se realizaron las primeras pruebas de la bomba atómica (1945).

ALAMOR, río del Ecuador (Loja), afl. del Catamayo. — Pobl. del Ecuador, cab. del cantón de Puyango (Loja).

ÁLAMOS, río de México (Coahuila), afl. del Bravo. — C. de México (Sonora). — Com. de Chile (Arauco).

ALAND (ISLAS DE). V. AHVENANMAA.

ALANJE, pobl. de Panamá (Chiriquí); arroz, ganado.

ALANOS, bárbaros que invadieron España en 406; fueron aniquilados por los visigodos.

ALARCÓN (Abel), escritor boliviano (1881-1954), autor de *En la corte de Yahuar-Huácac,* novela incaica, y de una *Historia de la literatura boliviana.*

ALARCÓN (Hernando de), navegante español del s. XVI, que recorrió las costas de California.

ALARCÓN (Juan RUIZ DE). V. RUIZ DE ALARCÓN Y MENDOZA (Juan).

ALARCÓN (Pedro), astrónomo mexicano del siglo XVIII.

ALARCÓN (Pedro Antonio de), novelista español, n. en Guadix (1833-1891). Después de una juventud tormentosa participó en la campaña de Marruecos, cuyos recuerdos legó en su *Diario de un testigo de la guerra de África* (1860). Sus novelas *El Escándalo, La Pródiga, El niño de la bola, El final de Norma* y *El capitán Veneno* cimentaron su reputación de escritor polemista, pero su gloria la debería al inspirado relato *El sombrero de tres picos* (1874), tantas veces llevado a la escena y a la pantalla y sobre el que Manuel de Falla compuso una de sus más jugosas partituras.

ALARCOS, cerro de la prov. de Ciudad Real, donde fue derrotado el ejército de Alfonso VIII por Almanzor (1195).

ALARICO I, rey de los visigodos. Asoló el Oriente, saqueó Roma y murió en Cosenza en 410. — ALARICO II, rey visigodo de España. m. en 507; hizo recopilar el *Código de Alarico.*

ALAS (Jesús), músico salvadoreño, n. 1866.

ALAS (Leopoldo). V. CLARÍN.

ALASKA, uno de los Estados Unidos de Norteamérica, al NO. del Canadá, cedido en 1867 por Rusia; 1 520 000 km². Cap. *Juneau.* Al N., Alaska está formada por macizos montañosos; en el centro se extiende la cuenca del Yukon, y al S. se levanta la *cadena de Alaska,* en parte volcánica, con cumbres de más de 6 000 m. Subsuelo rico en cobre, petróleo, hulla, oro. Pesca.

ALAUITAS (*Dinastía de los*), nombre de la dinastía reinante en Marruecos desde 1659.

ALAUSÍ, pobl. del Ecuador (Chimborazo).

ÁLAVA, prov. de España, cap. *Vitoria.* Producciones agrícolas, vinos *clarete* y *chacolí.* Industria floreciente. Minas de carbón, hierro y plomo. (Hab. *alaveses.*)

ÁLAVA (Miguel Ricardo de), general y político español (1771-1843). Partidario primero de la intervención francesa, no tardó en pasar al partido español, siendo uno de los ayudantes de Wellington.

ALBA (Fernando ÁLVAREZ DE TOLEDO, *duque de*), general de Carlos V y de Felipe II (1508-1582). Asentó su reputación militar con la victoria de Mühlberg (1547). Después de guerrear contra los franceses y los italianos en Italia, fue enviado a Flandes como gobernador. Ocupó el país, instituyendo el famoso *Tribunal de la Sangre,* que cometió toda clase de excesos. Abrumados por su tiranía, acabaron los flamencos por rebelarse en 1572, y el duque, no pudiéndolos dominar, fue reemplazado por Requeséns en 1573 y volvió a España. Encargado por el rey de la conquista de Portugal en 1580, venció a las fuerzas del prior de Crato y se apoderó de Lisboa.

ALBACETE, c. de España, cap. de la prov. del mismo n.; aguardientes, cuchillería. (Hab. *albacetenses* o *albaceteños.*) La prov. es esencialmente agrícola.

ALBA DE TORMES, v. de España (Salamanca), a orillas del Tormes; sepulcro de Santa Teresa de Jesús.

ALBAIDA, v. de España (Valencia).

ALBA IXTLILXOCHITL (Fernando de), cronista mexicano (¿1568?-1648), autor de *Historia Chichimeca.*

ALBA JULIA, en alem. **Kalsburg** y en húngaro **Gyula Fehervar,** c. de Rumania (Transilvania); catedral románica.

ALBA LONGA, la más antigua ciudad del Lacio, rival de Roma, fundada por Eneas y destruida por las ciudades vecinas durante el reinado del rey romano Tulio Hostilio.

ALBANIA, Estado de la península de los Balcanes, al sur de Yugoslavia; 28 738 km²; 1 965 000 h. (*albaneses*); cap. *Tirana,* 161 300 h.; c. pr. *Valona,* 34 000; *Escutari,* 34 000; *Koriza,* 24 000. País montañoso, esencialmente agrícola; prod. cereales, frutas. Ganadería. Yac. de petróleo, cobre. Caída bajo el yugo otomano en el siglo XV, alcanzó la autonomía en 1912. Desde entonces ha conocido varios regímenes políticos: principado, república (1925), monarquía (1928), sometida a Italia (1939) y, desde 1945, república popular.

ALBANO (LAGO DE), lago de Italia, a 20 km de Roma. Es un cráter antiguo, a cuya orilla se asienta *Castelgandolfo,* residencia veraniega del papa.

ALBANO (*San*), primer mártir de Inglaterra; pereció hacia 303. Fiesta el 22 de junio.

ALBANO (Francisco ALBANI, **el**), pintor italiano (1578-1660), discípulo de Carraccio.

ALBANY, c. de los Estados Unidos, cap. del Estado de Nueva York, a orillas del río Hudson; industrias mecánicas y químicas.

ALBARRACÍN, c. de España (Teruel), al pie de la *sierra de Albarracín.* Fortificaciones y castillo gótico. Catedral.

ALBARRÁN (Joaquín), cirujano francés, n. en Sagua la Grande (Cuba) [1860-1912], uno de los fundadores de la urología.

ALBATERA, v. de España (Alicante).

ALBAY, prov. de Filipinas (Luzón). La cap es desde 1925 *Legazpi.*

ALBEE (Edward), dramaturgo norteamericano, n. en 1928, autor de *¿Quién teme a Virginia Woolf?*

ALBÉNIZ (Isaac), pianista y compositor español, n. en Camprodón (Gerona) [1860-1909], creador de una escuela española de música. Obras: *Pepita Jiménez* (ópera) y composiciones para piano: *Iberia,* colección de doce fragmentos, *Navarra, Sevilla,* etc.

ALBÉNIZ (Pedro), compositor español (1795-1855), autor de obras para piano y canto.

ALAIN

Duque DE ALBA

P. A. DE ALARCÓN

I. ALBÉNIZ

Fot. X, Larousse, doc. Biblioteca Nacional (Madrid)

ALBERDI

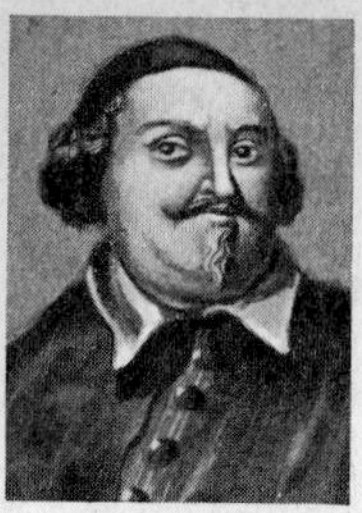

ALBERONI

R. ALBERTI

catedral de ALBI

A. ALBUQUERQUE

ALBERDI, pobl. de la Argentina (Buenos Aires. — Pobl. del Paraguay (Ñeembucú).
ALBERDI (Juan Bautista), jurisconsulto, escritor y político argentino, n. en Tucumán, m. en París (1810-1884), autor de artículos de costumbres y de crítica literaria, obras teatrales, la novela *Peregrinación de Luz del Día* y de *Bases y puntos de partida para la organización política de la República Argentina,* estudio que influyó decisivamente en las resoluciones del Congreso Constituyente de 1853.
ALBERES (MONTES), parte de los Pirineos franceses que lindan con Cataluña; 1 600 m.
ALBERONI (Julio), cardenal italiano y estadista español (1664-1752). Hijo de un campesino, ascendió a la más elevada situación gracias a su gran inteligencia y a su habilidad. Cardenal ministro de Felipe V, protegido por la esposa de éste, procuró, después del Tratado de Utrecht, devolver a España su antigua importancia. Supo granjearse amistades en toda España, soñó un momento con hacer que se concediera a su soberano la regencia de Francia, durante la menor edad de Luis XV, pero fracasó en su empresa y fue desterrado.
ALBERTA, prov. del Canadá; cap. *Edmonton;* cereales; petróleo, gas natural.
ALBERTI (Manuel), presbítero y patriota argentino (1763-1811), miembro de la Junta Gubernativa de 1810.
ALBERTI (Rafael), poeta español, n. en Puerto de Santa María en 1902, de inspiración popular y surrealista, que pertenece a la generación de García Lorca y es una de las más altas figuras de la lírica española contemporánea. Autor de *Marinero en tierra, El alba del alhelí, Cal y Canto, Sobre los ángeles, Madrid, capital de la gloria, A la pintura,* etc.
ALBERTO, ant. **Alberto Nianza,** lago del África ecuatorial; 4 500 km².
ALBERTO I, duque de Austria y emperador de Alemania de 1298 a 1308. — ALBERTO V, duque de Austria y emperador de Alemania, con el nombre de Alberto II de 1438 a 1439.
ALBERTO I, príncipe de Mónaco (1848-1922), fundador de un notable Instituto Oceanográfico.
ALBERTO I, rey de Bélgica, sobrino de Leopoldo II (1875-1934); coronado en 1909; resistió enérgicamente a la invasión alemana (1914).
ALBERTO Magno (*San*), filósofo cristiano (¿1200?-1280), que difundió la doctrina escolástica en las Universidades de París, Padua, Estrasburgo y Colonia.
ALBERTO (*Príncipe*), príncipe de Sajonia, Coburgo y Gotha (1819-1861), casó en 1840 con Victoria, reina de Inglaterra.
ALBERTO DE HABSBURGO, archiduque de Austria (1559-1621), educado en la corte de Felipe II de España, con cuya hija casó. Virrey de Portugal y gobernador de los Países Bajos.
ALBI, c. de Francia, cap. del dep. del Tarn, a orillas del Tarn. (Hab. *albigenses.*) Catedral fortificada (s. XII-XV). Arzobispado.
AL-BID, c. del Sultanato de Katar, junto a Doha.
Albigenses o **Cátaros,** secta religiosa que se propagó, hacia el siglo XII, por el mediodía de Francia, en los alrededores de Albi, y contra la cual ordenó el papa Inocencio III una cruzada en 1209. En España sólo apareció a principios del siglo XIII un pequeño núcleo de albigenses en el reino de León, pero no llegó a desarrollarse.
ALBINONI (Tomaso), compositor italiano (1671-1750), cuya obra goza de gran prestigio.
ALBIÓN, n. dado por los griegos a la *Gran Bretaña.* Suele usarse por *Inglaterra.*
ALBIZZI, poderosa familia de Florencia, rival de los Médicis y de los Alberti (s. XIV y XV).
ALBOCÁCER, v. de España (Castellón).
ALBOÍNO, rey de los lombardos de 561 a 572.
ALBORG. V. AALBORG.
ALBORÁN, isla pequeña del Mediterráneo, a 56 km del cabo de Tres Forcas y 90 del golfo de Adra. Depende de la prov. de Almería
ALBORNOZ (Gil ÁLVAREZ CARRILLO DE), arzobispo de Toledo y cardenal (1310-1367). Desterrado de España por Pedro el Cruel, Inocencio VI le encargó que sometiera a los italianos a la obediencia de la Santa Sede. Fundó el Colegio Español de Bolonia.
ALBORNOZ (José CARRILLO DE), célebre capitán español, n. en 1671, que se distinguió en la batalla de Almansa y la reconquista de Orán.
ALBOX, v. de España (Almería).
ALBRET [*albré*] o **LABRIT,** ilustre familia de Navarra, a la que pertenecía la madre de Enrique IV de Francia.
ALBUCASÍS, médico árabe cordobés, n. hacia 1013, autor de una *Exposición de las materias.*
ALBUERA, v. de España (Badajoz). Victoria de los españoles sobre los franceses en 1811.
ALBUFERA (La), lago salado a orillas del Mediterráneo (Valencia); 45 km². Arrozales.
ALBUÑOL, v. de España (Granada).
ALBUQUERQUE, c. de los Estados Unidos (Nuevo México). Universidad.
ALBUQUERQUE (Afonso), navegante y conquistador portugués (1453-1515), que se apoderó de Goa, Malaca, Ormuz y las Molucas y aseguró la influencia portuguesa en la India.
ALBURQUERQUE, v. de España (Badajoz).
ALBURQUERQUE (Francisco FERNÁNDEZ DE LA CUEVA, *duque de*), militar español (1619-1676), virrey de México de 1653 a 1660.
Alcalá (*Puerta de*), puerta monumental, situada en Madrid en la calle del mismo n., frente al parque del Retiro. La edificó en 1778 Sabatini, en honor de Carlos III.
ALCALÁ DE CHISVERT, v. de España (Castellón de la Plana). [Hab. *chisvertenses.*]
ALCALÁ DE GUADAIRA, v. de España (Sevilla). [Hab. *alcalareños.*] Ind. alimenticias.
ALCALÁ DE HENARES, v. de España (Madrid), a orillas del Henares. Concilio reunido, en 1348, por Alfonso XI. Patria de Cervantes y del *Empecinado.* Universidad creada en 1508, por el cardenal Cisneros, trasladada a Madrid en 1836. Universidad Laboral. Industria importante. Es la antigua **Complutum.** (Hab. *complutenses* o *alcalaínos.*)
ALCALÁ DE JÚCAR, v. de España (Albacete).
ALCALÁ DE LOS GAZULES, v. de España (Cádiz). [Hab. *alcalaínos.*]
ALCALÁ GALIANO (Antonio), político liberal y escritor español (1789-1865), cuyas memorias *Recuerdos de un anciano* constituyen un documento histórico acerca de su tiempo.
ALCALÁ LA REAL, v. de España (Jaén), al noroeste de Granada. (Hab. *alcalaínos.*)

Universidad de ALCALÁ DE HENARES

Fot. Langlois, Museo Histórico Nacional (Buenos Aires), Gisele Freund, Larousse, doc. Bibl. Nat., Jean Laurent y Cía.

ALCALÁ Y YÁÑEZ DE RIBERA (Jerónimo de), médico español (1563-1632), autor de la novela picaresca *Alonso, mozo de muchos amos* o *El donado hablador* (1624).

ALCALÁ ZAMORA (Niceto), político y orador español (1877-1949); pres. de la República en 1931. Destituido en 1936.

Alcalde de Zalamea *(El)*, drama histórico de Calderón y su obra maestra en este género.

ALCÁNTARA, v. de España (Cáceres), a orillas del Tajo. Puente romano construido por Trajano en 106.

ALCÁNTARA (Francisco de Paula), general venezolano (1785-1848) que se distinguió en la guerra de la Independencia.

Alcántara (*Orden de*), orden religiosa y militar, fundada en 1156, a imitación de los templarios.

ALCÁNTARA (*San* Pedro de), monje franciscano (1499-1562), reformador de su Orden en España. Fiesta el 19 de octubre.

ALCÁNTARA MACHADO (Antonio de), escritor brasileño (1901-1935), autor de cuentos.

ALCAÑIZ, v. de España (Teruel).

ALCARAZ, v. de España (Albacete), al N. de la sierra de su n.

ALCARRIA (La), meseta calcárea de las prov. de Guadalajara y Cuenca, célebre por su miel. C. pr.: *Priego.*

ALCATRAZ, islote de los Estados Unidos, en la bahía de San Francisco; presidio hasta 1963. — Punta de Venezuela, en el mar Caribe.

ALCÁZAR (Baltasar del), poeta realista y festivo sevillano (1530-1606), autor de la célebre composición *La cena jocosa.*

Alcázar, nombre de varios edificios importantes de diferentes ciudades de España. Los más notables son el de Sevilla, hermosa construcción árabe, y el de Segovia, edificado por Alfonso XI, que contenía recuerdos históricos y colecciones artísticas de inestimable valor, y ardió en 1862. En Toledo ha habido cinco Alcázares, el último y mayor, edificado por Carlos I, incendiado y reedificado en el s. XVIII, fue destruido en 1936 tras la heroica defensa del coronel Moscardó. Actualmente se procede a su reconstrucción.

ALCÁZAR DE SAN JUAN, c. de España (Ciudad Real). Importante nudo ferroviario.

ALCAZARQUIVIR, c. de Marruecos. Derrota y muerte de Don Sebastián de Portugal por los moros (1578).

ALCEDO (Antonio de), bibliógrafo ecuatoriano (1735-1812), autor del *Diccionario geográfico-histórico de las Indias Occidentales o América.*

ALCEO, poeta lírico griego del s. VII a. de J. C.

ALCESTES, hija de Pelias y esposa de Admeto; se sacrificó para salvar a éste y Heracles penetró en los Infiernos para buscarla. (*Mit.*)

Alcestes, tragedia de Eurípides.

ALCIATO (Andrés), jurisconsulto italiano (1492-1550).

ALCIBÍADES, general y político ateniense (450-404 a. J. C.), lleno de cualidades brillantes, pero ambicioso y sin moralidad, discípulo predilecto de Sócrates. Convertido, más bien por interés que por convicción, en jefe del bando democrático, arrastró su patria a la azarosa expedición de Sicilia. Fue nombrado jefe de la misma, pero poco después, acusado de la sacrílega mutilación de las estatuas de Hermes, tuvo que huir, refugiándose junto al sátrapa Tisafernes. Sirvió algún tiempo a Lacedemonia contra su propia patria, reconcilióse luego con Atenas y, finalmente, murió en el destierro, asesinado por orden del sátrapa de Bitinia.

ALCIDES, nieto de Alceo, sobrenombre de Heracles y de sus descendientes. (*Mit.*)

ALCINOO, rey de los feacios, padre de Nausicaa, que acogió a Ulises náufrago.

ALCIÓN, hija de Eolo, mujer de Ceix, rey de Traquine, metamorfoseada en alción con su marido. (*Mit.*)

ALCIRA, c. de España (Valencia). Agrios.

ALCMÁN DE SARDES, poeta griego del siglo VII a. de J. C., uno de los fundadores de la poesía coral.

ALCMENA o **ALCUMENA,** esposa de Anfitrión, amante de Zeus y madre de Heracles.

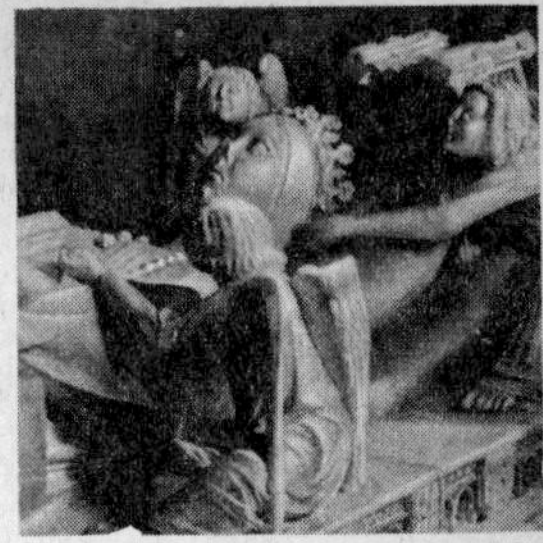

ALCOBAÇA: *detalle* de las tumbas de Pedro I e Inés de Castro

ALCMEÓNIDAS, poderosa familia trasladada de Mesenia a Atenas. Pretendíase descendiente de Alcmeón, nieto de Néstor, y contó entre sus miembros a Megacles, Pericles y Alcibíades.

ALCOBAÇA, v. de Portugal (Leiria). Abadía cisterciense de Santa María (s. XII-XIII). Panteón real. Sepulcros de Pedro I e Inés de Castro.

ALCOCER, v. de España (Guadalajara); derrota en 995 de los cristianos por Almanzor.

ALCOFORADO (Mariana), monja portuguesa (1640-1723), famosa por sus supuestas cartas de amor al caballero Chamilly.

Alcolea (*Puente de*), puente situado sobre el Guadalquivir, cerca de Córdoba. Batalla en 1868 que decidió el triunfo de la revolución española y el destronamiento de Isabel II.

Alcorán. V. CORÁN.

ALCORAZ, campo cerca de Huesca; victoria en 1096 de Pedro I de Aragón sobre los moros.

ALCOVER Y MASPONS (Juan), poeta mallorquín (1854-1926), de inspiración romántica.

ALCOY, c. de España (Alicante). Industria textil y papelera. Peladillas afamadas.

ALCUBILLA. V. MARTÍNEZ ALCUBILLA.

ALCUDIA DE CARLET, v. de España (Valencia).

ALCUINO (Albino Flaco), teólogo y sabio inglés (735-804), figura preeminente del renacimiento carolingio y colaborador de Carlomagno.

AL-CHAAB, ant. **Al-Ittihad,** cap. de la Rep. Popular del Yemen del Sur, cerca de Adén.

B. DEL ALCÁZAR

ALDAMA (Ignacio), abogado y patriota mexicano, que tomó parte activa en el movimiento iniciado por Hidalgo y fue fusilado por los realistas en 1811. — Su hermano JUAN, nombrado teniente general de Hidalgo, fue fusilado también por los realistas en 1811.

ALDAMA (Miguel de), patriota cubano (1821-1888), que participó en la guerra de los Diez Años y fue agente exterior de la República en Armas (1869).

ALDANA (Francisco de), poeta español (¿1528?-1575), de la escuela salmantina, autor de *Carta para Arias Montano.*

ALDAO (José Félix), religioso y caudillo federal argentino (1785-1845), cuya bravura en el combate fue tan proverbial como su crueldad.

ALDAO (Martín), escritor argentino (1876-1961), cuya novela *Torcuato Méndez* hace pensar, por el esmero de su estilo, en el culto de la forma que guiaba a Flaubert.

ALDEBARÁN, estrella fija, de primera magnitud, que figura en la constelación de Tauro.

ALDECOA (Ignacio), escritor español (1925-1969), autor de poesías, novelas (*Gran Sol*) y numerosas narraciones cortas.

ALCIBÍADES

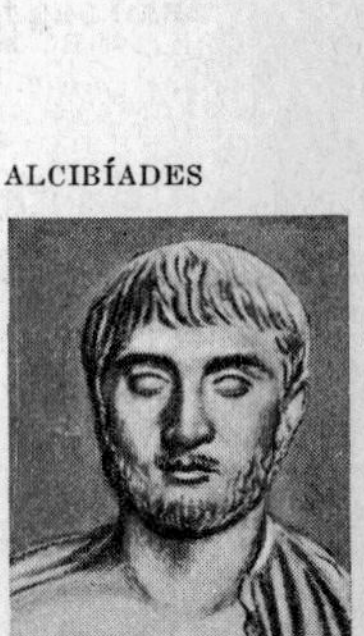

ALDERETE o **ALDRETE** (Bernardo José), humanista español (1565-1645), autor del importante tratado de lingüística *Del origen de la lengua castellana* (1606).

ALDERSHOT [*-chot*], c. de Inglaterra (Hampshire); campamento militar.

ALDINGTON (Richard), poeta y novelista inglés (1892-1943), autor del popular relato *Todos los hombres son enemigos.*

ALDO, jefe de la familia de los Manucios, impresores italianos del siglo XVI, cuyas ediciones llevan el nombre de *aldinas.*

ALDOBRANDINI (Silvestre), jurisconsulto florentino (1499-1558).

ALDUNATE (José Santiago), general chileno de la guerra de la Independencia (1796-1864).

Fot. doc. Casa de Portugal, doc. A. G. P., Giraudon

Ciro ALEGRÍA

ALEJANDRO MAGNO

ALEJANDRO I de Rusia

M. ALEMÁN

ALEDUA (Sierra de), ramal montañoso de España, en la prov. de Valencia.

ALEGRE (Francisco Javier), jesuita e historiador mexicano (1729-1788).

Alegres comadres de Windsor *(Las)*, comedia en cinco actos, de Shakespeare (1599).

ALEGRÍA, laguna de El Salvador, en el cráter del volcán de Tecapa, llamada por Gabriela Mistral la *Esmeralda de América.* — C. de El Salvador (Usulután), cab. de distr.

ALEGRÍA (Ciro), novelista peruano, n. en Sartimbamba (Huamachuco) [1909-1967]. Su regionalismo narrativo, su gran realismo, la sencillez de su prosa y el vigor de sus relatos le han hecho merecedor de un puesto prominente entre los escritores contemporáneos. Sus novelas indianistas tienen gran contenido social y humano: *La serpiente de oro, Los perros hambrientos, El mundo es ancho y ajeno,* etc.

ALEGRÍA (Claribel), poetisa salvadoreña, n. en 1925, autora de *Acuario.*

ALEGRÍA (Fernando), escritor chileno, n. en 1918, autor de biografías y narraciones de carácter político.

ALEIJADINHO (El). V. Lisboa (Antonio F.).

ALEIXANDRE (Vicente), poeta español, n. en Sevilla en 1900, autor de *Espadas como labios, Sombra del Paraíso* y *La destrucción o el amor.*

ALEJANDRA FEDOROVNA, princesa alemana (1872-1918), esposa del emperador Nicolás II, que fue muerta por los bolcheviques.

ALEJANDRETA o **ISKENDERUN,** c. y puerto de Turquía, en el *golfo de Alejandreta,* formado por el Mediterráneo.

ALEJANDRÍA, c. y puerto de Egipto, a orillas del Mediterráneo; comercio importante. (Hab. *alejandrinos.*) Patria de San Atanasio. La ciudad, fundada por Alejandro Magno (331 a. de J. C.), célebre por el faro de 400 pies de alto que iluminaba su rada, fue, en tiempo de los Ptolomeos, el centro artístico y literario de Oriente, heredero de la civilización helénica. Poseía la ciudad una biblioteca notable, incendiada por primera vez por los soldados victoriosos de César; ardió de nuevo en 390, y sus restos, según una leyenda, fueron destruidos por el califa Omar en 641. Los franceses se apoderaron de la c. en 1798 y los ingleses en 1801. — C. de Italia (Piamonte); cap. de la prov. del mismo n., a orillas del Tanaro, afl. del Po. (Hab. *alejandrinos.*) Industria y comercio activos.

ALEJANDRO *(San)*, patriarca de Alejandría de 312 a 326; hizo condenar la herejía de Arrio en el Concilio de Nicea (325). Fiesta el 26 de febrero.

ALEJANDRO MAGNO, rey de Macedonia, hijo de Filipo y Olimpias (356-323 a. de J. C.). Fue educado por Aristóteles, y subió al trono en 336. Después de haber sometido Grecia, se hizo conferir en Corinto el título de generalísimo de los helenos contra los persas, y atravesó el Helesponto. Venció a las tropas de Darío III a orillas del Gránico (334) y en Iso (333), se apoderó de Tiro, de Sidón, etc., conquistó Egipto, fundó Alejandría, y, atravesando el Éufrates y el Tigris, consiguió sobre los persas la decisiva victoria de Arbelas (331). Continuando su marcha, se apoderó de Babilonia, de Susa, quemó Persépolis y llegó hasta el Indo, donde venció a Poro (326). Subyugado éste por su generosidad se convirtió en aliado suyo. Negándose los macedonios a ir más lejos, volvió a Babilonia y murió en aquella ciudad de una fiebre aguda sin haber podido realizar sus inmensos proyectos.
La obra de Alejandro fue profundamente bienhechora y civilizadora, pues aseguró la penetración de la cultura helénica en Asia y África. Pero inmediatamente después de su muerte, se vio su imperio dividido entre sus generales.

ALEJANDRO I, emperador de Rusia (1777-1825), coronado en 1801. Luchó contra Napoleón I, quien lo derrotó en Austerlitz, Eylau y Friedland. Reconciliado con su vencedor después del Tratado de Tilsit, se volvió de nuevo contra él en 1812 y ayudó al restablecimiento de los Borbones en el trono de Francia en 1814. — Alejandro II, emperador de Rusia (1818-1881), hijo de Nicolás I; subió al trono en 1855, firmó la paz con los franceses después de la guerra de Crimea, emancipó a los siervos (1861) y emprendió contra Turquía la guerra de 1877-1878, que acabó por el Tratado de Berlín; murió asesinado por los nihilistas. — Alejandro III, emperador de Rusia (1845-1894), hijo del anterior, coronado en 1881.

ALEJANDRO I, rey de Servia (1889-1903).

ALEJANDRO I, rey de Yugoslavia (1888-1934), coronado en 1921. Fue asesinado en Marsella por un terrorista macedonio.

ALEJANDRO I, rey de Grecia (1917-1920).

ALEJANDRO I, papa de 106 a 115. — Alejandro II, papa de 1061 a 1073. — Alejandro III, papa de 1159 a 1181; luchó contra Federico Barbarroja, a quien opuso la Liga Lombarda. — Alejandro IV, papa de 1254 a 1261. — Alejandro V, papa de 1409 a 1410. — Alejandro VI *(Borgia)*, nacido en Játiva (España) en 1431, papa de 1492 a 1503. Político eminente, hizo una guerra despiadada a los grandes señores italianos; pero su vida privada, su duplicidad y su nepotismo, hicieron de él un príncipe del Renacimiento más bien que un verdadero papa. — Alejandro VII, papa de 1655 a 1667. — Alejandro VIII, papa de 1689 a 1691.

ALEJANDRO I de Battenberg (1857-1893), primer rey de Bulgaria de 1879 a 1886.

ALEJANDRO FARNESIO. V. Farnesio.

ALEJANDRO JAGELLON, noble lituano (1461-1506), gran duque de su país a partir de 1492 y rey de Polonia de 1501 a 1506.

ALEJANDRO JANNEO, rey de los judíos de 104 a 76 a. de J. C.

ALEJANDRO NEVSKI, gran príncipe de Rusia de 1236 a 1263. Venció a los suecos (1240). — Su nombre ha sido dado a una orden rusa (1725) y a una orden militar soviética (1942).

ALEJANDRO SELKIRK, isla de Chile, en el archipiélago de Juan Fernández, ant. llamada **Más Afuera.**

ALEJANDRO SEVERO, emperador romano (208-235), sucesor de Heliogábalo en el año 222.

ALEJANDROVSK - SAJALINSK, c. de la U.R.S.S., en la costa de Sajalín.

ALEJANDRÚPOLIS, ant. **Dedeagh,** puerto de Grecia, en el mar Egeo; salinas.

ALEJO *(San)*, anacoreta de fines del siglo IV, muerto hacia 412. Fiesta el 17 de julio.

ALEJO, nombre de varios emperadores de Bizancio. — Alejo I *Commeno*, contemporáneo de la 1.ª Cruzada, que reinó de 1081 a 1118. — Alejo II, reinó desde el año 1180 al 1183. — Alejo III, destronado por los cruzados en 1203. — Alejo IV, colocado en el trono en lugar del anterior (1203). — Alejo V, muerto por los cruzados en 1204.

ALEJO MIJAILOVICH, zar de Rusia (1629-1676), coronado en 1645. Fue padre de Pedro el Grande.

ALEJO PETROVICH, hijo de Pedro el Grande de Rusia (1690-1718). Conspiró contra su padre y murió en la cárcel.

ALEM (Leandro), abogado y político argentino (1842-1896), jefe de la Unión Cívica Radical. Encabezó la revolución que derribó a Juárez Celman (1890).

ALEMÁN (Mateo), novelista clásico español, n. en Sevilla (1547-¿1614?), autor de uno de los más importantes relatos picarescos del Siglo de Oro: *Aventuras del pícaro Guzmán de Alfarache o Atalaya de la vida humana.* Vivió en México desde 1608.

ALEMÁN (Juan el). V. Seissenhoffer.

ALEMÁN VALDÉS (Miguel), abogado y político mexicano n. en 1900, pres. de la Rep. de 1946 a 1952.

ALEMANIA, región de Europa central, dividida desde 1949 en dos Estados: *República Federal de Alemania,* en Alemania occidental (248 000 km²; 60 millones de hab.; cap. *Bonn* [300 000 h.]) y *República Democrática Alemana* (108 000 km²; 17 125 000 hab. [*alemanes*]; cap. *Berlín Este* [1 100 000 h.]).
— Las ciudades principales son, en Alemania occidental: *Hamburgo,* 1 837 000; *Munich,* 1 101 000; *Colonia,* 801 000; *Essen,* 729 000; *Düsseldorf,* 697 000; *Francfort,* 675 600; *Dortmund,* 640 800; *Stuttgart,* 637 000; *Brema,* 563 000; *Duisburgo,* 502 000; *Nuremberg,* 458 000; *Wuppertal,* 421 000; *Gelsenkirchen,*

Fot. Larousse, Giraudon, Faucher, doc. A. G. P.

6° Este de Greenwich 7°
0
100 km
DINAMARCA
SUECIA
Bornholm
MAR BÁLTICO
Sylt
Föhr
Flensburgo
Schleswig
Lolland
Falster
Mön
Fehmarn
Grossenbrode
Sassnitz
Rügen
MAR DEL NORTE
Rendsburgo
Kiel
SLESWIG-HOLSTEIN
Neumünster
Warnemünde
Stralsund
Greifswald
Usedom
54°
Rostock
Cuxhaven
Lübeck
Wismar
Anklam
Frisias Orientales
Güstrow
Mecklemburgo
Borkum
Wilhelmshaven
Stade
HAMBURGO
Schwerin
Nuevo Brandenburgo
Szczecin
Frisia
Bremerhaven
Neustrelitz
Emden
Landas de Lüneburgo
Pomerania
Leer
Oldenburgo
Lüneburgo
L. Müritz
Prenzlau
Groninga
Bremen
Uckermark
POLONIA
Delmenhorst
Rotenburgo
Elba
Wittenberge
Oder
53°
SAJONIA BAJA
HOLANDA
Salzwedel
Eberswalde
Meppen
Ems
Aller
Weser
Stendal
Rathenow
BERLÍN
Lingen
Celle
Enschede
Hannover
Wolfsburgo
Brandenburgo
Francfort
Osnabrück
Minden
Potsdam
Fürstenwalde
Rheine
Canal Mittelland
Brunswick
Brandenburgo
Selva de Teutoburgo
Hildesheim
Helmstedt
Herford
Fläming
52°
Münster
Bielefeld
Hameln
Wolfenbüttel
Magdeburgo
Guben
Westfalia
Detmold
Salzgitter
Halberstadt
Dessau
Wittenberg
Cottbus
Bocholt
Goslar
Wernigerode
Quedlinburgo
RIN DEL NORTE-
Bernburgo
Forst
Gelsenkirchen
Recklinghausen
Lippstadt
Paderborn
Aschersleben
Bitterfeld
Hamm
Harz
Elster Negra
Lusacia
Senftenberg
Mülheim
DORTMUND
Soest
Leine
Göttingen
Eisleben
Oberhausen
WESTFALIA
Nordhausen
Mulde
Bochum
Duisburgo
Iserlohn
Halle
Crefeld
ESSEN
Sangerhausen
Neisse
Ruhr
Hagen
Arnsberg
Cassel
Merseburgo
LEIPZIG
Missen
Görlitz
DUSSELDORF
Wuppertal
Mühlhausen
Lüdenscheid
Unstrut
Naumburgo
Weissenfels
Bautzen
Dresde
Mönchen-Gladbach
Neuss
Remscheid
Sauerland
Eschwege
51°
Solingen
Eder
Zeitz
Zittau
COLONIA
Erfurt
Weimar
Jena
Altenburgo
Pirna
Eschweiler
Siegen
Eisenach
Gotha
Turingia
Meerane
Freiberg
Düren
Sieg
Marburgo
Gera
Karl-Marx-Stadt
Aquisgrán
HESSE
Schmalkalden
Glauchau
Montes Metálicos
Bonn
Fulda
Suhl
Saale
Zwickau
Westerwald
Erzgebirge
Euskirchen
Lahn
Giessen
Meiningen
Plauen
BÉLGICA
Neuwied
Wetzlar
Rhön
Sonneberg
Eger
Elba
Coblenza
Taunus
Hof
Rin
Coburgo
Eifel
FRANCFORT DEL MENO
PRAGA
Wiesbaden
Hanau
Kulmbach
50°
RENANIA-
Schweinfurt
Mosela
Aschaffenburgo
Bayreuth
Bingen
Meno
Maguncia
Darmstadt
Bamberg
CHECOSLOVAQUIA
LUX.
Tréveris
Hunsrück
Kreuznach
Würzburgo
Worms
Odenwald
Erlangen
PALATINADO
Franconia
LUXEMBURGO
Mannheim
Nuremberg
Ludwigshafen
Amberg
Moldau
Sarre
Kaiserslautern
Neckar
Rothenburgo
Fürth
Montes de Bohemia
Sarrebrück
Neustadt
Heidelberg
Schwandorf
Speyer
Ansbach
Cham
Pirmasens
Landau
Regen
Bruchsal
Heilbronn
Regensburgo (Ratisbona)
49°
Karlsruhe
Hall
Altmühl
BADEN
Dinkelsbühl
Mtes de Franconia
Selva de Baviera
Nördlingen
Nancy
Baden-Baden
Ingolstadt
Straubing
Pforzheim
Esslingen
Gmünd
Danubio
Selva Negra
STUTTGART
Göppingen
Donauworth
Isar
Passau
Estrasburgo
Tübingen
BAVIERA
Offenburgo
FRANCIA
Freudenstadt
Reutlingen
Ulm
Augsburgo
Freising
Ebingen
Linz
Hohenzollern
Suabia
Danubio
Iller
Lech
Inn
Mosela
Rin
48°
WURTTEMBERG
Memmingen
MUNICH
Fribburgo
Tuttlingen
L. Chiem
Kaufbeuren
Ravensburgo
Rosenheim
Salzburgo
Mulhouse
Friedrichshafen
Alg
Kempten
Alpes Bávaros
Lörrach
Constanza
Berchtesgaden
L. de Constanza
Lindau
Basilea
Garmisch-Partenkirchen
Doubs
Zurich
AUSTRIA
SUIZA
7°
8°
9°
10°
11°
12°
13°
14°
15°

ALEMANIA
escudo de la
República Federal

391 000; *Bochum,* 361 000; *Mannheim,* 306 000; *Kiel* 269 000; *Wiesbaden,* 257 000; *Brunswick,* 250 000; *Lübeck,* 240 000; *Oberhausen,* 256 000; *Carlsruhe,* 235 000.
En Alemania oriental: *Leipzig,* 641 000; *Dresde,* 496 000; *Karl-Marx-Stadt* (ant. *Chemnitz*). 300 000; *Halle,* 289 000; *Magdeburgo,* 261 000; *Erfurt,* 188 000; *Potsdam,* 117 000.
— GEOGRAFÍA. Al S. de Alemania existe una zona montañosa constituida por los Prealpes. Entre el Danubio y esta zona montañosa se extienden las mesetas de Suabia y Baviera, y más al este, dominando el valle del Rin, se alza el macizo de la Selva Negra, que enlaza con las cordilleras del Jura de Suabia y Jura de Franconia. El centro de Alemania está constituido por los macizos cristalinos de Turingia, Wald, Eifel, Harz y Vogelsberg, al oeste de los cuales se halla la zona industrial del Ruhr y al este la llanura de Sajonia y los Montes Metálicos. Las llanuras predominan en el N. del país, con excelentes tierras donde se desarrolla la agricultura. Los puertos de Hamburgo y Brema están enclavados en los estuarios del Elba y Weser, respectivamente.
La economía alemana quedó muy debilitada en la última guerra mundial, pero el país ha sabido recuperarse de sus ruinas. Las industrias del carbón y el acero han alcanzado índices elevadísimos que son la base del resurgir alemán. La agricultura, a pesar de su creciente mecanización, no basta para cubrir las necesidades del país. En la República Democrática, la planificación económica tiende a desarrollar principalmente la industria siderúrgica, y en cuanto a la agricultura, su desarrollo se basa en la creación de un sistema de cooperativas.
— HISTORIA. Alemania estuvo primeramente habitada por tribus finesas a las que pronto se unieron los celtas, los cuales fueron empujados por los germanos, procedentes del E., hacia el otro lado del Rin. César ocupó esta región (55 a. de J. C.), con el propósito de proteger la Galia, ya sometida, y crear la frontera natural del Rin. Augusto pretendió extender su dominio por la orilla derecha del Rin, pero su general, Varo, sufrió una estrepitosa derrota y fue muerto por el caudillo germano Arminio, en el año 9 de nuestra era. Roma no llegó a ser realmente dueña del país y ejerció su dominio solamente en la orilla izquierda. Trajano, después de victoriosas campañas, fortificó la línea que va desde Coblenza a Ratisbona. A la caída del Imperio Romano de Occidente, el territorio germano se dividió en numerosos reinos, el más importante de los cuales fue el de los francos, que alcanzó su apogeo con Carlomagno, y se llamó Imperio de Occidente. Germania fue evangelizada y el ducado de Baviera fue anexionado al Imperio Franco. A partir del Tratado de Verdún (843), la parte oriental se transformó en reino de Germania, gobernada al principio por príncipes carolingios, aunque más tarde cayó en la anarquía feudal, mientras que la Corona se convertía en electiva. Otón I el Grande, rey de Germania en 936, conquistó Italia y se hizo coronar por el Papa, con lo cual pretendió restaurar el Imperio de Occidente, y éste sería llamado desde entonces Sacro Imperio Romano Germánico. No obstante, la autoridad del emperador fue más teórica que efectiva, pues los siete Electores y los señores feudales gozaban de auténtica autonomía con respecto al soberano que ellos mismos habían elegido. La Corona pasó sucesivamente de la Casa de Sajonia a la de Franconia, célebre por sus disputas con el Papado, la más famosa de las cuales fue la *Querella de las Investiduras* (1077). Siguió la dinastía de Suabia, con sus ilustres representantes Federico I Barbarroja y Federico II, y a continuación, la Casa de Habsburgo (Rodolfo I), la de Baviera y la de Luxemburgo. Un príncipe de la última dinastía, Carlos IV, publicó la *Bula de Oro* (1356), que regulaba la sucesión imperial. La Casa de Habsburgo volvió en 1438, y el poder imperial alcanzó su apogeo con el emperador Carlos V (1500-1558), que reunió bajo su cetro los extensos dominios de la corona española, de posibilidades inmensas con las nuevas tierras descubiertas en América. La reforma protestante dividió al Imperio en dos facciones, protestante y católica, que habrían de ensangrentar el país en la llamada guerra de Treinta Años. Esta división se confirmó por los tratados de Westfalia (1648). Durante el siglo XVIII el Elector de Brandeburgo fue cobrando importancia, y, a partir de 1701, fue también reconocido como rey de Prusia. Al mismo tiempo el poder austriaco se debilitaba a causa de las guerras de Sucesión en Austria y la de Siete Años, merced a lo cual Federico II el Grande de Prusia convirtió su país en la primera potencia alemana. Napoleón I suprimió el Sacro Imperio y en 1806 creó la Confederación del Rin, de la cual estaban excluidos tanto Austria como Prusia. Pero esta Liga fue disuelta por el Congreso de Viena (1815) y substituida por la Confederación Germánica, en la que estaban englobadas las dos grandes potencias germánicas del norte y del sur. Austria y Prusia se disputaron la supremacía germánica, y la sagacidad política de Bismarck, el Canciller de Hierro, permitió que Prusia impusiera su hegemonía entre los Estados alemanes. La victoria de Sadowa (1866), sobre los austriacos, tuvo como consecuencia la disolución de la Confederación Germánica. En 1870, por motivos fútiles, relacionados con la sucesión a la corona española, estalló la guerra franco-prusiana, y en una fugaz campaña las aguerridas tropas alemanas penetraron en Francia hasta París, asestando un duro golpe a la potencia económica y militar francesa. Las antiguas provincias de Alsacia y Lorena fueron anexionadas a Alemania, y, por el Tratado de Versalles (1871), se restableció el Imperio Alemán. En el interior, convertida Alemania en un Estado federativo de monarquías autónomas, Bismark se preocupó de reforzar los efectivos del ejército y la marina, se opuso a toda extensión de poderes al Parlamento *(Reichstag)*, y tuvo que luchar tanto contra los elementos católicos como contra los partidarios de las nuevas doctrinas socialistas. En política exterior, Alemania desarrolló una política expansionista que forzosamente habría de chocar con las de otras potencias occidentales. Esto, unido a otras circunstancias, dio lugar a la Primera Guerra mundial (1914-1918), de la cual salió derrotada, y el emperador Guillermo II tuvo que abdicar. Epílogo de esta guerra fue el Tratado de Versalles (1919), por el cual Alemania perdía sus colonias, devolvía a Francia los territorios de Alsacia y Lorena y se comprometía a pagar una fuerte suma en concepto de indemnización. En 1933 subió al Poder Adolfo Hitler, jefe del potente Partido Nacionalsocialista, que se hizo llamar *Führer* o caudillo, e instauró una dictadura basada en el partido único, el racismo y la doctrina del espacio vital. Se propuso liberar a su país de las consecuencias del Tratado de Versalles, y a este efecto ocupó la zona desmilitarizada del Rin (1936). Luego, so pretexto de crear la *Gran Alemania* unificada anexionó Austria *(Anschluss)* y el territorio de los Sudetes (1938), ocupó el resto de Bohemia y Moravia (1939) y organizó la invasión de Polonia (iniciada el 1 de septiembre de 1939), cuyo motivo inmediato fue la reivindicación del pasillo de Danzig. La Gran Bretaña, dispuesta a no ceder un ápice a las crecientes pretensiones germanas, envió un ultimátum para que las tropas alemanas volvieran a sus líneas primitivas. Desoída esta llamada se inicia la Segunda Guerra mundial. Alemania, unida a Italia y Japón, obtiene brillantes triunfos iniciales que le permiten ocupar la mayoría de las naciones europeas, y más tarde las tropas alemanas penetran en Rusia hasta el Volga, donde tras encarnizada batalla fueron rechazadas por los soviéticos en Stalingrado (1943). Desde entonces la guerra constituyó un repliegue alemán, al que se añadió el sufrimiento de la población civil acosada por incesantes bombardeos aéreos que destruyeron las instalaciones industriales y sembraron la desolación y ruina en numerosas ciudades. Los Aliados invadieron el territorio alemán y el 8 de mayo de 1945 Alemania capitulaba. V. GUERRA MUNDIAL. *(Segunda)*. El país fue ocupado por los ejércitos aliados, y hubo de ceder grandes trozos de su territorio a Polonia y U. R. S. S., como Prusia oriental, Danzig y parte de Pomerania y Silesia. En 1949 fue creada la República Federal de Alemania occidental, que reunía en una unidad política las

tres zonas de ocupación norteamericana, británica y francesa, e inmediatamente se organizó al Este la República Democrática Alemana, ubicada en la zona soviética. La Alemania occidental, dirigida hasta 1963 por el canciller Adenauer, ha reconstruido rápidamente su potencia económica. La Alemania del Este es una democracia popular, donde se desarrolla la colectivización.

ALEMBERT. V. D'ALEMBERT.

ALEMTEJO, n. de dos prov. de Portugal: *Alto Alemtejo*, cap. *Évora*, y *Bajo Alemtejo*, cap. *Beja*. Cereales, olivos.

ALENCAR (José Martiniano de), escritor brasileño (1829-1877), uno de los creadores de la literatura nacional de su país. Autor de *El Guaraní, Iracema, Cartas de Erasmo*, etc.

ALENZA Y NIETO (Leonardo), pintor y grabador español (1807-1844), imitador de Goya. Autor de cuadros históricos, de género y retratos.

ALENZÓN, c. de Francia, cap. del dep. del Orne.

ALEPO, c. de Siria; centro comercial y textil.

ALERCES, parque nacional argentino, en el que se encuentran los lagos Puelo, Cholila y Rivadavia (Chubut).

ALÈS, c. de Francia (Gard); centro industrial.

ALESIA, fortaleza de los galos, en el actual dep. francés de Côte-d'Or, donde se apoderó César del caudillo Vercingetórix (52 a. de J. C.).

ALESSANDRI (Jorge), político chileno, n. en 1896, pres. de la Rep. de 1958 a 1964.

ALESSANDRI PALMA (Arturo), político chileno, n. en Linares (1868-1950), pres. de la Rep. de 1920 a 1924, en 1925 y de 1932 a 1938. Dictó leyes sociales y promulgó la Constitución de 1925, que instauró el régimen presidencial.

ALEUTIANAS (ISLAS), archip. volcánico en la costa NO. de América del Norte; bases aéreas; pesquerías. Pertenece a los Estados Unidos.

ALEXANDER (*lord* Harold), mariscal inglés (1891-1969). Brillante estratega que se distinguió en la Segunda Guerra mundial.

Alexandre (*Libro de*), relato sobre las hazañas de Alejandro de Macedonia, atribuido al clérigo de Astorga Juan Lorenzo Segura (s. XIII), quien lo adaptó al castellano según los textos de Quinto Curcio.

ALFARO, c. de España (Logroño). Centro agrícola. Industria azucarera.

ALFARO (Eloy), general y político ecuatoriano, n. en Montecristi (1842-1912), pres. de la Rep. de 1895 a 1901 y de 1906 a 1911. Paladín del liberalismo radical, impulsó las obras públicas, desarrolló la enseñanza y promulgó la Constitución de 1906, que estableció la separación de la Iglesia y el Estado. M. asesinado.

ALFARO (José María), político costarricense (1799-1856), jefe del Estado de 1842 a 1844 y de 1846 a 1847.

ALFARO (Ricardo J.), político, jurisconsulto y escritor panameño, n. en 1882, autor de *Vida del general Tomás Herrera* y *Carabobo*. Fue pres. interino de la Rep. de 1931 a 1932.

ALFARO SIQUEIROS (David). V. SIQUEIROS.

ALFARO Y GÓMEZ (Juan de), pintor cordobés (1640-1689), discípulo de Velázquez.

ALFIERI (Vittorio), poeta italiano (1749-1803), autor de diversas tragedias de estilo neoclásico: *Virginia, Mérope, Mirra, Felipe II, Polinices, Antígona*, etc.

ALFÍNGER (Ambrosio), conquistador alemán del s. XVI. Mandatario de los Welser, fue el primer gobernador de Venezuela (1529-1533).

ALFÖLD, vasta y fértil llanura de Hungría entre el Danubio y Rumania.

Alfonsinas (*Tablas*), tablas astronómicas realizadas en 1252 por orden de Alfonso X de Castilla. Dividían el año en 365 días, 5 horas, 49 minutos y 16 segundos.

ALFONSO (Pero), judío converso español (1062-1140), que compuso una colección de relatos o apólogos titulada *Disciplina Clericalis*.

ALFONSO I el Católico, rey de Asturias (693-756), coronado en 730. Era yerno de Pelayo y arrojó a los moros de Galicia y de León.

ALFONSO II el Casto, rey de Asturias y León (759-842), que subió al trono en 791. Era hijo de Fruela I y venció repetidas veces a los árabes, apoderándose de Lisboa en 797. Fijó su residencia en Oviedo y, durante su reinado, se descubrió el sepulcro del apóstol Santiago.

ALFONSO III el Magno, rey de Asturias y León (¿838-912?), hijo de Ordoño I, que subió al trono en 866. Tuvo que luchar contra las rebeliones de los nobles y de sus hermanos. En 868 tomó a los moros Salamanca y Soria. Habiéndose alzado contra él su hijo García, abdicó en favor de éste para evitar que se desencadenase una guerra civil.

ALFONSO IV el Monje, rey de Asturias y León (926-932); abdicó en favor de su hermano Ramiro, pero habiendo querido recobrar el trono, fue encerrado en un convento.

ALFONSO V, rey de León (999-1027), guerreó contra los moros de Portugal y murió en el sitio de Viseo. Promulgó el Fuero de León y fue el primer monarca que se hizo llamar rey de Castilla.

ALFONSO VI, rey de Castilla y León (1030-1109), hijo de Fernando I, que subió al trono de León en 1065. Destronado por su hermano Sancho II de Castilla, huyó a Toledo, donde permaneció hasta la muerte del usurpador (1072). Después de jurar en Santa Gadea, en presencia del Cid, que no había tomado parte en la muerte de su hermano, volvió a subir al trono. No dejó de guerrear contra los moros; apoderóse de Toledo en 1085, pero, vencido en Zalaca, no pudo conservar Valencia, que tomó el Cid en 1092. Dejó el trono a su hija Doña Urraca.

ALFONSO VII el Emperador, rey de León y Castilla (1104-1157), coronado emperador en 1135. Era hijo de Doña Urraca y guerreó largo tiempo contra los moros, venciéndoles en Jaén. Fundó la orden de Alcántara en 1156.

ALFONSO VIII el de las Navas, rey de Castilla (1155-1214), hijo de Sancho III; reinó bajo la tutela de su madre desde la edad de tres años, pero las luchas intestinas en su minoría permitieron a los reyes de León, Aragón y Navarra apoderarse de una parte de su territorio. A su mayor edad se hizo restituir las plazas usurpadas y agregó a sus Estados el condado de Gascuña, dote de su esposa Leonor de Inglaterra. Continuó la guerra contra los moros con alternativas diversas. La invasión de los almohades y la derrota de Alarcos (1195), pusieron la existencia de España en grave peligro, pero desquitóse con la victoria de las Navas de Tolosa en 1212, batalla decisiva en la historia de la Reconquista. Amigo de las letras, fundó en Palencia, en 1208, la primera universidad española. Promulgó el *Fuero Real*.

ALFONSO IX, rey de León (1171-1230), primo y yerno del anterior, hijo de Fernando II de León y padre de Fernando III, unificador de Castilla y León. Subió al trono en 1188. Conquistó Mérida a los musulmanes.

ALFONSO X el Sabio, rey de Castilla y León (1221-1284). Subió al trono en 1252. Después de conseguir algunas ventajas sobre los moros, fue designado por algunas repúblicas italianas para la dignidad imperial y proclamado, en 1257, rey de los romanos por el arzobispo de Tréveris, en nombre de los Electores de Sajonia, de Brandeburgo y de Bohemia. Sin embargo, fue coronado Rodolfo de Habsburgo. Habiendo muerto en su ausencia su hijo mayor, las Cortes de Segovia proclamaron heredero de la Corona a su hijo segundo, Don Sancho, en detrimento de los infantes de La Cerda. Estalló la guerra civil; al mismo tiempo los moros incendiaron en Tarifa la flota castellana (1278), y los franceses se apoderaron de Pamplona. Prosiguió sin embargo Alfonso la

ALFONSO VIII

ALFONSO X

ALESSANDRI PALMA

E. ALFARO

ALFIERI

Fot. Larousse, doc. A. G. P.

ALFONSO V
de Aragón

ALFONSO XII

ALFONSO XIII

guerra contra su hijo, pero murió de pena en 1284. Fue glorioso, sobre todo, por sus actividades literarias: historiador, se le deben la *Crónica General de España* y la *Grande y General Historia;* como legislador nos ha transmitido las *Siete Partidas;* como autor de apólogos, *Calila e Dimna* y el *Septenario;* y como ensayista científico, varios tratados de astronomía y astrología. A estos títulos añadamos sus célebres *Cantigas de Santa María,* escritas en lengua gallega y en las que el monarca manifiesta su personalidad poética.

ALFONSO XI el Justiciero, rey de Castilla y León (1311-1350), que guerreó contra su suegro, Alfonso IV de Portugal, aliándose luego con él para ir a combatir a los moros. Los venció en la batalla del Salado, y murió en el sitio de Gibraltar. Mantuvo relaciones amorosas con Leonor de Guzmán, con quien tuvo varios hijos bastardos, entre ellos el que había de ser Enrique II de Trastamara.

ALFONSO XII, hijo de Isabel II y de Don Francisco de Asís (1857-1885), proclamado rey de España por el general Martínez Campos (29 de dic. de 1874). El nuevo rey se ocupó activamente en la pacificación del reino, acabó con la guerra carlista y reunió en 1876 las Cortes para preparar una nueva Constitución. Sagasta y Cánovas fueron los principales directores de su política.

ALFONSO XIII, hijo póstumo de Alfonso XII y de María Cristina, archiduquesa de Austria (1886-1941), que reinó primero bajo la prudente regencia de su madre hasta ser declarado mayor de edad en mayo de 1902. Casó en 1906 con la princesa inglesa Victoria Eugenia de Battenberg. Durante su reinado estableció España su autoridad en el N. de Marruecos. El monarca optó por el destierro en 1931, después del triunfo de la República.

ALFONSO I el Batallador, rey de Aragón (1104-1134). Después de hacer anular por el Concilio de Plasencia (1114) su casamiento con Doña Urraca, emprendió la lucha contra los moros y conquistó Zaragoza (1118). M. en la batalla de Monzón.

ALFONSO II, rey de Aragón (1162-1196), que conquistó el Rosellón y el Bearn, guerreando luego con los condes de Tolosa por la posesión de Provenza. Cultivó la poesía. Fue rey de Cataluña.

ALFONSO III, rey de Aragón y Cataluña (1265-1291), coronado en 1285. Era hijo de Pedro III y concedió a los nobles el Privilegio de la Unión, que casi los hacía independientes de la autoridad real. Intentó en vano hacer coronar en 1291 rey de Sicilia a su hermano Don Jaime, a quien legó sus Estados.

ALFONSO IV el Benigno, rey de Aragón y Cataluña, hijo de Jaime II (1299-1336), que subió al trono en 1327. Guerreó contra Génova por la posesión de Cerdeña. Tuvo que luchar con su primogénito Don Pedro, muriendo poco después.

ALFONSO V el Magnánimo, rey de Aragón, de Cataluña, de Nápoles y de Sicilia (1396-1458), hijo de Fernando I de Antequera, a quien sucedió en 1416. Guerreó largo tiempo por conquistar el reino de Nápoles, entrando en dicha ciudad en 1442. Generoso e instruido, su corte napolitana era uno de los centros intelectuales más notables de la época.

ALFONSO I, fundador del reino de Portugal en 1139, m. en 1185. — ALFONSO II, rey de Portugal de 1211 a 1223, vencedor de los moros en Alcácer do Sal. — ALFONSO III, rey de Portugal de 1248 a 1279. — ALFONSO IV *el Bravo,* rey de Portugal de 1325 a 1357; combatió en la batalla del Salado y en Tarifa (1340). — ALFONSO V *el Africano,* rey de Portugal de 1438 a 1481; casó con Juana la Beltraneja y guerreó en África y en Castilla. Durante su reinado, los portugueses descubrieron Guinea.—ALFONSO VI (1643-1683), rey de 1656 a 1668. Depuesto.

ALFONSO DE MADRIGAL. V. MADRIGAL.

ALFONSO DE ZAMORA, rabino español que colaboró en la *Biblia Políglota,* m. en 1532.

ALFONSO MARÍA DE LIGORIO *(San),* obispo de Nápoles (1696-1787), fundador de la Congregación de los Redentoristas (1731). Fiesta el 2 de agosto.

ALFONSO RODRÍGUEZ *(San),* coadjutor de la Compañía de Jesús (1531-1617). Fiesta el 31 de octubre.

ALFREDO CHAVES, pobl. del Brasil (Río Grande do Sul); frigoríficos.

ALFREDO MAGNO, rey anglosajón (848-899), que después de arrebatar Inglaterra a los daneses, se mostró hábil legislador, administrador y protector de las letras. Fundó la Universidad de Oxford (849-901).

ALGAROTTI (Francisco), poeta y crítico italiano (1712-1764), amigo de Voltaire.

ALGARROBO, com. de Chile (Valparaíso); balneario.

ALGARVE, ant. prov. de Portugal, al extremo S. del país; cap. *Faro.*

ALGECIRAS, c. y puerto de España (Cádiz). [Hab. *algecireños.*] Tomada por los moros en 711. En 1906 se reunió allí una conferencia internacional sobre Marruecos.

ALGODÓN, lugar de Chile (Antofagasta); minas de cobre o algodonita.

ALGONQUINOS, pueblo indio que ocupaba una parte de América del Norte.

ALGORTA, pobl. del Uruguay (Río Negro); empalme ferroviario.

Alguacil alguacilado *(El),* uno de los más ingeniosos *Sueños* de Quevedo (1607).

ALHAKEM I, emir de Córdoba (796-822); combatió a los francos y llegó hasta Narbona, pero fue vencido luego por ellos, perdiendo Cataluña.

ALHAKEM II, califa de Córdoba de 961 a 976. Hijo y sucesor de Abderramán III, su reinado señala el apogeo de la dominación musulmana en España.

ALHAMA, sierra de España en las prov. de Málaga y Granada.

ALHAMA DE ARAGÓN, v. de España (Zaragoza); célebres aguas termales.

ALHAMA DE GRANADA, v. de España (Granada), al pie de la *sierra de Alhama;* aguas medicinales.

ALHAMAR. V. MOHAMED I *Alhamar.*

Alhambra, célebre palacio de los reyes moros, en Granada, empezado en el siglo XIII. Ofrece el exterior un aspecto macizo, pero tan pronto como se atraviesa la puerta del Juicio (su entrada principal), queda uno deslumbrado por la variedad y la gracia incomparables de la arquitectura y la decoración. Son admirables sus patios (de los Leones y de los Arrayanes) y sus salas (Abencerrajes).

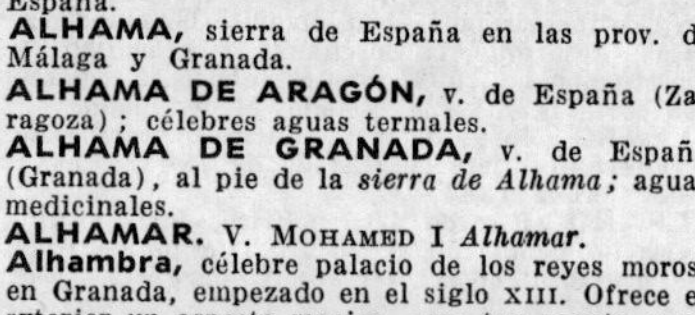

la ALHAMBRA, jardines

Fot. doc. A. G. P., Roger Viollet, Trampus, E. G

ALHAURÍN EL GRANDE, v. de España (Málaga).
ALHUCEMAS, en árabe **Al-Hoceima**, bahía, isla y c. al N. de Marruecos. Durante el protectorado español, la c. se llamó **Villa Sanjurjo.**
ALHUÉ, montañas de Chile, en la Cord. de la Costa. — Com. de Chile (Santiago).
ALÍ, yerno de Mahoma, califa de 656 a 661.
ALÍ, bajá de Janina (¿1744?-1822), célebre por su crueldad.
ALÍ ABUL HASÁN, rey moro de Granada, m. hacia 1484.
Aliados, n. dado a las potencias que combatieron contra Alemania en las dos guerras mundiales.
ALIAGA (*Fray* Luis de), dominico español y confesor de Felipe III (1560-1630).
Alianza *(Batalla de la)*, sangrienta batalla en que lucharon 6 000 peruanos y 3 000 bolivianos contra los 15 000 chilenos de Baquedano, quedando la victoria de parte de éstos (1880).
Alianza *(Cuádruple)*, pacto, en 1718, entre Francia, Inglaterra, Holanda y el Imperio, para mantener el Tratado de Utrecht, comprometido por los proyectos ambiciosos de Alberoni.
Alianza *(Cuádruple)*, la firmada en 1834 entre Francia, Inglaterra, España y más tarde Portugal, para reconocer a Isabel II.
Alianza *(Santa)*, pacto firmado en 1815 por iniciativa del canciller austriaco Metternich, por Rusia, Austria y Prusia, para el mantenimiento de los tratados de 1815, frente a las aspiraciones nacionalistas de los pequeños Estados de Alemania e Italia oprimidos por las grandes potencias.
Alianza *(Triple)*, pacto entre Inglaterra, Holanda y Suecia contra Luis XIV en 1668.
Alianza *(Triple)*, pacto defensivo realizado en 1882 por la adhesión de Italia a la alianza austroalemana de 1879. Renovado en 1887, se disolvió en 1915.
Alianza Francesa, asociación fundada en 1883 para la difusión de la cultura francesa.
Alí Babá, héroe de uno de los cuentos de *Las Mil y una noches*. Descubre por casualidad la fórmula cabalística: *Sésamo, ábrete,* que hace abrirse la puerta de la caverna donde cuarenta ladrones esconden su botín.
ALÍ BAJÁ, marino turco, jefe de la escuadra mahometana en Lepanto, donde murió (1571).
ALÍ BEY. V. BADÍA LEBLICH (Domingo).
ALICANTE, c. de España, cap. de la prov. del mismo n.; puerto activo a orillas del Mediterráneo. Centro comercial e industrial (ref. de petróleo, ind. químicas y textiles, conservas alimenticias, etc.). Estación invernal y veraniega. La prov. prod. frutas. (Hab. *alicantinos.*)
ALIGARH, c. de la India (Uttar Pradesh) Universidad mahometana.
ALIJA, pobl. del Perú, cap. de la prov. del mismo n. (Ancash).
AL-ITTIHAD. V. AL-CHAAB.
ALJUBARROTA, c. de Portugal (Extremadura), donde derrotó Juan I de Portugal a Juan I de Castilla en 1385. El monasterio de Santa María de Batalha conmemora esta victoria.
ALKMAAR, c. de Holanda, puerto en el canal de Amsterdam. Manteca, quesos.
ALMA, río de Crimea; 86 km. Derrota de los rusos por los franceses y los ingleses en 1854.
Alma América, obra de Santos Chocano (1906), que exalta el espíritu iberoamericano.
ALMA ATA, ant. **Viernyi,** c. de la U. R. S. S., cap. de Kazakstán, al S. del lago Baljash; centro ind. Universidad.
ALMADÉN, c. de España (Ciudad Real), cuyas minas de mercurio son las primeras del mundo.
ALMAFUERTE. V. PALACIOS (Pedro).
Almagesto, tratado de astronomía de Claudio Ptolomeo, que constituye el resumen de todos los conocimientos matemáticos de la Antigüedad.
ALMAGRO, v. de España (Ciudad Real). Blondas y encajes.
ALMAGRO (Diego de), conquistador español (1475-1538), que acompañó a Pizarro en la conquista del Perú. Nombrado por el emperador Carlos I adelantado de los territorios del Sur, realizó una expedición a Chile (1536), y de regreso al Perú, entró en lucha con su antiguo compañero por la posesión del Cuzco. Fue ejecutado por los partidarios de Pizarro. — Su hijo DIEGO, n. en Panamá (1520-1542), fue llamado **el Mozo.** Contribuyó éste al asesinato de Pizarro y se alzó contra la autoridad real. Vencido por Vaca de Castro, fue ejecutado en Cuzco.
ALMAGRO SAN MARTÍN (Melchor), historiador y crítico español (1882-1948), autor, entre otras obras, de una *Biografía del 900.*
ALMAGUER, mun. de Colombia (Cauca).
ALMAMÚN, hijo de Harún al-Rachid y séptimo califa abasida; muerto en 833.
ALMANSA, c. de España (Albacete). Batalla en 1707, durante la guerra de Sucesión de España, en que los borbónicos, capitaneados por Berwick, derrotaron a los ingleses.
ALMANZOR, califa abasida, fundador de Bagdad y gran protector de las letras (754-775).
ALMANZOR (Mohamed), célebre capitán de la España musulmana (939-1002). Apoderóse de Santiago de Compostela, pero fue derrotado por los reyes de León y Navarra y el conde de Castilla en la batalla de Calatañazor (1002).
ALMAS, pico del Brasil (Bahía); 1 850 m.
ALMAZÁN, v. de España (Soria).
ALMEIDA (Diego de), industrial y patriota chileno (1780-1856), que se distinguió en la lucha por la independencia de su país.
ALMEIDA (Francisco de), primer virrey de las Indias portuguesas en 1505; muerto por los cafres en 1510.
ALMEIDA (Manuel Antonio), novelista brasileño (1831-1861), precursor del realismo en su país (*Memorias de un sargento de milicias.*)
ALMEIDA GARRET. V. GARRET.
ALMENDRALEJO, v. de España (Badajoz).
ALMERÍA, c. de España, cap. de la prov. del mismo n., a orillas del Mediterráneo; centro comercial y turístico. En la prov. producciones agrícolas numerosas; pesca; minas de plata y plomo. (Hab. *almerienses.*)
ALMIRANTAZGO (ISLAS DEL), archipiélago de Melanesia, al N. de Nueva Guinea, bajo tutela de Australia. Su isla principal es *Manus.*
ALMIRANTE BROWN, ant. **Adrogué,** c. de la Argentina, en los suburbios del S. de Buenos Aires.
ALMIRANTES (ISLAS), archipiélago británico del océano Índico, al NE. de Madagascar.
ALMODÓVAR DEL CAMPO, v. de España (Ciudad Real); minas de plata y plomo. Patria del beato Juan de Ávila, apóstol de Andalucía.
ALMODÓVAR DEL RÍO, v. de España (Córdoba). Castillo árabe.
ALMOGÁVARES, mercenarios catalanes que participaron en la expedición a Grecia, al mando de Roger de Flor.
ALMOHADES, dinastía árabe que destronó a los Almorávides. Reinó en el norte de África y Andalucía de 1147 a 1269. Derrotados en las Navas de Tolosa (1212).
ALMONACID DE ZORITA, pobl. de España (Guadalajara). Central nuclear.
ALMONTE, v. de España (Huelva). Vinos.
ALMONTE (Juan Nepomuceno), general y político mexicano, n. en Necupétaro (1803-1869), que luchó contra los norteamericanos, fue declarado traidor por Juárez y participó luego en la Junta que ofreció la corona de México a Maximiliano (1863). M. en París.
ALMORÁVIDES, dinastía árabe, que sometió Fez y Marruecos y el sur de España de 1055 a 1147. Vencidos por los Almohades.
ALMORZADERO, páramo de los Andes colombianos (Santander); 4 100 m
ALMOTAMID. V. ABAD III.
ALMUÑÉCAR, v. de España (Granada). Playas.
ALOMAR (Gabriel), crítico, poeta y político español (1873-1941). Seguidor del *futurismo* poético y autor de ensayos ideológicos.
ALONG, bahía situada en el golfo del Tonquín.
ALONSO (Agustín), poeta español del s. XVI, autor de un poema que inspiró el *Bernardo,* de Balbuena.
ALONSO (Amado), filólogo y profesor español (1896-1952), que vivió largos años en la Argentina, México y los Estados Unidos entregado a su labor de catedrático e investigador. Se le deben estudios acerca de Valle Inclán y Pablo Neruda, así como monografías lingüísticas.
ALONSO (Carlos), pintor neofigurativo argentino, n. en 1929.

D. DE ALMAGRO

F. DE ALMEIDA

ALMERÍA
la Alcazaba

Fot. doc. A. G. P., Arch. Mas

ALONSO Y TRELLES

I. M. ALTAMIRANO

ALONSO (Dámaso), poeta y filólogo español, n. en 1898, autor de trabajos sobre Góngora, San Juan de la Cruz y Francisco de Medrano. Sus ensayos de estilística son excelentes.
ALONSO (Manuel A.), escritor puertorriqueño (1822-1889), autor de *El Jíbaro*.
ALONSO (Mariano Roque), militar y político paraguayo del s. XIX, cónsul, con C. A. López, de 1841 a 1844.
ALONSO BARBA (Álvaro), escritor, mineralogista y sacerdote español del s. XVII, autor de un método para beneficiar la plata y del libro *Arte de los metales* (1639). Fue cura de Potosí.
ALONSO CORTÉS (Narciso), profesor español, n. en 1875, especializado en el estudio de la poesía romántica y singularmente de Zorrilla.
ALONSO DE IBÁÑEZ, prov. de Bolivia (Potosí); cap. *Sacaca*.
ALONSO LÓPEZ (Francisco), compositor español (1887-1948); cultivó la música popular.
ALONSO MARTÍNEZ (Manuel), jurisconsulto y político español (1827-1891), redactor de la mayor parte del Código Civil español.
ALONSO Y TRELLES (José), poeta uruguayo n. en España (1857-1924), uno de los primeros cultivadores del género gauchesco. Es conocido por el sobrenombre de **El Viejo Pancho.**
ÁLORA, v. de España (Málaga).
ALPES, la cadena de montañas más elevadas de Europa; se extiende desde el Mediterráneo hasta las proximidades de Viena. Se divide en tres secciones principales:
Alpes Occidentales, que separan Francia e Italia, y van desde el mar hasta el Monte Blanco (4 807 metros), punto culminante de la cordillera y de Europa. Al oeste de esta sección se sitúan los Prealpes.
Alpes Centrales o *Helvéticos,* que se extienden hasta el lago de Como. Su punto más elevado es el San Gotardo (4 275 m.).
Alpes Orientales o *Austriacos,* constituidos principalmente por pliegues volcánicos. Los Alpes, menos poblados que las regiones bajas que los rodean, presentan interés económico por la ganadería, producción de energía hidroeléctrica y, sobre todo, por la industria hotelera, muy desarrollada por el interés turístico de esta zona. A pesar de su altura, los Alpes son franqueables por numerosos puntos, gracias a valles profundos y a los prodigios de ingeniería como los túneles de San Gotardo, Simplón y Monte Blanco.

ALPES

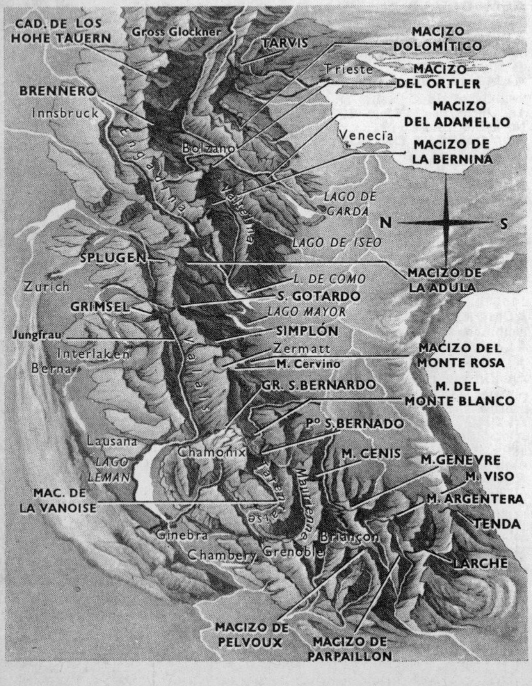

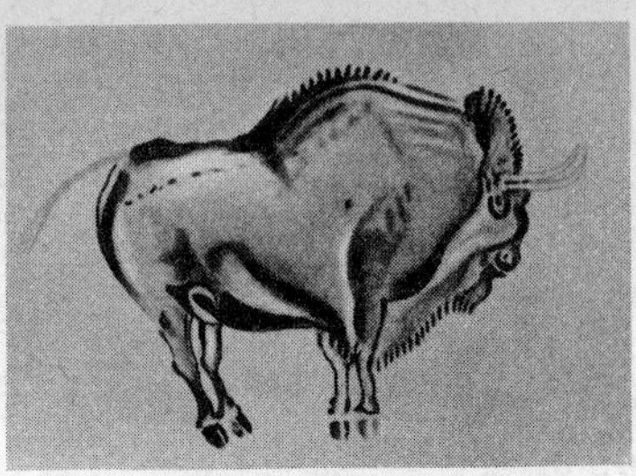

ALTAMIRA. Pintura rupestre

ALPES (Altos), dep. francés; cap. *Gap*.
ALPES DE ALTA PROVENZA, ant. **Bajos Alpes,** dep. francés; cap. *Digne*.
ALPES MARÍTIMOS, dep. francés; cap. *Niza*.
ALPUCHE (Wenceslao), poeta y político mexicano (1804-1841), de inspiración patriótica. Es notable su oda *A Hidalgo*.
ALPUJARRAS (Las), región montañosa al S. de Sierra Nevada, entre las prov. de Granada y Almería. Yac. de plomo. Último refugio de los moros granadinos y centro de las sublevaciones moriscas (1568-1571). La región ha sido admirablemente descrita por Alarcón en la novela que lleva el mismo nombre.
ALQUIZAR, térm. mun. de Cuba (Habana).
ALSACIA, ant. prov. de Francia; cap. *Estrasburgo;* forma actualmente los dep. franceses de Alto y Bajo Rin. (Hab. *alsacianos.*) Unida a Francia por el Tratado de Westfalia en 1648.
ALSACIA LORENA, comarca formada por parte de las ant. prov. francesas de Alsacia y de Lorena, arrebatadas a Francia en 1871 por el Tratado de Francfort, y devueltas por el Tratado de Versalles en 1919. Perteneció otra vez a Alemania de 1940 a 1944.
ALSINA (Adolfo), político argentino (1829-1877), que fue jefe del Partido Autonomista y vicepres. de la Rep. con Sarmiento (1868).
ALSINA (Valentín), jurisconsulto y político argentino (1802-1869), que encabezó la revolución de 1852 y fue gobernador de Buenos Aires en 1857. Primer redactor del Código Penal.
ALSTRŒMER (Claudio), botánico sueco (1736-1796), que ha dado su nombre a un género de iridáceas de América.
ALTA GRACIA, pobl. de la Argentina (Córdoba): centro veraniego.
ALTAGRACIA (La), ant. prov. de la Rep. Dominicana, hoy **La Romana.**
ALTAGRACIA DE ORITUCO (La), mun. de Venezuela (Guárico); carbón.
ALTAI, sierra del Asia central, entre Siberia y Mongolia; 4 500 m. Oro, hierro.
ALTAMIRA, cuevas prehistóricas de España (Santander), cerca de Santillana del Mar. Famosas pinturas rupestres del Magdaleniense.
ALTAMIRA, cerro de Venezuela, en la Cord. Caribe. — Com. de la Rep. Dominicana (Puerto Plata).
ALTAMIRA (Rafael), historiador español, n. en Alicante (1866-1951), cuyos trabajos *Historia de España y de la civilización española* y *Psicología del pueblo español* constituyen autoridad en la materia.
ALTAMIRANO (Ignacio Manuel), poeta y novelista mexicano, n. en Tixtla (1834-1893). Luchó al lado de Juárez contra el emperador Maximiliano. Autor de estimables poesías (*Rimas*) y distintas novelas: *La navidad en las montañas,* de carácter sentimental; *Clemencia,* relato romántico; *El Zarco,* descripción de la vida mexicana después de la guerra de la Reforma.
ALTAMIRANO (Luis), general y político chileno, pres. de la Junta de Gob. de 1924 a 1925.
ALTAR o **CÁPAC URCU,** volcán del Ecuador (Chimborazo); 5 320 m.
ALTA VERAPAZ, dep. de Guatemala, al O. del lago Izabal; cap. *Cobán;* café.

Fot. doc. A. G. P. Musée de l'Homme (Paris)

Altazor, poema de Vicente Huidobro (1931).
ALTDORF, c. de Suiza, cap. del cantón de Uri. (V. TELL [Guillermo].)
ALTDORFER (Albrecht), pintor, grabador y arquitecto alemán (1480-1538), discípulo de Durero.
ALTHAUS (Clemente), poeta peruano (1835-1881), de carácter pesimista y nostálgico.
ALTIPLANO, región de los Andes, que se extiende principalmente en Bolivia, y está comprendida entre las cord. **Oriental y Occidental,** a una alt. media de 3 500 m; su sup. es de 200 000 km^2.
ALTO (SIERRA DEL). V. ANCASTI.
ALTO AMAZONAS, prov. del Perú (Loreto); cap. *Yurimaguas.*
ALTO BLANCO, cerro de la Argentina; 5 800 m.
ALTO DEL BUEY, cima de Colombia, en la serranía del Pacífico (Chocó); 1 810 m.
ALTOLAGUIRRE (Manuel), poeta español (1905-1959), perteneciente a la generación de García Lorca.
ALTONA, ant. c. de Prusia, a orillas del Elba, incorporada a Hamburgo en 1937.
ALTOONA, c. de los Estados Unidos (Pensilvania), al pie de los Alleghanys; hulla, metales.
ALTO PARANÁ, dep. del SE. del Paraguay; cap. *Hernandarias.*
ALTO PERÚ, n. ant. de la actual **Bolivia.**
ALTO SONGO, térm. de Cuba (Oriente).
ALTO VOLTA (República de), república del África occidental: 274 000 km^2; 4 400 000 h. Cap.: *Uagadugú,* 47 500 h. C. pr.: *Bobo Diulaso,* 45 000; *Kudugu, Uahiguya.*
ALTOS, cord. del Paraguay, entre los ríos Piribebuy y Samado. — Pobl. del Paraguay (Cordillera); centro agrícola.
ALTYN TAGH, cord. de China, entre el Tíbet y el Turquestán; 7 300 m.
Alumbrados o **Iluminados,** secta cristiana que apareció en España hacia 1509 y se desarrolló sobre todo en la orden de San Francisco. Fueron perseguidos con suma severidad por la Inquisición.
ALUMINÉ, lago de la Argentina (Neuquen). — Río de la Argentina, afl. del Limay, llamado en su curso inferior *Collón-Curá.*
ALVARADO, laguna de Honduras (Cortés). — Laguna de México, en el litoral del Estado de Veracruz. — C. y puerto de México (Veracruz). Pesca. Estación arqueológica.
ALVARADO (Alonso de), conquistador español, m. en 1552, nombrado por Vaca de Castro capitán general del Plata. Era hermano de Pedro.
ALVARADO (Diego de), conquistador español del siglo XVI, hermano de Pedro, a quien se atribuye la fundación de San Salvador.
ALVARADO (Felipe Antonio), militar y político argentino del s. XIX, miembro de la primera Junta Gubernativa del Perú (1822-1823).
ALVARADO (*Fray* Francisco de), dominico español (1756-1814) que escribió contra el modernismo.
ALVARADO (Pedro de), conquistador español, n. en Badajoz (1486-1541), que fue lugarteniente de Cortés en México. Ordenó la matanza de indios que ocasionó la retirada de la Noche Triste (1520). Nombrado capitán general de Guatemala, donde fundó Santiago de los Caballeros (1524), exploró El Salvador, organizó una expedición al Perú, intentó alcanzar las islas de las Especias y murió luchando en Nueva Galicia.
ALVARADO (Rudesindo), general argentino de la guerra de la Independencia (1792-1872)
ALVARADO SÁNCHEZ (José), poeta peruano, n. en 1912.
ALVARENGA PEIXOTO (Ignacio José de), poeta brasileño (1744-1793), autor de notables sonetos. Murió desterrado en África.
ÁLVARES CABRAL. V. ÁLVAREZ CABRAL.
ÁLVAREZ (Agustín), escritor, filósofo y pedagogo argentino (1857-1914).
ÁLVAREZ (Alejandro), jurista y diplomático chileno (1868-1960).
ÁLVAREZ (José Sixto), escritor argentino, conocido con el nombre de **Fray Mocho** (1858-1903), agudo costumbrista y autor de valiosos cuentos. Fundador de la revista ***Caras y caretas.***

ÁLVAREZ (Juan), general y político mexicano (1790-1864), que se distinguió en las luchas por la independencia de su país. Se sublevó contra Santa Anna (1854) y ocupó la presidencia de la Rep. el año siguiente.
ÁLVAREZ (Juan Crisóstomo), coronel argentino (1817-1851), que luchó contra Rosas, y fue fusilado.
ÁLVAREZ (Melquíades), orador y político español, n. en Gijón, (1864-1936).
ÁLVAREZ (Miguel de los SANTOS), diplomático y escritor español (1818-1892), autor de la novela humorística *La protección de un sastre.*
ALVAREZ (Valentín Andrés), jurista y autor teatral español, n. en 1891, autor de las comedias *Tararí* y *Pim-pam-pum.*
ÁLVAREZ CABRAL (Pedro), navegante portugués, n. en Belmonte (¿1460-1518?), que, al mando de una flota de 13 navíos, llegó a las costas del Brasil (1500), descubrió el Monte Pascual (actual Estado de Bahía) y tomó posesión de los nuevos territorios en nombre del rey de Portugal. Continuó su viaje hasta la India, de donde regresó en 1501.
ÁLVAREZ DE ARENALES (José Ildefonso). V. ARENALES (José Ildefonso *Álvarez de*).
ÁLVAREZ DE ARENALES (Juan Antonio). V. ARENALES (Juan Antonio *Álvarez de*).
ÁLVAREZ DE CASTRO (Mariano), general español (1749-1810), héroe de la guerra de la Independencia que se distinguió en la defensa de Gerona (1809).
ÁLVAREZ DE CIENFUEGOS (Nicasio), poeta español (1764-1809), precursor de los románticos, autor de composiciones como *Mi paseo solitario en primavera* y de tragedias de tendencia neoclásica (*Zoraida, Idomeneo,* etc.).
ÁLVAREZ DE TOLEDO (Fernando). V. ALBA (Fernando *Álvarez de Toledo,* duque de).
ÁLVAREZ DE TOLEDO (Hernando), poeta y conquistador español del s. XVI, autor de *Purén indómito* (1598).
ÁLVAREZ DE VILLASANDINO (Alonso), poeta lírico español, m. en 1424, representado en el *Cancionero de Baena.*
ÁLVAREZ GATO (Juan), poeta español (¿1440?-1509), de inspiración satírica y religiosa.
ÁLVAREZ JONTE (Antonio), político argentino, n. en España (1784-1821), que formó parte del Segundo Triunvirato (1812).
ÁLVAREZ LLERAS (Antonio), escritor colombiano (1892-1956), autor de obras de teatro (*El zarpaso*) y novelas (*Ayer, nada más*).
ÁLVAREZ QUINTERO (Serafín) [1871-1938] y su hermano JOAQUÍN (1873-1944), comediógrafos españoles, n. en Sevilla, nombres esenciales del teatro costumbrista español contemporáneo, sobre todo con sus comedias *Amores y amoríos, La reja, El patio, Las flores, Los galeotes, Puebla de las mujeres, La reina mora, Malvaloca, Cancionera, Las de Caín, Mariquilla Terremoto, Febrerillo el Loco, La patria chica, Doña Clarines,* etc.

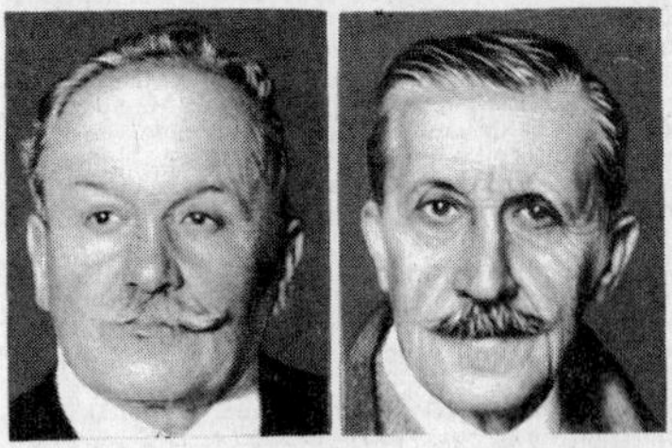
Serafín y Joaquín ÁLVAREZ QUINTERO

ÁLVAREZ THOMAS (Ignacio), militar y político argentino, n. en el Perú (1787-1857), Director Supremo de las Provincias Unidas del Río de la Plata en 1815, derrocado en 1816.

P. DE ALVARADO

José Sixto ÁLVAREZ

ÁLVAREZ CABRAL

ÁLVAREZ THOMAS

Fot. doc. A. G. P., Larousse

C. de ALVEAR
por BOURDELLE

ALZAGA

I. ALLENDE

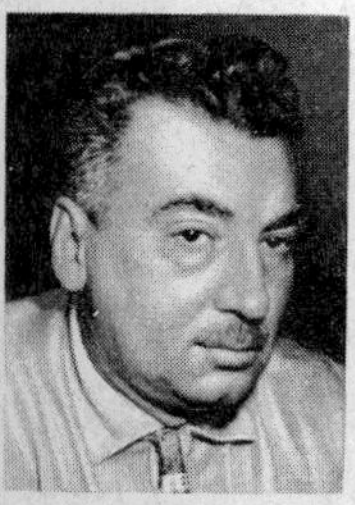

AMADO

AMADEO DE SABOYA

ÁLVAREZ TUBAU (María), actriz española (1854-1914).

ÁLVAREZ Y CORREA (Diego). V. CARAMURÚ.

ÁLVARO (Corrado), novelista italiano (1895-1956), de tendencia naturalista.

ALVEAR, cadena de mont. de la Tierra del Fuego (Argentina).

ALVEAR (Carlos de), general y político argentino, n. en Misiones (1789-1853), que fomentó con San Martín la revolución de octubre de 1812, presidió la Asamblea Constituyente de 1813 y conquistó después Montevideo. Nombrado Director Supremo de las Provincias Unidas en 1815, fue derribado por una sublevación. En 1827, venció a los brasileños en Ituzaingó. M. en los Estados Unidos.

ALVEAR (Marcelo Torcuato de), político argentino (1868-1942), pres. de la Rep. de 1922 a 1928.

ALVEAR (Torcuato de), político argentino (1822-1890), primer intendente municipal de Buenos Aires.

ALVEAR Y PONCE DE LEÓN (Diego de), marino y matemático español (1749-1820).

ALVES DE LIMA E SILVA (Luis). V. CAXIAS (Luis Alves de *Lima e Silva,* duque de).

ALZAGA (Martín de), político argentino de origen español (1756-1812), que fue alcalde de Buenos Aires y organizó la reconquista y defensa de la capital contra las invasiones inglesas. En 1812 se le creyó implicado en una conspiración antirrevolucionaria y fue fusilado.

ALZATATE, volcán de Guatemala (Jalapa); 2 750 m.

ALZATE (José Antonio), sacerdote, geógrafo y naturalista mexicano (1729-1790).

ALLAHABAD, hoy **Ilahabad,** c. santa del NO. de la India (Uttar Pradesh); metalurgia, maquinarias, lana. Nudo ferroviario.

ALLEGHANYS, parte NO. de los Apalaches.

ALLENDE (Humberto), compositor chileno (1885-1959), cultivador de la música nativa.

ALLENDE (Ignacio), militar y patriota mexicano, n. en San Miguel el Grande (1779-1811), que, con Hidalgo, fue el principal animador del movimiento de independencia iniciado en Dolores e intervino en los combates del Monte de las Cruces y Puente de Calderón. M. fusilado.

ALLENDE (Juan Rafael), poeta dramático chileno (1850-1905).

ALLENDE (Santiago), militar argentino, n. en Córdoba, que, después de haberse distinguido en la lucha contra los ingleses, fue fusilado en 1810 con Liniers por oponerse al movimiento emancipador.

ALLENDESALAZAR (Manuel), político e ingeniero español (1856-1923).

ALLENTOWN [*alentaun*], c. de los Estados Unidos (Pensilvania); centro industrial.

ALLER, río de Alemania, afl. derecha del Wesser; 256 km.

ALLER, v. de España (Oviedo). Carbón.

ALLIER [*alié*], río de Francia, afl. del Loira; 410 km.—Dep. de Francia; cap. *Moulins.*

AMACURO, río de América del Sur, que señala parte de la frontera entre Venezuela y la Guayana Británica, y se une al delta del Orinoco; 180 km.

AMACURO (Delta), territorio de Venezuela; cap. *Tucupita.* (Hab. *amacureños.*)

AMACUZAC, río de México, afl. del Mezcala.

AMADEO DE SABOYA, duque de Aosta y rey de España (1845-1890). Le ofrecieron la corona en 1870 y llegó a Madrid el 2 de enero de 1871, pero, a pesar de su buena voluntad y al ver que no podía mantener el orden, abdicó el 10 de febrero de 1873, y entonces las Cortes proclamaron la República.

Amadís de Gaula, célebre novela de caballerías atribuida a Garcí Ordóñez de Montalvo, a quien se debe la edición de Zaragoza, de 1508, pero conocida desde mucho antes. Los episodios de Oriana, Urganda y la Peña Pobre, han hecho de este texto el pasto espiritual de los lectores de novelas caballerescas del siglo XVI. Cervantes elogió la obra, cuyo personaje, Amadís, es el tipo del perfecto caballero, del amante fiel, puro y poético, y del buen vasallo.

AMADO (Jorge), escritor brasileño, n. en 1912, autor de novelas sobre la vida de Bahía, escritas en un estilo a la vez poético y realista.

AMADOR DE LOS RÍOS (José), historiador y erudito español (1818-1878), autor de una *Historia social, política y religiosa de los judíos en España y Portugal* y de una *Historia crítica de la Literatura Española,* que llega sólo hasta fines del siglo XV.

AMADOR GUERRERO (Manuel), político y médico panameño (1833-1909), que gestionó la separación entre Colombia y Panamá (1903) y fue el primer pres. de la Rep. de 1904 a 1908.

AMAGÁ, mun. de Colombia (Antioquia).

AMAGASAKI, c. del Japón, en la bahía de Osaka (Hondo); centro industrial.

AMALARICO, rey de los visigodos de España (511-531), hijo de Alarico II. Casó con Clotilde, hija de Clodoveo, pero habiendo querido convertirla al arrianismo, la princesa llamó en su auxilio a su hermano Childeberto y Amalarico fue derrotado y muerto en Narbona.

AMALASUNTA, hija de Teodorico el Grande, rey de los ostrogodos. Gobernó sabiamente después de la muerte de dicho príncipe y fue ahorcada por orden de su esposo Teodato (535).

AMALECITAS, ant. pueblo de Arabia, en los confines de Idumea, en guerra frecuente con los judíos en tiempo de Saúl y David. Éste los exterminó.

AMALFI, c. y puerto de Italia (Campania), en el golfo de Salerno. Catedral bizantina.

Amalia, novela del argentino José Mármol (1851); historia anecdótica de la tiranía de Rosas, cuyo interés le ha valido fama universal.

ÁMALOS, uno de los linajes más ilustres de los godos en España.

AMAMBAY, sierra del Paraguay, que sirve de frontera con el Brasil. — Dep. del Paraguay; cap. *Pedro Juan Caballero.* (Hab. *amambayenses.*)

AMÁN, ministro y favorito de Asuero, rey de los persas (508 a. de J. C.).

AMANÁ, laguna del Brasil, en el Amazonas.

Amante liberal *(El)*, una de las *Novelas ejemplares,* de Cervantes (hacia 1604).

Amantes de Teruel *(Los)*, leyenda que exalta los amores apasionados de Diego de Marsilla e Isabel de Segura y que ha sido llevado a la escena por Juan Pérez de Montalbán, Tirso de Molina y Hartzenbusch.

AMANTIQUE (BAHÍA DE), bahía de Guatemala (Izabal), en el golfo de Honduras.

AMAPÁ, río del Brasil que des. en el Atlántico. — Terr. Federal del Brasil, al N. de las bocas del Amazonas; cap. *Macapá;* minas de oro, manganeso y hierro; está cubierto en gran parte por la selva ecuatorial.

AMAPALA, puerto de Honduras (Valle), en el golfo de Fonseca.

AMARA, c. de Irak, a orillas del Tigris.

Amarilis, n. dado por Virgilio a una pastora de una de sus églogas, y que usan con frecuencia los escritores para designar a las jóvenes.

AMARILLO, c. de los Estados Unidos (Texas). Refinería de petróleo.

AMARILLO (MAR), mar comprendido entre China al O., Manchuria al N. y Corea al E.

AMARILLO (Río). V. HOANGHO.

Amarillos, n. dado a los miembros del Partido Liberal durante las guerras civiles de Venezuela, opuestos al bando de los *azules* o conservadores.

Fot. Mercier, Larousse, Valotaire, Viollet, doc. A. G. P.

AMAR Y BORBÓN (Antonio), último virrey de Nueva Granada, de 1803 a 1810, depuesto y enviado a España por la Junta de Gobierno que inició el movimiento emancipador.
AMASÍAS, rey de Judá (802-775 a. de J. C.), vencido por Joás, rey de Israel.
AMASIS II o **AMOSIS,** rey de Egipto de la 18.ª dinastía (570-526 a. de J. C.).
AMAT (Félix), prelado español (1750-1824), que fue confesor de Carlos IV.
AMAT (Félix TORRES). V. TORRES AMAT.
AMAT Y JUNYENT (Manuel de), militar español del s. XVIII, gobernador de Chile y de 1761 a 1776 virrey del Perú. A él se refiere la famosa leyenda de la *Perricholi.*
AMATERASU, diosa japonesa del Sol.
AMATI, familia de fabricantes de violines, en Cremona, uno de cuyos miembros, NICCOLO (1596-1684), fue maestro de Stradivarius.
AMATITLÁN, lago de Guatemala, a 1 190 m de alt.; sup. 60 km². — C. de Guatemala, en el dep. de Guatemala.
AMAYO, volcán de Guatemala (Jutiapa).
AMAZONAS, pueblo fabuloso de mujeres guerreras que habitaban en las orillas del Termodonte, en Capadocia. Abandonaban, según refiere la Fábula, a sus hijos varones y se cortaban el pecho derecho para poder disparar el arco. Los modernos creyeron encontrar mujeres semejantes en la América meridional a orillas del Marañón, al que por tal motivo dieron el nombre de *río de las Amazonas.*
AMAZONAS, río de América del Sur, que nace en los Andes del Perú y atraviesa el Brasil; tiene 6 500 km de long., de los cuales 3 165 corresponden al Brasil. Su anchura, algunas veces, sobrepasa los seis km y es considerado como el río más caudaloso del mundo. Cuenta con más de 1 100 afl., algunos de ellos muy imp. (Napo, Putumayo, Pastaza, Yapurá, Vaupés, Madeira, Tapajós, Tocantins, etc.), y por medio del Casiquiare comunica con el Orinoco. En su primer tramo recibe el nombre de **Marañón.** Cerca de su desembocadura, en el Atlántico, se abre en numerosos brazos, entre los cuales forma diversas islas. Francisco de Orellana recorrió su curso en 1542 y a él se debió el nombre del río, pues dijo haber encontrado en sus márgenes mujeres guerreras. — Comis. de Colombia; cap. *Leticia.* (Hab. *amazonenses.*) — Dep. del Perú; cap. *Chachapoyas.* (Hab. *amazonenses.*) — Estado del Brasil; cap. *Manaus;* bosques ricos en caucho, resinas y aceites. — Terr. Federal de Venezuela, entre los ríos Orinoco y Negro; cap. *Puerto Ayacucho.* (Hab. *amazonienses.*)
AMAZONIA, n. de la cuenca del Amazonas.
AMBALA, c. de la India (Pendjab).
AMBALEMA, v. de Colombia (Tolima).
AMBARGASTA, serrezuela de la Argentina (Santiago del Estero); alt. máx. 700 m.
AMBATO, c. del Ecuador, cap. de la prov. de Tungurahua, a orillas del río del mismo n.; ind. textil. (Hab. *ambateños.*) Obispado. Fue destruida en parte por el terremoto de 1949. — Sierra de la Argentina (Catamarca); alt. máx. 4 000 m. — Dep. de la Argentina (Catamarca).
AMBERES, en flam. **Antwerpen,** c. de Bélgica, cap. de la prov. del mismo n., puerto activo a orillas del Escalda, uno de los primeros del mundo. (Hab. *antuerpienses.*)
AMBO, c. del Perú, cap. de la prov. del mismo n. (Huánuco). Gran centro industrial.
AMBOINA, una de las islas Molucas (Indonesia); cap. *Amboina.*
AMBOISE [*-buás*], c. de Francia (Indre y Loira), a orillas del Loira; hermoso castillo.
AMBOY, pobl. de la Argentina (Córdoba).
AMBRACIA. V. ARTA.
AMBROGI (Arturo), escritor salvadoreño (1878-1936), autor de *Bibelots,* poema en prosa.
AMBROSETTI (Juan Bautista), arqueólogo argentino (1865-1917), autor de *La civilización calchaquí, Los cementerios prehistóricos del Alto Paraná, La fauna de Entre Ríos,* etc.
Ambrosiana *(Biblioteca),* biblioteca de Milán, fundada en 1609 por Federico Borromeo, y que posee, entre otras joyas, un manuscrito de Virgilio anotado por Petrarca.
AMBROSIO *(San),* padre de la Iglesia latina, arzobispo de Milán, nacido en Tréveris (340-397). Convirtió a San Agustín y reformó el canto litúrgico. Fiesta el 7 de diciembre.

brazo del río AMAZONAS

AMECA, montaña, río y c. de México (Jalisco).
AMECAMECA DE JUÁREZ, c. de México (Est. de México), en cuyas inmediaciones se encuentra el santuario de Sacro Monte.
AMEGHINO (Florentino), paleontólogo argentino (1854-1911), autor de *La antigüedad del hombre en el Plata, Filogenia, Los mamíferos fósiles de América Meridional,* etc.
AMENGUAL ASTABURUAGA (René), compositor chileno de la escuela moderna (1911-1954).
AMENOFIS o **AMENHOTEP,** n. de cuatro faraones egipcios de la 18.ª dinastía. — AMENOFIS I (1558-1530 a. de J. C.). — AMENOFIS II (1450-1425 a. de J. C. — AMENOFIS III (1408-1372 a. de J. C.), constructor fastuoso.— AMENOFIS IV *Akhenatón* (1370-1350 a. de J. C.), reformador religioso.
AMÉRICA, una de las cinco partes del mundo, vasto continente de 42 millones de km² y 477 millones de habitantes *(americanos).* Se extiende desde las regiones árticas hasta el Círculo Polar Antártico, siendo su longitud total de unos 18 mil km y su superficie representa cuatro veces la de Europa.
— GEOGRAFÍA. — *Geografía física.* Se puede decir que América está constituida por dos grandes masas triangulares unidas por el istmo de América Central. América del Norte se encuentra centrada en la longitud de 100º O., mientras que América del Sur tiene, por centro, el meridiano 60º O. de Greenwich. El continente sur se extiende por las regiones tórridas intertropicales y el del norte está situado en las zonas templadas y en las regiones árticas. El clima, en el norte, es de características continentales, con grandes amplitudes térmicas entre el invierno y el verano. Las precipitaciones son escasas en el sudoeste de los Estados Unidos, y una zona, la septentrional, es de carácter glacial. América Central y la parte septentrional de Sudamérica son regiones lluviosas y de clima ecuatorial. Por último, existen regiones templadas en la parte meridional, con una zona árida entre Perú y el norte de Argentina.
La vegetación de tundra del Ártico se convierte, más al sur, en bosques de coníferas y en arboledas frondosas al sudeste. La pradera ocupa inmensas extensiones en el centro de los Estados Unidos, mientras que al sudoeste se señalan algunas zonas esteparias. El bosque tropical (Amazonia) se extiende hacia el ecuador, y en las mesetas brasileñas da origen a las sabanas. En Argentina, la llanura de la pampa está limitada al oeste con los bosques de los Andes meridionales.

AMAZONA herida escultura antigua

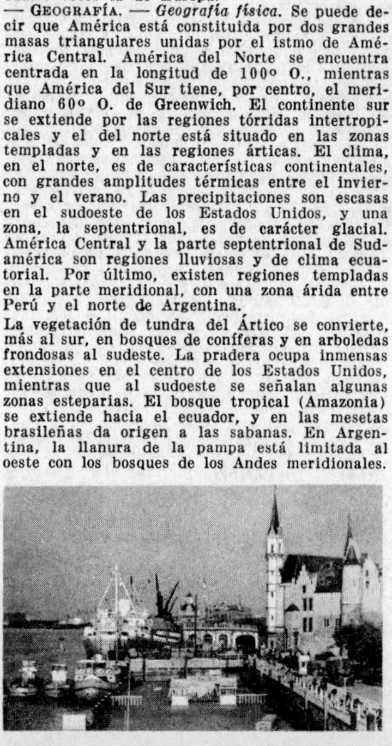
puerto de AMBERES

Fot. Verger-Adep, Anderson-Giraudon, Tourisme belge

catedral de AMIENS

AMÓN RA

Tanto al norte como al sur, grandes ríos riegan las llanuras comprendidas entre las montañas Rocosas y los Andes, al oeste, y las mesetas de la zona atlántica, al este. Los principales son el Misisipí y el Misuri en los Estados Unidos, y el Amazonas, que es el más caudaloso del mundo, en el Brasil. Otros ríos importantes son : Yukon, San Lorenzo, San Francisco, Orinoco, Paraguay-Paraná y Bravo (o Grande del Norte). Los grandes lagos de América del Norte constituyen verdaderos mares interiores y contribuyen a que América disponga de la mayor reserva de agua dulce del mundo. Existen lagos de menor importancia en América Central, y en América del Sur se encuentra el lago Titicaca, a una altura próxima a los 4 000 m.

— *Población.* El norte del continente está habitado por los *esquimales*, de origen asiático, que se encuentran principalmente en la costa. En Canadá y Estados Unidos viven razas amerindias, acantonadas en reservas, conocidas con el nombre de *pieles rojas*. En México y América Central se encuentran los descendientes de los *mayas, toltecas, aztecas, zapotecas* y *mixtecas*, que, antes de la llegada de los españoles, constituyeron grandes civilizaciones. En Perú y Bolivia existen núcleos de *quechuas* y *aimaraes*. El centro del continente sudamericano fue habitado por los *caribes, araucanos* y *guaraníes*, mientras que los *charrúas, patagones, araucanos* y *fueguinos* ocupaban grandes extensiones del sur. Muchos de estos pueblos indios han desaparecido y otros se hallan en vías de desaparición o asimilación con otras razas. Aunque parece probada la existencia de negros antes del Descubrimiento, el mayor contingente de éstos llegó durante la colonización, en calidad de esclavos. Existen algunos núcleos de población amarilla, debido a las inmigraciones, de poca importancia. La colonización europea introdujo el elemento blanco: franceses en el Canadá y Luisiana; ingleses en Estados Unidos, Canadá y Antillas; portugueses en Brasil, españoles en el resto del continente. La fuerte inmigración europea desarrollada en el siglo XIX, que se prosigue atenuadamente en nuestros tiempos, ha aportado al Nuevo Mundo masas de emigrantes irlandeses, alemanes, polacos y, sobre todo, italianos y españoles. No puede, pues, hablarse de una raza verdaderamente americana, sino de una mezcla de razas. Numéricamente predominan los elementos de raza blanca. Los mestizos constituyen el fondo de la población del continente, y en algunos países su número es superior al de los blancos.

— HISTORIA. — *Descubrimiento.* Si bien hacia el siglo VIII o IX de nuestra era los normandos exploraron algunas regiones de Groenlandia y costas de América del Norte, sus hazañas no tuvieron ninguna consecuencia. El verdadero descubrimiento fue obra de España y de Colón, que pisó tierra americana por primera vez el 12 de octubre de 1492. A partir de entonces, una pléyade de exploradores y conquistadores recorrió el continente, y, en menos de cuarenta años, su acción se extendió desde el estrecho de Magallanes hasta Terranova. Los principales hombres que contribuyeron a esta epopeya fueron: Balboa, Cortés, Cartier, Caboto, Ojeda, Orellana, Cabral, Solís, Magallanes, Pizarro, Almagro, Soto y Américo Vespucio, que dio su nombre al continente. Otros muchos continuaron la labor emprendida por éstos, cuya lista sería casi interminable.

— *Colonización* e *Independencia.* Ver los artículos dedicados a cada uno de los países americanos. (V. mapas de las págs. 1215 y 1367).

América del Norte: 21 483 000 km² (incluyendo Groenlandia); 250 millones de habitantes (*norteamericanos*). Se distinguen: 1º Al nordeste, llanuras y mesetas compuestas de rocas cristalinas o sedimentos primarios: Groenlandia, cubierta por el casco polar, el archipiélago Ártico, y la barrera canadiense a ambos lados de la bahía de Hudson, hasta el bajo San Lorenzo. 2º La franja atlántica, constituida por plegamientos antiguos trabajados por la erosión, que se extienden por Terranova, Nueva Escocia, Nueva Inglaterra y montes Apalaches, al sur de los cuales aparecen vastas llanuras litorales. 3º La región del Oeste montañoso, compuesta de terrenos primarios no plegados, y de terrenos secundarios y terciarios en las grandes llanuras al pie de las Rocosas. 4º Montañas del Oeste, dos grandes sistemas plegados con algunos macizos cristalinos (las Montañas Rocosas, las de Alaska meridional, la cadena de las Cascadas, Sierra Nevada y la cadena costera). En el interior de estas montañas se encuentran los macizos volcánicos y mesetas de Columbia y la meseta de Colorado. 5º Las altas mesetas de México, bordeadas al oeste por la Sierra Madre. (V. mapa fuera de texto, pág. 1120.)

América Central: 2 745 000 km²; 33 millones de habitantes (*centroamericanos*). Se extiende desde el istmo de Tehuantepec hasta el golfo de Darién y va estrechándose paulatinamente hacia el sur. Es zona volcánica, azotada con frecuencia por movimientos sísmicos, y tiene algunos istmos, como el de Panamá y el de Nicaragua; en el primero de éstos se ha construido un canal interoceánico, inaugurado en 1914. El archipiélago de las Antillas pertenece geográfica y geológicamente a América Central. (V. mapa fuera de texto, pág. 1120.)

América del Sur: 17 850 000 km²; 161 millones de habitantes (*sudamericanos*). Esta parte del continente, más simple en su estructura que la septentrional, está constituida por: 1º Altas mesetas cristalinas o arenosas situadas en la zona atlántica, como son las de Guayana, Brasil y Patagonia. 2º Inmensas llanuras de aluviones en el centro (Amazonas, el Chaco y la Pampa). 3º La gran cordillera de los Andes, al oeste, erizada de conos volcánicos, cuya mayor elevación es la del Aconcagua (6 959 m). Entre las cadenas montañosas andinas se extienden los altiplanos, los páramos y las punas. (V. mapa fuera de texto, pág. 1120.)

AMÉRICA ESPAÑOLA, nombre dado hasta principios del siglo XIX a las colonias españolas de América. Formaban dichas colonias nueve grandes gobiernos: los cuatro *virreinatos* de México, Nueva Granada, Perú y Buenos Aires y las cinco *capitanías generales* de Guatemala, Chile, Caracas, Puerto Rico y La Habana. Según Humboldt, la población de la América Española, a fines del s. XVII, era de unos 17 millones de hab.

AMÉRICO VESPUCIO. V. VESPUCIO.

AMERINDIO, nombre que se da al indígena americano.

AMERISQUE (SIERRA DE). V. CHONTALEÑA.

AMERSFOORT, c. de Holanda (Utrecht); centro industrial.

AMÉS, v. de España (Coruña).

AMÉZAGA (Carlos Germán), poeta y dramaturgo peruano (1862-1906).

AMÉZAGA (Juan José), político uruguayo (1881-1956), pres. de la Rep. de 1943 a 1947.

AMICIS (Edmundo **De**), escritor italiano (1846-1908), autor de *Corazón*, diario de un niño.

AMIEL (Enrique Federico), escritor suizo (1821-1881), a quien se debe un interesante *Diario íntimo* que ha servido a Gregorio Marañón para hacer un estudio sobre la timidez.

AMIENS [*amián*], c. de Francia, ant. cap. de la Picardía, hoy del dep. del Somme. Terciopelos y tejidos de lana. Obispado. Catedral gótica (s. XIII). Tratado en 1802 entre España, Francia, Inglaterra y Holanda.

AMIGOS (ISLAS DE LOS). V. TONGA.

AMÍLCAR BARCA, general cartaginés, padre de Aníbal, que dirigió la conquista de España. M. en 229 a. de J. C.

AMINA, río de la Republica Dominicana, afluente izquierdo del Yaque del Norte.

Aminta, drama pastoril de T. Tasso (1573).

AMMÁN, cap. de Jordania; 245 000 h.; centro administrativo y comercial.

AMMIRATO (Escipión), historiador italiano (1531-1601), autor de una *Historia de Florencia*

AMÓN, hijo de Lot y hermano de Moab, origen de los amonitas. (*Biblia.*)

AMONIO Sacas, filósofo de Alejandría, del siglo III, fundador de la escuela neoplatónica, maestro de Longino, de Orígenes y de Plotino.

AMÓN RA, dios egipcio del Sol.

AMOR. V. EROS y CUPIDO.

AMOR (Guadalupe), poeta mexicano, n. en 1920.

AMORIM (Enrique), novelista uruguayo (1900-1960), gran observador de la vida rural en sus relatos (*La carreta, El paisano Aguilar, El caballo y su sombra*).

Fot. Arch. Phot., Flammarion

AMORÓS (Francisco), militar español (1707-1848), partidario de José Bonaparte.
AMORÓS (Juan Bautista). V. LANZA.
AMORREOS o **AMORITAS,** pueblo cananeo que predominó en Mesopotamia, a principios del siglo XX a. de J. C. y fundó Babilonia hacia 1950.
AMÓS, uno de los doce profetas menores (s. VIII a. de J. C.).
AMOY o **HIA-MEN,** c. y puerto de China (Fukien); industrias mecánicas y químicas.
AMPATO, montes del Perú (Arequipa); 6 310 m.
AMPÈRE (Andrés María), matemático y físico francés, n. en Lyon (1775-1836), que creó la electrodinámica, inventó el electroimán, el telégrafo electromagnético y contribuyó al desarrollo de las Matemáticas, la Química y la Filosofía.
AMPOSTA, v. de España (Tarragona). Batalla en 1813 entre franceses y españoles.
AMPUDIA (Juan de), conquistador español, m. en 1541, que acompañó a Benalcázar y se estableció en Popayán en 1536.
AMPUÉS (Juan de AMPUÉS, llamado **el Capitán**), militar español del s. XVI, que fundó la c. de Coro en Venezuela (1527), y pasó después a Santo Domingo.
AMPURDÁN, región de la prov. de Gerona, que se divide en *Alto Ampurdán*, cap. *Figueras*, y *Bajo Ampurdán*, cap. *La Bisbal*. En ella estaba la histórica *Emporio*.
AMPURIAS, pueblo de España (Gerona), cerca de donde estaba la ciudad de *Emporio*. Excavaciones arqueológicas.
AMRAVATI, c. de la India (Maharashtra). Mercado del algodón.
AMRI, rey de Israel de 928 a 917 a. de J. C. Construyó Samaria y fue padre de Acab.
AMRITSAR, c. de la India (Pendjab), Es la c. santa de los Sikhs.
AMSTERDAM, cap. de Holanda, pero no residencia de los poderes públicos; 871 000 h. C. industrial (talla de diamantes, construcciones navales, ind. químicas y mecánicas), y puerto importante, a orillas del golfo del Ij.
AMUAY, pobl. de Venezuela (Falcón); petróleo.
AMU DARIA, ant. **Oxo,** río de Asia central, que nace en la meseta de Pamir, baña a Kiva y des. en el mar de Aral; 2 650 km. Es utilizado para el riego.
AMULIO, rey legendario de Alba, que destronó a su hermano Numitor y fue muerto por sus sobrinos Rómulo y Remo.
AMUNÁTEGUI (Miguel Luis), publicista y político chileno (1828-1888), autor de *Juicios críticos de algunos poetas americanos* y *Las primeras representaciones dramáticas en Chile*. — Su hermano GREGORIO VÍCTOR, poeta y crítico (1830-1899). Autor de *La reconquista española*.
AMUNÁTEGUI REYES (Miguel Luis), filósofo chileno (1862-1946).
AMUNÁTEGUI SOLAR (Domingo), historiador chileno (1860-1946). Autor de un *Bosquejo histórico de la literatura chilena*.
AMUNDSEN (Roald), explorador noruego (1872-1928), que alcanzó el Polo Sur (1911). Pereció en el Ártico, al buscar a Nobile.
AMUR o **SAJALÍN,** río al NE. de Asia. Separa China de Siberia y des. en el mar de Ojotsk; 4 500 km.
AMURATES I, sultán turco (¿1319?-1389). — AMURATES II, vencedor de Juan Hunyadi (¿1401?-1451). — AMURATES III, vencedor de los persas (1546-1595). — AMURATES IV, se apoderó de Bagdad (¿1609?-1640).
AMURRIO, v. de España (Álava).
AMYOT (Jacobo), prelado y escritor francés (1513-1593), traductor de varias obras griegas.
ANA (*Santa*), esposa de San Joaquín y madre de la Santísima Virgen. Fiesta el 26 de julio.
Anabaptistas, secta de herejes alemanes de principios del siglo XVI. La mayor parte de sus adeptos eran campesinos. La nobleza protestante de Alemania, mandada por Lutero, los exterminó en 1525 en la batalla de Frankenhausen.
Anábasis (*La*), es decir, *La expedición*, obra histórica de Jenofonte, relato fiel e interesante de la expedición de Ciro el Joven contra Artajerjes y de la retirada de los *Diez Mil*, que dirigió el mismo autor (s. IV a. de J. C.)

ANA BOLENA, reina de Inglaterra (1507-1536), segunda mujer de Enrique VIII, después del divorcio de éste con Catalina de Aragón, de quien Ana era dama de honor. Acusada de traición y adulterio, fue decapitada.
ANACAONA, reina de la isla de Haití, ahorcada por los españoles en 1500 por haber intentado una sublevación contra ellos.
ANACARSIS, filósofo escita del siglo VI a. de J. C., cuyas máximas fueron famosas.
ANACLETO (*San*), papa de 78 a 91. Fiesta el 13 de julio.
ANACONDA, c. de los Estados Unidos (Montana). Importantes minas de cobre.
ANACREONTE, poeta lírico griego, n. en Teos (Lidia) [560-478 a. de J. C.]. Las poesías que le son atribuidas, algunas indebidamente, celebran el placer, la buena mesa, y se distinguen sobre todo por la gracia y la delicadeza.
ANACHUCUNA, cerro de Panamá; 1 464 m.
ANA DE AUSTRIA, hija de Felipe III de España (1601-1666), esposa de Luis XIII de Francia y regente durante la minoría de su hijo Luis XIV. Gobernó con ayuda de Mazarino.
ANA DE AUSTRIA, reina de España (1543-1580), cuarta esposa de Felipe II y madre de Felipe III.
ANA DE CLEVES, reina de Inglaterra (1515-1557), cuarta esposa de Enrique VIII.
ANA ESTUARDO, reina de Inglaterra (1665-1714), hija de Jacobo II; luchó contra Luis XIV de Francia y unió Escocia con Inglaterra. En su reinado se firmó el Tratado de Utrecht.
Ana Karenina, novela de Tolstoi, en la que opone el autor la felicidad tranquila de un matrimonio honrado a las humillaciones y disgustos que acompañan a la pasión culpable (1877).
ANADIR, río de Siberia, que des. en el mar de Bering por el *golfo de Anadir*; 1 145 km.
ANAGNI, c. de Italia, cerca de Roma.
ANÁHUAC y no **ANAHUAC,** sinónimo de *México*, nombre que se aplicaba en un principio al valle de México y después se extendió a toda la meseta central mexicana. Su más antigua ciudad fue Tula, fundada por los toltecas. En 1325 fundaron los aztecas la famosa Tenochtitlán o México. Su nombre se aplica hoy a las fértiles mesetas que rodean la ciudad de México.
Anales, relato de Tácito (s. II), sobre la historia de Roma desde Augusto a Nerón.
ANAMORÓS, v. de El Salvador (La Unión).
ANANEA, nevado del Perú (Puno); 5 852 m.
ANAM, región de la Indochina oriental, dividida entre el Viet Nam Norte y el Viet Nam Sur. (También se escribe *Annam.*)
ANANÍAS, uno de los tres hebreos arrojados a la hoguera por orden de Nabucodonosor. (*Biblia.*)
ANANÍAS, judío convertido, herido de muerte, al mismo tiempo que su esposa Safira, por haber mentido a San Pedro. (*Nuevo Testamento.*)
ANAPOIMA, v. de Colombia (Cundinamarca).
ANÁPOLIS, mun. de Brasil (Goiás).
ANAPURNA, pico del Himalaya; 8 078 m.
ANASTASIA (*Santa*), mártir en tiempos de Diocleciano. Fiesta el 25 de diciembre.
ANASTASIO (*San*), patriarca de Antioquía (559-599). Fiesta el 21 de abril. — SAN ANASTASIO *el Sinaíta*, monje del monte Sinaí (s. VII).
ANASTASIO I, papa de 399 a 401. — ANASTASIO II, papa de 496 a 498. — ANASTASIO III, papa de 911 a 913. — ANASTASIO IV, papa de 1153 a 1154.
ANASTASIO I, emperador de Oriente de 491 a 518. — ANASTASIO II, emperador de Oriente de 713 a 715. Se hizo monje. Murió decapitado.

AMPÈRE

AMSTERDAM
casa de Descartes

AMUNDSEN

ANA DE AUSTRIA

ANA ESTUARDO

ANA BOLENA

Fot. Boyer, doc. Embajada de Holanda (París), Manuel, Alinari-Giraudon, Larousse

ANCHIETA

ANDRADA E SILVA

O. V. ANDRADE

Anastasio el Pollo, seudónimo que tomó el poeta argentino Estanislao del Campo en 1857.
ANATOLIA (del gr. *anatolê*, salida del sol), nombre que se suele dar a **Asia Menor.**
ANAXÁGORAS, filósofo griego presocrático (¿500?-428 a. de J. C.), que introdujo en la filosofía la idea de un principio ordenador: la inteligencia. Discípulos suyos fueron Pericles y Sócrates.
ANAXIMANDRO, filósofo jónico (610-547 a. de J. C.). Afirmó que el origen de todas las cosas es lo infinito, sustancia eterna.
ANAXÍMENES DE MILETO, filósofo de la escuela jónica, m. hacia 480 a. de J. C. Veía en el aire el principio del mundo.
ANAYA (Carlos), político uruguayo, m. en 1862, pres. interino de la Rep. de 1834 a 1835.
ANAYA (Pedro María), general y político mexicano (1795-1854), pres. interino de la Rep. de 1847 a 1848.
ANCASH, dep. del Perú; cap. *Huarás;* región minera (carbón, tungsteno); agricultura y ganadería. (Hab. *ancashinos.*) Terremoto en 1970.
ANCASTI, cord. de la Argentina. tb. llamada *Sierra del Alto* o *de Graciana,* en la prov. de Catamarca; alt. máx. 2 000 m.
ANCOHUMA, cumbre de Bolivia (La Paz); 6 919 m.
ANCO MARCIO, nieto de Numa Pompilio, cuarto rey legendario de Roma; fundó Ostia (640-616 a. de J. C.).
ANCÓN, puerto del Ecuador (Guayas); petróleo. — Pobl. del Perú (Lima), donde se firmó el tratado que puso fin a la guerra del Pacífico (1883). Centro arqueológico.
ANCONA, c. de Italia, puerto en el Adriático. Catedral romano-bizantina (s. XI-XIII).
ANCONA (Eligio), novelista mexicano (1836-1893), que cultivó el género histórico (*Las mártires de Anáhuac*).
ANCORAIMES, puerto de Bolivia, en el lago Titicaca.
ANCRE (*Mariscal de*). V. CONCINI.
ANCUD, golfo de Chile. — C. y puerto de Chile, cab. de la prov. de Chiloé y de la com. y del dep. de su n. (Hab. *ancuditanos.*)
ANCHIETA (José de), jesuita español (1533-1597), que fue llamado **el Apóstol del Brasil** por su labor en favor de los indios. Escribió un notable *Arte de gramática da lingua.*
ANCHORAGE, c. y puerto de Alaska.
ANCHORENA (Tomás Manuel de), político argentino (1780-1847). Participó en la Revolución de Mayo, y fue ministro de Rosas.
ANDACOLLO, pobl. de la Argentina (Neuquen). — Com. de Chile (Coquimbo). — Centro minero de Chile (Atacama).
ANDAGOYA (Pascual de), conquistador español (1495-1548), uno de los fundadores de Panamá; precedió a Pizarro en el Perú, (1522).
ANDAHUAYLAS, pobl. del Perú, cap. de la prov. del mismo n. (Apurímac).
ANDALGALÁ, laguna de la Argentina (Catamarca); salitre. — Pobl. y dep. de la Argentina (Catamarca).
ANDALGALÁ (Campo de). V. BELÉN.
ANDALUCÍA, región del S. de España, regada en parte por el Guadalquivir, y dividida en 8 prov.: *Huelva, Cádiz, Sevilla, Málaga, Almería, Granada, Jaén* y *Córdoba.* (Hab. *andaluces.*) Esta región, rica y fértil, que en otro tiempo se llamó *Bética,* fue colonizada por fenicios, griegos, cartagineses y romanos. Durante la invasión árabe, fue la comarca favorita de los nuevos conquistadores, quienes crearon los reinos de Granada, Córdoba, Sevilla y Jaén. La rendición de Granada en 1492 puso término a su dominación.
ANDALUCÍA (Nueva). V. NUEVA ANDALUCÍA.
ANDAMÁN (ISLAS), archip. del golfo de Bengala, en el océano Índico, al S. de Birmania, que forma, con las islas Nicobar, un Territorio de la India; Cap. *Port Blair.*
ANDERSEN (Juan Cristián), autor de cuentos danés, n. en Odense (1805-1875), que escribió narraciones fantásticas llenas de imaginación: *El patito feo, El soldadito de plomo, Las zapatillas rojas, La sirenita,* etc. Efectuó un viaje por España y dejó un interesante relato del mismo.
ANDERSON (Carlos David), físico norteamericano n. 1905, cuyo descubrimiento del positrón le valió en 1936 el Premio Nóbel.
ANDERSON (Sherwood), novelista norteamericano (1876-1941), autor de las obras *Pobre blanco* y *Winesburg Ohio.*
ANDERSON IMBERT (Enrique), escritor argentino, n. en 1910, autor de una *Historia de la literatura hispanoamericana.*
ANDES, cord. de América del Sur, que se extiende desde la Tierra del Fuego hasta el mar de las Antillas, bordea la costa del Pacífico y alcanza una longitud de más de 8 500 km, constituyendo la mayor cadena del mundo. Su relieve, bastante regular, tiene una altura media de 4 500 m y divídese en varias secciones: *Andes Fueguinos,* que bordean la Tierra del Fuego hasta penetrar en el Atlántico; *Andes Patagónicos,* que corresponden a la región argentina, desde Neuquen hasta los límites de San Juan y La Rioja; *Andes Argentinochilenos,* que se inician en la Argentina y forman la frontera entre este país y Chile; *Andes Bolivianos,* que atraviesan Bolivia de S. a N. y se bifurcan en la Puna de Atacama; *Andes Peruanos,* entre los nudos de Vilcanota y Loja; *Andes Ecuatorianos,* entre el nudo de Loja y el macizo de Pasto; *Andes Colombianos,* que llegan hasta el golfo de Darién, y *Andes Venezolanos,* ramal septentrional de la cord. que se desvía hasta el NE. La cadena andina, formada por sedimentos de la era cuaternaria, ofrece, dada su extensión, contrastes como el de su elevado índice de precipitaciones en el S., que permite una vegetación de hayas y pinos, mientras que en el centro su clima es tropical y presenta zonas desérticas, y en el N., cálido y húmedo, tiene nieves perpetuas a partir de los 4 000 m. Entre las cadenas de montañas, separadas por quebradas, se extienden los altiplanos, páramos y punas, que se caracterizan por su elevada altura (cerca de 4 000 m). La actividad volcánica de los Andes es muy importante, y entre sus conos más elevados merecen citarse los de *Cotopaxi* (5 943 m), *Chimborazo* (6 310 m), *Aconcagua* (6 959) y *Ojos del Salado* (6 100). El subsuelo andino es rico en minerales, entre ellos oro y plata (Potosí y Copiapó), señalándose igualmente en algunos puntos yacimientos de platino.
ANDES, ant. territorio de la Argentina, al N. de la prov. de Catamarca, incorporado en 1943 a las prov. de Jujuy, Salta y Catamarca.
ANDHRA, Est. de la India, en el Decán, actualmente llamado **Andhra Pradesh.** Cap. *Haidarabad.*
ANDONAEGUI (José de), militar español (1685-1761), gobernador del Río de la Plata de 1745 a 1756.
ANDORRA, principado situado en los Pirineos, al N. de la prov. de Lérida, sometido, desde 1607, al gobierno conjunto del obispo de Seo de Urgel y el presidente de la Rep. Francesa. Sup. 465 km²; 17 200 h. (*andorranos*). Cap. *Andorra la Vieja;* 5 500 h.
ANDRADA E SILVA (José Bonifacio de), político, poeta y hombre de ciencia brasileño, n. en Santos (1765-1838), uno de los promotores de la independencia de su patria (1822).
ANDRADE (Ignacio), general y político venezolano (1839-1925), pres. de la Rep. en 1898, derribado en 1899 por una revolución.
ANDRADE (Mario de), poeta brasileño (1893-1945), promotor del modernismo en su país (*Macunaíma*). Fue también músico.
ANDRADE (Olegario Víctor), poeta argentino, n. en Gualeguaychú (Entre Ríos) [1839-1882]. De gran inspiración épica y lírica, sus mejores versos se encuentran en *El nido de cóndores, El arpa perdida, Prometeo* y *Atlántida.* Fundó varios periódicos y participó en la vida política.
ANDRADE COELHO (Alejandro), escritor ecuatoriano (1886-1957), autor de numerosos ensayos de crítica literaria.
ANDRADE CORDERO (César), poeta ecuatoriano, n. en 1905, de lirismo melancólico y delicado.
ANDRÉ (José), compositor argentino (1881-1944), que cultivó temas folklóricos.
ANDREIEV (Leónidas), escritor ruso (1871-1919), autor de *Los siete ahorcados* y otros relatos y dramas.
ANDRENIO. V. GÓMEZ DE BAQUERO.

Fot. doc. A. G. P.

ANDRÉS, nombre de tres soberanos de Hungría. El segundo de ellos, rey de 1205 a 1235, tomó parte en la 5ª Cruzada. Estableció los principios de la libertad individual para sus súbditos.

ANDRÉS (Juan), jesuita y erudito español (1740-1817), autor de diversos tratados sobre la literatura y la música.

ANDRÉS *(San)*, apóstol, hermano de San Pedro, crucificado en una cruz en forma de aspa o X. Fiesta el 30 de noviembre.

ANDRIC (Ivo), novelista yugoslavo, n. en 1892, autor de *La crónica de Travnik*. (Pr. Nóbel, 1961.)

ANDRINÓPOLIS o **ADRIANÓPOLIS,** en turco **Edirne**, c. de la Turquía europea (Tracia), situada a orillas del Maritza, donde venció Constantino a Licinio en 323 y derrotaron los godos a Valente (378). Apoderóse de la ciudad el sultán Amurates I, en 1360, y los rusos en 1829. El zar impuso a los turcos un tratado mediante el cual reconocían éstos la independencia de Grecia y cedían a Rusia las bocas del Danubio.

ANDROCLES, esclavo romano, héroe de una aventura conmovedora referida por Aulo Gelio: entregado a las fieras en el circo romano, fue perdonado por un león debido a que en cierta ocasión él había extraído una espina clavada en la pata de la fiera.

ANDRÓMACA, esposa de Héctor y madre de Astianacte. Después de la toma de Troya, fue esclava de Pirro, hijo de Aquiles. *La Ilíada* ha hecho de Andrómaca el símbolo del amor conyugal.

Andrómaca, tragedia de Eurípides (426 a. de J. C.). — Tragedia de Racine (1667), basada en la del autor griego.

ANDRÓMEDA, constelación del hemisferio boreal.

ANDRÓMEDA, hija de Cefeo, rey de Etiopía, y de Casiopea. Perseo la libró de ser devorada por un monstruo marino y la tomó por esposa.

ANDORRA LA VIEJA

ANDRÓNICO I Comneno (1112-1185), emperador de Oriente de 1183 a 1185. Hizo estrangular a Alejo II para apoderarse del trono y fue derribado por Isaac II Ángel. — ANDRÓNICO II PALEÓLOGO (1258- 1332), emperador de 1282 a 1328; vio destrozado su imperio por los turcos y fue arrojado del trono. — ANDRÓNICO III *el Joven* (1295-1341), nieto del anterior, asociado al Imperio de 1325 a 1328; destronó a su abuelo y combatió a los turcos. — ANDRÓNICO IV PALEÓLOGO, destronó a su padre, Juan V, pero sólo pudo conservar la corona de 1376 a 1379.

ANDRÓNICO (Livio), el más antiguo autor dramático de Roma, de origen griego (s. III a. de J. C.), que había sido esclavo y representaba él mismo sus comedias.

ANDROS, isla de las Cícladas; pertenece a Grecia. Vinos y frutos. C. pr. *Andros*.

ANDUEZA PALACIO (Raimundo), político venezolano (1851-1900), pres. de la Rep. en 1890, derrocado en 1892.

ANDÚJAR, c. de España (Jaén), a orillas del Guadalquivir. Cereales, vino, aceite.

ANETO (PICO DE), punto culminante de los Pirineos españoles (Huesca); 3 404 metros.

Fot. Rapho

ANDES ▶

ANGULEMA
la catedral

ANFIÓN, príncipe tebano que edificó las murallas de Tebas al son de la lira.
ANFÍPOLIS, c. de Macedonia, colonia de Atenas a orillas del Estrimón, patria de Zoilo. Allí fue desterrado Tucídides por no haberse sabido defender contra el lacedemonio Brasidas (424 a. de J. C.). Filipo de Macedonia se apoderó de ella en 357 a. de J. C.
ANFISA, c. de Grecia, al O. del Parnaso, hoy Salona.
ANFITRIÓN, hijo de Alceo, rey de Tirinto, esposo de Alcmena, engañado por Zeus. Fue famoso por la esplendidez de sus banquetes.
Anfitrión, comedia de Plauto, imitada por Molière (1668).
ANFITRITE, divinidad griega del mar, hija de Océano y esposa de Poseidón.
ANGAMOS, cabo cerca de Mejillones (Chile), célebre por la defensa del acorazado peruano *Huáscar* contra la armada chilena en 1879.
ANGARA, río de Siberia, que sale del lago Baikal y es afl. del Yenisei; 3 000 km.
ANGARAES, prov. del Perú (Huancavelica); cap. *Lircay.*
ANGARITA ARVELO (Rafael), crítico venezolano, n. en 1898, autor de ensayos.
ÁNGEL *(San),* religioso carmelita, mártir en Sicilia (1185-1220). Fiesta el 5 de mayo.
ÁNGEL (El), pobl. del Ecuador, cab. del cantón de Espejo (Carchi). — Ingenio azucarero de El Salvador (San Salvador), el mayor del país.
ÁNGEL (Abraham), pintor mexicano (1905-1924).
ÁNGEL DE LA GUARDA, isla de México, en el golfo de California.
ÁNGEL ETCHEVERRI, pobl. de la Argentina (La Plata).
ÁNGELA DE MÉRICI *(Santa),* religiosa italiana, n. en Desenzano (1474-1540), fundadora de las Ursulinas (1535).
ÁNGELES, bahía de México, en la costa occidental del golfo de California.
ÁNGELES (*Fray* Juan de los), místico franciscano español (1536-1609), autor de unos admirables *Diálogos de la conquista del espiritual y secreto reino de Dios.*
ÁNGELES (Los), c. del SO. de los Estados Unidos (California), a orillas del río del mismo n. Petróleo. Centro comercial. Industrias químicas, naval, astronáutica, mecánica. En sus alrededores (Hollywood) se encuentra el centro de la industria cinematográfica norteamericana. — C. de Chile, cap. de la prov. de Bío-Bío; cereales.
ÁNGELES CUSTODIOS. V. PUERTO CASADO.
ANGELÓPOLIS, mun. de Colombia (Antioquia); carbón.
Angélica, una de las más bellas heroínas del *Orlando furioso,* de Ariosto, tipo poético de la mujer caprichosa que desprecia a los más valientes para enamorarse de Medoro.
ANGÉLICO (Fra Giovanni DA FIÉSOLE), pintor italiano (¿1400?-1455), uno de los primeros del Quattrocento florentino. Decoró con frescos San Marcos de Florencia y el Vaticano.
ÁNGELIS (Pedro de), historiador napolitano (1789-1860), que vivió largo tiempo en Buenos Aires. Se le debe una útil *Colección de obras y documentos relativos a la historia de las provincias del Río de la Plata.*
ANGELUS SILESIUS, poeta alemán de inspiración mística (1624-1677).
ANGERMAN, río de la Suecia septentrional, que des. en el golfo de Botnia; 300 km.
ANGERS [*anyé*], c. del O. de Francia, a orillas del Maine, cap. del dep. de Maine-et-Loire.
ANGHIERA [*gui-*] (MÁRTIR D'). V. MÁRTIR.
ANGKOR, población de Camboya donde se encuentran ruinas del arte kmer (s. IX-XII).
ANGLADA CAMARASA (Hermenegildo), pintor español (1872-1959).
ANGLERÍA (Pedro MÁRTIR D'). V. MÁRTIR.
ANGLESEY, isla y condado de Gran Bretaña (Gales); cap. *Llangefni.*
Anglicanismo, religión oficial de Gran Bretaña, que tuvo su origen en el reinado de Enrique VIII, monarca que se separó del Papa por negarse éste a anular su matrimonio con Catalina de Aragón. Aunque los anglicanos han adoptado creencias protestantes, tienen muchos puntos comunes con los católicos.
ANGLONORMANDAS (ISLAS), grupo de islas inglesas de la costa normanda (Jersey, Guernesey, etc.); turismo; prod. agrícola.
ANGLOS, antiguo pueblo de Germania, que invadió Gran Bretaña en el siglo VI, rechazó a los britones y dio su nombre a Inglaterra.
ANGLOSAJONES, n. genérico de los pueblos germánicos que invadieron Inglaterra en el s. VI.
ANGOL, c. de Chile, cap. de la prov. de Malleco; lavaderos de oro. (Hab. *angolinos.*) Sufrió varias destrucciones como consecuencia de la lucha entre españoles y araucanos.
ANGOLA, ant. **ÁFRICA OCCIDENTAL PORTUGUESA,** prov. portuguesa de ultramar, en la costa atlántica de África del Sur; 1 24 700 km²; más 5 millones de hab. (*angoleses*); cap. *Luanda;* 189 600 h. Minas de diamantes y cobre. Insurrección de los nativos para conseguir la independencia (1961).
ANGORA. V. ANKARA.
ANGOSTURA, sección del estr. de Magallanes. — Páramo de Colombia, en la Cord. Oriental; 4 500 m. — Ant. n. de **Ciudad Bolívar** donde, después de apoderarse de la plaza, reunió Bolívar a los delegados de las provincias libres de Venezuela, Casanare y Nueva Granada (1818). Esa asamblea, conocida con el nombre de *Congreso de Angostura,* dio gran impulso al movimiento emancipador.
ANGRA DO HEROÍSMO, c. de las islas Azores (Terceira), cap. del archipiélago.
ANGRA DOS REIS, c. del Brasil (Río de Janeiro), en la bahía de su nombre. Comercio importante de arroz, granos, azúcar, etc.
ANGRAND (Leoncio), americanista francés, autor de tratados etnológicos, m. en 1886.
ANGRA PEQUEÑA, bahía al SO. de África, al N. de la desembocadura del Orange.
ANGSTRÖM (Anders Jonas), físico sueco (1814-1874), conocido por sus investigaciones acerca del análisis espectral.
ANGULEMA, c. de Francia, cap. del dep. de Charente; papelerías célebres. Obispado. Catedral románica.
ANGULEMA (*Duque de*), hijo mayor de Carlos X de Francia (1775-1844), que dirigió la expedición de España en 1823.
ANGULO GURIDI (Javier), patriota dominicano (1816-1884), autor de notables poemas en verso y en prosa, de inspiración indígena.
ANHALT, región de Alemania oriental, antiguo ducado (1863), Estado libre (1918), miembro del Reich en 1933, actualmente incorporada a la República Democrática (Sajonia-Anhalt).
ANHUÉ. V. NGANHUEI.
ANÍBAL, general cartaginés, hijo de Amílcar Barca (247-183 a. de J. C.). Después de haberse apoderado de Sagunto, aliada de los romanos y cuyos habitantes prefirieron morir a entregarse,

FRA ANGÉLICO. LA HUIDA A EGIPTO

Fot. Berthe, Anderson-Giraudon

atravesó España, las Galias y los Alpes por el monte Genevre, venció a los romanos en Tesino. Trebia, Trasimeno y Cannas (218-216), se apoderó de Capua, donde pasó el invierno; pero, no recibiendo ya auxilios de Cartago, le fue preciso, después de la derrota de su hermano Asdrúbal en Metauro (207), volver a África para defender a su patria amenazada por los romanos. Fue vencido en Zama (202) por Escipión Africano. Después de su derrota, se refugió en la corte de Antíoco, rey de Efeso, y luego en la de Prusias, rey de Bitinia. Pero sabiendo que pensaba su huésped entregarlo a los romanos, se dio la muerte con un veneno que siempre llevaba consigo.

ANICETO (*San*), papa de 155 a 166. Mártir en tiempos de Marco Aurelio. Fiesta el 17 de abril.

Aniceto el Gallo. V. Ascasubi (Hilario).

Anillo de los Nibelungos (*El*), drama lírico de Wagner, en cuatro partes: *El oro del Rin, La Walkyria, Sigfrido* y *El crepúsculo de los dioses.*

ÁNIMAS, sierra del Uruguay, entre los dep. de Lavalleja y Maldonado. — Volcán de Colombia; 4 242 m.

ANIO, hoy **Aniene,** río de la Italia antigua, afl. del Tíber; 99 km.

ANJEO, en fr. **Anjou,** antigua prov. de Francia; cap. *Angers.*

ANJOU, dinastía francesa, que reinó en España a partir de Felipe V (Borbones).

ANJUÁN o **JOANA,** una de las islas Comores.

ANKARA, ant. **Angora,** cap. de Turquía, en Anatolia central; 646 000 h.; industrias metalúrgicas, químicas y textiles.

ANNABA. V. Bona.

ANNAM. V. Anam.

ANNAPOLIS, c. de los Estados Unidos, cap. del Estado de Maryland. Escuela Naval.

ANNAPURNA. V. Anapurna.

ANNECY, c. de Francia (Saboya), cap. del dep. de Alta Saboya, a orillas del lago del mismo n.

ANNOBÓN, isla de Guinea Ecuatorial, a 200 km de Elobey Chico; 18 km².

ANNUAL, pueblo del Rif. Derrota de los españoles, tras heroica resistencia, en 1921.

ANNUNZIO (Gabriel **d'**), escritor italiano, n. en Pescara (1863-1938), autor de poesías (*Laudes*), novelas (*El triunfo de la muerte, Las vírgenes de las rocas, El fuego*), obras teatrales (*La ciudad muerta, La hija de Iorío*), en las cuales se revela como el pintor de la pasión.

ANOLAIMA, v. de Colombia (Cundinamarca).

ANOUILH (Jean), dramaturgo francés, n. en 1910, autor de las comedias *El amor castigado, Viajero sin equipaje, Leocadia, Antígona,* etc.

ANQUISES, fundador de Troya y padre de Eneas, quien, en el incendio de la ciudad, lo llevó en hombros hasta su nave, dando con ello prueba de su amor filial. (V. Eneas.)

Anschluss, n. dado a la anexión de Austria por Alemania, realizada de 1938 a 1945.

ANSEÁTICAS (*Ciudades*). V. Hanseáticas.

ANSELMO (*San*), fraile benedictino (1033-1109), arzobispo de Cantorbery y autor de varios tratados religiosos. Fiesta el 21 de abril.

ANSÓ, valle de la prov. de Huesca (Pirineos).

ANTA, salto de agua del Brasil, en el río San Francisco. — Dep. de la Argentina (Salta). — Pobl. del Perú, cap. de la prov. de Anta (Cuzco).

ANTABAMBA, pobl. del Perú, cap. de la prov. del mismo n. (Apurímac).

ANTÁRTICAS (Tierras). V. Polares.

ANTÁRTIDA, vasto continente situado en el interior del Círculo Polar Antártico; 14 millones de km²; repartido entre Australia, Nueva Zelanda, Gran Bretaña, Chile, Argentina, Noruega y Francia.

ANTÁRTIDA ARGENTINA, territorio del continente antártico comprendido entre los meridianos 74° y 25°, hasta el Polo Sur.

ANTELO (Andrés), mecánico español (1781-1840), constructor de máquinas de vapor.

ANTENOR, escultor griego del s. VI a. de J. C.

ANTEO, gigante, hijo de Poseidón y de Gea, a quien ahogó Heracles entre sus brazos. Habiendo observado el héroe que cada vez que el monstruo tocaba tierra cobraba nuevas fuerzas, le levantó en vilo y consiguió acabar con él.

ANTEQUERA, c. de España (Málaga). Victoria de los españoles sobre los franceses en 1812. Cueva megalítica. — Pobl. y puerto del Paraguay (San Pedro).

ANTEQUERA Y CASTRO (José de), abogado y patriota peruano (1690-1731), fiscal de la Audiencia de Charcas. Fue juez pesquisidor en el Paraguay, cuando la revolución de los comuneros. M. ejecutado por orden del virrey, marqués de Castelfuerte.

ANTIATLAS, macizo cristalino del Marruecos meridional: 2 531 m.

ANTIBES [*antib*], c. de Francia (Alpes Marítimos); estación veraniega e invernal.

ANTICOSTI (Isla de). V. Asunción.

ANTICRISTO, impostor que, según el *Apocalipsis,* ha de aparecer, poco antes del fin del mundo, para llenar la Tierra de crímenes e impiedad, y que acabará por ser vencido por Jesucristo mismo.

ANTIFÓN, orador ateniense (479-411 a. de J. C.), partidario del partido aristocrático.

ANTÍGONA, hija de Edipo, hermana de Etéocles y Polinices. Sirvió de guía a su padre, cuando éste se saltó los ojos, y ha pasado su nombre a la historia como símbolo del amor filial.

Antígona, tragedia de Sófocles (442 a. de J. C.), de Alfieri (s. XVIII) y de Anouilh (1944).

ANTÍGONO, rey de los judíos de 40 a 37 a. de J. C.; el último de los Macabeos. Marco Antonio le condenó a muerte.

ANTÍGONO el Cíclope, lugarteniente de Alejandro Magno, rey de Siria en 306. Intentó fundar un imperio en Asia, pero fue derrotado y muerto en Ipso (301 a. de J. C.). — Antígono I *Gonatas,* nacido en 320, hijo de Demetrio Poliorcetes, rey de Macedonia de 277 a 240 a. de J. C. — Antígono II *Dosón,* hijo de Demetrio el Hermoso, rey de Macedonia de 229 a 221.

ANTIGUA, isla de las Antillas Menores, pert al grupo norte de las Islas de Barlovento; cap. *Saint John.* Desc. por Colón en 1493. — Río de México, que des. en el golfo de este n.

ANTIGUA GUATEMALA, c. de Guatemala, cap. del dep. de Sacatepéquez. Fue cap. de la Gobernación General y Reino de Guatemala; destruida por los terremotos de 1773. Sus ruinas son testimonio del gran esplendor que había conocido, pues llegó a contar cerca de 80 000 h.

ANTILIA o **ANTILLIA,** isla hipotética del Atlántico que aparece en numerosos portulanos.

ANTILÍBANO, macizo montañoso del Asia occidental, entre Siria y el Líbano; 2 629 m.

ANTILLA, térm. mun. de Cuba (Oriente).

ANTILLAS, archipiélago situado entre las Américas del Norte y del Sur, enfrente de América Central, de la que forma parte geológica y geográficamente. Se suele dividir en *Antillas Mayores* (Cuba, Jamaica, Puerto Rico y Santo Domingo), que son restos de una cadena montañosa cuya altura máxima está en Santo Domingo (3 175 m), y *Antillas Menores,* al este del mar Caribe, extenso grupo de islas que se subdividen en islas de Barlovento (Granada, San Vicente, Granadinas, Santa Lucía, Guadalupe, Martinica) y de Sotavento (Trinidad, Tobago, Margarita, Curazao, Aruba, Bonaire, etc.). Hay que citar también el archipiélago de las Lucayas o Bahamas, en cuya isla de *Guanahaní* o *San Salvador,* llamada ahora por los ingleses *Watling,* desembarcó Cristóbal Colón por primera vez en 1492. Políticamente las Antillas se clasifican en Estados independientes: Cuba, Haití, República Dominicana, Jamaica, Trinidad y Tobago (pertenecientes los tres últimos al Commonwealth); un Estado Libre Asociado a los Estados Unidos: Puerto Rico, y el resto de las islas son posesiones británicas, francesas, holandesas y venezolanas. (Hab. *antillanos* o *caribes.*)

ANTILLAS (Mar de las). V. Caribe (*Mar*).

ANTILLAS DEL SUR, n. dado a las islas del hemisferio austral, entre la Antártida y América del Sur, que continúan la línea orográfica de los Andes Fueguinos (isla de los Estados, Burwoord, Roca Shag, Georgia del Sur, Sandwich del Sur, Orcadas del Sur y Shetland del Sur).

ANTILLAS DEL SUR (Mar de las), mar del hemisferio austral, entre la Antártida y América del Sur.

ANTILLÓN (Isidoro), sabio español (1778-1814), uno de los primeros propagandistas de

ANÍBAL

G. D'ANNUNZIO

ANTIGUA GUATEMALA
La Merced

Fot. Larousse, Manuel, Verger-Adep

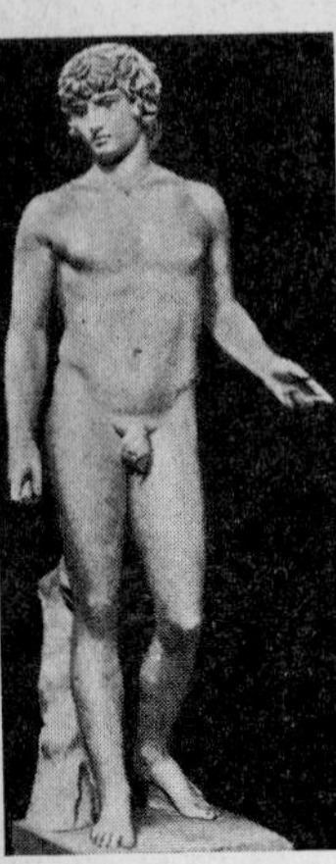

ANTINOO
arte griego
museo de Nápoles

las ideas republicanas en España. Su conducta le valió la persecución de Fernando VII. Autor de importantes obras de geografía.

ANTINOO, joven griego de Bitinia, de gran belleza, esclavo del emperador Adriano, que hizo de él su favorito. Se le consideraba como el tipo de la belleza plástica.

ANTÍOCO, nombre de varios reyes de Siria. Los más famosos son: ANTÍOCO I *Sotero* (Salvador), rey de Siria de 281 a 261 a. de J. C. — ANTÍOCO II *el Divino,* rey de Siria de 261 a 246 a. de J. C. — ANTÍOCO III *el Grande,* rey de Siria de 223 a 187 a. de J. C.; declaró la guerra a los romanos a instigación de Aníbal. — ANTÍOCO IV *Epífanes* (Ilustre), rey de 175 a 164 a. de J. C.: combatió a los judíos sin éxito. — ANTÍOCO V *Eupátor* (nacido de buen padre), rey de Siria de 164 a 162 a. de J. C.

ANTIOQUÍA, en turco **Antakia,** c. de Turquía, antaño capital floreciente de Siria, a orillas del Orontes o Nar el-Así, tributario del Mediterráneo, contó hasta 500 000 h. y hoy sólo tiene 38 000. Se apoderaron de ella los musulmanes en 638, y los cruzados en 1098, volviendo a caer en manos de los musulmanes en 1268.

ANTIOQUIA, c. de Colombia, en el dep. de su n. (Hab. *antioqueños.*) Fundada por Jorge Robledo en 1541, fue cap. de la ant. prov. de Occidente. Obispado. — Dep. de Colombia; cap. *Medellín;* minas de oro, plata, hierro y carbón; extensas plantaciones de cafetos.

ANTIPAS. V. HERODES.

ANTIPÁTER o **ANTIPATRO,** general macedonio, lugarteniente de Alejandro (397-317 a. de J. C.), que gobernó Macedonia durante la ausencia de Alejandro y venció en Cranón a los atenienses rebelados después de la muerte del conquistador. — ANTIPÁTER, nieto del anterior, rey de Macedonia de 296 a 294 a. de J. C.

ANTISANA, volcán del Ecuador, en la Cord. Oriental, al SE. de Quito; 5 704 m.

ANTÍSTENES, filósofo griego, n. en Atenas (444-365 a. de J. C.), que fue discípulo de Sócrates, jefe de la escuela cínica y maestro de Diógenes. Hacía consistir el bien supremo en la virtud, que para él residía en el desprecio de las riquezas y del placer.

ANTISUYO, sección NO. del *Tahuantinsuyo.*

ANTITAURO, macizo montañoso y selvático de Turquía; 3 014 m.

ANTIUM, ant. c. del Lacio.

ANTOFAGASTA, bahía de Chile. — C. de Chile, cap. de la prov. del mismo n.; puerto de activo movimiento; estación terminal del nuevo ferrocarril transandino. (Hab. *antofagastinos.*) Obispado. La prov. es la más rica de la zona de los desiertos; imp. yacimientos de cobre y establecimientos salitreros.

ANTOFAGASTA DE LA SIERRA, dep. de la Argentina (Catamarca).

ANTOFALLA, río de la Argentina (Catamarca). — Sierra de la Argentina (Catamarca). — Volcán de la Argentina (Catamarca); 6 100 m.

ANTOLÍNEZ (José), artista español (1635-1675), uno de los pintores de Felipe IV. — Su sobrino FRANCISCO **Antolínez de Sarabia** (1644-1700), pintor, discípulo de Murillo.

Antología, célebre colección de epigramas y de poesías ligeras compuesta por Meleagro.

Antología de poetas líricos castellanos, magnífica colección formada por Menéndez y Pelayo, y cuyos prólogos constituyen el más rico venero de datos curiosos e inéditos que existe acerca de la historia literaria española.

SAN ANTONIO
DE PADUA
por VIVARINI

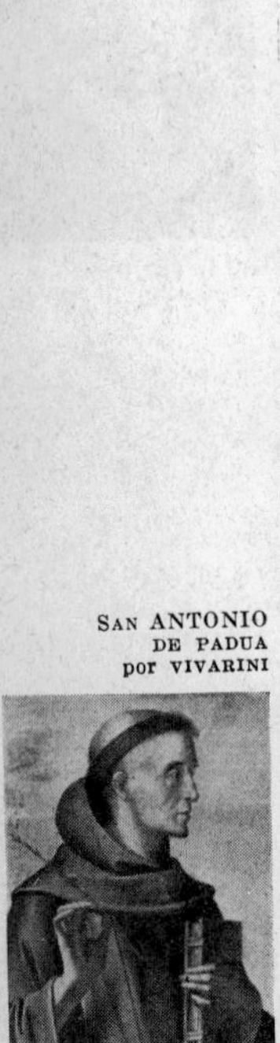

ANTÓN, río de Panamá, que des. en el Pacífico. — Pobl. de Panamá (Coclé); cultivo de arroz.

ANTONELLI (Jacobo), cardenal italiano (1806-1876), ministro del papa Pío IX.

ANTONELLO de Mesina, pintor italiano, n. en Mesina (¿1430?-1479), que aprendió del pintor flamenco Juan Van Eyck el secreto de la pintura al óleo.

ANTONESCU (Ion), mariscal y político rumano (1882-1946), que fue jefe de Estado en 1940 y combatió al lado de las potencias del Eje. Murió ejecutado.

Antonino *(Itinerario de),* importante trabajo geográfico antiguo, cuya fecha de publicación se ignora. Es una lista de los lugares pertenecientes al Imperio Romano, con sus distancias.

ANTONINO PÍO, emperador romano (86-161): reinó con moderación y justicia de 138 a 161.

ANTONINOS, nombre dado a siete emperadores romanos: *Nerva, Trajano, Adriano, Antonino, Marco Aurelio, Vero* y *Cómodo,* que reinaron de 96 a 192.

ANTONIO (Marco). V. MARCO ANTONIO.

ANTONIO, gran prior de Crato, nieto del rey Manuel de Portugal (1531-1595). A la muerte del rey Enrique en 1580, se hizo proclamar soberano, pero, derrotado por el duque de Alba en la batalla de Alcántara, huyó a París.

ANTONIO (Nicolás), célebre bibliógrafo español (1617-1684), que compuso en latín dos repertorios: *Bibliotheca hispana vetus* y *Bibliotheca hispana nova,* verdaderos tesoros de erudición.

Antonio y Cleopatra, tragedia de Shakespeare, representada en 1606.

ANTONIO ABAD o **ANTÓN** *(San),* anacoreta de Tebaida (251-356), que resistió a muchas tentaciones. Fiesta el 17 de enero.

ANTONIO ANTE, cantón del Ecuador (Imbabura).

ANTONIO DE PADUA *(San),* franciscano portugués (1195-1231), predicador y gran taumaturgo. Llamado *de Padua* por el lugar de su muerte y de su sepulcro. Fiesta el 13 de junio.

Antonio de Padua *(San),* cuadros de Murillo en la catedral de Sevilla, y de Ribera (Madrid).

ANTONIO DE PALERMO. V. PANORMITA.

ANTONIO MARÍA CLARET *(San).* V. CLARET.

ANTRIM, condado de Irlanda del Norte (Ulster). Cap. *Belfast.*

ANTSIRABÉ, c. de Madagascar en la meseta central. Aguas radiactivas; estación hidromineral. Uranio.

ANTUCO, volcán de Chile (Bío-Bío); 2 985 m.

ANTUNG, c. y puerto de China, en la región de Manchuria. Textiles y metalurgia.

ANTWERPEN, n. flamenco de **Amberes.**

ANUBIS, dios del antiguo Egipto, hijo de Osiris y Neftis, representado con cuerpo de hombre y cabeza de chacal.

Anunciada, órdenes religiosas, fundadas para honrar el misterio de la Encarnación. — Orden de caballería italiana, fundada en 1363 por el duque Amadeo VI de Saboya.

ANZOÁTEGUI, Estado de Venezuela; cap. *Barcelona;* petróleo; carbón; gran riqueza ganadera. (Hab. *anzoátegas.*)

ANZOÁTEGUI (José Antonio), general venezolano (1789-1819), que participó en la insurrección de Caracas (1808) y fue uno de los héroes de Boyacá (1819).

ANZU, río del Ecuador, que confluye con el Jatun-yacu.

ANZÚREZ (Pedro de), conquistador español del s. XVI, fundador de Chuquisaca (1538).

AÑATUYA, pobl. de la Argentina (Santiago del Estero). Obispado.

AOMORI, c. de Japón en el N. de la isla de Hondo. Puerto de pesca.

AOSTA, valle de Italia formado por el Doria Baltea, afl. del Po. — C. de Italia, cap. de la región autónoma del Valle de Aosta.

APA, río del Paraguay, afl. del río de este n.

APACHES, indios nómadas que vivían en el O. de los Estados Unidos y en el N. de México.

APALACHES, macizo montañoso del E. de los Estados Unidos, que se extiende desde Alabama hasta el Estado de Nueva York, en una longitud de más de 2 000 km; alt. máx. 2 037 m.

APANECA, sierra de El Salvador (Ahuachapán); alt. media 1 300 m. — Volcán de El Salvador, tb. llamado *Chichicastepeque;* 1 850 m. — Mun. de El Salvador (Ahuachapán).

APAPORIS, río de Colombia, afl. del Caquetá, 1 200 km. Sirve de límite, en parte, con el Brasil.

APARICIO (Francisco de), etnólogo y arqueólogo argentino (1892-1952).

APARICIO (Timoteo), militar uruguayo (1814-1882), que encabezó la revolución de los *blancos* y fue derrotado en Manantiales (1871).

APARISI Y GUIJARRO (Antonio), escritor, orador y político español (1815-1872).

APARRI, c. de Filipinas (isla de Luzón).

APASA (Julián), caudillo indio del s. XVIII, que se sublevó contra la dominación española,

Fot. Alinari, Giraudon

y se proclamó virrey del Perú con el nombre de **Túpac Catari.** Fue ejecutado en 1781.
APASTEPEQUE, c. de El Salvador (San Vicente), junto a la laguna de su n. Turismo.
APATZINGÁN, c. de México (Michoacán), donde se promulgó la primera Constitución del país (1814).
APELDOORN, c. de Holanda (Güeldres).
APELES, el más ilustre de los pintores griegos, n. en Éfeso (s. IV a. de J. C.), que vivió en la corte de Alejandro Magno, cuyo retrato pintó.
APENINOS, cadena de montañas calcáreas secas y arboladas, que se extienden por toda la longitud de Italia; 1 300 km; culmina en los Abruzos y en el Gran Sasso (2 914 m de altura).
APIA, cap. de Samoa Occidental; 10 000 h.
Apia *(Vía)*, carretera que iba de Roma a Brundusium (hoy Brindisi) y fue empezada por Apio Claudio (312 a. de J. C.).
APIANO, historiador griego del siglo II de nuestra era, autor de una *Historia romana.*
APIPÉ, isla de la Argentina, en el río Paraná, frente a la prov. de Corrientes.
APIS, buey sagrado que consideraban los antiguos egipcios como la más perfecta expresión de la divinidad bajo la forma animal.
APLAO, c. del Perú, cap. de prov. de Castilla (Arequipa).
APO, paso de la cord. de los Andes, en el Perú, cerca de Arequipa. — Volcán de las islas Filipinas (Mindanao); 2 930 m.
Apocalipsis (pal. gr. que significa *revelación*), libro simbólico y místico, muy obscuro, pero lleno de admirable poesía; obra de San Juan Evangelista, que la escribió en la isla de Patmos en tiempos de Domiciano. Nos revela el porvenir de la religión cristiana y su triunfo final después del reinado del *Anticristo.* Es el último libro del Nuevo Testamento.
APODACA (Juan RUIZ DE). V. RUIZ.
APOLDA, c. de Alemania oriental. Textiles.
APOLINA *(Santa)*, virgen y mártir de Alejandría (249). Fiesta el 9 de febrero.
APOLINAR *(San)*, arzobispo de Ravena. Fiesta el 23 de julio.
APOLINAR. V. SIDONIO APOLINAR.
APOLO, dios griego y romano de los Oráculos, de la Medicina, de la Poesía, de las Artes, de los Rebaños, del Día y del Sol, y por esta última particularidad llamado también a veces *Febo.* Era hijo de Zeus y Letona, hermano gemelo de Artemisa y nació en la isla de Delos. Tenía en Delfos un oráculo y un santuario famoso.
Apolo, n. dado a un proyecto norteamericano de enviar un hombre a la Luna mediante un vehículo espacial compuesto de tres cuerpos y tripulado por tres astronautas. V. LUNA, pág. 638.
Apolo del Belvedere, estatua antigua (Vaticano), considerada como el tipo de la belleza plástica masculina.
APOLOBAMBA, macizo montañoso de los Andes (Bolivia). — C. de Bolivia (La Paz); café, caucho.
APOLODORO DE DAMASCO, arquitecto griego (¿60-125?), que trabajó en Roma en el Foro de Trajano y en la basílica Ulpiana.
APOLONIA, ant. c. de Iliria (Albania); centro intelectual en la época grecorromana.
Apolonio *(Libro de)*, poema español escrito a mediados del siglo XIII, que refiere las aventuras del príncipe sirio Apolonio de Tiro.
APOLONIO de Perga, geómetra griego, n. en Perga (¿262-180? a. de J. C.).
APOLONIO de Rodas, poeta y gramático de Alejandría (s. III a. de J. C.), autor del poema *Los Argonautas.*
APOLONIO de Tiana, filósofo neopitagórico de Asia Menor, moralista y mago (s. I d. de J. C.).
APOLLINAIRE (Guillaume DE KOSTROWITSKY, llamado **Guillaume**), poeta francés, n. en Roma (1880-1918), precursor del surrealismo en sus obras *Alcoholes* y *Caligramas.*
APOPA, mun. de El Salvador (San Salvador).
APÓSTOLES, pobl. de la Argentina (Misiones).
Apóstoles, los doce discípulos de Jesús: Pedro, Andrés, Santiago el Mayor, Juan, Felipe, Bartolomé, Mateo, Tomás, Santiago el Menor, Simón, Judas Tadeo y Judas Iscariote. Éste fue substituido por Matías. — San Pablo, principal predicador de la doctrina cristiana, fue llamado *Apóstol de los gentiles.*

APOCALIPSIS
por EL GRECO

Apoxiomenos *(El)*, estatua antigua de Lisipo, descubierta en 1846 (Vaticano); hermosa figura de atleta limpiándose con la raedera.
APPENZELL, cantón de Suiza, dividido en *Rodas Exteriores* (protestante) y *Rodas Interiores* (católico).
APPLETON (*sir* Edward Victor), físico inglés (1892-1965), autor de estudios sobre la ionosfera. (Pr. Nóbel, 1947.)
APPOMATOX, pobl. de los Estados Unidos (Virginia), donde Lee se rindió a Grant en 1865.
APQUERÓN, península y cabo del mar Caspio al extremo E. del Cáucaso. Nafta y petróleo.
Apra, siglas de *Alianza Popular Revolucionaria Americana*, partido político peruano fundado en 1924 por Víctor Raúl Haya de la Torre.
APRIES, rey de Egipto de la 26ª dinastía, hijo de Psamético II; luchó con Nabucodonosor y fue destronado por Amasis, uno de sus generales.
APULEYO (Lucio), escritor latino del s. II, a quien se debe el relato alegórico *El asno de oro.*
APULIA, comarca de la ant. Italia, hoy **Pulla.**
Apuntaciones críticas sobre el lenguaje bogotano, obra del colombiano R. J. Cuervo (1867-1905) sobre la lengua en Hispanoamérica.
APURE, río de Venezuela, afl. del Orinoco, formado por la confluencia del Uribante y el Sarare; 815 km, de los cuales unos 150 son navegables. — Estado de Venezuela; cap. *San Fernando;* ganadería. (Hab. *apureños.*)
APURÍMAC, nevado del Perú. — Río del Perú que nace en el dep. de Arequipa y recorre los dep. de Cuzco, Apurímac y Ayacucho, confluye con el Mantaro y forma el río Ene; 525 km. — Dep. del Perú; cap. *Abancay;* prod. minera y agrícola. (Hab. *apurimeños.*)
Aquea *(Liga)*, confederación de doce ciudades del Peloponeso, dirigida sobre todo contra la influencia macedónica. Su héroe fue Filopemen. Disuelta por los romanos (280-146 a. de J. C.).
AQUELOO, río de la antigua Grecia, en Epiro, hoy **Aspropótamo,** tributario del mar Jónico.
AQUÉMEDES, el primero de los reyes persas que se libró del yugo de los medos.
AQUEMÉNIDAS, dinastía persa fundada por Ciro hacia 550 a. de J. C. que acabó en 330 a. de J. C. con la muerte de Darío III Codomano.
AQUEOS, griegos descendientes de Aqueo. Originarios de Tesalia, los *aqueos* se apoderaron de casi todo el Peloponeso. Arrojados por los dorios, se establecieron en su costa septentrional, que, de ellos, tomo el nombre de *Acaya.*
AQUERONTE, río de los Infiernos. Nadie podía atravesarlo dos veces. *(Mit.)*
AQUIDABÁN, río del Paraguay, afl. del río de este n. En sus riberas, durante la guerra de 1865-1870, se desarrollaron numerosos combates, en uno de los cuales fue derrotado y muerto el presidente Solano López.
AQUILA, c. de Italia, cap. de la prov. del mismo nombre, a orillas del Aterno (Abruzos).
AQUILEA, c. de Italia en el golfo Adriático, que tuvo gran importancia en la Antigüedad. Destruida por Atila en 452.

APOLO
DEL BELVEDERE

APOLLINAIRE
por PICASSO

Fot. Larousse, X, N.-Dict.

AQUILES

AQUILES, hijo de Tetis y de Peleo, rey de los mirmidones, el más famoso de los héroes griegos de *La Ilíada.* Mató a Héctor en el sitio de Troya, pero fue mortalmente herido en el talón por una flecha envenenada lanzada por Paris. El nombre de *Aquiles* ha llegado a ser en todas las lenguas la personificación del valor.

AQUILES TACIO, escritor griego del siglo IV, autor de la más célebre novela bizantina: *Amores de Clitofonte y Leucipo.*

AQUINO (Anastasio), caudillo indio de El Salvador, que se sublevó en 1833 y fue fusilado en el mismo año.

AQUISGRÁN, en alem. **Aachen** y en fr. **Aix-la-Chapelle,** c. de Alemania (Renania); aguas minerales. Cap. y tumba de Carlomagno. Tratados de 1668 y 1748 y Congreso en 1818.

AQUITANIA, ant. prov. de Francia, que correspondía a la cuenca del Garona.

ARABAPÓ, río de Venezuela, afl. del Caroni.

ÁRABE UNIDA (República), Estado constituido, en 1958, por la federación de Egipto, Siria y Yemen. En 1961, Siria se retiró de la federación, pero Egipto conservó el n. oficial de "República Árabe Unida".

ARABIA, península de Asia occidental; 3 millones de km²; 9 millones de hab. (*árabes*). Está limitada por el mar Rojo, el golfo de Adén, el mar y el golfo de Omán y el golfo Pérsico. — —GEOGRAFÍA. Arabia interior está constituida por dos inmensas depresiones cubiertas de dunas: el Nefud Mayor, al norte, y el desierto de Dahna o Ruba-Al-Jali, al sur. Entre estas zonas se halla el macizo volcánico de Neyed, donde en invierno se pueden cultivar trigo y dátiles, gracias a las lluvias. El sur es más montañoso y en el Yemen se encuentran alturas superiores a tres mil metros. A lo largo de las costas del mar Rojo y del océano Índico existen estrechas llanuras desérticas. En general, toda la vida de Arabia se relaciona hoy con la explotación de los yacimientos petrolíferos, especialmente en el nordeste (región de Kuwait e islas Bahrein). Desde el punto de vista político, la península arábiga comprende: *Arabia Saudita,* al centro y al oeste; al sur, el Estado del *Yemen* y la *Rep. Pop. del Yemen del Sur;* al este, el Estado de *Kuwait,* el sultanato de *Mascate y Omán,* los Estados bajo protección británica de *Trucial States,* de *Bahrein* y de *Katar;* al norte, *el Reino Hachemita de Jordania.* La historia de Arabia se puede decir que comienza a partir del siglo VII, con la aparición del profeta Mahoma. Allí nació el movimiento musulmán (v. ISLAM), gracias al cual la raza árabe se extendió por Asia, África y sur de Europa.

ARABIA DEL SUR o **MERIDIONAL** (FEDERACIÓN DE), federación constituida en 1962 y 1963 y formada por el *Estado de Adén* y diversos principados que integran hoy la *Rep. Popular del Yemen del Sur.*

ARABIA SAUDITA o **SAUDÍ,** reino de la Arabia central y occidental; 1 840 000 km²; 6 000 000 h.; cap. *Er-Riad,* 200 000 h.; c. pr. *La Meca,* 150 000 h.; *Medina,* 50 000 h.

ARÁBIGO (MAR o GOLFO), uno de los n. del **mar Rojo.**

ARACAJÚ, c. del Brasil, cap. del Estado de Sergipe; puerto de exportación, en el Cotinguiba.

ARACATACA, c. de Colombia (Magdalena)

ARACATY, mun. del Brasil (Ceará); salinas.

ARACAY, río del Paraguay (Caaguazú y Alto Paraná), afl. del Paraná. Central eléctrica.

ARACENA, c. de España (Huelva). Batalla en 1810 entre franceses y españoles.

ARAD, c. de Rumania; industrias alimenticias.

ARAGO (Francisco), astrónomo, físico y político francés (1786-1853), a quien se deben notables investigaciones sobre la polarización, el electromagnetismo, la velocidad del sonido, etc.

AQUISGRAN cúpula de la Capilla Palatina (s. IX)

ARAGO

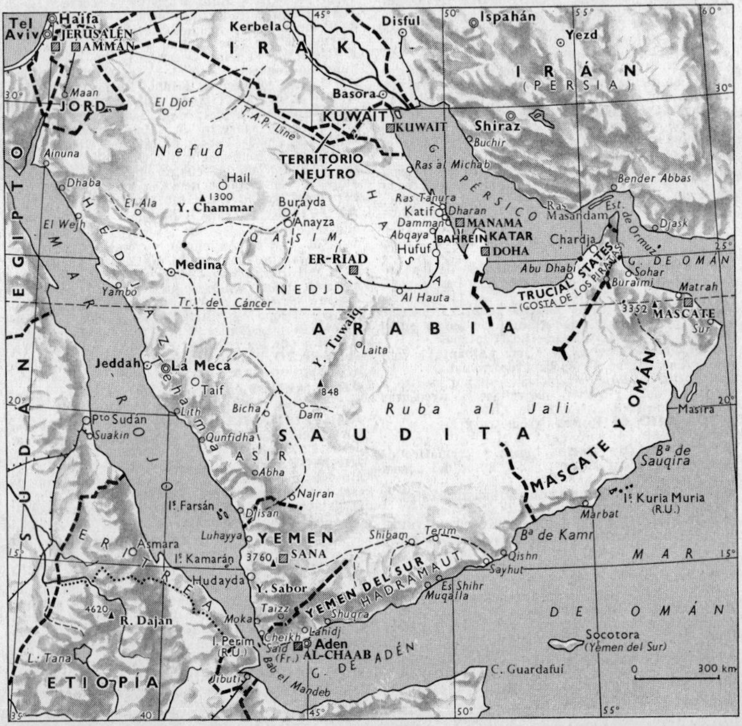

ARABIA

Fot. Giraudon, Roubier

ARAGÓN, región al NE. de España, que comprende las provincias de Zaragoza, Huesca y Teruel. (Hab. *aragoneses.*) Es muy feraz. En las montañas de Aragón se hicieron fuertes los cristianos después de la invasión de los moros, fundando allí sucesivamente los reinos de Sobrarbe y de Aragón. En 1137 se unió con Cataluña, y el matrimonio de Fernando de Aragón con Isabel lo unió a Castilla (1479).

ARAGÓN, río de España, afl. izq. del Ebro; 167 km.

ARAGÓN (CANAL IMPERIAL DE), canal que va de Tudela a Zaragoza, por la derecha del Ebro; 96 km. de largo.

ARAGÓN (Enrique de). V. VILLENA (Enrique *de Aragón,* marqués de).

ARAGON (Luis), poeta y novelista francés, n. en 1897, que fue uno de los fundadores del surrealismo y se consagró después a la defensa del ideal comunista.

ARAGUA, río de Venezuela (Anzoátegui), que des. en el lago de Valencia. — Estado de Venezuela; cap. *Maracay;* café, cacao, azúcar. (Hab. *aragüeses.*) Derrota de Bolívar en 1813.

ARAGUA DE BARCELONA, c. de Venezuela (Anzoátegui).

ARAGUARÍ, río del Brasil (Amapá), que des. en el Atlántico; 386 km. — Mun. del Brasil (Minas Gerais).

ARAGUAY, río de la Argentina (Formosa), afl. del Paraguay.

ARAGUAYA, río del Brasil, uno de los que forman el Tocantins; 2 200 km.

ARAK. V. SULTANABAD.

ARAL (LAGO O MAR DE), gran lago salado de Asia, en el Kazakstán soviético; 67 000 km^2. Recibe el Sir Daria y el Amú Daria, cuyos aluviones, añadido al carácter seco del clima, contribuyen a reducir progresivamente su superficie.

ARAMBURO Y MACHADO (Mariano), escritor y crítico cubano (1870-1941).

ARAMBURU (Pedro Eugenio), general y político argentino (1903-1970), pres. de la Rep. de 1955 a 1958. M. asesinado.

ARAMEOS, nombre de las tribus semíticas que habitaban en la región pantanosa de Mesopotamia.

ARÁN (VALLE DE), valle de España (Lérida). en la vertiente septentrional de los Pirineos.

ARANDA (Pedro Pablo ABARCA Y BOLEA, *conde de*), diplomático español, n. en Épila (1718-1798), pres. del Consejo de Castilla y ministro de Carlos III. Imbuido en las doctrinas de los filósofos franceses, emprendió la realización de grandes reformas, tomó parte activa en la expulsión de los jesuitas y en la restricción de los poderes de la Inquisición.

ARANDA DE DUERO, c. de España (Burgos); iglesia gótica de Santa María.

ARANDAS, v. de México (Jalisco).

ARANGO (Antonio J.), escritor colombiano, n. en 1903, autor de *Oro y miseria.*

ARANGO (Doroteo). V. VILLA *(Pancho).*

ARANGO (Rafael), zoólogo cubano (1837-1893), que efectuó estudios sobre los moluscos.

ARANGO (Ramón), médico colombiano (1853-1924), introductor de distintas innovaciones operatorias en su país.

ARANGO Y ESCANDÓN (Alejandro), político, escritor y poeta mexicano (1821-1883).

ARANHA (José PEREIRA DA GRAÇA), novelista brasileño, autor de *Canaán* (1868-1931).

ARANJUEZ, c. de España (Madrid), junto al Tajo; fértil vega. Palacio Real empezado a construir por Felipe II, y concluido por Felipe V y Carlos III. Sus jardines y fuentes son notables. Motín en 1808 contra el favorito Godoy, que provocó la abdicación de Carlos IV.

ARÁNZAZU, santuario del s. XVI, consagrado a la Virgen en Guipúzcoa, cerca del río Aránzazu.

ARANZAZU, mun. de Colombia (Caldas).

ARANZAZU (Juan de Dios), político y jurisconsulto colombiano (1798-1845), pres. de la Rep. en 1841.

ARAOZ ALFARO (Gregorio), médico e higienista argentino (1870-1955).

ARAOZ DE LA MADRID (Gregorio). V. LA MADRID.

ARAPEY, río del Uruguay (Artigas y Salto), afl. del río de este n.; 200 km. — Pobl. del Uruguay (Salto); aeródromo.

palacio de ARANJUEZ

ARAPILES, pueblo de España (Salamanca). Victoria, en 1812, de los españoles e ingleses, capitaneados por Wellington, sobre los franceses.

ARAQUISTÁIN (Luis), escritor y político socialista español (1886-1959).

ARARAT, montaña de Anatolia, donde, según la Biblia, se detuvo el arca de Noé (5 165 m).

ARARUAMA, laguna del Brasil. — Pobl. del Brasil (Río de Janeiro).

ARAUACOS. V. ARAWAKOS.

ARAUCA, río de América del Sur, que nace en Colombia y atraviesa Venezuela, afl. del Orinoco; 1 000 km. Sirve, en parte, de límite entre ambos países y es navegable en cerca de 800 km — C. de Colombia, cap. de la intendencia del mismo n. (Hab. *araucanos.)* Pref. Apostólica. Es puerto fluvial y centro comercial. Su n. quedó asociado a la historia de la Independencia por la concentración del ejército de Bolívar, en marcha hacia Nueva Granada.

conde de ARANDA

Araucana *(La),* poema épico de Ercilla, publicado en dos partes, en 1569 y 1589. Describe la conquista de Chile por Valdivia y los sangrientos encuentros que tuvieron los atrevidos conquistadores con los valientes araucanos.

ARAUCANIA, terr. de Chile, que comprende las prov. de Arauco, Cautín, Malleco y Bío-Bío. Vicariato Apostólico. Habitado por los rebeldes araucanos, que lo mismo se opusieron a la dominación de los incas que a la de los españoles, no fue sometido por Chile hasta últimos del s. XIX.

ARAUCANOS, indios guerreros sudamericanos, llamados también **mapuches,** que ocuparon la región argentina de Neuquen y luego la parte central de Chile, donde se hicieron sedentarios y adoptaron la agricultura (maíz, patata) y la ganadería. Hacían el comercio con los pueblos vecinos. En la guerra y en la caza usaban las boleadoras. Su religión consistía en el culto de los antepasados y la educación era de tipo militar. Sus descendientes, unos cien mil, viven todavía en los mismos territorios.

ARAUCO, golfo de Chile. — Prov. de Chile; cap. *Lebu;* trigo, avena; yac. de carbón. — Com. y dep. de Chile, en la prov. del mismo n.

Arauco domado, poema del poeta chileno Pedro de Oña, escrito en 1596.

ARAUJO (Juan GOMES DE), compositor brasileño (1846-1942), autor de óperas, poemas sinfónicos, etc.

ARAUJO (Manuel Enrique), médico y político salvadoreño (1859-1913), pres. de la Rep. de 1911 a 1913. Impulsó el progreso del país. M. asesinado.

monumentos funerarios de un cementerio ARAUCANO

ARAUJO DE ACEVEDO (Antonio), conde de Barca, estadista portugués (1754-1817), que acompañó a Juan VI al Brasil e introdujo el cultivo del té en este país.

ARAURE, v. de Venezuela (Portuguesa). Victoria de Bolívar en 1813.

ARAVALI, cadena de montañas cristalinas de la India (Rayastán). Oro, mármoles.

ARAWAKOS, pueblo indio procedente de la cuenca del Orinoco, que ocupó las Antillas antes que los indios caribes y emigró, por el Amazonas, hasta el Alto Paraguay y el Chaco argentino.

ARAXÁ, mun. del Brasil (Minas Gerais); balneario.

ARAXES, río de Asia, que sirve de frontera entre Turquía y la U. R. S. S. y entre este país e Irán; 800 km.

Fot. Roger Viollet, X, Forbin

ARCO DE TRIUNFO de la plaza de la Estrella (París)

ARCO DE CONSTANTINO (Roma)

JUANA DE ARCO grabado del s. XVI

ARAYA, penins. de Venezuela (Sucre), entre el mar Caribe y el golfo de Cariaco; descubierta en 1499.

ARBELÁEZ (Vicente), prelado colombiano (1822-1884), arzobispo de Bogotá.

ARBELAS o **ARBELA,** c. ant. de Asiria, junto a la cual venció Alejandro a Darío III (331 a. de J. C.). Hoy llamada **Erbil** (Irak).

ARBENZ (Jacobo), militar y político guatemalteco, n. en 1914, miembro de la Junta Gubernativa que sucedió a Ponce (1944-1945) y fue pres. de la Rep. de 1950 a 1954. Derrocado por una sublevación.

Árbol de Guernica, roble que se considera como símbolo de las libertades vascas, y a cuya sombra celebran sus juntas los representantes de los pueblos. Plantado en 1511, le sucedió otro en 1771 y a éste otro en 1861.

ARBOLEDA (Julio), poeta, militar y político colombiano, n. en Popayán (1817-1862), que luchó en defensa del gobierno legítimo de la Confederación Granadina frente a Mosquera y m. asesinado. Dejó incompleta una obra maestra: *Gonzalo de Oyón.*

ARBOLEDAS, mun. de Colombia (Nariño), antes **Berruecos.**

ARBUTHNOT (John), médico y escritor satírico inglés (1667-1735).

ARCACHON, c. de Francia (Gironda); estación veraniega e invernal. Ostras. Conservas.

ARCADIA, región montañosa de la Grecia antigua, en la parte central del Peloponeso, habitada por los *arcadios* o *árcades,* pueblo de pastores y que las ficciones de los poetas convirtieron en la mansión de la inocencia y la felicidad. — Nomo de la Grecia moderna; cap. *Trípolis.*

ARCADIO, hijo de Teodosio I, n. en España en 377, emperador de Oriente de 395 a 408.

ARCÁNGEL, c. de U. R. S. S. (Rusia), puerto en el río Duina; construcciones navales, pesca, industrias química, alimenticia, metalúrgica.

ARCATAO, pobl. de El Salvador (Chalatenango).

ARCE (Aniceto), político boliviano (1824-1906), pres. de la Rep. de 1888 a 1892.

ARCE (Manuel José), general y prócer salvadoreño (1787-1847), primer pres. de la Rep. Federal de las Provincias Unidas de Centro América (1825-1828). Una guerra civil le obligó a renunciar al Poder.

ARCESILAO, filósofo griego (316-241 a. de J. C.), fundador de la Academia Media.

ARCILA, c. y puerto de Marruecos (Tánger).

ARCINIEGA (Rosa), novelista e historiadora peruana, n. en 1909. Ha escrito también obras de teatro (*El crimen de la calle Oxford.*)

ARCINIEGAS (Germán), escritor colombiano n. en 1900, autor, entre otros excelentes ensayos, de *El estudiante de la mesa redonda* y *Entre la libertad y el miedo.*

ARCINIEGAS (Ismael Enrique), poeta colombiano (1865-1938), de inspiración parnasiana.

ARCIPRESTE DE HITA (Juan RUIZ), poeta español, n. en Alcalá de Henares (¿1283-1350?), autor del *Libro de buen amor,* obra maestra del mester de clerecía y auténtica enciclopedia de la lírica amorosa y satírica de la Edad Media. Destacan sobre todo los episodios de Don Melón, Doña Endrina y Trotaconventos y el del debate de Don Carnal (carnaval) y Doña Cuaresma. El poema entero se halla entreverado de fábulas, apólogos y consejos de origen oriental.

G. ARCINIEGAS

A. DE HITA

M. J. ARCE

ARBOLEDA

ARCIPRESTE DE TALAVERA (Alfonso MARTÍNEZ DE TOLEDO), escritor satírico español (¿1398-1470?), a quien se deben, además de unas vidas de santos (San Ildefenso y San Isidoro), la obra histórica *Atalaya de las crónicas* y el relato novelesco *Corbacho o Reprobación del amor mundano,* verdadero tesoro por su lenguaje y por la descripción de las costumbres de su tiempo. El realismo de este libro le hace uno de los precursores de la prosa picaresca.

ARCO (*Santa Juana de*), heroína francesa, n. en Domremy (1412-1431), de origen humilde y gran piedad. Apariciones de San Miguel y Santa Catalina le incitaban a salvar a Francia, ocupada entonces por los ingleses. Al frente de un ejército liberó Orleáns y derrotó a los ingleses en Patay. Hizo coronar a Carlos VII en Reims, y puso sitio a París, pero tuvo que renunciar a su empresa por orden del propio rey. Abandonada, tal vez traidoramente por los suyos, cayó en poder de sus enemigos, quienes la declararon culpable de herejía, y fue condenada a morir en la hoguera. Canonizada en 1920, es una de las figuras más puras de la historia de Francia. La fiesta de esta Santa, que fue fiesta nacional, se celebraba el domingo siguiente al 8 de mayo.

ARCO ARGENTINO DEL SUR, zona geográfica del hemisferio austral en la que se encuentran las islas llamadas Antillas del Sur.

Arco de triunfo, tipo de arcos que los romanos elevaban en honor de los vencedores. Entre los más notables se hallan los erigidos a Druso, vencedor de los germanos; a Tito, vencedor de los judíos; a Marco Aurelio, vencedor de los marcomanos; a Septimio Severo, vencedor de los partos; a Constantino, vencedor de Majencio, etc. Fuera de estos monumentos, construidos todos en Roma, encuéntranse otros notables en Tarragona (Bará), Ancona, Benevento, Orange, etc. En los tiempos modernos se han erigido arcos de triunfo en honor de Alfonso de Aragón, en Nápoles, y de los ejércitos de la República y el Imperio franceses (arcos del Carrusel y de la Estrella), en París.

ARCOS (Rodrigo PONCE DE LEÓN, *duque de*) [1602-1672], virrey de Nápoles, cuyas exacciones provocaron la insurrección de Masaniello.

ARCOS DE CANASÍ, term. mun. de Cuba (Matanzas).

ARCOS DE LA FRONTERA, c. de España (Cádiz). Aceite, cereales, ganado.

ARCTURO o **ARTURO,** estrella fija, de primera magnitud, de la constelación El Boyero.

ARCHENA, v. de España (Murcia), a orillas del Segura; frutas y esparto; baños sulfurosos.

ARCHIDONA, v. de España (Málaga). — Pobl. del Ecuador (Napo).

ARCHIPIÉLAGO, ant. n. del **mar Egeo.**

Archivos, entre los conjuntos más importantes de documentos históricos llamados *archivos* son notables: los *Archivos Pontificios,* en el Vaticano; los *Archivos Nacionales,* en París; el *Archivo Histórico Nacional,* de Madrid; el *Archivo de la Corona de Aragón,* en Barcelona; los *Archivos de la Corona de Castilla,* en Simancas; los *Archivos de Indias,* en Sevilla (con más de 50 000 legajos referentes a las colonias españolas del Nuevo Mundo); el *Record Office,* en Londres; el *Archivo de la Biblioteca del Congreso,* en Washington, etc.

ARDABIL o **ARDEBIL,** c. del Irán septentrional.

Fot. Larousse, doc. A. G. P.

América del Norte

América del Sur

ARDACHER, primer rey de la dinastía de los Sasánidas (¿226-241?).
ARDÈCHE, dep. de Francia; cap. *Privas.*
ARDEMANS (Teodoro), arquitecto y pintor español (1664-1726). Discípulo de Claudio Coello, construyó el palacio de La Granja o de San Ildefonso (Segovia), terminado por Sachetti.
ARDENAS o **ARDENNES,** meseta situada en Bélgica, Francia y Luxemburgo. — Dep. de Francia; cap. *Charleville-Mézières.*
ARDERÍUS (Francisco), actor cómico español (1836-1886), introductor del género bufo.
ARDILA CASAMITJANA (Jaime), novelista colombiano, n. en 1919, autor de *Babel.*
ARECIBO, c. y puerto al N. de Puerto Rico; ingenios azucareros. Obispado.
ARECHE (José de), visitador del Perú en 1780. Su dureza provocó la rebelión de Túpac Amaru.
AREGUÁ, pobl. del Paraguay (Central); lugar de veraneo. Fundada por Martínez de Irala en 1538.
AREIA BRANCA, pobl. del Brasil (Río Grande del Norte); salinas.
ARENAL, laguna de Costa Rica (Guanacaste). — Río de Costa Rica, afl. del San Carlos. — Volcán de Costa Rica (Alajuela); 1 638 m. Erupción en 1968.
ARENAL (Concepción), tratadista jurídica y socióloga española, n. en El Ferrol (1820-1893), cuyos escritos *La beneficencia, La filantropía y la caridad* y *Cartas a los delincuentes* revelan su talento y su profundo amor a los humildes.
ARENALES (José Ildefonso ÁLVAREZ DE), militar y geógrafo boliviano (1798-1862), que fue ayudante de San Martín.
ARENALES (Juan Antonio ÁLVAREZ DE), militar español (1770-1831), que se sumó a la causa de la independencia americana y se distinguió en el Perú, junto a San Martín.
ARENAS, punta de Venezuela, en el mar Caribe. — Río de Panamá, que des. en el golfo de Montijo.
ARENILLAS, centro minero de Chile (Coquimbo). — Pobl. del Ecuador (El Oro).
ARENYS DE MAR, v. de España (Barcelona); frutas muy estimadas. Centro veraniego.
Areópago, tribunal supremo de Atenas, compuesto de 31 miembros, antiguos arcontes, y encargado del juicio de las causas criminales más graves. No se permitía en él ningún artificio oratorio capaz de conmover o enternecer a los jueces. La severidad de sus fallos y el espíritu de equidad que los dictaba, dieron al Areópago de Atenas reputación de sabiduría e imparcialidad.
AREQUIPA, c. del Perú, situada al pie del volcán Misti, cap. de la prov. y el dep. del mismo n., la segunda del país. Centro estratégico, comercial e industrial; lugar de atracción turística. Universidad. Arzobispado. Fundada en 1540 por Pizarro, llamóse ant. **Villa Hermosa.** Es el dep. esencialmente agropecuario y el primer productor de oro del país. (Hab. *arequipeños.*)
AREQUITA, gruta del Uruguay (Lavalleja).
AREQUITO, pobl. de la Argentina (Santa Fe).
ARESTEGUI (Narciso), novelista peruano (1826-1869), autor de *El Padre Horán* y *Escenas de la vida cuzqueña.*
ARETINO (Pedro), escritor italiano (1492-1556) cuya inspiración galante campea en una colección de *Sonetos lujuriosos.*
ARETZ-THIELE (Isabel), compositora argentina, n. en 1909, autora de la suite *Puneñas.*
ARÉVACOS, pueblo de una región de la España Tarraconense que vivía en el territorio en que existen hoy las poblaciones de Arévalo, El Escorial, Medinaceli, Segovia, Sigüenza y Osma.
ARÉVALO, v. de España (Ávila).
ARÉVALO (Juan José), político y profesor guatemalteco, n. en 1904, pres. de la Rep. de 1945 a 1950.
ARÉVALO MARTÍNEZ (Rafael), poeta y novelista guatemalteco, n. en 1884, cuyas novelas cortas revelan el carácter original de sus análisis psicológicos. Autor de *El hombre que parecía un caballo, El señor Monitot, El trovador colombiano, Viaje a Ipanda* y *El mundo de los maharachías.*
AREZZO, c. de Italia (Toscana). [Hab. *aretinos.*] Numerosos monumentos. Patria de Mecenas, Petrarca, Guido de Arezzo, Pedro Aretino y el papa Julio II.

AREQUIPA
vista parcial
con el volcán
Misti

ARFAXAD, rey de los medos, mencionado por la Biblia e identificado con Fraortes.
ARFE, familia de orfebres españoles de los s. XV y XVI. Uno de ellos, ANTONIO, contribuyó a la introducción del estilo plateresco. Otro miembro de la familia, **JUAN de Arfe y Villafañe** (1535-1603), esculpió las custodias de las catedrales de Sevilla, Ávila y Valladolid.
ARGAMASILLA DE ALBA, v. de España (Ciudad Real). En ella estuvo preso por deudas Miguel de Cervantes.
ARGANDA, v. de España (Madrid). Vinos. Estación radiodifusora.
ARGAO, c. de las islas Filipinas (Cebú).
ARGAR (El), estación prehistórica española donde se han encontrado objetos de la Edad del Bronce (Almería).
ARGEL, cap. de Argelia; 900 000 h. (*argelinos*); puerto del Mediterráneo. Universidad.
ARGELIA, república independiente del NO. de África. Está limitada al N. por el Mediterráneo, al E. por Túnez, al S. por el Sáhara y al O. por Marruecos; 2 376 400 km²; 13 000 000 h. (*argelinos*). Cap. *Argel,* 900 000 h.; c. pr. *Orán,* 392 000; *Constantina,* 254 000. Los *antiguos territorios del Sur,* que se extendían en el Sáhara, están divididos en dos departamentos (Oasis y Saura). Clima templado por el N. y muy caluroso al S. Principales producciones: cobre, hierro, plomo, cinc, sal gema, mármoles y fosfatos.

C. ARENAL

— HISTORIA. Ocupada desde la más remota antigüedad por los beréberes, perteneció en el siglo IV a. de J. C. a los cartagineses y, después de las guerras púnicas, a los romanos, quienes desarrollaron en el país una notable prosperidad. Asolada por los vándalos y ocupada sucesivamente por los bizantinos, los árabes y los turcos, se convirtió Argel, desde el siglo XIV, en un verdadero nido de piratas. Los españoles hicieron diversas expediciones para castigar las piraterías de los argelinos. Las principales se verificaron en 1516, 1538 y 1541. En 1830, los franceses, para vengar un insulto hecho a su cónsul por el bey de Argel, emprendieron la conquista del país, que duró hasta 1847. En 1954 estalló una rebelión que exigió el envío de importantes fuerzas militares de Francia, y en 1962 los argelinos consiguieron la independencia del país. El nuevo Estado se constituyó en república presidencialista en 1963 y adoptó un régimen de tipo socialista.
ARGENSOLA (Bartolomé Leonardo) [1562-1631], y su hermano LUPERCIO LEONARDO (1559-1613), poetas españoles, n. en Barbastro, de inspiración estoica y horaciana, autores de

Bartolomé Leonardo
ARGENSOLA
y
R. ARÉVALO
MARTÍNEZ

sonetos admirables. Merecieron en su tiempo los mayores elogios de escritores como Cervantes y Lope de Vega, que afirmaba que habían venido de Aragón a purificar la lengua castellana.

ARGENTÁRTIDA, n. dado al territorio de la **Antártida Argentina.**

ARGENTEUIL, c. de Francia (Val-d'Oise), a orillas del Sena; industrias.

ARGENTINA, Estado de América del Sur, que comparte con Chile el extremo meridional del continente sudamericano y posee un sector de la Antártida. Limita al N. con el Brasil, Paraguay y Bolivia; al E. con Brasil, Uruguay y el océano Atlántico; al O. con Chile, y al S. con el pasaje de Hoces o Drake. La superficie es de 2 791 810 km², a los cuales se pueden añadir 1 268 195 km² de la porción relativa a la Antártida y 4 150 km² correspondientes a las islas intercontinentales: Georgias y Sandwich del Sur; 22 millones de hab. (*argentinos*); cap. *Buenos Aires*, 3 845 000 h.

ARGENTINA. — Estadística (cifras en millares)

PROVINCIAS	Sup. km²	Hab.	CAPITAL	Hab.
Capital Federal.		3 845	**Buenos Aires**	3 845
Buenos Aires	307	5 414	La Plata	225
Catamarca	99	185	Catamarca	50
Córdoba	168	1 941	Córdoba	400
Corrientes	89	666	Corrientes	75
Chaco	99	694	Resistencia	100
Chubut	225	139	Rawson	3
Entre Ríos	76	183	Paraná	106
Formosa	72	208	Formosa	25
Jujuy	53	260	Jujuy	60
Mendoza	150	822	Mendoza	200
Misiones	29	383	Posadas	47
Neuquen	94	124	Neuquen	10
Pampa (La)	143	193	Santa Rosa	20
Rioja (La)	92	130	Rioja (La)	37
Río Negro	203	201	Viedma	8
Salta	154	428	Salta	95
San Juan	86	367	San Juan	145
San Luis	76	190	San Luis	40
Santa Cruz	243	61	Río Gallegos	8
Santa Fe	135	2 091	Santa Fe	200
Santiago del Estero.	135	614	Santiago del Estero	110
Tucumán	22	826	San Miguel de Tucumán	280
Tierra del Fuego	20	11	Ushuaia	3

OTRAS POBLACIONES

Avellaneda (Buenos Aires)	300
Bahía Blanca (Buenos Aires)	125
Comodoro Rivadavia (Chubut)	30
Concordia (Entre Ríos)	65
General San Martín (Buenos Aires)	80
Gualeguaychú (Entre Ríos)	60
Lanús (Buenos Aires)	150
Lomas de Zamora (Buenos Aires)	60
Mar del Plata (Buenos Aires)	180
Morón (Buenos Aires)	55
Pergamino (Buenos Aires)	40
Quilmes (Buenos Aires)	90
Río Cuarto (Córdoba)	80
Rosario (Santa Fe)	600
San Isidro (Buenos Aires)	30
Vicente López (Buenos Aires)	20

escudo de ARGENTINA

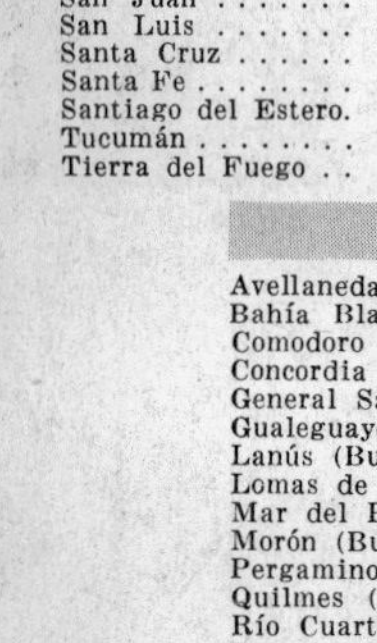

— GEOGRAFÍA. — *Relieve.* En primer lugar se distingue, en el oeste del país, una zona eminentemente montañosa, llamada de los Andes, en cuya parte septentrional se encuentra la *Puna*, árida meseta de 4 000 m, con cumbres elevadas como el Llullaillaco (6 723 m), Socompa (6 031 metros) y Cerro Libertador (6 720 m). Hacia el sur, sobresalen el Tupungato (6 800 m) y el Aconcagua (6 959 m), la mayor altura del continente americano. Más al sur la cordillera toma los nombres de Andes Patagónicos y Fueguinos, de gran riqueza forestal. La región de las llanuras comprende el *Chaco*, al norte, la *Pampa*, más al sur, hasta el río Colorado, que se divide en Pampa oriental o húmeda y Pampa occidental o seca. La llanura mesopotámica es la zona comprendida entre los ríos Paraná y Uruguay, y en su parte septentrional predomina un relieve de meseta —Meseta de Misiones— surcada por varias sierras, una de las cuales, la de la Victoria, corta el río Iguazú y origina sus famosas cataratas. La región de las mesetas se extiende al sur, entre el mar Argentino y los Andes Patagónicos, con algunas depresiones (Península de Valdés) y sierras aisladas (Patagónides). En cuanto a la región antártica, muy montañosa, los Andes Antárticos son una prolongación de los Patagónicos. El resto del territorio es una meseta cubierta por una espesa capa de hielo. Las islas Malvinas tienen también un relieve de meseta, muy recortada en la periferia por la erosión.

— *Clima.* El país se halla casi en su totalidad dentro de la zona templada, salvo el Norte. En la Antártida se han registrado temperaturas inferiores a — 50°. Varios vientos predominan en el territorio argentino: el *pampeano*, frío y seco; el *norte*, cálido y húmedo; el *zonda*, cálido y seco, y el *sudestada*, frío y húmedo, procedente del mar. Las lluvias se distribuyen irregularmente. Abundan en el Sudoeste, Norte, Misiones y sierras subandinas. Las precipitaciones de nieve son importantes en la región andinopatagónica.

— *Hidrografía.* El conjunto hidrográfico más importante es el del Plata, el tercero del mundo. Está formado por el Paraná y el Uruguay, originarios del Brasil, cuya confluencia determina el río de la Plata. Afluentes del Paraná son el *Iguazú*, el *Paraguay* y el *Salado del Norte*. El Paraguay recibe a su vez el *Pilcomayo* y el *Bermejo*. La mayor parte de estos ríos son navegables, lo que influye grandemente en la economía de las regiones que atraviesan. Otros ríos que van al Atlántico son: Colorado, Negro, Chubut, Deseado y Santa Cruz. El sistema del Desaguadero colecta las aguas procedentes del deshielo de los Andes, y sus principales cursos son: San Juan, Mendoza, Tunuyán y Jáchal. En la época de las grandes avenidas, el sistema comunica con el Atlántico mediante el río Colorado, la laguna *Urre Lauquen* y el río Curacó. Al Pacífico van algunos ríos cortos y torrenciales de la región andinopatagónica. Los ríos Primero, Segundo y Sali-Dulce vierten sus aguas en la laguna de Mar Chiquita.

— *Costas.* El litoral atlántico tiene cuatro mil kilómetros, y se divide en *tramo pampeano*, poco accidentado, rocoso en Cabo Corrientes y Mar del Plata, que llega hasta la desembocadura del río Negro; *tramo patagónico*, hasta la encrada del estrecho de Magallanes, de costa alta y acantilada, que forma amplios golfos (San Matías y San Jorge) bahías (Grande) y penínsulas (Valdés); el *tramo fueguino*, cuyo sector atlántico es semejante al patagónico, mientras que el sector sur es recortado por la erosión glaciar. La costa antártica es similar a la fueguina, con enormes masas de hielo.

— *Población.* La densidad media es de 7,5 hab. por kilómetro cuadrado, pero la población está distribuida irregularmente: las zonas más densamente pobladas son la provincia de Tucumán (35 hab. por km²), y los valles fluviales. En algunas regiones montañosas y patagónicas la densidad es ínfima, no llegando a veces a la unidad. La totalidad de la población es de raza blanca, 85 % de la cual está constituida por los nativos, y el resto por extranjeros, principalmente de origen español e italiano. La población urbana es un 65 % del total, concentrada principalmente en la capital, y la rural un 35 %.

— *Economía.* Argentina es una nación eminentemente agropecuaria, cuya zona agrícola está constituida principalmente por la Pampa húmeda y el sur de la llanura mesopotámica. Se cultivan trigo (uno de los primeros productores del mundo), maíz, avena, cebada, lino, maní, girasol, algodón, caña de azúcar, arroz y yerba mate (Misiones). En los valles de Cuyo y Río Negro se produce la vid y los frutales. La explotación forestal es intensa en Misiones, Tucumán, Salta y Jujuy. En el Chaco, Santiago del Estero y norte de Santa Fe abunda el quebracho colorado, de donde se extrae el tanino. Se encuentran también bosques en el delta del Paraná y en los Andes Patagónicos y Fueguinos. La riqueza ganadera argentina es una de las primeras del mundo: 45 millones de bovinos, ocho millones de equinos, cuatro millones de porcinos y 50 millones de ovinos. La pesca es otro rubro importante, con más de 80 mil toneladas anuales. El subsuelo argentino es rico en petróleo (Chubut, Mendoza, Neuquen, Salta,

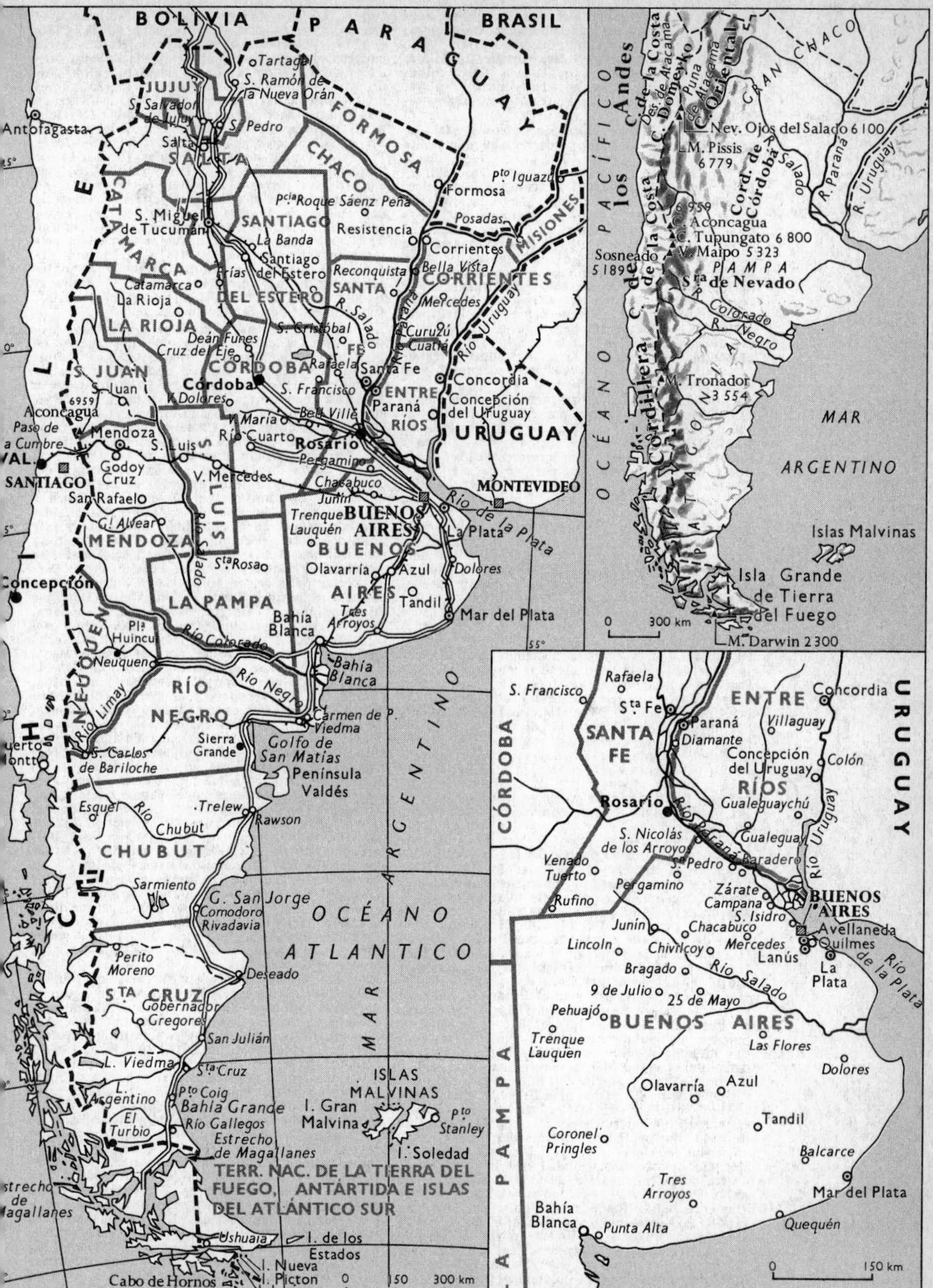

BOLIVIA
PARAGUAY
BRASIL
URUGUAY
JUJUY
SALTA
FORMOSA
CHACO
MISIONES
CATAMARCA
SANTIAGO DEL ESTERO
TUCUMÁN
CORRIENTES
SANTA FE
ENTRE RÍOS
LA RIOJA
SAN JUAN
CÓRDOBA
MENDOZA
SAN LUIS
LA PAMPA
BUENOS AIRES
NEUQUÉN
RÍO NEGRO
CHUBUT
Sta CRUZ
TERR. NAC. DE LA TIERRA DEL FUEGO, ANTÁRTIDA E ISLAS DEL ATLÁNTICO SUR
CHILE
Antofagasta
Tartagal
S. Ramón de la Nueva Orán
S. Salvador de Jujuy
S. Pedro
Salta
Pto Iguazú
Pcia Roque Sáenz Peña
Formosa
S. Miguel de Tucumán
Resistencia
Posadas
La Banda
Santiago del Estero
Corrientes
Frías
Reconquista
Bella Vista
Catamarca
La Rioja
Mercedes
S. Cristóbal
Curuzú Cuatiá
Deán Funes
Cruz del Eje
Rafaela
Santa Fe
Concordia
S. Juan
Córdoba
S. Francisco
Paraná
Concepción del Uruguay
Aconcagua 6959
Paso de la Cumbre
Mendoza
V. Dolores
V. María
Bell Ville
Río Cuarto
Rosario
S. Luis
Pergamino
MONTEVIDEO
SANTIAGO
Godoy Cruz
V. Mercedes
Chacabuco
Junín
San Rafael
Trenque Lauquén
BUENOS AIRES
La Plata
Río de la Plata
G. Alvear
Sta Rosa
Olavarría
Azul
Dolores
Concepción
Tandil
Tres Arroyos
Bahía Blanca
Mar del Plata
Pl. Huincul
Río Colorado
Neuquen
Bahía Blanca
Río Negro
Río Limay
Carmen de P.
Viedma
Sierra Grande
Golfo de San Matías
S. Carlos de Bariloche
Península Valdés
Esquel
Río Chubut
Trelew
Rawson
Sarmiento
G. San Jorge
Comodoro Rivadavia
OCÉANO ATLANTICO
MAR ARGENTINO
Perito Moreno
Deseado
Gobernador Gregores
San Julián
L. Viedma
Sta Cruz
L. Argentino
Pto Coig
Bahía Grande
El Turbio
Río Gallegos
Estrecho de Magallanes
ISLAS MALVINAS
I. Gran Malvina
Pto Stanley
I. Soledad
Ushuaia
I. de los Estados
I. Nueva
I. Picton
I. Lennox
Cabo de Hornos
0 150 300 km
75°
70°
65°
55°
OCÉANO PACÍFICO
los Andes
Cordillera
Puna de Atacama
C. Domeyko
C. Oriental
GRAN CHACO
Nev. Ojos del Salado 6 100
M. Pissis 6 779
Cord. de Córdoba
R. Paraná
R. Uruguay
R. Salado
6 959
C. Aconcagua
C. Tupungato 6 800
V. Maipo 5 323
Sosneado 5 189
PAMPA
Sra de Nevado
R. Colorado
R. Negro
M. Tronador 3 554
PATAGONIA
MAR ARGENTINO
Islas Malvinas
Isla Grande de Tierra del Fuego
M. Darwin 2 300
0 300 km
S. Francisco
Rafaela
Sta Fe
Paraná
Diamante
ENTRE RÍOS
Concordia
Villaguay
Colón
Concepción del Uruguay
Gualeguaychú
Gualeguay
Río Uruguay
Río Paraná
Rosario
S. Nicolás de los Arroyos
S. Pedro
Baradero
Venado Tuerto
Pergamino
Zárate
Campana
BUENOS AIRES
Rufino
S. Isidro
Avellaneda
Quilmes
Lanús
La Plata
Junín
Chacabuco
Lincoln
Chivilcoy
Mercedes
Bragado
Río Salado
9 de Julio
25 de Mayo
Pehuajó
Trenque Lauquen
Las Flores
Dolores
Olavarría
Azul
Tandil
Coronel Pringles
Balcarce
Tres Arroyos
Mar del Plata
Bahía Blanca
Punta Alta
Quequén
LA PAMPA
0 150 km

Santa Cruz y Tierra del Fuego). Una red de oleoductos y gasoductos distribuye esta riqueza. Existen también yacimientos de carbón (Río Turbio), hierro (Jujuy, Sierra Grande, La Rioja, Mendoza, San Luis, Chubut, etc.). Otros minerales que se encuentran en Argentina son: plata, cinc, plomo, oro, estaño, volframio, uranio, antimonio y azufre.

La actividad industrial está en pleno desarrollo, y Buenos Aires monopoliza casi el 50 por ciento de los establecimientos del país, desde donde se ha extendido a otras regiones. Las principales producciones son: artículos alimenticios, químicos, textiles, eléctricos, derivados del petróleo, imprenta, vidrio y cerámica, etc. Las comunicaciones argentinas se basan en una red caminera de unos 60 mil kilómetros y una red ferroviaria de 50 mil. El transporte fluvial y marítimo cuenta con una flota de más de un millón de toneladas. Líneas aéreas enlazan la capital federal con los principales países del mundo. El intercambio comercial tiene como base la exportación de productos agropecuarios (90 % del total de la exportación), a la que hay que añadir el tanino, minerales y algunos productos manufacturados. La moneda argentina es el *peso*, y el *Banco Central* es la entidad oficial.

— Constitución y administración. La República Argentina se rige por la Constitución de 1853, restablecida con ligeras modificaciones en 1957, y su Gobierno tiene forma representativa y federal. El poder ejecutivo lo ejerce el presidente de la Nación, durante un período de seis años, elegido por sufragio indirecto. El poder legislativo radica en la Cámara de Diputados, elegida directamente por el pueblo, y en el Senado. El poder judicial es ejercido por una Corte Suprema de Justicia, y otros tribunales inferiores. La Argentina está integrada por 22 provincias, un territorio nacional y la capital federal, Buenos Aires. Las provincias gozan de completa autonomía y sus habitantes eligen libremente sus gobernadores. Las municipalidades están regidas por un intendente y un Concejo deliberante, nombrados ambos por medio del sufragio popular. El idioma oficial, y prácticamente hablado por la totalidad de la población, es el español.

Para la educación nacional, el país cuenta con nueve Universidades nacionales autónomas, con las Universidades Libres (Católica, del Salvador, del Museo Social Argentino, de Morón, y Bartolomé Mitre de Olivos) y con algunos centros docentes privados.

El 90 por ciento de la población profesa la religión católica, aunque existe libertad de cultos. El país se halla dividido en once arquidiócesis, de las cuales la de Buenos Aires es la primada, y 35 diócesis.

— Historia. Lo que hoy es República Argentina estuvo habitado por varias tribus aborígenes antes de la llegada de los españoles: fueguinos, puelches, tehuelches o patagones, araucanos, diaguitas, chanás, querandíes, huarpes, pampas, guaraníes y lules, entre otras, que se hallaban dispersos por todo el territorio. El español Juan Díaz de Solís fue el primero que llegó al Río de la Plata (1516) y pereció a manos de los indios. En 1520, Magallanes exploró las costas y descubrió el estrecho que lleva su nombre. Sebastián Caboto se internó por el Paraná y fundó el fuerte de Sancti Spiritus. En 1536, el adelantado Pedro de Mendoza llegó al Río de la Plata y dispuso que en un lugar de la costa occidental, que él mismo señaló, se levantara un fuerte que denominó Ciudad de la Santísima Trinidad y Puerto de Santa María del Buen Aire. El aprovisionamiento de dicha plaza resultó difícil por la hostilidad de las tribus indígenas vecinas. La ciudad fue destruida por los ocupantes en junio de 1541. Sus pobladores se trasladaron a La Asunción, fundada en 1537 por Juan de Salazar y Gonzalo de Mendoza, ciudad que llegó a ser el centro de la colonización de toda la zona del Río de la Plata. En 1580, Juan de Garay, que previamente había fundado la ciudad de Santa Fe (1573), se propuso y logró poblar de nuevo la abandonada ciudad de Buenos Aires. El criollo Hernando Arias de Saavedra, más conocido por Hernandarias, nombrado gobernador de La Asunción, descubrió los ríos Colorado y Negro y guerreó contra los indios de las pampas bonaerenses. Creyó conveniente dividir aquellos extensos territorios en dos gobernaciones: La Asunción o Paraguay y Buenos Aires o Río de la Plata (1617). Entre los gobernadores de Buenos Aires merecen citarse: Bruno Mauricio de Zabala, fundador en 1726 de la ciudad de Montevideo; Pedro de Cevallos, que expulsó a los portugueses de la Colonia del Sacramento (1762); Francisco de Paula Bucareli, que arrebató las islas Malvinas a los ingleses que se habían adueñado de ellas. En 1776 se creó el Virreinato del Río de la Plata, que abarcaba los actuales territorios de Argentina, Uruguay, Paraguay y Bolivia. El primero de los virreyes fue Pedro de Cevallos, en cuyo mandato se decretó la libertad de comercio del puerto de Buenos Aires. Otros virreyes se sucedieron: Rafael de Sobremonte, destituido en 1806, por su cobarde actuación a raíz de la primera invasión inglesa; Santiago de Liniers, defensor de Buenos Aires contra los invasores ingleses, elegido por decisión popular, y Baltasar Hidalgo de Cisneros, último virrey español, que fue depuesto por la Revolución de 1810.

Los antecedentes de la Revolución de Mayo hay que buscarlos en la sublevación del pueblo de Madrid contra Napoleón, en 1808. Las Juntas que se crearon en España tuvieron su réplica en los territorios ultramarinos. La *Junta Central* española, que ejercía el poder en nombre de Fernando VII, había nombrado virrey del Río de la Plata a Hidalgo de Cisneros. Pero la citada Junta Central española fue disuelta por el invasor francés, noticia que llegó a Montevideo el 13 de mayo de 1810. Cisneros dio cuenta del hecho en un manifiesto e invitó al pueblo a un Congreso. Los juntistas rioplatenses acudieron a la convocatoria del Cabildo Abierto para considerar la vigencia de la autoridad del virrey, y este Cabildo acordó declarar vacante el virreinato y nombró una Junta que habría de gobernar en nombre del monarca español. Presidida por Cornelio Saavedra, dicha Junta estaba integrada por Manuel Belgrano, Juan José Castelli, Domingo Matheu, Manuel Alberti, Miguel de Azcuénaga, Juan Larrea, Mariano Moreno y Juan José Paso. Esto ocurrió el día 25 de mayo de 1810, fecha que señala el comienzo del período independiente de Argentina. Los elementos adictos al Consejo de Regencia ofrecieron resistencia en Córdoba, Montevideo y Paraguay, y el ejército libertador, al mando de Balcarce, fue enviado hacia el Norte. La fortuna le fue adversa en el primer choque contra las fuerzas limeñas en Cotagaita, pero más tarde, gracias a los refuerzos recibidos, derrotaron a los españoles en *Suipacha*. El criollo Goyeneche dispersó a los juntistas en Huaqui, lo que originó disensiones en el campo porteño. La Junta cesó en su mando y se formó un *Primer Triunvirato*. De acuerdo con los planes de expansión de la Revolución de Mayo, el general Belgrano fue enviado al Paraguay, aún en poder de los partidarios del Consejo de Regencia de Cádiz. Derrotado en Tacuarí, Belgrano tuvo que evacuar el país. También en la Banda Oriental había estallado una rebelión libertadora, acaudillada por José Artigas, y los restos de la expedición argentina que había ido al Paraguay se le unieron. Artigas venció en *Las Piedras* y puso sitio a Montevideo.

En 1812 desembarcaron en Buenos Aires, procedentes de Londres, José de San Martín y Carlos de Alvear, quienes fundaron la logia Lautaro y conspiraron para derribar el Triunvirato. Los triunviros, sospechando que el jefe de la rebelión que se fraguaba era Martín de Alzaga, héroe popular, defensor de Buenos Aires contra las invasiones inglesas, le condenaron a muerte junto con otros cuarenta inocentes. No obstante, la revolución preparada en la logia estalló el 8 de octubre de 1812, cayó el Gobierno y fue substituido por un *Segundo Triunvirato*. La Asamblea se reunió en 1813, y entre otras decisiones importantes adoptó la nueva bandera nacional, suprimió la Inquisición, declaró libres a los hijos de los esclavos, aprobó la Marcha Patriótica o Himno Nacional y decretó la libertad de prensa, junto con otras medidas liberales. Error de la Asamblea fue el de no aceptar la presencia de delegados de Artigas, lo que originó una serie de choques con la Banda Oriental y la división de las provincias del Plata en Estados rivales. El 9 de julio de 1816, el Congreso de Tucumán declaró la independencia definitiva de América del Sur, aunque de hecho esta independencia solamente abarcaba, por el momento, la parte meridional del continente sudamericano. El desorden reinaba en las provincias de la actual Argentina, hasta tal punto, que el día de la muerte de Belgrano (20 junio 1820) Buenos Aires tuvo tres gobernadores. Por esos días José de San Martín preparaba un ejército destinado a liberar Chile y Perú. Atravesó los Andes, derrotó a los españoles en *Chacabuco* (1817) y entró victorioso en Santiago de Chile. El pueblo chileno le ofreció el Gobierno del país, pero él declinó el ofrecimiento en la persona de Bernardo O'Higgins. Los realistas continuaban, no obstante, ofreciendo dura resistencia, y en Cancha Rayada infligieron una severa derrota a las huestes argentinochilenas. Pero San Martín supo reorganizar su ejército, y el 5 de abril de 1818 cayó sobre los españoles en *Maipú* y obtuvo una memorable victoria que selló la independencia definitiva de Chile. Los realistas se retiraron al Perú, último bastión español en el continente. Prosiguió San Martín su campaña libertadora, para lo cual desembarcó en Pisco (Perú) en 1820. Tras sus victorias en Nazca y Pasco, entró en Lima el 9 de julio de 1821 y proclamó la independencia de este país, del cual fue nombrado Protector. El 26 de junio del año siguiente celebró la histórica entrevista de Guayaquil con Simón Bolívar, el Libertador epónimo. Por diversas razones políticas no pudo San Martín residir en Chile ni en Argentina. Se embarcó para Europa, donde permaneció hasta su muerte, ocurrida el 17 de agosto de 1850 en Boulogne-sur-Mer (Francia). El siguiente período de la historia argentina está ocupado por las luchas entre federalistas y centralistas. La Provincia Oriental, fue invadida por los portugueses. Santa Fe, a instigación de Artigas, se declaró también autónoma, y se alzó contra la autoridad de Buenos Aires por considerar la Constitución demasiado centralista. Igual ocurrió con Córdoba y San Juan, y al fin, una *Junta de Representantes*, nombrada por las provincias triunfantes, designó gobernador de la Provincia de Buenos Aires a Manuel Sarratea, quien pactó el Tratado de Pilar, que reconocía el régimen federal. Ejercieron luego el Gobierno Manuel Dorrego y Martín Rodríguez, éste con la colaboración de Juan Manuel de Rosas. A pesar de las luchas que asolaban el país, el año 1820 fue pródigo en reformas de todas clases, gracias a la competencia de ministros como Bernardino Rivadavia y Manuel J. García. El Gobierno central celebró el *Tratado del Cuadrilátero* (1822), que estrechaba los lazos entre Buenos Aires, Entre Ríos, Santa Fe y Corrientes. En 1826, el Congreso nombraba primer presidente constitucional a Bernardino Rivadavia, quien encontró serias resistencias en varias provincias que querían defender su autonomía, al mismo tiempo que tuvo que emprender la guerra contra el Brasil, pues este país no aceptaba la integración voluntaria de la Banda Oriental a las Provincias Unidas del Río de la Plata. La victoria de Ituzaingó (1827) puso fin a esta guerra, y se negoció la paz en Rio de Janeiro. Inexplicablemente, el delegado argentino Manuel J. García cedió el Uruguay al Brasil, lo cual provocó el enojo del pueblo de Buenos Aires y fue la causa de la caída de Rivadavia. Subió a la presidencia Manuel Dorrego, partidario de las autonomías provinciales, quien zanjó el conflicto con el Brasil reconociendo la independencia de la Banda Oriental. Los unitarios, agrupados en torno a Juan Lavalle, se sublevaron y derrotaron en Navarro a Dorrego, que fue inmediatamente fusilado.

El fusilamiento de Dorrego encendió de nuevo la guerra civil, y fue Rosas quien tomó a su cargo vengar la muerte del caudillo federal. El país quedó sumido en la anarquía, con brotes centralistas en numerosas ciudades, el más importante de ellos el del general Paz. Tras un breve interinato de Viamonte, Rosas ocupó el Gobierno de Buenos Aires (1829) con plenos poderes, y logró reducir a Paz. La mayoría de la nación aprobó este primer Gobierno de Rosas. Por aquel entonces tuvo lugar la ocupación de las Malvinas por los ingleses (1833), que aún conservan en su poder. Rosas rehusó el Gobierno que se le ofrecía, y éste recayó en el general Balcarce (1832). Después de varias vicisitudes, que culminaron con la ejecución de Santos Pérez, asesino del general Juan Facundo Quiroga, la Legislatura ofreció de nuevo el Gobierno a Rosas, quien esta vez lo aceptó, impuso un plebiscito que le fue netamente favorable, y el 13 de abril de 1835 asumió el mando y se proclamó "Gobernante ungido por Dios". Este negro período duró diecisiete años, hasta que gracias al pronunciamiento de Justo José de Urquiza, un ejército rebelde llamado el *Ejército Grande* derrotó al tirano en la batalla de *Caseros* (3 febrero 1852).

Con la oposición de Buenos Aires, que se regía como un Estado independiente, Urquiza organizó el Congreso Constituyente de Santa Fe (1852), que al año siguiente aprobó una Constitución de carácter republicano, representativo y federal, elaborada según un modelo de Juan Bautista Alberdi. El propio Urquiza fue proclamado presidente de la Confederación, mas pronto surgieron dificultades entre las provincias y Buenos Aires. Ambas partes llegaron a un acuerdo gracias al arbitraje del paraguayo Francisco Solano López. Enmendada la Constitución, Santiago Derqui fue elegido presidente, y Urquiza y Bartolomé Mitre fueron nombrados gobernadores de Entre Ríos y Buenos Aires. Nuevas disensiones interiores abrieron las hostilidades, y en la batalla de *Pavón* (1861), Mitre derrotó a Urquiza, a raíz de lo cual fue elegido presidente constitucional por seis años. En 1865, Argentina se vio envuelta en el conflicto que enfrentaba al Paraguay contra el Brasil. A pesar de la decisión del presidente Mitre de mantenerse neutral, tropas paraguayas violaron el territorio argentino en las provincias de Misiones y Corrientes. El Gobierno argentino se unió a los de Brasil y Uruguay, y tropas de los tres países (Triple Alianza) derrotaron al mariscal paraguayo López a pesar de su resistencia, de modo que el pueblo paraguayo quedó virtualmente aniquilado (1870).

Vencido el mandato de Mitre, antes del fin de la guerra, subió a la presidencia Domingo F. Sarmiento (1868), quien impulsó la instrucción pública, organizó el primer censo de población y favoreció la inmigración. Le sucedió Nicolás Avellaneda (1874), pacificador del país, que se empeñó en llevar la civilización a los territorios aún ocupados por los indios. Después de algunos disturbios interiores, que motivaron el traslado del Gobierno al pueblo de Belgrano, el Congreso Nacional declaró a Buenos Aires capital de la República (20 septiembre 1880). Se sucedieron en la presidencia Julio A. Roca (1880), Miguel Juárez Celman (1886), que dimitió en 1890 como consecuencia de la revolución encabezada por Leandro Alem, que fue sofocada, y le substituyó el vicepresidente Carlos Pellegrini. Le siguieron en el Poder Luis Sáenz Peña (1892), José E. Uriburu (1895), Julio A. Roca (1898), Manuel Quintana (1904), José Figueroa Alcorta (1906), Roque Sáenz Peña (1910), Victorino de la Plaza (1914) e Hipólito Yrigoyen (1916), que mantuvo la neutralidad durante la Primera Guerra mundial y llevó al país por las vías del progreso. Tras un fructífero período de Marcelo T. de Alvear (1922), Yrigoyen fue reelegido en 1928 y derribado en 1930 por un movimiento militár acaudillado por José F. Uriburu. Una serie de gobiernos conservadores se sucedieron hasta el advenimiento al Poder del coronel Juan Domingo Perón, en las elecciones de 1946. Su Gobierno acentuó la persecución a la oposición, restringió las garantías individuales, nacionalizó los medios de producción y su política exterior fue antagónica con la de los Estados Unidos. En 1949 reformó la Constitución de 1853, de manera que pudo ser reelegido en 1951. Una sublevación del ejército le expulsó de la presidencia en 1955, y el mando fue asumido provisionalmente por el general Eduardo A. Lonardi, sustituido en seguida por Pedro E. Aramburu, que derogó la Constitución de 1949 y celebró elecciones libres en 1958, en las que salió triunfante el Dr. Arturo Frondizi. A pesar de los esfuerzos realizados por el nuevo Gobierno para sanear la economía nacional, tropezó con serias dificultades internas que provocaron la caída del Dr. Frondizi en abril de 1962. Le substituyó provisionalmente el presidente del Senado José María Guido hasta las elecciones de 1963, que dieron la presidencia a A. Illía, derrocado en 1966 y substituido por J. C. Onganía, depuesto en 1970. El nuevo pres., R. M. Levingston, tuvo que abandonar el poder en 1971 y se nombró al general A. A. Lanusse.

GOBERNANTES DE LA ARGENTINA

Primera Junta (25 mayo)	1810
Segunta Junta (18 dic.)	1810
Primer Triunvirato (23 sept.)	1811
Segundo Triunvirato (8 oct.)	1812

Directores de las Prov. Unidas

Gervasio A. de Posadas	1814
Carlos de Alvear	1815
José Rondeau	1815
Ignacio Álvarez Thomas	1815
Antonio González Balcarce	1816
Juan Martín de Pueyrredón	1816
José Rondeau	1819

Gobernadores de la Prov. de Buenos Aires

Manuel Sarratea, Ildefonso Ramos Mejía, Miguel Estanislao Soler, Manuel Dorrego	1820
Manuel Dorrego	1820
Martín Rodríguez	1820
Juan Gregorio Las Heras	1824

Presidentes unitarios

Bernardino Rivadavia	1826
Vicente López Planes	1827

Gobernadores de la Prov. de Buenos Aires

Manuel Dorrego	1827
Juan Lavalle	1828
Juan José Viamonte	1829
Juan Manuel Ortiz de Rosas	1829
Juan Ramón González Balcarce.	1832
Juan José Viamonte	1833
Manuel Vicente Maza	1834

Dictadura

Juan Manuel Ortiz de Rosas	1835

Director provisional de la Confederación

Justo José de Urquiza	1853

Presidentes de la Confederación

Justo José de Urquiza	1854
Santiago Derqui	1860

Presidentes de la Nación

Bartolomé Mitre	1862
Domingo F. Sarmiento	1868
Nicolás Avellaneda	1874
Julio Argentino Roca	1880
Miguel Juárez Celman	1886
Carlos Pellegrini	1890
Luis Sáenz Peña	1892
José Evaristo Uriburu	1895
Julio Argentino Roca	1898
Manuel Quintana	1904
José Figueroa Alcorta	1906
Roque Sáenz Peña	1910
Victorino de la Plaza	1914
Hipólito Yrigoyen	1916
Marcelo T. de Alvear	1922
Hipólito Yrigoyen	1928
José Félix Uriburu	1930
Agustín Pedro Justo	1932
Roberto Mario Ortiz	1938
Ramón S. Castillo	1942
Arturo Rawson; P. P. Ramírez	1943
Edelmiro J. Farrell	1944
Juan Domingo Perón	1946
E. A. Lonardi; P. E. Aramburu	1955
Arturo Frondizi	1958
José María Guido	1962
Arturo Illia	1963
Juan Carlos Onganía	1966
Roberto Marcelo Levingston	1970
Alejandro Agustín Lanusse	1971

ARIADNA dormida
escultura griega
museo del Vaticano

ARGENTINA (La). V. MERCÉ (Antonia).

Argentina *(La)*, crónica de Ruy Díaz de Guzmán, relato de la colonización del Plata por Mendoza. — Poema histórico de Barco Centenera (1602), que dio origen al nombre de la actual República Argentina.

ARGENTINO, lago de la Argentina (Santa Cruz). Lugar de atracción turística.

ARGENTINO (MAR), sector del océano Atlántico contiguo al litoral de la República Argentina, que reposa sobre la plataforma continental y se extiende hasta la isobata de los 200 metros.

ARGINUSAS, islas del mar Egeo. Victoria naval de los atenienses sobre los lacedemonios (406 a. de J. C.).

ARGÓLIDA, región de la ant. Grecia, al NE. del Peloponeso; cap. *Argos*. C. pr., *Micenas*, *Epidauro*.

ARGONAUTAS, héroes griegos que, montados en el navío Argos, fueron a conquistar el vellocino de oro en Cólquida. Eran unos cincuenta: Jasón, Hércules, Cástor y Pólux, Orfeo, Telamón, Peleo, etc. *(Mit.)*

ARGOS, c. del Peloponeso, cerca del golfo de Nauplia, ant. cap. de Argólida.

ARGOS, príncipe argivo que, según la Fábula, tenía cien ojos de los que no cerraba jamás sino cincuenta. Ha pasado a la lengua su nombre como símbolo de la vigilancia.

Argos, perro de Ulises, inmortalizado por Homero (*Odisea,* cap. XVIII).

ARGOSTOLI, c. de Grecia, cap. de Cefalonia.

ARGOTE DE MOLINA (Gonzalo), humanista sevillano (1548-1598), autor de un notable *Discurso sobre la poesía castellana.*

ARGOVIA, en alem. **Aargau**, cantón de Suiza; cap. *Aarau.*

ARGUEDAS (Alcides), escritor boliviano, n. en La Paz (1879-1946), autor de una de las mejores novelas indianistas: *Raza de bronce,* reflejo de la lucha del indio contra el blanco. La raza indígena, protagonista de su relato, y las descripciones tienen gran valor literario e histórico.

ARGUEDAS (José María), novelista peruano (1911-1969), autor de *Yawar Fiesta.*

ARGÜELLES (Agustín), político y orador español (1776-1844), que se distinguió durante las Cortes de Cádiz de 1812.

ARGÜELLO (Leonardo), político y médico nicaragüense (1875-1947), pres. de la Rep. en 1947, derribado el mismo año por Somoza.

ARGÜELLO (Lino), poeta nicaragüense (1886-1937), autor de melancólicos *Versos.*

ARGÜELLO (Santiago), poeta nicaragüense (1872-1940), autor de *Ojo y alma, Ocaso* y *El alma dolorosa de la patria.*

ARGUIJO (Juan de), poeta español (1560-1623), perteneciente a la Escuela Sevillana.

ARGYLL o **ARGYLE** [*-yil*], condado del O. de Escocia; cap. *Inverary.*

ARGYLL (Archibaldo, *conde de*), señor escocés (1607-1661), que provocó la sublevación de Escocia contra Cromwell en 1650.

ARIADNA o **ARIANA,** hija de Minos, que dio a Teseo el hilo con cuya ayuda consiguió salir del Laberinto, después de matar al Minotauro; fue abandonada luego por él en la isla de Naxos y se arrojó al mar desde lo alto de una roca. (*Mit.*)

ARIARI, río de Colombia (Meta), afl. del Guaviare; 250 km.

ARIAS (Arnulfo), político y médico panameño, n. en 1901, pres. de la Rep. de 1940 a 1941 y de 1949 a 1951. Reelegido en 1968, fue derrocado a los pocos días de su subida al poder por una Junta Militar.

ARIAS (Céleo), político hondureño (1835-1890), pres. de la Rep. de 1872 a 1874.

ARIAS (Harmodio), político panameño (1886-1962), pres. de la Rep. en 1931 y de 1932 a 1936.

ARIAS (Luis Felipe), compositor guatemalteco (1870-1908).

ARIAS DÁVILA o **DE ÁVILA** (Pedro). V. PEDRARIAS DÁVILA.

ARIAS DE SAAVEDRA (Hernando), llamado **Hernandarias,** militar y político paraguayo (1561-1634), gobernador del Plata de 1592 a 1599, de 1602 a 1609 y de 1615 a 1621. Primer criollo elevado a ese cargo, realizó una excelente labor administrativa y cultural y llevó a cabo varias expediciones en el interior del territorio.

ARIAS ESPINOSA (Ricardo Manuel), político panameño, pres. de la Rep. de 1955 a 1956.

ARIAS MONTANO (Benito), humanista español (1527-1598), a quien se debe sobre todo la

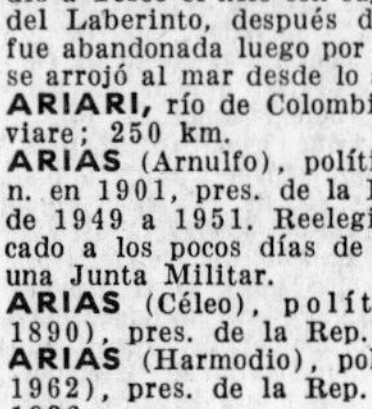

A. ARGUEDAS

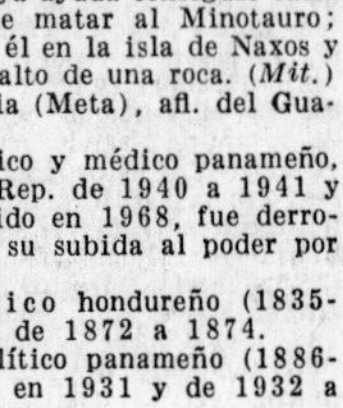

Lino ARGÜELLO

Fot. Alinari, Larousse

preparación de la segunda *Biblia Políglota*, llamada *Antuerpiense* o *Regia*, por haberse impreso en Amberes por Plantino (1569 a 1573) y a expensas de Felipe II.

ARIAS SUÁREZ (Eduardo), novelista colombiano, n. en 1897, observador delicado y humorista *(Envejecer y cuentos de selección)*.

ARIAS TRUJILLO (Bernardo), novelista colombiano (1905-1939), autor de *Risaralda*, obra en que se describe la vida de negros y mulatos en la selva.

ARIBAU (Buenaventura Carlos), poeta español (1798-1862), cuya *Oda a la patria* señala la *Renaixença* o renacimiento literario y político catalán.

ARICA, c. y dep. de Chile (Tarapacá); puerto libre; balneario. Prelatura nullius. Perteneció al Perú hasta 1883, en que después de la guerra entre ambos países, pasó a poder de Chile.

ARICHUNA, río de Venezuela (Apure), afl. del Orinoco.

ARIÈGE, dep. de Francia, al pie de los Pirineos; cap. *Foix*.

ARIEL, ídolo de los moabitas, más tarde n. de un ángel malo. — Personaje de *La tempestad*, de Shakespeare. — Ángel rebelde en el *Paraíso perdido*, de Milton, y en *Fausto*, de Goethe. — Título de una obra de Rodó (1900).

ARIES, constelación del hemisferio boreal y uno de los signos del Zodiaco, correspondiente al período que va del 21 de marzo al 20 de abril.

ARIGUANABO, laguna de Cuba (Habana).

ARIMAO, río de Cuba (Las Villas), que des. en la bahía de Cienfuegos; 78 km.

ARIMATEA o **RAMA,** pueblo de Judea, patria de José de Arimatea, que enterró a Jesucristo.

ARISTÓFANES

ARISTÓTELES

ARIOBARZANES, nombre de tres sátrapas del Ponto, uno de Persia y tres de Capadocia.

ARIÓN, célebre músico y poeta griego (s. VII a. de J. C.), que, según la leyenda, fue salvado de la muerte por unos delfines encantados por su lira.

ARIOS, nombre que solía darse en la Antigüedad a los pueblos que invadieron el norte de la India, de raza mediterránea oriental, semejante a los antiguos tipos alpinos. La lengua que hablaban era de la familia indoeuropea (grupo indoiranio). Se ha utilizado este término, sin ningún fundamento, para designar a los pueblos de raza blanca en general, especialmente a los nórdicos.

ARIOSTO (Ludovico), poeta italiano, n. en Reggio (1474-1533), uno de los más destacados representantes del Renacimiento, autor del poema épico *Orlando furioso*.

ARISMENDI (Juan Bautista), caudillo venezolano del siglo XIX, que se distinguió en las luchas por la independencia de su país.

ARISTA (Mariano), general y político mexicano (1802-1855), pres. de la Rep. de 1851 a 1853. Fue depuesto.

ARISTARCO, astrónomo griego, n. en Samos (310-230 a. de J. C.), el primero que afirmó que la Tierra giraba alrededor del Sol. Por tal afirmación le acusaron de turbar el descanso de los dioses.

ARISTARCO de Samotracia, crítico griego del siglo II a. de J. C., famoso por la severidad y equidad de sus juicios.

ARISTEO, hijo de Apolo. Enseñó a los hombres a criar abejas. Su leyenda inspiró a Virgilio uno de los episodios de *Las Geórgicas* (canto IV).

ARISTIDES, general y político ateniense, a quien su gran integridad hizo apellidar **el Justo** (¿540-468? a. de J. C.). Cubrióse de gloria en Maratón, pero a instigación de Temístocles, rival suyo, fue desterrado de Atenas. Volvióle a llamar más tarde su patria, invadida por Jerjes; reconciliándose con Temístocles, combatió valientemente en Salamina y en Platea y tomó parte en la formación del imperio colonial de Atenas, gracias a la confederación de Delos. Dirigió la hacienda griega con escrupulosa probidad.

ARIAS MONTANO

ARISTILO, astrónomo griego de Alejandría del siglo III a. de J. C.

ARISTIPO, filósofo griego, n. en Cirene (s. IV a. de J. C.), discípulo de Sócrates. Fue jefe de la escuela cirenaica, que fundaba la felicidad en el placer.

ARISTÓBULO I, rey de Judea. Reinó de 105 a 104 a. de J. C. — ARISTÓBULO II, rey de Judea de 67 a 63; asesinado en 49 a. de J. C.

ARISTÓFANES, comediógrafo griego, n. en Atenas (¿445-386? a. de J. C.), cuyas obras, tipo de la *comedia antigua* y de tendencias aristocráticas, son a menudo sátiras políticas o literarias. En *Las nubes* ataca a Sócrates con tanta dureza como mala fe. Debemos señalar, entre sus demás obras: *Las avispas, Lisístrata, Los caballeros, Las aves, Las ranas*, etc.

ARISTÓMENES, jefe de los mesenios (s. VII a. de J. C.), célebre por su lucha contra los espartanos durante la segunda guerra de Mesenia, y por su resistencia durante once años en el monte Ira.

ARISTÓTELES, célebre filósofo griego, n. en Estagira (Macedonia) [384-322 a. de J. C.], preceptor y amigo de Alejandro Magno y fundador de la escuela peripatética. Fue una de las inteligencias más vastas que ha producido la humanidad. Escribió *Órganon, Física, Poética, Política, Metafísica, Ética a Nicómaco, Moral a Eudemo*, etc., obras en las que expone sus puntos de vista originales y profundos. Durante toda la Edad Media fue el oráculo de los filósofos y de los teólogos escolásticos, que no siempre interpretaban bien sus doctrinas. Murió en Calcis (Eubea). Se le cita con frecuencia como la personificación del espíritu filosófico y científico.

Aristóteles *(Comentarios de)*, obra célebre del filósofo árabe Averroes (s. XII).

ARIOSTO

ARIZA (Juan de), poeta español (1816-1876), autor de varios dramas de factura romántica: *El primer Girón* y *Hernando del Pulgar*.

ARIZARO, salar de la Argentina, en la provincia de Salta; 4 500 km².

ARIZONA, uno de los Estados Unidos de Norteamérica, conquistado a México en 1848. Forma desde 1912 un Estado; cap. *Phoenix*. Produce cobre y otros minerales; cultivo de regadío.

ARJONA, v. de España (Jaén).

ARJONA, mun. de Colombia (Bolívar).

ARJONA (Juan de), presbítero y poeta español, n. en Granada, m. en 1603, autor de una admirable versión de *La Tebaida*, de Estacio.

ARJONA DE CUBAS (Manuel María de), poeta español (1771-1820), perteneciente a la segunda Escuela Sevillana.

ARJONA HERRERA (Francisco), llamado **Curro Cúchares**, torero español (1812-1868), uno de los seguidores de "Paquiro".

ARKÁNGELSK o **ARJÁNGELSK.** V. ARCÁNGEL.

ARKANSAS, río de los Estados Unidos, que nace en las Montañas Rocosas y des. en el Misisipí; 2 333 km.

ARKANSAS, uno de los Estados Unidos de Norteamérica; cap. *Little Rock*.

ARKWRIGHT (Richard), mecánico inglés (1732-1792), inventor de una máquina para hilar el algodón.

ARLEQUÍN
por PICASSO

ARLANZA, río de España, en las prov. de Burgos y Palencia, afl. del Pisuerga; 100 km.

ARLANZÓN, afl. del Arlanza que pasa por Burgos; 130 km.

ARLBERG, puerto de los Alpes, en el Tirol; atravesado por un túnel de 10 239 m.

Arlequín, personaje cómico de la escena italiana, que ha pasado, desde el siglo XVII, a casi todos los teatros de Europa. Lleva traje compuesto de pedacitos de paño en forma de rombos de diversos colores, careta negra, y una especie de sable de madera.

Fot. Brogi. Anderson-Giraudon, doc. A. G. P., X

ARLT

J. AROSEMENA

ARNICHES

ARLES, c. de la Francia, a orillas del Ródano (Bocas del Ródano); importantes ruinas romanas; ant. catedral (s. XI-XV).

ARLT (Roberto), escritor argentino (1900-1942), autor de novelas vigorosas y realistas (*Los siete locos, Los lanzallamas*), cuentos y dramas (*300 millones, La isla desierta*).

Armada Invencible (*La*), flota de 127 navíos enviada por Felipe II contra Inglaterra en 1588 para vengar la muerte de María Estuardo y destronar a Isabel I. Dirigida por el duque de Medina Sidonia, fue destruida por la tempestad.

ARMAGH, c. de Irlanda del Norte (Ulster), ant. cap. del reino de Irlanda.

ARMAÑAC, ant. condado de Francia, en Gascuña.

ARMAS (José de), escritor cubano (1866-1919), que abogó por la Independencia.

Armatolos, militares griegos que, en unión de los *kleftos,* bandoleros montañeses, lucharon por la independencia de su país (s. XIX).

ARMAVIR, c. de la U. R. S. S. (Cáucaso); petróleo; industrias textil y alimenticia.

ARMENDÁRIZ (José de). V. CASTELFUERTE.

ARMENDÁRIZ (Pedro), actor de cine mexicano (1912-1967).

ARMENIA, región montañosa de Asia occidental, independiente de 1918 a 1921; dividida luego entre Irán, la U. R. S. S. y Turquía. La *Armenia rusa,* cap. *Eriván,* formó parte de Transcaucasia hasta 1936, y es hoy Estado miembro de la U. R. S. S.

ARMENIA, c. de Colombia, cap. del dep. del Quindío; importante centro cafetalero y comercial. — C. de El Salvador (Sonsonate).

ARMERÍA, río de México, que nace en el Estado de Jalisco y des. en el Pacífico; 105 km.

Armería de Madrid, colección de armas antiguas en el Palacio Real de Madrid, creada por Felipe II. Incendiada en 1844, ha sido reconstruida en gran parte.

ARMERO, c. de Colombia (Tolima).

ARMINIO, jefe de los germanos, que destruyó las legiones de Varo hacia el año 9 d. de J. C.

ARMINIO (Jacobo), teólogo protestante holandés (1560-1609), fundador de la secta de los *arminianos,* que mitigaba la doctrina de Calvino sobre la predestinación.

ARMÓRICA, parte de la Galia que correspondía a la actual Bretaña francesa.

ARMSTRONG (Luis), trompetista, cantor y director de orquesta negro norteamericano, n. en 1900, verdadero iniciador del jazz clásico.

ARMSTRONG (Neil), cosmonauta norteamericano, n. en 1930. Comandante a bordo del módulo separado de la nave *Apolo XI,* es el primer hombre que pisó la Luna el 21 de julio de 1969.

ARNALDO DE BRESCIA, reformador político y religioso italiano (¿1100-1155?), educado por Abelardo. Sublevó Roma contra los papas, pero fue entregado por el emperador Federico Barbarroja a sus enemigos, quienes le estrangularon, quemaron y arrojaron sus cenizas al Tíber.

ARNAO (Antonio de), poeta español (1828-1889), escritor fecundo (libretos de zarzuela).

ARNAU DE VILANOVA, médico y teólogo catalán (¿1235?-1313), célebre como alquimista. Propuso una reforma religiosa.

ARNDT (Ernesto Mauricio), poeta alemán (1769-1860), autor de cantos de guerra que contribuyeron en 1812 a sublevar a Alemania contra Napoleón.

ARNHEM, c. de Holanda, cap. de la prov. de Güeldres, a orillas del Rin; centro industrial.

ARNICHES (Carlos), costumbrista teatral español, n. en Alicante (1866-1943), autor de sainetes (*El santo de la Isidra, Serafín el Pinturero, El amigo Melquíades, Alma de Dios*), comedias grotescas (*La señorita de Trévelez, Don Quintín el Amargao*) y libretos del género chico (*El puñao de rosas, La fiesta de San Antón*) que constituyen una ingeniosa pintura de las costumbres del pueblo de Madrid.

ARNIM (Archim de), escritor romántico alemán (1781-1831), autor de cuentos, novelas, poesías y dramas. Publicó con Brentano una colección de cantos populares alemanes.

ARNO, río de Italia, que pasa por Florencia, Pisa y des. en el Mediterráneo; 250 km.

ARNOLD (Benedicto), general norteamericano (1741-1801), que traicionó a su patria durante la guerra de Independencia.

ARNOLD (Mateo), poeta y crítico inglés (1822-1888), de estilo melancólico y espíritu refinado.

ARNULFO, rey de Germania (887-899), emperador de Occidente de 896 a 899.

ARO, río de Venezuela (Bolívar), afl. derecha del Orinoco; 315 km.

AROA, río de Venezuela, que des. en el mar Caribe; 97 km. — Sierra de Venezuela (Falcón y Yaracuy); alt. máx. 1 780 m.; yac. de cobre.

AROLAS (Juan), poeta religioso español (1805-1849), que se destacó por sus composiciones líricas de inspiración oriental.

AROMA, prov. de Bolivia (La Paz); cap. *Sica-sica.*

ARONA (Juan de), seudónimo de **Paz Soldán.**

AROS, n. dado al río **Yaqui** en Sonora (México).

AROSEMENA (Alcibíades), político panameño (1883-1958), pres. de la Rep. de 1951 a 1952.

AROSEMENA (Carlos Julio), político ecuatoriano, n. en 1894, pres. de la Rep. de 1947 a 1948. — Su hijo CARLOS JULIO, n. en 1916, se hizo cargo del Gobierno en 1961 y fue derrocado por una Junta militar en 1963.

AROSEMENA (Florencio Harmodio), político panameño (1872-1945), pres. de la Rep. en 1928, depuesto por una sublevación en 1931.

AROSEMENA (Juan Demóstenes), político panameño (1879-1939), pres. de la Rep. de 1936 a 1939.

AROSEMENA (Justo), político, jurisconsulto y escritor colombiano, n. en Panamá (1817-1886), que luchó por la soberanía del Istmo dentro de la Federación de Colombia (1855). Autor de *El Estado Federal, Estudios Constitucionales,* etc.

AROSEMENA (Pablo), político panameño (1836-1920), pres. de la Rep. de 1910 a 1912.

AROSEMENA GÓMEZ (Otto), abogado y político ecuatoriano n. en 1921, pres. de la Rep. de 1966 a 1968.

AROUET. V. VOLTAIRE.

ARPAD, conquistador húngaro, m. en 907; fundó la dinastía de los *Arpadios.*

ARPINO, ant. **Arpinum,** c. de Italia (Frosinone). Patria de Cicerón y de Mario.

ARQUE, pobl. de Bolivia, cap. de la prov. del mismo n. (Cochabamba).

ARQUELAO, filósofo griego del s. V a. de J. C.

ARQUELAO, rey de Judea, hijo de Herodes, desterrado por Augusto; m. el año 6 d. de J. C.

ARQUIAS, tirano de Tebas, degollado en un festín en 378 a. de J. C. Impuesto a Tebas por Lacedemonia, era odiado por su crueldad.

ARQUIAS (Licinio), poeta y gramático griego, uno de los maestros de Cicerón, que hizo su defensa en un célebre discurso, magnífico elogio de las letras (*Pro Arquias,* 62 a. de J. C.).

ARQUÍLOCO, poeta griego, n. en Paros (s. VII a. de J. C.), inventor del verso yámbico.

ARQUÍMEDES, geómetra y físico de la Antigüedad, n. en Siracusa (¿287-212? a. de J. C.), autor de numerosos inventos. Se le atribuyen los descubrimientos de diferentes compuestos químicos. Durante tres años resistió a los romanos que sitiaban Siracusa. Preténdese que había conseguido por medio de enormes espejos ustorios, que concentraban los rayos del sol, incendiar desde lejos los barcos enemigos. El general romano Marcelo, al apoderarse de la ciudad, dio orden de que se respetase la vida de aquel sabio; pero éste, absorto en la resolución de un problema, no se dio cuenta de la victoria de los enemigos y fue muerto por un soldado que, no conociéndole, se irritó al ver que ni siquiera le contestaba. Relaciónase una circunstancia curiosa en la vida de Arquímedes con el descubrimiento de uno de los más fecundos principios de la hidrostática. Sospechaba Hierón, rey de Siracusa, que un joyero, a quien había encargado una corona, había mezclado con el oro cierta cantidad de plata. Consultó a Arquímedes para ver si conseguía descubrir el fraude conservando intacta la joya. Reflexionó largo tiempo en ello el ilustre sabio sin hallar la solución. Un día, mientras estaba en el baño, observó que sus miembros, sumergidos en el agua, perdían gran parte de su peso, y que podía por ejemplo levantar la pierna con la mayor facilidad. Aquél fue el rayo de luz que le permitió determinar el

Fot. Larousse, Valotaire, doc. A. G. P.

principio siguiente, llamado *principio de Arquímedes: todo cuerpo sumergido en un fluido experimenta un empuje hacia arriba igual al peso del fluido desalojado.* Fue tal el entusiasmo que le causó aquel descubrimiento que salió del baño y echó a correr desnudo por las calles gritando: *Eureka!* (¡He hallado!) En efecto, había hallado el medio de determinar el peso específico de los cuerpos, tomando el del agua como unidad.

ARRABAL TERÁN (Fernando), escritor español, n. en Melilla (1932), autor de novelas y de obras teatrales (*El cementerio de coches, El laberinto, El triciclo*).

ARRAIJÁN, pobl. de Panamá (Panamá).

ARRÁIZ (Antonio), escritor venezolano (1903-1962), excelente poeta (*Áspero*) y novelista (*Puros hombres* y *Dámaso Velázquez*).

ARRÁS, c. de Francia, cap. del dep. de Paso de Calais. Fue ant. cap. del Artois. **Obispado.**

ARRATE Y ACOSTA (José Martín Félix de), historiador cubano (1697-1766), autor de *Llave del Nuevo Mundo.*

ARREAZA CALATRAVA (José Tadeo), poeta venezolano, n. en 1895.

ARRECIFE, cap. de la isla de Lanzarote (Canarias); puerto.

ARRECIFES, río de la Argentina, afl. del Paraná. — Pobl. de la Argentina (Buenos Aires).

ARREDONDO (José Miguel), general uruguayo (1832-1904), que sirvió tb. en Argentina.

ARREDONDO-MIURA (Clodomiro), compositor dominicano (1864-1935), autor de música popular. — Su hijo HORACIO **Arredondo-Sosa,** n. en 1912, es también compositor.

ARREOLA (Juan José), escritor mexicano, n. en 1918, autor de cuentos fantásticos y humorísticos (*Varia invención, Confabulario*) y de obras teatrales (*La hora de todos*).

ARRHENIUS (Svante Augusto), físico y químico sueco (1859-1927), autor de la teoría de los iones. (Pr. Nóbel de Química en 1903.)

ARRIAGA (Ponciano), jurisconsulto y político mexicano (1811-1865), llamado el **Padre de la Constitución de 1857.**

Arrianismo, herejía de Arrio, que combatía la unidad y la consubstancialidad en las tres personas de la Trinidad, y sostenía que el Verbo, sacado de la nada, era muy inferior al Padre. Fue condenada en el Concilio de Nicea (325). El *arrianismo* fue religión oficial de los visigodos hasta la conversión de Recaredo, hecha públicamente en el Tercer Concilio de Toledo (589).

ARRIANO (Flavio), historiador griego del siglo II, autor de una historia de Alejandro Magno titulada *Anábasis* y del *Manual de Epicteto.*

ARRIAZA (Juan Bautista), poeta épico español (1770-1837), que cantó guerra de Independencia.

ARRIETA (Juan Emilio), compositor español (1823-1894), autor de zarzuelas: *Marina, El grumete, Los amantes de Teruel,* etc.

ARRIETA (Rafael Alberto), escritor y poeta argentino (1889-1968), autor de *Fugacidad.*

ARRIO, hereje y escritor griego (entre 256 y 280-336). Su doctrina dio origen al arrianismo. Expuso sus teorías en el libro *El festín.*

ARROMANCHES-LES-BAINS, pobl. de Francia (Calvados), lugar principal del desembarco de las fuerzas aliadas en 1944.

ARROYO CORTO, pobl. de la Argentina (Buenos Aires). — Pobl. del Uruguay (Soriano).

ARROYO DEL RÍO (Carlos Alberto), político ecuatoriano, n. en 1894, pres. de la Rep. de 1940 a 1944. En su mandato se firmó en Río de Janeiro un tratado de límites con el Perú (1942).

ARROYO GRANDE, lugar de la Argentina (Entre Ríos). — Pobl. del Uruguay (Flores). Triunfo de Oribe sobre Rivera.

ARROYOS Y ESTEROS, pobl. del Paraguay (Cordillera).

ARRUPE (Pedro), jesuita español, n. en 1907, prepósito general de la Compañía en 1965.

ARRUZA (Carlos), matador de toros mexicano (1920-1966), rival un tiempo de Manolete.

ARSACES, fundador de la monarquía de los partos (250 a. de J. C.), y de la dinastía de los *Arsácidas.*

ARSÁCIDAS, dinastía fundada por Arsaces, que reinó de 256 a. de J. C. hasta 220 de nuestra era.

ARSENIO (*San*), preceptor de Arcadio, hijo de Teodosio (350-445). Fiesta el 19 de julio.

ARSINOE, princesa egipcia, que casó con Ptolomeo Filadelfo, después de hacer degollar a los hijos que tuvo de su primer matrimonio. — Nombre dado a varias princesas y ciudades de la Antigüedad.

Ars Magna, obra principal de Raimundo Lulio, publicada en 1516, uno de los libros más notables de la escolástica medieval.

ARTA, c. de Grecia, cerca del *Golfo de Arta,* formado por el mar Jónico entre Grecia y Albania. Es la antigua **Ambracia.**

ARTÁ, pobl. de España, en la isla de Mallorca (Baleares); cuevas; iglesia gótica.

ARTABANO, nombre de varios reyes de los partos, desde el siglo III a. de J. C., hasta el siglo III de nuestra era. — ARTABANO IV, m. en 224, fue el último de los soberanos arsácidas. A su muerte reinaron los Sasánidas persas.

ARTAJERJES I Longímano, rey de Persia; hijo de Jerjes. Reinó de 465 a 424 a. de J. C., fue derrotado por Cimón y acogió a Temístocles, desterrado, a quien colmó de honores — ARTAJERJES II *Mnemón,* rey de Persia de 404 a 358 a. de J. C., venció y mató en Cunaxa (401) a su hermano Ciro el Joven, rebelado contra él. — ARTAJERJES III *Oco,* hijo del anterior, rey de Persia de 358 a 338 a. de J. C.; conquistó Egipto en 343.

Arte de amar, poema de Ovidio, obra elegante, amable, pero algo fútil.

Arte nuevo de hacer comedias en este tiempo, obra de Lope de Vega (1609), en la que expone sus teorías acerca del arte dramático.

Arte poética o *Epístola a los Pisones,* poema didáctico de Horacio (20-8 a. de J. C.), en el que da consejos sobre el arte literario y dramático. Esta obra ha sido imitada por Boileau (Francia), Muratori (Italia) y Luzán (España).

ARTEAGA, pobl. de la Argentina (Santa Fe). — V. y mun. de México (Michoacán).

ARTEAGA (Esteban de), jesuita y escritor español (1747-1798), autor del célebre tratado de estética *La belleza ideal.*

ARTEAGA (Hortensio Félix PARAVICINO Y), sacerdote y poeta español de la escuela de Góngora (1580-1633), predicador de Felipe III.

ARTEAGA (José María), general mexicano (1827-1865), que combatió valientemente contra los franceses y fue fusilado por éstos en Uruapan.

ARTEAGA ALEMPARTE (Justo), periodista chileno (1834-1882). — Su hermano DOMINGO (1835-1880) colaboró con él en varios escritos.

ARTEMIS o **ARTEMISA,** divinidad de la mitología griega, que es la **Diana** de los romanos.

ARTEMISA, mun. de Cuba (Pinar del Río).

ARTEMISA I, reina de Halicarnaso, que tomó parte en la expedición de Jerjes contra los griegos, y combatió en Salamina (480 a. de J. C.). — ARTEMISA II, reina de Halicarnaso, en Caria; levantó a su esposo Mausolo un sepulcro considerado como una de las siete maravillas del mundo (353 a. de J. C.).

ARTIBONITE, río de la Rep. Dominicana que penetra en Haití y des. en el golfo de Gonaives· 220 km. — Dep. de Haití; cap. *Gonaives;* prod. agrícolas; yac. mineros.

ARTIGAS, meseta del Uruguay (Paysandú). — C. del Uruguay, ant. **San Eugenio,** cap. del dep. del mismo n.; centro agrícola y ganadero. (Hab. *artiguenses.*)

ARTIGAS (José Gervasio), general uruguayo, n. en Montevideo (1764-1850), caudillo de la independencia de su país. Distinguido en la represión del bandidaje y luego en las luchas contra los ingleses en el Plata, se adhirió, cuando la Revolución de Mayo en Argentina (1810), a la Junta de Buenos Aires. En 1811, al frente de un ejército de patriotas, derrotó a los realistas en Las Piedras y sitió Montevideo, iniciando la lucha contra los españoles. Más tarde, en el primer *Congreso Nacional de Tres Cruces* y en las famosas *Instrucciones del Año XIII,* afirmó sus tendencias federalistas frente al centralismo bonaerense. En 1815, evacuada la plaza de Montevideo por los porteños, se encargó del gobierno de la Banda Oriental, con el título de *Protector.* En 1816 hubo de hacer frente a una invasión de los portugueses, que ocuparon la capital (1817). Acosado por éstos y por los entrerrianos, Artigas se refugió en el Paraguay (1820), y permaneció hasta su muerte en Ibaray, cerca de Asunción.

ARQUÍMEDES

ARTAJERJES II

J. G. ARTIGAS

Fot. Alinari, Larousse, Ministerio de Instrucción Pública del Uruguay

H. ASCASUBI

ASÍN PALACIOS

ARTIGAS (Miguel), erudito y bibliotecario español (1887-1947), a quien se deben estudios notables sobre Góngora y Menéndez y Pelayo.
ARTOIS [*-tuá*], ant. provincia del N. de Francia; cap. *Arrás*.
ARTURO o **ARTÚS**, rey legendario del país de Gales (s. VI d. de J. C.), cuyas aventuras han dado nacimiento al *ciclo de Artús*, llamado también *ciclo bretón* y *ciclo de la Tabla Redonda*.
ARTURO, conde de Bretaña en 1196, sobrino de Ricardo Corazón de León y pretendiente al trono de Inglaterra a la muerte de éste. Muerto por orden de Juan Sin Tierra, hermano de Ricardo, en 1203.
ARUACOS. V. ARAWAKOS.
ARUBA, isla holandesa de Sotavento (Antillas); refinería de petróleo.
ARVELO LARRIVA (Enriqueta), poetisa venezolana, n. en 1904, autora de *Voz aislada*.
ARVELO TORREALBA (Alberto), poeta venezolano, n. en 1905, cantor de su tierra, autor de *Glosas al Cancionero*.
ARVIDA, centro industrial del Canadá (Quebec); industria del aluminio.
ARZAQUEL (Abrahán), astrónomo judío, n. en Toledo (s. XI), en cuyas obras se inspiraron las famosas *Tablas alfonsinas*.
ASA, rey de Judá (944-904 a. de J. C.).
ASAM o **ASSAM**, Est. de la India, poco poblado, entre el Paquistán Oriental y Birmania; cap. *Shillong*. Prod. té.
Asamblea Constituyente del Río de la Plata, reunida el 31 de enero de 1813. Estableció el himno, el escudo y la bandera nacionales, abolió en parte la esclavitud, los mayorazgos y los títulos de nobleza.
Asamblea Constituyente del Uruguay, reunida en San José en 1828.
Asamblea General de las Naciones Unidas, asamblea formada por los representantes de todos los Estados miembros de la O.N.U. Se reúne una vez por año y puede hacerlo con carácter extraordinario si es convocada por el Consejo de Seguridad o por un miembro apoyado por una mayoría. Sus labores son ejecutadas por siete comisiones y cuatro organismos permanentes.
Asamblea Nacional, nombre que tomaron los Estados Generales de Francia el 17 de junio de 1789, convirtiéndose el 9 de julio en la *Asamblea Constituyente*, que dio a Francia la Constitución de 1791. Siguióle la *Asamblea Legislativa*, reemplazada a su vez por la *Convención*.
ASARHADDÓN, rey de Asiria de 680 a 669 a. de J. C. Venció a Manasés y le hizo prisionero.
ASBAJE (Juana Inés). V. CRUZ. (Sor Juana Inés.)
ASCALÓN, puerto de la antigua Palestina.
ASCANIO (Yulo o Julio), hijo de Eneas y de Creusa. Llevado por su padre a Italia después de la toma de Troya, le sucedió como rey de Lavinia y fundó la ciudad de Alba Longa (*Eneida*). Es el tronco de la familia de los Yulos, a la que se preciaba César de pertenecer.
ASCASUBI (Hilario), poeta argentino, n. cerca de Córdoba (1807-1875), autor de *Santos Vega o Los mellizos de La Flor*, poema épico de la literatura gauchesca, que relata, en breves cuadros descriptivos, la vida de la pampa y de sus moradores. Escribió también los romances gauchescos *Paulino Lucero* y *Aniceto el Gallo*, nombres que usó a veces como seudónimos. Tomó parte en las luchas contra Quiroga y Rosas.
ASCÁSUBI (Francisco J.), patriota ecuatoriano del siglo XIX, precursor del movimiento de Independencia.
ASCÁSUBI (Manuel), político ecuatoriano m. en 1869, pres. interino de la Rep. en 1849, derribado en 1850.
ASCENCIO SEGURA (Manuel), escritor peruano (1805-1871), autor de cuadros de costumbres, sátiras (*La Pelimuertada*) y comedias (*El sargento Canuto, Ña Catita, Las tres viudas.*)
ASCENSIÓN (ISLA DE LA), pequeña isla inglesa del océano Atlántico austral; 82 km².
ASCLEPÍADES, familia de médicos griegos que pretendían descender de Esculapio (Asclepios).
ASCLEPÍADES, médico griego, n. en Prusa (Bitinia) [124-40 a. de J. C.], que fundó en Roma una escuela famosa donde combatió las doctrinas de Hipócrates.
ASCLEPÍADES de Samos, poeta griego del siglo III, creador del verso que lleva su nombre.
ASCOLI Piceno, c. de Italia (Marcas).
ASCOLI Satriano, ant. **Ausculum**, c. de Italia. Célebre por la batalla que ganó Pirro a los romanos (279 a. de J. C.) y en la que Decio sacrificó su vida en honor de los dioses, para asegurar la victoria de su ejército.
ASCOT, localidad de Gran Bretaña, cerca de Windsor. Célebre hipódromo.
ASDRÚBAL, general cartaginés, hermano de Aníbal, vencido y muerto por los romanos en la batalla de Metauro, en 207 a. de J. C., cuando iba a reunirse con su hermano.
Asencio (*Grito de*), episodio con el que se inició la independencia uruguaya (1811), que toma su nombre de un arroyo que se encuentra en el departamento de Soriano.
ASENJO BARBIERI. V. BARBIERI (F. A.).
ASER, uno de los hijos de Jacob. (*Biblia.*)
ASERRÍ, pobl. de Costa Rica (San José).
ASES, nombre dado a los dioses bienhechores en la mitología escandinava.
ASHIKAGA, familia japonesa de shogunes, fundada en el siglo XIV, cuyos primeros quince miembros ejercieron el poder en Kyoto hasta 1573.
ASHOD, nuevo puerto del Estado de Israel, al S. de Tel Aviv. Oleoducto que le une con Eilat.
ASIA, una de las cinco partes del mundo, limitada al N. por el océano Glacial Ártico, al E. por el océano Pacífico y el mar de Bering, al S. por el océano Índico y al O. por el mar Rojo, el canal de Suez, el mar Mediterráneo, el mar Caspio, el río Ural y los montes Urales. Asia es cuatro veces más extensa que Europa; tiene una superficie de 44 180 000 km², y su población se eleva a 1 879 millones de hab. (*asiáticos*).
— GEOGRAFÍA. — *Relieve*. Asia es un continente macizo de una altura media considerable (más de 1 000 m); comprende: 1º *altas mesetas*, restos de antiguas cordilleras (Tíbet, Pamir, Mongolia, Irán, Anatolia, Armenia, Arabia, Decán, etc), bordeadas por grandes *cadenas montañosas* donde se encuentran las cimas más altas del mundo (Himalaya, Tianchan, Altai, Elburz, Hindu-Kuch, cordillera Anamítica, macizo chino, etcétera); 2º *la gran llanura del Asia soviética*, que se extiende por el NO. desde el mar de Bering hasta el Ural y se prolonga en Europa hasta el mar del Norte; 3º *las llanuras* indogangética, china, indochina y mesopotámica; 4º *conjunto de islas montañosas*, archipiélago japonés e Insulindia, que prolongan las penínsulas de Kamtchatka y de Malasia, respectivamente.
— *Clima, vegetación e hidrografía. Clima continental* en Asia Central y Occidental (gran diferencia de temperatura entre verano e invierno, sequía, bosques y estepas) que en su extremo riguroso se convierte en *desértico y árido. Clima monzónico* en el Sudeste (dos estaciones, seca y húmeda, selvas tropicales, llanuras herbáceas). En el litoral de Asia Menor el clima es *mediterráneo* (inviernos suaves y lluviosos, cultivos y regadíos). *Clima polar* en las tierras árticas del Norte (tundra y taiga).
Asia tiene grandes ríos, algunos muy irregulares: Obi, Yenisei, Lena, Amur, Hoangho o Río Amarillo, Yang tse Kiang o Río Azul, Mekong, Indo, Ganges, Brahmaputra, Tigris, Éufrates, etc.
— *Razas y exploraciones*. Las grandes razas del globo están representadas en el continente asiático: amarilla (turcos, kirguises, samoyedos, yacutos, mongoles, manchúes, chinos, japoneses, tibetanos, birmanos, anamitas, siameses, etc.), blanca (rusos, persas, armenios, indios, semitas), malayos, drávidas, cingaleses, etc.
Los antiguos conocían ya Asia Anterior: la expedición de Alejandro amplió este conocimiento hasta el Ganges. La Edad Media permitió nuevos progresos; los viajes de Marco Polo y Vasco de Gama en el siglo XVI y las expediciones de los moscovitas en el siglo XVII, acaban por delimitar los contornos de la mayor parte del continente. En los siglos XVIII y XIX son exploradas las fuentes del Indo y el Ganges, los grandes sistemas montañosos y las inmensas mesetas de Asia Central; los misioneros franceses recorren el Tíbet oriental; Prjevalsky atraviesa el centro de Asia; los rusos estudian y colonizan Siberia; arqueólogos y geógrafos investigan Oriente Medio, Turquestán, China, Indochina, etc.

Fot. doc. A. G. P.

— *División política.* Asia comprendía en la Antigüedad Asia Menor, Armenia, Partia, Mesopotamia, Siria, Fenicia, Palestina, Arabia, Persia, India, Escitia o Samarcia y China. Actualmente comprende una mayoría de Estados independientes y algunos países bajo influencia europea. Pueden citarse: gran parte de la U.R.S.S., República Popular de Mongolia, República Popular de China, Imperio del Japón, Corea, dividida en República Popular de Corea del Norte y en República Democrática de Corea del Sur, parte asiática de Turquía, Reino de Irán, Reino de Afganistán, República de Siria, República del Líbano, República de Irak, Estado de Israel, Reino de Arabia Saudita, Reino Hachemita de Jordania, Estado de Kuwait, Sultanato de Omán, Estado del Yemen, Reino del Nepal, Reino de Bután, Reino de Tailandia, Unión de Birmania, República de Filipinas, Viet Nam, dividido desde 1954 en dos unidades políticas, reinos de Camboya y Laos, República de Indonesia, los países miembros del Commonwealth: Paquistán, India, Ceilán, Singapur, Federación de Malaysia (Malasia, norte de Borneo [Sabah] y Sarawak), la Federación de Arabia del Sur, con el Estado de Adén, las colonias o protectorados británicos de Hong Kong, Costa de los Piratas, Katar, Bahrein, Brunei, y las posesiones portuguesas de Macao y este de Timor.

ASIA MENOR o **ANATOLIA,** nombre que daban los antiguos a la parte O. de Asia, al S. del mar Negro. Región montañosa en las costas, lagos en el interior.

ASIENTOS, sierra de México (Aguascalientes). — Pobl. de México (Aguascalientes).

ASÍN PALACIOS (Miguel), sacerdote y erudito español (1871-1944), que se destacó como arabista y publicó trabajos muy importantes : *La escatología musulmana en la Divina Comedia, Dante y el Islam* y *El Islam cristianizado.*

ASIR, ant. emirato de Arabia, al S. del Héyad, incorporado en 1933 a la Arabia Saudita.

ASIRIA, reino de Asia antigua, que ocupaba la parte media de la cuenca del Tigris y que tuvo sucesivamente por cap. *Asur, Kalah* y *Nínive.* (Hab. *asirios.*) Las inscripciones cuneiformes nos informan acerca de la historia asiria desde el siglo XIX a. de J. C. En un principio, los asirios, vasallos de Caldea y de Egipto, consiguieron hacerse independientes, y sus reyes, tras numerosas victorias, impusieron su dominación al resto del Asia occidental y de Egipto. Los principales soberanos asirios fueron Teglatfalasar, Salmanasar Senaquerib, Asurbanipal, Asarhaddón, etc. El reino fue destruido en 612-609 por una coalición de medos y babilonios.

ASÍS, c. de Italia, prov. de Perusa. Patria de San Francisco. Célebre por los frescos de Giotto y de otros pintores.

ASIUT o **Asyut,** c. del Alto Egipto. Presa en el Nilo.

ASMARA, cap. de Eritrea; 120 000 h.

Asmodeo, personaje diabólico, que figura en el Libro de Tobías como demonio de los placeres impuros. Es el principal personaje de *El Diablo cojuelo,* de Vélez de Guevara.

ASMONEOS, n. dado a la familia de los Macabeos, originaria de Asmón (tribu de Simeón).

ASNAM (El-). V. ORLEANSVILLE.

ASNIÈRES, c. de Francia (Hauts-de-Seine), en los suburbios de París.

Asno de oro (*El*) o *La metamorfosis,* novela fantástica de Apuleyo (s. II a. de J. C.).

ASOSOSCA, laguna volcánica de Nicaragua, cerca de Managua.

ASPASIA, mujer célebre por su belleza y su talento, amante, esposa y consejera de Pericles.

ASPIAZU (Agustín), jurisconsulto y hombre de ciencia boliviano (1817-1897).

ASPROMONTE, macizo montañoso de Italia (Calabria), a 25 km. de Reggio. Altura 1 947 m, en el Monte Alto.

ASPROPÓTAMO, río de Grecia que desemboca en el mar Jónico. Es el **Aqueloo** de los antiguos.

ASQUITH (Herbert Henry), político inglés (1825-1928), jefe del Partido Liberal.

ASSAM. V. ASAM.

ASSEN, c. de Holanda, cap. de la prov. de Drente.

ASSUÁN. V. ASUÁN.

ASTARTÉ o **ASTARTE,** diosa del Cielo entre los pueblos semíticos, protectora, bajo diversos nombres (Istar, Atar), de muchas ciudades.

ASTI, c. de Italia (Piamonte) ; vinos blancos. Cuna de Alfieri.

ASTIAGES, último de los reyes medos, destronado en 549 a. de J. C. por Ciro II *el Grande.*

ASTIANACTE o **ASTIANAX,** hijo de Héctor y Andrómaca.

Astolfo, príncipe legendario de Inglaterra, uno de los paladines del *Orlando furioso,* de Ariosto.

ASTON (Francis William), físico inglés (1877-1945), célebre por su descubrimiento de los isótopos. (Pr. Nóbel, 1922.)

ASTORGA, c. de España (León) ; industrias alimenticias (chocolate, mantecadas). Murallas; catedral (s. XV-XVII). Obispado. Derrota de los franceses en 1811.

ASTRACÁN, c. de la U.R.S.S. (Rusia), en una isla del mar Caspio, puerto cerca del delta del Volga. Astilleros, conservas, industria maderera. Célebre por sus pieles de cordero caracul o *astracán.*

ASTRANA MARÍN (Luis), erudito español (1889-1959), que se distinguió como traductor de Shakespeare y en estudios sobre Cervantes, Quevedo y Lope de Vega.

ASTREA, hija de Zeus y Temis, diosa de la Justicia.

ASTURES, pueblo antiguo del NO. de España, que habitaba parte de la Tarraconense. Fue el último pueblo de España que luchó contra los romanos.

ASTURIAS, región montañosa del N. de España. C. pr. *Oviedo, Gijón* y *Avilés.* Minas. Formó un reino independiente hasta su unión con Castilla (1037). Fue la región donde se inició la Reconquista. En las Cortes de Briviesca, en 1388, se otorgó el título de *príncipe de Asturias* al primogénito de los reyes de España, el futuro Enrique III.

ASTURIAS (Miguel Ángel), poeta y novelista guatemalteco, n. en la c. de Guatemala en 1899. Se dio a conocer en 1930 con sus *Leyendas de Guatemala,* y publicó luego novelas de carácter social, escritas en una lengua intensamente poética: *El señor Presidente, Hombres de maíz, Viento fuerte, El papa verde, Los ojos de los enterrados, Weekend en Guatemala, Mulata de tal.* (Pr. Nóbel, 1967.)

ASUÁN, c. del Alto Egipto, a orillas del Nilo, cerca de la primera catarata; gigantesca presa; se ha edificado río arriba otra presa, llamada de Sadd al Alí, que es una de las más grandes del mundo. V. SIENE.

ASUERO, n. bíblico de un rey de Persia (Jerjes, Darío o Artajerjes), que se casó con Ester, sobrina de Mardoqueo.

ASUNCIÓN, isla de México (Baja California). — C. de Venezuela, cap. del Estado de Nueva Esparta, en la isla Margarita — Distr. de Costa Rica (Heredia). — Distr. del Perú (Cajamarca).

ASUNCIÓN (ISLA DE LA), o **ANTICOSTI,** isla canadiense, cerca de la desembocadura del San Lorenzo, descubierta por Cartier en el s. XVI.

ASUNCIÓN, cap. de la Rep. del Paraguay, a orillas del río de este n., 415 000 h. (*asuncenos*). Plaza comercial y puerto de considerable movi-

ASTARTÉ
arte fenicio
Louvre

M. Á. ASTURIAS

coro de la
iglesia inferior
de SAN FRANCISCO
DE ASÍS

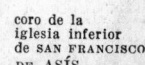

Fot. Arch. Phot., G. Freund, Alinari

ASUNCIÓN
plaza de
los Héroes

miento. Universidad. Arzobispado. Fundada en 1537 por Juan de Salazar y Gonzalo de Mendoza, fue base de la penetración española por la cuenca fluvial del Río de la Plata. Cuenta con notables monumentos y hermosos jardines; en el centro de la población se encuentran los edificios públicos y grandes comercios, que le dan un carácter de moderna metrópoli.

ASUR, ant n. de **Asiria.**

ASUR, la cap. más ant. de Asiria.

ASUR, dios supremo del panteón asirio.

ASURAS, dioses de la mitología védica.

ASURBANIPAL, rey de Asiria (669 a 627 a. de J. C.). Su reinado señala el apogeo del imperio.

ASURNASIRPAL, n. de dos reyes de Asiria, el segundo de los cuales reinó de 883 a 859 a. de J. C. y mandó construir un soberbio palacio.

ASYUT. V. Asiut.

ATABAPO, río de Colombia (Amazonas) fronterizo de Venezuela, afl. del Guaviare; 280 km.

ATACAMA, prov. de Chile; cap. *Copiapó;* rica región minera (cobre, oro, plata); desierto salitroso. (Hab. *atacameños.*)

ATACAMA (Desierto de), zona de Chile, en la prov. de este nombre y Antofagasta, totalmente árida.

ATACAMA (Puna de), nudo de los Andes, en el N. de Argentina y Chile de donde parten los ramales de las cordilleras Oriental y Occidental de Bolivia.

ATAHUALPA

ATACAMAS o **ATACAMEÑOS,** tribu india, ya extinguida, del N. de Chile.

ATACAZO, volcán del Ecuador (Pichincha); 4 887 m.

ATAHUALPA, último inca o emperador del Perú, m. en 1533, hijo bastardo de Huayna Cápac. Heredó el reino de Quito y luchó contra su hermano y rival Huáscar. Fue apresado y ejecutado por orden de F. Pizarro en Cajamarca.

ATAHUALPA (Juan Santos), caudillo peruano del siglo XVIII, organizador de un levantamiento contra los españoles. M. en 1756.

ATAJO (El), sierra de la Argentina (Catamarca); alt. media, 2 500 m.

Atala, novela de Chateaubriand, episodio de la vida salvaje de América (1801).

ATALANTA, hija de un rey de Esciros, célebre por su agilidad en la carrera. Declaró a la multitud de sus pretendientes que sólo concedería su mano a aquél que la venciese en la carrera. Hipómenes consiguió la victoria.

ATALARICO, soberano de los ostrogodos de Italia, que reinó desde 516 a 534.

ATALAYA, pobl. y distr. de Panamá (Veraguas).

ATALÍA, reina de Judá (846-835 a. de J. C.). hija de Acab y de Jezabel, famosa por sus crímenes y su impiedad.

Atalía, tragedia con coros de Racine (1691).

ÁTALO, n. de tres reyes de Pérgamo. El primero, rey de 241 a 197 a. de J. C., fundó la biblioteca de Pérgamo y luchó con los romanos contra Filipo; el segundo, rey de 159 a 138, derrotó a Prusias II de Bitinia, y el tercero, rey de 138 a 133, abandonó sus Estados a los romanos.

ATANAGILDO, rey de los visigodos de España de 554 a 567, vasallo de Justiniano.

ATANASIO *(San),* patriarca de Alejandría y padre de la Iglesia (¿295?-373); luchó contra los arrianos. Fiesta el 2 de mayo.

ATATURK. V. Kemal bajá.

ATAÚLFO, primer rey de los visigodos (410-415), cuñado y sucesor de Alarico I. Conquistó el sur de las Galias. Fue asesinado en Barcelona.

ATELA, c. de la antigua Campania, donde se creó el género dramático de las farsas *atelanas.*

ATENAS, cap. del Ática y ciudad más importante de la Grecia antigua. (Hab. *atenienses.*) Fundada primeramente sobre la colina de la *Acrópolis,* se extendió luego por la base de la antigua fortaleza. Gobernada al principio por los *Eupátridas,* reorganizada por Solón (594 a. de J. C.), brilló con Pisístrato (541-527), y Clístenes le dio sus instituciones democráticas. En el siglo V a. de J. C., comparte con Esparta la primacía entre las ciudades griegas y adquiere un carácter marcadamente comercial, gracias a su puerto del Pireo, mientras que Esparta se distingue por su tono aristocrático y militar. Después de las guerras médicas, Atenas conoce su época de mayor esplendor, en el llamado "siglo de Pericles", durante el cual la Acrópolis se cubre de espléndidos monumentos, como el Partenón, surge el genio escultórico de Fidias y el teatro llega a su apogeo con Esquilo y Sófocles. Pierde Atenas su potencia política después de la guerra del Peloponeso, en beneficio de Esparta, si bien conserva la supremacía intelectual y artística. Sufrió la tiranía de los Treinta, y recobró su libertad y grandeza cuando Esparta fue derrotada por Tebas (362). Con Demóstenes, aparece como la campeona de la libertad contra el conquistador Filipo de Macedonia. Fue vencida en Queronea en el año 338, y trató en vano de organizar la resistencia contra los sucesores de Alejandro. Más tarde cayó, junto con toda Grecia, bajo la dominación romana (146), pero supo

ATENAS
vista parcial
desde el estadio
Ático

Fot. V. N. Vasconsellos, doc. A. G. P., Viollet

conservar su carácter de gran centro de la cultura. — Cap. de la Grecia moderna, cuenta con 627 600 h. (1 857 000 con los suburbios) y reúne las tres cuartas partes del potencial industrial griego: textiles, construcciones mecánicas, industrias alimenticias.

ATENAS (Ducado de), principado cristiano establecido en Grecia por los franceses y del cual se apoderaron los catalanes en 1311.

ATENEA o **PALAS ATENEA,** diosa griega de la Sabiduría, de las Artes, de las Ciencias y de la Industria, hija de Zeus, divinidad epónima de Atenas. Es la **Minerva** de los romanos.

ATENEO, escritor griego, n. en Egipto (s. III), autor de *El banquete de los sofistas,* obra que contiene interesantes datos sobre la época clásica.

Ateneo científico, literario y artístico, ateneo fundado de 1820 a 1823 por la Sociedad Económica de Madrid y una de las asociaciones que han sido más útiles al progreso de España.

ATHABASCA, río del Canadá, que nace en el territorio de Alberta y des. en el *lago de Athabasca;* 1 200 km.

ATHOS. V. Atos.

ÁTICA, región de la ant. Grecia, situada al NE. del Peloponeso, enfrente de la isla Eubea; tenía por capital *Atenas.*

ÁTICO (Herodes), retórico griego (101-177), maestro de Marco Aurelio y de Vero.

ÁTICO (Tito Pomponio), ciudadano romano (109-32 a. de J. C.), conocido por su correspondencia con Cicerón.

ATILA, rey de los hunos (432-453). Vencedor de los emperadores de Oriente y Occidente, los sometió a tributo, asoló las Galias, y fue derrotado finalmente en los Campos Cataláunicos, no lejos de Châlons (451), por los ejércitos de Aecio, Meroveo y Teodorico. Retiróse a orillas del Danubio, donde murió.

ATIQUIZAYA, v. y distr. de El Salvador (Ahuachapán).

ATITLÁN, lago de Guatemala (Sololá), a 1 500 m. de altura; 468 km^2. Tiene diversas islas y se halla al N. del volcán de su n.; 3 505 m.

ATLACATL, rey indio de Cuscatlán (El Salvador), vencido y muerto por Alvarado.

ATLANTA, c. de los Estados Unidos, cap. del Est. de Georgia. Obispado. Universidad.

ATLANTIC CITY, c. de los Estados Unidos (New Jersey); balneario.

ATLÁNTICO, dep. del N. de Colombia (hab. *atlanticenses*); cap. *Barranquilla;* yuca, maíz, fríjoles; carbón, petróleo.

ATLÁNTICO (Océano), océano que separa Europa y África de América; 106 200 000 km^2. Está constituido por una serie de vastas hoyas, separadas, en su parte central, por una larga cresta submarina, cuyas partes superiores forman islas (Azores, Ascensión, Santa Elena, Tristán da Cunha). Los sondeos dan en él profundidades de 6 000 m. y al N. de Puerto Rico hay una hoya de 8 341. Entre las corrientes que lo surcan, la más importante es el *Gulf Stream.*

Atlántico *(Pacto del).* V. Pacto.

ATLÁNTIDA, dep. de Honduras (hab. *atlantidenses*); cap. *La Ceiba;* cereales, frutos tropicales. — Pobl. del Uruguay (Canelones); lugar de veraneo.

ATLÁNTIDA, continente que se supone existió en el Atlántico, al O. de Gibraltar.

Atlántida *(La),* poema catalán, de Jacinto Verdaguer, en loor de los Pirineos. — Poema sinfónico póstumo de Manuel de Falla, terminado por Ernesto Halffter y estrenado en 1961.

ATLÁNTIDES o **ATLÁNTIDAS,** hijas de Atlas, llamadas también **Pléyades.** *(Mit.)*

ATLAS o **ATLANTE,** divinidad griega, hijo de Zeus, condenado a sostener el mundo sobre sus hombros.

ATLAS, cadena de montañas al N. de África, en Marruecos y Argelia. El *Atlas Mayor* y el *Atlas Medio* están en Marruecos, y su altura varía entre 2 000 y 4 500 m. En cuanto al *Rif,* sierra litoral de Marruecos, y a los ramales montañosos de Argelia, apenas alcanzan en algunos puntos la altura de 2 500 m.

ATLIXCO, c. de México (Puebla).

ATOS, montaña de Grecia (Macedonia). La región es una unidad administrativa autónoma. Hermosas iglesias (s. X-XIV) y conventos donde se conservan manuscritos de raro valor.

ATOTONILCO, mun. de México (Jalisco).

ATRATO, río de Colombia, que des. en el mar Caribe, en el golfo de Urabá; 523 km. Fue descubierto en 1510 por Vasco Núñez de Balboa, que lo llamó **San Juan.**

ATRAVESADA, sierra de México, en el istmo de Tehuantepec.

ATREO, rey de Micenas, famoso en las leyendas griegas por el odio que tenía a su hermano Tiestes y por la venganza que ejerció contra él.

ATRIDAS, n. que designa a los descendientes de Atreo, particularmente a Agamenón y a Menelao.

ÁTROPOS, una de las tres Parcas, las otras son Cloto y Laquesis, encargada de cortar el hilo de la vida humana. *(Mit.)*

ATUEL, río de Argentina (Mendoza); 400 km.

ATUNTAQUI, pobl. del Ecuador (Imbabura).

ATWOOD (Jorge), físico inglés (1746-1807), inventor de una máquina para el estudio de los principios de la dinámica.

ATYRÁ, pobl. del Paraguay (Cordilleras).

AUBE [*ob*], río de Francia, afl. del Sena; 248 kilómetros. — Dep. de Francia (Champaña); cap. *Troyes.*

AUBER [*ober*] (Esprit), compositor francés (1782-1871), autor de numerosas óperas y operetas *(Fra Diavolo, Sueños de amor).*

AUBIGNÉ (Agrippa **d'**), escritor y militar calvinista francés (1552-1630), autor del poema satírico *Los trágicos.*

AUBURN, c. de los Estados Unidos (Nueva York). Presidio.

AUBUSSON [*obusón*], c. de Francia (Creuse). Manufactura de tapices.

AUCKLAND, archip. al SO. de Nueva Zelanda. — C. y puerto de Nueva Zelanda, en la isla del Norte; astilleros. Universidad.

AUCH [*och*], c. de Francia, cap. del dep. del Gers. Catedral gótica.

AUDE [*od*], río de Francia, que des. en el Mediterráneo; 220 km. — Dep. del S. de Francia; cap. *Carcasona.*

AUDENARDE, en flam. **Oudenaarde,** c. de Bélgica (Flandes Oriental), a orillas del Escalda.

AUDIBERTI (Jacques), escritor francés (1899-1965), autor de poemas, novelas y obras de teatro.

Audiencia, institución colonial creada por los reyes de España en las principales ciudades de América, cuya misión era, entre otras, administrar justicia, aconsejar al virrey y reemplazarle en caso de muerte o ausencia. La primera fue creada en Santo Domingo, y existieron catorce: Santo Domingo, Guadalajara, México, Guatemala, Panamá, Cuba, Caracas, Lima, Cuzco, Bogotá, Charcas o Chuquisaca, Quito, Buenos Aires, Santiago de Chile.

AUDUBON [*odubón*] (Juan Jacobo), naturalista norteamericano (1785-1851), autor de *Las aves de América.*

AUE (Hartmann de), minnesinger o trovador alemán, n. en Suabia (1170-1235).

AUERBACH (Berthold), novelista alemán (1812-1882), autor de *Escenas campesinas de la Selva Negra.*

AUER VON WELSBACH (Carlos, *barón*), químico austriaco (1858-1929), inventor de la luz de gas incandescente.

AUGÉ (Claude), lexicógrafo y literato francés (1854-1924), autor del *Nouveau Larousse Illustré,* el *Larousse Universel* y el *Petit Larousse.*

AUGÍAS o **AUGIAS,** rey de Élida, uno de los argonautas; sus establos estaban tan sucios que Heracles tuvo necesidad para limpiarlos de hacer pasar por ellos el río Alfeo.

AUGSBURGO, c. de Alemania (Baviera); industrias mecánica, eléctrica y química. Patria de Holbein y de B. Brecht. Allí presentaron los protestantes en 1530 su famosa *Confesión de Augsburgo* (v. Confesión). En 1688, a consecuencia de la revocación del Edicto de Nantes por Luis XIV de Francia, fue firmada en Augsburgo una *liga* entre Austria, España, Suecia y varios príncipes alemanes contra Luis XIV. Esta liga, obra de Guillermo de Orange, y en la que pronto entró Inglaterra, sostuvo contra Francia una guerra de nueve años, que terminó por el Tratado de Ryswick (1688-1697).

ATENEA
arte griego
museo de Atenas

ATLAS
escultura griega
museo de Nápoles

Fot. Giraudon, Alinari

AUGUSTO museo de las Termas. Roma

AUGUSTA, c. de los Estados Unidos, cap. del Est. de Maine. — C. del Est. de Georgia.

Augustinus, tratado teológico donde interpretó Jansenio la doctrina de San Agustín acerca de la gracia, del libre albedrío y de la predestinación. Este escrito suscitó violentas polémicas y dio origen a la secta de los *jansenistas* (1640).

AUGUSTO (César Octavio), emperador romano, conocido primero con el nombre de Octavio, sobrino de Julio César y heredero suyo, nacido en Roma el año 63 a. de J. C. y muerto en Nola el año 14 d. de J. C. Fue primero triunviro con Marco Antonio y Lépido, y quedó único dueño del Poder después de su victoria en Accio sobre el primero (31). Recibió con el nombre de *Augusto* (27) los poderes civiles y religiosos repartidos entre los diversos magistrados y empezó de esta suerte la era de los emperadores romanos. Esmeróse para hacer olvidar, gracias a la excelencia de su gobierno, las modificaciones que había introducido en la constitución de la República. Multiplicó los funcionarios en Roma, dividió Italia en *regiones* para la percepción del impuesto y la formación del censo, y reorganizó la administración de las provincias divididas en *provincias senatoriales* y en *provincias imperiales;* dichas medidas tuvieron por resultado aumentar la centralización en el Imperio. Ordenó expediciones militares, generalmente victoriosas, a España, a Recia, a Panonia, a Germania, donde su lugarteniente Varo sufrió, sin embargo, un terrible desastre, a Arabia, a Armenia y a África. Adoptó a Tiberio, quien le sucedió, y fue honrado a su muerte como un dios. El reinado de Augusto constituyó una de las épocas más brillantes de la historia romana *(Siglo de Augusto).* Horacio, Virgilio, Tito Livio, Salustio y Ovidio fueron protegidos por Mecenas y ayudados por Augusto.

AUGUSTO, nombre de varios príncipes de Sajonia y reyes de Polonia en los siglos XVI a XVIII. Los más conocidos fueron AUGUSTO II (1670-1733) y su hijo AUGUSTO III (1733-1763).

ÁULIDA o **AULIS,** puerto de Beocia, donde se reunió la flota de los griegos antes de su marcha para Troya, y donde fue sacrificada Ifigenia.

AULNOY [*olnuá*] *(Condesa de),* escritora francesa (¿1650?-1705), autora de encantadores *Cuentos de hadas* y de *Viaje por España.*

AULO GELIO, gramático y crítico latino del siglo II, autor de *Noches áticas,* libro pedante, pero precioso por el gran número de datos que encierra acerca de la literatura y las costumbres áticas.

Aulularia o *La marmita,* comedia de Plauto, en la que ridiculiza la avaricia (s. II a. de J. C.)

AUMALE [*omal*], pueblo de Francia (Sena Marítimo). Batalla entre Enrique IV y los españoles, en 1592.

AUNIS, ant. prov. de Francia; cap. *La Rochela.*

AURANGABAD, c. de la India (Estado de Maharastra). Residencia de Aurangzeb.

EL AURIGA

AURANGZEB (1618-1707), emperador mogol de la India (1658-1707), descendiente de Tamerlán. Durante su reinado el imperio mogólico alcanzó gran prosperidad.

ÁUREA *(Santa).* V. ORIA.

AURELIANO *(San),* obispo de Arles en 546; m. hacia 551. Fiesta el 16 de junio.

AURELIANO, emperador romano de 270 a 275. Venció a Zenobia, reina de Palmira, y rodeó a Roma de murallas.

AURELIO, tercer rey de Asturias (768-774).

AURÉS, macizo montañoso de Argelia meridional (2 328 m).

AURIC (Georges), compositor francés, n. en 1899, autor de ballets y de obras escénicas.

AURIGA, constelación del hemisferio boreal.

Auriga *(El),* estatua griega (s. V a. de J. C.), encontrada en el templo de Apolo en Delfos.

AURIGNAC [*oriñac*], pueblo de Francia (Alto Garona); estación prehistórica.

AURIGNY [*oriñí*], en ingl. **Alderney,** una de las islas Anglonormandas de la Mancha.

AURILLAC [*orillac*], c. de Francia, cap. del dep. del Cantal.

AURORA, diosa de la Mañana encargada de abrir al Sol las puertas del Oriente. *(Mit.)*

Aurora de Chile, periódico publicado en Chile en 1812 y dirigido por Camilo Henríquez.

AUSCHWITZ, en polaco **Oswiecim,** c. de Polonia cerca de Katovice. Campo de exterminio alemán de 1940 a 1945.

AUSETANOS, pueblo celtibérico de España, que luchó heroicamente contra los cartagineses y romanos (s. II a. de J. C.). *Ausetania* estaba en el emplazamiento actual de la c. de Vich.

AUSIAS MARCH. V. MARCH (Ausias).

AUSONIA, región de la Italia antigua; nombre dado a veces por los poetas a toda Italia.

AUSONIO, poeta latino, n. en Burdeos (¿310-395?). Fue maestro del emperador Graciano.

AUSTEN (Jane), novelista inglesa (1775-1817), precursora del realismo. Autora de *Orgullo y prejuicio* y *La abadía de Northanger.*

AUSTERLITZ, en checo **Slavkov,** pobl. de Checoslovaquia (Moravia), donde derrotó Napoleón a los austriacos y a los rusos (2 de diciembre de 1805). Esta batalla recibió el nombre de *batalla de los Tres Emperadores,* porque lucharon los emperadores de Francia, Rusia y Austria.

AUSTIN, c. de los Estados Unidos, cap. de Texas; petróleo, magnesio. Universidad.

AUSTIN (Esteban Fuller), colonizador norteamericano (1793-1836), fundador de la primera colonia de su país en Texas.

Austral *(Universidad),* univ. de Chile, con residencia en Valdivia.

AUSTRAL (OCÉANO), nombre que recibe a veces el **Océano Glacial Antártico.**

AUSTRALASIA, nombre dado algunas veces al conjunto que forman Australia y Nueva Zelanda.

AUSTRALIA, continente del hemisferio austral, Estado miembro del Commonwealth británico, y que a su vez constituye un grupo de Estados; 7 704 000 km²; 11 360 000 h. *(australianos)*; cap. *Canberra,* 63 300 h.; c. pr. *Sidney,* 2 098 000 h.; *Melbourne,* 1 831 000; *Brisbane,* 567 000; *Adelaida,* 577 000; *Perth,* 420 000; *Newcastle,* 203 700.

— GEOGRAFÍA. — *Relieve.* Australia forma un continente de costas poco recortadas, cuyos únicos accidentes importantes son la península de Cabo York y el golfo de Carpentaria, al norte. La cordillera Australiana se extiende a lo largo de la costa oriental, y su altura culminante es el monte Kosciusko (2 234 m). El centro está ocupado por dos inmensas llanuras, y el oeste es una meseta de 200 a 600 m de altura, interrumpida a veces por algunas montañas (montes Mac Donnell y Musgrave).

— *Clima, hidrografía y vegetación.* El clima es cálido y seco, en general. Las regiones húmedas están situadas en una banda al nordeste, y están cubiertas por bosques tropicales. El centro está constituido por sabanas y desiertos. La flora y fauna tienen curiosas formas arcaicas.

— *Población y economía.* La población indígena, poco numerosa y muy primitiva (47 000 individuos), ha sido rechazada por la colonización blanca. La base actual de la población la constituyen los elementos de raza blanca procedentes de las constantes emigraciones, la primera de las cuales tuvo lugar en 1793. La riqueza de Australia reside principalmente en la agricultura y la ganadería: el trigo se cultiva en la región del sudeste y en Perth, mientras que la cabaña australiana es la más importante del mundo en ganado lanar, siendo también considerable el vacuno y caballar. El subsuelo australiano es rico en oro, uranio, plomo y cinc. La industria se ha desarrollado mucho después de la Segunda Guerra mundial: construcciones mecánicas, maquinaria agrícola, material de transporte, etc.

— HISTORIA. En 1606, el español Váez de Torres descubrió el estrecho que hoy lleva su nombre, y tres años más tarde Fernández de Quirós fue el primer europeo que reconoció el territorio australiano. Posteriormente, franceses, ingleses y sobre todo holandeses, exploraron las costas y el interior. Los ingleses establecieron colonias penitenciarias en 1770, pero el gran desarrollo de Australia comenzó en 1851 con el descubrimiento de minas de oro y la importancia que tomó la cría del ganado lanar. En 1901, las seis colonias (Nueva Gales del Sur, Victoria, Australia Meridional, Australia Occidental, Queensland y Tasmania) se constituyeron en Estados, que, agrupados, formaron el Commonwealth de Australia. Los territorios de Australia del Norte y el de la capital se unieron al Commonwealth en 1911. Durante las dos guerras mundiales.

Fot. Giraudon, Alinari

Australia se mantuvo al lado de la Gran Bretaña y prestó grandes servicios a la causa aliada.

AUSTRANDIA, n. dado a la región andina fueguina.

AUSTRASIA, reino oriental de la Galia franca; cap. *Metz* (511-771), cuna de la dinastía carolingia.

AUSTRIA, Estado de Europa central, que se extiende, en su mayor parte, por los Alpes Orientales; 84 000 km²; 7 323 000 h. *(austriacos)*; cap. *Viena,* 2 000 000 h.; c. pr.: *Gratz,* 237 000 h.; *Linz,* 196 000; *Salzburgo,* 107 927; *Innsbruck,* 100 700; *Klagenfurt,* 70 000. (MAPA: V. página siguiente.)

— GEOGRAFÍA. Las estribaciones orientales de los Alpes terminan a orillas del Danubio. En dirección E. a O. los Alpes reciben los nombres de Alpes del Tirol, Gran Tauern y Pequeño Tauern. Paralelamente a este sistema se desarrollan los Alpes Austriacos, al norte, y los Alpes de Estiria, al sur.

A pesar de la importancia de las regiones montañosas, Austria posee ricas regiones agrícolas y ganaderas, en el valle del Inn y en la región de las colinas. Los bosques constituyen una fuente de riqueza importante, y las aguas de los valles alpinos se utilizan para fines hidroeléctricos. Se extrae lignito en la región del Mür y petróleo en Zistersdorf. La industria se agrupa principalmente en la región de Viena.

— HISTORIA. Carlomagno creó la *Marca Austriaca,* que más tarde se convirtió en ducado hereditario. En 1276, Rodolfo de Habsburgo, rey de Germania, ocupó también el trono austriaco, que desde entonces está ligado a esa Casa. Maximiliano I (1493-1519) preparó el poderío de su nieto Carlos I de España y V de Alemania (1500-1556), quien dejó la administración de los territorios austriacos a su hermano Fernando en 1522. Leopoldo I (1657-1705) liberó el país de la dominación turca. La guerra de Sucesión española (1701-1714) proporcionó a Austria los territorios de Milán, Nápoles y Sicilia, y en el reparto de Polonia de 1795 le correspondió Galitzia. En 1804, Francisco II reunió todos los Estados bajo la denominación de Imperio de Austria, pero en 1806 hubo de renunciar a la corona imperial, al mismo tiempo que perdía gran parte de sus territorios como consecuencia de las guerras contra Napoleón. El Tratado de Viena (1814) le restituyó los territorios perdidos y otorgó a Austria un papel preponderante en la Confederación Germánica. Aplastada por Prusia en Sadowa (1866) y excluida de la Confederación, Austria formó un doble Estado con Hungría (1867). [V. AUSTRIA-HUNGRÍA.]

De 1919 a 1938 constituyó una república federal que, después de varias convulsiones políticas, fue absorbida por Alemania en 1938, mediante un golpe de Estado nacionalsocialista *(Anschluss)* y formó parte del Reich alemán hasta la derrota de 1945. El país fue ocupado por las cuatro potencias aliadas hasta 1955, fecha en que acabó la ocupación mediante un tratado de paz.

AUSTRIA (Alta), prov. de Austria; cap. *Linz.*

AUSTRIA (Baja), prov. de Austria; cap. *Viena.*

AUSTRIA (CASA DE), dinastía de los Habsburgo, que reinó en el Sacro Imperio Romano Germánico (1418-1806), en España (1514-1700) y en Austria-Hungría (1867-1918).

AUSTRIA (Don Juan de), hijo natural de Carlos I de España, n. en Ratisbona en 1545, m.

Don Juan
de AUSTRIA

escudo y mapa
de AUSTRALIA

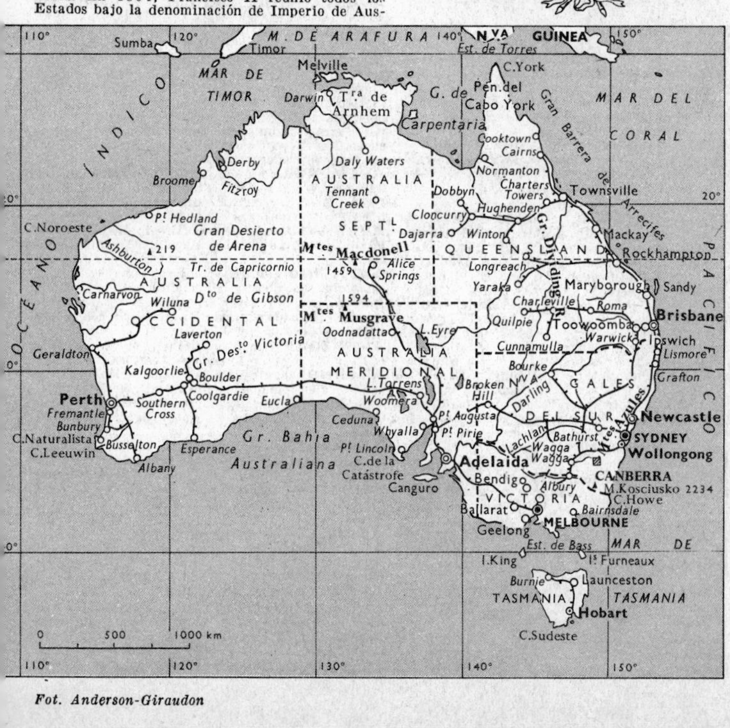

Australia, y su costa oriental, única región montañosa

Fot. Anderson-Giraudon

escudo y mapa
de AUSTRIA

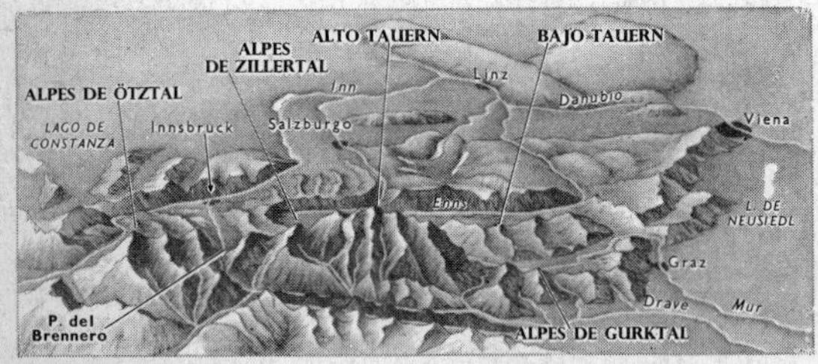

N. AVELLANEDA

AVERROES

cerca de Namur en 1578. A pesar de la oposición de su hermano Felipe II de España, entró en la carrera militar, distinguiéndose sucesivamente en la guerra contra los moriscos (1568-1571), en la célebre batalla de Lepanto, la cual dirigió (1571), y ocupó Túnez y Bizerta (1574). Fue gobernador general en Flandes (1576) y luchó contra la sublevación de este país.

AUSTRIA (Juan José de), hijo natural de Felipe IV y María Calderón, general español (1629-1679). Fue virrey en Flandes (1656), combatió la insurrección portuguesa (1663) y se sublevó contra el rey Carlos II.

AUSTRIA-HUNGRÍA, n. dado, de 1867 a 1918, al Estado compuesto por Austria y Hungría, gobernado por la dinastía de Habsburgo. Tenía una superficie de 676 250 km² y una población de unos 52 millones de h. Situado en el centro de Europa, comprendía regiones muy diferentes de aspecto y población. Después de la derrota de los Imperios Centrales (1918), el Tratado de Saint-Germain-en-Laye (1919) dio fin al imperio de Austria-Hungría, formándose en su lugar Estados independientes: Austria propiamente dicha, Checoslovaquia, Hungría. La Polonia austriaca se unió con los fragmentos prusiano y ruso, para formar el Estado independiente de Polonia. Italia, Yugoslavia y Rumania recibieron algunos de los territorios desmembrados. El Danubio, en virtud de este acuerdo, pasó a ser río internacional.

AUTLÁN, pobl. de México (Jalisco). Obispado.

Auto de los Reyes Magos, la obra más antigua del teatro español. Se ha conservado fragmentariamente en un códice del siglo XIII.

AUTUN [*otán*], c. de Francia (Saona y Loira). Antigüedades romanas; catedral del siglo XII.

AUVERNIA, ant. prov. de Francia, en el Macizo Central; cap. *Clermont-Ferrand.*

AUXERRE [*oser*], c. de Francia, cap. del dep. del Yonne. Catedral gótica.

AVAKUM. V. AVVAKUM.

ÁVALOS (Fernando Francisco de), marqués de Pescara, general español (1481-1525), vencedor de Francisco I de Francia en Pavía (1525).

ÁVAROS, pueblo de origen uraloaltaico que saqueó Europa durante tres siglos.

AVEIRO, c. de Portugal, cap. de distrito. Puerto de pesca. Obispado.

AVELLANEDA, c. de la Argentina (Buenos Aires), al SO. de la capital; imp. centro ind.; refinerías de petróleo; frigoríficos. Llamóse ant. **Barracas del Sur.** — Dep. de la Argentina (Santiago del Estero).

AVELLANEDA (Alonso FERNÁNDEZ DE), personaje misterioso de las letras españolas que aparece como autor de la segunda parte apócrifa del *Quijote,* publicada en Tarragona en 1614, un año antes de que Cervantes publicase la suya.

AVELLANEDA (Francisco de), comediógrafo español del ciclo de Calderón (1622-1675).

AVELLANEDA (Gertrudis). V. GÓMEZ DE AVELLANEDA.

AVELLANEDA (Marco M.), político argentino (1813-1841). Sublevado contra Rosas en el N. del país, fue vencido y fusilado por orden de Oribe. — Su hijo NICOLÁS, político, jurista y escritor, n. en Tucumán (1837-1885), pres. de la Rep. de 1874 a 1880. Vigorizó la economía del país al iniciar las exportaciones de cereales y de carne, impulsó la inmigración, protegió la enseñanza y llevó a cabo la conquista del desierto. Fue un orador brioso.

AVEMPACE, filósofo y médico árabe, n. en Zaragoza (¿1085-1128?). Creó una brillante escuela filosófica y uno de sus discípulos más notables fue Averroes.

AVENARIUS (Ricardo), filósofo alemán, n. en París (1843-1896), creador del empiriocriticismo.

AVENTINO (MONTE), una de las siete colinas comprendidas dentro del recinto de la antigua Roma, cerca del Tíber. A dicho monte se retiró la plebe romana durante su rebelión contra los patricios (494 a. de J. C.).

AVENZOAR, médico árabe, n. en Sevilla (¿1073?-1162), maestro de Averroes.

AVERNO, lago de Italia, cerca de Nápoles, de donde salen emanaciones sulfurosas. Considerábase como la entrada de los Infiernos, y a sus orillas se encontraba el antro de la sibila de Cumas. (*Eneida.*)

AVERROES, médico jurista y filósofo árabe, n. en Córdoba (1126-1198), comentarista de Aristóteles. Inclinábanse sus doctrinas filosóficas hacia el materialismo y el panteísmo, y fueron condenadas por la Universidad de París y por la Santa Sede.

Avesta o **Zend Avesta,** nombre dado al conjunto de los textos mazdeos (libros sagrados de los antiguos persas) atribuidos a *Zoroastro.* (V. MAZDEÍSMO, en la *Parte Lengua.*)

AVEYRON, dep. de Francia; cap. *Rodez.*

AVICEBRÓN (Salomón ben GABIROL, llamado), filósofo hispanojudío (¿1020-1058?), autor de *Fuente de la Vida* y *Origen de la Ciencia.*

AVICENA, filósofo y médico árabe (980-1037), autor de unos luminosos *Comentarios* a la obra

Fot. Valotaire

mérica Central
y Antillas
ESTADOS UNIDOS
Jacksonville
Corpus Christi
Tampa
C. Kennedy
Florida
West Palm Beach
Miami
GOLFO DE MÉXICO
OCÉANO ATLÁNTICO
GRAN BAHAMA
GRAN ABACO
ISLAS BAHAMAS (R.U.)
NASSAU
ELEUTHERA
ANDROS
CAT
SAN SALVADOR
LONG
Est. de Florida
Trópico de Cáncer
LA HABANA
Matanzas
Pinar del Río
Güines
Santa Clara
Cienfuegos
Sancti Spiritus
Ciego de Ávila
Camaguey
Holguín
Santiago
Guantánamo
Manzanillo
C. Cruz
CUBA
PINOS
C. San Antonio
C. Catoche
Est. de Yucatán
C. Maisí
Canal del Viento
Cabo Haitiano
Puerto Plata
Santiago de los Caballeros
S. Francisco de Macorís
HAITÍ
REP. DOMINICANA
STO. DOMINGO
PUERTO PRÍNCIPE
C. Beata
La Romana
S. Pedro de Macorís
Cl. de Mona
SAN JUAN
PUERTO RICO (E.E.U.U.)
Ponce
Paso de Anegada
Montego Bay
JAMAICA
KINGSTON
Pta South Negril
Canal de Jamaica
Cl de
ANTILLAS
LA ESPAÑOLA
ANTILLAS MAYORES
ANTILLAS MENORES
ANGUILLA (R.U.)
ST-MARTÍN (FR.-HOL.)
ST-BARTHÉLEMY (FR.)
BARBUDA
ST KITTS (R.U.)
ANTIGUA (R.U.)
STA CRUZ (E.E.U.U.)
GUADALUPE (FR.)
GDE-TERRE
BSE-TERRE
MARIA GALANTE
DOMINICA (R.U.)
MARTINICA (FR.)
Ft-de-France
SANTA LUCÍA (R. U.)
SAN VICENTE (R.U.)
BARBADOS (R.U.)
GRANADA
TOBAGO
PORT OF SPAIN (PUERTO ESPAÑA)
TRINIDAD
NUEVA ESPARTA
Cumaná
Maturín
Ciudad Bolívar
R. Orinoco
R. Apure
CARACAS
Maracay
Valencia
Barquisimeto
Maracaibo
L. DE MARACAIBO
Mérida
San Cristóbal
VENEZUELA
ARUBA
CURAZAO (HOL.)
BONAIRE
Willemstad
G. de Venezuela
Pta Gallinas
Pen. de Guajira
Barranquilla
Cartagena
R. Magdalena
COLOMBIA
Cúcuta
Bucaramanga
MAR CARIBE
Mérida
Peninsula del Yucatán
Chichen Itzá
Valladolid
Peto
COZUMEL
Campeche
Veracruz
Coatzacoalcos
ISTMO DE TEHUANTEPEC
Tuxtla Gutiérrez
GOLFO DE TEHUANTEPEC
Belice
GOLFO DE HONDURAS
Pto Barrios
GUATEMALA
Quezaltenango
Mazatenango
Antigua
S. José
La Ceiba
San Pedro Sula
HONDURAS
TEGUCIGALPA
Sta Ana
EL SALVADOR
SAN SALVADOR
Acajutla
S. Miguel
La Unión
Puerto Cabezas
NICARAGUA
Matagalpa
Chinandega
Corinto
León
MANAGUA
Masaya
Granada
Bluefields
San Juan del Sur
GOLFO DE LOS MOSQUITOS
COSTA RICA
Puntarenas
SAN JOSÉ
Cartago
Limón
Colón
PANAMÁ
David
GOLFO DE PANAMÁ
80°
70°
60°
20°
10°
0
500 km

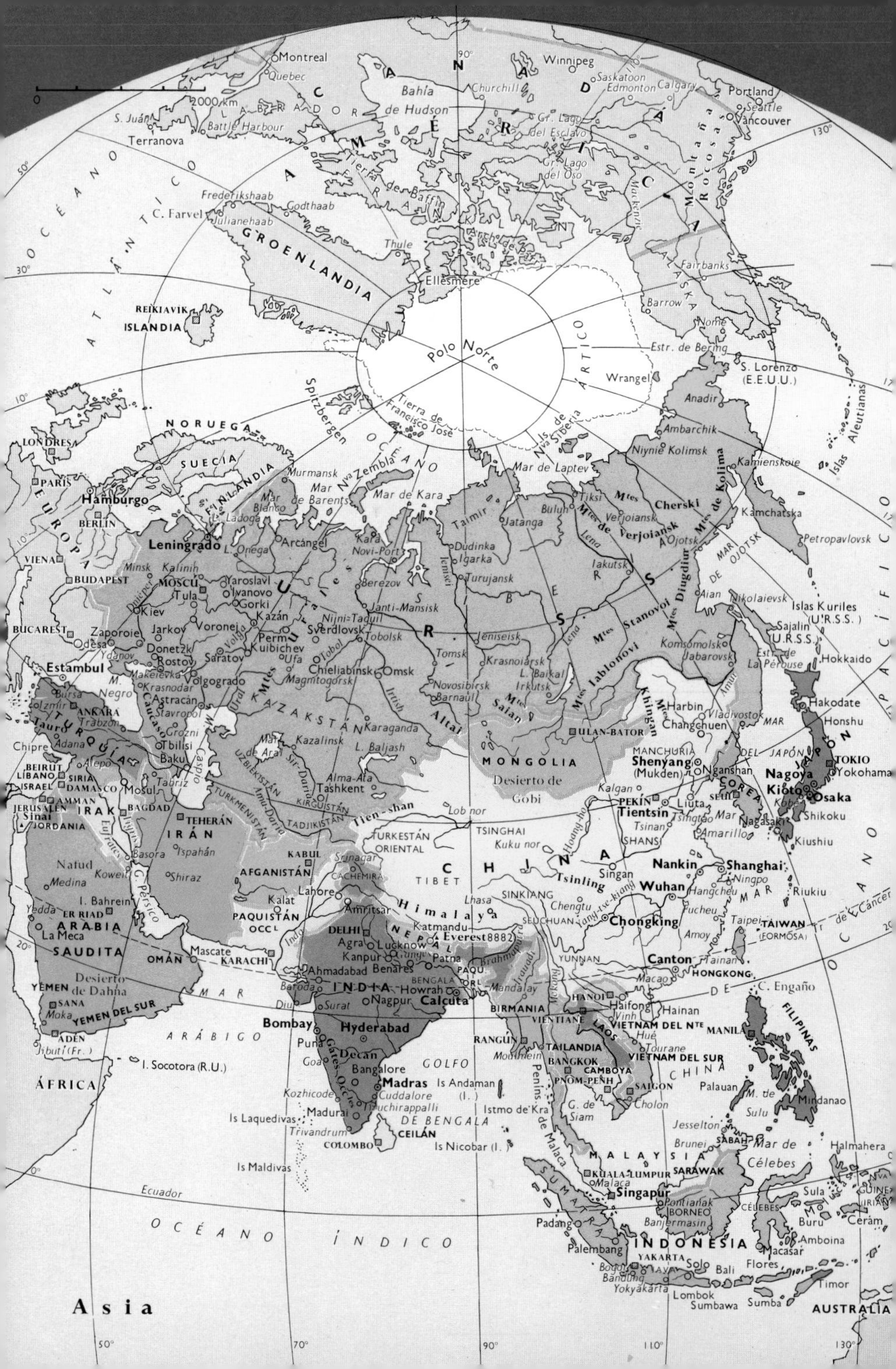

0
2000 km
Montreal
Quebec
S. Juan
Battle Harbour
Terranova
L A B R A D O R
C A N A D Á
A M É R I C A
Bahía de Hudson
Churchill
Winnipeg
Saskatoon
Edmonton
Calgary
Portland
Seattle
Vancouver
Montaña Rocosas
Gr. Lago del Esclavo
Gr. Lago del Oso
Mackenzie
Tierra de Baffin
T I E R R A   F R A N K L I N
Arch. de Parry
Thule
Frederikshaab
Godthaab
Julianehaab
C. Farvel
GROENLANDIA
OCÉANO ATLÁNTICO
Ellesmere
Fairbanks
ALASKA
Barrow
Nome
Estr. de Bering
REIKIAVIK
ISLANDIA
Polo Norte
ÁRTICO
Wrangel
S. Lorenzo (E.E.U.U.)
Spitzbergen
Tierra de Francisco José
Is. de Nva Siberia
OCÉANO
Anadir
Ambarchik
Niynie Kolimsk
Kamienskoie
Islas Aleutianas
NORUEGA
SUECIA
FINLANDIA
LONDRES
PARIS
EUROPA
Hamburgo
BERLIN
VIENA
BUDAPEST
BUCAREST
Murmansk
Mar Blanco
Mar de Barents
Nva Zembla
Mar de Kara
Mar de Laptev
L. Ladoga
Leningrado
L. Onega
Arcángel
Kara
Novi-Port
Taimir
Jatanga
Dudinka
Igarka
Tiksi
Bulun
Mtes de Verjoiansk
Verjoiansk
Mtes Cherski
Mtes de Kolima
Kamchatka
Petropavlovsk
Ojotsk
MAR DE OJOTSK
OCÉANO PACÍFICO
Minsk
Kalinin
MOSCÚ
Yaroslavl
Ivanovo
Tula
Gorki
Kiev
Dnieper
Jarkov
Voronej
Kazán
Volga
Perm
Zaporoie
Odesa
Donetzk
Rostov
Saratov
Kuibichev
Ydanov
Makeievka
Krasnodar
Volgogrado
Astracán
Cáucaso
Stavropol
Grozni
Tbilisi
Baku
U. R. S. S.
Mtes Urales
Berezov
Janti-Mansisk
Nijni-Taguil
Sverdlovsk
Tobolsk
Tobol
Ufa
Chieliabinsk
Omsk
Magnitogorsk
Irtish
Turujansk
Ienisei
S I B E R I A
Ieniseisk
Tomsk
Krasnoiarsk
Novosibirsk
Barnaúl
L. Baikal
Irkutsk
Iakutsk
Lena
Mtes Stanovoi
Mtes Diugdiur
Aian
Nikolaievsk
Islas Kuriles (U.R.S.S.)
Sajalin (U.R.S.S.)
Komsomolsk
Jabarovsk
Estr. de La Pérouse
Hokkaido
Mtes Iablonovi
Amur
KAZAKSTÁN
Karaganda
L. Baljash
Altai
Mtes Salan
ULAN-BATOR
MONGOLIA
Desierto de Gobi
Mtes Khingan
Harbin
Changchuen
Vladivostok
MANCHURIA
Shenyang (Mukden)
Nganshan
COREA
SEUL
Hakodate
Honshu
MAR DEL JAPÓN
JAPÓN
TOKIO
Yokohama
Nagoya
Kioto
Kobe
Osaka
Shikoku
Nagasaki
Kiushiu
Estambul
M. Negro
Bursa
Izmir
ANKARA
Trabzon
TURQUÍA
Tauro
Adana
Chipre
Alepo
BEIRUT
LÍBANO
SIRIA
DAMASCO
ISRAEL
AMMAN
JERUSALÉN
Sinaí
JORDANIA
Mosul
IRAK
BAGDAD
Tabriz
M. Caspio
Mar de Aral
Kazalinsk
Sir-Daria
UZBEKISTÁN
TURKMENISTÁN
Amu-Daria
Alma-Ata
Tashkent
KIRGUISTÁN
TADJIKISTÁN
Tien-shan
Lob nor
TURKESTÁN ORIENTAL
TSINGHAI
Kuku nor
Hoang-ho
Kalgan
PEKÍN
Tientsin
Liuta
Tsingtao
Tsinan
SHANSI
Mar Amarillo
TEHERÁN
IRÁN
Éufrates
Tigris
Basora
Ispahán
Shiraz
Koweit
G. Pérsico
Natud
Medina
I. Bahrein
Yedda
ER RIAD
ARABIA SAUDITA
La Meca
OMÁN
Mascate
Desierto de Dahna
YEMEN
SANA
Moka
YEMEN DEL SUR
ADÉN
Jibutí (Fr.)
MAR ARÁBIGO
I. Socotora (R.U.)
ÁFRICA
KABUL
AFGANISTÁN
Kalat
PAQUISTÁN OCCL
KARACHI
Srinagar
CACHEMIRA
Lahore
Amritsar
Indo
DELHI
Agra
Lucknow
Ganges
Kanpur
Benares
Patna
Katmandu
NEPAL
Everest 8882
Himalaya
TIBET
Lhasa
C H I N A
Tsinling
Singan
Nankin
Shanghai
Wuhan
Ningpo
Hangcheu
Fucheu
Amoy
Taipei
TAIWAN (FORMOSA)
Tr. de Cáncer
SINKIANG
Chengtu
SEUCHUAN
Yang-tse-kiang
Chongking
YUNNAN
Canton
Macao
HONGKONG
Tainan
Riukiu
MAR DE CHINA
Brahmaputra
Irawadi
Mekong
Ahmadabad
BENGALA
PAQ. OR L.
Baroda
INDIA
Howrah
Calcuta
Nagpur
Diu
Surat
Bombay
Hyderabad
Puna
Gates Occles
Decán
Goa
Bangalore
Madras
Cuddalore
Kozhicode
Madurai
Tiruchirappalli
Is Laquedivas
Trivandrum
COLOMBO
CEILÁN
Is Maldivas
GOLFO DE BENGALA
Is Andaman (I.)
Is Nicobar (I.)
Mandalay
BIRMANIA
RANGÚN
Moulmein
Istmo de Kra
Penins. de Malaca
HANOI
Haifong
Vinh
VIENTIANE
LAOS
VIETNAM DEL NTE
Hué
Tourane
Hainan
TAILANDIA
BANGKOK
CAMBOYA
PNOM-PEÑH
SAIGON
VIETNAM DEL SUR
Cholon
G. de Siam
C. Engaño
FILIPINAS
MANILA
Palauan
M. de Sulu
Mindanao
Jesselton
Brunei
SABAH
Mar de Célebes
Halmahera
MALAYSIA
KUALA-LUMPUR
Malaca
SARAWAK
Singapur
SUMATRA
Pontianak
BORNEO
Banjermasin
Padang
Palembang
INDONESIA
YAKARTA
Bogor
Bandung
JAVA
Solo
Yokyakarta
Bali
Lombok
Sumbawa
Flores
Sumba
Timor
CÉLEBES
Macasar
Sula
Buru
Amboina
Ceram
GUINEA IRIAN
AUSTRALIA
Ecuador
OCÉANO ÍNDICO
50°
70°
90°
110°
130°
30°
10°
20°
0°

A s i a

ÁVILA

de Aristóteles, de *Canon de la Medicina* y diferentes trabajos enciclopédicos.

AVIGNON. V. AVIÑÓN.

ÁVILA, c. de España, cap. de la prov. del mismo nombre (Castilla la Vieja), al NO. de Madrid. Murallas (s. XI); iglesias románicas; catedral gótica. Obispado. Patria de Santa Teresa de Jesús. La prov. es esencialmente ganadera.

ÁVILA (*Beato* Juan de), figura destacada del ascetismo español (1500-1569), autor de un *Epistolario espiritual*. Fue canonizado en 1970.

ÁVILA (Sancho de), general español (1513-1573), que guerreó a las órdenes del duque de Alba en los Países Bajos. Apoderóse de Amberes. Conocido con el nombre de **Sancho Dávila.**

ÁVILA CAMACHO (Manuel), militar y político mexicano (1897-1955), pres. de la Rep. de 1940 a 1946.

ÁVILA Y ZÚÑIGA (Luis de), historiador español (¿1500-1564?), protegido del emperador Carlos I de España y autor de un *Comentario de la guerra de Alemania* (1548).

AVILÉS, c. de España (Oviedo); puerto; nudo ferroviario; importante complejo industrial. — Prov. de Bolivia (Tarija); cap. *Villa Uriondo.*

AVIÑÓN, en fr. **Avignon,** c. de Francia, cap. del dep. de Vaucluse, a orillas del Ródano. (Hab. *aviñoneses* o *aviñonenses.*) Fue sede del pontificado de 1309 a 1378. En 1348 la compró Clemente VI a la Casa de Provenza y perteneció la ciudad a la Iglesia hasta 1791, época en que se reunió con Francia.

AVÍS (CASA DE), segunda dinastía reinante en Portugal, fundada por Juan I (1385).

Avís *(Orden de)*, orden militar y religiosa, fundada en Coimbra (Portugal), en el siglo XII.

Avispas (*Las*), comedia de Aristófanes, estrenada en 422 a. de J. C., en la que el autor se burla de la afición de los atenienses a los pleitos.

AVITO *(San)*, prelado galorromano, m. hacia 518: autor de poemas religiosos.

AVITO, emperador romano de Occidente (455-456), destronado por Ricimero.

AVOGADRO DI QUAREGNA (Amadeo), físico italiano (1776-1856), autor de una hipótesis sobre las moléculas de los gases. El *número de Avogadro* (6×10^{23}) es el número de moléculas contenidas en una molécula-gramo.

AVRANCHES, c. de Francia (Manche).

AVVAKUM, arcipreste y escritor ruso (¿1620?-1681), cuya *Autobiografía* es una de las primeras obras rusas antes de Pedro el Grande.

AXAYÁCATL, rey de los aztecas de 1469 a 1481, bajo el cual se verificó la consagración de la Piedra del Sol. En 1480, fue derrotado en la guerra de Michoacán.

AXUM, c. de Etiopía, ant. cap. del país. Sigue siendo la ciudad santa. Comercio de marfil.

AYABACA, c. del Perú, cap. de la prov. del mismo n. (Piura).

AYACUCHO, c. del Perú, cap. de la prov. de Huamanga y del dep. de su mismo n.; centro comercial y turístico. (Hab. *ayacuchanos.*) Obispado. Fundada en 1539 por Francisco Pizarro; en sus inmediaciones se desarrolló la batalla decisiva de la independencia de América (9 de dic. 1824), en la que las fuerzas realistas fueron derrotadas por las de Sucre. El dep. produce cereales, café, cacao, y tiene yac. mineros (plata). — Dep. de la Argentina (San Luis). — Pobl. de la Argentina (Buenos Aires).

AYALA (Adelardo LÓPEZ DE). V. LÓPEZ.

AYALA (Bernabé de), pintor sevillano (1639-1696), discípulo de Zurbarán.

AYALA (Daniel), compositor mexicano perteneciente a la escuela moderna, n. en 1908.

AYALA (Eligio), político paraguayo (1880-1930), pres. de la Rep. de 1923 a 1928.

AYALA (Eusebio), político paraguayo (1875-1942), pres. de la Rep. de 1921 a 1923 y de 1932 a 1936, período éste que correspondió con la guerra del Chaco.

Ayala (*Plan de*), plan promulgado por Zapata en 1911, por el cual exigía el reparto de tierras entre los campesinos mexicanos.

AYAMONTE, c. y puerto de España (Huelva).

AYAPUNGU, cima del Ecuador, en la Cord. Oriental; 4 698 m.

AYARZA, lago de Guatemala (Santa Rosa); 252 km².

AYAVIRI, c. del Perú, cap. de la prov. de Melgar (Puno). Prelatura nullius. (V. RAMIS.)

ÁYAX, nombre de dos valerosos héroes griegos de la guerra de Troya.

AYCINENA (Mariano), político guatemalteco del s. XIX, uno de los firmantes del Acta de Independencia (1821). Jefe del Estado de 1827 a 1829, fue apresado por Morazán y desterrado

AYCINENA (Pedro), político guatemalteco del s. XIX, pres. de la Rep. en 1865.

AYERZA (Abel), médico argentino (1861-1918), que estudió la esclerosis de la arteria pulmonar.

Ayllu o **Aillo.** V. AÍLLO. *(Parte lengua.)*

AYMARÁS. V. AIMARAES.

AYMÉ (Marcel), escritor francés (1902-1967), autor de comedias y de novelas.

AYOLAS, pobl. del Paraguay (Misiones).

AYOLAS (Juan de), militar español, n. en Briviesca (¿1510-1537?), lugarteniente de Pedro de Mendoza. Remontó los ríos Paraná y Paraguay y se internó en el Chaco en busca de la "sierra de la Plata". Fue gobernador del Río de la Plata en 1537 y murió a manos de los indios payaguaes.

AYOPAYA, prov. de Bolivia (Cochabamba); cap. *Villa Independencia.*

AYORA, v. de España (Valencia).

AYORA (Isidro), político y médico ecuatoriano, n. en Loja en 1879, pres. de la Rep. de 1926 a 1931. Durante su mandato dictatorial procedió a la reorganización fiscal y bancaria y promulgó la Constitución de 1928.

AYR, c. y puerto de Escocia; cap. del condado del mismo n.

AYSÉN. V. AISÉN.

AYUBITAS, dinastía musulmana que sucedió a los fatimitas en la dominación de Egipto, Siria, Yemen y Mesopotamia. Fundada en 1171.

AYUTIA, c. de Tailandia, ant. cap. del país al N. de Bangkok.

AYUTLA, c. de México (Guerrero), en la que Álvarez, Comonfort y Ocampo proclamaron un plan para derribar al dictador Santa Anna (1854).

AZA (Vital), médico y comediógrafo español (1851-1912), autor de sainetes madrileños.

AZÁNGARO, río del Perú, que, con el Pucará y el Huancané, forma el río Ramis. — C. del Perú, cap. de la prov. del mismo n. (Puno).

AZANZA (Miguel José de), gobernante español (1746-1826), virrey de Nueva España de 1798 a 1800.

AZAÑA (Manuel), político y escritor español (1880-1940), tres veces jefe del Gobierno, y

AVICENA

AYORA

AVILÉS
complejo industrial

Fot. doc. Embajada de España (París), Larousse, Valotaire

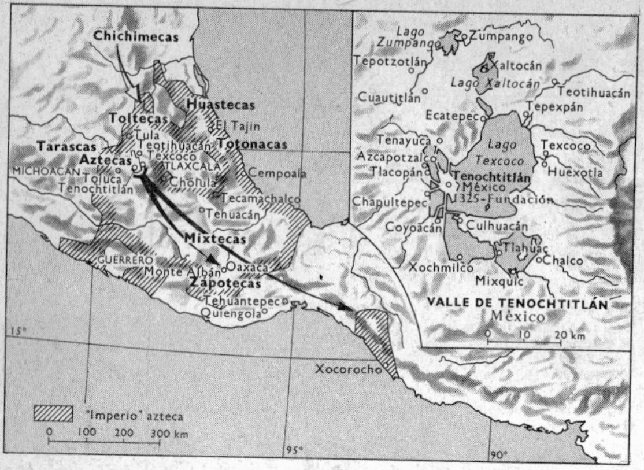

mapa del IMPERIO AZTECA

pres. de la Rep. en 1936. Autor de novelas (*El jardín de los frailes*), obras de teatro (*La corona*) y ensayos de crítica literaria.

AZARA (Félix de), naturalista y marino español (1746-1811), enviado a América para arbitrar en la cuestión de límites entre las posesiones de España y Portugal. Estudió la fauna y la geografía del Paraguay y del Río de la Plata. Autor de *Viaje a través de la América Meridional de 1781 a 1801, Ensayos de Historia Natural,* etc.

AZARA (José Nicolás de), humanista y erudito español (1730-1803), anotador de Virgilio, Horacio y Garcilaso, y autor de *Memorias.*

AZORÍN por ZULOAGA *detalle*

AZARÍAS u **OZIAS,** rey de Judá (781-740 a. de J. C.). Murió de la lepra.

AZCAPOTZALCO, v. de México (Distrito Federal); centro ind.; refinerías de petróleo. Fundada por los tecpanecas, fue cap. de un reino independiente (1348-1428).

AZCÁRATE (Gumersindo), político, jurisconsulto y sociólogo español (1840-1917).

AZCÁRATE (Nicolás), abogado, publicista y mecenas cubano (1828-1894).

AZCÁRRAGA (Marcelo de), general y político español (1833-1915). Fue varias veces ministro y presidente del Gobierno.

AZCOITIA, v. de España (Guipúzcoa). Tejidos; aguas minerales.

AZCUÉNAGA (Miguel de), militar argentino (1754-1833). Participó en la Revolución de Mayo y formó parte de la Junta Gubernativa de 1810.

AZEGLIO (Máximo TAPARELLI, *marqués de*), escritor y político italiano (1798-1866), uno de los jefes del *Risorgimento.*

AZERBAIDJÁN o **AZERBEIYÁN,** república federada de la U. R. S. S. (Transcaucasia oriental), a orillas del mar Caspio; cap. *Bakú;* petróleo, algodón; 3 700 000 h. — Prov. fronteriza de Irán; cap. *Tabriz.*

AZEVEDO (Aloisio), escritor naturalista brasileño (1857-1913), autor de *El mulato, El esqueleto,* etc. Es observador agudo, crítico sagaz y pintor de las costumbres brasileñas.

AZUELA

AZNAR (Juan Bautista), marino y político español (1860-1933), jefe del último gobierno monárquico en 1931.

AZÓCAR (Rubén), poeta y novelista chileno, n. en 1901.

AZOGUES, c. del Ecuador, cap. de la prov. de Cañar; centro de la ind. de sombreros de paja de toquilla; minas. (Hab. *azogueños.*)

AZOPARDO (Juan Bautista), marino maltés (1774-1848), que fue jefe de la primera escuadrilla argentina.

AZORES, archipiélago y prov. portuguesa del Atlántico. Las principales islas son: *Fayal, Terceira* y *San Miguel;* 325 000 h.; cap. *Ponta Delgada.* Naranjas, limones; vinos; tabaco.

AZORÍN (José MARTÍNEZ RUIZ, llamado), escritor español n. en Monóvar (1873-1967), representante de la Generación del 98, que ha definido admirablemente y a la que ha dado nombre. Estilista singular, se le deben glosas diversas sobre los clásicos españoles (*Clásicos y románticos, De Granada a Castelar, Al margen de los clásicos, La ruta de Don Quijote, Rivas y Larra, Los valores literarios*), evocaciones de finísimo matiz acerca del pasado nacional (*Una hora de España*) o del paisaje (*Castilla*), novelas (*Don Juan, Doña Inés, Antonio Azorín, La voluntad, Los pueblos, Las confesiones de un pequeño filósofo*) y obras de teatro (*Old Spain, La guerrilla*).

AZOV (MAR DE), golfo formado por el mar Negro, entre Ucrania y Rusia meridional.

AZPEITIA, v. de España (Guipúzcoa). Patria y santuario de San Ignacio de Loyola.

AZTATLÁN, uno de los reinos mexicanos (Jalisco) antes de la ocupación española.

AZTECAS, pueblo indio de la familia lingüística náhuatl que desarrolló en México una civilización brillante del s. XIV hasta la conquista española (1519). Oriundos del NO. (Aztlán), los *aztecas* invadieron, tras larga peregrinación, el valle de México y fundaron la c. de Tenochtitlán, en 1325. Por su espíritu guerrero, consiguieron erigir un poderoso y extenso imperio. La sociedad azteca, gobernada por una monarquía electiva, estaba dividida en familias que poseían en común un *calpúlli* o barrio, y en clases (nobles, sacerdotes, pueblo, comerciantes y esclavos). La base de su economía era la agricultura. Cultivaban principalmente maíz, frijol, cacao, maguey y algodón. Su religión era tiránica; ofrecían sacrificios humanos a sus divinidades y en particular a *Huitzilopóchtli,* dios de la guerra. Poseían dos calendarios: uno astronómico y otro litúrgico y adivinatorio. Su escritura, como aparece en los valiosos códices pintados que dejaron, era jeroglífica. El arte azteca, heredado del arte tolteca, floreció en arquitectura, escultura, joyería (con notables figuras y dijes de piedras preciosas) pintura, poesía, música y danza.

AZTLÁN, mítico país del NO. de México o la Alta California, de donde, según la tradición, proceden los aztecas.

AZUA, prov. de la Rep. Dominicana, al S. de la Cord. Central; cap. *Azua de Compostela;* caña de azúcar, café; yac. de carbón y petróleo.

AZUA DE COMPOSTELA, c. de la Rep. Dominicana, cap. de la prov. de Azua. Fundada por Diego de Velázquez en 1504.

AZUAGA, v. de España (Badajoz); minas de hulla y de plomo argentífero.

AZUAY, nudo montañoso del Ecuador, en las prov. de Chimborazo y Cañar; 4 479 m. — Prov. del Ecuador; cap. *Cuenca;* lavaderos de oro, minas de cinc, cobre y plata. (Hab. *azuayos.*)

AZUELA (Mariano), novelista mexicano, n. en Lagos de Moreno (Jalisco) [1873-1952]. Intervino en política y luchó contra Porfirio Díaz y Victoriano Huerta. Sus novelas *Los de abajo, La malhora, La luciérnaga, Mala Yerba, Sendas perdidas, La maldición, Esa sangre,* analizan la revolución mexicana y sus consecuencias. Su estilo es de gran realismo y su prosa sugestiva y sobria.

AZUERO, penins. de Panamá, en el Pacífico, limitada al O. por el golfo de Panamá.

AZUERO PLATA (Juan Nepomuceno), sacerdote y patriota colombiano (1780-1857).

AZUFRE. V. COPIAPÓ.

AZUL, cerro de Venezuela, en la Cord. Caribe. — Cima de la Argentina (Catamarca); 5 600 m. — Montaña de Chile (Talca); 3 750 m. — Río de la Argentina (Buenos Aires); 160 km. — Sierra del Brasil (Mato Grosso). — C. de la Argentina (Buenos Aires); imp. mercados; centro turístico. Obispado. — V. HONDO.

AZUL (Río). V. YANG TSE KIANG.

Azul, colección de poemas en prosa y en verso, de Rubén Darío (1888), llenos de vigorosa y nueva inspiración y delicadamente cincelados.

Azules y Verdes, nombres de las dos facciones que dividían al pueblo de Bizancio, en el hipódromo, según el color de las casacas de los conductores de los carros. Su rivalidad originó la insurrección de 532, en tiempos de Justiniano.

AZURDUY, prov. de Bolivia (Chuquisaca); cap. *Villa Azurduy.*

AZURDUY DE PADILLA (Juana), heroína boliviana de la Independencia (1781-1862).

Fot. Ruiz Vernacci, Larousse

BUENOS AIRES

B

Baal, apelación dada a Dios por los fenicios.
BAALBEK. V. BALBEK.
BAB (Mirza Alí Mohamed), reformador persa, fundador de la secta de los *babistas* (1820-1851).
BABA, c. del Ecuador (Los Ríos), de origen indígena. En ella se dio el grito de Independencia el 12 de octubre de 1820.
BABA (CABO), cabo de Asia, al N. de Esmirna.
BABAHOYO, c. del Ecuador, cab. del cantón del mismo n. y cap. de la prov. de Los Ríos. Activo puerto comercial. (Hab. *babahoyenses*). Fue destruida por un incendio en 1835 y 1867.
BABAHOYO o **BODEGAS,** río del Ecuador (Guayas), afl. del Guayas; 235 km.
Babbitt, novela de Sinclair Lewis (1922) en la que crea el prototipo del hombre de negocios norteamericano.
Babel (*Torre de*), torre que, según la Biblia, quisieron elevar los hijos de Noé para alcanzar el cielo. Dios castigó su insensatez trabando sus lenguas para que no pudiesen entenderse. Por esto se da el nombre de *Babel* a toda confusión.
BAB EL-MANDEB (ESTRECHO DE) [*«Puertas de las Lágrimas»*], estrecho entre Arabia y África que une el mar Rojo con el océano Índico.
BABER (1482-1530), primer emperador mogol de la India (1505-1530), biznieto de Tamerlán, fundador de la dinastía de los *babéridas* o grandes mogoles.
BABEUF (Francisco Emilio, llamado **Graco**), revolucionario francés (1760-1797) que conspiró contra el Directorio, con cierto número de jacobinos, y fue condenado a muerte. Su doctrina (*babuvismo*) era una especie de comunismo.
BABIA, territorio del NO. de España en las montañas de León. Dícese familiarmente "estar en Babia" por estar sumamente distraído y ajeno a lo que se dice.
BABIA (SERRANÍA DE LA), n. dado a un sector de la Sierra Madre Oriental de México (Coahuila y Nuevo León). Región ganadera y de caza.
BABIECA, n. del caballo que montaba el Cid.
BABILAO (*San*), obispo de Antioquía, martirizado en el siglo III. Fiesta el 24 de enero.
BABILONIA, cap. de la antigua Caldea, a orillas del Éufrates, una de las ciudades más grandes y más ricas de Oriente. Sus murallas gigantescas y sus jardines colgantes, construidos por Semíramis, se contaban entre las siete maravillas del mundo. Babilonia, cuyos soberanos más famosos fueron Sargón, Semíramis, Nabucodonosor, Nabonasar, etc., fue tomada por Ciro, quien desvió para ello el cauce del Éufrates (539 a. de J. C.), y por Darío (519 a. de J. C.). [Hab. *babilonios*]. El nombre de Babilonia, después de haber sido aplicado metafóricamente a Roma por los primeros cristianos, ha venido a convertirse en sinónimo de ciudad donde la aglomeración de habitantes, la riqueza y los refinamientos de la civilización engendran fatalmente la corrupción de las costumbres. — Región de Caldea, vecina de la c. del mismo n.
BABINET (Jacques), físico y astrónomo francés (1794-1872), inventor de un goniómetro.
BABINSKI (Joseph), médico francés (1857-1932). Estudió las enfermedades nerviosas.
BABRIUS, BABRIO o **BABRIAS,** poeta griego del s. III, que versificó las fábulas de Esopo.
BABUYANES, grupo de islas del archipiélago filipino, al N. de la isla de Luzón.
BACACAY, pobl. de Filipinas (Luzón).
BACALLAR (Vicente), diplomático e historiador español (1669-1729), favorito de Felipe V.
BACARISSE (Mauricio), poeta y novelista español (1895-1931), autor de *Los terribles amores de Agliberto y Celedonia.*
BACARISSE (Salvador), compositor español, (1898-1963).
BACATÁ, ant. n. de **Bogotá,** cap. de la nación chibcha.
BACAU, c. de Rumania (Moldavia).
BACCARAT, c. de Francia (Meurthe-et-Moselle); célebre manufactura de cristales.
BACLE (César H.), pintor y litógrafo suizo (1797-1838). Vivió en la Argentina y dejó una interesante obra sobre Buenos Aires (s. XIX).
BACO o **DIONISOS,** dios griego del Vino, hijo de Zeus y de Semele.
BACOLOD, c. de Filipinas, cap. de la prov. de Negros Occidentales. Obispado.
BACON (Francis), filósofo y canciller de Inglaterra (1561-1626), barón de Verulam. Fue uno de los creadores del método experimental con su libro *Instauratio magna.* Para él la investigación científica es independiente del principio de la autoridad y del razonamiento escolástico y

TORRE DE BABEL
miniatura del s. XV
detalle

BACO
museo de Nápoles

Fot. Almasy, X, Anderson

F. BACON

R. BACON

J. S. BACH
pintura anónima
museo de Erfurt

B. BÁEZ

la puerta asiria
en BAGDAD

deductivo. Establece una clasificación metódica de las ciencias y, en *Novum organum scientiarum,* una teoría de la inducción.

BACON (Roger), monje franciscano y sabio inglés, llamado **el Doctor admirable** (¿1214?-1294). Atacó los métodos filosóficos de su época.

BACQUILIDES. V. BAQUÍLIDES.

BACTRIANA, región del Asia antigua, habitada por los persas, comprendida hoy en la parte norte de Afganistán; cap. *Bactra.*

BACH, n. de una célebre familia de músicos alemanes. El más ilustre de sus miembros fue JUAN SEBASTIÁN, n. en Eisenach (1685-1750), cuyas obras de música religiosa, vocal e instrumental son admirables por la riqueza y sublimidad de la inspiración y la ciencia de la armonía (*Cantatas, Pasiones, Misas, Obras para órgano, Tocatas, El clave bien temperado,* etc.). — Alcanzaron la celebridad tres de sus hijos: GUILLERMO FRIEDEMANN (1710-1784), CARLOS FELIPE MANUEL, músico de Federico II (1714-1788), considerado como el creador de la sonata moderna, y JUAN CRISTIÁN (1735-1782), cuyas obras anuncian el estilo galante de Mozart.

BACHELARD (Gaston), filósofo francés (1884-1962).

BACHKIRIA, rep. autónoma de la U. R. S. S. (Rusia), limitada por el Ural y habitada por los *bachkires,* pueblo de origen mongólico; cap. *Ufa.* Hierro, cobre, petróleo.

BADACSONY, aldea de Hungría, a orillas del lago Balatón. Vinos. Centro turístico.

BADAJOZ, c. de España, cap. de la prov. del mismo n. (Extremadura), a 466 km al O. de Madrid, a orillas del Guadiana. Puente romano; murallas moriscas; catedral gótica. La prov. es ganadera (cerdos, ovinos). Prod. tb. cereales, vid, olivos en la zona central.

Badajoz (*Plan de*), plan iniciado en 1952 para irrigar e industrializar esta prov. de España.

BADALONA, c. de España (Barcelona); industrias química y textil.

BADEN, región de Alemania, que se extiende en la llanura del Rin, en la Selva Negra y, al SE., hasta el lago de Constanza. Unida a Wurtemberg, constituye hoy un Estado de la República Federal de Alemania; cap. *Stuttgart;* c. pr. *Mannheim, Carlsruhe.*

BADEN o **BADEN BADEN,** c. de Alemania (Baden-Wurtemberg); estación termal.

BADEN-POWELL (Roberto), general inglés (1857-1941), fundador de la asociación de exploradores (*boy scouts*).

BAD GODESBERG, c. de Alemania occidental, barrio de Bonn en 1969. Aguas minerales.

BADÍA Y LEBLICH (Domingo), llamado **Alí Bey,** aventurero español (1766-1818). Se hizo musulmán, viajó por Oriente y por el norte de África, y fue envenenado en Damasco.

BAD KREUZNACH, c. de Alemania (Renania-Palatinado). Aguas minerales.

BADOGLIO (Pietro), mariscal italiano (1871-1956), pres. del Consejo a la caída de Mussolini; firmó la capitulación de Italia (1943).

BAEDEKER [*bedekr*] (Carlos), editor alemán (1801-1859), que se dio a conocer por una colección de guías turísticas.

BAEKELAND (Leo Hendrik), químico belga, naturalizado norteamericano (1863-1944). Inventor de la *baquelita.*

BAENA, c. de España (Córdoba); aceite.

Baena (*Cancionero de*), primera antología de la lírica castellana, reunida hacia 1445 por el judío converso Juan Alfonso de Baena (1406-1454).

BAEYER (Adolf von), químico alemán (1835-1917), que realizó la síntesis del índigo (Pr. Nóbel, 1905).

BÁEZ (Buenaventura), general y político dominicano (1810-1884), rival de Santana. Fue pres. de la Rep. de 1849 a 1853, de 1856 a 1857, en 1867, de 1868 a 1873 y en 1877. Su proyecto de incorporar la Rep. a los Estados Unidos le granjeó la impopularidad y le obligó a renunciar al Poder.

BÁEZ (Cecilio), político y escritor paraguayo (1862-1941), pres. interino de la Rep. de 1905 a 1906. Autor de *Principios de sociología.*

BÁEZ (Ramón), político y médico dominicano, m. en 1929, pres. interino de la Rep. en 1914.

BAEZA, c. de España (Jaén); monumentos góticos y del Renacimiento.

BAFFIN (Guillermo), navegante inglés (1584-1622), el primero que visitó el estrecho de Davis y el mar que lleva su nombre (1616).

BAFFIN (TIERRA DE), región del archipiélago ártico canadiense, separada de Groenlandia por el mar del mismo n. Pesca de ballenas.

BAGDAD, cap. de Irak, a orillas del Tigris, ant. cap. del califato de los abasidas; 1 306 600 h. Paños, cuchillería, joyas, sedas y tafiletes.

BAGNÈRES-DE-BIGORRE [*bañerdebigor*], c. de Francia (Altos Pirineos); fuentes termales.

BAGNÈRES-DE-LUCHON, c. de Francia (Alto Garona); aguas termales sulfurosas.

BAGRATIONOVSK. V. EYLAU.

BAGUA, c. del Perú, cap. de la prov. del mismo n. (Amazonas).

BAGUIO, c. de Filipinas, en el N. de la isla de Luzón. Estación veraniega.

BAHAMAS (ARCHIPIÉLAGO DE LAS) o **ISLAS LUCAYAS,** archipiélago inglés del Atlántico, al N. de las Antillas Mayores, de las que está separado por el *canal de Bahama;* 140 000 h. Cap. *Nassau.* En una de dichas islas (*San Salvador*), desembarcó Colón en 1492. Turismo.

BAHÍA o **BAÍA,** Estado del E. del Brasil; cap. *Salvador* o *Bahía;* imp. prod. forestal, agrícola y ganadera; minas de cobre y diamantes.

BAHÍA BLANCA, brazo de mar de la Argentina (Buenos Aires). — C. de la Argentina (Buenos Aires), uno de los principales puertos del país; frigoríficos. Residencia de la Universidad Nacional del Sur. Arzobispado.

BAHÍA DE CARÁQUEZ, pobl. del Ecuador (Manabí); puerto y estación radiotelegráfica.

BAHÍA HONDA, bahía de Cuba (Pinar del Río), en la que des. el río del mismo n. — Bahía de Colombia, en el océano Atlántico (Guajira).

BAHÍA INÚTIL, com. de Chile (Tierra del Fuego).

BAHORUCO. V. BAORUCO.

BAHREIN (ISLAS), archipiélago del golfo Pérsico, cerca de la costa de Arabia; cap. *Manama.* Pesquerías de perlas. Yacimiento de petróleo, refinerías. Estado bajo protección británica.

BAHR el-Abiad, otro n. del Nilo Blanco.

BAHR el-Azrak, otro n. del Nilo Azul.

BAÍA. V. BAHÍA.

BAÏF (Juan Antonio de), poeta y erudito francés (1532-1589) perteneciente a *La Pléyade.*

BAIKAL, lago de Rusia, en Siberia meridional, en los confines de Mongolia; 31 500 km².

BAILÉN, pueblo de España (Jaén). Victoria de los generales españoles Castaños y Reding contra las tropas francesas de Dupont (1808).

BAILLY (Juan Silvano), astrónomo y político francés (1736-1793). Murió guillotinado.

BAIN (Alexander), filósofo inglés de la escuela experimental (1818-1903).

BAINVILLE (Jacques), historiador francés (1879-1936), autor de una *Historia de Francia.*

BAIRE, lugar de Cuba (Oriente), donde se dio el grito de Independencia (24 de febrero de 1895).

BAJABONICO, río de la República Dominicana (Puerto Plata).

BAJA VERAPAZ, dep. de Guatemala, en el centro del país; cap. *Salamá.*

BAJO BOQUETE, pobl. de Panamá, cab. del cantón del mismo n. (Chiriquí); centro agrícola.

BAJO IMPERIO, n. dado al *Imperio Romano* de 235 a 476.

BAKER, río de Chile (Aisén). Nace en la Argentina; 440 km. — Com. de Chile (Aisén).

Fot. Agence intercontinentale, Larousse, Giraudon
Fot. Larousse, Valotaire, doc. A. G. P.

BAKER (Samuel), explorador inglés de África (1821-1893), que exploró África central y descubrió el lago Alberto en 1864.

BAKI (Mamud Abdul), poeta lírico turco (1526-1600), autor de *Diván.*

BAKÚ, c. de la U. R. S. S., cap. de la República de Azerbaidján, a orillas del mar Caspio. Universidad. Petróleo, textiles, construcciones mecánicas, productos químicos.

BAKUNIN (Miguel), revolucionario ruso (1814-1876), teorizante del anarquismo.

BALAAM, profeta o adivino moabita de que habla la Sagrada Escritura.

BALAGUER, c. de España (Lérida).

BALAGUER (Joaquín), político y escritor dominicano, n. en 1906, pres. de la Rep. en 1960, depuesto en 1961 y reelegido en 1966 y 1970.

BALAGUER (Víctor), escritor y político catalán (1824-1901), que influyó en el renacimiento de las letras catalanas.

BALAITÚS, macizo granítico de los Pirineos centrales franceses (Altos Pirineos); 3 144 m.

BALAKIREV (Mili), compositor ruso (1837-1910), propulsor de la escuela nacionalista de su país y autor de *Islamey.*

BALAKLAVA, puerto de Crimea en el mar Negro. Combate entre rusos e ingleses (1854).

BALANDRA, punta de la Rep. Dominicana, en el SE. de la península de Samaná.

BALANGA, c. de Filipinas (Luzón).

BALARD [*-lar*] (Antonio Jerónimo), químico francés (1802-1876), que descubrió el bromo (1826) y consiguió extraer el sulfato de sosa de las aguas del mar.

BALART (Federico), poeta español (1831-1905), de inspiración elegiaca en *Dolores.*

BALASSA (Balint), poeta lírico húngaro (1551-1594), autor de composiciones amorosas, heroicas y religiosas. M. en la guerra contra los turcos.

BALATÓN (LAGO), lago de Hungría, poco profundo, rodeado por extensos pantanos; 596 km²; estaciones veraniegas en sus orillas.

BALBÁS (Jerónimo de), arquitecto español del s. XVIII introductor del barroco en México.

BALBEK o **BAALBEK,** ant. **Heliópolis,** c. de Líbano. Ant. c. fenicia y luego colonia romana. Vestigios de un templo del Sol. Obispados católicos de rito maronita y griego.

BALBINO (Décimo Celio), emperador romano en 238. Fue asesinado por los pretorianos.

BALBO (Cesare), político italiano (1789-1853), uno de los jefes del *Risorgimento.*

BALBO (Italo), mariscal del aire italiano (1896-1940), uno de los fundadores del fascismo.

BALBOA, distr. de Panamá, en la prov. de este n. — Puerto en la costa panameña del Pacífico y a la entrada del canal interoceánico.

BALBOA (Silvestre de), poeta cubano, n. en Canarias (¿1564-1634?), autor del poema épico *Espejo de paciencia.*

BALBOA (Vasco NÚÑEZ DE), conquistador español, n. en Jerez de los Caballeros (Badajoz) [1475-1517], que acompañó a Rodrigo de Bastidas en su expedición al golfo de Urabá (1501), se erigió en jefe de la colonia del Darién y, después de atravesar el istmo de Panamá, descubrió el Mar del Sur, luego llamado océano Pacífico, el 25 de septiembre de 1513. A pesar de las acusaciones que Enciso formuló contra él, fue nombrado Adelantado del Mar del Sur y Panamá. Tuvo después diferencias con Pedrarias, nuevo gobernador del Darién, al servicio del cual emprendió otro viaje de exploración al sur. Hecho prisionero y acusado de conspiración por Pedrarias, fue condenado y ejecutado en Acla.

BALBUENA (Bernardo de), sacerdote y poeta épico español (1568-1627), que fue obispo de Puerto Rico. Su obra principal es el *Bernardo* o *La victoria de Roncesvalles,* en que se celebra al héroe de la Reconquista Bernardo del Carpio, cantado ya por el Romancero.

BALCANES (MONTES), cadena montañosa de Bulgaria, en forma de arco al S. del Danubio; alt. máx. 2 376 m.

BALCANES (PENÍNSULA DE LOS), la más oriental de las penínss. de Europa, limitada al N. por la cordillera del mismo n. y que al S. termina en punta entre el Adriático y el mar Egeo, el mar de Mármara y el mar Negro. Regiones montañosas de naturaleza caliza o cristalina (Balcanes, Alpes Dináricos, Pindo, Ródope, etc.), regadas por el Maritza, el Vardar, etc. Población diversa. En geografía política se designan estas regiones con el nombre de Estados de los Balcanes: *Rumania, Albania, Yugoslavia, Bulgaria, Turquía* y *Grecia.*

BALCARCE, c. de Argentina (Buenos Aires).

BALCARCE (Antonio GONZÁLEZ), militar argentino (1774-1819), que triunfó en Suipacha (1810), fue Director Supremo de las Provincias Unidas del Río de la Plata en 1816 y tomó parte en la campaña de San Martín. — Su hermano JUAN RAMÓN, militar y político argentino (1773-1836), fue gobernador de la provincia de Buenos Aires de 1832 a 1833, depuesto a raíz de una revolución. — Otro hermano, DIEGO, militar argentino (1784-1816).

BALCARCE (Florencio GONZÁLEZ), poeta argentino (1815-1839), hijo de Antonio.

BALDIVIESO (Enrique), jurisconsulto, político y escritor boliviano, n. en 1902, autor de *Poemas de ayer, El dios de la conquista,* etc.

BALDO DE UBALDIS, jurisconsulto italiano (1327-1406), discípulo de Bártolo.

BALDOMIR (Alfredo), general y político uruguayo (1884-1948), pres. de la Rep. de 1938 a 1943. Reformó la Constitución (1942).

BALDOVINETTI (Alejo), pintor florentino (1425-1499).

BALDOVINO, BALDOVINOS o **BALDUINO,** nombre de varios condes de Flandes, emperadores de Constantinopla o reyes de Jerusalén.

BALDUINO I, n. en 1930 cerca de Bruselas, rey de los belgas desde 1951, en favor de quien abdicó su padre Leopoldo III.

BALDUNG (Hans), llamado **Grün,** pintor y grabador alemán (¿1484?-1545).

V. N. DE BALBOA

A. G. BALCARCE

BALBUENA

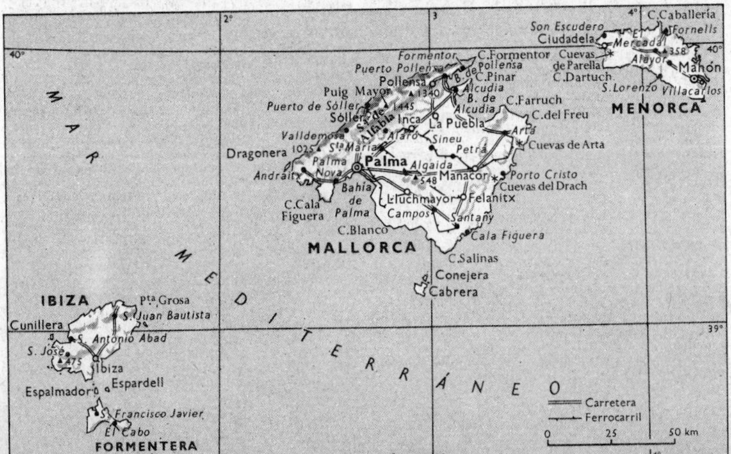

mapa de las islas BALEARES

H. DE BALZAC

BALMACEDA

BALMES

J. BALLIVIÁN

BALDWIN (Stanley), político conservador inglés (1867-1947), varias veces Primer ministro.
BALEARES, archipiélago del Mediterráneo y prov. de España, formado por las islas de Mallorca, Menorca, Ibiza, Formentera, Cabrera, Conejera y otras pequeñas sin importancia; cap. *Palma de Mallorca*; 5 014 km²; 437 000 h. Clima y vegetación mediterráneos. Agricultura; ganadería. Calzado. Centro de turismo. Las Baleares fueron ocupadas sucesivamente por los cartagineses, los romanos, los vándalos y los árabes. En 1229, las conquistó Jaime I de Aragón, que formó con ellas un reino independiente. En 1343, su biznieto Pedro IV las incorporó a la corona aragonesa y, después, durante el reinado de Fernando II (V de Castilla, *el Católico*), las islas pasaron, con Aragón, al reino de España. (V. mapa en la página anterior.)
BALER, pueblo de Filipinas (Luzón), donde el capitán español Las Morenas resistió contra los Estados Unidos hasta el 2 de junio de 1899.
BALFOUR (Arthur James, *conde de*), político conservador inglés (1848-1930), jefe del Gobierno de 1902 a 1906.
BALI, isla de la Sonda (Indonesia), separada de Java por el *estrecho de Bali*.
BALINESES, pueblo malayo de Bali. Los *balineses* poseen un arte musical y coreográfico muy notable.
BALJASH o **BALKASH,** lago de Kazakstán; 17 300 km². — C. de la U.R.S.S. (Kazakstán), en la orilla norte del lago. Yacimientos de cobre.
BALKANES. V. BALCANES.
BALKIS, nombre que dan los árabes a la reina de Saba, que visitó a Salomón.
BALMACEDA (José Manuel), político chileno (1838-1891), pres. de la Rep. de 1886 a 1891. Fomentó las obras públicas y la enseñanza, pero al constituir un gobierno al margen del Congreso fue derrocado por una revolución y se suicidó.
BALMES (Jaime), presbítero y filósofo español, n. en Vich (1810-1848), cuyo manual de lógica aplicada *El criterio* goza de amplia difusión. Se le deben otros escritos, entre los cuales se destaca su tratado *El protestantismo comparado con el catolicismo en sus relaciones con la civilización europea*.
BALMORAL, residencia real inglesa en Escocia, a orillas del Dee. Castillo edificado en 1855.
BALSAS, río de México, que sirve de límite entre los Est. de Guerrero y Michoacán y des. en el Pacífico; 771 km. Llamado en una parte de su curso *Mezcala* y en su desembocadura *Zacatula*. — Río del Brasil, afl. del Parnaíba; 360 km. — Río del Brasil, afl. del Tocantins.
BALSEIRO (Rafael), músico puertorriqueño (1867-1929), autor de composiciones muy populares. — Su hijo JOSÉ AGUSTÍN, escritor, n. en 1900, autor de la obra de crítica *El vigía*.
BALTA (José), militar y político peruano (1814-1872), pres. de la Rep. de 1868 a 1872. Impulsó las obras públicas. M. asesinado.
BALTASAR, regente de Babilonia, destronado en 539 a. de J. C. por orden de Ciro, que se apoderó del país después de haber desviado el curso del Éufrates. Durante el asedio de Babilonia, habiendo profanado los vasos sagrados del templo de Jerusalén, vio aparecer en la pared las enigmáticas palabras *mane, tecel, fares*. El profeta Daniel las interpretó como una predicción de su muerte, que en efecto sobrevino esa misma noche. Llámase *Festín de Baltasar* a un banquete copioso. — Nombre popular tradicional de uno de los tres *Reyes Magos*.
Baltasar, drama histórico de Gertrudis Gómez de Avellaneda, y una de sus obras maestras.
BALTAZAR, cerro de Panamá (Veraguas); 2 114 m.
BÁLTICO (MAR), mar formado por el Atlántico. Es poco profundo, no muy salado y carece de mareas. Hiélase fácilmente. Comunica con el mar del Norte por el Sund, el Cattegat y el Skagerrak. Baña Finlandia, U. R. S. S., Polonia, Alemania, Dinamarca y Suecia.
BALTIMORE, c. de los Estados Unidos (Maryland); puerto; construcciones navales y aeronáuticas; ind. química y alimenticia; refinerías de petróleo. Universidad. Arzobispado.
BALUBAS, pueblo negro del sur del Congo.
BALUCHISTÁN. V. BELUCHISTÁN.

BALZAC (Honorato de), novelista francés, n. en Tours (1799-1850), autor de *La comedia humana*, serie de 97 novelas, notable fresco dotado de un sentido agudo de la realidad que pone de manifiesto la imaginación portentosa del escritor. Obras principales: *El coronel Chabert, El médico de aldea, Eugenia Grandet, Papá Goriot, En busca de lo absoluto, Azucena del valle, César Birotteau, El primo Pons*, etc. Creador de la novela psicológica y jefe de la escuela realista.
BALZAC (J. L. **Guez de**), escritor francés (1597-1654), autor de *Cartas* muy estimadas.
BALZAR, pobl. del Ecuador, cab. del cantón del mismo n. (Guayas); puerto fluvial a orillas del río Daule.
BALLAGAS (Emilio), poeta cubano, n. en Camagüey (1908-1954), cultivador de la poesía negra. Sus composiciones son sensuales, dramáticas, dinámicas y de un lenguaje propio: *Júbilo y fuga, Cuadernos de poesía negra* y *Sabor eterno*.
BALLARAT, c. de Australia (Victoria); centro industrial y aurífero.
BALLENA, punta del Ecuador (Manabí). — Sierra del Uruguay (Maldonado).
BALLESTAS, islas guaneras del Perú (Ica).
BALLESTEROS (Juan Manuel), médico boliviano (1794-1869), que consagró sus esfuerzos a la educación de los sordomudos y los ciegos.
BALLESTEROS BERETTA (Antonio), historiador español (1880-1949), autor de una monumental *Historia de España y su influencia en la historia universal*. — Su hijo Manuel BALLESTEROS GAIBROIS, n. en 1911, también eminente historiador.
Ballets rusos, compañía rusa, dirigida por S. Diaghilev, que, al presentarse en París en 1909, inició la era moderna del ballet.
BALLIVIÁN (José), general boliviano, n. en La Paz (1804-1852), vencedor de los peruanos en Ingavi (1841). Asumió el Poder a raíz de esta batalla, y aunque su administración fue benéfica para el país, tuvo que dimitir y expatriarse (1847). — Su hijo ADOLFO, militar y político (1831-1874), fue pres. de la Rep. en 1873.
BALLIVIÁN ROJAS (Hugo), general y político boliviano, jefe de una Junta Militar de 1951 a 1952.
BAMAKO, cap. de la Rep. de Malí; 130 800 h. Puerto en el Níger. Arzobispado.
BAMBARAS, pueblo negro del África occidental (Senegal y Malí).
BAMBERG, c. de Alemania (Baviera), a orillas del Regnitz, afl. del Meno. Catedral (s. XIII). Industrias.
BAMBOCHE (Pedro VAN LAAR, llamado **el**), pintor holandés (1592-1645). Ha dado su nombre (*bambochadas*) a las escenas populares que constituyen su especialidad.
BANARAS. V. BENARÉS.
BANATO, fértil región de Europa central, ant. prov. de Hungría, hoy dividida entre Rumania y Yugoslavia.
BANCES CANDAMO (Francisco Antonio de), escritor español (1662-1704), autor de comedias de carácter histórico, religioso, etc.
BANCO, gobernador en tiempos de Duncán, rey de Escocia (s. XI). Espectador mudo de la muerte de su amo por Macbeth.
BANCO (El), mun. de Colombia (Magdalena); puerto de pesca y centro ganadero.
BANCROFT (Jorge), escritor y político norteamericano (1800-1891).
BANCHS (Enrique), poeta argentino (1888-1968), autor de versos de estilo clásico.
BANDA (ISLAS), grupo de islas en el archipiélago de las Molucas (Indonesia).
BANDA (La), pobl. de la Argentina, cap. del dep. del mismo n. (Santiago del Estero).
Banda (*Orden de la*), orden militar, creada en 1332 por Alfonso XI, abolida por los Reyes Católicos y restaurada por Felipe V.
BANDA ORIENTAL, n. que se dio a las posesiones españolas situadas al E. del río Uruguay, que comprendían la actual República del Uruguay y las provincias brasileñas de San Pedro, Río Grande do Sul y Santa Catarina.
BANDE, c. de España (Orense); curtidos. Iglesia visigótica de Santa Comba (s. VII).
BANDEIRA (PICO DA), cima del Brasil, en la sierra de Mantiqueira; 2 890 m.

Fot. X, Larousse, Nadar, X, doc. A. G. P.

BANDEIRA (Manuel), poeta brasileño (1886-1968), de tendencia modernista.

BANDEIRANTES, mun. del Brasil (Paraná); aguas minerales.

Bandeirantes, n. dado en el Brasil, en el siglo XVII, a los aventureros y exploradores de la región de São Paulo que, agrupados en *bandeiras*, penetraban en el interior del territorio en busca de oro o piedras preciosas, y capturaban a los indios con el propósito de esclavizarlos.

BANDELLO (Matteo), autor de cuentos italiano (¿1485?-1561).

BANDERAS, bahía de México (Jalisco y Nayarit).

BANDIAGARA, c. del Malí, en la *meseta de Bandiagara.*

BANDINELLI (Baccio), pintor y escultor manierista florentino (1488-1560).

BANDJERMASIN. V. BANJERMASIN.

BANDOENG o **BANDUNG,** c. de la isla de Java. Industrias textil y química. Conferencia afroasiática en 1955.

BANER (Juan Gustavo), general sueco (1596-1641), que se distinguió durante la guerra de los Treinta Años y consiguió en 1639 la victoria de Chemnitz.

BANES, térm. mun. y puerto de Cuba (Oriente).

BANFF, c. de Escocia, puerto del mar del Norte, cap. de condado. Parque nacional. — C. del Canadá (Alberta), en las montañas Rocosas. Turismo.

BANGALORE o **BANGALUR,** c. de la India, cap. del Estado de Mysore. Industrias textil, aeronáutica y química.

BANGKOK, cap. del reino de Tailandia, en la desembocadura del Menam; 1 328 000 h.; marfil, arroz. Puerto activo. Astilleros, construcciones mecánicas.

BANGÜEOLO, lago del África austral, al SO. del Tanganica; 5 000 km².

BANGUI, cap. de la Rep. Centroafricana; 78 400 h. Arzobispado.

BANÍ, c. de la Rep. Dominicana, cap. de la prov. de Peravia. (Hab. *banilejos.*)

BANIALUKA o **BANJA LUKA,** c. de Yugoslavia, a orillas del Verbas, afl. del Save.

BÁNICA, com. de la Rep. Dominicana (San Rafael).

BANJERMASIN, c. y puerto de Indonesia, al S. de Borneo.

BANKA o **BANGKA,** isla de Indonesia, al E. de Sumatra. Estaño; pimienta.

BANKS, isla del archipiélago Ártico.

BANKS (José), sabio naturalista inglés, compañero de Cook (1743-1820).

Banquete *(El)*, diálogo de Platón sobre el sentimiento del amor. A partir de la belleza corporal, se eleva a la teoría de las almas, y luego a la idea de la Belleza perfecta y eterna. En este diálogo, Platón traza un magnífico retrato de Sócrates (s. IV a. de J. C.).

BANQUO. V. BANCO.

BANTING (Federico), médico y biólogo canadiense (1891-1941). Participó en el descubrimiento de la insulina (1921). [Pr. Nóbel, 1923.]

BANTÚS, conjunto de los pueblos del África sudecuatorial, perteneciente a la misma familia lingüística, pero de tipos étnicos muy variados.

BANVILLE (Teodoro de), poeta francés (1823-1891), de gran imaginación.

BÁÑEZ (Domingo), teólogo dominico español (1528-1604), comentador de Santo Tomás.

BAÑEZA (La), v. de España (León).

Baño *(Orden del)*, orden de caballería inglesa, instituida en 1399 por el rey Enrique IV.

BAÑOLAS, c. de España (Gerona), en la que se halló una mandíbula del hombre de Neandertal.

BAÑOS, c. del Ecuador, cab. del cantón del mismo n. (Tungurahua).

BAÑOS DE LOS REYES, balneario de la Argentina (Jujuy).

BAO, río de la Rep. Dominicana, afl. del Yaque del Norte.

BAORUCO o **BAHORUCO,** prov. de la parte occidental de la Rep. Dominicana; cap. *Neiba;* café, caña de azúcar, tabaco; yac. de petróleo.

BAPTISTA (Mariano), político boliviano (1832-1907), pres. de la Rep. de 1892 a 1896.

BAQUEDANO (Manuel), general chileno (1826-1897), que dirigió la campaña de Tacna y Arica contra el Perú, de 1879 a 1881.

BAQUEIRO FÓSTER (Jerónimo), musicólogo y compositor mexicano, n. en 1898.

BAQUERIZO MORENO (Alfredo), político y escritor ecuatoriano (1859-1950), pres. de la Rep. de 1916 a 1920 y de 1931 a 1932. Autor de *El señor Penco,* novela simbolista.

BAQUERIZO MORENO

BAQUÍLIDES o **BACQUILIDES,** poeta lírico griego del siglo V a. de J. C., sobrino de Simónides y rival de Píndaro.

BAR, c. de la U. R. S. S. (Ucrania).

BARABUDUR. V. BOROBUDUR.

BARACALDO, c. de España (Vizcaya); minas de hierro. Altos Hornos.

BARACOA, bahía de Cuba (Oriente). — C. de Cuba (Oriente); puerto. Fundada por Diego Velázquez en 1512, fue la primitiva capital.

BARADERO, río de la Argentina, llamado en parte de su curso **Paraná de las Palmas.** — Pobl. de la Argentina (Buenos Aires); puerto fluvial.

BARAGUA, sierra de Venezuela (Lara); alt. máx. 1 450 m., en el pico de Sirarigua.

BARAHONA, c. de la Rep. Dominicana, a orillas del Caribe, cap. de la prov. del mismo n.; ind. azucarera. La prov. produce caña de azúcar, café y tabaco; salinas y yac. petrolíferos.

BARAHONA DE SOTO (Luis), poeta español (1548-1595), autor de *Las lágrimas de Angélica,* poema inspirado en Ariosto y elogiado por Cervantes.

BARAJAS, pobl. de España (Madrid); aeropuerto de la capital.

BARALT (Rafael María), escritor, filólogo y poeta venezolano, n. en Maracaibo (1810-1860), de tradición neoclásica. Se le debe, además de una *Historia de Venezuela,* un *Diccionario de galicismos* que ha ejercido gran influencia. Esta obra fue comentada, anotada y puesta al día por Niceto Alcalá Zamora en 1945.

BARANDA (Joaquín), jurisconsulto y político mexicano (1840-1909).

BARANOA, c. de Colombia (Atlántico).

BARANY (Roberto), médico austriaco (1876-1936), que se distinguió por sus estudios de otorrinolaringología. (Pr. Nóbel, 1914).

Barataria *(Ínsula)*, isla imaginaria, cuyo gobierno obtuvo Sancho Panza, y donde experimentó, en medio de incidentes a cual más cómico, todos los inconvenientes que suelen acompañar al Poder. Aluden con frecuencia los escritores a la efímera autoridad del escudero de Don Quijote y, sobre todo, al buen sentido con que administraba la justicia.

BARAYA (Antonio), general colombiano (1770-1816), héroe de la independencia de su país. Murió fusilado por orden de Morillo.

BARALT

BARBA, volcán de Costa Rica, en la Cord. Central; 2 830 m. — C. de Costa Rica (Heredia).

BARBA (Álvaro ALONSO). V. ALONSO BARBA.

BARBA (Pedro), militar español, m. en 1521, que se distinguió en México al lado de Cortés.

BARBA JACOB (Porfirio). V. OSORIO BENÍTEZ (Miguel Ángel).

Barba azul, personaje de uno de los cuentos de Perrault. Había matado ya a sus seis primeras mujeres e iba a hacer sufrir la misma suerte a la séptima, cuando fue salvada ésta por sus hermanos.

BARBACENA, c. del Brasil (Minas Gerais).

BARBACOAS, sierra de Venezuela, que se desprende de la Cord. de los Andes. Es llamada tb. **Sierra de Tocuyo.** — C. de Colombia (Nariño); puerto en el río Telembí; oro. — Distr. de Costa Rica (San José). — Mun. de Venezuela (Aragua).

BARBADOS, isla de las Antillas Menores, antigua colonia británica, independiente en 1966; 431 km²; 250 000 h.; cap. *Bridgetown;* caña de azúcar.

BARBAGELATA (Hugo), historiador y crítico literario uruguayo, n. en 1887. Autor de *Artigas y la Revolución americana.*

BÁRBARA *(Santa)*, virgen y mártir de Nicomedia (s. IV), patrona de los artilleros y bomberos. Fiesta el 4 de diciembre.

Bárbara *(Doña)*, novela de R. Gallegos, una de las más salientes del género naturalista (1929).

Fot. doc. A. G. P.

BARCELONA
columna de C. Colón

BÁRBAROS, nombre dado por los romanos, y anteriormente por los griegos, a los pueblos que no disfrutaban de su civilización. Ha conservado este nombre la historia para designar a las bandas armadas que, del s. III al s. VI de nuestra era, invadieron el Imperio Romano, derribaron a los emperadores de Occidente y fundaron sobre las ruinas de su Imperio Estados más o menos duraderos. El mayor número de aquellos bárbaros pertenecía a las razas germánicas, eslavas o góticas (francos, suevos, vándalos, etc.); otros, como los ávaros, eran de raza uraloaltaica. Fueron sus principales jefes Alarico, Genserico, Teodorico y Ataúlfo. Los hunos, al penetrar en la Europa oriental, ayudaron al triunfo del mundo bárbaro y lo precipitaron sobre el Imperio Romano debilitado.

SANTA BÁRBARA
pintura del Maestro
de Flemalle

BARBARROJA, nombre de dos hermanos, famosos piratas, dueños de Argel; el primero, HORUC, fue vencido y muerto en Tremecén por los españoles en 1518; el segundo, KAIR ED-DIN, almirante de las flotas de Solimán, murió en 1546. — Se ha dado igualmente el apodo de *Barbarroja* al emperador de Alemania Federico I.

BARBASTRO, c. de España (Huesca). Obispado. Catedral del siglo XVI.

BARBERINI, ilustre familia florentina. Uno de sus miembros, el cardenal MAFFEO **Barberini,** fue papa con el n. de Urbano VIII.

Barbero de Sevilla *(El)*, comedia de Beaumarchais, tipo perfecto de la comedia francesa de enredo (1775). — Ópera bufa, una de las obras maestras de Rossini (1816).

BARBEY D'AUREVILLY (Jules), escritor francés (1808-1889), cuyo importante obra es una extraña mezcla de catolicismo y satanismo.

BARBIERI (Francisco ASENJO), compositor español, n. y m. en Madrid (1823-1894), autor de una infinidad de zarzuelas muy populares: *El barberillo de Lavapiés, Pan y Toros,* etc.

BARBIERI (Vicente), poeta vanguardista argentino (1903-1956), de gran perfección técnica. Publicó también una novela y una obra de teatro.

F. BARBIERI

BARBIZON, pobl. de Francia, cerca de Fontainebleau (Sena y Marne), donde residió un grupo de pintores paisajistas célebres (Corot, Díaz, Millet, T. Rousseau, Troyon).

BARBOSA, v. de Colombia (Antioquia).

BARBOSA (Januario DA CUNHA), canónigo brasileño, poeta y predicador (1780-1846).

BARBOSA (Ruy), político, jurista y escritor brasileño (1849-1923), que influyó en el advenimiento de la República y defendió la abolición de la esclavitud.

BARBUDA, isla de las Antillas inglesas.

BÁRBULA, cerro de Venezuela, cerca de Puerto Cabello, donde murió Girardot en 1813.

BARBUSSE (Henri), escritor francés (1873-1935), autor de *El fuego.*

BARCA (*Conde de*). V. ARAUJO DE ACEVEDO.

BARCA («*Rayo*»), sobrenombre de la familia cartaginesa a la que pertenecían Amílcar, Aníbal y Asdrúbal.

Barcas (*Trilogía de las*), obra de Gil Vicente, escrita en portugués las partes correspondientes al *Infierno* y al *Purgatorio,* y en castellano la de la *Gloria.*

BARCELÓ (Antonio), célebre marino mallorquín (1717-1797), cuyo valor dio origen a la frase "más valiente que Barceló por la mar".

BARCELONA, c. de España, cap. de la prov. del mismo n., construida en una suave pendiente desde las orillas del Mediterráneo hasta la ladera meridional del monte Tibidabo, limitada al NO. por la sierra de Matas y al SO. por la montaña de Montjuich. (Hab. *barceloneses.*) Arzobispado. Aeropuerto. Universidad. Escuelas superiores de Ingenieros, de Arquitectos, de Comercio, de Artes e Industrias, de Náutica. Bibliotecas importantes, especialmente la del *Archivo de la Corona de Aragón.* Su puerto, muy importante, la une, por medio de líneas regulares de trasatlánticos, con los principales puertos del Mediterráneo y de América del Sur. Industrias siderúrgica, textil, eléctrica, de maquinarias, de automóviles, etc. Está dividida en dos partes por las *Ramblas,* hermosa avenida que baja hasta el puerto, donde se eleva el monumento de Cristóbal Colón; tiene muchos edificios notables; la Catedral de Santa Eulalia, iglesia de Santa María del Mar, ambas de estilo gótico, San Pablo del Campo, los Santos Justo y Pastor, Sagrada Familia; la Casa Consistorial, Palacio de la Diputación; paseos hermosos: el de Colón, el de Gracia; parques: el de Güell y el de Montjuich; plazas de toros; teatros como el del Liceo, uno de los más grandes de Europa. La historia de la ciudad es la de Cataluña. Debió ser fundada por el cartaginés Amílcar Barca, quien le dio probablemente el nombre de *Barcino.* Reuniéronse en ella dos concilios, en 540 y 599. En el siglo VIII cayó en poder de los moros. Unida Cataluña con el reino de Aragón en el siglo XII, Barcelona fue desde entonces una de las más poderosas ciudades marítimas del Mediterráneo. La prov., la más densamente poblada de España, posee la industria más importante del país; comercio activo, aguas minerales.

BARCELONA, c. de Venezuela, cap. del Estado de Anzoátegui; fábr. de hamacas, jabón y sombreros. Obispado. (Hab. *barceloneses.*) Fundada por Sancho Fernández de Angulo en 1671. Cuna de Anzoátegui.

BARCELONA (CONDADO DE), antiguo condado fundado por Carlomagno en 801.

BÁRCENA (P. Alonso), jesuita español (1528-1598), que estudió las lenguas indias del Perú. M. en Cuzco.

BARCIA (Roque), escritor y político español (1824-1885), conocido sobre todo por su *Diccionario etimológico de la lengua española* y su *Diccionario de sinónimos.*

BARCINO, nombre que los cartagineses daban a la ciudad de **Barcelona.**

BARCO CENTENERA (Martín del), poeta español (1535-1605), que intervino en la expedición de Ortiz de Zárate y escribió el poema

Fot. Campaña, X, doc. A. G. P.

épico *La Argentina*, nombre que sirvió luego para designar a este país.
BARCO DE ÁVILA (El), pobl. de España (Ávila). Judías afamadas.
BARCOQUEBAS (*«Hijo de la estrella»*), rebelde judío que se hizo pasar por el Mesías en tiempos de Adriano. Fue muerto en 135.
BARCHILÓN (Pedro FERNÁNDEZ), español caritativo, que vivió en el Perú en el siglo XVI, y cuyo nombre se ha conservado en América como sinónimo de enfermero.
BARDIYA. V. ESMERDIS.
BAREA (Arturo), novelista español (1897-1957), autor de la trilogía *La forja de un rebelde (La forja, La ruta* y *La llama)*.
BARELI, ant. **Bareilly,** c. de la India (Uttar Pradesh); industrias textiles; madera.
BAREIRO (Cándido), político paraguayo, m. en 1880, pres. de la Rep. de 1878 a 1880.
BARENTS o **BARENTSZ** (Guillermo), navegante holandés (¿1550?-1597), que descubrió Nueva Zembla y Spitzberg.
BARES. V. VARES (*Estaca de*).
BARI, c. de Italia (Pulla), puerto en el Adriático. Basílica románica. Industrias química (petróleo), textil, alimenticia. Cemento. Siderurgia.
BARICHARA, v. de Colombia (Santander). Sombreros, tabacos. Gruta famosa de Macaregua
BARILI, población de las Filipinas (Cebú).
BARILOCHE. V. SAN CARLOS DE BARILOCHE.
BARILLAS (Manuel Lisandro), general y político guatemalteco (1844-1907), pres. de la Rep. de 1886 a 1892. M. asesinado en la c. de México.
BARINAS, c. de Venezuela, cap. del Estado del mismo n. en los llanos; centro ganadero; yac. de petróleo. (Hab. *barinenses.*) El Estado produce arroz, añil, cacao y caña de azúcar; su ganadería es una de las más importantes del país; petróleo, oro y azufre. (Hab. *barineses.*)
BARING (Mauricio), novelista inglés (1874-1945), autor de *Daphne Adeane.*
BARKLA (Charles Glover), físico inglés (1877-1944), que efectuó investigaciones sobre los rayos X y las ondas eléctricas. (Pr. Nóbel, 1917.)
BAR-LE-DUC, c. de Francia, cap. del dep. del Mosa.
BARLETTA, c. y puerto de Italia (Bari). Industrias. (V. DESAFÍO DE BARLETTA.)
BARLETTA (Leónidas), novelista y cuentista argentino, n. en 1902, de carácter realista.
BARLOVENTO (ISLAS DE), en inglés **Windward Islands,** grupo de las Antillas Menores (Dominica, Granada, Santa Lucía, San Vicente).
BARLOW (Pedro), matemático y físico inglés (1776-1862), autor de trabajos sobre el magnetismo.
BARMÉCIDAS, familia de visires de Bagdad. Su último miembro murió en 803.
BARMEN. V. WUPPERTAL.
BARNADES (Miguel), médico y naturalista español (1706-1771).
BARNARD (Christian), médico y cirujano sudafricano, n. en 1922. En 1967 llevó a cabo el primer trasplante de corazón humano.
BARNAUL, c. de la U.R.S.S. (Rusia), en Siberia; industrias textil, química y metalúrgica.
BARNET (José A.), político cubano, n. en España (1864-1945), pres. interino de la Rep. de 1935 a 1936.
BARNSLEY, c. de Inglaterra (Yorkshire); hulla; metalurgia.
BARNUM (Fineas Taylor), empresario norteamericano de circo (1810-1891).
BAROCCI (Federico), pintor religioso italiano, n. en Urbino (1528-1612).
BARODA, c. de la India (Gudjerate). Algodón.
BAROJA (Pío), novelista español, n. en San Sebastián (1872-1956), una de las máximas figuras de la llamada Generación del 98. Su obra, prolífica e intensa, exalta los paisajes y la gesta de la región vascongada (*La casa de Aizgorri, Zalacaín el Aventurero, El mayorazgo de Labraz, Las inquietudes de Shanti Andía*), relata las andanzas cotidianas del bajo pueblo de Madrid (*La busca, Mala hierba, Aurora roja, Aventuras, inventos y mixtificaciones de Silvestre Paradox*) y convierte en narración novelesca las vicisitudes políticas de la España de su tiempo (*La ciudad de la niebla, El árbol de la ciencia, Los últimos románticos, César o nada, El mundo es ansí, Camino de perfección*). Se le deben también una serie de episodios novelescos sobre la vida del conspirador Aviraneta, y unas apasionantes *Memorias,* documento esencial sobre su época.
BAROJA (Ricardo), pintor y novelista español (1871-1953), hermano del anterior.
Barones (*Conjuración de los*), la tramada por los barones napolitanos al morir Alfonso V el Magnánimo, rey de Aragón y de Nápoles, para dar la corona a Juan, hijo de Renato de Anjou, en lugar de a Fernando, hijo bastardo del monarca.
BARQUISIMETO, río de Venezuela, afl. del Sarare. — C. de Venezuela, cap. del Estado de Lara; imp. centro comercial. (Hab. *barquisimetanos.*) Obispado. Fundada en 1552 por Juan Villegas con el nombre de **Nueva Segovia.**
BARRA (La), pobl. de Costa Rica (Limón).
BARRA (Eduardo de la), ingeniero y poeta chileno (1839-1900). Usó el seudónimo de **Rubén Rubí.**
BARRA (Emma de **la**). V. DUAYEN (César).
BARRA (Francisco León de la), político mexicano, pres. interino de la Rep. en 1911.
BARRABÁS, judío que estaba encarcelado por sedicioso y asesino cuando propuso Poncio Pilatos a los judíos que escogiesen entre Barrabás y Jesús, para poner en libertad a uno de ellos con ocasión de la fiesta de Pascua. La multitud prefirió a Barrabás.
Barraca (*La*), novela de ambiente valenciano de Vicente Blasco Ibáñez (1898).
BARRACAS DEL SUR. V. AVELLANEDA.
BARRAGÁN, ensenada de la Argentina, que sirve de puerto a la ciudad de La Plata.
BARRAGÁN (Miguel), general y político mexicano (1789-1835), que obtuvo la rendición del castillo de San Juan de Ulúa, último baluarte español en el país (1825). Pres. interino de la Rep. en 1835.
BARRANCABERMEJA, c. de Colombia (Santander); puerto en el Magdalena; importante ref. de petróleo; oleoducto hasta Cartagena (540 km); prod. de cacao.
BARRANCAS, río de la Argentina (Mendoza), afl. del Colorado; 120 km. — Com. de Chile (Santiago).
BARRANQUERAS, pobl. de la Argentina (Chaco); puerto fluvial en el Paraná.
BARRANQUILLA, c. de Colombia, cap. del dep. del Atlántico; puerto; constr. navales; centro ind. y comercial. Universidad. Obispado (Hab. *barranquilleros.*) Famosas fiestas de Carnaval.
BARRAQUER (Ignacio), oftalmólogo español, (1884-1965). Autor de un método de extracción de cataratas por aspiración y de la técnica del injerto de córnea para corregir la miopía.
BARRAVERDE, pobl. del Brasil (Rio Grande do Norte); tungsteno.
BARREDA (Gabino), filósofo mexicano (1820-1881), que introdujo el positivismo en la educación pública mexicana.
BARREIRO (Miguel), prócer uruguayo (1780-1848), secretario particular de Artigas y gobernador delegado de Montevideo (1815-1817). Fue nombrado miembro de la Asamblea Constituyente y participó en la redacción de la primera Constitución aprobada en su patria (1829).

Pío BAROJA
por PICASSO

BARREDA

puerto de
BARRANQUILLA

Fot. doc. A. G. P., Cortesía Mundo Hispánico

BARRÈS
dibujo de FORAIN

BARREIROS (Gaspar), historiador y sacerdote portugués (¿1496?-1574).
BARRENECHEA (Julio), poeta chileno, n. en 1910, autor de *El espejo del ensueño* y *Diario morir*, poemas de gran sencillez y pureza.
BARRENECHEA Y ALBIS (*Fray* Juan de), religioso y escritor chileno (1669-1707), autor de *Restauración de la Imperial*.
BARRERA (Isaac J.), escritor ecuatoriano (1884-1970), autor de *Historia de la Literatura Hispanoamericana* y *Literatura del Ecuador*.
BARRERA Y LEIRADO (Cayetano Alberto de la), bibliógrafo español (1815-1872), autor de un *Catálogo del teatro antiguo español hasta el siglo XVII*.
BARRERO GRANDE. V. EUSEBIO AYALA.
BARRÈS (Mauricio), escritor francés (1862-1923), analista sutil de estilo perfecto y elevado lirismo, autor de *Los desarraigados*, etc. Estudió la cultura española en *El Greco o el secreto de Toledo*.
BARRETT (Elisabeth). V. BROWNING.
BARRETT (Rafael), escritor argentino (1877-1910), autor de *El dolor paraguayo, Lo que son los yerbales, El terror argentino, Cuentos breves*, etc. Residió en Paraguay y Uruguay.

BASTIDAS

BARRIE (James Matthew), novelista y dramaturgo inglés (1860-1937), autor de la deliciosa narración *Peter Pan*.
BARRIENTOS (René), general y político boliviano (1919-1969), pres. de la Junta Militar de Bolivia en 1964 y de la Rep. en 1966. M. en un accidente de aviación.
Barrio Latino, barrio de París que, desde el s. XII, se convirtió en centro de la enseñanza.
BARRIOS (Eduardo), novelista chileno (1884-1963), distinguido por sus análisis psicológicos, sus observaciones de la vida social y el carácter subjetivo de sus personajes. Obras: *El niño que enloqueció de amor, Un perdido, El hermano asno, Tamarugal* y *Gran señor y rajadiablos*.
BARRIOS (Gerardo), general y político salvadoreño (1809-1865), que participó en la expulsión del filibustero Walker y ocupó la presidencia de la Rep. en 1858, de 1859 a 1860 y de 1861 a 1863. Fomentó el cultivo del café y entró en guerra con Guatemala. Derrotado por las tropas de Rafael Carrera (1863), fue fusilado por orden de su sucesor Francisco Dueñas.

▼

E. BARRIOS

▲

BARRIOS (Justo Rufino), general y político guatemalteco, n. en San Lorenzo (1835-1885), que, tras la revolución liberal de 1871, fue pres. de la Rep. de 1873 hasta su muerte. Promovió distintas reformas de carácter cultural y económico, proclamó la libertad de cultos y secularizó los bienes del clero. Quiso restablecer por la fuerza la federación centroamericana, pero fue derrotado y m. en Chalchuapa.

BARTOK

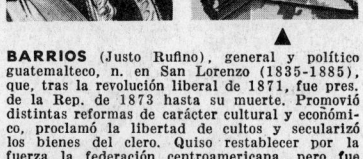

BARRO VERMELHO, pobl. del Brasil (Rio Grande do Norte); tungsteno.
BARROS (João de), historiador portugués (1496-1570), autor de *Asia*, relación de los descubrimientos y conquistas de los portugueses.
BARROS ARANA (Diego), historiador chileno (1830-1907), autor de *Historia general de la Independencia de Chile, Historia general de Chile* e *Historia de la Guerra del Pacífico*.
BARROS GREZ (Daniel), novelista y autor dramático chileno (1834-1904), autor de *Pipiolos y pelucones, El huérfano*.
BARROS LUCO (Ramón), político chileno (1835-1919), pres. de la Rep. de 1910 a 1915.
BARROW (Isaac), filólogo, matemático y teólogo inglés (1630-1677), maestro de Newton.
BARROW IN FURNESS, c. de Inglaterra (Lancashire). Puerto activo; astilleros.
BARRUNDIA (José Francisco), político guatemalteco (1784-1854), pres. de la Rep. Federal de las Provincias Unidas de Centro América de 1829 a 1830. — Su hermano JUAN fue jefe del Estado de 1824 a 1826 y en 1829.
BARRY (Jeanne BECU, condesa **Du**), favorita de Luis XV (1743-1793). M. decapitada.
BART (Juan), marino francés (1650-1702), corsario durante el reinado de Luis XIV.
BARTH (Enrique), explorador del África central, n. en Hamburgo (1821-1865).
BARTHOLDI (Federico Augusto), escultor francés (1834-1904), autor de la estatua de la Libertad erigida en el puerto de Nueva York.
BARTOLACHE (José Ignacio), matemático, médico y químico mexicano (1739-1790).
BARTOK (Bela), compositor húngaro (1881-1945), cuya obra está influida por la tradición folklórica de su país. Es uno de los más eminentes representantes de la escuela contemporánea.
BÁRTOLO, jurisconsulto italiano, n. en Sassoferrato [Urbino] (1314-1357).
BARTOLOMÉ (*San*), uno de los doce apóstoles. Fiesta el 24 de agosto.
BARTOLOMEO (*Fra*), pintor italiano de la orden de los dominicos (1472-1517).
BARTRINA (Joaquín María), poeta español (1850-1880), de inspiración escéptica y desengañada, autor de *Algo*.
BARÚ, volcán de Panamá; 3 475 m, llamado tb. **Chiriquí.** — Distr. de Panamá (Chiriquí).
BARUC, discípulo de Jeremías (600 a. de J.C.), uno de los profetas menores.
BASADRE (Jorge), escritor peruano, n. en 1903, que analiza con desvelo en sus obras y ensayos la historia y la literatura de su país.
BASALDUA (Héctor), pintor argentino, n. en 1895, gran colorista.
BASILDON, c. de la Gran Bretaña (Essex), al NE. de Londres.
BASILEA, en fr. **Bâle,** en alem. **Basel,** c. de Suiza, a orillas del Rin; cap. del cantón del mismo n.; centro comercial; industrias textil, química, metalúrgica y alimenticia. (Hab. *basilienses, basileenses* o *basilenses*.) Célebre concilio, de 1431 a 1449, donde se intentó una reforma radical de la Iglesia. En 1795, fueron firmados dos tratados por la República Francesa, uno con España y otro con Prusia.
BASILICATA, ant. **Lucania,** región de la Italia meridional; c. pr. *Potenza*.
BASILIO (*San*), padre de la Iglesia griega, obispo de Cesarea (329-379). Organizó la vida religiosa en los monasterios de Oriente. Fiesta el 14 de junio.
BASILIO I el Macedonio, emperador de Oriente de 867 a 886. — BASILIO II, emperador de Oriente de 976 a 1025. — BASILIO II, emperamonacal en Oriente. Fiesta el 14 de junio.
BASKIRIA. V. BACHKIRIA.
BASORA o **BASRAH,** c. de Irak; puerto fluvial de Bagdad. Dátiles, sedas, tapices. Petróleo.
BASS (ESTRECHO DE), estrecho entre Australia y Tasmania.
BASSANI (Giovanni Battista), compositor italiano (¿1657?-1716), autor de cantatas y sonatas.
BASSANO (Jacopo DA PONTE, llamado **el**), pintor italiano (1510-1592), que inició en Venecia la pintura realista. Sus hijos (Leandro, Juan Bautista y Girolamo) continuaron su obra.
BASSEIN, c. al SE. de Birmania.
BASSE-TERRE (La), cap. de la isla de Guadalupe; 20 000 h.; puerto activo. Obispado.
BASSO MAGLIO (Vicente), poeta simbolista uruguayo, n. en 1890.
BASTÁN o **BAZTÁN** (VALLE DE), célebre valle de Navarra que penetra en Francia.
BASTERRA (Ramón de), poeta y diplomático español (1888-1928), autor de *Las ubres luminosas* y *Vírulo*.
BASTETANOS, habitantes de la Bética, que residían en la ant. **Bastetania** (Algeciras, Calpe, Málaga y Munda [hoy Ronda]).
BASTIA, c. y puerto de Córcega. Turismo.
BASTIDAS (Rodrigo de), navegante español (1460-1526), que recorrió las costas venezola-

Fot. Larousse, X, Lipnitzki

nas y colombianas hasta Panamá (1501). Fundador en Tierra Firme de la c. de Santa Marta (1525), supo granjearse la amistad de los indígenas. M. en Cuba.

Bastilla, fortaleza edificada en París en la Puerta de San Antonio, a fines del s. XIV. Convertida en prisión de Estado, fue considerada como símbolo del absolutismo real y destruida por el pueblo de París el 14 de julio de 1789.

BASTIMENTOS, isla de Panamá (Bocas del Toro); tortugas. — Pobl. de Panamá, cab. del distr. del mismo n. (Bocas del Toro).

BASUTOLANDIA, ant. protectorado británico en África meridional. V. LESOTHO.

BATA, c. y puerto de Guinea Ecuatorial, cap. de Río Muni.

BATAÁN, penins. montañosa de Filipinas (Luzón), al NO. de la bahía de Manila.

BATABANÓ, golfo de Cuba, entre el cabo Francés y la península de Zapata; esponjas. — Térm. mun. de Cuba (Habana), puerto del S. de Cuba, frente a la isla de Pinos. Esponjas.

BATAILLON (Marcel), escritor hispanista francés, n. en 1895, autor de *Erasmo y España.*

BATALHA, c. de Portugal (Extremadura); célebre abadía benedictina (s. XIV-XVI), fundada por Juan I en conmemoración de la batalla de Aljubarrota (1385).

BATANGAS, c. y puerto de Filipinas (Luzón).

BÁTAVA (REPÚBLICA), nombre de Holanda de 1795 a 1806.

BATAVIA. V. YAKARTA.

BÁTAVOS, pueblo germánico que habitaba el territorio de la Holanda actual.

BATH, c. de Inglaterra (Somerset), a orillas del Avon. Aguas termales.

BATHORI, ant. familia húngara, a la cual pertenecía ESTEBAN, rey de Polonia de 1576 a 1586.

BATHURST, cap. de Gambia, a la entrada del estuario del río Gambia; 28 000 h.

BATISTA (Fulgencio), general y político cubano, n. en 1901, que encabezó un movimiento militar contra Machado en 1933. Fue pres. de la Rep. de 1940 a 1944 y volvió a obtener el Poder en 1952 mediante un golpe de Estado. Elegido en 1955, fue derrocado en 1958 por el movimiento revolucionario de Fidel Castro.

BATLLE, pobl. del Uruguay (Lavalleja).

BATLLE (Lorenzo), general uruguayo (1810-1887), pres. de la Rep. de 1868 a 1872.

BATLLE BERRES (Luis), político uruguayo (1897-1964), pres. de la Rep. de 1947 a 1951 y pres. del segundo Consejo Nacional de Gobierno de 1955 a 1959. Fundó el diario *Acción.*

BATLLE PLANAS (Juan), pintor argentino de influencia surrealista (1911-1966).

BATLLE Y ORDÓÑEZ (José), político uruguayo (1856-1929), pres. interino de la Rep. en febrero de 1899, pres. de 1903 a 1907 y de 1911 a 1915. Eminente estadista, de tendencia democrática, promovió beneficiosas reformas en el orden político, económico, cultural y social.

BATNA, c. de Argelia, cap. del dep. homónimo.

BATON ROUGE, c. de los Estados Unidos, a orillas del Misisipí, cap. de Luisiana; refinerías de petróleo e ind. químicas.

BATOVIRA (BUFAS DE), cimas volcánicas de México (Chihuahua).

BATRES JÁUREGUI (Antonio), abogado, historiador y filólogo guatemalteco (1847-1929).

BATRES MONTÚFAR (José), poeta y cuentista guatemalteco (1809-1844), cuyo talento imaginativo y de narración son patentes en *Tradiciones de Guatemala.*

BATTAMBANG, c. de Camboya, al O. del lago Tonlé Sap. Centro arrocero.

BATTENBERG. V. MOUNTBATTEN.

BATTISTESSA (Ángel), escritor argentino, n. en 1902, autor de obras de crítica.

BATUECAS (Las), comarca de la provincia de Salamanca, al NO. de la sierra de Gata, cerca del territorio de las Hurdes y aislado como él de la civilización, siendo proverbial la simpleza de sus moradores.

BATUM, c. de la U.R.S.S. (Georgia), cap. de Adjaria, puerto a orillas del mar Negro. Exportación de petróleo; hulla; frutas, tabaco; seda.

iglesia de BATALHA

BATUTA (Ibn), célebre viajero y geógrafo árabe (1307-1377 ó 1384).

BAUANG, pobl. de Filipinas (Luzón).

BAUCIS. V. FILEMÓN.

BAUDELAIRE [*bodler*] (Charles), poeta y escritor francés, n. en París (1821-1867), maestro de la escuela parnasiana. En *Las flores del mal* (1857) alcanza una perfección de estilo y una grandeza clásica. *Los Pequeños poemas en prosa,* las traducciones de E. A. Poe y las críticas sobre el arte romántico ponen de manifiesto su búsqueda de una estética nueva.

BAUDÓ, río de Colombia (Chocó), que des. en el Pacífico; 230 km. — Mun. de Colombia (Chocó).

BAUM (Vicki), novelista austriaca (1888-1960), autora de *Gran Hotel, Marión,* etc.

BAUMÉ (Antonio), químico francés (1728-1804), inventor del areómetro que lleva su nombre.

BAUMGARTEN (Alexander), filósofo y esteta alemán (1714-1762), discípulo de Leibniz.

BAURÉS (Río). V. BLANCO.

BAURÚ, c. del Brasil (São Paulo); est. radiotelegráfica. Material ferroviario.

BAUTA, térm. mun. de Cuba (Habana).

BAUTISTA (Julián), compositor español (1901-1961), que vivió en Argentina. Autor de *Juerga Interior* y *Tres Preludios Japoneses.*

BAUTISTA SAAVEDRA, prov. de Bolivia (La Paz): cap. *Villa General Juan José Pérez.*

BAUTZEN, c. de Alemania oriental, a orillas del Spree. Victoria de Napoleón en 1813.

BAUX (Les), pueblo de Francia, cerca de Arles (Bocas del Ródano), donde se descubrieron los primeros yacimientos de *bauxita.*

BAUZÁ (Felipe), geógrafo y navegante español (1769-1833), que participó en la expedición de Malaspina.

BAVIERA, en alem. **Bayern,** región de Alemania, que forma hoy, con Franconia y Suabia, uno de los Estados de Alemania occidental; 10 millones de h. (*bávaros*). Cap. *Munich;* c. pr. *Ausburgo, Ratisbona, Bayreuth, Wurtzburgo, Nuremberg.*

BAVISPE, río de México (Sonora), afl. del Yaqui.

BAYACETO I, sultán de los turcos (1347-1403), elevado al trono en 1389. Conquistó Asia Menor, derrotó a los cristianos en Nicópolis (1396) y fue vencido y hecho prisionero por Tamerlán en Ancira (1402). — BAYACETO II (1477-1512), sultán de 1481 a 1512, envenenado por su hijo Selim.

BAYAGUANA, com. de la Rep. Dominicana (San Cristóbal).

BAYAMESA, cima de Cuba (Oriente); 1 700 metros.

Bayamesa (*La*), himno nacional cubano, adoptado en Bayamo durante la *Guerra Grande.*

BAYAMO, c. de Cuba (Oriente); ganadería, prod. lácteos; tabaco, caña de azúcar. (Hab. *bayameses.*) Fundada por Diego Velázquez en 1513, fue el centro en que se incubó la revolución que condujo a la *Guerra Grande* (1868-1878). Cuna de Carlos Manuel de Céspedes.

BAYAMÓN, c. de Puerto Rico, al N. de la isla.

BAYANO o **DE LOS PLÁTANOS,** río de Panamá, que des. en el golfo de este n.; 160 km.

BATLLE Y ORDÓÑEZ

BATRES MONTÚFAR

BAUDELAIRE

Fot. Laurent, Valotaire, doc. A. G. P., Schall

BAYARDO

BEAUMARCHAIS
en 1755,
por NATTIER

BEETHOVEN
en 1823, por
WALDMULLER

catedral de
BEAUVAIS

BAYARDO (Pedro DU TERRAIL, *señor de*), ilustre capitán francés (1470-1524), tan célebre por su valor como por su caballerosidad y conocido con el nombre del **Caballero sin miedo y sin tacha.**

BAYAS, n. dado a un sector de la Sierra Madre Occidental de México (Durango).

BAYÉU SUBIAS (Francisco), pintor español (1734-1795), cuñado de Goya.

BAYEUX, c. de Francia (Calvados).

Bayeux (*Tapicería de*), en el museo de Bayeux (Calvados, Francia). Representa la conquista de Inglaterra por los normandos (s. XI).

BAYLE (Pedro), escritor francés (1647-1706), precursor de los enciclopedistas.

BAYO, cerro de la Argentina, en la sierra de Belén; 3 000 m.

BAYO (Ciro), escritor español (1859-1939), autor de trabajos de temas americanos, de evocaciones de la picaresca y de obras filológicas.

BAYONA, c. de Francia (Pirineos Atlánticos), a orillas del Adur. Obispado. Catedral gótica. Abdicación de Carlos IV de España (1808) en favor de Napoleón.

BAYONA, c. de los Estados Unidos (Nueva Jersey); industria petrolífera y química.

BAYREUTH, c. de Alemania (Baviera), a orillas del Meno. Alfarería. Teatro construido por el rey de Baviera Luis II para representar las obras de Wagner (1876). Festival anual.

BAZA, c. de España (Granada). Vega fértil.

BAZAINE [*basén*] (Aquiles), mariscal de Francia (1811-1888), sucesor de Forey en el mando de la expedición francesa contra México en 1864-1867. M. en Madrid.

BAZÁN (Álvaro de), marqués de Santa Cruz, almirante español (1526-1588), que combatió a los turcos en Lepanto y su muerte le impidió dirigir la Armada Invencible.

BAZIN (René), novelista francés (1853-1932), autor de *Los Oberlé, La tierra que muere*, etc.

BAZTÁN (VALLE DE). V. BASTÁN.

BAZZI (Giovanni), pintor italiano, llamado **el Sodoma,** nacido en Vercelli (¿1477?-1549).

BEAGLE, canal del extremo meridional de América del Sur, entre la Tierra del Fuego y las islas Navarino y Hoste.

BEAMONTESES. V. AGRAMONTESES.

BEARN, antigua prov. de Francia; cap. *Pau*.

BEATA, cabo e isla en el S. de la Rep. Dominicana (Baoruco).

BEATRIZ PORTINARI, célebre dama florentina (¿1265?-1290) inmortalizada por Dante en su *Divina Comedia* y en la *Vita nuova*.

BEATTIE (James), poeta y filósofo escocés (1735-1803), autor de *El bardo*.

BEAUCE [*bos*], región de la cuenca de París, entre Etampes y Orleáns; agricultura.

BEAUHARNAIS [*boarné*] (*Vizconde* Alejandro de), general francés (1760-1794), marido de Josefina Tascher de La Pagerie, que luego fue la emperatriz Josefina al casarse con Napoleón.

BEAUJOLAIS [*boyolé*], antigua región de Francia, cerca de Lyon, célebre por sus vinos.

BEAUMARCHAIS [*bomarché*] (Pedro Agustín CARON de), escritor francés, n. en París (1732-1799), autor de *El barbero de Sevilla* y de *El casamiento de Fígaro*, comedias atrevidas y de gran alcance social, desarrolladas con sumo ingenio y llenas de movimiento.

BEAUMONT, c. y puerto de los Estados Unidos (Texas). Industria petrolífera.

BEAUMONT (Francis), dramaturgo inglés (1584-1616). Escribió con J. Fletcher, comedias de intriga inspiradas en el teatro español.

BEAUNE [*bon*], c. de Francia, en Borgoña (Côte-d'Or). Vinos. Monumentos antiguos.

BEAUVAIS [*bové*], c. de Francia, cap. del dep. del Oise; tapices. Catedral gótica. Obispado.

BEAUVOIR (Simone de), escritora francesa, n. en 1908, autora de ensayos, novelas y memorias.

BEBEDERO, laguna de la Argentina (San Luis). — Río de Costa Rica, afl. del Tempisque.

BEBEL (Augusto), uno de los jefes del socialismo alemán (1840-1913).

BECCARIA (César de), filósofo y criminalista italiano (1738-1794), autor de un *Tratado de los delitos y las penas*, de gran importancia en Derecho Penal.

BECKET (*Santo* **Tomás**), arzobispo de Cantorbery (1118-1170), gran canciller de Inglaterra, asesinado, al pie del altar, por los cortesanos de Enrique II, rey de Inglaterra. Fiesta el 29 de diciembre.

BECKETT (Samuel), escritor irlandés, n. en 1906, autor de obras de teatro en las que denuncia el absurdo de la condición humana (*Esperando a Godot*). [Pr. Nóbel, 1969.]

BECQUE (Henry), dramaturgo francés (1837-1899), autor de obras vigorosas y realistas (*La parisina, Los cuervos*, etc.).

BÉCQUER (Gustavo Adolfo), poeta y escritor español, n. en Sevilla (1836-1870). Aportó al romanticismo un acento intimista y emotivo con sus *Rimas*, algunas de las cuales son popularísimas: *Volverán las oscuras golondrinas, Qué solos se quedan los muertos, Del salón en el ángulo oscuro, Yo sé un himno gigante y extraño*. Sus *Cartas desde mi celda* y sus *Leyendas* ofrecen un ejemplo de narración sentimental tan en boga en la época: *La venta de los gatos, Maese Pérez el organista, El caudillo de las manos rojas, La ajorca de oro, El rayo de luna, El miserere.*

BÉCQUER

Enrique BECQUEREL

BECQUEREL [*bekrel*] (Antonio), físico francés (1788-1878). — Su hijo EDMUNDO (1820-1891) ideó la espectroscopia y su nieto ENRIQUE (1852-1908) descubrió la radiactividad en 1896. (Pr. Nóbel, 1903, compartido con los esposos Curie.)

BECHAR, cap. del dep. argelino de Saura.

BECHER (Johannes), poeta y autor dramático alemán (1891-1958).

BECHER (Juan Joaquín), químico alemán (1635-1682), que descubrió el etileno (1669).

BECHTEREV (Vladimiro), psicofisiólogo ruso (1857-1927), que estudió con Pavlov el reflejo condicionado.

BECHUANALANDIA, ant. protectorado inglés del África meridional. V. BOTSWANA.

BEDA el Venerable (*San*), historiador inglés y doctor de la Iglesia (672 ó 673-735). Fiesta el 27 de mayo.

BEDDOES (Thomas Lovell), poeta y dramaturgo inglés (1803-1849) cuya obra refleja todas las tendencias del romanticismo.

BEDFORD, c. de Inglaterra, a orillas del Ouse, cap. del condado de igual n.; industria automovilística.

BEDFORD (Juan DE LANCASTER, *duque de*) [1389-1435], hermano de Enrique V, rey de Inglaterra y regente de Francia en nombre de su sobrino Felipe VI, después de la batalla de Azincourt.

BEDIER (José), medievalista francés (1864-1938), autor de *Las leyendas épicas*.

BEDMAR (*Marqués de*). V. CUEVA (A. de la).

BEDMAR, v. de España (Jaén).

BEDUINOS, árabes nómadas del desierto, que habitan en África del Norte y el Oriente Medio.

BEECHER-STOWE [*bícherstou*] (Harriet), escritora norteamericana (1812-1896), autora de la novela antiesclavista *La cabaña del tío Tom*.

BEERSHEBA, c. de Israel, en el Negev.

BEETHOVEN (Ludwig van), célebre compositor de música alemán, nacido en Bonn (1770-1827); autor de 32 sonatas para piano, 17 cuartetos, 9 sinfonías, 5 conciertos para piano y uno para violín y de la ópera *Fidelio*; obras llenas de sentimiento y de una fuerza de expresión incomparable. Su existencia fue bastante difícil y, al final de su vida, padeció completa sordera.

BEGOÑA, pueblo de Vizcaya, agregado a Bilbao. La virgen del santuario de Begoña es patrona del pueblo vascongado.

Fot. Giraudon, Bulloz, Larousse, Neurdein, doc. A. G. P., Reutlinger

BEHAIM (Martín), cosmógrafo y navegante alemán (1459-1507) que empezó a utilizar el astrolabio. Construyó un globo terráqueo en el que figuraban todos los conocimientos geográficos antes del descubrimiento de América.

BEHISTÚN. V. BISUTÚN.

BEHRING. V. BERING.

BEHRING (Emilio Adolfo von), médico y bacteriólogo alemán (1854-1917), uno de los creadores de la sueroterapia. (Pr. Nóbel, 1901.)

BEIRA, ant. prov. del Portugal central, dividida hoy en tres: *Beira Alta* (703 200 h., cap. *Viseu*), *Beira Baja* (361 000 h., cap. *Castelo Branco*), y *Beira Litoral* (1 000 000 h., cap. *Coimbra*.) — Puerto de África (Mozambique).

BEIRUT, cap. del Líbano; 500 000 h. Arzobispados cristianos (ritos maronita, griego, armenio, sirio). Dos universidades. Biblioteca importante. Puerto en el Mediterráneo y centro comercial.

BEJA, c. de Portugal, cap. del distrito del mismo nombre (Alemtejo Bajo).

BEJAIA. V. BUJÍA.

BÉJAR, v. de España (Salamanca). Paños.

BEJUCAL, térm. mun. de Cuba (Habana).

BEJUMA, c. de Venezuela (Carabobo).

BEKESCSABA, c. de Hungría. Textiles.

BEL, dios supremo de los babilonios que corresponde al Zeus griego y al Baal fenicio.

BELA, nombre de varios reyes de Hungría, de la dinastía de los Arpadios. El más famoso, BELA IV, reinó desde 1235 hasta 1270.

BELALCÁZAR. V. BENALCÁZAR.

BELARMINO (Roberto), cardenal y teólogo italiano (1542-1621). Canonizado por Pío XI. Fiesta el 13 de mayo.

BELASCOÁIN, pobl. de España (Navarra). Batalla en la primera guerra carlista.

BELAÚNDE (Víctor Andrés), escritor y diplomático peruano (1889-1966), autor de obras jurídicas e históricas.

BELAÚNDE TERRY (Fernando), arquitecto y político peruano, n. en 1912, pres. de la Rep. en 1963. Fue derribado en 1968.

BELCEBÚ, n. de un demonio considerado como jefe de los espíritus del mal. *(Biblia.)*

BELCHITE, v. de España (Zaragoza).

BELEM, c. del Brasil, cap. del Estado de Pará; puerto fluvial de imp. tráfico en el Amazonas; prod. de caucho, cacao. Arzobispado. — Suburbio de Lisboa; célebre convento de los Jerónimos.

BELÉN, pueblo de Palestina (Jordania), a 8 km de Jerusalén, donde nacieron David y Jesucristo.

BELÉN, com. de Chile (Tarapacá). — Pobl. de la Argentina, cab. del dep. del mismo n. (Catamarca). — Pobl. del Paraguay (Concepción). — Pobl. del Uruguay (Salto).

BELÉN (CAMPO DE), llano desértico de la Argentina, a una alt. aprox. de 1 000 m. Tb. llamado **Campo de Andalgalá.**

BELEÑO (Joaquín), escritor panameño, n. en 1922, autor de *Luna verde*, novela rural.

BELEROFONTE, héroe mitológico, hijo de Glauco y nieto de Sísifo. Después de haber matado involuntariamente a su hermano, se retiró a la corte de Preto, rey de Tirinto. Yobates, suegro del envidioso Preto, le ordenó que combatiese a la Quimera, seguro de que sucumbiría en la lucha, pero Belerofonte, montado en el caballo Pegaso, dio muerte al monstruo, se casó con la hija del rey de Licia y le sucedió en el trono.

BELFAST, cap. de Irlanda del Norte o Ulster; 433 000 h.; hilados, lienzos y algodones. Siderurgia, industria mecánica, química. Astilleros. Puerto de importación. Universidad.

BELFORT, c. del E. de Francia, cap. del territorio del mismo n.; plaza célebre por la defensa del coronel Denfert-Rochereau (1870-1871).

BELGAUM, c. de la India (Mysore). Textiles.

BÉLGICA, reino de Europa occidental, limitado al N. y al NE. por Holanda; al NO. por el mar del Norte; al O., SO. y S. por Francia; al E. por el gran ducado de Luxemburgo y Alemania. 30 507 km²; 9 290 000 h. *(belgas)*, de los que 44 p. 100 hablan francés y el resto flamenco. Cap. *Bruselas*, 1 300 000 h.; c. pr. *Amberes*, 256 600 h.; *Lieja*, 154 000; *Charleroi*, 25 500; *Gante*, 158 400; *Verviers*, 35 350; *Lovaina*, 33 800; *Malinas*, 64 000; *Ostende*, 56 300; *Namur*, 33 000; *Brujas*, 52 578.

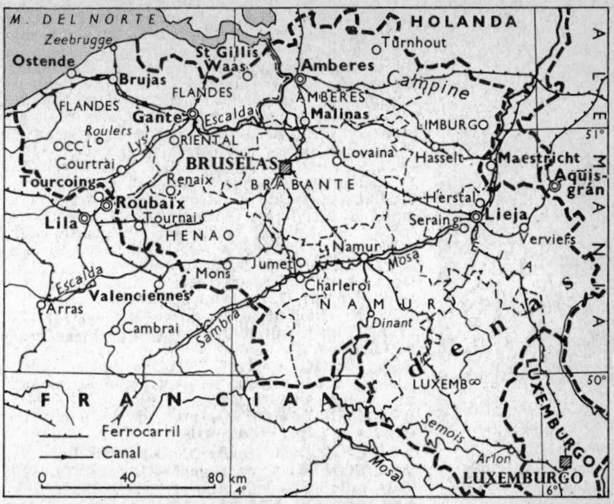

mapa y escudo de BÉLGICA

— GEOGRAFÍA. Bélgica comprende: al O., la *Baja Bélgica* (Flandes), donde se encuentran *Gante, Brujas* y *Amberes*; al centro, la *Bélgica intermedia*, llana y fértil (c. pr. *Bruselas, Malinas, Lovaina*), al E., la *Alta Bélgica*, en la que se encuentra la rica cuenca hullera de Mons, Charleroi, Lieja, Namur.

País bilingüe *(flamencos* y *valones)*, con uno de los índices de densidad de población más altos de Europa, Bélgica posee, a pesar de su reducida extensión, una agricultura rica, una industria importante y variada y un comercio activo.

Bélgica está dividida en nueve provincias: *Amberes, Brabante, Flandes Occidental, Flandes Oriental, Henao, Lieja, Limburgo, Luxemburgo* y *Namur*, administradas por un gobierno y un consejo provincial.

— HISTORIA. En tiempos de César, los belgas formaban en la Galia del Norte una confederación mitad celta y mitad germánica, que los romanos sometieron definitivamente el año 51 d. de J. C. A partir del s. IV, Bélgica pasó gradualmente a poder de los francos merovingios, y más tarde, bajo los carolingios, se convirtió en una parte de Lotaringia. Al triunfar el feudalismo, se constituyeron, entre otros, los condados de Flandes y de Brabante. En el s. XII apareció una nueva fuerza política, las ciudades, que se organizaron en poderosas corporaciones y milicias y dieron, entre otras, las famosas batallas de Bouvines (1214), de Courtrai (1302) y de Rosebecque (1382). Poco después de esta última batalla, los Países Bajos (Bélgica y Holanda) pasaron, por alianza matrimonial, a la Casa de Borgoña, y en 1477 a la de Austria. En 1579, tras sangrienta rebelión contra la dominación española, siete provincias del Norte *(Provincias Unidas)* obtuvieron su independencia, en tanto que las del Sur siguieron perteneciendo a España. Bélgica fue entregada a Austria por el Congreso de Radstat (1714); luego estuvo bajo la dominación francesa, de 1795 a 1815, año en que fue anexada a Holanda. En 1831 obtuvo su independencia y se constituyó en monarquía constitucional. El poder ejecutivo recae en el Rey, quien lo ejerce a través de sus ministros y comparte el poder legislativo con la Cámara de Representantes y con el Senado. De 1908 a 1960, Bélgica tuvo el antiguo Estado independiente del Congo como colonia. En las dos guerras mundiales fue ocupada por los alemanes. (V. GUERRA MUNDIAL [*Segunda*]). En 1951, el rey Leopoldo III abdicó en favor del príncipe heredero Balduino.

BELGRADO, cap. de Yugoslavia y Servia, situada en la confl. del Danubio y el Sava; 598 300 h. Centro comercial e industrial.

BELGRANO, lago de la Argentina (Santa Cruz). — N. de cuatro dep. de la Argentina (La Rioja, San Luis, Santa Fe y Santiago del Estero). — Puerto militar de la Argentina, en el estuario de Bahía Blanca (Buenos Aires).

BELGRADO
avenida del
Presidente Tito

Fot. Rapho-Doisneau

J. BELMONTE
por ZULOAGA
detalle

M. I. BELZÚ

BELL

BELGRANO (Manuel), general argentino, n. en Buenos Aires (1770-1820), iniciador de la Revolución de Mayo y miembro de la primera Junta Gubernativa. Participó en la campaña del Paraguay (1811) y derrotó a los realistas en las batallas de Tucumán (1812) y Salta (1813). En 1814 salió para Europa, en misión diplomática, con el fin de conseguir el reconocimiento de la Independencia. De regreso a su país (1815), se hizo cargo del ejército del Alto Perú. Fue el creador de la bandera nacional.

BELICE, río de Guatemala, que des. en el golfo de Honduras; 241 km. — C. de Guatemala, cap. del dep. del mismo n.; puerto, plaza comercial. (Hab. *beliceños.*) Obispado. El dep. de *Belice* produce maderas preciosas y chicle. Ocupado de facto por Inglaterra, se da a este terr. el n. de **Honduras Británica.**

BELIN (Eduardo), ingeniero y físico francés (1876-1963), inventor de varios procedimientos de telefotografía.

BELISARIO, general bizantino (¿494?-565). Venció, en el reinado de Justiniano, a los persas, vándalos y ostrogodos.

BELISARIO BOETO, prov. de Bolivia (Chuquisaca); cap. *Villa Serrano.*

BÉLMEZ, v. de España (Córdoba). Hulla.

BELMONTE, v. de España (Cuenca). Cuna de Fray Luis de León.

BELMONTE BERMÚDEZ (Luis), dramaturgo clásico español (1587-1650), autor de las comedias *La renegada de Valladolid* y *El diablo predicador.*

BELMONTE GARCÍA (Juan), torero español, n. en Sevilla (1892-1962), creador de una nueva forma de toreo.

BELO HORIZONTE, c. del Brasil, cap. del Estado de Minas Gerais; centro minero, ganadero e industrial. Universidad. Arzobispado.

BELONA, diosa de la Guerra entre los romanos.

BELT (GRANDE y PEQUEÑO), nombre de dos estrechos, el primero entre las islas de Fionia y de Seeland, el segundo entre Fionia y Jutlandia. Unen el mar Báltico con el mar del Norte.

Beltenebros, nombre que tomó Amadís de Gaula, cuando, después de haber ofendido a su dama, se retiró desesperado a una ermita.

BELTRÁN (Luis), presbítero y militar argentino (1785-1827), a quien San Martín confió la maestranza del ejército de los Andes.

BELTRANEJA. V. JUANA LA BELTRANEJA.

BELTRANENA (Mariano), político guatemalteco del s. XIX, pres. de la Rep. Federal de las Provincias Unidas de Centroamérica en 1828.

BELTRÁN MASSÉS (Federico), pintor español (1885-1949), autor de retratos.

BELUCHISTÁN, región de Asia, al E. de Irán, país montañoso, donde viven tribus errantes de pastores. Forma parte del Paquistán y de Irán. C. pr. *Quetta,* 84 000 h.; *Kelat,* 25 000 h.

BALZAR, forma castellanizada de **Welser.**

BELZÚ (Manuel Isidoro), general y político boliviano, n. en La Paz (1808-1865); se adueñó del Poder en 1848 y ocupó la presidencia de la Rep. hasta 1855. Fue un gobernante autoritario, ahogó numerosos intentos revolucionarios pero gozó de la simpatía de las masas populares. Murió asesinado por Melgarejo.

BELZÚ DE DORADO (Mercedes), poetisa boliviana (1835-1879), hija del anterior.

BELL (Alejandro Graham), físico norteamericano (1847-1922), uno de los inventores del teléfono (1876).

Bella durmiente del bosque (*La*), cuento de Perrault. — Ballet de Tchaikovski.

BELLAMAR (GRUTAS DE), maravilla natural, en las inmediaciones de Matanzas (Cuba).

BELLÁN (José Pedro), escritor uruguayo (1889-1930), autor de relatos (*Doña Ramona*) y obras de teatro (*Dios te salve*).

BELLARMINO (Roberto), V. BELARMINO.

BELLA UNIÓN, distr. de Chile (Talca). — Pobl. del Uruguay (Artigas); puerto fluvial.

BELLA VISTA, n. de tres pobl. de la Argentina (Buenos Aires, Corrientes y Tucumán). — Pobl. del Paraguay (Amanbay), ant. llamada **Villa Bella.**

BELLAY [*belé*] (Joaquín **du**), poeta francés (1522-1560), amigo y discípulo de Ronsard, y

BELGRANO

Giovanni BELLINI

uno de los más ilustres representantes de la *Pléyade,* de la cual redactó el manifiesto: *Defensa e ilustración de la lengua francesa.*

BELLEAU (Remy), poeta francés de la *Pléyade* (1528-1577), autor de *La bergerie.*

BELLE-ÎLE-EN-MER [*belil*], isla francesa del océano Atlántico (Morbihan).

BELLINI, n. de una ilustre familia de pintores venecianos, cuyos miembros más notables son IACOPO (1400-1470) y sus hijos GENTILE (¿1429?-1507) y GIOVANNI (¿1430?-1516).

BELLINI (Vicente), compositor de música italiano (1801-1835), autor de la ópera *Norma.*

BELLINZONA, c. de Suiza, cap. del Tesino.

BELLMAN (Carlos), poeta sueco (1740-1795), autor de poemas líricos de gran popularidad. Fue llamado **el Anacreonte de Suecia.**

BELLO, c. de Colombia (Antioquia); ind. textil. Cuna de Marco Fidel Suárez.

BELLO (Andrés), escritor, filólogo, poeta, jurisconsulto y político americano, n. en Caracas en 1781, m. en Santiago de Chile en 1865. Fue auxiliar de Bolívar en Londres (1810) y en 1829 se trasladó a Santiago de Chile, donde años más tarde había de pronunciar el discurso inaugural de la Universidad chilena (1843). Fue rector de ésta, trabajó en pro de la instrucción pública y redactó el *Código Civil* de Chile (1855). Su curiosidad intelectual y su vocación literaria le hicieron conocer profundamente a los clásicos latinos y españoles. Sus poesías, inspiradas en motivos americanos (*Alocución a la Poesía, Silva a la agricultura de la zona tórrida, La oración por todos*), crearon un nuevo género poético. Escribió también leyendas, críticas eruditas y varias obras notables: *Principios de Derecho Internacional, La filosofía del entendimiento* y la famosa *Gramática castellana,* una de las mejores existentes, que más tarde anotó y completó el erudito filólogo colombiano Rufino José Cuervo.

BELLOC (Hilaire), historiador, novelista y poeta inglés (1870-1953), de gran talento descriptivo y erudición.

BELLONI (José Leoncio), escultor uruguayo (1882-1965), autor de *La Carreta,* en el parque de Montevideo.

BELLUNO, c. de Italia (Venecia), al pie de los Alpes dolomíticos, a orillas del Piave.

BELLVER (Ricardo), escultor español (1845-1924), autor de obras religiosas.

BELL VILLE, pobl. de la Argentina (Córdoba); centro industrial. Escuela de Agricultura.

BEMBIBRE, v. de España (León).

BEMBO (Pietro), cardenal y humanista italiano (1470-1547). Fue secretario del papa León X

DU BELLAY

A. BELLO

Fot. X, Larousse, Boyer, X, Anderson, Larousse

BENALCÁZAR

J. BENAVENTE

BENALCÁZAR (Sebastián de), conquistador español (1480-1551), que organizó una expedición a Nicaragua y en 1530 participó con Pizarro en la conquista del Perú. Gobernador de Piura, emprendió la campaña del Ecuador, donde fundó Quito (1534) y Guayaquil. Sometido a un juicio de residencia, fue condenado a muerte y su pena conmutada. M. en Cartagena.
BENAMEJÍ, v. de España (Córdoba).
BENARÉS o **BANARAS,** hoy Varanasi, c. de la India, a orillas del Ganges (Uttar Pradesh). Ciudad sagrada y centro intelectual.
BENAVENTE, v. de España (Zamora).
BENAVENTE (Jacinto), autor dramático español, n. en Madrid (1866-1954), cuya abundante producción le valió en 1922 el Premio Nóbel de Literatura. Entre cerca de doscientas obras, sobresalen *Los intereses creados,* comedia a la italiana que consagró su reputación, *La Malquerida,* intensa tragedia rural, *Señora Ama, La noche del sábado, Pepa Doncel, La ciudad alegre y confiada, Rosas de otoño, Vidas cruzadas, Campo de armiño.* Benavente se destaca por la pulcritud de su diálogo y el fondo satírico de sus piezas.
BENAVIDES (Nazario), militar y político argentino (1805-1858), gobernador de la prov. de San Juan. M. asesinado.
BENAVIDES (Óscar Raimundo), general y político peruano (1876-1945), pres. de una Junta de Gobierno en 1914 y pres. de la Rep. de 1914 a 1915 y de 1933 a 1939.
BEN BELLA (Mohamed), estadista argelino, n. en 1919, uno de los artífices de la Independencia, pres. de la Rep. de 1963 a 1965.
BENDA (Julián), ensayista francés (1867-1956), defensor del clasicismo literario.
BENDER ABBAS, c. y puerto de Irán, a orillas del mar de Omán.
BENDER BUSHIR. V. BUSHIR.
BENDIGO, c. de Australia (Victoria); oro; trigo; industrias alimenticias.
BENEDEK (Luis de), general austriaco (1804-1881), vencido en 1866 en Sadowa.
BENEDETTI (Mario), novelista uruguayo, n. en 1920, sutil observador de sus personajes.
Benedictinos, orden religiosa fundada por San Benito de Nursia en 529. El monasterio de Monte Casino, Italia, cuna de esta congregación, ha contado entre sus moradores infinidad de sabios que han prestado inmensos servicios a las letras y las artes. Únicos eruditos de la Edad Media, transcribieron y conservaron para la posteridad las joyas literarias de Grecia y de Roma.
BENEDICTO I, papa de 575 a 578. — BENEDICTO II *(San),* papa de 684 a 685. — BENEDICTO III, papa de 855 a 858. — BENEDICTO IV, papa de 900 a 903. — BENEDICTO V, papa de 964 a 966. — BENEDICTO VI, papa de 973 a 974. — BENEDICTO VII, papa de 974 a 983. — BENEDICTO VIII, papa de 1012 a 1024. — BENEDICTO IX, papa de 1032 a 1045. — BENEDICTO X, antipapa de 1058 a 1059. — BENEDICTO XI, papa de 1303 a 1304. — BENEDICTO XII, papa de 1334 a 1342; tenía su sede en Aviñón. — BENEDICTO XIII (Pedro de Luna), antipapa aragonés, de 1394 a 1414; distinguióse por su piedad y su gran cultura. (V. LUNA.) — BENEDICTO XIII, papa de 1724 a 1730. — BENEDICTO XIV, papa de 1740 a 1758. — BENEDICTO XV, papa en 1914 a 1922.
BENEFACTOR. V. SAN JUAN DE LA MAGUANA.
BENELUX, unión económica formada en 1944 por Bélgica, Holanda y Luxemburgo.
BENES [*-ech*] (Eduardo), estadista checo (1884-1948), pres. de la Rep. de 1935 a 1938 y 1945 a 1948.
BENEVENTO, c. de Italia, cap. de prov., en Campania. Batalla en que fue vencido Pirro por los romanos (275 a. de J. C.).
BENFEY (Teodoro), filólogo alemán (1809-1881), autor de trabajos sobre el sánscrito.
BENGALA, región de la península de la India, dividida hoy entre la Rep. India (BENGALA OCCIDENTAL; cap. *Calcuta*); y el Paquistán (BENGALA ORIENTAL; c. pr. *Dacca*). [Hab. *bengalíes.*] Prod. arroz y yute.
BENGALA (GOLFO DE), golfo formado por el océano Índico entre India y Birmania.
BENGASI, c. de Libia, cap. de Cirenaica; 137 300 h.
BENGUELA, c. de Angola, puerto en el Atlántico. Centro industrial.
BEN GURION (David), político israelí, n. en 1886, uno de los fundadores del Estado de Israel y jefe de Gobierno hasta 1963.
BENI, río de Bolivia, afl. del Madeira; 1 700 km. — Dep. de Bolivia; cap. *Trinidad;* abundantes bosques, en parte inexplorados; prod. caucho, caña de azúcar, café, tabaco y arroz.
BENICARLÓ, v. y puerto de España (Castellón de la Plana); aguardientes; frutas.
BENIGNO *(San),* apóstol de Borgoña, martirizado hacia 179. Fiesta el 1 de noviembre.
BENIN, golfo entre las costas del Dahomey y de Nigeria.
BENITO de Aniano *(San),* reformador de la disciplina monástica benedictina (750-821). Fiesta el 12 de febrero.
BENITO de Nursia *(San),* sacerdote italiano (¿480?-547), fundador de la orden de los benedictinos en 529. Fiesta el 21 de marzo.
BENITO Y BARBERO (Cosme Damián José de), músico español (1829-1885).
BENJAMÍN, último hijo de Jacob y de Raquel. Tenía Jacob gran predilección por él, ya que su nacimiento causó la muerte a su esposa. Por alusión a dicha preferencia suele darse el nombre de *benjamín* al hijo menor de una familia.—Nombre de una de las doce tribus de Israel.
BENJAMÍN ACEVAL, ant. **Monte Sociedad,** pobl. del Paraguay (Presidente Hayes).
BENJAMÍN de Tudela, rabino y geógrafo español del siglo XII, que viajó por Oriente, y cuyas obras fueron traducidas a varias lenguas.
BEN JONSON. V. JONSON *(Ben).*
BENLLIURE (Mariano), escultor español (1866-1947), uno de los más notables representantes del arte contemporáneo de su país.
BENNET (Enoch Arnold), novelista inglés (1867-1931); autor de *El Gran Hotel Babilonia, El matador de Cinco Villas, La gran aventura.*
BENNET (James Gordon), periodista y editor norteamericano (1795-1872), fundador del *New York Herald Tribune.*
BEN NEVIS, monte de Escocia (Grampianos), el más alto de Gran Bretaña; 1 340 m.
BENOIT (Pierre), novelista francés (1886-1962), autor de *La señorita de la Ferté, Koenigsmark, La Atlántida, La castellana del Líbano.*
BENONI, c. de la Rep. de África del Sur (Transvaal); metalurgia.
BENOT (Eduardo), lexicógrafo español (1822-1907), autor de un *Diccionario de ideas afines* y de varios tratados de gramática entre los que sobresale la *Arquitectura de las lenguas.*
BENTHAM (Jeremy), filósofo, economista y jurisconsulto inglés (1748-1832), fundador de la escuela *utilitaria,* para la cual el interés es el único móvil de las acciones humanas.
BENTLEY (Ricardo), filólogo y humanista inglés (1662-1742), autor de ediciones de Horacio.
BENZ (Carlos Federico), ingeniero alemán (1844-1929), que construyó un motor de gas de dos tiempos (1878) y un motor de gasolina de cuatro tiempos con encendido eléctrico (1885).
BEOCIA, región de la ant. Grecia; cap. *Tebas.*
Beowulfo, poema anglosajón del siglo VIII que tiene como héroe a un rey legendario de Jutlandia.
BEPPU, c. del Japón, en la isla de Kiussiu. Estación termal.
BÉRANGER (Pierre-Jean de), poeta francés (1780-1857), autor de canciones muy populares.

BENES

BEN GURION

SAN BENITO DE NURSIA

BENLLIURE
LAS DOS VÍCTIMAS DE LA FIESTA

Fot. doc. A. G. P., Santos Yubero, Keystone, X, Bulloz, Larousse

BERGSON

BERLIOZ

BERMEJO
SAN MIGUEL
detalle

BERLÍN
palacio
de Charlottenburgo

BERBEO (Juan Francisco de), patriota colombiano (1730-1795), que inició en 1781 el levantamiento de los Comuneros de Socorro.

BERBER, c. de Sudán, a orillas del Nilo.

BERBERA, c. de Somalia en el golfo de Adén.

BERBERÍA, n. dado en otro tiempo a las regiones del África del Norte: *Marruecos, Argelia, Túnez,* etc. (Hab. *beréberes.*)

BERCEO (Gonzalo de), primer poeta castellano de nombre conocido (¿1195-1264?), perteneciente al *mester de clerecía.* Se destacan en su obra los poemas de inspiración hagiográfica (dedicados a Santo Domingo de Silos, Santa Oria y San Millán de la Cogolla) y de exaltación mariana (*Milagros de Nuestra Señora, Duelo de la Virgen* y *Loores de Nuestra Señora*). Compuso sus obras en estrofas de cuaderna vía.

BERCK, c. de Francia (Paso de Calais); balneario famoso.

BERCHET (Juan), poeta italiano (1783-1851), uno de los promotores del movimiento romántico y patriótico de su país.

BERDITCHEV, c. de la U.R.S.S. (Ucrania); construcciones mecánicas.

BERÉBERES, grupo étnico de África del Norte, que ocupa principalmente las regiones montañosas (Rif, Kabilia, Aurés). Descienden de los antiguos númidas y no deben confudirse con los árabes.

BERENGER de Tours, heresiarca francés (¿1000?-1088), que negaba la presencia real de Jesucristo en la Eucaristía.

BERENGUELA, hija del rey de Castilla Alfonso VIII y esposa del rey de León Alfonso IX (1171-1244). Fue madre de San Fernando. Habiendo sido disuelto su matrimonio por el Papa, volvió Berenguela al lado de su padre y a la muerte de éste, regentó el reino en nombre de su hermano Don Enrique. Muerto el legítimo sucesor, hizo proclamar rey a su hijo Fernando a pesar de la oposición de su antiguo esposo.

BERENGUER RAMÓN I, conde de Barcelona de 1018 a 1035. — BERENGUER RAMÓN II, conde de Barcelona de 1076 a 1096.

BERENGUER (Dámaso), general español (1873-1953), pres. del penúltimo gobierno monárquico desde 1930 hasta principios de 1931.

BERENGUER DE MARQUINA (Félix), marino español (1738-1826), virrey de México de 1800 a 1803.

BERENICE, princesa judía de la familia de Herodes, nacida en 28.

BERENICE (CABELLERA DE), constelación del hemisferio boreal, entre Leo y Boyero.

BERESFORD (William Carr), general inglés (1768-1854), que sitió Buenos Aires en 1806. Rechazado por Alzaga y Liniers, fue hecho prisionero.

BERESINA, río de Rusia Blanca, afl. del Dniéper; 587 km. Derrota de los franceses por los rusos en noviembre de 1812.

BEREZNIKI, c. de la U.R.S.S. (Rusia), en los Urales; industria química.

BERG, ducado de la antigua Prusia renana.

BERG (Alban), compositor austriaco (1885-1935), alumno de Schönberg, creador del atonalismo, y autor de la ópera *Wozzeck.*

BERGAMÍN (José), ensayista español n. en 1897, fundador de la revista *Cruz y Raya* y autor de *Mangas y capirotes* y *Arte de birlibirloque.*

BÉRGAMO, c. de Italia (Lombardía); construcciones mecánicas, industria textil.

BERGEN, c. de Noruega; puerto muy activo; comercio de pescado y maderas. Astilleros.

BERGEN-OP-ZOOM, c. de Holanda (Brabante Septentrional), a orillas del Escalda.

BERGERAC, c. de Francia (Dordoña); trufas.

BERGERAC (Cyrano de). V. CYRANO.

BERGIUS (Federico), químico alemán (1884-1949), inventor de un procedimiento para la fabricación de carburantes artificiales (*berginización.*) [Pr. Nóbel, 1931.]

BERGMAN (Torbern), químico sueco (1735-1784), autor de una clasificación mineral.

BERGNES DE LAS CASAS (Antonio), filólogo español, n. en Barcelona (1800-1879).

BERGSON (Enrique), filósofo francés (1859-1941), n. en París, de gran influencia en el pensamiento europeo contemporáneo. Su sistema se basa en la intuición de los datos de la conciencia liberada de la idea del espacio y de la noción científica del tiempo (*Ensayo sobre los datos inmediatos de la conciencia, Materia y memoria, La evolución creadora,* etc.). [Pr. Nóbel, 1927.]

BERING o **BEHRING** (ESTRECHO DE), estrecho entre Asia y América septentrional, que reúne el océano Pacífico con el Glacial Ártico. Descubierto en 1728 por el navegante danés VITUS BERING (1640-1741).

BERING o **BEHRING** (MAR DE), parte norte del Pacífico entre Asia y América.

BERISSO (Cesáreo L.), aviador uruguayo, n. en 1887, inventor de un dispositivo mecánico de gasificación.

BERISSO (Emilio), escritor argentino (1878-1922), autor de obras teatrales de tesis.

BERISTÁIN Y SOUZA (José Mariano), presbítero y erudito mexicano (1756-1817), autor de una *Biblioteca hispanoamericana septentrional.*

BERJA, pobl. de España (Almería). Plomo.

BERKELEY, c. de los Estados Unidos (California). Universidad. Construcciones mecánicas y centro de industrias atómicas.

BERKELEY (Jorge), obispo y filósofo irlandés (1685-1753), de tendencia idealista.

BERKSHIRE [*-cher*], condado de Inglaterra; cap. *Reading.*

BERLANGA, pobl. de España (Badajoz).

BERLANGA DE DUERO, mun. de España (Soria); monumentos antiguos.

BERLICHINGEN (Gœtz de), valiente caballero alemán, llamado **Mano de hierro** (1480-1562), héroe de uno de los dramas de Gœthe.

BERLÍN, c. de Alemania, ant. cap. de Prusia y del Imperio, a orillas del Spree; 3 363 000 h. (*berlineses*). Gran centro industrial y comercial. Conquistada por las tropas soviéticas en 1945, y ocupada conjuntamente por los Aliados, está dividida en *Berlín Oeste,* bajo la autoridad de la República Federal (2 223 000 h.), ocupada por los norteamericanos, ingleses y franceses, y *Berlín Este* (cap. de la República Democrática, 1 100 000 h.).

BERLÍN, distr. de El Salvador (Usulután).

BERLIOZ (Héctor), compositor y crítico musical francés (1803-1869), autor de *La condenación de Fausto, Sinfonía fantástica,* etc., obras notables por su ciencia de la orquesta y la potencia de su sentimiento dramático.

BERMEJO, río de la Argentina, que nace en Bolivia, sirve de frontera entre ambos países y es afl. del Paraguay; 1 800 km. — Río de la Argentina, que desciende de la puna catamarqueña con el nombre de *Vinchina* y desaparece por infiltración.

BERMEJO (Bartolomé), pintor español del s. XV, que trabajó principalmente en Aragón y Cataluña, autor de obras de gran realismo y emoción.

BERMEO, v. de España (Vizcaya). Puerto pesquero; astilleros; conservas. Patria de Ercilla.

BERMUDAS (ISLAS), archip. británico del Atlántico, al NE. de las Antillas; cap. *Hamilton.*

BERMÚDEZ, ant. Est. de Venezuela, hoy **Anzoátegui, Monagas** y **Sucre.**

Fot. Manuel, Giraudon, Larousse, Oficina de Turismo Alemán

BERMÚDEZ (Jerónimo), dominico y poeta español (¿1530?-1599), autor de la tragedia *Nise lastimosa* sobre la leyenda de Inés de Castro.

BERMÚDEZ (José Francisco), caudillo venezolano (1782-1831), defensor heroico de Cartagena en 1815.

BERMÚDEZ (Pedro), escritor dramático uruguayo (1816-1860), autor de *El Charrúa.*

BERMÚDEZ DE CASTRO (Salvador), duque de Ripalda, diplomático y literato español (1817-1883), que utilizó en sus *Ensayos poéticos* la estrofa llamada *bermudina.*

BERMÚDEZ DE LA TORRE (Pedro José), jurisconsulto peruano (¿1665?-1745).

BERMUDO I el Diácono, rey de Asturias de 789 a 791. — BERMUDO II *el Gotoso,* rey de Asturias y León, de 984 a 999; su gobierno fue desastroso. — BERMUDO III, rey de León en 1028, m. en la batalla de Támara en 1037.

BERNA, cap. de Suiza, en el cantón del mismo nombre, a orillas del Aar; 168 800 h. Industria activa, establecimientos científicos. Universidad.

BERNABÉ *(San),* profeta y doctor de Antioquía. Fiesta el 11 de junio.

BERNADETA Soubirous (*Santa*), pastora cuyas visiones dieron origen a las peregrinaciones de Lourdes (1844-1879). Fiesta el 10 de abril.

BERNADOTTE [*-dot*] (Jean), mariscal de Francia (1763-1844), que se distinguió durante **las guerras de la Revolución y el Imperio.** Adoptado en 1810 por el rey de Suecia, Carlos XIII, fue rey de este país en 1818, con el nombre de CARLOS XIV o CARLOS JUAN.

BERNAL (Emilia), poetisa cubana, n. en 1885.

BERNAL JIMÉNEZ (Miguel), compositor mexicano (1910-1956).

BERNÁLDEZ (Andrés), sacerdote e historiador español, m. en 1513, llamado **el cura de Los Palacios** por haber sido párroco en este pueblecito sevillano. Se le debe una crónica dedicada a los Reyes Católicos.

BERNALDO DE QUIRÓS (Cesáreo), pintor impresionista argentino (1879-1969).

BERNANOS (Georges), escritor francés (1888-1948); católico intransigente, autor de novelas (*Bajo el sol de Satán, Diario de un cura de aldea*) y obras de polémica (*Los grandes cementerios bajo la luna*).

BERNARD (Claude), fisiólogo francés (1813-1878). **Demostró la importancia del páncreas en la digestión de los cuerpos grasos, la función glicogénica del hígado y la existencia de centros nerviosos independientes del gran centro cerebroespinal.** Su *Introducción al estudio de la medicina experimental* define los principios fundamentales de toda investigación científica.

BERNARD (Paul, llamado **Tristán**), autor teatral y novelista francés (1866-1947), **de ingenio chispeante.**

BERNÁRDEZ (Francisco Luis), poeta argentino, n. en 1900, autor de *El buque* y *La ciudad sin Laura.*

BERNÁRDEZ (Manuel), escritor uruguayo (1867-1942), autor de cuentos naturalistas.

BERNARDIN DE SAINT-PIERRE (Jacques Henri), escritor francés (1737-1814), autor de *Pablo y Virginia* y *Estudio de la naturaleza.* Sus obras pintan con gran colorido las bellezas de la creación y contribuyeron a poner de moda el gusto por lo exótico y pintoresco.

BERNARDINO de Siena *(San),* franciscano italiano (1380-1444), que se esforzó en reformar las costumbres. Fiesta el 20 de mayo.

BERNARDO *(San),* monje cisterciense francés (1090-1153), una de las más grandes figuras del cristianismo. Fundó la abadía de Clairvaux y predicó la 2ª Cruzada. Escribió *Cartas.* Fiesta el 20 de agosto.

BERNARDO, duque de Sajonia-Weimar (1604-1639), uno de los generales más célebres de la guerra de los Treinta Años.

Bernardo del Carpio, personaje mítico español cuyas hazañas integran un ciclo entero del romancero tradicional y fue celebrado en poemas (por Suárez de Figueroa y Bernardo de Balbuena) y obras de teatro (por Lope de Vega y Juan de la Cueva).

BERNARDO de Menthon *(San),* fundador de los hospicios del San Bernardo, en los Alpes (923-1009). Fiesta el 15 de junio.

BERNAT de Ventadorn o **Ventadour,** trovador provenzal del s. XII, que vivió en la corte de Leonor de Aquitania.

BERNBURGO, c. de Alemania oriental, a orillas del Saale; prod. químicos; maquinaria; minas de potasa y de sal.

BERNHARDT [*-nar*] (Rosina BERNARD, llamada **Sara**), **artista dramática francesa** (1844-1923).

BERNI (Antonio), pintor y decorador argentino de la Escuela Rioplatense, n. en 1905.

BERNI (Francisco), poeta italiano (1497-1535) que se distinguió en el género burlesco.

BERNINA, macizo de los Alpes, entre Suiza e Italia; 4 052 m.

BERNINI (Juan Lorenzo), pintor, escultor y arquitecto italiano (1598-1680), autor del pórtico de San Pedro, en Roma, y de la *Transverberación de Santa Teresa.* **Creador barroco monumental y decorativo.**

BERNIS (Francisco Joaquín **de Pierre de**), poeta, erudito, cardenal y diplomático francés (1715-1794), protegido de Mme. de Pompadour.

BERNOULLI [*-nulli*], n. de varios matemáticos suizos, originarios de una familia holandesa refugiada en Basilea. Los más célebres son JACOBO (1654-1705), JUAN (1667-1748), quien descubrió el cálculo exponencial y el método para **integrar las funciones racionales, y** DANIEL (1700-1782), que desarrolló la teoría cinética de los gases.

BERNSTEIN (Henri), dramaturgo francés (1876-1953), autor de *La ráfaga, La sed,* etc.

BEROE, una de las islas Molucas.

BEROSO, sacerdote caldeo del siglo III a. de J. C., autor de una célebre historia de Caldea y Asiria, hoy perdida.

BERRETA (Tomás), político uruguayo (1875-1947), pres. de la Rep. en 1947.

BERRÍO (Pedro Justo), estadista colombiano 1827-1875), que fue pres. de Antioquia y se distinguió **por su energía y honradez.**

BERRO (Adolfo), poeta romántico uruguayo (1819-1841).

BERRO (Bernardo Prudencio), político y escritor uruguayo (¿1800?-1868), pres. interino de la Rep. en febrero de 1852 y pres. de 1860 a 1864. Encabezó luego una revolución contra Flores y fue asesinado.

BERRUECOS (MONTES DE), región montañosa cerca de Pasto (Colombia), donde fueron asesinados Sucre en 1830 y Arboleda en 1862.

BERRUGUETE (Pedro), pintor español (¿1440?-1504), iniciador del renacimiento pictórico en España, autor de retratos y de un retablo en Santo Tomás de Ávila. — Su hijo, ALONSO, pintor y escultor famoso (¿1490-1561?), ejecutó obras admirables en Toledo, Granada, Salamanca y Valladolid. Sus esculturas, llenas de nervio, realistas y dramáticas, y sus pinturas, le hacen el representante máximo del Renacimiento en España. (V. tb. lámina p. 880.)

SAN BERNARDO

BERNINI
Ángel, *detalle* del monumento a Santa Teresa

C. BERNARD

BERRUGUETE
SANTO DOMINGO RESUCITANDO A UN NIÑO
detalle
museo del Prado

Fot. Larousse, Anderson, X, Anderson-Giraudon

BERTHELOT

BERZELIUS

BHUBANESWAR
templo del
Lingaraja

BERRY o **BERRI,** región de Francia, al S. de la cuenca de París; c. pr. *Bourges.*

BERTA, llamada tb. **Berta la de los grandes pies,** madre de Carlomagno; m. en 783.

BERTAUT [*bertó*] (Juan), poeta francés (1552-1611), discípulo de Ronsard.

BERTHELOT [*-ló*] (Marcelino), químico y político francés (1827-1907), autor de trabajos sobre la química orgánica y la termoquímica.

BERTHOLLET [*-lé*] (*Conde* Claudio Luis), químico francés (1748-1822). Descubrió las propiedades decolorantes del cloro y su aplicación al blanqueo de las telas, la pólvora detonante de clorato de potasa y el establecimiento de las leyes de la doble descomposición de las sales.

BERTILLON (Alfonso), sabio francés (1853-1914), inventor de la antropometría.

BERTRÁN de Born, célebre trovador provenzal (¿1140-1215?).

BERTRAND (Enrique Graciano, *conde*), uno de los generales de Napoleón (1773-1844), célebre por la fidelidad al emperador, a quien acompañó en el destierro y cuyos restos trajo de Santa Elena a Francia en 1840.

BERTRAND (Francisco), político hondureño m. en 1926, pres. interino de la Rep. de 1911 a 1912 y de 1913 a 1919. Una revolución le obligó a renunciar al Poder.

BERUETE (Aureliano de), pintor y crítico de arte español (1845-1912), notable paisajista.

BERULLE [*-rul*] (Pedro de), predicador francés (1575-1629), fundador de la orden del Oratorio.

BERUTTI (Antonio Luis), militar argentino (1772-1841), que intervino en Chacabuco (1817).

BERUTTI (Arturo), compositor argentino (1862-1938), autor de óperas inspiradas en asuntos de su país (*Pampa, Los Héroes*).

BERWICK, condado de Escocia; cap. *Dnus.*

BERWICK (Jacobo ESTUARDO, *duque de*), hijo natural de Jacobo II de Inglaterra (1671-1734); se hizo naturalizar francés y ganó en España la batalla de Almansa (1707).

BERZELIUS (*barón* Juan *Jacobo*), químico sueco (1779-1848), uno de los creadores de la química moderna. Instituyó la notación atómica por símbolos, fundada en la noción de los equivalentes, y determinó con precisión los de gran número de cuerpos simples. Descubrió el selenio.

BESANZÓN, c. de Francia, cap. del dep. de Doubs; metalurgia y relojería. Ant. cap. del Franco Condado. Patria de Víctor Hugo.

BESARABIA, región de Ucrania y Moldavia, antes rumana, entre el Dniéster y el Prut.

BESKIDES, sierra del NO. de los Cárpatos, en Checoslovaquia, Polonia y U. R. S. S.

BESSEL (Federico), astrónomo alemán (1784-1846), el primero que midió la distancia entre varias estrellas y la Tierra.

BESSEMER (Enrique), ingeniero inglés (1813-1898), autor de un procedimiento para fabricar el acero.

BESTEIRO (Julián), político socialista español (1870-1940). Escribió libros de filosofía.

BEST MAUGARD (Adolfo), pintor mexicano, n. en 1891, creador, en 1921, de un método de dibujo inspirado en el arte azteca.

BETANCES (Ramón Emeterio), político, médico y escritor puertorriqueño (1830-1898).

BETANCOURT [*-kur*] (*Fray* Agustín), religioso franciscano mexicano (1620-1700), autor de *Teatro mexicano* y *Arte de la lengua mexicana.*

BETANCOURT (José Victoriano), costumbrista romántico cubano (1813-1875).

BETANCOURT (Rómulo), político venezolano, n. en 1908, pres. de la Rep. de 1945 a 1948 y de 1959 a 1964. Fundador de Acción Democrática.

BETANCOURT CISNEROS (Gaspar), patriota y escritor cubano (1803-1866), cuyas campañas contribuyeron al mejoramiento político y cultural de su país.

BETANIA, aldea de Judea, cerca del monte de los Olivos y de Jerusalén. Hoy **El-Azarié.**

BETANZOS, v. de España (Coruña). Iglesias góticas. — Pobl. de Bolivia, cap. de la prov. de Cornelio Saavedra (Potosí).

BETANZOS (Juan de), cronista español (1510-1576), autor de *Suma y narración de los Incas.*

BETEL, lugar de la ant. Palestina, donde se apareció Dios a Abrahán y a Jacob. (*Biblia.*)

BETHENCOURT [*betankur*] (Juan de), navegante normando (¿1360?-1425), que colonizó las Canarias para Enrique III de Castilla.

BETHENCOURT (Pedro de), misionero español, n. en Canarias (1619-1667), fundador en Guatemala de la orden de los Betlemitas.

BETHENCOURT Y MOLINA (Agustín de), ingeniero español, n. en Canarias (1758-1824), que trabajó en Rusia.

BETHLEHEM, c. de los Estados Unidos (Pensilvania); centro metalúrgico.

BETHMANN HOLLWEG (Teobaldo de), político alemán (1856-1921), canciller del Imperio, uno de los principales causantes de la Primera Guerra mundial.

BETHUNE [*-un*], c. de Francia (Paso de Calais); centro industrial.

BÉTICA, parte de la España ant. regada por el río Betis (Guadalquivir). Hoy **Andalucía.**

BÉTICA (CORDILLERA), borde meridional del gran macizo que constituye la altiplanicie de Castilla la Nueva. Formado por la Sierra Morena y la de Aracena. Alt. máx. en los Pedroches, 1 600 m.

BETIJOQUE, v. de Venezuela (Trujillo).

BETIS, ant. nombre del río **Guadalquivir.**

Betlemitas, orden monástica fundada en Guatemala por Pedro de Bethencourt en el s. XVII.

BETSABÉ, mujer con quien se casó David después de haber hecho morir a Urías, su primer marido. Fue madre de Salomón.

BETTI (Hugo), autor dramático italiano (1892-1953), autor de *La Padrona, Lucha hasta el alba, Corrupción en el Palacio de Justicia,* etc.

BETTINA DE ARNIM, amiga de Gœthe y de Beethoven (1785-1859).

BETULIA, c. de la antigua Palestina, tribu de Zabulón, donde Judit mató a Holofernes.

BEUDANT [*bedan*] (Francisco), mineralogista francés (1787-1850), autor de una clasificación de los minerales.

BEUTHEN. V. BYTOM.

BEZWADA o **VIJAYAVADA,** c. de la India (Andhra-Pradesh), a orillas del Kistma. Centro de peregrinación.

BEYLE [*bel*] (Enrique). V. STENDHAL.

BÈZE (Teodoro de), reformador francés (1519-1605), discípulo de Calvino.

BEZIERS [*-sié*], c. de Francia (Herault).

BHAGALPUR, c. de la India (Bihar), a orillas del Ganges. Industria textil.

BHAVNAGAR, c. de la India (Gujerate). Puerto en la península de Katchiawar.

BHOPAL, c. de la India (Madhya Pradesh).

BHUBANESWAR, c. de la India, cap. de Orisa. Numerosos templos brahmánicos (s. VII-XI).

BHUTÁN. V. BUTÁN.

BIAFRA (*República de*), n. tomado por la región del SE. de Nigeria, en guerra de secesión desde 1967 hasta 1970.

BIALYSTOK, c. de Polonia; ind. textil.

BIANCHI (Alfredo A.), escritor argentino (1882-1942), autor de *Teatro Nacional,* etc.

BIARRITZ, c. de Francia (Pirineos Atlánticos), en el golfo de Gascuña. Estación veraniega.

BÍAS, uno de los siete sabios de Grecia, n. en Priene el s. VI a. de J. C.

BIBESCO (Jorge) [1804-1873], príncipe de Valaquia de 1842 a 1848.

Biblia (gr. *biblion,* es decir, *el libro por excelencia*), colección de las Sagradas Escrituras, dividida en dos partes: el *Antiguo* y el *Nuevo Testamento.* El Antiguo Testamento comprende tres grupos de libros (*Pentateuco, Profetas, Hagiógrafos*) relativos a la religión, a la historia, a las instituciones y a las costumbres de los judíos. El Nuevo Testamento comprende los cuatro *Evangelios,* los *Hechos de los Apóstoles,* las *Epístolas* y el *Apocalipsis.* Durante el reinado de Ptolomeo Filadelfo, fue traducido en griego el Antiguo Testamento por 72 sabios hebreos. Su traducción es conocida con el nombre de *Versión de los Setenta.* En el siglo IV, la Biblia entera, traducida ya del griego conforme a la versión de los Setenta, fue revisada por San Jerónimo. Dicha traducción latina, reconocida por la Iglesia, es la *Vulgata.* La *Versión de los Setenta* contiene algunas obras consideradas como apócrifas por los judíos y protestantes. Alfonso X el Sabio mandó hacer una versión de la Biblia.

Fot. Dornac, Larousse, Archeological Surrey of India

Biblia Políglota, dos publicaciones han merecido este título. La patrocinada por el Cardenal Cisneros y dirigida, entre otros humanistas, por Nebrija, que vio la luz en hebreo, caldeo, griego y latín en Alcalá de Henares (1514-1517), de donde su nombre de *Biblia Políglota Complutense.* Fue impresa por Arnaldo Guillermo Brocar. Y la costeada por Felipe II y publicada bajo la dirección de Benito Arias Montano, en los talleres de Cristóbal Plantino, en Amberes (1569-1573), llamada *Biblia Políglota Antuerpiense o Regia.*

BIBLIÁN, pobl. y cantón del Ecuador (Cañar).

Biblioteca *(La),* revista erudita, fundada en Buenos Aires por P. Groussac (1896).

Biblioteca Colombina, en Sevilla. Preciosa colección de toda clase de libros y documentos referentes a Colón, reunidos por su hijo Fernando.

Biblioteca de Autores Españoles, colección que contiene, en sus 71 tomos, las obras principales de la literatura española, empezada en 1846 por Aribau y Rivadeneira.

Biblioteca Nacional, de Madrid. Empezó a reunirla Felipe V en 1711. Contiene más de 1 500 000 volúmenes, ediciones innumerables del *Quijote* y cerca de 3 000 incunables, así como manuscritos preciosos.

Bibliotecas. Entre las primeras bibliotecas fundadas en España pueden citarse la del Hospital de San Miguel, en Santiago (1400); la del obispo de Toledo, rica en libros arábigos; las del conde de Haro, de Íñigo López de Mendoza y de Don Enrique de Villena. Desarrollóse la afición a los libros en el siglo XVI, distinguiéndose entre las más notables colecciones de esta época la *Biblioteca de El Escorial,* creada y enriquecida por Felipe II; la *Biblioteca Colombina* (v. este artículo). Existen también excelentes bibliotecas en las universidades de los países americanos.

BIBLOS, hoy **Jubayl** (Líbano), c. de la ant. Fenicia. Centro del culto a Astarté.

BÍBULO, yerno de Catón de Utica, colega de César en el consulado en 59 a. de J. C.

BICHAT (Xavier), histólogo y fisiólogo francés (1771-1802), autor de *Anatomía general.*

BIDASOA, río de los Pirineos occidentales que sirve de frontera (12 km) entre Francia y España. Forma la isla de los Faisanes, donde fue firmado el Tratado de los Pirineos (1659), y desemboca en el mar Cantábrico. Mide 65 km.

BIDPAY. V. PILPAY.

BIELEFELD, c. de Alemania (Rin Septentrional-Westfalia); industria textil; maquinarias.

BIELGOROD o **BELGOROD,** c. de la U.R.S.S. (Rusia), al N. de Jarkov; metalurgia.

BIELORRUSIA. V. RUSIA BLANCA.

BIELOVO o **BELOVO,** c. de la U.R.S.S., en Siberia occidental; metalurgia.

BIELLA, c. de Italia (Piamonte). Primer centro lanero del país.

BIENNE [*bien*], c. de Suiza (Berna), a orillas del lago del mismo n.; relojería, automóviles.

BIERZO, región del O. de la prov. de León. C. pr. *Ponferrada* y *Villafranca.* Lino.

BIHAR, sierra de Rumania occidental.

BIHAR, Est. de la India, al NE. del Decán. Cap. *Patna.* Arroz; caña de azúcar.

BIISK, c. de la U. R. S. S. (Rusia), en Siberia; centro comercial e industrial.

BIJAPUR. V. VIZAPUR.

BIKANER, c. de la India (Rayastán). Textiles.

BIKINI, atolón del Pacífico (Marshall), teatro de experimentos de bombas atómicas desde 1946.

BILAC (Olavo), poeta brasileño (1865-1918), de versos pulidos y de gran perfección técnica.

BILBAO, c. de España, cap. de la prov. de Vizcaya, a orillas del río Nervión. Minas de hierro, altos hornos, siderurgia, construcción naval, fábricas de cristal, industria química, etc. Facultad de Ciencias Económicas y Comerciales y Escuela de Ingenieros Industriales. Teatro de batallas durante las guerras carlistas.

BILBAO (Francisco), escritor y sociólogo chileno (1823-1865). Perseguido por sus ideas liberales, vivió desterrado y m. en Buenos Aires.

BILBAO (Manuel), novelista chileno (1827-1895), autor de *El inquisidor mayor* y *El pirata de Guayas.*

BÍLBILIS, n. antiguo de **Calatayud.** (Hab. *bilbilitanos.*) Patria del poeta Marcial.

BILSTON, c. de Inglaterra (Stafford). Hulla y hierro.

BILL (Búfalo). V. BÚFALO BILL.

BILLINGHURST (Guillermo Enrique), político peruano (1851-1915), pres. de la Rep. en 1912, derribado en 1914.

BILLINI (Francisco Gregorio), escritor y político dominicano (1844-1898), autor de la novela *Baní,* descripción de la vida social de su país. Pres. de la Rep. de 1884 a 1885.

BILLITON o **BELITUNG,** isla de Indonesia, al E. de Sumatra. Minas de estaño.

BINCHE, c. de Bélgica (Henao). Carnaval célebre.

BINET (Alfredo), psicólogo francés (1857-1911), que se distinguió por sus estudios de psicología experimental.

BINGHAMPTON, c. de los Estados Unidos (Nueva York). Fábricas de calzado.

BÍO-BÍO o **BIOBIO,** río de Chile, el más caudaloso del país; 380 km. Constituyó la frontera entre los dominios españoles y araucanos. — Prov. de Chile; cap. *Los Ángeles;* prod. trigo y frutas. (Hab. *biobienses.*)

BIOT [*bió*] (Juan Bautista), astrónomo, matemático, físico y químico francés (1774-1862).

BIOY CASARES (Adolfo), escritor argentino, n. en 1914, autor, junto con su mujer, Silvina Ocampo, de la novela policiaca *Los que aman, odian.* Escribió también *La invención de Morel* y *Plan de evasión.*

BIRKENHEAD, c. de Inglaterra (Chester), cerca del Mersey, frente a Liverpool. Astilleros.

BIRMANIA, república de Indochina occidental. Agrupa en una federación la antigua colonia británica de Birmania y los Estados anejos (Estados de los Chans, de los Kachins, de los Karens y de los Kayahs); 678 000 km^2; 24 229 000 h. *(birmanos);* cap. *Rangún,* 737 000 h.; c. pr., *Mandalay,* 164 000 h.; *Mulmein,* 110 000; *Bassein,* 45 600. País montañoso, productor de arroz, algodón, maderas preciosas y petróleo. Birmania formó parte del Imperio de las Indias hasta 1937, fue ocupada por los japoneses de 1942 a 1945, y obtuvo su independencia en 1947.

Birmania *(Carretera de),* vía de comunicación entre Rangún y Chungking, construida en 1939, que tuvo gran valor estratégico durante la Segunda Guerra mundial.

BIRMINGHAM, c. de Inglaterra (Warwick), a orillas del Rea. Manufacturas importantes (metalurgia, hilados, fabricación de maquinaria, etc.). — C. de los Estados Unidos (Alabama); metalurgia; industrias mecánicas.

BIROBIDJÁN, terr. autónomo de la U.R.S.S., en la frontera de la China del NE., creado para los judíos.

BIRSHEBA o **BEERSHEBA,** c. de Israel.

BISALLAS o **BISAYAS.** V. VISAYAS.

BISBAL (La), v. de España (Gerona).

BISCEGLIE, c. y puerto de Italia (Bari).

BISKRA, c. de Argelia (Batna); turismo.

BISMARCK, c. de los Estados Unidos, cap. de Dakota Norte. Puerto fluvial en el Misuri.

BISMARCK, archipiélago de Oceanía, al NE. de Nueva Guinea; antigua colonia alemana, administrada hoy por Australia.

BISMARCK (Otto, *príncipe de*), hombre de Estado prusiano, nacido en Schönhausen (Magdeburgo) [1815-1898]. Ministro del rey de Prusia Guillermo I, en 1862, fue uno de los

F. BILBAO

M. BILBAO

BISMARCK

BILBAO
el río Nervión

Fot. Larousse, Loescher, Leperre

BIZET

BLANCO ENCALADA

BLANCO FOMBONA

fundadores de la unidad alemana. Con la victoria de Sadowa dio a Prusia la posición preponderante ocupada hasta entonces por Austria. La guerra de 1870-1871 contra Francia fue otro de sus éxitos. Como Canciller del Imperio se dedicó a acrecentar el poder imperial; sostuvo contra el partido católico la guerra religiosa de la *Kulturkampf*, y fomentó el socialismo de Estado para ganarse a la clase obrera. En política exterior, formó con Austria e Italia una *Triple Alianza* contra Francia.

BISQUERTT (Próspero), compositor chileno (1881-1959), de inspiración romántica.

BISSAGOS, archip. portugués de Senegambia (Guinea Portuguesa).

BISUTÚN o **BEHISTÚN,** pueblo del Curdistán persa. Notables inscripciones cuneiformes en un bajorrelieve que conmemora el triunfo de Darío.

BITINIA, ant. comarca de Asia Menor, en el Ponto Euxino; c. pr. *Nicea* y *Nicomedia*.

BITOLJ o **BITOLA,** en turco **Monastir.** c. de Yugoslavia (Macedonia). Mezquita del s. XV.

BITONTO, c. de Italia meridional (Pulla). Victoria hispanofrancesa (1734) sobre los austriacos.

BIZANCIO, ant. nombre de **Constantinopla.**

BIZANTINO (IMPERIO) o **IMPERIO ROMANO DE ORIENTE,** Estado formado de 330 a 395 en la parte oriental del Imperio Romano. El Imperio Bizantino existió hasta el año 1453. Su historia se divide en tres períodos: 1º, *período del Imperio Romano universal* (330-641), continuación del espíritu del Imperio antiguo, con sus mismas pretensiones universalistas. Justiniano I (527-565) reconquista el Mediterráneo en gran parte, pero los conflictos religiosos debilitan interiormente el Imperio; 2º, *período del Imperio Romano-Helénico* (641-1204), en el que la helenización y la orientalización del Imperio son plenamente realizadas. Basilio II (963-1025) conquista Bulgaria, derrota a los árabes y da al Imperio su mayor extensión. Los barones de la Cuarta Cruzada toman Constantinopla; 3º, *período del Imperio dividido* (1204-1461), en el que latinos, bizantinos y turcos se combaten. Miguel VIII Paleólogo reconquista Constantinopla. Ruptura de la unidad religiosa con Roma en 1054 y toma de Constantinopla por los turcos en 1453.

BIZERTA, c. de Túnez; gran puerto en el Mediterráneo y *lago de Bizerta*. Base naval, astilleros; pesca.

BIZET (Georges), compositor francés (1838-1875), autor de las óperas *Carmen, La Arlesiana* y *Los pescadores de perlas,* obras llenas de vida y luminosidad.

BJÖRNSON (Björnstjerne), escritor noruego (1832-1910), autor de *Por encima de nuestras fuerzas*. (Pr. Nóbel, 1903.)

BLACK (José), físico y químico escocés (1728-1799), que descubrió la magnesia.

BLACKBURN, c. de Inglaterra (Lancaster), a orillas del río de su n.; algodón; papel.

BLACKETT (Patrick), físico inglés n. en 1897, especialista en rayos cósmicos. (Pr. Nóbel, 1948.)

BLACKPOOL, c. de Inglaterra (Lancaster); importante balneario.

BLAGOVESTCHENSK, c. de la U. R. S. S. (Siberia Oriental.) Metalurgia.

BLAINVILLE (*Enrique* María **Ducrotay de**), naturalista francés (1777-1850), discípulo de Cuvier, a quien combatió posteriormente.

BLAKE [*bleic*] (William), poeta y pintor místico inglés (1757-1827); su obra es precursora del romanticismo. En sus *Cantos de inocencia* y *Cantos de experiencia* muestra su fina sensibilidad y su exaltación mística.

BLAKE (Joaquín), general español (1739-1827), que se distinguió durante la guerra de la Independencia.

BLAKE (Roberto), almirante inglés (1599-1657), que combatió contra los españoles y los holandeses.

BLANC (Luis), político e historiador francés, n. en Madrid (1811-1882), miembro del Gobierno provisional en 1848, autor de una *Historia de la Revolución Francesa*.

BLANCA, cord. del Perú, que se desprende de la Cord. Occidental. — Isla guanera del Perú. — Laguna del Uruguay, en la desembocadura del río San Luis.

BLANCA DE BORBÓN, reina de Castilla (1338-1361), esposa de Pedro I, quien la hizo envenenar.

BLANCA DE CASTILLA, mujer de Luis VIII de Francia y madre de San Luis (1188-1252). Fue dos veces regente de Francia y se distinguió por su prudencia.

BLANCA DE FRANCIA, hija de San Luis, rey de Francia, y esposa de Don Fernando de la Cerda, hijo de Alfonso X el Sabio (1252-1320).

BLANCA DE NAVARRA, esposa de Sancho III de Castilla (1136-1156). — Reina de Francia, esposa de Felipe IV de Valois, hija de Felipe III de Navarra (1331-1398). — Hija de Carlos III de Navarra y esposa de Juan II de Aragón (1385-1441). — Hija de la anterior y esposa de Enrique IV de Castilla (1424-1464).

Blancanieves y los siete enanitos, célebre cuento infantil de los hermanos Grimm.

BLANCO, cabo de la costa O. de África (Mauritania). — Mar formado por el océano Glacial Ártico al N. de la U.R.S.S.

BLANCO, cabo de la Argentina (Santa Cruz). — Cabo del Perú. — Cabo de Costa Rica, en el Pacífico, en el extremo S. de la pen. de Nicoya. — Cabo de Venezuela, en el mar Caribe. — Cima de Costa Rica, en la Cord. de Talamanca; 3 595 m. Tb. llamada **Pico Kamuk.** — N. dado al río argentino **Jáchal** al cruzar la precord. de La Rioja, San Juan y Mendoza. — Río de Bolivia afl. del Guaporé; 531 km. Tb. llamado **Baurés.** — Río del Ecuador, afl. del Esmeraldas; 298 km. — Río de Honduras, afl. del Ulúa. — Río de México, que des. en la laguna de Alvarado; 150 km. En su curso se han construido varias centrales eléctricas.

BLANCO (MONTE), cima más elevada de los Alpes (Francia); 4 807 m. Túnel de 11 600 m.

BLANCO (Andrés Eloy), poeta venezolano (1897-1955), autor de *Poda* y *Barco de piedra*.

BLANCO (Eduardo), político y escritor venezolano (1838-1912), autor de *Venezuela heroica*.

BLANCO (Juan Carlos), jurisconsulto, político y orador uruguayo (1847-1909).

BLANCO (Pedro), general y político boliviano (1795-1829), que, nombrado pres. de la Rep. el 26 de diciembre de 1829, fue asesinado cinco días más tarde.

BLANCO ASENJO (Ricardo), cuentista y poeta español (1847-1897).

BLANCO CAMARÓN (Manuel), músico español (1800-1841), autor de *Cachucha*.

BLANCO ENCALADA (Manuel), almirante y político chileno, n. en Buenos Aires (1790-1876), que era oficial de la armada española y en 1812 se sumó a la causa de la independencia americana. Organizó la marina chilena, fue pres. de la Rep. en 1826 y mandó el ejército contra la Confederación Peruboliviana (1837).

BLANCO FOMBONA (Rufino), historiador, novelista y poeta venezolano, n. en Caracas (1874-1944), autor de *Cuentos americanos* y de las novelas *El hombre de hierro* y *El hombre de oro,* dura sátira de las costumbres de su país. Escribió también distintos trabajos sobre la vida de Bolívar y fue crítico literario agudo y apasionado. Tuvo además actividades políticas y sus libros le sirvieron para exponer sus ideas.

BLANCO GALINDO (Carlos), general e historiador boliviano, n. en 1882, jefe de la Junta Militar que gobernó de 1930 a 1931. Autor de *Historia militar de Bolivia,* etc.

BLANCO GARCÍA (*Padre* Francisco), escritor español (1864-1903), autor de una buena *Historia de la Literatura española en el siglo* XIX (3 tomos, 1891-1894).

BLANCO WHITE [*uait*] (José María), sacerdote y poeta español (1775-1841), que pasó gran parte de su vida en Inglaterra, donde publicó sus célebres *Letters from Spain.* Además de varios poemas en castellano, compuso numerosos versos en inglés.

BLANCO Y ERENAS (Ramón), general español (1833-1906), que sofocó en Cuba la Guerra Chiquita (1879), fue gobernador de la Isla en 1897 y hubo de encargarse de su entrega a los Estados Unidos en 1898.

Blancos, miembros del Partido Conservador uruguayo, opuesto al Partido *Colorado* o Liberal. En su origen, partidarios de Oribe.

Fot. X

Blancos y Azules, nombre que se aplicó en la Revolución Francesa a los insurrectos vandeanos (*blancos*) y a los republicanos (*azules*).
BLANCHE (Bartolomé), general y político chileno, n. en 1879, pres. provisional de la Rep. en 1932.
Blandengues, cuerpo de lanceros del Río de la Plata, destinados a proteger el país contra los indios de las pampas.
BLANDINA (*Santa*), mártir en Lyon (Francia) [177]. Fiesta el 2 de junio.
BLANES, v. y puerto de España (Gerona).
BLANES (Juan Manuel), pintor uruguayo (1830-1901), cuyo tema preferido fue el paisaje rioplatense y los cuadros históricos. Gran colorista y autor de gran fecundidad.
BLANES VIALE (Pedro), pintor uruguayo (1879-1925), paisajista de gran talento.
Blanquerna, célebre novela de Raimundo Lulio (1284), en la que describe una organización utópica de la vida.
BLANQUILLA (La), isla de Venezuela, en el mar Caribe. Colón, su descubridor, le dio el n. de **Martinet.**
BLAS (*San*), obispo mártir de Sebaste (Albania), n. en 316. Fiesta el 3 de febrero.
BLAS (Camilo), pintor peruano, n. en 1903.
BLASCO (Eusebio), escritor satírico español (1844-1903), autor de comedias de género bufo, (*El joven Telémaco*) y de ambiente costumbrista (*El pañuelo blanco*).
BLASCO IBÁÑEZ (Vicente), novelista español n. en Valencia (1867-1928), de estilo naturalista e inspiración robusta. Su obra, de pujante fecundidad, nos ofrece relatos de ambiente levantino (*Arroz y tartana, Entre naranjos, Flor de Mayo* y, sobre todo, *La barraca*), junto a novelas de tesis social (*La bodega, La catedral, La horda* y *El intruso*), de viajes (*Vuelta al mundo de un novelista* y *La tierra de todos*), inspiradas por la Primera Guerra mundial (*Mare nostrum* y *Los cuatro jinetes del Apocalipsis*), sin olvidar su popular novela de ambiente taurino *Sangre y arena.*
BLAY (Miguel), escultor español, n. en Olot (1866-1936). Artista vigoroso y realista.
BLERIOT (Luis), aviador y constructor francés (1872-1936), el primero que atravesó el Canal de la Mancha en avión (1909).
BLESSINGTON (*Condesa de*), escritora irlandesa (1789-1849), autora de novelas.
BLEST GANA (Alberto), escritor chileno, n. en Santiago (1830-1920), uno de los principales exponentes de la novela realista hispanoamericana. Describió en sus relatos la vida social y las costumbres de su país. Autor de *La aritmética del amor, Martín Rivas, El ideal de un calavera, Durante la reconquista, Los transplantados, El loco Estero.* — Su hermano GUILLERMO (1829-1904), poeta romántico y autor dramático.
BLIDA, c. de Argelia (Argel). Naranjas.
BLOEMFONTEIN, c. de la Rep. Sudafricana, cap. del Estado de Orange.
BLOIS [*bluá*], c. de Francia, a orillas del Loira. Castillo célebre del siglo XIII.
BLOK (Alejandro), poeta ruso (1880-1921), uno de los mejores simbolistas de su país.
BLONDEL (Mauricio), filósofo francés (1861-1949), autor de *La acción.*
BLOOMFIELD [*blumfild*] (Roberto), poeta inglés (1766-1823), que describe con fortuna la vida campestre.
Bloqueo continental, conjunto de medidas tomadas por Napoleón I para cerrar al comercio de Inglaterra todos los puertos del continente y arruinar de este modo su marina.
BLOY (León), novelista y ensayista francés (1846-1917), de expresión vigorosa y acerba.
BLÜCHER (Gebhard Leberecht de), general prusiano (1742-1819), que, al acudir en ayuda de Wellington, decidió la suerte de la batalla de Waterloo.
BLUEFIELDS, c. de Nicaragua, cap. del dep. de Zelaya; princ. puerto del país en la costa del Caribe. Vicariato Apostólico.
BLUMENAU, c. del Brasil (Santa Catarina). Centro agrícola; textiles.
BLUMENBACH [*-baj*] (Juan Federico), naturalista alemán (1752-1840), uno de los creadores de la antropología.

BOABDIL o **ABÚ ABDALÁ,** último rey moro de Granada, que entregó la ciudad a los Reyes Católicos en 1492. M. en 1518.
BOACO, c. de Nicaragua, cap. del dep. del mismo n.; centro agrícola y ganadero. (Hab. *boaqueños.*) En el dep. existen minas de oro y plata y ricos bosques en maderas preciosas.
BOA VISTA, c. del Brasil, cap. del terr. de Roraima.
BOBADILLA, v. de España (Málaga); nudo ferroviario.
BOBADILLA (Emilio), poeta y escritor cubano (1862-1921), que popularizó el seudónimo de **Fray Candil** en sus críticas. Autor de *A fuego lento, Vórtice,* etc.
BOBADILLA (Francisco de), comendador español, m. en 1502, que, encargado de restablecer el orden en La Española, hizo encadenar a Colón y a sus hermanos y los envió a España.
BOBI. V. GENERAL ARTIGAS.
BOBIGNY, c. de Francia, cap. del dep. de Seine-Saint-Denis, en los suburbios de París.
BOBO DIULASO, c. del Alto Volta.
BOBRUISK, c. de la U. R. S. S. (Bielorrusia), a orillas del Beresina.
BOCA (La), barrio popular del S. de Buenos Aires, a orillas del Riachuelo.
BOCANEGRA (José María), político mexicano del s. XIX, que ejerció interinamente la presidencia de la Rep. en 1829.
BOCANEGRA (Matías), sacerdote, poeta y dramaturgo mexicano (1612-1668), de tendencia barroca. (*Comedia de San Francisco de Borja.*)
BOCÁNGEL (Gabriel), poeta español (1608-1658), autor de *Lira de las musas* y *Rimas.*
BOCAS DEL RÓDANO, en fr. **Bouches-du-Rhône,** dep. de Francia; cap. *Marsella.*
BOCAS DEL TORO, archipiélago de Panamá, en la costa atlántica. — C. de Panamá, cap. de la prov. del mismo n.; puerto comercial. (Hab. *bocatoreños.*) La prov. tiene algunas minas de carbón, plata y oro. Plantaciones de bananos.
BOCCACCIO (Juan), escritor italiano, n. en París (1313-1375), autor del *Decamerón,* conjunto de cien novelas, donde pone de manifiesto la riqueza y la armonía de su lenguaje. Fue el primer gran prosista italiano.
BOCCHERINI [*boque-*] (Luis), compositor italiano (1743-1805), que residió largo tiempo en Madrid. Autor de música de cámara (*Minueto en la mayor*), de un *Stábat Máter,* etc.
BOCONÓ, río de Venezuela (Trujillo), afl. del Portuguesa. — Pobl. de Venezuela (Trujillo).
BOCHALEMA, v. de Colombia (Santander N.).
BOCHICA, héroe fabuloso, civilizador y bienhechor de los *chibchas.*
BOCHUM, c. de Alemania (Rin Septentrional-Westfalia); centro metalúrgico importante.
Bodas de Camacho. V. CAMACHO.
Bodas de Fígaro (*Las*), ópera en dos actos, de Mozart, inspirada en la obra de Beaumarchais.
BODE (Juan Elert), astrónomo alemán (1747-1826). Indicó el método empírico para hallar las distancias relativas entre los planetas y el Sol (*Ley de Bode.*)
BODEGAS. V. BABAHOYO.
BODLEY (Tomás), diplomático inglés (1545-1613), fundador de la Biblioteca de Oxford.
BODMER (Juan Jacobo), crítico y poeta suizo (1698-1783), autor de la colección de los *Minnesinger.*
BODMIN, c. de Inglaterra, cap. del condado de Cornualles.
BODONI (Juan Bautista), tipógrafo italiano (1740-1813), que ha dado su nombre a un carácter de letra.
BOECIO (Severino), filósofo, hombre de Estado y poeta latino (¿480?-524), autor de *De consolatione philosophiae.*
BOERHAAVE [*burav*] (Hermann), médico y botánico holandés, n. cerca de Leyden (1668-1738). Era su fama universal.
BOERO (Felipe), compositor argentino (1884-1958), autor de óperas (*Tucumán, Raquela*).
Boers (pal. hol. que sign. *campesinos*), colonos de África austral, de origen holandés, que habitan Transvaal y Orange. En 1902, al cabo de dos años de lucha, fueron vencidos por los ingleses.
BOETIE (Esteban **de La**). V. LA BOETIE.
BOFARULL (Antonio), historiador catalán (1821-1892).

BLASCO IBÁÑEZ

BOCCACCIO

BOABDIL

BOCCHERINI

Fot. H. Manuel, Anderson, doc. A. G. P. Larousse

BOGOTÁ
avenida Jiménez
de Quesada

BOGOMOLETZ (Alejandro), médico y biólogo ruso (1881-1946), descubridor de un suero regenerador de los tejidos vivos.

BOGOR, ant. **Buitenzorg,** c. del Sur de Java.

BOGOTÁ, cap. de la República de Colombia y del dep. de Cundinamarca, a orillas del río del mismo n. Centro principal del país desde los primeros tiempos de la conquista. De 120 000 hab. a principios de siglo, cuenta hoy 1 400 000 (*bogotanos*). Su vida comercial e industrial es activa. Posee excelentes servicios públicos y medios de transporte. Aeropuerto. Universidad, Biblioteca, Escuela de Bellas Artes, Conservatorio de Música. Arzobispado. Fundada por Gonzalo Jiménez de Quesada en 1538, llamóse primero **Santa Fe de Bogotá** y fue cap. del Virreinato. Constituye, desde 1954, un Distrito Especial, cuyo Alcalde Mayor es designado por el pres. de la República.

BOLÍVAR

BOGOTÁ o **FUNZA,** río de Colombia, afl. del Magdalena; 200 km.

BOGRÁN (Luis), general y político hondureño, pres. de la Rep. de 1883 a 1891.

BOHEMIA, región de Europa Central, meseta granítica rodeada de altas montañas (montes de Bohemia, Erzgebirge, Riesengebirge), regada por el Elba y el Moldava; comarca fértil y rica en minerales. Cuenta 5 626 000 h. (*bohemios* o *checos*). Conquistada en el siglo V por los eslavos, evangelizada en el IX. Reino independiente hasta 1545, reunido con Austria hasta 1919, formó entonces parte de Checoslovaquia. En 1938 tuvo que ceder a Alemania su periferia (Sudetes) y de 1939 a 1944 fue anexada por aquélla.

BÖHL DE FÁBER (Cecilia). V. FERNÁN CABALLERO.

BÖHL DE FÁBER (Juan Nicolás), hispanista alemán (1770-1863), que se estableció en Andalucía. Es el padre de la célebre escritora *Fernán Caballero*. Apasionado por la tradición poética española, dedicó a su estudio varios libros: *Floresta de rimas antiguas castellanas* y *Teatro español anterior a Lope de Vega*.

BOILEAU

BÖHME [*beme*] (Jacobo), teósofo y místico alemán (1575-1624).

BOHOL, una de las Visayas (Filipinas); minas de manganeso.

BOHÓRQUEZ (Pedro), aventurero español del s. XVII, que se trasladó a América en 1620, se hizo pasar por descendiente de los Incas y encabezó un levantamiento de indios calchaquíes, por lo cual fue ajusticiado en Lima en 1667.

BOHR (Niels), físico danés (1885-1962). Autor de una teoría sobre la estructura del átomo. (Pr. Nóbel, 1922.)

BOIELDIEU (François-Adrien), compositor francés (1775-1834), autor de *El califa de Bagdad*.

BOÍL (Bernardo), religioso español (¿1445?-1520). Llegó con Colón a América (1493) y fundó la primera iglesia en la ciudad de La Isabela (Santo Domingo).

BOILEAU-DESPREAUX [*bualó-*] (Nicolás), poeta y retórico francés, n. en París (1636-1711), autor de *Sátiras, Epístolas, Arte poética* y *Facistol*. Se distinguió en la crítica y contribuyó a fijar el ideal literario que había de plasmar en el clasicismo. Se inspiró en Horacio e influyó en el preceptista español Luzán.

BOISE, c. de los Estados Unidos, a orillas del *río Boise*; cap. del Estado de Idaho. Centro agrícola y maderero.

BOIS-LE-DUC, en hol. **Hertogenbosch,** c. de Holanda, cap. del Brabante Septentrional. Puerto fluvial. Metalurgia.

BOJADOR, cabo de África, al NO. del Sáhara.

BOJARDO. V. BOYARDO (Mateo María).

BOJER (Johan), novelista y dramaturgo noruego (1872-1959), autor de *El poder de la mentira*.

BOLAMA, ant. cap. de Guinea portuguesa, en la isla de su n.

BOLANDO (Juan), jesuita de Amberes (1596-1665), iniciador de un repertorio de vidas de santos, titulado *Acta Sanctorum*. Sus continuadores son los *bolandistas*.

BOLAÑOS, v. de España (Ciudad Real).

BOLAÑOS (Luis), misionero franciscano español (1539-1629), evangelizador del Paraguay. Fundó en 1607 la ciudad de Caazapá.

BOLENA. V. ANA BOLENA.

BOLET PERAZA (Nicanor), escritor costumbrista venezolano (1838-1906).

BOLICHE, nudo montañoso del Ecuador (Carchi); alt. máx. 4 157 m.

BOLINGBROKE (Henry Saint-John, *vizconde de*), hombre de Estado y escritor inglés (1678-1751), que negoció el Tratado de Utrecht.

BOLÍVAR, pico de Colombia (Magdalena); 5 780 m. — Pico de Venezuela (Mérida); 5 002 m; yac. de hierro. — C. de la Argentina (Buenos Aires). — C. de Colombia (Cauca); ant. llamada **Trapiche,** a donde se retiró el Libertador después de Bomboná. — C. del Perú, cap. de la prov. del mismo n. (La Libertad). — Dep. de Colombia; cap. *Cartagena;* minas de oro, plata y carbón; yac. de petróleo; cultivos tropicales. — Estado de Venezuela; cap. *Ciudad Bolívar;* prod. maíz y café; caucho; oro y diamantes. — Pobl. de Bolivia, sección de la prov. de Arque (Cochabamba). — Pobl. del Ecuador (Manabí). — Pobl. del Uruguay (Canelones). — Prov. del Ecuador; cap. *Guaranda;* imp. ganadería; patatas, tabaco, café y caucho; minas de oro, hierro y plata.

BOLÍVAR (Ignacio), naturalista español (1850-1944), autor de trabajos de entomología.

BOLÍVAR (Simón), general y estadista venezolano n. en Caracas (1783-1830), caudillo de la emancipación americana. Iniciado en las lecturas de Rousseau y los enciclopedistas franceses por Simón Rodríguez, prosiguió sus estudios en España. Poco después de su regreso a Venezuela, emprendió un nuevo viaje a Europa, donde asistió a la coronación de Napoleón, observó el debilitamiento de España a raíz de la invasión francesa y juró en Roma dedicar su vida a liberar su país del yugo español. Participó activamente en el movimiento de 1810, que formó la Junta del 19 de abril, contraria al Consejo de Regencia de Cádiz. En compañía de Andrés Bello marchó a Londres con el fin de recabar la ayuda inglesa para impedir desembarcos de los franceses. Caída Venezuela de nuevo bajo la dominación española, Bolívar se vio obligado a huir a Curazao. Allí organizó un desembarco en Nueva Granada, y, después de varios encuentros con los españoles, entró en Caracas en octubre de 1813, donde fue proclamado *Libertador*. A causa de nuevos contratiempos tuvo que refugiarse con su gobierno en Jamaica, donde escribió una célebre carta en la que justificaba las razones de la emancipación americana. De vuelta al continente, convocó el Congreso de Angostura, ante cuya asamblea presentó un proyecto de Constitución y propugnó la unión de Nueva Granada y Venezuela. Inmediatamente reunió su ejército y se dirigió hacia el territorio colom-

Fot. doc. Embajada de Colombia (París), Braun, doc. A. G. P., Giraudon

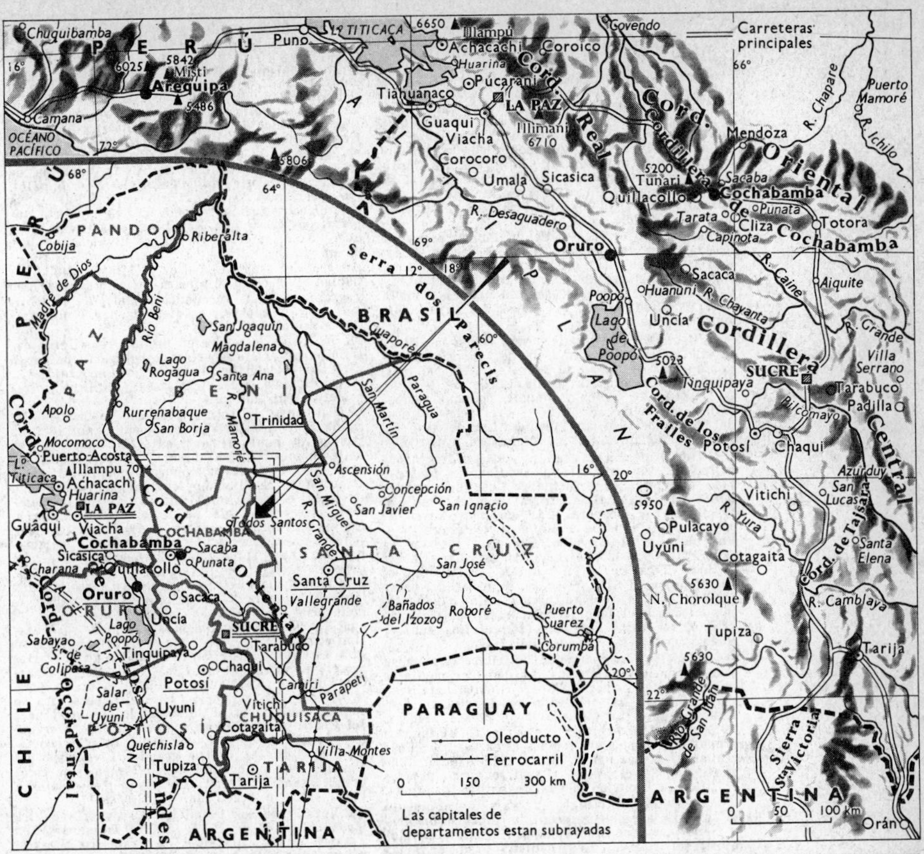

biano, en cuya marcha tuvo que atravesar la Cordillera de los Andes. Su resonante victoria sobre las tropas realistas en Boyacá (1819) le abrió las puertas de Bogotá donde, recibido triunfalmente, proclamó la República de Colombia, que comprendía Nueva Granada y Venezuela. Fue elegido primer Presidente, mas nuevas empresas guerreras reclamaban su presencia. El Perú a su vez luchaba por independizarse de la Corona española. Incorporada la provincia de Quito a la Gran Colombia, Bolívar se entrevistó con San Martín en Guayaquil (1822). El caudillo argentino renunció a sus poderes en favor del *Libertador*, quien entró en Lima en 1823. Su lugarteniente Sucre obtuvo la victoria de Ayacucho y él mismo puso término a la dominación española en la batalla de Junín (1824). El Alto Perú quedó constituido en república que tomó, en honor del Libertador, el nombre de Bolivia. De regreso en Colombia (1827), Bolívar había de asistir a la guerra civil, cuyo resultado fue la separación de Venezuela y Colombia (1829). Por otra parte, el Perú abolió la constitución boliviana y la provincia de Quito se constituyó en república independiente. Lleno de amargura al ver como se deshacía su obra, renunció al Poder en 1830 y se retiró a Santa Marta, donde la noticia del asesinato de Sucre aceleró su propia muerte, acaecida el 17 de diciembre de 1830. Excelente orador y escritor, debemos a su pluma algunos ensayos, como *Mi delirio sobre el Chimborazo*.

BOLIVIA. — Estadística (cifras en millares)

DEPARTAMENTOS	Km²	Hab.	CAPITAL	Hab.
Chuquisaca	51,5	342	**Sucre**	65
La Paz	133,9	1 088	**La Paz**	410
Beni	213,5	137	Trinidad	15
Cochabamba	51,6	562	Cochabamba	100
Oruro	53,5	241	Oruro	83
Pando	63,8	23	Cobija	12
Potosí	118,2	613	Potosí	52
Santa Cruz	370,6	328	Santa Cruz	66
Tarija	37,6	145	Tarija	20

OTRAS POBLACIONES

Camiri	7	Pulacayo	9
Guaqui	12	Quillacollo	15
Huanchaca	8	Tupiza	10
Llallagua	11	Viacha	18

BOLIVIA, Estado de América del Sur (denominado así en homenaje a Simón Bolívar), situado en el centro de Sudamérica. Limita al N. y al E. con el Brasil, al SE. con Paraguay, al S. con Argentina, al SO. con Chile y al NO. con Perú. 1 098 581 km²; 4 250 000 h. (*bolivianos*); cap. *Sucre*. Sede del Gobierno, *La Paz*.

escudo de BOLIVIA

— Geografía. — *Relieve.* El rasgo fundamental de la constitución física de Bolivia es el contraste entre la fría zona andina y las cálidas tierras bajas del Oriente. El país pertenece al sistema orográfico de la Cordillera de los Andes, que se divide en dos cadenas, la Occidental volcánica, y la Oriental, llamada también Real. Entre estos dos ramales se extiende el *Altiplano,* donde está La Paz, la capital más alta del mundo (3 636 m), con una superficie de 100 000 km² y una altura media de 3 500 m. La Cordillera Real presenta las más elevadas cumbres de Bolivia, como el Illampu o Sorata (6 650 m), Illimani (6 710), Sajama (6 520), Mururata (6 180) y Cololo (5 911).
En las faldas orientales de los Andes se hallan los valles y los *yungas* fértiles, región intermedia entre el Altiplano y los llanos del Oriente. Estos últimos, que abarcan las tres cuartas partes del territorio boliviano, se extienden por el E. hasta confundirse con las selvas del Brasil y la zona del Chaco.

— *Clima.* El clima varía mucho según la altura. Se distinguen tres zonas: la de la región andina, de más de 3 000 m sobre el nivel del mar, donde la temperatura media es de 5° a 10°; la zona de los valles y yungas, con una temperatura media de 15° a 25°, y la zona tropical de los llanos, con una temperatura de 30°. La época de las lluvias es de diciembre a marzo.

— *Hidrografía.* Las grandes zonas hidrográficas bolivianas son tres: la amazónica, la platense y la interior. Los principales ríos que pertenecen a la hoya del Amazonas son el Beni, el Mamoré y el Guaporé. Los que contribuyen al caudal del río de la Plata son el Paraguay, el Pilcomayo y el Bermejo. La zona interior se caracteriza por la presencia de lagos y salares: el lago Titicaca (8 100 km²), situado en el Altiplano, a 3 815 m sobre el nivel del mar, es navegable. Este lago, el más alto del mundo, comunica con el lago Poopó por el río Desaguadero. Otros lagos tropicales son el Rogagua, el Rogoaguado y los bañados del Izozog.

— *Población.* La población boliviana vive en su mayoría en la zona andina. La densidad media es de 3,9 habitantes por km², pero en el Oriente llega a ser ínfima. La población se distribuye como sigue: indios, 52 %; mestizos, 27 %; blancos, 13 %; razas diversas, 8 %. Entre los indios, los grupos más numerosos son los aimaraes, quechuas y guaraníes. Las principales ciudades fueron fundadas por los españoles y tuvieron gran prosperidad en la época de la explotación de las minas.

— *Economía.* Bolivia es un país esencialmente minero. La agricultura ocupa un lugar secundario y tiene que adaptarse a las variaciones morfológicas del relieve. El Altiplano produce varias clases de patatas, cereales, habas, quinua, etc., con rendimientos muy bajos. En el valle de Cochabamba, llamado el granero de Bolivia, se cultivan el maíz y las hortalizas. Las yungas producen todo género de productos tropicales: café, coca, arroz, té, frutas variadas, caña de azúcar, etc. En las selvas del NE. se explotan el caucho y la castaña. Abundan las maderas preciosas. La ganadería es sobre todo importante en el SE. del país y en el Beni. En la región andina, llamas, alpacas, vicuñas y ovejas dan lana que las indígenas hilan y tejen.
El subsuelo de Bolivia es sumamente rico. En tiempos de la colonia el país fue el principal productor de plata del mundo. En el estaño ocupa uno de los primeros lugares, con una producción superior a 23 mil toneladas. Se explotan además minas de cobre, cinc, plomo, tungsteno, azufre, antimonio, plata, oro, etc. Desde 1955 Bolivia se ha convertido en exportador de petróleo, con una producción global de 400 000 toneladas, lo que ha hecho necesaria la construcción de distintos oleoductos. Las zonas petrolíferas se hallan principalmente en los departamentos de Santa Cruz y Tarija.
La actividad industrial está, en general, poco desarrollada aunque va tomando gran incremento. La extensión de la red ferroviaria es de 4 300 km y hay 25 000 de carreteras en uso. La carretera Panamericana pasa por Bolivia. El país tiene también gran número de ríos navegables (27 700 km), y el transporte aéreo es importante. Los principales productos de exportación son estaño, plomo, plata y cinc. La moneda es el *peso* boliviano y el banco emisor el Banco Central de Bolivia.

— Constitución y administración. De conformidad con la Constitución vigente, promulgada en 1945, la República de Bolivia es unitaria y su Gobierno tiene forma democrática representativa. El poder ejecutivo lo ejerce el Presidente de la República elegido cada cuatro años mediante sufragio universal. El poder legislativo comprende el Senado y la Cámara de Diputados. El poder judicial es ejercido por una Corte Suprema de Justicia, las Cortes de Distrito y otros tribunales. La presidencia del Gobierno es La Paz, y la capital constitucional, donde radica la Corte Suprema, es Sucre. La República está dividida en nueve departamentos y éstos se dividen a su vez en provincias.
Además del español, que es el idioma oficial, se hablan el quechua, el aimará y dialectos de origen guaranítico. La enseñanza primaria es obligatoria y la superior es atentida por 7 universidades nacionales.
El 95 % de la población profesa la religión católica, pero existe libertad de cultos. El país está dividido eclesiásticamente en dos arquidiócesis, cinco diócesis, seis vicariatos apostólicos y tres prelaturas nullius.

— Historia. El actual territorio de la República de Bolivia estuvo primeramente habitado por pueblos de habla aimará, entre los cuales sobresalieron los *collas.* Si bien el Imperio Colla era muy extenso y abarcaba muchos pueblos, los más importantes residían en los alrededores del lago Titicaca. El *ayllu* constituía la base de la sociedad, con predominio de la autoridad materna. Los ayllus luchaban entre ellos frecuentemente, pero se unían cuando un peligro exterior les amenazaba. Las ruinas de Tiahuanaco nos han dejado vestigios de esta civilización: pórticos, estatuas, monolitos y jeroglíficos. Los collas cultivaban el maíz y la quinua y practicaban la ganadería y la pesca. Conocían el cobre, con el cual fabricaban instrumentos y armas, y se vestían con lana toscamente tejida. Tal vez conocían una escritura ideográfica, y adoraban a varios dioses, el principal de ellos *Viracocha* o Hacedor Supremo. Construyeron algunos fuertes para la defensa del territorio *(pucaras),* pero esto no impidió que hacia el siglo XV los vecinos incas del Cuzco se apoderaran de todo el país. Durante la dominación incaica, la actual Bolivia constituyó una de las cuatro grandes divisiones del Imperio, con el nombre de *Collasuyo,* que comprendía también territorios hoy pertenecientes a Perú, Chile y Argentina. (V. Incas.)
La llegada de los españoles al Imperio de los incas se sitúa en 1531, con el desembarco en Tumbes de la expedición de Francisco Pizarro, reforzada más tarde por la de Diego de Almagro (1533). En 1534 los españoles estaban instalados en el Cuzco, antigua capital incaica. Almagro partió para explorar Chile, y, costeando el borde occidental del lago Titicaca, llegó al Collasuyo. El capitán Juan de Saavedra se internó por el Altiplano y fundó la primera población en el Alto Perú: Paria (1536). Una expedición mandada por Gonzalo Pizarro conquistó el Collao, con gran resistencia de los indígenas, y el capitán español gobernó con el título de Corregidor de Charcas (1538). Al mismo tiempo, Pedro de Anzúrez fundaba la ciudad de Chuquisaca. Por aquel entonces el Perú estaba sumido en la guerra civil entre Pizarro y Almagro (v. Perú), hasta que el enviado real, Pedro de La Gasca, pacificó el país en 1547. Alonso de Mendoza fundó la ciudad de La Paz en 1548, y más tarde lo fueron las de Cochabamba, Oruro y Tarija. El descubrimiento de una veta de plata en el cerro de Potosí (1545), atrajo a este lugar una gran masa de población, ávida de riquezas, y así nació y se desarrolló, de una manera anárquica, esta ciudad, a la que Carlos I otorgó el título de Villa Imperial en 1546, y que fue de nuevo trazada y urbanizada por el virrey Toledo en 1572. En 1559 creóse la Real Audiencia de Charcas, máximo organismo jurídico y administrativo del Alto Perú durante los tres siglos de la Colonia, y se dio el nombre de Nueva Toledo al territorio que dependía de esta Audiencia. Posteriormente fue fundada la Universidad de Chuquisaca (1624), de notoria influencia cultural durante el Virreinato. La población india traba-

jaba encuadrada en instituciones como la *mita*, el *reparto* y la *encomienda*, y las duras condiciones a las que se encontraba sometida provocaron la insurrección de 1572, acaudillada por Túpac Amaru, pronto reducida por el virrey Toledo. Otra sublevación estalló en 1780, dirigida por José Gabriel Condorcanqui, llamado también Túpac Amaru. El caudillo, vencido por las tropas del virrey Jáuregui, fue ejecutado. Al año siguiente estalló una nueva revuelta, encabezada por Túpac Catari, y los indios, en número de ochenta mil, sitiaron la ciudad de La Paz, heroicamente defendida por Sebastián de Segurola.

Los albores del siglo XIX marcan el comienzo de la lucha por la emancipación. El día 25 de mayo de 1809, los doctores de la Universidad, de acuerdo con los oidores de Charcas, se opusieron al presidente de la Audiencia García Pizarro. El pueblo también se alzó al grito de "Viva Fernando VII", y apresó a García Pizarro. Una conspiración en La Paz, capitaneada por Pedro Domingo Murillo, depuso a las autoridades españolas. Fue convocado Cabildo Abierto y se organizó la llamada *Junta Tuitiva*, que proclamó en un manifiesto su ansia de independencia. La reacción de los españoles no se hizo esperar, y José M. Goyeneche, enviado por el virrey Abascal, redujo a los conjurados. Murillo y sus compañeros sufrieron la última pena. A pesar de este revés, la logia revolucionaria de Charcas seguía actuando. La revolución argentina del 25 de mayo de 1810, en Buenos Aires, tuvo repercusiones en el Alto Perú, con rebeliones en Cochabamba y Potosí. Pronto la guerra emancipadora tomó proporciones ilimitadas, y los ejércitos argentinos acudieron en auxilio del pueblo altoperuano. Una pléyade de caudillos mestizos surgió en este tiempo, empeñados en la lucha de guerrillas contra los realistas. Uno de los más conocidos de esta epopeya fue Manuel Asencio Padilla, junto con su esposa Juana Azurduy de Padilla, llamada la "Teniente Coronela de la Independencia". Quince años duró esta guerra, hasta que la batalla de Ayacucho (9 diciembre de 1824) debilitó definitivamente la dominación española en América. El broche final de la contienda, en lo que a la actual Bolivia se refiere, fue la batalla de Tumusla (3 abril de 1825).

El 6 de agosto de 1825 se proclamó solemnemente la Independencia, y se constituyó la República de Bolivia, en homenaje al Libertador Simón Bolívar, quien fue declarado Padre de la Patria, y primer presidente. Antonio José de Sucre ejerció el mando por delegación, hasta que, en 1826, fue proclamado presidente constitucional. Dividió la República en departamentos, realizó un censo de población, y fomentó la instrucción pública. Una revolución en 1828 lo expulsó del Poder, fue anulada la Constitución bolivariana, y ocupó el Gobierno durante diez años el mariscal Andrés de Santa Cruz. Éste organizó la Confederación Peruboliviana (1836), de la cual fue nombrado Protector, pero Chile no vio con agrado dicha unión. Un ejército chileno, al mando de Manuel Bulnes, derrotó a Santa Cruz en Yungay (1839), con lo cual deshizo la Confederación. Después de varios intentos para recuperar el Poder, el mariscal se retiró a Europa, donde murió en 1865. El país quedó sumido en la anarquía, hasta tal punto que en el año 1841 hubo tres gobiernos simultáneos. El presidente peruano Agustín Gamarra quiso aprovechar esta circunstancia para invadir Bolivia, pero los bolivianos reaccionaron, agrupándose en torno al general José Ballivián, y derrotaron a los peruanos en la batalla de Ingaví (1841), que selló para siempre la independencia de Bolivia. La gestión de Ballivián fue excelente en todos los órdenes, hasta que en 1847 se vio derribado por una rebelión que dio el Poder, efímeramente, al general José M. de Velasco, para pasar luego a Isidoro Belzú, gobernante procedente de las clases populares, que contó con el apoyo de las mismas. Tuvo que hacer frente a numerosos movimientos subversivos, instigados por la burguesía y los intelectuales, que se le oponían. Le sucedió su yerno Jorge Córdova (1855), y a éste el civilista José María Linares (1857), magnífico gobernante que suprimió los privilegios del militarismo, el cual había alcanzado en Bolivia un grado de corrupción increíble. José María de Achá obtuvo el Poder en 1861, mediante un golpe de Estado, y por el mismo procedimiento ocupó la presidencia el general Mariano Melgarejo (1864). Su régimen, tiránico y arbitrario, despojó a los indios de sus tierras, y entregó al Brasil territorios limítrofes que privaban a Bolivia de su salida natural al mar a través del río Madeira. En 1876 ascendió a la presidencia el general Hilarión Daza, durante cuyo mandato la guerra del Pacífico, que enfrentó a Chile con el Perú y Bolivia, tuvo como desastrosa consecuencia para esta última la pérdida de su litoral del Pacífico. Más tarde surgió un conflicto en el territorio del Acre, cuya riqueza en caucho había atraído gran número de industriales, no sólo bolivianos, sino brasileños y de otras nacionalidades. Bolivia instaló una aduana en Puerto Alonso, lo cual redujo grandemente las entradas que el Gobierno brasileño obtenía en impuestos sobre la goma. Unos aventureros llegaron incluso a proclamar la República del Acre, en territorio boliviano. La revolución separatista pudo ser sofocada, pero el Brasil reavivó las acciones de guerra y finalmente se quedó con esta rica zona a cambio de mínimas compensaciones (1903). Ningún hecho importante ocurre durante el primer tercio del siglo XX, hasta la guerra del Chaco (1932-35), motivada por una disputa de límites con el Paraguay. Más de sesenta mil muertos costó al país esta cruenta contienda, así como la pérdida del Chaco Boreal. Varias revoluciones estallaron desde el final del conflicto, la más importante tal vez fue la de 1952, que llevó a la presidencia a Víctor Paz Estenssoro. Las minas de estaño fueron nacionalizadas, y se inició una revolución política y social que implantó el sufragio universal. Hernán Siles Zuazo sucedió en 1956 a Paz Estenssoro. Éste volvió a ocupar la presidencia en 1960 y en 1964. Su tercera elección provocó cierto descontento y fue derrocado y sustituido por una Junta Militar, presidida por R. Barrientos, elegido éste en 1966. Al morir el presidente en accidente aéreo (1969) se hizo cargo del poder el vicepresidente L. A. Siles Salinas, derribado este mismo año por una Junta Militar presidida por el general Alfredo Ovando Candía, a su vez depuesto en 1970.

GOBERNANTES DE BOLIVIA

Simón Bolívar	1825	Hilarión Daza	1876	David Toro	1935
Antonio José de Sucre	1826	Narciso Campero	1880	Germán Busch Becerra	1937
J. M. de Velasco; P. Blanco	1828	Gregorio Pacheco	1884	Carlos Quintanilla	1939
Andrés Santa Cruz	1829	Aniceto Arce	1888	Enrique Peñaranda	1940
Sebastián Agreda	1839	Mariano Baptista	1892	Gualberto Villarroel	1943
José Ballivián	1841	Severo Fernández Alonso	1896	Tomás Monje	1946
Eusebio Guilarte	1847	*Junta Militar*	1898	Enrique Hertzog	1947
José M. de Velasco	1848	José Manuel Pando	1899	Mamerto Urriolagoitia	1949
Isidoro Belzú	1848	Ismael Montes	1904	*Junta Militar*	1951
Jorge Córdova	1855	Eliodoro Villazón	1910	Víctor Paz Estenssoro	1952
José María Linares	1857	Ismael Montes	1914	Hernán Siles Zuazo	1956
José M. de Achá	1861	José Gutiérrez Guerra	1917	Víctor Paz Estenssoro	1960
Mariano Melgarejo	1864	Bautista Saavedra	1920	*Junta Militar*	1964
Agustín Morales	1871	Hernando Siles Reyes	1926	René Barrientos	1966
Tomás Frías	1872	Carlos Blanco Galindo	1930	Luis Adolfo Siles Salinas	1969
Adolfo Ballivián	1873	Daniel Salamanca	1931	Alfredo Ovando Candía	1969
Tomás Frías	1874	J. L. Tejada Sorzano	1934	*Junta Militar*	1970

J. DE BOLONIA
MERCURIO
Louvre

BONNARD
Palais de Glace
detalle

BONAMPAK
friso mural

BOLOGNESI, prov. del Perú (Ancash); cap. *Chiquián.* Terremoto en 1970.

BOLOGNESI (Francisco), coronel peruano, m. en la defensa de Arica (1816-1880).

BOLONDRÓN, térm. mun. de Cuba (Matanzas).

BOLONIA, c. de Italia, cap. de Emilia, cerca del río Reno, afl. del Po. Industrias alimenticias, tabaco, cuero. Escuelas de Derecho (s. XII-XIII) y de Pintura, célebre en el Renacimiento.

Bolonia *(Colegio Español de),* colegio fundado en Bolonia (Italia) por el cardenal Carrillo de Albornoz, en 1364, para becados españoles.

BOLONIA (Juan de) o **GIAMBOLOGNA,** escultor flamenco (1529-1608), establecido en Florencia, en la corte de los Médicis. Fue discípulo de Miguel Ángel.

BOLSENA, lago de Italia, al N. de Viterbo.

BOLSÓN, cerro de la Argentina, en el Aconquija; 5 050 m. — Río de Costa Rica, afl. del Tempisque. — Pobl. de la Argentina (Río Negro). — Pobl. de Costa Rica (Guanacaste).

BOLTON, c. de Inglaterra (Lancashire). Textiles.

BOLTRAFFIO (Giovanni A.), pintor italiano (1467-1516), discípulo de Leonardo de Vinci.

BOLTZMANN (Luis), físico austriaco (1844-1906. Estudió la teoría cinética de los gases.

BOLZANO, en alem. **Bozen,** c. de Italia (Alto Adigio); centro industrial y turístico.

BOLLO (El), pueblo de España (Orense). Ciudad antiquísima; numerosos monumentos celtas; restos de la dominación romana.

BOLLULLOS DEL CONDADO, pobl. de España (Huelva). Vinos.

BOMARSUND, fortaleza rusa de la isla de Aaland, destruida en 1845 por la flota anglofrancesa.

BOMBAL (María Luisa), novelista chilena, n. en 1910, autora de *La última niebla, La amortajada,* etc.

BOMBAY, c. y puerto de la India, cap. del Est. de Maharashtra, en una isla del golfo de Omán. Centro industrial y comercial. Universidad. Arzobispado.

BOMBONÁ, pueblo de Colombia (Nariño). Victoria de Bolívar en 1822.

BOMI HILLS, localidad de Liberia, al N. de Monrovia. Yacimientos de hierro.

BOMÍLCAR, n. de un general cartaginés, m. en 308 a. de J. C. — N. de un almirante cartaginés, m. en 209 a. de J. C.

BONA o **ANNABA,** c. de Argelia, cap. del dep. del mismo n. Minas de hierro, fosfatos y plomo. Ruinas de la ant. **Hipona.**

BONÁ, isla de Panamá, en el golfo de este n.

BONAFOUX (Luis), escritor español (1855-1918), cronista y crítico de gran cultura.

BONAIRE, isla holandesa de las Antillas (Sotavento); 246 km².

BONALD (Vizconde Luis de), escritor político francés (1754-1840), defensor de los principios monárquicos y católicos.

BONAMPAK, sitio arqueológico descubierto en 1946 en Chiapas (México), centro de cultura maya del antiguo imperio. Famoso por sus grandes frescos de estilo realista y brillante colorido.

BONAPARTE, nombre de una familia originaria de Toscana (Italia) y establecida en Córcega. Sus principales miembros son: CARLOS MARÍA (1746-1785), casado con María Leticia RAMOLINO, que tuvo trece hijos, entre los cuales se encontraban JOSÉ y NAPOLEÓN (v. estos nombres); LUCIANO (1775-1840); ELISA (1777-1820); LUIS (1778-1846), padre de Napoleón III y rey de Holanda de 1806 a 1810; PAULINA (1780-1826); CAROLINA (1782-1839), casada con Murat y reina de Nápoles; JERÓNIMO (1784-1860), rey de Westfalia de 1807 a 1813.

BONET (Juan Pablo), filántropo español (1560-¿1620?), autor de una obra interesante acerca de la enseñanza de los sordomudos.

BONETE, cerro de la Argentina (Catamarca); 6 872 m. — Pico de Bolivia (Potosí); 5 653 m.

BONGARÁ, prov. del Perú (Amazonas); cap. *Jumbilla.*

BONIFACIO, c. y puerto de Córcega. El estrecho del mismo n. separa Córcega de Cerdeña.

BONIFACIO *(San),* arzobispo de Maguncia; consagró rey a Pipino el Breve, evangelizó Alemania y fue degollado por los bárbaros en Frisia (¿680?-754). Fiesta el 5 de junio.

BONIFACIO I *(San),* papa de 418 a 422. BONIFACIO II, papa de 530 a 532. — BONIFACIO III, papa de 607 a 608. — BONIFACIO IV *(San),* papa de 608 a 615. — BONIFACIO V, papa de 619 a 625. — BONIFACIO VI, papa no reconocido en 896. — BONIFACIO VII, papa tampoco reconocido, de 974 a 985. — BONIFACIO VIII, de origen catalán, papa de 1294 a 1303, célebre por sus disensiones con Felipe el Hermoso, rey de Francia. — BONIFACIO IX, papa de 1389 a 1404.

BONIFACIO (Juan), erudito español (1538-1606), autor de *Christiani pueri institutio.*

BONIFAZ (Ramón), marino español (1196-1252), que participó en la conquista de Sevilla.

BONIFAZ NUÑO (Alberto), poeta y novelista mexicano, n. en 1915.

BONILLA (Manuel), general y político hondureño (1849-1913), pres. de la Rep. de 1903 a 1907 y de 1912 a 1913.

BONILLA (Policarpo), político y escritor hondureño (1858-1926), pres. de la Rep. de 1894 a 1900. Fue decidido partidario de la federación centroamericana.

BONILLA Y SAN MARTIN (Adolfo), erudito y crítico español (1875-1926), estudioso de Cervantes y Luis Vives.

BONIN, archip. del Pacífico, al SE. del Japón.

BONINGTON (Ricardo PARKES), pintor inglés (1801-1828), acuarelista notable.

BONITAS (Las), pobl. de Venezuela (Bolívar); puerto.

BONITO, pico de Honduras (Atlántida); **2 450** m. — C. del Brasil (Pernambuco).

BONIVARD [*-var*] (Francisco), patriota ginebrino (1493-1570), encarcelado en el castillo de Chillón por orden de Carlos III, duque de Saboya.

BONN, c. de Alemania y cap. de la Rep. Federal desde 1949, a orillas del Rin; 300 000 h. Universidad célebre. Patria de Beethoven.

BONNARD (Pedro), pintor francés (1867-1947), paisajista y retratista.

BONNET (Carlos), filósofo y naturalista suizo (1720-1793).

BONONCINI (Juan Bautista), compositor italiano (1670-¿1750?), autor de numerosas óperas y obras instrumentales.

BONPLAND, pico de Venezuela, en la Sierra Nevada de Mérida; 4 888 m.

BONPLAND [*-plán*] (Aimé), médico y naturalista francés (1773-1858), compañero de Humboldt. Exploró América del Sur y colaboró en la obra *Viaje a las regiones equinocciales del Nuevo Continente.* Estuvo nueve años preso en Paraguay y murió en la Argentina.

BONTEMPELLI (Máximo), novelista y poeta italiano (1878-1960).

BOOLE (George), matemático inglés (1815-1864).

BOOM, c. de Bélgica (Amberes); industrias.

BOOTES. V. BOYERO.

BOOTH [*buz*] (John), actor americano (1838-1865), asesino del presidente Lincoln.

BOOTH (William), fundador del ejército de Salvación, n. en Nottingham (1829-1912).

Fot. Larousse, Giraudon, X

BOOTHIA, penins. del N. del Canadá, donde se encuentra el polo magnético.
BOOTLE [*butl*], c. de Inglaterra (Lancaster).
BOOZ, personaje bíblico, esposo de Rut.
BOOZ (Miguel Ángel CORREA, llamado **Mateo**), escritor costumbrista argentino (1889-1943), autor de *La mariposa quemada, El tropel,* etc.
BOPP (Franz), filólogo alemán (1791-1867), autor de una *Gramática comparada de las lenguas indoeuropeas.*
BOQUERÓN, dep. del Paraguay; cap. *Mariscal Estigarribia.* — Pobl. de Panamá (Chiriquí).
BOQUETE, distr. de Panamá (Chiriquí).
BORA (Catalina de), monja alemana (1499-1552), casada con Lutero. Tuvo 6 hijos.
BORAO Y CLEMENTE (Jerónimo), escritor aragonés (1821-1878), autor de un notable *Diccionario de voces aragonesas.*
BORAS, c. de Suecia, al E. de Goteborg; industrias textiles y mecánicas.
BORBÓN (ISLA DE). V. REUNIÓN.
BORBÓN (CASA DE), familia francesa, cuyo primer representante fue Roberto de Clermont, sexto hijo de San Luis. La rama mayor de los *Borbones* subió al trono de Francia con Enrique IV y a ella pertenecieron todos sus soberanos hasta Carlos X (1830). Su último representante fue el conde de Chambord, m. en 1883. La rama menor, o de los *Borbones de Orleáns,* subió al trono con Luis Felipe I, derribado en 1848. (V. ORLEÁNS.) Felipe V, nieto de Luis XIV de Francia, fue origen de los *Borbones de España,* cuyo último representante fue Alfonso XIII, de los *Borbones de Dos Sicilias* o *de Nápoles,* que dejaron de reinar en 1860, y de los *Borbones de Parma,* que perdieron su ducado en 1859.
BORBÓN (Antonio Pascual de), infante de España (1755-1817), hijo de Carlos III. Fue nombrado pres. de la Junta Gubernativa que dejó establecida Fernando VII antes de marchar a Bayona.
BORBÓN (Carlos María Isidro de), infante de España (1788-1855), hermano de Fernando VII. Sostuvo durante siete años la primera guerra carlista con el n. de *Carlos V,* contra Isabel II. Abdicó en su hijo el año 1845.
BORBÓN (Carlos de), *conde de Montemolín* (1818-1861), hijo mayor del anterior cuyos derechos heredó. Intentó dos veces una insurrección en España, pero, apresado en 1860, renunció a sus derechos para recobrar la libertad.
BORBÓN (Carlos María de los Dolores, llamado comúnmente **Don Carlos**) [1848-1909], pretendiente al trono de España como representante del carlismo. Adoptó el nombre de *Carlos VII.* Promovió en 1872 la última guerra carlista, que duró hasta 1876. Sucediéronle en sus derechos su hijo Jaime y el tío de éste, Alfonso, m. en 1936 sin heredero varón.
BORBÓN (Jaime de), pretendiente al trono de España (1870-1931), hijo de Don Carlos de Borbón.
BORBÓN (Luis María de), infante de España (1777-1823), sobrino de Carlos III. Fue arzobispo de Sevilla y de Toledo, presidió la Junta de Regencia de Cádiz y abolió la Inquisición.
BORDA (José Cornelio), ingeniero y político colombiano, n. en 1830; muerto heroicamente en 1866 en la defensa de El Callao.
BORDA (José Joaquín), escritor colombiano (1835-1878), autor de la novela *Morgan el Pirata.*
BORDA (Juan Carlos), matemático y marino francés (1733-1799), uno de los que midieron un arco del meridiano para el establecimiento del sistema métrico.
BORDA (Juan IDIARTE). V. IDIARTE BORDA.
BORDAS VALDEZ (José), general y político dominicano, pres. de la Rep. de 1913 a 1914.
BORDEAUX, n. francés de **Burdeos.**
BORDEAUX [*bordó*] (Henry), novelista francés (1870-1963), de gran fecundidad.
BORDET (Julio), médico y microbiologista belga (1870-1961). Descubrió el microbio de la tos ferina. (Pr. Nóbel, 1919.)
BORDIGHERA, c. de Italia (Imperia). Estación invernal y turística.
BORDONCILLO, volcán de Colombia, en la Cord. Central (Nariño); 3 800 m.
BORDONE (Paris), pintor italiano (1500-1571), discípulo del Tiziano y autor de escenas mitológicas y religiosas.

BÓREAS, dios de los Vientos del Norte, hijo del titán Astreo y de la diosa Aurora. (*Mit.*)
BORÉS (Francisco), pintor español, n. en 1898.
BORGERHOUT, c. de Bélgica, importante suburbio de Amberes. Productos químicos.
BORGES (Jorge Luis), escritor y poeta argentino, n. en Buenos Aires en 1899, uno de los fundadores de la escuela ultraísta. Su sentido de la metáfora, su imaginación creadora, su conocimiento cabal de la expresión verbal y sus razonamientos filosóficos le colocan en lugar destacado entre los escritores de lengua castellana. Autor de composiciones poéticas (*Fervor de Buenos Aires, Luna de enfrente, Cuaderno San Martín*), cuentos (*Historia universal de la infamia, Ficciones, El Aleph*) y ensayos (*Inquisiciones, Otras inquisiciones*).
BORGES (Norah), pintora argentina, n. en 1903, autora de *Santa Rosa de Lima,* etc.
BORGHESE, familia romana que se distinguó por su amor a las artes. Uno de sus miembros fue elegido Papa con el n. de *Paulo V* (1605).
BORGIA o **BORJA,** familia italiana, de origen español, que cuenta entre sus miembros: el papa ALEJANDRO VI (v. este nombre), — el cardenal CÉSAR, hijo suyo, político hábil, pero desleal, inhumano y licencioso, que cometió numerosos crímenes y murió en 1507; su retrato por Bronzino (Galería Borghese) es una obra maestra, — LUCRECIA (1480-1519), hermana del anterior, célebre por su belleza, protegió las letras, las ciencias y artes, pero le acusa la leyenda de crímenes no comprobados y de una vida muy licenciosa. (V. FRANCISCO DE BORJA [*San*].)

César BORGIA

Lucrecia BORGIA

BORGOÑA, antigua prov. del E. de Francia; cap. *Dijon.*
BORGOÑA, n. de varias casas reales, una ducal y otra condal; la primera, fundada por Roberto el Piadoso, se extinguió en 1361; a la segunda, fundada por Juan el Bueno, pertenecían Felipe el Atrevido, Juan Sin Miedo y Carlos el Temerario. A la muerte de éste en 1477 se extinguió la dinastía en detrimento de su hija María de Borgoña, que se casó con el archiduque Maximiliano de Austria y tuvo por hijo a Felipe el Hermoso y por nieto a Carlos I de España. Los derechos de este monarca sobre el ducado de su abuela hacen que se dé a menudo a su dinastía el n. de *Casa de Borgoña.*
BORGOÑA (Felipe de). V. VIGARNY.
BORGOÑA (Juan de), pintor renacentista flamenco (¿1494-1554?), establecido en Castilla.
BORGOÑO (José Manuel), general y político chileno (1792-1848), que luchó por la independencia de su país. Fue varias veces ministro.
BORGÚ, región de África, al O. del río Níger, repartida entre Dahomey y Nigeria.
BORINQUÉN, n. indígena de **Puerto Rico.**
BORIS III (1894-1943), rey de Bulgaria en 1918, al abdicar su padre, Fernando I.
BORIS GODUNOV. V. GODUNOV.
BORÍSTENES. V. DNIÉPER.
BORJA, c. de España (Zaragoza), importante centro de arte mudéjar aragonés.
BORJA, pobl. del Perú (Loreto); fundada en 1619. — Pobl. del Paraguay (Guairá).
BORJA. V. BORGIA y FRANCISCO (*San*).
BORJA (Arturo), poeta simbolista ecuatoriano (1892-1912), autor de *La flauta de ónix.*
BORJA Y ARAGÓN (Francisco de). V. ESQUILACHE (*Príncipe de*).
BORJAS BLANCAS, v. de España (Lérida).
BORN (Bertrán de). V. BERTRÁN DE BORN.

C. M. I. DE BORBÓN

C. DE BORBÓN

J. L. BORGES

Fot. Anderson, doc. A. G. P., Cortesía Mundo Hispánico

EL BOSCO
CONCIERTO EN EL HUEVO
museo de Lille

BOROBUDUR
detalle de un bajorrelieve del templo

BORODÍN

BORN (Max), físico alemán, naturalizado inglés (1882-1970). Autor de una teoría sobre el mecanismo electrónico de la afinidad química. (Pr. Nóbel, 1954).
BORNEO, isla de Insulindia, la tercera del mundo en extensión; 736 000 km^2. La mayor parte de la isla (el sur) pertenece a la República de Indonesia (4 102 000 h.); la parte norte está constituida por *Sabah* (ant. Borneo del Norte) y *Sarawak,* que forman parte de la Federación de Malaysia y por el protectorado británico de *Brunei.* Casi toda la isla está cubierta por espesas selvas de donde se extrae el caucho. El subsuelo es rico en petróleo y carbón.
BORNHOLM, isla danesa del Báltico; cap. *Roenne.*
BORNOS, v. de España (Cádiz).
BOROBUDUR o **BARABUDUR,** localidad de Java. Célebre templo budista (s. VIII-IX).
BORODÍN (Alejandro), compositor ruso (1833-1887), autor de la ópera *El Príncipe Igor* y del poema sinfónico *En las estepas del Asia Central.*
BORODINO, aldea rusa donde se dio en 1812 la sangrienta batalla del Moskowa, ganada por Napoleón sobre los rusos.
BORORÓS, indios brasileños de Mato Grosso.
BÓRQUEZ SOLAR (Antonio), escritor chileno (1872-1938), autor de *Psicología colectiva.*
Borrachos *(Los),* cuadro famoso de Velázquez (Prado).
BORRASÁ (Luis), pintor primitivo catalán, m. en 1424, autor de notables retablos.
BORRERO (Dulce María), poetisa y pintora cubana (1883-1945). — Su hermana JUANA, también poetisa (1878-1896), autora de *Rimas.*
BORRERO Y CORTÁZAR (Antonio), político ecuatoriano (1827-1912), pres. de la Rep. en 1875, derrocado en 1876.
BORRIOL, v. de España (Castellón).
BORROMEAS (ISLAS), grupo de tres islas pintorescas, en el lago Mayor (Italia).
BORROMEO. V. CARLOS BORROMEO *(San).*
BORROMINI (Francisco), arquitecto italiano (1599-1667), uno de los maestros del arte barroco. Construyó la iglesia de Santa Inés, en Roma.
BOSCÁN Y ALMOGÁVER (Juan), poeta renacentista español, n. en Barcelona (¿1492?-1542), a quien se debe la adaptación castellana del endecasílabo italiano. Íntimo amigo de Garcilaso de la Vega, su obra poética fue publicada junto con la de éste, en Barcelona, en 1543, por su viuda Ana Girón de Rebolledo. Boscán es también autor de una admirable traducción española de *El Cortesano,* del escritor italiano Baltasar Castiglione.
BOSCO (*San* Juan), sacerdote italiano (1815-1888), fundador de los salesianos. Fiesta el 31 de enero.
BOSCO REALE, c. de Italia (Campania), situada al pie del Vesubio.
BOSCH (Carlos), químico alemán (1874-1940), autor de un procedimiento de síntesis del amoniaco. (Pr. Nóbel, 1931.)
BOSCH o **El Bosco** (Jerónimo AEKEN, llamado **Jerónimo**), pintor, escultor y grabador holandés (¿1450?-1516), de imaginación exuberante y fantástica: *La Adoración de los Magos, El carro de heno, Concierto en el huevo,* etc.
BOSCH (Juan), escritor y político dominicano, n. en 1909, que narra, en sus cuentos, la vida del campesino antillano. Pres. de la Rep. en 1963, derrocado el mismo año.
BOSCH GIMPERA (Pedro), historiador español, n. en 1891, autor de obras de prehistoria.
BÓSFORO (*"Paso del buey"*), estrecho que une los mares de Mármara y Negro.
BOSNIA Y HERZEGOVINA, una de las repúblicas federales de Yugoslavia; 52 000 km^2; 3 101 000 h.; cap. *Sarajevo.* Población de raza eslava. Sometida a Turquía hasta el Tratado de Berlín (1878), fue ocupada entonces por Austria-Hungría, que se la anexó en 1908. Independiente en 1918, se unió a Servia para formar el reino servocroatoesloveno. (V. YUGOSLAVIA.)
BOSQUIMANOS o **BUSHMEN** (*"Hombres de los bosques"*), pueblo de África meridional, al N. de la prov. de El Cabo (Rep. Sudafricana).
BOSSUET (Jacques Bénigne), obispo, escritor y orador sagrado francés, n. en Dijon (1627-1704). Sostuvo la política religiosa de Luis XIV, luchó ardorosamente contra el protestantismo e hizo adoptar, en 1682, la declaración sobre las libertades galicanas. Combatió el quietismo de Fenelón. Obras: *Discurso sobre la Historia Universal, Sermones, Oraciones Fúnebres.*
BOSTON, c. de los Estados Unidos, cap. del Est. de Massachusetts; centro industrial y puerto activo. Patria de Franklin, Emerson y E. A. Poe.
BOSWORTH [*bosuorz*], c. del centro de Inglaterra (Leicester), célebre por la última batalla de la guerra de las Dos Rosas, donde perdió la corona y la vida Ricardo III.
BOTANY BAY, bahía en la costa de Nueva Gales del Sur, cerca de Sidney (Australia), descubierta por Cook en 1770 y utilizada por los ingleses como lugar de deportación.
BOTELHO (Raúl), novelista boliviano, n. en 1917, autor de *Altiplano,* relato de la vida del indio.
BOTELHO DE OLIVEIRA (Manuel), poeta y autor dramático brasileño (1636-1711), autor de *Música do Parnaso.*
BOTEV (PICO), ant. **Jumrukchal,** punto culminante de los Balcanes, en Bulgaria; 2 376 m.
BOTEV (Christo), escritor y patriota búlgaro (1848-1876), autor de poesías de inspiración revolucionaria y nacional.
BOTHA (Luis), general y político sudafricano (1862-1919), que luchó en la guerra de los boers contra los ingleses. Primer ministro del Transvaal (1907), luego de la Unión Sudafricana (1910).
BOTHWELL [*bázuel*] (Jacobo, *conde de*), señor escocés (1536-1578) que hizo perecer a Enrique Darnley, segundo esposo de María Estuardo, y casó con ésta (1567).
BOTI (Regino E.), poeta y crítico cubano (1878-1958), autor de *Arabescos mentales,* etc.

BOSCÁN

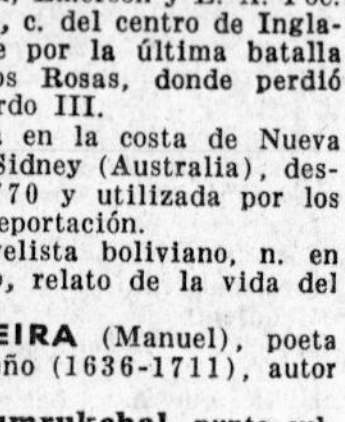

BOSSUET

Fot. Giraudon, X, Larousse

Botiflers, y familiarmente **Butifarras,** n. que dieron los catalanes a los partidarios de Felipe V durante la guerra de Sucesión de España.
BOTNIA, golfo formado por el mar Báltico; baña Finlandia y Suecia. — Región de Europa, al E. del golfo del mismo nombre.
BOTOCUDOS, indios del E. del Brasil, entre los ríos Doce y Pardo.
BOTOSANI, c. de Rumania (Moldavia), a orillas del Sikna, afluente del Prut.
BOTSWANA, Estado de África meridional, miembro del Commonwealth; 710 000 km²; 559 000 h. Cap. *Gaberones*. Es la antigua **Bechuanalandia.**
BOTTICELLI [*-cheli*] (Sandro di Mariano FILIPEPI, llamado **Sandro**), pintor italiano, n. en Florencia (1444-1510). Autor de gran número de madonas y cuadros de inspiración religiosa y pagana (*Primavera, Nacimiento de Venus*).
BOTTROP, c. de Alemania (Ruhr); hulla.
BOTZARIS (Marcos), uno de los héroes de la independencia griega (1788-1823).
BOU (Teresa), noble dama valenciana, musa de Ausias March.
BOUAKE, c. de la Costa de Marfil.
BOUCHARD (Hipólito), corsario argentino de origen francés, que dio la vuelta al mundo con la fragata *Argentina* (1819) y colaboró con San Martín en la expedición al Perú (1820). M. en 1837.
BOUCHER [*buché*] (Francisco), pintor francés (1703-1770), autor de escenas pastorales o mitológicas llenas de gracia.
BOUCHER DE PERTHES (Jacobo), naturalista francés (1788-1868), uno de los fundadores de la ciencia prehistórica.
BOUCHES-DU-RHÔNE. V. BOCAS DEL RÓDANO.
BOUDIN (Eugène-Louis), pintor francés (1824-1898), uno de los precursores del impresionismo.
BOUGAINVILLE [*buganvil*] (Luis Antonio de), navegante francés (1729-1811). Escribió el relato de su *Viaje alrededor del mundo.*
BOUILLON. V. GODOFREDO.
BOULANGER [*bulanyé*] (Jorge), general francés (1837-1891), ministro de la Guerra en 1886, que planeó un golpe de Estado y tuvo que huir a Bruselas, donde se suicidó.
BOULOGNE-SUR-MER [*buloñ-*], c. de Francia (Paso de Calais); puerto en la Mancha. Allí se retiró San Martín hasta su muerte en 1850.
BOULLE o **BOULE** [*bul*] (Andrés Carlos), ebanista francés (1642-1732), autor de muebles de marquetería incrustada de nácar y cobre.
BOURBOULE [*burbul*] **(La),** pueblo de Francia (Puy-de-Dôme); aguas termales.
BOURDALOUE (Luis), predicador francés (1632-1704), de la orden de los jesuitas.
BOURDELLE [*burdel*] (Antonio), escultor francés (1861-1929), autor del monumento a Alvear, en Buenos Aires.
BOURDET (Eduardo), dramaturgo francés (1887-1945), autor de comedias de costumbres.
BOURG-EN-BRESSE, c. de Francia, cap. del dep. de Ain. Iglesia del s. XVI. Cerámica.
BOURGES, c. de Francia, cap. del dep. del Cher. Arzobispado. Magnífica catedral gótica (s. XIII). Monumentos medievales.
BOURGET (LAGO DEL), lago de Francia (Saboya); 18 km de largo.
BOURGET (Le), pueblo de Francia (Seine-Saint-Denis), al N. de París. Aeropuerto.
BOURGET (Paul), escritor francés (1852-1935), autor de ensayos y de novelas psicológicas: *El discípulo, Cruel enigma,* etc.
BOURNEMOUTH, c. de Inglaterra (Hampshire). Estación balnearia.
BOUSSINGAULT (Juan Bautista), químico y agrónomo francés (1802-1887), autor de trabajos de química agrícola. Acompañó a Bolívar en sus campañas de la independencia americana.
BOUTROUX (Emilio), filósofo francés (1845-1921), maestro de Bergson.
BOUTS (Thierri), pintor holandés (¿1415?-1475), autor del *Retablo del Sacramento,* en San Pedro de Lovaina.
Bovary *(Madame),* novela de Flaubert (1857), una de las obras maestras del realismo.
BOVES (José Tomás), guerrillero español (1783-1814), que, al frente de sus llaneros venezolanos, luchó contra los patriotas, a los cuales venció en distintos combates. Murió atravesado por una lanza

BOTTICELLI
detalle del
NACIMIENTO DE VENUS
galería de los Oficios
Florencia

Boxers, n. dado por los ingleses a los miembros de una secta secreta de China, política y religiosa, que se distinguió en 1900 por su xenofobia.
BOYACÁ, río de Colombia, en uno de cuyos pasos, a 17 km de Tunja, Bolívar derrotó a las tropas realistas (1819). — Dep. de Colombia; cap. *Tunja*; rica ganadería; minas de oro, cobre, plata y esmeraldas.
BOYARDO (Mateo María), poeta italiano (1441-1494), autor de *Orlando enamorado,* poema inacabado y continuado por Ariosto.
BOYL (Carlos), poeta y comediógrafo español (1577-1617), autor de *El marido asegurado.*
BOYER (Juan Pedro), político haitiano (1776-1850), pres. de la Rep. de 1818 a 1843. Invadió el territorio dominicano en 1822 y lo anexó a su país.
BOYERO, constelación boreal, situada cerca del Polo Norte. Su estrella principal es *Arturo.*
BOYL (Carlos), poeta y comediógrafo español (1577-1617), autor de *El marido asegurado.*
BOYLE (Roberto), sabio físico y químico irlandés, n. en Lismore (1627-1691), que enunció la ley de compresibilidad de los gases y descubrió la intervención del oxígeno en las combustiones.
BOYNE, río de Irlanda (Kings), cerca del cual Guillermo III venció a Jacobo II (1690).
BRABANTE, prov. de Bélgica; cap. *Bruselas.*
BRABANTE SEPTENTRIONAL, prov. de Holanda; cap. *Bois-le-Duc.*
BRACHO (Carlos), escultor mexicano, n. en 1898, autor de *India, El abrazo,* etc.
Bradamante, hermana de Reinaldos de Montalbán y una de las heroínas del *Orlando furioso,* de Ariosto.
BRADFORD, c. de Inglaterra (York); industrias de la lana.
BRADLEY (James), astrónomo inglés (1693-1762), al que se deben dos descubrimientos: la aberración de la luz (1727) y la nutación del eje terrestre, que explica la precesión de los equinoccios (1747).
BRAGA, c. de Portugal (Miño); ind. textil y mecánica. Arzobispado. Catedral románica.
BRAGA (Francisco), compositor brasileño (1868-1944), autor de poemas sinfónicos.
BRAGA (Joaquín Teófilo), historiador, filósofo y político portugués (1843-1924), que contribuyó a la caída de la monarquía y presidió el primer Gobierno de la República (1910).
BRAGADO, c. de la Argentina (Buenos Aires).
BRAGANZA, c. de Portugal (Tras-os-Montes), cap. de distrito. Centro comercial. Obispado.
BRAGANZA (CASA DE), familia real portuguesa, que desciende de Alfonso, hijo de Juan I (s. XIV). Su nieto JUAN se hizo dueño de la Corona portuguesa en 1640, con el nombre de Juan IV. La casa de Braganza ha seguido reinando en Portugal hasta 1855, continuada por la rama Sajonia-Coburgo-Braganza hasta 1910, y en el Brasil de 1822 a 1889.
BRAGG (*sir* William Henry), físico inglés (1862-1942), que, con su hijo WILLIAM LAWRENCE (n. en 1890), efectuó investigaciones sobre los rayos X y sus aplicaciones. Recibieron el Pr. Nóbel en 1915.
BRAHE (Tycho), astrónomo danés (1546-1601), maestro de Kepler.
BRAHMA, dios supremo de los antiguos hindúes, creador del mundo de los dioses y de los seres. En la forma actual de la religión india

BOUGAINVILLE

BOURGES
entrada del hotel
de Jacques Cœur

BOYLE

Fot. Brogi, Wide World, Roubier, Larousse

BRAHMS pintura de RUMPF

BRAILLE

BRANLY

BRAQUE *detalle* de MUJER PEINÁNDOSE Chicago

Brahma no es sino una persona de la trinidad (Trimurti) junto con Siva y Visnú.

Brahmanes, bracmanes o **brahmines,** sacerdotes indios que forman la primera de las castas hereditarias de la India.

Brahmanismo, nombre dado a la organización social, política y religiosa, que, habiendo sucedido al vedismo (v. VEDISMO), se desarrolló entre los arios del valle del Ganges, bajo la influencia de la casta sacerdotal. Brahma, Visnú y Siva constituyen la trinidad india o *Trimurti*. Brahma tuvo cuatro hijos, de quienes tomaron nacimiento las cuatro castas de la India: brahmanes, chatrias, vaicias y sudras. Fuera y debajo de estas cuatro castas, están los impuros y los parias.

BRAHMAPUTRA, río de Asia, que nace en el Tíbet y des. en el golfo de Bengala, después de haber mezclado sus aguas, en un enorme delta, con las del Ganges; 2 900 km.

BRAHMS (Johannes), compositor alemán, n. en Hamburgo (1833-1897), célebre por sus *lieder* y su música de cámara, obras para piano, sinfonías de un lirismo profundo, y su *Réquiem*.

BRAILA, c. de Rumania, a orillas del Danubio; cereales; textiles; bosques.

BRAILLE [*brail*] (Luis), profesor francés (1809-1852), que inventó la escritura en relieve para los ciegos.

BRAMANTE (Donato d'ANGELO LAZZARI, llamado **el**), arquitecto del Renacimiento italiano (1444-1514). Trabajó en Milán (Santa María de la Gracia), y es autor de los planos de San Pedro de Roma. Miguel Ángel fue su rival y luego su continuador.

BRAMÓN (Francisco), escritor mexicano del siglo XVII, autor de *Los sirgueros de la Virgen sin original pecado*.

BRANCO, río del Brasil, afl. del Negro; 1 340 km.

BRANDEBURGO o **BRANDENBURGO,** región de Alemania oriental. Fue desde el siglo XV asiento de un poderoso electorado, que acrecentó y organizó la Casa de los Hohenzollern y llegó a ser el núcleo de la monarquía prusiana. — C. de Alemania oriental, a orillas del Havel, afl. del Elba. Hilados, tejidos; industria mecánica.

BRANDSEN (Federico), militar argentino de origen francés (1785-1827), que se distinguió en Maipú y en Perú. M. en Ituzaingó.

BRANDT (Hennig), alquimista alemán, m. en 1692; descubrió casualmente el fósforo (1669).

BRANDT (Willy), político socialdemócrata alemán, n. en 1913, canciller de la Rep. Federal Alemana en 1969.

BRANLY (Eduardo), físico y químico francés (1844-1940). Gracias a su *cohesor* ha podido pasar a la práctica la utilización de las ondas hertzianas en la telegrafía sin hilos.

BRANT o **BRANDT** (Sebastián), poeta satírico alemán (1458-1521), autor de *La nave de los locos*.

BRANTFORD, c. del Canadá (Ontario).

BRANTÔME [*-tom*] (Pedro de BOURDEILLE, *señor de*), memorialista francés (1540-1614).

BRAQUE (Georges), pintor francés (1882-1963), promotor del cubismo y uno de los mejores pintores contemporáneos de bodegones.

BRASHOV, c. de Rumania (Transilvania); metalurgia.

BRÁSIDAS, general espartano durante la guerra de Peloponeso. Venció a Cleón en Anfípolis, pero fue muerto en la lucha (422 a. de J. C.).

BRASIL, Estado de América del Sur, que ocupa casi la mitad del continente sudamericano y se halla situado a orillas del océano Atlántico, ubicado en su mayor parte en la zona tropical. Todos los países sudamericanos, excepto Chile y el Ecuador, limitan con el Brasil, 8 513 844 km²; 92 millones de hab. *(brasileños)*; cap. *Brasília*.

— GEOGRAFÍA. — *Relieve*. La característica de la topografía brasileña es su modesta altura media: el 40 % del territorio está a menos de 200 m sobre el nivel del mar y el 3 % a más de 900 m. Pueden distinguirse tres grandes zonas de relieve: la gigantesca cuenca del Amazonas (3 millones y medio de km²); las altiplanicies (chapadas), residuos de un antiguo macizo cristalino, que ascienden gradualmente de oeste a este y alcanzan más de 1 000 m en algunos sitios de Goiás y del Mato Grosso; dos macizos montañosos, el de Guayanas, cuyo pico más elevado es el de Roraima (2 875 m), y el macizo Atlántico que forma un abrupto reborde marítimo y comprende varios sistemas que son, de sur a norte: Serra Geral, Serra do Mar con el pico da Bandeira (2 890 m), Serra da Mantiqueira, con el pico de Itatiaia (2 787 m), Serra do Espinhaco y Chapada Diamantina.

— *Clima y vegetación*. Por quedar en su casi totalidad dentro de la zona tropical, el país goza, en líneas generales, de un clima cálido y húmedo (temperatura media de 22°). Amazonia, región selvática poblada de diferentes especies de árboles de hoja perenne, goza de un clima ecuatorial donde abundan las lluvias, con una ligera disminución de las precipitaciones en invierno y oscilaciones térmicas mínimas. La zona litoral, desde Bahía a Rio de Janeiro, es también húmeda y caliente (entre 23 y 26 grados). El nordeste es seco, particularmente en Ceará, donde predomina la vegetación xerófila de la *caatinga*. En el interior la temperatura es baja a causa de la altitud, con tendencia continental en el Mato Grosso. Campos y sabanas caracterizan esta zona llamada *sertão*. En los Estados meridionales reina un clima templado.

— *Hidrografía*. El conjunto hidrográfico brasileño, uno de los más extensos del mundo, tiene la peculiaridad de ser casi exclusivamente de origen pluvial por falta de nieves y deshielos que lo alimenten. Las más importantes cuencas son la amazónica (56 % del área total del país) y las del río Paraná 10 % y el río San Francisco (7 %). El Amazonas, que es el río más caudaloso del globo, recorre 3 165 km del territorio brasileño, tiene hasta 6 km de ancho en algunas partes y recibe, entre otros, los afluentes: Japurá, Negro, Trombetas, Paru, Jari, al N., Madeira, Tapajoz, Xingú y Tocantins, al S. Los principales tributarios del Paraná son: Rio Grande, Tieté, Paranapamena e Iguazú, famoso por sus cataratas. Los ríos Paraguay y Uruguay sirven de frontera. Hay varias lagunas, entre las cuales figuran la de los Patos, Mirim, Mangueira, etc.

— *Costas e islas*. La costa tiene una extensión de unos 7 500 km y es arenosa en ciertos trechos (Ceará, Espíritu Santo, Rio Grande do Sul) y recortada en las proximidades de las sierras. Además del archipiélago de Marajó, en la desembocadura del Amazonas, existen algunas islas cerca del litoral. La isla de Bananal, en el río Araguaia, es la mayor isla fluvial del mundo.

— *Población*. Numéricamente la población actual del Brasil llega a ser la octava del mundo. Ha experimentado en los últimos cien años un ritmo acelerado de crecimiento. Las zonas más densamente pobladas son la meridional, la del centro y la costa. Además se señala una gran inflación demográfica urbana. La población brasileña se caracteriza por el predominio del elemento blanco (62 %) frente a los mestizos (25 %), negros (11 %) e indios (2 %). Desde fines del s. XIX hay una fuerte corriente inmigratoria, destacándose los italianos y portugueses y, en menor número, los españoles, alemanes, japoneses, rusos.

—*Economía*. La agricultura predomina, pero los métodos de producción son todavía arcaicos en muchas partes (cultura nómada). Los principales productos son: café (más de la mitad de la producción mundial), que procede, sobre todo, de São Paulo, cacao (segundo productor del mundo), que se cultiva en Bahía; caña de azúcar (en el NE.), arroz (Rio Grande do Sul), mandioca, maíz, algodón, frutas diversas, trigo, frijoles, etc. En las selvas se explotan el caucho, numerosas esencias de árboles (pino) y semillas oleaginosas. El Brasil figura entre los cuatro primeros países ganaderos del globo, con más de 70 millones de bovinos, 50 millones de porcinos, 20 millones de ovinos, 15 millones de equinos y 11 millones de caprinos.

El subsuelo del país es sumamente rico, pero todavía poco explotado. Posee inmensas reservas de hierro (Minas Gerais), manganeso, cromo, bauxita etc. Se explotan yacimientos de carbón (Santa Catarina), plomo, cobre, piedras preciosas etc. Existen pozos petrolíferos en Bahía y varias refinerías. Son notables los recursos hidroeléctricos del país, a lo cual contribuyen las gigantescas presas de Paulo Afonso y Tres Marías, en el río San Francisco. En los últimos cuarenta años Brasil ha experimentado un ritmo intenso de industrialización, que se ha manifestado sobre

Fot. Larousse, Meurisse, Giraudon

todo en los Estados meridionales (São Paulo, Rio de Janeiro). Además de las industrias textiles y alimenticias, han aumentado considerablemente las industrias metalúrgicas (Volta Redonda), productos químicos, cemento, petróleo, fabricación de automóviles. La red ferroviaria tiene una extensión de 38 000 km, de los cuales cerca de la mitad se encuentran en el S. La red caminera suma medio millón de km y la navegación fluvial dispone de unos 35 000 km. El transporte aéreo está muy desarrollado (182 aeropuertos).
Las principales exportaciones del Brasil corresponden a artículos alimenticios (café, carnes, cacao, etc.) y materias primas (hierro, algodón, madera, cueros, etc.). Entre los clientes del país figuran en primer lugar los Estados Unidos. La moneda brasileña es el *cruzeiro* y el Banco de Brazil el banco emisor.
— CONSTITUCIÓN Y ADMINISTRACIÓN. Conforme con la Constitución vigente, promulgada en 1946, el Brasil es una República Federal compuesta por 22 Estados, 4 Territorios y un Distrito Federal donde se halla la capital, Brasília. Ejerce el poder ejecutivo el presidente de la República, cuyo mandato dura cinco años. El poder legislativo lo ejercen un Senado y una Cámara de Diputados. El poder judicial radica en el Supremo Tribunal Federal. Los Estados son autónomos.
El idioma oficial es el portugués.
La organización de la enseñanza superior cuenta con 29 universidades, 11 de las cuales son católicas, y 3 rurales.
Predomina la religión católica, aunque no hay religión oficial. El país está dividido en 30 arzobispados y 165 obispados, 35 prelaturas nullius y una abadía nullius.
— HISTORIA. Los pueblos que habitaban el actual territorio del Brasil al comienzo del siglo XVI eran, entre otros, los *tupíes*, buenos guerreros y navegantes; los *tapuyas*, nómadas; los *arawacos*, que ocupaban la cuenca del Amazonas, y los *caribes*. En el momento del Descubrimiento estos pueblos se encontraban en el período neolítico, situación en la que aún hoy viven algunas tribus. El portugués Pedro Álvarez Cabral llegó a la costa brasileña de Bahía el 22 de abril de 1500, y tomó posesión de ella en nombre de su soberano Manuel *el Afortunado*. Américo Vespucio exploró las costas que hoy son brasileñas (1501), y Fernando de Noronha descubrió las islas que llevan su nombre. Los franceses, holandeses y españoles hicieron varias incursiones por

escudo y mapa
del BRASIL

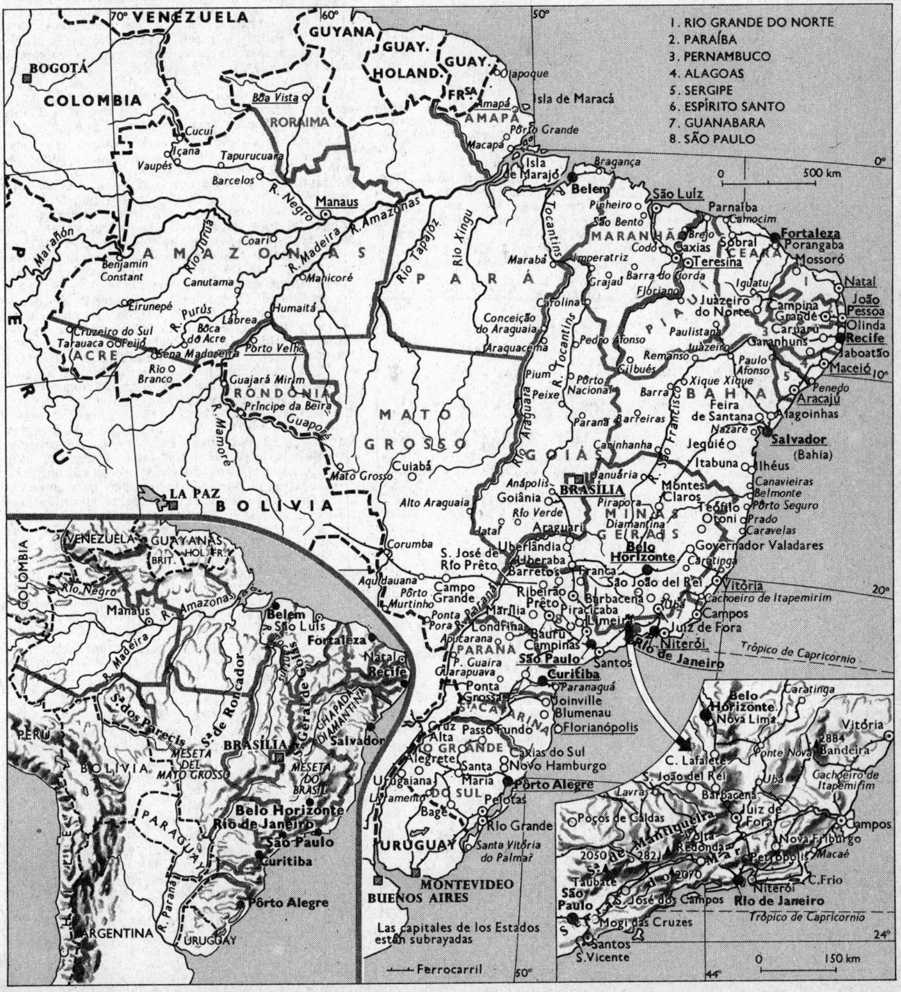

estos territorios, atraídos por el *ibarapitanga* o palo brasil, lo cual movió al monarca portugués a enviar una fuerte expedición al mando de Martín Alfonso de Sousa (1530), con la orden de imponer los derechos lusitanos sobre estas tierras y organizar la colonización. La ciudad de San Vicente fue fundada en 1532, y pronto el rey Juan III dividió el territorio en quince capitanías hereditarias. La primera tarea que se imponía era la de dominar a los indios tupíes. En 1549 se creó un gobierno general en Bahía, que fue la capital hasta 1763, con el nombre de San Salvador. Los portugueses se ocuparon activamente de la catequización de los indígenas, para lo cual llevaron numerosos misioneros católicos, entre los que sobresalieron los jesuitas. El auge que iba tomando la industria azucarera motivó la importación de esclavos negros africanos, pues los indios no eran buenos trabajadores, y los blancos apenas podían soportar el rigor del clima. Fue muy grande el número de estos esclavos que llegaron durante todo el período de la Colonia, y sus descendientes constituyen en nuestros días un importante grupo de población negra y mulata en el Brasil. Los franceses intentaron en 1555 apoderarse de la bahía de Guanabara, pero fueron rechazados tras dura lucha, y en ese lugar, en 1565, Mem y Estacio de Sá decidieron fundar una ciudad que se llamó San Sebastián de Río de Janeiro. Al finalizar el siglo XVI estaba poblado casi todo el litoral, mientras que el interior era prácticamente desconocido. El siglo XVII está marcado por las luchas contra los piratas holandeses, que llegaron a establecer un gobierno en Pernambuco presidido por Mauricio de Nassau. Fueron definitivamente expulsados en 1654. Los colonos de São Paulo, ciudad fundada en 1554 por los jesuitas, crganizaron expediciones llamadas *bandeiras*, cuya misión era penetrar en el interior en busca de oro y diamantes. De este modo pudieron llegar hasta los confines del Amazonas, Guaporé y Paraguay. En 1763, Rio de Janeiro pasó a ser capital del virreinato del Brasil. En 1789 estalló un movimiento de independencia encabezado por Joaquín José da Silva Xavier, llamado "Tiradentes", que quería implantar la forma republicana según el ejemplo norteamericano. La rebelión pudo ser sofocada, y su jefe sufrió la última pena. Las luchas de Napoleón contra Inglaterra y las necesidades del bloqueo continental, determinaron la invasión de Portugal por las tropas francesas (1808). El príncipe regente Don Juan huyó con su familia al Brasil, y se estableció en Rio de Janeiro (1808). En 1821 regresó a Lisboa, y dejó como regente a su hijo Pedro, quien al año siguiente declaró la independencia del Brasil (Grito de Ypiranga, 7 de septiembre de 1822). Se hizo coronar emperador con el nombre de Pedro I, en medio del entusiasmo general. Fue colaborador suyo el ilustre José Bonifacio de Andrada e Silva, conocido por el *Patriarca de la Independencia.* El soberano perdió popularidad al disolver la Asamblea Constituyente, y por la secesión de la Provincia Cisplatina (Uruguay), obra de Lavalleja y sus Treinta y Tres orientales (1825). Abdicó en 1831, en favor de su hijo Pedro II, que sólo contaba seis años. La regencia fue un período agitado, lo cual impulsó al Parlamento a declarar mayor de edad al príncipe cuando cumplió los 14 años. Su largo reinado (1840-1889), fue una etapa de prosperidad para el país. Fomentó la construcción de ferrocarriles, inició la industrialización, favoreció la inmigración y el desarrollo de la agricultura, el comercio, las artes y la instrucción pública. En política exterior, Brasil intervino en la Argentina (1851), para apoyar la rebelión contra el tirano Rosas, y en el Paraguay (1865), en la guerra de la Triple Alianza contra Francisco Solano López.

No obstante el esplendor monárquico, las ideas republicanas no habían desaparecido y hubo varios movimientos a través del siglo XIX. En 1889, Benjamín Constant, aliado con los generales Fonseca y Peixoto, encabezó una revolución tendiente a derrocar el Imperio, para lo cual contó con el apoyo del ejército y el de los terratenientes del sur, disgustados por la abolición de la esclavitud, que lesionaba gravemente sus intereses. La familia imperial fue expulsada del país, y la República proclamada el 15 de noviembre de 1889. Se estableció un gobierno provisional al mando de Fonseca, y en 1891 se aprobó la Constitución federal. El mariscal Manuel Deodoro da Fonseca fue elegido primer presidente de los Estados Unidos del Brasil. Floriano Peixoto le substituyó en 1891, como resultado de un golpe de Estado. Hasta 1930 los presidentes se sucedieron regularmente. Excelentes gobiernos fueron los de Rodrigues Alves (1902-1906) y Afonso Moreira Pena (1906-1909). El mandato de Washington Luis Pereira de Sousa (1926-1930) se caracterizó por la crisis mundial, que originó la baja en el precio del café. El Gobierno se vio obligado a comprar gran parte de la cosecha, para quemarla en las locomotoras o arrojarla al mar. Una revolución, en 1930, dio el Poder a Getulio Vargas, con quien se inicia el período llamado *Segunda República* o *Estado Nuevo.* En 1937 Vargas instauró la dictadura, y su gestión se encaminó hacia las reformas económicas y el desarrollo de la potencia industrial del país. Brasil intervino en la Segunda Guerra mundial al lado de los Aliados y en 1945, una vez terminada la contienda, el ejército hizo saber a Vargas la inoportunidad de su permanencia al frente del país. Éste entregó el Poder provisionalmente en manos del presidente del Supremo Tribunal Federal, José Linhares, hasta que se celebraron las elecciones de 1946, que dieron la presidencia a Eurico Gaspar Dutra (1946-1951). De nuevo fue elegido Vargas en 1951, con el apoyo de grandes sectores de la clase obrera, pero fue combatido tenazmente por la oposición. Finalmente, pronunciados los institutos armados en contra suya, Vargas se suicidó en su despacho oficial el 24 de agosto de 1954. El vicepresidente, João Café Filho, se hizo cargo del Gobierno hasta 1956, año en que Juscelino Kubitschek ganó las elecciones. Éste impulsó la economía nacional, y dispuso el traslado de la residencia del Gobierno a la nueva capital, *Brasília,* levantada en el Estado de Goiás, a 940 km de Rio de Janeiro, el 21 de abril de 1960. En los comicios de ese mismo año salió triunfante Janio Quadros, quien hubo de dimitir en agosto de 1961, como consecuencia de

BRASIL. — Estadística (cifras en millares)

ESTADO	km²	Hab.	CAPITAL	Hab.
Distr. Federal	5,8	200	**Brasília**	400
Acre	152,5	170	Rio Branco	49
Alagoas	27,7	1 560	Maceió	229
Amazonas	1 556.9	626	Manaus	266
Bahía	563,3	5 987	Salvador	933
Ceará	147,8	3 490	Fortaleza	790
Espíritu Santo	39,5	1 947	Vitória	133
Goiás	617,0	1 798	Goiânia	384
Guanabara	1,3	3 221	Rio de Janeiro	4 102
Maranhão	332,1	2 038	São Luis	232
Mato Grosso	1 261,0	650	Cuiabá	92
Minas Gerais	581,9	8 887	Belo Horizonte	1 247
Pará	1 250,0	1 372	Belém	537
Paraíba	56,5	2 071	João Pessoa	196
Paraná	200,8	3 702	Curitiba	660
Pernambuco	98,0	4 307	Recife	1 147
Piauí	251,6	1 343	Teresina	195
Rio de Janeiro	42,5	4 678	Niterói	312
Rio Grande do N.	53,0	1 225	Natal	252
Rio Grande do S.	282,4	5 244	Pôrto Alegre	879
Santa Catarina	94,7	2 077	Florianópolis	86
São Paulo	247,2	17 186	São Paulo	6 003
Sergipe	22,0	768	Aracaju	162
TERRITORIOS				
Amapá	137,3	65	Macapá	33
Fernando Noronha	0,03	1,4	Fernando Noronha	1,4
Rio Branco	230,6	27	Boa Vista	6
Rondônia	242,9	65	Pôrto Velho	16

OTRAS POBLACIONES

Campina Grande	74	Pelotas	80
Campinas	100	Petrópolis	190
Duque de Caxias	75	Santo Andrés	97
Juiz de Fora	86	Santos	330

GOBERNANTES DEL BRASIL

IMPERIO		Afonso A. Moreira Pena	1906	Eurico Gaspar Dutra	1946
Pedro I	1822	Nilo Peçanha	1909	Getulio Vargas	1951
Regencia	1831	Hermes Rodrigues da Fonseca	1910	João Café Filho	1954
Pedro II	1840	Wenceslau Brás Pereira Gomes	1914	Carlos Coimbra da Luz	1955
REPÚBLICA		Delfim Moreira	1918	Nereu Ramos	1955
Manuel Deodoro da Fonseca	1889	Epitácio Pessoa	1919	Juscelino Kubitschek de Oliveira	1956
Floriano Peixoto	1891	Artur da Silva Bernardes	1922	Janio Quadros; João Goulart	1961
José P. de Morais Barros	1894	Washington Luis Pereira de Sousa	1926	Humberto Castelo Branco	1964
Manuel Ferraz de Campos Salles	1898	Augusto Tasso Fragoso	1930	Arthur da Costa e Silva	1967
Francisco de P. Rodrigues Alves	1902	Getulio Vargas	1930	Junta Militar	1969
		José Linhares	1945	Emilio Garrastazu Medici	1969

la campaña encabezada por el gobernador de Guanabara Carlos Lacerda. Fue substituido por el vicepresidente, João Goulart, el cual tuvo que aceptar previamente una reforma de la Constitución, que transformaba el régimen presidencial en parlamentario. Esta enmienda fue revocada en 1963, y en 1964, una sublevación, apoyada por el ejército, derrocó a Goulart y llevó a la presidencia a Humberto Castelo Branco. En 1967 fue elegido presidente Arthur da Costa e Silva que, en 1969, a consecuencia de una grave enfermedad, fue sustituido, primero por una Junta Militar, y luego, por el general Garrastazu Medici.

BRASILEÑA. V. CUAREIM.

BRASÍLIA, cap. del Brasil y del Distrito Federal; 400 000 h. Iniciada su construcción en 1955, la ciudad fue inaugurada oficialmente en 1960 con la instalación de todos los órganos de gobierno. Tiene la forma de una gran cruz en cuyo centro se encuentra el Palacio Presidencial.

BRASSEUR DE BOURBOURG (*Abate* Carlos), viajero y escritor francés (1814-1874), autor de una *Historia de las naciones civilizadas de México y Centroamérica.*

BRATISLAVA, ant. **Presburgo,** c. de Checoslovaquia, a orillas del Danubio. Industrias.

BRATSK, c. de la U. R. S. S. (R. S. F. S. de Rusia), en Siberia. Central hidroeléctrica.

BRAULIO *(San),* obispo de Zaragoza (585-646), autor de *Cartas.* Fiesta el 18 de marzo.

BRAUN (Fernando), físico alemán (1850-1918), inventor de la antena dirigida y de los oscilógrafos catódicos. (Pr. Nóbel, 1909.)

BRAUN (Wernher von), físico alemán, n. en 1912, naturalizado norteamericano. Creador del cohete V-2 y director de la organización balística de los Estados Unidos.

BRAUWER o **BROUWER** (Adriano), pintor holandés, amigo de Rubens (1605-1638).

BRAVO, río de América del Norte, que nace en las Montañas Rocosas y sirve de límite entre los Estados Unidos y México; 2 896 km. Tb. es llamado **Río Grande del Norte.**

BRAVO (Juan), uno de los jefes de los comuneros castellanos, nacido en Segovia. Defendió dicha ciudad contra el alcalde Ronquillo y, unido luego con Padilla, perdió con él la batalla de Villalar. Murió decapitado en 1521.

BRAVO (Mario), político, poeta y sociólogo argentino (1882-1944).

BRAVO (Nicolás), general y político mexicano (¿1784?-1854), caudillo de la independencia de su país. En 1823 se alzó contra Iturbide y fue nombrado vicepres. de la Rep. el año siguiente. Pres. interino de la Rep. de 1842 a 1843.

BRAVO DE ACUÑA (Pedro). V. ACUÑA.

BRAVO MURILLO (Juan), político español (1803-1873), ministro de Hacienda y Obras Públicas con Narváez y luego jefe del Gobierno. Su política absolutista provocó la revolución de 1854.

BRASÍLIA
palacio de l'Alvorado

BRAZZA (Pedro SAVORGNAN DE), colonizador francés (1852-1905), que adquirió pacíficamente para Francia parte del Congo y fundó la ciudad de Brazzaville.

BRAZZAVILLE, cap. de la República del Congo, a orillas del lago Stanley-Pool, formado por el río Congo; 135 000 h. Arzobispado.

BREA (La), puerto de Honduras (Valle).

BREAL (Miguel), filólogo francés (1832-1915), creador de la *semántica.*

BRECHA DE ROLANDO o **DE ROLDÁN,** desfiladero de los Pirineos que, según la tradición, abrió Rolando de un tajo de su espada.

BRECHT (Bertolt), dramaturgo alemán (1898-1956), autor de *La ópera de cuatro peniques* y *El círculo de tiza caucasiano, Madre Coraje.*

BREDA, c. de Holanda (Brabante Septentrional), a orillas del Marck, afl. del Mosa. El *Compromiso de Breda,* en 1566, señaló el comienzo de la sublevación de los Países Bajos contra España. En 1667 se firmó en Breda un tratado entre Francia e Inglaterra. Fue tomada por Ambrosio de Espínola en 1625 y por los franceses en 1793 y 1794.

Breda (*La rendición de*), o cuadro de *Las Lanzas.* V. RENDICIÓN DE BREDA.

BREGENZ, c. de Austria, cap. del Vorarlberg.

BREGUET (Luis), ingeniero y aviador francés (1880-1955), uno de los primeros constructores de aviones.

BREJNEV (Leonide Ilich), político soviético n. en 1910, Primer secretario del Partido Comunista (1964).

BREMA, en alem. **Bremen,** una de las tres ant. c. libres de Alemania del N., a orillas del Wesser. Navegación fluvial muy activa.

BREMERHAVEN, c. de Alemania, en la desembocadura del Weser, antepuerto de Brema.

BRENES MESÉN (Roberto), político, escritor, poeta y filólogo costarricense (1874-1947). Autor de *Gramática histórica y lógica* y distintas poesías y ensayos literarios.

BRENNERO, paso de los Alpes austriacos, al pie de la montaña del mismo n. (1370 m). Hace comunicar Italia con Europa Central.

BRENO, n. dado especialmente por los romanos al jefe galo que saqueó Roma en 390 a. de J. C. Breno, al negociar la liberación de los sitiados

J. BRAVO

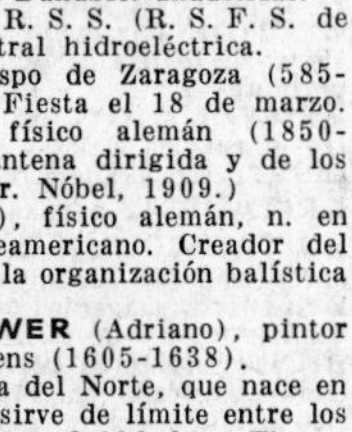

BRAVO MURILLO

BRECHT

Fot. doc. Office du Brésil (París), doc. A. G. P., Agence Intercontinentale

Franz BRENTANO

BRETÓN DE LOS HERREROS, por ESQUIVEL, *detalle* de LOS POETAS CONTEMPORÁNEOS

Luis de BROGLIE

en el Capitolio, profirió la frase célebre, hoy proverbial: *"Vae victis!"* — "¡Ay de los vencidos!"

BRENTA, río de Italia, que nace en el Tirol, pasa por Basano y desemboca en el Adriático, cerca de Venecia; 170 km.

BRENTANO (Clemente), poeta y novelista alemán (1878-1842), uno de los jefes de la escuela romántica. — Su sobrino FRANZ, filósofo alemán (1838-1917), realizó una obra que ha sido revalorizada por la fenomenología de Husserl.

BREÑA, región del Perú (Piura); petróleo.

Brera (*Museo*), galería de pinturas de Milán.

BRESCIA, c. de Italia, cap. de prov. en Lombardía, al pie de los Alpes. **Industria activa.** Numerosas iglesias. Obispado.

BRESLAU. V. WROCLAW.

BRESSE, región del E. de Francia; c. pr. *Bourg.*

BREST, c. de Francia (Finisterre); puerto militar en el Atlántico. Escuela naval. Astilleros.

BREST-LITOVSK, c. de la U. R. S. S. (Rusia Blanca), ant. polaca, a orillas del Bug. **Tratado** de paz ruso-alemán en 1918.

BRETAÑA, antigua prov. de Francia, que formó largo tiempo un ducado independiente, reunido con la Corona en 1491. Cap. *Rennes.*

BRETAÑA (Gran), la mayor de las Islas Británicas, que comprende Inglaterra, País de Gales y Escocia. En tiempo de los romanos se llamaba simplemente *Britannia.* (V. GRAN BRETAÑA.)

BRETAÑA (Nueva). V. NUEVA BRETAÑA.

BRETON (André), escritor y poeta francés (1896-1966), uno de los fundadores de la escuela surrealista.

BRETÓN (Tomás), compositor de música español (1850-1923). Obras principales: *La Dolores, La Verbena de la Paloma.* Uno de los mejores representantes de la zarzuela.

BRETÓN DE LOS HERREROS (Manuel), escritor español, n. en Quel (Logroño) [1796-1873], que combatió en su tiempo contra los abusos de mal gusto en la literatura romántica. Es autor de numerosas comedias festivas, entre las cuales cabe destacar *Marcela o ¿Cuál de los tres?, El pelo de la dehesa, Don Frutos en Belchite, Muérete y verás, A la vejez viruelas, A Madrid me vuelvo y Todo se pasa en el mundo.*

BRETTON WOODS, pobl. de los Estados Unidos (New Hampshire). Conferencia Monetaria Internacional en 1944.

BREUGHEL. V. BRUEGHEL.

BREUIL (Henri), religioso francés (1877-1961), que se dedicó principalmente al estudio del arte prehistórico.

Brevísima relación de la destrucción de las Indias, obra del Padre de Las Casas (1552), en la que denuncia las crueldades cometidas por los conquistadores españoles contra los indios.

BREWSTER (David), físico escocés (1781-1868), inventor del caleidoscopio y el estereoscopio por refracción.

BREZNEF (Leónidas Ilich), político soviético, n. en 1910, Primer secretario del Partido Comunista (1964).

BRIANÇON, c. de Francia (Altos Alpes).

BRIAND (Arístides), político francés (1862-1932), notable orador, uno de los promotores de la unión pacífica europea.

BRIANSK, c. de la U. R. S. S. (Rusia); centro industrial. Sangrienta batalla germano-soviética (1941).

BRIAREO, gigante mitológico, hijo del Cielo y de la Tierra, que tenía cincuenta cabezas y cien brazos.

BRICEÑO (Arturo), escritor venezolano, n. en 1908, excelente cuentista.

BRICEÑO (Francisco), político español del s. XVI, m. en 1575, que fue oidor de Nueva Granada, gobernador en Popayán y capitán general de Guatemala.

BRICEÑO (Manuel), general y escritor colombiano (1849-1885), que participó en las guerras civiles de 1876 y 1885.

BRICEÑO MÉNDEZ (Pedro), patriota venezolano (1794-1836), que fue amigo y secretario de Bolívar.

BRIDGEPORT, c. de los Estados Unidos (Connecticut), en el estrecho de Long Island; metalurgia, construcciones mecánicas, textiles.

BRIDGETOWN, cap. de la isla Barbados, principal puerto de la isla; 19 000 h.

BRIDGMAN (Percy William), físico norteamericano (1882-1961), que estudió las altas presiones. (Pr. Nóbel, 1946.)

BRIE, región de Francia, al SE. de la cuenca de París; quesos.

BRIENZ (LAGO DE), lago de Suiza, cantón de Berna, formado por el Aar; 30 km².

BRIEUX (Eugenio), autor dramático francés (1858-1932) que escribió obras de inspiración social.

BRIGHT [*brait*] (Juan), político inglés (1811-1889), uno de los jefes del Partido Liberal.

BRIGHT (Ricardo), médico inglés (1789-1858), conocido sobre todo por sus investigaciones sobre la nefritis.

BRIGHTMAN, caleta de la Argentina, al S. de El Rincón. Tb. llamada **Laberinto.**

BRIGHTON [*braiton*], c. de Inglaterra, condado de Sussex. Estación balnearia.

BRÍGIDA (*Santa*), virgen y abadesa, patrona de Irlanda, m. en 525. Fiesta el 1 de febrero.

BRÍGIDA (*Santa*), viuda de un príncipe sueco (1302-1373). Fiesta el 8 de octubre.

BRIHUEGA, v. de España (Guadalajara). Batalla de la guerra de Sucesión española, ganada por las tropas de Felipe V (1710).

BRILLAT-SAVARIN (Antelmo), gastrónomo y escritor francés (1755-1826).

BRINDIS o **BRINDISI,** c. de Italia (Pulla), puerto activo en el Adriático. Aquí murió Virgilio. Arzobispado.

BRINDIS DE SALAS (Claudio), músico cubano (1800-1872), autor de la opereta *Las congojas matrimoniales.* — Su hijo CLAUDIO JOSÉ DOMINGO (1852-1911), violinista de gran talento.

BRION (Pedro Luis), marino y comerciante holandés, n. y m. en Curazao (1782-1820), que abrazó la causa de la independencia americana y ayudó poderosamente a Bolívar.

BRISBANE, cap. del Estado de Queensland (Australia); centro industrial y puerto.

BRISGOVIA, región de Alemania, entre la Selva Negra y el Rin; c. pr. *Friburgo.*

BRISTOL, c. y puerto de Inglaterra (Gloucestershire), a orillas del Avon; centro industrial importante.

BRISTOL (CANAL DE), golfo del Atlántico entre el país de Gales y el condado de Cornualles, en la desembocadura del Severn.

BRITÁNICAS (ISLAS). V. GRAN BRETAÑA.

BRITÁNICO, hijo de Claudio y de Mesalina, envenenado por Nerón (41-55).

Británico, tragedia de Racine (1669); retratos admirables de Nerón y Agripina.

British Museum [*britich miuseom*], museo de Londres, creado en 1753; comprende hoy una rica biblioteca y un museo de antigüedades.

BRITO CAPELLO (Carlos de), explorador portugués (1841-1894), que realizó la travesía de África, de Angola a Mozambique.

BRITTEN (Benjamín), compositor inglés, n. en 1913, autor de música de cámara y óperas.

BRIVIESCA, c. de España (Burgos). Iglesia gótica de Santa Clara.

BRNO, en alem. **Brünn,** c. de Checoslovaquia, cap. de Moravia. Construcciones mecánicas, textiles. Universidad.

Broadway, arteria principal de Nueva York, en Manhattan; 25 km.

BROCA (Pablo), célebre cirujano francés (1824-1880), fundador de la Escuela de Antropología.

BROCAR o **BROCARIO** (Arnaldo Guillermo), tipógrafo español del s. XVI, que imprimió la famosa *Biblia Políglota Complutense.*

BROCENSE (*El*). V. SÁNCHEZ DE LAS BROZAS (Francisco).

BROCKEN, punto culminante del macizo del Harz, en Alemania oriental; 1 142 m.

BROGLIE [*broi*], familia francesa, de origen italiano, que ha dado varios generales, ministros y sabios. A ella pertenecen MAURICIO, duque de *Broglie,* físico (1875-1960), que investigó sobre los Rayos X, y su hermano LUIS, príncipe, luego duque de *Broglie,* n. en 1892, creador de la mecánica ondulatoria. (Pr. Nóbel, 1929.)

BROKEN HILL, c. de Australia (Nueva Gales del Sur); importante centro minero (plomo, cinc, cobalto).

BROMBERG. V. BYDGOSZCZ.

Fot. Ullstein, doc. A. G. P., Martinie

BROMFIELD (Luis), novelista norteamericano (1896-1956), autor de *Vinieron las lluvias.*
BRONTË (Charlotte), novelista inglesa (1816-1855), autora de *Jane Eyre* y *Shirley.* — Sus hermanas EMILY (1818-1848) y ANNY (1820-1849) escribieron, respectivamente, *Cumbres borrascosas* y *Agnes Grey.*
BRONX, distrito de Nueva York.
BRONZINO (Angiolo), pintor retratista y poeta italiano, n. en Florencia (1503-1572). Autor de un magnífico retrato de César Borgia.
BROOKE [*bruk*] (John), general norteamericano, gobernador militar de Cuba de 1898 a 1899.
BROOKLYN, distrito de Nueva York, a orillas del East River.
BROQUA (Alfonso), compositor uruguayo (1876-1946), de gran fecundidad.
BROUSSAIS (Francisco), médico francés (1772-1838), cuyo sistema fisiológico se basa en la irritabilidad de los tejidos.
BROWN [*braun*] (Ford Madox), pintor inglés (1821-1893), precursor del prerrafaelismo.
BROWN (Guillermo), almirante argentino, n. en Irlanda (1777-1857), que se sumó a la causa de la independencia americana y destruyó la escuadra realista en el Buceo (1814). En 1827 derrotó a la flota del Brasil en Juncal y Pozos.
BROWN (Juan), abolicionista norteamericano (1800-1859). Ahorcado en Charlestown (Virginia), por haber incitado a los esclavos a la rebelión, su muerte provocó la guerra de Secesión.
BROWN (Roberto), botánico escocés (1773-1858), que descubrió el movimiento oscilatorio (*browniano*) de las partículas en suspensión en un líquido.
BROWN (Tomás), filósofo escocés (1778-1820), discípulo de Dugald Stewart.
BROWNE (Tomás Alejandro, llamado **Rolf Boldrewood**), escritor australiano, n. en Londres (1826-1915), novelista nacional de su país.
BROWNING [*brauning*] (Elisabeth BARRETT), poetisa inglesa (1806-1861), cuya inspiración mística y apasionada se trasluce en los *Sonetos traducidos del portugués* y en la novela en verso *Aurora Leigh.* — Su marido, ROBERT **Browning** (1812-1889), es un poeta a veces oscuro y conceptista que ha analizado las interioridades del alma humana.
BROWN-SEQUARD [*braunsèkar*] (Eduardo), médico francés (1817-1894), creador de una terapéutica mediante extractos glandulares.
BROZAS, v. de España (Cáceres). Patria del célebre humanista Francisco Sánchez, llamado *el Brocense,* y de Nicolás de Ovando.
BRUCE (Jacobo), viajero escocés (1730-1791), que buscó sin resultado las fuentes del Nilo.
BRUCE (Roberto), rey de Escocia con el nombre de ROBERTO I. Liberó en 1314 su patria de la dominación de Inglaterra (1274-1329).
BRUCE (Tomás). V. ELGIN.
BRUCKNER (Antonio), compositor austriaco (1824-1896), autor de sinfonías, motetes.
BRUEGHEL, familia de pintores flamencos célebres: PEDRO **Brueghel** *el Viejo* (¿1530?-1569), paisajista y autor de cuadros de ambiente campesino. — PEDRO **Brueghel** *el Joven,* hijo del anterior (¿1564-1637?); su afición a las escenas demoniacas y de violencias le hizo dar el nombre de *Brueghel del Infierno.* — JUAN **Brueghel,** hermano del anterior (1568-1625), llamado el *Brueghel aterciopelado* a causa de la frescura de su colorido.
BRUGHETTI (Faustino), pintor argentino (1877-1956).
BRUJAS, en flam. **Brugge** (*"Puente"*), c. de Bélgica, cap. de Flandes Occidental, en el cruce de los canales de Gante, de la Esclusa y de Ostende. Obispado. Monumentos de la Edad Media y del Renacimiento. Encajes. Puerto activo.
BRULL (Mariano), poeta cubano (1891-1956), de la escuela dadaísta.
BRUM (Baltasar), político uruguayo (1883-1933), pres. de la Rep. de 1919 a 1923.
Brumario (*Dieciocho de*), día en que Bonaparte, a su regreso de Egipto, derribó el Directorio y estableció el Consulado (9 de noviembre de 1799, año VIII de la República).
BRUMMELL (Jorge), personaje inglés (1778-1840) llamado **Arbiter elegantiarum** por su extremada exquisitez y elegancia en el vestir.

Ch. BRONTË

G. BROWN

arriba: LOS LEÑADORES *(detalle)*
por BRUEGHEL el Viejo
a la derecha: PAISAJE INVERNAL
por Juan BRUEGHEL
abajo: detalle de LOS MOLINOS
por BRUEGHEL el Joven

Fot. Giraudon. Stanley

BRUSELAS
Ayuntamiento

BRUNELLESCHI
cúpula de la catedral
de Florencia

Pearl S. BUCK

BRUNEI, sultanato al N. de Borneo, protectorado británico; cap. *Brunei.* Petróleo.

BRUNELLESCHI o **BRUNELLESCO** (Felipe), arquitecto y escultor italiano del Renacimiento (1377-1446), que construyó en Florencia la cúpula de Santa María de las Flores y el palacio Pitti.

BRUNET (Marta), novelista chilena (1901-1967), autora de *Montaña adentro, Aguas abajo* y *Raíz del sueño.*

BRUNETTO LATINI. V. LATINI.

BRUNHES (Juan), geógrafo francés (1869-1930), uno de los creadores de la geografía humana.

BRUNI (Leonardo), llamado **el Aretino,** erudito italiano, n. en Arezzo (1370-1444). No hay que confundirle con el célebre Pedro Aretino.

BRUNILDA o **BRUNEQUILDA,** hija del rey visigodo de España Atanagildo (¿534?-613). Se casó en 566 con Sigiberto, rey de Austrasia. Inteligente y enérgica, pero cruel, entabló con Fredegunda una lucha terrible, que ensangrentó Austrasia y Neustria. Traicionada por los suyos, fue entregada a Clotario II, hijo de Fredegunda, quien la hizo atar a la cola de un caballo salvaje, que la destrozó.

BRÜNN. V. BRNO.

BRUNO (*San*), fundador de la orden de los Cartujos, nacido en Colonia, m. en Calabria (¿1035?-1101). Fiesta el 6 de octubre.

BRUNO (Giordano), filósofo italiano (1548-1600). Combatió a Aristóteles y a los escolásticos, y difundió las doctrinas de Raimundo Lulio. Fue quemado en Roma como hereje.

BRUNSCHVICG (León), filósofo francés (1869-1944), especialista de la filosofía de las ciencias.

BRUNSWICK, región de Alemania, ducado hasta 1919 y república incorporada a la Baja Sajonia en 1946. Su ant. cap. *Brunswick* es un centro industrial y universitario importante.

BRUNSWICK, penins. de Chile (Magallanes).

BRUNSWICK (NUEVO). V. NUEVO BRUNSWICK.

BRUNSWICK (*Duque* Carlos Guillermo de), general prusiano (1735-1806), jefe de los ejércitos aliados contra Francia en 1792.

BRUSA, n. antiguo de la ciudad turca **Bursa.**

BRUSELAS, en flam. **Brussel,** cap. de Bélgica y de Brabante, a orillas del Senne, afl. del Dyle; 1 300 000 h. (*bruselenses*). Casa consistorial (s. XV). Industria activa y muy variada: construcciones mecánicas y eléctricas; encajes; productos químicos; cerámica; ind. alimenticia. Comunica con el mar por un canal navegable.

BRUS LAGUNA, c. en el E. de Honduras, cap. del dep. de Gracias a Dios.

BRUTO (Lucio Junio), cónsul romano, principal autor de la revolución que expulsó de Roma a los Tarquinos e instituyó la república en 509 a. de J. C. Murió el año siguiente.

BRUTO (Marco Junio), hijo de una hermana de Catón de Utica, descendiente del primer Bruto y ahijado de César (¿85?-42 a. de J. C.). Participó con su amigo Casio en una conspiración contra César. Al verle éste con el puñal levantado, en medio de los asesinos, dejó de defenderse y se envolvió la cabeza en la toga, exclamando: *Tu quoque, fili mi!* "¡Y tú también, hijo mío"! Perseguidos por Marco Antonio y Octavio, fueron vencidos Bruto y Casio en las llanuras de Filipos, y aquél se dio muerte.

BRUYÈRE (Jean de La). V. LA BRUYÈRE.

BRUZUAL, distr. de Venezuela (Anzoátegui):

BRYAN (William Jennings), político norteamericano (1860-1925), que firmó con el pres. de Nicaragua el tratado de 1916 (Bryan-Chamorro).

BRYANT (William Cullen), escritor norteamericano (1794-1878), el primero, cronológicamente de los grandes poetas de su país (*Poemas de la Naturaleza.*)

BUAFLE, c. de la Costa de Marfil.

BUBASTIS, c. del antiguo Bajo Egipto, en uno de los brazos del Nilo, famosa por las fiestas religiosas que allí se celebraban cada año.

BUBÍES o **BUBIS,** indígenas de Fernando Poo.

BUCARAMANGA, c. de Colombia, cap. del dep. de Santander; llamada la **Ciudad de los Parques.** Universidad. Obispado. Cuna de Custodio García Rovira y José María Estévez.

BUCARELI Y URSÚA (Antonio María), militar español (1717-1779), que fue gobernador de Cuba en 1760 y virrey de Nueva España de 1771 hasta su muerte.

BUCAREST, cap. de Rumania, desde 1880, a orillas del Dambovita, afl. del Danubio; 1 291 000 h.; industria y comercio activos.

BUCÉFALO, n. del caballo de Alejandro Magno.

BUCEO, playa cerca de Montevideo donde desembarcaron los ingleses en 1807. Victoria naval de Brown sobre los realistas en 1814.

BUCERO o **BUTZER** (Martín), teólogo alemán (1491-1551), predicador de la Reforma en Alemania e Inglaterra.

BUCK (Pearl S.), novelista norteamericana, n. en 1892, autora de libros sobre China: *La buena tierra, Viento del Este, viento del Oeste, La Madre,* etc. (Pr. Nóbel, 1938.)

BUCKINGHAM, condado de Inglaterra; cap. *Aylesbury.*

BUCKINGHAM (Jorge VILLIERS, *duque de*), ministro británico (1592-1628), favorito de los reyes de Inglaterra Jacobo I y Carlos I.

Buckingham Palace, residencia real en el parque de Saint James (Londres). Fue adquirida por Jorge III en 1762 y reformada varias veces.

palacio de
BUCKINGHAM

Fot. Sergysels, Viollet, Presse-Bureau, British Travel and Holidays Association

BUCKLAND, cerro de la Argentina, en la isla de los Estados; 900 m.
BUCKLAND (Guillermo), geólogo inglés (1784-1856), que intentó conciliar el *Génesis* con los datos suministrados por la ciencia.
Bucólicas o *Églogas*, de Virgilio, composiciones imitadas con frecuencia de los *Idilios* de Teócrito o inspiradas en recuerdos personales (42-39 a. de J. C.).
BUCOVINA, región de Europa dividida entre la U.R.S.S. (Moldavia) y Rumania.
BUCHANAN (James), político norteamericano (1791-1868), pres. de los Estados Unidos de América de 1857 a 1861.
BUCHANAN (Jorge), poeta e historiador escocés (1506-1582), preceptor y guardasellos de Jacobo I de Inglaterra.
BUCHIR o **BENDER BUCHIR.** V. BUSHIR.
BUCHNER (Eduardo), químico alemán (1860-1917), que estudió las fermentaciones. (Pr. Nóbel, 1907.)
BÜCHNER (Luis), médico y filósofo materialista alemán (1824-1899), autor de *Fuerza y materia.*
BUDA (ISLA DE), isla española del Mediterráneo, en la desembocadura del Ebro.
BUDA (*"el Sabio"*) o **ZÂKYAMUNI** (*"el Solitario de los Zâkyas"*), n. con los que se designa habitualmente al fundador del budismo, *Siddharta Gotama*, personaje histórico, hijo del jefe de la tribu de los zâkyas, que creó la religión nueva contra el formalismo de los brahmanes (s. v a. de J. C.). Considerando que vivir es sufrir y que el sufrimiento resulta de la pasión, Gotama vio en la renuncia de sí mismo el único medio de librarse del sufrimiento. El ideal budista consiste en conducir al fiel a la aniquilación suprema o nirvana. El budismo cuenta en Extremo Oriente con 500 millones de adeptos.
BUDAPEST, cap. de Hungría, situada a orillas del Danubio; formada por la reunión (1873) de las dos c. de **Buda y Pest; 1 850 000 h.**; Industria y comercio muy activos; puente de 400 metros sobre el Danubio. Universidades.
BUDÉ o **BUDEO** (Guillermo), célebre helenista y filósofo francés (1467-1540), autor de notables traducciones de los clásicos griegos.
BUDEJOVICE, ant. **Budweiss,** c. de Checoslovaquia (Bohemia), a orillas del Moldava; azúcar.
BUEN (Odón de), naturalista y escritor español (1863-1945). Efectuó interesantes investigaciones de biología y oceanografía.
BUENA ESPERANZA (CABO DE), ant. **Cabo de las Tormentas,** cabo al S. de África, descubierto por Bartolomé Dias en 1486, y doblado por vez primera por Vasco de Gama en 1497.
BUENA ESPERANZA, pobl. de la Argentina (San Luis).
BUENAVENTURA, bahía de Colombia (Valle del Cauca), en el golfo del mismo n., tb. llamada de las **Tortugas.** Tiene 20 km de largo y fue descubierta por Pascual de Andagoya en 1522. — C. de Colombia, en el Valle del Cauca; princ. puerto del país en el Pacífico; ind. conservera. Vicariato apostólico.
BUENAVENTURA (*San*), Padre de la Iglesia y escritor italiano (1221-1274), llamado por sus numerosas obras de teología y filosofía, el **Doctor Seráfico.** Fiesta el 14 de julio.
BUENA VISTA, cima de Costa Rica, en la cord. de Talamanca; 3 480 m. — Pobl. de Bolivia, cap. de la prov. de Ichilo (Santa Cruz). — Pobl. del Paraguay (Caazapá).
BUENO, río de Chile (Valdivia); 200 km.
BUENO (Manuel), periodista español (1873-1936), autor de ensayos de crítica literaria.
BUENO (Salvador), escritor cubano contemporáneo, autor de *Medio siglo de literatura cubana.*
BUENOS AIRES, cap. de la República Argentina, que forma el Distrito Federal, en la orilla derecha del río de la Plata. La ciudad fue fundada por Pedro de Mendoza en 1536 y se llamó *Puerto de Nuestra Señora Santa María del Buen Aire,* convertido luego en *Puerto de Buenos Aires*, su pobl. se trasladó a Asunción y, en 1580, Juan de Garay decidió la fundación definitiva de la ciudad. Después de la proclamación de la independencia de las *Provincias Unidas del Sur* (1816) viose destrozada por las guerras civiles hasta mediados del siglo XIX, y su verdadero desarrollo no comenzó sino en 1860. De 60 000 hab. en 1810 pasó a 365 000 en 1885 y a 900 000 en 1905, hasta alcanzar ahora la cifra de 3 845 000 (*porteños*). Es ciudad sin rival en el hemisferio sur y una de las más importantes del mundo; a pesar de sus construcciones modernas, con numerosos rascacielos, el trazado urbano es el de los primeros colonizadores. Se ha embellecido con la apertura de grandes avenidas y diagonales, plazas y parques. Centro comercial de la República, su puerto, de unos nueve km de longitud, tiene extraordinario movimiento, así como su moderno aeropuerto (*Ezeiza*). La cap. es considerada asimismo como el cerebro de la Argentina, pues, además de su Universidad, las academias nacionales, institutos y centros científicos, cuenta con unas 200 bibliotecas, reúne excelentes museos y publica grandes diarios, comparables con las mejores de Europa y América del Norte. Arzobispado. El *Gran Buenos Aires* tiene más de cinco millones de habitantes.
BUENOS AIRES, gobernación de la América española, erigida en 1617, que comprendía la actual Argentina y el Uruguay. Se llamó también **Río de la Plata.**
BUENOS AIRES, lago de la Argentina (Santa Cruz); 400 km^2; la mitad occidental pertenece a Chile, donde toma el n. de lago **General Carrera.** — Prov. de la Argentina; cap. *La Plata;* la más rica y de mayor importancia en la historia del país. (Hab. *bonaerenses.*) Considerable prod. cerealera y ganadera; ind. pesquera y metalúrgica; cemento, ref. de petróleo; grandes frigoríficos y molinos harineros; balnearios muy frecuentados. — Mun. de Colombia (Cauca). — Pobl. de Costa Rica (Puntarenas).
Buen Retiro, hermoso parque de Madrid, que mide 143 hectáreas de superficie. Encuéntrase en él un vasto estanque artificial, el Palacio de Cristal (pabellón de exposiciones) y un magnífico plantío de rosales con centenares de variedades. Su puerta principal hace frente a la Puerta de Alcalá. En el recinto de este parque existió un palacio real y una célebre fábrica de porcelanas fundada por Carlos III y destruida en 1808.
BUERO VALLEJO (Antonio), dramaturgo español, n. en 1916, a quien se debe un esfuerzo por modernizar el teatro contemporáneo (*Historia de una escalera, En la ardiente oscuridad, El concierto de San Ovidio, El tragaluz*).
BÚFALO, c. de los Estados Unidos (Nueva York), a orillas del lago Erie, cerca del Niágara. Granos, harinas, máquinas. Universidad.
BÚFALO BILL (Guillermo Federico CODY, llamado), explorador norteamericano (1846-1917), que dio a conocer la vida de los indios del Oeste de su país.
BUFFET (Bernard), pintor y grabador francés, n. en 1928, de estilo ascético.
BUFFON (Jorge Luis LECLERC, *conde de*), naturalista y escritor francés, n. en Montbard (Côte-d'Or) [1707-1788], autor de una *Historia Natural,* seguida de *Las épocas de la Naturaleza.* Puso al alcance de sus lectores los conocimientos científicos de su tiempo y formuló una teoría de la formación y evolución del universo.
BUG, río de la Europa oriental, afl. derecho del Vístula; 813 km. — Río de Ucrania, que des. en el mar Negro; 750 km.
BUGA, c. de Colombia (Valle del Cauca), llamada la **Ciudad Señora;** ferias, centro industrial.
BUGABA, distr. de Panamá (Chiriquí).
BUÍN, com. de Chile (Santiago).
BUITENZORG. V. BOGOR.
BUITRAGO, pobl. de España (Madrid). Tuvo gran importancia en la Edad Media. Estación de comunicaciones por satélites.
BUITRAGO (Jaime), novelista colombiano, n. en 1904, autor de *Pescadores del Magdalena, Hombres trasplantados,* etc.
BUITRAGO (Marcelo), general colombiano de la guerra de la Independencia (1800-1869).
BUJALANCE, c. de España (Córdoba). Aceite.
BUJARA, c. de la U.R.S.S. (Uzbekistán), en Asia Central. Industrias textiles; tapices.
BUJÍA o **BUGÍA,** hoy **Bejaia,** c. y puerto de Argelia (Setif), en el golfo homónimo.
BUJUMBURA, ant. **Usumbura,** cap. de Burundi.
BUKAVU, ant. **Costermansville,** c. de la Rep. Democrática del Congo, cap. del Kivu.
BUKITTINGGI, c. de Indonesia (Sumatra).

BUDAPEST

BUERO VALLEJO

BUFFON

BUEN RETIRO
monumento
a Alfonso XII

Fot. Meurisse, doc. A. G. P., Giraudon

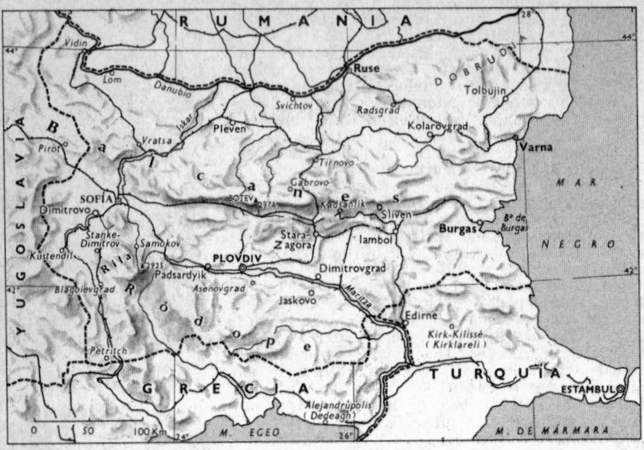

mapa de BULGARIA

Bula de la Cruzada, bula en que concedían los papas ciertas indulgencias a los que iban a conquistar Tierra Santa. Hoy está concedida dicha bula a España y a los fieles que en ella contribuyen para ayudar a los gastos del culto.

BULACÁN, prov. de la isla Luzón (Filipinas). Cap. *Malolos*.

BULAWAYO, c. de Rodesia; centro industrial y minero.

BULGARIA (REPÚBLICA POPULAR DE), Estado situado en la península balcánica; 111 927 km²; 8 144 000 h. *(búlgaros)*; cap. *Sofía*, 725 800 h.; c. pr. *Plovdiv*, 172 000; *Varna*, 123 000; *Ruse*, 92 000; *Burgas*, 76 000.

— GEOGRAFÍA. Dos regiones montañosas y tres planicies forman la mayor parte del territorio. La población se concentra en las planicies del *Danubio*, de *Maritza* y *Rumelia Oriental*. País esencialmente agrícola: cereales, tabaco, vid. La industria metalúrgica (Pernik o Dimitrovo) realiza actualmente grandes progresos.

— HISTORIA. Los búlgaros, de origen turco, se establecieron en el siglo VI junto al Danubio; en el siglo VIII adoptaron la lengua y las costumbres de los eslavos, y en el IX se convirtieron al cristianismo. El zar Samuel (977-1014) constituyó un poderoso Estado. Bizancio lo anexó en 1014, y a fines del siglo XIV el país sucumbió ante la invasión turca. En 1908 el príncipe Fernando proclamó la independencia del reino de Bulgaria y tomó el título de zar. Aliada de Austria-Hungría en la Primera Guerra mundial, Bulgaria hubo de ceder parte de su territorio a Grecia y Yugoslavia. Aliada de Alemania en la Segunda, fue ocupada por las tropas soviéticas en 1944 y se constituyó en república popular en 1946.

M. BULNES

BÚLGAROS, pueblo de raza escita, establecido entre el Don y el Danubio y hoy completamente eslavizado. Habitantes de Bulgaria.

BULNES, com. y dep. de Chile (Ñuble).—Pobl. de la Argentina (Córdoba).

BULNES (Francisco), político, sociólogo y orador mexicano (1847-1924).

BULNES (Manuel), político y general chileno (1790-1866), que triunfó en Yungay (1839) y fue pres. de la Rep. de 1841 a 1851. Su decenio constituyó un período de paz y progreso. Creó la universidad de Chile.

JOHN BULL

BUNSEN

BÜLOW (Bernardo de), político alemán (1849-1929), canciller del Imperio de 1900 a 1909.

BÜLOW (Hans Guido de), compositor y director de orquesta alemán (1830-1894).

BULL (John), compositor inglés (¿1562?-1628), virtuoso del órgano.

Bull (*John*) [*yon bul*] (pal. ingl. que sign. *Juan Toro*), apodo que se suele dar al pueblo inglés para caracterizar su pesadez y su terquedad.

BULLAS, v. de España (Murcia).

BULLÓN. V. GODOFREDO DE BOUILLON.

BULLRICH (Sylvina), novelista y poetisa argentina, n. en 1915.

BUNGE (Carlos Octavio), novelista y sociólogo argentino (1875-1918).

BUNIN (Iván), poeta y novelista ruso (1870-1953), de gran originalidad y estilo cuidado. (Pr. Nóbel, 1933.)

BUNSEN (Roberto Guillermo), químico alemán (1811-1899), constructor de una pila eléctrica, creador del mechero de gas que lleva su nombre y descubridor del análisis espectral.

BUNYAN (John), escritor inglés (1628-1688), autor místico de *Viaje del peregrino*.

BUÑUEL (Luis), director de cine español, n. en 1900, de estilo surrealista.

BUONARROTI. V. MIGUEL ÁNGEL.

BUONTALENTI (Bernardo), arquitecto, pintor y escultor italiano (1536-1608).

BURCKHARDT (Jacobo), historiador y arqueólogo suizo (1818-1897), el primer europeo que penetró en las ciudades santas de Arabia.

BURDEOS, en francés **Bordeaux** [*-dó*], c. de Francia, cap. del dep. de Gironda, a orillas del Garona. (Hab. *bordeleses*). Monumentos antiguos. Arzobispado. Universidad. Puerto muy activo; comercio de vinos; industrias.

BURGAS, c. de Bulgaria, puerto en el mar Negro. Centro minero (hierro y hulla).

BURGENLAND, prov. de Austria, lindante con Hungría; cap. *Einsenstadt*.

BÜRGER (Gottfried August), poeta lírico alemán (1747-1794), autor de baladas (*Leonora*).

BURGO DE OSMA, c. de España (Soria). Obispado. Catedral (s. XIII).

BURGOS, c. de España, cap. de la prov. del mismo n. y antes de Castilla la Vieja, a orillas del río Arlanzón. (Hab. *burgaleses*). Arzobispado. Tiene edificios muy hermosos y de gran valor artístico: la famosa Catedral, una de las maravillas del arte gótico de España, el Arco de Santa María, puerta adornada con las estatuas de los grandes hombres de Castilla; cerca de la ciudad se encuentran la Cartuja de Miraflores y el monasterio de las Huelgas. Guarda los restos del Cid Campeador y de su esposa Doña Jimena. Capital de la España nacional de 1936 a 1939. Se ha encontrado petróleo en la prov. en 1964.

BURGOS (Carmen de), escritora española (1878-1932), que popularizó el seudónimo literario de **Colombine**.

BURGOS (Fausto), escritor argentino (1888-1953), autor de *El Salas*, *Cuento de la puna*.

BURGOS (Francisco Javier de), político, escritor y comediógrafo español (1778-1849).

BURGOS (Javier de), escritor español (1842-1902), autor de libretos de zarzuelas (*La boda de Luis Alonso*).

BURGOS (Julia de), poetisa puertorriqueña (1916-1953).

Burgos podridos, n. con que se designaban en Inglaterra en el siglo XVIII y a principios del XIX, algunos burgos donde había disminuido considerablemente el número de electores desde el primer establecimiento de las circunscripciones electorales, y donde, por consiguiente, era fácil traficar con los votos.

BURGOYNE (John), general inglés (1722-1792), firmante de la capitulación de Saratoga, que aseguró la independencia de los Estados Unidos.

BURGUETE Y LANA (Ricardo), general español (1871-1938). Se distinguió en Marruecos.

BURGOS: Arco de Santa María

Fot. X, doc. A. G. P., Larousse, Boyer, Viollet

BURGUIBA (Habib), político tunecino, n. en 1903, artífice de la independencia de su país y su primer presidente (1957).
BURGUILLOS (Tomé de), seudónimo de Lope de Vega al publicar sus obras burlescas (1634).
BURGUNDIOS, pueblo de la antigua Germania que invadió las Galias en 406 y se estableció en la cuenca del Ródano.
BURIATOS, pueblo de Siberia, a orillas del lago Baikal. Forma la república autónoma de Buriato-Mongolia, en la U. R. S. S. (Rusia). Cap. *Ulán Udé.*
BURIDAN (Juan), doctor escolástico francés del s. XIV. Adquirió celebridad por sus escritos de lógica y se le atribuye el argumento llamado del *asno de Buridán* en el que aludía el caso de igualdad de motivos o problema de la *libertad de indiferencia.*
BURITI QUEBRADO, pico del Brasil (Bahía); 1 707 m.
BURJASOT, v. de España (Valencia).
BURKE (Edmund), escritor y orador irlandés (1729-1797), adversario de Pitt. Fue hostil a la Revolución Francesa.
Burlador de Sevilla (*El*), una de las mejores comedias de Tirso de Molina (1630), cuyo protagonista es *Don Juan,* definitivamente fijado en la historia literaria española por dicha comedia.
BURNE-JONES (Eduardo), pintor inglés de la escuela prerrafaelista (1833-1898).
BURNEY (Fanny), escritora inglesa (1752-1840), autora de la novela epistolar *Evelina.*
BURNLEY, c. de Inglaterra (Lancaster); industrias textiles (algodón) y mecánicas.
BURNS (Robert), poeta escocés (1759-1796), autor de *Cantos populares de Escocia.*
BURRIANA, c. de España (Castellón). Exportación de naranjas.
BURRIEL (Andrés Marcos), jesuita y arqueólogo español (1719-1762), estudioso de la cultura medieval.
BURRO (Serranía del), n. dado a un sector de la Sierra Madre Oriental de México (Coahuila y Nuevo León).
BURRO (Afranio), general romano, preceptor de Nerón. Reprimió cierto tiempo con Séneca el natural perverso del emperador. Murió en 62.
Burro flautista (*El*), fábula ingeniosa de Iriarte, cuya conclusión suele usarse en conversación: *Sin reglas del arte, borriquillos hay, que una vez aciertan por casualidad.*
BURROUGHS (Edgar Rice), escritor norteamericano (1875-1950), creador del popular personaje de *Tarzán.*
BURROUGHS (William Seward), ingeniero norteamericano (1857-1898), inventor de la máquina contable registradora.
BURSA, ant. **Brusa,** c. de Turquía al SE. del mar de Mármara. Antigua capital del Imperio Otomano. Aguas termales, sederías.
BURTON (Ricardo), explorador inglés (1827-1890), a quien se debe, con Speke, el descubrimiento del lago Tanganica (1856).
BURTON (Robert), escritor inglés (1577-1640), llamado el **Montaigne inglés.**
BURTON UPON TRENT, c. de Inglaterra (Stafford), a orillas del Trent. Cervecerías.
BURUNDI, ant. **Urundi,** rep. de África central; 27 834 km²; 2 224 000 h. Cap. *Bujumbura.* Formaba parte del ant. territorio del *Ruanda-Urundi.*
BURY, c. de Inglaterra (Lancaster); textiles.
Busca (*La*), novela realista de Pío Baroja, primera parte de un vigoroso tríptico, que se continúa con *Mala hierba* y *Aurora roja.*
Buscón (*El*), novela picaresca de Quevedo, publicada en 1626, una de las obras más notables de su género y una de las sátiras más violentas contra la sociedad de aquel tiempo.
BUSCH (Germán), militar y político boliviano (1904-1939), pres. de la Rep. de 1937 a 1939.
BUSHIR o **BENDER BUSHIR,** c. y puerto de Irán, en el golfo Pérsico.
BUSIRIS, rey fabuloso de Egipto. Hacía perecer en el altar de sus dioses a todos los extranjeros que penetraban en sus Estados.
BUSTAMANTE, cerro de Costa Rica, en la Precordillera. — Pobl. de México (Tamaulipas); estación arqueológica.
BUSTAMANTE (Anastasio), general, político y médico mexicano (1780-1853), pres. de la Rep. de 1830 a 1832, de 1837 a 1839 y de 1839 a 1841, año en que hubo de desistir por segunda vez en favor de Santa Anna.
BUSTAMANTE (Calixto Carlos Inca). V. Concolorcorvo.
BUSTAMANTE (Carlos María), publicista mexicano, n. en Oaxaca (1774-1848), autor de numerosos trabajos históricos muy notables relativos a la historia contemporánea.
BUSTAMANTE (Ricardo José), diplomático y poeta romántico boliviano (1821-1884).
BUSTAMANTE Y BALLIVIÁN (Enrique), escritor y político peruano (1884-1936).
BUSTAMANTE Y GUERRA (José de), marino español (1759-1825), gobernador del Uruguay de 1797 a 1804, y capitán general de Guatemala en 1811. Se mostró encarnizado enemigo de la independencia.
BUSTAMANTE Y RIVERO (José Luis), político peruano, n. en 1894, pres. de la Rep. de 1945 a 1948. Derribado por un pronunciamiento. Pres. del Tribunal Internacional de La Haya (1967).
BUSTILLO, prov. de Bolivia (Potosí); cap. *Uncía.*
BUSTILLO ORO (Juan), autor dramático y director cinematográfico mexicano, n. en 1904, entre cuyas obras figuran *Tiburón, Los que vuelven* y *Una lección para maridos.*
BUSTILLOS (José María), poeta mexicano (1866-1899), discípulo de Altamirano.
BUSTILLOS (José Vicente), sabio químico chileno, n. en Santiago (1800-1873).
BUSTO (Francisco del), poeta y orador sagrado mexicano, m. en 1822, traductor de Racine.
BUSTO-ARSIZIO, c. de Italia (Lombardía), al NO. de Milán. Industrias textiles.
BUSTOS (Juan Bautista), caudillo argentino (1779-1830), que participó en las luchas civiles del país. Gobernador de Córdoba en 1820, fue derrocado por el general Paz en 1828.
BUSTOS DE LEMOINE (Teresa), heroína boliviana de la Independencia, m. en 1810.
BUTÁN, reino indep. de Asia, vinculado a la India, al pie del Himalaya; 50 000 km²; 400 000 h.; cap. *Punaka.*
BUTE, condado de Escocia, que comprende las islas de Arran y de Bute; cap. *Rothesay.*
BUTENANDT (Adolfo), químico alemán, n. en 1903, autor de investigaciones sobre las hormonas sexuales. (Pr. Nóbel, 1939.)
Butifarras. V. Botiflers.
BUTLER (Horacio), pintor argentino, n. en 1897.
BUTLER (José), filósofo inglés (1692-1752), autor de *Analogía,* obra apologética anglicana.
BUTLER (Nicolás Murray), filósofo y sociólogo norteamericano (1862-1947). [Premio Nóbel de la Paz en 1931].
BUTLER (Samuel), poeta inglés (1612-1680), autor de *Hudibras,* poema burlesco contra los puritanos, inspirado en *El Quijote.*
BUTLER (Samuel), escritor y filósofo inglés (1835-1902), autor de *Erewhon,* sátira mordaz de la sociedad.
BUZAU, c. de Rumania (Valaquia). Obispado.
BUZZATI (Dino), escritor italiano, n. en 1906, autor de la novela *El desierto de los tártaros.*
BYBLOS. V. Biblos.
BYDGOSZCZ, en alem. **Bromberg,** c. de Polonia, al NE de Poznan; centro industrial.
BYNG, (Jorge), almirante inglés (1663-1733), que se apoderó de Gibraltar en 1704.
BYRD (Richard Evelyn), almirante y explorador norteamericano (1888-1957), que realizó expediciones a la Antártida.
BYRD (William), compositor y organista inglés (¿1543?-1623), autor de música instrumental y de madrigales y canciones.
BYRNE (Bonifacio), poeta cubano (1861-1936), autor de poemas patrióticos.
BYRON [*bai-*] (John), navegante inglés (1723-1786), descubridor de varias islas en los mares australes.
BYRON (George Gordon, *lord*), poeta inglés n. en Londres (1788-1824), autor de *La Peregrinación de Childe Harold, Don Juan, El corsario, La prometida de Abydos,* obras atormentadas, impetuosas, violentas como su carácter y su propia vida, y de un verbo satírico incomparable. Marchó a Grecia para luchar a favor de los helenos y murió en Misolonghi.
BYTOM, en alem. **Beuthen,** c. de Polonia (Silesia). Hulla, industria siderúrgica.

BURNE-JONES
uno de los personajes
de su obra
EL CANTO DE AMOR

A. BUSTAMANTE

almirante BYRD

lord BYRON

Fot. Hollyer, doc. A. G. P., U. S. I. S., Giraudon

CARACAS

C

B. CABALLERO

Fermín CABALLERO

CAACUPÉ, c. del Paraguay, cap. del dep. de Las Cordilleras. Central eléctrica. Prelatura nullius. (Hab. *caacupeños.*)

CAAGUAZÚ, cord. del Paraguay, en el SE. del país. — Dep. del Paraguay, cap. *Coronel Oviedo;* agricultura, minas de plomo. (Hab. *caaguazuenses.*) — Pobl. del Paraguay en el dep. del mismo n. — Victoria del general unionista Paz en el lugar de este n. (prov. argentina de Corrientes) sobre el ejército de Echagüe (1841).

CAAMAÑO (José María Plácido), político ecuatoriano (1838-1901), pres. de la Rep. de 1884 a 1888. Su política fue conservadora.

CAAPUCÚ, cerro del Paraguay; 600 m. — Pobl. del Paraguay (Paraguarí); hierro y cobre.

CAAZAPÁ, c. del Paraguay, cap. del dep. del mismo n.; fundada en 1607 por fray Luis Bolaños; centro comercial. (Hab. *caazapeños.*) El dep., esencialmente agrícola, es el principal productor de maíz del país.

CABA (Eduardo), compositor boliviano (1890-1953), de inspiración indigenista.

CABADA (Juan de la), escritor mexicano, n. en 1903.

CABAGRA, río de Costa Rica (Puntarenas).

CABAIGUÁN, mun. de Cuba (Las Villas).

CABALLERO, cerro de El Salvador (San Salvador). — Pobl. del Paraguay (Paraguarí).

CABALLERO (Bernardino), general y político paraguayo, n. en Ibicuí (1848-1912), que se distinguió en la guerra de la Triple Alianza (1864-1870). Fue pres. de la Rep. de 1880 a 1886 y contribuyó a la reorganización nacional.

CABALLERO (Fermín), político y geógrafo español (1800-1876).

CABALLERO (Fernán). V. FERNÁN CABALLERO.

CABALLERO (José Agustín), sacerdote, filósofo y orador sagrado cubano (1762-1835). Introdujo en su país las modernas corrientes filosóficas.

CABALLERO (Manuel FERNÁNDEZ), compositor español (1835-1906), autor de zarzuelas: *Gigantes y cabezudos, El dúo de la Africana,* etc.

CABALLERO (Pedro Juan), militar y patriota paraguayo, m. en 1821, que se opuso a la dictadura de Rodríguez de Francia.

CABALLERO CALDERÓN (Eduardo), novelista colombiano, n. en 1910, autor de *Ancha es Castilla, El breviario del Quijote* y *El buen salvaje.*

Caballero Cifar (*El*). V. CIFAR.

Caballero de la tenaza, personaje jocoso, inventado por Quevedo.

Caballero de la Triste Figura (*El*), nombre que dio Sancho Panza a Don Quijote después de su aventura con una comitiva fúnebre.

Caballero de Olmedo (*El*), comedia de Lope de Vega, de intenso valor trágico. Fue escrita antes de 1606 y publicada en 1641.

CABALLERO Y GÓNGORA (Antonio), prelado español, m. en 1796, virrey de Nueva Granada de 1782 a 1788. Ayudó a Mutis.

CABANA, c. del Perú, cap. de la prov. de Pallasca (Ancash).

CABANATUÁN, c. de Filipinas, cap. de la prov. de Nueva Écija (Luzón). Obispado.

CABANILLAS, c. del Perú (Puno).

CABANYES (Manuel de), poeta catalán (1808-1833), de inspiración neoclásica.

CABAÑA (La), cantón de El Salvador (San Salvador); importante ingenio azucarero.

Cabaña del tío Tom (*La*), novela contra la esclavitud, obra célebre de H. Beecher Stowe (1852), traducida a casi todas las lenguas.

CABAÑAS, v. de España (Coruña).

CABAÑAS, bahía de Cuba (Pinar del Río). — Sierra de El Salvador.—Dep. de El Salvador, cap. *Sensuntepeque;* cereales, caña de azúcar. (Hab. *cabañenses*). — Mun. de Cuba (Pinar del Río).

CABAÑAS (Trinidad), general y político hondureño, m. en 1871, pres. de la Rep. de 1852 a 1855. Fue un entusiasta defensor de la federación centroamericana.

CABARRÚS (Francisco, *conde de*), célebre hacendista español, de origen francés, nacido en Bayona (1752-1810). — Su hija, TERESA (1773-1835) se casó con el convencional francés Jean-Lambert Tallien.

Cabellera de Berenice. V. BERENICE.

CABELLO BALBOA (Miguel), misionero español (1535-1608), autor de una curiosa *Historia del Perú.*

CABELLO DE CARBONERA (Mercedes) novelista peruana (1845-1909) de tendencia naturalista: *Blanca Sol, El conspirador.*

CABEZA DEL BUEY, v. de España (Badajoz).

Fot. Almasy, doc. A. G. P.

CABEZA DE VACA (Álvar NÚÑEZ), conquistador español (¿1500-1560?), que acompañó a Pánfilo de Narváez a la Florida, y haciéndose pasar por mago realizó una gira por el Misisipí y norte de México. Nombrado adelantado de la prov. del Río de la Plata, se instaló en Asunción en 1542. Exploró el Chaco, y en 1544 fue depuesto de su cargo. Narró sus aventuras en *Naufragios y Comentarios.*
CABEZAS DE SAN JUAN (Las), v. de España (Sevilla), donde se sublevó Riego el 1 de enero de 1820.
CABEZÓN (Antonio de), compositor y organista español (1510-1566). Músico de Felipe II, que sobresalió en la composición de música para órgano y en el arte de la variación.
CABEZÓN DE LA SAL, v. de España (Santander). Salinas.
CABILDO, c. y com. de Chile (Aconcagua); yac. de cobre.—Pobl. de la Argentina (Buenos Aires).
Cabildos, n. que dieron los españoles, en sus posesiones de América, a las juntas encargadas de los intereses políticos, económicos y administrativos de las ciudades y su jurisdicción. Sus miembros se llamaban *regidores, concejales* o *cabildantes,* y su presidente *alcalde.* Cuando el Cabildo celebraba sus sesiones con la participación de las personas más notables del vecindario, era denominado *Cabildo Abierto.* Desaparecieron poco después de la dominación española.
CABILIA. V. KABILIA.
CABIMAS, mun. de Venezuela (Zulia); ref. de petróleo, puerto en el lago de Maracaibo.
CABINDA, territ. portugués de Angola, al N. del Congo; cap. *Cabinda.* Cacao, aceite de palma.
CABO (El) o **CAPETOWN,** c. de la República Sudafricana, cap. de la prov. del Cabo de Buena Esperanza; 732 500 h. Centro industrial. Fundada por los holandeses en 1650.
CABO, mun. del Brasil (Pernambuco).
CABO BRETÓN, isla de Canadá, al N. de Nueva Escocia; c. pr. *Sidney.* Oro, hulla, metalurgia, pesca del bacalao.
CABO DE BUENA ESPERANZA (PROVINCIA DEL), una de las prov. de la Rep. Sudafricana; cap. *El Cabo* (Capetown). Ocupa la punta extrema del continente africano, y está formada por anchas mesetas rodeadas de montañas paralelas (Olifante, Nieuweveld, Drakensberg) y limitada al N. por el río Orange. Clima suave y seco; país fértil. Diamantes, oro, ámbar. (V. BUENA ESPERANZA [*Cabo de*].)
CABO FRÍO, isla del Brasil (Rio de Janeiro). — Pobl. del Brasil (Rio de Janeiro); salinas.
CABO GRACIAS A DIOS, c. de Nicaragua, cap. de la comarca del mismo n.; puerto en el mar Caribe. (Hab. *costeños del Cabo.*)
CABO HAITIANO, en fr. **Cap-Haïtien,** c. de Haití, cap. del dep. del Norte. Fue cap. de la isla durante la dominación francesa. Café, cacao.
CABONICO, bahía de Cuba (Oriente).
CABO ROJO, mun. de Puerto Rico (Mayagüez). — Penins. de México (Veracruz).
CABOTO o **CABOT** (Juan), navegante veneciano de origen genovés (1450-1498), que, al servicio de Enrique VII de Inglaterra, descubrió las costas de los actuales Estados Unidos (1497). — Su hijo SEBASTIÁN (1476-1557), exploró, al servicio de España, el río de la Plata y remontó el Paraná y el Paraguay en busca de riquezas imaginarias (1528). Fundó el fuerte de Sanctis Spiritus, a orillas del río Paraná. Murió en Inglaterra.
CABO VERDE (ISLAS DEL), archip. portugués de origen volcánico, en el Atlántico, al O. del Senegal; cap. *Praia,* en la isla de Santiago. Escala en la rutas marítimas y aéreas del Atlántico. Plantaciones de café.
CABRA, c. de España (Córdoba). [Hab. *egabrenses.*] Cereales, vid, olivos.
CABRAL, com. de la Rep. Dominicana (Barahona).
CABRAL (José María), general y político dominicano (1819-1899), uno de los caudillos de las luchas por la independencia de su patria. Pres. de la Rep. en 1865 y de 1866 a 1868.
CABRAL (Manuel del), poeta dominicano, n. en 1907, cultivador de la poesía negra.
CABRAL (Pedro ÁLVAREZ). V. ÁLVAREZ CABRAL.
CABRALES, v. de España (Oviedo). Quesos.
CABRAS (Las), cerro de Cuba (Pinar del Río); 484 m. — Com. de Chile (O'Higgins).
CABREJAS (ALTOS DE), núcleo montañoso que enlaza el sistema orográfico Ibérico con el Oretano. Forma parte de la serranía de Cuenca.
CABRERA, isla pequeña del archipiélago de las Baleares, cerca de Mallorca; 20 km².
CABRERA, río de Colombia (Huila y Tolima), afl. del Magdalena. — Com. de la Rep. Dominicana (Samaná).
CABRERA (Alonso de), dominico español (¿1549?-1598), notable orador sagrado.
CABRERA (Francisco Manrique), escritor puertorriqueño, n. en 1908, autor de *Historia de la literatura puertorriqueña.*
CABRERA (Jerónimo Luis de), conquistador español (1528-1574), fundador, en 1573, de la ciudad argentina de Córdoba.
CABRERA (Juan Tomás ENRÍQUEZ DE), duque de Medina de Río Seco, político español (1652-1705), que fue ministro de Carlos II.
CABRERA (Lydia), novelista cubana, n. en 1900, autora de *Cuentos negros de Cuba* y *Por qué,* relatos folklóricos y de gran imaginación.
CABRERA (Miguel), pintor mexicano (¿1695-1768?), autor de *La vida de Santo Domingo.*
CABRERA (Ramón), lexicógrafo español (1754-1833), autor de un *Diccionario de etimologías de la lengua castellana.*
CABRERA (Ramón), conde de Morella, guerrillero carlista (1806-1877), cuya violencia y fanatismo dieron pie a bárbaras represalias. M. en Inglaterra.
CABRERA DE CÓRDOBA (Luis), cronista clásico español (1559-1623).
CABRERA INFANTE (Guillermo), escritor cubano, n. en 1929.
CABRERO, com. de Chile (Concepción).
CABRIEL, río de España, afl. del Júcar; 185 kilómetros.
CABRILLAS (SIERRA DE), sierra de España en las provincias de Cuenca y Valencia.
CABROBÓ, mun. del Brasil (Pernambuco).
CABUDARE, c. de Venezuela (Lara).
CABUÉRNIGA, v. de España (Santander).
CABUL. V. KABUL.
CABURE, v. de Venezuela (Falcón).
CACA-ACA, cumbre de Bolivia, en la cord. Real; 6 195 m.
CACAHUAMILPA, grutas de México, en el límite de los Estados de Morelos y Guerrero.
CACAOPERA, v. de El Salvador (Morazán).
CÁCERES, c. de España, cap. de la prov. del mismo n. (Extremadura). Antigüedades romanas. Palacios de Renacimiento. La prov. produce cereales, aceite, frutas; cría de ganado. Fosfatos.
CÁCERES (Alonso de), conquistador español del s. XVI, que exploró el territorio de Honduras.
CÁCERES (Andrés Avelino), general y político peruano (1833-1923), pres. de la Rep. de 1886 a 1890 y de 1894 a 1895.
CÁCERES (Esther de), poetisa uruguaya, n. en 1903, autora de *Libro de la soledad.*
CÁCERES (Ramón), general y político dominicano (1868-1911), pres. de la Rep. de 1906 a 1911. Firmó en 1907 un convenio financiero con los Estados Unidos. M. asesinado.
CACO, célebre bandido mítico que tenía establecido su antro en el monte Aventino.
CACHAPOAL, dep. de Chile (O'Higgins).
CACHEMIRA, ant. Estado de la India, hoy dividido entre la República India (Est. de Jammu y Cachemira); (242 000 km²; 3 585 000 h.; cap. *Srinagar*) y Paquistán. Cría de ovejas y cabras.
CACHEUTA, pobl. de la Argentina (Mendoza); aguas radiactivas; yac. de petróleo.
CACHI, nevado de la Argentina (Salta), hoy llamado **El Libertador;** 6 700 m. — Dep. de la Argentina (Salta).
CACHIPAMBA, lugar del Perú (Cuzco), donde se dio la batalla llamada de Salinas (1538), en la que los partidarios de Pizarro derrotaron a los de Almagro.
Cachurecos, n. dado en Honduras a los miembros del Partido Conservador, llamados también *serviles.* Sus adversarios eran los *coquimbos.*
CADALSO (José), militar y escritor español, n. en Cádiz (1741-1782), que terminó heroicamente sus días frente a la plaza de Gibraltar.

CABEZA DE VACA

S. CABOTO

R. CABRERA (1806-1877)

CADALSO

Fot. doc. A. G. P., Larousse

CÁDIZ
vista general

Poeta de gusto neoclásico, se le debe el libro de versos *Ocios de mi juventud,* la obra de inspiración prerromántica *Noches lúgubres,* y el panfleto *Los eruditos a la violeta.* Pero su mejor libro es sin disputa *Cartas Marruecas* (1793), inspirado en Montesquieu, ensayo de interpretación de la realidad española de su tiempo.

CADAMOSTO (Aloísio), navegante veneciano, al servicio de Portugal (1432-1477).

CADE (John), revolucionario irlandés que se sublevó contra Enrique VI; prendido y muerto en 1450.

CADEREYTA DE MONTES, c. de México (Querétaro).

CADEREYTA JIMÉNEZ, c. de México (Nuevo León).

CADILLA (Carmen Alicia), poetisa puertorriqueña, n. en 1908.

CÁDIZ, c. de España, cap. de la prov. del mismo n. (Andalucía); plaza fuerte y puerto en el Atlántico, frente a la desembocadura del Guadalete. Obispado. Su puerto tiene una situación ventajosa para comunicar con los grandes países de Europa y sobre todo con América y África. Escuela Superior de Comercio, de Industria y de Bellas Artes. Facultad de Medicina. Tiene comercio muy activo. Puente de 3 400 m sobre la bahía, construido en 1969. Es la ant. **Gades,** colonia de los fenicios. En Cádiz se elaboró la Constitución liberal del 19 de marzo de 1812.

CAEN
iglesia de
la Trinidad

CADMEA, ciudadela de Tebas, en Beocia.

CADMO, fenicio, fundador legendario de Tebas en Beocia.

CAEN [*kan*], c. de Francia, cap. del dep. de Calvados. Iglesias románicas. Universidad.

CAERMARTHEN o **CARMARTHEN,** condado de Gran Bretaña (Gales); cap. *Caermarthen.*

CAERNARVON o **CARNARVON,** condado de Gran Bretaña (Gales); cap. *Caernarvon.*

CAETANO (Marcelo), político portugués n. en 1910, pres. del Consejo en 1968.

CAFARNAUM, c. de Galilea, cerca del lago de Genesaret y no lejos del Jordán. Era una ciudad muy comercial y allí residió Jesús durante una parte de su vida pública.

CAFÉ FILHO (João), político brasileño (1899-1970), que ocupó la presidencia de la Rep. a la m. de Vargas, de 1954 a 1955.

EL CAIRO

CAFELANDIA, mun. y c. del Brasil (São Paulo); zona productora de café.

CAFRES, negros del E. de Sudáfrica.

CAFUCA, pobl. del Brasil (Rio Grande do Norte); tungsteno.

CAGANCHA, victoria de los uruguayos al mando de Rivera, sobre las tropas argentinas de Rosas (1839).

CAGAYÁN, prov. de Filipinas (Luzón); tabaco. — C. de Filipinas (Mindanao). — Río de Filipinas (Luzón).

CAGGIANO (Antonio), prelado argentino n. en 1889, cardenal primado en 1959.

CAGLIARI, c. de Italia, cap. de Cerdeña, puerto en la costa meridional de la isla.

CAGLIOSTRO (José BALSAMO, llamado **Alejandro,** *conde de*), aventurero, farsante, médico y alquimista italiano, n. en Palermo (1743-1795).

CAGUÁN, río de Colombia (Amazonas), afl. del Caquetá.

CAGUAS, c. de Puerto Rico (Guayama).

CAHORS, c. de Francia, cap. del dep. del Lot. Puente del s. XIV. Catedral (s. XI-XII).

CAIBARIÉN, c. de Cuba (Las Villas); activo puerto exp. de azúcar; tenerías.

CAICEDO (Domingo), general y político colombiano (1783-1843), que luchó por la Independencia y fue vicepres. de la Rep. en 1830.

CAICEDO (TORRES). V. TORRES CAICEDO.

CAICEDO Y CUERO (Joaquín), patriota colombiano (1773-1813), fusilado por los realistas.

CAICEDO ROJAS (José), político y escritor colombiano (1816-1897), autor de *Apuntes de ranchería,* cuadro de costumbres, *Don Álvaro,* etc.

CAICEDONIA, mun. y c. de Colombia (Valle del Cauca).

CAIFÁS, sumo sacerdote de los judíos que hizo condenar a Jesucristo y persiguió a los apóstoles.

CAILLETET [*kaIlté*] (Luis), físico e industrial francés (1832-1913), autor de notables investigaciones sobre la licuefacción de los gases.

CAILLOMA, prov. del Perú (Arequipa); cap. *Chivay.*

CAIMANES (ISLAS), islas británicas de las Antillas, al S. de Cuba, ant. dependientes de Jamaica; cap. *Georgetown.*

CAIMITO, mun. de Colombia (Bolívar). — Térm. mun. de Cuba (Habana).

CAÍN, hijo mayor de Adán y Eva, que mató por envidia a su hermano Abel.

CAINGUÁS, pueblo indio que ocupaba el territorio de las Misiones paraguayas y argentinas.

CAÍ-PUENTE. V. CORONEL BOGADO.

CAIRO (El), capital de Egipto, cerca del Nilo, fundada en 969; 3 346 000 h. Museo de antigüedades egipcias; mezquitas. Importante centro comercial e industrial.

CAIROLI (Benedetto), político italiano (1825-1889), que tomó parte en el movimiento nacional de 1848; pres. del Consejo de 1879 a 1881.

CAITHNESS, condado del NE. de Escocia; cap. *Wick.*

CAJABAMBA, c. del Perú, cap. de la prov. del mismo n. (Cajamarca). — Pobl. del Ecuador, cab. del cantón de Colta (Chimborazo).

CAJAL (RAMÓN Y). V. RAMÓN Y CAJAL.

CAJAMARCA, río del Perú, que, unido al Condebamba, forma el Crisnejas. — C. del Perú, cap. de la prov. y del dep. del mismo n.; centro turístico. En esta c. los soldados de Pizarro capturaron al Inca Atahualpa. El dep. es esencialmente ganadero. — Mun. de Colombia (Tolima).

CAJAR ESCALA (José), novelista panameño, n. en 1915, autor de *El cabecilla.*

CAJAS, nudo de la Cord. Occidental de Ecuador; 4 135 m.

CAJATAMBO, c. del Perú, cap. de la prov. del mismo n. (Lima). Terremoto en 1970.

CAJEME. V. CIUDAD OBREGÓN.

CAJIGAL (Juan Manuel), matemático venezolano (1802-1856). Fundó el Instituto de Matemáticas y un observatorio astronómico en Caracas.

CAJÓN (El), sierra pampeana de la Argentina.

CAKCHIQUELES, antiguo pueblo indígena de Guatemala, de origen tolteca.

CALABAZAR DE SAGUA, mun. de Cuba (Las Villas).

CALABOZO, río de México (Veracruz), donde las fuerzas mexicanas derrotaron a las norteamericanas en junio de 1847. — Pobl. de Venezuela (Guárico); fundada en 1695. Obispado.

CALABRIA, región de Italia meridional. (Hab. *calabreses.*) C. pr. *Reggio.* Frecuentes terremotos. Ricos cultivos en la costa occidental (agrios, vid, olivos). Ganadería. Sal gema.

CALAHORRA, c. de España (Logroño); industrias alimenticias. Catedral gótica (s. XV). Obispado. Patria de Quintiliano y de Santo Domingo de Guzmán. (Hab. *calagurritanos*).

Calaínos, personaje de un romance antiguo de caballería. Es proverbial la expresión " las coplas de Calaínos" para designar algún discurso impertinente. Calaínos era un moro que se enamoró de la infanta de Sevilla, y a quien pidió ésta la cabeza de tres de los doce pares de Francia.

CALAIS [*-lé*], c. de Francia (Pas-de-Calais), puerto importante. Metalurgia, construcciones mecánicas. Perteneció a los ingleses de 1347 a 1558.

CALAMA, com. de Chile (Antofagasta).

Fot. Loygorri, J. Roubier, X

CALAMAR, c. de Colombia (Bolívar), a orillas del Magdalena.
CALAMIANES, islas de Filipinas, entre la de Paragua y la de Mindoro.
CALAMOCHA, v. de España (Teruel).
CALANCHA (*fray* Antonio de la), cronista boliviano (1584-1654), autor de una *Corónica moralizada*, sobre la época colonial.
CALAÑAS, v. de España (Huelva).
CALARCÁ, c. de Colombia (Quindío).
CALASANZ (*San* José de), sacerdote y pedagogo aragonés (1556-1648), fundador de las *Escuelas Pías*. Fiesta el 27 de agosto.
CALASPARRA v. de España (Murcia). Arroz.
CALATAÑAZOR, pueblo de España (Soria). Victoria de los cristianos sobre Almanzor en 1002, puesta en duda por los historiadores.
CALATAYUD, c. de España (Zaragoza). Monumentos mudéjares y góticos. Es la **Bílbilis** de los romanos. (Hab. *bilbilitanos.*)
CALATAYUD (Alejo), caudillo peruano del s. XVIII, uno de los jefes de la insurrección de Cochabamba (1730). Fue ajusticiado en 1731.
CALATRAVA (José María), político liberal español (1781-1847), orador brillante.
CALATRAVA LA VIEJA, pobl. de España (Ciudad Real), cerca del Guadiana. Tomada por los españoles a los árabes en 1147 y defendida por la orden militar de su nombre. Hoy en ruinas.
Calatrava (*Orden de*), orden religiosa y militar española fundada en 1158 por San Raimundo, abad de Fitero, para defender de los moros a Calatrava.
CALAURIA, isla de Grecia, en la costa de la Argólida. Poseía un templo de Neptuno, donde se envenenó el gran orador Demóstenes, perseguido por los macedonios.
CALBUCO, archipiélago de Chile (Llanquihue). — Volcán de Chile (Llanquihue); 2 015 m. — C. de Chile, cap. del dep. del mismo n. (Llanquihue).
CALCA, c. del Perú, cap. de la prov. del mismo n. (Cuzco).
CALCAGNO (Francisco), escritor cubano (1827-1903), autor de un *Diccionario Biográfico Cubano*.
CALCAÑO (José Antonio), poeta y escritor venezolano (1827-1894), autor de *La siega, La Saboyanita*, etc.
CALCAÑO (Julio), poeta y novelista venezolano (1840-1919), autor de *El héroe de Tabasco*.
CALCAS, adivino griego que asistió al sitio de Troya. Aconsejó el sacrificio de Ifigenia e hizo construir el caballo de madera.
CALCEDONIA, ant. c. de Asia Menor (Bitinia), a la entrada del Bósforo. (Hab. *calcedonios.*) Celebráronse en ella importantes concilios, en particular el de 451 contra los monofisitas.
CALCETA, c. del Ecuador, cab. del cantón de Bolívar (Manabí).
CALCÍDICA, península de Grecia, entre los golfos de Salónica y Orfani. Minas.
CALCIS, c. de Grecia (Eubea).
CALCOCONDILAS (Demetrio), sabio griego (1424-1511) que se refugió en Italia después de la toma de Constantinopla por los turcos (1453).
CALCUTA, c. de la India, cap. del Estado de Bengala Occidental, a orillas del Hugli, uno de los brazos del Ganges. Centro mundial del comercio del yute. Industrias.
CALCHAQUÍ, n. que se da en sus fuentes al río *Salado* de la Argentina (Santa Fe). — Sierra de la Argentina (Salta). — Pobl. de la Argentina (Santa Fe).
CALCHAQUÍES, indios pertenecientes a la tribu de los diaguitas, que habitaban el NO. argentino.
CALDAS, dep. de Colombia; cap. *Manizales*; notable prod. de café; minas de oro, plata y carbón. (Hab. *caldenses.*)
CALDAS (Francisco José de), sabio y patriota colombiano, n. en Popayán (¿1770?-1816), que realizó notables estudios botánicos y trazó el mapa del virreinato del Perú. Fue el primer director del Observatorio Astronómico de Bogotá. Abrazó la causa de la Independencia y fue fusilado por orden de Morillo. Fundó en 1807 el *Semanario de Nueva Granada*.
CALDAS DE MONTBÚY, v. de España (Barcelona); estación termal.
CALDAS DE REYES, v. de España (Pontevedra); aguas termales.
CALDEA n. dado a la región baja de Mesopotamia, llamada más tarde **Babilonia.**
CALDERA, com. de Chile (Atacama).
CALDERA (Rafael), abogado y político venezolano, n. en 1916, pres. de la Rep. en 1969.
CALDERAS, sierra de Venezuela, ramal de la de Trujillo. — Mun. de Venezuela (Barinas).
CALDERÓN (PUENTE DE). V. PUENTE.
CALDERÓN (Abdón), militar ecuatoriano (1804-1822), muerto heroicamente en la batalla de Pichincha.
CALDERÓN (Clímaco), político colombiano (1852-1913), pres. interino de la Rep. en 1882.
CALDERÓN (Fernando), poeta y autor dramático mexicano (1809-1845), que, entre otras obras, escribió *Hermán o la vuelta del Cruzado, A ninguna de las tres, La muerte de Virginia*.
CALDERÓN (María), actriz madrileña, amante de Felipe IV y madre de Don Juan José de Austria. Llamada **La Calderona.**
CALDERÓN (Rodrigo), favorito del duque de Lerma y de Felipe III. Arrastrado por la desgracia de su protector, fue decapitado en 1621.
CALDERÓN (Serafín ESTÉBANEZ). V. ESTÉBANEZ CALDERÓN.
CALDERÓN (Serapio), político peruano (1843-1922), pres. interino de la Rep. en 1904.
CALDERÓN DE LA BARCA (Pedro), poeta dramático español, n. y m. en Madrid (1600-1681). Hijo de familia noble, se educó en Madrid, Alcalá y Salamanca. Hacia 1625, abrazó la carrera militar y sirvió en Flandes, Lombardía y Cataluña. En 1651, se ordenó de sacerdote. De su obra, abundante y de rara intensidad dramática, sobresalen sus autos sacramentales, de los cuales escribió cerca de ochenta (*La cena del rey Baltasar, El gran teatro del mundo, La hidalga del valle, El veneno y la triaca, El divino Orfeo, Los encantos de la culpa*); comedias de capa y espada (*Casa con dos puertas mala es de guardar, La dama duende, Mañanas de abril y mayo, El escondido y la tapada*), y dramas de honor (*El médico de su honra, El pintor de su deshonra, A secreto agravio secreta venganza, Amar después de la muerte, La niña de Gómez Arias*, inspirado éste en el romancero), sin olvidar otras comedias de carácter religioso (*El príncipe constante, La devoción de la Cruz, El mágico prodigioso, Los dos amantes del cielo*) y algunos entremeses (*El dragoncillo, La casa de los linajes*). Calderón ha merecido la inmortalidad por tres creaciones excepcionales: la comedia filosófica *La vida es sueño*, en la que plantea el problema mismo del sentido de la vida humana; el drama *El alcalde de Zalamea*, en el que vuelve a llevar a la escena un tema utilizado ya por Lope de Vega y Vélez de Guevara: el del honor del villano; y la tragedia clásica *El mayor monstruo, los celos*, por cuyos versos corre un aliento digno de Shakespeare en Otelo. En 1963 se ha encontrado en Checoslovaquia el drama *El Gran Duque de Gandía*, compuesto en 1671 y perdido posteriormente.
CALDERÓN GUARDIA (Rafael Ángel), político y médico costarricense, n. en 1900, pres. de la Rep. de 1940 a 1944.
CALDERÓN Y ARANA (Laureano), químico español (1847-1894).
CALDWELL [*calduel*] (Erskine), novelista norteamericano, n. en 1903, autor de *El camino del tabaco*, etc.
CALEDONIA, antiguo nombre de **Escocia.**
CALEDONIA, bahía de Panamá (Colón), en el Caribe. — Canal de Escocia que une el Mar del Norte y el Atlántico.
CALEDONIA (Nueva). V. NUEVA CALEDONIA
CALELLA, c. de España (Barcelona).
Calendario azteca. V. PIEDRA DEL SOL.
CALEPINO (Ambrosio), sabio religioso italiano, n. en Bérgamo (¿1440?-1510), autor de un excelente *Diccionario latino italiano* (1502).
CALERA, com. de Chile (Valparaíso); centro industrial.
CALERA DE TANGO, com. de Chile (Santiago).
CALGARY, c. del Canadá (Alberta). Centro ferroviario, comercial e industrial. Obispado.

SAN JOSÉ DE CALASANZ

CALDERÓN DE LA BARCA

CALDWELL

CALDAS

Fot. doc. A. G. P., Larousse, U. S. I. S.

CALI iglesia de la Ermita

CALÍGULA museo del Capitolio

CALOMARDE

CALVINO

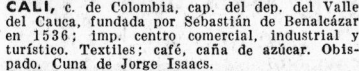

CALI, c. de Colombia, cap. del dep. del Valle del Cauca, fundada por Sebastián de Benalcázar en 1536; imp. centro comercial, industrial y turístico. Textiles; café, caña de azúcar. Obispado. Cuna de Jorge Isaacs.

Calibán, gnomo monstruoso que personifica la fuerza ciega y brutal en *La tempestad,* de Shakespeare.

CALÍCATRES, arquitecto de Atenas, que erigió el Partenón con Ictinos (s. V a. de J. C.).

CALICUT, hoy **Kozhicoda,** c. de la India (Kerala). Telas de algodón. Puerto en el golfo de Omán. Primera escala de Vasco de Gama en 1498.

CALIDASA. V. KALIDASA.

Califas, título tomado por los soberanos del Islam que ejercieron, después de Mahoma, el poder espiritual y temporal. Los principales califatos fueron: 1.º el *califato de Oriente,* fundado por Abubeker en La Meca y trasladado a Bagdad por los Abasidas (632-1258); 2.º el *Califato de Córdoba,* fundado en Córdoba por Abderramán III (929-1031); 3.º el *califato de Egipto,* fundado por los fatimitas (909-1171). En Bagdad llegó a mayor desarrollo la civilización musulmana.

CALIFORNIA, golfo de México, tb. llamado **Mar de Cortés,** en la costa del Pacífico.—Uno de los Estados Unidos de Norteamérica, cuya colonización fue iniciada por los españoles; cap. *Sacramento;* c. pr. *San Francisco, Los Ángeles, San Diego, Oakland.* Perteneció a México hasta 1848, a raíz de la ocupación del territ. por las fuerzas norteamericanas.

CALIFORNIA (Baja), península de México. Divídese en el Estado de BAJA CALIFORNIA NORTE (cap. *Mexicali*) y en el territorio de BAJA CALIFORNIA SUR (cap. *La Paz*); en el primero se cultiva el algodón y el trigo y hay explotaciones de oro y plomo; en el segundo la agricultura es menos importante y hay yac. de plata, hierro, magnetita y cobre. Salinas.

CALÍGULA (12-41), emperador romano (37-41), hijo de Germánico y Agripina. Gobernó tiránicamente y pereció asesinado.

Calila y Dimna, colección de apólogos indios atribuidos a Pilpay, traducidos al pelvi en el siglo VI, y al árabe en el VIII. De esta versión árabe se hicieron otras varias en lengua siriaca, hebrea, griega, etc. Fue traducida en 1261 del árabe al español por orden de Alfonso el Sabio.

CALÍMACO, poeta alejandrino (s. IV a. de J. C.) a quien se deben epigramas e himnos de gran perfección de forma, pero cargados de erudición.

CALÍMACO, escultor griego (s. V a. de J. C.) a quien se atribuye la invención del capitel corintio.

CALINO DE ÉFESO, el más antiguo poeta lírico griego (s. VII a. de J. C.).

CALÍOPE, Musa de la poesía épica y la elocuencia, madre de Lino y de Orfeo.

CALIPSO, ninfa reina de la isla de Ogigia. en el mar Jónico; acogió a Ulises náufrago y lo retuvo diez años en su morada. *(Odisea.)*

CALÍSTENES, filósofo griego de Olinto, sobrino de Aristóteles (360-327 a. de J. C.). Acompañó a Alejandro Magno en sus campañas, pero fue condenado a muerte por éste por haberse burlado de sus faustos y de sus pretensiones.

CALISTO, hija de Licaón, rey de Arcadia. Fue metamorfoseada en osa por Hera, y Zeus la colocó en el cielo, donde formó la constelación de la *Osa Mayor.* (*Mit.*)

CALÍSTRATO, orador ateniense, muy admirado por Demóstenes (s. IV a. de J. C.).

CALIXTO I *(San),* papa de 217 a 222; — CALIXTO II, papa de 1119 a 1124; — CALIXTO III, papa español de 1455 a 1458.

Calixto, enamorado de Melibea, personaje central de *La Celestina.*

CALKINÍ, pobl. de México (Campeche).

CALMAR, c. y puerto del S. de Suecia, cap. de la prov. del mismo nombre. Astilleros.

Calmar *(Unión de),* n. dado a la convención que reunió Dinamarca, Suecia y Noruega de 1397 a 1521, fecha de la insurrección sueca.

CALMETTE (Albert), médico y bacteriólogo francés (1863-1933), que descubrió, junto con Guerin, una vacuna antituberculosa.

CALMUCOS. V. KALMUCOS.

CALOBRE, pobl. de Panamá, cab. del distr. del mismo n. (Veraguas).

CALOMARDE (Francisco Tadeo), político español (1773-1842), que se distinguió por su absolutismo y, a pesar del favor que le prodigó Fernando VII, fue muy impopular, se adhirió en 1833 a la causa de Don Carlos y fue desterrado.

CALOTO, c. de Colombia (Cauca), fundada por Benalcázar en 1543. Centro fabril.

CALOVÉBORA, río de Panamá (Bocas del Toro), que des. en el mar Caribe.

CALPE, una de las columnas de Hércules, antiguo nombre del promontorio de Gibraltar.

CALPULALPAN (*San Miguel de*), pobl. de México (Est. de México); batalla de las guerras civiles mexicanas, en la que Miramón fue derrotado por González Ortega (1860).

CALTAGIRONE, c. de Sicilia (Catania).

CALTANISETTA, c. de Sicilia, cap. de la provincia del mismo n.; azufre.

CALVADOS, dep. de Francia (Normandía); cap. *Caen.* Agricultura, ganadería; industrias.

CALVAERT (Dionisio), célebre pintor flamenco (¿1545?-1619), que fundó en Bolonia una escuela de donde salieron muchos artistas.

CALVAR (Manuel de Jesús), general y político cubano, pres. de la Rep. en Armas en 1878.

CALVARIO o **GÓLGOTA,** montaña cerca de Jerusalén, en la que fue crucificado Jesucristo.

CALVARIO (El), pobl. de Colombia (Meta).

CALVAS, cantón del Ecuador (Loja).

CALVERT (Jorge), barón DE BALTIMORE, político inglés (¿1580?-1632), fundador de la colonia de Maryland.

CALVILLO, pobl. de México (Aguascalientes).

CALVINO (Juan), reformador francés, n. en Noyon (1509-1564), que propagó la Reforma en Francia y en Suiza. Creó en Ginebra una república protestante. Su sistema religioso, llamado *calvinismo,* se distingue de las otras doctrinas protestantes por el origen democrático que atribuye a la autoridad religiosa; la supresión de ceremonias; la negación absoluta de la tradición; el dogma de la predestinación y la reducción de los sacramentos al bautismo y la cena.

CALVO (Bartolomé), político y periodista colombiano (1815-1889), pres. de la Confederación Granadina en 1861.

CALVO (Carlos), jurisconsulto y político argentino (1824-1906), autor de un tratado de *Derecho internacional teórico y práctico.*

CALVO (Daniel), político y poeta boliviano (1832-1880), autor de la leyenda *Ana Dorset.*

CALVO ASENSIO (Pedro), político y dramaturgo romántico español (1821-1863).

CALVO SOTELO (Joaquín), dramaturgo español, n. en 1905, cuyas obras más celebradas son *Plaza de Oriente* y *La muralla.*

CALVO SOTELO (José), político español, n. en 1893, jefe del partido monárquico de Renovación Española en 1935. Su asesinato, en julio de 1936, fue la señal de la guerra civil.

Cal y canto, colección de poemas de Rafael Alberti (1929), con reminiscencias gongorinas.

CALZADA DE CALATRAVA (La), c. de España (Ciudad Real).

CALLAO, bahía del Perú, en la prov. constitucional de El Callao.

Fot. Oudin, Giraudon, doc. A. G. P., Larousse

CALLAO (El), c. del Perú, cap. de la prov. constitucional del mismo n.; princ. puerto marítimo del país; gran movimiento comercial. Primer puerto mundial exportador de harina de pescado. (Hab. *chalacos.*) Fundada por los españoles en 1537, fue destruida por un maremoto en 1746. Bombardeo de la escuadra española, al mando de Méndez Núñez (1866). — Pobl. de Venezuela (Bolívar); yac. de oro. Siderurgia.
CALLAQUÍ, volcán de Chile (Bío-Bío); 3 146 metros.
CALLEJA DEL REY (Félix María), general español (1759-1828), que luchó contra las tropas libertadoras de Hidalgo a las que derrotó en Puente de Calderón (1811). Fue virrey de Nueva España de 1813 a 1816.
CALLE LARGA, com. de Chile (Aconcagua).
CALLEROS (Manuel), político y patriota uruguayo, que presidió el primer Gobierno nacional, de 1825 a 1826.
CALLES (Plutarco Elías), político y general mexicano (1877-1945), pres. de la Rep. de 1924 a 1928.
CALLHUANCA, c. del Perú, cap de la prov. de Aimaraes (Apurímac).
CAM, uno de los tres hijos de Noé. *(Biblia.)*
CAM o **CÃO** (Diogo), navegante portugués, que en 1484 descubrió las costas del Congo.
CAMACHO, prov. de Bolivia (La Paz); cap. *Puerto Acosta.* — V. MARISCAL ESTIGARRIBIA.
CAMACHO (Heliodoro), general y político boliviano (1831-1899), que se distinguió en la guerra del Pacífico.
CAMACHO (Joaquín), jurisconsulto colombiano (1766-1816), mártir de la independencia.
CAMACHO (Juan Vicente), poeta romántico venezolano (1829-1872), autor de *Última luz.*
Camacho *(Bodas de),* alusión a un episodio del *Quijote.* El caballero de la Mancha, acompañado de su fiel Sancho, asiste a la comida de bodas de un rico labrador llamado Camacho, comida tan copiosa que con su nombre se designa un festín de exagerada abundancia.
CAMACHO RAMÍREZ (Arturo), poeta colombiano, n. en 1909, autor de *Presagio del amor.*
CAMACHO ROLDÁN (Salvador), político y escritor colombiano (1827-1900), pres. interino de la Rep. de 1868 a 1869. Autor de *Memorias, Notas de viaje,* etc.
CAMAGÜEY, c. de Cuba, cap. de la prov. del mismo n.; activo comercio. Obispado. (Hab. *camagüeyanos.*) Fundada en 1515 con el n. de **Puerto Príncipe.** La prov. es la más importante del país por su prod. ganadera; cuenta con 24 ingenios azucareros y posee yac. de hierro, cobre y cromo.
CAMAJUANÍ, mun. de Cuba (Las Villas).
Camáldula, orden religiosa fundada por San Romualdo al principio del siglo XI en Camaldolí, cerca de Florencia.
CAMALIG, pobl. filipina de la prov. de Albay (Luzón).
CAMANÁ, c. del Perú, cap. de la prov. del mismo n. (Arequipa).
Cámara de Castilla, especie de consejo privado establecido en 1518, por Carlos I, para la resolución de ciertos asuntos, llamados *de Cámara,* que solían substraerse al Consejo Real.
Cámara de los Comunes o *Cámara Baja,* asamblea parlamentaria que ejerce en Gran Bretaña, con la Cámara de los Lores, el poder legislativo. Se dice abreviadamente *los Comunes.*
Cámara de los Lores o *Cámara Alta,* asamblea legislativa compuesta de los pares, grandes señores y altos funcionarios de Gran Bretaña.
Cámaras de Rafael *(Las),* nombre con que se designan unos frescos ejecutados por Rafael en cuatro Cámaras del Vaticano.
CAMARGO, pobl. de Bolivia, cap. de la prov. de Nor Cinti (Chuquisaca). — Pobl. de México (Tamaulipas).
CAMARGO (Alfonso de), almirante español, que exploró el estrecho de Magallanes en 1539.
CAMARGO (José Vicente), militar boliviano, m. en 1816 en aras de la Independencia.
CAMARGUE (La), región de Francia, situada entre los dos ramales del delta del Ródano; ganadería (toros, caballos); cultivo de arroz.
CAMARILLO DE PEREYRA (María Enriqueta), poetisa y escritora mexicana (1875-1968).
CAMARINES, prov. de Filipinas, al SE. de Luzón, que comprende CAMARINES NORTE, cap. *Daet,* y CAMARINES SUR, cap. *Naga.*
CAMARONES, bahía de la Argentina (Chubut), en la costa patagónica. — Río de Chile (Tarapacá).
CAMBA (Francisco), novelista español (1882-1947), autor de una serie de *Episodios contemporáneos.* — JULIO, hermano del anterior, periodista y eminente humorista español (1882-1962), autor de libros de viajes (*Londres, Aventuras de una peseta, La rana viajera,* etc.)
CAMBACERES (Eugenio), político y escritor argentino (1843-1888), cuyas novelas, de estilo realista, son crudas y de lenguaje atrevido. Autor de *Música sentimental* y *Sin rumbo.*
CAMBACÉRÈS (Jean Jacques, *duque de*), jurisconsulto y político francés (1753-1824), que colaboró en la redacción del Código Civil de su país.
CAMBADOS, v. de España (Pontevedra).
CAMBAY, c. de la India (Bombay), puerto en el mar de Omán.
CAMBISES, príncipe persa que se casó con Mandana, hija de Astiages, y fue padre de Ciro. — Rey de Persia, hijo y sucesor de Ciro II; reinó de 529 a 521 a. de J. C. Conquistó Egipto.
CAMBÓ (Francisco), político y financiero español (1875-1947), jefe de la Liga Regionalista, partido conservador catalán.
CAMBOYA o **CAMBODIA,** Estado de Indochina situado entre Viet Nam del Sur y Tailandia; 180 000 km²; 6 200 000 h.; cap. *Pnom Penh,* 500 000 h.; c. pr. *Battambang,* 25 000 h. Camboya está formada de planicies arenosas que rodean una depresión central. La población se concentra principalmente a lo largo del río Mekong y del lago Tonlé Sap, donde se cultiva el arroz y el algodón. Ganada a la cultura india desde los primeros siglos de nuestra era, Camboya estaba dividida en dos reinos: Fu-nam (Camboya y Cochinchina actuales) y Tchen-la (Laos). En el s. VI el reino de Fu-nam realizó la unificación y Camboya conoció una civilización magnífica en los s. XI y XII. Posteriormente se convirtió más o menos en tributaria de Siam. Francia estableció el *protectorado de Camboya* en 1863-1864. Desde 1949 es Estado independiente. (V. Mapa de Indochina.)
CAMBRAI [*-bré*], c. de Francia (Norte). Arzobispado. Encajes, batista; azúcar, cerveza. En 1529 se firmó en esta plaza la Paz de Cambrai o de las Damas, negociada por Luisa de Saboya en nombre de Francisco I, y Margarita de Austria en el del emperador Carlos V.
Cambrai *(Liga de),* nombre dado a la alianza firmada en 1508 entre el papa Julio II, el emperador Maximiliano, Luis XII de Francia y Fernando II de Aragón, contra los venecianos.
CAMBRIDGE, c. de Inglaterra, cap. del condado del mismo nombre. Universidad célebre.
CAMBRIDGE, c. de los Estados Unidos (Massachusetts). Universidad de Harvard.
CAMBRONNE [*kambrón*] (Pedro), general francés (1770-1842), uno de los héroes de Waterloo.
CAMBUQUIRA, mun. del Brasil (Minas Gerais); aguas minerales.
CAMDEN, c. de los Estados Unidos (Nueva Jersey), a orillas del Delaware. Metalurgia.
CAMERARIUS (Joaquín), humanista alemán (1500-1574). Desempeñó papel importante en los asuntos políticos y religiosos de su época, y redactó, con Melanchton, la *Confesión de Augsburgo.*

P. E. CALLES

E. CAMBACERES

J. J. CAMBACÉRÈS

universidad
de CAMBRIDGE

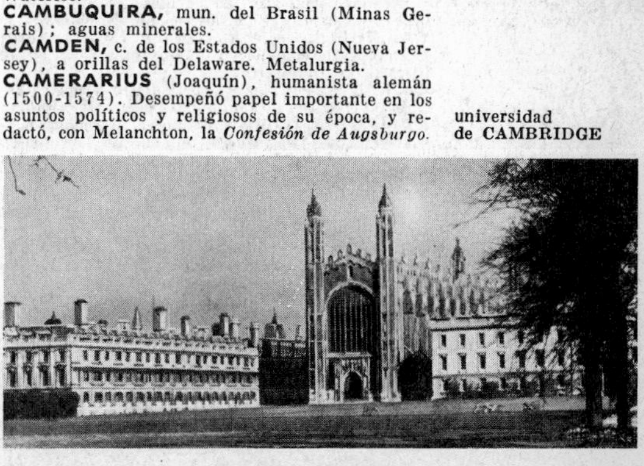

Fot. Larousse, Valotaire, British Council

CAMOENS

E. DEL CAMPO

CAMPOAMOR, por ESQUIVEL, *detalle* de LOS POETAS CONTEMPORÁNEOS

CAMPOMANES

CAMERON (Verney Lovett), viajero inglés (1844-1894), que realizó la travesía de África de 1873 a 1875.

CAMERÚN o **CAMERÓN,** región situada en el golfo de Guinea (África); prod. de cacao y bananas. Ganadería. Ocupada por los alemanes en 1884, por los Aliados de 1914 a 1916, fue después administrada por Francia y la Gran Bretaña. Actualmente Rep. federal independiente; 474 000 km²; 5 103 000 h.; cap. *Yaundé,* 57 700 h.; c. pr. *Duala,* 119 000; *N' Kongsamba,* 25 000; *Fumban,* 18 000.

CAMERÚN (MONTES), cadena de montañas de Guinea, delante de Fernando Poo; 4 000 m.

CAMI. V. FAGNANO.

CAMILO, tribuno y dictador romano. Se apoderó de Veyes (396) y salvó a Roma de la invasión gala; m. en 366 a. de J. C.

CAMÍN (Alfonso), poeta español, n. en 1882, autor de *Crepúsculos de oro* y *Adelfas.*

CAMINO (León Felipe). V. FELIPE (León).

CAMINO (Miguel A.), poeta y escritor argentino (1877-1944), de carácter costumbrista y regional, autor de *Chacayaleras.*

Camino de perfección, obra mística y ascética de Santa Teresa de Jesús (1563-1567).

CAMITAS, familia de pueblos, descendientes de Cam, que vive en África.

CAMOAPA, pobl. de Nicaragua (Boaco).

CAMOCIM, mun. del Brasil (Ceará); salinas.

CAMOENS (Luis VAZ DE), poeta portugués, n. en Lisboa (1524-1580), cuya vida aventurera le llevó a combatir en Africa, donde perdió un ojo, y a participar en una expedición a la India, que le inspiró su inmortal poema *Los Lusiadas,* dedicado a la gloria de Vasco de Gama y del pueblo portugués. Se le deben también algunas comedias de corte humanista y un libro de *Rimas,* en el que destacan sus admirables sonetos.

Camorra, asociación de malhechores organizada en otro tiempo en Nápoles.

CAMPA (Gustavo), compositor y musicógrafo mexicano (1863-1934), autor de *Poema de amor.*

CAMPANA, isla de Chile, en el archip. de Wellington. — Mont. de El Salvador (San Miguel). — Pobl. de la Argentina (Buenos Aires); frigoríficos; ref. de petróleo. Puerto en el Paraná.

CAMPANA (Dino), poeta italiano (1885-1932), autor de los poemas líricos *Cantos órficos.*

Campana de Huesca, mazmorra del palacio real, en Huesca, donde Ramiro II ordenó degollar a quince nobles rebeldes, e hizo colgar sus cabezas de la bóveda como "campana que se oyera en todo el reino".

CAMPANARIO, v. de España (Badajoz).

CAMPANARIO, grupo de islas de Bolivia, en el lago Titicaca. — Cerro de El Salvador (Cuscatlán); batalla entre las tropas hondureñas y salvadoreñas (1839). — Pico de Chile (Talca).

CAMPANELLA (Tomás), humanista italiano (1568-1639). Combatió la escolástica y es autor del relato filosófico *La ciudad del sol,* de inspiración utópica.

CAMPANIA, región de la Italia meridional, que corresponde a las prov. de Nápoles, Avellino, Benevento, Caserto y Salerno; c. pr. *Nápoles.*

CAMPBELL, célebre clan de Escocia, cuyos miembros desempeñaron importante papel en la historia de Inglaterra.

CAMPBELL (Tomás), poeta lírico y crítico escocés (1777-1844), autor del poema *Hoenlinden.*

CAMPBELL (William Wallace), astrónomo norteamericano (1862-1938) que midió la rotación de los anillos de Saturno y comprobó las teorías de Einstein.

CAMPECHE, c. de México, cap. del Estado del mismo n., en la costa O. de Yucatán; puerto en el golfo de México. Fundada en 1540, fue objeto, durante la dominación española, de frecuentes incursiones de los piratas. En el Estado se explotan las maderas preciosas.

CAMPECHE (José), pintor puertorriqueño (1752-1809).

CAMPECHUELA, mun. de Cuba (Oriente).

CAMPENY (Damián), escultor español (1771-1855), de estilo neoclásico.

CAMPER (Pedro), médico y sabio naturalista holandés (1722-1789). Fue el primero que intentó determinar el grado de inteligencia según la abertura del *ángulo facial.*

CAMPERO, prov. de Bolivia (Cochabamba).

CAMPERO (Narciso), general y político boliviano (1815-1896), que participó en la guerra del Pacífico y fue pres. de la Rep. de 1880 a 1884.

CAMPILLO (Narciso del), poeta y cuentista español (1835-1900).

CAMPILLOS, v. de España (Málaga).

CAMPINA GRANDE, c. del Brasil (Paraíba); centro industrial (algodón) y comercial.

CAMPINAS, c. del Brasil (São Paulo); centro comercial, industrial y de comunicaciones. Arzobispado.

CAMPINA VERDE, mun. del Brasil (Paraíba).

CAMPINO (Enrique), general chileno (1794-¿1881?) que se señaló en la guerra de la Independencia.

CAMPIÑA ROMANA, en ital. **Agro Romano,** nombre dado a la región que se extiende al S. del Tíber, entre el mar y los Apeninos, y corresponde al antiguo Lacio. Su suelo es fértil.

CAMPISTEGUY (Juan), político uruguayo (1859-1937), pres. de la Rep. de 1927 a 1931

CAMPO (Ángel del), escritor costumbrista mexicano, conocido por el seudónimo de **Micrós** (1868-1908), autor de la novela *La rumba* y de colecciones de cuentos.

CAMPO (Estanislao del), político y poeta argentino, n. en Buenos Aires (1834-1880), cuyo poema *Fausto* ha merecido lugar preferente entre las obras gauchescas por su sentido epigramático, vivacidad imaginativa, versificación fluida y observaciones agudas. Utilizó el seudónimo de **Anastasio el Pollo,** nombre del principal protagonista de su poema. Fue partidario de Mitre.

CAMPO (Rafael), político salvadoreño (1813-1890), pres. de la Rep. de 1856 a 1858.

CAMPO DURÁN, pobl. de la Argentina (Salta); yac. de petróleo.

CAMPO DE CRIPTANA, v. de España (Ciudad Real). Se cree que su paisaje inspiró a Cervantes el capítulo de los molinos de viento del Quijote.

CAMPO FORMIO, c. de Italia (Venecia). Tratado de paz entre Francia y Austria en 1797.

CAMPO DE TALAMPAYA, desierto de la Argentina entre las sierras de Valle Fértil y Sañogasta.

CAMPO DEL ARENAL, altiplanicie de la Argentina (Catamarca); 2 500 m.

CAMPO FORMOSO, mun. del Brasil (Bahía).

CAMPO GRANDE, c. del Brasil (Mato Grosso); centro comercial.

CAMPO SERRANO (José María), político y general colombiano (1836-1915), pres. de la República de 1886 a 1887.

CAMPOALEGRE, c. de Colombia (Huila).

CAMPOAMOR (Ramón de), popular poeta español (1817-1901) cuya obra, compuesta de *Doloras, Humoradas* y *Pequeños poemas* (entre los cuales el conocidísimo *El tren expreso*), aparece hoy muy controvertida por la crítica.

CAMPOMANES (Pedro RODRÍGUEZ, *conde de*), político español (1723-1803), uno de los hombres que más esfuerzos han hecho por la regeneración de España. Fundador de las *Sociedades Económicas de Amigos del País.*

CAMPOS, c. del Brasil (Rio de Janeiro); centro comercial e industrial (aluminio).

CAMPOS (TIERRA DE), comarca de España en la provincia de Palencia, famosa por su fertilidad. (Hab. *campesinos.*)

CAMPOS (Rubén M.), escritor mexicano (1876-1945), que estudió el folklore del país.

CAMPOS ALATORRE (Cipriano), novelista y autor de cuentos mexicano (1906-1934).

CAMPOS CERVERA (Hérib), poeta surrealista y nativista paraguayo (1908-1953), autor de *Ceniza redimida.* Sus composiciones son musicales, abundantes en metáforas y de carácter triste.

Campos Elíseos. V. ELÍSEO.

Campos Elíseos, en fr. **Champs-Elysées,** célebre avenida de París, situada entre la plaza de la Concordia y el Arco de Triunfo de la Estrella. Fue inaugurada hacia 1818.

CAMPOS SALLES (Manuel FERRAZ DE), estadista brasileño (1841-1913), pres. de la Rep. de 1898 a 1902.

CAMPO SANTO, pobl. de la Argentina (Salta).

CAMPRA (Andrés), músico francés (1660-1744), creador de la ópera-ballet.

Fot. Larousse, Valotaire, doc. A. G. P.

CAMPRODÓN (Francisco), dramaturgo español (1816-1870), autor de dramas, zarzuelas y el libreto de la ópera Marina.

C. A. M. P. S. A., siglas de la *Compañía Arrendataria del Monopolio de Petróleos Sociedad Anónima* (España).

CAMPULUNG, c. de Valaquia (Rumania).

CAMUS (Albert), escritor francés, n. en Argelia (1913-1960), autor de ensayos (*El mito de Sísifo*), de novelas (*La peste, El extranjero*), de obras teatrales (*Calígula, Los justos*) y de adaptaciones de clásicos españoles: *La devoción de la Cruz,* de Calderón, y *El caballero de Olmedo,* de Lope de Vega. (Pr. Nóbel, 1957.)

CANÁ, c. de Galilea, célebre por las bodas donde realizó Jesucristo el milagro de convertir el agua en vino. (*Nuevo Testamento.*) [Hab. *cananeos.*]

CANAÁN, hijo de Cam, maldecido por Noé.

CANAÁN (TIERRA DE), ant. nombre de **Palestina** o **Tierra de promisión.** (*Biblia.*)

Canaán, novela brasileña de Graça Aranha, cuya acción ocurre entre inmigrantes extranjeros en el interior del Brasil; notable estudio social (1902).

CANACAS, indígenas de Nueva Caledonia.

CANADÁ, Estado de América del Norte, miembro del Commonwealth, dividido en 10 provincias : *Nueva Escocia, Nuevo Brunswick, Quebec, Ontario, Manitoba, Colombia Británica, Príncipe Eduardo, Alberta, Saskatchewan, Terranova,* y los territorios del Noroeste y del Yukon. Sup. 9 959 000 km²; 19 604 000 h. (*canadienses*), de los que 5 000 000 son de lengua francesa. Cap. *Ottawa,* 345 000 h.; c. pr. *Montreal,* 1 200 000; *Toronto,* 672 400; *Vancouver,* 409 000; *Winnipeg,* 409 121; *Hamilton,* 356 831; *Edmonton,* 269 000; *Calgary,* 235 450; *Quebec,* 310 000; *Windsor,* 114 000; *London,* 165 000; *Halifax,* 164 200 habitantes.
— GEOGRAFÍA. En el relieve de este inmenso país se pueden distinguir: 1.º, las planicies de erosión alrededor de la bahía de Hudson, llamadas *el escudo canadiense;* 2.º, las *llanuras* que rodean el escudo; 3.º las *montañas del este,* extremidad norte de los Apalaches; 4.º, las *montañas del oeste,* formadas principalmente por las Rocosas o Rocallosas.
La región del San Lorenzo es la más activa, debido a las ventajas económicas y de transporte que ofrece el San Lorenzo y los Grandes Lagos. En ella se encuentran las principales ciudades. Las Rocosas son importantes por sus minas. La costa del Pacífico es gran productora de celulosa. En las llanuras se desarrolla una agricultura altamente mecanizada y las planicies de erosión poseen grandes recursos minerales. A pesar de su poca densidad de población, el Canadá es un gran país agrícola e industrial y uno de los principales exportadores del mundo. Su acción en la política internacional crece constantemente.
— HISTORIA. Descubierto por Caboto en 1497 y explorado por Verazzano y Cartier, el Canadá fue colonizado por Champlain, quien fundó Quebec en 1608. Richelieu creó la compañía de la Nueva Francia y le cedió la propiedad del país a cambio de su colonización. La pacificación de los iroqueses y la exploración se hicieron paralelamente. La propiedad del país fue reintegrada al dominio real en 1663. Los ingleses se apoderaron del Canadá durante la Guerra de Siete Años y el Tratado de París (1763) confirmó su conquista. El valle del San Lorenzo constituyó la Provincia de Quebec. El Acta de 1791 la dividió en *Alto Canadá,* de mayoría británica, y *Bajo Canadá,* de mayoría francesa. El *Acta de Unión,* de 1840, reunió las dos provincias en una sola. Finalmente, el Acta de la América Británica del Norte, de 1867, creó la Confederación Canadiense y le dio su Constitución actual. A las cuatro provincias originales se fueron añadiendo sucesivamente: Manitoba (1870), Colombia Británica (1871), la isla del Príncipe Eduardo (1873), Alberta y

CAMUS

escudo y mapa del CANADÁ

Fot. Martinie

CANALETTO
VISTA DE VENECIA
museo Condé
Chantilly

CANALEJAS

CANCELA

Saskatchewan (1905) y Terranova (1949). Durante las dos guerras mundiales el Canadá cooperó al triunfo de los Aliados.

CANAGUÁ, río de Venezuela (Mérida y Barinas), afl. del Apure.

Canaima, novela de Rómulo Gallegos (1935).

CANALEJAS Y MÉNDEZ (José), político y literato español (1854-1912). Jefe del Partido Liberal, fue pres. del Gobierno (1910). Asesinado por un anarquista.

CANALES (Aniceto), general colombiano (1800-1865) que luchó por la independencia de su patria en Venezuela y Nueva Granada.

CANALETTO (Antonio CANAL, llamado **el**), pintor italiano, n. en Venecia (1697-1768), autor de *Vistas de Venecia* muy celebradas.

CANAL FEIJOO (Bernardo), ensayista, poeta y dramaturgo argentino, n. en 1897.

CANALIZO (Valentín), general y político mexicano (1794-1850), pres. interino de la Rep. de 1843 a 1844. Derrocado por un motín popular.

CANALS, v. de España (Valencia).

Canamunts y **Canavalls,** n. de dos bandos opuestos, célebres en Mallorca en el siglo XVI.

CANANEA, río de México, que nace en la sierra del mismo n., también llamada **del Cobre** (Sonora). — Pobl. de México (Sonora).

CANANEOS, habitantes de Canaán.

CANARIA (Gran), isla principal del archip. de las Canarias; 1 667 km²; cap. *Las Palmas.*

CANARIAS, archipiélago español del Atlántico, situado a 115 kilómetros de la costa de Marruecos meridional, que comprende dos provincias: *Santa Cruz de Tenerife* y *Las Palmas.* 7 506 km². (Hab. *canarios.*) La primera consta de las islas de *Tenerife, La Palma, Gomera* y *Hierro;* la segunda de las de *Gran Canaria, Lanzarote, Fuerteventura* y diversos islotes. Clima benigno. Plátanos, verduras, tabaco. El suelo de las Canarias, que llevaron en la Antigüedad los nombres de *Jardín de las Hespérides* o *Islas Afortunadas,* es especialmente volcánico; en el centro de la isla de Tenerife se halla el pico de Teide (3 716 m). Conquistadas para Enrique III de Castilla, en 1402, por el francés Juan de Bethencourt. Los habitantes indígenas, sometidos por los españoles, se llamaban *guanches.*

CANARIS o **KANARIS** (Constantino), patriota griego (1790-1877), héroe de la guerra de independencia de su país.

CANARREOS, archip. de Cuba, en el que se encuentra la bella isla de Pinos.

CANAS. V. CANNAS.

CANAS, prov. del Perú (Cuzco); cap. *Yanaoca.*

CANBERRA, cap. federal de Australia, en el sudeste de Nueva Gales del Sur; 63 300 h.

CANCELA (Arturo), escritor argentino (1892-1957), autor de *Tres relatos porteños,* narraciones de estilo sencillo y de humorismo sutil, satíricas y llenas de observaciones agudas.

CÁNCER, cuarto signo del Zodiaco, que corresponde al período de 22 de junio al 23 de julio. — Constelación situada en la parte más septentrional de la eclíptica. (*Trópico de Cáncer,* v. TRÓPICO. [*Parte lengua.*])

CANCERBERO. V. CERBERO.

CANCER Y VELASCO (Jerónimo de), dramaturgo clásico español (¿1544?-1655), autor de la comedia *El mejor representante San Ginés.*

Canción de Rolando o **Roldán,** célebre epopeya francesa del s. XII, en decasílabos.

Cancioneros, colecciones de poesías líricas de diversos autores que desde muy antiguo se acostumbró a reunir en España ofreciendo un cuerpo literario homogéneo. Los más célebres son los galaicoportugueses, que reúnen la poesía gallega y lusitana de los siglos XIII y XIV, y entre los que destacan el *Cancionero de Ajuda, Cancionero de la Vaticana* y *Cancionero Colocci-Brancuti.* El primer cancionero castellano que se conoce es el *Cancionero de Baena,* recopilado hacia 1445 por el poeta de la corte de Juan II de Castilla y judío converso Juan Alfonso de Baena. Poco después, reunía *Lope de Stúñiga* el suyo, en el que se recogen las composiciones de los poetas de la corte aragonesa de Alfonso V. A partir de este momento, menudean las obras del género, mereciendo destacarse el *Cancionero General,* compilado por Hernando del Castillo en 1511, el *Cancionero de García de Resende* (1516), el *de Herberay des Esarts,* el *del Duque de Híjar* y el *Cancionero de Palacio.*

CANCHA RAYADA, llano de Chile, al N. de Talca, donde San Martín fue derrotado por los realistas que mandaba el general Osorio (1818).

CANCHIS, prov. del Perú (Cuzco); cap. *Sicuani.*

CÁNDAMO (Manuel), político peruano (1841-1904), pres. de la Rep. de 1903 a 1904.

CANDARAVE. V. UBINAS.

CANDAULO, rey de Lidia, muerto por Giges, el último de los heraclidas (s. VIII a. de J. C.). V. GIGES.

CANDELARIA, río de Costa Rica (San José), afl. del Pirris. — Río de Guatemala (El Petén) y México (Campeche). — Pobl. de la Argentina (Misiones). — Térm. mun. de Cuba (Pinar del Río). — V. de Honduras (Lempira). — V. de El Salvador (Cojutepeque).

CANDELARIA (Candelaria PÉREZ, llamada **la Sargenta**), heroína chilena, que hizo la campaña del Perú y recibió de Bulnes el grado de sargento.

CANDÍA, isla del mar Egeo. (V. CRETA.)

CANDÍA, hoy **Heraclión,** c. de Creta. Fue ant. un puerto muy activo.

CANDÍA (Pedro de), aventurero griego, m. en 1542, que participó en las expediciones de Almagro y Pizarro en el Perú.

Cándido, cuento filosófico de Voltaire (1759).

CANÉ (Luis), escritor y poeta argentino (1897-1957), autor de *Mal estudiante, Tiempo de vivir.*

CANÉ (Miguel), escritor argentino (1812-1863), que se opuso a la dictadura de Rosas.

CANÉ (Miguel), político y escritor argentino, hijo del anterior, n. en Montevideo (1851-1905).

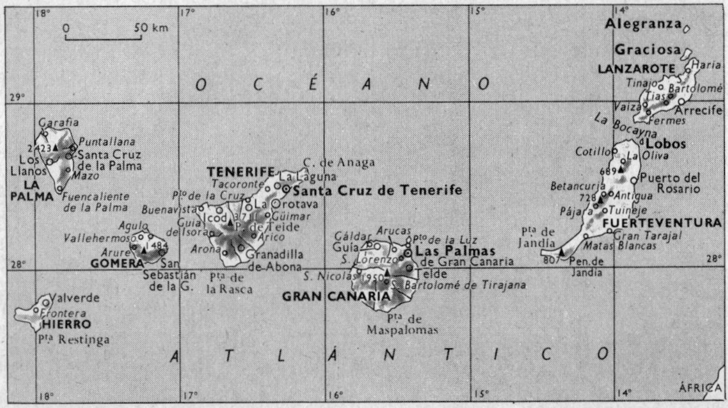

ISLAS CANARIAS

Fot. Giraudon, doc. A. G. P., Valotaire

cuya mejor obra, *Juvenilia*, es una admirable selección de recuerdos autobiográficos de su vida estudiantil.

CANEA, puerto principal de la isla de Creta.

CANELONES, c. del Uruguay, cap. del dep. del mismo n.; centro comercial. En ella se instaló el gobierno artiguista en 1813. En 1828 fue cap. de la Rep. con el n. de **Guadalupe**. El dep. ofrece la prod. más variada del país.

CANET DE MAR, v. de España (Barcelona).

CANEY, térm. mun. de Cuba (Oriente). Famoso combate de la guerra hispano-cubana (1898).

CANFRANC (PUERTO DE), paso de los Pirineos Centrales entre Aragón y Francia; 1 640 m. Estación invernal. Atravesado por el túnel de *Somport* (7 857 m).

CANGALLO, c. del Perú, cap. de la prov. del mismo n. (Ayacucho).

CANGAS, v. y puerto de España (Pontevedra).

CANGAS DE ONÍS, c. de España (Oviedo). Residencia de los primeros reyes de Asturias.

CANGAS DE NARCEA, ant. **Cangas de Tineo,** c. de España (Oviedo).

CANIGÓ, monte de Francia (Pirineos Orientales), 2 786 m. Ha sido cantado por Jacinto Verdaguer en su poema catalán *El Canigó*.

CANILES, c. de España (Granada).

CANJÁYAR, v. de España (Almería); cereales, frutas; minas de plomo.

CAN MAYOR, constelación del hemisferio austral, donde se encuentra Sirio, la estrella más brillante.

CAN MENOR, constelación del hemisferio boreal.

CANNAS, ant. v. de Apulia (Ofanto), donde Aníbal venció a los romanos (216 a. de J. C.).

CANNES [*kan*], c. de Francia (Alpes Marítimos); estación veraniega e invernal. Industrias. Festival cinematográfico anual.

CANNING (Jorge), político y orador inglés (1770-1827), uno de los promotores del libre cambio. Reconoció la independencia de las antiguas colonias españolas en América.

CANO (Alonso), pintor, arquitecto y escultor español, n. en Granada (1601-1667), que se distinguió por sus obras de un misticismo atormentado. Como imaginero dejó *La Virgen del Rosario* (Granada), *La Dolorosa*, etc., y como pintor *San Jerónimo* (Prado) y *La Visitación* (Granada).

CANO (Francisco A.), pintor y escultor colombiano (1865-1935).

CANO (Juan Sebastián El). V. ELCANO.

CANO (Melchor), dominico y teólogo español (1509-1560), autor del tratado *De locis theologicis*. Fue uno de los representantes de España en el Concilio de Trento.

CANOAS, río del Brasil, de cuya confluencia con el Pelotas nace el río Uruguay.

CANOPO, c. del ant. Egipto en el delta del Nilo.

CANOSSA, burgo y castillo de Italia (Emilia). El emperador de Occidente Enrique IV se humilló allí ante el papa Gregorio VII durante la querella de las Investiduras (1077).

CANOVA (Antonio), escultor italiano, n. en Possagno (Treviso) [1757-1822], el más alto representante del neoclasicismo (*Amor y Psique, Paulina Borghese*).

CÁNOVAS DEL CASTILLO (Antonio), político conservador y escritor español, n. en Málaga (1828-1897). Fue seis veces presidente del Consejo de ministros y alma del movimiento que condujo a la restauración de 1874. Como escritor se le debe la novela histórica *La campana de Huesca*. Murió asesinado por el anarquista italiano Angiolillo.

CANSINOS-ASSENS (Rafael), crítico literario español (1883-1964). Publicó también novelas y fue traductor.

CANTA, c. del Perú, cap. de la prov. del mismo n. (Lima).

CANTABRIA, región de la España Tarraconense; correspondía a las prov. de Vizcaya y Santander.

CANTÁBRICO (MAR), parte del Atlántico, al norte de España.

CÁNTABROS, pueblo antiguo de la Península Ibérica, al E. de Asturias, que luchó durante tres siglos contra los romanos para conservar su independencia. Sometido en 25 a. de J. C.

CÁNTABROS (MONTES), continuación de los Pirineos, que se extiende hasta la meseta de Reinosa. Alt. máx. 2 648 m.

Cantaclaro, novela del escritor venezolano Rómulo Gallegos (1934).

CANTACUCENO, familia que ha desempeñado papel importante en la historia bizantina y rumana, y cuyo principal miembro fue el emperador Juan VI.

CANTAL, macizo montañoso de Francia, formado por antiguos volcanes (1 858 m).

CANTAL, dep. de Francia; cap. *Aurillac*.

Cantar de gesta, nombre que reciben en lengua romance los poemas épicos medievales de origen popular o anónimo, pertenecientes a la escuela del *mester de juglaría*. Los héroes celebrados en las canciones de gesta son en general personajes históricos: Fernán González, Sancho II de Castilla, los Infantes de Lara, el Conde Don Julián, el Rey Don Rodrigo, el Abad de Montemayor, el Infante Don García, Carlomagno (conocido bajo el nombre de Mainete), etc. No faltan, sin embargo, los personajes legendarios, como Bernardo del Carpio. El héroe principal de los cantares de gesta españoles es el Cid.

Cantar de los cantares *(El)*, uno de los libros del Antiguo Testamento, obra atribuida a Salomón (s. X a. de J. C.). Fray Luis de León hizo una famosa traducción.

Cantar de Mío Cid, primer monumento conocido de la literatura española. Cantar de gesta compuesto hacia mediados del siglo XII (1140) a la gloria de Rodrigo Díaz de Vivar, héroe castellano conocido más comúnmente bajo el nombre del Cid, cuyas hazañas celebra. El cantar ha llegado a nosotros en un manuscrito anónimo (aunque figura la indicación del copista Per Abbat) del siglo XIV (hacia 1307), conservado desde 1961 en la Biblioteca Nacional de Madrid.

CANTEMIR (Constantino), príncipe de Moldavia, de 1685 a 1693. — Su hijo DEMETRIO (1673-1723), historiador, príncipe de Moldavia de 1710 a 1711.

CANTERAC (José), general español (1787-1835) que luchó largo tiempo en la guerra de la independencia americana y firmó la capitulación de Ayacucho (1824). Murió en Madrid.

CANTERBURY. V. CANTORBERY.

Cántico espiritual, poema de San Juan de la Cruz, glosa de *El Cantar de los Cantares*.

Cantiga, composición poética que tuvo gran difusión durante la Edad Media y que floreció sobre todo en los cancioneros galaicoportugueses. Son famosas las *Cantigas de Santa María*, compuestas por Alfonso X el Sabio en lengua gallega.

CANTILO (José María), político, escritor y periodista argentino (1816-1872).

CANTILLANA, v. de España (Sevilla).

CANTINFLAS. V. MORENO (Mario).

CANTÓN, c. de China, cap. de Kuangtung; puerto a orillas de un brazo del estuario del Si-Kiang. Industrias mecánicas y textiles.

CANTÓN, c. de los Estados Unidos (Ohio).

CANTOR (Jorge), matemático alemán, n. en San Petersburgo (1845-1918), conocido por su *Teoría de los conjuntos*.

CANTORBERY, en ingl. **Canterbury,** c. de Inglaterra (Kent); sede del arzobispo anglicano, primado del reino. Bella catedral (s. XII).

catedral de CANTORBERY

A. CANO
LA DOLOROSA
castillo de Villandry

M. CANO

CÁNOVAS DEL CASTILLO

Fot. Giraudon, doc. A. G. P., Biblioteca Nacional (Madrid), doc. Oficina de turismo británico

CAPDEVILA

CAÑAS Y VILLACORTA

CAPITOLIO escalera del Campodoglio

Cantos de vida y esperanza, libro de poemas de Rubén Darío, lleno de melancolía (1905).
CANTÚ (César), historiador y político italiano (1804-1895), autor de una *Historia universal.*
CANUTO o **KNUTO,** nombre de varios reyes de Dinamarca, de Inglaterra y de Suecia. Los más célebres son CANUTO *el Grande,* rey de Dinamarca e Inglaterra, m. en 1035; y CANUTO *el Santo,* rey de Dinamarca de 1080 a 1086. Fiesta el 19 de enero.
CAÑADA DE GÓMEZ, pobl. de la Argentina (Santa Fe).
CAÑAR, río del Ecuador. — Prov. del Ecuador; cap. *Azogues;* minas de carbón, plata y azogue. — Cantón del Ecuador, en la prov. de su n.
CAÑAS (Antonio José), político salvadoreño m. en 1844, pres. de la Rep. en 1839 y en 1840. Fue delegado de su país en el Gob. confederado (El Salvador, Honduras y Nicaragua) de 1842.
CAÑAS (José María), militar salvadoreño (1809-1860), que defendió la unidad centroamericana y luchó contra el filibustero Walker.
CAÑAS (Juan José), militar, político y poeta salvadoreño (1826-1900), autor del himno nacional de su país.
CAÑAS (Juan Manuel de), militar español, que era gobernador de Costa Rica cuando se proclamó la independencia del país (1821).
CAÑAS Y VILLACORTA (José Simeón), presbítero salvadoreño (1767-1838), defensor de la abolición de la esclavitud en Centroamérica.
CAÑAVERAL (CABO), hoy **Cabo Kennedy,** cabo de la costa E. de Florida (EE.UU), base de lanzamiento de cohetes y satélites artificiales.
CAÑAZAS, pobl. de Panamá (Veraguas).
CAÑETE, com. y dep. de Chile (Arauco). — Prov. del Perú (Lima); cap. *San Vicente de Cañete.* (Hab. *cañetanos.*)—V. de España (Cuenca).
CAÑETE (Manuel), poeta y crítico español (1822-1891), que abogó por la pulcritud en el lenguaje. Fue autor de varios dramas.
CAÑIZARES (José de), dramaturgo clásico español (1676-1750), autor de la comedia de figurón *El dómine Lucas* y de *El picarillo de España y señor de la Gran Canaria.*
CÃO (Diogo). V. CAM.
CAOBAL, pico de Venezuela (Carabobo); 1 890 m.
CAONABÓ, cacique indio de La Española, que luchó contra los primeros conquistadores de la isla. Hecho prisionero, murió en la travesía hacia España (1496).
CÁPAC YUPANQUI, quinto inca del Perú (siglo XIII).
CAPADOCIA, ant. región de Asia Menor, al O. de Armenia, cuyas ciudades principales fueron *Mazaca* (hoy *Kayseri*), *Nisa* y *Nacianzo.*
CAPARRO, río de Venezuela, en los Est. de Mérida, Táchira y Barinas, afl. del Apure; 285 kilómetros.
CAPATÁRIDA, c. de Venezuela (Falcón).
CAPDEVILA (Arturo), escritor argentino, n. en Córdoba (1889-1967), autor de estudios filológicos (*Babel y el castellano*), obras históricas (*Los incas*), obras teatrales (*Sulamita*), ensayos, etc. La facilidad de su lírica y de su versificación se reflejan en *Melpómene* y *El libro de la noche.*
CAPEA, laguna del Brasil (Amazonas).
Caperucita Roja, personaje y título de uno de los más encantadores cuentos de Perrault.
CAPETO, apodo de Hugo, primer rey francés de la tercera dinastía, y que se extendió luego a todos los reyes de la misma (987-1848).
CAPETOWN. V. CABO *(El).*
CAP HAITIEN. V. CABO HAITIANO.
CAPIATÁ, pobl. del Paraguay (Central); fundada en 1640 por Ledesma Valderrama. (Hab. *capiateños.*)
CAPILLANA, princesa peruana, que enamorada de F. Pizarro, ayudó a éste eficazmente en la conquista del país. M. en 1549.
CAPILLA ZARZA. V. LORETO.
CAPILLITAS, pobl. de la Argentina (Catamarca), en la sierra de Atajo; minas de cobre.
CAPIM, río del Brasil (Pará), afl. del Amazonas; 400 km.
CAPINOTA, pobl. de Bolivia, cap. de la prov. del mismo n. (Cochabamba).
CAPIRA, río de Panamá, que des. en el Pacífico. — Pobl. de Panamá, en la prov. de este nombre.
CAPISTRANO (*San* Juan de), franciscano italiano (1385-1456), adversario de los husitas. Canonizado en 1660. Fiesta el 28 de marzo.
Capital (*El*), obra de Carlos Marx (1867) en la que critica la economía capitalista y defiende un socialismo fundado en un reparto de los beneficios del trabajo.
CAPITÁN BADO, pobl. del Paraguay (Amambay).
CAPITANEJO, c. de Colombia (Santander).
Capitanía General, división territorial de la América española, que disfrutaba de cierta independencia respecto al virreinato a que pertenecía. Hubo Capitanías Generales en Cuba, Guatemala, Venezuela, Chile y Puerto Rico.
CAPITÁN MEZA, pobl. del Paraguay (Itapúa)
CAPITÁN MIRANDA, pobl. del Paraguay (Itapúa).
CAPITÁN PIEDRABUENA, cerro principal de la Tierra del Fuego (Argentina); 1 650 m.
CAPITOLINO (MONTE) o **ROCA TARPEYA,** una de las siete colinas comprendidas en el recinto de la antigua Roma. (V. CAPITOLIO.)
Capitolio, templo dedicado a Júpiter y ciudadela que se elevaban en el monte Capitolino o Roca Tarpeya, una de las siete colinas de Roma, donde se coronaba a los triunfadores. Cerca del Capitolio se hallaba la Roca Tarpeya, desde donde se despeñaba a los traidores. Los papas instalaron un museo de mucho interés en el Capitolio. — El nombre de *Capitolio* ha sido dado en los tiempos modernos a varios monumentos públicos, entre otros el Capitolio de Washington, de Buenos Aires, de La Habana, etc.
CÁPIZ, c. de Filipinas, cap. de la prov. del mismo n., en la isla de Panay. Obispado.
CAPMANY (Antonio de), historiador y erudito español (1742-1813), autor de varias obras sobre la elocuencia.
CAPO D'ISTRIA (Juan, *conde de*), político griego (1776-1831), que desempeñó un papel importante en la insurrección de los griegos contra los turcos. Fue algún tiempo dictador de la Grecia emancipada, pero murió asesinado en Nauplia.
CAPORETTO, hoy **Kobarid,** localidad yugoslava, antes italiana, donde fueron derrotados los italianos por las tropas austroalemanas (1917).
CAPOTE (Truman), novelista norteamericano, n. en 1924, de estilo fantástico e irreal.
CAPRERA, isla italiana, en la costa NE. de Cerdeña. Célebre por la residencia de Garibaldi.
CAPRESE MICHELANGELO, pobl. de Italia (Arezzo), patria de Miguel Ángel.
CAPRI, isla del mar Tirreno, en el golfo de Nápoles, donde pasó Tiberio los últimos años de su vida. Gran centro turístico. (Hab. *capriotas.*)

Fot. Valotaire, doc. A. G. P., Viollet

CAPRICORNIO, décimo signo del Zodiaco, que corresponde al período del 24 de diciembre al 23 de enero.—Constelación del hemisferio austral. (*Trópico de Capricornio,* v. TRÓPICO. [*Parte Lengua.*])
Caprichos, serie de 84 grabados al aguafuerte de Goya, de temas satíricos y fantásticos.
CAPUA, c. de Italia (Nápoles), a orillas del Volturno. Aníbal conquistó esta ciudad, después de un largo sitio (215 a. de J. C.) y pasó en ella el invierno.
CAPUANA (Luis), poeta y dramaturgo italiano (1839-1915), autor de *Jacinta* y *Castigo*.
Capuchinos, orden religiosa, reforma de la franciscana, fundada en 1526 por Mateo de Baschi.
CAPULETOS, familia gibelina de Verona, enemiga implacable de la de los *Montescos*. A estas familias pertenecían Romeo y Julieta.
CAQUETÁ, río de América del Sur, que nace en Colombia (Cauca) y penetra en el Brasil, afl. del Amazonas; 1 390 km. — V. JAPURÁ. — Intendencia de Colombia; cap. *Florencia;* maderas.
CÁQUEZA, c. de Colombia (Cundinamarca).
CARABANCHEL ALTO y **BAJO,** arrabales de Madrid por su parte oeste. Hospital militar.
CARABAÑA, v. de España (Madrid). Aguas minerales purgantes muy celebradas.
CARABAYA, n. dado a una sección de los Andes peruanos; alt. máx. 5 210 m. — Prov. del Perú (Puno): cap. *Macusani*.
CARABOBITO, pobl. de Venezuela (Carabobo).
CARABOBO, sierra de Venezuela. — Estado de Venezuela; cap. *Valencia;* azúcar, café, maíz y algodón; importante ganadería. (Hab. *carabobeños.*) — Lugar de Venezuela, en el Estado del mismo n., en el que se desarrollaron dos grandes batallas de la Independencia (1814 y 1821), ganadas por Bolívar.
CARABUCO, puerto de Bolivia, en el lago Titicaca.
CARACALLA, emperador romano, hijo de Septimio Severo (188-217). En su reinado (211-217), que comenzó con el asesinato de su hermano Geta, se concedió el derecho de ciudadanía a todos los habitantes del Imperio (212). Fue asesinado cerca de Edesa por orden de Macrino.
CARACAS, cap. del Distrito Federal, del dep. de Libertador y de la República de Venezuela, a 12 km de La Guaira, que le sirve de puerto en el mar de las Antillas; centro comercial e industrial en pleno desarrollo; 2 064 000 h. (*caraqueños*). La urbe, de modernísimo aspecto, se ha extendido extraordinariamente; de su centro, la Plaza Bolívar, parten amplias vías con suntuosos edificios públicos y residenciales. Son dignos de mención el Palacio de Justicia y el Presidencial de Miraflores, la Universidad, la Casa de Correos, el Panteón Nacional y el Museo de Bellas Artes. Posee numerosas instituciones culturales y es residencia de las Academias nacionales de Historia, Ciencias Políticas y Sociales, Lengua, etc. Universidad. Arzobispado. Fundada en 1567 por Diego de Losada, había de desempeñar un importante papel en las luchas por la emancipación americana.
CARACAS (SILLA DE), cima de Venezuela, a más de 1 500 m, en la Cordillera Caribe.
CARACCIOLO, familia italiana célebre, cuyos miembros fueron políticos y militares.
Caracol *(El),* n. de uno de los edificios de la c. maya de Chichén Itzá, caracterizado por su torre cilíndrica.
CARACOLLO, pobl. de Bolivia, cap. de la prov. de Cercado (Oruro).
CARACHE, río de Venezuela (Trujillo), que des. en el lago de Maracaibo. — Pobl. de Venezuela (Trujillo).
CARAFA o **CARAFFA,** ilustre familia napolitana. Uno de sus miembros, PIETRO, fue papa con el nombre de *Paulo IV*.
CARAFFA (Emilio), pintor argentino (1863-1939), autor de cuadros de historia.
CARAGUATAY, pobl. del Paraguay (Cordilleras); centro agrícola y ganadero.
CARAHUASI, prolongación en Salta (Argentina) de las cumbres calchaquíes; centro prehistórico.
CARAHUE, com. de Chile (Cautín).
CARAMANTA, cerro de Colombia, en la Cord. Occidental; 3 900 m.

EL CARAVAGGIO (1573-1610) retrato de ALOF DE VIGNACOURT

CARAMURÚ, nombre indio del aventurero gallego *Diego Álvarez y Correa,* que en el siglo XV vivió largo tiempo entre los salvajes del Brasil.
CARANGAS, prov. de Bolivia. (Oruro): cap. *Corque;* grandes rebaños de alpacas.
CARAPÁ. V. YGUREY.
CARAPANATUBA, río del Brasil (Pará), afl. del Amazonas.
CARAPÉ, sierra del Uruguay (Lavalleja).
CARAPEGUÁ, pobl. del Paraguay (Paraguarí); azúcar.
CARAPUÇA, pico del Brasil (Minas Gerais); 1 900 m.
CARARE, río de Colombia (Santander y Boyacá), afl. del Magdalena.
CARÁS, c. del Perú, cap. de la prov. de Huaylas (Ancash). Terremoto en 1970.
CARATASCA, lago de Honduras (Colón).
CARAVACA, c. de España (Murcia); pobl. antiquísima en cuya iglesia de la Santísima Cruz, se conserva la reliquia de la *Cruz de Caravaca*.
CARAVAGGIO (Miguel Ángel AMERIGHI o MERISI, llamado **el**), célebre pintor italiano (1573-1610). Su estilo atrevido y crudo, pero vigoroso, lo convierte en uno de los maestros del realismo. Sobresalió en el claroscuro.
CARAVAGGIO (Polidoro CALDARA, llamado **el**), pintor manierista italiano (1495-1543).
CARAVELÍ, c. del Perú, cap. de la prov. del mismo n. (Arequipa). Prelatura nullius.
CARAYAÓ, n. dado a un sector de la cord. paraguaya de Caaguazú. — Pobl. del Paraguay (Caaguazú).
CARAZINHO, mun. del Brasil (Rio Grande do Sul).
CARAZO, dep. de Nicaragua, cap. *Jinotepe;* uno de los princ. prod. de café del país. (Hab. *caraceños.*)
CARAZO (Evaristo), político y general nicaragüense (1822-1889), pres. de la Rep. de 1887 a 1889. Impulsó notablemente la enseñanza.
CARBALLINO, v. de España (Orense).
CARBÓ (Pedro), escritor y político ecuatoriano (1813-1894).
Carbonarios, n. de una sociedad secreta y política que se formó en Italia a principios del siglo XIX y se extendió por Francia. Era su objeto el triunfo de las ideas liberales y la unificación de Italia.
CARCAGENTE, c. de España (Valencia); naranjas.
CÁRCANO (Ramón José), político e historiador argentino (1860-1946).
CARCARAÑÁ, río de la Argentina (Santa Fe), llamado en Córdoba **río Tercero.** Es afl. del Paraná. — Pobl. de la Argentina (Santa Fe).
CARCASONA, c. de Francia, cap. del dep. del Aude. Recinto amurallado de la Edad Media.
Cárcel de amor, novela sentimental y de ambiente caballeresco del escritor español Diego Fernández de San Pedro (1492).
CARCO (Francis), poeta y novelista francés (1886-1958), que ha celebrado la bohemia parisiense de Montmartre.
CÁRCOVA (Ernesto de la), pintor argentino (1867-1927), maestro del realismo de tendencia social. Autor del célebre cuadro *Sin pan y sin trabajo.*

¡LINDA MAESTRA! CAPRICHO, de GOYA

Fot. Giraudon

L. CÁRDENAS

CARDUCCI

CARCHI, río del Ecuador. — Prov. del N. del Ecuador; cap. *Tulcán;* papas, cereales, caña de azúcar, café. (Hab. *carchenses.*)

CARDANO (Jerónimo), sabio matemático y filósofo italiano, n. en Pavía (1501-1576), a quien se deben la resolución de la ecuación de tercer grado y la suspensión que lleva su nombre.

CÁRDENAS, bahía de Cuba (Matanzas). — C. de Cuba (Matanzas); centro industrial y comercial. En sus calles ondeó por primera vez la bandera cubana.

CÁRDENAS (Adán), político y médico nicaragüense (1836-1916), pres. de la Rep. de 1883 a 1887.

CÁRDENAS (Bernardino de), religioso franciscano boliviano (1579-1668), obispo de Asunción del Paraguay. Fue adversario decidido de los jesuitas. Escribió *Historia Indiana.*

CÁRDENAS (Lázaro), político y general mexicano, n. en Jiquilpan (1895-1970), pres. de la Rep. de 1934 a 1940. Reestructuró el país de acuerdo con la Constitución de 1917 y, entre otras iniciativas, nacionalizó la industria petrolífera (1938) y puso en práctica la reforma agraria.

CÁRDENAS Y RODRÍGUEZ (José María de), escritor cubano (1812-1882).

CARDERERA Y SOLANO (Valentín), pintor y escritor español (1796-1880).

CARDIFF, c. de Gran Bretaña (Gales), cap. del condado de Glamorgan; puerto muy activo; hulleras importantes. Metalurgia.

CARDIGANSHIRE, condado de Gran Bretaña (Gales); cap. *Aberystwith.*

CARDONA, pobl. de Cataluña (Barcelona); paños; minas de sal. Iglesia románica.

CARDONA (Rafael), escritor y poeta costarricense, n. en 1893, autor de *Oro de la mañana.*

CARDONA PEÑA (Alfredo), poeta costarricense, n. en 1917, autor de *Poemas Numerales.*

CARDOZA Y ARAGÓN (Luis), escritor y político guatemalteco, n. en 1904, autor de *Maelstrom, El sonámbulo, Retorno al futuro.*

CARDUCCI (José), poeta y crítico italiano (1835-1907), de estilo clásico (*Juvenilia, Odas bárbaras*). [Pr. Nóbel, 1906.]

CARELIA, república autónoma de la U. R. S. S. (Rusia), al E. de Finlandia, formada por la ant. república de Carelia, a la que se añadió en 1940 la Carelia finlandesa. Cap. *Petrozavodsk.*

CARENERO, isla del archip. de Los Roques (Venezuela). — Puerto de Venezuela.

CAREY (Enrique Carlos), economista norteamericano (1793-1879). librecambista.

CAREY (Harry), poeta y músico inglés, m. en 1743, a quien se atribuye la música del *God save the King.*

CARHUÁS, c. del Perú, cap. de la prov. del mismo n. (Ancash). Terremoto en 1970.

CARHUÉ, pobl. de la Argentina (Buenos Aires), a orillas del lago Epecuén. Baños medicinales.

CARIA, antigua región de Asia Menor, a orillas del mar Egeo; c. pr. *Mileto, Halicarnaso.*

CARIACO, golfo de Venezuela (Sucre), en el mar Caribe. — Puerto de Venezuela (Sucre), en el golfo del mismo n., que se llamó ant. **San Felipe de Austria.**

CARIAMANGA, pobl. del Ecuador, cab. del cantón de Calvas (Loja).

CARÍAS ANDINO (Tiburcio), general y político hondureño, n. en 1876, pres. de la Rep. de 1933 a 1949.

CARIBANA, prov. de Costa Firme (Venezuela), habitada por los caribes en tiempos del descubrimiento de América.

CARIBDIS y ESCILA, nombres de un torbellino y un escollo célebres del estrecho de Mesina, muy temido por los navegantes antiguos.

CARIBE, cord. de Venezuela. — Mar de América Central, adyacente del Atlántico, llamado tb. **de las Antillas.** Baña las islas de este n., las costas centroamericanas y las septentrionales de Colombia y Venezuela.

CARIBES, pueblo indio procedente de la cuenca del Orinoco, que ocupaba en el s. XV las Antillas Menores, la costa del mar de las Antillas y las Guayanas. Los *caribes,* temibles guerreros, lucharon contra los arawakos.

CARIBES (ISLAS), n. que se da tb. a las **Antillas Menores.**

CARICOCHA, laguna del Ecuador (Imbabura).

CARIHUAIRAZO, volcán del Ecuador, entre las prov. de Tungurahua y Chimborazo; 4 990 m.

CARINO (Marco Aurelio), emperador romano de 283 a 285, hijo del emperador Caro. Cruel y corrompido, fue asesinado por sus soldados.

CARINTIA, prov. de Austria; cap. *Klagenfurt.*

CARIÑÁN, en ital. **Carignano,** c. de Italia (Turín), a orillas del Po.

CARIÑENA, c. de España (Zaragoza). Vinos.

CARIPITO, pobl. de Venezuela (Monagas); puerto fluvial; ref. de petróleo.

CARISSIMI (Giacomo), compositor italiano (¿1605?-1674), reformador del oratorio en Italia y autor de hermosas composiciones religiosas.

CARLET, c. de España (Valencia).

CARLISLE, c. de Inglaterra, cap. del condado de Cumberland, a orillas del Caldew. Catedral.

Carlistas (*Guerras*), guerras civiles provocadas en España por la sucesión al trono a la muerte de Fernando VII. La primera guerra carlista duró de 1833 a 1839. Empezó en Bilbao, extendiéndose luego a Vitoria y La Rioja. Eran partidarios de Don Carlos las provincias vascongadas, el clero secular y regular, elementos campesinos y de la clase media. Contra él estaban el ejército, parte de la nobleza y la burguesía. Dividióse en dos períodos: en el primero, hasta la batalla de Luchana y la toma de Bilbao, los triunfos fueron casi iguales por ambas partes; en el segundo, hasta el convenio de Vergara, los carlistas tuvieron menos fortuna.
La segunda guerra carlista tuvo pocas acciones importantes y acabó en 1860.
El origen de la tercera (1872-1876) fue la elección de Amadeo I y la proclamación de la República. Los carlistas fueron derrotados en Bilbao y vencedores en Abárzuza, pero la toma de Estella por Martínez Campos puso fin a la guerra en 1876. A consecuencia de ella perdieron la mayoría de sus fueros las provincias vascongadas.

CARLOMAGNO o **CARLOS I,** rey de los francos y emperador de Occidente, n. en Neustria (742-814), hijo de Pipino el Breve. Sucedió a su padre en 768 y reinó con su hermano Carlomán hasta 771. Sometió a los aquitanos, a los lombardos, haciendo prisionero a su rey Deodato, a los bávaros y los sajones, y dirigió contra los árabes de España una expedición señalada por la derrota de su retaguardia en Roncesvalles, donde pereció Rolando (778). Formó en el NE. de la Península la Marca Hispánica. Entristecieron sus últimos días las invasiones de los normandos.
En 800 fue coronado por el papa León III emperador de Occidente, y dio su nombre a la dinastía carolingia. Como legislador, procuró Carlomagno, en lo posible, imitar al Imperio Romano; protector de las letras, creó numerosas escuelas. Carlomagno es una de las figuras más grandes de la Edad Media. Por desgracia no le sobrevivió

CARLOMAGNO
estatua de bronce. Louvre

Fot. Associated Press, Larousse, Giraudon

su obra política, pues sus débiles sucesores carecían de las cualidades que le permitieron a él llevarla a cabo.

CARLOMÁN, hijo de Pipino el Breve y hermano de Carlomagno (751-771), rey de Austrasia, de Borgoña y de Provenza en 768.

CARLOMÁN, hijo de Luis el Tartamudo y hermano de Luis III, rey de Francia, con quien gobernó de 879 a 882. Murió en 884.

CARLOMÁN, hijo de Luis el Germánico (828-880), rey de Baviera y luego de Italia.

REYES Y PRÍNCIPES DE ESPAÑA

CARLOS I DE ESPAÑA y V DE ALEMANIA, hijo de Felipe el Hermoso y Juana la Loca, rey de España en 1517 y emperador de Alemania en 1519. N. en Prisenhof (Gante) en 1500 y m. en Yuste (Cáceres) en 1558. Dueño de inmensos dominios (España y sus colonias, Flandes y Austria), pudo decir que no se ponía el sol en su Imperio. Su sueño de dominación universal le obligó a luchar contra Francisco I en cuatro guerras, logrando vencer al monarca francés en Pavía y obligándole a firmar el Tratado de Madrid (1526). También peleó contra Solimán II, sultán de los otomanos, y contra los luteranos de Alemania.
No supo hacerse querer de sus súbditos de España, a quienes agobiaba con excesivos impuestos originados por su ambiciosa política exterior, y a los que desagradaba sobremanera la corte flamenca que introdujo en el país. A principios de su reinado estalló la sublevación de los *comuneros*, ahogada en sangre. (V. *Comunidades.*) No pudiendo, a pesar de su autoridad y su gran energía, realizar completamente sus proyectos ambiciosos, y cansado del Poder, abdicó en 1556 y se retiró al monasterio de Yuste (Cáceres). El retiro de Carlos I, y sobre todo sus funerales, a los que, según una tradición reconocida hoy por falsa, quiso asistir en vida, han sido objeto de frecuentes alusiones. Pero no hay que figurarse que el Emperador, después de haber renunciado al trono en un acceso de misticismo, pasara la vida en oración y penitencia. Desde el monasterio de Yuste, dictó con frecuencia su voluntad a sus sucesores.

CARLOS II, rey de España (1661-1700), hijo de Felipe IV y Mariana de Austria que sucedió a su padre en 1665 bajo la tutela de su madre. Enfermizo y abúlico no supo resistir a ninguna influencia exterior y su reinado fue un verdadero desastre para España. En 1668 tuvo que reconocer la independencia de Portugal, separado desde 1640; en 1678 perdió el Franco Condado en provecho de Francia, y en 1684 Luxemburgo. Casado dos veces, no tuvo descendencia, y antes de morir designó él mismo por sucesor a Felipe de Anjou, segundo nieto de Luis XIV de Francia.

CARLOS III, rey de España (1716-1788). Quinto hijo de Felipe V, fue primero nombrado duque de Parma, y, con ayuda de los franceses, consiguió apoderarse del reino de Nápoles. Habiendo quedado vacante el trono de España por muerte de Fernando VI (1759), abandonó sus Estados para hacerse cargo de la Corona española. Su reinado fue bastante afortunado, y se le deben muchas y útiles reformas urbanísticas, el fomento de la agricultura, de la industria y del comercio, la creación de las academias militares, etc. Mantuvo dos guerras contra Inglaterra: en la primera perdió Florida (1763) y obtuvo la cesión de una parte de Luisiana y en la segunda recuperó Menorca y Florida (1783). Expulsó a los jesuitas en 1767. Sus principales ministros fueron Esquilache, el conde de Aranda y el de Floridablanca.

Carlos III (*Orden de*), orden de caballería española fundada en 1771. Cinta de color azul, con una raya blanca en el centro.

CARLOS IV (1748-1819), rey de España de 1788 a 1808, hijo y sucesor de Carlos III. Durante su reinado, volvió España a perder cuanto había obtenido con Carlos III. Sometido a la influencia de su mujer, María Luisa de Parma, y a la del favorito Manuel Godoy, declaró la guerra a la República Francesa, pero, derrotado, tuvo que firmar la Paz de Basilea (1795). Más adelante, la absurda alianza que hizo con los franceses contra Inglaterra le hizo perder en Trafalgar (1805) lo mejor de su armada. En 1807 firmó con Napoleón un tratado para el reparto de Portugal entre Godoy, la ex duquesa de Parma y Francia. La conspiración de su hijo Fernando, y el motín de Aranjuez (1808), le obligaron a abdicar en favor del príncipe de Asturias pidiendo luego auxilio a Napoleón. Éste creyó el momento oportuno para apoderarse del trono de España, y, después de las discordias de Bayona entre padre e hijo, obligó a Fernando a renunciar a la corona y a Carlos IV a cedérsela a él.

CARLOS DE VIANA, infante de Navarra, príncipe de Viana (1421-1461), célebre por sus disensiones con su padre, Juan II de Aragón, y su madrastra, Juana Enríquez. Heredó de su madre, Blanca de Navarra, el reino de dicho nombre, pero tuvo que defenderlo a la vez contra su padre y su madrastra, que lo quería para su hijo.

CARLOS I DE NAVARRA, rey de Navarra. V. CARLOS IV de Francia.

CARLOS II el Malo (1332-1387), rey de Navarra de 1349 a 1387. Se alió con los ingleses durante la guerra de los Cien Años y fue vencido por Du Guesclin.

CARLOS III el Noble (1361-1425), rey de Navarra de 1387 a 1425. Mantuvo relaciones amistosas con sus vecinos. Reorganizó el reino y desarrolló las artes e industrias.

CARLOS (*Príncipe Don*), hijo de Felipe II y de su primera esposa María de Portugal, nacido en 1545, de inteligencia muy limitada y carácter revoltoso. Un accidente puso en peligro su vida y afectó su razón. Su padre le encarceló en su propio palacio, donde murió en 1568. La prisión y la muerte del príncipe dieron origen a gran número de fábulas.

Carlos (*Don*), drama en cinco actos y en verso de Schiller (1787); — Ópera en cinco actos, música de Verdi (1867).

CARLOS María Isidro de Borbón. V. BORBÓN (Carlos María Isidro de).

CARLOS Luis María Fernando de Borbón. V. BORBÓN (Carlos de).

CARLOS María de los Dolores de Borbón. V. BORBÓN (Carlos María de los Dolores).

REY DE PORTUGAL

CARLOS I, hijo de Luis I, rey de Portugal, y María Pía, hija de Víctor Manuel, n. en 1863, rey de Portugal en 1889. M. asesinado en 1908.

príncipe DON CARLOS

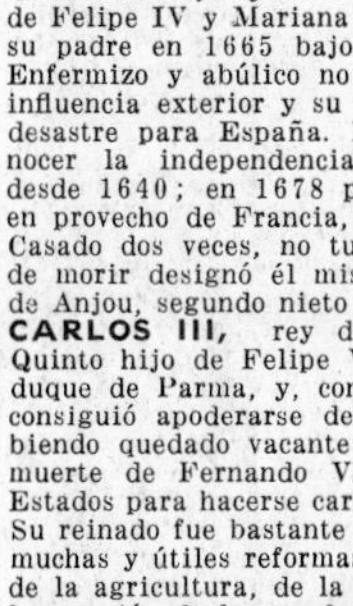
CARLOS I
por TIZIANO

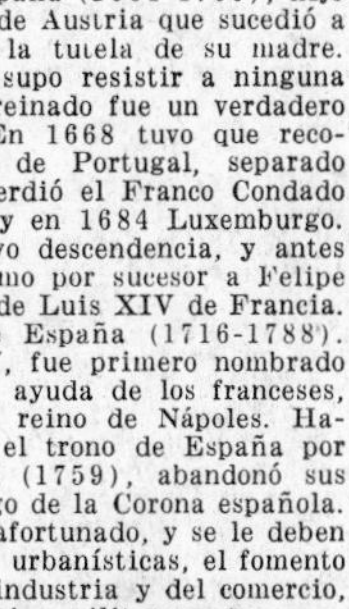
CARLOS II
por CARREÑO

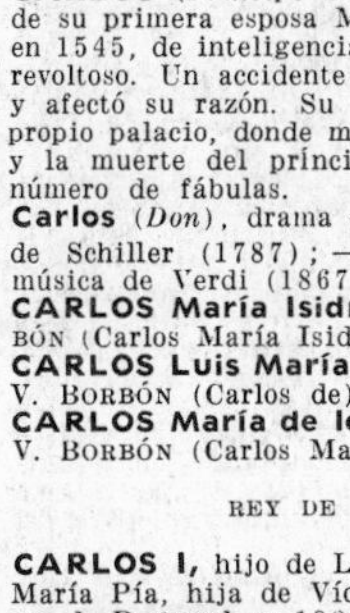
CARLOS III
por GOYA

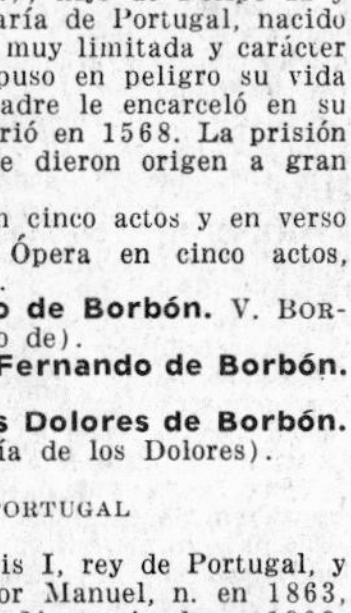
CARLOS IV
por GOYA

Fot. Giraudon, doc. A. G. P., Larousse, Anderson-Giraudon

CARLOS V
de Francia

CARLOS VIII
de Francia

CARLOS X
de Francia

CARLOS I
de Inglaterra
y de Escocia
por VAN DYCK
Louvre

CARLOS XII
de Suecia

CARLOS
EL TEMERARIO

REYES Y PRÍNCIPES FRANCESES

CARLOS MARTEL, hijo de Pipino de Heristal (¿685?-741); venció en 732 a los árabes cerca de Poitiers, salvando así la civilización cristiana y el Occidente de la conquista musulmana.
CARLOS I. V. CARLOMAGNO.
CARLOS II el Calvo (823-877), rey de Francia (840) y emperador de Occidente en 875, durante cuyo reinado se desmembró el imperio de Carlomagno.
CARLOS III (879-929), rey de Francia (898-923). Cedió Normandía a Rollón (911) y adquirió Lorena.
CARLOS IV (1294-1328), rey de Francia de 1322 a 1328, hijo de Juana de Navarra, rey de Navarra con el nombre de *Carlos I.*
CARLOS V el Sabio (1338-1380), rey de Francia en 1364. Arrebató a los ingleses casi todas sus posesiones francesas.
CARLOS VI (1368-1422), rey de Francia en 1380, que perdió la razón en 1392. Dividido el reino por la rivalidad entre borgoñones y armañaques, y bajo la influencia de Isabel de Baviera, cayó casi por completo en poder de los ingleses después de la batalla de Azincourt.
CARLOS VII (1403-1461), rey de Francia en 1422. A su advenimiento estaba casi todo el país en poder de los ingleses, estado que duró hasta que Juana de Arco consiguió acabar con la dominación extranjera.
CARLOS VIII (1470-1498), hijo de Luis XI, rey de Francia en 1483. Casó en 1491 con Ana de Bretaña, heredera del rico ducado de este nombre. Conquistó el reino de Nápoles en 1495, pero tuvo que abandonarlo muy pronto ante la irritación y el levantamiento de los italianos.
CARLOS IX (1550-1574), cuarto hijo de Enrique II y de Catalina de Médicis, rey de Francia en 1560. Hubo durante su reinado cinco guerras religiosas entre católicos y protestantes. Ordenó la matanza de la noche de San Bartolomé.
CARLOS X (1757-1836), nacido en Versalles, hermano de Luis XVI y de Luis XVIII, a quien sucedió en el trono en 1824. Su política reaccionaria e injusta le valió una gran impopularidad que, a pesar de la conquista de Argel, llegó a provocar la revolución de julio de 1830 y el advenimiento de Luis Felipe.
CARLOS DE ANJEO, hermano de San Luis y rey de Sicilia, que perdió su corona después de las Vísperas Sicilianas (1226-1285).
CARLOS EL TEMERARIO (1433-1477), duque de Borgoña en 1467, y uno de los príncipes más notables de su tiempo, hijo de Felipe el Bueno y de Isabel de Portugal. Su hija, María de Borgoña, casó con Maximiliano de Austria; Felipe el Hermoso, hijo de ambos, y esposo de Juana la Loca, fue padre de Carlos I de España, quien heredó de esta suerte los derechos a la corona de su bisabuelo.

EMPERADORES Y PRÍNCIPES GERMÁNICOS

CARLOS I. V. CARLOMAGNO.
CARLOS II. V. CARLOS II, rey de Francia.
CARLOS III el Gordo (839-888), rey de los Alamanes (876-881), emperador de Occidente (881-887), regente de Francia (884-887).
CARLOS IV, nacido en Praga (1316-1378), emperador germánico de 1346 a 1378, hijo de Juan de Luxemburgo, rey de Bohemia. Promulgó la *Bula de Oro* (1356).
CARLOS V. V. CARLOS I DE ESPAÑA.
Carlos Quinto (*Apoteosis de*), obra maestra del Tiziano (Prado), maravilla de color.
Carlos Quinto (*Retrato ecuestre de*), cuadro del Tiziano (Prado).
CARLOS VI (1685-1740), emperador germánico de 1711 a 1740, segundo hijo de Leopoldo I y padre de María Teresa. Fue pretendiente a la Corona de España a la muerte de Carlos II. Pasó una parte de su reinado en hacer aceptar por Europa, a cambio de importantes concesiones, la *Pragmática Sanción,* mediante la cual se garantizaba a María Teresa la íntegra sucesión de Austria.
CARLOS VII, elector de Baviera, competidor de María Teresa, nacido en Bruselas (1697-1745); elegido emperador germánico en 1742.
CARLOS (*Archiduque*), tercer hijo de Leopoldo II (1771-1847), uno de los generales del ejército austriaco, vencido por Napoleón en Wagram.

REYES Y PRÍNCIPES DE INGLATERRA

CARLOS I (1600-1649), rey de Inglaterra y de Escocia (1625-1649), hijo de Jacobo I (VI) Estuardo. Arrastrado al despotismo por sus ministros, Buckingham, Strafford, el obispo Laud y hasta por su mujer, Enriqueta de Francia, provocó una violenta oposición en el Parlamento, que envió a Strafford al suplicio. Esa ejecución, a la que no tuvo valor el rey para oponerse, fue pronto seguida por la guerra civil entre los parlamentarios y los realistas. Carlos I, refugiado en Escocia, fue entregado traidoramente a los partidarios de Cromwell, que le condenaron a muerte. Decapitado en Whitehall.
Carlos I (*Retratos de*), cuadro de Van Dick, en el Louvre (1635); — del mismo en Dresde; — del mismo en el Belvedere, de Viena; — del mismo en el museo de Turín; — retrato ecuestre por el mismo artista, en el castillo de Windsor.
CARLOS II (1630-1685), rey de Inglaterra y Escocia (1660-1685), hijo de Carlos I y de Enriqueta de Francia, llamado al trono por el general Monk, restaurador de la monarquía inglesa en 1660. Hirió los sentimientos del pueblo inglés al aliarse con Francia contra Holanda, para asegurarse la ayuda de Luis XIV.
CARLOS EDUARDO, llamado **el Pretendiente** (1720-1788), hijo de Jacobo Estuardo, n. en Roma. Fue derrotado en Culloden en 1746.

REYES DE SUECIA

CARLOS, nombre de varios reyes de Suecia. Los más notables son: CARLOS IX (1550-1611), tercer hijo de Gustavo Vasa y padre de Gustavo Adolfo; rey en 1604. — CARLOS X GUSTAVO (1622-1660), sucesor de Cristina. — CARLOS XI (1655-1697), hijo del anterior, rey a los cinco años en 1660. Monarca absoluto.
CARLOS XII (1682-1718), rey de Suecia, n. en Estocolmo (1697-1718), hijo de Carlos XI y príncipe belicoso. Empezó, tan pronto como lo hubieron declarado mayor de edad los Estados, por vencer al rey de Dinamarca en Copenhague (1700), a los rusos en Narva y a Augusto II de Polonia en Riga (1703). Volviendo nuevamente las armas contra Pedro el Grande, no pudo, a pesar del valor de sus tropas, triunfar de su poderoso rival en Poltava (1709) y tuvo que refugiarse en Turquía. Después de haber intentado en vano renovar las hostilidades con el apoyo del sultán Ahmed III, volvió a Suecia en 1715. Murió asesinado.
CARLOS XIII (1748-1818), rey de Suecia de 1809 a 1818; adoptó al francés Bernadotte. — CARLOS XIV (V. BERNADOTTE, Juan). — CARLOS XV (1826-1872), rey de Suecia y de Noruega (1859-1872).

OTROS PERSONAJES

CARLOS I, duque de Saboya, de 1482 a 1490. — CARLOS II, hijo del anterior, m. en 1496. — CARLOS III *el Bueno,* duque de 1504 a 1553.
CARLOS o **CAROL I,** de la casa Hohenzollern, príncipe y luego rey de Rumania en 1881 (1839-1914). — CARLOS II (1893-1953), hijo de Fernando I, rey de Rumania de 1930 a 1940.

Fot. Larousse, Giraudon, Bulloz, Anderson

CARLOS IV (1887-1922), emperador de Austria y rey de Hungría (1916-1918).
CARLOS ALBERTO, nacido en Turín (1798-1849), rey de Cerdeña (1831-1849), primo y sucesor de Carlos Félix, vencido por los austriacos en Custozza (1848) y en Novara (1849), abdicó en favor de su hijo Víctor Manuel II.
CARLOS BORROMEO (*San*), arzobispo de Milán (1538-1584). Se hizo admirar por su abnegación en presencia de la peste que asoló la ciudad. Fiesta el 4 de noviembre.
CARLOS FÉLIX, rey de Cerdeña (1765-1831), coronado en 1821.
CARLOS MANUEL I el Grande, duque de Saboya de 1580 a 1630. — CARLOS MANUEL II, duque de Saboya de 1638 a 1675. — CARLOS MANUEL III, rey de Cerdeña de 1730 a 1773. — CARLOS MANUEL IV, rey de Cerdeña (1796-1802).
CARLOS ROJAS, mun. de Cuba (Matanzas).
CARLOTA (La), v. de España (Córdoba). Aceite.
CARLOTA AMALIA, emperatriz de México (1840-1927), hija de Leopoldo I de Bélgica. Poco antes del fusilamiento de su esposo Maximiliano (1867) perdió la razón.
CARLOTA DE BORBÓN (Joaquina), hija de Carlos IV de España (1775-1830), casada con el infante Don Juan de Portugal, de quien se separó en 1806, convirtiéndose luego en el alma de la oposición contra el gobierno de dicho príncipe.
CARLOTA DE SABOYA, mujer de Luis XI de Francia (1442-1483), madre de Carlos VIII.
CARLOTA ISABEL DE BAVIERA, segunda esposa del duque de Orleáns, hermano de Luis XIV de Francia, llamada la *Princesa Palatina* (1652-1722).
Carlota, heroína de *Werther,* de Goethe.
CARLOVCI, ant. **Carlowitz,** c. de Yugoslavia, a orillas del Danubio. En 1699, tratado firmado entre Turquía por una parte y Austria, Polonia, Rusia y Venecia por otra, que señala el término de las conquistas turcas en Europa.
CARLOVINGIOS. V. CAROLINGIOS.
CARLSBAD, en checo **Karlovy-Vary,** c. de Checoslovaquia (Bohemia), cerca del Éger; aguas termales; cristalerías afamadas; textiles.
CARLSBURGO. V. ALBA JULIA.
CARLSCRONA o **KARLSKRONA,** c. y puerto de Suecia, a orillas del Báltico.
CARLSRUHE o **KARLSRUHE,** c. de Alemania (Baden - Wurtemberg), ant. cap. del gran ducado de Baden, cerca de la Selva Negra.
CARLSTAD, c. de Suecia, a orillas del lago Vener, donde fue reconocida, en 1905, la independencia de Noruega.
CARLYLE (Tomás), historiador y pensador inglés (1795-1881), autor de *Los héroes.*
CARMAGNOLA (Francesco BUSSONE, llamado), condotiero italiano, n. entre 1380 y 1385, decapitado en Venecia en 1432.
CARMAUX, c. de Francia (Tarn); hulla.
Carmelitas (*Orden de los*), una de las cuatro grandes órdenes mendicantes, fundada en Palestina en el siglo XII. En 1451 fundó Juan Soreth una orden semejante para las mujeres, de la cual Santa Teresa de Ávila reformó más tarde la regla haciéndola más rigurosa (1562). San Juan de la Cruz reformó la de los varones (1564).
CARMELO (MONTE), montaña de Israel, cerca de Haifa, en cuyas cuevas residieron muchos profetas y ermitaños.
CARMELO, pobl. del Uruguay (Colonia); astilleros; centro turístico. (Hab. *carmelitanos.*)
CARMEN, isla de México, en el golfo de California. — Pobl. de la Argentina (Santa Fe). — Pobl. de Colombia (Bolívar); ind. tabacalera.
CARMEN (El), río de México (Chihuahua); 250 km. — Com. de Chile (Ñuble).
Carmen, ópera francesa, de tema español, inspirada en un relato de P. Merimée por Meilhac y Halevy, música de Bizet (1875).
CARMEN DE ATRATO, mun. de Colombia (Chocó); yac. de cobre.
CARMEN DE CARUPA, mun. de Colombia (Cundinamarca); yac. de plomo.
CARMEN DE LAS FLORES, pobl. de la prov. de Buenos Aires (Argentina).
CARMEN DEL PARANÁ, pobl. del Paraguay (Itapúa); plantaciones de arroz.
CARMEN DE PATAGONES, pobl. de la prov. de Buenos Aires (Argentina); ganado.
CARMONA, c. de España (Sevilla); monumentos romanos y árabes; aceite.
CARMONA (Antonio Óscar de FRAGOSO), general y político portugués (1869-1951), pres. de la Rep. de 1928 a 1951.
CARMONA Y VALLE (Manuel), médico mexicano (1827-1902), autor de *Lecciones de clínica médica.*
CARNAC, pobl. francesa, cerca de Lorient, célebre por sus monumentos megalíticos.
CARNAC o **KARNAK,** aldea del Alto Egipto, que se eleva sobre las ruinas de Tebas.
CARNEADES, filósofo griego (¿215-129? a. de J. C.), fundador del *probabilismo.*
CARNEGIE (Andrés), industrial y filántropo norteamericano, n. en Dunferline (Escocia) [1835-1919]. Legó su fortuna colosal para la institución de fundaciones caritativas y de fomento de investigaciones científicas.
CARNER (Josep), escritor y poeta catalán, n. en Barcelona (1884-1970).
CARNICER (Ramón), compositor español (1789-1855), autor del himno nacional chileno.
CARNIOLA, ant. prov. de Austria, dividida, en 1919, entre Yugoslavia e Italia; cap. *Liubliana.*
CARNOT [*karnó*] (Lázaro), político, matemático y revolucionario francés (1753-1823), organizador de los ejércitos de la Rep. Francesa. — Su hijo NICOLÁS, físico francés (1796-1832), enunció los principios de la termodinámica. — Su nieto SADI, político francés (1837-1894), pres. de la Rep. de 1887 a 1894. M. asesinado.
CARO (Aníbal), poeta italiano (1507-1566), traductor de *La Eneida.*
CARO (José Eusebio), político y poeta colombiano, n. en Ocaña (1817-1853), que introdujo el romanticismo en su país y escribió composiciones líricas, políticas y religiosas.
CARO (Marco Aurelio), emperador romano, proclamado por sus soldados después del asesinato de Probo (282-283).
CARO (Miguel Antonio), político y escritor colombiano, n. en Bogotá (1843-1909), vicepres. de la Rep. de 1892 a 1896 y pres. de 1896 a 1898. Autor de una notable *Gramática Latina,* de *Métrica y ortología de Bello,* etc. Fue un traductor magistral de *La Eneida* y *Las Geórgicas.*
CARO (Rodrigo), arqueólogo y poeta español (1573-1647), autor de la célebre elegía *A las ruinas de Itálica.*
CAROL I. V. CARLOS DE RUMANIA.
CAROLINA, n. de dos Estados de América del Norte: *Carolina del Norte* (4 556 000 h.; cap. *Raleigh*) y *Carolina del Sur* (2 383 000 h.; cap. *Columbia*), que se extienden desde los Apalaches hasta el Atlántico.
CAROLINA, isla del Brasil, en el río Paraná, entre los Estados de São Paulo y Mato Grosso. — V. de El Salvador (San Miguel).
CAROLINA (La), c. de España (Jaén). Plomo.
CAROLINAS (ISLAS), archipiélago de Oceanía. Cedido por España a Alemania (1899); japonés de 1919 a 1945, hoy bajo tutela de los Estados Unidos.
CAROLINGIOS o **CARLOVINGIOS,** dinastía de reyes de Francia que ocuparon el trono desde Pipino el Breve (751) hasta Luis V (987).
CARONÍ, río de Venezuela (Bolívar), afl. der. del Orinoco; 650 km.
CARONÍ (Alto), comarca de Venezuela (Bolívar); oro.
CARONÍ (Bajo), comarca de Venezuela (Bolívar); diamantes.
CARONTE o **CARÓN,** barquero de los Infiernos, que pasaba en su barca, por la laguna Estigia, las almas de los muertos.
CARORA, c. de Venezuela (Lara).
CAROSSA (Hans), novelista alemán (1878-1956), de tendencia idealista.
CARPACCIO (Víctor), pintor veneciano (¿1455-1525?), de estilo vigoroso e imaginativo, autor de notables cuadros sobre las vidas de *San Jerónimo, San Jorge* y *Santa Úrsula.*
CÁRPATOS, cadena de montañas de Europa central, que se extiende en forma de arco por Eslovaquia, Polonia y Rumania. Su punto culminante se encuentra en el Tatra (2 663 m).

CARLOTA AMALIA

J. E. CARO

M. A. CARO

CARPACCIO
detalle
de LA PREDICACIÓN DE SAN ESTEBAN

Fot. Colección G. Sirot, Larousse, doc. A. G. P., Giraudon

CARPEAUX
LA DANZA
Ópera de París

V. CARRANZA

Aníbal CARRACCI
CARIÁTIDE del palacio Farnesio Roma

CARPEAUX [*karpó*] (Juan Bautista), escultor francés (1827-1875).
CARPENTARIA (GOLFO DE), golfo de la costa septentrional de Australia.
CARPENTIER (Alejo), músico, escritor y poeta cubano, n. en 1904, autor de *Ecué-Yamba-O, El acoso, El reino de este mundo*, etc., obras de tema negro, y de la novela *El siglo de las luces*.
CARPENTRAS, c. de Francia (Vaucluse).
CARPETANOS, pueblo ibero que residía en Toledo, Madrid y Alcalá de Henares.
CARPETOVETÓNICA o **CARPETANA** (CORDILLERA), cadena de montañas que divide a España, de E. a O., en dos mitades, separando al mismo tiempo las cuencas del Duero y el Tajo y Castilla la Vieja de Castilla la Nueva; 800 km de largo; altura media 1 500 m; punto culminante: los picos de Gredos, 2 592 m.
CARPIO (El), v. de España (Córdoba).
CARPIO (Bernardo del). V. BERNARDO.
CARPIO (Manuel), poeta mexicano (1791-1860), de tendencia clásica.
CARPIO (Miguel del), jurisconsulto, político y poeta peruano, m. en 1869.
CARRACA (La), localidad de Cádiz, en la bahía de este n. Famoso arsenal, donde estuvo prisionero y murió Francisco de Miranda.
CARRACCI, nombre de tres pintores italianos, nacidos en Bolonia: LUIS (1555-1619), y sus primos: AGUSTÍN (1557-1602) y ANÍBAL (1560-1609), el más famoso decorador del Palacio Farnesio.
CARRACIDO (José RODRÍGUEZ), químico y literato español (1856-1928).
CARRANZA, v. de España (Vizcaya); baños minerales.
CARRANZA (Ángel Justiniano), historiador argentino (1834-1899).
CARRANZA (Bartolomé), teólogo español (1503-1576), arzobispo de Toledo en 1557. Acusado de herejía, su proceso duró dieciséis años.
CARRANZA (Eduardo), poeta colombiano, n. en 1913, que canta el paisaje y la historia de su patria, su intimidad: *Seis elegías y un himno, Canciones para iniciar una fiesta*, etc.
CARRANZA (Venustiano), político mexicano (1859-1920), que derrotó a Huerta y fue pres. de la Rep. de 1917 a 1920. Convocó en Querétaro el Congreso que promulgó la Constitución de 1917, aún vigente. M. asesinado.
CARRANZA RAMÍREZ (Bruno), político costarricense (1822-1891), pres. interino de la Rep. en 1870.
CARRARA, c. de Italia (Toscana); mármoles.
CARRASCO, cerro de Chile (Tarapacá); 1 590 m. — Prov. de Bolivia (Cochabamba); cap. *Totora.* — Playa del Uruguay, en las cercanías de Montevideo.
CARRASCO (Eduardo), marino y cosmógrafo peruano (1779-1865).
CARRASQUILLA (Rafael María), prelado, escritor y orador colombiano (1857-1930).
CARRASQUILLA (Ricardo), popular poeta colombiano (1827-1886), de vena costumbrista.
CARRASQUILLA (Tomás), novelista colombiano, n. en Santodomingo (Antioquia) [1858-1941]. Excelente escritor de carácter regionalista y de expresión castiza y ágil. Escribió *Frutos de mi tierra, En la diestra de Dios Padre* y *La marquesa de Yolombó*, su mejor obra, reconstrucción de la vida colonial de finales del siglo XVIII.

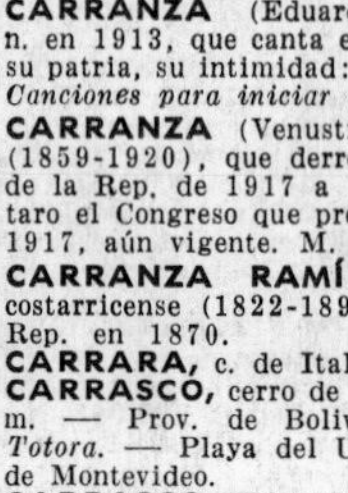

T. CARRASQUILLA

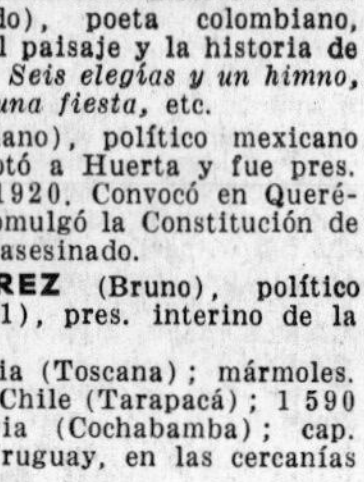

CARREL

CARPENTIER

J. M. CARRERA

CARRATRACA, v. de España (Málaga).
CARREL (Alexis), médico y fisiólogo francés (1873-1944). Efectuó importantes investigaciones sobre el trasplante de los tejidos. Se le debe un libro universalmente conocido: *La incógnita del hombre.* (Pr. Nóbel, 1912.)
CARRENLEUFÚ, río de la Argentina (Chubut), que des. en el Pacífico y es llamado en Chile río **Palena.**
CARREÑO DE MIRANDA (Juan), pintor español (1614-1685), que trabajó en la corte de Carlos II. Autor de retratos de la familia real y de la nobleza de su época.
CARRERA, familia chilena que se distinguió en las luchas por la independencia de su país. — El padre, IGNACIO, m. en 1819, fue vocal de la primera Junta de Gobierno (1810). Dos de sus hijos, JUAN JOSÉ y LUIS, conspiraron contra O'Higgins y fueron fusilados en Mendoza (1818). El tercero y más ilustre, JOSÉ MIGUEL (1786-1821), se adueñó del Poder en 1811 y lo conservó hasta 1813. Nombrado jefe del ejército patriota, luchó contra los realistas, y después de la derrota de Rancagua (1814) pasó a la Argentina, donde organizó guerrillas contra O'Higgins. M. fusilado en Mendoza.
CARRERA (Martín), general y político mexicano (1807-1871), pres. interino de la Rep. en 1855. Dimitió acosado por la oposición.
CARRERA (Rafael), general y político guatemalteco de raza india, n. en la ciudad de Guatemala (1814-1865), que, al frente de los conservadores, derrotó a Morazán en 1840. Jefe del Estado de 1844 a 1848, fue nombrado pres. de la Rep. en 1851, se declaró pres. vitalicio en 1854 y gobernó dictatorialmente hasta su muerte.
CARRERA ANDRADE (Jorge), poeta ecuatoriano, n. en 1903, autor de *Latitudes, Biografía para uso de los pájaros, Microgramas* y *Registro del mundo.*
CARRERAS (Roberto de las), poeta uruguayo, n. en 1873, autor de *Oración pagana, El cáliz.*
CARRERE (Emilio), periodista y poeta madrileño (1880-1947), de inspiración bohemia.
CARRIEGO (Evaristo), poeta argentino (1883-1912), que cantó los arrabales de Buenos Aires: *Misas herejes* y *La canción del barrio.*
CARRILLO (Braulio), político costarricense (1800-1845), jefe del Estado de 1835 a 1837 y de 1838 a 1842. Gobernó en forma dictatorial y decidió la separación de Costa Rica de la Federación Centroamericana (1838). Fomentó el cultivo del café. Derrocado por Morazán, murió asesinado.
CARRILLO (Julián), compositor mexicano (1875-1965), innovador de la técnica musical.
CARRILLO DE ALBORNOZ. V. ALBORNOZ.
CARRILLO DE SOTOMAYOR (Luis), poeta culterano español (¿1582?-1610), autor de una *Fábula de Acis y Galatea.*
CARRIÓN (*Infantes* o *condes de*), título de los dos yernos del Cid, desafiados y muertos por los dos campeones elegidos por el padre para vengar a sus hijas de la afrenta recibida en Corpes.
CARRIÓN (Alejandro), escritor y poeta ecuatoriano, n. en 1915, autor de *Aquí, España nuestra, Luz del nuevo paisaje*, etc.
CARRIÓN (Benjamín), escritor ecuatoriano n. en 1898, autor de *Los creadores de la nueva América, Mapa de América* y *Cartas al Ecuador.*

Fot. Giraudon, X, Larousse, G. Freund, Manuel

CARRIÓN (Daniel), médico peruano (1859-1885), autor de investigaciones sobre la enfermedad infecciosa llamada localmente *verruga*. Murió durante su trabajo.
CARRIÓN (Jerónimo), político ecuatoriano (1804-1873), miembro del Gob. provisional de 1859 a 1861, y pres. de la Rep. de 1865 a 1867.
CARRIÓN DE CALATRAVA, v. de España (Ciudad Real). Agricultura.
CARRIZAL, cerro de Colombia, en la Cord. Occidental; 3 200 m. — Río de México (Michoacán), que des. en el Pacífico; 4 226 km.
CARROLL (Carlos DOGSON, llamado **Lewis**), matemático y cuentista inglés (1832-1898), autor de *Alicia en el país de las maravillas*.
CARSO, en alem. **Karst,** altiplanicie calcárea al norte de Yugoslavia.
CARSON CITY, c. de los Estados Unidos, cap. de Nevada; minas de plata.
Carta de Jamaica, n. por el que se conoce un histórico escrito de Bolívar (1815), en el cual expuso los fines de la revolución americana y sus ideas políticas.
Carta del Atlántico, programa de paz trazado por Roosevelt y Churchill el 14 de agosto de 1941 en un navío que se encontraba en la costa atlántica de los Estados Unidos.
Carta de las Naciones Unidas, acuerdo discutido en Dumbarton Oaks (1944) y firmado en San Francisco (1945) por los representantes de las naciones organizadas en comunidad internacional.
CARTAGENA, c. de España (Murcia), fundada, según algunos, por Asdrúbal en 223 a. de J. C. Hermoso puerto en el Mediterráneo; arsenal. (Hab. *cartageneros.*) Departamento marítimo. Obispado con sede en Murcia. Refinerías de petróleo en la isla de Escombreras.
CARTAGENA, c. de Colombia, cap. del dep. de Bolívar; excelente puerto y plaza fuerte del mar Caribe; centro comercial e industrial; construcciones navales. Universidad. Arzobispado. Fundada por Pedro de Heredia en 1533, fue una de las bases esenciales de la colonización. Su sitio de 1815 le valió el título de *Ciudad Heroica*. (Hab. *cartageneros.*)
CARTAGENA (Alfonso de), prelado y escritor español (1384-1456), que asistió al Concilio de Basilea (1434).
CARTAGINENSE, prov. romana de España creada por Diocleciano con parte de la Tarraconense. Cap. *Cartago Nova*.
CARTAGO, c. de África fundada en 814 a. de J. C. por los fenicios bajo el mando de la princesa tiria Dido, en una península junto a la cual se encuentra hoy día Túnez. (Hab. *cartagineses.*) Se convirtió en poco tiempo en capital de una república marítima poderosa, substituyó a Tiro en Occidente, creó colonias en Sicilia, en España, mandó navegantes al Atlántico del norte y sostuvo contra Roma, su rival, largas luchas conocidas con el nombre de *Guerras Púnicas*. A pesar de los esfuerzos de Aníbal, fue tomada por los romanos, mandados por Escipión el Africano, al fin de la primera guerra púnica. Levantóse poco a poco, pero fue destruida definitivamente después de la tercera guerra púnica, por Escipión Emiliano. Reconstruida más tarde brilló con vivo resplandor del siglo I al siglo VI y fue la capital del África romana.
CARTAGO, c. de Colombia (Valle del Cauca); imp. ferias ganaderas; notables edificios virreinales. — C. de Costa Rica, cap. de la prov. del mismo n.; centro comercial. (Hab. *cartagineses.*) Fundada en 1563 por Juan Vázquez de Coronado, ha sufrido distintas veces la acción devastadora de los terremotos. La prov. produce café, caña de azúcar, maíz y tiene yac. de oro, cobre, mercurio y carbón.
CÁRTAMA, v. de España (Málaga).
Carta Magna, constitución concedida en 1215 por el monarca Juan Sin Tierra al clero y a la nobleza, base de las libertades inglesas.
Cartas a Lucilio, obra maestra de Séneca el Filósofo, en la que hace gala el pensador de todos los recursos de su ingenio y el escritor de todos los encantos de su estilo.
Cartas americanas, colección de cartas escritas por Juan Valera sobre asuntos literarios americanos (1889). En ellas alaba la poesía de Rubén Darío en su libro *Azul*.
Cartas de Cicerón, epístolas familiares dirigidas por el escritor latino a Ático, a Quinto, a Bruto, a Terencia.
Cartas de Madame de Sévigné, publicadas en 1726, correspondencia dirigida a Madame de Grignan, hija suya; uno de los monumentos de la literatura francesa del s. XVII. Son admirables por la sinceridad y la espontaneidad del estilo, la franqueza del tono, y los informes que nos dan sobre las costumbres de la época.
Cartas de Junius, sátiras políticas que salieron en Inglaterra, en el *Public Advertiser*, de 1769 a 1772, contra lord North, jefe del Gobierno. Parece ser autor de dichas cartas Ph. Francis, secretario de lord Chatham.
Cartas de Relación, epístolas en las que Hernán Cortés informa a Carlos I de España de sus empresas en Nueva España.
Cartas del Caballero de la Tenaza, ingeniosa sátira literaria de Quevedo.
Cartas del pobrecito hablador, colección de cartas satíricas de Larra (1832), crítica ingeniosa y amarga de la sociedad española.
Cartas eruditas, obra de Feijoo (1742-1760), que continúa y completa el *Teatro crítico*.
Cartas finlandesas, obra de Ángel Ganivet (1898).
Cartas filológicas, obra erudita de Cascales.
Cartas marruecas, obra satírica de Cadalso, imitación de las *Cartas persas* de Montesquieu (1793). Fueron publicadas póstumamente.
Cartas persas, obra de Montesquieu en la que el autor, por medio de dos persas, analiza la política y la sociedad francesas (1721).
CARTAYA, v. de España (Huelva).
CARTELLE, v. de España (Orense).
CARTERET (Felipe), navegante inglés, que hizo un interesante viaje alrededor del mundo, descubriendo en 1767 el archipiélago de Salomón (Oceanía). M. en 1796.
CARTIER [*tié*] (Jacques), navegante francés (1491-1557), explorador de Terranova y Canadá, descubiertos anteriormente por Caboto. Se posesionó de Canadá en nombre de Francisco I (1535) y realizó otros dos viajes por esas tierras.
Cartones de Rafael, serie célebre de diez composiciones de Rafael destinadas para ser ejecutadas en tapicería.
Cartones de Goya, bosquejos realizados por Goya para la Fábrica de Tapices de Madrid. Se conservan en el Museo del Prado.
Cartuja de Parma (*La*), novela de Stendhal (1839), una de sus obras maestras.
Cartujos, orden religiosa fundada por San Bruno en 1084. Sus reglas son muy severas.
CARTWRIGHT [*kartrait*] (Edmundo), inventor inglés (1743-1823), autor de un telar mecánico y de una máquina para cardar lana.
CARUPA. V. CARMEN DE CARUPA.
CARUSO (Enrico), tenor italiano (1873-1921).
CARVAJAL (Francisco), político mexicano, pres. de la Rep. en 1914.
CARVAJAL (Francisco de), capitán español (1464-1548), compañero de Pizarro en el Perú. Fue llamado por su crueldad, **el Demonio de los Andes.** M. ajusticiado.
CARVAJAL (Gaspar de), religioso y escritor español (1500-1584), que acompañó a Orellana en el descubrimiento del Amazonas e hizo una *Relación* de este suceso.
CARVAJAL (Hermanos Juan y Pedro ALONSO), caballeros castellanos, llamados "los Carvajales" que se declararon en favor de Sancho IV de Castilla contra su padre Alfonso X. Habiendo subido al trono Fernando IV, el nuevo monarca ordenó que fueran arrojados por la peña de Martos sin proceso ni prueba alguna en 1312. Los dos hermanos emplazaron al rey para que compareciese a los treinta días ante el tribunal divino y responder así de su injusta sentencia.
CARVAJAL (Juan de), prelado español (1399-1469), legado del papa Eugenio IV al Concilio de Basilea, y creado por él cardenal.
CARVAJAL (Juan de), militar español, que usurpó el gobierno de Venezuela, fundó la c. de Tocuyo (1545) y murió ahorcado en 1546.
CARVAJAL (Manuel Melitón), marino y político peruano (1847-1935) que se cubrió de gloria en la guerra con Chile al mando del monitor *Huáscar*.
CARVAJAL (María Isabel). V. LIRA (Carmen).

J. CARTIER

CARROLL

Fot. N. Y. T., British Council

Julián DEL CASAL

CASALS

B. DE LAS CASAS

CASONA

CARVAJAL Y LANCASTER (José de), político español (1698-1754). Fue ministro de Fernando VI.
CARVALHO Y MELLO. V. POMBAL.
CASABE, pobl. de Colombia (Antioquia); petróleo.
CASABERMEJA, v. de España (Málaga).
CASABLANCA, en árabe **Dar El-Beida,** puerto de Marruecos, en la costa del Atlántico, entre Rabat y Mazagán; importante centro industrial y comercial.
Casa Blanca, en ingl. **White House,** residencia oficial del presidente de los Estados Unidos, en Washington.
CASABLANCA, laguna de México (Zacatecas). — Com. de Chile (Valparaíso).
CASACCIA (Gabriel), novelista paraguayo, n. en 1907, autor de *La babosa.*
Casa de Contratación, establecimiento fundado en Sevilla en 1503, primero con fin puramente comercial, pero que fue adquiriendo poco a poco diversas prerrogativas importantes y a la que se deben la preparación de excelentes mapas y de varias expediciones marítimas.
Casa de muñecas, drama del escritor noruego E. Ibsen (1879), alegato en pro de la libertad de la mujer.
Casa de Tócame Roque *(La),* gracioso sainete de Ramón de la Cruz.
CASADO DEL ALISAL (José), pintor valenciano de temas históricos (1832-1886).
CASAGUALA, volcán del Ecuador, al N. de Ambato, en la Cord. Occidental; 4 465 m.
CASAL (Julián del), poeta cubano, n. en La Habana (1863-1893), de inspiración romántica y modernista. Su poesía es innovadora, desengañada y amarga: *Hojas al viento, Nieve* y *Bustos y rimas* (obra póstuma). Escribió también cuentos, poemas en prosa, crónicas.
CASAL (Julio de), poeta uruguayo (1889-1954) de tendencia ultraísta. Autor de *Allá lejos, Nuevos horizontes* y *Cuadernos de otoño.*
CASALE MONFERRATO, c. de Italia (Alejandría), cerca del Po. Hilados, cemento.
CASALS (Pablo), músico español, n. en 1876, célebre violoncelista y director de orquesta.
CASAMANCE, río costero del Senegal.
CASANARE, río de Colombia (Boyacá), afl. del Meta; 500 km.
CASANAY, pobl. de Venezuela (Sucre).
CASANDRA, hija de Príamo y Hécuba. *(Mit.)* Recibió de Apolo el don de profetizar el porvenir. — Se ha hecho proverbial el nombre de *Casandra* para designar a las personas cuyas justas predicciones no encuentran sino incrédulos.
CASANDRO, rey de Macedonia, hijo de Antípatro (¿354?-297 a. de J. C.). Sometió a Grecia tras la victoria de Megalópolis (318).
CASANOVA DE SEINGALT (Giovanni Giacomo), aventurero veneciano (1725-1798) cuyas aventuras galantes han hecho de él el prototipo del Don Juan. Nos ha legado un interesante relato *(Memorias)* de su agitada vida.
CASARABONELA, v. de España (Málaga).
CASARAVILLA LEMOS (Enrique), poeta uruguayo, n. en 1889, autor de *Las formas desnudas.*
CASARES (Julio), lexicógrafo español (1877-1964), autor de un *Diccionario ideológico de la lengua española* y de varios ensayos: *Crítica efímera, Crítica profana,* etc.
CASARES QUIROGA (Santiago), político español (1884-1950), jefe del Gob. en 1936.
Casa Rosada, residencia del presidente de la Rep. Argentina, en Buenos Aires.
CASAS (Bartolomé de **Las**), misionero dominico español, n. en Sevilla (1474-1566), llamado por su incansable actuación en favor de los nativos del Nuevo Mundo el **Apóstol de las Indias** o el **Protector de los indios.** Desde su llegada a América, en 1502, combatió con denuedo los abusos de los conquistadores. Hizo varios viajes a España con objeto de obtener medidas favorables a los indios e influyó especialmente en la reforma del sistema de encomiendas. Fue obispo de Chiapas (1545) y escribió la conocida *Brevísima relación de la destrucción de las Indias,* obra polémica, en la que cuenta los pormenores de la conquista, y una excelente *Historia general de las Indias.*
CASAS (Ramón), pintor y dibujante español (1866-1932).
CASAS ARAGORRI (Luis de **Las**), militar y político español (1745-1800), capitán general de Cuba de 1790 a 1796.
CASAS CASTAÑEDA (José Joaquín), escritor y político colombiano (1866-1951).
CASAS IBÁÑEZ, v. de España (Albacete).
CASAS Y ROMERO (Luis), compositor cubano, n. en 1882, autor de piezas muy populares.
CASAYA, isla de Panamá, en el archip. de Las Perlas.
CASCADAS (CORDILLERA DE LAS), montes situados al O. de los Estados Unidos y Canadá, al borde del océano Pacífico; 1 000 km de longitud. Altura máxima en el monte Rainiero (4 391).
CASCAES, c. de Portugal (distr. de Lisboa), al O. de la capital. Estación balnearia.
CASCAJAL, isla de Colombia, asiento de la c. y puerto de Buenaventura.
CASCALES (Francisco), humanista español (1564-1642), autor de *Cartas filológicas* (1634).
CASCORRO, pueblo de Camagüey (Cuba), donde se señaló por su heroísmo en 1896 el soldado español Eloy Gonzalo García.
Cascos azules, sobrenombre de la fuerza militar que depende de la O. N. U.
CASEROS, pobl. de la Argentina (Buenos Aires), en cuyas cercanías derrotó Urquiza a las tropas de Rosas y puso fin al régimen de éste (3 de febrero de 1852).
CASERTA, c. de Italia, al N. de Nápoles; hilados, sedas.
CASILDA, pobl. de la Argentina (Santa Fe).
CASIMIRO *(San),* príncipe jagelón (1458-1484), patrón de Polonia. Fiesta el 4 de marzo.
CASIMIRO, n. de cinco reyes de Polonia. El principal fue CASIMIRO III *el Grande* (1333-1370).
CASINO (MONTE). V. CASSINO.
CASIODORO (Magno Aurelio), escritor latino (¿480-575?), autor de una *Historia de los Godos.*
CASIO LONGINO (Cayo), uno de los asesinos de César; se hizo matar por un liberto en el campo de batalla de Filipos en 42 a. de J. C.
CASIOPEA, constelación del hemisferio boreal, próxima a la estrella Polar.
CASIOPEA, reina legendaria de Etiopía, madre de Andrómeda.
CASIQUIARE (BRAZO), río de Venezuela (terr. de Amazonas), que une el Orinoco con el río Negro, afl. del Amazonas; 225 km.
CASIRI (Miguel), religioso siromaronita y orientalista (1710-1791), bibliotecario de El Escorial.
CASITA, volcán de Nicaragua (Chinandega); 1 405 m.
CASITÉRIDES (ISLAS), n. ant. de un archip. formado probablemente por las *islas Scilly* (Inglaterra), de donde se sacaba estaño.
CASMA, río del Perú (Ancash), que des. en la bahía del mismo n. — C. del Perú, cap. de la prov. de Huarmey (Ancash). Terremoto en 1970.
CASO (Alfonso), historiador y arqueólogo mexicano, n. en 1896, que estudió principalmente los restos arqueológicos de Monte Albán (Oaxaca).
CASO (Antonio), escritor y ensayista mexicano (1883-1946), autor de *Filosofía de la intuición* y *Doctrina e ideas.*
CASONA (Alejandro RODRÍGUEZ, llamado **Alejandro**), comediógrafo español (1900-1965), autor de *Nuestra Natacha, La sirena varada, Los árboles mueren de pie, La dama del alba, Corona de amor y muerte.* Sus obras muestran, además de gran maestría técnica, un idealismo elevado y un profundo lirismo.
CASPAJALI, río del Perú, afl. del Madre de Dios.
CASPE, v. de España (Zaragoza). Ant. colegiata gótica. (V. COMPROMISO DE CASPE.)
CASPIO (MAR), mar interior entre Europa y Asia; 424 000 km². Baña a Rusia e Irán. Su nivel es 26 metros inferior al del Mar Negro, y parece seguir disminuyendo progresivamente, a pesar del importante caudal que le suministra su gran afluente, el Volga.
CASSANO D'ADDA, c. de Italia (Milán) a orillas del Adda.
CASSEL, c. de Alemania (Hesse); centro ferroviario e industrial.
CASSINI, familia de astrónomos y topógrafos franceses. El más conocido, JUAN DOMINGO, organizó el Observatorio de París (1625-1712).

Fot. doc. A. G. P., Lipnitzki, Valotaire

CASSINO, c. de Italia (Lacio). — Monte de Italia meridional, cerca de la c. del mismo n., 519 m. Allí fundó San Benito, en 529, un célebre monasterio benedictino, destruido en 1944 por la guerra, hoy reconstruido.
CASTAGNINO (Juan Carlos), pintor, muralista y dibujante argentino, n. en 1908.
CASTAGNO (Andrea del), pintor italiano, n. en Florencia (1423-1457), de estilo realista.
CASTALIA, fuente situada al pie del Parnaso y consagrada a las Musas.
CASTAÑEDA CASTRO (Salvador), general y político salvadoreño (1888-1965), pres. de la Rep. en 1945, derribado en 1948.
CASTAÑO, río de la Argentina (San Juan), que, con el Patos, forma el río San Juan.
CASTAÑOS (Francisco Javier), duque de Bailén, general español (1756-1852), que se distinguió durante la guerra contra los franceses y consiguió la victoria de Bailén (1808).
CASTAÑO VIEJO, pobl. de la Argentina (San Juan); yac. de plata.
CASTELAR (Emilio), escritor, orador y político español, n. en Cádiz (1832-1899). Participó en el alzamiento de 1866, reprimido por Serrano, teniendo que huir a Francia, de donde regresó después de la revolución de 1868. Opúsose en vano a la elección de Amadeo I (1870) y, cuando se proclamó la República (1873), fue su cuarto y último presidente. Después de la Restauración, abandonó la política para entregarse a sus trabajos históricos.
CASTELFUERTE (José ARMENDÁRIZ, *marqués de*), virrey del Perú de 1724 a 1735, que reprimió el alzamiento de los *comuneros* paraguayos y varias sublevaciones indoperuanas.
CASTELGANDOLFO, pobl. de Italia (Lacio), junto al lago Albano. Perteneciente a la Ciudad del Vaticano, es la residencia veraniega del Papa.
CASTELNUOVO (Elías), escritor uruguayo n. en 1893, que reside en la Argentina.
CASTELO BRANCO, c. de Portugal (Beira Baja), en el distr. del mismo n. Obispado.
CASTELO BRANCO (Camilo), novelista, poeta y dramaturgo portugués (1825-1890), uno de los maestros de la novela realista en su país, autor de *Amor de perdición,* etc.
CASTELO BRANCO (Humberto), militar brasileño (1900-1967). Pres. de la Rep. desde 1964 a 1967.
CASTELLAMMARE del Golfo, c. de Sicilia (Trapani). Vinos, aceites.
CASTELLAMMARE di Stabia, c. y puerto de Italia (Nápoles); astilleros e ind. aeronáuticas; aguas minerales. Es la ant. **Estabias.**
Castellana *(Paseo de la),* paseo de Madrid, en dirección SN.
CASTELLANOS (Aarón), explorador argentino (1801-1878), que colonizó la Pampa.
CASTELLANOS (Jesús), escritor y novelista cubano (1879-1912), autor de *La conjura* y *La heroína.*
CASTELLANOS (Juan de), poeta, cronista y humanista español (1522-1607), que asistió a la conquista del Nuevo Reino de Granada. Escribió *Elegías de varones ilustres de Indias,* el poema más largo escrito en lengua castellana.
CASTELLANOS (Julio), pintor mexicano (1905-1947), autor de frescos.
CASTELLANOS (Pedro Antonio), capitán español (1480-1556), enemigo primero de Cortés y luego ardiente defensor del mismo ante Carlos I.
CASTELLANOS (Roberto), pintor uruguayo (1871-1942), autor de notables marinas.
CASTELLANOS (Rosario), escritora mexicana, n. en 1925, autora de poesías y novelas.
CASTELLANOS Y LOSADA (Basilio Sebastián), arqueólogo y literato español (1807-1891), autor de *Numismática española.*
CASTELLI (Juan José), abogado y político argentino (1764-1812), vocal de la primera Junta Gubernativa (1810).
CASTELLI (Luis), escritor uruguayo, n. en 1918, distinguido por sus relatos nativistas.
CASTELLÓN DE LA PLANA, c. de España, cap. de la prov. del mismo n.; centro comercial. Su puerto, a 4 km, se llama *el Grao de Castellón.* Naranjas, olivo, vid. Industrias.
CASTELLORIZZO o **CASTELROSSO,** pequeña isla griega al sur de Anatolia.

CASTI (Juan Bautista), poeta italiano (1724-1803), autor de *Los animales parlantes.*
CASTIGLIONE (Baltasar, *conde de*), escritor italiano de la corte de León X (1478-1529), arquetipo del humanista del Renacimiento, autor de *El Cortesano,* traducido al español por Juan Boscán.
CASTILLA, n. dado a las dos mesetas que ocupan el centro de la Península Ibérica (separadas por las sierras de Gredos y de Guadarrama) limitadas al N. por los montes Cantábricos, al E. por las sierras del Moncayo, de la Demanda, de Albarracín y de Cuenca y al S. por Sierra Morena. Se divide en dos partes: *Castilla la Nueva* (Madrid, Toledo, Ciudad Real, Cuenca y Guadalajara) y *Castilla la Vieja* (Santander, Burgos, Logroño, Soria, Segovia, Ávila, Valladolid y Palencia; parte de las dos últimas prov. pertenecía al ant. reino histórico de León). Región en gran parte árida y seca, contiene algunos valles frondosos que separan zonas casi desérticas (Ávila, La Mancha). Comprende la tercera parte de España y está poblada por unos 6 millones de habitantes. Desde el s. IX, formó un condado independiente y, desde 1035, un reino que compartió con el de Aragón el predominio de la Península. Castilla quedó definitivamente unida con el reino de León en 1230; más tarde, el matrimonio de Isabel de Castilla con Fernando II de Aragón (1469) selló, en 1479, la unión de Castilla y León con el reino de Aragón.
CASTILLA, punta de América Central, en el mar Caribe entre Costa Rica y Nicaragua. — Prov. del Perú (Arequipa); cap. *Aplao.*
CASTILLA DEL ORO, n. que se dio a la parte del istmo centroamericano comprendida entre el golfo de Urabá y el cabo de Gracias a Dios.
CASTILLA (Ramón), general y político peruano, n. en Tarapacá (1797-1867), que luchó por la Independencia y fue pres. de la Rep. de 1845 a 1851 y de 1854 a 1862. Promulgó la Constitución de 1860, fomentó las obras públicas, suprimió la esclavitud y emancipó a los negros.
CASTILLEJO (Cristóbal de), poeta español (¿1490?-1550), defensor de la escuela tradicional castellana frente a los introductores del metro endecasílabo toscano.
CASTILLEJOS, lugar de Marruecos, al SO. de Ceuta; victoria de los generales españoles O'Donnell y Prim sobre los moros en 1860.
CASTILLO, cerro de Chile (Magallanes); 1 100 m. — Cima de Chile (Aisén); 1 890 m.
CASTILLO (A. D. M. del), político cubano, pres. de la Rep. de 1954 a 1955.
CASTILLO (Eduardo), poeta colombiano (1889-1939), autor de *El árbol que canta.*
CASTILLO (Florencio M. del), novelista mexicano (1828-1863), autor de narraciones de carácter moralizador.
CASTILLO (Hernando del), compilador español del siglo XVI, autor de un famoso *Cancionero general de muchos e diversos autores* (1511).
CASTILLO (Ignacio María del), conde de Bilbao, general español, n. en México (1817-1893), que participó en la guerra carlista (1873).
CASTILLO (Jesús), compositor folklorista y musicólogo guatemalteco (1877-1946).
CASTILLO (Manuel), escritor romántico peruano (1814-1871).
CASTILLO (Ramón S.), jurisconsulto y político argentino (1873-1944), pres. de la Rep. en 1942, derrocado por la revolución de 1943.
CASTILLO (Ricardo), compositor guatemalteco, n. en 1891, autor de *Impresiones.*
CASTILLO ANDRACA Y TAMAYO (*fray* Francisco de), poeta peruano (1716-1770), autor de varias obras de teatro y composiciones jocosas. Era ciego de nacimiento, y sus *Coplas,* llamadas del *Ciego de la Merced,* se hicieron muy populares.
CASTILLO ARMAS (Carlos), militar y político guatemalteco (1914-1957), pres. de la Rep. de 1954 a 1957. M. asesinado.
CASTILLO (El), com. de la Rep. Dominicana (Duarte).
Castillo *(El),* n. de uno de los edificios de la ant. c. maya de Chichén Itzá, en forma de pirámide escalonada.
Castillo interior *(El).* V. MORADAS.
CASTILLO DE LOCUBÍN, c. de España (Jaén). Aguardiente.

CASTELAR

CASTELO BRANCO

CASTIGLIONE

R. CASTILLA

Fot. Larousse, Fonseca Porto, Giraudon

A. CASTRO

Cipriano CASTRO

Fidel CASTRO

G. DE CASTRO

CASTILLO LEDÓN (Luis), poeta y crítico mexicano (1879-1944).
CASTILLOS, laguna del Uruguay (Rocha). — Pobl. del Uruguay (Rocha).
CASTILLO SOLÓRZANO (Alonso de), novelista español (1584-¿1648?), representante de la tendencia cortesana y picaresca: *Noches de Madrid, La garduña de Sevilla.*
CASTILLO Y GUEVARA (Francisca Josefa del), escritora y poetisa mística colombiana (1671-1742), cuyas meditaciones fueron recogidas en dos libros: *Vida* y *Sentimientos espirituales,* diarios de su intimidad.
CASTILLO Y RADA (José María del), abogado y político colombiano (1776-1835), prócer de la Independencia. Gobernó el país en 1814.
CASTILLO Y SAAVEDRA (Antonio del), pintor español, n. en Córdoba (1603-1667), autor de cuadros religiosos.
CASTLEREAGH [*kasl-rig*] (Enrique Roberto STEWART, *vizconde de*), político inglés (1769-1822), alma de las coaliciones contra Napoleón.
CÁSTOR y **PÓLUX,** héroes mitológicos, hijos de Zeus y Leda. Llevados al cielo se transformaron en la constelación de Géminis.
CASTRES [*kastr*], c. de Francia (Tarn); paños. Museo de Goya.
CASTRI. V. DELFOS.
CASTRILLÓN, v. de España (Oviedo). Minas de carbón y de hierro.
CASTRIOTA (Jorge). V. SCANDERBEG.
CASTRO, c. y puerto de Chile (Chiloé). Destruida por un terremoto en 1575.
CASTRO (Alfonso de), teólogo y predicador español (¿1495?-1558).
CASTRO (Américo), crítico, ensayista y filólogo español, n. en 1885, a quien se deben estudios notables sobre Lope de Vega y Quevedo, así como sobre el erasmismo y Cervantes. Su libro, *La realidad histórica de España,* ha suscitado vehementes polémicas.
CASTRO (Cipriano), general y político venezolano (1858-1924), pres. de la Rep. de 1899 a 1908. Llegó al Poder mediante una revolución y gobernó en forma dictatorial. Fue substituido por Juan Vicente Gómez.
CASTRO (Cristóbal VACA DE), político español, m. en 1558, que fue gobernador del Perú. Enviado por Carlos I para allanar las discordias entre Pizarro y Almagro (1541), hubo de enfrentarse con éste. Después de haber vencido y ejecutado a Almagro, restableció el orden.
CASTRO (Eugenio de), poeta portugués (1869-1944), de inspiración simbolista, autor de obras líricas y dramas *(Belkiss, Las horas, Salomé).*
CASTRO (Felipe de), escultor español (1711-1775), que decoró el Palacio Real de Madrid.

CÁSTOR Y PÓLUX
Prado

CATALINA de Aragón

CATALINA II

CASTRO (Fidel), abogado y político cubano n. en 1927, que, desterrado durante el gobierno de Batista, desembarcó en la prov. de Oriente (1956) y se estableció en la Sierra Maestra con sus partidarios del *Movimiento 26 de Julio,* desencadenando una lucha de guerrillas que concluyó con el derrocamiento de Batista el 1.º de enero de 1959. Nombrado primer ministro, instauró un régimen socialista.
CASTRO (Guillén de), dramaturgo español, n. en Valencia (1569-1631), perteneciente a la escuela de Lope y autor de las comedias *Las mocedades del Cid* —imitada por Corneille en Francia—, *El Narciso en su opinión, Los malcasados de Valencia, El conde Alarcos,* etc.
CASTRO (Inés de). V. INÉS DE CASTRO.
CASTRO (José Agustín de), escritor mexicano (1728-¿1800?), autor de loas y autos.
CASTRO (José María), compositor y director de orquesta argentino (1892-1964), autor de un *Concerto Grosso.* — Su hermano JUAN JOSÉ (1895-1968), también compositor, es autor de *Sinfonía argentina, Sinfonía de los Campos* y el ballet *Mekhano.* — Su otro hermano, WASHINGTON, n. en 1909, violoncelista, director de orquesta y compositor.
CASTRO (Juan de), explorador y sabio portugués, virrey de las Indias (1500-1548).
CASTRO (Julián), general y político venezolano, pres. de la Rep. de 1858 a 1859.
CASTRO (Óscar), poeta y narrador chileno (1910-1947), autor de *Camino en el alba.*
CASTRO (Rosalía de), poetisa gallega (1837-1885), que escribió en esta lengua *(Cantares gallegos, Ruinas, Follas Novas)* y en castellano *(En las orillas del Sar).* Escribió tb. novelas.
CASTRO ALVES (Antonio de), poeta brasileño (1847-1871), que defendió la abolición de la esclavitud en versos de corte romántico.
CASTRO BARROS (Pedro Ignacio de), sacerdote, patriota y escritor argentino (1777-1849).
CASTRO DEL RÍO, v. de España (Córdoba).
CASTROJERIZ, v. de España (Burgos).
CASTRO MADRIZ (José María), político costarricense (1818-1892), pres. de la Rep. de 1847 a 1849 y de 1866 a 1868. Separó definitivamente su país de la Federación Centroamericana (1848); impulsó la instrucción pública.
CASTROPOL, v. de España (Oviedo).
CASTRO URDIALES, v. y puerto de España (Santander); balneario. Iglesia gótica.
CASTROVIRREYNA, c. del Perú, cap. de la prov. del mismo n. (Huancavelica).
CASTUERA, v. de España (Badajoz).
CATACAOS, c. del Perú (Piura).
CATALÁ (Catalina ALBERT Y PARADIS, llamada **Víctor**), escritora española de lengua catalana (1869-1966), autora de la novela *Soledad.*
CATALÁN (Miguel A.), físico español (1894-1957), que investigó sobre los espectros.
CATALÁUNICOS (CAMPOS), n. antiguo de la llanura en que se hallan las ciudades de Châlons y Troyes (Francia), y donde fue vencido Atila en 451 por Aecio, Meroveo y Teodorico.
CATALINA, isla de la Rep. Dominicana (Seibo). — Com de Chile (Antofagasta).
CATALINA I (¿1684?-1727), emperatriz de Rusia, mujer de Pedro el Grande, a quien sucedió (1725-1727).
CATALINA II la Grande, llamada *la Semíramis del Norte,* emperatriz de Rusia, nacida en Stettin, hija del duque de Anhalt Zerbst, mu-

Fot. Valotaire, Larousse, Giraudon, doc. A. G. P.

jer de Pedro III (1729-1796), reinó sola después del asesinato de éste, de 1762 a 1796. Sus guerras afortunadas, sus conquistas sobre los turcos, sus reformas, la protección que concedió a los sabios y a los filósofos, hicieron olvidar su violencia, su despotismo y sus costumbres.

CATALINA de Alejandría *(Santa)*, mártir hacia 307. Fiesta el 25 de noviembre.

CATALINA DE ARAGÓN (1485-1536), hija de los Reyes Católicos, casó con Enrique VIII de Inglaterra y fue repudiada después de dieciocho años de matrimonio. Los conflictos religiosos originados por ese divorcio fueron una de las causas del cisma inglés. Madre de María Tudor.

CATALINA de Génova *(Santa)*, hija de Jacobo de Fiesco, virrey de Nápoles (1447-1510). Fiesta el 14 de septiembre.

CATALINA DE JESÚS, famosa impostora sevillana del s. XVI, que fundó con Juan de Villalpando la secta de los *iluminados*.

CATALINA DE MÉDICIS, hija de Lorenzo de Médicis, nacida en Florencia (1519-1589), mujer de Enrique II de Francia, madre de Francisco II, de Carlos IX y de Enrique III. Regente durante la minoría de edad de Carlos IX .

CATALINA de Siena *(Santa)*, religiosa italiana (1347-1380), autora de una colección de *Cartas devotas*. Fiesta el 30 de abril.

CATALINA HOWARD, quinta mujer de Enrique VIII, que para casar con ella había repudiado a Ana de Cleves. Nacida en 1522, subió al trono en 1540 y fue decapitada en 1542.

CATALINA Labouré *(Santa)*, religiosa francesa (1806-1876), canonizada en 1947. Fiesta el 31 de diciembre.

CATALINA PARR, reina de Inglaterra (1512-1548), sexta y última mujer de Enrique VIII.

CATALINA Tomás *(Santa)*, religiosa agustina n. en Valldemosa (Mallorca) [1533-1574], canonizada en 1930. Fiesta el 5 de abril.

CATALINA Y GARCIA (Juan), historiador español (1845-1911).

Catálogo de las lenguas, magistral obra filológica del jesuita español Hervás y Panduro (1800-1805), en la que se anticipa a los más modernos estudios de gramática comparada.

CATALUÑA, antiguo principado y región del NE. de la Península Ibérica. Consta de las provincias de Barcelona, Tarragona, Lérida y Gerona; cap. *Barcelona*. Región rica, une a sus recursos agrícolas y mineros (carbón, plomo, sal), una abundante producción industrial (metalurgia, industrias mecánicas, aviones, automóviles, textiles). Comercio activo; turismo. Condado independiente desde el s. IX, se unió en 1137 con Aragón en virtud del matrimonio de Petronila, hija de Ramiro el Monje, con Ramón Berenguer IV el Santo, conde de Barcelona. En el s. XV, durante el reinado de Fernando II de Aragón, se unió con Castilla y conservó cierta autonomía hasta 1714. Con la República española de 1931, Cataluña fue de nuevo autónoma bajo el gobierno de la *Generalitat*, régimen que duró hasta 1939.

CATAMARCA, c. de la Argentina, cap. de la prov. del mismo n., al pie de los Andes. Obispado. Fundada por F. Mendoza en 1683. Centro de peregrinación. La prov. es próspera en el aspecto agrícola y posee distintas explotaciones mineras: mica (la mejor del país), cobre, estaño y oro. (Hab. *catamarqueños.*)

CATANIA, c. y puerto de Sicilia, cap. de la prov. de su n., al S. del Etna; vinos, frutas.

CATANZARO, c. de Italia (Calabria).

CATARAMA, c. del Ecuador (Los Ríos).

CATARI (Tomás), caudillo indio del s. XVIII, que con sus hermanos DÁMASO y NICOLÁS, se sublevó contra la dominación española en el Alto Perú. Fue ejecutado en 1781.

CATARINA, pobl. de Nicaragua (Masaya).

CÁTAROS, secta herética de la Edad Media. (V. ALBIGENSES.)

CATARROJA, v. de España (Valencia). Arroz.

CATATOCHA, pobl. del Ecuador, cab. del cantón de Baltas (Loja).

CATATUMBO, río de Colombia (Norte de Santander), que penetra en Venezuela y des. en el lago de Maracaibo: 400 km.

CATAURE, cerro de Venezuela, en la cord. Caribe; 1 624 m.

armadía en
el río CAUCA

CATAY, nombre dado a China por los autores de la Edad Media.

CATÉ, río de Panamá (Veraguas), que des. en el golfo de Montijo.

CATEAU (Le) [*katô*], ant. **Le Cateau-Cambrésis**, c. de Francia (Norte). Tratado de paz entre Felipe II y Enrique II de Francia, que puso fin a las guerras de Italia (1559).

CATEMACO, laguna de México (Veracruz).

CATEMU, com. de Chile (Aconcagua); cobre.

CATHER [*cazer*] (Willa S.), novelista norteamericana (1876-1947), autora de *La muerte viene al Arzobispo*, etc.

CATILINA (Lucio Sergio), patricio romano (¿109?-62 a. de J. C.). Su conjuración contra el Senado fue denunciada por Cicerón el año 63. Murió en la batalla de Pistoya.

Catilinarias, cuatro discursos de Cicerón, entonces cónsul, contra Catilina el año 63 a. de J. C. El orador mereció por ellos el título de **Padre de la Patria.**

CATOCHE, cabo de México (Quintana Roo). Este lugar fue el primero que visitaron los españoles en tierras mexicanas.

CATÓN el Censor (Marco PORCIO, llamado), político e historiador latino (234-149 a. de J. C.), autor de *Orígenes*. Célebre por la austeridad de sus principios. Fue censor en 184 y procuró, por todos los medios, limitar el lujo que empezaba a corromper a Roma.

CATÓN el Censor

CATÓN de Utica (Marco PORCIO, llamado), biznieto de Catón el Censor (95-46 a. de J. C.), defensor de la libertad contra César. Se mató en Utica después de la derrota de Tapso. Su vida y su muerte fueron las de un estoico.

Catón o *De la vejez (De Senectute)*, diálogo de Cicerón, obra maestra de gracia, de ingenio y de razonamiento.

CATRILÓ, pobl. de la Argentina (La Pampa).

CATTARO, n. ital. de **Kotor,** c. de Yugoslavia a orillas del Adriático (Dalmacia).

CATTEGAT, estrecho entre Suecia y Dinamarca. Comunica con el mar del Norte por medio del Skagerrak, y con el Báltico por medio del Sund y el Grande y Pequeño Belt.

CATTOVITZ. V. KATOVICE.

CATULO (Cayo Valerio), poeta latino (¿87-54? a. de J. C.), que cantó con delicadeza lírica a su amada Lesbia.

CAUCA, río de Colombia, que atraviesa de S. a N. varios dep. y es el princ. afl. del Magdalena; 1 350 km. — Dep. de Colombia, regado por el Cauca; cap. *Popayán;* produce trigo, café, cacao; tiene buenas regiones ganaderas y el subsuelo ofrece yac. de oro y platino. (Hab. *caucanos.*)

CAUCASIA, región de la U.R.S.S. que comprende al N. el final de la Rusia de estepas (Ciscaucasia); al centro las regiones montañosas del Cáucaso; al S. Georgia, Transcaucasia, Azerbaidján y una parte de Armenia.

CATÓN de Utica

CÁUCASO, cadena de montañas de la U.R.S.S., que se extiende entre el mar Negro y el mar Caspio en una longitud de 1 200 km. Su punto culminante es el volcán *Elbruz* (5 633 m). Según la mitología Prometeo fue encadenado en uno de los picos del Cáucaso.

CAUCHY (Agustín), matemático francés (1789-1857), autor de la teoría de las funciones de los variables complejos.

CAUDETE, c. de España (Albacete).

CAUDINAS. V. HORCAS CAUDINAS.

CAUDIO, ant. c. de Italia (Samnio), cerca del desfiladero de las *Horcas Caudinas*.

CAUNAO, río de Cuba (Las Villas), que des. en la bahía de Cienfuegos; 80 km.

Fot. Mest

E. CAVENDISH
dibujo de
W. ALEXANDRE

CAVOUR

CAXIAS

CAUPOLICÁN, caudillo araucano m. en 1558, que luchó contra los españoles y fue vencido por García Hurtado de Mendoza. M. ejecutado. Ercilla cantó sus hazañas en *La Araucana.*

CAUQUENES, c. de Chile, cab. del dep. del mismo n. y cap. de la prov. de Maule. Fundada en 1742 por A. Manso de Velasco, fue destruida dos veces por los terremotos. (Hab. *cauqueninos.*)

CAURA, río de Venezuela (Bolívar), afl. del Orinoco; 745 km.

CAUREL, v. de España (Lugo).

CAUS [*co*] (Salomón de), ingeniero francés (1576-1626), a quien se debe el descubrimiento de las propiedades del vapor como fuerza motriz.

CAUTERETS [*coteré*], pueblo de los Pirineos franceses, cerca de Argelès. Estación termal.

CAUTÍN, río de Chile (Malleco y Cautín), que, unido al Cholchol, forma el Imperial. — Prov. de Chile; cap. *Temuco;* princ. prod. triguera del país; ganadería; ind. maderera.

Cautiva *(La),* poema épico gauchesco del poeta argentino Echeverría (1837).

Cautividad de Babilonia, n. dado al período de setenta años durante el cual permanecieron los judíos cautivos en Babilonia, adonde los llevó Nabucodonosor, y de donde los sacó Ciro. — Tiempo que permanecieron los papas en Aviñón (1309-1377).

Cautivos (*Los*), comedia de Plauto, notable cuadro de costumbres (s. II a. de J. C.).

CAUTO, llanura aluvial de Cuba (Oriente). — Río de Cuba (Oriente), que des. en el golfo de Guacanayabo; 254 km.

CAVA (La). V. FLORINDA.

CAVALCANTI (Guido), poeta italiano, amigo de Dante (¿1225?-1300).

CAVALIERI (Emilio de), compositor italiano (1550-1602), creador del *oratorio.*

Cavalleria rusticana, drama lírico en un acto y dos cuadros, música de Mascagni (1890).

CAVALLI (Pedro Francisco), compositor italiano (1602-1676), uno de los creadores de la ópera y autor también de obras religiosas.

CAVALLINI (Pedro), pintor italiano de fines del s. XIII y principios del XIV, autor de mosaicos y frescos.

CAVALLÓN (Juan de), conquistador español, m. en 1565, que llevó a cabo varias fundaciones en Costa Rica.

CAVANILLES (Antonio José), religioso y botánico español (1745-1804).

CAVENDISH [*-dich*] (Enrique), físico y químico inglés (1731-1810). Analizó el aire atmosférico y determinó la densidad media del globo; descubrió la composición del agua y dio a conocer las propiedades del hidrógeno. Fue uno de los creadores de la electrostática.

CAVENDISH (Tomás), navegante inglés (¿1555?-1592), que realizó, de 1586 a 1588, una vuelta al mundo.

CAVENTOU [*-tú*] (José Bienaimé), farmacéutico francés (1795-1877), que descubrió, con Pelletier, la quinina (1820).

CAVESTANY (Juan Antonio), poeta dramático español (1861-1924).

CAVIA (Mariano de), periodista español (1855-1919), famoso por sus artículos sobre matices del idioma. El diario *A B C* de Madrid otorga anualmente un premio con el nombre de este escritor al mejor trabajo periodístico.

CAVITE, c. de Filipinas (Luzón), cap. de la prov. del mismo n., en una gran bahía. Café, azúcar, tabaco. Derrota de la flota española por la norteamericana en 1898.

CAVO (Andrés), jesuita e historiador mexicano, n. en Guadalajara en 1739, m. hacia 1800.

CAVOUR [*-vur*] (Camilo BENSO, *conde de*), célebre político italiano, ministro de Víctor Manuel II, n. en Turín (1810-1861); preparó la unidad de Italia. Espíritu incisivo y brillante, estaba dotado de una voluntad enérgica e inflexible.

CAWNPORE, hoy **Kanpur,** c. de la India (Uttar Pradesh), a orillas del Ganges.

CAXAMBU, pobl. del Brasil (Minas Gerais); aguas minerales.

CAXIAS (Luis ALVES DE LIMA E SILVA, *duque de*), militar y político brasileño (1803-1880), que consolidó la unidad nacional durante la regencia de Pedro II y actuó destacadamente en la guerra del Paraguay.

CAXTON (William), impresor inglés (¿1422?-1491), que imprimió en 1477 el primer libro que se publicó en Inglaterra.

CAYAMBE, volcán del Ecuador, en la Cord. Central; 5 790 m. — Pobl. del Ecuador (Pichincha).

CAYAPAS, río del Ecuador (Esmeraldas).

CAYENA, cap. de la Guayana Francesa, en la isla del mismo n.; 24 600 h.

CAYETANO (*San*), fundador de la orden de los Teatinos (1480-1547). Fiesta el 7 de agosto.

CAYETANO GERMOSÉN, distr. de la Rep. Dominicana (La Vega).

CAYEY, c. de Puerto Rico (Guayama).

CAYO DE AGUA, isla del mar de las Antillas, situada al N. de la laguna de Chiriquí.

CAYO HUESO. V. KEY WEST.

CAYO ROMANO, isla de Cuba, en el archip. Sabana-Camagüey; 800 km².

CAZALLA DE LA SIERRA, c. de España (Sevilla); vinos; ganado; aguardiente famoso.

CAZONES, río de México (Veracruz), que des. en el golfo de México. Es llamado en la parte superior de su curso **San Marcos.**

CAZORLA, c. de España (Jaén); aceite, frutas.

CEA BERMÚDEZ (Francisco), político español (1772-1850), ministro de Fernando VII y de Isabel II.

CEÁN BERMÚDEZ (Juan Agustín), arqueólogo y crítico de arte español (1749-1829).

CEARÁ, Estado del N. del Brasil; cap. *Fortaleza;* algodón, mandioca, caña de azúcar y café.

CEAUSESCU (Nicolás), político rumano, n. en 1918, secretario general del Partido Comunista en 1965, jefe del Estado en 1967.

CÉBACO, isla de Panamá (Veraguas), en el golfo de Montijo.

CEBALLOS (Juan Bautista), político mexicano (1811-1859), pres. interino de la Rep. en 1853.

CEBALLOS (Pedro de). V. CEVALLOS.

CEBALLOS (Pedro Fermín), escritor y político ecuatoriano (1812-1893), autor de un curso de *Derecho práctico.*

CEBOLLATÍ, río del Uruguay, que nace en el dep. de Lavalleja y des. en la laguna Merín.

CEBOLLERA (SIERRA), parte de la cordillera Ibérica, situada al NO. de Cuenca; 2 176 m.

CEBRIÁN Y AGUSTÍN (Pedro de), conde de Fuenclara (1687-1752), virrey de Nueva España de 1742 a 1746.

CEBÚ, c. de Filipinas, cap. de la isla y la prov. del mismo n., en el archip. de las Visayas. Obispado. Minas de carbón. Copra. Arroz, cacao.

C.E.C.A. V. COMUNIDAD EUROPEA DEL CARBÓN Y DEL ACERO.

CECIL, familia inglesa que dio varios hombres políticos. El más famoso, WILLIAM **Cecil** (1520-1598), fue ministro de la reina Isabel I.

CECILIA (*Santa*), virgen y mártir romana, m. hacia 232, patrona de los músicos. Fiesta el 22 de noviembre.

CÉCROPE o **CÉCROPS,** personaje de origen egipcio, que fue el primer rey de Ática.

C.E.D.A., siglas de *Confederación Española de Derechas Autónomas,* partido conservador fundado por Gil Robles en 1933.

CEDAR RAPIDS, c. de los Estados Unidos (Iowa).

CEDEÑO (Antonio). V. SEDEÑO.

CEDEÑO (Gregorio), militar y político venezolano, pres. de la Rep. de 1878 a 1879.

CEDRÓN, torrente de Judea, célebre en la Biblia, que separa Jerusalén del monte de los Olivos y des. en el mar Muerto.

CEDROS, isla de Costa Rica, en el golfo de Nicoya. — Isla de México (Baja California).

CÉFALO, hijo de Hermes, rey de Tesalia. Casó con Procris, princesa ateniense, la hirió involuntariamente con un dardo en la caza y desesperado se mató precipitándose desde lo alto de una roca. Ha dado su nombre a la isla de *Cefalonia.*

CEFALONIA, la mayor de las islas Jónicas, en Grecia; cap. *Argostoli.*

CÉFIRO, hijo de la Aurora, nombre dado por los antiguos al viento del oeste.

CEFISO, n. de varios ríos de la ant. Grecia.

CEGLED. V. CZEGLED.

Fot. X, Brogi, Larousse

CEHEGÍN, v. de España (Murcia). Mármol, hierro, salinas. Azafrán.

CEIBA, isla de Venezuela, formada por el Orinoco, límite de los Estados de Bolívar y Anzoátegui.

CEIBA (La), c. de Honduras, cap. del dep. de Atlántico; puerto en el mar Caribe.

CEILÁN, isla al sur de la India, de la que la separa el estrecho de Palk. — Estado miembro del Commonwealth. Sup. 65 607 km²; 10 965 000 h. *(cingaleses)*; cap. *Colombo*, 510 900 h. Ceilán es un bloque montañoso cuya población se concentra al oeste y al sur. Té, especias, caucho. C. pr.: *Jaffna*, 77 000 h.; *Galle*, 54 000; *Kandy*, 58 000.

CEJADOR (Julio), sacerdote y erudito español (1864-1927), autor de una momumental *Historia de la lengua y literatura castellanas*.

CELA (Camilo José), escritor español, n. en Iria Flavia (Coruña) en 1916. De inventiva realista, fuerte e irónica, es autor de las novelas *La familia de Pascual Duarte, La colmena, Pabellón de reposo, Nuevas andanzas y desventuras del Lazarillo de Tormes, Viaje a la Alcarria*, etc.

CELAYA, c. de México (Guanajuato).

CELAYA (Gabriel), escritor español, n. en 1911, autor de poesías originales y brillantes.

CÉLEBES o **SULAWESI,** isla de Insulindia (Indonesia), formada en realidad por cuatro penínsulas; cap. *Macasar*; minas de oro, diamantes, exportación de maderas preciosas. Copra.

CELENDÍN, c. del Perú, cap. de la prov. del mismo n. (Cajamarca).

CELESTE IMPERIO, nombre que se daba a **China,** cuyos emperadores llevaban el título de *Hijo del cielo*.

CELESTES (MONTES). V. TIANCHAN.

Celestina (*La*), nombre que recibe comúnmente la *Tragicomedia de Calixto y Melibea*, obra cumbre de las letras españolas, publicada en Burgos en 1499. De autor incierto, ha sido atribuida a Fernando de Rojas, salvo el comienzo, que se ha supuesto de Juan de Mena o de Rodrigo de Cota. Se trata de una historia de amor entre un hermoso mancebo y una dulce jovencita, que se ven ayudados en su idilio por la intervención de la vieja Celestina, alcahueta con ribetes de bruja. La obra de Rojas obtuvo un éxito inmenso en la Edad de Oro y Cervantes la celebró, diciendo de ella: "Libro en mi opinión divino si encubriese más lo humano".

CELESTINO I *(San)*, papa de 422 a 432. Fiesta el 6 de abril. — CELESTINO V *(San)*, papa en 1294: abdicó y fue encarcelado por orden de Bonifacio VIII; muerto en 1296. Fue canonizado en 1313. Fiesta el 19 de mayo.

CELICA, pobl. del Ecuador (Loja).

CELINE (Louis Ferdinand), escritor francés (1894-1961), autor del relato *Viaje al fondo de la noche*.

CELIO, una de las siete colinas de la antigua Roma, situada al S. del Capitolio.

Celoso extremeño *(El)*, una de las más interesantes novelas ejemplares de Cervantes.

CELSIO o **CELSIUS** (Anders), astrónomo y físico sueco (1701-1744), que estableció la escala termométrica centesimal.

CELSO (*San*), mártir, n. en Milán, m. hacia el año 56. Fiesta el 28 de julio.

CELSO (Aulo Cornelio), médico del siglo de Augusto. Seguía la doctrina de Hipócrates.

CELSO, filósofo platónico que vivía en Roma en tiempo de los Antoninos (s. II d. de J. C.). célebre por sus ataques contra el cristianismo.

CELTAS, pueblo de origen indogermánico, cuyas primeras migraciones datan de los tiempos prehistóricos; se extendieron al principio por Europa Central y fueron avanzando hasta las Galias, España y las islas Británicas, acabando por ser absorbidos por los romanos. En Bretaña, en el País de Gales, en Irlanda y en Galicia es donde se ha conservado mejor el tipo celta.

CELTÍBEROS, mejor que **CELTIBEROS,** pueblo de la antigua España Tarraconense, formado por unión de la raza celta e ibera.

CÉLTICA, parte de la Galia antigua que estaba comprendida entre el Sena y el Garona.

CELLAMARE (Antonio de), diplomático español, nacido en Nápoles (1657-1733); embajador de España en la corte de Francia. Conspiró, para servir los proyectos de Alberoni, contra el Regente de Francia.

CELLINI (Benvenuto), escultor, orfebre y grabador italiano (1500-1571), que trabajó en la corte de Francisco I de Francia, y en Florencia (*Perseo*). En sus *Memorias*, cuenta los episodios de su agitada vida.

CEMPOALA, ant. pobl. de la costa oriental de México (actual Est. de Veracruz), cuyo cacique se unió con Cortés contra Moctezuma.

Cena *(La)*, fresco de Leonardo de Vinci, en el convento de Santa María delle Grazie (Milán).

Cena jocosa (*La*), célebre composición festiva de Baltasar del Alcázar, de gran popularidad.

CENCI, familia romana del s. XVI, tan célebre por sus crímenes y sus desgracias como por sus riquezas.

CENDÉ, páramo de Venezuela, en el límite de los Est. de Lara y Trujillo, en la sierra de Calderas; 3 585 m.

CENDRADILLAS, volcán de México (Durango).

CENDRARS (Blaise), escritor francés (1887-1961) de origen suizo, cuya obra constituye una verdadera epopeya del aventurero moderno.

Cenicienta (*La*), nombre de la heroína y título de uno de los más encantadores cuentos de Perrault. La protagonista, maltratada por su madrastra y despreciada por sus hermanas, ha sido objeto de frecuentes alusiones por parte de los escritores.

CENIS, monte de los Alpes (3 320 m) en el que se ha abierto un túnel de 13 665 m, entre Modane (Francia) y Bardonecha (Italia), inaugurado en 1871.

CENIZA, pico de Venezuela (Aragua); 2 435 m.

CENIZA (BOCAS DE), desembocadura del río Magdalena, en Colombia (Atlántico).

CENOBIA. V. ZENOBIA.

CENÓN. V. ZENÓN.

Censores, los dos magistrados romanos encargados de formar el censo de los ciudadanos, establecer los impuestos y velar por las costumbres de los ciudadanos.

CENTAURO, constelación del hemisferio austral, situada debajo de Virgo.

CENTAUROS, raza de hombres salvajes en la mitología griega, convertida por los poetas en monstruos fabulosos, mitad hombres y mitad caballos.

CENTENO (Diego), conquistador español (1505-1549), que actuó a las órdenes de Pizarro en el Perú.

CENTRAL, dep. del Paraguay, en la región oriental; cap. *Limpio*; princ. productor de algodón del país.

CENTRAL (CORDILLERA), n. de varias cordilleras americanas: la de *Colombia*, desde la frontera

CELA

LA CELESTINA
detalle de la portada de la edición princeps

CELLINI
busto de COSME I DE MÉDICIS
museo Nac. Florencia

LA CENA
fresco de L. DE VINCI

Fot. Doc. A. G. P., Alinari, Giraudon

CERBERO

CERDA SANDOVAL

CERVANTES

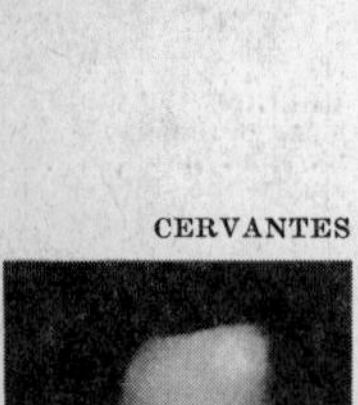

del Ecuador hasta el dep. de Antioquia; la de *Costa Rica,* de formación volcánica; la de la *Rep. Dominicana,* en la que se encuentran las cimas más altas de las Antillas; la de *Ecuador,* desde el nudo de Loja hasta el Perú; la del *Perú,* desde el nudo de Pasco hasta el de Vilcanota; la de *Puerto Rico,* entre Cerro Gordo y la sierra del Cayey.

CENTROAFRICANA (*República*), antiguamente **Ubangui Chari,** república de África ecuatorial, indep. desde 1960; 493 000 km²; 2 088 000 h. Cap. *Bangui,* 78 400 h. Aluviones auríferos y yacimientos de diamantes.

CENTRO AMÉRICA o **CENTROAMÉRICA,** n. que suele darse a América Central.

CENTROAMERICANA, cord. que atraviesa Honduras y Nicaragua de NO. a SE.

CENTURIÓN (Emilio), pintor argentino, n. en 1894.

C.E.P.A.L. V. COMISIÓN ECONÓMICA PARA AMÉRICA LATINA.

CEPEDA, cañada de la prov. de Buenos Aires (Argentina), cerca de San Nicolás. Victoria de Urquiza contra las tropas de Mitre en 1859.

CEPEDA Y AHUMADA (Teresa). V. SANTA TERESA.

CERAM, una de las islas Molucas (Indonesia).

CERBÈRE (CABO). V. CERVERA.

CERBERO o **CANCERBERO,** perro de tres cabezas, guardián de los Infiernos.

CERCADO, n. de cinco prov. de Bolivia, en los dep. de Beni, cap. *Trinidad;* Cochabamba, cap. *Cochabamba;* Oruro, cap. *Caracollo;* Potosí (tb. se le da el n. de ***Frías***), cap. *Tinquipaya,* y Tarija, cap. *Tarija.*

CERCADO (El), com. de la Rep. Dominicana (San Juan de la Maguana).

CERCANO ORIENTE, n. aplicado a la región más occidental de Asia y Egipto.

CERDA (CASA DE LA), célebre familia española que desciende de Don Fernando, hijo mayor de Alfonso X. Sus hijos fueron despojados de sus derechos por su tío Sancho y encerrados largos años en cautiverio.

CERDA (Manuel Antonio de la), político y patriota nicaragüense, m. en 1828, jefe del Estado de 1824 a 1828. Fue fusilado.

CERDAÑA, comarca de Francia y España situada a ambos lados de los Pirineos Orientales.

CERDA SANDOVAL (Gaspar de la), conde de Galve (1653-1697), virrey de Nueva España de 1688 a 1696.

CERDA Y ARAGÓN (Tomás Antonio), administrador español (1638-1692), conde de Paredes y virrey de Nueva España de 1680 a 1686. Sofocó una sublevación india en Nuevo México.

CERDÁ Y RICO (Francisco), erudito español (1739-1800), autor de trabajos de bibliografía.

CERDEÑA, isla de Italia, al S. de Córcega; cap. *Cagliari,* 24 090 km²; 1 413 000 h. (Hab. *sardos*). Ganado lanar; minas de plomo, cinc, lignito. Reino de 1720 a 1860.

CERES, hija de Saturno y de Cibeles, diosa latina de la Agricultura. Es la **Deméter** griega.

CERETÉ, pobl. de Colombia (Córdoba).

CERIÑOLA, c. de Italia (Pulla), junto a la cual Gonzalo de Córdoba derrotó a los franceses en 1503. Centro agrícola.

CERISOLES, en ital. **Ceresole d'Alba,** aldea de Italia (Piamonte). En 1544 los franceses derrotaron en ella a los españoles y los imperiales.

CERNA o **CRNA,** río de Yugoslavia, afl. del Vardar; 185 km.

CERNA (Vicente), general y político guatemalteco, pres. de la Rep. de 1865 a 1871.

CERNAUTI, V. TCHERNOVTSY.

CERNUDA (Luis), poeta español (1902-1963), cuyos libros *Donde habite el olvido* y *Como quien espera el alba* constituyen una delicada aportación a la lírica contemporánea.

CERRALVO, isla de México, en el golfo de California.

CERREDO (TORRE DE). V. TORRE DE CERREDO.

CERRETANOS, habitantes de la parte de España Tarraconense que hoy corresponde a la Cerdaña.

CERRITO, isla de la Argentina (Chaco), en el río Paraguay. — Lugar de las cercanías de Montevideo, donde, en 1812, Rondeau derrotó a los realistas. — Pobl. del Paraguay (Ñeembucú).

CERRO BOLÍVAR, importante yac. de hierro de Venezuela (Bolívar).

CERRO CASTILLO, com. de Chile (Magallanes).

CERRO CORÁ, lugar del Paraguay (Amambay), donde se libró la última batalla de la guerra de la Triple Alianza (1870).

CERRO DE LA CRUZ, cumbre de Bolivia; 5 433 m.

CERRO DE LA MUERTE, cerro de Costa Rica (Cartago), en la cord. de Talamanca.

CERRO DE LAS VUELTAS, cerro de Costa Rica, en la cordillera de Talamanca; 3 000 m.

CERRO DE LOS ÁNGELES, elevación cerca de Madrid en cuya cima se encuentra una imagen del Sagrado Corazón.

CERRO DE PASCO, c. del Perú, cap. de la prov. y del dep. de Pasco; importante centro minero (cobre, plata, oro, plomo, cinc, bismuto).

CERRO HERMOSO o **YÚRAC LLANGANATI,** cima del Ecuador, en la Cord. Central; 4 638 m.

CERRO LARGO, cuchilla del Uruguay, que separa los ríos Tacuarí y Cebollatí. — Dep. del Uruguay; cap. *Melo.* (Hab. *cerrolarguenses.*)

CERRO MANANTIALES, yac. petrolífero de Chile (Tierra del Fuego).

CERRO PAX, cima del Ecuador, en la Cord. Oriental; 3 350 m.

CERRO PUNTAS, la cumbre más alta de Puerto Rico (Ponce); 1 338 m.

CERRO QUEBRADO. V. CHACO.

CERRO QUEMADO, volcán de Guatemala (Quezaltenango); 3 179 m.

CERRÓN, cerro de Venezuela (Lara-Falcón), en la sierra de Jirajara; 1 900 m.

CERRUTO (Óscar), poeta y novelista boliviano de gran musicalidad, n. en 1907.

CERULARIO (Miguel), patriarca de Constantinopla de 1043 a 1058, que consumó el cisma entre las Iglesias bizantina y romana (1054).

CERVANTES, v. de España (Lugo).

CERVANTES SAAVEDRA (Miguel de), figura máxima de las letras españolas, n. en Alcalá de Henares en 1547 y m. en Madrid en 1616. Su vida azarosa hizo de él un paje de eclesiástico, soldado en la batalla de Lepanto (1571), donde fue herido en la mano izquierda, prisionero de los turcos en Argel, alcabalero en Andalucía, agente proveedor de la Armada Invencible, modesto protegido del conde de Lemos, que no ejerció un mecenazgo demasiado generoso con él, memorialista en perpetua espera del favor real, escritor mal comprendido de sus contemporáneos y marido desengañado e infeliz en su hogar. En su penosa existencia, Cervantes fue encarcelado varias veces: por deudas y por una oscura cuestión de homicidio. Su última página, la dedicatoria al conde de Lemos de su novela (publicada póstumamente por su viuda) *Trabajos de Persiles y Sigismunda,* aparece firmada en Madrid, el 19 de abril de 1616. Cuatro días después, el 23 de abril, Cervantes moría en la capital española, miserable y abrumado por el destino. Pese a sus veleidades poéticas, Cervantes fue ante todo y sobre todo un novelista, un altísimo y genial novelista, que cultivó todos los géneros narrativos que predominaban en su época: la novela pastoril con *La Galatea;* la novela corta a la moda italiana con las doce *Novelas Ejemplares,* donde las hay de todos los géneros: picarescas (*El coloquio de los perros, Rinconete y Cortadillo* y *El casamiento engañoso*), de costumbres (*El celoso extremeño, La gitanilla, La ilustre fregona, La fuerza de la sangre* y *El amante liberal*), filosóficas (*La española inglesa* y *El licenciado Vidriera*) y al estilo italiano (*La señora Cornelia* y *Las dos doncellas*); y a las que habría que añadir *La tía fingida,* que se atribuye a Cervantes sin que hasta hoy se esté cierto de su autenticidad; y la novela de tipo bizantino, con raptos, viajes, naufragios, anagnórisis y mil aventuras: *Los trabajos de Persiles y Sigismunda.* Pero donde culmina sin duda el genio cervantino es en su inmortal creación *Aventuras del ingenioso hidalgo Don Quijote de la Mancha,* cuya primera parte vio la luz en Madrid, en 1605, completada, diez años después, por una segunda parte, publicada también en Madrid. *El Quijote* es una auténtica suma del arte novelístico del Renaci-

Fot. Larousse, Viollet

miento español, pues todas las corrientes y tendencias se dan cita en este texto de inspiración erasmista: novela de caballerías en su concepción inicial de sátira de este género, novela pastoril (pasajes de las bodas de Camacho y del pastor Crisóstomo y la hermosa Marcela), novela bizantina (pasaje del cautivo), novela italiana (pasaje del curioso impertinente), novela picaresca (pasaje del titiritero Ginés de Pasamonte y su mono amaestrado), relato paremiológico (conversaciones de Don Quijote y Sancho. con los refranes con que el escudero salpica su conversación), evocación del romancero, valoración del teatro de la época, etc. (V. QUIJOTE [*El*].) Se deben también a Cervantes un poema crítico-literario compuesto en tercetos: *Viaje del Parnaso*, algunos versos de circunstancias, ocho Entremeses (*La guarda cuidadosa, La cueva de Salamanca, El juez de los divorcios, El viejo celoso, El rufián viudo, El vizcaíno fingido, El retablo de las maravillas, La elección de los alcaldes de Daganzo*) y varias comedias (*La gran sultana, Los baños de Argel*) y tragedias (*La Numancia*), que no añaden nada a su gloria.

CERVERA, c. de España (Lérida); ant. Universidad de 1714 a 1822; vinos.

CERVERA (CABO), cabo del litoral Mediterráneo, en la frontera de España y Francia.

CERVERA DEL RÍO ALHAMA, v. de España (Logroño); aceite, vinos; ganado.

CERVERA Y TOPETE (Pascual), almirante y político español (1839-1909), derrotado en Santiago de Cuba (1898), por una escuadra de los Estados Unidos.

CERVINO (MONTE) o **MATTERHORN,** cima de los Alpes Peninos; 4 478 m.

CESALPINO (Andrés), naturalista, médico y filósofo italiano (1519-1603), el primero que distinguió el sexo de las flores.

CESAR, río de Colombia (Magdalena), afl. del Magdalena; 315 km. Llamado también **Cesare.** — Dep. del N. de Colombia; cap. *Valledupar.*

CÉSAR (Cayo Julio), general, historiador y dictador romano, n. en Roma (101-44 a. de J. C.), una de las más altas figuras de la historia. Después de haber pertenecido al Primer Triunvirato de la República (60), tomó parte en la conquista de las Galias (59-51). Atravesó el Rubicón, en la guerra civil contra Pompeyo, al que derrotó en Farsalia (48), venció a Farnaces, rey del Ponto, en una rápida campaña (47), lo que le permitió decir: "Vine, vi, vencí". Prosiguió la persecución de los pompeyanos hasta España, donde se habían refugiado, y los aniquiló en Munda (45). Habiéndose hecho proclamar dictador con poderes de un soberano, fue asesinado por los conjurados dirigidos por su hijo adoptivo Bruto, que le apuñaló en el Senado. Como escritor ha dejado *Comentarios de la guerra de las Galias* y *Comentarios de la guerra civil.*

César (*Julio*), tragedia de Shakespeare, que describe la muerte del dictador (1599).

César Birotteau, novela de Balzac, sátira de las ambiciones de la burguesía (1837).

CESAREA. V. KAISARIEH.

CESAREA, ant. c. del N. de Palestina, a orillas del Mediterráneo; hoy en ruinas.

CESÁREO (*San*), obispo de Arles que combatió el arrianismo (470-543). Fiesta el 27 de agosto.

CÉSARES (LOS DOCE), n. con el cual se designa a Julio César y a los once primeros emperadores romanos: Augusto, Tiberio, Calígula, Claudio, Nerón, Galba, Otón, Vitelio, Vespasiano, Tito y Domiciano.

Césares (*Los doce*), obra biográfica y anecdótica acerca de los doce primeros emperadores romanos, por Suetonio.

CESAROTTI (Melchor), erudito italiano (1730-1808), autor de *Filosofía de la lengua.*

CESKE BUDEJOVICE. V. BUDEJOVICE.

CÉSPEDES (Ángel María), poeta y diplomático colombiano (1892-1956), autor de *Invitación al amor.*

CÉSPEDES (Augusto), novelista boliviano, n. en 1904. Autor de *Sangre de mestizos.*

CÉSPEDES (Carlos Manuel de), patriota, abogado y político cubano, n. en Bayamo (1819-1874), que lanzó en Yara el grito de "¡Viva Cuba libre!" (868), iniciador de la lucha armada por la Independencia. Se apoderó de Bayamo y proclamó la Rep. en Armas, de la que fue pres. de 1869 a 1873. Destituido en 1873, se retiró a una finca de la Sierra Maestra, donde pereció a manos de asaltantes españoles.

CÉSPEDES (Francisco Javier de), general y político cubano (1821-1903), pres. de la Rep. en Armas en 1877.

CÉSPEDES (Pablo de), pintor y escritor español (¿1538-1608?), a quien se debe un poema titulado *Arte de la pintura.*

CÉSPEDES Y MENESES (Gonzalo de), historiador y novelista español (¿1585?-1638).

CÉSPEDES Y QUESADA (Carlos Manuel), político e historiador cubano (1871-1939), hijo de Carlos Manuel, pres. de la Rep. en 1933.

CESTERO (Manuel Florentino), escritor dominicano (1879-1926), autor de *Cuentos a Lila* y *El canto del cisne.*

CESTERO (Tulio Manuel), escritor dominicano (1877-1954), autor de la novela *La sangre.*

CETINA (Gutierre de), poeta español, n. en Sevilla (1520-¿1557?), de vida aventurera, que murió trágicamente en México. Se ha inmortalizado por su célebre *Madrigal a unos ojos.*

CETIÑA, c. de Yugoslavia, ant. cap. de Montenegro, cerca de la frontera de Albania.

CETRÁNGOLO (Antonio), médico argentino (1888-1949), que estudió la tuberculosis pulmonar.

CETTE. V. SÈTE.

CEUTA, plaza de soberanía española en la costa septentrional de Marruecos. Pertenece a la prov. de Cádiz. Pesca abundante. Tomada por Don Juan de Portugal en 1415, pasó a poder de España en 1688.

CEVALLOS (Pedro de), militar español (1716-1778), gobernador de Buenos Aires de 1756 a 1766. En 1776 fue nombrado primer virrey del Río de la Plata. Declaró la libertad del comercio, medida que favoreció notablemente el desarrollo de la colonia.

CEVALLOS (Pedro Fermín). V. CEBALLOS.

CEVENAS, montes de Francia, en la parte oriental del Macizo Central; alt. máx. 1 567 m.

CEYLÁN. V. CEILÁN.

CEZANNE (Pablo), pintor francés (1839-1906), que, como los otros impresionistas, pintó al aire libre. Es también autor de bodegones y retratos, y se le considera como uno de los precursores de la pintura moderna. (V. tb. lámina página 704.)

CIAXARES, rey de los medos (663-584 a. de J. C.), que puso fin al imperio de Asiria tras la destrucción de Nínive en 612.

CIBAO, cordillera del centro de la isla La Española, que se extiende por las Rep. de Haití y Dominicana. Punto culminante, 3 140 m.

CIBELES, hija del Cielo y de la Tierra, esposa de Saturno, madre de Júpiter, Neptuno, Plutón, etc. También se llama **Rea.** (*Mit.*)

Cibeles (*Fuente de la*), fuente situada en una plaza de Madrid, y levantada a fines del siglo XVIII por Francisco Gutiérrez y Roberto Michel.

CIBOLA, región fabulosa descrita por Marcos de Niza, en la cual se suponía la existencia de siete ciudades maravillosas y que los conquistadores, entre otros F. Vázquez de Coronado, buscaron con afán en el N. de México.

CIBONEYES, primitivos pobladores de Cuba, de cultura paleolítica, que moraban en cuevas.

CICERÓN (Marco Tulio), político, pensador y orador romano, n. cerca de Arpino (106-43 a. de J. C.), llamado **Padre de la Patria** por haber denunciado la conjuración de Catilina. Partidario de Pompeyo y más tarde de César, atacó acervamente a Marco Antonio. Éste y su esposa Fulvia, a los que había criticado en *Las Filípicas*, le hicieron asesinar durante el Segundo Triunvirato. Mediocre e indeciso como político, llevó en cambio la elocuencia latina a su apogeo en sus discursos de defensa (*Verrinas, Pro Murena, Pro Milone*) y en sus arengas políticas (*Catilinarias, Filípicas*). La sólida composición de sus discursos sirvió de modelo a toda la retórica latina, y su estilo enriqueció la prosa del Lacio. Sus tratados filosóficos, en los que practica el eclecticismo de la Nueva Academia. ayudan a conocer la filosofía antigua. Su *Correspondencia* es de gran interés histórico y humano.

CÉSAR

C. M. DE CÉSPEDES

CEZANNE
autorretrato

CICERÓN
escultura romana

Fot. Giraudon. Larousse

EL CID
grabado antiguo

CÍCLADAS, islas griegas del mar Egeo, así llamadas porque forman un círculo alrededor de Delos; cap. *Hermópolis.* Las principales islas son: Delos, Andros, Zea, Tinos, Naxos, Paros, Santorín, Syra.

Cíclope *(El)*, drama satírico de Eurípides (s. v a. de J. C.). — Idilio de Teócrito.

CÍCLOPES, gigantes monstruosos, con un ojo en medio de la frente, que, según la fábula, forjaban en el Etna los rayos de Zeus bajo las órdenes de Hefestos. *(Mit.)*

CICNO, hijo de Esténelo, rey de Liguria, y amigo de Faetón. Fue metamorfoseado en cisne.

CID CAMPEADOR (Rodrigo DÍAZ DE VIVAR, llamado **el**), personaje semihistórico, semilegendario, nacido cerca de Burgos hacia 1043, m. en Valencia en 1099. Pasó la primera parte de su vida en la corte de Fernando I de Castilla. El reino, al morir el soberano, se dividió entre sus hijos, y pasó el Cid a servir a Don Sancho de Castilla, ayudándole a vencer y hacer prisionero a Alfonso de León. Asesinado Sancho en el sitio de Zamora por Bellido Dolfos, reunió Alfonso VI bajo su cetro las coronas de León y de Castilla, y el Cid tuvo que servir al nuevo rey, no sin haberle hecho prestar juramento de que no participó en el asesinato (Jura de Santa Gadea). Alfonso se vengó enviando al destierro a su exigente vasallo. A partir de este momento guerreó sucesivamente contra los moros y los cristianos, y en los últimos años de su vida defendió Valencia, que había conquistado a los moros. Antes de su destierro, casó con doña Jimena, parienta de Alfonso. La leyenda se apoderó pronto de las hazañas de Rodrigo Díaz de Vivar, a quien dieron los moros el título de Cid *(Señor)*. En el siglo XII empezaron a reunirse los innumerables romances que sobre el Campeador circulaban. Por entonces se escribieron, casi al mismo tiempo, la *Crónica rimada del Cid* el *Cantar de Mío Cid* y la *Crónica del Cid.*

Cid *(El)*, tragedia de Pierre Corneille, inspirada en *Las mocedades del Cid*, de Guillén de Castro. Una de las obras maestras de la literatura francesa (1636).

CIDE HAMETE BENENGELI, supuesto escritor morisco, a quien finge Cervantes autor de la historia de Don Quijote.

CIDNO, río de la antigua Cilicia. Alejandro estuvo a pique de perder la vida por haberse bañado en él. Hoy **Tarsus.**

CIEGO DE ÁVILA, c. de Cuba (Camagüey); centro azucarero y ganadero.

CIEGO MONTERO, pobl. de Cuba (Las Villas); aguas minerales.

CIEMPOZUELOS, v. de España (Madrid). Manicomio.

CIÉNAGA, c. de Colombia (Magdalena); puerto en el Caribe; centro comercial.

CIÉNAGA DE ORO, pobl. de Colombia (Córdoba).

CIÉNAGA DE ZAPATA, zona pantanosa de Cuba, en la penins. del mismo n.

Cien Años *(Guerra de los)*, guerra entre Francia e Inglaterra, que duró de 1337 a 1453. Fue provocada por la rivalidad entre Felipe VI de Valois y Eduardo III de Inglaterra, que pretendía tener derecho a la Corona de Francia a la muerte de Carlos IV, último de los Capetos. Durante cerca de cien años fueron sucesivamente derrotados los franceses en Crecy (1346), Poitiers (1356) y Azincourt (1415), viéndose obligados a firmar los tratados de Bretigny (1360) y Troyes (1420). La llegada de Juana de Arco despertó el patriotismo francés y, en menos de treinta años, perdieron los ingleses todas sus conquistas en Francia.

CIMABUE
cabeza de CRISTO

Ciencia española, obra de erudición de Menéndez y Pelayo (1878), defensa de la aportación española a la cultura universal.

Cien Días *(Los)*, tiempo que transcurrió desde el 20 de marzo de 1815, día en que regresó Napoleón a París, hasta el 22 de junio, fecha de su segunda abdicación.

CIENFUEGOS, bahía de Cuba (Las Villas), llamada tb. de **Jagua.** — C. de Cuba (Las Villas); activo puerto; aeródromo. Obispado. (Hab. *cienfuegueros.*)

CIENFUEGOS (Nicasio ÁLVAREZ DE). V. ÁLVAREZ DE CIENFUEGOS.

Cien Mil Hijos de San Luis, n. que se dio a la expedición que Luis XVIII de Francia envió a España en 1823 para restablecer el absolutismo del rey Fernando VII.

CIERVA (Juan DE LA). V. LA CIERVA.

CIESZYN. V. TESCHEN.

CIEZA, c. de España (Murcia); huerta feraz.

CIEZA DE LEÓN (Pedro), cronista español (1518-1560), que vivió en Indias y compuso una *Crónica del Perú.*

Cifar *(El caballero de)*, novela de caballerías publicada en Sevilla, en 1512, atribuida al arcediano de Madrid Ferrán Martínez. El manuscrito está en la Biblioteca Nacional de París.

CIFUENTES, v. de España (Guadalajara).

CIFUENTES, mun. de Cuba (Las Villas).

Cigarrales de Toledo *(Los)*, colección de cuentos y comedias de Tirso de Molina (1621).

CIGES APARICIO (Manuel), político y ensayista español (1873-1936).

CILICIA, región de Turquía asiática al SE. de Anatolia; c. pr.: *Adana* y *Seleucia.*

CIMABUE (Juan), pintor florentino, uno de los *primitivos* italianos, maestro de Giotto (¿1240?-1302). Ha dejado frescos admirables en Asís, mosaicos (Pisa) y numerosas madonas.

CIMAROSA (Domingo), compositor italiano (1749-1801), autor de óperas (*El matrimonio secreto*), misas y oratorios.

CIMATARIO, cerro de México (Querétaro); 2 447 m.

CIMBRIOS y mejor **CIMBROS,** pueblo bárbaro que invadió las Galias en el siglo II a. de J. C. Fueron derrotados por Mario en Vercelli (101 a. de J. C.).

CIMERIOS, pueblo que invadió Lidia en el siglo VII a. de J. C.

CIMÓN, general ateniense, hijo de Milcíades (510-449 a. de J. C.). Combatió con éxito contra los persas (victoria de Eurimedonte) y estableció la dominación de Atenas en el Egeo.

CINCA, río de España (Huesca), que nace en los Pirineos y es afl. de der. del Segre; 280 km.

CINCINATO (Lucio Quinto), romano célebre por la sencillez y austeridad de sus costumbres, cónsul en 460 a. de C. Fue dos veces dictador. Los lictores que fueron a llevarle las insignias de su dignidad le encontraron en su campo, cerca del Tíber, empujando él mismo el arado.

CINCINNATI, c. de los Estados Unidos (Ohio), a orillas del Ohio. Gran comercio e industria.

CINEAS, ministro y consejero de Pirro (muerto hacia 277 a. de J. C.). Pasaba por ser el más hábil orador de su época, y decía Pirro que su elocuencia le había conquistado más ciudades que sus ejércitos.

CINEGIRO, hermano de Esquilo y uno de los combatientes de Maratón.

Cínicos, secta de filósofos griegos, fundada por Antístenes, discípulo de Sócrates. Les vino el nombre de su desprecio hacia todas las convenciones sociales y de su vida errante.

CINNA (Cneo Cornelio), biznieto de Pompeyo, cónsul el año 5 a. de J. C. Fue tratado con clemencia por Augusto, contra quien conspiró.

Cinna o *La Clemencia de Augusto,* tragedia de Corneille, una de sus mejores obras (1641).

CINOCÉFALOS (MONTES), montañas de la antigua Tesalia situadas entre Farsalia y Larisa, cuyas cimas se parecían a la cabeza de un perro. Son célebres por la victoria de Pelópidas sobre Alejandro, tirano de Feres, en Tesalia (365 a. de J. C.), y por la del cónsul romano Flaminio sobre Filipo V, rey de Macedonia, en 197 a. de J. C.

CINO DA PISTOIA (Guittoncino, llamado), poeta y jurisconsulto italiano (1270-1337), amigo de Dante y precursor de Petrarca.

CINQ-MARS [*sanmar*] *(Marqués de)* favorito de Luis XIII de Francia (1620-1642), decapitado con su amigo de Thou por haber conspirado contra Richelieu y negociado con España.

CINTI, región de Bolivia (Chuquisaca), dividida en dos prov.: *Nor Cinti* y *Sur Cinti.*

CINTRA o **SINTRA,** c. de Portugal (Lisboa). Palacio real, de estilo mudéjar y manuelino.

CIONE (Otto Miguel), autor dramático y novelista uruguayo (1875-1945).

CIOTAT (La), c. de Francia, cerca de Marsella; puerto y astillero. Playas.

CIPANGO, nombre antiguo del **Japón.**

Fot. Larousse

Cipayos (*Sublevación de los*), guerra que tuvo lugar en la India en 1857 entre los ingleses y los cipayos. Fue corta pero terrible, y señalada por ambas partes con igual crueldad.

CIPÓ, mun. del Brasil (Bahía); aguas minerales.

CIPRIANO (*San*), uno de los Padres de la Iglesia latina, obispo de Cartago y mártir en 258. Fiesta el 16 de septiembre.

CIRCASIA o **País de los cherqueses,** región montañosa en la parte O. de Caucasia, al N. y al S. de la cordillera. (Hab. *circasianos* o *cherqueses.*)

CIRCE, hechicera griega que desempeñó importante papel en *La Odisea* de Homero.

CIRENAICA, ant. posesión italiana de África, que constituye hoy, con Tripolitania y Fezzan, el reino de Libia; 855 370 km²; 320 000 h.; cap. *Bengasi,* 85 000 h. Teatro de lucha entre británicos y germanoitalianos de 1940 a 1942. Protectorado provisional británico en 1949. Explotaciones de petróleo.

Cirenaicos, secta de filósofos griegos fundada en el s. IV a. de J. C. por Aristipo de Cirene.

CIRENE, c. y colonia griegas, establecidas en África, al O. de Egipto. Importantes ruinas.

CIRIACO (*San*), patriarca de Constantinopla, de 596 a 606. Fiesta el 27 de octubre.

CIRILO (*San*), patriarca de Alejandría (¿376?-444). Combatió el nestorianismo. Fiesta el 28 de enero.

CIRILO (*San*), uno de los Padres de la Iglesia griega (¿315?-386). Fiesta el 18 de marzo.

CIRILO (*San*), llamado **el Filósofo** (827-869). Fue, con su hermano Metodio, apóstol de los eslavos; inventó el alfabeto llamado *cirílico,* del que se derivan las escrituras rusa y servia. Fiesta el 9 de marzo.

CIRINEO (Simón), hombre de Cirene que ayudó a Jesús a llevar su cruz hasta el Calvario.

CIRO II el Grande, fundador del Imperio Persa (558-¿528? a. de J. C.). Derrocó al rey de los medos Astiages, venció a Creso, rey de Lidia, tomó Babilonia y llegó a ser dueño de toda Asia occidental. Pereció en un combate contra los masagetas y le sucedió su hijo **Cambises II.**

CIRO el Joven, hijo de Darío II (424-401 a. de J. C.); muerto en la batalla de Cunaxa, al frente de los mercenarios griegos y asiáticos que había reunido para combatir a Artajerjes.

CIRTA, ant. c. de Numidia, hoy **Constantina.**

CISALPINA (Galia), nombre que daban los romanos a la parte septentrional de Italia.

CISALPINA (REPÚBLICA), Estado formado al N. de Italia por Bonaparte en 1797.

CÍSCAR (Gabriel de), marino y matemático español (1769-1829).

CISLEITANIA, nombre con que se solía designar a Austria cuando estaba unida con Hungría, llamada *Transleitania.*

Cisma (*Gran*) o *Cisma de Occidente,* separación que surgió en la Iglesia católica, de 1378 a 1429, y durante la cual hubo varios papas a la vez, residiendo unos en Roma y otros en Aviñón. El Concilio de Constanza (1414) y la elección de Martín V pusieron fin a dicho cisma.

Cisma de Oriente, separación entre las Iglesias romana y bizantina, suscitada por Focio (867) y llevada a cabo por Miguel Cerulario en 1054.

CISNE, constelación del hemisferio boreal.

CISNE, nevado de Colombia, en la Cord. Central; 5 200 m. — Ramal de los Andes del Ecuador (Loja).

CISNEROS (Baltasar HIDALGO DE), marino español (1755-1829), último virrey del Río de la Plata residente en Buenos Aires (1809-1810), que no pudo evitar la revolución. Fue depuesto por el Cabildo Abierto.

CISNEROS (Francisco JIMÉNEZ DE), eminente prelado y político español, n. en 1436 en Torrelaguna (Madrid) y m. en Roa (Burgos) en 1517. Confesor de Isabel la Católica y elevado a cardenal por el papa Julio II, emprendió la reforma de la órdenes religiosas españolas. Regente de Castilla (1506) y de España (1516), mostró relevantes dotes de hombre de Estado. Conquistó Orán, fundó la Universidad de Alcalá y se ocupó en la preparación de la *Biblia Políglota.*

CISNEROS (Luis Benjamín), escritor peruano (1837-1904), autor de poesías, dramas y novelas.

CISNEROS BETANCOURT (Salvador), marqués de Santa Lucía, patriota y político cubano, n. en Puerto Príncipe (1828-1914), uno de los iniciadores de la revolución en 1868. Substituyó a Céspedes en la pres. de la Rep. en Armas (1873-1875), declarada la guerra del 95, y fue de nuevo pres. (1895-1897).

CISNES, río de Chile (Aisén), que nace en la Argentina; 155 km. — Com. de Chile (Aisén).

CISPADANA (Galia), nombre romano de la parte de la Galia cisalpina situada al S. del Po.

CISPADANA (REPÚBLICA), organizada por Bonaparte en 1796, unida en 1797 con la Cisalpina.

CISPLATINA (PROVINCIA), n. del Uruguay bajo la dominación brasileña (1821-1828).

CISTER o **CÍSTER,** en fr. **Citeaux,** aldea de Francia (Côte-d'Or). [Hab. *cistercienses.*] Allí se fundó en 1098 una comunidad religiosa, derivada de la orden de San Benito, que se ramificó por todo el país y después por España.

CISTERNA, com. de Chile (Santiago).

CITALÁ, v. de El Salvador (Chalatenango).

CITARÁ, uno de los sectores de la Cord. Occidental de Colombia.

CITÉ (La), nombre de una de las islas del Sena en París, cuna de la ciudad.

CITERÓN, montaña entre Beocia y Ática.

CITLATÉPETL. V. ORIZABA.

CITY, nombre que se da a la parte más central de Londres, capital del mundo de los negocios.

CIUDAD ARCE, c. de El Salvador (La Libertad).

CIUDAD BARRIOS, c. de El Salvador (San Miguel).

CIUDAD BLANCA. V. LIBERIA.

CIUDAD BOLÍVAR, c. de Venezuela, cap. del Estado de Bolívar; puerto en el Orinoco e importante centro comercial; siderurgia. (Hab. *bolivarenses.*) Arzobispado. Fundada en 1764 llamóse **Angostura** hasta 1846. Cambió de n. en honor del Libertador. (V. ANGOSTURA.)

CIUDAD CONDAL, n. que se suele dar a **Barcelona.**

CIUDAD DARÍO, ant. **Metapa,** pobl. de Nicaragua (Matagalpa). Cuna de Rubén Darío.

CIUDAD DAVID. V. DAVID.

Ciudad de Dios (*La*), obra de San Agustín, admirable pintura de la lucha entre el cristianismo y el paganismo (412-426).

CIUDAD DEL CABO. V. CABO (EL).

CIUDAD DEL CARMEN, c. y puerto de México (Campeche).

CIUDAD DEL LAGO SALADO, c. de los Estados Unidos (Utah).

CIUDAD DE LOS REYES, n. primitivo de **Lima.**

Ciudad del Sol (*La*), obra de Campanella, utopía fundada en la teocracia y el comunismo (1623), inspirada en *La República* de Platón.

CIUDAD DEL VATICANO. V. VATICANO.

CIUDAD DE VALLES, c. de México (San Luis Potosí). Obispado.

CIUDAD DOLORES HIDALGO, c. de México (Guanajuato), donde el párroco Miguel Hidalgo dio el grito de Independencia (1810).

CIUDAD ENCANTADA, conjunto de rocas labradas por la erosión, en las cercanías de Cuenca (España); centro turístico.

CIUDAD ETERNA, n. que se da a **Roma.**

CIUDAD GARCÍA, c. de México (Zacatecas).

CIUDAD GUZMÁN, c. de México (Jalisco).

CIUDAD JUÁREZ, c. de México (Chihuahua), puerto en el río Bravo; centro industrial y comercial. Obispado.

CIUDAD MADERO, c. de México (Tamaulipas); centro industrial; ref. de petróleo.

CIUDAD OBREGÓN, ant. **Cajeme,** c. de México (Sonora); centro agrícola. Obispado.

CIUDAD PORFIRIO DÍAZ, c. de México (Coahuila), hoy **Piedras Negras.**

CIUDAD QUEZÓN, c. de Filipinas (Luzón), cap. de la Rep. desde 1948; 500 000 h. Lleva el n. del primer pres. del país.

CIUDAD REAL, c. de España, cap. de la prov. del mismo n.; centro comercial. (Hab. *ciudad-realeños.*) Obispado. "Puerta de Toledo", de estilo mudéjar; catedral del s. XVI. La prov. prod. cereales; yac. minerales.

B. H. DE CISNEROS

cardenal CISNEROS

CISNEROS BETANCOURT

Fot. doc. A. G. P.

CLARÍN

CLAUDEL

CLAUDIO I

CLEMENCEAU
por MANET
Louvre

CIUDAD RODRIGO, c. de España (Salamanca). Obispado. Catedral. Patria de Diego Covarrubias.
CIUDAD TRUJILLO. V. SANTO DOMINGO.
CIUDAD VICTORIA, c. de México, cap. del Estado de Tamaulipas; centro comercial. Obispado.
CIUDADELA, c. de España (Menorca). — C. de la Argentina (Buenos Aires).
CIVA. V. SIVA.
CIVITAVECCHIA [*-kia*], c. de Italia (Lacio). Es el puerto de Roma.
CLACKMANNAN, condado de Escocia, en el golfo de Forth; cap. *Clackmannan.*
CLAIR (René CHOMETTE, llamado **René**), director de cine francés, n. en 1898, autor de películas impregnadas de poesía.
CLAIRAC Y SÁENZ (Pelayo), ingeniero cubano (1839-1891), autor de un *Diccionario general de arquitectura e ingeniería,* que empezó a publicarse en Madrid (1889), y sólo alcanzó a la letra P.
CLAIRAUT [*kleró*] (Alejo Claudio), matemático y astrónomo francés (1713-1765).
CLAPEYRON (Emile), ingeniero y físico francés (1799-1864), uno de los fundadores de la termodinámica.
CLAPPERTON (Hugo), explorador escocés (1788-1827), que hizo viajes a África Central.
CLARA *(Santa),* virgen y abadesa italiana (1193-1253). Fundó la orden de las Clarisas. Fiesta el 12 de agosto.
CLARÁ (José), escultor español (1878-1958).
CLARAVAL, en fr. **Clairvaux** [*-vo*], aldea de Francia (Aube). Allí fundó San Bernardo en 1114 una célebre abadía, convertida hoy en reformatorio.
CLARENCE (Jorge, *duque de*), hermano de Eduardo IV, rey de Inglaterra (1449-1478). Habiendo hecho traición a éste, fue condenado a muerte.
CLARENDON, pueblo de Inglaterra, donde proclamó el rey Enrique II, en 1164, las *Constituciones de Clarendon* contra las usurpaciones del clero.
CLARENDON (Eduardo HYDE, *conde de*), político e historiador inglés (1609-1674), partidario de Carlos I y de Carlos II.
CLARET (*San* Antonio María), prelado español (1807-1870). Consejero y confesor de Isabel II y fundador de la orden claretiana. Canonizado en 1950. Fiesta, el 23 de octubre.
CLARÍN (Leopoldo ALAS, llamado), novelista y ensayista crítico español, n. en Zamora (1852-1901), autor de *La Regenta,* varios cuentos, entre los que destaca *Adiós, Cordera,* y numerosos artículos de crítica literaria, notables por su cuidado estilo y su apasionada violencia.
CLARIÓN, isla de México, en el archip. de Revillagigedo.
Clarisa Harlowe *(Historia de),* novela epistolar de Richardson (1748).
CLARKE (Samuel), filósofo inglés (1675-1729), autor de *Demostración de la existencia y de los atributos de Dios.*
CLARO, río de Chile (Talca), afl. del Maule. — Río de México, en Hidalgo y San Luis Potosí, afl. del Moctezuma. — Río de Venezuela (Cojedes), afl. del Cojedes.
CLAROS, c. de Jonia, célebre por su oráculo de Apolo, llamado en poesía *El dios de Claros.*
Claros varones de Castilla, obra biográfica de Hernando del Pulgar (1486).
CLAUDE [*clod*] (Jorge), químico francés (1870-1960), autor de descubrimientos sobre el aire líquido, el amoniaco y la iluminación fluorescente.
CLAUDEL [*clodel*] (Paul), escritor y diplomático francés (1868-1955), de inspiración católica, autor de poesías místicas (*Cinco grandes odas*) y de obras de teatro (*La Anunciación a María, El zapato de raso, Cabeza de oro*).
CLAUDIANO, poeta latino (¿370-404?), nacido en Alejandría. poeta oficial de Honorio y panegirista de Estilicón. Fue uno de los últimos representantes de la poesía latina.
CLAUDIO *(San),* obispo de Besanzón en el s. VII. Celébrase su fiesta el 6 de junio.
CLAUDIO (Apio), censor romano (s. IV-III a. de J. C.), que mandó construir la *Vía Apia* y el primer acueducto de Roma.
CLAUDIO I (Tiberio Druso), emperador romano, nacido en Lyon el año 10 a. de J. C.; reinó de 41 a 54. Esposo de Mesalina y luego de Agripina. Fue al principio bastante buen administrador, pero se dejó pronto gobernar por Agripina, quien le envenenó. — CLAUDIO II, emperador romano (214-270), reinó de 268 a 270; excelente príncipe y general; murió de la peste y tuvo por sucesor a Aureliano.
CLAUSELL (Joaquín), pintor mexicano (1885-1936), de tendencia impresionista.
CLAUSEWITZ (Carlos de), general y escritor prusiano (1780-1831), que creó la Academia Militar de Berlín.
CLAVÉ (José Anselmo), músico español (1824-1874), al que se debe la creación en España del canto coral.
CLAVER. V. PEDRO CLAVER *(San).*
CLAVERÍA (Narciso), conde de Manila, general español, capitán general en Filipinas (1795-1851).
CLAVIJERO (Francisco Javier), jesuita e historiador mexicano, n. en 1731, m. en Italia en 1786. Escribió una *Historia de México antes y después de la conquista española.*
CLAVIJO, aldea española (Logroño), en cuyas inmediaciones, según la leyenda, el rey de Asturias Ramiro venció a los musulmanes (845) con la ayuda del Apóstol Santiago.
CLAVIJO (Ruy GONZÁLEZ DE), cronista español (¿1356?-1412) que emprendió un viaje a Persia, enviado por el monarca Enrique IV. Su itinerario e incidencias fueron narrados en su *Historia del Gran Tamerlán.*
CLAVIJO DEL CASTILLO (Bernardo), músico y organista español (1545-1626).
CLAVIJO Y FAJARDO (José de), escritor y naturalista español (1730-1806), cuya vida aventurera inspiró a Goethe su drama *Clavijo.* Redactó la publicación periódica *El Pensador.*
CLAVILLO DE ACONQUIJA, pico de la Argentina (Tucumán y Catamarca); 5 550 m.
CLAY (Enrique), político norteamericano (1777-1852), pres. del Congreso y promotor del proteccionismo.
CLEARCO, general espartano. Distinguióse en la guerra del Peloponeso y dirigió en 401 la retirada de los Diez Mil después de la batalla de Cunaxa. Asesinado por orden del sátrapa Tisafernes, le sucedió en el mando Jenofonte.
CLELIA, romana que atravesó el Tíber a nado para huir de Porsena (507 a. de J. C.).
CLEMENCEAU (Jorge), político francés (1841-1929), pres. del Consejo en 1906 y 1917, organizador de la victoria de los Aliados sobre Alemania. Negoció en 1919 el Tratado de Versalles.
Clemencia *(De la),* tratado filosófico, una de las más hermosas obras de Séneca (s. I).
CLEMENCÍN (Diego de), erudito español (1765-1834), que anotó *El Quijote.*
CLEMENS (Samuel Langhorne). V. MARK TWAIN.
CLEMENTE I *(San),* papa de 91 a 100. — CLEMENTE II, papa de 1046 a 1047. — CLEMENTE III, papa de 1187 a 1191. — CLEMENTE IV, papa de 1265 a 1268. — CLEMENTE V (*Beltrán de Got*), papa de 1305 a 1314. Trasladó la Santa Sede a Aviñón y disolvió la orden de los Templarios para dar satisfacción a su protector Felipe el Hermoso de Francia. — CLEMENTE VI, papa de 1342 a 1352. — CLEMENTE VII *(Julio de Médicis),* papa de 1523 a 1534, célebre por sus disensiones con Carlos I de España y con Enrique VIII de Inglaterra. Fue hecho prisionero en Roma por el condestable de Borbón y se negó a autorizar el divorcio de Enrique VIII de Inglaterra, causa del cisma inglés. — CLEMENTE VIII *(Gil Muñoz),* antipapa español de 1424 a 1429, sucesor de Pedro de Luna. Renunció a la tiara. — CLEMENTE VIII, papa de 1592 a 1605. — CLEMENTE IX, papa de 1667 a 1669. — CLEMENTE X, papa de 1670 a 1676. — CLEMENTE XI, papa de 1700 a 1721, publicó la bula *Unigénitus,* contra los jansenistas. — CLEMENTE XII, papa de 1730 a 1740. — CLEMENTE XIII, papa de 1758 a 1769. — CLEMENTE XIV *(Ganganelli),* papa de 1769 a 1774; disolvió la Compañía de Jesús.
CLEMENTE DE ALEJANDRÍA, doctor de la Iglesia, maestro de Orígenes (¿150-216?); uno de los más notables apologistas del s. III.

Fot. Doc. A. G. P., Lipnitzki, Larousse, Giraudon

CLEMENTI (Muzio), músico y compositor italiano (1752-1832), autor de numerosos estudios para piano y de sonatas.
CLEÓBULO, uno de los siete sabios de Grecia, amigo de Solón (s. IV a. de J. C.).
CLEOFÁS, uno de los discípulos a los que se apareció Jesucristo resucitado en el camino de Emaús.
CLEÓMENES, escultor ateniense (s. I a. de J. C.), autor de la *Venus* llamada *de Médicis.*
CLEOPATRA, n. de siete reinas de Egipto. La más famosa fue CLEOPATRA VII (69-30 a. de J. C.), célebre por su belleza. Cautivó sucesivamente a César y a Marco Antonio. Se dio muerte haciéndose morder por un áspid, después de la derrota de Marco Antonio en Accio.
CLERAMBAULT [*-bo*] (Louis Nicolas), compositor francés (1676-1749), uno de los maestros de la cantata, autor de piezas para órgano.
CLERICE (Justino), compositor de música argentino (1863-1908).
CLERMONT-FERRAND [*-monferrán*], c. de Francia, cap. del dep. de Puy-de-Dôme; centro industrial; neumáticos. Catedral gótica.
CLETO *(San).* V. ANACLETO.
CLEVELAND, c. de los Estados Unidos (Ohio), a orillas del lago Erie; centro industrial.
CLEVELAND (Grover), político norteamericano (1837-1908), pres. de los Estados Unidos de 1885 a 1889, y por segunda vez de 1893 a 1897.
CLEVES o **CLÉVERIS,** en alem. **Kleve,** c. de Alemania (Rin Septentrional-Westfalia).
CLEVES (Sibila de), mujer del elector de Sajonia Juan Federico el Magnánimo (1512-1554). Contribuyó a la difusión del protestantismo en Alemania.
CLICHY, c. de Francia (Hauts-de-Seine), suburbio al N. de París.
CLÍMACO (Juan), V. JUAN CLÍMACO. *(San.)*
CLÍO, Musa de la historia y de la poesía épica.
CLIPPERTON, isla del océano Pacífico, cuya posesión disputó Francia a México; hoy francesa Debe su n. a un navegante inglés del siglo XVIII.
CLÍSTENES, abuelo de Pericles. Arrojó de Atenas a Hipias en 510 a. de J. C. Agrandó la ciudad admitiendo a gran número de metecos; estableció el gobierno democrático y el ostracismo.
CLITEMNESTRA, esposa de Agamenón, madre de Orestes, Electra e Ifigenia; mató a su marido y fue muerta por su hijo Orestes.
CLIVE (Robert, *lord*), general inglés (1725-1774). Fundó gracias a su hábil política la potencia británica en la India.
CLIZA, c. de Bolivia, cap. de la prov. de Jordán (Cochabamba).
Cloaca Máxima, la mayor alcantarilla de Roma, que iba desde el extremo meridional del Foro hasta el Tíber. Construida por Tarquino el Antiguo.
CLODIO (Publio Apio), demagogo romano, que se señaló por sus violencias e hizo desterrar a Cicerón. M. en 52 a. de J. C.
CLODOMIRO, hijo de Clodoveo y Clotilde, rey de Orleáns de 511 a 524.
CLODOVEO I (465-511), rey de los francos en 481, vencedor de los romanos en Soissons (486), de los alamanes cerca de Colonia (496), de los borgoñones cerca de Dijon (500) y de los visigodos en Vouillé (507); fundador de la monarquía franca. — CLODOVEO II (635-657), hijo de Dagoberto, rey de Neustria y de Borgoña de 639 a 657. — CLODOVEO III, rey de Neustria y de Borgoña de 691 a 695.
CLORINDA, c. de la Argentina (Formosa).
Clorinda, heroína de la *Jerusalén libertada,* poema de T. Tasso.
CLOTARIO I, hijo de Clodoveo, rey de Soissons en 511, único rey de los francos en 558, m. en 561. — CLOTARIO II, rey de Neustria en 584, único rey de los francos en 613, m. en 629. — CLOTARIO III, rey de Neustria y de Borgoña de 657 a 673. — CLOTARIO IV, rey de Austrasia de 718 a 720.
CLOTILDE *(Santa),* esposa de Clodoveo I (¿475?-545); contribuyó a la conversión de su marido al cristianismo. Fiesta el 3 de junio.
CLOUET [*klué*] (Janet), pintor francés (¿1475?-1541). — Su hijo FRANCISCO (1520-1572), pintor de Francisco I y de sus sucesores.
CLUJ, en alem. **Klausenburg,** c. de Rumania (Transilvania). Industrias diversas. Universidad. Catedral del s. XIV.
CLUNY, c. de Francia (Saona y Loira) [*cluniacenses*], célebre por su antigua abadía de benedictinos, fundada en 910. La orden de los cluniacenses entró en Navarra en tiempos de Don Sancho el Mayor, fundando allí varios monasterios. En 1033 pasaron a Castilla, donde reformaron el monasterio de Oña.
Cluny *(Museo de),* célebre museo de París, que comprende en su recinto las ruinas de las Termas de Juliano. Contiene una hermosa colección de objetos de los siglos XIV, XV y XVI.
CLUSIUM, ant. c. de Etruria, hoy **Chiusi.**
CNIDO o **GNIDO,** ant. ciudad de Caria, colonia lacedemonia, consagrada a Venus. (Hab. *cnidios.*)
Cnido *(Templo de),* célebre templo de Venus, que se hallaba sobre un promontorio de Caria.
CNOSOS, cap. de la antigua Creta. Centro arqueológico de la civilización minoica.
COAHUAYANA, río de México, que nace en el Estado de Jalisco y des. en el Pacífico; 225 km.
COAHUILA, Estado de México; cap. *Saltillo;* uno de los princ. prod. de cobre, plomo y cinc.
COALCOMÁN, n. dado a uno de los sectores de la Sierra Madre del Sur de México. — Pobl. de México (Michoacán).
COATA, río del Perú (Puno), que des. en el lago Titicaca.
COATBRIDGE, c. de Escocia (Lanark); centro metalúrgico y minero.
COATEPEC, c. de México (Veracruz).
COATEPEQUE, lago de El Salvador (Santa Ana), a 730 m de altura; 40 km²; lugar de atracción turística. — C. de El Salvador (Santa Ana). — V. de Guatemala (Quezaltenango).
COATI, isla de Bolivia, en el lago Titicaca, tb. llamada de **La Luna,** célebre por sus tesoros arqueológicos.
COATLICUE, divinidad azteca de la Tierra y de la Muerte.
COATZACOALCOS, río de México, que nace en Chiapas y des. en el golfo de México; 300 km. — C. de México, a orillas del río del mismo n. (Veracruz). Ant. llamada **Puerto México.**
COBÁN, c. de Guatemala, cap. del dep. de Alta Verapaz; café, té, aceites. (Hab. *cobaneros.*) Obispado. Centro arqueológico maya.
COBIJA, c. de Bolivia, cap. del dep. de Pando: puerto fluvial en el río Acre.
COBLENZA, en alem. **Koblenz,** c. de Alemania (Renania-Palatinado), en la confluencia del Rin y el Mosela.
COBO (Bernabé), misionero español (1582-1657), autor de una *Historia del Nuevo Mundo.*
COBQUECURA, com. de Chile (Ñuble).
COBRE (SIERRA DEL), sierra de Cuba (Oriente); minas de cobre.
COBRE (El), pico de Chile (Atacama). — Pico de Venezuela (Táchira); 3 613 m. — Río de Panamá (Veraguas), afl. del San Pablo. — Volcán de México (Sinaloa). — Térm. mun. de Cuba (Oriente); minas de cobre explotadas desde el siglo XVI — V. CANANEA.
COBURGO, c. de Alemania (Baviera).
COCA, río del Ecuador (Oriente), afl. del Napo; 274 km.
COCA, v. de España (Segovia). Castillo mudéjar, de ladrillo (s. XV).
COCKROFT (*sir* John Douglas), físico inglés (1897-1967), autor de investigaciones sobre energía atómica. (Pr. Nóbel, 1951.)
COCLÉ, prov. de Panamá, cap. *Penonomé;* ganadería; pesca; café, algodón y caucho. (Hab. *coclesanos.*)
COCLÉ DEL NORTE, río de Panamá (Coclé y Colón), que des. en el mar Caribe.
COCO, isla de Costa Rica, en el Pacífico; 30 km². Fue refugio de piratas. — Río de América Central, que nace en Honduras, penetra en Nicaragua y des. en el mar Caribe; 749 km.
COCONUCOS, grupo de nevados de Colombia, en la Cord. Central.
COCOS (ISLAS DE), nombre de varias islas o archipiélagos del océano Índico.
COCTEAU [*-tó*] (Jean), escritor francés (1889-1963), autor de poesías, novelas *(Los niños terribles),* obras teatrales *(El águila de dos cabezas)* y cinematográficas *(Orfeo).*

F. CLOUET
LA DUQUESA DE RETZ (1570)

COATLICUE
arte mexicano

CLÍO
museo del Vaticano

COCTEAU en 1926
autorretrato

Fot. Sauvanaud, Fototeca del Museo de Antropología de México, Anderson, Larousse

COCHABAMBA
el mercado

COCULA, río de México (Guerrero), afl. del Mezcala; 75 km.
COCUY. V. SIERRA NEVADA DE CHITA.
COCUY (El), c. de Colombia (Boyacá).
COCHA, lago de Colombia (Putumayo).
COCHABAMBA, cord. de Bolivia; alt. máx. 4 851 m. — C. de Bolivia, cap. de la prov. de Cercado y del dep. del mismo n.; segunda pobl. del país. Universidad. Arzobispado. (Hab. *cochabambinos.*) Fundada en 1574. El dep. prod. cereales y posee imp. minas de estaño, plomo, plata, tungsteno y antimonio. Ref. de petróleo.

COCHRANE

COCHAMÓ, río de Chile (Llanquihue), que des. en el estuario de Reloncaví. — Com. de Chile (Llanquihue).
COCHE, isla de Venezuela, en el Caribe.
COCHIN, c. de la India (Kerala).
COCHINCHINA, región del Viet Nam meridional. Sup. 64 100 km²; 5 580 000 h.; cap. *Saigón,* 446 000 h.; c. pr. *Cholón, Bien-hoa.* Su pobl. vive, sobre todo, del cultivo del arroz. Parte sur de la antigua Camboya, Cochinchina pasó en el siglo XVIII a poder de la dinastía vietnamita. Conquistada por los franceses entre 1858 y 1867 (V. TONKIN), colonia hasta 1946 y luego República autónoma, se incorporó al Viet Nam en 1948. (V. INDOCHINA y VIET NAM.)
COCHRANE, lago de Chile (Aisén), cuya mitad oriental pertenece a la Argentina, donde toma el n. de lago **Pueyrredón.**
COCHRANE (Tomás A.), conde de Dundonald, marino inglés, n. en Annsfield (Lanark) [1775-1860], que peleó en favor de la independencia de Chile y Perú de 1818 a 1821. Se distinguió en Valdivia y El Callao (1820). Entró luego al servicio de Brasil y contribuyó a su emancipación (1822). En 1827 tomó parte en la guerra de liberación de Grecia y en 1854 fue nombrado almirante.
CODALLOS (Juan José), militar mexicano, m. en 1831, que luchó en la guerra de Independencia y defendió al presidente **Guerrero.**
CODAZZI, pico de Venezuela (Aragua); 2 424 metros. — Pobl. de Colombia (Magdalena).
CODAZZI (Agustín), militar y geógrafo italiano (1793-1859), autor de valiosos mapas de Colombia y Venezuela.
CODERA, cabo de Venezuela (Miranda).
CODERA ZAIDÍN (Francisco de), erudito arabista español (1836-1917), autor de una *Biblioteca arabigohispana.*
CODESIDO (Julia), pintora peruana, n. en 1893, autora de interesantes frescos murales.

Universidad
de COIMBRA

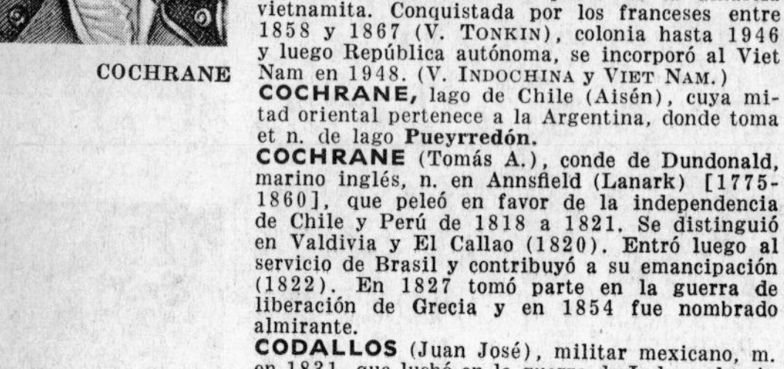

Códices mexicanos, manuscritos jeroglíficos pintados por artistas mayas o aztecas sobre papel de fibras de maguey o piel de venado y que constituyen una fuente histórica inestimable acerca de la vida, costumbres y religión de los indígenas. Clasificados estos documentos en mexicanos y mayas, sobresalen entre los primeros el *Codex Vaticanus,* el *Telleriano Remensis* y el *Mendocinus,* conservados respectivamente en el Vaticano, París y Oxford. Los códices mayas conocidos son solamente tres: el *Dresdense,* el *Peresiano* y el *Tro-Cortesiano,* que se guardan respectivamente en Dresde, París y Madrid.
Código Civil Chileno, obra de Bello (1855), anterior a todos los de América, salvo el de la Luisiana.
CODPA, com. de Chile (Taracapá).
CODY (Guillermo Federico). V. BÚFALO BILL.
Coéforas *(Las),* tragedia de Esquilo, que forma parte, con *Agamenón* y *Las Euménides,* de la trilogía *La Orestiada.*
COELEMU, com. de Chile (Concepción).
COELHO NETO (Henrique Maximiano), novelista brasileño (1864-1934).
COELLO (Alonso SÁNCHEZ), pintor español (1515-1590). Fue discípulo de Rafael y de Antonio Moro, y retratista en la corte de Felipe II.
COELLO (Antonio), dramaturgo clásico español (1600-1653), a quien se debe, sobre todo, el drama *El Conde de Essex o dar la vida por su dama,* sobre Isabel de Inglaterra.
COELLO (Claudio), pintor español (1621-1693), de origen portugués. Pintor de cámara, fue autor de un retrato de Carlos II, del retablo de *La Sagrada Forma* (El Escorial), etc.

CLAUDIO COELLO: LA SAGRADA FORMA
(detalle)

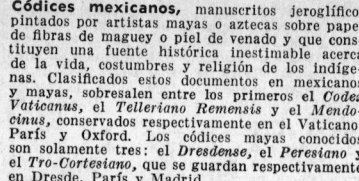

COFRE DE PEROTE o **NAUCAMPATÉPETL,** pico de México (Puebla de Veracruz); 4 282 m.
COGNAC [*koñak*], c. de Francia (Charente); producción de coñac.
COGOLLUDO, v. de España (Guadalajara).
COHEN (Hermann), filósofo alemán neokantiano (1842-1918). Fue el fundador de la denominada Escuela de Marburgo.
COIBA, la mayor de las islas de Panamá (Veraguas).
COIHUECO, río de Chile (Osorno), afl. del Rahue. — Com. de Chile (Ñuble).
COIMBATORE, c. de la India (Madrás), en el Decán. Industrias textiles.
COIMBRA, c. de Portugal, cap. del distr. del mismo n. Catedral románica. Célebre universidad. Industrias. (Hab. *coimbrenses.*)
COIMBRA (Juan B.), novelista boliviano, n. en 1895, autor de *Siringa, memorias de un colonizador del Beni,* original novela de la selva amazónica.
COÍN, v. de España (Málaga); frutas.
COINCO, com. de Chile (O'Higgins).
COIRA, c. de Suiza, cap. del cantón de los Grisones, situada a orillas del Rin.
COJEDES, río de Venezuela, afl. del Portuguesa; 340 km. — Estado de Venezuela; cap. *San Carlos;* ganadería; explotación forestal; minas; café y maíz; asbesto. (Hab. *cojedenses.*)
COJUTEPEQUE, volcán de El Salvador (Cuscatlán). — C. de El Salvador, cap. del dep. de Cuscatlán; manufactura de tabacos. (Hab. *cojutepequenses.*)
Colada, n. de una espada del Cid.
COLAMBO, cima del Ecuador (Loja); 3 090 m.

Fot. Vidal, Larousse, Jean, Anderson-Giraudon

COLAY, mont. del Ecuador, en la Cord. Central; 4 685 m.

COLBERT [*kolber*] (Juan Bautista), político francés (1619-1683), uno de los más notables ministros de Luis XIV. Desarrolló en Francia el comercio y la industria, pero su enemistad con Louvois causó su caída. Fundó la Academia de Ciencias y el Observatorio.

COLBÚN, com. de Chile (Linares).

COLCHAGUA, prov. de Chile; cap. *San Fernando;* una de las más ricas del país: trigo, cebada y maíz. (Hab. *colchagüinos.*)

COLCHESTER, c. de Inglaterra (Essex); centro comercial. Vestigios antiguos.

COLERIDGE (Samuel Taylor), poeta inglés (1772-1834), que perteneció al grupo literario de los "lakistas". Autor de *Baladas líricas;* fue uno de los precursores del romanticismo.

COLETTE (Sidonia Gabriela), novelista francesa (1873-1954), creadora del personaje de ingenua apicarada *Claudina;* sus relatos (*Chéri, Sido,* etc.) revelan una tendencia sensual y galante y un gran amor por la naturaleza.

COLHUÉ HUAPI, lago de la Argentina (Chubut), origen del río Chico.

COLIGNY (Gaspar de), almirante francés (1519-1572), jefe del partido protestante, degollado en la matanza de San Bartolomé.

COLIMA, nevado de México (Jalisco); 4 330 metros. — Volcán de México (Jalisco); 3 860 m. Río de México, afl. del Armería. — C. de México, cap. del Estado del mismo n.; centro agrícola y comercial. (Hab. *colimenses.*) Fundada en 1523 por los españoles. Obispado. El Estado es esencialmente agrícola (caña de azúcar y tabaco) y ganadero; yac. minerales (hierro); salinas en el litoral.

COLÍN (Eduardo), escritor y poeta mexicano (1880-1945), autor de *La vida intacta.*

COLINA, com. de Chile (Santiago). — Pobl. de la Argentina (Buenos Aires).

COLINAS, c. de Honduras (Santa Bárbara).

Coliseo, magnífico anfiteatro de Roma, empezado en tiempos de Vespasiano y acabado por Tito (80 d. de J. C.). Con sus ochenta filas de gradas podía contener más de 80 000 espectadores. Allí se celebraban los combates de gladiadores y eran arrojados los cristianos a las fieras. Quedan de él grandiosas ruinas.

COLMAN (Jorge), poeta inglés (1762-1836), autor de una excelente comedia titulada *John Bull.*

COLMAN (Narciso Ramón), escritor paraguayo (1880-1954), autor de *Estudios guaraníes.*

COLMAR, c. de Francia, cap. del dep. de Alto Rin; tejidos. Monumentos antiguos.

COLMEIRO (Manuel), jurisconsulto e historiador español (1814-1897).

COLMEIRO (Miguel), botánico español (1816-1901), autor de *Curso de botánica.*

COLMENAR, v. de España (Málaga).

COLMENAR VIEJO, v. de España (Madrid); cría de toros de lidia.

COLOANE (Francisco A.), escritor chileno, n. en 1910, autor de novelas de tema marítimo.

COLOCOLO, cacique araucano (1515-1561) que derrotó a Valdivia en la batalla de Tucapel.

COLOFÓN, ciudad jónica de Asia Menor, una de las presuntas patrias de Homero.

COLOLO, cima de los Andes bolivianos (La Paz), en la Cordillera Real; 5 911 m.

COLOMA (Carlos), humanista e historiador español (1573-1637), traductor de Tácito.

COLOMA (Ildefonso), general peruano (1804-1850), que luchó por la Independencia y contra Bolivia.

COLOMA (Juan de), virrey de Cerdeña (s. XVI), autor de una *Década de la Pasión de Cristo.*

COLOMA (Luis), jesuita y escritor español (1851-1914), autor de la novela satírica *Pequeñeces,* sobre la sociedad de Madrid, y de otros relatos: *Boy, Jeromín, Por un piojo, La reina mártir, La gorriona,* etc.

COLOMBA (*Santa*), virgen y mártir en tiempos de Aureliano, m. hacia 274. Fiesta el 31 de diciembre.

COLOMBANO (*San*), monje irlandés (¿540?-615). Fundó numerosos monasterios en el continente. Fiesta el 21 de noviembre.

COLOMBIA, Estado de América del Sur, situado en el extremo NO. de dicho continente, que limita al N. con el océano Atlántico; al O. con el océano Pacífico; al E. con Venezuela y Brasil; al S. con Ecuador y Perú, y al NO. con Panamá. Sup. 1 138 000 km²; 18 650 000 hab. (*colombianos*); cap. *Bogotá.*

— GEOGRAFÍA. — *Relieve.* El territorio colombiano puede dividirse en dos grandes regiones: la andina al O. y la vasta región de las tierras bajas del Oriente, la cual ocupa casi dos terceras partes de la superficie del país. Los Andes colombianos constituyen tres cordilleras paralelas, que se reúnen en el Nudo de Pasto. Estas son: la Cordillera Occidental, la Central, que es la más elevada, con los nevados del Huila (5 750 m), del Tolima (5 620 m) y del Ruiz (5 400 m), y la Oriental, que encierra una serie de altiplanicies (Bogotá, Tunja) y se bifurca en el Nudo de Santurbán cerca de la frontera de Venezuela. Otras masas orográficas de Colombia son las serranías del Pacífico y Baudó, y la Sierra Nevada de Santa Marta, en la cual culminan el Pico Cristóbal Colón y el pico Simón Bolívar, ambos de 5 775 m. En el país existen numerosos volcanes (Puracé, Cumbal, Sotará, Pan de Azúcar, Galeras, Las Ánimas, etc.).

Hacia el Oriente se extienden las tierras bajas (entre 100 y 500 m), región casi despoblada, surcada por los afluentes del Orinoco y del Amazonas, y cubierta de praderas (*llanos*) en el N. y de selvas vírgenes ilimitadas en el S. (*Amazonia colombiana*).

— *Clima.* Aunque se halla totalmente en la zona tórrida, el país disfruta de una gran variedad climática por razón de su topografía: se distinguen las tierras cálidas de menos de 1 000 m sobre el nivel del mar (temperatura media de 24° a 32°); las tierras templadas entre 1 000 y 2 000 m (de 17° a 24°) y las tierras frías de más de 2 000 m con temperaturas inferiores a 17°. El nivel de las nieves perpetuas se sitúa hacia los 4 800 m. En el clima colombiano influyen también fuertemente los vientos alisios. Si se exceptúa la región norte del país, las precipitaciones pluviosas son frecuentes y abundantes.

COLBERT
por PH. DE CHAMPAIGNE

escudo de COLOMBIA

COLOMBIA. — Estadística (cifras en millares)

DEPARTAMENTOS	Km²	Hab.	CAPITAL	Hab.
Bogotá, D. E.	2	2 200	**Bogotá**	2 200
Antioquia	63	2 800	Medellín	976
Atlántico	3	836	Barranquilla	588
Bolívar	26	793	Cartagena	293
Boyacá	68	1 150	Tunja	78
Caldas	7	776	Manizales	264
Cauca	30	666	Popayán	89
Cesar	23	321	Valledupar	109
Córdoba	25	697	Montería	147
Cundinamarca ...	22	1 170	Bogotá	—
Chocó	47	200	Quibdó	55
Guajira	20	164	Riohacha	42
Huila	20	461	Neiva	106
Magdalena	24	628	Santa Marta	133
Meta	86	216	Villavicencio	69
Nariño	31	759	Pasto	121
Norte de Santander	21	587	Cúcuta	211
Quindío	2	332	Armenia	165
Risaralda	4	486	Pereira	227
Santander	31	1 090	Bucaramanga	286
Sucre	10	344	Sincelejo	59
Tolima	23	882	Ibagué	191
Valle del Cauca ..	21	1 980	Cali	815
INTENDENCIAS				
Arauca	23	29	Arauca	8
Caquetá	90	137	Florencia	31
San Andrés y Provid.	0,05	23	San Andrés	15
COMISARÍAS				
Amazonas	121	15	Leticia	5
Guainía	78	4	Obando	3
Putumayo	26	69	Mocoa	14
Vaupés	91	16	Mitú	7
Vichada	99	10	Puerto Carreño	2
OTRAS POBLACIONES				
Barrancabermeja		90	Ciénaga	74
Bello		90	Girardot	71
Buenaventura		120	Itagüí	72
Buga		94	Palmira	156
Cartago		83	Tulúa	150

Fot. Bulloz

— *Hidrografía.* La configuración del relieve colombiano determina cuatro grandes vertientes: la del Pacífico, con los ríos Mira, Patía, Micay, San Juan del Chocó, Baudó; la del Atlántico, con los ríos Atrato, Sinú, San Jorge, Catatumbo, Cauca y Magdalena; la del Orinoco, con los ríos Meta, Vichada, Guaviare y el propio Orinoco; la del Amazonas con sus afluentes Vaupés, Caquetá y Putumayo. El río más importante de Colombia es el Magdalena, que atraviesa de N. a S. casi todo el país y constituye la principal vía de penetración hacia el interior. Es famoso el salto de Tequendama en el río Funza. Abundan las lagunas: Zapatosa, La Cocha, Tota y Fúquene, entre otras.

— *Costas e islas.* En el litoral Pacífico se distinguen dos secciones divididas por el cabo Corrientes: al S. la costa es baja y anegadiza; al N. es escarpada y ofrece muchas escotaduras. El litoral Atlántico es más bien bajo y presenta numerosos golfos y bahías que abrigan importantes puertos, como los de Cartagena y Barranquilla. Pertenecen a Colombia el archipiélago de San Andrés y Providencia en el mar Caribe, las islas Gorgona, Gorgonilla y Malpelo en el Pacífico.

— *Población.* Se halla la población de Colombia, agrupada casi en su totalidad en varios núcleos urbanos de la zona andina. Han contribuido a la formación étnica del país indios, blancos y negros, de cuya fusión ha surgido gran número de mestizos (40 %) y mulatos (18 %). En el s. XVII empezó la importación de esclavos africanos destinados a las plantaciones del litoral del Pacífico. Hay sólo un 8 % de indígenas puros. La inmigración es débil.

— *Economía.* Es básicamente agrícola y minera. Gracias al escalonamiento climático, el país permite toda clase de cultivos: cacao, arroz, plátanos, algodón y caña de azúcar (valle del Cauca), en las tierras cálidas; en las tierras templadas se cultiva el café (Caldas, Valle, Tolima), base de la economía colombiana (segundo productor mundial); las tierras frías producen cereales, patatas, habas. La ganadería es muy importante, sobre todo en el N. y NE. y en el valle del Cauca. El subsuelo es rico en oro, plata y platino. También hay minas de esmeraldas (Muzo) y de sal. El país posee carbón (Cali), petróleo (Barrancabermeja), gas natural, uranio, y cuenta con un gran potencial hidroeléctrico. Existen yacimientos de hierro en Cundinamarca y Boyacá lo cual ha determinado el montaje de la gran planta siderúrgica de Paz del Río (Sogamoso). Son importantes las industrias textiles y las refinerías de azúcar y de petróleo.

Los transportes en el interior se hacen, principalmente, por los ríos Magdalena (más de 1 200 km navegables) y Cauca, por ferrocarril (5 000 km), por carreteras (más de 20 000 km) y por vía aérea (60 aeropuertos). Hay líneas internacionales de barcos y aviones, que enlazan con diversos puntos del globo.

Los principales productos de exportación son café, petróleo y plátanos. La moneda es el *peso* y el Banco de la República es el banco emisor.

mapa de COLOMBIA

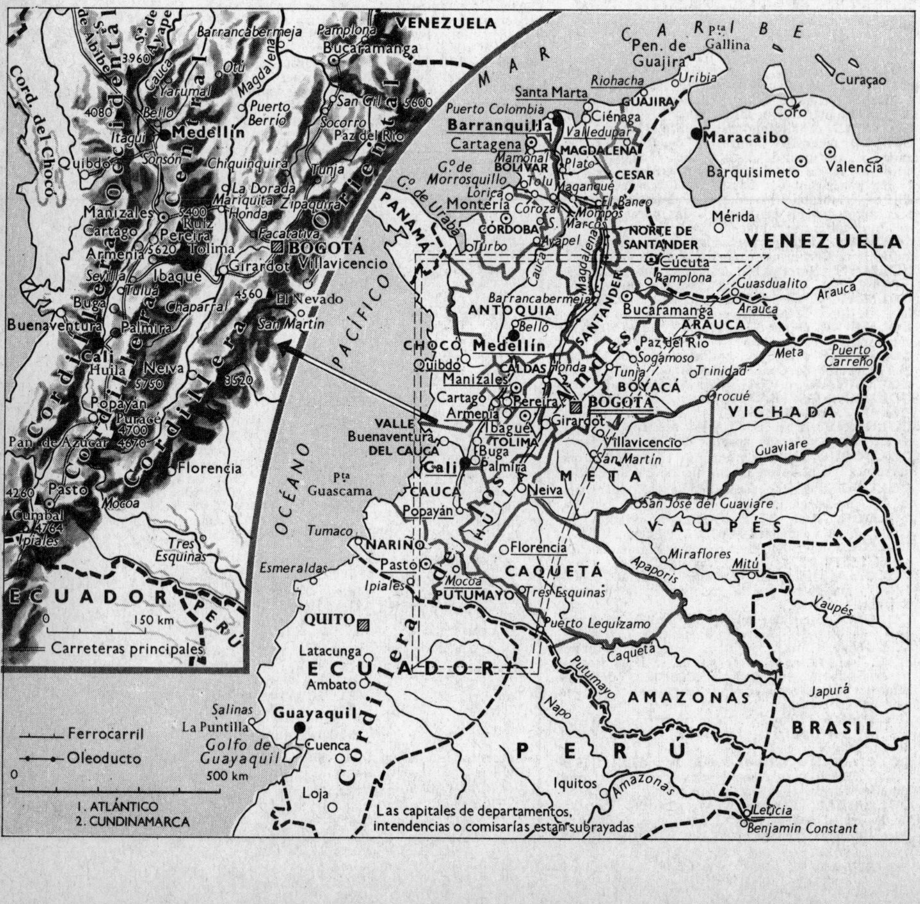

— Constitución y administración. Según la Constitución de 1886, Colombia es una República unitaria y democrática, administrativamente dividida en 22 departamentos, tres intendencias y cinco comisarías. El poder ejecutivo es ejercido por el presidente de la República, elegido cada cuatro años, y el legislativo está a cargo del Senado y de la Cámara de Representantes. La Corte Suprema de Justicia y Tribunales superiores ejercen el poder judicial. Los departamentos gozan de autonomía parcial. La lengua oficial es el español. La enseñanza es atendida por numerosos centros docentes. La primaria es libre; la superior cuenta con 20 universidades entre públicas y privadas. La gran mayoría de la población profesa la religión católica, aunque existe libertad de cultos. Hay seis arquidiócesis, 26 diócesis, 11 vicariatos apostólicos, siete prefecturas apostólicas y una prelatura nullius.

— Historia. El actual territorio de Colombia, antes de la llegada de los españoles, estuvo habitado por diversos pueblos indígenas, los más importantes de los cuales eran los *caribes, guajiros, quimbayas* y, sobre todo, los *chibchas*, llamados también *muiscas* o *moscas*. Estos últimos poblaban las altiplanicies de la Cordillera Oriental, y eran buenos agricultores y excelentes orfebres. Llegaron a crear importantes centros urbanos, como Bacatá (Bogotá), y sus construcciones eran de madera y paja. Existían varios caciques que ejercían cierta autoridad sobre los demás. Tales fueron el Zipa de Bacatá y el Zaque de Hunsa (Tunja), quienes se encontraban en pugna en el momento de producirse la conquista de los españoles. Los chibchas adoraban a los astros y al dios *Bochica*, héroe legendario.

El primer europeo que llegó a las costas colombianas fue Alonso de Ojeda (1499) quien, al frente de una expedición, exploró el litoral venezolano y luego dobló el Cabo de la Vela (Guajira). Acompañaban a Ojeda, Américo Vespucio y Juan de la Cosa. Este último volvió a recorrer la costa colombiana en 1501, en unión de Rodrigo de Bastidas, y de nuevo lo hizo en 1504 y 1507. El rey de España decidió enviar a Alonso de Ojeda y Diego de Nicuesa con objeto de colonizar y poblar los territorios de Tierra Firme (1509), quienes se adjudicaron respectivamente la *Nueva Andalucía* (territorio comprendido entre el Cabo de la Vela y el Golfo de Urabá), y *Castilla del Oro* (al oeste de Urabá). Vasco Núñez de Balboa cruzó el istmo de Panamá y descubrió el océano Pacífico (1513). Fundada la ciudad de Panamá en 1519 por Pedrarias Dávila, de allí partió la expedición de Pascual de Andagoya (1522), que exploró las bocas del río San Juan. Más tarde Pizarro y Almagro recorrieron el litoral del Pacífico. La primera ciudad fundada en la actual Colombia fue Santa Marta (1525), por Rodrigo de Bastidas, a la que siguieron Cartagena (1533), Popayán y Cali (1536), Bogotá (1538), Tunja (1539) y Antioquia. En el año 1538, se reunieron en las inmediaciones de Bogotá las tres expediciones de los conquistadores españoles, mandadas por Sebastián de Benalcázar, Jiménez de Quesada y Nicolás Federmann. Instaurado el poderío español, fue creada la Real Audiencia de Santa Fe de Bogotá (1550), y se dio el nombre de Nueva Granada a las tierras que hoy pertenecen a Panamá y Colombia, salvo algunos departamentos del sur que dependían de la Presidencia de Quito. En 1718 fue creado el Virreinato de Nueva Granada, independiente del Perú.

Entre los hechos más notables del período colonial cabe destacar la insurrección de Álvaro de Oyón (1553) y Lope de Aguirre (1561), los ataques de piratas y corsarios a las ciudades costaneras, la expulsión de los jesuitas (1767), el levantamiento de los comuneros del Socorro (1781) y otras sublevaciones.

A fines del siglo XVIII se acentuaron los anhelos de libertad, y Antonio Nariño, el precursor de la Independencia, preparó los ánimos para la revolución, que estalló en Bogotá el 20 de julio de 1810, pronto extendida al resto del país. Cundinamarca proclamó su independencia en 1811, pero las luchas entre centralistas y federalistas enturbiaron el clima político, con el natural debilitamiento de la incipiente nación. Esto favoreció la reconquista española dirigida por Pablo Morillo, quien obligó a Bolívar a replegarse. El sitio y tenaz defensa de Cartagena (1815) se recuerda como una de las gestas más heroicas de la historia americana, pero eso no impidió que la dominación española fuera implantada de nuevo en casi todo el territorio, mientras que Morillo se entregaba a una tristemente célebre represión. Los patriotas se reagruparon en torno al Libertador Simón Bolívar, quien vino con su ejército desde Venezuela. Francisco de Paula Santander se unió a él al frente de un ejército reclutado en los llanos orientales, y así pudieron derrotar a los realistas en *Pantano de Vargas* y *Boyacá* (1819), con lo cual terminó definitivamente el dominio español en Nueva Granada. La República fue proclamada, y el Congreso de Angostura (Venezuela) estableció la *Gran Colombia*, que se dividía en tres departamentos: Cundinamarca, Venezuela y Quito, con capital en Cúcuta, de la cual Bolívar fue nombrado presidente y Santander vicepresidente. El Congreso de Cúcuta (1821) dictó la primera Constitución, y, amparado en ella, gobernó Santander hasta 1826, cuando el venezolano Páez se alzó y manifestó deseos de separarse de la Gran Colombia. Bolívar acudió para sofocar la revuelta, lo que consiguió en 1827, y propuso la reunión de una Convención en Ocaña (1828) para que se reformara la Constitución. Nada positivo obtuvo dicha Convención, y la incierta situación política se prolongaba. Para colmo de males, una conspiración en Bogotá (1828), intentó asesinar al Libertador. En 1830 Bolívar presentó su dimisión y el Congreso eligió a Joaquín Mosquera. Al poco tiempo Simón Bolívar moría en las proximidades de la ciudad de Santa Marta (17 de diciembre 1830). La Gran Colombia había pasado a la Historia. Por la Constitución de 1832, se organizó la República de Nueva Granada, y Francisco de Paula Santander ocupó la presidencia. Gobernó respetando las cláusulas constitucionales, y reprimió con mano dura un intento para derribarlo. En 1837 subió a la presidencia José Ignacio de Márquez. La lucha entre los partidos continuaba, y la oposición provocó una guerra civil (1840), que pronto se extendió a todo el territorio. El general Pedro Alcántara Herrán, presidente en 1841, promulgó una Constitución en 1843. José Hilario López salió triunfante en las elecciones de 1849, y durante su mandato la esclavitud fue definitivamente abolida. En 1858, una nueva Constitución proclamó el sistema federal, pero una rebelión en el Cauca, dirigida por Tomás Cipriano Mosquera (1861), derribó al entonces presidente Mariano Ospina Rodríguez. Mosquera se puso al frente del Gobierno, y en 1863, la Convención de Rionegro elaboró una Constitución federal que creaba los *Estados Unidos de Colombia*. Este régimen duró hasta 1886, y durante su vigencia, el país acusó un progreso en todos los órdenes, y firmó un contrato (1878) para la apertura del canal de Panamá. En 1886, el presidente Rafael Núñez, con el apoyo del Partido Conservador, abolió el régimen federal, y volvió a la forma centralista y unitaria. El país fue denominado *República de Colombia*, que ha conservado hasta nuestros días. Este período se ha llamado de la *Regeneración*, y durante la presidencia de José Manuel Marroquín, se produjo la separación de Panamá (1903), en la cual tuvo influencia decisiva el apoyo de los norteamericanos a los separatistas panameños. En 1910, la Asamblea Nacional reformó la Constitución de 1886, y redujo el período presidencial a cuatro años. Los presidentes Carlos E. Restrepo (1910), José Vicente Concha (1914) y Marco Fidel Suárez (1918) respetaron la ley y fomentaron el progreso del país, a pesar de las dificultades creadas por la Primera Guerra mundial. En 1930 volvió al Poder el Partido Liberal, en la persona de Enrique Olaya Herrera, durante cuyo mandato surgieron conflictos fronterizos con el Perú (Leticia), resueltos en favor de Colombia por el Tribunal de Ginebra. También se definieron las fronteras con Venezuela, y el país vivió en paz. Alfonso López Pumarejo gobernó de 1934 a 1938, y fue de nuevo elegido en 1942. Le substituyó provisionalmente Alberto Lleras Camargo en 1945, hasta las elecciones de 1946, que dieron el triunfo a los conservadores, con Mariano Ospina Pérez. En abril de 1948 estalló un motín en Bogotá, provocado por el asesinato del jefe liberal Jorge Eliécer Gaitán, que se extendió a todo el país.

GOBERNANTES DE COLOMBIA					
Simón Bolívar	1819	Santos Acosta	1867	Carlos E. Restrepo	1910
Francisco de Paula Santander	1819	Santos Gutiérrez	1868	José Vicente Concha	1914
Simón Bolívar	1826	Eustorgio Salgar	1870	Marco Fidel Suárez	1918
Joaquín Mosquera	1830	Manuel Murillo Toro	1872	Jorge Holguín	1921
Rafael Urdaneta	1830	Santiago Pérez	1874	Pedro Nel Ospina	1922
José María Obando	1831	Aquileo Parra	1876	Miguel Abadía Méndez	1926
Francisco de Paula Santander.	1832	Julián Trujillo	1878	Enrique Olaya Herrera	1930
José I. de Márquez	1837	Rafael Núñez	1880	Alfonso López Pumarejo	1934
Pedro Alcántara Herrán	1841	Francisco Javier Zaldúa	1882	Eduardo Santos	1938
Tomás Cipriano Mosquera	1845	José Eusebio Otálora	1882	Alfonso López Pumarejo	1942
José Hilario López	1849	Rafael Núñez	1884	Alberto Lleras Camargo	1945
José María Obando	1853	José María Campo Serrano	1886	Mariano Ospina Pérez	1946
José María Melo	1854	Rafael Núñez	1887	Laureano Gómez	1950
José de Obaldía	1854	Carlos Holguín	1888	Gustavo Rojas Pinilla	1953
Manuel María Mallarino	1855	Miguel Antonio Caro	1892	*Junta Militar*	1957
Mariano Ospina Rodríguez	1857	Manuel Antonio Sanclemente	1898	Alberto Lleras Camargo	1958
Tomás Cipriano Mosquera	1861	José Manuel Marroquín	1900	Guillermo León Valencia	1962
Manuel Murillo Toro	1864	Rafael Reyes	1904	Carlos Lleras Restrepo	1966
José María Rojas Garrido	1866	Jorge Holguín	1909	Misael Pastrana Borrero	1970
Tomás Cipriano Mosquera	1866	Ramón González Valencia	1909		

Cristóbal COLÓN por SEBASTIÁN DEL PIOMBO

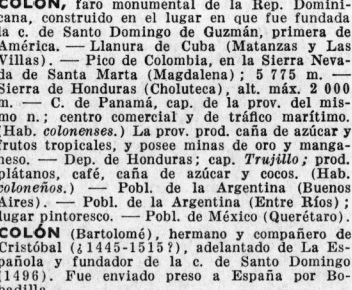

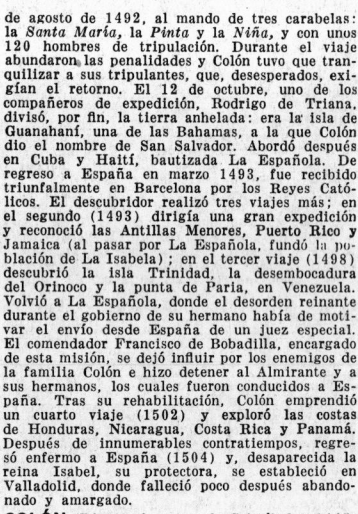

catedral de COLONIA

Ospina clausuró el Congreso y declaró el estado de sitio en toda la República. El conservador Laureano Gómez subió a la presidencia en 1950, lo cual originó una violenta campaña por parte del Partido Liberal. Las garantías constitucionales fueron suspendidas, y al fin Gómez fue depuesto en 1953 por un golpe de Estado encabezado por Gustavo Rojas Pinilla, quien gobernó dictatorialmente hasta 1957, año en que fue derribado y substituido por una Junta Militar. Se celebró un plebiscito, y el país decidió unánimemente volver al sistema de convivencia de los partidos, que a su vez decidieron turnarse pacíficamente en la presidencia por un período de dieciséis años. Esta nueva era se ha llamado *Frente Nacional,* y el liberal Alberto Lleras Camargo fue elegido presidente en 1958. Fiel intérprete de la nueva política que la nación se había trazado, contó con el respeto y apoyo de todos los ciudadanos en la tarea de restaurar los valores morales y materiales, eclipsados durante la dictadura. En las elecciones de 1962 salió triunfante el candidato conservador Guillermo León Valencia y en 1966 C. Lleras Restrepo, a quien sucedió en 1970 Misael Pastrana Borrero.

COLOMBIA BRITÁNICA, prov. del O. del Canadá; cap. *Victoria;* gran riqueza minera; electrometalurgia; ganadería; pesca.

COLOMBO, cap. de la isla de Ceilán; 510 900 h.; puerto, centro industrial.

COLÓN (ARCHIPIÉLAGO DE), territ. del Ecuador, constituido por las islas Galápagos; cap. *Puerto Baquerizo.* Descubierto por Tomás Berlanga en 1535 con el n. de *Islas Encantadas.*

COLÓN, faro monumental de la Rep. Dominicana, construido en el lugar en que fue fundada la c. de Santo Domingo de Guzmán, primera de América. — Llanura de Cuba (Matanzas y Las Villas). — Pico de Colombia, en la Sierra Nevada de Santa Marta (Magdalena); 5 775 m. — Sierra de Honduras (Choluteca), alt. máx. 2 000 m. — C. de Panamá, cap. de la prov. del mismo n.; centro comercial y de tráfico marítimo. (Hab. *colonenses.*) La prov. prod. caña de azúcar y frutos tropicales, y posee minas de oro y manganeso. — Dep. de Honduras; cap. *Trujillo;* prod. plátanos, café, caña de azúcar y cocos. (Hab. *coloneños.*) — Pobl. de la Argentina (Buenos Aires). — Pobl. de la Argentina (Entre Ríos); lugar pintoresco. — Pobl. de México (Querétaro).

COLÓN (Bartolomé), hermano y compañero de Cristóbal (¿1445-1515?), adelantado de La Española y fundador de la c. de Santo Domingo (1496). Fue enviado preso a España por Bobadilla.

COLÓN (Cristóbal), célebre navegante, n. probablemente en Génova (¿1451?-1506), a quien se debe el descubrimiento de América. Muy joven comenzó sus viajes y concibió el proyecto de llegar a las Indias por el Occidente. Después de varios años de trámites, solicitó, por consejo de Fray Juan Pérez, a quien conoció en el monasterio de La Rábida, la ayuda de los Reyes Católicos. Obtuvo en 1492 el apoyo de Isabel la Católica, firmó las Capitulaciones de Santa Fe, por las que la Corona le reconocía los títulos de almirante del mar Océano, virrey y gobernador de las tierras que descubriese. Salió del puerto de Palos el 3 de agosto de 1492, al mando de tres carabelas: la *Santa María,* la *Pinta* y la *Niña,* y con unos 120 hombres de tripulación. Durante el viaje abundaron las penalidades y Colón tuvo que tranquilizar a sus tripulantes, que, desesperados, exigían el retorno. El 12 de octubre, uno de los compañeros de expedición, Rodrigo de Triana, divisó, por fin, la tierra anhelada: era la isla de Guanahaní, una de las Bahamas, a la que Colón dio el nombre de San Salvador. Abordó después en Cuba y Haití, bautizada La Española. De regreso a España en marzo 1493, fue recibido triunfalmente en Barcelona por los Reyes Católicos. El descubridor realizó tres viajes más; en el segundo (1493) dirigía una gran expedición y reconoció las Antillas Menores, Puerto Rico y Jamaica (al pasar por La Española, fundó la población de La Isabela); en el tercer viaje (1498) descubrió la isla Trinidad, la desembocadura del Orinoco y la punta de Paria, en Venezuela. Volvió a La Española, donde el desorden reinante durante el gobierno de su hermano había de motivar el envío desde España de un juez especial. El comendador Francisco de Bobadilla, encargado de esta misión, se dejó influir por los enemigos de la familia Colón e hizo detener al Almirante y a sus hermanos, los cuales fueron conducidos a España. Tras su rehabilitación, Colón emprendió un cuarto viaje (1502) y exploró las costas de Honduras, Nicaragua, Costa Rica y Panamá. Después de innumerables contratiempos, regresó enfermo a España (1504) y, desaparecida la reina Isabel, su protectora, se estableció en Valladolid, donde falleció poco después abandonado y amargado.

COLÓN (Diego), hermano de Cristóbal (¿1445-1515?), gobernador de La Española en 1494.

COLÓN (Diego), almirante español (1474-1526), hijo de Cristóbal y heredero de parte de sus títulos. Fue nombrado gobernador de las Indias en 1509 y residió en Santo Domingo.

COLÓN (Fernando), hijo de Cristóbal (1488-1539), realizó varios viajes a las Indias y acompañó a Carlos I por diversos países de Europa. Escribió la biografía de su padre y legó a la catedral de Sevilla su biblioteca, base de la *Biblioteca Colombina.*

COLONA, aldea del Ática, patria de Sófocles. V. EDIPO.

COLONIA, en alem. **Köln,** c. de Alemania (Rin Septentrional-Westfalia), a orillas del Rin; metalurgia, industrias químicas, construcciones mecánicas. Bella catedral gótica. Fundada por los romanos.

COLONIA, c. del Uruguay, cap. del dep. del mismo n. Excelente puerto en el río de la Plata; ruinas históricas. (Hab. *colonienses.*) El dep. es esencialmente agrícola y ganadero; ind. lechera.

COLONIA DEL SACRAMENTO, c. del Uruguay (Colonia). (V. SACRAMENTO.)

COLONIA NACIONAL. V. YEGROS.

COLONIA SUIZA, pobl. del Uruguay (Colonia).

COLONIA VALDENSE, pobl. del Uruguay (Colonia).

COLONIAS MENNONITAS, grupo de colonias agrícolas del Paraguay (Boquerón), que, inspiradas en las doctrinas de Mennon Simón

Fot. Vidal, Sander

se extienden a cerca de cien aldeas y villorios y representan un total de 500 000 hect. Sus principales agrupaciones son *Filadelfia* y *New Neuland*.

COLONNA, ilustre familia romana, que ha dado varios papas, cardenales, generales, etc.

Coloquio de los perros *(El)*, una de las *Novelas Ejemplares*, de Cervantes (1609), sátira ingeniosa en que dos perros, Cipión y Berganza, aprecian la vida humana con estoica cordura.

Coloquios, de Erasmo, serie de diálogos en latín, llenos de ingenio, dirigidos contra las imposturas y las supersticiones de su tiempo (1518).

Coloquios espirituales y sacramentales, obra de F. González Eslava, muestra del lenguaje y del teatro primitivo mexicano (1567-1600).

COLORADA, laguna de Bolivia (Potosí), a más de 4 000 m de alt. — N. dado a un sector de la Sierra Madre de Oaxaca (México).

COLORADA GRANDE, laguna de la Argentina (La Pampa).

COLORADO, uno de los Estados Unidos de Norteamérica; cap. *Denver*.

COLORADO, mont. de Bolivia (Potosí); 5 400 m. — Río de la Argentina, nacido de la unión de los ríos Grande y Barrancas (Mendoza) y que señala el límite N. de Patagonia; 1 300 km. — Río de Costa Rica, brazo del delta del San Juan. — Río de los Estados Unidos, que nace en las Montañas Rocosas, atraviesa la árida meseta del Colorado y los desiertos de Arizona, penetra en México y des. en el golfo de California; 2 250 km. En su curso se ha construido la presa Hoover, que es una de las mayores del mundo. Una parte de este río está encajonada en profundos cañones. — Río de los Estados Unidos (Texas), que des. en el golfo de México; 1 400 km.

Colorado, miembro del Partido Liberal uruguayo opuesto al Partido *Blanco*. En su origen, significaba partidario de Rivera. — N. dado al partido político paraguayo llamado *Asociación Nacional Republicana*, fundado en 1887. — N. dado en la Argentina a los partidarios de Rosas.

COLORADOS, cerro volcánico entre la Argentina (Catamarca) y Chile (Atacama); 6 049 m.

gran cañón del COLORADO

COLOTEPEC, n. dado a un sector de la Sierra Madre del Sur de México (Oaxaca).

COLOTLÁN, c. de México (Jalisco).

COLQUECHACA, c. de Bolivia, cap. de la prov. de Chayanta (Potosí).

CÓLQUIDA, ant. región de Asia, al E. del Ponto Euxino y al S. del Cáucaso, adonde fueron los argonautas a conquistar el vellocino de oro.

COLT (Samuel), ingeniero norteamericano (1814-1862), inventor del revólver.

COLTA, cantón del Ecuador (Chimborazo).

COLTAUCO, com. de Chile (O'Higgins).

COLUMBIA, río de Estados Unidos, que des. en el Pacífico, llamado tb. **Oregón**; 2 000 km. — Distrito federal de los Estados Unidos; cap. *Washington*. — Cap. de Carolina del Sur (Estados Unidos).

COLUMBIA BRITÁNICA. V. COLOMBIA.

Columbia University, famosa universidad de los Estados Unidos situada en Nueva York.

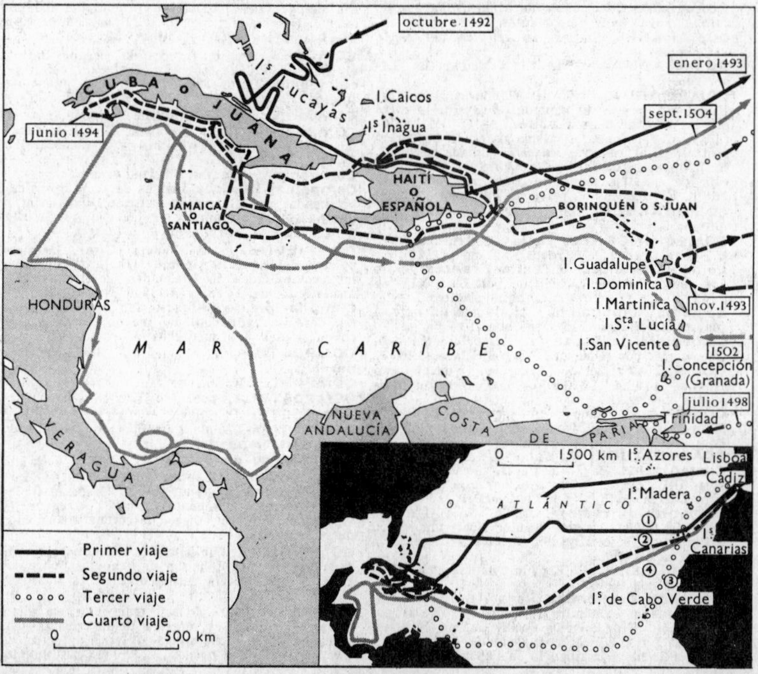

VIAJES DE COLÓN

Fot. Ewing Galloway

COMMINES

I. COMONFORT

COLUMBRETES (ISLAS), grupo de islas pequeñas, de origen volcánico, en el golfo de Valencia, frente a Castellón de la Plana.

COLUMBUS, c. de los Estados Unidos, cap. del Estado de Ohio; hulla, metalurgia, vagones. — C. de los Estados Unidos (Georgia); textiles.

COLUMELA (Lucio), escritor hispanolatino del s. I, n. en Cádiz. Autor de un *Tratado de agricultura.*

Columnas de Hércules, nombre dado por los antiguos a los montes Calpe (Europa) y Abila (África), a cada lado del estrecho de Gibraltar.

COLL (Pedro Emilio), escritor venezolano (1872-1947), autor de *Palabras, El Castillo de Elsinor* y *La escondida senda.*

COLLAO (El), meseta del Titicaca (Bolivia).

COLLAS, indios aimaraes de las mesetas andinas de Bolivia y del N. argentino.

COLLASUYO, antiguo reino *aimará* de Bolivia, que en tiempos de los *incas* formaba parte del *Tahuantinsuyo* y se extendía hasta el N. de Argentina y Chile.

COLLEONI (Bartolomeo), condotiero italiano (1400-1475), al servicio de Venecia. Su estatua ecuestre, en Venecia, es la obra maestra de Verrocchio.

COLLINGWOOD (Cuthbert), almirante inglés (1750-1810), que participó en la batalla de Trafalgar como lugarteniente de Nelson.

COLLINS (Anthony), escritor inglés (1676-1729), autor de un *Ensayo concerniente al uso de la razón.*

COLLINS (Wilkie), novelista inglés (1824-1889), autor de *La mujer de blanco.*

COLLINS (William), poeta inglés (1721-1759), autor de *Odas,* de carácter melancólico.

COLLIPULLI, com. y dep. de Chile (Malleco).

COLLIVADINO (Pío), pintor argentino de tendencia realista (1869-1945).

COLLODI (Carlos). V. LORENZINI.

COLLON CURÁ, n. del río argentino *Aluminé* en su curso inferior (Neuquén).

COMAGENE, ant. comarca del NE. de Siria, al E. de Capadocia; cap. *Samosata.*

COMALA, pobl. de México (Colima).

COMALCALCO, pueblo de México (Tabasco); ruinas mayas muy importantes.

COMANCHES, indios de América del Norte (Oklahoma).

COMASAGUA, v. de El Salvador (La Libertad).

COMAYAGUA, río de Honduras, afl. del Ulúa, que nace en el dep. de Comayagua y corre por los dep. de Yoro y Cortés. — C. de Honduras, cap. del dep. del mismo n. en la depresión central. (Hab. *comayagüenses.*) Fundada en 1537, fue residencia de la Audiencia de los Confines y cap. de la Rep. desde la Independencia hasta 1880. El dep. prod. cereales, café y cacao.

COMBARBALÁ, com. y dep. de Chile (Coquimbo).

COMECHINGONES, sierra de Argentina, en la Sierra Grande de Córdoba; alt. med. 2 200 m.

Comedia Francesa o **Teatro Francés,** teatro nacional de Francia, fundado por Luis XIV en 1608, donde se representan obras clásicas.

Comedia humana *(La),* título general bajo el cual reunió Balzac todas sus obras.

Comedieta de Ponza *(La),* lamentación poética escrita por el marqués de Santillana (1435).

COMELLA (Luciano Francisco), dramaturgo español (1751-1812), autor de *La familia indigente,* etc.

COMENA, n. dado a un sector de la Sierra Madre Oriental de México (San Luis Potosí).— Pobl. del Paraguay (Paraguarí).

COMENDADOR. V. ELÍAS PIÑA.

Comentarios, de Julio César, memorias históricas del dictador sobre la guerra de las Galias y la guerra civil (s. I a. de J. C.).

Comentarios reales, obra del Inca Garcilaso (1609 y 1616), en que el autor ofrece una visión brillante de la civilización incaica y describe la conquista española.

COMILLAS, v. de España (Santander). Universidad pontificia.

Comisión Económica Para América Latina, comisión económica regional establecida por el Consejo Económico y Social de las Naciones Unidas. La C.E.P.A.L. fue creada en marzo de 1948 y tiene su residencia en Santiago de Chile.

COMITÁN DE DOMÍNGUEZ, c. de México (Chiapas); ruinas mayas.

Comité de Salvación Pública, organismo creado en Francia por la Convención de 1793 para concentrar el poder ejecutivo.

COMMINES o **COMMYNES** (Philippe de), político e historiador francés (¿1447?-1511), autor de *Memorias,* que abarcan el período 1464-1498.

COMMONWEALTH [*-uelz*], conjunto de naciones, mandatos, dominios, protectorados, posesiones y colonias unidas por un lazo común con la Corona británica, cuyo soberano es el jefe de esta comunidad. El *Commonwealth* se extiende por los cinco continentes, y, además del Reino Unido de Gran Bretaña e Irlanda del Norte, sus principales miembros son, en Europa: Gibraltar, Malta y Chipre; en Asia: Brunei, Ceilán, Hong Kong, India, Paquistán, Malaysia; en África: Kenia, Tanzania, Uganda, Botswana, Lesotho, Zambia, Malawi, Nigeria, Gambia, Ghana, Sierra Leona; en América: Canadá, Bermudas, Indias Occidentales, Jamaica, Trinidad y Tobago, Guyana; y en Oceanía: Australia, Nueva Zelanda, Islas Fidji, Tonga, Nuevas Hébridas.

Commune *(La),* organismo revolucionario que se instaló en París después del levantamiento del sitio por los prusianos y la insurrección del 18 de marzo de 1871; derribado a fines de mayo del mismo año.

COMNENO, familia bizantina que ha dado seis emperadores de Oriente.

COMO, c. de Italia (Lombardía), a orillas del lago del mismo n. (152 km²), al pie de los Alpes. Sederías. Hermosa catedral. Turismo.

COMODO (Lucio), emperador romano de 180 a 192, célebre por su crueldad.

COMODORO RIVADAVIA, c. de la Argentina (Chubut), centro de la ind. petrolífera y puerto importante. Obispado.

COMONFORT, c. de México (Guanajuato).

COMONFORT (Ignacio), general y político mexicano, n. en Puebla (1812-1863), pres. de la Rep. en 1855. Dos años después encabezó un golpe de Estado (Plan de Tacubaya) que pretendía derogar la Constitución promulgada por él mismo. Derribado y reemplazado por Juárez, tuvo que huir a los Estados Unidos. M. asesinado.

COMORES, archip. francés del océano Índico, al NO. de Madagascar; cap. *Dzaudzi;* café, cacao, vainilla. Desde 1961, goza de una autonomía interna.

COMORÍN, cabo al S. de la India.

COMPANYS (Luis), abogado y político catalán (1883-1940), presidente de la Generalidad de 1933 a 1939.

Compañía de Jesús. V. JESUITAS.

Compañías Blancas, bandas de aventureros capitaneadas por el francés Beltrán Duguesclin, y que pasaron a España a mediados del siglo XIV para ayudar a Enrique de Trastamara.

COMPIÈGNE, c. de Francia (Oise). Hermoso palacio del s. XVIII; parque. En su bosque, en las proximidades de Rethondes, se firmaron los armisticios de 1918 y 1940.

Compilación de Huesca, famosa compilación del derecho tradicional de Aragón, hecha por el obispo Canellas a mediados de s. XII.

COMPLUTUM, n. romano de **Alcalá de Henares.**

COMPOSTELA. V. SANTIAGO DE COMPOSTELA.

COMPOSTELA, pobl. de México (Nayarit).

COMPOSTELA (Diego Avelino de), prelado español (1635-1704), llamado, por su obra en Cuba, el **Obispo Santo.**

Compromiso de Breda. V. BREDA.

Compromiso de Caspe. A la muerte de Martín I de Aragón se reunieron en Caspe los delegados de los parlamentos catalán, aragonés y valenciano, que concedieron la corona a Fernando de Antequera (1412).

COMPTON (Arthur Holly), físico norteamericano (1892-1962), autor de trabajos sobre los rayos X y la teoría corpuscular de la luz. (Pr. Nóbel, 1927.)

COMTE (Augusto), filósofo francés, n. en Montpellier (1798-1857), creador de la escuela positivista y de la ciencia sociológica y autor de un *Curso de filosofía positiva* (1830-1842), una de

Fot. Giraudon, Larousse

las obras capitales de la filosofía del siglo XIX. Completó su sistema por una religión de la humanidad.
Comuneros, n. dado a los paraguayos que se alzaron en 1717 contra las autoridades españolas. Su movimiento alcanzó gran extensión, pero fue definitivamente aplastado en 1735.
Comuneros de Castilla. V. COMUNIDADES.
COMUNES. V. CÁMARA DE LOS COMUNES.
Comunidad Económica Europea, asociación formada, en 1957, entre Alemania Federal, Bélgica, Francia, Italia, Luxemburgo y Holanda con objeto de establecer progresivamente una unión aduanera y un mercado común. El acuerdo entró en vigor en 1959.
Comunidad Europea de la Energía Atómica (EURATOM), asociación formada, en 1957, entre Alemania Federal, Bélgica, Francia, Italia, Luxemburgo y Holanda con objeto de establecer las condiciones necesarias para el desarrollo de las industrias nucleares y para la elevación del nivel de vida en los países miembros.
Comunidad Europea del Carbón y el Acero (C.E.C.A.), asociación formada, en 1951, entre Alemania Federal, Bélgica, Francia, Italia, Luxemburgo y Holanda para el establecimiento de un mercado común del carbón y el acero.
Comunidad Francesa, conjunto político y económico formado en 1959 por Francia y sus antiguas colonias. Su existencia fue efímera.
Comunidades (*Sublevación de las*), extenso movimiento sedicioso que estalló en España a principios del reinado de Carlos I para defender los derechos de la nación contra las exacciones provocadas por la política exterior del monarca, y contra la introducción de innumerables extranjeros en todos los cargos públicos. Las tropas reunidas por el rey contra el ejército comunero lo vencieron con bastante facilidad en la famosa batalla de Villalar (1521), siendo condenados inmediatamente a muerte y ejecutados sus jefes Padilla, Bravo y Maldonado.
COMUNISMO (PICO), ant. **Pico Stalin,** punto culminante de la U. R. S. S., en el Pamir; 7 495 m.
CONAKRY, cap. de Guinea, puerto en el Atlántico; 172 000 h. Arzobispado.
CONCEPCIÓN, estrecho de Chile (Magallanes), que separa las islas Lobos y la de Doñas de la del Duque de York. — Laguna de Bolivia (Santa Cruz); 540 km². — Sierra de México (Baja California), tb. llamada de la **Giganta.** — Volcán de Nicaragua, tb. llamado **Ometepe,** en la isla de este n.; 1 610 m. — N. de cuatro pobl. de la Argentina (Corrientes, Misiones, San Juan y Tucumán). — C. de Chile, en la des. del río Bío-Bío; cap. de la prov. del mismo n.; centro industrial. Universidad. Arzobispado. (Hab. *penquistas* o *pencones.*) Fundada por Pedro de Valdivia, en el lugar que hoy ocupa Penco (1550), fue varias veces destruida por los terremotos. En su nuevo asiento ha sufrido igualmente diversas destrucciones. La riqueza principal de la prov. la constituyen los yac. de carbón. — C. del Paraguay, cap. del dep. del mismo n.; puerto en el río Paraguay y segunda pobl. del país. Obispado. (Hab. *concepcioneros.*) Fundada en 1773. El dep. es esencialmente ganadero y agrícola. — C. del Perú, cap. de la prov. del mismo n. (Junín. — Pobl. de Bolivia, cap. de la prov. de Ñuflo de Chávez (Santa Cruz). — Pobl. de Panamá, cab. del distr. de Baugaba (Chiriquí); centro agrícola.
CONCEPCIÓN DE ATACO, v. de El Salvador (Ahuachapán).
CONCEPCIÓN DE BUENOS AIRES, pobl. de México (Jalisco).
CONCEPCIÓN DE ORIENTE, v. de El Salvador (La Unión).
CONCEPCIÓN DEL URUGUAY, c. de la Argentina (Entre Ríos); puerto fluvial; frigoríficos. Célebre Colegio Nacional.
CONCEPCIÓN DE LA VEGA, c. de la Rep. Dominicana, cap. de la prov. de La Vega; centro agrícola y comercial. Fundada en 1495 por Bartolomé Colón, fue sede episcopal.
Concepcionistas, miembros de una sociedad política y religiosa que con Fernando VII intentó dar a la política dirección clerical.
Concilios, los concilios ecuménicos o universales que se han reunido hasta el presente son los de Nicea (325, 787), Constantinopla (381, 553, 681 y 869), Éfeso (431), Calcedonia (451), Letrán (1123, 1139, 1179, 1215 y 1512), Lyon (1245, 1274), Viena (1311), Constanza (1414), Ferrara, transferido a Florencia (1438-1445), Trento (1545-1563), en el que se decidió la reforma de la Iglesia católica frente al protestantismo; del Vaticano (1870), en el cual fue proclamado el dogma de la infalibilidad del Papa; en 1962 se inició, en el Vaticano, un segundo concilio, convocado por Juan XXIII y continuado hasta su fin en 1965 por su sucesor Paulo VI.
CONCINI (Concino), aventurero italiano, n. en Florencia. Ejerció gran influencia sobre María de Médicis, que le nombró *mariscal de Ancre;* se señaló por su avidez e incapacidad. Detenido por orden de Luis XIII de Francia, fue asesinado en 1617.
CONCOLORCORVO (Calixto Carlos BUSTAMANTE, llamado), escritor peruano del s. XVIII, autor de *El Lazarillo de ciegos caminantes,* relato picaresco de un viaje desde Montevideo a Lima, en el que describe satíricamente la realidad de la sociedad americana de su tiempo.
CONCÓN, balneario de Chile (Valparaíso).
CONCORD, c. de los Estados Unidos, cap. del New Hampshire.
CONCORDIA, c. de la Argentina (Entre Ríos); punto terminal de la navegación; centro ganadero y exportador de lanas. En su comarca, gran prod. de citrus. Obispado. — C. de Colombia (Antioquia).
Concordia *(Plaza de la),* hermosa plaza de París, a orillas del Sena, creada por Luis XV y obra de Gabriel. En su centro se elevan el obelisco de Luxor y dos fuentes monumentales.
CONCHA (Gilberto). V. VALLE (Juvencio).
CONCHA (José GUTIÉRREZ DE LA). V. GUTIÉRREZ DE LA CONCHA (José).
CONCHA (José Vicente), jurisconsulto y político colombiano (1867-1929), pres. de la Rep.

COMTE en 1852
pintura de ETEX

plaza de la
CONCORDIA (París)

Fot. Arch. Phot., Lapie

J. V. CONCHA

busto del GRAN CONDÉ por COYSEVOX museo de Chantilly

CONDILLAC

CONFUCIO

de 1914 a 1918. Hubo de luchar contra las dificultades económicas creadas por la Primera Guerra mundial y firmó el tratado que fijó los límites con el Ecuador.

CONCHAGUA, volcán de El Salvador (La Unión); 1 250 m. — Mun. de El Salvador (La Unión).

CONCHALÍ, com. de Chile (Santiago).

CONCHAS (Las), c. de la Argentina (Buenos Aires).

CONCHILLAS, pobl. del Uruguay (Colonia).

CONCHOS, río de México (Chihuahua), afl. del Bravo; 590 km. Sus aguas se utilizan para riego y energía hidroeléctrica. — Río de México (Nuevo León), que des. en el San Fernando.

CONDAMINE (Carlos M. de **La**). V. LA CONDAMINE.

CONDE (Carmen), poetisa y novelista española, n. en 1907, autora del libro *Mujer sin Edén.*

CONDÉ (CASA DE), familia francesa, rama colateral de la Casa de los Borbones.

CONDÉ (Luis II, *príncipe de* CONDÉ, llamado **el Gran**), capitán francés (1621-1686), vencedor de los españoles en Rocroi (1643) y en Lens (1648).

Conde Alarcos (*El*), antiguo romance castellano. Han aprovechado sucesivamente su dramático argumento Lope de Vega, Guillén de Castro, Mira de Amescua, Schlegel, Jacinto Milanés y Jacinto Grau.

Conde Lucanor (*El*) o **Libro de Patronio,** colección de cuentos del infante Don Juan Manuel, una de las mejores obras en prosa de los principios del s. XIV.

CONDEBAMBA, río del Perú, que, unido al Cajamarca, forma el Crisnejas. — Distr. del Perú (Cajabamba).

CONDEGA, pobl. de Nicaragua (Estelí).

Condenación de Fausto *(La),* ópera del francés Héctor Berlioz (1846).

Condenado por desconfiado (*El*), drama teológico de Tirso de Molina, obra de profundo carácter dramático y cristiano (1635).

CONDES (Las), com. de Chile (Santiago).

CONDESUYOS, prov. del Perú (Arequipa); cap. *Chuquibamba.*

CONDILLAC (Etienne **Bonnot de**), filósofo francés (1715-1780), creador de la escuela sensualista con sus escritos *Tratado de las sensaciones, Tratado de los sistemas* y *Tratado de los animales.*

CÓNDOR, cordillera del Ecuador (Oriente); 4 000 m. — Paso de la cordillera de los Frailes (Bolivia); 4 800 m.

CONDORCANQUI (José Gabriel). V. TÚPAC AMARU.

CONDORCET (Antoine CARITAT, *marqués de*), filósofo, matemático y político francés (1743-1794), autor de un *Esquema de un cuadro histórico de los progresos del espíritu humano.*

CÓNDORES (SIERRA DE LOS), n. dado al extremo meridional de la Sierra Chica de Córdoba (Argentina).

CONDORIRI, cumbre de Bolivia; 6 105 m.

CONDOTO, c. de Colombia (Chocó).

CONDYLIS (Jorge), general y político griego (1879-1936), restaurador de la monarquía en 1935.

CONEJERA, una de las islas Baleares (España), así llamada a causa de los numerosos conejos que en ella se encuentran.

Confederación Argentina, nombre que se dio a la Rep. Argentina de 1854 a 1862.

Confederación General del Trabajo (C.G.T.), una de las uniones de sindicatos obreros de Francia. — Nombre adoptado por la central sindical argentina y las de otros países.

Confederación Nacional del Trabajo (C.N.T.), una de las centrales sindicales obreras españolas, fundada en 1910.

CONFEDERACIÓN GERMÁNICA, unión de los Estados alemanes, decretada por el Congreso de Viena (1815) y deshecha en 1866.

Confederación Granadina, n. que se dio a Colombia desde 1858 a 1861.

Confederación Peruboliviana. V. PERUBOLIVIANA (*Confederación*).

Confederación del Rin, liga de príncipes y de reyes alemanes que Napoleón puso bajo su protección en 1806.

Confederación Suiza. V. SUIZA.

Confederados o **Sudistas,** nombre que llevaron en la guerra de Secesión norteamericana los partidarios de la esclavitud, por oposición a los federales o nordistas, que reclamaban su abolición. (V. SECESIÓN.)

Confesión de Augsburgo, formulario célebre, redactado por Melanchton y que contenía, en 28 artículos, la profesión de fe de los luteranos; fue presentado a la Dieta de Augsburgo en 1530.

Confesiones (*Las*), autobiografía de Juan Jacobo Rousseau, publicada en 1782 y 1789.

Confesiones de San Agustín (*Las*), relato que hace este Padre de la Iglesia de los errores de su juventud y de su conversión (s. V).

CONFUCIO, filósofo chino (551-479 a. de J. C.), fundador de un sistema de moral, que exalta la fidelidad a la tradición nacional y familiar.

CONGO, río del África ecuatorial, el segundo del mundo por su caudal. Nace en la región de los Grandes Lagos con el n. de **Lualaba,** y des. en el Atlántico; 4 640 km. Pasa por las ciudades de Kisangani, Kinshasa y Brazzaville.

CONGO, río del Ecuador (Pichincha y Guayas), afl. del Daule. — Río de Panamá, en el límite de las prov. de Panamá y Darién, que des. en el golfo de Panamá.

CONGO (REPÚBLICA DEL), Estado del África ecuatorial, independiente desde 1960. Sup. 342 000 km²; 840 000 h. *(congoleses).* Cap. *Brazzaville,* 135 000 h.; c. pr. *Pointe-Noire,* 76 000 h. Productor de aceite de palma y de café. Minas de cobre, de plomo y de estaño.

CONGO (REPÚBLICA DEMOCRÁTICA DEL), ant. **Congo Belga,** Estado del África ecuatorial. Superficie 2 345 000 km²; 15 007 000 h. *(congoleños);* cap. *Kinshasa,* 380 000 h.; c. pr. *Lubumbashi,* 233 100; *Jadotville,* 79 877; *Kisangani,* 77 284; *Kananga,* 140 900; *Bukavu,* 35 755. El país está constituido principalmente por una vasta depresión central y unas cadenas de montañas al SE. y al E. La vegetación es ecuatorial. El Congo Belga fue fundado por Leopoldo II, ayudado por el explorador Stanley. La Conferencia de Berlín (1855) lo reconoció como *Estado Independiente del Congo,* gobernado a título personal por el rey de los belgas, que lo sometió a dura explotación, pero hubo de cederlo por tratado a Bélgica en 1908. El Estado belga lo declaró colonia y el Congo se convirtió en un gran país minero (estaño, diamantes, oro, cobre y radio). Obtuvo la independencia en 1960, pero conflictos internos provocaron la intervención de la O. N. U., la cual consiguió reducir el movimiento de secesión de Katanga (1963).

CONGO PORTUGUÉS. V. CABINDA.

CONGOLÓN, cerro de Honduras, cerca de la frontera con El Salvador; 2 134 m.

CONGONHAS, pobl. del Brasil (Minas Gerais), minas de hierro. Lugar de peregrinación.

CONGRAINS MARTÍN (Enrique), cuentista peruano, n. en 1932, autor de *Kikuyo* y *Lima, hora cero.*

CONGRESO (ISLA). V. CHAFARINAS.

CONGREVE (Richard), filósofo positivista y escritor inglés (1818-1899).

CONGREVE (William), dramaturgo inglés (1670-1729), de vena cómica y licenciosa.

CONGREVE (*sir* William), oficial inglés (1772-1828), inventor de los cohetes que llevan su nombre.

CONI, en ital. **Cuneo,** c. de Italia (Piamonte).

CONLARA, río de la Argentina (San Luis), que riega el valle del Renca; 180 km. — Pobl. de la Argentina (Córdoba).

CONNACHT, ant. **Connaught,** prov. del NO. de la Rep. de Irlanda.

CONNECTICUT, río de los Estados Unidos, que nace en la frontera del Canadá y des. en la bahía de Long Island (Atlántico); 553 km.

CONNECTICUT, uno de los Estados Unidos de América del Norte. Cap. *Hartford.*

CONÓN, general ateniense, m. hacia 390 a. de J. C., vencedor de la armada de Pisandro en Cnido (394).

CONONACO, río del Ecuador (Napo).

CONOCOCHA, laguna del Perú (Ancash).

Conquista de México, obra de Antonio de Solís (1684), que refiere la historia de la conquista de México desde sus principios hasta la toma de la capital.

Fot. Larousse, Giraudon, Chavannes

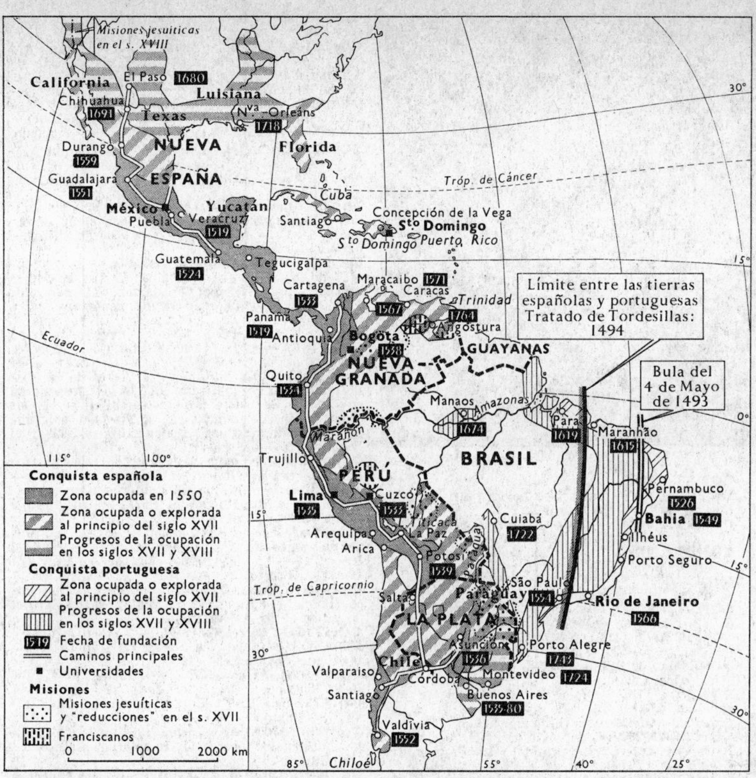

Conquista y Colonización de América

CONRAD (Konrad KORZENIOWSKI, llamado **Joseph**), novelista inglés (1857-1924), de origen polaco, autor de relatos de ambiente marítimo: *Lord Jim, El negro del "Narciso"* y *Tifón.*

CONRADO I, rey de Germania de 911 a 918. — CONRADO II *el Sálico* (¿990?-1039), rey de Germania en 1024, emperador en 1027. — CONRADO III (1093-1152), emperador germánico en 1138. — CONRADO IV (1228-1254), rey de los romanos en 1237, emperador germánico en 1250. — CONRADO V o CONRADINO (1252-1268), hijo del anterior, duque de Suabia y de Franconia.

CONSCIENCE [*-siáns*] (Enrique), novelista belga (1812-1883), pintor de la vida rural.

Consejo de Ciento, asamblea municipal creada en Barcelona en 1274 por Jaime I.

Consejo de Indias, organización destinada en España a dirigir los asuntos administrativos y económicos de las Indias, creada en 1509 por Fernando el Católico y reorganizada en 1524 por Carlos I de España.

Consejo de los Ancianos, una de las dos asambleas establecidas por la Constitución francesa de 1795. Suprimida el 18 de brumario del año VIII (1799).

Consejo de los Diez, consejo secreto compuesto de diez miembros, durante la antigua república de Venecia (1310-1797).

Consejo de los Quinientos, asamblea política francesa, compuesta de 500 miembros y establecida por la Constitución del año III (1795).

Consejo de los Tumultos. V. TRIBUNAL.

Consejo de Seguridad, consejo de la Organización de las Naciones Unidas, compuesto de once miembros: China, Francia, Gran Bretaña, Estados Unidos y la Unión Soviética como miembros permanentes; los otros seis miembros no permanentes son elegidos cada dos años. La tarea principal del Consejo consiste en el mantenimiento de la paz y la seguridad internacional.

Consejo Económico y Social de las Naciones Unidas, consejo de la O.N.U., compuesto de 18 miembros elegidos por la Asamblea General cada tres años y que tiene como misión la iniciativa de estudios, informes y recomendaciones sobre asuntos económicos, sociales, culturales, docentes, etc., de carácter internacional. Ha establecido tres comisiones regionales para Europa, Asia y Lejano Oriente y para América Latina. (V. C.E.P.A.L.)

Consejo Real o **de Castilla,** tribunal supremo creado por Fernando III el Santo.

Consejo Superior de Investigaciones Científicas, organismo oficial español creado en 1939 para fomentar la investigación y la producción científica, y preparar una clase intelectual dirigente. Consta de diferentes patronatos, que a su vez constituyen diversos institutos, centros y departamentos.

CONSELHEIRO (Antonio), reformador religioso brasileño (1828-1897).

CONSELHEIRO LAFAIETE, mun. del Brasil (Minas Gerais); yac. de hierro y manganeso.

CONSELHEIRO PENA, mun. del Brasil (Minas Gerais).

Conserjería, famosa prisión de París, situada en el Palacio de Justicia, donde se encerraba durante el Terror a los condenados a la guillotina (María Antonieta, Danton, Robespierre, Lavoisier, Madame Roland, etc.).

CONSOLACIÓN DEL NORTE, térm. mun. de Cuba (Pinar del Río).

CONSOLACIÓN DEL SUR, térm. mun. de Cuba (Pinar del Río). Tabaco.

J. CONRAD

Fot. Manuel

CONSTABLE
LA CATEDRAL
DE SALISBURY

B. CONSTANT

CONSTANTINO I
EL GRANDE
medalla romana

COOK

CONSTABLE (John), pintor inglés (1776-1837), el mejor paisajista de su país, autor de *La catedral de Salisbury*, etc.
CONSTANCIO I Cloro, emperador romano de 305 a 306. Ejerció el Poder con equidad.
CONSTANCIO II, hijo de Constantino I (317-361), emperador de Oriente en 337, único emperador de 351 a 361. Favoreció, lo mismo que su padre, el cristianismo en su Imperio.
CONSTANCIO III, emperador romano, asociado a Honorio, m. en 421. Casó con Gala Placidia.
CONSTANT DE REBECQUE (Benjamín), escritor y político francés (1767-1830), amigo de Madame de Staël, autor de la excelente novela psicológica *Adolfo*.
CONSTANTE, emperador de Occidente que reinó de 337 a 350. — CONSTANTE II, emperador de Oriente que reinó de 641 a 668.
CONSTANTINA, dep. y c. del NE. de Argelia. La c. es la ant. **Cirta,** cap. del reino de Numidia.
CONSTANTINA, c. de España (Sevilla).
CONSTANTINO I el Grande (entre 270 y 288-337), emperador romano en 306. Trasladó la capital del Imperio a Bizancio, que tomó el nombre de Constantinopla. Su victoria sobre Majencio, cerca de Roma, le decidió definitivamente a tolerar el cristianismo dentro del Imperio (V. IN HOC SIGNO VINCES [*pág. rosas*]), y en 313 fue promulgado el Edicto de Milán, en favor de los adeptos de la nueva religión. — CONSTANTINO II, emperador romano de 337 a 340. — CONSTANTINO III, emperador de Oriente (641). — CONSTANTINO IV, llamado *Pogonato*, emperador de Oriente de 668 a 675. — CONSTANTINO V, llamado *Coprónimo*, emperador de Oriente de 740 a 775. — CONSTANTINO VI, emperador de Oriente de 780 a 797. — CONSTANTINO VII, llamado *Porfirogeneta*, emperador de Oriente de 912 a 952. — CONSTANTINO VIII, emperador de Oriente asociado a Basilio II de 961 a 1025 y solo de 1025 a 1028. — CONSTANTINO IX, emperador de Oriente de 1042 a 1054. — CONSTANTINO X, llamado *Ducas*, emperador de Oriente de 1059 a 1067. — CONSTANTINO XI *Paleólogo*, último emperador de Bizancio (1449-1453).
CONSTANTINO I, rey de Grecia (1868-1923). Sucedió a Jorge I en 1913, abdicó en 1917, volvió al trono en 1920 y abdicó en 1922. — CONSTANTINO II, n. en 1940, rey de Grecia que sucedió a su padre Pablo I en 1964; fracasó en su intento de derribar una junta militar y hubo de abandonar el país a finales de 1967.
CONSTANTINO, papa de 708 a 715.
CONSTANTINOPLA, n. dado por Constantino a *Bizancio*, llamada más tarde por los turcos **Estambul.**
CONSTANTINOPLA (ESTRECHO DE) o **Bósforo de Tracia,** canal entre el mar de Mármara y el mar Negro.
CONSTANTZA, c. de Rumania, puerto en el mar Negro; centro industrial.
CONSTANZA, lago formado por el Rin, entre Suiza, Austria y Alemania; 540 km^2. — C. de Alemania (Wurtemberg-Baden), a orillas del lago del mismo n.; industrias textil y electrometalúrgica; maderas; maquinarias. Concilio de 1414, que puso fin al Gran Cisma de Occidente y donde Juan Hus fue condenado a ser quemado.
CONSTITUCIÓN, bahía de Chile (Antofagasta). — Com. y dep. de Chile (Maule). — Pobl. del Uruguay (Salto). — Dep. de Argentina (Santa Fe).
Constitución de Apatzingán, obra del primer Congreso mexicano, promulgada el 22 de octubre de 1814, y basada en la Constitución española de 1812.
Constituciones españolas. Son las siguientes: la de 1812, que dieron las Cortes de Cádiz, derogada en 1814 por Fernando VII, restablecida en 1820 y derogada nuevamente en 1823; la de 1837; la de 1845, menos liberal que la anterior; la de 1856, que no llegó a votarse; la de 1869, votada por las Cortes Constituyentes después de la Revolución de Septiembre; la de 1876, votada por las primeras Cortes de la Restauración; la republicana de 1931, suspendida en 1939. Se suele contar también entre las constituciones españolas la de Bayona, otorgada por el rey intruso José Bonaparte en 1808, y el Estatuto real de 1834.
Consulado, n. dado al gobierno francés desde la caída del Directorio (1799), hasta el Imperio (1804). — Forma de gobierno que se estableció en la República del Paraguay de 1813 a 1814 y de 1841 a 1844.
CONTAMANA, estribación de los Andes, que señala parte de la frontera entre el Perú y el Brasil. — C. del Perú, cap. de la prov. de Ucayali (Loreto).
CONTE (Nicolás-Jacques), químico y mecánico francés (1755-1805), inventor de los lápices de mina de grafito artificial.
CONTISUYO, sección SO. del *Tahuantinsuyo*.
CONTO (César), poeta, escritor y político colombiano (1836-1891).
CONTRALMIRANTE VILLAR, prov. del Perú (Tumbes); cap. *Zorritos*.
CONTRAMAESTRE, río de Cuba (Oriente) afl. del Cauto.
Contrarreforma, reforma católica en el siglo XVI, destinada a combatir la reforma protestante. (V. REFORMA.)
Contrato Social (*El*), libro de J. J. Rousseau (1762). Según su autor, la vida social descansa sobre un contrato: cada uno de los contrayentes enajena su libertad y se compromete a sufrir la expresión de la voluntad general.
CONTRERAS (Francisco), escritor chileno (1877-1932), autor de poemas de inspiración simbolista (*Esmaltes*).
CONTRERAS (Jesús F.), escultor mexicano (1866-1902), autor de estatuas y monumentos.
CONTUMASÁ, c. del Perú, cap. de la prov. del mismo n. (Cajamarca).
CONVENCIÓN, c. de Colombia (Santander). — Prov. del Perú (Cuzco); cap. *Quillabamba*.
Convención, asamblea que se reunió en Santa Fe (Argentina), durante el gobierno de Dorrego (1828). Siguióle la dictadura de Rosas. En esta misma ciudad se reunieron otras cinco convenciones (1831, 1853, 1860, 1866 y 1957) y en Buenos Aires dos (1898 y 1949).
Convención Nacional, asamblea revolucionaria francesa, que siguió a la Legislativa y gobernó el país desde 1792 hasta 1795.
Convenio de Vergara, acuerdo firmado el 31 de agosto de 1839 por Maroto y Espartero. Terminó la primera guerra carlista.
COOK, archip. de Oceanía, entre las islas Tonga y Tahití, al NE. de Nueva Zelanda, país de que depende; cap. *Avarua*, en la isla de Rarotonga. — Estrecho de Oceanía, entre las dos islas de Nueva Zelanda; 80 km de anchura. — Puerto de la isla de los Estados (Argentina).
COOK [*kuk*] (James), célebre navegante inglés (1728-1779), que exploró Oceanía en tres expediciones sucesivas y fue muerto por los salvajes de las islas Sandwich.
COOLIDGE (Calvin), político norteamericano (1872-1933), presidente de los Estados Unidos de 1923 a 1929.

Fot. Giraudon, Larousse

COOLIDGE (William David), físico norteamericano, n. en 1873; inventó el tubo para rayos X.

COOPER [*kúper*] (Fenimore), novelista norteamericano (1789-1851), autor de novelas de aventuras, notables por la reconstitución de las costumbres de los indios: *El último mohicano.*

COPACABANA, peníns. de América del Sur, en el lago Titicaca, perteneciente a Bolivia y el Perú. Es famosa por su santuario. — Pobl. de Bolivia, cap. de la prov. de Manco Cápac (La Paz). — Pobl. de la Argentina (Catamarca). — Barrio de Río de Janeiro (Brasil). Casino y playa famosa. — Pobl. de Colombia (Antioquia).

COPAHUE, cono volcánico de los Andes, en la frontera de Argentina (Neuquen) y Chile (Bío-Bío); 2 980 m. — Estación termal de la Argentina (Neuquen).

COPÁN, río de América Central, que nace en Honduras, penetra en Guatemala y des. en el Motagua. — Sistema montañoso de Guatemala; tb. llamado **Montañas del Merendón.** — Dep. de Honduras (hab. *copanecos*); cap. *Santa Rosa de Copán;* café, tabaco; minas de oro, plata, platino y carbón. Importante centro arqueológico de cultura maya (Antiguo Imperio).

COPELINA, balneario de la Argentina (Buenos Aires). — Pobl. de la Argentina (La Pampa).

COPELLO (Santiago Luis), prelado argentino (1880-1967), cardenal primado de Argentina y arzobispo de Buenos Aires (1932-1959).

COPENHAGUE, cap. de Dinamarca, en la isla de Seeland; 960 300 h. (1 220 000 h. con los suburbios). Puerto en el Sund. Fortificaciones importantes. Construcciones navales, aeronáuticas y mecánicas; siderurgia, industrias químicas, textiles y alimenticias; porcelanas.

COPÉRNICO (Nicolás), astrónomo polaco (1473-1543). Demostró el doble movimiento de los planetas sobre sí mismos y alrededor del Sol.

COPEY, cerro de Venezuela, en la isla Margarita; 980 m. — Valle de Costa Rica (San José).

COPIAPÓ, río de Chile (Atacama), cuya desembocadura forma extensas vegas; 180 km. — Volcán de Chile (Atacama); 6 072. Llamado tb. **Azufre.** —C. de Chile, cab. del dep. del mismo n. y cap. de la prov. de Atacama; centro comercial. Escuela de Minería. Obispado. Fundada en 1744 por J. A. Manso de Velasco, fue destruida por un terremoto en 1922.

Coplas a la muerte de su padre, poema de Jorge Manrique, en versos de pie quebrado, una de las joyas de la literatura castellana.

Coplas de Mingo Revulgo, sátira poética, dirigida contra Enrique IV y su corte.

COPPÉE (François), poeta francés (1842-1908), autor de *Los humildes,* colección de versos en que pinta con emoción a los pobres.

COQUILHATVILLE, c. de la Rep. Democrática del Congo, cap. de prov.; puerto fluvial. Llamada hoy **Mbandaka.**

COQUIMBO, c. de Chile septentrional, en la *bahía de Coquimbo,* cab. de dep., en la prov. del mismo n.; excelente puerto. Fundada por Valdivia en 1544. — Prov. de Chile; cap. *La Serena;* prod. alfalfa, trigo y frutas; minas de oro, plata, sobre y hierro. (Hab. *coquimbos.*) — V. ELQUI.

Coquimbos, n. dado en Honduras a los liberales o colorados, rivales de los *cachurecos.*

CORACORA, c. del Perú, cap. de la prov. de Parinacochas (Ayacucho).

CORAISQUITAS o **COREISQUITAS,** famosa tribu árabe, a la que pertenecía Mahoma.

CORAL (MAR DEL), parte del Pacífico, entre Australia, Nueva Guinea, las islas Salomón y las Nuevas Hébridas. Victoria aeronaval de los norteamericanos sobre los japoneses en 1942.

Corán o **Alcorán** (del ár. *qor'án,* libro), libro sagrado de los musulmanes, redactado por Mahoma y atribuido por el Profeta a Dios mismo. Está escrito en árabe y consta de 114 capítulos o *suras.* Colección de dogmas y preceptos morales, constituye el fundamento de la civilización musulmana, la fuente única del derecho, la moral, la administración, etc.

CORAZÓN, cima del Ecuador, en la Cord. Occidental; 4 791 m. — Pobl. del Ecuador, cab. del cantón de Pangua (Cotopaxi).

CORAZZINI (Sergio), poeta italiano (1886-1907), autor de poesías de tono melancólico.

Corbacho *(El)* o *Reprobación del amor mundano,* obra satírica sobre las costumbres del s. XV, debida al Arcipreste de Talavera (1438).

CORBACHO (José María), magistrado y poeta peruano (1785-1843).

CORBIÈRE (Edouard JOACHIM, llamado **Tristán**), poeta francés (1845-1874), que expresa sarcásticamente su desprecio a la vida.

CORBULÓN, general romano, en tiempos de Claudio y de Nerón, vencedor de los partos.

CORBUSIER (Le). V. LE CORBUSIER.

CÓRCEGA, isla del Mediterráneo, que forma un dep. francés; cap. *Ajaccio.* Fue cedida por los genoveses a Francia en 1768.

CORCIRA, isla del mar Jónico, habitada por los feacios hasta el año 700 a. de J. C. y colonizada por los corintios; hoy **Corfú.**

CORCOVADO, golfo de Chile, entre el continente y el archip. de Chiloé. — Mont. del Brasil, que domina la bahía de Río de Janeiro, y en cuya cima se eleva una monumental estatua de Cristo; 704 m. — Volcán de Chile (Chiloé); 2 290 m. — Com. de Chile (Chiloé).

CORCUBIÓN, v. de España (Coruña); pesca.

CORCHERO Y CARREÑO (Francisco), escritor mexicano del siglo XVII, autor de *Desagravios de Cristo.*

CORDAY [*kordé*] (Carlota), heroína francesa de la Revolución (1768-1793), que apuñaló a Marat para vengar a los girondinos y fue guillotinada.

CORDERO (Juan), pintor mexicano (1824-1884), autor de murales y retratos.

CORDERO (Luis), político y escritor ecuatoriano (1833-1912), pres. de la Rep. de 1892 a 1895 y autor de *Diccionario del idioma quechua.*

Cordero místico *(Retablo del),* políptico pintado por Huberto y Juan Van Eyck antes de 1432 (Gante, San Bavón).

CORDILLERA, prov. de Bolivia (Santa Cruz); cap. *Lagunillas.*

CORDILLERAS (Las), dep. del Paraguay Central; cap. *Caacupé;* prod. tabaco, maíz y algodón. (Hab. *cordilleranos.*)

CÓRDOBA, c. de España, capital de la provincia del mismo nombre, a orillas del río Guadalquivir. (Hab. *cordobeses.*) Obispado. Escuela de Ingenieros Agrónomos. Antigua capital de los Omeyas y sede del califato independiente. Es una de las ciudades más pintorescas y hermosas de España; entre sus monumentos cabe destacar: la catedral, antes mezquita, la Huerta de los Arcos, el Alcázar y un puente romano sobre el Guadalquivir. Patria de los Sénecas, de Lucano, Avicena, Averroes, Ambrosio de Morales, Juan de Mena, Luis de Góngora, el Duque de Rivas.

Córdoba *(Mezquita de),* monumento árabe iniciado en 786 por orden de Abderramán I, en su mayor parte con materiales procedentes de iglesias cristianas. Fue continuada por Abderramán II y por Alhakem II, formando el conjunto un inmenso cuadrilátero de 130 m de ancho por 175 de largo. Llegó a contar 1 418 columnas y 22 puertas. En 1377 hizo derribar Enrique II el alminar de Abderramán; la torre actual, que lo substituye, es del siglo XVII. A principios del siglo XVI, el obispo Alonso Manrique consiguió de Carlos I el derecho de erigir en medio de aquella joya arquitectónica un coro y una capilla mayor, causando con ello la destrucción de una tercera parte de las columnas y la pérdida de la admirable perspectiva imaginada por Abderramán.

COPÁN
detalle de una estela

COPENHAGUE
plaza
del Ayuntamiento

COPÉRNICO

mezquita de
CÓRDOBA

Fot. Raúl Estrada, Rapho, Larousse

catedral de CÓRDOBA (Argentina)

CÓRDOBA, sierra de la Argentina, en la prov. del mismo n.; alt. máx. 2 880 m. Estaciones estivales. Yac. de plata, cobre, tungsteno, plomo, cinc, hierro y carbón. — C. de la Argentina, cap. de la prov. del mismo n., a orillas del río Primero. Centro industrial (textiles, construcciones aeronáuticas) y ferroviario. Universidad. Arzobispado. (Hab. *cordobeses.*) Fundada en 1573 por Jerónimo de Cabrera, conserva, en la parte antigua, su aspecto colonial; en ella se estableció la primera imprenta del Virreinato. Notable catedral. Observatorio astronómico. La prov. tiene gran riqueza ganadera y extensos cultivos de trigo, lino, avena, cebada y maíz; tb. posee minas e industrias varias. — Dep. de Colombia, en el mar Caribe; cap. *Montería.* (Hab. *cordobeses* o *cordobenses.*) — Pobl. de México (Veracruz); centro agrícola (café, caña de azúcar) e industrial. Fundada en 1617.

CÓRDOBA (Gonzalo FERNÁNDEZ de). V. FERNÁNDEZ DE CÓRDOBA (Gonzalo).

CÓRDOBA (José María), general colombiano, n. en Concepción (Antioquia) [1799-1829], cuya intervención decidió la batalla de Ayacucho. Se sublevó después contra Bolívar y murió en lucha contra las fuerzas gubernamentales.

CÓRDOBA (Matías de), sacerdote, patriota y notable poeta guatemalteco (1750-1828).

CÓRDOBA ITURBURU (Cayetano), poeta argentino, n. en 1902, autor de *La danza de la luna.*

CÓRDOBA Y FIGUEROA (Pedro de), historiador chileno (1692-1770)

CÓRDOBA Y VÁLOR. V. ABEN HUMEYA.

J. M. CÓRDOBA

CÓRDOVA (Gonzalo S.), político ecuatoriano, m. en 1928, pres. de la Rep. de 1924 a 1925.

CÓRDOVA (Jorge), general y político boliviano (1822-1861), pres. de la Rep. en 1855, derrocado en 1857 por Linares. M. asesinado.

CÓRDOVA (José Francisco), político guatemalteco del s. XIX, que redactó el decreto de Independencia de Centroamérica (1823).

CORE. V. PERSÉFONE.

COREA (ESTRECHO DE), entre Corea y el Japón. Une el mar de China con el mar del Japón.

COREA, península comprendida entre el mar del Japón y el mar Amarillo, dividida en dos unidades políticas. Superficie, 220 885 km²; 34 335 000 h. Colonia china en el s. I a. de J. C., realizó su unificación nacional del s. VII al IX. De nuevo unida a China en el s. XIII, fue anexada al Japón en 1910 y ocupada por los Aliados después de la Segunda Guerra mundial. *Corea del Norte* (sup. 127 255 km²; 13 000 000 h.; cap. *Pyong Yang,* 940 000 h.) se convirtió en República Popular Democrática (1948), bajo la influencia soviética, en tanto que *Corea del Sur* (93 630 km²; 30 470 000 habitantes; cap. *Seúl,* 3 805 900 h.) forma un Estado protegido por los Estados Unidos. De 1950 a 1953, un conflicto armado opuso el Norte y el Sur, sostenidos respectivamente por China y por los Estados Unidos y la O. N. U.

CORELLA, c. de España (Navarra); vinos.

CORELLI (Arcángelo), violinista y compositor italiano (1653-1713), autor de *Sonatas* y de un *Concierto para violín.*

CORFÚ, ant. **Corcira,** una de las islas Jónicas (Grecia). Cap. *Corfú.* Puerto. Clima delicioso. Frutos y vinos.

P. CORNEILLE por LEBRUN

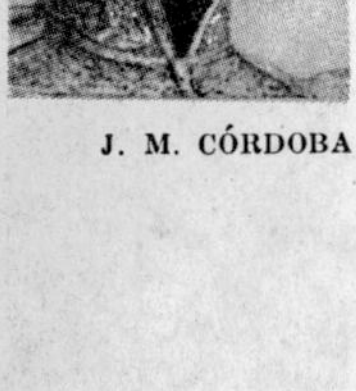

CORI (Carlos Fernando), biólogo norteamericano, n. en Praga en 1896. Obtuvo, en 1947, con su esposa, GERTY (1896-1957), el Pr. Nóbel de Medicina por sus trabajos sobre el metabolismo.

CORIA, c. de España (Cáceres). Murallas romanas. Catedral gótica. Obispado.

CORIA DEL RÍO, v. de España (Sevilla).

CORICANCHA (*"la Casa de Oro"*), templo incaico de Cuzco dedicado al Sol.

CORINA, poetisa griega (s. V a. de J. C.), rival de Píndaro.

CORINTO, una de las ciudades más florecientes de la antigua Grecia (Peloponeso), rival de Atenas y de Esparta. (Hab. *corintios.*) Fundó numerosas colonias en Grecia y fue destruida por los romanos en 146 a. de J. C. Hoy es puerto en el golfo del mismo n. — Istmo de Grecia, atravesado por el canal del mismo n. y que une la Grecia continental y el Peloponeso.

CORINTO, mun. del Brasil (Minas Gerais). — Pobl. de El Salvador (Morazán). — Pobl. de Nicaragua (Chinandega), principal puerto del país en la costa del Pacífico.

CORIOLANO, general romano del siglo V a. de J. C. Después de haber prestado brillantes servicios a su patria fue condenado al destierro. Se puso al frente de los volscos y estaba a punto de saquear Roma cuando se dejó, al fin, vencer por las lágrimas de su madre y de su mujer.

Coriolano, tragedia en 5 actos de Shakespeare: pintura del carácter del héroe romano (hacia 1607). — Obertura compuesta por Beethoven en 1807.

CORISCO, isla de Guinea Ecuatorial (Río Muni), en la bahía del mismo n., a 24 km de la costa.

CORK, c. y puerto de Irlanda (Munster); acero, maquinarias agrícolas; abonos; neumáticos.

CORN ISLAND, isla y pobl. de Nicaragua (Zelaya).

CORNEILLE (Pedro), dramaturgo francés, n. en Ruán (1606-1684), que, tras algunas comedias (*La ilusión cómica*), sobresalió con su tragicomedia *El Cid* (1636), inspirada en una obra del español Guillén de Castro. Autor de una admirable serie de tragedias, de temas tomados de la Historia (*Horacio,* 1640; *Cinna,* 1641; ***Polyeucto,*** 1642; ***Rodoguna,*** 1645; ***Nicomedes,*** 1651, etc.), se revela como el verdadero creador del arte clásico en el teatro. Su estilo es sencillo y a la vez atrevido, y sus versos son vigorosos.

Fot. Almasy, X

CORNEILLE (Tomás), hermano del anterior (1625-1709), autor de numerosas comedias y tragedias, gran parte de las cuales inspiradas en obras españolas.
CORNEJO (José María), político salvadoreño, jefe del Estado de 1829 a 1830 y de 1830 a 1832, año en que fue derrotado por Morazán.
CORNELIA, hija de Escipión el Africano y madre de los Gracos (189-110 a. de J. C.). Habiendo quedado viuda con doce hijos, sólo conservó a una hija, casada con Escipión Emiliano, y a dos hijos, Tiberio y Cayo Graco, famosos por su genio y valor. Está considerada como el tipo ideal de madre romana.
CORNELIO HISPANO. V. LÓPEZ (Ismael).
CORNELIO NEPOTE (Cayo), historiador latino del siglo I, autor de una serie de biografías reunidas bajo el título de *Varones ilustres.*
CORNELIO SAAVEDRA, prov. de Bolivia (Potosí); cap. *Betanzos.*
CORNELIUS (Pedro de), pintor alemán (1783-1867). Se distinguió en la ejecución de frescos inmensos, de inspiración nacionalista.
CORNUALLES, en ingl. **Cornwall,** condado al SE. de Inglaterra, en una prolongada península de costas recortadas; cap. *Bodmin.*
CORNWALL. V. CORNUALLES.
CORNWALLIS [*kornualis*] (Carlos), general inglés (1738-1805), que capituló en Yorktown durante la guerra de la independencia de Norteamérica (1781); virrey de Irlanda, reprimió la sublevación de 1798.
CORO, golfo de Venezuela (Falcón), en el mar Caribe. — C. de Venezuela, cap. del Estado de Falcón; centro industrial; imp. explotaciones petrolíferas en sus cercanías; aeropuerto. Obispado. Fundada en 1528. El ataque a Coro, realizado por Miranda en 1806, constituyó el primer intento para derribar el dominio español en Venezuela.
COROCORO, pobl. del Bolivia (La Paz); importantes yac. de cobre. Prelatura nullius.
COROICO, pobl. de Bolivia, cap. de la prov. de Nor Yungas (La Paz). Prelatura nullius.
COROMANDEL (COSTA DE), n. dado a la costa oriental de la India, en el golfo de Bengala.
COROMINAS (Pere), pensador y polígrafo español, n. en Barcelona (1870-1939), autor de numerosos libros en catalán y castellano. — Su hijo JOAN, n. en 1905, filólogo y romanista, es autor de un notable *Diccionario etimológico de la lengua castellana.*
CORONACIÓN, una de las islas del archip. de las Orcadas del Sur (Argentina).
CORONADO, isla de México (Baja California).
CORONADO (Carolina), poetisa romántica española (1823-1911), autora de *Amor de los amores.*
CORONADO (Francisco VÁZQUEZ DE), conquistador español (¿1510-1549?), que estuvo en México, fue gobernador de Nueva Galicia y dirigió una expedición a *Cíbola* (1540).
CORONADO (Juan VÁZQUEZ DE), conquistador español (¿1532?-1565), que fundó la c. de Cartago en Costa Rica (1564) y fue primer adelantado de este país. Pereció en un naufragio.
CORONADO (Martín), poeta y comediógrafo argentino, n. en Buenos Aires (1850-1919), uno de los precursores del teatro nacional. Autor de *La piedra del escándalo, La chacra de don Lorenzo* y del poema *Carapachay.*
CORONEA, c. de Beocia. Victoria de Agesilao sobre los aliados griegos (394 a. de J. C.).
CORONEL, c. de Chile (Concepción); puerto minero exportador de hulla.
CORONEL BOGADO, pobl. del Paraguay (Itapúa); centro agrícola; ant. llamada **Caí-Puente.** — Pobl. de la Argentina (Santa Fe).
CORONEL EUGENIO A. GARAY, pobl. del Paraguay (Guairá).
CORONEL MARTÍNEZ, pobl. del Paraguay (Guairá); imp. ingenio azucarero.
CORONEL OVIEDO, c. del Paraguay, cap del dep. de Caaguazú; centro comercial. Prelatura nullius. (Hab. *ovetenses.*)
CORONEL PORTILLO, prov. del Perú (Loreto); cap. *Pucallpa.*
CORONEL PRINGLES, c. de Argentina (Buenos Aires); nudo ferroviario.
CORONEL URTECHO (José), poeta, autor dramático y novelista nicaragüense, n. en 1906.
CORONEO. V. TIGRE.
CORONGO, c. del Perú, cap. de la prov. del mismo n. (Ancash). Terremoto en 1970.
CORONILLA (La), ensenada del Uruguay (Rocha); balneario.
COROPUNA, nevado del Perú, en la Cord. Occidental, al NO. de Arequipa; 6 615 m.
COROT (Camilo), célebre paisajista francés (1796-1875). Distinguióse por su ciencia de la luz, de la construcción *(Vista del Coliseo)* y por la idealización poética de la naturaleza *(Recuerdo de Morfontaine).*
COROZAL, c. de Colombia (Sucre). Tejidos de algodón y bordados.
CORPANCHO (Manuel Nicolás), poeta y dramaturgo peruano (1830-1863).
CORPUS CHRISTI, c. y puerto de los Estados Unidos (Texas); refinerías de petróleo.
Corpus Christi, fiesta católica para conmemorar la institución de la Eucaristía. Se celebra el jueves siguiente a la octava de Pentecostés.
Corpus de sangre, motín que estalló en Barcelona el día del Corpus de 1640, fomentado por los aldeanos o *segadors* al grito de *¡Visca la terra y muyran los traidors!* Fue el principio de la sublevación catalana.
CORQUE, pobl. de Bolivia, cap. de la prov. de Carangas (Oruro).
CORQUÍN, c. de Honduras (Copán).
CORRAL, com. de Chile (Valdivia).
CORRAL (Juan del), patriota colombiano (1778-1814), que fue dictador del Estado de Antioquia y proclamó la independencia de este territorio en 1813.
CORRALES, mun. de Colombia (Boyacá). — Pobl. del Uruguay (Rivera). — Rancho de México (Jalisco), donde, en 1814, fueron derrotadas las tropas españolas por las del patriota Salgado.
CORRALILLO, distr. de Costa Rica (Cartago). — Térm. mun. de Cuba (Las Villas).
CORRALONES, pobl. del Perú, cerca de Arequipa; importante estación arqueológica.
CORREAS (Edmundo), historiador argentino, n. en Mendoza en 1901; autor de estudios notables sobre la historia de Mendoza y de Cuyo.
CORREAS (Gonzalo), humanista español del siglo XVII, autor de *Vocabulario de refranes* y *Arte grande de la lengua española castellana.*
CORREGGIO (Antonio ALLEGRI, **el**), pintor italiano, nacido en Correggio (¿1489?-1534). Vivió en Parma, donde decoró la iglesia de San Juan. Pintor de la belleza femenina *(Ío, Leda),* fue un precursor del barroco.
CORREGIDOR, isla fortificada de Filipinas, a la entrada de Manila.
CORREIRA (Raymundo), poeta parnasiano brasileño (1860-1911), de gran sensibilidad artística.
CORRETJER (Juan Antonio), poeta puertorriqueño, n. en 1908, autor de *El leñero* y *Tierra nativa.*
CORRÈZE, dep. central de Francia; cap. *Tulle.*

COROT
autorretrato

P. COROMINAS

EL CORREGGIO
LAS BODAS MÍSTICAS DE SANTA CATALINA DE ALEJANDRÍA
Louvre

Fot. Anderson-Giraudon

H. CORTÉS

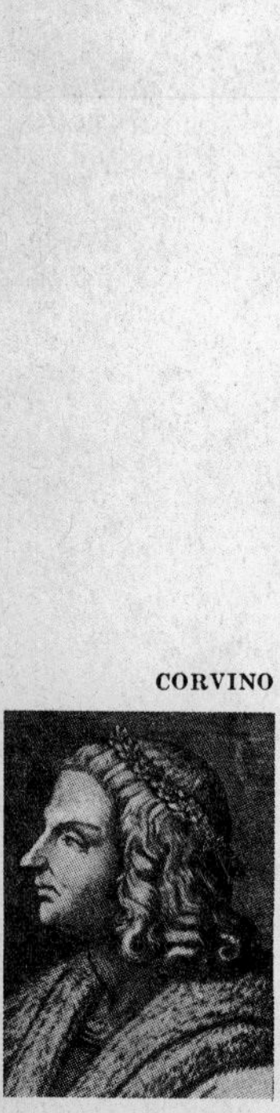

CORVINO

Corridas de toros, fiesta nacional española, cuyo origen, muy incierto, algunos lo sitúan en la Grecia clásica y en Roma, aunque se han encontrado testimonios numismáticos y pinturas rupestres que prueban que el arte de torear era contemporáneo de los primeros pobladores de España. Durante la Edad Media se celebraron festejos taurinos tanto en territorio musulmán como en cristiano. El emperador Carlos I fue diestro en el arte de alancear toros a caballo, y otros monarcas de la Casa de Austria fueron grandes aficionados. Con la llegada de los Borbones, el toreo fue abandonado por la aristocracia, y correspondió al pueblo continuar con la tradición. A partir del siglo XVIII cobra cada vez más importancia el toreo de a pie, y así la fiesta toma el carácter que tiene actualmente, con la introducción de la muleta y la espada. La pasión por los toros es viva en España, Portugal, sur de Francia, México y otros puntos de América. Las plazas más importantes son: Madrid, Sevilla y Barcelona, en España; México, Caracas, Bogotá, Cali, Manizales y Lima, en América, y Nimes, en Francia. (V. pág. 981.)

CORRIENTES, cabo de la Argentina (Buenos Aires). — Cabo de Colombia (Chocó), en el Pacífico. — Cabo de México (Jalisco). — Ensenada de Cuba (Pinar del Río). — Río de América del Sur, que nace en el Ecuador y penetra en el Perú, afl. del Tigre; 340 km. — Río de la Argentina, en la prov. de su n., afl. del Paraná. — C. de la Argentina, cap. de la prov. del mismo n.; puerto de activo movimiento en el río Paraná; centro comercial. Universidad. Arzobispado. (Hab. *correntinos.*) Fundada por J. de Torres de Vera y Aragón en 1588. La economía provincial es agrícola y ganadera; numerosas industrias de transformación.

CORRO (José Justo), político mexicano, pres. interino de la Rep. de 1836 a 1837.

CORTÁZAR (Daniel de), ingeniero de minas y filólogo español (1845-1927).

CORTÁZAR (Julio), escritor argentino, n. en 1916.

CORTÁZAR (Roberto), escritor y profesor colombiano, n. en 1884.

Corte Internacional de Justicia, tribunal con sede en La Haya (Holanda), principal órgano jurídico de las Naciones Unidas, que juzga todos los asuntos de índole internacional sometidos a él. Integran la Corte quince jueces, elegidos por el Consejo de Seguridad y la Asamblea General, por un período de nueve años.

CORTERREAL (Jerónimo), poeta y pintor portugués (1535-1588), comparado por sus contemporáneos con Camoens.

CORTE-REAL (Gaspar y Miguel), hermanos navegantes portugueses que exploraron el Labrador, Terranova y Groenlandia hacia 1501.

Cortes, n. que empezó a darse en el siglo XII a las asambleas de nobles y representantes del clero y del brazo popular. Reuniéronse las primeras Cortes en Aragón (1163), en León (1188), y no aparecen en Castilla hasta 1250. Eran principalmente un cuerpo consultivo y sólo podían hacer peticiones al monarca y votar o rehusar los impuestos que éste solicitaba. Los nuevos soberanos prestaban juramento solemne ante las Cortes y prometían respetar los fueros y libertades públicas.

CORTÉS, dep. del NO. de Honduras; cap. *San Pedro Sula;* ricas maderas; café, cacao; minas de oro, plata. (Hab. *porteños.*)

CORTÉS (MAR DE), n. dado al golfo de California.

CORTÉS (Alfonso), poeta nicaragüense (1893-1963), autor de *Tardes de oro* y *Poemas eleusinos.*

CORTÉS (Hernán), conquistador español, n. en Medellín (Extremadura) [1485-1547], que, después de haber cursado sus estudios en Salamanca, embarcó hacia las Indias y se estableció en La Española (1504). Intervino en la conquista de Cuba, junto con Diego Velázquez (1511). Éste le confió la preparación de una expedición a México, pero antes de partir se mostró celoso y quiso reemplazarle en el mando. Cortés se hizo, no obstante, a la mar y condujo sus once naves, con unos 500 soldados y 100 marineros hacia el continente (1519). Tocó primero en Cozumel, luego en Tabasco, donde libró batalla con los indios, y después en San Juan de Ulúa; fundó la ciudad de Veracruz, se independizó de Velázquez, mandó hundir sus naves para imposibilitar el regreso a Cuba a los que no reconocían su autoridad y emprendió la marcha hacia la ciudad de México. Trabó alianza con los cempoaltecas y los tlaxcaltecas, enemigos de Moctezuma, y llegó el 8 de noviembre de 1519 a la capital del Imperio Azteca. Moctezuma le recibió en su palacio, pero Cortés, tomando como pretexto el asesinato de algunos españoles en Veracruz, hizo apresar al emperador. Entre tanto desembarcó en México una expedición mandada contra Cortés por Velázquez y dirigida por Pánfilo de Narváez. Cortés salió a su encuentro, la atacó por sorpresa en Cempoala y la sometió. Al mismo tiempo los aztecas se habían sublevado en la capital, donde Pedro de Alvarado ejercía el mando de las fuerzas como lugarteniente de Cortés. Éste corrió, pues, en su auxilio e intentó valerse de la autoridad de Moctezuma para apaciguar a los indígenas. Herido el emperador, Cortés decidió abandonar la ciudad. La retirada fue de tan desastrosas consecuencias, que históricamente había de conocerse por la *Noche Triste* (1520). Más tarde, la derrota de los aztecas en Otumba permitió a Cortés reorganizar sus fuerzas y acometer la reconquista de México. Hizo construir una escuadrilla de bergantines y sitió la ciudad durante 75 días, al cabo de los cuales fue apresado el emperador Cuauhtémoc (1521). Nombrado gobernador y capitán general de la Nueva España por Carlos I, Cortés se mostró hábil administrador y organizó varias expediciones hacia Honduras y California. Con todo, las acusaciones dirigidas contra él le obligaron a salir para España con el fin de defender su causa. Nombrado marqués del Valle de Oaxaca, volvió a México, pero encontró muy mermada su autoridad. Decepcionado, en fin, regresó a España (1540) y murió cerca de Sevilla.

CORTÉS (Martín), hijo de Hernán Cortés (¿1530-1589?), segundo marqués del Valle de Oaxaca, que inició una conspiración contra la autoridad virreinal (1566).

CORTÉS (Manuel José), poeta e historiador boliviano (1811-1865).

CORTÉS CASTRO (León), político costarricense (1882-1946), pres. de la Rep. de 1936 a 1940. Fomentó las obras públicas.

CORTÉS MADARIAGA (José), patriota chileno, m. en 1827, que intervino en la revolución venezolana (1810).

Cortesano *(El),* tratado en forma de diálogo de B. Castiglione sobre las cualidades del cortesano (1528); traducido al castellano por Boscán.

CORTINA (Joaquín GÓMEZ DE LA), humanista y bibliófilo español, n. en México (1808-1868).

CORTINA (José Antonio), literato y político cubano (1852-1883), elocuente orador.

CORTINA (Manuel de la), jurisconsulto y político español (1802-1879), uno de los principales partidarios de Espartero.

CORTINA D'AMPEZZO, c. de Italia (Venecia); deportes de invierno.

CORTONA, c. de Italia (Toscana). Viñas y olivos. Mármol. Obispado.

CORTONA (Pietro BERRETTINI DA CORTONA, llamado **Pedro de**), pintor y arquitecto toscano, n. en Cortona (1596-1669). Fue artista destacado del barroco italiano.

CORUMBÁ, c. del Brasil (Mato Grosso), cerca de la frontera boliviana, a orillas del río Paraguay; centro metalúrgico y comercial.

CORUÑA (La), c. de España, cap. de la prov. del mismo n., puerto de pesca en el Atlántico; construcciones navales y mecánicas. (Hab. *coruñeses.*)

CORVALÁN (Manuel), militar argentino (1774-1847). Luchó en la guerra de Independencia y fue colaborador del general San Martín.

CORVINO (Matías), rey de Hungría (1440-1490), coronado en 1458; valiente guerrero, legislador y protector de las letras.

COS o **KO,** isla del mar Egeo, en el archipiélago del Dodecaneso. Patria de Hipócrates.

COSA (Juan de la), navegante y cartógrafo español, m. en 1510, que acompañó a Colón en dos de sus viajes. En 1499 formó parte de la expedi-

Fot. doc. A. G. P., Larousse

ción de Alonso de Ojeda, en la que iba también Américo Vespucio. Se le debe el primer *mapamundi* (1500) en que figuran las islas y tierras descubiertas en el Nuevo Mundo. Realizó expediciones en 1504 y en 1508 para explorar las tierras recién descubiertas. Fue alguacil mayor del territorio de Urabá (Darién) y murió en una refriega contra los indios.

COSACOS, pueblos de origen eslavo, que formaban en Ucrania, Turquestán y Siberia colonias militares o *stanitzas*, repartidas en grupos a cuya cabeza se encontraba un *hetmán* (atamán).

COSAMALOAPÁN, mun. de México (Veracruz).

COSENZA, c. de Italia (Calabria). Alarico murió ante sus murallas en 410.

COSIGÜINA, volcán de Nicaragua (Chinandega), que domina la entrada meridional del golfo de Fonseca; 859 m. Fue célebre la erupción que tuvo en el año 1835.

COSME (*San*) y **DAMIÁN** (*San*), mártires en tiempos de Diocleciano, hacia 287. Patronos de los cirujanos. Fiesta el 27 de septiembre.

COSQUÍN, río de la Argentina, en el valle de la Punilla (Córdoba). — Pobl. de la Argentina (Córdoba); centro de atracción turística.

COSSÍO (Francisco GUTIÉRREZ COSSÍO, llamado **Pancho**), pintor español (1898-1970).

COSSÍO (José María de), ensayista y erudito español, n. en 1893, autor de una enciclopedia sobre *Los toros*.

COSSÍO (Manuel Bartolomé), pedagogo e historiador del arte español (1858-1935), autor de una biografía de *El Greco*.

COSSÍO VILLEGAS (Daniel), escritor, economista y diplomático mexicano, n. en 1900.

COSTA (CORDILLERA DE LA), n. dado a distintas cord. americanas, como la que, en Chile, paralela a los Andes y próxima a la costa, se extiende desde Atacama hasta Valdivia; la que en el Perú sigue el litoral del dep. de Arequipa, y la que, en Venezuela, cerca del Caribe, forma el sistema de este n. y se extiende desde el promontorio de Paria hasta el Estado de Sucre.

COSTA (Ángel Floro), escritor y jurisconsulto uruguayo (1839-1907).

COSTA (Claudio Manuel da), poeta brasileño (1729-1789), autor del poema épico *Villa-Rica*.

COSTA (Joaquín), jurista e historiador español (1844-1911), autor de varios ensayos sobre política agraria: *El arbolado y la patria*, *El colectivismo agrario* y *Política hidráulica*.

COSTA (Lucio), arquitecto brasileño, n. en 1902. Estableció el plan de Brasília.

COSTA AZUL, parte oriental del litoral francés, en el Mediterráneo; estaciones balnearias.

COSTA BRAVA, litoral del NE. de España, al N. de Barcelona; estaciones balnearias.

COSTA DEL BÁLSAMO, costa de El Salvador, entre Acajutla y La Libertad; maderas preciosas.

COSTA DE LOS MOSQUITOS. V. MOSQUITIA.

COSTA DE LOS PIRATAS. V. PIRATAS.

COSTA DEL SOL, litoral español del Mediterráneo, desde el cabo de Gata a la punta de Tarifa; estaciones estivales e invernales (Málaga, Torremolinos, Fuengirola, Marbella, etc.).

COSTA DE MARFIL, república del África occidental, en la costa N. del golfo de Guinea, independiente desde 1960. Superficie 322 500 km²; 3 750 000 h.; cap. *Abidján*, 187 500 h. Su población, bastante densa, cultiva el cacao, el café y la palma.

COSTA DE ORO. V. GHANA.

COSTA DU RELS (Adolfo), político y novelista boliviano, n. en 1891, varias de cuyas obras han sido escritas en francés.

COSTA E SILVA (Arthur da), militar y político brasileño (1902-1969), pres. de la Rep. en 1967.

COSTA FIRME, n. dado por Colón a la costa del istmo centroamericano.

COSTA RICA. V. TEMBLEQUE.

COSTA RICA, Estado de América Central que limita al N. con Nicaragua, al E. con el océano Atlántico, al SE. con Panamá y al O. con el océano Pacífico, 50 900 km²; 1 594 000 h. (*costarricenses*); cap. *San José*.

— GEOGRAFÍA. — *Relieve*. La topografía de Costa Rica es variada. Al norte, a orillas del mar Caribe, se extienden llanuras bajas y boscosas. Están dominadas por una cadena volcánica orientada de nordeste a sudeste, que forma la cordillera de Guanacaste en su parte septentrional, y la cordillera Central donde culminan los volcanes Irazú (3 452 m) y Poás, cuyo cráter es el más grande del mundo (1,6 km de diámetro). El centro del país está ocupado por una altiplanicie, rica zona agrícola. Hacia el sur se eleva la cordillera de Talamanca, desprovista de volcanes pero más elevada que la septentrional: el Chirripó Grande (3 832 m) es la máxima altura del país.

COSTA RICA. — Estadística (cifras en millares)

PROVINCIAS	km²	Hab.	CAPITAL	Hab.
San José	5,2	488	**San José**	169
Alajuela	9,5	240	Alajuela	25
Cartago	2,6	155	Cartago	19
Heredia	2,9	85	Heredia	19
Guanacaste	10,4	150	Liberia	10
Puntarenas	11,0	157	Puntarenas	26
Limón	9,3	69	Limón	29

— *Clima*. Cálido en las costas y tierras bajas del nordeste, hasta 900 m de altitud, templado en las mesetas del interior (de 14 a 20 grados), frío por encima de los 1 500 m. Las lluvias abundan en la vertiente del Atlántico.

— *Hidrografía*. Los ríos más importantes, algunos de ellos en parte navegables, son el Sapoá y el Frío, que alimentan el lago de Nicaragua; el San Carlos y Sarapiquí, afluentes del San Juan; el Tortuguero, Reventazón, Parismina, Pacuaré y Sixaola, en la vertiente del Atlántico; el Tempisque, Bebedero, Grande de Tárcoles, Grande de Pirris y Diquis o Grande de Térraba en la vertiente del Pacífico.

— *Costas e islas*. La dos costas tienen características diferentes: la del Atlántico (212 km), es recta, arenosa y baja; la del Pacífico (1 016 km) es, por el contrario, sinuosa y presenta numerosas irregularidades entre las cuales son notables la península de Santa Elena, el golfo del Papagayo, la montañosa península de Nicoya, que encierra el golfo del mismo nombre donde se abriga el puerto de Puntarenas, y la península de Osa que forma el golfo Dulce. A unos 300 km al SO. de la misma se encuentra la isla del Coco.

— *Población*. La población de Costa Rica es, en su casi totalidad, de raza blanca (90 %), con predominio del elemento de origen español. Hay algunos negros y un porcentaje insignificante de indios puros. La densidad media es de 31,3 habitantes por km².

— *Economía*. Costa Rica es un país fundamentalmente agrícola, y entre los cultivos sobresalen el café, que se cosecha en la Meseta Central, y el plátano, en las costas del Atlántico y del Pacífico. Costa Rica produce también cacao (Matina), caña de azúcar, arroz, frijoles, patatas, gran variedad de frutas y tabaco. En las regiones forestales se explotan las maderas tintóreas y de ebanistería. La ganadería, desarrollada sobre todo en la vertiente atlántica y en Guanacaste, es la base de una importante industria lechera. Los recursos minerales son escasos, aunque existen algunos yacimientos de oro, plata, manganeso, mercurio, azufre y cobre. Las principales industrias de Costa Rica se derivan de la agricultura: beneficios de café, aserraderos, destilerías de alcohol, ingenios azucareros. El país tiene 1 286 km de vías férreas, entre las cuales un enlace interoceánico, y más de 9 000 km de carreteras. Hay varias líneas aéreas interiores. Los Estados Unidos son el principal cliente, y la unidad monetaria es el *colón*.

— CONSTITUCIÓN Y ADMINISTRACIÓN. De acuerdo con la Constitución de 1949 el país es una República unitaria, dividida en siete provincias. El poder ejecutivo lo ejerce el presidente de la República, elegido cada cuatro años y asesorado por once ministros. El poder legislativo consta de una sola cámara, llamada Asamblea Legislativa. El poder judicial está compuesto de una Corte Suprema de Justicia y de otros Tribunales. El

J. DE LA COSA

J. COSTA

Fot. doc. A. G. P.

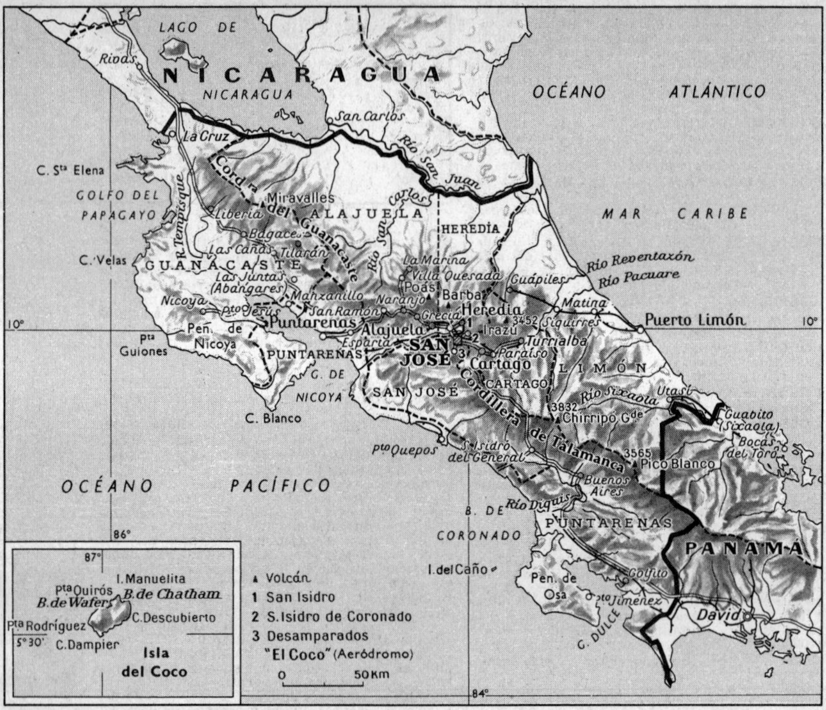

mapa y escudo de COSTA RICA

país no tiene ejército, y un cuerpo armado, la Guardia Civil, se encarga del mantenimiento del orden. El idioma oficial es el español.

La instrucción pública está muy adelantada y, en consecuencia, el índice de analfabetismo es bajo. La enseñanza primaria es obligatoria y gratuita y la superior se efectúa en la Universidad de Costa Rica.

La religión oficial es la católica, aunque hay libertad de cultos. Hay una arquidiócesis (San José), tres diócesis y un vicariato apostólico.

— Historia. Las tres principales razas que habitaban el territorio costarricense a la llegada de los españoles eran los *huétares*, los *bruncas* o *borucas* y los *chorotegas*. Los huétares, que se hallaban establecidos en la vertiente del Atlántico y en la altiplanicie central, se distinguieron por sus trabajos en piedra. Los bruncas, instalados entre la cordillera de Talamanca y la costa del Pacífico, alcanzaron un alto nivel en la orfebrería. Los chorotegas ocupaban la península de Nicoya y eran, desde el punto de vista social, los más adelantados. La agricultura constituía el medio de vida de las tres tribus.

Colón descubrió la costa oriental de Costa Rica en el curso de su cuarto viaje. El 17 ó 18 de septiembre de 1502 desembarcó en Cariarí (hoy Limón), donde entró en relaciones amistosas con los naturales y permaneció unas dos semanas. A principios de octubre zarpó de Cariarí y continuó explorando el litoral; en la bahía del Almirante, una fuerte tempestad estuvo a punto de dar al traste con la expedición.

Durante el gobierno de Pedrarias en Panamá, Hernán Ponce de León y Juan de Castañeda hicieron el primer recorrido de Costa Rica por el Pacífico y descubrieron los golfos de Nicoya y Dulce (1519). En 1522, Gil González Dávila se internó por primera vez en el territorio, donde fue bien recibido y recogió gran cantidad de oro. A principios de 1524, Fernández de Córdoba fundó la ciudad de Bruselas, cerca de donde se halla la actual Puntarenas.

En realidad, la verdadera conquista de Costa Rica no empezó sino en 1560, con la expedición de Juan de Cavallón. La gloria de la colonización del país, llevada a cabo más humanamente que en otras regiones del Istmo, corresponde a Juan Vázquez de Coronado, nombrado Alcalde Mayor de Costa Rica y Nueva Cartago el 2 de julio de 1562. La ciudad de Cartago, que había de ser la capital hasta el momento de la independencia, fue fundada en 1564. Durante el período colonial, la Gobernación de Costa Rica formó parte de la Capitanía General de Guatemala. En Guatemala residió también, a partir de 1570, la Real Audiencia de la que dependía Costa Rica en lo judicial.

En el siglo XVII se llevó a cabo la construcción del "camino de las mulas", que puso en comunicación Costa Rica con Panamá y la abrió al comercio; también se iniciaron entonces las plantaciones de cacao en la costa del Atlántico, después de vencer penosamente la tenaz resistencia de los indígenas de Talamanca. Desgraciadamente, las constantes incursiones de los piratas, que asediaron sobre todo la costa del Atlántico desde su primera gran invasión en 1666, impidieron el rendimiento normal de esas plantaciones. Otra de las causas que retardaron el desarrollo de la Gobernación fue su dependencia de la lejana Guatemala; a pesar de la solicitud hecha a la Corona en 1622, Costa Rica no consiguió su integración en la Audiencia de Panamá, que habría facilitado las soluciones administrativas. Así, la Gobernación languideció en un penoso aislamiento durante todo el siglo XVIII.

El 13 de octubre de 1821 llegó a Cartago el correo que anunciaba la independencia del Istmo, proclamada en Guatemala el 15 de septiembre. Costa Rica elaboró su propia Constitución, el llamado "Pacto de Concordia", que entró en vigor el 1 de diciembre de 1821. Ante la perspectiva de la unión al Imperio Mexicano de Iturbide, Costa Rica se dividió en dos partidos: los republicanos y los imperialistas. El 29 de marzo de 1823, los imperialistas tomaron por asalto el cuartel de Cartago, pero las clases populares no los apoyaron. El 5 de abril se libró la primera batalla entre republicanos e imperialistas, y el 15 del mismo mes Costa Rica se dio su Constitución propia y trasladó su capital de Cartago a San José. A la disolución del Imperio de Iturbide, las provincias de Centroamérica se unieron en una Federación, cuya Carta Fundamental fue promulgada el 22 de noviembre de 1824. Dicha Federación, gobernada por un presidente común, permitía a los diferentes Estados tener su propio jefe. Costa Rica eligió como primer jefe a Juan Mora Fernández, en 1824, y lo reeligió en 1829. A la disolución de la Federación, Costa Rica asumió la plenitud de su soberanía y se proclamó independiente (14 de noviembre de 1838). Cuando Morazán, el caudillo unionista de la Federación, desembarcó en Caldera, fue derrotado por las fuerzas del jefe de Costa Rica y ejecutado en San José (15 de septiembre de 1842). En 1844 fue inaugurada la Universidad de Santo Tomás, y tras un breve período de inquietud política, Costa Rica se proclamó República el 31 de agosto de 1848 y José María Castro fue su primer presidente. De 1849 a 1859 asumió el Poder Juan Rafael Mora Porras, quien prestó eficaz apoyo a Nicaragua en su lucha contra el filibustero Walker. De 1870 a 1882 gobernó el país Tomás Guardia, que logró la exclusión de las influencias ejercidas por las clases pudientes en la administración. La segunda mitad del siglo XIX presenció varios acontecimientos de suma importancia para la vida económica del país, particularmente el desarrollo del cultivo del café y su venta en Londres, que transformó el panorama comercial y sacó a Costa Rica del aislamiento en que había vivido durante la Colonia. También se realizaron entonces con éxito los primeros ensayos de cultivo del plátano y se abrió una línea de ferrocarril hacia el Atlántico y otra hacia el Pacífico. Estos factores, así como la intensificación creciente de las instituciones democráticas y de la educación, han favorecido el desarrollo regular de Costa Rica. La paz se vio momentáneamente turbada en 1948, con motivo de la elección de presidente Otilio Ulate Blanco; pero, tras una breve guerra civil, la concordia se restableció y Ulate Blanco gobernó hasta 1953, año en que le sucedió José Figueres Ferrer. Mario Echandi, elegido en 1958, fue reemplazado en 1962 por Francisco José Orlich. En 1966 subió a la presidencia José Joaquín Trejos, y en 1970 de nuevo José Figueres Ferrer.

GOBERNANTES DE COSTA RICA

Federación Centroamericana (1823-1840): V. GUATEMALA.

Junta Superior Gubernativa	1822	José Jiménez Zamora	1863	Juan Bautista Quirós Segura	1919
Juan Mora Fernández	1824	José María Castro Madriz	1866	Francisco Aguilar Barquero	1919
José Rafael de Gallegos	1833	Jesús Jiménez Zamora	1868	Julio Acosta García	1920
Braulio Carrillo	1835	Bruno Carranza Ramírez	1870	Ricardo Jiménez Oreamuno	1924
Joaquín Mora Fernández	1837	Tomás Guardia Gutiérrez	1870	Cleto González Víquez	1928
Manuel Aguilar	1837	Aniceto Esquivel Sáenz	1876	Ricardo Jiménez Oreamuno	1932
Braulio Carrillo	1838	Vicente Herrera Zeledón	1876	León Cortés Castro	1936
Francisco Morazán	1842	Tomás Guardia Gutiérrez	1877	Rafael Ángel Calderón Guardia	1940
José María Alfaro	1842	Próspero Fernández Oreamuno	1882	Teodoro Picado	1944
F. M. Oreamuno; Moya Murillo.	1844	Bernardo Soto Alfaro	1889	Santos León Herrera	1948
José Rafael de Gallegos	1845	Carlos Durán Cartín	1889	José Figueres Ferrer	1948
José María Alfaro	1846	José Joaquín Rodríguez	1890	Otilio Ulate Blanco	1949
José María Castro Madriz	1847	Rafael Iglesias Castro	1894	José Figueres Ferrer	1953
Juan Rafael Mora Porras	1849	Ascensión Esquivel Ibarra	1902	Mario Echandi	1958
José María Montealegre	1859	Cleto González Víquez	1906	Francisco J. Orlich	1962
		Ricardo Jiménez Oreamuno	1910	José Joaquín Trejos	1966
		Alfredo González Flores	1914	José Figueres Ferrer	1970
		Federico Tinoco	1917		

COSTER (Lorenzo), imaginero de Haarlem (¿1405-1484?), a quien se atribuye la invención de los caracteres movibles de imprenta.

COSTERMANSVILLE. V. BUKAVU.

Costumbristas, n. dado a los literatos españoles que, hacia 1835, se distinguieron en la pintura de las costumbres sociales. Son los más notables costumbristas Serafín Estébanez Calderón, Mariano José de Larra, Mesonero Romanos.

COTA (Rodrigo de), poeta español del siglo XV, probablemente de origen judío. Se le ha atribuido el primer acto de *La Celestina* y las *Coplas de Mingo Revulgo*. Se le debe un célebre *Diálogo entre el amor y un viejo* y varias obras satíricas.

COTACACHI, volcán del Ecuador (Imbabura), en la Cord. Occidental; 4 966 m. — Pobl. del Ecuador (Imbabura).

COTACAJES, río de Bolivia (La Paz y Beni), afl. del Beni.

COTAGAITA, pobl. de Bolivia, cap. de la prov. de Nor Chichas (Potosí); oro, plata y estaño. Las tropas realistas alcanzaron una victoria sobre las de Balcarce en 1810.

COTAHUASI, c. del Perú, cap. de la prov. de La Unión (Arequipa).

COTARELO Y MORI (Emilio), erudito y filólogo español (1857-1936), autor de estudios sobre el teatro del Siglo de Oro.

COTARELO VALLEDOR (Armando), erudito español (1879-1950), que ha estudiado el teatro de Cervantes y la poesía de Alfonso X el Sabio.

COTAXTLA, v. de México (Veracruz).

CÔTE-D'OR, departamento de Francia, en Borgoña; cap. *Dijon*. Viñedos muy célebres.

COTENTIN, penins. de Francia, en la costa del canal de la Mancha. Ganadería.

CÔTE-DE-FER, c. de Haití (Oeste).

CÔTES-DU-NORD, departamento de Francia (Bretaña); cap. *Saint-Brieuc*.

COTIJA, c. de México (Michoacán).

COTINGUIBA, río del Brasil (Sergipe).

COTO, río de Costa Rica (Puntarenas), en la frontera de Panamá.

COTONÚ, c. y puerto de Dahomey; madera, aceite de palma, maní.

COTOPAXI, volcán de los Andes del Ecuador, en la Cord. Central; 5 943 m. — Prov. del Ecuador; cap. *Latacunga*; trigo, cebada, café; salitre e industrias derivadas de la agricultura.

COTTBUS, c. de Alemania oriental, a orillas del Spree.

COTTE (Roberto de), arquitecto francés (1656-1735), constructor de la capilla del palacio de Versalles y de la cúpula de los Inválidos.

COTTO-THORNER (Guillermo), escritor puertorriqueño, n. en 1916, autor de *Trópico en Manhattan*.

COTUÍ, c. de la Rep. Dominicana, cap. de la prov. de Sánchez Ramírez. Fundada en 1505 por Rodrigo de Mejías.

COUBERTIN (Pedro de), educador francés (1863-1937), restaurador de los Juegos Olímpicos en 1896.

COUÉ (Emilio), farmacéutico y psiquiatra francés (1857-1926), autor de un método curativo basado en la autosugestión.

COULOMB [*kulón*] (Carlos Augusto de), sabio físico francés (1736-1806), autor de investigaciones sobre electrostática y magnetismo, e inventor de la balanza de torsión.

COULOMMIERS [*kulomié*], c. de Francia (Sena y Marne); quesos famosos.

COUPERIN [*kuperán*], n. de una familia célebre de compositores y organistas franceses. — Uno de ellos, FRANCISCO *el Grande* (1668-1733), fue el mayor maestro del clavicémbalo en su país. Compuso motetes, sonatas y conciertos.

COULOMB

COUPERIN
escuela francesa
del s. XVIII
museo de Versalles

Fot. Boyer, Larousse

COURBET
GAMOS EN EL
BOSQUE

COURBET [*kurbé*] (Gustavo), pintor francés (1819-1877), verdadero jefe de la escuela realista (*Entierro en Ornans, El taller del pintor*).
COURBEVOIE, c. de Francia (Hauts-de-Seine), suburbio industrial al NO. de París.
COURTELINE (Georges MOINAUX, llamado), escritor francés (1858-1929), a quien se deben múltiples comedias de carácter cómico.
COURTENAY [*kurtené*], una de las más ilustres familias francesas del tiempo de las Cruzadas, que dio tres emperadores a Constantinopla, un rey a Jerusalén y varios condes a Edesa.
COURTOIS (Bernardo), químico francés (1777-1838), que descubrió la morfina y el yodo.
COURTRAI, c. de Bélgica (Flandes Occidental), a orillas del Lis. Fábricas de hilados. Derrota francesa por los flamencos (1302).
COUSIN [*kusán*] (Juan), pintor de vidrieras y grabador francés (¿1490-1561?). — Su hijo JUAN *el Joven* (¿1522-1594?), también pintor y grabador.
COUSIN (Víctor), filósofo francés (1792-1867), jefe de la escuela espiritualista ecléctica.
COUSSER (Johann), compositor alemán (1660-1727), uno de los fundadores de la ópera alemana.
COUSTOU, n. de tres célebres escultores franceses de los siglos XVII y XVIII.
COUTANCES, c. de Francia (Manche). Catedral gótica (s. XIII). Obispado.
COUTO (Diego de), historiador portugués (1542-1616), autor de unas *Décadas* sobre la anexión de Portugal a España.
COVADONGA, aldea de la prov. de Oviedo, en un paraje agreste junto a la alta garganta del Deva. Allí derrotó en 718 Pelayo al ejército del moro Alcama, primer episodio de la Reconquista. Basílica dedicada a la Virgen.
COVARRUBIAS, v. de España (Burgos). Colegiata gótica. Tumba de Fernán González.
COVARRUBIAS (Antonio Alonso de), arquitecto español (1488-1570), uno de los introductores del Renacimiento en su país. Construyó la capilla de los Reyes Nuevos en la catedral de Toledo y la fachada del Alcázar.
COVARRUBIAS (Miguel), pintor mexicano (1904-1957), que se distinguió en los Estados Unidos por sus diseños imaginativos y sus decorados de teatro.
COVARRUBIAS Y OROZCO (Sebastián de), lexicógrafo español (1539-1613), autor del célebre diccionario *Tesoro de la lengua castellana o española* (1611).
COVARRUBIAS Y LEYVA (Diego), prelado y jurisconsulto español llamado *el Bártolo español* (1512-1577). Fue arzobispo de Santo Domingo.
COVENTRY, c. de Inglaterra (Warwick); industria textil, construcciones mecánicas, aeronáuticas y automóviles. Completamente destruida por la aviación alemana en 1940.
COVILHÃ, c. de Portugal (Castelo Branco), cerca de un afl. del Tajo. Industria lanera.
COVILHÃ (Pedro de), viajero portugués, m. hacia 1545, que visitó las costas de la India y Abisinia.
COWARD (Noel), dramaturgo inglés, n. en 1899, autor de *Un espíritu burlón*.
COWES [*kaus*], puerto de Inglaterra (isla de Wigth); regatas internacionales célebres.
COWLEY [*kaulé*] (Abrahán), poeta inglés (1618-1667).
COWPER [*káuper*] (Guillermo), poeta inglés (1731-1800), autor del poema *La tarea*.

CRANACH
(1472-1553)
retrato de
CRISTIÁN II
de Dinamarca
museo de Reims

COVARRUBIAS
Y LEYVA

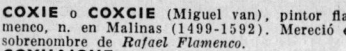

COXIE o **COXCIE** (Miguel van), pintor flamenco, n. en Malinas (1499-1592). Mereció el sobrenombre de *Rafael Flamenco*.
COYHAIQUE, com. y dep. de Chile (Aisén).
COYLE, río de la Argentina (Patagonia); 800 km. Su corriente es llamada tb. **Brazo Norte.**
COYOACÁN, v. de México, zona residencial inmediata a la capital. En ella se estableció Cortés cuando sitiaba a Tenochtitlán.
COYSEVOX (Antonio), escultor francés (1640-1720), precursor del estilo rococó del siglo XVIII.
COYUCA DE CATALÁN, c. y mun. de México (Guerrero).
COZUMEL, isla de México, en el mar Caribe, frente al litoral de Yucatán; 489 km²; descubierta por Juan de Grijalva en 1518. Ruinas mayas. Aeropuerto militar.
CRABBE (Jorge), poeta inglés (1754-1832); hizo de las miserias y sufrimientos de los pobres un cuadro conmovedor.
CRACOVIA, en polaco **Krakow,** c. de Polonia, a orillas del Vístula; centro administrativo e industrial. Universidad.
CRAIOVA, c. de Rumania, en un afl. del Danubio. Centro industrial y cultural.
CRAMER (Juan Bautista), compositor y pianista alemán (1771-1858).
CRANACH (Lucas), pintor y grabador alemán (1472-1553), autor de cuadros religiosos o mitológicos, retratos y magníficas estampas. — Su hijo LUCAS (1515-1586), fue también pintor.
CRANE (Esteban), escritor norteamericano (1871-1900) de gran realismo, precursor, en su país, de los novelistas del siglo XX.
CRANMER (Tomás), arzobispo de Cantorbery (1489-1556), promotor de la Reforma en Inglaterra, quemado como hereje en tiempos de María Tudor.
CRASO (Marco Licinio), triunviro con Pompeyo y César, nacido hacia 115 a. de J. C., asesinado en 53 a. de J. C. en una entrevista con el general de los partos a quienes había ido a combatir.
CRATO (*Prior de*). V. ANTONIO.
CRATINO, poeta griego del siglo V a. de J. C., uno de los creadores de la comedia antigua.
CRAVIOTO (Alfonso), escritor mexicano (1884-1955), autor de *Cantos del Anáhuac*.
CRAVO NORTE, río de Colombia (Arauca), afl. del Casanare.
CRAVO SUR, río de Colombia (Boyacá), afl. del Meta.
CREBILLON (Próspero), poeta dramático francés (1674-1762), autor de tragedias patéticas. — Su hijo, CLAUDIO (1707-1777), fue novelista de mérito.
CREFELD. V. KREFELD.
CREIL [*krell*], c. de Francia (Oise), a orillas del Oise. Centro ferroviario e industrial.
CREMONA, c. de Italia (Lombardía), cap. de prov., cerca del Po. Centro agrícola, industria textil, porcelanas. Patria de varias familias de fabricantes de violines: los Amati, los Guarneri y los Stradivarius. (Hab. *cremoneses.*)
Crepúsculo de los Dioses (*El*), drama musical en un prólogo y tres actos, letra y música de Ricardo Wagner (1876). Esta obra forma el fin de la tetralogía *El anillo de los Nibelungos*.
CRESCENCIO, tribuno romano que hizo estrangular al papa Benedicto VI e intentó restablecer durante algunos meses la república en Roma. Fue condenado a muerte en 998 por Otón III
CRESO, último rey de Lidia, de 560 a 546 a. de J. C. La fama de sus riquezas, acrecentadas por las arenas auríferas del Pactolo, hizo proverbial su nombre para designar a alguien colmado por los bienes de la fortuna. Después de haber sometido Asia Menor, fue a su vez vencido por Ciro en Timbra y hecho prisionero en Sardes, su capital. Ciro perdonó a Creso y le admitió entre sus consejeros.
CRESPO (Joaquín), general y político venezolano (1841-1898), pres. de la Rep. de 1884 a 1886, y de 1892 a 1898. M. al sofocar la sublevación de José Manuel Hernández.
CRESPO TORAL (Remigio), poeta ecuatoriano (1860-1939).
CRETA, ant. **Candía,** isla griega del Mediterráneo; 465 000 h. (*cretenses* o *créticos*); cap. *La Canea*; c. pr. *Candía*. Aceite de oliva; pasas. Fue centro de una importante civilización prehelénica.

Fot. Alinari, Giraudon, doc. A. G. P.

CRÊT DE LA NEIGE, pico del Jura Franco-suizo; 1 723 m.

CRÉTEIL, c. de Francia, cap. del dep. de Val-de-Marne, a orillas del Marne, cerca de París.

CREUS (CABO DE), cabo del Mediterráneo, en la provincia de Gerona. Es el punto más oriental de la Península Ibérica.

CREUSA, hija de Príamo, primera mujer de Eneas, madre de Ascanio.

CREUSE, departamento de Francia; cap. *Gueret.*

CREUSOT (Le), c. de Francia (Saona y Loira); gran centro hullero y metalúrgico.

CREVAUX [-*vó*] (Julio), explorador francés (1847-1882), que visitó Guayana, la cuenca del Amazonas y el río Orinoco.

CRICAMOLA, río de Panamá (Bocas del Toro), que des. en la laguna de Chiriquí.

CRILLON, noble familia francesa de la que varios miembros sirvieron en el ejército español. El más notable fue LUIS BALBIS DE BERTON DE CRILLON (1543-1615), que, a las órdenes de Don Juan de Austria, intervino en la batalla de Lepanto.

CRIMEA, ant. **Quersoneso Táurico,** penins. de la U. R. S. S., en el Mar Negro (Ucrania). De 1854 a 1856 fue teatro de la guerra entre Rusia, por un lado, y Turquía, Francia, Inglaterra y el Piamonte, por otro. C. pr. *Sinferopol, Sebastopol* y *Eupatoria.*

Crimen y castigo, novela de Dostoievski (1866). Su protagonista, Raskolnikov, halla en la confesión de su culpa el único medio de tranquilizar su conciencia del crimen que había creído justo cometer.

CRISIPO, filósofo estoico griego (¿280-207? a. de J. C.), discípulo de Zenón.

CRISNEJAS, río del Perú, formado por la unión del Cajamarca y el Condebamba.

CRISÓSTOMO (San Juan). V. JUAN.

CRISTAL, cima del Brasil (Minas Gerais); 2 798 m. — Laguna de la Argentina (Santa Fe). — Sierra de Cuba (Oriente).

Cristiada (*La*), poema épico religioso de Fray Diego de Hojeda (1611). Su argumento es la pasión de Cristo.

CRISTIÁN, n. de varios soberanos de Dinamarca, Noruega y Suecia, que reinaron desde el siglo XV a nuestros días.

CRISTIANÍA. V. OSLO.

Cristianismo, religión de Cristo, n. en Judea, divulgada primero por Oriente y predicada en el mundo entero por los Apóstoles inmediatamente después de la muerte de Jesús. San Pedro fue el primer obispo de Roma, pero el fundador más activo de la Iglesia cristiana fue San Pablo, quien propagó por Grecia y por Italia la nueva doctrina.

Perseguido por los emperadores desde Nerón hasta Diocleciano, el cristianismo no gozó de libertad hasta el reinado de Constantino, quien proclamó en 313 el principio de tolerancia religiosa (Edicto de Milán) y en 325 convocó el Concilio de Nicea.

Durante la Edad Media, se fue propagando el cristianismo por todos los países civilizados. El cisma de Focio, en 858, separó la Iglesia griega de la Iglesia latina. Ésta tuvo luego que luchar sucesivamente con el arrianismo, los iconoclastas, los valdenses, los albigenses y los promotores de herejías, de los que fueron los más famosos Wiclef, Jerónimo de Praga y Juan Hus. El gran cisma de Occidente fue una causa de disensión para la cristiandad y de debilitación para la Iglesia. Por último, en el siglo XVI, dio Lutero la señal de la Reforma, no reconociendo más autoridad que la Biblia. (V. REFORMA.)

España recibió la predicación del apóstol Santiago, quien, según la tradición, estuvo en Barcelona o Tarragona, de donde se supone pasó a Zaragoza y León, regresando hacia el año 44 a Jerusalén, donde fue martirizado. San Pablo no hizo sino pasar por Tarragona, pero parece que San Pedro mandó siete misioneros a Andalucía. Hacia el siglo III eran florecientes las colonias cristianas de Emérita, León y Astorga. En tiempos de Nerón hubo numerosos mártires en España, y Diocleciano pareció encarnizarse con la Iglesia ibera. El año 300 se reunió en Ilíberis un concilio, al que asistieron 19 obispos de Bética, los de Zaragoza, Toledo y León, bajo la presidencia de Osio, obispo de Córdoba.

CRISTIANO MUERTO, arroyo de la Argentina (Buenos Aires), que des. en el Atlántico.

CRISTIANSAND, c. de Noruega, puerto en el Skagerrak; astilleros; base naval.

CRISTINA, hija de Gustavo Adolfo, reina de Suecia (1626-1689). Abdicó en 1654. Visitó Europa, y, convertida al catolicismo, m. en Roma.

Cristinos, nombre que se dio en España a los partidarios de María Cristina, viuda de Fernando VII y madre de la reina Isabel II.

CRISTO (del gr. *kristos,* ungido), el Redentor, el Mesías, y por consiguiente, entre los cristianos, Jesucristo. (V. JESÚS.)

Cristo (*Orden de*), orden militar y religiosa portuguesa, fundada por Dionisio I y aprobada por el papa Juan XXII (1319). Al confirmar su institución se reservó el Papa para sí y sus sucesores el derecho de nombrar ciertos miembros.

CRISTÓBAL (*San*), nacido en Siria, martirizado hacia 250; fiesta el 25 de julio. Este nombre viene del griego *chistophoros,* es decir, "portador de Cristo", alusión a un rasgo milagroso de este santo. Patrón de los automovilistas.

CRISTÓBAL, c. gemela de Colón, en la zona del canal de Panamá.

CRISTÓBAL COLÓN, pico de Colombia, en la Sierra Nevada de Santa Marta (Magdalena); 5 775 m.

Criterio (*El*), tratado de lógica, de Balmes.

CRITIAS, uno de los Treinta Tiranos establecidos en Atenas (450-404 a. de J. C.).

Crítica de la razón práctica, obra filosófica de Kant (1788). Es el sistema de moral de dicho autor, mediante el cual encuentra, bajo la forma de postulados, las verdades trascendentales que no podía alcanzar la razón pura.

Crítica de la razón pura, obra filosófica de Kant (1781), en la que éste traza los límites dentro de los cuales debe ejercitarse la razón especulativa del hombre, incapaz de alcanzar directamente las verdades del orden metafísico.

Crítica del juicio, la última de las tres principales obras filosóficas de Kant. Es un tratado de lo bello y lo sublime (1790).

Criticón (*El*), obra filosófica de Gracián (1651-1657), en la que asistimos a las impresiones de un salvaje en presencia de la civilización.

Critón (*El*), diálogo de Platón. Es una conversación de Sócrates con uno de sus discípulos, Critón. Hace el elogio del respeto a la ley, aun cuando sea injusta (s. IV a. de J. C.).

CRNA. V. CERNA.

CROACIA, una de las repúblicas federadas de Yugoslavia. Sup. 56 553 km²; 4 148 000 h.; cap. *Zagreb,* 405 000 h. Parte de la antigua Hungría, formó en 1918, con Servia y Eslovenia, el reino que después se convirtió en Yugoslavia. Constituida en 1941 por los alemanes en Estado separado, hoy éste forma parte de la Federación yugoslava.

CROCE (Benedetto), filósofo y político italiano (1866-1952), cuyo pensamiento ejerció gran influencia en su país. Es autor de *Breviario de estética, Filosofía del espíritu,* etc.

CROCE (Julio César), poeta italiano (¿1550?-1620), creador de los personajes burlescos *Bertoldo, Bertoldino* y *Cacaseno.*

CROIX (Carlos Francisco de CROIX, *marqués de*), militar español (1699-1786), virrey de Nueva España de 1766 a 1771. Introdujo reformas benéficas en la administración.

CRO-MAGNON, localidad de Francia (Dordoña), donde fueron hallados, en 1868, restos humanos fósiles y que ha dado su nombre a una de las razas prehistóricas de Europa occidental.

CROMBET (Flor), militar y patriota cubano, m. en 1895, uno de los iniciadores de la Guerra Chiquita (1879). Fue deportado y volvió a Cuba con un grupo de insurrectos en 1895.

CROMMELYNCK (Fernando), dramaturgo belga, n. en París (1886-1970), autor, sobre todo, de la comedia *El estupendo cornudo.*

CROMWELL (Oliverio), protector de la República de Inglaterra, n. en Huntington (1599-1658), jefe de la revolución que hizo perecer a Carlos I en el cadalso (1649). Sometió a Irlanda y Escocia y ejerció el poder dictatorialmente. Por el Acta de Navegación, Holanda tuvo que reconocer la supremacía marítima inglesa. — Su hijo RICARDO (1626-1712), fue también protector y abdicó en 1659.

CRISTINA

SAN CRISTÓBAL por MEMLING (*detalle*)

B. CROCE

O. CROMWELL

Fot. Giraudon, Hanfstaengl, Keystone, Feuler

SAN JUAN DE LA CRUZ

SOR JUANA INÉS DE LA CRUZ

R. DE LA CRUZ

Cromwell, drama histórico de Víctor Hugo (1827), en cuyo prefacio el autor expone las reglas del drama romántico.
CROMWELL (Tomás), político inglés (¿1485?-1540), gran canciller del reino en tiempos de Enrique VIII. M. decapitado.
Crónica de Juan II, obra histórica del siglo XV por Alvar García de Santa María que se atribuyó un tiempo a Fernán Pérez de Guzmán.
Crónica de la Nueva España, obra histórica de López de Gomara (1553), relato de la vida de Cortés, traducida al azteca en 1620.
Crónica general de España, especie de historia universal, en cuatro partes, dirigida por Alfonso X el Sabio.
Crónica Rimada del Cid, poema castellano del siglo XIV en el que se relatan las aventuras juveniles del Cid Campeador.
CRONIN (Archibaldo), novelista y médico inglés, n. en 1896, autor de *La ciudadela, Las llaves del reino,* etc.
CRONOS, dios griego, hijo de Urano y de Gea; padre de Zeus. Llamado **Saturno** por los romanos.
CRONSTADT, c. de la U. R. S. S.; puerto en una isla del golfo de Finlandia.
CRONSTEDT (Axel Fredrik, *barón*), químico y mineralogista sueco (1722-1765). Descubrio el níquel (1751) e hizo una clasificación de los minerales (1758).
CROOKES [*cruks*] (William), físico y químico inglés (1832-1919), que descubrió los rayos catódicos y aisló el talio.
CROTONA, c. de la ant. Italia meridional, residencia de Pitágoras y patria de Milón.
CROYDON, c. de Inglaterra (Surrey). Antiguo aeropuerto de Londres.
CRUCEROS, cima de Chile (O'Higgins); 3 770 m.
CRUCES, térm. mun. de Cuba (Las Villas).
CRUCES (CERRO DE LAS), cerro de Costa Rica, al S. de Cartago.
CRUCES (MONTES DE LAS), n. dado a un sector de la Cord. Neovolcánica de México, en el Estado de este n., llamado la « Suiza mexicana »; 3 217 m.
CRUCES (PASO DE LAS), paso de los Andes colombianos, en la Cord. Oriental; 1 874 m.
CRUCHAGA SANTA MARÍA (Ángel), poeta chileno (1893-1964), autor de *Job, Los mástiles de oro,* etc.
CRUCHAGA TOCORNAL (Miguel), publicista y diplomático chileno (1869-1949), autor de obras jurídicas.
CRUILLAS (*Marqués de*). V. MONTSERRAT (Joaquín de).
CRUVEILHEIR (Jean), médico y fisiólogo francés (1791-1874), especialista en anatomía patológica.
CRUZ, cabo de Cuba (Oriente), en el extremo meridional de la Isla.
CRUZ (La), c. de Colombia (Nariño). — Com. de Chile (Valparaíso).
CRUZ (Bernardo de la), historiador religioso portugués del siglo XVI, que asistió a la batalla de Alcazarquivir.
CRUZ (José María de la), general y político chileno (1801-1875), candidato a la pres. de la Rep. frente a Montt (1851).
CRUZ (Juan de YEPES, llamado **San Juan de la**), místico carmelita español (1542-1591), una de las figuras máximas de la lírica castellana. Nació en Fontiveros (Ávila), de una familia humilde, y estudió en Medina del Campo. Habiendo ingresado en la orden del Carmelo, se unió a Santa Teresa de Jesús en sus esfuerzos por reformar la Orden, lo que le valió la persecución de sus hermanos de hábito, que lo hicieron encarcelar en Toledo. Habiéndose fugado de su prisión (con la ayuda de Santa Teresa), se estableció en Andalucía, y residió en los conventos de carmelitas de Granada y Baeza. Nombrado vicario provincial, se trasladó a Úbeda, donde murió. Su cadáver fue robado y está enterrado hoy en Segovia. La poesía de San Juan de la Cruz es breve, y escrita en su mayor parte en liras: *Subida al monte Carmelo, Noche oscura del alma, Llama de amor viva* y, sobre todo, *Cántico espiritual.* Se le deben también algunos romances aconsonantados y varios escritos en prosa, que son explicaciones de su poesía. Fiesta el 24 de noviembre.
CRUZ (*Sor* Juana Inés de la), poetisa mexicana, n. en San Miguel Nepantlan en 1651 y m. en la ciudad de México en 1695. Sirvió en la corte del virrey y, a los 16 años, entró en la orden de los Carmelitas, de donde pasó después al convento de San Jerónimo. Escribió poesías, obras de teatro y obras en prosa, de redacción cuidada, flexible, inteligente, sincera e influida por el gongorismo: autos sacramentales (*El cerco de José, El mártir del sacramento, El divino Narciso*); comedias (*Los empeños de una casa, Amor es más laberinto*); poesías (*Inundación castálida*); relatos (*Crisis de un sermón, Respuesta a Sor Filotea de la Cruz*); loas y sainetes. Su nombre en el siglo fue el de JUANA INÉS DE ASBAJE Y RAMÍREZ DE CANTILLANA, y se le llamó **La Décima Musa** o **El Fénix de México.**
CRUZ (Oswaldo), bacteriólogo e higienista brasileño (1872-1917), cuyos trabajos permitieron combatir la fiebre amarilla y sanear los puertos del Brasil.
CRUZ (Ramón de la), sainetero madrileño (1731-1794), a quien se deben numerosas piezas teatrales en un acto, sobre las costumbres del Madrid de su tiempo, y de las que se ha dicho que constituyen el mejor complemento literario de los cartones de Goya. Sus más célebres sainetes son: *Las castañeras picadas, Manolo, La casa de Tócame Roque, El fandango del candil, El Rastro por la mañana, La pradera de San Isidro, El Muñuelo* e *Inesilla la de Pinto.*
Cruzadas, n. dado a las expediciones militares organizadas durante los siglos XI al XIII por el Occidente cristiano, con objeto de reconquistar los Santos Lugares, que habían caído bajo el poder musulmán. Fueron ocho:
1.ª Cruzada (1096-1099), predicada por el papa Urbano II en el Concilio de Clermont. Millares de hombres enardecidos por Pedro el Ermitaño marcharon hacia Oriente, llegaron diezmados al Asia Menor y finalmente fueron exterminados por los sarracenos. Adoptaron como emblema una cruz de tela cosida en el pecho, de donde deriva el nombre de *cruzados.* Un ejército regular formado por franceses y alemanes, al mando de Godofredo de Bouillon, se apoderó de Edesa, Nicea, Tarso, Antioquía y Jerusalén (1099), donde Godofredo fue proclamado rey.
2.ª Cruzada (1147-1149), predicada por San Bernardo. Fue capitaneada por el emperador Conrado III y Luis VII de Francia, quienes pusieron sitio inútilmente a Damasco, y tuvieron que regresar a Europa.
3.ª Cruzada (1189-1192), predicada por el arzobispo de Tiro, a la caída de Jerusalén en manos de Saladino. Fue dirigida por Federico I Barbarroja, emperador de Occidente, Felipe Augusto de Francia y Ricardo Corazón de León de Inglaterra. Federico murió ahogado en Cilicia, y Ricardo conquistó San Juan de Acre y Chipre, e hizo la paz con Saladino.
4.ª Cruzada (1202-1204), emprendida por los condes Balduino IX de Flandes y Bonifacio II de Monferrato, quienes, con el apoyo de los venecianos, se dirigieron a Constantinopla para restablecer en el trono a Isaac II, que había sido derribado. Una sublevación antilatina sirvió de pretexto a los cruzados para devastar la ciudad y proclamar rey a Balduino, con lo cual se creó el Imperio Latino de Oriente (1204-1261).
5.ª Cruzada (1219-1221), dirigida por Juan de Brienne, rey de Jerusalén, y Andrés II de Hungría, quienes hicieron una correría por Egipto y Siria sin resultado positivo.
6.ª Cruzada (1228-1229), mandada por el emperador de Occidente Federico II, quien obtuvo la cesión pacífica de Jerusalén, la cual fue definitivamente perdida en 1244.
7.ª Cruzada (1248-1254), emprendida por Luis IX, rey de Francia, que marchó a Egipto, donde, hecho prisionero por los infieles, tuvo que entregar Damieta en calidad de rescate.
8.ª Cruzada (1270), dirigida también por Luis IX, quien murió atacado por la peste en el sitio de Túnez. Las ciudades de Palestina fueron cayendo una a una en manos de los turcos. Con la pérdida de Ptolemais (1291), termina este período de las Cruzadas.
Se ha dado también el nombre de Cruzadas a las guerras contra infieles y otras sectas cristianas (albigenses, husitas, etc.).

Fot. doc. A. G. P.

CRUZ ALTA, dep. de la Argentina (Tucumán). Cap. *Alderetes.* Caña de azúcar.
Cruz de Hierro, orden fundada por Federico Guillermo III de Prusia en 1813.
CRUZ DE PIEDRA, paso de los Andes en la prov. de Mendoza (Argentina); 3 442 m. — Cima de México, en la Sierra Madre de Chiapas; 2 500 m.
CRUZ DEL EJE, pobl. de la Argentina (Córdoba); presa en el río *Cruz del Eje;* talleres ferroviarios; centro turístico.
CRUZ DEL OBISPO (La), pico de Costa Rica, en la cord. de Talamanca; 2 775 m.
CRUZ DEL SUR, constelación austral, situada entre el Navío y el Centauro.
CRUZ E SOUZA (João da), poeta simbolista brasileño (1862-1898), defensor, en sus composiciones, de la raza negra.
CRUZ GRANDE, puerto de Chile, al N. de Coquimbo. Embarque de mineral de hierro.
Cruz Roja, sociedad fundada en Ginebra en 1864 para atender a las víctimas de la guerra.
CRUZ VARELA (Juan). V. VARELA.
CRUZ VERDE, páramo de Colombia, en la Cord. Oriental; 3 688 m.
CRUZ Y GOYENECHE (Luis de la), caudillo y estadista chileno (1768-1828).
CRUZEIRO, pico del Brasil (Minas Gerais y Espíritu Santo); 2 861 m. — Pobl. del Brasil (São Paulo); frigoríficos.
CSIKY (Gregorio), dramaturgo húngaro (1842-1891), autor de *Mukanyi (Los proletarios).*
CSOKONAI (Vitez Mihaly), poeta lírico húngaro (1773-1805), autor del poema *Sobre la inmortalidad del alma.*
CTESIAS, historiador griego y médico de Artajerjes Memnón (s. V a. de J. C.).
CTESIFONTE, c. de Asiria, a orillas del Tigris, no lejos de Seleucia, residencia de invierno de los reyes partos, arsácidas y sasánidas.
CTESIFONTE, ateniense que propuso que se premiase a Demóstenes con una corona de oro (338 a. de J. C.). Acusado por Esquines de querer recompensar al orador de un modo contrario a la ley, fue absuelto después del admirable discurso de Demóstenes *Por la corona.*
CÚA, c. de Venezuela (Miranda).
CUACHICHILES, pueblo indio que habita en el Estado mexicano de Coahuila.
CUADRA (José de la), novelista ecuatoriano (1903-1941), representante del indigenismo, autor de *Los sangurimas,* novela social, y *La vuelta de la locura.*
CUADRA (José Vicente), político nicaragüense, pres. de la Rep. de 1871 a 1875.
CUADRA (Pablo Antonio), poeta y dramaturgo nicaragüense, n. en 1912.
CUAFUNIS, tribu india del Mato Grosso (Brasil).
CUAIQUERES, pueblo indio sudamericano que habita en el departamento colombiano de Nariño.
CUALE, río de México (Jalisco). — N. dado a un sector de la Sierra Madre del Sur de México (Jalisco).
Cuáqueros, miembros de un secta religiosa fundada en el s. XVII y difundida principalmente por Inglaterra y los Estados Unidos. Los *cuáqueros,* llamados también *tembladores,* no admiten ningún sacramento, rechazan el juramento y el servicio militar y no reconocen ninguna jerarquía. Distínguense en general por la pureza de sus costumbres y su filantropía.
CUAREIM, isla del Brasil, en la confluencia del río de este n. con el Uruguay; tb. llamada **Isla Brasileña.** — Río del Brasil, limítrofe con el Uruguay y afl. del río de este n.; 276 km.
CUAREPOTÍ, río del Paraguay (San Pedro), afl. del río Paraguay.
CUARÓ, río del Uruguay (Artigas), afl. del Cuareim; 125 km.
CUARTO, río de la Argentina (Córdoba), que des. en la laguna de Olmos.
Cuasimodo. V. QUASIMODO.
CUASPUD, pueblo de Colombia (Nariño), donde los colombianos, al mando de Mosquera, rechazaron un ataque ecuatoriano en 1864.
CUATRO CANTONES (LAGO DE LOS), lago de Suiza, llamado también **de Lucerna; 114 km^2.**
Cuatrocientos, senado instituido en Atenas, al que sucedió la asamblea de los Quinientos.
CUAUHTÉMOC o **GUATIMOZÍN,** último emperador azteca (¿1495?-1525), hijo de Ahuízotl y sucesor, en 1520, de su tío Cuitláhuac. Pese a su heroica defensa de México frente a Cortés, fue vencido y hecho prisionero. Sometido a tortura por negarse a indicar dónde se encontraba el tesoro real (1522), soportó el suplicio del fuego con increíble serenidad. Fue ahorcado por orden de Cortés tres años después.
CUAUTITLÁN, pobl. de México, en el Estado de este n.; industrias químicas.
CUAUTLA, pobl. de México (Morelos); centro turístico. Resistencia de Morelos a las tropas de Calleja (1812). Fue en otros tiempos capital del Estado.
CUBA, isla y Estado del arch. de las Antillas, a la entrada del golfo de México. Las tierras más próximas son, al N. Florida (180 km), al E. Haití (77 km), al S. Jamaica (140 km), y al O. México (210 km); 115 000 km^2; 8 033 000 h. (*cubanos*); cap. *La Habana.*
— GEOGRAFÍA. — *Relieve.* La isla de Cuba, de silueta alargada y estrecha, mide 1 200 km de longitud y sólo de 32 a 145 km de anchura. Está constituida esencialmente por una llanura caliza, que cubre casi las tres cuartas partes del territorio y que domina al sureste el macizo cristalino de la Sierra Maestra, con el pico Turquino (2 040 m), mayor elevación del país. En el extremo oeste se alza la cordillera caliza de Guaniguanico, constituida por las sierras de los Órganos y del Rosario, con el Pan de Guajaibón (728 m), y en el centro el Grupo de Guamuhaya, donde culmina el pico de San Juan (1 156 m).
— *Clima.* Próxima al Trópico de Cáncer, Cuba disfruta de un clima cálido (promedio anual de 23 grados), temperado por los vientos y las corrientes marinas. La pluviosidad es elevada y bastante uniforme, aunque se distinguen dos estaciones: la seca (de noviembre a abril) y la lluviosa (de mayo a octubre). Son frecuentes las turbonadas y los huracanes.
— *Hidrografía.* El país posee más de 200 ríos, de corto curso, que bajan directamente hacia el mar; entre ellos sobresalen el Cauto, que es el más largo, el Zaza, Sagua la Grande, Jatibonico del Sur, Jatibonico del Norte y Agabama.
— *Costas e islas.* El litoral de Cuba, de unos 3 500 km de largo, presenta un contorno sinuoso, en el que destacan, al sur, los golfos de Guacanayabo y Batabanó y las bahías de Guantánamo, Santiago y Cienfuegos; al norte, las bahías de La Habana, Mariel, Honda y Nipe. Abundan en las costas formaciones coralinas, a veces cubiertas por ciénagas, y los manglares. Cerca del litoral se cuentan más de 1 600 cayos, islotes e islas que forman, al norte, los archipiélagos de Los Colorados y de Sabana-Camagüey o Jardines del Rey; al sur, los de los Jardines de la Reina y los Canarreos, donde se halla la Isla de Pinos (3 061 km^2).
— *Población.* La población de Cuba, de gran variedad étnica, es predominantemente blanca (73 %). Hay 14 % de mestizos aproximadamente y 12 % de negros. La densidad media es de unos 68 habitantes por km^2, y las zonas más pobladas son las provincias de Oriente y La Habana.
— *Economía.* La economía de Cuba es principalmente agraria, y los productos básicos son caña de azúcar, tabaco, café y frutas. La caña de azúcar, cuyo cultivo ocupa más de la mitad de

CUAUHTÉMOC
por SIQUEIROS
detalle del cuadro
SUPLICIO DE
CUAUHTÉMOC

CUBA. — Estadística (cifras en millares)

PROVINCIAS	km^2	Hab.	CAPITAL	Hab.
Habana (La)	8	2 025	**La Habana**	1 680
Camagüey	26	764	Camagüey	250
Matanzas	8	443	Matanzas	101
Oriente	35	2 173	Santiago de Cuba	215
Pinar del Río	13	504	Pinar del Río	121
Villas (Las)	21	1 193	Santa Clara	190

OTRAS POBLACIONES

Cárdenas	65	Güines	49
Ciego de Ávila	122	Holguín	285
Cienfuegos	117	Manzanillo	117
Guantánamo	154	Sancti Spíritus	137

Fot. Valotaire, X

mapa y escudo de CUBA

las tierras labradas, es la mayor fuente de riqueza del país, que se coloca en el primer puesto como productor mundial de azúcar (cerca de seis millones de toneladas). El tabaco se cosecha sobre todo en el oeste de la isla (zona de Vuelta Abajo), y es universalmente conocido por su calidad. En el este se produce gran cantidad de café. Otros cultivos son las frutas (plátanos, piña tropical, agrios), arroz, cacao, henequén, etcétera. Se explotan maderas preciosas en las selvas. La ganadería ocupa un lugar importante en la economía nacional, con más de seis millones de bovinos. Merece igualmente mención la pesca del carey y las esponjas.
El subsuelo cubano es bastante rico, especialmente en hierro (Oriente). Se extraen también cobre, manganeso, níquel, cobalto, cromo y asfalto. Las principales industrias son la azucarera, la tabacalera, la textil, etc. El país cuenta con unos 9 600 km de vías férreas, 6 000 km de carreteras y servicios aéreos locales. La unidad monetaria es el *peso* y el Banco Nacional de Cuba es el banco emisor.
— CONSTITUCIÓN Y ADMINISTRACIÓN. De acuerdo con la Ley Fundamental de 1959, inspirada en la Constitución de 1940, Cuba es una República unitaria y democrática, dividida en seis provincias. El poder ejecutivo lo ejerce el presidente de la República, elegido cada cuatro años y asistido por el Consejo de Ministros, al cual corresponde el poder legislativo. El poder judicial incumbe al Tribunal Supremo de Justicia, las Audiencias Provinciales y otros tribunales. El idioma oficial es el español.
La enseñanza primaria, en pleno desarrollo, es obligatoria y gratuita y la superior cuenta con las universidades de La Habana, Las Villas, Oriente y Camagüey.
La religión predominante es la católica, pero existe libertad de cultos. El país está dividido en dos arquidiócesis y cuatro diócesis.
— HISTORIA. Los estudios más recientes dividen la población original de Cuba en tres complejos culturales, relacionados con tres pueblos: los *guanajatabeyes*, que habitaban en la costa occidental. y se distinguieron por el empleo de la concha para confeccionar sus utensilios; los *taínos*, mucho más adelantados, que tallaban admirablemente la piedra, se destacaban en la alfarería y constituían un pueblo principalmente agrícola, y los *pretaínos*, también llamados *ciboneyes* o *siboneyes*, que desarrollaron una cultura intermedia basada en los artefactos de piedra.
El 27 de octubre de 1492 Colón descubrió las costas de Cuba. Al día siguiente desembarcó en la isla, a la que dio el nombre de *Juana*, en honor del primogénito de los Reyes Católicos. El puerto en que desembarcó recibió el nombre de San Salvador. Desde esa fecha hasta el 5 de diciembre, Colón reconoció el extremo oriental de la isla. En su segundo viaje recorrió la costa meridional. A Sebastián de Ocampo se debe el primer bojeo completo de la isla, llevado a cabo en 1509. A fines de 1510 arribó a Cuba la expedición conquistadora de Diego de Velázquez, quien fundó ese mismo año la villa de Nuestra Señora de la Asunción, en Baracoa. En 1514, Pánfilo de Narváez y Juan de Grijalva habían vencido ya la resistencia de los naturales del interior de la isla, y fueron fundadas las villas de Santísima Trinidad, Sancti Spíritus y San Cristóbal, que es hoy día La Habana. Posteriormente fueron fundadas Puerto Príncipe y Santiago de Cuba, erigida en capital. Velázquez fue el primer gobernador de Cuba, hasta su muerte (1524); organizó las primeras explotaciones mineras y recibió a los primeros esclavos negros, llevados para sustituir en el trabajo a los naturales. Entre los acontecimientos principales del siglo XVI hay que mencionar, además de los ataques de los piratas a La Habana (1538 y 1555), la conquista de la Florida, la construcción del acueducto de esta ciudad, su elevación al rango de tal por Real Decreto de 1592 y la creación, sobre todo, de la industria azucarera, ya a finales del siglo. Ésta trajo consigo la importación de grandes cantidades de esclavos negros para el trabajo de los ingenios. Convertida en el punto de reunión de las flotas que hacían el servicio entre el continente americano y la Metrópoli, La Habana progresó rápidamente. Para favorecer el desarrollo del otro extremo de la isla, la Corona, en 1607, la dividió en dos gobiernos: el de La Habana y el de Santiago de Cuba. El establecimiento de colonias inglesas, francesas y holandesas en los territorios vecinos produjo un recrudecimiento de la piratería en el siglo XVII: en 1662, el inglés Myngs asoló Santiago de Cuba y en 1688 Henry Morgan se internó hasta Puerto Príncipe. Durante el mismo siglo la industria del tabaco cobró gran importancia. En 1728 fue fundada la Universidad de La Habana. En 1733, la política centralista de Felipe V subordinó Santiago de Cuba a La Habana. El monopolio del tabaco ejercido por la Corona produjo, en la primera mitad del siglo XVIII, varias sublevaciones de los "vegueros"; Fernando VI, más tolerante con el contrabando, apaciguó a los revoltosos. De agosto de 1762 a julio de 1763, en guerra Inglaterra con España, La Habana fue ocupada por las tropas inglesas. Se calcula que el comercio de esclavos llevó a Cuba, en la segunda mitad del siglo XVIII, cerca de sesenta mil negros, que trabajaban en más de quinientos ingenios.
El primer movimiento de independencia, dirigido por Román de la Luz Silveira, entre 1809 y 1810, fue descubierto antes de manifestarse. En 1812, una sublevación de esclavos, encabezada por el liberto José Antonio Aponte, fue ahogada en sangre. Cuba envió dos diputados a las Cortes de Cádiz, y la Constitución por ellas elaborada rigió en la isla de 1812 a 1814. En 1823, Fernando VII impuso de nuevo en España y sus dominios el absolutismo, agudizando la

GOBERNANTES DE CUBA

República en Armas:

Carlos Manuel de Céspedes	1869
Salvador Cisneros Betancourt	1873
Juan Bautista Spotorno	1875
Tomás Estrada Palma	1876
Vicente García González	1877
Manuel de Jesús Calvar	1878
Salvador Cisneros Betancourt	1895
Bartolomé Massó Vázquez	1897

República Libre:

Tomás Estrada Palma	1902
Intervención de EE. UU.	1906
José Miguel Gómez	1909
Mario García Menocal	1913
Alfredo Zayas	1921
Gerardo Machado	1925
Carlos M. de Céspedes y Quesada	1933
Ramón Grau San Martín	1933
Carlos Mendieta	1934
José A. Barnet	1935
Miguel Mariano Gómez	1936
Federico Laredo Brú	1936
Fulgencio Batista	1940
Ramón Grau San Martín	1944
Carlos Prío Socarrás	1948
Fulgencio Batista	1952
A. D. M. del Castillo	1954
Fulgencio Batista	1955
Manuel Urrutia Lleó	1959
Osvaldo Dorticós Torrado	1959

oposición entre criollos y españoles. De 1821 a 1836, las aspiraciones de libertad de los cubanos se orientaron hacia el separatismo o en favor de los movimientos liberales de la metrópoli. De 1845 a 1855, las sublevaciones contra España, alentadas por partidarios de la anexión a los Estados Unidos, se sucedieron sin éxito. El 10 de octubre de 1868, Carlos Manuel de Céspedes dio en Yara el Grito de Cuba Libre, e inició la lucha que había de recibir el nombre de guerra de los Diez Años o Guerra Grande, que terminó en mayo de 1878 (Pacto del Zanjón). Desde entonces, hasta 1895, Cuba se preparó para la independencia mediante un intenso movimiento ideológico, sin que faltaran los brotes de movimientos armados en pro de la causa, como la llamada Guerra Chiquita de 1879. En 1892, José Martí fundó el Partido Revolucionario Cubano, que reunió a todas las tendencias separatistas. Finalmente, este partido dio la orden de alzamiento el 24 de febrero de 1895 (*Grito de Baire*). El Ejército Libertador cubano marchó victorioso de uno a otro confín de la isla, derrotando a un ejército de más de 200 000 españoles al mando de los mejores generales. Los Estados Unidos declararon la guerra a España en 1898, y, tras su victoria, ocuparon Cuba.
Cuba promulgó su Constitución republicana, a la que los Estados Unidos impusieron como apéndice la Enmienda Platt, el 21 de febrero de 1901; en diciembre del mismo año, Tomás Estrada Palma fue elegido presidente de la nueva República, y en 1906, a causa de las elecciones, estalló una revolución que provocó la segunda intervención de los Estados Unidos; la ocupación terminó con la accesión de José Miguel Gómez a la presidencia, en 1909. En 1930, la reelección de Gerardo Machado precipitó al país en otra revolución. De 1933 a 1940 Cuba estuvo regida por gobiernos provisionales. En 1940 fue promulgada una nueva Constitución, y Fulgencio Batista resultó elegido presidente. Más tarde, en 1952, Batista encabezó el movimiento armado que depuso al presidente Prío Socarrás, y se impuso como candidato único a la presidencia en 1954. Fidel Castro capitaneó la revolución armada contra la dictadura de Batista; a fines de 1956 desembarcó en Oriente al frente de ochenta y dos hombres, y dos años más tarde, con el apoyo popular, logró que Batista abandonara el Poder y huyera al extranjero (31 de diciembre de 1958). El movimiento castrista, llamado "Movimiento del 26 de Julio", tomó las riendas de la nación. La presidencia interina fue ocupada por Manuel Urrutia, quien renunció a ella en julio de 1959 y fue sucedido por Osvaldo Dorticós. Fidel Castro actuó primeramente como jefe del ejército, y más tarde fue designado Primer Ministro. Bajo su dirección se llevó a cabo la reforma agraria, primer paso en la transformación revolucionaria de las instituciones. El apoyo prestado por la U. R. S. S. a su gobierno, y su política contraria a los intereses de los Estados Unidos, han provocado momentos de grave tensión mundial.

CUBAGUA, isla de Venezuela, en el mar Caribe, vecina a la de Margarita. Descubierta por Colón en 1498.

CUBATÃO, pobl. del Brasil (São Paulo) en las faldas de la *sierra de Cubatão*. Refinería de petróleo; importante central hidráulica en el *río Cubatao*.

CUBILLÍN. V. QUILIMAS.

CUBILLO DE ARAGÓN (Álvaro), dramaturgo clásico español (¿1596?-1661), perteneciente al ciclo de Calderón y Lope.

CUCULCÁN, dios maya identificado con el Quetzacóatl de los aztecas.

CUCURUCHO, pico de la Rep. Dominicana, en el límite de las prov. de Azua y de La Vega; 2 250 m.

CÚCUTA, c. de Colombia, cap. del dep. de Norte de Santander; centro comercial y de comunicaciones; región agrícola, minera y petrolera; una de las pobl. más bellas del país. Arzobispado. (Hab. *cucuteños.*) Fundada en 1733, hubo de ser reconstruida dos veces como consecuencia del terremoto de 1875 y de la guerra de los Mil Días. (V. ROSARIO.)

CUCUTÚ, sierra del Ecuador; altura máxima 2 500 m.

CUCUYAGUA, pobl. de Honduras (Copán).

CUCHARAS, n. dado a un sector de la Sierra Madre Oriental de México (Tamaulipas).

CÚCHARES (Curro). V. ARJONA HERRERA. (Francisco).

CUCHILLA, cerro de México (Querétaro).

CUCHILLAS, n. dado a un sector de la Sierra Madre del Sur de México (Guerrero).

CUCHIVANO, gruta de Venezuela, cerca de Cumaná (Sucre).

CUCHIVERO, río de Venezuela, afl. der. del Orinoco (Bolívar).

CUCHUMATANES, sistema montañoso de Guatemala (Huehuetenango y El Quiché), que constituye la mayor elevación de Centroamérica; 3 500 m.

CUDILLERO, v. de España (Oviedo); pesca.

CUDDALORE, c. y puerto de la India (Madrás), en la costa de Coromandel. Comercio de cacahuetes y de aceite.

CUDWORTH (Ralph), filósofo y teólogo inglés (1617-1688).

CUELGAMUROS, lugar de España (Madrid), en la sierra de Guadarrama, en cuyas cercanías se ha levantado una inmensa necrópolis y basílica. (V. VALLE DE LOS CAÍDOS.)

CUÉLLAR, v. de España (Segovia); histórico castillo gótico.

CUÉLLAR (Jerónimo de), dramaturgo clásico español (1622-¿1665?), autor de las comedias *El pastelero de Madrigal,* sobre el proceso que siguió a la desaparición del rey portugués don Sebastián, y *Cada cual a su negocio.*

CUÉLLAR (José Tomás de), novelista romántico mexicano (1830-1894), que pintó asuntos históricos.

CUÉLLAR Y ALTARRIBA (Ramón), notable compositor y organista español (1777-1833).

CUENCA, c. de España, cap. de la prov. del mismo n., a orillas del río Júcar. (Hab. *conquenses* o *cuencanos.*) Obispado. Catedral gótica del siglo XIII. La prov., esencialmente ganadera, produce también cereales, vid. olivos, pinos. En su parte suroeste se extiende una parte de la Mancha.

CUENCA, c. del Ecuador, cap. de la prov. de Azuay; centro comercial e industrial; sombreros de paja. Importante nudo de carreteras. Universidad. Arzobispado. (Hab. *cuencanos.*) Fundada en 1557 por Gil Ramírez Dávalos, que la llamó *Santa Ana de los Ríos de Cuenca.*

CUENCA (SERRANÍA DE), núcleo montañoso de la cordillera Ibérica, al O. del Albarracín; 1 000 m de altitud media.

CUENCA (Agustín F.), poeta romántico mexicano (1850-1884).

CUENCA (Claudio Mamerto), médico y poeta argentino, n. en 1812, muerto en 1852 en la batalla de Caseros.

CUENCA
casas colgadas

Fot. René Ferlet

J. DE LA CUEVA

R. J. CUERVO

Cuento de cuentos, sátira literaria de Quevedo en la que se burla donosamente de muchos modismos y locuciones ridículas.
Cuentos, de Boccaccio. V. DECAMERÓN.
Cuentos, de Andersen, encantadores relatos de tono melancólico, traducidos hoy a casi todas las lenguas (1835-1872).
Cuentos, de La Fontaine, colección de cuentos ligeros en verso, imitados muchas veces de Boccaccio (1665-1674).
Cuentos de Cantorbery, cuentos en verso del poeta inglés Chaucer.
Cuentos de hadas, título de diferentes colecciones de cuentos maravillosos. Los más célebres son los del francés Perrault.
Cuentos de Navidad, cuentos de Carlos Dickens (1843-1846).
Cuentos fantásticos, de Hoffmann, relatos en los que el autor mezcla lo real y lo maravilloso (*El elixir del diablo, Opiniones del gato Murr, La señorita de Scudéry,* etc.)
CUERNAVACA, c. de México, cap. del Estado de Morelos; centro turístico. Obispado. Universidad. (Hab. *cuernavaquenses.*) En ella residió Cortés y más tarde Maximiliano y Carlota.
CUERO Y CAICEDO (José), prelado y prócer ecuatoriano (1735-1815), que fue nombrado presidente de la Junta Suprema de Gobierno en el año 1811.
CUERVO (Ángel), escritor colombiano (1838-1898), autor de *Conversación artística,* etc.
CUERVO (Rufino), jurisconsulto y escritor colombiano (1801-1853), padre de Rufino José. Autor de cuadros de costumbres y libros históricos.
CUERVO (Rufino José), erudito filólogo colombiano, nacido en Bogotá en 1844, muerto en París en 1911. Autor de un monumental *Diccionario de construcción y régimen de la lengua castellana,* del que sólo se publicaron dos tomos, de las populares *Apuntaciones críticas sobre el lenguaje bogotano,* de *Notas a la Gramática de Bello, Disquisiciones filológicas* y de multitud de trabajos filológicos. Su obra, de gran sagacidad crítica y rigor científico, le hace una de las máximas autoridades en su especialidad.
CUERVO MÁRQUEZ (Emilio), novelista colombiano (1873-1937), autor de ***Phinees.***
CUESTA (Jorge), poeta mexicano (1903-1942).
CUESTA Y CUESTA (Alfonso), poeta naturalista ecuatoriano, n. en 1912.
CUESTAS (Juan Lindolfo), político uruguayo (1837-1905), pres. interino de la Rep. de 1897 a 1898, proclamado dictador de 1898 a 1899 y nombrado pres. de 1899 a 1903. Inauguró las obras del puerto de Montevideo.
CUETO (Leopoldo Augusto de), marqués de Valmar, erudito y escritor español (1815-1901), autor de *Bosquejo históricocrítico de la poesía castellana en el siglo XVIII.*
CUETZALÁN, v. de México (Puebla).
CUETZAMALA o **CUTZAMALA,** río de México, que sirve de límite entre los Est. de Michoacán y Guerrero, afl. del río de las Balsas; 108 km.
CUEVA (Alfonso de la), marqués de Bedmar, político y prelado español (1572-1655), a quien se atribuye un papel preponderante en la conjuración de Venecia.
CUEVA (Beltrán de la), duque de Albuquerque, favorito de Enrique IV de Castilla y supuesto padre de la hija de este rey, llamada *Juana la Beltraneja.* Apoyó a Isabel la Católica en contra de su supuesta hija. M. en 1492.

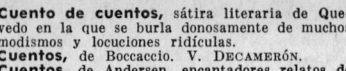

CUERNAVACA
palacio de Cortés

CUEVA (Juan de la), escritor español, n. en Sevilla (¿1543?-1610), uno de los fundadores de la comedia española, cuyas leyes estableció en su *Ejemplar poético* (1606). Buscó su inspiración principalmente en la historia y en los romanceros. Entre sus comedias de costumbres, distínguese *El Infamador,* primer precedente de la figura de Don Juan en la literatura española.
CUEVA DE LA ANTIGUA, famosa caverna de Colombia (Santander); 15 km de longitud.
CUEVAS (Las), río de la Rep. Dominicana (Azua), afl. del Yaque del Sur.
CUEVAS DE ALMANZORA o **DE VERA,** v. de España (Almería). Minas de plata y de plomo argentífero.
CUEVAS (Jorge de PIEDRABLANCA, *marqués de*), director de ballet chileno (1885-1961).
CUEVAS DÁVALOS (Alonso), prelado mexicano (1590-1655), el primero de su país que desempeñó el cargo de arzobispo de México.
CUEVITAS, pueblo de Cuba (Matanzas).
CUEVO, pobl. de Bolivia (Santa Cruz); vicariato apostólico.
CUGNOT (José), ingeniero francés (1725-1804), creador del primer automóvil de vapor (1770).
CUI (César), compositor ruso (1835-1918), autor de óperas (*El prisionero del Cáucaso, La hija del capitán,* etc.), y de suites, coros y piezas para piano.
CUIABÁ, río del Brasil, afl. del Paraguay; 482 km. — C. del Brasil, cap. del Estado de Mato Grosso; centro minero y mercado importante. Arzobispado.
CUICOCHA, laguna del Ecuador, en las faldas del Cotacachi (Imbabura); lugar turístico.
CUILAPA, c. de Guatemala, cap. del dep. de Santa Rosa. (Hab. *cuilapeños.*)
CUITLÁHUAC, décimo rey de México, hermano y sucesor de Moctezuma II. Derrotó a los españoles en la *Noche Triste* (1520).
CUITZEO, lago de México (Michoacán).
CUITZEO DE ABASOLO, v. de México (Guanajuato), a orillas del río Lerma.
CUITZEO DEL PORVENIR, v. de México (Michoacán), a orillas del lago de Cuitzeo.
CUJAS (Jacobo), célebre jurisconsulto francés, n. en Toulouse (1520-1590).
CULATA, sierra de Venezuela (Mérida), que se desprende de la cordillera de los Andes.
CULEBRA, pequeña isla al E. de Puerto Rico que forma parte del archip. de las Vírgenes. — Afluente del río Chagres (Panamá). — Loma en el istmo de Panamá por donde se hizo la principal excavación para el canal (Corte Gaillard); su alt. era de 84 m.
CULEBRILLAS, laguna del Ecuador (Cañar).
CULIACÁN, río de México, que des. en el Pacífico. — C. de México, cap. del Estado de Sinaloa; centro agrícola. (Hab. *culiacanos.*) Obispado. Fundada en 1599 por Nuño de Guzmán, que le dio el n. de **San Miguel.**
CULMA, volcán de Guatemala (Jutiapa); 1.060 metros.
Culteranismo, n. dado por Jiménez Patón, en su *Elocuencia española en Arte* (1604), al gongorismo, que apareció por entonces en la literatura.
CULTURKAMPF. V. KULTURKAMPF.
CÚLLAR DE BAZA, v. de España (Granada).
CULLEN (Countee), poeta norteamericano de raza negra (1903-1946).
CULLERA, c. de España (Valencia), en la desembocadura del Júcar. Arroz, frutas.
CULLODEN [*kuloden*], lugar de Escocia (Inverness), donde el pretendiente Carlos Eduardo fue vencido por el duque de Cumberland (1746).
CUMANÁ, c. de Venezuela, cap. del Estado de Sucre; centro comercial e industrial. Universidad. Obispado. (Hab. *cumanenses, cumaneses* o *cumanagotos.*) Fundada por Gonzalo de Ocampo en 1521, que la llamó *Nueva Toledo.* Fue la primera ciudad establecida por los españoles en tierra firme. Más tarde tomó el n. de *Nueva Córdoba.* Cuna de Antonio José de Sucre.
CUMANACOA, pobl. de Venezuela (Sucre); azúcar.

Fot. Larousse, Viollet

CUMANAYAGUA, centro minero de Cuba (Las Villas) ; cobre.
Cumandá, hermosa novela del ecuatoriano Juan León Mera (1871), una de las más notables muestras del indigenismo romántico.
CUMARAL, pobl. de Colombia (Meta).
CUMAREBO, pobl. de Venezuela; petróleo.
CUMAS, c. de Campania, ant. colonia griega, no lejos de la cual se hallaba el antro de una famosa sibila. (Hab. *cumeos.*)
CUMBAL, volcán de Colombia (Nariño), en la Cord. Central; 4 764 m. Hizo erupción en 1926. — Pobl. de Colombia (Nariño).
CUMBERLAND, c. de los Estados Unidos (Maryland), a orillas del río Potomac. Nudo ferroviario. Centro industrial.
CUMBERLAND (PENÍNSULA DE), península situada en el extremo oriental de la Tierra de Baffin (Canadá).
CUMBERLAND, condado al NO. de Inglaterra; cap. *Carlisle;* yac. de hulla y hierro; industrias metalúrgicas.
CUMBERLAND *(Conde de),* marino inglés (1558-1605), que luchó contra la Armada Invencible y se apoderó de la isla de Puerto Rico en 1598.
CUMBERLAND (Guillermo Augusto, *duque de*), hijo de Jorge II [1721-1765], vencedor en Culloden (1746).
CUMBRE, paso de los Andes, en la prov. argentina de Mendoza y en la prov. chilena de Aconcagua, que atravesó el general Las Heras en la cruzada libertadora (1817).
CUMBRE (La), pobl. de la Argentina (Córdoba); centro de atracción turística.
CUMBRE DE LA TENTACIÓN, n. dado a un sector de la Sierra Madre del Sur de México (Guerrero).
CUMBRES CALCHAQUÍES, grupo de montañas de la Argentina, en la región salteña: 4 500 m.
CUNANI, región del Brasil (Amapá), junto a la Guayana Francesa, disputada antes entre Francia y el Brasil.
CUNAXA, c. de Caldea, cerca del Éufrates, célebre por la batalla en que venció Artajerjes II a su hermano Ciro el Joven (401 a. de J. C.).
CUNCO, com. de Chile (Cautín).
CUNDINAMARCA, dep. de Colombia, en la Cordillera Oriental; cap. *Bogotá;* prod. trigo, maíz, papas; salinas y yac. de carbón. (Hab. *cundinamarqueses.*)
CUNDUACÁN, c. de México (Tabasco).
CUNEGUNDA *(Santa),* emperatriz de Alemania, mujer de Enrique II de Baviera, n. a fines del siglo X, m. en 1039. Su fiesta se celebra el día 3 de marzo.
CUNEO. V. CONI.
CUNHA [*cuña*] (Euclydes da), escritor brasileño (1866-1909), autor de uno de los libros más famosos de su país: *Os sertões.* En él se describe una revuelta de los indios en las llanuras del Estado de Bahía. Murió asesinado.
CUNHA (Rodrigo da), prelado portugués, obispo de Lisboa (1577-1643), que en 1640 liberó a su patria de la dominación española e instauró la Casa de Braganza.
CUNHA (Tristán da), capitán y navegante portugués, que descubrió varias islas en el continente austral (1460-1540). — Su hijo NUÑO fue virrey de las Indias portuguesas (1487-1539).
CUNNINGHAME GRAHAM (Roberto B.), escritor inglés (1852-1936), que describió la vida argentina en interesantes narraciones.
CUNTIS, v. de España (Pontevedra). Baños medicinales.
CUPICA o **CHIRICHIRE,** golfo de Colombia (Chocó), en el Pacífico.
CUPIDO, dios del Amor entre los romanos, identificado con **Eros,** cuyos atributos, figura y aventuras le han sido atribuidos. *(Mit.)*
CÚPIRA, río de Venezuela, que des. en el mar Caribe. — Mun. de Venezuela (Miranda).
CURA o **CIUDAD DE CURA,** c. de Venezuela (Aragua).
CURA MALAL, sierra de la Argentina (Buenos Aires), 1 037 m.
CURACAUTÍN, com. y dep. de Chile (Malleco).
CURAÇAO. V. CURAZAO.

CURACÓ, río de la Argentina (La Pampa), afl. del Colorado.
CURACO DE VÉLEZ, com. de Chile (Chiloé).
CURAHUARA DE CARANGAS, pobl. de Bolivia, cap. de la prov. de Sajama (Oruro).
CURANILAHUE, com. de Chile (Arauco).
CURARAY, río del Ecuador (Napo-Pastaza) y Perú (Loreto), afl. del Napo; 600 km.
CURATELLA MANES (Pablo), escultor argentino (1891-1962), de tendencia vanguardista.
CURAZAO o **CURAÇAO,** isla holandesa de las Antillas, a 75 km de la costa N. de Venezuela. Superficie, 550 km²; población, 136 300 h. La isla, árida y bastante estéril, produce, sin embargo, gran cantidad de caña de azúcar, de tabaco y naranjas, cuya corteza sirve para preparar el licor *curazao.* Fosfatos, refinerías de petróleo. Cap. *Willemstad.* Puerto excelente en *Santa Ana.*
CURCIO RUFO (Quinto). V. QUINTO CURCIO.
CURDISTÁN o **KURDISTÁN,** región de Asia dividida entre Turquía, Irak, Irán y Siria.
CUREPTO, com. y dep. de Chile (Talca).
CURIACIOS. V. HORACIOS *(Los tres).*
CURIAPO, puerto de Venezuela, en el Orinoco (Delta Amacuro).
CURICÓ, c. del centro de Chile, cap. de la prov. del mismo n.; centro comercial. (Hab. *curicanos.*) La riqueza principal de la prov. es la agricultura (trigo, cebada, arroz); minas de oro, cobre y hierro.
CURIE [*rí*] (Pierre), sabio químico y físico francés (1859-1906), autor, con su mujer MARIE SKLODOWSKA (1867-1934), de notables trabajos científicos. Se les debe el descubrimiento del radio (1899). [Pr. Nóbel en 1903 y 1911.] Su hija IRENE casó con Federico Joliot (V. JOLIOT-CURIE) y siguió la obra de los esposos Curie.

Pierre CURIE

Marie CURIE

CURIEPE, pobl. de Venezuela (Miranda).
CURIO DENTATO, cónsul romano del s. III, que venció a los samnitas y a los sabinos, acabó con el ejército de Pirro y sometió a los lucanos.
Curioso parlante *(El),* seudónimo de Ramón de Mesonero Romanos.
CURITIBA, c. del Brasil, cap. del Estado de Paraná; centro agrícola, comercial e industrial. Universidad. Arzobispado.
CURRIDABAT, pobl. de Costa Rica (San José).
CURRIQUINGUE, nudo montañoso del Ecuador; 3 816 m.
CURROS ENRÍQUEZ (Manuel), poeta español (1851-1908), uno de los más grandes líricos que ha tenido Galicia. Sus composiciones son emocionantes, patéticas y de gran musicalidad (*Aires d'a miña terra*). Escribió también dramas, novelas y artículos periodísticos. Murió en La Habana.
CURT LANGE (Francisco), uno de los más destacados musicólogos latinoamericanos, n. en Alemania en 1903 y residente en el Uruguay.
CURTIUS (Ernesto), historiador y arqueólogo alemán (1814-1896), que estudió, sobre todo, las antigüedades griegas de Olimpia y Éfeso.
CURU, río del Brasil (Ceará).
CURUPAYTY o **CURUPAITÍ,** lugar del Paraguay (Ñeembucú), donde se libró la batalla más sangrienta de la guerra contra la Triple Alianza (1866).
CURUZÚ CUATIÁ, pobl. de la Argentina (Corrientes).

E. DA CUNHA

CURROS ENRÍQUEZ

CUPIDO
detalle de un cuadro de RAFAEL

Fot. doc. A. G. P., Harlingue, Giraudon

CURWOOD (James Oliver), novelista norteamericano (1878-1927), autor de populares relatos sobre el extremo Norte canadiense.
CURZON (Jorge Nataniel, *lord*), político inglés (1859-1925), que dio su nombre a la línea de demarcación que fijó las fronteras orientales de Polonia (1923).
CUSA (Nicolás de), cardenal y filósofo alemán (1401-1464), autor del tratado *De docta ignorancia.*
CUSCATLÁN, dep. del centro de El Salvador; cap. *Cojutepeque;* prod. caña de azúcar y algodón; ind. textil. (Hab. *cuscatlecos.*)
CUSCO. V. CUZCO.
CUSHING (Harvey), cirujano norteamericano (1869-1939), creador de la neurocirugía.
CUSTER (George Armstrong), general norteamericano (1839-1876), que se distinguió en la guerra de Secesión al lado de los nordistas.
CUSTOZA o **CUSTOZZA,** pobl. de Italia, cerca de Verona. Victoria de los austriacos contra los piamonteses (1848) y los italianos (1866).
CUTERVO, c. del Perú, cap. de la prov. del mismo n. (Cajamarca).
CUTTACK. V. KATAK.
CUVIER [*-vié*] (Jorge), naturalista francés, n. en Montbeliard (1769-1832), creador de la anatomía comparada y de la paleontología. Aplicando los principios enunciados por él, consiguió determinar especies desaparecidas por medio de algunos huesos rotos, reconstituyendo de esta suerte algunos mamíferos fósiles.

CUVIER

CUXHAVEN, c. de Alemania (Hamburgo), en la desembocadura del Elba; puerto de pesca.
CUYABENO, río del Ecuador (Napo), afl. del Aguarico.
CUYAGUATEJE, río de Cuba (Pinar del Río), que des. en la ensenada de Cortés; 80 km.
CUYO, región de la Argentina, al pie de los Andes y ant. prov., que abarcaba las actuales prov. de Mendoza, San Juan y San Luis. Actualmente, n. dado a una Universidad, con residencia en Mendoza, y tb. a un arzobispado en San Juan.
CUYULTITÁN, v. de El Salvador (La Paz).
CUYUNÍ, río de Venezuela (Bolívar), que penetra en Guyana y confluye con el río Esequibo.
CUZCO o **CUSCO,** nevado de Bolivia (Potosí): 5 434 m. — C. del Perú meridional, a 3 650 m. de altitud, cap. del dep. del mismo n.; centro comercial y turístico. Universidad. Arzobispado. (Hab. *cuzqueños.*) Fundada en el siglo XI por Manco Cápac, era cap. del Imperio Incaico cuando se produjo la conquista española. La ciudad moderna inició su vida en 1534. Los numerosos vestigios que se conservan de su pasado le han valido el n. de *Capital Arqueológica de Sudamérica.* La economía del dep. es esencialmente agropecuaria, mas existen en el territorio minas diversas (hierro, níquel, molibdeno, plata) y yac. de petróleo.
CYNEWULF, poeta religioso inglés del s. VIII, mal identificado.
CYRANO DE BERGERAC (Saviniano), escritor francés (1619-1655). Se distinguen sus obras por una mezcla de libertinaje y de amaneramiento burlesco. Autor de obras de teatro y de *Cartas amorosas y satíricas.*
Cyrano de Bergerac, comedia heroica en cinco actos, de Edmundo Rostand (1897).
CZARNIECKI (Esteban), general polaco (1599-1665), que combatió contra los ejércitos de Gustavo Adolfo, los rusos y los cosacos.
CZARTORYSKI, nombre de una ilustre familia polaca, descendiente de los Jagelones.
CZEGLED, c. de Hungría, al SE. de Budapest. Vinos. Centro ferroviario.
CZERNOWITZ. V. TCHERNOVTSY.
CZERNY (Carlos), pianista y compositor austriaco, n. en Viena (1791-1857). Fue profesor de Liszt y dejó una obra abundante y muy diversa.
CZESTOCHOWA, c. de Polonia, a orillas del Warta. Centro de peregrinación. Industria.

CUZCO: plaza de Armas

Fot. Larousse, G. de Reparaz

Ch

CHICHÉN ITZÁ: Templo de los Guerreros

CHABRIER [*-brié*] (Manuel), compositor de música francés (1841-1894). Autor de la célebre rapsodia *España* (1882).

CHACABUCO, sierra de Chile, en una de cuyas laderas las fuerzas realistas fueron derrotadas por los patriotas de San Martín, el 12 de febrero de 1817. — Pobl. de la Argentina (Buenos Aires).

CHACAO (CANAL DE), brazo de mar que separa el S. de la prov. chilena de Llanquihue del N. de la isla de Chiloé.

CHACAUA, volcán de México, en la Sierra Madre del Sur (Guerrero).

CHAC MOOL, divinidad maya-tolteca de la Lluvia, representada por un personaje casi tendido, con la cabeza vuelta a un lado y las manos sobre el vientre sosteniendo una bandeja para las ofrendas. Lleva como adorno zarcillos rectangulares, un pectoral en forma de mariposa y pulseras en los brazos y en los tobillos.

CHACO, región de América del Sur, llamada tb. **Gran Chaco,** que comprende parte de Bolivia, Paraguay y Argentina. Se divide en *Chaco Boreal,* desde el río Pilcomayo hasta Chiquitos; *Chaco Central,* entre los ríos Pilcomayo y Bermejo, y *Chaco Austral,* que llega hasta la Pampa. Es una región de tierras bajas, cálida y semiárida. Formó parte de la gobernación del Paraguay, y sus límites fueron fijados después de la guerra de la Triple Alianza. Bolivia y Paraguay disputáronse los derechos de posesión del Chaco Boreal (1932-1935) y en 1938 el Tratado de Paz de Buenos Aires determinó las respectivas jurisdicciones. — Prov. de la Argentina; cap. *Resistencia;* importante explotación algodonera y primer productor de fibra del país; quebracho. (Hab. *chaqueños.*) — Volcán de Chile (Antofagasta); 5 180 m; llamado tb. **Cerro Quebrado.**

CHACO (Gran), prov. de Bolivia (Tarija); cap. *Yacuiba.*

CHACÓN (Lázaro), general y político guatemalteco (1873-1931), pres. de la Rep. de 1926 a 1930.

CHACTAS o **CABEZAS CHATAS,** indios de los Estados Unidos (Oklahoma).

CHACHANI, volcán del Perú, en la Cord. Occidental (Arequipa); 6 096 m; observ. meteorológico.

CHACHAPOYAS, c. del Perú, cap. de la prov. de su n. y del dep. de Amazonas. Obispado. (Hab. *chachapoyenses* o *chachapuynos.*) Fundada en 1536.

CHAD, gran lago de África central en los límites de Nigeria y de las Rep. del Níger, Camerún y Chad; 25 000 km². — República de África central, independiente desde 1960, que se extiende en el Sáhara meridional y en la zona sudanesa. 1 284 000 km²; 3 300 000 h. Cap. *Fort Lamy,* 132 500 h. País esencialmente ganadero.

CHADWICK (James), físico inglés, n. en 1891, descubridor del neutrón. (Pr. Nóbel, 1935.)

CHAFARINAS (ISLAS), posesión española de la costa de Marruecos, que comprende las islas de *Congreso, Rey* e *Isabel II* (capital), con 750 habitantes.

CHAGALL (Marc), pintor y grabador francés, de origen ruso, n. en 1887, autor de composiciones de gran fantasía y brillante colorido.

CHAGAS (Carlos), médico brasileño (1879-1934). Descubrió la tripanosomiasis americana y el tripanosoma que lleva su nombre.

CHAGRES, río de Panamá, que des. en el mar Caribe; 150 km. Abastece el lago de Gatún y la presa Madden, importantes elementos del canal interoceánico. — Pobl. de Panamá (Colón).

CHAIKOWSKI (Piotr Ilich). V. TCHAIKOVSKI.

Fot. Michel Hétier

CHALCHIHUITLICUE

CHANG KAI-CHEK en 1936

CHAMPAIGNE autorretrato Louvre

CHAIN (Ernesto Boris), fisiólogo inglés, de origen alemán, n. en 1906, descubridor, con Fleming y Florey, de la penicilina. (Pr. Nóbel, 1945.)

CHAITÉN, río de Chile, que des. en la bahía del mismo n. — Com. de Chile (Chiloé).

CHAKHTY, c. de la U. R. S. S. (Rusia).

CHALA, puerto del Perú (Arequipa).

CHALATENANGO, c. de El Salvador septentrional, cap. del dep. del mismo n. Fundada en 1536. (Hab. *chalatecos.*) El dep. prod. cereales, caña de azúcar, café y henequén; tb. posee minas de cobre y plomo.

CHALCO, pobl. de México, en el Estado de este n.

CHALCHICOMULA, mun. de México (Puebla).

CHALCHIHUITLICUE, divinidad del Agua, de origen tolteca, hermana o mujer de Tlaloc. El monolito de *Chalchihuitlicue* se descubrió en Teotihuacán.

CHALCHUAPA, c. de El Salvador (Santa Ana).

CHALIA o **SHEHUEN,** río de la Argentina (Santa Cruz).

CHALIAPIN (Fedor Ivanovich), célebre cantante ruso (1873-1938).

CHALON-SUR-SAÔNE [-*son*], c. de Francia (Saona y Loira). Vinos. Centro industrial.

CHÂLONS-SUR-MARNE, c. de Francia, cap. del dep. del Marne. En sus alrededores estaban los *Campos Cataláunicos,* donde fue derrotado Atila en 451 por Aecio, Meroveo y Teodorico.

CHAMA, río de Venezuela, en los Est. de Mérida y Zulia, que des. en el lago de Maracaibo.

CHAMÁ, sierra de Guatemala (Alta Verapaz); alt. máx. 1 900 m.

CHAMARTÍN DE LA ROSA, barrio del N. de Madrid.

CHAMAYA. V. HUANCABAMBA.

Chambergos, regimiento establecido por la regente de España Mariana de Austria hacia 1666 para defenderse contra Juan José de Austria, bastardo de Felipe IV.

CHAMBERÍ, barrio en la zona N. de Madrid.

CHAMBERLAIN [-*lén*] (José), político inglés (1836-1914), promotor del movimiento imperialista. — Su hijo mayor, sir AUSTEN (1863-1937), ocupó diversos cargos políticos; su hijo menor, NEVILLE (1869-1940), intentó sin éxito, en 1938, evitar el conflicto con Alemania.

CHAMBERY, c. de Francia, ant. cap. de Saboya, cap. del dep. de Saboya. Arzobispado. Metalurgia, productos químicos y alimenticios.

CHAMBO, río del Ecuador, en las prov. de Chimborazo y Tungurahua, que, con el Patate, forma el Pastaza.

CHAMBORD [-*bor*], pobl. de Francia (Loir-et-Cher), cerca de Blois; magnífico castillo edificado por Francisco I. (V. lámina *Arte francés.*)

CHAMBORD *(Conde de)*, o duque de Burdeos, nieto del rey de Francia Carlos X (1820-1883). Diéronle los realistas el nombre de *Enrique V.*

CHAME, bahía y punta de Panamá, en el golfo de Panamá. — Pobl. de Panamá, en la prov. de este n.

CHAMELECÓN, río de Honduras (Santa Bárbara y Cortés), que des. en el mar Caribe.

CHAMFORT (Nicolás-Sébastien ROCH, llamado **de**), moralista francés (1741-1794), autor de una colección de *Máximas.*

CHAMICAL, pobl. de la Argentina (Rioja).

CHAMINADE (Guillaume-Joseph), religioso francés (1761-1850), fundador en 1817 de la Compañía de María *(Marianistas).*

CHAMISSO (Adalbert von), escritor y naturalista alemán de origen francés (1781-1838), autor del relato fantástico *Historia de Pedro Schlemihl o el hombre que perdió su sombra.*

CHAMIZO (Luis), poeta español (1899-1944) de inspiración popular y dialectal.

CHAMO. V. GOBI.

CHAMONIX, c. de Francia (Alta Saboya), al pie del monte Blanco, en el valle del Arve. Centro de alpinismo y de deportes de invierno.

CHAMORRO (Diego Manuel), político nicaragüense, m. en 1923, pres. de la Rep. de 1921 a 1923.

CHAMORRO (Emiliano), general y político nicaragüense (1871-1966), pres. de la Rep. de 1917 a 1921 y en 1926. Firmó en 1916 con Bryan un tratado por el cual Nicaragua concedió a los Estados Unidos los derechos de construcción de un canal interoceánico.

CHAMORRO (Fruto), general y político nicaragüense, n. en Guatemala (1806-1855). Director Supremo de 1853 a 1855. Reformó la Constitución y se proclamó pres. en 1854, a raíz de lo cual se sublevaron contra él los demócratas.

CHAMORRO (Pedro Joaquín), político nicaragüense (1818-1890), pres. de la Rep. de 1875 a 1879. Introdujo el telégrafo, inició la construcción del ferrocarril del Pacífico y fomentó la enseñanza.

CHAMPAIGNE o **CHAMPAGNE** (Felipe de), pintor flamenco (1602-1674), uno de los más grandes representantes del clasicismo francés, autor de magníficos retratos.

CHAMPAÑA, en fr. **Champagne,** ant. prov. del E. de Francia, cap. *Troyes;* célebres vinos espumosos.

CHAMPAQUÍ, cerro de la Argentina, punto culminante de la Sierra de Córdoba; 2 884 m.

CHAMPARA, nevado del Perú (Ancash); 5 754 m.

CHAMPERICO, puerto de Guatemala, a orillas del Pacífico (Retalhuleu).

CHAMPLAIN (LAGO), lago entre los Estados Unidos y el Bajo Canadá, descubierto en 1609 por Champlain.

CHAMPLAIN [-*plán*] (Samuel de), explorador francés (¿1567?-1635), fundador de Quebec en 1608 y gobernador del Canadá en 1633.

CHAMPOLLION [-*polión*] (Juan Francisco), arqueólogo francés (1790-1832); fue el primero que consiguió descifrar los jeroglíficos egipcios.

CHAMULA, mun. de México (Chiapas).

CHANÁS, pueblo indio del delta del Paraná.

CHANCAS, indios del Perú, rivales de los incas y dominados finalmente por aquéllos.

CHANCAY, río del Perú, que des. en el Pacífico. — Prov. del Perú (Lima); cap. *Huacho.*

CHANCO, río de Chile, que des. en el Pacífico. — Com. y dep. de Chile (Maule).

CHANCHAMAYO, río del Perú (Junín); valle fértil (café, frutas).

CHANCHÁN, monte del Ecuador (Azuay); 4 096 metros.

CHANCHÁN, metrópoli, hoy en ruinas, de los chimúes en la costa del Perú, cerca de Trujillo.

CHANDERNAGOR, c. de la India (Bengala Occidental), a orillas del Hugli; francesa hasta 1951. Yute.

CHANDIGARH, c. de la India, cap. de los Estados de Pendjab y de Hariana. Construida según el proyecto de Le Corbusier.

CHANDRAGUPTA, rey de la India de 315 a 291 a. de J. C., fundador de la dinastía maurya y divulgador de la religión búdica.

CHANG o **YIN,** dinastía real que reinó en China del s. XVI al XI a. de J. C.

CHANGCHUEN, c. de China del NE., cap. de Kirin. Material ferroviario y maquinarias.

CHANGHAI. V. SHANGHAI.

CHANG KAI-CHEK, mariscal chino, n. en 1887, que sostuvo la lucha contra el Japón de 1937 a 1945. Presidente de la República en 1943 y 1948. Tuvo entonces que luchar contra el ejército comunista de Mao Tse-tung, siendo vencido en 1949. Se refugió en Formosa, donde formó un gobierno nacionalista.

CHANGSHA, c. de China central, cap. de Hunan. Puerto fluvial.

CHANGUINOLA, río de Panamá (Bocas del Toro), que des. en el mar Caribe.

CHANSI o **SHANSI,** prov. de la China del N., al S. de Mongolia. Cap. *Taiyuán.* Hulla.

CHANTAL (*Santa* Juana Francisca de), religiosa francesa (1572-1641), fundadora de la orden de la Visitación. Fiesta el 21 de agosto.

CHANTILLY, pobl. de Francia (Oise). Magnífico castillo y museo de pintura. Hipódromo. Encajes.

CHANTEU. V. SWATOW.

CHANTUNG o **SHANTONG,** prov. de China, en el mar Amarillo. Cap. *Tsinan.*

CHAÑAR, laguna de la Argentina (Buenos Aires).

CHAÑARAL, com. y dep. de Chile (Atacama).

CHAÑI, mont. de Argentina (Jujuy); 6 200 m.

CHAOCHEU, c. de China (Kuangtung). Metalurgia.

Fot. N. Y. T., Braun

CHAPALA, lago de México (Jalisco y Michoacán); 1 109 km^2. En su centro emergen varias islas. Lugar de atracción turística.
CHAPALLATA, pobl. de Bolivia, cap. de la prov. de Abaroa (Oruro).
CHAPAPOYAS, pobl. de la Argentina (Salta); ref. de petróleo.
CHAPAPRIETA (Joaquín), jurisconsulto y político español (1871-1951), jefe del Gob. en 1935.
CHAPARÉ, río de Bolivia (Cochabamba); 370 km. — Prov. de Bolivia (Cochabamba); cap. *Sacaba.*
CHAPARRAL, c. de Colombia (Tolima).
CHAPELAIN [*-lan*] (Juan), poeta francés (1595-1674). Tradujo el *Guzmán de Alfarache,* de Mateo Alemán.
CHAPELTIQUE, v. de El Salvador (San Miguel).
CHAPELLE [*-pel*] (Claudio Manuel LUILLIER, llamado), poeta francés (1626-1686), gran epicúreo.
CHAPÍ (Ruperto), compositor español (1851-1909). Autor de zarzuelas alegres y vivas: *Margarita la Tornera, La Revoltosa, El puñao de rosas, El rey que rabió, El tambor de granaderos.*
CHAPLIN (Charles), genial actor y director

Charles CHAPLIN

CHARLOT

cinematográfico inglés, n. en Londres en 1889, que ha creado el personaje dolorosamente cómico de *Charlot.*
CHAPPE [*chap*] (Claudio), ingeniero y físico francés (1763-1805), creador del telégrafo óptico, que funcionó por vez primera en 1794.
CHAPTAL (Juan), químico francés (1756-1832). Autor de numerosos descubrimientos industriales.
CHAPULTEPEC, cerro, parque y palacio de la ciudad de México. Ant. fortaleza de los reyes aztecas. Palacio edificado por el virrey B. Gálvez. En él estuvo el Colegio Militar y luego fue residencia de algunos pres. de la Rep. Hermosa perspectiva. Glorioso y último combate en 1847, contra los norteamericanos. Conferencia Panamericana en 1945 con motivo de la guerra mundial.
CHARALÁ, pobl. de Colombia (Santander).
CHARATA, pobl. de la Argentina (Chaco).
CHARCAS, sierra y pobl. de México (San Luis Potosí). — Ant. n. de **Sucre** (Bolivia), donde, durante la Colonia, residió una Real Audiencia cuya jurisdicción abarcaba los territ. de Bolivia, Argentina, Paraguay y parte del Brasil. Su Universidad fue célebre. — Prov. de Bolivia (Potosí); cap. *San Pedro de Buenavista.*
CHARCOT [*-có*] (Juan Martín), médico francés (1825-1893), conocido por sus interesantes estudios sobre las enfermedades nerviosas.
CHARCOT (Jean), sabio francés y explorador de las regiones polares (1867-1936).
CHARDIN (Juan Bautista), pintor francés (1699-1779), autor de bodegones, retratos, cuadros de interiores.
CHARDONNET (Hilario, *conde de*), químico e industrial francés (1839-1924) a quien se debe la fabricación de la seda artificial.
CHARENTE [*-rant*], río de Francia que pasa por Angulema y desemboca en el Atlántico; 360 km. — Dep. de Francia; cap. *Angulema.*
CHARENTE MARÍTIMO, dep. de Francia; cap. *La Rochela.*

CHARTRES

CHARENTON, c. de Francia (Val-de-Marne), en la confluencia del Sena y el Marne. Manicomio.
CHARI, río del África ecuatorial, que des. en el lago Chad; 1 200 km.
CHARLEROI [*-ruá*], c. de Bélgica (Henao), a orillas del Sambre; hulla, metalurgia.
CHARLES (Alejandro), físico francés (1746-1823). Fue el primero que aplicó el hidrógeno a los globos aerostáticos.
CHARLESTON, c. de los Estados Unidos (Carolina del Sur). Puerto en el Atlántico. Metalurgia, industrias químicas, astilleros. Centro de la resistencia sudista en la guerra de Secesión. — C. de los Estados Unidos, cap. de Virginia occidental. Industrias químicas.
CHARLEVILLE-MÉZIÈRES, c. del NE. de Francia, cap. del dep. de las Ardenas, formada por la fusión de Charleville, Mézières y otras.
CHARLEVOIX (Pedro Francisco Javier de), jesuita e historiador francés (1682-1761), autor de una *Historia de Santo Domingo* y de una *Historia del Paraguay.*
CHARLOT. V. CHAPLIN.
CHARLOTTE, c. de los Estados Unidos (Carolina del Norte). Industrias textiles.
CHARLOTTENBURGO, suburbio O. de Berlín. Castillo.
CHARNAY [*-né*] (Claudio), viajero francés (1828-1915). Se le deben estudios sobre la antigua civilización mexicana.
CHARPENTIER [*-pantié*] (Gustavo), compositor francés (1860-1956), autor de *Luisa.*
CHARPENTIER (Marco Antonio), compositor francés (¿1636?-1704), autor de motetes, misas, oratorios (*Historias sagradas*) y una ópera.
CHARQUEADA (La). V. ENRIQUE MARTÍNEZ.
CHARRON (Pedro), moralista francés (1541-1603). Autor de un *Tratado de la Sabiduría.*
CHARRÚAS, pueblo indio del Uruguay y de la prov. argentina de Santa Fe, hoy extinguido.
CHARTIER (Alain), escritor y diplomático francés (1385-1433), autor de escritos políticos y poesías.
CHARTIER (Emilie). V. ALAIN.
CHARTRES [*chartr*], c. de Francia, cap. del dep. de Eure y Loir; magnífica catedral (s. XII-XIII), cripta (s. XI), vidrieras y pórticos esculpidos. Iglesias románicas. Obispado.
CHASCOMÚS, c. de la Rep. Argentina (Buenos Aires), a orillas del lago de su n. Hermoso parque. Cría de ganado; pesca.
CHASSAING (Juan), poeta y periodista argentino (1838-1864), defensor de las ideas unitarias.
CHATEAUBRIAND [*-tobrián*] (Francisco Renato, *vizconde de*), escritor francés, n. en Saint Malo (1768-1848). Desempeñó varios cargos políticos durante la Restauración y alcanzó fama literaria universal con *El genio del Cristianismo* (1802), seguido de *Atala* y *René;* publicó después *Los mártires* (1809), *El último Abencerraje,* cuento basado en las luchas intestinas de los moros de Granada y *Los Nátchez* (1826). Es tb. autor de un diario apasionado de su vida (*Memorias de ultratumba*). Sus cualidades principales son la riqueza del estilo, la imaginación, la elocuencia, la potencia descriptiva y el colorido. Sus obras han ejercido poderosa influencia en el desarrollo de la literatura romántica.

CHAPÍ

J. M. CHARCOT

CHATEAUBRIAND
por GIRODET
museo de Saint-Malo

Fot. L. P. V. A., Roubier, Bulloz, Larousse

CHAUCER

CHATEAUDUN, c. de Francia (Eure y Loir); castillo (s. XV-XVI).

CHATEAUROUX, c. de Francia, cap. del dep. del Indre; centro ferroviario e industrial.

CHATEAU-THIERRY, c. de Francia (Aisne).

CHATELLERAULT [*chatelró*], c. de Francia (Vienne), a orillas del río Viena.

CHATHAM, c. de Inglaterra (Kent), a orillas del Medway, afl. del Támesis. Puerto militar, arsenal.

CHATHAM, archip. neozelandés de Oceanía, al E. de Nueva Zelanda.

CHATHAM (*Lord*). V. PITT.

CHATT EL-ARAB, río de Mesopotamia, formado por la unión del Tigris y el Éufrates; pasa por Basora y des. en el golfo Pérsico.

CHATTANOOGA, c. de los Estados Unidos (Tennessee); metalurgia. Victoria del general Grant contra los sudistas (22-25 de nov. de 1863).

CHATTERJE o **CHATTOPODHYAYA** (Bankim Chandra), escritor indio (1838-1881), popular novelista bengalí.

CHATTERTON (Thomas), poeta inglés (1752-1770), que publicó en 1768 unos poemas imitados de la Edad Media. Caído en la miseria, se suicidó.

CHAUCER [*chóser*] (Godofredo), poeta inglés (¿1340?-1400), fundador de la literatura poética en su país con sus famosos *Cuentos de Cantorbery*.

CHAUMONT [*chomón*], c. de Francia, cap. del dep. del Alto Marne; calzado.

CHAURE, pobl. de Venezuela; ref. de petróleo.

CHAUX-DE-FONDS (La) [*chodfón*], c. de Suiza (Neuchâtel); relojería.

CHAVARRÍA (Lisímaco), poeta costarricense (1877-1913), autor de *Desde los Andes*.

CHAVERO (Alfredo), jurisconsulto, político, historiador y dramaturgo mexicano (1841-1906).

CHAVES (Federico), militar y político paraguayo, n. en 1878, pres. de la Rep. en 1949. Depuesto en 1954.

CHAVES (Ñuflo de), colonizador español (¿1518?-1568), que exploró el Paraguay, fundó la c. boliviana de Santa Cruz de la Sierra (1561) e introdujo en el Plata los ganados lanar y cabrío.

CHÁVEZ (Carlos), compositor mexicano, n. en 1899, autor de *Sinfonía India* y varios ballets.

CHÁVEZ (Coronado), político hondureño (1807-1881), pres. de la República de 1845 a 1847.

CHÁVEZ (Ezequiel A.), pedagogo y filósofo mexicano (1868-1946).

CHÁVEZ (Jorge), aviador peruano, n. en París (1887-1910), que realizó la primera travesía de los Alpes.

CHAVÍN, lugar arqueológico de los Andes peruanos (Ancash), importante centro de cultura preincaica. Ruinas en *Chavín de Huántar*.

CHAYANTA, prov. de Bolivia (Potosí); cap. *Colquechaca*.

CHEB, en alem. **Eger,** c. de Checoslovaquia, a orillas del Ohre. Centro industrial. En ella fue asesinado Wallestein en 1634.

CHECA (Feliciano), militar ecuatoriano, m. en 1846, que intervino en la defensa de Quito (1812) y se distinguió en la batalla del Pichincha.

CHECOSLOVAQUIA, república de Europa central, limitada al N. por Alemania y Polonia, al S. por Austria, Hungría y Ucrania. Sup. 127 827 km²; 13 776 000 h. (*checoslovacos*); cap. *Praga,* 1 000 000 h.; c. pr. *Brno,* 320 371 h.; *Bratislava,* 246 695; *Ostrava,* 227 200; *Plzen,* 135 273; *Koshice,* 81 460; *Olomouc,* 75 879; *Liberec,* 67 796; *Usti nad Labem,* 64 798; *Ceske Budejovice,* 64 104; *Gottwaldov,* 57 974; *Hradec-Kralove,* 56 250; *Pardubice,* 56 077.

— GEOGRAFÍA. Checoslovaquia está formada por tres grandes regiones: 1º *Bohemia,* región de llanuras, con sectores de agricultura muy rica e industria considerable (construcciones mecánicas, textiles, productos químicos); 2º *Moravia,* corredor de paso entre Bohemia y Eslovaquia; 3º *Eslovaquia,* región muy montañosa, en la que la industrialización está en pleno desarrollo. — La economía checoslovaca se caracteriza por la intensa colectivización de la agricultura.

— HISTORIA. En el s. IX, la Gran Moravia constituyó un Estado unificado, cristianizado por Cirilo y Metodio, que sucumbió ante el ataque de los magiares en el s. X. El centro político se desplazó entonces hacia el ducado de Bohemia, con Praga por capital. Vratislav II (1061-1092) fue coronado rey; en 1253, la corona recayó en Otokar II, que poseía ya Austria, y Carlos IV (1346-1378) llegó a ser emperador. El suplicio de Juan Hus (1415) marcó el momento culminante de las guerras religiosas y provocó una insurrección nacional. En 1526, la corona pasó a los Habsburgo. Bajo Matías I, la defenestración en Praga de dos representantes del embajador

mapa de CHECOSLOVAQUIA

Fot. Larousse

desató la guerra; pero el emperador Fernando I obtuvo la victoria (Montaña Blanca, 1620). El movimiento nacionalista de Bohemia, manifestado desde entonces, culminó con la independencia del país en 1918. En 1938, una parte de Checoslovaquia fue ocupada por Hitler, y el resto del país al año siguiente. Liberada por los soviéticos, Checoslovaquia se transformó en 1948 en República Popular. Un intento de liberalización del régimen provocó la intervención soviética en 1968. En 1969 se adoptó una estructura federal.

CHEDDAR, c. de Gran Bretaña (Somerset); quesos famosos.

CHEFU. V. YENTAI.

CHEJOV (Antón), novelista y dramaturgo ruso (1860-1904), renovador del teatro moderno con sus comedias *El tío Vania, El jardín de los cerezos, Las tres hermanas* y *La gaviota.*

CHEKIACHUANG. V. SHEKIACHUANG.

CHEKIANG, prov. de China central; cap. *Hangcheu.*

CHELI. V. HOPEI.

CHELIABINSK, c. de la U. R. S. S. (Rusia). Metalurgia, construcciones mecánicas.

CHELSEA, c. de Inglaterra, hoy barrio de Londres, a orillas del Támesis.

CHELTENHAM, c. de Gran Bretaña (Gloucester). Estación termal.

CHELLES [*chel*], c. de Francia (Sena y Marne); estación prehistórica.

CHEMNITZ. V. KARL-MARX-STADT.

CHENGCHEU, c. de China, cap. de Honan, a orillas del Hoangho o río Amarillo.

CHENGKIANG, c. de China (Kiangsu).

CHENGTU, c. de China, cap. de Sechuán; gran centro industrial.

CHENIER (André), poeta francés (1762-1794), que murió guillotinado durante la Revolución y cuyas *Odas* le colocan entre los maestros de la lírica europea.

CHENONCEAUX [*-só*], pobl. de Francia, cerca de Tours. Hermoso castillo del Renacimiento, a orillas del río Cher.

CHENSÍ o **SHENSI,** prov. de China, cap. *Sian.*

CHENYANG. V. MUKDEN.

CHEOPS. V. KEOPS.

CHÉPICA, com. de Chile (Colchagua).

CHEPIGANA, distr. de Panamá (Darién).

CHEPO, río de Panamá, que des. en el Pacífico; 250 km. — Pobl. de Panamá, en la prov. de Panamá.

CHER, río de Francia, afl. del Loira; 320 km. — Dep. de Francia, cap. *Bourges.*

CHERBURGO, c. de Francia (Mancha); puerto militar y de viajeros. Astilleros.

CHERNIGOV. V. TCHERNIGOV.

CHERNOVTSY. V. TCHERNOVTSY.

CHERQUESOS. V. TCHERKESOS.

CHERUBINI [*ker-*] (Luis), compositor de música italiano (1760-1842), naturalizado francés, autor de obras religiosas, óperas y cuartetos.

CHESAPEAKE [*-pik*], bahía de los Estados Unidos, a orillas del Atlántico; en su costa está edificada la ciudad de Baltimore.

CHESELDEN (Guillermo), cirujano y oculista inglés (1688-1752).

CHESHIRE, condado de Gran Bretaña, en el NO. de Inglaterra; cap. *Chester.*

CHESTE *(Conde de).* V. GONZÁLEZ DE LA PEZUELA.

CHESTER, c. de Inglaterra, cap. de Cheshire; construcciones aeronáuticas; centro de energía nuclear; quesos afamados.

CHESTERFIELD, c. de Inglaterra (Derby); hulla; metalurgia; textiles.

CHESTERTON (Gilbert Keith), escritor inglés (1874-1936); novelista de vena humorística, ensayista e historiador, autor de *La esfera y la cruz, El hombre que fue jueves, El regreso de Don Quijote* y las historias del *Padre Brown.*

CHETUMAL, c. de México, cap. del Territ. de Quintana Roo; puerto en la *bahía de Chetumal.* Llamóse ant. **Payo Obispo.**

CHEU, dinastía china, que reinó aproximadamente de 1050 a 249 a. de J. C.

CHEVALIER (Maurice), cantante y actor francés, n. en 1888.

CHEVALIER (Miguel), economista francés (1806-1879), librecambista.

CHEVIOT (MONTES), cadena de montañas que separa Escocia de Inglaterra; 810 m en el *monte Cheviot.* Cría de ganado lanar.

castillo de CHENONCEAUX

CHEVREUL (Eugenio), químico francés (1786-1889), inventor de las velas de estearina.

CHEVTCHENKO (Tarass), poeta ucraniano (1814-1861), animador de las ideas nacionalistas y democráticas de su país.

CHEYNEY (Peter), escritor inglés (1896-1951), autor de novelas policíacas.

CHI CUMARCAH, ant. pobl. de Guatemala, cap. de la dinastía indígena de los Quiché.

CHÍA, pobl. de Colombia (Cundinamarca).

CHIANG KAI-CHEK. V. CHANG KAI-CHEK.

CHIANTI, región italiana, en la prov. de Siena, famosa por sus vinos.

CHIAPAS, Estado de México a orillas del Pacífico; cap. *Tuxtla Gutiérrez;* prod. café, maíz, frijoles, cacao; importante riqueza ganadera; maderas finas. Ruinas mayas.

CHIAPPORI (Atilio), escritor argentino (1880-1945), autor de cuentos psicológicos *(Borderland)* y reputado crítico de arte.

CHIARI (Roberto Francisco), político panameño, n. en 1905, pres. de la Rep. en 1949, reelegido en 1960. Al final de su mandato reclamó con vigor la soberanía de la zona del canal.

CHIARI (Rodolfo), político panameño (1869-1937) pres. de la Rep. en 1912 y 1924-1928.

CHIBA, c. del Japón (Hondo).

CHIBCHAS, pueblo indio, llamado también **muiscas** o **moscas,** que habitaba en Colombia, en las altiplanicies de la Cordillera Oriental (Boyacá, Cundinamarca y un extremo de Santander). Cuando llegaron los españoles a estas tierras, formaba varios Estados independientes y dos caciques se disputaban la hegemonía: el Zipa de Bacatá (Bogotá) y el Zaque de Hunsa (Tunja). Los chibchas cuya cultura tenía mucha afinidad con la incaica, se dedicaban a la agricultura, eran notables alfareros y fabricaban gran variedad de joyas y curiosas figuras de oro y cobre, hechas en láminas de metal. Su culto consistía en la adoración de los astros, de *Bochica,* su héroe civilizador, y en la veneración de sus antepasados. Sacrificaban niños y jóvenes. Los chibchas fueron fácilmente dominados por los españoles y sus descendientes son en su mayoría agricultores.

CHIBUTI. V. JIBUTI.

CHICAGO, c. de los Estados Unidos (Illinois), a orillas del lago Michigan. Gran centro de comunicaciones y el mercado más importante de la Unión: conservas, maderas, cereales, ganado. Primer puerto de los Grandes Lagos.

CHICAMOCHA. V. SOGAMOSO.

CHICLANA DE LA FRONTERA, c. de España (Cádiz). Vinos. Aguas termales.

CHICLAYO, c. del Perú, cap. del dep. de Lambayeque. Obispado. (Hab. *chiclayanos.*)

CHICO, río de la Argentina (Santa Cruz), que des. en el Atlántico. — Río de México, en los Est. de Tabasco y Chiapas, afl. del Usumacinta. — Sierra de México (Hidalgo).

CHICOUTIMI, c. del Canadá (Quebec). Centro industrial.

CHICHÉN ITZÁ, antigua c. maya, al N. del Yucatán, fundada hacia el s. IX de nuestra era. Notables ruinas maya-toltecas (pirámide El Castillo, templo de los Guerreros, del Caracol, etc.).

CHICHESTER, c. de Inglaterra (Sussex). Catedral del s. XII.

CHICHICASTENANGO, mun. de Guatemala (Quiché).

CHICHICASTEPEQUE. V. APANECA.

CHICHIGALPA, pobl. de Nicaragua (Chinandega); gran ingenio azucarero.

CHICHIHUA, río de México (Oaxaca), que, al unirse con el Chivela, forma el Coatzacoalcos.

CHICHIMECAS, antiguo pueblo mexicano, procedente del N., que destruyó el imperio tolteca

CHEJOV

CHESTERTON

vasija CHIBCHA
arte precolombino

Fot. L. P. V. A., X, British Council, Larousse

en el s. XII y se estableció en Tenayuca y luego en Texcoco. Heredó la cultura de sus predecesores.

CHICHONTEPEC. V. San Vicente.

CHIETI, c. de Italia, cap. de la prov. del mismo n., en los Abruzos. Arzobispado.

CHIGUARÁ, pobl. de Venezuela (Mérida).

CHIHUAHUA, c. del N. de México, cap. del Est. del mismo n.; centro industrial y comercial. Arzobispado. (Hab. *chihuahuenses.*) En ella fue fusilado el cura Hidalgo (1811). El Estado prod. maíz, trigo, alfalfa y algodón; ganadería; minas de cobre, plomo, cinc y antimonio.

escudo de CHILE

CHIÍTAS, musulmanes que consideran a Alí como el único califa legal con exclusión de los otros sucesores de Mahoma.

Chilam Balam *(Libros de)*, crónicas anónimas escritas en lengua maya después de la Conquista.

CHILAMATE, pobl. de Costa Rica (Heredia).

CHILANGA, v. de El Salvador (Morazán).

CHILAPA, c. de México (Guerrero). Obispado.

CHILDEBERTO, n. de tres reyes merovingios.

Childe Harold *(La Peregrinación de)*, poema en cuatro cantos, de Byron (1812-1818).

CHILDERICO, n. de tres reyes merovingios (s. V, VI y VIII).

CHILE, Estado de América del Sur, situado al extremo SO. de dicho continente, que limita al N. con Perú, al Este con Bolivia y Argentina, al S. con el Polo Sur y al O. con el océano Pacífico. 756 945 km² (Chile considera de su pertenencia por razones geográficas e históricas, 1 250 000 km² de la Antártida); 9 780 000 h. *(chilenos)*. Cap. *Santiago.*

— Geografía. — *Relieve.* Chile, angosta faja de tierra de 4 270 km de longitud y sólo 180 km de anchura media, es un país de montañas: dos cordilleras paralelas lo recorren longitudinalmente, la de los Andes y la de la Costa, cuya elevación disminuye de norte a sur. En la primera se hallan las más altas cumbres, como Ojos del Salado (6 100 m), y abundan los volcanes, tanto activos como apagados: Tacora (5 980 m), Llullaillaco (6 723 m), Tupungato (6 800 m), Maipo (5 323 m) y Osorno (2 660 m). La Cordillera de la Costa, de cimas redondeadas, generalmente no pasa de los 2 000 m. Entre ambas cordilleras, se extiende una depresión que forma al norte una meseta desértica (Pampa del Tamarugal y Desierto de Atacama), luego una serie de valles transversales y, desde Santiago a Chiloé, un angosto valle longitudinal que termina por hundirse en el mar. Chile es un país de intensa actividad sísmica y son numerosos los terremotos que han llegado a asolar regiones enteras del territorio.

— *Clima.* Las variaciones del clima del país se deben a la latitud, al relieve y a la influencia de la corriente de Humboldt. Lo mismo hay zonas climáticas desérticas (norte) que polares (extremo sur) y climas mediterráneos (centro) o lluviosos (sur y región andina). La temperatura media en Arica es de 18,1 grados mientras que en Punta Arenas es de 6,2.

— *Hidrografía.* Dada la configuración del país, los ríos chilenos son cortos y de corriente rápida. Los principales son: Loa, Aconcagua, Maipo, Maule, Bío-Bío, Toltén, Imperial, Valdivia, Palena y Baker. En la zona comprendida entre el Bío-Bío y el Maullín existen grandes lagos: el Llanquihue, el Ranco, el Rupanco y el Villarrica, de interés turístico por su belleza excepcional.

— *Costas e islas.* El dilatado litoral chileno se divide en dos secciones bien marcadas, separadas por el canal de Chacao, frente a la isla de Chiloé. Al norte, la costa es rectilínea y acantilada, con algunos sitios bajos donde se abrigan los puertos. Al sur prevalece una costa sinuosa y quebradísima, con innumerables golfos, canales, estrechos, fiordos e islas. Éstas forman varios archipiélagos, entre otros el de Chiloé, el de Chonos y, al sur del estrecho de Magallanes, el de Tierra del Fuego. En la costa de la Antártida chilena se destacan la península llamada Tierra de O'Higgins y las islas Shetlands del Sur. Al oeste de San Antonio se hallan las islas de Juan Fernández; más al N., las de San Félix y San Ambrosio, frente a Chañaral la isla Sala y Gómez, y en Oceanía, la de Pascua (180 km²).

— *Población.* La población de Chile es producto de la fusión de los grupos étnicos indígenas primitivos con los conquistadores españoles. En la primera mitad del s. XVIII desaparece toda distinción entre los elementos de la población. La inmigración es escasa. Un alto índice de natalidad (28,8 por mil) favorece el crecimiento del número de habitantes. La mayor parte de éstos se concentra en el centro del país, y un 68,2 % vive en las ciudades.

— *Economía.* A pesar de la escasez de tierras cultivables (menos de la mitad del territorio), la agricultura chilena ha adquirido notable desarrollo: el país produce cereales, frijoles, patatas, lentejas, arroz, frutas tropicales y mediterráneas, sobre todo en la fértil región central. El cultivo de la vid (prov. de Santiago y Talca) y la producción de vinos constituyen una importante fuente de riquezas. Gran extensión del terreno cultivable está dedicada a la ganadería, que cuenta con más de dos millones y medio de bovinos, siete millones de ovinos, 600 000 equinos y 900 000 porcinos. También se explotan las riquezas forestales, principalmente en la región que se extiende al sur del Bío-Bío. La caza de la ballena se practica en la Antártida, pero su rendimiento es insignificante. La minería tiene importancia fundamental en la economía chilena, y la región minera por excelencia es la zona desértica del norte. El salitre fue el principal producto minero hasta los últimos años. Decaído éste a consecuencia de la aparición del salitre sintético, ha cedido el paso al cobre (segundo lugar en la producción mundial), que se explota en el norte (Chuquicamata) y en la región central. Chile produce también carbón (prov. de Concepción), hierro, oro, azufre, manganeso, plomo y plata, y explota los yacimientos petrolíferos de Tierra del Fuego. Los recursos hidroeléctricos son importantes. La industria está en pleno desarrollo: alimenticias, textiles, químicas, maderera, etc., y se concentra en la zona central, donde se halla la planta siderúrgica de Huachipato y las fundiciones de cobre de Paipote y Las Ventanas. Chile produce además casi el 90 % del consumo mundial de yodo. El país cuenta con más de 8 500 km de vías férreas y unos 50 000 km de carreteras. La carretera panamericana recorre 3 371 km de territorio chileno. La aviación civil dispone de más de setenta aeropuertos. Los principales productos de exportación son cobre (60 % del total), salitre, lanas, hierro, maderas y vinos, y los Estados Unidos son el primer cliente. La unidad monetaria es el *escudo,* y el Banco Central de Chile es el banco de emisión.

CHILE. — Estadística (cifras en millares)

PROVINCIA	km²	Hab.	CAPITAL	Hab.
Santiago	17,7	3 409	**Santiago**	2 597
Aconcagua	9,9	168	San Felipe	19
Antofagasta	125,3	309	Antofagasta	88
Atacama	78,3	197	Copiapó	30
Arauco	5,2	114	Lebu	6
Aisén	103,6	57	Puerto Aisén	5
Bío-Bío	11,1	212	Los Ángeles	36
Cautín	18,4	472	Temuco	72
Colchagua	8,3	196	San Fernando	22
Concepción	5,7	737	Concepción	148
Coquimbo	38,8	406	La Serena	47
Curicó	5,3	134	Curicó	33
Chiloé	27,0	113	Ancud	7
Linares	9,4	212	Linares	28
Llanquihue	18,2	220	Puerto Montt	42
Magallanes	116,8	93	Punta Arenas	50
Malleco	14,1	202	Angol	19
Maule	5,7	103	Cauquenes	18
Ñuble	14,0	315	Chillán	65
O'Higgins	7,1	307	Rancagua	53
Osorno	9,2	159	Osorno	55
Talca	10,1	231	Talca	68
Tarapacá	58,2	175	Iquique	51
Valdivia	18,5	275	Valdivia	61
Valparaíso	5,1	727	Valparaíso	253

Otras poblaciones

Arica	43	Puente Alto	44
Chuquicamata	25	Quillota	29
Coquimbo	34	San Bernardo	45
Coronel	34	Talcahuano	84
Lota	28	Viña del Mar	115

PERÚ
N. de Sajama
6520
Arica
Lago Poopó
BOLIVIA
Pisagua
Iquique
Salar de Uyuni
C. 6180
Aucanquilcha
V. S. Pedro
6165
Tocopilla
Mejillones
Salar de Atacama
Antofagasta
C. Púlar
6225
V. Socompa
Llullaillaco
6723
Desierto de Atacama
Cord. de la Costa
Cord. de Domeyko
Taltal
Chañaral
Nev. de Tres Cruces
6620
Pso de S. Francisco
N. Ojos del Salado 6870
Caldera
Copiapó
M. Pissis
6779
Vallenar
La Serena
Coquimbo
Ovalle
6959
C. Aconcagua
Viña del Mar
Quillota
C. Tupungato
6550
Valparaíso
SANTIAGO
Rancagua
5290
V. Maipó
S. Fernando
Curicó
Talca
Linares
Chillán
Concepción
Talcahuano
Temuco
Osorno
Puerto Montt
Chiloé
Corcovado
Arch. de los Chonos
Pen. de Taitao
G. de Penas
Lago Puerto Aisén
Gral. Carrera
Lago Buenos Aires
Lago San Martín
Lago O'Higgins
L. Viedma
I. Wellington
C. Trinidad
Madre de Dios
C. Concepción
L. Argentino
Archipiélago Reina Adelaida
Est. de Magallanes
Desolación
Santa Inés
Clarence
Londonderry
Hoste
C. de Hornos
Navarino
Est. de Magallanes
Isla Grande de Tierra del Fuego
0
200
km
55°
25°
35°
45°
OCÉANO PACÍFICO
ARGENTINA
Los Andes
Cordillera de los Andes
TARAPACA
ANTOFAGASTA
ATACAMA
COQUIMBO
ACONCAGUA
VALPARAÍSO
SANTIAGO
O'HIGGINS
COLCHAGUA
CURICO
MAULE
TALCA
LINARES
ÑUBLE
ARAUCO
CONCEPCIÓN
BÍO-BÍO
MALLECO
CAUTÍN
OSORNO
VALDIVIA
LLANQUIHUE
CHILOÉ
AISÉN
MAGALLANES
Carretera panamericana
Ferrocarril
72°
Chañaral
Inca de Oro
C. Bravo 5280
Paso de San Francisco
6620
Nev. Incahuasi
Tres Cruces
6620
N. Ojos del Salado
6870
Caldera
Algarrobo
Copiapó
Tierra Amarilla
V. Azufre
6080
R. Copiapó
La Guardia
Pissis 6779
Tres Puentes
28°
Carrizal Bajo
Algarrobal
C. 5830
del Potro
C. Bonete
6872
Pso de Peña Negra
Huasco
Freirina
Merceditas
Vallenar
Pso del Inca
6779
C. Bascuñan
Domeyko
C. del Toro
6380
Nev. de los Tambillos
5800
R. Bermejo
El Tofo
Cruz Grande
La Higuera
Cord. de la Punilla
C. de Colanguil
B. de Coquimbo
La Serena
Coquimbo
C. de las Tórtolas
6323
30°
B. Tongoy
Vicuña
Rivadavia
Pta Lengua de Vaca
Tongoy
C. del Volcán
5576
C. de Olivares
6282
Ovalle
Punitaqui
Cord. de Olivares
Pso del Azufre
Combarbalá
C. de Ansilta
S. Tontal
R. S. Juan
Illapel
S. Juan
Los Vilos
Salamanca
Cord. de la Costa
C. Mercedario
6670
32°
El Peñón
3590
C. Amarillo
6290
La Ligua
Co Aconcagua
6959
S. Felipe
La Calera
Los Andes
Pso de la Cumbre
Mendoza
Concón
Viña del Mar
Valparaíso
Quillota
Portillo
Juncal 6060
Nev. del Plomo 6050
SANTIAGO
San Antonio
Llolleo
Melipilla
San Bernardo
5830
V. S. José
Navidad
Sewell
C. del Castillo 5485
34°
Rancagua
V. Maipo 5290
R. Rapel
Pichilemu
San Fernando
V. Overo
4765
San Rafael
4300
Vichuquén
Sta Cruz
Curicó
V. Tinguiririca
Sosneado 5189
C. Las Leñas 4234
Licantén
Molina
4860
Constitución
R. Maule
Pso del Planchón
Peteroa
4090
Talca
3830
C. Carranza
S. Javier
Lo Descabezado Grande
Sierra del Nevado
Linares
Cauquenes
Campanario
4020
36°
Parral
3230
Longaví
Quirihue
San Carlos
Niblinto
4709
Tomé
Chillán
Talcahuano
Concepción
Penco
V. Domuyo
Coronel
Recinto
Nev. Chillán
Lota
I. Santa María
Arauco
San Rosendo
Los Ángeles
C. del Viento
Sta Barbara
L. de la Laja
Río Colorado
Lebu
Curanilahue
R. Bío Bío
Angol
3010
Copahué
R. Neuquen
Collipulli
38°
Mocha
Traiguén
Victoria
Villa Portales
Rahue
2690
R. Negro
Lautaro
Curacautín
Carahue
3124
V. Llaima
Pto Saavedra
Temuco
69°
Cordillera de los Andes
Cord. de Nahuelbuta
OCÉANO PACÍFICO
ARGENTINA

— Constitución y administración. Según la Constitución de 1925, Chile es una República unitaria, administrativamente dividida en 25 provincias. El poder ejecutivo lo ejerce el presidente de la República, elegido cada 6 años. El poder legislativo corresponde al Congreso Nacional, formado por la Cámara de Diputados y la de Senadores. El poder judicial incumbe a la Corte Suprema de Justicia, doce Cortes de Apelación y otros tribunales.
El idioma oficial es el español.
La enseñanza primaria es gratuita y obligatoria, y la superior está atendida por 8 universidades, entre estatales y privadas. La religión predominante es la católica y la Iglesia está separada del Estado. El país se divide eclesiásticamente en seis arquidiócesis, 16 diócesis, dos vicariatos apostólicos y una prelatura nullius.

— Historia. Los antiguos habitantes de Chile estaban asentados en el país de la forma siguiente: en el Norte continental, los *atacameños*, pueblo agricultor que ha dejado también notables ruinas arqueológicas, y los *diaguitas*, agricultores asimismo, que sabían fundir el cobre y eran notables alfareros; en la costa norte y central, los *changos*, que vivían de la pesca; en el centro y sur continental, los *picunches*, *araucanos* y *huilliches*, pueblos agricultores y ganaderos; en la Cordillera Central y Sur, los *chiquillanes*, *pehuenches*, *puelches*, *poyas*, *tehuelches* y *onas*, tribus nómadas que vivían de la caza y de la recolección de frutos. En la zona de los Canales habitaban los *cuncos*, *chonos*, *alacalufes* y *yaganes*, que conocían la navegación a vela. Hacia el año 1500, los *incas* dominaron el territorio de Chile hasta el río Maule y enriquecieron a sus habitantes con aportaciones de su cultura.
Magallanes descubrió, en 1520, la Tierra del Fuego. El primer explorador del interior del país fue Diego de Almagro, quien partió de Cuzco en 1535 y atravesó los Andes por el paso de San Francisco en 1536. Uno de sus capitanes, Juan de Saavedra, dio nombre a la bahía de Valparaíso. A su regreso al Perú, Almagro fue ejecutado (1538). En 1540, Pedro de Valdivia emprendió la conquista. Llegado a orillas del río Mapocho, fundó el 12 de febrero de 1541 la primera ciudad, Santiago del Nuevo Extremo, de la que fue gobernador general. La expansión en gran escala comenzó en 1550: entre ese año y el de 1553 fueron fundadas Concepción, La Imperial, Valdivia, Villarrica y Los Confines. En 1554, los mapuches, al mando de Lautaro, dieron muerte a Valdivia. De 1557 a 1561, García Hurtado de Mendoza, a quien acompañó a Chile el poeta Ercilla, prosiguió la conquista del territorio. En 1558 fue apresado y torturado el famoso caudillo Caupolicán. La resistencia de los indígenas no disminuyó por ello; en 1598 dieron muerte al gobernador Oñez de Loyola y en 1604 se habían apoderado ya de todas las ciudades españolas al sur del Bío-Bío; Valdivia y Chiloé fueron los únicos núcleos de blancos que quedaron al sur de dicha línea. El siglo XVII fue el período más difícil de la historia colonial de Chile, debido principalmente a la invencible resistencia de los araucanos. En 1629, el cacique Lientur aniquiló un regimiento de peninsulares en Las Cangrejeras. La "guerra lucrativa" emprendida por el gobernador Acuña con objeto de vender a los prisioneros como esclavos provocó un levantamiento de los araucanos que causó enormes pérdidas a los españoles (1655). En 1647, un terremoto destruyó la ciudad de Santiago. Por si todo eso fuera poco, los conquistadores hubieron de defender el territorio contra los constantes ataques de los piratas ingleses y holandeses. La existencia precaria de la Colonia en esta época impidió su desarrollo económico; sin embargo, las minas de oro de Tiltil, Copiapó y Lipangue y las minas de cobre de Coquimbo no dejaron de producir pingües rentas a la Corona. También fue relativamente intenso el comercio de sebo, vinos y cueros con el Perú. Por lo que toca a otros aspectos de la vida, la Real Audiencia de Chile, que había sido creada en 1565 con residencia en Concepción, fue suprimida durante siete años y restablecida en 1609 en Santiago.
En contraste con la turbulencia del siglo anterior, el XVIII fue un siglo de tranquilidad y de progreso. La guerra con los araucanos entró en un período de calma. Los gobernadores optaron por establecer la frontera de la Colonia en el Bío-Bío, y el resultado fue una paz armada, confirmada por los "parlamentos" que cada nuevo gobernador celebraba con los caciques mapuches. Por otra parte, la Real Audiencia de Chile tuvo la fortuna de ser regida en este siglo por hombres distinguidos, como Manso de Velasco, Ortiz de Rozas y Ambrosio O'Higgins; todos ellos fueron infatigables fundadores de poblaciones y administradores intachables. En el aspecto administrativo hubo algunas modificaciones en el siglo XVIII. En 1783, la Capitanía General de Chile fue dividida en dos Intendencias, la de Santiago y la de Concepción, para facilitar el gobierno. Ya en el año 1767, Carlos III puso fin al monopolio de la Casa de Contratación. El comercio progresó sensiblemente, gracias a la venta de trigo al Perú y a una política más liberal de la Corona, que autorizó el comercio libre entre los puertos chilenos de Valparaíso y Talcahuano y los puertos españoles; finalmente, la creación del tribunal comercial, conocido con el nombre de "Consulado" (1795), permitió evitar los inconvenientes de las apelaciones a Lima. En el aspecto intelectual, el acontecimiento más importante de la época fue la fundación, decretada en 1738, de la Universidad de San Felipe, inaugurada en 1757.
A principios del siglo XIX, la difícil situación de España tuvo repercusiones no menos graves en sus Colonias de Ultramar. En Santiago de Chile, una Junta de patriotas asumió el Poder en nombre de la Corona el 18 de septiembre de 1810. El 15 de noviembre de 1811 se sublevó José Miguel Carrera, y en septiembre del año siguiente se adueñó del Poder, sin proclamar la independencia. En su breve gobierno declaró la libertad de prensa y fundó el Instituto Nacional y la Biblioteca Nacional. Carrera hizo frente al ejército realista enviado por el virrey del Perú, Abascal, pero los reveses militares le obligaron a renunciar el mando en la persona de Bernardo O'Higgins, en agosto de 1813. Finalmente, Carrera y O'Higgins reunidos no pudieron resistir a las tropas realistas mandadas por Osorio, y la derrota de Rancagua fue la ruina de los esfuerzos de los patriotas (2 de octubre de 1814). En 1817, José de San Martín comenzó la guerra propiamente de independencia. Su ejército partió de Mendoza en enero de ese año y, apoyado por Las Heras, Soler y O'Higgins, venció a los realistas en la batalla de Chacabuco (12 de febrero de 1817). Como San Martín rehusara el Poder, éste recayó en O'Higgins. El 12 de febrero de 1818, después de consultar la opinión popular, fue jurada la independencia de Chile. La batalla de Maipo (5 de abril de 1818) aseguró la independencia efectiva del norte y el centro del país; los realistas se refugiaron al sur de la provincia de Concepción, donde una guerra sangrienta se prolongó hasta 1824. La independencia de Chile fue reconocida por los Estados Unidos en 1822. Aunque liberal por educación y por temperamento, O'Higgins vio en la dictadura el único medio de imponer el orden en aquellos momentos; esto le acarreó una impopularidad creciente, que le obligó a dimitir (28 de enero de 1823). Durante su gobierno se habían promulgado dos constituciones: la de 1818 y la de 1822. Luego fue elegido Director Supremo Ramón Freire (1823-1826) comenzando con su dimisión un período de agitación conocido como los « cinco años de anarquía ». Después de la revolución de 1829, los triunfadores llevaron al Poder a Joaquín Prieto como presidente y a Diego Portales como ministro (abril de 1831); éste fue, en realidad, el creador de la República Chilena. En 1833 fue promulgada una nueva Constitución, cuya principal característica consistía en cierta interdependencia de los poderes ejecutivo y legislativo, aunque con predominio del primero. La nueva Constitución abrió un período de gobierno fuerte, pero no despótico, que duró hasta 1891 y llevó a Chile a una gran prosperidad. De 1836 a 1841, una guerra opuso a Chile y Perú; durante ella fue asesinado el ministro Portales. Si algún efecto beneficioso tuvo esa guerra, fue el de acabar en el interior de Chile con la vieja oposición entre realistas y patriotas. El gobierno de Manuel Bulnes Prieto (1841-1851) fue uno de los que más se distinguieron. Durante él fue fundada la

GOBERNANTES DE CHILE

Bernardo O'Higgins	1817	José Joaquín Pérez	1861	Emiliano Figueroa Larraín	1925
Junta de Gobierno	1823	Federico Errázuriz Zañartu	1871	Carlos Ibáñez	1927
Ramón Freire	1823	Aníbal Pinto	1876	Juan Esteban Montero	1931
Manuel Blanco Encalada	1826	Domingo Santa María	1881	Carlos Dávila	1932
Agustín Eyzaguirre	1826	José Manuel Balmaceda	1886	Bartolomé Blanche	1932
Ramón Freire	1827	Jorge Montt	1891	Arturo Alessandri Palma	1932
Francisco Antonio Pinto	1827	Federico Errázuriz Echaurren	1896	Pedro Aguirre Cerda	1938
Francisco Ramón Vicuña	1829	Germán Riesco	1901	Juan Antonio Ríos Morales	1942
Francisco Ruiz Tagle	1830	Pedro Montt	1906	Gabriel González Videla	1946
José Tomás Ovalle	1830	Ramón Barros Luco	1910	Carlos Ibáñez	1952
Fernando Errázuriz	1831	Juan Luis Sanfuentes	1915	Jorge Alessandri	1958
Joaquín Prieto	1831	Arturo Alessandri Palma	1920	Eduardo Frei	1964
Manuel Bulnes	1841	Luis Altamirano	1924	Salvador Allende	1970
Manuel Montt	1851	Arturo Alessandri Palma	1925		

Universidad de Chile (1842), una goleta chilena ocupó el estrecho de Magallanes (1843), y España reconoció la independencia chilena (1844). Las elecciones de 1851, en las que resultó favorecido Manuel Montt, dieron motivo a una revolución. Durante esta gestión fue elaborado por Andrés Bello el Código Civil de Chile, obra clásica de la jurisprudencia. No obstante, la política autoritaria de Montt provocó una nueva revolución en 1859. La elección de José Joaquín Pérez en 1861 trajo consigo la paz. En 1865, Chile declaró la guerra a España, que había enviado una expedición contra el Perú; el puerto de Valparaíso fue bombardeado por la escuadra española (1866); el armisticio se firmó en Washington, en 1871, y la paz definitiva en Lima, en 1883. Durante la presidencia de José Joaquín Pérez se inició una política de penetración pacífica de la Araucania, mediante la fundación de poblaciones al sur de la línea del Bío-Bío. El Gobierno de Aníbal Pinto se vio obligado a sostener **la Guerra del Pacífico contra Perú y Bolivia. La revolución de 1891 abrió un nuevo período de la historia de Chile, caracterizado por el debilitamiento del poder ejecutivo y el fortalecimiento del parlamentarismo.** Las administraciones de los presidentes que se sucedieron hasta 1920 apenas dejaron huella. Los hechos principales de ese período fueron el arreglo de cuestiones de límites con los países vecinos y la neutralidad de Chile durante la guerra mundial. En 1920 fue elegido presidente Arturo Alessandri, que dio al país un Código del Trabajo adaptado a su evolución. Más tarde fue elaborada una nueva Constitución por la cual el país pasó del régimen parlamentario al presidencial, y establecía la separación de la Iglesia y el Estado.

La crisis económica de 1929 tuvo angustiosas repercusiones en Chile, que acarrearon, de 1931 a 1932, un período de anarquía. Con la elección de Arturo Alessandri se restableció la calma. Desde entonces la República de Chile, uno de los países socialmente más adelantados de América del Sur, ha proseguido su avance en todos los órdenes. Gabriel González Videla ocupó la presidencia en 1946 y le sucedieron constitucionalmente Carlos Ibáñez, de 1952 a 1958, Jorge Alessandri, de 1958 a 1964, y Eduardo Frei en 1964. En las elecciones celebradas en septiembre de 1970 se presentaron tres candidatos: Radomiro Tomic, demócrata cristiano, Jorge Alessandri, independiente, y Salvador Allende, socialista. El resultado de la votación fue favorable por escaso margen a Allende quien, al no obtener la mayorí absoluta y según estipula la Constitución, tuvo que someterse a la ratificación del Congreso.

CHILECITO, pobl. de la Argentina (La Rioja).

CHILES, volcán del Ecuador (Carchi), en la Cord. Occidental, 4 748 m.

CHILOÉ, prov. de Chile; cap. *Ancud.* La mayor parte de su terr. está constituido por islas, de una de las cuales, descubierta por García Hurtado de Mendoza en 1558, toma el nombre. Su principal prod. es la patata. (Hab. *chilotes.*)

CHILPANCINGO DE LOS BRAVO, c. de México, cap. del Estado de Guerrero, donde se reunió, en 1813, el primer Congreso Constituyente convocado por Morelos.

CHILLÁN, río de Chile (Ñuble), afl. del Ñuble. — Volcán de los Andes chilenos; 2 904 m. — C. de Chile, cap. de la prov. de Ñuble; aguas termales sulfurosas. Obispado. (Hab. *chillanejos.*) Ha sido varias veces destruida por los terremotos.

CHIMALPOPOCA, rey de los aztecas de 1417 a 1427; apresado por Maxtla, se suicidó.

CHIMALTENANGO, c. de Guatemala, cap. del dep. del mismo n. (Hab. *chimaltecos.*)

CHIMÁN, pobl. y río de Panamá, que des. en la bahía de Panamá.

CHIMANAS, grupo de islas de Venezuela, en el mar Caribe (Estado de Anzoátegui).

CHIMBARONGO, com. de Chile (Colchagua).

CHIMBO, río del Ecuador, en las prov. de Bolívar, Chimborazo y Guayas, afl. del Bodegas. — Cantón del Ecuador (Bolívar).

CHIMBORAZO, volcán de los Andes del Ecuador, en la Cord. Occidental; 6 310 m. — Prov. del Ecuador; cap. *Riobamba;* agricultura (cereales, papas), ind. textil, y prod. derivados de la ganadería. (Hab. *chimboracenses.*)

CHIMBOTE, c. y puerto del Perú, cap. de la prov. de Santa (Ancash), principal centro siderúrgico del país, a orillas del río Santa. Lugar arqueológico. Terremoto en 1470.

CHIMKENT. V. TCHIMKENT.

CHIMÚES, pueblo indígena de la costa N. del antiguo Perú, que fue reducido por los incas en el s. XV. La capital de su imperio era Chan Chan. Su cultura, relacionada con la *mochica,* tuvo gran desarrollo. Sobresalieron en la arquitectura, el trabajo de los metales y la cerámica.

CHINA, Estado de Asia, República Popular desde 1949. Sup. 9 780 000 km²; 735 millones de hab., o sea casi un cuarto de la población del globo; cap. *Pekín,* 5 420 000 h.; c. pr.: *Shangai,* 6 900 000 h.; *Tientsin,* 3 220 000; *Mukden (Chenyang),* 2 411 000; *Chongking,* 2 121 000; *Cantón,* 1 840 000; *Harbín,* 1 552 000; *Sian,* 1 310 000; *Tsingtao,* 1 121 000; *Chengtu,* 1 107 000; *Tsinan,* 862 000; *Wuchan,* 400 000. — GEOGRAFÍA. El antiguo imperio chino distinguía la China propiamente dicha, o "China de las dieciocho provincias", y las dependencias exteriores. Oficialmente, tal distinción ya no existe, pero hay que separar de la descripción las regiones autónomas, en parte desérticas, de Mongolia Interior, Sinkiang y el Tíbet. 1.º *China del Nordeste* (ant. Manchuria), es una planicie encuadrada por macizos boscosos. Las riquezas del subsuelo (carbón, hierro, cobre, plomo, etc.) han favorecido el desarrollo de potentes industrias metalúrgicas, textiles y químicas (*Anchan, Mukden*). 2.º *China del Norte* está compuesta de macizos y una planicie cubierta por un limo amarillento al que el *Hoangho* o Río Amarillo debe-

vasija CHIMÚ
arte peruano

CHIMBORAZO

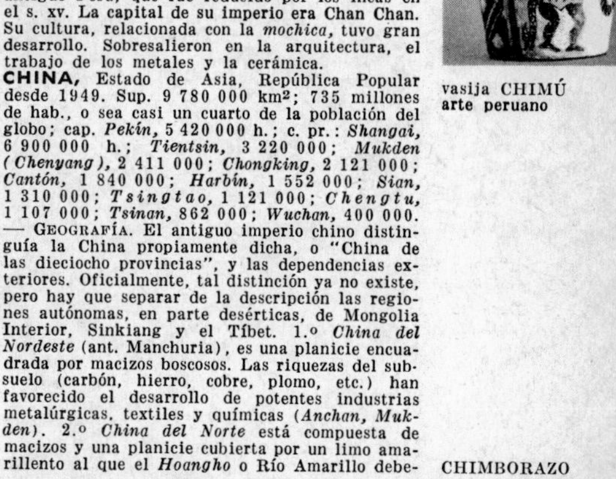

Fot. Roser, Larousse

escudo de la CHINA nacionalista

escudo de la República Popular de CHINA

su nombre. Produce trigo y soja y posee enormes yacimientos de hulla y de hierro. 3.º *China Central,* de clima tropical templado, está atravesada por el gran río *Yang tse Kiang* o Río Azul, la fértil *Cuenca Roja* (arroz, té, caña de azúcar, maíz, naranja) y las llanuras bajas del Yang-tse, intensamente pobladas. 4.º *China del Sur,* de clima tropical, se distingue por las montañas salvajes de Yunnan, al Oeste. En las colinas que forman el resto de la región se cultiva el té, y en las cuencas de los ríos la caña de azúcar, el algodón y el arroz. La costa, muy abrupta, posee excelentes puertos: *Cantón, Fucheu, Amoy.* China tiene grandes posibilidades económicas, pero las luchas políticas y el exceso de población de ciertas regiones han producido frecuentes hambres y provocado una fuerte emigración. Actualmente, el nuevo Estado planea seriamente la industrialización y transforma la existencia de la masa mediante la institución de una vida comunitaria más o menos completa.

— HISTORIA. Nada se sabe de los orígenes de China, y la cronología no ofrece datos seguros sino a partir del s. VIII a. de J. C. Los chinos ocupaban la cuenca media del Río Amarillo. Su larga historia cuenta veintidós dinastías, entre las que se distinguieron la *Tsin* y la *Chu.* En el s. III a. de J. C., Tsin realizó la unificación y creó el Imperio. Bajo la dinastía *Han* (del s. II a. de J. C. al s. II d. de J. C.) se introdujo el budismo en China. En 1644 subió al Poder la dinastía de los *Tsing,* que gobernó hasta la revolución de 1911. Las potencias europeas aprovecharon la debilidad de China en el s. XIX para obtener amplias concesiones. Este factor, añadido al fracaso de las reformas intentadas sin gran convicción por el Gobierno, provocó la revolución. Sun Yat-sen proclamó la República en Nankín (1911). Yuan She-kai obtuvo la abdicación del emperador y fue elegido presidente de la República. A su muerte, en 1916, siguió un período de desorden hasta la toma del Poder por el Kuomintang y la victoria de Chang Kai-chek, heredero espiritual de Sun Yat-sen (1928). El Japón, superpoblado, intentó implantarse en el este de China; en 1932 emancipó Manchuria, que formó el Estado Independiente de Manchukuo; en 1937, bajo un pretexto fútil, se apoderó de diez provincias e instaló en Pekín un Gobierno sometido a su influencia, en tanto que Chang Kai-chek se refugió en el oeste. Después de Pearl Harbor (1941), China declaró la guerra al Eje. A la derrota del Japón (1945), Chang Kai-chek chocó con la oposición comunista, dirigida por Mao Tse-tung, que debía triunfar en 1948-1949. La República Popular fue proclamada en 1949; Chang Kai-chek y los nacionalistas se retiraron a Formosa. La China Popular, después del apoyo que le ha prestado la U. R. S. S., se opone ideológicamente a los soviéticos.

CHINA (MAR DE), parte del océano Pacífico entre China, Indochina, Sumatra, Borneo, Filipinas y Formosa.

CHINÁCOTA, c. de Colombia (Norte de Santander).

CHINAMECA, volcán de El Salvador (San Miguel), en la sierra del mismo n.; 1 402 m. — C. de El Salvador (San Miguel). — Pobl. de México (Morelos), donde fue asesinado Zapata.

CHINANDEGA, c. del O. de Nicaragua, cap. del dep. del mismo n. El dep. prod. caña de azúcar, maíz y plátanos. (Hab. *chinandeganos.*) Fue la ant. cap. de la Unión Centroamericana.

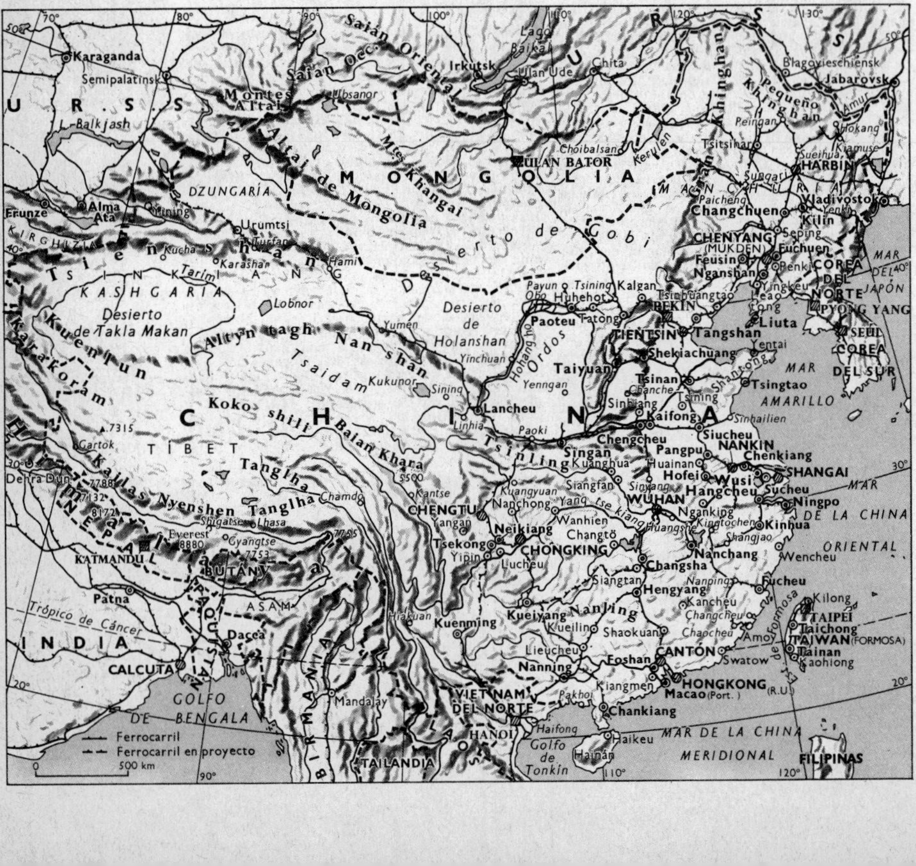

CHINCHA, prov. del Perú (Ica); cap. *Chincha Alta.*

CHINCHA ALTA, c. del Perú, cap. de la prov. de Chincha (Ica).

CHINCHAS, islas guaneras del Perú, frente a las costas del dep. de Ica.

CHINCHASUYO, sección norte del *Tahuantinsuyo.*

CHINCHAYCOCHA. V. JUNÍN.

CHINCHILLA, c. de España (Albacete).

CHINCHIPE, río del Ecuador y Perú (Cajamarca), afl. del Marañón; 18 km. — Cantón del Ecuador (Zamora-Chinchipe).

CHINCHÓN, c. de España (Madrid); aguardientes. Ruinas romanas y árabes.

CHINCHÓN (Luis Jerónimo FERNÁNDEZ DE CABRERA, *conde de*), virrey del Perú de 1629 a 1639. — Su esposa, ANA OSSORIO, condesa de Chinchón, introdujo en Europa en 1632 el uso de la quinina contra la fiebre, y en su honor se le dio el n. de *chinchona.*

CHINDASVINTO, rey visigodo de España (642-652), padre de Recesvinto.

CHINGO, volcán de Guatemala (Jutiapa); 1 777 m.

CHINGUAL, n. dado al río **Aguarico,** del Ecuador, en la primera parte de su curso.

CHINÚ, pobl. de Colombia (Bolívar).

CHIOGGIA, c. de Italia (Venecia). Puerto situado en la desembocadura del río Brenta.

CHIPIONA, v. de España (Cádiz). Vinos.

CHIPKA, montañas de los Balcanes, en Bulgaria. Batalla entre rusos y turcos en 1877.

CHIPPENDALE (Tomás), ebanista inglés (1718-1779), creador de un estilo de muebles muy difundidos.

CHIPRE, isla del Mediterráneo. Sup. 9 282 km^2; 581 000 h. (*chipriotas*); cap. *Nicosia,* 86 100 h.; c. pr. *Limasol,* 38 500 h.; *Famagusta,* 28 800; *Larnacas,* 17 900. Dos cordilleras, la de *Carpas* y la de *Trodos,* separan una vasta depresión, donde se cultivan el trigo y el algodón. Residencia de un reino cristiano en la Edad Media, Chipre tuvo una brillante civilización y fue uno de los centros comerciales más activos del Mediterráneo. La isla perteneció sucesivamente a Venecia, Turquía y, desde 1878, a Gran Bretaña. Desgarrada por la lucha entre las comunidades griega y turca, obtuvo la independencia en 1960.

CHIQUIÁN, c. del Perú, cap. de la prov. de Bolognesi (Ancash). Terremoto en 1970.

CHIQUIMULA, c. de Guatemala, cab. del dep. del mismo n.; centro de una región agrícola. (Hab. *chiquimultecos*).

CHIQUINCHAQUE, volcán de México, en la Sierra Madre de Chiapas; 1 850 m.

CHIQUINQUIRÁ, c. de Colombia (Boyacá); centro comercial. Fundada en 1586. Santuario.

Chiquita (*Guerra*), n. dado a la segunda guerra de independencia de Cuba (1879), en la cual se destacaron los generales Calixto García y Antonio Maceo.

CHIQUITO, río de México (Veracruz), afl. del Coatzacoalcos.

CHIQUITOS, indios de Bolivia y del Brasil, que viven en el Alto Mamoré.

CHIQUITOS, prov. de Bolivia (Santa Cruz); cap. *Santa Cruz de Chiquitos.*

CHIRAZ. V. SHIRAZ.

CHIRIBOGA (Pacífico), político ecuatoriano, miembro del Gob. provisional de 1859 a 1861.

CHIRICO (Jorge de). V. DE CHIRICO.

CHIRICHIRE. V. CUPICA.

CHIRIGUANOS, indios de una tribu del Chaco occidental, de remoto origen guaraní.

CHIRILAGUA, v. de El Salvador (San Miguel).

CHIRIQUÍ, golfo de Panamá, en el océano Pacífico (Chiriquí). — Laguna de Panamá (Bocas del Toro). — Río de Panamá, que des. en el golfo del mismo n.; 80 km.; tb. llamado **Chiriquí Viejo.** — Sierra de Panamá, en la que se encuentra el volcán del mismo n.; 3 475 m. — Prov. de Panamá; cap. *David;* prod. princ. café; ganadería; minas de oro. (Hab. *chiricanos.*)

CHIRIQUÍ GRANDE, pobl. de Panamá (Bocas del Toro).

CHIRIQUÍ VIEJO. V. CHIRIQUÍ.

CHIRRIPÓ, río de Costa Rica (Limón), que des. en el mar Caribe.

CHIRRIPÓ GRANDE, cerro de Costa Rica (Limón), en la cord. de Talamanca, punto culminante del país; 3 832 m.

CHIRVECHES (Armando), novelista y poeta boliviano (1881-1926), autor del relato *La candidatura de Rojas,* en el que describe de modo magistral la vida de la ciudad y del campo.

CHITA, c. de la U.R.S.S. (Rusia), en Siberia oriental, al E. del lago Baikal.

CHITA, pico de Colombia; 5 500 m. — C. de Colombia (Boyacá).

CHITRÉ, c. de Panamá, cap. del dep. de Herrera; comercio importante.

CHITTAGONG, c. y puerto de Paquistán Oriental. Obispado católico.

CHIUSI. V. CLUSIUM.

CHIVA, v. de España (Valencia). Agricultura.

CHIVASSO, c. de Italia (Turín). Nudo de comunicaciones.

CHIVAY, c. del Perú, cap. de la prov. de Cailloma (Arequipa).

CHIVELA, río de México (Oaxaca), que, al unirse con el Chichihua, forma el Coatzacoalcos.

CHIVILCOY, c. de la Argentina (Buenos Aires). Centro agrícola y comercial.

CHIVOR, pobl. de Colombia (Bocayá); esmeraldas.

CHIXOY o **NEGRO,** n. dado a una parte del río *Usumacinta,* en la frontera mexicanoguatemalteca. También es llamado **Salinas.**

CHKALOV. V. ORENBURGO.

CHOAPA, río de Chile (Coquimbo); 160 km.

CHOCANO (José SANTOS), poeta peruano, n. en Lima (1875-1934), defensor de un americanismo ardiente. Revolucionario, protector de los indios y opositor del imperialismo estadounidense, fue, tras múltiples detenciones, asesinado en un tranvía en Chile. Cantó a su tierra en exuberante lirismo, con elocuencia de palabras y con las nuevas técnicas de versificación: *Alma América, Fiat Lux!, Primicias de oro de Indias.*

CHOCAYA, cantón de Bolivia (Potosí); centro minero (estaño).

CHOCIM. V. HOTIN.

CHOCÓ, n. dado a un sector de la Cord. Occidental de Colombia. — Dep. de Colombia, en el litoral del Pacífico; cap. *Quibdó;* prod. plátanos, caña de azúcar, café; importante zona forestal; minas de plata, cobre, mercurio, hierro y plomo; en algunos de sus ríos (Atrato, San Juan) se encuentra oro y platino.

CHOCONTÁ, pobl. de Colombia (Cundinamarca). Era ciudad importantísima de los zipas, en tiempo de la conquista. Minas.

CHOCZIN. V. HOTIN.

CHODERLOS DE LACLOS. V. LACLOS.

CHOELE-CHOEL, isla fluvial de la Argentina, en el río Negro. — Pobl. de la Argentina (Río Negro).

CHOISEUL [*chuasel*] (Esteban Francisco *duque de*), político francés (1719-1785), ministro de Luis XV y hábil administrador.

CHOLAPUR, c. de India (Maharashtra).

CHOLILA, lago de la Argentina, que vincula el río Tigre con el Futaleufú. — Pobl. de la Argentina (Chubut); yac. de carbón.

CHOLOJOV (Miguel), novelista soviético, n. en 1905, autor de *El Don apacible* y *Tierras roturadas.* (Premio Nóbel, 1965.)

CHOLON, c. del Viet Nam del Sur, cerca de Saigón; centro industrial y comercial.

CHOLULA DE RIVADABIA, c. de México (Puebla). Célebre pirámide azteca. Capilla Real (s. XVI). Ant. c. tolteca, luego santuario dedicado a Quetzalcóatl, Cortés reprimió severamente en ella, en 1519, una conspiración indígena.

CHOLUTECA, río de Honduras, que des. en el Pacífico; 350 km. — C. del S. de Honduras, cap. del dep. del mismo n.; centro minero. (Hab. *cholutecas* o *cholutecanos.*) La riqueza del dep., aparte de la agricultura, está constituida por las explotaciones mineras (oro y plata).

CHOMUTOV, c. de Checoslovaquia (Bohemia). Lignito. Industrias.

CHONCO, volcán de Nicaragua (Chinandega); 1 105 m. Llamado tb. **San Nicolás.**

CHONCHI, com. de Chile (Chiloé).

CHONE, río del Ecuador, que des. en el Pacífico; 92 km. — Pobl. del Ecuador (Manabí).

CHONGJIN, puerto de Corea del Norte, a orillas del mar del Japón. Centro metalúrgico.

CHIRVECHES

SANTOS CHOCANO

CHOLOJOV

CHOLULA DE RIVADABIA

Fot. Larousse, doc. A. G. P., René Ferlet

CHOPIN
por DELACROIX
Louvre

CHUECA

CHURRUCA

CHONGKING, c. de China (Sechuán), a orillas del Yang tse Kiang; gran centro industrial. Cuartel general de Chang Kai-chek durante la Segunda Guerra mundial.
CHONOS, indios de una tribu alacalufe del extremo S. de Chile.
CHONOS, archip. de Chile, al S. del de Chiloé, que comprende 45 islas mayores y más de 1 000 islotes. Depende de las prov. de Aisén y Chiloé.
CHONTALEÑA, cord. de Nicaragua, tb. llamada **Sierra de Amerisque,** en la parte media de la Cord. Centroamericana.
CHONTALES, páramo de Colombia (Boyacá y Santander Norte). — Dep. central de Nicaragua; cap. *Juigalpa;* prod. arroz y frijoles; extensos bosques; minas de oro, célebres desde los tiempos de la Conquista. (Hab. *chontaleños.*)
CHONTALES, indios de América Central.
CHOPIN [*-pán*] (Federico), célebre pianista y compositor polaco, de padre francés, n. cerca de Varsovia (1810-1849). Sus composiciones, de carácter romántico, son notables por la profundidad del sentimiento, la sobriedad y expresión del estilo. Autor de *Dos conciertos para piano, Variaciones* y de otras obras para piano (*Sonatas, Baladas, Estudios, Preludios, Nocturnos, Mazurcas, Polonesas,* etc.).
CHOROLQUE, nudo montañoso de Bolivia (Potosí); 5 615 m; explotaciones mineras.
CHOROTEGAS, indios de Honduras y Nicaragua. Sus antepasados han dejado interesantes objetos de piedra y de cerámica policroma.
CHORREOSA (La), cima de la Rep. Dominicana; 2 661 m, en la Cord. Central.
CHORRERA DEL GUAYABO, lugar de El Salvador (Cabañas), donde se ha construido la central eléctrica del río Lempa.
CHORRILLOS, c. del Perú (Lima); baños de mar. Victoria de los chilenos sobre los peruanos en 1881.
CHORROS, balneario de El Salvador (La Libertad).
CHORZOW, antes **Königshütte,** c. de Polonia (Silesia); hulla; metalurgia.
CHOSEN, n. japonés de **Corea.**
CHOSTAKOVITCH (Dimitri), compositor ruso, n. en 1906. Su estilo ecléctico revela una gran personalidad.
CHOTA, río del Ecuador (Imbabura), afl. del Mira. — C. del Perú, cap. de la prov. del mismo n. (Cajamarca).
CHRISTCHURCH, c. de Nueva Zelanda, en la isla del Sur; astilleros, metalurgia. Universidad.
CHRISTIANSTED, c. de la isla de Santa Cruz (islas Vírgenes).
CHRISTIE (Ágata), escritora inglesa, n. en 1891, que ha descollado en el género policiaco con una inmensa serie de novelas.
CHRISTOPHE (Enrique), militar haitiano (1767-1820), pres. de la Rep. en 1807, que se proclamó rey en 1811 y gobernó en el N. del país hasta 1820. Se suicidó al no poder dominar una insurrección.
CHTCHERBAKOV. V. RYBINSK.
CHTCHEDRIN. V. SALTYKOV.
CHUACÚS, mont. de Guatemala (Totonicapán).
CHUBUT, río de la Argentina, en Patagonia, que des. en el Atlántico, cerca de Rawson; 800 km. — Prov. de la Argentina; cap. *Rawson;* gran riqueza ganadera y notable prod. petrolífera. (Hab. *chubutenses.*)
CHUCUITO, n. dado a la parte NO. del lago *Titicaca.* — Prov. del Perú (Puno); cap. *Juli.*
CHUCUNAQUE, río de Panamá (Darién), que confluye con el Tuira; 150 km.
CHUECA (Federico), compositor español (1846-1908), autor de zarzuelas muy populares: *La Gran Vía, Agua, azucarillos y aguardiente, La alegría de la huerta,* etc.
CHU EN-LAI, político chino, n. en 1898, presidente del Consejo de ministros de la República Popular.
CHULUCANAS, c. del Perú, cap. de la prov. de Morropón (Piura).
CHULUMANI, pobl. de Bolivia, cap. de la prov. de Sur Yungas (La Paz).
CHUMA, pobl. de Bolivia, cap. de la prov. de Muñecas (La Paz).
CHUMACERO (Alí), poeta mexicano, n. en 1918, autor de *Páramo de sueños, Imágenes desterradas* y *Palabras en reposo.*
CHUMBIVILCAS, prov. del Perú (Cuzco); cap. *Santo Tomás.*
CHUNCHI, pobl. del Ecuador (Chimborazo).
CHUNGKING. V. CHONGKING.
CHUQUIBAMBA, c. del Perú, cap. de la prov. de Condesuyos (Arequipa).
CHUQUIBAMBILLA, c. del Perú, cap. de la prov. de Grau (Apurímac).
CHUQUICAMATA, pobl. de Chile (Antofagasta). Posee la mayor mina de cobre a cielo abierto del mundo.
CHUQUICARA o **TABLACACHA,** río del Perú, afl. del Santa.
CHUQUISACA, dep. de Bolivia; cap. *Sucre;* prod. cereales, caña de azúcar; ganadería; minas de oro, plata, cobre, hierro; yac. de petróleo. (Hab. *chuquisaqueños.*) — N. ant. de la c. de *Sucre* (Bolivia), donde, en 1836, se firmó el tratado de la Confederación Peruboliviana.
CHURCHILL, río del Canadá Central, que des. en la bahía de Hudson; 1 500 km.
CHURCHILL (*sir* Winston S.), político inglés, n. en Blenheim (Oxford) [1874-1965]. Ocupó eminentes puestos en su país, singularmente el de Lord del Almirantazgo durante la Primera Guerra mundial y el de Primer Ministro durante la segunda, siendo uno de los artífices de la victoria aliada en 1945. Su obra literaria, por la que obtuvo el Premio Nóbel en 1953, nos ofrece, además de sus *Memorias,* evocaciones históricas llenas de brío.
CHURRIGUERA, familia de arquitectos españoles cuyos miembros más ilustres fueron JOSÉ, m. en 1679, autor de retablos. — Sus hijos JOSÉ (1665-1723), creador de un estilo exuberante y complicado al que se dio el nombre de *churrigueresco* y que consiste en una mezcla de elementos góticos, platerescos y barrocos; JOAQUÍN (1674-1724) y ALBERTO (1676-1740), que trazó los planos de la Plaza Mayor de Salamanca.
CHURRUCA Y ELORZA (Cosme Damián de), marino español, n. en 1761, m. en 1805 en el combate de Trafalgar.
CHUTRO (Pedro), cirujano argentino (1880-1937), autor de *Lecciones de clínica quirúrgica.*
CHUVAQUIA, república autónoma de la U. R. S.S. (Rusia), a orillas del Volga; cap. *Cheboksari.*

CHURCHILL

Fot. Giraudon, X, Larousse, Keystone, Mas

DELHI. Mausoleo de Safdar Jung

D

DACCA, c. del Paquistán (Bengala Oriental), en un brazo del delta del Ganges; textiles.
DACIA, ant. región de Europa, entre el Teiss, el Danubio, el Ponto Euxino, el Dniéster y los Cárpatos. Los habitantes (*dacios*), fueron sometidos por Trajano.
DACIER [*-sié*] (Andrés), filólogo francés (1651-1722).
DACHAU, c. de Alemania, en la Alta Baviera. Campo de concentración alemán durante la Segunda Guerra mundial.
DADDI (Bernardo), pintor italiano de la primera mitad del s. XIV, discípulo de Giotto.
DAET, c. de Filipinas en la isla de Luzón (Camarines Norte).
DAFNE, ninfa metamorfoseada en laurel en el momento en que Apolo quiso poseerla (*Mit.*).
DAFNIS, pastor siciliano, al que atribuye la mitología la invención de la poesía bucólica.
Dafnis y Cloe, célebre novela pastoril de Longo (s. IV), traducida al castellano por J. Valera.
DAGENHAM, c. de Gran Bretaña (Sussex), al NO. de Londres.
DAGHESTÁN. V. DAGUESTÁN.
DAGO, isla del mar Báltico (Estonia).
DAGOBERTO, nombre de tres reyes francos que reinaron durante los siglos VII y VIII.
DAGUA, río de Colombia (Cauca); 150 km.
DAGUERRE [*-er*] (Jacques), físico francés (1787-1851), que inventó el diorama, colaboró con Niepce en el perfeccionamiento de la fotografía y descubrió el modo de fijar en planchas metálicas las imágenes formadas en la cámara oscura (*daguerrotipia*).
DAGUESTÁN, rep. autónoma de la U. R. S. S. (Rusia), a orillas del Caspio; cap. *Makhatchkala.*
DAHOMEY, república de África occidental, a orillas del Golfo de Guinea, entre Nigeria y Togo. Sup. 115 000 km^2; 2 300 000 h.; cap. *Porto Novo,* 30 000 h. Prod. aceite de palma y algodón. Conquistado por Francia de 1892 a 1893, obtuvo la independencia en 1960.
DAIMIEL, c. de España (Ciudad Real).
DAIMLER (Gottlieb), ingeniero alemán (1834-1900), uno de los precursores de la industria del automóvil.
DAIREAUX [*deró*] (Max), novelista y crítico literario argentino (1883-1954).
DAIREN, en ruso **Dalny,** c. y puerto del NE. de China (Liaoning), rusa hasta 1905. Gran centro industrial.

Fot. Air France, Giraudon, Leperre

DAJABÓN, c. de la Rep. Dominicana, cap. de la prov. del mismo n., cerca de la frontera con Haití. Fue base importante en las luchas contra haitianos y españoles.
DAKAR, cap. del Senegal. Puerto en el Atlántico; 375 000 h. Arzobispado. Universidad. Escala aeronáutica y marítima hacia América del Sur.
DAKOTA, dos de los Estados Unidos, en las grandes llanuras septentrionales: *Dakota del Norte,* cap. *Bismarck,* y *Dakota del Sur,* cap. *Pierre.*
DALCAHUE, com. de Chile (Chiloé).
DALE (*sir* Henry HALLET), médico inglés (1875-1968), premio Nóbel (1936) por sus investigaciones sobre los mecanismos químicos de las acciones nerviosas.
DALE (*sir* Thomas), marino y administrador inglés, m. en 1619, que fue gobernador de Virginia.
DALECARLIA, región de Suecia central, entre Noruega y el golfo de Botnia.
D'ALEMBERT (Jean **Le Rond**), matemático y filósofo francés, n. en París (1717-1783), a quien se debe el *Discurso Preliminar* de la Enciclopedia francesa. Su obra capital es un *Tratado de dinámica.*
DALENCE, prov. de Bolivia (Oruro); cap. *Huanuni.*
DALENCE (José María), escritor boliviano (1785-1852). Publicó un *Bosquejo estadístico de Bolivia.*
DALFINGER (Ambrosio). V. ALFINGER.
DALÍ (Salvador), pintor español, n. en 1904, impresionista, cubista, dadaísta y finalmente creador de un arte abstracto de extravagancia sugestiva.
DALILA, cortesana que entregó Sansón a los filisteos después de haberle cortado los cabellos, de los que dependían sus fuerzas hercúleas.
DALMACIA, región de Yugoslavia (Croacia), a orillas del Adriático (hab. *dálmatas*). Turismo.
DALMAU (Luis), pintor catalán, m. en 1460, influido por Van Eyck, autor del célebre *Retablo de los Consellers.*
DALNY. V. DAIREN.

D'ALEMBERT
por LA TOUR

DALÍ

el DANUBIO cerca de Viena: castillo de Schönbühel

LA DAMA DE ELCHE

DANTE por RAFAEL

R. DARÍO

DALTON (Juan), físico, químico y naturalista inglés (1766-1844), considerado como el creador de la teoría atómica. Estudió la perversión del sentido de los colores (*daltonismo*) y las propiedades de los vapores y la dilatación de los gases.

DALLAS, c. de los Estados Unidos (Texas). Industrias de electrónica. En esta ciudad el presidente Kennedy fue asesinado en 1963.

DAM (Enrique), médico danés, n. en 1895, premio Nóbel (1943) por sus investigaciones sobre las vitaminas.

Dama de Elche (La), busto femenino iberofenicio de asperón, hallado en las excavaciones efectuadas en Elche en 1897. (Prado.)

Dama de las Camelias (*La*), novela (1848) y drama en cinco actos (1852), de A. Dumas hijo.

DAMANHUR, c. de Egipto (Delta).

DAMÃO, puerto de la India, al N. de Bombay, que fue de Portugal desde el s. XVI a 1961.

Damas *(Paz de las)*. V. CAMBRAI.

DAMASCO, cap. de Siria. 618 500 h. *(damascenos)*; gran centro comercial. Antigua residencia de los califas omeyas, célebre en otro tiempo por sus armas blancas. Fue evangelizada por San Pablo.

DÁMASO I *(San)*, papa español de 366 a 384. Encargó a San Jerónimo la traducción de la Biblia *(Vulgata)*. Fiesta el 11 de diciembre. — DÁMASO II, papa en 1048.

DAMIÁN *(San)*. V. COSME.

DAMIÁN (*San* Pedro), doctor de la Iglesia (988-1072), promotor de la reforma del clero. Fiesta el 23 de febrero.

DAMIÁN DE VEUSTER (*Padre* José), misionero belga (1840-1889), que sacrificó su vida por cuidar a los leprosos en la isla de Molokai (Hawai).

DAMIETA, c. de Egipto, en el delta del Nilo.

DAMOCLES, cortesano de Dionisio el Viejo (s. IV a. de J. C.), célebre por la anécdota de la espada sobre la inestabilidad de la fortuna.

DAMODAR, río del NE. de la India que se une con el Hugli; 545 km. Su valle constituye una imp. región industrial.

DAMÓN y PITIAS, filósofos pitagóricos de tiempos de Dionisio el Joven, célebres por la amistad que los unía (s. IV a. de J. C.).

DAMPIER (William), navegante inglés (1652-1715), uno de los más temibles filibusteros de su época. Exploró Australia y Nueva Guinea.

DANA (Ricardo Enrique), novelista norteamericano (1815-1882), autor de *Dos años al pie del mástil*.

DÁNAE, hija de Acrisio, rey de Argos, y madre de Perseo, el cual tuvo con Zeus. Introdújose éste en forma de lluvia de oro en una torre de bronce, donde la tenía secuestrada su padre. *(Mit.)*

DANAIDES, nombre de las 50 hijas de Dánao, que, la noche de sus bodas, mataron todas, menos una, a sus esposos. *(Mit.)*

DÁNAO, personaje mitológico, rey de Egipto y de Argos, padre de las Danaides.

DANERI (Eugenio), pintor argentino (1881-1970), notable paisajista.

DANIEL, punta de Chile, en el estr. de Magallanes.

DANIEL, uno de los cuatro profetas mayores (s. VII a. de J. C.).

DANIEL, tercer hijo de Alejandro Nevski, fundador de la dinastía de los príncipes de Moscú.

DANIEL (Samuel), poeta inglés (1562-1619), cuya inspiración didáctica y moral anunciaba el advenimiento del clasicismo.

DANIEL CAMPOS, prov. de Bolivia (Potosí); cap. *Llica*.

DANIEL CARRIÓN, prov. del Perú (Pasco); cap. *Yanahuanca*.

DANIEL-ROPS (Henri PETIOT, llamado), escritor francés (1901-1965), autor de obras sobre la historia del cristianismo.

DANIELL (John Frederic), físico y químico inglés (1790-1845), inventor de la pila de doble líquido que lleva su nombre.

DANLÍ, c. de Honduras (El Paraíso).

D'ANNUNZIO. V. ANNUNZIO.

DANTAS (Julio), escritor portugués (1876-1962), autor de *Viaje en España* y de las obras de teatro *La cena de los cardenales* y *La ceguera*.

DANTE ALIGHIERI, poeta italiano, n. en Florencia en 1265, y m. en el destierro, en Ravena, en 1321. Su vida agitada y andariega conoció la amargura de las luchas civiles florentinas, entre güelfos y gibelinos, y los tormentos del amor imposible por la bella Beatriz Portinari, a la que inmortalizó en sus sonetos de la *Vita Nuova* y, sobre todo, en la *Divina Comedia*, admirable poema alegórico compuesto en tercetos, en el cual el genio del vate florentino alcanza su más alta cima. (V. DIVINA COMEDIA.) Otros escritos de Dante de importancia secundaria son *El Convivio* y el tratado latino *De Monarchia*.

DANTON (Jorge), revolucionario francés (1759-1794), brillante orador. Fue guillotinado.

DANTZIG. V. GDANSK.

DANUBIO, en alem. **Donau,** el río más largo de Europa (2 850 km) después del Volga. Nace en la Selva Negra, atraviesa Alemania, Austria, Hungría y Rumania, y desemboca en el mar Negro. Aunque es un gran río internacional, su importancia comercial es muy inferior a la del Rin.

DANVILA (Alfonso), escritor español, n. en 1879, autor de la serie de episodios titulados *Las luchas fratricidas de España*.

DANZIG. V. GDANSK.

DAOIZ (Luis), uno de los héroes de la guerra de la Independencia española (1767-1808). En unión de Velarde y Ruiz, dio comienzo a la rebelión contra los franceses.

DAPSANG. V. K2.

DARDANELOS (ESTRECHO DE LOS), estrecho entre la península de los Balcanes y Anatolia; une el mar Egeo y el de Mármara. Llamado antiguamente **Helesponto.**

DÁRDANO, fundador legendario de Troya, antepasado de la dinastía real troyana.

DAR El-Beida. V. CASABLANCA.

DARES de Frigia, sacerdote de Vulcano en Troya, a quien consideraban los antiguos como autor de una *Ilíada* anterior a la de Homero.

DAR ES-SALAM, cap. de Tanzania, a orillas del océano Índico; 128 700 h.

DARFUR, región montañosa de la parte O. del Sudán; c. pr.: *El-Facher*.

DARGOMYSZKY (Alejandro), compositor ruso (1813-1869), uno de los fundadores de la escuela moderna de su país.

DARIÉN, serranía colombianopanameña. — Prov. de Panamá que se extiende a orillas de la costa del Pacífico; cap. *La Palma*.

DARIENSE (CORDILLERA). V. SEGOVIANA.

DARÍO I, hijo de Histaspes, n. hacia 550 a. de J. C., rey de los persas de 521 a 486. Pacificó su imperio, conquistó la India, sometió Tracia y Macedonia, pero fue vencido por los griegos en Maratón. — DARÍO II *Oco* o *Noto*, rey de los persas de 424 a 404 a. de J. C., ayudó a Esparta contra Atenas. — DARÍO III *Codomano*, rey de los persas de 335 a 330 a. de J. C. Vencido por Alejandro en Gránico, Isos y Arbelas, fue asesinado.

DARÍO (Félix Rubén GARCÍA SARMIENTO, llamado **Rubén**), poeta y escritor nicaragüense, n. en Metapa en 1867, m. en León en 1916. El ritmo y la armonía de sus composiciones y el gusto refinado en la elección de los temas le han valido ser considerado como la figura máxima de la lírica contemporánea, cuya influencia se ha extendido a todas las literaturas de lengua castellana. Desempeñó corresponsalías de diarios y empleos diplomáticos en El Salvador, Chile, Argentina, España, Estados Unidos y Francia. Captado por la poesía francesa de su época, se puso a la cabeza del movimiento modernista que, procedente

Fot. Larousse, Giraudon, Anderson

de América, repercutió hondamente en España. Las innovaciones métricas que introdujo y la galanura de su expresión realzaron y transformaron la poesía en lengua castellana, como anteriormente hicieran Garcilaso, Fray Luis de León, San Juan de la Cruz, Lope, Góngora y Bécquer. Entre sus obras más famosas figuran *Abrojos* (1887), *Azul* (1888) *Prosas profanas* (1896), *Cantos de vida y esperanza* (1905), *El canto errante* (1907), *Canto a la Argentina* (1910), *Poema del otoño y otros poemas* (1910). No solamente innovó el verso sino también la prosa: *Azul* (1888), e intercaló cuentos y prosas poemáticas en *Los raros* (1896), *Peregrinaciones* (1901) y *La caravana pasa* (1902).

DARJEELING o **DARDJILING,** c. de la India (Bengala Occidental), a 2 185 m de altura.

DARLING, río de Australia, en los Est. de Queensland y Nueva Gales del Sur, principal afl. del Murray (2 450 km).

DARLINGTON, c. de Inglaterra (Durham). Hulla; metalurgia; locomotoras.

DARMSTADT, c. de Alemania (Hesse); industrias químicas.

DAROCA, c. de España (Zaragoza). Murallas.

DARRO, río de España, en la prov. de Granada, afl. del Genil.

DARTMOUTH, puerto del Canadá (Nueva Escocia), en la bahía de Halifax.

DARWIN (Carlos Roberto), naturalista y fisiólogo inglés (1809-1882), autor de una célebre teoría sobre la evolución de las especies llamada *darwinismo,* que desarrolla en su obra *Del origen de las especies por medio de la selección natural* (1859).

DASSEN (Claro Cornelio), matemático argentino (1873-1941).

DATO IRADIER (Eduardo), político español (1856-1921), jefe del Partido Conservador y pres. del Consejo de Ministros (1914-1918 y 1920-1921). Murió asesinado.

DAUBENTON [*dobantón*] (Luis), naturalista francés (1716-1800), colaborador de Buffon.

DAUBIGNY [*dobiñí*] (Carlos Francisco), paisajista francés (1817-1878).

DAUDET (Alfonso), novelista francés, n. en Nimes (1840-1897), que se inspiró en los paisajes y tipos de Provenza para sus célebres escritos *Cartas desde mi molino* y *Tartarín de Tarascón,* Menos interés ofrecen sus novelas de carácter social como *Jack, El Nabab* y *Los reyes en el destierro.* — Su hijo LEÓN (1867-1942), periodista y escritor francés de vena satírica.

DAULE, río del Ecuador (Guayas), afl. del Guayas.

DAUMIER [*domié*] (Honorato), pintor, litógrafo y escultor francés (1808-1879), célebre por sus caricaturas políticas y sociales. Autor de ilustraciones del *Quijote.*

DAVALAGHIRI. V. DHAULAGHIRI.

DÁVALOS (Balbino A.), poeta mexicano (1866-1951), autor de *Las ofrendas.*

DÁVALOS (Juan Carlos), poeta y escritor argentino (1887-1959), autor de *Cantos agrestes, Los gauchos,* etc.

DÁVALOS (Marcelino), político, dramaturgo y poeta mexicano (1871-1923), autor de *Guadalupe, El último cuadro* (teatro) e *Iras de bronce* (poesías).

DÁVALOS Y FIGUEROA (Diego), escritor español del siglo XVI que vivió en Perú, autor de *Miscelánea austral.*

DAVAO, prov. y puerto activo de Filipinas (Mindanao). Cultivo de abacá.

DAVID, río de Panamá, que des. en el golfo de Chiriquí. — C. de Panamá, cap. de la prov. de Chiriquí; aeródromo. Obispado.

DAVID, rey de Israel (¿1010-975? a. de J. C.). Sucedió a Saúl, venció a los filisteos y fundó Jerusalén (s. X a. de J. C.). Poeta y profeta, ha dejado salmos de gran inspiración lírica.

DAVID I, rey de Escocia de 1124 a 1153. — DAVID II, rey de Escocia en 1329 prisionero de los ingleses, fue liberado en 1357, y m. en 1371.

DAVID (Gerardo), pintor primitivo flamenco (¿1460?-1523). Trabajó en Brujas y es autor de cuadros religiosos *(Bautismo de Cristo).*

DAVID (Luis), pintor francés (1748-1825), pintor oficial de Napoleón I durante el Imperio, y jefe de la escuela neoclásica *(Juramento de los Horacios, La coronación de Napoleón I).*

David Copperfield, novela de Carlos Dickens (1849), autobiografía novelesca.

DAVID D'ANGERS (Pedro Juan), escultor francés (1788-1856), autor del frontón del Panteón de París y de medallones de hombres ilustres.

DÁVILA (Carlos), político y periodista chileno (1887-1955), que formó parte de la Junta Revolucionaria de 1932, y fue pres. provisional de la Rep. el mismo año.

DÁVILA (Miguel R.), político y general hondureño, m. en 1927, pres. de la Rep. en 1907, depuesto en 1911.

DÁVILA (Pedrarias). V. PEDRARIAS (Dávila).

DÁVILA (Pedro Franco), naturalista español, nacido en el Perú (1713-1786).

DÁVILA (Sancho). V. ÁVILA (Sancho de).

DÁVILA ANDRADE (César), poeta y cuentista ecuatoriano, n. en 1917.

DAVIS (Jefferson), político norteamericano (1808-1889), pres. de los Estados confederados durante la guerra de Secesión.

DAVIS (Juan), navegante inglés (¿1550?-1605), que descubrió en 1585 el *estrecho de Davis,* entre el mar de Baffin y el Atlántico.

DAVISSON (Clinton Joseph), físico norteamericano (1881-1958), que descubrió la difracción de los electrones. (Pr. Nóbel, 1937.)

DAVOS, pobl. de Suiza (Grisones). Estación de deportes de invierno.

DAVY (Humphry), químico inglés (1778-1829). Inventó la lámpara de seguridad para los mineros y aisló los metales alcalinos.

DAWES (Charles Gates), político norteamericano (1865-1951), autor del plan de su n. (1923), para la reconstrucción de Alemania.

DAWSON CITY, c. del Canadá (Yukon).

DAX, c. de Francia (Landas). Aguas termales.

DAYMÁN, río del Uruguay, que señala el límite de los dep. de Salto y Paysandú, afl. del río Uruguay.

DAYTON, c. de Los Estados Unidos (Ohio). Construcciones aeronáuticas.

DAZA (Hilarión), general y político boliviano (1840-1894), que se apoderó de la presidencia de la Rep. en 1876. Derrotado en la Guerra del Pacífico (1879), fue destituido en 1880 y, al regreso de un viaje por Europa, murió asesinado.

DE AMICIS (Edmundo). V. AMICIS.

DEÁN FUNES, pobl. de la Argentina (Córdoba).

DEATH VALLEY (*"Valle de la muerte"*), cuenca árida de California (Estados Unidos).

DEAUVILLE [*dovil*], c. de Francia (Calvados). Famosa estación balnearia. Hipódromo.

DEBENEDETTI (Salvador), arqueólogo argentino (1884-1930).

DÉBORA, profetisa de Israel. Asistió a la victoria de los israelitas sobre los cananeos y la celebró en versos famosos. *(Biblia.)*

DEBRECEN, c. de Hungría en la llanura húngara. Universidad. Industrias textiles y químicas.

DARWIN

A. DAUDET

DAZA

L. DAVID
LA MUERTE DE MARAT

Fot. Larousse, Carjat, Giraudon

DEBUSSY
por BASCHET

DELACROIX
autorretrato

DEFOE

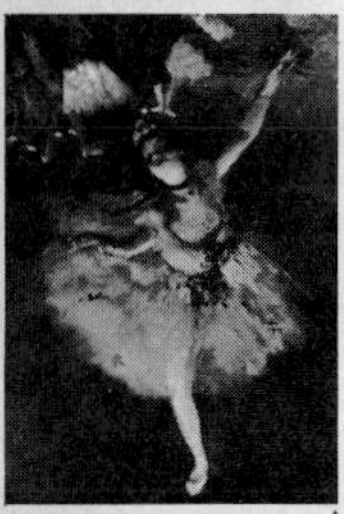

DEGAS
BAILARINA

J. M. DELGADO

DEBUSSY (Claudio), compositor francés (1862-1918), de estilo evocador y sutil, cuyos *Preludios* para piano han renovado el lenguaje musical. Autor también de un drama lírico (*Pelléas et Mélisande),* de los poemas sinfónicos *Preludio a la siesta de un fauno, El mar* y *El martirio de San Sebastián.*

DEBYE (Petrus), físico holandés (1884-1966). [Pr. Nóbel, 1936.]

Décadas o **Historia general de los hechos de los castellanos en las islas y Tierra Firme del mar Océano,** obra histórica de Antonio de Herrera sobre la colonización en América (1601).

Decálogo, código sagrado formado por los diez mandamientos dados por Dios a Moisés.

Decamerón, conjunto de cuentos publicados en 1352 por Boccaccio. Son pinturas divertidas de las costumbres italianas del siglo XIV.

DECÁN o **DEKKÁN,** parte peninsular de la India, situada al S. de los montes Vindhya.

DECEPCIÓN, isla de la Argentina, en la zona austral. Observatorio meteorológico.

DECIO, emperador romano de 249 a 251, que persiguió violentamente a los cristianos.

Declaración de Derechos (22 de enero de 1689), documento por el cual Guillermo III de Inglaterra reconoció ciertos derechos al Parlamento y a los ciudadanos, y convirtió la monarquía absolutista en constitucional.

Declaración de los Derechos del Hombre y del Ciudadano. La Asamblea Constituyente francesa de 1789 dio este nombre al conjunto de principios que adoptó como fundamento de las instituciones humanas. Dichos principios son: igualdad política y social de todos los ciudadanos; respeto de la propiedad; soberanía de la nación; admisibilidad de todos los ciudadanos a los empleos públicos; obligación para cada ciudadano de obedecer a la ley, expresión de la voluntad general; respeto a las opiniones y a las creencias; libertad de palabra y de prensa; repartición equitativa de los impuestos consentidos libremente por los representantes del país.

Declaración de Panamá, documento firmado en la ciudad de Panamá (1956) por la mayoría de los Estados americanos, con objeto de intensificar la cooperación interamericana, promover el bienestar en el continente y contribuir a la paz mundial fundada en la justicia y la libertad.

Declaración Universal de los Derechos del Hombre, documento aprobado por la Asamblea General de las Naciones Unidas (1948), por el cual se proclaman los derechos fundamentales de la humanidad.

DE CHIRICO (Jorge), pintor italiano, n. en Grecia en 1888, uno de los iniciadores del surrealismo.

DÉDALO, arquitecto griego, constructor del laberinto de Creta, en el que fue encerrado el Minotauro. El mismo Dédalo fue encerrado en el laberinto por orden de Minos, pero huyó utilizando alas de plumas y cera. *(Mit.)* V. ÍCARO.

Defenestración de Praga, n. dado a los actos de violencia cometidos en Praga en 1618 contra los gobernadores imperiales que, según la tradición, fueron arrojados por las ventanas del palacio por los protestantes de Bohemia, cuyos derechos religiosos había violado el emperador Matías. Así se inició la guerra de los Treinta Años.

DEFOE (Daniel), escritor inglés, n. en Londres (¿1660?-1731), autor de libelos, de la célebre novela de aventuras *Robinsón Crusoe* y de *Moll Flanders,* auténtica creación picaresca.

DE FOREST (Lee). V. FOREST.

DEGAS (Edgar DE GAS, llamado), pintor impresionista francés, n. en París (1834-1917), maestro en el arte de expresar las formas con poderosa simplificación. Excelente dibujante y brillante colorista, es autor de retratos, de escenas de danzas y de cuadros de costumbres.

DE GASPERI. V. GASPERI.

DE GAULLE. V. GAULLE.

DEGOLLADO (Santos), general y político mexicano (1811-1861), paladín de la causa liberal durante la *Guerra de la Reforma.* M. fusilado.

DEHMEL (Ricardo), poeta alemán (1863-1920), de inspiración nietzscheana.

DEHRA DUN, c. de la India (Uttar Pradesh), al N. de Delhi.

DEIR-EZ-ZOR, c. de Siria, a orillas del Éufrates. Centro comercial.

DEJANIRA. V. DEYANIRA.

DEKKÁN. V. DECÁN.

DELACROIX [-*kruá*] (Eugenio), pintor francés, n. en Saint-Maurice (Sena) [1798-1863]. Colorista brillante y atrevido innovador, fue el jefe de la escuela romántica. Autor de *La barca de Dante* (1822), *La matanza de Scio, La Libertad guiando al pueblo, Sardanápalo,* etc.

DELAGOA, bahía situada al S. E. de África (Océano Índico). V. LOURENÇO MARQUES.

DELALANDE (Michel-Richard), compositor y organista francés (1657-1726), principal maestro del motete clásico.

DELAMBRE (Juan Bautista), astrónomo francés (1749-1822), que midió el arco del meridiano entre Barcelona y Dunkerque para el establecimiento del sistema métrico.

DE LA ROCHE (Mazo), novelista canadiense (1885-1961), autora de *Jalna.*

DELAVIGNE (Casimiro), poeta y dramaturgo francés (1793-1843).

DELAWARE, río de los Estados Unidos, que pasa por Filadelfia y desemboca en la bahía del mismo nombre. 406 km. Navegación activa.

DELAWARE, uno de los Estados Unidos de Norteamérica; cap *Dover;* industria activa.

DELEDDA (Grazia), novelista italiana (1875-1936), autora de relatos de ambiente sardo: *Mariana Sirca, Elías Portolú* y *El camino del mal.* (Pr. Nóbel, 1926.)

DELFÍN, constelación del hemisferio boreal.

Delfín, n. dado desde 1439 a los primogénitos de la corona de Francia.

DELFINADO, ant. prov. de Francia, cap. *Grenoble.* Forma hoy los dep. de *Altos Alpes, Isère* y *Drôme.*

DELFINO (Augusto Mario), escritor argentino, de origen uruguayo, n. en 1906.

DELFOS, hoy **Castri,** c. de la ant. Grecia, al pie del Parnaso, donde tenía un templo Apolo. Éste hacía sus oráculos por medio de una sacerdotisa *(pitia).* Importante museo.

DELFT, c. de Holanda (Holanda Meridional); cerámica, vidrierías.

DELGADILLO (Luis A.), compositor nicaragüense (1887-1961), autor de música orquestal sobre temas nativos.

DELGADO, cabo del océano Índico en la costa E. de África (Mozambique).

DELGADO (José), famoso torero español, conocido con el apodo de **Pepe Hillo (1754-1801).**

DELGADO (José Matías), presbítero salvadoreño (1768-1833), prócer de la independencia centroamericana. Encabezó la primera rebelión armada en San Salvador (1811), fue uno de los firmantes del Acta de Independencia de la América Central (1821) y presidió la Asamblea Constituyente de su país (1823).

DELGADO (Rafael), novelista mexicano (1853-1914), autor de *La Calandria, Angelina,* etc.

DELGADO (Sinesio), sainetero y zarzuelista español (1859-1928), autor de *La baraja francesa* y *El toque de rancho.*

DELGADO CHALBAUD (Carlos), militar y político venezolano (1909-1950), pres. de una Junta Militar de 1948 a 1950. M. asesinado.

DELGADO PALACIOS (Guillermo), biólogo venezolano (1866-1941).

Fot. Bulloz, Giraudon, doc. A. G. P.

DELHI, c. de la India, cap. del territorio del mismo n. En los alrededores, **Nueva Delhi,** capital de la India (314 400 h.).
DELIBES [*delib*] (Leo), compositor francés (1836-1891). Autor de óperas cómicas (*Lakmé*) y ballets. (*Silvia* y *Copelia*).
DELIBES (Miguel), novelista español, n. en 1920, autor de *La sombra del ciprés es alargada.*
DELICADO (Francisco), escritor español del s. XVI, autor de la novela picaresca *Retrato de la lozana andaluza.*
DELICIAS (Las), páramo de Colombia, en la Cord. Central; 3 475 m.
DELIGNE (Gastón Fernando), poeta y escritor dominicano (1861-1913), autor de *Romances de la Hispaniola, Soledad,* etc.
DELILLE [*delil*] (Jacobo), poeta francés (1738-1813), hábil versificador.
DEL MONTE (Domingo). V. MONTE.
DELORME [*lorm*] (Filiberto), arquitecto francés (¿1515?-1570), verdadero iniciador de la arquitectura clásica en su país.
DELOS, isla del Egeo, la más pequeña de las Cícladas, donde estaba el santuario de Apolo.
DEL PRETE (Juan), pintor argentino, n. en 1895.
Del rey abajo, ninguno. V. GARCÍA DEL CASTAÑAR.
DELTA AMACURO, Territ. Federal de Venezuela; cap. *Tucupita;* caucho; maderas preciosas; minas de hierro y oro; yac. de petróleo.
DELTA DEL PARANÁ, región de Argentina en la desembocadura del Paraná.
DELLA FRANCESCA. V. FRANCESCA.
DELLA VALLE (Ángel), pintor argentino (1852-1903), que se inspiró en la vida y en el paisaje bonaerense.
Demajagua *(La),* finca azucarera cerca de Yara (Cuba), donde Carlos Manuel de Céspedes inició, el 10 de octubre de 1868, la Guerra de Independencia.
DEMANDA (SIERRA DE LA), macizo montañoso en Logroño, perteneciente al Sistema Ibérico.
DEMARATES, rey de Esparta de 510 a 491 a. de J. C.; derrotado por Cleomenes.
DEMARÍA (Bernabé), literato y pintor argentino (1827-1910).
DEMAVEND, punto culminante del Elburz, al N. de la planicie de Irán; 5 604 m.
DEMÉTER, divinidad griega, personificación de la Tierra. Fue la **Ceres** romana.
DEMETRIO I Poliorcetes *(Conquistador de ciudades),* rey de Macedonia de 306 a 282 a. de J. C., hijo de Antígono. Venció a Casandro en las Termópilas, pero fue derrotado en Ipso.
DEMETRIO I Soter *(Salvador),* rey de Siria de 162 a 150 a. de J. C., nieto de Antíoco el Grande. — DEMETRIO II *Nicátor (el Vencedor),* rey de Siria (145-138 y 129-125 a. de J. C.).
DEMETRIO de Falera, orador, estadista e historiador griego. Gobernó Atenas en nombre de Casandro, m. hacia 280 a. de J. C.
DEMETRIO o **DIMITRI,** nombre de varios soberanos rusos y de cuatro aventureros a quienes se dio el nombre de "falsos Demetrios".
DE MILLE (Cecil Blount), director cinematográfico norteamericano (1881-1959).
DEMÓCRITO de Abdera, filósofo griego del s. V a. de J. C., creador del atomismo.
DEMÓSTENES, político y orador ateniense (384-322 a. de J. C.). A fuerza de estudio y tenacidad logró superar sus deficiencias físicas y adquirir un notable talento de orador. Como político, adoptó el programa del partido patriótico y se convirtió en adversario infatigable de Filipo de Macedonia. Para defender Atenas de la invasión de Filipo obtuvo la alianza de Tebas, pero los confederados fueron vencidos en Queronea (338). Demóstenes pronunció entonces contra el rey de Macedonia las *Filípicas* y las *Olínticas.* A la muerte de Filipo, Ctesifonte propuso a los atenienses premiar el patriotismo de Demóstenes con una corona de oro; Esquines se opuso y le acusó de violar con su proposición las leyes del Estado. Demóstenes hizo absolver a Ctesifonte, pronunciando su famoso discurso *Por la corona.* El gran orador no admitió la sumisión de Grecia por Alejandro y se envenenó al recibir la noticia del fracaso de la insurrección de los griegos contra Antipatro.
DENAIN [*denán*], c. de Francia (Nord), a orillas del Escalda. Batalla en 1712, ganada por los franceses a los imperiales, que puso fin a la guerra de Sucesión de España.
DENBIGHSHIRE, condado de Gran Bretaña (Gales); cap. *Ruthin.*
DENDERA, pueblo del Alto Egipto, a orillas del Nilo, célebre por las ruinas del templo de Athor.
DENIA, c. y puerto de España (Alicante). Llamada por los griegos **Hemeroscopion** y por los romanos **Dianium.**
DENIZLI, c. de Turquía, al SE. de Esmirna; ruinas de Laodicea.
DENVER, c. de los Estados Unidos, cap. de Colorado. Construcciones mecánicas y aeronáuticas.
DERAIN (Andrés), pintor francés (1880-1954), uno de los jefes del fauvismo.
DERBY, c. de Inglaterra, cap. de Derbyshire. Siderurgia; construcciones aeronáuticas; automóviles; porcelanas.
DERJAVIN (Gabriel Romanovich), poeta ruso (1743-1816), de inspiración clásica.
DERQUI (Santiago), político argentino (1810-1867), que, elegido pres. de la Confederación en 1860, renunció a su cargo en 1862.
Desafío de Barletta, combate celebrado en 1503 en Barletta por trece franceses contra trece italianos al servicio de España.
DESAGUADERO, río de la Argentina, entre las prov. de Mendoza y San Luis. — Río de Bolivia, que comunica los lagos Titicaca y Poopó; 320 km.
DESAIX [*desé*] (Luis), general francés (1768-1800), que se destacó en las guerras napoleónicas.
DESAMPARADOS, pobl. de la Argentina (San Juan). — Pobl. de Costa Rica (San José).
DESANGLES (Luis), pintor dominicano (1862-1937), de tendencia impresionista.
DESBORDES - VALMORE [*debord'valmor*] (Marcelina), poetisa francesa (1786-1859), cuya vida angustiada le inspiró delicadísimos versos.
DESCABEZADO, monte de Chile en la isla de Riesco (Magallanes); 750 m.
DESCABEZADO CHICO, volcán de Chile (Talca); 3 330 m.
DESCABEZADO GRANDE, volcán de Chile (Talca); 3 888 m.
Descamisados, nombre que dieron los conservadores a los liberales españoles que hicieron la revolución de 1820. — N. tomado en la Argentina en 1946 por los partidarios de Perón.
DESCARTES (René), filósofo, matemático y físico francés, n. en La Haye (Turena) [1596-1650]. Fue militar y combatió bajo las órdenes de Guillermo de Orange. Retirado después y dedicado al estudio, creó la geometría analítica y descubrió los fundamentos de la óptica geométrica. Descartes se muestra en sus obras de carácter científico partidario del materialismo, mientras que en sus estudios metafísicos aparece como idealista. Creó la metafísica moderna, atacó los principios escolásticos e impuso un nuevo método de raciocinio (el *cartesianismo*), elaboró su teoría de la duda metódica y llegó al conocimiento de su propia existencia por medio del pensamiento (*Cogito, ergo sum,* pienso, luego existo). Pasó sus últimos años al servicio de la reina Cristina de Suecia, que le hizo ir a Estocolmo, donde murió. En la obra de Descartes destacan el famosísimo *Discurso del Método* (1637) y *Las pasiones del alma* (1650).
DESCLOT (Bernat), historiador catalán de finales del s. XIII, autor de una crónica de *Pedro el Grande.*
D'ESCRAGNOLLE (Alfonso). V. TAUNAY.
DESCUBIERTA (La), com. de la Rep. Dominicana (Independencia).
Desdémona, personaje de *Otelo,* de Shakespeare, víctima de los celos de su esposo.
Desdén con el desdén (*El*), famosa comedia de Moreto.
DESEADA (La), isla de las Antillas Francesas, dependiente de Guadalupe; 27 km^2.
DESEADO, río de la Argentina, en Patagonia, que des. en Puerto Deseado; 482 km.
DESENGAÑO, archipiélago polinesio, al NE. de las islas Tuamotú.
DESHOULIERES (Antoinette), poetisa francesa (1637-1694).
DE SICA (Vittorio), actor y director de cine italiano, n. en 1901, de estilo realista.

DEMÓSTENES
museo del Vaticano

DERAIN
autorretrato

DESCARTES
por FRANZ HALS

Fot. Anderson, Giraudon, Viollet

DESMOULINS
por ROUILLARD
museo de Versalles

DESSALINES

DIANA CAZADORA

J. E. DÍAZ

DESMOCHADOS, pobl. de Paraguay (Ñeembucú).

DES MOINES, c. de los Estados Unidos, cap. de Iowa. Universidad.

DESMOULINS [*demulán*] (Camilo), periodista y político francés (1760-1794), que secundó poderosamente el movimiento revolucionario de 1789. Más tarde, por su actitud moderada, fue guillotinado en compañía de Danton.

Desolación, libro de poemas de Gabriela Mistral (1922), donde canta el amor con gran lirismo.

DESPEÑAPERROS (DESFILADERO DE), garganta abrupta de Sierra Morena, que comunica la meseta de Castilla la Nueva con el valle del Guadalquivir; 745 m.

DESPIAU [*-pió*] (Carlos), escultor francés (1874-1946). Trabajó con Rodin.

DESSALINES (Juan Jacobo), esclavo haitiano de raza negra (1758-1806), que proclamó la independencia del país y, tras haber sido designado gobernador vitalicio, se erigió emperador en 1804 con el n. de **Jacobo I.** M. asesinado.

DESSAU, c. de Alemania oriental; metalurgia.

DESSIÉ o **DESSYE,** c. del centro de Etiopía.

DESTERRO, n. de la bahía brasileña (Santa Catarina) en que se encuentra ***Florianópolis.***

DETMOLD, c. de Alemania (Renania-Westfalia), al pie del Teutoburger Wald.

DETROIT, c. de los Estados Unidos (Michigan), a orillas del río Detroit, que une los lagos Erie y Saint Clair. Construcción de automóviles.

DEUCALIÓN, rey de Tesalia, hijo de Prometeo y marido de Pirra. Es el Noé de la mitología griega. Deucalión y Pirra, habiendo sido sumergida la Tierra por un diluvio, se refugiaron en una barca que se detuvo en el monte Parnaso y volvieron a poblar la Tierra.

DEURNE, c. de Bélgica (Amberes). Aeropuerto.

DEUS (Juan de), poeta portugués (1830-1896), autor de *Flores del campo* y *Hojas sueltas.*

DEUSTO, barrio de Bilbao (España). Universidad de los jesuitas.

DEUSTÚA (Alejandro Octavio), escritor y pedagogo peruano (1849-1945), autor de *Estética aplicada* y *Los sistemas de moral.*

Deuteronomio, quinto libro del Pentateuco.

DEVA, v. de España (Guipúzcoa), en la desembocadura del río del mismo nombre; balneario. Artículos de ferretería; astilleros.

DEVAS, n. dado a todos los dioses en India.

DEVENTER, c. de Holanda (Overyssel), a orillas del Yssel. Fundiciones.

Devoción de la Cruz (*La*), drama teológico de Calderón, de gran belleza.

Devolución (*Guerra de*), guerra emprendida, a la muerte de Felipe IV de España, por Luis XIV de Francia, que reclamaba los Países Bajos en nombre de su esposa María Teresa (1667-1668). Terminó con el Tratado de Aquisgrán, que "devolvió" a María Teresa el sur de Flandes.

DEVON o **DEVONSHIRE,** condado de Inglaterra. Cap. *Exeter.* C. pr. *Plymouth.*

DEVONPORT, c. y puerto militar de Inglaterra, cerca de Plymouth. Metalurgia.

DEWAR [*diver*] (*sir* James), físico y químico inglés (1842-1923). Fue el primero que realizó la licuefacción del hidrógeno.

DEWSBURY, c. de Inglaterra (Yorkshire). Textiles y metalurgia.

DEYANIRA o **DEJANIRA,** hija de Eneo, rey de Calidón, esposa de Heracles, cuya muerte provocó dándole la túnica envenenada que le entregó el centauro Neso.

DEZA (Diego), sacerdote español (1444-1523) que apoyó los proyectos de Colón.

D'HALMAR (Augusto), V. THOMSON (Augusto Goemine).

D'HASTREL (Adolphe), pintor y litógrapho francés (1805-1875). Vivió en el Río de la Plata y dejó interesantes cuadros de costumbres.

DHAULAGHIRI o **DAVALAGHIRI,** una de las cumbres más altas del Himalaya; 8 172 m.

DHULIA, c. de la India (Maharashtra).

Diablo cojuelo *(El)*, novela de Luis Vélez de Guevara (1641). El estudiante don Cleofás libra de su prisión al diablo Asmodeo y éste, en agradecimiento, le pasea por todo Madrid durante la noche, levantando los techos de las casas para que vea cuanto pasa en ellas. Fue imitada por el francés Lesage.

Diablo mundo *(El)*, poema filosófico de Espronceda, especie de historia de la humanidad, en la que se mezclan la inspiración más admirable con los caprichos más extravagantes (1840).

DIAGHILEV (Sergio), empresario ruso (1872-1929), creador de los *Ballets rusos* que revolucionarían la estética coreográfica.

DIAGUITAS, tribus indias que, en la época de la Conquista, ocupaban la región montañosa del NO. argentino y N. chileno. De estas tribus, que practicaban la agricultura y la alfarería, y conocían el cobre, el oro y la plata, formaban parte los *calchaquíes.*

Diálogo de la Lengua, obra del erudito Juan de Valdés, publicada por primera vez por Mayáns en sus *Orígenes de la lengua española* (1737). La obra trata de la excelencia de la lengua española y estudia el origen de la misma, su vocabulario y las obras principales escritas en castellano.

Diálogos de Platón, obras filosóficas en las que aparece Sócrates discutiendo con sus contemporáneos los grandes problemas metafísicos, morales y políticos. Los principales son *Fedón, Critón, Las Leyes, Gorgias* y *La República.*

Diálogos de amor, obra de León Hebreo, de inspiración platónica, publicada en 1535.

Diálogos de los muertos, obra ingeniosa y mordaz de Luciano de Samosata (s. II).

DIAMANTE, cerro de la Argentina (Mendoza); 2 354 m. — Río de la Argentina (Mendoza), afl. del Salado. — C. de la Argentina (Entre Ríos), junto al Paraná.

DIAMANTE (Juan Bautista), dramaturgo clásico español, de gran fecundidad (1625-1687).

DIAMANTINA, c. del Brasil (Minas Gerais). Arzobispado. Minas de diamante.

DIANA, diosa romana, hija de Júpiter y de Latona, correspondiente a la **Artemisa** helénica. Obtuvo de su padre permiso para no casarse nunca y Júpiter la hizo reina de los Bosques. Es también diosa de la Caza. *(Mit.)*

Diana, novela pastoril de Jorge de Montemayor (1559), que tuvo inmensa popularidad tanto en España como en el extranjero.

Diana Enamorada, continuación de la *Diana* de Montemayor, por Gaspar Gil Polo (1564).

DIANIUM. V. DENIA.

Diario de Barcelona, uno de los más antiguos periódicos de España, fundado en 1792.

Diario de los literatos de España, notable publicación periódica, fundada en 1737. Contribuyó mucho al adelanto de las letras españolas.

Diario de un testigo de la guerra de África, obra de Pedro A. de Alarcón (1859).

DIAS (Bartolomé), navegante portugués (1466-1500), descubridor del cabo de Buena Esperanza (1486). M. en un naufragio.

DIAS (Enrique), militar brasileño de raza negra (1600-1662), que se distinguió en la guerra contra los invasores holandeses (1630-1654).

DIAS (Teófilo), poeta brasileño (1854-1889), autor de *Cantos tropicales, Fanfarrias,* etc.

DIAS PAIS (Fernando), bandeirante brasileño del s. XVII.

Diáspora, voz griega que designa la dispersión del pueblo hebreo a través del mundo en el s. II de nuestra era.

DÍAZ (Adolfo), político nicaragüense n. en 1874, pres. de la Rep. de 1911 a 1916 y de 1926 a 1928. Durante su primera administración solicitó ayuda de los Estados Unidos, cuyas fuerzas desembarcaron en el país.

DÍAZ (César), general y político uruguayo (1812-1857), uno de los héroes de Caseros (1852). Fue pres. interino de la Rep. en 1853 y se levantó contra Pereira en 1857, pero, vencido, fue fusilado en el paso de Quinteros.

DÍAZ (Eugenio), novelista y narrador colombiano (1804-1865), autor de *Manuela,* descripción realista del vivir campesino.

DÍAZ (José Eduvigis), general paraguayo m. en 1867, que, durante la guerra de la Triple Alianza, se distinguió en la defensa de Curupayty (1866).

DÍAZ (José de Jesús), general y escritor mexicano (1809-1846), autor de inspiradas poesías y leyendas.

DÍAZ (Juan MARTÍN). V. EMPECINADO.

DÍAZ (Leopoldo), poeta parnasiano argentino (1862-1947), autor de *Sonetos, Bajorrelieves.*

Fot. Neurdein, Larousse, Giraudon, X

DÍAZ (Porfirio), general y político mexicano n. en Oaxaca (1830-1915), que se distinguió en la lucha contra la intervención francesa. Fue pres. de la Rep. en 1876, de 1877 a 1880 y de 1884 a 1911, logrando con su larga permanencia en el Poder algunos progresos para el país. Contra su gestión dictatorial se produjo la revolución de Madero, y fue derrocado. M. en París.
DÍAZ ALFARO (Abelardo), novelista puertorriqueño, n. en 1920, autor de *Terrazo.*
DÍAZ AROSEMENA (Domingo), político panameño (1875-1949), pres. de la Rep. de 1948 a 1949.
DÍAZ CANEJA (Guillermo), novelista español (1876-1933), autor de *El sobre en blanco.*
DÍAZ CASANUEVA (Humberto), poeta chileno, n. en 1905; autor de *Vigilia por dentro.*
DÍAZ COVARRUBIAS (Francisco), astrónomo mexicano (1833-1889), que fundó el Observatorio Astronómico, publicó las *Tablas Geodésicas de la República Mexicana* y determinó la situación geográfica de la ciudad de México.
DÍAZ COVARRUBIAS (Juan), escritor mexicano (1837-1859), autor de *El diablo en México.*
DÍAZ DE ARMENDÁRIZ (Lope), marqués de Cadereyta, virrey de Nueva España de 1635 a 1640. Protegió a los indígenas y fundó la ciudad de Cadereyta.
DÍAZ DE ESCOBAR (Narciso), erudito español (1860-1935), que ha dedicado varios estudios a la historia del teatro clásico.
DÍAZ DE GUZMÁN (Ruy), militar e historiador paraguayo (¿1558?-1629), autor de *La Argentina* o *Historia del descubrimiento, población y conquista del Río de la Plata* (1612).
DÍAZ DE LA PEÑA (Narciso Virgilio), pintor francés, de origen español (1807-1876).
DÍAZ DEL CASTILLO (Bernal), soldado y cronista español (1492-¿1581?), que participó en la conquista de México, cuya gesta ha relatado en su *Verdadera Historia de los sucesos de la conquista de Nueva España.*
DÍAZ DE SOLÍS (Juan). V. SOLÍS.
DÍAZ DE VIVAR (Rodrigo). V. CID.
DÍAZ GRANADOS (Domingo), poeta colombiano (1835-1868).
DÍAZ LEGUIZAMÓN (Héctor), escritor argentino (1892-1938), autor de *La ruta sonora.*
DÍAZ MACHICAO (Porfirio), historiador y novelista boliviano, n. en 1909.
DÍAZ MIRÓN (Salvador), poeta mexicano, n. en Veracruz (1853-1928). Influyó poderosamente en los líricos modernistas. Sus composiciones son de agradables efectos musicales y gran perfección técnica (*Poesías, Lascas).* Dirigió el periódico *El Imparcial* (1913-1914), y sus campañas políticas le llevaron al destierro.
DÍAZ ORDAZ (Gustavo), político mexicano, n. en 1911. Pres. de la Rep. de 1964 a 1970.
DÍAZ PLAJA (Guillermo), profesor y erudito español, n. en 1909, autor de múltiples trabajos de historia literaria española.
DÍAZ RODRÍGUEZ (Manuel), escritor venezolano (1871-1927), uno de los maestros hispanoamericanos de la prosa modernista. Escribió las novelas *Ídolos rotos,* obra de carácter autobiográfico, *Sangre patricia,* estudio de psicopatología, y *Peregrina o El pozo encantado,* narración criolla. Publicó también distintos ensayos: *Sensaciones de viaje, De mis romerías, Camino de perfección* y *Sermones líricos.*
DÍAZ ROMERO (Belisario), médico y escritor boliviano (1870-1940), autor de importantes trabajos de arqueología y prehistoria.
DÍAZ SÁNCHEZ (Ramón), novelista venezolano, n. en 1903, autor de *Mene* y *Cumboto.*
DÍAZ VENERO DE LEIVA (Andrés). V. VENERO DE LEIVA.
Diccionario de autoridades. V. ACADEMIA ESPAÑOLA.
Diccionario de construcción y régimen de la lengua castellana, obra magistral de Cuervo (1886), publicada sólo hasta la letra D.
Diccionario de galicismos, obra de Baralt (1855). A pesar de tener más de un siglo de existencia, son aún interesantes muchas de sus

Porfirio DÍAZ

DÍAZ MIRÓN

DÍAZ RODRÍGUEZ

censuras, si bien la Academia y el uso han sancionado hoy casi la mitad de los galicismos incriminados. En 1945 fue puesta al día con valiosas notas y adiciones por Niceto Alcalá Zamora.
Diccionario filosófico, obra de Voltaire, publicada en 1764.
DICEARCO, historiador, filósofo y geógrafo griego del s. IV a. de J. C., discípulo de Aristóteles. Negó toda inmortalidad.
DICENTA (Joaquín), dramaturgo y novelista español (1863-1917), cuyos escritos testimonian una profunda preocupación social, patente en sus obras de teatro: *Juan José, El Lobo, Sobrevivirse, Daniel, Luciano, El señor feudal, Aurora, Los irresponsables, El suicidio de Werther,* etc.
DICKENS (Carlos), novelista inglés, n. en Landport (1812-1870), uno de los maestros del género con *Oliver Twist* o *El hijo de la parroquia, La pequeña Dorrit, Los papeles póstumos del Club Pickwick, Nicolás Nickleby, David Copperfield, Cuentos de Navidad,* etc. Las novelas de Dickens, transidas de emoción humana y amor a los humildes y escritas en un tono de humor moderado, no son tan sólo un documento de primer orden para conocer la Inglaterra victoriana, sino un alegato social contra los abusos de la época.
DICKINSON (Emily), poetisa norteamericana (1830-1886); autora de poemas cortos de inspiración delicada y espontánea.
DIDEROT [*-ró*] (Denis), filósofo francés, n. en Langres (1713-1784), fundador de la *Enciclopedia* (1751). Se le deben también relatos de inspiración filosófica (*El sobrino de Rameau*), dos dramas, estudios de crítica de arte y una abundante correspondencia. Materialista y ateo, fue uno de los propagadores más ardientes de las ideas filosóficas del siglo XVIII.
DIDO, hija del rey de Tiro y hermana de Pigmalión; después que su esposo, Siqueo, fue asesinado por Pigmalión, huyó y fundó Cartago.
Dido y Eneas, ópera de Purcell (1689).
DIEGO (Gerardo), poeta español n. en 1896, de estilo sobrio y castizo.
DIEGO (José de), abogado, escritor y político puertorriqueño (1866-1918).
DIEGO DE OCAMPO, pico de la Rep. Dominicana (Santiago), en la Cord. Septentrional; 1 217 m.
DIEGO RAMÍREZ, grupo de islas de Chile, en el extremo austral del continente americano.
DIEGO SUÁREZ, puerto de Madagascar, en la bahía del mismo n., al NE. de la isla.
DIÉGUEZ (Juan), político y poeta guatemalteco (1813-1866) que introdujo el romanticismo en su país. Entre sus composiciones más sobresalientes figuran *La garra, El cisne,* etc.
DIEMEN (Antonio van), colonizador holandés (1593-1645), instigador del viaje de Abel Tasman, que descubrió en 1642 Tasmania.
DIEMEN (TIERRA DE VAN). V. TASMANIA.
DIEPPE, c. de Francia (Sena Marítimo); puerto en el canal de la Mancha y balneario.
DIESEL (Rodolfo), ingeniero alemán (1858-1913), inventor del motor que lleva su nombre.
Dieta, asamblea política en que ciertos Estados que forman confederación deliberan sobre asuntos públicos que les son comunes. Las más importantes desde el punto de vista histórico son las celebradas en Augsburgo (1518), Worms (1521), ante la que compareció Lutero, Nuremberg (1523,

DICKENS

DIDEROT

Fot. Larousse, doc. A. G. P., Giraudon

DIOCLECIANO

DIÓGENES
bajorrelieve
Villa Albani
Roma

escudo y mapa
de DINAMARCA

1524), Espira (1526, 1529), Augsburgo (1530), Colonia (1530), Worms (1536), Francfort (1539), Ratisbona (1541), Espira (1544), Augsburgo (1547-1548, 1550) y Ratisbona (1622).

DIEZ (Federico), filólogo alemán (1794-1876), autor de estudios sobre las lenguas romances.

Diez Años (*Guerra de los*), n. dado en Cuba a la guerra patriótica de los *mambises*, iniciada por Carlos Manuel de Céspedes, organizador de la República en Armas, contra las tropas españolas (1868-1878). Las figuras sobresalientes de esta guerra fueron Máximo Gómez y Vicente García.

DÍEZ CANEDO (Enrique), ensayista español (1879-1944), autor de varios libros de versos y de estudio de la cultura española.

DÍEZ-CANSECO (José), escritor peruano (1904-1949), autor de los relatos *Estampas mulatas*.

DÍEZ CANSECO (Pedro), general y político peruano (1815-1893), pres. interino de la Rep. en 1863, 1865 y 1868.

DÍEZ DE GÁMEZ (Gutierre), historiador español (1378-1450), autor de una *Crónica de Don Pero Niño*, llamada también *El Victorial*.

DÍEZ DE MEDINA (Clemente), patriota boliviano (1777-1848) que se sublevó en La Paz contra los españoles (1809).

DÍEZ DE MEDINA (Crispín), jurisconsulto y patriota boliviano (1781-1863). Luchó por la independencia de su patria.

DÍEZ DE MEDINA (Fernando), novelista boliviano, n. en 1908, autor de *Nayjama* y *La enmascarada*.

Diez mil (*La retirada de los*), regreso a Grecia de los diez mil griegos que combatieron en Cunaxa en favor de Ciro el Joven en 401 a. de J. C. Jenofonte la describió en *La Anábasis*.

DÍFILO, poeta cómico griego del s. IV a. de J. C., que cultivó la *comedia nueva*.

DIFUNTOS (LAGUNA DE LOS). V. NEGRA.

DIGNE, c. de Francia, cap. del dep. de los Alpes de Alta Provenza. Obispado.

DIGUILLÍN, río de Chile (Ñuble).

DIJON, c. de Francia, en Borgoña, cap. del dep. de Côte-d'Or; centro ferroviario e industrial. Obispado. Universidad. Monumentos.

DILI, cap. de la parte portuguesa de Timor.

DILTHEY (Guillermo), filósofo alemán (1833-1911), que ha estudiado el carácter histórico del hombre.

DIMITRI. V. DEMETRIO.

DILLINGEN, c. de Alemania (Sarre).

DIMITROVO. V. PERNIK.

DINAN, c. de Francia (Côtes-du-Nord).

DINAMARCA, Estado de Europa septentrional. Sup. 43 042 km²; 4 700 000 h. (*daneses*); cap. *Copenhague*, 960 300 h.; c. pr. *Aarhus*, 119 000; *Odense*, 110 000; *Aalborg*, 83 000.

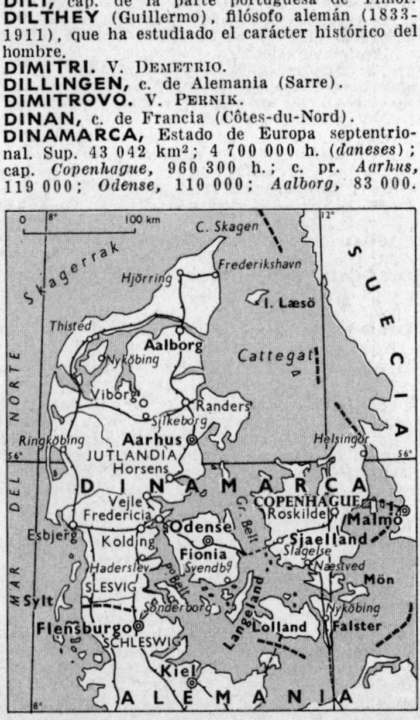

— GEOGRAFÍA. Dinamarca comprende una parte continental, la península de *Jutlandia*, y una parte insular (islas de Seeland, Laaland, Fionia, etcétera). País rico en agricultura y ganadería, sus explotaciones agrícolas son muy modernas, sus industrias lecheras, un modelo, y el nivel de vida de su población rural es uno de los más altos de Europa. La pesca, la marina y la industria química y alimenticia completan su riqueza.

— HISTORIA. Los daneses se constituyeron en reino en el s. IX, dominaron Noruega y parte de Inglaterra bajo Canuto el Grande, y por la Unión de Calmar (1397) formaron un solo reino con Suecia y Noruega. Convertida al luteranismo en el s. XIV, Dinamarca tomó parte activa en la guerra de los Treinta Años. A la caída de Napoleón, el Tratado de Kiel (1814) anexó Noruega a Suecia, que se había independizado ya de Dinamarca en 1523. En 1848 Dinamarca entró en conflicto con Prusia, y ésta le arrebató en 1864 Slesvig, Holstein y Lauenburgo, después de una guerra sangrienta. Los efectos políticos de esa guerra fueron en parte anulados después de la Primera Guerra mundial. Ocupada en 1940 por los alemanes, Dinamarca fue liberada por los Alindos en 1945.

DINANT, c. de Bélgica (Namur), a orillas del Mosa. Centro industrial y comercial.

DINARCO, orador griego (s. IV a. de J. C.).

DINÁRICOS (ALPES) o **ALPES DALMÁTICOS** o **ILÍRICOS,** cadena de montañas calizas, en Yugoslavia (Bosnia y Herzegovina), paralelas a la costa del Adriático.

DINIZ. V. DIONÍS.

DINIZ (Joaquín Guillermo GOMES COELHO, llamado **Julio**), novelista portugués (1839-1871), observador agudo (*Las pupilas del señor rector*).

DINSLAKEN, c. de Alemania (Renania). Hulla y metalurgia.

DIOCLECIANO, emperador romano, n. en Dalmacia (245-313); reinó de 284 a 305. Para poner remedio a la anarquía militar, organizó la *tetrarquía*, que dividía jerárquicamente el Poder sin dividir el Imperio. Presionado por Galerio, Diocleciano persiguió a los cristianos (303). Abdicó en 305.

DIODORO CRONOS, filósofo griego, m. hacia 296 a. de J. C., dialéctico y sofista.

DIODORO DE SICILIA, historiador griego del s. I a. de J. C., autor de una *Biblioteca histórica*, historia universal de la Antigüedad.

DIOFANTE, matemático griego, n. en Alejandría (325-409).

DIÓGENES el Cínico, filósogo griego n. en Sínope (413-327 a. de J. C.). Su desprecio por la riqueza y por las convenciones sociales se han hecho proverbiales. Criticó con mordaz ingenio las costumbres y creencias de su tiempo. Fue célebre por sus excentricidades, que le condujeron a vivir en un tonel, a buscar en pleno día un hombre en Atenas alumbrándose con un farol, y a decir a Alejandro Magno que lo único que deseaba de él era que se apartase porque le quitaba el sol. Su doctrina se resume en la afirmación "Vivir conforme a la naturaleza".

DIÓGENES Laercio, historiador griego del siglo III, autor de *Vidas, dogmas y dichos memorables de los filósofos ilustres*.

DIOMEDES, rey de Argos y uno de los héroes de la guerra de Troya. Mientras combatía contra Eneas, hirió en las tinieblas a Afrodita, que acudía a proteger a su hijo, envolviéndole en medio de una nube. (*Ilíada.*)

DIOMEDES, rey de Tracia, célebre por su crueldad. Heracles lo hizo devorar por sus caballos, que el tirano alimentaba con carne humana. (*Ilíada.*)

DIÓN Casio, historiador griego (¿155-235?), autor de una *Historia romana*.

DIÓN Crisóstomo, retórico griego (¿30?-117). Defendió el estoicismo.

DIÓN de Siracusa, discípulo de Platón (409-354 a. de J. C.), gobernador de Siracusa de 357 a 354, asesinado a causa de su despotismo.

DIONE, ninfa, hija de Urano y de Gea o del Océano y de Tetis. Tuvo con Zeus a Afrodita.

DIONÍS o **DINIZ** (*Don*), monarca y poeta portugués (1261-1325), llamado el *Rey Labrador* (1279-1325). Sus preocupaciones literarias y culturales le llevaron a fundar las Universidades

Fot. Larousse, Alinari

de Coimbra y Lisboa. Su esposa, Isabel de Aragón, es llamada **Santa Isabel de Portugal.** Como poeta compuso canciones diversas de amor y de amigo, serranillas y pastorelas, reunidas todas en el *Cancionero de Dom Diniz.*

DIONISIO o **DIONISOS,** nombre griego del dios al que los romanos llamaron **Baco.**

DIONISIO Areopagita (*San*), obispo y mártir ateniense del s. I, convertido por San Pablo; fue obispo de Atenas. Fiesta el 9 de octubre.

DIONISIO de Halicarnaso, historiador griego, contemporáneo de Augusto, m. hacia 8 a. de J. C., autor de *Arqueología romana.*

DIONISIO EL VIEJO, tirano de Siracusa de 405 a 367 a. de J. C. Venció a los cartagineses de Sicilia y fue un hábil estadista y protector de las letras.

DIONISIO EL JOVEN, tirano de Siracusa de 367 a 343 a. de J. C. Hijo y sucesor del precedente, fue derrocado por su política despótica.

DIOSCÓRIDES, médico griego del siglo I de nuestra era.

DIOSCUROS (*"Hijos de Zeus"*), sobrenombre que se dio a los dos gemelos Cástor y Pólux. (*Mit.*)

Dioses. Se distinguen doce dioses mayores en las mitologías romana y griega (éstos entre paréntesis): Júpiter (Zeus), Febo (Apolo), Marte (Ares), Mercurio (Hermes), Vulcano (Hefestos), Vesta (Hestia), Juno (Hera), Ceres (Deméter), Diana (Artemisa), Venus (Afrodita), Minerva (Atenea), Neptuno (Poseidón).

DIPILTO, sierra de América Central, que señala parte de la frontera entre Honduras y Nicaragua.

DIPPEL (Juan Conrado), teólogo y químico alemán (1673-1734), que descubrió el azul de Prusia y el aceite animal por destilación de huesos.

DIQUÍS. V. GRANDE DE TÉRRABA.

DIRAC (Pablo Adriano Mauricio), físico inglés, n. en 1902; uno de los creadores de la mecánica de los quanta. (Pr. Nóbel, 1933.)

DIRCE, mujer de Licos, muerta por los hijos de Antíope, que la ataron a la cola de un toro furioso. Baco la convirtió en fuente. (*Mit.*)

Director General, título ofrecido en Chile a San Martín en 1817. Éste lo rehusó y lo hizo dar a O'Higgins.

Directorio, nombre dado al gobierno que funcionó en Francia de 1795 a 1799. Fue derribado por Bonaparte el 18 de brumario del año VIII (9 de noviembre de 1799).

Directorio, forma de gobierno establecida en España por el general Primo de Rivera (1923-1925).

Directorio Ejecutivo, nombre que se dio a la forma de gobierno que sucedió en México al Congreso Nacional de 1815.

Directorio Supremo de las Provincias Unidas del Río de la Plata, gobierno establecido en el Río de la Plata de 1813 a 1820. El primer director fue Gervasio Antonio Posadas y el último Rondeau.

DIREDAUA, c. de Etiopía (prov. de Harar).

DIRIÁ, pobl. de Nicaragua (Granada).

DIRIAGUEN, cacique indio de Nicaragua, que luchó contra los conquistadores españoles.

DIRIAMBA, pobl. de Nicaragua (Carazo).

DIRIOMO, pobl. de Nicaragua (Granada).

DIRRAQUIO. V. DURAZZO.

DISCÉPOLO (Armando), comediógrafo argentino, n. en 1887, autor de *Mateo, Hombre de honor,* etc. — Su hermano ENRIQUE (1901-1951), autor de teatro y compositor de música popular.

Discóbolo (*El*), estatua antigua de Mirón, que representa un atleta arrojando un disco.

DISCORDIA, divinidad maléfica, hija de la Noche y hermana de Marte. Después de haber sido desterrada del cielo, y furiosa por no haber sido invitada a las bodas de Tetis y Peleo, arrojó en medio del festín la famosa *manzana de la discordia.* (V. PARIS.)

Discurso del Método, obra de Descartes (1637). El filósofo somete todas las cosas a la duda metódica, reconstruye la ciencia a partir del principio *Cogito, ergo sum* (pienso, luego existo) y señala las cuatro reglas necesarias para efectuar cualquier razonamiento.

DISNEY (Walt), productor de cine norteamericano (1901-1966). Creador de dibujos animados (ratón *Mickey, Blancanieves, Dumbo, Bambi,* etc.).

Disputa de Elena y María, poema leonés del s. XIII, conservado en un manuscrito del XIV. Consta de 402 versos, anisosilábicos (de número desigual de sílabas), aunque con predominio del octosílabo.

Disputa del alma y el cuerpo, poema español del s. XII que se ha conservado fragmentario (37 versos), en el que el cuerpo y el alma de un difunto establecen un debate para culparse mutuamente de los pecados cometidos en vida.

DISRAELI (Benjamín), lord BEACONSFIELD, político inglés, n. en Londres (1804-1881); jefe del Partido Tory (conservador), alternó en el Poder con Gladstone. Primer ministro en 1874, fue el campeón del imperialismo británico del s. XIX. Expuso sus ideas políticas y religiosas en sus novelas *Vivian Grey, Sybil,* etc.

DIU, isla india en el golfo de Omán, al S. de la península de Gujerate. Ocupada por los portugueses de 1535 a 1961.

Divina Comedia, poema de Dante (s. XIV), dividido en tres partes: *Infierno, Purgatorio* y *Paraíso.* Visión épica del más allá, que el poeta visita, guiado por Virgilio y después por Beatriz. La influencia del gran poema dantesco sobre las literaturas europeas ha sido inmensa. En lo que concierne a la española, baste con recordar que fue imitado en el siglo XV por el Marqués de Santillana y Juan de Mena, y en el siglo XIX por Núñez de Arce y Campoamor. Entre las mejores traducciones castellanas de la *Divina Comedia* figuran las del Conde de Cheste, Nicolás González Ruiz y Bartolomé Mitre.

Divino Narciso (*El*), auto sacramental de Sor Juana Inés de la Cruz.

DIXMUDE, c. de Bélgica (Flandes Occidental).

DIYALA, río de Irak, afl. del Tigris; 442 km.

DIYARBAKIR, c. de Turquía, a orillas del Tigris; industria textil.

DJABALPUR. V. JUBBULPOR.

DJAGGERNAT. V. JAGGERNAT.

DJAIPUR. V. JAIPUR.

DJAJAPURA, n. actual de *Sukarnopura.*

DJAKARTA. V. YAKARTA.

DJAMAL PACHÁ. V. JAMAL BAJÁ.

DJAMI, escritor persa (1414-1492), autor del poema *Yusuf y Zulaica.*

DJDJELLI, c. y puerto de Argelia (Setif).

DJEDDAH. V. JEDDAH.

DJELAM. V. HIDASPES.

DJERBA. V. JERBA.

DJIBUTI. V. JIBUTI.

DJOKJAKARTA. V. JOGJAKARTA.

DJURDJURA. V. JURJURA.

DNIÉPER, río de la U. R. S. S. (Bielorrusia y Ucrania), antiguo **Borístenes.** Nace en las colinas de Valdai y des. en el mar Negro; 2 200 km. Pasa por la ciudad de Kiev.

DNIEPRODZERJINSK, ant. **Kamenskoié,** c. de la U. R. S. S. (Ucrania); industrias mecánicas y electrometalúrgicas.

Dnieprogues, presa construida en el río Dniéper, cerca de Dniepropetrovsk, en 1932.

DNIEPROPETROVSK, ant. **Iekaterinoslav,** c. de Ucrania, puerto fluvial. Centro industrial.

DNIÉSTER o **DNIESTR,** río que nace en los Cárpatos de Ucrania y des. en el mar Negro; 1 411 km.

DOBLADO (Manuel), general, político y diplomático mexicano (1818-1865), ministro de Relaciones Exteriores en el gobierno de Juárez.

DISRAELI

EL DISCÓBOLO
de MIRÓN
museo del Vaticano

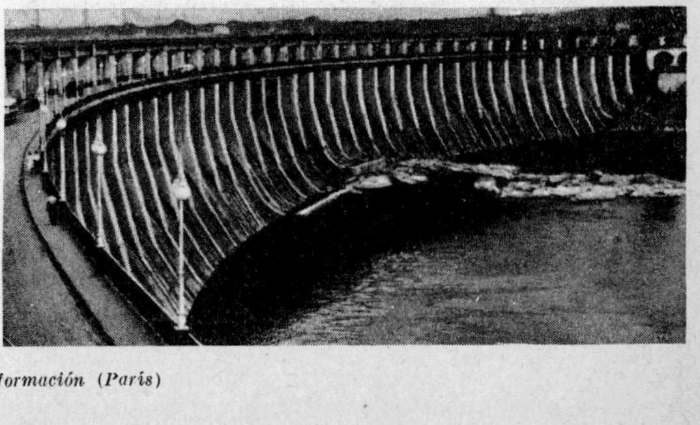

DNIEPROGUES
presa construida en 1932, reconstruida después de 1945

Fot. Larousse, Giraudon, Oficina Soviética de Información (París)

DOMICIANO

SANTO DOMINGO DE GUZMÁN por BELLINI National Gallery

escudo de la REPÚBLICA DOMINICANA

DOBRUDJA, DOBRUCHA o **DOBROGEA,** región de Rumania y Bulgaria, entre el mar Negro y el Danubio.

DOCE, río del Brasil (Minas Gerais) ; 579 km.

Doce Tablas (*Ley de las*), primera legislación escrita de los romanos, publicada el año 450 a. de J. C. y grabada en doce tablas de bronce. Era obra de los decenviros.

DOCTOR ARROYO, pobl. de México (Nuevo León).

DODECANESO, n. de las doce islas Espóradas meridionales (Grecia) ; la principal es Rodas.

DODGSON (Carlos). V. CARROLL (Lewis).

DODONA, ant. c. de Epiro; templo y oráculo de Zeus, cerca de un bosque de encinas.

DOENITZ (Carlos), almirante alemán, n. en 1891. Sucedió a Hitler en 1945 y negoció la capitulación del Reich.

DOHA, cap. del Sultanato de Katar.

DOISY (Eduardo), químico norteamericano, n. en 1893, que se ha distinguido por sus estudios de la vitamina K, de la insulina y de las hormonas. (Pr. Nóbel, 1943.)

DOLE [*dol*], c. de Francia (Jura), a orillas del Doubs; patria de Pasteur.

DOLFOS (Bellido o Vellido), traidor zamorano que mató alevosamente a Sancho II de Castilla cuando cercaba éste la ciudad de Zamora (1072).

DOLOMITAS o **ALPES DOLOMÍTICOS,** montañas calizas del Tirol italiano.

DOLORES, v. de España (Alicante).

DOLORES, bahía de México (Baja California). — Pobl. de la Argentina (Buenos Aires) ; centro agropecuario. — Pobl. de la Argentina (San Luis). — Pobl. de Colombia (Tolima). — Pobl. de Nicaragua (Carazo). — Pobl. del Uruguay (Soriano) ; centro comercial. — Pueblo de México (Guanajuato), hoy **Ciudad Dolores Hidalgo,** de donde era párroco Miguel Hidalgo, iniciador de la lucha por la Independencia (1810) con su célebre grito: ¡Mueran los gachupines!

DOLORES HIDALGO, c. y distrito de México (Guanajuato). [V. DOLORES.]

DOLLFUS (Engelberto), estadista austriaco (1892-1934). Canciller en 1931, fue asesinado por los nazis.

DOMAGK (Gerardo), médico alemán (1895-1964). Investigó sobre el cáncer experimental y sobre las sulfamidas. (Pr. Nóbel, 1939.)

DOMBASLE [*-bal*] (Mateo de), agrónomo francés (1777-1843).

DOMBEY (José), botánico francés (1742-1794), explorador del Perú y Chile.

DOMBROWA, c. de Polonia (Alta Silesia). Centro hullero y metalúrgico.

DOMENCHINA (Juan José), poeta español (1898-1959), autor de *Elegías barrocas.*

DOMEYKO (Ignacio), químico polaco, n. en 1802, m. en Chile en 1889, autor de importantes obras sobre la mineralogía chilena.

DOMICIANO (Tito Flavio) [51-96], emperador romano de 81 a 96, hijo de Vespasiano y hermano de Tito. Persiguió a los cristianos y fue el último de los Doce Césares.

DOMICIO ENOBARBO, cónsul en 32 de nuestra era, esposo de Agripina y padre de Nerón.

DOMINGO (*Santo*), abad de Silos (1000-1073). Fiesta el 20 de diciembre.

DOMINGO DE GUZMÁN (*Santo*), predicador español (1170-1221), fundador de la orden de los Dominicos en 1206. Enviado por el papa Inocencio III, combatió a los albigenses. Fiesta el 4 de agosto.

DOMINGO DE LA CALZADA (*Santo*), confesor español, m. en 1109. Fiesta el 12 de mayo.

DOMINGO MARTÍNEZ DE IRALA, pobl. del Paraguay (Caazapá).

DOMÍNGUEZ (Luis L.), poeta e historiador argentino (1819-1898). Su poema *El Ombú* figura en todas las antologías argentinas.

DOMÍNGUEZ (Manuel), historiador paraguayo (1896-1935), autor de *El alma de la raza.*

DOMÍNGUEZ ALBA (Bernardo). V. SINÁN. (Rogelio).

DOMÍNGUEZ CAMARGO (Hernando), jesuita y poeta colombiano (¿1590?-1656), autor del inconcluso *Poema heroico de San Ignacio de Loyola* (1656).

DOMINICA, isla de las Antillas Menores, que forma un Estado del Commonwealth; cap. *Roseau.*

DOMINICANA (REPÚBLICA). Estado del archipiélago de las Antillas, que ocupa algo más de los dos tercios orientales de la isla de Santo Domingo. Linda al N. con el océano Atlántico, al E. con el canal de la Mona, que la separa de Puerto Rico, al S. con el mar Caribe o de las Antillas, y al O. con la República de Haití, a la cual corresponde la porción occidental de la isla. 48 442 km²; 3 573 525 h. (*dominicanos*). Cap. *Santo Domingo.*

— GEOGRAFÍA. — *Relieve.* El suelo ofrece un aspecto montañoso en su mayor parte, con cuatro ejes orográficos principales, orientados de oeste a este: la Cordillera Septentrional o Sierra de Monte Cristi; la Cordillera Central, la más importante, que culmina en el Pico Duarte (3 175 m), máxima elevación de las Antillas, y las Sierras de Neiba y Baoruco, al sur. Entre estas alineaciones se extienden amplios y feraces valles, como el valle del Cibao o de La Vega Real, regado por los ríos Yaque del Norte y Yuna.

— *Clima.* En general el clima es cálido, y la temperatura media anual es de unos 26 grados. En el interior, sin embargo, es más templado y varía con la altitud. La precipitación pluvial, abundante, decrece hacia el sur. En el norte, la estación lluviosa, que coincide con los vientos alisios del nordeste, abarca de noviembre a febrero, y en el sur, de marzo a abril.

— *Hidrografía.* Existen numerosos ríos, de curso bastante largo, entre los cuales se destacan Yaque del Norte, Yaque del Sur, Yuna, Artibonito, Ozama, etc., en parte navegables. En el suroeste del país se extiende una zona baja donde se hallan el lago Enriquillo (500 km²) y varias lagunas.

— *Costas e islas.* Las costas son sinuosas y articuladas en amplias bahías como la Escocesa, la de Samaná, abrigada por la alargada península del mismo nombre, y las de Yuna, Ocoa, Neiba, etc. Frente a la costa sur se hallan las islas Saona, Catalina y Beata.

— *Población.* La población está compuesta por 68 % de mestizos de europeos, negros africanos e indios, 20 % de blancos, 11 % de negros y 1 % de amarillos. Las zonas más densamente pobladas son la costa meridional y el valle del Cibao. El 69 % de la población es rural.

— *Economía.* La base de la economía es la agricultura, principalmente el cultivo de la caña de azúcar, que se cosecha en el este del país. Otros cultivos importantes son: cacao, café, tabaco, plátano, maíz, arroz y mandioca. Los bosques, que cubren grandes extensiones en el interior, abundan en especies maderables y tintóreas. La riqueza pecuaria es digna de mención, con predominio del ganado vacuno y porcino. La pesca está en pleno desarrollo, especialmente en la bahía de Samaná. El subsuelo proporciona mineral de hierro (Sánchez Ramírez), petróleo (Azua), oro (El Seibo), bauxita, níquel, mármol, sal, yeso, etc. Las principales industrias son las de azúcar, primer producto de exportación, ron y otros licores, tabaco, textiles, cemento, calzado, etc. La balanza comercial es favorable y, en los últimos años, el volumen de las exportaciones ha sido superior al de las importaciones. El principal cliente del país es Estados Unidos, seguido de la Gran Bretaña. Existen unos 500 km de vías férreas que pertenecen al Gobierno, y más de mil propiedad de las empresas azucareras y otras industrias. La red de carreteras pasa de los 4 000 km. El país cuenta con varias líneas aéreas regulares. La unidad monetaria es el *peso.*

— CONSTITUCIÓN Y ADMINISTRACIÓN. Según la Constitución vigente, ejerce el poder ejecutivo el presidente de la República, elegido cada cuatro años. El poder legislativo corresponde al Senado (26 miembros) y la Cámara de Diputados (64 miembros). El poder judicial incumbe a la Corte Suprema, las Cortes de Apelación y otros tribunales. Administrativamente, la República está dividida en un Distrito Nacional y 25 provincias. El idioma oficial es el español. La enseñanza primaria es gratuita y obligatoria, y la superior está a cargo de la Universidad de Santo Domingo, fundada en 1538, la más antigua de América, y de la Católica de Santiago de los Caballeros. La mayoría de la población profesa la religión católica, pero está garantizada la libertad de cultos. La administración eclesiástica comprende una arquidiócesis (Santo Domingo), tres diócesis y una prelatura nullius.

Fot. Larousse, Anderson

mapa de la
REPÚBLICA DOMINICANA

— HISTORIA. La isla llamábase *Haití* o *Quisqueya* antes del Descubrimiento (5 diciembre 1492), y estaba habitada por varios pueblos, entre los cuales los caribes, nómadas y guerreros, que peleaban continuamente contra los arawakos. Colón bautizó a la isla con el nombre de La Española y exploró los contornos de la misma. Antes de partir para España, construyó el fuerte llamado de La Navidad, con los restos de la "Santa María", y allí dejó una guarnición de cuarenta hombres al mando de Diego de Arana. En 1493 volvió Colón, quien encontró destruido el fuerte de La Navidad y desaparecidos sus defensores. Fundó la ciudad de La Isabela y organizó varias expediciones al interior de la isla que dieron por resultado el dominio total de la misma, tras la victoria de la Vega Real. El almirante regresó de nuevo a España y en ese tiempo su hermano Bartolomé fundó la ciudad de Santo Domingo (1496) en la desembocadura del río Ozama. De nuevo llegó Colón durante su tercer viaje (1498), y encontró la isla sublevada a causa del sistema de los repartimientos de indios. El comendador Francisco de Bobadilla fue enviado para poner orden en la colonia y como primera medida ordenó la detención de Cristóbal Colón y su familia, quienes fueron embarcados hacia la Península. Allí rindió su vida el Descubridor (1506), tras un cuarto viaje al continente, en el cual también tocó en tierra dominicana. (V. COLÓN.) La vida durante el período colonial fue intensa, pues desde La Española partieron casi todas las expediciones conquistadoras del Nuevo Mundo. El primer obispado del continente fue fundado en 1504, así como las primeras Audiencia (1511) y Universidad (1538). El cacique indio Enriquillo opuso tenaz resistencia a los españoles. Las órdenes religiosas se establecieron en la colonia, en particular los Dominicos, uno de cuyos miembros, el Padre Las Casas, se erigió en defensor del indio contra los abusos de los conquistadores, y contribuyó a inspirar el espíritu de las Leyes de Indias. Al igual que otras colonias españolas, la isla hubo de sufrir los ataques de los corsarios ingleses, que saquearon la Ciudad de Santo Domingo (1586). Por su parte, holandeses y franceses se apoderaron de la isla Tortuga, de donde se inició la penetración francesa en la zona occidental de La Española, la cual fue reconocida por España en el Tratado de Ryswick (1697). En 1795, por el Tratado de Basilea, el Gobierno de Madrid cedió también a Francia la parte oriental. Este dominio había de durar muy poco. En 1804 se sublevaron contra Francia los esclavos negros del oeste, quienes crearon el Estado de Haití, mientras que los dominicanos, encabezados por Sánchez Ramírez, reconquistaron para España la zona oriental (1809). Esto fue la primera etapa de la independencia total, proclamada en 1821 por José Núñez de Cáceres. Fue creado el Estado de Haití Español, llamado a integrarse en la Gran Colombia, pero su vida fue efímera, ya que al año siguiente el presidente haitiano Boyer invadió el territorio dominicano e implantó su dominio en toda la isla, el cual habría de durar veintidós años. Durante este período, el patriota Juan Pablo Duarte fundó la sociedad secreta *La Trinitaria*, cuyo objetivo era lograr la independencia de la antigua zona española de la isla. Finalmente, Ramón Mella y otros revolucionarios proclamaron la independencia el 27 de febrero

REPÚBLICA DOMINICANA. — Estadística (cifras en millares)

PROVINCIA	km²	Hab.	CAPITAL	Hab.
Distrito Nacional	1,4	462	**Santo Domingo**	430
Azua	2,4	75	Azua de Compostela	12
Baoruco	1,3	52	Neiba	7
Barahona	2,5	79	Barahona	20
San Juan Maguana	3,5	148	San Juan Maguana	20
Duarte	1,2	161	San Fco. Macorís	26
Espaillat	0,9	117	Moca	13
Independencia	1,8	27	Jimaní	1
M. Trinidad Sánchez	1,3	85	Nagua	9
Dajabón	0,8	40	Dajabón	3
Monte Cristi	1,9	59	S. Fernando de M. Cristi	5
Pedernales	1,0	18	Pedernales	2
Puerto Plata	1,8	163	Puerto Plata	19
Altagracia (La)	3,7	164	La Romana	24
Salcedo	0,4	68	Salcedo	6
Samaná	0,9	44	Sta. Bárbara Samaná	3
Sánchez Ramírez	1,1	93	Cotuí	4
San Pedro de Macorís	1,1	68	San Pedro de Macorís	22
San Rafael	1,7	43	Elías Piña	2
Santiago	3,1	287	Santiago Caballeros	83
Santiago Rodríguez	1,0	40	Santiago Rodríguez	3
Seibo (El)	2,9	115	El Seibo	4
San Cristóbal	3,7	249	San Cristóbal	15
Peravia	1,6	106	Baní	14
Valverde	0,5	59	Valverde	17
Vega (La)	3,4	248	Concepción de la Vega	19

DAVID
por DONATELLO

DONIZETTI

de 1844, y Duarte, que estaba exilado, entró triunfante en el país y recibió el título de *Padre de la Patria*. Así nació la República Dominicana, pero la vida de la nueva nación fue precaria en los primeros tiempos, pues el peligro de nuevas invasiones haitianas no estaba descartado. Continuos conflictos fronterizos con la nación vecina obligaron a la intervención de las grandes potencias, cuya mediación no condujo a nada práctico. Pedro Santana, en su tercera presidencia (1859), no vio otra solución a este angustioso problema que el de ofrecer de nuevo el país a la antigua metrópoli, y de este modo se consumó la anexión a España el 18 de marzo de 1861, aunque no todos los dominicanos aceptaron esta reincorporación decidida por su presidente. Este malestar general y las medidas poco acertadas de los gobernantes españoles fueron las causas de las sublevaciones de Sánchez y Cabral (1861) y las más graves de 1863, dirigidas por Cabral y Luperón, que condujeron a la guerra de Restauración. Tras una encarnizada lucha el ejército español fue diezmado y el 12 de julio de 1865 el último soldado peninsular abandonaba el país. La patria independiente renacía, pero el inicio de esta Segunda República se vio turbado también por las discordias civiles. La administración de Buenaventura Báez (1868-1874) estuvo marcada por las rivalidades políticas entre los partidos rojo y azul, y por el proyecto, que afortunadamente no se llevó a cabo, de anexar el país a los Estados Unidos. Gregorio Luperón llegó a la presidencia en 1879, y su personalidad inspiró los gobiernos de Fernando Arturo de Meriño (1880), Ulises Heureaux (1882) y Francisco Gregorio Billini (1884), unos de los más eficaces en la vida de la República. En 1887, tras haber sofocado una revuelta militar, sube de nuevo a la presidencia Ulises Heureaux, que gobernó dictatorialmente hasta que fue asesinado en 1899. Su administración tuvo algunos aspectos acertados, pero desembocó en una grave crisis económica. Una serie de levantamientos militares y gobiernos efímeros, salvo el de Ramón Cáceres (1906-1911), pusieron en peligro la vida de la nación y condujeron a la ocupación del país por las fuerzas armadas de los Estados Unidos (1916), quienes administraron por medio de gobernadores hasta 1924, año en el que salió triunfante de las elecciones el general Horacio Vázquez. Las tropas norteamericanas abandonaron el territorio dominicano, y en 1930, con la llegada al Poder de Rafael Leónidas Trujillo, se abre una larga era de gobierno personal, en la cual Trujillo actuó directamente o inspiró los gobiernos que le sucedieron, el último de los cuales, presidido por su hermano Héctor B. Trujillo, fue sustituido en 1960 por Joaquín V. Balaguer. En 1961 R. L. Trujillo murió asesinado, y una Junta Militar, presidida por Balaguer, dio paso a un Consejo de Estado (1962), dirigido por Rafael Bonnelly. Juan Bosch ocupó constitucionalmente la presidencia en 1963, pero fue derribado a los ocho meses por un golpe militar y sustituido por un Gobierno Provisional. En 1965, una sublevación popular en favor de Bosch provocó la intervención norteamericana y derivó en crisis internacional. Héctor García Godoy fue nombrado presidente del gobierno provisional, y en las elecciones de 1966 y de 1970 resultó elegido Joaquín Balaguer.

DOMÍNICI (Aníbal), escritor venezolano (1837-1897), autor de biografías (*Sucre*) y de novelas.

DOMÍNICI (Pedro César), novelista venezolano (1872-1954), autor de *El triunfo del ideal, La tristeza voluptuosa* y *El cóndor*.

Dominicos o *Predicadores*, orden religiosa, fundada en Toulouse por Santo Domingo de Guzmán para luchar contra los herejes albigenses (1206). La orden de las *Dominicas*, fundada también en 1206, fue reformada en el s. XIV por Santa Catalina de Siena.

DOMINIQUINO (Domenico ZAMPIERI, llamado **el**), pintor y arquitecto italiano (1581-1641), el mejor discípulo de A. Carracci.

DOMODOSSOLA, c. de Italia (Piamonte), en uno de los extremos del túnel del Simplón.

DOMREMY-LA-PUCELLE, pobl. de Francia, en Lorena (Vosgos); patria de Juana de Arco.

DOMUYO, volcán de la Argentina (Neuquen), en la frontera con Chile; 4 450 m.

DON, río de Rusia, que nace al S. de Moscú y desemboca en el mar de Azov; 1 967 km. Está unido al Volga por un canal navegable.

DONAÍ o **DONGNAI,** río de Viet Nam del Sur, que desemboca en el mar de China cerca de Saigón; 500 km.

Don Álvaro o la fuerza del sino, drama en verso del duque de Rivas, que señaló el triunfo del teatro romántico en España (1835).

DONATELLO (Donato DI BETTO BARDI, llamado), escultor toscano, n. en Florencia (1386-1466). Precursor de Miguel Ángel, formado en el estudio del arte antiguo, mezcló la sencillez de los antiguos con el realismo y el espíritu religioso de la Edad Media (*San Juan Bautista, David, San Jorge,* etc.).

DONATO, obispo de Casae Nigrae, en Numidia, y luego de Cartago, que fue declarado hereje y depuesto (s. IV).

DONATO (Elio), gramático latino del siglo IV, preceptor de San Jerónimo.

DONAU, nombre alemán del **Danubio.**

DONBASS, cuenca hullera de la U. R. S. S. (Ucrania y Rusia), a orillas del Donetz. Gran región industrial.

DON BENITO, v. de España (Badajoz).

DONCASTER, c. de Inglaterra (Yorkshire); hulla; construcción de locomotoras. Textiles sintéticos.

Don Catrín de la Fachenda, novela del mexicano Fernández de Lizardi, sátira del holgazán.

Doncel de Don Enrique el Doliente (*El*), novela histórica de Larra, refundición romántica de la leyenda de Macías el Enamorado (1834).

DONETSK, hasta 1961 **Stalino,** c. de la U. R. S. S. (Ucrania), en el Donbass; centro metalúrgico.

DONETZ, río de Ucrania, afl. del Don, en la cuenca carbonífera del Donbass; 1 016 km.

Don Gil de las Calzas verdes, comedia de intriga, alegre y desenfadada, de Tirso de Molina (1635).

Don Gonzalo González de la Gonzalera, novela de costumbres montañesas del español Pereda (1878).

Don Goyo, novela de carácter social del ecuatoriano Demetrio Aguilera Malta (1933).

DONIZETTI (Gaetano), compositor italiano (1797-1848), autor de las famosas óperas *La Favorita, Lucía de Lamermoor, Don Pasquale,* etc.

GOBERNANTES DOMINICANOS

José Núñez de Cáceres	1821	Ulises Francisco Espaillat	1876	José Bordas Valdés	1913
Dominación haitiana	1822	Buenaventura Báez	1877	Ramón Báez	1914
Junta Central Gubernativa	1844	Ignacio María González	1877	Juan Isidro Jiménez	1914
Pedro Santana	1844	Cesáreo Guillermo	1878	Francisco Henríquez Carvajal	1915
Manuel Jiménez	1848	Jacinto de Castro	1879	*Gobernadores norteamericanos*	1916
Buenaventura Báez	1849	Gregorio Luperón	1879	Juan B. Vicini Burgos	1922
Pedro Santana	1853	Fernando Arturo de Meriño	1880	Horacio Vázquez	1924
Manuel de Regla Mota	1856	Ulises Heureaux	1882	Rafael Estrella Ureña	1930
José Desiderio Valverde	1857	Francisco Gregorio Billini	1884	Rafael Leónidas Trujillo	1930
Pedro Santana	1859	Alejandro Woss y Gil	1885	Jacinto Bienvenido Peynado	1938
Anexión a España	1861	Ulises Heureaux	1887	Manuel de Jesús Troncoso	1940
Pedro Antonio Pimentel	1865	Juan Isidro Jiménez	1899	Rafael Leónidas Trujillo	1942
José María Cabral	1865	Horacio Vázquez	1902	Héctor Bienvenido Trujillo	1952
Buenaventura Báez	1865	Alejandro Woss y Gil	1903	Joaquín Balaguer	1960
José María Cabral	1866	Carlos F. Morales Languasco	1903	Rafael Bonnelly	1962
Buenaventura Báez	1868	Ramón Cáceres	1906	Juan Bosch	1963
Ignacio María González	1874	Eladio Victoria	1911	*Gobierno Provisional*	1963
		Adolfo Alejandro Nouel	1912	Joaquín Balaguer	1966

Fot. Anderson

Don Juan, uno de los mitos universales de la literatura española. Nacido de la genialidad creadora de Tirso de Molina en *El Burlador de Sevilla y convidado de piedra,* aunque no carente de antecedentes históricos (leyenda de Juan de Mañara, célebre caballero sevillano que acabó su vida en el retiro y la meditación) y literarios (comedia *El infamador* de Juan de la Cueva), Don Juan atravesó pronto las fronteras para ser recreado en Francia por Molière, en Italia por Goldoni y D'Aponte, y en Inglaterra por Lord Byron. El genio musical de Mozart contribuyó a su consagración (1787) y Ricardo Strauss compuso un poema sinfónico (1889). Además de haber sido aún recordado en España por Antonio de Zamora *(No hay plazo que no se cumpla ni deuda que no se pague),* Espronceda *(El estudiante de Salamanca),* Zorrilla *(Don Juan Tenorio* y *Margarita la Tornera)* y Azorín *(Don Juan),* ha corrido por los caminos del mundo con Dumas, Mérimée, Puschkin y Montherlant.

DONNE (John), poeta y teólogo inglés (1573-1631), de inspiración mística y tono preciosista.

DONOSO, distr. de Panamá (Colón).

DONOSO (Armando), escritor chileno (1887-1946), autor de ensayos críticos y biográficos.

DONOSO (Justo), prelado y escritor chileno (1800-1864).

DONOSO CORTÉS (Juan), ensayista y diplomático español (1809-1853). Fue embajador en Berlín y en París. Filósofo católico, se le deben los escritos *Ensayo sobre el catolicismo, el liberalismo y el socialismo* y *Discurso sobre la Biblia.*

Don Quijote. V. QUIJOTE.

Don Segundo Sombra, novela de Ricardo Güiraldes, evocación de la vida del gaucho (1926).

DOÑA ANA, cerro chileno de los Andes (Coquimbo).

Doña Bárbara, novela de Rómulo Gallegos, exaltación de la llanura venezolana (1929).

DOÑA INÉS, volcán de Chile (Atacama); 5 070 m.

DOÑA JUANA, volcán de Colombia (Nariño), en la Cord. Central; 4 200 m.

Doña Luz, novela de Juan Valera (1879).

DOÑA MENCÍA, v. de España (Córdoba).

Doña Perfecta, novela de Galdós, en que manifiesta el autor sus ideas anticlericales (1876).

DOÑA ROSA, sierra de Chile (Coquimbo).

DOÑIHUE, com. de Chile (O'Higgins).

DOPPLER (Cristián), matemático y físico austriaco (1803-1853) que realizó importantes estudios de acústica y óptica.

DORADA (La), c. de Colombia (Caldas); puerto fluvial; ref. de petróleo.

DORADO, pico de la Argentina (Mendoza); 2 680 m.

DORADO (El), país legendario de América que los conquistadores españoles, creyéndolo emporio de incalculables riquezas, buscaron afanosamente. Origen de esta creencia era, al parecer, la ceremonia de consagración de los nuevos *zipas,* que solían bañarse en la laguna de Guatavita con el cuerpo cubierto de polvo de oro. El mito fue más tarde agrandado por la fantasía hispana y, entre otros, Jiménez de Quesada y Benalcázar persiguieron la posesión de este país fabuloso.

DORCHESTER, c. de Inglaterra, cap. del condado de Dorset. Ruinas romanas.

DORDOÑA, río de Francia, que nace en el Macizo Central y se une con el Garona para formar el Gironda; 490 km. — Dep. de Francia; cap. *Perigueux.*

DORDRECHT, c. de Holanda (Holanda Meridional). Puerto comercial a orillas del Mosa. Construcciones navales y aeronáuticas. En 1619 se celebró el gran sínodo cuyas decisiones rigen, aún hoy día, la Iglesia reformada de Holanda.

DORÉ (Gustavo), dibujante y grabador francés (1833-1883), autor de ilustraciones de inspiración romántica para *El Quijote, La Divina Comedia,* obras de Rabelais, de Balzac, etc.

DORGELÈS (Roland), novelista francés, n. en 1885, autor del relato de guerra *Cruces de madera.*

DORIA, nombre de una familia noble de Génova, a la que pertenece el ilustre almirante ANDREA DORIA (1466-1560), que mandó alternativamente las armadas de Carlos I y de Francisco I. — Su sobrino JUAN ANDREA (1539-1606) intervino en la batalla de Lepanto (1571).

DÓRIDA o **DÓRIDE,** región de la Grecia antigua, al S. de Tesalia.

Doríforo (o *el Porta-lanza*), estatua célebre del escultor Policleto, que resume y formula el arte de la vieja escuela de Argos.

DORILEA, ant. c. de Asia Menor, cerca de Eskisehir. Victoria de Godofredo de Bouillon (1097).

DORIOS, pueblo indoeuropeo que invadió Grecia en los s. XII y XI a. de J. C. y colonizó el SO. de Asia Menor.

DORIS, hija del Océano y de Tetis. Casó con su hermano Nereo, de quien tuvo cincuenta hijas llamadas *Nereidas. (Mit.)*

DORISON, pobl. del Brasil (Paraná).

DORNOCH, c. de Gran Bretaña (Escocia), cap. del condado de Sutherland.

DOROTEA (*Santa*), virgen de Alejandría, martirizada hacia 310. Fiesta el 6 de febrero.

Dorotea (*La*), comedia pastoril de Lope de Vega, en 5 actos (1632).

DORPAT. V. TARTU.

DORREGARAY (Antonio), militar español (1823-1882), que se distinguió durante la última guerra carlista.

DORREGO (Manuel), militar argentino, n. en Buenos Aires (1787-1828), que luchó en el Alto Perú y luego se opuso al director Pueyrredón, motivo por el cual sufrió destierro (1816). Gobernador de la Provincia de Buenos Aires en 1820 y en 1827, fue derrotado por un motín militar encabezado por Lavalle y m. fusilado.

D'ORS (Eugenio). V. ORS (Eugenio d').

DORSET, condado de Inglaterra, a orillas del canal de la Mancha. Cap. *Dorchester.*

DORTICÓS TORRADO (Osvaldo), político cubano, n. en 1919, pres. de la Rep. en 1959.

DORTMUND, c. de Alemania (Rin Septentrional-Westfalia). Metrópoli financiera del Ruhr. Explotaciones hulleras, metalurgia, industria química y construcciones mecánicas.

DOS DE MAYO, prov. del Perú (Huánuco); cap. *La Unión.*

Dos de mayo, aniversario del levantamiento de Madrid (1808) contra la ocupación francesa.

DOS HERMANAS, c. de España (Sevilla).

DOS PASSOS (John), novelista norteamericano (1896-1970), autor de obras pesimistas de gran realismo *(Manhattan Transfer* y *U. S. A.).*

DOS PUENTES, en alem. **Zweibrücken,** c. de Alemania (Renania-Palatinado); ind. textil; maquinarias; calzado.

DOS SICILIAS (*Reino de las*). V. SICILIAS.

DOST MOHAMED, emir de Afganistán (1793-1863), célebre por sus largas luchas contra los ingleses, con los cuales se alió después.

DOSTOIEVSKI (Fedor Mijailovich), escritor ruso, n. en Moscú (1821-1881). Después de haber sido condenado a muerte por sus actividades revolucionarias, pasó nueve años en prisión. Más tarde escapó al extranjero huyendo de sus acreedores (1867) y no volvió a su país hasta 1871. Las penalidades que sufrió en su vida han influido patentemente en la gran profundidad

DORÉ
ilustración para
El Quijote

DONOSO CORTÉS

DORREGO

DOS PASSOS

Fot. doc. A. G. P., Centro Cultural Americano (París), Larousse

DOSTOIEVSKI

DUARTE

DUEÑAS

máscara mortuoria de DUGUESCLIN basílica de Saint-Denis

psicológica e intenso patetismo de sus novelas: *Pobres gentes, La casa de los muertos, Humillados y ofendidos, Crimen y castigo, El idiota, Los endemoniados, Los hermanos Karamazov.* Su influencia ha sido considerable.

DOTA, mont. de Costa Rica (San José), ramal de la cord. de Talamanca.

DOTTI (Víctor), escritor nativista uruguayo, n. en 1907, autor de *Los alumbradores.*

DOU (Gerardo). V. Dov.

DOUAI [*dué*], c. de Francia (Norte). Escuela de minas. Hulla.

DOUBS [*du*], río de Francia y Suiza, afl. del Saona; 430 km. — Dep. de Francia; cap. *Besanzón.*

DOUGLAS (Federico BAILEY, llamado), abolicionista norteamericano (1817-1895).

DOUMER [*dumer*] (Paul), político francés (1857-1932), pres. de la Rep. en 1931. M. asesinado.

DOUMERGUE [*dumerg*] (Gastón), político francés (1863-1937), pres. de la Rep. de 1924 a 1931.

DOV o **DOU** (Gerardo), pintor holandés (1613-1675), autor de escenas de familia.

DOVER, c. y puerto de Inglaterra (Kent). — C. de los Estados Unidos, cap. de Delaware.

DOWN, condado de Irlanda del N. (Ulster). Cap. *Downpatrick.*

DOYLE (*sir* Arthur Conan), novelista inglés (1859-1930), uno de los creadores del género policíaco con su célebre personaje Sherlock Holmes.

DRAA o **DRA,** río de África del NO., que nace en el Alto Atlas; 1 000 km.

DRACÓN, legislador ateniense cuyas leyes eran de gran severidad (fines del s. VII a. de J. C.).

Draconianos, nombre dado en Colombia, en 1853, a los miembros del Partido Conservador.

DRAGO, isla de Panamá (mar de las Antillas).

DRAGO (Luis María), jurisconsulto argentino (1859-1921), que formuló la doctrina internacional de su n. que sostiene que la deuda pública no puede dar lugar a intervención armada.

DRAGÓN *(El),* constelación del hemisferio boreal, que rodea la Osa Menor.

DRAGUIGNAN, c. de Francia, cap. del dep. del Var.

DRAGUT, corsario turco, m. en 1565.

DRAIS VON SAUERBRONN (Carlos), ingeniero alemán (1785-1851). Se le debe el invento de la *draisina,* bicicleta primitiva.

DRAKE (Francis), marino y corsario inglés (¿1540?-1596), que realizó varias expediciones de piratería contra las colonias españolas de América (1570-1572). Fue el primer inglés que cruzó el estrecho de Magallanes, atacó a la flota española en Cádiz y colaboró a la derrota de la Armada Invencible (1588). Fracasó luego en Portugal y Puerto Rico.

DRAKENSBERG, principal macizo montañoso de la Rep. Sudafricana; 1 100 km.

DRAMA, c. de Grecia (Macedonia).

Drama nuevo *(Un),* drama admirable y conmovedor de Manuel Tamayo y Baus (1867).

DRAMMEN, c. y puerto de Noruega, cerca de Oslo; celulosa.

DRAVE, río que nace en los Alpes (Austria), y desemboca en el Danubio; 720 km.

DRÁVIDAS, pueblo asiático (India y Anam).

DREISER (Teodoro), escritor norteamericano (1871-1945), autor de novelas naturalistas (*Una tragedia americana,* etc.).

DRENTHE, prov. de Holanda, en la frontera alemana; cap. *Assen.* Petróleo.

DRESDE, en alem. **Dresden,** c. de Alemania oriental, ant. cap. de Sajonia, a orillas del Elba. Industrias químicas, textiles y alimenticias.

DREUX, c. de Francia (Eure y Loir).

DREYFUS (Alfredo), militar francés de origen judío (1859-1935). Acusado de espionaje y condenado (1894), es célebre por la polémica que suscitó su proceso. Fue rehabilitado en 1906.

DROGHEDA, c. y puerto de Irlanda (Louth).

DRÔME, río de Francia, afl. del Ródano; 102 km². — Dep. de Francia, cap. *Valence.*

DRUSO (Marco Livio), tribuno del pueblo en Roma, en 122 a. de J. C., antagonista de Cayo Graco. — Su hijo, MARCO LIVIO, tribuno del pueblo, asesinado en 91 a. de J. C.; su muerte fue la señal de la *guerra social.* — CLAUDIANO LIVIO, padre de Livia y abuelo de Tiberio; m. en 42 a. de J. C. — CLAUDIO NERÓN, hermano menor de Tiberio, padre de Germánico II y yerno de Marco Antonio (38-9 a. de J. C.), hizo la guerra en Germania. — CÉSAR, hijo de Tiberio, cuñado de Germánico, envenenado por Seyano en 23 d. de J. C. — DRUSO, segundo hijo de Germánico y de Agripina, hermano de Nerón, condenado por Tiberio a morir de hambre (33).

DRUSOS, tribus de Siria que profesan una religión derivada de la mahometana.

DRYDEN (John), poeta y dramaturgo inglés (1631-1700), notable por la elegancia clásica de su obra *Ensayo sobre la poesía dramática.*

DUALA, c. y puerto del Camerún. Comercio.

DUARTE, pico de la Rep. Dominicana, en la Cordillera Central, máxima elevación de las Antillas; 3 175 m. — Prov. de la Rep. Dominicana; cap. *San Francisco de Macorís;* prod. cereales, café, caña de azúcar.

DUARTE (Juan Pablo), patriota dominicano (1813-1876), que creó la sociedad secreta *La Trinitaria* para liberar a su país de la dominación haitiana. Es considerado como el fundador de la República, proclamada en 1844.

DUARTE DE PERÓN (María Eva). V. PERÓN.

DUAYEN (César), seudónimo de la escritora argentina EMMA DE LA BARRA (1860-1947), autora de *Stella,* novela feminista.

DU BARRY. V. BARRY.

DU BELLAY (Joaquín). V. BELLAY.

DUBLÍN, cap. de Irlanda; 535 000 h.; puerto; industrias químicas, alimenticias y textiles; astilleros y construcciones mecánicas.

DUBOIS (Guillermo), cardenal y ministro francés (1656-1723), que se alió con Holanda e Inglaterra en contra de España.

DUBROVNIK, en ital. **Ragusa,** c. y puerto de Yugoslavia (Dalmacia), a orillas del Adriático. Anexada por Italia de 1941 a 1943.

DUCÁN. V. ESTEBAN DUCÁN.

DU CANGE (Carlos), erudito francés (1610-1688), autor de un *Glosario de la media y baja latinidad.*

DUCASSE (Isidoro). V. LAUTRÉAMONT.

DUCASSE (Juan Bautista), marino francés (1646-1715), que, al mando de una expedición de filibusteros, asoló las Antillas.

DUCIS (Juan Francisco), poeta francés (1733-1816), traductor de la obra de Shakespeare.

DUCHAMBE, de 1929 a 1961 **Stalinabad,** c. de la U. R. S. S., cap. de Tadjikistán; industria textil.

DUDLEY, c. de Inglaterra (Worcester). Hulla. Metalurgia; construcciones mecánicas.

DUDLEY (Juan), duque de NORTHUMBERLAND, gran mariscal de Inglaterra (¿1502?-1553), suegro de Juana Grey. Murió ejecutado.

DUDLEY (Roberto), conde de LEICESTER (¿1532?-1588), favorito de Isabel I de Inglaterra.

DUEÑAS (Francisco), político salvadoreño (1811-1884), pres. de la Rep. de 1852 a 1854, vicepres. en 1856, pres. provisional de 1863 a 1865 y pres. de 1865 a 1871. Derrocado por una revolución, murió en el destierro.

DUERO, río de España y Portugal, que nace en la sierra de Urbión, pasa por Soria, Toro y Zamora, y des. en Oporto (Portugal); 850 km.

DUFY (Raúl), pintor francés (1877-1953), uno de los representantes del fauvismo.

DUGUAY-TROUIN (René), marino francés (1673-1736), que se señaló durante las guerras de Luis XIV.

DUGUESCLIN (Beltrán), caballero francés (¿1320?-1380), que pasó a España con sus tropas de mercenarios para apoyar la causa de Enrique de Trastamara.

DUHAMEL (Georges), novelista francés (1884-1966), autor de *Vida y aventuras de Salavin* y *La crónica de los Pasquier.*

DÜHRING (Eugen), filósofo y economista alemán (1833-1921), de tendencia materialista.

DUILIO (Cayo Nepote), cónsul romano en 260 a. de J. C., que obtuvo la primera victoria naval de los romanos contra los cartagineses, cerca de las costas de Sicilia.

DUINA del Norte, río de Rusia que des. en el mar Blanco, en Arcángel; 1 293 km. — **Duina Occidental,** río de Rusia que des. en el golfo de Riga; 1 024 km.

Fot. Viollet, doc. A. G. P., Larousse, Benque

DUISBURGO, c. de Alemania (Rin Septentrional-Westfalia), a orillas del Ruhr; puerto fluvial; centro industrial.
DUITAMA, c. de Colombia (Boyacá); centro frutícola. Obispado.
DUKAS (Paul), compositor francés (1865-1935), uno de los maestros de la orquestación, autor de *El aprendiz de brujo*.
DULCE, golfo de Costa Rica, en el Pacífico (Puntarenas). [V. IZABAL.] — Río de Guatemala (Izabal), que des. en el golfo de Honduras. — V. SALÍ.
DULCE (Domingo), general español (1808-1869), que fue capitán general de Cuba y combatió la insurrección.
DULCE NOMBRE, pobl. de Honduras (Copán).
DULCE NOMBRE DE MARÍA, v. de El Salvador (Chalatenango).
Dulcinea del Toboso, personaje del *Quijote*, "la dama de los pensamientos" del protagonista, en quien se empeñaba descubrir todas las perfecciones físicas y morales.
DUMAS [*-má*] (Alejandro), novelista y dramaturgo francés (1802-1870), autor de gran número de relatos de ambiente histórico: *Los tres mosqueteros, Veinte años después, El vizconde de Bragelone, El Conde de Montecristo, El collar de la reina, La reina Margarita, Los mohicanos de París, La dama de Monsoreau*, etc. Entre sus dramas destacan *La torre de Nesle, Anthony* y *Don Juan de Mañara*, etc. — ALEJANDRO **Dumas** HIJO, hijo del anterior (1824-1895), autor de novelas y, sobre todo, de dramas y comedias, obras concebidas con el propósito de defender una tesis de moral social (*La dama de las Camelias, Las ideas de Madame Aubray*, etc.).
DUMAS (Jorge), psicólogo francés (1866-1946).
DUMAS (Juan Bautista), químico francés (1800-1884), a quien se debe la determinación del peso atómico de gran número de cuerpos sencillos, y el estudio del alcohol amílico. Escribió un *Tratado de Química aplicada a las artes*.
DU MAURIER (Daphne). V. MAURIER.
DUMBARTON, c. de Gran Bretaña (Escocia), cap. de condado. Puerto fluvial.
DUMONT (Alberto SANTOS). V. SANTOS.
DUMONT D'URVILLE [*dumondurvil*] (Julio), navegante francés (1790-1842), que dio la vuelta al mundo y exploró la Antártida.
DUMOURIEZ [*murié*] (Carlos Francisco), general francés de la Revolución (1739-1823).
DUNANT (Enrique), filántropo suizo (1828-1910), fundador de la Cruz Roja. (Pr. Nóbel de la Paz, 1901.)
Dunas *(Batalla de las)*, derrota naval de los españoles por los holandeses, en las costas del Kent (Inglaterra) [1639]. — Derrota de Condé y los españoles por Turena, cerca de Dunkerque (1658).
DUNCAN I, rey de Escocia de 1034 a 1040; fue asesinado por Macbeth.
DUNDEE, c. de Escocia, puerto en el mar del Norte; construcciones navales y mecánicas.
DUNEDIN, c. y puerto de Nueva Zelanda; astilleros; construcciones mecánicas.
DUNFERMLINE, c. de Escocia (Fife). Ant. residencia de los reyes de Escocia.
DUNGENESS, punta costera de Patagonia, situada en el límite chileno-argentino. Define, junto con el Cabo Espíritu Santo, la boca oriental del estrecho de Magallanes.
DUNKERQUE [*dankerk*], c. de Francia (Norte), puerto en el mar del Norte. Astilleros; ind. textil y metalúrgica; ref. de petróleo. Violenta batalla en 1940.
DUN LAOGHAIRE, ant. **Kingstown,** c. y puerto de la Rep. de Irlanda. Balneario; astilleros.
DUNLOP (John Boyd), ingeniero escocés (1840-1921), inventor de las llantas neumáticas (1888).
DUNS ESCOTO (Juan), teólogo y filósofo inglés (¿1266?-1308), llamado el **Doctor Sutil,** adversario de Tomás de Aquino, intérprete de la filosofía escolástica y defensor del "realismo".
DUPLEIX [*-pleks*] (José Francisco), administrador francés (1697-1763), gobernador general de los establecimientos franceses de la India.

Fot. Carjat, Mansell, Larousse

DUPONT DE L'ÉTANG (Pedro Antonio), general francés (1765-1840). Capituló en Bailén (1808), derrotado por el general Castaños.
DUQUE (Tomás Gabriel), político panameño, n. en 1890, pres. provisional de la Rep. en 1928.
DUQUE DE CAXIAS, c. de Brasil (Río de Janeiro).
DUQUE DE ESTRADA (Diego), aventurero español (1589-¿1647?), autor de unas interesantes memorias: *Comentarios del desengaño*.
DUQUE DE YORK, isla de Chile (Magallanes).
DUQUE JOB. V. GUTIÉRREZ NÁJERA.
DUQUESNE [*-kén*] (Abrahán), ilustre marino francés (1610-1688).
DURÁN (Agustín), bibliógrafo y erudito español (1793-1862), a quien se debe la publicación de una *Colección de romances antiguos*.
DURÁN (*Fray* Diego), cronista español (¿1538?-1588), autor de *Historia de las Indias de Nueva España*.
DURÁN CARTÍN (Carlos), político costarricense (1852-1924).
DURAND (Luis), novelista chileno (1894-1954), de la escuela criollista.
DURANGO, c. de España (Vizcaya); fundiciones; productos agrícolas.
DURANGO, Estado de México, en las vertientes de la Sierra Madre Occidental; cap. *Victoria de Durango*; prod. cereales, caña de azúcar, café; minas de oro, plata, hierro, cinc. (Hab. *duranguenses*.)
DURÃO (*Fray* José DE SANTA RITA), poeta brasileño (1722-1784), autor del poema épico *Caramurú* (1781), relato del descubrimiento de Bahía por Diego Álvarez y Correa.
DURAZNO, monte de México (Chihuahua). — C. del Uruguay, a la que se ha dado el n. de Mesopotamia uruguaya, cap. del dep. del mismo n.; centro comercial, en una zona ganadera y productora de cereales. (Hab. *duraznenses*).
DURAZZO, hoy **Durrës,** c. de Albania, a orillas del Adriático. Es la ant. **Dirraquio,** donde Pompeyo derrotó a César (48 a. de J. C.).
DURBAN, ant. **Port Natal,** c. de la Rep. Sudafricana (Natal); centro minero (hulla) y metalúrgico.
DÜREN, c. de Alemania (Rin Septentrional-Westfalia). Centro industrial.
DURERO, en alem. **Dürer** (Alberto), pintor alemán, n. en Nuremberg (1471-1528). Cumbre de la pintura alemana, Durero manifestó su genio en el óleo *(La fiesta del Rosario)*, la acuarela y el grabado en madera o cobre *(El Caballero y la Muerte)*.
DURHAM, c. de Inglaterra, cap. del condado de su n. Catedral (s. XII). Cría de ganado.
DURICA o **UJUM,** cima de Costa Rica, en la cord. de Talamanca.
Durindaina, n. que los cronistas de la Edad Media daban a la espada de Rolando.
DURKHEIM (Emilio), sociólogo francés (1858-1917), uno de los fundadores de la escuela sociológica francesa.
DÜRRENMATT (Friedrich), escritor suizo, n. en 1921, autor de obras de teatro (*La visita de la vieja dama*) y de novelas.
DURRËS. V. DURAZZO.
DURUY (Víctor), historiador francés (1811-1894), autor de una *Historia de los romanos*.
DUSE (Eleonora), actriz dramática italiana (1858-1924), intérprete de D'Annunzio.
DÜSSELDORF, c. de Alemania, cap. del Rin Septentrional-Westfalia, a orillas del Rin; centro comercial y puerto activo; industrias diversas.
DUTRA (Eurico Gaspar), militar brasileño, n. en 1885, pres. de la Rep. de 1946 a 1951.
DUVALIER (Francisco), político y médico haitiano, n. en 1909, pres. de la Rep. en 1957.
DVINA. V. DUINA.
DVORAK (Anton), compositor checo, n. en Nelahozeves (Bohemia) [1841-1904]. Autor de la *Sinfonía del Nuevo Mundo* y de conciertos para piano, para violín, para violoncelo.
DYCK (Antonio van). V. VAN DYCK.
DYLE, río de Bélgica que pasa por Lovaina, Malinas y, con el Nethe, forma el Rupel; 86 km.
DZERJINSK, c. de la U. R. S. S. (Rusia).
DZUNGARIA. V. ZUNGARIA.

A. DUMAS (padre)

DURERO
autorretrato
Louvre

DURHAM
nave de la catedral

DVORAK

EL ESCORIAL. Pintura anónima del s. XVII

E

PRINCESA DE ÉBOLI

EÇA DE QUEIROZ

EÁCIDAS, n. dado a los descendientes de Éaco: Peleo, Aquiles, Pirro o Neoptolemo, etc.

ÉACO, hijo de Zeus, rey de Egina; a su muerte se convirtió en uno de los tres jueces de los infiernos con Minos y Radamanto.

EALING, barrio residencial al O. de Londres (Middlessex); estudios cinematográficos.

EASTBOURNE, c. de Inglaterra (Sussex); estación balnearia.

EAST HAM, c. de Inglaterra (Essex); suburbio industrial al E. de Londres.

EAST LONDON, c. y puerto de la Rep. Sudafricana (El Cabo). Siderurgia, astilleros.

EASTMAN (Jorge), industrial norteamericano (1854-1932), inventor de la película fotográfica.

EAST SAINT LOUIS, c. de los Estados Unidos (Illinois), a orillas del Misisipí.

EBERHARD (Juan Augusto), filósofo alemán (1739-1809), adversario de Kant.

EBERSWALDE, c. de Alemania oriental, al NO. de Berlín; metalurgia, industrias químicas.

EBERT (Federico), político alemán (1871-1925), dirigente socialista, fue el primer pres. de la Rep. Alemana en 1919.

EBERTH (Carlos), bacteriólogo alemán (1835-1926), que descubrió el bacilo del tifus.

Ebionitas, herejes de los primeros siglos del cristianismo que negaban la divinidad de Cristo.

ÉBOLI (Ana de MENDOZA Y LA CERDA, *princesa de*), dama española (1540-1591), esposa de un consejero de Felipe II, que fue desterrada por sus relaciones con Antonio Pérez.

EBRO, río de España, que nace en Fontibre (Santander), pasa por Miranda, Logroño, Zaragoza, Tortosa y desemboca en el Mediterráneo por el delta de los Alfaques; 927 km. Durante la Guerra Civil se libró una dura batalla en el espacio comprendido entre Gandesa y Fatarella (1938). La derrota de los republicanos tuvo por consecuencia de la caída de Cataluña.

EÇA DE QUEIROZ (José María), diplomático y novelista portugués (1845-1900), uno de los mejores representantes del naturalismo de su país en sus relatos *El crimen del padre Amaro, El primo Basilio, Los Maias,* etc.

ECBATANA, cap. de la antigua Media (Persia), hoy **Hamadán.**

ÉCIJA, c. de España (Sevilla) a orillas del Genil; cereales, olivos. Antigua colonia romana. Monumentos de los s. XVI-XVII.

ECKERMANN (Juan Pedro), escritor alemán (1792-1854), que fue secretario y amigo de Goethe. Autor de *Conversaciones con Goethe,* obra que encierra preciosos documentos sobre el último período de la vida del ilustre escritor.

ECKHART (Juan), filósofo y místico alemán (¿1260-1327?), cuyas doctrinas fueron condenadas en 1329 por el papa Juan XXII por su carácter panteísta. Su pensamiento ejerció gran influencia en Europa.

Eclesiastés *(El)*, libro canónico del Antiguo Testamento, atribuido a Salomón.

Eclesiástico (*El*), libro canónico del Antiguo Testamento.

ECO, ninfa que, habiendo disgustado a Hera, fue metamorfoseada en roca y condenada a repetir las últimas palabras de los que la interrogaban.

ECOLAMPADIO (Juan HAUSSCHEIN, llamado), teólogo suizo (1482-1531), uno de los principales autores de la Reforma. Fue amigo de Zwinglio.

ECUADOR, Estado de América del Sur, que debe su nombre a la línea equinoccial que lo atraviesa. Limita al N. con Colombia, al E. y al S. con Perú y al O. con el océano Pacífico. 270 670 km², con el archipiélago de Colón. El Ecuador reclama sus derechos a 714 000 km². 5 508 000 h. (*ecuatorianos*). Cap. *Quito.*

— GEOGRAFÍA. *Relieve.* El país está cruzado de norte a sur por el gran sistema orográfico de los Andes, que forma en él dos cordilleras principales: la *Occidental,* donde culminan los volcanes Chimborazo (6 310 m), máxima elevación del Ecuador, Iliniza y Carihuairazo, y la *Oriental* o *Real,* con el Cotopaxi (5 943 m), Antisana y el Sangay, de intensa actividad. Ambas cordilleras quedan unidas por una serie de escalones volcánicos transversales *(nudos)*, que dividen la región interandina o *Sierra,* cuya altura media es de unos 2 500 metros, en otras tantas cuencas llamadas *hoyas.* Además de esta zona montañosa, se distinguen otras dos regiones naturales: la *Litoral,* faja de costa generalmente plana, y la *Amazónica,* denominada *Oriente,* inmensa llanura cubierta de selvas y orlada al oeste por una tercera alineación de los Andes, cuya existencio se ha precisado no hace mucho.

Fot. Giraudon, doc. A. G. P., Valotaire

— *Clima.* Aunque en la zona tórrida, el país goza de toda clase de climas, gracias al escalonamiento de altitudes, desde el tropical de la llanura costanera (dulcificado por la corriente fría de Humboldt), hasta el glacial de las cimas andinas. La estación de las lluvias corresponde a los meses de octubre a mayo.

— *Hidrografía.* Los ríos se reparten en dos vertientes: la *Amazónica*, con el Aguarico, Napo, Curaray, Pastaza, Morona, Santiago, etc., todos afluentes del Amazonas, y la del *Pacífico*, con el Guayas y sus afluentes Babahoyo y Daule, el Esmeraldas, el Santiago, etc. En la zona interandina, abundan los ríos torrenciales, nacidos en las hoyas o en los glaciares, así como los lagos y las lagunas.

— *Costas e islas.* Con una longitud de unos 1 000 km, el litoral ecuatoriano es sinuoso y entre sus más notables accidentes se pueden citar el amplio golfo de Guayaquil, que se confunde con el estuario del Guayas, las bahías de Ancón, Sardinas, Manta y Santa Elena, y la península de Santa Elena o Puntilla, la más occidental del continente sudamericano. Pertenecen al Ecuador varias islas próximas al litoral, como la de Puná, en el golfo de Guayaquil, y, desde 1832, las islas volcánicas del archipiélago de Colón, comúnmente conocidas con el n. Galápagos, a unos 1 000 km de la costa (V. COLÓN, *Archipiélago de*).

— *Población.* La composición étnica de la población ecuatoriana es muy heterogénea, con preponderancia de los elementos indígenas y mestizo. Hay 8 % de negros, sobre todo en las costas (Esmeraldas), y 12 % de blancos. La densidad media se calcula en 16 habitantes por km², pero conviene destacar la distribución muy irregular de la población, concentrada en la Sierra (más del 50 %) y en la costa (40 %). Predomina la población rural, con algo más de 75 % del total.

— *Economía.* La agricultura es la base de la economía nacional, aunque son pocas las tierras explotadas (9 % del área total). Hasta los últimos años el cacao constituyó la principal riqueza del país. Actualmente lo es el plátano, cuyo cultivo ha experimentado tan rápido aumento que el Ecuador ha llegado a ser el primer exportador mundial. Otros productos importantes son: café, arroz, caña de azúcar, algodón, tabaco y frutas tropicales, todos ellos cosechados en la fecunda región del Litoral que se halla en plena expansión económica. En la Sierra se cultivan maíz, cereales y patatas, y de los extensos bosques tropicales se extraen maderas de ebanistería, de construcción e industriales (palo de balsa), caucho, tagua o marfil vegetal y paja toquilla, con la cual se confeccionan los famosos sombreros de Jipijapa, erróneamente llamados de Panamá. La cría de ganado vacuno se desarrolla en la Sierra, sobre todo para la producción lechera. Aunque el subsuelo es rico, la minería se limita prácticamente a la extracción del petróleo en la península de Santa Elena y del oro en Esmeraldas. Entre las industrias, se destacan la alimenticia, la textil y la quimicofarmacéutica. Desde el punto de vista de las comunicaciones, son escasas a consecuencia de la complicada topografía del país: la línea férrea más importante es la de Guayaquil a Quito, completada por la de Quito a San Lorenzo; la mejor carretera es la Panamericana que recorre 1 148 km del territorio, de norte a sur. El transporte aéreo desempeña un papel cada día más importante en Ecuador, que cuenta con dos aeropuertos internacionales, los de Guayaquil y Quito. El tráfico comercial exterior se realiza en su mayor parte por los puertos marítimos (Guayaquil especialmente). La unidad monetaria es el *sucre*, y el banco emisor es el Banco Central del Ecuador.

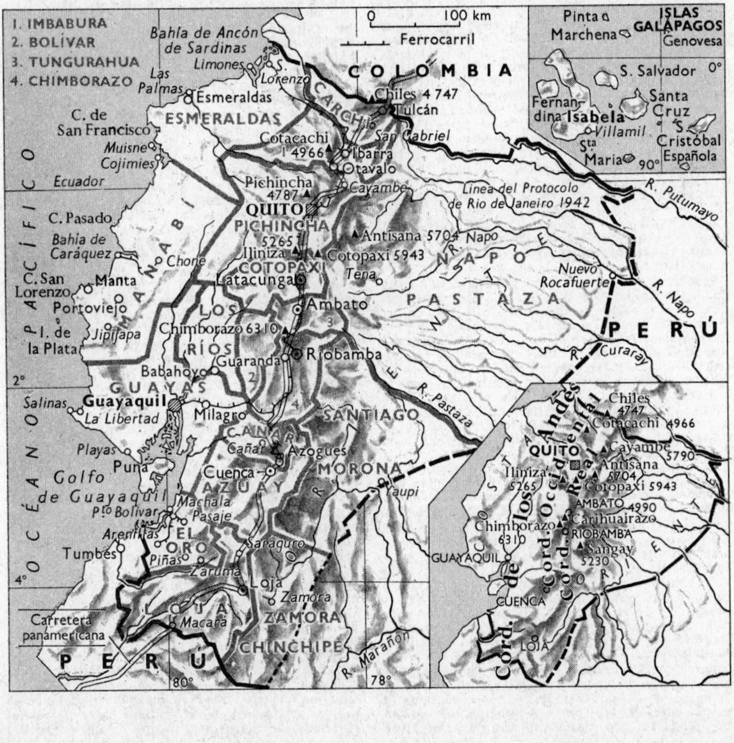

escudo y mapa de ECUADOR

ECUADOR. — Estadística (cifras en millares)

PROVINCIAS	km²	Hab.	CAPITAL	Hab.
Pichincha	16,7	519	**Quito**	450
Azuay	7,7	338	Cuenca	78
Bolívar	3,2	151	Guaranda	21
Cañar	2,6	131	Azogues	19
Carchi	3,5	104	Tulcán	22
Cotopaxi	4,6	221	Latacunga	33
Chimborazo	6,1	295	Riobamba	43
Esmeraldas	15,8	115	Esmeraldas	22
Guayas	21,2	851	Guayaquil	475
Imbabura	4,8	187	Ibarra	26
Loja	11,4	313	Loja	33
Manabí	18,9	626	Portoviejo	28
Napo		23	Tena	5
Pastaza		10	Puyo	5
El Oro	5,9	135	Machala	12
Los Ríos	5,9	226	Babahoyo	18
Morona-Santiago	44,4	21	Ambato	50
Zamora-Chinchipe		5	Macas	3
Tungurahua	3,2	249	Zamora	1
Arch. de Colón	7,8	2	Puerto Baquerizo	1

OTRAS POBLACIONES

Caráquez	9	Manta	20
Chone	8	Milagro	14
Jipijapa	8	Otavalo	9

— CONSTITUCIÓN Y ADMINISTRACIÓN. De acuerdo con la Constitución de 1946, el Ecuador es una República unitaria y democrática, administrativamente dividida en 19 provincias, regidas por un gobernador, y un Territorio insular (archipiélago de Colón). El poder ejecutivo lo ejerce el presidente de la República, elegido por cuatro años y asesorado por el Consejo de Ministros, integrado por nueve miembros. El poder legislativo reside en el Congreso, formado por dos Cámaras: la del Senado y la de Diputados. El poder judicial incumbe a la Corte Suprema, ocho Cortes Superiores y otros tribunales. El idioma oficial es el español, pero los indígenas hablan varios dialectos, entre los cuales el quechua, difundido entre los indios de la Sierra. La enseñanza primaria es gratuita y obligatoria, y para la superior, el país cuenta con diez universidades. La religión predominante es la católica, pero hay libertad de cultos. Eclesiásticamente el territorio se divide en tres arquidiócesis (Cuenca, Quito y Guayaquil), seis diócesis, dos prelaturas nullius, cuatro vicariatos apostólicos y cuatro prefecturas apostólicas.

— HISTORIA. La población primitiva del Ecuador estaba compuesta por una multitud de tribus, de las que sólo nombraremos algunas de las principales, como las de los *quitus*, los *puruhaes*, los *cañaris*, los *mantas*, los *caras*, los *záparos* y los *jíbaros*. Dichas tribus, organizadas en confederaciones, vivían principalmente de la agricultura, practicada en forma comunal, y observaban una religión politeísta. En el siglo XV, los incas invadieron el territorio, lo conquistaron progresivamente y establecieron en Quito su capital. (V. INCAS.) A la muerte del conquistador Huayna Cápac, su imperio fue dividido entre sus dos hijos: a Huáscar correspondió Cuzco, y a Atahualpa, Quito. Atahualpa hizo prisionero a su hermano y entró vencedor en Cuzco en el momento mismo en que los españoles se aprestaban para conquistar el Imperio Incaico.

En 1526, Francisco Pizarro y Diego de Almagro emprendieron la exploración del territorio ecuatoriano; el piloto Bartolomé Ruiz descubrió Esmeraldas y Manabí, y Pizarro la isla de Puná, el golfo de Guayaquil y la desembocadura del río Santa. En 1531, Pizarro, después de haber obtenido en España el título de Capitán General y Gobernador del Incario, organizó la expedición conquistadora. Como primera medida, fundó la colonia de San Miguel de Piura, al frente de la cual dejó a Sebastián de Benalcázar; después atravesó los Andes y llegó hasta Cajamarca, donde apresó a traición a Atahualpa, en noviembre de 1532 y lo ejecutó un año después. Mientras Pizarro avanzaba hacia el Perú, Benalcázar emprendió la conquista del territorio ecuatoriano, defendido por el caudillo Rumiñahui. El 6 de diciembre de 1534, Benalcázar fundó San Francisco de Quito, y poco después, Rumiñahui fue hecho prisionero y ejecutado. En 1535 fueron fundadas San Gregorio de Portoviejo y Santiago de Guayaquil. Gonzalo Pizarro, primer gobernador de Quito, organizó una expedición hacia el Este, y Francisco de Orellana descubrió el Amazonas. Todo estaba así ya preparado para la futura colonización. Los progresos fueron rápidos. En 1541, el emperador Carlos V concedió a Quito el título de ciudad. Alonso de Mercadillo fundó Loja, entre 1546 y 1548, y Gil Ramírez Dávalos Cuenca, en 1557. Dada la importancia que iba adquiriendo la Colonia, Felipe II decretó la creación de la Real Audiencia de Quito (29 de agosto de 1563). Al finalizar el siglo, en 1592, se produjo en Quito el levantamiento llamado de las Alcabalas, que logró la deposición del presidente de la Audiencia. En 1586 fue fundada la Universidad de San Fulgencio. El siglo XVII fue un período de prosperidad para la Audiencia de Quito. La minería constituyó una de sus principales fuentes de riqueza, y así las minas de Zaruma, Nabón, Gualaceo, Girón y Cuenca crearon a su alrededor una verdadera industria. La vida intelectual manifestó su pujanza con la creación de una segunda Universidad, la de San Gregorio Magno, en 1622. Por la misma época fue terminada la iglesia de la Compañía, en Quito, una de las maravillas del arte colonial. No faltaron, sin embargo, momentos aciagos, producidos por los terremotos de Riobamba, Latacunga y Ambato y las erupciones del Pichincha y el Sincholagua. Además, en 1687, los piratas saquearon bárbaramente el puerto de Guayaquil. El siglo XVIII trajo algunos cambios en el aspecto administrativo. La Real Audiencia de Quito, que había dependido desde su creación del Virreinato del Perú, fue suprimida en 1717 y anexado su territorio al del Virreinato de Nueva Granada. Como esta medida no produjese el resultado apetecido, las cosas volvieron a su estado anterior en 1723; finalmente, en 1739, sin que la Audiencia fuese suprimida, el territorio pasó a depender definitivamente de Bogotá. En 1709, Guayaquil sufrió un nuevo saqueo por parte de los piratas. En 1765 estalló la revolución de los Estancos, en la que los gremios quiteños incendiaron la Casa de Aduanas y la del Estanco, en reacción contra los excesivos impuestos. En la segunda mitad del siglo, los jesuitas introdujeron la imprenta en Quito, y su expulsión, en 1767, significó una grave pérdida para la Colonia. Entre los prohombres del momento hay que citar a Eugenio de Santa Cruz y Espejo, cuyos escritos políticos le valieron el título de Precursor de la independencia hispanoamericana y le llevaron a morir gloriosamente en prisión (1795). El primer intento reivindicativo de los criollos quiteños se produjo el 10 de agosto de 1809: los patriotas, dirigidos por Juan Pío Montúfar, marqués de Selva Alegre, Manuel Quiroga y el capitán Salinas, obtuvieron el apoyo de las tropas, depusieron al presidente de la Audiencia y formaron una Junta de Gobierno en Quito. La Junta estaba destinada a gobernar en nombre del rey; el marqués de Selva Alegre fue nombrado presidente. La diferencia de opiniones en el interior de la Junta y la oposición militar de los realistas acarrearon su disolución, y el 12 de octubre de 1809, el presidente de la Audiencia asumió de nuevo sus funciones. El 2 de agosto de 1810 estalló una revolución popular, que fue brutalmente reprimida: gran parte de los próceres quiteños fueron ejecutados en la prisión. Al año siguiente, una nueva Junta, organizada por Carlos Montúfar, hijo del marqués de Selva Alegre, con participación del obispo Cuero y Caicedo, declaró a Quito independiente del Virreinato y sometido únicamente al Consejo de Regencia. En febrero de 1812, la Asamblea Constituyente dio al nuevo Estado su primera Constitución; pero las operaciones militares fueron adversas al movimiento patriótico. El 9 de octubre de 1820 estalló una sublevación en Guayaquil, capitaneada por el venezolano Febres Cordero, y se formó una Junta Suprema que proclamó la independencia del puerto. Bolívar envió al general Antonio José de Sucre, al frente de setecientos hombres, en apoyo del movimiento de independencia. Sucre llegó a Guayaquil en mayo de 1821, asumió el mando de la campaña, y el 24 de mayo de 1822 ganó la batalla decisiva de *Pichincha;* cinco días después, la Real Audiencia de Quito proclamó su independencia y su integración en la República de la Gran Colombia. El tiempo que duró esa integración, que no llegó a un decenio, dio desgraciadamente origen a la espinosa cuestión de límites entre el Ecuador, Colombia y el Perú. Finalmente, la obra unificadora de Bolívar fracasó, y Quito se separó de la Gran Colombia (13 de mayo de 1830). Pronto hicieron lo mismo Guayaquil y Cuenca. El general Juan José Flores asumió el mando civil y militar y convocó el primer Congreso ecuatoriano, que se reunió en Riobamba en agosto de 1830. Este Congreso elaboró la Constitución que dio a la República el nombre de Ecuador y le asignó Quito como capital. Juan José Flores fue elegido primer presidente. Tras una etapa de inquietudes, la revolución de 1851 llevó al Poder a José María Urbina, que abolió la esclavitud, pero impuso el militarismo. García Moreno acaudilló la oposición contra el militarismo y dirigió la política ecuatoriana de 1861 a 1875. La Constitución de 1869, inspirada por García Moreno, resultó demasiado confesional para los elementos liberales del país. A pesar de algunos aspectos positivos de su administración, que se distinguió en el ámbito del progreso material y de la educación, la política dictatorial de García Moreno provocó una oposición violenta que dio lugar a su asesinato (1875). En 1878 fue jurada una nueva Constitución, durante el gobierno de Veintimilla. La oposición contra éste llevó al Poder a los progresistas, que proclamaron otra Constitución en 1883 y gobernaron hasta 1895, año en que triunfó una revolución liberal iniciada en Guayaquil que instaló en la presidencia a Eloy Alfaro. A pesar de los intentos revolucionarios dirigidos por los conservadores contra él, Alfaro se mantuvo al frente del país hasta 1901 y fue reelegido para un segundo período en 1906; su administración, excelente en el aspecto económico, le consagró como una de las grandes figuras políticas del Ecuador. La Constitución de 1906 significó un paso más en la liberalización del país. El ferrocarril de Guayaquil a Quito fue inaugurado el 25 de junio de 1908. Las administraciones que se sucedieron de 1916 a 1925 hubieron de hacer frente a graves problemas económicos. En 1916, un tratado resolvió el problema de los límites con Colombia. La presidencia de Isidro Ayora (1926-1931) se distinguió en el campo de la legislación social y durante la misma fue votada la Constitución de 1928. En 1942, el Ecuador se vio obligado a aceptar un tratado de límites con el Perú, que no ha dejado de presentar dificultades en su aplicación práctica. La discutidísima figura de José Velasco Ibarra domina los últimos tres decenios de la vida del Ecuador; Velasco Ibarra ha ocupado cinco veces la presidencia y sólo una vez ha terminado su período. Elegido por cuarta vez en 1960, fue obligado a renunciar el 13 de noviembre de 1961, y de acuerdo con la Constitución, le sustituyó el vicepresidente Carlos Julio Arosemena. Este último fue derrocado por una Junta Militar en 1963. En 1966 se produjeron sangrientos disturbios que obligaron a dimitir a la Junta, y tras un gobierno provisional de Clemente Yerovi Indaburu, la Asamblea Constituyente eligió presidente interino a Otto Arosemena (1966). En las elecciones de 1968 fue designado presidente José María Velasco Ibarra, quien decidió en junio de 1970, contando con el apoyo de las Fuerzas Armadas, asumir los poderes absolutos, clausurar el Congreso y abolir la Constitución para.

ECHAGÜE (Juan Pablo), crítico, cuentista y ensayista argentino (1877-1951), historiador del teatro nacional.

ECHAGÜE (Pascual), general federalista argentino (1797-1867), gobernador de Entre Ríos. Fue derrotado por Rivera en Cagancha (1839) y por Paz en Caaguazú (1841).

ECHANDI (Mario), político costarricense, n. en 1916, pres. de la Rep. de 1958 a 1962.

ECHEGARAY (José), matemático y dramaturgo español, n. en Madrid (1832-1916). Publicó primero obras científicas y fue ministro de Hacienda (1874). Alcanzó luego gran celebridad con sus obras teatrales, entre las cuales sobresalen: *En el puño de la espada, O locura o santidad, En el seno de la muerte, La muerte en los labios, El gran galeoto,* etc. (Pr. Nóbel en 1904 compartido con el francés Federico Mistral.) — Su hernano MIGUEL (1848-1927), autor de piezas teatrales del género chico : *Gigantes y cabezudos, El dúo de la Africana, Los Hugonotes.*

J. ECHEGARAY

ECHENIQUE (José Rufino), general y político peruano (1800-1887), pres. de la Rep. en 1851. Fue derribado por una revolución en 1854.

ECHEVERRI (Camilo Antonio), escritor, político y orador colombiano (1828-1887).

ECHEVERRÍA (Aquileo J.), poeta romántico costarricense (1866-1909), cantor de su país.

ECHEVERRÍA (Esteban), escritor argentino, n. en Buenos Aires (1805-1851), introductor del romanticismo en su patria. Entre sus libros poéticos sobresalen *Elvira o la novia del Plata, Los consuelos* y *Rimas.* Su obra maestra es *El matadero* (1840), relato de costumbres.

E. ECHEVERRÍA

ECHEVERRÍA (José Antonio), escritor venezolano (1815-1885).

ECHEVERRÍA ÁLVAREZ (Luis), político mexicano, n. en 1922, pres. de la Rep. en 1970.

ECHTERNACH, c. de Luxemburgo, en la frontera alemana. Importante peregrinación.

EDAM, c. y puerto de Holanda Septentrional.

Eddas, n. dado a dos colecciones de tradiciones mitológicas y legendarias de los antiguos pueblos escandinavos. La primera *(Edda poética)* fue reunida en el s. XI por el sacerdote islandés Saemundo; la segunda *(Edda en prosa)* se atribuye a Snorri Sturlusson en siglo XIII.

EDDINGTON (*sir* Arturo Stanley), astrónomo y físico inglés (1882-1944); determinó la masa, temperatura y constitución de muchas estrellas.

EDDY (María BAKER GLOVER), reformadora norteamericana (1821-1910), que fundó la *Ciencia Cristiana* (*Christian Science*).

EDE, c. de Holanda (Güeldres). Metalurgia.

EDEA, c. del Camerún, a orillas del Sanaga.

EDÉN (pal. hebrea que significa: *Paraíso terrenal*), según el Génesis, lugar de delicias donde fueron colocados Adán y Eva antes del pecado.

GOBERNANTES DEL ECUADOR

Juan José Flores	1830	Eloy Alfaro	1895	José María Velasco Ibarra	1934
Vicente Rocafuerte	1835	Leónidas Plaza Gutiérrez	1901	Antonio Pons; Federico Páez	1935
Juan José Flores	1839	Lizardo García	1905	Alberto Enríquez	1937
Vicente Ramón Roca	1845	Eloy Alfaro	1906	Manuel María Borrero	1938
Manuel Ascásubi	1849	Emilio Estrada	1911	Aurelio Mosquera Narváez	1938
Diego Noboa	1850	Carlos Freile Zaldumbide	1911	Carlos Alberto Arroyo del Río	1940
José María Urbina	1851	Leónidas Plaza Gutiérrez	1912	José María Velasco Ibarra	1944
Francisco Robles	1856	Alfredo Baquerizo Moreno	1916	Carlos Mancheno	1947
Gobierno Provisional	1859	José Luis Tamayo	1920	Mariano Suárez Veintimilla	1947
Gabriel García Moreno	1861	Gonzalo Córdova	1924	Carlos Julio Arosemena	1947
Jerónimo Carrión	1865	*Junta de Gobierno*	1925	Galo Plaza Lasso	1948
Javier Espinosa	1867	*Junta de Gobierno*	1926	José María Velasco Ibarra	1952
Gabriel García Moreno	1869	Isidro Ayora	1926	Camilo Ponce Enríquez	1956
Antonio Borrero y Cortázar	1875	Luis Larrea Alba	1931	José María Velasco Ibarra	1960
Ignacio de Veintimilla	1876	Alfredo Baquerizo Moreno	1931	Carlos Julio Arosemena, hijo	1961
José María Plácido Caamaño	1884	Alberto Guerrero Martínez	1932	*Junta Militar*	1963
Antonio Flores Jijón	1888	Juan de Dios Martínez Mera	1932	Otto Arosemena Gómez	1966
Luis Cordero	1892	Abelardo Montalvo	1933	José María Velasco Ibarra	1968

Fot. Amayna-Fernández, Embajada de la República Argentina (París)

EDIPO Y LA ESFINGE
copa antigua
museo del Vaticano

EDEN (Anthony), *lord* conde de **Avon**, político inglés, n. en 1897. Varias veces ministro de Relaciones Exteriores desde 1931. Primer ministro (1955-1957).

EDESA, ant. c. de Mesopotamia. Después de la toma de Jerusalén, fue la capital de un principado cristiano, fundado por Balduino de Bolonia, hermano de Godofredo de Bouillon, y conquistado por los turcos en 1144. Hoy **Orfa.**

EDETA, ant. ciudad de España, identificada con la actual Liria (Valencia).

EDETANOS, pueblo de la España Tarraconense, que habitaba el N. de la provincia de Valencia, las de Castellón y Teruel y el SO de la de Zaragoza, región llamada *Edetania.*

EDFÚ, c. del Alto Egipto, en la orilla izquierda del Nilo. Restos de un templo ptolemaico.

EDGARDO el Pacífico, rey de Inglaterra de 959 a 975. Acabó de conquistar la isla de Bretaña.

EDGARDO Ætheling (*"el Ilustre, el Noble"*), príncipe anglosajón (¿1050-1130?), rival de Guillermo el Conquistador en la lucha por el trono de Inglaterra.

Edicto de Milán, ley promulgada por Constantino (313) que concedía a los cristianos igualdad de derechos.

Edicto Perpetuo, colección de los edictos de los pretores y de los ediles, hecha por Salviano en tiempos del emperador Adriano.

EDIMBURGO, en inglés **Edinburgh,** cap. de Escocia, cerca de la desembocadura del Forth; 467 000 h. Industrias metalúrgicas, textiles, químicas y alimenticias. Fábricas de papel, fundiciones. Magnífico castillo. Catedral (s. XIV-XV). Célebre universidad. Festival mundial, esencialmente de música. Su actividad intelectual le ha valido el nombre de **Nueva Atenas.**

EDIMBURGO (*Duque de*). V. MOUNTBATTEN.

EDIPO, hijo de Layo, rey de Tebas, y de Yocasta. Layo, informado por un oráculo de que sería muerto por su hijo, hizo abandonar a Edipo, recién nacido, en el monte Citerón. Recogido por unos pastores, fue llevado Edipo al rey de Corinto, que lo educó como un príncipe. Otro oráculo aconsejó más tarde a Edipo que no regresase a su patria porque habría de dar muerte a su padre y tendría que casarse con su madre. No creyendo tener más patria que Corinto, se alejó de aquella ciudad, pero encontró en el camino a Layo y lo mató a consecuencia de una disputa. Mató a la Esfinge y en premio le fue concedida la mano de Yocasta, sin saber que era su madre. Al descubrirlo, ella se ahorcó y Edipo se sacó los ojos y abandonó Tebas, guiado por su hija Antígona. La leyenda de Edipo inspiró a Sófocles dos de sus más bellas tragedias: *Edipo rey* y *Edipo en Colona.*

EDISON

EDIRNE. V. ANDRINÓPOLIS.

EDISON (Tomás), físico norteamericano (1847-1931). Inventor de numerosos aparatos eléctricos como la lámpara de incandescencia, el fonógrafo y un acumulador. Perfeccionó el teléfono.

EDIT, nombre de la mujer de Lot, que fue metamorfoseada en estatua de sal por haber desobedecido las órdenes de Dios. (*Biblia.*)

EDITA (*Santa*), princesa inglesa, hija de Edgardo de Inglaterra (961-984). Fiesta el 16 de septiembre.

EDJELÉ, importante explotación petrolífera del Sáhara argelino, cerca de la frontera líbica.

EDMONTON, c. del Canadá (Alberta); centro comercial e industrial (ref. de petróleo).

EDOM. V. IDUMEA.

EDRISI (El), geógrafo árabe español, descendiente de Mahoma, n. en Ceuta (¿1099-1164?).

EDUARDO (LAGO), lago de África, tributario del lago Alberto; 2 150 km^2.

EDUARDO I el Viejo, rey de los anglosajones de 899 a 924. — EDUARDO II *el Mártir,* rey de los anglosajones de 975 a 978. — EDUARDO III *el Confesor* (*San*), rey de los anglosajones de 1042 a 1066.

EDUARDO I (1239-1307), rey de Inglaterra de 1272 a 1307. Sometió a los habitantes del país de Gales, luchó enérgicamente contra los escoceses y, gracias a su respeto de las libertades parlamentarias, mereció ser llamado **el Justiniano británico.** — EDUARDO II (1284-1327), rey de Inglaterra de 1307 a 1327, hijo del anterior; después de larga lucha contra la aristocracia británica, murió asesinado. — EDUARDO III (1312-1377), rey de Inglaterra de 1327 a 1377, hijo del anterior. Conquistó Escocia, emprendió contra Francia la guerra de los Cien años. Instituyó la orden de la Jarretera. — EDUARDO IV (1442-1483), rey de Inglaterra de 1461 a 1483, hijo de Ricardo, duque de York, y jefe del partido de la *Rosa Blanca* contra la Casa de Lancaster. — EDUARDO V (1470-1483), rey de Inglaterra en 1483. No reinó más que algunos meses, habiéndole hecho asesinar su tío Ricardo de Glocester, en la torre de Londres, al mismo tiempo que a su hermano, Ricardo de York. — EDUARDO VI (1537-1553), rey de Inglaterra de 1547 a 1553; favoreció la propagación de la Reforma. — EDUARDO VII (1841-1910), hijo de la reina Victoria, rey de la Gran Bretaña de 1901 a 1910. Durante su reinado terminó la guerra del Transvaal. — EDUARDO VIII, n. en 1894, hijo de Jorge V, rey de la Gran Bretaña en 1936; por su matrimonio morganático se vio obligado a abdicar el mismo año, sucediéndole su hermano Jorge VI. Tomó el nombre de *duque de Windsor.*

EDUARDO, hijo de Eduardo III, príncipe de Gales, conocido por **el Príncipe Negro,** a causa del color de su armadura (1330-1376). Se alió con Pedro I de Castilla contra Enrique de Trastamara. Obtuvo la victoria de Nájera (1367).

EDUARDO III

EDUARDO IV

EDUARDO VI

EDUARDO VII

Fot. Alinari, Manuel, Larousse, Hanfstaengl, Downey

EDUARDO (1391-1438), hijo de Juan I, rey de Portugal de 1433 a 1438.
EDUARDO CASTEX, pobl. de la Argentina (La Pampa).
EDUARDO DE LANCASTER, príncipe de Gales (1453-1471), hijo de Enrique VI y de Margarita de Anjou; intentó destronar a Eduardo IV y fue asesinado por partidarios de éste.
Educación sentimental *(La)*, novela de Flaubert (1869), pintura profunda y justa de la sociedad parisiense de 1840 a 1850.
EDWARDS [*eduards*] (Jorge), naturalista inglés (1693-1773). Autor de una *Historia natural de las aves.*
EDWARDS BELLO (Joaquín), novelista chileno (1887-1968), cuyo realismo descriptivo se halla plasmado en sus obras *La cuna de Esmeraldo, El roto, El chileno en Madrid.*
ÉFESO, ant. ciudad de Jonia, a orillas del mar Egeo. La c. poseía un templo consagrado a Artemisa, considerado como una de las siete maravillas del mundo, que fue incendiado por Eróstrato. Un concilio, celebrado en 431, condenó la doctrina de Nestorio. (Hab. *efesios.*)
EFRAÍN, segundo hijo de José. Dio su nombre a una de las doce tribus de Israel.
EFRÉN *(San)*, doctor de la Iglesia, nacido en Mesopotamia, m. en 373. Fiesta el 18 de junio.
EGA, río del N. de España, afl. del Ebro; 122 Km.
EGAÑA (Juan), jurista y patriota chileno (1768-1836), autor de la Constitución de 1823.
EGAÑA (Mariano), jurista y político chileno, hijo del anterior (1793-1846), que intervino en la redacción de la Constitución de 1833 y ocupó varios cargos gubernativos y diplomáticos.
EGAS (Anequín), arquitecto flamenco, m. hacia 1494, maestro de las obras de la catedral de Toledo.
EGAS (Enrique), arquitecto español (1455-1534), hijo del anterior, uno de los representantes más notables del plateresco. Se le deben el Hospital Real de Santiago de Compostela, los planos de la catedral de Granada y probablemente la fachada de la Universidad de Salamanca.
EGATES o **EGADAS,** grupo de islas en la extremidad occidental de Sicilia. Victoria del cónsul Lutacio sobre los cartagineses en 241 a. de J. C.
EGBERTO el Grande, rey de los anglosajones, m. en 839. Reunió bajo su mando toda la heptarquía anglosajona.
EGEA DE LOS CABALLEROS, v. de España (Zaragoza). Cereales, ganadería.
EGEO, hijo de Pandión y rey de Atenas. Creyendo que su hijo Teseo había sido devorado por el Minotauro, se ahogó en el mar que, desde entonces, lleva el nombre de mar Egeo. *(Mit.)*
EGEO (MAR), parte del Mediterráneo, entre la península de los Balcanes y Anatolia. Recibió el nombre de **Archipiélago.**
EGER, c. del NE. de Hungría; vinos. Arzobispado. — V. CHEB.
EGERIA, ninfa de quien recibía inspiraciones el rey romano Numa Pompilio en el bosque de Aricia. Su nombre ha pasado a la lengua para designar una consejera secreta, pero escuchada.
EGICA, rey de los visigodos de España. Sucedió en 687 a su suegro Ervigio y reinó hasta el 701.
EGIDIO, general galorromano que fue lugarteniente de Aecio; m. en 464.
EGINA isla de Grecia, en el *golfo de Egina,* entre Ática y el Peloponeso. Su cap., del mismo n., fue en la Antigüedad rival de Atenas.
EGINARDO, monje y escritor franco (¿770?-840), autor de una biografía de Carlomagno.
EGIPTO, Estado del NE. de África; 907 000 km²; 30 050 000 habitantes (*egipcios*); cap. *El Cairo,* 3 346 000 h.; c. pr.: *Alejandría,* 1 070 000 h.; *Port Said,* 190 000; *Tanta,* 151 700; *Mahalla al-Kubra,* 132 000; *Mansura,* 119 000; *Suez,* 110 000. Su nombre oficial es **República Árabe Unida** (R. A. U.). [V. p. 379, *Arte egipcio.*]
— GEOGRAFÍA. Las *regiones desérticas* ocupan el 97 % del territorio egipcio: al Oeste el *Desierto de Libia* y al Este el *Desierto de Arabia.* La región fértil, en la que se concentra una población muy densa, corresponde al *valle del Nilo.* Las inundaciones periódicas (V. NILO) permiten el cultivo del trigo y la avena. El sistema de presas, que asegura la irrigación constante, da actualmente lugar a la producción de algodón, caña de azúcar y maíz. Los dos principales elementos de la población son los campesinos musulmanes (*felás*), cuyo nivel de vida es todavía muy bajo, y los *coptos,* cristianos, que se dedican principalmente al comercio. La economía egipcia depende de la exportación de algodón; pero la construcción de la presa de Asuán va a cambiarla profundamente con la transformación de muchas tierras de secano en regadío y con la producción de energía eléctrica.
— HISTORIA. Egipto representó, en la Antigüedad, una de las culturas más brillantes, y su historia es una de las más antiguas de la humanidad (tres milenios a. de J. C.). Las pirámides son el gran monumento del *Antiguo Imperio* (2778-2160). Ocupado por los persas (525) y por Alejandro (332), Egipto se convirtió en provincia romana el año 30 a. de J. C. En 640 d. de J. C. el país cayó bajo la dominación árabe, y en 1517 fue anexado al Imperio Otomano. En 1798, Napoleón condujo una expedición a Egipto, y en 1882 los ingleses ocuparon el valle del Nilo. Durante la **Primera Guerra mundial, Egipto fue** declarado protectorado de la Gran Bretaña, pero ésta fue obligada por una rebelión nacionalista (1921-1922) a devolverle la independencia. En 1952, el ejército, bajo el mando del general Naguib, substituyó al rey Faruk por su hijo, Fuad II, y proclamó después la República. Nasser, jefe de Estado desde 1954, ha orientado la política del país en un sentido nacionalista; en 1956 nacionalizó el canal de Suez, lo cual provocó una reacción francobritánica, precedida

Enrique EGAS
fachada principal
del antiguo
Hospital Real
(Santiago de Compostela)

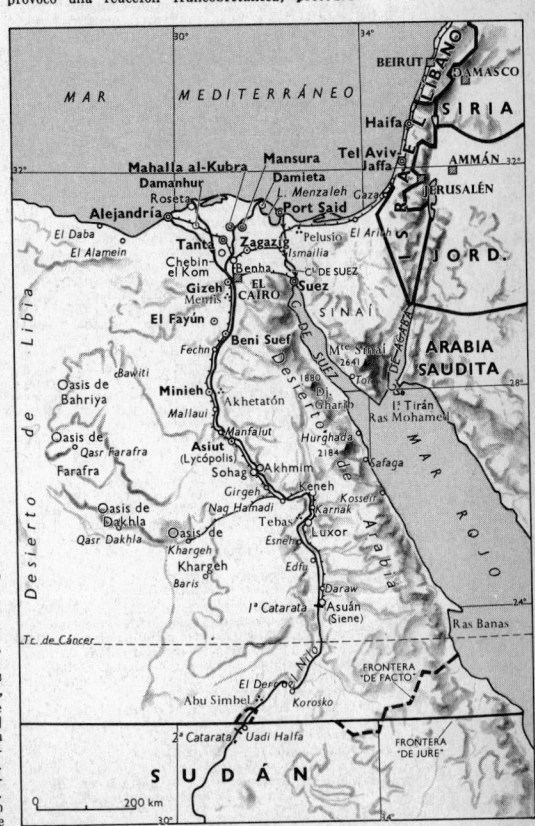

Fot. Dirección Gral. del Turismo Español

ELCANO

EINSTEIN

EISENHOWER

la torre EIFFEL

por un ataque de Israel, que terminó con la intervención de la O. N. U. De 1958 a septiembre de 1961, Egipto formó con Siria la República Árabe Unida, reconstituida en 1963, con estos dos últimos países y el Irak.

EGIPTO, príncipe de Egipto, hermano de Dánao. Sus cincuenta hijos se casaron con las 50 hijas de su tío (*Danaides*), pero fueron asesinados, excepto uno, por sus mujeres la noche de sus bodas.

EGISTO, uno de los Atridas, hijo de Tiestes y de Pelopea. Mató a Agamenón, después de seducir a su mujer Clitemnestra. Fue muerto por Orestes.

EGMONT (Lamoral, *conde de*), célebre gentilhombre del Henao (1522-1568). Luchó contra los franceses con las tropas de Carlos V y el duque de Alba le hizo decapitar por haberse sublevado contra la Inquisición.

Egmont, tragedia en cinco actos, en prosa, de Goethe (1787). En ella toma el autor por ideal del s. XVI, la libertad de conciencia, y exalta el protestantismo. — Obertura de Beethoven (1810).

EGUÍA (Francisco Ramón de), general español (1750-1827). Luchó contra Napoleón.

EGUILAZ (Luis de), dramaturgo español (1830-1874), autor de obras de tendencia moralizadora.

EGUILAZ Y YANGUAS (Leopoldo), orientalista español (1829-¿1901?), autor de un *Glosario etimológico de las palabras españolas de origen árabe.*

EGUREN (José María), poeta simbolista peruano (1882-1942) de gran perfección de estilo y escogido vocabulario. Obras: *Simbólicas, La canción de las figuras, Sombra, Rondinelas.*

EGUSQUIZA (Juan Bautista), general y político paraguayo (1845-¿1898?), pres. de la Rep. de 1894 a 1898.

EHINGER (Enrique), comerciante y explorador alemán del s. XVI, mandatario de los Welser en Venezuela.

EHRENBURG (Ilya), escritor soviético (1891-1967), autor de las novelas *Trece pipas, Una callejuela de Moscú* y *El deshielo.*

EHRLICH (Pablo), médico alemán (1854-1915). Descubrió el salvarsán contra la sífilis. (Pr. Nóbel, 1908.)

ÉIBAR, v. de España (Guipúzcoa); fábricas de armas, máquinas de coser, bicicletas.

EICHELBAUM (Samuel), escritor y dramaturgo argentino (1894-1967), que, con estilo realista, estudia la psicología de sus personajes y su vida familiar. Obras: *La mala sed, Pájaros de barro, Vergüenza de querer, Dos brasas,* etc.

EICHENDORFF (José Carlos Benedicto, *barón de*), poeta rómantico alemán (1788-1857).

EIDER, río de Alemania que desemboca en el mar del Norte; 150 km.

EIFEL, meseta de Alemania (Renania); 746 m.

Eiffel *(Torre),* torre metálica de 320 m de altura, edificada en París para la exposición internacional de 1889 por el ingeniero francés Gustave EIFFEL (1832-1923). Actualmente se utiliza como estación emisora de televisión.

EIJKMAN (Cristián), fisiólogo holandés (1858-1930), descubridor de la vitamina B. (Pr. Nóbel, 1929.)

EILAT, c. del S. de Israel, puerto en el golfo de Akaba. Oléoducto que la une con Ashdod.

EINAUDI (Luigi), político y economista italiano (1874-1961), pres. de la Rep. de 1948 a 1955.

EINDHOVEN, c. de Holanda (Brabante Septentrional); construcciones mecánicas y eléctricas; textiles.

EINSIEDELN [*ainsídeln*], c. de Suiza (cantón de Schwyz). Lugar de peregrinación.

EINSTEIN (Alberto), físico alemán, n. en Ulm (1879-1955), naturalizado norteamericano en 1940. Autor de numerosos estudios de física teórica, formuló la *teoría de la relatividad,* de suma transcendencia en la ciencia moderna. Dotado de elevados sentimientos, intervino constantemente en favor de la paz. (Pr. Nóbel, 1921.)

EINTHOVEN (Willem), fisiólogo holandés, n. en Java (1860-1927), precursor de la electrocardiografía. (Pr. Nóbel, 1924.)

EIRE, n. oficial de **Irlanda.**

EISENACH [*aisenaj*], c. de Alemania oriental. En los alrededores se encuentra el castillo de *Wartburgo,* cuna de la Reforma de Lutero. Patria de J. S. Bach.

EISENHOWER (Dwight David), general y político norteamericano (1890-1969). Dirigió en 1944-1945 las operaciones militares de los Aliados en la Segunda Guerra mundial. Pres. de los Estados Unidos de 1953 a 1961.

EISENHÜTTENSTADT, ant. **Stalinstadt,** c. de Alemania oriental, a orillas del Oder.

EISENSTADT, c. de Austria, cap. del Burgenland. Castillo del s. XVII.

EISENSTEIN (Serghei Mijailovich), director cinematográfico ruso (1898-1948). Realizador de *El acorazado Potemkin, Iván el Terrible,* etc.

EISLEBEN, c. de Alemania oriental; metalurgia (cobre). Patria de Lutero.

Eje, alianza entre Berlín y Roma (1936) a la que se unieron Japón, Hungría, Rumania y Bulgaria.

EJÉRCITO ARGENTINO, meseta de la Antártida Argentina, a 4 000 m de altura.

Ejército de Salvación. V. SALVACIÓN.

EJIDO, c. de Venezuela (Mérida).

EJURO, c. de la India (Andhra Pradesh).

ELAM o **SUSIANA,** antiguo Estado vecino de Caldea. Cap. *Susa.* (Hab. *elamitas.*)

ELATEA, c. de la antigua Fócida, cerca del Cefiso, donde había un templo de Esculapio.

ELATH. V. EILAT.

EL-AZARIÉ. V. BETANIA.

ELBA, en checo **Labe,** río de Checoslovaquia y Alemania. Nace en Bohemia (Montes Gigantes) y des. en el mar del Norte; 1 100 km.

ELBA, isla italiana del Mediterráneo, al E. de Córcega, donde fue confinado Napoleón en 1814.

ELBERFELD. V. WUPPERTAL.

ELBEUF, c. de Francia (Sena Marítimo).

ELBLAG, ant. **Elbing,** c. y puerto de Polonia, cerca del Báltico; metalurgia.

ELBRUZ, punto culminante del Cáucaso (U. R. S. S.); 5 633 m.

ELBURZ, macizo de Irán, al S. del mar Caspio. Pico principal, el Demavend (5 604 m).

EL CALLAO. V. CALLAO.

ELCANO (Juan Sebastián), navegante español n. en Guetaria (¿1476?-1526), que se incorporó a la escuadra de Magallanes, al fallecer éste (1521), tomó el mando de la expedición y a bordo de la nave *Victoria* volvió a España después de haber efectuado la primera vuelta al mundo (1519-1522). En 1525 hizo otra travesía del estrecho de Magallanes y m. en el Pacífico.

ELCHE, c. de España (Alicante). Higos, dátiles. (V. DAMA DE ELCHE [*La*].)

EL DORADO. V. DORADO (*El*).

ELDORADO, pobl. de la Argentina (Misiones).

ELEA, ant. ciudad de Italia (Lucania), colonia de los focenses. Patria de Zenón y de Parménides.

ELEÁTICOS, filósofos presocráticos que defendían la unidad e inmortalidad del ser (Jenófanes de Colofón, Parménides, Zenón de Elea).

ELEAZAR, sumo sacerdote de los hebreos, hijo y sucesor de Aarón. — Guerrero judío, lugarteniente de David. — Sumo sacerdote judío, hijo de Onías (s. III a. de J. C.). — Guerrero judío, hermano de Judas Macabeo, m. en 162 a. de J. C., en una batalla contra Antíoco V Eupátor.

ELECTRA, hija de Agamenón y Clitemnestra; con su hermano Orestes, vengó a su padre. La venganza de Electra inspiró a Esquilo la tragedia *Las Coéforas* (458 a. de J. C.).

Electra, tragedia de Sófocles, sobre el mismo tema que *Las Coéforas* de Esquilo (420 a. de J. C.). — Tragedia de Eurípides (413 a. de J. C.).

ELEFANTINA, isla del Nilo, enfrente de Asuán. Ruinas famosas.

ELEKTROSTAL, c. de la U. R. S. S. (Rusia), al E. de Moscú.

ELENA. V. HELENA.

ELENA (*Santa*), madre de Constantino el Grande (¿247?-327). Tuvo parte en la Invención de la Santa Cruz (326). Fiesta 18 de agosto.

ELEUSIS, pueblo de Ática, al NO. de Atenas donde había un templo de Deméter en el que se celebraban unas fiestas famosas en toda Grecia.

ELEUTERIA, diosa griega de la Libertad.

ELEUTERIO *(San),* papa de 175 a 189. Fiesta el 26 de mayo.

ELGAR (Edward), organista inglés (1857-1934), autor de oratorios, cantatas y sinfonías.

ELGIN [*elyin*] (Tomás BRUCE, *conde de*), diplomático inglés (1766-1841) que envió al Museo Británico una colección de estatuas del Partenón.

Fot. doc. A. G. P., Keystone, Larousse

ELHÚYAR (Fausto de), hombre de ciencia español, n. en Logroño (1757-1833), descubridor del *tungsteno*, al que llamó *wolframio*. Fundó la Escuela de Minería de México y escribió, entre otras obras, *Teoría de la amalgamación*.

ELÍAS, profeta judío (s. IX a. de J. C.), que luchó contra la idolatría de Jezabel y Acab.

ELÍAS (Ricardo Leoncio), político peruano, pres. de la Corte Suprema en 1931.

ELÍAS CALLES (Plutarco). V. CALLES.

ELÍAS PIÑA, c. de la Rep. Dominicana, cap. de la prov. de San Rafael. Ant. llamada **Comendador.**

ÉLIDE, región de la Grecia antigua, en la costa occidental del Peloponeso. En su principal ciudad, Olimpia, se celebraban juegos en honor del padre de los dioses. Hoy, dep. de Grecia; cap. *Pyrgos*.

ELÍO (Francisco Javier de), general español (1767-1822), que, nombrado gobernador de Montevideo en 1807, se sublevó contra Liniers. Virrey del Río de la Plata en 1811, trató de sofocar la guerra civil y abolió el virreinato. De regreso a España combatió a los liberales, y hecho prisionero, fue ejecutado en Valencia.

ELIOT (María Ana EVANS, llamada **George**), escritora inglesa (1819-1880), autora de *El molino del Floss*, *Silas Marner* y *Escenas de la vida clerical*, novelas de un realismo conmovedor.

ELIOT (Tomas Stearns), poeta y ensayista inglés de origen norteamericano (1888-1965). De tendencia clásica, es autor de *Asesinato en la catedral*, *Cocktail Party*, etc. (Pr. Nóbel, 1948.)

ELISABETHVILLE. V. LUBUMBASHI.

ELISEO, profeta judío, sucesor de Elías.

Elíseo, en fr. **Elysée,** palacio de París, residencia del presidente de la República, construido en 1718.

Elíseo o **Campos Elíseos,** morada de los hombres virtuosos en la mitología grecorromana.

ELIZALDE (Antonio), general y político ecuatoriano del s. XIX, que luchó por la Independencia y fue candidato a la pres. de la Rep.

ELOBEY, n. de dos islas de Guinea Ecuatorial (Río Muni), en el golfo de Guinea, llamadas *Elobey Grande* y *Elobey Chico*.

Elogio de la Locura, obra satírica de Erasmo, publicada en Basilea (1510).

ELOÍSA, sobrina del canónigo Fulberto, n. en París (1101-1164), célebre por su amor con Abelardo.

ELORDI, pobl. de la Argentina (Buenos Aires).

ELOY (*San*), orfebre francés (¿588?-660), tesorero de Clotario II y Dagoberto I. Fiesta el 1 de diciembre.

ELOY ALFARO, cantón del Ecuador (Esmeraldas).

EL PASO, c. de los Estados Unidos (Texas), a orillas del río Grande del Norte; metalurgia (cobre); ref. de petróleo.

ELQUI, laguna de Chile (Coquimbo), a más de 3 000 m de alt. — Río de Chile; 210 km; tb. llamado **Coquimbo.** — **Dep. de Chile** (Coquimbo).

EL SALVADOR, Estado de América Central, que limita al N. y al E. con Honduras, al S. con el océano Pacífico, y al O. con Guatemala. 21 160 km²; 3 149 000 h. (*salvadoreños*). Cap. *San Salvador*.

— GEOGRAFÍA. — *Relieve*. La superficie de El Salvador forma una meseta de 650 m de altitud media, tendida entre dos ejes montañosos: uno que corre paralelo al Pacífico y otro que constituye la frontera con Honduras. El accidente más notable de la meseta es el valle del río Lempa. De la sierra nororiental se desprenden hacia el sur las de Mita-Comecayo, Chalatenango y Cabañas. La cadena costera coincide con el eje volcánico guatemaltecosalvadoreño, en el que se destacan los volcanes de Santa Ana o Lamatepec (2 385 m), Chichontepec (2 174 m) y San Miguel (2 153 m); el Izalco (1 885 m) está aún en actividad.

— *Clima*. En la meseta, donde se concentra la mayor parte de la población, el clima es templado; en la costa, cálido. La temperatura media es de 24 grados. La precipitación pluvial es moderada (1 625 mm), y menor en el interior que en la costa. La estación de lluvias se extiende de mayo a octubre.

— *Hidrografía*. El Salvador cuenta con más de 350 ríos, de los que la mayor parte son cortos y torrenciales. El principal es el Lempa, que nace en Guatemala y cruza el suroeste de Honduras; de los 300 km de cauce de este río, que es uno de los más importantes de la vertiente del Pacífico en Iberoamérica, 260 km pertenecen a El Salvador. En el Lempa se halla la gran presa hidroeléctrica "5 de Noviembre". Entre los otros ríos, hay que mencionar el Paz, que forma parte de la frontera con Guatemala, y el Goascorán, en el límite con Honduras. Los lagos más extensos son el Güija, situado entre El Salvador y Guatemala, el Ilopango y el Coatepeque, famoso por sus aguas medicinales. Las lagunas de Zapotitlán, El Espino y Apastepeque ofrecen paisajes de singular belleza.

— *Costas e islas*. El Salvador posee 296 km de litoral en el Pacífico y es el único país de Centroamérica que no está bañado por el Atlántico. La cadena montañosa del Pacífico está separada del mar por una faja de 15 a 25 km de anchura, cubierta de espesos bosques. Entre los puertos de La Libertad y Acajutla se extiende la "Costa del Bálsamo", famosa por el árbol que le da su nombre. Los accidentes principales del litoral salvadoreño son la bahía de Jiquilisco y sobre todo el golfo de Fonseca, que El Salvador comparte con Honduras y Nicaragua. Las islas de El Salvador en dicho golfo son las de Martín Pérez, Punta Zacate, Conchagua, Mianguera y Mianguerita.

— *Población*. La población está compuesta por 85 % de mestizos, 10 % de blancos y 5 % de indios. La densidad de población es la más alta de Iberoamérica: 147 h. por km². El crecimiento demográfico anual se calcula en 4,7 %.

— *Economía*. Con un 63 % de población rural y un 25 % de su superficie dedicado al cultivo, El Salvador es un país fundamentalmente agrícola. El café constituye el producto más importante, tanto por la calidad como por la cantidad; le siguen el algodón, caña de azúcar, henequén, bálsamo, tabaco y diversos frutos tropicales. La ganadería, desarrollada en los pastizales, que cubren un 33 % de la superficie del país, cuenta con 850 000 cabezas de ganado vacuno, 450 000 de porcino, 40 000 de caprino y 90 000 de caballar. La minería explota solamente el oro y la plata, destinados a la exportación. La industria ha experimentado grandes progresos en los últimos tiempos. La abundancia de comunicaciones en una superficie reducida favorece el comercio interior y exterior; El Salvador posee 700 km de carreteras pavimentadas y unos 7 000 km de caminos de segundo orden. La Carretera Panamericana (315 km) cruza el país de Guatemala a Honduras y la reciente carretera del Litoral va desde la frontera guatemalteca hasta la ciudad de La Unión. Existe una red ferroviaria de 640 km, y excelentes comunicaciones aeronáuticas. La unidad monetaria es el *colón*.

— CONSTITUCIÓN Y ADMINISTRACIÓN. La República de El Salvador, administrativamente dividida en 14 departamentos, está regida por la Constitución del 7 de septiembre de 1950, modificada en 1962. De acuerdo con ella, ejerce el poder ejecutivo el presidente de la República, elegido por voto popular cada cinco años. El poder

George ELIOT

T. S. ELIOT

F. J. de ELÍO

EL SALVADOR. — Estadística (cifras en millares)

DEPARTAMENTOS	km²	Hab.	CAPITAL	Hab.
San Salvador	0,8	460	**San Salvador**	250
Ahuachapán	1,2	128	Ahuachapán	40
Cabañas	1,0	104	Sesuntepeque	31
Cuscatlán	0,7	115	Cojutepeque	20
Chalatenango	2,1	139	Chalatenango	17
Libertad (La)	1,6	205	Nueva San Salvador	40
Morazán	1,7	128	San Francisco Gotera ...	14
Paz (La)	1,2	131	Zacatecoluca	39
San Miguel	2,1	245	San Miguel	76
San Vicente	1,2	115	San Vicente	35
Santa Ana	1,9	269	Santa Ana	137
Sonsonate	1,1	170	Sonsonate	31
Unión (La)	1,9	153	La Unión	21
Usulután	1,9	213	Usulután	30

Fot. London Stereoscopic Cº, British Council, Valotaire

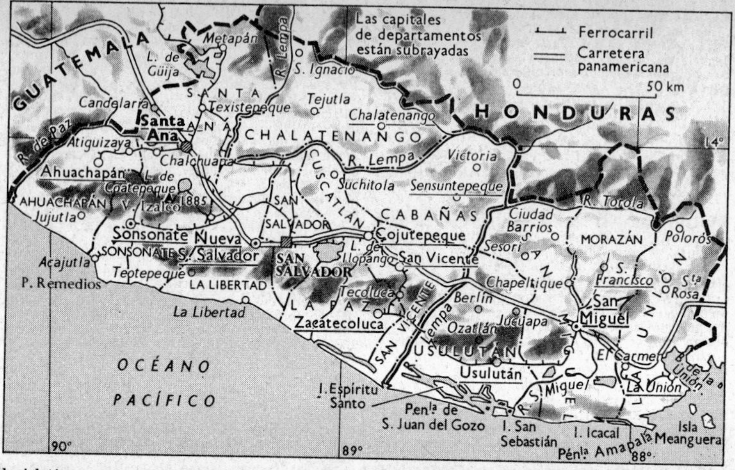

mapa y escudo de EL SALVADOR

legislativo corresponde a la Asamblea Nacional, que consta de tres diputados por cada departamento, elegidos cada dos años. El poder judicial incumbe a la Corte Suprema de Justicia, las Cámaras Seccionales y la red de tribunales subordinados.

El idioma oficial es el español; en pequeños sectores se habla también el *pipil*.

La enseñanza primaria es obligatoria y laica, y la superior está a cargo de la Universidad Nacional, que cuenta siete facultades.

La religión católica es la de la mayoría de la población, y la administración eclesiástica comprende la arquidiócesis de San Salvador y las diócesis de Santa Ana, San Miguel, San Vicente y Santiago de María.

— Historia. El territorio de El Salvador, a principios del siglo xvi, estaba habitado por los *pipiles* (en el occidente y el centro) y los *lencas* (en el oriente), que formaban los señoríos de Cuzcatlán y Chaparrastique. Dedicados principalmente a la agricultura, los naturales del país poseían sin embargo cierto nivel cultural, puesto que legaron a la posteridad una escritura jeroglífica todavía no descifrada.

El descubrimiento de El Salvador fue obra de Andrés Niño. Piloto de la expedición de Gil González Dávila a Nicaragua, Niño recorrió la costa de El Salvador y dio nombre al golfo de Fonseca en 1522. La conquista del territorio fue emprendida por Pedro de Alvarado, enviado de México por Cortés a fines de 1523. En 1524, después de sojuzgar a las tribus guatemaltecas, Alvarado penetró a sangre y fuego en el señorío de Cuzcatlán, hasta el río Paz. En una segunda expedición, el mismo año, atravesó el Lempa y llegó hasta Choluteca. No se conoce la fecha de fundación de la ciudad de San Salvador; probablemente fue fundada por Diego de Alvarado en 1525, en el Valle de La Bermuda, de donde fue trasladada después al Valle de Las Hamacas. A esta fundación sucedieron las de San Miguel (1530) y Chalatenango (1536). En 1529, los aborígenes de El Salvador se sublevaron contra los conquistadores, y el capitán Diego de Rojas fue enviado a someterlos.

Durante el período colonial, El Salvador formó parte de la Capitanía General de Guatemala, con el nombre de Provincia o Alcaldía de San Salvador; dicha Capitanía comprendía el territorio que se extiende desde el sur de México hasta Costa Rica. En lo judicial, la Provincia de San Salvador dependía de la Audiencia de los Confines, que residió sucesivamente en las ciudades de Gracias y Guatemala (1543-1565), después en Panamá (1565-1570) y finalmente, de 1570 en adelante, en Guatemala de nuevo.

Gracias a su falta de costas en el Caribe, El Salvador sufrió menos por los ataques de los piratas que los otros territorios. En cambio, los terremotos y las erupciones volcánicas le causaron graves daños. En el siglo xvi la ciudad de San Salvador fue destruida por dos sacudidas, y en 1648 hizo erupción El Playón.

El primer movimiento de independencia se manifestó en la ciudad de San Salvador el 5 de noviembre de 1811, capitaneado por José Matías Delgado y los hermanos Aguilar. Aunque no fue secundado por las otras ciudades, consiguió la deposición del intendente Gutiérrez Ulloa. La independencia del Istmo fue proclamada en la ciudad de Guatemala el 15 de septiembre de 1821; San Salvador la ratificó el 22 del mismo mes. La rebelión de San Salvador contra la anexión del Istmo al Imperio Mexicano le acarreó una invasión de las tropas de Iturbide, acaudilladas por el general Filísola. En 1823, San Salvador entró a formar parte del Estado independiente conocido con el nombre de Provincias Unidas de Centroamérica. La Constitución Federal de las Provincias fue sancionada el 22 de noviembre de 1824; bajo un presidente común a toda la Federación, cada uno de los Estados componentes conservaba el derecho de tener su propia Constitución y su propio jefe. El Salvador promulgó su Constitución el 12 de junio de 1824 y nombró como primer jefe a Juan Vicente Villacorta. Ante la política centralista de Manuel José Arce, primer presidente de la Federación, El Salvador reaccionó violentamente; más tarde, los esfuerzos unionistas de Francisco Morazán acabaron por estrellarse contra el deseo de independencia total de los Estados, y la Federación se disolvió en mayo de 1838. El Salvador promulgó su Constitución como Estado soberano en 1841. La historia de El Salvador como Estado independiente estuvo marcada durante cerca de setenta años por las disensiones entre liberales y conservadores, que mantuvieron al país en estado de agitación casi crónica e impidieron su desarrollo normal. La larga lista de sus gobernantes refleja bien la inestabilidad política de que el país fue víctima. Los intentos de unión de El Salvador con otras Repúblicas centroamericanas no han faltado. Participó, junto con Nicaragua y Honduras, en una reunión con miras a la formación de una República Tripartita (1842). En 1847 fracasó un nuevo movimiento de unión entre estos tres Estados. Tampoco faltaron, sobre todo en la segunda mitad del siglo pasado, los motivos de conflicto con las Repúblicas hermanas. En 1845, una guerra puso a El Salvador frente a Honduras y Nicaragua. En 1850, El Salvador y Honduras se aliaron contra Guatemala. En 1863, Guatemala y El Salvador entraron nuevamente en guerra y la ciudad de San Salvador sufrió un duro asedio. Las hostilidades entre ambos países estallaron

GOBERNANTES DE EL SALVADOR

Federación Centroamericana (1823-1840): V. GUATEMALA.		Joaquín Eufrasio Guzmán	1844	Alfonso Quiñones Molina	1914
Junta Consultiva	1823	Eugenio Aguilar	1846	Carlos Meléndez	1915
Juan Manuel Rodríguez	1824	Doroteo Vasconcelos	1848	Alfonso Quiñones Molina	1918
Mariano Prado	1824	Francisco Dueñas	1852	Jorge Meléndez	1919
Juan Vicente Villacorta	1824	José María San Martín	1854	Alfonso Quiñones Molina	1923
Mariano Prado	1826	Rafael Campo	1856	Pío Romero Bosque	1927
José María Cornejo	1829	Miguel Santín del Castillo	1858	Arturo Araujo	1931
Francisco Morazán	1832	Gerardo Barrios	1858	*Directorio Militar*	1931
Mariano Prado	1832	Francisco Dueñas	1863	Andrés Ignacio Menéndez	1934
Joaquín San Martín	1833	Santiago González	1871	Maximiliano Hernández M.	1935
Nicolás Espinoza	1835	Andrés Valle	1876	Andrés Ignacio Menéndez	1944
Francisco Gómez	1835	Rafael Zaldívar	1876	Osmín Aguirre y Salinas	1944
Diego Vigil	1836	Francisco Menéndez	1885	Salvador Castañeda	1945
Timoteo Menéndez	1838	Carlos Ezeta	1890	*Directorio Civil y Militar*	1948
Francisco Morazán	1839	Rafael Antonio Gutiérrez	1894	Oscar Osorio	1950
Juan Lindo	1841	Tomás Regalado	1898	José María Lemus	1956
Juan José Guzmán	1842	Pedro José Escalón	1903	*Junta*	1960
Pedro Arce	1843	Fernando Figueroa	1907	*Directorio*	1961
Francisco Malespín	1844	Manuel Enrique Araujo	1911	Julio A. Rivera	1962
		Carlos Meléndez	1913	Fidel Sánchez Hernández	1967

una vez más en 1876 y 1906 hasta que, por iniciativa de Nicaragua, se reunió en 1907 un Congreso Centroamericano, en el que Guatemala, El Salvador, Honduras, Nicaragua y Costa Rica suscribieron un Tratado de Paz y Amistad. Felizmente, en los últimos cuarenta años El Salvador ha logrado una mayor estabilidad interna, lo que ha traído consigo un período de intenso desarrollo en todos los órdenes. José María Lemus, elegido presidente en 1956, fue depuesto en octubre de 1960 y reemplazado por una Junta de Gobierno, sustituida a su vez por un Directorio Cívico-Militar en enero de 1961. En las elecciones de 1962 salió triunfante Julio A. Rivera, quien terminó su mandato y fue sustituido constitucionalmente en 1967 por Fidel Sánchez Hernández. En 1969 estalló un conflicto armado entre el país y Honduras.

ELSINOR, c. de Dinamarca (Selandia), donde Shakespeare sitúa el castillo de Kronborg, lugar en las que transcurre la acción de *Hamlet*. Hoy **Helsingoer.**

ELSTER, nombre de dos ríos de Alemania: 1º el *Elster Blanco*, que pasa por Leipzig y des. en el Saale; 195 km; 2º el *Elster Negro*, afl. del Elba; 175 km.

ELUARD (Eugène GRINDEL, llamado **Paul**), poeta francés (1895-1952), uno de los fundadores del grupo surrealista. Autor de los poemas *A Guernica*, *Libertad*, *La vida inmediata*, etc.

ELVAS, c. de Portugal (Portalegre); castillo (s. XII-XV); catedral (s. XVI).

ELVEND, macizo montañoso del Irán Occidental; 3 914 m; petróleo.

ELVIRA, hija de Fernando I de Castilla, quien le dejó la ciudad de Toro en herencia.

Elvira o la novia de Plata, libro de poesías del argentino E. Echeverría (1832).

ELY, c. de Gran Bretaña (Cambridge). Catedral.

ELZEVIR o **ELZEVIER,** n. de una familia ilustre de impresores establecidos en Leyden, La Haya, Utrecht y Amsterdam, en los s. XVI y XVII. El más antiguo de ellos es LUIS **Elzevir** (¿1540?-1617).

ELLAURI (José), político y diplomático uruguayo (1790-1867), uno de los miembros de la Asamblea Constituyente de 1830.

ELLAURI (José Eugenio), político uruguayo (1834-1894), pres. de la Rep. en 1873, derrocado en 1875.

ELLINGTON (Eduardo KENNEDY, llamado **Duke**), músico negro norteamericano, n. en 1899, pianista, compositor y director de jazz.

ELLORA, localidad de la India (Maharashtra). Célebres templos subterráneos (s. VI a IX).

EMAÚS, aldea de Judea, cerca de Jerusalén, donde se apareció Jesucristo por primera vez a dos de sus discípulos, después de la Resurrección.

EMBOSCADAS, pobl. del Paraguay (Cordilleras).

EMDEN, c. de Alemania (Baja Sajonia).

EMÉRITA AUGUSTA, n. romano de **Mérida.**

EMERSON (Ralph Waldo), filósofo norteamericano (1803-1882); creador del *trascendentalismo*. Autor de *Hombres representativos*.

ÉMESO, ant. c. de Siria, a orillas del Oronte.

EMILIA, región del N. de Italia; c. pr. *Bolonia*. Gas natural. Industria azucarera.

EMILIO *(San)*, martirizado en África hacia 251. Fiesta el 22 de mayo.

Emilio o *De la Educación*, novela pedagógica de J. J. Rousseau (1762), en que el autor pretende enseñar cómo deben formarse los hombres.

EMÍN BAJÁ (Eduardo SCHNITZER, llamado **Mehmed**), explorador y administrador egipcio, n. en Oppeln (Silesia), en 1840, asesinado en 1892.

EMINESCU (Miguel), poeta rumano (1850-1889), figura nacional en las letras de su país. Autor de *El pobre Dionisio*.

EMIRO KASTOS. V. RESTREPO (Juan de Dios).

EMMEN, c. de Holanda (Drenthe). Turba.

EMMENTHAL *("Valle del Emme")*, valle de Suiza (Berna); quesos famosos.

EMPARÁN (Vicente), militar español (¿1750-1815?), que fue capitán general de Venezuela en 1809, destituido por la revolución de 1810.

EMPECINADO (Juan Martín DÍAZ, **el**), guerrillero español (1775-1825), que luchó en la guerra de la Independencia.

EMPÉDOCLES, filósofo y médico de Agrigento (s. V a. de J. C.), versado en varias ramas del saber, por lo cual llegó a tener fama de hechicero. Se suicidó arrojándose al volcán Etna.

EMPEDRADO, com. de Chile (Maule). — Pobl. de la Argentina (Corrientes), a orillas del Paraná.

Empeños de una casa *(Los)*, comedia de intriga de Sor Juana Inés de la Cruz.

EMS, río de Alemania, que des. en el mar del Norte. Baña Westfalia y Hannover; 378 km.

EMS o **BAD EMS,** c. de Alemania (Hesse). Estación termal.

ENCARNACIÓN, c. del Paraguay, cap. del dep. de Itapúa; puerto a orillas del Paraná. (Hab. *encarnacenos*.) Fundada en 1614. Forma con Alto Paraná una **prelatura nullius.**

Enciclopedia *(La)*, monumental obra publicada en París por D'Alembert y Diderot de 1751 a 1772, y arma poderosa de la filosofía del siglo XVIII. Constaba de 33 volúmenes.

ENCINA (Carlos), poeta, matemático e ingeniero argentino (1840-1882).

ENCINA (Juan del), dramaturgo español (1468-1529), autor de varias églogas representables: *De Fileno, Zambardo y Cardonio*, *De Plácida y Victoriano*, *De Cristino y Febea*, *De Carnaval o Antruejo*, etc. Poeta y músico dotado de cualidades excepcionales, Encina es uno de los padres del teatro español.

ENCISO (Martín FERNÁNDEZ DE). V. FERNÁNDEZ DE ENCISO (Martín).

Encomiendas, institución colonial en América, basada en el repartimiento de indios entre los conquistadores. El indio debía trabajar o pagar un tributo a su dueño, llamado *encomendero*, el cual, por su parte, tenía obligación de enseñarle la religión cristiana e instruirle conforme a las Leyes de Indias. Este sistema, aplicado inicialmente en La Española, se extendió a todos los países de Hispanoamérica. La codicia de los

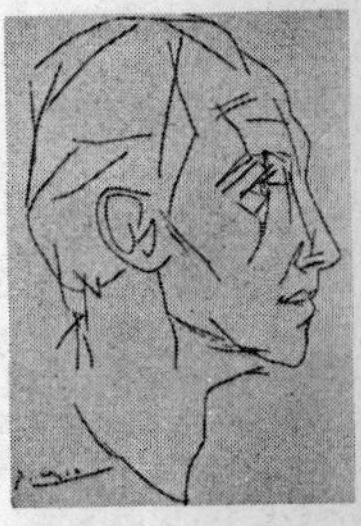

ELUARD
por PICASSO

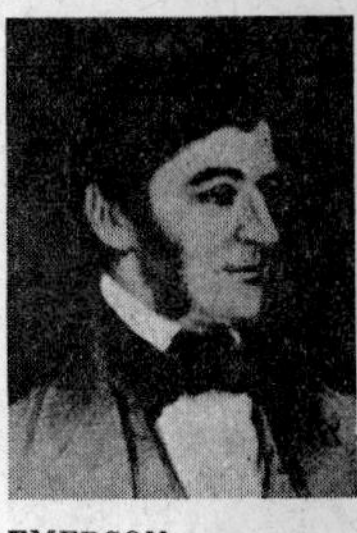

EMERSON

J. DEL ENCINA

Fot. Larousse, Houghton, doc. A. G. P.

F. ENGELS

ENRIQUE VII
de Inglaterra

ENRIQUE VIII
de Inglaterra
por HOLBEIN

encomenderos, que llegaron a tratar a los aborígenes como esclavos, dio motivo a protestas por parte de algunos virreyes y visitadores. Ciertas encomiendas sobrevivieron hasta el s. XVIII.

ENDIMIÓN, pastor griego amado por Selene. Júpiter lo condenó a vivir sin envejecer.

ENDOR, c. de Palestina, en la que se encontraba una célebre pitonisa, a quien consultó Saúl.

ENE, río del Perú, unión del Apurímac y el Mantaro, en el dep. de Ayacucho; 250 km.

ENEAS, príncipe troyano, de quien hizo Virgilio el héroe de *La Eneida*, hijo de Afrodita y de Anquises; combatió valientemente contra los griegos durante el sitio de Troya y, después de la toma de la ciudad, se estableció en Italia.

Eneida *(La)*, célebre poema épico de Virgilio, en doce cantos, imitación hábil de *La Ilíada* y *La Odisea* (29-19 a. de J. C.).

ENESCO (Jorge), violinista y compositor rumano (1881-1955), gran virtuoso del violín.

ENFIELD, c. de Gran Bretaña (Middlesex).

ENGADINA, valle de Suiza (Grisones); estaciones termales; turismo.

ENGAÑADA (La), túnel en los Montes Cantábricos (España); 6 954 m.

ENGAÑO, cabo de la Rep. Dominicana (La Altagracia), el más oriental de la isla.

ENGAÑOS (Río de los). V. Yarí.

ENGELBREKT [*enguel-*] patriota sueco, m. en 1436; luchó contra la dominación danesa.

ENGELS, c. de la U. R. S. S. (Rusia), a orillas del Volga; textiles.

ENGELS (Federico), filósofo, economista y político alemán (1820-1895), autor, con Karl Marx, del *Manifiesto Comunista* (1848). Se encargó de la publicación de *El Capital*, después de la muerte de su autor.

ENGHIEN [*angán*] (Luis Antonio, *duque de*), último príncipe de Condé (1772-1804), fusilado por orden de Napoleón.

ENGHIEN-LES-BAINS, mun. de Francia (Vald'Oise). Aguas termales. Casino.

Enneadas o **Novenas,** colección de 54 libros de Plotino, especie de enciclopedia filosófica reunida por Porfirio (s. III).

ENNIO (Quinto), uno de los más antiguos poetas latinos (239-169 a. de J. C.). Griego de nacimiento. Autor de un poema épico, *Los Anales*, en el que canta la historia de Roma, y de varias tragedias.

ENNODIO *(San)*, escritor latino, n. en Arles (Francia) [473-521], obispo de Pavía. Uno de los Padres de la Iglesia. Fiesta el 17 de julio.

ENNS o **ENS,** c. de Austria, en la orilla izquierda del *río Enns*, afl. del Danubio.

ENOC, n. de dos personajes del Antiguo Testamento, uno hijo de Caín y otro padre de Matusalén.

ENRIQUE I el Pajarero, rey de Germania, emperador de Alemania, de 919 a 936. — Enrique II, duque de Baviera en 995, emperador de Occidente de 1002 a 1024. — Enrique III, emperador de Occidente de 1039 a 1056. — Enrique IV, hijo del anterior, emperador de 1056 a 1106. Sostuvo una lucha contra el papa Gregorio VII con motivo de la querella de las investiduras y tuvo que ir a humillarse a Canossa (1077). Favoreció el desarrollo de la burguesía y de las ciudades. — Enrique V, hijo del anterior, emperador de 1106 a 1125. — Enrique VI *el Cruel*, hijo y sucesor de Federico I Barbarroja, emperador de 1190 a 1197. — Enrique VII, conde de Luxemburgo, emperador de 1308 a 1313. Fue coronado en Roma en 1312.

ENRIQUE I de Castilla (1202-1217). Hijo de Alfonso VIII, reinó desde 1214 bajo la tutela de su hermana Berenguela. M. accidentalmente. — Enrique II *de Trastamara* o *el de las Mercedes* (1333-1379), rey de Castilla de 1369 a 1379, hermano de Pedro el Cruel. Amenazado por éste, huyó a Francia y con el auxilio de las Compañías Blancas de Duguesclin invadió Castilla. Derrotado la primera vez por las tropas unidas de Pedro el Cruel y las inglesas del Príncipe Negro, tomó su desquite en Montiel y el asesinato de su hermano le dio la corona de Castilla. Su gobierno fue hábil y liberal. — Enrique III *el Doliente*, rey de Castilla (1379-1406). Subió al trono en 1390. — Enrique IV *el Impotente* (1425-1474). Durante su reinado (1454-1474), la nobleza se mostró levantisca y su sucesión provocó conflictos entre Juana la Beltraneja e Isabel la Católica.

ENRIQUE *(Don)*, infante de Castilla (1225-1304), tercer hijo de Fernando III de Castilla. Sublevóse contra su hermano Alfonso X, pero fue derrotado y sirvió sucesivamente a los moros y a los angevinos de Italia. De regreso a España fue regente de Fernando IV.

ENRIQUE I, nacido en 1068, hijo de Guillermo el Conquistador, rey de Inglaterra de 1100 a 1135. — Enrique II, nacido en 1133, rey de 1154 a 1189. Mandó matar a Santo Tomás Becket. — Enrique III, nacido en 1207, rey de Inglaterra de 1216 a 1272. — Enrique IV, nacido en 1367, rey de Inglaterra de 1399 a 1413. — Enrique V, nacido en 1387, rey de Inglaterra de 1413 a 1422. Príncipe enérgico y hábil, venció a los franceses en Azincourt y se hizo reconocer como regente y heredero de la corona de Francia (1420). — Enrique VI, hijo del anterior (1421-1471), rey de 1422 a 1461. Sus ejércitos lucharon en vano por conservar las conquistas de su padre en Francia, pero tuvieron que abandonar el continente. Durante su reinado se inició la *guerra de las Dos Rosas*. — Enrique VII, nacido en 1457, rey de Inglaterra de 1485 a 1509, el primero de la dinastía de los Tudores. Terminó con la batalla decisiva de Bosworth la *guerra de las Dos Rosas* y, gracias a su energía, restauró en Inglaterra la autoridad real. — Enrique VIII, hijo del anterior, nacido en 1491, rey de Inglaterra de 1509 a 1547. Al negarle el papa Clemente VII el divorcio con Catalina de Aragón, hija de los Reyes Católicos, se separó de la Iglesia católica y se declaró jefe de la iglesia anglicana. Fue instruido, amigo de las artes, pero cruel y vicioso; se casó sucesivamente con seis mujeres: Catalina de Aragón, Ana Bolena, Juana Seymour, Ana de Cleves, Catalina Howard, Catalina Parr, e hizo morir en el cadalso a dos de ellas: Ana Bolena y Catalina Howard.

Enrique IV, drama de Shakespeare (1597), una de sus obras más poderosas. — *Enrique V*, drama del mismo (1598). — *Enrique VI*, drama del mismo (1590-1592). — *Enrique VIII*, drama del mismo, representado hacia 1612.

ENRIQUE I, rey de Francia de 1031 a 1060. — Enrique II, hijo de Francisco I, rey de Francia de 1547 a 1559. Continuó la lucha de su padre contra Carlos Quinto y se apoderó de Metz, Toul y Verdún (1552). Protegió las letras y las artes. — Enrique III, rey de Francia de 1574 a 1589. Fue un monarca vicioso e incapaz; murió asesinado por un fanático en 1589. — Enrique IV, rey de Navarra de 1562 a 1610, bajo el nombre de Enrique III, y de Francia de

ENRIQUE II
de Castilla

ENRIQUE IV
de Castilla

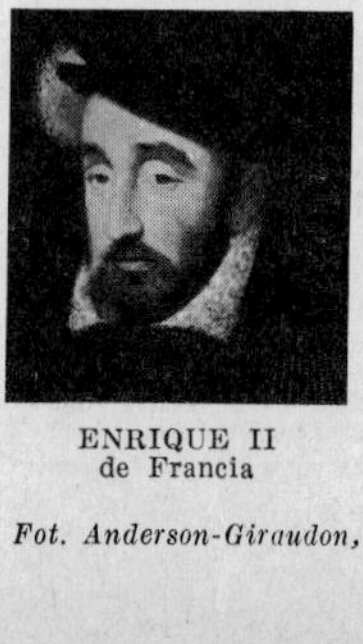
ENRIQUE II
de Francia

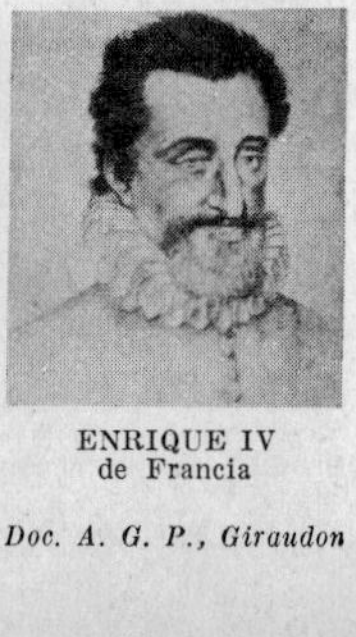
ENRIQUE IV
de Francia

Fot. Anderson-Giraudon, Doc. A. G. P., Giraudon

1589 a 1610. Era protestante y los católicos se negaron en un principio a admitirlo, pero gracias a su habilidad, a su energía y a su perseverancia, consiguió conquistar poco a poco su reino, acabando por abjurar el protestantismo en 1593. Pacificó Francia y supo reparar los daños causados por una guerra civil de cuarenta años. Hizo la paz con España y promulgó el Edicto de Nantes (1598), que permitía a los protestantes ejercer su culto. Pensaba unirse con los protestantes de Alemania para derribar la Casa de Austria, cuando murió asesinado. — ENRIQUE V. V. CHAMBORD *(Conde de)*.

ENRIQUE el León, duque de Sajonia y de Baviera (1129-1195), célebre por sus luchas contra Federico I Barbarroja y Enrique VI.

ENRIQUE el Navegante, hijo de Juan I de Portugal, n. en Oporto (1394-1460). Fue gran promotor de viajes para descubrir nuevas tierras.

ENRIQUE MARTÍNEZ, ant. **La Charqueada,** c. del Uruguay (Treinta y Tres).

ENRÍQUEZ (Alberto), general y político ecuatoriano (1894-1962), dictador de 1937 a 1938.

ENRÍQUEZ (*Fray* Camilo). V. HENRÍQUEZ.

ENRÍQUEZ DE ALMANSA (Martín), virrey de Nueva España, de 1568 a 1580 y del Perú de 1580 a 1583, año en que murió.

ENRÍQUEZ DE ARANA (Beatriz), dama española (¿1467-1521?), presunta esposa de Colón.

ENRÍQUEZ DE GUZMÁN (Luis), virrey de Nueva España de 1650 a 1653 y del Perú de 1655 a 1661.

ENRÍQUEZ DEL CASTILLO (Diego), historiador castellano (1433-1480), a quien se debe una *Crónica del rey don Enrique IV*.

ENRÍQUEZ DE RIVERA (Payo), prelado español, m. en 1684, que fue obispo de Guatemala (1657-1667), arzobispo de México (1668-1680) y virrey de Nueva España de 1673 a 1681.

ENRÍQUEZ GÓMEZ (Antonio), dramaturgo español (¿1600-1660?). De origen judío, debió expatriarse a Holanda, donde murió. Autor del cuento satírico ***El siglo pitagórico y vida de don*** *Gregorio Guadaña*.

ENRIQUILLO, lago del SO. de la Rep. Dominicana; 500 km². El nivel de sus aguas es de 44 m más bajo que el del mar. Ant. llamado **Xaragua.** — Valle de la Rep. Dominicana, entre las sierras de Neiba y el Baoruco. — Com. de la Rep. Dominicana (Barahona).

ENRIQUILLO, cacique indio dominicano que luchó contra los conquistadores españoles hasta obtener, en 1533, la libertad de todos los indígenas de la isla.

Enriquillo, popular novela histórica, del dominicano Manuel de Jesús Galván (1878).

ENS. V. ENNS.

Ensayo sobre el catolicismo, el liberalismo y el socialismo, obra de apología católica de Donoso Cortés (1851).

Ensayo sobre el entendimiento humano, obra fundamental de Locke (1690).

Ensayo sobre el hombre, serie de epístolas filosóficas escritas por el inglés Pope (1733-1734).

Ensayo sobre las costumbres y el espíritu de las naciones, obra histórica y filosófica de Voltaire, que elimina de la conducta de los acontecimientos todo elemento providencial (1756).

Ensayos, obra filosófica de Montaigne (1580-1588), panorama caprichoso y animado de las observaciones de un espíritu profundo y escéptico, que cuida de no afirmar ni negar nada, y cuya conclusión se resume en el famoso: ***¿Qué sé yo?***

Ensayos de crítica e historia, estudios sobre los escritores y los políticos célebres por Macaulay (1850) y Taine (1858).

Ensayos de moral y de política, obra del filósofo inglés Francis Bacon (1597 y 1625).

Ensayos morales, políticos y literarios, por D. Hume, colección de tratados llenos de ideas y de observaciones originales (1742-1752).

ENSCHEDE, c. de Holanda (Overyssel); centro algodonero.

ENSENADA, c. de la Argentina (Buenos Aires), excelente puerto, apostadero de la escuadra nacional; frigoríficos. — C. de México (Baja California Norte); puerto en el Pacífico.

ENSENADA (Zenón DE SOMODEVILLA, *marqués de la*), político español (1702-1781), ministro de Fernando VI y restaurador de la marina.

ENTIERRO DEL CONDE DE ORGAZ
por EL GRECO
detalle

ENSOR (James), pintor y grabador belga (1860-1949), de carácter impresionista y atormentado.

ENTEBE, c. de Uganda, ant. cap., a orillas del lago Victoria; 9 000 h.

Entierro del Conde de Orgaz, cuadro de El Greco (1584), en la iglesia de Santo Tomé (Toledo).

ENTRAMBASAGUAS (Joaquín de), profesor y erudito español, n. en 1904); especializado en el estudio de la Edad de Oro.

ENTRE RÍOS, cord. de la Antártida Argentina, descubierta en 1956. — Prov. de la Argentina; cap. *Paraná;* intensa explotación agrícola y ganadera. (Hab. *entrerrianos.*) — Pobl. de Bolivia, cap. de la prov. de O'Connor (Tarija).

ENVIGADO, c. de Colombia (Antioquia).

ENZINA (Juan del). V. ENCINA (Juan del).

EO, río de Galicia, que des. en el Cantábrico.

EOLIA o **EÓLIDA,** antigua región del Asia Menor, entre Tróade y Jonia.

EOLIAS (ISLAS), archip. italiano del mar Tirreno, al N. de Sicilia, que comprende las islas Lípari, Vulcano, Estrómboli, etc.

EOLO, dios de los Vientos, hijo de Zeus y de la ninfa Menalipa. Él era quien, en la mitología, desencadenaba las tempestades. *(Mit.)*

ENRIQUE
el Navegante

EPAMINONDAS, célebre general tebano (¿418?-362 a. de J. C.), uno de los jefes de la democracia de Tebas, vencedor de los lacedemonios en Leuctra y Mantinea. Fue herido de muerte en esta última batalla (362).

EPECUÉN o **CARHUÉ,** laguna salada de la Argentina, del grupo de Guaminí (Buenos Aires). Aguas medicinales.

EPÉE (Carlos Miguel, *abate* **de L'**), presbítero y pedagogo francés (1712-1789), creador de un sistema para la educación de los sordomudos.

EPERNAY [*-né*], c. de Francia (Marne), a orillas del Marne. Vinos espumosos de Champaña.

EPICARMO, poeta cómico griego (¿525-450? a. de J. C.).

EPICTETO, filósofo griego del s. I, de tendencia estoica. Su discípulo Flavio Arriano recogió sus máximas *(Manual de Epicteto)*.

EPICURO, filósofo griego, n. probablemente en Samos (341-270 a. de J. C.), discípulo en Atenas de Jenócrates. Enseñaba que el placer es el fin supremo del hombre, y que todos nuestros esfuerzos deben tender a conseguirlo. El placer no consistía, sin embargo, en los goces materiales de los sentidos, sino en el cultivo del espíritu y la práctica de la virtud.

EPICURO

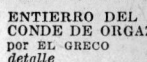

EPIDAURO, c. de la antigua Argólida a orillas del mar Egeo. Al oráculo del templo de Esculapio acudían los enfermos de toda Grecia. Ruinas importantes (templos de Esculapio, de Artemisa; teatro).

EPIFANIO *(San)*, Padre y doctor de la Iglesia griega, n. en Palestina (¿315?-403). Fiesta, 12 de mayo.

EPIFANIO *(San)*, obispo de Pavía (438-495). Fiesta el 21 de enero.

EPÍGONOS, n. dado a los hijos de los Siete Jefes que perecieron ante Tebas, a los sucesores de Alejandro Magno y, por extensión, a los que siguen las huellas de otro.

Fot. Anderson-Giraudon, Giraudon

ERECTEÓN

ERASMO
por HOLBEIN
museo de Chartres

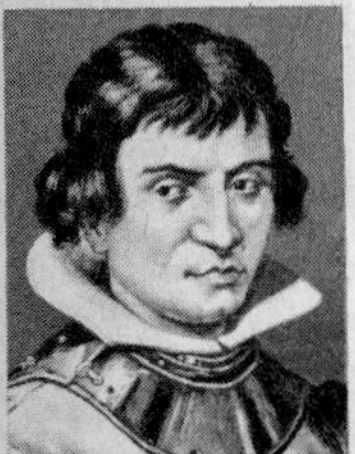

C. de ERAUSO
La Monja Alférez

ERCILLA Y ZÚÑIGA

EPIMETEO, hermano de Prometeo; casó con Pandora y tuvo la imprudencia de abrir la famosa caja, de la que salieron todos los males para esparcirse por la Tierra. Sólo quedó en el fondo de la caja la Esperanza. *(Mit.)*

EPINAL, c. de Francia, cap. del dep. de los Vosgos, a orillas del Mosela. Basílica. Ind. textil.

EPIRO, región de la antigua Grecia, al SO. de Macedonia. (Hab. *epirotas*.)

Episodios Nacionales, colección de novelas históricas de Pérez Galdós, sobre temas españoles del s. XIX, empezadas en 1873 (46 vol.).

Epístola moral a Fabio, poema español de inspiración estoica, compuesto en tercetos y de autor incierto (ha sido atribuido, entre otros, a Andrés Fernández de Andrada, Francisco de Rioja y Rodrigo Caro).

Epístolas, de Horacio (23), poesías donde el autor da consejos de moral y de buen gusto. El *Arte Poética* es la *Epístola* dirigida a los Pisones.

Epístolas, de San Pablo. Estas epístolas canónicas, en número de catorce, son notables por su admirable razonamiento y su espíritu de caridad.

Épodos, de Horacio, composiciones poéticas en versos yámbicos, compuestas casi todas durante la juventud del poeta (41-30 a. de J. C.).

EPONINA, mujer del galo Julio Sabino, que intentó, con Civilis, librar a su pueblo del yugo romano. M. en 79 de nuestra era.

EPSOM, c. de Inglaterra (Surrey); ant. estación termal. En esta c. tiene lugar, desde 1779, una célebre carrera de caballos (el *Derby*), el miércoles antes de Pentecostés.

EPUNAMÚN, dios araucano de la Guerra.

EPUYÉN, pobl. de Argentina (Chubut); carbón.

ERARD [*erar*] (Sebastián), célebre constructor de pianos francés (1752-1831).

ERASMO (Desiderio), humanista holandés, n. en Rotterdam y m. en Basilea (¿1469?-1536), autor de *Adagios, Coloquios* y *Elogio de la locura* (1510). Espíritu enciclopédico, estudió los problemas sociales y religiosos con equilibrio y un ideal puramente ético. Ejerció una influencia considerable en la Europa de su tiempo, singularmente en España.

ERASMO *(San)*, obispo italiano, mártir bajo Diocleciano (s. IV). Fiesta el 2 de junio.

ERASO (Benito), general español (1793-1835). Tomó parte en la guerra contra Napoleón y fue uno de los jefes del ejército absolutista (1821).

ERATO, Musa de la Poesía Elegíaca. Se la representa con una lira.

ERATÓSTENES, astrónomo, matemático y filósofo griego (¿284-192? a. de J. C.), que fue el primero en medir el meridiano terrestre y la oblicuidad de la eclíptica.

ERAUSO (Catalina de), dama española llamada **La Monja Alférez,** n. en San Sebastián en 1592. Se fugó del convento en que estaba y recorrió gran parte de España vestida de hombre. Pasó a América, sentó plaza y, gracias a su heroico valor, ascendió al grado de alférez. Desapareció en 1635; se ignora la fecha de su muerte.

ERBIL. V. ARBELAS.

ERCILLA, com. de Chile (Malleco).

ERCILLA Y ZÚÑIGA (Alonso de), poeta épico y militar español, n. en Madrid (1533-1594), que exaltó la gesta de la conquista española de Chile en su gran poema, compuesto en octavas reales, *La Araucana*. En él canta con emocionado acento el valor de los indios araucanos.

ERCKMANN-CHATRIAN, nombre literario de los dos escritores franceses EMILIO ERCKMANN (1822-1899) y ALEJANDRO CHATRIAN (1826-1890), autores de múltiples relatos de ambiente alsaciano: *El amigo Fritz, El judío polaco,* etc.

EREBO, región tenebrosa que se extiende bajo la tierra, por encima del Infierno. *(Mit.)*

EREBUS o **EREBO,** volcán de la Antártida en la Tierra Victoria; 4 023 m.

ERECTEO, rey legendario de Atenas, hijo de Pandión. *(Mit.)*

Erecteón, templo elevado en la Acrópolis de Atenas, entre 421 y 406 a. de J. C., en honor de Erecteo, obra maestra del estilo jónico. En él se encuentra el célebre pórtico de las Cariátides.

EREGLI. V. HERACLEA.

ERESMA, río de España, que nace en el Guadarrama y pasa por Segovia; 150 km.

ERETRIA, ant. c. de Eubea, destruida por los persas durante la primera guerra médica (490 a. de J. C.).

EREVAN. V. ERIVÁN.

ERFURT, c. de Alemania oriental; industria textil; electrometalurgia, electroquímica, máquinas de escribir.

ERHARD (Ludwig), economista y político alemán, n. en 1897, ministro de Economía, que contribuyó eficazmente al resurgir económico de la Rep. Federal. Canciller de 1963 a 1966.

ERICO, nombre de catorce reyes de Suecia y de nueve de Dinamarca, entre los cuales figuran ERICO XIII (1382-1459). — ERICO XIV (1533-1568), hijo de Gustavo Vasa, que reinó de 1560 a 1568. Murió envenenado.

ERICO el Rojo, jefe noruego que descubrió Groenlandia hacia 985.

ERICSSON (Johan), ingeniero sueco (1803-1889), inventor de un motor de aire caliente y de un propulsor helicoidal.

ERÍDANO, n. ant. del **Po,** río de Italia.

ERIE, c. de los Estados Unidos (Pensilvania); puerto activo en el *lago Erie* (25 000 km²). Metalurgia, industrias químicas.

ERÍGENA (Juan ESCOTO). V. ESCOTO.

ERÍN, antiguo nombre de **Irlanda.**

ERINIAS o **EUMÉNIDES,** diosas griegas a las que los romanos daban el nombre de **Furias.**

ERITREA, región de África oriental, conquistada por los italianos en 1890. Actualmente forma una prov. del reino de Etiopía. Sup. 124 300 km²; 1 527 000 h.; cap. *Asmara* (120 000 h.). Algodón; ganado.

ERITREO (MAR), n. dado por los antiguos al mar Arábigo, y luego al mar Rojo.

ERIVÁN, c. de la U. R. S. S., cap. de la Rep. de Armenia; centro agrícola e industrial.

ERLANGEN, c. de Alemania (Baviera); industria textil; fábricas de cerveza; instrumentos de música. Universidad.

ERLANGER (Joseph), fisiólogo norteamericano (1874-1965), que ha estudiado las funciones diferenciales de las fibras nerviosas. (Pr. Nóbel, 1944.)

ERMENONVILLE [*-vil*], pobl. de Francia (Oise), donde murió J. J. Rousseau.

Ermita o **Ermitage** *(Palacio y Museo de la)*, palacio construido por orden de Catalina II en San Petersburgo (Leningrado). El museo tiene una de las más notables galerías de pintura de Europa.

ERNE, río de Irlanda, que des. en el Atlántico después de atravesar los dos *lagos Erne*; 100 km.

museo de la ERMITA, en Leningrado

Fot. Viollet, Giraudon, doc. A. G. P., Rap

ERNST (Max), pintor alemán, naturalizado francés, n. en 1891, que ha participado en los movimientos dadaísta y surrealista.
EROLES (Joaquín IBÁÑEZ CUEVAS Y MONTSERRAT, *barón de*), general español (1785-1825). Combatió a los franceses primero y luego a los liberales en nombre de Fernando VII. Ayudó a la expedición francesa de 1823.
EROS, dios del Amor en la mitología griega.
ERÓSTRATO, pastor de Éfeso que, queriendo hacerse célebre mediante alguna acción memorable, incendió el templo de Artemisa en Éfeso, una de las siete maravillas del mundo, en la misma noche en que nació Alejandro Magno.
ERRÁZURIZ (Fernando), político chileno (1777-1841), miembro de la Junta Gubernativa de 1823 y pres. provisional de la Rep. en 1831.
ERRÁZURIZ (Isidoro), político y escritor chileno (1835-1898).
ERRÁZURIZ ECHAURREN (Federico), político chileno (1850-1901), pres. de la Rep. de 1896 a 1901, que debatió la cuestión de límites con Argentina.
ERRÁZURIZ ZAÑARTU (Federico), político chileno (1825-1877), pres. de la Rep. de 1871 a 1876. Promovió reformas de carácter liberal e impulsó el progreso económico del país.
ER-RIAD. V. RIAD (ER-).
ERRO (Carlos Alberto), escritor argentino, n. en 1903, autor de *Medida del criollismo*.
ERSKINE (Ebenezer), teólogo escocés (1680-1754), uno de los fundadores de la Iglesia de Escocia.
Eruditos a la violeta (*Los*), sátira literaria de Cadalso (1772), contra las pretensiones científicas de algunos de sus compatriotas.
ERVIGIO, rey visigodo español (680-687).
ERZERUM, c. de Turquía oriental; centro industrial y comercial. Plaza fuerte.
ERZGEBIRGE n. alem. de los **Montes Metálicos.**
ESAÚ, hijo de Isaac y de Rebeca, hermano mayor de Jacob, a quien vendió su derecho de primogenitura por un plato de lentejas.
ESAUIRA. V. MOGADOR.
ESBJERG, c. y puerto de Dinamarca (Jutlandia). Importante puerto pesquero.
ESCALANTE, río de Venezuela, en los Est. de Mérida y Zulia, que des. en el lago Maracaibo; 123 km. — Pobl. de la Argentina (Chubut).
ESCALANTE (Amós de), escritor español (1831-1902), de inspiración local montañesa.
ESCALANTE (Eduardo), autor dramático español (1834-1895), de carácter regional.
ESCALANTE (Juan Antonio), pintor español (1630-1670), autor de cuadros religiosos.
ESCALANTE (Juan de), conquistador español, m. en 1519, compañero de Cortés en México.
ESCALDA, en flam. **Schelde,** río de Francia, de Bélgica y de Holanda, que des. en el mar del Norte; 400 km. Navegación activa.
ESCALÍGERO (Julio César), filólogo y médico italiano (1484-1558), famoso erudito del Renacimiento. Autor de *Arte Poética*.
ESCALÓN (Pedro José), político salvadoreño (1847-¿1907?), pres. de la Rep. de 1903 a 1907. Durante su gobierno se produjo un conflicto con Guatemala (1906).
ESCALONA, v. de España (Toledo). Murallas; castillo gótico de Álvaro de Luna (s. XV).
ESCALONA Y AGÜERO (Gaspar de), jurisconsulto y humanista ecuatoriano del s. XVII.
Escándalo (*El*), novela de P. Antonio de Alarcón (1875), cuya apología de los jesuitas provocó vivísima polémica.
ESCANDINAVA (*Península*), penins. que se extiende entre el mar del Norte y el Báltico (800 000 km²), está atravesada por los Alpes escandinavos y tiene, en su costa atlántica, numerosos fiordos.
ESCANDINAVIA, nombre que suele darse al conjunto geográfico formado por Dinamarca, Suecia y Noruega, países habitados por pueblos del mismo origen y sometidos antiguamente al mismo cetro por la Unión de Calmar (1397).
ESCANIA, parte meridional de la península escandinava. Región agrícola.

ESCATRÓN, v. de España (Zaragoza). Central térmica.
ESCAZÚ, cerro de Costa Rica, en la precordillera. — Pobl. de Costa Rica (San José).
Escenas andaluzas, colección de cuadros de costumbres de Estébanez Calderón (1831-1832).
Escenas matritenses, artículos de costumbres debidos a la pluma de Mesonero Romanos.
ESCÉVOLA (Cayo Mucio), patricio romano (s. VII-VI a. de J. C.), que quemó su diestra por no acertar a matar a Porsena, jefe de los etruscos que sitiaban Roma.
ESCILA, escollo del estrecho de Mesina, enfrente del torbellino de Caribdis. (V. CARIBDIS.)
ESCIPIÓN, nombre de una ilustre familia patricia, de la antigua Roma, en la que se distinguieron, sobre todo: ESCIPIÓN EL AFRICANO (235-183 a. de J. C.), que guerreó en España durante la segunda guerra púnica, expulsó a los cartagineses y fue vencedor de Aníbal en Zama, en 202 a. de J. C.; ESCIPIÓN EMILIANO (185-129 a. de J. C.), vencedor de Numancia, destructor de Cartago en 146 a. de J. C. Fue jefe del partido aristocrático y pereció asesinado por oponerse a las leyes agrarias propuestas por los Gracos.

ESCIPIÓN el Africano

ESCIROS. V. SKIROS.
ESCITAS, ant. pueblo bárbaro de Europa oriental y Asia occidental.
ESCITIA, región de Europa habitada en otro tiempo por los escitas, al N. del Ponto Euxino.
ESCLAVONIA. V. ESLAVONIA.
ESCLAVOS, río de Guatemala, que señala parte del límite entre los dep. de Santa Rosa y Jutiapa, y des. en el océano Pacífico.
ESCLAVOS (COSTA DE LOS), ant. denominación de la costa de África comprendida entre el Dahomey y el O. de Nigeria.
ESCLAVOS (LAGO DE LOS), lago del Canadá en el que des. el Mackenzie; 27 800 km².
Esclavos (*Guerra de los*), n. dado a tres guerras que tuvieron que sostener los romanos contra los esclavos sublevados. La primera estalló en Sicilia (135 a. de J. C.) y duró dos años. La segunda duró de 105 a 102 y se desarrolló también en Sicilia. La tercera, que tuvo por jefe a Espartaco y por teatro Italia entera, duró de 73 a 71 a. de J. C.
ESCLUSA (La), en holandés **Sluis,** c. de Holanda (Zelanda), de donde procede una estatua de la Virgen que, colocada en la Casa de Expósitos de Madrid (s. XVI), le hizo dar más tarde el nombre de la *Inclusa*.
ESCOBAR, pobl. de la Argentina (Buenos Aires). — Pobl. del Paraguay (Paraguarí).
ESCOBAR (Arcesio), escritor y poeta colombiano (1832-1867).
ESCOBAR (Eloy), poeta venezolano (1829-1889), autor del drama *Nicolás Rienzi*.
ESCOBAR (Patricio), general y político paraguayo, m. en 1912, que se distinguió en la guerra de la Triple Alianza (1864-1870) y fue pres. de la Rep. de 1886 a 1890. M. en 1912. Inauguró la Universidad Nacional (1889).
ESCOBAR Y MENDOZA (Antonio de), jesuita y escritor español (1589-1669). Casuista famoso, atacado por Pascal en sus *Provinciales*, es autor del poema biográfico *San Ignacio de Loyola* y de una *Historia de la Virgen*.
ESCOBEDO (Juan de), político español (¿1530?-1578), secretario de don Juan de Austria. Asesinado por orden de su enemigo Antonio Pérez.
ESCOBEDO (Mariano), general y político mexicano (1826-1902), que contribuyó al triunfo de la Reforma liberal y tomo parte en la guerra contra la intervención francesa.
ESCOBEDO Y AGUILAR (Pedro), médico mexicano (1798-1844), autor de una *Farmacopea mexicana*.
ESCOCESA, bahía y punta de Panamá (San Blas), en el mar Caribe. Llamadas así porque los escoceses fundaron aquí una colonia (1698).
ESCOCIA, parte septentrional de Gran Bretaña. 77 171 km²; 5 096 000 h. (*escoceses*). Cap. *Edimburgo* (467 000 h.); c. pr. *Glasgow* (1 075 000 h.), *Dundee* (180 000). — Escocia se divide en tres regiones: las *Tierras Altas del Norte* (*Highlands*), las *Tierras Bajas* (*Lowlands*) y las *Tierras Altas del Sur*. Las Tierras Bajas poseen una rica agricultura y minas de hulla.
ESCOCIA (Nueva). V. NUEVA ESCOCIA.

M. ESCOBEDO

Fot. doc. A. G. P., X, Larousse

MONASTERIO DE SAN LORENZO DE EL ESCORIAL el Patio de los Reyes

ESCÓIQUIZ (Juan), eclesiástico y político español (1747-1820), preceptor y ministro de Fernando VII.

ESCOMA, puerto de Bolivia, en el Titicaca.

ESCOMBRERAS, isla del Mediterráneo, prov. de Murcia (España), enfrente de Cartagena. Ref. de petróleo.

ESCONDIDO, río de Nicaragua (Zelaya), que des. en el mar Caribe; 104 km.

ESCOPAS, escultor griego (¿420-350? a. J. C.), uno de los artistas más fecundos de su tiempo. Autor de los bajorrelieves del Mausoleo de Halicarnaso.

ESCORIAL (El), pueblo de España (Madrid), en la falda del Guadarrama.

Escorial (San Lorenzo de El), monasterio famoso, fundado por Felipe II en 1563 en el pueblo de dicho nombre, en recuerdo de la batalla de San Quintín. Fue edificado en 22 años, por los arquitectos Juan Bautista de Toledo, Juan de Herrera y Francisco de Mora, con arreglo al plan trazado por el mismo rey. El edificio tiene forma de parrilla, en conmemoración de San Lorenzo, que fue martirizado y muerto asado en este instrumento. El conjunto (1 110 ventanas), en granito gris, es de un clasicismo majestuoso y severo. En el centro se yergue la iglesia, cuya cúpula mide 95 metros de altura. En El Escorial se encuentra el *Panteón de los Reyes*. Posee una rica colección de cuadros, tapices y una valiosa biblioteca.

ESCORPIÓN, constelación zodiacal situada entre Sagitario y Libra. — Signo del Zodiaco que corresponde desde el 24 de octubre al 23 de noviembre.

ESCOSURA (Patricio de la), escritor romántico español (1807-1878), autor de la leyenda *El bulto vestido de negro capuz* y de las novelas *El conde de Candespina* y *Ni Rey ni Roque*. Intervino en política y fue alternativamente liberal, carlista y partidario de Isabel II.

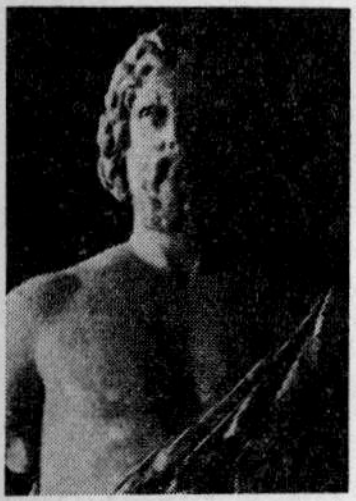

ESCULAPIO

ESCOTO ERÍGENA (Juan), filósofo y teólogo escocés o irlandés (¿830-880?), autor de tratados en los que expone su doctrina de tendencia racionalista.

ESCOTO (Duns). V. DUNS.

ESCOTOS, pueblo céltico de Hibernia (Irlanda), que se estableció en Caledonia (Escocia) y cuyo nombre se aplicó después a todos los habitantes del N. de Gran Bretaña (*Scottish*).

ESFINGE DE GIZEH

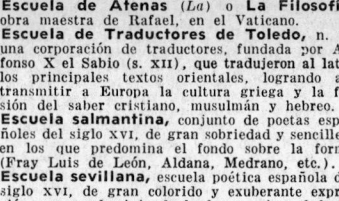

ESCRIVÁ (*El Comendador*), poeta valenciano del siglo XV, célebre por la famosísima composición que comienza: *Ven, muerte tan escondida...*, que figura en el *Cancionero de* 1511.

ESCRIVÁ DE BALAGUER (José María), prelado español, n. en 1902, fundador en Madrid (1928) del *Opus Dei*, instituto religioso seglar.

ESCUDERO (Gonzalo), poeta ecuatoriano, n. en 1903, autor de *Hélices de huracán y de sol.*

ESCUDERO (Pedro), médico argentino, n. en 1877, que ha estudiado la gota.

Escuela de Alejandría, n. que se da al largo período cultural que tuvo su sede en Alejandría (Egipto) bajo la protección de los Ptolomeos, resumen y continuación de la cultura griega.

Escuela de Atenas (*La*) o **La Filosofía,** obra maestra de Rafael, en el Vaticano.

Escuela de Traductores de Toledo, n. de una corporación de traductores, fundada por Alfonso X el Sabio (s. XII), que tradujeron al latín los principales textos orientales, logrando así transmitir a Europa la cultura griega y la fusión del saber cristiano, musulmán y hebreo.

Escuela salmantina, conjunto de poetas españoles del siglo XVI, de gran sobriedad y sencillez, en los que predomina el fondo sobre la forma (Fray Luis de León, Aldana, Medrano, etc.).

Escuela sevillana, escuela poética española del siglo XVI, de gran colorido y exuberante expresión, con predominio de la forma sobre el fondo (Herrera, B. del Alcázar, F. de Rioja, etc.).

Escuelas Pías, orden religiosa fundada por San José de Calasanz en 1597, aprobada por Gregorio V en 1621 (V. tb. JOSÉ DE CALASANZ [*San*].)

ESCUINTLA, c. del S. de Guatemala, cab. del dep. de su n.; prod. cacao, arroz, maíz, café; frutos tropicales y maderas. (Hab. *escuintlecos.*) Llamada ant. **Itzcuitlan.**

ESCULAPIO o **ASCLEPIOS,** dios de la Medicina, hijo de Apolo. No contento con curar a los enfermos, según cuenta la Fábula, hasta resucitaba a los muertos. Zeus, irritado, lo hizo morir a ruegos de Hades, dios de los Infiernos, cuyo reino amenazaba quedar desierto. El gallo, emblema de la vigilancia, y la serpiente, símbolo de la prudencia, estaban consagrados a Esculapio.

ESCURRA (Juan A.), militar y político paraguayo, pres. de la Rep. de 1902 a 1904.

ESCUTARI, en turco **Uskudar,** ant. **Chrysópolis,** c. de Turquía, suburbio asiático de Estambul, a orillas del Bósforo. Jardines.

ESCUTARI, hoy **Shkodër** o **Shkodra,** c. de Albania a orillas del *lago de Escutari.*

ESCHWEILER, c. de Alemania (Rin Septentrional-Westfalia). Hulla, metalurgia.

ESDRAS, doctor judío del s. V a. de J. C. De los cuatro libros que llevan su nombre sólo dos considera auténticos la Iglesia católica.

ESEQUIBO, río de Guyana que des. en el Atlántico; 800 kilómetros.

ESERA, río del NE. de España (Huesca), afl. del Cinca; 76 km. Instalaciones hidroeléctricas.

Esfinge, animal con cuerpo de león y cabeza humana que, entre los egipcios, personificaba al Sol. — La gran esfinge de Gizeh, labrada en la roca viva, mide 17 m de alto y 39 de largo. Los griegos convirtieron la Esfinge en un animal misterioso y la introdujeron en su mitología.

ESHOWE, cap. de Zululandia. Azúcar.

ESKILSTUNA, c. de Suecia, a orillas del lago Mälar; gran centro metalúrgico.

ESKISEHIR, c. de Turquía al SO. de Ankara; aguas termales; construcciones mecánicas, aeronáuticas y navales; azúcar, porcelana, cuchillería. Cerca se encuentran las ruinas de Dorilea.

ESLA, afl. der. del Duero; nace en la cordillera cantábrica y des. cerca de Zamora; 280 km.

ESLAVA. V. GONZÁLEZ DE ESLAVA.

ESLAVA (Antonio de), novelista español n. en 1570, autor de los relatos *Noches de invierno.*

ESLAVA (Sebastián de), gobernante español (1684-1759), virrey de Nueva Granada de 1739 a 1749, célebre por la derrota que infligió a los ingleses que sitiaban Cartagena de Indias (1741).

ESLAVA Y ELIZONDO (Miguel Hilarión), compositor español (1807-1878), autor de música sacra (*Miserere*), zarzuelas y obras didácticas.

ESLAVONIA. V. CROACIA.

ESLAVOS, ramificación etnográfica y lingüística de la familia indoeuropea, que se subdivide en tres grandes grupos: 1º los ESLAVOS OCCIDENTALES, en Polonia, Bohemia, Moravia, Eslovaquia (*polacos, checos, eslovacos, lusacios*); 2º los ESLAVOS ORIENTALES o rusos, divididos en *grandes rusos, malo rusos* y *rusos blancos*; 3º los ESLAVOS MERIDIONALES o YUGOSLAVOS (*búlgaros, servios, croatas, eslovenos*).

ESLOVAQUIA, parte central de Checoslovaquia, cap. *Bratislava*; 49 000 km². Independiente en 1939, fue protectorado alemán hasta 1945.

ESLOVENIA, una de las repúblicas federadas de Yugoslavia; 20 226 km². Cap. *Liubliana.*

ESMALCALDA. V. SMALCALDA.

ESMERALDA, penins. de Chile (Aisén). — Pobl. de la Argentina (Santa Fe). — Térm. mun. de Cuba (Camagüey).

Fot. Viollet, X

ESMERALDAS, río del NO. del Ecuador, que des. en el Pacífico; 289 km. — C. del Ecuador, cap. de la prov. del mismo n., en la des. del río homónimo; puerto exportador; centro comercial. Vicariato apostólico. (Hab. *esmeraldeños.*) La prov. prod. plátanos, tabaco, caucho; oro.

ESMERDIS, nombre griego del príncipe persa **Bardiya,** segundo hijo de Ciro, degollado por su hermano Cambises II.

ESMIRNA, en turco **Izmir,** c. de Turquía; puerto activo en el mar Egeo; alfombras.

ESÓN, padre de Jasón; fue rejuvenecido por la hechicera Medea.

ESOPO, fabulista griego (s. VII-VI a. de J. C.), primero esclavo, liberto luego y muerto por los habitantes de Delfos. La actual colección de las *Fábulas de Esopo,* redactada en prosa griega bastante seca, se atribuye al monje Planudes (s. XIV).

ESPAILLAT, prov. del N. de la Rep. Dominicana: cap. *Moca;* prod. agrícolas.

ESPAILLAT (Ulises Francisco), político y escritor dominicano (1823-1878), prócer de la Independencia y pres. de la Rep. en 1876.

ESPAÑA, Estado de Europa meridional, que forma con Portugal la Península Ibérica. España limita al N. con el Cantábrico y los Pirineos, que la separan de Francia, al E. y al SE. con el Mediterráneo, al SO. con el Atlántico y al O. con Portugal y el Atlántico. 504 748 km², con las islas Baleares y Canarias; 32 750 000 h. (*españoles*). Cap. *Madrid.* (V. Mapa en color p. 1280.)

— GEOGRAFÍA. — *Relieve.* El centro de España está constituido por la *Meseta,* extensa altiplanicie, accidentada en su periferia, que cubre casi la mitad del territorio. La *Cordillera Central,* orientada nordeste-sudoeste (Sierras de Guadarrama y de Gredos), divide esta altiplanicie en dos submesetas, al norte la de Castilla la Vieja (de 700 a 1 000 m) y al sur la de Castilla la Nueva, más baja y cuya parte sudoriental, la Mancha, es una extensa y desnuda llanura. Los rebordes montañosos de la Meseta forman al sur los montes de Toledo y Sierra Morena (1 300 m), al nordeste los Montes Ibéricos (Sierras de la Demanda y de Urbión, 2 400 m) y al noroeste los Montes Cantábricos, que culminan en los Picos de Europa (2 672 m). Se destacan además dos cadenas importantes: al norte los *Pirineos,* con cumbres de más de 3 000 metros (pico de Aneto), que descienden en escalones hacia la cuenca del Ebro, y al sur el sistema *Penibético,* en cuya zona central (Sierra Nevada) se yergue el pico más alto de España: Mulhacén (3 478 m). Altiplanicies y montañas dejan poco espacio para las llanuras: cuenca del Ebro, separada del Mediterráneo por la cadena litoral catalana; valle del Guadalquivir o depresión Bética; planicie costera de Valencia y Murcia, en Levante.

— *Clima.* Se halla España en la zona templada, pero la variedad de su relieve contribuye a matizar los datos climáticos. El noroeste atlántico recibe todo el año lluvias abundantes (de 1 000 a 1 500 mm) y, dada la influencia oceánica, goza de gran uniformidad térmica, bastante alta, con una temperatura media que oscila en torno a los 14 grados. La costa mediterránea conoce veranos calurosos (45° como máximo), inviernos suaves y lluvias de otoño, decrecientes de norte a sur. En las altiplanicies y llanuras del interior predomina el clima continental: altísimas temperaturas estivales y gran sequedad, con un cielo despejado, principalmente en los valles del Ebro y el Guadalquivir y en la Mancha, e inviernos rigurosos (Albacete tiene mínimas invernales de 23° bajo cero). Las lluvias caen en primavera y otoño, en pequeñas cantidades.

— *Hidrografía.* Los ríos de la vertiente cantábrica son cortos, pero de abundante caudal y régimen regular. En cambio, los del litoral mediterráneo son torrenciales y tanto más irregulares cuanto más se desciende hacia el sur, con devastadoras crecidas de otoño. Grandes ríos cruzan el interior del país y forman extensas cuencas: Ebro (927 km), que desemboca en el Mediterráneo; Duero (850 km), Tajo (910 km), Guadiana (820 km) y Guadalquivir (680 km), alimentado principalmente por el Genil, que vierten sus aguas en el Atlántico. Estos ríos y sus afluentes tienen su máximo caudal en primavera.

Fot. Anderson

— *Costas e islas.* En sus 4 800 kilómetros, 3 150 de los cuales corresponden a España, el litoral peninsular tiene un perfil variado, y puede dividirse, en lo que a España respecta, en las siguientes partes: la costa cantábrica, abrupta y acantilada, que se extiende desde el golfo de Vizcaya hasta la Estaca de Vares; la costa gallega, la más recortada, con bellas *rías;* la costa andaluza del Atlántico, a veces pantanosa, que abarca desde la frontera portuguesa hasta Tarifa; la costa mediterránea, predominantemente baja, con algunos acantilados en la parte norte, y en la que los cabos Gata, Palos, la Nao y Creus describen cuatro armoniosos arcos. Las principales islas de España son las Baleares, en el Mediterráneo, y las Canarias, en el Atlántico, a unos 115 kilómetros de la costa africana.

ESOPO

— *Población.* Dada la superficie del país, la población de España no es muy elevada (60 h. por km²), pero el estudio de los censos demuestra que se ha duplicado en un siglo. Este crecimiento demográfico se acelera constantemente, sobre todo

ESPAÑA. — Datos estadísticos (cifras en millares)

PROVINCIAS	km²	Hab.	CAPITALES	Hab.
Álava	3	139	Vitoria	74
Albacete	14,8	371	Albacete	74
Alicante	5,8	712	Alicante	133
Almería	8,7	361	Almería	87
Ávila	8	238	Ávila	27
Badajoz	21,6	834	Badajoz	96
Baleares	5	443	**Palma de Mallorca**	159
Barcelona	7,7	2 900	Barcelona	1 700
Burgos	14,2	381	Burgos	82
Cáceres	19,9	544	Cáceres	48
Cádiz	7,3	819	Cádiz	118
Castellón de la P.	6,6	339	Castellón	62
Ciudad Real	19,7	584	Ciudad Real	37
Córdoba	13,7	798	Córdoba	215
Coruña (La)	7,9	992	Coruña (La)	177
Cuenca	17	315	Cuenca	27
Gerona	5,8	351	Gerona	33
Granada	12,5	769	Granada	157
Guadalajara	12,1	183	Guadalajara	21
Guipúzcoa	1,9	478	**San Sebastián**	150
Huelva	10	400	Huelva	74
Huesca	15,6	233	Huesca	24
Jaén	13,4	736	Jaén	65
León	14	584	León	64
Lérida	12	334	Lérida	64
Logroño	5	230	Logroño	61
Lugo	9,8	479	Lugo	58
Madrid	8	3 300	**Madrid**	3 000
Málaga	7,2	775	Málaga	325
Murcia	11,3	800	Murcia	250
Navarra	10,4	402	Pamplona	98
Orense	6,9	451	Orense	64
Oviedo	10,8	989	Oviedo	127
Palencia	8	232	Palencia	48
Palmas (Las)	4	454	Palmas (Las)	225
Pontevedra	4,3	680	Pontevedra	50
Salamanca	12,3	406	Salamanca	90
Sta. Cruz de T.	3,2	490	**Santa Cruz de Tenerife**	150
Santander	5,2	432	Santander	118
Segovia	6,9	196	Segovia	33
Sevilla	14	1 234	Sevilla	532
Soria	10,3	147	Soria	19
Tarragona	6,2	363	Tarragona	43
Teruel	14,7	215	Teruel	20
Toledo	15,3	522	Toledo	41
Valencia	10,7	1 430	Valencia	583
Valladolid	8,3	363	Valladolid	172
Vizcaya	2,2	754	Bilbao	350
Zamora	10,5	301	Zamora	42
Zaragoza	17,1	657	Zaragoza	380

Otras poblaciones

Algeciras	66	Jerez de la Frontera	140
Badalona	92	La Línea	61
Cartagena	124	Sabadell	105
El Ferrol	70	Santiago de Compostela	57
Gijón	125	Tarrasa	92
Hospitalet	123	Vigo	145

escudo de ESPAÑA

gracias a la disminución de la mortalidad infantil. Actualmente, el 25 % de la población se concentra en las capitales de provincias. Las regiones de mayor densidad son las periféricas, mientras que el interior, desprovisto de industrias, está poco poblado y no llega a 25 h por km², excepto la capital y sus alrededores y la cuenca del Ebro. El aumento demográfico actual ha traído consigo un fuerte movimiento de emigración que anteriormente se dirigía a América y África del Norte, y hoy hacia ciertos países de Europa. — *Economía.* En la España agraria, se oponen fuertemente las regiones del interior, con cultivos de secano, y las de Levante y Andalucía, con cultivos de regadío. Corresponden a la primera zona los cereales (trigo y cebada), los olivos (Jaén) y la vid (Rioja, Mancha y Andalucía). España es el tercer país cerealista de Europa, aunque los rendimientos son bajos y variables, el primer país olivarero del mundo y el tercer productor mundial de vino. La grande y mediana propiedad son características de la España seca. Las llanuras costeras mediterráneas se han convertido en ricas regiones agrícolas gracias al aprovechamiento de los ríos serranos para el riego (Segura, Genil, Guadalaviar, Júcar). Se cultivan hortalizas y frutas, agrios sobre todo. Los naranjos y los arrozales son la nota típica de Valencia; Granada produce remolacha, tabaco, lino y caña de azúcar (Motril) ; Sevilla, naranjas y algodón. En fecha reciente, grandes obras, presas y canales, han hecho posible la extensión de las zonas de cultivos de regadío, en el interior del territorio: cuenca del Ebro, Extremadura, etc. A causa de su clima húmedo, la franja noratlántica tiene una fisonomía muy distinta: abundan las selvas, los frutales (manzanos, castaños) y los maizales. Los campos producen patatas y habichuelas y las praderas facilitan la cría del ganado vacuno. El establecimiento en pequeñas aldeas y la extensa división de la propiedad caracterizan esta región. Su litoral, con la costa atlántica meridional, donde abunda el atún, es la principal zona pesquera de España (sardinas). El subsuelo español es rico en metales no ferruginosos, cuyos yacimientos se hallan principalmente en Sierra Morena: cobre y piritas en Tarsis y Riotinto, mercurio en Almadén, plomo en Linares y Almería. También posee cinc, volframio, uranio y manganeso. Existen reservas de hierro en diversos lugares de la Meseta y en las cadenas Béticas, pero se extrae, sobre todo, en Vizcaya, de donde se puede exportar fácilmente. La producción de carbón aumenta regularmente. Más de la mitad del mineral extraído procede de Asturias (Langreo, Mieres, Infiesto). Otras cuencas hulleras dignas de mención son las de la región leonesa, y la de Sierra Morena (Puertollano). El lignito, abundante en los Montes Ibéricos y Cataluña, sirve especialmente para alimentar las centrales térmicas, así como el carbón de los yacimientos de Sierra Morena, de mediana calidad. La producción de electricidad de origen hidráulico no cesa de aumentar y procede en su mayor parte de los embalses del Ebro, el Duero y el Tajo. La industria siderúrgica, instalada tradicionalmente en Vizcaya, ha experimentado gran auge con la creación (1958) del combinado de Avilés (Asturias). La industria metalúrgica se desarrolla también, particularmente la fabricación de automóviles. La industria textil se concentra en Cataluña: la producción de tejidos de algodón está en regresión, pero, en cambio, aumenta la de tejidos sintéticos. Todas estas actividades se hallan agrupadas, casi exclusivamente, en dos grandes regiones: al norte, en la vasco-asturiana, y al este, en la catalana. Actualmente, ciertas ciudades del interior se esfuerzan en impulsar la instalación de industrias: Valladolid (automóviles, industrias químicas), Zaragoza (maquinaria agrícola), Medina del Campo (aluminio), y la propia capital (industria ligera, eléctrica, química). La insuficiencia de las vías de comunicación ha sido un obstáculo para el desarrollo económico del país. Los ferrocarriles españoles fueron nacionalizados en 1941, y el país cuenta hoy con casi 18 000 km de vías férreas. En cuanto a las carreteras, suman 120 000 km. El transporte marítimo de cabotaje es intenso, y el aéreo interior uno de los más importantes de Europa: España posee hoy unos 30 aeropuertos civiles, de los cuales el principal es el de Madrid (Barajas). Se importan productos básicos para el equipo industrial (maquinaria petróleo, fibras textiles) y se exportan productos agrícolas (naranjas, aceite de oliva, vinos, hortalizas) y minerales (piritas, mercurio). En los últimos años, España ha tenido que importar también productos alimenticios, a consecuencia del rápido aumento de su población. Importante fuente de ingresos para España es el turismo. En 1959, el Gobierno decidió "europeizar" su política económica, al incorporarse a la Organización de Cooperación y Desarrollo Económico. La unidad monetaria es la *peseta* y el Banco de España es el banco de emisión.

— Constitución y Administración. España es un Estado constituido en reino, cuyo poder ejecutivo está a cargo del jefe del Estado. El poder legislativo incumbe a las Cortes, que se componen de 438 miembros o *procuradores.* El poder judicial corresponde al Tribunal Supremo, audiencias territoriales y audiencias provinciales. La ley fundamental de los derechos ciudadanos es el Fuero de los Españoles, promulgado en 1945. Administrativamente España se divide en 50 provincias: 47 peninsulares y 3 insulares (Baleares, Las Palmas y Santa Cruz de Tenerife), además de la provincia africana de Sáhara. La lengua oficial es el castellano, aunque existen algunas regiones bilingües (Cataluña, las Provincias Vascongadas y Galicia). La enseñanza primaria es gratuita y obligatoria, y está a cargo, en un 50 %, de establecimientos docentes religiosos. Los estudios secundarios duran seis años y se cursan en más de 2 246 centros oficiales y privados. La enseñanza superior cuenta con 13 universidades, entre ellas la prestigiosa de Salamanca, fundada en 1220. Madrid tiene una moderna Ciudad Universitaria, a la cual concurren más de 20 000 estudiantes. Las otras universidades son: las de Barcelona, Granada, Murcia, Oviedo, Zaragoza, Sevilla, Valencia, Valladolid, Santiago de Compostela, Bilbao y La Laguna, en Canarias. Hay además varias universidades laborales. La religión del Estado es la católica, pero existe libertad de cultos. Eclesiásticamente, España se divide en 11 arquidiócesis y 54 diócesis.

— Historia. Al comenzar los tiempos históricos, España estaba poblada por los *iberos,* de origen mediterráneo, que se extendían por todo el Levante, y los *celtas,* de procedencia centroeuropea. establecidos en la meseta castellana, Galicia y Portugal. La fusión de estos pueblos entre sí, junto a otros estratos indígenas, acabó creando un tipo mixto que se ha llamado *celtíbero.* Fenicios y griegos fundaron diversas colonias en España, y hacia el siglo VI a. de J. C. llegaron los cartagineses, que desalojaron a los anteriores y dominaron principalmente en la parte meridional de la península. Roma, una vez sentada su hegemonía en la península italiana, lógicamente había de enfrentarse con Cartago, potencia marítima rival en el Mediterráneo. Ésta fue la causa de las llamadas guerras Púnicas, en la segunda de las cuales brilló el genio del general cartaginés Aníbal, lo que no impidió que en Zama cayera definitivamente el poderío cartaginés a manos de Escipión "El Africano" (202 a. de J. C.).

La dominación romana en España tropezó con la dura resistencia de las poblaciones indígenas, como testimonia la heroica defensa de Numancia, y las dificultades que tuvieron las legiones para reducir el baluarte cantábrico. La Península fue finalmente sometida al poder unificador de Roma que impuso su lengua y su legislación. A partir del año 27 el territorio fue dividido en tres provincias: *Lusitania, Bética* y *Tarraconense,* a las cuales vino a añadirse más tarde la *Gallecia* (216). Los romanos construyeron calzadas, acueductos, puentes, anfiteatros y arcos de triunfo, y en el terreno cultural, en España florecieron escritores que honraron las letras latinas. Según la tradición, el cristianismo fue predicado en la Península por los apóstoles Santiago y San Pablo, y la Iglesia española adquirió pronto importancia dentro del Imperio. El Concilio de Nicea (325) estuvo presidido por Osio, arzobispo de Córdoba, y se celebraron también otros concilios en Zaragoza (380) y en Toledo (400).

A la caída del Imperio, los pueblos bárbaros se lanzaron a la invasión, y así llegaron a España sucesivas oleadas de *suevos, vándalos* y *alanos* (409), que saquearon el país y dieron paso más tarde a los visigodos, pueblo más civilizado, establecido previamente en la Galia. La dominación visigoda duró tres siglos, y los hechos más importantes fueron la unidad religiosa realizada bajo Recaredo (589), y la publicación del *Fuero Juzgo*, código que refundía las legislaciones visigóticas e hispanorromanas. Don Rodrigo, último rey visigodo, fue derrotado por las huestes árabes de Tarik en la batalla de Guadalete (711) y estas tropas se apoderaron rápidamente del resto de la Península Ibérica. Los partidarios de Don Rodrigo se refugiaron en las montañas del norte de España, y allí organizaron la resistencia.

La España árabe pasó primeramente por un período de dependencia de Damasco, pero más adelante, un miembro de la dinastía Omeya, destronada de Damasco, llegó a España (755), y fundó el *Emirato independiente*. Su nombre era Abderramán I, y uno de sus sucesores, Abderramán III, transformó el emirato en *Califato de Córdoba* (929). Su poder fue absoluto, y la ciudad de Córdoba alcanzó fama universal. Sus sucesores continuaron la obra de su predecesor, sobre todo en el terreno artístico y cultural, y tras los resonantes triunfos del caudillo moro Almanzor, el territorio musulmán acabó fraccionándose en pequeños Estados llamados de *taifas*, con lo cual se inició la decadencia árabe en España, que duró hasta la pérdida de Granada en 1492. Los cristianos, por su parte, refugiados en las montañas asturianas, no tardaron en reaccionar contra la dominación musulmana. En 718, las huestes de Don Pelayo derrotaron en *Covadonga* a las tropas árabes y con esta memorable batalla comenzó el período llamado de la Reconquista, que duró cerca de ocho siglos.

Este ciclo de la Historia de España se caracteriza por el nacimiento de los reinos de Asturias, León, Castilla, Aragón, Navarra, Cataluña y Portugal, núcleos cristianos que llevaron a cabo la lucha contra el poderío musulmán instalado en la Península. Las políticas matrimoniales y otras circunstancias históricas condujeron sucesivamente a la unión de estos Estados: Aragón y Cataluña (1137), Castilla y León (1230), Castilla y Aragón (1479), por el matrimonio de Isabel de Castilla y Fernando V de Aragón, los Reyes Católicos. Notables hechos de armas de la Reconquista fueron: la toma de Toledo (1085); campañas del Cid Campeador; toma de Zaragoza (1118); batalla de las *Navas de Tolosa* (1212), en la cual participaron todos los reinos cristianos; conquista de Córdoba (1236) y Sevilla (1248) por Fernando III el Santo; tomas de Mallorca (1229), Valencia (1238) y Murcia (1266), por Jaime I el Conquistador; batalla del Salado (1340), y campaña de *Granada*, que culminó con la entrada triunfal en esta plaza de los Reyes Católicos (1492), que puso fin definitivamente el dominio del Islam en España.

Los *Reyes Católicos* son el símbolo de la unidad nacional, y tras la toma de Granada trataron de reunir bajo su Corona los fragmentos peninsulares todavía independientes. Navarra fue anexionada por Don Fernando en 1512, mientras que la deseada unión con Portugal no pudo realizarse hasta 1580, durante el reinado de Felipe II. En lo interior, se creó la *Santa Hermandad* (1476), que velaba por la seguridad de los campos y ciudades, y se reorganizó con nueva estructura el tribunal de la *Inquisición*, cuya misión consistía en mantener a toda costa la unidad religiosa, preocupación que motivó también el decreto de expulsión de los judíos en 1492.

Sin duda, el acontecimiento más importante de este reinado fue el *descubrimiento de América* en 1492 por Cristóbal Colón, quien pudo llevar a cabo tal hazaña gracias al apoyo que recibió de la corona de Castilla, y especialmente de la reina Isabel. (V. COLÓN.)

Don Fernando prosiguió la tradicional política catalanoaragonesa de expansión mediterránea y, en su disputa con el rey francés Luis XII sobre Nápoles, envió a Gonzalo de Córdoba, llamado el Gran Capitán, quien se apoderó definitivamente de dicho reino (1503), tras las brillantes victorias de Seminara, Ceriñola y Garellano. Muerta Isabel (1504), Castilla estuvo gobernada por Don Fernando y el Cardenal Cisneros hasta el advenimiento de Carlos, nieto de los Reyes Católicos. Carlos I (1517-1556) reunió bajo su Corona no solamente Castilla y Aragón sino también los grandes dominios de la Casa de Austria, que le correspondían por su ascendencia paterna. Llegó a España rodeado de funcionarios extranjeros, lo cual motivó el disgusto de muchos españoles. A la muerte de su abuelo Maximiliano, Carlos fue elegido emperador con el nombre de Carlos V; salió para Alemania y dejó como gobernador de España a su antiguo preceptor Adriano de Utrecht, y fue entonces cuando estalló en Castilla la sublevación de los *Comuneros*. Los insurrectos fueron vencidos por las tropas reales en Villalar (1521) y ajusticiados sus jefes Padilla, Bravo y Maldonado. Otro movimiento de carácter social tuvo lugar en Valencia (1522), llamado de las *Germanías*, que fue también sofocado.

Grandes eran las responsabilidades del nuevo soberano, pues había de atender a la conquista y colonización del Nuevo Mundo recién descubierto, combatir al poderoso enemigo turco, oponerse a los avances del protestantismo en sus Estados y luchar por la hegemonía europea contra su rival francés Francisco I. Al turco Solimán el Magnífico pudo contenerlo por tierra y mar, le obligó a levantar el sitio de Viena y conquistó Túnez (1535). Su lucha contra los protestantes fue larga y tenaz, y después de tratar de resolver pacíficamente estos conflictos religiosos se decidió a emplear las armas derrotando en Mühlberg (1547) a los reformistas agrupados en la llamada *Liga de Smalcalda*. En cuanto a las luchas contra el francés Francisco I, lo más notable de las cuatro guerras que sostuvieron fue la batalla de Pavía (1525), en la cual el monarca francés fue hecho prisionero, y firmó el *Tratado de Madrid*. El capítulo de las guerras contra Francia acaba con la *Tregua de Vaucelles* (1556), y poco después el emperador hace entrega de sus dominios a su hijo Felipe y se retira al monasterio de Yuste, donde acaba sus días en 1558.

Felipe II, nacido en 1527, se hizo cargo en 1556 de este inmenso imperio. Continuó la guerra contra los franceses a quienes derrotó en San Quintín (1557) y Gravelinas (1558) y ajustó la paz de Cateau-Cambresis (1559). Felipe II aplastó con rigor los brotes protestantes de Valladolid y Sevilla, y fijó la corte en Madrid (1561). Una sublevación morisca en Granada, acaudillada por Fernando de Válor (Aben Humeya), fue sofocada en 1571 por Don Juan de Austria, hermano del rey, quien ese mismo año, al mando de una potente flota aliada, obtuvo la resonante victoria de *Lepanto* y acabó con el poderío otomano en el Mediterráneo. Más grave aún fue la rebelión en los Países Bajos, donde la tenacidad de los flamencos obligó finalmente a Felipe II a dejar esos territorios a su hija Isabel Clara Eugenia (1598). En el interior, realizó la unidad ibérica, a raíz de su victoria de Alcántara (1580) sobre el pretendiente portugués Don Antonio, Prior de Crato. La hostilidad permanente de los ingleses decidió a Felipe II a enviar una gigantesca armada con la cual pretendía destruir el poderío de Isabel I de Inglaterra; pero llegada la flota al canal de la Mancha, los navíos ingleses infligieron a los españoles una terrible derrota (1588). La autoridad real fue fortificada al máximo con la modificación de los fueros aragoneses. Felipe II murió en 1598, y sus sucesores, Felipe III y Felipe IV fueron incapaces de gobernar tan inmensos territorios. Confiaron el Poder a sus validos, quienes continuaron la guerra en los Países Bajos. Los tercios españoles fueron derrotados en Rocroi (1643), y por la *Paz de Westfalia* (1648) España reconocía la independencia de Holanda. En el interior, los moriscos fueron expulsados (1609), acusados de deslealtad, mientras que estallaron sublevaciones en Cataluña, Portugal, Andalucía, Aragón, Nápoles y Sicilia, que fueron reducidas, salvo la de Portugal, que condujo a la ruptura de la unidad ibérica (1640). Carlos II, último monarca de los Austrias, no había tenido descendencia de ninguna de sus dos esposas, y su sucesión planteaba un delicado problema en el que intervinieron todas las cancillerías europeas. Los candidatos más calificados eran el archiduque Carlos de Austria y Felipe de Anjou, nieto de Luis XIV. La *guerra de Sucesión* terminó con la victoria del pretendiente francés, quien con el nombre de Felipe V inició la dinastía de Borbón en España. La nación tuvo que soportar las duras cláusulas del *Tratado de Utrecht* (1713), que privaban a España de todos sus dominios europeos, Gibraltar y Menorca. En 1724 el rey abdicó en favor de su primogénito Luis I, quien murió ese mismo año, lo cual motivó la vuelta al trono de Felipe V. España comenzó a situarse dentro de la órbita francesa con los *Pactos de Familia* de 1733 y 1743.

Los reinados de Fernando VI y su hermano Carlos III se caracterizan por las reformas administrativas propias del *Despotismo Ilustrado,* la firma del tercer Pacto de Familia, que unía las cuatro ramas borbónicas reinantes, y la expulsión de los jesuitas (1767), que afectó profundamente a las colonias americanas. Surgió un conflicto con Portugal sobre la Colonia del Sacramento, por el cual siete reducciones de indios paraguayos hubieron de ser cedidas a los portugueses (1750), pero fueron devueltas por el Tratado de San Ildefonso (1777), en unión de Menorca y Florida.

Durante el reinado de Carlos IV (1788-1808), Manuel Godoy, favorito de la reina María Luisa, fue nombrado primer ministro en 1792, y ordenó la campaña del Rosellón contra los revolucionarios franceses, los cuales, a su vez, entraron en la Península y se apoderaron de Figueras. Por el Tratado de Basilea (1795), España recuperó esta plaza y otras, mas hubo de ceder la parte española de la isla de Santo Domingo. Napoleón I, en su lucha contra Inglaterra, asoció las escuadras española y francesa, que sufrieron una grave derrota en *Trafalgar* (1805) a manos del almirante inglés Nelson. Un ejército francés, con la autorización del Gobierno de Madrid, atravesó la frontera pirenaica para dirigirse hacia Portugal, pero en poco tiempo se adueñó de las principales bases estratégicas españolas. Esto provocó el malestar del pueblo y fue uno de los motivos del *Motín de Aranjuez* (1808), dirigido especialmente contra Godoy. Carlos IV abdicó en favor de su hijo Fernando VII, pero Napoleón obligó a éste a devolver la Corona a su padre, quien a su vez cedió todos sus derechos al emperador francés. El pueblo madrileño, conocedor de estos tristes acontecimientos, y humillado por las constantes provocaciones de las tropas francesas acantonadas en Madrid, se sublevó el 2 de mayo de 1808 e inició de este modo la llamada *guerra de Independencia* (1808-1813). Pronto esta guerra se extendió a toda la Península y muchas provincias organizaron juntas locales de gobierno, que más tarde se reunieron en la Junta Central Suprema. Un hermano de Napoleón, José Bonaparte, fue instalado contra todo derecho en el trono real español. El 19 de julio de 1808, las tropas francesas de Dupont y las españolas de Castaños se enfrentaron en *Bailén,* jornada que terminó con una resonante victoria española. Numerosos hechos heroicos jalonan esta guerra: las defensas encarnizadas de Zaragoza y Gerona, y la acción constante y eficaz de los guerrilleros. Un cuerpo de ejército inglés, mandado por Wellington, acudió en socorro de la causa española, y tras las batallas de Arapiles y San Marcial, los franceses fueron expulsados de la Península, y Fernando VII entró en España en 1814. En el terreno político, las Cortes organizadas en Cádiz, habían elaborado la Constitución de 1812, de tendencia liberal. No obstante, el primer decreto que expidió el nuevo monarca declaraba nula y sin efecto esta constitución y restablecía todo el sistema absolutista. En América, las colonias españolas se iban desgajando del tronco patrio, y las medidas del rey no fueron nunca las más acertadas para evitar o atenuar las consecuencias de esta secesión, por otra parte inevitable. En 1820, una sublevación liberal capitaneada por Riego puso de nuevo en vigor la Constitución de 1812, y este período constitucional terminó con la entrada en España de un ejército francés enviado por Luis XVIII, el cual restauró el poder real en todos sus derechos (1823). El rey casó por cuarta vez con María Cristina de Borbón, y cuando esperaba que su esposa daría a luz, promulgó la *Pragmática Sanción* que restablecía la sucesión de las hembras en el trono, excluidas desde Felipe V en virtud de la llamada *Ley Sálica.* Esto provocó la protesta de su hermano el infante Don Carlos, que se consideraba lesionado en sus derechos. En 1832 cayó enfermo Fernando VII, y en su debilidad llegó a derogar la Pragmática Sanción; pero restablecida su salud, volvió a ponerla en vigor. Murió en 1833, y si desastroso había sido su reinado, no mejor fue su herencia, pues dejó al país dividido y sumido en una guerra civil entre *carlistas* (tradicionalistas) y liberales. María Cristina ocupó la regencia durante la minoría de su hija Isabel, y pronto el movimiento carlista se extendió, especialmente por Navarra y las Vascongadas, al mismo tiempo que se unificaba bajo el mando de Zumalacárregui. Los carlistas pusieron sitio a Bilbao (1834), pero hubieron de levantarlo, mientras que el general isabelino Córdoba triunfaba en Mendigorría. La guerra se proseguía con crueldad inusitada, y mientras tanto se iban sucediendo los ministerios de Martínez de la Rosa, Toreno, Mendizábal, Istúriz y Calatrava, cuyas huellas más notables fueron la promulgación del Estatuto Real (1834) y la ley de desamortización de los bienes eclesiásticos. La guerra carlista terminó con el abrazo que se dieron en Vergara (1839) los caudillos Maroto (carlista) y Espartero (liberal). María Cristina renunció a la regencia y la asumió el general Espartero (1841-1843). Caído éste, subió al Poder Joaquín María López, quien adelantó la mayoría de edad de la reina Isabel II (1843). La vida política española se reduce a una lucha constante entre progresistas y moderados, en la cual estos últimos, con Narváez al frente, dominaron de 1843 a 1854, y promulgaron la Constitución de 1845. Hubo un nuevo brote de guerra carlista localizado en Cataluña, cuyo jefe, Cabrera, se vio obligado a pasar a Francia. El general O'Donnell se sublevó en 1854 y se formó un Gobierno de coalición presidido por Espartero. En pocos años se sucedieron varios gabinetes, y en una de ellos, presidido por O'Donnell, se declaró la guerra al sultán de Marruecos (1859), y el propio jefe del Gobierno condujo las operaciones militares. España se unió a Francia e Inglaterra en la expedición a México, pero Prim, jefe del cuerpo de ejército español, se retiró tan pronto como oyó las promesas de Juárez. Otro capítulo de este reinado fue la *guerra del Pacífico,* contra Chile y el Perú, de la cual España no podría obtener ningún resultado favorable. Por fin, en 1868, la colaboración entre los generales Prim y Serrano, junto con el almirante Topete, condujo a la batalla de *Alcolea,* en la cual fueron derrotadas las tropas reales. Isabel II se vio obligada a refugiarse en Francia, donde permaneció hasta su muerte (1904). Un Gobierno provisional convocó Cortes Constituyentes, las cuales promulgaron la Constitución de 1869, de carácter avanzado. El general Serrano fue nombrado Regente, mientras se encontraba un nuevo monarca, y Prim presidió el Gobierno. Varias eran las candidaturas entre príncipes de sangre real, y tras laboriosas negociaciones diplomáticas, fue elegido rey Don Amadeo de Saboya. Su corto reinado (1871-1873) fue un período agitadísimo que desembocó en la *Primera República* (1873). El desorden era enorme, y en once meses que duró este régimen, pasaron por el Poder cuatro presidentes: Figueras, Pi y Margall, Salmerón y Castelar. En enero de 1874, el general Pavía disolvió la Asamblea constituyente y Serrano se hizo cargo del poder ejecutivo hasta que en diciembre de ese mismo año el pronunciamiento del general Martínez Campos en Sagunto trajo la restauración borbónica en la persona de Alfonso XII, hijo de Isabel II. La guerra que habían iniciado los cubanos para su independencia (1868), terminó con la *Paz del Zanjón* (1878). Cánovas del Castillo es la figura máxima de este reinado, y la Constitución de 1876 está inspirada en su doctrina. En 1881 subió al poder Sagasta, jefe del Partido Liberal, sustituido de nuevo por Cánovas. En 1885 moría el rey Alfonso XII, y su esposa, María Cristina, que se encontraba encinta, se hizo cargo de la regencia. Sagasta y Cánovas habían pactado, previamente a la muerte del rey, la rotación de los partidos dinásticos en el Poder. En mayo de 1886 la reina dio a luz un varón, que sería el futuro soberano con el nombre de Alfonso XIII. El hecho más doloroso de esta regencia fue la liquidación de los restos del imperio colonial (Cuba, Puerto Rico, Filipinas y Guam), estipulada en el *Tratado de París* (1898), que puso término a la guerra con los Estados Unidos, en la cual la armada española fue destruida en Cavite y Santiago de Cuba. Cayó el Gobierno de Sagasta, que lo cedió a Silvela, jefe conservador desde la muerte de Cánovas, asesinado por un anarquista (1897). Alfonso XIII fue declarado mayor de edad en 1902, y se formó una serie de gobiernos hasta el más estable de Antonio Maura (1907), durante el cual se produjo el desastre del Barranco del Lobo (Melilla), y la llamada Semana Trágica de Barcelona (1909), que fue finalmente reducida. Maura dimitió en favor de Moret, quien al poco tiempo entregó el Poder a Canalejas (1910). Éste murió también asesinado, y en 1914 el Gobierno de Eduardo Dato proclamó la neutralidad de España en la guerra mundial, política seguida también por sus continuadores. Pero las intrigas políticas, crisis, coacciones, atentados, huelgas y sabotajes oscurecen la vida pública del país, minan la autoridad y provocan el golpe de Estado del 13 de septiembre de 1923, dirigido por Primo de Rivera, capitán general de Cataluña. Con carácter de dictador, se puso al frente de un Directorio Militar, sustituido poco después (1925) por un Directorio Civil. Su gobierno se caracterizó por el restablecimiento de la autoridad, y el desarrollo de un vasto plan de obras públicas que dotó al país de excelentes carreteras, ferrocarriles, puertos, embalses, etc. Acabó con la larga sangría que para España constituía la guerra de África (1925), pero no obstante, la oposición a Primo de Rivera era también importante, y se encontraba principalmente entre los viejos partidos políticos, los intelectuales y las grandes compañías extranjeras afectadas por la creación del Monopolio de Petróleos. Estas circunstancias motivaron su caída el 28 de enero de 1930, y el general moría en París semanas más tarde. El 12 de abril de 1931, unas elecciones municipales dieron el triunfo a los candidatos republicanos, y el 14 era proclamada la *Segunda República*, con Niceto Alcalá Zamora como presidente. Una sublevación derechista fue sofocada en 1932, y en 1933 las derechas obtuvieron mayoría en las elecciones. Cataluña y Asturias se sublevaron en 1934. Una coalición izquierdista, el Frente Popular, subió al Poder en 1936, y Manuel Azaña ocupó la presidencia de la República. El general Francisco Franco, al frente del ejército de Canarias y Marruecos, se alzó contra el gobierno republicano, y su movimiento fue secundado en diversos puntos de la Península. Tres años de cruel guerra civil (1936-1939) ensangrentaron el país, y condujeron a la implantación de un Estado cuyo jefe fue el propio general Franco. Durante la Segunda Guerra mundial, España observó una política de no beligerancia, y en 1947 la ley de Sucesión restableció el principio de la Monarquía. En 1953 se firman un concordato con la Santa Sede y un pacto con los Estados Unidos y España entra en la U. N. E. S. C. O. Dos años más tarde forma parte de la O. N. U. A partir de 1960 los ingresos procedentes del turismo cambian el signo de la economía, y en 1964 y 1969 se inician dos planes de desarrollo. En 1958 se concede la independencia al protectorado de Marruecos, salvo las plazas de Ceuta y Melilla, en 1969 a Guinea Ecuatorial y el mismo año se verifica la retrocesión de Ifni a Marruecos. Se lleva a cabo una intensa campaña para que los ingleses abandonen Gibraltar. En 1966, después de aprobarse por referéndum diversas reformas constitucionales, se dibuja una tendencia liberalizadora en la política interna del país y se intenta una incorporación definitiva a la Comunidad Económica Europea, concretizada en 1970 por un acuerdo comercial. En 1969 se nombra al príncipe Don Juan Carlos de Borbón, a título de rey, sucesor en la jefatura del Estado.

ESPAÑA (José María), patriota venezolano (1761-1799), que se sublevó, junto con M. Gual, en 1797 y fue ejecutado por los españoles.

España en el corazón, libro de poemas del chileno Pablo Neruda (1939).

España invertebrada, obra de Ortega y Gasset en la que analiza el ser y naturaleza del pueblo español (1921).

España sagrada, compilación histórica del agustino Enrique Flórez (29 volúmenes).

ESPAÑOLA, isla del Ecuador (Archip. de Colón). Está deshabitada.

ESPAÑOLA (La), n. dado por Colón a la isla de Haití o **Santo Domingo.**

ESPAÑOLETO (El). V. RIBERA.

ESPARRAGUERA, v. de España (Barcelona). Representación anual de la Pasión.

ESPARTA o **LACEDEMONIA,** c. famosa de la ant. Grecia a orillas del Eurotas, cap. de Laconia o República de Esparta. Fundada por los dorios y organizada con arreglo a una constitución severa y aristocrática, atribuida a Licurgo, triunfó de los mesenios, dominó el Peloponeso y consiguió por fin triunfar de Atenas (404 a. de J. C.).

ESPARTA, pobl. de Costa Rica (Puntarenas). Fundada en 1574, llamóse primitivamente **Esparza.** — Mun. de Honduras (Atlántida).

ESPARTACO, jefe de los esclavos que se sublevaron contra Roma. Muerto en 71 a. de J. C.

ESPARTEL (CABO), cabo en el NO. de Marruecos (Tánger). Faro.

ESPARTERO (Baldomero), duque de la Victoria, príncipe de Vergara, general y político español, n. en Granátula (Ciudad Real) [1793-1879]. De origen humilde, en 1833 se pronunció en favor de Isabel II y guerreó contra los carlistas, firmando por último el convenio de Vergara. Regente del reino en 1841, después de la retirada de María Cristina, se vio obligado a dejar el Poder en 1843, y volvió a recobrarlo de 1854 a 1856.

ESPARZA. V. ESPARTA.

ESPECIAS (ISLAS DE LAS), n. dado a las **Islas Molucas,** llamadas tb. **Islas de la Especiería.**

Espectador *(El)*, conjunto de ensayos de José Ortega y Gasset (1916-1917).

ESPEJO, v. de España (Córdoba).

ESPEJO (Francisco Eugenio de SANTA CRUZ). V. SANTA CRUZ Y ESPEJO.

ESPERANZA, c. de la Argentina (Santa Fe). — C. de Honduras, cap. del dep. de Intibucá.

ESPARTERO

GOBERNANTES DE ESPAÑA

Isabel I de Castilla y Fernando II de Aragón	1479
Juana I y Felipe I	1504
Fernando II de Aragón y V de Castilla	1506
Regencia Cardenal Cisneros	1516
CASA DE AUSTRIA	
Carlos I de España y V de Alemania	1517
Felipe II	1556
Felipe III	1598
Felipe IV	1621
Carlos II	1665
CASA DE BORBÓN	
Felipe V	1700
Luis I	1724
Felipe V (2.ª vez)	1724
Fernando VI	1746
Carlos III	1759
Carlos IV	1788
Fernando VII	1808
INTERVENCIÓN FRANCESA	
José I Bonaparte	1808
CASA DE BORBÓN	
Fernando VII (2.ª vez)	1813
Regencia de María Cristina de Borbón	1833
Regencia de Baldomero Espartero	1841
Isabel II	1843
GOBIERNO PROVISIONAL	
Francisco Serrano	1868
CASA DE SABOYA	
Amadeo I	1870
PRIMERA REPÚBLICA	
Estanislao Figueras	1873
Francisco Pi y Margall	1873
Nicolás Salmerón	1873
Emilio Castelar	1873
Francisco Serrano, jefe del Estado	1874
CASA DE BORBÓN	
Alfonso XII	1874
Regencia de María Cristina de Habsburgo-Lorena	1885
Alfonso XIII	1902
SEGUNDA REPÚBLICA	
Niceto Alcalá Zamora	1931
Manuel Azaña	1936
ESTADO ESPAÑOL	
Francisco Franco	1939

Fot. doc. A. G. P.

ESPINEL

ESPOZ Y MINA

ESPRONCEDA

ESQUILO
escultura antigua
museo Capitolino
Roma

ESPINA (Antonio), escritor español, n. en 1894, autor de versos, novelas, ensayos y biografías.
ESPINA (Concha), novelista española (1879-1955), de estilo pulcro y cuidado (*La esfinge maragata, Altar mayor, La niña de Luzmela.*)
ESPINACITO, paso de los Andes argentinos, en la prov. de San Juan (4 476 m), que atravesó San Martín en su cruzada libertadora.
ESPINAL, c. de Colombia (Tolima). Obispado.
ESPINAR, prov. del Perú (Cuzco); cap. *Yauri.*
ESPINEL (Vicente), escritor clásico español, n. en Ronda (1550-1624), autor de la novela picaresca *Vida del escudero Marcos de Obregón* (1618). Poeta, inventó la décima o ***espinela;*** músico, añadió la quinta cuerda a la guitarra.
ESPINHACO (SERRA DO), macizo montañoso del Brasil (Minas Gerais); alt. máx. 2 147 m.
ESPÍNOLA (Ambrosio de), general italiano al servicio de España (1569-1630), que se distinguió en las guerras de Flandes y tomó Breda.
ESPÍNOLA (Francisco), novelista uruguayo, n. en 1901, autor de *Raza ciega,* obra de motivos gauchos, y *Sombras sobre la tierra,* de tendencia social.
ESPINOSA (Baruch). V. SPINOZA.
ESPINOSA (Diego de), prelado y político español (1502-1572), inquisidor general de España.
ESPINOSA (Gaspar de), conquistador español (¿1484?-1537), que exploró la costa panameña y costarricense del Pacífico, descubrió el golfo de Nicoya y estuvo luego en el Perú.
ESPINOSA (Jacinto Jerónimo de), pintor español (1600-1680), discípulo de Ribalta.
ESPINOSA (Javier), político ecuatoriano (1815-1870), pres. de la Rep. de 1867 a 1869.
ESPINOSA (Pedro de), poeta barroco español (1578-1650), autor de *La fábula del Genil.*
ESPINOSA MEDRANO (Juan de), poeta peruano (¿1632-1688?), más conocido por el seudónimo de **El Lunarejo.** Autor de *Auto sacramental del Hijo pródigo* y *Apologético en favor de Don Luis de Góngora,* en que se muestra decidido partidario del culteranismo.
ESPINOSA PÓLIT (Aurelio), sacerdote, escritor y crítico ecuatoriano (1894-1961).
ESPINOSA Y TELLO (José de), marino español (1763-1815), que preparó la expedición de Malaspina.
ESPIRA, en alem. **Speyer,** c. de Alemania (Renania-Palatinado). Catedral románica (s. XI-XII). Dieta de los protestantes en 1529.
ESPIRA (Jorge de). V. SPIRA.
ESPÍRITU SANTO, cabo de la parte N. de la Isla Grande de Tierra del Fuego. Es punto del límite internacional argentino-chileno. — Isla de México, en el golfo de California. ‖ — Mont. de Bolivia (Oruro); 4 700 m. — Estado del E. del Brasil; cap. *Vitoria.* Agricultura. Minas.
ESPLÁ (Oscar), compositor español, n. en 1886, autor de poemas sinfónicos (*Nochebuena del diablo*) y de ballets (*El contrabandista*).
Esplandián, personaje de las obras de caballerías. V. SERGAS DE ESPLANDIÁN.
ESPOLETO, c. de Italia (Umbría). Catedral (s. XII-XVI). Sede de un ducado en el s. IX.
ESPÓRADES o **ESPÓRADAS,** islas griegas del mar Egeo. Se dividen en ***Espórades del Norte,*** cercanas a la isla de Eubea, y ***Espórades del Sur,*** o Dodecaneso, próximas a Asia Menor.
ESPOZ Y MINA (Francisco Javier), general español, n. en Idocín (Navarra) [1781-1836]. Se distinguió como guerrillero en la guerra de la Independencia, más tarde luchó contra Fernando VII, al frente del ejército liberal, y finalmente contra los carlistas.
ESPRONCEDA (José de), célebre poeta romántico español, n. en Almendralejo (Badajoz) [1808-1842], autor del poema *El diablo mundo,* de inspiración filosófica volteriana, y de la leyenda lírica *El estudiante de Salamanca.* Escribió numerosos poemas, entre los que destacan *Himno al Sol, La canción del Pirata, A Jarifa en una orgía.* Dejó también una novela histórica: *Sancho Saldaña o El castellano de Cuéllar.*
ESQUEL, pobl. de la Argentina (Chubut).
ESQUILACHE (Leopoldo Gregorio, *marqués de*), ministro de Carlos III (¿1700?-1785), cuya desacertada política causó el motín de 1766.
ESQUILACHE (Francisco de BORJA Y ARAGÓN, *príncipe de*), poeta español (1581-1658), de gusto culterano, a quien se deben varias *Obras en verso* y el poema épico *Nápoles recuperada.*
ESQUILINO (MONTE), una de las siete colinas de Roma, situada al E. de la ciudad.
ESQUILO, poeta trágico griego, n. en Eleusis (525-456 a. de J. C.), verdadero creador de la tragedia antigua con su célebre trilogía *La Orestíada (Agamenón, Las Coéforas* y *Las Euménides)* y sus tragedias *Los Persas, Los siete contra Tebas, Prometeo encadenado* y *Las Suplicantes.*
ESQUIMALES, pueblos de las regiones polares, que habitan en Groenlandia y en la región comprendida entre la bahía de Hudson y el estrecho de Bering. Viven de la caza y la pesca.
ESQUINA, monte de la Argentina (San Luis); 1 545 m. — Pobl. de la Argentina (Corrientes): puerto en el Paraná; exp. de maderas.
ESQUINES, orador griego (¿390-314? a. de J. C.), rival de Demóstenes. De todos sus discursos, sólo tres han llegado hasta nosotros: *Contra Timarco, De la embajada* y *De la corona.*
ESQUIPULAS, pobl. de Nicaragua (Matagalpa); café. — Mun. de Guatemala (Chiquimula).
ESQUIÚ (Mamerto), sacerdote y orador sagrado argentino (1826-1883), que se distinguió por sus arengas en favor de la Constitución.
ESQUIVEL (Antón de), conquistador español del s. XVI, compañero de Benalcázar.
ESQUIVEL (Antonio María), pintor y retratista español (1806-1857), autor del cuadro *Lectura romántica* o *Los Poetas contemporáneos.*
ESQUIVEL (Juan de), conquistador español, primer gobernador de Jamaica en 1519.
ESQUIVEL IBARRA (Ascensión), político costarricense (1848-1927), pres. interino de la Rep. en 1889 y pres. efectivo de 1902 a 1906.
ESQUIVEL SÁENZ (Aniceto), político costarricense (1824-1898), pres. de la Rep. en 1876.
ESSEG. V. OSIJEK.
ESSEN, c. de Alemania (Rin Septentrional-Westfalia); centro hullero y metalúrgico; fábricas Krupp, fundadas en 1810.
ESSEX, condado del SE. de Inglaterra, regado por el Támesis; cap. *Chelmsford.* — Ant. reino sajón, creado en 526; cap. *Londres.*
ESSLINGEN, c. de Alemania (Baden-Wurtemberg), a orillas del Neckar; industrias.
ESSONNE, dep. de Francia, cap. *Evry.*
ESTABIAS, c. de la ant. Campania, vecina de Pompeya, destruida con ella en 79 d. de J. C. por la erupción del Vesubio. Hoy, **Castellammare di Stabia.**
ESTABLE (Clemente), biólogo uruguayo, n. en 1894, autor de *Intuición y plástica de la evolución.*
ESTABLECIMIENTOS DE LOS ESTRECHOS. V. STRAITS SETTLEMENTS.
ESTACA DE VARES V. VARES.
ESTACIO, poeta latino (¿40?-96), autor del poema épico *La Tebaida* y de *Silvas.*
ESTACIÓN SAN SALVADOR, pobl. del Paraguay (Guairá); talleres ferroviarios.
ESTADOS (ISLA DE LOS), isla de la Argentina, al E. de Tierra del Fuego, de la que está separada por el estrecho de Lemaire.
ESTADOS PONTIFICIOS. V. IGLESIA (*Estados de la*).
ESTADOS UNIDOS DE AMÉRICA, república federal de América del Norte, limitada al N. por el Canadá, al S. por México, al E. por el Atlántico y al O. por el Pacífico. Agrupa cincuenta Estados, incluyendo Alaska y las islas Hawai, a los que hay que añadir el distrito federal de Columbia y los territorios exteriores: Estado Libre asociado de Puerto Rico, islas Vírgenes, islas Samoa, Guam y zona del canal de Panamá. Sup. 9 347 680 km²; 201 152 000 h. (*estadounidenses* o *norteamericanos*); cap. federal *Washington,* 811 000 h.; c. pr.: *Nueva York,* 7 840 000 h.; *Chicago,* 3 550 000; *Los Ángeles,* 2 479 000; *Filadelfia,* 2 002 000; *Detroit,* 1 670 000; *Baltimore,* 939 000; *Houston,* 938 000; *Cleveland,* 876 000; *Saint Louis,* 750 000; *San Francisco,* 742 900; *Milwaukee,* 741 000; *Boston,* 697 000; *Nueva Orleáns,* 627 500; *Pittsburgh,* 604 000; *Búfalo,* 532 800; *Minneápolis,* 521 720; *Cincinnati,* 502 000. 94 ciudades de 100 000 a 500 000 h.

Fot. doc. A. G. P., Larousse, Alinari

España
y Portugal
0 100 km
FRANCIA
ESPAÑA
PORTUGAL
ARGELIA
MARRUECOS
OCÉANO ATLÁNTICO
MAR MEDITERRÁNEO
GOLFO DE LEÓN
G. DE VIZCAYA
GOLFO DE CÁDIZ
Islas Baleares
Pirineos
Cordillera Cantábrica
Montes Ibéricos
Sierra Morena
Cordillera Bética
Sa de Guadarrama
Sa de Gredos
2592
Sa de Gata
Sa de la Estrella
Sa de la Demanda
2303
Sa del Moncayo
2304
Sa Nevada
3481
MULHACÉN
La Sagra
Puertollano
1300
3404
P. DE ANETO
La Maladeta
GALICIA
ASTURIAS
VASCONGADAS
NAVARRA
ARAGÓN
CATALUÑA
CASTILLA LA VIEJA
CASTILLA LA NUEVA
EXTREMADURA
ANDALUCÍA
MURCIA
VALENCIA
TRAS OS MONTES
BEIRA
ESTREMADURA
ALENTEJO
ALGARVE
MADRID
BARCELONA
VALENCIA
LISBOA
Tolosa
Montpellier
Béziers
MARSELLA
Pau
Tarbes
Garona
Perpiñán
ANDORRA
Puigcerdá
Port-Bou
C. Creus
Rosas
Figueras
Gerona
Seo de Urgel
Vich
Manresa
Montserrat
Mataró
Badalona
Tarrasa
Sabadell
Hospitalet
Lérida
Segre
Cinca
Huesca
Jaca
Reus
Tarragona
Tortosa
S. Carlos de la Rápita
Alcañiz
Utrillas
Ebro
Tudela
Zaragoza
Calatayud
Pamplona
Irún
Tolosa
Bayona
San Sebastián
Baracaldo
Bilbao
Vitoria
Miranda de Ebro
Logroño
Burgos
Santander
Altamira
Reinosa
Mataporquera
Llanes
Gijón
Villaviciosa
Pola de Siero
Avilés
Oviedo
Mieres
Langreo
Cangas de Narcea
C. Peñas
C. Ortegal
Estaca de Vares
Ortigueira
Vivero
El Ferrol del Caudillo
La Coruña
Santiago de Compostela
Lugo
C. Finisterre
Pontevedra
Miño
Orense
Sil
Vigo
Viana do Castelo
Braga
Tâmega
Bragança
Vila Real
Oporto
Vila Nova de Gaia
Douro
Aveiro
Viseu
Vilar Formoso
Guarda
Coimbra
Figueira da Foz
Mondego
Covilhã
Leiria
Castelo Branco
Fatima
Abrantes
Santarém
Torres Vedras
Tajo
Cintra
C. da Roca
Setúbal
C. Espichel
Portalegre
Elvas
Évora
Casa Branca
Beja
Moura
Sines
Guadiana
Loulé
Lagos
Faro
Tavira
C. de S. Vicente
León
Astorga
Benavente
Palencia
Medina de Rioseco
Valladolid
Zamora
Toro
Medina del Campo
Salamanca
La Fuente de S. Esteban
Ciudad Rodrigo
Arévalo
Segovia
El Escorial
Ávila
Aranda de Duero
Duero
Soria
Almazán
Guadalajara
Chamartín de la Rosa
Alcalá de Henares
Vallecas
Aranjuez
Toledo
Plasencia
Alcántara
Valencia de Alcántara
Cáceres
Trujillo
Mérida
Badajoz
Don Benito
Zafra
Ojos Negros
Albarracín
Teruel
Cuenca
Motilla del Palancar
Cabriel
Júcar
Guadalaviar
Castellón de la Plana
Sagunto
Alcira
Alcázar de S. Juan
Tomelloso
Ciudad Real
Almadén
Valdepeñas
Peñarroya Pueblo Nuevo
Albacete
Alcoy
C. de la Nao
Yecla
Elche
Alicante
Orihuela
Torrevieja
Segura
Múrcia
Lorca
Cartagena
C. de Palos
La Unión
Águilas
Linares
La Carolina
Úbeda
Córdoba
Guadalquivir
Jaén
Baza
Cuevas de Almanzora
Almería
C. de Gata
Sevilla
Écija
Lucena
Carmona
Huelva
Utrera
Antequera
Loja
Granada
Vélez Málaga
Motril
Málaga
Ronda
Jerez de la Frontera
Sanlúcar de Barrameda
Puerto de Sta Ma
Cádiz
San Fernando
C. Trafalgar
Algeciras
Tarifa
La Línea
Gibraltar (R.U.)
Estr. de Gibraltar
Ceuta (Esp.)
Tánger
Tetuán
Menorca
C. Formentor
Mahón
Sóller
Inca
Palma de Mallorca
Manacor
Mallorca
Santañy
Cabrera
Ibiza
Formentera
Argel
Blida
Tenés
O. Cheliff
El-Asnam
Mostaganem
Orán
40°
36°

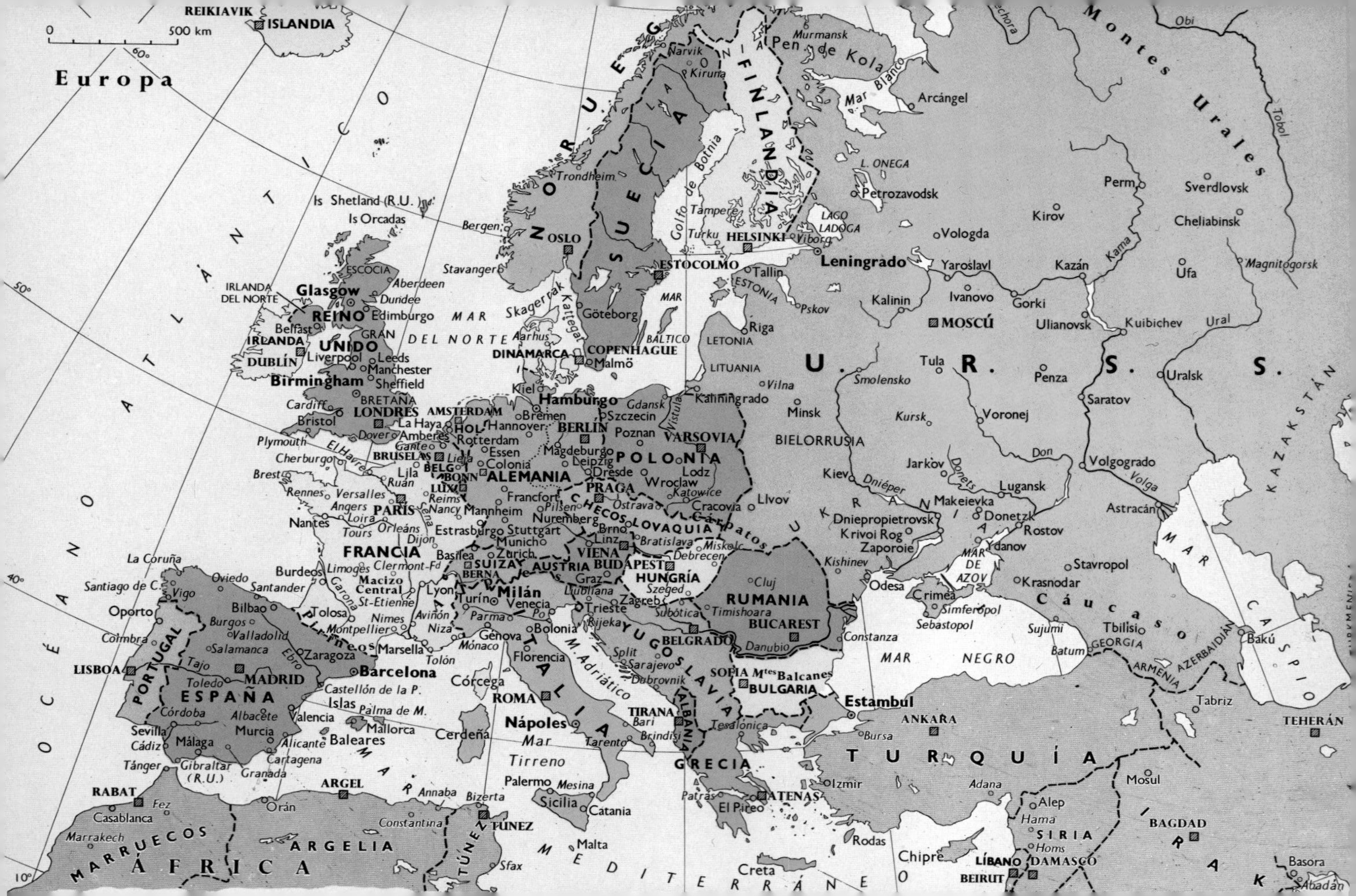

Europa
0 500 km
OCÉANO ATLÁNTICO
ISLANDIA
REIKIAVIK
NORUEGA
SUECIA
FINLANDIA
OSLO
ESTOCOLMO
HELSINKI
Leningrado
MOSCÚ
U. R. S. S.
KAZAKSTÁN
Montes Urales
MAR DEL NORTE
MAR BÁLTICO
REINO UNIDO
IRLANDA
DUBLÍN
LONDRES
Glasgow
Birmingham
DINAMARCA
COPENHAGUE
ALEMANIA
BERLÍN
BONN
POLONIA
VARSOVIA
CHECOSLOVAQUIA
PRAGA
AUSTRIA
VIENA
HUNGRÍA
BUDAPEST
SUIZA
BERNA
FRANCIA
PARÍS
ESPAÑA
MADRID
PORTUGAL
LISBOA
ITALIA
ROMA
YUGOSLAVIA
BELGRADO
ALBANIA
TIRANA
GRECIA
ATENAS
BULGARIA
SOFÍA
RUMANIA
BUCAREST
TURQUÍA
ANKARA
Estambul
SIRIA
DAMASCO
LÍBANO
BEIRUT
IRAK
BAGDAD
TEHERÁN
MARRUECOS
RABAT
ARGELIA
ARGEL
TÚNEZ
ÁFRICA
MAR NEGRO
MAR CASPIO
MAR MEDITERRÁNEO
Cáucaso
Cárpatos
Pirineos

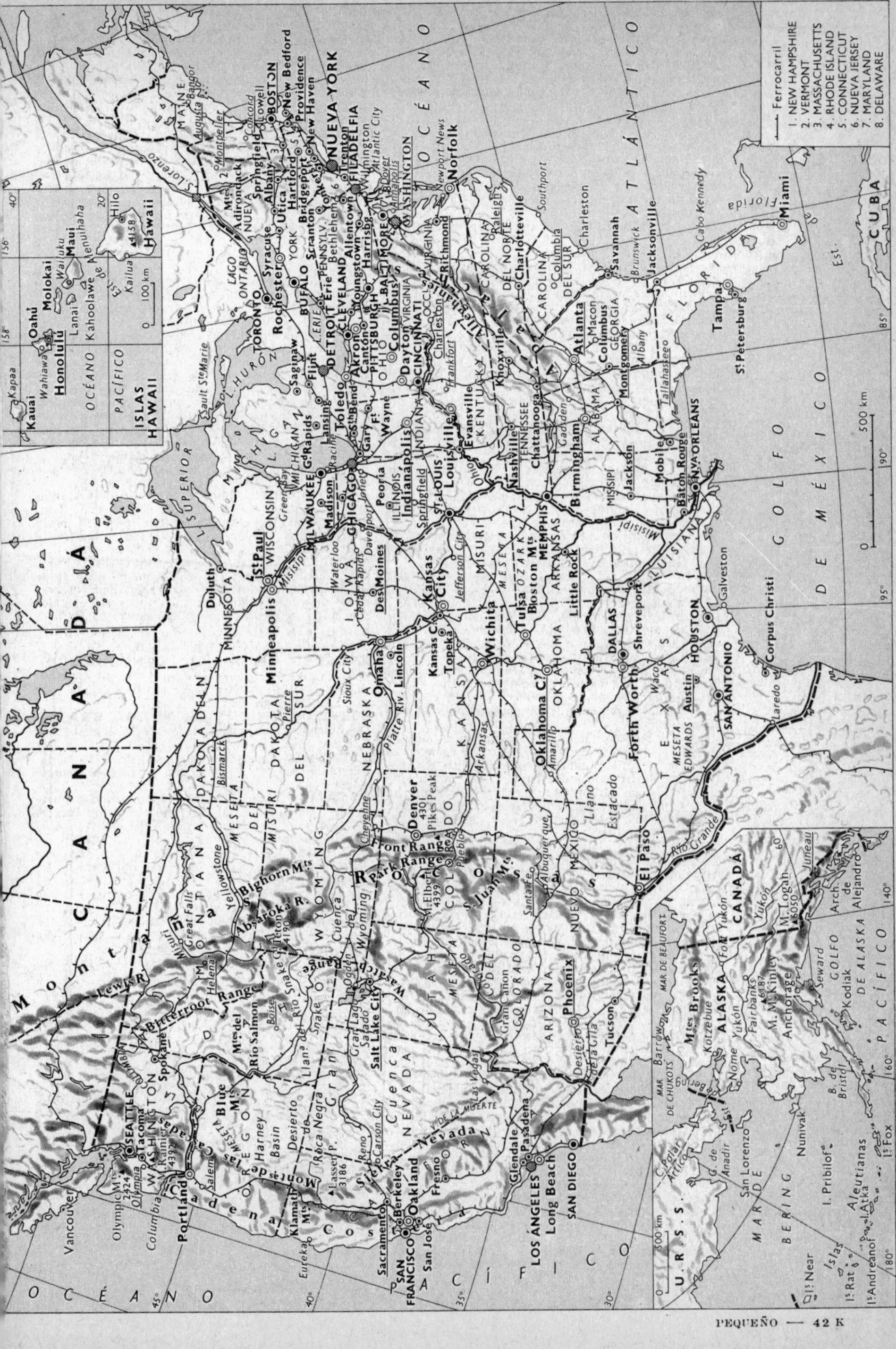
Ferrocarril
1. NEW HAMPSHIRE
2. VERMONT
3. MASSACHUSETTS
4. RHODE ISLAND
5. CONNECTICUT
6. NUEVA JERSEY
7. MARYLAND
8. DELAWARE
OCÉANO ATLÁNTICO
OCÉANO PACÍFICO
GOLFO DE MÉXICO
CANADÁ
CUBA
ISLAS HAWAII
Honolulu
Hawaii
Maui
Molokai
Oahu
Kauai
NUEVA YORK
BOSTON
FILADELFIA
WASHINGTON
BALTIMORE
PITTSBURGH
CLEVELAND
DETROIT
CHICAGO
MILWAUKEE
CINCINNATI
St. LOUIS
MEMPHIS
NvA ORLEANS
HOUSTON
DALLAS
SAN ANTONIO
El Paso
Denver
Salt Lake City
Phoenix
LOS ÁNGELES
SAN DIEGO
SAN FRANCISCO
Oakland
Sacramento
Portland
SEATTLE
Spokane
Minneapolis
St. Paul
Kansas City
Omaha
Oklahoma Cy.
Atlanta
Miami
Norfolk
Richmond
Charlotteville
Jacksonville
Tampa
Sierra Nevada
Montes de las Cascadas
Río Grande
Misisipí
ALASKA
MAR DE BERING
GOLFO DE ALASKA
U.R.S.S.
500 km

escudo de los ESTADOS UNIDOS DE AMÉRICA

— Geografía. La estructura física es muy simple: al Este, un macizo montañoso, los Apalaches; en el centro, una región de grandes planicies, cruzada por el río Misisipí; al Oeste, un colosal conjunto montañoso (Montañas Rocosas y cordilleras de la costa), que encuadra planicies, como la del Colorado. A lo largo de la costa del Pacífico, los climas varían, según la latitud: oceánico al Norte, mediterráneo al Sur. Pero la barrera de las Montañas Rocosas, que corta los vientos del Oeste, da a la masa del territorio norteamericano un carácter más continental del que correspondería a su latitud, con veranos ardientes e inviernos rigurosos.

En los Estados Unidos se distinguen siete regiones:

1.° La *Nueva Inglaterra*, al Noreste, que es la más antigua región colonizada, con paisajes semejantes a los de Europa Occidental; sector de agricultura especializada;

2.° La *región atlántica media*, que se extiende del río Hudson a la bahía de Chesapeake; comprende grandes ciudades (Nueva York, Filadelfia), y tanto la agricultura como la industria son en ella muy activas;

3.° La *planicie costera del Sur*, que está dominada por los Apalaches; es la región de los cultivos tropicales (algodón, caña de azúcar) y del petróleo (Texas);

4.° Las *praderas de la región de los Grandes Lagos*, que están consagradas principalmente a la cría de ganado. En la proximidad de los Grandes Lagos se hallan las ciudades industriales más importantes (Chicago, Detroit);

5.° Las *grandes llanuras*, que son verdaderos graneros (trigo, maíz), hacia el Este, y que, hacia el Oeste, son en cambio áridas;

6.° Las *montañas del Oeste*, que comprenden las Rocosas, grandes llanuras y planicies áridas (Gran Depresión, planicie del Colorado).

7.° La *región del Pacífico*, que posee ricos distritos agrícolas (California) y está en plena expansión.

Dentro de la federación, cada uno de los Estados goza de amplia autonomía en muchos aspectos y tiene su propio Gobierno. Washington, la capital, se halla en el distrito federal de Columbia.

La población, que aumenta rápidamente, es el producto de una extraordinaria amalgama de razas. Desde este punto de vista, sólo la cuestión de los negros plantea un problema, principalmente en el Sur.

Gracias a su superficie y a la abundancia de vías fluviales y terrestres que poseen, así como a su inmenso mercado interior y exterior, los Estados Unidos constituyen actualmente la máxima potencia económica del mundo. Su preponderancia se deja sentir particularmente en ciertas materias: acero, automóviles, construcciones mecánicas, industrias químicas.

— Historia. Las costas del Este de los Estados Unidos fueron exploradas, en el s. XVI, por los navegantes franceses, ingleses y españoles. La colonización propiamente dicha fue iniciada por Inglaterra en el s. XVII. Entre 1607 y 1733 se formaron trece colonias en la vertiente del Atlántico: Virginia, Massachusetts, Maryland, Rhode Island, New York, New Jersey, Connecticut, New Hampshire, Delaware, Carolina del Norte, Carolina del Sur, Pensilvania y Georgia. Estas colonias entraron en conflicto con los Establecimientos Franceses del Norte (Canadá) y del Sur (Luisiana), y el Tratado de París consagró su triunfo (1763). El intento de Inglaterra de imponerles tributos exorbitantes llevó a sus colonias a la independencia, tras una guerra de ocho años (1775-1783). El 4 de julio de 1776 fue proclamada la independencia de las trece colonias, que tomaron el nombre de Estados Unidos de América. Bajo el mando de Washington, los norteamericanos obtuvieron el triunfo contra los ingleses, e Inglaterra reconoció la independencia de los Estados Unidos por el tratado del 3 de septiembre de 1783. Washington fue el primer presidente. El 17 de septiembre de 1787, los Estados Unidos adoptaron una Constitución federal. A principios del s. XIX, compraron Luisiana a Francia y Florida a España; en 1848, anexaron los territorios mexicanos de Texas, Nuevo México y Alta California. En 1861 estalló la llamada *guerra de Secesión*, por la que los Estados del Sur intentaron separarse de los del Norte, cuando éstos quisieron imponerles la supresión de la esclavitud; esta guerra terminó cuatro años más tarde con el triunfo del Norte. En 1898, la intervención de los Estados Unidos contra España les permitió arrebatarle Cuba, Puerto Rico y ocupar Filipinas y Hawai. El 18 de noviembre de 1903 se firmó el acuerdo Hay-Bunau Varilla que creó la Zona del Canal de Panamá. Según dicho acuerdo, este territorio (ocho kilómetros a uno y otro lado del canal), depende de los Estados Unidos como si estuviese bajo su soberanía. En 1917 entraron en la Primera Guerra mundial al lado de los Aliados; su intervención contribuyó a la victoria, y la acción de Wilson fue preponderante en el Congreso de la Paz, pero los Estados Unidos rehusaron adherirse a la Sociedad de Naciones y a firmar el Tratado de Versalles. La guerra trajo a los Estados Unidos un rápido desarrollo de la producción industrial y agrícola. La crisis económica de 1929, provocada por el derrumbamiento del sistema de crédito, tuvo repercusiones profundas.

Roosevelt llegó a la presidencia en 1933 e hizo adoptar una serie de medidas (*New Deal*) que pusieron de nuevo en marcha el mecanismo económico. En materia de relaciones exteriores, Roosevelt ordenó la evacuación americana de Haití, Nicaragua y Cuba, acordó la independencia a Filipinas y desarrolló una política de colaboración con las democracias europeas. Tras un período de neutralidad, los Estados Unidos entraron en la Segunda Guerra mundial al lado de los Aliados, después de la agresión japonesa a Pearl Harbor (7 de diciembre de 1941). [V. Guerra Mundial.] Los Estados Unidos establecieron las bases de la Organización de las Naciones Unidas (1944); practicaron, después de la victoria, una política de asistencia financiera a Europa (Plan Marshall, 1947) y cooperaron en la **organización militar de Europa Occidental** (Pacto del Atlántico, 1949). De un modo general se puede decir que los Estados Unidos han intervenido, después de la guerra, en todas las cuestiones políticas y económicas importantes de Europa, de Asia y de África, en las que se han encontrado a menudo en oposición con la U. R. S. S.

ESTADOS UNIDOS DE CENTROAMÉRICA, confederación formada en 1895 por Honduras, Salvador y Nicaragua, con Amapala por capital. Duró un año.

ESTADOS UNIDOS DE NUEVA GRANADA, nombre que adoptó la Rep. de Colombia de 1862 a 1863.

ESTAGIRA, hoy **Stavros,** c. de Macedonia. Patria de Aristóteles, llamado a veces *el Estagirita*.

ESTAMBUL, ant. **Constantinopla,** c. y puerto de Turquía, a orillas del Bósforo; centro cultural y universitario; industria textil; construcciones navales; tabaco.

ESTANISLAO I Leczinski (1677-1766), rey de Polonia en 1704 y después soberano de los ducados de Bar y Lorena. — Estanislao II *Poniatowski* (1732-1798), último rey de Polonia de 1764 a 1795.

Estanqueros, n. dado a principio del s. XIX a los miembros de un partido político chileno encabezado por Diego Portales.

ESTANZUELAS, c. de El Salvador (Usulután).

ESTAMBUL: vista general

Fot. Viollet

Estatuto Provisional Argentino, promulgado el 23 de septiembre de 1811. Fue la primera carta fundamental de la nación Argentina.

Estatuto Real, ley fundamental del reino de España promulgada en 1834, que prevaleció hasta 1836.

ESTEBAN *(San)*, primer mártir del cristianismo, lapidado en Jerusalén. Fiesta el 26 de diciembre.

ESTEBAN I *(San)*, papa de 253 a 257; fiesta el 2 de agosto. — Esteban II, papa de 752 a 757; recibió de Pipino el Breve el exarcado de Ravena, origen de la potencia temporal de los papas. — Esteban III, papa de 768 a 772. — Esteban IV, papa de 816 a 817. — Esteban V, papa de 885 a 891. — Esteban VI, papa de 896 a 897, murió estrangulado. — Esteban VII, papa de 928 a 931. — Esteban VIII, papa de 939 a 942. — Esteban IX, papa de 1057 a 1058.

ESTEBAN I *(San)*, duque (997-1000), luego rey de Hungría de 1000 a 1038; favoreció la propagación del cristianismo en sus Estados; fiesta el 20 de agosto. — Esteban II, rey de Hungría de 1116 a 1131. — Esteban III, rey de Hungría de 1162 a 1172. — Esteban IV, rey de Hungría de 1163 a 1165, proclamado por el emperador de Bizancio durante el reinado del anterior. — Esteban V, rey de Hungría de 1270 a 1272.

ESTEBAN ARZE, prov. de Bolivia (Cochabamba); cap. *Tarata.*

ESTEBAN DUCÁN (1308-1355), rey de Servia en 1331 y emperador en 1346.

ESTÉBANEZ CALDERÓN (Serafín), escritor costumbrista español (1799-1867), más conocido por el seudónimo de **el Solitario.** Es autor de la novela histórica *Cristianos y moriscos,* de gusto romántico, y de una interesante serie de *Escenas andaluzas.*

ESTEBANILLO GONZÁLEZ, figura mal conocida en las letras españolas, que vivió en el s. XVII y fue probablemente bufón del Duque de Amalfi. Nos ha dejado un relato picaresco: *La vida de Estebanillo González, hombre de buen humor,* publicado en 1646.

ESTELÍ, c. del NO. de Nicaragua, cap. del dep. del mismo n.; centro comercial. El dep. prod. café, maíz, frijoles, trigo; import. ganadería. (Hab. *estilianos.*)

ESTELLA, c. de España (Navarra), a orillas del Ega, afl. del Ebro; ciudad rica en monumentos antiguos. Cuartel general de Don Carlos durante la última guerra carlista.

ESTELLA (Diego de), religioso franciscano español (1524-1578), autor de *De la vanidad del mundo* y *Cien meditaciones devotísimas del amor de Dios.*

ESTÉNTOR, guerrero griego, héroe de la guerra de Troya, célebre por la potencia de su voz.

ESTEPA, c. de España (Sevilla). Aceitunas.

ESTEPONA, c. de España (Málaga). Puerto de pesca en el Mediterráneo. Playa en la *Costa del Sol.*

ESTER, sobrina de Mardoqueo, esposa de Asuero. Obtuvo la gracia de los judíos perseguidos por Amán. *(Biblia.)* — Libro del Antiguo Testamento.

ESTERO REAL, río de Nicaragua, que nace en el dep. de León y des. en el golfo de Fonseca.

ESTESÍCORO, poeta lírico griego del s. VI a. de J. C., uno de los creadores del canto coral.

ESTEVA (José María), político y poeta mexicano (1818-1904). Fue el hombre de confianza del emperador Maximiliano.

ESTEVES (José de Jesús), poeta puertorriqueño (1881-1918).

ESTÉVEZ (José María), prelado y patriota colombiano (1780-1834), miembro del Congreso Constituyente de 1830 y de la Convención Granadina de 1831.

ESTÉVEZ (Luis), escritor y político cubano (1849-1909), fue el primer vicepresidente de la República en su país.

ESTIBANÁ, isla de Panamá, en el golfo de este n.

ESTIENNE [*estién*], familia de impresores, libreros y eruditos franceses, entre los cuales figuran: Roberto (1503-1559), autor del *Thesaurus linguae latinae* y padre de la lexicografía francesa. — Enrique, su hijo (¿1531?-1598), sabio helenista, autor de *Thesaurus linguae graecae.*

ESTIGARRIBIA (José Félix), militar y político paraguayo (1888-1940), que fue jefe de las operaciones en la Guerra del Chaco (1932-1935) y pres. de la Rep. de 1939 a 1940. M. en un accidente de aviación.

ESTIGIA, río de los Infiernos, a los que daba nueve veces la vuelta y formaba una laguna. Sus aguas tenían la propiedad de hacer invulnerable al que se bañase en ellas. Aquiles fue sumergido en la laguna y adquirió esta cualidad, salvo su talón, por donde le sujetaba su madre.

ESTILICÓN (Flavio), general romano, de origen vándalo (¿360?-408), que luchó contra los bárbaros y murió ajusticiado.

ESTIRIA, en alem. **Steiermark,** prov. del SE. de Austria; cap. *Gratz.* Explotación forestal, ganadería, yacimientos minerales.

ESTOCOLMO, cap. de Suecia, situada en las islas y penínsulas del lago Mälar y del Báltico; 808 000 h. Residencia del rey y de las administraciones centrales; Universidad, museos, escuela militar; industrias diversas. La ciudad, edificada sobre varias islas, es una de las más bellas del mundo.

ESTONIA, república de la U.R.S.S., a orillas del Báltico. Sup. 45 000 km²; 1 200 000 h. *(estonios)*; cap. *Tallinn* (257 000 h.). Independiente desde 1921, soviética en 1940, fue ocupada por los alemanes en 1941. Estonia es de nuevo república socialista soviética desde 1944.

ESTORIL, v. de Portugal (Lisboa). Playa famosa. Zona residencial.

ESTRABÓN, geógrafo griego (¿58 a. de J. C.-25 d. de J. C.?), autor de una *Geografía.*

ESTRADA (Ángel de), escritor argentino (1872-1923), autor de *Redención,* cuadros novelescos, *El color y la piedra* y *Formas y espíritus,* crónicas. Fue gran amigo de Rubén Darío.

ESTRADA (Emilio), político ecuatoriano (1855-1911), pres. de la Rep. en 1911.

ESTRADA (Genaro), poeta, escritor y diplomático mexicano (1887-1937), autor de cuatro libros de versos y de la novela *Pero Galín.*

ESTRADA (José Manuel), orador y escritor argentino (1842-1894), autor de obras de polémica y de interpretación histórica. — Su hermano Santiago (1840-1891), poeta, periodista y crítico.

ESTRADA (Juan José), general y político nicaragüense, m. en 1947, pres. de la Rep. de 1910 a 1911.

ESTRADA CABRERA (Manuel), político guatemalteco (1857-1923), pres. de la Rep. de 1898 a 1920. Durante su larga administración fomentó la instrucción pública, pero gobernó despóticamente. Fue derribado por una revolución.

ESTRADA PALMA (Tomás), político cubano, n. en Manzanillo (1835-1908), pres. de la Rep. en Armas (1876-1877) y de la Rep. libre de 1902 a 1906. Su actuación en este período valió al régimen la denominación de *República Modelo.* Después de su reelección tuvo que dimitir.

ESTRADIVARIO. V. Stradivarius.

ESTRASBURGO, c. de Francia, cap. de Alsacia y del dep. del Bajo Rin, a orillas del Ill y del Rin. Magnífica catedral (s. XI-XVI). Obis-

San ESTEBAN
por FOUQUET
museo de Berlín

ESTIGARRIBIA

ESTOCOLMO

ESTRADA
CABRERA

ESTRADA
PALMA

Fot. Larousse, Mas, Biblioteca Nacional (Madrid), Oficina Nacional de Turismo de Suecia

catedral de ESTRASBURGO

escudo de ETIOPÍA

EUGENIA DE MONTIJO por WINTERHALTER

Príncipe EUGENIO

pado. Universidad. Sede del Consejo de Europa. Puerto fluvial y centro industrial.

ESTRELLA, río de Costa Rica (Limón), que riega una vasta zona bananera. — Com. de Chile (Colchagua).

ESTRELLA (SIERRA DE LA), cadena de montañas de Portugal, la más elevada del país; 1 981 metros. — V. ORIZABA.

Estrella de Sevilla *(La)*, drama de Lope de Vega.

ESTRELLA UREÑA (Rafael), político dominicano, pres. de la Rep. en 1930.

ESTREMERA (José), escritor dramático español (1852-1895).

ESTREMOZ, c. de Portugal (Alemtejo); centro comercial. Victoria de los portugueses contra los españoles en 1663.

ESTRÓMBOLI, isla italiana del mar Tirreno formada por un volcán activo (926 m).

ESTUARDO, gran familia escocesa, a la que pertenecieron varios soberanos de Escocia y de Inglaterra.

Estudiante de Salamanca *(El)*, leyenda fantástica de Espronceda, una de sus obras más populares.

ESTÚÑIGA (Lope de). V. STÚÑIGA *(Cancionero de)*.

ESZTERGOM, c. de Hungría a orillas del Danubio. Arzobispado.

ETA, montaña de Tesalia (Grecia), 2 152 m.

ETÉOCLES, hermano de Polinices, hijo de Edipo y de Yocasta.

ETERNIDAD, cordón montañoso de la Antártida Argentina; 3 000 m.

Ética *(La)*, obra filosófica de Spinoza, escrita en latín (1677), exposición del panteísmo en forma de deducción geométrica.

Ética a Nicómaco, obra de moral, atribuida a Aristóteles; la actividad conduce a la felicidad.

Etimologías, obra de San Isidoro de Sevilla, en veinte libros, resumen de los conocimientos de su época.

ETIOPÍA, ant. **Abisinia,** imperio de África oriental, limitado al O. por el Sudán, al S. por Kenia y al E. por Somalia; 900 000 km²; 16 millones de hab. *(etíopes)*; cap. *Addis-Abeba*, 450 000 h.; c. pr. *Asmara* (*Eritrea*), 120 000 h.; *Diredaua*, 30 000; *Harar*, 25 000; *Desié*, 20 000.

— GEOGRAFÍA. Etiopía es un país montañoso; la diferencia de niveles se manifiesta por una sucesión de zonas climáticas: en la parte baja, las tierras cálidas (algodón, café); de 1 800 a 2 500 m, las tierras templadas (vid, olivos, trigo); más arriba de 2 500 m, las tierras frías, donde se concentran las grandes ciudades y las tres cuartas partes de la población.

— HISTORIA. En el s. VII a. de J. C., Etiopía dominó poco tiempo a Egipto. A partir de la era cristiana se convirtió al catolicismo y poseyó una Iglesia floreciente. El imperio etíope moderno data de Teodoro II, coronado en 1855. En 1935 los italianos penetraron en Abisinia, y en 1936 Mussolini proclamó la Etiopía italiana. Por el Tratado de París (1947), Italia renunció a sus derechos sobre Etiopía, a la que se anexó Eritrea.

ETNA, volcán al NE. de Sicilia; 3 295 m.

ETOLIA, región de la ant. Grecia, que forma, con la Acarnania, un nomo, cuya cap. es *Misolonghi*. (Hab. *etolios*). En la Antigüedad, los etolios fueron adversarios de los lacedemonios.

ETON, c. de Inglaterra (Buckingham), a orillas del Támesis. Célebre colegio fundado en 1440.

ETRURIA, ant. región de Italia, entre el Tíber, los Apeninos, el mar Tirreno y el río Magra. Los *etruscos* parecen ser de raza aria, originarios del Asia Menor, y superiores a los demás italiotas, contemporáneos suyos, por la cultura. Formaron, en el s. XV a. de J. C., una confederación de doce repúblicas, que dominó casi toda la península italiana, del s. X al VII a. de nuestra era. Su civilización influyó en los romanos. Hoy **Toscana.** V. ETRUSCO *(Arte)* [*Parte lengua*].

EUBEA, isla del mar Egeo (Grecia), llamada **Negroponto** en la Edad Media. Forma hoy una nomarquía de Grecia; cap. *Calcis*.

EUCKEN (Rodolfo), filósofo alemán (1846-1926), promotor de la reacción idealista contra el naturalismo. (Pr. Nóbel, 1908.)

EUCLIDES, matemático griego, que enseñaba en Alejandría durante el reinado de Ptolomeo I (s. III a. de J. C.). Nos ha dejado *Elementos*, que es la base de la geometría plana actual.

EUCLIDES el Socrático, filósofo griego, discípulo de Sócrates en Atenas (450-380 a. de J. C.), fundador de la escuela de Megara.

EUDES (¿860-898?), conde de París, después rey de Francia en 888.

EUDES (*San* Juan), sacerdote francés (1601-1680), fundador de los *eudistas*, congregación de sacerdotes nacida en Caen en 1643 para los seminarios y las misiones. Fiesta el 19 de agosto.

EUDOXIA, mujer de Arcadio, emperatriz de Oriente; ambiciosa y enérgica, encontró un adversario en el patriarca Juan Crisóstomo; murió en 404. — EUDOXIA (Elia Augusta), emperatriz de Oriente, esposa de Teodosio II (¿401?-460). — EUDOXIA (n. hacia 422), hija de Teodosio II y de Eudoxia, esposa del emperador Valentiniano III.

EUDOXIO de Cízico, navegante griego, al servicio de Alejandría; realizó el periplo de África (s. II a. de J. C.).

EUDOXIO de Cnido, astrónomo y matemático griego (¿406-355? a. de J. C.), a quien se atribuye la invención del cuadrante solar horizontal.

EUFRASIA *(Santa)*, religiosa que vivió treinta y ocho años en un monasterio de hombres disfrazada de fraile. M. en 470. Fiesta el 11 de febrero.

ÉUFRATES, río de Asia, que nace en Armenia y se une con el Tigris para formar el Chat el-Arab; 2 900 km.

EUFROSINA, una de las tres Gracias.

Eufuismo. V. *Parte lengua*.

EUGENIA (*Santa*), mártir en 258. Fiesta el 25 de diciembre. — Virgen y mártir española, decapitada en 921. Fiesta el 26 de marzo.

Eugenia Grandet, novela de H. de Balzac (1833), parte de *Escenas de la vida de provincia*.

EUGENIA MARÍA DE MONTIJO, condesa de Teba, nacida en Granada (1826-1920), esposa de Napoleón III, emperatriz de Francia de 1853 a 1870.

EUGENIO I *(San)*, papa de 654 a 657. Fiesta el 2 de junio. — EUGENIO II, papa de 824 a 827. — EUGENIO III, papa de 1145 a 1153. — EUGENIO IV, papa de 1431 a 1447.

EUGENIO DE SABOYA, conocido con el nombre de **Príncipe Eugenio,** célebre general de los ejércitos imperiales en la guerra de Sucesión de España (1663-1736), vencedor de los franceses en Malplaquet.

EULALIA *(Santa)*, virgen española, patrona de Mérida, martirizada en dicha ciudad en 303. Fiesta el 10 de diciembre. — Virgen y mártir española, n. hacia 308, copatrona de Barcelona. Fiesta el 12 de febrero.

EULER (Leonardo), matemático suizo (1707-1783); hizo estudios sobre el análisis matemático y la mecánica racional. Escribió la *Teoría nueva de la Luna* y diversas obras sobre los planetas. Se dedicó también a la física, la química y la metafísica.

EULOGIO *(San)*, mártir cordobés, m. en 859. Fiesta el 11 de marzo. — Mártir español, m. en 259. Fiesta el 21 de enero.

EUMENES, general de Alejandro Magno (¿360?-316 a. de J. C.), rey de Capadocia y de Paflagonia. Muerto por orden de Antígono.

EUMÉNIDES. V. ERINIAS.

Euménides *(Las)*, tragedia de Esquilo que junto con *Agamenón* y *Las Coéforas* forma la trilogía de *La Orestíada*. (458 a. de J. C.).

Eumeo, personaje de *La Odisea*, fiel porquerizo de Ulises.

EUMOLPO, rapsoda de Tracia, hijo de Poseidón, fundador de los misterios de Eleusis.

EUPATORIA, c. y puerto de la U. R. S. S. en la costa O. de Crimea.

EUPÁTRIDAS, descendientes de las familias eolias que se instalaron en Ática.

EURÁFRICA, nombre que se aplica a veces al conjunto de Europa y África.

EURASIA, nombre que se aplica a veces al conjunto de Europa y Asia.

EURATOM. V. COMUNIDAD EUROPEA DE LA ENERGÍA ATÓMICA.

Fot. Foucault-Tell, Larousse

EURE, río de Francia, afl. izq. del Sena; 225 km. — Dep. de Francia; cap. *Evreux.*

EURE Y LOIR, dep. de Francia; cap. *Chartres.*

EURICO, rey de los visigodos (¿420?-484), primer rey independiente de España en 466. Compiló las leyes en el llamado *Código de Eurico.*

EURÍDICE, mujer de Orfeo. (V. ORFEO.)

EURÍPIDES, poeta trágico griego, n. en Salamina (480-406 a. de J. C.), en cuya abundante producción se destacan: *Alcestes, Medea, Hipólito coronado, Andrómaca, Ion, Ifigenia en Táuride, Electra, Ifigenia en Áulide, Las Bacantes.* Sus obras, cargadas de acción, son más patéticas que las de Sófocles, pero menos grandiosas.

EUROPA, una de las cinco partes del mundo, la más pequeña, después de Oceanía, y la más poblada, comprendida entre el océano Glacial Ártico al N., el Atlántico al O., el Mediterráneo al S. y el mar Caspio y los Urales al E. 10 millones de km^2; 633 millones de hab. (*europeos*).
— GEOGRAFÍA. La ventajosa situación geográfica de Europa explica, en parte, la importancia de su papel en el mundo. Se encuentra en el centro de las tierras emergidas del hemisferio boreal, incluida casi enteramente en la zona de los climas templados (entre los 36 y los 71 grados de latitud Norte) y profundamente recortada por los mares; de todos los continentes, Europa es el menos compacto y el más accesible. La variedad de su relieve es notable: hay en ella mesetas elevadas en bloque, como la de Castilla y el Macizo Central francés; montañas recientes, como los Alpes, los Pirineos, los Cárpatos y el Cáucaso; vastas planicies, como las del este y el norte de la Europa central; regiones volcánicas y paisajes glaciares.
El clima es, en conjunto, moderado. Se pueden distinguir tres tipos: el tipo oceánico, con ligeras variaciones de temperatura; el tipo continental, con grandes diferencias de temperatura entre el verano y el invierno, y el tipo mediterráneo, de inviernos tibios, veranos cálidos y secos y lluvias violentas en otoño y primavera. El clima frío no reina más que en las altas montañas y las orillas del océano Ártico. A esta última zona corresponde una vegetación de praderas de altura y de tundras; a los climas continentales, los bosques de coníferas; a los climas atlánticos, los árboles de hojas caducas. Europa posee también ríos de diferentes tipos: los del este (Volga, Don, Dniéper), con enormes crecidas en primavera, pero helados e inutilizables en invierno; los occidentales (Elba, Oder, Sena, Támesis), casi constantemente navegables; los alpinos (Rin, Ródano, Po), con grandes crecidas durante la época de calores; los mediterráneos, casi secos en verano y con crecidas brutales durante las lluvias de otoño. El Danubio y el Rin, de régimen complejo, son grandes ríos internacionales.
A pesar de su poca extensión, Europa tiene casi la sexta parte de los habitantes del globo. No existe unidad étnica ni lingüística ni religiosa, pero se puede decir que predominan los idiomas de la familia indoeuropea y las religiones cristianas (católica, protestante, ortodoxa). En cuanto a la situación geográfica se distinguen : la *Europa Septentrional* (Suecia, Noruega, Dinamarca, Finlandia); la *Occidental* (Francia, Inglaterra, Bélgica, Holanda); la *Central* (Alemania, Suiza, Austria, Hungría, Checoslovaquia); la *Oriental* (Rumania, Polonia, U. R. S. S.), y la *Mediterránea* (España, Italia, naciones balcánicas).
Económica y políticamente hay dos tipos de organización: en Europa occidental, meridional y septentrional, los Estados poseen una estructura económica clásica, de tipo liberal; en Europa central (excepto Austria y la República Federal de Alemania) y en la U. R. S. S. rige un sistema de economía planificada de tipo socialista.
— HISTORIA. La historia de Europa es inicialmente mediterránea y helénica. Las ciudades griegas y Creta fueron el centro de una brillante civilización, con la que chocó, en la región de Nápoles y Sicilia, la expansión etrusca, de origen sin duda oriental. Después de la hegemonía de Macedonia, Roma sometió a Grecia (146 a. de J. C.), expulsó de Sicilia a los cartagineses y conquistó la Galia, España, parte de Gran Bretaña y la región renanodanubiana; más allá era el dominio de los "bárbaros". El s. IV presenció la entrada de los germanos en el Imperio, que se desintegró, a pesar de la tentativa de reconquista de Justiniano I (s. VI). El cristianismo triunfó en Europa y el papado intentó restablecer con Carlomagno (800) el Imperio Romano de Occidente, frente al Imperio Romano de Oriente, que pronto tomó el nombre de Imperio Bizantino; pero en tanto que éste luchaba contra los persas, los búlgaros y los servios, el Imperio de Occidente se desmembró y de sus ruinas nacieron los primeros Estados "europeos". La Edad Media, después de la restauración del Imperio de Occidente por Otón el Grande (962), vio desarrollarse la lucha entre los papas y los emperadores; finalmente, la teocracia fue derrotada en el s. XIV por el espíritu monárquico nacional. La llegada de los turcos a Constantinopla (1453), puso fin al Imperio Bizantino. En el s. XVI, la Reforma rompió la unidad religiosa de Europa y el Imperio Otomano llegó a su apogeo con Solimán el Magnífico. A las ambiciones de España por restablecer el Imperio de Occidente se opusieron los otros soberanos, y el Congreso de Westfalia (1648) estableció el principio de la independencia de los Estados. A la hegemonía española de la época de los reyes Carlos I y Felipe II, sucedió la hegemonía francesa, en el s. XVII, bajo Luis XIV; los Tratados de Utrecht y Rastadt pusieron fin a ese gran momento de Francia (1713-1714). El s. XVIII vio establecerse el equilibrio europeo, no sin conflictos, en los que tomaron parte nuevos Estados, como Prusia y Rusia. La Revolución Francesa estalló en 1789. Los reyes europeos se unieron para combatir el nuevo espíritu de la soberanía del pueblo y desmembrar a Francia, pero los ejércitos revolucionarios triunfaron. Con Napoleón Bonaparte los franceses recorrieron Europa, de 1799 a 1814, sembrando las ideas de la Revolución, y poco a poco fueron apareciendo en toda ella nuevas formas constitucionales, junto con el despertar del nacionalismo: Grecia, Bélgica, naciones balcánicas, unificación italiana (1859-1870), unificación alemana (1864-1871). Finalmente, después de un brillante período colonial, los tratados de 1919-1920, elaborados tras la Primera Guerra mundial (1914-1918), tendieron a aplicar el principio del derecho de los pueblos a disponer de sí mismos en Europa central y oriental. Pero el Reich alemán, dominado por Hitler y el nazismo, anuló poco a poco, con sus avances en Europa central, las principales cláusulas del Tratado de Versalles. La entrada del ejército alemán en Polonia, en 1939, provocó la Segunda Guerra mundial (1939-1945). Después de haber obtenido éxitos importantes en Francia, Rusia y los Balcanes, las potencias del Eje (Alemania e Italia) fueron derrotadas. A partir de 1945, Europa se caracteriza por la existencia de dos grandes bloques políticos y económicos: el del Oeste, sostenido por los Estados Unidos y formado por países interesados en el establecimiento de una federación europea y un mercado económico común, y el del Este, constituido por el conjunto de democracias populares que han adoptado un régimen político y económico inspirado en el de la U. R. S. S.

EUROPA, hija de Agenor, rey de Fenicia, y hermana de Cadmo. Fue raptada por Zeus metamorfoseado en toro. *(Mit.)*

EUROPA (PICOS DE). V. PICOS DE EUROPA.

EUROTAS, río de Laconia, que atravesaba Esparta (hoy *Vasili*); 80 km.

Eurovisión, organismo internacional que coordina entre los países de Europa occidental los intercambios de emisiones radiodifundidas y televisadas.

ÉUSCAROS, n. con que se designa a los vascos o euscaldunas. Deriva de la palabra *éuscara,* nombre que los vascos dan a su idioma.

EUSEBIO *(San),* papa en 310. Fiesta el 26 de septiembre.

EUSEBIO, obispo de Cesarea (¿265?-340), autor de una *Historia eclesiástica.*

EUSEBIO AYALA, pobl. del Paraguay (Cordilleras), ant. llamada **Barrero Grande.**

EUSTAQUIO *(San),* soldado de Trajano, mártir en 118. Fiesta el 20 de septiembre.

EUTERPE, musa de la Música. Se la representa generalmente con una flauta.

EUTIQUES, heresiarca griego (378-d. de 454). Su doctrina o *eutiquianismo* (negación de la

EVA
por DURERO
museo del Prado

naturaleza humana de Cristo) fue condenada por el Concilio de Calcedonia (451).

EVA, la primera mujer, según la Biblia.

Evangelio *(El)*, o mejor *Los Evangelios,* libros sagrados compuestos de los cuatro relatos de San Mateo, San Marcos, San Lucas y San Juan, que refieren la vida y la doctrina de Jesucristo. Los tres primeros, escritos hacia 60-70, se llaman *sinópticos* y son de composición análoga. El de San Juan, escrito hacia el año 90, es, en cierto modo, un complemento de los precedentes.

EVANGELISTA. V. PINOS (*Isla de*).

EVANS (Arturo Juan), arqueólogo inglés (1851-1941), que realizó excavaciones en el N. de Europa y en Cnosos.

EVANS (María Ana). V. ELIOT (George).

EVANSVILLE, c. de los Estados Unidos (Indiana, a orillas del Ohio); hulla; metalurgia.

EVARISTO *(San)*, papa hacia 97. Fiesta el 26 de octubre.

EVÉMERO, mitógrafo griego (s. IV a. de J. C.).

EVEREST (MONTE), punto culminante del globo, en el Himalaya; 8 880 m.

EVIA (Jacinto de), poeta ecuatoriano del s. XVII, que recogió en un *Ramillete de varias flores poéticas* las composiciones de los autores de su país.

EVIAN-LES-BAINS, c. de Francia (Alta Saboya), a orillas del lago Leman. Aguas minerales.

ÉVORA, c. de Portugal (Alemtejo), cap. de distrito. Edificios medievales. Arzobispado.

Évora *(Motín de)*, rebelión que estalló en Portugal en 1637 contra la dominación española.

EVREUX, c. de Francia, cap. del dep. del Eure. Catedral (s. XII-XIII); obispado.

EVRY, v. de Francia, cap. del dep. de Essonne.

EVTUCHENKO (Eugenio), poeta soviético, n. en 1933, de estilo sobrio y directo.

EWALD (Jan), poeta danés (1743-1781), representante del prerromanticismo en su país.

Exequias de la lengua castellana, obra apologética de Juan Pablo Forner en la cual defiende las Letras españolas del Siglo de Oro (1782).

EXETER, c. y puerto de Inglaterra, cap. del condado de Devon; catedral (s. XII-XIV). Fue capital de los reyes sajones de Wessex.

Éxodo *(El)*, n. dado al segundo libro del Pentateuco, cuyo episodio principal es el éxodo o salida de los hebreos de Egipto.

EXTREMADURA, región de España que limita al O. con Portugal, al S. con Andalucía, al N. con Salamanca y al E. con Castilla la Nueva. Forma hoy las provincias de Badajoz y de Cáceres. (Hab. *extremeños.*) Región predominantemente ganadera (porcino, lanar).

EXTREMADURA PORTUGUESA, ant. provincia de Portugal, que comprende los actuales distritos de Lisboa, Santarem y Leiria.

EXTREMO ORIENTE, conjunto de países de Asia oriental (China, Japón, Corea, Viet Nam, Camboya, Laos, Tailandia, Indonesia, Filipinas y los confines de la Unión Soviética).

ÉVORA: vista general

EYCK (Juan **Van**). V. VAN EYCK.

EYLAU, hoy **Bagrationovsk,** c. de la U. R. S. S. (Rusia), cerca de Könisberg. Victoria de Napoleón I en 1807 contra los rusos y prusianos.

EYMERICO (Nicolás), teólogo español (1320-1399), autor de *Directorio de los inquisidores.*

EYZAGUIRRE (Agustín), político y patriota chileno (1766-1837), miembro de la Junta Gubernativa que substituyó a O'Higgins en 1823, y pres. de la Rep. de 1826 a 1827.

EYZAGUIRRE (Domingo), político, filántropo e industrial chileno (1775-1854).

EYZIES-DE-TAYAC [*esi-*] **(Les),** pobl. de Francia (Dordoña). Estación prehistórica descubierta en 1862. Museo.

EZCURRA (Juan A.), militar y político paraguayo, pres. de la Rep. en 1902. La oposición de los liberales le obligó a dimitir en 1904.

EZEIZA, pobl. de la Argentina (Buenos Aires), uno de los aeropuertos de la capital.

EZEQUÍAS, rey de Judá, hijo de Acaz, que luchó contra Senaquerib.

EZEQUIEL, uno de los cuatro profetas mayores (s. VI a. de J. C.).

EZETA (Carlos), general y político salvadoreño (1855-1903), que se alzó contra Menéndez en 1890 y ocupó la presidencia de la Rep. hasta 1894, año en que fue derrotado por un grupo de salvadoreños emigrados en Guatemala.

EZPELETA DE GALDEANO (José de), general español (1741-1823), gobernador de Cuba de 1785 a 1789 y virrey de Nueva Granada de 1789 a 1797.

EZRA (Moisés Ben), poeta hispanojudío (¿1060?-1138), autor de *El collar de perlas.*

EZRAEL, el ángel de la Muerte en el Islam.

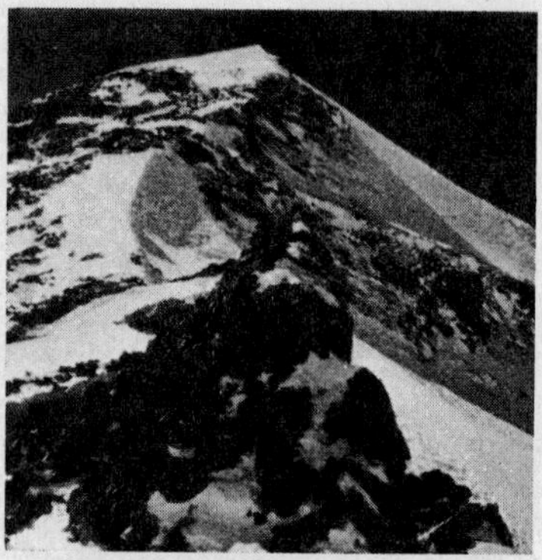

EVEREST

Fot. Anderson, Casa de Portugal, Fundación Suiza para Exploraciones Alpinas

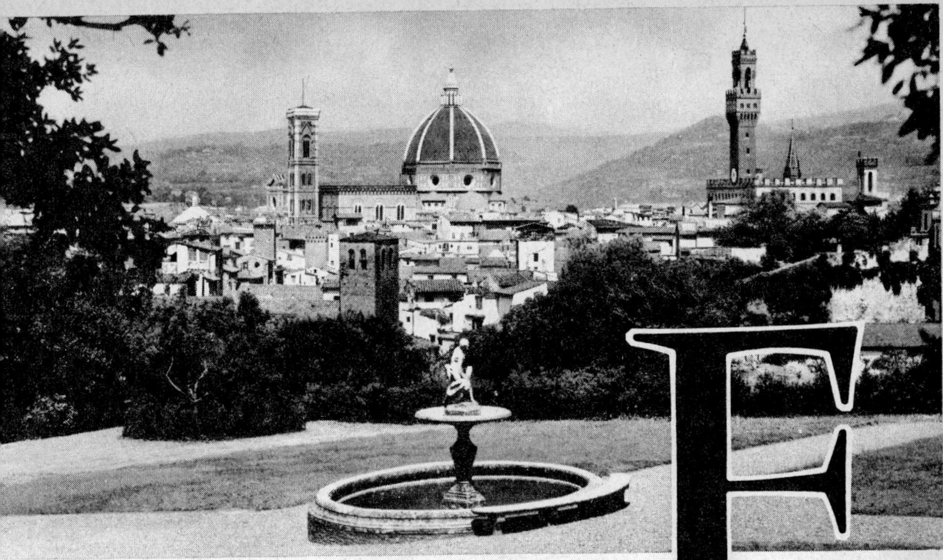

F

FLORENCIA : vista desde los jardines Boboli

FABBIANI RUIZ (José), novelista venezolano, n. en 1911, autor de *Mar de lava* y *La dolida infancia de Perucho González*.
FABIÁN (*San*), papa de 236 a 250, mártir. Fiesta el 20 de enero.
FABINI (Eduardo), compositor uruguayo (1882-1950), autor de música orquestal de inspiración nativa (*Campo, La isla de los ceibos*).
FABIO CUNCTÁTOR o **el Contemporizador,** militar romano (hacia 275-203 a. de J. C.), nombrado prodictador después de la derrota de Trasimeno (217 a. de J. C.). Detuvo, gracias a su táctica, las conquistas de Aníbal.
FABIO MÁXIMO RULIANO (Quinto), cónsul romano, dos veces dictador; vencedor en 295 a. de J. C. de los samnitas y de los galos.
FABIO PÍCTOR (Quinto), el más antiguo de los historiadores latinos (¿254-200? a. de J. C.), autor de unos *Anales*.
Fabiola, novela del cardenal Wiseman (1854), estudio de los cristianos de los primeros siglos.
FABIOLA de Mora y Aragón, reina de los belgas, n. en Madrid en 1928; casó con Balduino I en 1960.
FABIOS, n. de la familia romana de Fabio, cuyos 306 miembros, que se encargaron de combatir solos a los veyanos, perecieron en 477 a. de J. C.
FABO (*Fray* Pedro), religioso y escritor español (1873-1933) que residió en Colombia.
FABRA (Pompeyo), filólogo español (1868-1948), que estudió y fijó las normas de la lengua catalana moderna.
FABRE (Henri), entomólogo francés (1823-1915), autor de *Recuerdos entomológicos*.
FABRE d'Eglantine (Philippe), poeta y político francés (1750-1794), autor del calendario de la Revolución. Murió guillotinado.
FÁBREGA (José de), militar y político panameño del s. XIX, que ocupó el Poder en el Istmo una vez proclamada la independencia (1821).
FÁBREGA (José Isaac), novelista panameño, n. en 1900, autor de *El crisol*.
FABRIANO (Gentile da). V. GENTILE.
FABRICIO (Cayo), cónsul romano en 282 a. de J. C., célebre por la sencillez de sus costumbres, su carácter probo y su desinterés.
FABRICIUS (J. Cristián), entomólogo danés (1745-1808), discípulo de Linneo.

Fábulas *de Esopo,* apólogos griegos, tomados de los orientales y arreglados por diversos autores. Son relatos breves y sentenciosos.
Fábulas *de Fedro,* conjunto de 123 apólogos latinos, imitados de Esopo.
Fábulas *de Iriarte,* colección de apólogos considerados hasta hoy como lo mejor que se ha escrito en nuestra lengua en su género. Algunas están en todas las memorias: *El oso, la mona y el cerdo; Los dos loros y la cotorra; El burro flautista; La urraca y la mona,* etc.
Fábulas *de La Fontaine,* la obra más perfecta que se ha escrito en este género (doce libros publicados en 1668, 1678 y 1694). Se trata, como lo dice su autor, de « una vasta comedia en cien actos diversos ».
Fábulas *de Lessing,* fábulas alemanas, en que el autor intenta volver, en cuanto a la forma, a la sencillez algo seca de Esopo (1759).
Fábulas *de Lokman,* apólogos árabes, escritos en un principio en persa y que parecen ser una reproducción de las fábulas de Esopo.
Fábulas *de Samaniego,* colección de fábulas morales imitadas de Fedro, de La Fontaine y sobre todo del inglés Gay. Algunas de dichas fábulas son popularísimas, como *La cigarra y la hormiga, Las ranas pidiendo rey, Los gatos escrupulosos, El asno,* etc.
FACATATIVÁ, c. de Colombia (Cundinamarca); centro comercial y ganadero. Parque arqueológico.
Facundo o **Civilización y barbarie,** célebre obra histórica y sociológica del argentino D. F. Sarmiento (1845), cuyo protagonista es el caudillo gaucho Facundo Quiroga.
FACHODA, hoy **Kodok,** c. de Sudán a orillas del Nilo.
FADEIEV (Alejandro), escritor ruso (1901-1956), cuyas novelas celebran la revolución rusa.
FADER (Fernando), pintor argentino (1882-1935), admirable paisajista.
FADRIQUE, infante de Castilla (¿1334?-1358), hijo natural de Alfonso XI y de Leonor de Guzmán, hermano de Pedro el Cruel, contra quien conspiró y quien le hizo asesinar.
FAENZA, c. de Italia (Emilia); aguas termales. Fue célebre por sus fábricas de loza.

H. FABRE

FABRE D'EGLANTINE

Fot. Anderson, Larousse

la caída de FAETÓN *detalle* de un sarcófago griego. Galería de los Oficios, Florencia

FAETÓN, hijo de Helios (el Sol) y de Climena. Habiéndole dado su padre permiso para guiar el carro del Sol durante un día, estuvo a punto, por su inexperiencia, de abrasar el universo.

FAGATOGO, cap. de Samoa oriental.

FAGNANO, lago y valle de la Tierra del Fuego, entre la Argentina y Chile. Llamado tb. **Cami**.

FAGNANO (José), religioso italiano (1844-1916) que efectuó exploraciones en los territorios del sur argentino.

FAGNANO dei Toschi (Julio César de), matemático italiano (1682-1766), iniciador de la teoría de las funciones elípticas.

FAGUNDES VARELA (Luis Nicolau), poeta brasileño (1841-1875), de vida bohemia y agitada, autor del poema *Cántico del Calvario*.

FAHRENHEIT (Daniel Gabriel), físico alemán, n. en Danzig (1686-1736), inventor de la graduación del termómetro que lleva su nombre y de un aerómetro.

FAIAL, ant. **Fayal**, isla del archip. portugués de las Azores; cap. *Horta*.

FAIRBANKS, c. de Alaska. Escuela Superior de Minas. Aerodromo. Estación terminal del ferrocarril y de la carretera de Alaska.

FAIRFAX (Thomas, *lord*), general inglés (1612-1671), jefe de las fuerzas de Cromwell en 1644, colaboró después en la restauración de Carlos II.

FAISAL, rey de Siria (1919) y luego de Irak en 1921 (1883-1933). — FAISAL II, su nieto, rey de Irak en 1939 (1935-1958). Asesinado en la insurrección de 1958.

FAISANES (ISLA DE LOS), isla del Bidasoa, donde fue firmado el Tratado de los Pirineos en 1659. Es un territorio neutral.

FAJARDO, c. de Puerto Rico (Humacao).

Falange Española, agrupación política fundada por José Antonio Primo de Rivera en 1933, fusionada en 1934 con las J. O. N. S. (Juntas de Ofensiva Nacionalsindicalista) y unificada en 1937 con el Tradicionalismo para formar la *Falange Española Tradicionalista y de las J. O. N. S.*

FALLA por PICASSO

FALCÃO (Cristóbal), poeta portugués (1518-¿1557?), de inspiración pastoril.

FALCAO ESPALTER (Mario), historiador y crítico literario uruguayo (1892-1941).

FALCÓN, cabo de Argelia, cerca de Orán.

FALCÓN, Estado del NO. de Venezuela; cap. *Coro*; prod. café; tabaco; pieles; yac. de carbón y petróleo. (Hab. *falconeses.*)

FALCÓN (César), escritor peruano contemporáneo, autor de *El pueblo sin Dios* y *El buen vecino Sanabria U*, historia picaresca de tema político.

FALCÓN (Juan Crisóstomo), general y político venezolano (1820-1869), pres. de la Rep. en 1863. Sancionó la Constitución federal de 1864 y fue derrocado por una revolución en 1868.

FALDA (La), pobl. de la Argentina (Córdoba); centro de atracción turística.

FALEMÉ, río de África, afl. del Senegal; 650 km. Separa el Senegal y el Malí.

FALERIA, ant. c. de Etruria, conocida por la proposición que hizo un maestro de escuela al cónsul romano Camilo, que sitiaba la ciudad, de entregarle los hijos de las principales familias. Éste rehusó con indignación. (Hab. *faliscos.*)

FALERNO, viñedo de Campania que producía un vino célebre entre los antiguos romanos.

FARADAY

FALIERO, ilustre familia de Venecia, que dio varios dux a la ciudad: ORDELAFO **Faliero**, dux de 1102 a 1117, y sobre todo MARINO **Faliero** (1274-1355), dux de 1354 a 1355, a quien hicieron decapitar los patricios por haber conspirado contra ellos.

FALKIRK, c. de Escocia (Stirling), no lejos del estuario del Forth; industrias diversas.

FALKLAND, n. dado por los ingleses a las islas **Malvinas**. (V. este nombre.)

FALMOUTH, c. y puerto de Inglaterra (Cornualles). Estación balnearia.

FÁLQUEZ Y AMPUERO (Francisco), político y poeta ecuatoriano, n. en 1877, autor de *Hojas de acantos*.

FALSA, bahía de la Argentina, a la entrada de Bahía Blanca. — Bahía de México (Baja California).

FALSO, cabo de México (Baja California).

FALSTAFF (John FASTOLF, llamado), capitán y diplomático inglés (¿1370?-1459), que participó en las campañas de Enrique V en Francia. Shakespeare hace de él, en sus obras *Enrique V* y *Las alegres comadres de Windsor*, el tipo del libertino, fanfarrón y cobarde.

FALSTER, isla de Dinamarca, en el Báltico; cap. *Nykøbing*.

FALUCHO (Antonio RUIZ, llamado), soldado negro del regimiento del Río de la Plata que, en 1824, cuando ocurrió el motín de El Callao, se dejó fusilar antes que presentar el arma al pabellón español que izaron los rebeldes en lugar de la bandera peruana.

FALUN, c. de Suecia (Dalecarlia). Minas de cinc; metalurgia.

FALLA (Manuel de), notable compositor español, n. en Cádiz en 1876, m. en la Argentina en 1946. Fue discípulo de Pedrell y permaneció en París varios años (1905-1912), donde trabó amistad con Albéniz y Ravel. Su producción musical, no muy copiosa, sigue el estilo impresionista y está inspirada en el folklore español. Es uno de los grandes maestros de la música contemporánea. En 1939 se trasladó a Buenos Aires. Autor de *La vida breve*, ópera, *El amor brujo* y *El sombrero de tres picos*, ballets, *El retablo de Maese Pedro*, *Noche en los jardines de España*, para piano y orquesta, y el poema sinfónico *La Atlántida*, inspirado en la obra de Verdaguer, que dejó inacabado y que ha sido completado por su discípulo Ernesto Halffter y estrenado en 1961.

FALLADA (Rodolfo DITZEN, llamado **Hans**), novelista alemán (1893-1947), autor de *Corazón viejo a la aventura* y *¿Y ahora, qué?*, etc.

FALLÓN (Diego), musicólogo y poeta romántico colombiano (1834-1905), autor de los poemas *A la Luna*, *La palma del desierto*, etc.

FALL RIVER [*fol ríver*], c. de los Estados Unidos (Massachusetts); textiles.

FAMA, divinidad alegórica, mensajera de Júpiter, creada por la Tierra para dar a conocer los crímenes de los dioses después de la derrota de los Gigantes. (*Mit.*)

FAMAGUSTA, c. y puerto de Chipre, ant. cap. de la isla de Chipre. Monumentos góticos.

FAMATINA, sierra de la Argentina (La Rioja), la más elevada de las sierras pampeanas, con cumbres superiores a 6 260 m. Minerales.

F. A. O. V. ORGANIZACIÓN DE LAS NACIONES UNIDAS PARA LA AGRICULTURA Y LA ALIMENTACIÓN.

FARABI (Abu **al-**), filósofo musulmán, m. en 950, comentarista de Aristóteles y maestro de Avicena.

FARADAY (Miguel), físico y químico inglés, n. en Newington (Surrey) [1791-1867], a quien se debe la teoría de la influencia electrostática y el descubrimiento de la inducción electromagnética. Formuló las leyes de la electrólisis que llevan su nombre y fue el primero que consiguió la licuación de todos los gases conocidos en su tiempo.

Faraón, n. dado en la Biblia a los reyes del antiguo Egipto.

FAREHAM, c. de Gran Bretaña (Hampshire), al SE. de Southampton. Centro industrial.

FAREWELL, cabo al S. de Groenlandia.

FARIA (Octavio de), escritor brasileño, n. en 1908, autor de la obra cíclica *Tragedia burguesa*.

FARIA Y SOUZA (Manuel de), historiador y poeta portugués (1590-1649), de gusto culterano.

Fot. Alinari, Larousse

FARINA (Juan María), químico italiano (1685-1766). Se estableció en Colonia, donde fabricó la famosa *agua de Colonia.*
FARINELLI (Arturo), hispanista italiano (1867-1948), a quien se deben múltiples estudios sobre la literatura española, singularmente sobre Lope de Vega y el tema de Don Juan.
FARIÑA NÚÑEZ (Eloy), escritor paraguayo (1885-1929), autor de poemas (*Canto secular, Cármenes*), de cuentos y ensayos.
FARNACES I, rey del Ponto (¿184-169? a. de J. C.), abuelo de Mitrídates VI. — FARNACES II, rey del Ponto, hijo de Mitrídates el Grande, vencido por César cerca de Zela y muerto el mismo año por uno de sus generales (47). Con motivo de su victoria sobre Farnaces, envió César al Senado la famosa frase: *veni, vidi, vici.*
FARNBOROUGH, c. de Gran Bretaña (Hampshire), al SO. de Londres. Exposición aeronáutica anual.
Farnesia (*Villa*), célebre palacio de Roma, que perteneció a los Farnesios y que decoró Rafael con hermosos frescos.
FARNESIO, familia italiana, originaria de Orvieto, de la que salieron capitanes, un papa (Paulo III) y varios duques de Parma.
FARNESIO (Alejandro), gran capitán al servicio de Felipe II, gobernador de los Países Bajos (1545-1592). — Su hijo, RANUCIO **Farnesio,** fue gobernador de los Países Bajos, que sometió por el terror (1569-1622).
Farnesio (*Palacio*), palacio romano edificado en parte por Miguel Ángel en el s. XVI.
FARO, c. y puerto de Portugal, cap. del Algarve.
FAROS, isla de Egipto, cerca de Alejandría, donde erigió Ptolomeo Filadelfo el primer faro, torre de 135 m de altura (285 a. de J. C.) que se derrumbó en 1302.
FARQUHAR (Jorge), autor dramático inglés (1678-1707).
FARRELL (Edelmiro Julián), general y político argentino n. en 1887, pres. de la Rep. de 1944 a 1946.
FARSALIA, c. de Grecia (Tesalia), donde César venció a Pompeyo el año 48 a. de J. C.
Farsalia, poema épico de Lucano, que describe la lucha entre César y Pompeyo (s. I d. de J. C.).
FARSISTÁN, ant. prov. del Irán; cap. *Shiraz.*
FARUK I, rey de Egipto (1920-1965), sucesor de su padre Fuad I, en 1936. Derribado en 1952.
FAR WEST [*faruest*] (*"Lejano Oeste"*), n. dado por los norteamericanos a los territorios al O. de la Unión, más allá del Misisipí.
Fascismo. V. *Parte lengua.*
FASTENRATH (Juan), hispanista alemán (1838-1908). Legó a la Real Academia Española los medios para que se conceda anualmente un premio literario que lleva su nombre.
FATCHAN o **FOSHAN,** c. de China Meridional (Kuangtung).
FÁTIMA, pueblo de Portugal (Santarem), a 100 km de Lisboa. En una cueva próxima, la Virgen se apareció a tres jóvenes pastorcillos en 1917. Lugar de peregrinación.
FÁTIMA o **FATMA,** hija de Mahoma (606-633). Casó con su primo Alí y tuvo tres hijos, que fueron: Hassán, Husein y Mosein.
FATIMITAS, dinastía musulmana que tomó su nombre de Fátima y reinó en África del Norte en el s. X y luego en Egipto de 969 a 1171.
FAULKNER (William), novelista norteamericano (1897-1962), autor de *El sonido y el furor, Sartorio, Mientras agonizo, ¡Absalón, Absalón!, Santuario, Palmeras salvajes,* obras de un estilo violento y apasionado, que constituyen la crónica viviente y trágica de la sociedad sudista norteamericana. (Pr. Nóbel, 1949.)
FAUNOS, entre los latinos, divinidades campestres, que presidían la cría del ganado, lo defendían contra los lobos y protegían la agricultura.
FAURE [*for*] (Elie), ensayista y crítico de arte francés (1873-1937).
FAURE (Félix), político francés (1841-1899), pres. de la Rep. de 1895 a 1899.
FAURÉ (Gabriel), compositor francés (1845-1924), una de las grandes figuras de la música moderna. Autor de composiciones para piano, *Réquiem, Prometeo* y de la ópera *Penélope.*
FAUSTINO I. V. SOULOUQUE.

Fausto, n. de un personaje alemán real, pero que se ha hecho legendario. La leyenda de Fausto es la historia del hombre que vende su alma al demonio Mefistófeles a cambio de los bienes terrestres.
Fausto, drama de Gœthe, en dos partes (1808-1831). El autor ha querido pintar el destino del hombre. Existen igualmente, con este nombre, un drama inglés de Marlowe (1588) y varias óperas, especialmente *La condenación de Fausto,* de Berlioz, y *Fausto,* ópera en 5 actos, de Gounod (1859).
Fausto, poema gauchesco de Estanislao del Campo (1870).
FAVILA, hijo de Chindasvinto y padre de Pelayo, restaurador de la monarquía goda. — Rey de Asturias (737-739), hijo de Don Pelayo.
FAYAL. V. FAIAL.
FAYE [*fai*] (Hervé), astrónomo y meteorólogo francés (1814-1902).
FAYÚN, prov. y c. del Egipto Medio, en la fértil *vega de Fayún.*
FEACIOS, pueblo fabuloso, mencionado en *La Odisea,* que habitaba en la isla de *Eskeria.*
FEBO. V. APOLO.
FEBRES CORDERO (León de), militar venezolano (1795-1875), que intervino destacadamente en la lucha por la independencia ecuatoriana.
FEBRES CORDERO (Tulio), escritor e historiador venezolano (1860-1938).
FECAMP [*fekán*], c. de Francia (Sena Marítimo); puerto de pesca y estación balnearia.
FECHNER (Gustavo Teodoro), filósofo alemán (1801-1887), uno de los fundadores de la psicofísica. Según él la sensación varía como el logaritmo de la excitación (*Ley de Weber*).
FEDALA, hoy **Mohamedia,** c. y puerto de Marruecos, al NE. de Casablanca.
FEDERICO (*San*), apóstol de los frisones, muerto en 838. Fiesta el 18 de julio.
FEDERICO, n. de varios reyes de Dinamarca, Suecia y Sicilia.
FEDERICO I, primer rey de Prusia (1701), hijo de Federico Guillermo de Brandeburgo (1657-1713).
FEDERICO I Barbarroja, emperador de Occidente de 1152 a 1190. Hizo numerosas expediciones contra Italia y destruyó Milán (1162), pero después de su derrota en Legnano (1176), tuvo que admitir las pretensiones de las ciudades lombardas. Se ahogó durante la tercera cruzada. — FEDERICO II, rey (1216) y después emperador (1220) de Occidente. Enemigo primero del papa Gregorio IX, tomó parte en la 6.ª cruzada. — FEDERICO III, emperador de Occidente de 1440 a 1493.
FEDERICO II el Grande, rey de Prusia, n. en Berlín (1712-1786), hijo de Federico Guillermo I. Subió al trono en 1740. Ilustre guerrero y administrador hábil, creó la grandeza de Prusia. Se apoderó de Silesia durante la guerra de Sucesión de Austria y, aliado con Inglaterra, resistió con éxito, durante la guerra de los Siete Años, los esfuerzos combinados de Francia, Austria y Rusia, reorganizando después, con admirable perseverancia, sus Estados agotados por la guerra. Político escéptico y sin escrúpulos, preparó el primer reparto de Polonia. Amigo de las letras, supo atraer a sí a numerosos sabios franceses y muy particularmente a Voltaire. Fue un típico representante del "despotismo ilustrado".

A. FARNESIO

FAULKNER

G. FAURÉ

FEDERICO II de un manuscrito del s. XIII

FEDERICO II el Grande

Fot. Anderson, S. A. I., Alinari, X

FEDERICO GUILLERMO

FEDERICO GUILLERMO I

FEDERICO III (1831-1888), rey de Prusia y emperador de Alemania en 1888, murió a los tres meses de subir al trono.

FEDERICO GUILLERMO, gran elector de Brandeburgo (1620-1688), que subió al trono en 1640; organizó el ejército prusiano.

FEDERICO GUILLERMO I, llamado **el Rey Sargento** por el cuidado que ponía en los detalles de su ejército, por su violencia y su falta de templanza (1688-1740), rey de Prusia de 1713 a 1740. Dotó a Prusia de los recursos militares que había de aprovechar Federico II.

FEDERICO GUILLERMO II, rey de Prusia en 1786, sobrino de Federico II (1744-1797). Luchó contra la Francia revolucionaria.

FEDERICO GUILLERMO III (1770-1840), rey de Prusia de 1797 a 1840. Vencido por Napoleón, vio sus Estados desmembrados, después de la batalla de Jena, por el Tratado de Tilsit (1807), situación que duró hasta 1815.

FEDERICO GUILLERMO IV (1795-1861), rey de Prusia en 1840; murió loco.

FEDERMAN (Nicolás), conquistador alemán (1501-1542), que intervino en la colonización de Venezuela, emprendió una expedición en busca de El Dorado y llegó a Nueva Granada. Escribió sus recuerdos en unas *Narraciones.*

FEIJOO

FEDIN (Constantino), escritor ruso n. en 1892, autor de novelas psicológicas.

FEDÓN, filósofo griego (s. IV a. de J. C.), discípulo de Sócrates, fundador de la escuela de Elis.

Fedón, diálogo de Platón y una de sus obras más hermosas: Sócrates muere en medio de sus amigos, consolándolos con sus consejos y haciéndoles una demostración magnífica de la inmortalidad del alma (s. IV a. de J. C.).

FEDOR, n. de tres zares de Rusia que reinaron de 1584 a 1598, en 1605, y de 1676 a 1682.

FEDRA, esposa de Teseo, hija de Minos y de Pasifae. Quiso seducir a su hijastro Hipólito, pero rechazada, calumnió a éste delante de su padre. Acosada por el remordimiento, se suicidó.

Fedra, tragedias de Eurípides, Séneca y Racine.

FEDRO, fabulista latino (15 a. de J. C.-¿50? d. de J. C.), que escribió fábulas en versos latinos a imitación de Esopo.

Fedro, diálogo de Platón, que estudia la belleza y la retórica (s. VI a. de J. C.).

FEIJÓ (Diego Antonio), religioso y político brasileño (1784-1843), regente del Imperio durante la minoría de Pedro II.

FELIPE I el Hermoso

FEIJOO (*Fray* Benito Jerónimo), erudito y monje benedictino español, n. en Casdemiro (Orense) [1676-1764]. Su curiosidad intelectual y su saber se ponen de manifiesto en una copiosa serie de artículos sobre todas las materias: religión, arte, bellas letras, supersticiones, física, etc., que constituyen una auténtica enciclopedia bajo el título de *Teatro Crítico Universal,* colección a la que siguió una segunda, compilada bajo la forma de *Cartas eruditas.*

FEIJOO (Samuel), poeta cubano, n. en 1914, autor de *Camarada celeste.*

FELANITX, c. de España (Mallorca).

FELICIANO (*San*), mártir, decapitado en el s. III. Fiesta el 9 de junio.

FELICIDAD (*Santa*), mártir africana, m. durante el reinado de Alejandro Severo, en 203. Fiesta el 6 de marzo. — Dama romana, mártir con sus siete hijos entre 150 y 164. Fiesta el 13 de noviembre.

FELIPE (*San*), uno de los doce apóstoles, n. en Betsaida, martirizado hacia el año 80. Fiesta el 11 de mayo. — FELIPE (*San*), uno de los siete primeros diáconos, n. probablemente en Cesarea, m. en 80. Fiesta el 6 de junio.

FELIPE (León Felipe CAMINO, llamado **León**), poeta español (1884-1968), cuyo acento violento y bíblico campea en las colecciones de poemas *Versos y oraciones del caminante* y *El español del éxodo y el llanto.*

FELIPE de Suabia, rey de Germania (1198-1208), n. hacia 1177; asesinado por Otón de Wittelsbach.

FELIPE el Atrevido, duque de Borgoña, hijo del rey Juan II el Bueno (1342-1404), que se distinguió en la batalla de Poitiers.

FELIPE el Bueno (1396-1467), hijo de Juan Sin Miedo, duque de Borgoña en 1419.

FELIPE I el Hermoso, archiduque de Austria y rey de Castilla, n. en Brujas en 1478, m. en Burgos en 1506. Era hijo de Maximiliano I de Austria y de María de Borgoña. Casó en 1496 con Juana de Aragón, hija de los Reyes Católicos. La muerte del infante don Juan de Aragón y de su hermana la infanta Isabel hizo a los dos esposos herederos presuntos de la monarquía española. No tardó Felipe en disgustarse con su suegro Fernando V, al mismo tiempo que empezaba su mujer a mostrar síntomas de la locura que se apoderaría de ella. A la muerte de Isabel la Católica, Felipe, tomó posesión del reino de Castilla en 1506, inaugurando así la dinastía de Austria. Relegó a su suegro a Aragón, pero murió el mismo año y Fernando asumió la regencia durante la menor edad de su nieto Carlos I. Su segundo hijo Fernando fue emperador de Alemania.

FELIPE II el Prudente, rey de España, hijo de Carlos I y de Isabel de Portugal, n. en Valladolid (1527-1598). Fue rey de Nápoles y de Sicilia en 1554, soberano de los Países Bajos en 1555 y rey de España en 1556, después de la abdicación de su padre. Fue Felipe II monarca enérgico, perseverante y hábil diplomático. Quiso ser, ante la Reforma, el campeón del catolicismo y este propósito le arrastró a algunos excesos. Continuó los proyectos de dominación universal que acarició su padre, pero la nación, agotada por las grandes guerras del reinado anterior, no se lo permitió. Luchó contra Francia, consiguió la victoria de San Quintín (1557) y obligó a Enrique IV a abandonar el sitio de París, pero la energía del Parlamento francés y la conversión al catolicismo de este monarca hicieron fracasar sus proyectos. Tras intentar unirse con Isabel de Inglaterra, quiso después vengar a María Estuardo y envió contra Inglaterra la famosa *Armada Invencible,* que tan desastroso fin había de tener, y cuya derrota consumó la ruina de la marina española. Los Países Bajos, la más rica posesión de la Corona española en Europa, se sublevaron en 1572, y a pesar de la cruel represión del duque de Alba, tuvo que resolverse el rey de España a cederlos a su hija Isabel Clara Eugenia. En el mar los españoles ganaron a los turcos la gloriosa victoria de Lepanto (1571), bajo el mando de Don Juan de Austria, pero se apoderaron aquéllos de Túnez en 1574. En Portugal consiguió Felipe II apoderarse de la corona vacante en 1580, después de la muerte del rey don Sebastián en Alcazarquivir (África). En el interior señalan el reinado de Felipe II la rebe-

FELIPE II el Prudente

FELIPE III por Velázquez

Fot. X, doc. A. G. P., Roger-Viollet, Anderson-Giraudon

lión de los moriscos de Granada, severamente castigada por Don Juan de Austria, la locura y la muerte del Infante don Carlos (v. este nombre), y por último la lucha contra Antonio Pérez (v. PÉREZ). A pesar de todas estas guerras, durante su reinado florecieron con increíble vigor las artes (Monasterio de El Escorial) y las letras.
Felipe II, cuadros de Tiziano y de Sánchez Coello, en el museo del Prado (Madrid).
FELIPE III, rey de España, hijo de Felipe II, n. en Madrid (1578-1621). Rey en 1598, se encontró con un país medio arruinado y abandonó su dirección al duque de Lerma, quien, comprendiendo que el país necesitaba la paz, procuró mantener ésta por todos los medios posibles. Pero no supo reorganizar la hacienda, ni fue capaz de impedir la inhumana expulsión de medio millón de moriscos (1609). En el exterior siguió la guerra en los Países Bajos y firmó la paz con Inglaterra y Francia.
FELIPE IV, hijo y sucesor del anterior, rey de España (1605-1665). Sucedió a su padre en 1621 y abandonó el Poder en manos del conde-duque de Olivares, quien acabó de perder en veinte años cuanto quedaba del antiguo poderío español. Después de haber reanudado la guerra en los Países Bajos, en 1622, señalada por la toma de Breda (1625), y la pérdida de Bois-le-Duc (1629), entró España en la guerra de los Treinta años, que le costó la pérdida de Arrás y de Perpiñán, y las derrotas de Rocroi (1643) y de Lens (1648). Al mismo tiempo, la tiranía del conde-duque provocaba la sublevación de Cataluña y de Portugal (1640). Estos hechos parecieron despertar la energía del joven rey, y, por consejo de su esposa, Isabel de Borbón, quitó el Poder a Olivares (1643), pero a la muerte de aquélla, en 1644, volvió a caer el rey bajo la tutela de Luis Méndez de Haro. Por la Paz de los Pirineos perdió España el Rosellón y el Artois. Al cabo de doce años de guerra pudo reconquistar Cataluña, pero Portugal logró su independencia. El monarca, caído en profunda melancolía, murió en 1665, dejando por heredero al incapaz Carlos II, que había de ser el último rey de su dinastía.
FELIPE V, primer rey de España de la Casa de Borbón, n. en Versalles y m. en Madrid (1683-1746). Era nieto de Luis XIV y fue llamado al trono de España en 1700 por testamento de Carlos II. Príncipe de mediana inteligencia, procuró sacar a España del letargo en que la habían sumido sus predecesores. Al principio de su reinado, por la Paz de Utrecht, hubo de entregar los Países Bajos y sus posesiones de Italia. Intentó con Alberoni fomentar rebeliones en dicho país y en Francia, aunque sin éxito, y poco después abdicó y se retiró a La Granja. La muerte de su hijo Luis I (1724), le obligó a volver al Poder, negociando entonces los matrimonios de sus dos hijos con las hijas del emperador Carlos VI. Durante varios años vio gobernado el país por su segunda mujer Isabel de Farnesio y por José Patiño. Intervino igualmente en las guerras de Sucesión de Polonia y de Austria, y murió en 1746. Se le debe la creación de la Academia de la Lengua (1714) y de la Academia de la Historia (1738). Hizo edificar los palacios de Riofrío y de San Ildefonso de la Granja.
FELIPE I, hijo de Enrique I y de Ana de Rusia (1052-1108), rey de Francia en 1060. Fue un monarca indolente y egoísta. Durante su reinado

FELIPE IV
por Velázquez

FELIPE V

Fot. Larousse, Bouan, Laurent, Giraudon

FELIPE IV
el Hermoso

FELIPE VI
de Valois

tuvo lugar la primera cruzada. — FELIPE II o FELIPE AUGUSTO, rey de Francia de 1180 a 1223, hijo de Luis VII, tomó parte con Ricardo Corazón de León en la tercera cruzada y arrebató a Juan Sin Tierra Maine, Anjeo, Turena y Poitú (1205). Derrotó en Bouvines a Juan Sin Tierra, a Fernando, conde de Flandes, y al emperador germánico Otón IV, en 1214. — FELIPE III *el Atrevido*, rey de Francia, hijo de San Luis y de Margarita de Provenza, rey de 1270 a 1285. Declaró la guerra a Pedro III de Aragón y se apoderó de Perpiñán. — FELIPE IV *el Hermoso*, rey de Francia, hijo del anterior y de Isabel de Aragón, rey de 1285 a 1314. Excomulgado por el papa Bonifacio VIII. Después del pontificado de Benedicto IX, consiguió hacer elegir a Beltrán de Goth (Clemente V). Para satisfacer las necesidades del erario, tuvo que recurrir a numerosos expedientes, impuestos nuevos, alteración de las monedas. Con ayuda del Papa, hizo suprimir la orden de los Templarios, procesándolos inicuamente y apoderándose de sus riquezas. Durante su reinado se trasladó la Santa Sede a Aviñón. — FELIPE V *el Largo*, rey de Francia, hijo del anterior y de Juana de Navarra (1294-1322). A la muerte de su hermano Luis X (1316), fue nombrado regente, pero habiendo muerto su sobrino Juan I al cabo de algunos días, subió a su vez al trono en 1316, después de hacer declarar, por los Estados Generales, incapaz de reinar a su sobrina Juana, en virtud de la ley sálica. — FELIPE VI DE VALOIS, hijo de Carlos de Valois (1293-1350), coronado en 1328. Disputóle la corona de Francia Eduardo III de Inglaterra, siendo éste el origen de la famosa guerra de los Cien Años, que tan desastrosa fue para los franceses. Los ingleses invadieron el país y sitiaron y ocuparon la plaza de Calais (1347).
FELIPE DE JESÚS (*San*), religioso franciscano, n. en México (1575-1597), protomártir de su país. Murió crucificado en Nagasaki (Japón). Beatificado en 1627 y canonizado en 1862. Fiesta el 5 de febrero.
FELIPE de Parma, infante de España (1720-1765), hijo de Felipe V y de Isabel de Farnesio.
FELIPE IGUALDAD. V. ORLEÁNS.
FELIPE Neri (*San*), fundador de la Congregación del Oratorio, n. en Florencia (1515-1595). Fiesta el 26 de mayo.
FELIPILLO, indígena peruano del s. XVI, que sirvió de intérprete a Pizarro, Hernando de Soto y Almagro.
FELÍU Y CODINA (José), dramaturgo español (1847-1897), célebre por su drama *La Dolores*, que sería convertido en ópera por Bretón. Escribió también novelas (*Mateo Bardella*, *Las hadas del mar*), y fue agudo periodista.
FÉLIX I (*San*), papa de 269 a 274. Fiesta el 30 de mayo. — FÉLIX II, antipapa de 355 a 358. — FÉLIX III, papa de 483 a 492. — FÉLIX IV, papa de 526 a 530. — FÉLIX V, antipapa de 1439 a 1449.
FÉLIX (*San*), mártir en Gerona en 303. Fiesta el 1 de agosto. — Nombre de otros mártires, en Zaragoza, en Sevilla, en Córdoba, etc.
FÉLIX PÉREZ CARDOZO, pobl. del Paraguay (Guairá); caña de azúcar. Ant. llamada Hiaty.
FELTRE, c. de Italia (Venecia).

FELIPE AUGUSTO
sello de 1180

FELIPE III
el Atrevido
sello de 1270

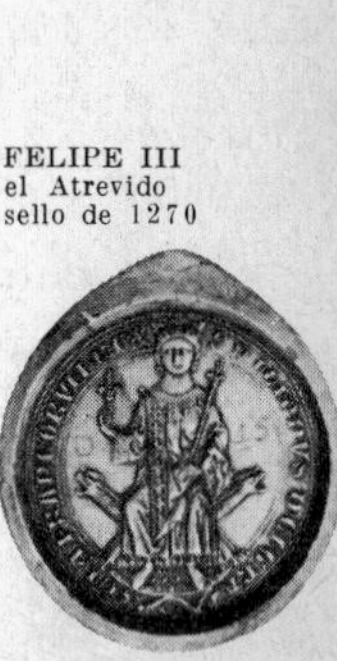

FENELON
por VIVIEN
pinacoteca de Munich

FERMI

FERNÁN
CABALLERO

FENELON (François **de Salignac de la Mothe),** prelado y escritor francés (1651-1715), preceptor del duque de Borgoña y arzobispo de Cambrai. Se le deben varios libros de carácter pedagógico, entre los que descuellan *Tratado de la educación de las jóvenes* (1687), *Las aventuras de Telémaco* (1699), su obra capital, *Fábulas* en prosa y *Diálogos de los muertos* (publicados en 1712). Espíritu liberal y alma sensible, Fenelon anuncia ya el s. XVIII.

Fenianos, asociación revolucionaria irlandesa, formada en 1861 para librarse de la dominación inglesa.

FENICIA, ant. región de Asia anterior, estrecha faja de tierra en la costa occidental de Siria, hasta el monte Carmelo al S., entre el Líbano y el mar. Sus ciudades principales eran: Arad, Trípoli, Biblos, Beirut, Sidón, Tiro, Acca, gobernadas por una oligarquía o por reyes. Más tarde, durante la dominación romana, agregóse al territorio la Celesiria o *Fenicia del Líbano,* quedando reservado el nombre de *Fenicia Marítima* para la antigua nación. Los fenicios, de origen semítico, se establecieron en el litoral mediterráneo, al pie del Líbano, hacia el s. XXIV a. de nuestra era. Allí fundaron ciudades esencialmente marítimas, de donde salieron sus flotas para traficar y colonizar por todo el litoral del Mediterráneo, y hasta por el mar Rojo, el Atlántico y el mar Báltico. Deben citarse entre sus industrias la fabricación del bronce, la púrpura (que sacaban de un marisco), el cristal, las joyas, etc.
Enseñaron a los pueblos del Mediterráneo el comercio, la navegación, la industria y propagaron un alfabeto de donde se derivan la mayor parte de los alfabetos del mundo antiguo. Desempeñaron en la historia de Oriente un papel enteramente secundario, limitándose a observar una prudente neutralidad y a aceptar la alianza con el más fuerte. Su lengua era semítica y su religión naturalista, bastante parecida a la de Siria. Cartago fue una colonia fenicia.
Fueron los fenicios el primer pueblo que entabló relaciones comerciales con España. Hay tradiciones que aseguran que se establecieron en la Península antes del s. XV a. de J. C. y que fundaron Cádiz. Lo cierto es que hacia los siglos VIII y VII a. de J. C. tenían establecidas colonias importantes en Algeciras, Málaga, Adra, Sevilla, Cádiz, etc. En Cádiz existía un soberbio templo de Hércules, que contenía riquezas fabulosas. V. FENICIO (Arte). [*Parte Lengua.*]

Fénix, ave fabulosa que, según antiguas leyendas, era la única de su especie. Vivía varios siglos en medio de los desiertos de Arabia, se dejaba quemar en una hoguera y renacía de sus cenizas.

FÉNIX (ISLAS). V. PHOENIX (*Islas*).

FERDUSI. V. FIRDUSI.

FERES, c. de la ant. Grecia (Tesalia) y de Grecia contemporánea (Tracia Occidental).

FERGUS, nombre de tres reyes de Escocia, poco conocidos, de los siglos IV, V y VIII.

Feria de las vanidades (*Las*), novela satírica y humorística de Thackeray (1847).

Feria de Sevilla, feria importante que se celebra en dicha ciudad en el mes de abril y tiene fama por su tipismo y alegría.

FERMANAGH, condado de Irlanda del Norte (Ulster); cap. *Enniskillen.*

FERMAT (Pedro de), matemático francés (1601-1665) a quien se debe la primera aplicación del cálculo a las cantidades diferenciales para encontrar las tangentes. Comparte con Pascal el descubrimiento del cálculo de las probabilidades.

FERMI (Enrique), físico italiano (1901-1954), que preconizó el empleo de neutrones para desintegrar los átomos y construyó en Chicago la primera pila de uranio. (Pr. Nóbel, 1938.)

FERMÍN (*San*), nacido en Pamplona, mártir en 287. Fiesta el 7 de julio. En esta fecha se celebran en su honor ferias y fiestas en Pamplona de gran renombre.

FERNAMBUCO. V. PERNAMBUCO.

FERNÁN CABALLERO (Cecilia BÖHL DE FABER, llamada), novelista española (1796-1877), autora de relatos de carácter costumbrista andaluz: *La Gaviota, La familia de Alvareda, Un verano en Bornos* y *Clemencia.*

FERNANDES (Mateo), arquitecto portugués, m. en 1515, que participó en la construcción del claustro del monasterio de Batalha.

Alejo FERNÁNDEZ. LA VIRGEN DE LA ROSA.
Sevilla, Santa Ana de Triana

FERNÁNDEZ (Alejo), pintor español (¿1470?-1543), que trabajó en Córdoba y Sevilla (*La Virgen de la rosa, La Virgen del Buen Aire*). Estuvo influido por la escuela flamenca.

FERNÁNDEZ (Diego), capitán e historiador español (¿1520?-1581). Residió largo tiempo en el Perú y publicó a su regreso a España una *Primera y segunda parte de la historia del Perú* (1571).

FERNÁNDEZ (Emilio), director de cine mexicano, n. en 1904, realizador de *María Candelaria.*

FERNÁNDEZ (Francisco), pintor y grabador español (1605-1646).

FERNÁNDEZ (Gregorio). V. HERNÁNDEZ.

FERNÁNDEZ (Jorge), novelista ecuatoriano, n. en 1912, autor de *Agua* y *Los que viven por sus manos.*

FERNÁNDEZ (Juan), marino portugués que exploró el Senegal y el Cabo Verde en 1446.

FERNÁNDEZ (Juan), navegante español (¿1530-1599?). Fue el primero que recorrió las costas meridionales de América del Sur y descubrió las islas que llevan su nombre (1574).

FERNÁNDEZ (Lucas), autor dramático español (¿1474-1542?), uno de los precursores del teatro en su país a quien se deben unas *Farsas y Églogas,* y *Auto de la Pasión,* considerada ésta como su obra maestra.

FERNÁNDEZ (Macedonio), escritor argentino (1874-1952), cuyas obras constituyen una visión humorística del Universo (*Continuación de la Nada, Papeles de recién venido,* etc.).

FERNÁNDEZ (Manuel Félix). V. VICTORIA (Guadalupe).

FERNÁNDEZ ALMAGRO (Melchor), ensayista, historiador y periodista español (1893-1966).

FERNÁNDEZ ALONSO (Severo), político y abogado boliviano (1849-1925), pres. de la Rep. en 1896, derrocado por una revolución liberal en 1898.

FERNÁNDEZ ARBÓS (Enrique), compositor, violinista y director de orquesta español (1863-1940).

FERNÁNDEZ ARDAVÍN (Luis), poeta y dramaturgo español (1892-1962), que ha obtenido éxitos lisonjeros con sus comedias *Rosa de Madrid, La florista de la reina, La dama del armiño* y *El doncel romántico.*

FERNÁNDEZ CABALLERO (Manuel). V. CABALLERO (Manuel Fernández).

FERNÁNDEZ CUESTA (Nemesio), fecundo lexicógrafo y periodista español (1818-1893).

FERNÁNDEZ DE ANDRADA (Andrés), poeta español del s. XVI, a quien se atribuyó en otro tiempo la *Epístola moral a Fabio.*

Fot. Hanfstaengl, U. S. I. S., doc. A. G. P., Arxiu Mas

FERNÁNDEZ DE AVELLANEDA (Alonso), nombre con que firmó un autor desconocido la segunda parte apócrifa de *El Quijote* (1614).

FERNÁNDEZ DE CABRERA (Luis Jerónimo). V. CHINCHÓN (*Conde de*).

FERNÁNDEZ DE CASTRO (Pedro), conde de Lemos, virrey del Perú de 1667 a 1672, año en que murió. Vigorizó la autoridad virreinal.

FERNÁNDEZ DE CASTRO Y BOCÁNGEL (Jerónimo), dramaturgo peruano (1689-1737).

FERNÁNDEZ DE CÓRDOBA (Diego), virrey de México de 1612 a 1621 y del Perú de 1621 a 1629.

FERNÁNDEZ DE CÓRDOBA (Francisco), conquistador español (¿1475-1526?), que se distinguió en América Central. Fundó en Nicaragua las c. de León y Granada, y en Costa Rica la c. de Bruselas (1524). Se sublevó contra Pedrarias, que le hizo ejecutar.

FERNÁNDEZ DE CÓRDOBA (Francisco). V. HERNÁNDEZ.

FERNÁNDEZ DE CÓRDOBA (Gonzalo), **el Gran Capitán**, famoso guerrero español, n. en 1453 en Montilla, cerca de Córdoba, m. en Granada en 1515. Adquirió gran fama en las guerras contra los moriscos y los Reyes Católicos le confiaron una expedición a Italia, en la que se apoderó de Tarento, consiguió las victorias de Ceriñola y Garellano contra los franceses, y aseguró la posesión del reino de Nápoles, del que fue nombrado condestable. Pero no tardó Fernando en quitarle dicho cargo, pidiéndole cuentas de su gestión, a lo que, según la leyenda, contestó el caudillo presentando unas cuentas de intento absurdas, retirándose luego a Granada. Hácense frecuentemente alusiones a las "Cuentas del Gran Capitán", para designar cualquier relación de gastos que parece exagerada o caprichosa.

FERNÁNDEZ DE CÓRDOBA (Luis), general español (1795-1840), partidario de Fernando VII y, más tarde, de Isabel II.

FERNÁNDEZ DE ENCISO (Martín), geógrafo y navegante español del s. XVI, que, con Balboa, exploró el Darién y fundó Santa María la Antigua (1510). Autor de *Suma de Geografía* (1519).

FERNÁNDEZ DE HEREDIA (Juan), historiador medieval español (1310-1396), autor de una *Gran Crónica de España*.

FERNÁNDEZ DE JERENA (Garci), poeta castellano del s. XV cuyas composiciones figuran en el *Cancionero de Baena*.

FERNÁNDEZ DE LA CUEVA (Francisco). V. ALBURQUERQUE.

FERNÁNDEZ DE LEIVA (Joaquín), jurisconsulto y político chileno (1775-1814). Fue diputado a las Cortes de Cádiz en 1810.

FERNÁNDEZ DE LIZARDI (José Joaquín), escritor mexicano, n. en la ciudad de México (1776-1827), considerado como el primer novelista hispanoamericano. Su obra picaresca *El Periquillo Sarniento* es un magnífico retrato de la sociedad de su país en vísperas de la Independencia. Escribió también: *Don Catrín de la Fachenda*, notable por su estilo y por la creación de caracteres, *La Quijotita y su prima* y *Noches tristes*. Es conocido con el seudónimo de **el Pensador Mexicano.**

FERNÁNDEZ DE LOS RÍOS (Ángel), escritor y político español (1821-1880).

FERNÁNDEZ DE MORATÍN (Leandro y Nicolás). V. MORATÍN.

FERNÁNDEZ DE NAVARRETE (Juan), llamado **el Mudo**, pintor español (¿1526?-1572), que alió en sus obras la maestría italiana con el realismo hispánico.

FERNÁNDEZ DE NAVARRETE (Martín), marino e historiador español (1765-1844). Sus obras más notables son una *Vida de Cervantes* y una *Colección de viajes de españoles*.

FERNÁNDEZ DE OVIEDO (Gonzalo), historiador español (1478-1557), autor de una *Historia General y Natural de las Indias*, obra necesaria para el conocimiento de la América posterior al descubrimiento y escrita con gran objetividad. Este libro consta de 50 tomos, de los que sólo aparecieron 20 en vida del escritor.

FERNÁNDEZ DE PALENCIA (Alfonso). V. PALENCIA (Alfonso FERNÁNDEZ DE).

FERNÁNDEZ DE PIEDRAHITA (Lucas), obispo y escritor colombiano (1624-1688), autor de una *Historia general del Nuevo Reino de Granada*.

FERNÁNDEZ DE QUIRÓS (Pedro) V. QUIRÓS.

FERNÁNDEZ DE RIBERA (Rodrigo), poeta y novelista barroco y alegórico español (1579-1631), autor de *Los anteojos de mejor vista*.

FERNÁNDEZ DE SAN PEDRO (Diego). V. SAN PEDRO.

FERNÁNDEZ DE SEVILLA (Luis), autor dramático español, n. en 1888, de vena fecunda (*La del soto del Parral, Los Claveles, La del manojo de rosas*, etc.).

FERNÁNDEZ DE VALENZUELA (Fernando), autor dramático colombiano (1616-¿1685?).

FERNÁNDEZ DE VELASCO (Bernardino). V. FRÍAS (*Duque de*).

FERNÁNDEZ DE VELASCO (Pedro), conde de Haro, militar y escritor español del s. XV, autor del *Seguro de Tordesillas* (1439).

FERNÁNDEZ DURO (Cesáreo), marino, geógrafo e historiador español (1830-1908).

FERNÁNDEZ ESPIRO (Diego), poeta y periodista argentino (1872-1912).

FERNÁNDEZ FLÓREZ (Darío), novelista español, n. en 1909, autor de *Lola, espejo oscuro*.

FERNÁNDEZ FLÓREZ (Isidoro), periodista español (1840-1902), muy popular en su época bajo el seudónimo de **Fernanflor.**

FERNÁNDEZ FLÓREZ (Wenceslao), escritor humorístico español (1886-1964), autor de *Relato Inmoral, El malvado Carabel, Los que no fuimos a la guerra, Las siete columnas, El secreto de Barba Azul*, etc.

FERNÁNDEZ GARCÍA (Alejandro), escritor venezolano (1879-1939), autor de *Oro de alquimia* y *Búcaros en flor*.

FERNÁNDEZ GRILO (Antonio), poeta español (1845-1906), famoso por su composición *Las ermitas de Córdoba*.

FERNÁNDEZ GUARDIA (Ricardo), escritor costarricense (1867-1950), autor de *Cuentos ticos*.

FERNÁNDEZ GUERRA (Aureliano), político y erudito español (1816-1894), que ha estudiado Quevedo y *El Quijote* apócrifo.

FERNÁNDEZ JUNCOS (Manuel), escritor español (1846-1928), autor de relatos sobre Puerto Rico.

FERNÁNDEZ LEDESMA (Enrique), poeta y escritor mexicano (1888-1939), autor de *Con la sed en los labios*.

FERNÁNDEZ MADRID (José), médico, político y poeta colombiano (1789-1830), pres. de la Rep. en 1816, año en que fue desterrado por Morillo. Autor de versos en los que canta a los héroes y los acontecimientos de la guerra de Independencia. — Su hijo, PEDRO, n. en La Habana (1817-1875), fue escritor y estadista de Colombia.

FERNÁNDEZ MONTESINOS (José), erudito español, n. en 1897, que ha estudiado la poesía y el teatro de Lope de Vega.

FERNÁNDEZ MONTIEL (José). V. MONTIEL.

FERNÁNDEZ MORENO (Baldomero), poeta argentino (1886-1950), que canta, en sencillos versos, los temas de la vida cotidiana; autor de: *Las iniciales del misal, Versos de Negrita, Romances y seguidillas, Ciudad, Campo argentino, Parva, Penumbra*, etc. — Su hijo CÉSAR, n. en 1919, también poeta.

FERNÁNDEZ OREAMUNO (Próspero), general y político costarricense (1834-1885), pres. de la Rep. de 1882 a 1885.

FERNÁNDEZ RAMÍREZ (Salvador), filólogo español contemporáneo, autor de una *Gramática española*.

FERNÁNDEZ-SHAW (Carlos), poeta español (1865-1911), cuya inspiración se manifiesta en sus obras *Poesía de la sierra* y *Poemas del mar*.

FERNÁNDEZ DE CÓRDOBA EL GRAN CAPITÁN

FERNÁNDEZ DE LIZARDI

FERNÁNDEZ MORENO

Fot. doc. A. G. P.

FERNANDO I
el Grande

FERNANDO III
el Santo

FERNANDO VII
por GOYA

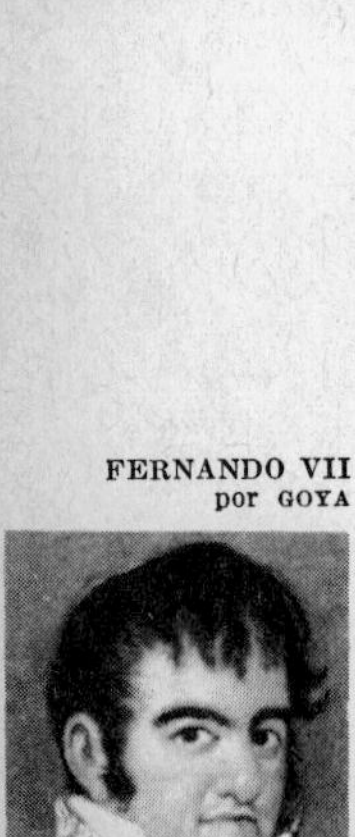

Como autor de libretos de zarzuela se le deben *La chavala* y *La revoltosa*. — Su hijo GUILLERMO (1893-1965), comediógrafo y libretista de zarzuelas, autor de *Doña Francisquita, La rosa del azafrán, Luisa Fernanda, La tabernera del puerto,* etc.

FERNÁNDEZ SPENCER (Arturo), poeta dominicano, n. en 1923.

FERNÁNDEZ VILLAVERDE (Raimundo), político español (1848-1905), jefe del Gob. en 1903 y 1905; saneó la hacienda del país tras la crisis de 1898.

FERNÁNDEZ Y GONZÁLEZ (Manuel), novelista español (1821-1888), autor entre mil otros relatos de *El pastelero de Madrigal* y *El cocinero de Su Majestad.*

FERNANDINA, isla del Ecuador (Archip. de Colón). — N. que los españoles dieron a la isla de **Cuba.**

FERNANDO I el Grande, rey de Castilla, de León y de Navarra, m. en León (1035-1065). Hijo segundo de Sancho III, tuvo que luchar, a la muerte de éste, contra Bermudo III de León, que fue vencido y muerto en Támara (1037). Confirmó y perfeccionó las leyes de los godos, conquistó parte de Navarra a su hermano García IV y, aprovechando el desmembramiento del califato de Córdoba, hizo a los moros una guerra encarnizada, sometiendo a su soberanía a los emires de Zaragoza y Toledo.

FERNANDO II, rey de León (1157-1188), hijo de Alfonso VII de Castilla y León. Venció e hizo prisionero al rey de Portugal Alfonso Enríquez y creó la orden de Santiago de Compostela. Impulsó la reconquista por Extremadura.

FERNANDO III el Santo, rey de Castilla y León (1199-1252), muerto en Sevilla. Hijo de Alfonso IX de León, heredó en 1217 el trono de su tío Enrique I de Castilla, que su padre le disputó en vano. A la muerte de Alfonso reunió Fernando las dos coronas de León y Castilla (1230), que no volvieron a separarse desde entonces. Conquistó a los moros Córdoba, Sevilla, Murcia y Jaén y redujo a vasallaje al rey de Granada. Mostróse muy severo con los herejes, los judíos y los musulmanes. Declaró al castellano lengua oficial del reino. Fiesta el 30 de mayo.

Fernando *(Orden Militar de San),* instituida por las Cortes españolas en la guerra de la Independencia (1811), destinada especialmente para los militares. Cinta roja con borde anaranjado.

FERNANDO IV el Emplazado, rey de Castilla y de León (1285-1312). Subió al trono en 1295 a la muerte de su padre Sancho IV y tuvo que luchar mucho tiempo para afirmar su autoridad. Cuenta la tradición que, habiendo hecho perecer injustamente a los Carvajales, éstos le emplazaron ante Dios en un término de treinta días y, en efecto, se cumplió la predicción.

FERNANDO V el Católico. V. REYES CATÓLICOS.

FERNANDO VI, rey de España, n. en Madrid (1712-1759). Sucedió a su padre Felipe V en 1746 y el principio de su reinado fue señalado por el desarrollo dado a las artes, la industria y el comercio. Fue su reinado un período de paz. Sus ministros (Carvajal y el marqués de la Ensenada) llevaron la administración del país. Pero, afligido desde muy temprano por una profunda melancolía, la muerte de su esposa, en 1758, le hizo caer en incurable demencia, de la que murió poco después. Le sucedió su hermano, el rey de las Dos Sicilias, que tomó el nombre de Carlos III.

FERNANDO VII, rey de España, n. en San Ildefonso (1784-1833). Hijo mayor de Carlos IV, conspiró muy pronto contra el ministro Godoy, favorito de su madre, y fomentó el motín de Aranjuez. Napoleón, cuya protección había solicitado, supo atraerle a Bayona, y allí le arrancó, así como a su padre Carlos IV, su abdicación, merced a la cual pudo dar el trono de España a su hermano José. Confinado en Valençay solicitó la mano de una sobrina del emperador. Habiéndole devuelto Napoleón la corona en 1813, volvió Fernando a España y sólo pensó en restablecer en el país la monarquía absoluta. Las colonias de América, ante la abdicación de Fernando y la invasión francesa, habían decidido proclamar su independencia, y la política del monarca restaurado no fue la más adecuada para hacerlas volver a la obediencia, consumándose en pocos años la pérdida del imperio colonial hispanoamericano. No todos los españoles aceptaron, sin embargo, aquel vergonzoso despotismo y la revolución de 1820 obligó a Fernando VII a restablecer la Constitución, si bien, con ayuda de un ejército francés, consiguió derribar las Cortes en 1823. Volvió a ser rey absoluto, y señaló su segunda restauración con severas represiones. Viudo tres veces y sin hijos, se casó con su sobrina María Cristina de Nápoles, y poco después, aboliendo la ley sálica instaurada en España por los Borbones, promulgó una pragmática en virtud de la cual debía heredar la corona su hija Isabel en perjuicio de su hermano don Carlos. Tras un reinado nefasto, dejó por herencia la guerra civil.

FERNANDO I, hermano menor de Carlos V, n. en Alcalá de Henares (Madrid) [1503-1564], emperador germánico de 1558 a 1564; negoció la Paz de Augsburgo y fue jefe de la rama menor de los Habsburgos y fundador de la monarquía austriaca. — FERNANDO II, nieto del anterior, nacido en Gratz (1578-1637), emperador germánico de 1619 a 1637. Su ambición y su odio al protestantismo causaron la guerra de los Treinta Años. — FERNANDO III, nacido en Gratz (1608-1657), emperador germánico de 1637 a 1657. Firmó en 1648 el Tratado de Westfalia.

FERNANDO I de Antequera, rey de Aragón y de Sicilia de 1412 a 1416, fue elegido tras el Compromiso de Caspe. — FERNANDO II, rey de Aragón y Sicilia en 1479. Fue Fernando V el Católico de Castilla. (V. REYES CATÓLICOS.)

FERNANDO I (1793-1875), emperador de Austria de 1835 a 1848.

FERNANDO I, rey de Nápoles de 1458 a 1494. — FERNANDO II, nieto del anterior, rey de Nápoles de 1495 a 1496. — FERNANDO III, rey de Nápoles de 1504 a 1516, que fue Fernando V el Católico de Castilla.

FERNANDO I, rey de Sicilia en 1759 y de las Dos Sicilias en 1816; despojado del reino de Nápoles en 1806 y restablecido en dicha parte de sus Estados en 1815; m. en 1825. — FERNANDO II, rey de las Dos Sicilias de 1830 a 1859.

FERNANDO I, rey de Portugal de 1367 a 1383.

FERNANDO I, gran duque de Toscana de 1604 a 1609. — FERNANDO II, gran duque de Toscana de 1620 a 1670. — FERNANDO III, gran duque de Toscana en 1771, derribado por los franceses en 1799 y restablecido en 1814; m. en 1824.

FERNANDO DE ESPAÑA, llamado **el Cardenal-Infante,** cardenal español (1609-1641), hijo de Felipe III. Fue gobernador de los Países Bajos en 1634.

FERNANDO de Hohenzollern (1865-1927), rey de Rumania en 1914.

FERNANDO DE LA MORA, pobl. del Paraguay (Central).

FERNANDO DE NOROÑA, archip. brasileño del Atlántico, que forma un terr. a 350 km del cabo de San Roque.

FERNANDO de Sajonia Coburgo, príncipe de Bulgaria en 1887, nombrado zar de los búlgaros en 1908, nacido en Viena (1861-1948). Se alió a los Imperios Centrales y abdicó en 1918.

FERNANDO DE TALAVERA, teólogo español (1445-1507), confesor de Fernando el Católico, a quien aconsejó la guerra contra los moros.

FERNANDO POO, isla del golfo de Guinea que forma una prov. de Guinea Ecuatorial; 2 017 km²; 62 612 h. Cap. *Santa Isabel.* De origen volcánico, presenta cimas elevadas (3 106 m). Principales prod.: cacao, café, plátanos. — Fernando Poo, descubierta por los portugueses en 1472, fue cedida a España en 1778, tomando el nombre de San Carlos. Los primeros colonos perecieron envenenados por los indígenas. La isla fue colonizada nuevamente en 1845. Accedió a la autonomía en 1964 y a la independencia en 1968. (V. GUINEA ECUATORIAL.)

FERNANFLOR. V. FERNÁNDEZ FLÓREZ (Isidoro).

FERNÁN GONZÁLEZ, primer conde independiente de Castilla, hacia 950, célebre por su rivalidad con don Sancho I de Navarra, y héroe de varios romances antiguos.

Fernán González *(Poema de),* obra compuesta en el s. XIII por un monje de Arlanza, que utiliza la técnica del mester de clerecía para celebrar la vida del héroe creador de la independencia de Castilla.

Fot. doc. A. G. P., Anderson-Giraudon

FERNÁN NÚÑEZ (*Duque de*), político y diplomático español (1778-1821).
FEROE (ISLAS), archipiélago danés al N. de Escocia. Cap. *Thorshavn*. Pesca; cría de ganado.
FERRÁN (Jaime), bacteriólogo español (1852-1929), que inventó el procedimiento de la vacunación contra el cólera e introdujo una vacuna antirrábica.
FERRANT (Ángel), escultor español (1891-1961).
FERRARA, c. de Italia (Emilia), a orillas del Po. Arzobispado. Catedral de estilo lombardo. En 1438 convocó allí el papa Eugenio IV un concilio, para responder al de Basilea.
FERRARI (Gaudencio), pintor, escultor y arquitecto italiano (¿1480?-1546), discípulo de Leonardo de Vinci.
FERRATER MORA (José), filósofo y ensayista español, n. en 1912, autor de un *Dictionnario de Filosofía*.
FERRAZ (Valentín), militar y político español (1793-1866), jefe del Gob. en 1840.
FERRÉ (Luis), abogado y político puertorriqueño, n. en 1904, elegido gobernador del Estado en 1969.
FERREIRA (Antonio), poeta portugués (1528-1569), autor de poesías petrarquescas y de la tragedia *Inés de Castro*.
FERREIRA (Benigno), general y político paraguayo (1845-1922), pres. de la Rep. en 1906, derribado en 1908.
FERREIRA DE CASTRO (José María), novelista portugués, n. en 1898; autor de los relatos *Carne hambrienta, Sangre negra*.
FERREÑAFE, c. del Perú, cap. de la prov. del mismo n. (Lambayeque).
FERRER (Bartolomé), navegante español del s. XVI. Exploró la costa de California en 1543.
FERRER (Jaime), navegante y cosmógrafo catalán del siglo XV, que trazó la línea del Tratado de Tordesillas.
FERRER (Mateo), organista español (1788-1864), notable contrapuntista de su tiempo.
FERRER BASSA, pintor y miniaturista catalán (¿1290-1348?), autor de frescos en el monasterio de Pedralbes (Barcelona).
FERRER DEL RÍO (Antonio), historiador y erudito español (1814-1872), autor de una *Galería de la literatura española* y de un concienzudo estudio sobre *La Araucana*.
FERRER Y GUARDIA (Francisco), anarquista español (1859-1909); murió fusilado.
FERRERA (Francisco), general y político hondureño (1794-1851), vicejefe del Estado en 1834 y primer pres. de la Rep. de 1841 a 1845.
FERRERO (Guillermo), sociólogo e historiador italiano (1871-1943), autor de *Grandeza y decadencia de Roma*.
FERRETIS (Jorge), novelista mexicano, n. en 1902, que enfoca, en su obra, el proceso revolucionario (*Hombres en tempestad*, etc.).
FERREYRA BASSO (Juan G.), escritor argentino, n. en 1910, autor de *Soledad poblada*.
FERROL DEL CAUDILLO (El), c. de España (La Coruña). Importante puerto militar en el Atlántico; arsenal, astilleros.
FERTÉ-MILON (La), pobl. de Francia (Aisne). Patria de J. Racine.
FERTÖ (LAGO), n. húngaro del lago *Neusiedl*.

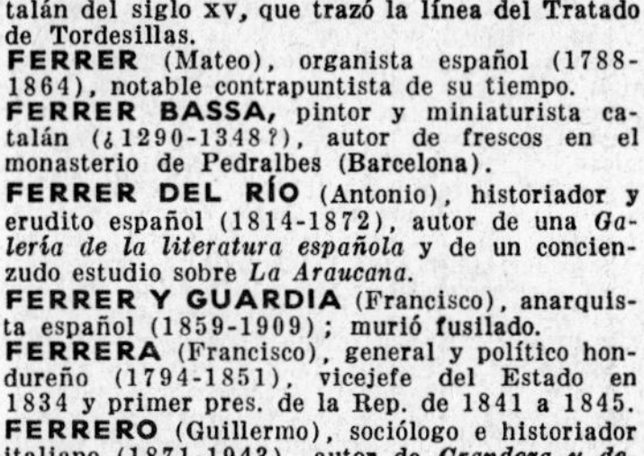

SAN BUENAVENTURA
por FERRER BASSA

Fot. Larousse, Benque, Giraudon

FEUERBACH (Ludwig), filósofo alemán (1804-1872), que se apartó del idealismo hegeliano para adoptar una filosofía mucho más realista.
FEUILLET (Octavio), novelista francés (1821-1890), autor de *La novela de un joven pobre*.
FEVAL (Paul), escritor francés (1817-1887), autor de novelas de aventuras: *El Jorobado*.
FEYDEAU [*fedó*] (Georges), comediógrafo francés (1862-1921), de vena inagotable en sus vaudevilles *La dame de chez Maxim*, etc.
FEZ, c. de Marruecos, ant. capital del reino; centro religioso y económico.
FEZZÁN, prov. del SO. de Libia. Cap. *Sebha*.
FIALLO (Fabio), poeta y prosista dominicano (1866-1942), autor de *Cuentos frágiles*. Fue amigo de Rubén Darío.
FIAMBALÁ, río de la Argentina (Catamarca). — Pobl. de la Argentina (Catamarca).
¡Fiat lux!, composición poética del peruano José Santos Chocano (1908).
FICINO (Marsilio), humanista italiano (1433-1499), comentarista de Platón.
FICHER (Jacobo), compositor argentino naturalizado, n. en Odessa (Rusia) en 1896. Autor de *Poema Heroico, La Sulamita* y *Los Invitados*.
FICHTE (Johann Gottlieb), filósofo alemán (1762-1814), discípulo de Kant y maestro de Schelling. Su sistema, derivado en un principio del de Kant, acabó por convertirse en un idealismo absoluto. Su influencia política se revela en sus célebres *Discursos a la nación alemana*.
FICHTELGEBIRGE, macizo montañoso de Alemania (Franconia), entre las selvas de Bohemia y Turingia; 1 051 m. Nudo hidrográfico.
Fidelio o El amor conyugal, única ópera de Beethoven (1805), recompuesta en 1806 y 1814.
FIDIAS, el escultor más famoso de la Grecia ant., n. en Atenas, m. hacia 431 a. de J. C., a quien se atribuye el *Zeus Olímpico*, la *Atenea* de bronce y la *Atenea* del Partenón, de cuyo templo dirigió la decoración (*Panateneas*).
FIDJI o **VITI,** archip. británico de Melanesia, cuyas islas principales son Vanua Levu y Viti Levu; 464 000 h.; cap. *Suva*, 37 000 h. Caña de azúcar. Escala aérea.
FIELD [*fild*] (Juan), compositor irlandés (1782-1837), autor de *Nocturnos* para piano.
FIELDING [*filding*] (Henry), escritor y autor dramático inglés (1707-1754), autor de comedias y de *Tom Jones*, novela realista.
Fierabrás, héroe de un cantar de gesta de fines del s. XII. — El *bálsamo de Fierabrás* (Don Quijote), debe su n. a un curandero del s. XVI.
FIERAVANTI (Aristotile), arquitecto italiano (entre 1415 y 1420-¿1486?).
FIERRO, laguna de México (Chihuahua).
FIERRO (Humberto), poeta simbolista ecuatoriano (1890-1931), autor de *El laúd del valle*.
FIERRO (Martín). V. MARTÍN FIERRO.
FIERRO (Pancho), pintor peruano (1803-1879), de inspiración costumbrista.
FIERRO URCU, cima de los Andes del Ecuador, en el S. del país; 3 790 m.
FIESCO, ilustre familia gibelina de Génova, a la que pertenecían los papas Inocencio IV y Adriano V, y JUAN LUIS **Fiesco** (1522-1547), jefe de una conspiración contra Andrea Doria (1547), inmortalizada en un drama de Schiller.
FIÉSOLE, c. de Italia (Toscana), cerca de Florencia; ruinas etruscas.
FIÉSOLE (Fra Angélico de). V. ANGÉLICO.
FIFE, condado de Escocia, en el estuario del Forth. Cap. *Cupar*; c. pr. *Dunfermline*.
FIGARI (Pedro), abogado, político y pintor impresionista uruguayo (1861-1938).
Fígaro, personaje creado por Beaumarchais en *El barbero de Sevilla* y en *El casamiento de Fígaro*, prototipo de criado intrigante, hábil e ingenioso.
FÍGARO. V. LARRA (Mariano José de).
FIGAROLA CANEDA (Domingo), bibliógrafo e historiador cubano (1852-1925).
FIGUEIRA DA FOZ, c. de Portugal (Coimbra); playa muy concurrida en el Atlántico.
FIGUEIREDO (Cristóbal), pintor portugués, del siglo XVI.
FIGUERAS, c. de España (Gerona); industria textil y química. Plaza fuerte.
FIGUERAS Y MORAGAS (Estanislao), político español (1819-1882), primer pres. de la Primera República (1873).

FICHTE
por WICHMANN

FIDIAS
MINERVA
detalle
museo de Atenas

DANZA CRIOLLA
por FIGARI
museo de Arte Moderno, París

FIGUERES FERRER

FIGUEREDO (Pedro), abogado y patriota cubano, llamado **Pedrucho** (1819-1870), que participó en la toma de Bayamo (1868), inspirándose en ella para componer el himno nacional. Fusilado en Santiago.

FIGUERES FERRER (José), político costarricense, n. en 1907, pres. de la Junta Fundadora de la Segunda Rep. de 1948 a 1949, y pres. de la Rep. de 1953 a 1958. Reelegido en 1970.

FIGUEROA (Fernando), general y político salvadoreño (1849-1912), pres. de la Rep. de 1907 a 1911.

FIGUEROA (Francisco de), poeta español (1536-1620), conocido en su tiempo como **el Divino.** De inspiración petrarquesca, se le deben admirables elegías, canciones y sonetos.

FIGUEROA (Pedro Pablo), periodista y poeta chileno (1857-1910), autor de un notable *Diccionario biográfico de Chile.*

FIGUEROA ALCORTA (José), político y abogado argentino (1860-1931), pres. de la Rep. de 1906 a 1910. Fomentó el progreso económico del país.

FIGUEROA LARRAÍN (Emiliano), político chileno (1863-1931), vicepres. de la Rep. en 1910, y pres. de 1925 a 1927.

FIGUEROA Y CÓRDOBA (Diego y José), escritores españoles del s. XVII, autores de las comedias *La hija del mesonero, La dama del capitán, Muchos aciertos de un yerro* y *Pobreza, amor y fortuna.*

FIGUEROA Y TORRES (Álvaro de). V. ROMANONES.

FIGUEROLA (Justo), abogado y político peruano, m. en 1854, pres. provisional de la Rep. en 1844.

FILABRES (SIERRA DE LOS), macizo montañoso de España, situado al norte de la ciudad de Almería; 2 137 m. Yacimientos de hierro.

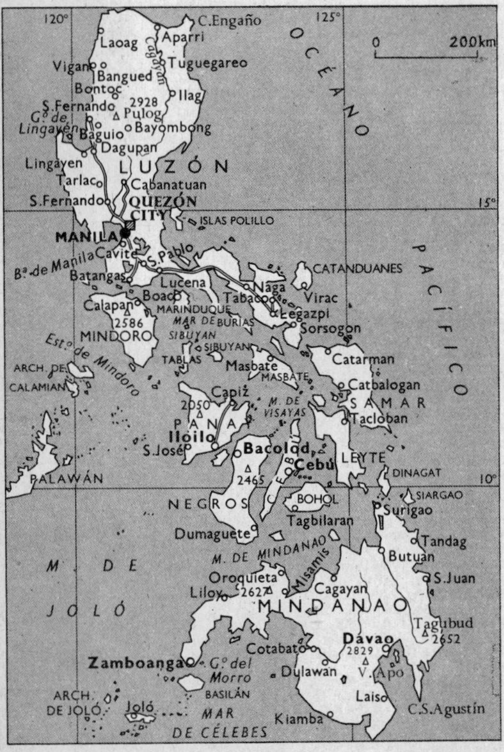

escudo y mapa de FILIPINAS

FILADELFIA, en ingl. **Philadelphia,** c. de los Estados Unidos (Pensilvania), a orillas del Delaware; arsenal; centro industrial (ref. de petróleo, metalurgía, ind. textil). Universidad. La ciudad, fundada por William Penn, fue, de 1790 a 1800, sede del Gobierno federal.

FILADELFIA. V. COLONIAS MENNONITAS.

FILAE, isla del Nilo, en el Alto Egipto, cerca de la primera catarata, consagrada antiguamente a Isis y Osiris; ruinas del templo de Isis.

FILEMÓN, poeta cómico griego (361-262 a. de J. C.), representante de la comedia de costumbres o *comedia nueva.*

FILEMÓN y **BAUCIS,** humilde matrimonio de Frigia, cuya choza fue convertida en templo por Zeus, como premio a su hospitalidad.

Filípicas *(Las),* arengas políticas de Demóstenes contra Filipo de Macedonia; discursos notables por su elocuencia sobria y vigorosa (351-341 a. de J. C.).

Filípicas, arengas de Cicerón contra Marco Antonio (43 a. de J. C.), llamadas *Filípicas* a imitación de las de Demóstenes.

FILIPINAS, archipiélago y Estado al SE. del continente asiático, entre el mar de China y el océano Pacífico; 299 404 km²; 34 345 000 h. *(filipinos)*; cap. *Ciudad Quezón,* 500 000 h. C. pr. *Manila,* 1 500 000 h.; *Cebú,* 210 000; *Iloilo,* 110 000; *Zamboanga,* 104 000.

— GEOGRAFÍA. El Archipiélago está integrado por unas 7 100 islas e islotes, entre las cuales sobresalen las de Luzón al N. y Mindanao al S. y le siguen en importancia las de Samar, Negros, Palaván, Panay, Leyte, etc. El suelo de estas islas es montañoso y volcánico, y la mayor elevación se encuentra en el volcán Apo (2 930 m), en Mindanao. El clima, cálido y húmedo, se caracteriza por su regularidad. La agricultura es la fuente de riqueza más importante, y sus principales productos son: arroz (base de la alimentación indígena, junto con el maíz y el pescado), caña de azúcar, tabaco, abacá o cáñamo de Manila, copra. La pesca constituye otro capítulo importante, así como la explotación maderera (caoba) procedente de las selvas que cubren la mitad del territorio. La ganadería está en plena expansión. El subsuelo filipino es rico en oro, hierro, cromo, manganeso, carbón, etc., pero la industria está aún poco desarrollada y se deriva casi exclusivamente de la agricultura. La mayor parte del comercio exterior se realiza con los Estados Unidos, y la unidad monetaria es el *peso* filipino. Desde el punto de vista etnográfico, la población es bastante heterogénea, con predominio de los elementos de raza malaya, junto a los cuales existen grupos de negritos, chinos, españoles y norteamericanos. Se hablan varios dialectos en las islas, de los cuales el tagalo es el más importante, declarado lengua oficial en 1940. También se hablan el inglés y el español. La enseñanza primaria es libre y obligatoria, y la superior cuenta con 25 universidades, de las cuales la más antigua es la de Santo Tomás, fundada en 1611. La religión predominante es la católica, y eclesiásticamente se divide el país en siete archidiócesis y 18 diócesis. Existen grupos de protestantes, musulmanes y budistas.

— HISTORIA. El primer europeo que consiguió llegar al Archipiélago fue Magallanes, en su viaje de circunnavegación (1521), pero murió en la isla de Mactán luchando contra los indígenas. El español Ruy López de Villalobos desembarcó en 1543 en Mindanao y Leyte, a la cual dio el nombre de Filipina, en honor del monarca español Felipe II. En 1565 comenzó la colonización, con la expedición de Miguel López de Legazpi, quien ocupó las islas principales, pactó con los jefes indígenas y fundó la ciudad de Manila (1571). La mayoría de la población abrazó la religión cristiana, lo cual facilitó la tarea de los colonizadores. El Archipiélago pasó a depender administrativamente del reino de Nueva España, por cuyo puerto de Acapulco se realizaba todo el comercio con Manila. Durante la dominación española, que se prolongó por más de tres siglos y medio, se sucedieron numerosos ataques de los chinos, japoneses, holandeses e ingleses. Estos últimos llegaron a apoderarse de Manila en 1762, que fue devuelta posteriormente. La Constitución española de 1812 y el ejemplo de la emancipación de las colonias hispanoameri-

Fot. Agencia Intercontinental

canas hicieron brotar en los nativos el ansia de independencia, que se manifestó en la revuelta de 1823, sofocada por las autoridades españolas, y en otra sublevación (1854), encabezada por el mestizo José Cuesta, que fue también severamente reprimida por el marqués de Novaliches. El descontento seguía reinando en el Archipiélago, fomentado por la sociedad secreta del *Katipunán*. Un movimiento separatista más extenso (1896), costó la vida a José Rizal, héroe nacional, fusilado por los españoles ese mismo año, junto con otros patriotas. Los ánimos se enconaron aún más, y Emilio Aguinaldo tomó el mando de los nacionalistas e inició negociaciones con el general español Fernando Primo de Rivera. Las concesiones otorgadas por este último no fueron mantenidas, y Aguinaldo proclamó entonces la independencia de las Filipinas, y decidió continuar la guerra. Los Estados Unidos intervinieron en 1898, derrotaron la escuadra española en Cavite, y el Gobierno de Madrid se vio obligado a firmar el Tratado de París, por el cual cedía el Archipiélago a los Estados Unidos. Los patriotas filipinos, acaudillados por Aguinaldo, se opusieron a la dominación norteamericana, pero fueron reducidos a las montañas del norte de Luzón donde organizaron las guerrillas. En 1916, el Congreso de Washington concedió la autonomía, y en 1934 se aprobó la Constitución del *Commonwealth* de Filipinas, que preveía la independencia para 1944. Manuel Quezón fue elegido presidente (1934) y tuvo que retirarse a la llegada de los japoneses, a finales de 1941. El territorio filipino, escenario de duros combates durante la Segunda Guerra mundial, fue finalmente liberado por las tropas del general norteamericano Mac Arthur (1945). El 4 de julio de 1946 fue proclamada la independencia de la República de Filipinas, y desde entonces Manuel A. Roxas (1946), Elpidio Quirino (1948), Ramón Magsaysay (1953), Carlos P. García (1957), Diosdado Macapagal (1961) y Fernando E. Marcos (1966, reelegido en 1969) se han esforzado en restaurar los daños ocasionados por la guerra, fomentar el progreso económico, y elevar Filipinas al puesto que le corresponde entre las naciones civilizadas.

FILIPO II, rey de Macedonia (¿382?-336 a. de J. C.), padre de Alejandro Magno. Subido al trono en 356, se apoderó de una parte de Tracia y de las ciudades griegas de la costa del mar Egeo. Derrotó a los atenienses en Queronea, en 338, e iba a marchar contra los persas cuando fue asesinado por Pausanias, acaso por instigación de su mujer Olimpias. — FILIPO V, rey de Macedonia de 221 a 179 a. de J. C., derrotado por los romanos en Cinocéfalos (197).

FILIPÓPOLI. V. PLOVDIV.

FILIPOS, c. de Macedonia, en los confines de Tracia, no lejos del mar, donde Marco Antonio y Octavio vencieron a Bruto y Casio (42 a. de J. C.).

FILISOLA (Vicente), general mexicano, n. en Italia en 1785, m. en 1850, que se pronunció con Iturbide (1821) y fue enviado a Centroamérica para gestionar su anexión a México. Caído Iturbide, reunió el Congreso de Guatemala que declaró la independencia del país (1823).

FILISTEOS, ant. pueblo de Asia, establecido entre Siria, el Mediterráneo y la región de Jopé. Desaparecieron de la historia en el s. VII.

FILOCTETES, uno de los más ilustres guerreros griegos del sitio de Troya. Sus hazañas inspiraron a Sófocles una tragedia (409 a. de J. C.).

FILOMELA, hija de Pandión, rey de Atenas, y hermana de Progne. Fue metamorfoseada en ruiseñor.

FILOMENA, *(Santa)*, mártir italiana, cuya existencia es tan dudosa que la Congregación de Ritos suprimió su culto en 1961. Su fiesta era el 11 de agosto.

FILÓN de Alejandría, filósofo griego de origen judío, n. en Alejandría (20 a. de J. C.-54), cuya filosofía, mezcla de la de Platón y de la Biblia, influyó en el neoplatonismo y en la literatura cristiana.

FILÓN de Bizancio, ingeniero y estratega griego (fines del s. III a. de J. C.).

FILOPÉMENES, jefe de la Liga Aquea, llamado **el Último de los griegos** (253-183 a. de J. C.), intentó mantener la unidad de Grecia ante los incesantes progresos de Roma.

Filosofía botánica, obra de Linneo (1751), fundamento de la nomenclatura botánica.

Filosofía positiva *(Curso de)*, obra fundamental de Augusto Comte (1830-1842) en la cual propone reemplazar las especulaciones sobre la causa primera por una representación sistemática y positiva del universo.

FILOSTRATO (Flavio), sofista griego (¿175-249?), autor de *Vida de Apolonio de Tiana*. Enseñó Retórica en Atenas y en Roma.

FILOXENO o **FILÓXENO,** poeta ditirámbico griego (435-380 a. de J. C.), que vivió en la corte de Dionisio el Viejo, tirano de Siracusa. Solamente fragmentos de sus obras han llegado hasta nosotros.

FINGAL (GRUTA DE), célebre caverna de Escocia, en la isla de Staffa (Hébridas). Mide 69 m de largo por 20 de alto y forma una bóveda sostenida por paredes de basalto. El ruido producido por el mar en esta gruta inspiró a Mendelssohn una célebre obertura.

Fingal, poema en prosa de Macpherson (1762), que el autor atribuyó al bardo celta Osián.

FINISTÈRE, dep. de Francia, en Bretaña, cap. *Quimper*.

FINISTERRE (CABO), promontorio granítico, de 600 m de alto, que forma el extremo occidental de la Península Ibérica (La Coruña).

FINLANDIA, en finés **Suomi,** república de Europa nororiental, a orillas del Báltico; 337 000 km²; 4 613 000 h. *(finlandeses)*; cap. *Helsinki*, 528 300 h.; c. pr. *Tampere*, 127 000 h.; *Turku*, 123 000; *Lahti*, 63 000; *Pori*, 52 000; *Uleaborg*, 55 000; *Vaasa*, 41 000; *Kuopio*, 43 000.

moneda con la efigie de FILIPO II de Macedonia

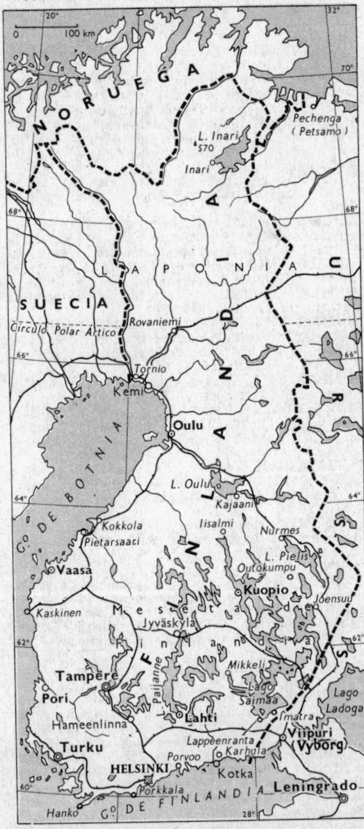

escudo y mapa de FINLANDIA

Fot. Larousse

FLORA
por TIZIANO
Galería de
los Oficios,
Florencia

FITZ ROY

FLAUBERT

— GEOGRAFÍA. País de colinas boscosas y millares de lagos. Los bosques, que cubren las tres cuartas partes de la superficie, constituyen la principal fuente de riqueza (aserraderos, celulosa). En la región meridional se cultivan avena y cebada y se cría ganado bovino. Las caídas de agua alimentan las industrias de *Tampere* (papelería), *Turku* y *Helsinki* (construcciones mecánicas).
— HISTORIA. Finlandia, cristianizada desde 1154, perteneció a Suecia hasta que ésta la cedió a Rusia (1809) por un tratado de paz. El país se declaró independiente en 1917. Atacado por los rusos en 1939, se distinguió por su resistencia heroica. Firmó un armisticio en 1944 y emprendió la lucha contra los alemanes, sus antiguos aliados. En 1947, por el Tratado de París, cedió a la U. R. S. S. las regiones de Pétsamo y Carelia.
FINLANDIA (GOLFO DE), golfo en el mar Báltico, entre Finlandia y la U.R.S.S. Sus principales puertos son: *Helsinki, Vyborg, Leningrado* y *Tallinn.*
FINLAY (Carlos Juan), médico e investigador cubano, n. en Camagüey (1833-1915), que demostró experimentalmente la transmisión del microbio de la fiebre amarilla a través de la picadura de un mosquito. Su labor científica fue fundamental en el estudio de las enfermedades tropicales. En su honor se creó en Cuba la *Orden del Mérito Carlos J. Finlay.*
FINOT (Emilio), escritor boliviano (1888-1914).
FINOT (Enrique), escritor y político boliviano (1891-1952), autor de una *Historia de la literatura boliviana.*
FINSEN (Niels), médico y biólogo danés (1860-1904), Pr. Nóbel en 1903 por sus investigaciones sobre las posibilidades curativas de la luz.
FIONIA, isla de Dinamarca, separada del Slesvig por el Pequeño Belt. Cap. *Odense.*
FIORAVANTI (Leonardo), médico empírico italiano (1518-1588).
FIORAVANTI (Octavio), pintor y escultor argentino, de origen italiano, n. en 1894. — Su hermano JOSÉ, n. en 1896, brillante escultor.
FIRDUSI (Abul Cassin Mansur), poeta persa (933-1021 ó 1025), autor del *Libro de los Reyes,* inmenso fresco literario dedicado a la gloria de su país.
FISCHER (Emilio), químico alemán (1852-1919). Realizó trabajos sobre los glúcidos. (Pr. Nóbel, 1902.)
FISCHER (Kuno), filósofo alemán, de la escuela hegeliana (1824-1907).
FISCHER von Erlach (Juan Bernardo), arquitecto barroco austriaco (1656-1723), constructor del palacio de Schönbrunn.
FISHER (Irving), matemático y economista norteamericano (1867-1947).
FISHER (*San* Juan) [1459-1535], obispo de Rochester, decapitado por orden de Enrique VIII.
FITA (*Fray* Fidel), erudito epigrafista y arqueólogo español (1838-1918).
FITERO, v. de España (Navarra). Ant. abadía cisterciense (s. XII-XIII). Baños termales.
FITZGERALD (Francis SCOTT), novelista norteamericano (1896-1940), pintor de la juventud de su país tras la Guerra mundial. Autor de *A este lado del Paraíso, El gran Gatsby,* etc.
FITZMAURICE-KELLY (James), hispanista inglés (1857-1923), autor de uno de los mejores manuales de *Historia de la literatura española* (1898).
FITZ ROY, cerro de los Andes patagónicos, en los confines de la Argentina (Santa Cruz) y Chile (Aisén); 3 375 m.
FIUME. V. RIJEKA.
FLAMINIO (Tito Quintio), general romano, cónsul en 198 a. de J. C., m. hacia 175. Derrotó a Filipo de Macedonia en Cinocéfalos.
FLAMINIO NEPOTE (Cayo), cónsul romano, vencido y muerto por Aníbal en Trasimeno (217 a. de J. C.).
FLAMMARION (Camilo), astrónomo francés (1842-1925), autor de obras de vulgarización.
FLANDES, región de Europa situada entre el Escalda y el mar del Norte, en terr. de Francia, Bélgica y Holanda; zona pantanosa hoy desecada. (Hab. *flamencos.*) El condado de Flandes lo heredó Carlos I de España de su abuelo Maximiliano I, y su posesión ocasionó largas guerras que ensangrentaron los reinados siguientes.
FLANDES OCCIDENTAL, prov. de Bélgica; cap. *Brujas.*

FINLAY

FLEMING

FLANDES ORIENTAL, prov. de Bélgica; cap. *Gante.*
FLANDES (Juan de), pintor flamenco que se estableció en España, m. hacia 1519, autor del *Políptico de Isabel la Católica,* retablos, etc.
FLAUBERT [*flober*] (Gustavo), novelista francés, n. en Ruán (1821-1880), maestro del género realista y prosista impecable en su obras: *Madame Bovary* (1857), *Salambó* (1862), *La educación sentimental* (1869), *La tentación de San Antonio* (1874), *Tres cuentos* (1877).
Flauta encantada *(La),* ópera en dos actos, música de Mozart (1791).
FLAVIOS, ilustre familia de Roma, a la que pertenecían Vespasiano, Tito y Domiciano.
FLAXMAN (Juan), escultor inglés (1755-1826), de gusto neoclásico.
FLEMALLE (*Maestro de*), pintor flamenco del s. XV, uno de los más sobresalientes de su época (*Santa Bárbara, Enrique de Werl con San Juan Bautista*). Su identificación es desconocida.
FLEMING (*sir* Alexander), médico inglés (1881-1955), descubridor, con Chain y Florey, de la *penicilina.* (Pr. Nóbel, 1945.)
FLENSBURGO, c. de Alemania (Slesvig-Holstein), puerto en el Báltico; pesca.
FLESINGA, c. y puerto de Holanda (Zelanda).
FLETA (Miguel B.), célebre tenor español (1897-1938).
FLETCHER (John), dramaturgo inglés (1579-1625), autor, en unión de Beaumont y después con Massinger, de obras llenas de vigor y realismo.
FLEURY (Andrés Hércules de), cardenal y estadista francés (1653-1743), ministro de Luis XV.
FLINDERS (Mateo), navegante inglés (1774-1814). Exploró las costas de Australia.
FLINT, condado de la Gran Bretaña (Gales); cap. *Mold.*
FLINT, c. de los Estados Unidos (Michigan); centro industrial y comercial.
FLOR (Roger de). V. ROGER DE FLOR.
FLORA, diosa de las Flores y de los Jardines, amada de Céfiro y madre de la Primavera.
FLORA *(Santa),* nacida en Córdoba, mártir en 851. Fiesta el 24 de noviembre.
FLORANES (Rafael), erudito español (1743-1801), autor de *Colección de documentos inéditos para la Historia de España.*
FLOREANA. V. SANTA MARÍA.
FLORENCIA, en ital. **Firenze,** c. de Italia, ant. cap. de Toscana, a orillas del Arno. Centro industrial, artístico y literario. Arzobispado, Universidad. En la Edad Media, fue una República regida por los Médicis. Célebre por su escuela de pintura y escultura *(Escuela florentina).* Posee notables palacios (Pitti), bibliotecas, iglesias (catedral de Santa Maria dei Fiore, Santa Croce), museos (Oficios, Pitti), conventos (San Marco), y el Palazzo Vecchio. Asolada por una inundación en 1966.
FLORENCIA, pobl. de la Argentina (Santa Fe). — C. de Colombia, cap. de la Intendencia de Caquetá; centro arrocero. Vicariato apostólico. (Hab. *florentinos.*)
FLORES, isla del Uruguay, en el río de la Plata. — Isla del río Paraguay, pert. a la rep. de este n. y al Brasil. — N. de dos lagunas de Argentina que se forman en el cauce del río Salado (Buenos Aires). — C. del Brasil (Pernambuco). — C. de Guatemala, cab. del dep. de El Petén; centro comercial. (Hab. *floreños.*) Ant. llamada **Tayasal,** c. maya. — Dep. del Uruguay; cap. *Trinidad;* región ganadera. (Hab. *florenses.*)

Fot. Giraudon, G. Strouvé, X, Boyer

J. J. FLORES

V. FLORES

FLORES, una de las islas Azores; 143 km².
FLORES, isla de Indonesia, en el archip. de la Sonda, entre Sumbava y Timor, separada de las Célebes por el *mar de Flores;* copra, café.
FLORES (Cirilo), político guatemalteco (1779-1826), que, nombrado jefe del Estado en 1826, fue asesinado en una revuelta popular.
FLORES (Ignacio), escritor satírico ecuatoriano m. en 1786. Presidente de la Real Audiencia de Charcas (Bolivia).
FLORES (Juan de), escritor español del siglo XV, autor de los relatos *Historia de Grisel y Mirabella* y *Breve tratado de Grimalte y Gradissa.*
FLORES (Juan José), general y político ecuatoriano, n. en Puerto Cabello (Venezuela) [1801-1864]. Participó en las luchas por la emancipación americana y, en 1830, declaró al Ecuador independiente de la Gran Colombia. Primer pres. de la Rep. de 1830 a 1834, reelegido en 1839 y derrocado en 1845. Promulgó la Constitución de 1843.
FLORES (Manuel Antonio), virrey de Nueva Granada de 1776 a 1782 y de Nueva España de 1787 a 1789.
FLORES (Manuel M.), poeta mexicano (1840-1885), autor de las románticas *Pasionarias.*
FLORES (Venancio), general y político uruguayo (1808-1868), miembro del triunvirato encargado del Poder de 1853 a 1854 y pres. interino de la Rep. de 1854 a 1855. En 1863 fomentó una revolución, invadió el Uruguay, derrocó al pres. Berro y se erigió en dictador (1865-1868). M. asesinado en una calle de Montevideo.
FLORES AVENDAÑO (Guillermo), militar y político guatemalteco, pres. de la Rep. de 1957 a 1958.
FLORES JIJÓN (Antonio), político y escritor ecuatoriano (1833-1912), pres. de la Rep. de 1888 a 1892. Fue buen administrador. Autor de obras históricas.
FLORES MAGÓN (Ricardo), político y escritor mexicano (1873-1922), uno de los precursores de la revolución de 1910.
Flores del mal *(Las),* colección de poesías de Baudelaire (1857), reflejos de un alma atormentada.
FLORESTA, mun. del Brasil (Pernambuco). — Playa del Uruguay (Canalones).
Flores y Blancaflor, delicada historia de amor de origen mal conocido que fue celebrada por el Arcipreste de Hita y Boccaccio.
FLOREY (Howard), médico australiano (1898-1968), colaboró con Fleming y Chain en el descubrimiento de la *penicilina.* (Pr. Nóbel, 1945.)
FLÓREZ (Enrique), historiador y fraile agustino español (1702-1773), autor de la monumental obra *España Sagrada* (29 vol.). Posteriormente han ido apareciendo otros volúmenes, hasta el que hace el número 51, redactados por otros escritores.
FLÓREZ (Julio), poeta romántico colombiano (1867-1923), de fina fibra popular.
FLORIAN (Jean Pierre **Claris de),** escritor francés (1755-1794), autor de fábulas (1792), de comedias y pastorales, frecuentemente inspiradas en las letras españolas.
FLORIANO (Marco Annio), emperador romano en 276.
FLORIANÓPOLIS, c. del Brasil, cap. del Estado de Santa Catarina, en la isla del mismo n Universidad. Arzobispado.

FLORIDA, canal de América, entre la penins. del mismo n. y la isla de Cuba. — Península baja, pantanosa, del SE. de los Estados Unidos, separada de Cuba por el *canal de Florida,* que forma uno de los Estados de la Unión; cap. *Tallahassee.* Fue descubierta en 1512 por Ponce de León y vendida a los Estados Unidos en 1821. Playas famosas de Miami y Palm Beach. — C. del Uruguay, cap. del dep. del mismo n.; centro cultural y comercial. Obispado. (Hab. *floridenses.*) En ella se hizo la declaración de la independencia del Uruguay (1825). El dep. prod. trigo, maíz, lino y girasol; ind. lechera. — Pobl. del Paraguay (Misiones). — Prov. de Bolivia (Santa Cruz); cap. *Samaipata.* — Térm. mun. de Cuba (Camagüey). — N. de dos com. de Chile (Santiago y Concepción).
Florida del Inca *(La),* relato de la expedición de Hernando de Soto, por el Inca Garcilaso de la Vega (1605).
FLORIDABLANCA (José MOÑINO, *conde de*), magistrado y político español (1728-1808). Ministro de Carlos III, mostró gran actividad, desarrolló la instrucción pública, la marina y la industria. Contribuyó a la expulsión de los jesuitas.
FLORINDA la Cava, n. de la hija del conde don Julián, cuya desgraciada aventura con el rey don Rodrigo fue causa de la invasión de España por los moros, según cuenta la leyenda.
FLORIT (Eugenio), poeta cubano, n. en Madrid, en 1903, autor de *Poema mío* y *Asonante final.*
FLORO (Lucio Anneo), historiador latino de fines del s. I a. de J. C., autor de un *Epítome de historia romana.*
FO, n. de Buda, en China.
FOCEA, hoy **Fotcha,** ant. c. de Asia Menor (Jonia), fundada por los griegos.
FÓCIDA, región de la Grecia ant., donde se encontraba el Monte Parnaso, el Santuario de Delfos y el oráculo de Apolo.
FOCIO, patriarca de Constantinopla y escritor bizantino (820-891). Político ambicioso, suscitó el cisma de Oriente.
FOCIÓN, general y orador ateniense (¿400?-317 a. de J. C.), que expulsó a los macedonios del Quersoneso. Condenado a beber la cicuta.
FOCH (Fernando), mariscal de Francia (1851-1929), que se distinguió durante la Primera Guerra mundial. Generalísimo de los ejércitos aliados en 1918, obligó a los alemanes a solicitar un armisticio.
FOCSHANI, c. de Rumania (Moldavia).
FOE. V. DEFOE.
FOGAZZARO (Antonio), poeta y novelista italiano (1842-1911), de tendencia realista, autor del relato *Daniel Cortis.*
FOGGIA, c. de Italia (Pulla), cap. de la prov. del mismo n. Mercado de cereales.
FO-HI, primer emperador y legislador legendario de China (hacia 3 300 a. de J. C.).
FOIX [*fua*], c. de Francia, cap. del dep. del Ariège.
FOIX (CASA DE), n. de una importante familia francesa (s. XIV-XVI), vinculada a Navarra.
FOIX (Germana de), princesa francesa (1488-1538), segunda esposa de Fernando el Católico.
FOKIN (Miguel), bailarín y coreógrafo ruso (1880-1942), verdadero creador del ballet moderno. Colaboró con Diaghilev.
FOLENGO (Teófilo), poeta italiano (1496-1544), cultivador del género macarrónico en su poema burlesco *Baldus.* Conocido por el nombre de **Merlín Cocai.**
FOLIGNO, c. de Italia (Umbría). Cotonadas; cueros; aceite; azúcar.
FOLKESTONE [*folkstón*], c. de Inglaterra (Kent), puerto en la Mancha; estación balnearia.
FOLSOM, pobl. de los Estados Unidos (Nuevo México); estación prehistórica.
FOMBONA PACHANO (Jacinto), poeta venezolano (1901-1951), que cultivó el tema indianista en *Virajes* y *Las torres desprevenidas.*
FOMBONA PALACIO (Manuel), poeta y político venezonalo (1857-1903).
FOMENTO, térm. mun. de Cuba (Las Villas).
FÓMEQUE, c. de Colombia (Cundinamarca).
Fonda de San Sebastián, tertulia literaria fundada hacia 1750 en Madrid por Nicolás Fernández de Moratín. Continuó la tradición literaria de la Academia del Buen Gusto, que se reunía antes en los salones de la condesa de Lemos.

conde DE FLORIDABLANCA por GOYA

FLORIAN

mariscal FOCH

Fot. Larousse, doc. A. G. P., Melcy

M. D. DA FONSECA

FONTENELLE
por RIGAUD
museo de Montpellier

H. FORD

Fondo Monetario Internacional, organismo especializado de las Naciones Unidas cuyo propósito es fomentar la cooperación monetaria internacional, la estabilidad de la moneda y el establecimiento de un sistema multilateral de pagos.

FONSECA, golfo de América Central, en el Pacífico, señalado por las penínsulas de Conchagua y Cosigüina, perteneciente a El Salvador, Honduras y Nicaragua. Sus islas fueron nidos de piratas. — Río de Panamá (Chiriquí), que des. en el océano Pacífico.

FONSECA (Alfonso de), arzobispo de Sevilla, privado de Enrique IV (1418-1473). — Su sobrino ALFONSO, arzobispo de Sevilla y de Santiago, combatió a Enrique IV y a Doña Juana. M. en 1512. — Su hijo natural, llamado también ALFONSO, pensionó a Erasmo y bautizó a Felipe II. M. en 1534.

FONSECA (Cristóbal de), escritor agustino español (1550-1621), autor de un *Tratado del amor de Dios*, de inspiración ascética.

FONSECA (Hermes RODRIGUES DA), general y político brasileño (1855-1923), pres. de la Rep. de 1910 a 1914.

FONSECA (Juan RODRÍGUEZ DE), prelado español (1451-1524), pres. del Consejo de Indias. Protegió a los encomenderos y fue enemigo de Colón, Cortés y del Padre Las Casas.

FONSECA (Manuel Deodoro da), militar y político brasileño (1827-1892), que encabezó el movimiento revolucionario que derribó a la monarquía y fue el primer pres. de la Rep. en 1889. Dimitió a los nueve meses de gobierno.

FONSECA (Pedro da), sabio jesuita y filósofo portugués (1528-1599), llamado **el Aristóteles portugués.**

FONTAINEBLEAU [*fontenbló*], c. de Francia (Sena y Marne). Palacio construido por Francisco I, donde abdicó Napoleón en 1814. En 1807 se concertó un tratado entre Godoy y Napoleón, que permitió la invasión de España por los franceses.
— Se da el nombre de *Escuela de Fontainebleau* a una escuela artística fundada en Francia por los italianos que el rey Francisco I hizo venir para decorar el palacio (Primaticio, Rosso).

FONTANA, lago de la Argentina, gemelo del de La Plata (Chubut). — Pobl. de la Argentina (Chaco).

FONTANA (Domenico), arquitecto italiano (1543-1607), autor de la fachada de San Juan de Letrán y de la biblioteca del Vaticano.

FONTANA (Félix), físico y naturalista italiano (1730-1805), creador de un célebre gabinete de historia natural.

FONTANE (Teodoro), escritor alemán (1819-1898), autor de novelas realistas y de fino humor, en las que refleja de modo magistral el ambiente berlinés de su época.

FONTENELLE (Bernard **Le Bovier de),** escritor francés (1657-1757), que dedicó su larga vida al cultivo de las letras y ciencias, y se reveló como un ameno divulgador científico. Secretario de la Academia de Ciencias, pronunció notables *Elogios* de los académicos.

FONTES (Amando), novelista brasileño, n. en 1899, autor de *Os Corumbas.*

FONTIBÓN, páramo de Colombia (Norte de Santander), en la Cord. Oriental. — C. de Colombia (Cundinamarca).

FONTIBRE, fuente del Ebro, en las cercanías de Reinosa (provincia de Santander).

FOOTE [*fut*] (Samuel), autor y actor cómico inglés (1720-1777), que mereció el sobrenombre de **Moderno Aristófanes.** Escribió una serie de comedias satíricas.

FORMENT
RETABLO DE N.ª SR.ª DEL PILAR. Zaragoza

FORD (John), dramaturgo inglés (1586-1639), autor de tragedias de carácter sombrío y terrorífico *(Corazón roto).*

FORD (John), director de cine norteamericano n. en 1895.

FORD (Henry), industrial norteamericano (1863-1947), que fundó una de las mayores fábricas de automóviles del mundo y promovió nuevos métodos de producción.

Foreign Office, ministerio británico de Asuntos Exteriores.

FOREST (Fernando), inventor francés (1851-1914), a quien se debe el motor de explosión de cuatro tiempos.

FOREST (Lee de), ingeniero norteamericano (1873-1961), inventor de la lámpara tríodo.

FOREY (Elías Federico), general francés (1804-1872), jefe del cuerpo expedicionario enviado a México (1862). Tomó Puebla (1863) y dejó luego el mando a Bazaine.

FORFAR o **ANGUS,** condado de Escocia oriental; cap. *Forfar;* c. pr. *Dundee.*

FORLI, c. de Italia (Emilia), al S. de Ravena; industrias diversas.

FORMENT (Damián), escultor renacentista español (1480-1541), autor de retablos (Zaragoza, Huesca).

FORMENTERA, una de las islas Baleares, al S. de Ibiza; 115 km².

FORMENTOR, promontorio de la isla de Mallorca (Baleares). Turismo. — N. dado a un premio literario anual de carácter internacional.

FORMIA, c. de Italia (Lacio), en el golfo de Gaeta. Estación balnearia.

FORMOSA, c. de la Argentina, cap. de la prov. del mismo n.; puerto en el río Paraguay. Obispado. Ind. maderera y productos derivados de la agricultura y la ganadería. La prov. prod. caña de azúcar y algodón; excelentes maderas como quebracho y urandáy; ganadería. (Hab. *formoseños.*)

FORMOSA o **TAIWAN,** isla situada entre el Pacífico y el mar de China; 36 000 km². 10 971 000 h.; cap. *Taipei,* 759 200 h.; c. pr. *Taichang,* 213 000 h.; *Kaohiong,* 325 000; *Tai-*

FONTAINEBLEAU
Patio de los Adioses

Fot. Larousse, Bulloz, Brogi, Foucault

FRAGONARD: FIGURA DE FANTASÍA.

nan, 275 000; *Kilong*, 161 296. Perteneció al Japón de 1895 a 1945. Residencia del gobierno nacionalista chino desde 1949.

FORMOSO (¿816?-896), papa de 891 a 896.

FORNARINA (La), romana de gran belleza, amante y modelo de Rafael, que hizo de ella un retrato célebre (Palacio Pitti, Florencia).

FORNARIS (José), poeta cubano (1827-1890), autor de *Cantos del Siboney*, composiciones en las que describe las leyendas y costumbres de la población indígena de su país.

FORNER (Juan Pablo), escritor español, n. en Mérida (1756-1797), que defendió el idioma nacional en sus *Exequias de la lengua castellana* y la cultura española en su *Oración apologética por España y su mérito literario*.

FORNER (Raquel), pintora argentina, n. en 1902. Su obra refleja un hondo dramatismo.

FORT (Paul), poeta francés (1872-1960), autor de *Baladas francesas*.

FORSTER (Edward Morgan), novelista y crítico inglés (1879-1970).

FORTALEZA, mont. del Brasil, entre Minas Gerais y Espíritu Santo; 1 444 m. — Río del Perú (Ancash y Lima), que des. en el Pacífico. — C. y puerto del Brasil, cap. del Estado de Ceará; textiles. Universidad. Arzobispado.

FORT DE FRANCE, cap. de la isla francesa de Martinica; 99 051 h.; puerto activo.

FORT LAMY, cap. del Chad; 132 500 h.

FORTH [*forz*], río de Escocia que des. en el *golfo de Forth* (mar del Norte); 158 km.

FORTOUL (José GIL). V. GIL FORTOUL (José).

FORTUNA, divinidad alegórica de los romanos y de los griegos, personificación de la suerte, de lo imprevisto, del capricho de las cosas.

Fortunata y Jacinta, novela de ambiente popular madrileño, de B. Pérez Galdós (1887).

FORTUNATO (*San*), poeta latino, obispo de Poitiers (530-600). Fiesta el 14 de diciembre.

FORTUNY (Mariano), pintor y acuarelista español (1838-1874), de estilo académico.

FORT WAYNE [*-uen*], c. de los Estados Unidos (Indiana); industria activa.

FORT WILLIAM, c. del Canadá (Ontario), puerto en el Lago Superior.

FORT WORTH [*-uorz*], c. de los Estados Unidos (Texas); centro petrolero.

FOSCARI (Francisco), dux de Venecia (1373-1457), que reinó desde 1423 hasta su muerte.

FÓSCOLO (Hugo), poeta y novelista italiano (1778-1827), autor del poema *Los Sepulcros* y del relato romántico *Últimas cartas de Jacobo Ortis*.

FOSHAN. V. FATCHAN.

FOSSOMBRONE, c. de Italia (Marcas).

FOUCAULT [*fukó*] (León), físico francés (1819-1868), que demostró el movimiento de rotación de la Tierra por medio del péndulo y midió experimentalmente la velocidad de la luz.

FOUCHÉ (José), político francés (1759-1820), ministro de Policía bajo el Directorio, el Imperio y la Restauración.

FOULCHÉ-DELBOSC (Raymond), hispanista francés (1864-1929), fundador de la *Revue Hispanique* en 1894.

FOUQUET [*fuké*] (Juan), pintor y miniaturista francés (¿1420-1480?), notable iluminador y autor de retratos y cuadros religiosos.

FOUQUET (Nicolás) o **FOUCQUET**, político francés (1615-1680), ministro de Hacienda de Luis XIV.

FOURCROY [*furkruá*] (Antonio Francisco, *conde de*), químico francés (1755-1809), uno de los autores de la nomenclatura química orgánica.

FOURIER (Charles), filósofo y sociólogo francés (1772-1837), creador de un sistema que preconiza la asociación de los individuos en *falansterios*, grupos humanos organizados con objeto de proporcionar el bienestar a cada uno de sus miembros, mediante el trabajo libremente consentido.

FOURNIER (Henri Alban FOURNIER, llamado **Alain-**), novelista francés (1886-1914), autor de *El gran Meaulnes*, relato de carácter simbólico.

FOWLER [*fáuler*] (Tomás), médico inglés (1736-1801). Ha dado su nombre al *licor de Fowler*, cuya base es el anhídrido arsenioso.

FOX (Carlos Jaime), político inglés (1749-1806), jefe del partido whig y adversario de Pitt.

FOX (Jorge), fundador de la secta de los cuáqueros en Inglaterra (1624-1690).

FOX MORCILLO (Sebastián), filósofo y humanista español (1526-¿1560?).

FOXÁ (Agustín de, *conde de*), diplomático y poeta español (1903-1959), autor de las comedias *Baile en Capitanía* y *Cui-Ping-Sing*, y del relato *Madrid, de Corte a checa*.

FOXÁ (Francisco Javier), poeta dramático dominicano (1816-1865). Vivió en Cuba. Escribió obras dramáticas de carácter histórico (*El Templario, Don Pedro de Castilla*).

FOXÁ Y LECANDA (Narciso), poeta puertorriqueño (1822-1883), que vivió en Cuba.

FOY (Maximiliano), general y político francés (1775-1825), adversario de Wellington en España.

FRA ANGÉLICO. V. ANGÉLICO.

FRADE, pico del Brasil, en la sierra del mismo nombre (Río de Janeiro); 1 750 m.

FRA DIÁVOLO (Miguel PEZZA, llamado), célebre jefe de bandidos italianos (1771-1806); uno de los adversarios de la dominación de los franceses en Nápoles. Fue preso y ahorcado.

FRAGA, c. de España (Huesca). Centro agrícola.

FRAGONARD [*-nar*] (Juan Honorato), pintor y grabador francés (1732-1806), autor de pinturas encantadoras de temas galantes o eróticos.

FRAGUA (La), cerro de Colombia, en la Cord. Oriental; 3 000 m. — Sierra de México (Coahuila). — Pobl. de la Argentina (Santiago del Estero).

Fragua de Vulcano (La), cuadro de Velázquez; museo del Prado (Madrid).

FRAGUEIRO (Rafael), poeta uruguayo (1864-1914), de forma posromántica.

FRAILES (CORDILLERA DE LOS), n. dado a un sector de la Cord. Oriental de Bolivia; 5 456 m.

FRAILES (SIERRA DE LOS), mont. de la Sierra Madre Occidental de México, que se encuentra entre los Est. de Sinaloa y Durango; 2 782 m.

FRANCE (Anatole THIBAULT, llamado **Anatole**), escritor francés (1844-1924), autor de obras de delicada ironía y estilo muy clásico: *El cri-*

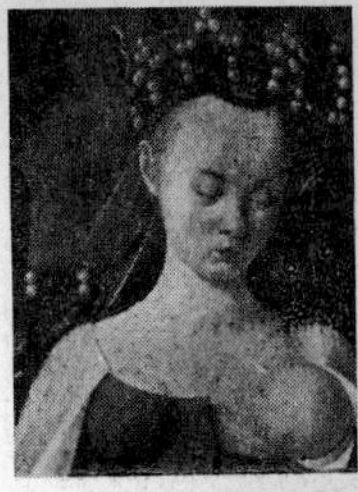

J. FOUQUET
LA VIRGEN
BAJO LOS RASGOS
DE AGNES SOREL
museo Real de Amberes

FOUCAULT

A. FRANCE
por VAN DONGEN

LA FRAGUA
DE VULCANO
por VELÁZQUEZ
museo del Prado

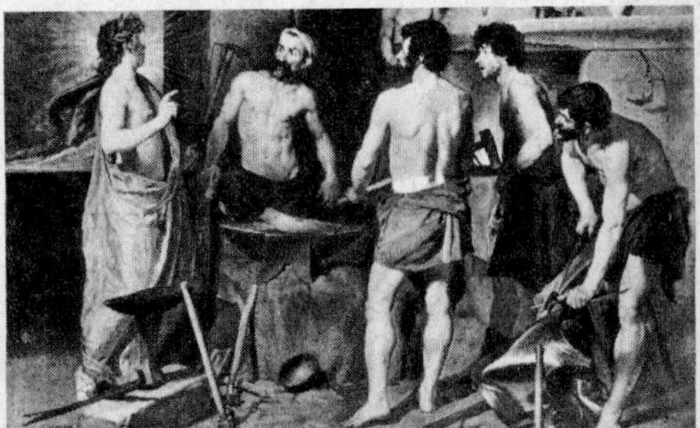

Fot. Giraudon, Arch. Phot. Larousse, Vizzarona, Anderson-Giraudon

Piero DELLA FRANCESCA
« La reina de Saba y el rey Salomón »

men de Sylvestre Bonnard, El lirio rojo, Los dioses tienen sed, Cuentos de Jacques Tournebroche, etc. (Pr. Nóbel, 1921.)

FRANCÉS, cabo de Cuba (Pinar del Río).

FRANCÉS (José), novelista y crítico de arte español (1883-1964), autor de varios relatos : *La mujer de nadie* y *El misterio del Kursaal,* así como un interesante estudio acerca de *La caricatura española.*

FRANCESCA (Piero DI BENEDETTO DA BORGO SAN SEPOLCRO, llamado **Della**), pintor toscano (1406-1492), autor, sobre todo, de frescos en San Francisco de Arezzo. Uno de los más grandes artistas del siglo XV.

FRANCÉS VIEJO, cabo de la Rep. Dominicana (Samaná), en el centro de su costa N.

FRANCFORT DEL MENO o **DEL MAIN,** c. de Alemania (Hesse) ; centro bancario e industrial. Ant. ciudad libre y sede de la Dieta de la Confederación Germánica (1815-1866) y de la Confederación del Rin. Patria de Goethe.

FRANCFORT DEL ODER, c. de Alemania oriental en la frontera polaca. Metalurgia e industria química.

FRANCIA, Estado de Europa occidental, que limita al NO. con el canal de la Mancha y el mar del Norte; al NE. por Bélgica y Luxemburgo; al E. por Alemania, Suiza e Italia; al S. por el Mediterráneo y España, y al O. por el Atlántico. Sup. 551 602 km²; 50 millones de hab. (*franceses*) ; cap. *París,* 2 790 000 h. (París y la región parisiense, más de 8 millones) ; c. pr. : *Marsella,* 767 100 h.; *Lyon,* 535 800; *Tolosa,* 330 600; *Niza,* 295 000; *Burdeos,* 254 100; *Nantes,* 246 200; *Estrasburgo,* 233 500; *Saint-Etienne,* 203 600; *Lila,* 199 000; *El Havre,* 184 100; *Tolón,* 172 600; *Grenoble,* 162 800; *Rennes,* 157 700; *Brest,* 142 900; *Dijon,* 141 100; *Reims,* 138 600; *Le Mans,* 136 100; *Clermont-Ferrand,* 134 300; *Nancy,* 133 500; *Ruán,* 123 500; *Angers,* 122 300; *Limoges,* 120 600; *Roubaix,* 113 200; *Orleáns,* 88 100.

Fot. Hanfstaengl

— Geografía. Francia tiene la configuración de un hexágono regular y se halla situada en la zona templada, con fronteras que dan acceso a los cuatro sistemas marítimos de Europa: el Atlántico, el Mediterráneo, el canal de la Mancha y el mar del Norte. Su suelo es el resultado de dos pliegues terrestres: ***el pliegue herciniano***, que forma el Macizo Central, y el ***pliegue alpino***, de cumbres abruptas (Alpes, Pirineos). Entre ambos se extienden las cuencas de París y Aquitania y el corredor del Ródano. Bien regada en general, Francia no tiene ninguna región absolutamente seca, ni ninguna cuyas masas de agua recuerden las regiones tropicales. El Loira, que es el más largo de sus ríos, recorre un poco más de mil km. La densidad de población de Francia es muy inferior a la de los países vecinos. Las zonas más pobladas son la de París y las regiones industriales del Norte y el Este. Francia, país agrícola e industrial, es gran productor de trigo y primer productor de vino. La cría de ganado toma cada vez más incremento. El subsuelo es rico en hierro y bauxita. En la industria se distinguen la textil y la metalúrgica; las industrias química y mecánica están en pleno desarrollo. El turismo representa actualmente una rica fuente de ingresos. — Entre las dificultades económicas más urgentes de Francia, se encuentran la modernización de las técnicas agrícolas y la solución del problema de la energía, dado que la producción de hulla no basta y la de petróleo y gas natural es todavía reducida, problema éste en parte resuelto gracias a la producción hidroeléctrica.

— Historia. Los galos, de origen celtíbero, que habitaban el país en el s. I a. de J. C., fueron sometidos por las legiones romanas de Julio César. El cristianismo entró en la Galia a fines del s. I. A partir del s. III se sucedieron las invasiones de los bárbaros: germanos, visigodos, vándalos, hunos. En el s. V se establecieron en ella los francos, de raza germánica, y uno de ellos, Clodoveo, apoyado por los obispos, llegó a reinar en todo el país. A su muerte, el reino se dividió en Neustria y Austrasia, que se combatieron mutuamente. Poco a poco fue creciendo el poder de los nobles, de los cuales, uno de ellos, Carlos Martel, detuvo en Poitiers el avance musulmán y salvó así a la cristiandad (732); su hijo Pipino el Breve, apoyado por el Papa, fundó la dinastía carolingia. Carlomagno sometió a los sajones, a los ávaros y a los lombardos y fue coronado emperador el año 800; pero su vasto imperio se desmembró por el Tratado de Verdún (843). Carlos II el Calvo resistió a las invasiones de los normandos y vio imponerse el régimen feudal. En 987, la dinastía de los Capetos substituyó, con Hugo Capeto, a la de los carolingios. Mientras los señores feudales franceses se imponían en Inglaterra (1066), Toscana, Dos Sicilias, etc., los Capetos se ocuparon en restaurar su autoridad. Felipe II Augusto reconquistó Normandía y Turena, en poder de los ingleses, y venció al emperador germánico en Bouvines (1214). Gracias a su esfuerzo y al de San Luis, el s. XIII fue testigo de la hegemonía francesa bajo Felipe IV el Hermoso, que convocó los primeros Estados Generales (1302). Pero en el s. XIV la dinastía de los Capeto-Valois, que llegó al trono con Felipe VI (1328), se mostró débil: la guerra de los Cien Años contra Inglaterra trajo consigo las derrotas de Crecy, Poitiers y Azincourt, y Carlos V no logró expulsar a los ingleses. Finalmente, la intervención de Juana de Arco salvó a Francia, y Luis XI la unificó políticamente y ensanchó su territorio. Su sucesor, Carlos VIII, emprendió las guerras de Italia, que no se interrumpieron, por la rivalidad entre Carlos I de España y Francisco I, hasta la abdicación de aquél (1555) y el triunfo de los españoles en Italia. Las guerras de religión constituyeron una nueva crisis. Con Enrique IV subió al trono la rama de los Capeto-Borbón y se restableció la autoridad real y la paz religiosa (Edicto de Nantes, 1598). Gracias a Richelieu, fundador del absolutismo, y a la política de Mazarino en la guerra de los Treinta Años, Luix XIV fue el soberano más poderoso de Europa en el s. XVII; pero las numerosas guerras, de las que la última terminó con el Tratado de Utrecht (1713), comprometieron la situación de Francia. En el s. XVIII, los fracasos de la política exterior de Luis XV (guerra de los Siete Años, pérdida de la India y del Canadá), y la mala administración de Luis XVI, crearon las crisis financiera, política y social que provocaron la Revolución (1789). La Convención salvó a Francia de la invasión extranjera. Después de los años turbulentos del Directorio, Napoleón Bonaparte, coronado emperador, sancionó las conquistas sociales de la Revolución y emprendió campañas militares por toda Europa. Sus conquistas se perdieron en 1815. La Restauración (Luis XVIII y Carlos X) dio a Francia una Constitución. En 1848 se fundó la Segunda República y se estableció el sufragio universal, pero el poder personal se instaló de nuevo con Napoleón III, cuya política exterior tuvo como colofón la desastrosa guerra franco-alemana (1870-1871). Después del Segundo Imperio, Francia volvió a la forma republicana (Tercera República) y participó en la Primera Guerra mundial (1914-1918), de la que salió victoriosa, pero agotada. Su política interior entre las dos guerras mundiales se caracterizó por la inestabilidad ministerial. Cuando Alemania invadió Polonia en 1939, Francia le declaró la guerra y fue a su vez invadida en mayo de 1940. El mariscal Petain firmó el armisticio el 17 de junio del mismo año, en tanto que el general de Gaulle incitaba a la resistencia desde Londres. La liberación de París por los Aliados tuvo lugar el 25 de agosto de 1944. La Constitución de 1946 creó la Cuarta República. En 1958 volvió el general de Gaulle, quien hizo votar la Constitución de la Quinta República, ocupó la Pres. en 1959 y fue reelegido en 1965. En 1969, al no ser aprobado por el pueblo un referéndum sobre reformas internas, De Gaulle renunció a su mandato y, después de breve interinato, fue elegido G. Pompidou.

escudo de FRANCIA

FRANCIA (José Gaspar Rodríguez de), político paraguayo, n. en Asunción (1766-1840). Fue vocal de la Junta Superior Gubernativa de 1811 a 1812, y cónsul, alternativamente, con F. Yegros, de 1813 a 1814. Ocupó el Poder como dictador temporal de 1814 a 1816 y luego perpetuo, hasta su muerte. Fomentó la economía pero mantuvo el país aislado e impuso crueles represiones.

R. de FRANCIA

FRANCISCA ROMANA (*Santa*), religiosa italiana (1384-1440), Fundadora de las Oblatas de San Benito (1433). Fiesta el 9 de marzo.

Franciscanos (*Orden de los*), orden religiosa fundada por Francisco de Asís en 1209, y cuya regla fue aprobada en 1215 por el papa Inocencio III y modificada en 1221 y 1223.

FRANCISCO Caracciolo (*San*), fundador en 1588 de la orden de los clérigos regulares menores, n. en Santa María (Abruzos) [1563-1608]. Fiesta el 4 de junio.

FRANCISCO de Asís (*San*), fundador de la orden monástica de los Franciscanos, n. en Asís (Umbría) [1182-1226]. Predicó una doctrina de fraternidad universal. Autor de *Himno al Sol*. Fiesta el 4 de octubre.

FRANCISCO DE ASÍS de Borbón, rey consorte de España (1822-1902). Sobrino de Fernando VII, casó con su prima Isabel II en 1846.

FRANCISCO de Borja (*San*), noble español (1510-1572), duque de Gandía y general de la Compañía de Jesús. Fiesta el 10 de octubre.

FRANCISCO de Paula (*San*), fundador de la orden de los mínimos, n. en Paola (Calabria) [¿1416?-1507]. Fiesta el 2 de abril.

FRANCISCO de Posadas (*San*), religioso español (1644-1713). Fiesta el 20 de septiembre.

FRANCISCO de Sales (*San*), prelado francés (1567-1622), obispo de Ginebra y fundador de la orden de la Visitación. Es autor de *Introducción a la vida devota* (1604) y del *Tratado del amor de Dios* (1616). Fiesta el 29 de enero.

San FRANCISCO DE ASÍS por MARTINI

San FRANCISCO por ZURBARÁN

San FRANCISCO DE SALES, por HALLÉ

Fot. doc. A. G. P., Delius, Giraudon

FRANCISCO JOSÉ

B. FRANKLIN

general FRANCO

FRANCISCO JAVIER (*San*), jesuita español (1506-1552), apóstol de la India y del Japón, amigo y discípulo de Ignacio de Loyola. Patrón de las misiones. Fiesta el 3 de diciembre.
FRANCISCO Regis (*San*). V. REGIS.
FRANCISCO Solano (*San*), franciscano español (1549-1610), apóstol de los guaraníes y querandíes. Fiesta el 14 de julio.
FRANCISCO I (1494-1547), rey de Francia, sucesor en 1515 de su primo Luis XII, con cuya hija Claudia había casado. Atravesó los Alpes y, tras vencer a los suizos en Mariñán, conquistó el Milanesado. Disputó la corona imperial de Alemania a Carlos V, fue vencido en Pavía y, hecho prisionero, tuvo que firmar el Tratado de Madrid (1526). Adversario irreductible de Carlos V, se alió sucesivamente contra él con Enrique VIII de Inglaterra, con los Estados de Italia, con los turcos y los protestantes de Alemania. Secundó poderosamente el movimiento del Renacimiento en Francia, protegiendo a los artistas italianos Vinci, Cellini y Tiziano, y mereció el nombre de "*Padre de las Letras*".
FRANCISCO II (1544-1560), rey de Francia, hijo de Enrique II y de Catalina de Médicis, esposo de María Estuardo. Reinó de 1559 a 1560.
FRANCISCO I, emperador germánico de 1745 a 1765, padre de la reina María Antonieta. — FRANCISCO II (1768-1835), emperador germánico (1792) y de Austria (1806); luchó en vano contra la Revolución Francesa y contra Napoleón, a quien se vio obligado a conceder la mano de su hija María Luisa.
FRANCISCO I, rey de las Dos Sicilias de 1825 a 1830. — FRANCISCO II, último rey de las Dos Sicilias de 1859 a 1860; m. en 1894.
FRANCISCO JOSÉ, archipiélago polar al E. del Spitzberg; 20 000 km².
FRANCISCO JOSÉ I, emperador de Austria y rey de Hungría, n. en Viena (1830-1916), subió al trono en 1848. Durante su reinado ocurrieron las sublevaciones de Italia y Hungría (1849), la guerra de Italia (1859), la austroprusiana de 1866, la constitución de la Triple Alianza (1878) y la guerra de 1914-1918, que tuvo por resultado la desmembración del Imperio.
FRANCISCO MORAZÁN, dep. en el centro de Honduras; cap. *Tegucigalpa*; ricas minas de plata. (Hab. *morazaneños.*)
FRANCK (César), compositor francés, n. en Lieja (1822-1890), autor de *Redención* (oratorio), *Preludio, coral y fuga* (piano), *Corales* (órgano), *Sinfonía en re menor, Variaciones* y composiciones para música de cámara.
FRANCK (James), físico norteamericano, de origen alemán (1882-1964). Autor de la teoría de la luminiscencia. (Pr. Nóbel, 1925.)
FRANCO (Luis), poeta argentino, n. en 1898.
FRANCO (Manuel), político y pedagogo paraguayo (1875-1919), pres. de la Rep. de 1916 a 1919.
FRANCO (Rafael), militar y político paraguayo, pres. de la Rep. en 1936, derrocado en 1937.
FRANCO BAHAMONDE (Francisco), general español, n. en 1892 en El Ferrol. Señalóse de 1921 a 1925 en Marruecos. En 1936 participó en el alzamiento militar contra la República y fue designado poco después jefe o *caudillo* del Movimiento y, tras el triunfo en 1939, jefe del Estado. Durante la Segunda Guerra mundial observó el principio de no beligerancia. Ha dado una nueva estructura económica al país y ha seguido una hábil política exterior.
FRANCO BAHAMONDE (Ramón), aviador español, hermano del anterior (1896-1938), que realizó en el hidroavión *Plus Ultra* la travesía del Atlántico Sur (1926).
FRANCO CONDADO, región del E. de Francia; cap. *Besanzón*. El Franco Condado o Condado de Borgoña, reunido en el Sacro Imperio en 1032, formó parte de las posesiones españolas de 1496 a 1678, fecha de su unión con Francia.
FRANCONIA, región de Alemania, que forma el NO. de Baviera y está dividida en tres distritos: Alta, Baja y Media Franconia, cuyas capitales son, respectivamente, *Bayreuth, Ansbach* y *Wutzburgo*.
FRANCOS, tribus de Germania, que conquistaron las Galias en el siglo V, dando su nombre a Francia. Habitaban primitivamente entre el Meno, el mar del Norte, el Élster y el Elba.

SAN FRANCISCO JAVIER

FRANCISCO I DE FRANCIA

FRANCOS RODRÍGUEZ (José), periodista y político español (1862-1931).
FRANCOVICH (Guillermo), ensayista y diplomático boliviano, n. en 1901.
FRANK (Waldo), hispanista norteamericano (1889-1967), autor de *España Virgen* y *Nuestra América*.
FRANKFORT, c. de los Estados Unidos, cap. del Est. de Kentucky; tabacos.
FRANKLIN (Benjamín), político, físico, filósofo y publicista norteamericano, n. en Boston (1706-1790). Fue uno de los promotores de la independencia de las colonias inglesas de América (1777). Es inventor del pararrayos.
FRANKLIN (John), navegante inglés (1786-1847), que exploró las costas árticas del Canadá, fue gobernador de Tasmania (1836-1843) y murió al buscar el paso del Noroeste.
FRAORTES I, rey legendario de Media, sucesor de Deyoces, según la tradición, y que, según Herodoto, reinó de 647 a 633 a. de J. C. Fue vencido y muerto por Asurbanipal. — FRAORTES II, nombre que tomó el medo Satarita cuando se sublevó contra Ciro. Vencido por éste en 520 a. de J. C., fue muerto y mutilado.
FRASCATI, ant. **Túsculo,** c. de Italia, cerca de Roma; vinos famosos.
FRASCUELO. V. SÁNCHEZ (Salvador).
FRASER, río del Canadá; nace en las Montañas Rocosas y des. en el Pacífico; 1 200 km.
FRAUNHOFER (José de), óptico y físico alemán (1787-1826), que estudió el espectro solar.
FRAY BENTOS, c. del Uruguay, cap. del dep. de Río Negro; puerto y centro comercial; saladeros, frigoríficos. (Hab. *fraybentinos.*) Llamóse ant. **Independencia.**
FRAY CANDIL. V. BOBADILLA (Emilio).
Fray Gerundio de Campazas (*Historia del famoso predicador*), obra del P. Isla (1758), sátira literaria de los sermones de aquella época.
FRAY LUIS BELTRÁN, pobl. de la Argentina (Mendoza).
FRAY MOCHO. V. ÁLVAREZ (José Sixto).
FREDEGUNDA (¿545?-597), mujer del rey de Francia Chilperico I. De baja condición, pero sumamente ambiciosa, no vaciló en hacer asesinar a Galsuinda, segunda mujer de Chilperico, para ocupar su puesto. Aquella muerte fue el preludio de los crímenes y atrocidades que señalaron la rivalidad de Fredegunda y de Brunequilda, hermana de Galsuinda.
FREDERICIA, c. y puerto de Dinamarca (Jutlandia); industrias textiles y químicas.
FREDERICTON, c. del Canadá, cap. de Nuevo Brunswick. Maderas; agricultura. Universidad.
FREDERIKSBORG, palacio real de Dinamarca, cerca de Hilleroed (Seeland).
FREETOWN [*fritáun*], c. y puerto de África, cap. de Sierra Leona; 125 000 h.
FREGENAL DE LA SIERRA, c. de España (Badajoz). Paños.
FREI (Eduardo), jurista, escritor y político demócrata cristiano chileno, n. en 1911, pres. de la Rep. de 1964 a 1970.
FREIBERG, c. de Alemania oriental; metalurgia: óptica. Catedral del Renacimiento.
FREILIGRATH (Fernando), poeta romántico alemán (1810-1876), autor de poemas revolucionarios y patrióticos.
FREIRE, com. de Chile (Cautín).

Fot. Angerer, X, Torremocha, Bulloz, Giraudon

FREIRE (Manuel), general uruguayo (1792-1858), uno de los *Treinta y Tres Orientales* (1825), que participó luego en la revolución encabezada por César Díaz contra Pereira y fue fusilado.
FREIRE (Ramón), general y político chileno, n. en Santiago (1787-1851). Tomó parte activa en las luchas por la independencia de su país. Repudió la Constitución proclamada por el director O'Higgins y, caído éste, fue elegido director supremo interino (1823). En 1826 dirigió la expedición que puso fin a la dominación española en Chile. Renunció luego al Poder, pero, en 1827, el Congreso le eligió pres. de la Rep. Dimitió el mismo año. Fracasado en su intento de derribar a Portales (1835), fue desterrado.
FREIRINA, com. y dep. de Chile (Atacama).
Freischütz *(der)* [*"el Guerrillero"*], ópera alemana en tres actos, música de Weber (1821).
FREJUS, c. de Francia (Var). Aquí fue herido de muerte Garcilaso de la Vega (1536). La ruptura de la presa de Malpasset en 1959 ocasionó la destrucción casi total de la ciudad.
FREMY (Edmundo), químico francés (1814-1894), que se distinguió en el estudio de los ácidos grasos.
FRENCH (Domingo), militar argentino (1774-1825), uno de los caudillos de la Revolución de Mayo (1810).
Frente Popular, coalición de los partidos de izquierda, creada en 1936 en España, y en 1937 en Chile, a ejemplo de Francia, donde triunfó en las elecciones de 1936.
FRESCOBALDI (Girolamo), organista y compositor italiano (1583-1643), innovador en la música de órgano y clavicémbalo.
FRESIA, com. de Chile (Llanquihue).
FRESNEAU [*frenó*] (Francisco), ingeniero francés (1703-1770), descubridor del hevea (árbol del caucho) en Guayana.
FRESNEDILLAS, mun. en el centro de España (Ávila). Estación para vuelos espaciales.
FRESNEL (Agustín Juan), físico francés (1788-1827), autor de notables estudios sobre la refracción de la luz.
FRESNILLO, c. de México (Zacatecas).
FRESNO, c. de los Estados Unidos (California).
FRESNO, c. de Colombia (Tolima).
FREUD (Sigmund), psiquiatra austriaco, n. en Freiberg (1856-1939), creador de la teoría del psicoanálisis y de la doctrina del subconsciente, expuestas en sus escritos, de difusión universal, *Estudios sobre la histeria* y *Totem y tabú.*
FREYRE (Gilberto), escritor y sociólogo brasileño, n. en 1900, autor de *Sobrados e mucambos.*
FREYRE (Ricardo JAIMES). V. JAIMES FREYRE (Ricardo).
FRÍAS, pobl. de Argentina (Santiago del Estero). — Distrito del Perú (Piura).
FRÍAS (Carlos Eduardo), novelista venezolano, n. en 1906, autor de *Fiebre.*
FRÍAS (*Duque de*), escritor español (1783-1851), cuyo nombre era **Bernardino Fernández de Velasco.** Poeta de inspiración épica, se le deben las composiciones *Llanto del proscrito* y *A las nobles artes.*
FRÍAS (Heriberto), novelista mexicano (1870-1928), autor de *Tomóchic* y *El triunfo de Sancho Panza.*
FRÍAS (Tomás), político y diplomático boliviano (1805-1884), pres. de la Rep. de 1872 a 1873 y de 1874 a 1876.
FRÍAS JACOTT (Francisco de), conde de Pozos Dulces, escritor y economista cubano (1809-1877), que se destacó en el Partido Reformista.
FRIBURGO, c. de Suiza, cap. del cantón del mismo n. Universidad católica. Obispado.
FRIBURGO DE BRISGOVIA, c. de Alemania, ant. cap. de Baden. Industrias metalúrgicas, textiles y químicas. Universidad.
FRIEDEL (Carlos), químico y mineralogista francés (1832-1899), que descubrió un método de síntesis orgánica.
FRIEDLAND, hoy **Pravdinsk,** c. de la U. R. S. S., al SE. de Königsberg, antes alemana. Victoria de Napoleón contra los rusos (1807).
FRIEDRICHSHAFEN, c. de Alemania (Baden-Wurtemberg), a orillas del lago de Constanza.
FRIGIA, ant. región del centro de Asia Menor, al S. de Bitinia, poblada por los frigios, de raza pelásgica. Dividíase en *Frigia Menor* y *Frigia Mayor.*
FRINÉ, cortesana griega (s. IV a. de J. C.), modelo y amante de Praxiteles.
FRÍO, río de Costa Rica (Alajuela), que des. en el lago de Nicaragua. — N. de dos ríos de México (Guerrero). — Río de Venezuela (Mérida y Zulia), que desemboca en el lago de Maracaibo. — V. CABO FRÍO.
FRISIA o **FRISA,** región a orillas del mar del Norte, dividida entre Holanda (cap. *Leeuwarden*) y Alemania.
FRISIAS (ISLAS), cadena de islas en el mar del Norte, a lo largo de las costas danesa, alemana y holandesa.
FRIUL, región de la ant. Venecia, austriaca en gran parte hasta 1919, después italiana; c. pr.: *Gorizia, Udine.* Forma, con la Venecia Julia, una región autónoma desde 1963.
FROBISHER (*sir* Martin), navegante inglés (¿1535?-1594) que exploró Groenlandia, Labrador y la Tierra de Baffin. Acompañó a Drake en su expedición a las Indias Occidentales (1585).
FROISSART [*fruasar*] (Jean), cronista francés (¿1337-1410?), que estudió en sus *Crónicas* la historia del mundo feudal en el s. XIV.
FROMENT [*fromán*] (Nicolás), pintor primitivo francés (¿1435?-1484).
FROMENTIN (Eugenio), escritor y pintor francés (1820-1876), autor de *Dominico* (1863), novela psicológica.
FRÓMISTA, v. de España (Palencia). Iglesia abacial románica (s. XI).
Fronda, n. dado a la guerra civil de Francia durante la minoría de Luis XIV (1648-1653).
FRONDIZI (Arturo), jurista y político argentino, n. en 1908, elegido pres. de la Rep. en 1958, derrocado en 1962.
FRONTAURA Y VÁZQUEZ (Carlos), cuentista y periodista español (1834-1910), autor de encantadores cuadros de costumbres.
FRONTINO, c. de Colombia (Antioquia). — Páramo de la Cordillera occidental de Colombia (Antioquia); 3 400 m de altura.
FROST (Robert), poeta norteamericano (1875-1963), cantor de la vida rural.
Fructidor (*Dieciocho de*), golpe de Estado ejecutado en Francia, el 4 de septiembre de 1797, por el Directorio contra el Consejo de los Ancianos y el de los Quinientos.
FRUELA, rey de Asturias (757-768).
FRUGONI (Emilio), escritor y político uruguayo, n. en 1880, autor de *La sensibilidad americana* y *La esfinge roja.*
FRUNZE, ant. **Pichpek,** c. de la U. R. S. S., cap. del Kirghizia. Ind. alimenticias.
FRUNZE (Miguel), político soviético (1885-1925), uno de los organizadores del Ejército Rojo.
FRUTILLAR, com. de Chile (Llanquihue).
FRUTOS (Juan Manuel), jurista y político paraguayo, pres. provisional de la Rep. en 1948.
FRYDEK, c. de Checoslovaquia (Silesia); industrias textiles (algodón).
FTAH, dios del antiguo Egipto, adorado en Menfis, identificado con Osiris y Sokari con el nombre de **Ftah-Sokar-Osiris** y de **Ftah-Sokaris.** Los egipcios lo consideraban como primer rey de Menfis en la lista de las dinastías divinas.
FUAD I (1868-1936), sultán en 1917, rey de Egipto en 1922. — FUAD II, n. en 1952, proclamado rey el mismo año y destronado en 1953.
FÚCAR. V. FUGGER.
FUCHEU, c. y puerto de China, cap. de la prov. de Fukien, enfrente de Formosa; construcciones mecánicas y navales; industrias químicas.
FUCHUEN, c. de China (Liaoning), al E. de Mukden.
FUEGO (TIERRA DEL). V. TIERRA DEL FUEGO.
FUEGO, volcán de Guatemala, en el límite de los dep. de Chimaltenango y Sacatepéquez; 3 835 m.
FUENDETODOS, v. de España (Zaragoza). Patria de F. de Goya.
FUENGIROLA, v. de España (Málaga); estación veraniega e invernal, en la Costa del Sol.
FUENLEAL (Sebastián RAMÍREZ DE), prelado español, m. en 1547. Presidente de la Audiencia de Nueva España, se mostró humano con los indios, fomentó la agricultura y la instrucción.

B. FREIRE

FREUD

FROISSART

Fot. Halberstadt, Larousse

el Deán FUNES

FULTON

FUSI YAMA

FUENTE ÁLAMO, v. de España (Murcia).
FUENTE DE CANTOS, v. de España (Badajoz). Textiles (lana). Patria de Zurbarán.
FUENTE DEL MAESTRE, c. de España (Badajoz). Mercado agrícola.
FUENTE OVEJUNA, v. de España (Córdoba).
Fuenteovejuna, drama histórico de Lope de Vega, escrito hacia 1618, cuyo protagonista es el comendador de Calatrava Fernán Gómez de Guzmán, a quien acaban por asesinar los habitantes de Fuenteovejuna, cansados de su tiranía. El juez pesquisidor, que manda atormentar a varios de los habitantes, no consiguió otra respuesta que la siguiente: *—¿Quién mató al Comendador? —Fuenteovejuna, Señor. —¿Y quién es Fuenteovejuna? —Todos a una.*
FUENTERRABÍA, c. de España (Guipúzcoa).
FUENTES (Carlos), escritor mexicano, n. en 1928, autor de relatos (*Los días enmascarados, La región más transparente, Aura, La muerte de Artemio Cruz,* etc.).
FUENTES (Manuel Atanasio), poeta romántico peruano (1820-1890), fundador de *El Murciélago,* periódico satírico.
FUENTESAÚCO, v. de España (Zamora).
FUENTE VAQUEROS, v. de España (Granada). Patria de F. García Lorca.
FUENTES Y GUZMÁN (Francisco de), historiador guatemalteco (1643-1700), autor de *Recordación Florida o Historia del Reino de Guatemala,* etc.
FUENZALIDA (Diego José), jesuita, teólogo y escritor chileno (1744-1803).
Fuero de los Españoles, fuero que define los derechos y deberes de los españoles y ampara sus garantías (1945).
Fuero del Trabajo, conjunto de leyes laborales españolas, promulgado en 1938.
Fuero Juzgo, versión castellana del *Liber judicum,* compilación de las leyes romanas y de los visigodos, traducidas por orden de Fernando III, en el siglo XIII. Monumento importante para la historia de la lengua y de la legislación española. Editado en 1815 por la Academia Española.
Fuero Real, compilación jurídica mandada establecer por Alfonso X (1254).
Fueros, documentos o *cartas de población,* en que fijaban los reyes las libertades que concedían a las villas. Conócense algunos de los siglos X y XI (Burgos, León, Villavicencio, etc.) y son más antiguos aún los concedidos por algunos señores a sus vasallos, de los que se conoce uno otorgado en 780.
FUERTE, río de México (Chihuahua y Sinaloa), que des. en el golfo de California; 290 km.
FUERTE GENERAL ROCA, pobl. de la Argentina (Río Negro).
FUERTE OLIMPO, c. del Paraguay, cap. del dep. de Olimpo; a orillas del río Paraguay. (Hab. *olimpeños*). Llamóse ant. **Fuerte Bordón.**
FUERTEVENTURA, isla del archip. de las Canarias (España); cap. *Puerto de Cabras.*
FUGGER o **FÚCAR,** familia de comerciantes y banqueros alemanes que obtuvieron el derecho de acuñar moneda durante el año 1535.
FUJI YAMA. V. FUSI YAMA.
FUJITA (Tsuguharu), pintor francés de origen japonés (1886-1968); de la escuela de París.
FUKIEN, prov. de China, en frente de Formosa; cap. *Fucheu.*
FUKUOKA, c. y puerto del Japón (Kiusiu), en el estrecho de Corea; hulla. Universidad.
FUKUSHIMA, c. del Japón al N. de Hondo.
FULBE. V. PEUL.
FULDA, c. de Alemania occidental (Hesse), a orillas del río Fulda. Antigua abadía.
FULGENCIO *(San),* canónigo de Sevilla y obispo de Écija, hermano de San Leandro y San Isidoro; insigne escritor. M. en 619. Fiesta el 14 de enero.
FULTON (Roberto), ingeniero norteamericano (1765-1815), que inventó el torpedo, construyó un submarino y realizó prácticamente la propulsión de los barcos por medio del vapor.
FULVIA, mujer de Marco Antonio, m. en 40 a. de J. C., atacada por Cicerón en *Las Filípicas.*
FUMBAN, c. en el centro del Camerún.
FUNCHAL, puerto y cap. de la isla portuguesa de Madera; 37 200 h. Catedral. Obispado. Centro turístico.
FUNDY (BAHÍA DE), bahía del océano Atlántico (Canadá). Mareas de extraordinaria amplitud.
FUNES (Gregorio), llamado **el Deán Funes,** sacerdote, político y escritor argentino (1749-1829), que se sumó al movimiento de independencia en Córdoba y formó parte de la Junta de 1810. Autor de *Ensayo de la Historia Civil del Paraguay, Buenos Aires y Tucumán.*
FUNZA. V. BOGOTÁ.
FÚQUENE, mun. y laguna de Colombia (Cundinamarca).
FURETIÈRE (Antonio), escritor francés (1619-1688), autor de un *Diccionario universal.*
FURIAS. V. ERINIAS.
FÜRST (Walter), patriota que, según la leyenda, contribuyó con Guillermo Tell a lograr la independencia de Suiza (juramento del Grütli, 1307). M. hacia 1317.
FÜRSTEMBERG, antiguo principado de Alemania (Suabia).
FÜRTH, c. de Alemania occidental (Baviera), cerca de Nuremberg.
FUSAGASUGÁ, río de Colombia, afl. del Magdalena. — C. de Colombia (Cundinamarca).
FUSÁN o **PUSÁN,** c. y puerto de Corea.
FUSE, c. del Japón (Hondo); centro industrial.
Fusilamientos del 3 de mayo *(Los),* cuadro de Goya, que representa la ejecución de los patriotas madrileños por las huestes de Napoleón en 1808 (Museo del Prado).
FUSI YAMA, montaña sagrada del Japón. Es un volcán apagado (desde 1707), de forma cónica casi perfecta; 3 778 m.
FUST (Juan), orfebre e impresor de Maguncia (¿1400-1466?) que colaboró con Gutenberg en el perfeccionamiento de la imprenta.
FUSTEL DE COULANGES [*-culansh*] (Numa Dionisio), historiador francés (1830-1889), autor de *La ciudad antigua.*
FUTALAUFQUEN, lago de la Argentina (Chubut); 66 km².
FUTA YALÓN, macizo montañoso de Guinea.
FUTUNA, archipiélago francés (Melanesia).
FUYAFUYA, cima de los Andes del Ecuador

LOS FUSILAMIENTOS DEL 3 DE MAYO
por GOYA

Fot. doc. A. G. P., Larousse, Atlas-Photo, Anderson-Giraudon

GRANADA

G

GABAÓN, c. de Palestina, al N. de Jerusalén. Victoria de Josué sobre los cananeos.

GABERONES, c. de África meridional, cap. de Botswana; 12 300 h.

GABES, c. de Túnez, puerto en el golfo del mismo n. Pesca del atún. Oasis.

GABIROL (Salomón ben). V. AVICEBRÓN.

GABÓN, estuario de la costa de África ecuatorial, en el Atlántico, que fue descubierto por los portugueses en el s. XVI. Ha dado su n. a la *República del Gabón,* independiente desde 1960; 280 000 km²; 460 000 h.; cap. *Libreville* (21 000 h.). Madera; oro, diamantes, uranio, explotaciones de petróleo.

GABORIAU [*-rió*] (Emilio), novelista francés (1832-1873), precursor del género policiaco.

GABOTO (Sebastián). V. CABOTO.

GABRIEL, arcángel que anunció a la Virgen María que sería madre de Dios *(Evangelio).*

Arcángel GABRIEL
detalle de LA ANUNCIACIÓN
por BOTTICELLI. Florencia

Fot. Anderson, doc. A. G. P., Arch. Fotográficos

GABRIEL, familia de arquitectos franceses, el más célebre de los cuales fue JACQUES-ANGE (1698-1782), constructor del Pequeño Trianón, la Ópera de Versalles y la Escuela Militar de París.

GABRIELA MISTRAL. V. MISTRAL.

GABRIELI (Andrés), compositor y organista italiano (1510-1586). Autor de obras religiosas, madrigales, etc.

GABRIEL Y GALÁN (José María), poeta español, n. en Frades de la Sierra (Salamanca) [1870-1905]. Sus composiciones, de inspiración popular, fueron agrupadas en las obras *Castellanas, Extremeñas* y *Campesinas,* tres libros en los que figuran algunos de los poemas más leídos de la lírica española: *El Ama, El Cristu benditu* y *El embargo.*

GABRIEL Y GALÁN

GACHALÁ, mun. de Colombia (Cundinamarca); esmeraldas; cobre.

GACHETÁ, c. de Colombia (Cundinamarca).

Gachupines, nombre dado durante la guerra de la Independencia mexicana a los españoles. El grito de guerra de los mexicanos era: "Viva Nuestra Señora de Guadalupe y mueran los gachupines." (V. DOLORES.)

GAD, hijo de Jacob, que dio su n. a una tribu de Israel.

GADDI (Tadeo), pintor y arquitecto florentino (¿1300?-1366), discípulo de Giotto.

GADEA *(Santa).* V. SANTA GADEA DEL CID.

GADES, c. de la ant. Hispania, hoy **Cádiz.**

GADOR (SIERRA DE), sierra en el sistema Penibético, en la prov. de Almería. Minas.

GAELES o **GOIDELS,** n. de los celtas de Gran Bretaña e Irlanda que hablan gaélico.

GAETA, puerto de Italia, en el Mediterráneo, donde se refugió Pío IX en 1848.

GAFSA, c. y oasis de Túnez meridional; yacimientos de fosfatos; agricultura.

GAGARIN (Yuri Alexeyevich), cosmonauta ruso (1934-1968), primer hombre que realizó un vuelo orbital alrededor de la Tierra (1961).

GAGARIN

GAGINI (Carlos), filólogo y escritor costarricense (1865-1925), autor de un *Diccionario de barbarismos.*

Gaiferos *(Don),* personaje de los romances del ciclo carolingio.

GAINSBOROUGH
MUCHACHO
fragmento
museo de Agen

GALIENO
medalla romana

GALILEO

B. GALINDO

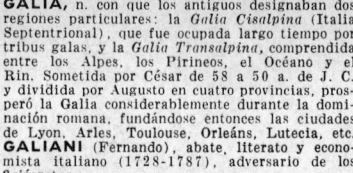

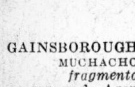

GAINSBOROUGH [*génsbro*] (Tomás), pintor inglés (1727-1788), notable retratista.

GAÍNZA (Gabino), general español (¿1750?-1822), que actuó en Chile y Perú a favor de los realistas y, al proclamarse la independencia de Guatemala (1821), fue nombrado capitán general del nuevo Estado.

GAITO (Constantino), compositor argentino (1878-1945), autor del poema sinfónico *El Ombú*.

GALAAD, región montañosa de la Palestina antigua, entre el Jordán y el desierto arábigo.

GALACIA, ant. región de Asia Menor, ocupada por los galos en 278 a. de J. C.; prov. romana en 25 a. de J. C.; c. pr. *Ancira*. (Hab. *gálatas*.)

GALÁN (José Antonio), patriota colombiano (1749-1782), jefe de la llamada insurrección de los comuneros (1780) contra las autoridades coloniales. M. ahorcado.

GALÁPAGOS (ISLAS). V. COLÓN. (Archipiélago de).

GALA PLACIDIA. V. PLACIDIA.

GALATEA, ninfa amada por Polifemo, pero a quien ella abandonó por el pastor Acis. El gigante se vengó aplastando a su rival con una roca.

Galatea *(La)*, novela pastoril de Cervantes (1585), su primera obra.

GALATZI o **GALATI,** c. de Rumania, puerto importante en el Danubio. Astilleros; industrias alimenticias y textiles.

GALBA (Servio Sulpicio), emperador romano, n. hacia el año 5 a. de J. C. Gobernador de España, sucedió a Nerón y reinó de 68 a 69. Fue asesinado por los pretorianos, cuyos caprichos se negaba a satisfacer.

GALCERÁN (Vicente), grabador español, n. en Valencia (1726-1788).

GALDÓS (Benito PÉREZ). V. PÉREZ GALDÓS.

GALEANA (Hermenegildo), patriota mexicano (1762-1814).

GALENO (Claudio), médico griego (¿131-201?), que realizó importantes descubrimientos en anatomía y escribió numerosos tratados de medicina.

GALERAS, volcán de Colombia (Nariño), que domina la c. de Pasto; 4 266 m.

GALERIO (Valerio Maximiano), emperador romano, n. en Iliria, yerno de Diocleciano; reinó de 305 a 311 y fue el instigador de la llamada *persecución de Diocleciano*.

GALES (PAÍS DE), región de Gran Bretaña, al O. de Inglaterra. 2 700 000 h. *(galeses)*; c. pr. *Cardiff, Swansea*. Ganadería. Metalurgia. Rica cuenca hullera en el S. — El País de Gales forma parte de Inglaterra desde 1536. La lengua céltica se conserva en él todavía.

GALES *(Príncipe de)*, título que toma en Inglaterra el hijo primogénito del rey desde el siglo XIII.

GALES DEL SUR (Nueva). V. NUEVA GALES.

GALIA, n. con que los antiguos designaban dos regiones particulares: la *Galia Cisalpina* (Italia Septentrional), que fue ocupada largo tiempo por tribus galas, y la *Galia Transalpina*, comprendida entre los Alpes, los Pirineos, el Océano y el Rin. Sometida por César de 58 a 50 a. de J. C. y dividida por Augusto en cuatro provincias, prosperó la Galia considerablemente durante la dominación romana, fundándose entonces las ciudades de Lyon, Arles, Toulouse, Orleáns, Lutecia, etc.

GALIANI (Fernando), abate, literato y economista italiano (1728-1787), adversario de los fisiócratas.

Galicanismo, n. que se emplea para designar el conjunto de libertades y máximas de conducta para con la Santa Sede, que conservó largo tiempo la Iglesia católica de Francia. Dicha doctrina hace residir la infalibilidad en el cuerpo episcopal entero reunido en concilio, y establece una distinción entre la potencia espiritual y la potencia temporal del Papa. El galicanismo está resumido en la declaración del clero francés, redactada por Bossuet en 1682.

GALICIA, región de España, al NO. de la Península Ibérica. Forma actualmente las provincias de Coruña, Lugo, Orense y Pontevedra. País montañoso y fértil; agrícola e industrial (minas, metalurgia, tejidos, pesca); excelentes puertos. (Hab. *gallegos*). Galicia, cuna, con Asturias, de la reconquista de la Península y donde más pura se guardó la tradición visigoda, fue muy poderosa en los albores de la historia española, llegando Alfonso VII, rey de Galicia, León, Castilla y Extremadura, a ser coronado emperador de España en 1135. Pero los continuos repartos hereditarios, la creciente extensión de las conquistas cristianas y, sobre todo, la desventajosa situación geográfica de Galicia, le hicieron perder poco a poco su preeminencia en favor de Castilla.

GALICIA. V. GALITZIA.

GALIENO (¿218?-268), hijo de Valeriano, emperador romano de 253 a 268. Letrado y filósofo, favoreció un renacimiento intelectual.

GALILEA, ant. prov. de Palestina, teatro de las predicaciones de Jesucristo; c. pr. *Tiberíades, Nazaret, Caná, Betulia y Cafarnaum*. (Hab. *galileos*.)

GALILEO (Galileo GALILEI, llamado), matemático, físico y astrónomo italiano, n. en Pisa (1564-1642), uno de los fundadores del método experimental. Descubrió las leyes de la caída de los cuerpos, enunció el principio de inercia, inventó la balanza hidrostática, el termómetro y construyó el primer telescopio astronómico en Venecia (1609). Famoso por la defensa que hizo del sistema cósmico de Copérnico, que Roma condenaba como herético, se vio obligado a abjurar ante la Inquisición (1633). [V. EPPUR SI MUOVE!] *(Págs. rosas.)*

GALÍNDEZ DE CARVAJAL (Lorenzo), jurista e historiador español (1472-1527).

GALINDO (Beatriz), humanista española (1475-1534), conocida por el sobrenombre de **la Latina.** Preceptora y consejera de Isabel la Católica, fue también consultada por Cisneros y por Carlos I. Conocía el latín perfectamente y tenía una gran erudición clásica. Compuso poemas y comentarios a Aristóteles.

GALITZIA o **GALICIA,** región de Europa Central, al N. de los Cárpatos, dividida desde 1945 entre Polonia y Ucrania.

GALITZÍN, familia rusa que desciende de los grandes príncipes de Lituania. A ella pertenecen varios generales, políticos y literatos distinguidos: ALEJANDRO (1718-1783), militar que se distinguió en la guerra de los Siete Años.

GALO (Cayo Cornelio), poeta latino, que fue amigo de Virgilio (69-26 a. de J. C.).

GALO, emperador romano de 251 a 253, reemplazado por Valeriano.

GALO *(San)*, discípulo de San Colombano y fundador de un monasterio en Suiza (553-646). Este monasterio (Saint-Gall) fue uno de los centros más importantes de cultura durante la Edad Media. Fiesta el 16 de octubre.

GALOIS (Evaristo), matemático francés (1811-1832), autor de una teoría de las ecuaciones algebraicas.

GALSUINDA o **GALSVINTA** (¿540?-568), hija de Atanagildo, mujer de Chilperico. Murió estrangulada, sin duda por orden de Fredegunda.

Fot. Giraudon, Larousse, doc. A. G. P.

GALVÁN

Manuel GÁLVEZ

GALSWORTHY (John), novelista y dramaturgo inglés (1867-1933), autor de *La saga de los Forsyte*. (Pr. Nóbel, 1932.)
GALVÁN (Manuel de Jesús), escritor dominicano (1834-1910), autor de la novela *Enriquillo*, que evoca la colonia española de Santo Domingo apoyándose en documentos históricos veraces y en los escritos del Padre Las Casas.
GALVANI (Luis), físico y médico italiano, n. en Bolonia (1737-1798). Primer investigador de las corrientes nerviosas eléctricas.
GALVARINO, com. de Chile (Cautín).
GALVE (*conde de*). V. CERDA SANDOVAL.
GALVESTON, c. de los Estados Unidos (Texas), puerto en la *bahía de Galveston* (golfo de México). Exportación de algodón y petróleo.
GÁLVEZ (José), político español (1729-1786), que fue visitador general en México e intervino activamente en los asuntos del virreinato.
GÁLVEZ (José), poeta modernista peruano (1885-1957), autor de *Bajo la luna*.
GÁLVEZ (Juan Manuel), político hondureño (1887-1955), pres. de la Rep. de 1949 a 1954.
GÁLVEZ (Manuel), novelista argentino, n. en Paraná (1882-1962). Estudió Derecho, fundó la revista *Ideas* y fue inspector de enseñanza. Sus obras analizan la vida argentina detalladamente: *La maestra normal*, sobre la profesión docente; *El mal metafísico*, descripción de la vida literaria en Buenos Aires: *La sombra del convento, Nacha Regules, El solar de la raza*, etc.
GÁLVEZ (Mariano), político guatemalteco (1794-1865), jefe del Estado en 1831, depuesto en 1838 por una insurrección. Gobernante progresista, emprendió saludables reformas.
GÁLVEZ (Matías), general español, m. en 1784, que fue capitán general de Guatemala y luego virrey de Nueva España de 1783 a 1784. — Su hijo BERNARDO (1756-1786), también capitán general de Guatemala, le sucedió en el virreinato de Nueva España de 1785 a 1786.
GÁLVEZ ALFONSO (José María), abogado, político y orador cubano (1834-1906), uno de los fundadores del Partido Autonomista. Pres. del Gobierno autonomista en 1897.
GÁLVEZ DE MONTALVO (Luis), poeta español (¿1546-1591?), autor del relato bucólico *El pastor de Fílida* (1582).
GALWAY, c. y puerto de Irlanda (Connacht).
GALL (Francisco José), médico alemán (1758-1828), inventor de la frenología.
GALLARDO (Ángel), biólogo argentino (1867-1934), entre cuyos importantes trabajos figura la *Interpretación dinámica de la división celular*.
GALLARDO (Bartolomé José), erudito y bibliógrafo español (1776-1852), célebre por su *Diccionario crítico burlesco*.
GALLAS (Matías de), general austriaco (1584-1647), luchó en la guerra de los Treinta Años.
GALLE, c. de Ceilán, en la costa SE. de la isla. Obispado católico.
GÁLLEGO, afl. del Ebro, que nace en los Pirineos y des. junto a Zaragoza; 190 km.
GALLEGO (Juan Nicasio), sacerdote y poeta español (1777-1853), autor de una *Elegía a la Duquesa de Frías* y de una célebre oda *Al dos de mayo*. Tradujo *Los novios*, de Manzoni.
GALLEGOS, río de la Argentina (Santa Cruz); 300 km — Volcán de México, en el archip. de Revillagigedo.
GALLEGOS (Fernando), pintor español (¿1440-1507?), de la escuela flamenca de su país. Autor de notables retablos.
GALLEGOS (Gerardo), novelista ecuatoriano, n. en 1906, autor de *Eladio Segura*.
GALLEGOS (José Rafael de), político y prócer costarricense (1784-1850), jefe del Estado de 1833 a 1835 y de 1845 a 1846.
GALLEGOS (Rómulo), escritor y político venezolano, n. en Caracas (1884-1969), elegido pres. de la Rep. en 1947 y derribado en 1948 por un movimiento militar. Literato de vocación, puede considerarse como uno de los más grandes novelistas hispanoamericanos. Describe los llanos venezolanos y la vida de sus moradores con marcado acento realista. Obras: *El último Solar, La trepadora, Doña Bárbara* (novela en la que se destaca el carácter de la protagonista), *Cantaclaro, Canaima, Pobre negro, Sobre la misma tierra* y *La brizna de paja en el viento*, cuya acción transcurre en Cuba.
GALLEGOS DEL CAMPO (Emilio), poeta modernista ecuatoriano (¿1875?-1914).
GALLEGOS LARA (Joaquín), novelista ecuatoriano, n. en 1911, autor de *Las cruces en el agua, Los que se van, Cacao*, etc.
GALLINA, cerro de Chile (Copiapó); 5 250 m.
GALLÍPOLI, en turco **Gelibolu,** c. de Turquía, en Europa, en la *península de Gallípoli*, que domina los Dardanelos.
GALLO, mont. de la Rep. Dominicana, en la Cord. Central (Santiago y San Rafael); 1 803 m.
GALLO (ISLA DEL), isla de Colombia, en el Pacífico, donde Pizarro arengó a los conquistadores del Perú. (V. TRECE DE LA FAMA.)
GALLOWAY [*-loué*], península al SO. de Escocia, al N. del golfo de Solway.
GALLUP (Jorge Horacio), estadístico norteamericano, n. en 1901. El Instituto fundado por él (1935) efectúa sondeos de la opinión pública.
GAMA (Antonio de LEÓN Y). V. LEÓN Y GAMA.
GAMA (José Basilio), poeta brasileño (1741-1795), cuya obra maestra es el relato en verso *O Uruguay* (1769).
GAMA (Vasco de), navegante portugués, n. en Sines (Extremadura) [1469-1524], que descubrió la ruta de las Indias por el Cabo de Buena Esperanza y llegó a Calicut, en la costa de Malabar (1489). Nombrado Almirante de las Indias (1502), emprendió un segunda expedición y fundó establecimientos en Mozambique, Sofala y Cochim. Regresó a su patria en 1503 y, aunque obtuvo el título de virrey, vivió oscuramente en Cochim hasta su muerte.
GAMARRA (Agustín), general peruano, n. en Cuzco (1785-1841), enemigo tenaz de la independencia de Bolivia, país que invadió en 1828. Fue pres. de la Rep. de 1829 a 1833, elegido de nuevo en 1839, y en guerra con Bolivia encontró la muerte en la batalla de Ingaví.
GAMBETTA (León), abogado y político francés (1838-1882), orador excepcional y ardiente patriota, organizó la resistencia de Francia contra la invasión alemana de 1870. Figura sobresaliente del partido republicano.
GAMBIA, río de África occidental que desemboca en el Atlántico; 1 700 km.
GAMBIA, Républica de África occidental, miembro del Commonwealth, que se extiende a ambos lados del curso inferior del río Gambia; 9 301 km²; 315 000 h. Cap. *Bathurst*, 21 000 h. Cacahuetes.

GALVANI

R. GALLEGOS

Vasco DE GAMA

GAMARRA

GAMBETTA

Fot. Larousse

GANGES
los baños sagrados,
en Benarés

GAMBIER (ISLAS), pequeño archipiélago francés de Polinesia. Cap. *Rikitea.* Copra.

GAMBOA (Federico), novelista, dramaturgo y diplomático mexicano (1864-1939), autor de *Santa,* relato naturalista, y de memorias.

GAMBOA (Francisco Javier), jurisconsulto mexicano (1717-1794), autor del tratado de minería *Geometría subterránea.*

GAMBOA (Isaías), poeta y escritor colombiano (1872-1904), de tono melancólico.

GAMBRINO o **GAMBRINUS,** rey germánico legendario, a quien se atribuye la invención de la cerveza.

GANA (Federico), escritor chileno (1867-1926), autor de los cuentos *Días de campo.*

GANDESA, c. de España (Tarragona).

GANDHARA, región del N. de la India, que dio su n. a una escuela de arte grecobúdica (s. I).

GANDHI

GANDHI, denominado **el Mahatma,** patriota y filósofo indio, n. en Porbandar en 1869, asesinado en 1948. Alma del movimiento de independencia de la India, fundó su acción sobre el principio de la no violencia.

GANDHI (Indira), estadista india, hija del pandit Nehru, n. en 1917, primer ministro de la India en 1966.

GANDÍA, c. de España (Valencia). Colegiata del s. XV; palacio (s. XV-XVII).

Gandía (*El gran Duque de*), drama de Calderón, escrito con motivo de la canonización de Francisco de Borja (1671). Esta obra, perdida a raíz de su composición, fue hallada en 1963 en la biblioteca de un castillo de Checoslovaquia.

GANDÍA (Enrique de), historiador argentino, n. en 1906, autor de *Historia de la conquista del Río de la Plata y del Paraguay, Historia de las ideas políticas en la Argentina* (10 vol.), etc.

GANDOLFI HERRERO (Arístides), V. YUNQUE (Álvaro).

GANIVET

GANGES, río de la India; 2 700 km. Baja del Himalaya, riega Benarés y Patna y desemboca, en un gran delta sembrado de arrozales, en el golfo de Bengala. Río sagrado.

GANIMEDES, príncipe troyano, hijo de Tros y de la ninfa Calírroe. Habiendo tomado Zeus la forma de un águila lo raptó para hacerle copero de los dioses. *(Mit.)*

V. GARCÍA
CALDERÓN
por FUJITA

GANIVET (Ángel), ensayista español, n. en Granada (1865-1898), precursor de la Generación del 98. Su pesimismo le condujo al suicidio en Riga, donde era diplomático. Se le deben la novela filosófica *La conquista del reino de Maya por Pío Cid,* una serie de *Cartas Finlandesas,* y el ensayo *Idearium español* (1897), intento de interpretación de la esencia española.

GANTE, en flam. **Gent,** c. de Bélgica, cap. de Flandes Oriental, en la confluencia del Escalda y el Lis. Tejidos, metalurgia, industrias alimenticias. Horticultura. Universidad. Patria del emperador Carlos V.

GAO, c. de la Rep. del Malí, a orillas del Níger; ant. cap. del Imperio Songhái.

GAONA (Juan Bautista), político paraguayo (1846-1912), pres. de la Rep. en 1904, derrocado en 1905.

GAONA (Rodolfo), matador de toros mexicano, n. en 1888, creador del lance llamado *gaonera.*

GAOS (José), filósofo español, n. en 1902; traductor de Husserl y Heidegger. Fue discípulo de Ortega y Gasset y de García Morente.

GAOS (Vicente), poeta español, n. en 1919, autor de *Sobre la tierra.*

GAP, c. de Francia, cap. del dep. de Altos Alpes.

GARAICOECHEA (Miguel), matemático peruano (1816-1861), autor de *Cálculo binomial.*

GARAY (Blasco de), hombre de ciencia español del siglo XVI, célebre por haber presentado en 1540 a Carlos I un sistema para propulsar las naves sin remos ni vela.

GARAY (Juan de), conquistador español (¿1527?-1583), que intervino en el Perú, Santa Cruz de la Sierra y Paraguay. Fundó la c. de Santa Fe (1573), a orillas del Paraná, y decidió la segunda fundación de Buenos Aires (1580). Ocupó el cargo de teniente gobernador y murió asesinado por los indios.

GARAY (Martín de), economista y político español (1760-1823).

GARCI Fernández, conde de Castilla (970-995), hijo y sucesor de Fernán González. Luchó contra los musulmanes mandados por Almanzor y murió en la batalla de Alcocer. Durante su reinado se sitúa la leyenda de los infantes de Lara.

GARCÍA I Íñiguez, rey de Navarra de 852 a 882.

GARCÍA Sánchez I, rey de Navarra (925-970), hijo de Sancho I Garcés.

GARCÍA Sánchez II *el Trémulo,* rey de Navarra (995-1000), hijo de Sancho II Garcés. Luchó contra Almanzor.

GARCÍA Sánchez III, rey de Navarra (1035-1054), hijo de Sancho III. Luchó contra sus hermanos Ramiro I de Aragón, a quien venció en Tafalla (1043), y Fernando I de Castilla, que lo derrotó y murió en la batalla de Atapuerca.

GARCÍA V Ramírez *el Restaurador,* rey de Navarra (1134-1150). Logró la separación de Navarra de Aragón, al que estaba unido desde 1076.

GARCÍA, rey de León (910-914). Trasladó la corte asturiana a León.

GARCÍA II Sánchez, conde de Castilla (1017-1029), hijo de Sancho García. Murió asesinado y con él se extinguió la línea masculina de Fernán González. El condado pasó a poder de Sancho III el Mayor de Navarra, su cuñado.

GARCÍA (Alejo), explorador portugués, m. en 1525, que, náufrago de la expedición de Solís (1516), exploró el Paraguay y Bolivia y llegó hasta el Perú. Fue asesinado por los indios.

GARCÍA (Calixto). V. GARCÍA ÍÑIGUEZ.

GARCÍA (Carlos P.), político filipino n. en 1896, pres. de la Rep. de 1957 a 1961.

GARCÍA (Diego), navegante portugués, n. en 1471, que estuvo con Solís en el Río de la Plata y remontó con Caboto el Paraná (1527).

GARCÍA (Gregorio), misionero dominico español (1554-1627), que predicó el Evangelio en el Perú y México.

GARCÍA (Lisardo), político ecuatoriano (1842-1937), pres. de la Rep. de 1905 a 1906.

GARCÍA (Manuel Vicente), cantante y compositor español, n. en Sevilla en 1775, m. en París en 1832. Actor excelente y cantor admirable, padre de la Malibrán, de Paulina VIARDOT (1821-1910), célebre cantante francesa y de MANUEL (1803-1906), profesor de canto.

GARCÍA (María Felicidad). V. MALIBRÁN.

GARCÍA CALDERÓN (Francisco), jurisconsulto y político peruano (1834-1905), pres. provisional de la Rep. en 1881.

GARCÍA CALDERÓN (Francisco), escritor, sociólogo y diplomático peruano, hijo del anterior (1883-1953), autor de ensayos históricos y filosóficos sobre América.

GARCÍA CALDERÓN (Ventura), escritor y poeta peruano, hermano del anterior (1886-1959), autor de la serie de cuentos *La venganza del cóndor.* Vivió casi siempre en París, y laboró por la exaltación de los valores hispánicos.

GARCÍA CATURLA (Alejandro), compositor cubano (1906-1940), que cultivó la música afrocubana (*Bembé, Yamba-O*).

Fot. Keystone, Harlingue, doc. A. G. P.

GARCÍA DE CÉSPEDES (Andrés), cosmógrafo español (¿1560-1606?).
GARCÍA DE DIEGO (Vicente), humanista y filólogo español, n. en 1878, que ha estudiado las lenguas menores de la Península Ibérica en el *Manual de Dialectología Española.*
GARCÍA DE LA HUERTA (Vicente), poeta neoclásico español (1734-1787), autor de la tragedia *La Raquel* (1778).
García del Castañar, drama de F. de Rojas Zorrilla, titulado también *Del rey abajo, ninguno* o *El labrador más honrado.*
GARCÍA DEL RÍO (Juan), escritor colombiano (1794-1856), secretario de Estado de San Martín y colaborador de Bolívar y Santa Cruz.
GARCÍA DE PAREDES (Diego García DE PAREDES, llamado Diego), capitán español, n. en Trujillo (1466-1530). Compañero de Gonzalo F. de Córdoba, su gran estatura y su fuerza prodigiosa le han merecido gran popularidad en España. (Diego y García eran sus nombres de pila, aunque luego el segundo fue tomado, erróneamente, por apellido.)
GARCÍA DE POLAVIEJA. V. POLAVIEJA.
GARCÍA DE QUEVEDO (José Heriberto), poeta, novelista y escritor dramático venezolano (1819-1871), establecido desde 1848 en Madrid. Fue amigo y colaborador de Zorrilla.
GARCÍA DE SANTA MARÍA (Alvar), cronista español (1349-1445), autor de la *Crónica de Juan II*, atribuida a Pérez de Guzmán.
GARCÍA DE SAN VICENTE (Nicolás), sacerdote, educador y escritor mexicano (1793-1845).
GARCÍA DE TOLEDO (José María), político y patriota colombiano (1769-1816), primer pres. de la Junta Suprema de Cartagena en 1810.
GARCÍA ESTRADA (Juan Antonio), compositor argentino (1895-1960), autor de una *Suite* de danzas sinfónicas.
GARCÍA GODOY (Federico), escritor dominicano (1857-1923), autor de novelas históricas.
GARCÍA GODOY (Héctor), político dominicano (1921-1970), pres. del Gob. Provisional en 1965.
GARCÍA GÓMEZ (Emilio), arabista español, n. en 1905, autor de notables estudios acerca de la poesía arabigoandaluza.
GARCÍA GONZÁLEZ (Vicente), general y político cubano (1833-1886), que, durante la guerra de los Diez Años, se distinguió en la liberación del territorio de Las Tunas. Presidió la Rep. en Armas (1877) y murió en Venezuela.
GARCÍA GOYENA (Rafael), escritor ecuatoriano (1766-1823). Notable fabulista.
GARCÍA GRANADOS (Miguel), general y político guatemalteco (1809-1878), que encabezó la revolución liberal de 1871 y fue pres. de la Rep. de 1871 a 1873.
GARCÍA GUTIÉRREZ (Antonio), dramaturgo romántico español, n. en Chiclana (Cádiz) [1813-1884], autor del drama *El Trovador*, convertido en ópera por Verdi. Otras obras: *El encubierto de Valencia, Simón Bocanegra,* etc.
GARCÍA ICAZBALCETA (Joaquín), historiador y filólogo mexicano (1825-1894), autor de dos *Colecciones de documentos para la historia de México* y de un *Diccionario de mexicanismos.*
GARCÍA ÍÑIGUEZ (Calixto), general cubano, n. en Holguín (1839-1898). Ardiente patriota, se distinguió en la guerra de los Diez Años, pero cayó prisionero en 1874 y fue desterrado. Intervino luego en la *Guerra Chiquita* y en la última lucha por la Independencia (1895). M. en Washington en misión diplomática.
GARCÍA LORCA (Federico), poeta español, n. en Fuente Vaqueros (Granada) [1898-1936], a cuya inmensa celebridad ha contribuido no sólo su obra, sino también su muerte, acaecida en condiciones trágicas durante la guerra civil española. La creación poética de García Lorca es de calidad excepcional y le pone al nivel de los más altos líricos de la lengua castellana, gracias, sobre todo, a los poemas de tipo tradicional que componen su *Romancero Gitano* (1928) y a la elegía *Llanto por la muerte de Ignacio Sánchez Mejías,* donde exhuma un género literario que había alcanzado ya altísimos acentos en las letras españolas. Es también inspirado dramaturgo y ha enriquecido el teatro español con tragedias como *Bodas de Sangre* (1933), *Yerma* (1934), *Mariana Pineda, La casa de Bernarda Alba* (1936), y comedias como *La zapatera prodigiosa* y *Doña Rosita la Soltera.*
GARCÍA MÁRQUEZ (Gabriel), escritor colombiano, n. en 1928, autor de *La hojarasca.*
GARCÍA MENOCAL (Mario). V. MENOCAL.
GARCÍA MEROU (Martín), escritor y diplomático argentino (1862-1905).
GARCÍA MONGE (Joaquín), escritor costarricense (1881-1958), autor de *La mala sombra y otros sucesos,* serie de cuentos.
GARCÍA MORENO (Gabriel), político y escritor ecuatoriano, n. en Guayaquil (1821-1875), que fue miembro del Gob. provisional de 1859 a 1861, y pres. de la Rep. de 1861 a 1865 y de 1869 a 1875. Fomentó el progreso material del país y desarrolló la educación, pero su política centralizadora y clerical, concretada en la Constitución de 1869, provocó una violenta oposición. M. asesinado.
GARCÍA MORENTE (Manuel), profesor y pensador español (1888-1942), a quien se deben traducciones de Descartes, Leibniz, Kant y Husserl, y un tratado de *Fundamentos de filosofía.*
GARCÍA MORILLO (Roberto), compositor y crítico musical argentino, n. en 1911. Autor de ballets (*Usher*), sinfonías, cuartetos y cantatas.
GARCÍA MUÑOZ (Alfonso), novelista ecuatoriano, n. en 1910, autor de una serie de *Estampas de mi ciudad,* de carácter humorístico.
GARCÍA NIETO (José), poeta español, n. en 1914, autor de *Víspera hacia ti* y *Tregua.*
GARCÍA OÑEZ DE LOYOLA (Martín). V. OÑEZ DE LOYOLA.
GARCÍA PRADA (Carlos), profesor, historiador y literato colombiano, n. en 1898.
GARCÍA PRIETO (Manuel), abogado y político español (1859-1938), jefe del Gob. en 1912, 1917, 1918 y 1922.
GARCÍA PUMACAHUA. V. PUMACAHUA.
GARCÍA ROVIRA (Custodio), general y político colombiano (1780-1816), pres. de la Rep. en 1816. M. fusilado por los españoles.
GARCÍA SANCHIZ (Federico), escritor y orador español (1886-1964), creador de la *charla,* pieza oratoria ligera.
GARCÍA TASSARA (Gabriel), poeta español (1817-1875), que aportó al romanticismo acentos de sobriedad y equilibrio (*Himno al Mesías*).
GARCÍA TUDURÍ (Mercedes), poetisa ultraísta cubana, n. en 1904, autora de *Inquietud.*
GARCÍA VELLOSO (Enrique), comediógrafo y crítico argentino (1880-1938), autor de *Jesús Nazareno,* drama gauchesco, *Mamá Culepina,* etc.
GARCILASO DE LA VEGA (Sebastián), n. en Badajoz (España) [1495-1559], quien, después de servir en México con Cortés, pasó al Perú con Alvarado. Hízose notar por su humanidad para con los indios. Casó con una princesa inca y fue padre del Inca Garcilaso.
GARCILASO DE LA VEGA, poeta español n. en Toledo (1501-1536), que después de una vida de perfecto "cortesano" del Renacimiento, combatió con las tropas del emperador Carlos V, fue herido en Frejus y murió en Niza. Su obra se compone de *Sonetos, Canciones, Elegías* y sobre todo tres admirables *Églogas,* de inspiración vir-

GARCÍA MORENO

GARCÍA ÍÑIGUEZ

GARCÍA GUTIÉRREZ

GARCÍA LORCA

GARCILASO DE LA VEGA

Fot. Larousse, doc. A. G. P., Keystone

GARCILASO DE LA VEGA EL INCA

GARIBALDI

GARRET

GAUDÍ LA CASA MILÁ

giliana y de factura perfecta. En sus poemas adoptó los metros italianos por consejo de su amigo Juan Boscán. Garcilaso conoció una gloria inmensa e inmediata que le llevó a ser considerado como clásico ya en el Siglo de Oro. El Brocense y el Divino Herrera lo anotaron, San Juan de la Cruz lo imitó, Lope de Vega lo elogió y Cervantes mismo lo ensalzó. En los siglos XVIII y XIX su gloria conoció un eclipse, pero los poetas de la primera mitad de la centuria actual, singularmente Alberti, Salinas, Altolaguirre y Miguel Hernández, han vuelto a hacer de él una gran figura de las letras españolas.

GARCILASO DE LA VEGA (El Inca), historiador y cronista peruano, hijo del conquistador Sebastián Garcilaso de la Vega y de una princesa inca (1539-1616); pasó sus primeros años en Cuzco, su villa natal, y posteriormente se trasladó a España. Tradujo los *Diálogos de amor*, de León Hebreo, y escribió *La Florida del Inca*, relato de la expedición de Hernando de Soto, y *Comentarios reales*, su obra maestra, en los que trazó la historia del Imperio de los Incas.

GARD, río de Francia, afl. del Ródano; 113 km.

GARD, dep. de Francia; cap. *Nimes*.

GARDA (LAGO DE), lago alpino al N. de Italia, entre las provincias de Brescia y de Verona; 370 km². Centro turístico.

GARDAFUÍ (CABO). V. GUARDAFUÍ.

GARDEL (Carlos), cantante argentino (1887-1935), famoso intérprete del tango.

GARDINER (Stephen), prelado y gran canciller de Inglaterra (¿1493?-1555), uno de los mayores adversarios de la Reforma.

GARELLANO, n. español del río **Garigliano** de Italia. Victoria del Gran Capitán sobre los franceses (1503).

GARGALLO (Pablo), escultor español (1881-1934).

Gargantúa, novela de Rabelais (1534), cuyo protagonista es un gigante de insaciable apetito. A través de lo cómico de la obra, el autor expone su ideal humanista sobre algunos grandes problemas: la paz, la educación, la dicha.

GARIBALDI (José), patriota italiano, n. en Niza (1807-1882). Combatió primero en las filas uruguayas contra Rosas, a las órdenes de Fructuoso Rivera, de 1836 a 1846, y más tarde en favor de la unificación de Italia contra Austria, luego contra el reino de Nápoles y contra el papado. En la guerra de 1870 entró al servicio de Francia.

GARIBAY (Pedro), militar español, virrey de Nueva España de 1808 a 1809.

GARIBAY Y ZAMALLOA (Esteban de), historiador español (1533-1599), que fue bibliotecario de Felipe II.

GARIGLIANO. V. GARELLANO.

GARIZIM, monte de Palestina, donde los samaritanos edificaron un templo rival del de Jerusalén.

GARLAND (Hamlin), escritor norteamericano (1860-1940), precursor del naturalismo.

GARNIER [*-nié*] (Charles), arquitecto francés (1825-1898), constructor de la Opera de París.

GAROFALO. V. TISI.

GARONA, río de Francia, que nace en el valle de Arán, en los Pirineos españoles, y desemboca en el Atlántico; 650 km.

GARONA (Alto), dep. francés, formado por una parte de la antigua Gascuña. Cap. *Toulouse*.

GARRASTAZU MEDICI (Emilio), general brasileño, n. en 1906, pres. de la Rep. en 1969.

GARRET (Juan Bautista de Silva Leitao de **Almeida**), escritor y político portugués (1799-1854), figura esencial del romanticismo en su país y creador del teatro nacional moderno, gracias a su drama *Fray Luis de Sousa*.

GARRIDO MALAVER (Julio), poeta peruano, n. en 1909, autor de *La dimensión de la piedra*.

GARY, c. de los Estados Unidos (Indiana), a orillas del lago Michigan. Centro metalúrgico.

GARZA (La), pico de Venezuela, en la Sierra Nevada (Mérida); 4 922 m.

GARZÓN, laguna del Uruguay (Maldonado). — C. de Colombia (Huila). Obispado.

GARZÓN (Eugenio José), general uruguayo (1796-1851), que luchó por la Independencia.

GASCA (Pedro de **La**). V. LA GASCA (Pedro de).

GASCOIGNE (Jorge), escritor inglés (¿1535?-1577), autor de la primera comedia inglesa escrita en prosa: *Supposes*.

GASCUÑA, ant. ducado de Francia, cuya cap. era *Auch*, y que fue reunida con Francia en 1453. (Hab. *gascones.*) Forma los dep. de Altos Pirineos, Gers, Landas, y parte de otros.

GASCUÑA (GOLFO DE), golfo del Atlántico entre Francia y España, llamado también **golfo de Vizcaya.**

GASHERBRUM o **HIDDEN PEAK,** una de las cimas del Karakorum; 8 068 m.

GASKELL (Elizabeth), novelista inglesa (1810-1865), autora de *Mary Barton* y *Cranford*, relato en el que describe la vida provinciana.

GASPAR (CUMBRES DE), cadena montañosa de Argentina (Córdoba).

GASPAR (Antonio), escritor indígena mexicano, m. en 1583, nieto de un rey maya. Autor de un *Vocabulario de la lengua maya*.

GASPAR (Enrique), dramaturgo español (1842-1902), de tendencia realista.

GASPAR DE BONO (*Beato*), religioso mínimo valenciano (1530-1604). Fiesta el 4 de julio.

GASPAR HERNÁNDEZ, com. de la Rep. Dominicana (Espaillat).

GASPARINI (Francisco), compositor italiano (1668-1727), autor de óperas, oratorios y cantatas, y de un tratado musical.

GASPARRI (Pedro), cardenal italiano (1852-1934), que firmó los acuerdos de Letrán (1929).

GASPERI (Alcides **de**), estadista italiano (1881-1954), pres. del Gobierno de 1945 a 1953.

GASSENDI (Pedro), matemático y filósofo francés (1592-1655), que polemizó con Descartes y se esforzó en conciliar el cristianismo y el epicureísmo.

GASSER (Herbert), fisiólogo norteamericano (1888-1963), conocido por sus investigaciones sobre las fibras nerviosas. (Pr. Nóbel, 1944.)

GATA (SIERRA DE), macizo montañoso de España; acaba en el *cabo de Gata*, al E. de Almería.

GATCHINA, de 1929 a 1944 **Krasnogvardeisk**, c. de la U. R. S. S. (Rusia), al S. de Leningrado. Ant. residencia imperial.

GATESHEAD [*guetsjed*], c. de Inglaterra (Durham), enfrente de Newcastle; centro industrial.

GATO, monte de México (Chihuahua); 2 500 metros. — Sierra de la frontera argentinochilena; 2 026 m.

Gatomaquia (La), poema burlesco de Lope de Vega, que refiere las rivalidades entre los gatos *Micifuz* y *Marramaquiz* (1634).

GATÚN, lago artificial, en el canal de Panamá.

GAUDÍ (Antonio), arquitecto español (1852-1926), creador de un estilo atrevido en el cual prevalecen las formas sinuosas y los motivos de decoración naturalistas. Su obra maestra es la iglesia inacabada de *La Sagrada Familia*, en Barcelona. Es autor también del *palacio* y del *parque Güell*, en la misma ciudad, la *Casa Milá*, etc.

GAUGUIN [*gogán*] (Paul), pintor francés, n. en París (1848-1903), que vivió al final de su vida en Tahití. Su arte "sintético" se funda en

GAUGUIN: TAHITIANA

Fot. Keystone, P. N., Giraudon, Arch. fotográficos

la simplificación del dibujo y del color y en la búsqueda de un estilo decorativo monumental. (V. lámina p. 704.)
GAULLE [*-gol*] (Charles **de**), general y estadista francés, n. en Lila (1890-1970). Después del armisticio de 1940, dirigió desde Londres la Resistencia francesa contra Alemania. Jefe del Gobierno Provisional en Argel y en París (1944-1946), se retiró de la vida política en 1953. Llamado al Poder en 1958, dio a Francia una nueva Constitución y fue elegido presidente de la V República en 1959 y 1965. Dimitió en 1969. Autor de *Memorias.*
GAURISANKAR, montaña del Himalaya (Nepal); 7 145 m.
GAUSS (Carlos Federico), astrónomo, matemático y físico alemán (1777-1855). Investigó sobre el magnetismo, electromagnetismo y óptica.
GAUTIER [*gotié*] (Teófilo), escritor francés (1811-1872), poeta cincelador de versos, en ***Esmaltes y Camafeos,*** y prosista en ***Viajes por España*** y *El capitán Fracasse.*
GAUTIER BENÍTEZ (José), poeta romántico puertorriqueño (1851-1880).
GAVARNI (Sulpicio Guillermo CHEVALIER, llamado), dibujante francés (1804-1866), pintor mordaz de la sociedad de su época.
GAVARNIE [*-ní*], circo de montañas en los Pirineos franceses (Altos Pirineos).
GAVIDIA (Francisco), poeta y escritor salvadoreño (1863-1955), autor de unos admirables *Cuentos y narraciones* y ensayos diversos.
GAVIOLA (Enrique), físico argentino, n. en 1900, autor de investigaciones sobre los espejos telescópicos.
Gaviota *(La),* novela de Fernán Caballero (1849), una de sus obras maestras.
GÄVLE, c. y puerto de Suecia, en el golfo de Botnia.
GAY (Juan), poeta inglés (1685-1732), autor de la *Ópera de los mendigos.*
GAYA, c. de la India (Bihar).
GAYANGOS (Pascual), erudito bibliógrafo y arabista español (1809-1897).
GAYARRE (Julián), tenor de ópera español, n en Roncal (Navarra) [1844-1890].
GAY-LUSSAC (Joseph), físico y químico francés (1778-1850), que formuló la ley de dilatación de los gases. En 1804 hizo dos ascensiones en globo hasta 7 016 m para estudiar las variaciones del magnetismo terrestre. Descubrió el boro.
GAYO, jurisconsulto romano (s. II), autor de *Institutas* que sirvieron de base a las de Justiniano.
GAZA, terr. y c. de Palestina, ocupados por Israel en 1967.
GAZA (Teodoro), helenista del Renacimiento italiano, n. en Tesalónica (1398-1478).
GAZIANTEP, ant. **Aintab,** c. de Turquía al N. de Alepo; textiles.
GAZTAMBIDE (Joaquín), compositor español (1822-1870), autor de populares zarzuelas.
GDANSK, en alem. **Danzig,** c. y puerto de Polonia en la *bahía de Gdansk,* cerca de la desembocadura del Vístula. Industrias mecánicas y textiles; astilleros. Ant. ciudad de la Liga Hanseática y de Prusia, fue ciudad libre en 1919, anexada a Alemania en 1939 y a Polonia en 1945.
GDYNIA, puerto de Polonia, en el mar Báltico.
GEA, divinidad de la Tierra, entre los griegos; esposa de Urano, madre de Cronos y de Anteo.
GEDEÓN, quinto juez de los hebreos, vencedor de los madianitas. *(Biblia.)*
GEDROSIA, ant. región de Persia, hoy dividida entre Irán y Paquistán.
GEELONG, c. y puerto de Australia (Victoria).
GEFLE. V. GÄVLE.
GEIGEL POLANCO (Vicente), político y escritor puertorriqueño, n. en 1904.
GEIGER (Hans), físico alemán (1882-1945), inventor del contador de su nombre para comprobar la presencia de elementos radiactivos.
GEISSLER [*guesler*] (Enrique), físico alemán (1815-1879). Estudió los fenómenos de descarga eléctrica en el aire enrarecido *(tubos de Geissler).*
GELA, c. de Italia en Sicilia.
GELASIO I *(San),* papa de 492 a 496 — GELASIO II, papa de 1118 a 1119.
GELBOÉ, montaña de Palestina, donde sitúa la Biblia la muerte de Saúl. Hoy **Yebel Fukua.**
GELLÉE (Claudio). V. LORENÉS.
GELIMER, último rey de los vándalos de África (530). Vencido por Belisario en 534.
GELMÍREZ (Diego), prelado y político español del s. XII, señor feudal de Galicia.
GELÓN, tirano de Gela y de Siracusa de 485 a 478 a. de J. C., vencedor de los cartagineses.
GELSENKIRCHEN, c. de Alemania (Rin Septentrional-Westfalia), al N. de Essen; región carbonífera; metalurgia; cristales.
GELVES (ISLA DE LOS), nombre español de la isla de Cherba, en la costa de Túnez.
GELVES (Leonor DE MILÁN, *condesa de*), dama española (¿1528?-1580), musa inspiradora del poeta Fernando de Herrera.
GEMELOS o **GÉMINIS,** tercer signo del Zodiaco correspondiente al período del 21 de mayo al 22 de junio. — Constelación del hemisferio boreal que debe su nombre a sus dos estrellas principales (Cástor y Pólux).
GEMINIANI (Francisco), violinista y compositor italiano (1687-1762); vivió en Inglaterra.
GENER (Pompeyo), pensador e historiador español (1848-1919).
Generación del 98, n. dado a un grupo de escritores españoles formado a raíz de la pérdida de Cuba y Filipinas en 1898 (Unamuno, Azorín, Valle-Inclán, Baroja, A. Machado, Maeztu, Benavente, etc.).
Generaciones y semblanzas, obra de Fernán Pérez de Guzmán, tercera parte de *Mar de Historias,* colección de retratos de Enrique III y Juan II y de personalidades de sus cortes.
GENERAL ACHA, pobl. de la Argentina (La Pampa).
GENERAL ALVEAR, pobl. de la Argentina (Mendoza).
GENERAL ARENALES, pobl. de la Argentina (Buenos Aires); cab. de partido.
GENERAL ARTIGAS, pobl. del Paraguay (Itapúa); ant. llamado **Bobi.** Escuela Normal.
GENERAL BELGRANO, c. de la Argentina (Buenos Aires). Base naval.
GENERAL BILBAO, prov. de Bolivia (Potosí); cap. *Arampampa.*
GENERAL CARRERA, lago de Chile (Aisén), cuya mitad oriental pertenece a la Argentina, donde toma el n. de lago **Buenos Aires.**
GENERAL CONESA, pobl. de la Argentina (Río Negro); cap. de dep.
GENERAL DELGADO, pobl. del Paraguay (Itapúa); ant. llamada **San Luis.**
GENERAL DÍAZ, pobl. del Paraguay (Ñeembucú).
GENERAL GÜEMES, pobl. de la Argentina (Salta).
GENERAL GUIDO, c. de la Argentina (Buenos Aires).
Generalidad, n. ant. de las Cortes catalanas, adoptado por el Gobierno autónomo de Cataluña (1931-1939).
Generalife, palacio y jardines de los reyes moros, en las proximidades de la Alhambra, bella muestra de la arquitectura árabe en Granada.

general DE GAULLE

T. GAUTIER

GAY-LUSSAC

EL GENERALIFE

Fot. Keystone, Nadar, Petit

GENTILE DA FABRIANO *detalle* de LA ADORACIÓN DE LOS MAGOS

Barón GERARD retrato de Mme DE CARMISY

GENERAL JOSÉ BALLIVIÁN, prov. de Bolivia (Beni); cap. *Reyes.*
GENERAL LAGOS, com. de Chile (Tarapacá).
GENERAL LAMADRID, pobl. de la Argentina (Buenos Aires); cab. de partido.
GENERAL LAS HERAS, pobl. de la Argentina (Buenos Aires); cab. de partido.
GENERAL LAVALLE, pobl. de la Argentina (Buenos Aires); ind. pesquera; cab. de partido.
GENERAL L. PLAZA GUTIÉRREZ, pobl. del Ecuador, cab. del cantón de Limón-Indanza (Morona-Santiago).
GENERAL MADARIAGA, pobl. de la Argentina (Buenos Aires); cab. de partido.
GENERAL MITRE, pobl. de la Argentina (Santiago del Estero); cab. de dep.
GENERAL PICO, pobl. de la Argentina (La Pampa).
GENERAL PINTO, pobl. de la Argentina (Buenos Aires); cab. de partido.
GENERAL ROCA, pobl. de la Argentina (Río Negro), a orillas del río Negro.
GENERAL SÁNCHEZ CERRO, prov. del Perú (Moquegua); cap. *Omate.*
GENERAL SAN MARTÍN, c. de la Argentina (Buenos Aires); cab. de partido. — N. de tres dep. de la Argentina (Córdoba, La Rioja y San Luis).
GENERAL SARMIENTO, pobl. de la Argentina (Buenos Aires); cab. de partido.
GENERAL VIAMONTE, pobl. de la Argentina (Buenos Aires); cab. de partido.
GENERAL VILLEGAS, pobl. de la Argentina (Buenos Aires); cab. de partido.
GENERAL VINTTER, lago de la Argentina (Chubut), cuya mitad occidental pertenece a Chile donde toma el n. de lago **Palena.**
GENESARET (LAGO DE). V. TIBERÍADES.
Génesis (del gr. *genesis,* generación), primer libro del Pentateuco y del Antiguo Testamento, que comprende el relato de la creación y la historia primitiva hasta la muerte de José y el nacimiento de Moisés.
GENGIS KAN (TEMUTCHIN, llamado), conquistador tártaro, fundador del primer imperio mongol (¿1160?-1227). Reconocido Kan Supremo por los mongoles (1206), conquistó China del norte (1215) e hizo expediciones lejanas (Azerbaidján). Se mostró cruel en los países que dominó y estableció el orden en todos sus territorios.
GENIL, río de España, afl. del Guadalquivir, que nace en Sierra Nevada y riega la vega granadina; 243 km.
Genio del Cristianismo (*El*), obra de Chateaubriand que intenta probar la superioridad de la religión cristiana por medio de su belleza poética. En ella se canta también la grandeza del arte gótico, creación del alma cristiana (1802).
GENISSIAT, localidad de Francia (Ain); gran central hidroeléctrica en el Ródano.
GENNEVILLIERS, v. de Francia (Hauts-de-Seine), suburbio industrial situado al NO. de París, a orillas del río Sena. Puerto de París.

GERICAULT Oficial de Caballeria de la Guardia Imperial

GÉNOVA, c. de Italia, cap. de Liguria (hab. *genoveses*). Puerto en el *golfo de Génova,* en el Mediterráneo. Industrias activas. Capital, en la Edad Media, de una república rival de Venecia, y en 1798 de la República de Liguria.
GENOVEVA (*Santa*), virgen, patrona de París (¿422-502?). Fiesta el 3 de enero.
Genoveva (*Orden de Santa*), orden regular francesa reformada en 1634. La biblioteca de esta congregación, confiscada en 1791, es una de las más importantes de París.
Genoveva de Brabante, heroína de una antigua leyenda del siglo V o VI.
GENSERICO, rey de los vándalos de 428 a 477. Conquistó África, donde fundó un vasto imperio.
GENTILE (Giovanni), filósofo y político italiano (1875-1944). Defensor del ideal fascista.
GENTILE da Fabriano, pintor italiano (¿1370?-1427), autor de una *Adoración de los Magos.*
GEOFFROY SAINT-HILAIRE [*yofruá-Saint-iler*] (Esteban), naturalista francés (1772-1844), que reunió gran parte de las colecciones del Museo de Historia Natural de París, y creó la embriología.
GEORGE (David LLOYD). V. LLOYD GEORGE.
GEORGE (Stefan), poeta alemán (1868-1933), de inspiración simbolista.
GEORGETOWN, cap. de Guyana (ex Guayana Británica); 168 200 h. Exp. de café y cacao.
GEORGETOWN, hoy **Penang,** c. y puerto de la Federación de Malaysia, cap. de la isla de Penang.
GEORGIA, en ruso **Grusia,** una de las repúblicas de la U. R. S. S., a orillas del mar Negro; 4 millones de hab.; cap. *Tbilisi* (Tiflis). Frutas.
GEORGIA, uno de los Estados Unidos de América del Norte; cap. *Atlanta;* algodón.
GEORGIA (ESTRECHO DE), brazo de mar que separa a Vancouver de Colombia Británica.
GEORGIA DEL SUR, isla de la Argentina, perteneciente al grupo de las Antillas del Sur.
Geórgicas (*Las*), poema didáctico en cuatro cantos, por Virgilio, sobre la agricultura.
GÉPIDOS o **GÉPIDAS,** pueblo germano, establecido en Dacia, donde fue exterminado por los lombardos (s. VI).
GERA, c. de Alemania oriental. Instrumentos de música; industrias textiles y químicas; loza.
GERALDY (Paul), poeta francés, n. en 1885, autor del popular libro *Tú y yo.*
GERARD (Francisco, *barón*), pintor de historia francés, n. en Roma (1770-1837).
GERARDMER [*yerarmé*], c. de Francia (Vosgos). Estación veraniega.
GERBAULT [*-bo*] (Alain), navegante francés (1893-1941), que efectuó solo, en una pequeña embarcación, la travesía del Atlántico (1923) y dio la vuelta al mundo (1924-1929).
GERCHUNOFF (Alberto), escritor argentino (1884-1950), autor de los cuentos *Los gauchos judíos* y de la novela *El hombre importante.*
GÉRGAL, v. de España (Almería).
GERGOVIA, c. de Galia, en Auvernia, que defendió Vercingetórix contra César (52 a. de J. C.).
GERHARD (Roberto), músico español (1896-1970), naturalizado inglés.
GERHARDT [*yerar*] (Carlos), químico francés (1816-1856), uno de los creadores de la notación atómica.
GERHARDT (Pablo), teólogo alemán (1607-1676), autor de cánticos de gran belleza.
GERICAULT [*yerikó*] (Teodoro), pintor romántico francés (1791-1824), autor de *La balsa de la Medusa.*
Gerineldo, personaje de un romance antiguo español, tipo de enamorado atrevido.
GERLACHE (Adriano de), navegante belga (1866-1934) que dirigió una expedición a la Antártida (1897-1899).
GERMÁN (*San*), mártir del s. IV en Osuna (España). Fiesta el 23 de octubre.
GERMÁN (*San*), obispo de Auxerre (Francia) [¿378?-448]. Fiesta el 31 de julio.
GERMÁN (*San*), obispo de París (496-576) Fiesta el 28 de mayo.
GERMANA (*Santa*) [Germana COUSIN], n. en Pibrac, cerca de Toulouse (1579-1601). Su tumba es lugar de peregrinación. Fiesta el 15 de enero.

Fot. Anderson-Giraudon, Giraudon

Lorenzo GHIBERTI
detalle de la PUERTA DEL PARAÍSO
del Baptisterio de Florencia

GHIRLANDAIO
fragmento de
LA ADORACIÓN
DE LOS MAGOS

GERMANIA, vasta región de Europa antigua, hoy **Alemania.** (Hab. *germanos.*) — Reino fundado en 843 con una parte del Imperio carolingio y cuyo primer rey fue Luis el Germánico. Duró hasta 1024.
Germanías, movimiento social análogo a las Comunidades de Castilla y que se produjo en Valencia y Mallorca (1519-1523).
Germánica (*Confederación*). V. CONFEDERACIÓN GERMÁNICA.
GERMÁNICO I. V. DRUSO. — GERMÁNICO II, general romano de la familia de Augusto, vencedor de Arminio en Germania (15 a. de J. C. - 19 de nuestra era). Fue el padre de Agripina, esposa de Claudio y madre de Nerón.
GERMANOS, habitantes de Germania, de raza aria y de civilización menos avanzada que la de griegos y latinos. Su religión era naturalista, y en su organización social el individuo gozaba de una gran libertad.
GERMISTON, c. de la República Sudafricana (Transvaal). Oro; industrias química y textil.
GERONA, c. de España en Cataluña, cap. de la prov. del mismo n., a orillas del Oñar; centro comercial e industrial. (Hab. *gerundenses.*) Hermosa catedral del s. XIII. Plaza fuerte célebre por su heroica defensa contra los franceses en 1808. En la prov. existen minas de hierro, plomo y canteras de mármol.
GERS, dep. de Francia (Gascuña); cap. *Auch.* Región esencialmente agrícola.
GERSHWIN (George), compositor norteamericano (1898-1937), autor de *Rapsodia en blue, Un americano en París* (ballet), *Porgy and Bess* (ópera).
GERSON (Jean CHARLIER, llamado), teólogo y predicador francés (1363-1429), que fue el alma del Concilio de Constanza y a quien se atribuyó un tiempo la célebre *Imitación de Cristo.*
GERSTEIN (Noemí), escultora abstracta argentina, n. en 1910.
GERTRUDIS (*Santa*), abadesa de Nivelle, en Brabante (Bélgica) [¿626?-659]. Fiesta el 17 de marzo.
GERVASIO y **PROTASIO** (*Santos*), hermanos que murieron mártires en Milán, en tiempos de Nerón. Fiesta el 19 de junio.
GES, indios brasileños del E. del país.
GESELL (Silvio), economista alemán (1861-1930). Residió largo tiempo en Argentina.
GESSEN (*País de*), región de Egipto donde vivieron los israelitas hasta el éxodo. (*Biblia.*)
GESSLER [*guesler*], bailío que ejerció en el s. XIV un poder tiránico sobre los suizos en nombre del duque de Austria, y que, según la tradición, fue muerto por Guillermo Tell. (V. TELL.)
GESSNER [*guesner*] (Salomón), poeta y pintor paisajista suizo (1730-1788), autor de *Idilios* y de *La muerte de Abel,* poemas llenos de sentimentalismo, anunciadores de la era romántica.
Gestapo [*gues-*], abrev. de GE*heime* STA*ats*-PO*lizei*, policía secreta del Estado nacionalsocialista alemán de 1936 a 1945.
GESTIDO (Óscar), militar y político uruguayo (1901-1967), pres. de la Rep. en 1967.
GETA, hermano de Caracalla. Compartió el Poder con su hermano, quien le hizo dar muerte en 212.
GETAFE, v. de España (Madrid), a 18 km al S. de la capital; aeródromo militar.
GETAS, pueblo escita de la ant. Europa sudoriental, emparentado con los dacios, y confundido luego con los godos.
GETSEMANÍ, aldea en los alrededores de Jerusalén, donde estaba el Huerto de los Olivos. En él oró Jesucristo antes de la Pasión.
GETTYSBURGO, c. de los Estados Unidos (Pensilvania), donde los nordistas derrotaron a los sudistas de Lee (1º-3 de julio de 1863).
GETULOS, pueblo de África antigua, acaso de la misma raza que los cabilas actuales.
GHANA, ant. **Costa de Oro,** Estado de África occidental, miembro del Commonwealth; 237 875 km²; 8 400 000 h.; cap. *Accra* (337 000 h.). Colonia británica a partir de 1871. Ghana obtuvo la independencia en 1957.
GHAZAN KHAN, emperador mongol de Persia (1271-1304), gran legislador.
GHIANO (Juan Carlos), escritor argentino, n. en 1920, autor de *Constantes de la literatura argentina.*
GHIBERTI [*gui-*] (Lorenzo), escultor, pintor y arquitecto florentino (1378-1455), cuya obra maestra es la llamada *Puerta del Paraíso* del baptisterio de Florencia.
GHIRALDO (Alberto), poeta y escritor argentino (1874-1946), autor de *Triunfos nuevos* (poemas), *Los salvajes* (teatro) y relatos diversos.
GHIRLANDAIO [*guir-*] (Domenico BIGORDI, llamado), pintor florentino (1449-1494), uno de los más notables del Renacimiento italiano, autor de admirables frescos en Florencia.
GIANNEO (Luis), compositor argentino, n. en 1897, autor de piezas musicales folklóricas.

GERSHWIN

GERONA
casas antiguas
a orillas del Oñar

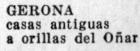

Fot. Alinari, Anderson, Centro Cultural Americano (París), M. de Información y Turismo de España

peñón de GIBRALTAR

GIBARA, térm. mun. de Cuba (Oriente).
GIBBON (Eduardo), historiador inglés (1737-1794), autor de *Historia de la decadencia y caída del Imperio Romano.*
GIBBONS (Orlando), compositor inglés (1583-1625), autor de madrigales, motetes y piezas instrumentales.
GIBBS (Willard), físico norteamericano (1839-1903), que realizó estudios sobre termodinámica.
Gibelinos. V. GÜELFOS.
GIBRALEÓN, v. de España (Huelva).
GIBRALTAR, plaza fuerte, en el estrecho del mismo n., en la extremidad sur de España. Fue tomada por los ingleses en 1704 y ha quedado desde entonces en su posesión a pesar de las reclamaciones españolas. Obispado. Base aeronaval. Es la ant. *Calpe.*
GIBRALTAR (ESTRECHO DE), estrecho entre España y Marruecos, por el cual comunica el Mediterráneo con el Atlántico (15 km de ancho y 450 m de profundidad. Gibraltar (británica) y Ceuta (española) lo dominan por ambos lados.

A. GIDE

GIDE (André), escritor francés, n. en París (1869-1951). Analista profundo y notable prosista, sus escritos revelan su sinceridad en la búsqueda de la felicidad y afirman la liberación del hombre de todo prejuicio moral. Sus principales obras son *Alimentos terrestres, El inmoralista, Las cuevas del Vaticano, Sinfonía pastoral, Los monederos falsos.* Es también autor de un interesante *Diario.* (Pr. Nóbel, 1947.)
GIDE (Carlos), economista francés (1847-1932), defensor del cooperativismo.
GIESSEN, c. de Alemania (Hesse). Universidad.
GIFU, c. del Japón (Hondo); centro industrial.
GIGANTA (SIERRA DE LA). V. CONCEPCIÓN.
GIGANTES (MONTES DE LOS), en alemán **Riesengebirge,** y en checo **Krknoshe,** montes de Polonia y Bohemia.
GIGANTES (Los), peniplanicie de la Argentina, en la sierra de Córdoba; 2 350 m.

LA GIOCONDA por LEONARDO DE VINCI

GIGES, pastor de Lidia que, según la leyenda, poseía un anillo mágico con el que podía hacerse invisible. Asesinó al rey Candaule y ocupó el trono de Lidia.
GIJÓN, c. de España (Oviedo), a 6 km. del puerto del Musel, uno de los mejores del Cantábrico. Fundiciones de hierro, industria activa. Universidad Laboral. (Hab. *gijoneses* o *gijonenses.*)
GILA, río del S. de los Estados Unidos, que atraviesa el *desierto de Gila* y des. en el Colorado; 800 km.
GILARDI (Gilardo), compositor argentino (1889-1947), autor de *La leyenda de Urutaú.*

GINER DE LOS RÍOS

GILBERT (William), médico y físico inglés (1544-1603); médico de la reina Isabel I, fue el primero en experimentar la electrostática y el magnetismo.
GILBERT Y ELLICE (ISLAS), archip. inglés en Polinesia; cap. *Tarawa.* Copra, fosfatos.
GILBERTO (*San*), monje francés (¿1060?-1152). Acompañó a Luis VII en la Segunda Cruzada. Fiesta el 6 de junio.
Gil Blas de Santillana (*Historia de*), novela de costumbres, de Lesage, una de las obras más perfectas del género picaresco en Francia (1715). El autor se inspiró en *Marcos de Obregón,* del español Vicente Espinel. Fue traducida al castellano por el Padre Isla y publicada en 1787.
GIL (Martín), escritor y meteorólogo argentino (1868-1955), autor de *Prosa rural.*
GIL FORTOUL (José), historiador y novelista venezolano (1862-1943), autor de *Julián* y *Pasiones* (novelas) y *El hombre y la historia* (ensayo).
GILGAMÉS, héroe legendario babilónico, protagonista de la epopeya más antigua de la humanidad.
GIL GILBERT (Enrique), novelista ecuatoriano, n. en 1912, autor de *Nuestro pan.*
GILI GAYA (Samuel), filólogo español, n. en 1892, a quien se deben ediciones de los textos picarescos clásicos, un interesante *Diccionario* y un *Curso Superior de Sintaxis Española.*
GILOLO. V. HALMAHERA.
GIL POLO (Gaspar), poeta español (¿1529-1591?), autor del poema *Diana enamorada,* imitación del que escribió Jorge de Montemayor.
GIL ROBLES (José María), abogado y político español, n. en 1908, fundador de la C. E. D. A. y ministro de la Guerra (1934).
GILSON [*yilsón*] (Etienne), filósofo francés, n. en 1884, de tendencia religiosa, autor de *El espíritu de la filosofía medieval.*
GIL VICENTE. V. VICENTE.
Gil Vicente, célebre drama del portugués Almeida Garret (1838).
GIL Y CARRASCO (Enrique), novelista romántico español (1815-1846), famoso por su relato *El señor de Bembibre.*
GIL Y ZÁRATE (Antonio), dramaturgo romántico español (1796-1861), autor de *Carlos II el Hechizado, Guzmán el Bueno* y *Cuidado con los novios.*
GILL (Juan Bautista), político paraguayo, pres. de la Rep. en 1874, asesinado en 1877.
GILLINGHAM, c. de Inglaterra (Kent).
GIMÉNEZ ARNAU (José Antonio), novelista español n. en 1912, autor de *La tierra prometida.*
GIMÉNEZ CABALLERO (Ernesto), periodista y escritor español, n. en 1899, de vena fecunda.
GIMNESIAS, n. ant. de las islas **Baleares.**
GINASTERA (Alberto), compositor argentino, n. en 1916, autor del ballet *Panambí, Concierto Argentino, Sinfonía Porteña* y *Danzas Argentinas para piano.*
GINEBRA, en fr. **Genève,** c. de Suiza, cap. del cantón del mismo n., al borde del lago Leman. Universidad fundada por Calvino, bibliotecas, museos. Industria activa: relojería, instrumentos de precisión. (Hab. *ginebrinos* o *ginebreses.*) Residencia de diversos organismos internacionales.
Ginebra (*Convención de*), acuerdo entre las diversas naciones sobre el trato a los heridos y prisioneros de guerra (1864).
GINEBRA (LAGO DE). V. LEMAN.
GINER DE LOS RÍOS (Francisco), filósofo, pedagogo y escritor español (1839-1915). Seguidor de la doctrina krausista, fundó la Institución Libre de Enseñanza.
GIOBERTI (Vincenzo), filósofo y político italiano (1801-1852), defensor del ontologismo.
Gioconda (*La*), obra maestra de Leonardo de Vinci que figura en el Museo del Louvre, en París. Es el retrato de Monna Lisa, esposa del florentino Francesco del Giocondo.
GIOLITTI (Juan), político italiano (1842-1928), varias veces pres. del Gobierno.
GIONO (Juan), novelista francés (1895-1970), cuyos relatos se sitúan en general en Provenza.
GIORDANI (Pietro), escritor italiano (1774-1848), que ejerció gran influencia en su tiempo.

GINEBRA: vista aérea ▶

Fot. Martinie, Giraudon, doc. A. G. P., Oficina Nacional de Turismo Suizo

GIOTTO. LA FE
capilla Scrovegni, Arena de Padua

GIORDANO [*yio-*] (Luca), en español **Lucas Jordán**, pintor napolitano, llamado **il Fa presto** (1632-1705), artista elegante y hábil.
GIORGI (Juan), ingeniero italiano (1871-1950), creador de un sistema de unidades racionales válido para la ciencia pura y la vida corriente.
GIORGIONE (Giorgio DA CASTELFRANCO, llamado), pintor italiano (1477-1510), uno de los más brillantes representantes de la escuela veneciana. Autor de *La Tempestad, Concierto campestre, Los tres filósofos*, etc.
GIOTTO di Bondone, pintor florentino, amigo de Dante (1266-1337). Autor de tres grandes ciclos de frescos de la vida de *San Francisco de Asís* y *Escenas de la vida de Cristo.* Las características y perfección de su obra lo catalogan como uno de los creadores de la pintura moderna. (V. lámina p. 384).
GIOVANNI DA FIÉSOLE. V. ANGÉLICO (Fra).
Giralda, torre de la catedral de Sevilla, elevada por los árabes de 1184 a 1196. El coronamiento actual, de estilo renacimiento, fue agregado en 1568 y lo remata una colosal estatua de la fe, con un estandarte desplegado.
GIRARD [*yirar*] (Felipe de), ingeniero francés (1775-1845), inventor de una máquina para hilar el lino.
GIRARDON (Francisco), escultor francés (1628-1715), representante del fastuoso clasicismo de Versalles, uno de los maestros de la escultura decorativa y monumental.
GIRARDOT, c. de Colombia (Cundinamarca); importantes ferias; lugar de veraneo.
GIRARDOT (Atanasio), patriota colombiano (1791-1813), que luchó junto a Bolívar y sucumbió en el monte Bárbula (Venezuela), al clavar en su cumbre la bandera republicana.
GIRAUDOUX [*yirodú*] (Jean), escritor francés (1882-1944), uno de los mejores dramaturgos de su época con sus obras, impregnadas de poesía y fantasía, *Anfitrión 38, Intermezzo, La loca de Chaillot, Ondina,* etc. Es también autor de novelas (*La escuela de los indiferentes, Bella, Susana y el Pacífico*).
GIRGEH o **GIRGA,** c. del Alto Egipto, a orillas del Nilo, cerca de la ant. Abidos.
GIRGENTI. V. AGRIGENTO.
GIRÓ (Juan Francisco), político uruguayo (1791-1860), pres. de la Rep. de 1852 a 1853.
GIRÓN, c. de Colombia (Santander). — Pobl. del Ecuador (Azuay).
GIRÓN DE REBOLLEDO (Ana), escritora española del s. XVI, casada con Boscán. Publicó las obras de éste y las de Garcilaso.
GIRONDA, n. que toma el Garona, río de Francia, después de su reunión con el Dordoña. — Dep. de Francia; cap. *Burdeos.* Vinos.
Girondinos, partido político durante la Revolución Francesa de 1789. Los girondinos ocupaban la derecha en la Asamblea, cuya izquierda formaban los *montañeses.* Opusiéronse a las matanzas de septiembre y a la muerte del rey Luis XVI.

GIRONDO (Oliverio), poeta ultraísta argentino (1891-1967), autor de *Veinte poemas para ser leídos en el tranvía, Calcomanías, Campo nuestro.*
GIRONELLA (José María), novelista español, n. en 1917, autor de *Un hombre, Los cipreses creen en Dios, Un millón de muertos, Ha estallado la paz.*
GISCÓN, general cartaginés que fue asesinado en 241 por los mercenarios de Cartago rebelados.
GISORS, c. de Francia (Eure).
GISSING (Jorge Roberto), escritor inglés (1857-1903), autor de novelas realistas.
GIURGIU, c. de Rumania, a orillas del Danubio
GIUSTI (Roberto Fernando), crítico literario argentino, n. en 1887, autor de *Literatura y vida.*
GIZEH o **GIZA,** c. de Egipto, a orillas del Nilo, cerca de las grandes pirámides y de las ruinas de Menfis.
GJELLERUP (Karl), novelista danés (1857-1919), autor de *El peregrino Camanita.* (Pr. Nóbel, 1917).
GLACIAL ANTÁRTICO (OCÉANO), parte de los océanos Atlántico, Pacífico e Índico, entre el Círculo Polar Antártico y las tierras polares.
GLACIAL ÁRTICO (OCÉANO), conjunto de mares de la parte boreal del globo, limitado por las costas septentrionales de Asia, América y Europa, y por el Círculo Polar Ártico (66° 33' latitud N.)
GLACIARES (PARQUE NACIONAL DE LOS), parque de la Argentina (Santa Cruz), en el que se encuentran los lagos Viedma y Argentino.
GLADBACH. V. MÖNCHENGLADBACH.
GLADBECK, c. de Alemania (Rin Septentrional-Westfalia); hulla; productos químicos.
GLADSTONE [*-tón*] (William Ewart), político inglés (1809-1898), jefe de los liberales. Cuatro veces primer ministro, hizo loables esfuerzos para mejorar la suerte de Irlanda, reformar el sistema electoral, establecer el librecambio y hacer reconocer legalmente a los sindicatos.
GLAMORGAN, condado de Gran Bretaña (Gales); cap. *Cardiff;* c. pr. *Swansea.*
GLARIS, c. de Suiza, cap. del cantón de su n.
GLASGOW, c. de Escocia, a orillas del Clyde; puerto activo; gran centro industrial y comercial. Astilleros, metalurgia, industrias textiles y químicas. Universidad célebre.
GLAUBER (Juan Rodolfo), médico y químico alemán (1604-1668) que descubrió el empleo del sulfato de sosa (*sal de Glauber*) como purgante.
GLAUCO, hijo de Sísifo y padre de Belerofonte. Fue devorado por sus caballos por haber despreciado el poder de Afrodita.
GLAUCHAU, c. industrial de Alemania oriental, a orillas del Mulde; textiles; maquinarias.
GLAZUNOV (Alejandro), compositor ruso (1865-1936), autor de *Sinfonías* y de música de cámara.
GLENDALE, c. de los Estados Unidos (California), en los suburbios de Los Ángeles.
GLINKA (Miguel Ivanovich), fundador de la escuela musical rusa moderna (1804-1857). Débesele la ópera *La vida por el Zar.* Visitó España y se inspiró en la música popular de este país para algunas de sus composiciones.
Gliptoteca de Munich (*La*), museo de escultura fundado en Munich por Luis I de Baviera (de 1816 a 1830). Tiene sobre todo obras antiguas de Asiria, Egipto, Grecia y Roma.
GLIWICE, en alem. **Gleiwitz,** c. de Polonia (Silesia); hulla; metalurgia.
GLOGOW, c. de Polonia, a orillas del Oder, al NO. de Wroclaw.
GLOMMEN, el mayor río de Noruega, que desemboca en el Skagerrak; 567 km de curso.
GLORIA (SERRANÍA), n. dado a un sector de la Sierra Madre Oriental de México (Coahuila y Nuevo León).
Gloria, novela de Pérez Galdós (1877).
Gloria de Don Ramiro (*La*), novela del argentino Enrique R. Larreta (1908), bella evocación de la España de Felipe II.
GLOUCESTER [*glóster*], c. de Inglaterra, cap. del condado del mismo n.; puerto activo a orillas del Severn; construcciones aeronáuticas. Catedral románica y gótica.
Gloucester (*Duque de*), título que han llevado en Inglaterra varios personajes históricos. El más célebre reinó con el nombre de Ricardo III.

GIORGIONE
JUDITH
museo de la Ermita
Leningrado

LA GIRALDA

GIRAUDOUX

Fot. Giraudon, Albin-Guillot

GLUCK
por DUPLESSIS
museo de Viena

GOLDONI

GODOY
por GOYA

GLUCK (Cristóbal Willibald), compositor de música alemán (1714-1787), autor de las óperas *Orfeo, Alcestes, Ifigenia en Áulide, Ifigenia en Táuride, Armida*, etc. Dio mayor simplicidad a la ópera, más emoción y naturalidad, y se distinguió por la severidad grandiosa de su estilo.

GMÜND. V. SCHWÄBISCH-GMÜND.

Gnido. V. CNIDO (*Templo de*).

GNIEZNO, ant. **Gnesen,** c. de Polonia, al N. de Poznan; centro agrícola. Catedral (s. XIV); primado polaco unido a Varsovia.

GOA, c. de la India, en la costa de Malabar; 2 700 h. El *Territorio de Goa* fue portugués hasta 1961. Está integrado hoy en el *Territorio de Goa, Damao y Diu* (3 700 km²; 662 000 h.; cap. *Panjim*).

GOASCARÁN, río de América Central, que forma parte de la frontera entre Honduras y El Salvador y desemboca en el océano Pacífico por el golfo de Fonseca; 129 km.

Gobelinos (*Manufactura de los*), célebre manufactura de tapices, fundada en París en el s. XV, adquirida por Luis XIV en 1662, y que goza de reputación universal.

GOBERNADORA, isla de Panamá, en el golfo de Montijo (Veraguas).

GOBI o **CHAMO,** desierto de Asia central dividido entre Mongolia y China; 2 millones de km².

GOBINEAU [*nó*] (José Arturo, *conde de*), diplomático y escritor francés (1816-1882), autor del *Ensayo sobre la desigualdad de las razas humanas*, cuyas tesis influyeron en los teóricos del racismo germánico.

GODAVERI o **GODAVARI,** uno de los ríos sagrados de la India, que desemboca en el golfo de Bengala; 1 500 km.

GODESBERG. V. BAD GODESBERG.

GODÍNEZ (Felipe), dramaturgo y comediógrafo clásico español (1588-1639), de origen judío.

GODJAM, macizo montañoso de Etiopía, al S. del lago Tana; 4 230 m.

GODOFREDO DE BOUILLON, duque de Baja Lorena (1061-1100), jefe de la primera Cruzada y primer rey de Jerusalén (1099).

GODOS, pueblo de Germania. Los *ostrogodos* (godos del Este) estaban establecidos en Panonia y Mesia en el s. III. Los *visigodos* (godos del Oeste) invadieron el Imperio Romano en el año 410, capitaneados por Alarico, se apoderaron de la Galia y penetraron en España, donde fundaron un reino (410), que duró hasta 711, año en que entraron los árabes.

GODOY, pobl. de la Argentina (Santa Fe).

GODOY (Juan), novelista chileno, n. en 1911, autor de *Angurrientos*, novela de carácter social.

GODOY ALCAYAGA (Lucila). V. MISTRAL.

GODOY CRUZ, pobl. de la Argentina (Mendoza); centro vinícola.

GODOY Y ÁLVAREZ DE FARIA (Manuel), político español, n. en Castuera (Badajoz), en 1767, m. en 1851. Entró en 1784 en los guardias de corps y no tardó en ser consejero de Carlos IV y de su esposa María Luisa de Parma. Creado duque de Alcudia y presidente del Consejo en 1792, sostuvo una lucha de más de dos años contra la Revolución Francesa, firmando en Basilea un tratado que le valió el título de **Príncipe de la Paz.** Después de la ruptura de la paz de Amiens, tuvo que someterse a las amenazas de Napoleón. En 1806 pensó unirse con Inglaterra, pero el motín de Aranjuez lo entregó a su enemigo, el príncipe de Asturias. Se trasladó a Francia con Carlos IV y María Luisa. M. en París.

GOETHE

GOGOL

God save the king o **the queen** (*"Dios salve al rey o a la reina"*), himno nacional inglés.

GODTHAAB, cap. de Groenlandia.

GODUNOV (Boris), zar de Moscovia (1551-1605). Ministro del zar Fedor I, cuñado suyo y su sucesor después de haberlo envenenado.

GODWIN AUSTEN. V. K2.

GODWIN (William), pensador y escritor inglés (1756-1836), autor de las *Aventuras de Caleb Williams*, novela social.

GOENINNE THOMSON. V. THOMSON.

GŒRRES [*gue-*] (Juan José), publicista alemán (1776-1848), animador del movimiento romántico y del catolicismo místico.

GOÉS (Damián de), historiador portugués (1502-1574), que redactó numerosos escritos sobre las gestas lusitanas de ultramar.

GŒS (Hugo **Van der**). V. VAN DER GOES.

GŒTHALS (Jorge Washington), ingeniero norteamericano (1858-1928) que dirigió la construcción del canal de Panamá (1904-1914).

GOETHE (Johann Wolfgang), poeta alemán, n. en Francfort del Meno (1749-1832), cumbre de la literatura de su país y una de las figuras más altas de las letras universales, que ha enriquecido con dramas (*Egmont, Clavijo* y *Goetz de Berlichingen*), novelas (*Las cuitas del joven Werther, Los años de aprendizaje de Guillermo Meister* y *Las afinidades electivas*), poesías (*Elegías romanas* y *Hermann y Dorotea*), y sobre todo con la creación filosófico-poética *Fausto* (1808-1832).

GOG, n. dado por Ezequiel al rey de Magog.

GOGH (Vicente **Van**). V. VAN GOGH.

GOGOL (Nicolás), escritor ruso (1809-1852), autor de las novelas *Las almas muertas, Taras Bulba*, los cuentos *Nochebuena* y *El capote* y la comedia *El inspector*.

GOIANIA, c. del Brasil, cap. del Estado de Goiás. Centro comercial. Arzobispado.

GOIÁS, c. del Brasil, ant. cap. del Est. de Goiás. Obispado.

GOIÁS, Estado del centro del Brasil; cap. *Goiania*; grandes riquezas minerales (níquel).

GOLCONDA, ant. reino de la India, llamado después Haiderabad, y hoy parte de Andhra Pradesh, cuya cap., *Golconda*, fue destruida por Aurangzeb en 1687.

GOLDONI (Carlos), comediógrafo italiano (1707-1793), que hizo evolucionar el teatro de su país de las bufonadas de la *comedia dell'arte* a la pintura de costumbres con sus ágiles comedias de ambiente veneciano (*La posadera* y *El abanico*).

GOLDSMITH (Oliverio), escritor inglés (1728-1774), autor de *El vicario de Wakefield*, novela de la vida familiar, impregnada de sentimentalismo, y de la comedia *Ella se humilla para vencer*.

GOLEA (El), oasis del Sáhara argelino al SO. de Uargla.

GOLETA (La), c. y puerto de Túnez, en una bahía espaciosa. Tomada por Carlos V en 1535.

GOLFITO, c. de Costa Rica (Puntarenas); puerto en el *golfo Dulce*.

GOLGI (Camilo), médico italiano (1844-1926), que estudió la evolución de la malaria. (Pr. Nóbel, 1906.)

GÓLGOTA. V. CALVARIO.

Gólgotas, n. del Partido Radical colombiano constituido bajo la pres. de Obando en 1853.

GOLIAT, gigante filisteo, muerto por David de una pedrada en la frente. (*Biblia.*)

GOLONDRINAS, pobl. de México (Nuevo León); importante yacimiento de hierro.

GOMARA (Francisco LÓPEZ DE). V. LÓPEZ.

GOMBROWICZ (Witold), escritor polaco (1904-1969), autor de novelas, obras de teatro y de un *Diario*.

GOMEL, c. de la U.R.S.S. (Bielorrusia), a orillas del Soj, afl. del Dniéper. Ind. mecánicas.

GOMENSORO (Tomás), político uruguayo (1810-1900), pres. interino de la Rep. de 1872 a 1873. Estableció la paz con los revolucionarios de Timoteo Aparicio (1872).

GOMERA, la tercera isla del archipiélago de las Canarias, que forma parte de la prov. española de Santa Cruz de Tenerife; 378 km².

GOMES (Carlos), compositor brasileño (1836-1896), autor de la ópera *El guaraní*.

GÓMEZ, laguna y pobl. de la Argentina (Buenos Aires).

Fot. Bulloz, X, Larousse, doc. A. G. P.

J. V. GÓMEZ

M. GÓMEZ

GÓMEZ (José), llamado **Joselito,** torero español (1895-1920), muerto en la plaza de Talavera de la Reina, gran rival de Juan Belmonte.
GÓMEZ (José Miguel), general y político cubano (1858-1921), pres. de la Rep. de 1909 a 1913.
GÓMEZ (Juan Carlos), político, periodista y poeta romántico uruguayo (1820-1884), autor de *El cedro y la palma.*
GÓMEZ (Juan Gualberto), periodista y político cubano (1854-1933), miembro del Partido Revolucionario, que se sublevó en 1895 y fue deportado a España.
GÓMEZ (Juan Vicente), general y político venezolano, n. en San Antonio (Táchira) [¿1857?-1935], presidente de la República de 1908 a 1915, de 1922 a 1929 y de 1931 a 1935. Llegó al Poder por un golpe de Estado y durante los años de su gobierno autoritario el país logró cierto progreso material, fue liquidada la deuda externa y se fomentó la explotación del petróleo, mediante la protección a los inversionistas.
GÓMEZ (Laureano), político colombiano (1889-1965), pres. de la Rep. de 1950 a 1953. Excelente orador y literato.
GÓMEZ (Leandro), general uruguayo, m. en 1864, en la defensa de Paysandú.
GÓMEZ (Máximo), general y patriota cubano, n. en Baní (Santo Domingo) [1836-1905], que intervino activamente en la guerra de los Diez Años, dirigió las operaciones de Guantánamo (1871) y libró combates famosos, como el de Palo Seco (1873). En 1875 invadió la provincia de Las Villas, y, posteriormente, nombrado por Martí general en jefe del nuevo Ejército Libertador (1895), emprendió una campaña victoriosa que puso fin a la dominación española. Lograda la independencia, rehusó el nombramiento de pres. de la Rep. M. en La Habana.
GÓMEZ (Miguel Mariano), político cubano, m. en 1950, pres. de la Rep. en 1936.
GÓMEZ (Sebastián), llamado **el Mulato de Murillo,** pintor español del s. XVII, criado de Murillo; imitó con éxito las obras de su amo.
GÓMEZ BAS (Joaquín), poeta y novelista argentino, n. en 1907, autor de *Barrio gris.*
GÓMEZ CARRILLO (Agustín), historiador guatemalteco (1840-1908).
GÓMEZ CARRILLO (Enrique), escritor y periodista guatemalteco (1873-1927), que, además de excelentes *Crónicas,* escribió la novela *El evangelio del amor* y narraciones diversas.
GÓMEZ CARRILLO (Manuel), compositor argentino, n. en 1883, autor de *Rapsodia santiagueña, Romanza gaucha, La negrita,* etc.
GÓMEZ CORNET (Ramón), pintor y dibujante argentino, n. en 1898.
GÓMEZ DE AVELLANEDA (Gertrudis), poetisa y escritora cubana, n. en Puerto Príncipe (1814-1873), que vivió en España. Su lirismo es vehemente, romántico, de estilo cuidado (*Poesías, Devociones en prosa y verso*). Entre sus novelas sobresalen *Sab* y *Dos mujeres,* y de sus dramas, *Saúl, Baltasar, El Príncipe de Viana.*
GÓMEZ DE BAQUERO (Eduardo), periodista y crítico español (1866-1929), más conocido por el seudónimo de **Andrenio.** Autor de los ensayos *Literatura y periodismo, Letras e ideas, Pirandello y Compañía* y *De Gallardo a Unamuno.*
GÓMEZ DE CIUDAD REAL (Álvar), poeta español (1488-1538), llamado *el Virgilio español* por sus versos latinos.
GÓMEZ DE CIUDAD REAL (Fernán), médico y escritor español (¿1408?-1457), autor del *Centón epistolario,* colección de cartas a los personajes más famosos del reinado de Juan II, de gran interés. Parte de la crítica niega que escribiera esta obra.
GÓMEZ DE LA CORTINA. V. CORTINA.
GÓMEZ DE LA MAZA (Manuel), botánico cubano (1867-1916).
GÓMEZ DE LA SERNA (Ramón), escritor español de gran fecundidad, n. en Madrid (1888-1963), creador de la *greguería,* frase breve, aguda, paradójica. Con extraordinaria facilidad de adaptación a todos los géneros, ha escrito incansablemente novelas, ensayos, biografía y teatro.
GÓMEZ ESCOBAR (Francisco), escritor colombiano (1873-1938), que firmaba **Efe Gómez.** Sobresalió en el cuento y en la novela corta: *Mi gente,* etc.
GÓMEZ FARÍAS (Valentín), político y médico mexicano (1781-1858), pres. de la Rep. de 1833 a 1834 y de 1846 a 1847. Fue el iniciador de la Reforma.
GÓMEZ JAIME (Alfredo), escritor, poeta y diplomático colombiano (1878-1946). Autor de una vasta producción lírica (*Rimas del trópico, Aves viajeras,* etc.).
GÓMEZ MANRIQUE. V. MANRIQUE.
GÓMEZ PALACIO, c. de México (Durango); centro agrícola e industrial.
GÓMEZ PEDRAZA (Manuel), general y político mexicano (1789-1851), pres. de la Rep. de 1832 a 1833.
GÓMEZ PEREIRA (Antonio), filósofo y médico español (1500-1558), que, por su obra *Antoniana Margarita,* se le juzga precursor de Descartes.
GÓMEZ RESTREPO (Antonio), crítico literario y político colombiano (1869-1947).
GOMORRA, c. de Palestina que, a causa de sus vicios, fue destruida con Sodoma por el fuego del cielo. (*Biblia.*)
GONAÏVES (Les), c. de Haití, cap. del dep. de Artibonite; puerto activo, en el golfo de la *Gonave.* En ella Dessalines proclamó la República (1804).
GONAVE, golfo e isla de Haití.
GONÇALVES (Nuño), pintor portugués del s. XV, autor del *Políptico de São Vicente,* su obra maestra.
GONÇALVES DE MAGALHÃES (Domingos José), poeta romántico brasileño (1811-1882).
GONÇALVES DIAS (Antonio), poeta romántico brasileño (1823-1863), que cantó la naturaleza y los sentimientos con una vaga melancolía (*Os Tymbiras, Canção dos Tramoyos*). Fue tb. distinguido etnólogo y estudió las lenguas indias.
GONCOURT [-*cur*] (Edmundo [1822-1896] y su hermano JULIO [1830-1870]), escritores franceses que compusieron la mayor parte de su obra en colaboración. Sus relatos *Renata Mauperin* y *Germinia Lacerteux* les sitúan en el primer rango del realismo literario de su país. A su muerte,

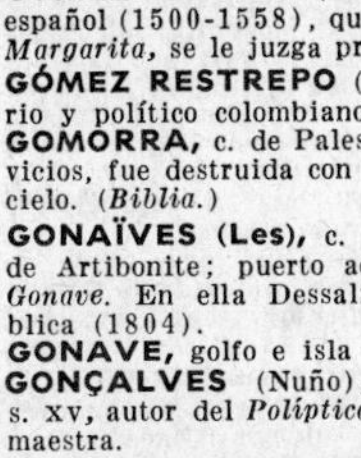

GÓMEZ DE AVELLANEDA

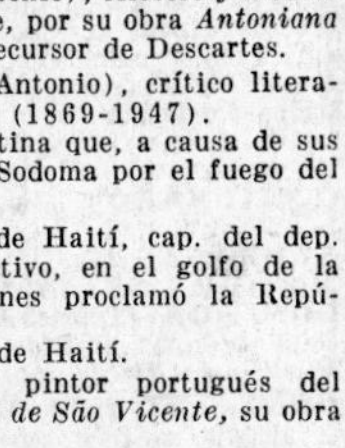

GÓMEZ DE LA SERNA

José GÓMEZ JOSELITO

N. GONÇALVES *detalle* de un políptico

Fot. doc. A. G. P., Yan

GONDRA

GÓNGORA Y ARGOTE por VELÁZQUEZ

Juan Vicente GONZÁLEZ

GONZÁLEZ PRADA

legaron su fortuna para constituir un premio literario que se concede cada año, en el mes de diciembre, a un novelista francés.

GONDAR, c. y ant. cap. de Etiopía.

GONDOMAR, v. de España (Pontevedra).

GONDRA (Manuel), político, profesor y escritor paraguayo (1872-1927), pres. de la Rep. en 1910, derrocado en 1911. Reelegido en 1920, renunció al Poder al año siguiente.

GONDVANA, región de la India (Decán) al N. del Godaveri, habitada por los *gonds*. Ha dado su nombre a un continente hipotético que habría reunido, en la época primaria, América Meridional, África, Arabia, India (Decán), Australia, Madagascar y la Antártida.

GÓNGORA, volcán de Costa Rica, en la cord. de Guanacaste; 1 728 m.

GÓNGORA (Diego de), político español, m. en 1623, primer gobernador del Río de la Plata en 1618.

GÓNGORA Y ARGOTE (Luis de), poeta español, n. en Córdoba (1561-1627), figura excepcional de las letras de su país; su obra, exquisita y difícil, hace de él no sólo el cénit del culteranismo, sino uno de los maestros más admirados de las nuevas generaciones de líricos en lengua castellana. Habilísimo en el cultivo de la letrilla, el romance y el soneto, su arte culmina en los grandes poemas que son la *Fábula de Polifemo y Galatea*, de inspiración ovidiana, el *Panegírico al Duque de Lerma* y, sobre todo, *Las Soledades*, que dejó sin concluir y que son uno de los textos mayores de la poesía española de todos los tiempos. Mal comprendido en su época, Góngora se vio ridiculizado, atacado y vilipendiado por escritores como Lope de Vega, Quevedo y Jáuregui, que compuso un *Antídoto contra las soledades;* no le faltaron, sin embargo, apasionados defensores, tales José de Pellicer y el peruano Juan de Espinosa Medrano, pero habría que esperar a la época contemporánea para que le fuera reconocida toda la gloria que le corresponde.

Gongorismo, n. dado al movimiento literario originado a principios del s. XVII por Luis de Góngora y Argote y por sus discípulos. Se caracteriza por la abundancia de latinismos, la acumulación de metáforas, las inversiones atrevidas y los neologismos más inesperados.

GONTCHAROV (Iván), escritor ruso (1812-1891), autor de la novela *Oblomov*.

GONZAGA, familia italiana que reinó en Mantua de 1328 a 1708 y en el ducado de Nevers.

GONZAGA (Tomás Antonio), poeta portugués establecido en el Brasil (1744-1810), autor de *Marilia de Dirceu*, poesías del género amatorio.

GONZÁLEZ, río de México (Tabasco), que des. en el golfo de Campeche: 600 km. Conocido también con el n. de **Nuevo.**

GONZÁLEZ (Diego T.), agustino y poeta español (1732-1794), conocido de la posteridad por su habilísimo poema *El murciélago alevoso*.

GONZÁLEZ (Joaquín V.), político, jurista y escritor argentino (1863-1923), autor de *Mis Montañas*. Fundó la Universidad de La Plata (1905). — Su hijo JULIO V. (1900-1955) fue historiador.

GONZÁLEZ (José Luis), escritor puertorriqueño, n. en 1926, notable cuentista.

GONZÁLEZ (José Victoriano). V. GRIS (Juan).

GONZÁLEZ (Juan), escultor español (1868-1908). — Su hermano JULIO (1876-1942) fue tb. escultor.

GONZÁLEZ (Juan G.), político paraguayo, pres. de la Rep. de 1890 a 1894.

GONZÁLEZ (Juan Natalicio), político y escritor paraguayo (1897-1966), pres. de la Rep. en 1948, derrocado en 1949. Autor de *Proceso y formación de la cultura paraguaya, Baladas Guaraníes*, etc.

GONZÁLEZ (Juan Vicente), historiador y político venezolano (1811-1866), autor de *Historia del poder civil en Venezuela, Mesenianas*, etc.

GONZÁLEZ (Manuel), general mexicano (1833-1893), pres. de la Rep. de 1880 a 1884.

GONZÁLEZ (Otto Raúl), poeta guatemalteco, n. en 1921, autor de *Voz y voto del geranio*.

GONZÁLEZ (Pedro Antonio), poeta chileno de forma brillante (1863-1903), autor de *Ritmos*.

GONZÁLEZ (Santiago), militar y político salvadoreño, n. en Guatemala, que se adueñó del Poder en 1871 y lo ocupó hasta 1876.

GONZÁLEZ ANAYA (Salvador), novelista regionalista español (1879-1955).

GONZÁLEZ ARRILI (Bernardo), novelista argentino, n. en 1892, autor de *La Venus calchaquí*

GONZÁLEZ BALCARCE. V. BALCARCE.

GONZÁLEZ BOCANEGRA (Francisco), poeta mexicano (1824-1861), autor de la letra del himno nacional de su país (1854), cuya música era de Jaime Nunó.

GONZÁLEZ BRAVO (Antonio), compositor boliviano, n. en 1885, de inspiración folklórica.

GONZÁLEZ BRAVO (Luis), político español (1811-1871), jefe del Gob. en 1843 y 1868.

GONZÁLEZ CARBALHO (José), poeta y escritor argentino (1900-1958), autor de *La ciudad del alba*.

GONZÁLEZ DÁVILA (Gil), conquistador español del s. XVI, que descubrió Nicaragua (1522). — Su hermano ALONSO acompañó a Cortés en México y fue nombrado gobernador de Yucatán.

GONZÁLEZ DE AMEZÚA (Agustín), erudito español (1881-1958), que se ha distinguido por su conocimiento excepcional del Siglo de Oro.

GONZÁLEZ DE CLAVIJO. V. CLAVIJO.

GONZÁLEZ DE ESLAVA (Fernán), escritor y dramaturgo mexicano, n. en España (1534-1601), autor de dieciséis coloquios (*Coloquio del Conde de La Coruña*), cuatro entremeses (*Entremés entre dos rufianes*), loas y poesías diversas.

GONZÁLEZ DE LA PEZUELA (Juan), escritor español, más conocido por su título de **Conde de Cheste** (1809-1906), traductor de Dante, Ariosto, Tasso y Camoens.

GONZÁLEZ DEL CASTILLO (Juan Ignacio), comediógrafo costumbrista andaluz (1763-1800), autor de múltiples sainetes de ambiente gaditano.

GONZÁLEZ DE SALAS (José Antonio), humanista español (1588-1654), a quien se deben la publicación de las poesías de Quevedo y la monografía *Nueva idea de la tragedia antigua*.

GONZÁLEZ FLORES (Alfredo), político costarricense (1877-1962), pres. de la Rep. de 1914 a 1917.

GONZÁLEZ GARCÍA (Matías), novelista puertorriqueño (1866-1938), autor de relatos naturalistas criollos (*Cosas, Ernesto, Carmela*).

GONZÁLEZ GARZA (Roque), general mexicano (1885-1962), pres. de la Rep. en 1915.

GONZÁLEZ LANUZA (Eduardo), poeta y escritor argentino, n. en España en 1900, que primeramente ultraísta, escribió luego de modo tradicional y clásico: *Prismas, Treinta y tantos poemas, Transitable cristal*.

GONZÁLEZ LÓPEZ (Luis Arturo), político guatemalteco, pres. de la Rep. en 1957.

GONZÁLEZ MARTÍNEZ (Enrique), poeta mexicano, n. en Guadalajara (1871-1952). Fue médico, profesor y diplomático. Su poesía es modernista y de exquisito tono: *Preludios, Lirismo, Los senderos ocultos, La muerte del cisne*, etc.

GONZÁLEZ NAVERO (Emiliano), político paraguayo (1861-1938), pres. de la Rep. de 1908 a 1910, en 1912 y de 1931 a 1932.

GONZÁLEZ PALENCIA (Ángel), erudito español (1889-1949), notable por sus estudios acerca de la civilización musulmana española y por una *Historia de la Literatura Española*, compuesta en colaboración con Juan Hurtado.

GONZÁLEZ PEÑA (Carlos), novelista y crítico literario mexicano (1885-1955).

GONZÁLEZ PRADA (Manuel), escritor peruano, n. en Lima (1848-1918), que criticó acerbamente las concepciones estéticas y económicas de su tiempo. Emancipado de todo academicismo, creó nuevas formas literarias y modernas corrientes ideológicas. Escribió en verso *Minúsculas, Libertarias, Exóticas* y *Grafitos*, y en prosa *Horas de lucha*, etc.

GONZÁLEZ-RUANO (César), poeta, novelista y periodista español (1903-1965).

GONZÁLEZ SANTÍN (Ignacio María), general y político dominicano (1840-1915). Elegido pres.

Fot. doc. A. G. P., Braun

de la Rep. en 1874, tras el gobierno de Báez, renunció el cargo en 1876. De nuevo pres. de 1876 a 1877 y de 1877 a 1878.

GONZÁLEZ TUÑÓN (Enrique), escritor argentino (1901-1943), autor de excelentes cuentos.

GONZÁLEZ TUÑÓN (Raúl), escritor argentino, n. en 1905, autor de *El violín del diablo.*

GONZÁLEZ VALENCIA (Ramón), general y político colombiano (1851-1928), pres. de la Rep. de 1909 a 1910.

GONZÁLEZ VELÁZQUEZ (Luis), pintor español (1715-1764). — También fueron pintores sus hermanos ALEJANDRO (1719-1772) y ANTONIO (1723-1793).

GONZÁLEZ VERA (José Santos), novelista chileno, n. en 1897, autor de relatos de tipo realista y de fuerte acento social: *Alhué, Cuando era muchacho, Vidas mínimas,* etc.

GONZÁLEZ VIDELA (Gabriel), político chileno, n. en 1898, pres. de la Rep. de 1946 a 1952. Fomentó la industrialización del país.

GONZÁLEZ VÍQUEZ (Cleto), político e historiador costarricense (1858-1937), pres. de la Rep. de 1906 a 1910 y de 1928 a 1932.

GONZÁLEZ Y GONZÁLEZ (Antonio), político español (1792-1876), jefe del Gob. en 1841, durante la regencia de Espartero.

GONZÁLEZ ZELEDÓN (Manuel), escritor costarricense (1864-1936), conocido por el seudónimo de **Magón**. Sus narraciones, perfectos cuadros de costumbres, son de carácter naturalista.

GONZALO DE CÓRDOBA. V. FERNÁNDEZ DE CÓRDOBA (Gonzalo).

Gonzalo de Oyón, poema épico de tema histórico, del que sólo se conserva una versión incompleta, del colombiano Julio Arboleda.

GONZALO GARCÍA (Eloy), soldado español de la guerra de Cuba (1876-1897), que se señaló por su conducta en Cascorro (Camagüey). Llamado **el Héroe de Cascorro.**

GONZANAMÁ, pobl. del Ecuador (Loja).

GÖPPINGEN, c. de Alemania (Baden-Wurtenberg); ind. textiles y químicas.

GORAKHPUR, c. de la India (Uttar Pradesh), al N. de Benarés.

GORBEA, com. de Chile (Cautín).

GORBEA (PEÑA), macizo montañoso de España (Alava y Vizcaya); importantes grutas.

GORBEA (Andrés Antonio), sabio chileno, n. en España (1792-1852). Luchó por la independencia de España en 1808 y fue después compañero de Riego. Fundador de la Academia de Ingenieros, de Santiago de Chile.

GORDA, sierra de México (Guanajuato).

GORDIANO, nombre de tres emperadores romanos: GORDIANO I, emperador dos meses en 238; — GORDIANO II, hijo del anterior, m. también en 238; — GORDIANO III *el Piadoso,* emperador de 238 a 244.

Gordiano *(Nudo).* Se dice del nudo que sujetaba el yugo a la lanza del carro de Gordio, rey de Frigia. Habiendo vaticinado un antiguo oráculo el dominio de Asia a quien deshiciera este nudo, Alejandro Magno lo cortó con su espada.

GORDO, cerro de México (Aguascalientes); 2 495 m.

GORDON (Carlos Jorge), llamado **Gordon Bajá,** explorador y oficial inglés (1833-1885). Gobernador del Sudán, pereció en la toma de Jartum por los sudaneses.

GORDON BENNET. V. BENNET.

GORETTI (*Santa María*). V. MARÍA.

GORGIAS, sofista griego, n. en Leoncio (Sicilia) [¿427-320? a. de J. C.], maestro de Tucídides. Sus teorías defienden un escepticismo absoluto. Sólo quedan fragmentos de sus obras.

Gorgias, diálogo de Platón, en el cual la doctrina de Sócrates sobre la retórica se opone a la de los sofistas.

GORGONA, isla de Colombia, en el Pacífico, donde Pizarro y sus compañeros permanecieron siete meses en espera de refuerzos para emprender la conquista del Perú.

GORGONAS, divinidades griegas. Eran tres hermanas, *Medusa, Euríale* y *Esteno.* Tenían la facultad, sobre todo Medusa, de poder convertir en piedra a cuantos las miraban.

GORGONZOLA, c. de Italia (Lombardía). Quesos famosos.

GORI, c. de la U.R.S.S. (Georgia).

GORIZIA, ant. **Gorica,** en alem. **Goerz,** c. de Italia, en la frontera yugoslava.

GORKI, ant. **Nijni-Novgorod,** c. de la U.R.S.S. (Rusia), en la confluencia del Volga y el Oka; puerto fluvial y centro industrial importante (metalurgia, automóviles, refinería de petróleo).

GORKI (Alexis Maximovich PIECHKOV, llamado **Máximo**), escritor ruso (1868-1936), que trazó en su obra el ambiente de miseria del bajo pueblo ruso: *La madre, Los bajos fondos, Mi infancia* y *Camaradas.*

GÖRLITZ. V. ZGORZELEC.

GORLOVKA, c. de la U.R.S.S. (Ucrania), en el Donbass; centro industrial.

GOROSTIZA (Celestino), escritor y comediógrafo mexicano (1904-1967), autor de *El color de nuestra piel, Columna social.* — Su hermano JOSÉ, poeta y diplomático, n. en 1901, autor de *Canciones para cantar en las barcas, Muerte sin fin.*

GOROSTIZA (Manuel Eduardo de), comediógrafo mexicano (1904-1967), autor de *El color* tiempo en España y desempeñó varios cargos políticos y militares. Es autor de una obra copiosa de tradición moratiniana *(Contigo pan y cebolla, El jugador,* etc.).

GÖRRES (Juan José). V. GOERRES.

GORRITI, isla del Uruguay, cerca de Punta del Este.

GORRITI (Juana Manuela), escritora argentina (1819-1892), autora de novelas históricas.

GORTCHAKOV (Alejandro, *príncipe*), diplomático ruso (1798-1883), ministro de Asuntos Exteriores de 1856 a 1882.

GORTINA, ant. c. de Creta, al pie del monte Ida. Las *leyes de Gortina,* cuyo texto se descubrió en 1884, son un monumento precioso para conocer la historia del Derecho griego.

GOSLAR, c. de Alemania occidental (Baja Sajonia); metalurgia; maquinarias. Turismo.

GOSPORT, c. y puerto de Gran Bretaña (Hampshire); construcciones navales y aeronáuticas.

GÖTA ALV, río de Suecia, emisario del lago Vener; desemboca en el Cattegat: 93 km.

GÖTEBORG o **GOTEMBURGO,** c. de Suecia, a orillas del Göta Alv; puerto y centro industrial.

GOTERA, c. del Salvador, hoy **San Francisco.**

GOTHA, c. de Alemania oriental (Turingia); célebre Instituto Geográfico fundado por Justus Perthes en 1786. Metalurgia; porcelana.

Gotha *(Almanaque de),* anuario genealógico, diplomático y estadístico, publicado en Gotha, en francés y en alemán, de 1763 a 1944.

GOTIA o **GOTALAND,** región Sur de Suecia.

GOTINGA, en alem. **Göttingen,** c. de Alemania occidental (Baja Sajonia). Universidad. Metalurgia del aluminio; instrumentos de precisión.

GOTLAND, isla de Suecia, en el mar Báltico; cap. *Visby.*

GOTTSCHED (Juan Cristóbal), escritor alemán (1700-1766), defensor del ideal clásico.

GOTTWALD (Clemente), político checoslovaco (1896-1953), secretario general del Partido Comunista y pres. de la Rep. desde 1948.

GOTTWALDOV, ant. **Zlin,** c. de Checoslovaquia (Moravia); zapatos.

GOUDA, c. de Holanda (Holanda Meridional), a orillas del Yser. Quesos.

GOUJON [*guyón*] (Jean), escultor y arquitecto francés del Renacimiento (n. entre 1510 y 1514-m. entre 1566 y 1568), que participó en la decoración del Louvre. Autor de hermosos relieves.

GONZÁLEZ VÍQUEZ

GORKI

GOUJON
bajorrelieve esculpido en 1541
iglesia de Saint-Germain l'Auxerrois (París)

Fot. doc. A. G. P., X, Giraudon

GOYA
autorretrato

GOZZOLI
LA VIRGEN
detalle de una
pintura de Letrán

GRAÇA ARANHA

B. GRACIÁN

GOULART (João), político brasileño, n. en 1918, pres. de la Rep. en 1961, derrocado en 1964.

GOUNOD [*gunó*] (Carlos), compositor francés (1818-1893), autor de varias óperas: *La reina de Saba, Fausto, Mireille, Romeo y Julieta, Filemón y Baucis,* y de hermosas composiciones religiosas (*Stábat Máter, Te Deum*).

GOURMONT (Remy de), escritor francés (1858-1915), crítico literario del grupo simbolista.

GOURNAY [*gurné*] (Vicente de), economista francés (1712-1759), el primero que profesó la máxima *Laissez faire, laissez passer,* y preconizó la libertad de comercio.

GOYA, pobl. de la Argentina (Corrientes) ; cab. de dep.; puerto en el Paraná. Obispado.

GOYA Y LUCIENTES (Francisco de), pintor español, n. en Fuendetodos (Zaragoza) en 1746, m. en Burdeos en 1828. Pintor de la Corte de España (retratos de *Carlos III, María Luisa, Carlos IV y su familia*) y autor de cuadros de rebosante sensualidad (*Las majas*), Goya fue, durante la invasión napoleónica, un testigo cruel y apasionado en *Los desastres de la guerra* (serie de grabados ejecutados entre 1810 y 1814). Tras una vida brillante se vio aislado por una sordera que le acometió en 1792 y sus obras tomaron desde entonces un carácter sombrío y descarnado: aguafuertes (*Los caprichos*), composiciones históricas (*Los fusilamientos del 3 de mayo*), grabados (*La tauromaquia, Los disparates*). La belleza de color, la riqueza de la inspiración y el realismo de las obras de Goya clasifican a su autor entre los más grandes precursores de la pintura moderna. (V. tb. lámina p. 704.)

GOYANARTE (Juan), novelista argentino, n. en España (1900-1967), autor de *Lago argentino, Lunes de carnaval, El ventisquero.*

GOYENECHE (Manuel), general español, n. en el Perú (1775-1846), que luchó en el Alto Perú contra los argentinos y altoperuanos que defendían el sistema de las Juntas.

GOYTISOLO (Juan), novelista español n. en 1931, autor de *Duelo en el paraíso, El circo, La resaca,* etc.

GOZZI (Carlos, *conde de*), dramaturgo italiano (1720-1806), autor de comedias fantásticas.

GOZZOLI (Benozzo), pintor italiano, n. en Florencia (1420-1497), alumno de Fra Angélico, autor de *Triunfo de Santo Tomás de Aquino* y *Cabalgata de los Reyes Magos.*

G. P. U., iniciales de las tres palabras rusas que designaban la organización de la policía de Estado soviética.

GRAAF (Reinier de), fisiólogo holandés (1641-1673) que estudió el jugo pancreático.

Graal. V. GRIAL.

GRAÇA ARANHA (José PEREIRA DA), novelista brasileño (1868-1931), precursor del modernismo. Autor de *Chanaan,* evocación de la formación de su país.

GRACIÁN (Baltasar), escritor y jesuita español, n. en Calatayud (1601-1658), maestro del estilo conceptista. Se le deben varios tratados de carácter moral: *El héroe, El discreto, El político don Fernando, El oráculo manual* y *Agudeza y arte de ingenio,* y una novela alegórica, *El criticón* (1651-1657), su obra maestra.

GRACIÁN (Jerónimo), escritor ascético español (1545-1614).

GRACIANA (SIERRA DE). V. ANCASTI.

GRACIÁN DE ALDERETE (Diego), humanista y escritor español (¿1510-1600?) que tradujo a Plutarco, Jenofonte, Tucídides.

GRACIANO (359-383), emperador romano en 375, hijo de Valentiniano I.

GRACIANO, monje italiano del s. XII, autor de la primera compilación de las decretales de los papas, llamada *Decreto de Graciano.*

GRACIAS, c. de Honduras, cap, del dep. de Lempira.

GRACIAS (*Las*), o en griego **Cárites,** deidades paganas que personificaban la belleza. Se contaban tres: *Aglaya, Talía* y *Eufrosine.*

GRACIAS A DIOS, cabo de América Central, entre Nicaragua y Honduras. Fue descubierto por Colón en su cuarto viaje. (V. CABO GRACIAS A DIOS.) — Dep. del E. de Honduras; cap. *Brus Laguna.*

GRACIOSA, isla del archip. de las Azores; cap. *Santa Cruz.*

GRACO, n. de dos hermanos tribunos y oradores célebres de Roma, hijos de Cornelia: TIBERIO (162-133 a. de J. C.), y CAYO (154-121 a. de J. C.). Habían intentado, proponiendo las *leyes agrarias,* poner freno a la avidez de la aristocracia romana, dueña de la mayor parte de las tierras conquistadas al enemigo.

GRADENIGO, n. de tres dux de Venecia del partido aristocrático: el primero, PEDRO, dux de 1289 a 1311, sostuvo guerras contra Padua y Ferrara e hizo fracasar una conjuración. En 1310 instituyó el Consejo de los Diez.

GRADO, c. de España (Oviedo).

GRAEF FERNÁNDEZ (Carlos), físico y matemático mexicano, n. en 1911, autor de estudios sobre los rayos cósmicos.

GRAHAM (TIERRA DE), península de la Antártida, al S. del continente sudamericano, llamada *Península de Palmer* por los norteamericanos.

GRAHAM (Jorge), físico inglés (1673-1751), inventor de un péndulo de compensación y de diversos tipos de escape para relojes.

GRAHAM (Tomás), químico escocés (1805-1869), que estudió la difusión de los gases.

Gramática castellana, obra fundamental de Elio Antonio de Nebrija, la primera impresa en lengua vulgar, en la cual trata de someter a normas la lengua castellana (1492).

Gramática de la lengua castellana, una de las obras más populares de Bello y la mejor de esta clase editada en el s. XIX. R. J. Cuervo añadió posteriormente numerosas notas.

GRAMÁTICO (Saxo), historiador danés (¿1140?-1206), autor de *Historia Danica,* interesante para estudiar las leyendas escandinavas.

GRAMCKO (Ida), poetisa y dramaturga venezolana, n. en 1924, autora de *Umbral.*

GRAMME (Zenobio), físico belga (1826-1901), inventor de la primera dinamo generadora de una corriente eléctrica.

GRAMONT (Antonio, *duque de*), mariscal de Francia (1604-1678), que participó en la guerra de Treinta Años y en la campaña de Flandes de 1667. — Su hermano FILIBERTO, *conde de* **Gramont** (1621-1707), se distinguió en las guerras del Franco Condado y de Holanda.

GRAMPIANOS (MONTES), cadena de montañas de Escocia; 1 340 m. en el pico *Ben Nevis.*

T. GRAHAM

GRAMME

Fot. doc. A. G. P., Anderson, X, Nadar

GRAMSCI (Antonio), escritor y político italiano (1891-1937). Ejerció gran influencia sobre sus contemporáneos.

GRANADA, c. de España, cap. de la prov. del mismo n., en la confluencia del Darro y el Genil y al pie de la Sierra Nevada, a 432 km. de Madrid. Arzobispado. Universidad. Museo de pintura y escultura, biblioteca. Edificios notables y antiquísimos: la Alhambra, maravilla del arte árabe; la Catedral, el Palacio de Carlos V, el Generalife, la Cartuja, etc.; el pintoresco barrio del Albaicín. Granada, último baluarte de los moros en España, fue conquistada por los Reyes Católicos en 1492.

GRANADA, c. de Nicaragua, cap. del dep. del mismo n., a orillas del lago Nicaragua; centro comercial. Universidad. Obispado. Es la c. más ant. del país. El dep. prod. café y cacao; ganadería.

GRANADA (Nueva). V. Nueva Granada.

GRANADA, una de las Antillas británicas; cap. *Saint George's.*

GRANADA (Luis de Sarriá, llamado **Fray Luis de**), escritor y orador sagrado español, n. en Granada (1504-1588), perteneciente a la orden de Santo Domingo; predicador elocuente, fue también autor de numerosos tratados de carácter ascético en los que domina una exuberante riqueza de estilo: *Introducción al símbolo de la fe, Memorial de la vida cristiana, Libro de la oración y meditación* y, en lugar preeminente, *Guía de pecadores* (1556), conjunto de normas para alcanzar la vida eterna.

GRANADA (Nicolás), dramaturgo argentino (1840-1915), autor de *¡Al campo!, Atahualpa.*

GRANADINAS o **GRANADILLAS,** cadena de islas e islotes de las Antillas británicas, entre las islas de Barlovento y la de Granada.

GRANADOS (Enrique), pianista y compositor español, n. en Lérida (1867-1916), de inspiración folklórica. Murió ahogado al naufragar el buque en que viajaba. Autor de composiciones para piano (*Danzas españolas, Goyescas*).

GRAN BRETAÑA E IRLANDA DEL NORTE (*Reino Unido de*), Estado de Europa occidental que comprende cuatro partes principales: Inglaterra, País de Gales, Escocia e Irlanda del Norte, que, con Irlanda (Eire), forman las Islas Británicas. Sup. 244 000 km^2; 55 068 000 h. (*británicos*); cap. *Londres,* 5 000 000 h. (Gran Londres, 8 210 000), c. pr. *Birmingham,* 1 105 700; *Glasgow,* 1 075 000; *Liverpool,* 747 000; *Manchester,* 661 000; *Leeds,* 510 000; *Sheffield,* 494 000; *Edimburgo,* 467 000; *Bristol,* 436 000; *Coventry,* 305 000; *Kingston upon Hull,* 303 000; *Bradford,* 295 800; *Stoke on Trent,* 265 500; *Portsmouth,* 215 000; *Southampton,* 204 700; *Plymouth,* 204 300; *Sunderland,* 189 600; *Ilford,* 184 700; *Ealing,* 183 000; Dundee, 180 000; *Swansea,* 166 700; *Salford,* 165 000; *Brighton,* 162 800; *Bolton,* 160 900.

— Geografía. Inglaterra occidental y Gales son muy accidentadas (Montes Peninos y Cambrianos, que separa el río Severn). La Inglaterra del Este, regada por el Támesis y el Ouse, es en general llana. Escocia, cubierta de pintorescos bosques, está surcada por formaciones paralelas de montes (Cheviot, Grampianos) y depresiones, en cuyo suelo arcilloso se forman profundos lagos y estuarios (ríos Clyde, Forth). El *Canal Caledoniano* sigue la depresión principal. Irlanda del Norte, más llana, posee numerosos lagos. El clima del Reino Unido es oceánico, muy húmedo, con abundantes lluvias y nieblas frecuentes, pero sin inviernos rigurosos, pese a la latitud. La agricultura británica produce sólo el 35 % de lo que el país necesita y es pobre en cereales. La ganadería, aunque de alto rendimiento, es también insuficiente. La pesca suple en parte esas carencias. La gran riqueza del Reino es la industria (astilleros, maquinaria, textiles), una de las primeras del mundo, servida por importantes minas de hierro y hulla. Su intenso comercio se efectúa principalmente con las antiguas posesiones, unidas aún a la Corona en la Comunidad Británica de Naciones (Commonwealth). La Gran Bretaña es una monarquía constitucional en la que el poder ejecutivo pertenece al rey y el legislativo a dos Cámaras: la de los Lores (Cámara Alta) y la de los Comunes (diputados). Ambas forman el Parlamento.

— Historia. A la llegada de los romanos, el actual territorio de la Gran Bretaña estaba habitado por pueblos celtas (*gaeles* o *goidels, welshs, britanos*). Los *pictos* y *escotos,* tribus de Caledonia (Alta Escocia), opusieron una tenaz resistencia al invasor, por cuyo motivo el emperador Adriano construyó una gigantesca muralla, que era defendida por las legiones. En el siglo v, ante los ataques de los caledonianos, los *britanos* llamaron a los *anglos* y *sajones* (pueblos germánicos), los cuales, en vez de ayudarles, les sojuzgaron y establecieron siete Reinos en el Sur del país (*Sussex, Kent, Essex, Wessex, Mercia, Estanglia* y *Northumberland*). Tras múltiples luchas, la Heptarquía se fundió en un Reino único, que, en el último tercio del siglo IX, Alfredo el Grande convirtió en gran potencia. Tras las invasiones de vikingos y daneses, Eduardo III el Confesor restableció la monarquía anglosajona. A su muerte, la batalla de *Hastings* (1066) puso el país bajo la dominación de los normandos. Hasta el fin de la guerra de los Cien Años (1337-1453), Inglaterra formó parte de un Estado único extendido desde el Sena a Irlanda. Esta guerra, en la que los ingleses fueron derrotados pese a las victorias del Príncipe Negro (Crecy) y de Enrique V (Azincourt), forjó la conciencia nacional. Paralelo a este conflicto había surgido otro, interior, entre la nobleza feudal anglosajona y la monarquía. Los nobles consiguieron arrancar a Juan Sin Tierra la *Carta Magna* (1215), origen, junto con los Estatutos de Oxford (1258), de las instituciones liberales todavía vigentes. La guerra de las Dos Rosas entre las Casas de York y Lancaster, a la que puso fin el advenimiento de Enrique VII Tudor (1485), consagró el predominio de la monarquía absoluta. Bajo Enrique VIII, casado con Catalina, hija de los Reyes Católicos de España, Inglaterra se separó de Roma, abrazó las ideas de la Reforma, creó la Iglesia Anglicana y esto dio paso a un período de luchas religiosas. Felipe II de España, casado con María Tudor, hija de Catalina, fue rey consorte de Inglaterra (1553-1558), pero a María sucedió Isabel, hija de Ana Bolena, y los anglicanos triunfaron. Felipe II envió contra Inglaterra la *Armada Invencible,* pero la marina británica, forjada en las correrías de los corsarios de Isabel (Drake, que saqueó Lima, Frobisher, Hawkins), y los elementos, condujeron la expedición al desastre (1588). El reinado de Isabel I fue uno de los períodos de mayor esplendor de la historia inglesa: anexión de Escocia, consagración de la supremacía marítima, aparición de Marlowe y Shakespeare. El movimiento *puritano* ganó al pueblo y al Parlamento y, vencida la nobleza por la Revolución de 1648, Carlos I fue decapitado y se proclamó la República (1649-1653). Bajo este régimen y el Protectorado de Cromwell (1653-1658) se prosiguió la expansión marítima y comercial. Cromwell y sus partidarios no pudieron impedir la Restauración, y se sucedieron en el trono las Casas de Estuardo (1660), Orange-Nassau (1689), Brunswick-Hannover (1714), y Sajonia-Coburgo (Windsor), la actual. En el siglo XVII creció la expansión colonial inglesa, animada por la Compañía de las Indias y por el *Board of Trade,* órgano rector de la política marítima y comercial. Desde el siglo XVIII, la Gran Bretaña ha intervenido en todos los conflictos europeos: en la guerra de Sucesión española los ingleses se apoderaron de Gibraltar; en 1739 ocuparon Portobelo (Panamá), pero fracasaron en Cartagena y La Habana. Otra guerra anglo-española, consecuencia de la independencia norteamericana, condujo a la conquista temporal británica de Buenos Aires y Montevideo. La Gran Bretaña intervino contra la Revolución Francesa y el Imperio: destrucción de la escuadra hispanofrancesa en *Trafalgar* (1805), y batalla de *Waterloo* (1815), que puso fin al Imperio napoleónico. Estos triunfos prepararon el esplendor de la era victoriana, cuyos rasgos esenciales fueron el liberalismo político y económico, la industrialización, la expansión (India, Australia, África), el florecimiento del comercio y la hegemonía marítima. En 1914, la Gran Bretaña, unida a Francia en la Entente Cordial, luchó activa y victoriosamente contra los Imperios Centrales (Alemania y Austria). Aunque aniquiló el poderío colonial y comercial de sus enemigos, la

Fray Luis de GRANADA

GRANADOS

escudo de GRAN BRETAÑA

Fot. doc. A. G. P., Mas

GRAN BRETAÑA

Gran Bretaña, una vez llegada la paz, se enfrentó con graves dificultades políticas (agudización de la cuestión irlandesa), sociales (conflictos interiores consecuencia de crisis) y económicas (aparición de potencias competidoras en el comercio y la industria). En 1939 la Gran Bretaña, que había garantizado la existencia del Estado polaco, entró en la guerra cuando los ejércitos de Hitler invadieron Polonia. Después de la derrota de Francia, y hasta la entrada en el conflicto de la U. R. S. S. y los Estados Unidos, la Gran Bretaña, enérgicamente dirigida por el primer ministro Winston Churchill, hizo frente sola a Alemania e Italia en varios teatros de operaciones. La guerra submarina ocasionó crueles pérdidas a la flota mercante británica. (V. GUERRA MUNDIAL.) En el agitado período que ha seguido al conflicto mundial, el Gobierno inglés (laborista de 1945 a 1951 y conservador hasta 1964), ha dedicado sus esfuerzos a la solución de considerables problemas: reconstrucción, independencia de la India, separación definitiva de Irlanda (1949), ampliación del Commonwealth, alianza con los Estados Unidos, emancipación de numerosas posesiones británicas de África y Asia. Estas dificultades han mermado en parte el antiguo poderío británico. En 1952, Isabel II sucedió en el trono a su padre Jorge VI. La política exterior británica tendió últimamente a una integración en el *Mercado Común Europeo*. Los conservadores ganaron las elecciones en 1970.

GRAN CANARIA, isla del archipiélago de Canarias. Cap. *Las Palmas*.

Gran Capitán, n. que recibió Gonzalo Fernández de Córdoba.

GRAN COLOMBIA, n. dado a la república formada en el Congreso de Angostura por Venezuela, Colombia y el Ecuador (1819). Disolvióse en 1830, formando las tres repúblicas independientes de Venezuela, Nueva Granada y Ecuador.

GRAN CUENCA, meseta desértica al O. de los Estados Unidos (520 000 km²), surcada por pequeñas cadenas montañosas. Está limitada al O. por la Sierra Nevada y al E. por los montes Wasatch.

GRANDE (Río), río de la Argentina (Tierra del Fuego). — Río de la Argentina (Mendoza). — Río de Bolivia (Santa Cruz), afl. del Mamoré. — Río de Panamá (Coclé), que des. en el océano Pacífico. — Río del Brasil, que unido al Parnaíba, forma el Paraná; 1 050 km, aproximadamente. — Río del Perú (Ayacucho e Ica), que des. en el océano Pacífico. — V. BRAVO.

GRANDE DE JUJUY, río de la Argentina, que en el valle de Ledesma toma el n. de río *San Francisco*.

GRANDE DEL NORTE (Río). V. BRAVO.

GRANDE DE MATAGALPA, río de Nicaragua (Matagalpa y Zelaya), que des. en el mar Caribe; 321 km.

GRANDE DE PIRRIS, río de Costa Rica (San José y Puntarenas), que des. en el Pacífico.

GRANDE DE SAN MIGUEL, río de El Salvador (San Miguel y Usulután); 72 km.

GRANDE DE SANTIAGO (Río). V. SANTIAGO.

GRANDE DE SONSONATE, río de El Salvador (Sonsonate); 70 km.

GRANDE DE TÁRCOLES, río de Costa Rica, que des. en el golfo de Nicoya y cuya cuenca es la más poblada del país.

GRANDE DE TARIJA, río de la Argentina (Salta), que confluye con el Bermejo.

GRANDE DE TÉRRABA o **DIQUÍS,** río de Costa Rica (Puntarenas), que des. en el océano Pacífico; 150 km.

GRANDE MORELIA, río de México (Michoacán), que des. en la laguna de Cuitzeo; presa.

Grandes de España, n. que substituye oficialmente, desde 1520, al de *Ricos hombres*, para designar a los miembros de la primera nobleza de España. Eran en un principio sólo 25, y uno de sus principales privilegios consistía en poder cubrirse delante del rey.

GRANDES LAGOS, n. que se da a los cinco lagos norteamericanos en la frontera del Canadá: *Superior, Michigan, Huron, Erie* y *Ontario*.

GRANDMONTAGNE (Francisco), ensayista y periodista español (1866-1936), que vivió muchos años en la República Argentina, a cuyo estudio dedicó varios libros.

Fot. René Ferlet, Larousse, Bruckmann

palacio de LA GRANJA

GRAND RAPIDS, c. de los Estados Unidos (Michigan). Molinos y fundiciones.

GRANEROS, com. de Chile (O'Higgins).

GRÁNICO, río del Asia Menor. Victoria de Alejandro sobre Darío (334 a. de J. C.).

GRANJA, com. de Chile (Santiago).

Granja (La), palacio construido por Felipe V de España a imitación de Versalles, en la villa de San Ildefonso (Segovia). Fuentes notables.

GRAN MALVINA, una de las islas principales del archipiélago argentino de las Malvinas.

GRANOLLERS, c. de España (Barcelona); ind. textil (algodón).

GRAN PIEDRA, pico de Cuba, en la cord. del mismo n., que forma parte de la Sierra Maestra (Oriente); 1 250 m.

GRAN SASSO. V. SASSO (*Gran*).

GRANT (Jaime Augusto), viajero escocés (1827-1892), que exploró el Nilo con Speke.

GRANT (Ulises), general y político norteamericano (1822-1885), que obtuvo numerosos éxitos sobre los sudistas durante la guerra de Secesión. Pres. de la Unión de 1868 a 1876.

general GRANT

GRANVELA (Nicolás **Perrenot de**), estadista español, n. en el Franco Condado (1468-1550), ministro de Margarita de Austria y de Carlos V. — Su hijo ANTONIO (1517-1586), cardenal, ministro de Carlos V y de Felipe II, fue gobernador de los Países Bajos, donde no pudo evitar la sublevación.

A. GRANVELA por MORO

GRANVILLE, c. de Francia (Mancha). Puerto de pesca y comercial. Estación balnearia.

GRANVILLE (Jorge LEVESON GOWER, *conde*), político inglés (1815-1891), diputado liberal y dos veces ministro de Asuntos Exteriores.

GRAO (El), puerto de Valencia (España), a 3 km de la ciudad.

GRASSE [*gras*], c. de Francia (Alpes Marítimos). Cultivo de flores. Estación invernal.

GRASSI (Bautista), médico italiano (1854-1925). Logró identificar el mosquito transmisor de la fiebre palúdica.

GRATRY (Alfonso), filósofo y sacerdote francés (1805-1872), restaurador de la congregación del Oratorio, autor de *Del conocimiento de Dios*.

GRATZ, en alem. **Graz,** c. de Austria (Estiria); industrias textil, alimenticia y metalúrgica.

GRAU, prov. del Perú (Apurímac); cap. *Chuquibambilla*.

GRAU (Miguel), almirante peruano (1834-1879), que se distinguió en la guerra contra Chile. M. heroicamente en el combate naval de Angamos a bordo del monitor *Huáscar*.

GRAU DELGADO (Jacinto), dramaturgo español (1877-1958), autor de obras vigorosas sobre temas universales: *El conde Alarcos, El hijo pródigo, El señor de Pigmalión, El burlador que no se burla*, sobre el tema de don Juan, etc.

GRAU SAN MARTÍN (Ramón), político y médico cubano (1889-1969), pres. de la Rep. de 1933 a 1934 y de 1944 a 1948.

GRAVELINAS, c. de Francia (Nord), célebre por la victoria de los españoles contra los franceses en 1558.

GRAVES, comarca vitícola de Francia (Burdeos).

GRAVESEND, c. y puerto de Gran Bretaña (Kent), en la desembocadura del Támesis.

GRAVINA

GRAVINA (Federico Carlos GRAVINA, *duque de*), almirante español, n. en Palermo (1756-1806), héroe de Trafalgar, donde fue gravemente herido (1805).

GRAVINA (Juan Vicente), escritor y jurisconsulto italiano (1664-1718).

GRAY (Esteban), físico inglés (¿1670?-1736), descubridor de la electrización a distancia.

GRAY (Tomás), poeta inglés (1716-1771), autor de poesías elegiacas llenas de melancolía.

GRAZ. V. GRATZ.

GRAZALEMA, v. de España (Cádiz).

GRAZIANI (Rodolfo), mariscal italiano (1882-1955), virrey de Etiopía en 1936.

GREATER WOLLONGONG. V. WOLLONGONG.

GRECA (Alcides), novelista argentino, n. en 1896, autor de *Pampa gringa.*

GRECIA, uno de los Estados de la Península Balcánica, bañado al E. por el mar Egeo, al S. por el Mediterráneo y al O. por el mar Jónico, y limitado al N. por Turquía, Bulgaria, Yugoslavia y Albania. Sup. 133 000 km²; 8 510 000 h. *(griegos)*; cap. *Atenas,* 627 600 h. (1 837 000 con los suburbios); c. pr. *Salónica,* 377 000; *Patrás,* 94 750; *Volo,* 67 300; *Candía* (Creta), 64 100; *Larissa,* 57 700; *Kavalla,* 42 200.
— GEOGRAFÍA. En Grecia se distinguen tres regiones: 1ª *Grecia Continental,* sector muy montañoso (cordillera del *Pindo,* macizo del *Olimpo*), cortado por algunas planicies, como la de *Tesalia* y las de la zona costera de *Tracia Occidental;* 2ª *Grecia Peninsular,* formada por el *Peloponeso,* que se une al continente por el istmo de Corinto; 3ª *Grecia Insular,* que representa una cuarta parte del territorio: las *islas Jónicas,* en el mar del mismo nombre; las de *Tasos, Lemnos, Samotracia, Eubea, Cícladas, Mitilene, Quío, Samos, Rodas* y las *Espóradas Septentrionales* y *Meridionales* en el mar Egeo, y al sur, en el Mediterráneo, la gran isla montañosa de *Creta.* — Grecia es un país pobre; las tierras laborables (olivos, vid, tabaco) no representan más que una quinta parte de la superficie. La pesca y la marina mercante son importantes y el subsuelo produce hierro, plomo, cinc, etc.
— HISTORIA. Los *pelasgos,* primeros pobladores de Grecia, recibieron de las culturas de Creta (Minos) y del mar Egeo los primeros elementos de civilización. En el s. XV a. de J. C. llegaron los *aqueos,* venidos de la Europa central, y entonces comienza el período de la civilización micénica y la guerra de Troya. En un período más definido de la historia, los *dorios* se establecieron en el Peloponeso, los *eolios* en el centro del país, y los *jonios* en Ática. Progresivamente las ciudades se diferenciaron en ciudades guerreras, como Esparta, y ciudades comerciantes, como Corinto y Corcira. La irradiación del mundo griego se hizo sentir pronto en la *Magna Grecia,* en Sicilia y en el litoral asiático del mar Egeo y del Helesponto. Cuando Persia amenazó a Grecia, después de haber sometido a las ciudades griegas de Asia, Atenas la rechazó *(guerras médicas,* s. V). Pericles cubrió a Atenas de monumentos y la constituyó en centro de la civiliza-

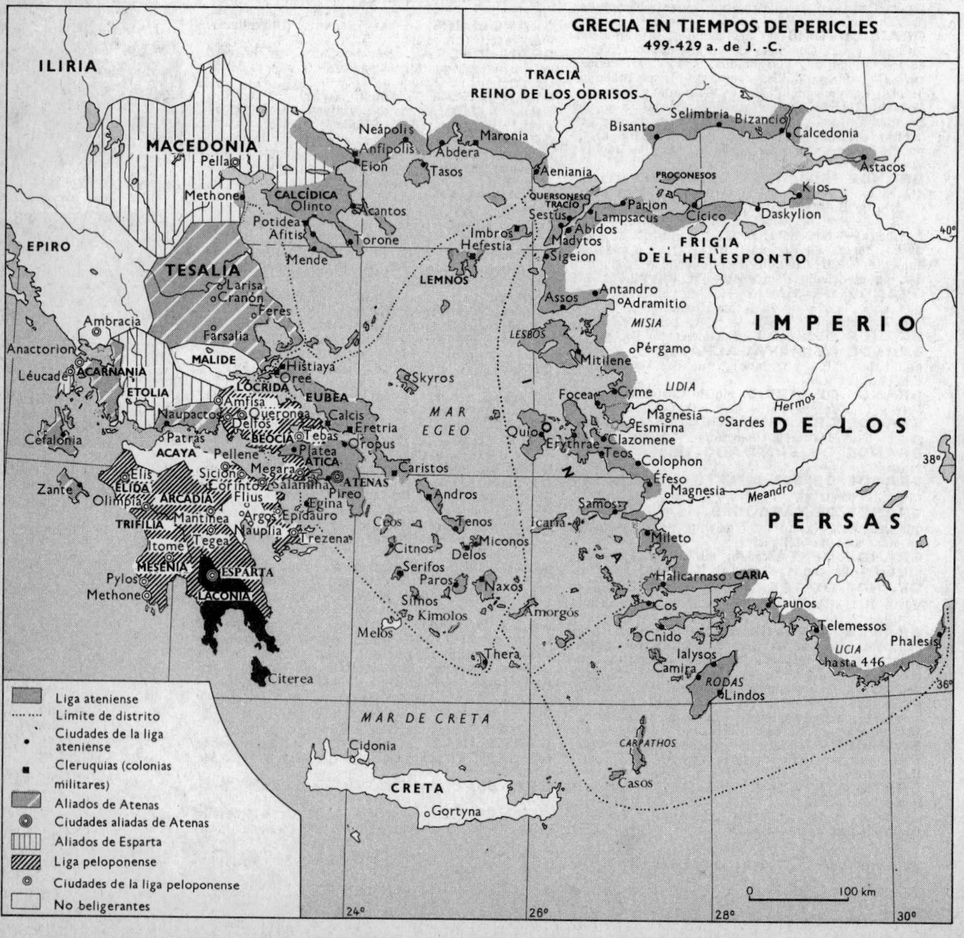

ción helénica; pero la guerra del Peloponeso (431-404), originada por la rivalidad entre Esparta y Atenas, terminó con la ruina de ésta. En el siglo siguiente Tebas disputó la hegemonía a Esparta; esto agotó a Grecia y permitió a Filipo II imponer la supremacía de Macedonia, a pesar de los esfuerzos de Demóstenes (338). A la muerte de Alejandro sus generales se repartieron el imperio, y poco después (146 a. de J. C.) Grecia fue convertida en provincia romana; la toma de Atenas y del Pireo por Sila (86 a. de J. C.) acabó con las últimas esperanzas de los griegos. (V. ATENAS y ESPARTA.)
Sometida al Imperio de Oriente durante la Edad Media, Grecia vivió un nuevo período de esplendor en los s. XI y XII, y cayó en manos de los cruzados en el s. XIII. De 1354 a 1458 fue conquistada por los turcos. Grecia se levantó en armas en 1821 y fue declarada reino soberano en 1829 (Tratado de Andrinópolis), gracias al apoyo de Francia, Gran Bretaña y Rusia. El Tratado de Berlín (1878) y las guerras balcánicas de 1912 a 1913 ensancharon el territorio griego; en cambio, la guerra contra Turquía dio por resultado la pérdida de algunas posesiones griegas de Asia Menor (Paz de Lausana, 1923). Grecia se proclamó república en 1924, pero, en 1935, llamó nuevamente al rey Jorge II; fue ocupada por los alemanes de 1941 a 1944, y, en 1949, las tropas gubernamentales tuvieron que intervenir para reprimir ciertos desórdenes interiores. Al rey Pablo I (1947-1964) le sucedió a su muerte su hijo Constantino II quien intentó oponerse a una junta militar y hubo de abandonar el país en diciembre de 1967.

GRECIA, pobl. de Costa Rica (Alajuela).

GRECO (Domenico THEOTOCOPULI, llamado **el**), pintor español, n. hacia 1544 en Creta, m. en Toledo en 1614. Residió varios años en Italia antes de establecerse definitivamente en España. Sus cuadros, dotados de un gran realismo místico, se caracterizan por la originalidad y audacia de su dibujo que alarga y estiliza las figuras (*Entierro del Conde de Orgaz* [V. p. 1271], *El expolio, Martirio de San Mauricio, Los Apóstoles, La Trinidad, El caballero de la mano al pecho, Vista de Toledo*, etc. (V. tb. lám. p. 240).

EL GRECO
EL CABALLERO DE LA MANO AL PECHO
museo del Prado
Fot. Giraudon

GREDOS (SIERRA DE), sierra española del Sistema Central, que separa las prov. de Ávila y Toledo; alt. máx. 2 592 m.

GREEN (Julián), novelista francés de origen norteamericano, n. en 1900, autor de *Adriana Mesurat, Leviathan, El visionario*, etc.

GREENE (Graham), novelista inglés, n. en 1904, autor de *El poder y la gloria, El tercer hombre, Un americano impasible,* etc.

GREENE (Robert), escritor inglés (1558-1592), autor de novelas realistas y obras de teatro que hacen de él un precursor de William Shakespeare.

escudo y mapa de GRECIA

GREGORIO MAGNO

GREGORIO VII

J. GRIS *fragmento* de MUJER

GRIEG

GREENOCK [*grinok*], c. de Escocia (Renfrew), a orillas del golfo del Clyde. Puerto activo. Astilleros, industrias siderúrgicas, químicas, textil.

GREENWICH [*grinich*], c. de Inglaterra, cerca de Londres, a orillas del Támesis. Ant. observatorio por el cual pasa el meridiano adoptado como origen de las longitudes.

GREGORIO Taumaturgo *(San),* teólogo de la Iglesia griega (¿213-220?), discípulo de Orígenes, quien le convirtió al cristianismo. Fue más tarde obispo de Neocesarea, asistió al Concilio de Antioquía e hizo numerosas conversiones. Fiesta el 17 de noviembre.

GREGORIO Nacianceno *(San),* teólogo, n. en Nacianzo (Capadocia) [¿330?-390]. Padre de la Iglesia griega, fue obispo de Constantinopla. Dejó numerosos discursos, cartas y poesías. Fiesta el 1 de enero.

GREGORIO Niceno *(San),* Padre de la Iglesia griega (¿335?-395), hermano de San Basilio y obispo de Nisa. Fiesta el 9 de marzo.

GREGORIO de Tours *(San),* obispo de Tours (Francia), teólogo e historiador (538-594), cuya obra principal, *Historia de los Francos,* contiene documentos inestimables sobre la época merovingia. Fiesta el 17 de noviembre.

GREGORIO Magno (*San*), doctor de la Iglesia (¿540?-604), a cuya apología ha dedicado los tratados *Libro de los sacramentos* y *Libro de la regla pastoral.* Papa de 590 a 604. Reformador del canto coral. Fiesta el 12 de marzo. — GREGORIO II *(San),* papa de 715 a 731. Fiesta el 13 de febrero. — GREGORIO III *(San),* papa de 731 a 741. Fiesta el 28 de noviembre. — GREGORIO IV, papa de 827 a 844, de origen español. — GREGORIO V, papa de 996 a 999. — GREGORIO VI, papa en 1045, abdicó en 1046. — GREGORIO VII *(San)* [Hildebrando], n. en Soano (Toscana) hacia 1015, papa de 1073 a 1085, uno de los más grandes pontífices romanos, célebre por sus luchas contra el emperador de Occidente Enrique IV, a quien obligó a implorar su perdón en Canossa (querella de las investiduras), y por las numerosas medidas de disciplina eclesiástica que adoptó (celibato de los sacerdotes, etc.). Fiesta el 25 de mayo. — GREGORIO VIII, papa en 1187. — GREGORIO IX, papa de 1227 a 1241. — GREGORIO X, papa de 1271 a 1276. — GREGORIO XI, papa de 1370 a 1378. — GREGORIO XII, papa de 1406 a 1415. — GREGORIO XIII, papa de 1572 a 1585; reformó el calendario. — GREGORIO XIV, papa de 1590 a 1591. — GREGORIO XV, papa de 1621 a 1623. — GREGORIO XVI, papa de 1831 a 1846.

GREGORY (James), matemático y astrónomo escocés (1638-1675), inventor del telescopio de reflexión.

GREIFF (León de), poeta colombiano, n. en 1895, distinguido por su lirismo simbolista, sarcástico, imaginativo y musical. Autor de *Tergiversaciones,* etc.

GREIFSWALD, c. de Alemania oriental, a orillas del mar Báltico; pesca; industrias textil y mecánica. Universidad.

GREIZ, c. de Alemania oriental; paños; papel.

GRENOBLE, c. de Francia, cap. del dep. del Isère. Obispado. Universidad. Centro industrial.

GRENVILLE (Jorge), político inglés (1712-1770), cuya ley sobre el timbre provocó la sublevación de las colonias norteamericanas.

GRESHAM [*grecham*] (*sir* Thomas), hacendista inglés (1519-1579), fundador de la Bolsa de Comercio de Londres.

GRETNA o **GRETNA GREEN** [*-grin*], primera aldea de Escocia, en el camino de Londres a Edimburgo, célebre por los matrimonios que se celebran allí, con arreglo a la ley escocesa, sin condición de domicilio ni amonestaciones.

GRETRY (Andrés), compositor francés, n. en Lieja (1741-1813), autor de óperas cómicas (*Ricardo Corazón de León.*)

GREUZE (Juan Bautista), pintor francés (1725-1805), cuyas obras, de temas moralizadores, se distinguen por su gracia y sencillez.

GREVY, isla de Chile, cerca del cabo de Hornos.

GREY (Juana). V. JUANA GREY.

GREY (*lord* Charles), político inglés (1764-1845), autor de la reforma electoral de 1832.

GREY (Zane), novelista norteamericano (1875-1939), autor de numerosos relatos de aventuras de gran popularidad (*Los jinetes de la Pradera Roja, La herencia del desierto,* etc.).

GREYTOWN. V. SAN JUAN DEL NORTE.

GREZ (Vicente), poeta, novelista, dramaturgo y crítico chileno (1847-1909).

Grial o **el Santo Grial,** vaso de esmeralda, que, según la tradición, sirvió a Jesús para la Cena y en el que recogió José de Arimatea la sangre que manó de su costado herido por el centurión. En ciertas novelas de caballerías es objeto de constante búsqueda por parte de los Caballeros del rey Artús.

GRICO, campo petrolífero de Venezuela (Guárico).

GRIEG (Eduardo), compositor noruego (1843-1907), autor de *Peer Gynt.*

GRIFFITH (David Lewelyn Wark), cineasta norteamericano (1875-1948).

Grifo, animal fabuloso, representado con cuerpo de león, cabeza y alas de águila, orejas de caballo y, en lugar de crines, una cresta de aletas de pez. *(Mit.)*

GRIGNARD (Víctor), químico francés (1871-1935), descubridor de los compuestos organometálicos del magnesio. (Pr. Nóbel, 1912.)

GRIJALVA, río de México, que des. en el golfo de este n. (Tabasco).

GRIJALVA (Juan de), conquistador español, m. en Nicaragua (1490-1527), que se distinguió en la conquista de Cuba (1511), fue enviado por Velázquez a explorar el Yucatán (1518).

GRILO (Antonio FERNÁNDEZ), V. FERNÁNDEZ.

GRILLO (Maximiliano), diplomático y escritor colombiano (1868-1949).

GRILLPARZER (Franz), dramaturgo austriaco (1791-1872), autor de *Safo.* Estudió profundamente el teatro español, especialmente a Calderón y Lope de Vega.

GRIMALDI, cueva de Italia, cerca de Menton, donde fueron descubiertos restos humanos fósiles con rasgos morfológicos negroides.

GRIMM (Federico Melchor, *barón de*), escritor y crítico alemán (1723-1807), autor de una interesante *Correspondencia literaria.*

GRIMM (Guillermo), escritor romántico alemán (1786-1859), autor de populares *Cuentos,* recogidos de la tradición germánica y escritos en colaboración con su hermano JACOBO (1785-1863), fundador de la filología alemana y autor de un *Diccionario alemán,* que ha quedado incompleto.

J. GRIMM

G. GRIMM

GRIMMELSHAUSEN (Hans Jacob Christoph von), escritor alemán (¿1621?-1676), autor de la novela picaresca *Simplicissimus.*

GRIMSBY, c. y puerto de Inglaterra (Lincoln); pesca; conservas, astilleros.

GRINDELWALD, aldea del cantón de Berna (Suiza), célebre por su glaciar.

Gringa *(La),* drama del uruguayo Florencio Sánchez (1904).

GRINGORE (Pierre), poeta dramático y satírico francés (1475-1538), que se distinguió en la pintura y en los comentarios de la política y de la sociedad de su época.

GRIS (José Victoriano GONZÁLEZ, llamado **Juan**), pintor español, n. en Madrid (1887-1927), figura importante del cubismo.

Griselda, heroína de una leyenda de fidelidad conyugal que ha inspirado a Petrarca, Boccaccio, Perrault.

GRISONES, cantón de Suiza; cap. *Coira;* turismo.

Grito (de *Asencio, Dolores, Yara* o *Ypiranga*). V. n. geográficos correspondientes.

GROCIO (Hugo), teólogo y jurisconsulto holandés (1583-1645). Fue, con el español Vitoria, uno de los precursores del Derecho internacional.

Fot. Giraudon, Alinari, Coll, Larousse

GROCK (Adriano WETTACH, llamado), payaso suizo (1880-1959), de fama internacional.
GRODNO, c. de la U.R.S.S. (Bielorrusia).
GROENLANDIA, isla al N. de América, cubierta en su mayor parte de hielo; sup. 2 180 000 km² y 30 600 h. (*groenlandeses, esquimales*); cap. *Godthaab*. Posesión danesa. Bases aéreas.
GRONCHI (Giovanni), político italiano, n. en 1887, pres. de la Rep. de 1955 a 1962.
GRONINGA, en hol. **Groningen,** c. de Holanda, cap. de prov. al NE. de Frisia. Universidad. Explotación de gas natural en la región.
GROOT (José Manuel), escritor colombiano (1800-1878), autor de interesantes cuadros de costumbres (*Costumbres de antaño*).
GROOT (Hugo de). V. GROCIO.
GROPIUS (Walter), arquitecto alemán (1883-1969), uno de los más grandes innovadores en la arquitectura moderna.
GROS [*gro*] (Juan Antonio, *barón*), pintor francés (1771-1835), uno de los precursores del romanticismo (*Campo de batalla de Eylau*).
GROTIUS (Hugo de). V. GROCIO.
GROUSSAC (Paul), escritor argentino, n. en Francia (1848-1929), autor de obras de crítica literaria, novelas, cuentos, poesías y dramas. Fue también historiador eminente de la época colonial.
GROVE (*sir* George), ingeniero y musicógrafo inglés (1820-1900), autor de un *Diccionario de música*.
GROZNYI, c. de la U.R.S.S. (Rusia) en el Cáucaso. Refinerías de petróleo.
GRÚA Y TALAMANCA (Miguel de la), noble siciliano del s. XVIII, virrey de la Nueva España de 1794 a 1798.
GRUDZIANDZ, en alem. **Graudenz,** c. de Polonia, a orillas del Vístula.
GRUESO (José María), sacerdote y poeta colombiano (1779-1835), autor de *Anacreóntica*.
GRÜN. V. BALDUNG.
GRUNBERG. V. ZIELONA GORA.
GRÜNEWALD (Matías), pintor alemán (¿1460?-1528), uno de los más altos representantes del gótico tardío (*Retablo de Issenheim*).
GRÜTLI o **RÜTLI,** pequeña pradera de Suiza, en la parte SE. del lago de los Cuatro Cantones, célebre por el juramento legendario que prestó Guillermo Tell con sus amigos (1307).
GRUYÈRE [*gruier*], comarca de Suiza (Friburgo), famosa por sus quesos.
GSTAAD, estación veraniega e invernal de Suiza (Berna).
GUACAGALLO, n. que los indígenas del S. de Colombia daban al río Magdalena.
GUACANAYABO, golfo de Cuba, en la costa meridional (Camagüey y Oriente).
GUACOTECTI, v. de El Salvador (Cabañas).
GUACHA, laguna del Uruguay (Treinta y Tres).
GUACHALLA (Fernando E.), político y diplomático boliviano (1859-1909). Fue elegido pres. de la Rep. (1908), pero no llegó a tomar posesión de su cargo.
GUACHETÁ, pobl. de Colombia (Cundinamarca). Minas. Fue el primer pueblo indio que recibió pacíficamente a los españoles.
GUACHI, río de Venezuela (Mérida y Zulia), que des. en el lago de Maracaibo.
GUACHICONO, río de Colombia, considerado como brazo superior del Patía (Cauca).
GUACHIPAS, n. que se da al río Salado al cruzar el valle argentino homónimo (Salta).
GUADALAJARA, c. de España, cap. de la prov. del mismo nombre, a orillas del río Henares. Palacio de los duques del Infantado, joya de fines de la Edad Media. Batalla por la conquista de Madrid, en marzo de 1937, en la que quedaron vencedoras las fuerzas republicanas.
GUADALAJARA, c. de México, cap. del Estado de Jalisco; centro de las actividades económicas de la costa occidental. Universidad. Arzobispado. Magnífica catedral (s. XVI-XVII).
GUADALAVIAR. V. TURIA.
GUADALCANAL, v. de España (Sevilla).
GUADALCANAL, isla volcánica del archip. de Salomón. Derrota de los japoneses (1943).
GUADALETE, río de España; pasa junto a Jerez y des. en la bahía de Cádiz; 171 km.
Guadalete (*Batalla del*), entre los moros de Tarik y los godos capitaneados por el rey Don Rodrigo, no precisamente a orillas del Guadalete, sino más probablemente junto a la laguna de Janda y el río Barbate. El rey Don Rodrigo se salvó, según cuenta la leyenda, pero murió poco después en Segoyuela (713). La batalla del Guadalete (711) señala el fin de la dominación visigoda.
GUADALHORCE, río de España (Málaga), que nace en la sierra de Tolox y des. en el Mediterráneo: 120 km.
GUADALQUIVIR (pal. ár. que sign. *río grande*), río de España, que nace en la sierra de Cazorla (Jaén), pasa por Baeza, Córdoba y Sevilla y recibe el Genil, el Guadajoz, el Guadiana Menor y el Guadaira. Desemboca en Sanlúcar de Barrameda; 680 km. Es navegable hasta Sevilla.
GUADALUPE, una de las Antillas Menores francesas, formada por dos islas separadas por un brazo de mar; cap. *La Base-Terre*. C. pr. *Pointe-à-Pitre*.
GUADALUPE, isla de México (Baja California). — Laguna de la Argentina, unida al brazo principal del Paraná en cuya orilla se encuentra la c. de Santa Fe. Tb. llamada **Setúbal.** — Sierra de España, parte de la cordillera Oretana situada en Extremadura; 1 500 a 1 600 m. — C. de España (Cáceres). Monasterio de Jerónimos, con un hermoso claustro mudéjar, donde se conserva una imagen muy venerada de la Virgen. — Pobl. de México (Zacatecas); centro minero de gran importancia. — Pobl. de Costa Rica (San José). — C. y mun. de El Salvador (San Vicente).

el GUADALQUIVIR
a su paso por Córdoba

GROS
autorretrato

GUADALUPE (España)
vista de la ciudad con el monasterio

◀ GUADALAJARA (España)
palacio del Infantado

Fot. doc. A. G. P., Giraudon, Arch. Phot., Ministerio de Información y Turismo de España

basílica de GUADALUPE (México)

la Virgen de GUADALUPE

GUADALUPE (NUESTRA SEÑORA DE), imagen de la Virgen y Santuario de la Villa de Guadalupe (Cáceres). — Imagen de la Virgen y Basílica situada al pie del cerro Tepeyac (México). La Virgen se apareció al indio Juan Diego y su imagen quedó grabada en su manta. Desde 1910 es patrona de Hispanoamérica.
GUADALUPE. V. CANELONES.
GUADALUPE HIDALGO, hoy **Gustavo A. Madero,** c. de México (D. F.), al N. de la cap. Centro de peregrinación importante a la basílica. Tratado en 1848 entre México y los Estados Unidos de Norteamérica.
Guadalupe *(Orden de N. S. de)*, orden establecida en México en 1822 por Iturbide y reorganizada en 1864 por el emperador Maximiliano.
GUADALUPE VICTORIA, V. VICTORIA.
GUADALUPE (VILLA DE), pobl. de México (San Luis Potosí); centro religioso.
GUADALUPE Y CALVO, v. de México (Chihuahua). Minas de oro y plata.
GUADARRAMA (SIERRA), cadena de montañas del centro de España, entre Madrid y Segovia. Punto culminante: 2 405 m en el pico de Peñalara. Pasos de Guadarrama, Navacerrada y Somosierra. Un túnel de 2 800 m., abierto en 1963, facilita el paso del tráfico rodado a la altura del Alto de los Leones.
GUADIANA, río de la meseta central de España; 820 km. Nace en las lagunas de Ruidera (sierra de Alcaraz), desaparece bajo el suelo, y vuelve a aparecer a los 30 km en el paraje denominado *Ojos del Guadiana*. Pasa junto a Ciudad Real, por Mérida y por Badajoz, entra en Portugal y des. en el Atlántico (prov. de Huelva). Al final sirve de límite entre España y Portugal.
GUADIELA, afl. de izquierda del **Tajo** (Cuenca).
GUADIX, c. de España (Granada), a orillas del río de su n. Monumentos romanos. Obispado. Fértil vega. Cuna de Pedro de Mendoza.
GUADUAS, c. de Colombia (Cundinamarca).
GUAFO, isla de Chile, en el archip. de Chiloé.
GUAGRAUMA, nudo montañoso del Ecuador (Loja); 3 790 m.
GUAGUA PICHINCHA, cima del Ecuador, en la Cord. Occidental de los Andes; 4 784 m.
GUAICAIPURO, cacique indio de Venezuela, que luchó contra los conquistadores españoles hasta caer muerto en combate, hacia 1569.
GUAILLABAMBA, río del Ecuador (Pichincha y Esmeraldas), afl. del Esmeraldas; 270 km.
GUÁIMARO, térm. mun. de Cuba (Camagüey). En 1869, los partidarios de la Independencia celebraron una Convención que aprobó una Constitución.
GUAINÍA, río de Colombia, que sirve de frontera con Venezuela y se interna en el Brasil, donde toma el n. de río **Negro,** afl. del Amazonas; 2 200 km. — Comisaría de Colombia, cap. *San Felipe*.
GUAIRÁ, dep. del Paraguay; cap. *Villarrica*; importante prod. agrícola. (Hab. *guaireños*.)
GUAIRA (La), puerto de Venezuela, el más importante del país. Forma parte del Distrito Federal y se encuentra a 50 km. de la capital. (Hab. *guaireños*.)
GUAIRA o **SETE QUEDAS,** salto de aguas del Brasil, en la frontera con Paraguay.
GUÁITARA, río de Colombia (Nariño), afl. del Patía.
GUAITECAS, grupo de islas de Chile, entre el archipiélago de Chiloé y las islas de Chonos.
GUAJAIBÓN, pico de Cuba (Pinar del Río).
GUAJIRA, penins. de Colombia, en el litoral atlántico. Es llana con cerros de poca altura. — Departamento de Colombia al norte del país; cap. *Riohacha*; agricultura, ganadería, explotación de sal marina. (Hab. *guajiros*.)
GUAL (Manuel), patriota venezolano, m. en 1801, que organizó, con J. M. España, una sublevación contra las autoridades españolas (1797).
GUAL (Pedro), político venezolano (1784-1862), pres. provisional de la Rep. en 1859 y en 1861.
GUALACA, pobl. de Panamá (Chiriquí); arroz.
GUALACEO, pobl. del Ecuador (Azuay).
GUALAQUIZA, pobl. del Ecuador (Morona-Santiago).
GUALEGUAY, río de la Argentina (Entre Ríos). — Pobl. de la Argentina (Entre Ríos).
GUALEGUAYCHÚ, c. de la Argentina (Entre Ríos), puerto fluvial a orillas del *río Gualeguaychú*, afl. del Uruguay. Obispado. Frigoríficos.
Gualichú, genio del mal entre los gauchos.
GUAM, la más meridional de las islas Marianas (Estados Unidos). Cap. *Agaña*. Cedida por España a los Estados Unidos en 1898. Base naval norteamericana ocupada por los japoneses de 1941 a 1944.
GUAMACARO, mun. de Cuba (Matanzas).
GUAMAL, pobl. de Colombia (Magdalena).
GUAMINÍ, grupo de lagunas de la Argentina (Buenos Aires). — Pobl. de la Argentina (Buenos Aires).
GUAMO, pobl. de Colombia (Tolima); ref. de petróleo.
GUAMOTE, pobl. del Ecuador (Chimborazo).
GUANABACOA, térm. mun. de Cuba (Habana). Puerto y playa.
GUANABARA, bahía de la costa del Brasil, donde se halla Rio de Janeiro. — Estado del Brasil; cap. *Rio de Janeiro*.
GUANACASTE, cord. volcánica del NO. de Costa Rica. — Prov. de Costa Rica, en el Pacífico; cap. *Liberia*; prod. café, cacao; minas de oro, plomo y cobre. (Hab. *guanacastecos*.)
GUANAHANÍ, n. ant. de la isla de San Salvador, hoy **Watling,** donde llegó Colón en 1492.
GUANAJATABEYES, primitivos pobladores de Cuba.
GUANAJAY, térm. mun. de Cuba (Pinar del Río). (Hab. *guanajeyenses*.)
GUANAJUATO, c. de México, cap. del Estado del mismo n.; centro comercial y turístico. Universidad. El Estado es uno de los principales productores de plata, oro, plomo y cinc.
GUANARE, río de Venezuela (Portuguesa y Barinas), afl. del Apure. — C. de Venezuela, cap. del Estado de Portuguesa; aguas termales. Obispado. Célebre centro de peregrinación a la Virgen de Coromoto. (Hab. *guanarenses*.)
GUANAY, pobl. de Bolivia, sección de la prov. de Larecaja (La Paz).
GUANCHES, n. dado a los primitivos habitantes del archip. canario. Los guanches, de costumbres sencillas y pastorales, vivían en las cavernas
GUANDACOL, sierra de la Argentina, perteneciente al sistema de la precordillera de La Rioja, San Juan y Mendoza. Es llamada *La Punilla* en la prov. de San Juan.
GUANE, térm. mun. de Cuba (Pinar del Río).
GUANES (Alejandro), poeta modernista paraguayo (1872-1925).
GUANIGUANICO, cord. de Cuba, en el extremo O. de la isla. — V. SANTA INÉS.
GUANIPA, río de Venezuela (Anzoátegui y Monagas), que des. en el golfo de Paria; 282 km.
GUANO, pobl. del Ecuador (Chimborazo).
GUANTA, c. y puerto de Venezuela (Anzoátegui). Término de varios oleoductos.
GUANTÁNAMO, térm. mun. de Cuba (Oriente), puerto en la *bahía de Guantánamo*. Base naval de los Estados Unidos.
GUÁPILES, pobl. de Costa Rica (Limón).
GUAPORÉ, río de América del Sur, que forma parte de la frontera entre Bolivia y Brasil; 1 700 km. Tb. llamado **Iténez**.
GUAQUI, puerto de Bolivia, en el lago Titicaca.

Fot. Viollet, Larousse

GUARAMATO (óscar), cuentista venezolano, n. en 1916.

GUARAMBARÉ, pobl. del Paraguay (Central). Ingenios azucareros. Fundada en 1538 por D. Martínez de Irala.

GUARANDA, c. del Ecuador, cap. de la prov. de (Bolívar); centro comercial. Obispado. Varias veces destruida por los terremotos (1797, 1802, 1859 y 1868). (Hab. *guarandenos.*)

GUARANÍES, pueblo de América del Sur, de la rama más meridional de la gran familia cultural *tupí-guaraní*. Hábiles navegantes, hicieron importantes migraciones desde el Paraguay hasta el Amazonas. Su modo de vida, de tipo neolítico, estribaba esencialmente en el cultivo. Su organización social y política era rudimentaria, así como su religión, que carecía de culto. El idioma guaraní se habla todavía corrientemente en el Paraguay y en el NE. de Argentina.

GUARAPARÍ, c. del Brasil (Espíritu Santo), puerto en el Atlántico.

GUARAPICHE, río de Venezuela, que des. en el golfo de Paria; 161 km. — Pobl. de Venezuela (Sucre).

GUARAPUAVA, mun. del Brasil (Paraná).

GUARARÉ, pobl. de Panamá (Los Santos).

GUARDA, c. en el centro de Portugal. Catedral gótica (s. XV).

GUARDAFUÍ, cabo al extremo E. de África, en la entrada del golfo de Adén.

GUARDI (Francisco), pintor italiano, n. en Venecia (1712-1793), que ha representado en sus obras los aspectos pintorescos de su ciudad natal.

GUARDIA (La), c. de España (Pontevedra). Pequeño puerto pesquero.

GUARDIA (LAGO DE). V. GARDA.

GUARDIA (Ernesto de la), político panameño, n. en 1904, pres. de la Rep. de 1956 a 1960.

GUARDIA (Ricardo Adolfo de la), político panameño, n. en 1899, pres. de la Rep. de 1941 a 1945.

Guardia Civil, instituto armado de España, fundado en 1833, para la represión del bandolerismo y el mantenimiento del orden público.

GUARDIA GUTIÉRREZ (Tomás), general y político costarricense (1832-1882), pres. de la Rep. de 1870 a 1876 y de 1877 a 1882. Se le debe la construcción del ferrocarril interoceánico.

Guardia Suiza, guardia de honor en el Vaticano, encargada también del mantenimiento del orden. Fue fundada en 1506 por el papa Julio II con mercenarios suizos.

GUARDINI (Romano), filósofo católico alemán (1885-1968), autor de *El espíritu de la liturgia.*

GUARDIOLA (Santos), general y político hondureño (1816-1862), pres. de la Rep. de 1856 a 1862. M. asesinado.

GUARELLO, isla de Chile, en el archip. de Madre de Dios.

GUARESCHI (Giovanni), escritor humorista italiano (1908-1968), autor de *Don Camilo.*

GUÁRICO, río de Venezuela, que pasa por los Estados de Carabobo, Aragua y Guárico, afl. del Apure; 480 km. — Estado de Venezuela; cap. *San Juan de los Morros;* prod. café, tabaco, maíz, algodón; riqueza forestal; ganadería; yac. de petróleo. (Hab. *guariqueños.*)

GUARÍN (José David), cuentista y poeta colombiano (1830-1890), de temas costumbristas.

GUARINI (Giambattista), poeta italiano (1538-1612), autor de *Pastor Fido,* drama pastoril.

GUARINO Veronese, el más ant. helenista italiano del Renacimiento (1374-1460).

GUARNE, v. de Colombia (Antioquia).

GUARNERIUS o **GUARNERI,** familia de fabricantes de violines de Cremona (s. XVII y XVIII).

GUARNIERI (Camargo), compositor brasileño n. en 1907, cultivador de música folklórica.

GUARRAZAR, v. de España (Toledo), donde se descubrió un tesoro arqueológico visigótico en 1853, rico en coronas votivas y en orfebrería.

GUAS (Juan), arquitecto español del s. XV, m. en 1495. Reformó la iglesia de San Juan de los Reyes (Toledo) y construyó el Palacio del Infantado (Guadalajara).

GUASAPAMPA, n. dado a las mont. septentrionales argentinas del Cordón de Pocho (Córdoba).

GUASAVE, pobl. de México (Sinaloa).

GUASCA, pobl. de Colombia (Cundinamarca).

GUASDUALITO, pobl. de Venezuela (Apure); puerto en el río Apure.

GUASIPATI, pobl. de Venezuela (Bolívar).

GUASTALLA, c. de Italia (Emilia). En 1621 se creó el *ducado de Guastalla.*

GUASTAVINO (Carlos), compositor argentino n. en 1914; ha cultivado la música folklórica.

GUATAJIAGUA, pobl. de El Salvador (Morazán).

GUATAVITA, pobl. de Colombia (Cundinamarca).

GUATEMALA, Estado de América Central, que limita al N. con el mar de las Antillas y Belice, al O. con México, al S. con el océano Pacífico, y al E. con El Salvador y Honduras. 108 889 km²; 4 717 000 h., aproximadamente (*guatemaltecos*). Cap. *Ciudad de Guatemala.*

— GEOGRAFÍA. — *Relieve.* Guatemala es un país de montañas y de lagos. La Sierra Madre de Chiapas penetra en el territorio guatemalteco dividida en dos ramas: Sierra Madre y Cuchumatanes. La Sierra Madre, del lado del Pacífico, origina la meseta central, donde se encuentran las principales ciudades; un ramal de dicha sierra forma la Sierra de Chuacús y otro la del Merendón. La Sierra de Cuchumatanes, continuada por la de Chamá, recorre el país en dirección Oriente. El volcán del Tacaná (4 160 m), en el límite con México, da principio al eje volcánico que se dirige al golfo de Fonseca y forma los volcanes más importantes: Santa María (3 768 m), Acatenango (3 960) y del Fuego (3 835). Los efectos de las erupciones volcánicas y los terremotos han provocado grandes desastres.

— *Clima.* Aunque situada en zona tropical, Guatemala goza, gracias a sus diferentes niveles, de un clima variado, que va del cálido al frío. La época de lluvias se extiende de mayo a octubre; la precipitación es mayor en el Norte.

— *Hidrografía.* El sistema hidrográfico se divide en dos vertientes: la del Pacífico, menos importante, comprende los ríos Suchiate y de la Paz, que forman parte de la frontera con México y El Salvador, respectivamente; la del Atlántico comprende, entre otros, el Mezcalapa y el Usumacinta, que corren hacia el golfo de México, y el Motagua, que desemboca en el golfo de Honduras. Entre los numerosos lagos se destacan el del Petén, el de Atitlán y el de Izabal, que es el más extenso.

— *Costas.* En la costa del Pacífico (322 km) se hallan situados los puertos de San José y Champerico; en la del Atlántico, mucho más reducida, el principal es Puerto Barrios, en la bien protegida bahía de Santo Tomás.

— *Población.* Guatemala es el país de mayor población de Centroamérica y en el que el elemento indígena puro se conserva en más alta propor-

GUARDI
LA PROCESIÓN DE LOS DUX
fragmento

Tesoro de GUARRAZAR
Corona de oro del rey Recesvinto
Museo Arqueológico
Madrid

GUATEMALA. — Estadísticas (cifras en millares)

DEPARTAMENTO	km²	Hab.	CAPITAL	Hab.
Guatemala	2,1	810	**Ciudad de Guatemala**	700
Chimaltenango	1,9	163	Chimaltenango	13
Chiquimula	2,3	150	Chiquimula	27
Escuintla	4,3	269	Escuintla	40
Huehuetenango	7,4	280	Huehuetenango	17
Izabal	9,0	117	Puerto Barrios	23
Jalapa	2,0	100	Jalapa	31
Jutiapa	3,2	190	Jutiapa	10
Petén (El)	35,8	27	Flores	4
Progreso (El)	1,9	72	El Progresso	7
Quezaltenango	1,9	232	Quezaltenango	48
Quiché (El)	8,3	635	Sta. Cruz del Quiché	20
Retalhuleu	1,8	118	Retalhuleu	20
Sacatepéquez	0,4	84	Antigua Guatemala	16
San Marcos	3,7	337	San Marcos	13
Santa Rosa	2,9	150	Cuilapa	14
Sololá	1,0	116	Sololá	18
Suchitepéquez	2,5	174	Mazatenango	24
Totonicapán	1,0	143	Totonicapán	33
Verapaz (Alta)	8,6	261	Cobán	32
Verapaz (Baja)	3,1	97	Salamá	9
Zacapa	2,6	93	Zacapa	25
Belice	22,9	88	Belice	35

Fot. Braun, Giraudon

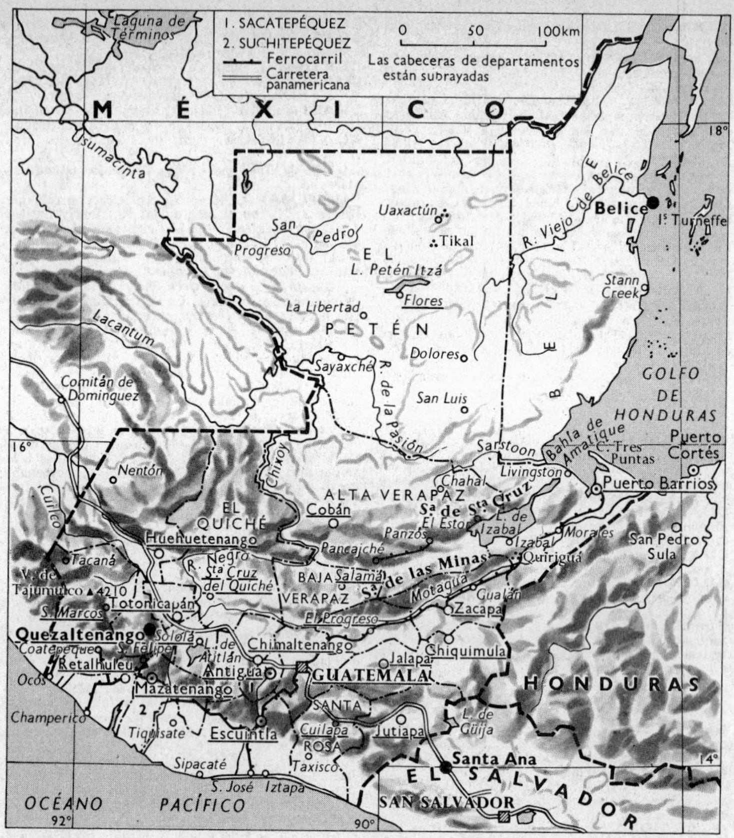

escudo y mapa de GUATEMALA

ción: 54 % de indios maya-quichés; el resto de la población está formado por mestizos, 43 %, y blancos, 3 %. La densidad de población se calcula actualmente en 35 habitantes por km². — *Economía*. La agricultura, principal fuente de riqueza de Guatemala, corresponde a las múltiples diferencias de clima del país y es, por consiguiente, variada. Los principales productos de exportación son el café y el plátano, pero se cultivan también el tabaco, el algodón, el frijol, la caña de azúcar y, en las regiones más elevadas, el trigo, la cebada y la patata. Guatemala es el primer productor de chicle del continente y se explotan las maderas finas en los bosques del Petén. La superficie en explotación agrícola equivale al 19 % de la del país. La ganadería consta de 1 200 000 cabezas de ganado vacuno y poco más de 800 000 de ganado lanar. La industria está todavía lejos de alcanzar el nivel que la riqueza del país, con sus recursos hidroeléctricos, deja prever; actualmente se concentra en los productos alimenticios, las bebidas, el tabaco y las prendas de vestir. La red de vías férreas tiene 1 430 km y comprende una línea interoceánica; las carreteras se acercan a los 2 000 km y las líneas aéreas se desarrollan rápidamente. El *quetzal* es la unidad monetaria y el Banco de Guatemala es el organismo emisor. Los Estados Unidos son el principal cliente de Guatemala, especialmente en lo que concierne al café.

— Constitución y Administración. Guatemala es una República unitaria, dividida en 23 departamentos. Según la Constitución del Estado de 1966, el poder ejecutivo lo ejerce el presidente de la República, elegido cada seis años. Su Gabinete está formado por diez ministros, además del Consejo de Estado. El poder legislativo corresponde al Congreso de la República, cuyos miembros son elegidos cada cuatro años. El poder judicial incumbe a la Corte Suprema de Justicia y a la Corte de Apelaciones, que consta de cinco Salas; en cada departamento hay tribunales de menor importancia.

El idioma oficial es el español, pero existe una veintena de lenguas indígenas pertenecientes a la familia maya-quiché.

La escuela primaria es obligatoria y laica, y la superior cuenta con la Universidad de San Carlos Borromeo, fundada en 1676, y la de Rafael Landívar, creada en 1962. La religión más profesada es la católica, pero la Constitución protege la libertad de cultos. La administración religiosa está constituida por una arquidiócesis (Guatemala), siete diócesis, dos *prelaturas nullius* y una administración apostólica (El Petén).

— Historia. Guatemala fue, muchos siglos antes de la llegada de los españoles, la sede de una de las civilizaciones indígenas más brillantes de América: la de los mayas. Puede decirse, con mayor precisión, que en la región del Petén fue donde surgieron las primeras manifestaciones arquitectónicas propiamente mayas, con las ciudades de Uaxactún y Tikal. Así, la primera, donde se encontró una estela que data del año 327 a. de J. C., fue la ciudad maya de mayor antigüedad entre las conocidas. En Quiriguá, fundada

GOBERNANTES DE LA FEDERACIÓN CENTROAMERICANA

Junta provisional	1823	Mariano Beltranena	1828	Francisco Morazán	1830
Manuel José Arce	1825	José Francisco Barrundia	1830		

GOBERNANTES DE GUATEMALA

Juan Barrundia	1824	Rafael Carrera	1851	Jorge Ubico	1931
Cirilo Flores	1826	Pedro Aycena	1865	Federico Ponce	1944
Mariano Aycena	1827	Vicente Cerna	1865	*Junta Gubernativa*	1944
Juan Barrundia	1829	Miguel García Granados	1871	Juan José Arévalo	1945
Pedro Molina	1829	Justo Rufino Barrios	1873	Jacobo Arbenz	1951
Mariano Gálvez	1831	Alejandro M. Sinibaldi	1885	Carlos Castillo Armas	1954
Pedro Valenzuela	1838	Manuel Lisandro Barillas	1886	Luis Arturo González López	1957
Mariano Rivera Paz	1839	José María Reina Barrios	1892	*Junta Militar*	1957
Rafael Carrera	1844	Manuel Estrada Cabrera	1898	Guillermo Flores Avendaño	1957
Juan Antonio Martínez	1848	Carlos Herrera	1920	Miguel Ydígoras Fuentes	1958
Bernardo Escobar	1848	José María Orellana	1921	*Junta Militar*	1963
Mariano Paredes	1849	Lázaro Chacón	1926	Julio C. Méndez Montenegro	1966
		Manuel Orellana	1930	Carlos Arana Osorio	1970

hacia 650, monumentales estelas permiten darse cuenta del alto grado de desarrollo alcanzado. Los mayas emigraron de Guatemala hacia Yucatán ("Nuevo Imperio"), a mediados del siglo IX. (V. MAYAS.) Otras razas emparentadas con los mayas, como los *quichés* (Santa Cruz del Quiché), los *cakchiqueles* (Iximché) y los *tzutuhiles* (Atitlán), no alcanzaron el mismo grado de civilización.

La conquista de Guatemala fue llevada a cabo por Pedro de Alvarado, enviado de México por Cortés a fines de 1523. En esta expedición, que duró hasta 1526, Alvarado se mostró especialmente cruel. El 25 de julio de 1524 fundó la ciudad de Santiago de los Caballeros de Guatemala, que fue trasladada a su ubicación actual en 1527. En diciembre del mismo año, Alvarado fue nombrado en España gobernador y capitán general de Guatemala, a donde regresó en 1530.

Guatemala, que inicialmente dependió, como el resto de América Central, de la Audiencia de Nueva España, pasó, en 1543, a la jurisdicción de la Audiencia de los Confines, que comprendía además Yucatán, Cozumel, Chiapas, Soconusco, Nicaragua, Veragua y el Darién. Para castigar las faltas de los oidores, la Audiencia fue trasladada por el rey a Panamá (1565), y Guatemala quedó incorporada nuevamente a la Audiencia de Nueva España hasta 1570, año en que se estableció la Audiencia de Guatemala. La Capitanía General de Guatemala estaba formada por las alcaldías de Chiapas y San Salvador, las provincias de Guatemala, Honduras y Nicaragua y la gobernación de Costa Rica. Esta organización administrativa conservó aproximadamente la misma forma hasta la creación de las intendencias (1787). La imprenta entró en Guatemala en 1660 y la Universidad de San Carlos Borromeo fue fundada en 1676. Durante el siglo XVIII los corsarios ingleses realizaron incursiones frecuentes en El Petén. Por el Tratado de Versalles (1783), España concedió a Inglaterra la licencia de cortar madera en la región de Valis, y ese fue el origen del establecimiento de Inglaterra en Belice.

La independencia de Guatemala se realizó pacíficamente. Cuando se supo que la intendencia de Chiapas se había unido a México, se declaró la independencia del país (15 de septiembre de 1821) y se redactó el Acta de Emancipación política de Centroamérica. El 5 de enero de 1822, Guatemala, con el resto de las provincias centroamericanas, se unió a México. En 1823, a la abdicación de Iturbide, se instaló en Guatemala una Asamblea Nacional Constituyente, que decretó la independencia de las Provincias Unidas de Centroamérica, excepto Chiapas, que optó por no separarse de México. El 22 de noviembre de 1824, Guatemala, El Salvador, Honduras, Costa Rica y Nicaragua sancionaron una Constitución que los unía en una federación gobernada por un presidente, pero que dejaba amplia libertad al jefe de cada Estado particular. Manuel José Arce fue el primer presidente de la Federación, y Juan Barrundia el primer jefe de Estado de Guatemala. La ciudad de Guatemala era a la vez la capital de la Federación y la del Estado. A pesar de los esfuerzos unionistas de Francisco Morazán, Guatemala se separó en 1839 de la Federación. El general Rafael Carrera, que se había levantado contra Morazán en 1839, fue presidente de Guatemala de 1844 a 1848 y de 1851 a 1865. Durante su presidencia, Guatemala se unió con El Salvador, Honduras y Costa Rica para luchar contra el filibustero Walker, que se había apoderado de Nicaragua (1856). En 1863, Guatemala y El Salvador entraron en guerra, y Cabrera derrotó al salvadoreño Gerardo Barrios. En 1885, Justo Rufino Barrios, presidente de Guatemala, proclamó la Unión de Centroamérica, pero ese mismo año murió en la guerra que emprendió para llevar a cabo su plan; Barrios había realizado durante su presidencia (1873-1885) un gran esfuerzo de liberalización de su país. De 1898 a 1920 gobernó Manuel Estrada Cabrera, derribado finalmente por una revolución. En 1921 abortó un nuevo intento de federación de Centroamérica: la República Tripartita de Guatemala, El Salvador y Honduras. De 1931 a 1944 ocupó la presidencia el general Jorge Ubico, que hizo importantes concesiones a la United Fruit Co. (1936). El general Federico Ponce, que le sucedió en julio de 1944, fue derribado por una revolución, y en diciembre del mismo año fue elegido Juan José Arévalo. El coronel Jacobo Arbenz, que ocupó el Poder en 1951, fue substituido por el coronel Carlos Castillo Armas en 1954, a raíz de un levantamiento. Castillo Armas fue asesinado el 26 de julio de 1957. Después del interinato de Luis Arturo González López y de Guillermo Flores Avendaño, el 2 de marzo de 1958 tomó finalmente posesión de la presidencia el general Miguel Ydígoras Fuentes, que, poco tiempo antes de finalizar su mandato (1963), vio su Gobierno derribado por las fuerzas armadas, las cuales instalaron una Junta Militar presidida por Enrique Peralta. En las elecciones de 1966 ningún candidato obtuvo la mayoría absoluta, y el Congreso eligió finalmente a Méndez Montenegro, lo mismo que sucedió en 1970 con Carlos Arana Osorio.

GUATEMALA (Ciudad de), cap. del dep. y de la República del mismo n.; 700 000 hab. (*guatemaltecos*); centro comercial y cultural. Arzobispado. Universidad. Ciudad colonial, ofrece hoy los rasgos de urbe moderna con amplias avenidas, paseos, jardines y suntuosos edificios. Entre sus hermosos monumentos de la época hispana merecen citarse la Catedral, San Francisco y Santo Domingo. La c. fue fundada en 1776 en substitución de otra, conocida hoy día como *Antigua Guatemala,* destruida por los terremotos en 1773.

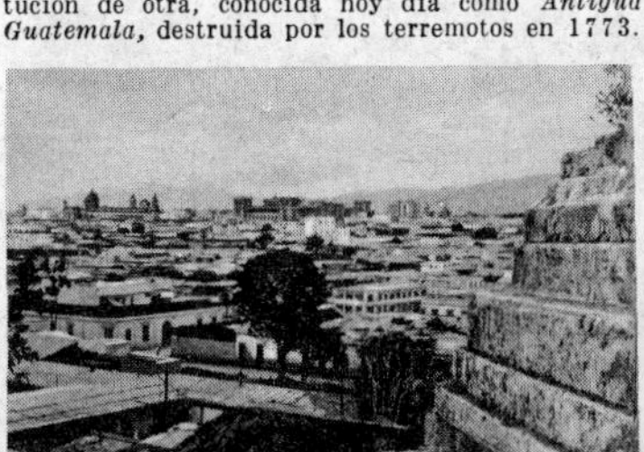

ciudad de GUATEMALA vista general

Fot. Gabrielle Martin

el golfo y la ciudad de GUAYAQUIL

GUATEQUE, c. y mun. de Colombia (Bocayá).
GUATIMOZÍN. V CUAUHTÉMOC.
GUATIRE, pobl. de Venezuela (Miranda).
GUAVATÁ, mun. de Colombia (Santander).
GUAVIARE, río de Colombia (Meta y Vichada), afl. del Orinoco; 1 350 km.
GUAYABAL, isla de Cuba, en el archip. de Sabana-Camagüey.
GUAYAGUAS, n. de una parte de la sierra argentina de la Huerta (San Juan y San Luis).
GUAYAJAYUCO, n. dado al río Artibonite en la Rep. Dominicana.
GUAYAMA, pobl. del S. de Puerto Rico, cerca de la costa, cap. del distrito de su n.
GUAYANA, región de América del Sur, a orillas del Atlántico, dividida en GUAYANA BRASILEÑA, 500 000 km² en la cuenca superior del Oyapok; GUAYANA FRANCESA, 91 000 km², cap. *Cayena;* GUAYANA HOLANDESA o SURINAM, 143 000 km², cap. *Paramaribo;* GUAYANA BRITÁNICA, independiente desde 1966, que ha tomado el n. de *Guyana* (v. este art.); GUAYANA VENEZOLANA, en los confines de Venezuela y la Guayana holandesa.
GUAYANAS, altiplanicie del Brasil, al N. del Amazonas.
GUAYANECO, archip. de Chile, al sur del golfo de Penas, en la provincia de Aisén.
GUAYANILLA, c. y puerto de Puerto Rico.
GUAYAQUIL, golfo del Ecuador, en el océano Pacífico, donde se encuentra la isla de Puná. — C. del Ecuador, cap. de la prov. de Guayas; principal puerto del país; activo centro comercial. Universidad. Arzobispado. (Hab. *guayaquileños.*) En esta ciudad se celebró en 1822 la famosa entrevista entre Bolívar y San Martín.
Guayaquil *(Paz de)*, tratado de paz firmado en Guayaquil que puso término a la guerra entre Colombia y Perú (22 de septiembre de 1829).
GUAYAS, cerro de Colombia, en la Cord. Occidental; 2 950 m. — Río del Ecuador (Guayas), cuya cuenca abarca 30 000 km²; 160 km. — Prov. del Ecuador; cap. *Guayaquil;* prod. bananas, cacao, arroz; ganado mayor. Es la prov. más poblada del país. (Hab. *guayasenses.*)
GUAYASAMÍN (Oswaldo), pintor ecuatoriano, n. en 1918.
GUAYATÁ, v. de Colombia (Boyacá).
GUAYAVERO, río de Colombia, que, al unirse con el río Ariari, toma el nombre de *Guaviare.*

GUERNICA por PICASSO *fragmento*

GUAYCURÚES, n. colectivo dado a un gran número de tribus indígenas sudamericanas que vivían en el Chaco y a orillas del río Paraguay, emparentadas por una cultura de rasgos comunes.
GUAYMALLÉN, dep. de la prov. argentina de Mendoza; cap. *Villa Nueva.*
GUAYMAS, c. de México (Sonora), a orillas del golfo de California; puerto en la *bahía de Guaymas;* pesca; ind. conservera; grafito.
GUAYQUIRARÓ, río de la Argentina (Corrientes), afl. del Paraná.
GUAYUBÍN, com. de la Rep. Dominicana (Monte Cristi), en la confluencia del *río Guayubín* y del Yaque del Norte.
GUAZAPA, volcán de El Salvador (Cuscatlán); 1 410 m. — C. de El Salvador (San Salvador).
GUAZÚ-CUÁ, pobl. del Paraguay (Ñeembucú).
GUBBIO, c. de Italia (Umbría), al pie de los Apeninos. Catedral del s. XIII. Mayólicas.
Guebros y no **Güebros,** llamados *parsis* en la India, sectarios de Zoroastro en Persia.
GUEBWILLER, c. de Francia (Alto Rin); hilados; construcción mecánica.
GÜELDRES, prov. de Holanda; cap. *Arnheim.*
Güelfos y gibelinos, n. de dos partidos poderosos que dividieron Italia del s. XII al XV. Los primeros eran partidarios de los papas, y los segundos de los emperadores germánicos. Sus disputas, que ensangretaron Italia, se prolongaron hasta 1494.
GUELMA, c. de Argelia (Bona).
GÜELL Y BACIGALUPI (Eusebio, *conde de*), industrial español, n. en Barcelona (1845-1918), protector de las letras y las artes. Un parque y un palacio en su ciudad natal, obras de Gaudí, llevan su nombre.
GÜELL Y RENTÉ (José), literato y político cubano (1818-1884), de tendencias liberales.
GÜEMES (Martín Miguel de), general argentino (1785-1821), que al frente de un ejército de gauchos, defendió las provincias del N. contra los realistas. M. en un combate en Salta.
GÜEMES Y HORCASITAS (Juan Francisco de), militar español (1682-1768), capitán general de Cuba de 1734 a 1745 y virrey de la Nueva España de 1746 a 1755. Primer conde de Revillagigedo.
GÜEMES PACHECO DE PADILLA (Juan Vicente de), segundo conde de Revillagigedo, político y militar español, n. en La Habana (1740-1799), virrey de México de 1789 a 1794. Fue uno de los más esclarecidos gobernantes coloniales. Protegió la instrucción pública y construyó nuevos caminos.
GUERASIMOV (Alejandro), pintor ruso (1881-1963), principal representante del realismo socialista.
GUERCINO (Juan Francisco BARBIERI, llamado **el**), pintor italiano de la escuela boloñesa (1591-1666), autor de composiciones de un fogoso realismo y de estilo barroco.
GUERICKE (Otto de), físico alemán, n. en Magdeburgo (1602-1686), inventor de la máquina neumática y de la primera máquina electrostática. Realizó la experiencia de los *hemisferios de Magdeburgo.*
GUERNESEY, una de las islas anglonormandas. Cap. *Saint-Pierre.* Hortalizas; turismo.
GUERNICA, v. de España (Vizcaya); cap. política de Vizcaya; a la sombra de su famoso roble juraban los reyes respetar sus fueros. Destruida en 1937 por un bombardeo aéreo, inspiró a Pablo Picasso un cuadro célebre.

Fot. La Orden, Giraudon

GUERRA (José Eduardo), poeta y crítico boliviano (1893-1943).
GUERRA (Rafael), llamado **Guerrita,** matador de toros español (1862-1941), uno de los más completos de su época.
GUERRA CHIQUITA. V. CHIQUITA (*Guerra*).
GUERRA DE LA REFORMA. V. REFORMA (*Guerra de la*).
GUERRA DE LA TRIPLE ALIANZA. V. TRIPLE ALIANZA (*Guerra de la*).
GUERRA DEL CHACO. V. CHACO.
GUERRA DE LOS DIEZ AÑOS. V. DIEZ AÑOS (*Guerra de los*).
GUERRA DE LOS PASTELES. V. PASTELES (*Guerra de los*).
GUERRA DEL PACÍFICO. V. PACÍFICO (*Guerra del*).
GUERRA DE TRES AÑOS. V. REFORMA (*Guerra de la*).
Guerra Grande, n. dado a la guerra que declaró el pres. uruguayo Rivera al tirano argentino Rosas (1839-1852). Terminó con la batalla de Caseros.
GUERRA JUNQUEIRO (Abilio), político y poeta portugués (1850-1923), autor de poemas revolucionarios de inspiración anticlerical (*La vejez del Padre Eterno*), y de versos en homenaje al campo portugués (*Los simples*).
Guerra mundial (PRIMERA), o **Gran Guerra,** guerra que de 1914 a 1918 enfrentó las potencias de la Europa central (Alemania, Austria-Hungría) y Turquía y Bulgaria a los Aliados (Francia, Imperio Británico, Rusia, Bélgica, Servia, Japón, Italia, Rumania, Estados Unidos, Grecia, Portugal y otros países).
Las causas profundas de este conflicto fueron el antagonismo germano-eslavo en los Balcanes, las ambiciones coloniales de Alemania, y sus deseos de extender su influencia en el Cercano Oriente. El asesinato en Sarajevo del archiduque Francisco Fernando de Austria (28 junio de 1914) fue la causa inmediata de la ruptura de las hostilidades. Los alemanes invadieron Bélgica y el norte de Francia, pero fueron detenidos en el Marne, donde se estabilizó el frente y tuvo lugar la guerra de trincheras. En 1915 fracasaron los intentos aliados de romper este frente, mientras que los alemanes atacaron en Prusia oriental y Polonia, y los búlgaros ocuparon Servia. En 1916, los Aliados vencieron en Verdún, y las escuadras inglesa y alemana se enfrentaron en Jutlandia. En 1917, los Estados Unidos entraron en la guerra, y la Revolución Rusa motivó la abdicación del zar y el armisticio ruso-alemán de Brest Litowsk. En 1918, tras una ofensiva alemana, los Aliados, bajo el mando supremo de Foch, llevaron a cabo la contraofensiva victoriosa que obligó a los alemanes a retirarse hacia Gante, Mons y Sedán, y firmar el armisticio el 11 de noviembre de 1918, en Rethondes (Compiègne). El Tratado de Versalles (1919) estableció las sanciones que se habían de imponer a Alemania, y otros tratados similares regularizaron la situación de los demás países vencidos. El número total de pérdidas humanas se aproximó a los nueve millones.
Guerra mundial (SEGUNDA), conflicto armado que de 1939 a 1945 opuso las potencias democráticas aliadas: Polonia, Gran Bretaña, Francia, U. R. S. S., Estados Unidos y China, a las potencias totalitarias del Eje: Alemania, Italia, Japón y sus satélites.
Esta guerra puede dividirse en dos partes: del 1 de septiembre de 1939 al final del año 1942, marcada por las victorias del Eje; de 1943 a 1945, en la cual los Aliados reconquistaron los territorios perdidos, atacaron al adversario en su propio terreno y le obligaron a capitular sin condiciones.
Los hechos más salientes de la guerra fueron, en 1939: campaña alemana en Polonia y reparto de este país con la U. R. S. S.; ataque soviético a Finlandia; desembarco japonés en China. En 1940: invasión alemana de Noruega, Holanda, Bélgica y Francia; armisticio franco-alemán y llamamiento de De Gaulle a la Francia libre; batalla aérea de Inglaterra; entrada de los alemanes en Rumania; ofensiva italiana en Grecia; ataque italiano contra Somalia y Libia. En 1941: intervención alemana en Grecia, Yugoslavia y Creta; ofensiva germana contra la U. R. S. S. y batalla de Moscú; ataque japonés a Pearl Harbor y entrada de los Estados Unidos en la guerra. En 1942: campaña de Rommel en Libia y réplica de Montgomery en El Alamein; desembarco aliado en África del Norte; ocupación japonesa de las Filipinas, Singapur, Birmania, Indonesia. En 1943: toma por los aliados de Trípoli y Túnez; desembarco aliado en Sicilia y capitulación de Italia; victoria soviética en Stalingrado y contraataque; contraofensiva aliada en Extremo Oriente. En 1944: desembarcos aliados en Normandía y Provenza, liberación de París; llegada a la frontera alemana; contraofensiva germana en las Ardenas y Alsacia; ofensiva soviética y ocupación de los países bálticos, operaciones en Polonia y los Balcanes; batallas en el Pacífico y ofensiva británica en Birmania. En 1945: ruptura del frente del Rin; entrada de los soviéticos en Varsovia, Budapest, Viena y Berlín, y enlace con los otros aliados; capitulación alemana (8 de mayo); victoria aliada en Rangún; batalla de Okinawa; bombardeos atómicos de Hiroshima y Nagasaki; capitulación japonesa (15 de agosto). El número total de pérdidas humanas ocasionadas por esta guerra ascendió a 36 millones.
Guerra y paz, novela de Tolstoi (1864-1869), cuadro de la sociedad rusa en la época de la invasión napoleónica.
GUERRERO, páramo de Colombia (Cundinamarca), en la Cord. Oriental; 3 100 m. — N. dado al río mexicano Yaqui en el comienzo de su curso. — Estado del S. de México; cap. *Chilpancingo de los Bravos;* prod. maíz, caña de azúcar; importante riqueza minera: plata, oro, mercurio, cinc, antimonio, hierro; aguas minerales.
GUERRERO (Francisco), compositor español (1528-1599), que fue maestro de capilla en las catedrales de Málaga y Sevilla. Autor de canciones, motetes, salmos y misas. — Su hermano PEDRO, también compositor.
GUERRERO (Jacinto), compositor español (1895-1951), autor de zarzuelas: *El huésped del sevillano, Los gavilanes, La rosa del azafrán, Don Quintín el Amargao, La montería,* etc.
GUERRERO (Manuel AMADOR). V. AMADOR GUERRERO.
GUERRERO (María), actriz española (1868-1928), célebre en España y América.
GUERRERO (Vicente), general y político mexicano (1783-1831), uno de los caudillos de la Independencia. Pres. de la Rep. en 1829, fue derribado por una revolución a últimos de 1830 y fusilado en Oaxaca en febrero del año siguiente.
GUERRERO GALVÁN (Jesús), pintor mexicano, n. en 1910.
Guerreros (*Templo de los*), n. dado a uno de los edificios de la ant. c. maya de Chichén Itzá (Yucatán, México). (V. ilustr. p. 1233).
GUESCLIN (Beltrán, *caballero* **du**). V. DUGUESCLIN.
Gueux. V. MENDIGOS.
GUEVARA (Ernesto, llamado **Che**), político y médico argentino (1928-1967), colaborador de Fidel Castro en la revolución cubana. M. en Bolivia en la lucha de guerrillas.
GUEVARA (*Fray* Antonio de), franciscano e historiador español, n. en Treceño (Santander) [1480-1545]. Acompañó al emperador Carlos V a Italia, como confesor e historiógrafo, fue predicador de la Corte y obispo de Guadix y Mondoñedo. Como escritor dejó una serie de *Epístolas familiares, Menosprecio de corte y alabanza de aldea,* elogio de la vida del campo, y sobre todo *Relox de príncipes o Libro áureo del Emperador Marco Aurelio* (1529), obra de carácter pedagógico que alcanzó fama universal.
GUEVARA (José), religioso e historiador español (1719-1806), que vivió en la Argentina.
GUEVARA (Luis VÉLEZ DE). V. VÉLEZ.
GUGGIARI (José P.), político paraguayo, pres de la Rep. de 1928 a 1931 y en 1932.
GÜICÁN. V. SIERRA NEVADA DE CHITA.
GUICCIARDINI (Francisco), historiador italiano (1483-1540), que fue embajador de Florencia cerca de la corte de Fernando de Aragón. Es autor de una *Relación de su legación en España* y de una *Historia de Italia desde 1494 a 1532.*
GUICHÓN, pobl. del Uruguay (Paysandú); ganados.

F. GUERRERO

V. GUERRERO

Fray Antonio DE GUEVARA

Fot. doc. A. G. P.

GUIDO Y SPANO

N. GUILLÉN

GUILLERMO I
EL CONQUISTADOR
tapicería de Bayeux

GUIMERÁ

GUIDO (Beatriz), novelista argentina, n. en 1924, autora de *La casa del ángel.*

GUIDO (Guido RENI, llamado **el**), pintor italiano (1575-1642). Célebre por la gracia, expresión, colorido, elegancia y corrección de su dibujo. Autor de composiciones mitológicas y de temas religiosos *(La Aurora, Ecce Homo).*

GUIDO (José María), político argentino, n. en 1910, pres. provisional de la Rep. de 1962 a 1963.

GUIDO (José Tomás), diplomático y militar argentino (1788-1866), que intervino en la guerra de la Independencia.

GUIDO DE AREZZO, benedictino y musicógrafo italiano (¿990-1050?), autor del actual sistema de notación musical.

GUIDO Y SPANO (Carlos), poeta y periodista argentino (1827-1918), autor de composiciones de carácter íntimo y patriótico: *Hojas al viento* y *Ecos lejanos.* Recogió sus artículos periodísticos en dos volúmenes (*Ráfagas*).

GÜIJA, lago de América Central, entre Guatemala (Jutiapa) y El Salvador (Santa Ana); 300 km^2. Tiene dos islas con interesantes ruinas precolombinas.

GUILARTE (Eusebio), general y político boliviano (1799-1849), pres. de la Rep. en 1847.

GUILDFORD, c. de Inglaterra (Surrey). Iglesia del s. XIII. Construcciones mecánicas.

Guildhall [*guildjol*], edificio del Ayuntamiento de Londres, construido de 1411 a 1431, varias veces restaurado.

GUILLAUME [*-óm*] (Carlos Eduardo), físico suizo (1861-1938), descubridor del invar y del elinvar. (Pr. Nóbel, 1920.)

GUILLÉN (Alberto), poeta peruano (1897-1935), que defendió la raza indígena.

GUILLÉN (Jorge), poeta español, n. en Valladolid en 1893, autor de versos de inspiración exquisita, y forma sobria y perfecta, reunidos en varias colecciones tituladas *Cántico* (1928), la más aplaudida, *Clamor, Huerto de Melibea,* etc.

GUILLÉN (Nicolás), poeta cubano, n. en Camagüey en 1904, cantor, en versos musicales y de amplio sentido humano, de temas negros. Obras: *Sóngoro-Cosongo, Motivos de son, El son entero,* etc.

GUILLÉN DE CASTRO. V. CASTRO.

GUILLÉN DE SEGOVIA (Pedro), poeta español (1413-1474), autor de un *Decir sobre el amor* y *Del día del Juicio.*

GUILLÉN ZELAYA (Alfonso), poeta hondureño (1888-1947), autor de *El almendro en el patio.*

GUILLERMINA, reina de Holanda de 1890 a 1948 (1880-1962). Abdicó en favor de su hija Juliana.

GUILLERMO (*San*), abad de San Benigno de Dijon (962-1031). Fiesta el 1 de enero.

GUILLERMO I el Conquistador, duque de Normandía (1027-1087). Conquistó en 1066 Inglaterra después de haber vencido al rey Haroldo en la batalla de Hastings. — GUILLERMO II, hijo del anterior, rey de Inglaterra de 1087 a 1100. — GUILLERMO III de Nassau (1650-1702), príncipe de Orange, rey de Inglaterra y Escocia (1689-1702) y estatúder de Holanda. — GUILLERMO IV (1765-1837), rey de Gran Bretaña (1830-1837).

GUILLERMO I DE NASSAU o **GUILLERMO el Taciturno** y **GUILLERMO II,** estatúders de Holanda. V. NASSAU.

GUILLERMO I DE NASSAU, n. en La Haya en 1772, rey de los Países Bajos en 1815. Perdió Bélgica en 1830 y reinó después en Holanda; abdicó en 1840 y murió en 1843. — GUILLERMO II, hijo del anterior, rey de Holanda de 1840 a 1849. — GUILLERMO III, hijo del anterior, nacido en 1817, rey de Holanda en 1849; murió en 1890, dejando la corona a su hija Guillermina.

GUILLERMO I DE HOHENZOLLERN (1797-1888), rey de Prusia en 1861, emperador de Alemania de 1871 a 1888. Segundo hijo de Federico Guillermo III, sucedió a su hermano Federico Guillermo IV. Gobernó enérgicamente, tomando como ministro principal al conde de Bismarck; reconstituyó el ejército prusiano, se unió con Austria para aplastar a Dinamarca (1864), luego se volvió contra su aliada, venciéndola en

GUILLERMO I
DE HOHENZOLLERN

GUILLERMO II
emperador de Alemania

Sadowa (1866) y derrotó a Francia, a la que arrebató, por el Tratado de Francfort, Alsacia y parte de Lorena, logrando establecer la unidad alemana.

GUILLERMO II (1859-1941), rey de Prusia y emperador de Alemania (1888-1918), hijo de Federico III y de la emperatriz Victoria, hermana de Eduardo VII; abdicó en 1918.

GUILLERMO (Cesáreo), general y político dominicano, pres. de la Rep. de 1878 a 1879.

GUILLERMO de Lorris, poeta francés (¿1205-1240?), autor de la primera parte del poema *Roman de la rose,* continuado por Juan de Meung.

GUILLERMO de Machault [*-cho*], poeta y músico francés (¿1300?-1377), uno de los creadores de la escuela polifónica en Francia.

GUILLERMO de Tiro, historiador de las Cruzadas, arzobispo de Tiro (¿1130-1186?). Predicó la 3.ª Cruzada, después de la toma de Jerusalén por Saladino.

GUILLERMO TELL. V. TELL.

Guillermo Tell, tragedia de Schiller, su obra maestra dramática (1804). — Ópera de Rossini.

GUILLOT (Víctor Juan), escritor argentino (1886-1940), autor de *Historias sin importancia.*

GUILLOTIN (José Ignacio), médico francés (1738-1814), que hizo adoptar la *guillotina.*

GÜÍMAR, c. del part. jud. de Santa Cruz de Tenerife (Canarias); naranjos.

GUIMARÃES, c. de Portugal (Braga); castillo. Textiles; cuchillería.

GUIMARÃES (Alfonso DA COSTA), poeta brasileño (1870-1921), autor de composiciones de tema religioso *(Santa Rosa de Lima).*

GUIMARÃES (Bernardo SILVA), novelista brasileño (1827-1884), que cultivó la narración de carácter regional: *Historia y tradiciones, Mauricio,* etc.

GUIMERÁ (Ángel), poeta y dramaturgo catalán (1849-1924). Su producción lírica está impregnada de un acento hondo, delicado y de gran poder descriptivo. Su obra maestra como autor de teatro es *Tierra Baja.*

GUINEA, n. dado ant. a la parte de África comprendida entre el Senegal y el Congo, y bañada por el *golfo de Guinea* (Atlántico).

GUINEA, república de África occidental, ant. territorio francés, independiente desde 1958; 250 000 km^2, 3 702 000 h. Cap. *Conakry,* 172 000 h. Ganadería en el interior montañoso. Arroz, algodón, plátanos. Bauxita, hierro.

GUINEA ECUATORIAL, nombre dado al conjunto de los territorios de *Fernando Poo* y *Río Muni* cuando accedieron a la autonomía, en 1964, a raíz de un plebiscito. 28 000 km^2, 285 000 h. La capital de Fernando Poo es *Santa Isabel,* y comprende la isla del mismo nombre, islotes adyacentes y la isla de Annobón; Río Muni, cap. *Bata,* abarca la zona continental y las islas de Corisco, Elobey Grande, Elobey Chico e islotes adyacentes. En 1968 obtuvo la independencia. Cap. *Santa Isabel,* 40 000 h.

GUINEA PORTUGUESA, territorio portugués de África occidental; 36 125 km^2; 600 000 h. Cap. *Bisao.*

GÜINES, térm. mun. de Cuba (Habana).

GÜINOPE, pobl. de Honduras (El Paraíso).

Guiñol, personaje del teatro de títeres francés.

Fot. X, Dmochowski, Larousse, Schaarwächter

GUIPÚZCOA, una de las prov. vascongadas (España); cap. *San Sebastián*. Ganado; agricultura; pesca. Industrias metalúrgicas.

GÜIRA DE MELENA, térm. mun. de Cuba (Habana).

GÜIRALDES (Ricardo), escritor argentino, n. en Buenos Aires (1886-1927). Además de *Cuentos de muerte y de sangre, Raucho, Rosaura, Xamaica, Seis relatos porteños,* escribió una obra maestra, *Don Segundo Sombra,* interpretación original y perfecta de la vida del gaucho, que la sitúa en lugar preferente en su género.

GÜIRIA, pobl. de Venezuela (Sucre); puerto.

GUIRIOR (Manuel), marino y gobernante español (1708-1788), virrey de Nueva Granada de 1773 a 1776 y del Perú de 1776 a 1780.

GUISA, ilustre familia de Lorena. Sus principales representantes fueron: FRANCISCO DE LORENA (1519-1563), duque de **Guisa,** guerrero hábil, que defendió Metz contra Carlos V y dirigió las tropas católicas durante las guerras de religión. — ENRIQUE I (1550-1588), duque de **Guisa,** hijo del anterior, que dirigió la matanza del día de San Bartolomé e intentó quitar la corona a Enrique III, quien lo hizo asesinar.

GUISANDO, v. de España (Ávila), cerca de la cual se han descubierto importantes esculturas ibéricas (toros de piedra). Los nobles castellanos reconocieron en esta población a Isabel la Católica sus derechos de sucesión al trono de Castilla (19 de septiembre de 1468).

GUITERAS (Juan), biólogo y médico cubano (1852-1925), autor de notables estudios sobre la fiebre amarilla.

GUITRY (Sacha), actor y escritor francés (1885-1957), autor de comedias y películas.

GUIZOT (François), historiador y hombre de Estado francés (1787-1874), a quien se deben varios escritos históricos, jurídicos y económicos. Fue ministro de Luis Felipe y sus desaciertos provocaron la revolución de 1848.

GUJERATE, Estado del NO. de la India; cap. *Ahmedabad*.

GUJRANWALA, c. del Paquistán occidental. Industrias textiles.

GULDBERG (Cato), matemático y químico noruego (1836-1902), que enunció con Waage la ley de acción de las concentraciones sobre los equilibrios fisicoquímicos.

GULF STREAM [*-strim*] (*"Corriente del golfo"*), corriente cálida del Atlántico, que va del golfo de México a Noruega, y que contribuye a calentar sensiblemente el clima marítimo de la Europa occidental. Fue descubierta en 1513 por el español Alaminos.

Gulliver, héroe de la novela de Swift *Los viajes de Gulliver* (1726). Esta obra, nueva y original en su clase, es una sátira apenas velada de los vicios morales de la Inglaterra de su tiempo.

GULLSTRAND (Allvar), médico sueco (1862-1930) que se distinguió por sus estudios de óptica física y fisiología. (Pr. Nóbel, 1911).

GUMBINNEN, hoy **Gusev,** c. de la U. R. S. S., antes de Alemania (Prusia Oriental).

GUNDISALVO (Domingo), teólogo y numismático español (s. XII), figura sobresaliente de la Escuela de Traductores de Toledo.

GUNTUR, c. de la India (Andhra Pradesh). Textiles.

GURABO, río de la Rep. Dominicana (Monte Cristi), afl. izq. del Yaque del Norte.

GURIDI (Jesús), compositor español (1886-1961), autor de obras de temas vascos, de la ópera *Amaya* y de zarzuelas (*El caserío*).

GURIEV, c. de la U. R. S. S. (Kazakstán), puerto en el mar Caspio. Ref. de petróleo.

GURUGÚ (MONTE), monte de África, situado junto a Melilla, célebre por los sangrientos combates de 1909 y 1921 entre moros y españoles.

GURUPI, cabo del Brasil (Pará). — Río del Brasil, que des. en el Atlántico y sirve de límite entre los Est. de Pará y Maranhão; 800 km.

GUSEV. V. GUMBINNEN.

GUSTAVINO (Enrique), escritor dramático argentino, n. en 1898, autor de *El señor Pierrot y su dinero* y *La novia perdida*.

GUSTAVO A. MADERO. V. GUADALUPE HIDALGO.

GUSTAVO I Vasa (1496-1560), rey de Suecia en 1523, después de haber libertado a su patria del yugo de Dinamarca. Favoreció la Reforma, se apoderó de las posesiones del clero, fomentó el comercio y la industria nacional y se alió con Francisco I, rey de Francia. — GUSTAVO II ADOLFO (1594-1632), rey de Suecia de 1611 a 1632. Dotado de un talento tan grande como su ambición, reconstituyó el ejército sueco, intervino para sostener a los protestantes de Alemania durante la guerra de los Treinta Años, triunfó de los imperiales en Breitenfeld y Lech, pero murió en la batalla de Lützen, que acababan de ganar sus tropas. — GUSTAVO III (1746-1792), rey de Suecia de 1771 a 1792. Déspota ilustrado, tomó la iniciativa de gran número de medidas liberales, pero fue asesinado en un baile, a consecuencia de una conspiración aristocrática. — GUSTAVO IV (1778-1837), rey de Suecia en 1792, depuesto en 1809. — GUSTAVO V (1858-1950), rey de Suecia de 1907 a 1950. — GUSTAVO VI *Adolfo,* nacido en 1882, rey en 1950.

GUTENBERG (Juan GENSFLEISCH, llamado), impresor alemán, n. en Maguncia (¿1400?-1468). Establecido en Estrasburgo en 1434, inventó la tipografía (o impresión con caracteres móviles) en 1440. Se asoció en Maguncia con J. Fust e imprimió la célebre *Biblia latina de 42 líneas.*

GUTERSLOH, c. de Alemania (Rin Septentrional-Westfalia); textiles; metalurgia.

GUTHRIE (Thomas Austey), dramaturgo inglés (1856-1934), autor de la comedia *El hombre que vino de Blankley.*

GUTIERRE DE CETINA. V. CETINA.

GUTIÉRREZ, prov. de Bolivia (Santa Cruz); cap. *Portachuelo.*

GUTIÉRREZ (Eduardo), escritor argentino (1851-1889), popular autor de folletines truculentos y de la célebre novela *Juan Moreira,* de asunto gauchesco.

GUTIÉRREZ (Eulalio), general y político mexicano, m. en 1940, pres. provisional de la Rep. de 1914 a 1915.

GUTIÉRREZ (Joaquín), escritor costarricense, n. en 1910, autor de la novela *Manglar.*

GUTIÉRREZ (José María), político y periodista argentino (1832-1903), fundador, en 1862, del diario *La Nación.*

GUTIÉRREZ (Juan María), poeta y escritor argentino (1809-1878), autor de cuadros de costumbres (*El hombre hormiga*), novelas (*El capitán de patricios*), etc. Fue crítico notable.

GUTIÉRREZ (Miguel Jerónimo), patriota cubano (1822-1871), que encabezó la insurrección de Las Villas en 1869 y fue vicepres. de la Cámara de Representantes el mismo año.

GUTIÉRREZ (Rafael Antonio), general y político salvadoreño, pres. provisional de la Rep. en 1894, elegido pres. en 1895 y derrocado por una sublevación en 1898.

GUTIÉRREZ (Ricardo), médico y poeta romántico argentino (1836-1896), autor de *La fibra salvaje, El libro de los cantos,* etc.

GUTIÉRREZ (Santos), general y político colombiano (1820-1872), pres. de la Rep. de 1868 a 1870.

GUTIÉRREZ (Tomás), militar peruano, que se adueñó del Poder en 1872.

GUTIÉRREZ COLL (Jacinto), poeta venezolano (1863-1903), de tendencia parnasiana.

GUTIÉRREZ DE ESTRADA (José Miguel), político y diplomático mexicano (1800-1867).

GUTIÉRREZ DE LA CONCHA (José), militar y político español (1809-1895), jefe del Gob. en 1868.

GUTIÉRREZ DE LA CONCHA (Juan), marino español que defendió, junto con Liniers, Buenos Aires de los ataques de los ingleses. M. fusilado en 1810 con Liniers y otros partidarios del Consejo de Regencia sublevados en Córdoba en contra de la Junta de Buenos Aires.

GUTIÉRREZ GAMERO (Emilio), político y literato español (1844-1935).

GUTIÉRREZ GONZÁLEZ (Gregorio), poeta romántico colombiano (1826-1872) en cuya *Memoria sobre el cultivo del maíz en Antioquia* introduce innumerables palabras indígenas o dialectales y describe acertadamente los trabajos agrícolas.

GÜIRALDES

GUTENBERG

GUSTAVO II ADOLFO por VAN DYCK

Fot. doc. A. G. P., X, Hanfstaengl-Giraudon

GUTIÉRREZ GUERRA (José), político boliviano (1869-1929), pres. de la Rep. en 1917, derrocado en 1920.

GUTIÉRREZ HERMOSILLO (Alfonso), poeta mexicano (1903-1935), autor de *Cauce, Coro de presencias,* etc.

GUTIÉRREZ NÁJERA

GUTIÉRREZ NÁJERA (Manuel), poeta mexicano, n. en México (1859-1895), que influyó en la formación de la poesía romántica modernista en su *Revista Azul.* Sus composiciones son de gran perfección de forma y musicales: *Tristissima nox, Pax animae, Non omnis moriar,* etc. Escribió en prosa *Cuentos frágiles, Cuentos de color de humo,* crónicas de viajes, críticas, etc. Utilizó a menudo el seudónimo de **Duque Job.**

GUTIÉRREZ SOLANA (José), pintor y escritor español (1886-1945). Sus temas pictóricos recuerdan las pinturas negras de Goya (*El entierro de la sardina, Carnaval en la aldea, La tertulia del Pombo*).

GUTZKOW (Carlos), escritor alemán (1811-1878), autor de novelas, dramas (*Uriel Acosta*) y escritos polémicos.

GUYANA, Estado de América del Sur, perteneciente al Commonwealth británico. Se declaró independiente en 1966 y proclamó la República en 1970. Es la ant. *Guayana Británica;* 215 000 km²; 680 000 h. Cap. *Georgetown,* 168 200 h. Bauxita; caña de azúcar, arroz.

GUZMÁN BLANCO

GUYAU [*-yó*] (Marie-Jean), filósofo francés (1854-1888), autor de *Irreligión del porvenir* y *Ensayo de una moral sin obligación ni sanción.*

GUYENA, una de las prov. de la ant. Francia; cap. *Burdeos.* Disputáronsela durante cerca de tres siglos los franceses y los ingleses.

GUYON (Mme.), mística francesa (1648-1717), propagadora del quietismo en su país.

GUZARATE. V. GUJERATE.

GUZMÁN, laguna de México (Chihuahua), a 1 180 m de alt.

GUZMÁN (Antonio Leocadio), político y escritor venezolano (1801-1884), fundador del Partido Liberal en 1840.

GUZMÁN (Augusto), novelista boliviano, n. en 1903, autor de *Prisionero de guerra.*

GUZMÁN (Felipe), político boliviano (1879-1932), pres. de la Rep. de 1925 a 1926.

GUZMÁN (Fernando), general y político nicaragüense, pres. de la Rep. de 1867 a 1871.

GUZMÁN (Joaquín Eufrasio), general y político salvadoreño, n. en Costa Rica, vicepres. de la Rep. en 1844, 1845, 1846 y 1859.

GUZMÁN (Juan José), político salvadoreño, m. en 1847, pres. de la República de 1842 a 1843.

GUZMÁN (Gaspar de). V. OLIVARES.

GUZMÁN el Bueno (Alfonso PÉREZ DE GUZMÁN, llamado), capitán castellano, n. en Valladolid (1258-1309). En 1293 defendía Tarifa, sitiada por los benimerines y por el infante rebelde don Juan. Éste se había apoderado de un hijo suyo y amenazaba degollarlo si no rendía la plaza. El animoso padre, antes que faltar a la palabra dada a su rey, arrojó su propio puñal al asesino para que realizara su amenaza.

GUZMÁN (Leonor de), n. hacia 1310, favorita de Alfonso XI de Castilla y madre de Enrique II de Trastamara. A la muerte del rey, su viuda, María de Portugal, la hizo degollar (1351).

GUZMÁN (Martín Luis), novelista mexicano, n. en Chihuahua en 1887, cuyas obras describen, en vigorosa prosa, la revolución de su país: *El águila y la serpiente, La sombra del caudillo* y *Memorias de Pancho Villa.* Ha publicado también una biografía de *Mina el Mozo, héroe de Navarra.*

GUZMÁN (Nicomedes), novelista chileno, n. en 1914, autor de obras de tipo realista y de tendencia social: *Los hombres oscuros, La sangre y la esperanza* y *La luz viene del mar.*

GUZMÁN (Nuño de), conquistador español del s. XVI, que fue pres. de la primera Audiencia de México y conquistó Michoacán (1530).

GUZMÁN BLANCO (Antonio), general y político venezolano, n. en Caracas (1829-1899). Vicepres. de la Rep. de 1864 a 1868, pres. provisional en 1870, fue elegido definitivamente en 1873. Desde entonces, gobernó de forma dictatorial hasta 1888, con breves interrupciones (1877-1878, 1879, 1884-1886). Su política se caracterizó por el anticlericalismo y el liberalismo económico y su administración fue un período de progreso material e intelectual para el país. M. en Francia.

Guzmán de Alfarache (*Vida y hechos del pícaro*), por Mateo Alemán; historia de un aventurero sevillano que atraviesa sucesivamente las más diversas condiciones sociales. Son notables algunos de los cuentos de esta novela, de estilo rico y sabroso (1599-1604).

GWALIOR, c. de la India (Madhya Pradesh); fortaleza, palacios y templos de la Edad Media.

GYÖR, en alem. **Raab,** c. de Hungría. Centro industrial activo (metalurgia, textiles).

GYTHEION, c. de Grecia (Peloponeso), principal puerto de Laconia.

GYULAI (Pal), escritor húngaro (1826-1909), autor de poesías, novelas y obras de crítica.

LA TERTULIA DEL POMBO
por GUTIÉRREZ SOLANA

Fot. doc. A. G. P., Larousse

LA HABANA

H

HAAKÓN, n. de varios reyes de Noruega de 935 a 1386. — HAAKÓN VII (1872-1957), hijo del rey Federico VIII de Dinamarca, proclamado rey en 1905.

HAARLEM o **HARLEM,** c. de Holanda, cap. de la Holanda Septentrional. Centro agrícola; astilleros; construcciones mecánicas. Haarlem sostuvo un sitio famoso contra el duque de Alba, que se apoderó de ella en 1573.

HAARLEM (MAR o LAGO DE), gran lago entre Haarlem, Amsterdam y Leyden, que fue desecado artificialmente de 1837 a 1840.

HABACUC, uno de los doce profetas menores judíos, que vivió entre 650 y 627 a. de J. C.

HABANA (La), cap. de la Rep. de Cuba y de la prov. de La Habana; importante puerto en la bahía de su n., que, durante la dominación colonial, fue escala entre los países de Tierra Firme y España; centro comercial e industrial, ha sido llamada *Llave del Nuevo Mundo*. La población de la prov. es de 2 025 000 hab. y la del municipio de 1 680 000 (*habaneros*). Universidad. Arzobispado. Fundada, en su emplazamiento actual, en 1519, ha ido extendiéndose y transformándose hasta constituir una de las más bellas urbes americanas. Entre sus construcciones de la época colonial merecen citarse el Palacio de los Capitanes Generales, los castillos del Morro, la Punta y la Fuerza, y de las modernas el Palacio Presidencial, la Lonja y el Capitolio. En ella residen las distintas Academias, el Observatorio y la Biblioteca nacionales.

HABER (Fritz), químico alemán (1868-1934), que realizó la síntesis industrial del amoniaco. (Pr. Nóbel, 1918.)

HABSBURGO (CASA DE), familia de Alemania, originaria de Suabia. Conquistó, con Alberto el Rico (1153), parte de Suiza y Alsacia y llegó al trono imperial con Rodolfo de Habsburgo (1273). Vinculada a Austria, una rama pasó a España por el matrimonio de Felipe el Hermoso, hijo de Maximiliano I, con Juana la Loca, hija de los Reyes Católicos. (V. AUSTRIA [*Casa de*].)

Hacéldama (en hebreo *Campo de sangre*), n. del campo comprado con el precio de la traición de Judas.

HACHEMITA, n. de una dinastía árabe que reina o ha reinado en Jordania e Irak.

HADES, dios griego de los Infiernos, identificado más tarde con el **Plutón** de los romanos.

HACHINOE, c. del Japón (Hondo); puerto de pesca; ind. textil.

HADRAMAUT, región de la Arabia meridional, a lo largo del golfo de Adén.

HAECKEL (Ernesto), biólogo alemán (1834-1919), defensor del transformismo.

HÆNDEL o **HÄNDEL** [*hendel*] (Jorge Federico), compositor alemán, n. en Halle (1685-1759), que pasó gran parte de su vida en Londres y se naturalizó inglés. Dejó gran número de óperas y oratorios (*Israel en Egipto, Judas Macabeo, El Mesías,* etc.) escritos en estilo lleno de nobleza, fuerza y majestuosidad.

HAENKE [*henke*] (Tadeo), naturalista alemán (1751-1817), compañero de Malaspina en su viaje alrededor del mundo. Vivió en Bolivia.

HAFIZ, uno de los más célebres poetas líricos persas (¿1320-1389?).

HAGEDORN (Federico de), poeta alemán (1708-1754), autor de *Fábulas* y *Cuentos*.

HAGEN [*-guen*], c. de Alemania (Rin Septentrional-Westfalia), en el Ruhr. Metalurgia.

HAGUENAU, c. de Francia (Bajo Rin).

HAHN (Otto), químico alemán (1879-1968) que ha estudiado la fisión del uranio. (Pr. Nóbel, 1944).

HAHN (Reynaldo), compositor francés, de origen venezolano (1875-1947), célebre por sus obras líricas.

HAHNEMANN (Samuel), médico alemán (1755-1843), creador de la escuela homeopática.

HAIDARABAD, ant. **Hyderabad,** c. de la India (Andhra Pradesh); industrias diversas. V. HYDERABAD.

HAIFA o **HAIFFA,** c. y puerto de Israel; refinería de petróleo.

HAIFONG, c. y puerto del Viet Nam del Norte. Centro industrial.

HAIKEU, c. y principal puerto de la isla de Hainán.

HAILÉ SELASIE, emperador de Etiopía desde 1930; n. en 1891.

HAINÁN o **HAI-NAN,** isla del golfo de Tonquín, dependiente de China, prov. del Kuangtung; c. pr. *Haikeu*. Hierro; tungsteno; oro.

HÆNDEL
por HUDSON

O. HAHN

Fot. Viollet, Larousse, doc. Edit. Mazenod

HAITÍ o **SANTO DOMINGO,** isla de las Antillas Mayores, llamada por los indígenas *Quisqueya*. Fue descubierta por Cristóbal Colón en 1492, a la que bautizó con el nombre de **Hispaniola** o **La Española.** Políticamente se halla dividida entre la *República de Haití* y la *República Dominicana*.

HAITÍ, Estado del archipiélago de las Antillas, que ocupa la parte occidental de la isla de Santo Domingo. Limita al N. con el océano Atlántico, al E. con la República Dominicana, al S. con el mar de las Antillas y al O. con el Paso de los Vientos, que la separa de Cuba (77 km). 27 750 km², 4 346 000 h. (*haitianos*). Cap. *Port-au-Prince* o *Puerto Príncipe*.

— GEOGRAFÍA. El país presenta el mismo aspecto montañoso (2 680 m), alternado con extensos valles, que la parte correspondiente a la República Dominicana. Su perímetro es aún más irregular, caracterizado por dos penínsulas que se proyectan hacia el oeste y forman el golfo de Gonave, en medio del cual está la isla del mismo nombre. El clima es semejante al de la república vecina. El mayor río es el Artibonite, y merece mención en la hidrografía haitiana el lago Saumâtre, cerca de la frontera dominicana. La agricultura es la principal actividad económica y el primer producto de exportación es el café. Se cultivan también el plátano, caña de azúcar, cacao, tabaco, sisal, algodón, etc. Los bosques, que cubren 25 % del territorio, abundan en cedro, caoba, pino. Los recursos minerales son escasos y apenas explotados, salvo en el caso de la bauxita, y la industria se limita a la transformación de productos agrícolas: destilerías de ron, manufacturas de textiles, etc. La unidad monetaria es la *gourde*. La población se caracteriza por el predominio del elemento negro y mulato de ascendencia francesa (90 %) y por una elevada densidad. El idioma oficial es el francés, aunque el pueblo se exprese en un dialecto francés criollo. La religión más difundida es la católica, pero existe libertad de cultos. Hay una arquidiócesis y cuatro obispados. Existe una universidad.

— HISTORIA. Hasta 1626, año en que se instalaron los piratas franceses en la isla Tortuga, la historia de Haití se confunde con la de la colonia de La Española. (V. DOMINICANA, *Rep.*) La penetración francesa comenzó por el noroeste de la isla, y fue reconocida por el Gobierno español en el Tratado de Ryswick (1697). Esta zona llegó a constituir una de las colonias más prósperas de las Antillas, a lo cual contribuyó notablemente la llegada de gran número de esclavos negros africanos, que pronto superaron a la población blanca. España cedió también a Francia la parte oriental de la isla (1795), pero los negros, dirigidos por Toussaint Louverture, se sublevaron y proclamaron la República independiente de Haití, tras sangrienta guerra contra los franceses (1804), mientras que los dominicanos, encabezados por Sánchez Ramírez, reconquistaron para España la zona oriental (1809). Jean Jacques Dessalines fue nombrado gobernador y luego emperador (1804), pero murió asesinado en 1806. Su sucesor, Henri Christophe, decidió proclamarse emperador en el norte del país, mientras que Alexandre Pétion gobernó como presidente de la República en el sur. Jean Pierre Boyer, presidente en 1818, terminó con la secesión norteña e invadió el territorio dominicano (1822), que fue anexionado a Haití hasta 1844. Desde entonces, la República de Haití ha pasado por un período de intensas luchas políticas, conflictos fronterizos con el país vecino, desorden administrativo, crímenes políticos, etc., que desembocaron en la intervención norteamericana de 1915. El Gobierno de los Estados Unidos se hizo cargo de las Aduanas, y no desocupó el país hasta 1934. En 1957 subió a la presidencia François Duvalier, quien unificó la Cámara y el Senado al establecer el Congreso unicameral (1961), y se hizo elegir para un segundo período.

HAKODATE, c. del Japón (Hokkaido); astilleros; industrias mecánicas y químicas.

HALBERSTADT, c. de Alemania oriental; industrias textiles, papeleras, químicas.

HALDEN, ant. **Fredrikshald,** c. del S. de Noruega, donde fue muerto Carlos XII.

HALES (Stephen), químico y naturalista inglés (1677-1761), que estudió varios gases y midió la presión sanguínea.

HALEVÍ (Jehudá), poeta hispanohebreo (¿1080-1140?), autor de una colección de himnos llamada *Las Siónidas* y de *El Kuzari*.

HALEVY (Fromental), compositor francés (1799-1862), autor de la ópera *La Hebrea*.

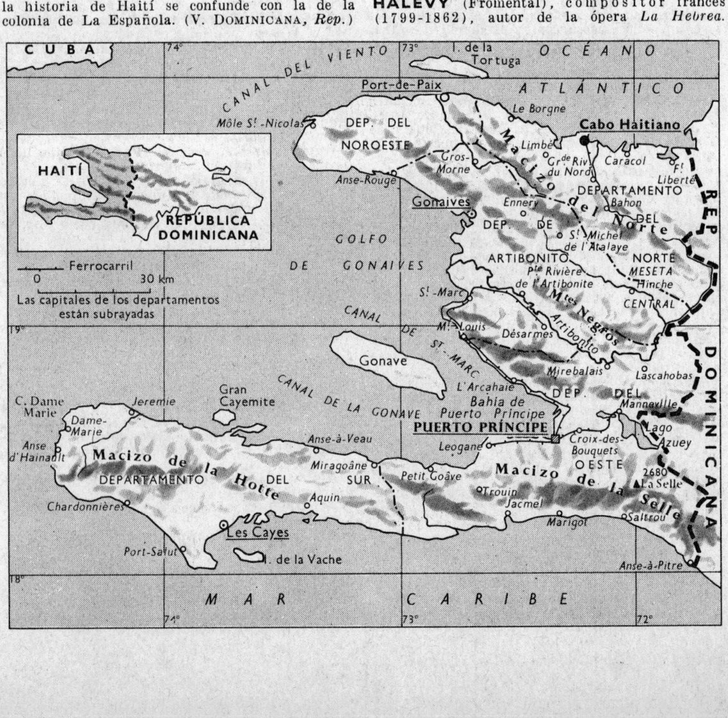

escudo y mapa de HAITÍ

HALEVY (Ludovico), escritor francés (1834-1908), sobrino del anterior, autor de novelas, comedias y libretos de operetas.
HALFFTER (Rodolfo), compositor español, n. en Madrid en 1900, residente en México. — Su hermano ERNESTO, n. en 1905, discípulo de M. de Falla, de quien terminó el poema sinfónico *La Atlántida* (1961) y autor de un *Concierto para guitarra*.
HALICARNASO, ant. c. de Asia Menor (Caria), en la que reinaron Mausolo y Artemisa. Monumento funerario. Patria de Herodoto y Dionisio. Hoy **Bodrum.**
HALIFAX, c. de Inglaterra (York). Textiles.
HALIFAX, c. y puerto del Canadá (Nueva Escocia); astilleros; refinería de petróleo.
HALIFAX (Eduardo Federico LINDLEY WOOD, *conde de*), político inglés (1881-1959), virrey de la India (1926-1931) y ministro de Asuntos Exteriores (1938).
HALMAHERA o **GILOLO,** la mayor de las islas Molucas (Indonesia), al E. de las Célebes.
HALMSTAD, c. y puerto de Suecia.
HALS (Frans), pintor flamenco (¿1580?-1666), autor de retratos y de cuadros de costumbres, tratados con espontaneidad, con coloridos osados. Vivió en Haarlem, donde se conservan sus obras.
HÄLSINGBORG, c. y puerto de Suecia, en el Sund; centro comercial e industrial.
HALL, c. de Alemania (Baden-Wurtemberg), a orillas del Kocher; baños famosos.
HALLE, c. de Alemania oriental, a orillas del Saale. Universidad célebre; maquinarias; industrias química y alimenticia. Patria de Hændel.
HALLÉ (Claudio), pintor francés (1652-1736), sobresalió en la pintura religiosa y de género.
HALLEY [*-é*] (Edmundo), astrónomo inglés (1656-1742), que investigó sobre los cometas.
HALLSTATT, pueblo de Austria (Salzkammergut); estación prehistórica importante (primer período de la Edad de Hierro).
HALLSTRÖM (Per), escritor sueco (1866-1960), de tendencia neorromántica.
HAMA, c. de Siria del Norte, a orillas del Oronte, al pie del Líbano; mercado.
HAMADÁN, c. de Irán, al SO. de Teherán; tapices. Ref. de petróleo. Es la ant. **Ecbatana.**
HAMAMATSU, c. del Japón (Hondo). Industrias químicas. Puerto activo.
HAMBURGO, c. de Alemania, a orillas del Elba. Antiguo puerto de Europa, metrópoli del comercio alemán desde la creación, en el s. XIII, de la *Liga Hanseática*. Astilleros, refinerías de petróleo, metalurgia, industrias alimenticias, etc.
HAMERLING (Roberto), poeta austriaco (1830-1899), autor de epopeyas (*El rey de Sión*).
HAMILTON, c. de Escocia, a orillas del Clyde.
HAMILTON, c. del Canadá, prov. de Ontario, en la extremidad del lago Ontario. Universidad. Industrias metalúrgicas, mecánicas y textiles.
HAMILTON (Alexander), estadista norteamericano (1757-1804), colaborador de Washington.
HAMILTON (*sir* William), filósofo escocés (1788-1856), inspirado en Kant y Reid.
HAMILTON (*sir* William Rowan), matemático y astrónomo irlandés (1805-1865), creador del cálculo vectorial y de los cuaternios.
HAMLET, príncipe de Jutlandia, conocido por una leyenda que refiere Saxo Gramático; vivió en el siglo V, y fingió la locura para vengar a su padre. Shakespeare lo inmortalizó.
Hamlet, drama de Shakespeare (h. 1600), en cinco actos. La admirable pintura del alma de Hamlet, soñador, filósofo, contemplativo, que sucumbe agobiado por el papel que le obliga a representar la fatalidad de las circunstancias, y la conmovedora figura de su prometida Ofelia, hacen de este drama una obra maestra.
HAMM, c. de Alemania (Rin Septentrional-Westfalia); hulla; industrias químicas y mecánicas.
HAMMARSKJÖLD (Dag), político sueco (1905-1961), secretario general de la O.N.U. de 1953 a 1961. M. en un accidente de aviación. (Pr. Nóbel de la Paz, 1961.)
HAMMERFEST, c. de Noruega; el puerto más septentrional de Europa; pesca.
HAMMOND, c. de los Estados Unidos (Indiana); metalurgia; refinerías de petróleo.
HAMMURABI, rey de Babilonia (1730-1685 a. de J. C.), verdadero fundador de aquel Imperio.

HAMBURGO

HAMPSHIRE [*-cher*], condado del S. de Inglaterra; cap. *Winchester*. C. pr. *Southampton*.
HAMPTON COURT [*-kurt*], residencia real de Inglaterra, cerca de Londres; célebre museo.
HAMSUN (Knut PEDERSEN, llamado **Knut**), novelista noruego (1859-1952), autor de *Hambre*, *Pan* y *Soñadores*. (Pr. Nóbel, 1920.)
HAN, V dinastía china, que reinó del s. II a. de J. C. al s. II de nuestra era.
HANAU, c. de Alemania (Hesse), a orillas del Meno; orfebrería.
HANGCHEU, c. de China, cap. de la prov. de Chekiang, ant. cap. de China del S. en tiempos de los Song. Puerto activo; centro industrial.
HANKEU o **HANGKEU,** c. de China (Hupé), a orillas de Hangkiang; centro industrial.
HANKIANG, río de China, afl. del Yang tse Kiang; 1 100 km.
HANKO, puerto del S. de Finlandia.
HANLEY, c. de Inglaterra (Stafford).
HANNÓN, navegante cartaginés del s. VI a. de J. C., que realizó el periplo de África hasta la isla de Fernando Poo.
HANNÓN el Grande, general cartaginés, m. hacia 190 a. de J. C., que ayudó a Amílcar a derrotar a los legionarios, pero impidió que los cartagineses secundasen a Aníbal.
HANNOVER, ant. reino, luego prov. de Prusia, hoy Baja Sajonia. — C. de Alemania, cap. de Baja Sajonia, a orillas del Leine; centro industrial y comercial. (Hab. *hannoverianos*.)
HANOI, cap. del Viet Nam del Norte (Tonquín); 638 600 h. Centro industrial y comercial.
Hanseáticas (*Ciudades*), liga o *hansa* de las ciudades comerciales de la Alemania del NO., a cuya cabeza estaba Lübeck. Fundada en 1241, desapareció en 1723.
HANYAN, c. de China Central (Hupé).
HARALDO, nombre de varios reyes de Dinamarca, de Suecia y de Noruega, del s. IX al XII.
HARAR, c. de Etiopía, cap. de la prov. de Harar, en los límites con Somalia.
HARBÍN, KARBÍN o **JARBÍN,** c. del NE. de China, cap. de la prov. de Heilongkiang; nudo ferroviario; centro industrial. Hoy **Pinkiang.**
HARDING (Warren), político norteamericano (1865-1923), pres. de su país en 1920.
HARDT, macizo montañoso de Alemania, que prolonga los Vosgos al N.; 680 m. de alt.
HARDY (Tomás), escritor inglés (1840-1928), autor de novelas sombrías (*Judas el oscuro*, *Teresa la de Uberville*, etc.) y de poesías.
HARGEISA, c. de Somalia, ant. cap. de la Somalia Británica.
HARIANA, Estado del NO. de la India; cap. *Chandigarh*.
HARLEM. V. HAARLEM.
HARLEM, barrio de Nueva York donde reside una importante comunidad negra.
HARLOW, c. de Gran Bretaña (Essex), desarrollada recientemente.
HARMODIO, ateniense que conspiró con su amigo Aristogitón contra los hijos de Pisístrato, Hiparco e Hipias (514 a. de J. C.).
HARO, c. de España (Logroño); vinos.
HARO Y SOTOMAYOR (Luis MÉNDEZ DE), político español (1598-1661). Sobrino de Olivares, fue ministro de Felipe IV y negoció con Mazarino la Paz de los Pirineos (1659).
HAROLDO I, rey sajón de Inglaterra de 1037 a 1040. — HAROLDO II, rey de Inglaterra en 1066, vencido y muerto el mismo año en Hastings.

HALS
FUMADOR
museo de Bayona

HAMSUN

HARDY

Fot. W. W., Giraudon, X, B. I. P.

HARTZENBUSCH

HARVEY

HAWTHORNE

HAYDN

Harpagón, tipo de avaro creado por Molière en su comedia *El avaro.*
HARRISBURGO, c. de los Estados Unidos, cap. del Estado de Pensilvania; siderurgia.
HARRISON (William Henry), general norteamericano (1773-1841), pres. en 1841.
HARRISON (Benjamín), político norteamericano (1833-1901), pres. de 1888 a 1892.
HARROGATE, c. de Inglaterra (York).
HARROW, pobl. de los suburbios del NO. de Londres; célebre colegio.
HARTE (Francis BRETT, llamado **Bret**), novelista norteamericano (1836-1902), que se distinguió en los relatos del Oeste.
HARTFORD, c. de los Estados Unidos, cap. de Connecticut, a orillas del río del mismo n.
HARTMANN (Eduardo de), filósofo y sabio alemán (1842-1906), autor de la *Filosofía de lo Inconsciente* (1869).
HARTMANN (Nicolás), filósofo alemán (1882-1950), autor de estudios sobre los valores y su eficacia en la moral.
HARTMANN VON AUE, poeta alemán (¿1170-1210?), autor de las primeras composiciones épicas en su país *(Erec* e *Iwein).*
HARTZENBUSCH (Juan Eugenio), escritor español, n. en Madrid (1806-1880), autor principalmente de dramas románticos de temas históricos (*Los amantes de Teruel, Doña Mencía, Alfonso el Casto, La jura de Santa Gadea*) y de comedias (*La redoma encantada, Los polvos de la madre Celestina*) que tuvieron gran éxito.
HARÚN AL-RACHID o **HARÚN ER-RECHID** (766-809), califa abasida de Bagdad en 786, que abandonó el Poder a los Barmécidas, de los cuales se libró luego. Luchó contra el Imperio bizantino y tuvo algunas relaciones con Carlomagno. Célebre por el papel que desempeña en *Las Mil y Una Noches.*
Harvard *(Universidad de),* universidad fundada en 1636 en Cambridge (Estados Unidos).
HARVEY (William), médico inglés (1578-1657), célebre por el descubrimiento de la circulación de la sangre, que comparte con el español Miguel Servet.
HARZ o **HARTZ,** macizo cristalino de Alemania, entre el Weser y el Saale, que culmina en el *Brocken* o *Blocksberg* (1 142 m). Grandes riquezas minerales; industrias.
HASA, prov. de Arabia Saudita, en el golfo Pérsico. Cap. *Hufuf.* Petróleo.
HASSÁN I (¿1830?-1894), sultán de Marruecos de 1873 a 1894. — HASSÁN II, n. en 1929, rey de Marruecos en 1961.
HASSE (Juan Adolfo), llamado **il Sassone,** compositor alemán (1699-1783), uno de los maestros de la composición escénica.
HASSI MESSAUD, gran centro petrolífero del Sáhara, al SO. de Uargla.
HASSI R'MEL, yacimiento de gas natural y petróleo en el Sáhara.
HASTINGS, c. de Inglaterra (Sussex); balneario. Victoria de Guillermo el Conquistador contra Haroldo II (1066).
HATOR o **ATOR,** diosa egipcia, que los griegos identificaron con Afrodita.
HATTERAS (CABO), cabo de los Estados Unidos (Carolina del Norte).
HATUEY, cacique cubano que se rebeló contra los españoles y fue ajusticiado en 1515.
HAUPTMANN (Gerardo), escritor alemán (1862-1946), autor de dramas realistas: *Los tejedores, La piel de castor* y *La campana sumergida.* (Pr. Nóbel, 1912.)
HAURÁN, región de Siria, situada al E. del Jordán y al S. de Damasco. Es la **Auranítida** o la **Auranitis** de los antiguos.
HAUSSMANN (Jorge, *barón*), administrador francés (1809-1891), promotor de las obras que transformaron completamente París.
HAUTS-DE-SEINE, dep. de Francia, al O. de París; cap. *Nanterre.*
HAÜY (Renato Justo), mineralogista francés (1743-1822), uno de los creadores de la cristalografía. — Su hermano VALENTÍN (1745-1822), inventor de los caracteres para ciegos.
HAVEL, río de Alemania, afl. del Elba; 341 km.
HAVRE (El), c. de Francia (Sena Marítimo), en la desembocadura del Sena; puerto importante de viajeros y de comercio; mercado mundial de algodón, café y azúcar; industrias diversas.

LA HAYA: capilla de los Caballeros (s. XIII)

HAWAI (ISLAS), ant. **Sandwich,** archipiélago de Polinesia (Oceanía). Es desde 1898 territorio de los Estados Unidos y desde 1959 el 50° Estado de la Federación. 16 731 km^2; 718 000 h. (*hawaianos*). Cap. *Honolulú,* 240 000 h. Islas principales: *Oahú, Hawai, Mauí, Kauaí, Niihaú, Molokai, Lanaí.* Bases militares. Turismo.
HAWKINS (*sir* John), corsario inglés (1532-1595), que practicó la trata de negros, luchó contra los españoles en el Nuevo Mundo y contra la Armada Invencible.
HAWORTH (*sir* Walter Norman), químico inglés (1883-1950), que realizó trabajos sobre la síntesis de la vitamina C. (Pr. Nóbel, 1937).
HAWTHORNE (Nathaniel), novelista norteamericano (1804-1864), autor de relatos de un sombrío pesimismo (*La letra escarlata, La casa de los siete altillos*).
HAYA (La), en holand. **'s Gravenhage,** c. de Holanda, residencia del Gobierno, no lejos del mar del Norte. Construcciones aeronáuticas; tejidos; orfebrería. Es la sede del Tribunal Internacional de Justicia.
HAYA DE LA TORRE (Víctor Raúl), político y escritor peruano, n. en 1895, fundador y jefe del movimiento indigenista APRA (Alianza Popular Revolucionaria Americana). Autor de *Excombatientes y desocupados, La defensa continental, ¿Adónde va Indoamérica?*
HAYDN (Francisco José), compositor austriaco (1732-1809), autor de sinfonías, sonatas, etc., y de los oratorios *La Creación, Las Estaciones,* etc. De inspiración inagotable, Haydn fijó las leyes de la sinfonía clásica. Su estilo es equilibrado, solemne y lleno de gracia y de serenidad.
HAYES (Rutherford-Birchard), político norteamericano (1822-1893). Presidente de los Estados Unidos de 1877 a 1880.
HAZARD (Paul), ensayista francés (1878-1944), autor de una monografía sobre Don Quijote y de *La crisis de la conciencia europea.*
HAZLITT (Guillermo), crítico y ensayista inglés (1778-1830), de gran sagacidad.
HEARN (Lafcadio), escritor inglés (1850-1904), autor de estudios sobre el Japón.
HEATH, río de América del Sur, que señala parte de la frontera entre el Perú y Bolivia, afl. del Madre de Dios.
HEATH (Edward), político conservador inglés, n. en 1916, primer ministro en 1970.
HEATHROW, c. de Inglaterra, al S. de Londres; aeropuerto de la capital.
Heautontimorúmenos (o *El hombre que se castiga a sí mismo*), comedia de Terencio (162 a. de J. C.).
HEAVISIDE (Oliverio), físico inglés (1850-1925), que descubrió la ionosfera.
HEBBEL (Friedrich), dramaturgo alemán (1813-1863), de inspiración romántica, autor de la trilogía *Los Nibelungos* y de un *Diario.*
HEBE, diosa de la Juventud, hija de Zeus y de Hera. (*Mit.*)
HEBREO (Judá ABARBANEL, llamado **León**), humanista judío español (1470-1521), que, expulsado de España en 1492, se refugió en Italia, donde publicó sus famosos *Diálogos de amor,* de inspiración platónica.

Fot. doc. A. G. P., Larousse, U. S. I. S.

HEBREOS, n. que llevaba en un principio el pueblo judío, descendiente del patriarca *Heber,* uno de los antepasados de Abrahán. Este n. fue reemplazado por el de *israelitas,* de Israel, sobrenombre de Jacob. El n. de *judío,* contemporáneo del cautiverio en Babilonia, ha prevalecido porque los habitantes del reino de *Judá* fueron vencidos los últimos.

HÉBRIDAS, archipiélago del O. de Escocia. Las principales islas son *Lewis* y *Skye.* Monumentos prehistóricos. Las grutas basálticas de la isla de *Stafia* son célebres. (V. FINGAL.)

HÉBRIDAS (Nuevas). V. NUEVAS HÉBRIDAS.

HEBRÓN, c. de Jordania, al S. de Jerusalén.

HÉCATE, n. aplicado a las diosas griegas Perséfona y Artemisa.

HECATEO de Mileto, historiador y geógrafo griego que floreció en el s. VI a. de J. C.

HÉCTOR, el más valiente de los jefes troyanos, hijo mayor de Príamo. Fue muerto por Aquiles.

HÉCUBA, esposa de Príamo, madre de 19 hijos, entre los que se contaban Paris y Héctor.

Hécuba, tragedia de Eurípides (424 a. de J. C.).

HECHAZ. V. HEDJAZ.

Hechos de los Apóstoles, uno de los libros del Nuevo Testamento, escrito en griego por San Lucas hacia el año 65.

HEDIN (Sven), explorador sueco (1865-1952), que realizó expediciones al Asia central.

HEDJAZ, región de Arabia, en el mar Rojo; 400 000 km^2; 2 millones de h.; cap. *La Meca.* Cereales; ganado. Forma con el Nedjd la *Arabia Saudita.*

HEFESTOS o **HEFAISTOS,** dios griego del Fuego y del Metal, el **Vulcano** de los latinos.

HEGEL (Jorge Guillermo Federico), filósofo alemán, n. en Stuttgart (1770-1831). El ***hegelianismo*** identifica la naturaleza y el espíritu con un principio único, la ***idea,*** que se desarrolla por el proceso dialéctico de ***tesis, antítesis, síntesis.*** Maestro incomparable de la filosofía de la Historia. Hegel es autor de ***Fenomenología del espíritu, Lógica, Filosofía del derecho.***

HEIBERG (Juan Luis), escritor danés (1791-1860), autor de comedias y dramas.

HEIDEGGER (Martín), filósofo alemán, n. en 1889; uno de los creadores de la doctrina existencialista en su obra capital *Ser y Tiempo.*

HEIDELBERG, c. de Alemania (Baden-Wurtemberg), a orillas del Neckar. Universidad.

HEIDENHEIM, c. de Alemania (Baden-Wurtemberg); constr. mecánicas; textiles.

HEIDENSTAM (Verner von), novelista sueco (1859-1940), autor de *Los Carolinos,* ciclo de novelas históricas. (Pr. Nóbel, 1916.)

HEILBRONN, c. de Alemania (Baden-Wurtemberg), a orillas del Neckar.

HEILONGKIANG, prov. del NE. de China; cap. *Harbin.*

HEINE (Enrique), poeta alemán, n. en Düsseldorf (1797-1856), autor de poesías de acento desengañado y cínico y de estilo pulido (*Cancionero, Intermezzo, Retorno* y *Mar del Norte*) y de unos *Cuadros de viajes,* escritos en prosa.

HEINSIUS (Antonio), estadista holandés (1641-1720), enemigo de Luis XIV de Francia.

HEISENBERG (Werner), físico alemán, n. en 1901, autor de importantes estudios sobre los átomos y la mecánica cuántica. (Pr. Nóbel, 1932.)

HÉLADE, nombre primitivo de **Grecia.**

HEGEL

HEINE
por OPPENHEIM

HELDER (El), c. y puerto de Holanda Septentrional, en el mar del Norte.

HELENA, c. de los Estados Unidos, cap. del Estado de Montana; sedas.

HELENA, princesa griega célebre por su belleza. Hija de Leda, hermana de Cástor y Polux, y esposa de Menelao, fue raptada por Paris y provocó la guerra de Troya.

HELENO, hijo de Deucalión y Pirra, padre de los helenos o griegos. — Adivino troyano, hijo de Príamo y de Hécuba.

HELESPONTO, n. ant. del estrecho de los **Dardanelos.**

HELGOLAND, ant. **Heligoland,** isla alemana en el mar del Norte. Magníficos acantilados. Perteneció largo tiempo a los ingleses.

HELÍ, juez y sumo sacerdote de los judíos, que educó al joven Samuel (s. XII a. de J. C.).

HELÍADES, hijas del Sol (*Helios*) y hermanas de Faetón, metamorfoseadas en álamos después de la muerte de su hermano.

HELICÓN, monte de Grecia (Beocia), consagrado a las Musas; 1 748. m.

Helieo, ant. tribunal popular de Atenas.

HELIGOLAND. V. HELGOLAND.

HELIODORO, ministro de Seleuco IV Filopator, rey seleúcida. Intentó apoderarse de los tesoros del templo de Jerusalén, pero Dios se lo impidió. (*Biblia.*)

HELIODORO, novelista griego (s. III), autor de *Teágenes y Cariclea.*

HELIOGÁBALO, emperador romano (204-222) famoso por su locura, glotonería y crueldad. Murió asesinado.

HELIÓPOLIS. V. BALBEK.

HELIÓPOLIS, c. del Bajo Egipto hoy en ruinas. Victoria de Kleber sobre los mamelucos (1800).

HELIOS, dios del Sol entre los griegos.

HELMEND o **HILMAND,** río del Afganistán; 1 200 km.

HELMHOLTZ (Hermann de), fisiólogo y físico alemán (1821-1894), autor de estudios de óptica, electricidad y acústica.

HELMOND, c. de Holanda (Brabante Septentrional); industria textil.

HELMONT (Juan Bautista **Van**). V. VAN HELMONT.

HELOS, c. de la ant. Laconia, cuyos habitantes (*ilotas*), fueron esclavos de los espartanos.

HELSINGBORG, c. y puerto de Suecia, a la entrada del Sund; centro industrial y comercial.

HELSINGŒR [*-guer*] o **HELSINGÖR.** V. ELSINOR.

HELSINKI, en sueco **Helsingfors,** cap. de Finlandia, puerto del golfo del mismo n.; 528 300 h. Centro industrial. Universidad.

HELST (Bartolomé **Van der**). V. VAN DER HELST.

HELUAN, c. de Egipto, a orillas del Nilo, cerca de El Cairo. Estación termal. Centro industrial.

HELVECIA, parte oriental de las Galias, que comprendía aproximadamente el territorio ocupado hoy por Suiza. (Hab. *helvecios.*)

HELVETIUS (Claude-Adrien), pensador francés (1715-1771), autor de *De l'esprit,* apología del sensualismo absoluto.

HELLÍN, v. de España (Albacete). Azufre.

HEMEROSCOPION. V. DENIA.

HEMINGWAY (Ernesto), escritor norteamericano (1898-1961), autor de novelas de fuerte realismo en estilo conciso y directo: *El adiós a las armas, Muerte en el atardecer* (sobre los toros), *Por quién doblan las campanas* (sobre la guerra civil española), *El viejo y el mar.* (Pr. Nóbel, 1954.)

HEMON (Louis), novelista francés (1880-1913) que ha trazado un himno a la naturaleza canadiense en su libro *Marie Chapdelaine.*

HENAO, prov. del S. de Bélgica. Cap. *Mons.*

HENARES, río de España, afl. del Jarama; 150 km.

HENDAYA, c. de Francia (Pirineos Atlánticos), a orillas del Bidasoa; estación balnearia. Frontera con España.

HENESTROSA (Andrés), escritor y poeta mexicano, n. en 1910.

HENDON, c. de Inglaterra (Middlesex), suburbio en el NO. de Londres. Aeródromo.

HÉCTOR
pintura en
un vaso griego

HEIDEGGER

HELSINKI
vista del barrio
moderno

HEMINGWAY

Fot. X., Larousse, Centro Cultural Americano (París)

HÉRCULES
arquero
por BOURDELLE

C. ENRÍQUEZ

P. HENRÍQUEZ
UREÑA

HERDER

HENGELO, c. de Holanda (Overyssel). Textiles.
HENNER (Jean Jacques), pintor francés (1829-1905), autor de obras notables por su colorido.
HENRÍQUEZ (*Fray* Camilo), patriota y escritor chileno (1769-1825), fundador de la *Aurora* (1812), primer periódico de su país.
HENRÍQUEZ DE GUZMÁN (Alonso), escritor español (1500-¿1544?), autor de crónicas sobre el Perú.
HENRÍQUEZ UREÑA (Pedro), profesor, ensayista, filólogo e historiador dominicano (1884-1946), uno de los humanistas más preclaros de Hispanoamérica. Autor de *Seis ensayos en busca de nuestra expresión, Plenitud de España,* etc. — Su hermano MAX, diplomático y escritor dominicano (1885-1968), es autor de *Episodios dominicanos* y de otras obras de crítica.
HENRÍQUEZ Y CARVAJAL (Francisco), político y médico dominicano (1859-1935), pres. interino de la Rep. de 1915 a 1916. Desterrado al ocupar el país los norteamericanos, organizó una campaña en pro de la soberanía dominicana. — Su hermano FEDERICO (1848-1951) fue gran amigo de Martí y colaboró en la obra de Hostos.
HENRY (Joseph), físico norteamericano (1797-1878), que descubrió la autoinducción.
HENRY (William SYDNEY PORTER, llamado **O.**), escritor norteamericano (1862-1910), autor de relatos llenos de fantasía.
HENZE (Hans Werner), compositor alemán, n. en 1926. Autor de música atonal y dodecafónica.
Heptamerón o *Cuentos de la reina de Navarra* (Margarita de Angulema), 72 cuentos imitados de Boccaccio (1559).
Heptarquía anglosajona, n. dado al conjunto de los siete reinos de Kent, Sussex, Wessex, Essex, Northumberland, Anglia y Mercia, creado por los sajones y los anglos en los s. IV-IX, en la Gran Bretaña. Los siete reinos acabaron por reunirse en uno solo (*Inglaterra*) en 827.
HERA, diosa griega del Matrimonio, esposa de Zeus, la **Juno** de los latinos.
HERACLEA, c. ant. del Asia Menor (Bitinia), hoy **Eregli.**
HERACLEA, ant. c. de Italia (Lucania), donde venció Pirro a los romanos, en 280 a. de J. C.
HERACLES. V. HÉRCULES.
HERACLIDAS, dinatías griegas del Peloponeso, Corinto, Lidia y Macedonia, que pretendían descender de Hércules o Heracles. Los heraclidas del Peloponeso son los más célebres: unidos con los dorios, expulsaron a los aqueos del sur de Grecia.
HERÁCLIDES del Ponto, filósofo griego del s. IV a. de J. C., discípulo de Platón.
HERACLIO I (¿575?-641), emperador de Oriente de 610 a 641. — HERACLIO II, hijo del anterior, reinó después de él durante tres meses.
HERACLIÓN. V. CANDÍA.
HERÁCLITO de Efeso, filósofo griego (576-480 a. de J. C.), defensor de la teoría de la constante mutabilidad de la materia y de que el fuego es su elemento primitivo.

HERAS (Las), pobl. de la Argentina (Mendoza).
HERAS (Las). V. LAS HERAS.
HERAT, c. del NO. del Afganistán; tapices.
HERAULT [*eró*], dep. del SE. de Francia; cap. *Montpellier.* Vinos, cereales; hulla, bauxita.
HERBART (Juan Federico), filósofo alemán (1776-1841), promotor de una psicología dinámica y científica.
HERBERT (Jorge), poeta inglés (1593-1633), autor de poesías religiosas.
HERCINIA, inmensa selva que cubría la ant. Germania, desde los montes Hercinios, hoy **Erzgebirge,** hasta el Rin y las Ardenas.
HERCULANO, c. de Italia antigua (Campania), que fue sepultada bajo las cenizas del Vesubio el año 79 y descubierta en 1709.
HERCULANO (Alejandro), escritor romántico portugués (1810-1877), autor de una *Historia de Portugal,* de novelas *(El padre Enrico, El monje del Císter)* y de poemas.
HÉRCULES, el más célebre de los héroes de la mitología griega (Heracles) y romana, hijo de Júpiter y de Alcmena. Juno, irritada contra él, mandó a dos serpientes para que lo devorasen en su cuna, pero el niño las ahogó entre sus brazos. Una vez hombre, se distinguió por su estatura y su fuerza extraordinarias y ejecutó, obligado por su hermano Euristeo, los doce famosos trabajos, multitud de hazañas y pasó por las aventuras más extraordinarias. Mató al centauro Neso, que quería robar a su esposa Dejanira, y esta victoria fue causa de su muerte.
Hércules, constelación del hemisferio boreal.
HERDER (Johann Gottfried von), escritor y filósofo alemán (1744-1803), uno de los iniciadores del *Sturm und Drang,* autor de una *Filosofía de la historia de la humanidad.*
HEREDIA, c. de Costa Rica, cap. de la prov. del mismo n.; centro industrial y ganadero; importantes ferias. La princ. prod. de la prov. es el caucho; rica ganadería. (Hab. *heredianos.*)
HEREDIA (José María de), poeta francés de origen cubano (1842-1905), autor de *Trofeos,* conjunto de sonetos cincelados según la estética parnasiana.
HEREDIA (José Ramón), poeta venezolano, n. en 1900, autor de *Música de silencio.*
HEREDIA (Narciso de), conde de Ofalia, político español (1777-1843), jefe del Gob. en 1837.
HEREDIA (Nicolás), novelista y crítico cubanc n. en Baní (Rep. Dominicana) [1859-1901], autor de *Un hombre de negocios.*
HEREDIA (Pedro de), conquistador español (¿1520?-1574). Fundó Cartagena (Colombia).
HEREDIA Y HEREDIA (José María), poeta cubano, n. en Santiago (1803-1839), que vivió desterrado en los Estados Unidos y México. Su obra, a pesar de su carácter a veces neoclásico y sus alusiones mitológicas, puede considerarse como la de un romántico. En sus poemas *En el Teocalli de Cholula* y *El Niágara* canta con emoción lírica la naturaleza americana. Escribió también una tragedia (*Atreo*), críticas y cuentos diversos.
HEREFORD, c. de Inglaterra, a orillas del Wye, afl. del Severn; cap. de condado.
HERENNIO (Cayo Poncio), general samnita, que venció a los romanos en Caudio (321 a. de J. C.) y les obligó a pasar bajo el yugo. (V. HORCAS CAUDINAS.)
HERES, distr. de Venezuela (Bolívar); hierro.
HERES (Tomás de), general venezolano (1795-1842), que fue secretario de Simón Bolívar.

José María
DE HEREDIA

J. M. HEREDIA
Y HEREDIA

Fot. Giraudon, Valotaire, Köhler y Salmann

HERFORD, c. de Alemania (Rin Septentrional-Westfalia). Textiles; metalurgia.
HERISAU, c. de Suiza (Appenzell); textiles.
HERISTAL. V. HERSTAL.
Hermanas de la Caridad, congregación fundada en 1634 por San Vicente de Paúl para socorrer a los pobres y enfermos.
Hermandad. V. SANTA HERMANDAD.
Hermann y Dorotea, poema de Gœthe (1797). Epopeya burguesa de estilo idílico.
HERMANOS, isla de Venezuela, en el Caribe.
Hermanos de la Doctrina Cristiana, congregación religiosa, fundada en Francia en 1680 por J. B. de La Salle, canónigo de Reims, para la instrucción de los niños y extendida hoy por el mundo entero. Se llaman también *Hermanos de las Escuelas Cristianas.*
HERMENEGILDO *(San),* príncipe visigodo, hijo del rey Leovigildo, m. en 586. Asociado al trono en 573 con su hermano Recaredo, se convirtió al catolicismo y, habiéndose rebelado dos veces contra su padre, fue vencido cerca de Tarragona y degollado. Celébrase su fiesta el 13 de abril.
Hermenegildo *(Orden de San),* orden militar española, fundada en 1815 por Fernando VII, para premiar la constancia en el servicio de los militares y otros funcionarios. Hay tres clases de condecoraciones: Cruz, Placa y Gran Cruz.
HERMES, dios griego, hijo de Zeus, identificado por los latinos con **Mercurio.** Era dios de la Elocuencia, del Comercio y de los Ladrones, y mensajero de los dioses.
Hermes, estatua de Praxiteles (s. IV a. de J. C.), en el museo de Olimpia (Grecia).
HERMES TRISMEGISTO (*"Tres veces grande"*), n. que daban los griegos al dios egipcio **Tot.**
HERMIONA o **HERMIONE,** c. de la ant. Grecia, en el Peloponeso; hoy **Kastri.**
HERMIONE, hija de Menelao y Helena, esposa de Pirro y después de Orestes.
HERMITA, isla de Venezuela, en el mar Caribe.
HERMITE, grupo de islas de Chile, en la Tierra del Fuego, que pertenecen a la prov. de Magallanes; en una se encuentra el cabo de Hornos.
HERMITE (Carlos), matemático francés (1822-1901), que se distinguió también como analista.
HERMÓCRATES, general siracusano del s. V. Defendió en 415 su patria contra los atenienses.
HERMÓN, cadena de montañas del Antilíbano, entre Líbano, Siria e Israel; 2 814 m.
HERMÓPOLIS, n. de dos ciudades del antiguo Egipto en que se rendía culto a Hermes.
HERMÓPOLIS, c. de Grecia, en la isla de Sira, cap. de las Cícladas. Puerto activo.
HERMOSILLO, c. de México, cap. del Estado de Sonora; centro agrícola (naranjas), ganadero y minero (oro, cobre). Universidad. Obispado.
HERNANDARIAS, c. del Paraguay, cap. del dep. de Alto Paraná. (Hab. *hernandeños.*)
HERNANDARIAS. V. ARIAS DE SAAVEDRA.
HERNÁNDEZ (Domingo Ramón), poeta venezolano (1829-1893).
HERNÁNDEZ (Efrén), escritor mexicano (1903-1958), excelente ensayista.
HERNÁNDEZ (Francisco), médico y botánico español (¿1517?-1587) que estudió la historia natural de la Nueva España.
HERNÁNDEZ (Gregorio), escultor español (1566-1637), uno de los maestros de la escultura policroma, autor de *Cristos, Pasos,* etc.
HERNÁNDEZ (José), poeta argentino, n. en Perdriel (Buenos Aires) [1834-1886], máximo representante de la épica gauchesca. En su poema *Martín Fierro* (1872), uno de los más originales del romanticismo hispánico, el payador canta de manera humana su lucha por la libertad, contra las adversidades y la injusticia. El lenguaje empleado es diáfano, vigoroso y creador. En 1879 fue publicada una segunda parte de esta obra con el título de *La vuelta de Martín Fierro.* También escribió en prosa *Instrucción del estanciero.* Fue federal y se opuso a Mitre y Sarmiento.
HERNÁNDEZ (José Alfredo), poeta peruano, n. en 1910, autor de *El ángel agitado.*
HERNÁNDEZ (José Manuel), caudillo nacionalista venezolano (1844-1921), que se sublevó contra los gobiernos de Crespo y Castro.
HERNÁNDEZ (Mateo), escultor español (1883-1949).
HERNÁNDEZ (Miguel), poeta español (1910-1942), que ha publicado admirables sonetos (*El rayo que no cesa*), poemas (*Viento del pueblo*) y dos obras teatrales: *El labrador de más aire* y *Quién te ha visto y quién te ve.*
HERNÁNDEZ ARANA-XAJILA (Francisco), historiador indígena guatemalteco del siglo XVI.
HERNÁNDEZ CATÁ (Alfonso), novelista y escritor dramático cubano (1885-1940), autor de *Cuentos pasionales, Los siete pecados,* etc.
HERNÁNDEZ DE ALBA (Gregorio), arqueólogo colombiano, n. en 1904, autor de *Etnología guajira.*
HERNÁNDEZ DE CÓRDOBA (Francisco), navegante español, m. en Cuba en 1518, año en que descubrió las costas de Yucatán.
HERNÁNDEZ DE CÓRDOBA (Francisco). V. FERNÁNDEZ.
HERNÁNDEZ DE NAVARRETE (Domingo). V. NAVARRETE.
HERNÁNDEZ FRANCO (Tomás), poeta dominicano (1904-1952), cultivador de la lírica afroantillana.
HERNÁNDEZ GIRÓN (Francisco), conquistador español (1510-1554), que intervino en el Perú en la campaña contra Pizarro. Encabezó una sublevación contra el virrey La Gasca. Hecho prisionero, fue ajusticiado.
HERNÁNDEZ MARTÍNEZ (Maximiliano), general y político salvadoreño (1882-1966). Elevado a la Jefatura del Estado por el Directorio (1931), reprimió una sublevación campesina en 1932. Elegido pres. de la Rep. en 1934, reformó la Constitución y se hizo reelegir en 1939, pero una huelga le obligó a dimitir (1944).
HERNÁNDEZ MONCADA (Eduardo), compositor mexicano, n. en 1899.
HERNANDO SILES, prov. de Bolivia (Chuquisaca); cap. *Monteagudo.*
HERNANDO Y PALOMAR (Rafael), compositor español (1822-1888), autor de zarzuelas.
HERNANI, v. de España (Guipúzcoa).
Hernani, drama de Víctor Hugo, cuyo estreno (1830) promovió violentas discusiones entre los partidarios del neoclasicismo y los románticos.
HERNE, c. de Alemania (Rin Septentrional-Westfalia); hulla. Industria metalúrgica.
HÉRNICOS, pueblo del Lacio, sometido por los romanos (s. V a. de J. C.).
HERO. V. LEANDRO.
HERODES el Grande, rey de Judea del año 40 al año 4 a. de J. C. (V. JESÚS). A él se atribuye la *degollación de los Inocentes.* — HERODES ANTIPAS, hermano del anterior, tetrarca de Galilea. Juzgó a Jesucristo, que le envió Pilatos, e hizo morir a San Juan Bautista; reinó de 4 a. de J. C. a 39 d. de J. C. — HERODES AGRIPA I, nieto de Herodes el Grande, padre de Berenice, rey de 37 a 44 d. de J. C. — HERODES AGRIPA II, rey de Judea hacia 50; asistió a la toma de Jerusalén por Tito (70).
HERODÍAS, esposa de Herodes Antipas. Hizo pedir la cabeza de San Juan Bautista por mediación de su hija Salomé.
HERODOTO, historiador griego, llamado el **Padre de la Historia** (¿484-420? a. de J. C.). Gran viajero, cuenta en sus *Historias* todos los sucesos, legendarios o verídicos, capaces de subrayar la oposición entre el mundo bárbaro (egipcios, medos, persas) y la civilización griega.

HERMES
arte griego
s. IV a. J. C.
museo de Atenas

J. HERNÁNDEZ

Miguel HERNÁNDEZ

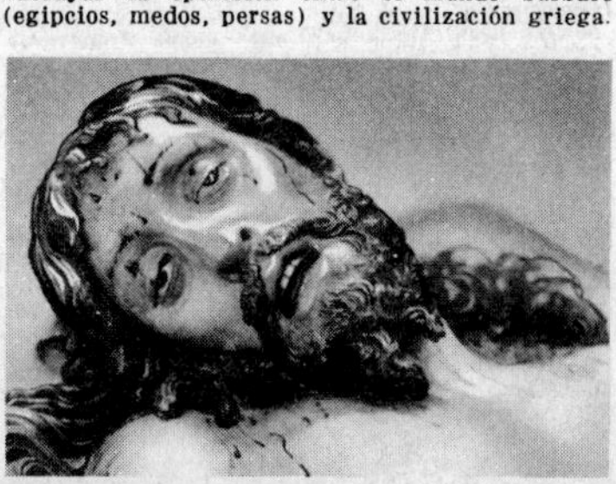

G. HERNÁNDEZ
CRISTO YACENTE
detalle
museo Nacional
Valladolid

Francisco DE HERRERA EL VIEJO *detalle* de SAN BASILIO

HERRERA Y REISSIG

Dionisio HERRERA

F. DE HERRERA EL DIVINO

HERÓN, matemático y físico de Alejandría (s. I d. de J. C.), inventor de la *dioptra* o *pínula*, primer instrumento universal de medida, y autor de tratados de mecánica y de óptica.

HERRÁN (Antonio), arzobispo de Bogotá (1798-1868), célebre por su caridad y dulzura.

HERRÁN (Pedro Alcántara), general y político colombiano (1800-1872), pres. de la Rep. de 1841 a 1845. Promulgó la Constitución de 1843, que reforzaba el poder ejecutivo.

HERRERA, dep. de Panamá, al O. del golfo de Panamá; cap. *Chitré*. (Hab. *herreranos.*)

HERRERA (Alfonso Luis), biólogo mexicano (1868-1944), autor de *Una nueva ciencia: la plasmogenia.*

HERRERA (Carlos), político guatemalteco (1856-1930), pres. de la Rep. de 1920 a 1921.

HERRERA (Darío), escritor panameño (1869-1914), gran poeta y prosista del modernismo.

HERRERA (Demetrio), escritor y poeta panameño (1902-1950).

HERRERA (Dionisio), político hondureño (1781-1850), jefe del Estado de 1824 a 1827, ejerció las mismas funciones en Nicaragua de 1830 a 1833 y fue elegido pres. de El Salvador en 1835, pero renunció a este cargo. — Su hermano JUSTO JOSÉ, fue jefe del Estado de Honduras de 1837 a 1838.

HERRERA (Ernesto), autor dramático uruguayo (1886-1917), entre cuyas obras figuran *El león ciego, La moral de Misia Paca* y *El pan nuestro.*

HERRERA (Fernando de), poeta renacentista español, n. en Sevilla (1534-1597), figura cumbre de la Escuela Sevillana. Sus versos le valieron en su tiempo el sobrenombre de **el Divino.** Entre sus poemas, de tono heroico e inspiración bíblica, destacan *A la muerte del Rey Don Sebastián, Canción por la victoria de Lepanto* y *Al Santo rey Don Fernando,* sin olvidar los sonetos y canciones que dedicó a celebrar la belleza de la condesa de Gelves, Doña Leonor de Milán. Pulcro y erudito, compuso varios escritos en prosa, entre ellos unas *Anotaciones a Garcilaso.*

HERRERA (Flavio), escritor guatemalteco (1895-1968), autor de poemas, cuentos y novelas.

HERRERA (Francisco de), llamado **el Viejo,** pintor español, n. en Sevilla (¿1576?-1656), autor de cuadros de un realismo vigoroso y exuberante *(Apoteosis de San Hermenegildo, El juicio final, San Basilio).* — Su hijo FRANCISCO, llamado **el Mozo** (1622-1685), trabajó en Roma y luego fue pintor de cámara de Felipe IV.

HERRERA (José Joaquín), general y político mexicano (1792-1854), pres. de la Rep. de 1844 a 1845 y de 1848 a 1851.

HERRERA (Juan de), arquitecto español (1530-1597), que colaboró en la construcción del monasterio de El Escorial con J. B. de Toledo, a quien sucedió en 1567. Se le deben también el castillo de Simancas, el Alcázar de Toledo, la catedral de Valladolid, la Lonja de Sevilla y el puente de Segovia en Madrid.

HERRERA (Luis Alberto de), historiador y político uruguayo (1873-1959), paladín de la revisión histórica.

HERRERA (Santos León), político costarricense, n. en 1874, pres. de la Rep. en 1948.

HERRERA (Tomás), general y político colombiano (1802-1854). Inició el movimiento separatista panameño (1840). Fue pres. de la Rep. en Armas contra Melo (1854) y murió en el combate.

HERRERA Y OBES (Julio), político uruguayo (1841-1912), pres. de la Rep. de 1890 a 1894. Restauró el gobierno civil en el país.

HERRERA Y REISSIG (Julio), poeta modernista uruguayo, n. en Montevideo (1875-1910), de gran inspiración e imaginación lírica. Su estilo es exuberante, lleno de metáforas, y sus temas preferidos son aquellos en que canta la naturaleza. Obras: *Los maitines de la noche, Los éxtasis de la montaña, Poemas violetas, Pianos crepusculares,* etc.

HERRERA Y RIVERA (Rodrigo de), dramaturgo clásico español (1592-1657).

HERRERA Y TORDESILLAS (Antonio de), historiador español (1559-1625), cronista de España y de Indias, autor de *Historia general del mundo en tiempo del rey Don Felipe II* y de *Décadas* o *Historia general de los hechos de los castellanos en las islas y Tierra Firme del mar Océano* (1601), en 4 volúmenes.

HERRERA ZELEDÓN (Vicente), político costarricense (1821-1888), pres. de la Rep. de 1876 a 1877.

HERRICK (Roberto), poeta inglés (1591-1674), autor de delicadas poesías rústicas.

HERRIOT [*erió*] (Eduardo), político y escritor francés (1872-1957), jefe del Partido Radical y Radicalsocialista, varias veces jefe del Gob.

HERSCHEL (*sir* William), astrónomo inglés, n. en Hannover (1738-1822). Se le debe el descubrimiento del planeta Urano y sus satélites, así como el de los satélites de Saturno. Es el creador de la astronomía estelar. — Su hijo, JOHN (1792-1871), creó el análisis espectroscópico y descubrió las radiaciones infrarrojas.

HERSTAL, ant. **Heristal,** c. de Bélgica (Lieja); hulla; armas.

HERTEN, c. de Alemania (Rin Septentrional-Westfalia). Hulla; metalurgia; papelerías.

HERTFORD, condado de Inglaterra al N. de Londres; cap. *Hertford.*

HERTOGENBOSCH. V. BOIS-LE-DUC.

HERTZ (Enrique), físico alemán (1857-1894); descubrió las ondas eléctricas llamadas ***hertzianas*** y el efecto fotoeléctrico.

HERTZ (Gustavo), físico alemán, n. en 1887, autor de la teoría de la luminiscencia. (Pr. Nóbel, 1925).

HERTZOG (Enrique), político y médico boliviano, n. en 1897, que fue elegido pres. de la Rep. en 1947 y renunció en 1949.

HÉRULOS, pueblo germánico que, guiado por Odoacro, destruyó el Imperio de Occidente en 476.

HERVÁS (José Gerardo de), sacerdote y poeta satírico español, m. en 1742, que escribió con el nombre de **Jorge Pitillas** una famosa *Sátira contra los malos escritores de este siglo.*

HERVÁS Y PANDURO (Lorenzo), erudito jesuita español (1735-1809), autor de un curioso *Catálogo de las lenguas de las naciones conocidas,* en el que prevé muchos de los descubrimientos de la lingüística contemporánea.

HERVEO, páramo de Colombia (dep. de Tolima).

W. HERSCHEL

E. HERTZ

Fot. Giraudon, Larousse, doc. A. G. P., Manuel Krewaldt

HERZEGOVINA. V. BOSNIA Y HERZEGOVINA.
HERZEN (Alejandro Ivanovich), crítico literario y escritor revolucionario ruso (1812-1870). Preconizó para Rusia un socialismo derivado de las comunidades rurales existentes.
HERZL (Teodoro), escritor húngaro n. en Budapest (1860-1904), promotor del sionismo, autor de *El Estado judío.*
HESÍODO, poeta griego del s. VIII a. de J. C., autor de *Teogonía* y del poema didáctico y moral *Los trabajos y los días.*
HESIONE, hija de Laomedonte, libertada por Heracles del monstruo que iba a devorarla.
HESPERIA, n. que daban los antiguos griegos a Italia y los romanos a España.
HESPÉRIDES, hijas de Atlas. Eran tres hermanas que poseían un jardín cuyos árboles producían manzanas de oro. Estas frutas preciosas habían sido colocadas bajo la vigilancia de un dragón de cien cabezas. Hércules se encaminó al jardín, mató al dragón y se apoderó de las manzanas de oro, realizando así el undécimo de sus trabajos.
HESPÉRIDES, islas fabulosas del Atlántico, probablemente las Canarias.
HESS (Víctor), físico austriaco (1883-1964), especialista en rayos cósmicos. (Pr. Nóbel, 1936).
HESS (Walter Rodolfo), fisiólogo suizo, n. en 1881; especialista de la terapéutica del sistema nervioso. (Pr. Nóbel, 1949.)
HESSE, n. de tres Estados de la ant. Confederación Germánica: el electorado de Hesse-Cassel, el landgraviato de Hesse-Homburgo, reunidos con Prusia en 1866, y el gran ducado de Hesse-Darmstadt, cap. *Darmstadt;* c. pr. *Maguncia.* República miembro del Reich en 1919, Hesse, que actualmente comprende también la ant. prov. prusiana de Hesse-Nassau, constituye un Estado de Alemania occidental; **27 100 km²; 4 703 000** h. Cap. *Wiesbaden.*
HESSE (Hermann), novelista suizo de origen alemán (1877-1962), uno de los maestros de la prosa contemporánea alemana (***Goldmundo y Narciso****, Peter Gamezind*). [Pr. Nóbel, 1946.]
HESSE-NASSAU, prov. de la ant. Prusia, formada después de la guerra de 1866 por la reunión del ducado de Nassau y el electorado de Hesse-Cassel. Hoy forma parte del Estado de Hesse. C. pr. *Cassel, Wiesbaden, Francfort del Main.*
HESTIA, diosa griega del Hogar, la **Vesta** latina.
HETEOS. V. HITITAS.
HEUREAUX (Ulises), general y político dominicano (1845-1899), pres. de la Rep. de 1882 a 1884 y de 1887 a 1889. Reformó la Constitución, gobernó dictatorialmente e impulsó, a pesar de sus desaciertos financieros, el progreso del país. Murió asesinado.
HEVELIUS (Juan), astrónomo alemán (1611-1687). Publicó un mapa detallado de la Luna.
HEVESY (Jorge), químico sueco, n. en Budapest (1885-1966), que descubrió los indicadores radiactivos. (Pr. Nóbel, 1943.)
HÉYAZ. V. HEDJAZ.
HEYDEN (Juan **Van der**). V. VAN DER HEYDEN.
HEYMANS (Cornelius), médico belga n. en 1892, que se ha distinguido por sus estudios sobre la respiración. (Pr. Nóbel, 1938).
HEYSE (Paul), escritor alemán (1830-1914), autor de poesías, novelas y dramas. (Pr. Nóbel, 1910.)
HEYWOOD [*jeivud*] (Tomás), dramaturgo inglés (¿1570?-1641), uno de los maestros de la época de Isabel I.
HIA, dinastía real de China (s. XX-XVI a. de J. C.)
HÍADES o **HÍADAS,** ninfas, hijas de Atlas, que recogieron y criaron al joven Apolo.
HIA KUEI, pintor chino (fin del s. XII-comienzos del XIII), autor de paisajes.
HIA-MEN. V. AMOY.
HIATY. V. FÉLIX PÉREZ CARDOZO.
HIBERNIA, nombre latino de **Irlanda.**
HIBUERAS, ant. n. de **Honduras.**
HICKEN (Cristóbal M.), botánico argentino (1875-1933), autor de estudios sobre la flora de su país.
HIDALGO, n. dado a un sector de la Sierra Madre Oriental de México y a varias pobl. de México. — Estado del centro de México; cap. *Pachuca;* uno de los principales prod. de oro, plata, cinc y antimonio.
HIDALGO (Alberto), poeta futurista peruano (1897-1967), autor de *Voces de colores.*
HIDALGO (Bartolomé), poeta uruguayo, n. en Montevideo ((1788-1823), uno de los primeros en escribir composiciones gauchescas y en cantar la población rural americana.
HIDALGO DE CISNEROS (Baltasar). V. CISNEROS (Baltasar HIDALGO DE).
HIDALGO DEL PARRAL, pobl. de México (Chihuahua) ; centro minero (plata, plomo, oro).
HIDALGO Y COSTILLA (Miguel), sacerdote y patriota mexicano, n. en Pénjamo (Guanajuato) [1753-1811], padre de la independencia de su país. Era párroco de Dolores (Guanajuato), cuando aceptó la jefatura de un movimiento revolucionario en Querétaro. Descubierta la conspiración, convocó al pueblo el 16 de septiembre de 1810 y lanzó el célebre *Grito de Dolores* que inició la revolución mexicana. Al frente de un improvisado ejército de indios, que fue haciéndose cada vez más numeroso, marchó sobre Celaya, donde fue nombrado capitán general. Se apoderó de Guanajuato y Valladolid, y logró la victoria del Monte de las Cruces, pero fue derrotado por las fuerzas realistas en Aculco, Guanajuato y Puente de Calderón. Caído poco después en la emboscada de Baján, fue sometido a proceso, degradado como sacerdote y fusilado en Chihuahua.
HIDASPES, río de la India, hoy **Djelam.**
HIDDEN PEAK. V. GASHERBRUM.
HIDEYOSHI (Toyotomi), general y estadista japonés (1536-1598), pacificador y unificador del Japón.
HIDRA, n. de dos constelaciones del hemisferio boreal y el hemisferio austral.
Hidra de Lerna, serpiente monstruosa de siete cabezas, que volvían a crecer a medida que las cortaban, si no se derribaban todas de un solo tajo. Por fin la mató Heracles. *(Mit.)*
HIENYANG, ant. c. de China (Chansi), cap. de los Cheu, tercera de las dinastías chinas.
HIERÁPOLIS, ant. c. de Frigia, al N. de Laodicea.
HIERÓN, n. de dos tiranos de Siracusa: el primero, protector de las letras, gobernó de 478 a 466 a. de J. C.; el otro, de 265 a 215. Se alió con los romanos.
HIERRO (ISLA DE), la más pequeña y meridional de las Canarias. Cap. *Valverde.*
HIERRO (José), poeta español n. en 1922, autor de *Tierra sin nosotros.*
HIGHLANDS [*hailans*] (*"Tierras altas"*), parte montañosa de Escocia. (Hab. ***highlanders.***)
HIGH WYCOMBE, c. de Gran Bretaña (Buckingham).
HIGINIO (Cayo Julio), gramático hispanolatino (s. I de nuestra era), autor de obras de erudición.
HIGUAMO o **IGUAMO,** río de la Rep. Dominicana (El Seibo).
HIGUERA (La), com. de Chile (Coquimbo).
HIGÜEY, com. de la Rep. Dominicana (Altagracia). Obispado.
HÍJAR, v. de España (Teruel). Cereales.
HIJUELAS, com. de Chile (Valparaíso).
HIKSOS, pueblos de origen discutido, llamados erróneamente *pastores*, y cuyo nombre significa "pueblos extranjeros". Invadieron y dominaron Egipto desde 1730(?) hasta 1580 a. de J. C.
Hilanderas (*Las*), cuadro de Velázquez (Prado).
HILARIO *(San),* papa de 461 a 468. Condenó a Eutiques y Nestorio. Fiesta el 14 de enero.
HILARIO *(San),* obispo de Poitiers, Padre de la Iglesia (¿315?-367). Fiesta el 28 de febrero.
HILARIÓN *(San),* eclesiástico griego, n. cerca de Gaza (291-371), discípulo de San Antonio, que instituyó la vida monástica en Palestina. Fiesta el 21 de octubre.
HILBERT (David), matemático alemán (1862-1943), jefe, en lógica científica, de la escuela formalista.
HILDEBRANDO. V. GREGORIO VII *(San).*
HILDESHEIM, c. de Alemania (Baja Sajonia) ; centro agrícola. Catedral románica.
HILVERSUM, c. de Holanda (Holanda Septentrional) ; estación de radiodifusión.
HILL (Archibald Vivian), fisiólogo inglés, n. en 1886. Pr. Nóbel en 1922 por sus estudios sobre los músculos.

HERVÁS
Y PANDURO

HIDALGO
Y COSTILLA

HESSE

HEUREAUX

Fot. Larousse, doc. A. G. P., Dpa. Bild

mariscal HINDENBURG

HIROHITO
Fot. Keystone y Wide World

HIMACHAL PRADESH, terrritorio del N. de la India; cap. *Simla.*

HIMALAYA (MONTES), cadena de montañas de Asia, que se extiende del E. al O. entre los valles del Indo y del Brahmaputra, separa el Indostán del Tíbet y comprende las cimas más elevadas del globo: Everest (8 882 m), etc.

HIMEJI, c. del Japón, al S. de Hondo; fundiciones de acero.

HIMENEO, dios del Matrimonio. *(Mit.)*

HÍMERA, c. de la ant. Sicilia, en la costa N. de la isla. Destruida por Aníbal en 480 a. de J. C.

HIMETO, montaña de Ática, al S. de Atenas, célebre por su miel y sus canteras de mármol.

HINDEMITH (Paul), compositor alemán (1895-1963), uno de los jefes de la escuela contemporánea, autor de numerosas sonatas, óperas, conciertos para violín, etc.

HINDENBURG (Paul von), mariscal alemán (1847-1934), jefe supremo de 1916 a 1918 de los ejercitos alemán y austriaco en la Primera Guerra mundial. Pres. del Reich de 1925 a 1934.

HINDOSTÁN. V. INDOSTÁN.

HINDU-KUCH, macizo de Asia Central, entre la meseta de Pamir y la cordillera de Kuenlun.

HINOJOSA DEL DUQUE, v. de España (Córdoba). Centro agrícola y ganadero.

HINOJOSA Y NAVEROS (Eduardo de), jurista y erudito español (1852-1919), autor de una importante *Historia del Derecho Español.*

HIPARCO, hijo de Pisístrato. Gobernó Atenas desde 527 con su hermano Hipias; asesinado por Harmodio y Aristogitón en 514 a. de J. C.

HIPARCO, astrónomo famoso de la Antigüedad, n. en Nicea (Bitinia) [s. II a. de J. C.]. Descubrió la precesión de los equinoccios y se considera el fundador de la trigonometría.

HIPIAS. V. HIPARCO.

HIPNOS, dios griego del Sueño, hijo del Erebo.

HIPÓCRATES, el más famoso de los médicos de la Antigüedad, n. en la isla de Cos (¿460-377? a. de J. C.). Su sistema se basaba en la alteración de los humores. Extendióse su fama hasta el Asia, y lo llamó Artajerjes para que combatiese la peste que diezmaba el ejército persa. Hipócrates rechazó sus magníficos ofrecimientos y respondió que el honor le prohibía socorrer a los enemigos de su patria.

HIPOCRENE (*"Fuente del caballo"*), fuente que nacía en la falda del Helicón (Beocia), y estaba consagrada a las Musas. El caballo Pegaso la había hecho brotar al dar una coz en la roca.

HIPÓLITA, famosa reina de las amazonas, en Escitia, que fue vencida por Hércules. *(Mit.)*

HIPÓLITO, hijo de Teseo por quien su madrastra Fedra concibió una violenta pasión que no fue correspondida. Acusóle entonces Fedra de haber atentado contra su honor y Teseo excitó contra él la ira de Neptuno. Un monstruo marino espantó las caballos del carro del joven, que pereció en las rocas de la costa.

HIPÓLITO (*San*), obispo de Ostia y mártir (¿170-235?). Fiesta el 22 de agosto.

HIPÓMENES, nieto de Poseidón. Venció a Atalanta en la carrera y se casó con ella.

HIPONA, ant. c. de Numidia, cerca de Bona. Ruinas romanas; sepulcro de San Agustín.

HIRAM, arquitecto fenicio que dirigió la construcción del templo de Jerusalén (s. X a. de J. C.).

HIRAM I, rey de Tiro (¿969?-935 a. de J. C.), que proporcionó a Salomón los trabajadores y los materiales necesarios para la construcción del templo de Jerusalén.

HIRCANIA, región de la antigua Persia, al S. y al SE. del mar Caspio.

HIRCANO I, soberano pontífice judío de 134 a 104 a. de J. C., sucesor de su padre Simón Macabeo. — HIRCANO II, soberano pontífice (76-67, 63-40 a. de J. C.) y etnarca de los judíos (47-41); asesinado el año 30.

HIROHITO, emperador del Japón, n. en 1901. Sucedió a Yoshihito en 1926. Aceptó en 1945 una Constitución de forma democrática.

HIROSHIGE, pintor y grabador japonés (1797-1858), autor de paisajes.

HIROSHIMA, c. del Japón (Hondo), cerca del mar Interior; ind. textil. Los norteamericanos lanzaron allí la primera bomba atómica el 6 de agosto de 1945 (60 000 muertos y más de 100 000 heridos).

HIRSCHBERG. V. JELENIA GORA.

HÍSPALIS, ant. c. de la Bética, hoy **Sevilla.**

HISPANIA, nombre latino de la **Península Ibérica.**

Hispanic Society of America, entidad cultural fundada en Nueva York (1904) por el hispanista norteamericano Huntington, para fomentar el estudio de la lengua y civilización españolas.

HISPANIOLA, n. dado a la isla de **Haití.**

HISPANO (Cornelio). V. LÓPEZ (Ismael).

HISPANOAMÉRICA, conjunto de países americanos de lengua y cultura española.

HISSARLIK, aldea de Asia Menor, en Tróada, donde se hallaba la ant. Troya.

HISTASPES, sátrapa persa, padre de Darío I.

HISTIEO, tirano de Mileto; primero aliado fiel de Darío, fomentó después la rebelión en Jonia y fue preso y crucificado en 494 antes de J. C.

montes del HIMALAYA

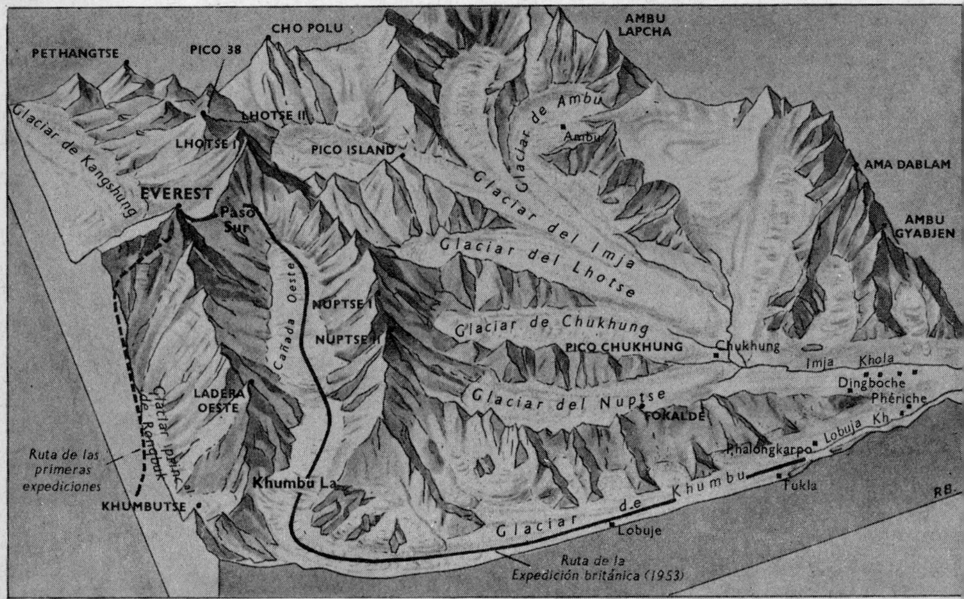

Egipto	Mesopotamia-Elam-Persia	Anatolia-Siria-Palestina-Fenicia
Período tinita: I y II dinastías (3300-2778). **Imperio Antiguo:** Menfis. III a X dinastías (2778-2160). Las pirámides.	Hacia 3000 Dinastía de Ur. Hacia 2600 **Imperio Acadio.** Hacia 2350 I dinastía elamita. Hacia 2300 Fundación de Babilonia.	En Asia Menor, fundación del **Imperio Hitita** por Anita. Fundación de Ugarit (Ras-Shamra).
Imperio Medio: Tebas (2160-1730). Los reyes sacerdotes: dios Ra. Amenemhet III.	Imperio Babilónico: **Hammurabi.** Los Kasitas: Gandash. Hacia 1700: Expansión elamita.	El *Gran Imperio Hitita* de Anatolia (s. XIX-XVIII). Prosperidad de *Ugarit* y Biblos.
Invasión de los *hiksos* (1730-1580). XV a XVII dinastías.	Mesopotamia invadida por los *mitanios* y después por los *hititas*. Ruina de Babilonia.	Los *patriarcas* conducen a los hebreos a la Tierra de Canaán. Los *pueblos del mar* asolan el Mediterráneo oriental. Los hebreos en Egipto (José).
Ahmés libera a Egipto. **Imperio Nuevo** (1580-1090). **Grandes faraones**: Tutmés III (1505-1450). Ramsés II (1298-1232). Lucha contra los hititas: Luxor y Carnac. XVIII a XX dinastías.	Fundación de Susa. Reyes de Anzán. S. XV-XIV. **El Imperio Babilónico sucumbe ante los faraones y los asirios.** 1250 Fundación de *Nínive.* Lucha entre Asiria y Elam. Salmanasar I. Teglatfalasar II.	Nuevo Imperio Hitita: s. XIV. *Suppiluliuma.* Hacia 1300, el *Éxodo* (Moisés). El *Decálogo.* *Josué* conduce a los hebreos a la Tierra de Promisión. Hacia 1150 Caída de los hititas. Los **Jueces.** La monarquía: *Saúl* (s. XI).
Egipto dividido: XXI a XXV dinastías. Imperio Saíta: XXVI dinastía. 525 Conquista por Cambises, rey de Persia.	Apogeo de Asiria: **Asurbanipal** (s. VII). Imperio Caldeo: **Nabucodonosor** (s. VI). Sumisión de los medos por los persas. *Ciro* conquista Babilonia (539). Imperio del *Gran Rey.*	*David-Salomón* (Templo). Cisma de las diez tribus (s. X). 814 Fundación de **Cartago.** Los **Profetas.** El cautiverio de Babilonia (587). Ciro liberta a los judíos (539).
Egipto sometido a Persia (525-332).	Caldea sometida a Persia (539-524).	Darío I (521-486). Jerjes (485-465). Darío III (336-330).
Alejandro Magno (356-323) somete el Antiguo Oriente (336-323)		
Alejandría (331)	**Isos (333) — Susa (324)**	**Tiro (332) — Babilonia (331)**
El Egipto helenístico. Los **Lagidas** (306-30). César en Egipto. Marco Antonio y Cleopatra. 31 *Accio.* Egipto, prov. romana: 30 a. de J. C.	Dominación seleúcida en Irán y Mesopotamia. 256 a.-224 d. de J. C. Los Arsácidas. 226-652 d. de J. C. Los Sasánidas.	Los **Seleúcidas** (312-64). Destrucción de Cartago (146). Fin de Pérgamo (133). Craso contra los partos (53). — 3 a + 30: **Jesucristo.** + 70. Destrucción de Jerusalén.

Grecia antigua	Italia-Roma	India-Extremo Oriente
S. XXX Los *egeocretenses.* Cnosos. El Minotauro.	Período cuprolítico.	*India:* Civilización drávida. Invasión aria.
2000 a 1500 Civilización **micénica.** S. XII Imperio de Agamenón. Guerra de Troya. S. XI Invasión doria. Leyendas homéricas.	Hacia 1500 Terramaras. S. XV **Ligures, umbrios, italiotas y** griegos. S. X Cultura de Villanova.	En China Los Hia (1989-1558). Los Chang (1558-1051). Los Cheu (1050-249).
Colonización griega del s. XII al s. VIII. *Esplendor de Jonia,* s. VII. S. VI Solón en Atenas. S. V **Guerras médicas.** Maratón (490), Salamina (480). Confederación de Delos. **Siglo de Pericles** (444-429). El Partenón. Fidias. Herodoto. Esquilo. Sófocles. *Guerra del Peloponeso* (431-404). Ruina de Atenas. Los Treinta Tiranos. M. de Sócrates (399). *Hegemonía de Tebas:* Epaminondas. *Filipo de Macedonia:* Demóstenes. Conquista de Grecia: Queronea (338). *Alejandro Magno* (356-323). **Imperio de Alejandro** (336-323). Su reparto: Lagidas (306-30). Seleúcidas (312-64) y Antigónidas. Ligas aqueas: Filopemen. 146 *Destrucción de Corinto.* Grecia, provincia romana. Pompeyo contra los piratas del Mediterráneo oriental.	S. VIII o VI El gran **Estado Etrusco.** 753 *Roma.* **La monarquía (753-519).** 519 Caída de la monarquía. La **República.** Lucha entre patricios y plebeyos de 509 a 300. 450 Ley de las XII Tablas. Igualdad política: fin del s. IV. **Conquista romana** en Italia: Guerras samnitas (343-290, 290-275): Pirro. Dos primeras guerras púnicas (264-201). Aníbal: Cannas (216), Zama (202). Sumisión del Oriente (197-168). Sumisión de Grecia (146). Sumisión de *España* (140-133). Sumisión de Asia (133). "Mare nostrum". *Tercera guerra púnica* (149-146). 133-122 Los *Gracos,* leyes agrarias S. I Mario y Sila. Pompeyo y César. Cicerón.	*Lo-yang,* cap. de China. 551-479 Confucio. 563-483 Zâkyamuni. 520 Darío I en el Pendjab. 329 Alejandro en la India: Poro. Los *Maurya* (315-185). (Chandragupta). Reino griego de Bactriana (250-135). 221 La Gran Muralla. 202 Los Han en China. 140-86 Reino de Wu-Ti en China. 108 Los chinos en Corea.
Farsalia (48). Filipos (42). Accio (31). Viaje de Nerón (62). Adriano en Atenas.	49-44 Dictadura de César. 27 a.-14 d. de J. C. **Octavio César Augusto.** 96-192 Los Antoninos (Trajano). 284-305 Diocleciano. La *Tetrarquía.* 307-337 Constantino el Grande. 313 Edicto de Milán. 395 Reparto del Imperio.	S. I d. de J. C. El budismo en China. Los Tres Reinos (220-280). La unidad por los Tsin (265-419). 317 Los hunos en la China del Norte. Nankín, cap. del Sur. 335 El budismo, religión oficial en China.

Mesoamérica	Zona Andina	Península Ibérica
Culturas arcaicas del Valle de México (1500-1100). Período premaya (1000). Los **olmecas** en el golfo de México: La Venta; Tres Zapotes (800). Los **zapotecas** en Oaxaca: Monte Albán I (650-200).	*Chavín de Huantar* (1200-400).	Edad del Bronce (2000-1000). Los fenicios: Cádiz (1100). Edad del Hierro (1000-133). Los iberos en Levante. Los tartesios en Andalucía. S. VII Los griegos (Ampurias). S. VI Los cartagineses. Gran invasión céltica. Sagunto (219).
Teotihuacán I (300-0). Monte Albán II (200 a. de J. C.-200 d. de J. C.).	Salinar. Paracas (necrópolis de Cavernas). Chiripa (400 a. de J. C.-400 d. de J. C.). San Agustín (300 a. de J. C.-300 d. de J. C.).	**Dominación romana (218 a.-409 d. de J. C.)** Viriato: lucha contra Roma (147-139). Numancia (133).
Teotihuacán II (0-300). Teotihuacán III: apogeo (300-650). **Mayas: Antiguo Imperio (317-987)** 327 Uaxactun. 416 Tikal. Monte Albán III (350-1000): apogeo de la cultura *zapoteca*. S. VII-XIV Los *totonacas* en el golfo de México: pirámide de El Tajín. Teotihuacán IV (650-1000). 731-987 Período clásico maya. Los **toltecas**: Tula (856-1116). 900 Decadencia del Antiguo Imperio maya. **Mayas: Nuevo Imperio (987-1697)** Los toltecas en Yucatán (Chichén Itzá). 987-1194 **Liga de Mayapán**. 1116 Caída de Tula. Los mexicanos salen de Aztlán (1160). Invasión de los *chichimecas* (Texcoco). Monte Albán IV (1000-1300). 1194-1450 *Señorío de Mayapán* (los mexicanos en Yucatán).	Período clásico (400-1000): Cultura *mochica* en los valles del N. (Chicama. Moche. Viru). Cultura *nazca* en los valles del S. (Ica, Río Grande). Cultura de Tiahuanaco en la Meseta. 1000-1300 Expansión de la cultura de **Tiahuanaco**. S. XII *Manco Cápac* fundador de la dinastía incaica. 1200 Imperio *Chimú* (cap. Chanchán). *Los chibchas*. 1300-1438 Chancay. Ica.	S. II Difusión del *cristianismo*. Persecuciones de Diocleciano (301). Concilio de Zaragoza (380). Concilio de Toledo (400). 409 Invasiones germánicas. **Monarquía visigoda (410-711)** 586-601 Recaredo. Fuero Juzgo (654). 711 Batalla del Guadalete. **España musulmana y Reconquista (711-1492)** Comienzo de la Reconquista: *Covadonga* (718). 739-757 Alfonso I, rey de Asturias. 756 Emirato de Córdoba. Mezquita de Córdoba (785). 785 Marca Hispánica. 929 Abderramán III erige el *Califato de Córdoba*. 950 Autonomía de Castilla. 1031 Formación de los *Reinos de Taifas*. 1000-1035 Sancho III el Mayor (Navarra). 1035 García, rey de Navarra; Ramiro, rey de Aragón. 1037 Fernando I, rey de Castilla. 1085 Alfonso VI conquista Toledo. 1092 **El Cid Campeador** ocupa Valencia. 1095 Nacimiento de Portugal. 1137 Unión de Aragón y Cataluña. 1140 Reino de Portugal. 1146-1269 Los almohades. 1212 *Las Navas de Tolosa*. 1217-1252 Fernando III el Santo. 1230 Unión de Castilla y León. Avance de la Reconquista: toma de Córdoba (1236), Sevilla (1248). 1266 Toma de Murcia por Jaime I el Conquistador. 1324 Alhambra de Granada. 1340 Batalla del Salado.
Monte Albán V (1300-1521): influencia mixteca. **Los aztecas: fundación de Tenochtitlán-México (1325)** 1376-1396 Acamapichtli, Ier rey de los mexicanos. 1428-1440 Itzcoatl. 1428-1472 Netzahualco, rey de Texcoco. 1431 Triple Alianza (México—Texcoco—Tlacopán). 1450 Uxmal saquea a Mayapán: decadencia del Nuevo Imperio maya. 1469-1481 Axayacatl. Los mexicanos derrotados por los tarascos. 1486-1503 Ahuízotl. 1487 Templo mayor de México.	**Apogeo del Imperio Incaico con Pachacútec (1438-1471) El Tahuantinsuyo** 1471-1493 Túpac Yupanqui. Ocupación del Imperio Chimú.	1385 Aljubarrota: Juan de Avís, rey de Portugal. 1416-1458 Alfonso V el Magnánimo (Aragón). 1474 *Isabel*, reina de Castilla. 1476 Santa Hermandad. 1479 *Fernando*, rey de Aragón. 1479 Unión de Castilla y Aragón: **Reyes Católicos.** 1480 La Inquisición.
1492 Cristóbal Colón descubre el Nuevo Mundo		**Toma de Granada: 1492 Fin de la dominación árabe**
1503-1520 Moctezuma II. **1519 Llegada de Cortés. 1521 Caída de México.** 1524 P. de Alvarado en Guatemala. 1525 Muerte de Cuauhtémoc. 1527 Audiencia de México. 1535 **Virreinato de Nueva España.** 1543 Audiencia de los Confines. 1697 Caída de Tayasal, última ciudad maya.	1493-1527 Huayna Cápac. 1527-1532 Huáscar y Atahualpa. **1532 Llegada de Pizarro Fin del Imperio Incaico** 1533 Toma del Cuzco. *Benalcázar* en Quito. 1535 Fundación de Lima. 1538 Fundación de Bogotá. 1544 **Virreinato del Perú.** Rebelión de Gonzalo Pizarro.	1492 Expulsión de los judíos. 1499 Universidad de Alcalá. 1503 Casa de Contratación. Conquista de Nápoles. 1504-1516 Regencia de Fernando V. 1512 Anexión de Navarra. 1517-1556 **Carlos I.** 1521 Los Comuneros vencidos en Villalar. 1535 Conquista de Túnez. 1556 Carlos I en Yuste. **Felipe II.**

Francia | Europa Central | Italia y el Pontificado

406 Comienzo de las grandes invasiones

451 Atila vencido en los Campos Cataláunicos.

453 Muerte de Atila.

410 Alarico en Roma.
455 Los vándalos en Roma.

476 Fin del Imperio Romano de Occidente 476

Merovingios.
481-511 *Clodoveo,* rey de los francos.
561-614 Neustria y Austrasia.
620-639 Dagoberto I.
639-751 Reyes holgazanes.
732 Carlos Martel en Poitiers.
751 Pipino el Breve, rey de los francos.

S. VIII San Bonifacio en Germania.
772 Carlomagno contra los sajones.

493-526 *Teodorico,* rey de Italia.
536-553 Los *bizantinos* en Italia.
El exarcado de Ravena.
568 Los *lombardos* en la llanura del Po (Milán).
590-604 San Gregorio Magno, papa.
Creación del Estado Pontificio.

800 Carlomagno, emperador de Occidente 800

Carolingios.
814-840 Ludovico Pío.
843 *Juramento de Estrasburgo* y Tratado de Verdún.
911 Los normandos en Francia.
987 Advenimiento de *Hugo Capeto.*

840 Lotario I, emperador.
911 Fin de los carolingios en Germania.
962 *Otón I, emperador de Occidente*: el Sacro Imperio Romano Germánico.

S. XI Los normandos en Italia del Sur y en Sicilia.

Querella de las Investiduras: Enrique IV contra Gregorio VII Canossa (1077)

Güelfos y gibelinos

Las ocho Cruzadas (1096-1270)

Capetos.
1108 Luis VI el Gordo.
1137 Luis VII (Suger).
1180-1223 *Felipe Augusto.* Nuestra Señora de París.
1226-1270 *Luis IX (San Luis).*
1285-1314 *Felipe el Hermoso*: Conflicto con los Templarios y con el Papa.
Valois.
1328 Felipe de Valois.
1337 Comienzo de la guerra de los Cien Años.
1364-1380 *Carlos V* y Duguesclin; expulsión de los ingleses.
1429 **Juana de Arco en Orleáns.**
1461-1483 *Luis XI.*

1152-1190 *Federico I Barbarroja.*
Apogeo del Imperio Germánico.

Alejandro III, papa.

Lucha de los emperadores y de los papas (1152-1250)

1220 *Federico II,* emperador y rey de Sicilia.
1250-1273 El *Gran Interregno.*
1291 Origen de la *Confederación Helvética.*
1315 Morgarten.
1346 Carlos IV, emperador.
1356 La Bula de Oro instituye el **Sacro Imperio.**
1415 Ejecución de *Juan Hus.*
1438 La corona imperial pasa a la Casa de **Habsburgo.**

1198 *Inocencio III,* papa.
1215 *Concilio de Letrán.*
1266 Carlos de Anjou, rey de Sicilia.
1282 Vísperas sicilianas.
1303 Anagni: detención de Bonifacio VIII.
1309 *El Pontificado en Aviñón.*
1378-1420 **El gran Cisma de Occidente.**
1414-1418 Concilio de Constanza.
S. XV Apogeo de Venecia.
1442 Alfonso V el Magnánimo, rey de Nápoles.

Islas Británicas | Europa del Este | Asia-África

S. V Irlanda, foco cristiano. Anglos y sajones en las Islas Británicas. El rey Arturo.
S. VI *Evangelización de los anglosajones*: San Agustín de Cantorbery.
S. VIII Los Estados anglosajones.
S. VIII-IX Incursiones escandinavas.
833-860 Unidad de Escocia: Kenneth I.
S. IX La *Heptarquía* anglosajona dominada por Egberto, rey de Wessex.
1016-1035 El danés *Canuto el Grande,* rey de Inglaterra.
1042 Eduardo el Confesor.
1066 Los **normandos** de Guillermo el Conquistador en Inglaterra: *Hastings.*

527-565 **Justiniano I,** emperador romano de Oriente. Santa Sofía. Códigos.
La "Reconquista" con Belisario y Narsés.
610-641 *Heraclio.*
728 *Herejía iconoclasta.*
S. VIII Conflictos entre los papas y los emperadores bizantinos.
862 Rurik funda el Est. de *Novgorod.* Oleg funda el Estado de *Kiev.*
Fin s. IX Cirilo y Metodio, apóstoles de los eslavos.
963-1025 *Basilio II,* el Bulgaróctonos.
1015-1054 Yaroslao el Grande.
1054 *Cisma de Oriente.*

S. IV-VI Imperio de los *Gupta* en la India.
552 El budismo en el Japón.
570 Nacimiento de Mahoma.
622 La Hégira.
618 Dinastía Tang en China.
632 Comienzo de la conquista árabe.
661 Los **Omeyas.**
750 Los **Abasidas.**
762 Fundación de *Bagdad.*
794 Kyoto, capital del Japón.
S. IX Comienzo del *Imperio Kmer.*
909 Los **fatimitas** en el norte de África.
960 Dinastía Song en China.
1050 Los **almorávides** en Marruecos.

El Estado anglonormando

1154-1189 *Enrique II Plantagenet.* Conflicto con Tomas Becket.
1189-1199 Ricardo Corazón de León.
1199-1216 Juan Sin Tierra.
1215 La *Carta Magna.*
1258 Estatutos de Oxford.
1272-1307 Eduardo I.
Conquista del País de Gales.
1327-1377 *Eduardo III.*

Los cruzados se reúnen en Constantinopla y pasan al Asia Menor (1096-1097)

1081-1118 *Alejo I Comneno.*
1204 **Toma de Constantinopla por los cruzados: Imperio latino.**
1259-1453 Restauración de los *Paleólogos* en Constantinopla.
1259-1282 Miguel III: renacimiento bizantino.
1328-1341 Iván I, gran príncipe de Moscovia.

1191 Los cruzados en Acre.
S. XI-XII Apogeo del Imperio Kmer: Angkor.
1186-1333 Época de *Kamakura* (Japón).
1205-1261 *Imperio de Nicea.*
1248 Cruzada de Egipto: Damieta.
1270 San Luis en Túnez.
1271-1295 Marco Polo en Asia.

Islas Británicas	Europa del Este	Asia - África
Guerra de los Cien Años (1337). 1371 Los *Estuardos* en Escocia. 1377 Ricardo III. Juan Wiclef. 1399 Enrique IV de Lancaster. 1413-1422 Enrique V. York contra Lancaster y *guerra de las Dos Rosas* (1455-1485). 1485 *Enrique VII Tudor.*	1331-1355 *Esteban Ducan,* fundador de la Gran Servia. 1370 Ladislao I, rey de Hungría y Polonia. 1453 *Toma de Constantinopla* por Mahoma II. 1453-1461 *Caída del Imperio Romano de Oriente.* 1480 Iván III libera a Moscovia de los tártaros.	1279 Fin de los Sung en China. S. XIII Dinastía mogol de los Yuan Los *Estados latinos de Oriente.* Los grandes imperios negros de África Central: Mandingas (Malí) y Songhai. El *Imperio Mogol* de Gengis Khan. 1366-1405 Timur (Tamerlán). 1368 Los mogoles expulsados de China; dinastía de los Ming. 1502 Ruina de la Horda de Oro.

Península Ibérica e Hispanoamérica	Países Bajos - Sacro Imperio Italia - Conf. Helvética	Francia
1494 *Tratado de Tordesillas.* 1500 Yáñez Pinzón descubre la costa del Brasil. 1511 Audiencia de Santo Domingo. 1513 *Balboa* descubre el Pacífico. 1515 Díaz de Solís descubre el Río de la Plata. 1519 Pedrarias Dávila funda Panamá.	Guerras de Italia. 1493 Maximiliano I, emperador. 1495 Carlos VIII en Nápoles. 1499 Luis XII en Milán y Nápoles. 1503-1513 Julio II, papa. 1515 *Mariñán.* 1517 **Lutero.** 1519 **Carlos V, emperador.**	1483-1498 Carlos VIII. 1498-1515 Luis XII. 1515-1547 **Francisco I.**
Lucha entre la Casa de Francia y la de Austria (1520-1559)		
1528 Los Welser en Venezuela. Sebastián Caboto en el Plata. 1536 Expedición de Almagro a Chile. 1ª fundación de **Buenos Aires.** 1537 Fundación de Asunción. 1540 Pedro de Valdivia en Chile. 1542 Orellana descubre el Amazonas. 1556 **Felipe II,** rey de España. 1559 Audiencia de Charcas. 1563 Audiencia de Quito. 1566 Muerte de *B. de Las Casas.* 1571 *Lepanto.* 1580 Unidad Ibérica. 2ª fundación de Buenos Aires. 1588 La Armada Invencible. 1598-1621 Felipe III. Duque de Lerma. 1609 Expulsión de los moriscos. 1618 Gobernación del Río de la Plata. 1621-1665 Felipe IV. Conde-duque de Olivares. 1640 Sublevaciones de Cataluña y Portugal.	1520 Excomunión de Lutero. 1525 Pavía. 1526 Tratado de Madrid. 1531 Liga de Smalkalda. 1541 **Calvino** en Ginebra. 1545-1563 Concilio de Trento. 1547 Mühlberg. 1556 *Abdicación de Carlos V.* Fernando I, emperador. Sublevación de los Países Bajos contra España. Guillermo de Orange. 1608 Liga protestante. 1609 Liga católica. **Guerra de los Treinta Años (1618-1648)** 1618 Defenestración de Praga. 1648 Paz de Westfalia.	1544 Paz de Crépy-en-Laonnais. Enrique II (1547-1559). 1552 Sitio de Metz. 1559 Paz de Cateau-Cambresis. 1562-1598 **Guerras de Religión.** 1572 *Noche de San Bartolomé.* 1589-1610 **Enrique IV.** 1598 Edicto de Nantes. Paz de Vervins. 1610-1643 Luis XIII. 1624-1642 Gobierno de Richelieu. 1643 Advenimiento de **Luis XIV.** 1643-1660 Mazarino. La Fronda.
Guerra entre España y Francia: Rocroi (1643) — Paz de los Pirineos (1659)		
1665 Carlos II. 1668 Independencia de Portugal. 1671 Saqueo de Panamá por Morgan.		1661 - 1715 Reino personal de *Luis XIV.*
Guerra de Devolución 1667-1668 — Aquisgrán **Guerra de Holanda 1672-1678 — Paz de Nimega**		
1700 Muerte de Carlos II.		1685 Revocación del Edicto de Nantes.
Guerra de la Liga de Augsburgo 1688-1697 — Paz de Ryswick		
1700-1714 Guerra de Sucesión de España. Paces de Utrecht y Rastadt **Felipe V, rey de España**		
Isabel Farnesio. 1717-1723 Primer Virreinato de Nueva Granada. 1721-1735 Revolución de los *Comuneros* en Paraguay. 1726 Fundación de Montevideo. 1739 Virreinato de Nueva Granada.	1701 Federico I, rey de Prusia. 1713 El Rey Sargento. **1733 Guerra de Sucesión de Polonia** 1740 Advenimiento de *Federico II.* Advenimiento de *María Teresa.*	1715 Advenimiento de *Luis XV.* La Pompadour.
Guerra de la Pragmática Sanción 1740-1748 — Aquisgrán		
Guerra de los Siete Años 1756-1763 — Paz de París		
1746-1759 Fernando VI. 1759 **Carlos III:** el despotismo ilustrado. 1767 Expulsión de los jesuitas. 1776 Virreinato del Río de la Plata. 1777 Real Audiencia de Caracas.	1565-1790 José II, emperador. Primera coalición (1793-1797).	1774 *Luis XVI.* 1789 *Toma de la Bastilla.* 1792 Guerra de Francia con Austria y Prusia (Valmy). Primera República. 1793 Ejecución de Luis XVI.

Península Ibérica e Hispanoamérica

1778 Pragmática del comercio libre.
1780 Sublevación de Túpac Amaru.
1788 **Carlos IV.**
Godoy.
1793 Guerra con Francia.

Países Bajos - Sacro Imperio - Italia

1795 Tratados de Basilea y La Haya.
1796-1797 Campaña de Italia.
Tratado de Campo Formio.
Congreso de Rastadt.
Segunda coalición (1799-1801).

Francia

1793-1794 El *Terror.*
1794 Caída de Robespierre.
1795-1799 El *Directorio.*
1798 Bonaparte en Egipto.
1799 *18 Brumario:* fin del Directorio.

Islas Británicas

1485 Enrique II Tudor.
1509 Enrique VIII.
1531 Ruptura con Roma.
1542 María Estuardo, reina de Escocia.
1547 Eduardo VI: el puritanismo.
1553 *María Tudor*: restauración del catolicismo.
1554 Matrimonio de María Tudor con Felipe II de España.
1558 Isabel I.
1563 Establecimiento del anglicanismo.
1588 La Armada Invencible.
1603 Jacobo I.
1625 *Carlos I.*
1642 Primera revolución: *Cromwell.*
1649 Ejecución de Carlos I.
1651 Acta de Navegación.
1653 **Protectorado de Cromwell.**
1660 Restauración de los Estuardos.
1688-1689 Segunda revolución.
Guillermo III de Orange.
1714 Jorge I de Hannover.
1727 Jorge II.
1757 *Pitt el Viejo.*
1760 *Jorge III.*
1783 *Pitt el Joven.*
1793 Guerra con Francia.

Europa del Este

1505 Muerte de Iván III.
1520 *Solimán el Magnífico.*
1533 *Iván IV el Terrible.*
1523-1560 Gustavo Vasa.
1548-1572 Segismundo II, rey de Polonia.
1572 Extinción de los Jagelones.
La corona de Polonia electiva.
1575 Bathori, rey de Polonia.
1584 Muerte de Iván IV. Godunov.
1587-1632 Segismundo III, rey de Polonia.
1598-1613 Anarquía en Rusia.
1613 Advenimiento de los Romanov.
1611-1632 **Gustavo Adolfo.**
1632-1654 Cristina, reina de Suecia.
1682-1725 **Pedro el Grande.**
1699 Paz de Carlowitz.
Carlos XII, rey de Suecia.
1703 Fundación de San Petersburgo.
1704-1709 Estanislao Leczinski, rey de Polonia.
1721 Paz de Nystadt.
1762 **Catalina II.**
1772 Primer reparto de Polonia.
1793 Segundo reparto de Polonia.
1795 Tercer reparto de Polonia.
1796 Muerte de Catalina II, advenimiento de Pablo I.

Asia-África-América del Norte Oceanía

1497 *Vasco de Gama* dobla el cabo de Buena Esperanza.
1519-1522 *Magallanes* y Elcano dan la vuelta al mundo.
1526 Baber, Gran Mogol.
1535 J. Cartier en el Canadá.
1542 Los portugueses en el Japón.
1556-1605 El Gran Mogol Akbar fomenta la unificación de la India
1585 Gobierno de Hideyoshi en Japón.
1620 El *"Mayflower".*
1625 Los *manchúes* en Mukden.
1644 Caída de los Ming.
Dinastía manchú en China.
1651 Los *shogunes,* dueños del Japón.
1659 Aurangzeb en la India.
1699 Los franceses en Luisiana.
1756-1763 Rivalidad anglo-francesa en América y en Asia.
1763 Tratado de París (Canadá, India).
1770 Cook en Oceanía.
1776 *Independencia de los Estados Unidos.*
1783 Tratado de Versalles.
1787 Constitución norteamericana.
Los franceses en Indochina.
Los ingleses en Australia.
1796 Decadencia manchú.

México-América Central-Antillas

1804 República de Haití independiente.
1810 *Grito de Dolores.*
1811 Revolución del 5 de noviembre en El Salvador.
1821 *Plan de Iguala.*
Independencia de las Provincias Unidas de Centroamérica.
1822 *Iturbide,* emperador de México.
1823 República Federal de las Provincias Unidas de Centroamérica.
1824 Constitución federal de México.
1836 Texas independiente de México.
1838 Ruptura de la federación centroamericana.
1844 Proclamación de la Rep. Dominicana.
1846 Guerra mexicano-estadounidense.
1857 Walker derrotado en Rivas.
1858-1861 Guerra de la Reforma. *Juárez.*
1864 *Maximiliano,* emperador de México.
1868 *Grito de Yara,* en Cuba.
1870 *Porfirio Díaz* en México.
1895 *Martí* en Cuba.
1898 Guerra hispano-norteamericana.
1902 República libre en Cuba.
1903 República de Panamá.
1910 Revolución en México.
1914 Apertura del canal de Panamá.
1930 Trujillo en la Rep. Dominicana.
1952 Puerto Rico, Estado Libre Asociado.
1956 *Fidel Castro* desembarca en la prov. de Oriente (26 de julio).
1961 Asesinato de R. L. Trujillo.
1962 Conflicto entre EE. UU. y Cuba.
1964 Díaz Ordaz, pres. de México.

América del Sur

1806 **Miranda** en Venezuela.
1806-1807 Invasiones inglesas en Buenos Aires.
1809 Juntas de Gobierno en Quito y Charcas.
1810 Juntas de Gobierno en Caracas, Buenos Aires, Bogotá y Chile.
1811 *Grito de Asencio.* Las Piedras. Indep. del Paraguay y Venezuela.
1814-1840 Rodríguez de Francia.
1816 Congreso de Tucumán.
1817 *Chacabuco.*
1818 Independencia de Chile. *Maipú.*
1819 *Boyacá.*
República de Gran Colombia.
1821 *Carabobo.*
Independencia del Perú.
1822 Pichincha. Indep. del Ecuador. Independencia del Brasil.
1824 *Junín. Ayacucho.*
1825 Independencia de Bolivia.
Los "Treinta y Tres Orientales"
1827 *Ituzaingó.*
1828 Independencia del Uruguay.
1830 *Muerte de Bolívar.*
1831 Abdicación de Pedro I.
1836-1839 Confederación Perubolíviana.
1852 Derrota de *Rosas* en Caseros.
1864 Guerra de la Triple Alianza contra Paraguay.
1879-1883 Guerra del Pacífico.
1886 República de Colombia.
1889 República del Brasil.
1908-1935 J. V. Gómez en Venezuela.
1932-1935 Guerra del Chaco.
1946-1955 Perón en Argentina.
1951 Reforma constitucional en Uruguay en pro de un Colegiado.
1960 Brasilia.
Tratado de Montevideo: creación de la Asociación Latinoamericana de Libre Comercio.

Península Ibérica

1796 Tratado de San Ildefonso.
1805 Trafalgar.
1807 Los franceses en Portugal.
1808 Abdicaciones de Bayona. José Bonaparte.
Guerra de Independencia española. Dos de Mayo. Bailén.
1812 *Cortes de Cádiz*: Constitución liberal.
1814-1833 **Fernando VII.**
1833 Espartero. Primera guerra carlista.
1844 **Isabel II.**
1847 Segunda guerra carlista.
1865 Conflicto con el Perú y Chile.
1868 Revolución (Prim).
1870 Amadeo de Saboya.
1872 Tercera guerra carlista.
1873 *Primera República.*
1874-1885 Restauración: Alfonso XII
1885 Regencia de María Cristina.
1898 Pérdida de Cuba y Filipinas.
1902 *Alfonso XIII.*
1910 República en Portugal.
1923 Primo de Rivera.
1931 *Segunda República.*
1932 *Salazar* en Portugal.
1936 Guerra civil española.
1939 *Franco.*
1969 Nombramiento de Juan Carlos de Borbón como príncipe heredero en España.

Francia

1802 Paz de Amiens.
1804 Napoleón I, emperador.
1805 Trafalgar. Austerlitz.
1806 Bloqueo continental.
1807 Guerra de España.
1809-1811 El Imperio.
1812-1814 Caída del Imperio.
1814 Primera Restauración.
1815 Los Cien Días: Waterloo. Segunda Restauración.
1830 Revolución. Luis Felipe I, rey.
1848 Segunda República.
1851 Golpe de Est. de Luis Napoleón.
1852 Segundo Imperio: Napoleón III.
1859 Guerra en Italia.
1870 Guerra franco-alemana. Tercera República.
1894 Convenio franco-ruso.

Europa Central

1805 Ulm. Austerlitz. Paz de Presburgo.
1806 Fin del Sacro Imperio. Jena.
1809 Wagram. Paz de Viena.
1813 Leipzig.
1814-1815 Congreso de Viena (Metternich).
1831 Bélgica independiente.
1848 Caída de Metternich.
1862 Bismarck, ministro en Prusia.
1866 Sadowa.
1870 Guerra franco-alemana.
1871 Guillermo I, emperador alemán.
1878 Congreso de Berlín.
1882 Triple Alianza.
1888 Advenimiento de Guillermo II.
1890 Caída de Bismark.
1914 Atentado en Sarajevo.

Italia y el Pontificado

1802 República de Italia.
1808 Ocupación por los franceses de los Estados de la Iglesia.
1831 La *Joven Italia* de Mazzini.
1846 Pío IX, papa.
1850 **Cavour,** ministro en el Piamonte.
1859 Guerra de Italia. Magenta. Solferino.
1860 Garibaldi en Nápoles.
1861 Reino de Italia.
1869 Concilio Vaticano.
1870-1871 Roma, capital de Italia.
1878 León XIII, papa.
1900 Víctor Manuel III.
1911 Guerra italo-turca.

1914 Primera Guerra mundial 1918

Francia

1914 Batalla del Marne.
1916 Verdun.

Europa Central

1914 Los alemanes en Bélgica y en Francia.
1916 Batalla de Jutlandia.

Italia y el Pontificado

1914 Benedicto XV, papa.
1915 Italia en guerra.
1917 Desastre de Caporetto.

11 de noviembre 1918 Armisticio

Francia

1919 *Tratado de Versalles.*
1936 Frente Popular.

Europa Central

1925 Hindenburg, pres. del Reich.
1932 **Hitler,** canciller del Reich.
1938 Anschluss. Munich.
1939 Los alemanes en Checoslovaquia y Polonia.

Italia y el Pontificado

1922 Mussolini en Roma. Pío XI, papa.
1929 Tratado de Letrán.
1935 Guerra italo-etíope.
1939 Pío XII, papa.

1939 Segunda Guerra mundial 1945

Francia

1940 Invasión de Francia. Armisticio: Petain, jefe del Estado Francés.
1944 Desembarco de los Aliados.
1945 Gobierno del general De Gaulle.
1946 Cuarta República.
1958 Quinta República.
1969 Dimisión de De Gaulle y elección de G. Pompidou.

Europa Central

1940 Los alemanes en Dinamarca y Noruega, en Luxemburgo, Bélgica, Holanda y Francia.
1945 Capitulación alemana. División de Alemania en zonas.
1949 **Creación de dos repúblicas alemanas.** Adenauer, canciller.
1969 Victoria socialdemócrata en Alemania. W. Brandt, canciller.

Italia y el Pontificado

1940 Italia contra Francia.
1943 Los Aliados en Sicilia. Derrota de Italia.
1946 República Italiana.
1957 Tratado de Roma: Comunidad Económica Europea.
1958 Juan XXIII, papa.
1962 II Concilio Vaticano.
1963 Paulo VI, papa.

Islas Británicas

1800 Unión Irlanda-Gran Bretaña.
1804-1815 Guerra contra Francia.
1805 *Trafalgar.*
1815 Wellington vencedor en Waterloo.
1837-1901 Reinado de *Victoria.*
1874 *Disraeli,* primer ministro.
1877 Victoria, emperatriz de la India.
1880 Gladstone. Home Rule.
1901 *Eduardo VII.*
1906 Fundación del Labour Party.
1910 Jorge V.
1912-1914 Rebelión del Ulster.

Europa del Este

1801 Advenimiento de Alejandro I.
1807 **Tilsit. Gran Ducado de Varsovia.**
1810 Bernadotte, príncipe de Suecia.
1812 Napoleón en Rusia.
1815 Santa Alianza.
1821 Alzamiento griego.
1825 Nicolás I.
1854 Guerra de Crimea.
1881 *Alejandro III.*
1894 *Nicolás II.*
1905 Separación de Noruega y Suecia.
1912-1913 Guerras balcánicas.

Asia-África-América del Norte Polos-Oceanía

1823 *Declaración de Monroe.*
1840-1842 Guerra del Opio.
1861-1865 Guerra de Secesión.
1869 *Apertura del canal de Suez.*
1884-1885 Conferencia de Berlín.
1898 *Emancipación de Filipinas.*
1899 Guerra del Transvaal.
1904-1905 Guerra ruso-japonesa.
1906 Conferencia de Algeciras.
1909 Peary en el Polo Norte.
1911 Amundsen en el Polo Sur.

1914 Primera Guerra mundial 1918

Islas Británicas

1916 Gobierno *Lloyd George.* Revolución irlandesa.
1921 Irlanda, dominio.
1936 Eduardo VIII. Jorge VI.

Europa del Este

1917 **Revolución rusa: Lenin.**
1918 Tratado de Brest-Litowsk.
1921-1922 La N. E. P.
1924 Muerte de Lenin. **Stalin.**
1928 Primer Plan Quinquenal.

Asia-África-América del Norte Polos-Oceanía

1917 Los EE. UU. entran en guerra.
1918 Los 14 puntos de Wilson.
1927 Lindberg atraviesa el Atlántico.
1933 Fr. Roosevelt, presidente de los Estados Unidos.

1939 Segunda Guerra mundial 1945

Islas Británicas

1940-1945 *Churchill.*
1940 Batalla de Inglaterra.
1945 Victoria de los laboristas. Attlee, primer ministro.
1951 Victoria de los conservadores. Churchill, primer ministro.
1952 Isabel II.
1955 Eden, primer ministro.
1957 Macmillan, primer ministro.
1963 A. D. Home, primer ministro.
1964 Victoria laborista. H. Wilson, primer ministro.
1970 Victoria conservadora. Edward Heath, primer ministro.

Europa del Este

1939 Invasión y reparto de Polonia.
1940 Guerra ruso-finlandesa.
1941 Los alemanes en Rusia.
1942-1943 *Stalingrado.*
1945 Los Aliados en Berlín.
1945 *Tito* en Yugoslavia. Conferencia de *Yalta.*
1948 Conflicto ideológico entre la U. R. S. S. y Tito.
1949 División de Alemania.
1953 Muerte de Stalin.
1956 Insurrección húngara.
1957 *Kruschef* dirigente de la U. R. S. S.
1962 Conflicto ideológico entre la U. R. S. S. y China.
1964 Caída de Kruschef.
1968 Intervención de las fuerzas del Pacto de Varsovia en Checoslovaquia.

Asia-África-América del Norte Polos-Oceanía

1941 Ataque de Pearl Harbor.
1945 Hiroshima.
1945 Naciones Unidas.
1946 *Independencia de Filipinas.*
1947 Independencia de la India.
1948 Creación del Estado de Israel.
1949 Pacto del Atlántico. Mao Tse Tung en China.
1950-1953 Guerra de Corea.
1952 República en Egipto.
1953 Eisenhower, pres. de los EE.UU.
1956 Crisis de Suez.
1960 Independencia de numerosos Estados de África.
1961 J. Kennedy, pres. de los EE.UU.
1965 L. B. Johnson, presidente.
1967 Intervención de los EE. UU. en el Viet Nam.
1969 Nixon, presidente.

Historia Chichimeca, crónica de Fernando de Alba Ixtlilxochitl, en la que relata la historia de México hasta la Conquista.
Historia de España, obra de Modesto Lafuente (1850-1865), continuada por Juan Valera.
Historia de España, obra monumental de Mariana. Se extiende desde los tiempos más remotos hasta Felipe IV. Publicóse primero en latín (1592-1605) y luego en español (1601-1624).
Historia de España y de la Civilización española, por R. Altamira (1900-1909), 4 tomos.
Historia de Grisel y Mirabella, novela de Juan de Flores que tuvo gran difusión, e influyó en Ariosto y Lope de Vega, entre otros (1495).
Historia de la Literatura Argentina, obra de Ricardo Rojas (1917-1923), que estudia la evolución de la cultura literaria en el Plata.
Historia de la Literatura Española, obra del norteamericano Ticknor (1849), traducida y anotada por Pascual Gayangos.
Historia de las ideas estéticas en España, obra monumental de Menéndez y Pelayo, especie de inventario de la historia de la belleza no sólo en España, sino en el mundo (1883).
Historia de las Indias de Nueva España, crónica de Fray Diego Durán, en la que relata la historia de México.
Historia de los heterodoxos españoles, obra erudita de Menéndez y Pelayo (1880-1881).
Historia General de las Indias, obra del Padre Las Casas que abarca desde el descubrimiento hasta 1520. Impresa en 1875.
Historia Natural, obra de Plinio el Viejo, exposición histórica del conjunto de la naturaleza.
Historia Natural, obra de Buffon (publicada de 1749 a 1789).
Historia general de las cosas de Nueva España, obra de Fray Bernardino de Sahagún (1569), en la que describe las costumbres y las artes de los pueblos indígenas mexicanos.
Historia General y Natural de las Indias, obra de Gonzalo Fernández de Oviedo (1526).
Historia verdadera de los sucesos de la conquista de Nueva España, obra de Bernal Díaz del Castillo (1568), precioso documento histórico y literario.
Historias, por Herodoto, obra en la que el autor opone el mundo oriental a Grecia.
Historias, obra de Tácito, dividida en 12 libros, que comprende un intervalo de 28 años, desde Galba hasta la muerte de Domiciano; continuación de *Los Anales* (100 d. de J. C.).
HITA (*Arcipreste de*). V. ARCIPRESTE DE HITA.
HITITAS, pueblo de la Antigüedad que, antes que los fenicios, fundó un poderoso imperio en Asia Menor.
HITLER (Adolfo), político alemán (1889-1945), jefe del Partido Nacionalsocialista, canciller en 1933, caudillo o Führer del III Reich en 1934. Su ambición y sus agresiones provocaron en 1939 la Segunda Guerra mundial.
HITTORF (Guillermo), químico y físico alemán (1824-1914), descubridor de los rayos catódicos.
HIXEM I, emir independiente de Córdoba (788-796), hijo de Abderramán I. Protegió las artes y las ciencias, y continuó la construcción de la mezquita de Córdoba. — HIXEM II, califa de Córdoba (976-1013), que empezó a gobernar a los doce años. Entregó el Poder a ministros y favoritos, entre los que se destacó Almanzor, en cuyo período el Califato adquirió su mayor pujanza y grandeza militar. — HIXEM III, califa omeya de Córdoba (1027-1031), a cuya caída se fraccionó el poder musulmán en Estados llamados de taifas.
HOANGHO o **RÍO AMARILLO,** gran río de China del N.; 5 200 km. Provoca innumerables inundaciones.
HOBART, c. de Australia, cap. de Tasmania. Puerto activo y centro industrial.
HOBBEMA (Meindert), uno de los mejores paisajistas holandeses (1638-1709).
HOBBES (Tomás), filósofo inglés (1588-1679), autor de *Leviathan,* obra en la cual sostiene en filosofía el materialismo, en moral el utilitarismo y el despotismo en política.
HOBOKEN, c. de Bélgica, suburbio de Amberes.
HOCEIMA (Al-). V. ALHUCEMAS.
HOCHE [*och*] (Lázaro), general francés (1768-1797), pacificador de la Vandea, una de las figuras más grandes y puras de la Revolución.

Fot. N. Y. T., X

HO CHI-MINH, político vietnamita (1890-1969), presidente del Viet Nam en 1946. Fundador del Partido Comunista en su país.
HODEIDA, c. y puerto de Arabia (Yemen).
HODLER (Fernando), pintor suizo (1853-1918), considerado como un artista nacional.
HODMEZÖVASARHELY, c. de Hungría, al N. de Szeged; cerámica.
HOETZENDORF (Conrad von). V. HÖTZENDORF.
HOF, c. de Alemania (Baviera). Textiles.
HOFEI, c. de China, cap de la prov. de Anhué.
HOFFMANN (Ernesto Teodoro Amadeo), escritor y músico alemán (1776-1822), de inspiración poderosa, autor de *Cuentos fantástiscos,* entre los que descuellan *Cascanueces y el rey de los ratones, La señorita de Scudéry, Cuentos de los hermanos Serapión, Opiniones del gato Murr, El elixir del diablo,* etc.
HOFFMANN (Federico), médico alemán (1660-1742), autor de la teoría organicista.
HOFMANNSTHAL (Hugo von), poeta y dramaturgo austriaco (1874-1929), autor de los libretos de las óperas de Ricardo Strauss: *El caballero de la rosa, Electra* y *Ariadna en Naxos.*
HOGARTH (William), pintor de costumbres inglés (1697-1764), creador de la caricatura moral.
HOGGAR, macizo volcánico del Sáhara central.
HOHENSTAUFEN, familia imperial de Alemania, originaria de Wurtemberg, cuyos miembros ocuparon el trono de 1138 a 1250.
HOHENZOLLERN, ant. principado alemán, a orillas del Danubio, cuna de la dinastía reinante desde 1701 a 1918; cap. *Sigmaringen.*
HOHENZOLLERN-SIGMARINGEN (Leopoldo de), príncipe alemán (1835-1905), candidato de Prim para el trono de España en 1868.
HOHERMUTH (Jorge), n. alemán de **Jorge de Spira.**
HOJEDA (Alonso de). V. OJEDA (Alonso de).
HOJEDA (Diego de), dominico, poeta épico español (¿1570?-1615), autor de un poema heroico parafraseando la vida de Jesucristo, *La Cristiada,* imitado en Alemania por Klopstock.
HOKKAIDO, ant. **Yeso,** isla del N. del archip. japonés. C. pr. *Sapporo, Otaru.*
HOKUSAI, dibujante y grabador japonés (1760-1849), que se distinguió en todos los géneros.
HOLANDA (REINO DE), Estado de Europa occidental, a orillas del mar del Norte. Sup. 34 000 km²; 12 743 000 h. *(holandeses);* cap.

HITLER

E. T. A. HOFFMANN

mapa de
HOLANDA

escudo de HOLANDA

HÖLDERLIN

HOMERO

Amsterdam (871 000 h.); c. pr.: *La Haya* (residencia del Gobierno), 607 000 h.; *Rotterdam,* 726 000; *Utrecht,* 246 000; *Haarlem,* 168 000; *Eindhoven,* 163 000; *Groninga,* 144 000; *Tilburgo,* 135 000; *Nimega,* 127 000; *Arnhem,* 123 000; *Enschede,* 122 000; *Breda,* 105 000. — GEOGRAFÍA. Holanda forma el extremo occidental de la gran planicie de Europa del Norte. Fuera de las colinas de Veluwe y Limburgo, la tierra es llana y a menudo se encuentra a un nivel inferior al del mar. Atravesada por grandes ríos (Rin, Mosa, Escalda), Holanda ha tenido que luchar contra sus inundaciones y las invasiones del mar, y aún ha ganado terreno a éste por desecación progresiva *(pólders).* — La cría de ganado y los productos anexos (leche, mantequilla, carne), constituyen la principal fuente de ingresos del país; la horticultura y la floricultura representan también recursos importantes. La industria (refinerías de petróleo, construcciones navales y mecánicas, textiles artificiales, aparatos eléctricos) ha sido favorecida por la explotación de la rica cuenca hullera del sur. Finalmente, hay que mencionar la pesca y el comercio marítimo.
— HISTORIA. La región holandesa estaba poblada, al principio de nuestra era, por los frisones, los sajones y los francos. Sometida primero por los romanos y después por los merovingios, pasó a formar parte de Lotaringia, en 843, y su historia se confundió largo tiempo con la de los feudos de la región, que fueron finalmente unidos a la Casa de Borgoña y después a la de Austria. En tiempo de Felipe II, representante de ésta, las provincias del Norte se rebelaron; España las perdió definitivamente por el Tratado de Aquisgrán (1648). Holanda se convirtió gradualmente en una potencia marítima y comercial, con un gran imperio colonial en Oriente; rival de Francie e Inglaterra, desempeñó un papel importante en el s. XVII. Después de la época de Guillermo III, que llegó a ser rey de Inglaterra en 1689, Holanda entró en decadencia y cayó bajo la dominación francesa. Formó entonces la República de Batavia (1795), transformada en Reino de Holanda por Luis Bonaparte (1806), y finalmente anexada al Imperio Francés en 1810. Después de la batalla de Leipzig (1813), los países de la Coalición crearon el Reino de los Países Bajos, al que el Tratado de Viena anexó Bélgica; pero la unión se disolvió en 1830 (v. BÉLGICA). Luxemburgo se separó de Holanda en 1890. Durante la Primera Guerra mundial, Holanda se mantuvo neutral; en la segunda, fue ocupada por los alemanes hasta 1945. Inmediatamente después, se le planteó el problema de Indonesia, que terminó con la independencia de ésta.

HOLANDA MERIDIONAL, prov. de Holanda; cap. *La Haya.*

HOLANDA SEPTENTRIONAL, prov. de Holanda; cap. *Haarlem.*

HOLBACH (Paul Henri DIETRICH, *barón de*), filósofo francés (1723-1789), materialista y ateo, autor del tratado *Sistema de la naturaleza.*

HOLBEIN el Joven
RETRATO DE GISZE
museo de Berlín

HOLBEIN el Viejo, pintor alemán (¿1465?-1524), autor de retratos y retablos. Influido por la escuela flamenca y por el gótico alemán.

HOLBEIN el Joven (Hans), pintor, alemán, n. en Augsburgo (1497-1543). Pasó casi toda su vida en Inglaterra, donde fue pintor de Enrique VIII; retratista de gran valor, autor de *La danza de la muerte, Cristo muerto, Erasmo escribiendo,* etc., de gran realismo. Es el principal representante del Renacimiento en su país.

HOLBERG (*barón* Luis), dramaturgo y poeta danés (1684-1754), autor de comedias, sátiras, fábulas. Fue llamado **el Plauto de Dinamarca.**

HÖLDERLIN (Friedrich), poeta alemán (1770-1843), de vida atormentada y triste, autor de poemas de inspiración helénica y forma purísima, de un drama *(Empédocles)* y de una novela *(Hiperión).* Fue un precursor del romanticismo. Murió en estado de demencia.

HOLGUÍN, térm. mun. de Cuba (Oriente); oro.

HOLGUÍN (Carlos), político colombiano (1832-1894), pres. de la Rep. de 1888 a 1892. Su gobierno constituyó un período de paz y progreso.

HOLGUÍN (Jorge), general y político colombiano (1848-1928), pres. de la Rep. en 1909 y de 1921 a 1922.

HOLMBERG (Eduardo Ladislao), naturalista argentino (1852-1937), autor de *Flora y fauna de la República Argentina.*

HOLOFERNES, general de Nabucodonosor, muerto durante su sueño por Judit, en las puertas de Betulia, la cual sitiaba. *(Biblia.)*

HOLSTEIN [*-tain*] (DUCADO DE), antiguo Estado de la Confederación Germánica, reunido en 1864 con Prusia, al mismo tiempo que Slesvig.

Holyrood, palacio de Edimburgo, residencia de María Estuardo, de Carlos X, etc.

HOLZ (Arno), escritor alemán (1863-1929), uno de los mejores representantes de la escuela naturalista de su país.

HOLLADA (La), peniplanicie de la Argentina, en la sierra de Córdoba.

HOLLANDIA. V. SUKARNOPURA.

HOLLYWOOD [*jólivud*], suburbio de Los Ángeles (Estados Unidos); centro cinematográfico.

HOMBERG, c. de Alemania (Renania-Westfalia), a orillas del Rin.

Hombre que parecía un caballo (*El*), novela del guatemalteco Arévalo Martínez, una de las producciones más originales de su generación (1915).

Hombres de maíz, novela de Miguel Ángel Asturias sobre la vida y costumbres de los indios guatemaltecos (1954).

Home Fleet [*jom flit*], escuadra británica encargada de la protección de la metrópoli.

Home Rule [*jom rul*], nombre dado al régimen de autonomía que reivindicaban los irlandeses para su país. El nombre viene de *home,* en casa, y *rule,* gobierno. (V. IRLANDA.)

HOMERO, poeta griego que se supone haber vivido en el s. IX a. de J. C. y de quien se ha dicho ser ciego. La biografía de Homero, mal conocida, ha sido muy discutida, y siete ciudades se disputan el honor de ser su cuna. En todo caso, los poemas que se le atribuyen constituyen una de las más altas creaciones humanas, singularmente el poema épico *La Ilíada,* que narra la guerra de Troya y el rapto de Helena, con las hazañas de Héctor y Aquiles; su poema *La Odisea* nos cuenta el periplo de Ulises y los argonautas, con las tentaciones de Calipso y la fidelidad de Penélope. Los principales traductores españoles de Homero han sido Hermosilla, Segalá y Bergua.

HOMS, c. de Siria, cerca del Orontes; centro comercial; tejidos.

HONAN, prov. de China, en la cuenca inferior del Hoangho. Cap. *Chengcheu.*

HONDA, v. de Colombia (Tolima).

HONDO, hoy **Honshu,** la mayor de las islas del Japón: 67 314 000 h.; c. pr.: *Tokio, Osaka, Nagoya, Kyoto, Kobé, Yokohama.*

HONDO, río de América Central, que nace en Guatemala, penetra en México y des. en el golfo de Honduras; 241 km. Tb. llamado **Río Azul.** — N. que toma en la prov. de Santiago del Estero (Argentina) el río Salí o Dulce. — Río de Cuba, que des. en la costa meridional, cerca de

Fot. Schiller National Museum, Alinari, Giraudon

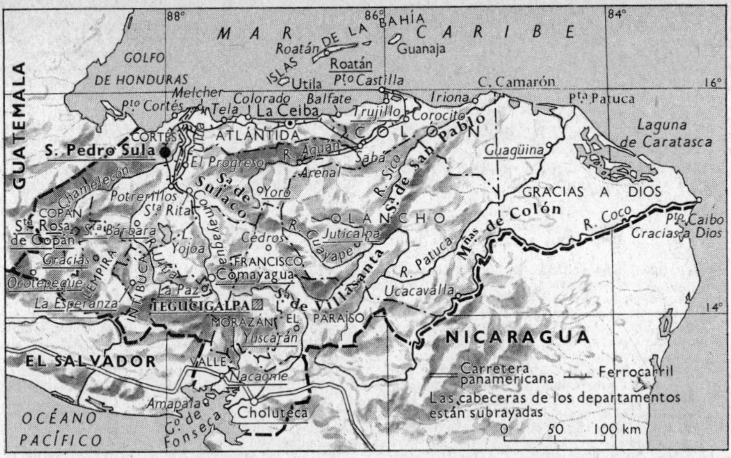

mapa y escudo de HONDURAS

Punta del Gato. — Río del E. de la Rep. Dominicana, que des. en el mar Caribe.

HONDO VALLE, distr. de la Rep. Dominicana (San Rafael).

HONDURAS (GOLFO DE), formado por el mar de las Antillas, al S. de la península de Yucatán.

HONDURAS, Estado de América Central, que limita al N. con el Atlántico, al E. con Nicaragua, al S. con esta Rep., el Pacífico y El Salvador y al O. con Guatemala. 112 088 km², incluyendo las islas; 2 750 000 h. (*hondureños*). Cap. *Tegucigalpa.*

— GEOGRAFÍA. — *Relieve.* El territorio hondureño está cruzado de suroeste a sudeste por una cadena montañosa, prolongación de los Andes Centroamericanos. De norte a sur, una gran depresión divide al país en dos regiones bien definidas : la Oriental y la Occidental. En la primera se hallan las sierras de Comayagua, Sulaco y Nombre de Dios; en la segunda, la de Merendón, que forma la frontera con Guatemala, y las de Celaque y Opalaca.

— *Clima.* Como los otros países centroamericanos Honduras posee un clima variado, debido a los diferentes niveles de su territorio. En el litoral, la temperatura media es de 31° y varía poco : en el interior, entre los 600 y los 2 000 m de altura, la temperatura media es de 23° y las oscilaciones mucho mayores que en la costa. La estación lluviosa va de mayo a noviembre, excepto en el norte, donde llueve de octubre a marzo. La precipitación pluvial media es de unos 1 100 mm.

— *Hidrografía.* Hidrográficamente, Honduras se divide en dos vertientes : la septentrional o del Atlántico, y la meridional, que comprende la del Pacífico y la del golfo de Fonseca. Los principales ríos del Atlántico son : el Chamelecón, Ulúa, Patuca y Coco o Segovia, que constituye en la actualidad el límite con Nicaragua. En el Pacífico desemboca el Lempa, después de cruzar El Salvador. En el golfo de Fonseca vierten sus aguas el Negro, Choluteco o Grande, Nacaome y Goascorán; éste forma parte de la frontera con El Salvador. El lago más importante, y de gran belleza natural, es el Yojoa o Taulebé (22 km de largo). Otros lagos son: Alvarado, Micos, Guaymoreto y la albufera de Caratasca.

— *Costas e islas.* Las cadenas montañosas reducen los litorales de Honduras a una angosta faja, excepto en la zona costera de la gran depresión frente al mar Caribe. En el litoral del Atlántico, bajo y arenoso, se hallan las islas de Utila, Roatán, Guanaja, del Cisne, etc. En el litoral del Pacífico, formado por el golfo de Fonseca, se encuentran las de La Brea y San Lorenzo y las volcánicas de Zacate Grande y el Tigre.

— *Población.* La población, cuya densidad es de 21 h. por km², está constituida por un 90 % de mestizos y núcleos proporcionalmente muy reducidos de blancos, indios y negros. La población rural forma el 69 % de la totalidad. El índice de crecimiento demográfico es de 2,66 % anual.

— *Economía.* La agricultura es la ocupación básica de los habitantes del país; el principal producto es el plátano, al que siguen en importancia el café, tabaco y caña de azúcar; la superficie en explotación agrícola equivale al 10 % del territorio. En los bosques, que cubren el 43 % del país, abundan el cedro y la caoba. La ganadería cuenta con 1 147 000 cabezas de ganado vacuno, 625 000 de porcino y 47 000 de caprino. La minería es la mayor riqueza en potencia de Honduras, pero apenas se explota otra cosa que el oro y la plata. La industria no existe más que en pequeña escala, con manufacturas de tabaco, bebidas y textiles; la construcción de carreteras, que alcanzan en la actualidad unos 6 200 km, ha recibido gran impulso en los últimos años; las más importantes son la Interoceánica y la Panamericana. Las vías férreas suman unos 1 500 km. Existen numerosos campos de aviación en diferentes ciudades que sirven una red de comunicación aérea interior e internacional. Los Estados Unidos compran el 90 % de los productos de exportación de Honduras, que son fundamentalmente el plátano, el oro y la plata. La unidad monetaria es el *lempira.*

— CONSTITUCIÓN Y ADMINISTRACIÓN. Según la Constitución de 1957, actualmente vigente, ejerce el poder ejecutivo el presidente de la República, asistido por sus ministros; el período presidencial dura seis años. El poder legislativo corresponde al Congreso Nacional; hay un diputado por cada 30 000 h. o fracción mayor de

HONDURAS. — Estadística (cifras en millares)

DEPARTAMENTOS	Km²	Hab.	CAPITAL	Hab.
Francisco Morazán	7,9	402	**Tegucigalpa**	190
Atlántida	4,2	130	La Ceiba	35
Colón	8,8	59	Trujillo	6
Comayagua	5,1	131	Comayagua	13
Copán	3,2	165	Santa Rosa de Copán	9
Cortés	3,9	294	San Pedro Sula	86
Choluteca	4,2	201	Choluteca	22
Gracias a Dios	16,6	17	La Esperanza	3
Intibucá	3,0	91	Brus Laguna	(?)
Islas de la Bahía	0,2	11	Roatán	4
Paraíso (El)	7,2	138	Yuscarán	5
Paz (La)	2,3	73	La Paz	6
Lempira	4,2	138	Gracias	6
Ocotepeque	1,6	62	Nueva Ocotepeque	8
Olancho	24,3	145	Juticalpa	14
Santa Bárbara	5,1	210	Santa Bárbara	8
Valle	1,5	101	Nacaome	19
Yoro	7,9	171	Yoro	15

15 000. El poder judicial incumbe a una Corte Suprema de Justicia, cinco Cortes de Apelaciones y Juzgados de Letras y de Paz. Administrativamente el país se divide en 17 departamentos y 31 municipios. El idioma oficial es el español, pero algunas razas indígenas conservan aún su lengua propia. Además de la enseñanza primaria, obligatoria y gratuita, y de las escuelas secundarias y de comercio, Honduras cuenta con varias escuelas especiales, una Escuela Agrícola Interamericana y una Universidad.

La Constitución protege la libertad de cultos, pero la religión católica es la de la mayoría de la población. La administración eclesiástica comprende la arquidiócesis de Tegucigalpa, la diócesis de Santa Rosa de Copán, el vicariato apostólico de San Pedro Sula y la prelatura nullius de Olancho.

— Historia. El territorio hondureño constituyó, junto con el guatemalteco, la sede del Antiguo Imperio maya; pero, a la llegada de los españoles, no quedaba de él en Honduras más que las ruinas de Copán, uno de los mayores centros de difusión de la cultura maya. Otras tribus menos civilizadas se habían establecido en el país; las principales eran la de los *lencas* y la de los *chorotegas*. En su cuarto viaje, Colón desembarcó en la isla de Guanaja y llegó a tierra firme el 14 de agosto de 1502, en el lugar que hoy ocupa la ciudad de Trujillo. Descubierto el Pacífico en 1513 y fundada Panamá en 1519, quedaba abierto el campo para la exploración de la América Central. En marzo de 1524, Gil González Dávila zarpó de Santo Domingo con rumbo a la costa de Honduras; en Olancho encontró ya la expedición de Fernández de Córdoba, enviada de Panamá por Pedro Arias Dávila o Pedrarias, con la que trabó combate. Al mismo tiempo, en Puerto Caballos luchaban entre sí las expediciones de Olid y de Francisco de las Casas. Muerto Olid, los vencedores, González Dávila y Las Casas, dejaron en Honduras ciento diez hombres, que fundaron la ciudad de Trujillo el 18 de mayo de 1525. En septiembre del mismo año, Cortés, venido desde México, fundó la villa de Natividad, cerca de donde hoy se halla Puerto Cortés, y nombró gobernador a Hernando de Saavedra, que fue substituido al año siguiente por Diego López de Salcedo. Los gobernadores se sucedieron anárquicamente hasta 1536, en que Cereceda dejó el cargo a Pedro de Alvarado, quien fundó el mismo año la villa de San Pedro Sula. Por orden de Francisco de Montejo, sucesor de Alvarado, Alonso de Cáceres fundó en 1537 Santa María de Comayagua y venció finalmente la resistencia heroica del caudillo indígena Lempira. En 1543 fue creada la Audiencia de los Confines, que residió sucesivamente en las ciudades de Gracias y de Guatemala, fue trasladada a Panamá en 1565 y restablecida en Guatemala en 1570. Políticamente, el territorio de Honduras formó parte del Reino o Capitanía General de Guatemala, que comprendía las Alcaldías Mayores de Chiapas y San Salvador, las Provincias de Guatemala, Honduras y Nicaragua, al frente de las cuales se hallaba un gobernador, y la Gobernación de Costa Rica. En 1579, al crearse la Alcaldía Mayor de Tegucigalpa, junto a la Gobernación de Comayagua, quedó el país dividido en dos provincias y esta división perduró durante casi todo el período colonial. La conquista del territorio del Reino de Guatemala, llevada a cabo de 1523 a 1560, dejó sin reducir el litoral del Atlántico, desde Trujillo hasta el río San Juan, es decir, la llamada Costa de los Mosquitos. Este hecho había de marcar la historia de Honduras y Nicaragua durante toda la época colonial. En 1737, los ingleses se habían establecido en la Costa de los Mosquitos, hacían incursiones hasta Nueva Segovia y Chontales y se habían apoderado de la isla de Roatán. Por la Paz de Versalles, de 1783, la Gran Bretaña se comprometió finalmente a entregar la Costa de los Mosquitos, pero el Gobierno de Honduras no consiguió hasta 1859 la evacuación de Roatán. En vísperas de la independencia Honduras formaba, en lo político, una de las cuatro intendencias del Reino de Guatemala. El 15 de septiembre de 1821, el Reino de Guatemala se proclamó independiente y el 28 del mismo mes Honduras se pronunció con entusiasmo en favor de la emancipación. Sin embargo, el 5 de enero de 1822 Honduras, Guatemala, El Salvador y Nicaragua se anexaron a México. La abdicación de Iturbide en México trajo como consecuencia la independencia de las Provincias Unidas de Centroamérica, que adoptaron una Constitución Federal el 22 de noviembre de 1824. Esta Constitución ponía a la Federación bajo el mando de un presidente, pero cada uno de los Estados guardaba el derecho de tener su propio jefe y su Constitución particular. Dionisio Herrera fue elegido primero jefe de Honduras (1824), y bajo sus auspicios se promulgó la primera Constitución (1825). La Federación, demasiado descentralizada, funcionaba mal, y los Estados no aceptaban la política del presidente Arce. A Dionisio Herrera, que se puso frente a él, lo apresó traidoramente el 10 de mayo de 1827. El gran hondureño Francisco Morazán fue jefe del Estado de Honduras y de El Salvador, y presidente de Centroamérica por dos períodos consecutivos. Desgraciadamente sus esfuerzos unionistas se estrellaron contra los intereses particulares de los Estados, y la Federación se disolvió finalmente por decreto del 30 de mayo de 1838. El 5 de noviembre del mismo año 1838 Honduras proclamó su autonomía. El primer presidente del Estado Soberano de Honduras fue el general Ferrera, elegido en 1841. En 1847 hubo un nuevo proyecto de unión centroamericana, que no se llevó adelante. En 1856 Honduras se unió a Nicaragua en la lucha contra el aventurero William Walker, que se había apoderado de Nicaragua. Durante la presidencia del general Terencio Sierra (1900-1903), Honduras fijó con Nicaragua la frontera desde el golfo de Fonseca hasta el portillo de Teotecacinte, y firmó el Pacto de Corinto (1902), para la solución por arbitraje de cualquier dificultad que pudiera surgir entre El Salvador, Honduras, Nicaragua y Costa Rica. En 1921, por iniciativa de Honduras, se reunió en Tegucigalpa la Asamblea Constituyente de una República Tripartita (Honduras, El Salvador y Guatemala), pero el intento de unión fracasó nuevamente.

La historia de Honduras, a partir de la independencia, se ha desarrollado bajo el signo de una gran inestabilidad política, como lo indica el número de presidentes que ha tenido. Los últimos treinta años han constituido una época mucho más tranquila, que ha permitido al país tomar su ritmo normal de desarrollo. El presidente Ramón Villeda Morales, elegido en 1957, sofocó

GOBERNANTES DE HONDURAS

Federación Centroamericana (1823-1840): V. Guatemala.

Dionisio Herrera	1824	Trinidad Cabañas	1852	Francisco Bertrand	1911
Francisco Morazán	1827	Santos Guardiola	1856	Manuel Bonilla	1912
Diego Vigil	1828	José María Medina	1864	Francisco Bertrand	1913
Francisco Morazán	1829	Céleo Arias	1872	Rafael López Gutiérrez	1919
José Antonio Márquez	1831	Ponciano Leiva	1875	Vicente Tosta	1924
Francisco Milla	1832	Marco Aurelio Soto	1877	Miguel Paz Baraona	1925
Joaquín Rivera	1833	Luis Bográn	1883	Vicente Mejía Colindres	1929
Justo José Herrera	1837	Ponciano Leiva	1891	Tiburcio Carías Andino	1933
José María Martínez	1838	Domingo Vázquez	1893	Juan Manuel Gálvez	1949
Juan Francisco Molina	1839	Policarpo Bonilla	1894	Julio Lozano Díaz	1954
Francisco Ferrera	1841	Terencio Sierra	1900	*Junta Militar*	1956
Coronado Chávez	1845	Manuel Bonilla	1903	Ramón Villeda Morales	1957
Juan Lindo	1847	Miguel R. Dávila	1907	Osvaldo López Arellano	1963

rápidamente, en 1959, un brote insurreccional y bajo su mandato quedó finalmente arreglado, a favor de Honduras, el espinoso asunto de la frontera atlántica con Nicaragua. En 1963, antes de terminar su mandato, fue derribado por las Fuerzas Armadas, y se hizo cargo de la presidencia el coronel López Arellano, quien fue elegido constitucionalmente en 1965. En 1969 estalló un conflicto armado entre el país y El Salvador.

HONDURAS BRITÁNICA. V. BELICE.

HONEGGER (Arthur), compositor suizo (1892-1955), autor de sinfonías (*Pacific 231*, cinco sinfonías) y de oratorios (*El Rey David, Judit*, y *Juana en la hoguera*).

HONG KONG, c. e isla de la bahía de Cantón, en China, cedida a los ingleses en 1841; 3 804 000 h. Cap. *Victoria*, 450 000 h.; gran actividad comercial.

HONOLULÚ, cap. y puerto de las islas y del Estado de Hawai (Oahú); 294 000 h. Universidad. Obispado. Aeropuerto y centro turístico.

HONORATO *(San)*, obispo de Arles (Francia), m. en 429. Fiesta el 16 de enero.

HONORIO, emperador romano de Occidente desde 395 hasta su muerte en 423. Era hijo de Teodosio I, y su subida al Poder señaló la separación definitiva del Imperio Romano en dos partes. Él recibió el Imperio de Occidente, y su hermano Arcadio el Imperio de Oriente.

HONORIO I, papa de 625 a 638. — HONORIO II, papa de 1124 a 1130. — HONORIO III, papa de 1216 a 1227. — HONORIO IV, papa de 1285 a 1287.

HONSHU. V. HONDO.

HONTHORST (Gerard), pintor flamenco (1592-1660). Influido por Caravaggio se distinguió por el modo de tratar los efectos de luz.

HOOCH u **HOOGH** (Pieter de), pintor holandés (1629-1684), autor de interiores.

HOOFT (Peter Cornelisz), poeta y prosista holandés (1581-1647), uno de los creadores de la lengua clásica de su país.

HOOGHLY. V. HUGLI.

HOOKE (Robert), astrónomo y físico inglés (1635-1703), inventor del octante y de numerosos instrumentos.

HOOKER (José), botánico y explorador inglés (1817-1911).

HOORN, ciudad del N. de Holanda; quesos.

HOORN (Felipe, *conde de*), gobernador de Güeldres (1522-1568), amigo de Egmont, que se distinguió en los ejércitos de Carlos V y Felipe II. Al frente de los insurrectos de Flandes, fue detenido por el duque de Alba y ajusticiado.

HOOVER (Herbert Clark), pres. de los Estados Unidos de 1929 a 1933 (1874-1964).

HOPEI u **HOPE,** ant. **Cheli,** prov. de China del Norte; cap. *Tientsin*.

HOPKINS (Frederick Cowland), fisiólogo y químico inglés (1861-1947), especialista de las vitaminas. (Pr. Nóbel, 1929.)

HORACIO (Quinto Horacio Flaco), poeta latino (65-8 a. de J. C.), n. en Venosa [Venusia], autor de *Odas, Sátiras* y *Epístolas* (entre las que se halla un *Arte Poética*). La poesía horaciana, modelo de moderación y buen gusto, influyó en España sobre Fray Luis de León.

HORACIO Cocles *("El tuerto")*, romano que, según la leyenda, defendió sólo la entrada del puente Sublicio, en Roma, contra el ejército de Porsena, y perdió allí un ojo.

HORACIOS *(Los tres)*, n. de tres hermanos romanos durante el reinado de Tulio Hostilio (s. VII a. de J. C.), que hubieron de luchar contra los tres hermanos Curiacios, campeones de la villa de Alba, para decidir qué ciudad habría de tener la supremacía. En el primer encuentro, los tres Curiacios fueron heridos y dos Horacios murieron. El superviviente de éstos, fingiendo que huía, mató a cada uno de los Curiacios y aseguró de este modo el triunfo de su patria. Al regresar a Roma fue recibido con imprecaciones por su hermana Camila, prometida de uno de los Curiacios, y Horacio la atravesó con su espada. Fue absuelto de este crimen en recompensa a los servicios prestados a la patria.

HORAS, deidades griegas, hijas de Zeus y de Temis, que guardaban las puertas del cielo.

HORCAS CAUDINAS, desfiladero cerca de Caudio, donde el ejército romano, cercado por el general samnita Poncio Herennio, se vio obligado

HONG KONG

a pasar debajo del yugo (321 a. de J. C.). La expresión *pasar bajo las Horcas Caudinas* se ha conservado para designar cualquier concesión humillante que se arranca a los vencidos.

HORCONCITOS, pobl. de Panamá, cab. del distr. de San Lorenzo (Chiriquí).

HORCONES, río de la Argentina (Salta y Santiago del Estero). Llamado tb. **Rosario.**

HORDA DE ORO, n. del reino más occidental fundado en el siglo XIII por los mongoles, y que se extendía por el S. de Siberia y Rusia.

HOREB, montaña de Arabia Pétrea, lugar donde Moisés recibió del Señor, que se le apareció en medio de una zarza ardiendo, la primera revelación de su misión. También llamada **Sinaí.**

HORMISDAS *(San)*, papa de 514 a 523. Reunió dos concilios en Constantinopla. Fiesta el 6 de agosto.

HORNACHUELOS, v. de España (Córdoba).

HORNITO, cerro de Panamá (Bocas del Toro); 2 071 m.

HORNOPIRÉN, volcán de los Andes en Chile (Llanquihue); 1 670 m.

HORNOS (CABO DE), cabo de América del Sur, al S. de Tierra del Fuego. Fue descubierto, en 1616, por los holandeses Lemaire y Schouten. Pertenece a Chile.

HORO. V. HORUS.

HOROZCO (Sebastián de), poeta español (¿1510?-1580), autor de un *Cancionero* compuesto según el gusto tradicional castellano.

HORQUETA, cerro de Colombia, en el límite de los dep. de Antioquia y Chocó; 2 800 m. — Cerro de Panamá (Bocas del Toro); 2 480 m. — Pobl. del Paraguay (Concepción). Comercio.

HORTA, c. y puerto de las Azores (isla Faial).

HORTAL (Jerónimo de), V. ORTAL.

HORTENSIA, hija del vizconde de Beauharnais y de la futura emperatriz Josefina (1783-1837). Casó con Luis Bonaparte, rey de Holanda, y fue madre de Napoleón III.

HORTENSIO (Quinto), orador latino (114-50 a. de J. C.), rival de Cicerón y después su amigo.

HORTHY (Nicolás), almirante y político húngaro (1868-1957). Regente de 1920 a 1944.

HORUS, dios egipcio representado por un gavilán o por un hombre con cabeza de gavilán.

HOSPITALET DE LLOBREGAT, c. de España, junto a Barcelona; centro industrial.

HOSTE, isla de Chile (Magallanes).

HOSTOS, com. de la Rep. Dominicana (Duarte).

HOSTOS (Eugenio María), publicista, educador y ensayista puertorriqueño, n. en Mayagüez (1839-1903), que defendió la independencia de Cuba, Puerto Rico y Santo Domingo y la unión de estos países. Fundó varios periódicos y escribió *Moral social*, su obra más importante, *La peregrinación de Bayoán*, novela poética, *Tratado de sociología*, *Cuentos a mi hijo*, etc.

HOTENTOTES, pueblo que ocupa la parte meridional del SO. africano, al N. del río Orange.

HOTIN o **JOTIN,** en polaco **Choczin** o **Chocim,** c. de la U. R. S. S., a orillas del Dniéster (Ucrania). Ant. c. rumana. Victoria de J. Sobieski sobre los turcos en 1673.

HONEGGER

HOSTOS

Fot. British Council, Doisneau

HOUSSAY

vasija
HUASTECA

HUAYNA CÁPAC

monasterio de
LAS HUELGAS

HÖTZENDORF (Conrad von), general austriaco (1852-1925), que luchó contra los rusos y derrotó a los italianos en Caporetto (1917).

HOUDON [*hudón*] (Juan Antonio), escultor francés (1741-1828), autor de numerosos bustos de personajes célebres: *Voltaire, Diderot, Luis XVI*, etc.

HOUSSAY (Bernardo), médico y biólogo argentino, n. en 1887. Premio Nóbel en 1947 por sus estudios de las glándulas de secreción interna.

HOUSTON, c. de los Estados Unidos (Texas). Industrias química y textil; refinerías de petróleo; acerías.

HOVAS, ant. casta de los *merinas*, pueblo importante de Madagascar.

HOVE, c. de Inglaterra (Sussex); balneario.

HOWARD, nombre de una ilustre familia de Inglaterra que dio generales, almirantes, etc., y a la que pertenecía la quinta mujer de Enrique VIII, Catalina Howard. (V. CATALINA.)

HOWELLS (William Dean), novelista norteamericano (1837-1920), defensor de un realismo prudente, con tendencia moralizadora.

HOWRAH, c. de la India en el delta del Ganges; industrias textil y química.

HOZ Y MOTA (Juan de la), dramaturgo español (1622-1714), autor de comedias religiosas, históricas y de costumbres.

HRADEC-KRALOVE, c. de Checoslovaquia (Bohemia); industria alimenticia.

HUACA (MACIZO DE). V. PASTOS (*Los*).

HUACRACHUCO, c. del Perú, cap. de la prov. de Marañón (Huánuco).

HUACHACALLA, pobl. de Bolivia, cap. de la prov. de Sabaya (Oruro).

HUACHIPATO, planta siderúrgica de Chile (Concepción).

HUACHO, c. del Perú, cap. de la prov. de Chancay (Lima); centro comercial y manufacturero. Obispado. (Hab. *huachanos.*)

HUAINAPUTINA u **OMATE**, volcán de los Andes del Perú, en la Cord. Occidental (Moquegua); 6 175 m.

HUAJUAPAN DE LEÓN, c. de México (Oaxaca). Obispado. Fue liberada por Morelos durante la guerra de la Independencia (1812). Destruida por un terremoto en 1882.

HUALAÑÉ, com. de Chile (Curicó).

HUALGAYOC, c. del Perú, cap. de la prov. del mismo n. (Cajamarca).

HUALQUI, com. de Chile (Concepción).

HUALLAGA, río del Perú (Huánuco, San Martín, Loreto), afl. del Marañón; 1 126 km. — Prov. del Perú (San Martín); cap. *Saposoa.*

HUAMACHUCO, c. del Perú, cap. de la prov. del mismo n. (La Libertad). Prelatura nullius.

HUAMALÍES, prov. del Perú (Huánuco); cap. *Llata.*

HUAMANGA, prov. del Perú (Ayacucho); cap. *Ayacucho.* Ruinas incaicas.

HUAMANGUILLA, pobl. del Perú (Ayacucho).

HUAMÁN POMA DE AYALA. V. POMA DE AYALA.

HUAMANTLA, c. de México (Tlaxcala).

HUANCABAMBA o **CHAMAYA**, río del Perú (Cajamarca), afluente del Marañón. — C. del Perú, cap. de la prov. del mismo n. (Piura).

HUANCANÉ, c. del Perú, cap. de la prov. del mismo n. (Puno). — Río del Perú, que confluye con el Azángaro y el Pucará, y forma el río Ramis.

HUANCAPETI, cima de los Andes del Perú, en la cordillera Negra (Ancash); 4 853 m.

HUANCAPI, c. del Perú, cap. de la prov. de Víctor Fajardo (Ayacucho).

HUANCAVELICA, c. del Perú, cap. de la prov. y del dep. del mismo n.; minas de mercurio; en sus cercanías aguas termales. Obispado. El dep. es esencialmente minero: mercurio, plata, cobre y carbón. (Hab. *huancavelicanos.*) Fundada por el virrey Toledo con el n. de **Villarrica de Oropeza** (1570).

HUANCAYO, c. del Perú, cap. de la prov. del mismo n. y del dep. de Junín; centro comercial. (Hab. *huancaínos.*) Arzobispado.

HUANCUNE, volcán del Perú, en la Cord. Occidental (Tacna).

HUANCHACA, centro minero de Bolivia (plata), cerca de Uyuní (Potosí).

HUANDOY, nevado del Perú; 6 256 m, en la Cord. Blanca (Ancash).

HUANTA, c. del Perú, cap. de la prov. del mismo n. (Ayacucho).

HUÁNUCO, c. del Perú, cap. de la prov. y del dep. del mismo n.; centro comercial. Obispado. Fundada en 1539, en el lugar que ocupaba una ant. pobl. incaica del mismo n. El dep. prod. coca, algodón, café y frutas. (Hab. *huanuqueños.*)

HUANUNI, pobl. de Bolivia, cap. de la prov. de Dalence (Oruro); centro minero de Bolivia.

HUARA, com. de Chile (Tarapacá).

HUARÁS, c. del Perú, cap. de la prov. del mismo n. y del dep. de Ancash; centro comercial; estación arqueológica. (Hab. *huaracinos.*) Terremoto en 1970.

HUARI, c. del Perú, cap. de la prov. del mismo n. (Ancash), Prelatura nullius. Terremoto en 1970.

HUARMEY, prov. del Perú (Ancash). Terremoto en 1970.

HUAROCHIRÍ, prov. del Perú (Lima); cap. *Matucana.*

HUARTE DE SAN JUAN (Juan), filósofo y médico español (¿1530?-1591), autor de *Examen de ingenios para las ciencias.*

HUÁSCAR, Inca del antiguo Perú, m. en 1532, hijo de Huayna Cápac, de quien heredó el reino de Cuzco (1525). Luchó contra su hermano rival Atahualpa, que le derrotó y mandó matar.

Huáscar, monitor peruano que luchó heroicamente contra la flota chilena en la bahía de Angamos (1879). Su comandante Miguel Grau murió en el combate.

HUASCARÁN, nevado del Perú; 6 780 m, en la Cord. Blanca (Ancash).

HUASCO, río de Chile (Atacama); 230 km. — Com. y dep. de Chile (Atacama).

Huasipungo, novela indigenista del ecuatoriano Jorge Icaza (1934).

HUASTECA, región de México, perteneciente a los Estados de Puebla, Veracruz, Tamaulipas, Hidalgo y San Luis Potosí. Zona petrolífera.

HUASTECAS, HUAXTECAS o **HUAZTECAS**, pueblo indígena del ant. México, perteneciente a la familia maya, que ocupaba la región costera del Atlántico. La religión de los huastecas influyó notablemente sobre la *azteca.* Su arte brilló principalmente en escultura y cerámica.

HUATA, puerto de Bolivia, en el lago Titicaca.

HUAUCHINANGO, pobl. de México (Puebla).

HUAYLAS, prov. del Perú (Ancash); cap. *Carás.* Terremoto en 1970.

HUAYNA CÁPAC, Inca del antiguo Perú, m. en 1525, que extendió el Imperio. Padre de Huáscar y de Atahualpa.

HUAYNA POTOSÍ, cumbre de Bolivia (La Paz); 5 225 m.

HUBERTO (*San*), obispo de Maestricht y de Lieja, patrón de los cazadores. M. en 727. Fiesta el 3 de noviembre.

HUBLI, c. de la India (Mysore).

HUDAYDA, c. y puerto del Yemen. Café.

HUDDERSFIELD, c. de Inglaterra (Yorkshire); ind. textil (lana).

HUDSON, río de los Estados Unidos, que des. en el Atlántico, en Nueva York; 500 km.

HUDSON (BAHÍA o MAR DE), vasto golfo formado por el Atlántico al N. del Canadá.

HUDSON (Enrique), navegante inglés, que descubrió el estrecho y la bahía que llevan su nombre (1610). Pereció un año después.

HUDSON (Guillermo E.), escritor y naturalista argentino (1840-1922), autor de *El ombú.*

HUÉ, c. de Viet Nam (Viet Nam del Sur).

HUEHUETENANGO, c. de Guatemala, cab. del dep. del mismo n.; centro agrícola y comercial. Prelatura nullius. (Hab. *huehuetecos.*) El dep. prod. cereales y frutos tropicales.

HUEJUTLA DE REYES, c. de México (Hidalgo).

Huelgas (*Monasterio de* **Las**), ant. abadía cisterciense próxima a Burgos, fundada por Alfonso VIII en 1187. Panteón de varios reyes, príncipes e infantes. Claustros romántico y gótico.

HUELVA, c. y puerto de España, en Andalucía, cap. de la prov. del mismo n., en la desembocadura de los ríos Tinto y Odiel. Es la ant. **Onuba** de los romanos. En sus cercanías se encuentra el

Fot. Valotaire, Biblioteca Nacional (Madrid), Ministerio de Información y Turismo (España)

monasterio de La Rábida. La principal riqueza de la provincia la constituyen las minas de cobre de Río Tinto y Tharsis. Pesca, industria conservera, vinos. (Hab. *onubenses* o *huelveños.*)
HUERTA, sierra de la Argentina (San Juan), parte de la cual toma el n. de Guayaguas, 2 500 m.
HUERTA (Adolfo de la), político mexicano (1881-1954), pres. interino de la Rep. en 1920.
HUERTA (Efraín), poeta mexicano, n. en 1914, autor de versos de contenido social.
HUERTA (Vicente GARCÍA DE LA). V. GARCÍA.
HUERTA (Victoriano), general y político mexicano (1845-1916). En 1913 derribó a Madero y se hizo proclamar pres. de la Rep. Abandonó el Poder al año siguiente. M. en los Estados Unidos.
HUESCA, c. de España, al pie de los Pirineos, cap. de la prov. del mismo n. Obispado. Catedral de los s. XIII y XIV; restos del antiguo palacio de los reyes de Aragón. Es la ant. **Osca** romana. (Hab. *oscenses.*)
HUÉSCAR, c. de España (Granada).
HUÉTAMO, pobl. de México (Michoacán).
HUETE, c. de España (Cuenca).
HUFUF, c. de Arabia Saudita, cap. de la prov. de Hasa.
HUGHES [*hugs*] (David), físico inglés (1831-1900), inventor del micrófono.
HUGLI o **HOOGHLY,** brazo ocidental del Ganges; pasa por Chandernagor y Calcuta; 250 km.
HUGO (Víctor), escritor francés, n. en Besanzón (1802-1885). Primeramente poeta clásico con sus *Odas* (1822), llegó a ser jefe de la escuela romántica, de la cual el prefacio de *Cromwell* (1827) fue el manifiesto, y el estreno de *Hernani* (1830) la consagración definitiva. Desde 1830 hasta 1840, publica una novela histórica (*Nuestra Señora de París,* 1831), obras líricas (*Hojas de otoño, Cantos del crepúsculo, Las voces interiores*), dramas (*Marión Delorme, Lucrecia Borgia, Ruy Blas*). Tras el fracaso de *Los Burgraves* y la muerte de su hija Leopoldina en 1843, se dedicó a la política en favor de la democracia. Diputado en 1848, emprendió el camino del destierro después del golpe de Estado del 2 de diciembre de 1851 y fijó su residencia en las islas anglonormandas. Publicó entonces *Los castigos, Las contemplaciones,* la epopeya *de La leyenda de los siglos* (1859-1883), las novelas *Los miserables* (1862) y *Los trabajadores del mar* (1866). Maestro en los más variados géneros literarios, Hugo fue la máxima figura de su país en el siglo XIX a pesar de los excesos de su propia facilidad creadora.
HUGO el Grande, conde de París, duque de Francia, padre de Hugo Capeto, m. en 956.
HUGO CAPETO (¿941?-996), hijo del anterior, jefe de la dinastía de los Capetos, proclamado rey de Francia en 987. Su reinado se vio turbado por varias rebeliones.
HUGO de Payns, fundador de la Orden del Temple, n. en Francia (¿1070?-1136).
HUGO WAST. V. MARTÍNEZ ZUVIRÍA.
Hugonotes. V. *Parte lengua.*
HUGUET (Jaime), pintor español (1415-1492), principal representante de los primitivos catalanes.
HUHEHOT, c. de China, cap. de Mongolia Interior. Industrias diversas.
HUIDOBRO (Vicente), poeta chileno, n. en Santiago (1893-1948), fundador de la escuela creacionista. Su poesía, abundante en neologismos, contiene imágenes a veces incomprensibles. Obras: *Poemas árticos, Ecuatorial, Altazor.* Expresó sus doctrinas en *Arte de la poesía* y en manifiestos.
HUILA, nevado de Colombia, en la Cord. Central, situado en el límite de los dep. de Cauca, Huila y Tolima; 5 750 m. — Dep. de Colombia; cap. *Neiva;* import. riqueza agrícola y ganadera. (Hab. *huilenses.*)
HUIRACOCHA. V. VIRACOCHA.
HUITZILIHUITL, segundo rey de los aztecas, que gobernó de 1396 a 1417, año de su muerte.
HUITZILOPÓCHTLI, dios de la Guerra entre los antiguos mexicanos.
HUÍZAR (Candelario), compositor y musicólogo mexicano (1888-1970), autor de sinfonías de inspiración folklórica (*Pueblerinas, Surcos,* etc.).
HUKO, c. de Checoslovaquia (Eslovaquia).
HULL. V. KINGSTON UPON HULL.
HULL, ciudad del Canadá (Quebec). Industrias.
HUMACAO, c. en el E. de Puerto Rico, cap. del distrito del mismo nombre.
HUMAHUACA, sierra de la Argentina (Jujuy). — Pobl. de la Argentina (Jujuy); centro turístico en la *Quebrada de Humahuaca.* Fue base de los ejércitos del N. en la guerra de la Independencia.
HUMAITÁ, pobl. del Paraguay (Ñeembucú); célebre por su heroica resistencia durante la guerra contra la Triple Alianza (1868). (Hab. *humaiteños.*)
HUMAZO (El), géyser de la Argentina (Neuquen), que lanza su chorro a 50 m de altura.
HUMBER, estuario de los ríos Ouse y Trent, en la costa E. de Inglaterra.
HUMBERTO I, hijo de Víctor Manuel II (1844-1900); rey de Italia en 1878, asesinado en Monza.
HUMBERTO II, hijo de Víctor Manuel III, n. en 1904; rey de Italia durante el mes de mayo de 1946. Abdicó al proclamarse la República.
HUMBOLDT, mont. de los Estados Unidos (Nevada); 3 000 m. — Pico de los Estados Unidos (Colorado); 4 283 m. — Pico de Venezuela; 4 942 m, en la Sierra Nevada de Mérida. — Río de los Estados Unidos que des. en el lago del mismo n.; 563 km. — Pobl. de la Argentina (Santa Fe).
HUMBOLDT (CORRIENTE DE), corriente oceánica fría que bordea, de Sur a Norte, la costa occidental de América del Sur.
HUMBOLDT (Carlos Guillermo, *barón de*), filólogo y crítico alemán (1767-1835), autor de unas *Investigaciones sobre los primitivos habitantes de España por medio de la lengua vascongada* y de *Diario de un viaje por el País Vasco.* — Su hermano ALEJANDRO (1769-1859), geógrafo y naturalista, que, viajero infatigable a todo lo largo del mundo, especialmente por América, nos ha dejado en sus escritos el testimonio de sus observaciones: *Viaje a las regiones equinocciales del Nuevo Continente, Cuadros de la naturaleza, Viajes asiáticos* y *Cosmos* o *Descripción física del mundo* (1845-1858).
HUME (David), filósofo e historiador inglés, n. en Edimburgo (1711-1776), representante del empirismo, autor de un célebre *Ensayo sobre el entendimiento humano.*
HUMEYA (Aben). V. VÁLOR.
HUMMEL (Juan Nepomuceno), compositor y pianista alemán (1778-1837).
HUMPERDINCK (Engelberto), compositor alemán (1854-1921), autor de *Hänsel y Gretel.*
HUNAN, prov. de la China meridional. Cap. *Changsha.*
HUNERICO, rey de los vándalos, m. en 484.
HUNGNAM, c. de Corea del Norte. Centro industrial. Minas de carbón en sus cercanías.
HUNGRÍA, Estado de Europa central, situado entre Checoslovaquia, Austria, Yugoslavia, Rumania y la U. R. S. S.; 93 300 km^2; 10 231 000 hab. (*húngaros*); cap. *Budapest,* 1 850 000 h. (con los suburbios); c. pr. *Miskolc,* 150 000 h.; *Debrecen,* 130 000; *Pecs,* 115 000; *Szeged,* 100 600; *Kecskemet,* 87 000; *Györ,* 68 000; *Nyiregyhaza,* 59 000.
— GEOGRAFÍA. Se distinguen cuatro regiones: 1ª al O., el *Kis Alföld,* "pequeña llanura", rica zona agrícola; 2ª una serie de *elevaciones* orientadas hacia el SO.-NO., donde se destacan

V. HUGO

HUIDOBRO

HUGUET
SAN SEBASTIÁN
detalle
de un retablo

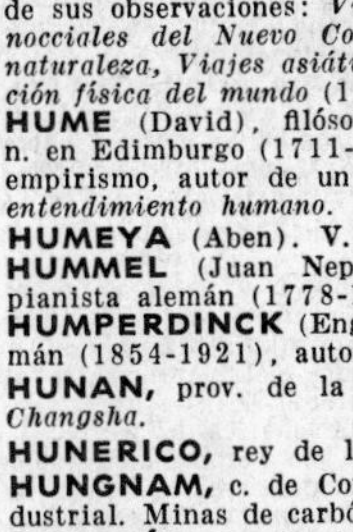
A. HUMBOLDT

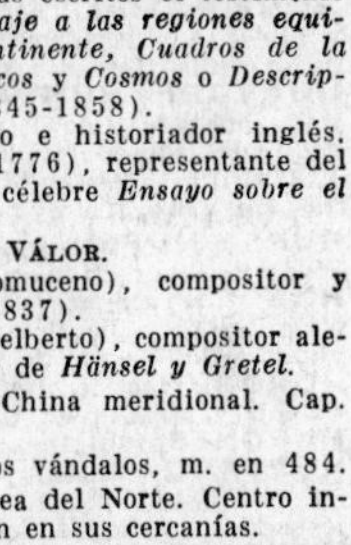
HUME

Fot. Carjat, Freund, X, Larousse

D. HURTADO DE MENDOZA

HUSS

A. HUXLEY
Fot. doc. A. G. P., Giraudon, British Council

los montes Matra y que encierran riquezas minerales; 3ª la *Transdanubia*, al SE. del lago Balatón, región de colinas limitada por los montes Mecsek; 4ª el *Alföld*, al E. del Danubio, inmensa llanura monótona, pastoril ("puszta") y agrícola. Las riquezas del subsuelo alimentan una industria en plena expansión (siderurgia, construcciones mecánicas). La reforma agraria y la colectivización han modificado profundamente la economía agrícola.

— HISTORIA. Procedentes de Asia, los magiares, de origen finés, se establecieron en la llanura húngara en el s. IX, donde fundaron un Estado. La primera dinastía, que se extinguió en 1301, llevó el nombre de su fundador: Arpad. Después del gobierno pacífico del rey Matías Corvino (1458-1490), una gran parte del país cayó bajo el dominio de los turcos (1526). Luego comenzaron a reinar los príncipes de la Casa de Habsburgo, hasta que, desaparecido el peligro turco, Hungría trató de recuperar su independencia, con la revolución de 1848, encabezada por Kossuth, que fracasó. En 1867 consiguió amplia autonomía, mediante el llamado *régimen dualista* austrohúngaro, que terminó en 1918. Tras la brevísima dictadura de Bela Kun (1919), la monarquía fue restaurada por el almirante Horthy, que asumió la regencia (1921). Aliada a Alemania en 1941, fue más tarde invadida por los ejércitos de este país. Una vez liberada se constituyó en República popular (1946) y adoptó tres años después una Constitución de tipo comunista. En 1956 estalló un violento movimiento popular que fue aplastado por las tropas soviéticas. Desde entonces el régimen se ha liberalizado.

HUNOS, pueblo bárbaro de las orillas del mar Caspio, que invadió Europa conducido por Atila, a mediados del s. V. (V. ATILA.)

HUNT (William Holman), pintor inglés (1827-1910), uno de los fundadores de la escuela prerrafaelista.

HUNTINGTON (Archer Milton), hispanista y bibliógrafo norteamericano (1870-1955), fundador de la *Hispanic Society of America.*

HUNYADI o **HUNYADA** o **HUNIADES,** familia húngara. Uno de sus miembros, JUAN CORVINO, defendió Belgrado contra los turcos (hacia 1387-1456). — Su hijo MATEO, llamado **Matías Corvino,** fue rey de Hungría. (V. CORVINO.)

HUPÉ o **HUPEH,** prov. de China central; cap. *Wuchan.* C. pr. *Hankeu.*

HURDES, comarca montañosa de España al N. de la prov. de Cáceres, cuyos habitantes han vivido en un estado de lamentable atraso.

HURON, lago de América del Norte, entre el Canadá y los Estados Unidos; 61 600 km².

HURONES, indígenas de América del Norte.

HURTADO (Antonio), poeta romántico español (1825-1878), que compuso una colección de leyendas en verso (*Madrid dramático*) y comedias.

HURTADO (Ezequiel), general y político colombiano (1825-1890), pres. interino de la Rep. en 1884.

HURTADO (Juan), escritor español (1875-1944), autor, con Ángel González Palencia, de una *Historia de la literatura española.*

HURTADO DE MENDOZA (Andrés), marqués de Cañete, gobernante español, m. en 1561, que fue virrey del Perú de 1556 hasta su muerte. — Su hijo GARCÍA (1535-1609), fue gobernador de Chile, exploró el país, luchó contra los araucanos y venció a Caupolicán. Virrey del Perú de 1589 a 1596.

HURTADO DE MENDOZA (Antonio), autor dramático español (1586-1644), en cuya obra sobresalen las comedias *Cada loco con su tema, El marido hace mujer,* etc.

HURTADO DE MENDOZA (Diego), escritor y noble español, n. en Granada (1503-1575). Fue embajador del emperador Carlos V en Venecia y su representante en el Concilio de Trento. Se le deben varias composiciones poéticas al gusto italiano: sonetos, canciones, una *Epístola a Boscán,* una *Fábula de Hipómenes y Atalanta* y una obra magistral en prosa, *La guerra de Granada,* sobre el levantamiento de los moriscos de las Alpujarras. Durante largo tiempo se le ha atribuido erróneamente el *Lazarillo de Tormes.*

HURTADO DE TOLEDO (Luis), poeta español (¿1523-1590?) de inspiración pastoril: *Égloga sobre el galardón y premio de amor, Las trescientas.*

HURTADO DE VELARDE (Alfonso), dramaturgo español (¿1582?-1638), autor de la *Tragedia de los Siete infantes de Lara* y del romance *El caballo vos ha muerto.*

HUSS o **HUS** (Juan), teólogo y reformador checo (1369-1415). Partidario de la doctrina de Wiclef, fue excomulgado por Alejandro V, y luego quemado vivo por orden del Concilio de Constanza. Sus partidarios formaron la secta de los *husitas.*

HUSSEIN, n. en 1935, rey de Jordania en 1952.

HUSSERL (Edmundo), filósofo alemán (1859-1938), promotor de la *fenomenología pura* o ciencia de la esencia.

HUTTEN (Felipe de), conquistador alemán, último gobernador de Venezuela nombrado por los Welser. M. asesinado en 1546 por Carvajal.

HUTTEN (Ulrico von), teólogo y humanista alemán (1488-1523), célebre por sus ataques contra el pontificado y los príncipes.

HUXLEY (Tomás), naturalista inglés (1825-1895), ardiente defensor del transformismo. — Su nieto JULIÁN SORELL, biólogo y político inglés, n. en 1887, autor de *La ciencia de la vida.* — ALDOUS, otro nieto suyo, escritor inglés (1894-1963), espíritu escéptico y brillante autor de *Contrapunto,* sátira de la alta sociedad inglesa, *Un mundo feliz, Ciego en Gaza,* etc.

HUY, c. de Bélgica (Lieja); metalurgia.

HUYGENS (Cristián), físico, geómetra y astrónomo holandés (1629-1695), autor de notables investigaciones sobre la refracción. Inventó el muelle espiral para los relojes.

HUYSMANS (Joris Karl), novelista francés (1848-1907), cuya obra revela su evolución del naturalismo al misticismo cristiano.

HYDE, c. de Inglaterra (Chester), al E. de Manchester; hulla, hilados de algodón.

Hyde Park, parque de Londres en el oeste de la ciudad.

HYDERABAD, ant. Estado de la India, en el Decán, cuya cap. era *Hyderabad,* hoy *Haidarabad.* — C. del Paquistán occidental (Sind).

HYÈRES, c. de Francia (Var), en el mar Mediterráneo, frente a las islas del mismo nombre.

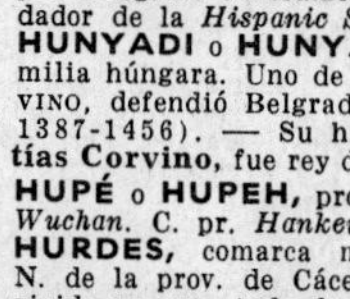

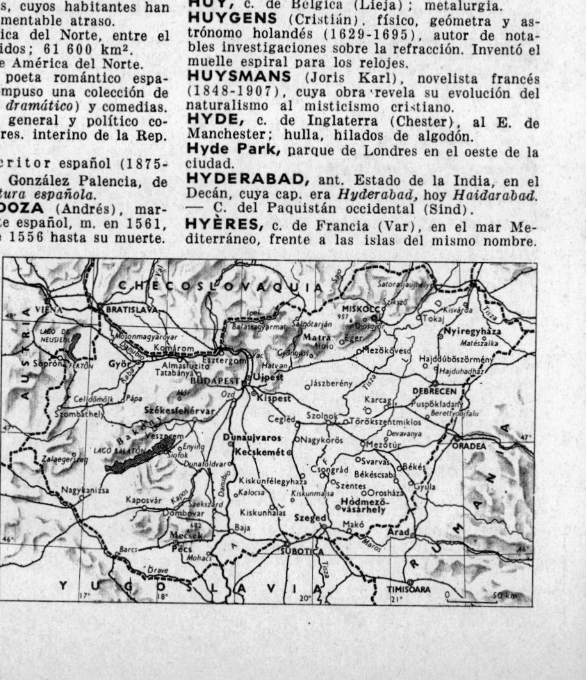

escudo y mapa
HUNGRÍA

Las cataratas del IGUAZÚ

I

IA, IE, iniciales. V. JA, JE o YA, YE.

IBADÁN, c. de Nigeria. Centro agrícola y comercial. Universidad.

IBAGUÉ, c. de Colombia, cap del dep. de Tolima; centro ganadero, agrícola y comercial. (Hab. *ibaguereños.*) Arzobispado. Universidad. Aeropuerto. Fundada en 1550.

IBÁÑEZ (Roberto), político y poeta uruguayo, n. en 1907, autor de *La danza de los horizontes, Mitología de la sangre* y *Un borrador de infancia.*

IBÁÑEZ (Sara de), poetisa uruguaya, n. en 1910, de gran lirismo; autora de *Canto, Hora ciega, Pastoral, Artigas,* etc.

IBÁÑEZ DEL CAMPO (Carlos), general y político chileno (1877-1960), pres. de la Rep. de 1927 a 1931 y de 1952 a 1958. Solucionó el problema de los límites con el Perú.

IBÁÑEZ E IBÁÑEZ DE IBERO (Carlos), marqués de Mulhacén, general y matemático español (1825-1891), al que se deben notables trabajos geodésicos para los gobiernos español y suizo.

IBARBOUROU (Juana FERNÁNDEZ, llamada **Juana de**), poetisa uruguaya, n. en Melo, en 1895, a la que se ha dado el título de **Juana de América;** ha cantado el amor y la pasión en versos llenos de fragancia, pureza, colorido. Autora de *Las lenguas de diamante, Raíz salvaje, La rosa de los vientos* y *El cántaro fresco,* poema en prosa.

IBARRA, c. del Ecuador, cap. de la prov. de Imbabura. (Hab. *ibarreños.*) Obispado. Fundada en 1606. En sus inmediaciones obtuvo Atahualpa dos victorias sobre su hermano Huáscar.

IBARZÁBAL (Federico de), cuentista cubano (1894-1953), pintor del mar y de los puertos.

IBERÁ, laguna de la Argentina (Corrientes).

IBERIA, ant. n. de **España.** (Hab. *iberos*). — Ant. país de Asia, al S. del Cáucaso.

IBÉRICA (PENÍNSULA), n. dado al conjunto geográfico formado por España y Portugal.

IBÉRICO (SISTEMA), n. de una cadena montañosa española, que se extiende desde la cordillera Cantábrica hasta el golfo de Valencia. Comprende los Picos de Urbión (2 400 m) y el Moncayo (2 315 m).

IBEROAMÉRICA, conjunto de países americanos que fueron colonizados por España y Portugal.

IBEROS, el pueblo más antiguo que menciona la Historia en la Europa occidental; habitó en España, la Galia meridional y las costas de la Italia del Norte. Desde Andalucía (Almería), donde se habían establecido, los iberos se dirigieron hacia Levante, el valle del Ebro y Aquitania, y en el s. VI a. de J. C. ocuparon la Meseta.

IBERVILLE [-*vil*] (Pedro LE MOYNE **d'**), marino y explorador francés (1661-1700), fundador de la colonia de Luisiana.

ÍBICO, poeta lírico griego del s. VI a. de J. C., autor de himnos.

IBICUY, pobl. de la Argentina (Entre Ríos), en la orilla izquierda del Paraná.

IBIZA, una de las Islas Baleares, al SO. de Mallorca; 624 km^2. Cap. *Ibiza.* Obispado. Puerto de mar. Turismo.

IBN SAUD o **IBN SEUD,** rey de Arabia Saudita (¿1880?-1953), rey del Hedjaz en 1927, y de Arabia Saudita en 1932.

IBRAHIM (1616-1648), sultán turco en 1640. Gobernó por medio de favoritos. M. estrangulado.

IBRAHIM BAJÁ, virrey de Egipto (1789-1848). Luchó contra Grecia (1827) y se apoderó de Siria (1833), que hubo de abandonar en 1840.

IBN SAUD

IBÁÑEZ DEL CAMPO

J. de IBARBOUROU

Fot. Aerolíneas Argentinas, Keystone, A. F. P., Valotaire

IBSEN

J. ICAZA

SAN IGNACIO DE LOYOLA por ZURBARÁN

IBRAHIM BEY, jefe de los mamelucos de Egipto cuando la expedición de Bonaparte en 1798.
IBSEN (Enrique), dramaturgo noruego, n. en Skien (1828-1906), autor de dramas de tendencias filosóficas y sociales: *Los pretendientes de la corona, Peer Gynt, Emperador y galileo, Casa de muñecas, Espectros, Un enemigo del pueblo, El pato salvaje, Hedda Gabler.* La influencia de Ibsen en el teatro europeo y norteamericano de principios del siglo XX fue inmensa.
ICA, río del Perú, que des. en el Pacífico; 193 km. — C. del Perú, cap. de la prov. y del dep. del mismo n.; centro vitivinícola. (Hab. *iqueños.*) Obispado. Fundada en 1563. El dep. posee extensos viñedos, es el segundo productor de algodón en el país y cuenta con yac. de hierro.
ICARIA, isla griega del mar Egeo, al O. de Samos. Hoy **Ikaria.**
ÍCARO, hijo de Dédalo, que huyó con él del laberinto de Creta con unas alas pegadas con cera. Habiéndose acercado Ícaro demasiado al Sol se derritió la cera y cayó al mar. *(Mit.)*
ICAZA (Carmen), novelista española, n. en 1899, cuya obra, de gusto sentimental y dulzón, ha obtenido gran difusión: *Cristina Guzmán, profesora de idiomas, Vestida de tul,* etc.
ICAZA (Francisco de Asís de), poeta y escritor mexicano (1863-1925), autor de notables estudios cervantinos, un *Diccionario autobiográfico de conquistadores y pobladores de la Nueva España* y varios volúmenes de versos: *Efímeras, Lejanías,* etc.
ICAZA (Jorge), novelista ecuatoriano, n. en 1906, cuya novela *Huasipungo* analiza la explotación de los aborígenes por las empresas extranjeras. Otras obras: *Barro de la sierra, Cholos, Seis relatos.*
ICAZBALCETA. V. GARCÍA ICAZBALCETA.
ICONIO, n. ant. de la c. de **Konia** (Turquía).
ICONONZO, lugar del dep. de Tolima (Colombia); puente natural sobre el Sumapaz.
ICTINOS, arquitecto griego del s. V a. de J. C. Construyó el Partenón de Atenas.
ICTIÓFAGOS (*"Comedores de peces"*), n. dado por los antiguos a varios pueblos de las orillas del golfo Pérsico y de la costa E. de África.
ICHANG o **YI-CHANG,** c. de China (Hupé), a orillas del Yang tse Kiang.
ICHASO (Francisco), escritor cubano (1900-1962), autor de *Góngora y la nueva poesía* y *Defensa del hombre.*
ICHILO, prov. de Bolivia (Santa Cruz); cap. *Buena Vista.*
IDA, n. de dos cadenas de montañas, una en Misia (Asia Menor) y otra en Creta.
IDACIO, prelado e historiador español (¿392-470?), autor de una *Crónica,* útil para estudiar las invasiones visigóticas en España (378-469).
IDAHO [*áidaou*], uno de los Estados Unidos de Norteamérica (Montañas Rocosas); cap. *Boise.*
IDALIA, ant. c. de Chipre dedicada a Afrodita.
Idearium español, obra de Ángel Ganivet (1897), en la cual analiza las causas de la decadencia de España después del Siglo de Oro.
IDIARTE BORDA (Juan), político uruguayo (1844-1897), pres. de la Rep. en 1894, asesinado en 1897. Fomentó el progreso del país.
Idilios, poemas de Teócrito (s. III a. de J. C.), de temas amorosos o campestres.
Idiota *(El),* novela de Dostoievski (1868).
Ídolos rotos, novela de carácter autobiográfico del venezolano Manuel Díaz Rodríguez (1901).
IDLEWILD, barrio de Nueva York, aeropuerto internacional J. F. Kennedy.
IDOMENEO, rey de Creta, nieto de Minos, que fue uno de los héroes de la guerra de Troya.
IDUARTE (Andrés), escritor mexicano, n. en 1907, autor de la trilogía *Sarmiento-Martí-Rodó.*
IDUMEA o **EDOM,** región que comprende el S. de Judea. (Hab. *idumeos* o *edomitas.*)
IEKATERINENBURGO. V. SVERDLOVSK.
IEKATERINODAR. V. KRASNODAR.
IEKATERINOSLAV. V. DNIEPROPETROVSK.
IELISAVETGRADO. V. KIROVOGRADO.
IENA. V. JENA.
IENIKALEH. V. KERTCH.
IENISEI. V. YENISEI.
IF, pequeña isla francesa del Mediterráneo, a 2 km de Marsella. Castillo construido durante el reinado de Francisco I. Sirvió de prisión.
IFACH (PEÑÓN DE), ant. **Calpe,** promontorio en la costa de Alicante (España); 325 m.
IFE, c. de Nigeria en la región occidental. Centro de explotaciones auríferas.
IFIGENIA, hija de Agamenón y de Clitemnestra. Su padre, jefe de los griegos reunidos contra Troya, la quiso sacrificar a Artemisa para obtener la protección de los dioses, que mantenían, gracias a los vientos adversos, la flota helénica cautiva en el puerto de Áulide. Pero la diosa metamorfoseó a Ifigenia en ternera y se llevó a la joven a Táuride, donde fue sacerdotisa suya. — Esta leyenda inspiró a Eurípides dos tragedias (*Ifigenia en Áulide* e *Ifigenia en Táuride*). Racine es autor de *Ifigenia en Áulide* (1674) y Goethe de *Ifigenia en Táuride* (1786).
IFNI, región semidesértica del SO. de Marruecos, 2 000 km²; cap. *Sidi Ifni;* 51 500 h. Llamóse antiguamente *Santa Cruz de Mar Pequeña.* Ocupada por España de 1934 a 1969.
IGHARKA, c. y puerto de la U.R.S.S., en el Ártico, a orillas del Bajo Yenisei.
IGLESIA, cerro de la Argentina, entre las prov. de San Juan y Mendoza; 5 567 m. — Pobl. de la Argentina (San Juan).
Iglesia, n. que se aplica por excelencia a la Iglesia católica, apostólica romana, cuya cabeza visible es el Papa. La *Iglesia griega ortodoxa* no reconoce la supremacía del Papa. La *Iglesia protestante o reformada,* que domina en el norte de Europa y de América, no reconoce más autoridad que la de la Biblia. Estas tres Iglesias son conocidas con el nombre genérico o común de *cristianas.* La *Iglesia primitiva* designa a los primeros cristianos; la *Iglesia militante,* a la asamblea de los fieles en la tierra; la *Iglesia triunfante,* a los que gozan ya en el cielo; la *Iglesia purgante,* a los que se hallan en el purgatorio.
IGLESIA (ESTADOS DE LA) o **Estados Pontificios,** territorios del centro de Italia, bajo la soberanía del Papa hasta 1870; cap. *Roma.* El origen de los Estados de la Iglesia fue la donación, hecha por Pipino el Breve al papa Esteban II, en 753, del exarcado de Ravena y Pentápolis. Amenazados en la Edad Media por Carlomagno y los señores italianos, los Estados de la Iglesia no volvieron a realizar su unidad sino en 1449. Desmembrados por las guerras de la Revolución y del Imperio, fueron reconstituidos en 1815 por el Congreso de Viena. La unificación de Italia acabó virtualmente con los Estados de la Iglesia, en el s. XIX. Los acuerdos de Letrán (1929) reconocieron la soberanía del Papa sobre el territorio de la "Ciudad del Vaticano".
IGLESIAS (Ignacio), poeta y dramaturgo catalán (1871-1928), autor de *L'escorçó, Els vells, El cor del poble,* dramas realistas.
IGLESIAS (Miguel), militar y político peruano (1822-1901), pres. de la Rep. de 1883 a 1886. Firmó con Chile el Tratado de Ancón (1883).
IGLESIAS (Pablo), político español (1850-1925). Obrero tipógrafo, fue fundador y presidente del Partido Socialista Obrero Español y de la Unión General de Trabajadores.
IGLESIAS CASTRO (Rafael), político costarricense (1861-1924), pres. de la Rep. de 1894 a 1902.
IGLESIAS DE LA CASA (José), sacerdote y poeta español (1748-1791), autor de idilios, églogas y letrillas.
IGLESIAS VILLOUD (Héctor), compositor folklórico argentino, n. en 1913, autor de *Amancay.*
IGNACIO (*San*), Padre de la Iglesia, patriarca de Constantinopla (797-877). Fiesta el 23 de octubre.
IGNACIO de Loyola *(San),* fundador de la Compañía de Jesús, n. en Azpeitia (Guipúzcoa) en 1491, m. en Roma en 1556. Fue primero militar y después de haber sido herido en Pamplona (1521) vistió los hábitos. Apoyó la Contrarreforma con su Compañía. Es autor de *Ejercicios espirituales.* Fiesta el 31 de julio.
IGUALA, pobl. de México (Guerrero). En ella proclamó Iturbide, el 24 de febrero de 1821, el llamado *Plan de Iguala,* que reconocía las tres garantías esenciales de los mexicanos: catolicismo, unión de españoles y criollos e independencia política dentro de una monarquía constitucional.
IGUALADA, c. de España (Barcelona); hilados, tejidos; fundiciones de hierro.

Fot. Hanfstaengl-Giraudon, Larousse, Giraudon

IGUALATA, cima del Ecuador (Chimborazo y Tungurahua); 4 432 m.

IGUAMO. V. HIGUAMO.

IGUAZÚ o **IGUASÚ,** río de América del Sur, que nace en el Brasil (Paraná), sirve de límite con la Argentina y es afl. del Paraná; 1 320 km. Hermosa catarata (70 m de alto), cerca de su confluencia, en territorio argentino y brasileño. — Territ. en el S. del Brasil; cap. *Iguazú.*

IHARA (Saikaku), escritor costumbrista japonés (1641-1693).

IJ (GOLFO DEL), golfo del Ysselmeer, cerca de Amsterdam.

IJEVSK, c. de la U.R.S.S. (Rusia), cap. de la Rep. de Udmurtia; metalurgia.

IJSEL e **IJSELMEER.** V. YSSEL e YSSELMEER.

ILAGÁN, pobl. de Filipinas, cap. de la prov. de Isabela (Luzón).

ILAHABAD. V. ALLAHABAD.

ILAVE o **BLANCO,** río del Perú, que des. en el lago Titicaca.

ILDEFONSO (SAN). V. GRANJA (LA).

ILDEFONSO DE TOLEDO *(San),* obispo y escritor español (607-667) que asistió a los Concilios de Toledo VII y IX. En su obra literaria exalta a la Virgen María (*De perpetua virginitate beatae Mariae*). Fiesta el 23 de enero.

ILERDENSES, pueblo de la España Tarraconense que habitaba en la región correspondiente a las actuales provincias de Castellón y Tarragona.

ILERGETES, pueblo de la España Tarraconense que habitaba en la región correspondiente a las provincias de Huesca, Zaragoza y Lérida.

ILFORD, suburbio de la parte este de la ciudad de Londres (Essex).

ILHA REDONDA, pobl. del Brasil (Santa Catarina); aguas minerales.

ILHÉUS, c. y puerto del Brasil (Bahía). Puerto exportador de cacao. Obispado.

ILI, río de Asia central (China y U.R.S.S.) que des. en el lago Balkach; 1 384 km.

Ilíada (*La*), poema épico atribuido a Homero, en veinticuatro cantos, que relata los combates de la guerra de Troya por los griegos desde la retirada de Aquiles a su tienda. La muerte de Patroclo, a manos de Héctor, hace que Aquiles vuelva a la lucha para vengarlo. Poema guerrero, *La Ilíada* contiene también escenas grandiosas (funerales de Patroclo) y emotivas (despedida de Héctor y Andrómaca, encuentro de Aquiles y Príamo).

ILÍBERIS, ant. n. de **Granada.**

ILINIZA, cima del Ecuador; 5 265 m, en la Cord. Occidental, entre Pichincha y Cotopaxi.

ILIÓN, uno de los nombres de **Troya.**

ILIRIA, región montañosa, a lo largo del Adriático, que comprende Istria, Carintia, Carniola, Trieste (Italia, Austria y Yugoslavia).

ILMEN, lago de Rusia, cerca de Novgorod.

ILO, pobl. y puerto del Perú (Moquegua).

ILOBASCO, distr. de El Salvador (Cabañas).

ILOCOS NORTE, prov. de Filipinas (Luzón); cap. *Laoag;* 3 390 km²; 350 000 h.

ILOCOS SUR, prov. de Filipinas (Luzón); cap. *Vigán;* 2 687 km²; 400 000 h.

ILOILO, prov. de Filipinas (Panay), cap. *Iloilo;* 5 304 km²; 1 200 000 h.

ILOPANGO, lago de El Salvador, en el dep. de San Salvador; 64 km². Centro turístico. — Pobl. de El Salvador (San Salvador); aeropuerto.

Iluminados. V. ALUMBRADOS.

ILL, río de Francia (Alsacia), afluente del Rin. Pasa por Estrasburgo; 208 km.

ILLAMPU. V. SORATA.

ILLAPEL, com. y dep. de Chile (Coquimbo). Prelatura nullius.

ILLE-ET-VILAINE [*ilevilén*], dep. del O. de Francia; cap. *Rennes.*

ILLESCAS, v. de España (Toledo); hospital del s. XVI (cuadros de El Greco).

ILLIA (Arturo), médico y político argentino, n. en 1900, pres. de la Rep. en 1963. Derrocado por una Junta militar en 1966.

ILLIMANI, cumbre de los Andes de Bolivia (La Paz); 6 710 m.

ILLINOIS, uno de los Estados Unidos de Norteamérica; cap. *Springfield;* c. pr. *Chicago.*

ÍLLORA, v. de España (Granada).

IMÁN, sierra de la Argentina (Misiones).

IMATACA, n. de uno de los brazos del Orinoco, en Venezuela (Delta Amacuro). — Sierra de Venezuela (Guayana); hierro.

IMATRA, c. de Finlandia. Hidroelectricidad.

IMBABURA, cima de los Andes del Ecuador; 4 630 m. — Prov. del Ecuador; cap. *Ibarra;* prod. algodón, maíz, café y caña de azúcar. (Hab. *imbabureños.*)

IMBACOCHA. V. SAN PABLO.

IMBERT, com. de la Rep. Dominicana (Puerto Plata).

IMBERT (Julio), poeta y autor dramático argentino, n. en 1918.

IMBROS, en turco **Imroz,** isla del mar Egeo (Turquía), no lejos de los Dardanelos.

IMERINA, meseta de Madagascar.

Imitación de Cristo, libro piadoso, escrito en un latín claro, vigoroso y muy original. Ha sido traducido a casi todas las lenguas. Su autor es desconocido; ha sido atribuido sucesivamente a Gerson, canciller de la Universidad de París, y sobre todo al monje Tomás de Kempis.

IMOLA, c. de Italia (Emilia); **hilaturas de** seda; vidrierías. Obispado.

IMPERIA, c. de Italia (Liguria), puerto en el golfo de Génova; turismo.

IMPERIAL, río de Chile; 220 km. — Dep. de la prov. chilena de Cautín; cap. *Nueva Imperial.*

IMPERIAL (Micer Francisco), poeta español del s. XV, varias de cuyas composiciones figuran en el *Cancionero de Baena.* Inspirándose en Dante compuso un *Decir de las siete virtudes.*

IMPERIO, nombre de varios grandes Estados:
Imperio Romano, desde Augusto hasta la muerte de Teodosio (29 a. de J. C.-395 d. de J. C.); cap. *Roma;*
Imperio de Oriente, parte del Imperio Romano; cap. *Constantinopla* (395-1453);
Imperio de Occidente, parte del Imperio Romano; cap. *Ravena* (395-476);
Segundo Imperio de Occidente, fundado por Carlomagno y continuado hasta Francisco II (1806); llamado tb. *Sacro Imperio Romano Germánico.*
Imperio Latino de Oriente (1204-1393), fundado por los cruzados sobre las ruinas del Imperio de Oriente;
Imperio Alemán (Deutsches Reich), establecido en favor de Guillermo I de Prusia en 1871. Alemania conservó este nombre hasta la creación de las dos repúblicas alemanas en 1949;
Imperio de Austria (1804-1918), creado por Francisco II; terminó a raíz de la abdicación de Carlos I.
Imperio Británico. V. COMMONWEALTH.
Imperio (Celeste). V. CHINA.
Imperio del Sol Naciente. V. JAPÓN.
Imperio Francés, fundado por Napoleón I en 1804, destruido en 1815, restablecido por Napoleón III en 1852 y desaparecido en 1870.

IMPHAL, c. de la India, cap. del territorio de Manipur. Centro comercial.

INAMBARI, río del Perú, en los dep. de Puno y Madre de Dios, afl. del Madre de Dios.

INCA, v. de España (Baleares); calzado.

INCAHUASI, cerro de los Andes, en la frontera argentinochilena; 6 610 m. — Pobl. de la Argentina (Catamarca); célebre mina de oro.

INCA ROCA. V. ROCA (Inca).

INCAS (IMPERIO DE LOS), poderoso imperio fundado en el s. XII por una tribu de lengua *quechua* procedente de la región del Titicaca, y que, en su apogeo (s. XV), llegó a extenderse por la zona andina del S. de Colombia hasta el N. de Argentina y Chile. Su dominio se derrumbó con la llegada de los conquistadores españoles, a principios del s. XVI. En Cuzco, capital del Imperio, residía el Inca, monarca absoluto y hereditario. La sociedad incaica, regida por un sistema administrativo riguroso, se dividía en tres clases: la nobleza, el pueblo y los *yanaconas* o servidores de los grandes del Imperio. El *ayllu,* o conjunto de familias de un antepasado común, constituía la base de la organización social y reconocía la obligatoriedad del trabajo. Su actividad principal en el orden económico era la agricultura: los incas cultivaban maíz, patata, coca, algodón, etc., mediante la irrigación y el abono. Disponían de una magnífica red de caminos, aunque el comercio estaba poco desarrollado. La religión era sencilla: adoraban el Sol, la Luna y los fenómenos naturales, y mantenían el culto a los muertos. Su arte se reflejó principalmente en la cerámica.

SAN ILDEFONSO DE TOLEDO
detalle de un **cuadro** de MURILLO
museo del Prado

Fot. Anderson-Giraudon

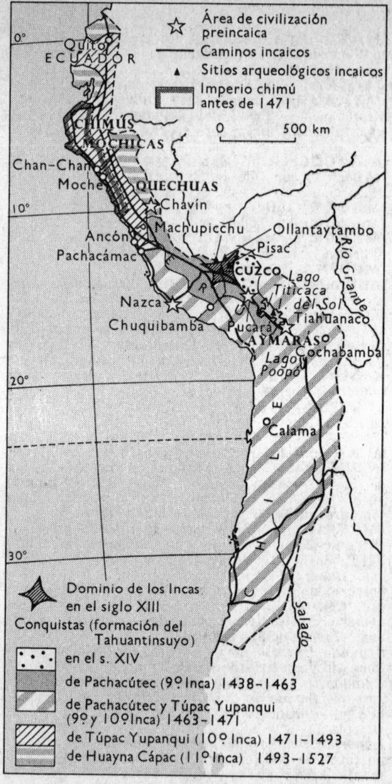

IMPERIO DE LOS INCAS

la poesía, la música, la danza. La arquitectura se caracterizaba tanto por su solidez como por su sencillez: palacios, templos (Pachacámac, el Cuzco), fortalezas (Sacsahuamán, Pisac, Ollantaitambo, Machu Picchu.)

INCLÁN (Luis Gonzaga), escritor mexicano (1816-1875), autor de *Astucia, el jefe de los Hermanos de la Hoja*, pintura de la vida campesina.

INCHÓN o **CHEMULPO**, c. de Corea del Sur, al O. de Seúl. Centro industrial.

INDÉ, volcán de México (Durango).

INDEPENDENCIA, pobl. de Bolivia, cap. de la prov. de Ayopaya (Cochabamba). — Pobl. del Paraguay (Guairá); centro turístico. — Prov. de la Rep. Dominicana; cap. *Jimaní*. — V. FRAY BENTOS.

Independencia (*Guerra de la*), nombre dado a la lucha que sostuvieron las colonias inglesas de la América del Norte contra la metrópoli y que tuvo por resultado la fundación de los Estados Unidos (1775-1782). — Nombre que se suele dar a la heroica defensa de los españoles contra la invasión francesa (1808-1813). — Nombre dado a la lucha que sostuvieron las colonias españolas de América para conquistar su independencia (1808-1824). [V. el mapa de la pág. sig.]

INDIA, región del Asia meridional, constituida por un vasto triángulo que al N. limita con el Himalaya, que la separa del Tíbet, y se une por el E. con la península de Indochina. Comprende la *República de la India, Paquistán, Bután* y *Nepal*.

— HISTORIA. En época remota, los arios emigraron unos de la planicie de Pamir hacia la de Irán (*iranios*) y otros hacia el valle del Indo (*indios*). Así empezó, en la historia de la India, el *período védico*, al que sucedió el *período brahmánico*. El formalismo excesivo de los brahmanes provocó el triunfo del *budismo* (s. IV a. de J. C.). Darío de Persia y Alejandro Magno conquistaron sucesivamente la India. Al fin del s. I a. de J. C., los invasores fueron asiáticos: escito-iranios e indoescitas. En el s. IV brilló la dinastía *gupta* a orillas del Ganges, pero los hunos acabaron con ella en el s. V y a su vez desaparecieron en el s. VI. En el s. VII hubo un último soberano unificador: Harsha. A la muerte de éste, la India se dividió. Los musulmanes comenzaron entonces a infiltrarse, pero no emprendieron la conquista sino en el s. X: los *Gaznevidas*, dinastía turca, ocuparon la cuenca del Indo, y los *Gurides*, que les sucedieron, el valle del Ganges. El sultanato de Delhi, creado en el XIII, subsistió hasta el s. XVII. Fue devastado por Tamerlán en 1398. Baber, descendiente de Tamerlán, fundó el Imperio de la India, que se extendió hasta el Decán, pero se desmembró en el s. XVII. Hasta el s. XV, los europeos conocían poco de la India. En 1498, Vasco de Gama llegó a Calcuta, y en el s. XVI los portugueses se establecieron en la India, seguidos por los holandeses (s. XVII), los franceses y los ingleses. Los Establecimientos Franceses llegaron a comprender todo el Decán; pero los ingleses se apoderaron de ellos y fundaron la *Compañía de las Indias*. Ésta hubo de ceder sus derechos a la Corona, y, en 1877, la reina Victoria fue proclamada emperatriz de las Indias. Birmania había sido anexada a la India en 1866. A principios del s. XX se desarrolló el movimiento nacionalista, promovido principalmente por Gandhi. Birmania se separó de la India en 1937. Inglaterra, antes de la Segunda Guerra mundial, se comprometió a conceder la autonomía a sus posesiones en la India; el desacuerdo entre hinduistas y musulmanes tuvo por efecto la creación, en 1947, de dos Estados: la Unión India (que se convirtió en República de la India en 1950) y el Paquistán. V. INDIA (*República de la*) y PAQUISTÁN.

escudo de la INDIA

INDIA (*República de la*), Estado de Asia meridional, miembro del Commonwealth. Sup. 3 162 000 km²; 511 millones de hab. (*indios*); cap. *Nueva Delhi*, 314 400 h.; c. pr. *Delhi*, 3 465 000 h.; *Bombay*, 4 653 700; *Calcuta*, 4 765 000; *Madrás*, 1 927 400; *Ahmedabad*, 1 414 000; *Kanpur*, 1 139 300; *Bangalore*, 1 473 400. La República está formada por diecisiete Estados y diez territorios. El idioma oficial es el *hindi*.

— GEOGRAFÍA. La estructura general es simple: al sur, la península del Decán; al norte, la masa del Himalaya; entre aquélla y ésta, una vasta planicie aluvial. El clima está dominado por el fenómeno de los monzones, que divide el año en dos estaciones: una húmeda y otra seca; pero como las diferentes regiones están muy desigualmente regadas, hay grandes diferencias de clima y de vegetación, a las que se añaden las de razas, lenguas, religiones y castas. La India no es un país, es un mundo. Las pendientes del Himalaya permiten la cría de cabras y ovejas (Cachemira), y en Asam abundan las plantaciones de té. Las grandes ciudades se escalonan en la planicie del Ganges; en la parte baja se cultiva el arroz, la caña de azúcar y el opio, y en la parte alta, el trigo. El Decán produce algodón, arroz, especias y maderas preciosas. El subsuelo contiene carbón (cuenca del Damodar), hierro (Orisa), manganeso y bauxita. Graves problemas se plantean a la joven República: alimentar una población que aumenta sin cesar y cuyo nivel de vida es muy bajo; extender la superficie cultivable; modernizar las técnicas agrícolas; explotar el subsuelo e intensificar la industrialización.

INDIA MUERTA (*Batallas de*), victoria de los brasileños en 1817 sobre los uruguayos. — Victoria de J. J. de Urquiza sobre F. Rivera en 1845.

INDIANA, uno de los Estados Unidos de Norteamérica; cap. *Indianápolis*.

INDIANÁPOLIS, c. de los Estados Unidos, cap. de Indiana, a orillas del White River; industria (automóviles; textiles). Circuito para carreras automovilísticas.

INDIA PORTUGUESA, ant. colonias de Portugal. Desde 1961 ocupadas por la India.

INDIAS (MAR DE LAS). V. ÍNDICO (*Océano*)

INDIAS OCCIDENTALES, n. dado en un principio a América, porque Colón, al llegar a ella, por la idea que se formaba de las dimensiones de la Tierra, imaginó haber descubierto sólo la costa oriental de la India.

INDEPENDENCIA Y FORMACIÓN DE LOS ESTADOS DE AMÉRICA

PROCESO DE LA INDEPENDENCIA

Primeros intentos separatistas. Miranda, El Precursor, desembarca en Venezuela (abril-agosto de 1806). — Juntas de Chuquisaca (25-V-1809) y La Paz (16-VII-1809). — Junta de Quito (10-VIII-1809). — Junta de Caracas (19-IV-1810). — Junta provisional de Buenos Aires (25-V-1810). — Junta de Bogotá (20-VII-1810). — México: Hidalgo lanza el *"Grito de Dolores"* (15-IX-1810). — Primera Junta en Chile (18-IX-1810). — *Paraguay proclama su independencia* (15-V-1811). — Artigas vencedor en Las Piedras (18-V-1811). — *Venezuela proclama su independencia* (5-VII-1811). — Bolívar, El Libertador, entra en Caracas (7-VIII-1813). — Morelos proclama la independencia de México en Chilpancingo (6-XI-1813).

La reacción española. Hidalgo es fusilado en Chihuahua (30-VII-1811). — Miranda prisionero y caída de la primera República de Venezuela (julio de 1812). — Derrota del ejército libertador de Bolívar y caída de la segunda República de Venezuela (1814). — Derrota del ejército libertador de O'Higgins en **Rancagua** (Chile). [1-X-1814]. — Morelos, derrotado, es fusilado (22-XII-1815). — Morillo, El Pacificador, en Venezuela (1815). — Represión de Morillo en Colombia (1816).

Hacia la independencia absoluta. El *Congreso de Tucumán declara la independencia de las Provincias Unidas del Río de la Plata* (9-VII-1816). — San Martín, en **Chacabuco** (12-II-1817). — **Maipú:** independencia de Chile (5-IV-1818). — Bolívar en **Boyacá** (7-VIII-1819). — Bolívar entra en Bogotá (9-VIII-1819). — La República de Gran Colombia es proclamada en Angostura (17-II-1819). — Bolívar en **Carabobo**: *independencia de Venezuela* (20-VI-1821). — *Proclamación de la independencia del Perú* (21-VII-1821). — Sucre en **Pichincha**: *independencia del Ecuador* (24-V-1822). — *Pedro I proclama la independencia de Brasil* (7-IX-1822). — Federación de las Provincias Unidas de Centroamérica (24-VI-1823). — Bolívar en **Junín** (6-VIII-1824). — Constitución federal de los Estados Unidos de México (4-X-1824). — Sucre en **Ayacucho** (9-XII-1824). — Los Treinta y Tres Orientales en la playa de la Agraciada (19-IV-1825). — *Independencia de Bolivia* (6-VIII-1825). — *Independencia de Cuba* (10-XII-1898).

CHINA
AFGANISTÁN
IRÁN
PAQUISTÁN
BELUCHISTÁN
JAMMU Y CACHEMIRA
HIMACHAL PRADESH
PENDJAB
HARIANA
UTTAR PRADESH
NEPAL
SIKKIM
BUTÁN
ASSAM
NAGALAND
MANIPUR
TRIPURA
PAQUISTÁN
BIRMANIA
RAYASTÁN
GUJERATE
MADHYA PRADESH
BIHAR
BENGALA
ORISA
MAHARASHTRA
ANDHRA PRADESH
MYSORE
TAMIL NAD
CEILÁN
OMÁN
GOLFO DE OMÁN
MAR ARÁBIGO
GOLFO DE BENGALA
Islas Andamán
Islas Nicobar
(India)
Himalaya
Desierto Índico
Mtes Aravali
Mtes Vindhya
Mtes Satpura
Mtes Ajanta
Mtes Satmala
Mtes Balaghat
Gates Occidentales
Gates Orientales
Mtes Sulaimán
Trópico de Cáncer
Rann of Kutch
G. de Kutch
G. de Cambay
Golfo de Mannar
Esto de Palk
Everest 8882
Peshawar
Rawalpindi
ISLAMABAD
Srinagar
Sialkot
Gujranwala
Lahore
Lyallpur
Amritsar
Jullundur
Multan
Quetta
Kandahar
Sukkur
Hyderabad
KARACHI
DELHI
NEW DELHI
Meerut
Moradabad
Bareilly
Aligarh
Mathura
Agra
Jaipur
Ajmer
Jodhpur
Bikaner
Lucknow
Kanpur
Allahabad
Benarés
Gorakhpur
Patna
Gwalior
Jhansi
Ahmedabad
Baroda
Rajkot
Jamnagar
Bhaunagar
Surat
Ujjain
Indore
Bhopal
Jabalpur
Nagpur
Ranchi
Jamshedpur
Kharagpur
Howrah
CALCUTA
Bhatpara
Dacca
Chittagong
Imphal
Mandalay
RANGÚN
Moulmein
KATMANDU
Bhatgaon
Patan
PUNAKHA
Cuttack
Bhubasneswar
Visakhapatnam
Rajahmundry
Cocanada
Vijayavada
Haidarabad
Secunderabad
Warangal
Sholapur
Poona
BOMBAY
Kolhapur
Hubli
Bangalore
Kolar
Mysore
Salem
Vellore
MADRÁS
Mangalore
Kozhicoda
Coimbatore
Truchchirappalli
Tanjore
Madurai
Alleppey
Trivandrum
Jaffna
Trincomalee
500 km

INDIAS OCCIDENTALES (FEDERACIÓN DE LAS), federación que agrupó de 1958 a 1962 las antiguas Antillas británicas salvo las islas Vírgenes. Cap. *Port of Spain* (Trinidad).

INDIAS OCCIDENTALES NEERLANDESAS, n. que se da también a **Guayana Holandesa** o **Surinam.**

INDIAS ORIENTALES HOLANDESAS, antiguas dependencias holandesas de Asia sudoriental, que forman actualmente la *República de Indonesia* (v. este nombre).

— HISTORIA. Los holandeses llegaron en 1595 a las islas de la Sonda. Su *Compañía General de las Indias Orientales* amplió gradualmente sus posesiones. Durante la dominación francesa en Holanda, Inglaterra se apoderó de las colonias holandesas de Asia; pero por los tratados de 1814 y 1815 restituyó Insulindia, excepto parte de Timor y Borneo. El Gobierno holandés, que substituyó a la Compañía, logró una prosperidad real, no sin cometer algunos abusos (cultivo forzado): café, tabaco, azúcar, pimienta, canela, té, etc., eran producidos en abundancia. En 1941, las Indias Holandesas (con Holanda) declararon la guerra al Japón, pero éste las ocupó de 1942 a 1945. Al fin de la guerra, los nacionalistas indonesios proclamaron la independencia de las Indias Holandesas. (V. INDONESIA.)

Indias (*Compañía de las*), compañía inglesa que hizo la conquista de casi toda la India.

V. d'INDY

INÉS DE CASTRO

INGENIEROS

INDÍBIL, caudillo ilergete (s. II a. de J. C.) que se sublevó contra los romanos en España.

Índice, catálogo de los libros cuya lectura y posesión prohíbe la Iglesia. Lo estableció, de 1571 a 1917, la *Congregación del Índice,* tribunal fundado en Roma en 1563, en ejecución de un canon del Concilio de Trento, para examinar los libros que le somete la autoridad eclesiástica, prohibiéndolos si son peligrosos. Desde 1917 hasta su desaparición (1966) lo estableció el *Santo Oficio.*

ÍNDICO (OCÉANO), ant. **Mar de las Indias,** mar situado al S. de la India, y que va de las costas de África a Australia. El océano Índico está caracterizado por su clima caluroso y por los monzones de verano e invierno.

ÍNDICO (ARCHIPIÉLAGO) o **INSULINDIA,** nombre que suele darse a Malasia.

INDIGETES, pueblo de la España Tarraconense que habitaba la actual provincia de Gerona.

INDIGHIRCA, río de Siberia oriental que des. en el océano Glacial Ártico; 1793 km.

INDIO, río de Nicaragua (Zelaya y San Juan del Norte), que des. en el mar Caribe.

INDIOS, n. dado por Colón a los indígenas de América o Indias Occidentales, y que, aunque erróneo, se ha seguido aplicando posteriormente. Entre las distintas hipótesis emitidas sobre el origen y antigüedad de los indios americanos, prevalece hoy la de que, llegados desde Asia por el estrecho de Bering, se propagaron por el continente hace unos veinte mil años.

INDO o **SIND,** río de la India y el Paquistán, que desemboca en el mar de Omán, formando un vasto delta; 3 040 km.

INDOCHINA, gran península situada en el SE. de Asia, entre la India y China, regada por el Iraudi, el Saluén, el Menam, el Mekong, el río Colorado. Comprende Birmania, Tailandia, parte continental de Malaysia, Viet Nam del Norte y del Sur, Camboya y Laos. (V. Mapa p. 1369.)

INDOCHINA FRANCESA, n. dado a las antiguas colonias o protectorados franceses de Cochinchina, Camboya, Anam, Tonkín y Laos. Ocupada por los japoneses en 1941, la liberación fue seguida de un movimiento nacionalista, el *Viet Minh,* contra las tropas francesas. Francia reconoció, en 1946, la autonomía de los Estados indochinos, pero las hostilidades con el Viet Minh continuaron hasta 1954, época en que el Viet Nam del Norte obtuvo la independencia y constituyó un Estado de tipo socialista. (V. VIET NAM.)

INDOEUROPEA (*Familia*), familia de pueblos que tienen por antepasados a los arios y están repartidos entre la India y parte de Europa: *indios, iranios, griegos, italiotas, celtas, germanos, eslavos,* etc.

INDONESIA (*Estado unitario de la República de*), República constituida por las antiguas posesiones holandesas de las Indias Orientales. Sup. 1 492 000 km²; 100 millones de hab. (*indonesios*); cap. *Yakarta,* 2 913 000 h.; c. pr.: *Surabaya,* 1 318 900 h.; *Bandung,* 1 020 000; *Semarang,* 520 000; *Surakarta,* 451 000; *Malang,* 376 000. — Sumatra: *Medan,* 359 700; *Palembang,* 328 300; *Padang,* 325 000. — Célebes: *Macasar,* 537 000. — Borneo: *Banjermasin,* 268 000. — Molucas: *Amboina,* 68 000. — Indonesia está formada por un gran arco insular del océano Índico, en el que se destacan Java, Sumatra y la mayor parte de Borneo. La población vive del cultivo del coco, el maíz y el arroz. Yacimientos de estaño y petróleo. — La República de Indonesia fue proclamada en 1945 por el Dr. Sukarno y reconocida por Holanda en mayo de 1946. En 1949 fue constituida una unión holandoindonésica, rechazada por los indonesios en 1954.

INDORE, c. de la India (Madhya Pradesh).

INDOSTÁN, región del N. de la India, en la llanura indogangética, entre el Himalaya y el Decán.

INDRA, el principal dios védico, soberano del Cielo y de los Truenos.

INDRE, río de Francia, afl. del Loira; 266 km. — Dep. de Francia, cap. *Châteauroux.*

INDRE Y LOIRA, dep. de Francia; cap. *Tours.*

Indulgencias (*Querella de las*), conflicto que surgió, a principios del s. XVI, entre las dos grandes órdenes religiosas de los Agustinos y los Dominicos con motivo de la venta de las indulgencias, y que fue el origen de la Reforma.

INDY (Vicente **d'**), compositor francés (1851-1931), autor de óperas (*Fervaal*), sinfonías (*Wallestein*) y música de cámara.

INÉS (*Santa*), virgen de Salerno, mártir a los trece años, en 303. Fiesta el 21 de enero.

INÉS DE CASTRO (¿1320?-1355), mujer célebre por su belleza, esposa del infante Pedro de Portugal, asesinada por cortesanos envidiosos.

INÉS DE LA CRUZ. V. CRUZ (*Sor* Juana I.).

INFANTE (José Miguel), político y patriota chileno (1778-1844), miembro de la Junta Gubernativa de 1823.

INFANTE (Manuel), compositor español (1883-1958), autor de obras de folklore andaluz.

INFANTE (Pedro), cantante y actor de cine mexicano (1917-1957).

Infantes de Lara. V. LARA.

INFIESTO, v. de España (Oviedo). Carbón.

Informe sobre la ley agraria, obra maestra de Jovellanos (1795).

INGAVÍ, llano de Bolivia (La Paz), donde las tropas nacionales de J. Ballivián vencieron a las peruanas (1841). — Prov. de Bolivia (La Paz); cap. *Viacha.*

INGEN-HOUSZ (Juan), físico holandés (1730-1799); estudió la conductibilidad calorífica de los metales y la nutrición de los vegetales.

INGENIEROS (José), escritor, sociólogo y psiquiatra argentino (1877-1925), a quien se considera como introductor del positivismo en su patria. Autor de *Las fuerzas morales, Ciencia y educación,* etc.

INGLATERRA, parte sur de la Gran Bretaña, la mayor y más rica de las que forman el Reino Unido; cap. *Londres.* (V. GRAN BRETAÑA.)

mapa de INDONESIA

Inglés de los güesos *(El)*, novela del argentino Benito Lynch, historia de amor entre un inglés y una gaucha (1924).
INGLEZ DE SOUZA (H. M.), novelista naturalista brasileño (1853-1918), autor de *El misionero*.
INGOLSTADT, c. de Alemania (Baviera), a orillas del Danubio; automóviles; tabaco. Universidad católica célebre en otro tiempo.
INGRES [*angr*] (Dominique), pintor francés (1780-1867). Discípulo de David, fue el campeón del clasicismo, y se distinguió por la perfección de su dibujo y la pureza de su línea. Autor de *La odalisca, La bañista* y de retratos.
INGUCHES, pueblo del Cáucaso oriental, que vive en un territorio autónomo de la Unión Soviética (Rusia). Cap. *Groznyi*.
INÍRIDA, río de Colombia (Vaupés), afl. del Guaviare; 1 050 km.
INKERMANN, c. de U. R. S. S. (Crimea).
INN, río de Europa central, afl. derecho del Danubio: 525 km.
INNSBRUCK, c. de Austria, cap. del Tirol, a orillas del Inn; centro turístico e industrial.
INOCENCIO I (*San*), papa de 401 a 417. — INOCENCIO II, papa de 1130 a 1143. — INOCENCIO III, papa de 1198 a 1216, soberano activo y enérgico; luchó contra Felipe Agusto y Juan Sin Tierra, y tomó la iniciativa de la Cuarta Cruzada y de la expedición contra los albigenses. — INOCENCIO IV, papa de 1243 a 1254. — INOCENCIO V, papa en 1276. — INOCENCIO VI, papa de 1352 a 1362; residió en Aviñón. — INOCENCIO VII, papa de 1404 a 1406. — INOCENCIO VIII, papa de 1484 a 1492. — INOCENCIO IX, papa en 1591. — INOCENCIO X, papa de 1644 a 1655; condenó las cinco proposiciones de Jansenio. — INOCENCIO XI, papa de 1676 a 1689. — INOCENCIO XII, papa de 1691 a 1700. — INOCENCIO XIII, papa de 1721 a 1724.
INÖNÜ (Ismet), general y político turco, n. en 1884, pres. de la Rep. de 1938 a 1950, pres. del Consejo de 1961 a 1965.
INOWROCLAW, en alem. **Hohensalza,** c. de Polonia; sal; máquinas agrícolas.
Inquisición. Desígnase con este nombre los tribunales establecidos, en la Edad Media y en los tiempos modernos en ciertos países, para descubrir y castigar a los herejes. Al ordenar a los obispos lombardos que entregasen a la justicia a los herejes que no se convirtieran, el Concilio de Verona (1183) estableció las bases de la Inquisición, que funcionó en el Languedoc (Francia) contra los albigenses y se extendió después a toda la cristiandad. El rasgo principal de dicha jurisdicción, que se aplicó igualmente a la represión de los delitos de apostasía, de brujería y de magia, consistía en el secreto más absoluto de la información judiciaria. Esta institución, que violaba abiertamente la libertad de conciencia, y era contraria al espíritu mismo del cristianismo, floreció particularmente en Italia y en España desde el siglo XIII, habiéndose hecho tristemente célebre en el mundo entero el nombre del dominico Tomás de Torquemada. Suprimida en España por Napoleón en 1808, fue restablecida de 1814 a 1834.
Inquisiciones, libro de ensayos del argentino Jorge Luis Borges (1925).
INQUISIVI, pobl. de Bolivia, cap. de la prov. del mismo n. (La Paz); centro minero.
Institutas de Justiniano, manual de derecho romano, compuesto en 533 por Triboniano, Teófilo y Doroteo, por orden de Justiniano.
Instituto Pasteur, instituto fundado en París (1886), para el tratamiento de la rabia y el desarrollo de la química biológica.
Instrucciones del año XIII, n. dado en Uruguay a 20 cláusulas dictadas por Artigas en 1813, en las cuales concretábanse las aspiraciones federalistas y democráticas del pueblo oriental.
INSÚA (Alberto), novelista y periodista español (1885-1963). Autor de *El demonio de la voluptuosidad* y *El negro que tenía el alma blanca*.
INSULINDIA, parte de Asia meridional que comprende las islas de la Sonda (Sumatra, Java, Bali, Timor, etc.), Molucas, Célebes y Borneo. A veces se incluyen las Filipinas.
Inteligencia (*De la*), obra de Taine (1870), en la que el autor expone el sistema fenomenista y sus teorías sensacionistas acerca del conocimiento.

INGRES
autorretrato
museo Condé
Chantilly

Intereses creados (*Los*), comedia de tesis de Jacinto Benavente (1907).
INTERLAKEN, pobl. de Suiza (Berna); gran centro turístico. Industrias textiles.
Internacional (I, II, III y IV). V. *Parte lengua*.
International (*La*), canto revolucionario. Poema de Pottier (1871), música de Degeyter.
INTIBUCÁ, sierra de Honduras. — Dep. de Honduras; cap. *La Esperanza;* prod. cereales, café y plátanos. (Hab. *intibucanos*.)
Introducción a la vida devota, obra de San Francisco de Sales (1608).
Introducción al psicoanálisis, obra de Freud (1916) en la que define el método psicoanalítico.
Introducción al símbolo de la fe, obra de Fray Luis de Granada, de gran belleza (1582).
Inundación castálida, recopilación de poemas de Sor Juana Inés de la Cruz (1689).
INURRIA (Mateo), escultor español (1869-1924), que hizo restauraciones en la Mezquita de Córdoba y manifestó en su obra escultórica gran expresividad y gracia formal.
Inválidos (*Hotel de los*), monumento de París, que empezó a construirse en 1670 por orden de Luis XIV, obra en gran parte de J. Hardouin-Mansard. Tumba de Napoleón I.
INVERNESS, c. y puerto de Escocia del N., cap. del condado de su nombre; centro turístico.
Investiduras (*Querella de las*), lucha entre los papas y los emperadores germánicos, con motivo de la colación de los títulos eclesiásticos, de 1074 a 1122. Fue particularmente violenta durante los reinados del papa Gregorio VII y del emperador Enrique IV, y terminó en virtud del Concordato de Worms (1122), que estableció la separación de ambos poderes.
Ío, hija de Inaco, transformada en vaca por Zeus y guardada por Argos. (*Mit.*)
IONESCO (Eugène), dramaturgo francés, n. en 1912, autor de *La cantante calva* y *El rinoceronte*.
IORGA (Nicolás), político y escritor rumano (1871-1940), fundador del Partido Nacional-demócrata en su país (1910). Murió asesinado.
IOWA [*áioua*], uno de los Estados Unidos de Norteamérica; cap. *Des Moines;* agricultura, hulla.
IPALA, volcán de Guatemala (Chiquimula); 1 670 m.
IPIALES, c. de Colombia (Nariño); centro turístico. Fundada en 1585.
IPIRANGA (*Grito de*). V. YPIRANGA.
IPOH, ant. **Taiping,** c. de la Federación de Malaysia, cap. del Estado de Perak.
IPSO, pobl. de la ant. Frigia, en la que tuvo lugar una gran batalla entre los generales de Alejandro Magno (301 a. de J. C.). Antígono fue vencido y muerto en ella por Seleuco y Lisímaco.

INOCENCIO III
pintura del s. XIII

INSÚA

cúpula de
LOS INVÁLIDOS
París

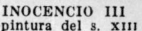

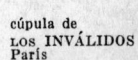

◀ *Fot. Manuel, doc. A. G. P., Larousse*
Fot. Giraudon, Alinari-Giraudon, doc. A. G. P., Roubier

T. DE IRIARTE (1750-1791) por GOYA

W. IRVING

escudo y mapa del IRÁN

IPSWICH [*ipsuich*], c. de Inglaterra, cap. del condado de Suffolk Este; maquinaria agrícola.

IPUCHE (Pedro L.), poeta nativista uruguayo, n. en 1889, autor de *Alas nuevas* y *Tierra honda*.

IQUIQUE, c. y puerto de Chile, cap. del dep. del mismo n. y de la prov. de Tarapacá; salitre; ref. de petróleo. (Hab. *iquiqueños.*) Obispado. Ocupada en 1879 por las fuerzas chilenas.

IQUITOS, c. del Perú, cap. de la prov. de Mainas y del dep. de Loreto; primer puerto fluvial del país. Vicariato apostólico. (Hab. *iquiteños.*) Algodón; caucho.

IRACA, pico de Colombia; 4 200 m, en la Cord. Central.

IRADIER (Manuel), explorador español (1854-1911), recorrió el territorio de Río Muni.

IRAÍ, pobl. del Brasil (Rio Grande do Sul).

IRAK o **IRAQ,** Estado de Asia occidental, que comprende la mayor parte de la planicie de Mesopotamia, entre el Tigris y el Éufrates. Sup. 444 442 km²; 7 300 000 h.; cap. *Bagdad,* 1 306 600 h.; c. pr. : *Mosul,* 273 400; *Basora,* 219 000; *Kirkuk,* 90 000. — Dominado antiguamente por los Sasánidas, los Abasidas, los Selyúkidas, Irak cayó en manos de los turcos en 1534. En 1914 fue invadido por Inglaterra, que codiciaba sus refinerías de petróleo. Obtuvo la independencia, por lo menos aparente, en 1930. En 1943 declaró la guerra al Eje. En 1958, una insurrección derribó al rey y proclamó la república. El problema de los curdos en permanente revuelta, es de difícil solución.

IRALA (Domingo MARTÍNEZ DE). V. MARTÍNEZ.

IRÁN, reino del SO. de Asia, que limita al N. con la U. R. S. S. y el mar Caspio; al E. con Afganistán y Paquistán; al S. con el golfo Pérsico, y al O. con Irak y Turquía. Sup. 1 621 866 km²; 26 985 000 h. (*iranios* o *persas*); cap. *Teherán,* 2 719 700 h.; c. pr. : *Tabriz,* 290 195 h.; *Ispahán,* 254 876; *Meshed,* 409 600; *Abadán,* 226 103; *Shiraz,* 169 088; *Kermanshah,* 125 181. — Irán comprende esencialmente la vasta planicie del mismo nombre, limitada al N. por las montañas de Elburz y al S. por las de Zagros, Loristán y Fars. El interior del país es en gran parte desértico; las grandes ciudades, de población principalmente musulmana, se hallan en la periferia. — Irán produce trigo, frutas, algodón y tabaco, pero los métodos de cultivo son arcaicos y el régimen de la propiedad poco favorable al desarrollo de la economía. La industria de la tapicería es muy antigua. La principal riqueza de Irán es el petróleo de las regiones que limitan con Irak y el Paquistán. — HISTORIA. V. PERSIA.

IRAPA, río de Venezuela, que des. en el golfo de Paria. — Pobl. de Venezuela (Mariño).

IRAPUATO, río de México, afl. del Lerma. — Pobl. de México (Guanajuato); centro agrícola.

IRAUADI, río de Asia, que pasa por Birmania y desemboca en el océano Índico, formando un ancho delta; 2 000 km.

IRAZÚ, volcán de Costa Rica, al N. de la c. de Cartago; 3 452 m.

IRENE, emperatriz de Bizancio (780-790 y 792-802), m. en 803, defensora de la fe ortodoxa.

IRENEO (*San*), obispo de Lyon, n. en 130, mártir hacia el año 200. Fiesta el 28 de junio.

IRIAN, n. de la parte indonesia de Nueva Guinea.

IRIARTE (Juan de), erudito español (1702-1771), autor de un discurso *Sobre la imperfección de los diccionarios.*

IRIARTE (Tomás de), escritor español, n. en la isla de Tenerife (1750-1791), conocido sobre todo por sus *Fábulas literarias* (1782), entre las cuales sobresalen *El burro flautista, La mona, Los dos conejos, El caballo y la ardilla,* etc. Se le deben también un poema sobre *La música,* las comedias *El señorito mimado* y *La señorita malcriada,* una traducción del *Arte poética,* de Horacio, etc.

IRIARTE (Tomás de), general argentino (1794-1876). Tomó parte en las campañas de la Independencia y escribió extensas *Memorias.*

IRIGOYEN (Bernardo de), político, abogado y orador argentino (1822-1906).

IRIGOYEN (Hipólito). V. YRIGOYEN.

IRIS, mensajera alada de los dioses. (*Mit.*)

IRISARRI (Antonio José de), escritor y político guatemalteco (1786-1868), autor de *El cristiano errante.* Intervino activamente en la lucha por la independencia de Chile, donde, en 1814, fue unos días Director Supremo. — Su hijo HERMÓGENES (1819-1886) fue poeta.

IRKUTSK, c. de la U. R. S. S. en Siberia oriental, a orillas del río Angara y del lago Baikal; centro industrial y minero.

IRLANDA, la más occidental de las islas Británicas. De clima muy húmedo y suave, produce avena, manzanas y lino; la cría de bovinos y cerdos es su principal recurso agrícola, y el tejido del lino su industria más importante. — Poblada por los celtas, Irlanda se convirtió al cristianismo en el s. V. Inglaterra empleó cinco siglos en conquistarla (del XII al XVII) y se ensañó contra los católicos irlandeses después de la Reforma. La mayor parte de las tierras fue confiscada en favor de los señores ingleses, que explotaron duramente el país. En 1800, el *Acta de Unión* (v. UNIÓN) agravó la situación de los irlandeses, que no cesaron de protestar durante todo el s. XIX (v. HOME RULE, FENIANOS y PARNELL). A principios del s. XX la lucha se hizo extremadamente aguda con la organización del partido de los *sinn feiners.* Irlanda obtuvo finalmente la independencia en 1921. Gran parte de Ulster constituyó la Irlanda del Norte (13 564 km², 1 425 000 h.; cap. *Belfast,* 433 000 h.), perteneciente al Reino Unido de Gran Bretaña e Irlanda del Norte. La porción más considerable de la Isla (70 282 km², 2 846 600 h.) forma la **República de Irlanda** *(Eire)* [cap. *Dublín,* 535 500 h.; c. pr.: *Cork,* 93 000 h.; *Limerick,* 50 880; *Waterford,* 28 878], dominio hasta 1937 y Estado soberano desde 1949. Su actual presidente es De Valera, elegido en 1957.

IRLANDA (MAR DE), brazo de mar formado por el Atlántico entre Inglaterra e Irlanda.

IRLANDA (Nueva). V. NUEVA IRLANDA.

IROQUESES, indios norteamericanos, establecidos al SE. de los lagos Erie y Ontario.

IRTICH, río de Siberia, afl. izquierdo del Obi; 2 970 km.

IRÚN, v. de España (Guipúzcoa), a orillas del Bidasoa. Marca la frontera francoespañola.

IRVING (Washington), escritor norteamericano, n. en Nueva York (1783-1859), uno de los creadores de la literatura nacional en los Estados Unidos. Vivió varios años en Europa, especialmente en España, de cuya estancia se inspiró para componer sus *Cuentos de la Alhambra.* Se le debe también *Vida y viajes de Cristóbal Colón, Vida de Washington* y el cuento *Rip van Winkle.*

ISAAC, hijo de Abrahán y de Sara, esposo de Rebeca y padre de Jacob y de Esaú. (*Biblia.*)

Fot. Giraudon, Elliot y Fry

ISAAC I Comneno, emperador de Oriente dc 1057 a 1059. — ISAAC II *el Ángel,* emperador en 1185, destronado por su hermano Alejo en 1195, restaurado en 1203 con la ayuda que le prestaron los Cruzados y nuevamente derribado seis meses después (1204).

ISAACS (Jorge), escritor colombiano, n. en Cali (1837-1895), autor de la novela romántica *María* (1867), una de las más leídas en Hispanoamérica. En este relato se mezclan en perfecta conjunción las notas costumbristas e idílicas y trata con gran sensibilidad los problemas del amor y de la muerte.

ISAAK (Enrique), compositor flamenco (¿1445?-1517), autor de obras polifónicas.

ISABEL, isla de Chile (Magallanes).

ISABEL (*Santa*), madre de San Juan Bautista, esposa de Zacarías. Fiesta el 5 de noviembre.

ISABEL (*Santa*), hermana de San Luis, rey de Francia (1225-1270).

ISABEL (*Santa*), princesa de Hungría (1207-1231). Fiesta el 19 de noviembre.

ISABEL I, en ingl. **Elizabeth** (1533-1603), reina de Inglaterra (1558 a 1603), hija de Enrique VIII y de Ana Bolena. Soberana enérgica y autoritaria, mantuvo con ardor el protestantismo, particularmente contra Felipe II, hizo perecer en el cadalso a María Estuardo y al conde de Essex. Protegió las letras, las artes, el comercio, y alentó la colonización. Con ella acabó la familia de los *Tudores.* — ISABEL II, hija de Jorge VI, n. en 1926, reina de Gran Bretaña en 1952.

ISABEL I la Católica. V. REYES CATÓLICOS.

Isabel la Católica (*Orden de*), fundada en 1815 por Fernando VII para recompensar los servicios prestados en las colonias de América. Actualmente se otorga para recompensar los servicios de orden civil y existen varias categorías (collar, gran cruz, banda, comendador, placa, lazo, caballero, cruz de plata y medalla de plata o bronce).

ISABEL II (ISLA). V. CHAFARINAS.

ISABEL II (1830-1904), reina de España, hija de Fernando VII y de María Cristina de Nápoles. Sucedió a su padre en 1833 bajo la regencia de su madre María Cristina. Su elevación al trono provocó la primera Guerra Carlista. En 1843 fue declarada mayor de edad y casó con el príncipe Francisco de Asís de Borbón. El reino fue dirigido por los gobiernos de Espartero, O'Donnell y Narváez, sucediéndose en él los moderados y los progresistas. Cuando estalló la Revolución de 1868, la reina huyó a Francia, donde residió hasta su muerte. El 25 de junio de 1870, abdicó en favor de su hijo Alfonso.

Isabel II (*Orden de*), creada por Fernando VII en 1833. Cinta de color azul celeste.

ISABEL CLARA EUGENIA, infanta de España (1566-1633), hija de Felipe II. Esposa del archiduque Alberto, su padre renunció en ella sus derechos sobre los Países Bajos. Felipe IV solamente le reconoció el título de gobernadora.

ISABEL DE ARAGÓN Y CASTILLA, hija de los Reyes Católicos y reina de Portugal, casada primero con el príncipe Don Alfonso y luego con el rey portugués Don Manuel. Murió en 1498.

ISIS, bajorrelieve del sarcófago de Ramsés III museo del Louvre

ISABEL DE BAVIERA (1371-1435), reina de Francia. Hija de Esteban II, duque de Baviera, y esposa de Carlos VI. Durante una de sus regencias entregó Francia a los ingleses (Tratado de Troyes, 1420).

ISABEL DE BORBÓN (1602-1644), hija de Enrique IV, rey de Francia, y de María de Médicis, esposa de Felipe IV de España.

ISABEL DE FRANCIA (1292-1358), hija de Felipe IV el Hermoso de Francia, casó con Eduardo II, rey de Inglaterra.

ISABEL DE PORTUGAL, segunda mujer de Juan II de Castilla y León; madre de Isabel la Católica. M. en 1496.

ISABEL DE PORTUGAL (1503-1539), esposa de Carlos V, madre de Felipe II, reina de España y emperatriz de Alemania.

ISABEL DE VALOIS (1545-1568)), hija de Enrique II de Francia y de Catalina de Médicis, tercera esposa de Felipe II, rey de España.

ISABEL FARNESIO (1692-1766), reina de España, segunda esposa de Felipe V. Influyó en la política del rey y en la del abate Alberoni.

ISABEL PETROVNA (1709-1762), emperatriz de Rusia (1741-1762), hija de Pedro el Grande y de Catalina I.

ISABEL WOODVILLE (1437-1492), reina de Inglaterra, esposa de Eduardo IV.

ISABELA, cabo de la Rep. Dominicana, en la costa septentrional (Puerto Plata). — Isla del Ecuador, en el arch. de Colón. — Isla de México, en la costa del Pacífico.

ISABELA, prov. de la isla de Luzón (Filipinas); cap. *Ilagán.* Tabaco y maderas.

ISABELA (La), ant. c. de la isla La Española, que fue la primera fundada en América por Cristóbal Colón. Sus ruinas se encuentran en las cercanías de San Felipe de Puerto Plata.

ISABELA (La), v. de Puerto Rico (Aguadilla).

ISABEY [*isabé*] (Juan Bautista), pintor miniaturista francés (1767-1855).

ISAÍAS, consejero del rey de Israel Ezequías, el primero de los cuatro profetas mayores, en el s. VIII a. de J. C.; autor del *Libro de Isaías.*

ISAR, río de Alemania, nacido en el Tirol; riega Munich y des. en el Danubio; 352 km.

ISAURIA, antigua región del Asia Menor, en la costa meridional, frente a la isla de Chipre.

ISCARIOTE, apodo dado al apóstol **Judas.**

ISCHIA. V. ISQUIA.

ISCHILÍN, n. dado a la parte septentrional de la Sierra Chica de Córdoba (Argentina). — Dep. de la Argentina (Córdoba); cab. *Deán Funes.*

ISEO (LAGO DE), lago de Italia, en Lombardía, atravesado por el Oglio.

ISEO, orador griego (s. IV a. de J. C.), maestro de Demóstenes.

Iseo. V. TRISTÁN.

ISÈRE, río francés, afl. del Ródano, que atraviesa el dep. de su nombre; 290 km. — Dep. de Francia (Delfinado); cap. *Grenoble.*

ISERLOHN, c. de Alemania (Rin Septentrional-Westfalia). Metalurgia.

ISIDORO (*San*), arzobispo de Sevilla y doctor de la Iglesia, n. en Cartagena (¿560?-636). Convocó dos sínodos (619 a 625) y presidió el IV Concilio de Toledo (633). De conocimientos portentosos, es autor de *Etimologías,* verdadera enciclopedia en veinte volúmenes. Gozó de gran influencia en la Edad Media. Fiesta el 4 de abril.

ISIDRO Labrador (*San*), patrono de Madrid, su ciudad natal, y de los agricultores (¿1070?-1130). Fiesta el 15 mayo.

ISIS, diosa de los egipcios, hermana y mujer de Osiris, madre de Horus. Diosa de la Medicina, el Matrimonio, la Agricultura, etc., personifica la primera civilización egipcia.

ISKENDERON. V. ALEJANDRETA.

ISKER o **ISKAR,** río de Bulgaria, afl. del Danubio; 300 km.

ISLA CABELLOS, pobl. del Uruguay (Artigas); empalme ferroviario.

ISLA CRISTINA, c. de España (Huelva).

ISLA DE FRANCIA, región de la antigua Francia; cap. *París.*

ISLA DE MAIPO, com. de Chile (Santiago).

ISLA DE PINOS, térm. mun. de Cuba (Habana); oro, tungsteno; aguas minerales.

ISLA MALA, pobl. del Uruguay (Florida).

ISLA UMBÚ, pobl. del Paraguay (Ñeembucú).

ISAACS

ISABEL CLARA EUGENIA por PANTOJA DE LA CRUZ

ISABEL II

detalle de LA ENTRONIZACIÓN DE SAN ISIDORO por L. DALMAU

Fot. Giraudon, doc. A. G. P., Garzón, Arch. Larousse

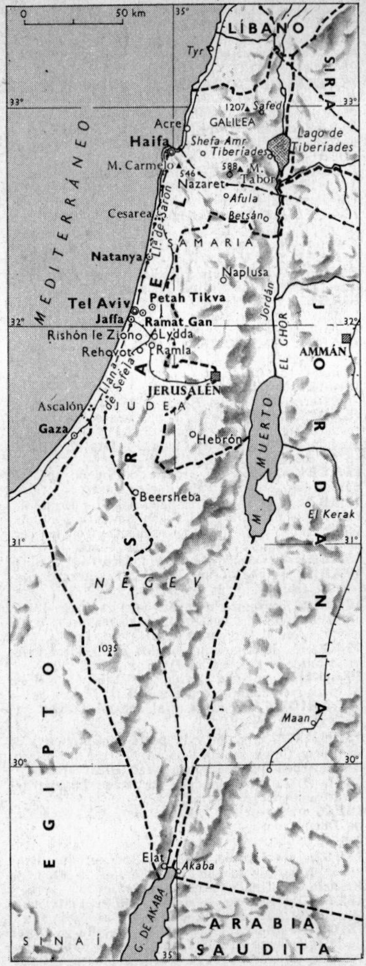

escudo y mapa de ISRAEL

ISLA (José Francisco de), escritor jesuita español, n. en Vidanes (León) (1703-1781), que vivió exilado en Italia. Autor de un relato satírico contra los malos oradores sagrados: ***Historia del famoso predicador Fray Gerundio de Campazas***, obra maestra en su género. Tradujo al castellano el *Gil Blas de Santillana*, de Lesage.

J. F. de ISLA

Islam, n. dado a la religión musulmana, a la cultura y al pueblo musulmán. (V. *Parte lengua.*) — El islamismo, fuerza militar y religiosa, se extendió rápidamente por Asia, África y Europa. La batalla de Poitiers, ganada por Carlos Martel, detuvo los progresos del islamismo en Europa, y en 1492, bajo el reinado de los Reyes Católicos, los musulmanes fueron arrojados de España, en la que habían entrado en 711. En el s. XV se formó el poderoso Imperio Otomano.

La organización del Estado musulmán era la siguiente: a la cabeza de la jerarquía, un *califa*, jefe de los creyentes, con derecho de vida y muerte sobre sus súbditos, juez supremo en las cuestiones de dogma; después, los ministros (el primero con el título de *visir*), los *omnales*, para representar al jefe de los creyentes en las provincias, los generales, encargados de defenderlo contra los infieles, los *cadíes*, para asegurar el buen funcionamiento de la justicia, los *muezines*, encargados de llamar desde lo alto del alminar a los fieles a la oración, y los *imanes*, encargados de recitar en la mezquita las cinco oraciones diarias. El mundo musulmán ha tenido notables lexicógrafos, gramáticos, poetas, historiadores, exploradores, geógrafos, astrónomos y matemáticos.

ISLAMABAD, cap. del Paquistán desde 1967, cerca de Rawalpindi.

ISLANDIA, gran isla del Atlántico Norte, al SE. de Groenlandia. Sup. 103 000 km^2; 200 000 h. Cap. ***Reikiavik*** (71 000 h.). El interior del país es desértico; la población se concentra en las costas y vive de la pesca. — Islandia fue colonizada en el s. X por los noruegos; pasó en 1397 a ser posesión de Dinamarca, de la que se separó definitivamente en 1944 para formar una república. Ocupada por los Aliados durante la Segunda Guerra mundial.

ISLAS DE LA BAHÍA, dep. insular de Honduras, en el mar Caribe, formado principalmente por las islas Guanaja, Roatán y Utila; cap. *Roatán;* prod. plátanos, café, cocos, piña y caña de azúcar. (Hab. *isleños.*) Descubiertas por Colón en 1502, fueron en el s. XVII refugio de piratas.

ISLAS ENCANTADAS, n. que se dio al arch. de Colón.

ISLAY, prov. del Perú (Arequipa); cap. *Mollendo.*

ISLE, río de Francia, afl. del Dordoña; 235 km.

ISLUGA, volcán de los Andes chilenos (Tarapacá), en la frontera con Bolivia; 5 400 m.

ISMAEL, hijo de Abrahán y de Agar, origen de los ismaelitas. (*Biblia.*) [V. AGAR.]

Ismael, novela histórica del uruguayo Eduardo Acevedo Díaz (1888).

Ismaelillo, libro de poesías del cubano José Martí que describe a grandes pinceladas temas populares de su país (1882).

ISMAÍL I, rey de Persia (1487-1524), derrotado por el sultán turco Selim I. — ISMAÍL II, rey de Persia de 1576 a 1578.

ISMAÍL BAJÁ (1830-1895), jedive de Egipto de 1863 a 1879. Durante su reinado verificóse la apertura del istmo de Suez (1869). Las potencias europeas le obligaron a abdicar.

ISMAILIA, c. de Egipto, a orillas del lago Timsah y del canal de Suez, en el centro del istmo.

ISMENE, hija de Edipo, hermana de Antígona.

ISÓCRATES, orador ateniense (436-338 a. de J. C.), defensor de la unión de los griegos contra los persas. Autor de 21 discursos (*Panegírico de Atenas*, etc.), que son modelos de elocuencia ática.

Isolda. V. TRISTÁN.

ISONZO, río de Italia, que des. en el golfo de Trieste; 138 km.

ISOS, ant. c. de Asia Menor (Cilicia); victoria de Alejandro Magno contra Darío III (333 a. de J. C.).

ISPAHÁN o **ISFAHÁN,** c. de Irán al S. de Teherán, ant. cap. del país. Sederías. Tapices.

ISPRA, c. de Italia (Varese). Centro de investigaciones del *Euratom.*

ISQUIA, en ital. **Ischia,** isla volcánica de Italia, a la entrada del golfo de Nápoles. Devastada por un terremoto en 1883. Turismo.

ISRAEL (REINO DE). V. PALESTINA.

ISRAEL, Estado del Cercano Oriente. Sup. 21 000 km^2; 2 606 000 h. (*israelíes*); cap. *Jerusalén*, 275 000 h.; c. pr.: *Tel Aviv*, 390 000 h.; *Haifa*, 185 000, y 25 c. de más de 10 000 h. Israel comprende la parte de Palestina en la que predomina la población judía, pero su historia está marcada por la lucha con los árabes. Así, Jerusalén mismo está dividido entre Israel y Jordania. Una agricultura y una industria crecientes han cambiado la fisonomía del país, pero el balance comercial registra todavía un déficit anual. Israel exporta sobre todo naranjas, diamantes tallados, potasas y abonos químicos.
— HISTORIA. Israel es el efecto del esfuerzo de los sionistas por crear un Estado judío en Palestina. A pesar de la oposición de los árabes, el Estado de Israel se formó en 1948. Atacados por seis naciones de la Liga Árabe, los judíos se defendieron con éxito hasta el armisticio de 1949.

Fot. doc. A. G. P.

AUSTRIA
SUIZA
HUNGRÍA
YUGOSLAVIA
BUDAPEST
Ujpest
Györ
Innsbruck
LIECHTENSTEIN
Winterthur
Basilea
Zurich
St Gall
Bernea
Lucerna
Lausana
L. Leman
Ródano
L. de Constanza
Graz
L. Balatón
Danubio
Klagenfurt
Maribor
Liubliana
Zagreb
Pecs
Drave
Save
Brennero
Merano
TRENTINO
Bolzano
ALTO ADIGIO
FRIULI-VENECIA JULIA
Udine
Trento
Belluno
Gorizia
Pordenone
Trieste
Rijeka (Fiume)
Domodossola
Bellinzona
Valtelina
Gr. S. Bernardo
M. Blanco 4807
Aosta
VALLE DE AOSTA
M. Rosa
Verbania
L. de Como
Lecco
Varese
Como
Bergamo
Busto Arsizio
Monza
Biella
Novara
MILÁN
Brescia
Vicenza
Treviso
Bassano
Verona
Padua
Venecia
Mestre
Chioggia
Golfo de Venecia
Vercelli
Vigevano
Lodi
Crema
Cremona
Mantua
Rovigo
Adria
TURÍN
Casale
Pavia
Po
Asti
Alejandría
Voghera
Piacenza
Fidenza
Salsomaggiore
Parma
Ferrara
Reggio
Módena
Carmagnola
M. Viso
Saluzzo
Fossano
Alba
Cuneo
Savona
Mondovì
Tenda
GÉNOVA
Chiavari
Levanto
Bolonia
EMILIA
Imola
Lugo
Ravena
Faenza
Forlí
Cesena
Rimini
Albenga
Alassio
Imperia
Ventimiglia
Mentón
San Remo
Mónaco
Niza
Cannes
La Spezia
Carrara
Massa
Pistoia
S. MARINO
Pesaro
Fano
Viareggio
Lucca
Prato
Pisa
Florencia
Empoli
Urbino
Senigallia
Ancona
Golfo de Génova
Liorna
TOSCANA
Poggibonsi
Cittá di Cast.
Jesi
Loreto
Fabriano
Cecina
Volterra
Arezzo
Cortona
Siena
Gubbio
Macerata
Fermo
L. Trasimeno
Montepulciano
Massa
Perugia
Asís
Chiusi
Foliño
S. Benedetto del Tronto
C. Corso
Piombino
Grosseto
UMBRÍA
Spoleto
Ascoli
Bastia
Elba
Orvieto
Todi
Teramo
Calvi
Orbetello
L. Bolsena
Terni
Gr. Sasso
Pescara
Chieti
CÓRCEGA
Corte
Montecristo
Giglio
Viterbo
Rieti
Aquila
Lanciano
Vasto
Is. Tremiti
Is. Palagruza
Civitavecchia
Bracciano
ABRUZOS
Ajaccio
ROMA
Tívoli
Avezzano
Sulmona
Sangro
Termoli
Sannicandro
Peschici
Mte S. Angelo
Manfredonia
Sartene
Levanto
Pto Vecchio
Lido de Roma
Velletri
Sora
Frosinone
MOLISA
Campobasso
S. Severo
Lucera
Bonifacio
Est. de Bonifacio
Anzio
Cassino
Isernia
Foggia
Barletta
Trani
Bisceglie
Molfetta
Bitonto
Bari
Latina
Terracina
Gaeta
Sessa
Ariano
Ceriñola
Canosa
Andria
Corato
Ruvo
Mola
Monópoli
Fasano
Ostuni
Asinara
Tempio P.
Olbia
Capua
Caserta
Aversa
Benevento
Avellino
Altamura
Gravina
Gioia
Pto Torres
Sassari
NÁPOLES
Pozzuoli
Ischia
Vesubio
Matera
Brindisi
Alghero
Ozieri
Tirso
Nuoro
Torre del Greco
Torre Annunziata
Castellammare
Capri
Sorrento
Salerno
Éboli
Potenza
Tarento
Francavilla Font.
Lecce
Nardó
Otranto
Macomer
MAR
BASILICATA
Golfo de Tarento
Gallipoli
CERDEÑA
Oristano
Lanusei
Lauria
C. Sta María de Leuca
Villacidro
Castrovillari
Corigliano
TIRRENO
Iglesias
Carbonia
Cagliari
S. Pietro
S. Antioco
C. Carbonara
C. Teulada
Cosenza
S. Giovanni
Crotone
Nicastro
Catanzaro
Estrómboli
I. Ustica
Is. Lípari
Vibo Valentia
Cittanova
MAR
Est. de Messina
C. S. Vito
Trapani
PALERMO
Barcellona
Messina
Reggio Calabria
Bagheria
Cefalú
Patti
Is. Egadi
Alcamo
Corleone
Termini
C. Spartivento
Marsala
Castelvetrano
Nicosia
Adrano
Etna
Giarre
Acireale
Mazara
SICILIA
Sciacca
Canicatti
Enna
Caltanissetta
Catania
JÓNICO
Agrigento
Pto Empédocle
Piazza Armerina
Caltagirone
Lentini
Augusta
Palazzolo
Siracusa
Bizerta
C. Bon
Licata
Gela
Vittoria
Ragusa
Noto
Modica
C. Passero
Bona
Medjerda
Túnez
Pantelaria
MAR MEDITERRÁNEO
ARGELIA
TÚNEZ
Gozo
La Valletta
Malta
Susa
Kairuán
MAR ADRIÁTICO
Pula
Split
Sarajevo
Dubrovnik
14° E. de Gr.
0
100
200 km

escudo de ITALIA

Egipto negó a Israel el paso libre de sus barcos por el Canal de Suez e hizo incursiones en su territorio; Israel respondió, en 1956, con una acción militar, que fue sostenida por la intervención de tropas francobritánicas. La condenación de la O. N. U. puso fin a las operaciones. De nuevo estalló un conflicto en 1967, y tras una fulgurante campaña, Israel ocupó algunas zonas vecinas y la parte vieja de Jerusalén.

ISRAELITAS, descendientes de Jacob o *Israel,* llamados también *judíos* o *hebreos.*

ISSY-LES-MOULINEAUX, v. de Francia (Hauts-de-Seine), suburbio de París. Industrias.

ISTAR. V. ASTARTÉ.

ISTMINA, c. de Colombia (Chocó); puerto en el río San Juan; comercio de oro y platino. Vicariato apostólico.

ISTRIA, región de Yugoslavia, formada por una península calcárea, bañada por el Adriático.

ISTÚRIZ (Francisco Javier), político español (1790-1871), partidario de Riego en 1820 y más tarde jefe del Gobierno (1838, 1846 y 1858).

ITÁ, pobl. del Paraguay (Central); alfarería.

ITACA, una de las islas jónicas, hoy **Theaki.** Según los poemas homéricos, reinaba en ella Ulises cuando salió para el sitio de Troya. Después de la toma de la ciudad anduvo errante durante diez años antes de llegar a Itaca y reunirse con Penélope, su esposa.

ITACURUBÍ DE LA CORDILLERA, pobl. del Paraguay (Cordillera); lugar de veraneo.

ITACURUBÍ DEL ROSARIO, Pobl. del Paraguay (San Pedro); centro agrícola y ganadero.

ITAGUÁ, pobl. del Paraguay (Central), fundada en 1778. (Hab. *itagueños.*)

ITAGUARÉ, pico del Brasil, en la sierra de Mantiqueira (Minas Gerais); 2 308 m.

ITAGÜÍ, v. de Colombia (Antioquia).

ITAÍ, pobl. del Brasil (Rio Grande do Sul).

ITALIA, república de la Europa meridional, entre el Mediterráneo, los Alpes y el Adriático. Sup. 301 226 km^2; 53 656 000 h. (*italianos*); cap. *Roma,* 2 188 000 h.; c. pr.: *Milán,* 1 581 000 h.; *Nápoles,* 1 182 000; *Turín,* 1 025 000; *Génova,* 783 000; *Palermo* (Sicilia), 587 000; *Venecia,* 347 000; *Trieste,* 273 000; *Mesina* (Sicilia), 254 000; *Padua,* 198 000; *Tarento,* 194 650; *Cagliari* (Cerdeña), 181 500; *Brescia,* 174 100; *Liorna,* 160 000. (V. mapa en la pág. anterior.)

— GEOGRAFÍA. Italia se divide en dos partes muy caracterizadas: la Italia del Norte, netamente continental, y la Italia peninsular e insular, mucho más abierta a las influencias mediterráneas. La *Italia del Norte* comprende la vertiente meridional de los Alpes, que domina la planicie del Po. El *Piamonte, Lombardía* y *Venecia* constituyen las regiones más importantes. La Italia del Norte agrupa las poblaciones más densas y posee considerables recursos agrícolas (trigo, maíz, arroz) e industriales: los torrentes alpinos proveen de electricidad a la industria textil y mecánica de *Turín, Milán* y *Bolonia. Génova* es el puerto principal. La *Italia peninsular,* en gran parte montañosa y volcánica (*Vesubio, Etna*), es más pobre. Las islas de *Sicilia* y *Cerdeña* tienen las mismas características. Sus ciudades deben la prosperidad a su situación geográfica (*Nápoles*), a su historia (*Roma*), a sus riquezas artísticas (*Florencia*). Italia ha aumentado considerablemente su producción agrícola e industrial, pero su gran densidad de población es un problema.

— HISTORIA. En un período mal conocido de la historia, los *etruscos* (v. este nombre) chocan en su expansión con las colonias griegas de la Italia meridional y después con los romanos. En el s. II antes de J. C., Roma se convierte en centro del Imperio Romano. A la división de éste (395 d. de J. C.), Milán pasa a ser la capital del Imperio Romano de Occidente. El s. V se caracteriza por las invasiones de los bárbaros, que acaban con el Imperio Romano. Justiniano I, emperador romano de Oriente, logra establecer su autoridad en Italia, y Ravena se convierte en capital. En el s. VIII se forman los Estados de la Iglesia, momentáneamente amenazados en el s. XII por los emperadores germánicos. Libre finalmente del peligro de los emperadores, Italia es teatro de rivalidades locales. Florencia, Pisa, Génova y Venecia, repúblicas poderosas, dan a Italia gran brillo intelectual y económico. Al sur, Francia y Aragón se disputan el reino de Nápoles. En el s. XV y XVI, durante las guerras de Italia, ésta sirve de campo de batalla a franceses, españoles y suizos; finalmente, Francia renuncia a sus pretensiones, y los españoles quedan durante dos siglos dueños de la Península. Más tarde, los príncipes extranjeros impuestos a Italia por los tratados de Utrecht (1713), Rastadt (1713) y Viena (1738), no pueden darle la unidad que le falta. Pero poco a poco se formaba en el Norte una fuerza más potente que las otras, la de la Casa de Saboya. Durante la Revolución Francesa, la campaña de Bonaparte en Italia (1796-1797) creó la República Cisalpina, que se transformó sucesivamente en República Italiana y en Reino de Italia (1807); pero los tratados de 1815 entregaron Lombardía a Austria. Napoleón III se la arrebató y la dio a Víctor Manuel II de Saboya, rey de Piamonte-Cerdeña, quien realizó, de 1859 a 1870, la unidad italiana preparada por Cavour (conquista del reino de las Dos Sicilias y de la mayor parte de los Estados Pontificios; adquisición de Venecia; toma de Roma). Italia desarrolló poco a poco sus recursos económicos y militares y se creó un imperio colonial en África (Eritrea, Somalia Italiana, Libia). En la Primera Guerra mundial tomó el partido de los Aliados y adquirió el Trentino y Trieste. En 1922, Mussolini, jefe del Partido Fascista, instauró un régimen totalitario y ensanchó el imperio colonial con Etiopía (1936) y Albania (1939). En junio de 1940, Italia entró en la Segunda Guerra mundial al lado de Alemania; pero los reveses de las potencias del Eje tuvieron por consecuencia la destitución y detención de Mussolini (1943). Un Gobierno presidido por el mariscal Badoglio firmó el armisticio y declaró la guerra a Alemania. El Duce, libertado por los alemanes, formó un Gobierno neofascista en Italia del Norte, pero fue detenido y ejecutado por patriotas antifascistas en abril de 1945. En 1946, tras la abdicación de Víctor Manuel III y el reinado efímero de Humberto II, Italia se constituyó en República. En el tratado de paz, Italia perdió sus colonias y arregló con Yugoslavia la cuestión de Trieste. Desde entonces, los gobiernos italianos consagran sus esfuerzos a la estabilización económica y política del país. Es miembro fundador de la Comunidad Económica Europea desde la firma del Tratado de Roma en 1957.

ITÁLICA, c. romana, cuyas ruinas, cerca de Sevilla, son célebres por la oda que les dedicó Rodrigo Caro. Patria de Trajano y Adriano.

ITALIOTAS, poblaciones primitivas de la Italia central: *latinos, samnitas, umbrios.*

ITAPÉ, cerro del Paraguay; 700 m. — Pobl. del Paraguay (Guairá).

ITAPECURU, río del Brasil (Maranhão).

ITAPICURÚ, río del Brasil (Bahía); 790 km.

ITAPÚA, dep. del S. del Paraguay; cap. *Encarnación;* prod. agrícola. (Hab. *itapuenses.*)

ITATA, río de Chile, que señala el límite de las prov. de Concepción y Ñuble; 230 km. — Dep. de Chile (Ñuble); cap. *Quirihue.*

ITATIAIA (PICO DE), monte del Brasil (Rio de Janeiro) en la sierra de Mantiqueira; 2 787 m. Parque nacional.

ITATIBA, pobl. del Brasil (São Paulo); tejidos.

ITÉNEZ, prov. de Bolivia (Beni); cap. *Magdalena.* — V. GUAPORÉ.

ITILLA, río de Colombia, afl. del Vaupés.

ITTIHAD (Al-). V. AL-CHAAB.

ITU, pobl. del Brasil (São Paulo): tejidos.

ITURBE, pobl. del Paraguay (Guairá); ingenio azucarero. Ant. llamada **Santa Clara.**

ITURBE (Vicente Ignacio), militar paraguayo, que tomó parte activa en la revolución de mayo de 1811 y se opuso a la dictadura de Francia.

ITURBI (José), compositor, pianista y director de orquesta español, n. en 1895.

ITURBIDE (Agustín de), militar y político mexicano, n. en Valladolid, hoy Morella (1783-1824), que se opuso primeramente al movimiento emancipador, y, más tarde, nombrado comandante general del Sur por el virrey Apodaca, se alió con el insurgente Guerrero y formuló el *Plan de Iguala* (1821). Destituido el virrey, firmó con

ITURBIDE

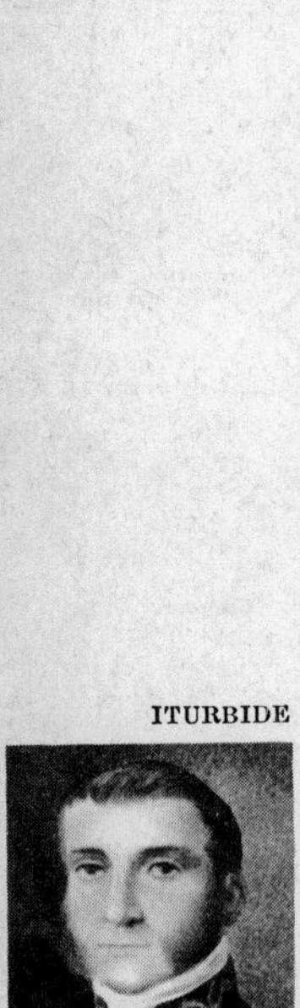

Fot. Viollet

su sucesor, O'Donojú, los Tratados de Córdoba, que reconocían la independencia, y entró en la ciudad de México. En 1822, un levantamiento popular le proclamó emperador con el nombre de **Agustín I,** pero una revolución republicana, encabezada por Santa Anna, le obligó a abdicar. Emigró a Europa, y , a su regreso (1824), fue detenido y fusilado en Padilla.

ITURRALDE, prov. de Bolivia (La Paz) ; cap. *San Buenaventura.*

ITURRIGARAY (José de), general y gobernante español (1742-1815), virrey de la Nueva España en 1803, destituido por un golpe de Estado en 1808.

ITUZAINGÓ, v. de la prov. de Corrientes (Argentina). Victoria en 1827 de los argentinos y uruguayos, mandados por Alvear, contra los brasileños.

ITZAES o **ITZAS,** indios centroamericanos de la familia *maya,* supuestos fundadores de Chichén Itzá.

ITZALCO. V. IZALCO.

ITZCÓATL, rey de los aztecas de 1427 a 1440.

ITZCUINTLAN. V. ESCUINTLA.

IVÁN I, gran príncipe de Moscovia de 1328 a 1341. — IVÁN II *el Bueno,* hijo suyo (1286-1369), gran príncipe de 1353 a 1359. — IVÁN III *el Grande* (1440-1505), gran príncipe de Rusia, que acabó con la dominación tártara y reinó de 1462 a 1505. — IVÁN IV *el Terrible* (1530-1584), el primero que tomó el título de zar; reinó de 1533 a 1584, célebre por su brutalidad. — IVÁN V (1666-1696), zar de 1682 a 1690. — IVÁN VI (1740-1764), zar en 1740, destronado por Isabel y asesinado durante el reinado de Catalina II.

Ivanhoe, novela histórica de Walter Scott (1820), cuyo tema es la rivalidad entre sajones y normandos.

IVANOVO, c. de U. R. S. S. (Rusia), al NE. de Moscú; gran centro industrial algodonero.

IVREA, c. de Italia (Turín). Industrias textiles. Máquinas de escribir y agrícolas. Obispado.

IWO JIMA, isla del Pacífico perteneciente a Estados Unidos, al N. de las Marianas.

IWO, c. de Nigeria en la región occidental.

IXIMCHÉ, antigua capital de los cakchiqueles, en Guatemala (Chimaltenango).

IXIÓN, rey de los lapitas, a quien Zeus había concedido su asilo en el Olimpo. Habiendo faltado al respeto a Hera, fue atado a una rueda en llamas que había de girar eternamente. (*Mit.*)

IXMIQUILPAN, pobl. de México (Hidalgo).

IXTAPAN DE LA SAL, pobl. de México, en el Estado de México; balneario.

IXTLAHUACA DE RAYÓN, pobl. de México, en el Estado de este n.

IXTLÁN, n. dado a un sector de la Sierra Madre de Oaxaca (México). — Pobl. de México (Jalisco).

IXTLÁN DEL RÍO, c. de México (Nayarit).

IXTLILXOCHITL. V. ALBA IXTLILXOCHITL.

IZABAL, lago de Guatemala, en el dep. del mismo n.; 960 km². Tb. llamado **Golfo Dulce.** — Dep. de Guatemala; cap. *Puerto Barrios;* expl. forestal y cultivos tropicales. (Hab. *izabalinos.*)

IZAGUIRRE (Carlos), poeta, ensayista y novelista hondureño (1895-1956).

IZALCO, volcán de El Salvador (Sonsonate), en la sierra de Apaneca; 1 885 m. Permanece activo y es llamado *Faro del Pacífico.* — Pobl. de El Salvador (Sonsonate).

IZAMAL, distr. del Est. de Yucatán (México) ; notables antigüedades mayas.

IZMIR. V. ESMIRNA.

IZMIT, c. de Turquía a orillas del mar de Mármara; corresponde a la ant. **Nicomedia.**

IZQUIERDO (María), pintora mexicana (1906-1955).

IZTACCIHUATL, volcán apagado de México, en la Sierra Nevada; 5 386 m.

IZTEPEQUE, volcán de Guatemala; 1 295 m.

IZÚCAR DE MATAMOROS, pobl. de México (Puebla). Fundada, según se cree, en el s. VIII.

IVÁN III

IVÁN IV
el Terrible

IZALCO

Fot. *Larousse, Robillard*

J

JERUSALÉN: la ciudad antigua y el monte de los Olivos

JABALÍ, río de México, en los Estados de Coahuila y Nuevo León, afl. del Salado. — N. dado a un sector de la Sierra Madre Oriental de México (Tamaulipas).

JABALÓN, río de España (Ciudad Real), afl. del Guadiana; 230 km.

JABALPUR. V. JUBBULPOR.

JABAROVSK, c. de la U. R. S. S. (Rusia), a orillas del Amur; construc. mecánicas; ref. de petróleo.

JABLONEC, c. de Checoslovaquia (Bohemia); cristalería; textiles.

JABOTICATUBAS, mun. del Brasil (Minas Gerais); mica.

JABUGO, c. del SO. de España (Huelva).

JACA, c. de España (Huesca). Obispado; catedral románica. Primera cap. del reino de Aragón. Universidad de verano.

JACINTO *(San),* dominico polaco (1183-1257). Fiesta el 16 de agosto.

JACKSON, c. de los Estados Unidos, cap. de Misisipí; puerto fluvial.

JACKSON (Andrew), político norteamericano (1767-1845). Pres. de los Estados Unidos (1829-1837), declaró a México la guerra de Texas.

JACKSONVILLE [*-vil*], c. de los Estados Unidos (Florida), a orillas del río Saint John.

JACOBO VII

JACOB, patriarca hebreo, hijo de Isaac y de Rebeca, padre de doce hijos que fundaron las 12 tribus de Israel. Huyó de su hermano Esaú, a quien había despojado de su derecho de primogenitura. Vio en sueños una escala por la que los ángeles subían y bajaban. Dios predijo a Jacob una numerosa posteridad y le dio el nombre de *Israel.* Su hijo José llegó a ser ministro del faraón de Egipto. *(Biblia.)*

JACOB (Max), escritor francés (1876-1944), autor de *El cubilete de dados.* En sus obras une la fantasía, la inquietud y el misticismo.

JACOBI (Carlos), matemático alemán (1804-1851). Estudió las funciones elípticas.

JACOBI (Juan Jorge), poeta alemán (1740-1814). — Su hermano FEDERICO ENRIQUE, filósofo (1743-1819), apóstol de una filosofía del sentimiento.

JACOBINA, c. del Brasil (Bahía); uranio.

Jacobinos *(Club de los),* club revolucionario extremista francés (1789-1794).

Jacobitas, sectarios monofisitas que deben su nombre a Jacobo Baradeo, obispo de Antioquía en el s. VI. — N. dado en Inglaterra, después de la revolución de 1688, a los partidarios de Jacobo II y de la Casa de los Estuardos.

JACOBO I ESTUARDO (1394-1437), rey de Escocia de 1424 a 1437. — JACOBO II (1430-1460), rey de Escocia de 1437 a 1460. — JACOBO III (1451-1488), rey de Escocia de 1460 a 1488. — JACOBO IV (1473-1513), rey de Escocia de 1488 a 1513. — JACOBO V (1512-1542), rey de Escocia de 1513 a 1542; se señaló por la fidelidad de su alianza con Francia y fue padre de María Estuardo. — JACOBO VI (1566-1625), rey de Escocia (1567-1625) y (Jacobo I) de Inglaterra (1603-1625), hijo de María Estuardo. Se señaló por su rigor y sus persecuciones contra los disidentes ingleses. — JACOBO VII (1633-1701), rey de Escocia y (Jacobo II) de Inglaterra (1685-1688), hijo de Carlos I. Príncipe autoritario y violento, se enajenó el sentimiento nacional inglés por su conversión al catolicismo y su alianza con Luis XIV de Francia; fue destronado por Guillermo de Nassau. — Su hijo JACOBO ESTUARDO, llamado *el Pretendiente* o *el Caballero de San Jorge* (1688-1766), intentó infructuosamente reconquistar el trono.

JACOBSEN (Jens Peter), escritor danés (1847-1885), autor de la novela histórica *María Grubbe.*

JACOPONE DA TODI, poeta y asceta italiano (1230-1306), autor de estrofas místicas. Se le atribuye el himno *Stábat Máter.*

JACQUARD [*yakar*] (José María), ingeniero francés (1752-1834), inventor de la máquina de tejer que lleva su nombre.

JACÚ, laguna de Panamá (Chiriquí).

JACUÍ, río del Brasil (Rio Grande do Sul), que des. en la laguna de los Patos; 483 km.

JÁCHAL, río de la Argentina, que nace en los Andes riojanos con el n. de *Salado,* toma luego el de *Blanco* y se pierde en la llanura. — Pobl. de la Argentina (San Juan).

JADE, golfo de la costa alemana (Baja Sajonia) donde fue construido el puerto de Wilhelmshaven.

JADIDA (El). V. MAZAGÁN.

JADOTVILLE, hoy **Likasi,** c. del Congo (Katanga); industria del cobre y del cobalto.

JAÉN, c. de España, cap. de la prov. del mismo n.: centro comercial. (Hab. *jaeneses* o *jienen-*

Fot. Viollet, Larousse

ses.) Obispado. Catedral y numerosos edificios del Renacimiento. La prov. es rica en olivos, cereales. Minas de plomo.
JAÉN, c. del Perú, cap. de la prov. del mismo n. (Cajamarca).
JAFET, tercer hijo de Noé, considerado progenitor de la raza blanca. (*Biblia.*)
JAFFA, ant. **Jope,** c. y puerto de Palestina (Israel), incorporado a Tel Aviv. Naranjas.
JAFFNA, c. y puerto de Ceilán.
JAGELONES, familia lituana a la que pertenecieron varios soberanos polacos (1386-1572), de Bohemia y Hungría (s. XIV-XVI).
JAGGERNAT o **PURI,** c. de la India (Orisa), en el golfo de Bengala, la c. religiosa más célebre del país. A sus dos grandes fiestas anuales asisten más de un millón de peregrinos.
JAGUA, bahía de Cuba (Las Villas). [V. CIENFUEGOS.] — Río del Ecuador (Azuay y Guayas), que des. en el estuario del Guayas. — Río de la Rep. Dominicana (Santiago), afl. del Yaque del Norte.
JAGUARIBE, río del Brasil (Ceará); 570 km.
JAGÜEL, pobl. de la Argentina (La Rioja).
JAGÜEL-UMANGO, sierra de la Argentina, la más occidental de las formaciones pampeanas.
JAGÜEY GRANDE, térm. mun. de Cuba (Matanzas).
JAHN (Alfredo), ingeniero, geógrafo e historiador venezolano (1867-1940).
JAHVÉ. V. YAHVÉ.
JAIME I el Conquistador (1208-1276), rey de Aragón y de Cataluña desde 1213. Conquistó las Baleares y los reinos de Valencia y de Murcia. Firmó con Alfonso X el Tratado de Almizra, que limitaba los territorios de conquista de castellanos y aragoneses. A su muerte dividió el reino entre sus dos hijos. Se le debe el código conocido con el nombre de *Compilación de Huesca,* y una crónica de su reinado. — JAIME II (1260-1327), rey dé Aragón de 1291 a 1327, fundador de la Universidad de Lérida.
JAIME I (1243-1311), rey de Mallorca (1276-1311), hijo de Jaime el Conquistador. Rindió vasallaje al rey de Aragón. — JAIME II (1315-1349), nieto del anterior, rey de Mallorca de 1324 a 1349. Murió peleando contra los aragoneses. — Su hijo, JAIME III (1336-1375), no llegó a reinar.
JAIMES FREYRE (Ricardo), escritor boliviano, n. en Tacna (1872-1933), uno de los maestros de la escuela modernista. Su estro musical, fina sensibilidad y audacia innovadora le distinguen entre los poetas de gran valor. Obras: *Castalia bárbara, Poesías completas, Leyes de la versificación castellana,* obra de preceptiva.
JAIPUR, c. de la India, cap. del Est. de Rajastán. Ant. centro cultural. Industrias textiles y metalúrgicas.
JAIRO, judío de Cafarnaum, a cuya hija resucitó Jesús. (*Biblia.*)
JAKARTA. V. YAKARTA.
JAKOBSON (Roman), lingüista ruso, n. en 1896, fundador, con N. S. Trubetskoi, de la fonología.

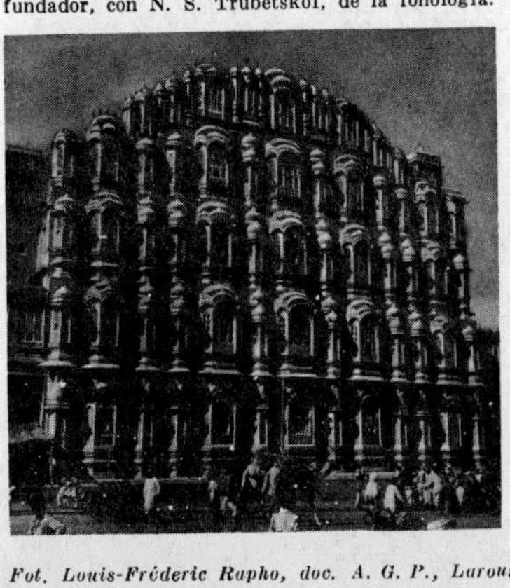

JALAPA, c. de Guatemala, cab. del dep. del mismo n.; centro agrícola y fabr. de queso. (Hab. *jalapeños* o *jalapas.*) Obispado. El dep. prod. café, tabaco y trigo; minas de cromo y plata.
JALAPA ENRÍQUEZ, c. de México, cap. del Estado de Veracruz; centro comercial e industrial; ferias. Universidad. (Hab. *jalapeños.*) Pronunciamiento militar en 1829 que tuvo como consecuencia el derrocamiento del pres. Guerrero y el nombramiento de Anastasio Bustamante. La c. se llama oficialmente *Xalapa Enríquez.*
JALEACA, n. dado a un sector de la Sierra Madre del Sur de México (Guerrero).
JALISCO, Estado de México, a orillas del Pacífico y al O. del país; cap. *Guadalajara;* importante riqueza minera: oro, plata, cobre, hierro, cinc, mercurio, níquel: ind. textil, cerámica; maíz, caña de azúcar. (Hab. *jaliscienses.*)
JALÓN, río de España, en las prov. de Soria y Zaragoza, afl. derecha del Ebro, que pasa por Calatayud; 234 km.
JALTEPEC, río de México, en los Est. de Oaxaca y Veracruz, afl. del Coatzacoalcos; 255 km.
JAMAICA, isla de las Antillas Mayores, al S. de Cuba; 11 424 km²; 1 876 000 h. (*jamaicanos*). Cap. *Kingston,* 367 000 h. Descubierta por Colón en 1494 y bautizada *Santiago,* la isla fue ocupada por los ingleses en 1655. España la cedió a Inglaterra por el Tratado de Madrid (1670). República independiente desde 1962, miembro del Commonwealth. Produce caña de azúcar, café, tabaco; bauxita.
JAMAL BAJÁ, político otomano (1873-1922), uno de los jefes de Turquía durante la Primera Guerra mundial.
JAMAPA, río de México, que des. en el golfo de México, cerca de Veracruz.
JAMBELÍ, archip. e isla del Ecuador, en el golfo de Guayaquil (El Oro).
JÁMBLICO, novelista griego (s. II de nuestra era), autor de *Las Babilónicas.*
JÁMBLICO, filósofo neoplatónico (¿250-330? de nuestra era). Enseñó en Alejandría.
JAMES (BAHÍA), vasta bahía del Canadá en la prolongación del Hudson.
JAMES (William), filósofo norteamericano (1842-1910), fundador de la escuela pragmática. — Su hermano HENRY, escritor (1843-1916), autor de novelas de análisis: *Retrato de una dama, Los embajadores.*
JAMESTOWN, cap. de la isla de Santa Elena.
JAMMES (Francis), escritor francés (1868-1938), autor de *Geórgicas cristianas,* poesías llenas de dulzura y fantasía.
JAMMU, c. de la India, cap., con Srinagar, del Est. de Jammu y Cachemira. Centro comercial.
JAMNAGAR, c. de la India (Gujerate).
JAMSHEDPUR, c. de la India (Bihar), al O. de Calcuta; gran centro siderúrgico.
JANDA, laguna de España (Cádiz), donde tuvo lugar la batalla de Guadalete (V. este n.)
JANEQUIN (Clément), compositor francés (¿1480?-1558), maestro de la canción polifónica.
JÁNICO, com. de la Rep. Dominicana (Santiago); cab. *Santo Tomás de Jánico.* En esta c. Colón construyó la primera fortaleza de América.
JANÍCULO, una de las colinas de Roma, en la orilla derecha del Tíber.
JANITZIO, isla de México en el lago de Pátzcuaro (Michoacán).
JANINA. V. YANINA.
JANO, primer rey legendario del Lacio, que, favorecido por Saturno, veía el pasado y el porvenir. Se le representa con dos caras. El templo de Jano en Roma sólo se cerraba cuando la República estaba en paz.
JANSENIO (Cornelio JANSEN, llamado), teólogo holandés, obispo de Iprés (1585-1638), adversario de los jesuitas. Su obra principal, *Augustinus* (1640), en la cual exponía desde su punto de vista las doctrinas de San Agustín sobre la gracia, el libre albedrío y la predestinación, dio origen a la doctrina llamada *jansenismo.*
JANTIPA, mujer de Sócrates.
JANTIPO, general ateniense, padre de Pericles, vencedor de los persas en Micala (479 a. de J. C.).

◀ JAIPUR: el Palacio de los Vientos

JAIME I
el Conquistador

JAIMES FREYRE

JANO
moneda romana

JANSENIO
según
F. DE CHAMPAIGNE

Fot. Louis-Fréderic Rapho, doc. A. G. P., Larousse, Langlois

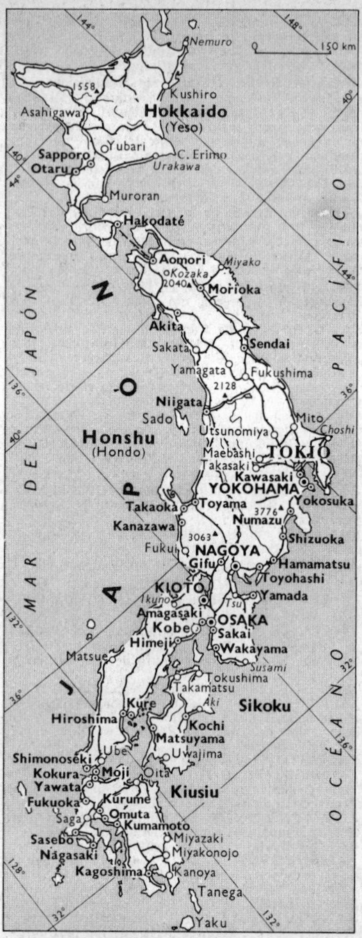

escudo y mapa del JAPÓN

JAPÓN, imperio insular de Asia oriental (*Imperio del Sol Naciente*), compuesto por cuatro grandes islas: Hondo, Honshu o Nipón, Hokkaido o Yeso, Sikoku y Kiusiu, y más de 500 islas secundarias. Sup. 368 589 kilómetros cuadrados; 101 000 000 h. (*japoneses*); cap. *Tokio*, 10 869 000 h. (con los suburbios); c. pr. *Osaka*, 3 157 000 h.; *Yokohama*, 2 652 000; *Nagoya*, 1 936 000; *Kyoto*, 1 342 000; *Kobe*, 1 216 600; *Fukuoka*, 749 800; *Kawasaki*, 791 000; *Sapporo*, 794 000; *Hiroshima*, 507 000; *Sendai*, 486 000; *Amagasaki*, 488 000; *Kumamoto*, 408 000; *Nagasaki*, 405 000.

— GEOGRAFÍA. Formado por montañas muy recientes, al borde de una de las grandes depresiones del Pacífico, el Japón es una de las regiones más expuestas a fenómenos sísmicos y maremotos, y los volcanes son numerosos y activos. Las planicies no ocupan más que la octava parte de la superficie; pero las costas son muy favorables a la navegación y a la pesca. Gracias a su situación insular y a la influencia de los monzones, las diferencias de clima entre el norte y el sur no son demasiado grandes y la temperatura es más suave que en las regiones correspondientes del continente. La formación vegetal por excelencia es la selva; al pie de las montañas, praderas cubiertas de flores; el crisantemo es la flor nacional. En las planicies se cultiva el trigo y el arroz; en las colinas, la morera, que alimenta a los gusanos de seda. El Japón es el primer país pesquero del mundo. La densidad de población hace ínfimo el precio de la mano de obra, cosa que ha favorecido la industrialización; el Japón era antes de 1940 uno de los grandes exportadores del mundo. La Segunda Guerra mundial afectó profundamente a la industria japonesa, que ha logrado, sin embargo, rehacerse en gran parte con sus exportaciones de productos manufacturados.

— HISTORIA. La historia del Japón se puede dividir en los períodos siguientes: 1.º el *Alto Imperio*, hasta el s. VII: unificación del país e introducción de la civilización china y del budismo; 2.º el *Bajo Imperio* (646-1186): establecimiento de la autoridad de un emperador y de la institución del shogunado; 3.º la época de *Kamakura* (1186-1333): el Japón rechaza la invasión de los mongoles; 4.º el *shogunado de los Ashikagas* (1336-1574): época de guerras civiles, en la que San Francisco Javier evangeliza el Japón; 5.º *gobierno de Hideyoshi* (1585-1598): persecución de los jesuitas y expediciones contra Corea; 6.º el *shogunado de los Tokugawas* (hasta 1867): los shogunes persiguen a los cristianos y cierran el país a los extranjeros; 7.º el emperador *Mutsuhito* (1867-1912) traslada la capital a Tokio, introduce la civilización occidental, proclama una Constitución (1889), hace reconocer la indepencia de Corea tras una guerra victoriosa contra China (1895) y anexa al Japón la isla de Formosa; la guerra ruso-japonesa (1904-1905) da al Japón plena libertad de acción en Manchuria y Corea; el Japón se anexa esta última en 1910; 8.º bajo el emperador *Yoshihito* (1912-1926), el Japón, que había tomado partido por los Aliados en la Primera Guerra mundial, recibe en mandato las antiguas colonias alemanas; 9.º En 1932 el Japón favorece la creación de un nuevo Estado (*Manchukuo*) en China, y en 1937 ocupa gran parte de ésta. En diciembre de 1941 entra en la Segunda Guerra mundial atacando la base norteamericana de Pearl Harbor. En mayo de 1942 había ocupado ya Tailandia, Guam, Wake, Hong Kong, Singapur, Sumatra, Java y Filipinas. En agosto de 1945 los norteamericanos lanzan sobre Hiroshima la primera bomba atómica; el Japón capitula el 15 de agosto y es ocupado por los Aliados. En 1946 entra en vigor una nueva Constitución, de inspiración norteamericana y democrática, en la que el emperador sigue, sin embargo, como jefe del Estado. En septiembre de 1951 el Japón firma en San Francisco un tratado de paz con las potencias occidentales.

JAPÓN (MAR DEL), mar en el interior del océano Pacífico, limitado por el Extremo Oriente soviético, Corea y Japón.

JAPURÁ, río del Brasil (Amazonas), afl. del Amazonas; 2 200 km. Aguas arriba es llamado **Caquetá.**

JARA (Albino), militar y político paraguayo (1878-1912), pres. provisional de la Rep. en 1911. Derrocado el mismo año.

JARABACOA, com. de la Rep. Dominicana (La Vega); cab. la ciudad de *Jarabacoa.*

JARAHUECA, pobl. de Cuba (Las Villas); petróleo.

JARAMA, río de España, en las prov. de Guadalajara y Madrid, afl. del Tajo; 199 km. Recibe a su vez los afl. Lozoya, Tajuña, Henares y Manzanares.

JARAMILLO (Marco Antonio), escritor y general colombiano (1849-1904), autor de *A Cuba* y *El libertador* (poesías) y *Mercedes* (novela).

JARBÍN. V. HARBÍN.

JARDIEL PONCELA

JARDIEL PONCELA (Enrique), comediógrafo español, n. en Madrid (1901-1952), de inspiración extravagante y fecunda, que ha publicado varios relatos (*Amor se escribe sin hache* y *Espérame en Siberia, vida mía*), pero cuya mayor fama se debe a sus comedias *Eloísa está debajo de un almendro, Los ladrones somos gente honrada, Angelina o el honor de un brigadier*, etc.

JARDINES DE LA REINA, archip. de Cuba, en el golfo de Guaicanayabo. (Le dio este n. Colón en honor de la reina Isabel.)

JARDINES DEL REY, n. dado al archip. cubano de *Sabana-Camagüey.*

Fot. Valotaire

JARKOV o **KHARKOV,** c. de la U. R. S. S., ant. cap. de Ucrania; centro administrativo; fábricas de maquinaria agrícola, locomotoras.

JARNÉS (Benjamín), escritor español (1888-1945), de estilo pulcro y cuidado, autor de ensayos, críticas, biografías y novelas.

JAROSLAV. V. YAROSLAO.

Jarretera *(Orden de la)*, orden de caballería inglesa, instituida en 1348 por Eduardo III.

JARROW, c. de Inglaterra (Durham). Astilleros.

JARRY (Alfredo) escritor francés (1873-1907), autor de la comedia *Ubu rey,* sátira caricaturesca de la burguesía.

JARTUM o **KARTUM,** cap. del Sudán, en la confluencia del Nilo Blanco y el Azul; 245 000 h.

JARUCO, río de Cuba, en la prov. de La Habana. — Térm. mun. de Cuba (Habana).

JASÓN, héroe mitológico que conquistó el vellocino de oro. Fue rey de Yolcos, educado por un centauro. Murió errante y miserable. (*Mit.*)

JASPERS (Karl), filósofo alemán (1883-1969), uno de los principales filósofos existencialistas.

JASSY, c. de Rumania, ant. cap. de Moldavia; centro intelectual e industrial.

JATIBONICO, térm. mun. de Cuba (Camagüey); petróleo.

JATIBONICO DEL NORTE, río de Cuba (Camagüey y Las Villas); 95 km.

JATIBONICO DEL SUR, río de Cuba (Camagüey y Las Villas); 115 km.

JÁTIVA, c. de España (Valencia), donde se fundó en el s. XII la primera fábrica de papel española. Ruinas romanas y visigóticas.

JATUN-YACU, río de Ecuador que, después de unirse con el Anzu, toma el nombre de Napo.

JAUJA, prov. y c. del Perú (Junín). Su clima agradable y la riqueza del territorio dio origen a la expresión *vivir* o *estar en Jauja.*

JÁUREGUI (Juan de), pintor y poeta español, n. en Sevilla (1583-1641), autor probable del retrato de Cervantes que guarda la Academia Española. Adversario de Góngora y del culteranismo, publicó un *Antídoto contra las Soledades.* Es autor también del poema *Orfeo,* de unas *Rimas* y de una traducción de la *Aminta,* de Tasso.

JÁUREGUI Y ALDECOA (Agustín de), militar español (1712-1784), gobernador de Chile de 1773 a 1780 y virrey del Perú de 1780 a 1784. Reprimió la sublevación de Túpac Amaru.

JAURÈS [*yorés*] (Juan), político francés (1859-1914); brillante orador, fue uno de los jefes del Partido Socialista. Murió asesinado.

JAURÚ, río del Brasil (Mato Grosso), afl. del Paraguay; 450 km.

JAVA, isla del archipiélago de la Sonda (República de Indonesia). Sup. 132 174 km²; 65 millones de hab. (*javaneses*); cap. *Yakarta.* De suelo volcánico, la isla es muy fértil y prod. caucho, arroz, caña de azúcar, té, café, etc. Se extrae también petróleo en el E. del país.

JAVA (MAR DE), parte del océano Índico, entre las islas de Java al S., Sumatra al O. y Borneo al N. Es muy poco profundo (67 m máximo).

JAVARI. V. YAVARI.

JDANOV, ant. **Mariupol,** c. de la U. R. S. S. (Ucrania), puerto en el mar de Azov. Metalurgia.

JEAN PAUL o **JUAN PABLO** (Federico RICHTER, llamado), escritor alemán, n. en Wunsiedel (Franconia) (1763-1825). Novelista vigoroso, filósofo sugestivo, sus obras se destacan por su profunda delicadeza, su gran sensibilidad y su carácter humorístico (*Hesperus, Titán*).

JEBUSEOS, pueblo cananeo sometido por David.

JEDDAH, c. y puerto de Arabia (Hedjaz).

JEFFERSON [*yé-*] *(Tomás)*, político norteamericano (1743-1826), tercer pres. de los Estados Unidos (1801-1809).

JEFFERSON CITY, c. de los Estados Unidos, cap. de Misuri, a orillas de este río.

JEFFREYS [*yefrés*], político inglés (1648-1689), gran canciller de Inglaterra en tiempos de Carlos II y de Jacobo II.

JEHOL o **JOHO,** ant. prov. de China, dividida entre las de Hopei y Liaoning. En 1932, teatro de combates entre chinos y japoneses.

JEHOVÁ o **JEHOVAH,** traducción errónea del nombre dado a Dios en la lengua hebrea. (V. YAHVÉ.)

JEHOVÁ (TESTIGOS DE), secta fundada en los Estados Unidos en 1874 por C. Taze Russel.

JEHÚ, oficial de Joram, después rey de Israel (¿841-814? a. de J. C.).

JEJUÍ, río del Paraguay, en los dep. de Caaguazú y San Pedro, afl. del río Paraguay.

JELENIA GORA, en alem. **Hirschberg,** c. de Polonia, al SO. de Wroclaw; industrias.

JELGAVA, ant. **Mitau,** c. de la U.R.S.S. (Letonia); ant. cap. de Curlandia.

JELLICOE (John), almirante inglés (1859-1935). Mandó la flota británica en la batalla de Jutlandia (1915-1916).

JENA, c. de Alemania oriental, a orillas del Saale. Instrumentos de precisión y de óptica. Universidad. Victoria de Napoleón sobre los prusianos en 1806.

JENARO *(San)*, obispo de Benevento, n. 250, mártir en 305. Fiesta el 19 de septiembre.

JENNER [*ye-*] (Eduardo), médico inglés (1749-1823), que descubrió la vacuna contra la viruela.

JENÓCRATES, filósofo griego (406-314 a. de J. C.), discípulo de Platón, cuyas doctrinas se esforzó por conciliar con el pitagorismo.

JENÓFANES, filósofo griego (s. VI a. de J. C.), fundador de la escuela de Elea, autor de un poema sobre la *Naturaleza de las cosas,* del que se conservan algunos fragmentos.

JENOFONTE, historiador, filósofo y general griego (¿427-335? a. de J. C.), uno de los discípulos de Sócrates. Se distinguió en la guerra del Peloponeso y dirigió la retirada de los Diez Mil, narrada en *La Anábasis.* Es también autor de *La Ciropedia* (a la gloria de Ciro el Grande), *Apología de Sócrates, Helénicas,* etc.

JENSEN (Johannes), escritor danés (1873-1950), poeta (*El largo viaje, Mitos,* etc.) y autor de ensayos de antropología. (Pr. Nóbel, 1944.)

JEQUITINHONHA, río del Brasil (Minas Gerais y Bahía); 800 km.

JERADA, c. del E. de Marruecos, al S. de Uxda. Antracita.

JERBA, isla de Túnez, a la entrada del golfo de Gabes; olivos, melocotoneros.

JEREMÍAS, uno de los cuatro profetas mayores (¿650-580? a. de J. C.). Nos ha dejado *Profecías* y sus famosas *Lamentaciones* sobre la destrucción de Jerusalén.

JEREZ (Francisco LÓPEZ DE), cronista español de Indias (1504-1539), que acompañó a Pizarro en su expedición, de la que nos ha dejado un relato: *Verdadera relación de la conquista del Perú.*

JEREZ (Máximo), general nicaragüense del siglo XIX, jefe de los demócratas que se enfrentaron con Fruto Chamorro.

JEREZ DE LA FRONTERA, c. de España (Cádiz); ind. vinícola de fama mundial. Centro agrícola y comercial. (Hab. *jerezanos.*)

JEREZ DE LOS CABALLEROS, c. de España (Badajoz). Patria de V. Núñez de Balboa.

JERICÓ, ant. c. de Palestina, a 23 km de Jerusalén en el valle del Jordán, conquistada milagrosamente por Josué. (*Biblia.*)

JERICÓ, c. de Colombia (Antioquia). Obispado.

JÉRIDAS (MESA DE), cerro de Colombia; 1 350 m, en la Cord. Central. Tb. llamado **Mesa de los Santos.**

JERJES I, rey de Persia de 485 a 465 a. de J. C., hijo de Darío I. Después de haber dominado la sublevación de Egipto, prosiguió los proyectos de su padre, invadió el Ática y se apoderó de Atenas, pero fue vencido en Salamina y tuvo que huir a Asia. — JERJES II, hijo de Artajerjes I, rey de Persia en 425, asesinado el mismo año por su hermano Sogdiano.

JEROBOÁN I, rey de Israel (930-910 a. de J. C.). — JEROBOÁN II, rey de Israel (783-743 a. de J. C.).

JEROME (Jerome KLAPKA, llamado **Jerome K.**), escritor inglés (1859-1927), autor del relato humorístico *Tres hombres en un bote.*

JERÓNIMO (*San*), Padre y doctor de la Iglesia (¿347?-420), traductor al latín de la Biblia, en la versión que se ha llamado *Vulgata;* escribió también varios tratados y *Cartas.* Fiesta el 30 de septiembre.

JERÓNIMO de Praga, discípulo de Juan Hus (¿1380?-1416), quemado vivo en Constanza.

JENOFONTE

JEAN PAUL

SAN JERÓNIMO
por JORDAENS
detalle

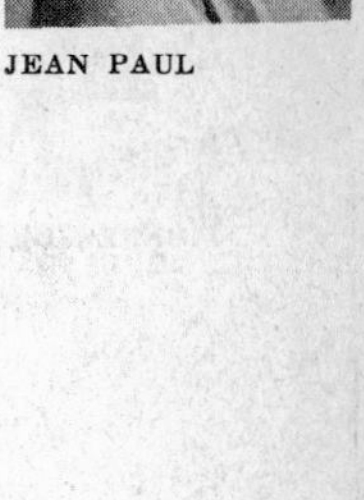

Fot. Giraudon

J. R. JIMÉNEZ

JIMÉNEZ DE QUESADA

JERSEY, la mayor de las islas anglonormandas; cap. *Saint-Hélier;* centro turístico.

JERSEY CITY, c. de los Estados Unidos (Nuevo Jersey), a orillas del río Hudson.

JERUSALÉN, ant. cap. de Judea, después de Palestina y hoy del Estado de Israel; 275 000 h. (*jerosolimitanos*). En la parte antigua de la ciudad se encuentran el Muro de las Lamentaciones y el Santo Sepulcro. Lugar de peregrinaciones. En el lenguaje místico, la *Nueva Jerusalén,* la *Jerusalén Celestial* designan la mansión de los elegidos.

JERUSALÉN (REINO LATINO DE), fundado en 1099 por los cruzados y destruido en 1291 por los mamelucos.

Jerusalén libertada *(La),* poema épico en veinte cantos de Torcuato Tasso (1575).

JESSELTON, c. de Malaysia, cap. de Sabah.

Jesuitas o **Compañía de Jesús,** orden religiosa fundada por San Ignacio de Loyola en 1540, para la conversión de los herejes y el servicio de la religión. Los Jesuitas, orden mucho más militante que contemplativa, agregan a los tres votos monásticos ordinarios el voto de obediencia al papa. Divídense en *novicios, coadjutores espirituales* y *profesos* y están gobernados por un *general.* La orden de los Jesuitas llegó pronto a ser muy poderosa, pero en el s. XVIII fue expulsada de varios países: Portugal (1759), Francia (1762, 1880 y 1901), España (1767) y hasta suprimida por el papa Clemente XIV (1773). Fue restablecida por Pío VII en 1814.

JESÚS o **JESUCRISTO,** es decir, *el Salvador* el hijo de Dios y el Mesías anunciado por los profetas; n. en Belén el año 749 de Roma, aunque el cálculo hecho en el s. VI por el monje Dionisio, y sobre el cual descansa la cronología de la era cristiana, coloca equivocadamente dicho nacimiento en el año 754. Muerto en la cruz a los 33 años de edad. Su vida es contada en Los Evangelios. Jesús nació en un pesebre y fue el hijo de la Virgen María. Fue llevado a Egipto y escapó así de la tiranía de Herodes. Vuelto a Nazaret, pasó su juventud trabajando como carpintero en el taller de José, su padre putativo. Cuando contaba treinta años de edad, empezó a predicar su doctrina por Galilea y Jerusalén, atrayéndose el odio de los fariseos. Hizo muchos milagros. Traicionado por Judas, uno de sus apóstoles, y tras haber celebrado la Cena en que instituyó la Eucaristía, compareció ante la justicia hebrea y romana. Fue condenado y murió crucificado entre dos ladrones. A los tres días resucitó y cuarenta días más tarde subió al cielo, dejando a sus apóstoles la misión de predicar su doctrina. (V. CRISTIANISMO, pág. 1225.)

JESÚS MARÍA, cima volcánica de México (Chihuahua). — Una de las bocas que ponen en comunicación la Laguna Madre con el golfo de México (Tamaulipas). — Pobl. de la Argentina (Córdoba). — Pobl. de México (Aguascalientes).

JESÚS Y TRINIDAD, distr. del Paraguay (Itapúa). En los pueblos de ambos n. se encuentran restos de las reducciones jesuíticas.

JEZABEL, esposa de Acab, rey de Israel, y madre de Atalía, devorada por los perros (s. IX a. de J. C.). *(Biblia.)*

JHANSI, c. de la India (Uttar Pradesh).

JÍBAROS, indios del alto Amazonas, de origen caribe, que ocupan la región oriental del Ecuador. Reducían las cabezas humanas.

JIBOA, río de El Salvador, en los dep. de Cuscatlán y La Paz, que des. en el Pacífico. Victoria de Morazán en 1839.

JIBUTI, c. de África oriental, cap. del Territorio Francés de los Afars e Issas; 41 200 h. Puerto importante y cabecera de la línea de ferrocarril de Addis Abeba.

JIGUANÍ, térm. mun. de Cuba (Oriente).

JIJONA, v. de España (Alicante); turrón.

JIL (Salomé). V. MILLA (José).

JILOCA, río de España, en las prov. de Teruel y Zaragoza, afl. del Jalón.

JIMANÍ, c. de la Rep. Dominicana, cap. de la prov. de Independencia.

JIMENA *(Doña),* hija del conde Lozano, esposa del Cid.

JIMENA DE LA FRONTERA, c. de España (Cádiz). Ruinas de un castillo árabe.

JIMÉNEZ (Enrique Adolfo), político panameño n. en 1888, pres. de la Rep. de 1945 a 1948. Promulgó la Constitución de 1946.

JIMÉNEZ (Juan Isidro), político dominicano (1846-1919), pres. de la Rep. de 1899 a 1902. Reelegido en 1914, dimitió de su cargo, ante la intervención norteamericana, en 1916.

JIMÉNEZ (Juan Ramón), poeta español, n. en Moguer (Huelva), en 1881 y m. en San Juan de Puerto Rico, en 1958. Maestro de la escuela modernista, su exquisita inspiración, la pureza de su estilo y lo sutil y profundo de su emoción hacen de él una de las máximas figuras de la lírica española, que ha enriquecido con numerosos libros de versos: *Almas de violeta, Ninfeas, La soledad sonora, Estío, Canción, Animal de fondo,* etc. Como prosista escribió el relato *Platero y yo,* en el que narra sus andanzas por tierras de Moguer a lomos de un paciente burrillo. La influencia de este poeta sobre los escritores de la generación siguiente, en España e Hispanoamérica, ha sido inmensa. (Pr. Nóbel, 1956.)

JIMÉNEZ (Manuel), general y político dominicano, pres. de la Rep. de 1848 a 1849.

JIMÉNEZ (Mariano), general mexicano, mártir de la Independencia en 1811.

JIMÉNEZ (Max), escritor y pintor costarricense (1908-1947), autor de *El domador de pulgas.*

JIMÉNEZ DE ASÚA (Luis), diplomático y jurista español, n. en 1889, presidente de las Cortes españolas en el exilio.

JIMÉNEZ DE CISNEROS. V. CISNEROS.

JIMÉNEZ DE ENCISO (Diego), dramaturgo español (1585-1634), autor de comedias de inspiración histórica como *El encubierto, La mayor hazaña de Carlos V* y *El príncipe Don Carlos.*

JIMÉNEZ DE PATÓN (Bartolomé), humanista español (1569-1640), autor de un tratado sobre *La elocuencia española en arte.*

JIMÉNEZ DE QUESADA (Gonzalo), conquistador y hombre de leyes español, n. en Granada (¿1500?-1579), que, nombrado justicia mayor, embarcó hacia Santa Marta en 1535 y exploró el río Magdalena en busca de El Dorado (1536). Entabló batallas contra los chibchas y fundó la c. de Santa Fe de Bogotá (1538). Dio al territorio el nombre de Reino de Nueva Granada, lo organizó y ejerció su gobierno con acierto. Escribió *Relación de la Conquista* y otras obras.

JIMÉNEZ DE RADA (Rodrigo), prelado e historiador español, llamado **el Toledano** (¿1170?-1247), autor de la *Historia Gótica.*

JIMÉNEZ DE URREA (Jerónimo), poeta e historiador español (¿1505?-1565), traductor de Ariosto y de Sannazaro, y autor del libro de caballerías *Don Clarisel de las flores y Austrasia.*

JIMÉNEZ MABARAK (Carlos), compositor mexicano, n. en 1916.

JIMÉNEZ OREAMUNO (Ricardo), político y jurisconsulto costarricense (1859-1945). Buen gobernante, fue pres. de la Rep. de 1910 a 1914, de 1924 a 1928 y de 1932 a 1936.

JIMÉNEZ RUEDA (Julio), escritor mexicano (1896-1961), autor de la novela *Bajo la Cruz del Sur* y de obras de teatro y de crítica literaria.

JIMÉNEZ ZAMORA (Jesús), político costarricense (1823-1897), pres. de la Rep. de 1863 a 1866 y de 1868 a 1870.

JIMENO DE FLAQUER (Concepción), escritora feminista española, m. en 1919, fundadora de la revista *La Ilustración de la mujer.*

JINNAH (Mohamed Alí), estadista paquistaní (1876-1948), fundador del Paquistán.

JINOTEGA, c. de Nicaragua, cap. del dep. del mismo nombre, lindante con Honduras; centro agrícola y comercial. El dep. prod. trigo, café, caña de azúcar y maderas.

JINOTEPE, c. de Nicaragua, situada a poca distancia del S. de Managua; cap. del dep. de Carazo; centro agrícola y ganadero.

JIPIJAPA, c. del Ecuador (Manabí). Famosa por su producción de sombreros de palma.

JIQUILISCO, bahía y c. de El Salvador, en la costa del dep. de Usulután.

JIQUILPAN, c. de México (Michoacán).

JIRAJARA o **SIRUMA,** sierra de Venezuela, en la formación Lara-Falcón.

Fot. Agencia A. D. P., doc. A. G. P.

JITOMIR, c. de la U.R.S.S. (Ucrania), al O. de Kiev; metalurgia; industrias alimenticias.
JOAB, sobrino y general de David, asesinado por orden de Salomón (1014 a. de J. C.).
JOANA. V. ANJUÁN.
JOÃO PESSOA, c. del Brasil, cap. del Estado de Paraíba; centro algodonero; puerto; aeródromo.
JOAQUÍN *(San)*, esposo de Santa Ana y padre de la Virgen María. Fiesta el 16 de agosto.
JOAQUÍN de Flora (*Beato*), teólogo místico italiano (¿1130?-1202), de la orden del Císter, conocido por el *Profeta.*
JOAS, rey de Judá a la muerte de Atalía.
JOAS, rey de Israel (¿798?-783 a. de J. C.).
JOATÁN, rey de Judá (752-737 a. de J. C.).
JOB, personaje bíblico, patriarca célebre por su piedad y resignación. Obtuvo Satanás del Todopoderoso la autorización de poner a prueba la virtud de Job, y éste se vio pronto rodeado de los mayores sufrimientos, que soportó con paciencia.
JOCOAITIQUE, c. de El Salvador (Morazán).
JOCORO, c. de El Salvador (Morazán); centro agrícola y minero.
JODELLE [*yodel*] (Esteban), poeta dramático francés (1532-1573), miembro de la Pléyade.
JODHPUR, c. de la India (Rayastán).
JOEL, uno de los doce profetas menores (s. v a. de J. C.). Fiesta el 13 de julio.
JOFFRE [*yofr*] (José), mariscal de Francia (1852-1931), vencedor en el Marne en 1914.
JOGJAKARTA. V. YOKYAKARTA.
JOHANNESBURGO, c. de la República Sudafricana (Transvaal), en medio de la célebre cuenca aurífera de Witwatersrand. Centro industrial.
JOHN BULL [*yonbul*]. V. BULL.
JOHNSON (Andrés), político norteamericano (1808-1875), pres. de los Estados Unidos en 1865, después del asesinato de Lincoln.
JOHNSON (Lyndon Baines), político norteamericano, n. en 1908; vicepresidente de los Estados Unidos en 1961, ocupó la presidencia en 1963, a la muerte de J. F. Kennedy. Elegido en 1964, se mantuvo en el poder hasta 1969.
JOHNSON (Samuel), crítico y ensayista inglés (1709-1784), autor de *Vida de los poetas ingleses* y de un *Diccionario de la lengua inglesa.*
JOHORE, Estado de Malaysia; cap. *Johore.*
JOINVILLE (Juan, *señor de*), historiador francés (1224-1317), que acompañó a San Luis en las Cruzadas de las que ha dejado el relato.
JOKAI (Mor), novelista húngaro (1825-1904), autor de *Los pobres ricos, Diamantes negros,* etc.
JOLIOT-CURIE [*yolió-curí*] (Frédéric), físico francès (1900-1958), autor, con su esposa Irène

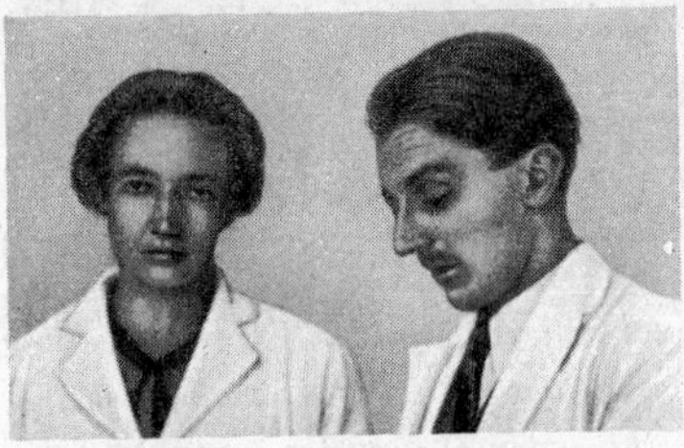

JOLIOT-CURIE (1897-1956), de importantes trabajos sobre la estructura del átomo. El descubrimiento de la radiactividad artificial les valió el Pr. Nóbel en 1935.
JOLÓ o **SULÚ,** archip. y prov. de Filipinas, entre Mindanao y Borneo; cap. *Joló.*
JONÁS, uno de los doce profetas menores, que, según la Biblia, fue devuelto milagrosamente a la vida, después de haber pasado tres días en el vientre de una ballena (s. VIII a. de J. C.).
JONATÁS o **JONATÁN,** hijo de Saúl y amigo de David. (*Biblia.*)
JONES (Íñigo), arquitecto inglés renacentista, de origen español (1573-1651), llamado **el Palladio inglés.**
JONGKIND (Johann Barthold), pintor y grabador holandés (1819-1891), uno de los iniciadores del impresionismo.

Fot. Keystone, Giraudon, X, Anderson-Giraudon

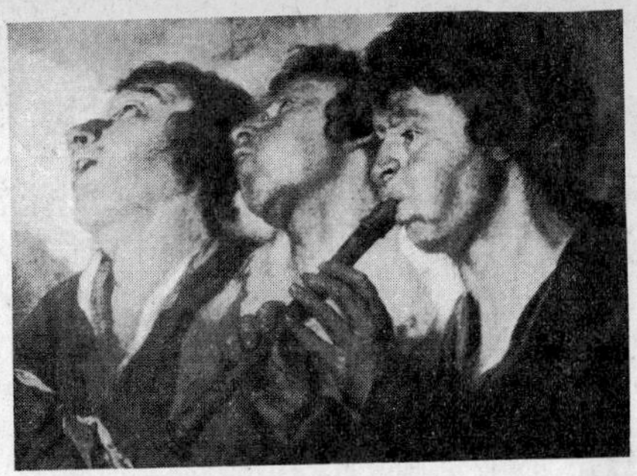

JORDAENS
MÚSICOS AMBULANTES
museo de Besanzón

JONIA, región de Asia Menor, en la costa, entre los golfos actuales de Esmirna y de Mendelia; c. pr. *Mileto, Samos, Éfeso, Colofón, Quío.* (Hab. *jonios*).
JÓNICAS (ISLAS), grupo de islas pertenecientes a Grecia, situado en la costa occidental de este país; 1 933 km^2. Principales islas: *Corfú, Zante.*
JÓNICO (MAR), parte del Mediterráneo que se extiende entre Italia, Albania y Grecia.
J. O. N. S. V. FALANGE ESPAÑOLA.
JONSON (Benjamín) o **BEN JONSON,** dramaturgo inglés (1572 ó 1573-1637), el más glorioso, con Shakespeare, de los isabelinos; autor de la comedia satírica *Volpone o El zorro.*
JOPE. V. JAFFA.
JORAM, rey de Judá de 849 a 843 a. de J. C.; esposo de Atalía.
JORAM, noveno rey de Israel de 851 a 843 a. de J. C.; fue asesinado por Jehú.

BEN JONSON

JORASÁN o **KHORASÁN,** región del NE. de Irán; cap. *Meshed.*
JORDAENS [*-dans*] (Jacobo), pintor flamenco (1593-1678), el representante más popular del naturalismo barroco en su país.
JORDÁN, río de Palestina, que nace en el Antilíbano, atraviesa el lago Tiberíades y des. en el mar Muerto; 260 km. En sus aguas fue bautizado Jesucristo por San Juan Bautista.
JORDÁN (Lucas). V. GIORDANO.
JORDANIA (*Reino Hachemita de*), Estado de Asia occidental, al este de Palestina. Sup. 96 622 km^2; 2 145 000 h.; cap. *Ammán,* 245 000 h.; c. pr. *Jerusalén,* 5 000 h.; *Naplusa,* 45 000; *Hebrón,* 17 000; *Kerak,* 17 000. — Jordania ocupa la mayor parte de la depresión del mar Muerto; en las alturas hay agricultores sedentarios; las estepas y desiertos (casi todo el territorio) están habitados por los nómadas. — Antigua provincia del Imperio Otomano, llamada **Transjordania,** estuvo bajo protectorado británico hasta 1946. En 1949 tomó el nombre de *Reino Hachemita de Jordania.*

L. B. JOHNSON

JORDI DE SANT JORDI, poeta catalán de principios del s. XV, de lírica sentimental y amorosa (*Pasión de amor*).
JORGE (*San*), príncipe de Capadocia. Fue martirizado en el año 303. Fiesta el 23 de abril.

SAN JORGE
por CARPACCIO
detalle

SAN JUAN BAUTISTA
por DONATELLO
museo Nacional
de Florencia

SAN JUAN DE DIOS
por ALONSO CANO

JOSEFINA
por LAURENT
museo
de Bellas Artes
Estrasburgo

JORGE I, nacido en Hannover (1660-1727), rey de Gran Bretaña de 1714 a 1727, primer rey de la dinastía de Hannover. — JORGE II, rey de Gran Bretaña de 1727 a 1760. — JORGE III, rey de Gran Bretaña de 1760 a 1820. — JORGE IV, hijo del anterior, regente en 1810, rey de 1820 a 1830. — JORGE V, rey de Gran Bretaña de 1910 a 1936. Cambió el nombre de la dinastía de *Sajonia-Coburgo* por el de *Windsor.* — JORGE VI (1895-1952), segundo hijo de Jorge V, sucesor de su hermano Eduardo VIII en 1936.

JORGE I, rey de Grecia (1845-1913), rey en 1863. — JORGE II (1890-1947), rey en 1922, depuesto en 1924, restaurado en 1935, desterrado en 1941, restaurado de nuevo en 1946.

JORGE PITILLAS. V. HERVÁS (José Gerardo).

JORULLO, volcán de México, entre los Estados de Colima y Michoacán; 1 820 m.

JOSAFAT, cuarto rey de Judá, conocido por su piedad. Reinó de 870 a 849 a. de J. C.

JOSAFAT (VALLE DE), entre Jerusalén y el monte de los Olivos, regado por el Cedrón. Josafat quiere decir *Juicio de Dios.* Allí, según la doctrina cristiana, se encontrarán reunidos los muertos el día del juicio final.

JOSÉ (*San*), esposo de la Virgen María, padre putativo de Jesucristo. Fiesta el 19 de marzo.

JOSÉ, hijo de Jacob y de Raquel, personaje bíblico, vendido por sus hermanos a unos mercaderes y llevado a Egipto, llegó a ser ministro del faraón e hizo pasar a los israelitas al país de Gessen.

JOSÉ de Arimatea (*San*), discípulo de Jesucristo, cuya historia está referida en el *Génesis;* cristo que ayudó a sepultarlo después de la Pasión. Fiesta el 17 de marzo.

JOSÉ DE CALASANZ. V. CALASANZ.

JOSÉ I (1678-1711), emperador romano germánico de 1705 a 1711. — JOSÉ II (1741-1790), emperador de 1765 a 1790. Favorable a las ideas filosóficas del s. XVIII, intentó en sus Estados reformas prematuras que fracasaron.

JOSÉ I (1714-1777), rey de Portugal de 1750 a 1777, dejó de hecho el Poder en manos del marqués de Pombal.

JOSÉ I BONAPARTE, hermano mayor de Napoleón (1768-1844), rey de Nápoles en 1806 y de España (1808-1813). A pesar de sus cualidades no pudo granjearse el favor del pueblo, que le dio el apodo de *Pepe Botella.*

JOSÉ IGNACIO, laguna del Uruguay (Maldonado).

JOSEFINA (María Josefa TASCHER DE LA PAGERIE), dama francesa, n. en la Martinica (1763-1814). Viuda del vizconde de Beauharnais en 1794, casó con el general Bonaparte (1796). Emperatriz de Francia en 1804, Napoleón I se divorció de ella en 1809.

JOSEFO (Flavio), historiador judío (37-95), autor de *Antigüedades judaicas.*

JOSELITO. V. GÓMEZ (José).

JOSÍAS, rey de Judá de 640 a 609 a. de J. C.

JOSQUIN DES PRÉS, compositor de la escuela franco-flamenca (1450-1521), uno de los creadores de la canción polifónica.

JOSUÉ, jefe de los hebreos después de Moisés, y conquistador de la tierra de Canaán.

JOTABECHE. V. VALLEJO (José Joaquín).

JOTIN. V. HOTIN.

JOUBERT (José), moralista francés (1754-1824), autor de *Pensamientos.*

JOUBERT (Petrus Jacobus), general de los boers (1834-1900), que se distinguió en las luchas contra los ingleses en 1881 y 1899.

JOUFFROY D'ABBANS (Claudio Francisco, *marqués de*), ingeniero francés (1751-1832), uno de los inventores de los barcos de vapor.

JOUHANDEAU [*yuandó*] (Marcel), escritor francés, n. en 1888, cuyas obras son una mezcla de misticismo e ironía.

JOUKOVSKY (Vasili), poeta ruso (1783-1852). Sugirió al zar Alejandro II, de quien fue preceptor, la liberación de los siervos.

JOULE (James), físico inglés (1818-1889) que determinó el equivalente mecánico de la caloría.

JOURDAN (Juan Bautista), mariscal de Francia (1762-1833), general del ejército francés en España (1808-1814).

JOVELLANOS, térm. mun. de Cuba (Matanzas).

JOVELLANOS (Gaspar Melchor de), jurista y enciclopedista español, n. en Gijón (1744-1811), que presidió la Junta Central creada contra José Bonaparte durante la invasión francesa. Se le deben múltiples monografías sobre problemas nacionales: *Memoria justificativa, Informe sobre la ley agraria,* etc. Escribió también poemas de corte frío e inspiración escasa (*A Arnesto, Epístola del Paular*) y obras de teatro (*El delincuente honrado* y *Munuza*).

JOVELLANOS (Salvador), político paraguayo (1833-¿1876?), pres. de la Rep. de 1871 a 1874.

JOVIANO, emperador romano de 363 a 364.

JOYCE (James), escritor irlandés (1882-1941), autor de *Gentes de Dublín, Retrato del artista adolescente* y sobre todo de *Ulises,* curioso "monólogo interior", obra audaz que ha influido poderosamente sobre la novela contemporánea.

JRUSCHEF. V. KRUSCHEF.

JUAN o **JUAN BAUTISTA** (*San*), llamado **el Precursor,** hijo de Zacarías y de Isabel. Bautizó a Jesús y lo presentó al pueblo como el Mesías. Fue decapitado el año 28 a petición de Salomé. Fiesta el 24 de junio.

JUAN BOSCO. V. BOSCO.

JUAN Clímaco (*San*), autor ascético griego (¿579-649?), autor de un tratado de vida espiritual: *Escala del cielo.* Fiesta el 30 de marzo.

JUAN Crisóstomo (*San*), Padre de la Iglesia de Oriente (¿344?-407), patriarca de Constantinopla, perseguido por la emperatriz Eudoxia. Célebre por su elocuencia. Fiesta el 27 de enero.

JUAN Damasceno (*San*), doctor de la Iglesia griega, n. en Damasco, m. hacia 749; combatió la herejía iconoclasta. Fiesta el 27 de marzo.

JUAN de Capistrano (*San*). V. CAPISTRANO.

JUAN de Dios (*San*), confesor portugués (1495-1550), fundador de la orden de los *Hermanos de San Juan de Dios* o *Hermanos Hospitalarios.* Fiesta el 8 de marzo.

JUAN de la Cruz (*San*). V. CRUZ.

JUAN de Mata (*San*), fundador de la orden de los Trinitarios, para rescate de cautivos (1160-1213). Fiesta el 8 de febrero.

JUAN Evangelista (*San*), uno de los doce apóstoles, discípulo predilecto de Jesús, autor del *IV Evangelio* y del *Apocalipsis.* Fiesta el 27 de diciembre.

JUAN I, papa de 523 a 526. — JUAN II, papa de 533 a 535. — JUAN III, papa de 561 a 574. — JUAN IV, papa de 640 a 642. — JUAN V, papa de 685 a 686. — JUAN VI, papa de 701 a 705. — JUAN VII, papa de 705 a 707. — JUAN VIII, papa de 872 a 882. — JUAN IX, papa de 898 a 900. — JUAN X, papa de 914 a 928. — JUAN XI, papa de 931 a 935. — JUAN XII, papa de 955 a 964. — JUAN XIII, papa de 965 a 972. — JUAN XIV, papa de 983 a 984. — JUAN XV, papa de 985 a 996. — JUAN XVI, papa de 996 a 998. — JUAN XVII, papa en 1003. — JUAN XVIII, papa de 1004 a 1009. — JUAN XIX, papa de 1024 a 1032. — JUAN XX, antipapa en 1144. — JUAN XXI, papa de 1276 a 1277. — JUAN XXII, papa de 1316 a 1334. Residió en Aviñón. — JUAN XXIII (hacia 1370-1419), papa en 1410, destituido en 1415; considerado ilegítimo. — JUAN XXIII (*Roncalli*) [1881-1963], papa en 1958. Convocó, en 1962, el segundo Concilio Vaticano. Se interesó en sus encíclicas por las cuestiones sociales (*Mater et Magistra*) y la paz mundial (*Pacem in terris*).

G. M. DE JOVELLANOS

JOYCE

Fot. Giraudon, doc. A. G. P., doc. Embajada de Irlanda

JUAN I (1350-1395), rey de Aragón (1387-1395). Reconquistó en 1391 la Cerdeña sublevada. — JUAN II (1397-1479), rey de Navarra en 1425, rey de Aragón en 1458. Consiguió someter Cataluña y casó a su hijo Fernando con Isabel, heredera de Castilla.

JUAN I (1359-1390), rey de Castilla. Sucedió en 1379 a su padre Enrique II, intentó conquistar Portugal y fue vencido en Aljubarrota en 1385. — JUAN II (1404-1454), rey de Castilla. Sucedió a su padre, Enrique III, en 1406, gobernando durante su menor edad su tío Fernando el de Antequera. A la muerte de éste, sus hijos se disputaron el Gobierno de Castilla y Juan II abandonó el Poder a su favorito Álvaro de Luna, a quien hizo decapitar en 1453.

JUAN I de Navarra. V. JUAN I, rey de Francia.

JUAN I Zimiscés, emperador de Oriente de 969 a 976. — JUAN II *Commeno,* emperador de Oriente de 1118 a 1143. — JUAN III *Vatatzés,* emperador de Nicea de 1222 a 1254. — JUAN IV *Lascaris,* emperador de Nicea de 1258 a 1261. —JUAN V *Paleólogo,* emperador de Oriente de 1341 a 1354, de 1355 a 1376 y de 1379 a 1391. — JUAN VI *Cantacuceno,* emperador de Oriente de 1341 a 1354. Tras haber abdicado se retiró a un monasterio. — JUAN VII *Paleólogo,* emperador de Oriente de 1399 a 1402. — JUAN VIII *Paleólogo,* emperador de Oriente de 1425 a 1448.

JUAN I, rey de Francia y de Navarra, hijo póstumo de Luis X, sólo vivió algunos días (1316). — JUAN II *el Bueno* (1319-1364), rey de Francia (1350-1364), apresado por los ingleses.

JUAN I (1357-1433), hijo natural de Pedro el Cruel, rey de Portugal de 1385 a 1433. — JUAN II, rey de Portugal de 1481 a 1495. — JUAN III, rey de Portugal de 1521 a 1557. — JUAN IV, primer duque de Braganza y luego rey de Portugal de 1640 a 1656. — JUAN V, rey de Portugal de 1706 a 1750. — JUAN VI (1769-1826), primer regente de Portugal durante la demencia de su madre; vio su reino invadido por los franceses en 1807, partió entonces para el Brasil y volvió en 1821. Inauguró en Portugal el régimen constitucional.

JUAN BAUTISTA de La Salle *(San).* V. LA SALLE.

JUAN BAUTISTA MARÍA Vianney *(San),* cura de Ars (Francia) [1786-1859]. **Fiesta el 9** de agosto.

JUAN DE ARAGÓN, príncipe de Asturias, hijo de los Reyes Católicos (1478-1497).

JUAN DE AUSTRIA. V. AUSTRIA.

JUAN DE ÁVILA. V. ÁVILA (*Beato* Juan de).

JUAN DE JUANES (Vicente MASSIP o MACIP, llamado), pintor renacentista español (1523-1579) cuya gracia en el colorido, maestría en el dibujo y carácter místico siguieron el gusto italianizante de la época (*El Descendimiento, La última Cena, La Sagrada Familia,* etc.).

JUAN de Leyden, jefe de los anabaptistas de Münster (1509-1536). M. en horrible suplicio.

JUAN de Meung, escritor francés (¿1240-1305?), autor de la segunda parte del *Roman de la rose,* de Guillermo de Lorris.

JUAN de Salisbury, filósofo escolástico inglés (¿1115?-1180), amigo de Santo Tomás Becket.

JUAN FERNÁNDEZ, archip. de Chile, formado por las islas *Alejandro Selkirk* y *Robinson Crusoe.* Fue desc. en 1574 por el piloto Juan Fernández. Teatro de las aventuras del marinero inglés A. Selkirk, de 1704 a 1709, que sirvieron de modelo para el *Robinson Crusoe* del escritor Daniel Defoe.

JUAN JOSÉ PÉREZ (VILLA GENERAL), pobl. de Bolivia, cap. de la prov. de Bautista Saavedra (La Paz).

JUAN MANUEL *(Infante Don),* escritor español, sobrino de Alfonso el Sabio y príncipe de la corona de Castilla, n. en Escalona (Toledo) [1282-1349]. Ha pasado a la posteridad como uno de los creadores del arte narrativo español gracias a su *Libro de Patronio o Conde Lucanor* (1335), colección de cincuenta y un cuentos didácticos y morales en un estilo de pulcritud que hacen de su autor una figura excepcional en las letras medievales europeas, comparable a Boccaccio. Escribió también el *Libro de los Estados* y el *Libro del caballero y del escudero.*

Juan Moreira, novela de estilo gauchesco del argentino Eduardo Gutiérrez (1879).

JUAN Nepomuceno (*San*), prelado checo (¿1330-1393?), confesor de la esposa de Wenceslao IV, mártir del secreto de confesión. Fiesta el 16 de mayo.

JUAN PABLO (Federico RICHTER, llamado). V. JEAN PAUL.

JUAN Sin Miedo (1371-1419), duque de Borgoña (1404-1419) hijo de Felipe el Atrevido y nieto de Juan el Bueno. Se apoderó de París, pero cuando parecía haber llegado a un acuerdo con el delfín (Carlos VII) fue asesinado.

JUAN Sin Tierra (1167-1216), rey de Inglaterra (1199-1216). A la muerte de su hermano, Ricardo Corazón de León, asesinó a su sobrino Arturo de Bretaña para apoderarse de la Corona (1203). Desposeído de sus feudos franceses, intentó vanamente conquistarlos de nuevo y, vencido, volvió a Inglaterra, donde tuvo que conceder a los barones y a la burguesía la *Carta Magna* de las libertades inglesas (1215).

JUAN Y SANTACILIA (Jorge), marino y científico español (1713-1773), que tomó parte en la expedición del francés La Condamine a América. Fundador del Observatorio de Cádiz.

JUANA (*Papisa*), personaje femenino que, según una leyenda del s. XIII, ocupó, en fecha mal fijada (¿855?), el trono pontificio.

JUANA (ISLA). V. CUBA.

JUANA I (1326-1382), reina de Nápoles de 1343 a 1382. — JUANA II (1371-1435), reina de Nápoles de 1414 a 1435.

JUANA III DE ALBRET (1528-1572), reina de Navarra en 1550, madre de Enrique IV de Francia.

JUANA DE ARCO. V. ARCO (Juana de).

JUANA DE PORTUGAL, reina de Castilla (1439-1475), hija de Don Duarte de Portugal y esposa de Enrique IV de Castilla. A los siete años de matrimonio dio a luz a su hija Juana, que fue nombrada heredera del reino (1462). Pero la nobleza pretendió que dicha princesa era ilegítima e hija del favorito del rey, Beltrán de la Cueva, y consiguió que se desterrase a la infanta y a su madre al castillo de Alarcón. A la muerte de Enrique IV, Juana sostuvo los derechos de su hija y murió poco después, habiendo desposado a la infanta con Alfonso V de Portugal.

JUANA GREY (1537-1554), reina de Inglaterra en 1553, decapitada por orden de María I Tudor.

JUANA HENRÍQUEZ, reina de Navarra y Aragón (1425-1468); casó en 1447 con Juan II de Aragón. Fue madre de Fernando el Católico.

JUANA INÉS DE LA CRUZ (Sor). V. CRUZ.

JUANA la Beltraneja, nombre que se dio a la princesa Juana (1462-1530), hija de Enrique IV de Castilla y de Juana de Portugal, por suponerla la opinión pública hija del favorito Beltrán de la Cueva. (V. JUANA DE PORTUGAL.)

JUANA la Loca (1479-1555), reina de Castilla en 1504, hija de Fernando y de Isabel, esposa del archiduque de Austria Felipe el Hermoso y madre de Carlos Quinto. Después de la muerte de su esposo, el dolor turbó su razón.

JUANA SEYMOUR (1509-1537), tercera esposa de Enrique VIII, rey de Inglaterra.

JUANACATLÁN (SALTO DE), cascada de México formada por el río Santiago (22 m de alto), cerca de Guadalajara (Jalisco).

JUANJUÍ, c. del Perú, cap. de la prov. de Mariscal Cáceres (San Martín).

JUAN XXIII

JUAN DE JUANES
MARTIRIO
DE SAN ESTEBAN
detalle
museo del Prado

Infante Don
JUAN MANUEL

JUAN I de Portugal
museo Nacional
de Arte Antiguo
Lisboa

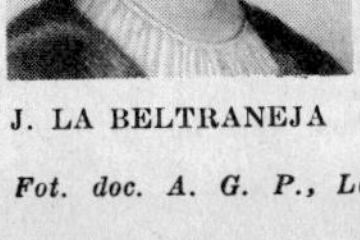

J. LA BELTRANEJA

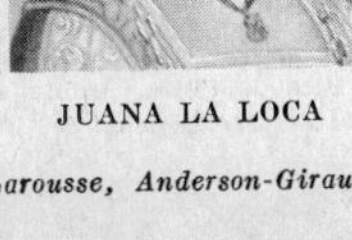

JUANA LA LOCA

Fot. doc. A. G. P., Larousse, Anderson-Giraudon, Viollet

B. JUÁREZ

JUÁREZ, sierra de México (Baja California). — N. dado a un sector de la Sierra Madre de Oaxaca (México). — Pobl. de la Argentina (Buenos Aires).

JUÁREZ (Benito), político mexicano, n. en Guelatao (Oaxaca) [1806-1872], que fue gobernador de Oaxaca y, más tarde, pres. de la Suprema Corte (1857). Tras el pronunciamiento anticonstitucional de Zuloaga, se retiró a Veracruz, donde ejerció la presidencia del Gob. liberal frente a los conservadores. Durante la guerra de los Tres Años (1858-1861) defendió la legalidad republicana y dictó las leyes de Reforma (1859). Lograda la victoria liberal de Calpulalpan contra Miramón, entró en la c. de México, donde estableció su Gobierno, pero tuvo que abandonar la capital (1863) para dirigir la lucha contra la intervención francesa y el imperio de Maximiliano. Caído el emperador (1867), Juárez fue reelegido pres. en 1867 y en 1871.

JUÁREZ CELMAN (Miguel), político argentino (1844-1909), pres. de la Rep. en 1886. Tuvo que dimitir en 1890 a consecuencia de una revolución encabezada por Leandro Alem.

JUARROS (César), político, escritor y médico psiquiatra español (1879-1942).

JUBA I, rey de Numidia, del partido de Pompeyo, m. en 46 a. de J. C. — Su hijo, JUBA II, rey de Mauritania, m. hacia 23 a. de J. C.

JUBAYL. V. BIBLOS.

JUBONES, río del Ecuador (El Oro), que des. en el golfo de Guayaquil.

JUBBULPOR, hoy **Jabalpur,** c. de la India (Madhya Pradesh). Industria metalúrgica; fabricación de tejidos.

JUBY (CABO), promontorio al SO. de Marruecos.

JÚCAR, río de España, que baña Cuenca y des. en el Mediterráneo; 560 km. Central hidroeléctrica.

JUCUAPA, volcán de El Salvador; 1 658 m. — C. de El Salvador (Usulután).

JUDÁ, uno de los doce hijos de Jacob.

JUDÁ (REINO DE), formado por las tribus de Judá y la de Benjamín, a la muerte de Salomón y destruido por Nabucodonosor. (V. PALESTINA.)

JUDÁ ABARBANEL. V. HEBREO (León).

JUDAS Iscariote, nombre del apóstol que vendió a Jesús por treinta monedas. Se ahorcó.

JUDAS MACABEO. V. MACABEO.

JUDAS TADEO *(San),* uno de los doce apóstoles, hermano de Santiago el Menor. Fiesta el 28 de octubre.

JUDEA, parte de Palestina, entre el mar Muerto y el Mediterráneo, o, más generalmente, Palestina entera. (Hab. *judíos*).

JUDERÍAS (Julián), ensayista y erudito español (¿1870?-1918), autor de *La leyenda negra.*

JUDÍOS, n. dado desde la época grecorromana a los descendientes de Abrahán, que se llamaban a sí mismos *pueblo de Dios, hebreos* e *israelitas.* (V. PALESTINA.)

JUDIT, heroína judía, que cortó la cabeza a Holofernes para salvar la ciudad de Betulia.

Jueces, jefes supremos de los hebreos, desde la muerte de Josué hasta la institución de la monarquía por Samuel en beneficio de Saúl.

Jueces (*Libro de los*), uno de los libros canónicos de la Biblia, que contiene la historia de los jefes así llamados.

Juegos florales, certamen poético en que se premian las mejores composiciones con el don de una flor de oro, de plata o con una flor natural. Toman su origen de los fundados en Toulouse por los trovadores franceses (1323) y que se introdujeron en Cataluña en 1393.

el emperador
JULIANO
el Apóstata
museo de Cluny

Juicio final (*El*), fresco de Miguel Ángel (Roma, Capilla Sixtina).

JUIGALPA, c. de Nicaragua, cap. del dep. de Chontales; centro agrícola y minero.

JUIZ DE FORA, c. del Brasil (Minas Gerais); industrias textil y alimenticia.

JUJUY, c. del N. de la Argentina, cap. de la prov. del mismo n.; centro comercial. Obispado. Fundada en 1593 por Francisco de Argañaraz. Posee hermosos edificios coloniales; su catedral (s. XVII) es monumento nacional. La prov. ocupa el segundo lugar en la prod. nacional de caña de azúcar; frutos tropicales; minas de plomo, antimonio, estaño, hierro. (Hab. *jujeños.*)

JULIO II, por RAFAEL
Galería de los Oficios. Florencia

JULI, río del Perú, que des. en el lago Titicaca. — C. del Perú, cap. de la prov. de Chucuito (Puno). Prelatura nullius.

JULIA (GENS), ilustre familia de Roma, a la que perteneció Julio César y que tenía como legendario fundador a Yulo, hijo de Eneas.

JULIA (82-54 a. de J. C.), hija de Julio César y esposa de Pompeyo.

JULIA (39 a. de J. C. - 14), hija de Augusto, célebre por su belleza y sus costumbres disolutas. Esposa de Marcelo, Agripa y Tiberio.

JULIA (*Santa*), mártir en 439. Fiesta el 22 de mayo.

JULIACA, c. del Perú, cap. de la prov. de San Román (Puno).

JULIÁN (*San*), arzobispo de Toledo (680-690) y escritor apologista. Su fiesta se celebra el día 8 de marzo.

JULIÁN *(San),* prelado y teólogo español, m. en 1208. Fiesta el 28 de enero.

JULIÁN *(Conde Don),* gobernador de Andalucía, en tiempos del rey Don Rodrigo, quien, aliado con los moros, peleó en la batalla del Guadalete (711) para vengar el ultraje de Don Rodrigo a su hija Florinda. (V. este nombre.)

JULIÁN el Hospitalario (*San*), santo venerado en España y en Sicilia, y acerca del cual no se posee ningún dato. Fiesta el 12 de febrero.

JULIANA, princesa de Orange-Nassau, n. en 1909, reina de Holanda en 1948.

JULIANO el Apóstata (331-363), emperador romano (361-363). Había sido educado en la religión cristiana, que abandonó, e hizo vanos esfuerzos para restablecer el paganismo.

JULIERS, en alem. **Jülich,** c. de Alemania (Rin Septentrional-Westfalia).

JULIO I (*San*), papa de 337 a 352. Fiesta el 12 de abril. — JULIO II, papa de 1503 a 1513. Fue gran político y tomó parte en las guerras de Italia. Protegió a los artistas (Miguel Ángel, Rafael, etc.) y empezó la construcción de la iglesia de San Pedro en Roma. — JULIO III, papa de 1550 a 1555.

Julio II *(Retrato del papa),* cuadro de Rafael (Galería de los Oficios, Florencia).

JULLUNDUR, c. de la India (Pendjab); sedas.

JUMAY, volcán de Guatemala (Jalapa); 2 200 metros.

JUMBILLA, c. del Perú, cap. de la prov. de Bongará (Amazonas).

JUMILLA, c. de España (Murcia); vinos.

JUMNA, río de la India, afl. del Ganges, que pasa por Delhi y Allahabad; 1 375 km.

JUMRUKCHAL. V. BOTEV *(Pico).*

JUNCAL, isla de la Argentina, en la boca del Paraná Guazú. Brillante victoria del almirante Brown en la guerra contra el Brasil (1827). — Mont. de la Argentina (Mendoza); 6 180 m. — Pico de Chile (Antofagasta); 5 342 m.

JUNDIAÍ, pobl. del Brasil (São Paulo).

Fot. Larousse, X, Anderson-Giraudon

JUNEAU, cap. de Alaska, en la costa SE. Pesca.
JUNG (Carlos Gustavo), psicólogo y ensayista suizo (1875-1961), uno de los creadores del psicoanálisis.
JUNGFRAU (La), es decir, la *Virgen*, cima de los Alpes Berneses (4 166 m), en Suiza.
JUNI (Juan de), escultor español de origen francés (1507-1577) [*Entierro de Cristo, Virgen de las Angustias*]. Fue también pintor y arquitecto.
JUNÍN, lago del Perú, cerca del cerro de Pasco; 1 248 km². Tb. llamado **Chinchaycocha.** — C. de la Argentina (Buenos Aires); centro comercial e industrial; talleres ferroviarios. — C. del Perú, cap. de la prov. del mismo n. y perteneciente al dep. homónino. Célebre triunfo de Bolívar sobre los realistas en 1824. — Dep. del Perú; cap. *Huancayo;* importante riqueza minera (cobre, plata, molibdeno); prod. agrícola y ganadera. (Hab. *juninenses.*) — Pobl. del Ecuador (Manabí).
Junius *(Cartas de).* V. CARTAS.
JUNO, esposa de Júpiter, hija de Saturno, diosa del Matrimonio. Es la **Hera griega.** *(Mit.)*
JUNOT [*yunó*] (Andoche), duque de Abrantes general francés (1771-1813), intrépido lugarteniente de Napoleón.
JÚPITER, el padre de los dioses entre los romanos, correspondiente al **Zeus** griego. Venció a los titanes, derribó a su padre Saturno. Dios del Cielo, de la Luz diurna, del Tiempo y de los Rayos.
JÚPITER, el planeta mayor de nuestro sistema solar; está rodeado de 12 satélites, y su órbita se halla situada entre las de Marte y Saturno.
JUQUILLA, n. dado a un sector de la Sierra Madre del Sur de México (Oaxaca).
JURA, cordillera centroeuropea que se extiende unos 800 km entre Francia, Suiza y Alemania. Se divide en Jura *francosuizo*, Jura *alemán* y Jura *de Franconia*. El pico más alto es el Crêt de la Neige (1 723 m), que pertenece al Jura *francosuizo.*
JURA, dep. de Francia; cap. *Lons-le-Saunier;* bosques; ganadería. Industria relojera. Vinos.
JURAMENTO. V. SALADO *(Río).*
JURISDICCIONES, cerro de Colombia, entre los dep. de Magdalena y Norte de Santander; 3 850 m.
JURJURA, cadena de montañas calizas de Argelia (Gran Kabilia).
JURUÁ, río de América del Sur, que nace en el Perú, penetra en el Brasil y es afl. del Amazonas; 3 000 km.
JUSSIEU, n. de una familia de botánicos franceses, entre los cuales descuellan BERNARDO (1699-1777), su hermano JOSÉ (1704-1779), que estuvo en América del Sur, y su sobrino ANTONIO LORENZO (1748-1836).
JUSTA y RUFINA *(Santas),* hermanas mártires españolas, n. en Sevilla (s. III), que arrojadas a las fieras no fueron atacadas por éstas. M. en 287. Fiesta el 19 de julio.
JUSTINA de Padua (*Santa*), mártir en tiempos de Diocleciano (304). Fiesta el 7 de octubre.

JUNI
ENTIERRO DE CRISTO
detalle

JUSTINIANO I (482-565), emperador de Oriente en 527. Combatió a los vándalos y a los persas; hizo compilar el *Digesto*, las *Institutas*, las *Novelas* y los *Códigos*. Construyó magníficos monumentos (Santa Sofía). — JUSTINIANO II, emperador de Oriente en 685, destronado por Leoncio en 695, restablecido en 705, m. en 711.
JUSTINO *(San),* padre de la Iglesia, n. hacia 100-110 en Naplusa; autor de una *Apología de la religión cristiana;* mártir hacia 165. Fiesta el 13 de abril.
JUSTINO, historiador latino del s. II, autor de un epítome de la *Historia Universal* de Trogo Pompeyo.
JUSTINO I, emperador de Oriente de 518 a 527. — JUSTINO II, emperador de Oriente de 565 a 578, nieto y sucesor de Justiniano.
JUSTO (Agustín Pedro), general y político argentino (1876-1943), pres. de la Rep. de 1932 a 1938. Fue un historiador eminente.
JUSTO y PÁSTOR (*Santos Niños*), mártires españoles que fueron degollados en Cómplutum (Alcalá de Henares) en 304. Fiesta el 6 de agosto.
JUTIAPA, c. de Guatemala, cap. del dep. del mismo n., lindante con El Salvador; centro comercial. (Hab. *jutiapas.*) El dep. basa su economía en la agricultura, ganadería y bosques.
JUTICALPA, c. de Honduras, cap. del dep. de Olancho; centro agrícola. (Hab. *juticalpenses.*)
JUTLANDIA, en danés **Jylland,** penins. de Dinamarca, al N. de Slesvig; c. pr. *Aarhus.* En 1916, importante batalla naval anglo-germana.
JUVARA (Felipe), arquitecto y escultor italiano (1685-1736), que trazó los planos del Palacio Real de Madrid, terminado por su discípulo Sacchetti.
JUVENAL (Décimo Junio), poeta latino (¿60-140?), cuyas *Sátiras* constituyen una crítica contra los vicios de la Roma imperial.
JUVENCO (Cayo Vetio Aquilio), poeta hispanolatino del s. IV, que adaptó poéticamente el *Evangelio* según San Mateo.
JYLLAND. V. JUTLANDIA.

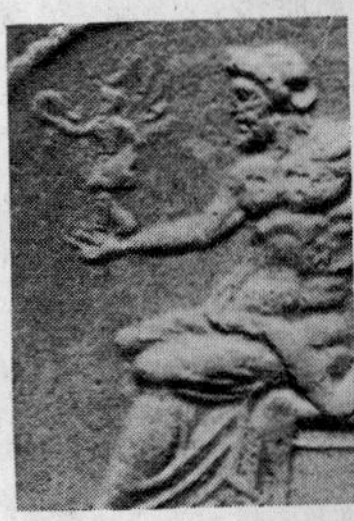

JÚPITER
VICTORIANO
moneda de Domiciano

JUNO
museo del Vaticano

El emperador JUSTINIANO I y su Corte

Fot. Garrabella, Larousse, Alinari

EL KREMLIN

K

KAFKA

K2, o **GODWIN AUSTEN,** o **DAPSANG,** una de las cimas culminantes del Himalaya, en la sierra Karakorum; 8 620 m.
Kaaba, pequeño edificio cúbico, santuario de la principal mezquita de La Meca.
KABAH, antigua c. maya, al N. del Yucatán.
KABILIA, región de Argelia, al E. de Argel; cap. *Tizi-Uzu.* Sus habitantes son berberiscos.
KABUL, cap. del Afganistán, a orillas del *río Kabul,* afl. del Indo; 206 200 h.
KACHÁN, c. de Irán, en el centro de la meseta de Irán.
KACHGAR, c. de Sinkiang (China); centro comercial.
KADIIEVKA, c. de la U.R.S.S. (Ucrania), en el Donbass; metalurgia.
KADYARES, dinastía turcomana que ocupó el trono de Persia desde 1779 hasta 1925.
KAFFA o **KAFA,** en ital. **Caffa,** prov. del SO. de Etiopía.
KAFIRISTÁN o **NURISTÁN,** región muy montañosa, al N. del Afganistán.
KAFKA (Franz), escritor checo de lengua alemana (1883-1924), autor de *La metamorfosis, El proceso, El castillo.* Su obra muestra la angustia del hombre ante el absurdo del mundo.

LA KAABA

KAGOSHIMA, c. y puerto del Japón, en la isla de Kiusiu; tabaco; algodón; porcelanas.
KAIFENG o **KAIFONG,** c. de China (Honan). Industrias químicas y textiles.
KAIRUÁN, c. de Túnez; mezquitas; tapices.
KAISARIEH, hoy **Kayseri,** c. de Turquía a orillas del Kara Su. Es la antigua **Cesarea.**
KAISER (Jorge), dramaturgo alemán (1878-1945), de tendencia expresionista.
KAISERSLAUTERN, c. de Alemania (Renania-Palatinado). Metalurgia; ind. textil.
KALAHARÍ, desierto de África meridional entre la cuencas del Zambeze y del Orange; 1 200 000 km².
KALAMATA, puerto de Grecia (Mesenia).
KALGÁN, c. de China (Hopei). Ind. textil.
KALGOORLIE, c. de Australia occidental; minas de oro; construcciones mecánicas.
KALI o **DURGA,** esposa de Siva, diosa de la Energía en la mitología india.
KALIDASA, poeta indio del s. I a. de J. C., autor del drama *Sakuntala.*
KALIMANTAN, n. indonesio de **Borneo.**
KALININ, ant. **Tver,** c. de la U. R. S. S. (Rusia), a orillas del Volga. Industria textil.
KALININ (Miguel), político soviético (1875-1946). Presidente del Consejo supremo de la U. R. S. S. (1937-1946).
KALININGRADO, ant. **Königsberg,** c. de la U. R. S. S. (Rusia), antes perteneciente a Alemania (Prusia Oriental). Puerto pesquero y comercial; industria de la madera y del papel.
KALISZ, c. de Polonia, a orillas del Prosna, afl. del Warta; centro industrial y ganadero.
KALMAR. V. CALMAR.
KALMUCOS, pueblo mongólico de la U.R.S.S., entre el Don y el Volga, y en Siberia.
KALUGA, c. de la U. R. S. S. (Rusia), a orillas del Oka; ind. mecánica; curtidos.
KAMA, río de Rusia, afl. del Volga; 2 000 km; navegable; presas hidroeléctricas.
KAMA, dios del Amor entre los indios.
KAMCHATKA, penins. montañosa de Siberia, entre los mares de Bering y Ojotsk.
KAMENSKOIÉ. V. DNIEPRODZERJINSK.
KAMENSK-URALSKI, c. de la U. R. S. S., al pie de los montes Urales. Hierro; bauxita.

Fot. Evgy Landon, Popper Atlas, X

KAMERLINGH ONNES (Heike), físico holandés (1853-1926), que descubrió la superconductibilidad de los metales. (Pr. Nóbel, 1913.)
KAMPALA, cap. de Uganda; 46 735 h.
KAMPEN, c. de Holanda (Overyssel).
KAMUK. V. BLANCO (*Pico*).
KANANGA. V. LULUABURGO.
KANARIS (Constantino). V. CANARIS.
KANAZAVA, c. del Japón (Hondo).
KANCHENJUNGA, uno de los picos más altos del Himalaya; 8 585 m.
KANDAHAR, c. del Afganistán, ant. cap del país; centro comercial.
KANDINSKY (Basilio), pintor francés, de origen ruso (1866-1944), uno de los iniciadores de la pintura abstracta.
KANDY, c. de Ceilán. Centro religioso.
KANG-HI, emperador de China (1661-1722), de la dinastía manchú.
KANO, c. de Nigeria, ant. cap. del reino de Sokoto; centro comercial.
KANPUR. V. CAWNPORE.
KANSAS, río de los Estados Unidos, afl. derecha del Misuri; 274 km.
KANSAS, uno de los Estados Unidos de América (Centro noroeste). Cap. *Topeka.*
KANSAS CITY, c. de los Estados Unidos (Misuri), a orillas del Misuri; gran mercado agrícola; industrias alimenticias, químicas y metalúrgicas. Parte de la c. está en el Est. de Kansas.
KANSU, prov. de China, en la frontera de Sinkiang y Mongolia; cap. *Lancheu.*
KANT (Emmanuel), filósofo alemán (1724-1804), n. y m. en Königsberg, de cuya universidad fue profesor. Es uno de los pensadores más ilustres de todos los tiempos; en su obra (*Crítica de la razón pura, Crítica de la razón práctica, Crítica del Juicio*), concibe una teoría del conocimiento, idealista y crítica. Según él, la ley moral presupone la libertad, la inmortalidad, la existencia de Dios, si bien la razón no puede justificar estas nociones primordiales.
KAOHIONG, c. de la costa SO. de la isla de Formosa; puerto de comercio y centro industrial.
KAPILAVATSU, c. natal de Buda, en el NE. de la India, en la frontera del Nepal.
KAPLAN (Victor), ingeniero austriaco (1876-1934), que ideó la turbina que lleva su nombre.
KAPURTHALA, ant. principado de la India (Pendjab).
KARA (MAR DE), mar formado por el océano Glacial Ártico, al S. de Nueva Zembla.
KARACHI, cap. de Paquistán (Sind), puerto en el mar de Omán; 1 126 000 h. Agricultura.
KARAGANDA, c. de la U. R. S. S. (Kazakstán). Importante cuenca hullera; metalurgia.
KARAJORGEVICH, dinastía servia fundada por JORGE PETROVICH **Karajorge** (¿1752?-1817), a la cual pertenecieron su hijo ALEJANDRO (1806-1885), príncipe de Servia de 1842 a 1858, su nieto PEDRO I, rey de Servia, y ALEJANDRO I, rey de Yugoslavia (v. estos nombres).
KARAKORUM, sierra del centro de Asia (Himalaya), al O. del Tíbet; 8 620 m en el K2 y 8 068 m en el Grasherbrum o Hidden Peak.
KARBÍN. V. HARBÍN.
KARIKAL, c. y puerto de la India (Madrás), ant. posesión francesa.
KARLFELDT (Erik Axel), poeta sueco (1864-1931), autor de *El jardín de Fridolin.* (Pr. Nóbel, 1931.)
KARL MARX STADT, ant. **Chemnitz,** c. de Alemania oriental (Sajonia); textiles; metalurgia.
KARLOVCI. V. CARLOVCI.
KARLOVY-VARY. V. CARLSBAD.
KARLSRUHE. V. CARLSRUHE.
KARLSBURG. V. ALBA JULIA.
KARLSKRONA. V. CARLSCRONA.
KARLSTAD. V. CARLSTAD.
KARNAK. V. CARNAC.
KARRER (Pablo), químico suizo, n. en 1889, que realizó investigaciones sobre las vitaminas. (Pr. Nóbel, 1937).
KARST. V. CARSO.
KARTUM. V. JARTUM.
KASAI, río de África, afl. del Congo; 1 940 km.
KASTOS (Emiro). V. RESTREPO (Juan de Dios).
KASTRI. V. HERMIONA.
KATAK, ant. **Cuttack,** c. de la India (Orisa).
KATANGA, región del Congo; cap. *Lubumbashi.* Minas de cobre, oro, radio y uranio.

KATAR o **QATAR,** penins. de Arabia, en el golfo Pérsico; 22 014 km^2. Cap. *Doha.* Sultanato bajo protectorado británico, independiente en 1970. Petróleo.
KATAYEV (Valentín), escritor soviético, n. en 1897, autor de la novela satírica *Desfalco en Moscú* y de la comedia *La cuadratura del círculo.*
Katipunán, sociedad secreta filipina creada en 1896 en favor de la independencia.
KATMANDÚ, cap. de Nepal; 193 300 h.
KATOVICE, de 1953 a 1956 **Stalinogrod,** c. de Polonia (Silesia). Hulla, cinc; industrias.
KATTEGAT. V. CATTEGAT.
KATYN, aldea de la U. R. S. S. (Rusia) al O. de Smolensko, donde fueron hallados los cadáveres de 4 500 oficiales polacos cuya ejecución se atribuyó a los soviéticos (1943).
KAUFMANN. V. LENIN (*Pico*).
KAUNAS, en ruso **Kovno,** en pol. **Kowno,** c. de la U. R. S. S. (Lituania), cap. de la República de Lituania hasta 1941.
KAVALLA, c. y puerto de Grecia, frente a la isla de Tasos. Tabacos. Es la ant. **Neápolis.**
KAWABATA (Yasunari), escritor japonés n. en 1899, autor de las novelas *Los animales, País de la Nieve, Mil grullas,* etc. (Pr. Nóbel, 1968.)
KAWASAKI, c. del Japón (Hondo).
KAYES, c. y puerto de la Rep. del Malí.
KAYSERI. V. KAISARIEH.
KAZAKSTÁN, república federada de la U. R. S. S. (1936), entre los mares Caspio y Aral y Sinkiang; cap. *Alma Ata;* cobre, plomo, petróleo.
KAZÁN, c. de la U. R. S. S. (Rusia), cap. de la República Autónoma de los Tártaros, a orillas del Volga. Centro industrial.
KAZANTZAKIS (Nikos), escritor griego (1885-1957), autor de poemas, dramas, novelas (*Cristo de nuevo crucificado*).
KAZVIN, c. de Irán, al S. del Elburz.
KEATS [*kits*] (John), poeta romántico inglés (1795-1821), autor de obras líricas: *Endimión, Oda a una urna griega* y *Oda del ruiseñor.*
KECSKEMET, c. de Hungría, al SE. de Budapest.
KEDAH, uno de los Estados de Malaysia. Arroz.
KEFRÉN, rey de Egipto de la IV dinastía, hermano y sucesor de Keops. Mandó edificar la segunda Gran Pirámide.
KEISER (Reinhard), compositor alemán (1674-1739), uno de los creadores, en Hamburgo, de la ópera clásica alemana.
KEITEL (Guillermo), mariscal alemán (1882-1946), que firmó en 1945 la capitulación de su país. Condenado a muerte como criminal de guerra, fue ejecutado en Nuremberg.
KEKULÉ (Federico Augusto), químico alemán (1829-1896), célebre por sus trabajos de química orgánica (fórmula del benceno, etc.).
KELANTÁN, uno de los Estados de la Federación de Malaysia, en la penins. de Malaca.
KELAT, c. de Paquistán (Beluchistán).
KELLOG (Frank Billings), estadista norteamericano (1856-1937), promotor de un pacto para asegurar la paz mundial (1928).
KEMAL BAJÁ ATATURK (Mustafá), mariscal turco (1881-1938), pres. de la República en 1923. Transformó Turquía en un país moderno.
KEMEROVO, c. de U. R. S. S. (Rusia), en Siberia occidental. Hulla; industria química.
KEMPIS (Tomás HEMERKEN, llamado **Tomás de**), escritor místico alemán (1379-1471), a quien se atribuye la *Imitación de Cristo.*
KENDAL, c. de Inglaterra (Westmorland).
KENIA, Estado de África ecuatorial, miembro del Commonwealth, 582 624 km^2; 9 948 000 h.; cap. *Nairobi,* 314 000 h.; c. pr. *Mombasa,* 189 900 h. Produce café, algodón, azúcar.
KENITRA, ant. **Port Lyautey,** c. y puerto de Marruecos, al N. de Rabat.
KENNEDY (John Fitzgerald), político demócrata norteamericano (1917-1963), presidente de los Estados Unidos en 1961. Murió asesinado.
KENNEDY (Margaret), novelista inglesa (1896-1967), autora de *La ninfa constante.*
KENSINGTON, barrio del SO. de Londres. Palacio real. Museos.
KENT (REINO DE), el reino más antiguo de la Heptarquía anglosajona; cap. *Cantorbery.* — Condado al SE. de Inglaterra. Cap. *Maidstone.*

KANT

KEATS

KEMAL ATATURK

J. F. KENNEDY

Fot. Larousse, X, France-Presse, Keystone

KEPLER

KIPLING

KEYNES

KENTUCKY, uno de los Estados Unidos de América. Cap. *Frankfort.* C. pr. *Louisville.*
KENYA. V. KENIA.
KEOPS, rey de Egipto, de la IV dinastía, hacia 2600 a. de J. C. Construyó la Gran Pirámide.
KEPLER o **KEPLERO** (Juan), astrónomo alemán (1571-1630). Enunció las *leyes* llamadas *de Kepler:* 1º las órbitas planetarias son elipses en las que el Sol ocupa uno de los focos; 2º las áreas descritas por los radios vectores son proporcionales a los tiempos; 3º los cuadrados de los tiempos de las revoluciones planetarias son proporcionales a los cubos de los ejes mayores de las órbitas.
KERALA, Estado de la India, en la costa SO. del Decán; cap. *Trivandrum.*
KERASUNDA, en turco **Giresún,** puerto de Turquía, a orillas del mar Negro.
KERBELA, c. de Irak. Santuario chiíta.
KERENSKI (Alejandro), político ruso (1881-1970), jefe del Gobierno revolucionario en 1917, derribado el mismo año por los bolcheviques.
KERGUELEN (ISLAS), archipiélago francés en el océano Índico; 7 000 km².
KERMÁN, c. de Irán; lanas, tapices.
KERMANSHAH, c. de Irán (Curdistán); refinerías de petróleo.
KERTCH, ant. **Ienikaleh,** c. de U. R. S. S. en Ucrania (Crimea), en el *estrecho de Kertch.*
KEYNES (John Maynard, *lord*), economista y financiero inglés, n. en Cambridge (1883-1946), cuyas doctrinas influyeron profundamente en los gobiernos de los Estados occidentales. Según él, los gobiernos deben procurar mantener el pleno empleo de la mano de obra, gracias a una redistribución de la renta tal que el poder adquisitivo de los consumidores aumente en proporción al desarrollo de los medios de producción.
KEYSERLING (Hermann, *conde de*), filósofo y escritor alemán (1880-1946), fundador de una escuela filosófica de influencia oriental.
KEY WEST o **CAYO HUESO,** puerto de los Estados Unidos (Florida).
KHABAROVSK. V. JABAROVSK.
KHARKOV. V. JARKOV.
KHARTUM. V. JARTUM.
KHATCHATURIAN (Aram), compositor ruso, n. en 1903, de inspiración patriótica.
KHAYYAM. V. OMAR KHAYYAM.
KHORASÁN. V. JORASÁN.
KIANGSI, prov. del SE. de la China. Cap. *Nanchang.*
KIANGSÚ, prov. marítima de China oriental. Cap. *Nankín.* C. pr. *Shanghai.*
KIAOCHEU, hoy **Kiaosien,** territorio, bahía y c. de China (prov. de *Shantung*).
KICHINEV, en rumano **Chishinau,** c. de la U. R. S. S., cap. de Moldavia, antes rumana.
KIEL, c. de Alemania, cap. de Schlesvig-Holstein, a orillas del Báltico; puerto militar; astilleros. — El *Canal de Kiel* va de Kiel al Elba y une el Báltico con el mar del Norte.
KIELCE, c. de Polonia, al S. de Varsovia; monumentos antiguos. Centro industrial.
KIERKEGAARD (Sören), filósofo y teólogo danés (1813-1855), autor del tratado *Concepto de la angustia,* precursor de las doctrinas existencialistas modernas. Influyó también en Unamuno.
KIESINGER (Kurt Georg), estadista alemán n. en 1904, canciller de la Rep. Federal en 1966.
KIEV, c. de la U. R. S. S., cap. de Ucrania, a orillas del Dniéper; construcciones mecánicas; comercio. Universidad. Teatro de duros combates en la Segunda Guerra mundial (1941-1943).
KIGALI, cap. de Ruanda; 15 000 habitantes.

KIERKEGAARD

KLOPSTOCK

KILIMANJARO, hoy **Pico Uhuru** (Libertad), macizo montañoso de África oriental (Tanganica), cuyo punto culminante tiene 5 963 m.
KILONG, c. y puerto de Formosa. Base militar.
KIMBERLEY, c. de la República Sudafricana (El Cabo); diamantes.
KING (Martin Luther), pastor protestante norteamericano de raza negra (1929-1968), paladín de la integración racial. M. asesinado. (Pr. Nóbel de la Paz, 1964.)
KINGSLEY (Carlos), novelista inglés (1819-1875), uno de los promotores del movimiento socialista cristiano.
KINGSTON, cap. de Jamaica, 367 000 h. Puerto activo, en la costa meridional de la isla.
KINGSTON, c. del Canadá (Ontario), puerto fluvial en el San Lorenzo. Universidad. Academia militar. Arzobispado.
KINGSTOWN. V. DUN LAOGHAIRE.
KINGSTON ON THAMES, c. de Inglaterra, cap. de Surrey en los alrededores de Londres.
KINGSTON UPON HULL, c. de Gran Bretaña (Yorkshire), en el estuario del Humber; puerto pesquero; centro industrial. Iglesia del s. XIV.
KINSHASA, ant. **Leopoldville,** cap. de la Rep. Democrática del Congo (380 000 h.), a orillas del Stanley Pool. Obispado católico.
KIOTO. V. KYOTO.
KIPLING (Rudyard), novelista y poeta inglés, n. en Bombay (1865-1936), autor de relatos de ambiente asiático (*El libro de la selva, Kim*). Fue el cantor del imperialismo anglosajón. (Pr. Nóbel, 1907.)
KIRCHHOFF (Gustavo), físico alemán (1824-1887). Descubrió con Bunsen el análisis espectral y dio las leyes de las corrientes derivadas.
KIRGHIZIA o **KIRGHIZISTÁN,** rep. federada de la U. R. S. S. en Asia central. Cap. *Frunze.*
KIRIN o **KILIN,** prov. del NE. de China; cap. *Changchuen.*
KIRKUK, c. de Irak, al N. de Bagdad; yacimientos y refinerías de petróleo.
KIROV, ant. **Viatka,** c. de la U. R. S. S. (Rusia); metalurgia; industria textil.
KIROVABAD, ant. **Ielisavetpol,** c. de la U. R. S. S. (Azerbaidján); industria textil.
KIROVOGRADO, ant. **Ielisavetgrado,** c. de la U. R. S. S. (Ucrania), a orillas del Ingul.
KISANGANI, ant. **Stanleyville,** c. de la Rep. Democrática del Congo. Centro comercial.
KITA KIUSIU, c. y puerto del Japón, al N. de la isla de Kiusiu, formada por la reunión de *Kokura, Moji, Tobata, Wakamatsu* y *Yahata.* Gran centro industrial y pesquero.
KITCHENER, c. del Canadá (Ontario).
KITCHENER (*lord* Herbert), general inglés (1850-1916). Sobresalió en Egipto y en Transvaal, y organizó el ejército británico en 1914.
KIUSIU, una de las grandes islas japonesas; c. pr. *Kita Kiusiu, Kumamoto, Nagasaki* y *Kagoshima.*
KIVU, prov. del Congo oriental, al O. del *lago Kivu;* cap. *Bukavu.*
KIZILIRMAK, río de Asia Menor, que des. en el mar Negro; 1 400 km.
KJÖLEN, elevado macizo montañoso en el N. de Escandinavia.
KLAGENFURT [*-guen-*], c. de Austria (Carintia). Ind. textiles y metalúrgicas.
KLAIPEDA, n. lituano de **Memel.**
KLAPROTH (Martín Enrique), químico alemán (1743-1817), que descubrió el uranio y el titanio.
KLEBER (Juan Bautista), general francés de la Revolución (1753-1800), que dirigió el ejército del Rin y tomó el mando en Egipto tras la marcha de Napoleón. Murió asesinado por un fanático.
KLEE (Pablo), pintor alemán, n. en Suiza (1879-1940), que pasó del surrealismo al abstracto.
KLEFTOS. V. ARMATOLOS.
KLEIST (Enrique von), poeta y dramaturgo alemán (1777-1811), de inspiración romántica; autor del drama *El príncipe de Homburgo.*
KLINGER (Federico Maximiliano von), poeta alemán (1752-1831), cuyo drama *Sturm und Drang* dio nombre a un período de la literatura alemana.
KLONDIKE, río del Canadá (Yukon).
KLOPSTOCK (Federico), poeta alemán (1724-1803), autor del poema *La Mesiada,* epopeya bíblica compuesta a la gloria de Jesucristo.

Fot. X, Manuel, Embajada inglesa (París)

KMER, pueblo de la península indochina. Fundó en el centro y en el sur de la actual Camboya un brillante imperio, cuyo apogeo se sitúa del s. IX al X después de J. C. (V. ANGKOR.)
KNOBELSDORFF (Jorge von), arquitecto alemán (1699-1753), **constructor del palacio de** *Sans-Souci* y de la ópera de Berlín.
Knox *(Fuerte)*, campo militar de los Estados Unidos (Kentucky), al SO. de Louisville. En él se encuentran las reservas de oro estadounidenses.
KNOX (John), reformador escocés (1505-1572), uno de los fundadores del presbiterianismo.
KNOXVILLE, c. de los Estados Unidos (Tennessee); **textiles y metalurgia.**
KNUTO. V. CANUTO.
KO. V. COS.
KOBARID. V. CAPORETTO.
KOBE, c. del Japón (Hondo). Centro industrial.
KOCK (Paul de), **escritor francés (1793-1871),** autor de novelas humorísticas y ligeras.
KOCH [*kok*] (Roberto), médico alemán (1843-1910), que descubrió el bacilo de la tuberculosis. (Pr. Nóbel, 1905.)
KOCHANOWSKI (Jan), poeta polaco (1530-1584), el mayor lírico de la Polonia antigua.
KOCHI, c. del Japón (Shikoku).
KODALY (Zoltan), compositor húngaro (1882-1967), autor de un *Psalmus hungaricus.*
KODOK. V. FACHODA.
KOESTLER (Arturo), escritor húngaro, n. en 1905, naturalizado inglés, autor de *Testamento español, El cero y el infinito,* etc.
KOHIMA, c. de la India, cap. del Estado de Nagaland.
KOKAN, c. de la U. R. S. S. (Uzbekistán); ind. textiles y mecánicas.
KOKOSCHKA (Óscar), pintor austriaco, n. en 1886, notable colorista.
KOKURA, c. de Japón (Kiusiu), hoy parte de Kita Kiusiu.
KOLA (PENÍNSULA DE), península de la U. R. S.S., al N. de Carelia. **Hierro; fosfatos.**
KOLAR GOLD FIELDS, c. de la India (Mysore), en el Decán. Minas de oro.
KOLHAPUR, c. de la India (Maharashtra).
KOLOMNA, c. de la U. R. S. S. (Rusia), a orillas del Moscova; talleres ferroviarios.
KOLYMA, río siberiano de la U. R. S. S., que des. en el océano Glacial Ártico; 2 600 km.
KOLLAR (Jan), poeta eslovaco (1793-1852).
KOLLAS. V. COLLAS.
KOLLASUYO. V. COLLASUYO.
KOMI. V. ZIRIANES.
Kominform, abrev. de *Oficina de Información Comunista,* disuelta en 1956.
Komintern, abrev. de *Internacional Comunista,* centro director del movimiento comunista internacional, disuelto en 1943, reemplazado en 1947 por la *Kominform.*
KOMMUNARSK, ant. **Vorochilovsk,** c. de la U.R.S.S. (Ucrania), en el Donbass. Metalurgia.
KOMSOMOLSK, c. de la U. R. S. S. (Rusia oriental), a orillas del Amur; centro industrial.
KONAKRY. V. CONAKRY.
KONIA, c. de Turquía, al N. del Tauro.
KONIEV (Iván), mariscal soviético, n. en 1897. Se distinguió durante la Segunda Guerra mundial, especialmente en la conquista de Praga.
KÖNIGSBERG. V. KALININGRADO.
KÖNIGSHUTTE. V. CHORZOW.
KONOYE (Fumimaro), **político japonés (1891-1945),** jefe del Gobierno en 1937 y en 1940.
KONSTANTINOVKA, c. de la U. R. S. S. (Ucrania). Metalurgia.
KOPEISK, c. de la U. R. S. S. (R. S. F. S. de Rusia), al E. del Ural. Lignito.
KORAISQUITAS. V. CORAISQUITAS.
KORDOFAN, región del Sudán, **al O. del Nilo** Blanco; c. pr. *El Obeid.* Algodón.
KORN (Alejandro), filósofo y médico argentino (1860-1936), autor de *La libertad creadora.*
KORNILOV (Lavr Georgievich), general ruso (1870-1918), nombrado generalísimo por el Gobierno de Kerenski en 1917.
KOROLENKO (Vladimiro Galaktionovich), escritor ruso (1853-1921), autor de *El músico ciego,* poema en prosa.
KOSCIUSKO (MONTE), pico culminante de Australia, en el límite de los Estados de Nueva Gales del Sur y Victoria; 2 228 m.

KOSCIUSZKO (Tadeo), general polaco (1746-1817), que tomó parte en insurrecciones contra Rusia. Fue nombrado dictador en 1794; hecho prisionero por los rusos, fue puesto en libertad por el zar Pablo I.
KOSHICE o **KOSICE,** en húngaro **Kassa,** c. de Checoslovaquia (Eslovaquia); hermosa catedral. Siderurgia.
KOSOVO, lugar de Yugoslavia (Servia); en 1389, derrota de los servios por los turcos. La región de *Kosovo-Metohija* o *Kosmet* constituye un terr. autónomo de Yugoslavia; cap. *Pristina.*
KOSSEL (Alberto), fisiólogo alemán (1853-1927). [Pr. Nóbel, 1910.]
KOSSUTH (Lajos), patriota y político húngaro (1802-1894), que proclamó la independencia nacional en 1848. Su alzamiento fracasó.
KOSTROMA, c. de la U. R. S. S. (Rusia) a orillas del Volga; ind. textiles.
KOSYGUIN (Alexei), político soviético, n. en 1904, pres. del Consejo desde 1964.
KOTOR. V. CATTARO.
KOTZEBUE (Augusto von), **dramaturgo alemán** (1761-1819), autor de *Misantropía y arrepentimiento.*
KOVNO. V. KAUNAS.
KOWEIT. V. KUWAIT.
KOWLOON, territ. de China, enfrente de Hong Kong, en el estuario del río de Cantón, cedido a los ingleses en 1861; c. pr. *Kowloon.*
KOZHICODA. V. CALICUT.
KRA, istmo entre Indochina y Malaca.
KRAFFT (Adán), escultor alemán (¿1460-1508?), último representante del arte gótico.
KRAKATOA, isla volcánica de Indonesia, en parte destruida en 1883 por la erupción del *Perbuatan.*
KRAKOW. V. CRACOVIA.
KRAMATORSK, c. de la U. R. S. S. (Ucrania), en el Donbass. Metalurgia.
KRASICKI (Ignacio), escritor polaco (1735-1801), llamado **el Voltaire de Polonia.**
KRASNODAR, ant. **Iekaterinodar,** c. de U. R. S. S. (Rusia), a orillas del Kubán; refinerías de petróleo; ind. alimenticias.
KRASNOGVARDEISK. V. GATCHINA.
KRASNOYARSK, c. de la U. R. S. S. (Rusia), en Siberia oriental; **metalurgia; harina.**
KRAUSE (Karl Christian Friedrich), filósofo alemán (1781-1832), cuyas doctrinas panenteístas ejercieron una inmensa influencia en España, a través de Julián Sanz del Río y de sus discípulos Francisco Giner y los maestros de la Institución Libre de Enseñanza. El krausismo se difundió por Europa gracias a los escritos de su creador: *Fundamento del Derecho natural, Sistema de moral* y *Sistema de la filosofía.*
KREFELD, c. de Alemania (Rin Septentrional-Westfalia), **a orillas del Rin; maquinaria;** tejidos; tintes.
KREMENTCHUG, c. de la U. R. S. S. (Ucrania), puerto a orillas del Dniéper. Central hidroeléctrica. Industrias alimenticias.
Kremlin, distrito central y fortaleza de Moscú, donde se encuentra la antigua residencia de los zares y sede actual de los órganos supremos de la U. R. S. S.
KRETSCHMER (Ernst), psiquiatra alemán (1888-1964), que clasificó las estructuras corporales en tres tipos: *leptosomático, atlético* y *pícnico.*
KREUTZER (Rodolfo), violinista y compositor francés (1766-1831).
KRISNA o **KRINA,** deidad india, octava encarnación de Visnú. Murió víctima de un flechazo.

KOCH

KRAUSE

KOSCIUSZKO

KOSSUTH

Fot. Weidemer, Aepenland

KRUGER

KRUSCHEF

KUBITSCHEK

KRIVOI ROG, c. de la U. R. S. S. (Ucrania). Minas de hierro. Metalurgia.
KRKNOSHE. V. GIGANTES *(Montes)*.
KROGH (Augusto), fisiólogo danés (1874-1949), que estudió los fenómenos respiratorios y la circulación. (Pr. Nóbel, 1920.)
KRONSTADT. V. CRONSTADT.
KROPOTKIN (Pedro, *príncipe*), revolucionario ruso (1842-1921), teórico de la anarquía en sus escritos: *Palabras de un rebelde, La conquista del pan*, etc.
KRUGER, lago de la Argentina, que es cruzado por el río Futaleufú.
KRUGER (Pablo), presidente de la república del Transvaal (1825-1904). Defendió su país contra los ingleses, pero fue vencido.
KRUGERSDORP, c. de la República Sudafricana (Transvaal); yacimientos auríferos.
KRUPP (Alfredo), industrial alemán (1812-1887), fundidor de los cañones de acero que llevan su nombre.
KRUSCHEF (Nikita), estadista soviético (1894-1971), primer secretario del Comité Central del Partido Comunista en 1953 y presidente del Consejo de ministros en 1958. Combatió la política de Stalin. Dimitió en 1964.
KRUSNE HORY o **MONTES METÁLICOS DE BOHEMIA,** en alem. **Erzgebirge,** macizo montañoso de Europa central, dividido entre Alemania oriental y Checoslovaquia; 1 244 m.
KUALA LUMPUR, cap. de Malaysia y del Estado de Selangor; 176 000 h. Centro comercial (estaño, caucho).
KUALA TRENGANU, c. y puerto de Malaysia, cap. del Estado de Trenganu.
KUANGSI, región autónoma de China meridional; cap. *Nanning*.
KUANGTUNG, prov. de China; cap. *Cantón*.
KUANTAN, c. de Malaysia, cap. de Pahang.
KUBAN, río de la U. R. S. S., que desemboca en el mar de Azov; 900 km.
KUBITSCHEK (Juscelino DE OLIVEIRA), político brasileño, n. en 1902, pres. de la Rep. de 1956 a 1961. A su iniciativa se debe la creación de Brasília, nueva capital.
KUCHING, c. de la Federación de Malaysia, cap. de Sarawak, terr. al NO. de Borneo.
KUEICHEU, provincia de China meridional; cap. *Kueiyang*.
KUEIYANG, c. de China meridional, cap. de Kueicheu.
KUENLUN, cadena de montañas del Tíbet.
KUENMING o **KUNMING,** ant. **Yunnanfu.** c. de China, cap. de Yunnan. Centro comercial.
KUIBICHEV, ant. **Samara,** c. de la U. R. S. S. (Rusia); puerto fluvial en el Volga; central hidroeléctrica; refinerías de petróleo.
Ku-Klux-Klan, asociación política y religiosa norteamericana, fundada en 1867, y dirigida esencialmente contra los negros.
KUKUNOR, lago de China, al NO. del Tíbet.
Kulturkampf *(«lucha por la civilización»)*, nombre dado a la guerra religiosa emprendida por Bismarck contra el clero católico por medio de leyes, publicadas las principales en mayo de 1873 y conocidas con el nombre de *leyes de mayo*.
KUMAMOTO, c. de Japón (Kiusiu).
KUN (Bela), revolucionario húngaro (1886-1937). Se apoderó del Poder en 1919, y, derrocado por los rumanos, se refugió en la U.R.S.S. Acusado de desviación política, fue ejecutado, pero luego rehabilitado.
KUNCKEL (Juan), químico alemán (1638-1703), que descubrió el amoniaco.
Kuo Ming Tang, partido democrático nacional chino, fundado en 1912 por Sun Yat-sen.
KUOPIO, c. de Finlandia; maderas.
KUPANG, cap. de la parte de Indonesia, en la isla de Timor. Puerto de exportación.
KUPRIN (Alejandro), novelista ruso (1870-1938), autor de *El duelo*.
KURÁ, río de la U. R. S. S., al S. del Cáucaso; 1 515 km.
KURDISTÁN. V. CURDISTÁN.
KURE, c. y puerto del Japón (Hondo), importante centro industrial.
KURILES, archip. soviético de Asia, larga cadena de islas que se extiende desde Kamchatka a la isla de Yeso. Japonés de 1875 a 1945.
KURSK, c. de la U. R. S. S. (Rusia); minería (hierro); textiles; metalurgia.
KUTUZOV (Miguel), general ruso (1745-1813), jefe del ejército del Zar derrotado en Austerlitz por Napoleón I.
KUWAIT o **KOWEIT,** Estado de Arabia, en la costa NO. del golfo Pérsico; 206 000 h.; cap. *Kuwait* (35 000 h.); yacimientos de petróleo.
KUZBASS, cuenca hullera de la U. R. S. S., en Siberia.
KYÖNGSONG. V. SEÚL.
KYOTO, c. del Japón (Sur de Hondo). Fue la antigua capital del país. Gran centro industrial.

KYOTO

Fot. Boyer, Keystone, Associated Press, Atlas Phot.

LONDRES : el Parlamento

L

LAALAND o **LOLLAND,** una de las islas de Dinamarca, llana y pantanosa; cap. *Maribo.*
LABE. V. Elba.
LABÉ (Louise), poetisa francesa (¿1524-1566?), autora de sonetos de estilo petrarquesco.
LABERINTO. V. Brightman.
Laberinto, laberinto construido por Dédalo en Creta, que, según la leyenda, era residencia del Minotauro.
Laberinto de Fortuna o **Las Trescientas,** obra poética de Juan de Mena, visión alegórica, que recorre lo pasado, lo presente y lo porvenir.
LABICHE [*-bich*] (Eugenio), comediógrafo francés (1815-1888), autor de múltiples comedias de agudo ingenio: *Un sombrero de paja de Italia, El viaje de Sr. Perrichón,* etc.
LABIENO (Tito), uno de los más hábiles capitanes de César (98-45 a. de J. C.).
LABNÁ, ant. c. maya al N. del Yucatán.
LA BOËTIE [*-si*] (Etienne de), escritor francés (1530-1563), amigo de Montaigne, autor de un *Discurso sobre la servidumbre voluntaria.*
Laborante, miembro de una junta revolucionaria cubana fundada en 1869. N. dado luego a todo aquel que actuara secretamente en favor de la Independencia.
LABORDE (Alexandre Louis Joseph, *conde de*), arqueólogo y político francés (1773-1842), autor de *Viaje pintoresco e histórico por España* e *Itinerario descriptivo de España.*
LABOULAYE, c. de la Argentina (Córdoba).
LA BOURDONNAIS [*-burdoné*] (Beltrán Francisco **Mahé de**), marino francés (1699-1753). Luchó contra los ingleses en la India.
Labour Party o **Partido Laborista,** partido político británico de tendencias socialistas, fundado en 1906.
LABRA (Rafael María de), abogado y periodista cubano (1841-1918), uno de los campeones de la abolición de la esclavitud y de la independencia patria.
LABRADOR, península del Canadá en el Atlántico, entre la bahía de Hudson y el río San Lorenzo. Yac. de hierro.
LABRADOR RUIZ (Enrique), novelista cubano, n. en 1902, autor de *Anteo, Carne de quimera* y *Los pinos.*
LABRIT. V. Albret.
LA BRUYÈRE (Jean de), escritor moralista francés, n. en París (1645-1696), autor de una interesantísima obra de carácter social y satírico titulada *Los caracteres* (1688-1694), inspirada en el griego Teofrasto y documento histórico admirable para conocer la estructura de la sociedad francesa del s. XVII.
LABUÁN, isla de Sabah o Borneo septentrional; cap. *Victoria.*
LACANDÓN, región de América Central, que comprende parte de Guatemala (Petén) y México (Chiapas y Tabasco). — Río de México (Chiapas), afl. del Usumacinta. Llamado tb. **Lacantún.** — Volcán de Guatemala (Quezaltenango); 2 748 m.
LACANDONES, indios del S. de Yucatán.
LÁCAR, lago de la Argentina (Neuquen), cuyas aguas pasan a Chile. — Dep. de la Argentina (Neuquen).
LACAYO SACASA (Benjamín), político nicaragüense, n. en 1887, pres. provisional de la Rep. en 1947.
LACEDEMONIA. V. Esparta.
LACEPÈDE [*laseped*] (Esteban de), naturalista francés (1756-1825), continuador de la *Historia natural* de Buffon.
LA CERDA. V. Cerda (*Casa de la*).
LACETANOS, pueblo de la España Tarraconense, que habitaba en la región correspondiente a las actuales provincias de Barcelona y Lérida.
LA CIERVA Y CODORNÍU (Juan de), ingeniero español (1896-1936), inventor del autogiro, base de los actuales helicópteros. Después de múltiples perfeccionamientos de su aparato, del que hizo hasta 120 prototipos, obtuvo en 1934 el despegue vertical sin necesidad de pista.
LA CIERVA Y PEÑAFIEL (Juan de), político conservador y jurisconsulto español (1864-1938), padre del anterior.
LACIO, región de Italia entre Toscana al N. y Campania al S., a lo largo del mar Tirreno.
LACLOS (Pierre **Choderlos de**), escritor francés (1741-1803), autor de la novela epistolar *Las amistades peligrosas.*
LA CONDAMINE [*-damin*] (Charles de), matemático y escritor francés (1701-1774), que participó en una expedición científica a América

LA BRUYÈRE

LA CIERVA Y CODORNÍU

Fot. Viollet, Larousse, Keystone

LA CONDAMINE

LACORDAIRE

LA FAYETTE

P. DE LA GASCA

LA FONTAINE

LAFORGUE

del Sur, de la que dejó el relato *Relación abreviada de un viaje hecho al interior de la América meridional.*

LACONIA, ant. región del SE. del Peloponeso; cap. *Esparta.* Hoy nomo del Peloponeso.

LACORDAIRE [*-der*] (Juan Bautista Enrique), orador sagrado francés (1802-1861), miembro de la orden de Santo Domingo restablecida por él en su país. Fue uno de los predicadores más brillantes de su época.

LACQ, pobl. de Francia (Pirineos Atlánticos): importante explotación de gas natural que se exporta por gasoductos. Prod. de azufre.

LACRETELLE [*-tel*] (Jacques de), novelista francés, n. en 1888, autor de *Silbermann.*

LACTANCIO (Firmiano), orador y apologista cristiano (¿260-325?), autor de *Los siete libros de las instituciones divinas.*

LACUNZA (Manuel), jesuita y escritor chileno (1731-1801), autor de *Venida del Mesías en gloria y majestad.*

LACY (Luis de), general español (1775-1817). En 1817 se sublevó contra Fernando VII en Cataluña, pero fue vencido y fusilado el mismo año.

LA CHAUSSÉE [*-chosé*] (Pedro Claudio **Nivelle de**), autor dramático francés (1692-1754).

LACHELIER (Jules), filósofo francés (1832-1918)), autor de *Fundamento de la inducción.*

LADISLAO, n. de varios reyes de Hungría, Bohemia y Polonia.

LADISLAO CABRERA, prov. de Bolivia (Oruro); cap. *Salinas de Garci Mendoza.*

LADOGA, gran lago del NO. de Rusia, que comunica por el Neva con el golfo de Finlandia.

LADRONES (ISLAS DE LOS). V. MARIANAS.

LAEKEN, pobl. de Bélgica (Brabante), que forma actualmente parte de Bruselas. Palacio real.

LAENNEC (Renato), médico francés (1781-1826); descubrió el método de la auscultación.

LAERTES, rey de Itaca, padre de Ulises.

LA FAYETTE [*lafayet*] (Marie-Madeleine de), escritora francesa (1634-1692), autora de la novela psicológica *La princesa de Clèves.*

LA FAYETTE (María José, *marqués* de), general y político francés (1757-1834), que tomó parte en la guerra de la Independencia de Norte América.

LAFERRÈRE (Gregorio de), comediógrafo argentino (1867-1913), que pintó hábilmente la clase media de Buenos Aires: *¡Jettatore...!, Locos de verano, Bajo la garra, Las de Barranco.*

LAFFÓN (Rafael), poeta español, n. en 1900, cuya obra revela un cierto preciosismo.

LAFINUR (Juan Crisóstomo), poeta argentino (1797-1824), autor de composiciones patrióticas y amatorias.

LAFONE QUEVEDO (Samuel), etnólogo y filólogo argentino, n. en Montevideo (1835-1920).

LA FONTAINE [*-fontén*] (Juan de), poeta francés, n. en Château-Tierry (1621-1695), autor de *Cuentos* en verso y de *Fábulas,* publicadas en 1668, 1678 y 1694. Aunque los temas de sus fábulas están inspirados en las literaturas orientales clásicas (Esopo, Fedro) y medievales, supo darles vida intensa y amenidad. Estas fábulas han sido imitadas en todos los países; en España, por Samaniego, Iriarte y Hartzenbusch.

LAFORET (Carmen), novelista española, n. en 1921, que obtuvo en 1944 el Premio Nadal con su libro *Nada,* uno de los mejores relatos de la postguerra española.

LAFORGUE (Julio), poeta francés, n. en Montevideo (1860-1887), autor de *Imitación de Nuestra Señora la Luna* y *Moralidades legendarias,* obras en las que mezcla el humorismo y la melancolía.

LAFUENTE (Modesto), periodista e historiador español (1806-1866), autor de una monumental *Historia de España* (30 vols.).

LAGARTERA, v. de España (Toledo); bordados y encajes.

LAGARTIJO. V. MOLINA (Rafael).

LA GASCA (Mariano), botánico español (1776-1839), que estudió la flora de su país.

LA GASCA (Pedro de), prelado y político español (1485-1567), pres. de la Real Audiencia de Lima y "Pacificador" del Perú. Venció a Gonzalo Pizarro y lo hizo ejecutar (1548).

LAGASH, hoy **Tello,** ant. c. de Mesopotamia; ruinas sumerias.

LAGERKVIST (Pär), escritor sueco, n. en 1891, autor de novelas, poemas y obras teatrales: *El enano, Barrabás.* (Pr. Nóbel, 1951.)

LAGERLÖFF (Selma), escritora sueca (1858-1940), autora de *La leyenda de Gösta Berling,* epopeya de aventuras. (Pr. Nóbel, 1909.)

LAGIDAS, dinastía egipcia, que tuvo por jefe a uno de los generales de Alejandro, hijo de Lago, y duró de 306 a 30 a. de J. C.

Lago de los cisnes *(El),* ballet creado en 1877, con música de Tchaikovski.

LAGO RANCO, dep. de Chile (Valdivia).

LAGOS, cap. de Nigeria, puerto en el golfo de Benin; 364 000 h. Caucho; madera.

LAGOS, c. del S. de Portugal (Faro).

LAGOS (Los), com. de Chile (Valdivia).

LAGOS CHÁZARO (Francisco), político mexicano (1879-1932), pres. provisional de la Rep. en 1915.

LAGRANGE (Alberto), dominico francés (1855-1938), gran exégeta bíblico.

LAGRANGE (*conde* Luis de), astrónomo y matemático francés (1736-1813), a quien se deben trabajos sobre física teórica, cálculo combinatorio, álgebra y análisis. Contribuyó al establecimiento del sistema métrico.

LA GUARDIA, uno de los aeropuertos de Nueva York.

LAGUERRE (Enrique Arturo), novelista puertorriqueño, n. en 1906, autor de *La llamarada, Solar Montoya* y *La resaca.*

LAGUNA, prov. de Filipinas (Luzón); cap. *Santa Cruz.*

LAGUNA, paso de los Andes, entre la Argentina y Chile; 3 224 m. — Región de México, en los Estados de Coahuila y Durango.

LAGUNA (La), v. de la isla de Tenerife, ant. cap. de las Canarias. Universidad. Obispado.

LAGUNA (Andrés), médico e investigador español (¿1499?-1560), que alcanzó fama de gran sabio humanista.

LAGUNA BLANCA, cerro de la Argentina (Catamarca), en la sierra de Chango Real; 5 579 m.

LAGUNA MADRE, laguna de México, que comunica con el golfo de este n. por la barra de Jesús María (Tamaulipas).

LAGUNILLAS, pobl. de Bolivia, cap. de la prov. de Cordillera (Santa Cruz).

LAGUNITAS, paso de los Andes, en la prov. argentina de San Juan; 4 842 m.

LAHARPE (Jean François de), crítico francés (1739-1803), autor de un *Curso de Literatura.*

LA HAYA. V. HAYA *(La).*

LAHORE, c. del Paquistán, cap. del Pendjab. Antigua residencia del Gran Mogol. Mausoleos.

LAGERKVIST

LAGERLÖFF

Fot. Giraudon, Larousse, Stenders

G. LA MADRID

LA MAR

LAHTI, c. meridional de Finlandia; muebles.
LAÍN ENTRALGO (Pedro), médico y escritor español, n. en 1908, autor de *Las generaciones en la Historia* y *España como problema*, etc.
LAÍNEZ (Diego), compañero de San Ignacio y segundo general de los Jesuitas (1512-1565). Asistió al Concilio de Trento.
LAING (Alejandro GORDON), explorador británico (1793-1826). Reconoció las fuentes del Níger.
LAJA (La), río de México (Guanajuato), afl. del Lerma; 181 km. — Com. y dep. de Chile (Bío-Bío). — Pobl. de la Argentina (San Juan).
LAJAS (Las), río de Panamá, que des. en el Pacífico. — Pobl. de Panamá (Chiriquí).
LAKE SUCCES, suburbio de Nueva York, sede de la O. N. U. de 1946 a 1951.
LA LANDE (Michel-Richard de). V. DELALANDE.
LALÍN, v. de España (Pontevedra).
LALO (Eduardo), compositor francés (1823-1892), autor de *Namouna* y *Sinfonía Española.*
LAM (Wilfredo), pintor cubano, n. en 1902, de tendencia surrealista.
LA MADRID (Gregorio ARAOZ DE), general argentino (1795-1857), que se distinguió en las guerras de la Independencia y luchó en Caseros contra Rosas (1852).
LAMADRID (Bárbara), famosa actriz española, intérprete habitual de José Zorrilla (1812-1893). — Su hermana, TEODORA (1821-1896), también actriz notable.
LA MAR (José de), general y político ecuatoriano, n. en Cuenca (1776-1830), pres. de la primera Junta Gubernativa peruana (1822-1823) y pres. de la Rep. del Perú de 1827 a 1829. Se destacó en Junín y Ayacucho, sostuvo la guerra con Colombia y, vencido en 1829, fue derribado por Gamarra y desterrado.
LAMARCK (Juan Bautista DE MONET, *caballero de*), naturalista francés (1744-1829). Fue el padre del transformismo, y propuso una teoría explicativa de la evolución, defendida luego por Darwin.
LA MÁRMORA (Alfonso Ferrero de), general y político italiano (1804-1878).
LAMARTINE [*-tin*] (Alfonso de), poeta francés, n. en Mâcon (1790-1869), gran figura del romanticismo, autor de *Meditaciones* (1820), *Armonías* (1830), *Jocelyn* (1836), etc. Se le deben también relatos en prosa *(Graziella)*, que no llegan a la altura de su obra poética, y escritos políticos e históricos.
LAMAS, c. del Perú, cap. de la prov. del mismo n. (San Martín).
LAMAS (Andrés), historiador y político uruguayo (1817-1891), varias veces ministro.
LAMAS (Diego), general uruguayo (1858-1898) que, refugiado en la Argentina, intervino en las luchas intestinas de este país.
LAMAS (José Ángel), compositor venezolano (1775-1814), autor de música religiosa.
LAMATEPEC. V. SANTA ANA.
LAMB (Carlos), ensayista inglés (1775-1834), conocido, sobre todo, por sus *Cuentos inspirados en Shakespeare.*
LAMBARÉ, c. del Paraguay, distr. de Asunción. (Hab. *lambareños.*)
LAMBARENÉ, c. de Gabón; centro hospitalario, fundado por el doctor A. Schweitzer.
LAMBARI, mun. del Brasil (Minas Gerais).

Fot. doc. A. G. P., Giraudon, Larousse, Neurdein

LAMBAYEQUE, c. del Perú, cap. de la prov. del mismo n., en el dep. homónimo; centro agrícola y comercial. En sus cercanías, ruinas de la época incaica. — Dep. del Perú; cap. *Chiclayo.* Su economía es esencialmente agrícola; primer productor de arroz y segundo de caña de azúcar. (Hab. *lambayecanos.*)
LAMBERT (Juan Enrique), físico y matemático francés (1728-1777), autor de *Cartas cosmológicas.*
LAMEC, n. de dos patriarcas, de los que uno fue padre de Noé. *(Biblia.)*
LAMEGO, v. de Portugal (Viseo), donde se reunieron en 1144 las primeras Cortes portuguesas. Catedral (s. XII-XVIII).
LA MENNAIS o **LAMENNAIS** (Felicité Robert de), filósofo y sacerdote francés (1782-1854). Fue primero apologista del principio teocrático y después apóstol de las doctrinas revolucionarias y defensor del liberalismo católico. Autor de *Ensayo sobre la indiferencia en materia de religión* y *Palabras de un creyente.* Rompió con la Iglesia y el catolicismo, y fue condenado por el Papa.
LAMIA, c. de Tesalia, que dio su nombre a la *guerra Lamiaca,* que estalló entre Grecia y Macedonia, después de la muerte de Alejandro.
LAMPA, c. del Perú, cap. de la prov. del mismo n. (Puno).
LAMPEDUSA, isla italiana del Mediterráneo, entre Malta y Túnez. Pesca.
LAMPILLAS (Francisco Javier), erudido jesuita español (1731-1810), que vivió en Italia.
LAMUD, c. del Perú, cap. de la prov. de Luya (Amazonas).
LAMURAGLIA (Nicolás), compositor argentino, n. en 1896, autor del poema sinfónico *El jardinero.*
LANARK, condado en el centro de Escocia, en el valle del río Clyde. Cap. *Lanark;* c. pr. *Glasgow.*
LANCASHIRE o **LANCASTER,** condado de Inglaterra; cap. *Preston;* c. pr. *Manchester, Liverpool.* Gran región de industria textil.
LANCASTER, c. de Inglaterra, en el condado de Lancashire.
LANCASTER, dinastía inglesa descendiente de Eduardo III, rival de la Casa de York en la guerra de las Dos Rosas. A esta familia pertenecieron los reyes Enrique IV, Enrique V y Enrique VI.
LANCELOTE o **LANZAROTE,** uno de los caballeros de la *Tabla Redonda,* que fue criado en el fondo de un lago por el hada Viviana. Se enamoró de Ginebra, esposa del rey Arturo, y sus hazañas han servido de tema a varias novelas de caballerías.
LANCO, com. de Chile (Valdivia).
LANCHEU, c. de China, cap. de Kansu, a orillas del Hoangho. Refinerías de petróleo.
LANDA (Diego de), religioso e historiador español (1524-1579), obispo del Yucatán y autor de *Relación de las cosas del Yucatán.*
LANDAS (Las), región y dep. de Francia entre los Pirineos y La Gironda; cap. *Mont-de-Marsan.*
LANDAU, c. de Alemania occidental (Renania-Palatinado); textiles. Ciudad imperial desde el s. XIII, pasó a Baviera en 1815.
LANDÍVAR (Rafael), poeta y jesuita guatemalteco (1731-1793), autor de un admirable poema latino: *Rusticatio mexicana,* que describe las costumbres del campo.
LANDOR (Walter Savage), poeta inglés (1775-1864), autor clásico en medio de la época romántica.
LAND'S END, cabo en el extremo SO. de Inglaterra (Cornualles).
LANDSHUT, c. de Alemania occidental (Baviera), a orillas del Isar. Monumentos antiguos.
LANDSTEINER (Carlos), biólogo austriaco (1868-1943), conocido por sus estudios de las transfusiones sanguíneas. (Pr. Nóbel, 1930.)
LANG (Fritz), director de cine austriaco, naturalizado norteamericano, n. en 1890.
LANGE (Norah), poetisa ultraísta y novelista argentina, n. en 1906, autora de *La calle de la tarde* (poesías) y *Los dos retratos* (novela).
LANGEVIN (Pablo), físico francés (1872-1946), que estudió la relatividad y el magnetismo.

LA MENNAIS

LAMARCK

LAÍNEZ

LAMARTINE

LAPLACE

LA ROCHEFOUCAULD

LAROUSSE

LARRA

LANGMUIR (Irving), ingeniero, químico y físico norteamericano (1881-1957), que descubrió el hidrógeno atómico. (Pr. Nóbel, 1922.)
LANGREO (Sama de), v. de España (Oviedo); importante centro minero (hulla).
LANGUEDOC, prov. de la ant. Francia, al S. de la Guyena y al N. del Rosellón; cap. *Toulouse.*
LANÍN, parque nacional de la Argentina (Neuquen), en el que se encuentran varios lagos, entre otros el Lacar, el Lolog y el Huechulafquen. — Volcán de los Andes, entre la prov. argentina de Neuquen y la chilena de Cautín; 3 800 m.
LANJARÓN, v. de España (Granada). Balneario de aguas minerales.
LANNES [*lan*] (Juan), duque de Montebello, mariscal de Francia (1769-1809), que se apoderó de Zaragoza en 1809.
LANNOY (Carlos de), general español de una familia de Flandes y virrey de Nápoles (¿1487?-1527). Venció a Francisco I en Pavía y recibió la espada del rey (1525).
LANSING, c. de los Estados Unidos, cap. del Estado de Michigan.
LANÚS, suburbio de Buenos Aires.
LANUSSE (Alejandro Agustín), militar argentino, n. en 1918, pres. de la Rep. en 1971.
LANUZA (Juan de), justicia mayor de Aragón (¿1564?-1591), defensor de Antonio Pérez contra Felipe II y la Inquisición. M. decapitado.
LANZA (José Miguel), general boliviano de la independencia, m. en 1828.
LANZA (Juan Bautista AMORÓS, llamado **Silverio**), ensayista y novelista español (1856-1912), de inspiración pesimista. Fue uno de los precursores de la Generación del 98.
LANZAROTE. V. LANCELOTE.
LANZAROTE, isla del archipiélago canario, la más próxima a España. Cap. *Arrecife.*
Lanzas (*Cuadro de* **Las**). V. RENDICIÓN DE BREDA.
LAOAG, cap. de la prov. de Ilocos Norte en Luzón (Filipinas). Arroz, caña de azúcar, añil.
LAOCOONTE, hijo de Príamo y Hécuba, sacerdote de Apolo en Troya, ahogado con sus hijos por dos serpientes monstruosas. (*Mit.*)
LAODICEA, c. de Asia Menor (Frigia), cerca de la actual **Denizli**. — C. de la costa de Siria, hoy **Lattaquié.**
LAOMEDONTE, rey de Troya, padre de Príamo.
LAON [*lan*], c. de Francia, cap. del dep. del Aisne; catedral (s. XII-XIII).
LAOS, reino de Indochina. Sup. 236 800 km²; 2 000 000 de h. (*laosianos*); cap. *Vientiane,* 80 000 h.; c. pr. *Luang Prabang,* 15 000 h. Protectorado de Francia desde 1893, autónomo en 1949, Laos es independiente desde 1953. (V. Mapa de Indochina.)
LAO-TSE, filósofo chino (hacia 600 a. de J. C.), cuya doctrina es de inspiración moral.
LA PALICE (Jacques DE CHABANNES, *señor de*), gentilhombre francés (1470-1525), que se batió heroicamente y murió en la batalla de Pavía. La deformación de unos versos dedicados a él, ha dado origen a la expresión francesa "*une vérité de La Palice*", que equivale a una perogrullada.
LA PAZ. V. PAZ (*La*).
LA PEROUSE [*-rus*] (Juan Francisco de), célebre navegante francés (1741-1788). Pereció a manos de los indígenas de la isla de Vanikoro.
LAPESA (Rafael), filólogo español n. en 1908, autor de una *Historia de la lengua española.*
LAPITAS, pueblo mitológico de Tesalia. Hábiles domadores de caballos, lucharon contra los centauros en la boda de Piritoo.
LAPLACE (Pedro Simón, *marqués de*), matemático y astrónomo francés (1749-1827), autor de numerosos estudios sobre los movimientos de la Luna, Júpiter y Saturno, inventor del sistema cosmológico que lleva su nombre.
LAPONIA, la región más septentrional de Europa, que comprende parte de Noruega, Suecia, Finlandia y la U. R. S. S.
LAPRIDA (Francisco Narciso de), político argentino (1780-1829), pres. del Congreso de Tucumán, que declaró la independencia de las Provincias Unidas del Río de la Plata (1816).
LA PUERTA (Luis), general y político peruano (1811-1885), pres. interino de la Rep. en 1879. Derribado poco después por Piérola.
LAQUEDIVAS, grupo de islas del mar de Omán, que forman un territorio de la India.
LARA, Estado del NO. de Venezuela; cap. *Barquisimeto;* su economía es agropecuaria; principal cultivo, el maíz. (Hab. *larenses.*)
LARA (Agustín), músico mexicano, n. en 1900, autor de canciones que han alcanzado gran popularidad (*María Bonita, Madrid,* etc.).
LARA (Domingo Antonio de), prócer salvadoreño de la independencia centroamericana.
LARA (Jacinto), general venezolano (1778-1859), prócer de la independencia de su país.
LARA (Jesús), poeta indigenista y novelista boliviano, n. en 1898.
LARA (*Los siete infantes de*), n. de los siete hijos del personaje español Gonzalo Bustos (s. X), quienes, al intentar liberar a su padre, fueron muertos a traición por su tío Ruy Velázquez.
LARACHE, c. y puerto de Marruecos en el Atlántico (prov. de Tánger).
LARA-FALCÓN, formación montañosa del NO. de Venezuela.
LARA ZAMORA (Salvador), político costarricense (1839-1912), pres. interino en 1881.
LARBAUD [*-bó*] (Valery), escritor francés (1881-1957), autor de *Fermina Márquez* y *Diario de A. O. Barnabooth.*
LARDIZÁBAL (José de), general español de la guerra de la Independencia (1780-1815).
LARDIZÁBAL Y URIBE (Manuel de), escritor y jurisconsulto mexicano (1739-1820), que vivió en España. — Su hermano MIGUEL (1744-1820) residió también en España y desempeñó diversos cargos políticos.
LARECAJA, prov. de Bolivia (La Paz), cap. *Sorata.*
LAREDO, v. de España (Santander); puerto de pesca; playas; conservas.
LAREDO BRU (Federico), jurista y político cubano (1875-1946), pres. de la Rep. de 1936 a 1940.
LARES, c. de Puerto Rico (Aguadilla); café.
LARGO CABALLERO (Francisco), político español (1869-1946), pres. del Gobierno en 1936.
LARISSA, c. de Grecia (Tesalia). Arzobispado ortodoxo. Tomada por los cruzados en 1205.
LARISTÁN, región montañosa del Irán.
LARNACAS, c. y puerto del E. de Chipre.
LA ROCHEFOUCAULD [*-rochfucó*] (François, *duque de*), escritor moralista francés (1613-1680), que ha dejado el fruto de su intensa experiencia humana en una colección de *Máximas.*
LAROMIGUIÈRE (Pedro), filósofo francés (1756-1837), uno de los fundadores del eclecticismo.
LAROUSSE [*-rus*] (Pierre), lexicógrafo francés (1817-1875), autor de obras pedagógicas y de un monumental *Diccionario Universal del siglo XIX* en 17 volúmenes (1866-1876).
LARRA (Mariano José de), escritor español, n. en Madrid (1809-1837), que se dio a conocer bajo los seudónimos de **El pobrecito hablador** y **Fígaro** en una abundante colección de *Artículos de costumbres,* aguda sátira del modo de vivir de su tiempo. Publicó también un drama romántico, *Macías* (1834), cuyo héroe es el mismo personaje de una larga novela histórica: *El doncel de Don Enrique el Doliente* (1834), donde se manifiesta la influencia de Walter Scott y Víctor Hugo. Unos amores imposibles fueron la causa de su suicidio. — Su hijo LUIS MARIANO (1830-1901) fue autor de dramas (*La oración de la tarde*), comedias (*El amor y el interés*), novelas (*La gota de tinta*) y libretos de zarzuelas (*El barberillo de Lavapiés,* con música de Barbieri).
LARRAMENDI (P. Manuel de), erudito y filólogo español (¿1690?-1766), autor de un *Diccionario castellano, vascuence y latino* (1745).
LARRAÑAGA (Dámaso Antonio), presbítero y naturalista uruguayo (1771-1848), autor de un *Diario de Historia Natural.*
LARRAZÁBAL UGUETO (Wolfgang), militar y político venezolano, n. en 1911, pres. de la Junta de Gob. de 1958.
LARREA (Juan), político argentino (1782-1847), que fue miembro de la primera Junta Gubernativa.
LARREA (Juan), poeta español, n. en 1895, uno de los precursores del movimiento ultraísta.

Fot. Larousse, X

LARREA ALBA (Luis), general y político ecuatoriano n. en 1895, pres. provisional de la Rep. en 1931.

LARREINAGA (Miguel), político y jurisconsulto nicaragüense (1771-1845), firmante del Acta de la Independencia de Centroamérica.

LARRETA (Enrique RODRÍGUEZ), novelista argentino, n. en Buenos Aires (1875-1961), autor de *La gloria de Don Ramiro*, relato de ambiente histórico de la época de Felipe II, *Zogoibi*, *Gerardo o La torre de las Damas*, *En la Pampa*, etc. Su prosa castiza, la riqueza de su léxico y el vigor de las narraciones le han dado fama.

LARRIVA (José Joaquín de), escritor peruano (1780-1832) que participó en la lucha por la independencia de su país.

LARS (Claudia), poetisa salvadoreña, n. en 1899, autora de *Estrellas en el pozo*, *La casa de vidrio* y *Escuela de pájaros*.

LA SALLE (*San* Juan Bautista de), canónigo francés (1651-1719), fundador del instituto de los *Hermanos de la Doctrina Cristiana*.

LA SALLE (Roberto CAVELIER, *señor de*), explorador francés (1643-1687), que recorrió la Luisiana y el Misisipí.

LASCAR, cima de Chile (Antofagasta); 5 990 metros.

LASCARIS, familia bizantina de fines del s. XII que dio varios emperadores de Nicea: TEODORO I, TEODORO II, JUAN IV.

LAS CASAS (Bartolomé de). V. CASAS.

LAS CASAS ARAGORRI (Luis de). V. CASAS ARAGORRI.

LAS CASES (Manuel, *conde de*), historiador francés (1766-1842). Acompañó a Napoleón en el destierro y redactó el *Memorial de Santa Elena*.

LASCAUX, caverna prehistórica en Montignac (Dordoña). Magníficas pinturas rupestres.

LASCURÁIN (Pedro), político mexicano (1856-1952), pres. de la Rep. el 18 de febrero de 1913.

LA SERNA E HINOJOSA (José de). V. SERNA E HINOJOSA (José de La).

LAS HERAS (Juan Gregorio), general y político argentino (1780-1866), que se distinguió en las campañas de Chile y del Perú y fue gobernador de Buenos Aires de 1824 a 1826.

LASPLACES (Alberto), periodista y escritor uruguayo (1887-1950).

LASSALLE (Fernando), uno de los fundadores del socialismo alemán (1825-1864).

LASSUS (Orlando de), compositor flamenco (¿1530?-1594), autor de música sacra, madrigales, canciones, etc.

LASTARRIA (José Victorino), jurista y escritor chileno (1817-1888), defensor de las ideas liberales, autor de *Recuerdos Literarios*, etc.

LASTRA (Francisco de La), general y político chileno (1777-1852), Director supremo en 1814.

LAS VEGAS, c. de los Estados Unidos (Nevada). Casas de juego. — C. de Estados Unidos (Nuevo México). Laboratorios de investigaciones nucleares.

LAS VILLAS, prov. del centro de Cuba; cap. *Santa Clara*.

LATACUNGA, c. del Ecuador, cap. de la prov. de Cotopaxi, al pie del volcán de este n.; centro agrícola y ganadero. (Hab. *latacungueños*.)

LATCHAM (Ricardo), político, escritor y crítico chileno (1903-1965), autor de *Itinerario de la inquietud*, etc.

LA TÈNE. V. TÈNE (*La*).

LATIMER (Hugo), obispo de Worcester (¿1490?-1555), uno de los fundadores del protestantismo en Inglaterra. Murió en la hoguera.

LATINA, ant. **Littoria**, c. de Italia, en las marismas desecadas del Ponto.

LATINA (*La*). V. GALINDO (Beatriz).

LATINI (Brunetto), polígrafo y político florentino (¿1220?-1294), contemporáneo de Dante y autor de la enciclopedia *Libro del Tesoro*.

LATINO, rey legendario de los Aborígenes, pueblo del Lacio. Figura de *La Eneida*.

LATINOAMÉRICA, conjunto de países americanos de lengua y cultura española o portuguesa, por oposición a los de origen anglosajón.

Latomias, canteras de la ant. Siracusa, que sirvieron de prisión pública.

LATONA, madre de Apolo y de Diana, habidos con Júpiter; rival de Juno. (V. LETO.) [*Mit.*]

LATORRE (Lorenzo), militar y político uruguayo (1840-1916). Gobernó con autoridad de 1876 a 1879, año en que fue elegido pres. constitucional. Dimitió en 1880 y se exiló. Mantuvo el orden público, fomentó el progreso del país y protegió la enseñanza.

LATORRE (Mariano), escritor chileno (1886-1955), iniciador de la escuela criollista, autor de la novela *Zurzulita* y de cuentos (*Cuna de cóndores*, *Chilenos del mar*, etc.).

LA TOUR [*latur*] (Jorge **de**), pintor francés (1593-1652), autor de obras religiosas y costumbristas.

LA TOUR (Maurice **Quintin de**), pintor francés (1704-1788), célebre por sus retratos y pasteles (*D'Alembert*, *J. J. Rousseau*, etc.).

LATTAQUIÉ. V. LAODICEA.

LATTES (César M.), físico brasileño, n. en 1924, autor de investigaciones sobre los mesones.

LATVIA. V. LETONIA.

LATZINA (Francisco), geógrafo argentino de origen austriaco (1843-1922).

LAUD (William), arzobispo de Cantorbery (1573-1645), favorito y primer ministro del rey Carlos I. Murió en el patíbulo.

LAUE (Max von), físico alemán (1879-1960) que descubrió la difracción de los rayos X a través de los cristales. (Pr. Nóbel, 1914.)

LAUENBURGO (DUCADO DE), ant. Estado de Alemania, cerca del Schlesvig-Holstein, cuya posesión se disputaron Hannover, Dinamarca y Prusia.

LAUNCESTON, c. de Australia (Tasmania).

LAURA DE NOVES, llamada **la Hermosa Laura**, mujer célebre por su belleza (1308-1348), inmortalizada por los versos de Petrarca.

LAUREL (José P.), pres. de la Rep. Filipina durante la ocupación japonesa (1943-1944).

LAURELES, río del Uruguay, en los límites de los dep. de Tacuarembó y Rivera, afl. del Tacuarembó. — Pobl. del Paraguay (Ñeembucú).

LAURIA (Roger de). V. ROGER.

LAURIE, una de las islas del archip. de las Orcadas del Sur (Argentina).

LAUSANA, en fr. **Lausanne**, c. de Suiza, cap. del cantón de Vaud, cerca del lago Leman. Universidad. Catedral del s. XII. Industrias alimenticias; mecánica de precisión.

LAUTARO, com. y dep. de Chile (Cautín).

LAUTARO, caudillo araucano (¿1535?-1557), que venció a Valdivia en Tucapel (1554) y fue derrotado y muerto por Francisco de Villagra.

Lautaro (*Logia*), sociedad secreta fundada en Buenos Aires en 1812 para luchar por la independencia americana. Pertenecieron a ella los generales San Martín, O'Higgins, Alvear, etc.

LAUTRÉAMONT (Isidore DUCASSE, llamado **el Conde de**), escritor francés, n. en Montevideo (1846-1870), considerado como precursor del surrealismo gracias a sus *Cantos de Maldoror*.

LAVAL, c. de Francia, cap. del dep. de Mayenne. Obispado. Castillo medieval. Catedral románica y renacentista. Tejidos y metalurgia.

LAVALLE, n. de dos dep. de la Argentina (Corrientes y Mendoza).

LAVALLE (Juan), general argentino, n. en Buenos Aires (1797-1841). Combatió en Chile y Perú a las órdenes de San Martín, y se distinguió en la batalla de Ituzaingó. Mandó fusilar a Dorrego, tomó posesión del Gobierno de la Provincia de Buenos Aires en 1828 y luchó tenazmente contra Rosas, pero fue vencido por éste. — Su hijo RICARDO, diplomático, militar y político (1830-1911). — JORGE **Lavalle Cobo**, hijo del anterior, escritor argentino (1876-1959).

LAVALLEJA, ant. **Minas**, dep. del Uruguay; cap. *Minas*; ganadería; cereales. (Hab. *minuanos*.)

LAVALLEJA (Juan Antonio), general y político uruguayo, n. en Santa Lucía (Minas) [1784-1853], que se distinguió en las luchas por la independencia de su país y dirigió la audaz expedición de los *Treinta y Tres Orientales* (1825). Murió un mes después de integrar el triunvirato que asumía el Gobierno de la República.

LAVARDÉN (Manuel José de), poeta y autor dramático argentino (1754-1809), autor de *Oda al majestuoso río Paraná* y del drama *Siripo*.

LAVATER (Johann Caspar), filósofo y poeta suizo (1741-1801), inventor de la *fisiognomonía*.

LAVERAN (Alfonso), bacteriólogo francés (1845-1922), que estudió el paludismo. (Pr. Nóbel, 1907.)

LARREINAGA

LARRETA

LAVALLE

LAVALLEJA

Fot. Larousse, doc. A. G. P.

LAVOISIER

D. H. LAWRENCE

T. E. LAWRENCE

LAVERDE (Gumersindo), pensador y sociólogo español (1840-1890), que, influido por el krausismo, publicó una serie de *Ensayos críticos.*

LAVIGERIE (Carlos), cardenal francés (1825-1892), fundador de las Escuelas de Oriente y de los Padres Blancos.

LAVINIA, c. ant. de Italia, fundada por Eneas.

LAVINIA, hija de Latino y esposa de Eneas.

LAVISSE (Ernesto), historiador francés (1842-1922), director de una *Historia de Francia.*

LAVOISIER [*lavuasié*] (Antonio Lorenzo de), químico francés, n. en París (1743-1794), uno de los creadores de la química moderna, que estableció la ley de la conservación de la materia. Se le debe la nomenclatura química, el conocimiento de la composición del aire y el descubrimiento del papel del oxígeno en la respiración y en las combustiones. Fue ejecutado durante la Revolución.

LAVRAS, pobl. del Brasil (Minas Gerais).

LAW [*loo*] (Juan), financiero escocés (1671-1729), inspector general de Hacienda en Francia y creador de la Compañía de las Indias.

LAW (William), teólogo inglés (1686-1761), cuyas obras místicas tuvieron gran influencia.

LAWRENCE, c. de los Estados Unidos (Massachusetts), a orillas del río Merrimac. Tejidos.

LAWRENCE (David Herbert), escritor inglés (1885-1930), autor de novelas atrevidas (*Hijos y amantes, El amante de Lady Chatterley* y *La serpiente emplumada*).

LAWRENCE (Ernesto Orlando), físico norteamericano (1901-1958), inventor del ciclotrón. (Pr. Nóbel, 1939.)

LAWRENCE (Tomás), famoso retratista inglés (1769-1830).

LAWRENCE (Tomás Eduardo), militar y escritor inglés (1888-1935), agente británico en los países árabes del Próximo Oriente; autor de *Los Siete pilares de la Sabiduría.*

LAXNESS (Halldor Kiljan), escritor islandés n. en 1902, autor de novelas de carácter social e históricas: *Salka Valka.* (Pr. Nóbel, 1955).

LAYETANOS, habitantes de la España Tarraconense, que tenían Barcelona por capital.

Lazarillo de ciegos caminantes *(El),* por Concolorcorvo (1773), curioso itinerario de Buenos Aires a Lima. Descripción realista de costumbres.

Lazarillo de Tormes, novela picaresca española, publicada en 1554, simultáneamente en Burgos, Amberes y Alcalá, sin nombre de autor. La *Vida de Lazarillo de Tormes y de sus fortunas y adversidades* constituye una de las cumbres de la prosa clásica española. En pocos capítulos relata las vicisitudes de un joven que sirve de lazarillo a un ciego, de monaguillo a un clérigo y de paje a un escudero. Con todos sus amos, conoce Lázaro la miseria y el hambre, y de su experiencia humana, que constituye un fresco de la sociedad española de tiempos del Emperador, extraerá una amarga filosofía del vivir.

Lazaristas. V. PAÚLES.

LÁZARO *(San),* hermano de Marta y de María Magdalena, resucitado por Jesús cuatro días después de morir. Fiesta el 17 de diciembre.

LECCIÓN DE ANATOMÍA por REMBRANDT

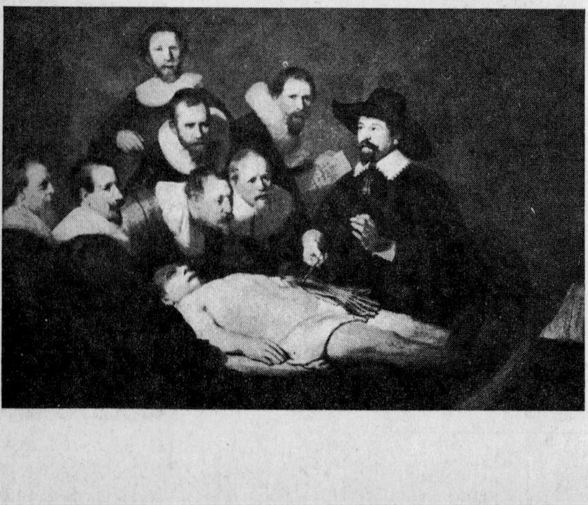

LE BRUN
LA ELEVACIÓN DE LA CRUZ, *fragmento*

LÁZARO, mendigo leproso de quien se habla en la parábola de *El rico Epulón. (Evangelio.)*

LÁZARO GALDIANO (José), editor español (1862-1948), donador de su colección de objetos de arte al Estado que ha fundado con ellos en Madrid un importante museo.

LAZO (Agustín), pintor y comediógrafo mexicano, n. en 1910, autor de *La huella.*

LAZO MARTÍ (Francisco), médico y poeta venezolano (1864-1909), autor de *Silva criolla.*

LEALES, dep. de la prov. argentina de Tucumán; cap. *Santa Rosa de Leales.*

LEANDRO, joven griego de Abidos, amante de Hero; se ahogó en el Helesponto. *(Mit.)*

LEANDRO *(San),* arzobispo de Sevilla, m. hacia 600, hermano de San Isidoro. Influyó en la conversión del rey visigodo Recaredo y en la de su pueblo, ratificada en el III Concilio de Toledo. Fiesta el 27 de febrero.

LEBLANC [*leblán*] (Nicolás), químico francés (1742-1806), inventor de la sosa artificial.

LEBON (Felipe), químico francés (1769-1804), inventor del alumbrado de gas.

LEBRIJA, c. de España (Sevilla). Patria de Antonio de Nebrija.

LEBRIJA, río de Colombia, en los dep. de Santander y Magdalena, afl. del Magdalena.

LEBRIJA (Antonio de). V. NEBRIJA.

LEBRUN (Alberto), político francés (1871-1950), pres. de la Rep. de 1932 a 1940.

LE BRUN o **LEBRUN** [*lebrán*] (Carlos), pintor francés (1619-1690), que ejerció una influencia considerable en las artes de su época. Primer pintor del rey, dirigió las obras de decoración de Versalles. Autor de la serie pictórica *Batallas de Alejandro* (Louvre).

LEBRUN (Isabel VIGÉE-). V. VIGÉE-LEBRUN.

LEBU, c. de Chile, cab. del dep. del mismo n. y cap. de la prov. de Arauco. Fundada en 1862.

LECCE, c. de Italia (Pulla); aceite; tabaco.

Lección de anatomía, cuadro de Rembrandt, conjunto de retratos de gran realismo (La Haya).

LECCO, c. de Italia (Lombardía), a orillas del *lago Lecco;* industrias.

LECLANCHÉ (Jorge), ingeniero francés (1839-1882), inventor de una pila eléctrica.

LECLERC (Carlos), general francés (1772-1802), que dirigió la expedición a Santo Domingo contra Toussaint Louverture.

LECLERC (Felipe de HAUTECLOCQUE, llamado), mariscal francés (1902-1947), que se distinguió durante la Segunda Guerra mundial.

LECOCQ (Carlos), compositor francés (1832-1918), autor de varias operetas célebres.

LECONTE DE LISLE [*-lil*] (Charles), poeta francés (1818-1894), autor de *Poemas antiguos* y *Poemas bárbaros,* de un lirismo clásico. Antirromántico, fue el jefe de la escuela parnasiana.

LECOR (Carlos Federico), general portugués (1764-1836), que luchó contra Artigas y se apoderó de Montevideo (1817).

Fot. X, Elliott y Fry, Harlingue, Giraudon, X

LE CORBUSIER (Eduardo JEANNERET-GRIS, llamado), arquitecto y urbanista suizo, naturalizado francés (1887-1965), creador de un nuevo estilo arquitectónico.
LECUONA (Ernesto), compositor cubano (1896-1963), autor de canciones que le han dado gran popularidad (*Siboney, Malagueña* y *Santo Carabalí*). Ha compuesto también una *Rapsodia Negra* para piano y orquesta.
LECZINSKY. V. LESCZINSKY.
LECH, río de Alemania (Baviera), afl. del Danubio; 265 km.
LEDA, esposa de Tíndaro, amada por Zeus, quien tomó para seducirla la forma de un cisne; madre de Cástor y Pólux, de Helena y de Clitemnestra. (*Mit.*)
LEDESMA, v. de España (Salamanca), a orillas del río Tormes; baños medicinales.
LEDESMA, pobl. de la Argentina (Jujuy).
LEDESMA (Alonso de), poeta español (1562-1632). Autor de *Conceptos espirituales.*
LEDESMA (Roberto), poeta argentino (1901-1966), autor de *La llama.*
LEDESMA RAMOS (Ramiro), escritor y político español (1905-1936), fundador de las J. O. N. S. (*Juntas de Ofensiva Nacionalsindicalista*).
LEE [*li*] (Roberto Eduardo), general norteamericano (1807-1870), jefe de los ejércitos del Sur, durante la guerra de Secesión.
LEEDS [*lids*], c. de Inglaterra (Yorkshire). Gran centro de industria textil (lana).
LEEUWARDEN [*leuarden*], c. de Holanda, cap. de Frisia. Mantequilla, quesos.
LEEWARD ISLANDS. V. SOTAVENTO.
LEGANÉS, suburbio de Madrid. Manicomio.
LEGAZPI (Miguel LÓPEZ DE), navegante español (¿1510?-1572), conquistador de Filipinas y fundador de la c. de Manila (1571).
LEGER (Fernando), pintor cubista francés (1881-1955).
Legión de Honor, orden nacional francesa instituida en 1802 por Bonaparte, para recompensar servicios militares y civiles. Cinta roja.
LEGNAGO [*leñago*], c. de Italia (Verona), a orillas del Adigio.
LEGNANO, c. de Italia (Milán). Victoria de los milaneses sobre Federico Barbarroja (1176).
LEGNICA, en alem. **Liegnitz,** c. de Polonia (Baja Silesia). Metalurgia e industria textil.
LEGUÍA (Augusto Bernardino), político peruano (1864-1932), que fue pres. de la Rep. de 1908 a 1912 y se proclamó dictador en 1919. Derrocado por Sánchez Cerro en 1930. Realizó un amplio programa de obras públicas y obtuvo de Chile la entrega de Tacna al Perú.
LEGUÍA MARTÍNEZ (Germán), jurisconsulto, escritor y político peruano (1861-1928).
LEGUIZAMÓN (Martiniano), escritor argentino (1858-1935), autor de *Montaraz,* novela regionalista, *Calandria,* drama, y otras obras de alto mérito literario e histórico.
LEHAR (Franz), compositor de operetas austrohúngaro (1870-1948), autor de *La viuda alegre, El conde de Luxemburgo,* etc.
LEIBL (Wilhelm), pintor alemán (1844-1900), uno de los jefes de la escuela realista alemana.
LEIBNIZ (Gottfried Wilhelm), filósofo y matemático alemán, n. en Leipzig (1646-1716), que descubrió al mismo tiempo que Newton el cálculo infinitesimal y construyó una máquina de multiplicar. En su *Nuevo tratado sobre el entendimiento humano,* la *Teodicea* y la *Monadología* desarrolla una filosofía idealista: según él, todos los seres están constituidos por sustancias simples (*mónadas*), entre las cuales existe una armonía preestablecida. Dios es el punto central de la armonía universal y el creador de este mundo, "el mejor de los mundos posibles".
LEICESTER, c. de Inglaterra, cap. del condado del mismo n., a orillas del Soar; industria textil y del calzado. Iglesias góticas.
LEIDEN. V. LEYDEN.
LEIGH, c. de Inglaterra (Lancaster); hulla.
LEINSTER, prov. de Irlanda; cap. *Dublín.*
LEIPZIG, c. de Alemania oriental (Sajonia); universidad célebre. Feria famosa. Industrias (maquinaria, instrumentos ópticos; electroquímica; textil). Victoria de Gustavo Adolfo contra los imperiales (1632); batalla entre los franceses y los Aliados (1813).

LE CORBUSIER
iglesia de Ronchamp

LEIRIA, c. de Portugal (Extremadura); castillo del s. XIV. Obispado.
LEITH, puerto de Edimburgo (Escocia).
LEITHA, río que dividía Austria-Hungría en países *cisleitanos* y *transleitanos;* des. en el Danubio después de un recorrido de 160 km.
LEIVA, pobl. de Colombia (Boyacá); monumentos de la época colonial; tumba de Nariño.
LEIVA (Antonio de), militar español (1480-1536), que luchó en las campañas de Italia.
LEIVA (Francisco de). V. LEYVA.
LEIVA (Juan de), gobernante español (1604-1678), virrey de la Nueva España de 1660 a 1664.
LEIVA (Ponciano), político hondureño, pres. de la Rep. de 1875 a 1876 y de 1891 a 1894.
LEIVA (Raúl), poeta guatemalteco, n. en 1916, cultivador de formas modernas y de temas indígenas (*Angustia, Oda a Guatemala*).
LE JEUNE (Claudio), compositor francés (¿1530?-1600), autor de motetes, salmos y canciones polifónicas.
LELY (*sir* Peter), retratista alemán (1618-1680), que vivió en Inglaterra.
LEMAIRE (Jacobo), navegante holandés (1585-1616), que descubrió el extremo meridional de la Tierra del Fuego.
LEMAIRE de Belges (Juan), poeta belga de lengua francesa (1473-¿1520?), precursor de la Pléyade.
LEMAITRE (Julio), dramaturgo, crítico y cuentista francés (1853-1914).
LEMAN (LAGO), lago de Europa, al N. de los Alpes de Saboya, atravesado por el Ródano. Situado a 375 m de alt., tiene 70 km de largo. Su parte meridional pertenece a Francia, y la septentrional a Suiza. Llamado tb. **de Ginebra.**
LE MANS, c. de Francia, cap. del dep. del Sarthe, a orillas del río del mismo n. Catedral del s. XII, con coro gótico (s. XIII). Circuito automovilístico. Centro industrial.
LEMBERG. V. LVOV.
LEMERCIER (Jacques), arquitecto francés (¿1585?-1654), constructor de la antigua Sorbona y de uno de los pabellones del Louvre.
LEMNOS, isla griega del mar Egeo.
LEMOS (*Conde de*). V. FERNÁNDEZ DE CASTRO.
LEMOSÍN, ant. prov. de Francia, al O. del Macizo Central. Cap. *Limoges.*
LEMPA, río de América Central, que nace en Guatemala, forma la frontera entre Honduras y El Salvador y des. en el Pacífico; 323 km.
LEMPIRA, dep. del O. de Honduras; cap. *Gracias;* prod. agrícolas; minas de ópalo. (Hab. *lempirenses.*)
LEMPIRA, cacique hondureño (1497-1537), que luchó contra los conquistadores españoles y m. asesinado por orden de Alonso de Cáceres.
LEMUS (José María), militar y político salvadoreño, n. en 1911, pres. de la Rep. de 1956 a 1960, substituido por una junta de Gobierno.
LEMUY, isla de Chile, en el archip. de Chiloé.
LENA, río de Siberia, que des. en el océano Glacial Ártico; 4 260 km.
LE NAIN [*-nán*], n. de tres hermanos, pintores franceses: ANTONIO (1588-1648), LUIS (1593-1648), autor de escenas de la vida campesina, y MATEO (1607-1677).
LENARD (Felipe), físico alemán (1862-1947), que estudió los rayos catódicos. (Pr. Nóbel, 1905.)

LEGER
MUJER CON VASO
(1927)

LEGAZPI

LEIBNIZ

Fot. Hervé, Giraudon, doc. A. G. P., Boyer

catedral de LEÓN España

LENIN

Fray Luis DE LEÓN

LENAU (Nikolaus), poeta austriaco, n. en Hungría (1802-1850), escritor atormentado y melancólico.

LENCAS, indígenas de El Salvador y Honduras.

LENCLOS (Ninon de), cortesana francesa (1620-1705), cuyo salón fue frecuentado por los librepensadores. Autora de *Cartas.*

LENIN (PICO), ant. **Kaufmann,** cima de la U. R. S. S. en el Transalai (Pamir) ; 7 128 m.

LENIN o **LENÍN** (Vladimir Ilich ULIANOF, llamado), político ruso, n. en Simbirsk (1870-1924), fundador del Estado soviético. Adversario desde su juventud del régimen zarista, hubo de expatriarse en 1907 y regresó en 1917 para ponerse al frente de la Revolución de octubre. Aniquiló a los contrarrevolucionarios, sentó las bases de una organización socialista de la economía y dio una estructura federal al antiguo Imperio de los zares, que en 1922 se llamó U.R.S.S. Teórico del marxismo, Lenin es autor de: *Materialismo y empiriocriticismo, El Socialismo y la guerra, El Imperialismo, última etapa del capitalismo* y *El Estado y la revolución.*

Lenin *(Orden de),* la más alta de las órdenes civiles y militares soviéticas, creada en 1930.

LENINAKAN, ant. **Alexandropol,** c. de la U. R. S. S., en Armenia. Textiles.

LENINGRADO, hasta 1924 **Petrogrado** y hasta 1914 **San Petersburgo,** c. y puerto de la U.R.S.S., ant. cap. de Rusia, en la desembocadura del Neva; centro industrial y cultural. La c. fue fundada por Pedro el Grande en 1703.

LENINSK-KUZNETSKI, c. de la U.R.S.S. (Rusia), en Siberia; centro minero.

LENNOX, isla del extremo meridional de América del Sur, en el canal de Beagle.

LE NÔTRE [*-notr*] (Andrés), arquitecto francés (1613-1700), creador del estilo francés de jardinería, autor de los parques de Versalles, Chantilly y Vaux-le-Vicomte.

LENS, c. de Francia (Paso de Calais) ; hulla.

LENTINI, c. de Italia, en Sicilia, cerca del lago del mismo n. Es la ant. **Leontium.**

LÉNTULO, familia romana a la que pertenecen: *Publio* LÉNTULO *Sura,* cónsul de 71 a. de J. C.; conspirador con Catilina, estrangulado en 63. — *Publio* LÉNTULO *Espintero,* cónsul en 57; partidario de Pompeyo y amigo de Cicerón.

LENZ (Heinrich), físico ruso (1804-1865); descubrió la ley de la inducción electromagnética.

LENZ (Rodolfo), filólogo alemán (1863-1938). Estudió las lenguas indígenas de Chile.

LEO o **LEÓN,** constelación boreal y signo del Zodiaco que va del 23 de julio al 25 de agosto.

LEÓN X
por RAFAEL

LEÓN XIII
por B. CONSTANT

LEÓN, ant. reino de España que perteneció primero a los reyes de Asturias y fue unido definitivamente a Castilla en 1230. Comprendía las actuales provincias de *León, Zamora y Salamanca,* y parte de las de *Palencia* y *Valladolid.* — Región de España que comprende las prov. de León, Zamora y Salamanca. — C. de España, cap. de la prov. del mismo n. (Hab. *leoneses.*) Centro comercial; ind. textiles. Obispado. Colegiata románica de San Isidoro; hermosa catedral gótica del s. XIII. Fue cap. del ant. reino leonés.

LEÓN, cima de Venezuela (Mérida), en la Sierra Nevada; 4 743 m. — Mont. de la Argentina (San Juan); 2 000 m. — C. de México (Guanajuato). Agricultura; calzado. Obispado. — C. de Nicaragua, cap. del dep. del mismo n.; centro comercial. Universidad. Obispado. Bella catedral. El dep. produce caña de azúcar, maíz y algodón. (Hab. *leoneses.*)

LEÓN (ISLA DE), pequeña isla de la provincia de Cádiz (España).

LEÓN I el Grande *(San),* papa de 440 a 461; decidió la retirada de Atila, que había llegado casi hasta las puertas de Roma. Fiesta el 11 de abril. — LEÓN II (*San*), papa de 682 a 683. — LEÓN III (*San*), papa de 795 a 816; proclamó emperador a Carlomagno en 800. — LEÓN IV (*San*), papa de 847 a 855. — LEÓN V, papa en 903. — LEÓN VI, papa de 928 a 929. — LEÓN VII, papa de 936 a 939. — LEÓN VIII, papa de 963 a 965. — LEÓN IX (*San*), papa de 1049 a 1054; durante su pontificado ocurrió la separación de la Iglesia griega. — LEÓN X (*Juan de Médicis*), papa de 1513 a 1521; admirador de las obras maestras de la Antigüedad, protegió las artes, las letras y las ciencias y mereció dar su nombre a uno de los siglos más brillantes de que hace mención la historia, pero su pontificado vio nacer el cisma de Lutero. — LEÓN XI, papa en 1605 — LEÓN XII, papa de 1823 a 1829. — LEÓN XIII, papa de 1878 a 1903. Se distinguió por su espíritu progresivo y moderno. Publicó la encíclica *Rerum Novarum* (1891), sobre las relaciones que median entre patronos y obreros.

catedral de LEÓN. Nicaragua

LEÓN I el Grande, emperador de Oriente de 457 a 474. — LEÓN II, emperador de Oriente en 474. — LEÓN III *el Isáurico,* emperador de Oriente de 717 a 741. Luchó contra el culto de las imágenes y derrotó a los árabes. — LEÓN IV, emperador de Oriente de 775 a 780. — LEÓN V *el Armenio,* emperador de Oriente de 813 a 820. — LEÓN VI *el Filósofo,* emperador de Oriente de 886 a 912.

LEÓN (Diego de), conde de Belascoain, general español (1807-1841), fusilado por conspirar contra Isabel II.

LEÓN (*Fray* Luis de), religioso y poeta ascético español, n. en Belmonte (Cuenca) [1527-1591]. Perteneciente a la Orden de San Agustín, fue catedrático de teología y exégesis bíblica en la Universidad de Salamanca; procesado por la Inquisición, se vio obligado a abandonar su cátedra durante cinco años, al cabo de los cuales se vio restablecido en ella. Acabó sus días como provincial de su Orden. Sus *Poesías* revelan el influjo de Horacio y de sus lecturas bíblicas; compuestas en su mayor parte en estrofas liras, las mejores son *A la vida retirada, Profecía del Tajo, A Salinas, A Felipe Ruiz, Noche serena, La morada del cielo, A la Ascensión del Señor,*

Fot. Arch. Phot., A. I., doc. A. G. P., Anderson-Giraudon

etc. Como prosista ha legado un tratado *De los nombres de Cristo,* compuesto en forma de diálogo platónico, y una paráfrasis bíblica acerca de *La perfecta casada.* Tradujo a Horacio y Virgilio. Sus comentarios y su versión de *El Cantar de los Cantares* fueron el motivo de su procesamiento por la Inquisición.

LEÓN (Ricardo), novelista español (1877-1943), de estilo ampuloso y rebuscado, autor de *El amor de los amores, Alcalá de los Zegríes, Casta de hidalgos, Cristo en los infiernos,* etc.

LEONA, río de la Argentina (Santa Cruz), entre el lago Viedma y el río Santa Cruz.

LEONARDO DE ARGENSOLA (Bartolomé y Lupercio). V. ARGENSOLA.

LEONCAVALLO (Ruggiero), compositor italiano (1858-1919), autor de *I pagliacci.*

LEONCITO, cerro de la Argentina (San Juan); 4 200 m.

LEÓN el Africano (Juan), geógrafo hispanoárabe (¿1483-1554?), autor de una *Descripción de África.*

LEONES, isla de la Argentina, en la costa patagónica. — Pobl. de la Argentina (Córdoba)

LEONES (ALTO DE LOS), puerto del Guadarrama (España). Túnel de 2 800 m de longitud.

LEÓN FELIPE. V. FELIPE (León).

LEÓN MARCHANTE (Manuel de), sacerdote y comediógrafo español (1631-1680).

LEÓN MERA (Juan). V. MERA (Juan León).

LEÓN PINELO (Antonio de), escritor peruano (¿1590?-1660), autor de una *Historia de la Villa Imperial de Potosí.*

LEÓN Y GAMA (Antonio de), arqueólogo, geógrafo y astrónomo mexicano (1735-1802).

LEONI (Leone), escultor, fundidor y medallista italiano (¿1509?-1590), que estuvo al servicio de Carlos V. — Su hijo POMPEYO (¿1533?-1608), autor del retablo mayor de El Escorial.

LEONI (Raúl), abogado y estadista venezolano, n. en 1905, pres. de la Rep. de 1964 a 1969.

LEÓNIDAS I, rey de Esparta de 490 a 480 a. de J. C., héroe de las Termópilas, que defendió contra los persas y donde pereció con 300 espartanos. (V. TERMÓPILAS). — LEÓNIDAS II, rey de Esparta con Agis IV de 247 a 236 a. de J. C.

LEONOR DE AQUITANIA (1122-1204), reina de Francia y de Inglaterra por sus matrimonios con Luis VII y Enrique II, madre de Ricardo Corazón de León.

LEONOR DE ARAGÓN, reina de Castilla (1358-1382), esposa de Juan I de Castilla y madre de Enrique III y de Fernando de Antequera.

LEONOR DE AUSTRIA, hija de Felipe el Hermoso y Juana la Loca (1498-1558), reina de Portugal y de Francia por sus matrimonios con Manuel I y Francisco I.

LEONOR DE CASTILLA, reina de Aragón, m. en 1276, esposa de Jaime el Conquistador. — Reina de Navarra, esposa de Carlos III de Navarra (1350-1415).

LEONOR DE GUZMÁN. V. GUZMÁN.

LEONOR DE INGLATERRA (1158-1214), reina de Castilla, hija de Enrique II de Inglaterra y esposa de Alfonso VIII.

LEONTIUM, c. de la ant. Sicilia, hoy **Lentini.**

LEOPARDI (Giacomo), poeta italiano (1798-1837). Su vida amarga y su salud precaria hicieron de él el poeta del pesimismo, en sus admirables *Cantos.*

LEOPOLDO *(San),* margrave de Austria de 1095 a 1136. Fiesta el 16 de noviembre.

LEOPOLDO I (1640-1705), emperador germánico de 1658 a 1705. Aceptó la Paz de Nimega (1679), entró en la Liga de Augsburgo (1686) y comprometió a Alemania en la guerra de Sucesión de España. — LEOPOLDO II, n. en 1747, hermano de María Antonieta, reina de Francia, emperador germánico de 1790 a 1792.

LEOPOLDO I, príncipe de Sajonia Coburgo (1790-1865), elegido rey de los belgas en 1831; sacudió con ayuda de Francia el yugo de Holanda. — LEOPOLDO II, rey de los belgas, hijo del anterior (1835-1909), subió al trono en 1865. Creó el Estado libre del Congo en 1885, que cedió a Bélgica en 1908. — LEOPOLDO III, hijo de Alberto I, n. en 1901, rey de los belgas en 1934; abdicó en 1951.

catedral vieja de LÉRIDA

LEOPOLDO II (LAGO), lago del Congo, descubierto en 1882 por Stanley; 2 325 km².

LEOPOLDVILLE, cap. del antiguo Congo Belga, hoy **Kinshasa.**

LEOTÍQUIDES, rey de Esparta de 491 a 469, vencedor de los persas en Micala (479 a. de J. C.).

LEOVIGILDO, rey de los visigodos de España (573-586), padre de San Hermenegildo. Vencedor de los suevos y fundador de Vitoria.

LEPANTO, c. marítima de Grecia en el *estrecho de Lepanto.* Victoria naval de don Juan de Austria contra los turcos en 1571, donde quedó manco Cervantes.

LEPATERIQUE, sierra de Honduras (Francisco Morazán).

LÉPIDO (Marco Emilio), triunviro con Marco Antonio y Octavio, m. el año 13 a. de J. C.

LEPTIS MAGNA, colonia fenicia, luego romana, de África del N., al E. de Trípoli, hoy **Lebda.** Ruinas romanas.

LEQUEITIO, v. de España (Vizcaya). Pesca.

LERA (Ángel María de), novelista español, n. en 1912, autor de *Los clarines del miedo, La boda,* etc.

LERCHUNDI (*Fray* José), religioso misionero y sabio orientalista español (1836-1896).

LERDO DE TEJADA (Miguel), político mexicano (1812-1861), uno de los propulsores de la Reforma.

LERDO DE TEJADA (Sebastián), político mexicano (1827-1889), que colaboró con Juárez contra Maximiliano y le sucedió en la presidencia de 1872 a 1876. Confirmó la constitucionalidad de las leyes de la Reforma promulgadas por Juárez y fue derribado por Porfirio Díaz.

LÉRIDA, c. de España, en Cataluña, cap. de la prov. del mismo n., a orillas del río Segre, afl. del Ebro. (Hab. *leridanos.*) Catedral antigua de estilo romanicogótico; catedral nueva (s. XVIII). Importante mercado agrícola; ind. textil. Ant. plaza fuerte sitiada varias veces. La prov. es esencialmente agrícola.

LÉRIDA, v. de Colombia (Tolima).

LERMA, v. de España (Burgos). Colegiata gótica (s. XVI).

LERMA, río de México, que nace en el Est. de México, corre hacia el O. y, a la salida de la laguna de Chapala, toma el n. de **río Santiago;** 563 km. En su curso se han construido presas importantes.

LERMA (Francisco DE SANDOVAL Y ROJAS, *duque de*), político español (¿1550?-1625). Gobernó el reino de España durante veinte años como favorito o valido del monarca Felipe III.

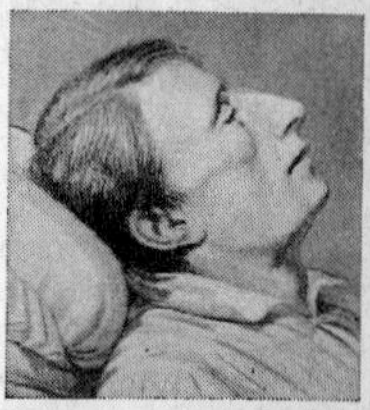

LEOPARDI en su lecho de muerte dibujo de TURCHI

LEOVIGILDO

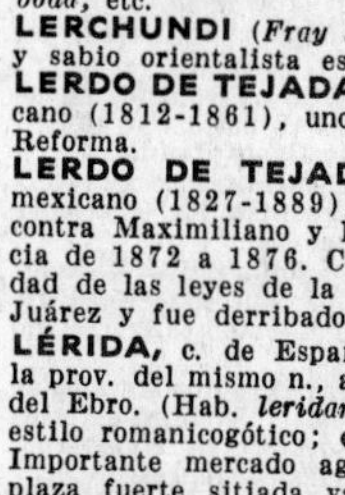

LERDO DE TEJADA

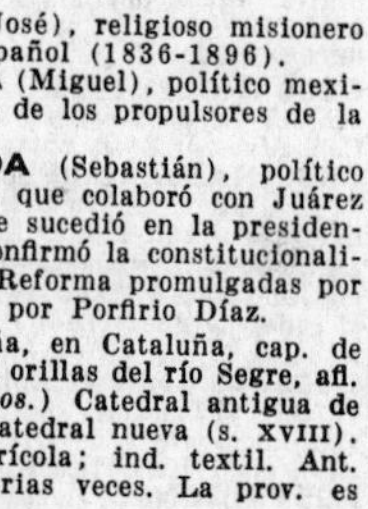

duque de LERMA

Fot. Ministerio de Información y Turismo (España), Larousse, doc. A. G. P.

LESAGE

LESSEPS

LESSING por GRAH

S. LEWIS

palacio de LETRÁN

LERMONTOV (Miguel), poeta lírico ruso (1814-1841), autor de *El Demonio* y *Un héroe de nuestro tiempo.*
LERNA, laguna de Argólida. (V. HIDRA.)
LERROUX (Alejandro), político español (1864-1949), jefe del Partido Republicano Radical. Fue varias veces ministro y después jefe del Gobierno.
LERSUNDI (Francisco de), militar y político español (1817-1874), jefe del Gob. en 1853.
LESAGE (Alain René), escritor francés, n. en Sarzeau (Morbihan) [1668-1747], que se inspiró en los relatos picarescos españoles y en la obra de Vicente Espinel, para componer su célebre novela *Gil Blas de Santillana* (1715-1735). En su cuento *El Diablo cojuelo* (1707) recordó a Vélez de Guevara; escribió también comedias satíricas, la más famosa de las cuales es *Turcaret.*
LESBOS, isla griega; hoy **Mitilene.**
LESCOT [*-có*] (Pierre), arquitecto renacentista francés (1515-1578). Trabajó en el Louvre.
LESCZINSKY, familia polaca, de la que eran miembros Estanislao, rey de Polonia, y la reina María, esposa de Luis XV de Francia.
LESLIE (John), matemático y físico escocés (1766-1832).
LESOTHO, Estado del África meridional, miembro del Commonwealth; 30 343 km²; 745 000 h. Cap. *Maseru.* Es la antigua **Basutolandia.**
LESPINASSE (Julia de), dama francesa (1732-1776), en cuyo salón se reunían los enciclopedistas. Fue amiga de D'Alembert.
LESSEPS (Fernando de), administrador y diplomático francés (1805-1894), que hizo construir el canal de Suez (1869) e intentó realizar el de Panamá.
LESSING (Gotthold Ephraim), polígrafo alemán (1729-1781), autor de dramas, del libro de estética *Laocoonte* y de *Dramaturgia de Hamburgo,* en el que critica el teatro clásico francés.
LESTRIGONES, pueblo antropófago de Sicilia, vecino de los cíclopes. *(Mit.)*
LE SUEUR (Eustaquio), pintor francés (1617-1655), autor de una serie de composiciones sobre la *Vida de San Bruno* (Louvre).
LETE o **LETEO,** uno de los ríos de los Infiernos, cuyo nombre significa *olvido.* Las sombras de los muertos bebían sus aguas para olvidar lo pasado. *(Mit.)*
LETELIER (Alfonso), compositor chileno, n. en 1912.
LETELIER (Valentín), jurista chileno (1852-1919). Autor de *La evolución de la historia.*
LETICIA, c. de Colombia, cap. de la comisaría de Amazonas; centro agrícola. (Hab. *leticianos.*)
LETO, madre de Artemisa y de Apolo, llamada **Latona** por los romanos. *(Mit.)*
LETONIA o **LATVIA,** rep. socialista soviética miembro de la U.R.S.S., en el litoral báltico; sup. 64 000 km²; 2 100 000 h. (*letones*); cap. *Riga.* Fue independiente de 1918 a 1940.
Letrán *(Palacio de),* palacio de la Roma antigua, que fue durante diez siglos residencia de los papas; la iglesia de San Juan de Letrán, que está junto al palacio, fue edificada por Constantino en 324; es una de las cinco basílicas patriarcales de Roma.
Letrán (*Tratado de*), tratado firmado en 1929 por la Santa Sede y el Gobierno italiano que creó la Ciudad del Vaticano como Estado independiente.
LÉUCADE, una de las islas Jónicas (Grecia). Había en ella una roca escarpada desde lo alto de la cual se precipitaba a los condenados a muerte. Actualmente está unida a tierra.
LEUCIPO, filósofo griego (s. v a. de J. C.) fundador de la teoría atomística.
LEUCOPETRA, campo de batalla del istmo de Corinto, donde el cónsul romano Mummio venció a la Liga Aquea (146 a. de J. C.).
LEUCTRAS, c. de la ant. Beocia, célebre por una victoria de Epaminondas y de los tebanos sobre los espartanos en 371 a. de J. C.
LEVALLOIS-PERRET, pobl. de Francia (Hauts-de-Seine), suburbio de París. Ind.
LE VAU (Luis), arquitecto francés (1612-1670), sucedió a Lemercier en la dirección de las obras del Louvre, edificó el palacio de Vaux-le-Vicomte e inició el palacio de Versalles.
LEVENE (Ricardo), historiador argentino (1885-1959), autor de *Lecciones de Historia argentina, La Revolución de Mayo* y *Mariano Moreno.*
LEVERKUSEN, c. de Alemania (Renania-Westfalia); industrias químicas, metalurgia.
LE VERRIER [*-ié*] (Urbano), astrónomo francés (1811-1877), que descubrió el planeta Neptuno mediante el cálculo.
LEVERTIN (Óscar), escritor sueco (1862-1906), autor de poesías y novelas psicológicas.
LEVÍ, tercer hijo de Jacob. Dio su nombre a una de las tribus de Israel. *(Biblia.)*
Leviatán, monstruo marino de que habla la Biblia en el *Libro de Job.*
LEVI-CIVITA (Tullio), matemático y físico italiano (1873-1941), creador del cálculo diferencial absoluto.
LEVILLIER (Roberto), historiador y diplomático argentino (1886-1969).
LEVINGSTON (Roberto Marcelo), general argentino, n. en 1920. Ocupó la pres. de la Rep. en 1970, tras el derrocamiento de Onganía, y fue depuesto en 1971 por una Junta militar.
Levítico, libro III del *Pentateuco* de Moisés que contiene los reglamentos y observaciones relativas a los sacerdotes y a los levitas.
LEVY-BRUHL (Lucien), filósofo francés (1857-1939), autor de estudios sobre la mentalidad primitiva y la moral sociológica.
LEWIS (Juan T.), fisiólogo argentino, n. en 1898, autor de estudios de endocrinología.
LEWIS (Mateo Gregorio), novelista inglés (1775-1818), autor de *Ambrosio o el Monje.*
LEWIS (Sinclair), novelista norteamericano (1885-1951), autor de *Babbitt* (1922), pintura satírica de la burguesía de su país, *Calle Mayor, Elmer Gantry* y *Dodsworth.* (Pr. Nóbel, 1930).
LEWIS CARROLL. V. CARROLL.
LEYDEN, c. de Holanda (Holanda Meridional); a orillas del Rin. Universidad célebre; bibliotecas; ricas colecciones científicas y de antigüedades; tipografía inmortalizada por los Elzevir.
Leyes (*Las*), diálogo de Platón.
Leyes *(De las),* tratado filosófico de Cicerón sobre el espíritu de las leyes romanas.
Leyes de Indias, código publicado en Madrid (1681), que recopilaba las disposiciones legales para el gobierno del Nuevo Mundo.
Leyes de Toro, conjunto de leyes aprobadas en las Cortes de Toledo en 1502, pero publicadas en las de Toro, en 1505, por la reina Doña Juana.
LEYTE, isla del archip. de las Visayas (Filipinas); cap. *Taclobán;* aceite de coco. Azufre. Fue ocupada por los japoneses en 1942, y reconquistada por los norteamericanos en 1944, tras una batalla naval en la que una parte de la armada japonesa fue aniquilada.
LEYVA (Francisco de), comediógrafo y poeta español (1630-1676), amigo de Calderón.
Lezama, parque al SE. de Buenos Aires.
LEZAMA LIMA (José), escritor cubano, n. en 1912, autor de composiciones poéticas (*Muerte de Narciso*) y de novelas (*Paradiso*).
LEZO (Blas de), célebre marino español (1687-1741), que defendió el puerto de Cartagena de Indias contra los ataques ingleses, y allí murió.
LHASSA, cap. del Tíbet, 30 000 h.; c. sagrada de los budistas, residencia del Dalai Lama.
L'HERMITE (François, llamado **Tristán**), literato francés (1601-1655), autor de tragedias novelas y poesías líricas.
L'HOSPITAL [*lopital*] (Guillermo de), matemático francés (1661-1704), que hizo estudios sobre el análisis infinitesimal y publicó un *Tratado analítico de las secciones cónicas.*

Fot. Alinari-Giraudon, Larousse, Nadar, Press Information, Bonn, Manuel

L'HOSPITAL (Miguel de), político francés (1505-1573). Empleó todos sus esfuerzos en calmar los odios religiosos de su época.
LHOTSE, pico del Himalaya; 8 545 m.
LIAKOV o **LIAKHOV** (ISLAS), archip. del océano Glacial Ártico.
LIAÑO (Teodoro Felipe de), miniaturista español (1575-1625), elogiado por Lope de Vega.
LIAONING, prov. de China del NE.; cap. *Chenyang.* Gran región industrial.
LÍBANO, Estado del Oriente Medio. Sup. 10 400 km²; 1 783 000 h. *(libaneses)*; cap. *Beirut,* 500 000 h. (con los suburbios); c. pr. *Trípoli,* 100 000 h.; *Zahle,* 33 000; *Saida* (Sidón), 40 000; *Sur* (Tiro), 12 000. Industria agrícola. Algodón; seda. — El Líbano, mandato francés desde 1918, obtuvo la independencia en 1943.
LÍBANO, montaña de Asia occidental antiguamente famosa por sus cedros magníficos; 3 083 m.
LÍBANO, c. de Colombia (Tolima); café.
LIBEREC, c. de Checoslovaquia (Bohemia); industrias textiles y mecánicas.
LIBERIA, rep. de la costa de Guinea, fundada en 1822 por negros libertados de los Estados Unidos, y dependiente de este país hasta 1847. Sup. 110 000 km²; 1 500 000 h.; cap. *Monrovia,* 81 000 h. Produce café, bananas y caña de azúcar y posee minas de hierro y de oro. El caucho es, no obstante, la primera riqueza del país.
LIBERIA, c. de Costa Rica, cap. de la prov. de Guanacaste. Llamada tb. **Ciudad Blanca.** (Hab. *liberianos.*)
LIBERIO *(San),* papa de 352 a 366.
LIBERTAD (La), dep. de El Salvador; cap. *Nueva San Salvador;* princ. productor de café del país. (Hab. *libertenenses.*) — Puerto de El Salvador, en el dep. del mismo n.; balneario. — Dep. del Perú; cap. *Trujillo.* Agricultura; minas de plata, cobre y carbón. Terremoto en 1970.
Libertad alumbrando al mundo *(La),* estatua colosal de 46 m de alto, por Bartholdi, ofrecida por Francia a los Estados Unidos y colocada como faro a la entrada del puerto de Nueva York (1886).
LIBERTADOR, ant. n. de la prov. de **Dajabón** (Rep. Dominicana), de 1936 a 1961.
LIBERTADOR (El). V. CACHI.
LIBIA, Estado de África del Norte que abarca Tripolitania, Cirenaica y Fezzán. Sup. 1 759 000 km²; 1 738 000 h.; cap. *Trípoli,* 212 600 h.; c. pr. *Bengasi,* 137 300; *Sebha* (Fort-Leclerc), 7 200. Gran parte del territorio está ocupada por el desierto del Sáhara. Petróleo. En 1912 fue colonia italiana. Reino independiente desde 1951; un golpe militar proclamó la Rep. en 1969 y dio al nuevo régimen un carácter socialista.
LIBIA (DESIERTO DE), gran desierto al NE. de África, prolongación del Sáhara.
LIBOURNE, c. de Francia (Gironda).
LIBREVILLE, cap. de Gabón, en la desembocadura del Gabón; 21 000 h. Centro comercial.
Libro de buen amor, poema del Arcipreste de Hita (1330), sátira pintoresca de la sociedad de su tiempo, escrita en estilo variado.
Libros de caballerías, relatos en prosa y en verso sobre las aventuras de los caballeros andantes. En España, el primero en aparecer cronológicamente es *El caballero Cifar* (hacia 1300), pero la obra cumbre de este género es el *Amadís de Gaula,* publicado en 1508. Los libros de caballerías alcanzaron gran proliferación durante el siglo XVI, hasta que Cervantes los ridiculizó en el *Quijote* y acabó prácticamente con ellos.
Libros sapienciales, libros bíblicos del Antiguo Testamento: *Los Proverbios, El Eclesiastés, El Cantar de los Cantares, El libro de la Sabiduría, El Eclesiástico.*
LIBURNIA, parte de la antigua Iliria, a orillas del Adriático.
LICANCÁBUR, volcán de los Andes entre Chile (Antofagasta) y Bolivia; 5 930 m.
LICANTÉN, com. de Chile (Curicó), cap. del dep. de Mataquito.
Licenciado Vidriera *(El),* una de las novelas ejemplares de Cervantes.
Liceo, nombre de un paseo de Atenas, donde daba sus lecciones Aristóteles.
Liceo (*Teatro del*), teatro de Barcelona, dedicado a la ópera, inaugurado en 1840.
LICIA, antigua región de Asia Menor limitada al S. por el Mediterráneo.
LICURGO, legislador de Esparta (s. IX a. de J. C.) cuyos viajes fuera de su patria le permitieron conocer diversos sistemas legislativos que le sirvieron de modelo.
LICURGO, orador y político ateniense (¿396?-323 a. de J. C.), aliado de Demóstenes.
LICHFIELD, c. de Inglaterra (Stafford). Obispado anglicano. Catedral.
LIDIA, ant. región del Asia Menor, a orillas del mar Egeo; cap. *Sardes.* La monarquía lidia, cuyo rey más célebre fue Creso, fue destruida por los persas. (Hab. *lidios.*)
LIDO, isla alargada, cerca de Venecia, que abriga la *rada del Lido;* estación balnearia. Palacio del festival cinematográfico de Venecia.
LIEBIG (*barón* Justus von), químico alemán (1803-1873), conocido por sus estudios de química orgánica.
LIEBKNECHT (Guillermo), político alemán (1826-1900), figura importante del Partido Socialista de su país.
LIECHTENSTEIN (PRINCIPADO DE), pequeño Estado de Europa entre el Tirol y Suiza; 157 km²; 16 000 h.; cap. *Vaduz,* 3 400 h.
LIEGNITZ. V. LEGNICA.
LIEJA, en fr. **Liège,** c. de Bélgica, cap. de la prov. de su n., a orillas del Mosa. Obispado. Universidad. Centro industrial.
LIEPAJA, ant. **Libau,** c. de la U.R.S.S. (Letonia), puerto en el Báltico; metalurgia.
Liga o **Santa Liga,** n. dado a una Confederación católica fundada en Francia por el duque de Guisa (1576) con el objeto de defender la religión católica contra los calvinistas y, al mismo tiempo, elevar a los Guisa al trono de Francia.
Liga Árabe, liga constituida en 1945 entre los Estados de Egipto, Irak, Jordania, Líbano, Arabia Saudita, Siria y Yemen.
LIGNE (Carlos José, *príncipe de*), general belga (1735-1814), al servicio de Austria. De vasta cultura, dejó escritos de gran agudeza.
LIGUA (La), com. de Chile (Aconcagua); centro ferroviario.
LIGURES, uno de los pueblos ant. que habitaron el SE. de la Galia y la Lombardía. Se cree que se establecieron también en el NE. de España.
LIGURIA, región de Italia, que linda con el golfo de Génova y comprende las prov. de Génova, Imperia, Savona y La Spezia.
LIGURIA (REPÚBLICA DE), Estado que substituyó en 1797 a la República de Génova.
LIHN (Enrique), poeta chileno, n. en 1929.
LIHUNG-CHANG, político chino (1823-1901). Reconcilió en 1900 a su país con las grandes potencias occidentales.
LIKAS. V. JADOTVILLE.
LILA, en fr. **Lille** [*lil*], c. de Francia, en Flandes. cap. del dep. del Nord. Obispado. Universidad; industria textil.
LILIENTHAL (Otto), ingeniero alemán (1848-1896), uno de los precursores de la aviación.
Liliput, país imaginario, adonde llega Gulliver en *Viajes de Gulliver,* de Swift, y cuyos habitantes no miden más de seis pulgadas de altura.
LILONG-MIEN, pintor chino (1040-1106), uno de los maestros del período Song.
LILLO (Baldomero), escritor chileno (1867-1923), autor de cuentos de intenso realismo (*Subterra, Subsole,* etc.). — Su hermano SAMUEL A., poeta chileno (1870-1958), de inspiración clásica.
LILLO (Eusebio), poeta y político chileno (1827-1910), autor del himno nacional de su país.
LILLO (Jorge), dramaturgo inglés (1693-1739), uno de los creadores del drama moral y burgués.
LILLO (Miguel), botánico argentino (1862-1931), que estudió la flora del Tucumán.
LIMA, pobl. de la Argentina (Buenos Aires). — Pobl. del Paraguay (San Pedro). — Pobl. de los Estados Unidos (Ohio). Industrias.
LIMA, cap. del dep. del mismo n. y de la República del Perú, a orillas del Rímac y no lejos de la costa. Hermosa c., una de las más prósperas de América del Sur, ha extendido notablemente su área y cuenta con 1 716 000 hab. (*limeños*). Posee dos universidades: la Católica y la de San Marcos (fundada en 1551), varios museos (Arte Colonial, Historia, Pintura) y una biblioteca excelente. Entre otros edificios merecen citarse

LIEBIG

LA LIBERTAD ALUMBRANDO AL MUNDO

Fot. Larousse, Neurdein

LIMA plaza de SAN MARTÍN

el del Palacio del Gobierno, la Casa de la Moneda, la Catedral (consagrada en 1625 y reconstruida después del terremoto de 1746). Su vida comercial está favorecida por la amplia red de comunicaciones que la unen a los puertos de El Callao y Huacho y a los pueblos de la Sierra. Aeropuerto *(Limatambo)*. Arzobispado. Fundada por Francisco Pizarro en 1535, llamóse primitivamente **Ciudad de los Reyes** y fue, hasta 1821, cap. del Virreinato.

Lima fundada, poema épico del peruano Pedro de Peralta y Barnuevo (1732).

LIMA (Santa Rosa de). V. ROSA DE LIMA.

LIMA (Jorge de), poeta y médico brasileño (1893-1953), relevante figura del Brasil contemporáneo, auténtico creador de la poesía negra en su país (*Poemas, Nuevos Poemas,* etc.).

LIMA BARRETO (Alfonso Henrique), novelista brasileño (1881-1922), que describió magistralmente la vida carioca de 1900 a 1920.

LIMACHE, com. de Chile (Valparaíso).

LIMANTOUR [*-tur*] (José Yves), político y economista mexicano (1854-1935).

LIMARÍ, río de Chile (Coquimbo); 200 km.

LIMASOL, c. y puerto del S. de Chipre.

LIMAY, río de la Argentina, que confluye con el Neuquen para formar el río Negro; 400 km.

LIMBURGO (DUCADO DE), ant. provincia de los Países Bajos, dividida hoy entre Bélgica y Holanda. — Prov. de Bélgica; cap. *Hasselt.* — Prov. de Holanda; cap. *Maestricht.*

LIMERICK, c. y puerto de la República de Irlanda (Munster), en la desembocadura del Shannon.

LIMOGES, c. de Francia, cap. del dep. del Alto Viena, a orillas del Viena; porcelanas de fama mundial. Obispado; catedral (s. XIII-XV).

LIMÓN, c. de Costa Rica, cap. de la prov. del mismo n.; princ. puerto del país en la costa atlántica. Vicariato apostólico. Llamado tb. **Puerto Limón.** Ricos bosques tropicales en la prov.; plátanos, café, cacao. Yac. de petróleo. (Hab. *limonenses.*)

LIMÓN-INDANZA, cantón del Ecuador (Morona-Santiago); cab. *General L. Plaza Gutiérrez*).

LIMPIO, barrio de Asunción, cap. del Paraguay. (Hab. *limpeños.*)

LIMPOPO, río de África austral que des. en el océano Índico; 1 600 km.

LINARES, c. de España (Jaén). Minas de plomo. Aceite, cereales. Industria.

LINARES, c. de Chile, cap. del dep. y de la prov. del mismo n.; centro comercial. Obispado. (Hab. *linarenses.*) — C. de México (Nuevo León). — Prov. de Bolivia (Potosí); cap. *Villa Talavera* o *Puna.*

LINARES (José María), político boliviano (1810-1861), pres. de la Rep. en 1857, que gobernó en forma dictatorial y fue destituido por una revolución en 1861. M. desterrado en Chile

LINCOLN

J. LINDO

LINARES ALCÁNTARA (Francisco), militar y político venezolano (1827-1878), pres. de la Rep. de 1877 a 1878.

LINARES RIVAS (Manuel), dramaturgo español (1867-1938), autor de obras de tesis, centradas sobre todo en problemas de orden jurídico, como *La garra, La mala ley, Cobardías, Primero vivir,* etc.

LINCE (El), cerro de la Argentina, en la sierra de San Luis; 1 108 km.

LINCEO, uno de los Argonautas, célebre por su vista muy aguda.

LINCOLN, c. de los Estados Unidos, cap. del Estado de Nebraska.

LINCOLN, c. de Inglaterra; cap. del condado del mismo n.; centro industrial. Catedral gótica.

LINCOLN (Abraham), político norteamericano, n. cerca de Hodgenville (Kentucky) [1809-1865], cuya elección a la presidencia por los abolicionistas en 1860 fue la señal de la guerra de Secesión. Reelegido en 1864, fue asesinado por un fanático esclavista después de la victoria del Norte.

LINDAU, c. de Alemania (Baviera), en una isla del lago de Constanza; turismo.

LINDBERGH (Carlos), aviador norteamericano, n. en 1902, quien, a bordo del monoplano *Spirit of St. Louis* realizó, en 1927, la primera travesía sin escala Nueva York-París.

LINDO (Hugo), poeta y escritor salvadoreño, n. en 1917, autor de la novela *El anzuelo de Dios.*

LINDO (Juan), político hondureño (1790-1857), pres. provisional de la Rep. de El Salvador de 1841 a 1842 y pres. de Honduras de 1847 a 1852.

Lindo Don Diego *(El),* comedia de Moreto, que representa el carácter de un petimetre vanidoso, que acaba por casarse con una criada astuta que finge ser una rica condesa.

LINDOIA, mun. del Brasil (São Paulo).

LÍNEA DE LA CONCEPCIÓN (La), c. de España (Cádiz), muy próxima a Gibraltar; centro comercial.

LING (Per Henrik), poeta sueco (1776-1839), creador también de la *gimnasia sueca.*

LINGAYEN, cap. de la prov. de Pangasinán, en la isla de Luzón (Filipinas). Obispado.

LINIERS (Santiago de), marino francés al servicio de España (1753-1810), que se destacó en la reconquista de Buenos Aires ocupada por los ingleses. Nombrado virrey del Plata en 1807, se negó a reconocer la Junta Gubernativa de 1810 y murió fusilado en Córdoba.

LINKÖPING, c. de Suecia meridional. Metalurgia. Ciudad histórica.

LINNEO (Carlos de), naturalista sueco (1707-1778), conocido, sobre todo, por sus trabajos de botánica. Autor de una clasificación de las plantas en veinticuatro clases, fundada en los caracteres sacados del número y la disposición de los estambres, y de una clasificación del reino animal.

LINO *(San),* papa de 67 a 79 o de 65 a 76. Fiesta el 23 de septiembre.

LINS DO REGO (José), novelista brasileño (1901-1957), narrador de las tareas rurales y de las costumbres del Nordeste de su país (*Fuego muerto, Os cangaceiros*).

LINZ, c. de Austria, a orillas del Danubio, cap. de la prov. de Alta Austria; industrias.

LIÑÁN Y CISNEROS (Melchor), prelado y gobernante español (1629-1708), capitán general de Nueva Granada de 1671 a 1673 y virrey del Perú de 1678 a 1681. Obispo de Charcas y Lima.

LINIERS

LINNEO

Fot. Arch. Phot., Larousse, X, doc. A. G. P.

catedral de LINCOLN

LIÑÁN DE RIAZA (Pedro), poeta español (¿1558?-1607), elogiado por Cervantes.
LIÑÁN Y VERDUGO (Antonio de), costumbrista español del s. XVII, autor de una interesante *Guía de forasteros que vienen a la Corte.*
LIÓN. V. LYON.
LIORNA, en ital. **Livorno,** c. de Italia (Toscana); puerto en el Mediterráneo. Ref. de petróleo; astilleros.
LIOTARD (Juan Esteban), pintor suizo (1702-1789), célebre por sus retratos y aguafuertes.
LIPÁ, c. de Filipinas (Luzón), en la prov. de Batangas.
LÍPARI, archipiélago volcánico italiano, al N. de Sicilia, ant. **islas Eolias;** cap. *Lípari,* en la isla del mismo n.; vinos. Piedra pómez.
LIPETSK, c. de la U. R. S. S. (Rusia); metalurgia y construcciones mecánicas.
LÍPEZ, n. de dos prov. de Bolivia (Potosí).
LI PO o **LI TAI-PO,** poeta chino (¿701?-762), cantor del vino y del amor.
LIPPE, ant. principado alemán, que hoy es parte del Estado de Rin Septentrional-Westfalia. Cap. *Detmold.*
LIPPI (*Fra* Filippo), pintor italiano, n. en Florencia (1406-1469), autor de magníficos frescos en la catedral de Prato. — Su hijo FILIPPINO (¿1457?-1504), autor de cuadros y de frescos en Roma y Florencia.
LIPPMANN (Gabriel), físico francés (1845-1921). Se le deben interesantes descubrimientos relativos a la electricidad, la fotografía de los colores, etc. (Pr. Nóbel, 1908).
LIPSIO (Justo), humanista flamenco (1547-1606), autor de múltiples tratados literarios.
LIRA (María Isabel CARVAJAL, llamada **Carmen),** escritora costarricense (1888-1949), autora de *Los cuentos de la tía Panchita,* recolección de tradiciones populares.
LIRA *(La),* constelación del hemisferio boreal.
LIRCAY, c. del Perú, cap. de la prov. de Angaraes (Huancavelica).
LIRIA, c. de España (Valencia), llamada ant. **Edeta.**
LIRQUÉN, distr. de Chile (Concepción); carbón.
LISANDRO, general espartano que derrotó a los atenienses en Egospótamos, muerto en 395.
LISBOA, cap. de Portugal (Extremadura), en el estuario del Tajo (Mar de Paja); 818 400 h. *(lisboetas, lisboenses* o *lisbonenses).* Gran puerto, arsenal y astilleros; bibliotecas, museos, numerosos palacios e iglesias; industria y comercio muy activos. Lisboa fue destruida por un terremoto en 1755.
LISBOA (Antonio Francisco de), llamado el **Aleijadinho** (1730-1814), escultor y arquitecto brasileño.
LISIAS, orador ateniense (¿440-380? a. de J. C.), adversario encarnizado de los Treinta Tiranos, notable por la sencillez de sus discursos.
LISIEUX, c. de Francia (Calvados). Monumentos ant. Centro de peregrinación (Sta. Teresita).
LISÍMACO, capitán de Alejandro Magno, que fue rey de Tracia y luego de Macedonia; m. en 281 a. de J. C.
LISIPO, escultor griego, n. en Sicione (s. IV a. de J. C.), creador de un tipo, o *canon,* más esbelto, como el *Apoxiomenos.* Esculpió estatuas de Alejandro Magno.
Lisístrata, comedia satírica de Aristófanes en favor de la paz (411 a. de J. C.).
LISLIQUE, v. de El Salvador (La Unión).
LIST (Federico), economista alemán (1789-1846), precursor de la unión aduanera.
LIST ARZUBIDE (Germán), poeta y dramaturgo mexicano, n. en 1898.
LISTA Y ARAGÓN (Alberto), poeta y pedagogo español (1775-1848), que merece ser recordado por sus composiciones *La cabaña, A la muerte de Jesús* e *Himno del desgraciado.*
LISTER (José), cirujano inglés (1827-1912), vulgarizador de la antisepsia.
LISZT (Franz), compositor y pianista húngaro, n. en Doborjan (1811-1886), artista fogoso y virtuoso incomparable, creador del poema sinfónico. Se le deben sinfonías *(Fausto),* obras religiosas y piezas para piano *(Rapsodias húngaras).*
LI TAI-PO. V. LI PO.
Litoral *(Universidad del),* universidad de la Argentina, cuyas facultades residen en Santa Fe, Rosario y Corrientes.
LITTLE ROCK, c. de los Estados Unidos, cap. de Arkansas. Bauxita.
LITTORIA. V. LATINA.
LITTRÉ (Emilio), erudito, filólogo y filósofo positivista francés (1801-1881), autor de un notabilísimo *Diccionario de la lengua francesa.*
LITUANIA, república socialista soviética de Europa oriental, a orillas del mar Báltico; 65 000 km²; 2 713 000 h. *(lituanos);* cap. *Vilna* (235 000 h.). País esencialmente agrícola. Gran Ducado independiente en otro tiempo, Lituania formó después parte de Polonia. Reunida a Rusia, fue proclamada república independiente en 1918 y es actualmente miembro de la U. R. S. S.
LIUBLIANA, c. de Yugoslavia, cap. de Eslovenia; metalurgia e industria textil. Universidad. Monumentos antiguos.
LIUVA I, rey de los visigodos (567-572). Residió casi siempre en las Galias. — LIUVA II, rey de los visigodos, hijo de Recaredo I (601-603).
LIVADIA, ant. **Lebadea,** c. de Grecia (Beocia).
LIVERPOOL [*-pul*], c. de Inglaterra, condado de Lancashire, en el estero del Mersey; segundo puerto comercial del país. Gran centro industrial (metalurgia, construcciones mecánicas, astilleros, industrias químicas, productos alimenticios).

LISZT en 1832
por DEVERIA

LIPPI
detalle de LA APARICIÓN DE LA VIRGEN A SAN BERNARDO
Florencia

LISBOA
plaza del Imperio
y convento
de los Jerónimos

Fot. Oficina de turismo inglés, Larousse, Alinari-Giraudon, doc. Casa de Portugal (París)

LIVINGSTONE

LOCKE

LOMBROSO

LIVIA, esposa de Augusto, madre de Tiberio y de Druso (¿55? a. de J. C.-29 d. de J. C.).
LIVINGSTON, puerto de Guatemala (Izabal).
LIVINGSTONE [*-ton*] (David), misionero y viajero escocés (1813-1873), explorador de África central y austral.
LIVONIA, ant. prov. báltica de Rusia; cap. *Riga;* hoy dividida entre Letonia y Estonia.
LIVORNO. V. Liorna.
LIVRAMENTO, pobl. del Brasil (Rio Grande do Sul); centro frutero; frigoríficos.
LIZANA (Francisco Javier de), prelado español (1750-1811), arzobispo de México y virrey de Nueva España de 1809 a 1810.
LIZARDI (José Joaquín Fernández de), V. Fernández de Lizardi.
LIZÁRRAGA (*Fray* Reginaldo de), cronista peruano (¿1539?-1609), autor de *Descripción y población de las Indias.*
LIZASO (Félix), crítico cubano, n. en 1891, autor de *Panorama de la cultura cubana.*
LOA, río de Chile (Antofagasta); 362 km.
LOA (El), dep. de Chile (Antofagasta).
LOAISA (Jerónimo de), obispo de Lima (1541), defensor de los indios. Convocó dos concilios. M. en 1575.
LOAIZA, prov. de Bolivia (La Paz); cap. *Luribay.*
LOANDA. V. Luanda.
LOARRE, v. de España (Huesca). Castillo-monasterio románico.
LOBATERA, mun. de Venezuela (Táchira).
LOBEIRA (Vasco de), escritor portugués (¿1350?-1404), a quien se suponía autor del *Amadís de Gaula.*
LOBERÍA, partido de la prov. de Buenos Aires (Argentina).
LOBITO, c. y puerto de Angola. Exportación del cobre de Katanga.
LOBITOS, puerto del Perú, al N. de Paita, cerca de Talara (Piura); explotación de petróleo.
LOB-NOR, lago de Asia central, en China (Sinkiang); 2 000 km².
LOBO (Eugenio Gerardo), poeta español (1679-1750), perteneciente a la escuela neoclásica.
LOBO LASO DE LA VEGA (Gabriel), escritor español (1559-¿1610?)
LOBOS, cerro de México (Guerrero); 2 000 m. — Isla de México (Veracruz). — Isla del Uruguay (Maldonado).
LOBOS DE AFUERA, isla guanera del Perú (Lambayeque).
LOBOS DE TIERRA, isla guanera del Perú (Piura).
LOCARNO, v. de Suiza (Tesino), a orillas del lago Mayor. Estación climática. Pacto firmado en 1925 para el mantenimiento de la paz.
LOCKE (John), filósofo inglés (1632-1704), autor del *Ensayo sobre el entendimiento humano.* Rechazaba las ideas innatas para basar el origen del conocimiento en la experiencia y en la sensación ayudadas por la reflexión.
LOCLE (Le), c. de Suiza (Neuchâtel).
LÓCRIDA, región de la Grecia antigua, a orillas del mar Egeo y del golfo de Corinto.
LOCUSTA, envenenadora romana al servicio de Agripina contra Claudio, y de Nerón contra Británico. Le hizo dar muerte Galba en 68.
LOCHNER (Esteban), pintor alemán (¿1405 ó 1415?-1451), autor del *Tríptico de los Reyes Magos,* en la catedral de Colonia.
LODI, c. de Italia (Milán), a orillas del Adda. Centro agrícola e industrial.
LODZ, c. de Polonia, al SO. de Varsovia; importante industria algodonera.
LOECHES, v. de España (Madrid). Aguas medicinales.
LOEWI o **LÖWI** (Otto), farmacólogo austriaco (1873-1961). [Pr. Nóbel, 1936.]
LOFODEN o **LOFOTEN,** archipiélago de Noruega, donde se encuentra el torbellino del Malström. Importantes pesquerías.
LOFRASO (Antonio de), novelista español (¿1530?-1595), autor de la novela pastoril *Los diez libros de fortuna de amor* (1573).
LOGÁN (Monte), punto culminante del Canadá (Yukon), en la frontera de Alaska; 6 050 m.
Lógica u **Órganon,** obra de Aristóteles, que llevó la lógica casi hasta la perfección (s. IV a. de J. C.). Estrictamente interpretada, ha tenido la autoridad de un dogma en la Edad Media. Fue atacada por Tomás Reid.
Lógica, obra de Hegel (1812-1816), que, a pesar de su título, es más bien una obra puramente metafísica que de lógica.
Lógica deductiva e inductiva *(Sistema de),* por Stuart Mill (1843); exposición de los principios de la prueba y de los métodos de investigación científica.
LOGROÑO, c. de España, cap. de la prov. del mismo n., a orillas del Ebro; centro comercial de los vinos de La Rioja y de la prod. agrícola de la región.
Lohengrin, héroe de una leyenda germánica atribuida a Wolfram de Eschenbach (s. XIII). — Ópera de Wagner (1850).
LOIR, río de Francia, afl. del Sarthe; 311 km.
LOIRA, el río más largo de Francia; pasa por Orleáns, Tours, y Nantes, y desemboca en el Atlántico; 1 012 km. En el valle del Loira existen numerosos castillos de los s. XV y XVI.
LOIRA, dep. de Fracia; cap. *Saint-Etienne.*
LOIRA (Alto), dep. de Francia; cap. *Le Puy.*
LOIRA ATLÁNTICO, dep. de Francia; cap. *Nantes.* Vinos blancos afamados.
LOIRET [*luaré*], dep. de Francia; cap. *Orleáns.*
LOIR-ET-CHER, dep. de Francia; cap. *Blois.*
LOJA, c. de España (Granada), a orillas del Genil, tomada en 1486 por los Reyes Católicos.
LOJA, c. del Ecuador, cap. de la prov. del mismo n., en el S. del país; centro minero. Obispado. La prov. prod. café, caña de azúcar, cereales; quina; yac. de oro y cobre. (Hab. *lojeños.*)
LOKMAN, rey legendario de Arabia, a quien se atribuyen unas *Fábulas,* imitadas de Esopo.
Lolardos, miembros de una asociación herética, conocida en Holanda desde el s. XIV, dedicados a cuidar enfermos.
LOLOTIQUE, pobl. de El Salvador (San Miguel).
LOLLAND. V. Laaland.
LOMA DE CABRERA, com. de la Rep. Dominicana (Dajabón).
LOMA REDONDA, cima de la Rep. Dominicana, en la Cord. Central (La Vega); 2 293 m.
LOMA TINA, cima de la Rep. Dominicana, en la Cord. Central (La Vega); 2 816 m. Llamada tb. **Alto de la Bandera.**
LOMA VIEJA, cima de la Rep. Dominicana, en la Cord. Central; 2 082 m.
LOMAS DE ZAMORA, pobl. de la Argentina (Buenos Aires); cab. de partido. Industrias.
LOMAS VALENTINAS, lugar del Paraguay (Central), donde se opuso la última resistencia a las tropas de la Triple Alianza (1868).
Lombarda *(Liga),* constituida en 1167 por las ciudades güelfas de Bérgamo, Cremona, etc., con el apoyo del papa Alejandro III, para combatir las pretensiones de Federico I Barbarroja.
LOMBARDÍA, región del N. de Italia, al pie de los Alpes; cap. *Milán.*
LOMBARDINI (Manuel María), general mexicano, pres. interino de la Rep. en 1835.
LOMBARDOS, pueblo germánico establecido entre el Elba y el Oder, que invadió Italia en el s. VI y fundó un poderoso imperio.
LOMBOK (Estrecho de), estrecho que comunica el Océano Índico con el mar de Java.
LOMBOK, isla del archip. de la Sonda (República de Indonesia), entre Bali y Sumbaya; 5 435 km².
LOMBOY (Reinaldo), novelista chileno, n. en 1910, autor de *Ranquil,* relato de las tierras australes.
LOMBROSO (Cesare), médico y criminalista italiano (1835-1909), autor de la teoría que considera al criminal como un enfermo.
LOMÉ, cap. de la Rep. de Togo, puerto en el golfo de Guinea; 65 000 h. Arzobispado.
LOMONOSOV (Mijail Vasilievich), humanista ruso (1711-1765), de gran erudición. Fue poeta, físico, historiador, filólogo.
LOMOTA (La), cima de la Rep. Dominicana, en la Cord. Septentrional; 1 160 m.
LONARDI (Eduardo A.), general argentino (1896-1956), jefe de la revolución de septiembre de 1955 que derribó a Perón. Pres. de la Rep. hasta el 13 de noviembre del mismo año.
LONCOCHE, com. de Chile (Cautín).

Fot. Larousse, Boyer

LONCOMILLA, dep. de Chile (Linares).
LONDON, c. del Canadá (Ontario). Industrias.
LONDON (Jack), novelista norteamericano (1876-1916), autor de relatos de aventuras (*La llamada de la selva, Colmillo blanco*).
LONDONDERRY, c. y puerto de Irlanda del N. (Ulster), a orillas del Foyle, cap. de condado.
LONDOÑO (Víctor Manuel), diplomático y poeta parnasiano colombiano (1876-1936).
LONDRES, en inglés **London,** cap. de Inglaterra, a orillas del Támesis, 5 000 000 h. (*londinenses*); industrias numerosas y activas. Hermosos palacios (Saint James, Buckingham); importantes museos (British Museum, National Gallery). El puerto, que se extiende hasta la desembocadura del Támesis, es uno de los mayores del mundo. Centro económico, financiero e intelectual. Sede de numerosas conferencias internacionales. El Gran Londres cuenta 8 210 000 h.
Londres *(Torre de)*, fortaleza de Londres, en el extremo de la *City*, edificada por los normandos. Sirvió de prisión de Estado.
LONGAVÍ, volcán de Chile (Linares); 3 230 m. — Com. de Chile (Linares).
LONG BEACH, c. y puerto de los Estados Unidos (California). Centro industrial y de turismo.
LONGFELLOW (Henry Wadsworth), poeta norteamericano (1807-1882), autor de poemas (*Evangelina*) de inspiración romántica. Destacado traductor de poemas españoles, singularmente de las *Coplas* de Jorge Manrique.
LONGHI (Pedro FALCA, llamado), pintor y grabador italiano (1702-1785), que reflejó en su obra la vida veneciana del s. XVIII.
LONGINO, retórico griego (¿213?-273), ministro de Zenobia, reina de Palmira, a quien se atribuyó erróneamente el tratado *De lo sublime.*
LONG ISLAND, isla de la costa atlántica de los Estados Unidos, que encierra la mayor parte de la ciudad de Nueva York.
LONGO, novelista griego del s. III o IV, autor de la célebre novela pastoril *Dafnis y Cloe.*
LÖNNROT (Elías), poeta finlandés de expresión finesa (1802-1884), autor de *Kalevala,* recopilación de cantos populares (1835-1849).
LONQUIMAY, com. y volcán de Chile (Malleco), en la frontera argentina; 2 822 m.
LONS-LE-SAULNIER [*lonlesonié*], c. de Francia, cap. del dep. de Jura.
LONTUÉ, dep. de Chile (Talca).
LOPE DE RUEDA. V. RUEDA.
LOPE DE STÚÑIGA. V. STÚÑIGA. (*Cancionero de*).
LOPE DE VEGA, V. VEGA Y CARPIO.
LOPERA, c. de España (Jaén). Agricultura.
LOPES (Bernardino da COSTA), poeta brasileño (1859-1916), de tendencia parnasiana.
LOPES (Fernando), cronista portugués (¿1380-1460?), autor de relatos de los reinados de Juan I, Pedro I y Fernando I de Portugal.
LÓPEZ (CABO), cabo de África (Gabón).
LÓPEZ (Cándido), pintor y militar argentino (1839-1903). Describió en sus cuadros la Guerra del Paraguay.
LÓPEZ (Carlos Antonio), político paraguayo (1792-1862), cónsul, con Mariano Roque Alonso, de 1841 a 1844 y tres veces pres. de la Rep. de 1844 a 1862. Promulgó la Constitución de 1844. — Su hijo FRANCISCO SOLANO (1827-1870), fue pres. de 1862 a 1869, sostuvo la desastrosa guerra de la Triple Alianza (1864-1870) y murió en su última batalla (Cerro Corá).

C. A. LÓPEZ

SOLANO LÓPEZ

J. LONDON

LONGFELLOW

A. LÓPEZ DE AYALA

LÓPEZ (Estanislao), caudillo argentino (1786-1838), que fue gobernador de Santa Fe y luchó por la causa federal, primeramente aliado de Francisco Ramírez y luego de Rosas.
LÓPEZ (Ismael), poeta parnasiano colombiano (1880-1962), autor de *Elegías caucanas.* Utilizó el seudónimo de **Cornelio Hispano.**
LÓPEZ (Joaquín María), abogado y político español (1798-1855), jefe del Gob. en 1843.
LÓPEZ (José Hilario), general y político colombiano (1798-1869), pres. de la Rep. de 1849 a 1853. Abolió la esclavitud.
LÓPEZ (Lucio Vicente), escritor argentino, n. en Montevideo (1848-1894), hijo de Vicente Fidel, que describió las costumbres bonaerenses en *La gran aldea.*
LÓPEZ (Luis Carlos), poeta colombiano (1883-1950), de original humorismo.
LÓPEZ (Narciso), general español, n. en Venezuela (1798-1851), defensor de la emancipación de Cuba antes de la guerra del 68. Organizó cuatro expediciones libertadoras en 1848, 1849, 1850 y 1851. Hecho prisionero en la última, fue ejecutado por los españoles.

N. LÓPEZ

LÓPEZ (Tomás), geógrafo español (1730-1802).
LÓPEZ (Vicente), pintor español (1772-1850), autor de un retrato de Goya.
LÓPEZ (Vicente Fidel), historiador y político argentino (1815-1903), que fue desterrado por su oposición a Rosas. Fundó con Mitre, Lamas y Gutiérrez la escuela histórica argentina. Escribió una popular *Historia de la República Argentina,* estudios históricos como *La gran semana de 1810, Las razas arias en el Perú, El conflicto y la entrevista de Guayaquil,* y novelas históricas, como *La novia del hereje, La loca de la Guardia,* etc.
LÓPEZ ALARCÓN (Enrique), periodista y poeta modernista español (1891-1948).
LÓPEZ ALBÚJAR (Enrique), escritor peruano, n. en 1872, autor de *Matalaché* y *Cuentos andinos.*

V. F. LÓPEZ

LÓPEZ ARELLANO (Osvaldo), aviador y político hondureño, n. en 1921, jefe de la Junta Militar en 1963 y pres. de la Rep. en 1965.
LÓPEZ BUCHARDO (Carlos), compositor argentino (1881-1948), que cultivó temas folklóricos y escribió comedias líricas y una ópera.
LÓPEZ CONTRERAS (Eleazar), general y político venezolano, n. en 1883, pres. de la Rep. de 1935 a 1941.
LÓPEZ DE AYALA (Adelardo), dramaturgo español (1828-1879), autor de obras en verso de gran elevación moral y perfección de estilo (*Un hombre de Estado, El tejado de vidrio, Consuelo*). Ocupó varios cargos políticos.
LÓPEZ DE AYALA (*Canciller* Pero), escritor español n. en Vitoria (1332-1407), autor de las crónicas de los reinados de Pedro I, Enrique II, Juan I y Enrique III, la primera de las cuales constituye un feroz alegato contra el monarca castellano, a quien contribuyó a presentar ante la posteridad con el sobrenombre de *Cruel.* Escribío como poeta la última obra importante del mester de clerecía: *Rimado de Palacio.*
LÓPEZ DE FILIPIS. V. MARISCAL ESTIGARRIBIA.
LÓPEZ DE GOMARA (Francisco), cronista español (¿1512-1572?), secretario de Hernán

P. LÓPEZ DE AYALA

Fot. Larousse, U. S. I. S., Larousse, doc. A. G. P.

LÓPEZ VELARDE

LÓPEZ Y PLANES

LORENZETTI
LA PAZ, *detalle*
Palacio Municipal
de Siena

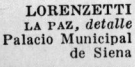

Cortés y autor de una *Historia de las Indias y conquista de México,* apología del Conquistador, y de una *Crónica de la Nueva España* (1553).

LÓPEZ DE HOYOS (Juan), sacerdote y humanista español (¿1511?-1583), célebre, sobre todo, por haber sido el maestro de Cervantes.

LÓPEZ DE JEREZ (Francisco). V. JEREZ.

LÓPEZ DE LA ROMAÑA (Eduardo), político peruano (1847-1912), pres. de la Rep. de 1899 a 1903.

LÓPEZ DE LEGAZPI (Miguel). V. LEGAZPI.

LÓPEZ DE MENDOZA (Íñigo). V. SANTILLANA (Marqués de).

LÓPEZ DE MESA (Luis), ensayista colombiano (1884-1967), autor de *El libro de los apólogos* y *La civilización contemporánea.*

LÓPEZ DE PALACIOS RUBIOS (Juan), jurisconsulto español (¿1450?-1525).

LÓPEZ DE SANTA ANNA (Antonio). V. SANTA ANNA (Antonio López de).

LÓPEZ DE ÚBEDA (Francisco), médico y escritor toledano de fines del s. XVII, que aparece como autor de *La pícara Justina* (1605), sin que la paternidad de la obra esté comprobada.

LÓPEZ DE VILLALOBOS (Francisco), médico y poeta satírico español (1469-1549).

LÓPEZ DE VILLALOBOS (Ruy), navegante español, m. en 1546, que visitó el archipiélago filipino (1543) y bautizó la isla de Leyte con el nombre de *Filipina* en honor de Felipe II.

LÓPEZ DE ZÁRATE (Francisco), poeta español (1580-1659), autor del poema épico en veintidós cantos *La invención de la Cruz.*

LÓPEZ DE ZÚÑIGA (Diego), virrey del Perú de 1561 a 1564.

LÓPEZ DOMÍNGUEZ (José), general y político liberal español (1829-1911), jefe del Gob. en 1906.

LÓPEZ GARCÍA (Bernardo), poeta español (1840-1870), autor de las décimas *Al Dos de Mayo.*

LÓPEZ GÓMEZ (Adel), escritor colombiano, n. en 1901, autor de *Por los caminos de la Tierra* y *Cuentos de amor.*

LÓPEZ GUTIÉRREZ (Rafael), general y político hondureño (1854-1924), pres. de la Rep. en 1919; una guerra civil le obligó a renunciar a su cargo en 1924.

LÓPEZ IBOR (Juan José), psiquiatra español, n. en 1906, autor de *El español y su complejo de inferioridad.*

LÓPEZ JORDÁN (Ricardo), militar argentino (1822-1889), jefe de los revolucionarios entrerrianos que asesinaron a Urquiza.

LÓPEZ MATEOS (Adolfo), político mexicano (1910-1969), pres. de la Rep. de 1958 a 1964.

LÓPEZ MEZQUITA (José María), pintor español (1883-1954), notable retratista.

LÓPEZ NAGUIL (Gregorio), pintor argentino (1894-1953).

LÓPEZ PINCIANO (Alonso), médico y humanista español (¿1547-1627?), autor de una *Filosofía antigua poética.*

LÓPEZ PINILLOS (José), periodista y dramaturgo español, más conocido por el seudónimo de **Parmeno** (1875-1922), autor de *Embrujamiento* y *Esclavitud.*

LÓPEZ PORTILLO Y ROJAS (José), escritor mexicano (1850-1923), autor de *Cuentos completos, Fuertes y débiles* y *La parcela.*

LÓPEZ PUMAREJO (Alfonso), político colombiano (1886-1959), pres. de la Rep. de 1934 a 1938 y de 1942 a 1945. Introdujo la reforma tributaria (1935) y fundó la Ciudad Universitaria de Bogotá.

LÓPEZ RAYÓN (Ignacio). V. RAYÓN.

LÓPEZ RUBIO (José), dramaturgo español, n. en 1903, autor de las comedias *Celos del aire, Alberto* y *La casa de naipes.*

LÓPEZ SILVA (José), sainetero español (1860-1925), autor de *La Revoltosa* (escrita en colaboración con Fernández Shaw) y *El barquillero* (en colaboración con José Jackson).

LÓPEZ SOLER (Ramón), novelista romántico español (1806-1836), que publicó una serie de relatos históricos (*Los bandos de Castilla*).

LÓPEZ VELARDE (Ramón), poeta mexicano (1888-1921), que cantó a su tierra en *La sangre devota, El son del corazón, La suave Patria.*

LÓPEZ Y FUENTES (Gregorio), escritor mexicano (1895-1966), autor de novelas de tema indigenista, en torno a la Revolución: *Campamento, Tierra, Mi general, El indio, Huasteca* y *Arrieros.* Publicó también poemas.

LÓPEZ Y LÓPEZ (Antonio), marqués de Comillas, industrial y político español (1817-1883), fundador de la Compañía Transatlántica Española.

LÓPEZ Y PLANES (Vicente), político y poeta argentino (1785-1856), autor de la letra del himno nacional. Fue pres. interino de la Rep. (1827) y gobernador de Buenos Aires (1852).

LORA (La), comarca del N. de España (Burgos). Explotación petrolífera.

LORA DEL RÍO, v. de España (Sevilla), centro minero (grafito, plomo, cobre).

LORCA, c. de España (Murcia), a orillas del Guadalentín. Vinos, aceite.

LORELEI, roca a orillas del Rin con la que se relaciona la historia de una sirena misteriosa que hechizaba a los navegantes y hacía naufragar los barcos. Heine ha popularizado esta leyenda.

LORENA, prov. de la antigua Francia, en el E. del país; cap. *Nancy.* Reunida con Francia en 1766, una parte fue cedida a Alemania en 1871 y recobrada en 1918. Ocupada de nuevo en 1940, fue liberada en 1944.

LORENA (CASA DE), familia que poseía Lorena desde la Edad Media, y a la que pertenecía la última familia reinante de Austria.

LORENÉS (Claudio GELLÉE, llamado **el**), pintor francés (1600-1682), uno de los paisajistas más ilustres de su país.

LORENTZ (Hendrick Antoon), físico holandés (1853-1928), que estableció la teoría electrónica de la materia. (Pr. Nóbel, 1902.)

LORENZETTI (Pedro), pintor italiano (¿1280?-1348), autor de magníficos frescos. — Su hermano AMBROSIO, m. en 1348, conocido por sus madonas y frescos.

LORENZINI (Carlos), escritor italiano, que utilizó el seudónimo de **Carlos Collodi** (1826-1890). Autor del célebre personaje *Pinocho.*

LORENZO (*San*), diácono, martirizado en Roma en 258 por orden del emperador Valeriano. En recuerdo de su tortura, Felipe II hizo dar al monasterio de El Escorial la forma de la parrilla en que el santo fue quemado. Fiesta el 10 de agosto.

LORENZO MARQUÉS. V. LOURENÇO MARQUES.

LORETO, c. de Italia (Ancona); célebre lugar de peregrinación.

LORETO, dep. del Perú; cap. *Iquitos;* import. prod. de caucho. — Prov. del Perú, en el dep. del mismo n.; cap. *Nauta.* (Hab. *loretanos.*) — Pobl. de Bolivia, cap. de la prov. de Marbán (Beni). — Pobl. de la Argentina (Corrientes). — Pobl. de la Argentina (Santiago del Estero); cab. de dep. — Pobl. del Paraguay (Concepción); llamada ant. **Capilla Zarza.**

LORIENT, c. y puerto de Francia (Morbihan).

LORO, cerro de Colombia, en la Cord. Occidental; 2 900 m.

LORRIS (Guillermo **de**). V. GUILLERMO DE LORRIS.

LOS ÁLAMOS, c. de los Estados Unidos (Nuevo México); centro de investigaciones atómicas.

LOS ÁNGELES. V. ÁNGELES (*Los*).

LOSADA (Diego de), conquistador español (¿1511?-1569), fundador de Caracas en 1567.

LOSSADA (Jesús Enrique), escritor venezolano, n. en 1895, creador de un tipo de narración utópica (*La máquina de la felicidad*).

Los de abajo, novela del mexicano Mariano Azuela en la que analiza los personajes de la revolución de su país (1916).

LOT, río del SO. de Francia; 480 km. — Dep. de Francia; cap. *Cahors.*

LOT, sobrino de Abrahán, padre de Moab y Amón y de los moabitas. Su mujer fue convertida en estatua de sal por mirar hacia atrás, a pesar de la prohibición que le habían hecho los ángeles, cuando abandonaba Sodoma. (*Biblia.*)

Fot. Larousse, doc. A. G. P., Anderson - Giraudon

LOTA, com. de Chile (Concepción); centro minero (hulla) y puerto activo.
LOTARIO, n. de varios reyes francos y emperadores alemanes, en la Edad Media.
LOT-ET-GARONNE, dep. del SO. de Francia; cap. *Agen.*
LOTI (Julien VIAUD, llamado **Pierre**), novelista francés (1850-1923). Marino de profesión, nos ha dejado en sus relatos la descripción de paisajes exóticos (*Madame Crisantemo, El pescador de Islandia* y *La novela de un espahí*). Autor tb. de *Ramuntcho,* novela sobre el país vasco francés.
LOTÓFAGOS, tribus del África antigua que se alimentaban con los frutos del loto.
LÖTSCHBERG, vía férrea en el valle del Ródano que atraviesa la parte central del Oberland por un túnel de 14 611 m.
LOTTI (Antonio), compositor veneciano (¿1667?-1740), autor de hermosas composiciones vocales, religiosas o profanas.
LOTZE (Rudolf Hermann), filósofo y fisiólogo alemán (1817-1881), uno de los fundadores de la psicofisiología.
LOUBET (Emilio), político francés (1838-1929), pres. de la Rep. de 1899 a 1906.
LOUISVILLE, c. de los Estados Unidos (Kentucky); centro comercial e industrial.
LOURDES [*lurd*], c. de Francia (Altos Pirineos); centro de peregrinaciones; dos basílicas consagradas a la Virgen, una de ellas subterránea.
LOURENÇO MARQUES, c. del territorio portugués de Mozambique; puerto construido en 1876, cerca de la bahía de Delagoa.
LOUVERTURE (TOUSSAINT, llamado), político y general haitiano, n. en Santo Domingo (1743-1803), que fue el caudillo de los insurrectos de raza negra en Santo Domingo. Hecho prisionero fue trasladado a Francia, donde murió.
LOUVOIS (Michel LE TELLIER, *marqués de*), político francés (1641-1691), ministro de Luis XIV. Reorganizó el ejército.
Louvre [*luvr*], antiguo palacio real de París, comenzado en 1204, en el reinado de Felipe Augusto, y continuado por otros monarcas franceses hasta su terminación en tiempos de Napoleón III. Actualmente es un rico museo de arte.
LOUŸS (Pierre), escritor francés, n. en Gante (1870-1925), autor de *Las canciones de Bilitis, Afrodita* y *La mujer y el pelele.*
LOVAINA, c. de Bélgica (Brabante), a orillas del Dyle. Industria cervecera; construcciones mecánicas. Antigua universidad.
LOVEIRA-CHIRINO (Carlos), novelista cubano (1882-1928), cultivador del naturalismo de tendencia social: *Los inmorales, Los ciegos,* etc.
Lovelace, personaje de *Clarisa Harlowe,* novela de Richardson, seductor cínico y sin escrúpulos.
LOWELL, c. de los Estados Unidos (Massachusetts), a orillas del Merrimac.
LOWLANDS (*"Tierras Bajas"*), región del centro de Escocia.
LOYNAZ (Dulce María), poetisa y novelista cubana, n. en 1903, autora de *Eternidad.*
LOYOLA, pobl. de España (Guipúzcoa), cerca de Azpeitia. Patria de San Ignacio.
LOYOLA (Ignacio de). V. IGNACIO.
LOZANO (Abigaíl), poeta romántico venezolano (1821-1866), autor de *Horas de martirio.*
LOZANO (Cristóbal), cronista y sacerdote español (1609-1667) de asombrosa fecundidad.
LOZANO (Jorge Tadeo), naturalista, médico y patriota colombiano, n. en 1771, fusilado en 1816.

LOTI

LOUVERTURE

EL LOUVRE
la Columnata

LOZANO (Pedro), jesuita español (1697-1752), historiador del Río de la Plata y Tucumán.
LOZANO DÍAZ (Julio), político hondureño (1885-1957), pres. de la Rep. de 1954 a 1956.
LOZÈRE, dep. de Francia; cap. *Mende.*
LOZOYA, río de España, afluente del Jarama, que abastece de agua a Madrid.
LUACES (Joaquín Lorenzo), poeta y autor dramático cubano (1826-1867), autor de odas (*La caída de Misolonghi*) y dramas (*El mendigo rojo*).
LUALABA. V. CONGO.
LUANCO, v. española (Oviedo). Balneario.
LUANDA, ant. **Loanda** o **San Pablo de Loanda,** cap. de Angola, en el Atlántico; 189 600 h. Centro administrativo y comercial.
LUANG PRABANG, c. del Laos, a orillas del Alto Mekong, residencia del rey. Ant. cap. del *Reino de Luang Prabang,* que forma parte del Laos desde 1946.
LUARCA, v. de España (Oviedo); puerto pesquero; balneario.
LUBBOCK, c. de los Estados Unidos (Texas).
LÜBECK, c. de Alemania (Schlesvig-Holstein), a orillas del Trave, cerca del Báltico, puerto; centro comercial e industrial. La *Liga Hanseática* fue fundada en esta ciudad.
LUBLÍN, c. de Polonia, al SO. de Varsovia Construcciones mecánicas; textiles.
LUBUMBASHI, ant. **Elisabethville,** c. de la Rep. Democrática del Congo (Katanga). Minería.
LUCA, en ital. **Lucca,** c. de Italia (Toscana), cap. de prov. Catedral románica. Aceite.
LUCA (Esteban de), poeta argentino (1786-1824), autor de *Oda a la victoria de Chacabuco.*
LUCA DE TENA (Juan Ignacio), periodista y comediógrafo español, n. en 1897, autor de *¿Quién soy yo?, Espuma del mar, De lo pintado a lo vivo, El huésped del Sevillano,* etc.
LUCA DE TENA (Torcuato, *marqués de*), periodista español (1865-1929), fundador de la revista *Blanco y Negro* y del diario *ABC.*
LUCANAS, prov. del Perú (Ayacucho); cap. *Puquio.*
LUCANIA. V. BASILICATA.
LUCANO (Marco Anneo), poeta hispanolatino, n. en Córdoba (39-65), sobrino de Séneca el Filósofo. Tomó parte en una conjuración contra Nerón y, al ser descubierta, se suicidó. Autor de la epopeya *Farsalia.*
LUCAS (*San*), uno de los cuatro evangelistas, n. en Antioquía, m. hacia 70. Autor del tercer *Evangelio* y de los *Hechos de los Apóstoles.* Fiesta el 18 de octubre.
LUCAS de Leyden, pintor y grabador holandés, n. en Leyden (1489 ó 1494-1533), autor de composiciones históricas, alegóricas o satíricas.
LUCAYAS (ISLAS). V. BAHAMAS.
LUCENA, c. de España (Córdoba). Aceite.
LUCENA, c. de Filipinas, en el S. de la isla de Luzón, cap. de la prov. de Quezón. Obispado.
LUCENA (Juan), escritor ascético español, m. en 1506, autor de un *Tratado de vida beata.*
LUCEÑO (Tomás), sainetero español (1844-1931), autor de obras costumbristas.
LUCERNA, c. de Suiza, cap. del cantón del mismo nombre, a orillas del *lago de Lucerna* o de los *Cuatro Cantones.* Centro turístico.
LUCERNA (LAGO DE). V. CUATRO CANTONES.
LUCÍA (*Santa*), virgen y mártir en 304, patrona de los ciegos y de las modistillas. Fiesta el 13 de diciembre.

LUACES

LOURDES
la Basílica

Fot. Delphin, doc. A. G. P., Biblioteca Nacional de La Habana, Phénix, Neurdein

LUGONES

LUIS IX
arte francés
s. XIV

LUIS XIII
por Ph. DE CHAMPAIGNE
museo del Louvre

LUIS XIV
por COYSEVOX
museo Carnavalet
(París)

LUCIANO *(San)*, sacerdote griego, n. en Samosata, hacia 235, mártir en Antioquía en 312. Fiesta el 7 de enero.

LUCIANO BONAPARTE. V. BONAPARTE.

LUCIANO de Samosata, escritor griego (125-¿192?), autor de sátiras, libelos, etc. (*Diálogos de los muertos, Diálogos de los dioses*).

LUCIFER, jefe de los ángeles rebeldes.

LUCILIO (Cayo), poeta satírico latino (¿180?-102 a. de J. C.).

LUCIO I *(San)*, papa de 253 a 254. — LUCIO II, papa de 1144 a 1145.— LUCIO III, papa de 1181 a 1185.

LUCIO (Rafael), médico mexicano (1819-1886), autor de estudios sobre la lepra.

LUCKNOW, c. de la India, cap. de Uttar Pradesh. Fundiciones, textiles, productos químicos. Obispado. Universidad.

LUCRECIA, dama romana que se suicidó después de haber sido ultrajada por un hijo de Tarquino el Soberbio, lo que ocasionó el establecimiento de la república en Roma (510 a. de J. C.).

LUCRECIA BORGIA. V. BORGIA.

LUCRECIO (Tito Caro), poeta latino (¿98?-55 a. de J. C.) autor del poema filosófico *De la naturaleza de las cosas*, exposición didactica y lírica del sistema de Epicuro.

LÚCULO, general romano (¿109-57? a. de J. C.), que luchó contra Mitrídates y luego llevó una vida suntuosa.

LUCHANA, puente cerca de Bilbao, célebre por la victoria de Espartero, en 1836, que hizo levantar a los carlistas el sitio de Bilbao.

LUCHON. V. BAGNÈRES-DE-LUCHON.

LUDENDORFF (Erich von), general alemán (1865-1937), que se distinguió durante la Primera Guerra mundial.

LUDHIANA, c. de la India (Pendjab). Centro de industrias textiles. Metalurgia.

LUDOVICO PÍO. V. LUIS I (Francia).

LUDWIG (Emil), escritor alemán (1881-1948), autor de biografías históricas: *Lincoln, Goethe, Napoleón, Bismark, Rembrandt*, etc.

LUDWIGSBURGO o **LUISBURGO,** c. de Alemania (Baden-Wurtemberg), a orillas del Neckar.

LUDWIGSHAFEN AM RHEIN, c. de Alemania (Renania-Palatinado). Industria química.

LUGANO, c. de Suiza (Tesino), a orillas del *lago de Lugano* (48 km²). Estación climática. Sede episcopal.

LUGANSK. V. VOROCHILOVGRADO.

LUGO, c. de España, cap. de la prov. del mismo n.; centro comercial. (Hab. *lucenses.*) Obispado. Antiguas murallas de la época romana; catedral del s. XII. En la prov., prod. agrícolas y ganado; aguas minerales; minas de hierro.

LUGO (Alonso Luis de), gobernante español del s. XVI. Fue Adelantado del Nuevo Reino de Granada (1542) y fundó las ciudades de Mompós y Tocaima.

LUGO (Américo), escritor dominicano (1870-1952), autor de poemas en prosa y de estudios de interés nacional o jurídicos.

LUGONES (Leopoldo), escritor argentino, n. en Río Seco (Córdoba) [1874-1938], principal representante del modernismo en su país. Sus composiciones poéticas, de ritmo musical, revelan gran dominio del lenguaje y contienen metáforas delicadas (*Himno a la Luna, Odas seculares, Las montañas de oro, Lunario sentimental, El libro fiel, Las horas doradas, Romancero, Poemas solariegos*, etc.). Escribió también libros en prosa: *La guerra gaucha, Las fuerzas extrañas* y *El ángel de la sombra.*

LUINI (Bernardino), pintor de la escuela milanesa (¿1480?-1532), discípulo de Vinci. Se distinguió sobre todo en la pintura al fresco.

LUIS I, rey de España, hijo de Felipe V (1707-1724). Subió al trono en 1724 después de la abdicación de su padre, pero murió de viruelas el mismo año y volvió su padre al trono.

LUIS I el Grande, rey de Hungría (1342-1382), y de Polonia (1370-1382). — LUIS II, rey de Hungría y de Bohemia de 1516 a 1526.

LUIS I (1838-1889), rey de Portugal en 1861.

LUIS I, emperador de Occidente de 814 a 840, el mismo que Ludovico Pío. — LUIS II *el Joven*, emperador de 855 a 875. — LUIS III *el Ciego*, emperador de 901 a 905. — LUIS IV de Baviera (1287-1347), emperador germánico (1314-1347); hizo adoptar la *Pragmática sanción.*

LUIS I, llamado **Ludovico Pío,** hijo de Carlomagno, emperador de Occidente y rey de los francos de 814 a 840. — LUIS II, rey de Francia de 877 a 879. — LUIS III, rey de Francia de 879 a 882. — LUIS IV, rey de Francia de 936 a 954. — LUIS V, rey de Francia de 986 a 987, fue el último rey de la dinastía carolingia. — LUIS VI (¿1081?-1137), rey de Francia de 1108 a 1137. — LUIS VII, rey de Francia de 1137 a 1180. — LUIS VIII, rey de Francia de 1223 a 1226. — LUIS IX o **San Luis** (1214-1270), hijo del anterior y de Blanca de Castilla, rey de Francia de 1226 a 1270. Gobernó bajo la regencia de su madre hasta 1236. Tomó parte en las dos últimas Cruzadas (1248-1254 y 1270), y murió de la peste en Túnez. Fiesta el 25 de agosto. — LUIS X, rey de Navarra (Luis I) de 1305 a 1316 y de Francia de 1314 a 1316. — LUIS XI (1423-1483), rey de Francia de 1461 a 1483, uno de los fundadores de la unidad nacional. — LUIS XII (1462-1515), rey de Francia de 1498 a 1515, sobresalió por su excelente administración. — LUIS XIII (1601-1643), hijo de Enrique IV y María de Médicis, rey de Francia de 1610 a 1643. De escasa voluntad, su mayor mérito consistió en comprender y seguir los consejos de su ministro, el cardenal de Richelieu. — LUIS XIV (1638-1715), **el Rey Sol,** hijo del anterior y de Ana de Austria, rey de Francia de 1643 a 1715. Inició su reinado bajo la regencia de su madre, cuyo primer ministro Mazarino firmó las paces de Westfalia (1648) y de los Pirineos (1659). Por esta última se concertó el matrimonio del joven monarca con la infanta María Teresa de España. Muerto Mazarino (1661), comenzó el mandato personal del rey, que supo rodearse de excelentes colaboradores como Colbert, Vauban y Louvois, reformadores de la economía y el ejército. Emprendió una serie de guerras en el exterior, que a la larga acabaron por enemistarlo con casi todas las potencias europeas y agotaron el país. Preocupado por la unidad religiosa, no vaciló en emplear la violencia contra los protestantes y jansenistas. Intervino en la guerra de Sucesión de España, en favor de su nieto Felipe de Anjou, quien finalmente se instaló en el trono español. El centralismo a que sometió el país y su excesivo culto de la persona real, hacen de este monarca la expresión más acabada del absolutismo. Su reinado, largo y glorioso para Francia, coincidió con el máximo esplendor de las letras y las artes francesas, por lo cual se ha llamado a este período *Siglo de Luis XIV*. — LUIS XV (1710-1774), bisnieto del anterior, rey de Francia de 1715 a 1774. Gobernó primeramente bajo la regencia de Felipe de Orleáns, y Francia intervino en las guerras de Sucesión de Polonia y Austria. En la guerra de los Siete Años (1756-1763), contra Inglaterra y Prusia, tuvo que entregar las posesiones de la India, Canadá y Luisiana. El primer ministro Choiseul consiguió reunir las cuatro ramas borbónicas reinantes en el llamado *Pacto de Familia* (1761). La influencia preponderante de las favoritas reales y la política interior del monarca, a veces contradictoria, contribuyeron a favorecer la acción de los filósofos enciclopedistas, que prepararon así el camino para la Revolución. — LUIS XVI (1754-1793), nieto del anterior, subió al trono en 1774. Acogido con gran entusiasmo por la nación, no tardó en hacerse impopular por su debilidad y por la influencia

LUIS XV
por VANLOO
museo de Dresde

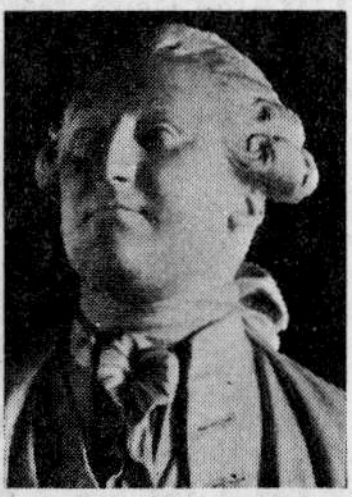

LUIS XVI
por HOUDON

Fot. Arch. Gral. de la Nación (Argentina), Giraudon, Larousse

de sus ministros y de su esposa María Antonieta de Austria. Dada la situación económica desfavorable, convocó los Estados Generales en 1789. Las vacilaciones del monarca, su intento de fuga y sus negociaciones con el extranjero fueron causa de su caída. Encerrado en la prisión del Temple, fue juzgado por la Convención, condenado a muerte y ejecutado el 21 de enero de 1793. — LUIS XVII (1785-1795), segundo hijo de Luis XVI y María Antonieta, murió en la prisión del Temple a los diez años de edad. — LUIS XVIII (1755-1824), nieto de Luis XV y hermano de Luis XVI, rey de Francia de 1814 a 1824. Sus medidas reaccionarias le hicieron impopular. En 1823 envió una expedición a España, al mando del duque de Angulema, para restablecer el poder absoluto de Fernando VII.

LUIS CALVO, prov. de Bolivia (Chuquisaca); cap. *Villa Vaca Guzmán.*

LUIS FELIPE I (1773-1850), hijo de Felipe Igualdad y de Luisa de Borbón, rey de los franceses de 1830 a 1848. Firmó la nueva Constitución, tuvo que reprimir diferentes conspiraciones legitimistas, republicanas y bonapartistas. La obstinación del rey y de su ministro Guizot en no querer modificar el régimen electoral, provocó la insurrección del 24 de febrero de 1848, que tuvo por resultado el establecimiento de la República.

LUIS Gonzaga *(San)*, jesuita italiano (1568-1591). Patrón de la juventud. Fiesta el 21 de junio.

LUIS NAPOLEÓN. V. NAPOLEÓN III.

LUISA de Marillac *(Santa)*, fundadora, con San Vicente de Paúl, de las Hijas de la Caridad (1591-1660). Fiesta el 15 de marzo.

LUISIANA, uno de los Estados Unidos de América del Norte. Cap. *Baton Rouge;* c. pr. *Nueva Orleáns.* Colonizada por los franceses desde 1699 y bautizada con este n. en honor del rey Luis XIV. Luisiana fue cedida por Bonaparte a los Estados Unidos en 1803.

LUJÁN, río de la Argentina, afl. del Plata. — C. de la Argentina (Buenos Aires); cab. de partido. Fundada en 1630. Santuario de la Virgen; notable basílica. Museo Colonial e Histórico. — Pobl. de la Argentina (San Luis).

LUJÁN DE CUYO, pobl. de la Argentina (Mendoza); aguas termales; ref. de petróleo.

LUKACS (Gyorgy), escritor, filósofo y político húngaro, n. en 1885, pensador original del marxismo.

LULE, río de Suecia septentrional, que des. en el golfo de Botnia; 450 km.

LULEA, c. de Suecia, en el golfo de Botnia; exportación de hierro. Acerías.

LULES, indios del N. de Argentina, entre los ríos Bermejo y Salado.

LULIO (*Beato* Raimundo) o **RAMÓN LLULL,** teólogo y filósofo catalán, n. en Mallorca (1235-1315). Su *Ars Magna* (1275) es uno de los libros más originales de la escolástica. Escribió también obras de carácter novelesco *(Blanquerna)*, enciclopédico *(Llibre felix de les meravelles del món)* o caballeresco *(Llibre de l'orde de cavayleria)*. Fundó las primeras escuelas de lenguas orientales para misioneros. Murió mártir en Bugía.

LULUABURGO hoy **Kananga,** c. del Congo, cap. de la prov. de Kasai.

LULLY o **LULLI** [*luli*] (Juan Bautista), músico francés, n. en Florencia (1632-1687), creador de la ópera en Francia *(Alcestes)*, autor de ballets *(Triunfo del amor)* y de música sacra.

LUMIÈRE (Luis), químico francés (1864-1948) que, junto con su hermano AUGUSTO (1862-1954), inventó el cinematógrafo en 1894, y la placa fotográfica en colores.

LUNA (ISLA DE LA). V. COATI.

LUNA (Álvaro de), condestable de Castilla (¿1388?-1453), favorito de Juan II. Fue el hombre más poderoso y rico de su tiempo. Enemistado con el rey, murió ajusticiado.

LUNA (José Carlos de), poeta español (1890-1964), famoso por su composición *El piyayo.*

LUNA (Pablo), compositor español (1880-1942), autor de zarzuelas *(Molinos de viento, Los cadetes de la reina,* etc.).

LUNA (Pedro de), cardenal español (1328-1423), antipapa con el n. de **Benedicto XIII,** elegido en 1394 por los cardenales franceses. Creó la Universidad de San Andrés, en Escocia. Destronado por el Concilio general de Constanza (1414), no se sometió. Murió en el castillo de Peñíscola (Castellón).

LUNA PIZARRO (Francisco Javier de), prelado peruano (1780-1855), que presidió el primer Congreso Constituyente de su país (1822).

LUND, c. de Suecia meridional. Universidad. Catedral (s. XII-XIII).

LUNEBURGO, c. de Alemania (Baja Sajonia); industria química. Salinas.

LÜNEN, c. de Alemania (Renania-Westfalia), en el Ruhr; hulla.

LUNEVILLE [*-vil*], c. de Francia (Meurthe y Mosela); centro industrial.

Lunik, n. de los artefactos lanzados por los soviéticos en dirección de la Luna. El *Lunik II* alunizó en el mar de la Serenidad (1959).

LUNLUNTA, pobl. de la Argentina (Mendoza); yac. de petróleo.

LUNSAR. V. MARAMPA.

LUPERCO, dios de la Italia antigua, protector de los rebaños contra los lobos.

LUPERÓN, com. de la Rep. Dominicana (Puerto Plata).

LUPERÓN (Gregorio), general y político dominicano (1839-1897), uno de los héroes de la revolución para el restablecimiento de la República (1863-1865). Pres. provisional en 1879.

LUQUE, v. de España (Córdoba).

LUQUE, pobl. del Paraguay (Central). Fundada en 1635, fue, durante la guerra de 1870, segunda cap. de la Rep.

LUQUE (Hernando de), clérigo español, m. en 1532, que colaboró con Pizarro y Almagro en la conquista del Perú y fue su primer obispo.

LURÇAT [*-sá*] (Juan), pintor francés (1892-1966). Renovó el arte de la tapicería.

LURDES. V. LOURDES.

LURIBAY, pobl. de Bolivia, cap. de la prov. de Loayza (La Paz).

LURISTÁN, región de Irán occidental. Petróleo.

LUSACIA, en alem. **Lausitz,** región de Alemania central, entre el Elba y el Oder.

LUSACIA (MONTES DE), parte meridional de la Alta Lusacia; 972 m.

LUSAKA, cap. de Zambia; 151 800 h. Centro ferroviario. Arzobispado.

Lusiadas *(Los)*, poema épico de Camoens (1572), en diez cantos, que tiene por tema los descubrimientos de los portugueses en las Indias orientales. Este poema, cuyo héroe principal es Vasco de Gama, es una verdadera epopeya nacional que narra todas las hazañas y los hechos célebres que pertenecen a la historia de Portugal.

LUSITANIA, una de las divisiones de la España romana entre el Duero y el Guadiana; corresponde en gran parte al actual Portugal. (Hab. *lusitanos.*)

LUSSICH (Antonio D.), poeta gauchesco uruguayo (1848-1928), autor de *Los tres gauchos orientales* y *El matrero Luciano Santos.*

LUTECIA, antiguo nombre de **París.**

LUTERO (Martín), reformador religioso de Alemania, n. y m. en Eisleben (Sajonia) [1483-1546]. Hijo de un minero, fue después monje agustino y profesor de filosofía de la Universidad de Erfurt (1505). En 1517 se enfrentó a los predicadores de la Bula de las Indulgencias y en 1520 fue excomulgado por León X. Tradujo la Biblia al alemán. En 1525 se casó con Catalina de Bora. Su doctrina está resumida en la Confe-

ÁLVARO DE LUNA

PEDRO DE LUNA

LUIS FELIPE I
por WINTERHALTER

LULIO

LUPERÓN

LUTERO
por CRANACH
Galería de los Oficios
Florencia

Fot. doc. A. G. P., Neurdein, Larousse, Brogi-Giraudon

LUZ Y CABALLERO

LYNCH

sión de Augsburgo, que fue redactada por Melanchton (1530), y es aún el estatuto de las iglesias luteranas.

LUTON, c. de Inglaterra (Bedford), al NO. de Londres. Construcciones mecánicas (automóviles) y aeronáuticas.

LÜTZEN, c. de Alemania oriental, a orillas de un afl. del Saale. En 1632, victoria y muerte de Gustavo Adolfo de Suecia; en 1813, victoria de Napoleón sobre los rusos y prusianos.

LUVRE. V. LOUVRE.

LUXEMBURGO, Estado de Europa occidental, 2 600 km²; 324 000 h. *(luxemburgueses)*; cap. *Luxemburgo,* 71 000 h. Además de un dialecto alemán, en Luxemburgo se hablan el alemán y el francés. Los yacimientos de hierro son su principal riqueza. — Ducado desde 1354, fue adquirido por el duque de Borgoña en 1442 y pasó al dominio de los Habsburgo en el s. XVIII. Unido a Francia en 1797, fue convertido en gran ducado y cedido al rey de Holanda en 1815. Una parte pasó a Bélgica (1839), y la otra, independiente, constituye el Gran Ducado actual. (V. BENELUX.)

LUXEMBURGO, ilustre casa de Francia, que debe su nombre al castillo de Luxemburgo, en el ant. ducado de Lorena.

LUXEMBURGO (Francisco Enrique, *duque de*), mariscal de Francia (1628-1695).

LUXOR, pobl. del Alto Egipto, en las ruinas de la ant. Tebas. Célebre templo de Amenofis III.

LUYA, prov. del Perú (Amazonas); cap. *Lamud.*

LUZÁN (Ignacio), tratadista literario español (1702-1754), que expuso sus ideas en favor del neoclasicismo en una famosa *Poética* (1737), obra basada en las doctrinas de preceptistas antiguos y modernos.

LUZÓN, isla de Filipinas, la mayor del archip.; 105 700 km²; 14 818 000 h.; cap. *Manila.* Montañosa y volcánica, está surcada por varios ríos cortos. Clima tropical, suelo fértil. Yac. de hulla.

LUZURIAGA (Toribio), general peruano (1782-1842); se distinguió en la defensa de Buenos Aires (1806-1807) y en la guerra de la Independencia en el Alto Perú al lado de San Martín. Autor de unas interesantes *Memorias.*

LUZ Y CABALLERO (José de la), filósofo cubano (1800-1862), que combatió la trata de los negros y el absolutismo. Distinguido como educador, las generaciones posteriores le dieron el título de *Maestro.*

LVOV, en polaco **Lwow,** en alem. **Lemberg,** c. de la U.R.S.S. (Ucrania), entre el Bug y el Dniéster; industrias textiles y metalúrgicas.

LYAUTEY [*lioté*] (Luis Huberto), mariscal de Francia (1854-1934); organizó el protectorado de Marruecos.

LYLY (Juan), escritor inglés (¿1553?-1606). Su novela *Euphues* dio origen al *eufuismo.* (V. EUFUISMO, en la *Parte lengua.*)

LYNCH (Benito), novelista argentino, n. en Buenos Aires (1885-1952), en cuyos relatos pintó de modo natural y sencillo la vida del gaucho y las bellezas del paisaje nativo. Fue escritor de gran talento descriptivo y creador de logrados personajes. Obras: *Los caranchos de La Florida, Raquela, Palo verde, La evasión, El inglés de los güesos* y *El romance de un gaucho.*

Lynch *(Ley de),* procedimiento sumario usado sobre todo en los Estados Unidos, en el cual el delincuente era condenado y ejecutado por la multitud.

LYNN, c. y puerto de los Estados Unidos (Massachusetts); fábricas de calzado.

LYON, c. de Francia, cap. del dep. del Ródano en la confluencia del Ródano y el Saona. Primer centro europeo de la industria de la seda natural y artificial; productos químicos y farmacéuticos. Feria anual. Arzobispado. Universidad.

LYRA (Carmen). V. LIRA.

LYS, río de Francia que señala parte de la frontera entre Bélgica y Francia. Desemboca en el Escalda en Gante; 214 km.

LYTTON (Edward BULWER), novelista y estadista inglés (1803-1873), autor de la conocida narración histórica *Los últimos días de Pompeya.*

LL

LLOYD GEORGE

LLAGUNO (Eugenio), erudito español, m. en 1799, que estudió las antiguas crónicas españolas.

LLAIMA, volcán de Chile (Cautín); 3 124 m.

LLALLAGUA, cantón de Bolivia (Potosí).

Llama de amor viva, poema de San Juan de la Cruz sobre estado místico de unión con Dios.

LLAMOSAS (Lorenzo de las), dramaturgo peruano (¿1665-1706?), autor de dos comedias musicales.

LLANCANELO, lago salino de la Argentina (Mendoza).

LLANELLY, c. y puerto de la Gran Bretaña, en la costa SO. del País de Gales.

LLANES, c. de España (Asturias). Puerto.

LLANO ESTACADO, meseta de los Estados Unidos, en el S. de Texas.

LLANOS, región de Venezuela, entre las cord. de los Andes y la del Caribe, y los ríos Orinoco y Meta. — Com. de la Rep. Dominicana (San Pedro de Macorís).

LLANQUIHUE, lago de Chile; 740 km². — Prov. de Chile; cap. *Puerto Montt;* ganadería; ind. pesquera. Afectada por un terremoto en 1960.

LLARETAS (Las), paso de los Andes, en la prov. argentina de San Juan, que atravesó San Martín en su cruzada libertadora.

LLATA, c. del Perú, cap. de la prov. de Huamalíes (Huánuco).

LLAY-LLAY, com. de Chile (Valparaíso).

LLERAS CAMARGO (Alberto), político colombiano, n. en 1906, pres. de la Rep. de 1945 a 1946. Reformó la Constitución en 1945. Otra vez pres. de 1958 a 1962.

LLERAS RESTREPO (Carlos), economista y político colombiano, n. en 1908. Pres. de la Rep. de 1966 a 1970.

LLERENA, v. de España (Badajoz). Minas.

LLERENA (Cristóbal de), autor dramático dominicano (1540-¿1626?), autor de un entremés.

LLERENA (José Alfredo), poeta, novelista y crítico ecuatoriano n. en 1912.

LLICA, pobl. de Bolivia, cap. de la prov. de Daniel Campos (Potosí).

LLIVIA, pequeño territorio español enclavado en la Cerdaña francesa; 12 km²; 700 h.

LLOBREGAT, río de España, que nace en la sierra de Cadí, cruza la prov. de Barcelona y desemboca en el Mediterráneo; 190 km.

LLONA (Numa Pompilio), poeta ecuatoriano (1832-1907), autor de elegantes sonetos.

LLOQUE YUPANQUI, Inca del Perú que fundó la ciudad de Cuzco.

LLORÉNS TORRES (Luis), poeta puertorriqueño (1878-1944), autor de los *Sonetos sinfónicos.*

LLORENTE (Juan Antonio), sacerdote e historiador español (1756-1823), secretario general del Santo Oficio y autor de una *Historia crítica de la Inquisición.*

LLORENTE (Teodoro), periodista y poeta español (1836-1911), conocido como traductor de Goethe, Byron y Víctor Hugo.

LLORET DE MAR, v. del E. de España (Gerona). Estación estival.

LLOYD, n. del dueño de un café de Londres donde se reunían en el s. XVII los armadores, corredores y agentes de seguros de la *City,* quienes constituyeron una sociedad en 1727, con el n. de **Lloyd.**

LLOYD GEORGE (David) político inglés (1863-1945), jefe del Partido Liberal, encargado del ministerio de Armamento en la Primera Guerra mundial y Primer Ministro de 1916 a 1922.

LLULL (Ramón). V. LULIO (Raimundo).

LLULLAILLACO, volcán de los Andes, en la frontera chilena (Antofagasta) y argentina (Catamarca); 6 723 m.

Fot. doc. A. G. P., Valotaire, British Council

MADRID : la Puerta de Alcalá

M

MAASTRICHT. V. MAESTRICHT.
Mab *(La reina)*, reina de las hadas de la comedia inglesa, descrita magistralmente por Shakespeare en *Romeo y Julieta.*
MABILLON (Juan), erudito benedictino francés (1632-1707), fundador de la diplomática en su tratado *De re diplomática.*
MABUSE (Juan GOSSAERT, llamado), pintor flamenco (¿1472-1533?), uno de los precursores de la pintura barroca.
MACABEO (Matatías), primer miembro de los Asmoneos y jefe de la resistencia contra Antíoco IV Epífanes en 165 a. de J. C. — JUDAS, hijo del anterior, vencedor en Emaús y en Hebrón, muerto en 160 a. de J. C. combatiendo contra Demetrio Sotero. — JONATÁS, su hermano, sumo sacerdote de los judíos, asesinado en 144 a. de J. C. — SIMÓN, hermano de los anteriores, asesinado por su yerno en 135 a. de J. C.
MACABEOS, n. de siete hermanos que sufrieron el martirio con su madre en tiempos de Antíoco IV Epífanes (167 a. de J. C.). Fiesta el 1 de agosto.
Macabeos (*Libro de los*), nombre de dos libros de la Biblia, que contienen, uno la historia de los judíos de 174 a 135 a. de J. C., y otro el martirio de los siete Macabeos.
MacADAM (John Loudon), ingeniero escocés (1756-1836), inventor de un sistema de firmes para carreteras y calles, llamado *macadam.*
MACAO, posesión portuguesa en la costa S. de China meridional. Puerto.
MACAPÁ, c. del Brasil, cap. del Terr. de Amapá, en las proxim. del delta del Amazonas.
MACAPAGAL (Diosdado), político filipino n. en 1910, pres. de la Rep. de 1961 a 1966.
MACARÁ, pobl. y río del Ecuador (Loja).
MACARACAS, pobl. de Panamá (Los Santos)
MACAREGUA, gruta famosa en la ciudad de Barichara (Colombia).
MACARENA, barrio popular de Sevilla y Virgen que en él se venera.
MACARIO de Egipto *(San)*, ermitaño de la Tebaida (¿301-392?). Fiesta el 15 de enero.
MacARTHUR (Douglas), general norteamericano (1880-1964), que defendió Filipinas y venció a los japoneses en el Pacífico (1944-1945). Mandó las fuerzas de la O.N.U. en Corea (1950).
MACAS, pobl. del Ecuador, cab. del cantón de Morona y cap. de la prov. de Morona-Santiago. (Hab. *macabeos.*)
MACASAR, c. y puerto de la isla de Célebes (Indonesia). Da su nombre al *estrecho de Macasar,* entre Borneo y las Célebes.
MACAU, mun. del Brasil (Rio Grande do Norte) ; salinas.
MACAULAY (Thomas BABINGTON, *lord*), historiador y político inglés (1800-1859), autor de una *Historia Universal* y una *Historia de Inglaterra desde el reinado de Jacobo II.*
MACBETH [*-bez*], rey de Escocia; reinó de 1040 a 1057, después de haber asesinado a su primo Duncan I.
Macbeth, tragedia de Shakespeare (1605). Macbeth llega a ser rey de Escocia por medio de la traición y el crimen. Drama de la ambición y el remordimiento, esta obra describe con gran belleza y desnudez la imagen de las pasiones humanas.
MacCLELLAN (Jorge BRINTON), general norteamericano (1826-1885). Se distinguió en las filas del ejército federal y derrotó a Lee en 1862.
MacCORMICK (Ciro), industrial norteamericano (1809-1884), inventor de varias máquinas agrícolas y vulgarizador de su empleo.
MACEDO (Joaquín Manuel de), novelista, poeta y comediógrafo brasileño (1820-1882), autor de los relatos *Vicentina, Rosa,* etc.
MACEDONIA, región de Europa antigua, al N. de Grecia. En tiempos de Filipo y Alejandro Magno, Macedonia dominó a Grecia, pero fue convertida en provincia romana en 146 a. de J. C. Hoy se pueden distinguir: *Macedonia yugoslava,* que forma una República de la Federación, cap. *Skoplje; Macedonia griega,* cap. *Salónica; Macedonia búlgara,* situada en las regiones montañosas del O. del país.
MACEIÓ, c. del Brasil, cap. del Estado de Alagoas; centro industrial; puerto export. de algodón y azúcar; metalurgia. Arzobispado.
MACEO GRAJALES (Antonio), general cubano, n. en Santiago (1845-1896), figura sobresaliente de la Independencia; intervino en la Guerra Chiquita (1879) y fue uno de los jefes de la Revolución de 1895. Cayó en el combate de San Pedro, cerca de Punta Brava. — Su hermano JOSÉ luchó en las tres guerras de la Independencia y murió también en combate (1896).

MacARTHUR

A. MACEO

Fot. Ministerio de Información y Turismo (España), U. S. I. S., doc. A. G. P.

MACHADO DE ASÍS

MADARIAGA

ANTONIO MACHADO Y RUIZ

MANUEL MACHADO Y RUIZ

MACEO OSORIO (Francisco), patriota, abogado y escritor cubano (1828-1873), uno de los iniciadores del alzamiento de 1868. Fue secretario de Guerra de la República en Armas.

MACERATA, c. de Italia (Marcas).

MACIÁ (Francisco), militar y político español (1859-1933), primer presidente del Gobierno autónomo de la Generalidad de Cataluña.

MACÍAS, más conocido por **el Enamorado,** célebre trovador gallego del s. XV, que murió trágicamente y cuyas aventuras han inspirado a varios escritores: Lope de Vega (*Porfiar hasta morir*), Bances Candamo (*El español más amante*) y Larra (*El doncel de Don Enrique el Doliente*).

MACÍAS PICAVEA (Ricardo), periodista español (1847-1899), autor de *El problema nacional* (1891). Precursor de la Generación del 98.

MACIEL, pobl. del Paraguay (Caazapá); ant. llamada **San Francisco.**

MACIP (Vicente Juan). V. JUAN DE JUANES.

MACKENNA (Juan), militar irlandés (1771-1814), que se distinguió en la guerra de la independencia chilena.

MACKENZIE, río del Canadá; atraviesa el lago de los Esclavos y des. en el océano Glacial Ártico; 4 600 km.

MacKINLEY (MONTE), cima culminante de Alaska; 6 187 m.

MacKINLEY (William), estadista norteamericano (1843-1901), pres. de la Unión en 1897, asesinado por un anarquista. Fue uno de los primeros expansionistas. Declaró la guerra a España y se apoderó de Filipinas, Puerto Rico y Hawai.

MACLAURIN (Colin), matemático escocés (1698-1746), discípulo eminente de Newton, autor de trabajos sobre geometría pura, álgebra y cálculo infinitesimal.

MACLEOD (John), médico escocés (1876-1935). Premio Nóbel en 1923 por sus estudios sobre la diabetes y la insulina.

MacLINTOCK (Francis Leopold), marino irlandés (1819-1907), explorador de las regiones árticas.

MAC-MAHON (Patricio de), duque de Magenta, mariscal de Francia (1808-1893), que se distinguió durante las guerras de Crimea, de Italia y la franco-prusiana de 1870. Fue pres. de la Rep. de 1873 a 1879.

MACMILLAN (Harold), político conservador inglés, n. en 1894. Primer ministro (1957-1963).

MÂCON, c. de Francia, cap. del dep. de Saona y Loira. Puerto fluvial. Centro industrial y comercial.

MACORÍS. V. SAN FRANCISCO DE MACORÍS y SAN PEDRO DE MACORÍS.

MACPHERSON (James), poeta inglés (1736-1796), autor de los *Cantos de Osián*, que decía haber traducido del gaélico.

MACRINO, emperador romano, n. en Numidia en 164, que reinó de 217 a 218.

MACROBIO, escritor latino del s. V, autor de *Saturnales.*

MACUSANI, c. del Perú, cap. de la prov. de Carabaya (Puno).

MACH (Ernesto), físico austriaco (1838-1916), que puso de manifiesto el papel de la velocidad del sonido en aerodinámica.

MACHACHI, pobl. del Ecuador, cab. del cantón de Mejía (Pichincha). Centro de turismo.

MACHADO DE ASÍS (Joaquín María), escritor brasileño, n. en Río de Janeiro (1839-1908), figura eminente de la literatura de su país. Autor de poemas de inspiración parnasiana (*Crisálidas, Falenas, Americanas*) y de novelas realistas (*Yaya García, Braz Cubas* y *Don Casmurro*).

MACHADO Y ÁLVAREZ (Antonio), escritor y folklorista español (1848-1892), padre de Antonio y Manuel.

MACHADO Y MORALES (Gerardo), general y político cubano (1871-1939), pres. de la Rep. en 1925. Gobernó dictatorialmente y fue derrocado por un movimiento revolucionario encabezado por Batista (1933). Murió expatriado.

MACHADO Y RUIZ (Antonio), poeta español, n. en Sevilla (1875-1939), que, a lo largo de una existencia humilde y oscura, de profesor de francés en varios institutos, supo crear una obra poética de inmenso valor, llena de sobriedad y emoción castellanas: *Soledades, galerías y otros poemas, Campos de Castilla, Nuevas Canciones* y *La guerra*. En colaboración con su hermano Manuel cultivó el teatro, al que dio piezas como *Desdichas de la fortuna, Juan de Mañara, Las adelfas, La prima Fernanda, La duquesa de Benamejí* y *La Lola se va a los puertos*. También es autor de tres importante libros en prosa, que constituyen una auténtica suma de la vida española de su tiempo: *Juan de Mairena, Abel Martín* y *Los complementarios*. — Su hermano MANUEL (1874-1947), uno de los representantes del modernismo, es un poeta lírico de vena ágil e inspirada: *Alma, Museo, Ars moriendi, Apolo, Cante hondo,* etc. Además de varias comedias hechas en colaboración con su hermano, escribió otras obras de teatro solo: *El hombre que murió en la guerra* y *El pilar de la victoria.*

MACHALA, c. del Ecuador, cap. de la prov. de El Oro; centro comercial. (Hab. *machaleños.*)

MACHALÍ, com. de Chile (O'Higgins).

MACHAULT (Guillermo de). V. GUILLERMO.

MACHICHACO (CABO), cabo del Cantábrico, Vizcaya, cerca de Bermeo.

MACHIQUES, pobl. de Venezuela (Zulia), cap. del distr. de Perijá. Ganadería. Vicariato apostólico.

MACHO (Victorio), escultor español (1887-1966), autor de una obra inspirada y vigorosa.

MACHUCA (Pedro), arquitecto y pintor español, m. en 1550, a quien se debe el palacio de Carlos V, en Granada.

MACHU PICCHU, distr. del Perú (Cuzco), en el que se encuentra una fortaleza inca, restos de una ciudad sagrada, descubiertos en 1911.

MADACH (Imre), escritor húngaro (1823-1864), autor del gran poema dramático *La tragedia del hombre.*

MADAGASCAR, gran isla del océano Índico, separada de África por el canal de Mozambique. Sup. 592 000 km²; 6 180 000 h. (*malgaches*); cap. *Tananarive*, 206 300 h.; c. pr. *Majunga*, 38 100 h.; *Tamatave*, 48 700. Tierra de clima variado, la isla prod. arroz, mandioca, maíz, café, etc. Ganado abundante. Riquezas minerales (uranio, grafito). Madagascar fue descubierta por los europeos en el siglo XV y colonizada por Francia a partir del siglo XVI. Adquirió la independencia en 1960, con el n. de *República Malgache.*

Madame Bovary, novela de G. Flaubert (1857), crítica acerba de la moral burguesa.

Madame Butterfly [*baterflai*], drama lírico en tres actos con música de Puccini (1904).

MADAPOLAM, suburbio de la c. de Narasapur (India), en la costa de Coromandel. Centro algodonero.

MADARIAGA (Salvador de), diplomático y polígrafo español n. en 1886, autor de *Ingleses, franceses y españoles, España, ensayo de historia contemporánea, Cuadro histórico de las Indias, Guía del lector del Quijote* y varios estudios biográficos (*Hernán Cortés, Bolívar*).

MADEIRA, río del Brasil, en el terr. de Guaporé y en el Est. de Amazonas, formado por la unión de ríos de los Andes peruanos (Madre de Dios) y bolivianos (Beni y Mamoré). Des. en el Amazonas por su margen derecha; 3 240 km.

MACHU PICCHU

Fot. Larousse, Harlingue, doc. A. G. P., Meot

MADELEINE (CUEVA DE LA), estación prehistórica en Dordoña (Francia), donde se han encontrado restos del último período del Paleolítico superior, que por eso se llama *magdaleniense*.
MADERA, isla del océano Atlántico, perteneciente a Portugal; 739 km²; 264 000 h. Cap. *Funchal*, 37 200 h.; vinos; estación invernal.
MADERAS, volcán de Nicaragua, en la isla de Ometepe; 1 394 m.
MADERNO (Carlo), arquitecto italiano (1556-1629), que terminó San Pedro de Roma. — Su hermano ESTEBAN (1576-1636), escultor, autor de bajorrelieves y de estatuas (*Santa Cecilia, San Carlos Borromeo*, etc.).
MADERO (Francisco I.), político mexicano (1873-1913), que suscribió el *Plan de San Luis* contra la reelección y encabezó el movimiento que derribó a Porfirio Díaz. Pres. de la Rep. de 1911 a 1913, fue derrocado por una sublevación militar y murió asesinado.
MADHYA PRADESH, Estado de la India central; 444 000 km²; 26 090 000 h. Cap. *Bhopal*.
MADIANITAS, ant. pueblo de la costa NO. de Arabia.
MADIEDO (Manuel María), publicista y poeta colombiano (1815-1888).
MADISON, c. de los Estados Unidos, cap. de Wisconsin; centro agrícola, industrial y comercial.
MADISON (James), político republicano norteamericano (1751-1836), pres. de la Unión de 1809 a 1817.
MADOZ (Pascual), político, escritor y economista español (1806-1870), autor de la ley de Desamortización (1856) y de un *Diccionario geográfico, histórico y estadístico de España*.
MADRÁS, c. y puerto de la India, en la costa de Coromandel, cap. de Estado; 1 927 400 h. Industrias textiles y químicas. — El *Estado de Madrás* tomó el n. de **Tamilnad** en 1968.
MADRAZO Y KUNTZ (Federico de), pintor español (1815-1894), autor de cuadros de historia muy celebrados. — Su hermano LUIS (1825-1897), también pintor notable.
MADRE (SIERRA). V. SIERRA MADRE.
MADRE DE DIOS, archip. de Chile, entre el golfo de Pena y el estrecho de Magallanes; comprende la isla del mismo n., la de Guarello y otras menores. — Río de Bolivia que nace en el Perú, afl. del Beni; 1 448 km. — Dep. del Perú, cap. *Puerto Maldonado*; ind. del caucho; ganadería. — Pobl. de Honduras (Santa Bárbara).
MADREJONES, pobl. de la Argentina (Salta); yac. de petróleo.
MADRID, cap. de España y de la prov. de su nombre, a orillas del Manzanares, situada aproximadamente en el centro de la Península, en una extensa llanura, limitada al NO. por la sierra de Guadarrama; 3 000 000 h. (*madrileños*). Residencia habitual del Gobierno, de las Cortes, de los tribunales y oficinas superiores en todos los ramos de la Administración. Arzobispado. Centro de comunicaciones del país. Importante aeropuerto transoceánico (Barajas). Facultades y escuelas superiores, ricas bibliotecas, archivos públicos, Banco de España. Grandes museos de arte, ciencia e industria; figura en primer lugar el del Prado, que contiene cuadros españoles y extranjeros de un valor inestimable. Comercio e industrias bastante activos. Tiene Madrid muchos edificios notables: el Palacio del Congreso, la Bolsa, Palacio de Oriente, Biblioteca Nacional, la basílica de Atocha, la puerta de Alcalá, y, entre los modernos, el ministerio del Aire, Nuevos Ministerios, estadio Bernabéu, rascacielos, etc.; paseos: el Retiro, el Prado, parque del Oeste, y bosques como el de la Casa de Campo; grandes plazas: de la Puerta del Sol, de la Cibeles, de Oriente, Cánovas, Mayor, de España; numerosos teatros; hermosa plaza de toros. Ciudad Universitaria. Actualmente la ciudad se moderniza con numerosos edificios de bella arquitectura. Patria de Lope de Vega, Tirso de Molina, Quevedo, Calderón de la Barca, Quintana, etc. No se sabe nada preciso acerca de la fundación de Madrid. Llamada *Magerit* por los árabes, fue conquistada la primera vez por Ramiro II de León (939) y definitivamente tomada por Alfonso VI en 1084. Allí se reunió un concilio en 1473. En 1561 fue trasladada a Madrid la Corte por Felipe II, pero en 1600 Felipe III la llevó a Valladolid, para volver a trasladarla a Madrid en 1605, queriendo hacer de ella su única capital. Los Borbones, singularmente Carlos III, embellecieron la ciudad con numerosos monumentos y se convirtió, desde entonces, en el centro intelectual y artístico de España. El 2 de mayo de 1808 el pueblo madrileño se rebeló contra los franceses. Teatro de violentos combates durante la guerra civil (1936-1939).
MADRIDEJOS, v. de España (Toledo).
MADRIGAL (Alonso de), escritor y obispo de Ávila (¿1400?-1455), más conocido por su seudónimo de **el Tostado**. Escribió numerosas obras en latín y castellano, y tradujo a Séneca.
MADRIGAL DE LAS ALTAS TORRES, v. de España (Ávila). Notable conjunto de monumentos mudéjares. Patria de Isabel la Católica.
MADRIZ, dep. del NO. de Nicaragua; cap. *Somoto*; prod. café, maíz, caucho, cacao. (Hab. *madritenses*.)
MADRIZ (José), político nicaragüense (1865-1911), que, elegido pres. de la Rep. en 1909, tuvo que dimitir en 1910.
MADRUGA, térm. mun. de Cuba (La Habana).
MADURA, isla de Insulindia (Rep. de Indonesia), al N. de Java.
MADURAI, ant. **Madura,** c. de la India (Madrás). Pagoda; palacio.
MÆLAR. V. MÄLAR.
MAELSTRÖM. V. MALSTRÖM.
MAELLA, v. de España (Zaragoza).
MAELLA (Mariano Salvador de), pintor español (1739-1819), autor de obras en la Casita del Labrador (Aranjuez), Casita del Príncipe (El Escorial) y Palacio Real de Madrid.
MAESTRA (SIERRA), sierra de Cuba, en la prov. de Oriente, la más importante de la Isla; alt. máx. 2 040 m. en el pico Turquino.
MAESTRAZGO (El), comarca montañosa de España en las prov. de Castellón y Teruel.
MAESTRICHT, c. de Holanda, cap. de la prov. de Limburgo, a orillas del Mosa.
MAESTRO DE FLEMALLE. V. FLEMALLE.
MAESTRO DE MOULINS. V. MOULINS.
Maestros cantores de Nuremberg, ópera de Ricardo Wagner (1868).
MAETERLINCK (Mauricio), poeta y dramaturgo belga (1862-1949), cuya inspiración une el simbolismo al misticismo en sus comedias *El pájaro azul, Monna Vanna, La intrusa* y *Pelleas et Melisande*. Es también autor de *Vida de las abejas*. (Pr. Nóbel, 1911.)
MAEZTU (María de), pedagoga y escritora española (1882-1947), autora de una *Historia de la cultura europea* y de una *Antología de los escritores españoles contemporáneos*.
MAEZTU (Ramiro de), periodista, ensayista y diplomático español (1875-1936), figura representativa de la generación del 98. Autor de *Defensa de la hispanidad, La crisis del humanismo* y *Don Quijote, don Juan y la Celestina*.
MAFAFA, isla de Panamá, en el archip. de las Perlas.
MAFEKING, c. de Botswana, ant. cap. de Bechuanalandia.
Maffia, asociación secreta italiana, oriunda de Sicilia y ramificada hasta en América.
MAFRA, c. de Portugal (distrito de Lisboa). Palacio-monasterio construido de 1717 a 1730 a imitación de El Escorial.
MAGADAN, c. de la U. R. S. S. (Siberia oriental). Importantes yacimientos de oro. Astilleros.

MADERO

MAETERLINCK
por J. E. BLANCHE
museo de Bellas Artes, Argel

R. de MAEZTU
por J. ECHEVARRÍA

convento de
MAFRA

Fot. X, Giraudon, doc. A. G. P.

río MAGDALENA
Colombia

MAGALLANES, estrecho de América del Sur, entre el cabo Pilar, en el Pacífico, y la punta Dungeness, en el Atlántico. Descubierto por F. de Magallanes (1520), que lo llamó de **Todos los Santos**. — Prov. de Chile; cap. *Punta Arenas;* ganado lanar; industria frigorífica. (Hab. *magallánicos.*)

MAGALLANES (Fernando de), navegante portugués n. en Sabrosa (¿1480?-1521), que emprendió el primer viaje alrededor del mundo, al servicio del emperador Carlos V. Salió de Sanlúcar de Barrameda en 1519 con el propósito de llegar a las Molucas por el O. y descubrió el estrecho que lleva su nombre (1520), efectuó la primera travesía del Pacífico, descubrió las Marianas y llegó a las Filipinas, donde murió a manos de los indígenas. Elcano tomó entonces el mando de la expedición y prosiguió el viaje hasta su retorno a España.

MAGALLANES

MAGALLANES MOURE (Manuel), poeta modernista chileno (1878-1924), autor de *Matices* y *La jornada*, composiciones de gran sensibilidad. Escribió tb. novelas cortas y comedias.

MAGANGUÉ, pobl. de Colombia (Bolívar); puerto fluvial; importantes ferias de ganados.

MAGAÑA CAMACHO (Mardonio), escultor mexicano (1866-1947).

MAGARIÑOS CERVANTES (Alejandro), escritor uruguayo n. en Montevideo (1825-1893), autor, entre otras obras, de *Celiar*, leyenda en verso, y *Caramurú*, novela gauchesca. Fue también historiador y publicó *Estudios históricos, políticos y sociales del Río de la Plata*.

MAGARIÑOS CERVANTES

MAGDALA, pobl. de Palestina, a orillas del lago de Tiberíades. Patria de María Magdalena.

MAGDALENA, laguna de Colombia, origen del río del mismo n. — Río de Colombia, que atraviesa el país de S. a N. y riega 10 dep. Desemboca en el Atlántico; 1 700 km. Importante vía de comunicación, es navegable en gran parte. Fue descubierto por Rodrigo de Bastidas (1501), que le dio el n. de *Río Grande de la Magdalena;* los indígenas de la costa le llamaban ***Yuma***, **y los de la parte meridional** ***Guacagallo***. **— Dep. del N.** de Colombia; cap. *Santa Marta;* prod. algodón, tabaco, cacao; carbón, cobre, **petróleo. (Hab.** ***magdalenses.***) — Pobl. de Bolivia, cap. de la prov. de Itenez (Beni).

MAGDALENA (*Santa* **María**), pecadora convertida por Jesucristo. Fiesta el 22 de julio.

MAGDALENO (Mauricio), escritor mexicano n. en 1906, autor de novelas sociológicas (*Campo Celis, El resplandor*) y obras de teatro (*Pánuco 137, Emiliano Zapata, Trópico*).

catedral de MAGUNCIA

MAGDEBURGO, c. de Alemania oriental, a orillas del Elba. Industria activa. Puerto fluvial.

MAGENTA, c. de Italia (Milán). Victoria de los franceses sobre los austriacos en 1859.

MAGHREB (es decir, *el Poniente*), n. que dan los árabes a la región septentrional de África: Marruecos, Argelia, Túnez.

MAGIARES o **MAGYARES,** pueblo uraloaltaico que se estableció en Hungría en el s. IX.

Mágico prodigioso (*El*), drama religioso de Calderón, cuyo tema es un antecedente del *Fausto*.

MAGLOIRE (Paul), militar y político haitiano n. en 1907, pres. de la Rep. de 1950 a 1956.

MAGNA GRECIA, n. dado al conjunto de ciudades griegas de Italia del Sur.

MAGNESIA, en turco **Manisa,** c. de Turquía (Lidia), donde fue vencido Antíoco III por Escipión Asiático (190 a. de J. C.).

MAGNITNAIA GORA (*"Montaña de hierro"*) importante yacimiento de hierro de la U.R.S.S. (Rusia), en el Ural central.

MAGNITOGORSK, c. de la U. R. S. S. (Rusia). **Yacimiento de hierro; metalurgia; industria** química.

MAGNOL (Pedro), médico y botánico francés (1638-1715), que concibió el sistema de clasificar las plantas por familias.

MAGNUS (Enrique Gustavo), físico y químico alemán (1802-1870). Estudió la dilatación del aire y de otros gases.

MAGOG, en la Biblia, país del NE. de Asia Menor (*por ext.* Escitia).

MAGÓN, n. de varios generales cartagineses. El más célebre fue hermano de Aníbal. Se apoderó de Menorca, donde fundó Mahón.

MAGÓN. V. GONZÁLEZ ZELEDÓN (Manuel).

MAGOON (Charles Edward), político norteamericano, gobernador provisional en Cuba de 1906 a 1909.

MAGREB. V. MAGHREB.

MAGSAYSAY (Ramón), político filipino (1907-1957), pres. de la Rep. de 1953 a 1957.

MAGUEY, n. dado a un sector de la Sierra Madre Oriental de México (San Luis Potosí).

MAGUNCIA, en alem. Mainz, c. de Alemania, cap. de Renania-Palatinado, en la orilla izquierda del Rin. Magnífica catedral; industria activa. Patria de Gutenberg y de Bopp.

Mahabharata, epopeya sánscrita de Viasa; contiene más de 200 000 versos. Refiere las guerras de los kuravas y los pandavas, y las hazañas de Krisna y de Arjuna (s. XV o XVI a. de J. C.). En sus páginas se pueden encontrar todos los mitos y leyendas de la India.

MAHALLA AL-KUBRA, c. del Bajo Egipto en el delta del Nilo.

MAHARASHTRA, Estado de la India, en el oeste del Decán; cap. *Bombay*.

MAHÉ, c. de la India (Kerala), antiguo establecimiento francés; algodón, conservas.

MAHLER (Gustavo), compositor y director de orquesta austriaco (1860-1911), autor de corales y de nueve sinfonías.

MAHMUD, sultán afgano (969-1030), que invadió la India, anexó el Pendjab y ocupó la cuenca del Indo. Difundió el islamismo.

MAHMUD I (1696-1754), sultán de los turcos otomanos de 1730 a 1754. — MAHMUD II (1784-1839), sultán de los turcos de 1808 a 1839; gobernó enérgicamente y sometió a los jenízaros.

MAHOMA, fundador del islamismo, nacido en La Meca hacia 570, m. en 632. Después de haber meditado durante quince años en la reforma religiosa y social de la nación árabe, convirtió a numerosos discípulos, pero se hizo igualmente gran número de adversarios y tuvo que emprender la

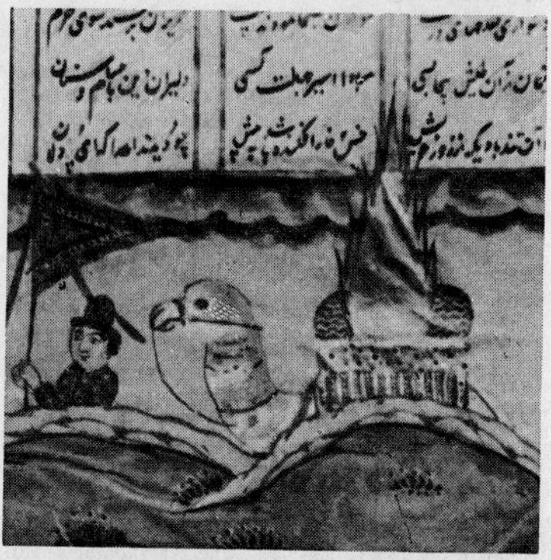

MAHOMA en forma de llama y montado sobre un camello (miniatura persa del s. XVII)

Fot. Cortesía de Mundo Hispánico, doc. A. G. P., Larousse, Richter

fuga (*hégira*) en 622, fecha que señala el principio de la era musulmana. Estalló la guerra y Mahoma, vencedor, hizo en 629 un viaje solemne a La Meca, de la que se apoderó en 630. Poco a poco fueron sometiéndose todas las tribus rebeldes y quedó fundado definitivamente el islamismo. (V. CORÁN e ISLAMISMO [*Parte lengua*].)

MAHOMA I, sultán otomano de 1413 a 1421. — MAHOMA II, sultán otomano de 1444 a 1446 y de 1451 a 1481, se apoderó de Constantinopla (1453) e hizo de ella su capital. — MAHOMA III, sultán otomano de 1595 a 1603. — MAHOMA IV, sultán otomano en 1648, destronado en 1687, muerto en la cárcel en 1691. — MAHOMA V, sultán de Turquía en 1909, m. en 1918. — MAHOMA VI, hermano del anterior, sultán de 1918 a 1922.

MAHÓN, c. de España, cap. de la isla de Menorca (Baleares). Base aeronaval. Industria y comercio del calzado. Estuvo ocupado por los ingleses desde 1713 a 1782.

MAI (Ángelo), jesuita, cardenal y sabio italiano (1782-1854). Descubrió en 1822 fragmentos importantes de la *República* de Cicerón.

MAIAKOVSKY (Vladimiro). V. MAYAKOVSKY.

MAIDSTONE, c. de Inglaterra, cap. del condado de Kent. Monumentos romanos. Fábricas de papel.

MAIKOP, c. de la U. R. S. S. (Rusia), en el Cáucaso del Norte. Yacimientos de petróleo. Industrias alimenticias.

MAILLOL (Arístides), escultor francés (1861-1944) cuya obra combina la gracia con las formas sólidas y vigorosas.

MAIMÓN, pico de la Rep. Dominicana, en la Cord. Septentrional; 636 m.

MAIMÓNIDES (Moisés Ben Maimón), médico, escritor y pensador español (1135-1204), llamado "el Aristóteles o el Santo Tomás del judaismo". Huyó de España y residió en Alejandría. Obras: *Aforismos de Medicina, Comentario de la Mishna, Guía de descarriados.*

MAIN o **MENO,** río de Alemania, que pasa por Francfort y des. en el Rin, en Maguncia; 524 km.

MAINAS, prov. del Perú (Loreto); cap. *Iquitos.*

MAINE [*men*], ant. prov. del O. de Francia; cap. *Le Mans.*

MAINE, uno de los Estados Unidos de América del Norte (Nueva Inglaterra); cap. *Augusta.*

Maine, acorazado norteamericano que estalló en 1898 en el puerto de La Habana y cuya explosión, atribuida calumniosamente a los españoles, sirvió de pretexto a los Estados Unidos para declarar la guerra a España.

MAINE DE BIRAN (François Pierre), filósofo francés de tendencias espiritualistas (1766-1824).

MAINE Y LOIRA, dep. de Francia; cap. *Angers.*

MAINLAND, isla de Escocia, la mayor de las islas de Shetland; cap. *Lerwick.*

MAINTENON [*mantenón*] (Francisca de AUBIGNÉ, *marquesa de*), dama francesa (1635-1719), casada a los diecisiete años con el poeta inválido Scarron. Viuda en 1660, fue encargada de la educación de los hijos de Luis XIV y, después de la muerte de María Teresa, casó secretamente con el rey (1684). Ejerció sobre Luis XIV gran influencia.

MAIORESCU (Tito), político y escritor rumano (1840-1917). Fue primer ministro (1912). Intentó unificar la ortografía rumana.

MAIPO, llano de Chile, bañado por el río del mismo n., cerca de Santiago, donde se libró la histórica batalla en que San Martín derrotó al ejército realista de Osorio y afirmó la independencia chilena (5 de abril de 1818). Esta acción es tb. conocida por el n. de *Batalla de Maipú.* — Volcán de los Andes, en la frontera de Argentina (Mendoza) y Chile (Santiago); 5 323 m. — Dep. de Chile (Santiago).

MAIPÚ, com. de Chile (Santiago). — Pobl. de la Argentina (Buenos Aires); cab. de partido. — Pobl. de la Argentina (Mendoza); cab. de dep. — V. MAIPO.

MAIQUETÍA, aeropuerto de Caracas.

MAISÍ, cabo en el E. de Cuba (Oriente).

MAISTRE [*mestr*] (José de), escritor y filósofo francés (1753-1821), autor de *El Papa* y *Las veladas de San Petersburgo,* obras en las cuales condena la Revolución Francesa y defiende la

LA MAJA VESTIDA
por GOYA
museo del Prado

autoridad del Rey y del Papa. — Su hermano XAVIER (1763-1852) escribió novelas cortas (*Viaje alrededor de mi cuarto*).

MAITÍN (José Antonio), poeta romántico venezolano (1814-1874), autor de *Canto fúnebre* y de leyendas diversas: *El sereno, La máscara,* etc.

MAÍZ GRANDE, MAÍZ CHICO, islas del mar Caribe, en Nicaragua. Llamadas tb. **Corn.**

Maja vestida (La) y **Maja desnuda (La),** cuadros de Goya (museo del Prado).

MAJENCIO, emperador romano de 306 a 312. Vencido por Constantino en el puente Milvio (312), se ahogó en el Tíber.

MAJUNGA, c. y puerto del NO. de Madagascar.

MAKEEVKA, c. de la U. R. S. S. (Ucrania). Centro metalúrgico del Donbass.

MAKHATCHKALA o **MAJACHKALA,** c. de la U. R. S. S. (Rusia), cap. de la Rep. autónoma de Daguestán. Refinerías de petróleo. Conservas.

MAKO, c. de Hungría, a orillas del Maros; industrias alimenticias.

MALA, punta de Panamá en la península de Azuero (Los Santos), en el océano Pacífico.

MALABAR (COSTA DE), parte de la costa SO. del Decán, a orillas del mar de Omán. Los portugueses llegaron a la India por esta costa.

MAL ABRIGO, pobl. del Uruguay (San José); empalme ferroviario.

MALACA (PENÍNSULA DE), o **PENÍNSULA MALAYA,** penins. de Indochina entre el mar de China y el mar de las Indias, unida al continente por el istmo de Kra y separada de Sumatra por el *estrecho de Malaca.*

MALACA, c. de la Península Malaya, en el estrecho del mismo n.— Estado de Asia, pertenece hoy a la Federación de Malaysia.

MALACATÉPETL, cima de México, en la sierra del Ajusco (Distrito Federal); 4 094 m.

MALADETA, macizo montañoso de los Pirineos, en la prov. de Huesca (España), con el pico más elevado de toda la sierra, el de *Aneto* (3 404 m). Otro pico es el de la *Maladeta* (3 312 m). Tb. llamado *Montes Malditos.*

MÁLAGA, c. de España, cap. de la prov. del mismo nombre, puerto en el Mediterráneo. Obispado. Catedral (s. XVI). Alcazaba; teatro romano. Facultad de Ciencias Políticas, Económicas y Comerciales. Centro de la *Costa del Sol,* en la que se encuentran estaciones invernales y vera-

marquesa de
MAINTENON
por MIGNARD

MÁLAGA
vista panorámica

Fot. Anderson, Giraudon, Neurdein, doc. A. G. P.

MALHERBE

MALRAUX

MALEBRANCHE

MALTHUS

niegas de renombre internacional (*Torremolinos, Marbella*). Frutos secos, agrios, uvas, vinos. Industrias. Cuna de Pablo Picasso.

MÁLAGA, bahía de Colombia, en el golfo de Buenaventura. — C. de Colombia (Santander).

MALAGÓN, v. de España (Ciudad Real).

MALANG, c. de Java; centro comercial. Numerosas industrias (textiles, tabaco).

MALAPARTE (Curzio), periodista y escritor italiano (1898-1957), autor de las obras de polémica *Kaputt, La piel* y *Esos malditos toscanos.*

MALAQUÍAS, uno de los doce profetas menores.

MÄLAR, lago de Suecia central. A sus orillas se encuentra Estocolmo.

MALARET (Augusto), filólogo puertorriqueño (1878-1967), autor de un notable *Diccionario de americanismos.*

MALASIA, Archipiélago Malayo, Archipiélago Indio o **Insulindia,** vasto archipiélago situado entre Asia y Oceanía, que comprende las islas de la Sonda, Sumbava, Timor, Molucas, Célebes, Borneo y Filipinas. (Hab. *malayos.*)

MALASPINA, ilustre familia güelfa de Italia.

MALASPINA (Alejandro), navegante y explorador italiano (1754-1810) que sirvió a España y dirigió, de 1789 a 1794, una exploración al Pacífico y al Atlántico sur. Acompañábanle los naturalistas Tadeo Haenke, A. Pineda y Luis Nee.

MALATESTA (*"Mala cabeza"*), familia güelfa de Italia, así llamada por el apodo de su jefe, señor de Verucchio (m. en 1312), enemigo implacable de los gibelinos.

MALATYA, ant. **Melitena,** c. de Turquía, cerca del Éufrates.

MALAWI, antes **Nyassalandia,** República de África oriental, miembro del Commonwealth; 95 552 km²; 3 753 000 h. Cap. *Zomba,* 20 000 h.

MALAWI. V. NYASSA.

MALAYA (FEDERACIÓN) o **FEDERACIÓN DE MALASIA,** federación formada de 1946 a 1963 por los nueve Estados malayos y los dos antiguos *Establecimiento de los Estrechos* (Penang y Malaca).

MALAYOS (ESTADOS), Estados de la península de Malaca: *Perak, Selangor, Negri Sembilan, Pahang, Johore, Kedah, Kelantán, Perlis* y *Trengganu,* que forman parte de la Federación de Malaysia. (V. mapa de Indochina.)

MALAYSIA (FEDERACIÓN DE), nombre tomado en 1963 por la federación formada por la antigua Federación Malaya y los Estados de Sabah (Borneo del Norte) y Sarawak. 333 676 km²; 10 071 000 h.; cap. *Kuala Lumpur.* La población, compuesta de malayos, chinos e indios, vive de la explotación del caucho y la extracción del estaño. (V. mapa de Indochina.)

MALCAMPO Y MONJE (José), marino español (1828-1880), jefe del Gob. en 1871.

MALCOLM I, rey de Escocia de 943 a 954. — MALCOLM II, rey de Escocia de 1005 a 1034. — MALCOLM III, rey de Escocia de 1057 a 1093. — MALCOLM IV, rey de 1153 a 1165.

MALDIVAS, archipiélago del océano Índico, al SO. de Ceilán; 300 km²; 97 700 h. Cap. *Male.* Protectorado británico hasta 1965. Copra.

MALDONADO, c. del Uruguay, cap. del dep. del mismo n.; centro turístico. El dep. es ganadero; ind. remolachera; balnearios muy concurridos. (Hab. *maldonadenses* o *fernandinos.*) — Pobl. de la Argentina (Buenos Aires). — V. PUERTO MALDONADO.

MALDONADO (Francisco), capitán español que se sublevó con Padilla y Bravo en favor de las Comunidades de Castilla. Decapitado en 1521.

MALDONADO (Francisco Severo), escritor y sacerdote mexicano (1775-1832). Propugnó teorías económicas avanzadas y fundó dos periódicos.

MALDONADO (Juan), teólogo español (1534-1583), uno de los fundadores de la exégesis moderna.

MALDONADO (Pedro Vicente), sabio geógrafo ecuatoriano (1704-1748).

MALEBRANCHE (Nicolás de), filósofo francés (1638-1715), de la orden del Oratorio. Su metafísica idealista, que se deriva del cartesianismo, resuelve el problema de la comunicación del cuerpo y del alma por la visión en Dios y las causas ocasionales (*ocasionalismo*) y funda la moral sobre la idea del orden. Autor de *La búsqueda de la verdad.*

MALESPÍN (Francisco), general y político salvadoreño, m. en 1846, pres. de la Rep. en 1844. Fue asesinado.

MALGÚS, cima del Ecuador, en la Cord. Central; 3 944 m.

MALHARRO (Martín A.), pintor impresionista argentino (1865-1911), autor de *Noche, Paisaje, En plena naturaleza,* etc.

MALHERBE (François de), poeta lírico francés (1555-1628), que orientó la poesía de su tiempo hacia el clasicismo, más con sus teorías que con el ejemplo de su obra.

MALÍ (*República del*), república de África occidental, en el territorio del antiguo Sudán francés. Sup. 1 204 000 km²; 4 600 000 h.; cap. *Bamako* (130 800 h.). En 1959-1960 formó con el Senegal la *Federación del Malí.*

MALIBRÁN (María Felicia GARCÍA, **La**), célebre cantante francesa de origen español (1808-1836).

MALINAS, c. de Bélgica (Amberes) a orillas del Dyle; fabricación de encajes famosos. Arzobispado metropolitano.

MALINCHE (La), cima volcánica de México, entre los Estados de Tlaxcala y Puebla; 4 461 m. Tb. llamada **Matlalcueyatl.**

MALINCHE. V. MARINA.

MAL LARA (Juan de), paremiólogo español (¿1524?-1571), que reunió una colección de refranes con el título de *Filosofía vulgar* (1568).

MALMÖ, c. y puerto de Suecia meridional.

MALOLOS, c. de Filipinas (Luzón), cap. de la prov. de Bulacán. Centro arrocero.

MALÓN DE CHAIDE (Pedro), escritor y fraile agustino español (¿1530-1596?), discípulo de Fray Luis de León y autor del célebre tratado de inspiración ascética *La conversión de la Magdalena* (1588), auténtico monumento elevado a la gloria de la lengua castellana.

MALPELO, isla de Colombia, en el Pacífico.

MALPIGHI [*-gui*] (Marcelo), médico y biólogo italiano (1628-1694) que utilizó por primera vez el microscopio para sus investigaciones.

Malquerida (*La*), drama de Jacinto Benavente, de ambiente rural (1913).

MALRAUX [*-ró*] (André), escritor y político francés n. en 1901. Autor de novelas: *Los conquistadores, La vía real, La condición humana, La esperanza,* ésta sobre la guerra civil española, y de obras de estética (*Las voces del silencio*).

MALSTRÖM [*mals*], torbellino del océano Glacial Ártico, cerca de las islas Lofoden.

MALTA, isla del Mediterráneo, entre Sicilia y África. Sup. 316 km²; 330 000 h. (*malteses*). Cap. *La Valetta* (19 100 h.). Carlos V la cedió en 1530 a los caballeros de Rodas, que sostuvieron en ella un sitio memorable contra los turcos en 1565. Bonaparte se apoderó de la isla en 1798. Los ingleses la ocuparon en 1800 y consiguieron su posesión definitiva en 1815. Estado del Commonwealth en 1961, e independiente en 1964.

Malta (*Orden de*), ant. orden hospitalaria de San Juan de Jerusalén (s. XII) y posteriormente de los caballeros de Rodas (s. XIV). Además de la *Orden Soberana de Malta,* hay una ramificación española (*Orden de San Juan Bautista,* 1802) y otra inglesa (1888).

MALTE-BRUN [*-bran*] (Conrado), geógrafo danés (1775-1826), que vivió en Francia, autor de una *Geografía universal.*

MALTHUS (Tomás Roberto), economista inglés, n. en Rookery (1766-1834), autor del *Ensayo sobre el principio de la población,* en el que, dado el aumento constante de población, aconseja la limitación de los matrimonios y nacimientos para evitar un empobrecimiento progresivo de las clases sociales pobres, producido por la escasez de los medios de subsistencia.

MALUCAS. V. MOLUCAS.

MALUENDA (Rafael), novelista y autor dramático chileno (1885-1963), creador de personajes bien caracterizados, principalmente cuando se trata de figuras femeninas.

MALVASIA, en griego **Monemvasia,** penins. de Grecia (Laconia); vinos famosos.

MALVÍN, playa de las cercanías de Montevideo.

MALVINAS, archip. de la Argentina, cuyas dos islas principales son la **Gran Malvina** y la de la **Soledad**; 11 718 km²; 2 250 h. Cap.

Fot. Lipnitzki, X, Larousse

Puerto Stanley, en la isla de la Soledad. Forman parte de la prov. de Tierra del Fuego. Llamadas por los ingleses *Falkland.*

MALLAMA, cerro de Colombia, en la Cord. Occidental; 4 200 m.

MALLARINO (Manuel María), político y literato colombiano (1808-1872), pres. de la Rep. de 1855 a 1857.

MALLARMÉ [*malarmé*] (Stéphane), poeta francés, n. en París (1842-1898), iniciador del simbolismo, cuyos versos difíciles y de una factura exquisita hacen de él uno de los maestros de la lírica moderna: *La siesta de un fauno, Epitafio sobre la tumba de Edgar Poe,* etc.

MALLEA (Eduardo), novelista y ensayista argentino, n. en 1903, en cuyos relatos, marcados por una nota de tristeza y de angustia, abundan los análisis psicológicos y reflexiones filosóficas. Obras: *Cuentos para una inglesa desesperada, Nocturno europeo, Historia de una pasión argentina, La ciudad junto al río inmóvil.*

MALLECO, prov. de Chile; cap. *Angol;* prod. trigo, avena, frutas.

MALLOA, com. de Chile (O'Higgins).

MALLORCA, isla española del Mediterráneo, la mayor de las Baleares, al E. de España; 3 625 km²; 270 000 h. (*mallorquines*). Cap. *Palma de Mallorca* (159 000 h.); c. pr. *Inca, Manacor, Pollensa, Sóller.* Clima suave, uno de los más agradables del Mediterráneo. Gran riqueza agrícola; almendros, olivos, frutas. Centro turístico de fama mundial. La isla de Mallorca, objeto de varias expediciones de la aragoneses en el s. XII, fue constituida en reino por Jaime el Conquistador en 1262 en favor de su hijo Jaime. Acabó por apoderarse de la isla Pedro IV de Aragón hacia 1344.

Mamaconas, mujeres vírgenes y ancianas, al servicio de los templos incaicos, y a cuyo cuidado estaban las vírgenes del Sol.

MAMA OCLLO, hija del Sol, hermana y esposa de Manco Cápac, según la mitología incaica.

MAMBRINO, rey moro, célebre en las novelas de caballería. Su yelmo le hacía invulnerable.

MAMBRÚ. V. MARLBOROUGH.

MAMELUCOS, n. que dieron los españoles a los **bandeirantes paulistas.**

MAMÓN (ALTOS DEL), cimas de Venezuela, en la Cordillera Caribe.

MAMONÍ, río del Panamá, afl. del Bayano.

MAMORÉ, río de Bolivia, afl. del Madeira; 1 930 km. — Prov. de Bolivia (Beni); cap. *San Joaquín.*

MAN, isla inglesa del mar de Irlanda; 570 km². Cap. *Douglas.* Pesca. Ganadería.

MAN, río de Colombia, afl. del Cauca.

MANABÍ, prov. del Ecuador; cap. *Portoviejo;* prod. algodón, caucho, café, tabaco. (Hab. *manabitas.*)

MANACOR, v. de España (Mallorca). Cuevas del Drach. Calzados.

MANAGUA, lago de Nicaragua; 1 042 km². — C. de Nicaragua, cap. del dep. del mismo n. y de la Rep. de Nicaragua, a orillas del lago del mismo n.; 317 600 h. (*managüenses* o *managuas*); centro cultural, comercial e industrial. Universidad. Arzobispado. Aeropuerto (*Las Mercedes*). Entre sus edificios más notables merecen citarse la Catedral y el Palacio Nacional. El dep. es uno de los principales productores de café del país; tb. prod. maíz y plátanos.

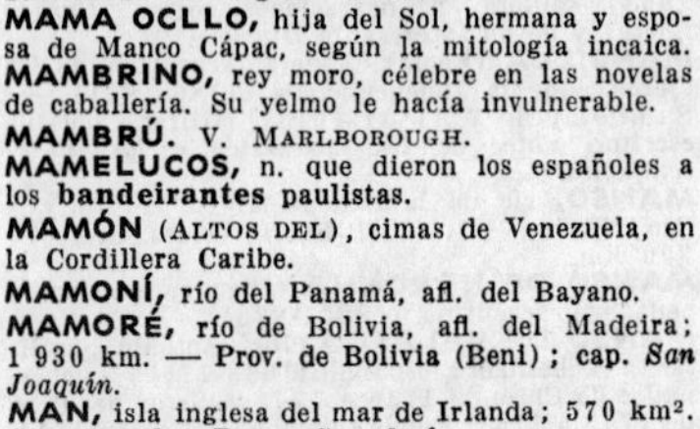

catedral de MANAGUA

MANAPIARI, río de Venezuela (Amazonas), afl. del Ventuari; 160 km.

MANAPIRE, río de Venezuela (Guárico); afl. del Orinoco; 209 km.

MANASÉS, rey de Judá de 687 a 642 a. de J. C.

MANASÉS, patriarca judío, hijo mayor de José. Dio su n. a una tribu de Israel.

MANATÍ. V. AGABAMA.

MANATÍ, c. de Puerto Rico (Arecibo).

MANAUS, ant. **Manaos,** c. del Brasil, cap. del Est. de Amazonas, a orillas del Río Negro, cerca de su confluencia con el Amazonas. Puerto activo.

MANCISIDOR (José), novelista mexicano (1895-1956), de tendencia socialista, autor de *La asonada, Frontera junto al mar,* etc. Publicó también ensayos y dos antologías de cuentos.

MANCO CÁPAC, prov. de Bolivia (La Paz); cap. *Copacabana.*

MANCO CÁPAC I, fundador, según la leyenda, del Imperio Incaico, de la c. de Cuzco y de la dinastía de los Incas (s. XII).

MANCO CÁPAC II, hijo legítimo de Huayna Cápac y último soberano inca. Fue colocado en el trono por Pizarro, luchó contra los españoles y m. asesinado (1544).

MANCHA, dep. de Francia (Normandía); cap. *Saint-Lô.*

MANCHA (CANAL DE LA), gran brazo de mar formado por el Atlántico y que separa Francia de Inglaterra.

MANCHA (La), comarca española que comprende parte de las provincias de Ciudad Real, Toledo, Cuenca y Albacete. Llana y monótona, produce cereales y vino. Cervantes ha hecho célebres en su *Quijote* la Mancha y sus molinos de viento. (Hab. *manchegos.*)

MANCHA REAL, v. de España (Jaén).

MANCHENO (Carlos), militar y político ecuatoriano, pres. de la Rep. en 1947.

MANCHESTER, c. de Inglaterra (Lancashire); centro de la industria textil (algodón); maquinarias; industria química. — C. de los Estados Unidos (New Hampshire). Textiles; metalurgia.

MANCHUKUO, n. que tuvo Manchuria de 1932 a 1945 bajo la influencia japonesa.

MANCHURIA, región de Asia extremo oriental, que forma parte de la República China (*China del Noroeste,* v. CHINA). Sup. 1 055 000 km²; 44 millones de h. (*manchúes*); c. pr. *Mukden,* (2 300 000 h.). Los manchúes invadieron China en el s. XVII y fundaron la dinastía Tsing, que reinó hasta el s. XX. Manchuria se independizó de China en 1932, bajo la influencia del Japón; conquistada por la U. R. S. S. en 1945, volvió, después de la derrota del Japón, a unirse a China.

MANDALAY, c. de Alto Birmania. Comercio.

MANDINGA, golfo de Panamá, en el Caribe.

MANDINGAS, grupo étnico de África occidental, fundador del Imperio Malí en el s. XIII.

MANDONIO, caudillo español, m. en 205 a. de J. C., que, junto a Indíbil, se sublevó contra los romanos. M. crucificado.

MANDUVIRÁ, río del Paraguay, afl. del río Paraguay.

MANES o **MANIQUEO,** fundador de la secta de los *maniqueos,* nacido en Persia (215-276). Para explicar Manes la mezcla del bien y el mal, atribuía, como Zoroastro, la creación a dos principios, uno esencialmente bueno, que era Dios, el espíritu o la luz; y otro esencialmente malo, el Diablo, la materia o las tinieblas.

MANET [*-né*] (Eduardo), pintor francés (1832-1883), uno de los maestros del naturalismo y del impresionismo (*Olympia, Fusilamiento del emperador Maximiliano*). [V. lámina p. 704].

MANFREDO (1232-1266), rey de las Dos Sicilias de 1258 a 1266, rival de Carlos de Anjou.

MANFREDONIA, c. de Italia (Pulla).

MANGALUR, ant. **Mangalore,** c. y puerto de la India, en la costa Malabar (Mysore).

MANGOSIZA, río del Ecuador, afl. del Morona.

MANGRULLO, cuchilla del Uruguay, que separa las cuencas de los ríos Yaguarón y Tacuarí.

MANAUS
la Ópera

MALLARMÉ
por MANET
museo del Louvre

MANET
ESTUDIO DE MUJER

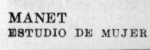

Fot. Oficina de Información de Nicaragua, "Paris-Match", X, Giraudon

K. MANSFIELD

MANSILLA

T. MANN

JORGE MANRIQUE

MANGUALIL, río de Honduras, afl. del Aguán; lavaderos de oro.

MANGUEIRA, laguna del Brasil (Rio Grande do Sul).

MANHATTAN, parte central de Nueva York, entre el río Hudson y el East River; es una antigua isla.

Manifiesto del Partido Comunista, obra de Carlos Marx y Federico Engels (1848).

MANILA, c. de Filipinas y cap. de la isla de Luzón, en la costa O. de la isla, en el fondo de una hermosa bahía, y a orillas del río Pásig; 1 500 000 h. (*manileños*). Cap. de la República hasta 1948, en que fue sustituida por Ciudad Quezón. No obstante, el Gobierno aún reside en ella. Fábricas de cigarros y sombreros de paja, depósitos de café, azúcar, tabaco, algodón, maderas, metalurgia, etc. Entre sus monumentos, poco numerosos a causa de los terremotos, pueden citarse la Catedral, el Ayuntamiento, la Universidad de Santo Tomás, fundada en 1619 por los dominicos. Observatorio meteorológico. Arzobispado. Fundada en 1571 por López de Legazpi, llegó a ser, bajo la dominación española, un centro comercial importante en Extremo Oriente. Ocupada por los japoneses de 1942 a 1945.

MANIN (Daniel), abogado y patriota italiano (1804-1857), pres. de la República de Venecia en 1848, y uno de los más ardientes adversarios de la dominación austriaca.

MANIPUR, territorio de la India, en la frontera con Birmania; 22 000 km². Cap. *Imphal*.

MANIQUEO. V. MANES.

MANISA. V. MAGNESIA.

MANISES, v. de España (Valencia). Fábricas de azulejos y loza. Aeródromo.

MANITOBA, prov. del O. del Canadá que limita con los Estados Unidos. Cap. *Winnipeg*.

Manitú, el Espíritu superior entre los indios de América del Norte.

MANIZALES, c. de Colombia, a orillas del Cauca, cap. del dep. de Caldas; centro comercial e industrial. (Hab. *manizaleños*.) Universidad. Arzobispado.

MANJÓN (Andrés), sacerdote, canonista y pedagogo español (1846-1923), fundador de las escuelas del Ave María (1889).

MANLIO CAPITOLINO, cónsul romano que salvó el Capitolio sitiado por los galos (390 a. de J. C.). Fue despeñado por la roca Tarpeya.

MANLLÉU, v. de España (Barcelona). Tejidos.

MANN (Enrique), novelista alemán (1871-1950), autor de *El profesor Unrat*. — Su hermano, TOMÁS, novelista alemán naturalizado norteamericano (1875-1955), uno de los maestros del arte de la narración, autor de *Los Buddenbrooks, Tonio Kröger, Muerte en Venecia, La montaña mágica, Doctor Faustus, Alteza real*. (Pr. Nóbel, 1929.)

MANNERHEIM (Carlos Gustavo, *barón*), mariscal y estadista finlandés (1867-1951), regente en 1918. Luchó contra los soviéticos en 1939-1940 y 1941-1944 y contra los alemanes en 1945. Pres. de la Rep. en 1944-1946.

MANNHEIM, c. de Alemania (Wurtemberg-Baden). Centro de navegación fluvial del Rin. Metalurgia, productos químicos, fábricas de harina, textiles artificiales.

MANOLETE. V. RODRÍGUEZ (Manuel).

MANOLO (Manuel MARTÍNEZ HUGUÉ, llamado), escultor español (1872-1945).

Manon Lescaut, novela del abate Prevost (1731), en la que se inspiró Massenet para su ópera *Manon* (1884).

MANRESA, c. de España (Barcelona). Fábricas de tejidos; neumáticos.

MANRIQUE (Gómez), poeta español (¿1412-1490?), autor de diversos poemitas líricos de corte amoroso; su obra maestra es la *Representación del Nacimiento de Nuestro Señor*, texto esencial de los orígenes del teatro español.

MANRIQUE (Jorge), sobrino del anterior, n. en Paredes de Nava (¿1440?-1479), poeta que alcanzó su más alto tono en el género elegiaco con las *Coplas por la muerte de su padre el maestre Don Rodrigo*, que han inspirado múltiples glosas.

MANRIQUE (José María), escritor y político venezolano (1846-1907), autor de *Los dos avaros*.

MANRIQUE DE LARA (Íñigo de la Cruz), capitán español (1673-1753), que se distinguió en Italia y en la batalla de Villaviciosa (1710).

MANILA

MANRIQUE Y ZÚÑIGA (Álvaro), séptimo virrey de Nueva España, de 1585 a 1590.

MANS (Le). V. LE MANS.

MANSART o **MANSARD** (Francisco), arquitecto francés (1598-1666). — Su sobrino Julio HARDOUIN-MANSART (1646-1708), primer arquitecto del Luis XIV, trabajó en el palacio de Versalles, en el Hotel de los Inválidos y en el Gran Trianón.

MANSFIELD, c. de Inglaterra (Nottingham). Industria textil. Iglesia de los s. XIII-XV.

MANSFIELD (Kathleen BEAUCHAMP, llamada **Katherine**), escritora neozelandesa (1888-1923), autora de narraciones cortas (*Garden Party*) y de un interesante *Diario*.

MANSILLA (Lucio), general argentino de los ejércitos de la Independencia (1786-1871). — Su hijo LUCIO V. (1831-1913), militar y notable escritor, autor de *Una excursión a los indios ranqueles*.

MANSO, río de la Argentina, en la prov. de Río Negro. — Río del Brasil (Mato Grosso); 900 km.

MANSO DE NORONHA (Juana), escritora y pedagoga argentina (1820-1875).

MANSO DE VELASCO (José Antonio), militar y gobernante español (1688-1765), gobernador de Chile de 1736 a 1745 y virrey del Perú de 1745 a 1761. Fundó Copiapó (Chile) en 1744.

MANSURA, c. del Bajo Egipto.

MANTA, bahía del Ecuador (Manabí), en el océano Pacífico. — Pobl. del Ecuador (Manabí), primer puerto marítimo del país; centro industrial. Estación balnearia.

MANTARO, río del Perú que nace en el lago Junín y, al confluir con el Apurímac, forma el Ene; 450 km.

MANTE, c. de México (Tamaulipas).

MANTEGNA (Andrés), pintor y grabador italiano (1431-1506). Artista hábil y realista, fue uno de los iniciadores del Renacimiento italiano. Autor de los frescos de la iglesia de los Eremitani, de Padua.

MANTINEA, ant. c. de Arcadia. Victoria de Epaminondas sobre los ejércitos de Esparta, donde el tebano encontró la muerte (362 a. de J. C.).

MANTIQUEIRA (SIERRA DE LA), cadena montañosa del Brasil en los Estados de São Paulo y Minas Gerais; alt. máx. 2 787 m.

MANTUA, c. de Italia (Lombardía), rodeada de tres lagos formados por el río Mincio. Centro comercial. Monumentos antiguos. Obispado.

MANÚ, río del Perú, afl. del Madre de Dios. — C. del Perú, cap. de la prov. del mismo n. (Madre de Dios).

Manú (*Libro de la ley de*), libro sagrado de la India, que expone la doctrina del brahmanismo. En la mitología india, *Manú* es el padre de los hombres.

MANUCIO o **MANUZIO** (Aldo), impresor y humanista italiano (¿1449?-1515), célebre por sus ediciones príncipes de los clásicos griegos y latinos. — Su hijo PABLO (1512-1574) y su nieto ALDO (1547-1597) fueron igualmente eruditos e impresores.

Fot. Delphi, X, Braun, doc. A. G. P.

MARACAIBO
explotación petrolífera en el lago

MANUEL (*Infante don* Juan). V. JUAN MANUEL.
MANUEL I Comneno (1122-1180), emperador bizantino de 1143 a 1180, luchó victoriosamente contra turcos y servios, pero arruinó al Estado. — MANUEL II *Paleólogo* (1348-1425), emperador bizantino en 1391, fue vencido por los turcos.
MANUEL I el Afortunado (1469-1521), rey de Portugal en 1495, durante cuyo reinado se realizaron el viaje de Vasco de Gama y el descubrimiento del Brasil. — MANUEL II (1889-1932), rey de Portugal, segundo hijo de Carlos I, sucesor de su padre en 1908, después del asesinato de éste y de su hermano mayor. Fue destronado en 1910 por una revolución militar, y se refugió en Inglaterra.
Manuela, novela del escritor colombiano Eugenio Díaz (1866).
MANUEL MARTÍN, prov. de Bolivia (Potosí); cap. *Villa Salamanca.*
MANURIPI, prov. de Bolivia (Pando); cap. *Puerto Rico.*
MANZANARES, río de España, que pasa por Madrid y des. en el Jarama; 85 km.
MANZANARES, c. de España (Ciudad Real). Cereales.
MANZANILLO, bahía en la costa N. de la Rep. Dominicana (Monte Cristi). — Isla de Panamá, frente al litoral de la prov. de Colón. — C. de Cuba (Oriente); puerto activo; centro comercial; ind. azucarera. — C. y puerto de México (Colima).
MANZONI (Alejandro), escritor italiano (1785-1873), paladín del Romanticismo en su país, autor de la novela histórica *Los novios* (1827).

MANTEGNA: SAN SEBASTIÁN, *detalle*
Museo del Louvre

MAÑACH (Jorge), ensayista y crítico cubano (1898-1961), autor de *Tiempo muerto* (comedia), *Pasado vigente,* etc.
MAÑARA (Miguel de), caballero español (1626-1679), cuya vida licenciosa y posterior conversión le han hecho identificar con el Don Juan de Tirso de Molina.
MAORÍES, indígenas de Nueva Zelanda.
MAO TSE-TUNG, político chino, n. en 1893. Aliado de Chang Kai-chek contra los japoneses, terminada la Segunda Guerra mundial luchó victoriosamente contra el Kuomintang e instauró el régimen comunista en su país. Pres. de la Rep. Popular de China de 1950 a 1959.
MAPIMÍ (BOLSÓN DE), región árida de México en los Estados de Chihuahua, Coahuila y Durango.
MAPIRE, pobl. de Venezuela (Anzoátegui); puerto en el río Orinoco.
MAPOCHO, río de Chile, que nace en los Andes, baña Santiago y des. en el Maipo; 245 km.
MAQUIAVELO (Nicolás), político e historiador italiano, n. en Florencia (1469-1527), autor del célebre tratado *El Príncipe,* exaltación de la razón de Estado, de una serie de *Discursos sobre la primera década de Tito Livio* y de varias obras teatrales (*La Mandrágora*). [V. MAQUIAVELISMO, en la *Parte Lengua.*]
MAR (La), prov. del Perú (Ayacucho); cap. *San Miguel.*
MAR (SERRA DO), sierra del Brasil, que se extiende paralela a la costa, desde Salvador (Bahía) hasta Porto Alegre (Rio Grande do Sul); punto culminante 2 263 m.
MARABIOS, n. dado a la sección norte de la cord. volcánica de Nicaragua.
MARACAIBO, lago de Venezuela (Zulia) que comunica con el mar Caribe. Sup. 16 360 km². Intensa explotación petrolífera. — Golfo de Venezuela en el mar Caribe, conocido también con el nombre de **Golfo de Venezuela.** — C. de Venezuela, cap. del Estado de Zulia, uno de los principales centros industriales del país. (Hab. *maracaiberos.*) Universidad. Obispado. Fundada en 1571, llamóse **Nueva Zamora.** En ella se firmó la capitulación de 1823, por la cual España abandonó definitivamente el territorio venezolano.
MARACAY, c. de Venezuela, cap. del Estado de Aragua; centro comercial e industrial. (Hab. *maracayeros.*) Obispado.
MARAGALL (Juan), uno de los más altos poetas españoles de lengua catalana (1860-1911), autor de composiciones hoy clásicas: *La vaca cega, La sardana,* etc. Prosista de estilo pulcro y sobrio, nos ha legado un libro de *Elogios.*
MARAGATERÍA, comarca de la prov. española de León, cuya c. principal es Astorga.
MARAJÓ, archipiélago y gran isla del Brasil, en la desembocadura del Amazonas. Ganadería. Centro de una civilización precolombina.
MARAMBAS, río de la Argentina (Misiones), afl. del Paraná, llamado tb. **Uruguaí.**
MARAMPA o **LUNSAR,** c. de Sierra Leona.
MARANHÃO, Estado del Brasil septentrional; cap. *São Luis;* plantas oleaginosas; yac. de oro.
MARAÑÓN, río del Perú, que nace en la laguna de Huayhuash y, al unirse con el Ucayali, forma el Amazonas; 1 280 km. — Prov. del Perú (Huánuco); cap. *Huacrachuco.*
MARAÑÓN Y POSADILLO (Gregorio), médico y ensayista español, n. en Madrid (1887-1960). Además de sus escritos de carácter profesional, cultivó el género biográfico (*Amiel, Tiberio, El Greco, Antonio Pérez, Enrique IV de Castilla* y *El Conde-Duque de Olivares*) y estudió los problemas nacionales españoles (*Raíz y decoro de España, Elogio y nostalgia de Toledo, Ensayos liberales, Vocación y ética*), y los mitos de la literatura castellana, como el de Don Juan. Fue uno de los creadores de la endocrinología.
MARASSO (Arturo), poeta y crítico literario argentino (1890-1970), autor de *Poemas y coloquios,* etc.
MARAT (Juan Pablo), físico y político revolucionario francés, n. en Suiza (1743-1793), asesinado por Carlota Corday.
MARATÓN, aldea de Ática, hoy en la prov. de Ática y Beocia. Célebre por la victoria de Milcíades contra los persas en 490 a. de J. C.

MAO TSE-TUNG

MAQUIAVELO

MARAGALL

G. MARAÑÓN

Fot. Gediminas Orentas, Giraudon, Keystone, Larousse, doc. A. G. P.

MARCO ANTONIO MARCO AURELIO

Maravillas del Mundo (*Las siete*), n. dado a las siete obras maestras de la arquitectura y escultura de la Antigüedad, admiradas universalmente (pirámides de Egipto, jardines colgantes de Semíramis y murallas de Babilonia, estatua de Júpiter Olímpico, de Fidias, coloso de Rodas, templo de Artemisa en Éfeso, mausoleo de Halicarnaso y faro de Alejandría).
MARBELLA, c. de España (Málaga). Estación invernal y veraniega de la *Costa del Sol.*
MARBORÉ (MONTES DE), montes de los Pirineos centrales, en la frontera hispanofrancesa.
MARBURGO. V. MARIBOR.
MARBURGO, c. de Alemania (Hesse). Universidad. Castillo. Iglesia del s. XIII.
MARCABRÚ, poeta provenzal del s. XII, que residió en la corte de Alfonso VII de Castilla.
MARCA HISPÁNICA, región de España, correspondiente a la actual Cataluña, conquistada por los francos a principios del s. IX. Confiada al gobierno de condes tributarios, no tardaron éstos en hacerse independientes de los reyes francos (895).
MARCANO (Gaspar), médico y antropólogo venezolano (1850-1916), que investigó sobre la bacteriología de la lepra.
MARCAS, región de Italia Central (prov. de Macerata, Pesaro y Urbino, Ancona y Ascoli Piceno).
MARCEL (Etienne), preboste de los mercaderes de París en el s. XIV, que desempeñó importante papel en la política francesa; asesinado en 1358.
MARCEL (Gabriel), filósofo francés, n. en 1889, representante del existencialismo católico.
MARCELINO (*San*), papa de 296 a 304, martirizado en tiempos de Diocleciano. Fiesta el 26 de abril.
MARCELO I (*San*), papa de 308 a 309. Fiesta el 16 de enero. — MARCELO II, papa en 1555 durante 21 días.
MARCELO (Cayo Claudio), hijo de Octavia y sobrino y yerno de Augusto, a quien debía suceder; m. a los dieciocho años, en 23 a. de J. C. Su fin prematuro inspiró a Virgilio admirables versos (*Eneida*, lib. VI).
MARCELO (Marco Claudio), general romano, cinco veces cónsul. Durante la segunda guerra púnica, se apoderó de Siracusa (212 a. de J. C.), donde sus soldados degollaron a Arquímedes. Murió en 208 a. de J. C. combatiendo contra Aníbal.
MARCIAL (Cayo Valerio), poeta hispanolatino, n. en Bílbilis (Calatayud) [¿43?-104], autor de *Epigramas*, a veces licenciosos, interesantes para conocer las costumbres de Roma.
MARCIAL (*San*), primer obispo de Limoges, en Francia (s. III). Fiesta el 30 de junio.
MARCO ANTONIO, noble romano (83-30 a. de J. C.), que organizó el Segundo Triunvirato con Octavio y Lépido (43). Casado con Cleopatra de Egipto, repudió a Octavia, hermana de Octavio, quien le declaró la guerra y lo derrotó en Accio (31). Se suicidó en el sitio de Alejandría.
MARCO AURELIO, emperador y filósofo romano (121-180). Durante su reinado de 161 a 180 sostuvo largas y victoriosas guerras contra los bárbaros que amenazaban el Imperio. Es autor de célebres *Pensamientos*, de inspiración estoica.
MARCOMANOS, ant. pueblo germano, vencido por Druso en 9 a. de J. C. Asentados en Bohemia, los marcomanos invadieron Italia, de donde los arrojó Marco Aurelio.

MARCONI

A. MARCH

MARCONI (Guillermo), físico italiano (1874-1937), que realizó las primeras pruebas de transmisión inalámbrica por ondas hertzianas. (Pr. Nóbel, 1909.)
MARCO POLO. V. POLO.
MARCOS (Fernando E.), jurista y político filipino, n. en 1917, pres. de la Rep. en 1966, reelegido en 1969.
MARCOS (*San*), uno de los cuatro evangelistas. Fiesta el 25 de abril. Patrón de Venecia, se le dedicó en 830 la iglesia de su nombre, maravilla del arte románico, bizantino y gótico.
Marcos de Obregón (*Vida del escudero*), novela picaresca de Vicente Martínez Espinel (1618), especie de autobiografía ingeniosa.
MARCOS JUÁREZ, pobl. de Argentina (Córdoba).
MARCUSE (Herbert), filósofo norteamericano de origen alemán, n. en 1898. En sus obras, critica la civilización industrial.
MARCH (Ausias), poeta valenciano (1395-1462), de inspiración petrarquista en sus *Cantos de amor*, dedicados a Teresa Bou. Influyó en la poesía castellana del s. XVI.
MARCH (Esteban), pintor español (1590-1660), autor de cuadros de batallas.
Marcha Real, himno nacional español. Probablemente de origen alemán, fue compuesto por Haendel para un minué. También se dice que lo importó de Francia Felipe V.
MARCHENA, v. de España (Sevilla). Olivos.
MARCHENA (Antonio de), religioso español del s. XV, protector de Cristóbal Colón.
MARCHENA (Enrique de), compositor dominicano n. en 1908, autor de *Suite de imágenes.*
MARCHENA (José), poeta, erudito y abate español, n. en Utrera (1768-1821), que llevó una vida llena de aventuras. Eminente humanista, inventó una superchería literaria en torno al libro de Petronio *El Satiricón* y tradujo diversos textos del francés. Llamado el **Abate Marchena.**
MAR CHICA, pequeño mar interior de la costa de Marruecos, a cinco km de Melilla, 200 km².
MARCHIGÜE, com. de Chile (Colchagua).
MAR CHIQUITA, lago salino de la Argentina (Córdoba). — Laguna de la Argentina (Buenos Aires).
MAR DE AJÓ, playa de la Argentina (Buenos Aires).
MAR DE PAJA. V. PAJA (Mar de).
MAR DEL PLATA, pobl. de la Argentina en el Atlántico (Buenos Aires); centro pesquero y comercial; est. balnearia muy concurrida.
MARDONIO, general persa, m. en la batalla de Platea, durante la segunda guerra médica (479 a. de J. C.).
MARDOQUEO, judío que fue llevado cautivo a Babilonia, tío y tutor de Ester. (*Biblia.*)
MARECHAL (Leopoldo), poeta ultraísta argentino, n. en 1900, autor de *Días como flechas, Odas para el hombre y la mujer*, etc.
MARENGO, aldea de Italia (Piamonte), célebre por la batalla ganada por Bonaparte contra los austriacos en 1800.
Mare nostrum, n. romano del Mediterráneo.
MARENZIO (Lucas), compositor italiano (¿1550?-1599), ilustre madrigalista.
MAREOTIS (LAGO) o **MARIUT,** laguna del Bajo Egipto, separada del Mediterráneo por la faja de tierra donde se halla Alejandría.
MARGARITA, isla de México (Baja California). — Isla de Venezuela en el mar Caribe; 1 097 km². Cap. *La Asunción.* Pesquerías de perlas. — Pobl. de Colombia (dep. de Bolívar).

MAR DEL PLATA: la playa

Fot. doc. A. G. P., Manuel, Giraudon, Anderson, doc. Óscar, R. Silva

MARGARITA *(Santa)*, virgen y mártir, n. en Antioquía (¿255-275?). Fiesta el 20 de julio.
Margarita, una de las protagonistas del *Fausto*, de Goethe. De condición humilde, seducida y abandonada por Fausto, provoca involuntariamente la muerte de su hermano Valentín y ahoga a su hijo. Condenada a muerte, salva su alma por su ingenuidad, inocencia y pureza.
MARGARITA DE ANGULEMA o de **NAVARRA** (1492-1549), hermana de Francisco I de Francia, distinguióse por su amor a las letras y las artes. Es autora de una colección de cuentos, el *Heptamerón*, y de poesías.
MARGARITA DE ANJOU (1430-1482), esposa de Enrique VI de Inglaterra, célebre por su valor durante la guerra de las Dos Rosas.
MARGARITA DE AUSTRIA (1480-1530), hija de Maximiliano I y de María de Borgoña, nombrada por su padre gobernadora de los Países Bajos. Intervino en la Liga de Cambrai (1508) y en la Paz de las Damas (1529).
MARGARITA DE AUSTRIA (1584-1611), reina de España, esposa de Felipe III.
MARGARITA DE BORGOÑA (1290-1315), reina de Francia, esposa de Luis X, quien le hizo dar muerte por adúltera.
MARGARITA DE PARMA (1522-1586), hija natural de Carlos I, gobernadora de los Países Bajos.
MARGARITA DE PROVENZA (¿1221?-1295), reina de Francia, esposa de San Luis.
MARGARITA DE VALDEMAR, llamada **la Semíramis del Norte** (1353-1412), hija del rey de Dinamarca Valdemar IV Atterdag y esposa del rey de Suecia y de Noruega Haakón VI. En la Unión de Calmar reunió bajo su cetro las tres coronas de Noruega, Suecia y Dinamarca.
MARGARITA DE VALOIS (1553-1615), llamada **la Reina Margot**, hija de Enrique II de Francia y Catalina de Médicis, esposa de Enrique IV. Autora de unas *Memorias* y poesías.
MARGARITA MARÍA Alacoque *(Santa)*, religiosa francesa (1647-1690) que inició la devoción al Sagrado Corazón de Jesús. Fiesta el 17 de octubre.
MARGATE, c. de Inglaterra (Kent). Estación balnearia.
MARGGRAF (Andrés), químico alemán (1709-1782). Fue el primero que obtuvo azúcar de la remolacha.
MARGIL DE JESÚS (Antonio), misionero franciscano español (1657-1726), que actuó en Yucatán y Tabasco, y escribió un diccionario de idiomas indígenas.
MARI, pueblo de la U.R.S.S., cuyo territorio se encuentra en la cuenca media del Volga.
MARÍA, nudo montañoso de Colombia, en el N. de la cord. de Chacó.
MARÍA *(Santa)* o **la Virgen María**, hija de San Joaquín y de Santa Ana, esposa de San José y madre de Jesucristo. Según la doctrina de la Iglesia Católica, María fue desde el primer instante de su concepción preservada milagrosamente del pecado original (*dogma de la Inmaculada Concepción*) y fue elevada a los cielos por obra de Dios (*dogma de la Asunción*). Fiesta el 15 de agosto.
María, novela romántica del colombiano Jorge Isaacs (1867), idilio admirable que ha valido a su autor fama imperecedera.
MARÍA I (1734-1816), reina de Portugal en 1777. Habiéndose vuelto loca en 1790, fue llevada en 1807 al Brasil, donde murió. — MARÍA II o MARÍA DA GLORIA (1819-1853), reina de Portugal en 1826.
MARÍA I TUDOR (1516-1558), reina de Inglaterra (1553-1558), hija de Enrique VIII y de Catalina de Aragón. Adversaria encarnizada de la Reforma, mereció por sus persecuciones contra los protestantes el apodo de **María la Sanguinaria**. Casó con Felipe II de España.
MARÍA II (1662-1694), reina de Inglaterra, hija de Jacobo II y esposa de Guillermo III.
MARÍA AMALIA DE SAJONIA (1724-1760), reina de España y de Nápoles, esposa de Carlos III.
MARÍA ANTONIA DE BORBÓN (1788-1806), reina de España, primera esposa de Fernando VII.

MARÍA TUDOR
por MORO
museo del Prado

MARÍA ANTONIETA
por DROUAIS
Museo Condé
Chantilly

MARÍA CRISTINA
DE BORBÓN
por V. LÓPEZ
museo del Prado

MARÍA ANTONIETA, reina de Francia, n. en Viena (1755-1793), hija del emperador de Austria Francisco I y de María Teresa, y esposa de Luis XVI. Imprudente, pródiga y enemiga de las reformas, se hizo pronto impopular. Incitó a Luis XVI a que resistiese a la Revolución, mantuvo relaciones con algunos gobiernos extranjeros, y, después del 10 de agosto de 1792, fue encerrada en el Temple. Durante su cautiverio se mostró llena de dignidad. Murió en la guillotina.
MARÍA CLEOFÁS, hermana de la Virgen y esposa de Cleofás *(Evangelio)*.
MARÍA CRISTINA DE BORBÓN (1806-1878), cuarta esposa de Fernando VII de España. A la muerte del rey, y durante la minoría de su hija Isabel II, fue reina gobernadora (1833-1840). En este período estalló la primera guerra carlista. Espartero le obligó a abdicar y le sucedió en la regencia.
MARÍA CRISTINA DE HABSBURGO (1858-1929), reina y regente de España, segunda esposa de Alfonso XII. A la muerte de éste (1885), desempeñó la regencia hasta la mayoría de edad de su hijo Alfonso XIII (1902). Episodios de este período fueron la guerra con los Estados Unidos y la pérdida de Cuba, Puerto Rico y Filipinas.
MARÍA de Betania, hermana de Lázaro y de Marta *(Evangelio)*.
MARÍA DE BORGOÑA (1457-1482), hija única de Carlos el Temerario, duque de Borgoña, esposa de Maximiliano de Austria.
MARÍA de Francia, poetisa francesa de la segunda mitad del s. XII, autora de *Fábulas* y de *Lais*.
MARÍA DE MÉDICIS, reina de Francia, esposa de Enrique IV, n. en Florencia (1573-1642). Fue nombrada regente a la muerte de su esposo.
MARÍA DE MOLINA, reina de Castilla, n. hacia 1265, m. en Valladolid en 1321, esposa de Sancho IV de Castilla. A la muerte de éste (1295), tuvo que defender la corona de su hijo Fernando contra la ambición de los príncipes de Castilla y, a la muerte de su hijo, volvió a aceptar la regencia en nombre de su nieto Alfonso XI. Su vida inspiró la obra de teatro de Tirso de Molina titulada *La prudencia en la mujer*.
MARÍA ELENA, pobl. de Chile (Antofagasta); salitre.
MARÍA I ESTUARDO (1542-1587), hija de Jacobo V de Escocia, reina de Escocia y luego de Francia por su matrimonio con Francisco II. Viuda en 1560, volvió a su país, donde tuvo que luchar a la vez contra la Reforma y contra las intrigas de la reina de Inglaterra, Isabel I. Su casamiento con Bothwell, asesino de su segundo marido lord Darnley, provocó una insurrección y tuvo que abdicar (1567). Huyó a Inglaterra, pero Isabel la hizo prender y ejecutar después de diecinueve años de cautiverio.
María Estuardo, tragedia de Alfieri (s. XVIII). — Tragedia de Schiller (1800), cuyo tema es la resignación ante la muerte de María Estuardo.
MARÍA GALANTE, una de las Antillas Menores; cap. *Grand-Bourg*.

MARÍA CRISTINA
DE HABSBURGO

MARÍA DE MOLINA

MARÍA ESTUARDO
museo del Prado

Fot. Anderson, Giraudon, Neurdein, Devas, doc. A. G. P., Giraudon

MARÍA LUISA DE PARMA por GOYA

MARÍA GORETTI (*Santa*), joven italiana (1890-1902), mártir de la pureza. Canonizada en 1950. Fiesta el 6 de julio.

MARÍA LESCZINSKA (1703-1768), hija del rey de Polonia Estanislao Lesczinsky y reina de Francia por su matrimonio con Luis XV.

MARÍA LUISA DE HABSBURGO, n. en Viena (1791-1847), hija de Francisco II, emperador germánico. Emperatriz de los franceses por su matrimonio con Napoleón I (1810) y madre del rey de Roma, después duque de Reichtadt.

MARÍA LUISA DE ORLEÁNS (1662-1689), hija de Felipe de Orleáns y reina de España por su matrimonio con Carlos II (1679). Murió repentinamente, acaso envenenada.

MARÍA LUISA DE PARMA (1754-1819), reina de España por su matrimonio con Carlos IV. De carácter dominante, impuso como primer ministro a su favorito Manuel Godoy, y los abusos de ambos provocaron el motín de Aranjuez y la intervención francesa.

MARÍA LUISA GABRIELA DE SABOYA (1688-1714), reina y regente de España, hija del duque de Saboya Víctor Amadeo II, esposa de Felipe V (1701) y madre de los reyes Luis I y Fernando VI.

MARÍA MADRE, una de las islas mexicanas del archip. de las Marías; 114 km².

MARÍA PINTO, com. de Chile (Santiago).

MARÍA TERESA DE AUSTRIA (1638-1683), hija de Felipe IV de España, casó con Luis XIV de Francia (1660), en virtud del Tratado de los Pirineos.

▼

MARÍA TERESA DE AUSTRIA Escuela austriaca s. XVIII

MARÍA TERESA DE AUSTRIA por VELÁZQUEZ Louvre

▲

MARÍA TERESA DE AUSTRIA (1717-1780), emperatriz germánica, reina de Hungría y de Bohemia, hija del emperador Carlos VI. Casó con Francisco de Lorena y fue madre de José II, de Leopoldo II y de María Antonieta. Enérgica y animosa, luchó contra el rey de Prusia en la guerra de Sucesión de Austria y en la de los Siete Años.

MARÍA VICTORIA (1847-1876), duquesa de Aosta y reina de España, esposa de Amadeo I.

MARIAMNA, mujer de Herodes el Grande, quien le hizo dar muerte por celos (29 a. de J. C.). Calderón de la Barca se inspiró en su vida para su drama *El mayor monstruo, los celos.*

MARIANA, c. del Brasil (Minas Gerais). Monumentos de la época colonial.

MARIANA DE AUSTRIA (1634-1696), hija de Fernando III de Alemania, reina de España por su matrimonio con Felipe IV (1649). Viuda en 1665, gobernó con ayuda del jesuita Nitard y más tarde con la de su favorito Fernando de Valenzuela, hasta la mayor edad de su hijo Carlos II (1677).

MARIANA DE BAVIERA NEUBURGO (1667-1740), reina de España, segunda esposa de Carlos II. Intentó inútilmente asegurar la sucesión de la Corona en favor del archiduque Carlos.

MARIANA DE JESÚS DE PAREDES Y FLORES (*Santa*). V. PAREDES Y FLORES.

J. MARÍAS

JUAN DE MARIANA

MARIANA (Juan de), historiador y jesuita español, n. en Talavera (1536-1624), autor del tratado *De rege et regis institutione,* sobre el origen del poder real, donde afirma la licitud de matar al tirano, y de una *Historia de España* de más valor literario que científico.

MARIANAO, térm. mun. de Cuba y c. de los suburbios de La Habana.

MARIANAS (ISLAS), o **de los Ladrones,** archip. volcánico, al E. de las Islas Filipinas; cap. *Saipán.* Descubierto por Magallanes en 1521, perteneció a España hasta 1899. Ocupado por los japoneses de 1918 a 1945, está hoy bajo mandato norteamericano.

Marianela, novela de B. Pérez Galdós (1878).

MARIANI (Roberto), escritor y dramaturgo argentino (1893-1946), autor de *En la penumbra.*

MARIÁNICA (CORDILLERA), ant. n. de la **Sierra Morena,** cadena montañosa de España.

Marianistas, miembros de una *Compañía de María,* fundada en Burdeos en 1817 por Guillaume J. Chaminade, y dedicada a la enseñanza.

MARIANO ROQUE ALONSO, pobl. del Paraguay (Central).

MARIANSKE LAZNE, en alem. **Marienbad,** c. de Checoslovaquia (Bohemia). Aguas termales.

MARÍAS (ISLAS), archip. de México, de origen volcánico, en el océano Pacífico (Nayarit).

MARÍAS (Julián), filósofo y ensayista español, n. en 1914, discípulo de Ortega y Gasset, autor de *Historia de la Filosofía, Introducción a la Filosofía, El método histórico de las generaciones, La estructura social, Miguel de Unamuno, Ortega, Los Españoles,* etc.

MARIÁTEGUI (José Carlos), ensayista y crítico peruano, n. en Lima (1895-1930), fundador de la revista *Amauta* y autor de *Siete ensayos de interpretación de la realidad peruana.*

MARIATO, punta de Panamá (Veraguas), en el océano Pacífico. — Río de Panamá, que des. en el golfo de Montijo.

MARIBO, c. de Dinamarca, cap. de la isla de Laaland. Catedral del s. XV.

MARIBOR, en alem. **Marburg,** c. de Yugoslavia (Eslovenia); catedral (s. XII-XVIII). Industrias.

MARICÁ, mun. del Brasil (Río de Janeiro).

MARIEL, pobl. de Cuba, en la bahía del mismo nombre (Pinar del Río); escuela naval.

MARIENBAD. V. MARIANSKE LAZNE.

MARIETTE (Augusto Eduardo), egiptólogo francés (1821-1881). Descubrió el templo de Serapis.

MARIGNAC (Jean Charles), químico suizo (1817-1894), descubridor del iterbio y del gadolinio.

MARIGÜITAR, pobl. de Venezuela (Sucre); puerto en el mar Caribe.

MARÍN, c. y puerto de España (Pontevedra). Escuela Naval militar.

MARÍN (Juan), novelista chileno (1900-1963), autor de *Paralelo 53 Sur,* relato de la vida de Magallanes, y *Cuentos de viento y agua.*

MARÍN CAÑAS (José), novelista costarricense, n. en 1904, autor de *Tú, la imposible: Memorias de un hombre triste* y *El infierno verde.*

MARINA (La), pobl. de Costa Rica (Alajuela).

MARINA (*Santa*), virgen y mártir de Galicia. Fiesta el 18 de julio.

MARINA o **MALINCHE,** india mexicana, m. hacia 1530. Fue intérprete, consejera y amante de Hernán Cortés, con quien tuvo un hijo: Martín Cortés.

MARINELLO (Juan), político, ensayista y poeta cubano, n. en 1898, autor de *Liberación* (poemas), *Martí, escritor americano, Ensayos Martinianos, Contemporáneas,* etc.

MARINEO SÍCULO (Lucio), humanista siciliano (¿1460-1533?), que vivió en España, enseñó en la Universidad de Salamanca y compuso una *Historia del reinado de los Reyes Católicos.*

MARINETTI (Felipe Tomás), escritor italiano (1876-1944), adalid del movimiento *futurista* en literatura.

MARINI o **MARINO** (Juan Bautista), poeta italiano (1569-1625), maestro de la lírica culterana en su país, llamada *marinismo.* Entre sus obras se destacan *El rapto de Europa, Adonis* y *La zampoña.*

Fot. Anderson, Giraudon, doc. A. G. P.

MARINILLA, v. de Colombia (Antioquia), en el lecho de un antiguo lago.

MARINO DE TIRO, geógrafo romano de fines del s. I, fundador, con Eratóstenes e Hiparco, de la geografía matemática.

MARIÑO, distr. de Venezuela (Sucre), cap. *Irapa.*

MARIÑO (Santiago), general venezolano (1788-1854), que luchó por la Independencia. Secundó a Bolívar y luego se sublevó contra él.

MARIO (Cayo), general romano (157-86 a. de J. C.), emparentado con Julio César. Venció a Yugurta en Numidia (105), a los teutones en Aix (102) y a los cimbros en Vercelli, triunfo que le valió gran popularidad en Roma. Durante la guerra civil, al frente del partido democrático y en unión de Cinna, entró en Roma y se proclamó cónsul, pero murió víctima de sus excesos.

MARIOTTE [*-ot*] (Edmond), físico francés (¿1620?-1684), que completó la teoría de Galileo sobre el movimiento de los cuerpos y enunció la ley de los gases perfectos.

MARIQUINA, com. de Chile (Valdivia).

MARIQUITA, c. de Colombia (Tolima), famosa por sus minas de la época colonial.

MARISCAL (Federico E.), arquitecto mexicano, n. en 1881, iniciador del movimiento en pro del estudio de la arquitectura colonial del país.

MARISCAL (Juan León), compositor mexicano, n. en 1899, autor de *Fantasía mexicana.*

MARISCAL ESTIGARRIBIA, c. del Paraguay, cap. del dep. de Boquerón; centro comercial. (Hab. *estigarribeños.*) Llamóse primeramente **Camacho,** y luego **López de Filipis.**

MARISCAL NIETO, prov. del Perú (Moquegua); cap. *Moquegua.*

MARISMAS (Las), tierras bajas y pantanosas del río Guadalquivir, entre Sevilla y Huelva (España). Pastizales; ganaderías de toros bravos.

Maristas *(Hermanos),* institución religiosa, fundada en 1817 en Francia por el venerable Marcelino Champagnat, dedicada a la educación de la juventud.

Maristas (*Padres*), congregación religiosa, fundada en Lyon en 1822 por Juan Claudio Colin, dedicada a las misiones y a la enseñanza.

MARITAIN (Jacques), filósofo francés, n. en 1882. Defensor de la ortodoxia católica, paladín del neotomismo y adversario de la doctrina de Bergson.

Maritornes, criada de la venta donde se hospedó Don Quijote después de la paliza recibida de los yangüeses.

MARITZA o **MARITSA,** río de Bulgaria y Grecia, que des. en el Egeo; 437 km. Es el **Hebro** de los antiguos.

MARIUPOL. V. JDANOV.

MARIUT (LAGO). V. MAREOTIS.

MARIVAUX [*-vó*] (Pedro **de Chamblain de**), literato francés (1688-1763), autor de numerosas obras dramáticas de refinada psicología, escritas con un estilo elegante y delicado: *La sorpresa del amor, Juego de amor y azar, Falsas confidencias.* Se le deben también interesantes novelas *(La vida de Mariana).*

MARK TWAIN, seudónimo del escritor norteamericano Samuel Langhorne CLEMENS (1835-1910), autor de relatos humorísticos y de aventuras: *Un yanqui en la corte del rey Artús, Aventuras de Tom Sawyer,* etc.

MARLBOROUGH [*-bro*] (John CHURCHILL, *duque de*), general inglés (1650-1722), que se distinguió en la guerra de Sucesión Española. Se ha hecho legendario gracias a la canción burlesca de la que es el héroe con el nombre de *Mambrú.*

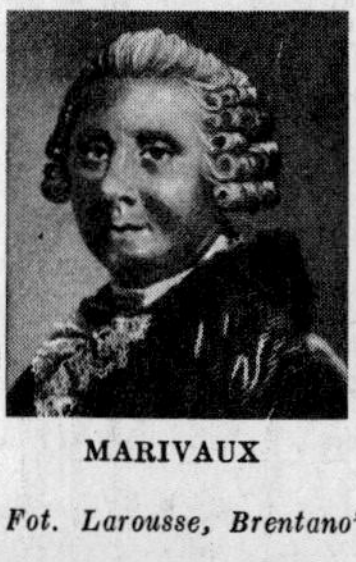

MARIVAUX

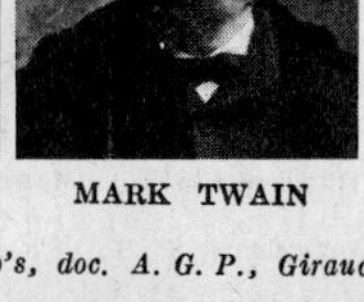

MARK TWAIN

MARLOWE (Cristóbal), dramaturgo inglés (1564-1593), autor de *La trágica historia del doctor Fausto* (1558). Precursor de Shakespeare.

MÁRMARA (MAR DE), ant. **Propóntide,** mar interior formado por el Mediterráneo, entre las penínsulas de los Balcanes (Europa) y de Anatolia (Asia).

MARMATO, mun. de Colombia (Caldas); plata.

MAR MENOR, lago salado de la provincia de Murcia, separado del Mediterráneo por una estrecha faja de tierra; 150 km².

MÁRMOL (José), escritor y político argentino, n. en Buenos Aires (1818-1871). Enemigo del dictador Rosas, fue desterrado. En los *Cantos del peregrino* alcanza una gran fuerza dramática en sus imprecaciones contra el tirano. Para el teatro escribió *El poeta* y *El conquistador,* pero su mayor fama la obtuvo con su novela *Amalia* (1852), en la que describe Buenos Aires durante la dictadura rosista.

MÁRMOL (Luis Enrique), poeta venezolano (1897-1926), autor de *La locura del otro.*

MARMOLEJO, c. de España (Jaén); aceite. Aguas termales.

MARMONTEL (Juan Francisco), escritor francés (1723-1799), autor de novelas épicas *(Los incas, Belisario),* de obras de teatro, de *Memorias,* etc.

MARNE [*marn*], río de Francia, afl. del Sena; 525 km. Victorias de los Aliados en 1914 y 1918.

MARNE, dep. de Francia, formado por una parte de la ant. Champaña; cap. *Châlons.*

MARNE (Alto), dep. de Francia, formado por una parte de las ant. Champaña, Borgoña y Franco Condado; cap. *Chaumont.*

MARONI, río que separa la Guayana francesa de la Guayana holandesa; 680 km.

Maronitas, católicos de rito sirio que viven en el Líbano; célebres por sus rivalidades sangrientas con los drusos de 1840 a 1860. Actualmente existe aproximadamente un millón de fieles.

MAROS o **MURES,** río de Hungría y Rumania, afl. de izq. del Tisza; 900 km.

MAROT [*-ró*] (Clemente), poeta francés (1496-1544), autor de baladas, epigramas y elegantes epístolas.

MAROTO (Rafael), general español, n. en Lorca (1783-1847). Combatió en la guerra de la Independencia española, fue vencido por San Martín en Chacabuco (1817), y luchó luego en las filas carlistas. En 1839 firmó el *Convenio de Vergara* con Espartero.

MARQUÉS (René), narrador y dramaturgo puertorriqueño, n. en 1919, autor de *Otro día nuestro.*

MARQUES PEREIRA (Nuno), escritor brasileño (1652-1728), muy popular en la época colonial.

Marquesa de Yolombó *(La),* novela del colombiano Tomás Carrasquilla en la que describe la vida de Antioquia (1928).

MARQUESAS (ISLAS), archip. francés de Polinesia. Descubierto en 1595 por el español Álvaro de Mendaña.

MARQUET [*-ké*] (Alberto), pintor francés (1875-1947), notable paisajista.

MARQUETTE (*Padre* Jacques), jesuita francés (1637-1675), descubridor del Misisipí.

MÁRQUEZ (José Antonio), militar y político hondureño, m. en 1832, jefe del Estado en 1831.

MÁRQUEZ (José Arnaldo), poeta peruano (1830-1903), autor de *Notas perdidas.*

MÁRQUEZ (José Ignacio de), político y jurista colombiano (1793-1880), pres. interino de la Rep. de Nueva Granada en 1832, pres. efectivo en 1837, depuesto por la revolución de 1840.

MÁRQUEZ (Juan), escritor español (1565-1621), autor de *Tratado del gobernador cristiano,* refutación de la doctrina de Maquiavelo.

MÁRQUEZ (Leonardo), general mexicano (1820-1913), partidario del emperador Maximiliano. Mereció el apodo de *Tigre de Tacubaya.*

MÁRQUEZ (Lorenzo) o **Lourenço Marques,** navegante portugués del s. XVI; exploró Mozambique (1545).

MÁRQUEZ BUSTILLOS (Victoriano), político venezolano (1858-1941), pres. de la Rep. de 1915 a 1922.

Cayo MARIO
museo de Nápoles

J. MÁRMOL

MAROTO

MARLBOROUGH
por VAN DER WERFF

Fot. Larousse, Brentano's, doc. A. G. P., Giraudon

general MARSHALL

estatua del dios MARTE museo del Capitolio

J. MARTÍ

MÁRQUEZ MIRANDA (Fernando), arqueólogo argentino (1897-1961), autor de *Los aborígenes de América.*

MÁRQUEZ SALAS (Antonio), cuentista venezolano, n. en 1919.

MARQUINA (Eduardo), poeta y autor dramático español (1879-1946), autor de *En Flandes se ha puesto el Sol, La ermita, la fuente y el río, Doña María la Brava, Las hijas del Cid,* etc.

MARRAKECH, c. y ant. cap. de Marruecos. Industrias textiles y alimenticias. Aeropuerto.

MARROQUÍN (Francisco), prelado español del s. XVI, primer obispo de Guatemala. Fundó en este país la primera escuela de América Central (1532). Murió en 1563.

MARROQUÍN (José Manuel), político y escritor colombiano (1827-1908), vicepres. de la Rep. en 1898 y pres. de 1900 a 1904. Fundó la Academia Colombiana de la Lengua.

MARRUECOS, reino de África del Norte, limitado al N. por el Mediterráneo, al O. por el Atlántico, al S. y al SE. por el Sáhara, y al E. por Argelia. Sup. 447 000 km²; 15 000 000 h. *(marroquíes).* Cap. *Rabat,* 227 400 h.; c. pr. *Casablanca,* 956 000 h.; *Marrakech,* 250 000; *Fez,* 220 000; *Mequínez,* 180 000; *Tetuán,* 105 000.

— GEOGRAFÍA. Marruecos está cruzado por cadenas montañosas, separadas por depresiones. Dichas cadenas son, de Norte a Sur, la del *Rif,* la del *Atlas Medio* (más de 3 000 m de altura), la del *Atlas Mayor* (hasta 4 165 m), y la del *Anti Atlas.* Más allá de estas montañas Marruecos posee una parte del Sáhara. Las partes occidental y oriental de Marruecos forman una serie de planicies. La población marroquí se compone de individuos de idioma árabe, de beréberes (descendientes de los antiguos númidas) y de europeos. Los aborígenes son, en gran parte, seminómadas, dedicados principalmente a la cría del ganado. La agricultura moderna, muy mecanizada, ha transformado el país. Los recursos del subsuelo son numerosos (petróleo, hierro, plomo, cinc, fosfatos). Marruecos es el principal productor de energía eléctrica de África del Norte, pero la industria ocupa aún un puesto secundario en comparación con la agricultura.

— HISTORIA. Poblado originalmente por los beréberes, Marruecos sufrió la influencia de Cartago y se convirtió después en colonia romana (42 a. de J. C.). Conquistado en 429 por los vándalos, en 534 fue reconquistado por Belisario, en nombre de Justiniano. Más tarde, los visigodos se apoderaron de Marruecos (620), y en 681 comenzó la conquista árabe. A las dinastías árabes (s. VIII a XI) sucedieron las dinastías berberiscas de los almorávides y los almohades (s. XI y XII). Desde el s. XIII hasta 1565 reinaron los benimerines; el poder pasó entonces a los saadis y después a los Filali, de los que una de las ramas, los alauitas, lo han conservado hasta nuestros días. En 1912, España y Francia ejercieron conjuntamente el protectorado de Marruecos. Éste se independizó en 1956 y se convirtió en reino en 1957.

MARSALA, c. y puerto de Sicilia. Vinos.

MARSELLA, en fr. **Marseille,** c. de Francia, cap. del dep. de Bocas del Ródano, el mayor puerto del Mediterráneo y segunda ciudad de Francia. Fundada por una colonia focense en 600 a. de J. C. Universidad. Aceites, jabones, industria química; construcciones y reparaciones navales.

MARSELLA vista aérea

MARQUINA F. MARROQUÍN

Marsellesa *(La),* himno nacional francés, compuesto en 1792 por el oficial de ingenieros Rouget de Lisle para el ejército del Rin.

MARSH [*march*] (James), químico inglés (¿1794?-1846), inventor de un aparato para dosificar el arsénico.

MARSHALL, archip. de Micronesia (Oceanía). Alemán de 1899 a 1914, mandato japonés hasta 1944, bajo tutela norteamericana desde 1947. Combates entre norteamericanos y japoneses en 1944. Pruebas atómicas en los atolones de Bikini y Eniwetok.

MARSHALL (George), general norteamericano (1880-1959), jefe de Estado Mayor durante la Segunda Guerra mundial. Dio su nombre al plan de ayuda económica de los Estados Unidos a Europa (1948). [Pr. Nóbel, 1953.]

MARSIAS, joven frigio, hábil tocador de flauta, que se atrevió a desafiar a Apolo con dicho instrumento. Habiendo declarado las Musas vencedor a Apolo, el dios ató a Marsias a un árbol y lo desolló vivo. *(Mit.)*

MARSOS, pueblo del ant. Samnio. Fue también el nombre de una tribu germánica de Westfalia.

MARTA *(Santa),* hermana de María de Betania y de Lázaro. Fiesta el 29 de julio.

Marta la Piadosa, comedia de Tirso de Molina, carácter muy bien trazado de mojigata (1636).

Marta y María, novela de Palacio Valdés, pintura de la lucha entre el idealismo de la virtud y el amor humano (1883).

MARTE, hijo de Júpiter y Juno, dios de la Guerra. Los romanos le consideraban como padre de Rómulo. Sus sacerdotes, instituidos, según se cree, por Numa Pompilio, llevaban el nombre de *salios.* Identificado con el **Ares** de los griegos.

MARTE, cuarto planeta en magnitud del sistema solar, el más próximo a la Tierra, pero más pequeño y más distante del Sol que ella.

MARTEL (Carlos). V. CARLOS MARTEL.

MARTEL (Julián). V. MIRÓ (José).

MARTÍ, c. de Cuba (Matanzas).

MARTÍ (José), poeta, escritor y abogado cubano, n. en La Habana (1853-1895), apóstol de la independencia de su país. Sus actividades revolucionarias le valieron la prisión y el destierro a España (1871). Se trasladó a México (1875) y Guatemala (1877) y regresó a su patria (1878). Volvió a expatriarse a Venezuela (1881) y Nueva York, donde fundó el Partido Revolucionario cubano (1892). Viajó por Santo Domingo, donde se entrevistó con Máximo Gómez, Haití, Jamaica, Florida, Costa Rica, país en el cual se puso al habla con Maceo, Panamá y México. Desembarcó en Playitas y cayó mortalmente herido en la acción de Dos Ríos. Como poeta fue unos de los iniciadores del modernismo (*Ismaelillo, Versos libres, Versos sencillos*), y en prosa se distinguió en el género epistolar (*Cartas a su madre*), en el teatro (*Abdala, Amor con amor se paga, Adúltera*), en la novela (*Amistad funesta*) y en ensayos, crónicas y folletos de carácter político.

MARTÍN *(San),* discípulo de San Hilario, n. en Sabaria (Panonia) [¿316?-397], que se señaló por su caridad, repartiendo su capa con un pobre. Obispo de Tours (Francia) en 371. Patrón de Buenos Aires. Fiesta el 11 de noviembre.

MARTÍN I *(San),* papa de 649 a 655. Fiesta el 12 de noviembre. — MARTÍN IV, papa de 1281 a 1285. — MARTÍN V, papa de 1417 a

Phot. X, Anderson-Giraudon, P. V. A., doc. A. G. P., Larousse

1431; su elección puso fin al Cisma de Occidente, que mantuvo dividida la Iglesia durante varios años.

MARTÍN I el Humano (1356-1410), rey de Aragón y Cataluña, y de Sicilia, hijo de Pedro IV. (V. COMPROMISO DE CASPE.)

MARTIN (Pedro), ingeniero francés (1824-1915), inventor, en 1865, del procedimiento de fabricación de acero llamado *Martin-Siemens*.

MARTÍN de Porres *(San)*, religioso peruano (1563-1639), que estableció en Lima el primer orfanato. Canonizado en 1962. Fiesta el 5 de noviembre.

MARTÍN DÍAZ. V. EMPECINADO *(El)*.

MARTIN DU GARD (Roger), novelista francés (1881-1958), autor de la novela cíclica *Los Thibault*. (Pr. Nóbel, 1937.)

Martín Fierro, poema gauchesco de José Hernández, acaso la obra maestra en su género y la que mayor popularidad ha gozado en Argentina (1872). El autor publicó en 1879 una segunda parte titulada *La vuelta de Martín Fierro*.

MARTÍN GARCÍA, isla del río de la Plata en la confluencia del Paraná y el Uruguay. Derrota de la flota española del Paraná por el almirante Brown en 1814.

MARTÍNEZ (Alonso), político y jurisconsulto español (1827-1891).

MARTÍNEZ (Efraín), pintor colombiano (1898-1929), autor de *Monjas cantando*.

MARTÍNEZ (Enrico), ingeniero mexicano, n. en Alemania y m. en 1632. Fue tipógrafo, constructor de la mina de Nochixtongo para desaguar la cuenca de México y autor de *Repertorio de los tiempos* (1605).

MARTÍNEZ (Enrique Santiago), militar uruguayo (1779-1870), que se distinguió en el Ejército de los Andes.

MARTÍNEZ (José Luis), crítico mexicano, n. en 1918, autor de la antología *Literatura mexicana. Siglo XX (1910-1949)*.

MARTÍNEZ (José María), político hondureño, pres. de la Rep. Durante su mandato, Honduras se separó de la Fed. Centroamericana (1839).

MARTÍNEZ (Juan Antonio), político guatemalteco, pres. de la Rep. en 1848.

MARTÍNEZ (Luis A.), novelista ecuatoriano (1868-1909), autor de la narración *A la costa*.

MARTÍNEZ (Tomás), militar nicaragüense (1812-1873), pres. de la Rep. de 1857 a 1867.

MARTÍNEZ ALCUBILLA (Marcelo), jurisconsulto español (1820-1900), autor del *Diccionario de la Administración española*.

MARTÍNEZ ANIDO (Severiano), militar y político español (1862-1939).

MARTÍNEZ ARTEAGA (Julio), compositor de música y folklorista boliviano, n. en 1909.

MARTÍNEZ BARRIO (Diego), político español (1883-1962), jefe del Gob. en 1933 y 1936.

MARTÍNEZ MONTAÑÉS
SAN BRUNO, *fragmento*

MARTÍNEZ CAMPOS (Arsenio), general y político español, n. en Segovia (1831-1900), que se distinguió en la guerra carlista y encabezó el pronunciamiento de Sagunto que restauró la monarquía (1874). Nombrado jefe de las fuerzas de operaciones en Cuba (1876), venció la insurrección y negoció la *Paz del Zanjón* (1878). Fue después capitán general de la Isla, pero fracasó frente a la revolución de 1895 y tuvo que ceder su puesto a Weyler.

MARTÍNEZ CUBELLS (Salvador), pintor español (1845-1914), autor de cuadros históricos y costumbristas (*Doña Inés de Castro*).

MARTÍNEZ CUITIÑO (Vicente), dramaturgo argentino, n. en Uruguay en 1887.

MARTÍNEZ DE CALA Y JARAVA (Antonio). V. NEBRIJA.

MARTÍNEZ DE CUÉLLAR (Juan), dramaturgo clásico español, n. hacia 1640.

MARTÍNEZ DE IRALA (Domingo), conquistador español, n. en Vergara (¿1500?-1556), que acompañó a Pedro de Mendoza al Río de la Plata. Fue gobernador de esta prov. de 1539 a 1542 y de 1544 a 1556, creó el Cabildo de Asunción y organizó la ciudad, a la cual trasladó los colonos de Buenos Aires (1541). En 1547 realizó una expedición al Chaco.

MARTÍNEZ DE NAVARRETE (Manuel), franciscano y poeta mexicano (1768-1809), autor de *Entretenimientos Poéticos*.

MARTÍNEZ DE RIPALDA (Jerónimo), jesuita y escritor español (1536-1618), autor de un célebre *Catecismo y exposición breve de la doctrina cristiana*.

MARTÍNEZ DE ROZAS (Juan), patriota chileno (1759-1813), vocal de la primera Junta de Gobierno (1810). Fue desterrado por Carrera.

MARTÍNEZ DE TOLEDO (Alfonso). V. ARCIPRESTE DE TALAVERA.

MARTÍNEZ DEL MAZO (Juan Bautista). V. MAZO.

MARTÍNEZ DEL RÍO (Pablo), antropólogo e historiador mexicano (1892-1963).

MARTÍNEZ DE LA ROSA (Francisco), político y poeta español, n. en Granada (1787-1862), uno de los primeros cultivadores del teatro romántico en España: *Aben Humeya, La conjuración de Venecia, Lo que puede un empleo y La niña en la casa y la madre en la máscara*. Es también autor de una novela histórica, *Doña Isabel de Solís*, y de un volumen de composiciones satíricas, *El cementerio de Momo*.

MARTÍNEZ DE LA TORRE, río de México (Veracruz), que con el Bobos forma el Nautla.

MARTÍNEZ DE LA TORRE (Rafael), político y orador mexicano (1828-1876).

MARTÍNEZ ESTRADA (Ezequiel), poeta argentino (1895-1964), autor de las composiciones *Oro y piedra, Argentina, Humorescas* y del ensayo historicosocial *Radiografía de la Pampa*.

MARTÍNEZ HUGUÉ (Manuel). V. MANOLO.

MARTÍNEZ-KLEISER (Luis), escritor español, n. en Madrid en 1883, autor de *Refranero general ideológico español*, de poesías y de novelas.

MARTÍNEZ LÓPEZ (Eduardo), escritor hondureño, n. en 1867, autor de obras históricas.

MARTÍNEZ MARINA (Francisco), economista e historiador español (1754-1833), autor de unas *Teorías de las Cortes de León y Castilla*.

MARTÍNEZ MERA (Juan de Dios), político ecuatoriano, pres. de la Rep. en 1932.

MARTÍNEZ MONTAÑÉS (Juan), escultor español (1568-1648), autor de tallas policromadas de notable realismo (*San Bruno, San Juan Bautista, Cristo de la Buena Muerte*, etc).

MARTÍNEZ MONTOYA (Andrés), pianista y compositor colombiano (1869-1933).

MARTÍNEZ MORENO (Carlos), escritor uruguayo, n. en 1918, autor de novelas.

MARTÍNEZ MUTIS (Aurelio), poeta colombiano (1884-1954), autor de *La epopeya del cóndor* y *Mármol*.

MARTÍN I
el Humano

MARTÍNEZ CAMPOS

MARTÍNEZ
DE LA ROSA

MARTÍNEZ
ESTRADA

Fot. Anderson-Giraudon, Freund, Napoleón

MARTÍNEZ ZUVIRÍA

MARTORELL
SAN JORGE
detalle
museo del Louvre

MARX

MASACCIO
LA VIRGEN, EL NIÑO Y SANTA ANA
Academia de Bellas Artes. Florencia

MARTÍNEZ PAYVA (Claudio), dramaturgo argentino, n. en 1887, autor de *Joven, viuda y estanciera,* y de *La isla de Don Quijote.*

MARTÍNEZ RUIZ (José). V. AZORÍN.

MARTÍNEZ SIERRA (Gregorio), novelista y comediógrafo español, n. en Madrid **(1881-1947)**, entre cuyas obras se destacan *Canción de cuna, El amor catedrático* y *Tú eres la paz.* Es también autor de libretos de ópera y del texto de un ballet, inmortalizado por Falla: *El amor brujo.*

MARTÍNEZ SILÍCEO (Juan), humanista español (1486-1557), que profesó en la Universidad de Salamanca. Escribió varias monografías en latín y fue maestro de Felipe II.

MARTÍNEZ SOBRAL (Enrique), escritor guatemalteco (1875-1950), cultivador del realismo.

MARTÍNEZ TRUEBA (Andrés), político uruguayo (1884-1959), pres. de la Rep. en 1951.

MARTÍNEZ VILLENA (Rubén), poeta, escritor y político cubano **(1899-1934), autor de** *La Pupila insomne.*

MARTÍNEZ VILLERGAS (Juan), periodista y escritor español (1816-1894), autor de las novelas *Los misterios de Madrid, La vida en el chaleco y Los espadachines.*

MARTÍNEZ ZUVIRÍA (Gustavo), novelista argentino, n. en Córdoba **(1883-1962), más conocido** por el seudónimo de **Hugo Wast**, entre cuya abundante obra merecen citarse *Flor de Durazno, La casa de los cuervos, Desierto de piedra, Las espigas de Ruth, Oro,* etc.

MARTINI (*Padre* Juan Bautista), religioso italiano (1706-1784), compositor y teórico.

MARTINI (Simón), pintor italiano (¿1284?-1344), precursor del Renacimiento.

MARTINICA (ISLA DE LA), una de las Antillas francesas; 1 100 km²; cap. *Fort-de-France.* **Es una isla volcánica, formada por tres macizos eruptivos, dominados por el Monte Pelado** *(Montagne Pelée),* **tristemente célebre por su erupción de 1902 que destruyó la c. de** *Saint-Pierre.* **Produce caña de azúcar, ron, etc.**

MÁRTIR DE ANGLERÍA (Pedro), humanista español de origen italiano (1459-1526), autor de unas *Décadas de orbe novo,* inspiradas por el descubrimiento de América.

MÁRTIR RIZO (Juan Pablo), nieto del anterior (1593-1642), erudito y poeta español, autor de *Norte de príncipes.*

MARTORELL, v. de España (Barcelona).

MARTORELL (Bernat), pintor catalán, m. en 1452, llamado también **el Mestre de Sant Jordi.**

MARTORELL (Joanot), novelista catalán (¿1410-1460?), autor del libro de caballerías *Tirant lo Blanch.*

MARTOS, v. de España (Jaén); aceite.

MARX (Carlos), filósofo, sociólogo y economista alemán, fundador del *socialismo científico,* n. en Tréveris (1818-1883). Redactó, en unión de Federico Engels, el *Manifiesto del Partido Comunista* (1848) y fue uno de los fundadores de la *Primera Internacional.* Expuso su doctrina en *El capital* (1867) y, fundándose en una concepción materialista de los hechos económicos e históricos, consideró que el capitalismo, al concentrar la riqueza en pocas manos, no podrá resistir el asalto de los trabajadores agrupados y organizados, los cuales se apoderarán, en una sociedad colectivista, de los medios de producción y cambio. (V. MARXISMO, *Parte lengua.*)

MARY, ant. **Merv,** c. de la U.R.S.S. (Turkmenistán). Algodón, aceites.

MARYLAND, uno de los Estados Unidos de América del Norte, en la costa del Atlántico. Cap. *Annápolis;* c. pr. *Baltimore.* **Tabaco muy estimado. Agricultura. Minas de carbón y hierro. Construcciones navales.**

MASACCIO (Tommaso DI SER GIOVANNI, llamado), pintor italiano (1401-1429), autor de obras notables por el colorido y la perspectiva.

MÁS AFUERA, ant. nombre de la isla chilena **Alejandro Selkirk.**

MASAN, c. de Corea del Sur, en las orillas del estrecho de Corea. Puerto de pesca y de comercio. Construcciones mecánicas.

MASANIELLO (Tomás ANIELLO, llamado), pescador napolitano, n. en 1620; jefe de los napolitanos sublevados contra Felipe IV de España, murió asesinado en 1647.

MASARYK (Tomás Garrigue), político checoslovaco (1850-1937), primer pres. de la Rep de Checoslovaquia (1920-1935).

MASATEPE, pobl. de Nicaragua (Masaya); balneario.

MÁS A TIERRA, ant. nombre de la isla chilena **Robinson Crusoe.**

MASAYA, volcán de Nicaragua; 635 m. — Laguna de Nicaragua; balnearios. — **C. de Nicaragua, cap. del dep. del mismo n.; centro** comercial. (Hab. *masayenses* o *masayas.*) Fue cap. de la Rep. El dep. prod. tabaco, café y maíz.

MASCAGNI (Pedro), compositor italiano (1868-1945), autor de *Caballería rusticana.*

MASCARA, c. de Argelia (Mostaganem). Vinos. Centro comercial.

MASCARDI, lago de la Argentina (Río Negro).

MASCAREÑAS (ISLAS), archip. del océano Índico, compuesto de tres islas, la de la *Reunión* (ant. *Isla de Borbón*) (francesa), y *Mauricio y Rodríguez* (británicas).

MASCATE, c. de Arabia, puerto en la costa del golfo de Omán, cap. del ***sultanato de Mascate* y** *Omán,* ligado por un tratado de amistad con la Gran Bretaña desde 1951.

MASCOTA, pobl. de México (Jalisco). Minas.

MAS D'AZIL (El), pobl. de Francia (Ariège); estación prehistórica.

MASDÉU (Juan Francisco), **historiador y jesuita español (1744-1817), autor de una *Historia*** *crítica de España y de la cultura española.*

MASERU, c. de África austral, cap. de Lesotho, a orillas del Caledon; 10 000 h. Arzobispado.

MASFERRER (Alberto), ensayista y poeta salvadoreño (1867-1932).

MASINISA, rey de Numidia, aliado de los romanos **(¿237?-148 a. de J. C.).**

Masonería, sociedad secreta esparcida por diferentes partes del mundo, cuyo origen parece deberse a una cofradía de constructores (*maçon,* albañil) del s. VIII. De ahí sus emblemas: *mandil, compás* y *escuadra;* sus grados: primero, *aprendiz,* segundo, *compañero,* y del tercero al 33, ***maestro,* reunidos en *talleres* o *logias.* Asociación** de ayuda mutua en sus orígenes, la masonería derivó a fines del s. XVI hacia un teísmo humanitario y admitió miembros extraños a la albañilería, transformación que culminó en la fundación de la Gran Logia de Londres (1717). Desde el s. XVIII, ha perseguido fines políticos en la Gran Bretaña, Francia, Alemania y otros países de Europa, así como en América. **En España la logia más antigua es la** ***Matritense,*** **fundada en 1728. A su espíritu de ayuda y fraternidad, la masonería ha agregado tendencias racionalistas.**

MASPA. V. PAPALLACTA.

MASPALOMAS, mun. de España, en Las Palmas de Gran Canaria. Estación de seguimiento para vuelos espaciales.

MASPARRO, río de Venezuela (Barinas), afl. del Apure.

MASPERO (Gastón), egiptólogo francés (1846-1916), continuador de la obra de Mariette.

MASSA, c. de Italia (Toscana), cap. de la prov. de Massa y Carrara. Mármol.

MASSA (Juan Bautista), compositor argentino (1885-1938), autor del poema sinfónico *La muerte del Inca.*

MASSACHUSETTS, uno de los Estados unidos de América del Norte, **en Nueva Inglaterra; cap.** *Boston;* c. pr. *Worcester, Springfield.*

MASSENA (Andrés), duque de RÍVOLI, príncipe de ESSLING, mariscal de Francia **(1758-1817), que se distinguió en Wagram.**

MASSENET [*-né*] (Julio), compositor francés (1842-1912), autor de *Manon, Thais, Werther, El Cid,* etc.

MASSILLON (Juan Bautista), orador sagrado francés **(1663-1742), de patética elocuencia.**

MASSINGER (Felipe), dramaturgo inglés (1583-1640), el último importante de la época isabelina.

MASSIP (Vicente Juan). V. JUAN DE JUANES.

MASSÓ VÁZQUEZ (Bartolomé), general y patriota cubano **(1830-1904), pres. de la República en Armas de 1897 a 1898.**

MASTRONARDI (Carlos), poeta argentino, n. en 1901, autor de *Tierra amanecida, Conocimiento de la noche,* etc.

Fot doc. A. G. P., Giraudon, Pinckam et Gehler, Brogi-Giraudon

MASULIPATNAM, ant. **Masulipatam,** hoy **Bandar,** c. y puerto de la India (Andhra Pradesh); centro industrial.
MATA (Andrés), poeta postromántico venezolano (1870-1931).
MATA (Julio), violoncelista y compositor costarricense, n. en 1899.
MATA (Pedro), novelista español (1875-1946), de producción abundante y popular (*Corazones sin rumbo, Muñecos, Un grito en la noche,* etc.).
MATA Y FONTANET (Pedro), médico y político español (1811-1877), de tendencias liberales. Rector de la Universidad Central.
MATACOS, indios del Chaco central, que viven entre los ríos Bermejo y Pilcomayo.
MATADERO, peniplanicie de la Argentina, en la sierra de Córdoba.
Matadero *(El),* relato costumbrista del argentino Esteban Echeverría (1840).
MATADI, c. y puerto de la Rep. fed. del Congo, a 150 km de la desembocadura del río homónimo.
MATAGALPA, c. del centro de Nicaragua, cap. del dep. del mismo nombre; centro agrícola y comercial. (Hab. *matagalpinos.*) Obispado. El dep. es uno de los más importantes productores de café del país; prod. tb. maíz, frijoles, trigo.
MATAHAMBRE, pobl. de Cuba (Pinar del Río); cobre.
MATAJE, río del Ecuador, que forma en parte el límite con Colombia.
MATAMOROS, c. de México (Coahuila); centro agrícola y comercial. — C. de México (Tamaulipas), a orillas del río Bravo; puerto fronterizo con los Estados Unidos; intenso tráfico comercial. Obispado.
MATAMOROS (Mariano), sacerdote y patriota mexicano (1770-1814), lugarteniente de Morelos. M. fusilado por la fuerzas de Iturbide.
MATANGA, cima de los Andes del Ecuador, en la cordillera Central (Azuay); 4 000 m.
MATANZAS, c. de Cuba; cap. de la prov. del mismo n.; centro comercial e industrial; puerto en la bahía homónima. (Hab. *matanceros.*) Obispado. Fundada en 1693, alcanzó gran prosperidad a mediados del s. XIX. En la prov. se cultiva intensamente la caña de azúcar; ganadería; yac. de cobre.
MATAPALO, cabo de Costa Rica (Puntarenas), en la penins. de Osa, en la costa del Pacífico.
MATAPÁN (CABO), cabo al S. del Peloponeso.
MATAQUITO, río de Chile, que separa las prov. de Curicó y Talca; 230 km; des. en el Pacífico. — Dep. de Chile (Curicó); cap. *Licantén.*
MATARIPE, pobl. del Brasil (Bahía); ref. de petróleo.
MATARÓ, c. y puerto de España (Barcelona); centro agrícola. Industria textil y metalúrgica.
MATAS DE FARFÁN (Las), com. de la Rep. Dominicana (San Juan de la Maguana).
MATATAZZO DE SÃO PAULO, pobl. del Brasil; petróleo.
MATATÍAS, padre de los Macabeos. *(Biblia.)*
MATEO *(San),* apóstol y evangelista, martirizado hacia el año 70. Fiesta el 21 septiembre.
MATEO *(El maestro),* escultor español del s. XII, autor del *Pórtico de la Gloria* (labrado entre 1157 y 1188) de la catedral de Santiago.
MATEOS (Juan Antonio), escritor romántico mexicano (1831-1913), autor de *Los dramas de México* (novela) y de varias obras teatrales.

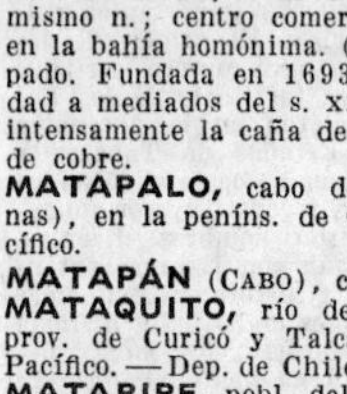
MASSENET

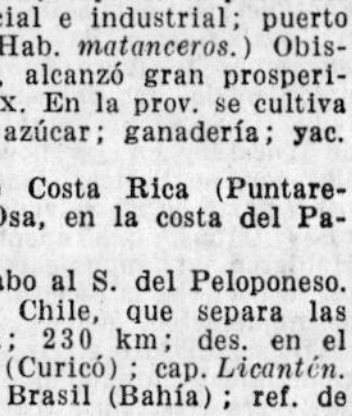
MAUPASSANT

Fot. Bertin, Nadar, Giraudon, doc. A. G. P.

Mater et Magistra, encíclica del papa Juan XXIII (1961), sobre la cuestión social.
MATHÉU (Domingo), patriota argentino, de origen catalán (1766-1831), vocal de la primera Junta de Gobierno (1810).
MATHIEU (Georges), pintor abstracto francés, n. en 1921.
MATHURA, hoy **Muttra,** c. de la India (Uttar Pradesh). Gran centro político, religioso y artístico en los s. III y II a. de J. C.
MATÍAS *(San),* discípulo de Jesucristo (m. hacia 61), admitido como apóstol en lugar de Judas. Fiesta el 24 de febrero.
MATÍAS II (1557-1619), hijo de Maximiliano II; rey de Hungría y Bohemia, emperador germánico en 1612.
MATÍAS CORVINO. V. CORVINO.
MATIENZO (José Nicolás), jurisconsulto y político argentino (1860-1935).
MATILDE *(Santa),* esposa del rey de Germania Enrique I (¿890?-968). Fiesta el 14 de marzo.
MATILDE, condesa de Toscana (1046-1115), célebre por la donación que hizo de una parte de sus Estados al papa Gregorio VII.
MATINA, distr. de Costa Rica (Limón); cacao.
MATIS (Francisco Javier), pintor colombiano (1774-1851), que se distinguió en la reproducción de flores. Fue también naturalista.
MATISSE [*-tís*] (Enrique), pintor francés (1869-1954), figura del *fauvismo.* Simplificó el dibujo en un sentido decorativo y exaltó el color.
MATO GROSSO, Estado del O. del Brasil; cap. *Cuiabá.* Prod. café, yerba mate; cría de ganado. Yac. de manganeso, oro y hierro.
MATOS FRAGOSO (Juan de), dramaturgo español de origen portugués (1608-1689), que compuso múltiples comedias: *El traidor contra su sangre* y *Lorenzo me llamo y carbonero de Toledo.*
MATOS PAOLI (Francisco), poeta puertorriqueño, n. en 1925.
MATRA, macizo montañoso del N. de Hungría.
MATTA (Guillermo), político y literato romántico chileno (1829-1899).
MATTA (Roberto), pintor chileno, n. en 1912, de tendencia abstracta con matices surrealistas.
MATTERHORN. V. CERVINO *(Monte).*
MATTO DE TURNER (Clorinda), novelista peruana (1854-1909), autora de *Aves sin nido,* novela sobre la brutal esclavización de los indios, *Índole, Herencia* y *Tradiciones cuzqueñas.*
MATUCANA, c. del Perú, cap. de la prov. de Huarochirí (Lima).
MATURANA (José de), poeta y escritor dramático argentino (1884-1917).
MATURÍN, c. de Venezuela, cap. del Estado de Monagas. Ganadería. Aeropuerto. (Hab. *maturines.*)
MATUSAGRATÍ (LAGUNA DE), laguna de Panamá (Darién).
MATUSALÉN, patriarca judío, abuelo de Noé, que vivió, según la Biblia, 969 años.
MATUTE (Ana María), escritora española, n. en 1926, autora de las novelas *Los Abel, Los hijos muertos,* etc.
MAUBEUGE, c. de Francia (Nord).
MAUGHAM (William Somerset), escritor inglés (1874-1965), autor de novelas *(La luna y seis peniques, Servidumbre humana, El filo de la navaja)* y de obras de teatro *(La carta).*
MAULE, río de Chile que nace en la prov. de Talca; 225 km. — Com. de Chile (Talca). — Prov. de Chile; cap. *Cauquenes.* Vinos. (Hab. *maulinos.*)
MAULLÍN, río de Chile (Llanquihue); 140 km. — Comuna y dep. de Chile (Llanquihue).
MAUMEE, río de los Estados Unidos (Ohio).
MAUNA LOA, volcán de Hawai; 4 168 m.
MAUPASSANT [*mopasán*] (Guy de), escritor francés (1850-1893). Poseedor de un estilo sobrio y preciso, fue maestro de la narración corta: *Bola de sebo, La casa Tellier, Señorita Fifí,* etc. Se le deben también novelas: *Una vida, Bel-Ami, Fuerte como la muerte.*
MAUPERTUIS (Pedro Luis MOREAU DE), astrónomo y matemático francés (1698-1759).
MAURA (Antonio), jurisconsulto y político español, n. en Palma de Mallorca (1853-1925), jefe del Partido Conservador y varias veces jefe de Gobierno. Intentó realizar ciertas reformas y dio pruebas de su energía y honradez. —

MATISSE
LA BLUSA RUMANA
museo de Arte Moderno, París

El maestro MATEO
detalle de
EL PÓRTICO
DE LA GLORIA
Santiago de Compostela

MATTO DE TURNER

A. MAURA

MAURIAC

MAUROIS

MAXIMILIANO I
emperador
germánico
por DURERO

MAXIMILIANO
de Habsburgo

Su hijo GABRIEL **Maura y Gamazo** (1879-1963), historiador y político, autor de diversas monografías de tipo erudito. — Su otro hijo, HONORIO, comediógrafo (1886-1936), autor de obras ligeras y alegres.

MAUREGATO, rey de Asturias (783-789), hijo de Alfonso I *el Mayor.*

MAURIAC [*mo-*] (François), escritor francés (1885-1970). Sobresale en la pintura de seres atormentados por los problemas de la fe. Autor de novelas: *Genitrix, Teresa Desqueyroux, El misterio Frontenac, Nudo de víboras,* dramas y ensayos. (Pr. Nóbel, 1952.)

MAURICIO *(San),* jefe de la legión tebana, mártir entre 275 y 305. Fiesta el 22 de septiembre.

MAURICIO (ISLA), ant. **Isla de Francia,** isla del océano Índico, al E. de Madagascar. Primero francesa, es posesión británica desde 1810. Cap. *Port-Louis.* Caña de azúcar.

MAURICIO de Nassau, estatúder de los Países Bajos (1567-1625), que luchó contra la dominación española.

MAURICIO DE SAJONIA, elector de Sajonia (1521-1553), que luchó contra Carlos V.

MAURICIO JOSÉ TROCHE, pobl. del Paraguay (Guairá).

MAURIER (Daphne **du**), novelista inglesa, n. en 1906, autora de *Rebeca* y *Posada Jamaica.*

MAURITANIA o **MAURETANIA, región de África del Norte, que estuvo bajo la dominación romana.** Hoy dividida entre la Rep. de Mauritania, Marruecos, Argelia y Túnez.

MAURITANIA *(República Islámica de),* **república de África occidental;** 1 080 000 km²; 1 200 000 h. (*mauritanos*), cap. *Nuakchott,* 6 000 h.; c. pr. *Port Etienne,* 1 300 h. En gran parte desértica (Sáhara occidental), sus habitantes, nómadas en su mayoría, viven principalmente de la ganadería y de la explotación de las salinas. Importantes yacimientos de hierro y de cobre. Mauritania obtuvo la independencia en 1960.

MAUROIS (André), escritor francés (1885-1967), autor del relato humorístico *Los silencios del coronel Bramble,* de novelas (*Climas*) y de biografías (*Disraeli, Los tres Dumas, Lord Byron, Víctor Hugo*).

MAURRAS (Carlos), escritor y político francés (1868-1952), director de *La Acción Francesa* y defensor de la restauración monárquica.

MAURY (Juan María), poeta español (1772-1845), autor de *La ramilletera ciega* y de diversas traducciones poéticas al francés.

MAURYA, n. de una dinastía india (315-185 a. de J. C.), fundadora del primer imperio.

MAUSOLO, rey de Caria de 377 a 353 a. de J. C. Su tumba (el *Mausoleo*) es una de las siete maravillas del mundo. (V. ARTEMISA II.)

MAVROMATI. V. MESENA.

MAXIMIANO Hércules, emperador romano de 286 a 305 y de 306 a 310, año de su muerte.

MAXIMILIANO I, n. en 1459, emperador germánico de 1493 a 1519, fue fundador de la grandeza de la Casa de Austria y casó a su hijo Felipe *el Hermoso* con Doña Juana *la Loca,* hija de los Reyes Católicos. — MAXIMILIANO II (1527-1576), hijo de Fernando I; emperador germánico en 1564.

MAXIMILIANO I el Grande (1573-1651), duque de Baviera en 1597, jefe de la Liga Católica, combatió al lado del emperador Fernando II de Austria en la guerra de los Treinta Años contra Federico V y recibió en 1623 el título de Elector.

MAXIMILIANO I JOSÉ, n. en 1756, rey de Baviera de 1806 a 1825. — MAXIMILIANO II JOSÉ, n. en 1811, rey de Baviera de 1848 a 1864.

MAXIMILIANO de Habsburgo (Fernando José), n. en Schönbrunn (1832-1867), hermano del emperador Francisco José I, nombrado emperador de México en 1864. Ocupada por los franceses la capital mexicana, la llamada Junta de Notables le ofreció la Corona, mas no logró vigorizar su régimen y, abandonado por las tropas de Napoleón III, cayó prisionero de las fuerzas de Juárez en Querétaro. **Fue juzgado y fusilado junto con los generales Miramón y Mejía.**

MAXIMINO I, emperador romano de 235 a 238. — MAXIMINO II, emperador romano de 309 a 313; fue vencido por Constantino I.

MÁXIMO (Claudio), emperador romano (383-388), n. en España. Reinó en la Galia y en España; fue vencido y asesinado por Teodosio I el Grande.

MÁXIMO FERNÁNDEZ, pobl. de la Argentina (Buenos Aires).

MÁXIMO GÓMEZ, mun. de Cuba (Matanzas).

MAXTLA, rey de los tecpanecas, que fue derrotado por Netzahualcóyotl y ejecutado en 1428.

MAXWELL (James Clerk), físico escocés (1831-1879), autor de la teoría electromagnética de la luz.

MAYA (Rafael), poeta y crítico colombiano, n. en 1897, autor de *La vida en la sombra, Coros del mediodía* (poesías), *Alabanzas del hombre y de la tierra,* y *Estampas de ayer y retratos de hoy* (en prosa).

MAYAGÜEZ, c. de Puerto Rico; puerto exportador. (Hab. *mayagüezanos.*) Universidad.

MAYAJIGUA, pobl. de Cuba (Las Villas).

MAYAKOVSKY (Vladimiro), escritor ruso (1893-1930), cuya pasión revolucionaria le dictó sus mejores versos. Fue jefe del movimiento futurista. Escribió también obras de teatro (*La pulga, El baño,* etc.). Se suicidó.

MAYÁNS Y SISCAR (Gregorio), erudito e historiador español (1699-1781), que publicó la importante monografía filológica *Orígenes de la lengua española* **y una biografía de Cervantes.**

MAYAPÁN, ant. c. maya al norte de Yucatán.

MAYAPÁN (Liga de), confederación constituida hacia 987 por las c. mayas de Chichén Itzá, Mayapán y Uxmal, que aseguró al país casi dos siglos de paz.

MAYARÍ, térm. mun. de Cuba (Oriente).

MAYAS (MONTAÑAS), n. dado en el territ. de Belice a la prolongación de la sierra de Chamá.

MAYAS, familia de pueblos indios establecida en Centroamérica, que durante unos dos mil años desarrolló una de las más importantes culturas aborígenes de América. El origen de los *mayas* es todavía oscuro, pero parece ser que proceden del sur del actual territorio de los Estados Unidos. Se establecieron en la península de Yucatán, en los hoy Estados de Tabasco y Chiapas, en Belice, Guatemala, oeste de Honduras y parte de El Salvador, y constituyeron numerosas tribus, que adoptaron nombres diversos. Hablaron un lenguaje común con ligeras variantes, conocieron la escritura y tuvieron dos sistemas de numeración, ambos vigesimales. Su historia se puede dividir en tres épocas: *Pre-maya,* período indeterminado que llega hasta el siglo IV de la era cristiana; *Antiguo Imperio* (317-987) y *Nuevo Imperio* (987-1697), es decir, hasta poco después de la conquista española.
Las ciudades-estados fueron la base de su organización política y a veces estas divisiones se unían en confederaciones; al mando de las ciudades-estados había un cacique y en el orden

cabeza MAYA

Fot. Monde et Caméra, Larousse, Hanfstaengl

jerárquico seguían los jefes locales, magistrados, la clase sacerdotal, el pueblo y los esclavos. La religión fue evolucionando y, después de haber adorado la Naturaleza, crearon diversos dioses (*Itzamá, Kukulkán, Chac,* etc.) a los cuales rendían un culto minucioso y complicado. Las manifestaciones más elevadas en el campo de la cultura fueron sus realizaciones arquitectónicas: palacios de piedra (Petén), pirámides, templos (Uaxactún, Uxmal, Chichén Itzá). Sobresalieron también en la escultura (Tikal, Copán, Palenque) y en la pintura, de la que son notables las inscripciones jeroglíficas (murales de Palenque, de Bonampak, Uaxactún, Chichén Itzá).

MAYENNE, dep. de Francia, bañado por el río del mismo n., 200 km; cap. *Laval.*

MAYER (Roberto von), físico y médico alemán (1814-1878), que calculó el equivalente mecánico del calor.

Mayflower, n. del barco que llevó a los primeros colonizadores ingleses a Norteamérica (1620).

MAYO, río de Colombia (Nariño y Cauca), afl. del Patía. — Río de México (Chihuahua), que des. en el golfo de California; 350 km. — Río del Perú, afl. del Huallaga.

MAYOR (LAGO), en ital. **Maggiore,** lago del N. de Italia, entre ésta y Suiza; 212 km². En él se hallan las islas Borromeas. Magníficos paisajes.

MAYORGA (Martín de), virrey de Nueva España de 1779 a 1783.

MAYRÁN, laguna de México (Coahuila), en la que desemboca el río Nazas.

MAYTA CÁPAC, inca del Perú (1246-1276).

MAZA (Manuel Vicente), jurisconsulto y político argentino (1779-1839), gobernador de Buenos Aires en 1834.

MAZA Y SUÁREZ INCLÁN (Ramón), novelista cubano (1861-1911).

MAZAGÁN, hoy **El Jadida,** c. y puerto de Marruecos, a orillas del Atlántico.

MAZALQUIVIR, en francés **Mers-el-Kebir,** c. de Argelia, en el golfo de Orán. Base naval.

MAZÁN, pobl. de la Argentina (La Rioja).

MAZARINO (Julio MAZARINI, llamado), cardenal y político francés de origen italiano (1602-1661). Richelieu lo recomendó al morir a Luis XIII, quien lo tomó como primer ministro, título que conservó durante el reinado de Luis XIV. Político hábil, terminó la guerra de los Treinta Años con el Tratado de Westfalia (1648), e impuso a España el Tratado de los Pirineos (1659), pero su avaricia, sus dilapidaciones y los impuestos excesivos que creó le hicieron impopular.

MAZAR I-SHARIF, c. de Afganistán. Industrias textiles.

MAZARRÓN, c. de España (Murcia). Minas de plomo.

MAZATENANGO, c. de Guatemala, cab. del dep. de Suchitepéquez; centro ferroviario. (Hab. *mazatecos.*)

MAZATLÁN, c. de México (Sinaloa); centro agrícola, comercial y turístico; puerto activo.

MAZEPA, jefe de los cosacos de Ucrania (1644-1709). Sirvió en un principio a Pedro el Grande y después se pasó a Carlos XII de Suecia. Se suicidó tras la derrota de Poltava.

MAZO (Juan Bautista MARTÍNEZ del), pintor español (1612-1667), discípulo y yerno de Velázquez.

Mazorca, nombre dado por el pueblo argentino a la Sociedad Popular Restauradora durante la época de Rosas en Buenos Aires y que cometió toda suerte de atropellos. Se llamaba así porque tenía como símbolo una mazorca de maíz.

MAZOVIA, región de Polonia, a orillas del Vístula Medio.

MAZURIA, región de Polonia, antes en Prusia Oriental, al E. del delta del Vístula.

MAZZA (Raúl), pintor argentino (1888-1948).

MAZZINI (José), escritor y patriota italiano (1805-1872). Fundador de la sociedad secreta *Joven Italia,* opuesta a la idea monárquica, no dejó de conspirar durante casi toda su vida, tanto en su país como en Suiza o Inglaterra. En 1848 hizo proclamar la República Romana y fue uno de sus triunviros, con Armellini y Saffi.

MBABANE, cap. de Suazilandia; 8 400 h.

MBANDAKA, n. actual de *Coquilhatville.*

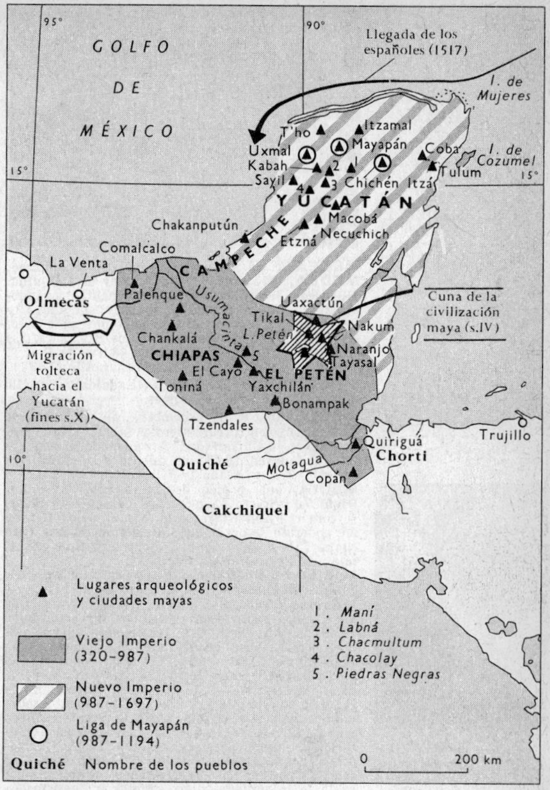

las grandes etapas de la historia y de la civilización de los MAYAS

MBARACAYÚ, sierra del Paraguay (Alto Paraná), que sirve de frontera con el Brasil.

MBOCAYATY, pobl. del Paraguay (Guairá).

MBUYAPEY, pobl. del Paraguay (Paraguarí); centro comercial. (Hab. *mbuyapeyenses.*)

MEANDRO, en turco **Menderes,** río de Asia Menor que des. en el mar Egeo; 380 km. Su curso sinuoso ha hecho llamar *meandros* a todas las sinuosidades de los demás ríos.

MEAUX [*mo*], c. de Francia (Sena y Marne), a orillas del Marne. Catedral (s. XIII-XIV).

MECA (La), c. santa de Arabia Saudita, cap. del Hedjaz; según la afluencia de los peregrinos, varía su población entre 150 y 200 000 h. Patria de Mahoma. Mezquita famosa con la Kaaba y la piedra negra. Es una ciudad santa para los musulmanes, que tienen la obligación de ir a visitarla por lo menos una vez en la vida.

MECAPACA, pobl. de Bolivia, sección de la prov. de Murillo (La Paz).

MECENAS (Cayo Cilnio), caballero romano, n. en Arecio (hoy *Arezzo*) [69-8 a. de J. C.], que aprovechó su valimiento con Augusto para favorecer las letras y las artes. Virgilio, Horacio y Propercio gozaron de su protección.

MECKLEMBURGO, región de Alemania, al norte de Brandeburgo. Ant. cap. *Schwerin.*

MÉCHAIN (Pedro), astrónomo francés (1744-1804). Descubrió varios cometas y determinó con Delambre el arco de meridiano de Dunkerque a Barcelona.

MECHED o **MECHEHED.** V. MESHED.

MEDAN, c. de Indonesia (Sumatra). Comercio.

MEDAS (ISLAS), islotes de la provincia de Gerona (España), en la des. del río Ter.

MAZARINO por MIGNARD museo Condé Chantilly

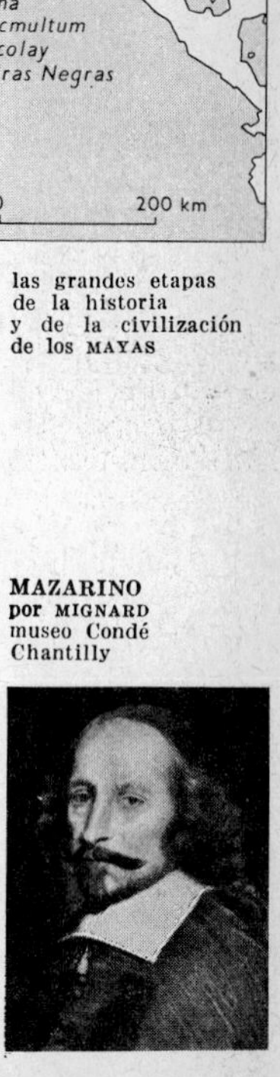

Fot. Braun

MEDELLÍN (Colombia) palacio de la Prefectura

MEDEA, c. de Argelia, cap. del dep. homónimo.
MEDEA, hechicera, hija de un rey de Cólquida. Huyó con Jasón, jefe de los argonautas, cuando, gracias a sus artificios, se hubo apoderado éste del vellocino de oro. Abandonada por su esposo, se vengó degollando a sus propios hijos. *(Mit.)*
Medea, tragedia de Eurípides (431 a. de J. C.), de Séneca (s. I d. de J. C.) y de Corneille (1635).
MEDELLÍN, v. de España (Badajoz). Castillo del s. XIV. Patria de Cortés.
MEDELLÍN, c. de Colombia, cap. del dep. de Antioquia; centro cafetalero y fabril. (Hab. *medellinenses*). Universidad. Arzobispado. Aeropuerto. Fundada en 1675, ha sido cuna de Francisco Antonio Zea y Atanasio Girardot.
MEDIA, ant. región de Asia; cap. *Ecbatana.* Dividida primero en pequeños principados arios, se convirtió con Ciaxares (s. VII a. de J. C.) en un poderoso imperio que fue derribado por Ciro hacia 556 y reunido por dicho príncipe con el reino de Persia. (Hab. *medos.*)
Medialuna Roja, en los países musulmanes, organización equivalente a la Cruz Roja.
Médicas *(Guerras),* nombre de las guerras que los griegos sostuvieron contra los reyes persas o medos (s. V a. de J. C.). La primera guerra médica comenzó con el desastre del general persa Mardonio en Atos (492). En Maratón (490), el ateniense Milcíades derrotó a Darío I, a pesar de la superioridad numérica de los persas. En la segunda guerra, Jerjes pasó el Helesponto sobre un puente de barcas e invadió Grecia (480) con más de un millón de hombres. Los griegos intentaron detenerle en el desfiladero de las Termópilas, donde Leónidas y sus 300 espartanos se sacrificaron heroicamente; Atenas fue tomada por asalto e incendiada, pero, gracias a Temístocles, la escuadra persa fue destruida ante la isla de Salamina el mismo año. Por su parte, el espartano Pausanias deshizo en Platea el ejército persa en retirada (479), mientras que por mar la flota griega obtuvo la victoria de Micala. Formada la Confederación de Delos, el ateniense Cimón llevó la guerra a las mismas costas de Asia y derrotó por tierra y mar a los persas a orillas del Eurimedonte (468). Después de una tregua y de un período de nuevas hostilidades, se firmó la Paz negociada por Cimón (449), por la cual los persas se comprometían a no acercarse a las costas de Asia Menor ni a las del mar Egeo.

LORENZO I DE MÉDICIS por VASARI Galería de los Oficios Florencia

MÉDICIS, familia de Florencia cuyos miembros más célebres fueron: COSME *el Viejo* (1389-1464). — LORENZO I *el Magnífico* (1449-1492), protector de las artes y las letras. — LORENZO II (1492-1519), padre de Catalina, reina de Francia. — ALEJANDRO, primer duque de Florencia, m. en 1537. — COSME, primer gran duque de Toscana (1519-1574).

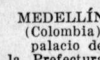

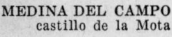

MEDINA DEL CAMPO castillo de la Mota

Médicis *(Sepulcros de Julián y de Lorenzo de),* célebres mausoleos adornados con figuras alegóricas por Miguel Ángel (San Lorenzo de Florencia).
Médicis *(Villa),* palacio y jardín de Roma, ocupado desde 1801 por la Escuela Francesa de Roma.
MÉDICIS. V. LEÓN X, LEÓN XI, CLEMENTE VII, CATALINA y MARÍA DE MÉDICIS.
Médico de su honra *(El),* drama de Calderón de la Barca, una de sus obras maestras (1635), donde se pintan admirablemente los celos y el sentimiento del honor conyugal.
MEDINA, c. de Arabia Saudita (Hedjaz). Ciudad santa de los musulmanes, que sirvió de refugio a Mahoma en 622.
MEDINA, sierra de la Argentina, al norte de Tucumán. — Pobl. de la Argentina (Tucumán).
MEDINA (Bartolomé), mineralogista español del s. XVI que obtuvo plata por amalgación en las minas de Pachuca (México).
MEDINA (Bartolomé), dominico y teólogo español (1528-1580), comentador del tomismo y ardiente defensor del probabilismo.
MEDINA (Francisco de), poeta español (1544-1615), perteneciente a la escuela sevillana y autor de un documentado prólogo al libro de Herrera: *Anotaciones de las obras de Garcilaso.*
MEDINA (José María), general y político hondureño (1826-1878), pres. de la Rep. de 1864 a 1872. M. fusilado.
MEDINA (José Ramón), poeta venezolano, n. en 1920.
MEDINA (José Toribio), polígrafo chileno (1852-1930). Uno de los más grandes bibliógrafos de Hispanoamérica, autor de unas trescientas publicaciones.
MEDINA (Vicente), poeta español (1866-1937), que cultivó los temas regionales en sus *Aires murcianos* y *Canción de la huerta.*
MEDINA ANGARITA (Isaías), general y político venezolano (1897-1953), pres. de la Rep. en 1941, depuesto por un movimiento militar en 1945.
MEDINA AZZAHRA, c. y palacio construido en las cercanías de Córdoba por Abderramán III. Ruinas.
MEDINACELI, c. de España (Soria). Agricultura. Archivo histórico en el palacio ducal.
MEDINACELI *(Duque de),* título concedido por los Reyes Católicos a Luis de la Cerda, conde de Medinaceli, en 1479.
MEDINACELLI (Carlos), escritor boliviano (1899-1949), autor de trabajos de crítica literaria *(El cuento en Bolivia).*
MEDINA DEL CAMPO, c. de España (Valladolid). Ciudad histórica: patria de Bernal Díaz del Castillo; castillo de La Mota, donde murió Isabel la Católica (1504). Importante mercado de cereales y ganadero. Centro ferroviario.
MEDINA DE RIOSECO, c. de España (Valladolid): vinos. Monumentos de los s. XV y XVI.
MEDINA SIDONIA, c. de España (Cádiz). Agricultura.
MEDINA SIDONIA (Alonso PÉREZ DE GUZMÁN, *duque de*), almirante español (1550-1615), que sustituyó al marqués de Santa Cruz en el mando de la Armada Invencible (1588). — GASPAR ALONSO *(duque de),* político español, m. en 1664, gobernador de Andalucía que fracasó en su intento de convertirla en monarquía en provecho propio cuando su cuñado Juan de Braganza se declaró rey independiente de Portugal (1641).
MEDINET ABÚ, c. del Alto Egipto, a orillas del Nilo, cerca de Luxor, situada sobre las ruinas de la antigua Tebas.
MEDINET EL-FAYÚN, c. del Alto Egipto, a orillas de una derivación del Nilo.
MEDINILLA (Baltasar Elisio), poeta español (1585-1620), imitador de Lope de Vega.
MEDITERRÁNEO, gran mar interior comprendido entre Europa meridional, África del norte y Asia occidental. Comunica con el océano Atlántico por el estrecho de Gibraltar y con el mar Rojo por el canal de Suez. Es un mar cálido, de fuerte salinidad y débiles mareas. Se divide en dos cuencas delimitadas por Italia. La *cuenca occi-*

Fot. Oudin, Alinari, doc. Embajada Española (París)

dental, entre Italia y España, tiene las islas Baleares, Córcega, Cerdeña y Sicilia, y forma los mares Balear, Ligur y Tirreno. La *cuenca oriental,* más ramificada, comprende el mar Jónico, el Adriático y el Egeo. Profundidad máxima: 4 400 m. Superficie aproximada: 2 966 000 km². Este mar fue el centro vital de la Antigüedad y fue llamado por los romanos **Mare Nostrum.** Perdió parte de su importancia a causa de los grandes descubrimientos de los s. XV y XVI; recuperó su categoría de ruta mundial de la navegación gracias a la construcción del canal de Suez, inaugurado en 1869.

MEDOC, región de Francia (Gironda). Vinos.

MEDRANO (Francisco de), poeta español (¿1570-1607?), que perteneció a la Compañía de Jesús, la cual abandonó más tarde. Sus composiciones, de inspiración amorosa y horaciana, fueron reunidas en el libro *Remedios de amor.*

MEDUSA, una de las tres Gorgonas. Atenea metamorfoseó sus cabellos en serpientes y dio a sus ojos el poder de convertir en piedra cuanto miraban. Perseo le cortó la cabeza y se servía de ella para petrificar a sus enemigos.

MEERUT, c. de la India (Uttar Pradesh). Productos químicos.

Mefistófeles, n. del diablo, popularizado por el *Fausto* de Goethe, quien lo tomó de la antigua leyenda del doctor Fausto.

MEGALÓPOLIS, ant. c. del Peloponeso, rival algún tiempo de Lacedemonia.

MEGARA, c. de la ant. Grecia (Ática), rival de Corinto y Atenas. Escuela de los filósofos dialécticos.

MEGERA, una de las tres Furias. *(Mit.)*

MEGGIDO, c. de Israel, al S. de Nazaret, punto estratégico importante en las luchas entre Egipto y Asia del siglo XV al VII a. de J. C.

MEHEMET ALÍ, virrey de Egipto (1769-1849). En 1811 hizo degollar a los mamelucos en El Cairo. Reformó en Egipto la agricultura, la industria y el ejército. El Sultán le concedió el título de bajá hereditario.

MEIN. V. MENO.

Mein kampf (*"Mi lucha"*), obra escrita en 1924-1925 por Adolfo Hitler, en la que exponía el futuro dictador los principios de su política.

MEIRELES DE LIMA (Víctor), pintor brasileño (1832-1902).

MEISSEN, c. de Alemania oriental, a orillas del Elba. Industria. Catedral gótica.

MEJÍA, cantón del Ecuador (Pichincha).

MEJÍA (Epifanio), poeta romántico colombiano (1838-1913).

MEJÍA (Estanislao), compositor mexicano, n. en 1882, autor de sinfonías, óperas, ballets, etc.

MEJÍA (Ignacio), militar y político mexicano (1813-1906). Luchó contra la intervención francesa.

MEJÍA (Liborio), militar y patriota colombiano (1792-1816), pres. de la Rep. en 1816, fusilado en el mismo año.

MEJÍA (Pedro). V. MEXÍA.

MEJÍA (Tomás), general mexicano (1820-1867), que luchó contra Juárez. M. fusilado junto con el emperador Maximiliano y Miramón.

MEJÍA ARREDONDO (Enrique), compositor dominicano, n. en 1901.

MEJÍA COLINDRES (Vicente), político hondureño, n. en 1878, pres. de la Rep. de 1929 a 1933.

MEJÍA LEQUERICA (José María), político, jurisconsulto y orador ecuatoriano (1775-1813), que fue diputado de las Cortes españolas de Cádiz (1812).

MEJÍA SÁNCHEZ (Ernesto), escritor y poeta folklorista nicaragüense, n. en 1923.

MEJÍA VALLEJO (Manuel), escritor colombiano, n. en 1923, autor de *El día señalado,* novela de ambiente rural.

MEJICANA (La), cerro de la Argentina (La Rioja); 6 200 m; cobre argentífero.

MEJICANOS, pobl. de El Salvador (San Salvador).

MÉJICO. V. MÉXICO.

MEJILLONES, com. de Chile (Antofagasta). Salitre.

Mejor alcalde el Rey *(El),* comedia dramática de Lope de Vega, que pone en escena a Alfonso VII de León.

MEKONG, gran río de Indochina. Nace en el Tíbet, atraviesa el Laos, pasa por el Viet Nam y Camboya, y des. en el mar de China; cerca de 4 200 km.

MELA (Pomponio), geógrafo y escritor hispanolatino del s. I de nuestra era.

MELANCHTON [*-lanktón*] (Felipe SCHWARZERD, llamado), sabio teólogo alemán (1497-1560), amigo de Lutero y partidario de la Reforma. Redactó con Camerarius la *Confesión de Augsburgo.*

MELANESIA (es decir, *Islas de los Negros*), división de Oceanía, que comprende Nueva Guinea, archipiélago de Bismarck, islas Salomón, Nuevas Hébridas, Nueva Caledonia, islas Fidji y archipiélago de la Luisiada. (Hab. *melanesios.*)

MELANIA (*Santa*), dama romana que abrazó la vida monástica (383-439). Fiesta el 31 de diciembre.

MELBOURNE, c. y puerto de Australia, cap. del Estado de Victoria. Gran centro comercial e industrial. Universidad.

MELBOURNE (William LAMB, *lord*), político inglés del Partido Liberal (1779-1848). Primer ministro en 1834.

MELCHOR, uno de los tres Reyes Magos que acudieron a Belén para adorar a Jesús.

MELEAGRO, héroe etolio. Dio muerte al jabalí enviado por Artemisa contra su padre, el rey de Calidón.

MELENA DEL SUR, térm. mun. de Cuba (La Habana).

MELÉNDEZ (Carlos), político salvadoreño, n. en San Salvador (1861-1919), pres. de la Rep. de 1913 a 1914 y de 1915 a 1918. Obtuvo de los Estados Unidos el reconocimiento del golfo de Fonseca como zona territorial y proclamó la neutralidad del país durante la Primera Guerra mundial.

MELÉNDEZ (Concha), escritora puertorriqueña, n. en 1904, autora de *La novela indianista en Hispanoamérica, Signos de Iberoamérica,* etc.

MELÉNDEZ (Jorge), político salvadoreño, n. en 1871, pres. de la Rep. de 1919 a 1923.

MELÉNDEZ VALDÉS (Juan), poeta español, n. en Rivera del Fresno (Badajoz) [1754-1817], el más destacado del grupo neoclásico, y que, con el nombre pastoril de **Batilo,** publicó numerosas composiciones de género ligero y anacreóntico: *A la paloma de Filis, La flor del Zurguén, La mañana de San Juan, A Rozana en unos fuegos.*

MELERO (Miguel Ángel), pintor cubano (1887-1925).

MELGAR, pobl. de Colombia (Tolima). — Prov. del Perú (Puno); cap. *Ayaviri.*

MELGAR (Mariano), poeta y patriota peruano (1791-1815). Comprometido en la sublevación de Pumacahua, murió fusilado.

MELGAREJO (Mariano), general y político boliviano, n. en Tarata (1820-1871), que participó en distintos movimientos revolucionarios y se adueñó de la presidencia de la Rep. en 1864. Fue derrocado por una revolución en 1871 y tuvo que huir al Perú, donde murió asesinado.

Melibea, uno de los personajes centrales de *La Celestina.* Al saber la muerte de Calixto, se suicidó arrojándose de una torre.

MÉLIDA (José Ramón), arqueólogo español (1849-1933), autor de *Arqueología española.*

MÉLIÈS (Jorge), cineasta francés (1861-1938), uno de los creadores del arte cinematográfico.

MELILLA, plaza de soberanía española y puerto franco en Marruecos. Pertenece a España desde 1497.

Melilla *(Campaña de),* nombre que se da a las luchas militares que tuvo España en Marruecos de 1909 a 1925.

MELIPILLA, com. y dep. de Chile (Santiago).

MELITOS, poeta trágico griego, uno de los acusadores de Sócrates.

MELO, c. del Uruguay, cap. del dep. de Cerro Largo; centro ganadero y comercial. Obispado. Aeropuerto. (Hab. *melenses.*)

MELO (Francisco Manuel de), escritor portugués (1608-1666), que compuso en castellano y bajo el seudónimo de **Clemente Libertino** una *His-*

MELANCHTON

T. MEJÍA

MELÉNDEZ VALDÉS
por GOYA
Bowes Museum

MELGAREJO

Fot. Larousse, doc. A. G. P.

H. MELVILLE

MENDEL

MEMLING
retrato
de MARÍA MOREEL

MENDELSSOHN-
BARTHOLDY
por MAGNUS

P. DE MENA
MARÍA MAGDALENA
detalle

toria de los movimientos, separación y guerra de Cataluña. Es autor también de varios poemas en castellano y portugués, todos de forma barroca.

MELO (José María), general y político colombiano (1800-1861), dictador en 1854. Murió en el destierro.

MELO DE PORTUGAL Y VILLENA (Pedro), militar español (1733-1798). Fue gobernador del Paraguay, donde fundó la pobl. de Rosario, y virrey del Río de la Plata (1795-1797).

MELOZZO da Forli, pintor renacentista italiano (1438-1494), autor de célebres frescos y pinturas hoy conservados en el Vaticano.

MELPÓMENE, musa de la Tragedia.

MELQUISEDEC, rey de Salem, sacerdote del Altísimo y contemporáneo de Abrahán. (*Biblia.*)

MELUN [*-lán*], c. de Francia a orillas del Sena, cap. del dep. de Sena y Marne.

MELVIL o **MELVILLE** (*sir* James), historiador escocés (1535-1617), autor de *Memorias.* Fue consejero de María Estuardo y de Jacobo VI.

MELVILLE [*-vil*] (BAHÍA DE), bahía en el mar de Baffin, en la costa O. de Groenlandia. — Península de la parte septentrional de Canadá, en el océano Glacial Ártico.

MELVILLE, isla del archipiélago Parry, al N. de América del Norte. — Isla de la costa septentrional de Australia.

MELVILLE (Herman), marino y novelista norteamericano (1819-1891), autor de *Moby Dick o La ballena blanca,* relato donde la aventura se mezcla con lo simbólico.

MELLA (Ramón), general y patriota dominicano, que, en 1844, con Duarte y Sánchez, proclamó la independencia de su país.

MELLONI [*meloni*] (Macedonio), físico italiano (1798-1854), que formuló las principales leyes del calor radiante.

MEMBREÑO (Alberto), escritor, lexicógrafo y político hondureño (1859-1921), autor de un *Diccionario de hondureñismos.*

MEMEL, en lituano **Klaipeda,** c. de la U.R.S.S. (Lituania); puerto en el Báltico.

MEMLING (Hans), pintor flamenco (¿1433?-1494). Genio original a la vez que enérgico e ingenuo, nos ha dejado admirables *Vírgenes, El juicio final, Adoración de los Magos,* etc. Trabajó sobre todo en Brujas.

MEMNÓN, personaje de las leyendas antiguas, hijo de Titón y de la Aurora. Fue mandado por su padre, rey de Egipto y Etiopía, en socorro de Troya sitiada por los griegos, y fue muerto por Aquiles. Se identificaba con Memnón una de las colosales estatuas de Amenofis III, en Tebas, que dejaba oir sonidos armoniosos a la salida del sol.

Memoria sobre el cultivo del maíz en Antioquia, poema del escritor colombiano Gregorio Gutiérrez González, donde describe el cultivo de esta planta en su patria (1866).

Memorial de Santa Elena, obra de Las Cases (1823), diario de las conversaciones de Napoleón I con su secretario sobre su vida.

Memorias de Mamá Blanca (*Las*), novela psicológica de la venezolana Teresa de la Parra, llena de ternura y melancolía (1929).

Memorias de un setentón, obra de Mesonero Romanos, continuación del *Panorama matritense* (1880).

MEMPHIS, c. de los Estados Unidos (Tennessee), a orillas del Misisipí. Centro industrial. Universidad.

MENA (Juan de), poeta español, n. en Córdoba (1411-1456), maestro del género alegórico. De su gran poema *Laberinto de fortuna* o *Las trescientas* arranca toda la escuela culterana española que culminó en Góngora. Otras obras de Mena son *La coronación,* elogio del Marqués de Santillana, y una traducción de *La Ilíada,* titulada *Homero romanceado.*

MENA (Pedro de), escultor español, n. en Granada (1628-1688), discípulo de Alonso Cano. Su obra es de gran realismo y espiritualidad (*Nuestra señora de Belén,* numerosas *Dolorosas, San Francisco de Asís,* etc.).

MENAI, estrecho que separa la isla de Anglesey del país de Gales (Gran Bretaña).

MENAM, río de Tailandia, que pasa por Bangkok y des. en el golfo de Siam; 1 200 km.

MENANDRO, poeta cómico griego (¿342?-292 a. de J. C.). Fue la figura más relevante de la "comedia nueva" y le imitaron Plauto y Terencio. Sus obras comenzaron a ser conocidas sólo a principios de nuestro siglo.

MÉNARD [*-nar*] (Luis), químico y escritor francés (1822-1901), descubridor de la fórmula del colodión y autor de *Sueños de un pagano místico.*

MENCIO. V. MENG-TSE.

MENCHACA (Ángel), musicólogo paraguayo (1855-1924).

MENDAÑA (ARCHIPIÉLAGO DE). V. MARQUESAS (*Islas*).

MENDAÑA DE NEIRA (Álvaro), navegante y explorador español (1549-1595), descubridor de las islas Salomón (1567), de Santa Cruz (1592) y de las Marquesas (1595).

MENDE, c. de Francia, cap. del dep. de Lozère. Obispado. Catedral gótica.

MENDEL (Juan Gregorio), religioso y botánico austriaco (1822-1884). Estudió la herencia y la hibridación de los vegetales, y formuló las leyes que llevan su nombre.

MENDELEIEV o **MENDELEEV** (Dimitri Ivanovich), químico ruso (1834-1907), autor de la clasificación periódica de los elementos químicos.

MENDELSSOHN (Moisés), filósofo alemán (1729-1786), que se esforzó en reformar y modernizar el judaísmo.

MENDELSSOHN-BARTHOLDY (Félix), nieto del anterior, célebre compositor alemán, n. en Hamburgo (1809-1847), autor de notables sinfonías, oratorios, oberturas (*El sueño de una noche de verano, La gruta de Fingal*) y piezas para piano (*Romanzas sin palabras*). Fundador del Conservatorio de Leipzig, contribuyó a resucitar la obra de Bach.

MENDÈS (Catulle), poeta francés (1841-1909), que formó parte del grupo parnasiano.

el coloso MEMNÓN en la llanura de Tebas

Fot. Bulloz, Museo de Munich, Larousse, Ruiz Vernacci, Audrain

MÉNDEZ, pobl. del Ecuador, cab. de cantón de Santiago (Morona-Santiago). Vicariato apostólico. — Prov. de Bolivia (Tarija); cap. *San Lorenzo.*

MÉNDEZ (Gervasio), poeta elegiaco argentino (1848-1898), llamado *El poeta del dolor.*

MÉNDEZ (Juan N.), general y político mexicano (1820-1894), a quien Porfirio Díaz encargó interinamente del Gobierno en 1876.

MÉNDEZ (Leopoldo), pintor y grabador mexicano, n. en 1903.

MÉNDEZ BALLESTER (Manuel), autor de teatro puertorriqueño, n. en 1909.

MÉNDEZ BRINGA (Narciso), dibujante y pintor español (1868-1933).

MÉNDEZ CALZADA (Enrique), escritor, poeta y periodista argentino (1898-1940).

MÉNDEZ CAPOTE (Domingo), general y político cubano (1863-1933), vicepres. de la Rep. en 1904, dimitió al mismo tiempo que Estrada Palma en 1906.

MÉNDEZ DE HARO (Luis). V. HARO.

MÉNDEZ MAGARIÑOS (Melchor), pintor uruguayo (1893-1945).

MÉNDEZ MONTENEGRO (Julio César), jurista y político guatemalteco, n. en 1915, pres. de la Rep. en 1966.

MÉNDEZ NÚÑEZ (Casto), marino español (1824-1869), se distinguió en Filipinas y mandó después la flota que bombardeó Valparaíso y El Callao en 1866.

MÉNDEZ PEREIRA (Octavio), escritor y ensayista panameño (1887-1954).

MENDIETA (Carlos), militar cubano (1873-1960), pres. provisional de la Rep. en 1934.

MENDIETA (Jerónimo de), franciscano español (¿1525?-1604), que evangelizó en México. Autor de *Historia eclesiástica indiana.*

MENDIGORRÍA, v. de España (Navarra). Batalla entre carlistas y liberales (1834).

Mendigos (en fr. *gueux*), nombre dado despectivamente por Margarita de Parma a los patriotas de los Países Bajos, sublevados contra el Gobierno de Felipe II de España (1566).

MENDINUETA Y MÚZQUIZ (Pedro), militar español, virrey de Nueva Granada de 1797 a 1803.

MENDIVE (Rafael María), escritor y poeta cubano, n. en La Habana (1821-1886), que tradujo a Longfellow y reaccionó en su patria contra el romanticismo. Autor de *Pasionarias, Cuento de amores,* etc.

MENDIZÁBAL (Juan ÁLVAREZ), político español (1790-1853). Jefe del Gobierno en 1835, hizo votar las leyes desamortizadoras de los bienes de las comunidades religiosas.

MENDOZA, río de la Argentina en la prov. de su nombre; 350 km.

MENDOZA, c. de la Argentina, cap. de la prov. del mismo n., al pie de los Andes; centro cultural y comercial. (Hab. *mendocinos.*) Arzobispado. Residencia de varias facultades de la Universidad de Cuyo. Fundada en 1560 y destruida por un terremoto en 1861, es hoy una bella c. moderna. La prov. prod. uva, maíz, alfalfa, trigo; ganadería; oro, cobre, asfaltita, óxido de uranio y petróleo. Importante industria vinícola.

MENDOZA (Alonso de), militar español, n. en 1500, fundador de La Paz (Bolivia) en 1549.

MENDOZA (Antonio de), gobernante español (¿1490?-1552), primer virrey de Nueva España (México) de 1535 a 1550, donde mejoró la vida del indio, introdujo la imprenta, organizó varias expediciones hacia el Norte y fundó la c. de Valladolid (hoy Morelia). Fue luego virrey del Perú, de 1551 hasta su muerte.

MENDOZA (Bernardino de), historiador y diplomático español (¿1541?-1604), autor de un *Comentario de lo sucedido en las guerras de los Países Bajos.*

MENDOZA (Daniel), escritor costumbrista venezolano (1823-1867), que describe en sus libros la vida caraqueña y la llanura (*El llanero*).

MENDOZA (Diego de). V. HURTADO.

MENDOZA (Francisco de), conquistador español, m. en 1548. Llegó al Río de la Plata con Pedro de Mendoza y gobernó Asunción (1547).

MENDOZA (Gonzalo de), conquistador español, m. en 1558, fundador, con Juan de Salazar, de

MÉNDEZ NÚÑEZ

MENDIZÁBAL

Asunción (1537). Sucedió a su suegro Martínez de Irala en el Gobierno del territorio del Río de la Plata (1556).

MENDOZA (Íñigo de), poeta y fraile franciscano español (¿1425-1507?), autor de una *Vita Christi,* largo poema escrito en quintillas, y de varias composiciones cortas.

MENDOZA (Íñigo LÓPEZ DE). V. SANTILLANA, (*Marqués de*).

MENDOZA (Pedro de), conquistador español, n. en Guadix (Granada) [¿1487?-1537], primer Adelantado del Río de la Plata y primer fundador de Buenos Aires (1536). Sostuvo luchas contra los indios y, encontrándose enfermo, confió la jefatura a Juan de Ayolas. Al regresar a España, falleció en la travesía.

MENDOZA (Vicente T.), compositor mexicano, n. en 1894, especializado en el folklore de su país.

MENDOZA Y LA CERDA (Ana). V. ÉBOLI.

MENDOZA Y LUNA (Juan de), marqués de Montesclaros (1571-1628), virrey de Nueva España de 1603 a 1607 y del Perú de 1607 a 1615. Impulsó las obras públicas en la c. de México.

MENE GRANDE, primer pozo de petróleo perforado en 1914 en Venezuela (Zulia).

MENELAO, rey de Esparta y hermano de Agamenón. El rapto de su esposa Helena por Paris determinó la guerra de Troya.

MENELIK II, emperador de Etiopía (1844-1913), coronado en 1889. Venció a los invasores italianos en Adua (1896), con lo que aseguró la independencia del país.

MENÉNDEZ, lago de la Argentina (Chubut).

MENÉNDEZ (Andrés Ignacio), general y político salvadoreño, n. en 1879, pres. de la Rep. de 1934 a 1935 y pres. provisional en 1944. Fue derrocado.

MENÉNDEZ (Francisco), general y político salvadoreño (1830-1890), pres. provisional en 1885 al derrocar a Zaldívar, y constitucional de 1887 a 1890. Su administración fue benéfica para el país, principalmente en el orden cultural. M. en el ejercicio del Poder.

MENÉNDEZ (Manuel), político peruano (1793-1847), pres. de la Rep. de 1841 a 1842 y de 1844 a 1845.

MENÉNDEZ (Miguel Ángel), escritor mexicano, n. en 1905, autor de relatos costumbristas o de conflicto racial (*Nayar*) y de narraciones históricas (*Malintzin*).

MENÉNDEZ (Timoteo), político salvadoreño, vicejefe del Estado en 1837 y de 1838 a 1839.

Antonio de MENDOZA

P. DE MENDOZA

MENDIVE

F. MENÉNDEZ

Fot. doc. A. G. P., Ruiz Vernacci, A. Cohner

MENÉNDEZ DE AVILÉS

MENÉNDEZ PIDAL

MENÉNDEZ Y PELAYO

MERA

MENÉNDEZ DE AVILÉS (Pedro), militar y marino español (1519-1574). Fue gobernador de Cuba, Adelantado de la Florida y fundador de la c. de San Agustín (1565).

MENÉNDEZ PIDAL (Ramón), erudito español, n. en La Coruña (1869-1968). Maestro de la escuela filológica española, es autor de estudios exhaustivos acerca de *Los orígenes del español, La España del Cid, Poema de Mío Cid, Manual de Gramática Histórica Española, Poesía juglaresca y juglares, La idea imperial de Carlos V, El romancero español, La gesta de los siete Infantes de Lara,* etc.

MENÉNDEZ Y PELAYO (Marcelino), polígrafo español, n. en Santander (1856-1912), cuyo inmenso saber hizo de él un maestro de la historiografía literaria nacional. Se le deben trabajos tan considerables como la *Historia de las ideas estéticas en España, Historia de los heterodoxos españoles, Orígenes de la novela, Horacio en España, La ciencia española, Antología de poetas líricos castellanos, Antología de poetas hispanoamericanos, Calderón y su teatro* y *Estudios de crítica literaria.*

MENENIO AGRIPA, cónsul romano en 503 a. de J. C., mediador entre los patricios y plebeyos cuando éstos se retiraron al monte Sacro.

MENES, primer faraón de Egipto, unificador del país y fundador de Menfis.

MENESES (Emilio), industrial español, m. en 1906, inventor de un metal plateado (*plata Meneses*).

MENESES (Guillermo), novelista venezolano, n. en 1911, autor de *La balandra Isabel llegó esta tarde.*

MENESES OSORIO (Francisco), pintor español (¿1640-1705?), discípulo de Murillo.

MENFIS, c. del antiguo Egipto y antigua capital de dicho país. Fue fundada por Menes a orillas del Nilo y llegó a contar hasta 700 000 h.

MENGER (Carl), economista austriaco (1840-1921), autor de una teoría marginalista del valor.

MENGÍBAR, c. de España (Jaén).

MENGS (Rafael), pintor neoclásico alemán (1728-1779), artista hábil, pero frío. Fue pintor de cámara de Carlos III de España.

MENG-TSE o **MENCIO,** filósofo chino (s. IV a. de J. C.), nieto de Confucio, que después de haber meditado y comentado largo tiempo los libros sagrados de China, escribió el *Tratado de moral* que lo ha inmortalizado.

Meninas *(Las),* obra maestra de Velázquez, en el museo del Prado (Madrid).

MENIPO, filósofo griego, de la escuela de los cínicos (s. III a. de J. C.), autor de sátiras.

MENNONITAS (*Colonias*). V. COLONIAS.

MENO. V. MAIN.

MENOCAL (Armando), pintor y poeta cubano (1863-1942).

MENOCAL (Mario GARCÍA), general y político cubano (1866-1941), que actuó en la guerra de 1895 y fue pres. de la Rep. de 1913 a 1921. Su administración coincidió con un período de auge económico. A partir de 1917 ejerció el poder autoritariamente.

MENORCA, segunda isla del archip. español de las Baleares; 750 km². Cap. *Mahón.* Cría de ganado. Monumentos prehistóricos.

MENOTTI (Gian Carlo), compositor norteamericano, n. en 1911, autor de óperas (*El medium, El cónsul,* etc.).

MENTON, c. de Francia (Alpes Marítimos). Estación balnearia, en el Mediterráneo.

MENTOR, amigo de Ulises y maestro de Telémaco (*Mit.*). Su nombre se ha convertido en sinónimo de consejero prudente.

MENZALEH, lago del Bajo Egipto, atravesado por el canal de Suez.

MENZEL (Adolfo von), pintor alemán (1815-1905), especializado en temas históricos.

MENZEL-BURGUIBA, ant. **Ferryville,** c del N. de Túnez, a orillas del lago de Bizerta.

MEQUÍNEZ, en fr. **Meknès,** c. de Marruecos. Centro comercial e industrial. Academia militar.

MERA (Juan León), escritor ecuatoriano, n. en Ambato (1832-1894), autor de la novela indianista *Cumandá o un drama entre salvajes,* notable por la descripción que hace de los indios y de sus sentimientos de la naturaleza. Escribió también la letra del himno nacional ecuatoriano.

MERANO, c. de Italia (Bolzano). Estación turística. Catedral (s. XIV); castillo (s. XV).

MERCA, c. y puerto de Somalia.

MERCADANTE (José Javier Rafael), compositor italiano (1795-1870), autor de numerosas óperas.

Mercader de Venecia *(El),* comedia de Shakespeare (1596).

MERCADO (Guillermo), poeta peruano, n. en 1904, autor de *Alba, Chullo de poemas,* etc.

Mercado Común, término empleado corrientemente para designar la Comunidad Económica Europea. El mercado común tiene por objeto la abolición aduanera entre los diferentes países que firmaron el Tratado de Roma en 1957.

MERCATOR (Gerardo KREMER, llamado), matemático y geógrafo flamenco (1512-1594). Fue uno de los fundadores de la geografía matemática moderna y dio su nombre a un nuevo sistema de proyección.

MERCÉ (Antonia), llamada **la Argentina** (1888-1936), bailarina de danzas españolas.

Merced (*Orden de la*), orden religiosa fundada en Barcelona por San Pedro Nolasco, San Raimundo de Peñafort y Jaime I el Conquistador en 1218, consagrada al rescate de los cristianos cautivos de los moros.

MERCEDARIO, mont. andino de la Argentina (San Juan) : 6 770 m.

MERCEDES, c. de la Argentina (Buenos Aires); centro comercial e industrial. — Pobl. de la Argentina (Corrientes). — C. del Uruguay, cap. del dep. de Soriano; puerto en el río Negro. Obispado. Centro comercial y turístico. (Hab. *mercedarios.*)

MERCEDES (Las), campo petrolero de Venezuela (Guárico).

MERCIER (Desiré Joseph), cardenal y filósofo belga (1851-1926), arzobispo de Malinas.

MERCURIO, dios latino, identificado con el **Hermes** griego.

MERCURIO, el planeta más próximo al Sol.

Mercurio Peruano, revista de artes y letras, fundada en Lima en 1791.

Mercurio y Argos, cuadro de Velázquez, en el museo del Prado (Madrid).

MERCHÁN (Rafael María), escritor cubano (1844-1905), autor de *Cuba* y *Estudios críticos.* Fue también brillante periodista.

MEREDITH (George), escritor inglés (1828-1909), novelista de psicología sutil (*El egoísta*) y poeta de gran imaginación.

MEREJKOVSKI (Dimitri), escritor ruso (1865-1941), autor de poesías simbolistas, de novelas históricas (*La muerte de los dioses, La resurrección de los dioses*) y de ensayos en los cuales intentó conciliar el patrimonio espiritual del paganismo con el del cristianismo.

MERENDÓN, sierra de Honduras (Copán y Ocotepeque), que se encuentra en la región limítrofe con Guatemala; 2 500 m. (V. COPÁN.)

LAS MENINAS, por VELÁZQUEZ
museo del Prado

Fot. doc. A. G. P., Ruiz Vernacci, X, Anderson-Giraudon

MERGENTHALER (Ottmar), relojero alemán (1854-1899), inventor de la linotipia.

MÉRIDA, c. de España (Badajoz), a orillas del Guadiana. Teatro, anfiteatro, circo y acueducto romanos. Cuna de Santa Eulalia. Llamada **Emérita Augusta** por los romanos.

MÉRIDA, c. de México, cap. del Estado de Yucatán; centro comercial e industrial. (Hab. *meridanos.*) Universidad. Arzobispado. Fundada en 1542. — C. de Venezuela, cap. del Estado del mismo n., en la *Sierra Nevada de Mérida;* centro comercial e industrial. (Hab. *meridenses.*) Residencia de la Universidad de los Andes. Arzobispado. Fue fundada en 1558 por Juan Rodríguez Suárez, con el n. de *Santiago de los Caballeros.* El Estado prod. café, caña de azúcar, cacao, tabaco; plantas medicinales y aromáticas; yac. de cobre, carbón y depósitos de carbonato de sosa. (Hab. *merideños.*)

MÉRIDA (SIERRA). V. NEVADA DE MÉRIDA.

MÉRIDA (Carlos), pintor guatemalteco, n. en 1893, de estilo abstracto.

MERIMÉE (Ernesto), hispanista francés (1846-1924), autor de un excelente *Manual de Literatura española.* — Su hijo ENRIQUE (1878-1926), también hispanista y autor de varios estudios sobre el teatro clásico español.

MERIMÉE (Próspero), escritor francés (1803-1870), autor del *Teatro de Clara Gazul* y sobre todo de narraciones cortas: *Carmen, Colomba,* etc., notables por la sobriedad de la composición y la precisión del estilo.

MERÍN o **MIRIM,** laguna del Uruguay, que baña los dep. de Maldonado, Treinta y Tres, Rocha y Cerro Largo, y, en territorio brasileño, comunica con la laguna de los Patos por medio del río San Gonzalo; 2 966 km².

MERINO (Ignacio), pintor peruano (1817-1876), autor de cuadros de tema histórico.

MERINO (Jerónimo), conocido con el nombre de **Cura Merino,** guerrillero español (1769-1844), párroco de Villoviado (Castilla la Vieja), que se señaló por su ferocidad en la guerra contra Napoleón y, más tarde, en las luchas civiles a favor de los carlistas.

MERINO REYES (Luis), cuentista y poeta chileno, n. en 1912.

MERIÑO (Fernando Arturo), arzobispo y político dominicano (1833-1906), pres. de la Rep. de 1880 a 1882.

MERIS, lago del antiguo Egipto.

MERLEAU-PONTY [-*lo*] (Mauricio), filósofo existencialista francés (1908-1961).

MERLÍN, llamado **el Encantador,** personaje legendario de las novelas de caballerías del ciclo bretón.

MERLO, c. de la Argentina (Buenos Aires), entre Buenos Aires y Mercedes.

MERMOZ (Juan), aviador francés (1901-1936), que fue el primero en realizar la travesía de ida y vuelta del Atlántico Sur (1933).

MEROPE, esposa de Cresfontes, rey de Mesenia.

MEROVEO, rey franco de 448 a 457. Mandaba a los francos en la gran batalla de los Campos Cataláunicos, donde fue derrotado Atila (451). Dio su nombre a los reyes de la primera dinastía francesa.

MEROVEO, hijo de Chilperico I, casó con su tía Brunequilda en 575, pero, perseguido por Fredegunda, fue muerto en 578.

MEROVINGIOS, de *Meroveo,* nombre dado a la primera dinastía de reyes francos, extinguida a la muerte de Childerico III en 751.

MERRIMAC, río de los Estados Unidos (Massachusetts), que des. en el Atlántico; 170 km.

MERRY DEL VAL (Rafael), cardenal de ascendencia hispanoirlandesa (1865-1930), secretario de Estado de Pío X.

MERSEBURGO, c. de Alemania oriental, a orillas del Saale. Máquinas; caucho sintético.

MERS EL-KEBIR. V. MAZALQUIVIR.

MERSENNE (*Padre* Marin), filósofo, matemático y teólogo francés (1588-1648), amigo de Descartes y otros sabios, autor de *La armonía universal.*

MERSEY, río de Inglaterra, que des. en el mar de Irlanda por un largo estuario en el que se encuentra Liverpool; 113 km.

MERSINA, c. y puerto de Turquía (Cilicia).

MERTHYR TYDFIL, c. de la Gran Bretaña (Gales); carbón; fundiciones.

MERV. V. MARY.

MESA (Cristóbal de), poeta español (1561-1633), autor de estrofas heroicas al estilo de Tasso (*Las Navas de Tolosa, La restauración de España*).

MESA (Enrique de), poeta español (1878-1929), cuya obra, poco extensa, ofrece un cuadro original y emocionante del campo castellano.

MESA (La), pobl. de Colombia (Cundinamarca). — Pobl. de Panamá (Veraguas).

MESALINA, princesa romana (15-48), tercera esposa del emperador Claudio I, madre de Británico y de Octavia. Célebre por su vida disoluta.

MESAS (SIERRA DE LAS), n. dado a un sector de la Sierra Madre Oriental de México (Tamaulipas).

MESENA o **MESENE,** ant. cap. de *Mesenia,* hoy **Mavromati.**

MESENIA, ant. comarca del Peloponeso; cap. *Mesena.* Los mesenios fueron sometidos por los espartanos después de una larga lucha (s. VII a. de J. C.), pero Epaminondas los libró del yugo lacedemonio en 362 a. de J. C. (Hab. *mesenios.*)

MESHED, c. de Irán (Jorasán). Sedas, tapices.

MESIA, comarca de la Europa antigua, que correspondía a las actuales Yugoslavia y Bulgaria.

Mesíada (*La*), poema épico en veinte cantos, obra del poeta alemán Klopstock (1748-1773).

Mesías (*El*), oratorio de Haendel (1741).

MESINA, c. y puerto de Sicilia, en el estrecho homónimo. Arzobispado. Universidad. Frutas. Destruida en 1908 por un terremoto.

MESINA (ESTRECHO O FARO DE), estrecho entre la Italia peninsular y la isla de Sicilia, que une el mar Tirreno con el Jónico. Longitud, 42 km; anchura, de 3 a 18 km.

MESMER (Francisco o Federico Antonio), médico alemán (1734-1815), fundador de la teoría del magnetismo animal, llamada *mesmerismo.*

MESONERO ROMANOS (Ramón de), escritor costumbrista español (1803-1882), conocido con el seudónimo de **el Curioso Parlante.** Estudió el pasado de su ciudad natal, Madrid, en obras que constituyen un inapreciable documento: *Escenas matritenses, El antiguo Madrid, Panorama matritense, Memorias de un setentón,* etc.

MESOPOTAMIA (*"Región entre ríos"*), región de Asia entre el **Éufrates y el Tigris.** Cuna de las civilizaciones babilónica y asiria. Ruinas de *Babilonia, Nínive, Ur,* etc.

MESOPOTAMIA ARGENTINA, n. dado a la región de la Argentina que se encuentra entre los ríos Paraná y Uruguay (Entre Ríos, Corrientes y Misiones).

MESOPOTAMIA URUGUAYA, n. dado al terr. del dep. de Durazno, que se extiende entre los ríos Negro y Ti, y el arroyo Cordobés, afl. del Negro.

MESSAGER (Andrés), compositor y director de orquesta francés (1853-1929), autor de operetas y óperas cómicas.

MESSÍA DE LA CERDA (Pedro), militar español (1700-1783), virrey de Nueva Granada de 1761 a 1773. Expulsó a los jesuitas.

MESSIAEN (Olivier), compositor francés, n. en 1908. En su obra, de inspiración mística, ha renovado el lenguaje musical.

Mesta, asociación de ganaderos españoles, cuyo origen remonta a los últimos tiempos de la monarquía visigótica. Pertenecían a la Mesta los propietarios del ganado trashumante de León, Castilla y Extremadura.

Mester de clerecía. V. MESTER DE JUGLARÍA.

Mester de juglaría, n. que se aplicó desde el s. XII a un género de poesías épicas, anónimas y populares que recitaban de memoria los juglares, a distinción del **mester de clerecía,** que fue cultivado por clérigos o autores doctos y destinado a la lectura. El monumento más notable del mester de juglaría es el *Poema del Cid.* Entre las obras principales del mester de clerecía deben citarse las escritas por Berceo, el *Libro de Alexandre,* el *Poema de Fernán González* y el *Libro de Apolonio,* y, por último, las del Arcipreste de Hita y del canciller Pero López de Ayala.

MESTRE (José Manuel), filósofo y patriota cubano (1832-1886), autor de *De la filosofía en La Habana, Consideraciones sobre el placer y el dolor,* etc.

E. DE MESA

P. MERIMÉE

MESONERO ROMANOS

MÉRIDA
ruinas del teatro

Fot. doc. A. G. P., Bulloz

MEXÍA

META, río de América del Sur, que, formado en Colombia por varios ríos proced. de la Cord. Oriental, señala parte de la frontera con Venezuela, penetra en este país y es afl. del Orinoco; 1 200 km. Fue descubierto por **Diego de Ordás** en 1531. — Dep. de Colombia; cap. *Villavicencio*; ganadería; plantas medicinales; salinas. (Hab. *llaneros* o *metenses.*)

Metafísica, o **Filosofía primera,** obra de Aristóteles, que tuvo durante la Edad Media autoridad absoluta (s. IV a. de J. C.).

METÁLICOS (MONTES), en alem. **Erzgebirge,** n. de varios macizos montañosos ricos en minerales: en Toscana (1 059 m), en Eslovaquia, al S. de los Tatras (1 480 m), y sobre todo en los confines de Alemania y Bohemia. (V. KRUSNE HORY.)

Metamorfosis (*Las*), poema mitológico de Ovidio, en quince libros. Esta obra, una de las más brillantes de la poesía latina, abraza las principales leyendas de la mitología antigua.

METÁN, pobl. de la Argentina (Salta).

METAPA. V. CIUDAD DARÍO.

METAPÁN, c. de El Salvador (Santa Ana).

METASTASIO (Pietro), poeta italiano (1698-1782), autor de las tragedias musicales: *Dido abandonada, La clemencia de Tito.*

METAURO, río de Italia central, que des. en el Adriático; 110 km. En sus orillas fue derrotado y muerto Asdrúbal, hermano de Aníbal (207 a. de J. C.).

METCHNIKOV (Elías), zoólogo y biólogo ruso (1845-1916), discípulo de Pasteur. Autor de la teoría de la *fagocitosis* y de notables estudios de embriología de los invertebrados. (Pr. Nóbel, 1908.)

METGE

METELO (Lucio Cecilio), cónsul romano en 251 a. de J. C., vencedor de los cartagineses en Sicilia. — METELO *el Macedónico* (Cecilio), nieto del anterior, pretor y cónsul, conquistador de Macedonia en 148. — METELO *el Numídico* (Quinto Cecilio), sobrino del anterior, cónsul, venció a Yugurta en 109; fue substituido en 107 por Mario y desterrado; m. en 91 a. de J. C. — METELO *Pío* (Cecilio), hijo del anterior (130-64), pretor y procónsul en España encargado de dirigir la guerra contra Sertorio (79-72). — METELO ESCIPIÓN (Quinto Cecilio), nieto de Escipión Nasica e hijo adoptivo del anterior; sostuvo la causa de Pompeyo, pero, derrotado por César en Tapso, se suicidó (46).

METGE (Bernat), uno de los clásicos catalanes (¿1350-1413?), autor del *Llibre de fortuna e prudencia, Història de Valter e Griselda* y *Lo somni.* Fue consejero de los reyes Juan I y Martín el Humano.

METODIO (*San*), apóstol de los eslavos y hermano de San Cirilo, con quien creó el alfabeto cirílico. M. en 885. Fiesta el 9 de marzo.

Metodistas, secta protestante, fundada en Oxford por John Wesley en 1729. Los metodistas se distinguen por el rigor de su moral.

Método (*Discurso del*). V. DISCURSO.

METÓN, astrónomo griego del s. V a. de J. C., inventor de un ciclo lunisolar de 19 años llamado *Número Áureo.*

METSU o **METZU** (Gabriel), pintor holandés (1629-1667), autor de escenas de interior.

METTERNICH

METTERNICH-WINNEBURG (Clemente Lotario Wenceslao, *príncipe de*), político austriaco (1773-1859). Negoció el matrimonio de la archiduquesa María Luisa con Napoleón I. Después de la caída del Imperio Francés, la constitución de la Santa Alianza le convirtió en el árbitro de Europa.

METZ, c. de Francia, cap. del dep. de Mosela, a orillas del río Mosela. Centro industrial. Catedral (s. XIII-XIV). Obispado.

METZINGER (Jean), pintor francés (1883-1956). Perteneció a las escuelas neoimpresionista, fauvista y cubista.

METZYS o **MATSYS** (Quintín), pintor flamenco (1465 ó 1466-1530), autor del tríptico *El entierro de Cristo.*

MEUNIER [*menié*] (Constantino), pintor y escultor belga (1831-1905), de estilo realista.

MEURTHE Y MOSELA, dep. de Francia, en Lorena, formado en 1871 con los fragmentos de los dep. de Meurthe y de Mosela; cap. *Nancy.*

MEUSE. V. MOSA.

MEXÍA (Pero), humanista español (¿1499-1551?), que reunió una abundante colección de anécdotas, dichos y hechos varios con el título general de *Silva de varia lección.*

MEXICALI, c. de México, cap. del Estado de Baja California Norte; centro comercial y turístico.

MÉXICO o **Estados Unidos Mexicanos,** país de América, cuyas tres cuartas partes pertenecen geográficamente a Norteamérica y el resto a Centroamérica. Limita al N. con los Estados Unidos, al E. con el golfo de México y el mar de las Antillas, al SE. con Guatemala y Belice y al O. con el océano Pacífico; 1 969 269 km², incluidas las islas de soberanía nacional; 46 500 000 h. (*mexicanos*). Cap. *México.*

— GEOGRAFÍA. — *Relieve.* El territorio mexicano tiene la forma de un cuerno, cuya punta sería la península de Yucatán. Por su situación, al sur de Norteamérica, es el puente que une las dos masas continentales americanas. Este extenso territorio está surcado por cordilleras y montañas que se prolongan hacia el istmo centroamericano. La actividad volcánica es considerable y ha influido notablemente en el modelado del suelo mexicano. La *Sierra Madre* es el principal sistema montañoso del país: comienza en la depresión de Tehuantepec y, al unirse las diferentes montañas y sierras, se forma el llamado Nudo Mixteco, del cual se derivan los ramales de la *Sierra Madre Oriental,* cuyas cimas más elevadas son: Cofre de Perote o Naucampatépetl (4 282 m), *Pico de Orizaba* (5 747 m), el más alto del país, y Peña Nevada (3 664) m); *la Sierra Madre Occidental,* que se compone de varias cadenas montañosas: Nayarit, Sierra de Tepehuanes, de Tarahumara y Pandos y la *Sierra Madre Meridional,* que no es más que una sección de la anterior, cuya altura máxima es el Cerro de Teotepec. Entre las ramas oriental y occidental de la Sierra Madre se encuentra el *Sistema Tarasco-Nahua.* Una inmensa altiplanicie, llamada la *Mesa Mexicana,* se extiende desde el centro del país hasta el interior de los Estados Unidos, y las sierras de San Luis y Zacatecas la dividen en dos porciones llamadas respectivamente *Llanuras Boreales* y *Mesa de Anáhuac* (la más productiva y poblada de México). Son también dignas de señalarse la *Gran Depresión Austral* o *del Balsas,* así como los valles de México, Toluca y Puebla.

— *Clima.* México tiene una zona tropical y otra extratropical, y esto, unido a la complicada orografía del país, origina una variedad climática muy grande. Las precipitaciones son más importantes en la vertiente atlántica y bastante reducidas en el Noroeste y el Valle de Mexicali. Se encuentra el clima alpino en la altas montañas que sobrepasan los 4 000 m.

— *Hidrografía.* Dividen al país dos vertientes hidrográficas, la del Golfo y la del Pacífico, y existen algunas cuencas cerradas en el interior. Los ríos que forman la primera son bastante caudalosos, a veces navegables, mientras que los de la segunda son más cortos y de carácter torrencial. Los más importantes, en la vertiente del Golfo, son: Bravo del Norte o Grande, San Fernando, Pánuco, Tuxpan, Papaloapan, Coatzacoalcos, Mezcalapa, Grijalva y Usumacinta. En la vertiente del Pacífico: Colorado (cuya cuenca se encuentra en los Estados Unidos), Sonora, Yaqui, Mayo, Fuerte, Sinaloa, Culiacán, Acaponeta y San Pedro Mezquital. Río de cuenca cerrada es el Lerma, tributario de la laguna de Chapala, que a su vez lo envía hacia el Pacífico por medio del río Santiago. El río de las Balsas tiene una importante cuenca, muy aprovechada para usos hidroeléctricos. Existen varias lagunas y lagos o vasos colectores: las lagunas de Chapala, Guzmán, Santa María, Pátzcuaro, Zirahuen, Cempoala y Cuitzeo, las de Montebello (éstas, de gran belleza, se encuentran cerca de la frontera de Guatemala). Los lagos de Xochimilco y Texcoco, en la ciudad de México, son supervivientes del lago sobre el cual estaba construida la capital, y han desaparecido casi en su totalidad a causa de los trabajos de desagüe ejecutados.

— *Costas e islas.* El extenso litoral mexicano (8 560 km) confiere al país una importancia marítima indiscutible. El litoral del Pacífico, de 6 050 km, es, en general, elevado y acantilado,

Fot. doc. A. G. P., Mas, Larousse

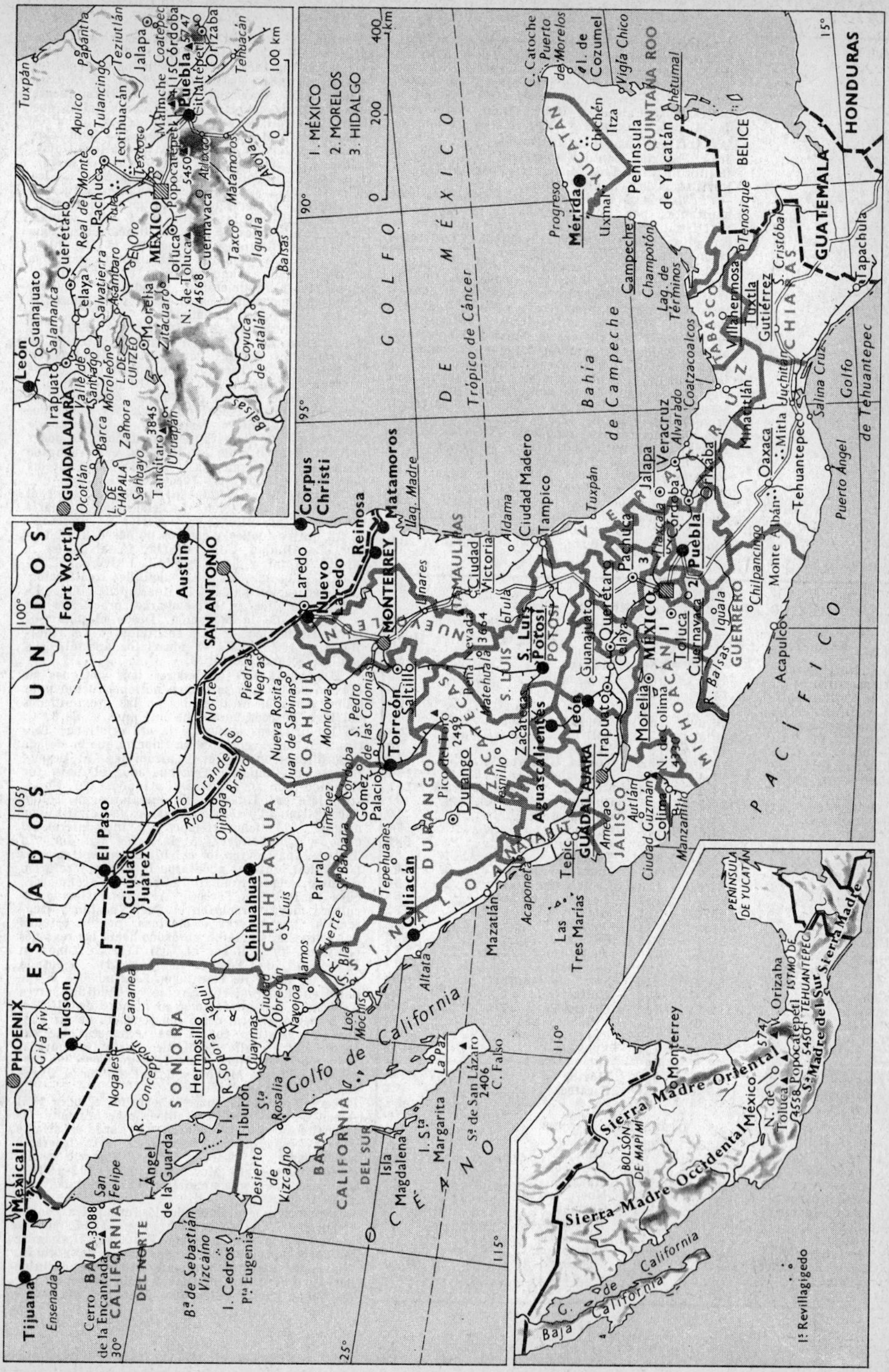
ESTADOS UNIDOS
Tijuana
Mexicali
PHOENIX
Tucson
El Paso
Ciudad Juárez
Fort Worth
Austin
SAN ANTONIO
Corpus Christi
Gila Riv.
Nogales
Cananea
Ensenada
Cerro de la Encantada 3088
BAJA CALIFORNIA DEL NORTE
San Felipe
Ángel de la Guarda
Bª de Sebastián Vizcaíno
I. Cedros
Pta Eugenia
Desierto de Vizcaíno
BAJA CALIFORNIA DEL SUR
Isla Magdalena
I. Sta Margarita
Sª de San Lázaro 2406
C. Falso
La Paz
Golfo de California
Sta Rosalía
I. Tiburón
SONORA
Hermosillo
R. Sonora
R. Concepción
Guaymas
Ciudad Obregón
Navojoa
Álamos
Los Mochis
R. Yaqui
CHIHUAHUA
Chihuahua
S. Luis
Parral
Jiménez
Ojinaga
Río Bravo del Norte
Río Grande
Piedras Negras
Nueva Rosita
S. Juan de Sabinas
Monclova
COAHUILA
Torreón
Gómez Palacio
S. Pedro de las Colonias
Saltillo
Laredo
Nuevo Laredo
Reinosa
Matamoros
MONTERREY
NUEVO LEÓN
TAMAULIPAS
Ciudad Victoria
Linares
Lag. Madre
Aldama
Ciudad Madero
Tampico
SINALOA
Culiacán
Altata
Mazatlán
Acaponeta
Las Tres Marías
DURANGO
Durango
Pico del Toro 2499
Tepehuanes
ZACATECAS
Zacatecas
Fresnillo
SAN LUIS POTOSÍ
S. Luis Potosí
Matehuala
Peña Nevada 3664
Tula
NAYARIT
Tepic
Aguascalientes
León
Guanajuato
Irapuato
Querétaro
Celaya
GUADALAJARA
JALISCO
Ameca
Autlán
Ciudad Guzmán
Colima
N. de Colima 4330
Manzanillo
MICHOACÁN
Morelia
MÉXICO
Toluca
Cuernavaca
Pachuca
Tlaxcala
Puebla
Jalapa
Veracruz
Alvarado
Córdoba
Orizaba
VERACRUZ
Tuxpan
Río Balsas
GUERRERO
Iguala
Chilpancingo
Acapulco
OAXACA
Oaxaca
Monte Albán
Mitla
Tehuantepec
Puerto Ángel
Juchitán
Salina Cruz
Golfo de Tehuantepec
Minatitlán
Coatzacoalcos
TABASCO
Villahermosa
CHIAPAS
Tuxtla Gutiérrez
S. Cristóbal
Tapachula
GUATEMALA
HONDURAS
BELICE
Tenosique
CAMPECHE
Campeche
Champotón
Lag. de Términos
Bahía de Campeche
YUCATÁN
Mérida
Progreso
Uxmal
Chichén Itzá
Península de Yucatán
QUINTANA ROO
Chetumal
Vigía Chico
I. de Cozumel
Puerto de Morelos
C. Catoche
GOLFO DE MÉXICO
Trópico de Cáncer
OCÉANO PACÍFICO
1. MÉXICO
2. MORELOS
3. HIDALGO
0 200 400 km
30° 25° 15° 115° 110° 105° 100° 95° 90°
GUADALAJARA
Ocotlán
L. de Chapala
Sahuayo
Barca
Zamora
Tancítaro 3845
Uruapan
Valle de Santiago
Moroleón
L. de Cuitzeo
Salamanca
Salvatierra
Acámbaro
Zitácuaro
El Oro
Morelia
Toluca
N. de Toluca 4568
Cuernavaca
Taxco
Iguala
Balsas
Coyuca de Catalán
Tula
Real del Monte
Pachuca
Teotihuacán
Texcoco
Tulancingo
Apulco
Tuxpan
Papantla
Teziutlán
Jalapa
Coatepec
Malinche 4461
Popocatépetl 5450
Iztaccíhuatl
Atlixco
Matamoros
Puebla
Córdoba
Orizaba
Citlaltépetl 5747
Tehuacán
0 100 km
Monterrey
Sierra Madre Oriental
Sierra Madre Occidental
BOLSÓN DE MAPIMÍ
México
N. de Toluca 4558
Popocatépetl 5450
Orizaba 5747
S. Madre del Sur
ISTMO DE TEHUANTEPEC
Sierra Madre
PENÍNSULA DE YUCATÁN
Baja California
G. de California
Is Revillagigedo

mientras que el del Atlántico tiene costas bajas y arenosas, menos en la península de Yucatán, donde son acantiladas. Las islas que forman parte del territorio mexicano tienen una superficie total de unos 5 000 km², y las más importantes son: Carmen y Puerto Real, en el golfo de México; Cozumel y Mujeres, en el mar de las Antillas; Ángel de la Guarda, Tiburón, San José, Espíritu Santo y Cerralvo, en el golfo de California; las Tres Marías y el archipiélago de Revillagigedo, en el Pacífico.

— *Población*. México tiene una densidad de 23,2 habitantes por km² irregularmente repartida: el Distrito Federal y los Estados que limitan con el mismo son los más poblados. Las razas están muy mezcladas : indígenas, 3,2 %; mestizo-indios, 5,4 %; mestizos, 30,6 %; mestiblancos, 60,2 %; blancos, apenas el 0,6 %. Los grupos indígenas principales son : mayas, totonacas, nahoas, zapotecas, otomíes, náhuatl, mixtecas, huastecas, chinantecas y tarascos.

— *Economía*. La riqueza de México es principalmente agrícola y minera, aunque la industria y el comercio aumentan constantemente. Más de la mitad de la población activa se dedica al cultivo del campo, cuyas producciones principales son: maíz, base de la alimentación con el frijol, trigo, café, caña de azúcar, algodón, henequén, papas y tomates. La ganadería extensiva se concentra en el norte del país y la intensiva en el centro, siendo el ganado vacuno y el caballar los más representativos. La riqueza minera proporciona grandes ingresos, pues además de ser el primer productor del mundo de plata, del subsuelo mexicano se extrae también gran cantidad de azufre, antimonio, grafito, mercurio, plomo cinc, cobre, oro, hierro, manganeso, uranio, titanio, estaño, etc. En contraste con los escasos recursos hulleros, la producción nacional de gas y petróleo es considerable; sus principales depósitos se encuentran en la costa del golfo de México (Tamaulipas, Veracruz, Tabasco). Otra fuente importante de energía es la hidroeléctrica, que se ha desarrollado preferentemente en los alrededores de la Meseta de Anáhuac. Las industrias de mayor extensión son las textiles, alimenticias, químicas, el cemento y la metalúrgica. A su vez, el turismo es fuente de saneados ingresos. En los últimos años se han hecho notables esfuerzos con objeto de mejorar los medios de comunicación. Hoy el país cuenta con unos 23 600 km de vías férreas y unos 35 000 km de carreteras que enlazan las distintas regiones de la República con la capital. También el transporte aéreo se ha desarrollado grandemente y existen muchos aeropuertos e innumerables aeródromos menores. La unidad monetaria es el *peso*, y el Banco de México es el banco de emisión.

MÉXICO. — Estadística (cifras en millares)

Estado	km²	Hab.	Capital	Hab.
Distrito Federal	1,4	7 500	**México**	3 302
Aguascalientes	5,4	266	Aguascalientes	149
Baja California N.	71,6	670	Mexicali	251
B. Calif. S. (T.)	72,4	89	La Paz	29
Campeche	50,9	185	Campeche	48
Coahuila	150,3	975	Saltillo	40
Colima	5,2	184	Colima	50
Chiapas	74,4	1 323	Tuxtla Gutiérrez	46
Chihuahua	245,6	1 390	Chihuahua	190
Durango	123,5	806	Victoria de Durango	131
Guanajuato	30,5	1 833	Guanajuato	31
Guerrero	64,4	1 289	Chilpancingo	19
Hidalgo	20,8	1 043	Pachuca	70
Jalisco	81,0	708	Guadalajara	989
México	21,4	2 087	Toluca	80
Michoacán	60,0	2 010	Morelia	108
Morelos	4,9	430	Cuernavaca	38
Nayarit	27,0	427	Tepic	58
Nuevo León	65,1	211	Monterrey	782
Oaxaca	94,2	1 833	Oaxaca	78
Puebla	33,9	2 100	Puebla	345
Querétaro	11,4	379	Querétaro	74
Quint. Roo (T.)	50,3	60	Chetumal	13
San Luis Potosí	63,2	1 116	San Luis Potosí	185
Sinaloa	58,4	913	Culiacán	90
Sonora	182,5	894	Hermosillo	106
Tabasco	25.3	547	Villahermosa	54
Tamaulipas	79,6	1 142	Ciudad Victoria	55
Tlaxcala	4,2	867	Tlaxcala	8
Veracruz	72,8	2 849	Jalapa Enríquez	66
Yucatán	43,3	640	Mérida	177
Zacatecas	75,0	855	Zacatecas	32

OTRAS POBLACIONES

Acapulco	28	León	323
Azcapotzalco	50	Matamoros	105
Celaya	35	Mazatlán	42
Ciudad Juárez	483	Nuevo Laredo	128
Ciudad Madero	42	Orizaba	56
Córdoba	34	Reinosa	110
Coyoacán	47	Tampico	150
Gómez Palacio	48	Tijuana	215
Gustavo A. Madero	61	Torreón	210
Irapuato	50	Veracruz	175

— CONSTITUCIÓN Y ADMINISTRACIÓN. Según la Constitución de 1917, en vigencia, México es una república federal democrática, dividida en 29 Estados, dos Territorios y un Distrito Federal donde se asienta la capital. El poder ejecutivo es ejercido por un presidente, cuyo mandato dura seis años, el cual no puede ser reelegido. El poder legislativo reside en la Cámara de Senadores y la Cámara de Diputados. El poder judicial, federal o de los Estados, está separado desde la Independencia. Existen la Suprema Corte de Justicia y los Jueces de Distrito.

El idioma oficial es el español, hablado por el 96 % de la población. La educación primaria es libre y gratuita y la superior es profesada en 58 universidades y centros de enseñanza superior. La Ciudad Universitaria, instalada en la capital federal, y donde reside la Universidad Nacional Autónoma, es una magnífica realización. La Constitución ampara la libertad de cultos. La religión católica es, sin embargo, practicada por la mayoría de la población. Desde el punto de vista eclesiástico, el país se divide en 10 arquidiócesis, 40 diócesis, 2 vicariatos apostólicos y una prefectura apostólica.

— HISTORIA. Los pobladores más antiguos de México de los que se tienen noticias fueron unas tribus nómadas establecidas en las proximidades del lago Texcoco unos ocho mil años a. de J. C. En los primeros siglos de la era cristiana, Teotihuacán fue el centro de un imperio que ha dejado magníficos monumentos y pirámides. Al desmoronarse el Imperio Teotihuacano, el país fue invadido por los toltecas, oriundos del Norte, cuyo jefe era Huamac. Se instalaron en Tollan Xicocotitlan (Tula) y alcanzaron una civilización notable, al mismo tiempo que introdujeron el culto a *Quetzalcóatl*. A la caída del Imperio Tolteca, aparecieron los chichimecas, capitaneados por Xólotl, quienes adoptaron la lengua y religión de los primeros. Fundaron el reino de Acolhuacán, cuya capital fue Texcoco. Al mismo tiempo, la cultura maya floreció en el Sur, Yucatán y Guatemala. Los aztecas o mexicas, pueblo oriundo del Noroeste, iniciaron un éxodo hacia las regiones centrales, y, al llegar al lago Texcoco, fundaron la ciudad de Tenochtitlán (1325), asentada sobre un islote de este lago. Este nombre le fue dado en honor del sacerdote y caudillo azteca Tenoch, y más tarde tomó el nombre de México. El Imperio Azteca, como consecuencia de las guerras que sostuvo contra los tecpanecas, se extendió por el valle de México hasta Cuernavaca, y su soberano, Moctezuma I, llegó hasta las costas del golfo de México y por el Sur hasta Oaxaca. (V. AZTECAS.)

La crueldad de los aztecas originó el odio y el temor de los pueblos vecinos, especialmente los tlaxcaltecas, que no dudaron más tarde en aliarse con los españoles para combatir esta teocracia sanguinaria. A pesar de todo, el Imperio creció, y en tiempos de Moctezuma II (1502-1520), sus posesiones se extendieron hasta Tehuantepec y Yucatán.

Los primeros contactos de los españoles con la tierra mexicana se efectuaron en 1517, cuando la expedición mandada por Francisco Hernández de Córdoba fue a dar con las costas de Yucatán. Hubo otra exploración el año siguiente, dirigida por Juan Grijalva, el cual decidió al gobernador de Cuba, Diego Velázquez, a enviar una fuerte expedición al mando de *Hernán Cortés.* Éste se hizo a la mar con 11 navíos, 600 hombres, 16 caballos y 15 piezas de artillería. Después de vencer a algunas tribus mayas de Tabasco, el 22 de abril de 1519 fundó la ciudad de Villa Rica de la Vera Cruz. Se alió con los tlaxcaltecas, conquistó Cholula y marchó por fin sobre Tenochtitlán, donde Moctezuma Xocoyotzin, obligado por las circunstancias, lo recibió amablemente. No obstante, Cortés, sabedor de que los indígenas habían atacado la guarnición española dejada en Veracruz, no vaciló en apresar a Moctezuma en calidad de rehén. Entretanto, Velázquez, celoso de los éxitos de Cortés, envió una expedición contra él, al frente de la cual se puso Pánfilo de Narváez. Al conocer esta noticia, Cortés dejó un destacamento en Tenochtitlán al mando de Pedro de Alvarado, y salió a hacer frente a las tropas de Narváez, a las cuales derrotó completamente en Cempoala. Se incorporó el grueso del ejército vencido y volvió a Tenochtitlán, donde la crueldad y falta de tacto de Alvarado habían provocado una sublevación azteca. A instancias del propio Cortés, Moctezuma dirigió la palabra al pueblo para calmarlo, pero fue lapidado por la multitud. Ante esta trágica y adversa situación, los españoles decidieron evacuar la ciudad durante la "Noche Triste" del 30 de junio de 1520. A costa de grandes esfuerzos y numerosas pérdidas, los soldados de Cortés llegaron a la llanura de *Otumba,* donde un ejército azteca de 100 000 hombres les cerraba el paso y estaba dispuesto a acabar con los extranjeros blancos. A pesar de la enorme inferioridad numérica, Cortés tuvo la habilidad de apresar al jefe indígena y esto provocó la desbandada general. Esta resonante victoria le llevó de nuevo a Tenochtitlán, a la que puso sitio. Tras 75 días de heroica defensa de los aztecas, al frente de los cuales se hallaba Cuauhtémoc (Guatimozín), la ciudad cayó definitivamente en manos de los españoles (13 agosto 1521). El jefe azteca fue hecho prisionero y torturado por negarse a indicar dónde tenía escondido los supuestos tesoros. Conquistada la capital, el dominio español se impuso rápidamente en todo el país, iniciándose así el llamado período colonial. El emperador Carlos V nombró a Cortés gobernador y capitán general de *Nueva España,* en 1522. En 1527 se estableció la primera Audiencia en México. Cortés fue obligado a regresar a España, y en 1535 se nombró primer virrey a Antonio de Mendoza (1535-1550), que favoreció la exploración del país, introdujo la imprenta, creó escuelas y, ante los abusos cometidos, se esforzó en abolir las encomiendas.

La lucha entre encomenderos y religiosos ocupa gran parte de la colonia, y en este punto cabe destacar la labor del padre Bartolomé de Las Casas, acendrado defensor del indio frente a los abusos de que era objeto por parte de los colonizadores. Franciscanos, agustinos y jesuitas se instalaron en el país, y su labor misionera contribuyó eficazmente a la enseñanza y catequización de los indios. La expansión territorial fue enorme, llegando por el Sur hasta las provincias de Centroamérica, y por el Norte hasta Florida, el alto Valle de Río Grande, Nuevo México, Texas y Arizona del Sur. Existieron tres Audiencias: México, Guadalajara y Guatemala. El impulso dado a la cultura permitió el florecimiento de una pléyade de escritores como Juan Ruiz de Alarcón, Bernardo de Balbuena, sor Juana Inés de la Cruz, Rafael Landívar y otros. La Universidad de México, fundada en 1551, fue la tercera que se creó en América. La metrópoli ejercía el monopolio sobre el comercio, y solamente dos puertos llevaban a cabo el tráfico de mercancías: Veracruz para España y Acapulco para las Filipinas. A finales del siglo XVIII, el virreinato de Nueva España contaba más de seis millones de habitantes y su superficie era superior a los cuatro millones de kilómetros cuadrados. A pesar de esta aparente prosperidad, eran muchos los males que aquejaban a la población mexicana. Los peninsulares poseían la mayor parte de las propiedades y acaparaban casi todos los cargos públicos, religiosos, militares y administrativos. El criollo y el mestizo eran víctimas de una administración corrompida y tenían que soportar cargas fiscales onerosas. Esto, unido al ejemplo reciente de la independencia obtenida por los Estados Unidos y a la debilitación de España como consecuencia de la invasión napoleónica, incitó a los mexicanos a buscar también su emancipación. La primera Junta de autogobierno, siguiendo el ejemplo de las que por entonces se constituían en España, fue propuesta por el licenciado Francisco Primo de Verdad el 19 de julio de 1808. El virrey José de Iturrigaray aceptó la idea, pero la alarma cundió entre los latifundistas españoles, los cuales dieron un golpe de Estado, apresaron al virrey e hicieron que éste regresase a España, mientras que la Audiencia, a su vez, contra todo derecho, nombraba nuevo virrey al anciano Pedro Garibay. Dos nuevas juntas fueron constituidas en San Miguel y en Querétaro, la primera encabezada por Ignacio Allende y la segunda por el cura *Miguel Hidalgo y Costilla.* El 16 de septiembre de 1810, Hidalgo reunió a sus feligreses en el atrio de la parroquia de Dolores, donde invitó a los hombres a alistarse bajo su bandera para combatir por la causa de la libertad. Éste es el llamado "Grito de Dolores", con el que comenzó la guerra de Independencia mexicana. Hidalgo inició su campaña con un ejército improvisado de voluntarios, a cuyo frente entró en Atotonilco, San Miguel el Grande, Celaya, Guanajuato y Valladolid. A raíz de estas victorias declaró abolida la esclavitud. Luego, continuó su marcha hacia la capital, triunfando en el Monte de las Cruces, pero allí desistió del ataque a México, después de lo cual Calleja derrotó en Puente de Calderón (enero de 1811) a las fuerzas de la Independencia. Seguidamente, los vencedores organizaron una dura represión en la que cayó fusilado el propio Hidalgo el 30 de julio de 1811. Una nueva Junta constituida en Zitácuaro nombró jefe del ejército insurgente a *José María Morelos y Pavón,* quien, en una victoriosa campaña, se apoderó de Chilpancingo, Chilapa, Tehuacán, Orizaba y Acapulco, y convocó el Congreso de Chilpancingo (1813), que redactó el Acta Primaria de Independencia. El general realista Concha sorprendió en Tesmalaca a los miembros de este Congreso, y Morelos fue apresado y fusilado más tarde. La agitación continuaba, y guerrilleros como Mina y Guerrero no dejaban de hostigar a las fuerzas reales. Agustín Iturbide, ex oficial realista, aliado con Guerrero, proclamó el *Plan de Iguala* o *Pacto Trigarante* (24 de febrero de 1821), por el cual se reconocían las tres garantías fundamentales de los mexicanos: catolicismo, fraternidad entre españoles y mexicanos e independencia política. Iturbide hizo así su entrada en la ciudad de México el 27 de septiembre de 1821, donde fue acogido entusiásticamente como jefe de la nueva patria independiente. En mayo de 1822, un movimiento popular elevó a Iturbide al rango de emperador, tomando el nombre de Agustín I. Su primer acto fue suprimir el Congreso, lo que motivó una sublevación del general Antonio López de Santa Anna, que depuso al emperador. Éste hubo de salir seguidamente hacia Italia. Por la Constitución de 1824, el país se constituyó en República Federal, cuyo primer presidente fue Guadalupe Victoria (1824-1829). Se produjo una tentativa de Iturbide para apoderarse del Gobierno, pero al desembarcar fue detenido y fusilado en Padilla el 19 de julio de 1824.

En 1829 subió a la presidencia Vicente Guerrero. Rechazada una invasión española en Altamira, y después de un triunvirato y un golpe de Estado dado por Anastasio Bustamante, Santa Anna ocupó de nuevo la presidencia en 1833. La segregación de Texas, anexada en 1845 por los Estados Unidos, fue motivo de una guerra contra este país. Otro conflicto surgió con Francia, cuyo gobierno exigía reparaciones por las pérdidas sufridas por súbditos franceses en México. En 1846, los norteamericanos invadieron el territorio mexicano, entraron en la capital y lograron, por el *Tratado de Guadalupe Hidalgo* (1848), anexar vastas zonas del norte del país. José Joaquín Herrera (1848) y Mariano Arista (1851) hubieron de hacer frente a la anarquía que reinaba en la nación, hasta que de nuevo Santa Anna desembarcó y se hizo nombrar dictador vitalicio (1853). En 1854 fue proclamado el *Plan de Ayutla,* que se proponía llevar a cabo la reforma del país. Gracias al apoyo de la guarnición de Acapulco y su jefe, Ignacio Comonfort, Santa Anna fue

escudo de MÉXICO

vencido y tuvo que abandonar el Poder en 1855. Comonfort ocupó la presidencia y convocó el Congreso Constituyente, que ratificó la ley Juárez, previamente expedida, por la que se abolían los fueros militar y eclesiástico. Se ordenó la extinción de la Compañía de Jesús y la secularización de los cementerios, iniciándose así la era de las reformas, lo que produjo gran agitación en los medios conservadores. A finales de 1857, el **general Zuloaga se pronunció en Tacubaya contra la Constitución y se hizo proclamar presidente,** mientras que ***Benito Juárez* se ponía al frente** de la legalidad republicana. Así, dividido en dos bandos, el país sufrió la guerra llamada de Reforma. Junto al apoyo de la mayor parte de la población, Juárez contaba con la ayuda de los Estados Unidos, lo cual le permitió vencer definitivamente a los conservadores en Calpulalpan y entrar en la capital el 1 de enero de 1861 para restablecer la unidad nacional. La suspensión del pago de la deuda pública, ordenada por Juárez, provocó la intervención armada de Francia, Inglaterra y España. Los Aliados desembarcaron en Veracruz y dieron un ultimátum al gobierno mexicano. Pero los representantes de Inglaterra y España se retiraron, mientras que los franceses seguían con la idea de instaurar en México una monarquía que contrapesara la influencia creciente de los Estados Unidos en el continente americano. Los mexicanos se defendieron heroicamente en Puebla, pero no impidieron que los franceses entraran en la ciudad de México el 7 de junio de 1863. **Juárez, que carecía de elementos** de defensa, trasladó la capital a Paso del Norte (hoy Ciudad Juárez). Una Junta de notables, de inspiración francesa, acordó constituir México en monarquía y ofreció la corona a Maximiliano de Habsburgo. El nuevo emperador entró en la capital el 12 de junio de 1864, mas Juárez no había de cejar en su empeño de defender el país contra los invasores y contra la forma de gobierno impuesta al pueblo. La conclusión de la guerra de Secesión en los Estados Unidos permitió a esta potencia prestar el apoyo debido a Juárez, cuyas fuerzas derrotaron al fin a los conservadores en San Jacinto y Querétaro. Aprehendido Maximiliano, con sus generales Miramón y Mejía, fue juzgado y ejecutado el 19 de junio de 1867.

Juárez consiguió ser reelegido dos veces, y en 1872, a su muerte, le sucedió Sebastián Lerdo de Tejada (1872-1876). Un golpe de Estado permitió a *Porfirio Díaz* adueñarse del Poder, que conservó hasta 1911, salvo el cuatrienio de Manuel González (1880-1884). Díaz se supo rodear de buenos consejeros, aplicó con rigor las leyes de reforma, fomentó la industria, favoreció la enseñanza y ofreció al país una época de quietud, aun cuando la suerte de la clase obrera no mejoró sensiblemente durante su mandato. Una maniobra electoral que realizó en 1910, con objeto de ser reelegido, le valió la oposición de gran parte del país. Entre sus adversarios figuraba **Francisco I. Madero, que suscribió el *Plan de San Luis,* el cual se anunciaba contra la reelección** y proclamaba al propio Madero presidente de la República. Porfirio Díaz se vio obligado a salir hacia el exilio, y, convocadas elecciones generales, **Madero, caudillo de la Revolución, obtuvo la presidencia.** Tuvo que enfrentarse con la anarquía que reinaba en el país a causa de las insurrecciones de Orozco y Zapata. Derrocado Madero en 1913, Victoriano Huerta subió a la presidencia, a quien sucedió Venustiano Carranza, jefe de la revolución constitucionalista. Después de reducir las insurrecciones agrarias de Pancho Villa y Emiliano Zapata, Carranza convocó el Congreso en Querétaro, que promulgó la Constitución de 1917, una de las más avanzadas de la época, orientó al país en sentido revolucionario, reconoció el derecho de los trabajadores a organizarse y redujo la influencia de la Iglesia. En 1920, el **general Álvaro Obregón se sublevó en Sonora,** y Carranza se vio obligado a dejar el Poder. El presidente derrocado se internó en la sierra, pero fue asesinado a traición en Tlaxcalantongo. Obregón, elegido presidente en las elecciones de 1920, propuso buscar la reconciliación del país y continuó la política agraria de su predecesor. Al final de su período fue elegido Plutarco Elías Calles (1924), durante cuyo Gobierno se agravaron las relaciones entre la Iglesia y el Estado. En 1928 Obregón se presentó de nuevo a las elecciones, apoyado por Calles, en contra de los principios de la Constitución, que no admitían la reelección. Salió triunfante, pero no llegó a posesionarse del cargo, pues fue asesinado. Tras una presidencia interina de Emilio Portes Gil (1928-1930), triunfó Pascual Ortiz Rubio. **A causa de una disidencia entre Ortiz y Calles,** cuya influencia en el Gobierno era patente, el **primero presentó la dimisión, y la Cámara de Diputados eligió a Abelardo Rodríguez como presidente** interino hasta las elecciones de 1934. Durante el sexenio 1934-1940 ocupó la presidencia el general *Lázaro Cárdenas,* cuyo mandato constituye un período constructivo de la Revolución mexicana. Impulsó la organización de los sindicatos obreros, se mantuvo fiel a la democracia y a la Constitución, elaboró un plan sexenal para el reparto de tierras a los campesinos, y, sobre todo, nacionalizó la industria petrolera por decreto del 18 de marzo de 1938. Manuel Ávila Camacho fue elegido en 1940, tras reñida batalla electoral, y siguió una política de buena vecindad con los Estados Unidos. Declaró la guerra a los países del Eje, fomentó la industria y suavizó la política anticlerical de sus predecesores. Sus sucesores: Miguel Alemán Valdés (1946-1952),

GOBERNANTES DE MÉXICO

Agustín Iturbide (I Imperio)	1822
Bravo, Victoria, Negrete	1823
Guadalupe Victoria	1824
Vicente Guerrero	1829
José María Bocanegra	1829
Vélez Alamán y Quintana	1829
Anastasio Bustamante	1830
Melchor Múzquiz	1832
Manuel Gómez Pedraza	1832
Gómez Farías y Santa Anna	1834
Antonio López de Santa Anna	1834
Miguel Barragán	1835
José Justo Corro	1836
Anastasio Bustamante	1837
Antonio López de Santa Anna	1839
Nicolás Bravo	1839
Anastasio Bustamante	1839
Javier Echeverría	1841
Antonio López de Santa Anna	1841
Nicolás Bravo	1842
Valentín Canalizo	1843
Antonio López de Santa Anna	1844
Valentín Canalizo	1844
José Joaquín Herrera	1844
Mariano Paredes Arrillaga	1846
Nicolás Bravo	1846
Mariano Salas	1846
Valentín Gómez Farías	1846
Antonio López de Santa Anna	1847
Pedro María Anaya	1847
Manuel de la Peña y Peña	1848
José Joaquín Herrera	1848
Mariano Arista	1851
Juan Bautista Ceballos	1853
Manuel María Lombardini	1853
Antonio López de Santa Anna	1853
Ignacio Comonfort	1855
GOBIERNO LIBERAL	
Benito Juárez	1858-1872
GOBIERNO CONSERVADOR	
Félix Zuloaga	1858
Manuel Robles Pezuela	1858
Félix Zuloaga	1859
Miguel Miramón	1860
Junta Superior de Gobierno	1860
Maximiliano, emperador	1864
Sebastián Lerdo de Tejada	1872
Porfirio Díaz	1876
Juan N. Méndez	1876
Porfirio Díaz	1877
Manuel González	1880
Porfirio Díaz	1884
Francisco León de la Barra	1911
Francisco I. Madero	1911
Pedro Lascuráin	1913
Victoriano Huerta	1913
Francisco S. Carvajal	1914
Venustiano Carranza	1914
Eulalio Gutiérrez	1914
Roque González Garza	1915
Francisco Lagos Cházaro	1915
Venustiano Carranza	1915
Adolfo de la Huerta	1920
Álvaro Obregón	1920
Plutarco Elías Calles	1924
Emilio Portes Gil	1928
Pascual Ortiz Rubio	1930
Abelardo Rodríguez	1932
Lázaro Cárdenas	1934
Manuel Ávila Camacho	1940
Miguel Alemán Valdés	1946
Adolfo Ruiz Cortines	1952
Adolfo López Mateos	1958
Gustavo Díaz Ordaz	1964
Luis Echeverría	1970

Adolfo Ruiz Cortines (1952-1958) y Adolfo López Mateos (1958-1964), prosiguieron la política de conciliación nacional y unidad. Debido al largo período de paz de que disfruta el país y a la regularidad constitucional, se ha podido impulsar el desarrollo industrial e incrementar la educación popular. En 1964 ocupó la presidencia Gustavo Díaz Ordaz y en 1970 Luis Echeverría.

MÉXICO, Estado de la rep. federal del mismo n. o Estados Unidos Mexicanos; cap. *Toluca.* Produce trigo, arroz, maíz; yacimientos de plata, oro, cobre.

MÉXICO *(Distrito Federal de),* distr. de los Estados Unidos Mexicanos, en que se encuentra la capital de la Rep. Núcleo industrial.

MÉXICO, capital del Distrito Federal y de los Estados Unidos Mexicanos. Hermosa c. construida en una meseta a 2 240 m de altura, cuyo centro ocupó la ant. *Tenochtitlán,* cap. azteca conquistada por los españoles en 1521. Su crecimiento ha sido sorprendente: de los 500 000 h. que contaba apenas en 1900, la aglomeración metropolitana pasó en 1949 a 1 449 000 h. y a 7 500 000 actualmente. Es el centro principal de las actividades económicas de la Rep., posee una vasta red de comunicaciones y cada día aumenta el número de establecimientos industriales en sus alrededores. Arzobispado. Universidad, Instituto Politécnico Nacional, Conservatorio Nacional de Música, Instituto Nacional de Bellas Artes. Entre sus museos merecen especial mención el de Bellas Artes, el Nacional de Historia, el de Antropología y el de Historia Natural. Una parte de la c. conserva la forma arquitectónica colonial y ofrece edificios suntuosos, como la Catedral (consagrada en 1656), el Palacio Nacional, el Colegio de San Ildefonso, el antiguo Arzobispado y el Palacio de Minería; los edificios modernos, como el de la Dirección de Correos y la Corte Suprema de Justicia, son igualmente sobresalientes. Entre los monumentos cabe citar el de la Independencia, el de Carlos IV, el Hemiciclo de Juárez, el de Morelos y el de la Revolución. Marco de los Juegos Olímpicos de 1968.

MÉXICO (GOLFO DE), golfo del océano Atlántico (Estados Unidos, México y las Antillas).

MÉXICO (Nuevo). V. NUEVO MÉXICO.

MEYER (Víctor), químico alemán (1848-1897), que hizo investigaciones sobre el peso molecular y estudió el tiofeno y sus derivados.

MEYERBEER (Giacomo), compositor alemán (1791-1864), autor de *Roberto el Diablo* (1831), *Los hugonotes* (1836), *El profeta* (1849), *La africana* (1865), etc., óperas que alcanzaron gran éxito en su época.

MEYERHOF (Otto), fisiólogo alemán (1884-1951), autor de notables trabajos sobre la contracción muscular. (Pr. Nóbel, 1922.)

MEYERSON (Emilio), filósofo francés, n. en Lublín (1859-1933).

MEZA FUENTES (Roberto), poeta chileno, n. en 1899, autor de *Palabras de amor.*

MEZCALA. V. BALSAS.

MEZCALAPA, río de América Central, que nace en la sierra de Cuchumatanes (Guatemala) y penetra en territorio mexicano, donde se le da el n. de río **Grande de Chiapas.**

MÉZIÈRES [*-sier*], c. del NE. de Francia, ant. cap. del dep. de las Ardenas, reunida hoy con Charleville y otras en el mun. de **Charleville-Mézières.**

MEZQUITAL. V. SAN PEDRO MEZQUITAL.

M' hijo el dotor, drama del uruguayo Florencio Sánchez (1903).

MIACATLÁN, pobl. de México (Morelos).

MIAHUATLÁN, n. dado a un sector de la Sierra Madre del Sur de México (Oaxaca).

MIAJA (José), general español (1878-1958), defensor de Madrid durante la guerra civil de 1936 a 1939.

MIAMI, c. de los Estados Unidos (Florida). Estación balnearia muy concurrida.

MIAULIS (Andrés Vocos), almirante griego (1768-1835), jefe de las fuerzas navales de los insurrectos helenos entre 1822 y 1827.

MICALA, montaña y promontorio de Asia Menor (Jonia). Victoria naval de los griegos contra los persas (479 a. de J. C.).

MÉXICO
avenida Juárez

MICENAS, antigua c. de la Argólida. (Hab. *micenios.*) Ruinas. La mitología cuenta que en ella reinó Agamenón. La cultura micénica es considerada como antecedente de la griega.

MICERINO, faraón egipcio de la IV dinastía que mandó construir una de las tres pirámides de Gizeh, donde se encontró su momia.

MICIPSA, hijo de Masinisa, rey de Numidia de 148 a 118 a. de J. C., tío de Yugurta.

Mickey o **El Ratón Mickey,** personaje de dibujos animados ideado por Walt Disney en 1926.

MICKIEWICZ (Adán), poeta y patriota polaco (1798-1855), autor de *Los antepasados,* drama fantástico, *Oda a la juventud,* que tuvo gran resonancia, *Konrad Wallenrod,* poema romántico y revolucionario, y *Pan Tadeusz,* poema heroicocómico.

MICO QUEMADO, sierra de Honduras (Yoro).

MICRONESIA (*"Islas pequeñas"*), conjunto de islas del Pacífico, entre Indonesia y las Filipinas al O., Melanesia al S. y Polinesia al E. Comprende los archipiélagos de las Marianas, Carolinas, Palaos, Marshall y Gisbert.

MICHATOYA, río de Guatemala, que sale del lago Amatitlán y des. en el Pacífico.

MICHAUX [*-chó*] (Enrique), poeta belga, n. en 1899, de obra hermética y difícil.

MICHELENA (Arturo), pintor venezolano (1863-1898).

MICHELENA (Bernabé), escultor uruguayo n. en 1888.

MICHELENA (Margarita), poetisa mexicana n. en 1917, autora de *El cántaro roto.*

MICHELET [*-lé*] (Jules), historiador francés (1798-1874), autor de una monumental e inspirada *Historia de Francia* y de escritos en estilo lírico: *La Montaña, El Pájaro,* etc.

MICHELOZZO di Bartolommeo, escultor y arquitecto italiano renacentista (1396-1472).

MICHELSON (Alberto), físico norteamericano de origen polaco (1852-1931), autor de investigaciones sobre la velocidad de la luz, que fueron el origen de la teoría de la relatividad de Einstein, y de estudios de óptica. (Pr. Nóbel, 1907.)

MICENAS
la Puerta de las Leonas

MEYERBEER

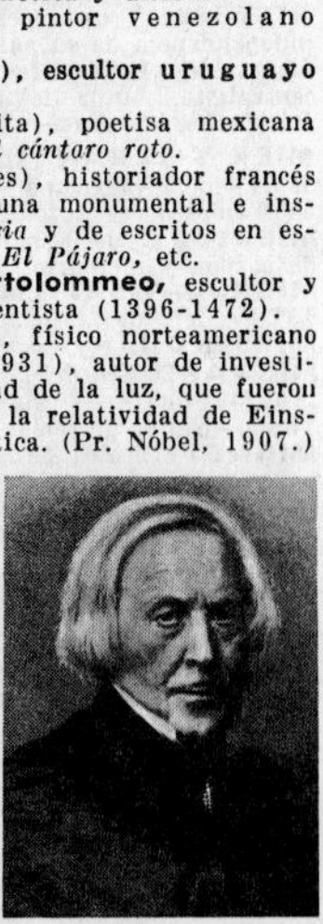

MICHELET

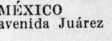

MICKIEWICZ
por BOURDELLE

Fot. Segarra, Faille-Giraudon, Petit, Wide World, Londynski

MIGUEL ÁNGEL
por él mismo
Louvre

MICHURIN

J. J. MILANÉS

Fray S. T. DE MIER

MICHES, com. de la Rep. Dominicana (Seibo).
MICHIGAN, uno de los cinco grandes lagos de América del Norte; 58 000 km².
MICHIGAN, uno de los Estados Unidos de América (Centro-Nordeste); cap. *Lansing;* c. pr. *Detroit.*
MICHOACÁN, Estado de México, entre el océano Pacífico y la meseta central; cap. *Morelia;* cultivo de maíz, caña de azúcar, frijoles, arroz; ganadería; uno de los principales productores de cobre, plata, oro, cinc y antimonio; petróleo; molinos; hilados. (Hab. *michoacanos.*)
MICHURIN (Iván Vladimirovich), biólogo ruso (1855-1935). Autor de trabajos sobre la hibridación de los árboles frutales.
MICHURINSK, c. de la U.R.S.S. (Rusia), al O. de Tambov. Metalurgia.
MIDAS, legendario rey de Frigia, que obtuvo de Baco la facultad de trocar en oro cuanto tocaba.
MIDDELBURGO, c. de Holanda, en la isla de Walcheren, cap. de Zelanda.
MIDDLESBROUGH, c. de Inglaterra (York); puerto en el estuario del Tees. Industrias metalúrgicas y químicas.
MIDDLESEX, condado de Inglaterra, al NO. de Londres, que comprende algunos suburbios de la capital.
MIDDLETON, c. de la Gran Bretaña (Lancaster), al N. de Manchester.
MIDDLETON (Tomás), dramaturgo inglés (¿1570?-1627), autor de comedias y dramas realistas.
MIDDLEWEST o **MIDWEST,** región de los Estados Unidos que se extiende entre los montes Apalaches y las montañas Rocosas.
MIDEROS (Víctor M.), pintor ecuatoriano, n. en 1888. Autor de notables frescos.
MIDEROS ALMEIDA (Luis), escultor ecuatoriano, n. en 1898; realizador de monumentos.
MIDI, n. de dos picos pirenaicos: Pico del *Midi de Bigorre* con su observatorio (Altos Pirineos) [2 877 m]; Pico del *Midi d'Ossau* (Pirineos Atlánticos) [2 885 m].
MIDI (CANAL DE), canal de Francia que pone en comunicación el océano Atlántico y el Mediterráneo por el río Garona; 241 km.
MIDLANDS, región del centro de Inglaterra. Cuenca hullera.
MID LOTHIAN, condado de la Gran Bretaña (Escocia); cap. *Edimburgo.*
MIDWAY (ISLAS), pequeño archip. del Pacífico, el más septentrional de Indonesia. Victoria aeronaval norteamericana contra los japoneses (1942).
MIER (*Fray* Servando Teresa de), dominico, orador y escritor político mexicano, n. en Monterrey (1765-1827), que luchó denodadamente por la independencia de su país. En el Congreso Constitucional de 1824 defendió la forma de gobierno centralista. Autor de *Memorias, Historia de la Revolución de Nueva España,* etc.
MIER Y TERÁN (Manuel), caudillo de la independencia mexicana (1789-1832). Derrotado en Tampico, se suicidó.
MIERES, c. de España (Oviedo). Yacimientos de carbón y mercurio. Altos Hornos.
MIEROLAWSKI (Luis), general polaco (1814-1878), jefe de la insurrección en 1848 y 1863.
MIESZKO I, rey de Polonia de 960 a 992.
MIGNARD [*miñar*] (Nicolás), pintor francés (1606-1668). — Su hermano PEDRO (1612-1695), pintor de temas religiosos e históricos.
MIGNET [*miñé*] (Auguste), historiador e hispanista francés (1796-1884).
MIGNONE (Francisco), compositor brasileño, n. en 1897, autor de *Fantasía brasileña.*
MIGUEL (Raimundo de), humanista español (1814-1880), autor de un *Diccionario latino-español.*
MIGUEL I, n. en 1921, rey de Rumania de 1927 a 1930 y de 1940 a 1947.
MIGUEL I Rangabeo, emperador bizantino de 811 a 813. — MIGUEL II *el Tartamudo,* emperador bizantino de 820 a 829. — MIGUEL III *Porfirogeneta,* emperador bizantino de 842 a 867. — MIGUEL IV *el Paflagonio,* emperador bizantino de 1034 a 1041. — MIGUEL V *el Calafate,* emperador bizantino de 1041 a 1042. — MIGUEL VI *el Estratiota,* emperador bizantino de 1056 a 1057. — MIGUEL VII *Dukas,* emperador bizantino de 1071 a 1078. — MIGUEL VIII *Paleólogo,* emperador bizantino de 1258 a 1282, jefe de la dinastía de los Paleólogos. — MIGUEL IX *Paleólogo,* emperador bizantino asociado con su padre Andrónico II, de 1295 a 1320.
MIGUEL ÁNGEL BUONARROTI, pintor, escultor, arquitecto y poeta italiano, n. en Caprese (Toscana) [1475-1564], uno de los más grandes artistas de la humanidad. Nadie ha igualado la amplitud, la originalidad y la fuerza de sus concepciones, y sus obras nos admiran por el número y la diversidad lo mismo que por su carácter grandioso y sublime. Se le deben la *Cúpula de San Pedro de Roma,* la *Tumba de Julio II,* el *Cristo con la Cruz a cuestas,* las admirables estatuas de *Moisés,* de *David,* de *Lorenzo de Médicis, La Piedad,* etc., y los frescos de la capilla Sixtina: *Creación del mundo, Juicio final,* etc.
MIGUEL Arcángel (*San*), jefe de la milicia celestial. Fiesta el 29 de septiembre.
MIGUEL DE LA BORDA, pobl. de Panamá, cab. del distr. de Donoso (Colón).
MIGUEL FEODOROVICH, zar de Moscovia (1596-1645), el primero de la dinastía Romanov, elegido en 1613.
MÍGUEZ (Leopoldo), compositor brasileño (1850-1902).
MIHURA (Miguel), humorista y comediógrafo español, n. en 1906. Autor de *Tres sombreros de copa, Maribel y la extraña familia, El caso de la mujer asesinadita,* etc.
MIJARES, río de España, que des. en el Mediterráneo (Castellón de la Plana).
MIJAS, mun. de España (Málaga).
MILAGRO, pobl. del Ecuador (Guayas); una de las zonas agrícolas más ricas del país.
Milagros de Nuestra Señora, poema de G. de Berceo en honor de la Virgen María (s. XIII).
MILÁN, c. de Italia, cap. de Lombardía, ant. cap. del Milanesado, a orillas del Olona. Arzobispado, hermosa catedral gótica (s. XIV-XVI); numerosas iglesias; biblioteca Ambrosiana; teatro de la Scala (s. XVIII). Industrias textiles, metalúrgicas y químicas. Centro financiero y cultural. (V. EDICTO DE MILÁN.)
MILÁN (Leonor de). V. GELVES (*Condesa de*).
MILANÉS Y FUENTES (José Jacinto), poeta, escritor y dramaturgo cubano, n. en Matanzas (1814-1863), autor de *El beso, Bajo el mango* (poesías), *La promesa del bandido* (leyenda), *El conde Alarcos, Un poeta en la corte* (obras de teatro), etc.
MILANESADO, ant. Est. del N. de Italia, disputado en el s. XVI entre franceses y españoles.
MILANO OBRENOVICH (1854-1901), príncipe y después rey de Servia de 1882 a 1889.
MILÁ Y FONTANALS (Manuel), erudito español (1818-1884), que estudió sobre todo el período medieval castellano y catalán: *De la poesía heroicopopular castellana, Romancerillo catalán* y *De los trovadores en España.* Fue profesor de Menéndez y Pelayo y de Rubió y Lluch, y, como éste, figura de la *Renaixença* catalana.
MILCÍADES, general ateniense, vencedor de los persas en Maratón (490 a. de J. C.). M. en 489.

catedral de MILÁN

Fot. Giraudon, X, doc. A. G. P., Biblioteca Nacional de La Habana

MIL CUMBRES, n. dado a un sector de la Cord. Neovolcánica de México (Michoacán).

MILETO, ant. c. de Asia Menor, puerto en el mar Egeo. Patria de Tales, de Anaximandro, de Anaxímenes, de Aspasia, de Arístides, de Esquines, etc. Cuna de la escuela filosófica jónica. (Hab. *milesios.*)

MILHAUD (Darío), compositor francés, n. en 1892, autor de óperas, sonatas, oratorios, diez sinfonías, ballets, obras para piano, etc.

MILNE-EDWARDS (Henri), naturalista francés (1800-1885).

MILO, ant. **Milos,** isla griega del mar Egeo, una de las Cícladas, donde se encontró en 1820 la estatua conocida con el nombre de *Venus de Milo.* (V. Lámina arte griego, *parte lengua.*) Cap. *Plaka.*

MILOCH OBRENOVICH (1780-1860), príncipe de Servia de 1817 a 1839, verdadero creador de la Servia moderna.

MILÓN, atleta del s. VI a. de J. C., n. en Crotona, vencedor varias veces en los Juegos Olímpicos y en los Píticos, hombre de una fuerza y una gula extraordinarias.

MILÓN, político romano (¿95?-48 a. de J. C.), yerno de Sila, tribuno del pueblo en 57. Acusado de la muerte de Clodio en 52, fue defendido por Cicerón, quien pronunció el discurso *Pro Milone,* aunque no pudo evitar que Milón fuera desterrado.

MILOSZ (Oscar V. **de Lubicz**), escritor lituano de lengua francesa (1877-1939), que trató el tema de Don Juan en su tragedia *Miguel de Mañara.*

MILTON (Juan), poeta inglés, n. en Londres (1608-1674). Su obra, de inspiración puritana y bíblica, ofrece dramas, poesías y sobre todo un gran poema épico de contenido religioso titulado *El Paraíso perdido,* cuyo tema es la creación y la caída del hombre. El autor, ciego desde 1652, dictó esta composición a su esposa e hijas.

Milvio *(Puente),* hoy **Ponte Molle,** puente en el Tíber, a 3 km de Roma, donde Constantino venció a Majencio en 312. Construido en 109 a. de J. C.

MILWAUKEE [*-luoki*], c. de los Estados Unidos (Wisconsin), puerto en el lago Michigan. Gran centro industrial.

Mil y una noches *(Las),* encantadora colección de cuentos árabes, de origen persa. La sultana Scherezade relata cada noche, a petición de su hermana Dinarzada, un cuento nuevo, sin que se agote su imaginación devanando la madeja de aquellas ficciones orientales: aventuras de Simbad el Marino, del califa Harún al-Rachid, de Alí Babá y los cuarenta ladrones, de Aladino y la lámpara maravillosa, etc. Disfrazados con el ingenioso velo del apólogo, estas narraciones poéticas pintan admirablemente los caracteres y costumbres del Oriente.

MILL (James), historiador, filósofo y economista inglés (1773-1836). Siguió las doctrinas de Hume y Bentham, y aplicó a las ciencias morales el método positivista.

MILL (John **Stuart**), filósofo y economista inglés de la escuela empírica (1806-1873), hijo del anterior, autor de *Lógica deductiva e inductiva* (1843) y *Principios de economía* (1848).

MILLA (Francisco), político hondureño, jefe del Estado de 1832 a 1833.

MILLA (José), novelista guatemalteco (1822-1882), autor de novelas históricas muy populares, firmadas con el seudónimo de **Salomé Jil.** Escribió también *Historia de la América Central.*

MILLA (Justo), militar y político hondureño, vicejefe del Estado en 1827.

MILLAIS (*sir* John Everett), pintor inglés (1829-1896), uno de los fundadores de la escuela prerrafaelista.

MILLÁN *(San),* ermitaño español (474-574). Fiesta el 12 de noviembre.

MILLÁN ASTRAY (Pilar), escritora española (1879-1949), que cultivó el género teatral con sainetes como *La tonta del bote,* etc.

MILLARES CARLO (Agustín), historiador español, n. en 1893, que se ha destacado sobre todo como paleógrafo.

MILLE (Cecil B. **de**). V. DE MILLE.

MILLÉ Y JIMÉNEZ (Juan), erudito español (1884-1945), especializado en la literatura del Siglo de Oro.

MILLER (Arthur), dramaturgo norteamericano, n. en 1916, autor de *La muerte de un viajante, Las brujas de Salem, Panorama desde el puente.*

MILLER (Guillermo), militar inglés (1795-1861), que actuó al servicio de la independencia americana y tomó parte en las batallas de Junín y Ayacucho.

MILLER (Henry), novelista norteamericano, n. en 1891, autor de *Trópico de Cáncer* y *Trópico de Capricornio.*

MILLERAND (Alejandro), político francés (1859-1943), pres. de la Rep. de 1920 a 1924, año en que dimitió.

MILLET [*-milé*] (Juan Francisco), pintor paisajista francés (1814-1875). Se le deben escenas campestres de admirable sinceridad y emoción: *Las espigadoras, El Ángelus,* etc.

MILLIKAN (Robert Andrews), físico norteamericano (1868-1953), autor de notables trabajos relativos a la carga del electrón y a los rayos cósmicos. (Pr. Nóbel, 1923.)

MINA el Mozo (Francisco Javier), guerrillero español, n. en Idocín (Navarra) [1789-1817], sobrino de Francisco Espoz y Mina que, después de haber luchado contra los invasores franceses, se enfrentó con Fernando VII y se trasladó a México para ayudar la causa de la Independencia. Tras una brillante campaña fue fusilado.

MINA CLAVERO, pobl. de la Argentina (Córdoba); aguas minerales.

MINAS, cima del Ecuador, en la Cord. Occidental; 4 095 m. — Sierra de la Argentina (Catamarca), alt. máx. 5 040 m. — C. del Uruguay, cap. del dep. de Lavalleja. Obispado. Centro comercial y turístico; minas. (Hab. *minuanos.*) — Dep. de la Argentina (Córdoba).

MINAS (Las), pobl. de Panamá, cab. del distr. del mismo n. (Los Santos).

MINAS GERAIS, Estado del E. del Brasil; cap. *Belo Horizonte.* Es una de las regiones más ricas del país; agricultura (tabaco, arroz, maíz) y ganadería floreciente; ricas minas de hierro, oro, diamantes.

MINATITLÁN, pobl. de México (Veracruz); ref. de petróleo.

MINCIO, río de Italia, que nace en el lago de Garda, pasa por Mantua y des. en el Po; 194 km.

MINCHA, com. de Chile (Coquimbo).

MINDANAO, isla más meridional de las Filipinas; cap. *Zamboanga;* 99 311 km^2.

MINDEN, c. de Alemania (Rin Septentrional-Westfalia); centro industrial. Catedral gótica.

MINDORO, isla y prov. del archipiélago filipino, al S. de Luzón; cap. *Calapán;* 9 928 km^2.

MINERVA, diosa latina, identificada con la **Palas Atenea** griega.

MING, dinastía china (1368-1644). Inició las relaciones comerciales con Europa.

Mingo Revulgo. V. COPLAS DE MINGO REVULGO.

MINGRELIA, ant. nombre de la parte occidental de Georgia (U.R.S.S.).

MINHO [*miño*], prov. del NO. de Portugal, cap. *Braga.* (V. MIÑO.)

MINIEH, c. del Alto Egipto, a orillas del Nilo. Centro algodonero; fábrica de azúcar.

Mínimos *(Orden de los),* orden religiosa mendicante, fundada por San Francisco de Paula en 1435 y aprobada por Sixto IV en 1474.

MINKOWSKI (Hermann), matemático lituano (1864-1909), precursor, con su geometría no euclidiana de las cuatro dimensiones, de la teoría de la relatividad.

MINNEÁPOLIS, c. de los Estados Unidos (Minnesota), a orillas del Misisipí. Maquinaria agrícola, productos alimenticios, etc.

Minnesinger (*"Cantores de amor"*), n. de los poetas líricos de la época caballeresca y cortesana en la Alemania de la Edad Media.

MINNESOTA, uno de los Estados de Norte América (Centro-Noroeste); cap. *Saint Paul.* C. pr. *Minneápolis, Duluth.*

MINO DA FIÉSOLE, escultor italiano (¿1430?-1484), autor del mausoleo de *Paulo II.*

MINOS, legendario rey de Creta, hijo de Europa y Zeus, sabio legislador, juez de los Infiernos con Eaco y Radamante.

MINOT (George Richards), fisiólogo norteamericano (1885-1950), autor de trabajos sobre las enfermedades de la sangre. (Pr. Nóbel, 1934.)

MILÁ Y FONTANALS

MILLET
LA HILANDERA
Louvre

MILTON

Stuart MILL

Fot. Larousse, Braun, X

MIRABEAU
por HOUDON

MIRAMÓN
Museo Nacional. México

F. DE MIRANDA

G. MIRÓ
por MAURICE FROMKEL

MINOTAURO, monstruo con cuerpo de hombre y cabeza de toro, hijo de Pasifae. Fue muerto por Teseo. *(Mit.)*

MINSK, c. de la U.R.S.S., cap. de Rusia Blanca. Centro industrial (automóviles, textiles). Universidad. Importantes combates en 1941 y 1944.

MINUCIO FÉLIX (Marco), apologista cristiano del s. III, autor de *Octavius.*

MINVIELLE (Rafael), escritor español (1800-1887), que residió en Buenos Aires, Perú y Chile. Tradujo obras del francés.

MIÑANO (Sebastián), clérigo y erudito español (1779-1845).

MIÑO, río de España (Galicia), que nace en Fuenmiña, pasa por Lugo y Orense, sirve en su curso inferior de límite entre España y Portugal, y des. en el Atlántico; 340 km.

MIÑO, nevado andino en Chile (Antofagasta); 5 561 m.

Mío Cid. V. CANTAR DE MÍO CID.

MIQUEAS, nombre de dos profetas judíos de los s. IX y VIII a. de J. C.

MIQUELON, isla del archip. francés de Saint-Pierre-et-Miquelon, situada en América del Norte, al S. de Terranova; 216 km².

MIQUIVIL, pico de México, en la Sierra Madre de Chiapas; 2 725 m.

MIR (Joaquín), pintor paisajista español (1873-1940) de rico colorido.

MIRA, río de América del Sur, que nace en el Ecuador, sirve de frontera con Colombia, penetra en este país y des. en el Pacífico; 300 km.

MIRABEAU [-*bo*] (Víctor RIQUETI, *conde de*), economista francés (1715-1789). — Su hijo, HONORÉ-GABRIEL (1749-1791), fue el orador más eminente de la Revolución Francesa y defensor de la monarquía constitucional.

MIRA DE AMESCUA (Antonio), dramaturgo y poeta español, n. en Guadix (Granada) [1574-1644], cuya obra teatral ofrece mucha analogía con la de Lope. Gran imaginador de argumentos y fácil versificador, compuso dramas sacros, autos sacramentales y comedias religiosas o profanas: *El esclavo del demonio, La mesonera del cielo, El ejemplo mayor de la desdicha, El conde Alarcos, Galán valiente y discreto,* etc. Fue canónigo arcediano de la catedral de Guadix.

MIRADOR, cima del Ecuador, en la Cord. Central; 4 081 m. — Mun. del Brasil (Maranhão).

Mirador de Próspero *(El),* libro de ensayos del escritor uruguayo José Enrique Rodó (1913).

cartuja de MIRAFLORES

MIRAFLORES, cerro de Colombia, en la Cord. Oriental (Huila y Caquetá); 2 800 m. — Páramo de Colombia, en la Cord. Central; 3 500 m. — C. de Colombia (Boyacá). — C. del Perú (Lima). — Lugar del canal de Panamá, última esclusa antes del Pacífico.

Miraflores *(Cartuja de),* monasterio gótico edificado en 1441, cerca de Burgos, por Juan II de Castilla. La iglesia es riquísima en obras de arte y encierra el sepulcro de Juan II y de Isabel de Portugal, su esposa.

MIRAFLORES (MARQUÉS DE). V. PANDO FERNÁNDEZ DE PINEDO.

MIRAFLORES DE LA SIERRA, v. de España (Madrid).

MIRALLA (José Antonio), poeta argentino (1789-1825). Poseedor de gran cultura, fue un traductor excelente.

MIRAMAR, pobl. de la Argentina (Buenos Aires); balneario. — Pobl. de Costa Rica, cab. del cantón de Montes de Oro (Puntarenas).

Miramar *(Castillo de),* castillo situado cerca de Trieste, donde Maximiliano de Austria aceptó la Corona de México (10 abril de 1864) y se comprometió a costear la expedición francesa a aquel país americano.

MIRAMÓN (Miguel), general y político mexicano, n. en la c. de México (1832-1867). Elegido por los conservadores pres. de la Rep. (1859-1860), emprendió la lucha contra Juárez. Alcanzó algunas victorias en la guerra de Tres Años y fue derrotado en San Miguel de Calpulalpan (1860). Adicto luego al emperador Maximiliano, fue fusilado con éste y con Mejía en Querétaro.

MIRAMONTES (Arnulfo), compositor mexicano, n. en 1882, autor de gran número de obras.

MIRANDA, río del Brasil (Mato Grosso), afl. del Paraguay; 362 km. — Estado de Venezuela, que se extiende al E. y al S. de Caracas; cap. *Los Teques;* rica prod. agrícola (cacao, café, caña de azúcar, frutas); ganadería; minas de oro, cobre, hierro, carbón. (Hab. *mirandeses.*)

MIRANDA (Francisco), general venezolano y prócer de la emancipación americana, n. en Caracas (1750-1816). Sirvió en el ejército español y participó en 1780 en la guerra de la Independencia norteamericana. Marchó a Londres en 1785, hizo un viaje a Rusia, donde Catalina II le colmó de honores, y volvió a Inglaterra en 1790 para recabar auxilio en favor de la independencia de la América española. Dos años más tarde fue a París y peleó en las filas del ejército de la Revolución, donde obtuvo el grado de mariscal de campo. En 1806 salió de Nueva York al mando de una expedición y desembarcó en Venezuela; rechazado en Ocumare, tomó luego Coro. Fracasada finalmente su empresa, embarcó de nuevo para Londres. En 1810 dirigióse otra vez a Venezuela, en unión de Bolívar, y fue nombrado generalísimo en 1812. La suerte de las armas le fue adversa y en La Guaira cayó en manos de los realistas del general Monteverde, que le condujeron a Cádiz, en cuya prisión falleció a los cuatro años de cautiverio.

MIRANDA DE EBRO, c. de España (Burgos). Importante centro fabril; nudo ferroviario. (Hab. *mirandeses.*)

MIRANDOLA, c. de Italia (Emilia). Patria de Pico de la Mirandola.

MIRANDOLA (Pico de la). V. PICO DE LA MIRANDOLA.

MIRAVALLES, volcán de Costa Rica, entre las prov. de Guanacaste y Alajuela; 1 741 m.

MIRBEAU (Octave), escritor francés (1848-1917), autor de novelas realistas *(Diario de una doncella)* y de comedias.

MIRDITAS, pueblo albanés, de rito católico.

Mireya, poema provenzal de Federico Mistral (1859), que narra los amores de la hacendada Mireya y el cestero Vicente.

MIRÍM. V. MERÍN.

MIRIÑAY, río de la Argentina (Corrientes), afl. del Uruguay.

MIRÓ (Gabriel), novelista español, n. en Alicante (1879-1930). Se distinguió por la pureza y lirismo de su estilo preciosista y la riqueza del vocabulario que campean en sus relatos *Las cerezas del cementerio, El obispo leproso, El libro de Sigüenza, Nuestro padre San Daniel* y *Figuras de la Pasión del Señor.*

Fot. Giraudon, doc. A. G. P., Larousse, Pierre Fhaure

MIRÓ (Joan), pintor español, n. en 1893, de tendencia surrealista, creador de una atmósfera poética por medio de signos y manchas ricos en color.

MIRÓ (José), escritor argentino, n. en Buenos Aires (1867-1896), autor de *La Bolsa*, novela en la que describe el ambiente de los medios bursátiles. Usó el seudónimo **Julián Martel.**

MIRÓ (Ricardo), poeta y escritor panameño (1883-1940), autor de *Frisos, Caminos silenciosos* y *El poema de la reencarnación.*

MIRÓ (Rodrigo), escritor panameño, n. en 1912, autor de *Teoría de la patria.*

MIRÓN, escultor griego del s. V a. de J. C., autor del famoso *Discóbolo*, estatua de un joven en actitud de lanzar el disco (Roma), y de *Marsias* (Roma).

MIR Y NOGUERA (Juan), escritor y jesuita español (1840-1917), autor de estudios filológicos (*Prontuario de hispanismos y barbarismos, Rebusco de frases castizas*, etc.). — Su hermano MIGUEL (1841-1912), también jesuita, abandonó la Orden, y sus obras suscitaron violentas polémicas.

MISANTLA, río de México (Veracruz); 678 km. — C. de México (Veracruz). Ruinas totonacas.

Misántropo (*El*), comedia de Molière (1666).

MISENO (CABO), promontorio de Italia, en el extremo SO. del golfo de Nápoles.

Miserables (*Los*), gran novela social de Víctor Hugo (1862).

Misericordia, novela de Benito Pérez Galdós (1897), en la que describe los bajos fondos de Madrid y pinta de modo magistral a su protagonista, Benigna, uno de los tipos más nobles y emotivos de la literatura universal.

Mishna *(La)*, **código de las normas jurídicas judías, con comentarios bíblicos.**

MISIA, ant. región al NO. de Asia Menor; c. pr.: *Troya, Lampsaco, Pérgamo, Abidos*, etc. (Hab. *misios.*)

MISIONES, prov. del NE. de la Argentina; cap. *Posadas;* gran riqueza forestal; yerba mate; agrios; ind. de la madera. — Dep. del Paraguay; cap. *San Juan Bautista;* región agrícola; tabaco, algodón, arroz. (Hab. *misioneros.*)

Misiones del Paraguay, tierras de misión organizadas por los Jesuitas a principios del siglo XVII, las más célebres de Hispanoamérica. Abarcaban el S. del Paraguay actual, el NE. de la Argentina, el S. del Brasil y el Uruguay. Las primeras poblaciones o *reducciones* fundadas por los Jesuitas — y particularmente las de Guairá — fueron asoladas por los *mamelucos paulistas* que penetraban hacia el O. en busca de oro y esclavos. Hubo un total de 30 reducciones en las cuales los Jesuitas lograron arraigar, defender, catequizar y educar hasta 150 000 indios aproximadamente. Constituyeron estas misiones jesuíticas una especie de imperio teocrático, que se extinguió poco después de la retirada de sus fundadores, expulsados por Carlos III en 1767.

MISISIPÍ, gran río de los Estados Unidos. Nace en el lago Itasca (Minnesota), pasa por San Pablo, San Luis, Memphis, Baton Rouge, Nueva Orleáns, y des. en el golfo de México por un ancho delta; 3 780 km.

MISISIPÍ, uno de los Estados de Norteamérica (Centro-Sudeste); cap. *Jackson.*

MISKOLC, c. de Hungría del N. Metalurgia.

MISOA, río de Venezuela, que des. en el lago de Maracaibo.

MISOLONGHI, c. de Grecia, a orillas del mar Jónico, célebre por la defensa heroica que opuso Botzaris a los turcos en 1822-1823 y 1825. Tabaco. En ella murió Byron.

Misterio de los Reyes Magos. V. AUTO DE LOS REYES MAGOS.

MISTI, volcán de los Andes occidentales del Perú, cuyo cono nevado domina la c. de Arequipa; 5 852 m.

MISTRAL (Federico), poeta provenzal (1830-1914), el representante más ilustre del grupo de los felibres. Autor de los poemas *Mireya* y *Calendal.* Pr. Nóbel en 1904, que compartió con el español José Echegaray.

MISTRAL (Lucila GODOY ALCAYAGA, llamada **Gabriela**), poetisa chilena, n. en Vicuña (Coquimbo) [1889-1957]. Fue primero maestra de escuela y más tarde representante diplomático de su país. Su poesía posee un humanismo apasionado, un intenso poder emocional y gran fuerza lírica. Su tema es el amor y todos sus poemas variaciones de la misma idea: amor universal, a Dios, a la naturaleza, a los niños, a los humildes. Escribió: *Desolación* (1922), su obra suprema, *Ternura, Tala, Lagar.* (Pr. Nóbel, 1945.)

F. MISTRAL

G. MISTRAL

MISURI, río de los Estados Unidos de Norteamérica, afl. del Misisipí; 4 370 km. — Uno de los Estados Unidos de Norteamérica (Centro-Noroeste); cap. *Jefferson.* C. pr. *Saint Louis, Kansas City.*

MITA, punta de México, en el N. de la bahía de Banderas (Nayarit). [V. SUCHITÁN.]

Mita, institución americana que en tiempos prehispánicos regulaba el trabajo de los indígenas y que sobrevivió en la Colonia. Los *mitayos* eran contratados por sorteo y se dedicaban, entre otras labores, al trabajo de las minas.

MITANIOS, habitantes de un reino situado al E. del Éufrates, que tuvo su apogeo entre los s. XVI y XIV a. de J. C.

MITARE, río de Venezuela, que des. en el golfo de este n. (Falcón).

MITAU. V. JELGAVA.

MITCHELL (Margaret), novelista norteamericana (1900-1949), **autora de** *Lo que el viento se llevó*, descripción de la época de la guerra de Secesión.

MITICHA o **MITIDJA,** llanura de Argelia (Argel), muy fértil (viñas, naranjos, etc.).

MITILENE, ant. **Lesbos,** isla griega del mar Egeo; cap. *Mitilene.* Vinos, aceite, frutas.

MITLA, ant. c. sagrada de los zapotecas (Oaxaca); notables ruinas de grandes templos, con rica decoración geométrica de tipo *mixteca.*

MITRA, uno de los genios de la religión mazdea, espíritu de la Luz Divina.

MITRE (Bartolomé), militar, hombre de Estado y escritor argentino, n. en Buenos Aires (1821-1906). Abandonó su país durante la tiranía de Rosas y estuvo en Montevideo, Bolivia, Perú y Chile. Formó parte del ejército de Urquiza y mandó la artillería argentina en la batalla de Caseros (1852). Desempeñó varios cargos y, en 1861, obtuvo la victoria de Pavón, entró triunfante en Rosario, y, vencida la Confederación, fue proclamado pres. constitucional de la Rep. (1862). En 1865 se unió con el Brasil y el Uruguay en la guerra contra el Paraguay, que llevó a cabo con el mayor éxito. Abandonó el Poder en 1868 en manos de Sarmiento y, en 1874, fue derrotado en las elecciones por Nicolás Avellaneda, tras lo cual pasó una temporada en Europa. Escribió *Historia de Belgrano y de la independencia argentina, Historia de San Martín y de la emancipación americana*, etc. Tradujo la *Divina Comedia* de Dante. Fundó el gran diario *La Nación*, de Buenos Aires.

MITRE Y VEDIA (Emilio), periodista argentino, hijo del anterior (1854-1909).

MITRÍDATES I, sátrapa del Ponto (402-383 a. de J. C.), aliado de Ciro el Joven y después adversario de los Diez Mil.

MITRÍDATES VI el Grande, rey del Ponto de 111 a 63 a. de J. C. Enemigo mortal de los romanos, luchó contra ellos de 90 a 63, casi sin interrupción. Se hizo dar muerte por un esclavo. Mitrídates fue célebre por su don de lenguas (hablaba 22) y por su inmunidad contra los venenos.

Joan MIRÓ
PERSONAJE Y PÁJARO EN LA NOCHE

palacio de MITLA
detalle de un friso

B. MITRE

Fot. Piron, X, Gomis, R. Forlet, doc. Embajada de Argentina (París)

pectoral MIXTECA

MOCTEZUMA II

vasija MOCHICA

MODIGLIANI LA JOVEN DE LOS PENDIENTES

MITSCHERLICH (Eilhard), químico alemán (1794-1863). Descubrió la ley del isomorfismo.

MITÚ, c. de Colombia, cap. de la comisaría de Vaupés. (Hab. *mituenses* o *mituanos.*) Vicariato apostólico.

MIURA, familia de ganaderos sevillanos, cuyos toros tienen, desde 1842, merecida reputación de bravura, habiendo llegado su nombre a entrar en la lengua como sinónimo de persona o animal de indomable fiereza.

MIXCOATL, fundador de la primera dinastía tolteca, asesinado en 935 ó 947.

MIXES, n. dado a un sector de la Sierra Madre de Oaxaca (México).

MIXTECAS, indígenas mexicanos cuyos antepasados se establecieron en el S. del país (Oaxaca, Guerrero y Puebla) hacia el s. x, sometieron a los *zapotecas* y desarrollaron una brillante cultura. Restos en Monte Albán y Mitla.

MIYAGI, prefectura del Japón, en la costa NO. de la isla de Hondo.

MIYAZAKI, c. del Japón, en el SE. de la isla de Kiusiu. Puerto pesquero y de comercio. Centro de la religión sintoísta.

MIZQUE, pobl. de Bolivia, cap. de la prov. del mismo n. (Cochabamba).

MNEMÓN, servidor de Aquiles a quien éste había encargado recordarle que no debía matar a ningún descendiente de Apolo.

MNEMOSINA, hija de Urano, diosa de la Memoria y madre de las nueve musas. *(Mit.)*

MNESICLES, arquitecto griego (s. v a. de J. C.), constructor de los Propileos de la Acrópolis de Atenas.

MOA, bahía de Cuba (Oriente); yac. de níquel.

MOAB, hijo de Lot, personaje bíblico, considerado como origen de los *moabitas,* pueblo que habitaba en la parte de la Arabia Pétrea situada al E. del mar Muerto; cap. *Rabat Moab.*

MOAÑA, c. de España (Pontevedra).

MOBILE, río de los Estados Unidos (Alabama), que des. en el golfo de México.

MOBILE, c. de los Estados Unidos (Alabama), en la *bahía de Mobile.* Centro industrial.

MOCA, c. de la Rep. Dominicana, cap. de la prov. de Espaillat; centro productor de cacao.

MOCA. V. MOKA.

Mocedades del Cid *(Las),* comedia de Guillén de Castro (1618) que sirvió de modelo a *El Cid* del francés Corneille.

MOCIÑO (José Mariano), naturalista mexicano (1758-1820), autor de *Flora Mexicana.*

MOCLÍN, c. de España (Granada).

MOCOA, c. de Colombia, cap. de la comisaría de Putumayo; centro agrícola y ganadero. (Hab. *mocoanos.*)

MOCORETÁ, río de la Argentina (Corrientes y Entre Ríos), afl. del Uruguay; 150 km. — Pobl. de la Argentina (Corrientes).

MOCORITO, río de México, que des. en el golfo de California. — Pobl. de México (Sinaloa).

MOCTEZUMA. V. TULA.

MOCTEZUMA I, rey de los aztecas de 1440 a 1469, año de su muerte. Extendió notablemente sus dominios, mejoró y embelleció la hoy c. de México y construyó el acueducto de Chapultepec. Dio a las instituciones un carácter teocrático.

MOCTEZUMA II, emperador azteca (1466-1520), que sucedió a su tío Ahuízolt (1502), emprendió varias expediciones guerreras e intentó conquistar Tlaxcala. En 1519, la llegada de Cortés puso fin a su autoridad, pues se sometió a los españoles, que le apresaron. Murió herido por sus propios súbditos sublevados contra los conquistadores e irritados por la sumisión del emperador.

MOCTEZUMA (*Conde de*). V. SARMIENTO Y VALLADARES.

MOCHE, pobl. del Perú (La Libertad); ruinas preincaicas.

MOCHICAS, pueblo indígena de la costa N. del antiguo Perú. Su civilización, contemporánea de la *nazca* (400-1000) y anterior a la *chimú,* se conoce por su cerámica de estilo realista.

MOCHIS (Los), pobl. de México (Sinaloa); centro comercial; ind. azucarera y de conservas.

MÓDENA, c. de Italia (Emilia), cap. del ant. ducado del mismo n. Catedral. Universidad. Centro industrial (automóviles, calzado).

MODESTO *(San),* patriarca de Jerusalén, m. en 634, autor de unas homilías de la Asunción. Fiesta el 16 de diciembre.

MÓDICA, c. del S. de Sicilia (Siracusa).

MODIGLIANI (Amadeo), pintor italiano (1884-1920), autor de retratos y desnudos de cálido colorido, notables por su figura alargada y estilizada.

MOERO o **MWERU,** lago del África, entre Katanga y Zambia.

MOERS, c. de Alemania (Rin Septentrional-Westfalia); hulla: metalurgia. Textiles.

MOGADISCIO, hoy **Mogadishu,** cap. de Somalia; centro comercial de la Rep.; 170 000 h.

MOGADOR, hoy **Esauira,** c. y puerto de Marruecos en la provincia de Marrakech.

MOGHREB. V. MAGHREB.

MOGOLES. V. MONGOLES.

MOGOTE, n. dado a un sector de la Sierra Madre del Sur de México (Oaxaca). — Cerro de Nicaragua (Nueva Segovia); 1 825 m.

MOGOTES (MESA DE), cerro de Colombia, en la Cord. Oriental; 1 740 m.

MOGROVEJO (*Santo* Toribio Alfonso de), prelado español (1538-1606), arzobispo de Lima y fundador del primer seminario americano. Fiesta el 27 de abril.

MOGUER, c. de España (Huelva), próxima a la des. del río Tinto. Vinos.

MOGUILEV, c. de la U.R.S.S. (Rusia Blanca), a orillas del Dniéper. Industrias mecánicas.

MOHACS, c. de Hungría a orillas del Danubio. Industrias metalúrgicas. El rey Luis II de Hungría fue vencido allí por Solimán II en 1526, y Carlos de Lorena derrotó a los turcos en 1687.

MOHAMED I, emir independiente de Córdoba de 852 a 886; ordenó la persecución de los cristianos. — MOHAMED II *Almahdi,* califa de Córdoba de 1008 a 1010. — MOHAMED III *Almostacfi* (988-1025), califa de Córdoba en 1024; murió envenenado.

MOHAMED, n. de doce reyes nazaritas de Granada, de los cuales los más notables fueron: MOHAMED I *Alhamar,* fundador de la dinastía, que reinó de 1231 a 1272, protegió las artes y las letras e inició la construcción del palacio de la Alhambra. — MOHAMED II (1272-1301), que sitió Tarifa, defendida por Guzmán el Bueno. — MOHAMED V *el Viejo,* rey de 1354 a 1358, fue destronado, y volvió a gobernar de 1361 a 1390. Su reinado fue una etapa de paz y prosperidad. — MOHAMED VIII *el Izquierdo,* que reinó tres veces: de 1417 a 1427, de 1429 a 1431, año en que perdió momentáneamente la corona para no recuperarla hasta 1444. Su reinado fue turbulento, y durante el mismo comenzaron las guerras entre *zegríes* y *abencerrajes.* — MOHAMED XI *Abú Abdalá,* llamado **Boabdil** por los cristianos, último rey moro de Granada, reinó de 1482 a 1483, fue sustituido un tiempo por Muley Hacén y por MOHAMED XII *el Zagal* (1485-1486), y volvió a gobernar de 1486 a 1492. (V. BOABDIL.)

MOHAMED ALÍ. V. MEHEMET ALÍ.

MOHAMED AL-SADOCK, bey de Túnez (1812-1882), que aceptó en 1881, por el Tratado del Bardo, el protectorado francés.

MOHAMED V BEN YUSEF, rey de Marruecos (1909-1961); sultán en 1927, fue derribado en 1953, restablecido en 1955 y proclamado rey en 1957.

MOHAMEDIA. V. FEDALA.

MOHAWK, depresión del NE. de los Estados Unidos entre el lago Ontario y el Hudson. Centro industrial.

MOHICANOS, tribu india de los Estados Unidos (Connecticut), de la familia de los algonquinos.

Mohicano *(El último),* novela de Fenimore Cooper (1826), que describe el mundo de los indios.

MOISÉS, legislador hebreo y figura más importante del Antiguo Testamento. Fue guerrero, político, historiador, poeta, moralista y legislador. Refiere la Biblia que, habiendo un faraón ordenado la matanza de los hijos varones de los judíos de Egipto, una mujer de la tribu de Leví depositó a su hijo en una canasta en aguas del Nilo. La hija del faraón encontró al niño abandonado, lo educó en la Corte y le dio el nombre de *Moisés,* es decir, **Salvado de las aguas.** A la edad de cuarenta años tuvo que huir al desierto por haber matado a un egipcio que maltrataba a un hebreo.

Fot. doc. A. G. P., Giraudon.

Tras no pocas vicisitudes en su vida errante, Moisés tuvo una aparición en la que Dios se le manifestó bajo la forma de una zarza ardiente y le ordenó que sacara a su pueblo de la esclavitud, y lo condujera de Egipto a Canaán. Éste fue el principio del éxodo. Retirado en el monte Sinaí, recibió de Dios los preceptos del *Decálogo* grabados en dos tablas de piedra. Pero habiendo puesto en duda Moisés la palabra del Señor, se vio condenado a no penetrar en la tierra de Canaán o Tierra de Promisión. En efecto, murió a los 120 años en el monte Nebo, frente a Jericó, desde donde contempló la Tierra de Promisión.

Moisés, estatua de mármol, de Miguel Ángel, que se halla en la tumba inacabada de Julio II, en la iglesia de San Pedro ad Víncula (Roma).

MOISÉS (Julio), pintor español (1890-1968), excelente retratista.

MOISÉS de Corena, escritor armenio del s. v, llamado **el Herodoto de Armenia.**

MOISSAC [*muasak*], c. de Francia (Tarn y Garona), a orillas del Tarn. Claustro y pórtico románicos (s. XII).

MOISSAN (Enrique), químico francés (1852-1907), que inventó el horno eléctrico y aisló el flúor y el silicio. (Pr. Nóbel, 1906.)

MOJANDA-CAJAS, nudo montañoso del Ecuador, entre las prov. de Imbabura y Pichincha.

MOJI, c. del Japón (Kiusiu), actualmente parte de Kita Kiusiu.

MOJICA (José), cantante y actor cinematográfico mexicano, n. en 1895. Ingresó en la orden franciscana y se consagró a la organización de corales infantiles.

MOJOS, indios bolivianos de la familia de los arawakos, que ocupan el valle medio del Mamoré.

MOKA, puerto de Arabia (Yemen), en el mar Rojo. Café.

MOKPO, puerto de Corea del Sur.

MOLA (Emilio), general español (1887-1937), que en 1936 asumió el mando del ejército nacionalista en Navarra. Muerto en accidente aéreo.

MOLANGO, pobl. de México (Hidalgo).

MOLAS LÓPEZ (Felipe), político paraguayo n. en 1901, pres. provisional de la Rep. en 1949. Fue derrocado.

MOLD, c. de Gran Bretaña (Gales), cap. del condado de Flint.

MOLDAU, MOLDAVA o **VLTAVA,** río de Checoslovaquia, que pasa por Praga y des. en el Elba; 425 km.

MOLDAVIA, ant. principado danubiano, luego terr. rumano de 1859 a 1918; cap. *Jassy*. Una parte de Moldavia constituyó desde 1924 una rep. soviética dependiente de la República de Ucrania. Este terr. fue Estado miembro de la U.R.S.S. en 1940 y al acabar la Segunda Guerra mundial se agregó a él parte de Besarabia, con *Kichinev*, su actual capital.

MOLESCHOTT (Jacobo), fisiólogo y filósofo holandés (1822-1893), defensor del materialismo.

MOLFETTA, c. de Italia (Pulla), a orillas del Adriático. Puerto activo.

MOLIÈRE [*-lier*] (Juan Bautista POQUELIN, llamado), comediógrafo y actor francés, n. en París (1622-1673). Al frente de su compañía recorrió casi toda Francia durante más de diez años, y hacia 1659 fijó su residencia en la capital, donde fundó la Compañía de Actores del Rey, origen de la actual Comedia Francesa. La obra literaria de Molière es una de las más geniales del teatro universal; en ella se pintan con feroz ironía y gran poder de observación los vicios humanos, se zahieren las flaquezas de los hombres y se describen con mano maestra las pasiones de la sociedad de su tiempo. Entre las comedias de Molière sobresalen *Las preciosas ridículas* (1659), *La escuela de los maridos* (1661), *La escuela de las mujeres* (1662), *Don Juan, El amor médico* (1665), *El Misántropo, El médico a palos* (1666), *Anfitrión, El Avaro* (1668), *Tartufo* (1669), *El burgués gentilhombre* (1670), *Las astucias de Scapin* (1671), *Las mujeres sabias* (1672) y *El enfermo imaginario* (1673). La muerte le sorprendió cuando representaba su última obra.

MOLINA, c. de Chile (Talca).

MOLINA (Alonso de), religioso franciscano español (1496-1584), misionero en México. Autor de *Vocabulario en lengua castellana y mexicana.*

MOLINA (Antonio de), escritor ascético español (¿1560?-1619), autor de *Instrucción de sacerdotes* y *Ejercicios espirituales.*

MOLINA (Enrique), poeta argentino, n. en 1910, autor de *Las cosas y el delirio.*

MOLINA (Juan Francisco), político hondureño, jefe del Estado en 1839.

MOLINA (Juan Ignacio), jesuita y naturalista chileno (1740-1829), autor de una *Historia natural y civil de Chile.*

MOLINA (Juan Ramón), poeta hondureño (1875-1908), una de las principales figuras modernistas en su país.

MOLINA (Luis de), teólogo y jesuita español, n. en Cuenca (1536-1600), cuya doctrina, el *molinismo,* acerca de la idea del libre albedrío dio lugar a una viva polémica con los dominicos, representados por el P. Báñez. Esa discusión inspiró a Tirso de Molina el drama *El condenado por desconfiado.*

MOLINA (María de). V. MARÍA DE MOLINA.

MOLINA (Pedro), político y médico guatemalteco (1777-1854), prócer de la independencia centroamericana y jefe del Estado de 1829 a 1830.

MOLINA (Rafael), famoso torero cordobés (1840-1900), conocido por el apodo de **Lagartijo.** Fue rival de Frascuelo.

MOLINA (Tirso de). V. TIRSO DE MOLINA.

MOLINA (La), centro de deportes de invierno en la Cerdaña española (Gerona).

MOLINA DE ARAGÓN, c. de España (Guadalajara). Castillo de origen árabe.

MOLINARI (Ricardo), poeta argentino, n. en 1898, notable por la pureza del lenguaje y la musicalidad de sus versos. Autor de *El pez y la manzana, Mundos de la madrugada,* etc.

MOLINA VIGIL (Manuel), poeta romántico hondureño (1853-1883). Se suicidó.

MOLINOS, c. de la Argentina (Salta).

MOLINOS (Miguel de), heterodoxo español, n. en Muniesa (Zaragoza) [1628-1696], cuya doctrina, llamada *molinosismo,* fue expuesta en *Guía espiritual,* tratado que ejerció gran influencia en su época y sirvió de fundamento al *quietismo.* Condenado a reclusión perpetua, abjuró de su doctrina.

MOLÍNS (Mariano ROCA DE TOGORES, *marqués de*), poeta español (1812-1889), autor de obras teatrales de gusto romántico.

MOLÍNS DE REY, c. de España (Barcelona).

MOLOC, divinidad de los amonitas, a la que se sacrificaban principalmente niños. Las víctimas eran arrojadas en los brazos al rojo vivo de una figura humana en bronce con cabeza de becerro que representaba al dios.

MOLOTOV. V. PERM.

MOLOTOV (Viacheslav SKRIABIN, llamado), político ruso, n. en 1890, ministro de Asuntos Exteriores de 1939 a 1949 y de 1953 a 1956.

MOLTKE (Helmuth, *conde von*), mariscal alemán (1800-1891), jefe de las operaciones del ejército prusiano en 1866 y en 1870-1871. — Su sobrino HELMUTH, general alemán (1848-1916), jefe del Estado Mayor alemán en 1914, fue derrotado en la batalla del Marne.

MOLUCAS, arch. de Indonesia, entre las Célebes y Nueva Guinea. Las islas principales son: *Beroe, Halmahera, Ceram* y *Amboina.* Se llamaron ant. **Islas de las Especias.**

MOLLENDO, c. del Perú, cap. de la prov. de Islay (Arequipa); puerto activo en el Pacífico. (Hab. *mollendinos.*)

MOMBACHO, volcán de Nicaragua, a orillas del lago de este nombre; 1 345 m.

MOMBASA, c. y puerto de Kenia, en la isla de Mombasa. Importante centro comercial (café, té, sisal, estaño, etc.). Refinería de petróleo.

MOMMSEN (Teodoro), historiador alemán (1817-1903), renovador, con sus estudios epigráficos y su *Historia de Roma,* del conocimiento de la Antigüedad latina. (Pr. Nóbel, 1902.)

MOMOTOMBITO, volcán de Nicaragua, en una isla del lago de Managua; 389 m.

MOMOTOMBO, volcán de Nicaragua, al NO. del lago de Managua; 1 258 m.

MOMPÓ DE ZAYAS (Fernando de). V. MOMPOX.

MOMPÓS, c. de Colombia (Bolívar); puerto en el río Magdalena; centro cultural.

MOISÉS
por MIGUEL ÁNGEL

MOLIÈRE
por COYPEL

Luis DE MOLINA

MOLINOS
por HAINZELMANN

Fot. Alinari, X, Valotaire, Larousse

J. T. MONAGAS

J. G. MONAGAS

H. DE MONCADA

MONROE

MOMPOU (Federico), compositor español, n. en Barcelona en 1893.
MOMPOX DE ZAYAS (Fernando de), abogado y orador español del s. XVII, discípulo de José de Antequera, que encabezó la revolución de los comuneros paraguayos en 1731. M. en el Brasil.
MON (Alejandro), político español (1801-1882), jefe del Gob. en 1864; reformó el sistema tributario.
MÓNACO, pequeño principado de Europa, situado en el dep. francés de los Alpes Marítimos; 1,5 km²; 22 400 h. *(monegascos)*. Cap. *Mónaco*. Puerto al pie de un promontorio del Mediterráneo. Centro turístico (casino); museo oceanográfico.
Monadología, obra póstuma de Leibniz, escrita en francés (1714), en la que se exponen los principios de su teoría de las *mónadas* y de la armonía preestablecida.
MONAGAS, Estado del NE. de Venezuela; cap. *Maturín;* rica ganadería; cult. de tabaco, algodón, cacao; yac. de petróleo. (Hab. *monaguenses.*)
MONAGAS (Jacinto), patriota venezolano (1785-1819), jefe de los famosos jinetes *los tártaros de América,* m. en la batalla de Boyacá.
MONAGAS (José Tadeo), general y político venezolano, n. en Maturín (1784-1868), pres. de la Rep. de 1847 a 1851, reelegido en 1855 y derrocado en 1858 por una revolución. Se acercó a los liberales e instauró un régimen personal. — Su hermano JOSÉ GREGORIO (1795-1858), pres. de la Rep. de 1851 a 1855. Abolió la esclavitud (1854). — JOSÉ RUPERTO, hijo de José Tadeo, pres. de la Rep. de 1868 a 1870.
MONASTERIO (Jesús de), compositor y violinista español (1836-1903).
MONASTIR. V. BITOLJ.
MONAY, río de Venezuela, que des. en el lago de Maracaibo.
MONCADA (Francisco de), conde de Osona y marqués de Aytona, historiador español (1586-1653), autor de una valiosa historia de la *Expedición de los catalanes y aragoneses contra turcos y griegos.*
MONCADA (Guillermo), popular general cubano (1838-1895), que participó en las tres guerras de la Independencia. Era conocido con el nombre de **Guillermón.**
MONCADA (Hugo de), capitán español (¿1466?-1528) que se distinguió en el Rosellón, en Flandes y en Italia. Virrey de Sicilia en 1509 y 1527, almirante desde 1518.
MONCADA (José María), general, político y escritor nicaragüense (1867-1945), pres. de la Rep. de 1929 á 1933. Durante su administración las tropas norteamericanas ocuparon el país.
MONCAGUA, v. de El Salvador (San Miguel).
MONCAYO, c. del Ecuador (Pichincha).
MONCAYO (SIERRA DEL), macizo montañoso y pico de España en el límite de las prov. de Soria y Zaragoza; 2 315 m de altura.
MONCLOA, ant. residencia real al N. de Madrid, en la que Murat estableció su cuartel general el 2 de mayo de 1808, hoy parque público. En sus cercanías está la Ciudad Universitaria.
MONCLOVA, c. de México (Coahuila); siderurgia. Fundada en 1689.
MÖNCHENGLADBACH, c. de Alemania (Rin Septentrional-Westfalia), en la cuenca de Colonia. Industria textil, del papel; máquinas.
MONDACA (Carlos R.), poeta chileno (1881-1928), autor de *Por los caminos* y *Recogimiento.*
MONDARIZ, c. de España (Pontevedra). Célebre balneario; aguas medicinales.
MONDAY, río del Paraguay (Alto Paraná), afl. del Paraná; 170 km.
MONDEGO, río del centro de Portugal, que des. en el Atlántico; 225 km.
MONDOÑEDO, c. de España (Lugo). Obispado. Catedral (s. XII-XIII).
MONDOVI, c. de Italia (Piamonte). Siderurgia; porcelanas. Obispado.
MONDRAGÓN, v. de España (Guipúzcoa). Centro industrial.
MONDRAGÓN (Magdalena), escritora mexicana, n. en 1913, autora de la novela *Puede que el otro año* y de obras de teatro.
MONDRIAN (Piet), pintor holandés (1872-1944), uno de los principales representantes del arte abstracto.

MONET. EN UN JARDÍN *fragmento.* Louvre

MONEGROS (Los), comarca de España (prov. de Zaragoza y Huesca), que será revalorizada por las grandes obras de regadío en curso.
MONESTEL (Alejandro), compositor y organista costarricense (1865-1950), autor de piezas para piano, cantatas, composiciones religiosas, rapsodias, etc.
MONET [*-né*] (Claudio), pintor francés (1840-1926), el más notable paisajista del impresionismo: *Vista de Argenteuil, Catedral de Ruán, Ninfeas,* etc.
MONFERRATO, ant. marquesado, después ducado de Italia (Piamonte), a orillas del Po.
MONFORTE DE LEMOS, c. de España (Lugo). Nudo ferroviario.
MONGE (Carlos), biólogo peruano, n. en 1884, autor de notables estudios relativos a la influencia del clima en el organismo humano.
MONGE [*monch*] (Gaspard), matemático francés (1746-1818), creador de la geometría descriptiva y uno de los fundadores de la Escuela Politécnica (París).
MONGOLES (*Imperio de los*), imperio fundado por Gengis Kan (1206-1227), reconstituido por Tamerlán (1369-1405). Fundado de nuevo por Baber, descendiente de Tamerlán, con el n. de **Imperio del Gran Mogol** (1505-1530), llegó a su apogeo con Aurangzeb (1659-1707). Desapareció en 1806.
MONGOLIA, vasta región de Asia central, desierta en gran parte y rodeada de altos macizos montañosos. Desde el punto de vista político se puede distinguir *Mongolia Exterior,* llamada hoy *República Popular de Mongolia,* Estado independiente desde 1921 (1 621 000 km²; 1 millón de h; cap. *Ulan Bator;* 160 000 h); y *Mongolia Interior,* región autónoma de China desde 1947.
MÓNICA *(Santa),* madre de San Agustín (¿331?-387). Fiesta el 4 de mayo.
MONIQUIRÁ, pobl. de Colombia (Boyacá); cobre.
MONISTROL, c. de España (Barcelona), al pie de la montaña de Montserrat.
MONIZ (Antonio Egas), neurólogo portugués (1874-1955), que descubrió un método de exploración del cerebro. (Pr. Nóbel, 1949.)
Monja Alférez (*La*). V. ERAUSO (Catalina).
Monjas (*Palacio de las*), n. dado a uno de los edificios de la ant. c. maya de Chichén Itzá.
MONJE GUTIÉRREZ (Tomás), político boliviano, n. en 1884, pres. de una Junta de Gob. en 1946.
MONK (Jorge), duque de Albemarle, general inglés (1608-1670), lugarteniente de Cromwell, que restableció a Carlos II en el trono después de haber combatido a los realistas (1660).
MONLÁU (Pedro Felipe), polígrafo español (1808-1871), autor de un *Diccionario etimológico de la lengua castellana.* Fue médico y escribió diversos libros sobre su profesión.
MONMOUTH [*-muz*], condado de la Gran Bretaña (Gales). Cap. *Monmouth.*

Fot. doc. A. G. P., Larousse, Giraudon

MONMOUTH (James SCOTT, *duque de*), hijo natural de Carlos II Estuardo (1649-1685), decapitado durante el reinado de Jacobo II.
MONNA LISA. V. GIOCONDA (*La*).
MONNER SANS (José María), escritor argentino, n. en 1896, autor de *Julián del Casal y el modernismo*.
MONNER SANS (Ricardo), escritor y filólogo español (1853-1927), que residió en la Argentina.
MONOPOLI, c. y puerto de Italia (Pulla).
MONÓVAR, c. de España (Alicante). Vino, aguardiente anisado. Patria de *Azorín*.
MONPÓ DE ZAYAS (Fernando de). V. MOMPOX.
MONREALE, c. de Sicilia, cerca de Palermo. Magnífica catedral del s. XII.
MONROE (James), político norteamericano (1758-1831), pres. de la Unión de 1817 a 1825 y autor de la famosa doctrina que rechaza toda intervención europea en los asuntos de América.
MONROVIA, c. de África, cap. de la Rep. de Liberia: 81 000 h. Puerto en el Atlántico.
MONROY (Alonso de), capitán español, m. en Lima en 1545. Se halló con Valdivia en la conquista de Chile y le reemplazó varias veces.
MONROY (Cristóbal de), dramaturgo español del Siglo de Oro (1612-1649).
MONS, en flam. **Bergen,** c. de Bélgica, cap. del Henao. Importante cuenca hullera. Industria.
MONSEÑOR NOUEL, com. de la Rep. Dominicana (La Vega).
MONTAIGNE [*-teñ*] (Michel EYQUEM, señor *de*), moralista y pensador francés (1533-1592), n. en un castillo de Perigord. De nobleza de toga, fue consejero del Parlamento de Perigueux y del de Burdeos, de cuya ciudad fue después alcalde. Retirado de la vida pública, se dedicó desde 1571 al estudio y la meditación, fruto de los cuales, tras su viaje por Europa en 1580, fueron sus *Ensayos*, auténtico documento de la civilización occidental, en los que trata de los asuntos más dispares: la amistad, las razas exóticas, la educación, la gloria, la sociedad, la virtud, etc. En ellos descubre la importancia del hombre en encontrar la verdad y la justicia, así como la relatividad de las cosas humanas.
MONTALBÁN, c. de España (Teruel).
MONTALBÁN, c. de Venezuela (Carabobo).
MONTALBÁN (Juan PÉREZ DE). V. PÉREZ DE MONTALBÁN (Juan).
MONTALE (Eugenio), poeta italiano, n. en 1896, de gran intensidad lírica.
MONTALEMBERT [*-lamber*] (Charles, *conde de*), escritor y político francés (1810-1870), defensor brillante del catolicismo liberal.
MONTALVO (Abelardo), político ecuatoriano, pres. interino de la Rep. de 1933 a 1934.
MONTALVO (Garci ORDÓÑEZ o RODRÍGUEZ DE), escritor español de principios del s. XVI, que ejerció las funciones de corregidor en Medina del Campo y a quien se atribuye el *Amadís de Gaula*, y autor de una continuación de este libro (*Las sergas de Esplandián*).
MONTALVO (Juan), escritor ecuatoriano n. en Ambato (1832-1889), uno de los mejores prosistas en lengua castellana. Enemigo implacable del dictador García Moreno, Montalvo vivió como un héroe romántico, sufrió largos períodos de destierro y luchó activamente contra las fuerzas de la opresión. Su estilo es vigoroso, atractivo, lleno de riqueza musical y plástica. Autor de *Catilinarias*, ataques contra Veintemilla y los tiranos, *Capítulos que se le olvidaron a Cervantes*, magnífica glosa de Don Quijote, *El espectador*, ensayos cortos e ingeniosos, y *Siete Tratados*, disertaciones sobre temas literarios y morales.
MONTALVO (Luis GÁLVEZ). V. GÁLVEZ.
MONTANA, uno de los Estados Unidos de Norteamérica. Cap. *Helena*.
MONTÁNCHEZ, c. de España (Cáceres).
MONTANO, heresiarca frigio del s. II, convertido al cristianismo y fundador de la secta de los montanistas, hacia 160 ó 170 de nuestra era. Los montanistas unían a las enseñanzas dogmáticas de la Iglesia, la creencia en la perpetua intervención del Espíritu Santo.
MONTAÑA (La), n. dado a la parte montañosa de la prov. española de Santander. — Parte oriental y boscosa del Perú.

pirámide de MONTE ALBÁN México

Montaña (*La*), n. dado al grupo de extrema izquierda que ocupaba los asientos más elevados en la Convención Francesa y se distinguió por la violencia de sus opiniones.
Montaña mágica (*La*), novela de Tomás Mann cuya acción transcurre en el mundo aislado de un sanatorio y sus personajes simbolizan las diferentes actitudes que se pueden adoptar en la vida.
MONTAÑÉS (Juan MARTÍNEZ). V. MARTÍNEZ.
MONTARGIS, c. de Francia (Loiret).
MONTAUBAN [*-tobán*], c. de Francia, cap. del dep. de Tarn y Garona. Obispado. Ant. Facultad de Teología protestante.
MONTBÉLIARD [*-iar*], c. de Francia (Doubs). Gran centro industrial.
MONT-BLANC. V. BLANCO (*Monte*).
MONTBLANCH, c. de España (Tarragona).
MONTCALM (Luis, *marqués de*), general francés (1712-1759), que luchó en el Canadá contra los ingleses y murió en la defensa de Quebec.
MONT-DE-MARSAN, c. de Francia, cap. del dep. de las Landas.
MONTE, isla y pobl. de la Argentina, en la costa S. de la prov. de Buenos Aires.
MONTE (El), com. de Chile, (Santiago).
MONTE (Domingo del), escritor cubano, n. en Venezuela (1804-1854), figura sobresaliente del movimiento intelectual isleño de su época.
MONTE (Félix María del), dramaturgo y poeta lírico dominicano (1819-1899).
MONTE Y TEJADA (Antonio del), escritor dominicano (1783-1861), autor de una *Historia de Santo Domingo*.
MONTEAGUDO, c. de España (Murcia). Castillo romano, reedificado por los moros. Restos arqueológicos.
MONTEAGUDO, pobl. de Bolivia, cap. de la prov. de Hernando Siles (Chuquisaca).
MONTEAGUDO (Bernardo), político y escritor argentino (1785-1825), uno de los próceres de la Independencia. Ocupó varios cargos en el Perú y murió asesinado en Lima.
MONTE ALBÁN, centro arqueológico zapotecamixteca, cerca de Oaxaca (México). Templos y pirámides; monolitos con relieves; joyas mixtecas de gran interés.
MONTEALEGRE (José María), político costarricense (1815-1887), pres. de la Rep. de 1859 a 1863.
MONTECARLO, barrio del principado de Mónaco; casino célebre.
MONTE CASEROS, pobl. de la Argentina (Corrientes).
MONTECASSINO. V. CASSINO.
MONTECATINI TERME, estación termal de Italia (Toscana).
Montecitorio, palacio de la Cámara de los Diputados en Roma.
MONTE CRISTI, c. de la Rep. Dominicana, cap. de la prov. del mismo n., en la costa N.; centro comercial. La prov. produce algodón, café, tabaco; minas de carbón y salinas. — Pobl. del Ecuador (Manabí); centro ind.
MONTE CRISTI (SIERRA DE). V. SEPTENTRIONAL (*Cordillera*).
Monte Cristo (*El conde de*), novela de Alejandro Dumas padre (1841-1845), obra en la que se admira la imaginación del autor.
MONTEFORTE TOLEDO (Mario), poeta y novelista guatemalteco, n. en 1911, autor de *Cabagüil*, libro de poemas, y de las novelas *Anaité*, *Entre la piedra y la cruz* y *Una manera de morir*.
MONTEFRÍO, c. de España (Granada).
MONTEIRO LOBATO (José Benito), cuentista brasileño (1883-1948), autor de *Urupês*.

MONTAIGNE

J. MONTALVO

D. DEL MONTE

Fot. Viollet, Larousse, doc. A. G. P., Biblioteca Nacional de La Habana

MONTESQUIEU

MONTEVERDI

MONTEVIDEO
avenida
Agraciada

MONTEJO (Francisco de), conquistador español (¿1479?-1548), que fue procurador de Cortés ante Carlos I y, nombrado Adelantado del Yucatán (1526), luchó contra los mayas. — Su hijo FRANCISCO (1508-1574) llevó a cabo la conquista del Yucatán, fundó Mérida (1542) y se apoderó de parte de Honduras.

MONTEJURRA, monte de España (Navarra), teatro de sangrientos combates en las guerras carlistas (1835 y 1873).

MONTE LEÓN, isla argentina, en la costa de Patagonia (Santa Cruz); import. depósito de guano.

MONTELIMAR, c. de Francia (Drôme); turrón famoso.

MONTE LINDO, río del Paraguay (Presidente Hayes), afl. del Paraguay.

MONTELLANO, v. de España (Sevilla).

MONTEMAYOR, v. de España (Córdoba).

MONTEMAYOR (Jorge de), escritor español de origen portugués (¿1520?-1561), uno de los maestros del género narrativo pastoril con su célebre obra *Los siete libros de la Diana* (1559), que alcanzó un éxito inmenso en su tiempo y mereció ser continuada por Gil Polo e imitada repetidas veces.

MONTEMOLÍN (*Conde de*). V. BORBÓN (Carlos de).

MONTEMORELOS, c. de México (Nuevo León). Naranjas.

MONTENEGRO, ant. principado balcánico, cuya independencia fue reconocida por el Tratado de Berlín (1878). Reino en 1910, y unido a Yugoslavia en 1919, es desde 1946 una de las repúblicas populares federadas de este país; 14 000 km²; 453 000 h. (*montenegrinos*). Cap. *Titogrado.*

MONTENEGRO, c. de Colombia (Caldas).

MONTENEGRO (Carlos), novelista cubano de honda preocupación social, n. en 1900, autor de *El renuevo.*

MONTENEGRO (Ernesto), novelista y crítico chileno, n. en 1895, autor de *Puritania,* etc.

MONTENEGRO NERVO (Roberto), pintor y escritor mexicano, n. en 1887, fundador del Museo de Arte Popular y autor de notables frescos.

MONTENGÓN (Pedro), escritor español (1745-1824), a quien se debe la novela pedagógica *Eusebio,* inspirada en Rousseau.

MONTE PATRIA, com. de Chile (Coquimbo).

MONTE PERDIDO. V. PERDIDO.

MONTEPIN (Xavier de), escritor francés (1823-1902), autor de innumerables folletines y dramas muy apreciados en su tiempo.

MONTE PLATA, com. de la Rep. Dominicana (San Cristóbal).

MONTERDE (Francisco), escritor mexicano, n. en 1894, autor de ensayos, comedias y obras de crítica.

MONTERÍA, c. de Colombia, cap. del dep. de Córdoba; centro comercial. (Hab. *monterianos.*)

MONTERO, pobl. de Bolivia, cap. de la prov. de Obispo Santiesteban (Santa Cruz).

MONTERO (José Pío), político paraguayo, m. en 1927, pres. de la Rep. desde 1919 a 1920.

MONTERO (Juan Esteban), político chileno (1879-1948); pres. de la Rep. en 1931, derrocado en 1932.

MONTERO (Lisardo), marino y político peruano (1832-1905), que participó en la defensa de El Callao (1866) y en la guerra contra Chile. Pres. de la Rep. de 1881 a 1883.

MONTERO (Luis), pintor peruano (1828-1868), autor de *Los funerales de Atahualpa* y *La libertad.*

MONTERO RÍOS (Eugenio), jurisconsulto y político español (1832-1914), una de las personalidades más notables del Partido Liberal.

MONTEROS, pobl. de la Argentina (Tucumán).

MONTERREY, c. de México, cap. del Estado de Nuevo León, al pie de la Sierra Madre Oriental; gran centro industrial, comercial y de comunicaciones. Universidad. Instituto tecnológico. Arzobispado.

MONTES (Eugenio), escritor español, n. en 1897, autor de *El viajero y su sombra.*

MONTES (Francisco), llamado **Paquiro,** torero español (1805-1851), figura señera en la historia del toreo, autor de *El arte de torear.*

MONTES (Ismael), político y militar boliviano, n. en La Paz (1861-1933), pres. de la Rep. de 1904 a 1909 y de 1914 a 1917. Su primera administración fue muy fecunda; en 1904 firmó el tratado de paz con Chile que concluyó la guerra del Pacífico.

Montesa (*Orden de*), orden militar de caballería, fundada por Jaime II de Aragón en 1317.

MONTESCLAROS. V. MENDOZA Y LUNA.

MONTESCOS. V. CAPULETOS.

MONTES DE OCA (Ignacio), prelado y escritor mexicano (1840-1921).

MONTES DE ORO, cantón de Costa Rica (Puntarenas); cap. *Miramar.*

MONTESER (Francisco Antonio de), dramaturgo español (¿1600?-1668), autor de entremeses y de comedias burlescas.

MONTESINO (Ambrosio), poeta y franciscano español (¿1448-1512?), que recogió sus poemas religiosos en forma popular en un *Cancionero de diversas obras de nuevo trovadas.*

MONTESINOS (GRUTA DE), cueva de España (Albacete), descrita por Cervantes en *El Quijote.*

MONTESINOS (Fernando), historiador español, m. en 1652, autor de *Memorias historiales políticas del Perú.*

MONTE SOCIEDAD. V. BENJAMÍN ACEVAL.

MONTESPAN (Francisca Athenais de ROCHECHOUART, *marquesa de*) [1640-1707], favorita de Luis XIV, de quien tuvo siete hijos.

MONTESQUIEU [*-kie*] (Carlos DE SECONDAT, *barón de*), escritor francés (1689-1755), autor de *Cartas persas* (1721), *Consideraciones sobre las causas de la grandeza de los romanos y de su decadencia* (1734) y de *El espíritu de las leyes* (1748), su obra capital, donde hace agudas observaciones acerca de la división de poderes, base del parlamentarismo moderno.

MONTESSORI (María), pedagoga italiana (1870-1952). Creó un método para desarrollar la memoria de los sentidos en los niños.

MONTEVERDE (Manuel de), botánico dominicano (1793-1871).

MONTEVERDI (Claudio), compositor italiano (1567-1643), creador de la ópera en Italia (*Orfeo, Popea, Ariana,* etc.) y autor de composiciones que revolucionaron el lenguaje musical.

MONTEVIDEO, cap. de la Rep. del Uruguay y del dep. de su n., a la entrada del río de la Plata; centro comercial e industrial del país. Su pobl., que a principios del siglo era de 300 000 h., se eleva hoy a más de 1 300 000 (*montevideanos*). Arzobispado, universidad, museos, centros de enseñanza técnica e industrial. Junto a viejos edificios, como el Cabildo, se alzan modernas construcciones tales como el Palacio Legislativo, la Universidad, la Aduana, el Banco de Seguros del Estado y el Hospital de Clínicas. Hermosos parques, como los de Rodó y Batlle y Ordóñez, constituyen los pulmones de la ciudad. Fundada en 1726, la c. sufrió varios sitios, uno de los cuales, durante la guerra contra Rosas, duró ocho años. Hoy, con su excelente puerto, es una de las c. más importantes de América del Sur.

MONTEZUMA. V. MOCTEZUMA.

MONTFORT (Simón de), conde de Leicester jefe de la cruzada contra los albigenses (¿1150?-1218), muerto en el sitio de Toulouse.

Fot. Biblioteca Nacional (París), Larousse, Ministerio de Instrucción Pública del Uruguay

MONTGOLFIER [*mongolfié*] (*Hermanos*), industriales franceses, inventores de los primeros globos aerostáticos: JOSÉ (1740-1810) y ESTEBAN (1745-1799).
MONTGOMERY, c. de los Estados Unidos, cap. de Alabama, a orillas del río del mismo n. Universidad.
MONTGOMERY of Alamein (*sir* Bernard LAW, luego *lord*), mariscal británico, n. en 1887. Vencedor de Rommel en El Alamein (1942).
MONTHERLANT [*monterlán*] (Enrique MILLON DE), escritor francés, n. en 1896, autor de novelas (*La infantita de Castilla, Los bestiarios*), en las que late su simpatía hacia España, y obras de teatro: *La reina muerta, El maestre de Santiago, Malatesta, Port-Royal, Don Juan, El cardenal de España* (acerca de Cisneros).
MONTI (Vicente), poeta épico y dramático italiano (1754-1828), que fue el jefe del neoclasicismo.
MONTIANO Y LUYANDO (Agustín), erudito y dramaturgo español (1697-1764), autor de *Discursos sobre las tragedias españolas.*
MONTIEL, pueblo de España (La Mancha), en la prov. de Ciudad Real. Victoria de Enrique II sobre Pedro el Cruel en 1369.
MONTIEL (José FERNÁNDEZ), patriota paraguayo, fusilado por orden del presidente Francia en 1821.
MONTIEL BALLESTEROS (Adolfo), escritor y poeta uruguayo, n. en 1888, de gran lirismo e imaginación.
MONTIJO, v. de España (Badajoz).
MONTIJO, golfo de Panamá, en el océano Pacífico. — Pobl. de Panamá (Veraguas).
MONTILLA, v. de España (Córdoba); vinos. Patria de Gonzalo de Córdoba.
MONTILLA (Mariano), general venezolano (1782-1851), que se distinguió en las luchas por la independencia americana.
Montjuich, castillo que domina la c. de Barcelona, fortificado en 1640, después de la sublevación de Cataluña contra Felipe IV.
MONTLUC (Blas de LASSERAN-MASSENCOME, *señor de*), mariscal de Francia (1502-1577), que luchó contra Carlos I de España y persiguió cruelmente a los calvinistas; autor de unos *Comentarios,* publicados en 1592.
MONTLUÇON [*monlusón*], c. de Francia (Allier). Metalurgia; neumáticos.
Montmartre, barrio del N. de París, sobre una colina. Basílica del Sagrado Corazón.
MONTMORENCY [*monmoransí*], ilustre familia francesa (s. XII al XVII).
MONTORO, c. de España (Córdoba), a orillas del Guadalquivir. Centro agrícola y minero.
MONTORO (Antón de), poeta español (1404-¿1480?), que tomó el sobrenombre de **el Ropero de Córdoba.** Escribió composiciones líricas de carácter satírico.
MONTORO (Rafael), político, orador y escritor cubano (1852-1933), autor de *Polémica del panteísmo* e *Historiadores cubanos.*
MONTOYA (Luis de), agustino español (¿1500?-1569), autor de varias obras de carácter ascético.
Montparnasse [*monparnás*], barrio del sur de París, frecuentado por los artistas y escritores.

monasterio de MONTSERRAT

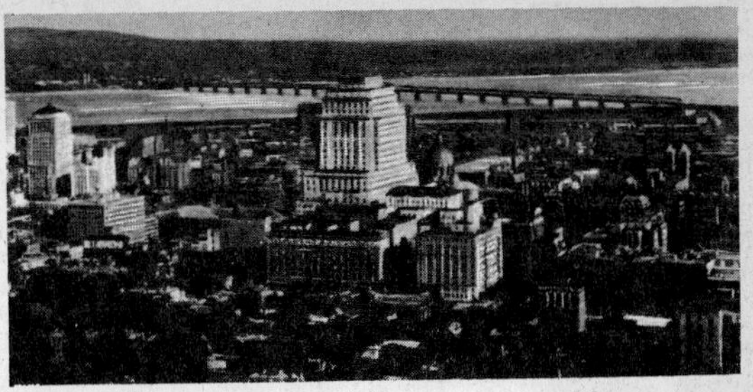

MONTREAL desde el Monte Real

MONTPELIER, c. de los Estados Unidos, cap. del Estado de Vermont.
MONTPELLIER [*monpelié*], c. de Francia, cap. del dep. de Herault; viñedos. Obispado. Universidad.
MONTPENSIER, título condal, después ducal, de varias ramas de la Casa de Borbón.
MONTREAL [*monreal*], c. del Canadá (Quebec), a orillas del San Lorenzo. Puerto. Centro comercial e industrial. Arzobispado. Universidad.
MONTREUIL-SOUS-BOIS, c. de Francia (Seine-Saint-Denis), suburbio al este de París.
MONTREUX, c. de Suiza (Vaud), a orillas del lago Leman; centro turístico.
MONT-SAINT-MICHEL, islote de la bahía del mismo n. en la costa O. de Francia (Mancha). Abadía benedictina (s. XII-XVI). Turismo.
MONTSENY, montaña de la prov. de Barcelona, entre las cuencas del Llobregat y el Ter.
MONTSERRAT, sierra rocosa de España (Barcelona), en la que se edificó hacia el s. IX un santuario y monasterio benedictino que no tardó en ser célebre. Durante la invasión francesa de 1808 fue Montserrat uno de los centros más activos de resistencia y, tomado dos veces por los invasores, el monasterio abadía fue incendiado en 1811. El actual data de 1827.
MONTSERRAT, isla británica de las Antillas Menores; cap. *Plymouth.*
MONTSERRAT (Joaquín de), marqués de Cruillas, militar español (1700-1771), virrey de Nueva España de 1760 a 1766.
MONTT (Jorge), político y marino chileno (1845-1922), pres. de la Rep. de 1891 a 1896.
MONTT (Manuel), político chileno, n. en Petorca (1809-1880), pres. de la Rep. de 1851 a 1861. Impulsó las obras públicas, desarrolló la enseñanza, fomentó la colonización, promovió distintas reformas legislativas y promulgó el Código Civil (1855), redactado por Bello. — Su hijo PEDRO (1849-1910), pres. de la Rep. de 1906 a 1910.
MONTÚFAR, cantón del Ecuador (Carchi).
MONTÚFAR (Juan Pío de), marqués de Selva Alegre, prócer ecuatoriano (1759-1818), que presidió la Junta Soberana de Quito (1809) y fue desterrado a Cádiz. — Su hijo CARLOS (1780-1816), organizó una Junta Superior de Gob. (1810), luchó por la independencia de su patria y fue fusilado.
MONTURIOL (Narciso), inventor español, n. en Figueras (1819-1885), que construyó el primer submarino con el nombre de *Ictíneo,* experimentado con éxito en 1859.
MONVOISIN (Raymond A. QUINSAC llamado), pintor francés (1790-1870), autor de cuadros inspirados en América del Sur, donde residió.
MONZA, c. de Italia (Lombardía), al N. de Milán. Textiles. Catedral. Autódromo.
MONZÓN, c. de España (Huesca); castillo. Lugar de reunión de las Cortes de Aragón.
MOÑINO (José). V. FLORIDABLANCA.
MOOCK (Armando L.), dramaturgo chileno (1894-1943), de gran penetración psicológica (*La serpiente, El heredero,* etc.).
MOORE (Henry), escultor inglés, n. en 1898.
MOORE (Tomás), poeta inglés, n. en Dublín (1779-1852), autor de *Melodías irlandesas, Lalla Rookh.*
MOPTI, c. de la Rep. del Malí, a orillas del Níger. Ganadería.

MONTHERLANT

M. MONTT

MONTURIOL

Fot. Monasterio, Canadian Pacific Railways, Roubier, doc. A. G. P.

MORA FERNÁNDEZ

MORA PORRAS

F. MORAZÁN

L. F. DE MORATÍN por GOYA Academia San Fernando, Madrid

MOQUEGUA, c. del Perú, cap. de la prov. de Mariscal Nieto y del dep. de su n.; centro comercial; viñedos. (Hab. *moqueguanos.*)

MOQUEHUÁ, pobl. de la Argentina (Buenos Aires).

MORA, c. de España (Toledo). Vino; aceite.

MORA (José de), escultor español (1642-1724).

MORA (José Joaquín de), escritor, historiador y poeta español (1783-1864), autor de *Leyendas españolas.*

MORA (José María Luis), sacerdote, escritor y político mexicano (1794-1850), autor de *México y sus revoluciones, Obras sueltas,* etc.

MORA FERNÁNDEZ (Juan), patriota y político costarricense (1784-1854), primer jefe del Estado de 1824 a 1833.

MORA PORRAS (Juan Rafael), político costarricense (1814-1860), pres. de la Rep. de 1849 a 1859. Encabezó la campaña nacional contra el filibustero Walker y fue fusilado al intentar recuperar el Poder.

MORADABAD, c. de la India (Uttar Pradesh); algodón; ind. del cobre.

Moradas (*Las*) o ***El Castillo interior,*** obra de Santa Teresa de Jesús (1577), en que la Santa conduce el alma de éxtasis en éxtasis, por las siete moradas del castillo místico, hasta anonadarla en el seno del amor divino.

MORA DE EBRO, c. de España (Tarragona).

MORA DE RUBIELOS, c. de España (Teruel).

MORAES (Francisco), escritor portugués (¿1500-1572?), supuesto autor de *Palmerín de Inglaterra,* novela de caballerías.

MORAIS BARROS (Prudente), político brasileño (1841-1902), pres. de la Rep. de 1894 a 1898.

Moral social, obra del puertorriqueño Eugenio María Hostos (1888).

MORALEDA, canal de Chile, entre el continente y el archip. de Chonos y Guaitecas.

MORALES (Agustín), general y político boliviano (1808-1872), que derrocó a Melgarejo y fue pres. de la Rep. de 1871 a 1872. M. asesinado.

MORALES (Ambrosio de), humanista español (1513-1591), autor de la monografía *Las antigüedades de las ciudades de España.*

MORALES (Andrés de), navegante español (1477-1517), que figuró en una expedición a Tierra Firme (1500), y dejó notables trabajos cartográficos.

MORALES (Cristóbal), compositor español (¿1500?-1553), uno de los polifonistas más célebres de su época.

MORALES (Francisco Tomás), militar español (1781-1844), lugarteniente de Boves en Venezuela. Vencedor de Bolívar en Aragua (1813) y derrotado en Carabobo (1821).

MORALES (Juan Bautista), misionero dominico español, m. en China (1597-1664), célebre por sus polémicas con los jesuitas acerca de los ritos chinos que éstos habían dejado introducir en el culto cristiano.

MORALES (Luis de), llamado **el Divino,** pintor español (1509-1586), autor de numerosos cuadros religiosos.

MORALES (Melesio), compositor y crítico musical mexicano (1838-1908).

MORALES (Tomás), poeta español (1885-1921), entre cuyas composiciones se destacan una *Oda al Atlántico* y *Las rosas de Hércules.*

MORALES BERMÚDEZ (Remigio), militar y político peruano (1836-1894), pres. de la Rep. de 1890 a 1894.

MORALES LANGUASCO (Carlos), general y político dominicano (1867-1914), pres. de la Rep. en 1903, derribado en 1906.

MORALES LEMUS (José), prócer y abogado cubano (1808-1870), que dirigió la Junta revolucionaria de los laborantes (1869), y representó la Rep. en Armas en los Estados Unidos.

MORALES Y GONZÁLEZ (Rafael), patriota y orador cubano (1845-1872), que tomó parte en la insurrección de 1868, y fue autor de varias leyes y discursos revolucionarios. Era conocido con el sobrenombre de **Moralitos.**

MORAND (Paul), escritor y diplomático francés, n. en 1888, autor de *Cerrado de noche, La Europa galante, Nueva York,* etc.

MORATÍN (Leandro FERNÁNDEZ DE), comediógrafo español, n. en Madrid (1760-1828), autor de una serie de piezas de intención satírica y pedagógica e inspiración molieresca: *El sí de las niñas,* acerca de los problemas de la educación femenina, *La comedia nueva* o *El café, La mojigata, El viejo y la niña* y *El barón,* sin olvidar las adaptaciones de Molière (*El médico a palos, La escuela de los maridos*) y una traducción del *Hamlet,* de Shakespeare. Publicó también poemas de corte neoclásico, una parodia satírica (*La derrota de los pedantes*) y un estudio sobre *Los orígenes del teatro español.*

MORATÍN (Nicolás FERNÁNDEZ DE), poeta español, n. en Madrid (1737-1780), padre del anterior, que compuso las célebres quintillas de la *Fiesta de toros en Madrid,* el poema épico *Las naves de Cortés destruidas* y cultivó también el teatro.

MORATORIO (Orosmán), poeta y autor dramático uruguayo (1852-1898).

MORAVA, n. de dos ríos de Europa central, uno en Moravia (Checoslovaquia), afl. izq. del Danubio; 319 km; el otro en Yugoslavia, afl. der. del Danubio.

MORAVIA, región de Checoslovaquia regada por el Morava; cap. *Brno* (Brünn). Agricultura.

MORAVIA (Alberto PINCHERLE, llamado **Alberto**), escritor italiano, n. en 1907, autor de novelas realistas y cínicas (*La romana, Los indiferentes, El conformista, Agustín,* etc.).

MORAVSKA OSTRAVA. V. OSTRAVA.

MORAYTA (Miguel), político y escritor español (1834-1917). Intervino en la revolución de 1868.

MORAZÁN, dep. de El Salvador oriental; cap. *San Francisco;* prod. cereales, caña de azúcar. (Hab. *morazanenses.*) — Pobl. de Guatemala (El Progreso).

MORAZÁN (Francisco), general y político hondureño, n. en Tegucigalpa (1792-1842), paladín del federalismo en Centroamérica. Fue jefe del Estado de Honduras de 1827 a 1828, y en 1829 invadió Guatemala, presidió la Federación Centroamericana de 1830 a 1840 y ejerció el Poder en El Salvador de 1839 a 1840. Su política liberal provocó el levantamiento de Carrera, que le derrotó. Llamado a Costa Rica por sus partidarios, fue jefe de dicho Estado en 1842, pero la política autoritaria que emprendió le hizo impopular. Murió fusilado en San José.

MORBIHAN, dep. de Francia, cap. *Vannes.*

MORCILLO (Diego), prelado y gobernante español (1642-1730), virrey del Perú de 1720 a 1724.

MOR DE FUENTES (José), escritor español (1762-1848), autor de unas memorias tituladas *Bosquejillo de mi vida* y de varias traducciones.

LUIS DE MORALES
VIRGEN CON EL NIÑO. Prado

Fot. doc. A. G. P., Viollet, Ruiz Vernacci

MORE. V. Moro (*Santo* Tomás).
MOREA, n. dado al Peloponeso después de la conquista latina (1205). [Hab. *moreotas.*]
MOREAS (Juan Papadiamantópulos, llamado **Juan**), poeta francés de origen griego (1856-1910), autor de *Estancias*, clásicas y sobrias.
MOREAU [*moró*] (Gustavo), pintor francés (1826-1898), creador fastuoso de una antigüedad simbólica.
MOREIRA PENA (Alfonso). V. Pena.
MOREL (Carlos), pintor argentino (1813-1894), autor de *La montonera.*
MOREL FATIO (Alfredo), hispanista francés (1850-1924), especializado en el estudio de la novela picaresca y del teatro clásico español.
MORELIA, c. de México, cap. del Estado de Michoacán; centro agrícola y comercial. (Hab. *morelianos.*) Catedral (s. xvi). Universidad. Arzobispado. Fue fundada en 1541 con el nombre de **Valladolid.**
MORELOS, Estado de México, al S. del de México; cap. *Cuernavaca;* prod. maíz, café, arroz; maderas preciosas; antimonio.
MORELOS Y PAVÓN (José María), sacerdote y patriota mexicano, n. en Valladolid (1765-1815), que se unió al movimiento emancipador de Hidalgo. Realizó varias campañas militares victoriosas y reunió en Chilpancingo el primer Congreso Nacional (1813). Posteriormente, Iturbide le derrotó en Valladolid y Puruarán. Hecho prisionero en Tesmalaca, fue condenado a muerte y fusilado.
MORELLA, c. de España (Castellón de la Plana). Castillo. Ganadería.
MORENA (Sierra), cadena montañosa de España que constituye el límite entre la meseta de la Mancha y el valle del Guadalquivir; 1 300 m de altura. Ant. llamada **Sierra Mariánica.**
MORENO (Francisco P.), naturalista y geógrafo argentino (1852-1919), perito en la cuestión de límites con Chile. Efectuó varias exploraciones en Patagonia y escribió un gran número de estudios históricos y geográficos. Fundador del Museo de La Plata.
MORENO (Gabriel René), historiador boliviano (1834-1909), autor de *Biblioteca boliviana, Biblioteca peruana,* etc.
MORENO (José María), político y jurisconsulto argentino (1825-1882).
MORENO (Mariano), político y jurisconsulto argentino, n. en Buenos Aires (1778-1811), uno de los próceres de la Revolución de Mayo. En 1809 escribió su famosa *Representación de los hacendados,* informe en favor de la libertad de comercio. Nombrado secretario de la Junta de 1810, tuvo que renunciar a su cargo ese mismo año. Poco después, cuando se dirigía a Inglaterra en misión diplomática, falleció durante el viaje. Director de la *Gaceta de Buenos Aires* e inspirador de la fundación de la Biblioteca Nacional.
MORENO (Mario), llamado **Cantinflas,** popular actor cómico mexicano, n. en 1911.
MORENO (Segundo Luis), compositor ecuatoriano, n. en 1882, autor de *Suite ecuatoriana.*
MORENO CARBONERO (José), pintor español (1860-1942), autor de cuadros de temas históricos e ilustrador del *Quijote.*
MORENO JIMENES (Domingo), poeta dominicano, n. en 1894, apóstol del movimiento "postumista".
MORENO TORROBA (Federico), compositor español, n. en 1891, autor de la zarzuela *Luisa Fernanda.*
MORENO VILLA (José), escritor, poeta y pintor español (1887-1955).
MORERI (Luis), erudito francés (1643-1680), autor de un *Gran Diccionario Histórico.*
MORET (Segismundo), jurisconsulto y político español (1838-1913), jefe del Partido Liberal. Concedió la autonomía a Cuba y Puerto Rico, lo que no evitó la guerra con los Estados Unidos.
MORETO Y CABAÑA (Agustín), dramaturgo español, n. en Madrid (1618-1669), maestro de la comedia psicológica y de caracteres, que cultivó con rara elegancia: *El desdén con el desdén, El lindo don Diego, El parecido en la Corte, No puede ser el guardar a una mujer, El valiente justiciero y ricohombre de Alcalá, Trampa adelante,* etc. Moreto mereció ser elogiado por Gracián, que veía en él *el Terencio español.*

MORFEO, dios griego del Sueño. (*Mitología.*)
MORGAGNI (Juan Bautista), médico y anatomista italiano (1682-1771).
MORGAN (Henry), filibustero inglés (¿1635?-1688), que saqueó la c. de Panamá (1671). Fue teniente gobernador de Jamaica.
MORGAN (Tomás Hunt), biólogo norteamericano (1866-1945), que investigó sobre los caracteres hereditarios. (Pr. Nóbel, 1933.)
Morgana, hada de las novelas de caballerías.
MORI (Camilo), pintor chileno, n. en 1896, de tendencia surrealista.
MORICZ (Segismundo), novelista y dramaturgo realista húngaro (1879-1942). Maestro del lenguaje, describe la vida de las clases humildes.
MORILLO (Pablo), general español, n. en Fuentesecas (Zamora) [1778-1837], que se distinguió en la guerra contra Napoleón y fue más tarde (1815) enviado a Nueva Granada para sofocar la rebelión de los patriotas americanos. Luchó valientemente, pero dejó una triste fama por la dureza con que se entregó a la represión. Derrotado en Boyacá, capituló ante Bolívar.
MORÍNIGO (Higinio), general y político paraguayo, n. en 1897, pres. de la Rep. en 1940, derrocado en 1948. Impulsó las obras públicas.
Moriscos (*Expulsión de los*). A pesar de los esfuerzos de Felipe II y de la Inquisición, los mudéjares de España seguían adictos a su antigua fe, y las conversiones, conseguidas sólo por interés o por temor, no fueron muchas ni sinceras. En vista de estas dificultades, Felipe III, aconsejado por el papa, Lerma y el arzobispo de Valencia, acabó por firmar en 1609 un decreto de expulsión contra todos los moriscos. Duró la expulsión hasta 1615, lo que fue causa de numerosas rebeliones y de perjuicios económicos. (V. Mudéjares.)
MORISOT [-*só*] (Berta), pintora impresionista francesa (1841-1895), cuñada de Manet.
Mormones, secta religiosa de los Estados Unidos, fundada en 1830 por José Smith. En 1847 se establecieron en las orillas del Lago Salado (Utah) y fundaron Salt Lake City.
MORNY (Carlos, *duque de*), político francés (1811-1865), hijo de la reina Hortensia y hermano uterino de Napoleón III.
MORO (Antonio), pintor holandés (¿1519?-1576), retratista que estuvo al servicio de Carlos I y Felipe II de España y de las cortes de Inglaterra y Portugal.
MORO o **MORE** (*Santo* Tomás), canciller de Inglaterra en tiempo de Enrique VIII (1478-1535), autor de *Utopía.* M. decapitado por no haber querido reconocer la autoridad espiritual del rey.
Moro Expósito (*El*), drama del duque de Rivas (1833), que refiere la leyenda del bastardo Mudarra y de los infantes de Lara.
MOROLEÓN, c. de México (Guanajuato).
MORÓN, térm. mun. de Cuba (Camagüey). Azúcar. — Pobl. de la Argentina, suburbio industrial de Buenos Aires. Aeropuerto.
MORÓN DE LA FRONTERA, c. de España (Sevilla). Base aérea. Centro agrícola y ganadero.
MORONA, río de América del Sur, que nace en el Ecuador (Oriente), penetra en el Perú (Loreto) y es afl. del Marañón. — Cantón del Ecuador (Morona-Santiago).
MORONA-SANTIAGO, prov. del Ecuador, en la selva oriental; cap. *Macas.* (Hab. *orientales.*)

MORELOS Y PAVÓN

M. MORENO

MORET

MORETO Y CABAÑA

MORILLO

A. MORO por RUBENS. Prado

Fot. doc. A. G. P., Anderson

MORSE

J. MOSQUERA

T. C. MOSQUERA

MOSCÚ
el río Moscova
y el Kremlin

MORONI (Juan Bautista), pintor italiano (¿1520?-1578), autor de retratos célebres (*El sastre*).

MOROS, n. dado por los cartagineses a los beréberes de África del Norte y que se extendió, en la Edad Media, a los conquistadores árabes del Magreb y de España. Aplícase la misma designación a las tribus de la orilla derecha del Senegal.

MOROSOLI (Juan José), novelista y poeta uruguayo (1899-1957), autor de la novela *Muchachos* y de *Balbuceos* (poesías).

MORRIS (William), pintor y escritor inglés (1834-1896), promotor de la renovación de las artes industriales y decorativas.

MORRO, cerro de la Argentina (San Luis); 1 727 m.

Morro (El), castillo en la entrada del puerto de La Habana.

MORRO (El), isla de Colombia, en el archip. de Tumaco. — Pico de la Rep. Dominicana, frente a la c. de Monte Cristi; 230 m.

MORRO CHICO, com. de Chile (Magallanes).

MORRO DE APA, pico de Venezuela, en la Cord. de la Costa (Miranda).

MORROPÓN, prov. del Perú (Piura); cap. *Chulucanas*.

MORROSQUILLO, golfo de Colombia (Bolívar y Córdoba), en el Atlántico.

MORRO VELHO, mina de oro del Brasil, en Nova Lima (Minas Gerais), una de las más profundas del mundo.

MORSE (Samuel), pintor y físico norteamericano (1791-1872), inventor del telégrafo eléctrico y del alfabeto de su nombre. (V. *Parte lengua.*)

MORTON (Jacobo DOUGLAS, *conde de*), regente de Escocia durante el reinado de María Estuardo (¿1525?-1581). M. decapitado.

MOSA, en fr. **Meuse,** río de Francia, Bélgica y Holanda, que pasa por Sedán, Namur, Lieja, Maestrich y Rotterdam. Des. en el mar del Norte; 950 km.

MOSA, dep. del E. de Francia; cap. *Bar-le-Duc.*

MOSADEGH (Mohamed HYDAYAT, llamado), político iraní (1881-1967). Primer ministro en 1950, se opuso a los británicos y nacionalizó el petróleo. Destituido en 1953.

Mosaico *(El)*, periódico literario publicado en Colombia en 1850 por José María Samper y su esposa, Soledad Acosta.

MOSCARDÓ (José), general español (1878-1956), heroico defensor del Alcázar de Toledo en 1936.

MOSCAS. V. MUISCAS.

MOSCICKI (Ignacio), físico y político polaco (1867-1946), pres. de la Rep. de 1926 a 1939.

MOSCO, poeta bucólico del s. II a. de J. C., autor de *Eros fugitivo.*

MOSCOVA, río de Rusia central; 508 km. En sus orillas, en 1812, victoria de los franceses sobre los rusos, llamada tb. de *Borodino.*

MOSCOVIA, n. ant. de la región de Moscú.

MOSCÚ, cap. de la Unión de Repúblicas Socialistas Soviéticas (U. R. S. S.), de la Rep. Soviética Federativa de Rusia y de la región de su n. a orillas del Moscova; 7 208 000 h. *(moscovitas).* Universidad, sede del metropolitano griego. En el centro se encuentra el Kremlin, antigua residencia de los zares, que forma un conjunto de edificios administrativos y de monumentos históricos. El resto de Moscú, en constante transformación, constituye un gran centro industrial y cultural, así como un importante puerto fluvial. Los franceses se apoderaron de la c. en 1812, pero los rusos la incendiaron y Napoleón tuvo que evacuarla. Los alemanes intentaron también apoderarse de ella en 1941. Moscú fue sede en 1943, 1944 y 1947 de históricas conferencias internacionales.

MOSELA, en fr. **Moselle,** río de Francia y Alemania, que pasa por Epinal, Toul, Metz y Tréveris, y des. en el Rin, en Coblenza; 550 km.

MOSELA, dep. del E. de Francia; cap. *Metz.*

MOSELEY (Henry Gwyn Jeffreys), físico inglés (1887-1915), cuyos estudios permitieron clasificar los átomos en forma definitiva.

MOSKOVA. V. MOSCOVA.

Mosquea *(La)*, poema tragicómico de José de Villaviciosa (1615).

MOSQUERA (Joaquín), político colombiano, n. en Popayán (1787-1882), pres. de la Rep. en 1830; hubo de abandonar el Poder ante una rebelión militar. Autor de unas *Memorias sobre la Revolución de Colombia.*

MOSQUERA (Manuel José de), ilustre arzobispo de Santa Fe de Bogotá (1800-1852).

MOSQUERA (Ruy García), navegante y explorador español (1501-1555), que participó en la expedición de Sebastián Caboto (1526).

MOSQUERA (Tomás Cipriano), general y político colombiano, n. en Popayán (1798-1878), pres. de la Rep. de 1845 a 1849, de 1861 a 1864 y de 1866 a 1867. Promotor de reformas en la administración y fomentador de obras públicas.

MOSQUERA DE FIGUEROA (Cristóbal), literato español (¿1547?-1610), autor de un *Comentario en breve compendio de disciplina militar* y de comentarios a la obra de Garcilaso.

MOSQUERA NARVÁEZ (Aurelio), político ecuatoriano (1884-1939), elegido pres. de la Rep. en 1938.

MOSQUITIA, región de Centroamérica, que comprende la costa atlántica de Nicaragua. Tb. llamada **Costa de los Mosquitos.**

MOSQUITO, punta de Panamá (San Blas), en el mar Caribe.

MOSQUITOS (COSTA DE LOS). V. MOSQUITIA.

MOSQUITOS, pueblo indígena de la costa oriental de Nicaragua.

MOST, c. de Checoslovaquia (Bohemia). Lignito; industrias químicas.

MOSTAGANEM, c. de Argelia, cap. del dep. del mismo n.; productos agrícolas (vinos).

MOSTAR, c. de Yugoslavia (Herzegovina); industrias alimenticias.

MOSTAZAL, com. de Chile (O'Higgins).

MÓSTOLES, pueblo situado a 20 km al SO. de Madrid, cuyo alcalde, Andrés Torrejón, se hizo célebre cuando la invasión napoleónica (1808), por el parte que envió al alcalde de Navalcarnero aconsejándole que acudiese en socorro de Madrid, e iniciando de esta suerte la guerra de la Independencia.

MOSUL, c. de Irak (Curdistán), a orillas del Tigris. Petróleo.

MOTA (Félix), poeta y patriota dominicano (1822-1861). Murió fusilado.

Mota *(Castillo de la).* V. MEDINA DEL CAMPO.

MOTA DEL MARQUÉS, c. de España (Valladolid).

MOTAGUA, río de Guatemala, que des. en el golfo de Honduras; 547 km.

MOTATÁN, pobl. de Venezuela (Trujillo).

MOTECZUMA o **MOTECUHZOMA.** V. MOCTEZUMA.

MOTHERWELL, c. de Escocia (Lanark). Metalurgia; contruc. mecánicas.

MOTILONES, serranía de Colombia (Magdalena y N. de Santander), en la Cord. Oriental. Un ramal, el de sierra de Perijá, se interna en Venezuela.

MOTILLA DEL PALANCAR, c. de España (Cuenca). Aceites; azafrán.

Motín de Aranjuez, sedición que tuvo lugar en esta ciudad (1808) contra el ministro Godoy, promovida por el príncipe de Asturias. Dicha rebelión obligó al rey Carlos IV a abdicar en su hijo Fernando.

Motín de Esquilache o *de las capas y los sombreros,* sublevación que estalló en Madrid en 1766 contra el italiano Esquilache, ministro de Carlos III, y cuyo motivo aparente fue la

Fot. Larousse, doc. A. G. P., X, Oficina de Turismo Soviético

protesta contra una Real Orden que prohibía el uso de sombreros redondos y capas largas. El motín, que duró seis días, se apaciguó con la destitución del ministro.

Motivos de Proteo *(Los)*, libro de ensayos del uruguayo José Enrique Rodó (1909).

MOTOLINÍA (Toribio de), franciscano e historiador español (¿1490?-1569), autor de *Historia de los indios de la Nueva España.*

MOTRICO, c. y puerto de España (Guipúzcoa).

MOTRIL, c. y puerto de España (Granada). Caña de azúcar; algodón.

MOULINS [*mulán*], c. de Francia, cap. del dep. del Allier. Maquinarias. Obispado.

MOULINS *(Maestro de)*, pintor francés de identidad desconocida (fin. del s. XV). Autor del tríptico de la catedral de Moulins. (V. lámina p. 384.)

MOUNTBATTEN, nombre inglés de la Casa alemana de Battenberg, adoptado en 1917. — Felipe MOUNTBATTEN, *duque de Edimburgo*, n. en 1921, príncipe consorte de Isabel II de Inglaterra. — Su tío Luis MOUNTBATTEN *(Lord)*, n. en 1900, último virrey de la India (1947) y desde 1956 almirante de la flota.

MONT VERNON, pobl. de los Estados Unidos (Virginia), donde murió Jorge Washington. Mausoleo.

MOXOS. V. MOJOS.

MOXOS, prov. de Bolivia (Beni); cap. *San Ignacio de Moxos.*

MOYA (Miguel), periodista español (1856-1920), autor de una serie de semblanzas en *Oradores políticos.*

MOYA (Pedro de), pintor español (1610-1666), imitador de la escuela flamenca.

MOYA DE CONTRERAS (Pedro), prelado español, m. en 1592. Arzobispo de México (1573), virrey interino de la Nueva España (1584-1585).

MOYA MURILLO (Rafael), político costarricense (1800-1864), jefe de Estado en 1844.

MOYANO (Carlos María), explorador, marino y escritor argentino (1854-1910), que descubrió los lagos San Martín y Buenos Aires.

MOYOBAMBA, c. del Perú, cap. de la prov. del mismo n. y del dep. de San Martín; centro comercial. (Hab. *moyobambinos.*)

MOYUTA, volcán de Guatemala (Jutiapa); 1 666 m

MOZAMBIQUE, prov. portuguesa de Ultramar, en la costa E. de África; 785 000 km²; 7 millones de h.; cap. *Lourenço Marques.* Riquezas minerales importantes.

MOZAMBIQUE (CANAL DE), brazo de mar del océano Índico, que separa en unos 1 500 km la costa SE. de África y la isla de Madagascar.

MOZÁRABES. V. *Parte lengua.*

MOZART (*Wolfgang* Amadeo), compositor austriaco, n. en Salzburgo (1756-1791), uno de los maestros del arte dramático: *El rapto del serrallo, Così fan tutte, La flauta encantada, Las bodas de Fígaro, Don Juan* y un famoso *Réquiem*, que fue su canto del cisne. Se le deben también admirables sinfonías, sonatas para piano, numerosas obras de música religiosa y de música de cámara. Forma, melodía y pureza de estilo le llevaron a alcanzar una de las cumbres del arte musical.

MUDÉJARES, n. dado a los musulmanes que vivían en España bajo la dominación de los príncipes cristianos, pero conservando sus leyes, su religión y sus costumbres. El mudejarismo empezó con la Reconquista y se desarrolló en el s. XI. A partir del s. XIII, aumentaron considerablemente los mudéjares libres y éstos conservaron sus aljamas o mezquitas, continuaron en el ejercicio de su religión y tuvieron libertad en los tratos comerciales. Alfonso X les garantizó la seguridad personal y los puso bajo su protección. Las muchas riquezas que acumularon dieron origen, en la legislación civil posterior al Rey Sabio, a severas prohibiciones en el orden social y económico. Pero de nuevo, en tiempos de Enrique IV, gozaron de considerables ventajas y llegaron a ser un importante elemento social. Los Reyes Católicos, que en un principio siguieron la tradicional tolerancia, no tardaron en mostrarse intransigentes después de la conquista de Granada. La pragmática de 1502 obligó a todos los mudéjares a que abjurasen de su religión o saliesen de España. Los que se convirtieron al cristianismo, sincera o hipócritamente, formaron parte del grupo morisco. En tiempos de Carlos I empeoró la situación de los mudéjares: en 1525, el rey publicó un edicto en el que les obligaba a convertirse so pena de esclavitud. Algunos huyeron a África y los demás fueron bautizados por la fuerza. A pesar de los esfuerzos de Felipe II (que tuvo que sofocar la rebelión de Fernando de Válor [Aben Humeya]) y de Felipe III, no se logró la total conversión de los mudéjares. Este monarca decidió la expulsión de los moriscos en 1609. Cerca de 50 000 salieron de España. (V. MORISCOS e ilustr. en la *Parte lengua.*)

MUERTO (MAR), ant. **Lago Asfaltites,** lago de Palestina, entre Israel y Jordania, al extremo S. de Siria; 85 km de longitud y 17 de anchura; 1 015 km². Sus aguas son muy saladas.

MÜHLBERG, c. de Alemania oriental, a orillas del Elba. Victoria de Carlos V contra los príncipes luteranos en 1547.

MUISCAS o **MOSCAS,** n. dado a los *chibchas* por los primeros cronistas.

MUISNE, río del Ecuador, que des. en el Pacífico. — Pobl. del Ecuador (Esmeraldas).

MUJERES (ISLA DE LAS), isla de México, en el mar Caribe, primera tierra descubierta en este país por los españoles (1517). Ruinas mayas.

MUJICA (Héctor), cuentista venezolano, n. en 1927.

MUJICA LÁINEZ (Manuel), novelista y periodista argentino, n. en 1910, autor de *Estampas de Buenos Aires, Los ídolos, La casa* y *Los viajeros.*

MUKDEN, hoy **Chenyang,** c. de China (Liaoning); centro industrial. Sepulcros de la dinastía manchú. Derrota de los rusos por los japoneses en 1905.

MULA, c. de España (Murcia).

MULADÍES. V. *Parte lengua.*

MULATAS (Las). V. SAN BLAS.

MULCHÉN, com. y dep. de Chile (Bío-Bío).

MULDE, río de Alemania oriental (Sajonia), afl. izq. del Elba; 124 km.

MULEGÉ, sierra y pobl. de México (Baja California).

MULHACÉN (PICO DE), pico de Sierra Nevada, en la prov. de Granada, punto culminante de España; 3 478 m.

MÜLHEIM AN DER RUHR, c. de Alemania, en la cuenca del Ruhr; metalurgia.

MULHOUSE, c. de Francia (Alto Rin).

MULMEIN, c. y puerto de Birmania, a orillas del Saluén.

MULTAN, c. del Paquistán (Pendjab); construcciones mecánicas; industria textil.

MULLER (Hermann Joseph), biólogo norteamericano (1890-1967), autor de estudios sobre genética. (Pr. Nóbel, 1946.)

MÜLLER (Pablo), químico suizo (1899-1965), inventor del D. D. T. (Pr. Nóbel, 1948.)

MULLER PUELLMA (Heriberto), cuentista chileno, n. en 1923, de gran poder evocativo.

MUMIO (Lucio), cónsul romano en 146 a. de J. C., que destruyó la Liga Aquea y conquistó Grecia.

MÜNCHEN GLADBACH. V. MÖNCHEN-GLADBACH.

MÜNCHHAUSEN (Carlos Jerónimo, *barón de*), militar alemán (1720-1797), famoso por las fanfarronadas que se le atribuyen.

MUNCHIQUE, cerro de Colombia (Cauca), en la Cord. Occidental; 3 012 m.

MUNDA, c. de la Bética (España), donde César derrotó a los hijos de Pompeyo (45 a. de J. C.). Se cree que es la actual Ronda.

Mundo es ancho y ajeno *(El)*, novela indianista del peruano Ciro Alegría (1941). En ella describe, con gran vigor, la vida de una aldea india *(Rumi)*, las costumbres del pueblo humilde que la habita y su lucha desesperada contra un terrateniente codicioso.

Mundovisión, nombre dado al sistema de televisión que permite el intercambio de programas entre los continentes. Iniciado entre los Estados Unidos y Europa (1962), a través del satélite artificial *Telstar.*

MUNGUÍA, c. de España (Vizcaya).

MUJICA LÁINEZ

MOZART
a los 12 años
por HELBLING

Fot. Freund, Hanfstaengl

MUNICH

MUÑOZ MARÍN

MURAT

LA GRAN MURALLA

MUNGUÍA (Clemente Jesús), prelado y escritor mexicano (1810-1868), arzobispo de Michoacán, partidario del archiduque Maximiliano.
MUNI (Río). V. GUINEA CONTINENTAL.
MUNIA (PICO DE), pico de la frontera hispanofrancesa (Altos Pirineos); 3 150 m.
MUNICH, en alem. **München,** c. de Alemania meridional, cap. de Baviera, a orillas del Iser, afl. del Danubio. Arzobispado, Universidad, Biblioteca, rica pinacoteca. Cerveza; imprentas; construcciones mecánicas; industrias químicas. — Conferencia en 1938 entre los jefes de los gobiernos alemán, italiano, británico y francés, que permitió el desmembramiento de Checoslovaquia, sin otro resultado que retrasar un año la Segunda Guerra mundial.
MUNK (Kaj), pastor religioso y escritor danés (1898-1944), autor de obras dramáticas de carácter histórico o religioso.
MUNKACSY (Miguel), pintor húngaro (1844-1900), autor de cuadros históricos y religiosos.
MUNSTER, prov. de Irlanda; cap. *Cork.*
MÜNSTER, c. de Alemania (Renania-Westfalia). Obispado. Universidad. Imprentas; cueros; maquinaria agrícola. — En Münster y Osnabrück se firmaron en 1648 los preliminares del *Tratado de Westfalia.* (V. WESTFALIA.)
MUNTANER (Ramón), historiador catalán (1265-1336), cuya *Crónica* sobre la expedición de catalanes y aragoneses a Oriente fue tres siglos después la mejor fuente de la historia de Francisco de Moncada.
MUNTENIA. V. VALAQUIA.
MUNTHE (Axel), médico y escritor sueco (1857-1949), autor de *La historia de San Michele.*
MUNZER o **MUNTZER** (Tomás), reformador alemán (¿1489?-1525), fundador de la secta de los anabaptistas. Apresado por los príncipes, fue decapitado.
MUÑECAS, prov. de Bolivia (La Paz); cap. *Chuma.*
MUÑOZ (Fernando), duque de Riánsares (¿1808?-1873), guardia de Corps español que, a pesar de su origen, casó en secreto con la reina María Cristina, viuda de Fernando VII.
MUÑOZ (Gil), canónigo barcelonés, nombrado antipapa en 1424 con el nombre de Clemente VIII. Al renunciar a la tiara en el Concilio celebrado en Tortosa (1420) dio fin al cisma.
MUÑOZ (Rafael F.), escritor mexicano, n. en 1899, autor de las novelas *Se llevaron el cañón para Bachimba* y *Vámonos con Pancho Villa.*
MUÑOZ (Sebastián), pintor español (1654-1690), autor de un notable *Martirio de San Sebastián* y de frescos.
MUÑOZ (Trinidad), militar nicaragüense, m. en 1855, que se sublevó contra Pineda (1851) y ejerció por poco tiempo la jefatura del Estado.
MUÑOZ CABRERA (Ramón), escritor y político boliviano (1819-1869), fundador del diario *La Paz.*
MUÑOZ DEGRAIN (Antonio), pintor español (1841-1924), autor de cuadros de temas históricos y paisajes.
MUÑOZ DELMONTE (Francisco), jurista, político y poeta dominicano (1800-1868).
MUÑOZ GAMERO (Benjamín), marino y explorador chileno (1820-1851).
MUÑOZ MANZANO (Cipriano). V. VIÑAZA.
MUÑOZ MARÍN (Luis), político puertorriqueño, n. en San Juan en 1898, gobernador de la isla en 1948, reelegido en 1952, 1956 y 1960. Autor de *Puerto Rico, la colonia americana,* etc.
MUÑOZ RIVERA (Luis), poeta puertorriqueño (1859-1916), autor de *Tropicales.*
MUÑOZ SECA (Pedro), autor cómico español, n. en Puerto de Santa María (1881-1936), creador del género teatral llamado *astracanada.* Dio a la escena más de un centenar de obras: *La venganza de Don Mendo, Los extremeños se tocan, El verdugo de Sevilla, Anacleto se divorcia,* etc.
MUÑOZ Y PABÓN (Juan Francisco), novelista y presbítero español (1866-1920).
MUR, río de Europa central (Austria y Yugoslavia); 445 km.
Muralla *(La gran),* muralla de 3 000 km entre China y Mongolia, edificada para detener las invasiones mongólicas.
Muralla de Adriano, obra de fortificación edificada en Bretaña (Inglaterra) por las legiones del emperador Adriano contra los caledonios.
MURAT [*-rá*] (Joaquín), mariscal de Francia, cuñado de Napoleón I y esposo de Carolina Bonaparte (1767-1815). Rey de Nápoles de 1808 a 1815. Obligado a abandonar el trono, intentó recuperarlo, pero, sorprendido en Pizzo, fue condenado a muerte y fusilado.
MURATORI (Ludovico Antonio), arqueólogo e historiador italiano (1672-1750). Su tratado *De la perfecta poesía italiana* (1706), sirvió de modelo a Luzán para escribir su *Poética* (1737).
MURAZO, pico de la Rep. Dominicana, entre las prov. de Puerto Plata y Santiago, en la Cord. Septentrional; 1 025 m.
MURCIA, c. de España, cap. de la prov. del mismo n., a orillas del Segura, en medio de fértil huerta. Bella catedral. Universidad. Obispado. Museo de Salzillo. Comercio activo; industr. alimenticia y textil (seda y algodón); frutas.
MURENA, cónsul romano en 63 a. de J. C. Acusado de soborno fue defendido por Cicerón.
MURENA (H. A.), escritor argentino, n. en 1924, autor de poesías, ensayos, novelas (*Historia de un día*) y cuentos (*El centro del infierno*).
MURES. V. MAROS.
MURET, c. de Francia (Alto Garona). En 1213, victoria de Simón de Monfort contra el conde de Toulouse y Pedro II de Aragón.
MURGER (Enrique), escritor francés (1822-1861), autor de las *Escenas de la vida bohemia.*

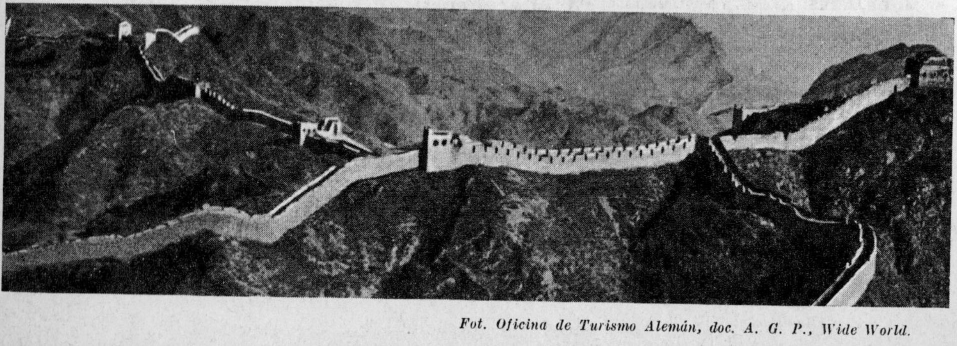

Fot. Oficina de Turismo Alemán, doc. A. G. P., Wide World.

MURILLO, prov. de Bolivia (La Paz); cap. *Palca.*
MURILLO (Bartolomé Esteban), pintor español, n. en Sevilla (1617-1682), autor de innumerables cuadros religiosos, impregnados de sincero misticismo *(La Inmaculada Concepción)* y escenas populares de gran realismo *(Muchachos comiendo melón y uvas)* que lo sitúan entre los mejores dibujantes y coloristas y como maestro de la composición.
MURILLO (Gerardo), escritor y pintor mexicano (1875-1964), creador de una nueva técnica pictórica. Conocido por el nombre de **Doctor Atl.**
MURILLO (Pedro Domingo), patriota boliviano, jefe de la revolución de 1809. Fue ejecutado.
MURILLO TORO (Manuel), periodista y político colombiano (1816-1880), pres. de la Rep. de 1864 a 1866 y de 1872 a 1874.
MURINDÓ, mun. de Colombia (Antioquia).
MURMANSK, c. y puerto de la U. R. S. S. (Rusia), a orillas del océano Glacial Ártico. Construcciones navales.
Muro de las lamentaciones, muro que rodea el antiguo templo de Salomón en Jerusalén. Los judíos acuden a él todos los viernes para lamentarse de la ruina de la ciudad y clamar por la venida del Mesías.
MUROS, c. y puerto de España (Coruña).
MURPHY (William Parry), médico norteamericano, n. en 1892, que descubrió el tratamiento de la anemia perniciosa. (Pr. Nóbel, 1934.)
MURRAY, río de Australia, en los Est. de Victoria y de Australia Meridional; 2 574 km.
MURRAY (Jacobo ESTUARDO, *conde de*), príncipe escocés (1531-1570), hermano de María Estuardo, regente de Escocia en 1567. Fue asesinado por Jacobo Hamilton.
MURRUCUCÚ, cerro de Colombia (Córdoba), en la Cord. Occidental; 1 270 m.
MURURATA, pico de Bolivia (La Paz), en la Cordillera Real; 6 180 m.
MURVIEDRO. V. SAGUNTO.
MURZUK, c. de Libia, en el Sáhara; ant. cap. del Fezzán. Oasis fértiles.
MUSAS. V. *Parte lengua.*
MUSEL (EL), puerto español en el Cantábrico, a 6 km de Gijón.
MUSSCHENBROEK (Pedro Van). V. VAN MUSSCHENBROEK.
MUSSET [*-sé*] (Alfred **de**), escritor francés, n. en París (1810-1857), uno de los principales representantes del Romanticismo en su país. Autor de poemas líricos voluptuosos y sombríos *(Las noches)*, obras dramáticas *(Lorenzaccio, Fantasio, Con el amor no se juega, Los caprichos de Mariana, El candelero, Un capricho)*, relatos en verso *(Cuentos de España y de Italia)* y en prosa, y de la novela autobiográfica *Confesión de un hijo del siglo.*
MUSSOLINI (Benito), estadista italiano, n. en Predappio (Romaña) [1883-1945]. Primero socialista, fue el fundador y jefe *(Duce)* del Partido Fascista en 1919. En 1922, tras la *marcha hacia Roma,* tomó el Poder, se alió posteriormente con Alemania y entró en la Segunda Guerra mundial al lado del III Reich (1940). Derribado en julio de 1943, fue ejecutado en Dongo (lago de Como) el 28 de abril de 1945.

MUSSORGSKY

MUTIS

MUTSUHITO

MUSSORGSKI (Modesto), compositor ruso, n. en Karevo (1839-1881), autor de las óperas *Boris Godunov* y *Kovanchina,* de melodías de gran realismo, del poema sinfónico *Una noche en el Monte Pelado,* y de obras para piano *(Cuadros de una exposición)*. Su música es vigorosa y original.
MUSTAFÁ, n. de cuatro sultanes turcos que reinaron de 1617 a 1618 y de 1622 a 1623, de 1695 a 1703, de 1757 a 1774 y de 1807 a 1808.
MUSTAFÁ KEMAL. V. KEMAL BAJÁ.
MUSTERS, lago de la Argentina, al pie de la sierra de San Bernardo; 400 m de profundidad.
MUTIS (José Celestino), astrónomo y botánico español, n. en Cádiz (1732-1808), que residió largo tiempo en Colombia y estudió su flora. Son interesantes sus trabajos sobre la quina.
MUTSUHITO, emperador del Japón (1852-1912). Durante su reinado, que señala la incorporación del Japón a la civilización occidental, tuvieron lugar las guerras chino-japonesa y ruso-japonesa.
MUTTRA. V. MATHURA.
MUZA, caudillo musulmán (640-718), que dirigió, junto con su lugarteniente Tarik, la invasión de España por los árabes (711).
MUZO, mun. de Colombia (Boyacá); esmeraldas.
MÚZQUIZ (Melchor), militar y político mexicano (1790-1844). Luchó en la guerra de Independencia y fue pres. interino de la Rep. en 1832.
MWERU. V. MOERO.
MYSORE, Estado del S. de la India; cap. *Bangalore;* c. pr. *Mysore* o *Maisur.* Industrias textil y química.
MYTHO, c. del Viet Nam del Sur (Cochinchina), en el brazo norte del delta del río Mekong.

MUSSET

MUSSOLINI

MURILLO. EL NACIMIENTO DE LA VIRGEN. Louvre

Fot. X, Larousse, Freuler, Jacotin, Luce Giraudon

NUEVA YORK: parte sur de la isla de Manhattan

NABATEOS, pueblo nómada de la Arabia Pétrea que, según se cree, descendía de Nabayot.
NABAYOT, primogénito de Ismael.
NABIS, tirano de Esparta de 207 a 192 a. de J. C., célebre por sus crueldades. M. asesinado.
NABONASAR, rey de Babilonia de 747 a 735 a. de J. C. Dependía del soberano de Asiria.
NABOPOLASAR, fundador del segundo Imperio Babilónico. Tomó el título de rey a la muerte de Asurbanipal en 626. M. en 605 a. de J. C.
NABOT, judío que fue lapidado por orden del rey de Israel Acab, a quien se había negado a vender la viña heredada de sus padres.
NABUA, c. de Filipinas en la isla de Luzón (Camarines Sur).
NABUCO DE ARAUJO (Joaquín Aurelio), escritor y diplomático brasileño (1849-1910), paladín de la abolición de la esclavitud. Autor de *Un estadista do Imperio, Mi formación,* etc.
NABUCODONOSOR I o **NABUCODOROSOR,** uno de los primeros reyes de Babilonia (s. XII a. de J. C.). — NABUCODONOSOR II *el Grande,* rey de Babilonia de 605 a 562 a. de J. C., hijo de Nabopolasar II. Guerreó contra Egipto, destruyó el reino de Judá y su capital Jerusalén en 587, y conquistó territorios en Arabia. Peleó, aliado con los medos, contra Lidia. Los principales restos encontrados en Babilonia pertenecen a su época.
NACAJUCA, c. de México (Tabasco).
NACAOME, c. del S. de Honduras, cap. del dep. de Valle, a orillas del *río Nacaome.* (Hab. *nacaomenses.*)
NACIANZO, ant. c. de Capadocia (Asia Menor); patria de San Gregorio Nacianceno.
NACIMIENTO, com. y dep. de Chile (Bío-Bío).
Nación (*La*), gran diario argentino, fundado en Buenos Aires por Bartolomé Mitre (1869).
Nacional del Sud (*Universidad*), univ. de la Argentina, con residencia en Bahía Blanca.
Naciones Unidas (*Organización de las*). Véase O. N. U.
NÁCORI, río de México (Sonora), afl. del Yaqui.
NACOZARI, n. dado a un sector de la Sierra Madre Occidental de México (Sonora).
Nacha Regules, novela del argentino Manuel Gálvez en la que describe los bajos fondos de Buenos Aires (1918).
NACHTIGAL (Gustavo), explorador alemán (1834-1885), que reconoció los alrededores del lago Chad y otras regiones africanas.
NADAL (Eugenio), escritor español (1916-1944), en cuyo recuerdo se ha instituido, en Barcelona, el *Premio Nadal* de novela.
NADIR SHA, rey de Persia (1688-1747), conquistador de Asia Central y parte de la India.
NADOR, c. y prov. del N. de Marruecos, llamada **Villa Nador** durante el protectorado español.
NAGA, c. de Filipinas, llamada por los españoles **Nueva Cáceres,** en el SE. de la isla de Luzón; cap. de la prov. de Camarines Sur. Obispado.
NAGALAND, Estado de la India al NE., limítrofe con Birmania. Cap. *Kohima.*
NAGASAKI, c. y puerto del Japón (Kiusiu). Astilleros; siderurgia; textiles. El 9 de agosto de 1945, los norteamericanos lanzaron sobre la c. la segunda bomba atómica, que causó 40 000 muertos.
NAGOYA, c. y puerto del Japón (Hondo). Obispado. Universidad.
NAGPUR, c. de la India (Maharashtra); metalurgia; cotonadas. Arzobispado. Universidad.
NAGUIB o **NEGUIB** (Mohamed), militar y político egipcio, n. en 1901, que derribó al rey Faruk (1952), instauró la Rep. (1953) y fue depuesto por Nasser (1954).
NAGYKANIZSA, c. de Hungría, al SO. del lago Balatón. Centro comercial e industrial.
NAHA, cap. de Riukiu (Okinawa).
NAHUAS, indios de México y Centroamérica, oriundos del N. Sus representantes más característicos son los *aztecas.*
NAHUELBUTA, cord. de Chile (de Arauco y Malleco), entre los ríos Bío-Bío e Imperial.
NAHUEL-HUAPI o **HUAPÍ,** lago de la Argentina, en el límite de Neuquen y Río Negro; 715 km². Tiene varias islas, entre ellas las de *Tigre* y *Victoria.* Famoso centro turístico.
NAIGUATÁ, pico de Venezuela (Distrito Federal), en la Cord. Caribe; 2 765 m.
NAIRN, c. del NE. de Escocia, cap. de condado.
NAIROBI, cap. de Kenia; 314 800 h.
NÁJERA, c. de España (Logroño). Abadía cluniacense. Victoria de Pedro el Cruel contra Enrique de Trastamara (1367).

NAKHICHEVAN o **NAJICHEVAN,** rep. autónoma de la U. R. S. S., dependiente de Azerbaidján.
NALÉ ROXLO (Conrado), poeta y comediógrafo argentino, n. en Buenos Aires en 1898, autor de *El grillo, Claro desvelo, De otro cielo* (poesías) y *La cola de la sirena, Una viuda difícil* y *El pacto de Cristina* (teatro).
NALGA DE MACO, cima de la Rep. Dominicana (San Rafael); 1 923 m.
NALÓN, río de España (Oviedo), que des. en el mar Cantábrico; 140 km.
NAMANGAN, c. de la U. R. S. S. (Tadjikistán); textiles (seda y algodón).
NAMANGOZA o **PAUTE,** río del Ecuador, que nace en la prov. de Azuay, se une con el Upano y, después de su confluencia con el Zamora, toma el n. de **Santiago.**
NAM DINH, c. de Viet Nam del Norte (Tonkín), a orillas del río Rojo. Textiles.
NAMIBIA. V. ÁFRICA DEL SUDOESTE.
NAMORA (Fernando), novelista portugués, n. en 1919, autor de *Alta mar, El otro* y *El trigo y la cizaña.*
NAMUR, en flam. **Namen,** c. de Bélgica, cap. de la prov. de su nombre. Industrias textil y química. Obispado.
NANA SAHIB, príncipe indio (1825-1862), jefe de la insurrección de los cipayos de 1857.
NANCAGUA, com. de Chile (Colchagua).
NANCY, c. de Francia, cap. del dep. de Meurthe y Mosela. Universidad. Obispado. Centro administrativo, comercial e industrial.
NANCHANG, c. de China, cap. de Kiangsi; centro intelectual.
NANDAIME, c. de Nicaragua, entre el lago de Nicaragua y la costa del Pacífico (Granada).
NANDINO (Elías), poeta mexicano, n. en 1903, autor de *Sonetos.*
NANGA PARBAT, cumbre del Himalaya occidental en Cachemira; 8 120 m.
NANKIN, NANKING o **NANQUÍN,** c. de China Central, cap. del Kiangsú. Puerto a orillas del Yang tse Kiang. Industr. textiles y químicas. Universidad.
NANNING, c. de China, cap. de la prov. de Kuangsi, a orillas del Sikiang.
NANSEN (Fridtjof), explorador y naturalista noruego (1861-1930), que atravesó Groenlandia (1888) y reconoció el Ártico a bordo del barco *Fram* e intentó alcanzar el Polo en trineo (1893-1896). Pr. Nóbel de la Paz (1922) por su labor en favor de los refugiados políticos.
NANTERRE, c. de Francia, cap. del dep. de Hauts-de-Seine, al O. de París. Facultad de Letras. Obispado.
NANTES [*nant*], c. de Francia, cap. del dep. del Loira Atlántico; astilleros; industria y comercio activos. Universidad; obispado.
Nantes (*Edicto de*), edicto promulgado por Enrique IV en 1598 en favor de los protestantes.
NAO (CABO DE LA), cabo del Mediterráneo en la costa de la provincia de Alicante (España).

el lago NAHUEL-HUAPI
Argentina

Fot. Valotaire, Larousse, Huet, Bullot, Braun

NAOLINCO, río de México (Veracruz), que, al unirse al Sedeño, forma el río Actopan.
NAPIER (Juan). V. NEPER.
NAPLUSA, c. de Jordania, al N. de Jerusalén. Mezquita en la ant. basílica de Justiniano.
NAPO, río de América del Sur, afl. del Amazonas, que riega el Ecuador y el Perú. Su verdadero origen es el *Jatun-yacu,* río que recoge las aguas del Villavicioso, el Chalupas y el Antisana; toma el n. de Napo a partir de la confluencia con el Anzu; 1 020 km. — Prov. del Ecuador (creada en 1959); cap. *Tena.* (Hab. *orientales.*) Vicariato apostólico.
NAPOLEÓN I (BONAPARTE), emperador de los franceses, n. en Ajaccio (Córcega) [1769-1821], segundo hijo del abogado Carlos Bonaparte y de Leticia Ramolino. Estudió en la escuela militar de Brienne (Aube), y se distinguió en el sitio de Tolón en 1793. La campaña de Italia (1796-1797), durante la cual se señaló con las victorias de Lodi, Castiglione, Arcole, Rívoli, etc., le dieron gran prestigio. El éxito conseguido en su campaña de Egipto (1798-1799), así como los reveses sufridos por el Directorio en Francia, al principio de la campaña de 1799, le permitieron dar el golpe de Estado del 18 de Brumario (9 de noviembre de 1799). Primer cónsul y luego cónsul vitalicio (1802), llevó a cabo ur notable obra legislativa y de gobierno (Códig. civil, Banco de Francia, Universidad, Legión de Honor); gracias al Concordato con Pío VII ligó la Iglesia al Estado. Por último, el 18 de mayo de 1804, el Senado le confirió la dignidad imperial con el nombre de *Napoleón I.* Dueño del Poder por sus victorias militares, tenía que mantenerse en él por medio de otros triunfos. Empezó entonces una larga guerra contra Europa, encabezada por Inglaterra, serie de campañas señaladas por los triunfos napoleónicos de Austerlitz, Jena, Eylau, Friedland, Wagram... Pero la "aventura" de España (1808) y la campaña de Rusia (1812) hicieron palidecer su estrella, al tiempo que acabaron por arruinar a Francia. Derrotado en Leipzig (1813), los Aliados invadieron el territorio francés y entraron en París (1814). Napoleón abdicó en Fontainebleau y se retiró a la isla de Elba (1814). Poco después (1815), desembarcó en Francia y volvió a París (*Cien días*). Pero la coalición europea, vencedora en Waterloo, invadió de nuevo el país, y el emperador fue desterrado a la isla de Santa Elena, donde murió en 1821 después de doloroso cautiverio. Pocos hombres han ejercido sobre su época una influencia tan grande y duradera.
NAPOLEÓN II (Francisco Carlos José BONAPARTE), hijo de Napoleón I y de María Luisa de Austria (1811-1832). Proclamado rey de Roma a su nacimiento y reconocido como emperador por las Cámaras al abdicar por segunda vez su padre (1815), no llegó a gobernar y pasó toda su vida en Viena con el nombre de **duque de Reichstadt.**
NAPOLEÓN III (Carlos Luis Napoleón BONAPARTE), hijo de Luis Bonaparte, rey de Holanda, y de Hortensia de Beauharnais, n. en París (1808-1873). Después de haber sido nombrado presidente de la República (1848), disolvió la Asamblea y organizó en 1851 un plebiscito que le concedió la presidencia por diez años. Al año siguiente, el Senado restableció el Imperio y un segundo plebiscito ratificó esta decisión. En política exterior, quiso ejercer la hegemonía en Europa, llevó a cabo la campaña de Crimea (1854-1856), se apoderó de Cochinchina (1859-1862), ayudó a la liberación de Italia (1859), intervino torpe y lamentablemente en México (1862) y declaró imprudentemente la guerra a Prusia, para capitular en Sedán (1870). La Asamblea le destituyó, y, después de haber estado cautivo algún tiempo en Alemania, se retiró a Chislehurst (Inglaterra), donde murió. Había casado en 1853 con la española Eugenia de Montijo, de la que tuvo un hijo, NAPOLEÓN Eugenio Luis Juan José (1856-1879), muerto en África austral.
NÁPOLES (*Reino de*), ant. división de Italia, que comprendía la parte sur de Italia y Sicilia, llamado tb. *reino de las Dos Sicilias* (V. SICILIA).
NÁPOLES, c. de Italia (Campania), cap. del ant. reino de Nápoles, a orillas del *golfo de Nápoles,* formado por el mar Tirreno y no lejos del

NALÉ ROXLO

NANSEN

NAPOLEÓN I
en 1810
por DAVID

NAPOLEÓN III
por FLANDRIN
museo de Versalles

NÁPOLES
al fondo: el Vesubio
a la izquierda:
el puerto
de comercio;
en primer plano:
la estación marítima

vasija NASCA

GUILLERMO I DE NASSAU

NARIÑO

R. M. DE NARVÁEZ

Vesubio. (Hab. *napolitanos.*) Arzobispado; bibliotecas, museos y colecciones artísticas de gran valor; hermosas iglesias, palacios, etc. Puerto de comercio y pasajeros; astilleros; refinerías de petróleo; industrias químicas y alimenticias.

NAPO-PASTAZA, ant. prov. del Ecuador, dividida en dos en 1959: *Napo* y *Pastaza.*

NARA, c. del Japón (Hondo).

NARANJAL, río del Ecuador, que des. en el golfo de Guayaquil. — Pobl. del Ecuador (Guayas). — Pobl. de México (Veracruz).

NARANJITO, pobl. de Honduras (Santa Bárbara).

NARANJO, ant. centro de civilización maya en El Petén, al E. de Tikal.

NARANJO, pobl. de Costa Rica (Alajuela).

NARANJOS, punta de Panamá (Veraguas).

NARBONA, c. de Francia (Aude); mercado vinícola. Catedral de San Justo (s. XIII).

NARBONENSE, n. dado por los romanos a una parte de la Galia Meridional que conquistaron hacia 125 a. de J. C.; cap. *Narbona.*

NARCISO, hijo del río Cefiso y de la ninfa Liríope. Se enamoró de su propia imagen mirándose en las aguas de una fuente, en el fondo de la cual se precipitó. Fue convertido en la flor que lleva su nombre.

NARCISO (*San*), obispo de Jerusalén (106-212). Fiesta el 29 de octubre.

NARCISO (*San*), obispo y mártir español, m. en 307. Patrón de Gerona. Fiesta el 18 de marzo.

NAREW, río de Polonia afl. der. del Bug; 480 km. Batalla germano-rusa en 1915.

NARICUAL, pobl. de Venezuela (Anzoátegui).

NARIÑO, dep. del SO. de Colombia; cap. *Pasto;* abundante prod. agrícola; yac. de oro. (Hab. *nariñenses.*)

NARIÑO (Antonio), escritor y político colombiano, n. en Santa Fe (1765-1823), precursor de la independencia de su país. Después de traducir la *Declaración de los Derechos del Hombre,* hecho que le valió la prisión, entabló negociaciones en Francia e Inglaterra para apoyar su causa. Regresó a Colombia en 1797 y, proclamada la independencia en Cartagena, se puso al frente de los centralistas. Pres. de Cundinamarca en 1811, derrotó a los federales y a las tropas realistas. Bolívar le nombró vicepresidente interino de Colombia en 1822.

NARSÉS, general de Justiniano, exarca de Italia (¿478?-568).

NARVA, c. y puerto de la U. R. S. S. (Estonia). Carlos XII de Suecia derrotó en esta plaza al ejército ruso en 1700 y Pedro el Grande se apoderó de ella en 1704.

NARVÁEZ (Juan Salvador), general colombiano (1790-1827), que se distinguió en las campañas de la Independencia.

NARVÁEZ (Pánfilo de), militar español, n. en Valladolid (¿1470?-1528), que participó en la conquista de Cuba de 1511 a 1514. Enviado por Velázquez a México para someter a Cortés, fue derrotado por éste en Cempoala (1520). Exploró la Florida y el Misisipí (1528) y pereció en un naufragio.

NARVÁEZ (Ramón María de), duque de Valencia, general y político español, n. en Loja (Granada) [1800-1868], que se distinguió sucesivamente contra los franceses en 1823 y contra los carlistas en 1838. Rival de Espartero, lo derribó, pero su política reaccionaria como presidente del Consejo hizo perder la Corona a Isabel II (1868).

NARVIK, c. y puerto de Noruega, en un fiordo frente a las islas Lofoten; exportación de mineral de hierro. Combates entre Aliados y alemanes en 1940.

NASARRE (Blas Antonio), erudito español (1689-1751), que emitió las más extravagantes opiniones sobre Cervantes y *El Quijote.*

NASCA, c. del Perú, cap. de la prov. del mismo n. (Ica); centro cultural preincaico (cerámicas policromas).

NASH (Tomás), dramaturgo inglés (¿1567-1601?), libelista satírico, autor de novelas (*El pobre viajero*) y de comedias (*La isla de los perros*).

NASHVILLE [*nachvil*], c. de los Estados Unidos, cap. del Estado de Tennessee. Industrias metalúrgicas, textiles, alimenticias. Derrota de los confederados en 1864. Obispado.

NASSAU, cap. de las islas Bahamas; 13 000 h. Obispado católico. Centro turístico.

NASSAU (*Ducado de*), ant. ducado de Alemania, constituido en 1816, anexado a Prusia en 1866. Desde 1947 forma parte de las prov. de Hesse y de Renania-Palatinado.

NASSAU (Guillermo I de), **el Taciturno,** príncipe de Orange (1533-1584). Intentó liberar Holanda del yugo de España y murió asesinado. Fundador de la rama **Orange-Nassau.** — MAURICIO, hijo del anterior (V. MAURICIO DE NASSAU). — FEDERICO ENRIQUE, su hermano, estatúder de Holanda (1584-1647), luchó contra los españoles durante la guerra de Treinta Años. — GUILLERMO II, príncipe de Orange, hijo y sucesor del anterior (1626-1650), hizo reconocer la independencia de las Provincias Unidas en el Tratado de Westfalia. — GUILLERMO III. V. GUILLERMO III, rey de Inglaterra.

NASSER (Gamal Abdel), coronel egipcio (1918-1970), alma de la revolución de 1952. A la caída de Naguib, en 1954, asumió todos los poderes y decretó la nacionalización del canal de Suez (1956). Fue pres. de la República Árabe Unida desde 1958 hasta su muerte.

NATÁ, pobl. de Panamá (Coclé); centro agrícola.

NATAGAIMA, c. de Colombia (Tolima).

NATAL, c. de Brasil, cap. del Estado de Rio Grande do Norte; puerto activo; industr. alimenticias y textiles. Arzobispado.

NATAL, provincia de la República Sudafricana en la costa SE. de Africa; cap. *Pietermaritzburgo;* c. pr. *Durban.* Caña de azúcar, té, algodón, ganadería; hulla, estaño.

NATALES, com. de Chile (Magallanes); frigoríficos.

NATALICIO TALAVERA, pobl. del Paraguay (Guairá); industr. vinícola.

NATÁN, profeta hebreo de tiempos de David, a quien reprobó su adulterio con Betsabé.

NATCHEZ, c. de los Estados Unidos (Misisipí). — Tribu india del Misisipí.

Natchez (*Los*), poema en prosa de Chateaubriand (1826).

National Gallery (*"Galería Nacional"*), museo nacional de pintura en Londres.

NATIVIDAD, isla de México (Baja California).

N. A. T. O. V. PACTO DEL ATLÁNTICO.

NATORP (Pablo), filósofo neokantiano alemán (1854-1924), autor de *Idealismo social.*

Fot. E. N. Y. T., Giraudon, Van Agtmaal, doc. A. G. P.

NATSUME (Soseki), escritor japonés (1867-1916), autor de poemas y novelas.
NATTIER [-*tié*] (Juan Marcos), pintor retratista francés (1685-1766).
Naturaleza de las cosas (*De la*) [*"De natura rerum"*], poema filosófico de Lucrecio, exposición y explicación del sistema de Epicuro.
NAUCAMPATÉPETL. V. COFRE DE PEROTE.
NAUHEIM o **BAD NAUHEIM,** c. de Alemania (Hesse). Estación termal.
NAUMBURGO, c. de Alemania oriental, a orillas del Saale; viñedos; industrias textiles y mecánicas. Catedral del s. XIII.
NAUPACTO, ant. c. y puerto de Lócrida, a la entrada del istmo de Corinto; hoy **Lepanto.**
NAUPLIA, c. del Peloponeso (Argólida).
NAURU, atolón de Polinesia, al S. de las Marshall. Estado independiente desde 1968; 4 900 h.
NAUSICAA, hija de Alcinoo, rey de los feacios, que acogió a Ulises después de su naufragio.
NAUTA, c. del Perú, cap. de la prov. de Loreto, en el dep. de este n. Puerto en el Marañón.
NAUTLA, río de México (Veracruz), que des. en el golfo de México; 112 km. Llamado tb. **San Rafael.** — Pobl. de México (Veracruz).
NAVA DEL REY, c. de España (Valladolid).
NAVAGERO (Andrés), humanista y diplomático italiano (1483-1529), que indujo a Boscán a introducir los metros italianos en España.
NAVAHERMOSA, v. de España (Toledo).
NAVALCARNERO, v. de España (Madrid).
NAVARINO, isla de Chile, al S. del Canal de Beagle. — Com. de Chile (Magallanes).
NAVARINO o **PILOS,** c. del Peloponeso (Mesenia). Puerto en el mar Jónico. Célebre por la batalla naval en que fue destruida la flota turca por las fuerzas de Francia, Gran Bretaña y Rusia en 1827.
NAVARRA, prov. del NE. de España; cap. *Pamplona.* El reino de Navarra, que comprendía antes la actual Navarra española y la francesa, tiene origen muy remoto. Su primer rey se cree fue Íñigo Arista, rey de Pamplona en 850. En el s. X se apoderaron de ella los reyes de Castilla y Aragón, hasta que García Ramírez restauró la monarquía navarra en 1134. Gobernada luego por príncipes de familia francesa, pertenecía, a principios del s. XVI, a Juan de Albret, cuya neutralidad en el conflicto entre Luis XII de Francia y Fernando el Católico dio motivo a éste para apoderarse definitivamente de la parte española del reino (1512).
NAVARRA FRANCESA, región de la ant. Francia, comprendida en el dep. de los Bajos Pirineos; cap. *Saint-Jean-Pied-de-Port.*
NAVARRETE, v. de España (Logroño). Victoria de Don Pedro el Cruel en 1366.
NAVARRETE. V. FERNÁNDEZ DE NAVARRETE.
NAVARRETE (Domingo HERNÁNDEZ DE), misionero español, m. en Haití (1610-1698). Enviado a China, tuvo ruidosas disensiones con los jesuitas, cuya tolerancia censuraba.
NAVARRETE (*Fray* Manuel de), poeta neoclásico mexicano (1768-1809).
NAVARRO (Juan Nepomuceno), escritor y político colombiano (1834-1890), autor de novelas históricas.
NAVARRO (Pedro de), capitán español (¿1460?-1528), que se distinguió primero al servicio de España en Italia y África y luego al de Francia.
NAVARRO LEDESMA (Francisco), escritor español (1869-1905), autor de una amena *Vida y hechos del ingenioso hidalgo Miguel de Cervantes Saavedra.*
NAVARRO LUNA (Manuel), poeta y escritor cubano, n. en 1894.
NAVARRO TOMÁS (Tomás), filólogo español, n. en 1884, ilustre fonetista.
NAVARRO VILLOSLADA (Francisco), novelista español (1818-1895), autor de *Amaya o los vascos en el s. VIII* y de *Doña Blanca de Navarra.*
NAVAS DE SAN JUAN, v. de España (Jaén).
NAVAS DE TOLOSA, pobl. de España (Jaén), célebre por la victoria obtenida en 1212 por los reyes de Castilla (Alfonso VIII), Aragón (Pedro II) y Navarra (Sancho VII) contra los almohades. Esta victoria tuvo gran importancia en la Reconquista, pues detuvo la marcha del Islam y permitió a los cristianos la ocupación de Sierra Morena, llave de la llanura andaluza.
NAVIA, c. y puerto de España (Oviedo).
NAVIDAD, com. de Chile (Santiago).
Navidad (*Fuerte de*), fuerte construido por Colón en la isla de Haití con los restos de la "Santa María", en el que dejó una guarnición mandada por Diego de Arana. Al volver el Descubridor, en su segundo viaje (1493), comprobó su destrucción y la muerte de los defensores.
NAXOS, isla griega, la mayor de las Cícladas. C. pr. *Naxos.*
NAYARIT, n. dado a un sector de la Sierra Madre Occidental de México (Nayarit). — Estado de México, entre el Pacífico y la sierra de su n.; cap. *Tepic;* prod. maíz, caña de azúcar, tabaco; yac. de oro, plomo y cobre; salinas.
NAZARÉ, pobl. de Brasil (Bahía); manganeso. — C. y puerto de Portugal (Leiria).
NAZARET, c. de Palestina (Estado de Israel), en Galilea. (Hab. *nazarenos.*) Residencia de la Sagrada Familia hasta el bautismo de Jesús.
NAZARITAS o **NAZARÍS,** dinastía musulmana que reinó en Granada (s. XIII al XV).
NAZAS, río de México, que nace en el Est. de Durango y des. en la laguna de Mayrán (Coahuila); 580 km. Presa.
NAZCA. V. NASCA.
NEAGH (LAGO), lago de Irlanda (Ulster), que des. en el Canal del Norte; 388 km².
NEANDERTAL, valle de la cuenca del Düssel (Alemania), donde fueron hallados en 1856 restos humanos fósiles que permitieron la identificación de la raza prehistórica del mismo n.
NEÁPOLIS. V. KAVALLA.
NEARCO, navegante cretense del s. IV a. de J. C., que acompañó a Alejandro Magno en su expedición a la India y exploró las costas de Asia.
NEBO, monte de Palestina, al E. del mar Muerto, de donde divisó Moisés la **Tierra de Promisión.**
NEBRASKA, uno de los Estados Unidos de América del Norte (Centro-NO.). Cap. *Lincoln.*
NEBRIJA (Antonio MARTÍNEZ DE CALA, llamado **Elio Antonio de**), humanista y gramático español, n. en Lebrija (Sevilla) [1444-1522], que, después de haber ejercido durante varios años el profesorado en las Universidades de Salamanca y de Alcalá, publicó la primera *Gramática Castellana,* dedicada a Isabel la Católica y aparecida en 1492. Fue el verdadero artífice de la lengua castellana. Colaboró en la redacción de la *Biblia Políglota.*
NECKAR, río de Alemania, que pasa por Tubinga, Stuttgart y Heidelberg y desemboca en el Rin, en Mannheim; 367 km.
NECKER (Jacobo), hacendista y ministro francés, n. en Ginebra (1732-1804). Intentó en vano realizar varias reformas financieras. Padre de la escritora Madame de Staël.
NECOCHEA, c. de la Argentina (Buenos Aires), en el Atlántico; excelente playa; ind. pesquera.
NECOCHEA (Mariano), general argentino (1791-1849), que se distinguió en las batallas de Chacabuco, Maipo y Junín.
NECTANEBO, rey de Egipto de la XXX dinastía, destronado en 345 a. de J. C. por la invasión persa.
NEDJD, NEDJED o **NEYED,** prov. de Arabia Saudita, meseta montañosa de 1 100 000 km²; 4 000 000 de h.; cap. *Er-Riad.*
NEE (Luis), botánico y explorador francés del s. XVIII, naturalizado español. Acompañó a Malaspina en su expedición científica a América (1789).
NEEFS (Pieter), llamado **el Viejo,** pintor de Amberes (1578-1661), que se distinguió en la decoración de interiores de iglesias.
NEERWINDEN o **NEERVINDE,** aldea de Bélgica (Lieja), donde el mariscal de Luxemburgo derrotó a Guillermo de Orange en 1693.
NEFERTITI, reina de Egipto de la XVIII dinastía (s. XIV a. de J. C.). Su busto es una obra maestra de la escuela de El-Amarna.
NEFTALÍ, uno de los hijos de Jacob. Dio su nombre a una de las doce tribus judías. (*Biblia.*)
NEFTEDAGH, región petrolífera de la U. R. S. S. (Turkmenistán), en el mar Caspio.
NEGRA, cordillera del Perú, sección de los Andes; alt. máx. 4 853 m en el pico Huancapeti. — Laguna del Uruguay (Rocha), que comunica con la de Merín. Llamada tb. **Laguna de los Difuntos.**

NATTIER
retrato de la duquesa de Chartres
fragmento
museo de Estocolmo

NEBRIJA

NEFERTITI
museo de El Cairo

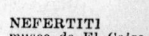

Fot. Arch. Phot., doc. A. G. P., Audrain

NEHRU

NELSON

P. NERUDA

A. NERVO

NEGRETE (Jorge), cantante y actor de cine mexicano (1911-1953).

NEGRETE (Miguel), general mexicano (1824-1897), que se distinguió en la guerra contra la intervención francesa (1863).

NEGRETE (Samuel), compositor chileno, n. en 1893, autor de música de cámara, sinfonías.

NEGRI (Ada), novelista italiana (1870-1945), autora de *Fatalidad, El libro de Mara,* etc.

NEGRI SEMBILAN, Estado de la Federación de Malaysia; cap. *Seremban.*

NEGRÍN (Juan), médico y político español (1887-1956). Jefe del Gobierno de la República durante la guerra civil (1937-1939).

NEGRITOS, melanoindonesios que las poblaciones malayas han rechazado a las montañas del interior de las Filipinas. Son de pequeña estatura, tez más o menos negra y pelo crespo.

NEGRO, volcán de la Argentina (Catamarca); 5 424 m. — Volcán de la Argentina (Jujuy); 5 525 m. — Volcán de Nicaragua (León); 675 m. — Río de América Central, que sirve de límite entre Nicaragua y Honduras, y des. en el golfo de Fonseca. — Río de América del Sur, que nace en el Brasil (Rio Grande do Sul) y atraviesa el Uruguay, en el cual se ha construido la presa de Rincón del Bonete; 600 km. Es afl. del Uruguay. — Río de la Argentina, formado por el Limay y el Neuquen, que des. en el Atlántico; 1 013 km. Da su n. a la prov. de *Río Negro.* — Río del Brasil, afl. izq. del Amazonas; 2 200 km. Nace en Colombia con el n. de **Guainía** y baña Venezuela. — Río del Brasil (Paraná y Santa Catarina), afl. del Iguazú. — Río del Paraguay, afl. del de este n. (Presidente Hayes.) — V. CHIXOY.

NEGRO (MAR), ant. **Ponto Euxino,** mar interior formado por el Mediterráneo. Extiende sus orillas por Rusia, Turquía, Bulgaria y Rumania; 435 000 km².

NEGRO (*Príncipe*). V. EDUARDO.

NEGROS, isla de Filipinas (Bisayas). C. pr. *Bacolod* y *Dumaguete.* Caña de azúcar.

NEGUEV o **NEGEV,** región desértica en el S. del Estado de Israel; 14 000 km²; c. pr. *Beersheba.*

NEGUIB (Mohamed). V. NAGUIB.

NEHRU (*pandit* Jawaharlal), político indio (1889-1964), discípulo de Gandhi y uno de los artífices de la independencia de su país. Primer ministro de la India (1947-1964).

NEIBA, sierra de la Rep. Dominicana y Haití, cerca del lago Enriquillo. — C. de la Rep. Dominicana, cap. de la prov. de Baoruco; centro agrícola y ganadero. En sus alrededores se libraron batallas por la Independencia.

NEIRA, c. de Colombia (Caldas).

NEIRA (Juan José), militar y patriota colombiano (1793-1840), que se distinguió en la guerra de la Independencia.

NEIRA DE MOSQUERA (Antonio), escritor satírico español (1818-1853), autor del poema *Las ferias de Madrid.*

NEISSE, en polaco **Nysa,** n. de dos ríos de Polonia, afl. izq. del Oder.

NEIVA, cerro de Colombia, en la Cord. Oriental; 2 700 m. — C. de Colombia, cap. del dep. de Huila, a orillas del Magdalena; centro comercial e industrial. (Hab. *neivanos.*) Fue fundada en 1612.

NEJAPA, v. de El Salvador (San Salvador).

NELSON (Horacio), almirante inglés (1758-1805), que ganó la batalla de Abukir y la de Trafalgar, donde murió.

NEMEA, pequeña región de la Argólida, donde el león que mató a Hércules, según la Fábula, cometía los mayores estragos. (Hab. *nemeos.*)

NÉMESIS, diosa griega de la Venganza y de la Justicia distributiva.

NEMOCÓN, mun. de Colombia (Cundinamarca); sal gema.

NEMROD, rey fabuloso de Caldea. La Escritura le llama *poderoso cazador ante el Eterno.*

NEOCESAREA, ant. c. del Ponto (Asia Menor), hoy **Niksar.** Sede de dos concilios (s. IV).

NEOPTOLEMO. V. PIRRO.

NEOVOLCÁNICA (CORDILLERA), n. dado a una cord. de México, que se extiende desde el Pacífico hasta el golfo de México.

Nep, nueva política económica establecida por Lenin en la U. R. S. S. en 1921-1929.

NEPAL, reino independiente de Asia, al norte de la India; 140 000 km²; 9 180 000 h (*nepaleses*); cap. *Katmandú,* 193 300 h. En Nepal se encuentra el monte Everest.

NEPER o **NAPIER** (Juan), matemático escocés (1550-1617), inventor de los logaritmos *neperianos.*

NEPOMUCENO (*San* Juan), capellán del emperador Wenceslao IV, a quien se negó a revelar la confesión de la emperatriz; fue ahogado por orden de este príncipe (¿1330?-1383). Fiesta el 16 de mayo.

NEPOMUCENO (Alberto), compositor brasileño (1864-1920), uno de los primeros creadores de música nacional en su país.

NEPOTE (Cornelio), escritor latino del s. I a. de J. C., autor de biografías.

NEPOTE (Julio), penúltimo emperador de Occidente (474-475); m. en 480.

NEPTUNO, dios del Mar, hijo de Saturno, hermano de Júpiter y de Plutón. En su palacio del fondo del mar guardaba los caballos de doradas crines, que arrastraban su carro sobre las olas. Era esposo de Anfitrite. Identificado con **Poseidón.**

NEPTUNO, planeta situado más allá de Urano, descubierto por Le Verrier (1846).

NEREIDAS, hijas de Nereo y de Doris, ninfas del Mediterráneo que personifican el juego de las olas. Las más conocidas son **Anfitrite, Tetis** y **Galatea.**

NEREO, dios marino, esposo de la ninfa del mar Doris y padre de las cincuenta *Nereidas.*

NERI (*San* Felipe). V. FELIPE NERI.

NERJA, v. de España (Málaga). Cueva de gran interés arqueológico y prehistórico.

NERNST (Walter), físico y químico alemán (1864-1941), inventor de la lámpara de incandescencia. Realizó notables estudios de termodinámica. (Pr. Nóbel, 1920.)

NERÓN, emperador romano, n. en Antium (37-68), que reinó de 54 a 68, hijo de Domicio Enobarbo y de Agripina. Adoptado por el emperador Claudio, le sucedió y reinó en un principio con ponderación, siguiendo los consejos de su maestro, el filósofo Séneca. Pero más tarde hizo asesinar a Británico, Agripina, su madre, y Octavia, su mujer, e instauró un régimen de crueldad. Durante su reinado se verificó la primera persecución contra los cristianos.

NERUDA (Neftalí Ricardo REYES, llamado **Pablo**), poeta chileno, n. en Parral (Linares) en 1904, uno de los más altos valores de la lírica hispana. Desempeñó varios cargos diplomáticos en Asia, España y México, y su adhesión al comunismo le obligó a expatriarse durante el Gobierno de González Videla. En su obra poética canta con pasión a la América india y, en versos realistas, su nuevo ideal político. Obras: *La canción de la fiesta, Crepusculario, Veinte poemas de amor y una canción desesperada, Canto general, Odas elementales, España en el corazón,* etc.

NERVA, v. de España (Huelva). Minas.

NERVA, emperador romano (26-98), que reinó de 96 a 98. Adoptó a Trajano.

NERVAL (Gerardo LABRUNIE, llamado **Gerardo de**), escritor romántico francés (1808-1855), autor de relatos (*Silvia*) y de poesías delicadas.

NERVIÓN, río de España, en la vertiente del Cantábrico, en cuyo curso final está el puerto de Bilbao; 72 km.

NERVO (Amado), poeta mexicano, n. en Tepic (Nayarit) [1870-1919], cultivador de la lírica modernista. Fue seminarista y diplomático. Escribió una obra extensa. Su poesía es diáfana, musical, y su métrica innovadora. Autor de *Serenidad, Elevación, Plenitud, La amada inmóvil, El arquero divino.* Escribió también narraciones cortas (*El bachiller, Pascual Aguilera,* etc.).

NESO, centauro que habiendo querido raptar a Deyanira, mujer de Heracles, fue herido por éste con una saeta mojada en la sangre de la hidra de Lerna. Al morir dio Neso su túnica a Deyanira como talismán que le devolvería a su esposo si éste le fuera infiel. Heracles, al vestirla, murió abrasado. (*Mit.*)

NESSELRODE (Carlos Roberto, *conde de*), diplomático ruso, n. en Lisboa (1780-1862). Fue plenipotenciario del zar en el Congreso de Viena, y dirigió de 1816 a 1856 la política exterior del Imperio en tiempos de Alejandro I y Nicolás I.

Fot. Keystone, X, Freund, Larousse

NÉSTOR, rey de Pilos, el príncipe de mayor edad de los que asistieron al sitio de Troya. Era célebre por su sabiduría y por la pertinencia de sus consejos (*Ilíada* y *Odisea*).

NESTORIO, heresiarca, n. en Siria (¿380-451?), patriarca de Constantinopla en 428, depuesto por el Concilio de Éfeso en 431 y muerto en los desiertos de Libia. Su doctrina, llamada *nestorianismo*, distinguía dos personas en Jesucristo.

NETZAHUALCÓYOTL, rey y poeta chichimeca (1402-1472), coronado en Texcoco en 1428. Fue legislador y protegió las ciencias y las artes.

NEUCHÂTEL, c. de Suiza, cap. del cantón del mismo n., a orillas del *lago de Neuchâtel*. Relojería. Universidad.

NEUILLY-SUR-SEINE, c. de Francia (Hauts-de-Seine), suburbio al O. de París.

NEUMANN (Franz), físico alemán (1798-1895), que realizó estudios de óptica ondulatoria y termodinámica.

NEUMUNSTER, c. de Alemania (Schlesvig-Holstein); centro industrial.

NEUNKIRCHEN, c. de Alemania (Sarre); hulla; metalurgia.

NEUQUEN o **NEUQUÉN,** río de la Argentina, afl. del Negro; 550 km. — C. de la Argentina, en la confluencia de los ríos Neuquen y Limay, cap. de la prov. del mismo n.; centro comercial. (Hab. *neuquinos*). La prov. dispone de importantes recursos minerales (petróleo, sal de roca, metales auríferos); ganadería muy desarrollada; bosques.

NEUSIEDL (LAGO), en húngaro **Fertö,** lago de Europa central, entre Austria y Hungría.

NEUSS, c. de Alemania (Rin Septentrional-Westfalia). Metalurgia, textiles; papelería.

NEUSTRIA o **Reino del Oeste,** uno de los tres grandes reinos francos de la primera dinastía. Comprendía las tierras situadas entre el Loira, Bretaña, la Mancha y el Mosa. Fue constantemente rival de Austrasia o Reino del Este.

NEVA, río de Rusia, que nace en el lago Ladoga, pasa por Leningrado y des. en el golfo de Finlandia; 75 km. Aguas muy abundantes.

NEVADA (SIERRA), sierra del Sur de España; alt. máxima en el pico Mulhacén, 3 478 m. — Cadena de montañas al O. de los Estados Unidos (California); 4 418 m en el *Monte Whitney*.

NEVADA. V. SIERRA NEVADA.

NEVADA, uno de los Estados Unidos de Norteamérica (Montañas Rocosas); cap. *Carson City*.

NEVADA DE MÉRIDA (SIERRA), sierra de los Andes de Venezuela; alt. máx. 5 002 m.

NEVADA DE SANTA MARTA (SIERRA), sierra de Colombia (Magdalena); alt. máx. 5 775 m (pico Cristóbal Colón).

NEVADO, cerro de la Argentina (Mendoza); 3 810 m. — Cerro de Colombia (Meta), en la Cord. Oriental; 4 285 m.

NEVERS [*-ver*], c. de Francia, a orillas del Loira, cap. del dep. de Nièvre. Obispado.

NEVES, c. del Brasil (Rio de Janeiro).

NEVILLE (Edgar), escritor español (1899-1967). Autor de relatos humorísticos (*Don Clorato de Potasa*), de obras de teatro (*El baile*) y de poesías llenas de fina sensibilidad (*Amor huido*).

Nevski (*Orden de Alejandro*). V. ALEJANDRO.

NEWARK, c. de los Estados Unidos (New Jersey). Puerto en la *bahía de Newark*.

NEW BEDFORD, c. de los Estados Unidos (Massachusetts). Puerto de pesca. Ind. textiles.

NEWBERY (Eduardo), ingeniero y aviador argentino, m. en 1908, y su hermano JORGE (1875-1914), impulsores de la aeronáutica en su país. Ambos murieron en accidente aéreo.

NEW BRITAIN, c. de los Estados Unidos (Connecticut). Centro industrial.

NEWCASTLE, c. de Inglaterra, cap. del condado de Northumberland. Exportación de hulla. Astilleros; industrias química y mecánica. — C. de Australia (Nueva Gales del Sur). Puerto de exportación del carbón. Metalurgia.

NEWCASTLE (William CAVENDISH, *duque de*), general, político y literato inglés (1592-1676), partidario de Carlos I.

NEWCOMEN [*niu-*] (Tomás), mecánico inglés (1663-1729), que ideó una de las primeras máquinas de vapor.

New Deal [*niu dil*], movimiento de reformas sociales y económicas emprendido por Roosevelt en los Estados Unidos a partir de 1933.

NEWFOUNDLAND. V. TERRANOVA.

NEW HAMPSHIRE, uno de los Estados Unidos de América (Nueva Inglaterra); cap. *Concord*.

NEWHAVEN, puerto de Inglaterra (Sussex).

NEW HAVEN, c. de los Estados Unidos (Connecticut). Puerto. Universidad de Yale.

NEWMAN (Juan Enrique), cardenal y teólogo católico inglés (1801-1890), autor de *Apología pro vita sua*.

NEWMARKET, c. de Inglaterra (Suffolk). Carreras de caballos.

NEW NEULAND. V. COLONIAS MENNONITAS.

NEWPORT, c. y puerto de Inglaterra (Monmouth), a orillas del Usk. Metalurgia. — C. y puerto de los Estados Unidos (Rhode Island).

NEWPORT NEWS, c. de los Estados Unidos (Virginia). Astilleros.

NEWTON (*sir* Isaac), ilustre matemático, físico, astrónomo y filósofo inglés, n. en Wolsthorpe (Lincolnshire) [1642-1727]. Se hizo inmortal gracias a su descubrimiento de las leyes de la gravedad universal y de la descomposición de la luz. Descubrió también, al mismo tiempo que Leibniz, las bases del cálculo infinitesimal.

Newton (*Manzana de*), alusión a la circunstancia que dio al gran astrónomo la idea de las leyes de la atracción universal. La caída por su peso de una manzana del árbol, a cuya sombra estaba meditando, le hizo reflexionar que el movimiento de la Luna podría explicarse por una fuerza de la misma naturaleza.

NEW YORK. V. NUEVA YORK.

NEXAPA, río de México (Puebla y Guerrero), afl. del de las Balsas; 140 km.

NEY [*ne*] (Miguel), duque de ELCHINGEN, mariscal francés (1769-1815), que se distinguió durante las guerras de la Revolución y del Imperio, sobre todo en Rusia. Murió fusilado.

NEYBA. V. NEIBA.

NEYED. V. NEDJD.

NGANHUEI, prov. de China oriental; cap. *Hofei*.

NGANKING, c. de China (Nganhuei).

NIÁGARA, río de América del Norte, sección del San Lorenzo; 60 km. Separa el Canadá de los Estados Unidos y reúne los lagos Erie y Ontario. Catarata de 47 m. de alt.; central hidroeléctrica.

NIÁGARA FALLS, c. industrial de los Estados Unidos (Nueva York), a orillas del Niágara. Industria del aluminio. — C. homónima (Ontario), en la orilla canadiense. Electrometalurgia.

NEUMANN en 1893

NEWTON por SEEMAN

las cataratas del NIÁGARA

Fot. Boyer, X, Canadian National Railways

NIAMEY, cap. de Níger; 18 100 h. Comercio.

NIASA. V. NYASSA.

Nibelungos. En la leyenda alemana, enanos poseedores de grandes riquezas subterráneas cuyo rey era Nibelungo. El tesoro les fue arrebatado por Sigfrido y por los borgoñeses, que tomaron luego el nombre de nibelungos.

Nibelungos (*La Canción de los*), epopeya germánica, escrita hacia 1200 en Alemania del Sur. Refiere las hazañas de Sigfrido, dueño del tesoro de los Nibelungos, para ayudar a Gunther a conquistar la mano de Brunilda, su casamiento con Crimilda, hermana de Gunther, su muerte a manos del traidor Hagen y la venganza de Crimilda.

NICARAGUA, lago de la Rep. de este n., que comunica con el mar Caribe por el río San Juan; 8 264 km². En él se encuentran gran número de islas, entre las cuales se destaca la de Ometepe.

NICARAGUA, Estado de América Central que limita al N. con Honduras, al E. con el Atlántico, al S. con Costa Rica y al O. con el Pacífico. La Corte Internacional de Justicia, por decreto del 18 de noviembre de 1960, fijó el río Coco como frontera entre Nicaragua y Honduras, hasta entonces en litigio, 148 000 km²; 1 720 000 h. (*nicaragüenses*). Cap. *Managua*.

— GEOGRAFÍA. — *Relieve*. El relieve de Nicaragua, variado y pintoresco, ha hecho que se dé a ésta el nombre de "Suiza de Centroamérica". Dos cadenas montañosas cruzan el territorio: una, muy próxima al Pacífico, de poca importancia, cuya mayor elevación es el cerro de *Las Nubes* (1 000 m); la otra, que prolonga los Andes Centroamericanos, comienza en la frontera con Honduras bajo el nombre de sierra de La Botija y termina cerca de la frontera con Costa Rica. De ella se desprenden hacia el oriente estribaciones muy importantes, como las cordilleras de Dipilto, Jalapa e Isabelia, cuyas cumbres llegan hasta los 2 000 m. Existe además, en la costa del Pacífico, un importante **sistema volcánico, que se** inicia con el Cosigüina (859 m) y llega en el San Cristóbal a los 1 745 m; otros volcanes de este sistema son el Momotombo, el Mombacho y el Concepción.

escudo de NICARAGUA

— *Clima*. La costa del Atlántico es cálida y húmeda (26° de temperatura media, 667 cm de precipitación pluvial). La costa del Pacífico es también cálida, pero más seca (28°, 191 cm). En las mesetas del interior la temperatura es templada y las lluvias decrecen de Este a Oeste.

— *Hidrografía*. En la vertiente del Pacífico los ríos son cortos y de poca importancia, debido a la proximidad de las montañas y a la reducida precipitación pluvial; los principales son el Negro, fronterizo con Honduras, y el Estero Real. En la vertiente del Atlántico se destacan el Coco o Segovia, Cucaloya, Matagalpa, Escondido y San Juan; éste constituye la vía de desagüe de los dos grandes lagos y forma la mayor parte de la frontera con Costa Rica. Nicaragua cuenta con numerosas lagunas y dos extensos lagos: el de Managua (1 042 km²) y el de Nicaragua (8 264 km² y 70 m de profundidad media), único lago de agua dulce del mundo en el que hay tiburones.

NICARAGUA.—Estadística (cifras en millares).

DEPARTAMENTOS	km²	Hab.	CAPITAL	HAB.
Managua	3,4	350	**Managua**	317
Boaco	5,4	80	Boaco	20
Carazo	0,9	84	Jinotepe	18
Chinandega	4,6	140	Chinandega	36
Chontales	4,3	82	Juigalpa	18
Estelí	2,0	75	Estelí	27
Granada	1,4	79	Granada	41
Jinotega	15,2	84	Jinotega	58
León	6,1	190	León	65
Madriz	1,3	54	Somoto	12
Masaya	0,6	115	Masaya	35
Matagalpa	8,7	185	Matagalpa	61
Nueva Segovia	4,1	50	Ocotal	4
Río San Juan	7,2	15	San Carlos	6
Rivas	2,2	75	Rivas	17
Zelaya	55,9	90	Bluefields	23
Cabo Gracias a Dios (Comarca)	14,3	25	Cabo Gracias a Dios	2

— *Costas*. El litoral del Pacífico (410 km) posee anchas playas. Sus principales accidentes son la península de Cosigüina en el golfo de Fonseca y las bahía de Salinas, Corinto, Brito y San Juan del Sur. El litoral del Atlántico (551 km) es más escabroso, pero apenas presenta accidentes de importancia, salvo el cabo de Gracias a Dios y Punta Mico.

— *Población*. La población, cuya densidad es de 11 h. por km², está constituida por 77 % de mestizos, 10% de blancos, 9% de negros y 4% de indios. El índice de crecimiento demográfico anual es de 2,40%.

— *Economía*. La agricultura constituye la principal actividad de la población, que es rural en un 65,4 %. Los principales productos son : maíz, que forma la base de la alimentación, café, algodón, plátano, coco y caucho, destinados en parte a la exportación. La superficie cultivada equivale al 6% del territorio; los bosques cubren el 80% y producen maderas preciosas. La ganadería de Nicaragua cuenta con el mayor número de cabezas de ganado vacuno de Centroamérica: 1 334 000. La minería, poco explotada, representa una fuente potencial de riqueza. Actualmente se extraen oro y plata, que abundan. El país es atravesado por la carretera Panamericana (384 km), y cuenta con 400 km de vías férreas. Los Estados Unidos son el cliente principal de Nicaragua y la unidad monetaria es el *córdoba*.

— CONSTITUCIÓN Y ADMINISTRACIÓN. Nicaragua es una República unitaria, administrativamente dividida en 16 departamentos y una comarca. Según la Constitución del 6 de noviembre de 1950, ejerce el poder ejecutivo el presidente de la República, elegido cada seis años y asistido por once ministros. El poder legislativo corresponde al Congreso Nacional, formado por dos Cámaras: la de senadores, que consta de dieciséis miembros además de los vitalicios, y la de diputados, de los que hay uno por cada 30 000 h. El poder judicial incumbe a la Corte Suprema de Justicia, cinco Tribunales de Segunda Instancia y ciento cincuenta y tres jueces de Primera Instancia. El idioma oficial es el español, pero algunas tribus indígenas conservan aún su lengua. La enseñanza primaria es gratuita, obligatoria y laica en las escuelas del Estado, y la superior cuenta con la Universidad Nacional (León) y la Católica Centroamericana.

La religión católica, que es la del 94% de la población, está organizada, desde el punto de vista administrativo, en una arquidiócesis, tres diócesis, un vicariato apostólico y una prelatura nullius.

— HISTORIA. Las principales tribus que habitaban el territorio nicaragüense a la llegada de los españoles eran las de los *mosquitos*, que ocupaban la costa atlántica, los *nagrandanos*, los *nicaraos*, los *chontales* y los *caribises*, todas de civilización relativamente poco elevada.

La gloria del descubrimiento pertenece a Colón, quien, en su cuarto viaje, dio nombre al cabo Gracias a Dios y desembarcó en el río San Juan (1502). En 1519, Gil González Dávila obtuvo una capitulación para navegar mil leguas al occidente de Panamá, en busca del estrecho que debía poner en comunicación el Pacífico con el Atlántico. El desacuerdo con Pedro Arias Dávila o Pedrarias, gobernador del Darién, no le permitió zarpar hasta el 21 de enero de 1522. Después de una breve expedición a Costa Rica, Gil González Dávila se internó en el territorio nicaragüense, mientras su piloto, Andrés Niño, proseguía costeando hacia el Norte. Los caciques Nicoya y Nicarao recibieron pacíficamente a González Dávila; en cambio, Diriaguen le opuso tenaz resistencia. En esta expedición, Gil González Dávila descubrió el lago de Nicaragua, al que llamó Mar Dulce, en tanto que Andrés Niño descubría y bautizaba el golfo de Fonseca. Pedrarias envió a Francisco Fernández por Córdoba a conquistar las tierras descubiertas por González Dávila. Abriéndose paso con sus tropas, Fernández de Córdoba cruzó el territorio hacia el Norte, fundó la ciudad de Granada en las cercanías del Mombacho, descubrió el lago Xolotlán o Managua, fundó la ciudad de León al pie del Momotombo (1524) y prosiguió su avance hasta la montañas de Olancho. Fernández de Córdoba fue ejecutado por Pedrarias en León (1526). Después Pedrarias fue gobernador de Nicaragua desde 1527 hasta su muerte (1531); su administración se distinguió por la codicia y la crueldad contra los indígenas. Durante el gobierno de Rodrigo de Contreras (1534-1542), Alonso Calero exploró el desaguadero de los grandes lagos y lo llamó río San Juan (1539).

En la época colonial, Nicaragua formó parte, en lo político, de la Capitanía General de Guatemala, que comprendía las Alcaldías Mayores de Chiapas y San Salvador, las Provincias de Guatemala, Honduras y Nicaragua, al frente de las cuales se hallaba un gobernador, y la Gobernación de Costa Rica. Esta organización se conservó hasta la creación de las Intendencias, en 1787. El poder judicial incumbía a la Audiencia, llamada primero "de los Confines" (1543-1565), después "de Panamá" (1565-1570), y finalmente "de Guatemala" (1570 en adelante).

En el siglo XVII Nicaragua sufrió repetidos ataques de los piratas ingleses, que destruyeron Matagalpa en 1643, saquearon Granada en 1665 y 1685 e incendiaron León este mismo año. El siglo XVIII estuvo marcado sobre todo por la penetración inglesa en la Costa de los Mosquitos, es decir, en la parte del litoral atlántico que se extiende desde Trujillo (Honduras) hasta el río San Juan. En su política de penetración aprovecharon los ingleses a los mulatos o "zambos" que poblaban esta región, hasta proclamar "rey de los Mosquitos" a uno de ellos (1845); Nicaragua no consiguió hasta 1894 que Gran Bretaña se ajustara a las disposiciones del Tratado de Versalles (1783), por el cual se comprometía a desocupar la Costa. Entre otros acontecimientos de la era colonial, hay que mencionar el traslado de la ciudad de León, capital de la provincia, al sitio que hoy ocupa (1610), y la instalación de la Universidad (1816).

El movimiento de Independencia se hizo patente en Nicaragua desde fines de 1811; en diciembre de ese año hubo revueltas de los criollos contra los españoles en León, Granada y Rivas. La independencia del territorio del Istmo centroamericano, excepto Panamá, fue proclamada en la ciudad de Guatemala el 15 de septiembre de 1821. El 5 de enero de 1822, Nicaragua quedó anexada a México juntamente con las otras provincias Centroamericanas, y con ellas se separó de él en 1823 para formar las Provincias Unidas de Centroamérica. La Constitución Federal de las Provincias fue proclamada el 22 de noviembre de 1824; la Federación tenía un presidente común, pero cada uno de los Estados conservaba el derecho de poseer su propia Constitución y su propio jefe. Nicaragua eligió como primer jefe a Manuel de la Cerda y sancionó su Constitución el 10 de abril de 1826, después de una guerra civil en la que perdió el departamento de Guanacaste, que se unió a Costa Rica. Las dificultades surgidas a propósito de la Constitución Federal fueron especialmente graves en Nicaragua, que atravesó un período de inquietud política, agravado por la erupción del Cosigüina en 1835. Finalmente, en abril de 1838, Nicaragua se separó de la Federación, que se disolvió al mes siguiente. En 1842 se reunió en Chinandega una comisión con miras a la unión de Nicaragua, Honduras y El Salvador, que no tuvo éxito. En 1845, Nicaragua entró en guerra contra Honduras y El Salvador. En 1847 abortó un nuevo intento de unión entre estos tres Estados. De 1855 a 1857 Nicaragua sufrió la invasión del aventurero William Walker, que intentó apoderarse de ella, y los otros países americanos del Istmo apoyaron unánimemente a Nicaragua.

La historia de Nicaragua como país independiente ha estado marcada por la tensión interna entre los liberales de León y los conservadores de Granada; esta tensión ha sido la causa de cierta inestabilidad política y ha dado lugar a

mapa de NICARAGUA

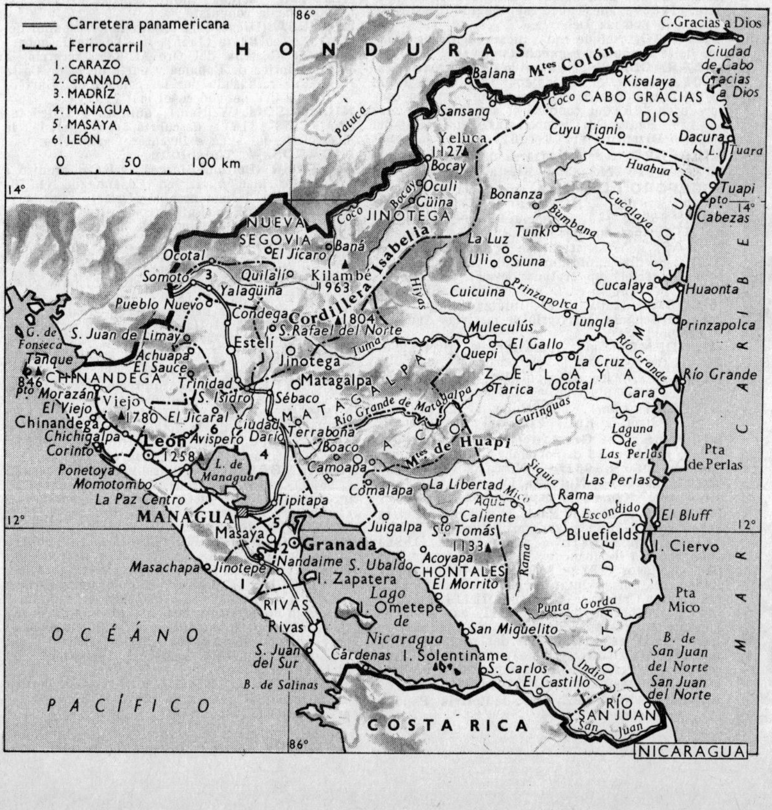

Federación Centroamericana (1824-1840). V. GUATEMALA.

JEFES DEL ESTADO		Joaquín Zavala	1879	Adolfo Díaz	1926
		Adán Cárdenas	1883	José María Moncada	1929
Norberto Ramírez	1849	Evaristo Carazo	1887	Juan Bautista Sacasa	1933
Laureano Pineda	1851	Roberto Sacasa	1889	Carlos Brenes Jarquín	1936
Fruto Chamorro	1853	José Santos Zelaya	1893	Anastasio Somoza	1937
		José Madriz	1909	Leonardo Argüello	1947
PRESIDENTES		Juan José Estrada	1910	Benjamín Lacayo Sacasa	1947
Patricio Rivas	1855	Adolfo Díaz	1911	Víctor Román y Reyes	1948
Tomás Martínez	1857	Emiliano Chamorro	1917	Anastasio Somoza	1951
Fernando Guzmán	1867	Diego Manuel Chamorro	1921	Luis Somoza	1956
Vicente Cuadra	1871	Bartolomé Martínez	1923	René Schick	1963
Pedro Joaquín Chamorro	1875	Carlos Solórzano	1925	Anastasio Somoza Debayle	1967

NICOLÁS I
de Rusia

NICOLÁS II

NIETZSCHE

menudo a revoluciones sangrientas. En 1858 la capital de la República fue trasladada definitivamente a Managua y se votó la Constitución que había de regir al país durante treinta y cinco años. Esta época fue de predominio de los conservadores, que gobernaron hasta 1893. José Santos Zelaya, jefe liberal, derrocó ese año al presidente Sacasa, gobernó hasta 1909 y logró eliminar los últimos restos de penetración inglesa en la Costa de los Mosquitos. En 1912, el presidente Díaz solicitó el apoyo militar de los Estados Unidos para sostenerse en el Poder, pero las tropas norteamericanas permanecieron en Nicaragua hasta 1933, con una breve interrupción de 1925 a 1926. El caudillo Augusto César Sandino luchó implacablemente contra ellas y murió asesinado en 1934. De 1937 a 1947 y de 1951 a 1956, año en que fue asesinado, ocupó la presidencia Anastasio Somoza, a quien sucedió en el cargo su hijo Luis. En 1963, las elecciones dieron el triunfo a René Schick, que murió durante su mandato (1966). En 1967 fue elegido presidente Anastasio Somoza Debayle.

NICARAO, cacique indio nicaragüense de tiempos de la conquista española (s. XVI).

NICARAOS, tribu extinguida de Centroamérica.

NICEA, ant. c. de Asia Menor (Anatolia), donde se celebraron dos concilios ecuménicos, uno convocado en 325, que condenó el arrianismo, y otro en 787 contra los iconoclastas. Fue cap. del Imperio Bizantino (1205-1261).

NICÉFORO (*San*), patriarca de Constantinopla de 806 a 815 (758-829). Fiesta el 13 de marzo.

NICÉFORO I Logoteta, emperador de Oriente, de 802 a 811. — NICÉFORO II *Focas,* emperador de 963 a 969, n. hacia 913. — NICÉFORO III, emperador de 1078 a 1081.

NICIAS, general ateniense (¿470?-413 a. de J. C.). Se distinguió durante la guerra del Peloponeso y firmó un tratado de paz con Esparta (421), pero murió en la expedición de Sicilia.

NICOBAR (ISLAS), archipiélago indio en el golfo de Bengala (territorio de las islas Andamán y Nicobar).

NICODEMO (*San*), judío fariseo, discípulo de Jesucristo. Fiesta el 3 de agosto.

NICOLA (Enrico de), político italiano (1878-1959), primer pres. de la Rep. de 1946 a 1948.

NICOLÁS (*San*), obispo de Mira en Licia (s. IV). Patrón de Rusia. Fiesta el 6 de diciembre.

NICOLÁS I el Grande (*San*), papa de 858 a 867. Fiesta el 13 de noviembre. — NICOLÁS II, papa de 1059 a 1061. — NICOLÁS III, papa de 1277 a 1280. — NICOLÁS IV, papa de 1288 a 1292. — NICOLÁS V, papa de 1447 a 1455.

NICOLÁS I, hijo de Pablo I, n. en San Petersburgo (1796-1855), zar de Rusia de 1825 a 1855. Conquistó Eriván a los persas (1826), intervino con los franceses y los ingleses en favor de los griegos (1827-1829), pero fracasó contra los turcos, por la intervención de Francia e Inglaterra en Crimea. — NICOLÁS II (1868-1918), hijo y sucesor de Alejandro III, zar en 1894. Durante su reinado se produjo la guerra ruso-japonesa, el establecimiento del régimen parlamentario en Rusia (Duma), la alianza francorrusa, la Primera Guerra mundial y la Revolución. M. asesinado por los bolcheviques.

NICOLÁS SUÁREZ, prov. de Bolivia (Pando); cap. *Porvenir.*

NICOLLE (Carlos), bacteriólogo francés (1866-1936), que realizó investigaciones sobre el tifus y la fiebre de malta, etc. (Pr. Nóbel, 1928.)

NICOMEDES I, rey de Bitinia de 279 a 250 a. de J. C., fundador de Nicomedia. — NICOMEDES II, aliado de los romanos, rey de 142 a 91. — NICOMEDES III, enemigo de Mitrídates y aliado de los romanos (91-74).

NICOMEDIA, ant. c. de Bitinia. Hoy **Izmit.**

NICÓPOLIS, hoy **Nikopol,** c. de Bulgaria, a orillas del Danubio. Victoria de Trajano sobre los dacios, y de Bayaceto sobre los húngaros de Segismundo y los franceses (1396).

NICOSIA, cap. de la isla de Chipre; 86 100 h. Murallas venecianas.

NICOT (Juan), diplomático francés (¿1530?-1600), que introdujo el tabaco en Francia.

NICOYA, península y golfo de Costa Rica, en el océano Pacífico, entre el cabo Blanco y la punta de Judas.

NICOYA, cacique indio centroamericano de tiempos de la conquista.

NICUESA (Diego de), conquistador español del s. XVI, n. en Baeza (Jaén), que nombrado gobernador de Castilla del Oro (1508), recorrió la costa atlántica de Panamá y parte de la de Costa Rica. Fue rechazado por los colonos del Darién. Se supone que pereció en el mar (1511).

NICHOLSON (William), químico y físico inglés (1753-1815); descubrió, con Carlisle, la electrólisis del agua e inventó el areómetro.

NIDAROS. V. TRONDHEIM.

NIEBUHR (Bertoldo Jorge), crítico, erudito e historiador alemán, n. en Copenhague (1776-1831), autor de una notable *Historia romana.*

NIEDERMEYER (Luis), compositor de música suizo (1802-1861), autor de óperas y de romanzas (*El lago*).

NIEDERSELTERS, pobl. de Alemania occidental (Hesse); aguas gaseosas.

NIEGOCH (Petrovich), príncipe-obispo y poeta de Montenegro (1812-1851), uno de los creadores de la literatura nacional servio-croata.

NIEMCEWICZ (Julián Ursino), patriota y escritor polaco (1757-1841).

NIEMEN, río de Rusia Blanca y Lituania, que desemboca en el Báltico; 880 km.

NIEMEYER (Óscar), arquitecto brasileño, n. en 1907, uno de los constructores de Brasilia.

NIEPCE (Nicéforo), químico francés (1765-1833), inventor de la fotografía. — Su primo ABEL **Niepce de Saint-Victor** (1805-1870), fue el inventor de la fotografía en cristal.

NIEREMBERG (Juan Eusebio), jesuita español (¿1595?-1658), autor de varios libros de carácter ascético: *Diferencia entre lo temporal y lo eterno, Crisol de desengaños* y *Epistolario.* Tradujo la *Imitación de Cristo.*

NIETO CABALLERO (Luis Eduardo), escritor colombiano (1888-1957), autor de *Colombia joven, Hombres de fuera, Libros colombianos,* etc.

NIETZSCHE (Federico), filósofo alemán, n. en Rökken (1844-1900); su doctrina se funda en el vitalismo metafísico y la *voluntad de poderío* que llega a su culminación en el « superhombre » (*Así hablaba Zaratustra*). Sus aforismos tuvieron gran influencia entre los defensores del racismo germánico.

NIEUWVELD, cadena de montañas en la Rep. Sudafricana, al SO. de la prov. de El Cabo.

NIÈVRE, dep. de Francia; cap. *Nevers.*

Fot. Desmaison, Pasetti, Köny

NÍGER, gran río del África occidental que des. en el golfo de Guinea; 4 200 km. Navegable en parte, pasa por Guinea, Malí, Níger, Dahomey y Nigeria.

NÍGER, república de África occidental, independiente desde 1960; 1 279 000 km^2; 3 112 000 h. Cap. *Niamey*, 18 100 h.; c. pr. *Zinder*, *Agades*. Produce arroz, maní. Ganadería.

NIGERIA, Estado del Commonwealth, en África occidental, bañado por el río Níger; 877 000 km^2; 56 000 000 de hab.; cap. *Lagos*, 364 000 h.; c. pr. *Ibadán*, 600 000; *Ogbomoso*, 140 000; *Kano*, 130 000; *Oshogbo*, 123 000; *Ife*, 110 000; *Iwo*, 100 000. País próspero, densamente poblado. La República fue proclamada en 1963.

NIGHTINGALE (Florencia), dama inglesa (1820-1910), fundadora de la moderna escuela de enfermeras.

NIGRICIA, nombre ant. del **Sudán.**

NIGROMANTE (El). V. RAMÍREZ (Ignacio).

NIHUIL, presa de la Argentina, en el río Atuel (Mendoza), cuya capacidad es de 260 millones de metros cúbicos.

NIIGATA, c. y puerto del Japón (Hondo).

NIJINSKY (Vaslav), famoso bailarín ruso, de origen polaco (1890-1950), que perteneció a los ballets de Diaghilev.

NIJNI-NOVGOROD. V. GORKI.

NIJNI-TAGUIL, c. de la U.R.S.S. (Rusia). Minas de hierro y cobre. Centro metalúrgico.

NIKÉ, diosa griega de la Victoria.

NIKOLAIEV o **NICOLAIEV,** c. y puerto de la U.R.S.S. (Ucrania), a orillas del Bug.

NIKOPOL, c. de la U.R.S.S. (Ucrania). Minas de manganeso. — V. NICÓPOLIS.

NIKSAR. V. NEOCESAREA.

NILO, gran río de África, que nace en el lago Victoria, atraviesa Uganda y penetra en Sudán, donde se une el Bahr-el-Abiad y toma el nombre de **Nilo Blanco.** Cerca de Jartum se une al Bahr el-Azrak, **Nilo Azul,** que procede de Etiopía. Atraviesa Nubia y Egipto, que fertiliza con sus crecidas, llega a El Cairo y forma un amplio **Delta,** cuyos dos brazos principales desembocan en el Mediterráneo; 6 700 y 5 600 km.

NIMEGA, c. de Holanda (Güeldres), a orillas del Waal. Célebre por el tratado firmado en 1679 entre Francia, España, el Imperio y Suecia, que daba a Francia el Franco Condado y varias ciudades de Flandes.

NIMES, c. de Francia, cap. del dep. de Gard. Obispado. Monumentos romanos (anfiteatro de las Arenas, templo de Diana).

NIN (Joaquín), compositor y pianista español (1883-1950), autor de *Danza ibérica*.

NINDIRÍ, pobl. de Nicaragua (Masaya).

NING-PO, c. y puerto de China (Chekiang).

NINHUE, com. de Chile (Ñuble).

NÍNIVE, c. de Asia antigua, cap. de Asiria, situada a orillas del Tigris. (Hab. *ninivitas*.)

NINO, rey legendario de Asiria, a quien se atribuía la fundación de Nínive, esposo de Semíramis.

Niña (*La*), una de las tres carabelas de Colón, mandada por Vicente Yáñez Pinzón.

NIÑAPARI, c. del Perú, cap. de la prov. de Tahuamana (Madre de Dios).

NIÑO (Andrés), navegante español de fines del s. XV y comienzos del XVI. Exploró parte del golfo de Panamá y Nicaragua, y descubrió y dio nombre al golfo de Fonseca.

NIÑO (Pedro Alonso), navegante español (1468-¿1505?), que fue compañero de Colón en su primer viaje y en el tercero y recorrió las costas de Venezuela en una expedición hecha por su cuenta (1499).

Niños héroes, nombre con que se conocen en México los cadetes que defendieron heroicamente el castillo de Chapultepec contra las tropas de los Estados Unidos (1847).

NÍOBE, hija de Tántalo, mujer de Anfión, rey de Tebas. Tenía siete hijos y siete hijas y desdeñaba a Leto, que sólo tenía como descendencia a Apolo y Artemisa. Éstos, para vengar a su madre, mataron a flechazos a todos los hijos de Níobe. La desgraciada madre, transida de dolor, se transformó en roca. (*Mit.*)

NIORT, c. de Francia; cap. del dep. de Deux-Sèvres. Industria de la piel.

NIPE, hermosa bahía de Cuba (Oriente).

NIPÓN, n. con que los japoneses designan a su país. A veces también se aplica erróneamente a la isla Hondo.

NIQUE, cima de Colombia, en la serranía del Darién (Chocó); 1 540 m.

NIQUELANDIA, pobl. del Brasil (Goiás); níquel.

NIQUERO, térm. mun. de Cuba (Oriente).

NIQUINOHOMO, pobl. de Nicaragua (Masaya).

NIQUITAO (TETA DE), pico de Venezuela (Trujillo), en la sierra de Calderas; 4 006 m.

NIRGUA, río de Venezuela, afl. del Cojedes. — Pobl. de Venezuela (Yaracuy).

NISH, ant. **Nissa,** c. de Yugoslavia (Servia). Industrias. Patria de Constantino el Grande.

NISHINOMYA, c. del Japón (Hondo), en la bahía de Osaka.

Niso, personaje de *La Eneida* de Virgilio.

NITERÓI, c. del Brasil, cap. del Estado de Rio de Janeiro, en la bahía de Guanabara, frente a Rio de Janeiro; zona residencial. Industrias.

NITHARD (Juan Everardo), jesuita y cardenal alemán (1607-1681), consejero de Mariana de Austria, madre de Carlos II de España, y único ministro de este rey.

NIXON (Richard), político norteamericano, n. en 1913, vicepres. de la Rep. (1953-1961), y pres. desde 1969.

NIZA (CONDADO DE), ant. prov. del reino de Cerdeña, cap. *Niza*, reunida parcialmente con Francia en 1860; forma casi todo el dep. de los Alpes Marítimos.

NIZA, c. de Francia, cap. del dep. de los Alpes Marítimos, en la Costa Azul. Puerto en el Mediterráneo. Observatorio. Estación invernal y veraniega. Industrias. Obispado.

NIZA (Marcos de), misionero franciscano y descubridor italiano del s. XVI, que exploró el territorio de Nuevo México e inventó la leyenda de las siete ciudades de *Cíbola*. M. en 1558.

NIZAMI (Abú Mohamed ben Yusuf), poeta persa (1140-1203), autor de los poemas *Las siete bellezas* y *Almacén de secretos*.

NIZAO, distr. de la Rep. Dominicana (Peravia).

N'KONGSAMBA, c. interior del Camerún.

NKRUMAH (Kwame), estadista de Ghana, n. en 1909, presidente de la República de 1960 a 1966. Derrocado por un golpe de Estado.

NO (LAGO), lago en el Sudán oriental.

NOAILLES (Ana BRANCOVAN, *condesa de*), poetisa francesa (1876-1933), autora de poemas plenos de melancolía e inquietud.

NÓBEL (Alfredo), industrial y químico sueco, n. en Estocolmo (1833-1896), inventor de la dinamita. Instituyó en su testamento cinco premios que se conceden anualmente a los bienhechores de la humanidad en los campos siguientes: Literatura, Paz, Fisiología y Medicina, Física y Química. Se adjudican el 10 de diciembre, aniversario de su muerte.

NOBILE (Humberto), general, aviador y explorador italiano, n. en 1885. Dirigió dos expediciones al Polo Norte (1926 y 1928).

NOBILI (Leopoldo), físico italiano (1787-1835), que inventó la pila termoeléctrica y un galvanómetro.

Nobles vecinos, n. dado a un cuerpo de voluntarios españoles residentes en Cuba, creado a mediados del s. XIX para combatir a los agitadores revolucionarios.

NOBOA (Diego), político ecuatoriano (1789-1870), pres. de la Rep. en 1850, derrocado en 1851 por Urbina.

NOBOA ARREDONDO (Ernesto), escritor peruano (1839-1873), autor de leyendas.

NOBOA CAAMAÑO (Ernesto), poeta ecuatoriano (1891-1927), autor de *La romanza de las horas*.

NOBRE (Antonio), poeta portugués (1867-1900), autor de *El deseado* y *Despedidas*.

NOCEDAL (Cándido), escritor y político español (1821-1885), defensor elocuente de la causa carlista. — Su hijo RAMÓN, escritor y político (1848-1907), autor de las comedias *El juez de su causa* y *La Carmañola*.

Noche Triste, n. dado a la noche del 30 de junio de 1520, en que Hernán Cortés, derrotado por los mexicanos, lloró la muerte de sus compañeros al pie de un ahuehuete en Popotla. Este árbol se conservó como reliquia hasta 1969.

NIZA
Paseo de los Ingleses

NÓBEL

C. NOCEDAL

Fot. P. Dubure, N. Y. T., doc. A. G. P.

NODIER en 1824 por GUÉRIN

NODIER [-*dié*] (Charles), escritor francés (1780-1844), autor de cuentos plenos de fantasía.

NOÉ, patriarca hebreo. Construyó por consejo de Dios el arca que había de preservarle del diluvio con su familia, y fue padre de las nuevas razas humanas. (*Biblia*.)

Noel (*Papá*), personaje legendario que, en las creencias infantiles, distribuye juguetes y golosinas la noche de Navidad.

NOEL (Eugenio), periodista español (1885-1936), que publicó varios libros de crónicas, escritos con un estilo castizo y brioso.

NOGALES, com. de Chile (Valparaíso). — Distr. de Chile (Santiago). — Pobl. de México (Sonora).

NOGALES (José), periodista español (¿1850?-1908), autor de la novela *Mariquita León* y del cuento *Las tres cosas del tío Juan*.

NOGOYÁ, pobl. de la Argentina (Entre Ríos).

NOGUERA, n. de dos ríos de España, afl. del Segre. El *Noguera Ribagorzana* (Huesca y Lérida) mide 138 km y el *Noguera Pallaresa* (Lérida) unos 150. En éste hay varias centrales hidroeléctricas.

NOLA, c. de Italia (Nápoles). Marcelo venció en ella a Aníbal en 214 a. de J. C. y Augusto murió allí en el año 14.

NOLASCO (*San* Pedro), religioso francés (¿1182?-1256), fundador de la orden de la Merced con San Raimundo de Peñafort. Fiesta el 28 de enero.

NOMBELA (Julio), escritor español (1836-1919), autor de varias novelas folletinescas.

NOMBRE DE DIOS, sierra de Honduras (Yoro). — Pobl. de México (Durango); minas. — Puerto de Panamá, en el mar Caribe, cerca de Colón, fundado en 1510 por Diego de Nicuesa.

Nombres de Cristo (*De los*), obra de Fr. Luis de León, explicación del sentido místico de las diferentes apelaciones que se dan a Jesús en la Biblia (1585).

NONELL (Isidro), pintor español (1873-1911), de técnica impresionista.

NONIO (Pedro NUNES, llamado **Petrus**), sabio portugués (1492-1577), inventor de un sistema para graduar los instrumentos astronómicos y para medir fracciones de las divisiones menores de la graduación.

NONO, valle de la Argentina, en la sierra de Córdoba.

NONO, poeta griego de principios del s. V, autor del poema mitológico *Las Dionisiacas*.

NORBERTO (*San*), prelado alemán (¿1080?-1134), fundador de la orden de los Premonstratenses. Fiesta el 6 de junio.

NOR CINTI, prov. de Bolivia (Chuquisaca); cap. *Camargo*.

NOR CHICHAS, prov. de Bolivia (Potosí); cap. *Cotagaita*.

NOR YUNGAS, prov. de Bolivia (La Paz); cap. *Coroico*.

NORD, dep. del N. de Francia; cap. *Lila*.

NORD (Alejo), político haitiano (1820-1910), pres. de la Rep. de 1902 a 1908.

NORDENSKJÖLD (Adolfo Eric), naturalista y explorador sueco, n. en Helsingfors (1832-1901). Descubrió el paso del NE. en su viaje ártico de 1878-1879.

NORDHAUSEN, c. de Alemania oriental. Industrias textiles y químicas.

NÖRDLINGEN, c. de Alemania (Baviera), escenario de dos batallas en la guerra de los Treinta Años (1634 y 1645).

NOREÑA (Miguel), escultor mexicano del siglo XIX, autor de una estatua de *Cuauhtémoc*.

NORFOLK, condado de Inglaterra. Cap. *Norwich*. — C. y puerto de los Estados Unidos (Virginia). Centro industrial.

NÓRICA, ant. prov. del Imperio Romano, comprendida entre el Danubio y los Alpes Cárnicos.

NORIEGA HOPE (Carlos), escritor mexicano (1896-1934), autor de novelas y de obras dramáticas (*Margarita de Arizona* y *Che Ferrati*).

Norma, ópera de Bellini (1831).

NORMANDAS (*Islas* **Anglo-**). V. ANGLONORMANDAS.

NORMANDÍA, ant. prov. del NO. de Francia, cedida por Carlos el Simple a Rolón, y reconquistada a los ingleses por Felipe Augusto en 1204. Cap. *Ruán*. Actualmente constituye cinco departamentos y allí desembarcaron los Aliados en la Segunda Guerra mundial (junio 1944).

NORMANDOS o **NORTHMEN** (*"Hombres del Norte"*), pueblo originario de los países escandinavos, principalmente de Noruega y Dinamarca. Con el nombre de *varegos* o *rus* ocuparon, a mediados del s. IX, el valle superior del Dniéper, Smolensko y Kiev. Dirigieron también su actividad hacia Occidente, y, al final del reinado de Carlomagno, desembarcaron en la desembocadura de los principales ríos de Francia, pusieron sitio a París (886), saquearon Borgoña, y, en 911, ocuparon la región llamada hoy Normandía. En sus incursiones, llegaron a tocar en algunos puntos de la península Ibérica: Lisboa (844) e Isla Cristina (Huelva), donde se hicieron fuertes durante algún tiempo. En 859 saquearon Algeciras, pero fueron rechazados por la escuadra musulmana. El establecimiento de principados en Italia meridional y Sicilia (s. XI) y la conquista de Inglaterra por Guillermo el Conquistador (1066) fueron los últimos hechos notables de los normandos.

NOROESTE (PASO DEL), paso marítimo del Atlántico al Pacífico, por la costa N. de América.

NOROESTE (PROVINCIA DEL), prov. de Paquistán; cap. *Peshawar*.

NOROESTE (TERRITORIO DEL), parte septentrional del Canadá, entre la bahía de Hudson y el río Yukon; 3 218 000 km²; 16 000 h.

NORONHA (Fernando de), comerciante portugués, que descubrió en la costa N. del Brasil la isla de su nombre en 1503.

NOROÑA (Gaspar ÁLVAREZ DE NOROÑA, *conde de*), diplomático, militar y poeta español (1760-1815).

NORRKÖPING, c. y puerto de Suecia, en el Báltico. Industrias textiles; fosfatos.

NORRLAND, región septentrional de Suecia.

NORTE (MAR DEL), mar interior del NO. de Europa, formado por el Atlántico; baña a Francia, Gran Bretaña, Noruega, Dinamarca, Alemania, Holanda y Bélgica.

NORTE (CABO), cabo de Noruega, punto más septentrional de Europa.

NORTE (CANAL DEL), estrecho entre Irlanda y Escocia, que une el Atlántico con el mar de Irlanda.

NORTE, dep. de Haití; cap. *Cabo Haitiano*.

NORTE DE SANTANDER, dep. de Colombia, fronterizo con Venezuela; cap. *Cúcuta*; importante prod. de café, tabaco, caña de azúcar; ganadería; petróleo. (Hab. *santandereanos del Norte, nortesantandereanos* o *norsantandereanos*.)

NORTHAMPTON [*norz-*], c. de Inglaterra, cap. del condado de Northampton, a orillas del Nen. Industria del cuero. Iglesias antiguas.

NORTHUMBERLAND, condado del N. de Inglaterra. Cap. *Newcastle*. Cuenca hullera.

NORUEGA, Estado de Europa septentrional, que forma el lado occidental de la península escandinava y está limitado por el Atlántico al O. y por Suecia al E. Está separado de Dinamarca por el Skagerrak. 324 000 km²; 3 700 000 h. (*noruegos*). Cap. *Oslo* (ant. *Cristianía*), 515 000 h.; c. pr. *Bergen*, 115 000; *Trondheim*, 59 000.

— GEOGRAFÍA. Noruega es un país esencialmente montañoso y cubierto de extensas selvas; al Sur se extienden las planicies niveladas por los glaciares; la parte habitada del país es la costa, cortada por golfos profundos (*fiordos*). La economía se basa en la cría de ganado, la explotación de los bosques (madera, papel) y, sobre todo, la pesca y la marina mercante.

— HISTORIA. Hasta el s. IX, la historia de Noruega se confunde con la de los países escandinavos. Harald Harfagre (860-933) fundó la primera dinastía. El cristianismo penetró en Noruega a fines del s. X. Los s. XI a XIII presenciaron una serie de guerras dinásticas contra los países vecinos. La regente Margarita de Valdemar (1380-1387), realizó la unión con Dinamarca, que duró hasta 1814, y en 1397 la de Suecia, en Calmar, que persistió hasta 1521; Noruega se convirtió gradualmente en simple provincia danesa, hasta que el conflicto entre Gran Bretaña y Dinamarca obligó a ésta a cederla a Suecia (1814). El Tratado de Carlstad (1905) consagró la separación de Suecia y Noruega, después de un siglo de tensiones. Noruega se mantuvo neutral en la Primera Guerra mundial, y fue invadida por los alemanes en la segunda.

escudo de NORUEGA

Fot. X

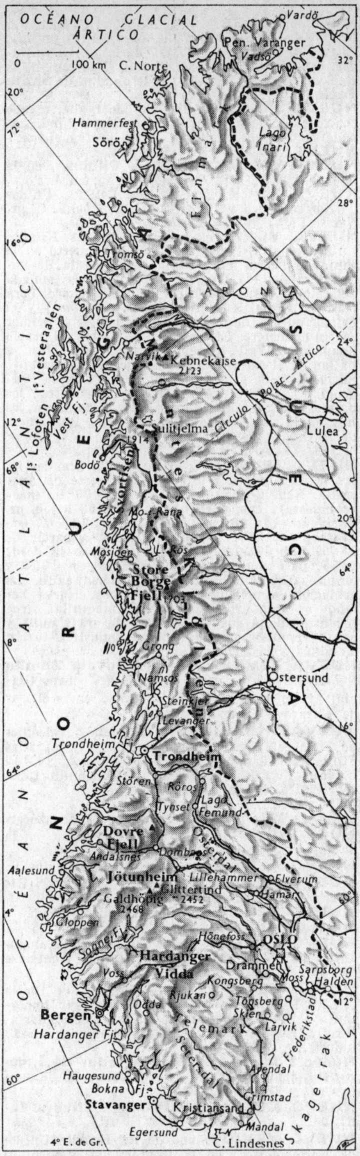

NORWICH, cap. del condado de Norfolk, en Inglaterra, a orillas del Wensum. Industria del calzado. Hermosa catedral. Universidad.
NOSARA, río de Costa Rica (Guanacaste).
NOSTRADAMUS (Michel DE NOSTRE-DAME, llamado), astrólogo y médico francés (1503-1566), autor de profecías.
NOTTINGHAM, c. de Inglaterra, a orillas del Trent, cap. del condado de su n. Industrias.
NOUEL (Adolfo Alejandro), arzobispo y político dominicano (1862-1937), pres. de la Rep. de 1912 a 1913.

NOVACIANO, antipapa y hereje en 251, fundador de la secta de los novacianos, que no admitía la potestad de la Iglesia para readmitir a los lapsos o perdonar los pecados mortales.
NOVA IGUAÇU, c. del Brasil, cerca de Rio de Janeiro. Obispado.
NOVA LIMA, principal centro aurífero del Brasil (Minas Gerais).
NOVALIS (Federico Leopoldo VON HARDENBERG, llamado), poeta alemán, n. en Wiederstedt (1772-1801), uno de los representantes más brillantes del romanticismo en su país. Autor de *Himnos de la noche*, de inspiración mística.
NOVA LISBOA, c. de Angola, en el centro del país.
NOVARA, c. de Italia (Piamonte). Centro agrícola (arroz) e industrial. Obispado.
NOVÁS CALVO (Lino), escritor cubano, n. en 1905, notable cuentista.
Novelas, constituciones de Justiniano que completan el *Digesto* (hacia 570).
Novelas ejemplares. V. CERVANTES.
NOVELDA, c. de España (Alicante).
Novenas. V. ENNEADAS.
NOVGOROD, c. de la U. R. S. S. (Rusia), a orillas del Volkhov. Antiguo centro comercial.
NOVI LIGURE, c. de Italia (Alejandría).
NOVIÓN (Alberto Aurelio), comediógrafo argentino (1881-1937), autor de *En un burro tres baturros* y *La gaucha*.
Novios *(Los)*, novela histórica de A. Manzoni, obra maestra del romanticismo italiano (1827).
NOVI SAD, c. de Yugoslavia, cap. de Voivodina, puerto en el Danubio.
NOVO (Salvador), escritor y poeta mexicano, n. en 1904, autor de *Espejo* y *Continente vacío*.
NOVOA (Matías de), escritor español (¿1576-1652?), mayordomo del rey Felipe IV, y autor de unas interesantes *Memorias*.
NOVOCHERKASSK, c. de la U. R. S. S. (Rusia meridional).
NOVOKUZNETSK, de 1932 a 1961 **Stalinsk,** c. de la U. R. S. S. (Rusia), en Siberia.
NOVOMOSKOVSK, de 1934 a 1961 **Stalinogorsk,** c. de la U. R. S. S. (Rusia), al S. de Moscú. Industrias químicas.
NOVOROSISK, c. de la U. R. S. S. (Rusia), puerto en el mar Negro. Metalurgia.
NOVOSIBIRSK, c. de la U. R. S. S. (Rusia), en Siberia. Centro ferroviario e industrial.
NOVO Y COLSON (Pedro), dramaturgo español (1846-1931), que cultivó el teatro de tesis e histórico y los relatos científicos.
Novum Organum o **Método para la interpretación de la naturaleza,** tratado filosófico de Francis Bacon, en que inaugura de modo brillante las reglas del método analítico experimental e inductivo (1620).
NOWA HUTA, c. de Polonia, al E. de Cracovia.
NOWY BYTOM, c. de Polonia, en Alta Silesia. Hulla; metalurgia.
NOYON [*nuayon*], c. de Francia (Oise). Catedral (s. XII-XIII), valioso ejemplar del gótico primitivo. Patria de Calvino. Tratado de alianza entre el emperador Carlos V y el rey de Francia Francisco I (1516).
NUADIBU. V. PORT ETIENNE.
NUAKCHOTT, cap. de la República Islámica de Mauritania; 6 000 h. Ciudad creada en 1958.
Nubes *(Las)*, comedia de Aristófanes (423 a. de J. C.), sátira injusta contra Sócrates.
NUBIA, región de África, al N. de Sudán.
Nudo gordiano. V. GORDIANO *(Nudo)*.
Nuestra Señora de París, iglesia metropolitana de París en la isla de La Cité. Es una maravilla de la arquitectura gótica (1163-¿1245?).

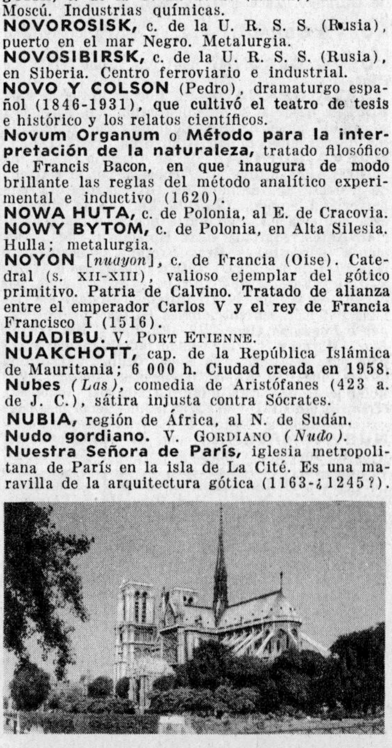

NOVALIS

NUESTRA SEÑORA DE PARÍS
fachada y ábside

Fot. Larousse, Laporte

Nuestra Señora de París, novela descriptiva e histórica de Víctor Hugo (1831).

NUEVA ANDALUCÍA, región de Tierra Firme, en la parte oriental de Venezuela, comprendida entre el Cabo de la Vela y el golfo de Urabá, que fue poblada por Alonso de Ojeda.

NUEVA AUSTRALIA, pobl. del Paraguay (Caaguazú).

NUEVA BRETAÑA, isla de Melanesia en el archipiélago Bismarck, bajo tutela australiana. Es la **Nueva Pomerania** de los alemanes.

NUEVA BURDEOS. V. VILLA HAYES.

NUEVA CÁCERES. V. NAGA.

NUEVA CALEDONIA, isla de Melanesia, descubierta por Cook (1774) y que pertenece a Francia desde 1853; 18 653 km²; 100 000 h. Los indígenas se llaman *canacas*. Cap. *Numea*. Antiguo presidio. Níquel; café, tabaco, copra.

NUEVA CASTILLA, ant. n. del **Perú** en la época colonial. También, n. que dieron los españoles a la isla de Luzón (Filipinas).

NUEVA COLOMBIA, pobl. del Paraguay (Cordillera).

NUEVA CÓRDOBA. V. CUMANÁ.

NUEVA DELHI. V. DELHI.

NUEVA ÉCIJA, prov. de la isla de Luzón (Filipinas); cap. *Cabanatuán*.

NUEVA ESCOCIA, prov. del E. del Canadá. Cap. *Halifax*.

NUEVA ESPAÑA, n. que se dio a **México** durante la época de la dominación española.

NUEVA ESPARTA, Estado de Venezuela, formado por las islas Coche, Cubagua y Margarita; cap. *La Asunción* (Margarita); importante ind. pesquera y conservera; petróleo; cobre. (Hab. *neoespartanos.*) — V. de El Salvador (La Unión).

NUEVA EXTREMADURA, ant. n. de **Chile** y también del territorio mexicano de **Coahuila**.

NUEVA GALES DEL SUR, en ingl. **New South Wales**, Est. de Australia, en la costa oriental; cap. *Sydney*. Hulla.

NUEVA GALICIA, ant. n. de la parte O. del centro de México (Jalisco, Aguascalientes y parte de Durango, Zacatecas, Nayarit y San Luis Potosí).

NUEVA GERMANIA, pobl. del Paraguay (San Pedro).

NUEVA GERONA, pobl. de Cuba (Isla de Pinos).

NUEVA GRANADA, n. que se aplicó a **Colombia** bajo la dominación española. En 1819 se cambió por el de Gran Colombia, convirtiéndose luego en Confederación Granadina (1831-1858).

NUEVA GUINEA, isla de Oceanía, al N. de Australia, de la que está separada por el estrecho de Torres. Es, después de Groenlandia, la isla mayor del mundo, 771 900 km². Muy húmeda, está cubierta en gran parte por la selva ecuatorial. Antes repartida entre Holanda (oeste), Alemania (nordeste) y Gran Bretaña (sudeste). *La Nueva Guinea bajo tutela australiana* tiene 240 900 km², 1 582 000 h. y se extiende por el NE. de la isla, el archipiélago Bismarck y las islas Salomón septentrionales. El territorio de *Papúa* o *Papuasia* tiene 234 500 km² y 562 800 h. *Port Moresby* es el centro administrativo común para este terr. y la Nueva Guinea bajo tutela australiana. La *Nueva Guinea occidental*, antes holandesa, hoy está administrada por Indonesia (Irian occidental); 412 781 km² (con las islas costeras); unos 800 000 h. Cap. *Djajapura*.

NUEVA IMPERIAL, com. de Chile, cab. del dep. de Imperial (Cautín).

NUEVA INGLATERRA, n. dado al conjunto de los seis Estados norteamericanos situados al NE. del país: Maine, New Hampshire, Vermont, Massachusetts, Rhode Island, Connecticut.

NUEVA IRLANDA o **NUEVO MECKLEMBURGO,** isla del archipiélago Bismarck (Melanesia), cerca de Nueva Guinea; cap. *Kavieng*.

NUEVA JERSEY, uno de los Estados Unidos de América (Atlántico); cap. *Trenton*.

NUEVA OCOTEPEQUE, c. de Honduras, cap. del dep. de Ocotepeque; centro agrícola.

NUEVA ORLEÁNS, c. del S. de los Estados Unidos, en Luisiana, a orillas del Misisipí. Gran centro comercial e industrial.

NUEVA PALMIRA, c. y puerto fluvial del Uruguay (Colonia).

NUEVA PAZ, térm. mun. de Cuba (Habana).

NUEVA POMERANIA. V. NUEVA BRETAÑA.

NUEVA ROSITA, c. de México (Coahuila).

NUEVA SAN SALVADOR, c. de El Salvador, cap. del dep. de La Libertad. Fue cap. de la Rep. de 1855 a 1859. Tb. se le da el n. de **Santa Tecla**.

NUEVA SEGOVIA, dep. de Nicaragua, regado por el río Coco o Segovia. Cap. *Ocotal*; ind. ganadera; maderas preciosas. (Hab. *neosegovianos.*)

NUEVA TOLEDO. V. CUMANÁ.

NUEVA VIZCAYA, prov. de Filipinas, en la isla de Luzón; cap. *Bayombong*. Agricultura.

NUEVA YORK, uno de los Estados Unidos de Norteamérica (Atlántico). Cap. *Albany*. C. pr. *Nueva York, Búfalo, Rochester*.

NUEVA YORK, c. principal de los Estados Unidos en el Estado del mismo n.; puerto en la bahía de Nueva York (Atlántico), en la desembocadura del río Hudson. Es la c. más poblada del mundo (7 840 000 h., el *Gran Nueva York* más de 16 millones de h. [*neoyorquinos*] y el primer puerto, después de Rotterdam, y el primer centro financiero. El centro de la ciudad, el barrio financiero (Wall Street) y sus rascacielos se hallan en el extremo S. de la isla de Manhattan; hacia el N. de ésta se extienden los barrios residenciales. Frente a Manhattan se encuentran los barrios industriales (Jersey City); también los hay en la parte oriental (Brooklyn). Residencia de la O.N.U. desde 1946.

NUEVA ZAMORA. V. MARACAIBO.

NUEVA ZELANDA, grupo de dos grandes islas de Oceanía, a 2 000 km al sureste de Australia. Sup. 267 837 km²; 2 640 000 h. (*neozelandeses*); cap. **Wellington, 150 000 h.; c. pr.** *Auckland*, 448 000; *Dunedin*, 103 500; *Christchurch*, 215 000. Colonia británica a partir de 1840, Nueva Zelanda, que se administra desde 1856, pasó a ser dominio británico en 1907 y forma parte actualmente del Commonwealth. La población es principalmente europea. Nueva Zelanda es gran exportadora de mantequilla, carne y lana, explota sus yacimientos de oro y hulla y ha desarrollado una floreciente industria textil, mecánica y alimenticia.

NUEVA ZEMBLA, en ruso **Novaia Zemlia** (*"Tierra nueva"*), grupo de islas del océano Glacial Ártico, al N. de la U. R. S. S., entre el mar de Kara y el mar de Barents.

NUEVAS HÉBRIDAS, archipiélago volcánico de Melanesia, entre **Nueva Caledonia y las islas** Fidji, formado por 37 islas; 14 762 km²; 86 000 h.; cap. *Port Vila* (isla Vaté). Condominio francobritánico. Copra.

NUEVITAS, c. de Cuba (Camagüey), al O. de *bahía de Nuevitas*. Puerto exportador de azúcar.

NUEVO (GOLFO), golfo de la Argentina, en la penins. de Valdés (Chubut).

NUEVO. V. GONZÁLEZ.

NUEVO BERLÍN, pobl. del Uruguay (Río Negro). Fundada por colonos alemanes.

NUEVO BRUNSWICK, prov. del Canadá, a orillas del Atlántico; cap. *Fredericton*.

NUEVO LAREDO, pobl. de México (Tamaulipas), a orillas del río Bravo, puesto fronterizo con los Estados Unidos.

NUEVO LEÓN, Estado de México que limita con los Estados Unidos; cap. *Monterrey*; importante actividad agrícola (cítricos, frutas, hortalizas); ganadería; yac. de plomo, cinc y plata; industrias.

Nuevo Luciano o **El despertador de ingenios,** diálogos satíricos del ecuatoriano E. de Santa Cruz y Espejo (1779).

NUEVO MECKLEMBURGO. V. NUEVA IRLANDA.

NUEVO MÉXICO, uno de los Estados Unidos de Norteamérica, en la frontera de México, al que perteneció hasta 1848. Cap. *Santa Fe*. Terr. en gran parte desértico; yacimientos de petróleo.

NUKUALOFA, cap. del arch. de Tonga.

NUMA POMPILIO, segundo rey legendario de Roma de 714 a 671 a. de J. C. (V. EGERIA.)

NUMANCIA, c. de la antigua España cerca de Soria, destruida por Escipión Emiliano después de un sitio memorable en 133 a. de J. C. Sus habitantes prefirieron perecer en las llamas antes que rendirse. (Hab. *numantinos.*)

Numancia, comedia de Cervantes (hacia 1585).

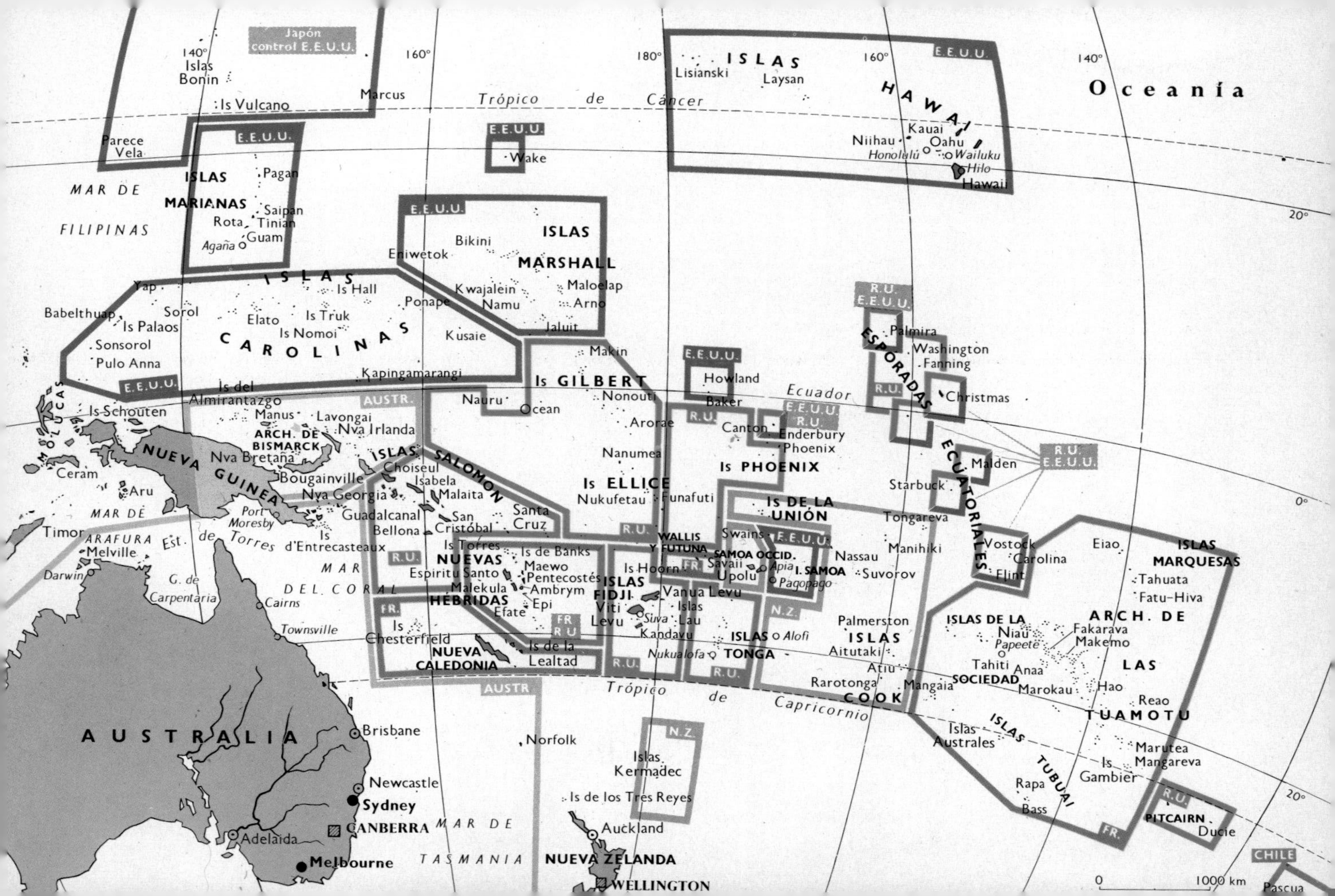

Oceanía
Japón control E.E.U.U.
Islas Bonin
Is Vulcano
Marcus
Parece Vela
Trópico de Cáncer
ISLAS HAWAI
Lisianski
Laysan
Niihau
Kauai
Oahu
Honolulú
Wailuku
Hilo
Hawaii
E.E.U.U.
Wake
ISLAS MARIANAS
Pagan
Saipan
Tinian
Rota
Guam
Agaña
MAR DE FILIPINAS
ISLAS MARSHALL
Bikini
Eniwetok
Kwajalein
Namu
Maloelap
Arno
Jaluit
ISLAS CAROLINAS
Yap
Babelthuap
Is Palaos
Sorol
Sonsorol
Pulo Anna
Elato
Is Hall
Is Truk
Is Nomoi
Ponape
Kusaie
Kapingamarangi
Is del Almirantazgo
MOLUCAS
Is Schouten
Manus
Lavongai
Nva Irlanda
ARCH. DE BISMARCK
Nva Bretaña
NUEVA GUINEA
Ceram
Aru
Timor
MAR DE ARAFURA
Melville
Darwin
G. de Carpentaria
Est. de Torres
Port Moresby
Is d'Entrecasteaux
Bougainville
ISLAS SALOMON
Choiseul
Isabela
Malaita
Nva Georgia
Guadalcanal
Bellona
San Cristóbal
Santa Cruz
AUSTR.
Nauru
Ocean
Is GILBERT
Makin
Nonouti
Arorae
Nanumea
Is ELLICE
Nukufetau
Funafuti
R.U.
Is Torres
Is de Banks
NUEVAS HÉBRIDAS
Espiritu Santo
Maewo
Pentecostés
Malekula
Ambrym
Epi
Efate
MAR DEL CORAL
Cairns
Townsville
FR.
Is Chesterfield
NUEVA CALEDONIA
Is de la Lealtad
FR R U
ISLAS FIDJI
Viti Levu
Vanua Levu
Islas Lau
Suva
Kandavu
Is Hoorn
WALLIS Y FUTUNA
Howland
Baker
Canton
Enderbury
Phoenix
Is PHOENIX
Ecuador
Is DE LA UNIÓN
Swains
SAMOA OCCID.
Savaii
Upolu
Apia
I. SAMOA
Pagopago
N.Z.
ISLAS TONGA
Alofi
Nukualofa
Palmira
Washington
Fanning
ESPORADAS ECUATORIALES
Christmas
Malden
Starbuck
Vostock
Carolina
Flint
R.U. E.E.U.U.
Tongareva
Manihiki
Nassau
Suvorov
Palmerston
ISLAS COOK
Aitutaki
Atiu
Rarotonga
Mangaia
Trópico de Capricornio
ISLAS DE LA SOCIEDAD
Niau
Papeete
Tahiti
Anaa
Marokau
Fakarava
Makemo
Hao
Reao
ARCH. DE LAS TUAMOTU
Eiao
ISLAS MARQUESAS
Tahuata
Fatu-Hiva
Islas Australes
ISLAS TUBUAI
Rapa
Bass
Marutea
Mangareva
Is Gambier
PITCAIRN
Ducie
CHILE
Pascua
AUSTRALIA
Brisbane
Newcastle
Sydney
CANBERRA
Melbourne
Adelaida
MAR DE TASMANIA
Norfolk
Islas Kermadec
Is de los Tres Reyes
Auckland
NUEVA ZELANDA
WELLINGTON
140°
160°
180°
20°
0°
0
1000 km

EUROPA
FRANCIA
PORTUGAL
ESPAÑA
ITALIA
GRECIA
TURQUÍA
MAR NEGRO
MAR CASPIO
MAR MEDITERRÁNEO
ARGEL
Bejaia
Skikda
Annaba
TÚNEZ
Tánger
Orán
RABAT
Casablanca
MARRUECOS
Marrakech
Agadir
Gran Atlas
Atlas
Constantina
Aures
Susa
Sfax
G. de Gabes
TRIPOLI
G. de Sirte
Chipre
Alejandría
Port Said
Ismailia
Suez
EL CAIRO
El Fayum
Sinaí
TRIPOLITANIA
CIRENAICA
Rhadames
Islas Canarias
EL-AAIÚN
SAHARA ESP
Villa Cisneros
ARGELIA
LIBIA
Murzuk
Fezzán
Erg Iguidi
Hoggar
Tanezruft
Taudeni
Tamanraset
Adrar
NUAKCHOTT
MAURITANIA
Sáhara
MALI
Tibesti
Desierto Líbico
EGIPTO (R.A.U.)
Asiut
Luxor
Asuán
Quseir
Des. Arábigo
Desierto de Nubia
Pt Sudán
MAR ROJO
Nilo
ARABIA SAUDITA
G. Pérsico
Trópico de Cáncer
YEMEN
Air
Agades
Tombuctú
Gao
Omdurmán
JARTUM
Asmara
ERYTREA
Asab
Adén
SENEGAL
GAMBIA
NÍGER
CHAD
Darfur
L. CHAD
Zinder
NIAMEY
Níger
BAMAKO
Sokoto
ALTO VOLTA
FORT-LAMY
SUDÁN
TERR. FRANCÉS DE LOS AFARS E ISSAS
JIBUTI
Berbera
Hargeisa
GUINEA PORT.
Futa-Yalón
GUINEA
Kano
Chari
NIGERIA
Macizo Etiópico
ADDIS-ABEBA
CONAKRY
FREETOWN
SIERRA LEONA
GHANA
TOGO
DAHOMEY
Cuenca del Alto Nilo
MONROVIA
LIBERIA
COSTA DE MARFIL
ACCRA
Ibadán
LAGOS
PORTO NOVO
LOMÉ
ABIDJÁN
Bingerville
Gd Bassam
REP. CENTRAFRICANA
Fort Archambault
BANGUI
ETIOPÍA
SOMALIA
Obbia
Golfo de Guinea
Buea
CAMERÚN
Duala
YAUNDÉ
GUINEA ECUAT.L
LIBREVILLE
Ogoué
Ubangui
Cuenca del Congo
Mbandaka
Kisangani
Ruwenzori
5 130
LAGO RODOLFO
UGANDA
KAMPALA
Mte Kenia
5 194
KENIA
NAIROBI
MOGADISCIO
Chisimaio
Ecuador
C. López
GABÓN
CONGO
LAGO VICTORIA
RUANDA
BURUNDI
Kilimanjaro
5 916
BRAZZAVILLE
Pointe Noire
Cabinda (Angola)
Banana
KINSHASA
Matadi
Kalima
TANZANIA
Mombasa
Pemba
ZANZÍBAR
LAGO TANGANICA
DAR ES-SALAM
LUANDA
Mtes Livingstone
OCÉANO
Katanga
ANGOLA
Lubumbashi
LAGO NYASSA
MALAWI
Arch. de las Comores
Diego-Suárez
Nova Lisboa
Mossâmedes
ZAMBIA
LUSAKA
ZOMBA
Zambeze
Mozambique
Majunga
C. Frío
Desierto de Namib
ÁFRICA DEL SUDOESTE
Cataratas Victoria
SALISBURY
RODESIA
MOZAMBIQUE
Tamatave
TANANARIVE
MADAGASCAR
Beira
Sofala
Canal de Mozambique
Desierto de Kalahari
BOTSWANA
WINDHOEK
Llanura de Mozambique
Tulear
ATLÁNTICO
Walvis Bay
Trópico de Capricornio
GABERONES
TRANSVAAL
Pretoria
LOURENÇO MARQUES
Fort-Dauphin
Johannesburgo
SUAZILANDIA
REP. DE ÁFRICA DEL SUR
ORANGE
NATAL
Pietermaritzburgo
Durbán
ÍNDICO
Bloemfontein
LESOTHO
Drakensb.
EL CABO
East London
Port Elizabeth
Cabo de Buena Esperanza
0
1000 km
45°
30°
15°
10°O
5°E.
20°
35°
50°

África

NUMEA, puerto y capital de Nueva Caledonia. 18 000 h. Tratamiento del níquel.

Números *(Libro de los)*, el cuarto libro del *Pentateuco* de Moisés, llamado así porque empieza con el censo de los israelitas.

NUMIDIA, región del África antigua, entre Cartago y Mauritania, conquistada por los romanos a Yugurta. Corresponde a la actual **Argelia.** Cap. *Cirta* (Constantina).

NUMITOR, rey legendario de Alba, abuelo de Rómulo y Remo.

NUNES (José Joaquín), filólogo y arqueólogo portugués (1859-1932).

NUNES (Pedro). V. NONIO.

NUNÓ (Jaime), compositor español que vivió en México (1824-1908), autor de la música del himno nacional mexicano cuya letra era del poeta Francisco González Bocanegra.

NÚÑEZ (Alvar). V. CABEZA DE VACA.

NÚÑEZ (José), político nicaragüense del s. XIX, jefe interino del Estado en 1834, designado a título efectivo en 1838.

NÚÑEZ (Rafael), político y literato colombiano, n. en Cartagena (1825-1894), pres. de la Rep. de 1880 a 1882, de 1884 a 1886 y de 1887 a 1888. Durante su segundo Gobierno hubo de hacer frente a la revolución de los radicales, promulgó la Constitución de 1886, convirtiendo la república federativa en unitaria, y restableció la unidad nacional. Autor de *Ensayos de crítica social* y de la letra del Himno Nacional.

NÚÑEZ ALONSO (Alejandro), novelista español, n. en 1905, autor de *La gota de mercurio, Segunda agonía,* etc.

NÚÑEZ DE ARCE (Gaspar), poeta postromántico español, n. en Valladolid (1834-1903), que cultivó la poesía filosófica en la que palpita el escepticismo (*Gritos del Combate, El vértigo, Maruja, La visión de Fray Martín, La selva oscura*) y el drama (*El haz de leña*).

NÚÑEZ DE BALBOA (Vasco). V. BALBOA.

NÚÑEZ DE CÁCERES (José), político y escritor dominicano (1772-1846), que proclamó la independencia de su patria en 1821, y asumió el cargo de pres. hasta 1822. M. en México.

NÚÑEZ DE PINEDA Y BASCUÑÁN (Francisco), escritor y militar chileno (1607-1682).

NÚÑEZ DE REINOSO (Alonso), escritor español del s. XVI, autor de la novela de tipo bizantino *Historia de los amores de Clareo y Florisea.*

NÚÑEZ DE TOLEDO Y GUZMÁN (Hernán), humanista español (¿1475?-1553), más conocido por los nombres de **el Comendador griego** y de **el Pinciano.** Colaboró en la *Biblia Políglota Complutense* y escribió varios comentarios sobre Plinio, Séneca y Pomponio Mela, e hizo una recopilación de refranes castellanos.

R. NÚÑEZ

NÚÑEZ DE TOLEDO

NÚÑEZ VELA

NÚÑEZ RODRÍGUEZ (Emilio), general y político cubano (1855-1922), que luchó ardorosamente en favor de la independencia de su país. Fue gobernador de La Habana y vicepres. de la República.

NÚÑEZ VELA (Blasco), primer virrey del Perú (1544), que, fracasado en su intento de reprimir la rebelión de Gonzalo Pizarro, fue decapitado en 1546 y su cabeza expuesta en la plaza principal de Quito.

NÚÑEZ Y DOMÍNGUEZ (José de J.), poeta y diplomático mexicano (1887-1959).

NUÑO RASURA, juez legendario de Castilla del s. X, que luchó contra los árabes.

NUREMBERG o **NUREMBERGA,** c. de Alemania (Baviera), a orillas del río Pegnitz. Gran centro industrial. Las zonas antiguas y los monumentos fueron devastados durante la Segunda Guerra mundial. En ella se celebró (1945-1949) el proceso contra los criminales de guerra alemanes.

NYANZA, región del SO. de Kenia.

NYASSA, hoy **Malawi,** gran lago de África austral, al O. de Mozambique; 26 000 km².

NYASSALANDIA, nombre de **Malawi,** antes de su independencia en 1964.

NYIREGYHAZA, c. del NE. de Hungría.

NYKÖBING, c. de Dinamarca, cap. de la isla Falster.

NYSTAD, hoy **Uusikaupunki,** c. de Finlandia. En 1721 un tratado estipuló la cesión a Rusia de gran parte de las posesiones suecas que se encuentran situadas a orillas del mar Báltico.

NÚÑEZ DE ARCE

NÚÑEZ DE CÁCERES

Ñ

ÑACUNDAY, río del Paraguay, afl. del Paraná. — Pobl. del Paraguay (Alto Paraná).

ÑANCAY, arroyo de la Argentina (Entre Ríos), afl. del Uruguay.

ÑAUPÁN, cima del Ecuador, en el límite de las provincias de Cañar y Chimborazo; 4 529 m.

ÑEEMBUCÚ, dep. del Paraguay, que limita con la Argentina; cap. *Pilar:* prod. algodón, tabaco, arroz, maíz. (Hab. *ñeembucuenses.*)

ÑEMBY, pobl. del Paraguay (Central).

ÑIQUÉN, com. de Chile (Ñuble).

ÑORA (La), pobl. de España (Murcia).

ÑORQUÍN, dep. de la Argentina (Neuquen); cab. *El Huecú.*

ÑORQUINCÓ, pobl. de la Argentina (Río Negro); carbón.

ÑUBLE, río de Chile, afl. del Itata. — Prov. del centro de Chile; cap. *Chillán;* prod. papas, leguminosas, vino, arroz; maderas preciosas. (Hab. *ñublenses.*)

ÑUFLO DE CHÁVEZ, prov. de Bolivia (Santa Cruz). Vicariato Apostólico.

ÑUMÍ, pobl. del Paraguay (Guairá).

ÑUÑOA, com. de Chile (Santiago).

Fot. X, doc. A. G. P., Larousse

EL ORINOCO

OBLIGADO

OBREGÓN

OAHÚ, la isla más importante del archipiélago de Hawai; 500 000 h.; cap. *Honolulú.*
OAJACA. V. OAXACA.
OAKLAND, c. de los Estados Unidos (California), en la bahía de San Francisco. Metalurgia.
OAK RIDGE, c. de los Estados Unidos (Tennessee). Centro de investigaciones atómicas.
OASIS (DEPARTAMENTO DE LOS), dep. del Sáhara argelino; cap. *Uargla.*
OATES (Tito), aventurero inglés (1649-1705). Acusó a los católicos de una conspiración contra Carlos II (1678), y provocó así la condenación de numerosas personas.
OAXACA, Estado del S. de México; cap. *Oaxaca de Juárez;* agricultura; ganadería; imp. prod. de oro, plata, carbón, petróleo, antimonio, uranio, etc. (Hab. *oaxaqueños.*)
OAXACA DE JUÁREZ, c. de México, cap. del Estado de Oaxaca; centro comercial y turístico. Fue ocupada por Morelos durante la guerra de Independencia. (Hab. *oaxaqueños.*)
OB. V. OBI.
OBALDÍA (José de), político colombiano, n. en Panamá (1806-1889), pres. interino de la Rep. de 1854 a 1855.
OBALDÍA (José Domingo de), político panameño (1845-1910), pres. de la Rep. de 1908 a 1910.
OBANDO, c. en el norte de Colombia, de la comisaría de Guanía.
OBANDO (José María), general y político colombiano (1795-1861), vicepres. de la Rep. de 1831 a 1832, y pres. de 1853 a 1854.
OBANDO (Nicolás de). V. OVANDO.
OBEID (El), c. del Sudán (Kordofan).
OBERAMMERGAU, c. de Alemania (Baviera); famosa por su teatro popular y por sus representaciones de la Pasión que se celebran cada diez años.
OBERHAUSEN, c. de Alemania, en el Ruhr. Hulla; productos químicos; metalurgia.
OBERLAND BERNÉS, cadena de montañas del cantón de Berna (Suiza), que comprende entre otras cimas el Finsteraarhorn, la Jungfrau y el Mönch.
OBERMAIER (Hugo), sacerdote y paleontólogo alemán, naturalizado español (1877-1946), que estudió, con el abate Breuil, las cavernas prehistóricas del Norte de España.
OBERÓN, rey de los genios del aire en los relatos de la Alta Edad Media y en las obras de Chaucer, Spenser, Shakespeare y Wieland.
Oberón, ópera en tres actos, basada en el poema de Wieland, y con música de Weber (1826).
OBI u **OB,** río de la U. R. S. S. en Siberia occidental, que des. en el océano Glacial Ártico y forma el *golfo de Obi;* 4 000 km.
ÓBIDOS, c. del Brasil (Pará).
OBISPO SANTIESTEBAN, prov. de Bolivia (Santa Cruz); cap. *Montero.*
OBLIGADO (PUNTA O VUELTA DE), lugar barrancoso del Paraná (Buenos Aires), donde el general Mansilla concentró sus fuerzas, en 1845, para oponerse al paso de las escuadras inglesa y francesa.
OBLIGADO (Rafael), poeta argentino, n. en Buenos Aires (1851-1920), que evocó, con exaltado lirismo, la naturaleza y los tipos populares de su tierra y singularmente el payador *Santos Vega* en un célebre poema gauchesco.
OBRADOVICH (Dositej), escritor servio (1742-1811), creador del estilo literario en su país.
OBREGÓN (Álvaro), general y político mexicano, n. en el Estado de Sonora (1880-1928). Sucedió a Carranza en la presidencia de la Rep. (1920-1924) y se señaló por su anticlericalismo. Asesinado, después de ser reelegido, en 1928.
O'BRIEN (Juan Thormond), militar irlandés (1786-1861). Participó en las luchas por la independencia de las colonias españolas en América.
O'BRIEN (William Smith), político irlandés (1803-1864), célebre agitador contra los ingleses.
OCA (MONTES DE), macizo montañoso español en el centro de la prov. de Burgos. — Serranía de Venezuela, en la sierra de Perijá.
OCAMPO (Florián de), historiador español (¿1495?-1558), autor de *Los cuatro libros primeros de la crónica general de España.*
OCAMPO (Gabriel), jurista argentino (1798-1882) que redactó el Código de Comercio chileno.
OCAMPO (María Luisa), escritora y autora dramática mexicana, n. en 1907.
OCAMPO (Melchor), político liberal mexicano (1814-1861), uno de los promotores de las leyes de la Reforma. Fue fusilado.
OCAMPO (Sebastián de), navegante español del s. XVI, que destruyó la creencia de que Cuba era un continente al realizar el primer bojeo en 1509.

Fot. Grelier, doc. A. G. P., N. Y.

OCAMPO (Silvina), escritora argentina, n. en 1910, autora de los cuentos fantásticos *Viaje olvidado, Autobiografía de Irene* y de poemas.

OCAMPO (Victoria), ensayista y crítica argentina, n. en 1891, autora de *Testimonios, Virginia Woolf, Orlando y Cía*, etc.

OCANTOS (Carlos María), novelista argentino (1860-1949) de tendencia realista, autor de *León Zaldívar, Quilito, Misia Jeromita* y *Don Perfecto*.

OCAÑA, c. de España (Toledo) ; penal. — C. de Colombia (Norte de Santander). En su iglesia de San Francisco se reunió la Convención de 1828. Cuna de José Eusebio Caro.

O'CASEY (Sean), autor dramático irlandés (1883-1964), autor de *Rosas rojas para mí*.

OCCAM (Guillermo de), franciscano inglés (¿1300?-1349), una de las glorias de la filosofía escolástica, defensor del nominalismo y precursor del empirismo. Se le conoce también por el nombre de **Doctor Invencible.**

OCCIDENTAL (CORDILLERA), n. dado a un sector de los Andes de Bolivia, en la frontera con Chile, en la que se encuentran los picos Licáncabur y Sajama. — Cadena andina de Colombia, que parte de la frontera del Ecuador hasta las riberas del Caribe; 1 095 km. — Cord. del Ecuador, en la que se encuentra el volcán Chimborazo. — Cord. del Perú, que forma parte de la gran región volcánica de América del Sur.

OCCIDENTE *(Imperio Romano de)*, uno de los dos imperios formado por la división del Imperio Romano, a la muerte de Teodosio I. Duró de 395 a 476 y fue restablecido por Carlomagno el año 800. Restaurado en 962 por Otón el Grande y llamado generalmente Sacro Imperio Romano Germánico. Fue abolido por Napoleón I en 1806.

O. C. D. E. Véase O. E. C. E.

OCEANÍA, una de las cinco partes del mundo, que comprende Australia y diversos grupos insulares del Pacífico. Según una división, más bien etnográfica que geográfica, se divide en *Melanesia* y *Polinesia* (v. estos nombres). Se da el nombre de *Australasia* a la parte de Melanesia formada por Australia, Nueva Guinea, Nueva Zelanda y Tasmania; el nombre de *Micronesia* designa las islas de Polinesia situadas al norte del ecuador. Oceanía tiene 8 970 000 km² y alrededor de 19 000 000 h. (V. mapa, p. 1472.)
— El clima de Oceanía es cálido y lluvioso, pero sano. Las razas aborígenes son la melanesia (papúes, canacas) y la polinesia. Desde el punto de vista político, Australia y Nueva Zelanda pertenecen al Commonwealth; Gran Bretaña extiende su influencia sobre numerosos archipiélagos polinesios; los Estados Unidos de América, sobre Hawai, que constituye un nuevo Estado, y sobre la parte oriental de Samoa; los portugueses poseen la mitad de Timor; las antiguas colonias alemanas fueron repartidas entre los Estados Unidos, Gran Bretaña, Australia y Nueva Zelanda; Chile posee la isla de Pascua, y Francia Nueva Caledonia, las islas de la Sociedad, las islas Marquesas, etc. Las Nuevas Hébridas constituyen un condominio francobritánico.

OCEÁNIDAS, ninfas del mar, hijas del Océano y Tetis.

OCÉANO, deidad griega, el mayor de los Titanes, hijo de Urano y de Gea. Personifica el mar.

OCÓN (Juan de), conquistador español del s. XVI, que fue gobernador de Costa Rica.

O'CONNELL (Daniel), político irlandés (1775-1847). Luchó por la emancipación de su país.

O'CONNOR, prov. de Bolivia (Tarija); cap. *Entre Ríos*.

OCÓS, puerto de Guatemala (San Marcos).

OCOSITO o **TILAPA,** río de Guatemala (Retalhuleu), que des. en el Pacífico.

OCOTAL, c. de Nicaragua, cap. del dep. de Nueva Segovia; centro agrícola y ganadero. (Hab. *ocotalanos*.)

OCOTEPEQUE, dep. del E. de Honduras; cap. *Nueva Ocotepeque*. (Hab. *ocotepecanos*.)

Ocotlán *(Santuario de)*, iglesia colonial barroca de México, cerca de Tlaxcala.

OCTAVIA, bahía de Colombia (Chocó), en el Pacífico.

OCTAVIA, hermana de Augusto (¿70?-11 a. de J. C.), esposa, en segundas nupcias, de Marco Antonio.

OCTAVIA, emperatriz romana, n. en 42, hija de Claudio y de Mesalina, y esposa de Nerón; asesinada en 62 por orden de su marido.

OCTAVIO, n. de Augusto antes de ser emperador.

OCÚ, pobl. y distr. de Panamá (Herrera).

OCUMARE DE LA COSTA, pobl. de Venezuela (Aragua). Puerto marítimo.

OCHOA (Anastasio María de), poeta, escritor y notable humanista mexicano (1783-1833).

OCHOA (Eugenio de), crítico y erudito español (1815-1872), traductor de novelistas franceses e ingleses.

OCHOA DE ALBORNOZ (Severo), médico español, n. en Luarca en 1905. Pr. Nóbel de Medicina en 1959, compartido con Kornberg, por sus estudios acerca de las enzimas.

OCHOTERENA (Isaac), biólogo y naturalista mexicano (1885-1950), autor de *Las cactáceas de México*, etc.

Odas de Horacio (s. I a. de J. C.), poesías líricas sobre muy diversos temas. Algunas son canciones o himnos, otras verdaderas sátiras.

Odas triunfales de Píndaro (s. V a. de J. C.), poesías líricas compuestas en honor de los atletas vencedores en los juegos de las Olimpíadas.

O. D. E. C. A. V. ORGANIZACIÓN DE ESTADOS CENTROAMERICANOS.

ODENSE, c. y puerto de la isla de Fionia (Dinamarca). Industrias; astilleros. Obispado.

Odeón, monumento de Atenas donde se celebraban certámenes de música y de poesía.

ODER, en polaco **Odra,** río de Polonia que nace en Moravia (Checoslovaquia), atraviesa Silesia, pasa por Wroclaw, Francfort y Szczecin, y des. en el Báltico; 870 km. Hoy fronterizo entre Polonia y Alemania.

ODESA, c. de la U. R. S. S. (Ucrania), puerto activo del mar Negro. Industrias metalúrgicas, químicas y alimenticias.

ODÍN o **VOTÁN,** dios de la mitología escandinava, autor de toda la vida universal: elocuencia, sabiduría, poesía, etc., y protector de los héroes.

Odisea *(La)*, poema épico en 24 cantos, atribuido, como *La Ilíada*, a Homero (s. IX a. de J. C.). Refiere los viajes de Ulises (*Odiseo*), después de la toma de Troya, y su regreso al reino de Itaca. Los largos e interesantes relatos de viajes y los numerosos episodios en los que se revela un conocimiento perfecto del corazón humano, como los de Penélope y Telémaco, dan a *La Odisea* mayor variedad y encanto que a *La Ilíada*.

ODOACRO, hijo de un ministro de Atila, jefe de los hérulos, que invadió Italia, destronó a Rómulo Augústulo (476) y fue asesinado en 493.

ODÓN *(San)*, abad de Cluny, reformador de la orden de San Benito (¿879?-942). Fiesta el 18 de noviembre.

O'DONNELL (Leopoldo), conde de Lucena, duque de Tetuán, general y político liberal español, n. en Santa Cruz de Tenerife (1809-1867). Combatió en la primera guerra carlista. Después de haber provocado la caída de Espartero, fue presidente del Consejo varias veces (1856-1857, 1858-1863 y 1865-1866), alternando con Narváez, y reprimió con la mayor severidad diversas sediciones. Dirigió brillantemente la guerra de África (1859), que le valió el título de duque de Tetuán.

O'DONOJÚ (Juan), general español (1762-1821), que, último virrey de Nueva España, firmó en 1821 con Iturbide los *Tratados de Córdoba*.

ODRÍA (Manuel A.), general y político peruano, n. en 1896, jefe de una Junta gubernativa de 1948 a 1950 y pres. de la Rep. de 1950 a 1956.

O. E. A. V. ORGANIZACIÓN DE LOS ESTADOS AMERICANOS.

O. E. C. E. V. ORGANIZACIÓN EUROPEA DE COOPERACIÓN ECONÓMICA.

ŒCOLAMPADIO. V ECOLAMPADIO.

ŒHLENSCHLÄGER (Adam Gottlob), escritor danés (1779-1850), autor de dramas y poeta nacional de Dinamarca.

ŒRSTED [*ers*] (Cristián), físico danés (1777-1851), descubridor del electromagnetismo.

colegiata de OCOTLÁN

OCHOA DE ALBORNOZ

O'DONNELL

O'DONOJÚ

Fot. Larousse, Biblioteca Nacional (Madrid), doc. A. G. P.

palacio de los OFICIOS

B. O'HIGGINS

OLAVIDE Y JÁUREGUI

OLID

ŒSEL u **ÖSEL** [*ésel*], isla de la U. R. S. S. (Estonia), en el Báltico.
OFALIA (*Conde de*). V. HEREDIA (Narciso de).
OFANTO, río de Italia que des. en el Adriático, cerca de Barletta; 134 km.
Ofelia, personaje de *Hamlet*, tragedia de Shakespeare. Ofelia, enamorada de Hamlet, loca de desesperación tras la muerte de su padre, Polonio, por su amado, se ahoga en el río a orillas del cual cogía flores.
OFFALY, condado de Irlanda (Leinster); cap. *Tullamore*. Ant. **King's County.**
OFFENBACH [*baj*], c. de Alemania (Hesse), cerca de Francfort del Meno; industria del cuero; prod. químicos.
OFFENBACH (Jacobo), compositor de origen alemán, naturalizado francés (1819-1880), autor de numerosas operetas y de una ópera fantástica: *Cuentos de Hoffmann*.
Oficios (*Palacio de los*), edificio de Florencia construido de 1560 a 1580 por Vasari. Contenía en un principio los diferentes servicios de la administración, de donde le vino el nombre. En él se encuentra una galería de pintura y escultura muy rica en primitivos italianos.
OGBOMOSO, c. de Nigeria. Centro comercial.
OGDEN, c. de los Estados Unidos (Utah); industrias alimenticias.
OGÉ (Vicente), patriota mulato dominicano (1750-1791), que luchó y murió por la concesión de un trato político sin distinción a los hombres de su raza.
OGLIO, río de Lombardía, afl. izq. del Po; 280 km. Ant. **Ollius.**
OGODAI, tercer hijo de Gengis Kan (¿1185?-1241), a quien sucedió en 1229. Emperador de China, sometió a Persia y Asia oriental.
OGOUÉ, río de África ecuatorial en Gabón, que des. en el Atlántico; 970 km.
O'HIGGINS, prov. del centro de Chile; cap. *Rancagua*; prod. trigo, cebada, arroz; imp. yac. de cobre. — Lago de Chile (Aisén) cuya mitad oriental pertenece a la Argentina, donde se llama lago **San Martín.**
O'HIGGINS (Ambrosio), militar y político español, n. en Escocia (¿1720?-1801), que fue gobernador de Chile de 1788 a 1796 y luego virrey del Perú. — Su hijo BERNARDO, general y político chileno, n. en Chillán (1776-1842), fue paladín de la independencia de su país. Viajó por Europa, donde conoció a Francisco Miranda, y, al volver a su patria, se destacó como diputado e ingresó en el ejército. Luchó contra las tropas realistas y tras la derrota de Rancagua (1814) pasó a Argentina, donde colaboró con el general San Martín en la organización del ejército libertador. Elegido Director Supremo a raíz de la batalla de Chacabuco (1817-1823), proclamó la independencia de Chile, afianzada en 1818 por la victoria de Maipo o Maipú. Fomentó las obras públicas y la educación y promulgó la Constitución de 1822, pero su gobierno autoritario le atrajo la impopularidad y tuvo que dimitir. Se trasladó al Perú, donde murió.
OHIO, río de los Estados Unidos, principal afl. izq. del Misisipí; 1 580 km.
OHIO, uno de los Estados de Norteamérica, cap. *Columbus*; c. pr. *Cleveland, Cincinnati, Toledo, Akron, Dayton.*
OHM (Jorge), físico alemán (1789-1854), que formuló las leyes fundamentales de las corrientes eléctricas.
OHNET (Georges), novelista y dramaturgo francés (1848-1918), autor de *El dueño de las herrerías*.
OHRID o **OKHRID,** c. de Yugoslavia (Macedonia). Cobre y plomo. Turismo.
OIAPOQUE. V. OYAPOK.
OIROTIA, territorio autónomo de la U. R. S. S. (Altai). Cap. *Oirot-Tura*.
OISE [*uas*], río del N. de Francia, afl. del Sena; 302 km. — Dep. de Francia; cap. *Beauvais*.
O. I. T. V. ORGANIZACIÓN INTERNACIONAL DEL TRABAJO.
OJEDA (Alonso de), conquistador español, n. en Cuenca (¿1466-1515?), que acompañó a Colón en su segundo viaje y, con Juan de La Cosa y Vespucio, exploró la costa de Venezuela y descubrió la isla de Curazao (1499).
OJÉN, v. de España (Málaga). Aguardientes.
OJOS DEL GUADIANA. V. GUADIANA.
OJOS DEL SALADO, nudo montañoso de los Andes, en la frontera argentinochilena; 6 100 m.
OJOTSK, pobl. de la Siberia oriental, a orillas del mar de su nombre.
OJOTSK u **OKHOTSK** (MAR DE), mar formado por el océano Pacífico, al NE. de Asia.
OKA, río de Rusia, afl. del Volga; 1 478 km.
OKAYAMA, c. del Japón (Hondo); textiles.
OKINAWA, isla japonesa del archip. de Riukiu bajo administración norteamericana. Violentos combates en 1945.
OKLAHOMA, uno de los Estados Unidos de América; cap. *Oklahoma City*. Industrias textiles, alimenticias y químicas; petróleo.
OLÁ, pobl. de Panamá (Coclé); una de las primeras fundaciones para la catequización de los indios (1556).
OLAF. V. OLAV y OLOF.
OLAGUÍBEL (Francisco Modesto de), poeta y político mexicano (1874-1924), autor de *Canciones de bohemia*.
OLANCHITO, pobl. de Honduras (Yoro).
OLANCHO, dep. de Honduras, cerca de la frontera de Nicaragua; cap. *Juticalpa*; prod. caña de azúcar y café; ricas maderas.
ÖLAND, isla de Suecia, en el Báltico; c. pr. *Borgholm*.
OLAÑETA (Antonio Pedro), general español, m. en 1825, que, ya en tiempos de la Independencia, luchó en el Alto Perú para mantener el absolutismo.
OLAÑETA (Casimiro), político, orador y legislador boliviano de la Independencia (1796-1860).
OLAO. V. OLOF.
OLAV I *Tryggveson* (969-1000), rey de Noruega (995-1000). — OLAV II *Haraldsson* (*San*) [¿993?-1030], rey de Noruega (1016-1030). — OLAV III *Kyrre*, rey de Noruega (1066-1093. — OLAV IV *Magnusson*, rey de Noruega (1103-1115). — OLAV V, n. en 1903, rey de Noruega en 1957.
OLAVARRÍA, c. de Argentina (Buenos Aires).
OLAVARRÍA (José Valentín de), militar y patriota argentino (1801-1845).
OLAVIDE Y JÁUREGUI (Pablo de), enciclopedista peruano, n. en Lima (1725-1804), que vivió en Madrid y París. Escribió *El Evangelio en triunfo o Historia de un filósofo desengañado*.
OLAYA HERRERA (Enrique), político colombiano (1880-1937), pres. de la Rep. de 1930 a 1934, período durante el cual surgió un nuevo conflicto con el Perú, resuelto por la Sociedad de Naciones y por el Protocolo de Rio de Janeiro de 1934.
OLDENBURGO, región de Alemania, ant. gran ducado hasta 1919. La actual c. de *Oldenburgo*, en Alemania occidental, posee un hermoso castillo del Renacimiento.
OLDHAM, c. de Inglaterra (Lancashire); industria algodonera.
O'LEARY (Daniel Florencio), general irlandés (1800-1852), que fue edecán de Bolívar y publicó unas interesantes *Memorias*.

Fot. Boyer, Larousse, doc. A. G. P.

O'LEARY (Juan), poeta e historiador paraguayo (1879-1969).
OLID (Cristóbal de), conquistador español, n. en Baeza (¿1488?-1524), uno de los mejores auxiliares de Cortés en México. Luego se sublevó contra su jefe y se declaró independiente en Honduras. Caído en poder de Francisco de Las Casas y de Gil González Dávila, murió degollado.
OLIFANTES (MONTES), montañas de la Rep. de África del Sur, en el SO. de la prov. de El Cabo.
OLIMAR, río del Uruguay (Treinta y Tres), afl. del Cebollatí.
OLIMPIA, c. del Peloponeso (Élide), donde se celebraban los juegos llamados *Olímpicos*. Ruinas del templo de Zeus.
OLIMPIA (*Santa*), esposa de Nebridio, prefecto de Constantinopla (368-410). Fiesta el 17 de diciembre.
OLIMPIA, reina de Macedonia (¿380?-316 a. de J. C.), madre de Alejandro Magno y esposa de Filipo II. Murió asesinada.
Olimpíadas o **Juegos Olímpicos.** V. *Parte lengua.*
OLIMPIO BRAGA (Domingo), novelista brasileño (1850-1906), autor de *Luzia-Homen.*
OLIMPO, n. de varios montes de Grecia antigua. El más famoso estaba situado entre Macedonia y Tesalia, y era, según la leyenda, la residencia de los dioses; 2 911 m. Hoy **Olimbos.**
OLIMPO, dep. del NE. del Paraguay; cap. *Fuerte Olimpo.* (Hab. *olimpeños.*)
OLINDA, c. del Brasil (Pernambuco). Balneario. Arzobispado.
Olínticas (*Las*), arengas políticas de Demóstenes contra Filipo de Macedonia (s. IV a. J. C.).
OLINTO, c. de Calcídica, sitiada por Filipo II (348 a. de J. C.).
OLITE, c. de España (Navarra). Antigua cap. del reino de Navarra. Castillo (s. XIV-XV).
OLIVA, hoy **Oliwa,** c. de Polonia, cerca de Gdansk.
OLIVA, c. de España (Valencia). Agricultura.
OLIVA DE LA FRONTERA, v. de España (Badajoz). Ganadería; cereales.
OLIVAR, com. de Chile (O'Higgins).
OLIVARES, v. de España (Sevilla).
OLIVARES (Gaspar DE GUZMÁN, *conde-duque de*), estadista español, n. en Roma (1587-1645), ministro de Felipe IV. Hizo la guerra a Francia y a los Países Bajos. Durante su ministerio se sublevó Cataluña, y Portugal se separó de España (1640). Fue derribado en 1643.
OLIVARI (Nicolás), escritor argentino (1900-1966), autor de poesías, obras de teatro y relatos.
OLIVEIRA (Alberto de), poeta parnasiano brasileño (1859-1937), autor de *Lyra Acaciana.*
OLIVEIRA MARTINS (Joaquín), político e historiador portugués (1845-1894), autor de una *Historia de la civilización ibérica.*
OLIVEIRA SALAZAR (Antonio de). V. SALAZAR.
OLIVENZA, v. de España (Badajoz). Esta ciudad fue portuguesa hasta 1801.
Oliver Twist o **El hijo de la parroquia,** novela de Dickens (1838), conmovedor relato sobre un niño abandonado.
OLIVETE o **DE LOS OLIVOS** (MONTE), colina cerca de Jerusalén, adonde fue a orar Jesús la víspera de su muerte.
OLMECAS, ant. pueblo mexicano, que ocupaba el terr. de los actuales Estados de Veracruz, Tabasco y Oaxaca y desarrolló una importante civilización entre 800 y 100 a. de J. C. (*La Venta*): esculturas monumentales.
OLMEDO, v. de España (Valladolid).
OLMEDO (José Joaquín), patriota y poeta neoclásico ecuatoriano, n. en Guayaquil (1780-1847), pres. de la Junta de Gob. de Guayaquil en 1820 y miembro del Gob. provisional en 1845. Autor de dos composiciones de gran belleza: *La victoria de Junín. Canto a Bolívar* y *Al general Flores, vencedor en Miñarica.* En la primera los versos son musicales, elocuentes, de gran lirismo; en la segunda canta las guerras civiles de su país con delicada sonoridad, imágenes atrevidas y expresa su desencanto ante la lucha que amenaza destruir la unión de los países americanos, idea con la que había soñado.
OLMÜTZ. V. OLOMOUC.

OLOCUILTA, c. de El Salvador (La Paz).
OLOF u **OLAO,** rey sueco del siglo X. — OLOF *Skötkonung,* rey de Suecia (¿994?-1022).
OLOF. V. OLAV.
OLOMOUC, en alem. **Olmütz,** c. de Checoslovaquia (Moravia) a orillas del Morava. Arzobispado, universidad. Industrias alimenticias.
OLONA (Luis de), autor teatral español (1823-1863), autor de libretos de zarzuela.
OLORON-SAINTE-MARIE, c. de Francia (Pirineos Atlánticos).
OLOT, c. de España (Gerona). Industria textil.
OLÓZAGA (Salustiano), político y orador español (1805-1873), varias veces embajador en París y presidente del Consejo (1843).
OLSZTYN, en alem. **Allenstein,** c. de Polonia, en Mazuria; centro administrativo.
OLT, río de Rumania, afl. del Danubio; 600 km.
OLTA, pobl. de la Argentina (La Rioja).
OLTE, sierra de la Argentina (Chubut).
OLTEN, c. de Suiza (Soleure).
OLTENIA. V. VALAQUIA.
OLVERA, c. de España (Cádiz).
OLYMPIA, c. y puerto de los Estados Unidos, cap. del Estado de Washington.
OLLAGÜE, volcán de los Andes entre Bolivia (Potosí) y Chile (Antofagasta); 5 870 m.
OLLANTAITAMBO, distr. del Perú (Cuzco); imp. ruinas de la época incaica.
Ollantay, drama inca de autor desconocido escrito en lengua quechua. — Drama de Ricardo Rojas, inspirado en la obra inca.
OLLER (Francisco), pintor impresionista puertorriqueño (1833-1917).
OMAHA, c. de los Estados Unidos (Nebraska), a orillas del Misuri; centro agrícola. Arzobispado.
OMÁN (MAR DE), golfo del océano Índico, entre Arabia y la India. (V. también MASCATE.)
OMAR, sucesor de Abubeker y segundo califa de 634 a 644, n. en La Meca (¿581?-644). Conquistó Siria, Persia y Egipto, y se le acusa de haber quemado la biblioteca de Alejandría por contener obras contrarias a la fe musulmana.
OMAR BEN HAFSUM, caudillo hispanoárabe de origen godo, que, de 880 a 917, fundó en la serranía de Ronda, en las cercanías de Bobastro, un reino independiente de los musulmanes, que comprendió gran parte de Andalucía.
OMAR KHAYYAM, poeta y matemático persa, m. hacia 1123, autor de cuartetos de inspiración voluptuosa (*Rubaiyat*).
OMASUYOS, prov. de Bolivia (La Paz); cap. *Achacachi.*
OMATE, c. del Perú, cap. de la prov. de General Sánchez Cerro (Moquegua).
OMDURMÁN, c. del Sudán a orillas del Nilo. En 1898, derrota de los derviches por Kitchener.
O'MEARA (Barry Edward), cirujano inglés (1786-1836), médico de Napoleón I en Santa Elena, autor de *Memorias* sobre el cautiverio del emperador.
OMETEPE, isla de Nicaragua, en el lago de Nicaragua (Rivas); 276 km²; en ella se encuentra el volcán Concepción. (V. este nombre.)
OMETEPEC, río de México (Oaxaca y Guerrero) que des. en el océano Pacífico; 40 km.
OMEYAS u **OMMIADAS,** dinastía árabe, que reinó en Damasco de 661 a 750. Destronada por los Abasidas, pasó a España y fundó el emirato de Córdoba (756), que luego sería califato (929-1031).
OMOA, mun. y sierra de Honduras (Cortés).
O. M. S. V. ORGANIZACIÓN MUNDIAL DE LA SALUD.
OMSK, c. de la U. R. S. S. (Rusia), en Siberia occidental, a orillas del Irtich; centro comercial e industrial.
OMUTA, c. del Japón (Kiusiu). Industrias.
ONAS, indios nómadas de la Tierra de Fuego.
ONCKEN (Guillermo), escritor alemán (1838-1905), autor de una *Historia Universal.*
ONDÁRROA, v. de España (Vizcaya), puerto de pesca; balneario.
ONEGA, río de Rusia, que des. en el mar Blanco; 416 km. — Lago al N. de Rusia que comunica con el lago Ladoga; 9 752 km².
O'NEILL (Eugenio), dramaturgo norteamericano, n. en Nueva York (1888-1953), cuya creación literaria ofrece una mezcla de intensidad trágica, intuiciones oníricas y pasiones incestuosas;

Conde-Duque DE OLIVARES por VELÁZQUEZ Prado

figura OLMECA

OLMEDO

O'NEILL

Fot. Giraudon, doc. A. G. P., U. S. I. S.

OPORTO
la ciudad
vista de
Villa Nova de Gaïa

autor de *El emperador Jones, Anna Christie, El mono velludo, A Electra le sienta bien el luto, Extraño interludio, El deseo bajo los olmos,* etc. (Pr. Nóbel, 1936.)

ONETTI (Juan Carlos), novelista uruguayo, n. en 1909, cuyos relatos son de crudo realismo: *El pozo, Tierra de nadie, Los adioses,* etc.

ONFALIA, reina de Lidia. Casó con Heracles después de haber obligado al héroe a que hilara a sus pies como una mujer.

L. J. de ORBEGOZO

ONGANÍA (Juan Carlos), militar y político argentino, n. en 1914, quien, tras el derrocamiento de Arturo Illía (1966), ocupó la presidencia. Depuesto por una Junta Militar en 1970.

ONÍS (Federico de), ensayista y crítico español (1885-1966), a quien se debe una admirable *Antología de la poesía española e hispanoamericana.*

ONTARIO, lago del Canadá, que recibe, por conducto del Niágara, las aguas del lago Erie y comunica con el Océano por el río San Lorenzo. Da su n. a la prov. más rica del Canadá; cap. *Toronto.* C. pr. *Hamilton, Ottawa, Windsor.*

ONTENIENTE, c. de España (Valencia).

O. N. U. V. ORGANIZACIÓN DE LAS NACIONES UNIDAS.

OÑA (Pedro de), poeta épico chileno (1570-¿1643?), autor de *Arauco domado,* donde se exaltan las virtudes guerreras de los araucanos.

OÑAR, afl. del río Ter que pasa por Gerona.

OÑATE, v. de España (Guipúzcoa). Residencia de una universidad desde 1543 hasta 1902.

OÑEZ DE LOYOLA (Martín García), militar español (1549-1598); gobernador de Chile, murió a manos de los araucanos.

ORBIGNY

OPAVA, en alem. **Troppau,** c. de Checoslovaquia, en Moravia; industrias textiles.

OPICO, c. de El Salvador, cab. del distr. de San Juan Opico (La Libertad).

Opio *(Guerra del),* n. dado al conflicto que estalló en 1839 entre China e Inglaterra, por haber prohibido el primer país a la Compañía de las Indias la entrada del opio. Esta guerra concluyó en 1842 el Tratado de Nankín.

OPITZ (Martín), poeta alemán (1597-1639). Reformó la métrica.

OPOLE, en alem. **Oppeln,** c. de Polonia (Silesia), a orillas del Oder. Textiles.

OPÓN, río de Colombia (Santander), afl. del Magdalena.

OPORTO o **PORTO,** c. de Portugal, cap. de distrito, puerto muy activo a orillas del Duero. Obispado; Universidad. Gran comercio de vinos.

OPPENHEIM (Felipe), novelista inglés (1866-1946), que cultivó el género policiaco.

OPPENHEIMER (Robert Julius), físico norteamericano (1904-1967), que intervino en la construcción de la primera bomba atómica.

OPPERT *[oper]* (Julio), asiriólogo francés, n. en Hamburgo (1825-1905), autor de notables trabajos sobre la escritura cuneiforme.

ORCAGNA
detalle de
LA CORONACIÓN

Opus Dei, movimiento católico fundado en 1928 en Madrid por J. María Escrivá.

OQUENDO (Antonio de), marino español (1577-1640). Distinguióse en la batalla de las Dunas.

OQUENDO DE AMAT (Carlos), poeta peruano (1905-1936), autor de *5 metros de poemas.*

ORAA LECUMBERRI (Marcelino), general español (1788-1851), que participó en la guerra de Independencia y en la primera guerra carlista.

Oraciones fúnebres de Bossuet, admirables panegíricos y obra maestra de la elocuencia sagrada en Francia.

ORADEA, c. de Rumania, cerca de la llanura húngara; textiles, cueros.

ORÁN, c. de Argelia, cap. del dep. del mismo n.; puerto en el Mediterráneo; centro comercial e industrial. Universidad. Conquistada por los españoles en 1509, la ocuparon los turcos en 1708 y los franceses en 1831.

ORÁN (San Ramón de La Nueva). V. SAN RAMÓN DE LA NUEVA ORÁN.

ORANGE, c. de Francia (Vaucluse); ruinas romanas famosas (teatro, arco de triunfo).

ORANGE, río del África austral, que des. en el Atlántico; 1 860 km.

ORANGE (*Estado libre de*), prov. de la República Sudafricana; 128 580 km². Cap. *Bloemfontein.* Reunida con *Transvaal* en 1899, fue ocupada por Inglaterra después de la derrota de los boers (1902), y en 1910 se incorporó a la Unión Sudafricana. Hulla; yac. de oro y diamantes.

Oratorio (*Congregación del*), congregación fundada en Roma en 1564 por San Felipe Neri.

ORBEGOZO (Luis José de), militar y político peruano (1795-1847), pres. de la Rep. de 1833 a 1835. Aceptó formar con Santa Cruz la Confederación Peruboliviana y, derrotado luego por los chilenos, hubo de abandonar el país (1837).

ORBIGNY (Alcides de), naturalista francés (1802-1857), que realizó exploraciones científicas en América del Sur; autor de *Viaje a la América meridional,* etc.

ORCADAS, archip. al N. de Escocia, cuya isla principal es *Pomona* o *Mainland;* cap. *Kirkwall.*

ORCADAS DEL SUR, archip. de la Argentina en la Antártida, perteneciente al grupo de las Antillas del Sur. Las islas más importantes son Coronación, Powell y Laurie.

ORCAGNA (Andrea DI CIONE ARCANGELO, llamado), pintor y escultor florentino (¿1308?-1369), autor de los frescos del cementerio de Pisa. — Su hermano NARDO, m. hacia 1366, tb. pintor.

ORCOMENES, c. de Beocia, donde Sila derrotó a Arquelao, general de Mitrídates VI (86 a. de J. C.). Estación arqueológica.

ORCZY (*baronesa de*), novelista inglesa, n. en Hungría (1865-1947), autora de *Pimpinela Escarlata.*

ORDÁS u **ORDAZ** (Diego de), militar y conquistador español (¿1480?-1532), que se distinguió en México al lado de Cortés. Nombrado adelantado y capitán general por el emperador Carlos V, buscó el *Eldorado* en la región del Orinoco y fue el primero en remontar el curso de este río (1531). Fracasada la expedición, decidió regresar a España pero murió en la travesía.

Ordenamiento de Alcalá, recopilación de leyes de Castilla y León, promulgada por las Cortes de Alcalá de Henares (1348), reinando Alfonso XI.

ORDESA, valle de España (Huesca). Parque nacional.

ORDJONIKIDZE, ant. **Vladikavkaz,** c. de la U.R.S.S. (Rusia), en el Cáucaso, cap. de la Osetia del Norte; metalurgia.

ORDÓÑEZ (Bartolomé), escultor español, m. en 1520, autor de la tumba de Juana la Loca y Felipe el Hermoso (Granada).

ORDÓÑEZ (Ezequiel), geólogo mexicano (1867-1950), que dirigió la triangulación del territorio nacional.

ORDÓÑEZ DE MONTALVO. V. MONTALVO.

ORDOÑO I, rey de Asturias (850-866). — ORDOÑO II, rey de León (914-924), hijo de Alfonso III, que venció a Abderramán III en San Esteban de Gormaz (917) y fue derrotado por éste en Valdejunquera (920). — ORDOÑO III, rey de Asturias, León y Galicia (951-956), hijo de Ramiro II. — ORDOÑO IV, rey de Asturias, León y Galicia (958-960).

ORÉADES, ninfas de los montes y las grutas.

OREAMUNO (Francisco María), político costarricense (1801-1856), jefe del Estado en 1844.

ÖREBRO, c. de Suecia, al O. de Estocolmo.

OREGÓN, uno de los Estados Unidos de América del Norte, a orillas del Pacífico; cap. *Salem.* Minas. Bosques. Pesca. — V. COLUMBIA.

OREILLE, volcán de Chile, en la isla Grevy, cerca del cabo de Hornos.

OREJONES, indios del Alto Amazonas, que viven a orillas del río Napo.

OREKHOVO-ZUEVO, c. de U. R. S. S. (Rusia), en la región de Moscú; ind. textil.

Fot. Casa de Portugal, Valotaire, Larousse, Giraudon

OREL, c. de la U.R.S.S. (Rusia), a orillas del Oka; construcciones mecánicas. Patria de Iván Turgueniev. Violentos combates en 1941 y 1943.
ORELIO ANTONIO I (Antonio de TOUNENS, llamado), aventurero francés (1820-1878), que se hizo proclamar rey por los araucanos (1861). Fue apresado por los chilenos.
ORELLANA (Francisco de), explorador español, n. en Trujillo (1511-1546), que participó en la conquista del Perú, se unió a Gonzalo Pizarro en su expedición al Oriente ecuatoriano y descubrió el Amazonas (1542), cuyo curso siguió hasta su desembocadura.
ORELLANA (José María), general y político guatemalteco (1872-1926), pres. de la Rep. de 1921 a 1926.
ORELLANA (Manuel), general y político guatemalteco, pres. de la Rep. de 1930 a 1931.
ORENBURGO, de 1938 a 1958 **Chkalov,** c. de la U.R.S.S. (Rusia), a orillas del Ural. Construcciones mecánicas.
ORENSE, c. de España (Galicia), cap. de la prov. del mismo n. Centro agrícola; catedral (s. XIII). Principales recursos de la prov.: productos agrícolas; ganadería; minas.
ORESTES, hijo de Agamenón y de Clitemnestra. Mató a su madre y a Egisto, amante de ésta, auxiliado por su hermana Electra, para vengar la muerte de su padre, y fue perseguido por las Erinias, pero absuelto por el Areópago. Fue más tarde rey de Argos y de Lacedemonia.
Orestes, tragedias de Eurípides (408 a. de J. C.), de Voltaire (1750) y de Alfieri (1782).
ORESTES el Panonio, regente de Italia, padre de Rómulo Augústulo, decapitado en 476 por orden de Odoacro.
Orestíada (*La*), trilogía dramática de Esquilo, que comprende las tragedias: *Agamenón, Las Coéforas* y *Las Euménides*, cuyo tema son las aventuras de Orestes (458 a. de J. C.).
ORETANA (CORDILLERA), macizo montañoso que corta de E. a O. la meseta de Castilla la Nueva. Sus puntos culminantes son la sierra de Guadalupe y los montes de Toledo.
ORFA o **URFA,** ant. **Edesa,** c. de Turquía en la alta Mesopotamia.
ORFANI, puerto de Grecia (Macedonia), a orillas del golfo del mismo nombre.
ORFEO, hijo de Eagro, rey de Tracia, y de la musa Calíope, y, según otros autores, de Apolo y Clío. Fue el músico más famoso de la Antigüedad. Adormecía a las fieras con su cítara y bajó a los Infiernos en busca de su esposa Eurídice. Se cree que murió despedazado por las Bacantes.
Orfeo, drama lírico de Monteverdi (1607), una de las primeras óperas. — Drama lírico, música de Gluck (1774).
Orfeó Català, masa coral fundada en Barcelona en 1891 por Luis Millet y Amadeo Vives.
ORFILA (Mateo), médico y químico español, naturalizado francés (1787-1853), que se distinguió por sus estudios de toxicología.
Organización de Aviación Civil Internacional (O. A. C. I.), organismo creado por la Convención de Chicago en 1944 que estudia los problemas de la aviación civil internacional y promueve normas y reglamentos uniformes para la aeronáutica mundial. Dirigida por un Consejo permanente que reside en Montreal.
Organización de las Naciones Unidas (O. N. U.), organización internacional, constituida en 1945 (para suceder a la Sociedad de Naciones, creada por el Tratado de Versalles en 1919 y desaparecida en la Segunda Guerra mundial) por los Estados adheridos a la Carta de las Naciones Unidas (firmada en San Francisco el 26 de junio de 1945), para salvaguardar la paz y la seguridad mundiales, y para instituir entre las naciones una cooperación económica, social y cultural. Su residencia está en Nueva York. (V. ASAMBLEA GENERAL, CONSEJO DE SEGURIDAD, CORTE INTERNACIONAL DE JUSTICIA, UNESCO, CONSEJO ECONÓMICO Y SOCIAL y SECRETARÍA DE LAS NACIONES UNIDAS.)
Organización de las Naciones Unidas para la Agricultura y la Alimentación, en inglés **Food and Agriculture Organization** (F.A. O.), organización de las Naciones Unidas creada en 1945, para el estudio de los problemas relativos a la nutrición, alimentación y agricultura. Reside en Roma.

ORFEO
estatua griega
llamada
"LOS ADIOSES"
fines del s. v a. de J. C.
Nápoles

Organización de los Estados Americanos (O. E. A.), organización creada el 30 de abril de 1948 en la IX Conferencia Internacional Americana celebrada en Bogotá. Los representantes de las 21 naciones americanas firmaron la *Carta de la Organización de los Estados Americanos,* en la que se consagró la unión ya existente entre las Repúblicas de este continente. La O. E. A. es un organismo regional dentro del cuadro de las Naciones Unidas y substituyó a la Oficina Comercial de las Repúblicas Americanas creada en la Primera Conferencia Internacional Americana (1889-1890). Los objetivos y principios de esta institución son: el mantenimiento de la paz entre los Estados miembros, ayuda mutua en caso de agresión, resolución de todos los problemas que afecten al bienestar de los pueblos americanos y realización conjunta de los esfuerzos necesarios para impulsar el desarrollo cultural, social y económico de los Estados miembros. Los órganos de la O. E. A. son los siguientes: La *Conferencia Internacional Americana,* que se reúne cada cinco años; la *Reunión de Consulta de Ministros de Relaciones Exteriores,* encargada de estudiar los problemas urgentes; las *Conferencias especializadas,* que se reúnen para tratar de asuntos técnicos y para desarrollar aspectos específicos de la cooperación interamericana; el *Consejo de la O. E. A.,* cuerpo ejecutivo permanente; la *Unión Panamericana,* secretaría permanente, y los *Organismos especializados,* organizaciones establecidas por acuerdos multilaterales.
Organización de Estados Centroamericanos (O. D. E. C. A.), organismo creado por la *Carta de San Salvador* en 1951, en el que participan todos los Estados de América Central, salvo Panamá. El propósito de este organismo consiste, principalmente, en la cooperación económica, cultural y social de los miembros que lo integran. Los órganos de la O. D. E. C. A. son los siguientes: la Reunión eventual de Presidentes, la Reunión de Ministros de Relaciones Exteriores, la Reunión eventual de ministros de otros ramos, la Oficina Centroamericana y el Consejo Económico.
Organización Europea de Cooperación Económica (O. E. C. E.), organización creada en 1948 para desarrollar la cooperación entre los países europeos adherentes. Su residencia está en París. En 1961, a causa de la entrada en este organismo de los Estados Unidos y Canadá, el nombre fue cambiado en ORGANIZACIÓN DE COOPERACIÓN Y DESARROLLO ECONÓMICO (O. C. D. E.).
Organización Internacional del Trabajo (O. I. T.), organización internacional creada en 1919 por el Tratado de Versalles. Asociada a la O. N. U. desde 1947, su objetivo consiste en promover la justicia social con el mejoramiento de las condiciones de vida y de trabajo en el mundo. Su secretaría permanente reside en Ginebra.
Organización Mundial de la Salud (O. M. S.), institución especializada de las Naciones Unidas que tiene por fin difundir conocimientos médicos y ocuparse de la desaparición y cuidado de ciertas enfermedades. Reside en Ginebra.

edificio de
la O. N. U.
en Nueva York

Bandera de la
O. N. U.

Fot. Anderson, Centro Cultural Americano

M. ORIBE

Organización del Tratado del Atlántico Norte (O. T. A. N.). V. PACTO DEL ATLÁNTICO.
ÓRGANOS (SIERRA DE **los**), conjunto montañoso de Cuba (Pinar del Río).
ORIA, río de Panamá, que des. en el Pacífico.
ORIA o **ÁUREA** *(Santa)*, virgen española (1042-1070), cuya vida en el monasterio de San Millán de la Cogolla (La Rioja) inspiró un poema a Gonzalo de Berceo. Fiesta el 11 de marzo.
ORIBASIO, médico griego (¿325?-403), al servicio del emperador Juliano. Reunió las obras de los médicos de la Antigüedad y de su época.
ORIBE (Emilio), médico, poeta y escritor uruguayo, n. en 1893, autor de *El nunca usado mar*, etc.
ORIBE (Manuel), general y político uruguayo n. en Montevideo (1792-1857), que actuó en las guerras de Independencia, formó parte de los *Treinta y Tres* y fue pres. de la Rep. de 1835 a 1838. Apoyado por Rosas, sostuvo una enconada lucha contra Rivera y sitió Montevideo de 1842 a 1851.
ORICO (Oswaldo), cuentista brasileño, n. en 1900, autor de *El tigre de la abolición* y *La viña del Señor*.
ORIENTAL (BANDA). V. BANDA ORIENTAL.
ORIENTAL (CORDILLERA), n. dado a un sector de los Andes de Bolivia. Tb. llamada **Real.** — Cord. de Colombia, que atraviesa diez dep. o intendencias y alcanza una longitud de 1 000 km. — N. dado a la parte oriental de los Andes del Ecuador. — Ramal de los Andes del Perú.
ORIENTE, prov. de Cuba, surcada por la Sierra Maestra; cap. *Santiago de Cuba;* importante prod. de tabaco, café, cacao, caña de azúcar (más de 40 ingenios azucareros), maderas. Minas. Aguas minerales. Ganadería.
ORIENTE, prov. del Ecuador, hoy dividida en las de Napo, Pastaza y Morona-Santiago.
ORIENTE, conjunto de países situado al Este de Europa. El término de **Cercano** o **Próximo Oriente** se aplica corrientemente a los países ribereños del Mediterráneo oriental y a veces incluso a las naciones balcánicas; el de **Oriente Medio** designa principalmente a Irak, Arabia, Irán y también a la India y al Paquistán; el de **Extremo** o **Lejano Oriente** comprende los Estados de Indochina, China, Japón, Corea y Siberia oriental (*Extremo Oriente soviético*).
ORIENTE (IMPERIO ROMANO DE), uno de los dos imperios formados después de la muerte de Teodosio en 395, conocido también con el nombre de *Bajo Imperio* o *Imperio Bizantino* o *de Constantinopla;* fue destruido por los otomanos en 1453. V. BIZANTINO (*Imperio*).
Oriente (*Cisma de*). V. CISMA.
Oriente (*Cuestión de*), problema político internacional planteado por la presencia de los turcos en Europa después de la conquista de Constantinopla en 1453.
Oriente *(Universidad de)*, universidad de Venezuela, con residencia en Cumaná.
Origen de las especies por medio de la selección natural (*Del*), obra de Darwin en la que el autor expone su teoría de la evolución y transformación de las especies (1859).
ORÍGENES, exégeta y teólogo, n. en Alejandría (185-254). Apologista notable, empleó en demasía el método alegórico en la interpretación de la Biblia e incurrió a veces en heterodoxia.
Orígenes del español, estudio del erudito español Ramón Menéndez Pidal sobre el período en que se estuvo gestando la lengua castellana.
ORIHUELA, c. de España (Alicante), en la feraz huerta de su nombre. Obispado. Textiles.
ORINOCO, río caudaloso de América del Sur, que señala parte de la frontera entre Colombia y Venezuela, atraviesa este país y des. en el Atlántico por un vasto delta; 2 400 km, de los cuales 1 670 son navegables. Vicente Yáñez Pinzón descubrió su desembocadura en 1500 y lo remontó por primera vez Diego de Ordás en 1531.
ORIO, v. de España (Guipúzcoa), puerto pesquero en la *ría de Orio*.
ORIOL (José), santo y taumaturgo español (1650-1702). Fiesta el 23 de marzo.
ORIÓN, cazador gigantesco y de gran belleza, matado por Artemisa. Se convirtió en una constelación.
ORIÓN, constelación de la zona ecuatorial.

ESCLAVO
cuadro de OROZCO

ORISA, Estado del NE. de la India, a orillas del golfo de Bengala; cap. *Bhubaneswar*.
ORIZABA, volcán de México, en el límite de los Estados de Puebla y Veracruz; 5 747 m. El *Pico de Orizaba* es la cima más alta del país, que los aborígenes llamaron **Citlaltépetl** (*Cerro de la Estrella*). — C. de México (Veracruz); talleres ferroviarios. Industrias. En sus cercanías hay una importante planta hidroeléctrica.
ORLANDO o **ROLANDO,** héroe de los poemas épicos italianos *Orlando enamorado*, de Boyardo, y *Orlando furioso*, de Ariosto. Corresponde al Roldán francés, protagonista de *La Canción de Roldán* (o *Rolando*).
ORLEÁNS, c. de Francia, a orillas del Loira, cap. del dep. de Loiret. Obispado; industrias alimenticias y textiles. Juana de Arco liberó Orleáns sitiada por los ingleses en 1429.
ORLEÁNS, n. de cuatro familias de príncipes franceses. A una de dichas familias pertenecían el poeta CARLOS (1391-1465) y el rey LUIS XII de Francia (1462-1515). La cuarta familia de Orleáns empezó con FELIPE II (1640-1701), hermano de Luis XIV. Sus miembros más notables fueron: FELIPE III (1674-1723), regente de Francia durante la menor edad de Luis XV. — LUIS FELIPE JOSÉ, conocido con el nombre de *Felipe Igualdad* (1747-1793), revolucionario que votó la muerte de su primo Luis XVI y murió también en el cadalso. — LUIS FELIPE (1773-1850), hijo del anterior y rey de los franceses con el nombre de *Luis Felipe I*. (V. este nombre.)
ORLEANSVILLE [*vil*], c. de Argelia (Argel), a orillas del Chelif, cap. del dep. de su n. Llamada actualmente **El-Asnam.**
ORLEY (Bernardo **Van**). V. VAN ORLEY.
ORLICH (Francisco J.), militar y político costarricense, n. en 1908, pres. de la Rep. de 1962 a 1966.
ORLY, pobl. y aeropuerto al S. de París.
ORMONDE (James BUTLER, *duque de*), estadista inglés (1610-1688), lugarteniente de Carlos I; favoreció el regreso de Carlos II y pacificó Irlanda.
ORMUZ, isla a la entrada del golfo Pérsico, en el *estrecho de Ormuz*.
ORMUZ u **ORMAZ,** en zendo **Ahuramazda,** dios supremo en la religión mazdea. Es el principio del Bien, mientras que *Ahrimán* es el principio del Mal.
ORNE, río de Francia, en Normandía, que pasa por Caen y des. en el Canal de la Mancha; 125 km. — Dep. de Francia; cap. *Alenzón*.
ORO (El), prov. del S. del Ecuador; cap. *Machala;* región minera explotada desde los tiempos prehispánicos, especialmente rica en oro y cobre; cultivo de café y bananos. **Prelatura nullius.**
ORO (*Fray* Justo SANTA MARÍA DE), sabio y patriota argentino (1771-1836), uno de los miembros más notables del Congreso de Tucumán.
Oro del Rin *(El)*, prólogo en cuatro actos de la tetralogía de Ricardo Wagner *El anillo de los Nibelungos* (1869).
ORODES I, rey de los partos, de la familia de los Arsácidas, que reinó de 56 a 37.
ORONTES, en árabe **Nahr el-Asi,** río de Siria; nace en el Antilíbano, pasa por Homs y Antioquía, y des. en el Mediterráneo; 570 km.
OROPESA, v. de España (Toledo). Castillo.
OROPEZA, prov. de Bolivia (Chuquisaca); cap. *Villa Oropeza*, ant. *Yotala*.
OROSI, volcán de Costa Rica (Guanacaste), en el N. de la cord. de Guanacaste; 1 570 m.
OROSIO (Paulo), historiador y teólogo hispanolatino de los s. IV y V, n. en Tarragona, discípulo de San Agustín. Su obra, de carácter apologético, ejerció gran influencia en la Edad Media. Escribió *Historiarum libri VII contra paganos*, considerado como el primer ensayo de historia universal cristiana.
OROTAVA (La), v. de Canarias (Tenerife), en un magnífico valle, al N. del pico del Teide. Agricultura. Turismo. (Hab. *orotavenses*.)
OROYA (La), c. del Perú, cap. de la prov. de Yauli (Junín); minas; centro metalúrgico.
OROZCO (*Beato* Alonso de), escritor y fraile agustino español (1500-1591), de carácter ascético. Autor *De nueve nombres de Cristo*.
OROZCO (José Clemente), pintor mexicano, n. en Zapotlán (1883-1949), autor de notables frescos y pinturas murales de temática revolucionaria.

Fot. doc. A. G. P.

OROZCO (Pascual), revolucionario mexicano (1882-1916), que se unió a Madero en 1911 y al año siguiente se sublevó contra él. Murió asesinado.
OROZCO Y BERRA (Fernando), novelista y poeta romántico mexicano (1822-1851). — Su hermano MANUEL fue arqueólogo e historiador (1816-1881).
ORREGO (Antenor), poeta y ensayista peruano (1892-1960), autor de *El pueblo continente.*
ORREGO LUCO (Augusto), médico y político chileno (1848-1933).
ORREGO LUCO (Luis), novelista chileno (1866-1949), autor de *Un idilio nuevo, Casa grande, En familia, Tronco herido,* etc.
ORRENTE (Pedro), pintor español (¿1570?-1645), llamado a veces **el Bassano español.**
ORS (Eugenio **d'**), ensayista español, n. en Barcelona (1882-1954), importante por sus escritos de crítica de arte: *Tres horas en el museo del Prado, Goya* y *Mi salón de otoño.* Poseedor de una vastísima cultura, ha legado también una inmensa serie de *Glosas* o comentarios de la actualidad cotidiana de su tiempo. Escribió también en catalán (*La Ben Plantada*) y utilizó el seudónimo de **Xenius.**
ORSINI, ilustre familia de príncipes italianos que fue rival largo tiempo de los Colonna y a la que pertenecieron cinco papas, veinte cardenales y numerosos condottieri.
ORSK, c. de la U.R.S.S. (Rusia), a orillas del Ural. Metalurgia.
ORTAL (Jerónimo de), conquistador español, m. en 1527, gobernador de la prov. de Paria (Venezuela) de 1523 a 1527.
ORTEGA, v. de Colombia (Tolima). Minas.
ORTEGA (Francisco), político y escritor mexicano (1793-1849), autor del drama *México libre.*
ORTEGA MUNILLA (José), escritor y periodista español, n. en Cuba (1856-1922), padre de Ortega y Gasset, protector de la generación del 98.
ORTEGA Y GASSET (José), filósofo y ensayista español, n. en Madrid (1883-1955), creador de la filosofía de la razón vital, maestro de toda una generación de escritores en España e Hispanoamérica y estilista de elegancia y agudeza incomparables, es autor de *Meditaciones del Quijote, El espectador, España invertebrada, El tema de nuestro tiempo, La deshumanización del arte, La rebelión de las masas, ¿Qué es filosofía?, En torno a Galileo, El hombre y la gente, La idea de principio en Leibniz,* etc.
ORTEGAL, cabo de Galicia (La Coruña), extremo septentrional, con el de Vares, de la península Ibérica.
ORTEGUAZA, río de Colombia (Caquetá), afl. del Caquetá.
ORTIGUEIRA, v. de España (Coruña). Puerto en el Atlántico; balneario.
ORTIZ (Adalberto), novelista ecuatoriano, n. en 1914, autor de *Juyungo,* donde analiza las relaciones entre las razas negra, india y blanca.
ORTIZ (Fernando), poeta, antropólogo y crítico literario cubano (1881-1969).
ORTIZ (José Joaquín), escritor y poeta neoclásico colombiano (1814-1892).
ORTIZ (Juan Buenaventura), escritor colombiano (1840-1894), obispo de Popayán.
ORTIZ (Roberto Mario), político argentino (1886-1942), pres. de la Rep. de 1938 a 1942.
ORTIZ DE DOMÍNGUEZ (María Josefa), heroína mexicana de la Independencia (1764-1829), conocida con el n. de **la Corregidora de Querétaro.**
ORTIZ DE MONTELLANO (Bernardo), poeta y escritor mexicano (1899-1949), autor de *Muerte de cielo azul.*
ORTIZ DE OCAMPO (Francisco Antonio), militar argentino (1771-1840), jefe de la expedición libertadora del Norte (1810).
ORTIZ DE ROSAS. V. ROSAS.
ORTIZ DE ROZAS (Domingo), militar y gobernante español (¿1680?-1756), gobernador de Buenos Aires de 1741 a 1745 y de Chile de 1746 a 1756.
ORTIZ DE ZÁRATE (Juan), militar español (1511-1576), que acompañó a Pizarro en la conquista del Perú y fue nombrado adelantado del Río de la Plata en 1567, cargo que desempeñó de 1573 a 1575.

ORTIZ DE ZEBALLOS (Ignacio), político y jurista peruano, n. en Quito (1777-1843).
ORTIZ RUBIO (Pascual), ingeniero mexicano (1877-1963), pres. de la Rep. de 1930 a 1932.
ORTÓN, río de Bolivia (Pando), afl. del Beni; 547 km.
ORURO, c. de Bolivia, cap. del dep. del mismo n., situada a 3 800 m de altura, al N. del lago Poopó; centro industrial y de comunicaciones. Universidad. Obispado. El dep. posee ricos yacimientos de plata, estaño, cobre, tungsteno, oro y plomo. (Hab. *orureños.*)
ORVIETO, c. de Italia (Umbría). Ciudad de aspecto medieval; catedral (s. XIII).
ORZESZKOWA (Elisa), novelista polaca (1841-1910), que describe la vida campesina.
OSA, cantón de Costa Rica (Puntarenas).
OSA (MONTE). V. OSSA.
OSA (*Mayor* y *Menor*), n. de dos constelaciones boreales vecinas. La *Osa Menor* contiene la estrella polar. Encuéntrase esta estrella en la prolongación de la línea que une las dos estrellas inferiores de la *Osa Mayor,* y a una distancia igual a cinco veces la que separa estas dos estrellas.
OSAKA, c. y puerto del Japón (Hondo); gran centro industrial. Universidad. Exposición universal en 1970.
OSCAR I, rey de Suecia y de Noruega (1799-1859), hijo de Bernadotte; reinó de 1844 a 1857. — OSCAR II, hijo del anterior (1829-1907); sucedió a su hermano Carlos XV, fue rey de Suecia y Noruega de 1872 a 1905, y de Suecia tras la separación de los dos Estados (1905).
OSCOS, pueblo pelásgico de la antigua Italia.
OSEAS, rey de Israel de 730 a 724 a. de J. C., destronado por Salmanasar V.
OSEAS, uno de los profetas menores hebreos (s. VIII a. de J. C.).
ÖSEL. V. OESEL.
OSERAS (ALTO DE LAS), cerro de Colombia, en la Cord. Oriental; 3 830 m.
OSETIA DEL NORTE y DEL SUR, repúblicas autónomas de la U.R.S.S., una en Rusia (cap. *Ordjonikidze*) y otra en Georgia (cap. *Tchkhivali*).
OSHOGBO, c. de Nigeria, al NE. de Ibadán.
OSIÁN, bardo legendario escocés del s. III, hijo de Fingal, rey de Morven. Macpherson publicó con su nombre (1760) una colección de poesías que produjeron honda impresión.
OSIANDER (Andrés HOSEMAN, llamado), teólogo protestante alemán (1498-1552).
OSICALÁ, c. de El Salvador (Morazán).
OSIJEK, ant. **Esseg,** c. de Yugoslavia (Croacia), a orillas del Drave. Fósforos.
OSIMANDIAS, rey legendario del ant. Egipto, tal vez Ramsés II, a quien se atribuye la creación de la primera biblioteca conocida.
OSINNIKI, c. de la U.R.S.S. (Rusia), en Siberia occidental; carbón; metalurgia.
OSIO, escritor, orador y teólogo español (¿257?-357), obispo de Córdoba. Fue consejero del emperador Constantino y participó en los concilios de Arles, Nicea, Sárdica, Elvira y Alejandría. Dejó algunos escritos.
OSIRIS, uno de los dioses del ant. Egipto, esposo de Isis y padre de Horus.
OSLO, n. ant., empleado de nuevo desde 1924, de **Cristianía,** cap. de Noruega, puerto activo en el golfo de su n.; 515 000 h. Centro comercial e industrial.
OSMA, c. de España (Soria); fábrica de azúcar. Ciudad fundada por los celtíberos.
OSMÁN. V. OTMÁN.
OSMEÑA (Sergio), político filipino (1878-1961), pres. de la Rep. de 1944 a 1946.
OSNABRÜCK, c. de Alemania (Baja Sajonia); textiles; maquinaria. Obispado. Firma de uno de los tratados de Westfalia (1648).
OSORIO (Diego de), gobernador de Venezuela de 1587 a 1597, uno de los más notables administradores de la época colonial.
OSORIO (Óscar), militar y político salvadoreño n. en 1910, miembro del Consejo de Gob. Revolucionario de 1948 a 1950, y pres. de la Rep. de 1950 a 1956.
OSORIO BENÍTEZ (Miguel Ángel), poeta colombiano (1883-1942) que usó el seudónimo de

E. D'ORS

ORTEGA Y GASSET

OSLO

OSORIO BENÍTEZ

Fot. Keystone, X, Embajada de Noruega (París), Larousse

OSPINA PÉREZ

OTERO SILVA

OTHÓN

Porfirio Barba Jacob. De espíritu inquieto, es autor de versos de intenso lirismo (*Rosas negras, La canción de la vida profunda, La parábola del retorno*).

OSORIO DE ESCOBAR (Diego de), prelado español, m. en 1673, obispo de Puebla y virrey de Nueva España en 1664.

OSORIO LIZARAZO (José Antonio), escritor naturalista colombiano (1900-1964), autor de *Garabato* y *El hombre bajo la tierra*, novela de mineros.

OSORNO, cono volcánico de Chile (Llanquihue); 2 660 m. — **C. del centro de Chile, cap. de la prov. de su n.; centro comercial. Obispado.** Fundada en 1558, fue destruida por efectos sísmicos en 1575. Tb. en 1960 sufrió las consecuencias de los terremotos. La economía de la prov. es agrícola y ganadera. (Hab. *osorninos*.)

OSOS (GRAN LAGO DE LOS), lago del Canadá septentrional. Importantes riquezas mineras (radio, uranio).

OSPINA (Eduardo), sacerdote y ensayista colombiano, n. en 1891.

OSPINA (Pedro Nel), general y político colombiano (1858-1927), pres. de la Rep. de 1922 a 1926.

OSPINA PÉREZ (Mariano), político colombiano, n. en 1891, pres. de la Rep. de 1946 a 1950.

OSPINA RODRÍGUEZ (Mariano), político colombiano, n. en Guasca (Cundinamarca) [1805-1885], elegido pres. de la Confederación Granadina en 1857. Promulgó la Constitución federal de 1858 y fue derribado por Mosquera en 1861.

OSPINO, río de Venezuela (Portuguesa), afl. del Portuguesa.

OSSA, monte de Tesalia (1 995 m), famoso entre los poetas. (V. PELIÓN.)

Osservatore Romano, periódico aparecido en 1849, órgano oficioso del Vaticano.

OSSIÁN. V. OSIÁN.

OSSORIO (Ana). V. CHINCHÓN (*Conde de*).

OSSORIO Y GALLARDO (Ángel), jurisconsulto y político español (1873-1946).

OSTADE (Adriano **Van**). V. VAN OSTADE.

OSTENDE, c. y puerto de Bélgica (Flandes Occidental), en el mar del Norte. Playa muy concurrida. Ostras famosas.

OSTIA, puerto de la Roma antigua, cerca de la desembocadura del Tíber, hoy cegado por aluviones. Restos arqueológicos. Gran estación balnearia en *Ostia Lido*.

OSTRAVA, ant. **Moravska-Ostrava,** en alem. **Ostrav,** c. de Checoslovaquia (Silesia); centro hullero y metalúrgico.

OSTROGODOS o **GODOS DEL ESTE,** pueblo germánico que, establecido a orillas del Danubio, invadió Italia y fundó con Teodorico, a fines del s. V, una monarquía destruida por Justiniano en 552.

OSTROVSKY (Alejandro Nicolaievich), dramaturgo ruso (1823-1886), autor de *La tempestad*.

OSTROW WIELKOPOLSKI, c. de Polonia, al NE. de Wroclaw. Metalurgia.

OSTWALD (Guillermo), químico alemán (1853-1932) que se distinguió por sus estudios sobre los electrolitos. (Pr. Nóbel, 1909.)

OSUNA, c. de España (Sevilla). Aceite, cereales; esparterías. Restos arqueológicos.

OSUNA (*Duque de*). V. TÉLLEZ GIRÓN.

OSUNA (Francisco de), franciscano español (¿1475-1542?), maestro de la literatura ascética (*Abecedario espiritual*).

OSURI, río de Asia, afl. del Amur, frontera entre China y la U.R.S.S.; 907 km.

OSWIECIM. V. AUSCHWITZ.

OTÁLORA (José Eusebio), político colombiano (1828-1884), pres. interino de la Rep. de 1882 a 1884.

O. T. A. N. (*Organización del Tratado del Atlántico Norte*). V. PACTO DEL ATLÁNTICO.

OTARU, c. del Japón (Hokkaido).

OTAVALO, c. y cantón del Ecuador (Imbabura).

OTEIZA (Jorge de), escultor español, n. en 1908.

Otelo, tragedia de Shakespeare, una de sus obras maestras (1604). Otelo, moro al servicio de Venecia, estrangula a su esposa Desdémona en un momento de cólera provocada por los celos.

OTERO (Blas de), poeta español, n. en 1916, de voz briosa y sobrio estilo.

OTERO (Gustavo Adolfo), diplomático y escritor boliviano, n. en 1896, autor de *Hombres y bestias*.

OTERO (José Pacífico), historiador argentino (1874-1937), autor de *Historia del Libertador don José de San Martín*.

OTERO MUÑOZ (Gustavo), historiador colombiano, n. en 1894, autor de *Bolívar y Monroe*.

OTERO SILVA (Miguel), poeta y novelista venezolano, n. en 1908, autor de los relatos *Fiebre* y *Casas muertas* y de las poesías *Agua y cauce*.

OTHÓN (Manuel José), poeta mexicano de tradición clásica, n. en San Luis Potosí (1858-1906), que sobresalió en la descripción de la naturaleza. Autor de *Himno de los bosques, Poemas rústicos, Idilio salvaje* y de varios dramas y cuentos.

OTMÁN I u **OSMÁN I,** fundador del imperio de los turcos otomanos (1259-1326). — OTMÁN II, sultán de los turcos de 1618 a 1622, n. hacia 1603, asesinado por los jenízaros. — OTMÁN III, sultán de 1754 a 1757.

OTOKAR I, duque (1197), luego rey (1198) de Bohemia, m. en 1230. — **OTOKAR II, rey de Bohemia de 1253 a 1278.**

OTOMANO (IMPERIO). V. TURQUÍA.

OTOMÍES, indios de México que habitan sobre todo en los Est. de Querétaro y Guanajuato, y que son considerados como los primeros pobladores del país.

OTÓN (Marco Salvio), emperador romano en el año 69 (32-69). Proclamado por los pretorianos, fue vencido en Bedriaco por Vitelio.

OTÓN I el Grande, rey de Germania en 936, emperador romano de Occidente en 962, m. en 973. Gobernó con habilidad, dominó la nobleza feudal, contuvo a los eslavos y detuvo la invasión magiar. — OTÓN II, hijo del anterior, n. en 955, emperador romano de Occidente de 973 a 983. — OTÓN III, n. en 980, hijo de Otón II, emperador de 983 a 1002. — OTÓN IV *de Brunswick* (1175 ó 1182-1216), emperador germánico de 1209 a 1214, vencido por Felipe Augusto de Francia en Bouvines en 1214.

OTÓN I, hijo del rey Luis I de Baviera (1815-1867), rey de Grecia en 1832, depuesto en 1862.

OTRANTO, c. marítima de Italia meridional, en la región de su n., que forma el talón de la bota italiana; hoy prov. de Lecce. Obispado.

OTRANTO (CANAL DE), estrecho entre la península de los Balcanes e Italia. Une el mar Adriático con el mar Jónico; 70 km de ancho.

OTTAWA [-*aua*], cap. federal del Canadá (Ontario), a orillas del Ottawa, afl. del San Lorenzo; 345 000 h. Residencia del Parlamento y del gobernador general. Ciudad administrativa con algunas industrias.

OTTO (Rodolfo), teólogo protestante y filósofo alemán (1869-1937), autor de *Lo Santo*.

OTUMBA, pobl. de México (México); célebre victoria de Cortés sobre los aztecas (18 de julio de 1520).

OTUZCO, c. del Perú, cap. de la prov. del mismo nombre (La Libertad). Minas.

OTWAY (Tomás), poeta dramático inglés (1652-1685). Sus obras contienen, al lado de grandes bellezas, muchos descuidos de lenguaje y estilo (*Venecia salvada*).

OUDRID [*udrid*] (Cristóbal), compositor español (1825-1877), autor de populares zarzuelas.

OUDRY (Juan Bautista), pintor y grabador francés (1686-1755). Pintó animales, bodegones y retratos.

OUESSANT [*uesán*], isla de Francia, frente al dep. de Finistère.

OURO FINO, c. del Brasil (Minas Gerais).

OURO PRÊTO, c. del Brasil (Minas Gerais); numerosos monumentos del s. XVIII. Gran centro turístico. Yac. de oro, manganeso, bauxita; industrias. Fue cap. del Est. hasta 1897.

OUSE, río de Inglaterra que nace en los montes Peninos y se une con el Trent para formar el Humber; 102 km.

OUTES (Félix Faustino), etnólogo argentino (1878-1939), autor de *Las viejas razas argentinas, Estudios etnográficos*, etc.

OVALLE, c., com. y dep. de Chile (Coquimbo).

OVALLE (Alonso de), jesuita y escritor chileno (1601-1651), autor de la *Histórica relación del reino de Chile*.

Fot. Cortesía Mundo Hispánico, Leo Matiz, doc. A. G. P.

OVALLE (José Tomás), político conservador chileno (1788-1831), pres. interino de la Rep. de 1830 a 1831.
OVALLE (Juan Antonio), patriota chileno, pres. del primer Congreso Nacional en 1811.
OVANDO (Nicolás de), político español, n. en Cáceres (1460-1518), gobernador de La Española de 1502 a 1509. Redujo a los indios a la esclavitud, fundó varias ciudades e introdujo el cultivo de la caña de azúcar. Fue sustituido por Diego Colón.
OVEJAS, c. de Colombia (Sucre); tabacos.
OVERBECK (Federico), pintor alemán (1789-1869), jefe de la escuela católica.
OVERYSSEL, ant. **Overijssel,** prov. de Holanda. Cap. *Zwolle.*
OVIDIO (Publio Ovidio Nasón), poeta latino, n. en Sulmona (43 a. de J. C.-17 d. de J. C.), autor de *Arte de Amar,* en cuyos versos se expone delicada y apasionadamente la ciencia del amor, y *Metamorfosis,* que han sido consideradas como la biblia de los temas mitológicos; menos importantes son *Tristes, Heroidas* y *Pónticas.*
OVIEDO, c. de España, cap. de la prov. del mismo n. y del ant. reino de Asturias; centro comercial e industrial. (Hab. *ovetenses.*) Obispado. Hermosa catedral donde descansan los restos de algunos reyes visigodos. En sus inmediaciones, iglesias románicas de San Miguel de Liño y Santa María del Naranco (s. IX). Universidad. En la prov. existen numerosas minas; industria pesquera; siderurgia; prod. agrícolas.
OVIEDO (Gonzalo FERNÁNDEZ DE). V. FERNÁNDEZ DE OVIEDO.
OVIEDO Y BAÑOS (José de), cronista colombiano (1671-1738), autor de una *Historia de la Conquista.*
OWEN (Gilberto), poeta y novelista mexicano (1905-1952), autor de *El burgo regenerado.*
OWEN (Roberto), reformador inglés (1771-1858), que creó las primeras sociedades cooperativas de producción y consumo.
OWEN (*sir* Ricardo), naturalista inglés (1804-1892), que se distinguió por sus estudios de los animales vertebrados e invertebrados.
OXAPAMPA, pobl. y prov. del Perú (Pasco).
OXENSTIERNA (*Conde* Axel de), político sueco (1583-1654), consejero de Gustavo Adolfo y tutor de la reina Cristina.
OXFORD, c. de Inglaterra, a orillas del Támesis, cap. del condado del mismo n. (Hab. *oxonienses.*) Célebre universidad.
Oxford (*Estatutos* o *Provisiones de*), condiciones impuestas a Enrique III por los barones ingleses en 1258. Confirmaban la *Carta Magna* y exigían la reunión del Parlamento tres veces por año. Los Estatutos fueron suprimidos por el monarca Enrique III a partir del año 1261.

OVIEDO
iglesia de San Miguel de Liño

OXO, antiguo nombre del río **Amu Daria.**
OYAMA (Ivao), mariscal y político japonés (1842-1916), generalísimo de los ejércitos del Japón en la guerra ruso-japonesa.
OYAPOK u **OIAPOQUE,** río de América del Sur que des. en el Atlántico y separa la Guayana Francesa del Brasil; 500 km.
OYO, c. y prov. de Nigeria, al N. de Ibadán.
OYÓN (Álvaro de), aventurero español del s. XVI que estuvo en el Perú con Pizarro. Se sublevó luego en Nueva Granada y fue ejecutado (1553).
OYUELA (Calixto), poeta y escritor argentino (1857-1935), primer presidente de la Academia Argentina de Letras.
OZAMA, río de la Rep. Dominicana, en cuyo estuario se encuentra la c. de Santo Domingo; 104 km.
OZANAM (Federico), historiador francés (1813-1853) y uno de los fundadores de las Conferencias de San Vicente de Paúl.
OZATLÁN, v. de El Salvador (Usulután).
OZIAS. V. AZARÍAS.
OZOGOCHE, laguna del Ecuador (Chimborazo).

OVIDIO

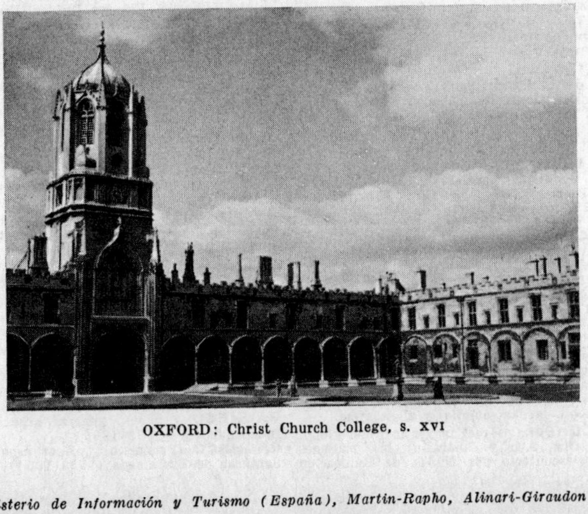
OXFORD: Christ Church College, s. XVI

Fot. *Ministerio de Información y Turismo (España), Martin-Rapho, Alinari-Giraudon*

P

PARÍS : centro histórico (las islas de Saint-Louis y de la Cité)

SAN PABLO
detalle de una estatua policromada del s. XIV
museo de los Agustinos
Toulouse

PACHACÚTEC

PABIANICE, c. de Polonia, al oeste de Lodz.

PABLO *(San)*, llamado **Saulo** y **Apóstol de los Gentiles,** n. en Tarso de Cilicia, martirizado en Roma en el año 67; su conversión en el camino de Damasco fue un suceso conmovedor en la historia de la Iglesia. Fue uno de los primeros organizadores de la disciplina eclesiástica y de la doctrina cristiana. Como escritor nos ha legado una colección de *Epístolas* (a los gálatas, a los romanos, a los corintios, a Filemón, a Timoteo, a los hebreos, etc.) que figura en el Nuevo Testamento. Fiesta el 29 de junio.

PABLO I (1754-1801), emperador de Rusia, hijo de Pedro III y de Catalina II. Reinó de 1796 a 1801; murió asesinado en una conspiración de la Corte.

PABLO I, rey de Grecia (1901-1964); sucesor de su hermano Jorge II en 1947.

PABLO VI. V. PAULO VI.

PABLO (Luis de), músico español, n. en 1930.

PABLO de la Cruz *(San)*, fundador de la orden de los Pasionistas, n. en Ovada (Liguria) [1694-1775]. Fiesta el 28 de abril.

PABLO DIÁCONO, historiador lombardo (¿720-799?).

PABLO NERUDA. V. NERUDA (Pablo).

Pablo y Virginia, novela exótica de Bernardin de Saint-Pierre (1787).

PACAJES, prov. de Bolivia (La Paz); cap. *Corocoro.*

PACARAIMA, cadena de montañas de América del Sur entre Venezuela y el Brasil.

PACASMAYO, prov. del Perú (La Libertad); cap. *San Pedro de Lloc.*

PACAYA, río del Perú (Loreto), afl. del Ucayali; 160 km. — Volcán de Guatemala entre las prov. de Escuintla y Guatemala; 2 544 m.

PACCA (Bartolomé), cardenal italiano (1756-1844), secretario de Estado con Pío VII. Autor de un edicto que prohibe la exportación de Italia de obras artísticas.

Pacem in terris, encíclica de Juan XXIII (1963), sobre la paz mundial y el desarme.

PACÍFICO (OCÉANO), el mayor mar del globo, entre América, Asia y Australia; 180 millones de km². Descubierto por Núñez de Balboa en 1513, quien le llamó **Mar del Sur,** y atravesado por primera vez por Magallanes en 1520.

PACÍFICO, serranía de Colombia, que bordea el litoral del gran océano.

Pacífico *(Guerra del)*, guerra sostenida por Chile contra Bolivia y Perú (1879-1883), por la posesión de los salitrales de la región de Atacama. Concluida con el Tratado de Ancón.

PACOMIO (*San*), anacoreta de Tebaida (¿290?-346), fundador de comunidades monásticas. Fiesta el 14 de mayo.

PÁCORA, v. de Colombia (Caldas).

Pacto de familia, pacto firmado en 1761 entre los Borbones de Francia (Luis XV), de España (Carlos III) y de Nápoles (Fernando IV) para combatir la potencia naval inglesa.

Pacto del Atlántico Norte (O. T. A. N.), alianza política y militar firmada en 1949 entre Bélgica, Canadá, Estados Unidos, Francia, Gran Bretaña, Holanda, Islandia, Italia, Luxemburgo, Noruega y Portugal. Extendida en 1952 a Grecia y Turquía, y en 1955 a Alemania occidental.

Pacto del Zanjón. V. ZANJÓN (Pacto del).

Pacto Tripartito, firmado en Berlín entre Alemania, Italia y Japón (1940).

PACTOLO, río de Lidia, afl. del Hermos, que arrastraba arenas de oro y a él debía Creso sus inmensas riquezas.

PACUVIO (Marco), uno de los más antiguos poetas dramáticos de Roma (220-¿132? a. de J. C.). Sus tragedias no han llegado hasta nosotros.

PACHACÁMAC, isla guanera del Perú. — Pobl. del Perú (Lima); ant. c. inca; ruinas de un gran templo y de un cementerio.

PACHACÁMAC, divinidad principal entre los antiguos peruanos, creador del mundo y de la vida.

PACHACÚTEC YUPANQUI, inca del antiguo Perú, m. en 1471, principal constructor del Imperio. Reedificó el templo del Sol.

PACHECA, isla de Panamá, en el archip. de Las Perlas.

PACHECO (Alonso), conquistador español del s. XVI; fundador, en 1571, de Nueva Zamora, hoy Maracaibo (Venezuela).

PACHECO (Ángel), general argentino de la Independencia (1795-1869).

PACHECO (Francisco), pintor español, n. en Sanlúcar de Barrameda (1564-1654), maestro y

Fot. Durandaud, Bulloz, doc. A. G. P.

suegro de Velázquez. Continuador de Pablo de Céspedes, se dedicó, sobre todo, a la pintura religiosa. Nos ha dejado un *Arte de la Pintura* y una colección de retratos de sus contemporáneos.

PACHECO (Gregorio), político boliviano (1823-1899), pres. de la Rep. de 1884 a 1888.

PACHECO (Joaquín Francisco), político y escritor español (1808-1865), jefe del Gob. en 1847.

PACHECO (José Emilio), poeta mexicano, n. en 1939.

PACHECO (Juan), marqués de Villena, favorito de Enrique IV de Castilla (1419-1474).

PACHECO (María), esposa del jefe de los comuneros Juan de Padilla. Después de la derrota de Villalar (1521) y la muerte de su esposo siguió resistiendo en Toledo. M. en 1531 en Portugal.

PACHECO (Ramón), escritor chileno (1845-1888), autor de novelas históricas y costumbristas.

PACHECO ARECO (Jorge), periodista y político uruguayo n. en 1920, vicepres. de la Rep. en 1966, pres. en 1967 a la muerte de Óscar Gestido.

PACHECO Y OBES (Melchor), militar, político y poeta uruguayo, n. en Buenos Aires (1809-1857).

PACHECO Y OSORIO (Rodrigo), virrey de Nueva España de 1624 a 1634.

PACHITEA, río del Perú (Huánuco), afl. del Ucayali; 321 km. — Prov. del Perú (Huánuco); cap. *Panao*.

PACHUCA DE SOTO, c. de México, a 98 km al N. de la c. de México, cap. del Estado de Hidalgo; centro minero (plata, cobre, plomo).

PADANG, c. y puerto de la isla de Sumatra.

PADCAYA, pobl. de Bolivia, cap. de la prov. de Arce (Tarija).

PADERBORN, c. de Alemania occidental (Rin Septentrional-Westfalia). Catedral románica.

PADEREWSKI (Ignacio), compositor, pianista y político polaco (1860-1941), pres. del Consejo de la Rep. de 1919 a 1921.

PADILLA, pobl. de Bolivia, cap. de la prov. de Tomina (Chuquisaca). — Pobl. de México (Tamaulipas). Allí fue fusilado Iturbide (1824).

PADILLA (José), general colombiano (1778-1828), que luchó en Trafalgar y luego se unió a la causa de la independencia americana.

PADILLA (José), compositor español (1889-1960), autor de popularísimas canciones (*El relicario, La violetera, Valencia,* etc.)

PADILLA (José Gualberto), poeta y médico puertorriqueño (1829-1896).

PADILLA (Juan de), poeta religioso español (1468-¿1522?), llamado **el Cartujano,** autor de un *Retablo de la vida de Cristo* y *Los doce triunfos de los doce Apóstoles.*

PADILLA (Juan de), noble castellano (1484-1521), que se puso a la cabeza de los comuneros de Castilla en 1520. Derrotado en Villalar (1521), fue decapitado. (V. COMUNIDADES y PACHECO [María].)

PADILLA (Manuel Asencio), guerrillero boliviano de la Independencia (1773-1816). M. decapitado.

PADILLA (María de), dama española (1337-1361), amante del monarca de Castilla Pedro I el Cruel, con quien casó más tarde en secreto.

PADILLA (Pedro de), poeta español del s. XVI que mereció ser encomiado por Cervantes.

PADORNUELO (TÚNEL DE), túnel de 5 900 metros en los montes Galaicos (España).

PADRE, isla del Uruguay (Artigas), en el río Uruguay.

PADRE FANTINO, distr. de la Rep. Dominicana (Sánchez Ramírez).

PADRE LAS CASAS, com. de la Rep. Dominicana (Azua).

PADRÓN, v. de España (Coruña). Cereales.

PADRÓN (Julián), novelista venezolano (1910-1954), autor de *La guaricha* y *Madrugada.*

PADUA, en ital. **Padova,** c. de Italia (Venecia). Obispado; Universidad; palacios hermosos, basílica de San Antonio (s. XIII). Industrias químicas. Patria de Tito Livio y de Mantegna.

PAER (Fernando), compositor italiano (1771-1839), autor de *El maestro de capilla.*

PAESTUM. V. PESTO.

PÁEZ, población de Colombia (dep. del Cauca).

PÁEZ (Federico), político ecuatoriano, n. en 1877. Asumió el Poder supremo de 1935 a 1937.

PÁEZ (José Antonio), militar y político venezolano, n. en Curpa (Portuguesa) [1790-1873], que fue compañero de armas de Bolívar y se destacó en la campaña de Apure (1817), al frente de los llaneros. Intervino luego en las batallas de Carabobo (1821) y Puerto Cabello (1823), y, al separarse Venezuela de la Gran Colombia, fue elegido primer pres. de la Rep. (1830). Gobernó hasta 1835 y asumió de nuevo el Poder de 1839 a 1843 y de 1861 a 1863. Murió en la ciudad de Nueva York.

PÁEZ DE RIBERA (Ruy), poeta español del s. XV, que figura en el *Cancionero de Baena.*

PAFLAGONIA, ant. región del Asia Menor, al S. del Ponto Euxino. Cap. *Sinope.*

PAFOS, ant. c. de la isla de Chipre, célebre por su templo de Afrodita.

PAGANINI (Niccolo), violinista italiano (1782-1840), célebre por la habilidad prodigiosa de su ejecución. Escribió numerosas composiciones para violín.

PAGAZA (Joaquín Arcadio), prelado y poeta mexicano (1839-1918), autor de *Murmurios de la selva* y traductor de Horacio y Virgilio.

PAGET, mont. de la isla Georgia del Sur (Argentina); 2 200 m.

PAGNOL (Marcel), comediógrafo francés, n. en 1895, autor de obras de inspiración satírica y sentimental (*Topaze, Marius, César, Fanny*).

PAGO-PAGO, c. de Samoa oriental, cap. de la isla de Tutuila.

PAHANG, uno de los Estados de la Federación de Malaysia. Cap. *Kuantan.* Caucho; arroz.

PAHISA (Jaime), compositor español (1880-1969), autor de óperas y de obras para orquesta y piano.

PAHLEN (Pedro Luis, *conde de*), gobernador de San Petersburgo (1745-1826), jefe de la conspiración que produjo el asesinato del zar Pablo I en 1801.

PAHLEVI (Reza *Sha*), emperador de Irán (1878-1944), elegido soberano hereditario en 1925, abdicó en 1941. — Su hijo y sucesor Mohamed REZA *Sha,* n. en 1919, emperador de Irán en 1941.

PAHUATLÁN, pobl. de México (Puebla).

PAIHUANO, com. de Chile (Coquimbo).

PAILA, pico de los Andes del Ecuador en la provincia de Azuay; 4 480 m.

PAILLACO, com. de Chile (Valdivia).

PAINE, com. de Chile (Santiago).

PAINE o **PAYNE** [*pen*] (Tomás), publicista y político inglés (1737-1809). Autor de *El sentido común,* vigoroso alegato en favor de la independencia de los Estados Unidos; defendió más tarde las ideas de la Revolución Francesa.

PAINLEVÉ (Paul), matemático y político francés (1863-1933).

PAIPA, pobl. de Colombia (Boyacá); balneario. En sus alrededores Bolívar derrotó a los españoles en *Pantano de Vargas.*

PAÍSES BAJOS, n. que se da a Bélgica y Holanda, especialmente a esta última. Históricamente, en tiempos del emperador Carlos V, se dio esta apelación a varias provincias pertenecientes hoy día a Bélgica, Holanda y norte de Francia.

J. A. PÁEZ

PAGANINI
dibujo de INGRES

PADEREWSKI
por BONNAT

PADUA
vista parcial
con la basílica
de San Antonio

Fot. doc. A. G. P., Giraudon, E. N. I. T.

templo de PALENQUE
Chiapas. México

PALAFOX Y MELZI
por GOYA

PALAFOX Y MENDOZA

PALACIO VALDÉS

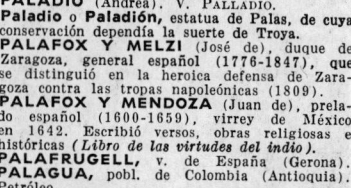

P. B. PALACIOS

PAISIELLO o **PAESIELLO** (Juan), compositor italiano (1740-1816), autor de óperas (*El barbero de Sevilla*).
PAISLEY [*pesle*], c. de Escocia, cap. del condado de Renfrew. Astilleros; industrias textiles y químicas.
PAITA o **PAYTA, prov. peruana del dep. de** Piura. Cap. *Puerto de Paita.*
PAITITI (*Gran*), n. dado a uno de los países fabulosos de América que incitaron la codicia de los conquistadores.
PAIVA (Félix), abogado y político paraguayo, n. en 1877, pres. de la Rep. de 1937 a 1939.
PAJA (MAR DE), estuario del Tajo en Lisboa.
PAJARES (PUERTO), paso en los Pirineos astúricos; 1 364 m. Carretera y ferrocarril.
PAKIN, escritor chino, n. en 1905, autor de la novela social *Una familia.*
PAKISTÁN. V. PAQUISTÁN.
PALACIO (Manuel del), poeta español (1831-1906), autor de *Cabezas y calabazas, Melodías íntimas* y *Chispas*. En su obra predomina el tono satírico y la inspiración festiva y ágil.
PALACIO (Pablo), escritor ecuatoriano (1906-1946), de un humor sarcástico.
PALACIO VALDÉS (Armando), novelista español, n. en Entralgo (Oviedo) [1853-1938], de inspiración regional y de amable tono optimista y humorístico: *La hermana San Sulpicio, José, La aldea perdida, Marta y María, La alegría del capitán Ribot, Riverita, Maximina, La fe.*
PALACIOS, campo petrolero de Venezuela (Guárico).
PALACIOS (Los), v. de España (Sevilla).
PALACIOS (Los), térm. mun. de Cuba (Pinar del Río).
PALACIOS (Alfredo L.), político, orador, escritor y legislador argentino (1880-1965).
PALACIOS (Eustaquio), novelista colombiano (1830-1898), autor de *El alférez real.*
PALACIOS (Fermín), **general salvadoreño,** pres. interino de la Rep. en 1844, 1845 y 1846.
PALACIOS (Julio), físico español (1891-1970), autor de numerosos estudios científicos. Contradice algunos puntos de la teoría de la relatividad.
PALACIOS (Lucila), escritora venezolana, n. en 1907, autora de las novelas *Los Buzos* y *Rebeldía,* y de obras de teatro.
PALACIOS (Pedro Bonifacio), poeta argentino, n. en San Justo (Buenos Aires) [1854-1917], más conocido por su seudónimo **Almafuerte,** autor de *La inmortal, El misionero, Trémolo* y *Cantar de los Cantares*. Su poesía es individualista, vigorosa, **pero desigual.**
PALADIO (Andrea). V. PALLADIO.
Paladio o **Paladión, estatua de Palas, de cuya** conservación dependía la suerte de Troya.
PALAFOX Y MELZI (José de), duque de Zaragoza, general español (1776-1847), **que** se distinguió en la heroica defensa de Zaragoza contra las tropas napoleónicas (1809).
PALAFOX Y MENDOZA (Juan de), prelado español (1600-1659), virrey de México en 1642. Escribió versos, obras religiosas e históricas (*Libro de las virtudes del indio*).
PALAFRUGELL, v. de España (Gerona).
PALAGUA, pobl. de Colombia (Antioquia). Petróleo.
PALAMAS (Kostis), escritor griego (1859-1943), **autor de poemas, dramas y cuentos.**
PALAMEDES, rey de Eubea, uno de los jefes griegos en el sitio de Troya. Se le atribuye el invento del ajedrez, del dinero y de los dados.
PALAMÓS, v. de España (Gerona). Playas.
PALAOS (ISLAS), archip. de Micronesia, al O. de las Carolinas, bajo tutela de los Estados Unidos desde 1947. Fue descubierto por los españoles en 1543, que lo conservaron hasta 1899.
PALAS ATENEA. V. ATENEA.
Palatina (*Escuela*), grupo de sabios reunidos por Carlomagno.
PALATINADO, en alem. **Pfalz,** región de Alemania occidental (Renania-Palatinado), situada en la orilla izquierda del Rin.
PALATINO (MONTE), una de las siete colinas de la antigua Roma, donde, según la tradición, se construyeron las primeras casas. Los emperadores establecieron allí su residencia.
PALAU (Manuel), músico español (1893-1967).
PALAU (Melchor de), poeta e ingeniero español (1843-1910).
PALAWÁN o **PARAGUA,** una de las islas Filipinas; cap. *Puerto Princesa.*
PALCA, pobl. de Bolivia, cap. de la prov. de Murillo (La Paz).
PALEMBANG, c. y activo puerto fluvial de Sumatra. Refinerías de petróleo.
PALENA, río de Chile (Chiloé y Aisén), que nace en la Argentina, donde se le conoce con el nombre de **Encuentro;** 300 km. — Com. y dep. de Chile (Chiloé). — Lago de Chile (Aisén) cuya parte oriental pertenece a la Argentina (Chubut) donde se llama **General Vintter.**
PALENCIA, c. de España (Castilla la Vieja), a orillas del río Carrión, cap. de la prov. del mismo n., parte de la cual perteneció al ant. reino histórico de León. Obispado. Catedral (s. XIV-XVI). La prov. prod. cereales; ganadería.
PALENCIA (Alfonso FERNÁNDEZ DE), humanista español (1423-1492).
PALENCIA (Benjamín), pintor español, n. en 1902, intérprete del paisage castellano.
PALENCIA (Ceferino), poeta y dramaturgo español (1860-1928).
PALENQUE, v. de México (Chiapas). Ruinas célebres, **restos de una ant. ciudad de los** mayas, **correspondiente al Antiguo Imperio.**
PALENQUE, pobl. de Panamá, cab. del distrito de Santa Isabel (Colón).
PALEÓLOGO, familia bizantina que dio varios emperadores de Oriente de 1259 a 1453.
PALERMO, c. y puerto de Italia, ant. capital de Sicilia. Comercio de frutas, vinos. Universidad. Hermosos monumentos. La matanza de las Vísperas Sicilianas empezó en Palermo (1282).
Palermo, o **Parque Tres de Febrero,** hermoso parque de Buenos Aires.
PALES, diosa romana de los Rebaños. (*Mit.*)
PALÉS MATOS (Luis), poeta puertorriqueño (1899-1959), cultivador de la llamada poesía negra. — Su hermano VICENTE, n. en 1903 es también poeta.
PALESTINA, región de Asia (Cercano Oriente) situada al S. del Líbano entre el mar Muerto y el Mediterráneo. Comprende el valle del Jordán y la parte N. del desierto de Sinaí. Es llamada en la Biblia *Tierra de Canaán* o de *Promisión,* y más modernamente *Judea* y *Tierra Santa.*
Hacia el s. XXIII a. de J. C., grupos semitas originarios de Caldea meridional emigraron extendiéndose por todo el Cercano Oriente. Una fracción de ellos, los descendientes de Jacob (Israel), se establecieron en Egipto donde permanecieron hasta el fin de la dominación de los reyes Pastores (Hiksos). **Dirigidos** por su profeta, Moisés, los *israelitas* abandonaron entonces Egipto, atravesaron el desierto de Sinaí y fueron conquistando progresivamente Palestina, expulsando o sometiendo a los pueblos establecidos en esa región (filisteos, amonitas, moabitas, amalecitas, etc.). En el primer período de la conquista, el pueblo hebreo estuvo gobernado por Jueces: Gedeón, Josué, Sansón, Samuel. El primer rey israelita de Palestina **fue Saúl, bajo cuyo rei**nado continuaron las luchas entre israelitas (monoteístas) e idólatras. David, que le sucedió, hizo de Jerusalén la capital de su imperio. El reinado de su hijo, el gran Salomón,

Fot. doc. A. G. P., M. Hétier, Larousse

constructor del templo (935 a. de J. C.), señala el apogeo de la civilización israelita y es la época de máximo esplendor de Palestina. A la muerte de Salomón, Palestina quedó dividida en dos reinos: *Israel* al N. y *Judá* al S. El rey caldeo Nabucodonosor II conquistó Palestina en 587 a. de J. C. y llevó cautivo al pueblo hebreo a Babilonia, donde éste permaneció 70 años. Los israelitas sufrieron después la dominación macedónica, y la de los seleúcidas de Siria, que desencadenaron contra ellos terribles persecuciones religiosas. Palestina fue entonces escenario de violentas luchas: los israelitas, sublevados bajo la dirección de los hermanos Macabeos, lograron reconquistar Jerusalén (164 a. de J. C.), pero fueron finalmente sometidos.
Las disensiones entre los reyes helenísticos de Judea provocaron la intervención de Roma, que estableció un protectorado sobre Palestina. En el año 70 de nuestra era, los hebreos se rebelaron contra Roma: la guerra acabó con la toma de Jerusalén, tras un terrible asedio dirigido por Tito, que destruyó el Templo.
Al dividirse el Imperio Romano, Palestina pasó a depender de Bizancio, a quien la arrebataron los conquistadores árabes musulmanes. Durante las Cruzadas formó Palestina el efímero *Reino de Jerusalén,* pero pasó después de nuevo a manos de los musulmanes (Saladino conquistó la Ciudad Santa en 1291), y más tarde a los herederos de éstos, los sultanes turcos: Selim I extendió su dominación a Palestina en 1516.
Hasta la Primera Guerra mundial, Palestina formó parte del Imperio Turco. Desde 1916 quedó bajo el mandato británico, régimen que tuvo fin en 1948 con la proclamación del Estado de Israel. Como consecuencia de la guerra que siguió entre árabes y judíos, una parte de Palestina ha sido anexionada por Jordania. (V. ISRAEL y JORDANIA.)

PALESTRINA (Giovanni Pierluigi da), compositor italiano (1525-1594), una de las figuras más sobresalientes de la música polifónica. Autor de 93 misas (*Misa del papa Marcelo*), motetes, himnos y madrigales.

PALISSY (Bernardo), alfarero, escritor y sabio francés (¿1510-1589?), uno de los creadores de la cerámica en Francia.

PALMA (ISLA DE LA), isla al NO. del archipiélago canario; cap. *Santa Cruz de la Palma;* 728 km². Vino; tabaco; frutas.

PALMA (La), v. de España (Huelva).

PALMA (La), c. de Panamá, cap. de la prov. del Darién; Vicariato Apostólico. — Pobl. de Colombia (Cundinamarca). — V. de El Salvador (Chalatenango).

PALMA (Angélica), escritora peruana (1883-1935), hija de Ricardo Palma, autora de *Por senda propia, Uno de tantos,* etc.

PALMA (Athos), compositor argentino, n. en 1891, autor de óperas (*Nazdah*), poemas sinfónicos (*Los hijos del Sol*) y ballets (*Accla*).

PALMA (Clemente), escritor peruano (1872-1946), hijo de Ricardo Palma, autor de *Cuentos malévolos, Historietas malignas,* etc.

PALMA (José Joaquín), poeta cubano (1844-1911), autor de versos sentimentales o patrióticos.

PALMA (Martín), periodista y novelista chileno (1821-1884).

PALMA (Ricardo), poeta, crítico, historiador y eminente prosista peruano, n. en Lima (1833-1919). Después de haberse dado a conocer con algunas composiciones románticas, publicó entre 1872 y 1906 sus famosas *Tradiciones peruanas,* relatos, en su mayoría de la época colonial, que crearon un nuevo género de narración. El tono dominante es de carácter satírico y su lenguaje literario terso, pulido, rico en vocablos arcaicos, americanos y populares. Cultivó también la historia (*Anales de la Inquisición de Lima*), la lexicografía (*Neologismos y americanismos, Papeletas lexicográficas*) y la crítica literaria (*La bohemia de mi tiempo*).

PALMA DE MALLORCA, c. de España, cap. de la prov. de Baleares y de la isla de Mallorca, puerto en el centro de la bahía del mismo n. Obispado. Catedral gótica, Lonja (s. XV), Castillo de Bellver. Industria importante; centro de turismo internacional.

PALMA DEL RÍO, c. de España (Córdoba).

PALMA el Viejo (Jacobo NIGRETTI, llamado), pintor veneciano (¿1480?-1528), autor de bellos cuadros religiosos. — JACOBO **Palma** *el Joven,* sobrino segundo del anterior, pintor y grabador (1544-1628).

PALMAR, meseta de la Argentina, en la sierra de San Luis, a 1 574 m. — Río de Venezuela, que des. en el lago de Maracaibo.

PALMARES, pobl. de la Argentina (Santiago del Estero). — Pobl. de Costa Rica (Alajuela).

PALMAS (ISLA DE), isla del Pacífico, en las costas de Colombia, a la entrada de la bahía de Magdalena.

PALMAS (Las), c. y puerto de España en la isla de Gran Canaria, cap. de la prov. del mismo n., que comprende las islas de Gran Canaria, Lanzarote y Fuerteventura. Centro comercial. Arzobispado. Fundada en 1478.

PALMAS (Las), pobl. de Panamá (Veraguas).

PALMA SORIANO, térm. mun. y c. de Cuba (Oriente). Centro cafetalero.

PALMA Y ROMAY (Ramón de), poeta y escritor cubano (1812-1860).

PALMER (PENÍNSULA DE). V. GRAHAM (*Tierra de*).

Palmerín de Inglaterra, uno de los libros de caballerías más notables, muy celebrado por Cervantes en su *Quijote,* atribuido al portugués Francisco de Moraes (1544).

Palmerín de Oliva, antigua novela de caballería, publicada en 1511 y fuente de otros numerosos *Palmerines.* Su autor es desconocido.

PALMERSTON (Henry TEMPLE, *lord*), político inglés (1784-1865), varias veces ministro.

PALMILLA, com. de Chile (Colchagua).

PALMIRA, hoy **Tadmor** (*"Ciudad de las palmeras"*), aldea en ruinas de Siria, en otro tiempo poderosa ciudad. Tomada por por los romanos en 272, fue destruida por Aureliano. Importantes ruinas halladas a fines del s. XVII.

PALMIRA, c. de Colombia (Valle del Cauca); centro comercial, agrícola e industrial. (Hab. *palmireños.*) Obispado. — Térm. mun. de Cuba (Las Villas).

PALMIRENO (Juan Lorenzo), humanista español (¿1514?-1580), cuyos escritos, de tendencia erasmista, revelan su inmensa cultura clásica.

PALOMA (La), localidad balnearia del Uruguay (Rocha). — Pobl. del Uruguay (Durazno).

PALOMAR (MONTE), montaña de los Estados Unidos (California); 1 871 m. Observatorio astronómico que posee un telescopio gigantesco (5 m de abertura).

PALOMAR, aeropuerto argentino en la prov. de Buenos Aires.

PALOMAS (ISLA DE LAS), pequeña isla española del Mediterráneo, cerca de Tarifa.

PALORA, río del Ecuador, afl. del Pastaza.

PALOS (CABO DE), cabo del SE. de España (Murcia), cerca de Cartagena y del mar Menor.

PALOS DE MOGUER o **PALOS DE LA FRONTERA,** pueblo de España (Huelva); puerto en la desembocadura del río Tinto, donde se embarcó Cristóbal Colón (3 de agosto de 1492) en su primer viaje. En sus cercanías se encuentra el monasterio de La Rábida. Lugar de nacimiento del poeta Juan R. Jiménez.

PALESTRINA

R. PALMA

PALMA DE MALLORCA

Fot. Giraudon, Archivo Gral. de la Nación (Perú), Roger Viollet

LA PAMPA

PALLADIO

el encierro
Fiestas de San Fermín
PAMPLONA

PALPANA, pico de los Andes de Chile (Antofagasta); 6 040 m.

PALTAS, cantón del Ecuador (Loja); cap. *Catacocha.*

PALUS MEOTIS o **MEÓTIDE,** ant. n. del mar de Azov.

PALLADIO [*pala-*] (Andrea DI PRIETRO, llamado), arquitecto italiano (1508-1580), que ejerció gran influencia en el neoclasicismo del s. XVIII. Ejecutó en Venecia sus obras más importantes.

PALLAIS (Azarías H.), poeta nicaragüense (1885-1954), autor de *Espumas y estrellas.*

PALLAS (Pedro Simón), etnógrafo y naturalista alemán (1741-1811). Exploró el Ural, el mar Caspio, Altai y China.

PALLASCA, prov. del Perú (Ancash); cap. *Cabana.*

PALLIERE (Jean L.), pintor y litógrafo brasileño (1823-1887). Se inspiró en la vida rioplatense.

Pamela o **La virtud recompensada,** novela epistolar de Richardson (1740).

PAMIR, región montañosa de Asia central, en la U. R. S. S., que culmina en el pico Comunismo (7 495 m). El Pamir oriental es una meseta de una altura media de 5 000 m.

PAMPA, extensa llanura de la Argentina entre el río Colorado al S., la Sierra de Córdoba al O., el Paraná al E. y el Gran Chaco al N.

PAMPA (La), prov. de la Argentina; cap. *Santa Rosa.* Agricultura. (Hab. *pampeanos.*)

PAMPA DE POCHO, altiplanicie de la Argentina (Córdoba); a 1 050 m.

PAMPA DE TRIL, pobl. de la Argentina (Neuquen); yac. de asfaltita.

PAMPANGA, prov. de Filipinas en la isla de Luzón; cap. *San Fernando.*

PAMPAS, c. del Perú, cap. de la prov. de Tayacaja (Huancavelica).

PAMPAS. V. PUELCHES.

PAMPATAR, pobl. de Venezuela (Nueva Esparta). Puerto.

PAMPLONA, c. de España, cap. de la prov. de Navarra, a orillas del río Arga y en la falda de los Pirineos. Catedral del s. XV. Famosas fiestas de San Fermín (7 de julio). Arzobispado. Universidad Libre de Navarra.

PAMPLONA, c. de Colombia (Norte de Santander); centro cultural. Arzobispado.

PAMÚES, negros que viven en Fernando Poo.

PAN, hijo de Hermes y de la ninfa Dríope, dios pastoril. Se le representaba con el busto de hombre y el cuerpo de macho cabrío. (*Mit.*)

PAN (TIERRA DEL), comarca de España (Zamora); importante cultivo de trigo.

PANAMÁ (ISTMO DE), lengua de tierra que une las dos Américas. Mide 250 km de largo y 70 de ancho, y está atravesado por un importante canal interoceánico ideado e iniciado por el francés F. de Lesseps (1881) y terminado por los norteamericanos en 1914. El canal, que enlaza Colón (Atlántico) a Panamá (Pacífico), tiene una longitud total de 81 km, una anchura que oscila entre 91 y 300 m, y se eleva a 26 m sobre el nivel del mar. La duración de la travesía es de unas ocho horas. — La Zona del Canal (1 432 km² y 56 000 h.) tiene por cap. *Balboa.*

PANAMÁ, Estado de América Central, que limita al N. con el Atlántico o mar Caribe, al E. con Colombia, al S. con el océano Pacífico y al O. con Costa Rica; 76 906 km², incluyendo los 1 432 de la Zona del Canal; 1 389 490 h. (*panameños*), cap. *Panamá.*

— GEOGRAFÍA. — *Relieve.* Panamá ocupa la faja más estrecha (de 50 a 200 km) del istmo centroamericano y es el punto de unión con América del Sur. Una cadena montañosa con numerosas estribaciones prolonga en el territorio panameño los Andes Centroamericanos y convierte la parte occidental del país en un sector de grandes elevaciones: el volcán de Chiriquí o del Barú forma el pico más alto (3 475 m); los cerros Picacho, Santiago y Horqueta pasan de los 2 000 m. Dicha cadena, que recorre longitudinalmente Panamá de oeste a este, recibe diversos nombres a medida que se aproxima a Colombia: Cordillera de Chiriquí, de Tabasará, Central, de San Blas o Darién, etc. La parte oriental del país menos montañosa es la región de las grandes selvas.

— *Clima.* Panamá es un país de intensa precipitación pluvial, sobre todo en la costa septentrional, donde no existe prácticamente estación seca. En el interior y en la costa del Pacífico la estación seca va de diciembre a mayo. La temperatura oscila entre los 28° y los 34° en la costa; en el interior, debido a la altura, la temperatura media es de 19°.

— *Hidrografía.* Los ríos del territorio panameño, cortos y caudalosos, son alimentados todos por las lluvias. En el Atlántico desembocan 150, entre los que se destacan el Sixaola, que forma en parte la frontera con Costa Rica, y el Chagres, que alimenta el lago artificial de *Gatún* (434 km²), esencial para el funcionamiento del Canal. Entre los 350 ríos de la vertiente del Pacífico, los principales son los que desembocan en el golfo de Chiriquí: Chiriquí, Chiriquí Viejo, Fonseca, Santa María, Bayano y Tabasará.

— *Costas e islas.* El litoral del Pacífico es más extenso que el del Atlántico, debido a las penínsulas de Burica y Azuero. En el golfo de Chiriquí, la isla Coiba, que es la más grande de Panamá, constituye el centro de un archipiélago; el golfo de Panamá encierra otro archipiélago, el de las Perlas. La costa del Atlántico, aunque más abrupta, es de contornos más regulares; sus accidentes principales son los pequeños golfos de Mosquitos y San Blas y los archipiélagos de Bocas del Toro y San Blas, éste formado por algo más de trescientas islas.

— *Población.* El núcleo de la población está constituido por los mestizos (alrededor del

esclusas de Gatun
y mapa del canal
PANAMÁ

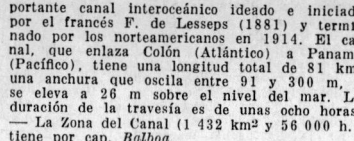

Fot. Meot, Ministerio de Información y Turismo (España), X

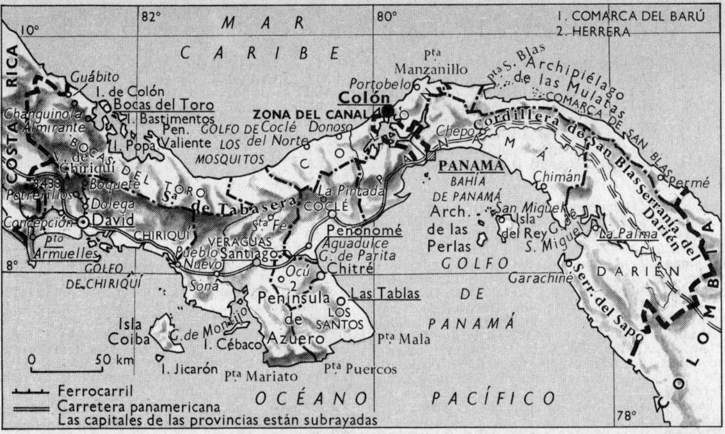

70%); negros, blancos e indios, en proporciones casi iguales, forman el 30% restante. La densidad de población es de 17,6 h. por km².

— *Economía.* Una gran parte de la población de Panamá vive, directa o indirectamente, de las operaciones del Canal. La concentración consiguiente de la población en ese sector y la falta de comunicaciones había mantenido la agricultura a un nivel muy bajo y obligaba a importar, en 1960, el 80 % de los productos alimenticios. Gracias al esfuerzo de los últimos años, la producción agrícola va creciendo y la superficie en explotación llega ya al 6% de la del país. El producto principal de exportación es el plátano. La ganadería cuenta con 800 000 cabezas de ganado vacuno, 240 000 de porcino y 170 000 de caballar. La industria se limita a la producción de artículos de consumo local. La flota mercante de Panamá es una de las más importantes del mundo, pero es en su mayor parte propiedad extranjera. Las vías de comunicación comprenden un ferrocarril interoceánico y 2 400 km de carreteras. La unidad monetaria es el *balboa.*

— CONSTITUCIÓN Y ADMINISTRACIÓN. De acuerdo con la Constitución de 1946, ejercen el poder ejecutivo el presidente de la República, elegido cada cuatro años, y sus siete ministros. El poder legislativo corresponde a la Asamblea Nacional, formada por 53 diputados, elegidos igualmente cada cuatro años. El poder judicial incumbe a la Corte Suprema de Justicia, dos Cortes Superiores y una red de Cortes de Circuito y Jueces Municipales.

El idioma oficial es el español; en las cercanías de la Zona del Canal, el pueblo es prácticamente bilingüe (español e inglés).

La educación primaria, que abarca seis años, es obligatoria, y la superior radica en la Universidad Nacional.

El 76% de la población es de religión católica, pero la Constitución ampara la libertad de cultos. La arquidiócesis de Panamá, la diócesis de David y el vicariato apostólico de Darién son los órganos de la administración religiosa.

— HISTORIA. A la llegada de los españoles, el territorio panameño estaba habitado por tres razas principales: los *chibchas,* producto de la corriente migratoria andina, establecidos en la región montañosa del oeste, pueblo principalmente agrícola, pero que se distinguía también por sus trabajos en oro y en cerámica (v. CHIBCHAS), los *caribes,* al este, hacia la costa del Caribe, y los *chocoes* al sur. La civilización de las dos últimas razas era comparativamente rudimentaria; la pesca, la caza y la guerra constituían sus ocupaciones habituales.

La primera exploración de Panamá fue llevada a cabo por la expedición de Rodrigo de Bastidas, que partió de Cádiz a fines de 1500. Acompañado por el hábil piloto Juan de la Cosa y por Vasco Núñez de Balboa, que era entonces un joven de veinticinco años, Bastidas exploró la bahía de Cartagena (Colombia) y siguió la costa hacia el oeste, a lo largo del golfo de Urabá y del cabo de San Blas hasta el puerto de Retrete. Poco después, en su cuarto y último viaje, Colón, que no abandonaba su idea de encontrar un paso hacia el océano Índico, costeó desde el cabo Gracias a Dios hasta una bahía a la que, por su hermosura, dio el nombre de Portobelo; tocó después el puerto de Retrete y, volviendo atrás, fundó Santa María de Belén (1503), que fue destruida por los indios, acaudillados por el cacique Quibián.

En 1508, con miras a la colonización de Tierra Firme, que comprendía el territorio situado entre Nicaragua y Colombia, la Corona la dividió en dos Gobernaciones; la de Veraguas o Castilla del Oro (Panamá, Costa Rica y Nicaragua) fue confiada a Diego de Nicuesa, quien fundó el puerto de Nombre de Dios (1510). Pedro Arias Dávila (Pedrarias), nombrado gobernador del Darién, no tardó en enemistarse con Balboa, descubridor del Pacífico, a quien ajustició en enero de 1517. Dos años más tarde fundó Panamá, que obtuvo el título real de ciudad en 1521.

El istmo de Panamá, ruta comercial y base de exportaciones hacia el sur, cobró pronto gran importancia. La Real Audiencia de Panamá, creada en 1535, dependió sucesivamente de la Capitanía General de Guatemala (1543-1565), del Virreinato del Perú (1565-1718) y del Virreinato de Nueva Granada desde esa fecha hasta la Independencia. Durante toda la época de la Colonia, Panamá fue objeto de ataques de los piratas, como los de los tristemente célebres Francis Drake y Henry Morgan; éste saqueó de tal modo la ciudad de Panamá (enero-febrero de 1671), que hubo necesidad de reconstruirla, a corta distancia de donde se hallaba, en el sitio

mapa y escudo de PANAMÁ

PANAMÁ.—Estadística (cifras en millares).

PROVINCIAS	km²	Hab.	CAPITAL	Hab.
Panamá	11,4	470	**Panamá**	373
Bocas del Toro	9,5	37	Bocas del Toro	12
Coclé	5,0	109	Penonomé	24
Colón	7,2	115	Colón	90
Chiriquí	8,9	225	David	29
Darién	15,4	22	La Palma	10
Herrera	2,1	70	Chitré	12
Santos (Los)	4,5	79	Las Tablas	19
Veraguas	11,2	151	Santiago	24

GOBERNANTES DE PANAMÁ

Manuel Amador Guerrero	1904	Ricardo J. Alfaro	1931	Arnulfo Arias Madrid	1949
José Domingo de Obaldía	1908	Harmodio Arias	1932	Alcibíades Arosemena	1951
Pablo Arosemena	1910	Juan Demóstenes Arosemena	1936	José Antonio Remón	1952
Belisario Porras	1912	Augusto Samuel Boyd	1939	Ricardo Arias Espinosa	1955
Ramón M. Valdés	1916	Arnulfo Arias Madrid	1940	Ernesto de la Guardia	1956
Belisario Porras	1918	Ricardo Adolfo de la Guardia	1941	Roberto F. Chiari	1960
Rodolfo Chiari	1924	Enrique Adolfo Jiménez	1945	Marco Robles	1964
T. G. Duque; F. H. Arosemena.	1928	Domingo Díaz Arosemena	1948	A. Arias Madrid; *Junta Militar.*	1968

que ocupa actualmente. El largo asedio de los bucaneros y los progresos de la navegación, que habían hecho innecesaria la concentración del comercio a través de la ruta del istmo, debilitaron la importancia comercial de Panamá, que en el siglo XVIII ya no era ni lejanamente la floreciente colonia de principios del siglo XVII. En 1699-1700 se hizo el intento, que fracasó, de fundar una colonia escocesa en el Darién. Los colonos habían de establecerse en Acla, a la que llamaron New St. Andrew. En 1739, las tropas inglesas, mandadas por el almirante Vernon, se apoderaron de Portobelo, y esta guerra entre España e Inglaterra, de origen comercial, se convirtió en una guerra europea, que concluyó con el Tratado de Aquisgrán (1748).

El movimiento de independencia se hizo sentir en Panamá, como en el resto de la América española, desde principios del siglo XIX. Hacia fines de 1821, los españoles enviaron la guarnición de Panamá a consolidar sus fuerzas en Quito. Panamá, aprovechando esta circunstancia, se proclamó independiente el 28 de noviembre de 1821 y se unió a la República de Colombia con el nombre de *Departamento del Istmo.* La revolución se realizó tan pacíficamente que Panamá no cambió siquiera de gobernador. En 1826 se celebró en Panamá la reunión, promovida por Bolívar, de un Congreso de las Repúblicas Americanas, en el que participaron delegados de México, Centroamérica, Colombia, Perú, Bolivia y Chile. En 1827, el mismo Bolívar nombró una comisión para estudiar el proyecto de un canal interoceánico en el Istmo, pero su renuncia a la presidencia de la República le impidió ocuparse más del asunto. Esta renuncia trajo consigo la división de la Gran Colombia en tres Estados: Venezuela, Ecuador y Nueva Granada. Esta última, de la cual formó parte el Istmo, se constituyó en Estado soberano el 21 de noviembre de 1831, con Bogotá por capital. En 1840, como resultado de otra revolución, el Departamento del Istmo se proclamó independiente y formó la *República del Istmo*, con el general Tomás Herrera a la cabeza. En 1841 y 1842 se introdujeron reformas en la Constitución para establecer el acuerdo entre las diferentes provincias del país; el general Tomás Cipriano Mosquera gobernó prudentemente, sin lograr con todo resolver los graves problemas económicos de la República. Finalmente, ante la imposibilidad de salir de una crisis económica, la República del Istmo hubo de unirse nuevamente con Colombia.

El descubrimiento del oro en California trajo consigo la prosperidad de Panamá, que se convirtió en paso más seguro que las rutas terrestres entre San Francisco y Nueva York. Entonces se construyó (1849) la primera línea de ferrocarril interoceánico a través del Istmo.

Sostenido por los norteamericanos, interesados en la creación del canal interoceánico, el departamento del Istmo se independizó finalmente de Colombia el 3 de noviembre de 1903. El 18 de noviembre del mismo año se firmó el acuerdo Hay-Bunau Varilla, que creó la *Zona del Canal.* Según dicho acuerdo, este territorio, que se extiende ocho kilómetros a uno y otro lado del canal, depende de los Estados Unidos "como si estuviese bajo su soberanía". En 1904, los norteamericanos emprendieron la construcción del canal, que quedó terminado en 1914. La renta inicial anual de 250 000 dólares ascendió más tarde a 430 000, y en 1955 fue fijada en 1 930 000.

La prosperidad económica de Panamá, debida en gran parte a la Zona del Canal, ha favorecido su estabilidad política, sin que esto quiera decir que hayan faltado los motivos de inquietud. Así, el presidente Arnulfo Arias, instalado por la policía tras un breve lapso de motines populares (1949), fue derrocado por otro movimiento popular en 1951. José Antonio Remón, elegido en 1952, murió asesinado en 1955. Su sucesor por unos días, el vicepresidente José Ramón Guizado, fue depuesto y condenado por complicidad en el asesinato. Ernesto de la Guardia ocupó la presidencia en 1956 y, en 1960, le sucedió constitucionalmente Roberto F. Chiari, quien, al final de su mandato, reclamó justamente a los Estados Unidos la revisión de los acuerdos relativos al canal. En 1964 fue elegido Marco Robles, y en 1968 Arnulfo Arias Madrid, que fue derrocado a los pocos días de subir al poder.

PANAMÁ, cap. de la Rep. de Panamá, en la costa del golfo de este n.; centro comercial. Fundada en 1519 por el gobernador Pedrarias Dávila, fue cap. de Tierra Firme y residencia de la Real Audiencia y Cancillería, cuya jurisdicción extendíase al principio a todo el territorio centro y sudamericano. Reedificada dos años después del asalto del pirata Morgan (1673), sufrió dos grandes incendios, en 1737 y 1756, y resurgió definitivamente al emprenderse las obras del canal. Cuenta actualmente 373 200 h. (*panameños*). Universidad. Arzobispado. Aunque transformada en ciudad moderna, conserva todavía cierto carácter colonial.

ciudad de PANAMÁ: Vista aérea

Panamá (*Congreso de*), asamblea convocada por el Libertador Simón Bolívar en 1826 con el propósito de organizar la solidaridad entre las naciones americanas.

Panamericana (CARRETERA), carretera, comenzada en 1936, que va desde el S. de los Estados Unidos hasta Chile, después de pasar por América Central.

Panamericana (UNIÓN). V. UNIÓN PANAMERICANA.

PANAO, c. del Perú, cap. de la prov. de Pachitea (Huánuco).

PANAY, isla de las Visayas (Filipinas); cap. *Iloilo.*

PANCORBO (DESFILADERO DE), paso de España entre las provicias de Burgos y Álava, que pone en comunicación la meseta castellana con las Vascongadas. Monumento al Pastor.

Panchatantra, colección de apólogos indios (s. v a. de J. C.).

PANCHIMALCO, v. de El Salvador (San Salvador).

PANDATARIA, isla italiana del mar Tirreno, hoy **Ventotene,** en frente del cabo Circe.

PAN DE AZÚCAR, cerro del Perú (Huaylas). En sus cercanías se dio la batalla de Yungay entre las tropas chilenas y las perubolivianas (1839). — Nevado de Colombia, en el límite de

Fot. Larousse

los dep. de Huila y Cauca, en el grupo de los Coconucos; 4 670 m. — Pico de la Argentina (Jujuy); 4 485 m. — Pico del Brasil a la entrada de la bahía de Rio de Janeiro; 385 m. — Pobl. del Uruguay (Maldonado).

PANDO, dep. del N. de Bolivia; cap. *Cobija.* Importante prod. de caucho. (Hab. *pandinos*). — Pobl. del Uruguay (Canalones).

PANDO (José Manuel), general y político boliviano, n. en La Paz (1848-1917), jefe de la revolución liberal que derrocó a Fernández Alonso, fue miembro de una Junta de Gob. de 1898 a 1899 y pres. de la Rep. de 1899 a 1904.

PANDO (José María), escritor y político peruano (1787-1840).

PANDO FERNÁNDEZ DE PINEDO (José), marqués de Miraflores, político español (1792-1872), jefe del Gob. en 1846 y 1863.

PANDORA, la primera mujer creada por Hefestos, según la mitología griega. Atenea, diosa de la Sabiduría, la dotó de todas las gracias y todos los talentos; Zeus le regaló una caja donde estaban encerrados los bienes y los males de la humanidad y colocó a Pandora sobre la Tierra junto al primer hombre, Epimeteo. Éste abrió la caja y su contenido se esparció por el mundo, no quedando en ella más bien que el de la Esperanza.

PANERO (Juan), poeta español (1908-1937), autor del libro *Cantos del ofrecimiento.* — Su hermano LEOPOLDO (1909-1962) fue también lírico de gran emoción y pureza de forma.

PANGASINÁN, prov. de Filipinas en la costa O. de la isla de Luzón. Cap. *Lingayen.*

Pangloss (*El doctor*), personaje del *Cándido* de Voltaire, encarnación del optimismo.

PANGUA, cantón del Ecuador (Cotopaxi).

PANGUIPULLI, com. de Chile (Valdivia).

PANIAGUA (Raúl), pianista y compositor guatemalteco, n. en 1898, autor de canciones y de música religiosa.

PANJIM, c. en el O. de la India, cap. del Territorio de Goa, Damao y Diu.

PANKOW, suburbio de Berlín, donde reside el Gobierno de la República Democrática Alemana.

PANONIA, región de la Europa antigua entre el Danubio al N. e Iliria al S.

PANORMITA (Antonio BECCADELLI, llamado **el**), humanista italiano, n. en Palermo (1394-1471), autor de *Hermaphroditus,* colección de epigramas amorosos y satíricos. Estuvo al servicio de Alfonso V de Aragón.

PANORMO, hoy **Palermo,** c. de Cartago (Sicilia), conquistada por los romanos en 254 a. de J. C.

PANOS, indios sudamericanos que viven al S. del Amazonas y en la cuenca del río Ucayali.

PANQUEHUE, com. de Chile (Aconcagua).

Pantagruel, personaje principal y título de una de las obras más célebres de Rabelais (1532).

Pantalón, personaje de la comedia italiana.

PANTANO DE VARGAS, primera victoria de Bolívar en 1819. (V. PAIPA.)

PANTELARIA o **PANTELLERIA,** isla italiana en el estrecho de Sicilia; 83 km².

Panteón, templo famoso situado aproximadamente en el centro del campo de Marte, en Roma, y dedicado al culto de todos los dioses. Concluido por Vipsanio Agripa; consagrado en el s. VII al culto cristiano.

Panteón, monumento de París, construido por Soufflot de 1764 a 1780, donde se conservan las cenizas de los hombres ilustres de Francia.

PANTICOSA, v. de España (Huesca). Célebre balneario.

PANTOJA DE LA CRUZ (Juan), pintor español (1551-1608), gran retratista. Ejecutó numerosas obras para Felipe II y Felipe III. Fue discípulo de Antonio Moro y de Sánchez Coello.

PÁNUCO, río de México que des. en el golfo de México por la barra de Tampico; 600 km. — Pobl. de México (Veracruz).

Panurgo, uno de los principales personajes del *Pantagruel,* de Rabelais.

PANZA (Sancho), V. SANCHO PANZA.

PANZINI (Alfredo), escritor italiano (1863-1939), autor de novelas de amarga ironía.

PAO (El), zona minera de Venezuela (Bolívar), a orillas del río Caroní.

PAO TEU, c. de China (Mongolia Interior), a orillas del Hoangho; siderurgia.

PAOTING, c. de China (Hopei). Obispado.

PAPAGAYO, golfo de Costa Rica, en el Pacífico. — Río de México (Guerrero), que des. en la *laguna de Papagayo,* cerca de Acapulco.

PAPAGOS (Alejandro), militar y político griego (1883-1955), que dirigió la lucha contra los italianos (1940) y contra los comunistas (1949).

PAPALOAPAN, río de México (Oaxaca), que des. en la laguna de Alvarado; 418 km.

PAPALLACTA o **MASPA,** río del Ecuador (Oriente), afl. del Coca.

PAPANIN (Ivan), explorador soviético, n. en 1894, que ha dirigido algunas expediciones polares a través del Ártico (1937-1938).

PAPANTLA, c. de México (Veracruz). Obispado. En sus cercanías se encuentran las ruinas totonacas de El Tajín.

PAPEETE, c. y puerto de la isla de Tahití, cap. de la Polinesia francesa (Oceanía); 17 200 h. Aeropuerto.

Papel periódico de Santa Fe de Bogotá, periódico de Nueva Granada publicado de 1791 a 1797 por Manuel del Socorro Rodríguez.

PAPIGOCHIC, n. dado al río **Yaqui** (México) al comienzo de su curso.

PAPIN (Dionisio), físico francés, n. en Blois (1647-1714), autor de importantes descubrimientos relativos a la aplicación del vapor como fuerza motriz.

PAPINI (Giovanni), escritor italiano, n. en Florencia (1881-1956). Polemista fogoso y espíritu escéptico, ha dejado una autobiografía, *Un hombre acabado,* su obra maestra. Convertido al catolicismo, escribió unas biografías de *Dante* y *Miguel Ángel,* una célebre *Vida de Cristo* y libros de ensayos: *Gog, Don Quijote del engaño.*

PAPINIANO, jurisconsulto romano (142-212), condenado a muerte por Caracalla por no haber querido hacer la apología de la muerte de su hermano, asesinado por orden del emperador. Sus obras fueron utilizadas en las compilaciones de Justiniano.

PAPUASIA. V. NUEVA GUINEA.

PAPÚES o **PAPÚAS,** negros de Nueva Guinea, el archipiélago Salomón, Nuevas Hébridas, Nueva Caledonia, Islas Fidji, etc.

PAQUIRO. V. MONTES (Francisco).

PAQUISTÁN, Estado de Asia meridional, que agrupa, desde 1947, los Estados musulmanes del antiguo Imperio de las Indias. Sup. 945 000 km²; 117 000 000 h. (*paquistaníes*). Cap. *Karachi,* 1 126 000 h. (existe el proyecto de crear una nueva cap. en *Islamabad,* cerca de Rawalpindi); c. pr. *Lahore,* 849 000 h.; *Dacca,* 411 000; *Chittagong,* 294 000; *Haidarabad,* 1 252 000; *Rawalpindi,* 404 300; *Multan,* 190 122; *Sialkot,* 167 543. La *República Islámica del Paquistán* está geográficamente dividida en dos partes, separadas por una distancia de 1 700 km: el *Paquistán Occidental,* atravesado por el río Indo, y el *Paquistán Oriental,* que comprende la mayor parte del delta de Bengala. Tanto en la mayor parte oriental (arroz, yute) como en la occidental (trigo, algodón), es un país esencialmente agrícola. Se hablan dos idiomas: *bengalí* (oriental) y *urdú* (occidental). [V. INDIA.]

PARÁ, río del Brasil (Minas Gerais), afl. del San Francisco; 277 km. — Una de las ramas del delta del Amazonas, formada por la reunión de este río y del Tocantins. — Estado del NE. del Brasil; cap. *Belem;* grandes bosques; prod. caucho, resinas; arroz, cacao. Oro y diamantes.

PARACAS, penins. del Perú (Ica), en la que se encuentran numerosas necrópolis preincaicas.

PARACELSO (Teofrasto BOMBAST VON HOHENHEIM, llamado), alquimista y médico suizo (1493-1541), uno de los fundadores de la medicina experimental.

PARAGUA. V. PALAWÁN.

PARAGUÁ, río de Venezuela (Bolívar), afl. del Caroní. — V. PIRAGUA.

PARAGUANÁ, penins. de Venezuela (Falcón), donde están instaladas las principales refinerías de petróleo del país.

PARAGUARÍ, c. del Paraguay, cap. del dep. del mismo n.; centro agrícola y comercial. El dep. prod. tabaco, algodón, arroz; manganeso. (Hab. *paraguarienses.*)

PARAGUAY, río de América del Sur, que nace en el Brasil (Mato Grosso), atraviesa la república

escudo de
PAQUISTÁN

PAPIN

PAPINI

tejido de PARACAS
Perú

Fot. Giraudon, Larousse

del mismo n. y penetra en la Argentina, donde une sus aguas con las del Paraná; tiene una anchura media de 500 m y una extensión total de 2 500 km; sus principales afluentes son: Apa, Aquidabán, Ypané, Jejuí, Tebicuary por la izq., y Negro, Verde, Pilcomayo por la der. Es navegable para buques de gran calado hasta Asunción.

PARAGUAY, Estado de América del Sur, que limita al N. con Bolivia y Brasil, al E. con Brasil y Argentina, al S. con Argentina y al O. con Argentina y Bolivia. 406 752 km²; 2 161 000 h. (*paraguayos*); cap. *Asunción*.

— GEOGRAFÍA. — *Relieve.* El Paraguay, país de escaso relieve, está divido por el río Paraguay en dos regiones naturales de morfología distinta: en la zona oriental o del Paraná, alineaciones montañosas de poca elevación (altura máxima: 700 m), que constituyen el reborde de la meseta brasileña, forman las cordilleras de Amambay, Mbaracayú y Caaguazú. Numerosos cerros aislados se alzan en esta región, y uno de ellos, el San Rafael, es el pico culminante del país (850 m). En la zona occidental, que forma las dos terceras partes del territorio, se extiende la vasta llanura semiárida del Chaco, a una altura media de 150 m, cubierta por selvas espesas en el Norte.

— *Clima.* El clima es en general cálido y constante, con un promedio anual de 23 grados, por estar el país atravesado por el trópico de Capricornio. Las lluvias son abundantes, sobre todo en la región oriental, y caen con mayor frecuencia en verano (de diciembre a febrero).

— *Hidrografía.* Los ríos más importantes son el Paraguay y el Paraná. El primero, de 2 500 km, nace en el Brasil y atraviesa el territorio de norte a sur. Recibe numerosos afluentes (V. en su artículo), por la derecha. El río Paraná, también procedente del Brasil, contornea el país al sur y recoge las aguas de los ríos Ygurey, Acaray, Monday y otros. Existen algunos lagos, entre los cuales merecen mención el Ypoá y el Ypacaraí, y varios esteros, como el estero Patiño.

escudo del PARAGUAY

— *Población.* El Paraguay está poco poblado: su densidad media apenas alcanza cinco habitantes por km². La mayor parte de la población paraguaya, en la que predominan los mestizos, de ascendencia española, se concentra en la región oriental, y principalmente en los alrededores de la capital. Los indígenas, en número de 30 000 aproximadamente, viven en la región occidental.

— *Economía.* La agricultura y la ganadería son las principales fuentes de riqueza del país, con la explotación de los bosques del Chaco, abundantes en quebrachos, maderas de ebanistería y construcción. Los productos agrícolas son: algodón, caña de azúcar, arroz, maíz y mandioca (ambos base de la alimentación paraguaya), maní, papas, tabaco y frutas (naranjas, bananas, uvas, piñas, etc.). La ganadería, muy desarrollada en todo el territorio, cuenta con más de cuatro millones y medio de cabezas de ganado vacuno, 350 000 caballos, 450 000 ovejas. El subsuelo está todavía poco explotado. Sin embargo existen yacimientos de hierro, manganeso, cobre, carbón, mica y petróleo (Chaco). La industria se deriva casi exclusivamente de la agricultura y de la ganadería y se reduce a la elaboración de la yerba mate, de aceites vegetales y de esencia de "petit-grain", a la fabricación de azúcar, tejidos y cigarrillos, y a la preparación de carnes y pieles. Hay fábricas de maderas terciadas y de extracción de tanino. Las principales vías de comunicación son las fluviales, especialmente el Paraguay y el Paraná, que desembocan en el Plata y representan, por consiguiente, un interés vital para el comercio exterior. El puerto principal es Asunción. El país cuenta con 1 147 km de vías férreas y 2 500 km de carreteras. El transporte aéreo tiene gran importancia. Los principales productos de exportación son maderas, algodón, tanino, conservas de carne, esencias, etc., y los principales clientes son Argentina, Estados Unidos, Antillas Holandesas y Uruguay. La unidad monetaria es el *guaraní*, y el Banco Central del Paraguay es el banco emisor.

— CONSTITUCIÓN Y ADMINISTRACIÓN. Conforme a la Constitución de 1940, el Paraguay es una república unitaria, dividida administrativamente en 16 departamentos. El poder ejecutivo es ejercido por el presidente de la República, elegido cada cinco años. El poder legislativo corresponde a la Cámara de Representantes, cuyos miembros son elegidos directamente por el pueblo a razón de uno por cada veinticinco mil habitantes. El poder judicial incumbe a la Corte Suprema de Justicia, la Cámara de Apelaciones y otros tribunales.

El idioma oficial es el español, pero se habla también el guaraní, de suerte que el Paraguay es el único país bilingüe de América.

La instrucción primaria es gratuita y obligatoria y la superior está atendida por dos universidades, la Nacional y la Católica.

La religión católica es la del Estado, pero existe tolerancia para los demás cultos. El país está dividido eclesiásticamente en una arquidiócesis (Asunción), tres diócesis (Villarrica, Concepción y San Juan de las Misiones), tres prelaturas nullius (Caacupé, Coronel Oviedo y Encarnación-Alto Paraná) y dos vicariatos apostólicos (Chaco Paraguayo y Pilcomayo).

— HISTORIA. Entre las razas que poblaban el territorio del Paraguay a la llegada de los españoles, la más importante era la de los *guaraníes*, cuyo idioma subsiste aún; los grupos principales de dicha raza eran los *carios* y los *chiriguanos*. Organizados en tribus que practicaban una democracia rudimentaria, los guaraníes vivían del cultivo de la tierra, constituían pueblos guerreros muy amantes de la libertad individual y tributaban un culto vago a la naturaleza.

En octubre de 1515 zarpó de España la expedición de Juan Díaz de Solís, que descubrió el Río de la Plata (1516). Un grupo de náufragos de esta expedición, capitaneado por Alejo García, partió de la costa brasileña en 1521, cruzó el río Paraná y llegó hasta los primeros contrafuertes andinos. En 1528, Sebastián Caboto remontó el Río de la Plata hasta la confluencia del Paraná y el Paraguay, y se internó veinte leguas en éste. En 1534, Carlos V concedió a Pedro de Mendoza el inmenso Adelantamiento del Río de la Plata, que comprendía el territorio paraguayo entre otros. Juan de Ayolas, que sucedió a Mendoza, emprendió la conquista del Paraguay; dos de sus capitanes, Gonzalo de Mendoza y Juan Salazar de Espinosa, fundaron la Casa Fuerte de Nuestra Señora de Santa María de la Asunción (15 de agosto de 1537). La tenaz resistencia de los naturales y las diferencias entre los conquistadores hicieron muy precaria en los primeros tiempos la vida en Asunción; ésta fue elevada al rango de ciudad en 1541. Domingo Martínez de Irala, a quien el rey confirmó en el cargo de gobernador de Asunción en 1554, exploró el territorio del Chaco y la región del Guairá, y organizó los repartimientos de tierras y las encomiendas de indios. De 1570 a 1590, las colonias del Río de la Plata conocieron un período de expansión extraordinaria: Asunción fue el centro del que partieron las grandes fundaciones del Adelantamiento en esa época. En 1603, durante la administración del primer criollo que ocupó el cargo de gobernador, Hernando Arias de Saavedra, o simplemente Hernandarias, fueron publicadas las primeras Ordenanzas que defendían a los indios contra los encomenderos; el mismo gobernador

PARAGUAY. — Estadística (cifras en millares)

DEPARTAMENTO	km.²	Hab.	CAPITAL	Hab.
Distrito Capital	0,2	350	**Asunción**	415
Alto Paraná	20,2	17	Hernandarias	4
Amambay	12,9	23	Pedro Juan Caballero	14
Caaguazú	21,6	108	Coronel Oviedo	41
Caazapá	9,4	92	Caazapá	24
Central	2,6	207	Limpio	10
Concepción	18,0	79	Concepción	38
Guairá	3,2	114	Villarrica	32
Itapúa	16,5	150	Encarnación	41
Las Cordilleras	4,9	185	Caacupé	5
Misiones	7,8	59	San Juan Bautista	11
Ñeembucú	13,8	65	Pilar	11
Paraguarí	8,2	215	Paraguarí	13
San Pedro	20,0	82	San Pedro	18
Presidente Hayes	58,4	35	Villa Hayes	15
Boquerón	168,0	50	Mariscal Estigarribia	3
Olimpo	20,4	4	Fuerte Olimpo	2

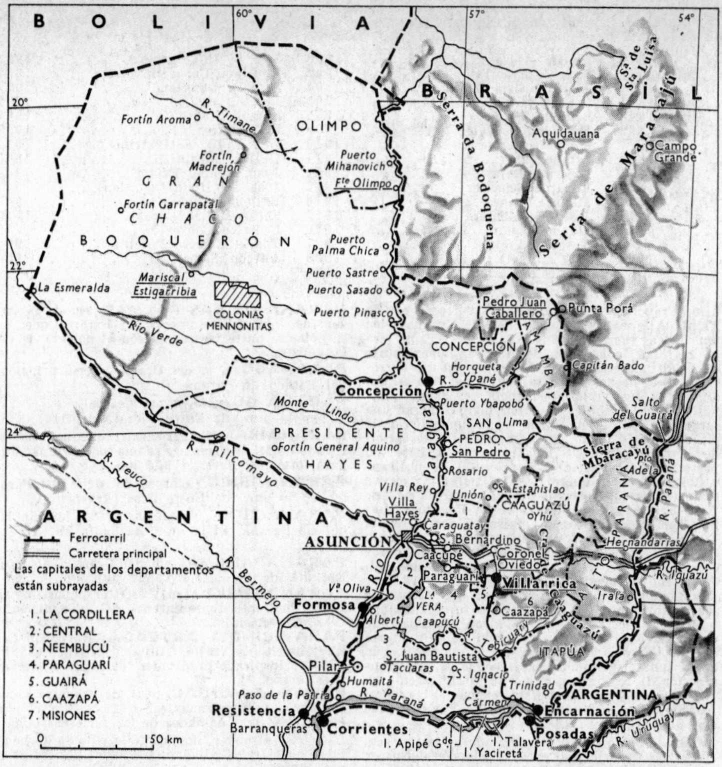

mapa de PARAGUAY

realizó una extraordinaria labor de exploración en todo el Adelantamiento y de expansión en el Chaco y el Guairá. En 1617, las Provincias del Plata fueron divididas en dos partes: la primera comprendía las ciudades de Buenos Aires, Santa Fe, Corrientes y Concepción de Bermejo; la segunda, las de Asunción, Villa Rica, Santiago de Jerez y Ciudad Real; esta medida dejó al Paraguay sin puerto de mar y le restó importancia y auge en la época colonial. Los gobernadores hubieron de luchar, durante todo el siglo, contra las frecuentes rebeliones de los indios. Los jesuitas fundaron en esta época las principales reducciones, en las que defendieron decididamente a los naturales contra la ambición de los encomenderos y de los *bandeirantes* o conquistadores portugueses que penetraban en el territorio en busca de esclavos. Esto provocó contra ellos la primera revolución de los comuneros (1644-1650), que terminó con el triunfo de los indios de las misiones. (V. Misiones del Paraguay.)

El siglo XVIII presenció la segunda revolución comunera de los vecinos de Asunción contra el gobernador Diego de los Reyes Balmaceda, valido de los jesuitas; fue una verdadera guerra, que duró de 1717 a 1735, en la que el virrey del Perú y los jesuitas se unieron contra la Audiencia de Charcas y los asuncenos; los comuneros fueron finalmente vencidos en Tabapy. De 1735 a 1756, los guaraníes, apoyados por los jesuitas, defendieron sus casas y sus tierras, que les habían sido expropiadas por el tratado de 1750 entre portugueses y españoles, y los indios fueron derrotados. La expulsión de los jesuitas, en 1767, trajo consigo el fin de las famosas reducciones. En el aspecto político, hubo en el siglo XVIII cambios de importancia. El Paraguay, que había dependido del Virreinato del Perú hasta entonces, pasó a depender del de Buenos Aires cuando éste fue creado (1776). En 1782, el Paraguay constituyó una de las ocho Intendencias en que fue dividido el territorio del Plata.

El Paraguay realizó rápidamente su independencia. La noche del 14 de mayo de 1811 se levantaron los patriotas contra el gobernador Bernardo de Velasco, que cedió sin que hubiese derramamiento de sangre; al mismo tiempo, Fulgencio Yegros detenía a los porteños en Itapúa. El 17 de junio, el Congreso nombró una Junta de Gobierno, presidida por Yegros, la cual proclamó la Independencia; la Junta gobernó hasta 1813. Este mismo año, el Congreso declaró la República y eligió para gobernarla dos cónsules: Fulgencio Yegros y José Gaspar Rodríguez de Francia. En 1814, Francia se hizo proclamar "dictador perpetuo de la República", y en 1821 mandó ejecutar a Yegros, con motivo de una conspiración dirigida por éste contra su dictadura. Francia murió en 1840, y su política conservó siempre la misma línea de defensa de la soberanía paraguaya y de gobierno personal. Durante el Segundo Consulado, el Congreso de 1842 ratificó y reafirmó la independencia del Paraguay; los otros países empezaron finalmente a reconocerla. La Constitución de 1844 suprimió el Consulado y estableció el régimen presidencial; Carlos Antonio López fue elegido primer presidente. En 1852, la Argentina reconoció la independencia del Paraguay, a la que se había opuesto hasta entonces, y esto puso fin al bloqueo de las vías fluviales, que había hecho angustiosa la situación comercial del país. Carlos Antonio López, reelegido para un nuevo período de diez años en 1854, falleció en 1862, después de haber realizado una labor enorme de democratización del país y de progreso económico. Su sucesor e

GOBERNANTES DEL PARAGUAY

Fulgencio Yegros	1811	Emilio Aceval	1898	José P. Guggiari	1928
José Gaspar Rodríguez de Francia	1814	Juan A. Ezcurra	1902	Emiliano González Navero	1931
Consulado	1841	Juan Bautista Gaona	1904	José P. Guggiari	1932
Carlos Antonio López	1844	Cecilio Báez	1905	Eusebio Ayala	1932
Francisco Solano López	1862	Benigno Ferreira	1906	Rafael Franco	1936
Gobierno Provisional	1869	Emiliano González Navero	1908	Félix Paiva	1937
Cirilo Antonio Rivarola	1870	Manuel Gondra	1910	José Félix Estigarribia	1939
Salvador Jovellanos	1871	Albino Jara	1911	Higinio Morínigo	1940
Juan Bautista Gill	1874	Liberato Rojas	1911	Juan Manuel Frutos	1948
Higinio Uriarte	1877	Eduardo Schaerer	1912	Juan Natalicio González	1948
Cándido Bareiro	1878	Manuel Franco	1916	Raimundo Rolón	1949
Bernardino Caballero	1880	José Pío Montero	1919	Felipe Molas López	1949
Patricio Escobar	1886	Manuel Gondra	1920	Federico Chaves	1949
Juan G. González	1890	Eusebio Ayala	1921	Tomás Romero Pereira	1954
Juan Bautista Egusquiza	1894	Eligio Ayala	1923	Alfredo Stroessner	1954
		Eligio Ayala	1924		

M. PARDO

E. PARDO BAZÁN

hijo, Francisco Solano López, se enfrentó con la Triple Alianza (Argentina, Brasil, Uruguay) en una larga guerra (1864-1870), cuya causa era en realidad la cuestión de límites. López murió en la última batalla y el Paraguay resultó derrotado. Los hechos más salientes de finales del siglo XIX fueron la presidencia del general Caballero (1880-1886 — quien logró superar una larga situación de desorden —, la fundación de la Universidad Nacional y la creación de dos grandes partidos políticos: el Democrático, base del posteriormente Partido Liberal, y el Republicano o Colorado. La primera mitad del siglo XX estuvo marcada por la oposición a las pretensiones de Bolivia respecto al Chaco y el río Paraguay. Las hostilidades entre los dos países se rompieron el 15 de junio de 1932 y terminaron el 14 de junio de 1935; en 1938 fue aceptado por ambas partes el arbitraje que fijó sus respectivos límites. En 1940 fue derogada la Constitución de 1870 y promulgada una ley fundamental que acentuaba las atribuciones del Ejecutivo y formulaba una legislación social en armonía con el desarrollo de la nación. El último período de la historia del Paraguay se caracteriza por la intensificación de la industrialización, la creación de importantes vías de comunicaciones y la estabilización de las relaciones con los países vecinos. El general Alfredo Stroessner, elegido en 1954, fue reelegido en 1958, 1963 y 1968.

PARAÍBA, Estado del NE. del Brasil; cap. *João Pessoa;* principal prod. de algodón del país; yac. de estaño, tungsteno y otros minerales.

PARAÍBA DO NORTE, río del Brasil (Paraíba), que des. en el Atlántico; 600 km.

PARAÍBA DO SUL, río del Brasil, que nace en la Serra do Mar (São Paulo); 1 058 km.

PARAÍSO, distr. de la Rep. Dominicana (Barahona). — Pobl. de Costa Rica (Cartago).

PARAÍSO (El), dep. de Honduras; cap. *Yuscarán.* Agricultura.

Paraíso perdido (*El*), poema épico de Milton sobre la caída del primer hombre (1667-1674). Está escrito en doce cantos y en versos blancos.

Paralipómenos, n. que la Vulgata da a dos libros históricos de la Biblia que son el complemento de los *Libros de los Reyes.* Encuéntrase en ellos el relato de los hechos no citados, de los orígenes al fin del cautiverio de Babilonia. Tb. se les llama *Libros de las Crónicas.*

PARAMARIBO, cap. y puerto de Surinam (antes Guayana Holandesa); 107 000 h.

PARAMILLO, nudo montañoso de Colombia (Antioquia), en la Cord. Occidental; 3 800 m.

PARANÁ, río de América del Sur, que nace en el Brasil, donde toma al principio el n. de río **Grande;** recibe las aguas del Paranaíba y recorre la depresión continental hasta la llanura argentina. Se une con el Paraguay frente a Corrientes y tiene una extensión de 4 500 km de los cuales 850 lindan con la Rep. del Paraguay. Des. en el Río de la Plata formando un amplio delta. — Río del Brasil, afl. del Tocantins; 428 km. — C. de la Argentina, cap. de la prov. de Entre Ríos, a orillas del río Paraná; centro comercial y cultural. Observatorio astronómico. Arzobispado. — Estado del SE. del Brasil; cap. *Curitiba;* prod. cereales, café y algodón; ganadería.

PARANÁ (ALTO). V. ALTO PARANÁ.

PARANÁ DE LAS PALMAS, río de la Argentina, uno de los brazos del Paraná, que, en su primera parte, se conoce con el nombre de río **Baradero.**

PARANAGUÁ, c. del Brasil, puerto principal del Estado de Paraná. Obispado.

PARANÁ GUAZÚ, brazo del delta del Paraná, en la prov. de Entre Ríos (Argentina).

PARANAÍBA, río del Brasil que nace en el Estado de Minas Gerais y se une con el río Grande para formar el Paraná; 957 km.

PARANÁ IBICUY, brazo del delta del Paraná, en la prov. de Entre Ríos (Argentina).

PARANÁ MINÍ, uno de los brazos principales del río Paraná, en la prov. de Santa Fe (Argentina).

PARANAPANEMÁ, río del Brasil (São Paulo), afl. de izq. del Paraná; 900 km.

PARANDOWSKI (Jan), escritor polaco, n. en 1895, brillante representante del humanismo y del estilo clásico.

PARAVICINO Y ARTEAGA (Hortensio Félix), escritor y fraile trinitario español (1580-1633); inspirado predicador, de estilo rebuscado y culterano.

PARAY-LE-MONIAL, pobl. de Francia (Saona y Loira). Iglesia románica.

PARCAS, tres deidades de los Infiernos (Cloto, Láquesis, Átropos), dueñas de la vida de los hombres, cuya trama hilaban. Llamadas por los griegos **Moiras.**

PARCERISA (Francisco J.), pintor y litógrafo español (1803-1875), que ilustró la obra *Recuerdos y bellezas de España.*

PARDO (El), v. de España (Madrid), a orillas del Manzanares. Palacio edificado por Carlos I y Carlos III. Tratado firmado en 1778 entre España y Portugal. Residencia actual del Jefe del Estado.

PARDO (Manuel), político peruano (1834-1878), pres. de la Rep. de 1872 a 1876. Fomentó la instrucción pública y la colonización. M. asesinado.

PARDO (Miguel Eduardo), escritor venezolano (1868-1905), autor de la novela *Todo un pueblo.*

PARDO BAZÁN (Emilia), escritora española, n. en La Coruña (1851-1921), a cuya infatigable pluma se deben novelas (*El cisne de Villamorta, Los pazos de Ulloa, La madre Naturaleza, Inso-*

el río PARANÁ cerca de su delta (Argentina)

Fot. Larousse, J. P. Vidal

lación y *Morriña*), cuentos (*Arcos iris* y *Cuentos de Marineda*) y escritos múltiples de carácter social y literario. El realismo de su obra tuvo gran influencia en la literatura nacional.

PARDO DE FIGUEROA (Mariano). V. THEBUSSEN (*Doctor*).

PARDO GARCÍA (Germán), poeta colombiano. n. en 1902, autor de *Voluntad, Lucero sin orillas* y *Hay piedras como lágrimas*.

PARDO Y ALIAGA (Felipe), escritor y político peruano (1806-1868), autor de sátiras (*La Jeta*), comedias (*Frutos de la educación, Don Leocadio*, etc.) y cuadros de costumbres.

PARDO Y BARREDA (José), político peruano (1864-1947), pres. de la Rep. de 1904 a 1908 y de 1915 a 1919.

PARDUBICE, c. de Checoslovaquia (Bohemia), a orillas del Elba; máquinas.

PARÉ (Ambrosio), cirujano francés (¿1509?-1590), célebre por ser el primero que aplicó la ligadura de las arterias en las amputaciones.

PAREDES (Diego GARCÍA DE). V. GARCÍA DE PAREDES.

PAREDES (José Gregorio), matemático y astrónomo peruano (1778-1839), autor de almanaques que gozaron de gran fama.

PAREDES (Mariano), general y político guatemalteco (1800-1856), pres. de la Rep. de 1849 a 1851. Favoreció el regreso de Carrera.

PAREDES DE NAVA, pobl. de España (Palencia). Patria del poeta Jorge Manrique y del escultor Berruguete.

PAREDES Y ARRILLAGA (Mariano), general y político mexicano (1797-1849), pres. interino de la Rep. en 1846, derribado por Santa Anna.

PAREDES Y FLORES (Mariana de Jesús de), santa ecuatoriana, llamada la **Azucena de Quito** (1618-1645). Canonizada por Pío XII el 9 de julio de 1950. Fiesta el 26 de mayo.

PAREDONES, paso de los Andes, en la prov. de Atacama (Chile). — Com. de Chile (Colchagua).

PAREJA (Juan de), pintor español (1606-1670), hijo de padres indios y criado de Velázquez. Autor de obras de tema religioso.

PAREJA DÍEZ-CANSECO (Alfredo), novelista ecuatoriano, n. en 1908, autor de *El muelle, La Beldaca, Hombres sin tiempo* y *Las tres ratas*.

PARELLADA (Pablo), escritor español (1855-1934), autor de *Memorias de un sietemesino*.

palacio de EL PARDO. Madrid

PARENTIS-EN-BORN, pobl. de Francia (Landas). Yacimientos de petróleo.

PARERA (Blas), compositor español, n. en 1777, que residió en Buenos Aires. Autor de la música del Himno Nacional argentino, cuya letra es de V. López y Planes.

PARET ALCÁZAR (Luis), pintor español (1747-1799), autor de cuadros de costumbres que gozaron de gran fama.

PARETO (Vilfredo), sociólogo y economista italiano (1848-1923), que introdujo el método matemático en la economía política. Autor de *El peligro socialista* y *Cursos de Economía Política*.

PARIA, golfo de la costa oriental de Venezuela (Monagas). — Penins. de Venezuela, en el mar Caribe (Sucre).

PARICUTÍN, volcán de México (Michoacán); apareció en 1943 y en 1945 tenía 460 m de altura. Su actividad se ha prolongado varios años.

PARIMA (SIERRA), cadena montañosa del macizo de las Guayanas que sirve de límite entre Venezuela y el Brasil.

PARINACOCHAS, prov. del Perú (Ayacucho); cap. *Coracora*.

PARINI (Giuseppe), poeta lírico italiano (1729-1799), autor de odas y de poemas de inspiración amorosa de forma y estilo puros (*El día*).

PARIÑAS, distr. del Perú (Piura), cap. *Talara*; petróleo.

PARÍS, cap. de Francia y del departamento del Sena, a orillas del Sena; 2 790 000 h. (*parisienses*); con los suburbios tiene más de 7 millones de h. Puerto fluvial importante y primer centro comercial e industrial del país, París se ha especializado en la producción de objetos de lujo, joyas, perfumes, modelos de alta costura, etc., pero también es importante la industria pesada, que se localiza en los suburbios. Capital política y, sobre todo, cultural de Francia, es sede del Gobierno, de un arzobispado, de la Universidad (Sorbona), grandes museos (Louvre), bibliotecas, etc. Durante largo tiempo núcleo de la civilización europea, París es una de las ciudades más ricas del mundo en monumentos artísticos: Nuestra Señora, Sainte-Chapelle, Ayuntamiento, Inválidos, Plaza de la Concordia, con la perspectiva de los Campos Elíseos y el Arco de Triunfo de la Estrella, Panteón, Ópera, Torre Eiffel, palacios de la UNESCO y de la Radio, etc. Son universalmente conocidos ciertos aspectos de la fisonomía parisiense, como Montparnasse, barrio de los artistas, Montmartre, al pie de la colina donde se levanta la basílica del Sagrado Corazón, y el barrio latino, estudiantil. En tiempo de César, el islote central donde se levanta Nuestra Señora se llamaba **Lutecia** y estaba habitado por los **parisii**, pueblo galo que dio nombre a la capital de Francia. Poco a poco fue agrandándose Lutecia, que Clodoveo convirtió en su capital. La ciudad fue embellecida por las diferentes dinastías francesas y su configuración actual deriva de la sucesiva ampliación de su recinto amurallado. Luis XIV enriqueció París con numerosos monumentos y Napoleón III, con Hausmann, contribuyó notablemente a modernizarla. Ocupada en 1940 por las tropas alemanas, la ciudad fue liberada en 1944. (V. ilustr. pág. 1484.)

París (*Tratados de*), entre los diversos tratados firmados en París son importantes el de 1814-1815 (fin de las guerras napoleónicas), el de 1898, entre España y los Estados Unidos, que consagró la pérdida de Cuba y la cesión de Puerto Rico y las Filipinas, y el de 1947 (fin de la Segunda Guerra mundial).

PARIS, segundo hijo de Príamo, rey de Troya, y de Hécuba, marido de Enone y raptor de Helena, mujer de Menelao. Él fue quien ofreció a Afrodita la manzana de la discordia, elección que suscitó contra Troya el odio de Hera y de Atenea. (*Mit.*)

PARIS (Gastón), erudito y filólogo francés (1839-1903). Fue autor de interesantes estudios sobre la poesía y la literatura medieval.

PARDO Y ALIAGA

PARÉ

PARET ALCÁZAR
interior de una tienda
detalle

El PARICUTÍN
México

Fot. Ruiz Vernacci, doc. A. G. P., Bulloz, Ewing Galloway

el PARTENÓN

PARMA
el baptisterio

PASCAL

estatua gigante
en la isla de
PASCUA

PARISMINA, río de Costa Rica (Limón), que se une con el Reventazón antes de llegar al mar.
PARITA, golfo de Panamá, en la costa occidental del golfo de este n.
Parlamento Largo, nombre del último parlamento inglés convocado por Carlos I en 1640 y disuelto por Cromwell en 1653.
PARMA, c. de Italia (Emilia), fundada por los etruscos, capital hasta 1859 del ducado de *Parma y Plasencia,* fundado en 1545; hoy cap. de la prov. del mismo nombre, a orillas del Parma, afl. del Po. Catedral del s. XII; museos.
PARMÉNIDES, filósofo griego, n. en Elea (¿540-450? a. de J. C.); en su poema *De la naturaleza,* sostiene que el universo es eterno, uno, continuo e inmóvil.
PARMENTIER (Antonio Agustín), agrónomo, farmacéutico y economista francés (1737-1813), que desarrolló en su país el cultivo de la patata.
PARMENTIER (Juan), marino francés (1494-1530). Dícese que fue el primer francés que llegó al Brasil. Murió en Sumatra.
PARMESANO (Francisco MAZZOLA, llamado el), pintor religioso y retratista italiano, n. en Parma (1503-1540).
PARNAÍBA, c. del Brasil (Piauí), cerca de la desembocadura del *río Parnaíba.* Obispado.
Parnasillo, tertulia literaria que se estableció en Madrid hacia 1830. A él concurrían Bretón de los Herreros, Estébanez Calderón, Gil y Zárate, Ventura de la Vega, Espronceda, Larra, Escosura, Mesonero Romanos, etc.
PARNASO, monte de Grecia, al SE. de Dórida y Fócida; 2 457 m; consagrado a Apolo y a las musas. Sus dos cúspides se llaman **Liakura** y **Gerontovrachos.**
PARNASO, n. dado a un sector de la Sierra Madre del Sur de México (Jalisco).
PARNELL (Carlos Stewart), político irlandés (1846-1891), jefe de la resistencia contra la dominación inglesa y caudillo autonomista.
PARODI (Lorenzo Raimundo), ingeniero y botánico argentino, n. en 1895, autor de numerosas obras científicas.
PARODI TORRE (Antonio), aviador argentino, n. en 1890, primero que realizó la doble travesía de los Andes (1920).
PAROPAMISOS, cadena montañosa de Afganistán; 3 135 m.
PAROS, una de las islas Cícladas, al S. de Delos, célebre en otro tiempo por sus mármoles.
PARR (Catalina). V. CATALINA.
PARRA (Aquileo), político colombiano (1825-1900), pres. de los Estados Unidos de Colombia de 1876 a 1878.
PARRA (Félix), pintor mexicano (1845-1919).
PARRA (Manuel de la), poeta mexicano (1878-1930), autor de *Visiones lejanas.*
PARRA (Nicanor), poeta chileno, n. en 1914.
PARRA (Porfirio), médico, filósofo positivista y novelista mexicano (1855-1912).
PARRA (Teresa de la), novelista venezolana, n. en París (1891-1936), autora de *Ifigenia* y *Las memorias de Mamá Blanca.*
PARRA DEL RIEGO (Juan), poeta peruano (1892-1925), cantor de la vida moderna (*Polirritmos*). Vivió en Uruguay.
PARRAL, n. dado a un sector de la Sierra Madre Occidental de México (Chihuahua).
PARRAS, pobl. de México (Coahuila).
PARRASIO, pintor de Grecia (fin del s. V a. de J. C.), de la escuela jónica y rival de Zeuxis.
PARRITA, río de Costa Rica (Puntarenas), afl. del Grande de Pirris.
PARRY (William Edward), explorador inglés (1790-1855) que realizó expediciones a las regiones árticas.
PARSA. V. PERSÉPOLIS.
Parsifal, drama musical en tres actos, poema y música de R. Wagner, su última obra (1882).
Parsis. V. GUEBROS.
PARSONS (*sir* Charles), ingeniero inglés (1854-1931), inventor de la turbina de vapor.
Partenón, templo de Atenas dedicado a Atenea Partenos y decorado por Fidias (s. V a. de J. C.). Es una magnífica construcción de estilo dórico períptero, de mármol pentélico. Hermosos frisos que se encuentran en su mayoría en el British Museum de Londres.
PARTÉNOPE, ant. n. de **Nápoles.**
PARTENOPEA (REPÚBLICA), república fundada por los franceses en Nápoles en 1799.
PARTIA o **PARTIENE,** n. ant. del **Korasán,** cuna del Imperio Parto, que se extendía desde el mar Caspio al Indo y al Éufrates.
PARTINICO, c. de Sicilia (Palermo); vinos.
PARTOS, ant. pueblo escita, que se estableció al S. de Hircania y, hacia el s. III, se rebeló contra los Seleúcidas. Uno de sus jefes, Arsaces, fundó en 250 a. de J. C. un imperio poderoso que duró hasta 226 d. de J. C. y que no pudo ser vencido a pesar de los perseverantes esfuerzos de Trajano. Después del año 226, el reino parto se incorporó al nuevo Imperio Persa de los Sasánidas.
PARURO, c. del Perú, cap. de la prov. del mismo n. (Cuzco).
PAS (VALLE DE), valle de la prov. de Santander (España).
PASADENA, c. de los Estados Unidos (California). Estación balnearia que forma un suburbio residencial de Los Ángeles. Observatorio del Monte Wilson. Instituto tecnológico.
PASADO, cabo del Ecuador, en el océano Pacífico.
PASAJE, n. que se da al río Salado entre las sierras argentinas de Salta y Carahuasi. — Pobl. del Ecuador (El Oro).
PASAJES, v. de España (Guipúzcoa). Puerto de San Sebastián.
PASAQUINA, c. de El Salvador (La Unión).
PASAULA, río de Panamá (Bocas del Toro), que des. en el mar Caribe.
PASCAL (Blas), matemático, físico, filósofo y escritor francés, n. en Clermont-Ferrand (1623-1662). Dotado de gran precocidad, a los dieciséis años escribió un *Ensayo sobre las secciones cónicas* y a los dieciocho inventó una máquina de calcular. Se le deben también las leyes de la presión atmosférica y del equilibrio de los líquidos, el triángulo aritmético, el cálculo de las probabilidades y la prensa hidráulica. En 1654 se retiró a la abadía de Port-Royal, donde vivió una vida ascética y, en la polémica entre jansenistas y jesuitas, tomó el partido de los primeros en sus célebres *Cartas provinciales* (1656-1657). Murió sin concluir su apología de la religión cristiana, cuyos fragmentos se publicaron en 1670 bajo el título de *Pensamientos.*
PASCO, dep. del centro del Perú; cap. *Cerro de Pasco;* considerable riqueza mineral; plata, vanadio, cinc, plomo, bismuto. (Hab. *pasqueños.*)
PASCOLI (Giovanni), poeta italiano (1855-1912), de inspiración delicada y forma refinada, autor de *Myricae* y *Cantos de Castelvecchio.*
PASCUA, isla del Pacífico, perteneciente a Chile (Valparaíso); 180 km². Observatorio meteorológico. Curiosas estatuas megalíticas debidas, probablemente, a poblaciones de origen polinesio. Turismo. Es llamada tb. **Rapa Nui** y **Te-pito-Henúa.**
PASCUAL I (*San*), papa de 817 a 824. — PASCUAL II, papa de 1099 a 1118. — PASCUAL III, antipapa de 1164 a 1168.
PASIFAE, mujer de Minos, madre de Androgeo, de Ariadna, de Fedra y del Minotauro.
PÁSIG, pobl. de Filipinas, cap. de la prov. de Rizal (Luzón), a orillas del *río Pásig.*
PASIÓN, río de Guatemala (El Petén), afl. del Usumacinta.
Pasionistas, congregación religiosa fundada en Italia por San Pablo de la Cruz en 1725.

Fot. Budé, Alinari-Giraudon, Larousse, N. I. R.

PASKIEVICH (Iván), general ruso (1782-1856). Vencedor de los persas (1825-1827) y de los turcos (1828-1829), ahogó la insurrección polaca de 1831 y la revolución magiar de 1849.
PASO (El). V. EL PASO.
PASO (Antonio), comediógrafo español, n. en Granada (1870-1958), cuya vena fecunda ha alimentado durante numerosos años el teatro popular español: *El niño judío, La marcha de Cádiz, La alegría de la huerta, El arte de ser bonita, El asombro de Damasco, El orgullo de Albacete*, etc. — Su hermano MANUEL (1864-1901), autor de dramas líricos y poesías. — Su hijo ALFONSO, n. en 1926, comediógrafo de gran fecundidad.
PASO (Juan José), político argentino, n. en Buenos Aires (1758-1833), secretario de la primera Junta (1810), miembro de los triunviratos de 1811 y 1812, preparó la Asamblea Constituyente de 1813. Diputado en el Congreso de Tucumán (1816-1820).
PASOCHOA, cima del Ecuador (Pichincha); 4 188 m.
PASO DE CALAIS, estrecho entre Francia e Inglaterra, de 31 km de ancho y 185 km de longitud. Une el mar del Norte con el canal de la Mancha. Navegación activa; numerosos puertos. — Dep. del N. de Francia; cap. *Arrás.*
PASO DE LOS LIBRES, pobl. de la Argentina (Corrientes), a orillas del río Uruguay.
PASO DE LOS TOROS, pobl. del Uruguay (Tacuarembó); empalme ferroviario.
PASO DE PATRIA, pobl. del Paraguay (Ñeembucú).
PASOS (Joaquín), poeta vanguardista nicaragüense (1915-1947).
PASO Y TRONCOSO (Francisco del), arqueólogo, lingüista e historiador mexicano (1842-1916). Estudió la civilización azteca.
PASQUINI (Bernardo), compositor italiano (1637-1710), célebre organista.
PASSAROWITZ, hoy **Pozarevac,** c. de Servia (Yugoslavia), en la confluencia del Danubio y el Morava. Tratados de 1718 entre Turquía, el emperador germánico y Venecia.
PASSAU, c. de Alemania (Baviera), a orillas del Danubio. Centro comercial e industrial. Obispado.
PASTAZA, río de América del Sur, que nace en el Ecuador y penetra en el Perú (Loreto); 643 km. Está formado por el Patate y el Chambo y es afl. del Marañón. — **Distr. del Perú** (Alto Amazonas). — Prov. del Ecuador (creada en 1959); cap. *El Puyo.* (Hab. *orientales*)
PASTELERO DE MADRIGAL (El), impostor del s. XVI, llamado **Gabriel Espinosa,** que pretendió hacerse pasar por el rey Don Sebastián de Portugal.
Pasteles *(Guerra de los),* n. dado en México a la expedición francesa contra San Juan de Ulúa (1838), pues entre las reclamaciones formuladas por Francia figuraba la de una indemnización de setenta mil pesos a favor de un pastelero que pretendía le habían robado pasteles en un motín.
PASTENE (Juan Bautista), capitán genovés (1507-¿1582?), compañero de Valdivia en la conquista de Chile.
PASTERNAK (Boris), escritor ruso (1890-1960), autor de poemas *(Mi hermana la vida)* y novelas *(El doctor Jivago).* **[Pr. Nóbel, 1958.]**
PASTEUR [*-ter*] (Luis), químico y biólogo francés, n. en Dole (1822-1895), creador de la microbiología, autor de investigaciones sobre las fermentaciones, las enfermedades contagiosas, la profilaxis de la rabia y del carbunco, etc. Sus descubrimientos iniciaron la era de las vacunas y renovaron la medicina.
PASTO, nudo montañoso de Colombia (Nariño); alt. máx. 4 266 m (Pico Galeras). — C. de Colombia, cap. del dep. de Nariño; centro comercial. (Hab. *pastenses* o *pastusos.*) Universidad. Obispado. Fue fundada en 1539 y se la ha llamado, por sus numerosos templos, la **Ciudad Teológica.**
PÁSTOR. V. JUSTO y PÁSTOR.
PASTOR DÍAZ (Nicomedes), poeta español (1811-1863), que además de sus composiciones *A la luna* y *La mariposa negra,* nos ha legado una curiosa novela autobiográfica: *De Villahermosa a la China.*
PASTORES. V. HIKSOS.
PASTORI (Luis), poeta venezolano, n. en 1921, autor de *Poemas del olvido.*
PASTOS (Los), nudo andino que abarca comarcas del Ecuador y Colombia. Tb. llamado **Macizo de Huaca.**
PASTRANA, v. de España (Guadalajara). Palacio que fue prisión de la princesa de Éboli.
PASTRANA BORRERO (Misael), político colombiano, n. en 1924. Pres. de la Rep. desde 1970.
PATAGONES, n. dado por los españoles a los indios *tehuelches* por el tamaño de sus pies cubiertos de pieles.
PATAGONIA, región de América del Sur, en la parte meridional de la Argentina y Chile, que se extiende hasta el estrecho de Magallanes; ganado lanar; petróleo. (Hab. *patagones.*) — Ant. prov. de la Argentina constituida en 1955 y desaparecida en 1956.
PATAGÓNIDES, sistema montañoso de la Argentina, entre las prov. de Chubut y Neuquen.
PATAN, c. de Nepal. Universidad.
PATASCOY, cerro de Colombia, en la Cord. Central; 4 000 m.
PATATE, río del Ecuador (Tungurahua) que, con el Chambo, forma el Pastaza.
PATAZ, prov. del Perú (La Libertad); cap. *Tayabamba.*
PATER (Walter Horatio), escritor inglés (1839-1894), autor de estudios sobre estética y de la novela filosófica *Mario el epicúreo.*
PATÉRCULO (Veleyo), historiador latino (19 a. de J. C.-32 d. de J. C.), autor de *Historia romana.*
PATERSON, c. de los Estados Unidos (New Jersey). Centro industrial; sedas.
PATÍA, río de Colombia (Cauca y Nariño), formado por el Quilcasé y el Timbío; 450 km. Su brazo superior recibe el nombre de Guachicono.
PATIALA, c. de la India (Pendjab); metalurgia.
PATINIR o **PATENIER** (Joaquín), pintor flamenco, m. en 1524, uno de los primeros paisajistas de la Escuela Flamenca.
PATIÑO, estero de la Argentina (Formosa) y del Paraguay (Presidente Hayes).
PATIÑO (José), político español (1667-1736). Ministro de Felipe V de 1726 hasta su muerte, defendió los derechos de España contra Francia e Inglaterra.
PATMOS, una de las islas Espóradas, donde San Juan escribió su *Apocalipsis.*
PATNA, c. de la India, cap. del Est. de Bihar, a orillas del Ganges; fundiciones; alfombras.
PATOS, laguna del Brasil (Rio Grande do Sul) que, por medio del río San Gonzalo, comunica con la laguna uruguaya de Merín y, por la barra del río Grande, con el océano Atlántico. Mide 280 km de largo. — Laguna de México (Chihuahua). — Pico de los Andes, en la frontera de la Argentina (Catamarca) y Chile (Atacama); 5 950 m. En un paso de esta montaña atravesó la cordillera San Martín y su ejército libertador en 1816. — Río de la Argentina (San Juan) que, con el Castaño, forma el río San Juan.
Patrañuelo *(El),* colección de cuentos escritos por Juan de Timoneda en 1566.
PATRÁS, c. de Grecia (Peloponeso), a orillas del *golfo de Patrás,* formado por el mar Jónico en la costa O. del país.
Patria boba, n. dado en Colombia al período inicial de la guerra de la Independencia (1810-1816), que estuvo caracterizado principalmente por las luchas entre centralistas y federalistas.

Antonio PASO

PASTERNAK

PASTEUR

PATAGONIA

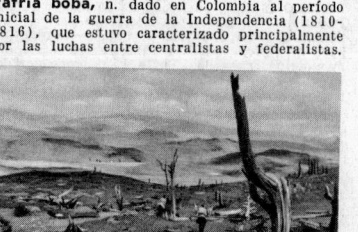

Fot. Larousse, France-U.R.S.S., Petit, Freund

lago de PÁTZCUARO México

M. PAVÍA

PAVLOVA

PAULO VI

PAYRÓ

Patria Nueva, n. dado en Chile al período que empieza con la restauración de la libertad en Chacabuco. Se llamó *Patria Vieja* el período de independencia, terminado con el desastre de Rancagua en 1814.

Patria Vieja, n. dado en la Argentina al período de 1810 a 1816, antes de Chacabuco, señalado por los últimos esfuerzos de los españoles.

PATRICIO *(San)*, **patrón de Irlanda (¿390-461?).** Fiesta el 17 de marzo.

PATRIMONIO DE SAN PEDRO, parte de los antiguos Estados de la Iglesia, legada a la Santa Sede por la condesa Matilde de Toscana. Su capital era *Viterbo.*

PATROCLO, héroe griego, amigo de Aquiles, con quien fue al sitio de Troya, donde murió.

PATRÓN (Pablo), médico, escritor y arqueólogo peruano (1855-1910), autor de *El Perú primitivo, Interpretación de los huacos,* etc.

PATTI (Adelina), famosa cantante italiana, n. en Madrid (1843-1919).

PATUCA, río de Honduras (Olancho y Colón), que des. en el mar Caribe; 483 km.

PÁTZCUARO, lago de México (Michoacán), en cuyo centro existen varias islas; lugar de atracción turística. — C. de México (Michoacán), cerca de las orillas del lago. Turismo.

PAU [*po*], c. de Francia, ant. cap. del Bearn y hoy del dep. de los Pirineos Atlánticos. Castillo.

PAUCARTAMBO, río del Perú (Cuzco) que confluye con el Chanchamayo y forma el río Perené. — C. del Perú, cap. de la prov. del mismo nombre (Cuzco).

PAÚL (Felipe Fermín), patriota y político venezolano (1774-1843).

Paúles o **Sacerdotes de la Misión** o **Lazaristas,** congregación fundada en 1625 por San Vicente de Paúl para formar misioneros y evangelizar a los pobres.

PAULI (Wolfgang), físico suizo, n. en Viena (1900-1958), que realizó estudios sobre los electrones de los átomos. (Pr. Nóbel, 1945).

PAULING (Linus Carl), químico norteamericano, n. en 1901, autor de trabajos sobre las macromoléculas orgánicas. (Pr. Nóbel de Química en 1954 y de la Paz en 1962.)

PAULINO de Nola *(San)*, obispo de Nola, n. en Burdeos (353-431), autor de *Cartas* y *Poesías latinas.* Fiesta el 22 de junio.

Paulino Lucero o **Dos gauchos del Río de la Plata,** romance gauchesco en forma de libelo del argentino Hilario Ascasubi (1839-1851).

Paulistas. V. BANDEIRANTES.

PAULO (Julio), jurisconsulto romano, rival de Papiniano en tiempos de Alejandro Severo.

PAULO I, papa de 757 a 767. — PAULO II, papa de 1464 a 1471. — PAULO III (Alejandro FARNESIO), papa de 1534 a 1549, promotor del Concilio de Trento. — PAULO IV *(Carafa)* papa de 1555 a 1559; se unió con los franceses contra Felipe II. — PAULO V *(Borghese)*, papa de 1605 a 1621; concluyó la construcción de San Pedro. — PAULO VI *(Montini)*, n. en 1897, papa en 1963. Terminó el II Concilio Vaticano, realizó viajes a Tierra Santa y a la India (1964), a Nueva York (1965), a Fátima (1967), a Bogotá (1968) para clausurar un Congreso Eucarístico internacional y a Uganda (1969).

PAULO AFONSO, cascada del Brasil formada por el río San Francisco, a 200 km de su desembocadura; 80 m de alto. Instalación hidroeléctrica.

PAULO EMILIO, cónsul romano en 219 y en 216 a. de J. C., muerto en la batalla de Cannas. — Su hijo PAULO EMILIO *el Macedónico* (¿230?-160 a. de J. C.), cónsul en 182 y en 168, vencedor de Perseo en Pidna. Fue uno de los jefes del partido aristocrático en Roma.

PAUNERO (Wenceslao), general argentino, n. en Uruguay (1805-1871). Se distinguió contra Rosas y en la guerra del Paraguay.

PAUSANIAS, príncipe lacedemonio, vencedor en Platea (479 a. de J. C.); murió hacia 470, después de haber intentado, con ayuda de los persas, dominar Grecia entera.

PAUSANIAS, geógrafo e historiador griego del siglo II de la era cristiana, autor de una célebre *Descripción de Grecia.*

PAUSÍLIPO, monte cerca de Nápoles, donde se encuentra el monumento llamado **Sepulcro de Virgilio.** Gruta de 700 metros.

PAUTE, población del Ecuador (Azuay). — V. NAMANGOZA.

PAVESE (Cesare), escritor italiano (1908-1950), autor de *Diario* y *El oficio de vivir.*

PAVÍA, c. de Italia (Lombardía), cap. de la prov. de su n., a orillas del Tesino. Universidad; colegio y cartuja admirables. Victoria española en la que las tropas de Carlos I apresaron a Francisco I de Francia en 1525.

PAVÍA (Manuel), general español, n. en Granada (1827-1895), que participó en el pronunciamiento de Prim contra Isabel II. En 1874 disolvió las Cortes, entregó el Poder a Serrano, y así hizo posible la restauración borbónica.

PAVLOV (Iván), fisiólogo ruso (1849-1936) que realizó estudios sobre las glándulas digestivas, los reflejos condicionados y la actividad nerviosa superior y de los grandes hemisferios cerebrales. (Pr. Nóbel, 1904.)

PAVLOVA (Ana), célebre bailarina rusa (1885-1931), creadora genial de *La muerte del cisne.*

Pavón *(Batalla de)*, victoria de Mitre, al mando del ejército de Buenos Aires, sobre Urquiza, jefe del ejército nacional (17 de septiembre de 1861), cerca del arroyo *Pavón* (Santa Fe).

PAWTUCKET, c. de los Estados Unidos (Rhode Island); textiles.

PAYACHATA, cima de los Andes de Chile (Tarapacá); 6 320 m.

PAYAGUAES, indios aborígenes del Paraguay.

PAYÁN (Eliseo), general y político colombiano (1825-1895), pres. interino de la Rep. en 1887.

PAYANA, isla del Ecuador, en el archip. de Jambelí (El Oro).

PAYÉN, grupo de volcanes de la Argentina (Mendoza).

PAYNE (Tomás). V. PAINE.

PAYNO (Manuel), novelista mexicano (1810-1894), autor de novelas populares *(El fistol del diablo)* y de cuadros de costumbres *(Los bandidos de Río Frío* y *El hombre de la situación).*

PAYO OBISPO. V. CHETUMAL.

PAYRÓ (Roberto J.), escritor argentino, n. en Mercedes (1867-1928), que publicó novelas de costumbres, históricas y obras de teatro: *El casamiento de Laucha, Pago Chico* y *Divertidas aventuras del nieto de Juan de Moreira.*

PAYSANDÚ, c. del Uruguay, cap. del dep. del mismo n.; activo puerto en el río Uruguay; centro comercial y cultural. El dep. es esencialmente ganadero. (Hab. *sanduceros.*)

PAYÚN, uno de los volcanes del grupo de Payén, en la prov. de Mendoza (Argentina); 3 700 metros.

PAZ, río de América Central, que sirve de frontera entre El Salvador y Guatemala; 56 km.

PAZ (La), c. de Bolivia, cap. del dep. del mismo n. y residencia del Gobierno de la República, situada a 3 400 m de altitud. Es un centro comercial importante que, además de disponer de buenas comunicaciones por carretera, está unido por ferrocarril con la red argentina y el puerto chileno de Arica; 410 000 h. *(paceños).* Universidad. Arzobispado. Fundada en 1548 con el n. de *Pueblo Nuevo de Nuestra Señora de la Paz,* es llamada hoy oficialmente **La Paz de Ayacucho.** Posee bellos edificios, como la Catedral y el Palacio del Gobierno y muy hermosos parques y jardines. En el altiplano se encuentra el *Alto La Paz,* donde está el aeropuerto. La prov. prod. cereales, coca, algodón; posee yac. de estaño, cobre, plomo, tungsteno, plata. — C. de Hondu-

Fot. Verger. A. D. E. P., Larousse, doc. A. G. P., Keystone

ras, cap. del dep. del mismo n.; centro agrícola. (Hab. *paceños.*) — C. de México, cap. del Territ. de Baja California Sur; centro comercial. — Dep. de El Salvador; cap. *Zacatecoluca;* prod. cereales y café; ganadería. (Hab. *paceños.*) — Pobl. de la Argentina (Mendoza). — Pobl. del Uruguay (Canelones).

PAZ (Alonso de la), escultor guatemalteco (1605-1676), autor de imágenes.

PAZ (Ireneo), general, jurisconsulto y escritor mexicano (1836-1924). Cultivó la novela, la historia y la poesía.

PAZ (José Camilo), diplomático y periodista argentino (1842-1912), fundador en 1869 del diario *La Prensa* de Buenos Aires.

PAZ (José María), general argentino, n. en Córdoba (1791-1854), jefe de los unitarios, que luchó contra Quiroga y le venció (1830), pero fue hecho prisionero por Rosas (1831). Dirigió la defensa de Montevideo contra Oribe (1843).

PAZ (Juan Carlos), compositor argentino, n. en 1901, autor de música atonal.

PAZ (Marcos), político argentino (1813-1868), que reemplazó a Mitre en la presidencia durante la guerra de la Triple Alianza.

PAZ (Octavio), poeta y escritor mexicano, n. en 1914, autor de *Raíz del hombre, Libertad bajo palabra* y *Luna silvestre.*

PAZ BARAONA (Miguel), político hondureño, m. en 1937, pres. de la Rep. de 1925 a 1929.

PAZ CENTRAL, ant. **Pueblo Nuevo,** pobl. de Nicaragua (León). Llámase tb. **Paz Centro.**

PAZ DEL RÍO, pobl. de Colombia (Boyacá). Minas de hierro; importante centro metalúrgico.

PAZ ESTENSSORO (Víctor), político y abogado boliviano, n. en 1907, pres. de la Rep. de 1952 a 1956. Nacionalizó las minas de estaño. Fue reelegido en 1960 y derrocado en 1964.

PAZ SOLDÁN Y UNANUE (Pedro), escritor peruano romántico (1839-1895), autor de poesías satíricas, obras de teatro y de un *Diccionario de peruanismos.* Tb. llamado **Juan de Arona.**

PAZ Y SALGADO (Antonio de), escritor satírico guatemalteco, m. en 1757, autor de *Instrucción de litigantes* y *El mosqueador.*

PAZARDZIK, c. de Bulgaria; centro agrícola.

Pazos de Ulloa *(Los),* novela de Emilia Pardo Bazán (1886), drama patético que se desarrolla en medio de bellísimas descripciones de Galicia. Continúa en *La madre Naturaleza.*

PAZZI, célebre familia gibelina de Florencia, rival de los Médicis.

PEABODY [*pi-*] (Jorge), filántropo norteamericano (1795-1869), autor de numerosas instituciones para la difusión de la enseñanza.

PEACOCK (Tomas Love), escritor inglés (1785-1866), que luchó contra los excesos del romanticismo.

PEARL HARBOR, puerto de las islas Hawai. El 7 de diciembre de 1941, ataque japonés contra la flota norteamericana, que determinó la entrada de los Estados Unidos en la Guerra Mundial.

J. M. PAZ

Felipe PEDRELL

PEARY (Roberto), explorador norteamericano de las regiones árticas (1856-1920); llegó al polo Norte en 1909.

PECS, c. del S. de Hungría. Universidad. Centro hullero y metalúrgico; cuero.

PECHENGA. V. PÉTSAMO.

PECHORA. V. PETCHORA.

PEDASÍ, pobl. de Panamá (Los Santos).

PEDERNALES, com. de la Rep. Dominicana (Barahona).

PEDERNEIRAS (Mario), poeta brasileño (1868-1915), introductor del verso libre en su país.

PEDERNERA, dep. de la prov. de San Luis (Argentina); cap. *Villa Mercedes.*

PEDERNERA (Juan Esteban), general argentino (1796-1886) que hizo la campaña de los Andes con San Martín y luchó contra Rosas. Fue vicepres. de la Confederación durante el mandato de Derqui.

PEDRARIAS (Pedro ARIAS DÁVILA, llamado), conquistador español, n. en Segovia (¿1440?-1531), que, nombrado gobernador de Castilla del Oro en 1514, hizo decapitar a Balboa (1517). Fundó la c. de Panamá (1519) y organizó varias expediciones importantes.

PEDREGAL, río de México (Tabasco) que, al unirse con el de las Playas, forma el río Tonalá. — Río de Venezuela (Falcón) que des. en el golfo de este n.

PEDREIRA (Antonio S.), ensayista puertorriqueño (1899-1939), autor de *Insularismo.*

PEDRELL (Carlos), compositor uruguayo (1878-1941) que residió la mayor parte de su vida en París. Sobrino de Felipe Pedrell.

PEDRELL (Felipe), musicógrafo y compositor español, n. en Tortosa (1841-1922), precursor y creador de la escuela moderna en su país. Autor de varias óperas *(La Celestina, Los Pirineos),* de poemas sinfónicos, cantos, música para orquesta, etc., y de obras de erudición importantes *(Diccionario técnico de la música).*

PEDRO *(San),* el primero de los apóstoles y de los papas, nacido hacia el año 10 a. de J. C. mártir en Roma durante el reinado de Nerón, probablemente en 64. Sobre su sepulcro se levanta la basílica del Vaticano. Fiesta el 29 de junio.

Pedro de Roma *(San)* o **Basílica Vaticana.** V. SAN PEDRO.

PEDRO I el Cruel (1334-1369), rey de Castilla y León, hijo y sucesor de Alfonso XI en 1350. Su reinado estuvo marcado por constantes guerras civiles frente a sus hermanos bastardos, lo cual provocó la intervención armada de las Compañías Blancas de Beltrán Duguesclin. Fue derrotado y muerto en Montiel por Enrique de Trastamara.

PEDRO I (1074-1104), rey de Navarra y de Aragón en 1094. Venció a los moros en Alcoraz (Huesca) en 1096.

PEDRO II (1177-1213), rey de Aragón y Cataluña en 1196, hijo de Alfonso II y padre de Jaime el Conquistador. Tomó parte en la batalla de las Navas de Tolosa (1212) y murió en Muret en lucha contra Simón de Montfort.

PEDRO III el Grande (1239-1285), rey de Aragón y Valencia en 1276, hijo de Jaime I. En 1280 estableció el protectorado en Túnez y después de la matanza de las Vísperas Sicilianas

LA PAZ (Bolivia): Plaza de Murillo

SAN PEDRO
Roma

PEDRO I el Cruel

PEDRO II
de Aragón
moneda de plata

sello de
PEDRO III
el Grande

Fot. doc. A. G. P., Andonard, Verger. Adep., Larousse, doc. Biblioteca Nacional (Madrid)

PEDRO IV
el Ceremonioso

PEDRO I el Grande

PEGUY

(1282), pasó a Sicilia y su flota derrotó a los franceses en Malta y Nápoles. El Papa le excomulgó y dio su reino a Carlos de Valois, pero la resistencia de Gerona y las victorias navales de Roger de Lauria y Marquet impidieron la invasión francesa.
PEDRO IV el Ceremonioso (1319-1387), rey de Aragón y Cataluña en 1336. Unido a los reyes de Castilla y de Portugal luchó victoriosamente contra los moros en la batalla del Salado. Conquistó Mallorca y el Rosellón y parte de Cerdeña, y aceptó en 1380 la soberanía de Atenas.
PEDRO I el Justiciero, rey de Portugal de 1357 a 1367. Su amante fue Inés de Castro. — PEDRO II, rey de Portugal de 1683 a 1706. Intervino en la guerra de Sucesión de España en contra de Felipe V. — PEDRO III, rey de Portugal de 1777 a 1786 por el matrimonio con su sobrina María, hija de José I. — PEDRO IV. V. PEDRO I DEL BRASIL. — PEDRO V, rey de Portugal de 1853 a 1861.
PEDRO I (1798-1834), emperador del Brasil, hijo de Juan VI, a cuya muerte (1826) ocupó brevemente el trono de Portugal con el nombre de *Pedro IV*. Anteriormente, proclamada la independencia brasileña en 1822, se hizo coronar emperador y en 1831 abdicó en favor de su hijo Pedro. Organizó el ejército y la administración.

▼

▲

PEDRO II (1825-1891), emperador del Brasil en 1831 con sólo cinco años de edad, hijo del anterior. Su reinado, benéfico para el país, tanto en el orden económico como en el cultural, terminó con la proclamación de la República (1889). Pedro, denominado *el Magnánimo*, murió en el exilio.
PEDRO I el Grande, n. en Moscú (1672-1725), emperador de Rusia de 1682 a 1725. Reformó el ejército, la marina y la administración al estilo de las naciones europeas. Fundó la ciudad de San Petersburgo (hoy Leningrado) en 1703, derrotó a Carlos XII de Suecia en Poltava (1709) y por el Tratado de Nystad (1721) obtuvo Livonia, Estonia y Finlandia. Le sucedió su esposa Catalina I. A pesar de su despotismo, hay que reconocer sus extraordinarias dotes de organización y su indomable energía.
PEDRO II, n. en la ciudad de San Petersburgo en 1715, emperador de Rusia de 1727 a 1730.

PEKÍN
palacio de la Armonía

PEDRO III (1728-1762), emperador de Rusia en 1762, asesinado por instigación de su esposa Sofía de Anhalt, que le sucedió con el nombre de Catalina II.
PEDRO I (Pedro KARAJORGEVICH), n. en Belgrado (1844-1921), rey de Servia en 1903.
PEDRO II, n. en 1923, rey de Yugoslavia de 1934 a 1945.
PEDRO Armengol *(San)*, mercedario español (1238-1304). Fiesta el 27 de abril.
PEDRO BETANCOURT, térm. mun. de Cuba (Matanzas).
PEDRO Claver *(San)*, jesuita español (1580-1654), que evangelizó y protegió a los negros en Colombia, por lo cual fue llamado **Apóstol de los negros.** Fiesta el 9 de septiembre.
PEDRO Damiano *(San)*, cardenal italiano (1007-1072), promotor de la reforma del clero y autor de poemas y tratados de polémica. Fiesta el 23 de febrero.
PEDRO de Alcántara *(San)*. V. ALCÁNTARA.
PEDRO de Arbués (*San*), sacerdote español y primer inquisidor de Aragón (1441-1485), asesinado por los judíos, contra quienes había sido demasiado cruel. Fiesta el 17 de septiembre.
PEDRO DE VALDIVIA, pobl. de Chile (Antofagasta).
PEDRO de Verona (*San*), religioso e inquisidor italiano (¿1205?)-1252), asesinado por los herejes. Fiesta el 29 de abril.
PEDRO el Ermitaño, religioso francés (¿1050?-1115), predicador de la Primera Cruzada, en la cual participó.
PEDRO GONZÁLEZ, isla de Panamá, en el archip. de Las Perlas. — Pobl. del Paraguay (Ñeembucú).
PEDRO JUAN CABALLERO, c. del Paraguay, cap. del dep. de Amambay. Comercio.
PEDRO LOMBARDO, teólogo italiano y obispo de París (¿1100?-1160), autor de la obra *Libro de las sentencias*, base de la enseñanza teológica.
PEDRO MONCAYO, cantón del Ecuador (Pichincha).
PEDRO Nolasco (*San*). V. NOLASCO.
PEDRO Regalado (*San*), religioso franciscano español (1391-1456). Fiesta el 13 de mayo.
PEDRO SANTANA, com. de la Rep. Dominicana (San Rafael).
PEDROCHES (Los), altura máxima de la Cordillera Bética (España); 1 600 m.
PEDROSO (Regino), poeta cubano, n. en 1896, de tendencia social.
PEEL [*pil*] (*sir* Robert), político conservador inglés (1788-1850), varias veces primer ministro. Defendió el libre cambio y estableció los impuestos sobre la renta.
PEENE, río de Alemania, que des. en el Báltico (bahía de Greifswald); 180 km.
Peer Gynt, drama simbólico de Ibsen, con música escénica de Grieg (1867).
PEERS (Edgar Allison), hispanista inglés (1888-1953), autor de estudios sobre el romanticismo español y los místicos castellanos.
PEGASO, caballo alado nacido de la sangre derramada por Medusa al ser decapitada por Perseo. Belerofonte lo montó para combatir a la Quimera. *(Mit.)*
PEGASO, constelación del hemisferio boreal.
PEGUY (Carlos), escritor francés (1873-1914), que supo conciliar, en su obra poética, sus anhelos de cristiano, de socialista y de patriota. Autor de *Misterio de la caridad de Juana de Arco,* etc.
PEICHAVER. V. PESHAWAR.
PEI-HO (*"Río Blanco"*), río de China que pasa cerca de Pekín y por Tientsin; 450 km.
PEI-PING. V. PEKÍN.
PEIPUS, lago de Rusia, que desemboca en el golfo de Finlandia por medio del río Narova.
PEIXOTO (Julio Afranio), médico y escritor brasileño (1876-1947), autor de las novelas *Fruto salvaje* y *María Bonita,* y de una *Historia de la Literatura brasileña.*
PEIXOTO (Floriano), militar y político brasileño, n. en Maceió (Alagoas) [1842-1895], que participó en la revolución de 1889 y fue pres. de la Rep. de 1891 a 1894.
PEKÍN o PEQUÍN, ant. **Pei-Ping,** cap. de la Rep. Popular China; 6 000 000 h. La ciudad se divide en cuatro partes distintas: *la tártara* o *interior*, en el centro de ésta la *imperial*, que

Fot. doc. A. G. P., Larousse, Harlingne, Ergy, Landau-Rapho encierra la ciudad *prohibida*, y la *china* o *exterior*. Centro administrativo e industrial. Universidad. La c. fue conquistada por los comunistas en enero de 1949.

PELADO (El), pico del Ecuador (Carchi); 4 157 m.

PELADO (MONTE), volcán de la isla Martinica (1 397 m). La erupción de 1902 destruyó la c. de Saint-Pierre.

PELAGIO, heresiarca inglés (¿360-422?), creador de la secta del *pelagianismo*, que negaba la eficacia de la gracia y el pecado original.

PELAGIO I, papa de 556 a 561. — PELAGIO II, papa de 579 a 590.

PELARCO, com. de Chile (Talca).

PELASGOS, pueblo que en los tiempos prehistóricos se supone que ocupó Grecia, el Archipiélago, el litoral de Asia Menor e Italia. En realidad, parece que los pelasgos poblaron principalmente parte de Tesalia, por lo que se les considera como los antecesores de los helenos.

PELAYO (*Don*), noble visigodo, vencedor de los musulmanes en Covadonga (718), proclamado primer rey de Asturias. M. en 737.

PELEO, rey legendario de Yolcas, esposo de Tetis y padre de Aquiles.

PELIGNOS, pueblo de la ant. Italia central (Samnio), en la vertiente oriental de los Apeninos; c. pr. *Corfinio* y *Sulmo*.

PELILEO, pobl. del Ecuador (Tungurahua).

PELIÓN, monte de Tesalia, cerca del monte Ossa; 1 620 m. Cuando los Centauros, irritados contra Zeus, quisieron escalar el cielo, colocaron al Pelión sobre el Ossa.

PÉLOPE, hijo de Tántalo, rey de Lidia, muerto a manos de su padre y ofrecido a los dioses como manjar. Fue resucitado por Zeus. (*Mit.*)

PELÓPIDAS, general tebano, amigo de Epaminondas. Participó en la expulsión de los espartanos de Tebas en 379 a. de J. C. y murió en 364 en Cinocéfalos (Tesalia).

PELOPONESO (*"Isla de Pélope"*), península al S. de Grecia dividida en otras menores, y reunida con el continente por el istmo de Corinto. Comprende Argólida, Laconia, Mesenia, Élida, Acaya y Arcadia. Se llamó también **Morea**.

Peloponeso (*Guerra del*), guerra entre Esparta y Atenas (431-404 a. de J. C.), dividida en tres períodos. Su causa fue la lucha por la hegemonía griega y terminó con las derrotas atenienses de Sicilia y Egospótamos (450). Los espartanos impusieron a Atenas el gobierno de los Treinta Tiranos.

Peloponeso (*Historia de la guerra del*), obra de Tucídides, notable sobre todo por la precisión y sobriedad del estilo.

PELOTAS, río del Brasil, que nace en la Serra do Mar (Santa Catarina), de cuya confluencia con el Canoas nace el río Uruguay. — C. del Brasil (Río Grande do Sul); puerto activo; frigoríficos. Obispado.

PELOUZE [*-lús*] (Jules), químico francés (1807-1867), que estudió los hidrocarburos.

PELTON (Lester Allen), ingeniero norteamericano (1829-1908), inventor de un tipo de turbina hidráulica.

Pelucones, n. dado, a principios del s. XIX, a los miembros del Partido Conservador chileno.

PELUSIO, hoy **Tineh**, ant. c. de Egipto, cerca de Port Said.

PELLEGRINI (Carlos), político y jurisconsulto argentino (1846-1906), pres. de la Rep. de 1890 a 1892. Fundó el Banco de la Nación (1891).

PELLERANO CASTRO (Arturo), escritor y poeta dominicano (1865-1916).

PELLETIER (José), químico francés (1788-1842), descubridor, con Caventou, de la quinina.

PELLICER (Carlos), poeta mexicano, n. en 1899, autor de *Piedra de sacrificio, Subordinaciones*, etc.

PELLICER (Juan Antonio), erudito español (1738-1806), cuya obra más importante es el *Ensayo de una biblioteca de traductores españoles*.

PELLICER DE OSSÁU (José de), polígrafo español (1602-1679), autor de los poemas *El Fénix* y *La Astrea sáfica*.

PELLICO (Silvio), escritor italiano (1789-1854) que nos ha dejado el relato de su vida de prisioniero político en *Mis prisiones*.

PEMÁN (José María), poeta, dramaturgo, articulista y orador español, n. en Cádiz en 1898, autor de las comedias poéticas *Noche de levante en calma, Cuando las Cortes de Cádiz, Cisneros, La Santa Virreina* y *El Divino impaciente*. Entre sus relatos en prosa sobresale ***Historia del fantasma y doña Juanita***.

PEMBA, isla del océano Índico (Tanzania), al N. de Zanzíbar. Primer prod. mundial de clavo.

PEMBROKE, c. y puerto de Gran Bretaña (Gales). Arsenal.

PEMUCO, com. de Chile (Ñuble).

PENA (Alfonso Moreira), político brasileño (1847-1909), vicepres de la Rep. de 1902 a 1906 y luego pres. de 1906 a 1909.

PENANG, ant. **Príncipe de Gales,** isla de Malasia. Estado de la Federación de Malaysia que comprende la *isla de Penang*. Cap. *Penang*, ant. *George Town*. Ant. uno de los Straits Settlements. Comercio de estaño y caucho.

PENAS, golfo de Chile (Aisén).

PENCAHUE, com. de Chile (Talca).

Pen Club, sociedad internacional de escritores, fundada en Londres en 1921.

PENCO, com. de Chile (Concepción). Fue primer asiento de la c. de Concepción, destruida por varios terremotos (1730).

PENDJAB, en inglés **Punjab**, región de Asia meridional, dividida desde 1947 entre la India (PENDJAB [13 400 000 h.] y HARIANA, creado en 1966, cuya cap. común es *Chandigarh*) y Paquistán (c. pr. *Lahore*). Grandes obras de irrigación. Prod. trigo, arroz y algodón.

PENÉLOPE, mujer de Ulises y madre de Telémaco. Negóse constantemente a conceder su mano a sus numerosos pretendientes, durante los veinte años que duró la ausencia de Ulises. Valiéndose de un ardid, prometió elegir a uno cuando hubiera acabado un lienzo que estaba bordando, pero deshacía por la noche todo lo que había hecho durante el día. (*Mit.*)

PENEO, hoy **Pinios**, río de Tesalia, que nace en el Pindo y riega el valle de Tempe. — Río del Peloponeso que des. en el mar Jónico.

PENIBÉTICA (CORDILLERA), sistema montañoso del S. de España que se extiende desde Tarifa al Cabo de la Nao y comprende, entre otras, las sierras de Alhama, Nevada y Carbonera. Sus cimas principales (Mulhacén, 3 478 m, y Veleta, 3 431 m) sólo las superan en Europa los Alpes.

PENINOS (MONTES), cordillera del N. de Inglaterra; alt. máx. 881 m, en el *Cross Fell*.

PENJAB. V. PENDJAB.

PÉNJAMO, c. de México (Guanajuato).

PENKI, c. del NE. de China.

PENN (William), cuáquero inglés (1644-1718), fundador (1682), gobernador y legislador de Pensilvania.

PENONOMÉ, c. de Panamá, cap. de la prov. de Coclé; centro turístico. Fundada en 1581.

PENSACOLA, c. de los Estados Unidos (Florida), a orillas de la *bahía de Pensacola*.

Pensador (*El*), estatua de Rodin (París).

Pensador mexicano. V. FERNÁNDEZ DE LIZARDI.

Pensamientos, colección de máximas estoicas, escritas en griego por Marco Aurelio. Su verdadero título es *A sí mismo*.

Pensamientos, colección admirable, pero incompleta, de notas reunidas por Pascal para la composición de una obra sobre la religión cristiana, publicada después de su muerte (1670).

Pensieroso (*Il*) o **El Pensador,** n. dado a la célebre estatua ejecutada por Miguel Ángel para el sepulcro de Lorenzo de Médicis, en la capilla de los Médicis (Florencia); representa al príncipe con traje militar, con el codo apoyado en la rodilla y un dedo sobre los labios.

PENSILVANIA o **PENNSYLVANIA,** uno de los Estados Unidos de Norteamérica, a orillas del Atlántico; cap. *Harrisburgo*; c. pr. *Filadelfia, Pittsburgo*. Industrias metalúrgicas.

Pentágono (*El*). V. *Parte lengua*.

PENTÁPOLIS, n. dado en la Antigüedad a varias regiones que comprendían cinco ciudades notables, particularmente en Libia y Palestina.

Pentateuco o **Los cinco libros** de Moisés, los primeros de la Biblia. Son estos libros: el *Génesis* o la *Creación*, hasta el establecimiento

PEMÁN

PENN

PELLICO
por NORFIM

EL PENSADOR
por RODIN

Fot. doc. A. G. P., Larousse, Alinari-Giraudon

de los hebreos en Egipto; el *Éxodo* o la *Salida de Egipto;* el *Levítico* o *Libro de las prescripciones religiosas;* los *Números*, exposición de la fuerza material del pueblo; el *Deuteronomio*, complemento de los precedentes.

PENTÉLICO, mont. de Ática, entre Atenas y Maratón, célebre por sus canteras de hermoso mármol blanco. Hoy **Penteli.**

PENTESILEA, reina de las Amazonas, hija de Ares. Combatió contra los griegos en el sitio de Troya, donde fue muerta por Aquiles.

PENYAB. V. PENDJAB.

PENZA, c. de la U. R. S. S. (Rusia), al SO. de Moscú. Centro industrial.

PEÑA (Camilo), general y naturalista colombiano, m. en 1870, que estudió los yacimientos metalíferos de los Andes.

PEÑA (David), escritor argentino (1865-1930), que sobresalió con sus dramas históricos: *Facundo, La lucha por la vida*, etc.

PEÑA (Miguel), jurista y patriota venezolano (1781-1833); firmó la primera Constitución colombiana.

PERAL

PEÑA ARMADA, pico de Colombia, en la Cord. Oriental; 3 600 m.

PEÑA BARRENECHEA (Ricardo), poeta peruano (1893-1939), autor de *Eclipse de una tarde gongorina.* — Su hermano ENRIQUE, n. en 1905, ha publicado sus composiciones en *El aroma de la sombra.*

PEÑAFIEL, v. de España (Valladolid) Ant. castillo del infante Don Juan Manuel (s. XIV).

PEÑAFLOR, com. de Chile (Santiago).

PEÑALABRA, macizo montañoso de España entre las prov. de Santander y Palencia.

PEÑALARA (PICO DE), monte de la sierra del Guadarrama (2 405 m), a cuyo pie se encuentra la laguna del mismo nombre.

PEÑALOZA (Ángel Vicente), militar argentino (1797-1863), que se sublevó contra el gobierno nacional en 1863 y fue fusilado.

PEÑALVER (Fernando), político venezolano (1765-1837), miembro del primer Congreso Constituyente de su país (1811).

PEÑA NEVADA, cerro de México (Nuevo León); 3 664 m.

PEÑARANDA (Enrique), general y político boliviano (1892-1969), pres. de la Rep. en 1940, derrocado en 1943.

PEÑARANDA DE BRACAMONTE, c. de España (Salamanca).

PEREDA

PEÑARROYA-PUEBLONUEVO, c. de España (Córdoba). Minas muy importantes de plomo, hulla y antracita. Industrias.

PEÑAS, cabo de la Argentina, en la costa oriental de la Tierra del Fuego. — Punta de Venezuela, en la peníns. de Paria.

PEÑAS (CABO DE), cabo en la costa cantábrica de España (Oviedo), entre Avilés y Gijón.

PEÑAS COMADRES, cimas volcánicas de México (Guanajuato).

PEÑA Y PEÑA (Manuel de la), jurisconsulto y político mexicano (1789-1850), pres. interino de la Rep. en 1848. Autor de *Lecciones de práctica forense.*

PEÑÍSCOLA, c. de España (Castellón de la Plana), en un promontorio casi aislado de la costa; residencia del papa Luna (Benedicto XIII).

PEÑÓN DE VÉLEZ DE LA GOMERA. V. VÉLEZ.

PEÓN Y CONTRERAS (José), poeta y autor dramático mexicano (1843-1907), autor de *La hija del rey.*

PEORIA, c. de los Estados Unidos (Illinois). Mercado de cereales. Industrias. Obispado.

PEPE (Florestano), general italiano (1778-1851). — Su hermano GUGLIELMO, patriota y general (1783-1855). Ambos participaron en el Gobierno liberal de 1820.

PEPE HILLO. V. DELGADO (José).

PEPILLO SALCEDO, com. de la Rep. Dominicana (Monte Cristi).

PEPIRÍ GUAZÚ, río de la Argentina (Misiones), afl. del Uruguay.

Antonio PÉREZ

Pepita Jiménez, novela de Juan Valera (1877). Es un drama psicológico y místico, una pintura de la lucha entre el deber y la pasión, descrita con estilo incomparable.

PEPYS (Samuel), escritor inglés (1633-1703), autor de un célebre *Diario.*

PEQUÍN. V. PEKÍN.

PER ABBAT. V. ABBAT.

PERAFÁN DE RIBERA, conquistador español. Gobernador de Costa Rica de 1565 a 1573.

PERAK, Estado de la Federación de Malaysia, en la costa oriental del estrecho de Malaca; cap. *Ipoh.*

PERAL (Isaac), marino español, n. en Cartagena (1851-1895), inventor de un barco submarino, abandonado después de ensayos bastante satisfactorios por falta de ayuda oficial.

PERALILLO, com. de Chile (Colchagua).

PERALTA (Alejandro), poeta peruano, n. en 1899, que ha cultivado los temas indigenistas.

PERALTA (Gastón de), tercer virrey de Nueva España de 1566 a 1568. M. en 1580.

PERALTA (José María), político salvadoreño, pres. interino de la Rep. en 1859 y de 1860 a 1861.

PERALTA Y BARNUEVO (Pedro de), polígrafo y poeta peruano, n. en Lima (1663-1743), que escribió obras de astronomía, historia, derecho, matemáticas e ingeniería. Su obra más notable es el poema épico *Lima fundada.*

Perceval, uno de los héroes de las novelas de la Tabla Redonda, libertador del Santo Grial.

PERCHE, ant. condado de Francia, en la cuenca de París. Caballos reputados (*percherones*).

PERDICAS, general de Alejandro, regente del Imperio a la muerte de su jefe (323 a. de J. C.) y asesinado en 321, después de haber sido derrotado en Egipto por Ptolomeo I.

PERDICAS I, rey de Macedonia en el siglo VII a. de nuestra era. — PERDICAS II reinó de 450 aprox. a 413. — PERDICAS III reinó de 365 a 359.

PERDIDO (MONTE), uno de los picos más altos de los Pirineos españoles (Huesca); 3 352 m.

Perdido *(Un)*, novela del chileno Eduardo Barrios, drama de gran realismo (1917).

PEREA, región de Palestina, al E. del Jordán, desde el lago de Tiberíades hasta el mar Muerto.

PEREDA (José María de), novelista español, n. en Polanco (Santander) [1833-1906]. De inspiración regionalista, ofrece, en la mayor parte de sus relatos, vigorosos cuadros de la provincia de Santander: *La puchera, Sotileza, Peñas arriba, El sabor de la tierruca, Don Gonzalo González de la Gonzalera, El buey suelto*, etc.

PEREIRA, c. de Colombia, cap. del dep. de Risaralda; obispado. Centro cafetalero, comercial e industrial. (Hab. *pereiranos.*)

PEREIRA (Gabriel Antonio), político uruguayo (1794-1861), pres. interino de la Rep. en 1838, y pres. efectivo de 1856 a 1860. Derrotó a César Díaz en el paso de Quinteros (1858).

PEREIRA DE SOUSA (Washington Luis), político brasileño (1871-1957), pres. de la Rep. de 1926 a 1930.

PEREKOP, pobl. de la U. R. S. S. e istmo que une Crimea al continente (8 km de ancho).

PERENÉ, río del Perú (Junín), formado por la confluencia del Chanchamayo y el Paucartambo, y afl. del río Ene.

PERÉS (Ramón Domingo), poeta cubano, n. en 1883; autor de *Musgo.*

PEREYRA (Carlos), historiador mexicano (1871-1943), autor de *La obra de España en América* e *Historia de la América Española* (8 volúmenes).

PÉREZ (Alonso), escritor y médico salmantino del s. XVI, autor de una segunda parte de la *Diana* de Jorge de Montemayor.

PÉREZ (Antonio), político español, n. en Madrid (1540-1611). Amigo de la princesa de Éboli, no tardó en ser secretario de Felipe II, quien le encargó que vigilara la conducta de Don Juan de Austria en los Países Bajos. El asesinato de Escobedo, secretario de Don Juan, hizo que el rey decretase su prisión y Antonio Pérez huyó a Zaragoza y luego a Francia e Inglaterra para sustraerse a la autoridad real. Escribió unas *Relaciones*, en las que justificaba su conducta, y *Cartas.*

Fot. doc. A. G. P.

PÉREZ (Felipe), escritor colombiano (1836-1891), autor de novelas históricas.

PÉREZ (José Joaquín), político y diplomático chileno (1800-1889), pres. de la Rep. de 1861 a 1871. Declaró la guerra a España (1866).

PÉREZ (José Joaquín), poeta dominicano (1845-1900), autor de las leyendas *El voto de Anacaona* y de *Quisqueyana*.

PÉREZ (Juan), religioso español del s. XV; fue prior del monasterio franciscano de La Rábida y prestó apoyo a Cristóbal Colón.

PÉREZ (Juan Bautista), político venezolano (1862-1952), pres. de la Rep. de 1929 a 1931.

PÉREZ (Luis Eduardo), patriota y político uruguayo, m. en 1841. — Su hijo LUIS EDUARDO, m. en 1899, fue general y político.

PÉREZ (Pedro Agustín), militar y patriota cubano del s. XIX, llamado **Periquito.**

PÉREZ (Santiago), político, escritor y pedagogo colombiano (1830-1900), pres. de la Rep. de 1874 a 1876.

PÉREZ BARRADAS (Rafael), pintor uruguayo (1890-1929), creador del vibracionismo.

PÉREZ BAYER (Francisco), erudito y bibliógrafo español (1711-1794).

PÉREZ BONALDE (Antonio), poeta romántico venezolano, n. en Caracas (1846-1892), precursor de la lírica modernista. Autor de *Estrofas, Ritmos, El poema del Niágara*, etc.

PÉREZ DE AYALA (Ramón), escritor español, n. en Oviedo (1881-1962), autor de numerosas novelas de gran penetración psicológica, escritas en un estilo selecto y personal (*Belarmino y Apolonio, Luna de miel, luna de hiel, Tigre Juan, Troteras y danzaderas, La pata de la raposa* y *A. M. D. G.*), de obras de crítica (*Las máscaras* y *Política y toros*), así como de poesías bellas pero trabajadas con exceso.

PÉREZ DE GUZMÁN (Fernán), poeta e historiador español (¿1370-1440?), autor de *Generaciones y semblanzas* y *Mar de historias*.

PÉREZ DE GUZMÁN (Alfonso). V. GUZMÁN EL BUENO.

PÉREZ DE HITA (Ginés), escritor español (¿ 1544-1619?), cuyo relato *Las guerras civiles de Granada* es una de las obras fundamentales de la historiografía española del Siglo de Oro.

PÉREZ DEL PULGAR (Hernán), militar y cronista español (1451-1531). Su valor temerario le valió el título de *el de las Hazañas*.

PÉREZ DE MONTALBÁN (Juan), escritor y poeta español (1602-1638), amigo y discípulo de Lope de Vega, a quien siguió en sus comedias *El segundo Séneca de España, La toquera vizcaína* y *Los amantes de Teruel*.

PÉREZ DE MOYA (Juan), pensador español (¿1513-1596), autor de la curiosa obra *Filosofía secreta* (1585), donde se sirve de la mitología para exponernos sus ideas morales. Fue notable matemático.

PÉREZ DE OLIVA (Fernán), poeta y humanista español (¿1494-1531?), que tradujo a Plauto y Séneca.

PÉREZ DE QUESADA (Hernán), conquistador español del s. XVI, hermano de Jiménez de Quesada. Fue gobernador de Nueva Granada.

PÉREZ DE URDININEA (José María), general y político boliviano (1782-1865).

PÉREZ DE ZÚÑIGA (Juan), periodista y autor satírico español (1860-1938), autor de la narración burlesca *Viajes morrocotudos*.

PÉREZ ESCRICH (Enrique), folletinista español (1829-1897), muy popular en su época.

PÉREZ GALDÓS (Benito), escritor español, n. en Las Palmas de Gran Canaria (1843-1920), autor de una abundante producción, de gran objetividad y realismo, que le sitúa como el mejor novelista español después de Cervantes. Su poder imaginativo y sus dotes de fino observador le hacen ser creador de innumerables personajes y situaciones llenos de humanidad. Aborda los relatos de inspiración social (*Miau, Doña Perfecta, La de Bringas, Fortunata y Jacinta, Misericordia*), de carácter psicológico (*Marianela, Gloria, El amigo Manso, El doctor Centeno, Realidad, Torquemada en la hoguera, Nazarín, Ángel Guerra*) y las evocaciones históricas (*Episodios Nacionales,* inmenso fresco que abarca desde la Guerra de la Independencia hasta las luchas civiles y los conflictos políticos del s. XIX español). Cultivó también el teatro de tesis: *Electra, La de San Quintín, Sor Simona, El abuelo*, etc.

PÉREZ DE AYALA
por MAURICE FROMKES

PÉREZ GALDÓS

J. J. PÉREZ
(1800-1889)

PÉREZ JIMÉNEZ (Marcos), militar y político venezolano, n. en 1914. Pres. de la Rep. en 1952, derrocado en 1958. Se refugió en los Estados Unidos y el Gobierno venezolano logró su extradición (1963).

PÉREZ LUGÍN (Alejandro), periodista y novelista español (1870-1926), autor de *La casa de la Troya,* que describe la vida estudiantil en Santiago de Compostela, y de *Currito de la Cruz*.

PÉREZ NIEVA (Alfonso), novelista español (1859-1931), de inspiración sentimental.

PÉREZ PASTOR (Cristóbal), polígrafo español (1833-1908), que ha estudiado la obra de Cervantes, Lope de Vega y Calderón.

PÉREZ PETIT (Víctor), poeta, novelista y autor dramático uruguayo (1871-1947).

PÉREZ Y GONZÁLEZ (Felipe), comediógrafo y sainetero español (1846-1910), autor de varios libretos de zarzuela y de género chico: *La Gran Vía, Pasar de la raya*, etc.

PÉREZ Y PÉREZ (Rafael), escritor español, n. en 1891. Autor de innumerables novelas rosas.

PERGA, ant. c. de Asia Menor donde se veneraba Diana. Patria del geómetra Apolonio.

PERGAMINO, pobl. de la Argentina (Buenos Aires), a orillas del *río Pergamino*.

PÉRGAMO, c. ant. de Asia Menor, hoy **Bergama,** a orillas del Caico, cap. de un reino en los s. III y II a. de J. C. Dio nombre al *pergamino*. Era célebre su biblioteca. Ruinas del altar de Zeus. — Nombre de la ant. ciudadela de Troya, que a veces designa a dicha ciudad.

PERGOLESE (Juan Bautista), compositor italiano (1710-1736), autor de música sinfónica, conciertos, sonatas, obras dramáticas y religiosas (*Stábat Máter*).

PERIANDRO, tirano de Corinto de 627 a 585 a. de J. C., uno de los siete sabios de Grecia.

Peribáñez y el comendador de Ocaña, comedia histórica de Lope de Vega, episodio dramático del reinado de Enrique III de Castilla.

PERICLES, político y orador ateniense (¿495?-429 a. de J. C.), hijo de Xantipo. Rival de Cimón en 459 y jefe del Partido Democrático, ejerció sobre sus conciudadanos influencia profunda y generalmente benéfica. Después de la muerte de Cimón condenó a Tucídides al ostracismo. Fundó en sólidas bases la potencia naval y colonial de Atenas, sometió la isla de Eubea en 446, la de Samos en 440 e hizo tomar parte a Atenas en la guerra del Peloponeso. Fomentó las artes y las letras, adornó a Atenas con admirables monumentos y mereció dar su nombre al siglo más brillante de Grecia.

PERICO, térm. mun. de Cuba (Matanzas).

PERICOT GARCÍA (Luis), arqueólogo e historiador español n. en 1899.

PERIGORD, región de Francia, al. N. de la ant. Guyena. Numerosas estaciones prehistóricas.

PERIGUEUX, c. de Francia, cap. del dep. de Dordoña. Vestigios romanos. Catedral (s. XII). Obispado. Conservas alimenticias; trufas.

PÉREZ BONALDE

PÉREZ
DE MONTALBÁN

PERICLES
museo del Vaticano

Fot. doc. A. G. P., Chusseau, Flaviens, Alinari-Giraudon

PERSIA
la Gran Mezquita
de Ispahán

PERÓN

PERRAULT

PERSEO
estatua de
CELLINI

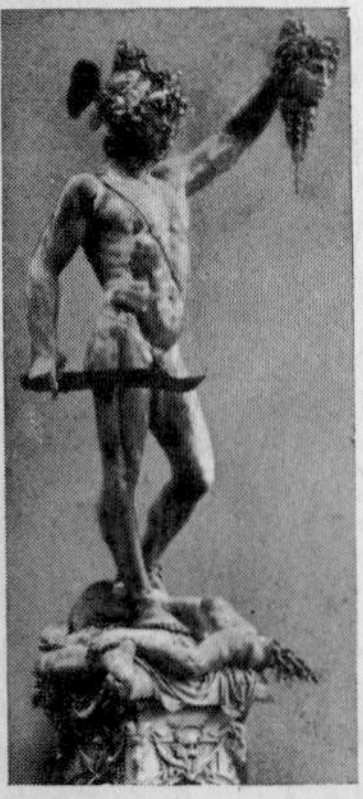

PERIJÁ, sierra que se extiende entre Colombia (Guajira y Magdalena) y Venezuela (Zulia). Tb. llámase **Sierra de los Motilones. — Distr.** de Venezuela (Zulia); cap. *Machiques*.
PERIM, isla fortificada en el estrecho de Bab el-Mandeb (Yemen del Sur).
Periódico Oriental, periódico argentino fundado por Dámaso Antonio **Larrañaga en 1815.**
Periquillo Sarniento, novela de carácter picaresco escrita por el mexicano Fernández de Lizardi (1816).
PERIS o **PAIRIKAS,** genios femeninos en la mitología de la antigua Persia.
PERKIN (Guillermo Enrique), químico inglés (1838-1907), descubridor del primer colorante a base de anilina.
PERLAS (Las), archip. de Panamá, en el golfo de Panamá; 1 165 km².
PERLIS, Est. de la Federación de Malaysia; cap. *Kangar*.
PERM, de 1940 a 1957 **Molotov, c. de la** U. R. S. S. (Rusia), en los Urales. Refinerías de petróleo; maquinarias.
PERNAMBUCO, Estado del Brasil septentrional; cap. *Recife*. Algodón, caña, mandioca, café; ganadería. (V. RECIFE.)
PERNIK, de 1949 a 1962 **Dimitrovo, c.** de Bulgaria, al SO. de Sofía. Lignito; siderurgia.
PERÓN (Juan Domingo), general y político argentino, n. en Lobos (Buenos Aires) en 1895, elegido pres. de la Rep. en 1946, derrocado por la revolución de 16 de septiembre de 1955. — Su esposa Eva DUARTE (1919-1952), colaboró estrechamente en su obra política y social.
PERONNE, c. de Francia (Somme). Tratado en 1468, entre Luis XI y Carlos el Temerario.
PEROSI (Lorenzo), religioso y compositor italiano (1872-1956), autor de *misas* y oratorios.
PEROTE, v. de México (Veracruz); hilados y tejidos.
PERPENNA, general romano, lugarteniente de Mario. Pasó a España y secundó a **Sertorio,** a quien asesinó en un banquete **(72 a. de J. C.).** Fue vencido y muerto por Pompeyo en 71.
PERPETUA (*Santa*), mártir de Cartago (181-206). Fiesta el 6 de marzo.
PERPIÑÁN, c. de Francia, ant. cap. del Rosellón, hoy cap. del dep. de los **Pirineos Orientales.** Obispado. Importante comercio de vino; frutas y hortalizas.
PERQUENCO, com. de Chile (Cautín).
PERRAULT [-*ró*] (Charles), escritor francés, n. en París (1628-1703), autor de obras históricas y sobre todo de cuentos que han alcanzado difusión universal: *Caperucita roja, El gato con botas, Piel de asno, Barba azul, La Cenicienta, Pulgarcito, La bella durmiente del bosque*, etc. —Su hermano CLAUDE (1613-1688), arquitecto, construyó la hermosa columnata del Louvre.
PERRICHOLI o **PERRICHOLA** (Micaela VILLEGAS, llamada **la**), joven criolla peruana (1739-1819), amiga del anciano virrey M. Amat y Junient.
PERRIER (Edmond), naturalista francés (1844-1921), representante del transformismo.
PERRIN (Jean), físico francés (1870-1942), autor de trabajos de fisicoquímica y sobre la constitución del átomo. **(Pr. Nóbel, 1926.)**
Persas, n. dado a los absolutistas que querían suprimir en 1814 la Constitución de Cádiz.
Persas (*Los*), tragedia de Esquilo que tiene por asunto la desesperación de Jerjes después de la derrota de Salamina (472 a. de J. C.).
PERSÉFONE o **CORE,** deidad griega, hija de Deméter y de Zeus, y reina de los Infiernos. Identificada con la **Proserpina** de los romanos.
PERSEO, héroe griego, hijo de Zeus y de Dánae. Cortó la cabeza de Medusa, se casó con Andrómeda, fue rey de Tirinto y fundó Micenas.
Perseo, estatua de bronce de Benvenuto Cellini (Florencia).
PERSEO (212-162 a. de J. C.), último rey de Macedonia (178-166 a. de J. C.), hijo de Filipo V. Vencido **por Paulo Emilio en Pidna, murió** cautivo en Italia.
PERSÉPOLIS, n. griego de **Parsa,** ant. cap. de Persia, al E. de Shiraz, fundada por Darío. Su palacio fue incendiado por Alejandro.
PERSHING (Juan José), general norteamericano (1860-1948), que mandó en Francia el cuerpo expedicionario de su país en la Primera Guerra mundial.
PERSIA, actualmente **IRÁN,** reino del SO. de Asia, entre la U.R.S.S. y el Caspio al N., Afganistán y Paquistán al E., el Golfo Pérsico al S., Irak y Turquía al O.
— GEOGRAFÍA. V. IRÁN.
— HISTORIA. En el s. IX a. de J. C., los medos se hallaban establecidos al sur del mar Caspio y los persas al norte del golfo Pérsico. Los medos tomaron Nínive, en 612, y así pusieron fin al Imperio Asirio. La supremacía pasó pronto de Media a Persia: Ciro depuso al rey medo Astiages (549), conquistó Asia Menor y se apoderó de Babilonia (539). Bajo Darío I (521-486), el Imperio Persa llegó a su apogeo y extendió sus fronteras hasta la India; sin embargo, los griegos vencieron a los persas en Maratón (490), Salamina (480) y Platea (479), y la conquista de Oriente por Alejandro acarreó la ruina del Imperio (331). En 256, la invasión de los partos trajo consigo la sustitución de la dinastía de los Seleúcidas por la de los Arsácidas, que lucharon contra los escitas y los romanos y fueron desposeídos del trono por los Sasánidas. En 652 d. de J. C., el país fue conquistado por los árabes: dependiente al principio del califato de Bagdad, cayó pronto en manos de las dinastías iranianas y más tarde de las turcas. En el s. XIII, Persia pasó a poder de los *mongoles*, que se mantuvieron hasta 1405. El s. XV vio sucederse las dinastías *turcomanas*, bajo las cuales comenzaron las guerras religiosas entre los persas y los turcos, que continuaron bajo los *Sofís* (1499-1732). En 1799, subió al trono la dinastía de los *Kadyares*, que hubo de ceder a Rusia importantes territorios (1832) y sufrió la influencia de Gran Bretaña, interesada en la producción petrolera del país. Persia se abrió poco a poco a la civilización occidental e incluso se dio finalmente una Constitución en 1906. En 1925, el general Reza Khan, con el nombre de Pahlevi I, fundó una nueva dinastía; su hijo Mohamed Reza, en cuyo favor abdicó en 1941, instauró un régimen más democrático. Irán, que combatió al lado de los Aliados en la Segunda Guerra mundial, fue esencial para el paso de material de guerra hacia la U.R.S.S. El petróleo fue nacionalizado en 1951. A partir de 1953, el Gobierno de Irán ha estrechado sus lazos con el Occidente. En 1960, al reconocer *de facto* al Estado de Israel, Irán se atrajo una viva hostilidad de los países de la Liga Árabe.
PÉRSICO (GOLFO), brazo de mar entre Irán y Arabia.
PERSIO (Aulo), poeta latino (34-62), autor de una admirable serie de *Sátiras*.

Fot. Wide World, Keystone, Langlois, Alinari

PERTH, c. de Australia, cap. del Estado de Australia Occidental. Arzobispado. — C. de Escocia, cap. del condado de su n., a orillas del Tay

PERTHUS o **PORTÚS,** puerto montañoso en los Pirineos orientales, en la frontera francoespañola; 290 m de alt. Fue franqueado por Aníbal en su camino hacia Roma.

PERTINAX (126-193), emperador romano en 193, sucesor de Cómodo. Muerto por los pretorianos, disgustados por sus sabias reformas.

PERÚ, Estado de América del Sur, que limita al N. con Ecuador y Colombia, al E. con Brasil y Bolivia, al S. con Chile y al O. con el océano Pacífico, 1 285 000 km²; 12 385 000 h. (*peruanos*); cap. *Lima.*

— GEOGRAFÍA. — *Relieve.* El país se divide en tres regiones naturales, paralelas entre sí de norte a sur y determinadas por el gran eje orográfico de los Andes; 1º la *Costa,* al oeste, que ocupa una estrecha faja de unos 50 a 180 km de ancho, desértica, con la excepción de algunos oasis fluviales; 2º la *Montaña* o *Selva,* hacia la Amazonia, inmenso llano forestal que cubre más de la mitad del territorio; 3º en medio de ambas regiones, la *Sierra,* constituida por una altiplanicie que dividen valles profundos y dominada por los Andes. En su parte meridional, los Andes peruanos constan de dos cadenas, que provienen respectivamente de Chile y Bolivia y se unen en el nudo de Vilcanota, circundando la hoya de Titicaca. De este nudo arrancan tres cordilleras: la Oriental, la Central y la Occidental, que se juntan más al norte en el nudo de Pasco, de donde se desprenden a su vez otras tres cordilleras. Las máximas alturas del país se hallan en este sector central de la Sierra, donde culmina el Huascarán (6 780 m), la mayor elevación del Perú, y en el sector meridional: Coropuna (6 615 m), Ampato (6 310) y Salcantay (6 264). En el sur del país existen varios volcanes, también de gran altura, entre ellos el Misti (5 852 m).

— *Clima.* Desde el punto de vista climático, es notable el contraste que existe entre el litoral y la región amazónica: la Costa es una de las zonas más áridas del mundo por falta casi absoluta de lluvias. Su característica es la formación de un techo de nubes que, en los meses de invierno, se condensa en pequeñas gotas (*garúa*), sobre todo en la región de Lima. En la zona forestal, donde la temperatura es constantemente elevada, el régimen de lluvias abarca la mayor parte del año y las precipitaciones son muy abundantes (más de 3 m). El clima de la Sierra varía desde el templado hasta el glacial, según la altura, con una estación de lluvias muy marcada de octubre a mayo.

— *Hidrografía.* Se distinguen tres cuencas hidrográficas: la del Pacífico, la amazónica y la del lago Titicaca. Pertenecen a la primera más de treinta ríos, de corto curso, entre ellos el Tumbes, Piura, Santa, Pisco y Río Grande; a la segunda corresponden los más caudalosos, principalmente el Marañón y el Ucayali, que son los grandes brazos originarios del Amazonas; en la cuenca del Titicaca se vierten el Suches, Ramis, Llave, etc. Entre los lagos, además del Titicaca, compartido con Bolivia, verdadero mar interior situado a 3 815 m de altitud, se pueden citar los más reducidos de Junín y Parinacocha.

— *Costas e islas.* La línea costera, de unos 1 800 km de extensión, es recta y poco accidentada (Cabo Blanco, Punta Negra, península de Paracas, bahías de Sechura y de Pisco). Frente a este litoral se hallan diversas islas e islotes de superficie reducida, pero notables por sus depósitos de guano: Lobos de Tierra, Lobos de Afuera, Chincha, etc.

— *Población.* La población es en su mayor parte mestiza, descendiente de españoles e indios; hay también una fuerte proporción de blancos frente a una minoría de negros y asiáticos. El 60% de esa población reside en la Sierra, el 30% en la Costa y el resto en la Selva. Su aumento es de un 2% anual.

— *Economía.* Aunque son muy escasas las tierras de cultivo (apenas el 2% del territorio), la agricultura es la actividad fundamental del país y ocupa más del 60% de la población. En los oasis de la Costa, la agricultura es intensiva y de irrigación: se cultivan en ellos algodón, caña de azúcar, principales renglones de exportación, y arroz. La Sierra produce cereales, patatas y maíz, y en sus valles cálidos o *yungas,* cacao, té, café, frutales, coca, quina, vid, etc. De la Selva se extraen maderas finas, caucho, tagua, etc., pero en pequeña escala, a causa de la difícil explotación. La ganadería se desarrolla principalmente en la Sierra y cuenta con cerca de cuatro millones de cabezas de ganado vacuno, 16 millones y medio de ovejas y, en las punas elevadas, más de tres millones de llamas, alpacas y vicuñas. En cuanto a la pesca, está en pleno auge debido a la abundancia en especies marinas de las aguas peruanas. La minería ocupa un lugar importante en la economía nacional; Perú es el principal productor mundial de vanadio (Pasco) y bismuto, cuarto productor de plata y sexto productor de plomo. Se extraen también cobre (Cerro de Pasco), cinc, oro, estaño, carbón, uranio y petróleo, que abunda en la Costa (Piura), en la Sierra (Puno) y en la Selva. En fecha reciente, la minería ha experimentado un rápido incremento gracias a la explotación de los yacimientos de hierro de La Marcona (Ica) y de las minas de cobre de Toquepala (Moquegua). Casi toda la industria se concentra en Lima y sus alrededores, y sus ramas más importantes son las de textiles, productos alimenticios, cueros y pieles, bebidas y licores, maderas, astilleros, neumáticos, cemento, plásticos, productos farmacéuticos, orfebrería de oro y plata. Fuera de Lima, en la desembocadura del río Santa, se encuentra el gran centro siderúrgico de Chimbote, inaugurado en 1957. La red fluvial navegable suma unos 5 800 km.; la de ferrocarriles 5 000; la de carreteras, que se ha ampliado mucho en los últimos años, más de 40 000, incluida la Panamericana, paralela al litoral, de unos 3 000. El transporte aéreo interior tiene gran importancia. El comercio exterior se realiza por el puerto de El Callao, sobre todo, y los de Talara y Mollendo. La unidad monetaria es el *sol* y el Banco Central de Reserva el banco emisor.

— CONSTITUCIÓN Y ADMINISTRACIÓN. Según la Constitución de 1933, el Perú es una república democrática y unitaria, administrativamente dividida en 23 departamentos y una provincia constitucional, la de El Callao. El poder ejecutivo lo ejerce el presidente de la República, elegido cada seis años. Hay dos vicepresidentes de la República, elegidos por el mismo período. El poder legislativo corresponde a las Cámaras de Diputados y Senadores, cuya renovación total coincide con la elección presidencial. El poder judicial in-

escudo del PERÚ

PERÚ. — Estadística (cifras en millares)

DEPARTAMENTOS	km²	Hab.	CAPITAL	Hab.
Lima	33,8	2 320	**Lima**	1 716
Amazonas	41,2	126	Chachapoyas	8
Ancash	36,3	664	Huarás	30
Apurímac	20,6	400	Abancay	12
Arequipa	63,5	411	Arequipa	180
Ayacucho	45,5	590	Ayacucho	27
Cajamarca	35,4	809	Cajamarca	24
Cuzco	84,1	806	Cuzco	80
Huancavelica	22,8	379	Huancavelica	23
Huánuco	35,3	393	Huánuco	25
Ica	21,2	244	Ica	39
Junín	32,3	545	Huancayo	48
Lambayeque	16,5	348	Chiclayo	87
Libertad (La)	23,2	576	Trujillo	100
Loreto	478,3	446	Iquitos	55
Madre de Dios	78,4	34	Puerto Maldonado	4
Moquegua	16,1	59	Moquegua	8
Pasco	21,8	165	Cerro de Pasco	36
Piura	33,0	616	Piura	40
Puno	72,3	923	Puno	25
San Martín	53,0	171	Moyobamba	11
Tacna	14,7	70	Tacna	27
Tumbes	4,7	53	Tumbes	20
Provincia constituc.				
El Callao	0,07	215	El Callao	209

OTRAS POBLACIONES

Huacho	14	Pisco	15
La Oroya	15	Sullana	28
Mollendo	14	Talara	14

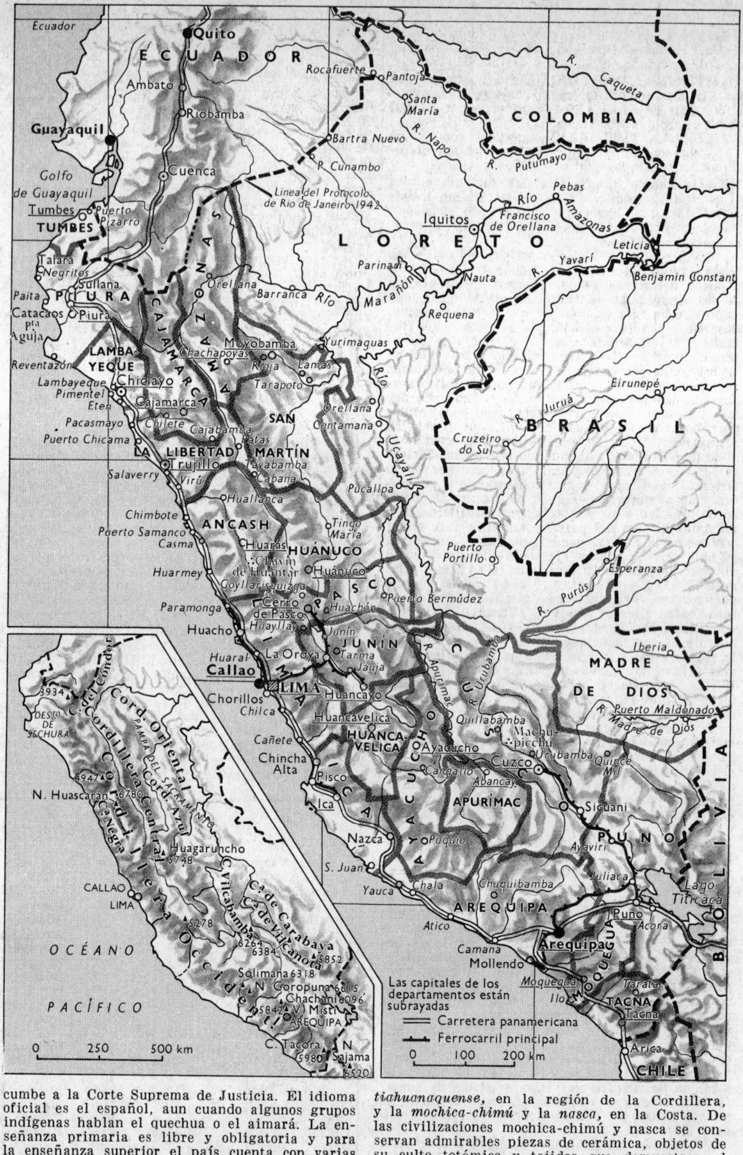

mapa del **PERÚ**

cumbe a la Corte Suprema de Justicia. El idioma oficial es el español, aun cuando algunos grupos indígenas hablan el quechua o el aimará. La enseñanza primaria es libre y obligatoria y para la enseñanza superior el país cuenta con varias universidades en Lima (la Nacional Mayor de San Marcos, fundada en 1551, la Católica, la Agraria, la Cayetano Heredia y la Nacional de Ingeniería) y las de Arequipa, Cuzco, Trujillo, Huancayo, Ica, etc. Existe libertad de cultos, pero el Estado protege la religión católica, que es la de la mayoría de la población. Eclesiásticamente, el país se divide en cuatro arquidiócesis, catorce diócesis, siete vicariatos apostólicos, una prefectura apostólica y once prelaturas nullius. — HISTORIA. Las grandes culturas aborígenes del Perú fueron la de *Chavín de Huántar* y la *tiahuanaquense*, en la región de la Cordillera, y la *mochica-chimú* y la *nasca*, en la Costa. De las civilizaciones mochica-chimú y nasca se conservan admirables piezas de cerámica, objetos de su culto totémico y tejidos que demuestran el desarrollo por ellas alcanzado. Pero estas dos culturas fueron pronto absorbidas por la tiahuanaquense. Llegados del Este en el siglo XII, los *incas*, capitaneados, según la leyenda, por Manco Cápac, se establecieron en el valle de Cuzco y fundaron allí la capital de su gran Imperio. (V. INCAS.) Con alma de conquistadores, extendieron luego ese Imperio hasta el sur de Colombia, por el norte, y hasta el río Maule, por el sur. Las tres grandes figuras de la época culminante del Imperio Incaico fueron Pachacútec, que erigió el magnífico Templo del Sol; Túpac Yupanqui, que estableció un sistema de visitas generales de sus dominios, y su hijo Huayna Cápac, que conquistó el reino de Quito. La división existente entre los hijos de Huayna Cápac, Huáscar, que reinaba en Cuzco, y Atahualpa, que reinaba en Quito, había de favorecer enormemente la obra de los conquistadores españoles.

En 1524, Pedrarias Dávila, gobernador de Panamá, concedió a Francisco Pizarro, Diego de Almagro y Hernando de Luque la autorización de emprender la exploración y la conquista de las tierras del Sur. En 1526, los exploradores llegaron hasta la desembocadura del río Santa. En 1531, Pizarro, después de haber obtenido en España el título de Capitán General y Gobernador de la Nueva Castilla, organizó la expedición conquistadora. Llegado a la ribera del Chira, Pizarro fundó la primera ciudad (8 de mayo de 1532), a la que dio el nombre de San Miguel de Piura. En Cajamarca logró apresar a traición a Atahualpa, en noviembre de 1532, y le ejecutó al año siguiente. Como Atahualpa había hecho antes ejecutar a su hermano Huáscar, el Imperio quedó acéfalo a su muerte. Los conquistadores entraron en Cuzco el 15 de noviembre de 1533, y el 23 de marzo del año siguiente fundaron la ciudad española de Cuzco. La fundación de la Ciudad de los Reyes (Lima), el 18 de enero de 1535, inauguró el período de la organización colonial.

La violencia presidió el nacimiento de la nueva Colonia. Almagro y Pizarro murieron asesinados, en 1538 y 1541, respectivamente. En 1546 estalló la rebelión de los españoles contra el primer virrey, Blasco Núñez Vela, llegado para imponer las Ordenanzas de Barcelona contra los encomenderos; el Virrey fue derrotado y perdió la vida. Pedro de La Gasca, enviado al Perú como pacificador, ajustició en 1548 a Gonzalo Pizarro, caudillo de los insurrectos. En 1554 hubo un nuevo levantamiento de los encomenderos, capitaneados por Francisco Hernández Girón. El virrey Andrés Hurtado de Mendoza, verdadero pacificador del Perú, acabó con los últimos partidarios de Girón, organizó la agricultura y la minería y fundó en Lima la primera Casa de Moneda. La Universidad de San Marcos fue erigida en 1551. Durante el gobierno de Francisco de Toledo (1569-1581), que se distinguió por su talento de organizador, fue fundado el Tribunal de la Inquisición.

El siglo XVII fue el siglo de oro del Perú colonial. El Virreinato del Perú, creado por las Ordenanzas de Barcelona, comprendía, además de la Audiencia de Lima, las de Santa Fe de Bogotá, Quito, Panamá, Buenos Aires, Chile y Charcas. Lima era un centro de alta cultura, con una Universidad y tres Reales Colegios. Las fabulosas minas de plata de Potosí enriquecían a la corte colonial y a la Corona. El arte, en todo su esplendor, elevó entonces la famosa catedral de Lima, que había de ser destruida por el terremoto de 1746. Desgraciadamente, las clases pobres participaron apenas de la prosperidad y languidecían en la miseria más extrema. Entre los acontecimientos desdichados de este siglo hay que mencionar el asedio de El Callao por el pirata holandés Van Spielbergen, en 1615, y el terremoto de Lima, en 1630.

Con el siglo XVIII se inició la decadencia del Virreinato. El restablecimiento del Virreinato de Nueva Granada (1739) y la creación del de Río de la Plata (1776) restaron importancia a Lima como capital única. Al fin del siglo, el Virreinato del Perú apenas comprendía otro territorio que el de la Audiencia de Lima. Además, la ciudad fue destruida una y otra vez por los terremotos, de los que el de 1746 fue de una violencia excepcional. Por otra parte, las rebeliones de los comuneros del lejano Paraguay (1717-1735) y las más cercanas de Juan Santos Atahualpa (1742-1756) y Túpac Amaru (1780) no facilitaron el gobierno del Virreinato.

La desastrosa situación de España a principios del siglo XIX desató los movimientos de reivindicación de sus colonias. En 1811, Francisco Antonio de Zela se levantó en Tacna en favor de la independencia, pero fue traicionado y encarcelado. En 1812 corrió la misma suerte el levantamiento de Juan José Crespo y Castillo, en Huánuco. En 1814-1815, la insurrección emancipadora de Mateo García Pumacahua fue ahogada en sangre por los realistas. Finalmente, José de San Martín, después de haber logrado la independencia de Chile, desembarcó en Pisco al frente de la expedición libertadora (8 de septiembre de 1820). Las operaciones militares le fueron favorables, debido en parte a las defecciones de las tropas realistas en su favor, y San Martín entró en Lima el 9 de julio de 1821, proclamó la independencia el 28 del mismo mes, y el 3 de agosto asumió el mando supremo de los departamentos libres del Perú, con el título de "Protector". El Protectorado duró hasta septiembre de 1822, fecha en que San Martín se retiró para siempre del Perú, dejando en manos del Congreso la organización del nuevo Estado.

El Congreso, presidido por Luna Pizarro, promulgó la primera Constitución, en 1823. Riva Agüero, que se encargó de la campaña contra los realistas, derrocó a la Junta Gubernativa y se hizo proclamar presidente el 27 de febrero del mismo año. Su administración fue efímera; las tropas realistas tomaron la capital, y Riva Agüero se refugió en El Callao, con restos del Congreso. Cuando Simón Bolívar entró en Lima, el 1.º de septiembre, encontró al país en pleno desorden. El Congreso confirió al Libertador poderes dictatoriales para restablecer el orden y acabar con los realistas. Bolívar realizó con éxito la campaña militar, y tras las victorias de Junín y Ayacucho (1824), se hizo nombrar presidente vitalicio en 1826; inmediatamente después partió para combatir la insurrección de Venezuela.

En 1827, el Congreso rechazó la presidencia vitalicia de Bolívar y nombró a José de La Mar presidente; durante la administración de éste estalló una guerra con Colombia, cuyo pretexto fueron las cuestiones de límites. De 1829 a 1833 reinó en el país el desorden al que, por último, logró poner fin el presidente Orbegozo. En 1834 fue reformada la Constitución, en un sentido más liberal. En 1836 se firmó un pacto de Federación entre Bolivia y el Perú, y Andrés de Santa Cruz ocupó la presidencia; la Federación se disolvió en 1839, bajo la presión militar de Chile. La segunda administración de Gamarra (1839-1841) se señaló por la desastrosa ocupación de Bolivia, que finalmente costó al Perú una parte de su territorio (1842).

Con la ascensión de Ramón Castilla a la presidencia (1845) se inició un período de consolidación. La explotación en gran escala del guano trajo consigo la prosperidad. Entonces fue construida en el Perú la primera línea de ferrocarril de Sudamérica y la nación se convirtió en una potencia marítima. Desgraciadamente, el precio del guano no se mantuvo largo tiempo y las convulsiones internas debilitaron al Perú. Este período de la historia se cerró con la expedición naval española, que unió al Perú con Chile, Ecuador y Bolivia en la guerra contra España (1865).

De 1866 a 1883, el Perú vivió una época particularmente difícil. La crisis económica provocada por la baja del guano hizo estallar la revolución contra el Gobierno (1872); el "Partido Civil" se apoderó del Poder, pero no fue tampoco capaz de superar la crisis. De 1879 a 1883, el Perú y Chile se disputaron en una guerra sangrienta la posesión de los salitrales de Tarapacá; en este conflicto se distinguió el peruano Miguel Grau, pero el triunfo correspondió a Chile. La paz se firmó en Lima, el 20 de octubre de 1883, y el Perú hubo de renunciar a todo derecho sobre el rico territorio de Tarapacá. Sólo en 1929 fue recuperado parte de lo entonces perdido.

Los nuevos gobiernos tuvieron como principal tarea la reorganización de la economía. Andrés Avelino Cáceres (1886-1890) recurrió a la medida extrema de entregar a la "Peruvian Corporation" los ferrocarriles, por un período de sesenta y seis años, para saldar la aplastante deuda nacional. La figura de Cáceres, representante del militarismo y que presidió prácticamente la vida política del Perú hasta 1895, fue substituida por la de Nicolás de Piérola, quien llevó a cabo la reorganización económica, política y militar del país en su segundo período presidencial (1895-1899). En 1914 atravesó el país otro período, por fortuna breve, de confusión política. En 1919, Augusto B. Leguía ocupó la presidencia; su administración dictatorial, que se prolongó durante once años, dio al país la Constitución de

GOBERNANTES DEL PERÚ

José de San Martín	1821
Junta de Gobierno	1822
José de la Riva Agüero	1823
José B. de Tagle y Portocarrero	1823
Simón Bolívar	1824
Andrés de Santa Cruz	1826
José de La Mar	1827
Agustín Gamarra	1829
Luis José de Orbegozo	1833
Felipe Santiago de Salaverry	1835
Andrés de Santa Cruz	1836
Agustín Gamarra	1839
Manuel Menéndez	1841
Juan Crisóstomo Torrico	1842
Francisco Vidal	1842
Manuel Ignacio de Vivanco	1843
Justo Figuerola	1844
Manuel Menéndez	1844
Ramón Castilla	1845
José Rufino Echenique	1851
Ramón Castilla	1854
Miguel Pascual de San Román	1862
Juan Antonio Pezet	1863
Mariano Ignacio Prado	1865
José Balta	1868
Tomás Gutiérrez	1872
Manuel Pardo	1872
Mariano Ignacio Prado	1876
Nicolás de Piérola	1879
Francisco García Calderón	1881
Lisardo Montero	1881
Miguel Iglesias	1883
Andrés Avelino Cáceres	1886
Remigio Morales Bermúdez	1890
Justiniano Borgoño	1894
Andrés Avelino Cáceres	1894
Nicolás de Piérola	1895
Eduardo López de Romaña	1899
Manuel Candamo	1903
José Pardo y Barreda	1904
Augusto Bernardino Leguía	1908
Guillermo Enrique Billinghurst	1912
Junta de Gobierno	1914
Óscar Raimundo Benavides	1914
José Pardo y Barreda	1915
Augusto Bernardino Leguía	1919
Manuel Ponce	1930
Luis Miguel Sánchez Cerro	1930
Ricardo Leoncio Elías	1931
Gustavo A. Jiménez	1931
Junta de Gobierno	1931
Luis Miguel Sánchez Cerro	1931
Óscar Raimundo Benavides	1933
Manuel Prado y Ugarteche	1939
José Luis Bustamante y Rivero	1945
Junta de Gobierno	1948
Manuel A. Odría	1950
Manuel Prado y Ugarteche	1956
Junta Militar	1962
Fernando Belaúnde Terry	1963
Juan Velasco Ibarra	1968

PESADO

PETAIN

PETION

PERUGINO
detalle de
TOBÍAS Y EL ARCÁNGEL RAFAEL

1924. En 1930, fatigada por esa larga dictadura, la nación se levantó en masa y depuso a Leguía. El nuevo partido de Alianza Popular Revolucionaria Americana (APRA), cuyo programa de oposición al imperialismo lo hizo muy popular, condensó la oposición contra la administración de Sánchez Cerro (1931-1933); la figura del partido era Víctor Raúl Haya de la Torre. Durante la presidencia de Óscar Benavides quedó resuelta la cuestión de límites con Colombia. En 1942, durante el primer período de Manuel Prado y Ugarteche, fue firmado el tratado de límites con el Ecuador. En 1948, una Junta Militar depuso al presidente Bustamante y lo substituyó por el general Odría. Las elecciones de 1956 llevaron nuevamente al poder a Manuel Prado y Ugarteche. En 1962, ningún candidato obtuvo la mayoría necesaria, lo cual provocó un golpe de Estado que depuso a Prado. Una Junta Militar asumió los poderes. En las elecciones celebradas en junio de 1963 alcanzó la mayoría de votos Fernando Belaúnde Terry, quien realizó ciertas reformas de tipo social y fue derribado antes del término de su mandato (1968). Sustituido por una Junta Militar.

PERÚ (ALTO), n. de la actual **Bolivia** durante la dominación española.

Peruboliviana (CONFEDERACIÓN), confederación formada en 1836 por Santa Cruz, y que duró hasta principios de 1839 (batalla de Yungay).

PERUGINO (Pedro VANNUCCI, llamado **el**), pintor italiano (¿1445?-1523), uno de los maestros de Rafael y autor de cuadros religiosos. Sus obras se caracterizan por su gracia y armonía.

PERUSA, c. de Italia (Umbría). Universidad. Edificios notables de los s. XII y XIII.

PESADO (José Joaquín), poeta mexicano (1801-1860), autor de la colección *Los aztecas*, en que intenta resucitar la poesía indígena, y de versiones de los *Salmos* y del *Cantar de los cantares*.

PESARO, c. de Italia (Marcas), a orillas del mar Adriático; estación balnearia. Ref. de azufre. Palacio ducal (s. XV-XVI).

PESCA, v. de Colombia (Boyacá). Ciudad poderosa en tiempos prehispánicos.

PESCADORES, grupo de islas guaneras del Perú.

PESCADORES, archipiélago chino, separado de la isla de Formosa por el *canal de Pescadores*.

PESCARA, c. de Italia (Abruzos), a orillas del Adriático; cap. de la prov. del mismo n. Obispado. Estación balnearia.

PESCARA. V. ÁVALOS (Fernando Francisco de).

PESCHIERA, c. de Italia (Venecia), uno de los ángulos del "cuadrilátero lombardo", a orillas del Mincio y del lago de Garda.

PESHAWAR o **PECHAWAR,** c. del Paquistán Occidental, cap. de la prov. del mismo n. Obispado. Universidad.

PESPIRE, pobl. de Honduras (Choluteca).

PESSÕA (Fernando), poeta portugués (1888-1935), que compuso su obra en portugués e inglés: *Antinous* y *35 Sonetos*.

PEST, parte de Budapest, en la orilla izquierda del Danubio.

PESTALOZZI (Juan Enrique), pedagogo suizo (1746-1827). Discípulo de J. - J. Rousseau, se esforzó en mejorar la educación y la instrucción de los niños pobres.

PESTO, ant. c. de Italia, en el golfo de Salerno, a 95 km de Nápoles. Ruinas griegas y romanas.

PETAIN (Felipe), mariscal francés (1856-1951), vencedor en Verdún (1916). Jefe del Estado instalado en Vichy, de 1940 a 1944, durante la ocupación alemana. Condenado a muerte en 1945, su pena fue conmutada.

PETCHENGA. V. PÉTSAMO.

PETCHORA, río de la U.R.S.S. (Rusia), que nace en el Ural y des. en el océano Glacial Ártico; 1 789 km.

PETÉN, región de América Central, que se extiende en el N. de Guatemala y al S. de la penins. del Yucatán. Centro de difusión de la civilización maya. — Lago de Guatemala; 864 km². Tb. llamado **Petén Itzá.**

PETÉN (El), dep. del N. de Guatemala; cap. *Flores*; grandes bosques. (Hab. *peteneros.*)

PETÉN ITZÁ. V. PETÉN.

PETERBOROUGH [*-ró*], c. de Inglaterra (Northampton), a orillas del Nen. Catedral románica (s. XII-XIII).

PETERBOROUGH (Carlos MORDAUNT, *conde de*), almirante y hombre de Estado inglés (1658-1735). Gobernador de Jamaica, en 1705 mandó en España el ejército británico que tomó parte en la guerra de Sucesión.

PETERHOF, hoy **Petrodvorets,** c. de U.R.S.S. (Rusia), fundada en 1711 por Pedro el Grande.

PETEROA, volcán de los Andes, en la frontera argentina (Mendoza) y chilena (Curicó); 4 135 m.

PETERWARDEIN. V. PETROVARADIN.

PETION (Alejandro SABÉS), militar y político haitiano (1770-1818), pres. de la Rep. de 1807 a 1818. Gobernó en el sur del país y promulgó la Constitución de 1816.

PETIT DE MURAT (Ulises), novelista, poeta y autor dramático argentino, n. en 1907.

PETÖFI (Sandor), poeta lírico húngaro (1823-1849), héroe de la lucha revolucionaria de 1848.

PETORCA, río de Chile (Aconcagua); 120 km. — Comuna y departamento de Chile (Aconcagua).

Fot. doc. A. G. P., Wide World, Alinari

PETRARCA (Francisco), poeta italiano, n. en Arezzo (1304-1374). Erudito, historiador, arqueólogo, investigador incansable de manuscritos antiguos, fue el primero de los grandes humanistas del Renacimiento. Pero debe su gloria sobre todo a sus poemas, en lengua italiana, sonetos o *canzoni* (*Cancionero*, *Triunfos*), inspirados por su amor a Laura de Noves. En latín compuso el poema épico ***África*** y ***De viris illustribus***.

PETROGRADO, n. dado en 1914 a San Petersburgo, cambiado en 1924 por el de **Leningrado.**

PETRONILA (1135-1174), hija y sucesora de Ramiro II el Monje, rey de Aragón. Después de casarse con Ramón Berenguer IV, conde de Barcelona, realizóse la unión política entre Aragón y Cataluña. Madre de Alfonso II, el primero de los reyes catalanes.

PETRONIO (Cayo), escritor latino (s. I d. de J. C.), autor de *El satiricón*, fresco social de la Roma neroniana. Comprometido en la conspiración de Pisón, se abrió las venas (65).

PETROPAVLOVSK, c. de la U.R.S.S. (Kazakstán). Industria conservera; curtidos.

PETRÓPOLIS, c. del Brasil (Rio de Janeiro); centro turístico y residencia veraniega.

PETROVARADIN, ant. **Peterwardein,** c. de Yugoslavia, a orillas del Danubio. Vinos.

PETROZAVODSK, c. de U.R.S.S., cap. de la Rep. autónoma de Carelia; ind. maderera.

PÉTSAMO, en ruso **Petchenga,** pobl. de Laponia, cedida por Finlandia a la U.R.S.S. en 1944.

PETTORUTI (Emilio), pintor argentino (1894-1965), introductor del cubismo en su patria.

PEUL, en plural **FULBE,** pueblo africano de origen beréber o etíope, establecido hoy sobre todo en Guinea y Malí.

PEUMO, com. de Chile (O'Higgins).

PEUTINGER (Conrado), humanista y arqueólogo alemán (1465-1547), que poseía un mapa itinerario del Imperio Romano, conocido con el nombre de *Tabla de Peutinger*.

PEY (José Miguel), patriota colombiano (1763-1838), vicepres. de la Junta Suprema de 1810. — Su hermano JUAN BAUTISTA (1756-1819), arcediano de la catedral de Bogotá, fue también fervoroso patriota.

PEYNADO (Jacinto Bienvenido), político dominicano (1878-1940), pres. de la Rep. de 1938 a 1940.

PEYROU (Manuel), novelista argentino, n. en 1902, autor de *La espada dormida*, *El estruendo de las rosas* y *La noche repetida*.

PEZA (Juan de Dios), poeta romántico mexicano (1852-1910), autor de *Cantos del hogar*, de conmovedora tristeza, *La musa vieja* y *Flores del alma*.

PEZET (José), político panameño, pres. de la Rep. en 1941.

PEZET (Juan Antonio), general y político peruano (1810-1879), pres. de la Rep. en 1863, derribado por Prado en 1865.

PEZOA VÉLIZ (Carlos), poeta chileno (1879-1908), de tono realista (*Poesías*, *Alma chilena*, *Tarde en el hospital*).

PEZUELA (Joaquín de la), general español (1761-1830), que se distinguió en el Alto Perú al derrotar a Belgrano (1813) y a Rondeau (1815). Fue virrey del Perú de 1815 a 1821.

PEZZA (Miguel). V. FRA DIÁVOLO.

PFANDL (Ludwig), hispanista alemán (1881-1942), que se especializó en el conocimiento del Siglo de Oro español y escribió las biografías de Juana la Loca y Felipe II.

PFORZHEIM, c. de Alemania (Baden-Wurtemberg). Orfebrería; relojería.

PHILADELPHIA. V. FILADELFIA.

PHILIDOR [*fi-*] (Francisco André **Danican-**), compositor francés (1726-1795), uno de los creadores de la ópera bufa en Francia (*El brujo*) y célebre ajedrecista.

PHILIPPE (Carlos Luis), novelista francés (1874-1909), autor de obras humanas e irónicas.

PHILIPPEVILLE, hoy **Skikda,** c. y puerto de Argelia (Constantina).

PHILIPPI (Rodolfo Amando), naturalista alemán (1808-1904). Estudió la flora chilena y fundó el Jardín Botánico de Santiago.

PHNOM PENH. V. PNOM PENH.

PHOENIX (ISLAS), pequeño archip. inglés de Polinesia, al E. de las islas Gilbert. Copra.

PHOENIX, c. de los Estados Unidos, cap. de Arizona, en un oasis del desierto Salado.

PIAMONTE, región de Italia septentrional entre los Alpes, el Tesino y los Apeninos; c. pr. *Turín*. De 1721 a 1860 formaba, con Saboya y Cerdeña, los Estados Sardos.

PIAR, distr. de Venezuela (Bolívar); hierro. — Distr. de Venezuela (Monagas).

PIAR (Manuel Carlos), militar venezolano (1782-1817), que luchó a las órdenes de Bolívar. Posteriormente conspiró contra él, por lo que fue condenado a muerte.

PIAUÍ, Estado del NE. del Brasil; cap. *Teresina*; plantas oleaginosas; fibras vegetales.

PIAVE, río de Italia (Venecia), que baja de los Alpes y des. en el Adriático; 220 km.

PIAXTLA, río de México (Durango y Sinaloa), que des. en el Pacífico; 210 km.

PIAZZA ARMERINA, c. de Italia (Sicilia). Azufre.

PICABIA (Francis), pintor francés (1879-1953), uno de los primeros que cultivó el arte abstracto.

PICADO (Teodoro), político y escritor costarricense (1900-1960), pres. de la Rep. de 1944 a 1948.

Pícara Justina *(La)*, novela picaresca atribuida a F. López de Úbeda. (1605).

PICARD (*abate* Jean), astrónomo francés (1620-1682), que midió el arco del meridiano terrestre.

PICARD (Emilio), matemático francés (1856-1941), autor de estudios de análisis matemático.

PICARDÍA, ant. provincia del N. de Francia; cap. *Amiens*. Reunida a la Corona en 1477.

PICASSO (Pablo RUIZ), pintor español, n. en Málaga en 1881, cuya obra multiforme y compleja señala, en su evolución, la diversidad de su genio: época azul (1901-1904), época rosa (1905-1907), cubismo (1907), surrealismo y composiciones abstractas (1926-1936), expresionismo (*Guernica*, v. p. 1334), etc. Su arte ha ejercido gran influjo sobre todas las corrientes estéticas contemporáneas. También ha ejecutado esculturas, aguafuertes, cerámicas. (V. tb. lámina p. 704).

Piccadilly, célebre calle de Londres, entre Hyde Park y Regent Street, y plaza donde acaba.

PICCARD (Augusto) físico suizo (1884-1962), uno de los primeros exploradores de la estratosfera (1931) y de las profundidades submarinas con su batiscafo.

PICCINNI [*-chi-*] (Nicolás), compositor italiano, n. en Bari (1728-1800). Su rivalidad con Glück dio motivo a la famosa disputa entre los *gluckistas* y los *piccinnistas*. Ingenio más sensible que profundo. Autor de *Rolando*, *Armida*, *Dido*.

PICCOLOMINI (Eneas Silvio), erudito italiano (1405-1464), papa con el nombre de **Pío II.**

PICCOLOMINI (Octavio), general austriaco (1600-1656), que se destacó en Lützen (1632), en Nördlingen (1634) y levantó el sitio de Thionville (1639).

PICENO, ant. región de Italia (Samnio), a orillas del Adriático, hoy prov. de **Ancona, Macerata** y **Ascoli.**

Picwick *(Los papeles póstumos del Club)*, novela de Carlos Dickens (1837).

PICO, monte de Venezuela (Lara); 3 585 m. — Río de la Argentina (Chubut). — Isla de las Azores, donde se encuentra el volcán *Pico Alto*.

PICO DE LA MIRANDOLA (Juan), erudito italiano (1463-1494), celebrado por su omnisciencia y autor de múltiples tratados de filosofía y teología. (V. *Pág. rosas*: *De omni re scibile.*)

PICÓN (Jacinto Octavio), novelista español (1852-1924), de tendencia naturalista.

PICÓN FEBRES (Gonzalo), novelista, poeta y crítico venezolano (1860-1918), autor de *El sargento Felipe*, *Flor*, *Fidelia* (novelas).

PICÓN-SALAS (Mariano), historiador, ensayista y crítico literario venezolano (1901-1965), autor de *Viaje al amanecer*, *De la conquista a la independencia*, *Pedro Claver, el santo de los esclavos*, *Regreso de tres mundos*, etc.

PICO QUEMADO, monte de la Argentina (Río Negro); yac. de carbón.

PICOS DE EUROPA, macizo montañoso de España entre las prov. de Oviedo, Santander y León. Punto culminante: *Torre de Cerredo*, 2 648 m.

PETRARCA

PICASSO
autorretrato (1906)

PICCARD

PEZA

PICO DE
LA MIRANDOLA

Fot. Giraudon, Neurdein, Delius, doc. A. G. P., Roger-Viollet

N. de PIÉROLA
(1839-1913)

PILON
LAS TRES GRACIAS

PICTET (Raúl), físico suizo (1846-1929), que realizó la licuefación del nitrógeno y del oxígeno.
PICTON, isla de América del Sur, frente a la costa meridional de la Tierra del Fuego.
PICTOS, indígenas de la ant. Escocia, llamados así porque se pintaban el cuerpo.
PICHARDO (Esteban), erudito cubano (1799-1879), que se distinguió como lexicógrafo y geógrafo. Autor de *Diccionario de voces cubanas.*
PICHARDO (Francisco Javier), poeta cubano (1873-1941), autor de *Voces nómadas.*
PICHARDO MOYA (Felipe), poeta nativista cubano (1892-1957), autor de *La ciudad de los espejos.*
PICHIDEGUA, com. de Chile (O'Higgins).
PICHILEMU, c. y com. de Chile (Colchagua).
PICHINCHA, volcán del Ecuador (4 787 m), en cuyas faldas se libró la célebre batalla del 24 de mayo de 1822, ganada por Sucre a las fuerzas realistas acaudilladas por Aymerich. — Prov. del Ecuador; cap. *Quito;* prod. cereales; ganadería; centro de la ind. nacional de tejidos. — Pobl. de la Argentina (Buenos Aires).
PICHUPICHU, volcán de los Andes del Perú, al SE. de Arequipa; 5 400 m.
PIDAL (Pedro José Pidal, *marqués de*), erudito y político español (1799-1865).
PIDELASERRA (Mariano), pintor impresionista español (1877-1946).
PIDNA, c. de Macedonia, a orillas del golfo Termaico, donde fue derrotado Perseo por Paulo Emilio en 168 a. de J. C.
PIEDECUESTA, c. de Colombia (Santander).
PIE DE PALO, sierra de la Argentina (San Juan).
PIEDRABUENA, v. de España (Ciudad Real).
PIEDRABUENA, ensenada de la Argentina (Buenos Aires). Base General Belgrano.
PIEDRABUENA (Luis), marino argentino (1833-1883), famoso por sus exploraciones por las regiones australes de su país.
Piedra del Sol, monolito azteca de basalto, encontrado en la Plaza Mayor de México en 1790, y que se conoce vulgarmente con el n. de **Calendario azteca.** Mide 3 m 58 de diámetro, pesa 24 toneladas y está labrado con gran perfección.
PIEDRAHITA, v. de España (Ávila).
PIEDRAHITA (Vicente), político y escritor ecuatoriano (1833-1878). Murió asesinado.
PIEDRAS (Las), mun. de Colombia (Tolima). — Pobl. del Uruguay (Canelones); centro vinícola. — Pobl. de Bolivia, cap. de la prov. de Madre de Dios (Pando). — Mun. de Puerto Rico (Humacao).
PIEDRAS BLANCAS, páramo de Venezuela (Mérida), a 4 762 m.
PIEDRAS NEGRAS, c. de México (Coahuila); puerto fronterizo a orillas del río Bravo. — C. maya del valle del Usumacinta (Guatemala); esculturas.
PIELES ROJAS, n. genérico dado a veces a los indios de América del Norte.
PIÉROLA (Nicolás de), político y naturalista peruano, n. en la ciudad Cumaná, m. en 1857.
PIÉROLA (Nicolás de), político peruano, n. en Arequipa (1839-1913), caudillo demócrata, que actuó como dictador de 1879 a 1881 y fue pres. de la Rep. de 1895 a 1899. Saneó la moneda, reorganizó la economía nacional y el ejército.
Pierrot [*-ró*], personaje de las pantomimas francesas, vestido de blanco y con el rostro lleno de harina.
PIETERMARITZBURGO, c. de la Rep. Sudafricana, cap. de Natal. Universidad.
PIFERRER (Pablo), poeta romántico español (1818-1848), autor del poema *Canción de primavera* y de *Recuerdos y bellezas de España,* ilustrado por Parcerisa.
PIGAFETTA (Francisco Antonio), navegante italiano (1491-1534), uno de los supervivientes de la expedición de Magallanes. Autor de *Primer viaje en torno al globo.*
PIGALLE [*-gal*] (Juan Bautista), escultor francés (1714-1785).
PIGMALIÓN, escultor legendario de Chipre, que se enamoró de la estatua de Galatea que acababa de esculpir, y se casó con ella cuando Afrodita le infundió vida. — Este mito inspiró a Rameau una partitura musical (1748) y a Bernard Shaw una comedia (1912).
PIGMALIÓN, rey legendario de Tiro, hermano de Dido; asesinado por su mujer Astarté.
PIJOÁN (José), historiador y crítico de arte español (1880-1963), a quien se deben las obras monumentales *Historia del mundo, Historia del arte* y *Summa Artis.*
PÍLADES, amigo de Orestes y esposo de Electra. (V. Orestes.)
PILAGÁ, río de la Argentina (Formosa), afl. del Paraguay. — Pobl. de la Argentina (Formosa).
PILAR, c. del Paraguay, cap. del dep. de Ñeembucú; puerto a orillas del río Paraguay; Escuela Agropecuaria. (Hab. *pilarenses.*) — Pobl. de la Argentina (Buenos Aires). — Mun. del Brasil (Paraíba).
Pilar (*Nuestra Señora del*), imagen de la Virgen, sobre una columna de mármol, que se venera en la Basílica del Pilar (Zaragoza), en recuerdo de la aparición de la Madre de Dios al apóstol Santiago. Patrona de España. Fiesta el 12 de octubre.
PILAS, volcán de Nicaragua (León); 983 m.
PILATO (Poncio), procurador romano de Judea, m. en Vienne (Francia) hacia el año 39 d. de J. C. Temiendo una sedición popular, entregó Jesús a los fariseos a pesar de no creerlo culpable de ningún delito. Para dar a entender a los judíos que les dejaba la responsabilidad de la muerte de Jesús, hízose traer agua y, lavándose las manos, exclamó: "Soy inocente de la muerte de ese hombre; vosotros responderéis de ella."
PILCOMAYO, río de América del Sur, que nace en Bolivia (Oruro) y señala parte de la frontera entre el Paraguay y la Argentina. Bifurcado en dos brazos, se pierde en la depresión del estero de Patiño y es llamado *Pilcomayo Occidental;* del mismo estero parten otros dos brazos: *Norte* y *Sur,* cuya confluencia forma el *Pilcomayo Oriental.* Des. en el Paraguay, cerca de Asunción; 2 500 km. — Dep. de Argentina (Formosa); cab. *Clorinda.*
PILON (Germán), escultor francés (¿1537?-1590), uno de los mejores representantes del Renacimiento en su país (*Las Tres Gracias*).
PILOS, ant. c. griega, en Mesenia. Ha sido llamada también **Navarino.**
PILPAY o **BIDPAY,** bramán legendario, autor supuesto de los antiguos apólogos de la India.
PILSEN. V. Plzen.
PILSUDSKI (José), mariscal y político polaco (1867-1935), artífice de la restauración de su país después de la Primera Guerra mundial.
PILTDOWN, localidad de Inglaterra (Sussex), donde se descubrieron en 1912 unos huesos pertenecientes al hombre prehistórico.
PIMAS, indios del SO. de los Estados Unidos y N. de México.
PIMENTEL, puerto del Perú, cerca de Chiclayo (Lambayeque). — Com. de la Rep. Dominicana (Duarte).
PIMENTEL (Pedro Antonio), general y político dominicano, pres. de la Rep. en 1865.
PIMENTEL CORONEL (Manuel), poeta venezolano (1863-1907), autor de sonetos de evocación histórica y de *Vislumbres.*
PINA, v. de España (Zaragoza).

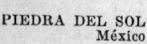

PIEDRA DEL SOL
México

Fot. Courret, Giraudon

PINAR DEL RÍO, c. de Cuba, cap. de la prov. del mismo n.; centro principal del comercio del tabaco. Obispado. La prov. prod. tabaco, café, caña de azúcar, arroz; minas de hierro, plomo. La ciudad fue fundada en 1571.

PINAZO (Ignacio), pintor español (1849-1916), que cultivó temas históricos y de costumbres. — Su hijo JOSÉ (1879-1933), pintor de exuberante colorido.

PINCIANO. V. NÚÑEZ DE TOLEDO (Hernán).

PÍNDARO, poeta griego, n. en Cinocéfalos (518-¿438? a. de J. C.), considerado como uno de los más grandes líricos por la emoción que imprime a sus cantos y lo atrevido de sus construcciones. Celebró a los atletas en sus célebres *Epinicios* o cantos de la palestra deportiva, divididos en *Nemeas, Olímpicas, Píticas* e *Ístmicas*, nombre de los concursos que se celebraban en Grecia.

PINDO, macizo montañoso de Grecia occidental, en el Olimpo; 2 632 m. Una de sus cimas estaba consagrada a Apolo y a las Musas.

PINEDA (Antonio), naturalista guatemalteco (1753-1792), compañero de Malaspina en su expedición científica a América en 1789.

PINEDA (Juan de), erudito franciscano español (¿1516?-1597), autor de *Monarquía eclesiástica.*

PINEDA (Laureano), político nicaragüense, jefe del Estado de 1851 a 1853.

PINEDA (Mariana), heroína española (1804-1831), condenada a muerte por haber bordado una bandera con los lemas liberales. Su figura ha sido poetizada y llevada a la escena por F. García Lorca.

PINEROLO, c. de Italia (Piamonte). Catedral del s. XV.

PINHEIRO-FERREIRA (Silvestre), filósofo y político portugués (1769-1846).

PINILLA (Macario), político boliviano, n. en 1855, miembro de una Junta de Gob. de 1898 a 1899.

PINKIANG. V. HARBÍN.

PINO (Joaquín del), militar español (1729-1804), gobernador de Montevideo de 1773 a 1790 y virrey del Río de la Plata de 1801 a 1804.

Pinocho, héroe de la literatura infantil, creado por el escritor italiano Collodi.

PINOGANA, distr. de Panamá (Darién); cab. *El Real de Santa María.*

PINOS, c. de México (Zacatecas); centro minero.

PINOS (ISLA DE), isla de Cuba; 3 145 km². Fue descubierta por Colón en 1494, que le dio el n. de **Evangelista.** Agrios, tabaco. Aguas medicinales. Turismo. — V. ISLA DE PINOS.

PINOS PUENTE, v. de España (Granada).

PINSK, c. de la U. R. S. S. (Rusia Blanca), a orillas del Pripet, en medio de pantanos.

Pinta *(La)*, n. de una de las tres carabelas de Colón en el viaje del descubrimiento de América, llamada así por haber pertenecido a la familia Pinto. Tenía por capitán a Martín Alonso Pinzón.

PINTADA, sierra de la Argentina (Catamarca); 4 500 m. — Pobl. de Panamá (Coclé); centro agrícola.

PINTADO, cerro de Venezuela (Zulia), en la sierra de Perijá; 3 000 m.

PINTO, com. de Chile (Ñuble).

PINTO (Aníbal), político chileno (1825-1884), pres. de la Rep. de 1876 a 1881. Durante su mandato se declaró la guerra del Pacífico (1879).

PINTO (Fernando Mendes), viajero y cronista portugués (1509-1583), que exploró las Indias orientales y dejó el relato de sus correrías ultramarinas en el libro titulado *Peregrinación.*

PINTO (Francisco Antonio), general y político chileno (1785-1858), pres. interino de la Rep. de 1827 a 1829.

PINTO (Ramón), patriota cubano, n. en España, ejecutado en 1854.

PINTURICCHIO (Bernardo DI BETTO, llamado), pintor religioso italiano (1454-1513). Autor de obras notables por el movimiento de la composición y el brillo del colorido.

PINZÓN, bahía de la costa de la Guayana, descubierta por Vicente Yáñez Pinzón en 1498, y punto donde empezaba la línea de demarcación determinada por el papa Alejandro VI para separar los dominios de España y Portugal.

PINZÓN (Martín Alonso), navegante español, n. en Palos de Moguer (1440-1493), uno de los colaboradores más eficaces de Colón en su viaje de descubrimiento (1492). Fue capitán de la carabela *La Pinta.* — Su hermano VICENTE YÁÑEZ, m. hacia 1523, que mandaba *La Niña* en el mismo viaje, descubrió después el cabo San Agustín, en la costa del Brasil (1500) y la desembocadura del Amazonas. Más tarde acompañó a Díaz de Solís en la exploración del río de la Plata (1516).

PIÑA, río de Panamá (Veraguas).

PIÑAS, pobl. del Ecuador (El Oro).

PIÑERA (Virgilio), poeta y narrador cubano, n. en 1914, autor de *Cuentos fríos.*

PIÑEYRO (Enrique), escritor cubano (1839-1911), autor de *Hombres y glorias de América.*

PÍO I *(San)*, papa de 140 a 155, nacido en Aquileya. — Pío II (Eneas Silvio *Piccolomini*), papa de 1458 a 1464. (V. PICCOLOMINI.) — Pío III, papa en 1503, nacido en Siena. — Pío IV, papa de 1559 a 1565. — Pío V *(San)*, papa de 1566 a 1572. — Pío VI, papa de 1775 a 1799. Fue hecho prisionero por los franceses, por orden del Directorio, y llevado a Francia, donde murió. — Pío VII (*Chiaramonti*), papa de 1800 a 1823. Firmó el *Concordato* (1801) con Francia y fue a París para coronar al emperador Napoleón; llevado después cautivo a Fontainebleau, no volvió a Roma hasta 1814. — Pío VIII, papa de 1829 a 1830. — Pío IX (*Mastai Ferretti*), papa de 1846 a 1878. Proclamó los dogmas de la Inmaculada Concepción (1854) y de la infalibilidad pontificia (1870) y publicó el *Syllabus*, pero vio desaparecer durante su reinado el poder temporal de la Santa Sede. — Pío X (*San*) [*Sarto*], papa de 1903 a 1914; canonizado en 1954. — Pío XI (*Ratti*), papa de 1922 a 1939. Firmó los acuerdos de Letrán (1929) que devolvían a la Santa Sede su independencia territorial. Fomentó las misiones y publicó numerosas encíclicas sobre diversos temas. — Pío XII (*Pacelli*) [1876-1958], papa de 1939 a 1958; proclamó el dogma de la Asunción de la Virgen.

Pío IX *(Orden de)*, orden instituida por Pío IX en 1847, para recompensar los servicios prestados a la Santa Sede.

PIOMBINO, c. y puerto de Italia (Toscana), frente a la isla de Elba. Metalurgia.

PIOMBO (Sebastián del). V. SEBASTIÁN.

PIOTRKOW TRIBUNALSKI, c. de Polonia, al SE. de Lodz. Textiles.

PÍPILA, apodo del patriota mexicano **Juan José de los Reyes Martínez,** que se señaló en la toma de la Alhóndiga de Granaditas (1810).

M. PINEDA

PINTURICCHIO
UN ÁNGEL MÚSICO

M. A. PINZÓN

PÍO VII

PÍO IX

PÍO X

PÍO XI

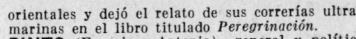

PÍO XII

Fot. Manuel, Giraudon, Larousse, Neurdein, doc. A. G. P., Anderson, U. S. I. S.

estatua de PIPINO el Breve catedral de Reims

PIRÁMIDES *de arriba a abajo* de KEOPS, de KEFRÉN y de MICERINO

PIRANDELLO

PIPILES, ant. pueblo indígena de El Salvador y Guatemala, de origen azteca.

PIPINO el Viejo o **de Landen** (¿580?-640), mayordomo de palacio de Austrasia en los reinados de Clotario II, Dagoberto I y Sigeberto II. — PIPINO de *Heristal,* mayordomo de palacio de Austrasia, nieto del anterior; apoderóse de Neustrasia, tras derrotar a Thierry III, y murió en 714; padre de Carlos Martel. — PIPINO *el Breve* (¿715?-768), hijo de Carlos Martel y padre de Carlomagno, proclamado rey de los francos en 751. Fundó la dinastía carolingia y creó el poderío temporal de los papas dando a Esteban II el exarcado de Ravena y Pentápolis (755).

Pipiolos, n. dado a los miembros del Partido Liberal chileno a principios del s. XIX.

PIRACICABA, c. de Brasil (São Paulo), a orillas del *río Piracicaba.* Obispado.

PIRAGUA, río de Bolivia, afl. de Guaporé; 370 km. Llamado tb. *Paraguá.*

PIRALA (Antonio), historiador español (1824-1903), autor de una *Historia de los partidos liberal y carlista* y de *Anales de la guerra carlista.*

Pirámides, monumentos del antiguo Egipto, que servían de sepulturas reales. Las más famosas son las de Keops, Kefrén y Micerino. La Gran Pirámide (Keops), cuya altura es de 138 m, se consideraba como una de las *Siete maravillas del mundo.* En México también se conservan importantes pirámides que servían de asiento a los templos. Las más notables son las de Xochicalco, El Tajín, Chichén Itzá, Uxmal, Cholula, Tenayuca, Papantla, Teotihuacán, etc.

Pirámides *(Batalla de las),* n. dado a la victoria de Bonaparte sobre los mamelucos junto a las pirámides de Egipto (1798).

PIRANDELLO (Luis), dramaturgo y novelista italiano, n. en Agrigento (1867-1936), cuyas obras escénicas *(Seis personajes en busca de autor, Enrique IV, El hombre, la bestia y la virtud,* etc.) y novelas *(El difunto Matías Pascal)* muestran la incapacidad del hombre para conocerse a sí mismo. (Pr. Nóbel, 1934.)

PIRANESI (Juan Bautista), arquitecto y grabador italiano (1720-1778). — Su hijo FRANCISCO, también grabador (1758-1810).

PIRATAS (COSTA DE LOS) o **TRUCIAL STATES,** federación que reúne siete principados de la costa sur del golfo Pérsico; 130 000 h. Petróleo. Asociada con la Gran Bretaña.

PIRAY, río de Bolivia (Santa Cruz), afl. del Mamoré.

PIRAYÚ, pobl. del Paraguay (Paraguarí).

PIRCAS, paso de los Andes, en la prov. argentina de San Juan; 4 898 m.

PIRENNE (Enrique), historiador belga (1862-1935), especialista de la historia de la Edad Media y de la historia económica.

PIREO (El), puerto de Atenas, reunido con ella en la Antigüedad por un camino amurallado. Centro industrial.

PIRIÁPOLIS, pobl. del Uruguay (Maldonado); balneario y centro turístico.

PIRIBEBUY, pobl. del Paraguay (Cordillera). Industrias textiles. La c. fue fundada en 1640.

PIRINEOS, cadena de montañas entre Francia y España, de unos 400 km desde el cabo de Creus hasta Irún. Constituyen una barrera difícilmente franqueable entre Francia y España, excepto en los dos extremos. Geológicamente pertenecen al plegamiento alpino de la era terciaria. La vertiente francesa, dos tercios del total, es más abrupta que la española. Existen algunos heleros en el centro de la cadena (Maladeta, Monte Perdido). Los puntos culminantes son: el pico de Aneto (3 404 m), el Monte Perdido (3 352 m), el Vignemale (3 298), el Balaitús (3 146 m), el Canigó (2 786 m), etc., puertos de Pertús, de Canfranc, de Roncesvalles, hermosos valles de Arán, de Ordesa, del Ésera, de Baztán, de Ansó y de Benasque. Bajan de los Pirineos numerosos ríos: el Ter, el Llobregat, el Segre, el Cinca y el Aragón; en la vertiente francesa, el Tet, el Aude, el Garona, etc.

PIRINEOS, nombre de tres departamentos de Francia: ALTOS PIRINEOS, cap. *Tarbes;* PIRINEOS ATLÁNTICOS, ant. *Bajos Pirineos,* cap. *Pau;* PIRINEOS ORIENTALES, cap. *Perpiñán.*

Pirineos *(Tratado de los),* acuerdo firmado entre Francia y España en 1659, que puso fin a la guerra entre ambas potencias. El Tratado fue negociado en una conferencia celebrada en la isla de los Faisanes, situada en las aguas del río Bidasoa. En él se estipuló también el matrimonio de Luis XIV con María Teresa, hija de Felipe IV de España.

PIRITOO, héroe de Tesalia, hijo de Ixión y rey de los lapitas. Sus bodas con Hipodamia fueron ensangrentadas por el furioso combate que opuso a centauros y lapitas. Acompañó a Teseo a los Infiernos. *(Mit.)*

PÍRITU, pobl. de Venezuela (Anzoátegui). — Pobl. de Venezuela (Falcón). — Pobl. de Venezuela (Portuguesa).

PIRMASENS, c. de Alemania (Renania-Palatinado); calzado; vidriería.

PIRNA, c. de Alemania oriental, a orillas del Elba. Victorias de Federico II contra los sajones y los austriacos en 1745 y 1756.

PIRQUE, com. de Chile (Santiago).

PIRQUITAS, pobl. de la Argentina (Jujuy); yac. de estaño y plata.

PIRRA, hija de Epimeteo y de Pandora, mujer de Deucalión. (V. DEUCALIÓN.)

PIRRE, serranía de Panamá (Darién).

PIRRIS. V. GRANDE DE PIRRIS *(Río).*

PIRRO, llamado también **Neoptolemo,** hijo de Aquiles y Deidamia. Después de la toma de Troya, casó con su cautiva Andrómaca, viuda de Héctor. Fundó el reino de Epiro a su vuelta a Grecia. *(Mit.)*

PIRRO II (318-272 a. de J. C.), rey de Epiro, célebre por sus luchas contra los romanos. Dirigió una expedición en Italia, a pesar de las advertencias de su sabio consejero Cineas, y, gracias a la sorpresa que causaron sus elefantes a los romanos, fue vencedor en Heraclea (280) y en Ascoli (279). Tan caro le costó este último triunfo que contestó ingeniosamente a las felicitaciones de sus generales: "Con otra victoria como ésta estoy perdido." Por eso se denomina *victoria pírrica* la obtenida después de haber sufrido excesivas pérdidas.

mapa de los PIRINEOS

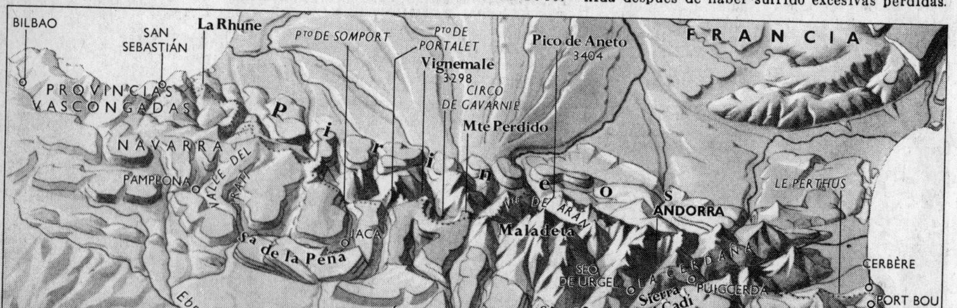

Fot. Rothier, Hunting Aerosurveys, Keystone

PIRRÓN, el primero de los grandes escépticos griegos (¿365-275?). Según él, el hombre no puede alcanzar la verdad. Debe abstenerse de juzgar, y vivir en la indiferencia e impasibilidad hasta lograr una dicha negativa o *ataraxia*.
PISA, c. de Italia (Toscana), a orillas del Arno. Universidad. Arzobispado. Célebre torre inclinada del s. XII; catedral; baptisterio. Importante metrópoli del Mediterráneo en el s. XII.
PISAC, pobl. del Perú (Cuzco); ruinas incaicas.
PISAGUA, com. y dep. de Chile (Tarapacá). Combate entre peruanos y chilenos en 1879.
PISANELLO (Antonio PISANO, llamado **il**), pintor y medallista italiano (¿1395-1450?), excelente animalista y retratista.
PISANO (Nicolás), escultor italiano (¿1220?-entre 1278-1287), autor de la urna de mármol para la tumba de Santo Domingo (Bolonia) y del púlpito del baptisterio de Pisa. — Su hijo JUAN (¿1245-1314?) realizó la fachada de la catedral de Siena y colaboró con él en el baptisterio de Pisa.
PISANO (Andrea DA PONTEDERA, llamado), escultor y arquitecto italiano (¿1295?-1349), autor de la puerta del baptisterio y decoración del campanilo de Florencia, obras precursoras del Renacimiento.
PISCIS, constelación del hemisferio boreal. — Signo del Zodiaco correspondiente al período del 19 de febrero al 21 de marzo.
PISCO, c. y puerto del Perú (Ica), cap. de la prov. del mismo n. (Hab. *pisqueños.*) Aguardientes.
PISIDIA, ant. región de Asia Menor, al S. de Frigia; c. pr. *Antioquía.*
PISÍSTRATO, tirano de Atenas (¿600?-527 a. de J. C.), que se adueñó por la fuerza del poder supremo en 561. Fue expulsado dos veces de Atenas y logró gobernar pacíficamente de 538 a 528. Protegió la industria y las artes, construyó templos, embelleció Atenas y publicó la obra de Homero. Le sucedieron sus hijos Hiparco e Hipias.
PISÓN, n. de una familia romana de la *gens Calpurnia,* cuyos principales miembros fueron: CAYO CALPURNIO, cónsul romano en 67 a. de J. C.; acusado de peculado, fue defendido por Cicerón. — LUCIO CALPURNIO, cónsul romano en 58 a. de J. C. Desterró a Cicerón, que le atacó en su discurso *In Pisonem.* Su hija Calpurnia fue la última esposa de César. — CNEO CALPURNIO, general romano en tiempos de Tiberio. Acusado de la muerte de Germánico, fue asesinado en 20 d. de J. C. — CNEO CALPURNIO, político romano, célebre por la conspiración que tramó contra Nerón, pero que su indecisión hizo fracasar. M. en 65 d. de J. C., abriéndose las venas.
PISÓN (Lucio Calpurnio), césar romano (38-69 d. de J. C.). Designado por Galba como su sucesor (69), fue asesinado con él a instigación de Otón.
PISSARRO (Camilo), pintor francés (1830-1903), uno de los maestros del impresionismo.
PISSIS, cerro de la Argentina (Catamarca); 6 779 m.
PISSIS (Pedro José Amado), geólogo francés (1812-1889), que hizo varios viajes de exploración geográfica por América.
PISTOYA, c. de Italia (Toscana). Allí fue derrotado y muerto Catilina (63 a. de J. C.).
PISUERGA, río de España, afl. caudaloso del Duero; nace en el extremo N. de la prov. de Palencia, recibe el Carrión, el Arlanzón y el Esgueva y pasa por Palencia y Valladolid; 250 km.
PITA (María), heroína española que se distinguió en la defensa de La Coruña contra los ingleses mandados por Drake en 1589.
PITA (Santiago), autor dramático barroco cubano, m. en 1755. Escribió la comedia poética *El Príncipe jardinero y fingido Cloridano.*
PITA RODRÍGUEZ (Félix), poeta y cuentista cubano, n. en 1909, autor de *Tobías.*
PÍTACO, uno de los siete sabios de Grecia, n. en Mitilene (¿650?-569 a. de J. C.). Liberó a su patria de los tiranos y gobernó diez años.
PITÁGORAS, filósofo y matemático griego, n. en la isla de Samos (¿580-500?), cuya vida es poco conocida. Fundó la secta de los *pitagóricos.* Partidario de la metempsicosis, tenía una moral muy severa y obligaba a sus discípulos a una vida austera. Nada se sabe de sus inventos matemáticos, geométricos y astronómicos; sin embargo, se le atribuye el descubrimiento de la tabla de multiplicar, del sistema decimal y del teorema que lleva su nombre. En filosofía afirmó que el número es el principio de todas las cosas.
PITALITO, pobl. de Colombia (Huila).
PITANGUÍ, pobl. del Brasil (Minas Gerais).
PITE ÄLV, río de Suecia, que des. en el golfo de Botnia; 370 km.
PITESHTI o **PITESTI,** c. de Rumania, al pie de los Cárpatos; petróleo.
PITIAS. V. DAMÓN.
PITILLAS (Jorge). V. HERVÁS (José Gerardo).
PITÓN, serpiente monstruosa muerta por Apolo, quien en recuerdo de su victoria fundó los Juegos Píticos, que se celebraban cada cuatro años.
PITRUFQUÉN, dep. y com. de Chile (Cautín).
PITT (William), lord CHATHAM, estadista inglés (1708-1778). Dirigió la política inglesa durante la guerra de los Siete Años.
PITT (William), político inglés (1759-1806), hijo del anterior, enemigo de la Revolución Francesa y alma de tres coaliciones contra Francia.
PITTI, célebre familia florentina, rival de los Médicis. El magnífico *Palacio Pitti* (1440), en Florencia, recuerda hoy dicha familia.
PITTSBURGH o **PITTSBURGO,** c. de los Estados Unidos (Pensilvania), a orillas del río Ohio. Gran centro metalúrgico.
PIUÍ, pobl. del Brasil (Minas Gerais); piedras preciosas.
PIUQUENES, cerro de los Andes en la frontera chilenoargentina; 5 417 m.
PIURA, c. del Perú septentrional, cap. de la prov. y del dep. del mismo n., a orillas del *río Piura.* Fue la primera ciudad fundada por los españoles en el Perú (1532), con el nombre de *San Miguel.* Centro comercial. Obispado. El dep. prod. el 90 por ciento del petróleo del país; algodón. (Hab. *piuranos.*)
PIVEL DEVOTO (Juan), historiador uruguayo, n. en 1910, autor de *Historia de los partidos políticos uruguayos.*
PI Y MARGALL (Francisco), publicista y político español (1824-1901), presidente de la Primera República (1873).
PI Y SUÑER (Augusto), fisiólogo español, (1879-1965), autor de *Fisiología general.*
PIZARRO (Francisco), conquistador español, n. en Trujillo (Cáceres) [¿1475?-1541]. Sirvió en los tercios de Italia, se trasladó a América en 1502 y acompañó a Balboa en el descubrimiento del mar del Sur. En 1524 se asoció con Almagro y Luque para emprender la conquista del Perú y realizó dos expediciones desafortunadas. Decidió luego dirigirse a España para pedir apoyo a Carlos I y, en 1529, firmó con el monarca la capitulación de Toledo, que le confería el título de gobernador, capitán general y adelantado de las tierras que conquistase. Volvió a Panamá con sus hermanos Gonzalo, Hernando y Juan y, en 1531, salió con 180 hombres y tres naves hacia el S. Desembarcó en San Mateo, fundó San Miguel (Piura) y se dirigió hacia Cajamarca (1532), donde estaba el inca Atahualpa que, a la sazón, daba término a su lucha fratricida con Huáscar. El conquistador consiguió apoderarse de Atahualpa y, previo proceso, lo hizo ejecutar. Entró luego en Cuzco (1533), ordenó la coronación de Manco Cápac II y fundó la *Ciudad de los Reyes,* la actual Lima (1535). Almagro, en conflicto con él por la posesión de Cuzco, fue vencido y ejecutado. Sublevados más tarde los partidarios de Almagro asesinaron al conquistador en Lima. — Su hermano GONZALO (¿1502?-1548), tomó parte en la conquista del Perú y se encargó del Gob. de Quito en 1539. Emprendió la exploración del Oriente ecuatoriano y, muerto Francisco, se proclamó, en oposición a Núñez Vela, gobernador del Perú. Vencido por las tropas de La Gasca, enviado desde España para restablecer el orden, murió decapitado. — HERNANDO (¿1475-1575?), hermano de los anteriores, participó también en la conquista del Perú, llevó a España en 1534 el quinto real de Cajamarca y, nombrado gobernador de Cuzco, sostuvo el sitio contra Manco Cápac. Fue él quien venció a Almagro en Salinas y lo hizo ejecutar (1538). Marchó a España para justificar su conducta, pero

la torre inclinada de PISA

W. PITT
lord Chatham

PITÁGORAS
Capitolio. Roma

F. PIZARRO

Fot. Fotociclo, Goldner, Alinari-Giraudon, doc. A. G. P.

PLANCK

PLANTINO
por RUBENS
museo Plantino
Amberes

PLATÓN
museo del Vaticano

PLUTARCO

los partidarios de Almagro lo detuvieron en Medina del Campo, donde permaneció encarcelado más de 20 años. — JUAN (1505-1535), hermano de los anteriores, fue gobernador de Cuzco y murió al acudir a esta ciudad en auxilio de Gonzalo y Hernando, sitiados por Manco Cápac.

PIZARRO (José Alonso), marqués del Villar y virrey de Nueva Granada de 1749 a 1753.

PLA (Josefina), poetisa paraguaya de intenso temperamento artístico, n. en 1909.

PLACENCIA, v. de España (Guipúzcoa). Fábrica de armas.

PLACENCIA, en ital. **Piacenza,** c. de Italia (Emilia), cerca del Po. Monumentos. Comercio.

PLACETAS, térm. mun. de Cuba (Las Villas).

PLACIDIA (Gala), emperatriz de Occidente, hija de Teodosio y esposa de Ataúlfo y de Constancio III. Gobernó durante la minoría de su hijo Valentiniano III. Murió en 450.

PLÁCIDO *(San),* monje benedictino, n. en Roma, m. hacia 541. Fiesta el 5 de octubre.

PLÁCIDO. V. VALDÉS (Gabriel de la Concepción.)

PLACILLA, com. de Chile (Colchagua).

PLANCK (Max), físico alemán (1858-1947), autor de trabajos sobre la energía y creador de la teoría de los quanta. (Pr. Nóbel, 1918.)

Plan de Ayala, de **Ayutla,** de **Iguala** y de **San Luis.** V. los n. geográficos correspondientes.

PLANES (José), escultor español, n. en 1893.

PLANTAGENETS, dinastía que ocupó el trono de Inglaterra desde Enrique II hasta el advenimiento de Enrique VII (1154-1485). En el s. XIV, se dividió en dos ramas rivales *(York* y *Lancaster),* lo cual originó la *guerra de las Dos Rosas.*

PLANTINO o **PLANTIN** (Cristóbal), impresor francés (¿1520?-1589), establecido en Amberes; publicó la *Biblia Políglota Antuerpiense* o *Regia,* dirigida por Arias Montano (1569-1573.)

PLANUDES (Máximo), monje griego (¿1260-1310?), compilador de una *Antología griega* y de las *Fábulas de Esopo.*

PLASENCIA, c. de España (Cáceres). Obispado. Centro agrícola y ganadero.

PLATA, cordón serrano de la Argentina (Mendoza); alt. media, 5 000 m.

PLATA (La), lago de la Argentina, gemelo del Fontana (Chubut). — Pico de los Estados Unidos (Colorado); 4 373 m. — C. de la Argentina, cap. de la prov. de Buenos Aires. Fundada en 1882. Centro comercial e industrial; refinerías de petróleo; frigoríficos. (Hab. *platenses.*) Universidad. Arzobispado. Museo de Ciencias Naturales. — C. de Bolivia (V. SUCRE.) — C. de Colombia (Huila); reliquias de una civilización antigua.

PLATA (RÍO DE LA). V. RÍO DE LA PLATA.

PLÁTANOS (RÍO DE LOS). V. BAYANO.

PLATEA o **PLATEAS,** ant. c. de Beocia, en la falda septentrional del Citerón. Victoria de Pausanias y Arístides contra los persas acaudillados por Mardonio (479 a. de J. C.)

Platero y yo, poema en prosa del escritor español Juan Ramón Jiménez (1914).

PLATICOS (Los), cima de la Rep. Dominicana en la Cord. Central (Santiago); 2 525 m.

PLATÓN, filósofo griego, n. en Atenas (428-347 ó 348 a. de J. C.), discípulo de Sócrates y maestro de Aristóteles. Es autor de los diálogos: *Critón, Fedón, Fedro, Gorgias, El banquete, La República,* etc., en los cuales presta la palabra a Sócrates. Enseñó en los jardines de Academos en Atenas, exponiendo su filosofía, cuyo método es la *dialéctica,* y que sostiene que la verdad radica en las *ideas,* entidades inmutables y universales; por encima de todo está la idea del Bien.

Platt *(Enmienda),* apéndice de la Constitución de Cuba de 1901 que estipulaba las relaciones entre este país y los Estados Unidos. Redactada por el político norteamericano Orville Hitchcock PLATT (1827-1905), fue derogada en 1934.

PLAUEN, c. de Alemania oriental (Sajonia), a orillas del Elster; encajes, textiles. Construcciones mecánicas.

PLAUTO (Tito Maccio), comediógrafo latino (¿254?-184 a. de J. C.), cuyas obras más conocidas son: *El soldado fanfarrón, Aulularia, Menechmos, Anfitrión,* etc., inspiradas en la nueva comedia ática (Menandro).

PLAYA VICENTE, río de México, afl. del Papaloapan. — V. de México (Veracruz).

PLAZA (Juan Bautista), compositor y musicógrafo venezolano (1898-1965).

PLAZA (Victorino de la), político y jurisconsulto argentino (1840-1919), pres. de la Rep. de 1914 a 1916.

PLAZA DEL MORO ALMANZOR, pico del centro de España (Sierra de Gredos); 2 592 m.

PLAZA GUTIÉRREZ (Leónidas), general y político ecuatoriano (1866-1932), pres. de la Rep. de 1901 a 1905 y de 1912 a 1916. Continuó la política liberal de Alfaro.

PLAZA HUINCUL, pobl. de la Argentina (Neuquen); pozos y refinerías de petróleo.

PLAZA LASSO (Galo), político ecuatoriano, n. en 1906, pres. de la Rep. de 1948 a 1952.

PLEJANOV (Jorge Valentinovich), filósofo ruso (1856-1918), teórico del socialismo.

PLEVEN, ant. **Plevna,** c. de Bulgaria, al N. de la cord. de los Balcanes. Victoria rusorrumana contra los turcos (1877).

PLÉYADES, n. de las siete hijas de Atlas y de Pleyone, que se mataron de desesperación y fueron metamorfoseadas en estrellas. *(Mit.)* El grupo de las Pléyades constituye hoy día una pequeña constelación del hemisferio boreal hacia la cabeza de Tauro. — En poesía se ha dado el nombre de **Pléyade** (no *Pléyades*) a siete poetas que vivieron en tiempos de Ptolomeo Filadelfo: Licofrón, Teócrito, Arato, Nicandro, Apolonio, Fílico y Homero el Joven. En el s. XVI hubo igualmente una *Pléyade* en Francia compuesta por Ronsard, Du Bellay, Baïf, Belleau, Jodelle, Dorat y Pontus de Tyard, iniciadores del Renacimiento lírico francés.

PLEYEL, familia francesa, originaria de Austria, que alcanzó renombre en la construcción de pianos, iniciada en París por el compositor Ignacio **Pleyel** (1757-1831).

PLINIO el Viejo, naturalista latino, n. en Como (23-79 de nuestra era), autor de una *Historia natural* en 37 libros, enciclopedia de la ciencia en la Antigüedad. Murió en la erupción del Vesubio, víctima de su curiosidad científica.

PLINIO el Joven (62-¿114?), sobrino del anterior, autor de una serie de *Cartas* de gran valor documental y de un *Panegírico de Trajano.*

PLOESTI, c. de Rumania (Muntenia), al pie de los Alpes de Transilvania; centro petrolífero.

PLOMO, nevado de los Andes entre Argentina (Mendoza) y Chile (Santiago); 6 120 m.

PLOTINO, filósofo neoplatónico griego, n. en Egipto (¿205-270?). Discípulo de la escuela de Alejandría, enseñó en Roma una filosofía en la que funde las doctrinas antiguas y el cristianismo. Sus lecciones se recopilaron en las *Enneadas.*

PLOVDIV, ant. **Filipópoli,** c. de Bulgaria, a orillas del Maritza. Centro agrícola.

PLUTARCO, historiador griego, n. en Queronea (¿50-125?), célebre por sus biografías de grandes hombres griegos y latinos reunidas con el título de *Vidas paralelas* y en las que se asocian los destinos de Alejandro y César, Alcibíades y Coriolano, Demóstenes y Cicerón, etc. Se le deben también varios escritos de carácter filosófico, y *Moralia,* opúsculos sobre asuntos de política, de filosofía y de religión.

PLUTO, dios de las Riquezas. *(Mit.)*

PLUTÓN, rey de los Infiernos y dios de los Muertos, hijo de Saturno y de Rea, hermano de Júpiter y de Neptuno, esposo de Proserpina. Es el **Hades** griego. *(Mit.)*

PLUTÓN, planeta situado más allá de Neptuno, descubierto en 1930.

PLYMOUTH [*-muz*], c. de Inglaterra (Devon); gran puerto militar.

PLZEN, en alem. **Pilsen,** c. de Checoslovaquia (Bohemia). Cristalerías; cervecerías; metalurgia y construcciones mecánicas (fábricas Skoda).

PNOM PENH, cap. de Camboya, a orillas del Mekong; 500 000 h. Centro comercial.

PO, río del N. de Italia, que nace en el monte Viso, recoge las aguas de una extensa cuenca, pasa por Turín y des. en el Adriático: 625 km.

POÁS, volcán de Costa Rica, en la sierra de Turrialba; 2 670 m. Mayor cráter del mundo.

POBIEDA, pico de la U. R. S. S., en Siberia occidental: 3 147 m.

POBIEDY, pico de Asia (Tianchan); 7 439 m.

Fot. Larousse, Anderson-Viollet, Giraudon

POBLET: Claustro del Monasterio

POBLET, monasterio cisterciense de España (s. XII-XIX), en los alrededores de Tarragona. Panteón de los reyes de Aragón.
POCATERRA (José Rafael), político y novelista venezolano (1888-1955), autor de *Memorias de un venezolano de la decadencia, El doctor Bebé, Vidas oscuras, Tierra del sol amada, Cuentos grotescos,* relatos de un vigoroso realismo.
POCITOS, playa de las cercanías de Montevideo.
POÇOS DO CALDAS, mun. del Brasil (Minas Gerais); yac. de bauxita; aguas minerales.
POCHO (CORDÓN DEL), grupo de montañas de la Argentina (Córdoba), llamado tb. **Cordón Occidental** y que, en su extremo N., toma el n. de **Guasapampa.**
PODESTÁ (Jerónimo), actor argentino (1851-1933), miembro de una destacada familia de comediantes: ANTONIO (1868-1945), JOSÉ (1858-1937) y PABLO (1875-1923).
PODESTÁ (Manuel T.), médico y novelista argentino (1853-1920), de tendencia realista.
PODGORICA. V. TITOGRADO.
PODIEBRAD (Jorge) [1420-1471], rey de Bohemia en 1458; soberano activo y enérgico.
PODOLIA, región al O. de Ucrania.
PODOLSK, c. de la U. R. S. S. (Rusia) al S. de Moscú; metalurgia e industrias del cuero.
POE (Edgard ALLAN), escritor norteamericano, n. en Boston (1809-1849), de espíritu atormentado y morboso. Es autor de relatos de misterio y horror *(Historias Extraordinarias).* Entre sus poemas se destacan *El cuervo* y *Las campanas.*
Poema del Cid. V. CANTAR DE MÍO CID.
Poemas solariegos, cuadros realistas del argentino L. Lugones sobre su país natal (1928).
Poética, obra de Aristóteles que trata de la poesía en general, de la tragedia y de la epopeya. — Obra crítica del escritor Ignacio de Luzán, donde afirma las ideas del neoclasicismo (1737).
POEY (Felipe), naturalista cubano (1799-1891), autor de estudios zoológicos, especialmente sobre ictiología.
POGGENDORFF (Juan Cristián), físico alemán (1796-1876), que realizó trabajos notables sobre electricidad.
POINCARÉ [*puan-*] (Henri), matemático francés (1854-1912), uno de los más grandes de su época. Escribió también obras de filosofía científica.
POINCARÉ (Raymond), político francés (1860-1934), pres. de la Rep. de 1913 a 1920.
POINSOT (Louis), matemático francés (1777-1859), uno de los creadores de la mecánica.
POINTE-À-PITRE [*puantapitr*], c. de Guadalupe (Antillas Francesas), destruida por un terremoto en 1843 y por un incendio en 1871.
POINTE-NOIRE, c. y puerto de la República del Congo.
POINTIS (Jean-Bernard, *barón de*), corsario francés (1645-1707), que se apoderó de Cartagena de Indias en 1697.
POISEUILLE (Jean), físico francés (1799-1869), que estudió el comportamiento de los líquidos en los tubos capilares (1844). [V. *Parte lengua.*]
POISSY, c. de Francia (Yvelines), a orillas del Sena; automóviles. Iglesia (s. XII-XVI).
POITIERS [*puatié*], c. de Francia, ant. cap. del Poitou y cap. del dep. de Vienne. Centro agrícola. Obispado. Universidad. Catedral (s. XII-XIII). Victoria de Carlos Martel sobre los árabes (732).
POITOU, ant. prov. del centro O. de Francia; cap. *Poitiers.* Perteneció largo tiempo a los ingleses.
POLA (Policarpa SALAVARRIETA, llamada **la**), heroína colombiana (1795-1817), que, por servir la causa de la independencia de su país, fue condenada a muerte por Sámano.
POLA. V. PULA.
POLA DE GORDÓN (La), v. de España (León).
POLA DE LAVIANA, v. de España (Oviedo).
POLA DE LENA, c. de España (Oviedo); minas de carbón, cobre y azogue.
POLA DE SIERO, c. de España (Oviedo); minas de hulla.
POLANCO (Carlos), pintor español del s. XVII, discípulo de Zurbarán (*Éxtasis de Santa Teresa*).
POLAR (ESTRELLA), estrella de 3.ª magnitud, así llamada porque aparece en el eje del polo Norte. Está situada en la constelación de la Osa Menor. (V. OSA.)
POLARES (REGIONES), n. dado a las regiones limitadas por los círculos polares. Cubren una superficie de 43 millones de km², ocupada en su mayor parte por el océano Ártico y por la Antártida. Las principales tierras árticas son: *Groenlandia,* al NE. de América; los archipiélagos de *Svalbard* (Spitzberg), al N. de Escandinavia; *Nueva Zembla, Tierra del Norte* y *Nueva Siberia,* al N. de la U. R. S. S., y *Tierra de Parry,* al N. del Canadá. La Antártida constituye un vasto continente helado, poblado sólo por algunas estaciones científicas y desprovisto de fauna terrestre. Las regiones árticas han sido exploradas numerosas veces con fines científicos y por motivos de orden estratégico. Grupos humanos muy dispersos viven allí de la pesca (esquimales) o de la cría del reno (lapones, samoyedos, etcétera). Las principales expediciones realizadas hacia el Polo Norte, después de la de Franklin, son las de Parry (1827), Nordenskjöld (1878), Nansen (1893-1896), duque de los Abruzos (1900), Charcot (1903-1910), Peary (que llegó al Polo en 1909), Byrd (1926), Amundsen (1926), Papanin (1937-1938); y, hacia el Polo Sur, las de Dumont d'Urville (1840), Scott (1902), Shackleton (1909), Amundsen (que llegó al Polo en 1911, precediendo de poco a Scott), Wilkins y Hearst (1928-1929), L. Ellsworth (1935 y 1938-1939), Byrd (de 1928 a 1947) y las emprendidas por diversas naciones con motivo del Año Geofísico Internacional (1957-1958). (Mapa: V. pág. siguiente.)
POLAVIEJA (Camilo GARCÍA DE), general y político español (1838-1914), que actuó en la guerra de Cuba (1868), contra la tercera insurrección carlista y en Filipinas, donde fue gobernador en 1896.
POLE (Reginaldo), humanista y teólogo inglés (1500-1558), arzobispo de Cantorbery durante el reinado de María Tudor.
POLESIA, región de la U. R. S. S. (Rusia Blanca), atravesada por el Pripet.
POLIBIO, historiador griego (¿210-125? a. de J. C.). Enviado como rehén a Roma, fue el gran historiador de los hechos de este país y uno de los maestros del relato historicofilosófico con su monumental *Historia general de Roma.*
POLICARPO *(San),* obispo de Esmirna y mártir; muerto hacia 155. Fiesta el 26 de enero.
POLICIANO (Angelo), humanista y poeta italiano (1454-1494), que vivió en Florencia, donde compuso sus célebres *Estancias.*
POLICLETO, escultor y arquitecto griego del s. V a. de J. C., autor de la estatua del *Doríforo,* en la cual aplicó su *canon* o teoría de las proporciones.
POLÍCRATES, tirano de Samos, amigo de Anacreonte; m. en 522 a. de J. C. Después de haber

POE

POEY

H. POINCARÉ

POLICLETO
detalle del DORÍFORO

Fot. Phaure, Manuel, Biblioteca Nacional (La Habana), Nadar, Alinari

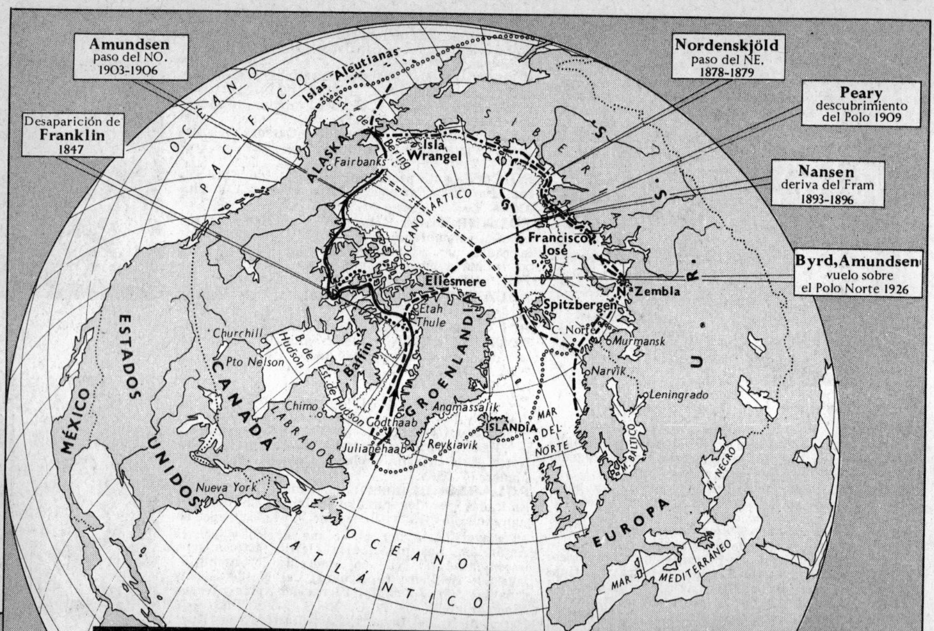

El descubrimiento de las regiones polares comenzó, a partir del siglo XVI, por las regiones árticas con los intentos hechos para encontrar un paso hacia el Pacífico por el Noroeste o por el Nordeste. Más tarde se trató de alcanzar el Polo Norte. El reconocimiento del Antártico es más reciente.

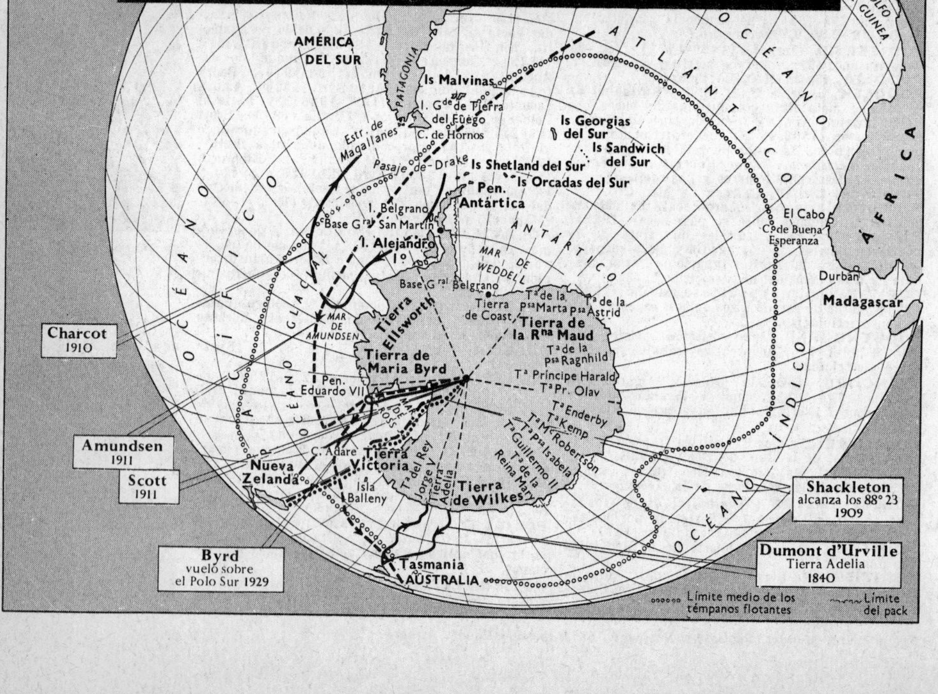

disfrutado durante cuarenta años una felicidad completa, quiso conjurar la adversidad y arrojó al mar un anillo de gran valor. No aceptó la Fortuna aquel sacrificio voluntario; el anillo, encontrado en el cuerpo de un pez, fue devuelto al tirano, y sus presentimientos no tardaron en realizarse. Orontes, lugarteniente de Darío, se apoderó de Samos y crucificó a Polícrates.

Polichinela, personaje cómico de las farsas, cuyo nombre deriva de *Pulcinella,* su homólogo napolitano. El *polichinela* francés es jorobado, alegre y aficionado a pelearse con todo el mundo.

POLIFEMO, el más célebre de los Cíclopes, hijo de Poseidón. Ulises, a quien había encerrado en su cueva cerca del Etna, le reventó su único ojo. *(La Odisea.)*

Polifemo y Galatea *(Fábula de),* poema de Góngora, una de las mejores muestras de la poesía castellana (1612).

POLIGNAC (Julio Armando, *príncipe de*), ministro de Carlos X de Francia (1780-1847). Organizó la expedición de los franceses contra Argel, pero firmó el 29 de julio de 1830 las famosas ordenanzas que causaron la Revolución de Julio.

POLIGNOTO, pintor griego, n. en la isla de Tasos en el s. V a. de J. C., autor de grandes frescos murales de temas sacados de la mitología o de la historia.

POLIMNIA, musa de la Poesía lírica. Se le representa en actitud meditativa.

POLINESIA, una de las grandes divisiones de Oceanía, que comprende todas las tierras dispersas en el Pacífico entre Australia y América. Los principales archipiélagos son los de *Nueva Zelanda, Hawai* (norteamericano), las islas *Tonga, Cook, Ellice* y *Phoenix* (británicas), las islas de la *Sociedad* (con *Tahití*), *Marquesas, Tuamotú* (francesas), etc. Los habitantes *(polinesios),* de color moreno aceitunado, constituyen una raza de origen probablemente malayo. Cultivan los tubérculos y utilizan el cocotero para la alimentación, bebida y construcción de cabañas. La pesca es activa.

POLINICES, hermano de Etéocles.

POLIÓN (Cayo Asinio), cónsul y orador romano (76 a. de J. C.-4 d. de J. C.), protector de las letras y amigo de Virgilio y Horacio.

Política de Dios, obra filosófica de Quevedo (1626), destinada a fundar la política sobre las enseñanzas de la Sagrada Escritura.

Política de los atenienses o **Constitución de Atenas,** por Aristóteles (343 a. de J. C.), donde discute con gran profundidad las tres principales formas de gobierno: monárquico, aristocrático y democrático.

POLK (James Knox), político norteamericano (1795-1849), pres. de los Estados Unidos en 1845. En su período se desarrolló la guerra contra México y la anexión de California, Nuevo México y Texas.

POLO (Gaspar Gil). V. GIL POLO (Gaspar).

POLO (Marco), viajero veneciano (1254-1324), que atravesó Asia por Mongolia y permaneció diecisiete años en China al servicio del Gran Kan Kubilai. La relación de sus viajes (1271-1295), titulada *El libro de Marco Polo,* es una especie de enciclopedia geográfica, en la que daba profusos detalles sobre Asia oriental.

POLO DE MEDINA (Salvador Jacinto), poeta festivo español (¿1603-1676?) autor de epigramas.

POLOCHIC, río de Guatemala (Alta Verapaz), que des. en el lago Izabal; 289 km.

POLONIA, república de Europa oriental, bañada al N. por el Báltico. Superf. 311 730 km²; 31 420 000 h. *(polacos)*; capital *Varsovia,* 1 172 000 h.; c. pr.: *Lodz,* 708 400 h.; *Cracovia,* 490 000; *Wroclaw,* 429 200; *Poznam,* 407 800; *Gdansk,* 286 500; *Szczecin,* 268 900; *Bydgoszcz,* 231 100; *Katovice,* 268 900; *Zabrze,* 188 000; *Bytom,* 180 700; *Czestochowa,* 149 700; *Chorzow,* 145 600; *Gliwice,* 134 800; *Lublín,* 180 700; *Gdynia,* 147 800.
— GEOGRAFÍA. Las principales regiones de Polonia son: al sur, una parte de los *Cárpatos* y la región *subcarpática;* al oeste, la rica región industrial de *Silesia;* en el centro, la *gran llanura* regada por el Vístula y el Oder, en la que se halla situada la capital; al norte, *Pomerania* y *Mazuria* (V. mapa ALEMANIA). Polonia, país que había sido eminentemente agrícola, posee también importantes recursos naturales (cuenca hullera de Silesia, minas de cobre, de cinc y de uranio, pozos petrolíferos), que su economía planificada, de tipo socialista, utiliza actualmente para un proceso rápido de industrialización.

Marco POLO
por TIZIANO
galería Doria
Roma
Fot. Anderson-Viollet

escudo y mapa
de POLONIA

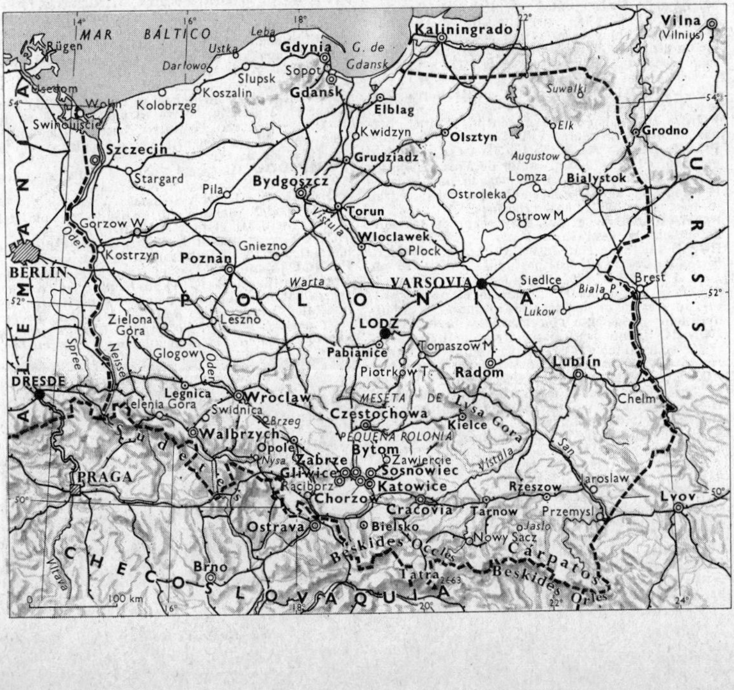

marquesa de POMPADOUR pastel de QUENTIN DE LA TOUR

busto de POMPEYO

POMBAL

POLLAIOLO busto de un desconocido

— HISTORIA. Las tribus eslavas que formaron Polonia habitaban originalmente en las cuencas del Oder y el Vístula. Mieszko, jefe de aquéllas, se convirtió al cristianismo en 966. Polonia, dividida en pequeños ducados, atravesó por un período de feudalismo de los s. XI al XIII; finalmente, en 1295, Przemysl II fue coronado rey. Las guerras contra los rusos, los suecos, los turcos y los teutones ensangrentaron los siglos siguientes. En 1673, Polonia se salvó de la ruina por la victoria de Choczin (Hotin) por Juan Sobieski, que reinó de 1673 a 1696 y expulsó de Hungría a los turcos. La elección de Augusto de Sajonia, en perjuicio de Estanislao Leczinski, provocó la guerra de Sucesión de Polonia (v. SUCESIÓN). Con Augusto III y Estanislao II Poniatowski, el país cayó bajo la dominación rusa, que trajo consigo el primer reparto de Polonia entre Austria, Prusia y Rusia (1772). Dos insurrecciones polacas dieron ocasión a dos nuevos repartos (1793 y 1795). Napoleón independizó en 1807 una pequeña porción de Polonia y creó el ducado de Varsovia; pero éste volvió a formar parte de Rusia por los Tratados de 1815. Las insurrecciones de los polacos de 1830 y 1863 fueron aplastadas sangrientamente. El Tratado de Versalles, después de la Primera Guerra mundial, dio la independencia a Polonia. Pero en 1920 el país sufrió un nuevo ataque de Rusia y en 1939 fue invadida por los alemanes y los rusos, que hicieron un nuevo reparto. Polonia, al terminar la guerra, hubo de ceder a la U.R.S.S. 170 000 km^2 de su territorio, y recibió en cambio de Alemania 100 000 km$_2$, situados al N. y al O. del país. Constituida en República Popular, Polonia parece tener una política relativamente independiente respecto de la U. R. S. S.

POLONIA *(Guerra de Sucesión de)*. V. SUCESIÓN.

POLORÓS, v. de El Salvador (La Unión).

POLTAVA o **PULTAVA,** c. de la U. R. S. S. (Ucrania). Carlos XII de Suecia fue vencido allí por Pedro el Grande de Rusia (1709).

PÓLUX. V. CÁSTOR.

Pólvora *(Conspiración de la)*, complot preparado por elementos católicos ingleses para destruir el Parlamento y matar a Jacobo I (5 de noviembre de 1605).

POLLAIOLO o **POLLAIUOLO** (Antonio BENCI, llamado **Del**), pintor, escultor y orfebre italiano (¿1432?-1498), que sobresalió en el estudio del movimiento y la precisión anatómica lo mismo en pintura *(Hércules)* que en escultura *(Mausoleo de Sixto IV* y de *Inocencio VIII)*. Trabajó a veces con su hermano PIERO (1443-1496).

POLLENSA, v. de España en Mallorca (Baleares). Turismo.

POMA (La), dep. de la Argentina (Salta). Minas de oro y de plata.

POMA DE AYALA (Felipe HUAMÁN), escritor peruano (¿1526-1613?), autor de *Nueva Corónica y Buen Gobierno,* relato del pasado incaico y de la colonia en el que figuran ilustraciones de gran interés. Escribió también poemas.

POMABAMBA, c. del Perú, cap. de la prov. del mismo n. (Ancash.)

POMBAL (Sebastián José CARVALHO Y MELLO, *marqués de*), político portugués, ministro de José I (1699-1782). Partidario de las ideas filosóficas del s. XVIII, fortaleció el poder real, fue adversario de los jesuitas, reformó la administración y fomentó el comercio y la industria.

POMBO (Lino de), matemático, político y escritor colombiano (1797-1862), autor de *Memoria sobre José de Caldas, Recopilación Granadina.*

POMBO (Miguel de), patriota colombiano (1779-1816), vocal de la Junta Suprema de 1810. Hecho prisionero por Morillo, murió fusilado.

POMBO (Rafael), ingeniero y poeta colombiano, n. en Bogotá (1833-1912), autor de *Preludio de primavera, En el Niágara* y distintas fábulas y cuentos en verso. Su poesía es sentimental, flexible y vigorosa.

POMBO ANGULO (Manuel), periodista y escritor español, n. en 1912, autor de la novela *Hospital General.*

POMERANIA, en pol. **Pomorze,** región del N. de Polonia, limitada al N. por el Báltico.

POMERANIA (Nueva), nombre alemán de **Nueva Bretaña,** isla del archipiélago Bismarck, bajo tutela australiana.

POMPEYA

POMERELIA, POMERANIA MENOR o **PEQUEÑA POMERANIA,** región de Polonia; cap. *Torun.*

POMONA, deidad de los Frutos y de los Jardines.

POMPADOUR [*-dur*] (Antoinette POISSON, *marquesa de*), favorita del rey de Francia Luis XV (1721-1764). Ejerció gran influencia tanto sobre el rey como sobre el gobierno del país.

POMPEIA (Raúl), novelista y poeta brasileño (1863-1895), de carácter realista.

POMPEYA, c. ant. de Campania, al pie del Vesubio, cerca de Nápoles. Era una población de unos 30 000 h., donde tenían sus quintas de recreo los romanos. Cuando la erupción del año 79, fue sepultada bajo las cenizas y la lava. En 1748, un campesino encontró unas estatuas, y poco después empezaron las excavaciones, que han puesto al descubierto dos tercios de la ciudad, testimonio de incalculable valor para conocer la técnica de construcción y género de vida de los romanos.

POMPEYO (Cneo POMPEYO Magno), general de Sila (106-48 a. de J. C.), que se distinguió en África, fue enviado en 76 de procónsul a España, elevado al consulado con Craso en 71, reemplazó a Lúculo en la guerra contra Mitrídates y formó en 60, con César y Craso, el primer triunvirato. Pero no tardó en hacer frente a César, sostenido por el Senado y la nobleza de la República. Después de una guerra cruenta fue vencido en Farsalia (48) y asesinado por orden de Ptolomeo a su llegada a Egipto, donde buscó refugio. CNEO POMPEYO, hijo del anterior, vencido por César en Munda y muerto en su fuga (45 a. de J. C.). — SEXTO POMPEYO, hermano del anterior, vencido por Augusto y condenado a muerte en 35 a. de J. C.

POMPIDOU (Georges), político francés, n. en 1911, pres. de la Rep. desde 1969.

POMPILIO LLONA (Numa). V. LLONA.

POMPONIO (Sexto), jurisconsulto romano del s. II d. de J. C., citado en *El Digesto.*

PONCE, c. y puerto de Puerto Rico; centro comercial; tejidos. Universidad. Arzobispado.

PONCE (Manuel M.), compositor mexicano, n. en Fresnillo (Zacatecas) [1886-1948]; cultivó los temas nativos, autor de numerosas partituras orquestales, entre ellas *Balada Mexicana, Poema Elegiaco, Estampas Nocturnas, Chapultepec,* y canciones de inmensa popularidad *(Estrellita).*

R. POMBO

M. M. PONCE

Fot. Roubier, Bulloz, Brogi, Larousse

PONCE (Manuel), general peruano, pres. de la Junta de Gobierno de 1930.
PONCE (Pedro de), fraile benedictino español (¿1510?-1584), inventor de un método de enseñanza para los sordomudos.
PONCE DE LEÓN (José María), compositor colombiano (1846-1882), autor de óperas y zarzuelas.
PONCE DE LEÓN (Juan), conquistador español, n. en Tierra de Campos (¿1460?-1521), que exploró Puerto Rico, fue el primer gobernador de la Isla (1509), fundó la ciudad de San Juan y descubrió la Florida en 1512, de la que fue nombrado adelantado. M. en Cuba.
PONCE ENRÍQUEZ (Camilo), político ecuatoriano, n. en 1912, pres. de la Rep. de 1956 a 1960.
PONCE VAIDES (Federico), general y político guatemalteco, n. en 1889, pres. interino de la Rep. en 1944, derribado por un movimiento popular.
PONCELET (Juan Víctor), matemático y general francés (1788-1867), autor de trabajos sobre la geometría proyectiva y la mecánica aplicada.
PONDAL (Eduardo), poeta español (1835-1917), de ardiente lirismo, cantor de su tierra galaica (*Queixumes dos pinos, Os Eoas,* etc.).
PONDICHERY, c. de la India, en la costa de Coromandel, cap. del territorio homónimo. Algodones, muselinas. Posesión francesa hasta 1954.
PONFERRADA, c. de España (León). Minas de carbón. Industrias. Castillo gótico de los Templarios.
PONGAL, isla del Ecuador, en el archip. de Jambelí.
PONIATOWSKI (José, *príncipe*), general polaco (1763-1813), al servicio de Francia.
PONS (Antonio), político ecuatoriano, pres. de la Rep. en 1935.
PONSON DU TERRAIL (Pierre Alexis), novelista francés (1829-1871), creador del personaje de *Rocambole.*
PONTA DELGADA, c. y puerto de las Azores, en la isla de San Miguel. Centro comercial y de turismo.
PONTA GROSSA, c. del Brasil (Paraná); centro ferroviario. Industrias alimenticias. Obispado.
PONTANO (Gioviano), estadista, poeta e historiador italiano (1426-1503).
PONTECORVO, c. de Italia (Campania), donde Bernadotte recibió de Napoleón el título de *príncipe de Pontecorvo.*
PONTEVEDRA, c. de España, en Galicia, cap. de la prov. del mismo n.; puerto de pesca en la costa del Atlántico; ind. conservera.
PONTIAC, c. de los Estados Unidos (Michigan); automóviles.
PONTIANAC, c. y puerto de Borneo (Indonesia). Centro comercial.
PONTIFICIOS (ESTADOS), n. dado también a los antiguos *Estados de la Iglesia.* (V. este n. y VATICANO.)
PONTINAS (MARISMAS), zona pantanosa de la provincia de Roma (1 500 km^2); fue desecada en 1928 y convertida en región agrícola.
PONTO, reino antiguo del NE. de Asia Menor, a orillas del Ponto Euxino. Fundado en el s. IV a. de J. C., fue muy poderoso en tiempos de Mitrídates VI y fue sometido por Roma en el año 62.
PONTO EUXINO, ant. n. del **Mar Negro.**
PONTOISE [*-uas*], c. de Francia, cap. del dep. de Val-d'Oise, a orillas del Oise. Iglesia gótica.
PONTOPPIDAN (Enrique), escritor danés (1857-1943), autor de novelas naturalistas sobre la sociedad de su país (*La tierra prometida, El día del juicio,* etc.). [Pr. Nóbel, 1917.]
PONTORMO (Jacobo CARRUCCI, llamado **el**), pintor florentino (1494-¿1556?). Clásico en un principio, ejecutó después composiciones de estilo más complicado.
PONZ (Antonio), arqueólogo y erudito español (1725-1792), autor de *Viaje de España,* en 18 volúmenes.
POO (Fernando), navegante portugués, que descubrió en 1472 las islas de su n. (V. FERNANDO POO.)
POOLE, c. y puerto de Gran Bretaña (Dorset).
POONA. V. PUNA.

el POPOCATÉPETL
México

POOPÓ, lago de Bolivia, unido con el de Titicaca por medio del río Desaguadero; 2 800 km^2. Sus aguas son saladas y se encuentra a 3 690 m de altura. — C. de Bolivia, cap. de la prov. del mismo n. (Oruro).
POPAYÁN, c. de Colombia, cap. del dep. del Cauca; centro comercial. (Hab. *popayanenses.*) Universidad. Arzobispado. Fundada por Sebastián de Benalcázar en 1536. Cuna de Caldas y Mosquera.
POPE (Alejandro), poeta y pensador inglés (1688-1744), autor de *Ensayo sobre el hombre, Epístolas,* etc. Escritor clásico, ejerció en su época una verdadera supremacía literaria.
POPEA, esposa de Nerón, quien la mató de un puntapié en el año 65.
POPHAM (Home), almirante inglés (1762-1820), jefe de la escuadra que atacó Buenos Aires en la primera invasión inglesa (1806).
POPOCATÉPETL, volcán de México (Puebla), al S. de la Sierra Nevada, a 60 km de la cap.; 5 450 m.
POPOLNA, nueva c. de México (Yucatán), construida en la selva.
Popol Vuh, libro sagrado de los quichés de Guatemala, basado en las tradiciones orales y conocido por una versión del s. XVI (1534-1539). Llamado también **Libro del Consejo.**
POPOV (Alejandro), físico ruso (1859-1906), autor de trabajos sobre radioelectricidad.
PORBUS (Frans), pintor flamenco (1545-1581). — Su hijo Frans **Porbus** *el Joven* (1569-1622), también pintor.
PORCIA, hija de Catón de Utica. Se suicidó al saber la muerte de su marido Bruto (43 a. de J. C.).
PORDENONE (Giovanni DE SACCHIS, llamado **el**), pintor religioso italiano (¿1484?-1539), uno de los jefes de la Escuela Veneciana.
PORFIRIO, filósofo de Alejandría (234-¿305?), discípulo de Plotino. Recopiló las Enneadas.
PORI, ant. **Björneborg,** c. y puerto de Finlandia, en el golfo de Botnia; exportación de maderas y papel. Construcciones mecánicas. astilleros.
PORLAMAR, pobl. de Venezuela, al E. de la isla Margarita (Nueva Esparta); puerto; pesquerías de perlas.
PORO, rey indio del Pendjab, adversario de Alejandro Magno en 326 a. de J. C., derrotado y hecho prisionero a orillas del río Hidaspes.
PORRAS (Belisario), político y escritor panameño (1856-1942), pres. de la Rep. de 1912 a 1916, de 1918 a 1920 y de 1920 a 1924.
PORRAS BARRENECHEA (Raúl), escritor y político peruano (1897-1960), autor de importantes estudios históricos.
PORRES (*San* Martín de). V. MARTÍN DE PORRES.
PORSENA, rey etrusco del s. VI a. de J. C., que quiso restablecer a Tarquino el Soberbio, pero fue detenido por Horacio Cocles.
PORTA (Giuseppe), pintor veneciano (1520-¿1573?), autor de hermosos frescos.
PORTACHUELO, pobl. de Bolivia, cap. de la prov. de Gutiérrez (Santa Cruz).
PORTALEGRE, c. de Portugal oriental, cap. de distrito.
PORTALES (Diego), político chileno, n. en Santiago (1793-1837), que ocupó varios cargos ministeriales de 1830 a 1831 y de 1835 a 1837. Restauró el orden público y el principio de autoridad. M. asesinado.

Juan PONCE DE LEÓN

POPE

PORTALES

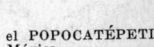

Fot. Aubert de la Rüe, Larousse, doc. A. G. P.

C. PORTINARI
detalle
del fresco
LA CAÑA
DE AZÚCAR

escudo de
PORTUGAL

POSADAS

grabado de
J. G. POSADA

PORT ARTHUR, en chino **Liuchuén,** c. y puerto de China (Liaoning). Fue rusa en 1896, japonesa en 1905, de la U. R. S. S. en 1945 y de China en 1954.

PORT ARTHUR, c. de Canadá (Ontario), a orillas del lago Superior.

PORT-AU-PRINCE, cap. de la República de Haití; 200 000 h. Puerto excelente.

PORT BLAIR, cap. del terr. de Andamán y Nicobar (India).

PORT-BOU, v. y puerto de España (Gerona); estación fronteriza con Francia.

PORTELA VALLADARES (Manuel), político español (¿1868?-1952), pres. del Gob. en 1935.

PORT ELIZABETH, c. y puerto de la Rep. de África del Sur (El Cabo); centro comercial.

PORTER (Cole), compositor norteamericano, (1893-1964), autor de canciones muy populares.

PORTES GIL (Emilio), político mexicano n. en 1891, pres. interino de la Rep. de 1928 a 1930.

PORTETE, bahía de Colombia, en el mar Caribe (Guajira).

PORTETE DE TARQUI, macizo montañoso de los Andes del Ecuador; 3 488 m. (V. TARQUI.)

PORT ETIENNE, hoy **Nuadibu,** c. y puerto de Mauritania. Pesca.

PORTEZUELO, cerro de la Argentina, entre Jujuy y Salta; 4 500 m.

PORTICI, c. y puerto de Italia (Nápoles), cerca del lugar que antes ocupó Herculano.

PORTINARI (Beatriz). V. BEATRIZ.

PORTINARI (Cándido), pintor brasileño (1903-1962), autor de murales, frescos, retratos, etc.

PORTLAND, c. de los Estados Unidos (Oregón); industria activa. — C. de los Estados Unidos (Maine); puerto en el Atlántico.

PORTLAND (ISLA DE), península de Inglaterra (Dorset); cementos.

PORT LYAUTEY. V. KENITRA.

PORT NATAL. V. DURBAN.

PORT MORESBY, c. y puerto de Nueva Guinea, cap. de Papuasia y de Nueva Guinea bajo tutela australiana; 32 400 h.

PORTO ALEGRE, c. del Brasil, cap. del Estado de Rio Grande do Sul; puerto a orillas del río Guaiba; industrias; importante centro comercial. Universidad. Arzobispado.

PORTOBELO, pobl. de Panamá (Colón). Su puerto, en la bahía del mismo n., es uno de los más abrigados del Caribe.

PORTOCARRERO (Luis de), cardenal y político español (1635-1709), consejero de Carlos II y partidario de Felipe de Anjou al trono español.

PORT OF SPAIN, cap. de la isla de Trinidad (Antillas), en la costa N.; 111 400 h.

PORTO NACIONAL, pobl. del Brasil (Goiás).

PORTO NOVO, cap. del Dahomey, en el golfo de Guinea; 30 000 h.

PORTO-RICHE (Georges de), dramaturgo francés (1849-1930), autor de *Enamorada.*

PÔRTO VELHO, c. del Brasil, cap. del Territ. de Rondônia, a orillas del río Madeira.

PORTOVIEJO, río del Ecuador (Manabí), que des. en el Pacífico; 100 km. — C. del Ecuador, cap. de la prov. de Manabí; centro comercial; manufactura de sombreros de paja. (Hab. *portovejenses.*) Obispado. Fundada en 1535, llamóse primeramente **San Gregorio de Puerto Viejo.**

PORT RADIUM, pobl. de Canadá (Terr. del Noroeste); importante yac. de pechblenda.

Port-Royal, abadía de religiosas cerca de París, fundada en 1204. Bajo la dirección de Saint-Cyran se convirtió en baluarte del jansenismo (1636). Demolida por orden de Luis XIV.

PORT SAID, c. de Egipto, a orillas del Mediterráneo, a la entrada del canal de Suez.

PORTSMOUTH [*-muz*], c. y puerto militar de Inglaterra (Hampshire) en la isla de Portsea.

PORTSMOUTH, c. de los Estados Unidos (New Hampshire). Allí fue firmado el Tratado de Paz que puso fin a la guerra ruso-japonesa (1905). — C. de los Estados Unidos (Virginia). Astilleros.

PORT SUDÁN, puerto del Sudán, en el mar Rojo.

PORTUGAL, ant. **Lusitania,** Estado de Europa meridional, al O. de la Península Ibérica, entre España y el Atlántico. Sup. 91 721 km^2; 9 252 000 h. (*portugueses*); cap. *Lisboa,* 818 400 h.; c. pr. *Oporto,* 285 000 h.; *Setúbal,* 55 000; *Coimbra,* 42 600; *Funchal,* capital y puerto de la isla de *Madera,* 37 200; *Braga,* 32 600; *Évora,* 31 500; *Ponta Delgada,* principal puerto de las Azores, 22 700. (V. mapa, p. 1280.)

— GEOGRAFÍA. Al sur del Tajo se extienden planicies uniformes, limitadas por las montañas del Algarve; al norte del río, la meseta, mucho más elevada, forma la Sierra de la Estrella. — Portugal es un país esencialmente rural: al norte, una población muy densa de pequeños propietarios practica la policultura intensiva (maíz, vid, frutales); al sur, las grandes fincas están consagradas al cultivo de cereales. La pesca constituye también un recurso importante. Las principales industrias son las textiles (Oporto, Braga, Coimbra, Lisboa) y las alimenticias (conservas de sardinas de Setúbal, vinos de Oporto). El subsuelo contiene tungsteno, cobre, hulla, estaño y hierro. Las colonias portuguesas, restos de un vasto imperio colonial, comprenden: en África, los archipiélagos de las Azores, Madera y Cabo Verde, la Guinea Portuguesa, la isla del Príncipe, Angola y Mozambique; en China, Macao; en Oceanía, la mitad de Timor. (V. mapa de ESPAÑA.)

— HISTORIA. La antigua Lusitania compartió la suerte del resto de la Península hasta 1095, año en que Enrique de Borgoña recibió de su cuñado, Alfonso VI de Castilla, el territorio comprendido entre el Miño y el Mondego. Su hijo, Alfonso I (1114-1185), fue proclamado rey (1139). Con la reconquista del Algarve y Lisboa de manos de los árabes, Portugal adquirió sus límites actuales. De 1385 a 1580 reinó la Casa de Avís, durante cuyo gobierno los portugueses derrotaron a los castellanos (1385) y establecieron su dominación en África y su imperio colonial en la India. Con la muerte del rey Sebastián en Alcazarquivir (1578), Portugal pasó a depender de Felipe II de España (1580). En 1640, gracias al apoyo de Francia, subió al trono la Casa de Braganza, que reinó hasta 1855. Por el Tratado de Methuen (1703), Portugal se dejó absorber comercialmente por Inglaterra, lo cual incitó más tarde a Napoleón a ocuparlo; Juan VI huyó entonces al Brasil, de donde regresó en 1821. El año siguiente, Brasil se declaró independiente. En 1910, la Casa de Sajonia-Coburgo-Braganza, que ocupaba el trono desde 1855, fue depuesta y Portugal se constituyó en república, que en 1926 tomó una forma autoritaria. En 1933, el Dr. Oliveira Salazar convirtió Portugal en un Estado unitario y corporativo. De 1940 a 1945, Portugal adoptó una neutralidad favorable a los Aliados. En diciembre de 1961, la India se apoderó de las últimas posesiones de Portugal en dicho país. En 1968, una grave enfermedad obligó a Oliveira Salazar a abandonar sus funciones, y le sucedió en la pres. del Consejo M. Caetano.

PORTUGALETE, v. de España (Vizcaya), cerca de Bilbao.

PORTUGUESA, río de Venezuela, afl. del Apure; 500 km. — Sierra de Venezuela, en el límite del Estado del mismo n. y el de Lara. — Estado de Venezuela; cap. *Guanare;* prod. café, algodón, maíz; su riqueza principal es la ganadería. (Hab. *portuguenses.*)

PORTUONDO (José Antonio), crítico cubano, n. en 1911, autor de *El heroísmo intelectual.*

PORVENIR, com. de Chile (Magallanes). — Pobl. de la Argentina (Buenos Aires). — Pobl. de Bolivia, cap. de la prov. de Nicolás Suárez (Pando). — Pobl. del Uruguay (Paysandú).

POSADA (José Guadalupe), grabador mexicano (1851-1913), cuya obra está llena de vida e ironía.

POSADA (Julio), escritor regionalista colombiano, n. en 1881, autor de *El machete.*

POSADA GUTIÉRREZ (Joaquín), militar, político e historiador colombiano (1797-1881).

POSADA HERRERA (José de), político español del Partido Liberal (1815-1885), pres. del Consejo en 1883.

POSADAS, pobl. de la Argentina, cap. de la prov. de Misiones, a orillas del Paraná; centro comercial e industrial. (Hab. *posadeños*). Museo Etnográfico y Arqueológico.

POSADAS (Gervasio Antonio de), político argentino (1757-1833), primer director supremo de las Provincias Unidas del Río de la Plata de 1814 a 1815.

Fot. The University of Chicago Press, Larousse

POSEIDÓN, dios griego del Mar, que corresponde al **Neptuno** de los romanos.
POSEN. V. POZNAM.
POSIDONIO, historiador y filósofo estoico griego (¿135?-50 a. de J. C.).
POSNANIA, provincia de Polonia, separada de Prusia por el Tratado de Versalles (1919); cap. *Poznan*. Una parte había quedado unida con Alemania hasta 1945.
PÓSTUMO, soldado que se hizo proclamar emperador de las Galias el año 258; m. en 268.
POTEMKIN (Gregorio Alejandrovich), príncipe ruso (1739-1791), favorito de Catalina II.
POTENZA, c. de Italia (Basilicata), cap. de la prov. del mismo n.
POTOCKI (Juan), historiador y viajero polaco (1761-1815), autor de una *Historia primitiva de los pueblos de Rusia.*
POTOMAC, río de los Estados Unidos, que des. en la bahía de Chesapeake; 600 km.
POTOSI, monte de los Estados Unidos (Colorado); 4 197 m. — C. de los Estados Unidos (Misuri); centro minero.
POTOSÍ, c. de Bolivia, cap. del dep. del mismo n., situada a 4 060 m. de alt., al pie del *cerro de Potosí,* célebre por sus riquezas minerales (plata, estaño). Centro minero y comercial. (Hab. *potosinos.*) Universidad. Obispado. Fundada en 1545 por Diego de Villarroel, fue durante la época colonial la c. más importante del continente y llevó el n. de **Villa Imperial.** El dep. es el más rico en minerales del país: estaño, plata, oro, plomo. Ganadería. — Mina de oro de El Salvador. — Mun. de Colombia (Nariño). — Mun. de Nicaragua (Rivas).

POTOSÍ (Bolivia)

POTRO, cerro de los Andes, en la frontera de Argentina (La Rioja) y Chile (Atacama); 5 830 m. — Mont. de Chile (Atacama); 5 460 m.
POTSDAM, c. de Alemania oriental (Brandeburgo), al SE. de Berlín. Palacio de los antiguos reyes de Prusia. Conferencia en 1945 entre Truman, Churchill y Stalin.
POTT (Percival), médico inglés (1714-1788); realizó estudios sobre la tuberculosis vertebral, enfermedad que lleva su nombre.
POTTER (Pablo), pintor de animales y paisajista holandés (1625-1654).
POULENC (Francis), compositor francés (1899-1963), cuya música está llena de gracia y suavidad melódica.
POUND (Ezra), poeta norteamericano, n. en 1885, autor de *Cantos,* de sabia inspiración y llenos de símbolos.
POUSSIN (Nicolás), pintor francés (1594-1665). Influido al principio por Tiziano, evolucionó más tarde hacia un clasicismo cada vez más puro. Su influencia fue considerable en el s. XVII. (V. lámina p. 240.)
POVEDA (José Manuel), poeta cubano (1888-1926), autor de *Versos precursores.*
POVEDA Y ARMENTEROS (Francisco), poeta cubano (1796-1881), autor de *La guirnalda habanera* y *Las rosas del amor.* Fue llamado por sus contemporáneos **el Trovador Cubano.**

POUSSIN
LAS CENIZAS DE FOCIÓN RECOGIDAS POR UNA MUJER DE MEGARA
fragmento

POWELL (Cecil Frank), físico inglés (1903-1969). Premio Nóbel en 1950 por su método fotográfico empleado para el estudio de los rayos cósmicos.

POWELL

POZNAN, en alem. **Posen,** c. de Polonia, en la prov. de Posnania, a orillas del Warta. Metalurgia; industrias químicas, textiles y alimenticias. Catedral (s. XV-XVIII).
POZO (El), cerro de la Argentina (Mendoza); 2 985 m.
POZO ALMONTE, com. de Chile (Tarapacá).
POZOBLANCO, v. de España (Córdoba).
POZOS (Los), pobl. de Panamá (Herrera). — Punto del río de la Plata en que el almirante Brown rechazó a la escuadra brasileña.
POZOS DULCES (*Conde de*). V. FRÍAS JACOTT (Francisco de).
POZZO TOSCANELLI (Pablo del). V. TOSCANELLI.
POZZUOLI. V. PUZOL.
Pradera de San Isidro (*La*), cuadro de Goya (1788). Representa una romería a orillas del Manzanares el día 15 de mayo, fiesta de San Isidro (Museo del Prado).
PRADIER [*-dié*] (James), escultor francés (1792-1852), artista hábil y delicado.
PRADILLA (Francisco), pintor español (1846-1921), autor de cuadros históricos.
PRADO, río de Colombia, afl. del Magdalena; 120 km. — Pobl. de Colombia (Tolima).
Prado (*Museo del*), museo de Madrid, de estilo neoclásico, construido por Juan de Villanueva por orden de Carlos III. Fernando VII (1819) convirtió su primitiva afectación (Museo de Ciencias Naturales) en galería de pinturas y constituyó con ella una de las más ricas pinacotecas del mundo. Posee también esculturas y orfebrería.

museo del PRADO
Madrid

Fot. Boyer, Giraudon, Keystone, Ministerio de Información y Turismo (España)

M. I. PRADO

PRADO Y UGARTECHE

J. PRIESTLEY

Joaquín PRIETO

PRADO (Mariano), político salvadoreño, jefe de la Junta de Gob. de 1823, vice-jefe del Estado en 1824, 1825, de 1826 a 1829, y jefe del Estado de 1832 a 1833.
PRADO (Mariano Ignacio), general y político peruano, n. en Huánuco (1826-1901), dictador de 1865 a 1868 y pres. de la Rep. de 1876 a 1879. Declaró la guerra a España en 1866.
PRADO (Pedro), escritor, poeta y arquitecto chileno (1886-1952), autor de notables ensayos, poemas en prosa, y varias novelas de carácter filosófico (*La reina de Rapa Nui, Alsino* y *Un juez rural*).
PRADO Y UGARTECHE (Manuel), ingeniero y político peruano, hijo de Mariano Ignacio (1889-1967), pres. de la Rep. de 1939 a 1945, reelegido en 1956 y derrocado en 1962, pocos días antes de finalizar su mandato.
PRADOS (Emilio), poeta español (1899-1962).
PRAGA, cap. de Checoslovaquia y de Bohemia, a orillas del Moldava; 1 000 000 de h. Metrópoli histórica e intelectual, es tb. un gran centro industrial: fundiciones; construcciones mecánicas; industrias químicas; cristales; productos alimenticios. Arzobispado. Universidad. (V. DEFENESTRACIÓN.)
Pragmática Sanción, ley promulgada por el emperador Carlos VI, que estableció el derecho de sucesión al trono de las hembras, y aseguró así la Corona a su hija María Teresa (1713).
PRAIA, cap. del archipiélago portugués de Cabo Verde, en la isla de Santiago (islas de Sotavento); 32 000 h. Puerto de pesca.
PRAT, isla de Chile (Wellington).
PRAT CHACÓN (Arturo), marino chileno (1848-1879), que pereció heroicamente en Iquique al mando de una pequeña embarcación con la que intentó el abordaje de un barco blindado peruano.
PRAT DE LLOBREGAT, v. de España (Barcelona); aeropuerto.
PRATO, c. de Italia (Toscana). Lana.
PRAVDINSK. V. FRIEDLAND.
PRAVIA, v. de España (Oviedo). Fue residencia de los reyes de Asturias Silo y Mauregato.
PRAXITELES, célebre escultor griego, n. hacia 390 a. de J. C. en Atenas. Eran célebres en la Antigüedad sus estatuas de Afrodita.
PREGL (Fritz), químico austriaco (1869-1930). Obtuvo el premio Nóbel en 1923 por sus estudios de las albúminas y de los ácidos biliares.

P. PRADO

PRAT CHACÓN

Prensa (*La*), diario argentino, fundado en Buenos Aires en 1869 por José Camilo Paz.
PRESAS (Río). V. SAN FERNANDO.
PRESBURGO. V. BRATISLAVA.
PRESCOTT (Guillermo H.), historiador norteamericano (1796-1859), que escribió sobre la conquista y colonización españolas de América: *Historia de los Reyes Católicos, Historia de México, Historia de la conquista del Perú*, etc.
PRESIDENCIA DE LA PLAZA, pobl. de la Argentina (Chaco).
PRESIDENCIA ROQUE SÁENZ PEÑA, población de la Argentina (Chaco).
PRESIDENTE FRANCO, pobl. del Paraguay (Alto Paraná).
PRESIDENTE GENERAL STROESSNER, pobl. del Paraguay (Alto Paraná).
PRESIDENTE HAYES, dep. del Paraguay; cap. *Villa Hayes.* (Hab. *hayenses.*)
PRESIDIO, río de México (Durango y Sinaloa), que des. en el Pacífico; 160 km.
PRESTON, c. de Inglaterra, cap. del condado de Lancaster, puerto en el río Ribble. Tejidos. Derrota de los escoceses por Cromwell en 1648.
PRETEXTATO (*San*), arzobispo de Ruán (Francia), asesinado por Fredegunda (586). Fiesta el 24 de febrero.
PRETORIA, cap. del Transvaal y sede del Gobierno de la Rep. Sudafricana; 416 000 h; centro ferroviario; metalurgia. Arzobispado.
PREVERT (Jacques), poeta francés, n. en 1900, autor de versos anticonformistas y llenos de fantasía (*Palabras*, etc.).
PREVOST (Marcel), novelista francés (1862-1941), autor de *La confesión de un amante.*

PRAGA: Castillo de Hradcany

PREVOST D'EXILES (*Abate*), escritor francés (1697-1763), autor de numerosas novelas costumbristas y de aventuras, célebre por su relato *Manon Lescaut*, obra maestra del género psicológico y sentimental.
PRÍAMO, último rey de Troya, hijo de Laomedonte, padre de Héctor, Paris y Casandra, degollado por Pirro después de la toma de la ciudad.
PRIEGO, c. de España (Cuenca).
PRIEGO DE CÓRDOBA, c. de España (Córdoba). Cereales, vid, olivos.
PRIENE, c. antigua de Jonia. Hoy **Samsún.**
PRIESTLEY (John BOYNTON), novelista y dramaturgo inglés, n. en 1894, autor de *Curva peligrosa* y *Ha llamado un inspector.*
PRIESTLEY (José), químico y teólogo inglés (1733-1804). Descubrió el fenómeno de la respiración de los vegetales y aisló el oxígeno.
PRIETO (Guillermo), político y poeta romántico mexicano (1818-1897), autor de *El Romancero Nacional* y *Musa callejera.* Escribió en prosa *Memorias de mis tiempos.*
PRIETO (Indalecio), político socialista español (1883-1962), varias veces ministro de la Segunda República.
PRIETO (Jenaro), escritor chileno (1889-1946), de prosa natural y gran imaginación; autor de las novelas *Un muerto de mal criterio* y *El socio.*
PRIETO (Joaquín), general y político chileno (1786-1854), pres. de la Rep. de 1831 a 1841. Promulgó la Constitución de 1833.

Fot. Larousse, doc. A. G. P., X

PRIM Y PRATS (Juan), conde de Reus, marqués de los Castillejos, general y político español, n. en Reus (1814-1870). Señalóse en la guerra de Marruecos (1859) y por su oposición a la campaña contra México (1862). Participó en la revolución de 1868 y, siendo presidente del Consejo, intentó hallar para España un príncipe que estableciera una verdadera monarquía constitucional. Fracasó primero la candidatura de Hohenzollern, y cuando había conseguido que se eligiese a Amadeo, duque de Aosta, murió asesinado en 1870, el mismo día en que se embarcaba en La Spezia el nuevo rey.

Primaleón, novela de caballerías española (1516), de autor anónimo.

PRIMATICIO (Francisco PRIMATICIO, llamado **el**), pintor, escultor y arquitecto italiano (1505-1570), que decoró los palacios de Fontainebleau y Chambord (Francia).

PRIMAVERA, com. de Chile (Magallanes).

Primavera (*La*), cuadro de Botticelli (Florencia).

PRIMERO, río de la Argentina (Córdoba), que desciende de la sierra de Córdoba y se pierde en la cuenca de Mar Chiquita.

PRIMERO DE MARZO, pobl. del Paraguay (Cordilleras).

PRIMO DE RIVERA (Fernando), militar y político español (1831-1921). Participó en la tercera guerra carlista, apoyó la proclamación de Alfonso XII (1874) y fue capitán general de Filipinas (1880-1883). Fue el primer marqués de Estella.

PRIMO DE RIVERA (Miguel), marqués de Estella, sobrino del anterior, general y político español (1870-1930), presidente del Directorio

M. P. DE RIVERA

J. A. P. DE RIVERA

militar de 1923 a 1925 y jefe del Gobierno de 1925 a 1929. — Su hijo JOSÉ ANTONIO, abogado y político español (1903-1936), fundador de la Falange Española. Fue fusilado en Alicante.

PRIMO DE VERDAD (Francisco). V. VERDAD.

PRINCETON, c. de los Estados Unidos (Nueva Jersey); Universidad fundada en 1746. En 1777, batalla entre norteamericanos e ingleses.

PRÍNCIPE (ISLA DEL), colonia portuguesa de África, en el golfo de Guinea.

Príncipe (*El*), obra de Maquiavelo (1531); tratado de política y de gobierno.

Príncipe Constante (*El*), comedia histórica de Calderón.

Príncipe de Asturias, título del heredero de la Corona de España desde tiempos de Juan I de Castilla (1388), que lo dio a su hijo Enrique III.

PRÍNCIPE DE GALES (TIERRA DEL), isla del Archipiélago Ártico, al N. de la América septentrional; en ella se encuentra el polo magnético.

PRÍNCIPE EDUARDO (ISLA DEL), isla y prov. marítima del Canadá; cap. *Charlottetown*.

PRÍNCIPE EUGENIO. V. EUGENIO DE SABOYA.

Príncipe Igor (*El*), ópera inacabada de Borodin, terminada por Glazunov y R. Korsakov.

PRÍNCIPE NEGRO. V. EDUARDO.

PRINGLES (Juan Pascual), militar argentino (1795-1831), que se distinguió en la guerra de la Independencia y a las órdenes del general Paz. M. en lucha contra Quiroga.

PRINZAPOLCA, río de Nicaragua (Zelaya), que des. en el mar Caribe; 193 km. — Pobl. de Nicaragua (Zelaya).

PRÍO SOCARRÁS (Carlos), político cubano, n. en 1903, pres. de la Rep. de 1948 a 1952.

PRIORATO (El), comarca de España (Tarragona), a unos 15 km al O. de Reus; vinos.

PRIPET o **PRIPIAT,** río de Ucrania, afl. del Dniéper, que atraviesa los pantanos de Pinsk; 775 km.

PRISCILIANO, heresiarca español, decapitado en 385; concebía el ascetismo como la verdadera forma de vida cristiana.

Prisiones (*Mis*), relato de Silvio Pellico, que describe las penalidades de un largo cautiverio (1832).

PRISTINA o **PRISHTINA,** c. de Yugoslavia, cap. de la región de Kosovo-Metohija o Kosmet.

PRIVAS, c. de Francia, cap. del dep. de Ardèche.

PRJEVALSKI (Nicolás), oficial ruso (1839-1888), que realizó frecuentes exploraciones por Asia central.

PROBO, emperador romano de 276 a 282. Su administración fue excelente.

PROCAS, rey legendario de Alba, padre de Amulio.

PRÓCIDA, isla de Italia en el golfo de Nápoles.

PRÓCIDA (Juan de), noble napolitano (1225-1302), principal instigador de las *Vísperas Sicilianas* (1282).

PROCIÓN, estrella del Can Menor.

PROCLO, filósofo neoplatónico (412-485), autor de un comentario sobre el *Timeo* de Platón.

PROCOPIO, historiador bizantino, m. hacia 562, secretario de Belisario e historiador de Justiniano, autor del *Libro de las guerras*.

PROCOPIO el Grande, jefe husita (¿1380?-1434) y después jefe de Bohemia.

PROCUSTO, bandido de Ática, quien, tras robar a los viajeros, los adaptaba al tamaño de un lecho de hierro, mutilando o descoyuntando a sus víctimas. Teseo lo sometió a la misma tortura. (*Mit.*)

PROGRESO, c. y puerto de exportación de México (Yucatán); centro comercial y pesquero. — V. de México (Coahuila).

PROGRESO (El), c. de Guatemala, cap. del dep. del mismo n.; centro agrícola. (Hab. *guastatoyanos.*) La economía del dep. es agropecuaria. — Pobl. de Honduras (Yoro).

PROKOFIEV (Sergio), compositor y pianista ruso (1891-1953); su melodioso estilo está impregnado de fantasía y de humor. Autor de obras para piano, orquesta (seis sinfonías), de música de cámara, de ballets y de óperas.

PROKOPIEVSK, c. de la U.R.S.S. (Rusia), en Siberia occidental. Metalurgia; tejidos.

PROMETEO, dios del Fuego, hijo del titán Yápeto y hermano de Atlas. Aparece, en la mitología clásica, como iniciador de la primera civilización humana.

Prometeo encadenado, tragedia de Esquilo (s. V a. de J. C.).

Propaganda fide (*Congregación de*), fundada y organizada por Gregorio XV (1622). Tiene por objeto la propagación de la fe católica.

PROPERCIO (Sexto Aurelio), poeta latino (¿47-15? a. de J. C.), autor de cuatro libros de *Elegías*, de tierna inspiración.

Propileos (*Los*), pórtico de la Acrópolis de Atenas, admirable edificio de mármol pentélico edificado por Mnesicles (437-433 antes de J. C.).

PROPÓNTIDE. Véase MÁRMARA (*Mar de*).

PRIM Y PRATS

EL PRIMATICIO
autorretrato
Galería de los Oficios

PROKOFIEV

LOS PROPILEOS

Fot. Ruiz-Vernacci, doc. A. G. P., Alinari, Liputszki

PROUDHON

M. PROUST

Prosas profanas, libro de poemas de Rubén Darío, que señala el punto culminante del modernismo (1896).

PROSERPINA, reina de los Infiernos, mujer de Plutón, hija de Júpiter y de Ceres.

PRÓSPERO de Aquitania (*San*), historiador, poeta y teólogo latino (¿390?-después de 463); combatió el pelagianismo. Fiesta el 25 de junio.

PROSTEJOV, c. de Checoslovaquia (Moravia). Metalurgia y textiles.

PROTÁGORAS de Abdera, sofista griego (¿485-410? a. de J. C.). Estimaba que todos los conocimientos proceden de la sensación. Es autor de la famosa frase: "El hombre es la medida de todas las cosas".

Protágoras, diálogo de Platón, dirigido contra los sofistas (hacia 390 a. de J. C.).

PROTASIO (*San*). V. GERVASIO.

Protector, título dado en 1815 a Artigas por los Estados de Corrientes, Entre Ríos, la Banda Oriental y todos los federales. — Título dado por los peruanos a San Martín en 1821. — Título que tomó Santa Cruz en la Confederación Peruboliviana (1834). — Título de O. Cromwell (1653).

PROTEO, dios marino que habiendo recibido de su padre Neptuno el don de profecía, para librarse de los que le acosaban con sus preguntas, cambiaba de forma cuando quería.

PROTESILAO, héroe tesalio, el primero de los guerreros griegos que pisó suelo troyano.

Protestantismo. V. *Parte Lengua.*

PROTÓGENES, pintor griego de fines del s. IV a. de J. C.

PROUDHON [*pru-*] (Pedro José), filósofo francés (1809-1865), autor de teorías socialistas sobre la propiedad ("La propiedad es un robo") y fundador de un sistema mutualista.

PROUST [*prust*] (Luis José), químico francés (1754-1826), que formuló la ley de las proporciones definidas. Residió en España.

PROUST (Marcel), escritor francés, n. en París (1871-1922), autor de una larga novela, *En busca del tiempo perdido,* sutil evocación de los recuerdos personales del autor, que analiza sus propios sentimientos y los de las personas que él conoció. Esta obra ha tenido gran influencia en la literatura contemporánea.

PROUT (Guillermo), químico y médico inglés (1785-1850), que consideró todos los elementos químicos como formados por hidrógeno condensado.

PROVENZA, en fr. **Provence,** ant. prov. del SE. de Francia; cap. *Aix-en-Provence.*

Proverbios *(Libro de los),* uno de los Libros Sapienciales del Antiguo Testamento, atribuido a Salomón. Es una colección de sentencias morales y religiosas.

PROVIDENCIA, c. de los Estados Unidos, cap. del Estado de Rhode Island.

PROVIDENCIA, mun. de Colombia (San Andrés y Providencia). — Com. de Chile (Santiago).

Providencia (*De la*), tratado de Séneca el Filósofo (s. I d. de J. C.).

Provinciales (*Las*) o **Cartas a un provincial,** serie de 18 cartas escritas por Pascal (1656-1657) para defender a los jansenistas contra los Jesuitas.

PROVINCIAS UNIDAS, ant. n. de las siete prov. de los Países Bajos, federadas contra Felipe II en 1579, y reconocidas independientes en 1609. Formaron un Estado hasta la Revolución Francesa, y más tarde el reino de Holanda.

PROVINCIAS UNIDAS DE AGRA Y AUD, ant. prov. de la India, hoy Estado de Uttar Pradesh.

PROVINCIAS UNIDAS DEL RÍO DE LA PLATA, n. primitivo de la República Argentina.

PROVINCIAS UNIDAS DE VENEZUELA, n. primitivo de la República de Venezuela.

PROVINS, c. de Francia (Sena y Marne). Recinto amurallado (s. XII-XIV).

Prudencia en la mujer (*La*), comedia histórica de Tirso de Molina, en la que revive la época de la regencia de doña María de Molina y las luchas que tuvo que sostener para mantener en el trono a su hijo Fernando IV (1634).

PRUDENCIO (Aurelio Clemente), poeta hispanolatino, n. en Calahorra (348-¿415?), una de las primeras figuras de la lírica cristiana (*Cathemerinon, Peristephanon, Hamartigenia*).

PRUD'HON (Pedro Pablo), pintor francés (1758-1823), de gran inspiración y estilo puro, uno de los precursores del romanticismo.

PRUSA, ant. c. de Bitinia; hoy **Bursa.**

PRUSIA, en alemán **Preussen,** ant. reino de Europa que constituía la parte septentrional de Alemania; 294 000 km². Sus provincias son actualmente Estados, o parte de Estados, de Alemania.

— HISTORIA. La importancia moderna de Prusia se debe a la casa de Hohenzollern, oriunda de Suabia, cuyos miembros llegaron a ser príncipes del Imperio en el s. XIV. En 1415, Federico VI de Hohenzollern, margrave de Nuremberg, compró a Segismundo I el electorado de Brandeburgo, tomó el nombre de *Federico I* y fundó una dinastía, cuyas empresas militares se vieron brillantemente ayudadas por los caballeros teutónicos, secularizados en 1525 por su maestre Alberto de Brandeburgo. En 1618, heredó el elector *Juan Segismundo* el ducado de Prusia, encontrándose por consiguiente reunidos Brandeburgo y Prusia bajo el cetro de los Hohenzollern, dueños de toda la región comprendida entre el Báltico y el Vístula. *Federico Guillermo* (1640-1688) intervino en los asuntos europeos, sacó provecho de la paz de Westfalia, organizó el Estado prusiano, creó un ejército permanente, acogió a las víctimas de la revocación del Edicto de Nantes y estableció las bases de la grandeza de su patria. En 1701, la Casa de Habsburgo reconoció a Federico III (1688-1713) como rey de Prusia, con el nombre de *Federico I.* Federico Guillermo I, el *Rey Sargento* (1713-1740), consagró todos sus esfuerzos al ejército. *Federico II* el Grande (1740-1786), hábil militar y administrador, se distinguió en la guerra de Sucesión de Austria y resistió durante la guerra de los Siete Años a los esfuerzos combinados de Francia, Austria y Rusia. Pobló sus Estados, favoreciendo la inmigración, y agrandó considerablemente el territorio prusiano con la conquista de Silesia y los sucesivos repartos de Polonia. Los prusianos, vencidos en Valmy por la Revolución Francesa (1792), en Jena por Napoleón (1806) y debilitados en Tilsit (1807), se desquitaron en Leipzig, en Waterloo y en el Congreso de Viena, donde recuperaron los territorios perdidos. Habiendo entrado Prusia en la Confederación Germánica, adquirió poco a poco, a expensas de Austria, una influencia que motivó durante el reinado de Guillermo I (1861-1888) y a consecuencia de la campaña de Dinamarca (1864), una ruptura entre Viena y Berlín, cuyas consecuencias fueron la victoria de Sadowa (1866) y la exclusión de Austria de la Confederación. La Confederación de la Alemania del Norte reemplazó la antigua Confederación Germánica. Cuatro años más tarde vencieron los prusianos a los franceses imponiéndoles el Tratado de Francfort (1871). Durante dicha guerra, los Estados alemanes proclamaron en Versalles al rey de Prusia emperador de Alemania con el nombre de *Guiller-*

PRUD'HON. RETRATO DE UN DESCONOCIDO. Museo Carnavalet (París)

Fot. Larousse, Martinie, Giraudon

mo I. A partir de entonces, la historia de Prusia se confunde con la de Alemania y en 1919 sufre los mismos perjuicios causados por la pérdida de la Primera Guerra mundial. En el III Reich tuvo, hasta la disolución del Parlamento (1934), un gobierno autónomo. La Segunda Guerra mundial le ha hecho perder las provincias orientales en beneficio de la U.R.S.S. y Polonia. Actualmente está dividida entre la República Democrática de Alemania y la República Federal.

PRUSIA OCCIDENTAL, ant. prov. de Alemania; cap. *Danzig,* atribuida hoy a Polonia.

PRUSIA ORIENTAL, ant. prov. de Alemania oriental, cap. *Königsberg,* dividida en 1945 entre Polonia y la U.R.S.S

PRUSIA RENANA o **RENANIA,** región de Alemania, dividida actualmente entre los Estados de Rin Septentrional-Westfalia y Renania-Palatinado.

PRUSIAS I, rey de Bitinia de 229 aprox. a 182 a. de J. C. — PRUSIAS II, hijo suyo, rey de Bitinia de 182 a 149 aprox. Acogió a Aníbal en su reino.

PRUSZKOW, c. de Polonia, al SO. de Varsovia. Industrias metalúrgicas y químicas.

PRUT o **PRUTH,** río de Europa que nace en los Cárpatos y des. en el Danubio, separando a Rumania de la U.R.S.S.; 950 km.

PRZEMYSL, c. de Polonia (Galitzia). Metalurgia.

PRZYBYSZEWSKI (Estanislao), escritor polaco (1868-1927), autor de la trilogía *Homo sapiens.*

PSAMÉTICO I, rey de Egipto de 663 a 609 a. de J. C.; restaurador de la potencia militar egipcio. — PSAMÉTICO II, rey de Egipto de 594 a 588 a. de J. C.

PSELLOS (Miguel), escritor y político bizantino (1018-1078), restaurador de la filosofía neoplatónica.

PSIQUE o **PSIQUIS,** doncella de gran belleza. El mito de Psique, amada y raptada por Eros, simboliza el destino del alma caída que, después de muchas pruebas, acaba por unirse para siempre con el amor divino.

PSKOV, c. de la U. R. S. S. (R. S. F. S. de Rusia), al SO. de Leningrado. Monasterios.

PTOLEMAIS, n. de varias ciudades de la Antigüedad. La más célebre fue *San Juan de Acre,* en Israel.

PTOLOMEO o **TOLOMEO Sotero,** fundador de la dinastía de los Lagidas, sátrapa de Egipto de 323 a 305 a. de J. C. y rey de 305 a 285. Empezó su gobierno después de la muerte de Alejandro Magno. M. en 283. — PTOLOMEO II *Filadelfo,* rey de Egipto de 285 a 246 a. de J. C., protector de las letras y administrador eficiente. La tradición atribuye a su iniciativa la traducción en griego de la Biblia hebraica, conocida con el nombre de *Versión de los Setenta.* Mandó construir el célebre faro de Alejandría. — PTOLOMEO III *Evérgetes I,* rey de Egipto de 246 a 221 a. de J. C. — PTOLOMEO IV *Filopátor I,* rey de Egipto de 221 a 203 a. de J. C. — PTOLOMEO V *Epífanes,* rey de Egipto de 203 a 181 a. de J. C. — PTOLOMEO VI *Filométor I,* rey de Egipto de 181 a 145 a. de J. C. — PTOLOMEO VII *Evérgetes II,* rey de Egipto de 170 a 116 a. de J. C. — PTOLOMEO VIII *Eupátor,* rey de Egipto en 145 a. de J. C. — PTOLOMEO IX *Apion,* rey de Cirenaica de 117 a 96 a. de J. C., mientras que su hermano Ptolomeo X reinaba en Egipto. (Algunos historiadores no lo cuentan entre los reyes de Egipto.) — PTOLOMEO X *Filométor II Sotero II,* rey de Egipto de 117 a 107 y de 88 a 80 a. de J. C. — PTOLOMEO XI *Alejandro I,* rey de Egipto de 107 a 88 a. de J. C. — PTOLOMEO XII *Alejandro II,* rey de Egipto en 80 a. de J. C. M. asesinado. — PTOLOMEO XIII *Dionisio I,* llamado *Auletes;* rey de Egipto (80-58 y 55-51 a. de J. C.). — PTOLOMEO XIV *Dionisio II,* rey de Egipto de 51 a 47 a. de J. C. — PTOLOMEO XV *Filopátor II,* llamado *el Niño,* rey de Egipto de 47 a 44 a. de J. C. — PTOLOMEO XVI *Cesarión,* hijo de César y de Cleopatra, rey nominal de Egipto de 44 a 30 a. de J. C., ejecutado por Octavio tras la batalla de Accio.

PTOLOMEO (Claudio), astrónomo griego, n. en Egipto (s. II d. de J. C.), autor de una célebre *Composición matemática* y de una *Geografía* que fue considerada con gran autoridad durante toda la Edad Media. Su sistema, que consistía en colocar la Tierra en el centro del mundo y considerarla como un cuerpo fijo, fue destruido por el de Copérnico.

PUCALLPA, c. del Perú, cap. de la prov. de Coronel Portillo (Loreto). [Hab. *pucallpeños.*]

PUCARÁ, río del Perú (Puno), que, al confluir con el Azángaro y el Huancané, forma el Ramis.

PUCCINI (Giacomo), compositor italiano, n. en Luca (1858-1924), autor de las famosas óperas *Manon Lescaut, La Bohème, Tosca, Madame Butterfly,* etc.

PUCÓN, com. de Chile (Cautín).

PUCHKIN. V. PUSCHKIN.

PUCHUNCAVÍ, com. de Chile (Valparaíso).

PUEBLA, n. dado a un sector de la Sierra Madre Oriental de México. — C. de México, cap. del Estado del mismo n., llamada tb. **Puebla de Zaragoza;** centro comercial. Numerosos edificios religiosos y hermosa catedral. Universidad. Arzobispado. El Estado prod. maíz, trigo, caña de azúcar, frutas; yac. de antimonio, cinc; ónix, yeso, mármol; tejidos.

PUEBLA DE ALCOCER, v. de España (Badajoz).

PUEBLA DE CAZALLA, v. de España (Sevilla). Aguardiente.

PUEBLA DE DON FADRIQUE, v. de España (Granada). Centro agrícola y ganadero.

PUEBLA DE GUZMÁN, v. de España (Huelva). Centro minero (cobre, manganeso, plomo).

PUEBLA DE LA CALZADA, v. de España (Badajoz).

PUEBLA DEL MAESTRE, v. de España (Badajoz).

PUEBLA DE LOS INFANTES (La), v. de España (Sevilla). Minas de hierro.

PUEBLA DE MONTALBÁN, v. de España (Toledo). Fábrica de licores; harina.

PUEBLA DE SANABRIA, v. de España (Zamora). Centro ganadero. Antiguo castillo.

PUEBLO, c. de los Estados Unidos (Colorado), a orillas del Arkansas. Industrias diversas.

PUEBLO NUEVO, pobl. de Nicaragua (Estelí). — V. PAZ CENTRAL.

PUEBLOS, indios del SO. de los Estados Unidos y N. de México; fueron llamados así por los descubridores españoles a causa de las típicas viviendas, de varios pisos, en que habitaban.

PUEBLO VIEJO, pobl. de la Rep. Dominicana; yac. de oro, explotados desde la época prehispánica.

PUEBLOVIEJO, río del Ecuador, afl. del Guayas. — Pobl. del Ecuador (Los Ríos). — Pobl. de Colombia (Boyacá).

PUELCHES, indios que vivían en las pampas argentinas, por lo cual se les dio también el n. de *pampas.*

PUENTE (Luis de la), escritor ascético y jesuita español (1554-1624).

PUENTE ALTO, dep. de Chile (Santiago).

Claudio PTOLOMEO

PUCCINI

la catedral de PUEBLA
México

Fot. X, Ballerini, Roger-Viollet

PUERTA DEL SOL
Madrid

PUERTA DEL SOL
en Tiahuanaco
Bolivia

PUENTEÁREAS, v. de España (Pontevedra), al SE. de Vigo. Estación veraniega.
PUENTE DE CALDERÓN, lugar de México, cerca de Guadalajara, donde Calleja del Rey derrotó al ejército de Hidalgo (11 de enero de 1811).
PUENTE DE IXTLA, v. de México (Morelos).
PUENTE DEL ARZOBISPO (El), v. de España (Toledo). Fundada por el arzobispo P. Tenorio.
PUENTE DEL INCA, pobl. de la Argentina (Mendoza); curioso puente natural; estación termal.
PUENTEDEUME, v. de España (Coruña). Pesca; agricultura.
PUENTE GENIL, v. de España (Córdoba), a orillas del Genil; centro agrícola; carne de membrillo.
PUENTE LA REINA, v. de España (Navarra); vinos. Ant. etapa en el camino de Santiago de Compostela.
PUENTE NACIONAL, pobl. de Colombia (Santander).
Puerta o **Sublime Puerta,** n. que solía darse al Gobierno otomano.
Puerta del Sol, plaza situada en el centro de Madrid y uno de los puntos más animados y pintorescos de la capital. — Puerta de Toledo, de estilo mozárabe. (V. MUDÉJAR [*Arte*].) — N. dado a un monolito preincaico que se encuentra en Tiahuanaco (Bolivia). Tiene 3 m de altura por 4 de ancho y su parte superior está ornada con un friso en relieve.
PUERTAS DE HIERRO, n. de varios desfiladeros de montañas; en los Cárpatos, en el paso del Danubio, entre Rumania y Yugoslavia; en el Cáucaso, en Derbent (Daguestán).
PUERTO ACOSTA, pobl. de Bolivia, cap. de la prov. de Camacho (La Paz); puerto en el lago de Titicaca. Ant. llamada **Huaicho.**
PUERTO AISÉN, c. de Chile, cab. del dep. y de la prov. de Aisén.
PUERTO ARMUELLES, pobl. de Panamá, cab. del distr. de Barú (Chiriquí). Bananas.
PUERTO ARTURO. V. PORT ARTHUR.
PUERTO AYACUCHO, c. de Venezuela, cap. del Terr. de Amazonas; a orillas del Orinoco. (Hab. *ayacuchos.*) Vicariato Apostólico.
PUERTO BAQUERIZO, c. del Ecuador, cap del Archip. de Colón, en la isla San Cristóbal (Hab. *portobaquericenses.*)
PUERTO BARRIOS, c. de Guatemala, cap. del dep. de Izabal; puerto en el Caribe. Estación terminal del ferrocarril transoceánico. (Hab. *porteños.*)
PUERTO BELGRANO, puerto militar argentino (Buenos Aires).
PUERTO BERRÍO, pobl. de Colombia (Antioquia); puerto a orillas del Magdalena que sirve de salida al Estado andino de Antioquia.
PUERTO CABELLO, c. de Venezuela (Carabobo); puerto de gran actividad: export. de café, cacao; astilleros. Industrias.
PUERTO CABEZAS, pobl. de Nicaragua (Zelaya).
PUERTO CARREÑO, c. de Colombia, cap. de la comisaría de Vichada, en la confluencia del Meta con el Orinoco; aduana. (Hab. *puertocarrenses* o *porteños.*)
PUERTO CASADO, ant. **Ángeles Custodios,** pobl. del Paraguay (Boquerón).
PUERTO CASTILLA, c. y puerto de Honduras (Colón). Fundada en 1525.
PUERTO COLOMBIA, pobl. de Colombia (Atlántico).
PUERTO CORTÉS, base naval mexicana (Baja California). — Pobl. de Costa Rica (Puntarenas). — Pobl. de Honduras (Cortés), el más importante puerto del país. Fue visitado por Cortés en 1525.
PUERTO CUMAREBO, pobl. de Venezuela (Falcón).
PUERTO DE ESPAÑA. V. PORT OF SPAIN.
PUERTO DE LA CRUZ, v. de España (Santa Cruz de Tenerife). Jardín Botánico.
PUERTO DE SANTA MARÍA (El), c. de España (Cádiz), en la desembocadura del río Guadalete; centro agrícola y ganadero; vinos.
PUERTO DESEADO, pobl. de la Argentina, en Patagonia (Santa Cruz); frigoríficos.
PUERTO GUAQUI, pobl. de Bolivia, sección de la prov. de Ingaví (La Paz).
PUERTO LA CRUZ, pobl. de Venezuela (Anzoátegui), al E. de Barcelona. Refinería y exportación de petróleo.
PUERTO LEMPIRA, c. en el E. de Honduras (Gracias a Dios).
PUERTO LÓPEZ, pobl. de Colombia (Meta), a orillas del río Meta.
PUERTO LIMÓN. V. LIMÓN.
PUERTOLLANO, c. de España (Ciudad Real), minas de carbón; yacimientos de hierro y plomo; metalurgia.
PUERTO MADRYN, c. de la Argentina (Chubut); puerto en el Golfo Nuevo; est. balnearia. Base aeronaval.
PUERTO MALDONADO, c. del Perú, cap. de la prov. de Tambopata y del dep. de Madre de Dios; puerto fluvial a orillas del río Madre de Dios. Centro comercial de una región de cultivos tropicales.
PUERTO MONTT, c. de Chile, cap. de la prov. de Llanquihue; centro comercial. (Hab. *puertomonttinos.*) Obispado. Afectada por el terremoto de 1960.
PUERTO NUTRIAS, puerto de Venezuela (Barinas), en el Apure.
PUERTO OCTAY, com. de Chile (Osorno).
PUERTO ORDÁS, c. y puerto de Venezuela (Bolívar), a orillas del Orinoco.
PUERTO PADRE, térm. mun. de Cuba (Oriente).
PUERTO PÉREZ, puerto de Bolivia (La Paz), en el lago Titicaca.
PUERTO PINASCO, pobl. del Paraguay (Boquerón), a orillas del río Paraguay.
PUERTO PIRÁMIDES, puerto de la Argentina (Chubut), en el Golfo Nuevo.
PUERTO PLATA, c. del N. de la Rep. Dominicana, cap. de la prov. del mismo n.; centro de una rica región: produce café, tabaco, cacao y frutas tropicales.
PUERTO PRÍNCIPE. V. CAMAGÜEY y PORT-AU-PRINCE.
PUERTO REAL, v. de España (Cádiz). Salinas.

Fot. X, Meot

mapa y escudo de PUERTO RICO

PUERTO RICO, isla del mar de las Antillas, la más oriental del grupo de las Antillas Mayores, que constituye un Estado Libre Asociado a los Estados Unidos de Norteamérica; 8 896 km², 2 633 000 h. (*puertorriqueños*); cap. *San Juan,* 650 000 h. (con los suburbios); c. pr. *Ponce,* 150 000 h.; *Mayagüez,* 85 000; *Bayamón,* 73 000; *Arecibo,* 70 000; *Caguas,* 65 000; *Aguadilla,* 48 000; *Cayey,* 38 000; *Humacao,* 35 000; *Guayama,* 34 000.

— GEOGRAFÍA. De silueta sensiblemente rectangular, la isla tiene una estructura maciza y montañosa (1 338 m). Los ríos son abundantes y su clima es cálido y húmedo. Los recursos económicos del país son: la agricultura, con tres cultivos predominantes: caña de azúcar, café y tabaco. Otros cultivos son: el maíz, las frutas tropicales, etc. La ganadería está principalmente constituida por vacunos y porcinos, y la industria ha alcanzado notable desarrollo (metalúrgicas, refinerías de petróleo, azúcar, destilerías, manufacturas de tabacos, textiles, bordados, etc.). La isla está muy poblada, y su densidad, 277 h. por km², es la más elevada de América. La mayoría de sus habitantes son de raza blanca y el resto negros y mulatos. El elemento indio ha desaparecido. El español es la lengua oficial, aunque el inglés está muy extendido. La enseñanza primaria es libre y obligatoria, y la superior cuenta con la Universidad de Puerto Rico, en Río Piedras, cerca de San Juan, y otros centros universitarios y de estudios, entre los que sobresale la Escuela de Medicina Tropical. La religión predominante es la católica, pero la Constitución garantiza la libertad de cultos. Eclesiásticamente el país está dividido en una arquidiócesis y dos diócesis.

— HISTORIA. Antes del descubrimiento, la isla, llamada por los indígenas *Borinquén,* estaba habitada por indios arawacos y caribes. Cristóbal Colón desembarcó en ella, durante su segundo viaje (1493), y Juan Ponce de León la exploró en 1508. Éste fue bien recibido por los indígenas y fundó la c. de San Juan de Puerto Rico ese mismo año. Administrativamente pasó a depender de Santo Domingo, y el propio Ponce de León fue nombrado gobernador en 1509. Los naturales del país no eran muy aptos para los duros trabajos que la colonización exigía y, para sustituirlos, se importaron esclavos negros africanos. La vida colonial se vio frecuentemente alterada por los ataques de corsarios extranjeros, y el inglés Drake incendió San Juan en 1595. Durante el siglo XVIII hubo tres intentos ingleses de apoderarse de la isla para anexionarla a Jamaica. A pesar de las concesiones del Gobierno español, que suprimió progresivamente el monopolio y autorizó el comercio de Puerto Rico, así como las mejoras que suponía la aplicación de la Constitución española de 1876, estallaron movimientos revolucionarios que España reprimió con vigor. Solamente en 1897 el Gobierno de Madrid accedió a conceder a Puerto Rico y Cuba la autonomía que reclamaban, pero ya era tarde. En 1898 estalló la guerra hispanonorteamericana y este conflicto, desastroso para España, tuvo por colofón la firma del Tratado de París, por el cual Puerto Rico, Cuba y Filipinas eran ocupados por los Estados Unidos. Al principio, la isla estuvo sometida a la autoridad militar, hasta que en 1900 el Congreso norteamericano estableció una administración dirigida por un gobernador, asistido de un Consejo Ejecutivo, nombrados por el presidente de los Estados Unidos, y una Cámara de elección popular. En 1917 fue concedida la nacionalidad estadounidense a los puertorriqueños, y en 1948 la elección del gobernador fue sometida a sufragio universal. Luis Muñoz Marín salió triunfante en los comicios, se elaboró una Constitución propia para Puerto Rico, que fue aprobada por plebiscito y puesta en vigor en 1952, tras lo cual se proclamó el Estado Libre Asociado de Puerto Rico, con Muñoz Marín, jefe del Partido Popular Democrático, como gobernador. Su mandato fue prolongado en 1956 y 1960. En 1965 le sustituyó Roberto Sánchez Vilella y en 1968 fue nombrado gobernador Luis Ferré.

PUERTO RICO, pobl. de Bolivia, cap. de la prov. de Manuripi (Pando).

PUERTO SASTRE, pobl. del Paraguay (Boquerón), a orillas del río Paraguay.

PUERTO STANLEY, cap. de las islas Malvinas, en la isla Soledad. Centro comercial.

PUERTO SUÁREZ, c. de Bolivia (Santa Cruz), a orillas del río Paraguay.

PUERTO VARAS, com. y dep. de Chile (Llanquihue), a orillas del lago Llanquihue.

PUERTOVIEJO. V. PORTOVIEJO.

PUERTO WILCHES, c. de Colombia (Santander). Puerto en el río Magdalena. Petróleo.

PUEYRREDÓN, lago de la Argentina (Santa Cruz) cuya mitad occidental pertenece a Chile (Aisén) donde toma el n. de lago **Cochrane.**

PUEYRREDÓN (Juan Martín de), general y político argentino, n. en Buenos Aires (1776-1850), que se distinguió en la reconquista de Buenos Aires contra la invasión inglesa de 1806. Fue director supremo de las Provincias Unidas del Río de la Plata de 1816 a 1819 y realizó una excelente labor administrativa y cultural.

PUEYRREDÓN (Prilidiano), hijo del anterior, pintor argentino (1823-1870), de corte clásico.

PUFENDORF (Samuel), jurisconsulto e historiador alemán (1632-1694), uno de los principales representantes de la escuela del Derecho Natural (*De iure naturae et gentium*).

PUGET (Pedro), escultor francés (1620-1694).

PUGET SOUND, fiordo de la costa oeste de los Estados Unidos (Washington).

PUIGCERDÁ, v. de España (Gerona), cerca de la frontera francesa. Estación veraniega.

PUJMANOVA (María), poetisa y novelista checa (1893-1958).

PUJOL (Juan Gregorio), político argentino (1817-1861), adversario de Rosas.

PULA, en ital. **Pola,** c. de Yugoslavia (Croacia), puerto del Adriático. Ruinas romanas. Base naval. Fue italiana hasta 1947.

J. M. DE PUEYRREDÓN

PUGET

Fot. doc. A. G. P., Giraudon

PURCELL

PUSCHKIN
por TROPININE

PUVIS
DE CHAVANNES
SANTA GENOVEVA
detalle
Panteón. París

PULACAYO, lugar de Bolivia (Potosí); minas de plata de Huanchaca.
PULCI (Luis), poeta italiano (1432-¿1484?), autor del poema épico-burlesco *Morgante mayor.*
Pulcinella. V. POLICHINELA.
PULGAR (Hernando del), historiador español (¿1430-1493?), autor de una *Crónica de los Reyes Católicos* y una serie de semblanzas biográficas llamada *Claros varones de Castilla* (1486), su mejor obra.
Pulgarcito, personaje principal y título de uno de los cuentos de Perrault.
PULITZER (José), escritor y periodista norteamericano (1847-1911), fundador de una reputada Escuela de Periodismo y creador del premio de literatura que lleva su nombre.
PÚLPITO, n. dado a un sector de la Sierra Madre Occidental de México (Sonora).
PULTAVA. V. POLTAVA.
PULLA, ant. **Apulia,** región de Italia meridional. Agricultura (vid, olivos, frutas). C. pr. *Foggia, Bari, Brindisi, Tarento* y *Lecce.*
PUMACAHUA (Mateo GARCÍA), cacique peruano, que acaudilló la sublevación del Cuzco en 1814. M. ajusticiado en 1815.
PUMAHUASI, pobl. de la Argentina (Jujuy).
PUMANQUE, com. de Chile (Colchagua).
PUNA, en inglés **Poona,** c. de la India (Maharashtra). Tejidos de algodón.
PUNA. V. ATACAMA *(Puna de)* y VILLA TALAVERA. V. tb. PUNA *(Parte lengua).*
PUNÁ, isla del Ecuador, en el golfo de Guayaquil y cerca de la prov. de **Guayas; 920 km².**
PUNAKA, cap. de Bután.
PUNATA, pobl. de Bolivia, cap. de la prov. del mismo n. (Cochabamba).
Punch (*"El Polichinela"*), periódico satírico inglés, fundado en 1841.
Púnicas *(Guerras).* Reciben este nombre las luchas entabladas entre Roma y Cartago a propósito de la posesión de Sicilia. La primera guerra púnica (264-241) se desarrolló en Sicilia y fue favorable a los romanos, quienes se apoderaron de la isla. Le segunda guerra púnica (218-201) fue dirigida por Aníbal, quien sitió Sagunto (España) y marchó hacia Italia atravesando las Galias y los Alpes. Derrotó a los romanos en Tesino, Trebia (218), Trasimeno (217) y Cannas (216), pero sus mismas victorias y la falta de refuerzos le debilitaron. Los romanos mandaron a Escipión a África, y Aníbal, que había vuelto de Italia, fue derrotado en Zama (202). Cartago aceptó una paz humillante. La tercera guerra púnica (149-146) fue corta y decisiva. Con el pretexto de que la República africana había violado sus tratados, las legiones romanas sitiaron la ciudad de Cartago, nuevamente fortificada, y la destruyeron (146).
PUNILLA (La). V. GUANDACOL.
PUNITAQUI, com. de Chile (Coquimbo).
PUNJAB. V. PENDJAB.
PUNO, c. del Perú, cap. del dep. del mismo n.; centro comercial. (Hab. *puneños.*) Se encuentra a orillas del lago Titicaca y es el primer puerto lacustre del país. Obispado. El dep. es principalmente ganadero.
PUNTA ALTA, pobl. de la Argentina (Buenos Aires).
PUNTA ARENAS, c. de Chile, cab. del dep. y de la prov. de Magallanes; centro comercial. (Hab. *puntarenenses.*) Obispado.
PUNTA CARDÓN, pobl. de Venezuela (Falcón); refinería de petróleo.
PUNTA DEL ESTE, c. balnearia muy concurrida del Uruguay (Maldonado). Festival cinematográfico. Conferencia Interamericana (1967).
PUNTA GALERA, punta de Colombia (Atlántico), en la que se encuentra la extensa salina del mismo nombre.
PUNTA GALLINAS, punta de Colombia, en el Caribe; la más septentrional de América del Sur.
PUNTARENAS, c. de Costa Rica, cap. de la prov. del mismo n., a orillas del Pacífico; centro comercial. La prov. prod. plátanos, maderas preciosas; oro. (Hab. *puntarenenses.*)
PUPIN (Miguel), físico norteamericano, n. en Hungría (1858-1935), que realizó trabajos sobre las transmisiones telefónicas.
PUQUELDÓN, com. de Chile (Chiloé).
PUQUIO, c. del Perú, cap. de la prov. de Lucanas (Ayacucho).
PURACÉ, volcán de Colombia (Cauca), cerca de Popayán; 4 700 m.
PURCELL (Enrique), músico inglés (1658-1695), que compuso óperas *(Dido y Eneas, Don Quijote),* música religiosa, sonatas y piezas para órgano y clavecín.
PURCHENA, c. de España (Almería).
PURÉN, com. de Chile (Malleco).
PURIFICACIÓN, c. de Colombia (Tolima).
PURISCAL. V. SANTIAGO DE PURISCAL.
PURRANQUE, com. de Chile (Osorno).
PURUÁNDIRO, mun. de México (Michoacán).
PURÚS, río de América del Sur, que nace en el Perú (Loreto) y penetra en el Brasil, afl. der. del Amazonas; 3 000 km. — Distr. del Perú (Loreto).
PUSCHKIN (Alejandro), escritor ruso, n. en Moscú (1799-1837). Eximio poeta y novelista romántico, fue el fundador de la literatura rusa moderna, autor de *Eugenio Onieguin, La hija del capitán, La dama de los tres naipes, Boris Godunov,* etc.
PUSEY (Eduardo BOUVERIE, llamado), teólogo inglés (1800-1882), uno de los creadores del movimiento ritualista, o *puseyismo,* que aproximó al catolicismo una parte de la Iglesia anglicana.
PUSZTA, n. de la gran llanura húngara, entre los Cárpatos y el Danubio, de carácter estepario. (Actualmente la mayor parte ha sido puesta en cultivo.)
PUTAENDO, com. de Chile (Aconcagua).
PUTIFAR, oficial de la corte de Egipto, amo de José. Su mujer quiso seducir al esclavo, quien se resistió; ella le acusó después de haber atentado contra su honra, y Putifar mandó encarcelar a su doméstico. *(Biblia.)*
PUTRE, com. de Chile (Tarapacá).
PUTUMAYO, río de América del Sur, que nace en Colombia, sirve de frontera con el Ecuador y el Perú y penetra en el Brasil, afl. del Amazonas; 1 600 km. — Comisaría de Colombia; cap. *Mocoa;* gran riqueza forestal; ganadería. (Hab. *putumayos, putumaenses* o *putumayenses.*)
PUVIS DE CHAVANNES (Pedro), pintor francés (1824-1898), autor de frescos notables por la armonía de la composición y la sobriedad del colorido.
PUY (El), c. de Francia; cap. del dep. de Alto Loira. Obispado. Edificios antiguos.
PUYAL (El), cima de los Andes del Ecuador, en la Cord. Occidental; 4 373 m.
PUY-DE-DÔME, macizo volcánico del centro de Francia, en Auvernia; 1 465 m. — Dep. de Francia, en Auvernia; cap. *Clermont-Ferrand.*
PUYEHUE, volcán de los Andes de Chile (Valdivia); 1 770 m.
PU-YI, último emperador de China de la dinastía manchú, con el nombre de Siuan-tong, n. en 1906, destronado en 1912. Pres. de la Rep. manchú en 1932, emperador de Manchuria en 1934, con el nombre de Kang-te, depuesto en 1945.
PUYMAIGRE (Teodoro José DOUDET, *conde de*), literato francés (1816-1901), autor de los *Antiguos poetas castellanos* y *La Corte literaria de Juan de Castilla.*
PUZOL, en ital. **Pozzuoli,** c. y puerto de Italia, en el golfo de Nápoles. Exportación de puzolanas. Obispado. Coliseo.
PYONG YANG, cap. de Corea del Norte; 940 000 h. Centro administrativo e industrial.

Fot. Larousse, Neurdein

QUITO al pie del Panecillo

QATAR. V. KATAR.
QUADRADO (José María), historiador y arqueólogo español (1819-1896).
QUADROS (Janio), político brasileño, n. en 1917, pres. de la Rep. en 1961; dimitió a los siete meses de su mandato.
Quai d'Orsay [*kedorsé*], muelle del Sena en París que ha dado, por extensión, su nombre al ministerio francés de Asuntos Exteriores que allí se encuentra.
QUANTZ (Johann Joachim), compositor alemán (1697-1773), célebre flautista que estuvo al servicio de Federico II de Prusia.
QUARAÍ, pobl. del Brasil (Rio Grande do Sul); saladeros.
QUARENGHI (Giacomo), arquitecto italiano (1744-1817). Por orden de Catalina II edificó gran número de palacios en Moscú y en San Petersburgo.
QUARNERO, golfo del N. del Adriático.
QUASIMODO (Salvador), poeta italiano (1901-1968), autor de las colecciones líricas *Y de pronto, la tarde, La vida no es sueño* y *Aguas y tierras.* (Pr. Nóbel, 1959.)
Quasimodo, hombre de cuerpo deforme y alma sublime, uno de los personajes de *Nuestra Señora de París,* novela de Víctor Hugo.
QUATREFAGES DE BRÉAU [*katrfach de breó*] (Armando de), naturalista y antropólogo francés (1810-1892), de tendencia espiritualista.
QUATREMÈRE DE QUINCY [*katrmer de kansí*] (Antonio Crisóstomo), arqueólogo francés (1755-1849), autor de un interesante estudio sobre *Júpiter olímpico.*
Quattrocento, n. dado al movimiento artístico y literario italiano del s. XV.
QUEBEC, c. del Canadá, cap. de la provincia del mismo n., a orillas del San Lorenzo. Centro comercial e industrial. Arzobispado. Universidad. La c. fue fundada por el francés Champlain en 1608 y ocupada por los ingleses en 1759. C. pr. de la prov. de Quebec: *Montreal.*
QUEBRACHO, pobl. del Uruguay (Paysandú). Centro de un movimiento armado contra el gobierno de F. A. Vidal (1886). Sus jefes, Castro y Arredondo, fueron derrotados por el general Tajes.
QUEBRO, río de Panamá (Veraguas), que des. en el golfo de Montijo.
QUECHUAS o **QUICHUAS,** pueblo indio de la región andina del Perú y de Bolivia, cuya clase dirigente fundó en el s. XII el *Imperio Incaico.* Sus descendientes son agricultores y pastores, y su lengua, única lengua de civilización de América del Sur en la época precolombina, se habla todavía hoy en zonas del Ecuador, Perú, Bolivia y N. de Chile. (V. INCAS.)
QUEDLINBURGO, c. de Alemania oriental; industrias metalúrgicas y químicas.
QUEENS, distrito de Nueva York.
QUEENSLAND [*kuins-*], Estado del NE. de Australia; cap. *Brisbane.*
QUEGUAY, río del Uruguay (Paysandú), afl. del río Uruguay; 250 km. En su des. forma una isla de 12 km de longitud.
QUEILÉN, com. de Chile (Chiloé).
QUEIPO DE LLANO (Gonzalo), general español (1875-1951), uno de los principales lugartenientes de Franco y organizador del movimiento militar en Sevilla en 1936.
QUEIPO DE LLANO (José María). V. TORENO *(Conde de).*
QUEIROZ. V. EÇA DE QUEIROZ (José María).
QUEIROZ (Pedro FERNÁNDEZ de). V. QUIRÓS.
QUEIROZ (Raquel de), novelista brasileña, n. en 1910, autora de: *O 15, Las tres Marías.*
QUELIMANE, c. y puerto de Mozambique.
QUELUZ, pobl. de Portugal (Lisboa). Palacio Real (s. XVIII).
QUELLÓN, com. de Chile (Chiloé).
QUEMADO DE GÜINES, térm. mun. de Cuba (Las Villas).
QUEMCHI, com. de Chile (Chiloé).
QUEMOY, isla china en el estrecho de Formosa.
QUEMÚ-QUEMÚ, pobl. de la Argentina (La Pampa).
QUENTAL (Antero de), poeta portugués (1842-1891), autor de *Sonetos* de inspiración romántica y revolucionaria. Escribió también obras en prosa de carácter político *(Causas de la decadencia de los pueblos peninsulares).* Se suicidó.
QUEPOS, distrito de Costa Rica (Puntarenas).

QUEBEC
castillo de Frontenac

Fot. Larousse, Driscoll

QUESNAY

QUEVEDO

QUEQUÉN, río de la Argentina (Buenos Aires). — Pobl. de la Argentina (Buenos Aires).
QUERANDÍES, pueblo indio que ocupaba la margen meridional del Río de la Plata.
QUERCIA (Jacopo **Della),** escultor italiano (¿1375?-1438). Trabajó en Florencia, Siena y Bolonia.
QUERCY, región del Sur de Francia; c. pr. *Cahors.*
QUEREMEL (Ángel Miguel), poeta modernista venezolano (1899-1939), autor de *Santo y seña.*
QUERÉTARO, c. de México, cap. del Estado del mismo n.; centro comercial. Universidad. Obispado. Edificios coloniales. Acueducto del siglo XVIII. Poblada por los españoles en 1556, ha sido escenario de importantes acontecimientos, entre ellos el de los fusilamientos de Maximiliano, Miramón y Mejía (1867) y de la reunión del Congreso Constituyente (1917). El Estado prod. frutas, plantas medicinales; ganadería; yac. de plata, oro y plomo.
QUEROL (Vicente Wenceslao), poeta español (1836-1889), autor de *Rimas* (1877), escritas en lengua valenciana, y de poesías castellanas (*Eclipse* y *Cartas a María*).
QUEROL Y SUBIRATS (Agustín), escultor español (1860-1909).
QUERONEA, c. de Beocia, donde Filipo de Macedonia venció a los atenienses y a los tebanos en 338 a. de J. C., y donde Sila derrotó a las tropas de Mitrídates en 86 a. de J. C.
QUERSONESO (del gr. *khersos,* continente y *nêsos,* isla), n. griego de cuatro penínsulas: 1º el *Quersoneso de Tracia,* hoy península de Gallípoli; 2º el *Quersoneso Táurico,* hoy Crimea; 3º el *Quersoneso Címbrico,* hoy Jutlandia; 4º el *Quersoneso Áureo,* probablemente península de Malaca.
QUERUSCOS, ant. pueblo franco de Germania, cuyo jefe más famoso fue Arminio.
QUESADA (Gonzalo JIMÉNEZ DE). V. JIMÉNEZ DE QUESADA.
QUESADA (Vicente G.), diplomático e historiador argentino (1830-1913), autor de *Crónicas potosinas* (1890). — Su hijo ERNESTO (1858-1934), literato y jurisconsulto.
QUESADA LOYNAZ (Manuel de), militar cubano (1833-1884), general en jefe del Ejército Libertador (1869). M. en Costa Rica.
QUESADA Y ARÓSTEGUI (Gonzalo de), patriota y escritor cubano (1868-1915), discípulo de Martí.
QUESNAY [*kené*] (Francisco), economista francés (1694-1774), fundador de la escuela de los fisiócratas y uno de los autores de la máxima "Laissez faire, laissez passer".
QUESNEL (*Padre*), teólogo jansenista francés (1634-1719), cuyas discusiones con el arzobispo de París provocaron la bula *Unigenitus.*
QUETTA, c. del Paquistán, cap. del ant. Beluchistán, hoy cap. de prov. Terremoto en 1935.
QUETZALCÓATL, divinidad de los antiguos mexicanos, primitivamente adorada por los toltecas. Identificado con el planeta Venus, fue posiblemente un personaje histórico deificado. Enseñó a los pueblos creyentes la agricultura, el trabajo de los metales, las artes, el calendario y predicó una religión de amor y resignación. Su nombre significa literalmente *serpiente emplumada.*

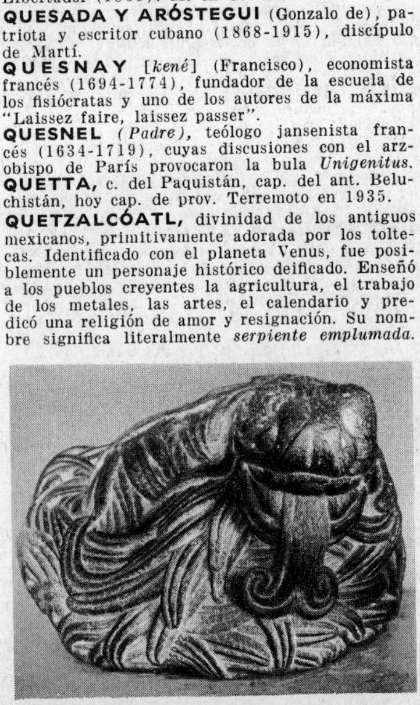
QUETZALCÓATL

QUEVEDO, población del Ecuador (Los Ríos).
QUEVEDO Y VILLEGAS (Francisco de), escritor español, n. en Madrid (1580-1645). Educado en el ambiente cortesano se vio obligado a huir, por un lance de honor, a Sicilia, donde era virrey el duque de Osuna. Regresó a España para defender a su protector, de quien era consejero y confidente, de los cargos que se le hacían. Gozó de nuevo del favor regio con Felipe IV, pero la enemistad del Conde-Duque de Olivares, y el célebre incidente del memorial que el monarca halló debajo de su servilleta, le hicieron caer en desgracia. Ensayó con gran fortuna diversos géneros literarios y mostró su portentosa cultura. Combatió el culteranismo y fue excelso representante del conceptismo. En sus sonetos, de inspiración estoica, y en sus letrillas, de carácter desenvuelto, cínico y burlón, pone de manifiesto sus condiciones de lírico excepcional y profundo. Como prosista se muestra mordaz en *El caballero de la Tenaza* (1606) y alcanza la plenitud de su genio en los cinco relatos, a la manera de Luciano, titulados *Los sueños* (*Sueño de las calaveras, El alguacil alguacilado, Las zahurdas de Plutón, El mundo por de dentro* y *La visita de los chistes,* a los que se agregaron después *El entremetido, la dueña y el soplón* y *La hora de todos*). Del mismo corte satírico es su novela *Historia de la vida del Buscón llamado don Pablos* (1626), una de las creaciones máximas del género picaresco. También cultivó los escritos políticos en *La cuna y la sepultura, Providencia de Dios, Marco Bruto, Política de Dios, gobierno de Cristo y tiranía de Satanás* y *Grandes anales de quince días.* Quevedo manejó, con color y brío incomparables, un abundante y variado léxico castizo.
QUEZALTENANGO, c. de Guatemala, cab. del dep. del mismo n.; centro comercial y de comunicaciones. Obispado. La prov. prod. caña de azúcar, café, cereales; maderas; azufre. (Hab. *quezaltecos.*)
QUEZALTÉPEC. V. SAN SALVADOR.
QUEZALTEPEQUE, volcán de Guatemala (Chiquimula); 1 907 m. — C. de El Salvador (La Libertad).
QUEZÓN, prov. de Filipinas (Luzón).
QUEZÓN (Manuel Luis), político filipino (1878-1944), primer pres. constitucional de su país, de 1935 a 1944. En 1942, huyendo de la invasión japonesa, formó en los Estados Unidos un gobierno en el exilio.
QUEZÓN CITY. V. CIUDAD QUEZÓN.
QUIBDÓ, c. de Colombia, cap. del dep. de Chocó; puerto fluvial; mercado de oro y platino. Vicariato Apostólico. Cuna de R. Carrasquilla.
QUIBERON, puerto de Francia (Morbihan).
QUIBIÁN, cacique indígena de Panamá del s. XVI, que opuso resistencia a Bartolomé Colón (1503).
QUICHÉ (El), región de Guatemala, comprendida entre el Usumacinta y la planicie costera del Pacífico, que habitaban los indígenas *quichés.* — Dep. de Guatemala; cap. *Santa Cruz del Quiché;* prod. cereales, algodón, café, tabaco. (Hab. *quichelenses.*)
QUICHERAT [*-rá*] (Luis), filólogo francés (1799-1884). — Su hermano JULIO (1814-1882), arqueólogo, autor de estudios sobre Juana de Arco.
QUICHÉS, indios de Guatemala, que desarrollaron una civilización notable en relación con la *maya.* Su capital era *Utatlán,* hoy *Santa Cruz del Quiché.*
QUICHUAS. V. QUECHUAS.
QUIINDY, pobl. del Paraguay (Paraguarí).
QUIJANO OTERO (José María), historiador y político colombiano (1836-1883).
QUIJARRO, prov. de Bolivia (Potosí); cap. *Uyuni.*
QUIJOS, n. dado al río ecuatoriano **Coca** (Napo), al principio de su curso.
Quijote (*El*). En 1605, cuando Cervantes tenía cincuenta y ocho años de edad, el librero Francisco de Robles publicaba por su cuenta, en casa del impresor madrileño Juan de la Cuesta, la novela *El ingenioso hidalgo Don Quijote de la Mancha,* dedicada al Duque de Béjar. La *Primera parte del Quijote* consta de cincuenta y dos capítulos, en los que se relatan las dos primeras salidas del

Fot. Larousse

por DAUMIER

portada de la primera edición

por PICASSO

EL QUIJOTE

protagonista. En sus andanzas manchegas, Don Quijote cae frecuentemente en la arbitrariedad, ansioso siempre de hacer justicia. Con su escudero Sancho Panza, que le será inseparable, afronta las más diversas y descabelladas aventuras. Diez años después de publicada la Primera parte, tras una versión apócrifa de Avellaneda (1614), aparecía en Madrid, en 1615, la *Segunda*, dedicada al Conde de Lemos y compuesta de setenta y cuatro capítulos. En ella realiza Don Quijote su tercera salida.
Se ha pensado que Cervantes se inspiró en un anónimo, *Entremés de los Romances*, para forjar la idea inicial de su relato; en todo caso, si no se conocen bien las fuentes de la novela inmortal, sus derivaciones son múltiples y variadas, y su bibliografía inmensa. Conocidas son las ilustraciones de Doré, Daumier, Moreno Carbonero, Dalí, Picasso y Buffet, y las transposiciones musicales de Falla, Massenet, Ricardo Strauss, Prokofiev y Chapí.

QUILCASÉ, río de Colombia (Cauca), que, unido al Timbío, forma el Patía.

QUILICURA, com. de Chile (Santiago).

QUILIMAS o **CUBILLÍN,** cima del Ecuador, en la Cord. Central; 4 711 m.

QUILINDAÑA, volcán del Ecuador, en la Cordillera Central (Cotopaxi); 4 919 m.

QUILMES, cerro de la Argentina que señala parte del límite de las prov. de Catamarca y Tucumán; 4 200 m. — Pobl. de la Argentina, cerca de Buenos Aires; balneario. Cervecerías; industrias textiles y vidrieras.

QUILON, c. y puerto de la India (Kerala). Obispado. Centro industrial activo.

QUILÓN, uno de los siete sabios de Grecia.

QUILPUÉ, c. y com. de Chile (Valparaíso).

QUILLABAMBA, c. del Perú, cap. de la prov. de La Convención (Cuzco).

QUILLACOLLO, pobl. de Bolivia, cap. de la prov. del mismo n. (Cochabamba.)

QUILLECO, com. de Chile (Bío-Bío).

QUILLÓN, com. de Chile (Ñuble).

QUILLOTA, c. y dep. de Chile (Valparaíso).

QUILLU-URCU, pico de los Andes del Ecuador, en la Cord. Occidental; 4 562 m.

QUIMBAYAS, indios que vivían en los actuales departamentos de Caldas y Valle (Colombia). Se distinguieron como prestigiosos orfebres.

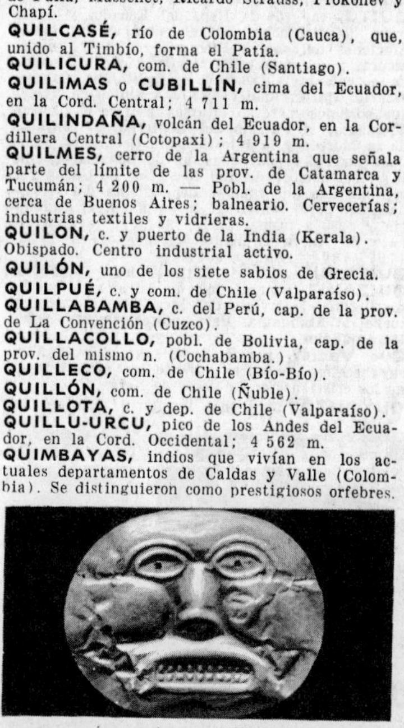
máscara de oro QUIMBAYA

QUIMERA, monstruo fabuloso cuyo cuerpo era mitad león y mitad cabra, con cola de dragón. Vomitaba llamas por la boca. Murió a manos de Belerofonte, montado en Pegaso. (V. BELEROFONTE.)

QUIMPER, c. de Francia, cap. del dep. de Finistère; ind. alimenticias. Obispado. Catedral (s. XIII-XVI).

QUINAULT [*-nó*] (Felipe), poeta dramático francés (1635-1688), autor de libretos de ópera.

QUINCEO, cima volcánica de México (Michoacán); 3 324 m.

QUINCEY (Tomás de), escritor inglés (1785-1859), autor de *Confesiones de un fumador de opio* y de varios ensayos llenos de fantasía romántica.

QUINCY, c. de los Estados Unidos (Massachusetts), en la *bahía de Quincy;* construcción de vagones. Puerto satélite de Boston.

QUINCHAO, isla y dep. de Chile, en el archip. de Chiloé; c. pr. *Achao.*

QUINDÍO, dep. de Colombia, en la Cordillera Central; cap. *Armenia.* Gran producción de café. (Hab. *quindianos.*) — Pico de Colombia, en la Cordillera Central; 5 100 m.

QUINDY, v. del Paraguay, al SE. de Asunción.

QUINES, pobl. de la Argentina (San Luis).

QUINET [*kiné*] (Edgar), escritor francés (1803-1875). Literato cosmopolita, filósofo idealista, historiador liberal, es autor de *Ahasverus,* poema en prosa, *La Revolución* y *La Creación.*

QUINET

Quinientos (*Consejo de los*). V. CONSEJO.

QUININDÉ, río del Ecuador que nace en el dep. de Manabí y des. en el río Esmeraldas.

QUINTA DE TILTOCO, com. de Chile (O'Higgins).

QUINTANA (Manuel), jurisconsulto y político argentino (1834-1906); elegido pres. de la Rep. en 1904, murió en el ejercicio del Poder.

QUINTANA (Manuel José), poeta y político español, n. en Madrid (1772-1857). Ardiente patriota, como lo atestiguan su tragedia *Pelayo* (1805) y sus *Vidas de españoles célebres* (1807, 1830, 1833), canta con vehemencia a su nación invadida por las tropas napoleónicas en sus célebres *Poesías patrióticas* (1808). Caído en desgracia en 1814, fue rehabilitado tras la muerte de Fernando VII. Distinguido lírico, dejó grandes odas, entre las cuales sobresalen *A la expedición española para propagar la vacuna en América, Al mar* y *A la invención de la imprenta.*

M. J. QUINTANA

QUINTANA ROO, territ. federal de México, en el SE. de la pen. de Yucatán; cap. *Chetumal;* maderas preciosas; chicle; salinas.

QUINTANA ROO (Andrés), jurisconsulto, escritor y patriota mexicano (1787-1851), uno de los firmantes del Acta de Independencia en Chilpancingo (1813).

QUINTANAR DE LA ORDEN, v. de España (Toledo); cereales; aguardientes; quesos. Los alrededores de la ciudad han servido a Cervantes para situar parte de *El Quijote.*

QUINTANILLA (Carlos), general y político boliviano, n. en 1888, pres. interino de la Rep. de 1939 a 1940.

Fot. Giraudon, X, Petit, doc. A. G. P., Charbonnier, "Realités"

H. QUIROGA

J. F. QUIROGA

QUINTANILLA (Luis), diplomático y escritor mexicano, n. en 1900.
QUINTERO, c. y com. de Chile (Valparaíso).
QUINTERO (José Agustín), poeta y patriota cubano (1829-1885), autor de *El laúd del desterrado.*
QUINTERO (Sebastián), conquistador español del s. XVI, que fundó La Plata (1549), en el Nuevo Reino de Granada.
QUINTERO (Serafín y Joaquín ÁLVAREZ). V. ÁLVAREZ QUINTERO.
QUINTERO CALDERÓN (Guillermo), general y político colombiano (1832-1919), pres. interino de la Rep. en 1896.
QUINTEROS, paso del río Negro, en el Uruguay (Durazno), donde César Díaz y sus compañeros de sublevación contra Pereira fueron derrotados y ejecutados (28 de enero 1858).
QUINTILIANO (Marco Fabio), retórico hispanolatino, n. en Calahorra (¿35-96?). Espíritu clásico, reacciona en sus *Institutiones oratoriae* contra el estilo rebuscado de sus contemporáneos.
QUINTILO (Marco Aurelio), emperador romano en 270; m. el mismo año.
Quintín Durward, novela histórica de Walter Scott (1823), que describe las luchas entre Luis XI de Francia y Carlos el Temerario.
QUINTO, río de la Argentina (San Luis y Córdoba); 402 km.
QUINTO CURCIO, historiador latino del s. I de nuestra era, autor de una biografía de Alejandro Magno, más novelesca que verdadera.
QUIÑONES (Francisco Mariano), político y novelista puertorriqueño (1830-1908).
QUIÑONES DE BENAVENTE (Luis), comediógrafo español, n. en Toledo (¿1589?-1651), que se distinguió sobre todo como autor de entremeses y pasos. Reunió una colección de cuarenta y ocho de estas piececitas en su libro *Jocoseria. Burlas veras, o reprehensión moral y festiva de los desórdenes públicos.*
QUIÑONES MOLINA (Alfonso), político salvadoreño, pres. de la Rep. de 1914 a 1915, de 1918 a 1919 y de 1923 a 1927.
QUÍO, isla griega del mar Egeo; cap. *Quío.* Vinos célebres.
QUIRIGUÁ, estación arqueológica maya de Guatemala, a orillas del río Motagua.
QUIRIHUE, com. de Chile (Ñuble).
QUIRINAL (MONTE), n. de una de las siete colinas en que se asentaba la antigua Roma, en el NO. de la ciudad.
Quirinal *(El),* palacio de Roma, adornado con soberbias pinturas y esculturas, comenzado en 1574. Fue residencia veraniega de los papas; luego, en 1871, residencia de la familia real y, desde 1948, del pres. de la República.
QUIRINO (Elpidio), político filipino (1891-1956), pres. de la Rep. de 1948 a 1953.
QUIRIQUIRE, pobl. de Venezuela (Monagas); centro petrolífero.
QUIROGA (Antonio), militar español (1784-1841), jefe de las tropas constitucionales en el levantamiento de Riego (1820).
QUIROGA (Carlos Buenaventura), escritor y poeta argentino, n. en 1890, autor de *Raza sufrida* y *Cerro nativo.*
QUIROGA (Horacio), poeta, dramaturgo y novelista uruguayo, n. en Salto (1878-1937), que residió en la Argentina. Sobresalió principalmente en sus originales cuentos cortos, de gran fantasía, que describen la naturaleza americana. Escribió *El crimen del otro, Cuentos de la selva, El salvaje, Anaconda, El desierto, Los desterrados, Más allá,* etc.
QUIROGA (Juan Facundo), militar argentino, n. en La Rioja (1793-1835), cuyas hazañas, como caudillo federalista, le valieron el apodo de *Tigre de los Llanos,* y son relatadas por Sarmiento en su *Facundo.* Murió asesinado.
QUIROGA (Manuel), prócer ecuatoriano, que fue ejecutado por los realistas en 1810.
QUIROGA (Rodrigo), militar español (1512-1580), uno de los conquistadores de Chile.
QUIROGA (Vasco de), prelado español (¿1470?-1565), oidor de la Real Audiencia de Nueva España (1531) y primer obispo de Michoacán (1537). Protegió a los indios.
QUIRÓN, famoso centauro, a quien fue confiada la educación de Aquiles.
QUIRÓS (Lorenzo), pintor español (1717-1789), imitador de Murillo.
QUIRÓS (Pedro de), poeta español (¿1601-1670?), cuyas *Poesías divinas y humanas* revelan su maestría en el soneto, la canción y el madrigal.
QUIRÓS (Pedro FERNÁNDEZ DE), marino portugués al servicio de España (1565-1615), descubridor de varias islas de Oceanía. Fue el primer europeo que reconoció Australia (1609).
QUIRÓS SEGURA (Juan Bautista), general y político costarricense (1853-1934), pres. interino de la Rep. en 1919.
QUISLING (Vidkun), político noruego (1887-1945), jefe del Gobierno creado en Noruega en 1940 por los alemanes. Murió ejecutado.
QUISPICACHA, pico de los Andes del Ecuador (Cotopaxi), en la Cord. Occidental; 4 578 m.
QUISPICANCHI, prov. del Perú (Cuzco); cap. *Urcos.*
QUISQUEYA, n. indígena de la isla de **Santo Domingo.**
QUISQUIS. V. QUIZQUIZ.
QUITILIPI, pobl. de la Argentina (Chaco).
QUITO, cap. de la Rep. del Ecuador y de la prov. de Pichincha. Se encuentra en las inmediaciones del volcán Pichincha, a 2 827 m de altura, y, aunque modernizada, tiene el aspecto de c. colonial; 450 000 h. (*quiteños*). Observatorio. Universidad (1787). Arzobispado. Entre sus edificios merecen citarse: la iglesia de San Francisco, el Palacio del Gobierno, el convento de la Merced y la iglesia de la Compañía. Fundada en 1534 por Sebastián de Benalcázar, que le dio el nombre de *San Francisco de Quito,* fue cap. de una gobernación dependiente del virreinato del Perú, constituyó luego una Real Audiencia y pasó a formar parte, en 1718, del virreinato de Nueva Granada. Terremotos en 1775, 1797, 1844, 1859 y 1887.
QUIZAPU, volcán de Chile (Talca); 3 050 m.
QUIZQUIZ, general quiteño del s. XVI, que se distinguió al servicio del Inca Huayna Cápac y luego de Atahualpa. Peleó posteriormente contra los españoles.
Quo Vadis?, novela de Sienkiewicz (1895), cuya acción transcurre durante las persecuciones de los cristianos en la Roma de Nerón.
QUYQUYÓ, pobl. del Paraguay (Paraguarí).

EL QUIRINAL: *a la derecha,* el Coloso del Obelisco

Fot. doc. A. G. P., Viollet

RIO DE JANEIRO: el Pan de Azúcar

R

RA o **RE,** nombre dado al dios del Sol en la mitología egipcia.
RAAB. V. GYÖR.
RAABE (Wilhelm), escritor alemán (1831-1910), autor de novelas y cuentos.
RÁBANO MAURO, sabio benedictino y prelado alemán (¿780?-856), uno de los organizadores de la abadía de Fulda; mereció el nombre de **Praeceptor Germaniae.**
RABASA (Emilio), novelista mexicano de gran realismo (1856-1930), autor de *La bola, La guerra de Tres Años* y *El cuarto poder.*
RABAT, cap. de Marruecos, puerto a orillas del Atlántico; 227 400 h. Centro comercial; tapices, cueros. Monumentos de los s. XII, XIII y XIV.
RABAUL, c. en el NE. de la isla de Nueva Bretaña (archipiélago de Bismarck). Ocupada por los japoneses de 1942 a 1945.
RABELAIS [*-lé*] (Francisco), humanista y escritor francés (¿1494?-1553). Benedictino, médico y profesor de anatomía. Autor de *Gargantúa y Pantagruel,* obra monumental en la que, bajo una forma humorística y un estilo robusto y expresivo, el escritor expone su filosofía de la naturaleza y su moral epicúrea, y encarna el espíritu humanista del Renacimiento.
Rábida *(La),* monasterio de la prov. de Huelva (España), donde Colón recibió hospitalidad en 1486 y fue alentado por fray Juan Pérez y fray Antonio de Marchena para llevar a cabo su proyecto descubridor.
Rabinal-Achí, drama musical, con danzas rituales, de los antiguos quichés.
RABINDRANATH TAGORE. V. TAGORE.
RACAN (Honorat de BUEIL, *marqués de),* poeta francés (1589-1670), autor de *Pastorales* que manifiestan la influencia del género bucólico italiano.
RACIBORZ, en alem. **Ratibor,** c. de Polonia (Silesia), a orillas del Oder. Industrias.
RACINE, c. de los Estados Unidos (Wisconsin).

RABELAIS

monasterio de la RÁBIDA ▲

◀ RABAT: Jardín de los Udayas

Fot. Manzón, Rouget, Larousse, Lausant, Lacoste

RACINE
por DAULLÉ

RALEIGH

RAMEAU
busto atribuido
a CAFFIERI

RACINE (Jean), poeta trágico francés, n. en La Ferté-Milon (Aisne) [1639-1699], que, inspirándose en los clásicos grecolatinos, enriqueció la literatura de su país con creaciones geniales: *Andrómaca* (1667), *Británico* (1669), *Berenice* (1670), *Bayaceto* (1672), *Mitrídates* (1673), *Ifigenia* (1674), *Fedra* (1677), y dos tragedias bíblicas: *Ester* (1689) y *Atalía* (1691). Al revés de Corneille, que busca situaciones complicadas, en medio de las cuales tienen que desplegar sus héroes cualidades sobrehumanas, Racine prefiere una acción sencilla, clara, en la que el movimiento de las pasiones, descritas con admirable veracidad, es el asunto principal. Maneja la lengua francesa con arte y gusto incomparables y soberana armonía. Se le debe también una comedia, *Los litigantes* (1668), sátira de la jurisprudencia del siglo XVII.

RACHMANINOV (Sergio Vasilievich), pianista y compositor ruso (1873-1943), autor de preludios para piano, conciertos, sinfonías y poemas sinfónicos.

RADA Y DELGADO (Juan de Dios de la), arqueólogo e historiador español (1827-1901).

RADAMANTE o **RADAMANTO,** uno de los tres jueces del Infierno, hijo de Zeus.

RADCLIFFE (Ana), novelista inglesa (1764-1823), una de las creadoras del relato terrorífico (*Los misterios de Udolfo*).

RADEGUNDA (*Santa*), reina de Francia, esposa de Clotario I (¿520?-587). Fundó en Poitiers el monasterio de la Santa Cruz. Fiesta el 13 de agosto.

RADIGUET (Raymond), escritor francés (1903-1923), autor de las novelas *El diablo en el cuerpo* y *El baile del Conde de Orgel*.

Radiografía de la Pampa, ensayo del argentino Ezequiel Martínez Estrada (1932).

RADJPUTANA, región del NO. de la India, en el Estado de Rayastán.

RADOM, c. de Polonia, al N. de Kielce; forjas.

RAEBURN [*re-*] (*sir* Henry), pintor retratista inglés (1756-1823).

R. A. F. (abrev. de las palabras inglesas *Royal Air Force*). Nombre dado, desde 1918, al ejército inglés del aire.

RAFAEL (*San*), arcángel que condujo a Tobías al país de los medos. Fiesta el 24 de octubre.

RAFAEL (Rafael SANZIO, llamado), pintor, arquitecto y arqueólogo de la Escuela Romana, n. en Urbino (1483-1520). Con Leonardo de Vinci y Miguel Ángel, es la más alta personificación del genio artístico del Renacimiento. Tuvo una situación excepcional en las cortes de los papas Julio II y León X, colaboró en la decoración del Vaticano y fue enterrado en el Panteón. Constituye su genio el equilibrio de toda clase de cualidades: perfección de dibujo, exactitud de los movimientos, armonía de líneas, delicadeza del colorido. Es inimitable en la pintura de las madonas. Aunque muerto muy joven, nos ha dejado innumerables obras maestras: *La Sagrada Familia, La Bella Jardinera, San Miguel derribando al demonio, La Fornarina, El Pasmo de Sicilia, La Escuela de Atenas,* los frescos de las *Cámaras* y de las *Logias* del Vaticano, etcétera.

RAFAEL
LA BELLA JARDINERA
Louvre

RAFAELA, c. de la Argentina (Santa Fe). Centro agrícola y ganadero. Obispado.

RAFFET (Dionisio Augusto María), pintor y dibujante francés (1804-1860).

RÁFOLS (*Beata* María), religiosa española (1781-1853), fundadora de las Hermanas de la Caridad de Santa Ana.

RAGLAN (Jacobo Enrique, *lord*), general inglés (1788-1855), muerto del cólera en el sitio de Sebastopol.

RAGUSA, c. de Italia, en Sicilia.

RAGUSA, c. de Yugoslavia. V. DUBROVNIK.

RAIBOLINI (Francesco DI MARCO, llamado **Francia**), pintor italiano, n. en Bolonia (¿1460?-1517).

RAIMONDI (Antonio), naturalista y geógrafo italiano (1826-1890), explorador del Perú, acerca del cual publicó una importante obra descriptiva y trazó un mapa.

RAIMONDI (Marco Antonio), grabador italiano (¿1480?-1530).

RAIMUNDO (*San*), religioso cisterciense español, abad de Fitero, m. en 1164. Fundador de la orden de Calatrava (1158). Fiesta el 15 de marzo.

RAIMUNDO, n. de siete condes de Toulouse (Francia), de 918 a 1249.

RAIMUNDO DE PEÑAFORT (*San*), religioso dominico y canonista español, n. en Villafranca del Panadés (¿1180?-1275), uno de los fundadores de la orden de la Merced (1218). Publicó las *Decretales de los papas* y una *Summa casuum* sobre la penitencia. Canonizado en 1601. Fiesta el 23 de enero.

RAIMUNDO LULIO. V. LULIO.

RAINIERO (MONTE), cumbre volcánica más alta de la Cordillera de las Cascadas (Estados Unidos): 4 391 m.

RAINIERO III, príncipe de Mónaco desde 1950, nacido en 1923.

RAJASTÁN. V. RAYASTÁN.

RAJKOT, c. de la India (Gujerate).

RAKOSI (Jenö), escritor húngaro (1842-1929), autor de obras de teatro (*Esopo*) y de una novela.

RALEIGH [*rali*], c. de los Estados Unidos, cap. de Carolina del Norte. Universidad.

RALEIGH (Walter), navegante y político inglés (1552-1618), favorito de la reina Isabel I. Fundó la colonia de Virginia (1584), participó en la toma de Cádiz (1596), y emprendió la colonización de la Guayana. Fue ejecutado en el reinado de Jacobo I. Sobresalió como poeta.

RAMA, una de las encarnaciones de Visnú en la mitología india.

RAMADA, sierra de la Argentina (Jujuy); 5 500 m. — Pobl. de la Argentina (Tucumán).

RAMALLO, pobl. de la Argentina (Buenos Aires). Puerto fluvial.

RAMAN (*sir* Chandrasekhara), físico indio, n. en 1888, que descubrió el *efecto Raman* sobre la modificación de la luz. (Pr. Nóbel, 1930.)

Ramayana, poema sánscrito, épico y religioso atribuido a Valmiki. Canta las hazañas de Rama.

RAMBOUILLET [*-bullé*], c. de Francia (Sena y Oise); ant. palacio real (s. XIV-XVIII), hoy residencia de verano de los presidentes de la República.

Rambouillet (*Hotel de*), hotel de París, construido por la marquesa de Rambouillet (1588-1665), la cual reunía en él una célebre tertulia literaria que ejerció gran influencia sobre la lengua y la literatura francesa de 1620 a 1665.

RAMEAU [*-mó*] (Juan Felipe), compositor francés, n. en Dijon (1683-1764). Contribuyó a renovar la ciencia de la armonía y dio en la ópera mayor sinceridad a la declamación y más importancia al acompañamiento orquestal. Obras principales: *Hipólito y Aricia, Les Indes galantes, Cástor y Pólux,* etc.

Rameseo o **Ramseeyón,** templo funerario de Ramsés II en Tebas.

RAMÍREZ (Alejandro), funcionario español (1777-1821), que fue intendente en Cuba, donde fundó la Escuela de Bellas Artes y el Jardín Botánico.

RAMÍREZ (Francisco), caudillo federal argentino (1786-1821), gobernador de Entre Ríos, que luchó contra el poder central y luego contra Artigas. Muerto a manos de los soldados de su antiguo aliado Estanislao López.

Fot. Larousse, X, Bulloz, Giraudon

RAMÍREZ (Ignacio), político y escritor mexicano (1818-1879). Utilizó el seudónimo de **el Nigromante.**

RAMÍREZ (Juan), militar español (1765-1823), que intervino contra la rebelión de Pumacahua en Cuzco (1814) y fue pres. de la Audiencia de Quito (1817-1819).

RAMÍREZ (Norberto), político nicaragüense del s. XIX, jefe del Estado de El Salvador de 1840 a 1841 y después director supremo de Nicaragua de 1849 a 1851.

RAMÍREZ (Pedro Pablo), general y político argentino (1884-1962), que encabezó con el general Rawson la revolución de junio de 1943, fue pres. de la Rep. y dimitió en 1944.

RAMÍREZ DE FUENLEAL (Sebastián). V. FUENLEAL.

RAMIRO I (1010-1063), primer rey de Aragón en 1035, hijo de Sancho III el Mayor, rey de Navarra. Adquirió en 1038, a la muerte de su hermano Gonzalo, los condados de Sobrarbe y Ribagorza (1045). — RAMIRO II *el Monje* (¿1085?-1157), sucedió a su hermano Alfonso I (1134), y abdicó, más tarde, en su yerno Ramón Berenguer IV, conde de Barcelona (1137).

RAMIRO I (¿789?-850), rey de Asturias y León en 842. La leyenda le atribuye la victoria en la batalla de Clavijo. — RAMIRO II (¿900?-951), rey de León. Vencedor de Abderramán III en Simancas, Osma y Talavera. Tomó Magerit (Madrid). — RAMIRO III (961-985), rey de León. Fue vencido por Almanzor en Rueda (981).

RAMIS, río del Perú (Puno), formado por la confluencia del Azángaro, el Pucará y el Huancané, que des. en el lago Titicaca. Llamado tb. **Ayaviri.**

RAMÓN BERENGUER I, conde de Barcelona (1035-1076), promulgó el Código de los *Usatges.* — RAMÓN BERENGUER II, llamado **Cap d'Estopa,** conde de Barcelona (1076-1082). — RAMÓN BERENGUER III **el Grande,** conde de Barcelona (1096-1131); conquistó Mallorca. — RAMÓN BERENGUER IV, conde de Barcelona y príncipe de Aragón (1137-1162); a su muerte, su hijo Alfonso II reunió el condado de Barcelona al reino de Aragón.

RAMÓN BORRELL, conde de Barcelona (992-1018). Saqueó la ciudad de Córdoba.

RAMÓN NONATO *(San),* mercedario español (¿1200?-1240). Debe su nombre al hecho de haber sido extraído de las entrañas de su madre muerta. Fiesta el 31 de agosto.

RAMÓN SANTANA, com. de la Rep. Dominicana (San Pedro de Macorís).

RAMÓN Y CAJAL (Santiago), médico e investigador español, n. en Petilla de Aragón (Navarra) [1852-1934], a quien se deben fundamentales estudios de histología, que culminan en su libro *El sistema nervioso de los vertebrados.* Como escritor publicó varios libros de máximas y reflexiones: *Charlas de café, El mundo visto a los ochenta años, Los tónicos de la voluntad* y *Cuentos de vacaciones,* así como unas memorias tituladas *Recuerdos de mi vida.* (Premio Nóbel de Medicina en 1906.)

RAMOS (Graciliano), novelista brasileño (1892-1954), autor de *San Bernardo* y *Angustia.*

RAMOS (José Antonio), diplomático y dramaturgo cubano (1885-1946), autor de *Tembladera, En las manos de Dios, La leyenda de las estrellas.*

RAMOS (Samuel), filósofo y escritor mexicano (1897-1959).

RAMOS ARIZPE (Miguel), político y sacerdote mexicano (1775-1843), que se distinguió por su patriotismo y sus ideas liberales.

RAMOS CARRIÓN (Miguel), comediógrafo español (¿1851?-1915), autor de libretos de zarzuela *(La Tempestad, El rey que rabió)* y de piezas cómicas *(Agua, azucarillos y aguardiente, Los sobrinos del capitán Grant).*

RAMOS MARTÍNEZ (Alfredo), pintor impresionista mexicano (1877-1946).

RAMOS MEJÍA (Francisco), historiador argentino (1847-1893), autor de *Historia de la evolución argentina.*

RAMOS MEJÍA (Ildefonso), patriota y político argentino (1769-1854), gobernador de Buenos Aires en 1820.

RAMOS MEJÍA (José María), psiquiatra argentino (1850-1914), autor de *Las multitudes argentinas* y *Neurosis de los hombres célebres.*

RAMPUR, c. de la India (Uttar Pradesh).

RAMSAY *(sir* William), químico inglés (1852-1916), descubridor del helio, del argón y de otros gases raros. (Pr. Nóbel, 1904.)

RAMSDEN (Jesse), físico y óptico inglés (1735-1800), inventor del teodolito.

RAMSÉS I, rey de Egipto (¿1314?-1312 a. de J. C.), fundador de la 19ª dinastía. — RAMSÉS II *Meyamún,* sucedió a su padre Seti I y reinó de 1301 a 1235 aprox. a. de J. C. Guerreó en Siria y se alió con los hititas después de haber luchado contra ellos; su momia fue descubierta en 1881. La 20ª dinastía cuenta diez reyes con el nombre de Ramsés.

RAMSGATE, c. de Inglaterra (Kent), en la desembocadura del Támesis; balneario. Astilleros.

RAMUS (Pedro LA RAMÉE, llamado), filósofo y gramático francés (1515-1572), asesinado durante la noche de San Bartolomé. Adversario del aristotelismo, puede considerarse como un precursor de Descartes.

RAMUZ (Charles Ferdinand), escritor suizo de lengua francesa (1878-1947).

Ranas *(Las),* comedia de Aristófanes, sátira literaria, dirigida contra el poeta Eurípides (405 a. de J. C.).

RANCAGUA, c. de Chile, cap. de la prov. de O'Higgins; centro comercial. (Hab. *rancagüinos.*) Obispado. Fue teatro de la heroica resistencia opuesta por O'Higgins a las tropas realistas (1814).

RANCÉ (*Abate* Armando de), reformador de la orden cisterciense, n. en París (1626-1700).

RANCHO QUEMADO, volcán de México, en la Sierra Madre de Chiapas; 2 480 m.

RANCHO VELOZ, térm. mun. de Cuba (Las Villas).

RANCHUELO, térm. mun. de Cuba (Las Villas).

RANDERS, c. y puerto de Dinamarca (Jutlandia). Industrias.

RANDFONTEIN, c. de la Rep. Sudafricana (Transvaal); minas de oro.

RANGABÉ (Alejandro), político y literato griego (1810-1892), uno de los principales escritores que han querido dotar a la Grecia moderna de una lengua literaria análoga al griego antiguo.

RANGÚN o **RANGOON** [*-gún*], cap. de Birmania cerca de la desembocadura del Irauadi, 737 000 h.; puerto y centro industrial.

RANKE (Leopoldo von), historiador alemán (1795-1886), uno de los iniciadores de la ciencia histórica alemana en el s. XIX. Autor de *Historia de Alemania en tiempos de la Reforma.*

RÁNQUIL, com. de Chile (Concepción).

RAPALLO, c. de Italia (Liguria), puerto y estación balnearia al E. de Génova. Tratado en 1920 entre Italia y Yugoslavia.

RAPA NUI. V. PASCUA *(Isla de).*

RAPISARDI (Mario), poeta italiano (1844-1912), escritor fogoso, adversario de Carducci.

RAPOSO TAVARES (Antonio), aventurero brasileño del s. XVII, jefe de una de las primeras *bandeiras* debidamente organizadas (1628).

RAQUEL, esposa de Jacob y madre de José y Benjamín. *(Biblia.)*

RAQUEL, judía toledana que tuvo amores con el rey de Castilla Alfonso VIII. Su vida inspiró a Lope de Vega y a García de la Huerta.

RAROTONGA, isla de Polinesia, en el archipiélago de Cook.

RASIS (Ahmed AR-RAZI, llamado **el Moro**), historiador árabe español (¿885-955?), autor de una *Crónica* de la geografía y la historia españolas, de la que se conservan fragmentos.

RASMUSSEN (Knud), explorador danés (1879-1933), que dirigió varias expediciones al Ártico.

RASPUTÍN (Gregorio Iflmovich), aventurero y monje ruso (1871-1916) que, por su influencia sobre Nicolás II y su esposa, contribuyó a la disgregación de la corte del zar. Fue asesinado por el príncipe Yussupov.

RASTADT o **RASTATT,** c. de Alemania (Baden-Wurtemberg) donde se celebraron dos congresos; el primero (1713-1714) para terminar la guerra de Sucesión de España, el segundo

RAMÓN BERENGUER IV

RAMSÉS II
museo de Turín

RAMÓN Y CAJAL

RASPUTÍN

Fot. doc. A. G. P., Anderson, A. G. N., Delius

RAVEL
por LEYRITZ

RAVENA
mausoleo
de Gala Placidia

RÉAUMUR

RECAREDO

(1797-1799) para firmar la paz entre Francia y Alemania.

Rastro (*El*), plaza de Madrid, cerca de la calle de Toledo, en donde se encuentra un mercado de objetos de lance muy popular.

RASURA (Nuño). V. NUÑO RASURA.

RATEAU [*ratô*] (Augusto), ingeniero francés (1863-1930). Inventó varios tipos de turbinas.

RATHENAU (Walter), político alemán (1867-1922), que murió asesinado por los pangermanistas siendo ministro de Asuntos Exteriores.

RATIBOR. V. RACIBORZ.

RATISBONA, en alem. **Regensburg,** c. de Alemania (Baviera), a orillas del Danubio. Victoria de Napoleón sobre los austriacos (1809).

R. A. U. V. ÁRABE UNIDA (*República*).

RAUCO, com. de Chile (Curicó).

RAUCH (Cristián), escultor prusiano (1777-1857), renovador de la escultura alemana y autor del *Monumento a Federico II.*

Raucho, novela del argentino Ricardo Güiraldes, en la que se estudia el carácter de un joven fuera de su ambiente rural (1915).

RAÚL, duque de Borgoña y rey de Francia de 923 a 936. Luchó contra los normandos.

RAVEL (José de Jesús), compositor dominicano, n. en 1876, autor de música religiosa.

RAVEL (Mauricio), compositor francés, n. en Ciboure (Bajos Pirineos) [1875-1937], uno de los renovadores de la música pianística. Su arte, lleno de vigor y precisión, no es ajeno a la ternura y a la fantasía. Obras principales: *La hora española, Bolero, Dafnis y Cloe.*

RAVELO Y REYES (Juan Nepomuceno), patriota dominicano (1813-1885), uno de los revolucionarios que en 1844 proclamaron la Independencia.

RAVELLO, c. de Italia (Campania), cerca de Nápoles. Monumentos. Turismo.

RAVENA, c. de Italia (Emilia), unida al Adriático por un canal; ref. de petróleo y productos químicos. Fue cap. del imperio de Occidente en tiempos de Honorio y después de un exarcado donado a la Santa Sede por Pipino el Breve. Notables monumentos bizantinos (San Vital, San Apolinar, mausoleo de Gala Placidia, tumba de Teodorico), algunos con mosaicos en relieve del s. VI. Tumba de Dante.

RAWALPINDI, cap. provisional de Paquistán. Textiles.

RAWLINSON [*rau-*] (Enrique), arqueólogo y orientalista inglés (1810-1895), uno de los iniciadores de los estudios sobre Asiria.

RAWSON, c. de la Argentina, cap. de la prov. de Chubut; centro comercial; lanas; ind. pesquera. — Pobl. de la Argentina (Buenos Aires). — Pobl. de la Argentina (San Juan).

RAWSON (Arturo), general argentino (1885-1952), que encabezó, con el general Ramírez, la revolución de 1943 y asumió la presidencia de la Rep. durante dos días.

RAWSON (Guillermo), médico y político argentino (1821-1890).

RAY o **WRAY** (John), naturalista inglés (1627-1705), uno de los fundadores de la ciencia botánica en su país.

RAYASTÁN o **RAJASTÁN,** región del NO. de la India, en Radjputana; cap. *Jaipur.*

RAYLEIGH (John William STRUTT, *lord*), físico inglés (1842-1919). Descubridor del argón, junto con Ramsay. (Pr. Nóbel, 1904.)

RAYNAL (*Abate* Guillermo), historiador y filósofo francés (1713-1796).

RAYNOUARD [*renuar*] (Francisco), literato e historiador francés (1761-1836), autor de estudios sobre la literatura francesa medieval.

RAYÓN (Ignacio LÓPEZ), caudillo de la independencia de México (1773-1833), que venció a los realistas en Zitácuaro y fue pres. de la Junta Nacional de dicha ciudad (1811).

Raza de bronce, novela indianista del boliviano Alcides Argüedas (1919), que relata la vida de los indios del altiplano.

Raza de Caín (*La*), novela psicológica del uruguayo Carlos Reyles (1921).

RAZETTI (Luis), médico venezolano, n. en 1862, autor de notables trabajos, entre ellos *La exploración externa en obstetricia.*

RE (ISLA DE), isla francesa del océano Atlántico (Charente Marítimo).

REA, uno de los nombres de Cibeles. (*Mit.*)

READE [*rid*] (Carlos), escritor inglés (1814-1884), autor de novelas realistas.

READING [*riding*], c. de Inglaterra, a orillas del Támesis. Universidad. — C. de los Estados Unidos (Pensilvania). Metalurgia.

REAL (CORDILLERA). V. ORIENTAL (*Cord.*)

REALICÓ, pobl. de la Argentina (La Pampa).

REA SILVIA, hija de Numitor, rey de Alba, madre de Rómulo y de Remo.

RÉAUMUR [*reo-*] (Renato Antonio **Ferchault de**), físico y naturalista francés (1683-1757), inventor del termómetro que lleva su nombre.

REBECA, hija de Batuel y mujer de Isaac, madre de Esaú y Jacob. (*Biblia.*)

Rebelión de las masas (*La*), libro sociológico de Ortega y Gasset en el que continúa con el tema de "España invertebrada" elevándolo al nivel europeo (1930).

REBOLLEDO (Efrén), poeta modernista mexicano (1877-1929), autor de *Joyeles.*

REBULL (Santiago), pintor mexicano (1827-1902), que decoró el castillo de Chapultepec.

RÉCAMIER (*Madame*), dama francesa (1777-1849), célebre por su belleza y su talento, que reunió en sus salones, durante la Restauración, la sociedad más selecta de su tiempo.

RECAREDO I (516-601), hijo de Leovigildo, rey de los visigodos de España de 586 a 601. Hermano de San Hermenegildo, a cuya muerte quedó único posesor del trono, abrazó el catolicismo y mandó convocar el III Concilio de Toledo.

RECESVINTO, rey visigodo de España (649-672), ordenó la redacción del Fuero Juzgo, compilación de las leyes godas y romanas.

RECIFE, ant. **Pernambuco,** c. de Brasil, cap. del Estado de Pernambuco; puerto exportador de café y maderas. Universidad. Arzobispado.

RECINOS (Adrián), diplomático y escritor guatemalteco (1886-1962).

RECKLINGHAUSEN, c. de Alemania (Renania-Westfalia), en la cuenca hullera del Ruhr.

RECLUS (Eliseo), escritor y geógrafo francés (1830-1905), autor de *Geografía universal.*

Recognoverunt Proceres, disposiciones de Derecho particular de Barcelona (España), promulgadas por el rey Pedro II de Aragón (1283).

RECONQUISTA, c. de la Argentina (Santa Fe). Obispado.

Reconquista, período de la historia de la Península Ibérica que va desde la batalla de Covadonga (718) hasta la toma de Granada (1492), en el que se sucedieron las luchas de los núcleos cristianos contra los musulmanes.

Recopilación, colección oficial de las leyes de España, mandada establecer por Felipe II en 1567. Sirvióle de modelo otra más antigua de 1523. Se da el nombre de *Nueva Recopilación* a la novena edición de dicha colección, publicada en 1775, y el de *Novísima Recopilación* al suplemento de esta compilación, promulgado en 1805.

Recordación Florida, descripción histórica de Guatemala, escrita probablemente entre 1686 y 1699 por Francisco de Fuentes y Guzmán.

RECUAY, c. del Perú, cap. de la prov. del mismo n. (Ancash). Ruinas preincaicas. Terremoto en 1970.

RECHT o **RESHT,** c. de Irán, cerca del mar Caspio. Seda, algodón.

Redentoristas, congregación misionera fundada en 1731 por San Alfonso María de Ligorio.

REDING (Teodoro), general suizo (1775-1809), al servicio de España en la guerra de la Independencia. Combatió en Bailén (1808).

REDONDELA, v. de España (Pontevedra). Centro agrícola y ganadero; conservas.

REDONDO (Onésimo), político español (1905-1936), uno de los fundadores de las *Juntas de Ofensiva Nacionalsindicalista* (J. O. N. S.), unidas más tarde con Falange Española. M. fusilado.

Reducciones, n. dado en América a las poblaciones de indios fundadas por los misioneros durante la colonización. Las más célebres fueron las de las *Misiones jesuíticas del Paraguay.* La reducción constituía un poblado edificado alrededor de una gran plaza, administrado por un Cabildo del que formaban parte un corregidor español, alcaldes y regidores. El indio cultivaba una parcela de tierra particular y un campo común, se dedicaba también a la cría del ganado y debía pagar su correspondiente tributo.

Fot. Allié, Anderson, Larousse, Biblioteca Nacional (Madrid)

REFORMA, movimiento religioso que, en la primera mitad del s. XVI, sustrajo a la obediencia de los papas una gran parte de Europa. La Reforma nació de causas religiosas, pero las razones políticas y económicas no estuvieron ausentes en su propagación. Preparada por la idea, generalizada al fin de la Edad Media, de que la Iglesia necesitaba una reforma, brotó ésta de la convicción de que el cristianismo volvería a su pureza primitiva por la sumisión de las decisiones y tradiciones eclesiásticas al criterio de la Biblia. Entre las circunstancias favorables a la Reforma se pueden enumerar: el *Renacimiento,* por su interés en remontarse siempre a los documentos originales; la *invención de la imprenta,* que favorecía la difusión de las ideas; la *reacción de los príncipes* contra los abusos de la Iglesia en materia de poder temporal; la *abundancia de bienes del clero* y las *deficiencias religiosas y morales* de algunos de sus elementos. El iniciador de la Reforma fue Martín Lutero, que, excomulgado (1520), rehusó la sumisión. La Confesión de Augsburgo (1530) definió su doctrina, cuyos puntos capitales son la autoridad soberana de la Sagrada Escritura en materia de fe y la justificación por la fe. La nobleza alemana adoptó las nuevas ideas, que le permitían secularizar los bienes eclesiásticos y resistir al emperador (Liga de Smalcalda). La Paz de Augsburgo reconoció la existencia legal del luteranismo en Alemania. Los países escandinavos adoptaron pronto la nueva doctrina. En Suiza, la Reforma fue propagada por Zwinglio; en Francia, por Calvino, que se refugió después en Suiza (1536). La doctrina de Calvino proclama la soberanía absoluta y exclusiva de Dios, la doble predestinación de los elegidos y de los réprobos, y suprime la jerarquía y los sacramentos, excepto el bautismo y la cena, únicos instituidos por Jesucristo. El calvinismo ganó adeptos en Francia, durante el reinado de Enrique II, y triunfó en los cantones protestantes de Suiza, en Escocia (John Knox), en Flandes y Holanda, a pesar de las persecuciones de Felipe II. Inglaterra se separó de Roma en 1531 con Enrique VIII, y adoptó definitivamente el anglicanismo bajo Isabel I. La Contrarreforma católica (segunda mitad del s. XVI) se organizó en el Concilio de Trento; sus principales figuras fueron San Ignacio de Loyola, San Carlos Borromeo y San Francisco de Sales, y su mejor instrumento, la orden de los Jesuitas. (V. PROTESTANTISMO, *Part. Lengua.*)

Reforma *(Guerra de la),* n. dado a la guerra civil que, entre 1858 y 1861, opuso en México a conservadores y liberales. Esta guerra, consecuencia de la promulgación de la Constitución liberal de 1857, concluyó con la victoria de los liberales acaudillados por Juárez.

Reformista *(Partido),* partido fundado en Cuba, en 1862, con objeto de obtener reformas del régimen colonial.

REGA MOLINA (Horacio), poeta y ensayista argentino (1899-1956), autor de *El poema de la lluvia* y *La flecha pintada* (ensayos).

REGALADO (Tomás), general y político salvadoreño (1860-1906), pres. provisional de la Rep. de 1898 a 1899, y pres. efectivo de 1899 a 1903. Murió en la batalla del Jícaro en Guatemala, en la guerra contra este país.

Regencia, gobierno de un país durante un interregno o la menor edad del soberano. Entre las regencias que ha habido en España son las más notables las de María de Molina, regente primero de Fernando IV y luego de Alfonso XI; la de María Cristina de Borbón, regente de Isabel II, de 1833 a 1840; la de Espartero, regente de 1841 a 1843; la de Serrano, regente de 1869 a 1870; la de María Cristina de Habsburgo, regente de Alfonso XIII de 1885 a 1902.

Regencia, forma de gobierno decretada por la Junta provisional gubernativa de México, con Iturbide por presidente (enero a mayo de 1822).

REGENSBURGO. V. RATISBONA.

Regenta *(La),* novela realista de Leopoldo Alas "Clarín". Obra maestra de análisis psicológico, de estilo vigoroso y acertada técnica narrativa.

REGGIO DE CALABRIA, c. de Italia (Calabria), en el estrecho de Mesina.

REGGIO DE EMILIA, c. de Italia (Emilia); centro agrícola. Patria de Ariosto.

REGILIANO (Quinto Nonio), emperador romano, n. en Dacia, que se hizo proclamar emperador en Mesia (261) y fue muerto, según se cree, por sus soldados.

REGILO, c. de los sabinos, junto a la cual se hallaba el *lago Regilo* (hoy desaparecido), donde el dictador Postumio venció a los latinos en 496 a. de J. C.

REGINA, c. del Canadá, cap. del Saskatchewan; centro comercial e industrial; refinerías de petróleo. Arzobispado.

REGIOMONTANO (Juan MÜLLER, llamado), astrónomo alemán (1436-1476), autor de un tratado de trigonometría.

REGIS (*San* Francisco), jesuita francés (1597-1640). Fiesta el 16 de junio.

REGLA, c. de Cuba que forma parte de La Habana.

REGLA MOTA (Manuel de), general y político dominicano, pres. de la Rep. en 1856.

REGNARD [*reñar*] (Jean-François), poeta y dramaturgo francés (1655-1709), autor de *El legatario universal.*

REGNAULT [*reñó*] (Víctor), físico y químico francés (1810-1878), que estudió los coeficientes de dilatación y la capacidad calorífica de los fluidos.

RÉGNIER (Henri de), poeta y novelista francés (1864-1936) de estilo refinado.

RÉGNIER (Mathurin), poeta francés (1573-1613), de vena satírica, a menudo licenciosa.

REGOYOS (Darío de), pintor impresionista español (1857-1916).

REGULES (Elías), médico, poeta y autor dramático uruguayo (1860-1929), autor de *El Entenao* (teatro).

REGULES (Nicolás), general mexicano, n. en España (1826-1893), que participó en las guerras de Reforma y de la intervención francesa.

RÉGULO (Marco Atilio), cónsul romano en 267 y en 256 a. de J. C. Caído en manos de los cartagineses, fue enviado a Roma, bajo palabra, para proponer un canje de prisioneros y aconsejó heroicamente al Senado que rechazara las proposiciones de Cartago. Después de haber resistido las lágrimas de su mujer Marcia y de sus hijos, y las súplicas de todos sus amigos, regresó a Cartago, donde le aguardaban duros suplicios.

Reich, pal. alemana que significa *imperio.* El *III Reich,* instaurado en 1933, desencadenó la Segunda Guerra mundial y se derrumbó en 1945.

REICHA (Antonio), compositor y teórico músico checo (1770-1836), maestro de C. Franck, Berlioz y Liszt.

REICHENBACH [*-baj*], c. de Alemania oriental. Lanas; textiles.

REICHSHOFFEN, pobl. de Francia (Bajo Rin). Derrota de los franceses, mandados por Mac-Mahon, por los prusianos (6 de agosto de 1870).

REICHSTADT, en checo **Zakupy,** c. de Checoslovaquia (Bohemia).

REICHSTADT (*Duque de*), título del hijo de Napoleón I después de 1814.

Reichstag, parlamento del Imperio Alemán en Berlín. El edificio fue incendiado en 1933 por los nazis, que acusaron de ello a los comunistas.

REICHSTEIN (Tadeo), químico suizo, n. en 1897, uno de los descubridores de la cortisona. (Pr. Nóbel, 1950.)

Reichswehr, n. dado de 1919 a 1935 al ejército alemán de cien mil hombres autorizado por el Tratado de Versalles.

REID (Tomás), filósofo escocés (1710-1796). Su doctrina, opuesta al idealismo de Berkeley y al escepticismo de Hume, descansa en la experiencia interna y el sentido común.

REID (Tomás MAYNE), escritor inglés (1818-1883), autor de novelas de aventuras: *Los cazadores de cabelleras, El Jefe blanco,* etc.

REIGATE, c. de la Gran Bretaña (Surrey), al S. de Londres. Industrias químicas y mecánicas.

REIKIAVIK o **REYKIAVIK,** puerto y capital de Islandia, en la costa O. 71 000 h. Pesca.

REIMS [*rans*], c. de Francia (Marne). Arzobispado; catedral gótica célebre. (V. GÓTICO [*Arte*].) Centro textil (lana) y de la industria del champaña. En Reims se coronaban desde Clodoveo todos los reyes de Francia.

REINA (La), v. de El Salvador (Chalatenango).

REINA (Manuel), poeta español (1856-1905), autor de *El jardín de los poetas.*

REINA ADELAIDA, archip. de Chile, entre el golfo de Pena y el estrecho de Magallanes.

catedral de REIMS
EL ÁNGEL DE LA SONRISA

Fot. Arch. Phot.

RENAN

RENATO DE ANJOU por FROMENT

REMBRANDT autorretrato museo de Arte de São Paulo

REINA BARRIOS (José María), general y político guatemalteco (1853-1898), pres. de la Rep. de 1892 a 1898. Favoreció el laicismo. Era sobrino de Justo Rufino Barrios. M. asesinado.

REINA CARLOTA (ARCHIPIÉLAGO DE LA), grupo de islas del Canadá (Colombia Británica).

REINACH (Salomón), filólogo y arqueólogo francés (1858-1932).

REINHARDT (Max), actor y director de teatro austriaco (1873-1943).

REINO UNIDO DE GRAN BRETAÑA E IRLANDA DEL NORTE. V. GRAN BRETAÑA.

REINOSA, c. de España (Santander); ganadería y agricultura; minas; metalurgia. — C. de México (Tamaulipas); petróleo. Aduana.

REINOSA (MONTAÑAS DE), n. dado a la región de los montes Cantábricos en que nace el Ebro.

REINOSO (Félix José), sacerdote y poeta neoclásico español (1772-1841), autor de *La inocencia perdida.*

Religión *(Guerras de)*, nombre dado a las ocho guerras que ensangrentaron Francia de 1562 a 1598, originadas por la *Reforma* (V. esta palabra), y el espíritu de intolerancia de la época.

RELONCAVÍ, golfo de Chile (Llanquihue), en el que se encuentra el fiordo del mismo n.

REMARQUE (Erich María), novelista alemán (1898-1970), autor de un célebre reportaje sobre la Primera Guerra mundial: *Sin novedad en el frente* (1929).

REMBRANDT (Harmenszoon VAN RIJN, llamado), pintor y grabador holandés, n. en Leyden (1606-1669) cuya obra se compone de unos 350 cuadros y el mismo número de aguafuertes. Uno de los más grandes pintores de todas las épocas por la riqueza deslumbrante de su pincel, la delicada armonía de sus composiciones, la maestría de los efectos de luz y los dramáticos claroscuros, y por la intensidad y realismo de las figuras. Entre sus obras maestras pueden citarse: *Tobías y su familia, El samaritano, Los peregrinos de Emaús* (V. lámina p. 240), *Ronda nocturna* (V. p. 1550), *Lección de anatomía,* autorretratos, etc.

REMEDIOS, cerro de Venezuela (Lara-Falcón), en la sierra de Agua Grande; 1 000 m. — Pobl. de Colombia (Antioquia). — Pobl. de Panamá (Chiriquí); centro ganadero. — Part. jud. de Cuba (Las Villas); región tabacalera.

Remensa (*Siervos de*), n. dado a los payeses o siervos catalanes que no podían abandonar la tierra de su señor sino mediante un precio de redención.

REMESAL (Antonio de), religioso dominico español del s. XVI, autor de una *Historia de Chiapas y Guatemala.*

REMIGIO (*San*), arzobispo de Reims (¿437?-533); decidió a Clodoveo a convertirse al catolicismo y lo bautizó en 496. Fiesta el 1 de octubre.

REMINGTON (Philo), ingeniero e industrial norteamericano (1816-1889), inventor del fusil y de la máquina de escribir que llevan su nombre.

REMO, primer rey de Roma, hermano de Rómulo, por quien fue muerto.

REMÓN (Alonso), escritor, autor de comedias y religioso mercedario español (¿1565?-1632).

REMÓN CANTERA (José Antonio), político y militar panameño (1908-1955), pres. de la Rep. de 1952 a 1955. M. asesinado.

REMSCHEID, c. de Alemania (Renania-Westfalia); metalurgia; industria química.

RÉMUSAT (Abel), sinólogo francés (1788-1832), renovador de los estudios sobre China.

RÉMUSAT (Claire DE VERGENNES, *condesa de*), escritora francesa (1780-1821), autora de *Memorias* sobre la corte del emperador Napoleón I.

Renacimiento, n. dado a la renovación literaria, artística y científica que se produjo en Europa en los siglos XV y XVI, particularmente bajo la influencia de la cultura clásica puesta nuevamente de moda. Fue facilitada particularmente por el descubrimiento de la imprenta, que vulgarizó las obras maestras de los grandes genios de la Antigüedad, y por la invención del grabado, que dio a conocer las obras de arte. En Italia, el Renacimiento tuvo por protectores a los papas Julio II y León X, quienes prodigaron su ayuda a escritores y artistas. Es la época del Ariosto, de Maquiavelo, de Bembo, del Tasso, de Trissino, de Brunelleschi, de Donatello, de Lucca della Robbia, de Fra Angélico, de Leonardo de Vinci, de Rafael, de Miguel Ángel, de Bramante, etc. En Italia, el renacimiento literario y científico siguió curso paralelo al renacimiento artístico. Este mismo afán de renovación se manifestó en toda Europa, singularmente en Francia, influenciada por la península a consecuencia de las guerras de Italia. De este período son los famosos castillos del Loira (Blois, Chambord, Chenonceaux, etc.). En las artes se destacan los nombres de Lescot, Delorme, Goujon, Jean Cousin, Germain Pilon, los Clouet, y en las letras los de Rabelais, Ronsard, Du Bellay y la "Pléyade", Montaigne. En España, las primeras muestras de la arquitectura renacentista originan el *plateresco,* para después manifestarse con toda su pureza en el Palacio de Carlos V en Granada, catedral de Jaén, la fachada de la Universidad de Salamanca y el monasterio de El Escorial. En la pintura española hay que destacar a Juan de Juanes, Pedro Berruguete, Alejo Fernández y Luis de Morales, y en la escultura a Diego de Siloé, Damián Forment y Alonso Berruguete. Escritores eminentes del Renacimiento español son Garcilaso de la Vega y Fray Luis de León. (V. en la *Parte Lengua* la lámina RENACIMIENTO [*Arte del*].)

RENAICO, com. de Chile (Malleco).

Renaixença, n. dado al movimiento cultural y político de Cataluña en la segunda mitad del s. XIX, que tendía al renacimiento de la lengua y tradiciones catalanas.

RENAN (Ernest), escritor, filólogo e historiador francés (1823-1892), cuyas obras exponen su fe en la ciencia y sus convicciones racionalistas: *El porvenir de la ciencia, Historia de los orígenes del cristianismo, Vida de Jesús,* etc.

RENANIA, región de Alemania que se extiende por las dos orillas del Rin, desde la frontera suiza hasta Holanda.

RENANIA-PALATINADO, en alem. **Rheinland-Pfalz,** Estado de Alemania occidental; cap. *Maguncia.*

RENANIA SEPTENTRIONAL-WESTFALIA. V. RIN SEPTENTRIONAL-WESTFALIA.

RENARD (Jules), escritor francés (1864-1910), autor realista de novelas, comedias y de un *Diario.*

RENATO DE ANJOU (1409-1480), duque de Anjou, duque de Bar y de Lorena, conde de Provenza, donde se hizo popular por el carácter pacífico y paternal de su gobierno. Rey de Sicilia en 1417, y de Nápoles en 1434, intentó tomar posesión de sus dominios, pero, sitiado en Nápoles por Alfonso V de Aragón, competidor suyo, tuvo que regresar a Francia. Protegió las letras.

RENAUDOT [*-nodó*] (Teofrasto), médico francés (1586-1653), historiógrafo del rey y fundador de *La Gaceta de Francia* en 1631. Lleva su nombre un premio literario anual, creado en 1925, y otorgado en el mes de diciembre.

RENAULT (Louis), ingeniero francés (1877-1944), promotor de la industria automovilística.

RENCA, valle de la Argentina (San Luis), regado por el río Conlara. — Pobl. de la Argentina (San Luis). — Com. de Chile (Santiago).

Rendición de Breda *(La)*, o cuadro de *Las Lanzas,* una de las obras maestras de Velázquez

Fot. Adam Salomon, X, Giraudon

(Prado), que representa el epílogo de la batalla de Breda. (V. este nombre.)
RENDÓN (Francisco de Paula), novelista y cuentista de costumbres colombiano (1855-1917).
RENDÓN (Víctor M.), diplomático y escritor ecuatoriano (1859-1938), que cultivó la novela, el ensayo y el teatro.
RENFREWSHIRE, condado de Escocia occidental; cap. *Paisley*. C. pr. *Greenock, Renfrew*.
RENGIFO (Diego GARCÍA), preceptista español del s. XVII, autor de *Arte poética española* (1592), publicada bajo el nombre de su hermano Juan DÍAZ.
RENGIFO (Manuel), político chileno (1793-1845), ministro de Hacienda bajo las presidencias de Ovalle, Prieto y Bulnes. Reorganizó el sistema de contribuciones.
RENGO, com. de Chile (O'Higgins).
RENI (Guido). V. GUIDO.
RENNES [*ren*], c. de Francia, ant. cap. del ducado de Bretaña, cap. del dep. de Ille-et-Vilaine. Universidad; arzobispado. Metalurgia.
RENO, c. de los Estados Unidos (Nevada), célebre por la rapidez con que en ella se obtienen los divorcios. Centro turístico (juegos).
RENOIR (Augusto), pintor francés (1841-1919), uno de los maestros del impresionismo (*El Molino de la Galette, El palco*, etc.) [V. lámina p. 704].
RENOUVIER (Carlos), filósofo francés (1815-1903), uno de los fundadores del neocriticismo.
RENTERÍA, v. de España (Guipúzcoa).
Repartimientos, concesiones de indios hechas a los colonos españoles, que adquirían sobre aquéllos ciertos derechos a cambio de instruirlos, civilizarlos y protegerlos. (V. ENCOMIENDAS.)
RÉPIDE (Pedro de), poeta, novelista y periodista español (1882-1948), de estilo terso y castizo. Cultivó el madrileñismo costumbrista.
REPIN (Ilia Iefimovich), pintor ruso (1844-1930), autor de cuadros de tema histórico o social y de retratos.
República, forma de gobierno establecida en España por dos veces: la *Primera República*, proclamada el 11 de febrero de 1873, después de la abdicación de Amadeo I, duró hasta la disolución del Congreso por el general Pavía el 3 de enero de 1874; la *Segunda República*, proclamada el 14 de abril de 1931, se vio pronto envuelta en las luchas entre extremistas de izquierda y de derecha, que desembocaron en el alzamiento y la guerra civil (1936-1939).
República *(De la)*, tratado político y filosófico de Cicerón, en forma de diálogos acerca de la constitución romana y del ideal político.
República *(La)*, diálogo de Platón, que forma un tratado en doce libros; obra didáctica sobre la mejor forma de gobierno.
REPÚBLICA DOMINICANA. V. DOMINICANA.
REPÚBLICA ENTRERRIANA, n. que tomaron en 1819 las prov. argentinas de Entre Ríos y Santa Fe.
REQUENA, c. de España (Valencia).
REQUENA, c. del Perú, cap. de la prov. del mismo n. (Loreto). Vicariato apostólico.
REQUESÉNS (Luis de ZÚÑIGA y), general y político español, n. en Barcelona (1528-1576). Lugarteniente de Don Juan de Austria, le ayudó a derrotar a los moriscos sublevados y asistió en 1571 a la batalla de Lepanto. En 1573 sucedió al duque de Alba en el gobierno de los Países Bajos. Encontró el país en plena revolución y, a pesar de sus concesiones, no consiguió pacificarlo.
Requeté (del fr. *requêté*, toque de caza), n. dado en Navarra y otras provincias a los miembros de ciertas agrupaciones tradicionalistas (carlistas).
Réquiem, de Mozart, última obra musical del gran compositor (1791). Otros *Réquiem* célebres son los de Palestrina, Brahms, Verdi y Fauré.
RÉQUILA, rey de los suevos de España en 441, m. en 448. Conquistó a los romanos gran parte de España e hizo de Sevilla su capital.
REQUÍNOA, com. de Chile (O'Higgins).
Rerum Novarum, encíclica de León XIII (1891) sobre los problemas sociales.
RESENDE (García de), poeta y cronista portugués (1470-1536), autor de *Cancionero General*, publicado en 1516.

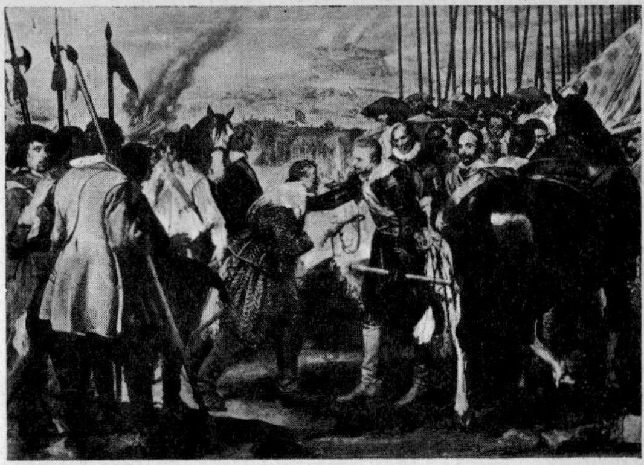

LA RENDICIÓN DE BREDA
por VELÁZQUEZ
museo del Prado

RESHT. V. RECHT.
RESHITA o **RESITA,** c. de Rumania (Banato); centro metalúrgico.
RESISTENCIA, c. de la Argentina, cap. de la prov. del Chaco; centro comercial e industrial. (Hab. *chaqueños.*) Obispado.
RESPIGHI (Ottorino), compositor italiano (1879-1937), autor de poemas sinfónicos (*Las fuentes de Roma, Los pinos de Roma*) y obras líricas.
RESTAURACIÓN, com. de la Rep. Dominicana (Dajabón). — Distrito de la prov. peruana de Huarás (Ancash).
Restauración, n. que se da al restablecimiento de los Borbones en el trono de España. La *Primera Restauración* ocurrió en 1813, cuando Napoleón devolvió el trono de España a Fernando VII por el Tratado de Valençay; la *Segunda Restauración* se verificó después del pronunciamiento de Martínez Campos en 1874, quien proclamó rey de España a Alfonso XII.
RESTIF DE LA BRETONNE (Nicolás), escritor francés (1734-1806), autor de múltiples relatos de carácter libertino.
RESTIGOUCHE, río del Canadá (Nuevo Brunswick); 200 km. Pesca de salmones.
RESTREPO, pobl. de Colombia (Meta).
RESTREPO (Antonio José), escritor, orador y diplomático colombiano (1855-1933).
RESTREPO (Carlos E.), político colombiano (1867-1937), pres. de la Rep. de 1910 a 1914, período en que fue reconocida la independencia de Panamá.
RESTREPO (Edgar Poe), poeta colombiano (1919-1941).
RESTREPO (Félix), sacerdote, escritor y lingüista colombiano (1887-1965). Autor de valiosos trabajos lexicológicos y gramaticales. Director de la Academia Colombiana de la Lengua desde 1955.
RESTREPO (José Félix), educador, jurisconsulto y político colombiano (1760-1832); fue maestro de Caldas.
RESTREPO (José Manuel), político y escritor colombiano (1781-1863), que se sumó a la causa

REQUESÉNS

RENOIR
LA NIÑA DEL LAZO AZUL
detalle
museo de Arte
de São Paulo

Fot. Braun, doc. A. G. P., Giraudon

cardenal de RETZ

Alfonso REYES

de la independencia de su país y ocupó varios cargos públicos. Autor de *Historia de la Revolución de la República de Colombia*, etc.
RESTREPO (Juan de Dios), escritor colombiano (1827-1894), conocido por el seudónimo de **Emiro Kastos**, autor de cuadros de costumbres.
RESTREPO JARAMILLO (José), novelista colombiano (1896-1945), autor de relatos de análisis psicológico.
RESTREPO TIRADO (Ernesto), investigador colombiano (1862-1948), autor de *Un viaje al Darién* y *Estudio sobre los aborígenes de Colombia*.
RETALHULEU, c. de Guatemala, cab. del dep. del mismo n.; centro comercial. El dep. prod. café; ganadería. (Hab. *retaltecos.*)
RETIA, prov. romana entre los Alpes y el Danubio, incorporada al Imperio por Augusto. (Hab. *réticos.*)
RETIRO. V. BUEN RETIRO.
RETIRO, com. de Chile (Linares).
RETZ (Pablo de GONDI, *cardenal de*), político y escritor francés (1613-1679), célebre por el papel importante que desempeñó en la Fronda. Dejó un relato de la *Conjuración de Fiesco* e interesantes *Memorias*, en un estilo muy conciso.
REUNIÓN (ISLA DE LA), antes **isla Borbón**, isla del océano Índico, al E. de África. Territorio francés desde 1642 y departamento desde 1946. Sup. 2 500 km^2; 370 000 h.; cap. *Saint-Denis*, 65 600 h.; c. pr. *Saint-Paul*, 28 000 h.; *Saint-Louis*, 27 000 h.; *Saint-Pierre*, 25 000. Prod. azúcar, ron y vainilla.
REUS, c. de España (Tarragona); centro comercial e industrial importante.
REUSS, río de Suiza que forma el lago de los Cuatro Cantones y desemboca en el Aar; 159 km.
REUSS, n. de dos antiguos principados de Alemania del Norte (Turingia).
REUTER (Pablo Julio), industrial alemán (1816-1899), que fundó una agencia telegráfica en Aquisgrán, base de la actual agencia de informaciones periodísticas con residencia en Londres.
REVAL, n. alemán de **Tallinn.**
REVENTADOR, volcán del Ecuador, en la Cord. Central; 3 485 m.
REVENTAZÓN, río de Costa Rica (Limón), que se une con el Parismina poco antes de llegar al mar; 125 km.
REVERDY (Pedro), poeta francés (1889-1960), precursor del surrealismo.
REVEREND (Prósper), médico francés (1796-1881), amigo y biógrafo de Bolívar, a quien atendió en sus últimos momentos.
REVILLA (Manuel de la), crítico literario español (1846-1881).
REVILLAGIGEDO, archip. de México, en el océano Pacífico; sus islas princ. son: *San Benedicto, Socorro, Clarión* y *Roca Partida*. Pertenece al Est. de Colima.
REVILLAGIGEDO (*Conde de*). V. GÜEMES PACHECO.
Revista de filología española, publicación fundada en Madrid en 1914 por R. Menéndez Pidal.
Revolución. Entre las revoluciones más importantes de los tiempos modernos merecen citarse: La *revolución* de 1648, en Inglaterra, iniciada en 1642 con la guerra civil entre el rey y los parlamentarios, y consagrada por la ejecución de Carlos I y la proclamación de la República en 1649, bajo el protectorado de Cromwell. La revolución de 1688 derribó a los Estuardo.
En Francia se cuentan cuatro revoluciones: 1ª la de 1789 (v. art. siguiente); 2ª la de 1830, que depuso a la rama primogénita de los Borbones y dio el Poder a la rama segunda (Luis Felipe); 3ª la de 1848, que proclamó la Segunda República; 4ª la de 1870, que puso fin al Segundo Imperio y restableció la República.
En España, la revolución de 1868 derribó del trono a Isabel II, después de treinta y cinco años de reinado, y preparó la Primera República (1873).
En el s. XX, la revolución rusa de 1917 acabó con el régimen zarista, y la revolución alemana de 1918 depuso a los Hohenzollern. Citemos, entre otras, la revolución portuguesa (1910) y la turca (1924). En Hispanoamérica, las revoluciones de este siglo se caracterizan por sus postulados de justicia social y agraria; tales la de México, en 1910, y la de Cuba en nuestros días.
Revolución Francesa. La Revolución Francesa fue preparada por las ideas de los filósofos y economistas del s. XVIII. En 1789 existía una gran desigualdad en la repartición de cargos públicos y una falta absoluta de la intervención del Gobierno. Los ministros de Luis XVI, Turgot en particular, que intentaron realizar reformas que la opinión reclamaba, se estrellaron contra la resistencia de las clases privilegiadas (aristocracia y alto clero), y fue necesaria una revolución para sustituir una sociedad fundada en los privilegios por una sociedad igualitaria. Los Estados Generales de mayo de 1789 se transformaron, el 17 de junio, en *Asamblea Nacional* (v. esta palabra). El 14 de julio, el pueblo tomó la prisión de la Bastilla, y el 4 de agosto, la Asamblea proclamó la *Declaración de los Derechos del Hombre*. Después votó la Constitución de 1791, y declaró a todos los ciudadanos libres ante la ley. La Asamblea Nacional se disolvió el 30 de septiembre de 1791 y fue reemplazada por la Asamblea Legislativa, que obligó a Luis XVI a declarar la guerra a Austria. El 22 de septiembre de 1792, la *Convención Nacional*, que sucedió a la Asamblea Legislativa, proclamó la República y ordenó la ejecución de Luis XVI y María Antonieta. Bajo el Directorio se llevaron a cabo las campañas de Alemania, Italia, Egipto, etc. Bonaparte dio el golpe de Estado del 18 de brumario (9 de noviembre de 1799) y fue nombrado primer cónsul, más tarde cónsul vitalicio y, finalmente, el 18 de mayo de 1804, emperador.
Revolución de los 44, n. dado en El Salvador a la revolución de 1890, iniciada por 44 conjurados contra el régimen de los Ezeta.
REVUELTAS (José), novelista mexicano, n. en 1914, autor de *Los muros de agua, El luto humano, En un valle de lágrimas*, etc. Publicó tb. cuentos (*Dios en la tierra*).
REVUELTAS (Silvestre), compositor mexicano (1899-1940), que cultivó los aires nativos.
REY (ISLA DEL). V. CHAFARINAS.
REY (El), isla de Panamá, en el archip. de las Perlas. Tb. llamada **Terrerequí**. — Laguna de México (Coahuila).
REY DE ARTIEDA (Andrés), poeta y dramaturgo español (¿1549?-1613).
Rey de Roma, el hijo de Napoleón I.
Rey de Romanos, título que llevaba en el ant. Imperio Germánico el sucesor designado por el emperador reinante.
REY GUILLERMO (TIERRA DEL), una de las tierras árticas al N. de la América septentrional.
Rey Lear (*El*), tragedia de Shakespeare (hacia 1606), una de sus obras más conmovedoras.
REY PASTOR (Julio), matemático español (1888-1962). Autor del tratado *Fundamentos de la Geometría proyectiva superior*, de *Análisis matemático* y de *La ciencia y la técnica en el descubrimiento de América*.
REYES, pobl. de la Argentina (Jujuy); aguas termales. Vicariato apostólico. — Pobl. de Bolivia, cap. de la prov. de General José Ballivián (Beni). Obispado.
Reyes (*Libro de los*), n. dado a cuatro libros canónicos del Antiguo Testamento, que contienen la historia de los reyes judíos. Actualmente, los dos primeros libros se llaman Samuel I y II, y Reyes I y II los dos últimos.
REYES (VALLE DE LOS), valle de Egipto, lugar de sepultura de los soberanos del Nuevo Imperio.
REYES (Alfonso), poeta, historiador y ensayista mexicano, n. en Monterrey (1889-1959), uno de los valores más representativos de la moderna literatura hispanoamericana. Autor de *Visión de Anáhuac, Reloj de sol, Cuestiones gongorinas, La experiencia literaria, El suicida*, etc. Publicó numerosos poemas (*Huellas, Homero en Cuernavaca*, etc.)
REYES (José Trinidad), presbítero y poeta hondureño (1797-1855), fundador en 1826 de la Sociedad del Genio Emprendedor y del Buen Gusto, origen de la Universidad de Honduras (1847). Autor de *Pastorelas*, piezas liricodramáticas.
REYES (Neftalí Ricardo). V. NERUDA (Pablo).
REYES (Óscar Efrén), historiador y crítico ecuatoriano, n. en 1896.
REYES (Rafael), general y político colombiano (1849-1921), pres. de la Rep. en 1904, derribado en 1909. Impulsó las obras públicas y reformó la Constitución.

Fot. Langlois, Freund

REYES (Salvador), escritor y diplomático chileno (1899-1970). Autor de *Barco ebrio* y *Las mareas* (poesías), de cuentos y novelas.
REYES AGUILAR (Arturo), novelista costumbrista español (1864-1913), autor de relatos andaluces.
REYES CATÓLICOS, n. dado por antonomasia a **Fernando II de Aragón,** n. en Sos (Zaragoza) [1452-1516] e **Isabel I de Castilla,** n. en Madrigal de las Altas Torres (Ávila) [1451-1504], que tras contraer matrimonio en 1469, unieron los dos reinos ibéricos en 1479. Su política común (*tanto monta, monta tanto Isabel como Fernando*) fue de gran trascendencia para España: organización de la Santa Hermandad (1476), establecimiento de la Inquisición (1480), conquista de Granada, expulsión de los judíos (1492) y la anexión de Navarra (1512). Bajo su reinado y merced a la protección dispensada a Colón, se produjo el descubrimiento de América. Fallecida Isabel, el rey Fernando casó con Germana de Foix y, después de la muerte de Felipe el Hermoso, asumió la regencia de Castilla (1507). Fueron padres de Juana la Loca.

LOS REYES CATÓLICOS. Prado

REYES MAGOS, n. de tres sabios astrólogos orientales que fueron a adorar al niño Jesús en Belén y le ofrecieron oro, incienso y mirra. Según la tradición, se llamaban Melchor, Gaspar y Baltasar. Fiesta el 6 de enero.
REYES MARTÍNEZ (Juan José de los). V. PÍPILA.
REYES ORTIZ (Serapio), político boliviano, miembro de la Junta de Gobierno en 1898.
REYKIAVIK. V. REIKIAVIK.
REYLES (Carlos), novelista uruguayo, n. en Montevideo (1868-1938), narrador original y de esmerado estilo. Autor de *Beba,* sobre el trabajo en el campo; *La raza de Caín,* de carácter psicológico; *El embrujo de Sevilla,* su mejor obra, que describe la vida de una ciudad española y el alma de sus habitantes y *El gaucho Florido,* novela de la estancia uruguaya.
REYMONT (Ladislao), novelista polaco (1867-1925), autor de *Los campesinos.* (Pr. Nóbel, 1924.)
REYNOLDS (Gregorio), poeta parnasiano boliviano (1882-1948). Autor de hermosos sonetos de cuidada forma y de numerosos libros de poesías (*Redención, Beni, Horas turbias, Prismas, Illimani, poemas altiplánicos,* etc.)
REYNOLDS (*sir* Joshua), retratista inglés (1723-1792), excelente colorista.
REYNOSA. V. REINOSA.
REZA. V. PAHLEVI.
REZAYE, ant. **Urmia,** c. al NO. de Irán, a orillas del *lago de Rezaye.*
RHEYDT, c. de Alemania (Rin Septentrional-Westfalia), en el Ruhr; gran centro textil.
RHODE ISLAND, uno de los Estados Unidos de América (Nueva Inglaterra); cap. *Providence.*
RHODES [*rod*] (Cecil), político y colonizador inglés (1853-1902). Primer ministro de la colonia de El Cabo, fue el campeón de la política imperialista en África del Sur.
RHODESIA. V. RODESIA.
RHONDDA, ant. **Ystradyfodwg,** c. de Gran Bretaña (Gales), cerca de Cardiff; hulla.
RHÔNE. V. RÓDANO.
RIACHUELO, río de la Argentina que desemboca en el río de la Plata (Buenos Aires). — Pobl. de la Argentina (Corrientes).

puente de RIALTO

RIAD (Er-), cap. de Arabia Saudita; 200 000 h. Comercio importante.
Rialto (*Puente de*), célebre puente de Venecia, en el Canal Mayor, construido en 1588.
RIÁNSARES (*Duque de*). V. MUÑOZ (Fernando).
RIAZÁN, c. de U. R. S. S. (Rusia), al SE. de Moscú; industrias diversas.
RIBA (Carlos), poeta y humanista catalán (1893-1959), autor de *Estances* y *Elegies de Bierville.*
RIBADENEYRA (Pedro de), prosista y autor ascético español (1526-1611), discípulo de San Ignacio de Loyola, autor del *Tratado de la tribulación* y de *Vida de San Ignacio.*
RIBADEO, c. y puerto de España (Lugo). Conservas. Centro minero (hierro).
RIBADESELLA, c. y puerto de España (Oviedo). Centro agrícola y minero (carbón y hierro).
RIBAGORZA, región de España en la prov. de Huesca, que, reunida con Sobrarbe, formó antiguamente un condado cuya cap. era *Benabarre.*

RHODES

RIBALTA (Francisco de), pintor español (¿1555?-1628) de la escuela valenciana. Su obra es de gran realismo (*San Bruno, La última Cena,* etcétera). — Su hijo JUAN de **Ribalta,** n. y m. en Valencia (1597-1628), fue también artista de gran mérito y autor prolífico.
RIBAS (José Félix), militar venezolano (1775-1815), uno de los caudillos de la independencia de su país. M. ejecutado por los españoles.
RIBATEJO, prov. de Portugal; cap. *Santarem.*
RIBEIRÃO PRÊTO, c. del Brasil (São Paulo); centro de una rica región cafetalera.
RIBEIRO (Aquilino), novelista portugués (1885-1963), autor de *Wolframio, El hombre que mató al diablo, María Benigna,* etc.
RIBEIRO (Bernardino), poeta portugués (1482-1552), autor de la novela *Menina e moça,* una de las obras más importantes del género pastoril.
RIBEIRO (Julio), escritor brasileño, de carácter naturalista (1845-1890), autor de *La carne.*

REYLES

RIBEIRO COUTO (Ruy), poeta y cuentista brasileño (1898-1963), autor de *Cançoes de amor.*
RIBERA (Anastasio Pantaleón de la), poeta y aventurero español (¿1600?-1629), imitador de Góngora. Murió asesinado en Madrid.

RIBALTA

REYNOLDS. LA EDAD DE LA INOCENCIA, *detalle*
National Gallery (Londres)

Fot. Anderson-Giraudon, Grafia, Elliot et Fry, doc. A. G. P., Anderson

RIBERA
UN FILÓSOFO

RICARDO I

RICARDO III

RIEGO Y NÚÑEZ

RIBERA (José de), pintor español, n. en Játiva (Valencia) [1588-1652], llamado **el Españoleto.** Discípulo primero de Francisco de Ribalta y luego de Miguel Ángel y del Corregio, no tardó en adquirir gran celebridad en la corte de Nápoles. Sus obras se distinguen por su gran realismo, los efectos de luz y color y por lo perfecto de la ejecución. (*El cojo, El martirio de San Bartolomé, San Andrés, San Juan Bautista,* etc.)

RIBERA (Julián), escritor español (1858-1934), insigne arabista.

RIBERA (Pedro de), arquitecto español, m. en 1742, discípulo de Churriguera. Se le deben el Puente de Toledo y el Hospicio, ambos en Madrid.

RIBERA CHEVREMONT (Evaristo), poeta puertorriqueño, n. en 1897.

RIBERA DEL FRESNO, v. de España (Badajoz).

RIBERALTA, pobl. de Bolivia, cap. de la prov. de Vaca Díez (Beni).

RIBOT (Teódulo), filósofo francés (1839-1916), autor de estudios de psicología experimental.

RICARDO (David), economista inglés (1772-1823), uno de los primeros teóricos de economía política clásica.

RICARDO I Corazón de León, rey de Inglaterra de 1189 a 1199, n. en Oxford (1157-1199). Tomó parte brillante en la III Cruzada, pero a su regreso fue hecho prisionero por Leopoldo, duque de Austria. Puesto en libertad, hizo la guerra a Felipe Augusto (1194) y pereció ante el castillo de Châlus. — RICARDO II, hijo del Príncipe Negro (1367-1400), rey de Inglaterra de 1377 a 1399. — RICARDO III, rey de Inglaterra de 1483 a 1485, gracias al asesinato de los hijos de Eduardo IV, de quienes era tutor; reinó mediante el terror y fue derrotado y muerto en Bosworth por Enrique Tudor.

Ricardo II, drama histórico de Shakespeare (1595), donde pinta el carácter débil del rey.

Ricardo III, drama histórico de Shakespeare (1592), pintura admirable de la ambición del orgulloso soberano.

RICARDOS Y CARRILLO (Antonio), general español (1727-1794) que dirigió en 1793 el ejército de Cataluña y derrotó repetidas veces a los franceses.

RICAURTE (Antonio), patriota colombiano (1786-1814) que, asediado por los realistas, pereció heroicamente en San Mateo (Venezuela) al volar un polvorín.

RICCI (Lorenzo), general de los jesuitas (1703-1775). [V. *Pág. rosas* "Sint ut sunt..."]

RICCIARELLI (Daniel), llamado **Daniel de Volterra,** pintor y escultor italiano, n. en Volterra (¿1509?-1566).

RICIMERO, general romano, de origen suevo, m. en 472. Era nieto de Walia, rey de los godos.

RICHARDSON (*sir* Owen), físico inglés (1879-1959). Pr. Nóbel por su descubrimiento de las leyes de la emisión termoelectrónica en 1928.

RICHARDSON (Samuel), escritor inglés (1689-1761), creador de la novela moderna en su país con las novelas sentimentales *Pamela o la virtud recompensada, Clarissa Harlowe,* etc.

RICHELIEU [*-lié*] (Armando Juan DU PLESSIS, *cardenal de*), político francés, n. en París (1585-1642), primer ministro en 1624, en tiempos de Luis XIII. Fue el verdadero creador del absolutismo real y su política se encaminó hacia tres objetivos principales: reducir la fuerza del protestantismo, dominar la nobleza y abatir el poderío de la Casa de Austria. Realizó importantes reformas interiores y fundó la Academia Francesa.

RICHET (Carlos), fisiólogo francés (1850-1935). [Pr. Nóbel, 1913.]

RICHMOND, c. de Inglaterra (Surrey), a orillas del Támesis y en la parte O. de Londres; parque.

RICHMOND, c. de los Estados Unidos, cap. de Virginia; ciudad industrial y comercial. Durante la guerra de Secesión fue la capital de los sudistas. Defendida por el general Lee, fue tomada por Grant después de largo asedio (1865). — C. de los Estados Unidos (Indiana). — Distrito de Nueva York.

RICHTER (Jeremías Benjamín), químico alemán (1762-1807), que descubrió la ley de los números proporcionales.

RICHTER (Juan Pablo Federico). V. JEAN PAUL.

RICHTHOFEN (Fernando de), geólogo y explorador alemán (1833-1905), que viajó por Asia oriental y publicó trabajos científicos.

RIDRUEJO (Dionisio), poeta español, n. en 1912, que ha reunido la casi totalidad de sus versos en un libro general: *En once años.*

RIEGO Y NÚÑEZ (Rafael del), general español (1785-1823), jefe del alzamiento liberal de Cabezas de San Juan (1820), murió ejecutado por orden de Fernando VII. El himno de su nombre, compuesto por Huerta, fue adoptado como himno nacional durante la II República Española.

RIEMANN (Bernardo), matemático alemán (1826-1866), que estudió las funciones abelianas y fue origen de las geometrías no euclidianas. Investigó sobre las ecuaciones diferenciales y sobre los problemas de Física matemática.

RIEMENSCHNEIDER (Tilman), escultor alemán del Renacimiento (1460-1531).

RIERA PINILLA (Mario), novelista panameño, n. en 1920, autor de *La yerba.*

RIESCO (Germán), político chileno (1854-1916), pres. de la Rep. de 1901 a 1906.

RIESENGEBIRGE. V. GIGANTES (*Montes de los*).

RIETI, c. de Italia (Lacio).

RIF, región montañosa de la costa N. de Marruecos. Su población (*rifeños*), de raza beréber, opuso tenaz resistencia a la conquista franco-española (1921-1926).

RIGA, c. de U. R. S. S., cap. de Letonia; puerto activo en el Báltico, en el *golfo de Riga.* Industrias diversas.

RIGAUD [*rigó*] (Jacinto), pintor francés (1659-1743), autor de magníficos retratos de Luis XIV, Bossuet, etc.

RIGEL, estrella de la constelación de Orión.

RIGHI o **RIGI,** montaña de Suiza, cantón de Schwyz; 1 800 m. Magnífico panorama.

RIGHI (Augusto), físico italiano (1850-1920), autor de estudios sobre la luz polarizada y la visión estereoscópica.

Rigoletto, ópera en cuatro actos, libreto italiano del escritor Piave, música de Verdi (1851).

RICHARDSON
por ARDELL

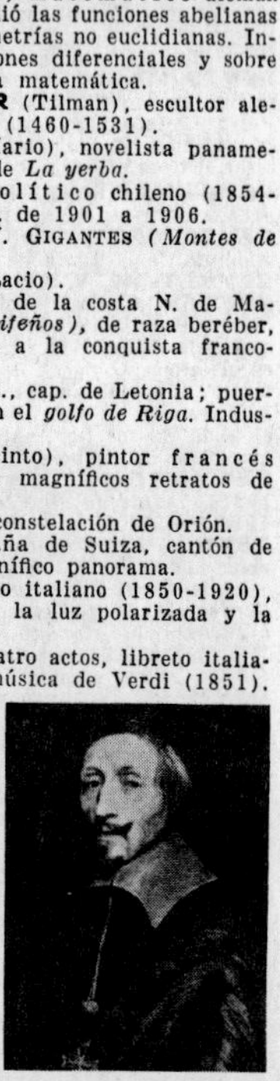

RICHELIEU
por CHAMPAIGNE

Fot. Anderson-Giraudon, Larousse, doc. A. G. P., B. N.

Rig Veda, el primero de los cuatro libros sagrados de la India *(Vedas)*, escrito en sánscrito.
RIJEKA, en ital. **Fiume,** c. y puerto de Yugoslavia (Croacia), en el Adriático.
RILKE (Rainer María), escritor austriaco, n. en Praga (1875-1926), autor de poesías impregnadas de hondo misticismo, en un estilo muy refinado *(Sonetos a Orfeo, Elegías de Duino)* y de obras en prosa *(La historia del amor y muerte del corneta Cristóbal Rilke, Los cuadernos de Malte Laurids Brigge)*.
RÍMAC, río del Perú, que atraviesa Lima y des. en el Pacífico, cerca de El Callao.
Rimado de Palacio, poema del canciller Pero López de Ayala, obra de profunda filosofía cristiana en la que se lamenta el autor de la corrupción universal de su siglo (1398-1404).
Rimas, colección de poemas de Gustavo Adolfo Bécquer, obra llena de doloroso sentimiento.
Rimas *(Las)*, n. dado a la colección de las obras de Petrarca, inspiradas por Laura de Noves.
RIMBAUD [*rambó*] (Arturo), poeta francés n. en Charleville (1854-1891). Dotado de extraordinaria precocidad, a los diecinueve años había escrito toda su obra; su poesía, en la que intenta expresar lo absoluto de las cosas, ejerció gran influencia sobre Verlaine y los simbolistas. Se le deben: *El barco ebrio, Las iluminaciones, Una temporada en el infierno.* A los veinte años abandonó la poesía y llevó una vida de aventurero.
RÍMINI, c. de Italia (Emilia); estación balnearia. Arzobispado. Palacio.
RÍMINI (Francesca de), dama italiana del s. XIII, cuyos amores con su cuñado Paolo Malatesta inmortalizó Dante en el *Infierno*.
RIMSKY-KORSAKOV (Nicolás), compositor ruso (1844-1908), autor de óperas *(El gallo de oro)* y poemas sinfónicos *(Scherezade, Capricho español, La gran Pascua rusa)*.
RIN, en alem. **Rhein,** río de Europa occidental, que nace en los Alpes, en el San Gotardo, pasa por el lago de Constanza, forma el salto de Schaffhausen, pasa por Basilea, Alsacia y el Palatinado (Estrasburgo, Espira, Maguncia), atraviesa el macizo renano, entra en la llanura de Colonia, pasa por Leyden y Utrecht, y desemboca en el mar del Norte por tres brazos principales; 1 320 km. Es navegable en la mayor parte de su curso, lo que hace de él una importante vía comercial.
RIN (Alto), dep. de Francia; cap. *Colmar*.
RIN (Bajo), dep. de Francia; cap. *Estrasburgo*.
Rin *(Liga del)*, alianza formada en 1658 por los electores de Colonia, Tréveris y Maguncia, el duque de Baviera, los príncipes de Brunswick y Hesse y los reyes de Suecia y Dinamarca, para garantizar, contra el emperador germánico, las cláusulas del Tratado de Westfalia.
RINCÓN, cerro de los Andes, en la frontera de Chile (Antofagasta) y Argentina (Salta); 5 594 m. — N. dado a una zona de la costa argentina en la que se encuentra el golfo de Bahía Blanca.
RINCÓN (Antonio del), pintor español (1446-1500), autor de un retrato de los Reyes Católicos. Actualmente se pone en duda su existencia.
RINCÓN DE LA VIEJA, cima de Costa Rica, en la cord. de Guanacaste; 1 900 m.
RINCÓN DE LAS GALLINAS, n. con que se conoce también la sección judicial de *Fray Bentos* (Uruguay).
RINCÓN DEL BONETE, gran central eléctrica del Uruguay en el dep. de Tacuarembó, que aprovecha la fuerza hidráulica del río Negro.
RINCÓN DE ROMOS, pobl. de México (Aguascalientes).
RINCONADA, com. de Chile (Aconcagua).
Rinconete y Cortadillo, una de las Novelas Ejemplares de Cervantes, pintura del hampa sevillana (1613).
RIN SEPTENTRIONAL-WESTFALIA, Estado de Alemania occidental; cap. *Düsseldorf*.
RÍO (Andrés Manuel del), naturalista y mineralogista español (1765-1849), que, hallándose en México, estudió la composición de diferentes metales y descubrió el vanadio.
RÍO (Ángel del), profesor y ensayista español (1900-1962), autor de una *Historia de la Literatura Española*.
RÍO BAKER, distrito de Chile, en la com. de Baker (Aisén).
RIOBAMBA, c. del Ecuador, cap. de la prov. de Chimborazo; centro agrícola y comercial; importantes ferias. (Hab. *riobambeños.*) Obispado. Fundada en 1534, fue destruida por un terremoto en 1797. En ella se reunió el primer Congreso Constituyente del Ecuador.
RIO BRANCO. V. RORAIMA. — C. del Brasil, cap. del Est. del Acre; puerto fluvial a orillas del río Acre.
RÍO BRANCO, pobl. del Uruguay (Cerro Largo).
RIO BRANCO (José María de SILVA PARANHOS, *barón de*), político y diplomático brasileño (1845-1912), que trabajó por la abolición de la esclavitud.
RÍO BUENO, com. y dep. situados en el centro de Chile (Valdivia).
RÍO CARIBE, pobl. de Venezuela (Sucre).
RIO CLARO, c. del Brasil (São Paulo).
RÍO CLARO, com. de Chile (Talca).
RÍO COLORADO, pobl. de la Argentina (Río Negro).
RÍO CUARTO, c. de la Argentina (Córdoba), a orillas del *río Cuarto;* centro comercial. Obispado.
RIO DE JANEIRO, c. del Brasil, cap. del Estado de Guanabara, puerto activo; importante comercio; centro industrial. Universidad. Arzobispado. Aeropuerto. Cap. del Brasil, hasta 1960, es una ciudad modernísima que se encuentra en una pintoresca bahía, considerada como una de las más bellas del mundo. — Estado del Brasil; cap. *Niterói*.
RÍO DE JESÚS, pobl. de Panamá (Veraguas).
RÍO DE LA LOZA (Leopoldo), químico mexicano (1807-1873), que sistematizó la farmacopea y prestó excelentes servicios a su país durante la epidemia de cólera de 1833.
RÍO DE LA PLATA, estuario formado por los ríos Paraná y Uruguay, que cubre una superficie aproximada de 36 000 km². Descubierto por Solís en 1516, es hoy una importantísima vía comercial. — Región sudamericana que comprende los territorios adyacentes al estuario del mismo n.
RÍO DE LA PLATA *(Gobernación del)*. V. BUENOS AIRES.
RÍO DE LA PLATA, virreinato de la América española, creado en 1776, que comprendía los territorios actuales de Argentina, Bolivia, Paraguay, Uruguay y el Est. brasileño de Rio Grande do Sul.
RÍO DE ORO, prov. autónoma española en África occidental, llamada también **Sáhara Español;** 190 000 km²; 23 000 h. Cap. *El Aaiún;* c. pr. *Villa Cisneros*.
RÍO GALLEGOS, c. de la Argentina, cap. de la prov. de Santa Cruz; comercio ganadero; ind. frigorífica; puerto activo. Obispado.
RÍO GRANDE, pico de la Rep. Dominicana, en la Cord. Central; 2 115 m. — V. de México (Zacatecas); centro minero.
RÍO GRANDE DE LA MAGDALENA. V. MAGDALENA.
RIO GRANDE DO NORTE, Estado del Brasil septentrional; cap. *Natal;* prod. algodón, arroz y mandioca; minas de estaño; abundantes salinas.

RILKE

RIMBAUD en 1871

RIMSKY-KORSAKOV

EL RIN: roca de Lorelei

Fot. Carsal, X, X, Maillard

RIVA AGÜERO

RIVADAVIA

duque de RIVAS *detalle* del cuadro de ESQUIVEL LOS POETAS CONTEMPORÁNEOS

RIO GRANDE DO SUL, Estado del Brasil meridional; cap. *Porto Alegre;* grandes bosques; ganadería; viñedos; cereales; yac. de carbón, oro, cobre y tungsteno.

RIOHACHA, c. de Colombia, cap. del departamento de Guajira; puerto comercial. (Hab. *riohacheros.*) Vicariato Apostólico.

RÍO HONDO, pobl. de la Argentina (Santiago del Estero); famosas aguas termales.

RÍO IBÁÑEZ, com. de Chile (Aisén).

RIOJA, c. del Perú, cap. de la prov. del mismo n. (San Martín).

RIOJA (La), comarca española de la prov. de Logroño; rica zona agrícola; vinos famosos.

RIOJA (La), c. de la Argentina, cap. de la prov. del mismo n., en la región andina; centro comercial. Fundada en 1591, conserva algunos edificios de la época colonial, como la Casa del Gobernador. Obispado. La principal riqueza de la prov. es la minería: oro, plata, baritina, wolframio, plomo; algodón, maíz; olivares, viñedos.

RIOJA (Francisco de), poeta español (1583-1659), perteneciente a la escuela sevillana. De un estilo exquisito y libre de los excesos del culteranismo, se le ha llamado el poeta de las flores por sus silvas *Al clavel, Al jazmín, A la rosa.* Se le atribuyeron en otro tiempo la *Epístola moral a Fabio* y la canción elegiaca *A las ruinas de Itálica.*

RÍO MUNI. V. GUINEA ECUATORIAL.

RÍO NEGRO, com. y dep. de Chile (Osorno). — Dep. del Uruguay; cap. *Fray Bentos;* importante explotación triguera; ganadería. (Hab. *rionegrenses.*) — Prov. de la Argentina, bañada por el río *Negro;* cap. *Viedma;* cultivos frutícolas en el valle del río; ganadería; carbón. (Hab. *rionegrinos.*)

RIONEGRO, c. de Colombia (Antioquia). En ella se conserva la corona de oro que Chuquisaca ofreció al Libertador. Fue asiento de la Convención de 1863.

RÍO PIEDRAS, pobl. de Puerto Rico (San Juan); centro industrial. Universidad.

RÍOS (Los), prov. del Ecuador; cap. *Babahoyo;* prod. cacao, café, bananas y madera.

RÍOS (Blanca de los), escritora y erudita española (1862-1956), que se destacó sobre todo por sus trabajos sobre Tirso de Molina.

RÍOS (Fernando de los), político socialista y escritor español (1879-1949), autor de ensayos de estilo brillante y polémico.

RÍOS (Juan), dramaturgo peruano, n. en 1914, autor de *Don Quijote* y *Prometeo y Medea.*

RÍO SAN JUAN, dep. de Nicaragua; cap. *San Carlos.* (Hab. *sanjuaneños.*) — Distr. de la Rep. Dominicana (Samaná).

RÍOS MORALES (Juan Antonio), político chileno (1888-1946), pres. de la Rep. de 1942 a 1946. Fomentó la industria y la agricultura.

RIOSUCIO, c. de Colombia (Caldas); plomo.

RÍOS Y ROSAS (Antonio de), político español (1812-1873), pres. del Congreso en 1863, y elocuente orador.

RÍO TERCERO, pobl. de la Argentina (Córdoba).

RÍO TINTO ó **RIOTINTO,** pobl. de España (Huelva), junto al río del mismo n. Las minas de cobre de Río Tinto y de Tharsis, célebres ya entre los fenicios y los romanos, no se explotaron durante largo tiempo. Sólo se reanudó la explotación en 1725 y hoy los yacimientos, que han sido uno de los más ricos del mundo, se encuentran casi agotados.

RÍO TURBIO, pobl. de la Argentina, en Patagonia (Santa Cruz); yac. de carbón.

RÍO VERDE, com. de Chile (Magallanes).

RIPALDA. V. MARTÍNEZ DE RIPALDA.

RIPOLL, v. de España (Gerona); ind. textil. Monasterio benedictino de estilo románico: pórtico (s. XII) y claustro de dos pisos (s. XII-XV). [V. en la *Parte lengua* ROMÁNICO *(Arte).*]

RIPPERDÁ (Juan Guillermo, *barón de*), aventurero holandés (1690-1737), embajador en la Corte de España. Privado de Isabel de Farnesio, mujer de Felipe V, fue secretario de Estado en 1726, pero cayó en desgracia al año siguiente. Pasó a Marruecos, donde se hizo musulmán.

RIQUELME (Alonso), aventurero español del s. XVI que acompañó a Pizarro.

RIQUER (Martín de), profesor y erudito español, n. en 1914.

RISARALDA, dep. de Colombia, en la Cordillera Central; cap. *Pereira.* Produce café; oro, plata, carbón. (Hab. *risaraldenses* o *risaraldeños.*)

RISCO (Manuel), erudito agustino español (1735-1801), que continuó la *España Sagrada* del P. Flórez.

Risorgimento, palabra italiana que significa *Renacimiento* y se aplica al movimiento ideológico y político del s. XIX cuyo objetivo era la unidad italiana.

RISSO (Romildo), poeta gauchesco uruguayo (1883-1946), que residió en la Argentina. Algunos de sus poemas han sido muy populares en forma de canciones.

RITTER (Karl), geógrafo alemán (1779-1859), autor de una *Geografía universal comparada.*

RIUKIU, archip. japonés comprendido entre Kiusiu y Formosa; cap. *Naha* (en la isla de Okinawa).

RIVA AGÜERO (José de la) general y político peruano, n. en Lima (1783-1858), prócer de la Independencia y primer pres. de la Rep. en 1823. Fue aliado de Santa Cruz durante la Confederación Peruboliviana.

RIVADAVIA, lago de la Argentina (Chubut). — Pobl. de la Argentina (Buenos Aires). — N. de otras pobl. de la Argentina, en las prov. de Salta, San Juan y Santa Fe.

RIVADAVIA (Bernardino), político argentino, n. en Buenos Aires (1780-1845). Tomó parte en la defensa de la capital contra los invasores ingleses y, nombrado posteriormente secretario en el primer Triunvirato (1811), fue encargado por el director Posadas, juntamente con Belgrano, de una misión diplomática en Europa para tratar de conseguir el reconocimiento de la Independencia (1814). Vuelto a su patria en 1820, Martín Rodríguez le confió el ministerio de Gobierno, en el que durante tres años realizó una excelente obra administrativa, política y cultural. Elegido primer pres. de la Rep. en 1826, impulsó el progreso del país, mas la oposición del Partido Federal y la paz desastrosa que firmó su ministro Manuel José García con el Brasil, rechazada por el pueblo de Buenos Aires, le obligaron a dimitir. Vivió expatriado en el Brasil, y luego en España, donde acabó sus días en Cádiz.

RIVADENEYRA (Manuel) impresor español (1805-1872), creador y editor de la *Biblioteca de Autores Españoles,* publicada en setenta y dos volúmenes.

RIVA PALACIO (Vicente), novelista histórico mexicano (1832-1896), narrador de las tradiciones de su país *(Martín Garatuza).*

RIVAROL (Antonio de), escritor y periodista francés (1753-1801), famoso por su genio epigramático y feroz; fue hostil a la Revolución.

RIVAROLA (Cirilo Antonio), político paraguayo, miembro del Gob. provisional en 1869. Pres. de la Rep. en 1870, dimitió en 1871.

RIVAROLA (Enrique), jurista y escritor argentino (1862-1931), autor de poesías y novelas.

RIVAROLA (Pantaleón), sacerdote y poeta argentino (1757-1821), autor de *Romance heroico.*

RIVAROLA (Rodolfo), jurisconsulto y escritor argentino (1857-1942).

RIVAS, c. de Nicaragua, cap. del dep. del mismo n.; puerto a orillas del Pacífico. En ella capitularon los filibusteros de Walker (1857). La prov. prod. cacao, café y maíz. (Hab. *rivenses.*) — Pobl. de la Argentina (Buenos Aires).

RIVAS (Ángel SAAVEDRA, *duque de),* poeta y dramaturgo español, n. en Córdoba (1791-1865) una de las más importantes figuras del romanticismo en su país. Son célebres sus *Romances históricos,* en los que se recogen leyendas diversas *(Un castellano leal, El conde de Villamediana,* etcétera), y su popular drama *Don Álvaro o La fuerza del sino* (1835). Se le deben también el poema *El moro expósito,* y una *Historia de la sublevación de Nápoles.*

RIVAS (Patricio), político nicaragüense, nombrado pres. de la Rep. por Walker (1857).

RIVAS GROOT (José María), político, historiador y poeta colombiano (1863-1923). Autor de *Constelaciones,* poema filosófico.

Fot. Valotaire, doc. A. G. P.

RIVERA, c. del Uruguay, cap. del dep. del mismo n.; centro turístico y comercial. La principal riqueza del dep. es la ganadería. (Hab. *riverenses.*)

RIVERA (Carlos Luis), pintor español (1815-1891).

RIVERA (Diego), pintor mexicano, n. en Guanajuato (1886-1957), autor de notables pinturas murales que tienen por tema la vida, la historia y los problemas sociales de su patria. Ha dejado también numerosos óleos, dibujos, acuarelas y retratos.

RIVERA (Fructuoso), general y político uruguayo (1788-1854), que se distinguió en las luchas por la independencia de su país. Primer pres. de la Rep. de 1830 a 1834; reelegido de 1839 a 1843, declaró la guerra a Rosas y combatió a Oribe. Fue triunviro de 1853 a 1854.

RIVERA (Joaquín), político hondureño (1796-1845), jefe del Estado de 1833 a 1834.

RIVERA (José Eustasio), poeta y novelista colombiano, n. en Neiva (1889-1928), autor de *Tierra de promisión,* conjunto de sonetos vigorosos y originales, y de la novela *La vorágine,* que le ha dado renombre universal. En ésta describe los llanos del Orinoco y la selva amazónica, en un estilo impregnado de hondo lirismo, y pinta, con brutal intensidad, los sufrimientos de los caucheros.

RIVERA (Julio A.), político salvadoreño, pres. de la Rep. de 1962 a 1966.

RIVERA INDARTE (José), poeta y escritor político argentino (1814-1844). Fue decidido adversario del gobierno del tirano Rosas. Autor de *Tablas de sangre.*

RIVERA PAZ (Mariano), político guatemalteco (1804-1849), que proclamó la autonomía de Guatemala y fue jefe del Estado de 1839 a 1844.

RIVERALTA, c. de Bolivia (Beni).

RIVERO (Mariano Eduardo de), naturalista peruano (1798-1857), que descubrió la magnesia silicatada y la oxalita. Dio a conocer en Europa el nitrato de sodio. Tb. efectuó trabajos arqueológicos y publicó un atlas de *Antigüedades peruanas.*

RIVERO (Nicolás María), político, orador y jurisconsulto español (1814-1878).

RIVERO Y MUÑIZ (Nicolás), periodista español (1849-1919), que se distinguió por su labor en La Habana. — Su hijo José Ignacio Rivero y Alfonso (1895-1944) fue notable periodista cubano.

RIVET (Pablo), antropólogo y etnólogo francés (1876-1958), que dirigió el Museo del Hombre, en París, y realizó estudios antropológicos en América ecuatorial. Autor de *El origen del hombre americano, Metalurgia precolombina,* etc.

RIVIERA (La), nombre que suele darse al litoral italiano del golfo de Génova, entre Niza y La Spezia.

RÍVOLI, pueblo de Italia, donde venció Napoleón Bonaparte a los austriacos en 1797.

RIZA o **REZA.** V. Pahlevi.

RIZAL, prov. de Filipinas, en la isla de Luzón; cap. *Pásig.*

RIZAL Y ALONSO (José Protasio), patriota, médico y escritor filipino, n. en Calamba (Laguna) [1861-1896], autor de *Noli me tangere,* estudio de la vida social en su país, *El filibusterismo,* etc. Detenido y juzgado por sus actividades contra las autoridades españolas, fue fusilado en Manila. Es el héroe nacional filipino.

F. RIVERA

J. E. RIVERA

Fot. doc. A. G. P., Anderson-Giraudon

DELLA ROBBIA
detalle
del bajorrelieve
LOS CANTORES
Santa María
de las Flores
Florencia

RIZI (Juan Andrés), pintor y religioso español (1600-1681), de arte realista. — Su hermano Francisco (1608-1684), pintor de cámara de Felipe IV, autor de *Adoración de los Reyes.* Fue también decorador de teatro.

RIZO (Salvador), pintor y patriota colombiano, ejecutado en 1816.

ROA, v. de España (Burgos). Lugar donde murió el cardenal Cisneros (1517).

ROA (Raúl), político y sociólogo cubano, n. en 1909.

ROA BÁRCENA (José María), poeta y cuentista mexicano (1827-1908), que se inspiró en las leyendas indígenas.

ROA BASTOS (Augusto), poeta y escritor paraguayo, n. en 1917, autor de *El ruiseñor de la aurora* y *El trueno entre las hojas.*

ROANNE, c. de Francia (Loira), a orillas del Loira; industrias textiles.

ROATÁN, isla de Honduras, en la que se encuentra la c. del mismo n., cap. del dep. de Islas de la Bahía; prod. de cacao y plátanos. (Hab. *roatanenses.*)

RÓBALO, río de Panamá, que des. en el lago de Chiriquí.

ROBBIA (Luca **Della**), escultor florentino (1400-1482). Participó en la decoración de la catedral de Florencia. — Su sobrino Andrea (1435-1528) fue también escultor.

ROBERT (Huberto), pintor francés (1733-1808), paisajista y pintor de arquitectura.

ROBERTO *(San),* monje francés (¿1000?-1067), fundador de un monasterio en Auvernia.

ROBERTO I, segundo hijo de Roberto el Fuerte, rey de Francia (922-923), m. en la batalla de Soissons. — Roberto II *el Piadoso,* rey de Francia (996-1031).

ROBERTO I, rey de Escocia. (V. Bruce.) — Roberto II *Estuardo,* n. en 1316, rey de Escocia (1371-1390). — Roberto III, n. en 1340, rey de Escocia (1390-1406).

ROBERTO DE BAVIERA, llamado **el Breve,** n. en 1352, emperador de Alemania de 1400 a 1410.

ROBERTO DE COURTENAY, emperador latino de Oriente (1221-1228).

ROBERTO el Fuerte, conde de Anjou, tronco de los Capetos, m. en 866, padre de los reyes de Francia Eudes y Roberto I.

ROBERTO GUISCARD, duque de Apulia y de Calabria (¿1015?-1085), uno de los aventureros que fundaron los Estados normandos de Italia meridional.

ROBERTS (Cecil), novelista inglés, n. en 1894, autor de *Estación Victoria a las 4,30.*

ROBERTS (David), pintor inglés, n. en Edimburgo (1796-1864).

ROBERTS (*lord* Frederick Sleigh), mariscal inglés (1832-1914), que se distinguió en Afganistán (1880) y dirigió la campaña contra los boers (1899).

ROBERTSON (Guillermo), historiador escocés (1721-1793), autor de *Historia de Escocia, Historia del emperador Carlos V, Historia de América,* etc.

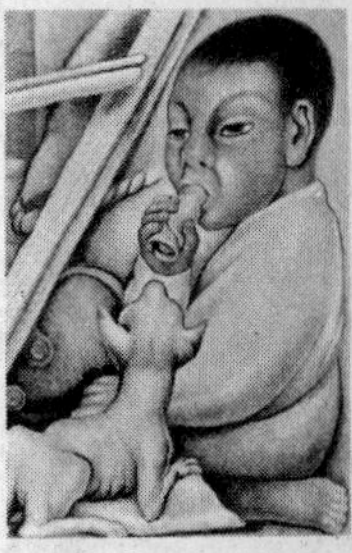

D. RIVERA
EL TACO

RIZAL

ROBESPIERRE
por MOREAU
el Joven

J. A. ROCA

ROCAFUERTE

ROBERVAL (Gilles PERSONNE o PERSONIER de), matemático francés (1602-1675), inventor de un sistema de balanzas.
ROBESPIERRE [*-pier*] (Maximilien de), abogado y convencional francés (1758-1794) llamado "el Incorruptible". Alma del Comité de Salvación Pública, dirigió el período del Terror. Derribado el 9 de termidor año II (27 de julio de 1794), murió guillotinado.
ROBÍN DE LOS BOSQUES o **ROBIN HOOD** [*hud*], héroe legendario inglés de tiempos de Ricardo Corazón de León.
ROBINSON (*sir* Robert), químico inglés, n. en 1886, que realizó la síntesis de la penicilina. (Pr. Nóbel, 1947.)
Robinson Crusoe, novela de Daniel Defoe (1719). Es el relato de las aventuras de un hombre que, abandonado en una isla desierta, consigue remediar todas sus necesidades llegando a crearse una felicidad relativa.
ROBINSÓN CRUSOE, isla de Chile en el archipiélago Juan Fernández, ant. **Más a Tierra.**
ROBLEDO (Jorge), conquistador español, m. en 1546, que recorrió el actual departamento de Antioquia (Colombia) y fundó la población de Santa Ana de los Caballeros (hoy Anserma), en Antioquia. Enfrentado con Benalcázar, fue hecho prisionero y ajusticiado.
ROBLEDO DE CHAVELA, mun. de España (Madrid). Estación para vuelos espaciales.
ROBLES (Francisco), marino ecuatoriano (1811-1892), pres. de la Rep. de 1856 a 1859.
ROBLES (Marco A.), político panameño, n. en 1906. Pres. de la Rep. de 1964 a 1968.
ROBLETO (Hernán), novelista nicaragüense, n. en 1895, que escribió *Sangre en el trópico*, crónica novelada de la guerra civil.
ROBOAM I, hijo y sucesor de Salomón, rey de Israel (930-914 a. de J. C.).
ROB ROY (Roberto), montañés escocés (1671-1734), célebre por sus actos de bandolerismo. Héroe de una novela de W. Scott (1817).
ROCA o **TUTINFIERNO,** cabo de la Rep. Dominicana, al que Colón llamó **cabo Redondo.**
ROCA (Inca), inca peruano del s. XIV, hijo de Cápac Yupanqui.
ROCA (Julio Argentino), general y político argentino, n. en Tucumán (1843-1914), que actuó en la campaña del Paraguay y llevó a cabo la conquista de Patagonia (1879). Fue pres. de la Rep. de 1880 a 1886 y de 1898 a 1904. Impulsó notablemente el progreso del país en el orden económico y cultural, y solucionó definitivamente la cuestión de límites con Chile (1902).
ROCA (Vicente Ramón), político ecuatoriano (1792-1858), miembro del Gobierno provisional en 1845 y pres. de la Rep. de 1845 a 1849.
ROCA DE TOGORES (Mariano). V. MOLÍNS.
ROCAFUERTE, c. del Ecuador (Manabí).
ROCAFUERTE (Vicente), político ecuatoriano (1783-1847), pres. de la Rep. de 1835 a 1839. Fomentó la instrucción pública y el progreso económico. Publicó ensayos y obras históricas.
ROCALLOSAS (MONTAÑAS). V. ROCOSAS.
ROCA PARTIDA, isla de México, en el archipiélago de Revillagigedo.
Rocinante, n. del caballo de Don Quijote.
ROCKEFELLER (John Davison), industrial y filántropo norteamericano (1839-1937), fundador de la Standard Oil Company (1872) y del Instituto de Investigación Rockefeller en Nueva York (1901), convertido en 1966 en universidad para posgraduados.
ROCKFORD, c. de los Estados Unidos (Illinois). Metalurgia; automóviles.
ROCOSAS (MONTAÑAS), sistema montañoso en la parte occidental de América del Norte, que se extiende desde Alaska hasta México; 6 096 m en el *monte MacKinley*.
ROCROI [*rocroá*], c. de Francia (Ardennes). Batalla en la que Condé derrotó a la famosa infantería española (1643).
ROCUANT (Miguel Luis), poeta, publicista y diplomático chileno (1877-1948).
ROCHA, laguna del Uruguay, en el dep. del mismo n., cerca del litoral atlántico. — C. del Uruguay, cap. del dep. del mismo n.; centro turístico. El dep. es ganadero. (Hab. *rochenses.*)
ROCHA (Dardo), jurisconsulto, político y escritor argentino (1838-1921), fundador de la ciudad de La Plata (1882).
ROCHAMBEAU [*-bó*] (J.-B. DE VIMEUR, *conde de*), mariscal francés (1725-1807), que participó en la guerra de Independencia de Norteamérica. — Su hijo DONATO, general (1750-1813), gobernador de Santo Domingo en 1796.
ROCHA PITA (Sebastián de), historiador y poeta culterano brasileño (1660-1738).
ROCHDALE, c. de Inglaterra (Lancaster). Ind. textil. Cuna del movimiento cooperativista inglés.
ROCHEFORT, c. y puerto de Francia (Charente Marítimo), a orillas del Charente.
ROCHEFOUCAULD (La). V. LA ROCHEFOUCAULD.
ROCHELA (La), en fr. **La Rochelle,** c. de Francia, cap. del dep. de Charente Marítimo, a orillas del Atlántico; puerto pesquero. Obispado. Monumentos renacentistas. Estuvo en poder de los hugonotes (s. XVI-XVII).
ROCHESTER, c. de los Estados Unidos (Nueva York), a orillas del río Genesee. Máquinas y productos fotográficos.—C. de Inglaterra (Kent); catedral (s. XII-XIV).
ROCHE-SUR-YON (La), c. de Francia, cap. del dep. de Vandea.
RODA (La), v. de España (Albacete). Yeso.
RÓDANO, en fr. **Rhône,** río de Suiza y Francia, que nace en Suiza, cruza el lago Leman, pasa por Lyon, Aviñón, Arles y des. en el Mediterráneo formando un delta; 812 km (522 en Francia).
RÓDANO, dep. del E. de Francia; cap. *Lyón.*
RÓDANO (Bocas del). V. BOCAS DEL RÓDANO.
RODAS, isla griega del mar Egeo (Dodecaneso). Cap. *Rodas.* C. célebre en la Antigüedad; sostuvo, en 1522, contra Solimán II, un largo sitio.
RODAS, térm. mun. de Cuba (Las Villas).
RODAS. V. APPENZELL.
Rodas *(Coloso de),* una de las siete maravillas del mundo, enorme estatua de Apolo, en bronce, colocada a la entrada del golfo de Rodas, que fue derribada por un terremoto.
RODENBACH (Jorge), poeta simbolista belga (1855-1898), autor de *Brujas la muerta.*
RODÉS (Luis), astrónomo y jesuita español (1881-1939), autor de *El firmamento.*
RODESIA o **RHODESIA,** región de África oriental, en la cuenca del Zambeze. Hasta 1962 constituyó dos territorios que, junto con Nyassalandia, formaron una Federación dentro del Commonwealth. Actualmente *Rodesia del Norte* es independiente y ha adoptado el nombre de *Zambia*, mientras que Nyassalandia forma el Estado *Malawi. Rodesia del Sur* constituye el Estado de *Rodesia* (389 362 km²; 4 260 000 h.; cap. *Salisbury,* 314 000 h.). En 1965, y por motivos segregacionistas, se declaró independiente contra la voluntad de Londres. En 1970 se proclamó la República. Es una región ganadera (bovinos) y agrícola (tabaco, algodón, agrios). El subsuelo es rico en oro, amianto y cromo.
RODEZ, c. de Francia, cap. del dep. del Aveyron. Obispado. Catedral gótica.
RODIL (José Ramón), general y político español (1789-1853), que se distinguió en el Perú, especialmente en la defensa de El Callao (1825), y más tarde intervino en la guerra carlista. Fue pres. del Consejo con Espartero (1842).
RODIN (Augusto), escultor francés, n. en París (1840-1917), artista vigoroso, personal y realista. Obras principales: *Los burgueses de Calais,*

RODIN. LOS BURGUESES DE CALAIS

Fot. Larousse, Valotaire, doc. A. G. P

El beso, El pensador, La puerta del infierno, Balzac, La Catedral, El hombre que marcha, etc.

RODÓ (José Enrique), escritor, pensador y humanista uruguayo, n. en Montevideo (1871-1917), autor de *Ariel*, ensayo sobre la naturaleza de la democracia, *Los motivos de Proteo*, obra moral e idealista, *El mirador de Próspero* y *Hombres de América*. Educado en la escuela positivista, abierto luego a filosofías más idealistas, Rodó es el mejor prosista del modernismo y uno de los grandes maestros de la intelectualidad hispanoamericana, con su doctrina de la renovación espiritual como deber.

RODOGUNA, hija de Mitrídates, rey de los partos, casada en 140 a. de J. C., con Demetrio II Nicátor, rey de Siria.

RODOLFO, lago de África ecuatorial (Kenia y Etiopía).

RODOLFO I DE HABSBURGO, n. en 1218, emperador de Germania de 1273 a 1291, corona que obtuvo en perjuicio de Alfonso X de Castilla. Fundador de la Casa de Austria. — RODOLFO II (1552-1612), emperador germánico de 1576 a 1611.

RODOLFO (Francisco Carlos José), archiduque de Austria (1858-1889), hijo único del emperador Francisco José I y de la emperatriz Isabel. Murió trágicamente en Mayerling, cerca de Viena.

RÓDOPE, en turco **Despoto-Dagh,** macizo montañoso de Bulgaria y de Grecia. Punto culminante 2 925 m *(Pico Musala).*

RODRIGO *(Don),* último rey visigodo de España, derrotado por los musulmanes en la batalla de Guadalete (711).

RODRIGO (Joaquín), compositor español, n. en 1902, autor de *Concierto de Aranjuez,* para guitarra, *Concierto de Estío,* para violín, y otros conciertos para piano, violín y violoncelo.

RODRIGO DE VIVAR. V. CID CAMPEADOR.

RODRIGUES ALVES (Francisco de Paula), político brasileño (1848-1919), pres. de la Rep. de 1902 a 1906.

RODRIGUES LOBO (Francisco), escritor portugués (1580-1622), autor de relatos pastoriles *(La corte en la aldea)* y de poemas.

RODRÍGUEZ (Abelardo), general y político mexicano (1889-1967), pres. interino de la Rep. de 1932 a 1934.

RODRÍGUEZ (Alonso), jesuita y escritor ascético español (1538-1616), autor de *Ejercicio de perfección y virtudes cristianas.*

RODRÍGUEZ (Cayetano), religioso franciscano, político y escritor argentino (1761-1823), redactor del Acta de Independencia en el Congreso de Tucumán (1816).

RODRÍGUEZ (José Joaquín), político costarricense (1838-1917), pres. de la Rep. de 1890 a 1894.

RODRÍGUEZ (Juan Manuel), político salvadoreño del s. XIX, prócer de la Independencia.

RODRÍGUEZ (Luis Felipe), novelista y cuentista cubano (1888-1947), que describió la vida campesina de su país: *Ciénaga, Marcos Antilla.*

RODRÍGUEZ (Manuel), sacerdote y escritor colombiano (1628-1701), autor de *El Marañón y el Amazonas.*

RODRÍGUEZ (Manuel), llamado **Manolete,** matador de toros español, n. en Córdoba (1917-1947), creador de un toreo serio, sobrio y lleno de hondura. Murió de una cornada en la plaza de Linares.

RODRÍGUEZ (Manuel del Socorro), polígrafo cubano (1758-1819) que, trasladado a Nueva Granada, fundó el *Papel periódico de Santa Fe de Bogotá* (1791).

RODRÍGUEZ (Martín), general y político argentino (1771-1844), gobernador de la provincia de Buenos Aires de 1820 a 1824. M. en Montevideo, perseguido por Rosas.

RODRÍGUEZ (Simón), pedagogo venezolano (1771-1854), maestro de Bolívar, a quien acompañó en algunos de sus viajes por Europa.

RODRÍGUEZ (Ventura), arquitecto español (1717-1785), de inspiración neoclásica. Autor de la fuente de *La Cibeles* (Madrid).

RODRÍGUEZ ALCALÁ (Hugo), poeta y novelista paraguayo, n. en 1917.

RODRÍGUEZ DE ALMELA (Diego), historiador español (¿1426-1492?), autor de una *Compilación de las batallas campales.*

RODRÍGUEZ DE CASTRO (José), orientalista y bibliógrafo español (1739-1799).

RODRÍGUEZ DE FONSECA (Juan). V. FONSECA.

RODRÍGUEZ DE FRANCIA (José Gaspar). V. FRANCIA.

RODRÍGUEZ DE LA CÁMARA (Juan), escritor español, llamado también **Rodríguez del Padrón** (¿1395-1440?), autor de los relatos *El triunfo de las donas, Cadira de honor* y *El siervo libre de amor,* novela alegórica de corte sentimental.

RODRÍGUEZ DE MENDOZA, prov. del Perú (Amazonas); cap. *San Nicolás de Mendoza.*

RODRÍGUEZ DE MONTALVO. V. MONTALVO (Garci *Ordóñez*).

RODRÍGUEZ DE VILLAVICIOSA (Sebastián), dramaturgo español (¿1618-1670?), autor de las comedias *La dama corregidor* y *Cuantas veo, tantas quiero.*

RODRÍGUEZ ERDOIZA (Manuel), patriota y político chileno (1785-1818), que luchó por la independencia de su país. M. asesinado.

RODRÍGUEZ FREILE (Juan), cronista colombiano (1566-¿1640?), autor de *El Carnero.*

RODRÍGUEZ GALVÁN (Ignacio), poeta y dramaturgo romántico mexicano (1816-1842). Autor de *Profecía de Guatimoc, La visión de Moctezuma* (poesías) y *El privado del virrey* (teatro).

RODRÍGUEZ LARRETA (Enrique). V. LARRETA (Enrique).

RODRÍGUEZ LOZANO (Manuel), pintor mexicano, n. en 1896, fiel a la tradición de su país.

RODRÍGUEZ MARÍN (Francisco), erudito español (1855-1943), que ha estudiado admirablemente el *Quijote,* el refranero y en general la literatura española del Siglo de Oro.

RODRÍGUEZ MENDOZA (Emilio), escritor y político chileno, n. en 1873. Autor de *Vida Nueva, Cuesta arriba.*

RODRÍGUEZ PEÑA (Nicolás), militar y político argentino (1775-1853), uno de los precursores de la Revolución de Mayo. Fue gobernador de Montevideo en 1814.

RODRÍGUEZ PINTOS (Carlos), poeta uruguayo, n. en 1895, autor de *Columbarium.*

RODRÍGUEZ PUEBLA (Juan), pedagogo y jurista mexicano de ideas liberales (1798-1848), autor de *El indio constitucional.*

RODRÍGUEZ RUBÍ (Tomás), poeta romántico español (1817-1890).

RODRÍGUEZ SANTOS (Justo), poeta cubano, n. en 1915, autor de *Luz cautiva.*

RODRÍGUEZ SUÁREZ (Juan), conquistador español del s. XVI, fundador de Santiago de los Caballeros (hoy Mérida), en Venezuela (1588).

RODRÍGUEZ TOMEU (Humberto), novelista cubano, n. en 1919, autor de bellos cuentos.

RODRÍGUEZ TORICES (Manuel), patriota, político y jurista colombiano (1788-1816), uno de los firmantes del Acta de Independencia de Cartagena. Fue fusilado.

ROELAS (Juan de las), pintor y sacerdote español (1558-1625), maestro de Zurbarán.

RŒMER [*remer*] (Olaf), astrónomo danés (1644-1710), que determinó la velocidad de la luz observando los satélites de Júpiter.

RŒNTGEN. V. RÖNTGEN.

ROGAGUA, lago de Bolivia (Beni), que desagua por el río Negro.

ROGATIS (Pascual de), compositor argentino, n. en Italia en 1881, autor de varias óperas *(La novia del hereje, Huemac)* y poemas sinfónicos *(Atipac, La fiesta del Chiqui).*

ROGER DE FLOR, guerrero español, de origen alemán (1266-1307), jefe de la expedición de los almogávares catalanoaragoneses que combatieron en favor del emperador bizantino Andrónico II, quien le elevó a la dignidad de gran duque. Murió asesinado por orden de Miguel Paleólogo, hijo del emperador.

RODÓ

M. RODRÍGUEZ
Manolete

RODRÍGUEZ MARÍN

RODRÍGUEZ GALVÁN

Fot. Larousse, Baldomero

R. ROJAS

ROLLAND

ROJAS ZORRILLA

ROGER DE LAURIA, almirante italiano (1250-1305), al servicio de Pedro III y Jaime II de Aragón, que venció a los franceses en Italia y Cataluña.

ROHLFS (Gerardo), explorador alemán (1831-1896), que viajó por África septentrional.

ROIG (Gonzalo), compositor y director de orquesta cubano n. en 1890, autor de las zarzuelas *Cecilia Valdés, La hija del Sol,* etc.

ROJAS (Ángel), novelista ecuatoriano, n. en 1909, autor de *El éxodo de Yangana.*

ROJAS (Arístides), escritor venezolano (1826-1894), divulgador de la obra de Humboldt.

ROJAS (Diego de), conquistador español, m. en 1544 a manos de los indios, cerca de Tucumán. Fue el descubridor del noroeste argentino.

ROJAS (Fernando de), judío converso y escritor español, n. probablemente en Puebla de Montalbán (Toledo) y m. en 1541. Se le atribuye *La Celestina,* al menos en su mayor parte.

ROJAS (Jorge), poeta colombiano, n. en 1911, autor de *La ciudad sumergida.*

ROJAS (Liberato), político paraguayo, pres. de la Rep. de 1911 a 1912.

ROJAS (Manuel), novelista y cuentista chileno, n. en 1896, autor de *Hijo de ladrón.*

ROJAS (Ricardo), profesor y escritor argentino, n. en Tucumán (1882-1957), uno de los grandes valores de la cultura americana. Autor de poemas, cuentos *(El país de la selva),* dramas *(Ollantay, La Salamandra),* ensayos *(Eurindia, Retablo español)* y de una monumental *Historia de la literatura argentina* (1917-1922).

ROJAS CLEMENTE (Simón de), botánico español (1777-1827). Trabajó con Domingo Badía.

ROJAS GARRIDO (José María), político colombiano (1824-1883), pres. de la Rep. en 1866. Distinguido orador.

ROJAS GONZÁLEZ (Francisco), novelista y cuentista mexicano (1903-1951), autor de *La negra angustia, Lola Casanova, El diosero,* etc.

ROJAS GUARDIA (Pablo), poeta venezolano, n. en 1909, autor de *Desnuda intimidad.*

ROJAS PAÚL (Juan Pablo), político venezolano (1829-1905), pres. de la Rep. de 1888 a 1890.

ROJAS PAZ (Pablo), escritor argentino (1896-1956), autor de *Paisajes y meditaciones.*

ROJAS PINILLA (Gustavo), general y político colombiano, n. en 1900, que se hizo cargo del Poder el 13 de junio de 1953 y fue depuesto en 1957 por una Junta Militar.

ROJAS VILLANDRANDO (Agustín de), escritor español (¿1572-1635?), autor de *El viaje entretenido,* documento de gran interés sobre el mundo teatral de la época.

ROJAS ZORRILLA (Francisco de), dramaturgo español, n. en Toledo (1607-1648), uno de los escritores más destacados de la escuela calderoniana. Muy aplaudido en su tiempo, gozó del favor de la corte de Felipe IV. Es autor de dramas, entre los cuales sobresale *Del rey abajo ninguno o El labrador más honrado, García del Castañar,* su obra maestra, sobre el tema del honor, y de comedias: *Entre bobos anda el juego, Casarse por vengarse, El Caín de Cataluña, Abre el ojo, Los áspides de Cleopatra, Lo que son las mujeres,* etc. Creador de la *comedia de figurón.*

ROJO (MAR), ant. **golfo Arábigo** o **mar de Eritrea,** largo golfo del océano Índico, entre Arabia y África. Navegación activa desde la apertura del canal de Suez. Temperatura tórrida.

Rojo y Negro, novela de Stendhal (1830).

ROKHA (Pablo de), poeta chileno (1894-1968).

ROLAND DE LA PLATIÈRE (Juan María), político francés (1734-1793). — Su esposa Manon PHLIPON (más tarde *Madame* ROLAND) [1754-1793], republicana y estoica, tuvo en París un salón del que eran asiduos contertulios los girondinos. Escribió unas *Memorias.* Murió guillotinada. Se le debe la frase: "¡Oh, libertad! ¡Cuántos crímenes se cometen en tu nombre!"

ROLANDO o **ROLDÁN.** V. CANCIÓN DE ROLANDO.

ROLDÁN (Amadeo), compositor cubano (1900-1939), que cultivó el folklore afrocubano.

ROLDÁN (Belisario), poeta, autor dramático y célebre orador parlamentario argentino (1873-1922). Escribió teatro en verso *(El rosal de las ruinas, El puñal de los troveros, El burlador de mujeres,* etc.), y poemas *(Llamas, Letanías en la tarde,* etc.).

ROLDÁN (José María), poeta español (1771-1828), de la escuela neoclásica sevillana.

ROLDÁN (Pedro), escultor español (1624-1700), discípulo de Alonso Cano. — Su hija LUISA, llamada **La Roldana** (1656-1704), tb. escultora, trabajó en la corte de Carlos II.

ROLDANILLO, c. de Colombia (El Valle).

ROLOFF (Carlos), general y patriota cubano del s. XIX, caudillo de la guerra de los Diez Años.

ROLÓN, jefe normando, m. en 927. Carlos III el Simple de Francia le cedió una parte de Neustria, que tomó el nombre de Normandía.

ROLÓN (José), compositor mexicano (1883-1945), autor de obras sinfónicas como *El Festín de los Enanos, Zapotlán, Cuauhtémoc* y *Baile michoacano.*

ROLÓN (Raimundo), general y político paraguayo, pres. de la Rep. en 1949. Fue derrocado.

ROLLAND (Romain), escritor francés (1866-1944), autor de dramas, de biografías (*Beethoven, Miguel Ángel, Tolstoi),* y de relatos, entre los cuales la novela cíclica *Juan Cristóbal,* su obra maestra. (Pr. Nóbel, 1915.)

ROMA, cap. de Italia, a orillas del Tíber, célebre por el papel que ha desempeñado en la historia universal y por la abundancia y magnificencia de sus monumentos antiguos y obras maestras de arte. Residencia del Papa. 2 188 000 h. *(romanos).*

— HISTORIA. En un período más o menos legendario, la tradición sitúa el gobierno de siete reyes (753 a 510 a. de J. C.) sobre una población que era el resultado de la fusión de los *latinos, sabinos* y *etruscos.* En 510, el establecimiento de la República trajo consigo la creación de nuevas funciones, como el consulado y la dictadura. Los primeros tiempos de la República se caracterizaron por la lucha entre patricios y plebeyos, que terminó (300) por la admisión de la plebe en todas las magistraturas. De 496 a 270, Roma conquistó el resto de Italia; de 264 a 201, sostuvo las dos primeras guerras púnicas (v. PÚNICAS); de 200 a 130, intervino en Oriente, destruyó Cartago (tercera guerra púnica) y convirtió a Grecia en provincia romana. Pero las luchas intestinas perdieron a la República (rivalidad de Mario y Sila, de Pompeyo y Julio César, de Octavio y Marco Antonio). Vencedor en Accio (31 a. de J. C.), Octavio tomó el nombre de Augusto y el título de *imperator.* Con él empezó la dinastía julio-claudia, a la que sucedieron la de los Flavios y la de los Antoninos, que gobernaron en los dos primeros siglos de nuestra era. El s. III abarcó tres períodos: el de los emperadores africanos y sirios (192-235), el de la anarquía militar (235-268) y el de los emperadores ilirios (268-284). A partir de Diocleciano (284-305), Roma ya no es la capital. Bajo Constantino (306-337), fundador de Constantinopla, el cristianis-

ROMA: Arco de Septimio Severo
iglesia de San Lucas y Santa Martina

Fot. Valotaire, Boissonnas, doc. A. G. P., Martin-Rapho

ROMA
y la conquista de Italia
Roma en 500 a. de J.C.
Posesiones latinas y romanas hacia 280 a. de J.C.
Regiones sometidas a Roma en 284 a. de J.C.
GALOS s. IV-III
ETRUSCOS s. VIII-IV
PUEBLOS ITALIOTAS
Veies 395
Alia 390
Roma
Fundada, según la tradición en 753 a. de J.C.
Tarento 272
GRIEGOS s. VIII-III
0 100 200 km
15°
ROMA REPUBLICANA
Roma y Cartago
Territorios dependientes de Cartago a principios de la primera guerra púnica (264 a. de J.C.)
Territorios dependientes de Roma después de la segunda guerra púnica (218-201 a. de J.C.)
Conquistas de los siglos II y I a. de J.C.
Conquistas del siglo II a. de J.C.
Conquitas del siglo I , antes del Consulado de César (59 a. de J.C.)
Conquistas realizadas por César y conservadas por Augusto
Lutecia
Alesia
GALIA
GALIA CISALPINA
NARBONENSE
Marsella
ESPAÑA
Tarraco
Sagunto
Córcega
ITALIA
Roma
Cerdeña
Baleares
Cartago
ÁFRICA
NUMIDIA
Sicilia
MACEDONIA
Bizancio
PONTO
BITINIA
FRIGIA
ASIA
Atenas
AQUAIA
CILICIA
Antioquía
SIRIA
Chipre
Creta
0 200 400 km
40°
20°
30°
Bretaña
Baja Germania
Germania Alta
Campos Decumates
Bélgica
Lugdunense
Retia
Nórica
Panonia
Aquitania
Narbonense
Dalmacia
Alta Mesia
Baja Mesia
Tracia
Lusitania
Tarraconense
Córcega
ITALIA
Cerdeña
Baleares
Bética
Macedonia
Epiro
Sicilia
Acaya
Bitinia y Ponto
Capadocia
Armenia
Asiria
Galacia
Asia
Mesopotamia
Licia
Cilicia
Siria
Mauritania
Numidia
África Proconsular
Chipre
Provincias perdidas en 117
Judea
Cirenaica
Egipto
Arabia Pétrea
EL IMPERIO ROMANO
a finales de la dinastía de los Antoninos
El Imperio a la muerte de Augusto 14 d. de J.C.
Provincias anexadas entre la muerte de Augusto y el advenimiento de Trajano 98 d. de J.C.
Conquistas de Trajano 98-117 d. de J.C.
Límites de las provincias a la muerte de Augusto
Limes
0 200 400 600 km
50°
40°
55°
10°
0°
45°
EL IMPERIO ROMANO
en los siglos III y IV d. de J.C.
Organización del Imperio al advenimiento de Diocleciano (284)
Límites de las diócesis
Invasiones bárbaras
HUNOS
Pueblos bárbaros que penetraron en el Imperio desde el final del s. IV al final del s. V
BRETAÑA
Londinium
Londres
FRANCOS
SUEVOS
BURGUNDIOS
VÁNDALOS
PREFECTURA
DE LAS
GALIAS
Rotomagus
Ruán
Augusta Treverorum
Tréveris
Paris
Parisii
GALIA
Liger
Aurelianum
Orleáns
Rhenus
Lugdunum
Lyon
VIENNA
Burdigala
Burdeos
Vienna
Vienne
Mediolanum
Milán
Aquileia
Aquilea
PANONIA
Vindobona
Viena
OSTROGODOS
HUNOS
VISIGODOS
Danuvius
Fundada por Constantino en 324 en el emplazamiento de Bizancio
Bracara
Braga
Durius
Narbo
Narbona
Olisipo
Lisboa
Tagus
Massilia
Marsella
Tarraco
Tarragona
ESPAÑA
Hispalis
Sevilla
Gades
Cádiz
Carthago Nova
Cartagena
Tingis
Tánger
ITALIA
Roma
PREFECTURA
DE ITALIA
Messana
Mesina
ÁFRICA
MESIA
TRACIA
Adrianópolis
Andrinopla
Constantinópolis
Constantinopla
PONTO
Nicomedia
PREFECTURA DE ILIRIA
PREFECTURA
DE
ORIENTE
ASIA
Ephesus
Éfeso
Athenae
Atenas
Antioquía
Éufrates
Alexandria
Alejandría
ORIENTE
Nilus
0 250 500 km
En 395 , Teodosio divide el Imperio entre sus dos hijos : Arcadio recibe el Oriente , Honorio el Occidente.
El Imperio Romano de Occidente desaparece en 476.
El Imperio Romano de Oriente o Imperio Bizantino subsiste hasta la caída de Constantinopla (1453)

ROMANONES

RÓMULO
moneda romana

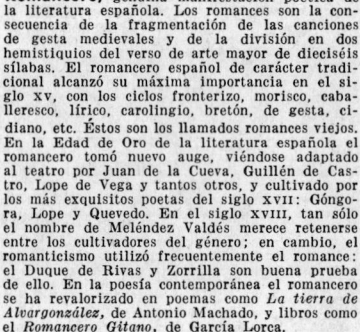

RONDA NOCTURNA
por REMBRANDT

mo obtuvo la igualdad de derechos en el Imperio, y la mano firme de este emperador detuvo un momento la decadencia; pero los emperadores que le sucedieron no pudieron continuar su política y vieron abrirse sus fronteras a los bárbaros. Cuando murió Teodosio I, Roma era codiciada por sus enemigos, y a la caída del Imperio (476) ya no era siquiera la residencia de los emperadores. Disputada en la Edad Media entre bárbaros y bizantinos primero, entre papas y emperadores después, Roma, convertida en centro del papado y del mundo cristiano, atrajo una multitud creciente de artistas, a los que debió su renombre en la época del Renacimiento. Saqueada en 1527 por las tropas del emperador Carlos V dirigidas por el condestable de Borbón, erigida en República en tiempos de Napoleón, la capital de los papas se convirtió en capital de Italia en 1870. La « Marcha hacia Roma » de Mussolini inauguró la época fascista (1922). En 1929 fue creada la Ciudad del Vaticano (Tratado de Letrán). Ocupada por los alemanes en 1943, Roma fue liberada por los Aliados en 1944.

ROMAINS (Jules), escritor francés, n. en 1885, autor de la comedia *Knock* y de la novela cíclica *Los hombres de buena voluntad.*

ROMANA (La), c. de la Rep. Dominicana, cap. de la prov. de Altagracia; puerto activo; centro comercial. Posee una de las factorías azucareras más importantes de las Antillas.

Romana *(Historia)*, por Tito Livio, obra dividida en 142 libros que comprende los años transcurridos desde la fundación de Roma hasta el año 9 a. de J. C.

Romance de un gaucho *(El)*, novela gauchesca del argentino Benito Lynch (1930).

Romancero, genuina manifestación poética de la literatura española. Los romances son la consecuencia de la fragmentación de las canciones de gesta medievales y de la división en dos hemistiquios del verso de arte mayor de dieciséis sílabas. El romancero español de carácter tradicional alcanzó su máxima importancia en el siglo XV, con los ciclos fronterizo, morisco, caballeresco, lírico, carolingio, bretón, de gesta, cidiano, etc. Éstos son los llamados romances viejos. En la Edad de Oro de la literatura española el romancero tomó nuevo auge, viéndose adaptado al teatro por Juan de la Cueva, Guillén de Castro, Lope de Vega y tantos otros, y cultivado por los más exquisitos poetas del siglo XVII: Góngora, Lope y Quevedo. En el siglo XVIII, tan sólo el nombre de Meléndez Valdés merece retenerse entre los cultivadores del género; en cambio, el romanticismo utilizó frecuentemente el romance: el Duque de Rivas y Zorrilla son buena prueba de ello. En la poesía contemporánea el romancero se ha revalorizado en poemas como *La tierra de Alvargonzález,* de Antonio Machado, y libros como el *Romancero Gitano,* de García Lorca.

Roman de Renart, texto poético francés, de diferentes autores (s. XII y XIII), cuyo principal protagonista es el Zorro. Se compone de 27 relatos que satirizan de manera cruel la sociedad feudal.

Roman de la Rose *(Le)*, poema francés que consta de dos partes. La primera, relato alegórico de una aventura amorosa, está escrita por Guillermo de Lorris (hacia 1236); la segunda, más extensa y de carácter didáctico, la compuso Juan de Meung (fines del s. XIII).

ROMANO (Julio PIPPI DE GUANUZZI, llamado **Julio**), arquitecto y pintor italiano (1492 ó 1499-1546), discípulo de Rafael.

ROMANONES (Álvaro de FIGUEROA Y TORRES, *conde de*), político y escritor español (1863-1951), varias veces pres. del Gobierno; autor de *Notas de una vida.*

ROMANOV, dinastía rusa cuyo primer zar fue Miguel Feodorovich (1613-1645) y la última zarina Isabel (1762).

ROMÁN Y REYES (Víctor), político nicaragüense (1877-1950), pres. de la Rep. de 1948 a 1950. Derribado por un golpe de Estado.

ROMAÑA, ant. prov. de Italia, cap. *Ravena.*

ROMAÑA (Eduardo LÓPEZ DE LA). V. LÓPEZ DE LA ROMAÑA.

Romeo y Julieta, tragedia de Shakespeare (1594) que trata del amor de dos jóvenes cuyas familias se hallan enfrentadas por el odio. — Berlioz (1838) y Gounod (1867) han puesto en música este drama.

ROMERAL, com. de Chile (Curicó).

ROMERO (Emilio), escritor y periodista español, n. en 1908, autor de novelas (*La paz empieza nunca*), ensayos políticos (*Cartas a un príncipe, Cartas al pueblo soberano*) y obras de teatro.

ROMERO (Fernando), cuentista regional peruano, n. en 1908, autor de *Rosarito se despide.*

ROMERO (Francisco), filósofo argentino (1891-1962), autor de *Filosofía de la persona, El hombre y la cultura, Teoría del hombre,* etc.

ROMERO (José Rubén), novelista mexicano (1890-1952), narrador de la vida del indio y la revolución de 1910: *Anticipación a la muerte, La vida inútil de Pito Pérez, Mi caballo, mi perro y mi rifle, Una vez fui rico,* etc.

ROMERO (Luis), escritor español, n. en 1917, autor de las novelas *La noria, El Cacique,* etc.

ROMERO (Pedro), célebre torero español, n. en Ronda (1754-1839).

ROMERO (Silvio), ensayista y crítico brasileño (1851-1914).

ROMERO BOSQUE (Pío), político salvadoreño, pres. de la Rep. de 1927 a 1931.

ROMERO DE TORRES (Julio), pintor español (1880-1930). Cultivó el tema regional andaluz y son célebres sus cuadros de mujeres (*Musa gitana*).

ROMERO GARCÍA (Manuel Vicente), novelista venezolano (1865-1917), autor de *Peonía,* descripción de las costumbres de su país.

ROMERO LARRAÑAGA (Gregorio), poeta romántico español (1815-1872).

ROMERO ROBLEDO (Francisco), político liberal español (1838-1906).

ROMMEL (Erwin), mariscal alemán (1891-1944), que se distinguió en la Segunda Guerra mundial (Libia y Egipto).

ROMNEY (Jorge), pintor de historia y retratista inglés (1734-1802).

ROMUALDO *(San)*, fundador de la orden de los Camaldulenses (1012), n. en Ravena hacia 950. Fiesta el 7 de febrero.

RÓMULO, hermano de Remo y con él legendario fundador de Roma, donde reinó, según la tradición, de 753 a 715 a. de J. C.

RÓMULO Augústulo, último emperador romano de Occidente, destronado en 476 por Odoacro.

RONCAL (VALLE DEL), valle de los Pirineos navarros, donde se conserva con gran pureza la raza vasca.

RONCAL (Simeón), músico boliviano (1870-1953), autor de numerosas canciones folklóricas.

RONCESVALLES, valle o garganta de los Pirineos (Navarra), donde, en 778, fue derrotada la retaguardia del ejército de Carlomagno por los vascones, pereciendo allí el paladín Orlando (Roldán o Rolando). El *puerto de Roncesvalles* o *Ibañeta* está a 1 057 m.

RONDA, c. de España (Málaga); en la parte superior de la profunda garganta llamada *Tajo de Ronda;* productos agrícolas. Célebre escuela de tauromaquia.

RONDA (SERRANÍA DE), cadena montañosa del sistema penibético en la prov. de Málaga.

Ronda nocturna, obra maestra de Rembrandt, en el museo de Amsterdam (1642).

Fot. Keystone, Larousse, Giraudon

RONDEAU (José), militar y político argentino, n. en Buenos Aires (1773-1845), que derrotó a los realistas en la batalla del Cerrito (1812), pero fue vencido en Sipe Sipe (1815). Nombrado director supremo de las Provincias Unidas del Río de la Plata en 1815 y de 1819 a 1820, fue luego gobernador provisional de la Rep. del Uruguay (1828-1830). M. en Montevideo.

Rondinelas, composiciones poéticas del peruano José María Eguren, de tendencia simbolista (1929).

RONDÓN (Cándido Mariano Da Silva), militar brasileño (1865-1958), que dirigió varias expediciones de exploración por el interior del país.

RONDÔNIA, Terr. federal del Brasil en Amazonia; cap. *Pôrto Velho.*

RONQUILLO (Rodrigo), llamado **el Alcalde Ronquillo,** alcalde de Zamora, m. en 1545, que se hizo famoso por la crueldad de su represión contra los comuneros de Castilla.

RONSARD (Pierre de), poeta francés (1524-1585), renovador de la lírica de su país, con el movimiento literario de la Pléyade, del que fue jefe. Se le deben *Odas,* imitadas de Píndaro, *Amores,* en cuyos sonetos a Casandra, María y Elena canta la belleza del amor, *Himnos* y *La Franciada,* poema épico que dejó sin terminar.

RÖNTGEN (Guillermo Conrado), físico alemán (1845-1923). Descubrió los rayos X. (Pr. Nóbel, 1901.)

ROODEPOORT, c. de la Rep. Sudafricana (Transvaal), en Witwatersrand; minas de oro.

ROOKE [*ruk*] (Jorge), almirante inglés (1650-1709), que se apoderó de Gibraltar en 1704.

ROOSEVELT (Franklin Delano), político norteamericano (1882-1945), pres. de los Estados Unidos en 1933, reelegido en 1936, 1940 y 1944. Venció la crisis económica de 1929-1932 con su programa *New Deal.* Fue, con Churchill, uno de los artífices de la victoria aliada en la Segunda Guerra mundial.

ROOSEVELT (Teodoro), político norteamericano (1858-1919), pres. de los Estados Unidos de 1901 a 1909.

ROQUE *(San),* santo francés (1295-1327), a quien se invoca como abogado contra la peste. Fiesta el 16 de agosto.

ROQUEFORT-SUR-SOULZON, pobl. de Francia (Aveyron). Quesos famosos.

ROQUE GONZÁLEZ DE SANTA CRUZ, pobl. del Paraguay (Paraguarí). Ant. **Tabapy.**

ROQUE GONZÁLEZ DE SANTA CRUZ *(Beato),* jesuita paraguayo (1576-1628), martirizado por los indígenas. Beatificado en 1934.

ROQUEÑAS o **ROQUIZAS** (MONTAÑAS). V. ROCOSAS.

ROQUES (Los), archip. de Venezuela, en el mar Caribe, al N. de La Guaira.

RORAIMA, cima del macizo de las Guayanas, en el vértice fronterizo del Brasil, Venezuela y Guyana; 2 875 m. — Territ. Federal del N. del Brasil, ant. **Rio Branco;** cap. *Boa Vista.*

ROS (Samuel), escritor humorista español (1905-1945), autor de *El ventrílocuo y la mula* y *Marcha atrás.*

ROSA (MONTE), macizo de los Alpes Peninos (Suiza); 4 638 m de alt.

ROSA (Ramón), político y literato hondureño (1848-1893), eficaz colaborador del presidente Soto.

ROSA (Salvatore), pintor, poeta y músico barroco italiano (1615-1673).

Rosa Cruz, secta de iluminados que nació en Alemania en el s. XVII.

ROSA de Lima *(Santa),* religiosa dominica peruana, n. en Lima (1586-1617), canonizada en 1671, patrona de Lima, América y Filipinas. Fiesta el 30 de agosto.

ROSALES (Eduardo), pintor español (1836-1873), una de las figuras más salientes del romanticismo, autor de *El testamento de Isabel la Católica.*

ROSALES (Luis), poeta español, n. en 1910, autor de los libros *Abril, La casa encendida* y *Rimas.*

ROSARIO, cerro del Perú (Huancavelica); 5 148 m. — Sierra de Cuba, que forma parte de la cord. de Guaniguanico. — Sierra de Venezuela, ramal de los Andes. — Depart. y c. de la Argentina (Santa Fe); centro comercial; activo puerto exportador de trigo. Residencia de varias facultades de la Universidad del Litoral. Obispado. Es, por su importancia, la segunda pobl. del país. En ella enarboló por primera vez Belgrano la bandera nacional (1812). Tb. toma el n. de **Rosario de Santa Fe.** — Com. de Chile (Colchagua). — Pobl. del Paraguay (San Pedro). Fue fundada en 1783 por Pedro Melo de Portugal. — Pobl. de Colombia (Norte de Santander), donde se reunió el primer Congreso de la Gran Colombia, llamado *Congreso de Cúcuta* (1821). Aeropuerto. — Pobl. del Uruguay (Colonia); centro agrícola. (Hab. *rosarinos*). — V. de El Salvador (Morazán).

RÖNTGEN

J. M. ROSAS

F. D. ROOSEVELT

ROSARIO (NUESTRA SEÑORA DEL), fiesta católica instituida por Pío V el 7 de octubre para conmemorar la victoria de Lepanto (1571).

ROSARIO DE LA FRONTERA, pobl. de la Argentina (Salta), en cuyas cercanías hay unas termas famosas.

ROSARIO DE SANTA FE. V. ROSARIO.

ROSARIO TALA, pobl. de la Argentina (Entre Ríos).

ROSAS (BAHÍA DE), bahía de España, en el Mediterráneo, cerca del cabo Creus (Gerona).

Rosas (*Guerra de las* **Dos**), guerra civil en Inglaterra de 1455 a 1485 entre la Casa de York y la de Lancaster, que tenían por divisa una rosa blanca la primera y una encarnada la segunda. La Casa de Lancaster triunfó en la persona de Enrique VII Tudor, quedando la aristocracia debilitada por tan larga lucha.

SANTA ROSA DE LIMA

ROSAS (Juan Manuel ORTIZ DE), general y político argentino, n. en Buenos Aires (1793-1877). Encargado de la jefatura del Partido Federal a la muerte de Dorrego, llegó a ser, después de vencer a Lavalle, gobernador de la Provincia de Buenos Aires (1829-1832). Terminado este período, emprendió una expedición contra los indios. Elegido nuevamente en 1835, mantuvo un régimen de violencia que duró hasta 1852, año en que fue derrotado por Urquiza en Caseros. Huyó a Inglaterra, donde murió.

ROSAS DE OQUENDO (Mateo), poeta satírico español (¿1559-1625?), que viajó por Perú, Tucumán y México.

Rosaura, novela del argentino Ricardo Güiraldes (1922).

ROSCELIN, filósofo escolástico francés del s. XI, fundador del *nominalismo;* uno de los maestros de Abelardo.

ROSCIO (Juan Germán), político y escritor venezolano (1769-1821). Redactó parte del Acta de Independencia de su país, y fue vicepres. de la República.

ROSCIO

ROS DE OLANO (Antonio), militar y escritor costumbrista español, n. en Caracas (1808-1886).

ROSELLÓN, en fr. **Roussillon,** ant. prov. del S. de Francia; cap. *Perpiñán.* Formó parte de la corona de Aragón, cedida a Francia en el Tratado de los Pirineos (1659). Vinos.

ROSELL Y LÓPEZ (Cayetano), escritor y bibliógrafo español (1817-1883), traductor de Dante, Ariosto y Milton.

ROSENHEIM, c. de Alemania (Baviera).

ROSENMÜLLER (Johan), compositor alemán (1619-1684), autor de sonatas, de música de cámara, etc.

ROSETA, en árabe **Rechid,** c. de Egipto, a orillas del brazo oeste del Nilo. La piedra descubierta allí en 1799, que contiene una inscripción

Fot. X, doc. A. G. P., X

ROSSINI

E. ROSTAND

ROUAULT
LA SIBILA
DE CUMAS

J. J. ROUSSEAU
por QUENTIN
DE LA TOUR

H. ROUSSEAU
autorretrato

en caracteres jeroglíficos, demóticos y griegos, permitió a Champollion descifrar la escritura jeroglífica.

ROSETE NIÑO (Pedro), dramaturgo español del s. XVII, autor de las comedias *El rey Don Enrique el Enfermo* y *El mejor representante, San Ginés*.

ROSKILDE, puerto de Dinamarca (Seeland), cap. del país del s. X al s. XV.

ROSMINI (Antonio), filósofo y religioso italiano (1797-1855), defensor del ontologismo y autor de *Nuevo ensayo sobre el origen de las ideas*. Fundó la congregación religiosa del Instituto de la Caridad, asociación de clérigos.

ROSNY (Honorato y Justino BOEX, llamados **J.-H.),** escritores franceses (1856-1940 y 1859-1948), autores de novelas en las que la influencia realista se combina con un idealismo fervoroso.

ROSPIGLIOSI (José Julio), jurisconsulto peruano (1795-1857).

ROSS (ISLA DE), isla de la Antártida, en el *Mar de Ross*, próxima a la costa de Tierra Victoria.

ROSS (*sir* John), marino inglés, explorador de las regiones árticas (1777-1856). Fijó la posición del polo magnético. — Su sobrino JAMES CLARKE (1800-1862) descubrió la Tierra Victoria y la isla y el mar que llevan su nombre.

ROSS (*sir* Ronald), médico inglés (1857-1932), que realizó investigaciones sobre la malaria. (Pr. Nóbel, 1902.)

ROSSEL (Ricardo), poeta peruano (1841-1909), que cultivó los temas indígenas.

ROSSELLINO (Antonio), escultor italiano (1427-1479), y su hermano BERNARDO (1409-1464), arquitecto y escultor, autores estimados del Renacimiento.

ROSSETTI (Dante Gabriel), pintor y poeta inglés (1828-1882), uno de los iniciadores del movimiento prerrafaelista (*Beata Beatrix*). — Su hermana CRISTINA GEORGINA (1830-1891) fue autora de delicados *Poemas*.

ROSSI (Juan Bautista de), arqueólogo y epigrafista italiano (1822-1894).

ROSSI (Luis), compositor italiano (¿1598?-1653), uno de los maestros de la cantata y de la ópera (*Orlando furioso, Orfeo*).

ROSSINI (Joaquín), compositor italiano, n. en Pesaro (1792-1868), autor de *El Barbero de Sevilla, Otelo, Semíramis, Moisés, Guillermo Tell, La cenicienta*, un *Stábat Máter* y una *Misa*. Su inspiración es fresca y abundante, y la orquestación está impregnada de colorido.

ROSSO (Juan Bautista di Jacopo DE ROSSI, llamado **el),** pintor italiano (1494-1540); artista fogoso y original. Fue a Francia, llamado por Francisco I, e intervino en la decoración del palacio de Fontainebleau.

ROSTAND (Edmundo), poeta y dramaturgo francés (1868-1918), autor de las comedias *Cyrano de Bergerac, El Aguilucho, Chantecler*, etc. — Su hijo JUAN, biólogo, n. en 1894, es autor de trabajos importantes sobre la partenogénesis experimental.

ROSTOCK, c. de Alemania oriental, a orillas del Warnow; puerto en el Báltico (*Warnemünde*). Industrias alimenticias, mecánicas y químicas; pesca.

ROSTOPCHIN (Fedor), político ruso (1763-1826), gobernador de Moscú en 1812; hizo incendiar la ciudad al ocuparla los franceses. Padre de la condesa de Segur.

ROSTOV, c. de la U. R. S. S. (Rusia), a orillas del Don, cerca del mar de Azov. Puerto fluvial y centro industrial. Maquinaria agrícola; metalurgia; ref. de petróleo. Batallas en 1941 y 1943.

ROTA, v. de España (Cádiz); vino famoso. Base aeronaval. Cabeza de oleoducto.

Rotary Club, asociación de hombres de negocios, fundada en Chicago (1905), para defender la moral profesional y los ideales de paz y fraternidad universal. Se ha difundido por todo el mundo y su emblema es una rueda dentada.

ROTHERHAM, c. de Inglaterra (Yorkshire). Hulla, industria metalúrgica.

ROTHSCHILD (Mayer Anselm), cambista judío (1743-1812), el primero de una poderosa familia de banqueros.

Roto (*El*), novela realista del chileno Joaquín Edwards Bello (1920).

ROTROU [*-tru*] (Jean de), poeta dramático francés (1609-1650), autor de gran número de tragedias.

ROTTERDAM, c. de Holanda (Holanda Meridional), a orillas de una rama del delta del Rin. Primer puerto comercial del mundo. Industrias y comercio muy activos. Patria de Erasmo. Arrasada en 1940 por la aviación alemana.

ROUAULT [*ruó*] (Georges), pintor francés (1871-1958), representante del expresionismo y autor de obras de carácter religioso (*Miserere*).

ROUBAIX [*rubé*], c. de Francia (Nord). Gran centro textil.

ROUEN. V. RUÁN.

ROUGET DE LISLE [*-lil*] (Claudio), militar francés (1760-1836), autor de *La Marsellesa*, himno nacional de Francia.

ROUSSEAU [*rusó*] (Henri, llamado **el Aduanero),** pintor francés (1844-1910), autor de cuadros de dibujo ingenuo y colores armoniosos.

ROUSSEAU (Juan Bautista), poeta lírico francés (1671-1741), autor de una serie de *Cantatas, Salmos* y *Odas*.

ROUSSEAU (Juan Jacobo), escritor de lengua francesa, n. en Ginebra (1712-1778). Espíritu sistemático y carácter apasionado, Rousseau es autor de una doctrina por la cual piensa que el hombre es naturalmente bueno, que la sociedad corrompe esta bondad y que, por lo tanto, es necesario volver a la virtud primitiva. De aquí un vivo sentimiento de la naturaleza y un gusto por la soledad que acompañaron a Rousseau hasta su muerte. Sus obras principales son: *Julia o la Nueva Eloísa* (1761), *El contrato social, Emilio* (1762), *Las confesiones* y *Reflexiones de un paseante solitario* (póstumas). Sus teorías influyeron poderosamente en la Revolución Francesa y su sentimentalismo y amor a la naturaleza son precursores del romanticismo.

ROUSSEAU (Teodoro), pintor paisajista francés (1812-1867), gran colorista cuyos cuadros están inspirados en el bosque de Fontainebleau.

ROUSSEL (Alberto), compositor francés (1869-1937), uno de los maestros de la sinfonía moderna, del ballet y de la música de cámara.

ROUSSIN (Andrés), dramaturgo francés, n. en 1911, autor de comedias (*La cigüeña bromista*).

ROUX (Emilio), médico francés, discípulo de Pasteur (1853-1933), inventor de la *sueroterapia*.

ROVIGO, c. de Italia (Venecia), cap. de prov. Gran mercado agrícola.

ROWLAND [*rouland*] (Enrique), físico norteamericano (1848-1901), que estudió el espectro

ROTTERDAM: Vista aérea

Fot. F. G., X, Giraudon, Bulloz

RUBENS. Autorretrato. Museo de Viena

del sol, el valor del ohmio, el equivalente mecánico del calor y los problemas de electromagnetismo.

ROXANA, esposa de Alejandro Magno, muerta por orden de Casandro hacia 310 a. de J. C.

ROXAS (Manuel), político y economista filipino (1892-1948), pres. de la Rep. de 1946 a 1948.

ROXLO (Carlos), escritor uruguayo (1861-1926), autor de una *Historia de la literatura uruguaya.*

ROZAS. V. MARTÍNEZ DE ROZAS.

ROZO (Jesús Silvestre), novelista colombiano (1835-1895), autor de relatos históricos.

ROZO (Rómulo), escultor colombiano (1899-1964), cuyas obras poseen gran expresividad.

RUÁN, c. de Francia, ant. cap. de Normandía, cap. del dep. de Sena Marítimo, a orillas del Sena. Puerto marítimo y fluvial. Arzobispado. Catedral gótica (s. XII y XIII) y hermosos monumentos. Actividad industrial importante. En una de sus plazas fue quemada Juana de Arco.

RUANDA o **RWANDA,** República de África central; 26 338 km²; 3 018 000 h. Cap. *Kigali.*

RUANDA-URUNDI, ant. territorio del África Oriental alemana, colocado bajo mandato y después bajo tutela belga en 1919, y cuya cap. era *Usumbura.* En 1961, fue dividido entre la Rep. de *Ruanda* y el reino de *Burundi* o *Urundi.*

RUBALCAVA (Manuel Justo de), poeta cubano (1769-1805), autor de silvas y sonetos.

RUBÉN, hijo mayor de Jacob. Dio su nombre a una de las tribus de Israel.

RUBÉN DARÍO. V. DARÍO (Rubén).

RUBENS (Pedro Pablo), pintor flamenco, n. en Siegen (1577-1640), que se distingue por la libertad de su técnica portentosa, maestría en el dibujo y alegre cromatismo. Desempeñó misiones diplomáticas en España y pintó para Felipe IV. Influyó poderosamente en la pintura flamenca de su siglo. Entre sus numerosos cuadros merecen citarse: *El descendimiento de la Cruz, San Jerónimo, Retrato de Elena Fourment, Descanso en la huida a Egipto, El juicio de Paris, Las tres Gracias, La adoración de los Reyes, Felipe III a caballo,* etc. (V. lámina p. 240).

RUBÍ (Tomás RODRÍGUEZ). V. RODRÍGUEZ.

RUBICÓN, río pequeño que separaba Italia de la Galia Cisalpina, hoy *Pisciatello* o *Fiumicino.* César atravesó este río (49 a. de J. C.), durante la guerra civil contra Pompeyo, a pesar de la prohibición del Senado romano. Al cruzarlo pronunció la célebre frase *Alea jacta est* (la suerte está echada), expresión que ha pasado al lenguaje cuando se toma una determinación audaz y decisiva. (V. *páginas rosas.*)

RUBINSTEIN (Antonio), pianista y compositor ruso (1829-1894).

RUBINSTEIN (Arturo), pianista polaco, n. en 1889, naturalizado norteamericano.

RUBIO, pobl. de Venezuela (Táchira).

RUBIO (Ángel), compositor español (1850-1906), autor de gran número de zarzuelas.

RUBIO (Antonio), teólogo, filósofo y jesuita español (1548-1615), que vivió largo tiempo en México.

RUBIÓ Y ORS (Joaquín), crítico literario español (1818-1899), iniciador del movimiento poético catalán moderno. — Su hijo ANTONIO RUBIÓ Y LLUCH (1856-1938) fue también historiador y crítico.

RUBLEV (Andrés), monje y célebre pintor ruso de iconos, m. hacia 1430.

RÜCKERT (Federico), poeta alemán (1788-1866), de gran sonoridad en sus versos y traductor de poemas árabes, hindúes y persas.

RUCU PICHINCHA, cima del Ecuador, en la cord. Occidental; 4 698 m.

RUDA SLASKA, c. de Polonia, en Alta Silesia. Carbón. Metalurgia.

RUDBECK (Olof), sabio sueco (1630-1702), que descubrió los vasos linfáticos.

RUDE (Francisco), escultor francés (1784-1855), uno de los principales maestros de la escuela romántica.

RUEDA (Lope de), comediógrafo español, n. en Sevilla (¿1510?-1565), uno de los maestros del primitivo teatro de su país. Autor y actor al mismo tiempo, compuso una nutrida serie de pasos y entremeses: *El convidado, La carátula, La tierra de Jauja, Pagar y no pagar, Las aceitunas, El rufián cobarde, La generosa paliza, Cornudo y contento* y *Los lacayos ladrones.* Menor interés ofrecen sus comedias *Armelina, Los engañados, Medora* y *Eufemia.* Cervantes, que lo había visto representar en su niñez, elogia a Lope de Rueda.

RUEDA (Salvador), poeta colorista español (1857-1933), precursor del modernismo. Autor de *En tropel, Piedras preciosas, Lenguas de fuego, Cantos de la vendimia,* etc.

RUELAS (Julio), pintor, dibujante e ilustrador mexicano (1871-1907).

RUFINA *(Santa).* V. JUSTA Y RUFINA.

RUFINO, pobl. de la Argentina (Santa Fe).

RUFISQUE, c. del Senegal, cerca de Dakar.

RUFO (Juan), poeta español (¿1547-1620?), autor de *La Austriada,* poema épico compuesto a la gloria de Don Juan de Austria, y de *Los seiscientos apotegmas,* colección de máximas morales.

RUGBY, c. de Inglaterra (Warwick); colegio célebre. Construcciones mecánicas.

RUGELES (Manuel F.), poeta nativista venezolano, n. en 1904, autor de *Cántaro, Oración para cantar por los oprimidos,* etc.

RÜGEN, isla alemana del Báltico; 926 km².

RUHMKORFF (Enrique Daniel), físico francés, de origen alemán (1803-1877), inventor del carrete de inducción que lleva su nombre.

RUHR, río de Alemania, afl. del Rin; 232 km. Atraviesa una rica cuenca hullera que ha dado origen a una región industrial de importancia mundial base de la potencia económica de Alemania.

RUÁN

RUDE
PESCADOR NAPOLITANO
detalle
Louvre

Lope de RUEDA

RUHR
fabricas a orillas del Rin

Fot. Hanfstaengl, Giraudon, Rotgans, doc. A. G. P.

RUIZ DE ALARCÓN

Ruinas de Itálica *(Canción a las)*, una de las joyas del Parnaso español, atribuida antes a Rioja y hoy a Rodrigo Caro.

RUIZ, nevado de Colombia, en la Cord. Central (Caldas y Tolima); 5 400 m.

RUIZ (Antonio). V. FALUCHO.

RUIZ (Bartolomé), marino español, que en calidad de piloto, acompañó a Pizarro al Perú y descubrió la costa del Ecuador (1526).

RUIZ (Juan). V. ARCIPRESTE DE HITA.

RUIZ AGUILERA (Ventura), poeta español (1820-1881), que en sus *Ecos nacionales* recoge diversas leyendas del pasado con intención didáctica.

RUIZ CONTRERAS (Luis), escritor español (1863-1953), traductor de Anatole France y autor de unas *Memorias de un desmemoriado*.

RUIZ CORTINES (Adolfo), político mexicano, n. en 1892, pres. de la Rep. de 1952 a 1958.

RUIZ DE ALARCÓN Y MENDOZA (Juan), dramaturgo mexicano, n. en el Real de Minas de Taxco (Est. de Guerrero) (¿1581?-1639), que pasó la mayor parte de su vida en España. Su obra no mereció en su tiempo toda la admiración debida y sus contemporáneos se burlaron despiadadamente de su defecto físico (era jorobado). Entre sus mejores comedias merecen retenerse los títulos de *La verdad sospechosa* (imitada en Francia por Corneille), *Ganar amigos, Las paredes oyen, Mudarse por mejorarse, El dueño de las estrellas, La amistad castigada, El tejedor de Segovia, La prueba de las promesas, No hay mal que por bien no venga, El examen de maridos*, etc. Su teatro se distingue por su pulcritud formal y su intención ética.

RUIZ DE APODACA (Juan), marino y gobernante español (1754-1835), capitán general de Cuba de 1812 a 1816 y virrey de Nueva España de 1816 a 1821.

RUIZ DE LEÓN (Francisco), poeta gongorista mexicano del s. XVIII, autor de *Hernandía*.

RUIZ DE MONTOYA (Antonio), misionero español en el Paraguay (1584-1651), autor de una *Gramática de la lengua guaraní*.

RUIZ HUIDOBRO (Pascual), marino español 1752-1812), que, siendo gobernador de Montevideo, organizó la defensa de la ciudad contra los ingleses (1807). Fue el primero que, en el Cabildo Abierto de 1810, propuso y logró la destitución del virrey Cisneros y el establecimiento de la Junta.

RUIZ IRIARTE (Víctor), dramaturgo español, n. en 1912, autor de *El landó de seis caballos, Juego de niños*, etc.

RUIZ Y MENDOZA (Jacinto), teniente de artillería español (1779-1809) que se ilustró en Madrid el 2 de mayo de 1808, junto con Daoiz y Velarde, iniciando así la guerra de la Independencia.

RUIZ ZORRILLA (Manuel), político español (1833-1895), uno de los miembros más notables del partido republicano español.

RULFO (Juan), novelista y cuentista mexicano, n. en 1918, autor de *El llano en llamas* y *Pedro Páramo*. Sus relatos son muy angustiosos.

escudo y mapa de RUMANIA

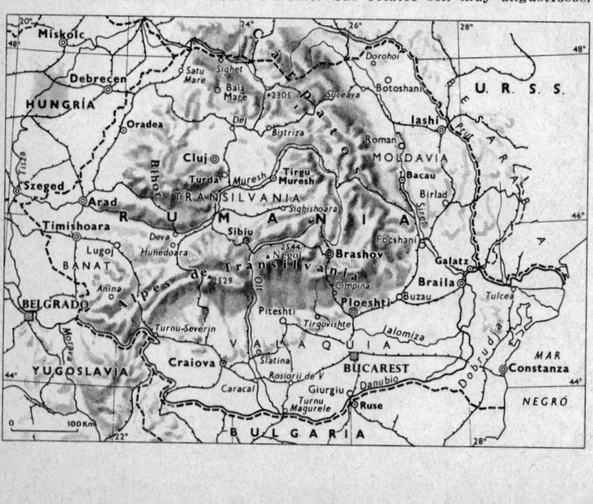

RUMANIA, república de Europa oriental; 237 500 km²; 19 143 000 h. *(rumanos)*; cap. *Bucarest*, 1 291 000 h.; c. pr. *Cluj*, 154 572 h. *Timishoara*, 149 251; *Brashov*, 129 900; *Ploesti*, 122 560; *Jassi*, 125 000; *Arad*, 112 457; *Braila*, 113 491; *Constantza*, 99 690; *Oradea*, 99 007; *Craiova*, 96 929; *Galatz*, 107 646; *Sibiu*, 99 478; *Targu Muresh*, 85 188; *Bacau*, 63 146; *Satu Mare*, 52 100.

— GEOGRAFÍA. La cordillera de los Cárpatos, en el centro, forma una vasta media luna alrededor de las colinas de Transilvania, separadas de la planicie húngara por el macizo de Bihar. Al este y al sur de los Cárpatos se extienden las planicies de *Moldavia* y *Valaquia*. Rumania es un país agrícola (trigo, maíz, frutales, cría de ganado); pero la explotación del petróleo, el hierro y la bauxita incrementan actualmente la industrialización.

— HISTORIA. Poblada antiguamente por los *dacios*, Rumania fue conquistada por Trajano, y la colonización romana hizo de ella un pueblo de lengua y cultura latinas. Entre las invasiones efectuadas por los bárbaros durante seis siglos, la que ejerció una influencia más profunda fue la de los eslavos. En el s. XVI, la dominación turca se impuso finalmente, después de dos siglos de resistencia de los rumanos. El Tratado de París (1856), reunió los principados de Moldavia y Valaquia bajo el gobierno de Cuza Voda (1859), al que sustituyó Carlos de Hohenzollern en 1866. En 1940, Rumania entró en la Segunda Guerra mundial al lado del Eje. Las elecciones de 1946 dieron el triunfo al partido comunista, que forzó al rey a abdicar (1947) y convirtió a Rumania en una república popular.

RUMELIA ORIENTAL, ant. prov. turca, perteneciente hoy a Bulgaria; cap. *Plovdiv*.

RUMFORD (*sir* Benjamin THOMPSON, *conde de*), físico norteamericano (1753-1814), autor de trabajos sobre el calor y la luz.

RUMIÑAHUI, cima del Ecuador; 4 722 m. — Cantón del Ecuador (Pichincha).

RUMIÑAHUI, cacique indio, n. en Quito y m. hacia 1535. Fue general de Atahualpa y defendió porfiadamente el reino de Quito contra los conquistadores. Vencido por éstos, fue ejecutado.

RUNEBERG (Johan Ludwig), escritor finlandés (1804-1877), autor de poemas líricos.

RURIK, jefe de los varegos y fundador del Imperio Ruso, m. en 879.

RUSE, ant. **Rustchuk**, c. de Bulgaria, a orillas del Danubio; gran puerto fluvial. Refinerías de petróleo.

RUSIA, n. que se daba al ant. imperio euroasiático que se extendía del Báltico al Pacífico y que actualmente designa exclusivamente a la República Socialista Federativa Soviética Rusa (R. S. F. S. R.), núcleo principal de la U. R. S. S. [V. este nombre]. Sup. 17 074 000 km²; 117 millones de h. *(rusos)*; cap. *Moscú*, 7 208 000 h.; c. pr. *Leningrado*, 3 300 000 h.; *Gorki*, 942 000; *Rostov*, 597 000.

— HISTORIA. En la Edad Media, los eslavos habitaban a orillas del Dniéper Medio. Los escandinavos *(varegos)* se establecieron (s. IX) en Smolensko y más tarde en Kiev, y fundaron el principado de Novgorod. En el s. XIII, los tártaros invadieron el país y se fijaron a orillas del Volga; bajo su dominación se afirmó la preeminencia de Moscú. Los s. XIV y XV presenciaron las invasiones de los lituanos y los polacos y la desaparición del mundo tártaro, lo cual permitió a Iván III la unificación de Moscovia, y a Iván IV el Terrible la conquista de nuevos territorios a orillas del Báltico (1582). El período turbulento que vino a continuación culminó con la llegada de los polacos hasta Moscú y la amenaza de los suecos sobre Novgorod; Pedro el Grande conjuró ambos peligros con la victoria de Poltava (1709). A su muerte, su mujer, Catalina I, fue proclamada emperatriz (1725-1727). Sus sucesores (Pedro II, Ana) se aliaron a Austria contra Estanislao Leczinsky de Polonia, e Isabel a Francia, contra Prusia en la guerra de los Siete Años. Catalina II, coronada en 1762, consolidó su poder luchando victoriosamente contra los turcos. Su hijo, Pablo I (1796-1801), se asoció a la coalición contra Francia, y Napoleón a su vez invadió Rusia. El fracaso de éste valió a su vencedor, Alejandro I, ser nombrado jefe de la Santa Alianza. A partir de ese momento los zares intentaron ensanchar su territorio a costa de Turquía, pero el ejército francobritánico detuvo en Crimea su avance hacia Constantinopla y les impuso el Tratado de París (1856). Más tarde, sin embargo, por el Tratado de Berlín (1878), Rusia se apoderó finalmente de una parte del territorio de Turquía. En 1904, sus ambiciones la llevaron a una guerra desafortunada contra el Japón. En la Primera Guerra mundial Rusia luchó contra Alemania. En 1917 estalló la revolución bolchevique; el zar y su familia fueron asesinados, y el régimen comunista se impuso poco después. (V. la continuación de la historia en U. R. S. S.)

RUSIA BLANCA o **BIELORRUSIA,** república soviética de la U. R. S. S.; 208 000 km²; cap. *Minsk;* c. pr. *Vitebsk, Gomel;* región pantanosa y selvática; industria maderera; tractores, automóviles.

RUSIA (La), páramo de Colombia, en la Cord. Oriental (Brazo de Tundama); 4 320 m.

RUSILLA (La), cima de la Rep. Dominicana, en la Cord. Central, al S. de la prov. de Santiago; 3 029 m.

RUSIÑOL (Santiago), pintor y escritor español, n. en Barcelona (1861-1931), cuyos cuadros, de gran brillantez de colorido, reflejan un impresionismo sugestivo. Escribió en catalán y en castellano novelas y obras de teatro.

RUSKIN (John), crítico de arte, sociólogo y escritor inglés (1819-1900), pontífice del prerrafaelismo y autor de *Las siete lámparas de la arquitectura, Las piedras de Venecia,* etc.

RUSSEL (Dora Isella), poetisa uruguaya, n. en 1925, autora de *El canto irremediable* y *Oleaje.*

RUSSELL (Bertrand), filósofo y matemático inglés (1872-1970), uno de los fundadores de la lógica simbólica, autor de numerosos ensayos (*Misticismo y lógica, La conquista de la felicidad,* etc.). [Pr. Nóbel, 1950.]

RUSSELL (Henry Norris), astrónomo norteamericano (1877-1957), creador de una teoría sobre la evolución de las estrellas.

RUSSELL (*lord* John), estadista inglés (1792-1878), jefe del partido whig.

RUTEBEUF, trovador francés del s. XIII, autor de poesías y de varias piezas teatrales de inspiración religiosa (*El milagro de Teófilo*).

RUTENIA o **UCRANIA SUBCARPÁTICA,** región oriental de Checoslovaquia, anexionada por

RUSKIN

B. RUSSELL

RUTHERFORD

Hungría en 1939 y perteneciente desde 1945 a la U. R. S. S. (Ucrania).

RUTH o **RUT,** esposa de Booz. (*Biblia.*)

RUTHERFORD of Nelson (Ernesto), físico inglés, n. en Nueva Zelanda (1871-1937), autor de estudios sobre la radiactividad y realizador de la primera transmutación del átomo en 1919. (Pr. Nóbel, 1908.)

RÚTULOS, ant. pueblo del Lacio; cap. *Ardea.*

RUWENZORI, macizo montañoso de África, entre el Congo y Uganda; 5 119 m.

Ruy Blas, drama histórico de Víctor Hugo (1838), de tema español.

RUYSBROECK (Juan de), **el Admirable,** teólogo místico flamenco (1293-1381).

RUYSDAEL (Jacobo Isaac), pintor holandés (1629-1682), uno de los paisajistas más notables de su país.

RUZICKA (Leopoldo), químico suizo, n. en Croacia en 1887. Obtuvo el Premio Nóbel en 1939 por sus investigaciones sobre las hormonas.

RYBINSK, de 1946 a 1957 **Chtcherbakov,** c. de la U. R. S. S., a orillas del Volga superior. Gran presa.

RYSWICK, c. de Holanda. Tratado de 1697 que puso fin a la guerra entre Francia y la Liga de Augsburgo.

RYUKYU. V. RIUKIU.

RZESSOW, c. de Polonia, en el SE. del país (Galitzia). Centro agrícola. Ref. de petróleo.

LA SEÑORITA NANTAS por RUSIÑOL

RUYSDAEL. SOL SOBRE LA CASCADA

Fot. Elliot et Fry, doc. British Council, Hanfstaengl, Giraudon

S

SANTIAGO DE CHILE

SAADI

SÁ (Estacio de), militar portugués del s. XVI, que fundó, después de expulsar a los franceses del país, la c. de Rio de Janeiro (1565). — Su tío MEM DE SÁ fue gobernador del Brasil en 1557 y cofundador de Rio de Janeiro.

SÁ DE MIRANDA (Francisco), poeta portugués (1495-1558), que introdujo en su país la lírica de inspiración italiana: *Églogas, Fábula de Mondego*, etc. Escribió también en castellano.

SAADI o **SADI** (Mucharrif ed-Din), célebre poeta persa (¿1184-1290?), autor de *Jardín de las rosas* y *Libro del consejo.*

SAALE, río de Alemania, afl. del Elba; 427 km.

SAALFELD, c. de Alemania oriental, a orillas del Saale; industrias químicas y metalúrgicas.

SAARBRÜCKEN. V. SARREBRUCK.

SAAVEDRA, com. de Chile (Cautín).

SAAVEDRA (Ángel). V. RIVAS *(Duque de).*

SAAVEDRA (Bautista), político y jurista boliviano (1870-1939), pres. de la Rep. de 1920 a 1925. Atendió los problemas sociales.

SAAVEDRA (Cornelio de), militar y político argentino, n. en Potosí (1759-1829), que se distinguió en la defensa de Buenos Aires contra los ingleses. Prócer de la Revolución de Mayo, fue pres. de la Junta Gubernativa (1810), cargo que abandonó en 1811. Autor de unas *Memorias.*

SAAVEDRA FAJARDO

C. de SAAVEDRA

SAAVEDRA LAMAS

SAAVEDRA (Juan de), conquistador español, m. en 1544, que se distinguió en Chile y Perú.

SAAVEDRA FAJARDO (Diego de), diplomático y escritor español, n. en Algezares (Murcia) [1584-1648], autor de *Corona gótica, castellana y austriaca*, que constituye un importante ensayo histórico, *Empresas políticas o Idea de un príncipe cristiano*, auténtico tratado del arte de gobernar, *Locuras de Europa*, sátira política, y *República literaria.*

SAAVEDRA GUZMÁN (Antonio de), poeta y cronista mexicano de fines del s. XVI, autor del poema épico *El peregrino indiano.*

SAAVEDRA LAMAS (Carlos), jurisconsulto y político argentino, n. en Buenos Aires (1878-1959), eminente internacionalista y pacificador del conflicto del Chaco. (Pr. Nóbel de la Paz en 1936.)

SABA, c. de la Arabia antigua (Yemen), cuya soberana, la *reina de Saba*, llamada a veces Balkis o Makeda, célebre por su riqueza, fue a Jerusalén a visitar a Salomón, atraída por la fama de su sabiduría. (Hab. *sabeos.*)

SABADELL, c. de España (Barcelona); industria textil.

SABAH, ant. **Borneo del Norte,** territorio de la Federación de Malaysia, colonia británica de 1877 a 1963; 80 500 km²; 588 000 h. Cap. *Jesselton.* Reivindicado por Filipinas.

SABANA, archip. de Cuba, formado por los cayos que bordean la costa norte de Las Villas.

SABANA-CAMAGÜEY, n. dado a un extenso archip. del N. de Cuba compuesto de unos 400 cayos e islas. Es tb. llamado **Jardines del Rey.**

SABANA DE LA MAR, com. de la Rep. Dominicana (Seibo).

SABANA GRANDE, cerro de México, de origen volcánico, en el N. de Veracruz. — Distr. de la Rep. Dominicana (San Cristóbal).

SABANALARGA, c. de Colombia (Atlántico); centro agrícola y ganadero. — Mun. de Colombia (Antioquia); yac. de cobre.

SABAT ERCASTY (Carlos), poeta uruguayo, n. en 1887, autor de *Poemas del hombre, El vuelo de la noche*, etc.

SABATIER (Paul), químico francés (1854-1941), inventor del procedimiento de hidrogenación catalítica. (Pr. Nóbel, 1912.)

SABATINI (Francisco), arquitecto y general español, de origen italiano (1722-1795), autor de diferentes obras en Madrid como la Puerta de

Fot. Roger-Viollet, Larousse, doc. A. G. P.

Alcalá, la antigua Aduana y la fachada de la Iglesia de San Francisco el Grande.
SABATINI (Rafael), novelista inglés (1875-1950), de origen italiano, autor de numerosos folletines de carácter histórico: *El cisne negro, El capitán Blood, Scaramouche,* etc.
SÁBATO (Ernesto), escritor argentino, n. en 1911, autor de la novela *El túnel.*
SABAYA, prov. de Bolivia (Oruro); cap. *Huachacalla.*
SABELIO, heresiarca del s. III, fundador del *sabelianismo,* que negaba la distinción entre las tres personas de la Santísima Trinidad.
SABELIOS, pueblo de la Italia antigua (Apenino central y vertiente del Adriático), que comprendía los sabinos, picentinos, lucanos, samnitas, etcétera.
SABINA, ant. región de Italia central, entre Piceno al N., Umbría y Etruria al O., Lacio al S. y Samnio al E. La leyenda refiere que las esposas y las hijas de los sabinos fueron raptadas en una fiesta por los súbditos de Rómulo. Los sabinos marcharon contra los raptores e iba a trabarse la pelea cuando acudieron las sabinas, llevando a sus hijos en brazos, a interponerse entre sus padres y sus esposos. Esta leyenda alude a la fusión violenta de las poblaciones que formaron Roma.
SABINA, emperatriz romana, esposa de Adriano. Éste, moribundo, la obligó a matarse (138).
SABINAL, isla de Cuba, en el archip. de Sabana-Camagüey.
SABINOS, ant. pueblo latino, establecido cerca de Roma, emparentado con los oscos y umbrios.
SABINOS (MONTES), macizo montañoso de Italia (Lacio).
Sabios *(Los Siete),* n. dado a siete filósofos y políticos de la antigua Grecia, que eran Tales de Mileto, Pítaco, Bias, Cleóbulo, Misón, Quilón y Solón. Algunos autores sustituyen a dos de éstos por Periandro y Anacarsis.
SABLES-D'OLONNE (Les), c. de Francia (Vandea), sobre el Atlántico; balneario.
SABOGA, isla de Panamá, en el archip. de Las Perlas; pesquerías de perlas.
SABOGAL (José), pintor peruano (1888-1956), fundador de la escuela pictórica indigenista en su país.
Sabor de la tierruca *(El),* novela de costumbres montañesas, de Pereda (1882).
SABOYA, región del SE. de Francia, en la frontera de Italia y Suiza, ant. prov. de los Estados sardos. Cap. *Chambery.* Pertenece a Francia desde 1860 y forma los dep. de **Saboya** (cap. *Chambery*) y **Alta Saboya** (cap. *Annecy*). [Hab. *saboyanos.*]
SABOYA (CASA DE), ilustre familia que poseyó largo tiempo Saboya a título de condado o ducado, gobernó Piamonte y Cerdeña, y reinó en Italia hasta 1946.
SABOYÁ, v. de Colombia (Boyacá).
SABUCO (Miguel), escritor español (¿1529?-1588), autor del ensayo *Nueva filosofía de la naturaleza del hombre* (1587), publicado con el nombre de su hija OLIVA SABUCO DE NANTES (1562-¿1622?).
SABUNDE (Raimundo), médico, filósofo y teólogo español, n. en Barcelona a fines del s. XIV, m. en Toulouse en 1432. Autor de *Theologia naturalis,* traducida por Montaigne.
SACABA, pobl. de Bolivia, cap de la prov. de Chaparé (Cochabamba).
SACACA, pobl. de Bolivia, cap. de la prov. de Alonso de Ibáñez (Potosí).
SACAPULAS, pobl. de Guatemala (El Quiché).
SACASA (Juan Bautista), político nicaragüense (1874-1946), elegido pres. de la Rep. en 1933. Fue depuesto y desterrado en 1936 por Anastasio Somoza.
SACASA (Roberto), político nicaragüense de fines del s. XIX; pres. de la Rep. en 1889, fue depuesto por una Junta en 1893.
SACATEPÉQUEZ, dep. de Guatemala; cap. *Antigua Guatemala.* (Hab. *sacatepesanos.*)
SACCHETTI (Franco), escritor italiano (¿1330-1400?), autor de cuentos.
SACCHETTI (Juan Bautista), arquitecto italiano, m. en 1764, que acabó el Palacio Real de Madrid iniciado por su maestro Juvara.
SACCHINI [*-ki-*] (Antonio), compositor italiano (1730-1786), autor de óperas célebres.
SACEDÓN, v. de España (Guadalajara), junto a los pantanos de Entrepeñas y Buendía.
SACKVILLE (Thomas), conde DE DORSET, político y poeta inglés (¿1530?-1608), autor de *Gorboduc,* primera tragedia clásica en su país.
SACLAY, pobl. de Francia (Essonne), cerca de Versalles; centro de investigaciones nucleares.
SACO (José Antonio), escritor y patriota cubano (1797-1879), uno de los precursores del movimiento separatista. Autor de *Historia de la esclavitud.* M. en España.
SACOTTO ARIAS (Augusto), poeta y crítico ecuatoriano, n. en 1904, autor de *Velorio del albañil.*
SACRAMENTO, colonia fundada en el Uruguay por los portugueses en 1680. Fueron éstos rechazados por B. M. de Zabala, quien fundó en 1726 Montevideo para evitar nuevas incursiones.
SACRAMENTO, río de Alta California, que des. en la bahía de San Francisco; 620 km. — C. de los Estados Unidos, cap. del Est. de California. Minas de oro.
SACRATIF (CABO), cabo de España en la prov. de Granada, cerca de Motril, en el Mediterráneo.
SACRIFICIOS, isla del golfo de México, al SE. del puerto de Veracruz. Templos indígenas.
SACRO (MONTE), colina cerca de Roma, donde se retiraron los plebeyos en 494 y 448 a. de J. C. para librarse de la tiranía patricia. Después de la primera de dichas retiradas fueron instituidos los tribunos.
SACSAHUAMÁN, fortaleza inca construida sobre un cerro al N. del Cuzco (Perú). Subsisten tres murallas de granito y las bases de varias torres; sus subterráneos formaban un laberinto.
SACY o **SACI** (Luis Isaac **Lemaistre de**), escritor y teólogo jansenista francés (1613-1684), traductor de la Biblia.
SACHER MASOCH [*-ker-soj*] (Leopoldo de), novelista austriaco (1836-1895). Del contenido de su obra deriva la palabra *masoquismo.*
SACHS (Hans), poeta alemán (1494-1576), cuya fecunda obra ofrece cuentos jocosos, poemas alegóricos y dramas religiosos.
SADD al Alí *(Presa de).* V. ASUÁN.
SADE (Donaciano, *marqués de*), escritor francés (1740-1814), autor de novelas cuyos protagonistas viven obsesionados por el placer satánico de hacer sufrir a las almas inocentes. De su nombre deriva el vocablo *sadismo.*
SADOC, judío del s. III a. de J. C., que fundó la secta de los saduceos.
SADOWA o **SADOVA,** pobl. de Checoslovaquia. Victoria decisiva de los prusianos sobre los austriacos en 1866.
SÁENZ (Antonio), sacerdote, catedrático y patriota argentino (1780-1825). Fue el primer rector de la Universidad de Buenos Aires en 1821.

SACO

marqués de SADE

SACSAHUAMÁN

Fot. doc. A. G. P., Larousse, Verger, A. D. E. P.

SAGASTA

SAINTE-BEUVE por HEIM

SAINTE-CHAPELLE

SÁENZ (Manuela), patriota quiteña (1793-1859), amiga de Bolívar, a quien salvó la vida en 1828. Llamada la *Libertadora del Libertador.*

SÁENZ ECHEVARRÍA (Carlos), diplomático, dramaturgo y poeta colombiano (1853-1893).

SÁENZ HAYES (Ricardo), periodista y ensayista argentino, n. en 1888, autor de un valioso estudio sobre el moralista francés Montaigne.

SÁENZ MORALES (Ramón), poeta nicaragüense (1875-1937).

SÁENZ PEÑA (Luis), político argentino (1822-1907), elegido pres. de la Rep. en 1892; renunció a su cargo en 1895. — Su hijo ROQUE (1851-1914), pres de la Rep. de 1910 a 1914. A él se debe la ley electoral de 1912.

SAFÁRIDAS, una de las primeras dinastías persas (¿863?-principios del s. XI).

SAFÍ, c. de Marruecos, a orillas del Atlántico; conservas de pescado, fosfatos.

SAFO, poetisa griega, n. en Lesbos, que vivió a principios del s. VI a. de J. C.; sus poesías, de las cuales no quedan más que fragmentos, comprendían epitalamios, elegías e himnos.

SAGAN (Françoise), escritora francesa, n. en 1935, autora de novelas *(Bonjour tristesse)* y de obras de teatro *(Castillo en Suecia).*

SAGÁRNAGA (Manuel), general y político boliviano (1800-1866), que se distinguió en la guerra de la independencia de su país.

SAGARRA (José María de), poeta, novelista y dramaturgo español (1894-1961), que escribió en catalán *(El comte Arnau).*

SAGASTA (Práxedes Mateo), político español, n. en Torrecilla de Cameros (Logroño) [1825-1903]. Fue largo tiempo jefe eminente del Partido Liberal y varias veces pres. del Consejo con Alfonso XII y María Cristina.

SAGATOA, pico de los Andes del Ecuador, en el nudo de Tiopullo; 4 153 m.

SAGINAW, c. de los Estados Unidos (Michigán); metalurgia; construcciones mecánicas.

SAGITARIO, constelación del hemisferio austral y noveno signo del Zodiaco, que corresponde del 23 de noviembre al 22 de diciembre.

SAGRERA (Guillermo), arquitecto y escultor español, n. en Mallorca, m. en 1454.

SAGRES, pobl. de Portugal (Algarve), junto al promontorio de su n. En ella fundó Don Enrique el Navegante una escuela de navegación.

SAGUA DE TÁNAMO, térm. mun. de Cuba (Oriente), a orillas del *río Sagua de Tánamo.*

SAGUA LA CHICA, río de Cuba (Las Villas); 105 km.

SAGUA LA GRANDE, río de Cuba (Las Villas); 148 km. — C. de Cuba (Las Villas); salinas; ind. pesquera.

SAGUIA EL HAMRA, territorio del Sáhara Español; 82 000 km²; 18 500 h. Cap. *El Aaiún.* Fosfatos.

SAGUNTO, c. de España (Valencia), que se llamó ant. **Murviedro.** Conserva restos de antiguas construcciones: teatro romano, acueducto, templo, etc. Célebre por su heroica resistencia a Aníbal, que se apoderó de ella después de un terrible sitio en 219 a. de J. C. El pronunciamiento en esta ciudad de Martínez Campos, en 1874, restableció la dinastía borbónica en el trono español con Alfonso XII.

SAHAGÚN, v. de España (León). Antigua abadía benedictina; iglesias mudéjares.

SAHAGÚN (*fray* Bernardino de), misionero e historiador español (¿1500?-1590), que escribió en nahuatl para hacerse comprender mejor por los mexicanos. Es autor de *Historia general de las cosas de Nueva España.*

SAHAGÚN

SAINT-EXUPERY

SÁHARA, mejor que **SAHARA,** vasto desierto de África septentrional que se extiende desde las faldas del Atlas, al norte, hasta el Sudán, al sur (1 600 km), y desde Egipto hasta el Atlántico. Está formado de dunas de arena, de extensas mesetas pedregosas o *hamadas,* entre las que surgen algunos macizos montañosos, en parte volcánicos (*Hoggar, Air, Tibesti*). Poblado por los moros, los tuareg y los tibues, principalmente nómadas. Yacimientos de petróleo y de hierro.

SÁHARA ESPAÑOL. V. RÍO DE ORO.

SAHUARIPA, río de México (Sonora), afl. del Yaqui. — C. de México (Sonora).

SAIÁN o **SAYANSK,** montañas de Asia oriental, entre Siberia y Mongolia; 3 492 m.

SAIDA, dep. y c. de Argelia oriental.

SAIDA, ant. **Sidón,** c. del Líbano, puerto en el Mediterráneo.

SAID BAJÁ (Mohamed), virrey de Egipto de 1854 a 1863, n. en El Cairo (1822-1863), hijo de Mehemet Alí y tío de Ismaíl Bajá. Favoreció la construcción del canal de Suez.

SAIGÓN, cap. de Viet Nam del Sur; 1 600 000 h. Centro administrativo y comercial; astilleros; industrias textiles y alimenticias.

SAILLER (Jerónimo), comerciante y conquistador alemán del s. XVI, que estuvo en Venezuela al servicio de los Welser.

SAINT ALBANS, c. de la Gran Bretaña (Hertford). Durante las guerras de las Dos Rosas fue teatro de dos batallas sangrientas, ganada una por el partido de York (1455) y la otra por el de Lancaster (1461). Catedral. Construcciones aeronáuticas.

SAINT-AMANT (Marco Antonio **Girard de**), poeta francés (1594-1661), cultivador del género burlesco.

SAINT-BRIEUC, c. de Francia, a orillas de la Mancha, cap. del dep. de Côtes-du-Nord; catedral. Metalurgia e industria textil. Obispado.

SAINT CLAUDE [*-clod*], c. de Francia (Jura); relojería. Obispado.

SAINT-CLOUD [*-klu*], pobl. de Francia (Hauts-de-Seine), cerca de París. Ant. residencia imperial; hermoso parque. Hipódromo.

SAINT-CYR-L'ÉCOLE, pobl. de Francia (Yvelines), cerca de Versalles. Ant. Academia Militar, destruida en 1940-1944, trasladada provisionalmente a Coëtquidan (Morbihan) en 1946.

SAINT-DENIS, c. de Francia (Seine-Saint-Denis), al N. de París. Abadía célebre (s. XI-XIII), sepultura de los reyes de Francia. Zona industrial.

SAINT-DENIS-DE-LA-REUNION, cap. de la isla francesa de la Reunión; 65 600 h. Puerto.

SAINT-DIÉ, c. de Francia (Vosgos), a orillas del Meurthe; industrias. Obispado. Poseyó una escuela de geografía, célebre en la Edad Media, así como una imprenta donde fue estampado por primera vez el nombre de América (1507).

SAINTE-BEUVE (Carlos Agustín), escritor francés, n. en Boulogne-sur-Mer (1804-1869), autor de poesías de inspiración romántica, de la novela *Voluptuosidad* y de penetrantes estudios de crítica e historia literaria: *Retratos de mujeres, Port-Royal, Charlas del lunes.*

SAINTE-CLAIRE DEVILLE (Enrique), químico francés, n. en las Antillas (1818-1881), autor de un procedimiento de fabricación del aluminio.

Sainte-Chapelle, iglesia de París, joya de la arquitectura gótica (1242-1248); bellas vidrieras del s. XIII.

SAINT-EMILION, pobl. de Francia (Gironda). Vinos tintos afamados.

SAINTES [*sant*], c. de Francia (Charente Marítimo), a orillas del Charente. Monumentos romanos. Iglesias románicas.

SAINTES (Les), grupo de islotes de las Antillas Francesas; rada excelente. Cap. *Terre-de-Haut.*

SAINT-ETIENNE, c. de Francia, cap. del dep. del Loira; Escuela de Minas; cuenca hullera y centro metalúrgico y textil.

SAINT-EVREMOND (Carlos de), escritor francés (¿1614?-1703), de gran agudeza.

SAINT-EXUPERY (Antoine de), aviador y escritor francés, n. en Lyon (1900-1944), muerto en misión de guerra. Autor de varios reportajes

Fot. Ruiz-Vernacci, Bulloz, Neurdein, Larousse

de exaltación heroica: *Vuelo nocturno, Correo del Sur, Piloto de guerra,* y del poético relato *El Principito.*

SAINT-FLOUR [*-flur*], c. de Francia (Cantal), ant. cap. de la Alta Auvernia. Obispado.

SAINT-GALL, c. de Suiza, cap. del cantón de su n. Abadía benedictina que fue uno de los centros de la cultura eclesiástica (s. X-XII).

SAINT-GAUDENS [*-godáns*], c. de Francia (Alto Garona), a orillas del Garona.

Saint-Germain-des-Prés *(Iglesia de),* una de las más ant. iglesias de París (s. XI).

SAINT-GERMAIN-EN-LAYE, c. de Francia (Yvelines). Antiguo palacio real del Renacimiento. Museo de antigüedades. Tratado entre los Aliados y Austria (1919).

SAINT-GILLES, c. de Bélgica (Brabante), arrabal de Bruselas.

SAINT-GOBAIN, pobl. de Francia (Aisne). Célebre manufactura de espejos y cristales; productos químicos.

SAINT HELENS, c. de Inglaterra (Lancashire); manufactura de cristales.

SAINT-HELIER, cap. de la isla de Jersey; puerto de pesca; comercio de bacalao.

Saint James [*sant yems*] *(Palacio de),* palacio construido en Londres por Enrique VIII, ampliado por Carlos I, residencia real de 1697 a 1830.

SAINT-JEAN, c. del Canadá, cap. de la isla de Terranova. Puerto activo.

SAINT JOHN [*-yon*], c. del Canadá (Nueva Brunswick). Obispado; universidad.

SAINT JOHN, c. de las Antillas Inglesas; cap. de la isla de Antigua y de las islas de Sotavento.

SAINT-JOHN. V. SAINT JEAN.

SAINT-JOHN PERSE (Alexis Saint-Léger LÉGER, llamado), diplomático y poeta francés, n. en 1887, autor de poemas líricos: *Anábasis, Elogios, Exilio, Los faros.* (Pr. Nóbel, 1960.)

SAINT JOSEPH, c. de los Estados Unidos (Misuri), a orillas del Misuri; puerto fluvial.

SAINT-JUST (Luis de), convencional francés (1767-1794), amigo y activo partidario de Robespierre; murió con él en el cadalso.

SAINT KILDA, pequeña isla inglesa del Atlántico, cerca de Escocia.

SAINT-LÔ, c. de Francia, cap. del dep. de la Mancha, a orillas del Vire; mercado agrícola.

SAINT LOUIS, c. de los Estados Unidos (Misuri), a orillas del Misisipí; industrias.

SAINT-LOUIS, c. y puerto del Senegal.

SAINT-LOUIS, c. de la isla de la Reunión.

SAINT-MALO, c. de Francia (Ille-et-Vilaine), en una isla granítica unida al continente. Escuela de Hidrografía. Puerto de pesca.

SAINT-MAUR-DES-FOSSÉS [*-mor-*], c. de Francia (Val-de-Marne), a orillas del Marne.

SAINT MORITZ, estación de deportes de invierno en Suiza (Grisones), a orillas del *lago Saint Moritz* (entre 1 775 y 1 856 m).

SAINT-NAZAIRE [*-naser*], c. de Francia (Loira Atlántico), en la desembocadura del Loira; astilleros, construcciones aeronáuticas.

SAINT-NECTAIRE [*-nekter*], pobl. de Francia (Puy-de-Dôme); aguas termales; quesos.

SAINT-NICOLAS, c. de Bélgica (Flandes Oriental); encajes, textiles.

SAINT-OUEN [*santuán*], c. de Francia (Seine-Saint-Denis), a orillas del Sena; centro industrial.

SAINT PAUL [*-pol*], c. de los Estados Unidos, cap. de Minnesota, a orillas del Misisipí; gran puerto fluvial; centro comercial e industrial.

SAINT-PAUL, c. de la isla francesa de la Reunión. Fue la primera ciudad de la colonia.

SAINT-PIERRE, c. de la isla francesa de la Reunión. Comercio activo.

SAINT-PIERRE (Bernardin de). V. BERNARDIN DE SAINT-PIERRE.

SAINT-PIERRE-ET-MIQUELON, archip. cerca de Terranova, perteneciente a Francia desde 1536; 241 km^2. Cap. *Saint-Pierre.* Pesca.

SAINT-QUENTIN. V. SAN QUINTÍN.

SAINT-RAPHAËL. V. SAN RAFAEL.

SAINT-SAËNS [*-sans*] (Camilo), compositor y organista francés (1835-1921), autor de *Sansón y Dalila, Enrique VIII,* de poemas sinfónicos, conciertos, etc. Estilo brillante y perfecto.

SAINT-SIMON (Luis de BOUVROY, *duque de*), escritor francés (1675-1755), autor de *Memorias,* de estilo original y vigoroso, sobre el reinado de Luis XIV.

SAINT-SIMON (Claudio Enrique, *conde de*), filósofo y economista francés, de la familia del anterior (1760-1825), jefe de la escuela política y social de los *sansimonianos.*

SAINT-TROPEZ, pobl. de Francia (Var), estación balnearia en el Mediterráneo.

SAINT VINCENT, isla de las Antillas Menores; cap. *Kingstown.*

SAINT-VICTOR (Pablo de), crítico literario francés (1827-1881), autor de interesantes artículos sobre la historia del teatro.

SAIPÁN, isla del archipiélago de las Marianas; 185 km^2. Perteneció a Alemania y Japón, y actualmente es un fideicomiso de los Estados Unidos.

SAIS, ant. c. del Bajo Egipto, cap. de la dinastía saíta.

SAJALÍN o **SAKHALÍN,** isla montañosa al E. de Asia, entre el mar de Ojotsk y el del Japón. 75 360 km^2. Hoy pertenece a la U. R. S. S. Hulla, petróleo. — V. AMUR.

SAJAMA, cumbre de Bolivia, en la Cord. Occidental, cerca de la frontera chilena; 6 520 m. — Prov. de Bolivia (Oruro); cap. *Curahuara de Carangas.*

SAJONIA, región de Alemania oriental, en la cuenca media del Elba, regada por el Mulde. Numerosas industrias textiles. C. pr.: *Dresde, Leipzig.* Ducado desde el s. IX, Sajonia se unió a Polonia en el s. XVIII, formó un reino de 1806 a 1919 y luego una república.

SAJONIA (Mauricio, *elector de*) príncipe protestante (1521-1553), que sirvió primero en los ejércitos de Carlos V y luego contra él. — MAURICIO, *conde* **de Sajonia** (1696-1750), hijo de Augusto II, elector de Sajonia y rey de Polonia, mariscal de Francia, vencedor en Fontenoy, uno de los más notables capitanes de su siglo.

SAJONIA ANHALT, ant. Estado de Alemania oriental, suprimido en 1952. Cap. *Halle.*

SAJONIA (Baja), estado de Alemania occidental, formado en 1946 con la ant. prov. de Hannover, Brunswick, Oldenburgo, etc. Cap. *Hannover.*

SAJONIA COBURGO GOTHA, ant. ducados de Alemania repartidos entre Baviera y Turingia.

SAJONIA WEIMAR EISENACH (GRAN DUCADO DE), ant. Estado de Alemania, incorporado hoy a Turingia.

SAKAI, c. del Japón (Hondo); puerto.

SAKHALÍN. V. SAJALÍN.

Sakuntala o *El anillo del destino,* drama sánscrito de Kalidasa (s. I a. de J. C.).

SALA (Emilio), pintor español (1850-1910), autor de obras de tipo histórico y de género.

SALACROU (Armando), dramaturgo francés, n. en 1899, autor de *La desconocida de Arrás, La tierra es redonda,* etc.

SALADILLO, arroyo de la Argentina que des. en la laguna de Guadalupe o Setúbal. Está formado por la unión de dos corrientes llamadas *Saladillo Amargo* y *Saladillo Dulce.*

SALADILLO, pobl. de la Argentina (Buenos Aires). — Pobl. de la Argentina (Córdoba).

SALADINO, sultán de Egipto y Siria (1138-1193), que fue el héroe musulmán de la Tercera Cruzada. Se apoderó de Jerusalén.

SALADO, riachuelo de España (Cádiz), que des. cerca de Tarifa, y en cuyas márgenes derrotó Alfonso XI a los moros benimerines en 1340.

SALADO, región de México, que comprende parte de los Estados de San Luis Potosí, Aguascalientes, Zacatecas, Tamaulipas y Coahuila. — Río de Argentina en la prov. de Buenos Aires, que des. en la bahía de Samborombón; 700 km. — Río de la Argentina, afl. del Colorado, que señala el límite entre las prov. de Mendoza y San Luis. — Río de la Argentina, en cuyas fuentes (Puna de Atacama) toma el n. de **Calchaquí;** es llamado luego **Guachipas** y **Pasaje,** y tb. es conocido por río **Juramento,** tal como en el acto de la jura le designó el general Belgrano, y por **Salado del Norte;** sus aguas se unen con las del Paraná; 2 000 km. — Río de México (Tamaulipas y Coahuila), afl. del Bravo; 590 km.

SALADO (GRAN LAGO), lago de América del Norte (Utah); 5 540 km^2. A sus orillas está edificada la c. de *Salt Lake City.*

SALADO ÁLVAREZ (Victoriano), escritor y diplomático mexicano (1867-1931), autor de trabajos críticos, históricos y filológicos.

SALAMÁ, c. de Guatemala, cap. del dep. de Baja Verapaz. (Hab. *salamatecos.*)

SAINT-JOHN PERSE

SAINT-SAËNS

duque DE SAINT-SIMON por RIGAUD museo de Chartres

SALADINO

Fot. Harlingue, Cautin, X, Larousse

SALAMANCA

J. DE SALAMANCA

OLIVEIRA SALAZAR

F. S. de SALAVERRY

SALAMANCA, c. de España, cap. de la prov. del mismo n. (León), a orillas del Tormes; centro comercial. Universidad. Puente romano; catedrales (románica del s. XII y gotica del s. XVI); numerosos edificios del s. XVI; plaza Mayor y Ayuntamiento (s. XVIII). La prov. produce cereales, legumbres; conservas; ganados (toros de lidia).
Salamanca *(Universidad de).* La Universidad de Salamanca, fundada hacia 1220 por Alfonso IX, conoció en el s. XVI un período de gran esplendor: más de seis mil escolares, entre los cuales muchos extranjeros, cursaban entonces sus estudios en las setenta y cinco cátedras. Su edificio, construido en la época de los Reyes Católicos, es uno de los monumentos más representativos del estilo plateresco y su fachada, por sí sola, constituye una joya del arte escultórico.
SALAMANCA, isla de Colombia, en la des. del río Magdalena. — Com. de Chile (Coquimbo). — C. de México (Guanajuato); importante ref. de petróleo.
SALAMANCA (Daniel), político boliviano (1863-1935), pres. de la Rep. de 1931 a 1934. Durante su administración estalló la guerra del Chaco (1932).
SALAMANCA (José de), marqués de Salamanca, banquero y político español (1811-1883), ministro de Hacienda. Construyó las principales líneas de ferrocarriles y un barrio de Madrid, elegante y extenso, que lleva su nombre.
SALAMINA, isla de Grecia en la costa O. de Ática; célebre por la victoria que Temístocles, al frente de la flota griega, consiguió sobre la escuadra de los persas en 480 a. de J. C.
SALAMINA, mun. de Colombia (Caldas); mercurio.
SALARRUÉ. V. SALAZAR ARRUÉ (Salvador).
SALAS (José Perfecto de), jurisconsulto y erudito chileno, n. en Buenos Aires (1714-1778), consejero de Manuel de Amat, gobernador de Chile. Autor de una *Geografía de Chile.* — Su hijo MANUEL (1753-1841), político y filántropo, contribuyó a la emancipación de su patria y a su desarrollo cultural.
SALAS BARBADILLO (Alonso Jerónimo de), novelista español (1581-1635), autor de múltiples relatos de inspiración picaresca y ambiente cortesano. Escribió también algunos entremeses.
SALAVARRIETA (Policarpa). V. POLA *(La).*
SALAVERRÍA (José María), novelista, ensayista y periodista español (1873-1940).
SALAVERRY (Carlos Augusto), poeta y dramaturgo romántico peruano (1830-1891).
SALAVERRY (Felipe Santiago de), general y político peruano (1806-1836), que se proclamó jefe supremo de la Rep. en 1835. M. fusilado.
SALAZAR, c. de Colombia (Santander).
SALAZAR (Adolfo), musicógrafo español (1890-1958), de gran autoridad.
SALAZAR (Antonio de OLIVEIRA), político portugués (1889-1970). Presidente del Consejo de 1932 a 1968 y restaurador del Estado de Portugal.
SALAZAR (Carlos), general y político guatemalteco del s. XIX, que fue jefe provisional del Estado de El Salvador en 1834.
SALAZAR (José María de), político colombiano (1784-1830), autor de la letra del primer himno colombiano.
SALAZAR ARRUÉ (Salvador), cuentista y novelista salvadoreño, n. en Sonsonate en 1899, que utiliza el seudónimo de **Salarrué.** Describe, en estilo impresionista e imaginativo, la realidad que le rodea: *El Cristo negro, El señor de la burbuja, O'Yar Kandal, Cuentos de barro, Eso y más, Trasmallo,* etc.
SALAZAR BONDY (Sebastián), poeta y dramaturgo peruano (1924-1965), de gran fecundidad (*Amor, gran laberinto, Rodil,* etc.).
SALAZAR DE ESPINOZA (Juan de), conquistador español, n. en 1508, compañero de Pedro de Mendoza. Fundó, en unión de Gonzalo de Mendoza, Asunción del Paraguay (1537).
SALAZAR DOMÍNGUEZ (José), novelista venezolano, n. en 1902, autor de los relatos costumbristas *Santelmo* y *Guéspeda.*
SALAZAR Y ALARCÓN (Eugenio), poeta español (¿1530?-1602), que residió en México.
SALAZAR Y BAQUÍJANO (Manuel), político peruano, miembro de la primera Junta gubernativa (1822).
SALAZAR Y TORRES (Agustín), poeta gongorista mexicano, n. en España (1642-1675), autor de *Cítara de Apolo.*
SALCANTAY, nevado del Perú (Cuzco); 6 264 metros.
SALCEDO, cantón del Ecuador (Cotopaxi). — C. del N. de la Rep. Dominicana, cap. de la prov. del mismo n.; centro comercial.
SALCEDO CORONEL (José GARCÍA DE), poeta español (¿1592?-1651), epígono de Góngora.
SALDANHA (João d'OLIVEIRA DAUN, *duque de*), general y político portugués (1790-1876), uno de los jefes del Partido Conservador.
SALDAÑA, v. de España (Palencia).
SALDAÑA, río de Colombia, afl. del Magdalena.
SALDÍAS (Adolfo), historiador y político argentino (1850-1914), autor de una *Historia de la Confederación Argentina.*
SALDONI (Baltasar Simón), compositor y musicógrafo español (1807-1890).
SÁLDUBA, ant. n. de **Zaragoza.**
SALÉ, c. de Marruecos, en frente de Rabat.
SALEM, c. de los Estados Unidos, cap. del Estado de Oregón; centro industrial. — C. de los Estados Unidos (Massachusetts); industria del calzado.
SALEM, c. de la India (Madrás).
SALERNO, c. de Italia (Campania), a orillas del golfo del mismo n. Escuela de Medicina célebre en la Edad Media. Catedral (s. XI).
Salesas, religiosas de la Orden de la Visitación, fundada por San Francisco de Sales (1610).
Salesianos, congregación de religiosos, fundada en 1859 por San Juan Bosco. Su patrono es San Francisco de Sales.
SALFORD, c. de Inglaterra, cerca de Manchester; industrias textil, mecánica y química.
SALGAR, mun. de Colombia (Antioquia); minas de cobre.
SALGAR (Eustorgio), general y político colombiano (1831-1885), pres. de la Rep. de 1870 a 1872.
SALGARI (Emilio), escritor italiano (1863-1911), autor de novelas de aventuras y viajes *(El pescador de ballenas, El capitán Tormenta).*
SALÍ o **DULCE,** río de la Argentina, que desciende de la sierra de Aconquija y, con el n. de **Hondo,** penetra en Santiago del Estero; des. en la cuenca cerrada de Mar Chiquita.
Sálica *(Ley),* o *Ley de los francos salios,* importante monumento de la legislación germánica, en virtud del cual estaban las mujeres excluidas del reparto de las tierras, y eran incapaces de suceder en el trono. Introducida en España por Felipe V, su abolición por Fernando VII fue origen de las guerras carlistas.
SALIERI (Antonio), compositor italiano (1750-1825), autor de óperas de inspiración grandiosa, misas, etc.
SALILLAS (Rafael), médico y criminalista español (1854-1923). Innovó el sistema penitenciario en su país.
SALINA ANTIGUA, salina de la Argentina (La Rioja).
SALINA CRUZ, c. de México (Oaxaca); puerto. Término de un oleoducto.
SALINAS, río de Guatemala, afl. del Usumacinta. Tb. es llamado **Chixoy.** — Pobl. del Ecuador (Guayas). Centro petrolero. — C. de México (San Luis Potosí).

Fot. N. Y. T., doc. A. G. P., X

SALINAS (Francisco de), músico y organista español (1512-1590), que escribió un tratado sobre la música de su época. Era ciego, y fue cantado por Fray Luis de León en una célebre oda.
SALINAS (Pedro), escritor español, n. en Madrid (1892-1951), autor de poesías líricas llenas de emoción, en las que canta el amor *(La voz a ti debida, Razón de amor)*, libros de crítica literaria y obras teatrales.
SALINAS CHICAS, laguna salada de la Argentina (Buenos Aires).
SALINAS DE GARCI-MENDOZA, pobl. de Bolivia, cap. de la prov. de Ladislao Cabrera (Oruro).
SALINAS GRANDES, salinas de la Argentina, entre las prov. de Santiago del Estero, Córdoba, Catamarca y La Rioja; 20 000 km².
SALIOS, n. dado a una tribu de los francos, que habitaba a orillas del Yssel.
SALIOS. V. MARTE.
SALISBURY o **NEW SARUM,** c. de Inglaterra (Wiltshire); comercio de ganado; catedral (s. XIII-XIV).
SALISBURY, cap. de Rodesia; 314 200 h. Metalurgia.
SALISBURY (Juan de). V. JUAN DE SALISBURY.
SALISBURY (Roberto CECIL, *marqués de*), diplomático y político inglés (1830-1903), que fue largo tiempo jefe del Partido Conservador. Primer ministro de 1886 a 1902.
SALITRE-CUÉ, pobl. del Paraguay (Itapúa).
SALK (Jonas Edward), bacteriólogo norteamericano, n. en 1914, uno de los descubridores de la vacuna antipoliomielítica.
SALMANASAR I, rey de Asiria de 1280 a 1256 a. de J. C. — SALMANASAR II, rey de Asiria de 1028 a 1017 a. de J. C. — SALMANASAR III, rey de Asiria, guerreó y reinó de 858 a 824 a. de J. C. — SALMANASAR IV, rey de Asiria de 782 a 772 a. de J. C. — SALMANASAR V, rey de Asiria de 727 a 722 a. de J. C., vencedor de Oseas, rey de Israel.
SALMERÓN (Alfonso), teólogo y jesuita español (1515-1585). Compañero de San Ignacio en la fundación de la Compañía de Jesús. Asistió al Concilio de Trento.
SALMERÓN Y ALONSO (Nicolás), político y filósofo español (1837-1908). Fue presidente de la Primera República española en 1873.
Salmos, libro de la Biblia, compuesto de 150 cantos sagrados atribuidos a David; obra maestra de poesía lírica por el brillo de las imágenes y la grandeza misteriosa del tema.
SALOBREÑA, v. y puerto de España (Granada). Ind. azucarera. Aguardiente.
SALOMÉ, princesa judía, hija de Herodes Filipo y de Herodías. Hizo cortar la cabeza a San Juan Bautista.
SALOMÉ JIL. V. MILLA (José).
SALOMÓN (ISLAS), archipiélago de Melanesia, dividido antes de 1914 entre Inglaterra y Alemania, hoy administrado por Inglaterra y Australia. Copra. Teatro de combates en 1942 y 1943.
SALOMÓN, hijo y sucesor de David, que reinó de 970 a 931 a. de J. C. Casó con la hija del rey de Egipto, que se convirtió en aliado suyo, vivió en buena inteligencia con los tirios y se consagró enteramente a la administración y al embellecimiento de sus Estados. Elevó el templo de Jerusalén y se hizo legendaria su sabiduría en todo Oriente. La tradición le atribuye el *Libro de los Proverbios, El Cantar de los Cantares* y *El Eclesiastés.*
SALONA. V. ANFISA.
SALÓNICA, ant. **Tesalónica,** c. de Grecia (Macedonia), en el golfo del mismo n., formado por el mar Egeo; puerto importante. Industrias.
SALOP (CONDADO DE). V. SHROPSHIRE.
SALPENSA, colonia romana de España, cerca de Utrera (Sevilla), a la que Diocleciano dio una ley municipal en 82, que, grabada en bronce, lleva el nombre de *Tablas de Salpensa.*
Salpêtrière, hospital de París, antes hospicio para mujeres ancianas y para histéricos.
SALTA, c. del N. de la Argentina, cap. de la prov. del mismo n.; centro comercial. Arzobispado. Posee distintos monumentos nacionales, como la Catedral, el convento de San Francisco y la iglesia de San Bernardo. La prov. cuenta con ricas explotaciones agrícolas (caña de azúcar, tabaco, algodón, vid) y ganaderas, y abundantes yac. petrolíferos en la cuenca del Bermejo. (Hab. *salteños.*)
SALTILLO, c. de México, cap. del Estado de Coahuila, en una zona agrícola y ganadera; centro comercial e industrial (textiles); yac. de cobre, hierro y carbón. Obispado.
SALT LAKE CITY, c. de los Estados Unidos, cap. de Utah, a orillas del Gran Lago Salado (V. SALADO). Centro comercial, fundado por los mormones en 1847; metalurgia. Universidad.
SALTO, c. del Uruguay, cap. del dep. del mismo n.; puerto activo; centro comercial. La economía del dep. es esencialmente ganadera. (Hab. *salteños.*) — C. de la Argentina (Buenos Aires).
SALTO GRANDE, cascada en el río Uruguay, entre las prov. argentina (Entre Ríos) y uruguaya (Salto).
SALTYKOV (Miguel), escritor ruso, conocido con el seudónimo de **Chtchedrin** (1826-1889), autor de novelas sociales en las que manifiesta un amargo realismo.
SALUCES, en ital. **Saluzzo,** c. de Italia, prov. de Coni, ant. cap. de un marquesado fundado en 1142.
SALUD (La), térm. mun. de Cuba (Habana).
SALUÉN, río de Indochina, que nace en el Tíbet y des. en el océano Índico; 2 500 km.
SALUSTIO (Cayo Crispo), historiador latino (86-35 a. de J. C.), autor de *La conjuración de Catilina* y *La guerra de Yugurta,* obras en las que se esfuerza en observar la mayor imparcialidad dentro de un estilo expresivo.
SALVÁ (Vicente), político, bibliógrafo, librero y gramático español (1786-1849).
SALVÁ Y CAMPILLO (Francisco), médico y físico español (1751-1828), autor de varios inventos.
Salvación *(Ejército de),* asociación religiosa de origen metodista, fundada en Londres por William Booth en 1865.
SALVADOR, ant. **Bahía,** c. del Brasil, cap. del Estado de Bahía; importante centro comercial e industrial; su puerto es uno de los mejores de la costa oriental sudamericana. Numerosas iglesias y conventos. Centro turístico. Arzobispado.
SALVADOR (El), import. mina de cobre de Chile (Chañaral).
SALVADOR (El). V. EL SALVADOR.
SALVADOR (Humberto), escritor ecuatoriano, n. en 1907, autor de *Trabajadores, Sinfonía de los Andes* (novelas) y *Amor prohibido* (teatro).
SALVATIERRA, c. de México (Guanajuato); centro agrícola y comercial.
SALVATIERRA *(Conde de).* V. SARMIENTO SOTOMAYOR (García).
SALVATOR ROSA. V. ROSA.
Salve, Regina *(Dios te salve, Reina y Madre de misericordia...)*, oración a la Virgen María que se atribuye generalmente a Pedro de Mezonzo, que fue arzobispo de Compostela en el s. XII, y a la que agregó San Bernardo las últimas invocaciones: *¡Oh, clementísima!, ¡Oh, piadosa!.*

SALOMÓN por POUSSIN *detalle*

marqués DE SALISBURY

N. SALMERÓN

SALOMÉ por CRANACH colección Blair Chicago

Fot. Giraudon, National Portrait Gallery, R. Vernacci

SALZILLO
EL BESO DE JUDAS
detalle

SALZBURGO

TÍO SAM

SAMANIEGO

SALVI (Nicolás), arquitecto italiano (1697-1751), autor de la fuente de Trevi, en Roma.
SALVIANO *(San)*, escritor eclesiástico (390-484), sacerdote de Marsella, autor de tratados religiosos. Fiesta el 22 de junio.
SALZACH, río de Austria y Alemania, afl. del Inn; 266 km. Pasa por Salzburgo.
SALZBURGO, c. de Austria, cap. de prov. situada al pie de los *Alpes de Salzburgo* y a orillas del Salzach. Patria de Mozart.
SALZILLO (Francisco), escultor imaginero español de gran realismo (1707-1783), autor de pasos o tallas de las escenas de la Pasión.
SALLENT, v. de España (Barcelona).
Sam *(Tío)* o **Uncle Sam,** tipo que personifica el Gobierno o los ciudadanos de los Estados Unidos, y cuyo nombre es una especie de explicación jocosa de las iniciales U. S. Am. *(United States of America).*
SAMACÁ, c. de Colombia (Boyacá).
SAMA DE LANGREO. V. LANGREO.
SAMAIN (Alberto), poeta francés (1858-1900), autor de delicadas elegías *(El jardín de la infanta* y *La carreta de oro).*
SAMAIPATA, pobl. de Bolivia, cap. de la prov. de Florida (Santa Cruz).
SAMALÁ, río de Guatemala (Retalhuleu), que des. en el océano Pacífico.
SAMANÁ, cabo de la Rep. Dominicana, el más oriental de la penins. del mismo n. — Prov. de la Rep. Dominicana; cap. *Santa Bárbara de Samamá.* (Hab. *samaneses.*) Agricultura; ganadería.
SAMÁNEZ OCAMPO (David), político peruano, pres. de la Junta Gubernativa de 1931.
SAMANIEGO (Félix María), prosista y fabulista español, n. en La Guardia (Álava) [1745-1801]. En sus *Fábulas morales* (1781) imitó a La Fontaine: *El cerdo, el carnero y la cabra, La cigarra y la hormiga, La lechera, Las moscas, La zorra y el busto, Los dos cazadores, Los gatos escrupulosos,* etc. Es también autor de una colección de cuentos publicados con el título de *El jardín de Venus.*
SÁMANO (Juan), militar español (1754-1820), que, en ausencia de Morillo, fue gobernador de Nueva Granada (1816). Último virrey de la colonia, persiguió a los republicanos. M. en Panamá.
SÁMAR, una de las islas Visayas (Filipinas); cap. *Catbalogán.*
SAMARA. V. KUIBICHEV.
SAMARANG. V. SEMARANG.
SAMARCANDA, c. de la U. R. S. S. (Uzbekistán); gran centro industrial. Tamerlán hizo de esta c. su capital.
SAMARIA, ant. c. de Palestina, que se convirtió en capital del reino de Israel. (Hab. *samaritanos.)*
Samaritano *(El Buen)*, parábola sencilla y conmovedora del Evangelio, en la que se enseña la doctrina de la fraternidad humana.
SAMARRA, c. de Irak, al N. de Bagdad. Cap. de los Abasidas en el s. IX.
SAMAYOA CHINCHILLA (Carlos), novelista y cuentista guatemalteco, n. en 1898.
SAMBOROMBÓN, golfo del litoral de la prov. de Buenos Aires (Argentina).
SAMBRE, río de Francia y Bélgica, que des. en el Mosa, en Namur; 190 km.
SAMMARTINI (Juan Bautista), compositor italiano (1698-1775), que contribuyó considerablemente al desarrollo del arte instrumental clásico; autor de obras de música sacra o lírica.
SAMNIO, región de la antigua Italia, al E. del Lacio y de Campania, y al O. del Adriático, habitada por los samnitas y otras tribus guerreras de la misma raza, que sostuvieron contra Roma largas guerras (343-290 a. de J. C.).
SAMOA, archipiélago volcánico de Oceanía, dividido entre el *Estado de Samoa Occidental,* ant. bajo tutela de Nueva Zelanda (106 000 h.; cap. *Apia*) y *Samoa Oriental,* que pertenece a los Estados Unidos desde 1899 (20 000 h.; cap. *Fagatogo*). Copra, cacao, piñas, bananas.
SAMOS, isla de las Espóradas, en el mar Egeo (Grecia). Lugar de nacimiento de Pitágoras. Vino moscatel.
SAMOSATA, c. de la antigua Siria.
SAMOTRACIA, isla griega del mar Egeo, cerca de las costas de Tracia. En ella fue descubierta en 1863 la célebre *Victoria* (Museo del Louvre), erigida hacia 305 a. de J. C.
SAMOYEDOS, población del grupo finés, que habita en las estepas que rodean el océano Glacial Ártico desde el mar Blanco hasta el Yenisei.
SAMPER (José María), político y escritor colombiano (1831-1888), autor de varios dramas y novelas, cuadros de costumbres, comedias, poesías.
SAMPER (Ricardo), abogado y político español (1881-1937), pres. del Gobierno en 1934.
SAMPER ORTEGA (Daniel), ensayista, novelista y dramaturgo colombiano (1895-1943).
SAMSÚN, ant. **Priene,** c. de Turquía, puerto activo en el mar Negro. Tabaco; cereales. Refinería de petróleo.
SAMUEL, profeta y último juez de Israel, quien hizo proclamar rey a Saúl, y después a David.
SANA, c. de Arabia, cap. de Yemen; 50 000 h. Exportación de café.
SANABRIA, comarca montañosa de España (Zamora) abundante en pastos.
SANABRIA (Juan de), conquistador español del s. XVI, que fue nombrado gobernador del Río de la Plata y Paraguay. Fallecido antes de partir para su destino, le sucedió su hijo DIEGO, el cual entregó el mando de la expedición a su madre.
SAN AGUSTÍN, pobl. de la Argentina (Córdoba). — C. de Colombia (Huila); ruinas megalíticas precolombinas. — V. de El Salvador (Usulután).
SAN ALEJO, c. de El Salvador (La Unión).
SANAME Y DOMÍNGUEZ (José), sacerdote cubano (1760-1806), famoso orador sagrado.
SAN ANDRÉS, cerro de México (Michoacán); 2 282 m. — Laguna de México (Tamaulipas), que comunica con el golfo de México. — N. dado a un sector de Cord. Neovolcánica de México, en el Estado homónimo. — C. de Colombia, cap. de la intendencia de San Andrés y Providencia.
SAN ANDRÉS Y PROVIDENCIA, intendencia de Colombia; cap. *San Andrés.* Es un terr. formado por tres islas *(San Andrés, Providencia* y *Santa Catalina)* y varios cayos, situados en el mar Caribe, frente a la costa nicaragüense. (Hab. *isleños.)*
SAN ANDRÉS TUXTLA, c. de México (Veracruz), al pie del volcán San Martín Tuxtla. Obispado. Tabaco.
SAN ANTONIO, c. de los Estados Unidos (Texas). Centro de explotación y refinería de petróleo; industrias metalúrgicas y químicas.
SAN ANTONIO, cabo de la Argentina (Buenos Aires), al S. de la bahía de Samborombón. — Cabo de Cuba, en el extremo occidental de la Isla (Pinar del Río). — Estero de la Argentina, formado por el río Salado (Santiago del Estero). — Pico de Bolivia (Potosí); 5 280 m. — Río de América del Sur, que señala parte de la frontera entre la Argentina y el Brasil; es afl. del Iguazú. — Sierra de México (Baja California). — Volcán de Guatemala; 2 550 m. — C., com. y dep. de Chile (Santiago); puerto artificial. (Hab. *sanantoninos.)* — Pobl. del Paraguay (Central); ind. frigorífica. — Pobl. del Uruguay (Canelones).
SAN ANTONIO DE CABEZAS, térm. mun. de Cuba (Matanzas).
SAN ANTONIO DE LAS VEGAS, térm. mun. de Cuba (Habana).
SAN ANTONIO DE LAS VUELTAS, térm. mun. de Cuba (Las Villas).
SAN ANTONIO DEL GOLFO, pobl. y puerto de Venezuela (Sucre).

Fot. X, O. V. W., Larousse

SAN ANTONIO DEL OESTE, pobl. de la Argentina (Río Negro); puerto.
SAN ANTONIO DE LOS BAÑOS, térm. mun. de Cuba (Habana).
SAN ANTONIO DE LOS COBRES, pobl. de la Argentina (Salta). Fue cap. de la gobernación de los Andes.
SANARE, río de Venezuela, afl. del Cojedes. — Pobl. de Venezuela (Lara).
San Bartolomé *(Noche de),* matanza de protestantes que tuvo lugar en París durante el reinado de Carlos IX a instigación de Catalina de Médicis y de los Guisas, en la noche del 24 de agosto de 1572.
SAN BENEDICTO, isla de México (Pacífico), en el archip. de Revillagigedo.
SAN BERNARDINO, estrecho de las Filipinas, que separa la isla de Sámar de la de Luzón.— N. dado a un sector de la Sierra Madre Occidental de México (Sonora). — Pobl. del Paraguay (Cordilleras). — C. de los Estados Unidos (California). Conservas de fruta.
SAN BERNARDO (Gran), paso en los Alpes, entre Suiza e Italia; 2 472 m. de altura. Túnel. Convento y hospicio fundados por San Bernardo de Menthon hacia 982, cuyos religiosos, ayudados por perros de una raza especial, se dedicaban a socorrer a los caminantes. Bonaparte lo atravesó en 1800.
SAN BERNARDO (Pequeño), paso en los Alpes franceses (Saboya), al SO. del Gran San Bernardo, a 2 188 m de altura. Convento y hospicio para viajeros, fundado por San Bernardo de Menthon.
SAN BERNARDO, cerro de la Argentina (Chubut); 1 119 m. — C., com. y dep. de Chile (Santiago).
SAN BLAS, bahía de la Argentina (Buenos Aires). — Cordillera de Panamá, que domina el mar Caribe y el golfo de *San Blas.* 920 m. de altura. — Río de México (Nayarit), que des. en el océano Pacífico; 74 km.
SAN BLAS o **LAS MULATAS** (ARCHIPIÉLAGO DE), archip. de Panamá, en el mar Caribe.
SAN BUENAVENTURA, pobl. de Bolivia, cap. de la prov. de Iturralde (La Paz).
SAN CARLOS, río de Costa Rica (Alajuela), afl. de San Juan, 120 km. — Río de México, afl. del río Bravo. — Río de Venezuela, afl. del Portuguesa. — Pobl. y dep. de la Argentina (Mendoza). — Pobl. y dep. de la Argentina (Salta). — C. y dep. de Chile (Ñuble). — Pobl. de El Salvador (Morazán). — Pobl. de Filipinas (Luzón). — C. de Nicaragua, cap. del dep. de Río San Juan; puerto lacustre. (Hab. *carleños*). — Pobl. de Panamá, en la prov. de este n. — Pobl. del Paraguay (Concepción). Fue baluarte contra la invasión portuguesa. — Pobl. del Uruguay (Maldonado); empalme ferroviario. (Hab. *carolinos*). — Pobl. de Venezuela, cap. del Estado de Cojedes; centro comercial y ganadero. (Hab. *carlenses*). Destruida por un terremoto en 1812.
SAN CARLOS DE BARILOCHE, pobl. de la Argentina, a orillas del lago Nahuel Huapi (Río Negro); centro turístico.
SAN CARLOS DE LA RÁPITA, v. de España (Tarragona). Puerto de cabotaje.
SAN CARLOS DE LA UNIÓN, c. de El Salvador, cap. del dep. de La Unión. Importante puerto comercial.
SAN CLEMENTE, cerro de los Andes de Chile (Aisén); 4 058 m. — Com. de Chile (Talca).
SANCLEMENTE (Manuel Antonio), político colombiano (1814-1902), pres. de la Rep. de 1898 a 1900.
SAN COSME, pobl. del Paraguay (Itapúa), en la que se conservan restos de las reducciones de los jesuitas.
SAN CRISTÓBAL, ensenada de Panamá, en la que se encuentra el puerto de *Nombre de Dios.* — Isla del Ecuador (Archip. de Colón); cap. *Puerto Baquerizo.* Caña de azúcar, café. — Isla de las Antillas Menores, perteneciente a Gran Bretaña — Volcán de Nicaragua (Chinandega); 1 745 m. Tb. llamado **Viejo.** — C. de la Rep. Dominicana, cap. de la prov. del mismo n. En ella se firmó la primera Constitución de la República (1844). — C. de Venezuela, cap. del Estado de Táchira; centro comercial e industrial. (Hab. *cristobalenses.*) Obispado. — Térm. mun. de Cuba (Pinar del Río).
SAN CRISTÓBAL DE LAS CASAS, c. de México (Chiapas). Fue fundada en 1528.
SANCTI SPIRITUS, térm. mun. de Cuba (Las Villas); región agrícola y ganadera; cobre.
SANCTI SPIRITUS, fuerte fundado por Caboto en 1526, en la confluencia del Carcarañá con el Paraná; destruido por los guaraníes.
SANCTIS (Francisco De), crítico italiano (1817-1883), creador de la crítica estética.
SAN CUGAT DEL VALLÉS, v. de España (Barcelona). Monasterio románico de la Orden de los Benedictinos.
SÁNCHEZ, com. de la Rep. Dominicana (Samaná).
SÁNCHEZ (Florencio), autor teatral uruguayo, n. en Montevideo (1875-1910), uno de los mejores de Hispanoamérica. Residió de joven en Buenos Aires. Sus obras, intensamente dramáticas y de ambiente social, con una predilección por el mundo rural rioplatense, son realistas y poseen un gran aliento poético. Escribió dramas, comedias, sainetes, obras de tesis: *M'hijo el dotor,* su primer gran éxito (1903), *La Gringa, Barranca abajo, En familia, Los muertos, Nuestros hijos,* etc.
SÁNCHEZ (Francisco), médico y pensador portugués (1551-1632), a quien se debe el sutil tratado *Que nada se sabe.*
SÁNCHEZ (Francisco del Rosario), general y patriota dominicano, m. en 1861, que con Duarte y Mella encabezó la revolución emancipadora de 1844 y proclamó la independencia de su país. En 1861 se sublevó contra Santana y fue fusilado.
SÁNCHEZ (Julián), guerrillero español del s. XIX, llamado **el Charro,** que se señaló en Extremadura contra las tropas de Napoleón.
SÁNCHEZ (Luis Alberto), escritor peruano, n. en 1900, crítico literario y autor de ensayos históricos.
SÁNCHEZ (Salvador), llamado **Frascuelo,** famoso torero español (1844-1898), uno de los maestros del toreo clásico.
SÁNCHEZ (Serafín), general y patriota cubano, m. en 1896, caudillo de las tres guerras de Independencia.
SÁNCHEZ (Tomás), jesuita y teólogo español (1550-1610), cuya obra fue combatida por jansenistas y protestantes.
SÁNCHEZ (Tomás Antonio), sacerdote y erudito español (1723-1802), que estudió la poesía medieval castellana, singularmente el "Poema de Mío Cid", que publicó por primera vez.
SÁNCHEZ ALBORNOZ (Claudio), historiador y político español, n. en 1893, autor de *El enigma histórico de España* y *España y el Islam.*
SÁNCHEZ CANTÓN (Francisco Javier), historiador y crítico de arte español, n. en 1891.
SÁNCHEZ CERRO (Luis Miguel), general y político peruano (1894-1933), pres. de la Rep. de 1930 a 1931 y de 1931 a 1933. M. asesinado.
SÁNCHEZ COELLO (Alonso). V. COELLO.
SÁNCHEZ DE BADAJOZ (Garci), poeta español (¿1460-1526?), autor de un *Infierno del amor,* de inspiración dantesca, y de *El sueño.*
SÁNCHEZ DE BUSTAMANTE (Antonio), jurisconsulto y orador cubano (1865-1951), autor de numerosas obras jurídicas.
SÁNCHEZ DE FUENTES (Eduardo), compositor cubano (1874-1944), autor de óperas y canciones de ritmos nativos.
SÁNCHEZ DE LAS BROZAS (Francisco), humanista español (1523-1601), llamado **el Brocense.** Publicó diversos tratados de gramática griega y latina, ediciones de textos de Ovidio y Virgilio, una traducción de Horacio y unas anotaciones a Garcilaso.
SÁNCHEZ DE TAGLE (Francisco Manuel), escritor y político mexicano (1782-1847), que redactó el Acta de Independencia.
SÁNCHEZ DE TOCA (Joaquín), político español (1852-1942), jefe del Gobierno en 1919.
SÁNCHEZ DE VERCIAL (Clemente), paremiólogo español (¿1370-1426?), que reunió varios cuentos y dichos populares en una *Suma de exemplos por ABC.*
SÁNCHEZ GARDEL (Julio), autor dramático argentino (1879-1937), que llevó a la escena la

Florencio SÁNCHEZ

F. DEL R. SÁNCHEZ

Fot. doc. A. G. P.

SANDINO

G. de SANDOVAL

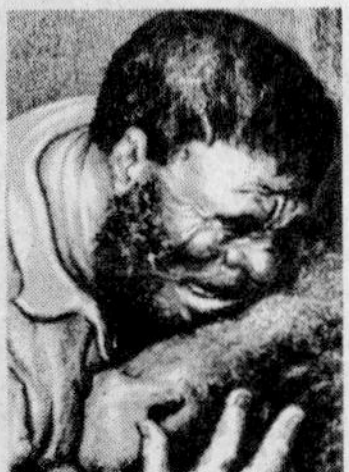

SANCHO PANZA
por G. DORÉ

vida provinciana del norte de su país: *Los mirasoles* (comedia), *La montaña de las brujas, El Zonda* (dramas).

SÁNCHEZ GUERRA (José), político español (1859-1934), varias veces pres. del Consejo. En 1929 dirigió un movimiento contra el general Primo de Rivera, que fracasó.

SÁNCHEZ HERNÁNDEZ (Fidel), militar y político salvadoreño, n. en 1927, pres. de la Rep. en 1967.

SÁNCHEZ MÁRMOL (Manuel), escritor mexicano (1839-1912), autor de obras de crítica y de novelas.

SÁNCHEZ MAZAS (Rafael), escritor español (1894-1966), autor de las novelas *La vida nueva de Pedrito de Andía* y *Lances de boda.* — Su hijo Rafael SÁNCHEZ FERLOSIO, n. en 1927, autor de la novela *El Jarama.*

SÁNCHEZ PASTOR (Emilio), escritor dramático español (1853-1935), autor de libretos de numerosas zarzuelas (*Perros y gatos, Las niñas de Écija, El tambor de granaderos,* etc.).

SÁNCHEZ RAMÍREZ, prov. de la Rep. Dominicana; cap. *Cotuí.*

SÁNCHEZ RAMÍREZ (Juan), militar dominicano, m. en 1811, que, al frente del movimiento llamado de *Reconquista,* derrotó a los franceses en Palo Hincado (1808) y restableció la soberanía española (1809).

SÁNCHEZ REULET (Aníbal), ensayista argentino, n. en 1910, autor de *Raíz y destino de la filosofía* y *Descartes, hombre moderno.*

SÁNCHEZ SILVA (José María), cuentista español, n. en 1911, autor de *Marcelino, pan y vino.*

SÁNCHEZ VILELLA (Roberto), ingeniero y político puertorriqueño, n. en 1913. Gobernador de Puerto Rico de 1965 a 1969.

SANCHO I el Craso, rey de León de 956 a 966. — SANCHO II *el Fuerte,* rey de Castilla y León de 1065 a 1072. Destronó sucesivamente a sus hermanos Alfonso VI de León y García, rey de Galicia. Arrebató Toro a su hermana Elvira, e iba a quitar Zamora a su hermana Urraca, cuando le asesinó el traidor Bellido Dolfos. — SANCHO III, rey de Castilla de 1157 a 1158. — SANCHO IV *el Bravo,* rey de Castilla de 1284 a 1295. Hijo de Alfonso X. Tomó Tarifa en 1292.

SANCHO I Garcés, rey de Navarra de 905 a 925. — SANCHO II *Abarca,* rey de Navarra de 970 a 995. Luchó contra los moros. Su hijo, Gonzalo, fue rey de Aragón en 992. — SANCHO III *el Mayor,* rey de Navarra de 1000 a 1035. Conquistó los reinos de Castilla y de León, pero, a su muerte, volvió a dividirlos entre sus hijos. — SANCHO IV *el de Peñalén,* rey de Navarra de 1054 a 1076, asesinado por su hermano Ramiro. Le sucedió Sancho Ramírez de Aragón. Príncipe cultivado, se le atribuye la publicación del *Libro de Castigos e documentos,* el *Lucidario,* especie de enciclopedia, y algunas otras obras. — SANCHO V *Ramírez,* rey de Aragón en 1063 y de Navarra en 1076, hijo de Ramiro I de Aragón y nieto de Sancho IV *el de Peñalén.* Murió en el sitio de Huesca (1094). — SANCHO VI *el Sabio,* rey de Navarra de 1150 a 1194. — SANCHO VII *el Fuerte,* rey de Navarra de 1194 a 1234. Figuró brillantemente en la batalla de las Navas de Tolosa (1212).

SANCHO DÁVILA. V. ÁVILA (Sancho de).

SANCHO I
GARCÉS

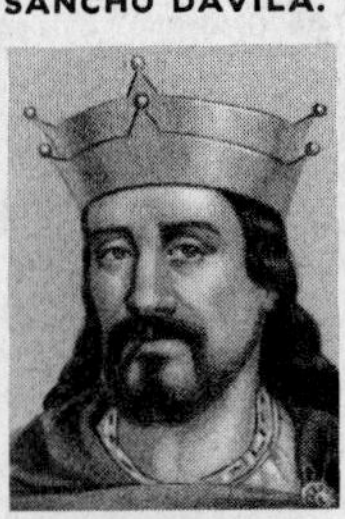

SANCHO III
el MAYOR

SANCHO IV
el de PEÑALÉN

SÁNCHEZ RAMÍREZ

J. SAND

SANCHO DE LA HOZ (Pero), conquistador español del s. XVI, secretario de Pizarro. Rivalizó con Valdivia en la conquista de Chile y fue ejecutado por orden de Villagra en 1548. Escribió una historia de lo sucedido en el Perú entre 1533 y 1534.

Sancho Panza, escudero de Don Quijote, tipo del criado fiel pero hablador, sencillo e ignorante, y lleno de sentido común, que se somete a todas las privaciones cuando no puede hacer de otro modo, mas no pierde ninguna ocasión de satisfacer su gula. Su burro, de nombre *Rucio,* compañero de *Rocinante,* se ha hecho también célebre.

SAND (Aurora DUPIN, *baronesa* DUDEVANT, llamada **Jorge**), novelista francesa, n. en París (1804-1876), autora de numerosas obras de inspiración sentimental (*Indiana, Lelia*), social (*Consuelo*), rústica (*La charca del diablo, La pequeña Fadette*), que revelan una imaginación novelesca y una psicología delicada. Son célebres sus amores con Musset y Chopin.

SANDBURG (Carl), poeta norteamericano (1878-1967), de inspiración proletaria.

SANDEAU (Julio), novelista francés (1811-1883), autor de *La señorita de la Seiglière.* Colaboró en un principio con Jorge Sand.

SANDHURST, c. de Gran Bretaña (Berkshire). Academia militar de 1802 a 1947. Actualmente este centro de enseñanza se encuentra en Camberley.

SANDI (Luis), compositor y director de coros mexicano, n. en 1905, autor de música de carácter folklórico.

SANDIA, c. del Perú, cap. de la prov. del mismo n. (Puno).

SAN DIEGO, c. de los Estados Unidos (California), en la bahía del mismo n.; base naval y puerto de pesca (atún); construcciones aeronáuticas.

SAN DIEGO, cabo de la Argentina (Tierra del Fuego).

SAN DIEGO DE LOS BAÑOS, pobl. de Cuba (Pinar del Río); aguas minerales.

SAN DIEGO DEL VALLE, térm. mun. de Cuba (Las Villas).

SANDINO (Augusto César), general y patriota nicaragüense (1895-1934), que acaudilló la resistencia contra la ocupación norteamericana de 1927 a 1933. M. asesinado.

SANDOVAL (Gonzalo de), conquistador español del s. XVI, uno de los mejores auxiliares de Cortés en México.

SANDOVAL (Prudencio de), historiador benedictino español (1553-1620), que publicó una *Historia de la vida y hechos del Emperador Carlos V* y una *Crónica de Alfonso VII.*

SANDOVAL VALLARTA (Manuel), físico mexicano, n. en 1899, que formuló la teoría sobre la trayectoria de los rayos cósmicos al acercarse a la Tierra.

SANDOVAL Y ROJAS (Cristóbal de), duque de Uceda, político español, m. en 1624, que sucedió a su padre, el duque de Lerma (v. este nombre), como favorito de Felipe III.

SANDWICH [*-duich*] (ISLAS). V. HAWAI.

SANDWICH DEL SUR, archip. argentino, perteneciente al grupo de las Antillas del Sur.

SAN ESTANISLAO, pobl. de Colombia (Bolívar). — Pobl. del Paraguay (San Pedro); centro comercial.

SAN ESTEBAN, isla de México, en el golfo de California. — Volcán de México (Durango). — Com. de Chile (Aconcagua).

Fot. doc. A. G. P., X, Durandand

SAN ESTEBAN DE GORMAZ, v. de España (Soria). Iglesias románicas.

SAN FABIÁN, com. de Chile (Ñuble). — Pobl. de la Argentina (Santa Fe).

SAN FELIPE, cerro de Bolivia (Potosí); 5 000 m. — C. de Chile, cap. de la prov. de Aconcagua; centro agrícola; ind. del cáñamo. Obispado. Fundada en 1740. Terremoto en 1965. — C. de Venezuela, cap. del Estado de Yaracuy; centro comercial. (Hab. *felipenses.*) Destruida por un terremoto en 1812.

SAN FELIPE DE AUSTRIA. V. CARIACO.

SAN FELIPE DE PUERTO PLATA, c. de la Rep. Dominicana, cap. de la prov. de Puerto Plata; centro industrial. En sus cercanías se encuentran las ruinas de *La Isabela,* primera c. fundada en América por Cristóbal Colón.

SAN FELIU DE GUÍXOLS, v. de España (Gerona); puerto; playas frecuentadas (S'Agaró).

SAN FELIU DE LLOBREGAT, v. de España (Barcelona); textiles.

SAN FÉLIX, isla de Chile, que se encuentra en el Pacífico, a unos 800 km de la costa continental. — Páramo de Colombia, en la Cord. Central (Caldas); 3 920 m. — Río de Panamá, que des. en el Pacífico. — Distr. de Panamá (Chiriquí). — Pobl. de Venezuela (Bolívar).

SAN FERNANDO, río de México, que nace en el Est. de Nuevo León y des. en el golfo de México; 352 km. Tb. llamado **Presas.** — C. de Chile, cap. de la prov. de Colchagua; centro comercial. (Hab. *sanfernandinos.*) — C. de Venezuela, cap. del Estado de Apure, a orillas del río Apure; centro ganadero y comercial. (Hab. *fernandinos.*) Prelatura nullius. Tb. se la llama **San Fernando de Apure.** — Pobl. de la Argentina (Buenos Aires). — Pobl. de Colombia (Bolívar). — V. de El Salvador (Chalatenango).

SAN FERNANDO, n. de dos c. de Filipinas, en la isla de Luzón, capitales, respectivamente, de las prov. de Pampanga y La Unión.

San Fernando *(Orden Militar de),* instituida en España por las Cortes durante la guerra contra Napoleón (1811). Cinta roja, con ribete anaranjado.

SAN FERNANDO o **ISLA DE LEÓN,** v. de España (Cádiz), en la que se encuentra el arsenal de La Carraca; observatorio; salinas.

SAN FERNANDO DE APURE. V. SAN FERNANDO.

SAN FERNANDO DE CAMARONES, térm. mun. de Cuba (Las Villas).

SAN FERNANDO DE MONTE CRISTI, c. de la Rep. Dominicana, cap. de la prov. de Monte Cristi; puerto comercial. Fundada en 1506 y reconstruida en 1756.

SAN FRANCISCO, cabo del Ecuador, en el Pacífico (Esmeraldas). — Paso de los Andes, en la frontera argentinochilena; 4 726 m. — N. que toma en el valle de Ledesma (Argentina) el río **Grande de Jujuy.** — Río del Brasil, en la región oriental; nace en el Est. de Minas Gerais y des. en el Atlántico; 3 161 km. — C. de la Argentina (Córdoba); centro comercial y ganadero. Obispado. — C. de la Argentina (San Luis). — C. de El Salvador, cap. del dep. de Morazán; centro agrícola. Tb. se la llama **San Francisco Morazán.** Ant. llevaba el n. de **Gotera.** — Pobl. de Panamá (Veraguas). — V. MACIEL.

SAN FRANCISCO, c. de los Estados Unidos (California), en la *bahía de San Francisco,* a orillas del océano Pacífico; industria importante; refinerías de petróleo; productos químicos. En 1945 se reunieron en esta capital representantes de 50 naciones que firmaron la Carta de las Naciones Unidas. Tratado de paz entre los Aliados y el Japón (1951).

SAN FRANCISCO DE MACORÍS, c. de la Rep. Dominicana, cap. de la prov. de Duarte.

SAN FRANCISCO JAVIER, pobl. del Perú (Loreto). Prefectura apostólica.

SAN FRANCISCO LEMPA, v. de El Salvador (Chalatenango).

SAN FRANCISCO MORAZÁN. V. SAN FRANCISCO.

SAN FRUCTUOSO. V. TACUAREMBÓ.

SANFUENTES (Juan Luis), político chileno (1858-1930), pres. de la Rep. de 1915 a 1920.

SANFUENTES (Salvador), poeta y dramaturgo chileno (1817-1860), discípulo de Bello, autor de la leyenda en verso *El campanario.*

SANGA o **SANGHA,** río de África ecuatorial, afl. der. del Congo; 1 700 km.

SAN GABRIEL, isla del Uruguay, en el río de la Plata, frente a la bahía de Colonia. — Pobl. del Ecuador, cab. del cantón de Montúfar (Carchi). — Pobl. de Guatemala (Suchitepéquez).

SANGALLO (Julián GIAMBERTI, llamado **da**), arquitecto florentino (1445-1516), que asistió a Rafael en la dirección de las obras de San Pedro de Roma. — Su sobrino ANTONIO, llamado *el Joven,* arquitecto (¿1483?-1546), autor del palacio Farnesio, en Roma.

SANGAY, volcán de los Andes del Ecuador, en la Cord. Central (Chimborazo); 5 230 m.

SAN GERMÁN, c. de Puerto Rico (Mayagüez).

SAN GIL, c. de Colombia (Santander); comercio. Fundada en 1689.

SAN GIMIGNANO, c. de Italia, en Toscana (prov. de Siena); monumentos medievales: recinto, torres, palacios, iglesias de los s. XI-XV.

SANGOLQUÍ, c. del Ecuador, cab. del cantón de Rumiñahui (Pichincha). Centro agrícola.

SANGONERA, río de España (Murcia), afluente del Segura.

SAN GONZALO, río que comunica la laguna uruguaya Merín con la brasileña de los Patos.

SAN GOTARDO, macizo montañoso de los Alpes, cuyos puntos culminantes miden de 2 663 a 3 197 m de altura. Nudo hidrográfico del que nacen el Rin, el Ródano, el Aar, el Reuss, el Tesino, etc. Túnel de 14 997 m, de Göschenen a Airolo. Carretera turística que pasa, en verano, por el *puerto de San Gotardo* (2 112 m).

SANGHA. V. SANGA.

SAN GREGORIO, barrancas del Uruguay, en el río de la Plata (San José), que se elevan a 45 m de altura. — Isla del Ecuador, en el archip. de Jambelí (El Oro). — Com. de Chile (Magallanes).

Sangre patricia, novela psicopatológica del venezolano Manuel Díaz Rodríguez (1902).

SANGÜESA, c. de España (Navarra); iglesia románica de Santa María la Real.

SANGUILY (Julio), general y patriota cubano (1846-1906), compañero de Agramonte en la guerra de los Diez Años y uno de los iniciadores de la revolución del 95. — Su hermano MANUEL (1848-1925) luchó por la independencia y fue secretario de Estado con José Miguel Gómez. Consagró su pluma a enaltecer los valores de la historia y de la literatura nacionales.

Sangurimas *(Los),* novela de tipo social del escritor ecuatoriano José de la Cuadra (1934).

SAN GIMIGNANO

J. SANGUILY

ruinas de
SAN IGNACIO
(Argentina)

SAN FRANCISCO
California
vista aérea del puerto

Fot. Alinari, doc. A. G. P., Archivo Gráfico de la Nación Argentina, Goldner

SANÍN CANO

SAN IGNACIO, Com. de Chile (Ñuble). — Pobl. de la Argentina (Misiones); ruinas célebres de una fundación jesuítica. — Pobl. del Paraguay (Misiones); la más ant. de las fundaciones jesuíticas; interesante museo. — V. de El Salvador (Chalatenango).

SAN ILDEFONSO o **LA GRANJA,** v. de España (Segovia); palacio de *La Granja.* (V. GRANJA [*La*].) Tratado de 1777 entre España y Portugal acerca de la delimitación de las posesiones españolas y portuguesas en el Río de la Plata.

SANÍN CANO (Baldomero), escritor colombiano, n. en Rionegro (Antioquia) [1861-1957], uno de los más altos exponentes del pensamiento moderno en Hispanoamérica. Espíritu inquieto, humanista de vasta cultura, es autor de *La civilización manual y otros ensayos, Crítica y arte, Ensayos, El humanismo y el progreso del hombre.*

SAN ISIDRO, pobl. de la Argentina (Buenos Aires). Obispado. — Pobl. de Nicaragua (Matagalpa). — Pobl. de Costa Rica (San José); balneario.

SAN JACINTO, pobl. de Colombia (Bolívar). — Pobl. de Guatemala (Chiquimula).

SAN JAVIER, v. de España (Murcia). Academia General del Aire.

SAN JAVIER, pobl. de la Argentina (Santa Fe). — Pobl. de Bolivia (Bolívar).

SAN JERÓNIMO, serranía de Colombia (Córdoba), en la Cord. Occidental. — Dep. de la Argentina (Santa Fe); cab. *Coronda.*

SAN JOAQUÍN, pobl. de Bolivia, cap. de la prov. de Mamoré (Beni). — Pobl. de Costa Rica (Heredia). — Pobl. del Paraguay (Caaguazú).

SAN JORGE (CANAL DE), estrecho entre Gran Bretaña e Irlanda, y que une el mar de Irlanda al océano Atlántico.

SAN JORGE, golfo de la Argentina (Chubut y Santa Cruz), en la costa patagónica. — Río de Colombia (Bolívar), gemelo del Sinú; 370 km.

SAN JOSÉ, golfo de la Argentina, en la península Valdés. — Isla de México, en el golfo de California. — Isla de Panamá, en el archipiélago de Las Perlas. — Río del Uruguay que des. en el río de la Plata. — Volcán de los Andes, en la frontera argentinochilena; 6 070 m.

SAN JOSÉ, cap. de la Rep. de Costa Rica y de la prov. de su n.; pintoresca c. situada en el centro de la meseta y comunicada con el Pacífico y el Atlántico (ferrocarril y carretera); 185 000 h. (*josefinos*). Tiene hermosos parques, como el Nacional y el Central, y suntuosos edificios, entre los que merecen citarse el Palacio Nacional, la iglesia de la Merced y la Biblioteca Nacional. Universidad. Arzobispado. Comercio. Aeropuerto.

SAN JOSÉ, dep. del Uruguay; cap. *San José de Mayo;* ganadería; cereales. (Hab. *maragatos*). — Puerto de Guatemala (Escuintla), en la costa del Pacífico. — Pobl. de la Argentina (Mendoza). — Pobl. del Paraguay (Caaguazú); fundada en 1780. (Hab. *sanjosianos.*)

SAN JOSÉ, c. de los Estados Unidos (California); conservas de frutas.

SAN JOSÉ ACATEMPA, pobl. de Guatemala (Jutiapa).

SAN JOSÉ DE CÚCUTA. V. CÚCUTA.

SAN JOSÉ DE LAS LAJAS, térm. mun. de Cuba (Habana).

SAN JOSÉ DE LAS MATAS, com. de la Rep. Dominicana en la prov. de Santiago Comercio.

SAN JOSÉ
Costa Rica

SAN JUAN DE PUERTO RICO

SAN JOSÉ DEL CABO, pobl. de México (Baja California Sur); puerto.

SAN JOSÉ DE MAIPO, com. de Chile (Santiago).

SAN JOSÉ DE MAYO, c. del Uruguay, cap. del dep. de San José; centro comercial. (Hab. *maragatos.*)

SAN JOSÉ DE OCOA, com. de la Rep. Dominicana (Peravia).

SAN JUAN, cerro de Bolivia (Potosí); 4 500 m. — Pico de Cuba, en la sierra de Guamuhaya; 1 156 m. — Río de América Central, que nace en Nicaragua y señala parte de la frontera entre este país y Costa Rica; 198 km. — Río de América del Sur, que señala parte de la frontera entre Colombia y el Ecuador; afl. del Mira. — Río de la Argentina, formado por el Castaño y el de los Patos, que atraviesa la precordillera de San Juan; 257 km. — Río de Colombia (Caldas y Chocó), que des. en el Pacífico; 380 km. — Río de los Estados Unidos, afl. del Colorado; 579 km. — Río de México (Nuevo León y Tamaulipas), afl. del Bravo; 377 km. — Río de México (Veracruz), afl. del Papaloapan; 270 km. — Río de la Rep. Dominicana, afl. der. del Yaque del Sur. — Río de Venezuela, que des. en el golfo de Paria; 121 km. — V. ATRATO.

SAN JUAN, c. de la Argentina, cap. de la prov. del mismo n., al pie de los Andes; centro comercial y cultural. (Hab. *sanjuaninos.*) Universidad. Arzobispado. Fundada en 1562, fue destruida en 1944 por un terremoto. La prov. posee excelentes huertas y ocupa el segundo lugar en la prod. nacional de vinos; minerales (arsénico, sulfato de magnesio, grafito); región turística.

SAN JUAN DE PUERTO RICO, cap. de la isla de Puerto Rico, en el NE. de ésta y en la extremidad de una península, excelente puerto en la costa y activo centro comercial; 650 000 h. Turismo. Universidad de Río Piedras. Arzobispado. Fundada en 1508 por Ponce de León, fue cap. de la colonia española y conserva aún parte de las fortificaciones y hermosos edificios de la época. Su aeropuerto constituye un punto de enlace entre la América del Norte y la del Sur. — Mina de oro de El Salvador, en Metapán.

SAN JUAN (Llanos de), región de México que se extiende entre la Cordillera Neovolcánica y la Sierra Madre Oriental, en el Est. de Puebla.

SAN JUAN BAUTISTA, c. del Paraguay, cap. del dep. de Misiones; centro ganadero y agrícola. Obispado.

SAN JUAN DE ACRE. V. ACRE.

San Juan de Baños, iglesia de estilo visigótico, que se encuentra en la prov. española de Palencia. Erigida en 661 por Recesvinto.

SAN JUAN DE LA MAGUANA, c. de la Rep. Dominicana, cap. de la prov. del mismo n.; centro agrícola. Prefectura Apostólica. Fue fundada en 1504 por Diego de Velázquez. De 1930 a 1961 se llamó oficialmente **Benefactor.**

San Juan de la Peña, antiguo monasterio español en la prov. de Huesca, vinculado a la fundación de los reinos de Navarra y Sobrarbe.

SAN JUAN DEL ESTADO, n. dado a un sector de la Sierra Madre de Oaxaca (México).

SAN JUAN DE LIMAY, pobl. de Nicaragua (Estelí).

SAN JUAN DEL MAR, pobl. de Nicaragua (Rivas); puerto; balneario.

Fot. X, Oficina de Turismo de Costa Rica

SAN JUAN DEL NORTE, pobl. de Nicaragua (Zelaya), llamada ant. **Greytown.**

SAN JUAN DE LOS LAGOS, c. de México (Jalisco); centro agrícola. Santuario y lugar de peregrinación.

SAN JUAN DE LOS MORROS, c. de Venezuela, cap. del Estado de Guárico; aguas termales. (Hab. *juaneses.*)

SAN JUAN DE LOS REMEDIOS, térm. mun. de Cuba (Las Villas).

SAN JUAN DE LOS YERAS, térm. mun. de Cuba (Las Villas).

SAN JUAN DEL RÍO, pobl. de México (Querétaro). Fundada en 1531.

SAN JUAN DE LUZ, c. de Francia (Pirineos Atlánticos), cerca de Bayona; estación veraniega.

SAN JUAN DE ÑEEMBUCÚ, pobl. del Paraguay (Ñeembucú).

SAN JUAN DE TEOTIHUACÁN, v. de México, en el Estado de México; centro turístico.

SAN JUAN DE ULÚA, fortaleza de México, a la entrada del puerto de Veracruz.

SAN JUAN IXTENCO, pobl. de México (Tlaxcala).

SAN JUAN NEPOMUCENO, pobl. de Colombia (Bolívar). — Pobl. del Paraguay (Caazapá); maderas.

SAN JUAN NONUALCO, c. de El Salvador (La Paz).

SAN JUAN Y MARTÍNEZ, térm. mun. de Cuba (Pinar del Río).

SAN JULIÁN, pobl. de la Argentina (Santa Cruz), en la bahía del mismo n., donde invernó Magallanes durante su histórico viaje. — V. de El Salvador (Sonsonate).

SANJURJO (José), general español (1872-1936), que se sublevó contra la República en 1932 y murió en Lisboa, en un accidente de aviación, cuando se disponía a trasladarse a España para encabezar el alzamiento de 1936.

SAN JUSTO, pobl. de la Argentina (Buenos Aires).

SAN LORENZO, río de América del Norte; nace del lago Superior, atraviesa el Canadá, pasa por Montreal y Quebec, y des. en el Atlántico; 3 800 km. — C. de España (Madrid). En los alrededores se halla el magnífico monasterio de El Escorial. (V. ESCORIAL.) — Pobl. de Bolivia, cap. de la prov. de Méndez (Tarija).

SANLÚCAR DE BARRAMEDA, c. y puerto de España (Cádiz). Vino famoso, llamado *manzanilla.* De este puerto salió Cristóbal Colón para su tercer viaje (1498) y Magallanes (1519).

SANLÚCAR LA MAYOR, c. de España (Sevilla). Agricultura (olivares, pastos).

SAN LUCAS, isla de Costa Rica, en el golfo de Nicoya. Presidio.

SAN LUCAS (CABO), cabo de América septentrional, al S. de la península de la Baja California (México).

SAN LUIS, isla de México, en el golfo de California. — Río del Uruguay, que vierte sus aguas en la laguna Merín. — Sierra de la Argentina, separada de la de Córdoba por el valle de Renca. — C. de la Argentina, cap. de la prov. y del dep. del mismo n., al O. de la Sierra de Córdoba; centro comercial. (Hab. *puntanos.*) Obispado. Turismo. Fundada en 1594, conserva aún cierto carácter colonial. La prov. prod. cereales; minas de wolframio (las principales del país), óxido de uranio y oro; aguas minerales. — V. GENERAL DELGADO. — Térm. mun. de Cuba (Oriente). — Térm. mun. de Cuba (Pinar del Río).

San Luis *(Plan de)*, plan contra la reelección de Porfirio Díaz, suscrito por Madero en 1910.

SAN LUIS POTOSÍ, c. de México, cap. del Estado del mismo n.; importante centro comercial, industrial y ferroviario. Universidad. Arzobispado. Fundada en 1576, debió su crecimiento, durante la época colonial, a la actividad minera. El Estado prod. caña de azúcar, café, tabaco, etc. De su subsuelo se extrae plata, oro, cobre, plomo, antimonio, cinc, mercurio y estaño; tb. hay yac. petrolíferos.

SAN MARCOS, isla de México, en el golfo de California. — Laguna del Ecuador, en la Cord. Central. — Río de México (Puebla), que desemboca en el golfo de México con el n. de **Cazones.** — C. de Guatemala, cab. del dep. del mismo n.; centro agrícola. (Hab. *marquenses.*) Obispado. En el dep. existen yac. de azufre. — Pobl. de Honduras (Santa Bárbara) y de Nicaragua (Carazo).

San Marcos, n. de la Universidad de Lima, fundada en 1551.

SAN MARCOS DE COLÓN, pobl. de Honduras (Choluteca).

SAN MARINO, pequeña república enclavada en Italia al E. de Florencia; 61 km²; 14 000 h. Cap. *San Marino.*

SAN MARTÍN, isla de las Antillas Menores, perteneciente a Francia y Holanda. — Isla de México (Baja California). — Lago de la Argentina (Santa Cruz) cuya mitad occidental pertenece a Chile donde toma el nombre de lago **O'Higgins.** — Río de México (Puebla), afl. del Balsas. Tb. se le da el n. de río **Frío.** — C. de El Salvador (San Salvador). — Dep. del Perú; cap. *Moyobamba;* su economía es esencialmente agropecuaria. (Hab. *samartinenses.*) — N. de tres pobl. de la Argentina (Corrientes, Mendoza y San Juan). — Pobl. de Colombia (Meta). — Prov. del Perú, en el dep. del mismo n.; cap. *Tarapoto.*

SAN MARTÍN (Joaquín de), político salvadoreño del s. XIX, n. en Honduras, vicejefe del Estado de 1832 a 1834, y jefe del Estado en 1834. Derrotado por las tropas federales, se vio obligado a huir. M. en el destierro.

SAN MARTÍN (José de), general y estadista argentino, n. en Yapeyú (Corrientes) [1778-1850], libertador de Chile y Perú. A los ocho años se trasladó a España con sus padres, hizo sus primeros estudios en el colegio para militares de Madrid, ingresó como cadete en el regimiento de Murcia (1789) e intervino en la guerra contra Napoleón. Desde Cádiz pasó a Londres y de allí, en 1812, a Buenos Aires, donde fundó con Alvear la logia Lautaro y organizó el regimiento de Granaderos a caballo, con el cual alcanzó su primera victoria en San Lorenzo (1813). Fue designado jefe del Ejército del Norte, y en 1814 pasó a Mendoza, donde concibió el vasto plan de la independencia de Chile y Perú, y creó el famoso Ejército de los Andes, el cual, compuesto de 5 200 hombres, atravesó la Cordillera en enero de 1817, por los pasos de los Patos y de Uspallata. Derrotadas las tropas realistas en Chacabuco (1817), el ejército libertador entró triunfante en Santiago, cuya población quiso entregar el gobierno a su jefe, honor que éste rehusó. Después del revés de Cancha Rayada, el Libertador consiguió la decisiva victoria de Maipú (1818), que selló la independencia de Chile. Más tarde, con el apoyo de O'Higgins, organizó la expedición del Perú, y, el 20 de agosto de 1820, la escuadra dirigida por Cochrane zarpó de Valparaíso, llevando a bordo el ejército libertador, que desembarcó en Pisco. El 9 de julio del año siguiente, el caudillo argentino entraba en Lima y el 28 proclamaba la independencia del Perú, haciéndose cargo del poder con el título de Protector. Su administración, que duró un año, fue benéfica para el país. Entre tanto, Bolívar realizaba su victoriosa campaña libertadora desde Venezuela hacia el S. y había enviado a Sucre al Ecuador, donde los realistas mantenían su poderío. Convencido de la necesidad de unir sus fuerzas con las del jefe venezolano, el Protector del Perú envió refuerzos a Sucre, con lo que el ejército aliado pudo alcanzar la victoria de Pichincha (1822). El 25 de julio de dicho año, San Martín se trasladó a Guayaquil y celebró una histórica entrevista con Bolívar, en manos del cual dejó el mando militar. A raíz de esta conferencia, San Martín presentó su renuncia del cargo de Protector, marchó a Francia, y, en 1829, volvió a Buenos Aires, pero informado del desorden reinante en su patria, no desembarcó. Regresó a Francia, y murió en Boulogne-sur-Mer, el 17 de agosto de 1850.

San Martín (*Historia de*), importantes obras de los historiadores argentinos general Bartolomé Mitre y José Pacífico Otero, monumento elevado a la gloria del vencedor de Chacabuco y Maipú.

SAN MARTÍN (José María), político salvadoreño, pres. de la Rep. de 1854 a 1856.

SAN MARTÍN DE LOS ANDES, pobl. de la Argentina (Neuquen); turismo.

SAN MARTÍN DE VALDEIGLESIAS, v. de España (Madrid). Castillo.

SANJURJO

SAN MARTÍN

Fot. Larousse

E. SAN MIGUEL

SANNAZZARO

SAN MARTÍN HIDALGO, v. de México (Jalisco). Centro agrícola.
SAN MARTÍN TEXMELUCAN, pobl. de México (Puebla).
SAN MARTÍN TUXTLA, volcán de México (Veracruz); 1 550 m.
SAN MATÍAS, golfo de la Argentina (Río Negro y Chubut), en la costa patagónica. — Pobl. de Bolivia, cap. de la prov. de Ángel Sandoval (Santa Cruz). — Villa de El Salvador (La Libertad).
SAN MIGUEL, isla portuguesa de las Azores; cap. *Ponta Delgada.* Ganadería; agrios.
SAN MIGUEL, catarata de Costa Rica, en el río Salto. — Mont. de México, en la Sierra Madre de Chiapas; 2 800 m. — Río de Bolivia (Santa Cruz y Beni), afl. del Guaporé; 764 km. — Volcán de El Salvador, en la prov. de San Miguel; 2 153 m. — Cantón del Ecuador (Bolívar). — C. de El Salvador, cap. del dep. del mismo n., al pie del volcán homónimo; centro comercial, ref. de aceite. (Hab. *migueleños.*) Obispado. La economía del dep. es esencialmente agrícola y ganadera. — C. del Ecuador (Cotopaxi). — C. del Perú, cap. de la prov. de La Mar (Ayacucho). — Com. de Chile (Santiago). — Pobl. de la Argentina (Buenos Aires). — Pobl. de la Argentina (Corrientes). — Pobl. de Costa Rica (Heredia). — Pobl. de Panamá, cab. del distr. de Balboa (Panamá). — Pobl. del Paraguay (Misiones); hierro. — V. CULIACÁN.
SAN MIGUEL (Evaristo), general y político español (1785-1862). Tomó parte en el levantamiento de Riego (1820) y fue pres. de la Junta de 1854.
SAN MIGUEL DE ALLENDE, c. de México (Guanajuato); armas; tejidos.
SAN MIGUEL DE BOLÍVAR, pobl. del Ecuador, cab. del cantón de San Miguel (Bolívar).
SAN MIGUEL DE LOS BAÑOS, pobl. de Cuba (Matanzas); aguas minerales.
SAN MIGUEL DE PIURA. V. PIURA.
SANNAZZARO (Jacobo), poeta italiano (¿1456?-1530), autor de la novela pastoril *La Arcadia,* en prosa y verso, y de poemas en latín.
SAN NICOLÁS, penins. del NO. de Haití. — Río de México (Jalisco), que des. en el océano Pacífico; 103 km. — Com. de Chile (Ñuble). — Pobl. de la Argentina (Buenos Aires); puerto; central térmica, siderurgia. Tb. es llamada **San Nicolás de los Arroyos.** — Pobl. de Honduras (Santa Bárbara). Térm. mun. de Cuba (Habana). — V. CHONCO.
SAN NICOLÁS DE BUENOS AIRES, pobl. de México (Puebla).
SAN NICOLÁS DE MENDOZA, c. del Perú, cap. de la prov. de Rodríguez de Mendoza (Amazonas).
SAN PABLO, lago del Ecuador, cerca de Otavalo, al que los aborígenes llamaban **Imbacocha.** — V. SÃO PAULO.
SAN PABLO DE BUENAVISTA, pobl. de Bolivia, cap. de la provincia de Charcas (Potosí).
SAN PABLO DE LÍPEZ, pobl. de Bolivia, cap. de la prov. de Sur Lípez (Potosí).
SAN PABLO DE LUANDA. V. LUANDA.
SAN PATRICIO, pobl. de la Argentina (Buenos Aires). — Río de América Central, que nace en Guatemala (El Petén) y des. en el Usumacinta, en terr. mexicano; 150 km. — Pobl. del Paraguay (Misiones).
SAN PEDRO, nevado de la Argentina (Jujuy); 5 750 m. — Río de Cuba (Camagüey); 130 km. — Río de México, que nace en Sonora y penetra en terr. de los Estados Unidos; 160 km. — Río de México (Chihuahua), afl. del Conchos. — Volcán de Chile (Antofagasta); 5 970 m. — Volcán de Guatemala (Sololá); 3 024 m. — C. del Paraguay, cap. del dep. del mismo n.; centro agrícola. (Hab. *sampedranos.*) Llamóse ant. **Ycuamandy-yú.** El dep. prod. principalmente tabaco, algodón, arroz. — Com. de Chile (Santiago). — N. de varias poblaciones de la Argentina (Buenos Aires, Córdoba, Jujuy, Misiones, Salta y Santiago del Estero).
SAN PEDRO (Diego FERNÁNDEZ DE), novelista español del s. XV, autor de los relatos sentimentales *Tratado de los amores de Arnalte y Lucenda* y *Cárcel de amor.*
SAN PEDRO DE LAS COLONIAS, pobl. de México (Coahuila); centro agrícola.
SAN PEDRO DEL PARANÁ, pobl. del Paraguay (Itapúa); plant. de arroz.
SAN PEDRO DE LLOC, c. del Perú, cap. de la prov. de Pacasmayo (La Libertad).
SAN PEDRO DE MACORÍS, c. del S. de la Rep. Dominicana, cap. de la prov. del mismo n.; uno de los puertos azucareros más importantes del país. La prov. cultiva principalmente la caña de azúcar.
SAN PEDRO DE MONTES DE OCA, pobl. de Costa Rica (San José); Escuela de Agronomía.
San Pedro de Roma, basílica de Roma, a orillas del Tíber, junto al palacio del Vaticano. Es el más vasto de todos los templos cristianos. La basílica, edificada por Constantino (326), fue reconstruida a partir de 1506. En ella trabajaron Bramante, Rafael, Miguel Ángel, Bernini. La cúpula tiene 138 m de alto y 42 m de ancho. Delante de la iglesia se extiende un magnífico pórtico ovalado. Conserva valiosos tesoros artísticos y reliquias. Panteón de muchos papas.
SAN PEDRO EL ALTO, n. dado a un sector de la Sierra Madre del Sur de México (Oaxaca).
SAN PEDRO MÁRTIR, isla de México, en el golfo de California. — Sierra de México (Baja California). — Mun. de México (Oaxaca).
SAN PEDRO MASAHUAT, c. de El Salvador (La Paz).
SAN PEDRO MEZQUITAL, río de México, que des. en el océano Pacífico (Nayarit); 700 km.
SAN PEDRO NOLASCO, isla de México, en el golfo de California.
SAN PEDRO NONUALCO, c. de El Salvador (La Paz).
SAN PEDRO PERULAPÁN, c. de El Salvador, en el distrito de Cojutepeque (Cuscatlán).

SAN PEDRO DE ROMA

Fot. doc. A. G. P., Larousse, Gullers-Rapho

SAN SALVADOR: Vista aérea

SAN PEDRO SULA, c. de Honduras, cap. del dep. de Cortés; centro comercial. Plátanos, caña de azúcar. (Hab. *sampedranos.*)
SAN PETERSBURGO. V. LENINGRADO.
SAN QUINTÍN, en fr. **Saint-Quentin,** c. de Francia (Aisne), a orillas del Somme; ind. textil (algodón) y mecánica. Colegiata (s. XIII-XIV). Fue tomada por los españoles, mandados por Manuel Filiberto de Saboya, en 1557. En recuerdo de este hecho, Felipe II ordenó la construcción del monasterio de El Escorial.
SAN RAFAEL, pobl. de Francia, a orillas del Mediterráneo (Var); estación balnearia.
SAN RAFAEL, cerro del Paraguay (Itapúa), punto culminante del país; 850 m. — Pobl. de la Argentina (Mendoza); centro de una región vinícola y minera. Obispado. — Prov. del O. de la Rep. Dominicana; cap. *Elías Piña.* — V. NAUTLA.
SAN RAFAEL DEL NORTE, pobl. de Nicaragua (Jinotega).
SAN RAFAEL DEL SUR, pobl. de Nicaragua (Managua).
SAN RAFAEL DEL YUMA, distr. de la Rep. Dominicana (La Altagracia).
SAN RAMÓN, pobl. de Costa Rica (Alajuela). — Pobl. del Uruguay (Canelones). — Pobl. del Perú (Junín). Vicariato apostólico.
SAN RAMÓN DE LA NUEVA ORÁN, pobl. de la Argentina (Salta); centro de una zona petrolífera.
SAN REMO, c. de Italia (Liguria); puerto en el Mediterráneo; estación balnearia.
SAN ROMÁN, cabo de Venezuela, en el mar Caribe. — Prov. del Perú (Puno); cap. *Juliaca.*
SAN ROMÁN (Miguel de), militar y político peruano (1802-1863), que intervino en las guerras de la Independencia y fue pres. de la Rep. de 1862 a 1863.
SAN ROQUE, c. de España (Cádiz).
SAN ROQUE, isla de México (Baja California). — Lago de la Argentina (Córdoba). — Presa de la Argentina (Córdoba), en el río Primero. — Pobl. de la Argentina (Corrientes).
SAN SALVADOR, isla del archip. de las Bahamas, que se identifica con la primera isla desc. por Colón en América; 155 km². Llamada tb. **Guanahaní** y hoy **Watling.** — Isla del Ecuador, en el archip. de Colón. — Río del Uruguay, afl. del río Uruguay. — Volcán de El Salvador (La Libertad); 1 950 m. Tb. es llamado **Quezaltépec.**
SAN SALVADOR, cap. del dep. del mismo n. y de la Rep. de El Salvador; principal centro comercial del país; 250 000 h. (*salvadoreños*). Se encuentra en una llanura fértil, al pie del *volcán San Salvador* y su urbanización es de aspecto moderno, con bellos jardines y suntuosos edificios. Universidad. Arzobispado. Fundada en 1525 por Diego de Alvarado, ha sido objeto de sucesivas destrucciones por terremotos (1575, 1625, 1719, 1917) e inundaciones (1852, 1922, 1934). Aeropuerto.
SAN SALVADOR. V. BAHÍA.
SAN SALVADOR (Nueva). V. NUEVA SAN SALVADOR.
SAN SEBASTIÁN, c. de España, cap. de la prov. de Guipúzcoa, a orillas del Urumea; industrias metalúrgica, eléctrica y química; puerto playa muy frecuentada. (Hab. *donostiarras.*) Residencia del Gobierno español en verano.
SAN SEBASTIÁN, bahía de la Argentina, en la Tierra del Fuego. — C. de El Salvador (San Vicente).
SAN SEVERO, c. de Italia (Pulla).
SANSÓN, juez de los hebreos, célebre por su fuerza. Muchas circunstancias de su vida son objeto de frecuentes alusiones. He aquí las principales: 1º la quijada de asno con que mató a mil filisteos; 2º sus cabellos, en los que residía su fuerza física; 3º las columnas del templo de Dagón, donde estaba encerrado, y que derribó en medio de una ceremonia religiosa entre los filisteos, sepultándose él mismo bajo las ruinas. Perdió su fuerza cuando Dalila le cortó la cabellera.
SANSOVINO (Andrea), escultor florentino (1460-1529), de un clasicismo muy puro. Trabajó varios años en Portugal. — Su hijo adoptivo Jacobo TATTI **el Sansovino** (1486-1570), escultor y arquitecto, trabajó sobre todo en Venecia.
Sans-Souci, palacio de Federico II de Prusia, cerca de Potsdam (1745).
SAN STEFANO, hoy **Yesilköy,** pobl. de Turquía en Europa, cerca de Estambul; célebre por el Tratado que Rusia impuso a Turquía, revisado y atenuado por las potencias europeas en el Congreso de Berlín (1878).
SANTA, isla guanera del Perú. — Río del Perú (Ancash), que des. en el océano Pacífico; 320 km. Planta hidroeléctrica. — Prov. del Perú (Ancash); cap. *Chimbote.* Terremoto en 1970.
SANTA ANA, río de Venezuela, que des. en el lago de Maracaibo. — Volcán de El Salvador (Santa Ana); 2 385 m. Tb. es llamado **Lamatepec.** — C. de El Salvador, cap. del dep. del mismo n.; centro comercial; ind. textil. (Hab. *santanecos.*) Obispado. El dep. es principal prod. de café del país. — C. de los Estados Unidos (California); conservas de fruta. — Pobl. de la Argentina (Misiones). — Pobl. de la Argentina (Tucumán). — Pobl. de Bolivia, cap. de la prov. de Yacuma (Beni). — Pobl. de Costa Rica (San José). — Pobl. del Ecuador (Manabí). — Térm. mun. de Cuba (Matanzas).
SANTA ANA DE LOS RÍOS DE CUENCA. V. CUENCA.
SANTA ANNA (Antonio LÓPEZ DE), general y político mexicano, n. en Jalapa (1791-1876), que luchó por la Independencia en Veracruz y encabezó luego una revolución contra Iturbide. Fue pres. de la Rep. en 1833, de 1834 a 1835, en 1839, de 1841 a 1842, en 1844 y en 1847, y se hizo cargo de la jefatura del ejército mexicano durante la guerra con los Estados Unidos. Vivió en Jamaica después del Tratado de Guadalupe Hidalgo (1848), pero volvió a su patria y gobernó dictatorialmente de 1853 a 1855. Fue desterrado por Juárez en 1867.

SANTA ANNA

SANTA BÁRBARA, laguna del Ecuador (Azuay). — C. de Honduras, cap. del dep. del mismo n.; centro comercial y agrícola. (Hab. *santabarbarenses.*) — C. de México (Chihuahua); centro minero. — Com. de Chile (Bío-Bío). — Mun. de Colombia (Antioquia); manganeso. — Pobl. de Costa Rica (Heredia). — Pobl. de Venezuela (Anzoátegui). — Pobl. de Venezuela (Barinas). — Pobl. de Venezuela (Maturín).
SANTA BÁRBARA DE SAMANÁ, c. de la Rep. Dominicana, cap. de la prov. de Samaná; puerto y excelente balneario.
SANTA CATALINA, isla de Colombia (San Andrés y Providencia). — Isla de México, en el golfo de California. — Pobl. de la Argentina (Jujuy). — Población del Uruguay (Soriano).

SAN SEBASTIÁN

Fot. doc. Embajada de El Salvador (París), Delius

A. DE SANTA CRUZ

SANTA CRUZ Y ESPEJO

D. SANTA MARÍA

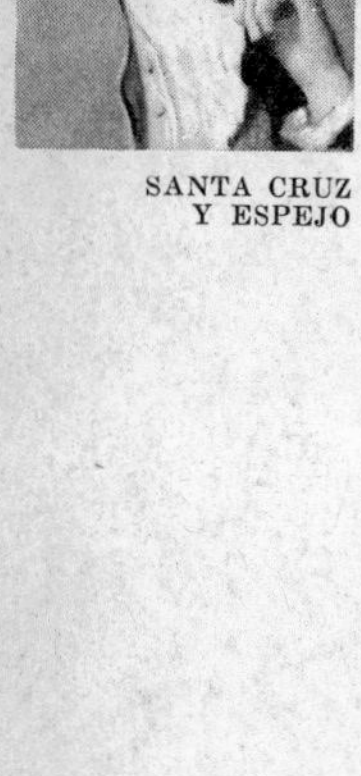

SANTA CATARINA, Estado del Brasil meridional; cap. *Florianópolis;* agricultura; ganadería.

SANTACILIA (Pedro), patriota y escritor cubano (1826-1910), que vivió desterrado en México. Autor del volumen de poesías *El arpa del proscrito.*

SANTA CLARA, bahía de Cuba (Matanzas). — Isla de Chile, en el archip. de Juan Fernández. — Isla del Ecuador (Guayas), en el golfo de Guayaquil. — C. de Cuba, cap. de la prov. de Las Villas; centro comercial y de comunicaciones. Universidad. — Pobl. del Uruguay (Treinta y Tres). — V. ITURBE.

Santa Claus, en los países anglosajones n. familiar de San Nicolás, patrón de los niños.

Santa Comba de Bande, iglesia de estilo visigótico que se encuentra en el municipio español de Bande (Orense).

SANTA CRUZ, estuario de la Argentina, formado por el río del mismo n. y el Chico de Santa Cruz. — Isla del Ecuador, en el archip. de Colón. — Isla de México, en el golfo de California. — Río de la Argentina; 250 km. — Sierra de Guatemala (Izabal). — C. de Bolivia, en la zona oriental, cap. del dep. del mismo n., llamada tb. **Santa Cruz de la Sierra;** centro comercial. (Hab. *cruceños.*) Universidad. Obispado. — C. del Perú, cap. de la prov. del mismo n. (Cajamarca). — Com. y dep. de Chile (Colchagua). — Pobl. de la Argentina, en la prov. del mismo n.; puerto; ind. frigorífica. — Prov. de la Argentina, en Patagonia; cap. *Río Gallegos;* importante cría de ganado ovino; ind. de la carne; minas de carbón. (Hab. *santacruceños.*)

SANTA CRUZ, isla del arch. de la Vírgenes, en las Antillas Menores; perteneciente a los Estados Unidos; cap. *Christiansted.*

SANTA CRUZ, archipiélago inglés de Melanesia, al N. de las Nuevas Hébridas.

SANTA CRUZ (Alonso de), navegante y cosmógrafo español del s. XVI, compañero de Caboto.

SANTA CRUZ (Andrés de), militar y político boliviano (1792-1865), pres. interino de la Rep. del Perú de 1826 a 1827 y pres. de la Rep. de Bolivia de 1829 a 1836. Promotor de la Confederación Peruboliviana, se declaró Protector de 1836 a 1839 y fue derrotado en Yungay (1839).

SANTA CRUZ (*Marqués de*). V. BAZÁN.

SANTA CRUZ (Melchor), paremiólogo español del s. XVI, autor de una *Floresta española de apotegmas.*

SANTA CRUZ DE BARAHONA. V. BARAHONA.

SANTA CRUZ DE LA PALMA, c. de Canarias, cap. de la isla de La Palma (Santa Cruz de Tenerife); puerto; ref. de petróleo.

SANTA CRUZ DE LA SIERRA. V. SANTA CRUZ.

SANTA CRUZ DEL NORTE, térm. mun. de Cuba (Habana).

SANTA CRUZ DEL QUICHÉ, c. de Guatemala, cap. del dep. de El Quiché; centro comercial. (Hab. *santacruzanos.*)

SANTA CRUZ DEL SEIBO, c. de la Rep. Dominicana, cap. de la prov. de El Seibo. Agricultura. Fundada en 1502 por Juan de Esquivel.

SANTA CRUZ DEL SUR, térm. mun. de Cuba (Camagüey).

SANTA CRUZ DE MAR PEQUEÑA, n. ant. del territorio español de la costa de Marruecos, frente a las islas Canarias, llamado actualmente Ifni. (V. IFNI.)

SANTA CRUZ DE TENERIFE, c. y puerto de España (Canarias), en la isla de Tenerife, cap. de la prov. del mismo n.; centro comercial; ref. de petróleo. Obispado. (Hab. *tinerfeños.*)

SANTA CRUZ DE YOJOA, pobl. de Honduras (Cortés).

SANTA CRUZ Y ESPEJO (Francisco Eugenio de), enciclopedista y médico ecuatoriano de raza india, n. en Quito (1747-1795), cuyos escritos influyeron poderosamente en el desarrollo de la revolución americana. Fundó el periódico *Primicias de la cultura de Quito* y escribió *El Nuevo Luciano* o *Despertador de ingenios, Cartas riobambenses.* Detenido en 1795, murió en la cárcel.

SANTA CRUZ WILSON (Domingo), compositor y educador chileno, n. en 1899, perteneciente al movimiento vanguardista. Es autor de *Cinco Poemas trágicos* y *Cantata de los ríos de Chile.*

SANTA ELENA, isla inglesa de África, en el Atlántico sur, a 1 900 km de la costa; cap. *Jamestown.* Célebre por el cautiverio que allí sufrió Napoleón I de 1815 hasta su muerte en 1821.

SANTA ELENA, bahía y cabo del Ecuador, en la costa de Guayas. — Cerro de los Andes argentinos (Mendoza); 3 839 m. — Penins. y c. del Ecuador (Guayas); yac. de petróleo. — C. de El Salvador (Usulután). — Pobl. de la Argentina (Entre Ríos). — Pobl. del Paraguay (Cordillera).

SANTA FE, v. de España (Granada), donde se firmaron en 1492 las capitulaciones entre Colón y los Reyes Católicos.

SANTA FE, isla del Ecuador, en el archip. de Colón. — C. de la Argentina, cap. de la prov. del mismo n.; puerto próspero en el río Paraná; centro comercial e industrial. Residencia de varias facultades de la Universidad del Litoral. Obispado. Fundada en 1573, fue lugar elegido para la reunión de la Convención de 1853. La prov. es una de las de mayor prod. de carne y cereales; posee tb. abundantes bosques en la zona chaqueña. (Hab. *santafecinos.*) — C. de los Estados Unidos, cap. del Estado de Nuevo México; centro agrícola, ganadero y minero. Conserva edificios de la época hispánica. — Pobl. de Panamá (Veraguas); centro cafetalero. Fue fundada en 1559.

SANTA FE DE BOGOTÁ. V. BOGOTÁ.

SANTA GADEA DEL CID, v. de España (Burgos), a orillas del Ebro, célebre por el juramento que exigió el Cid al rey Alfonso VI en 1072 de no haber tomado parte en la muerte de su hermano Sancho II.

Santa Hermandad, institución establecida por los Reyes Católicos en 1476 para proteger a la población rural, amenazada por los bandoleros, y que disponía de una milicia propia.

SANTA INÉS, isla de Chile (Magallanes). — Grupo de cayos de Cuba, al N. de Pinar del Río. Es conocido tb. por el n. **Los Colorados** o **Guaniguanico.** — Grupo de tres islas de México, en el golfo de California. — Páramo de Colombia, en la Cord. Central (Antioquia), a 2 900 m. — Distr. de Panamá (Colón). — Pobl. de Colombia (San Andrés y Providencia). Tb. es llamada **Providencia.** — Pobl. del Ecuador (Azuay).

SANTA ISABEL, nevado de Colombia, entre los dep. de Caldas y Tolima; 5 100 m. — C. de África, cap. de Guinea Ecuatorial y de Fernando Poo, en la costa N. de la isla de Fernando Poo; 40 000 h. Exportación de cacao y café.

SANTA ISABEL DE LAS LAJAS, térm. mun. de Cuba (Las Villas).

SANTA LUCÍA, cerro de Venezuela, al N. de Timotes; minerales radiactivos. — Estero de la Argentina (Corrientes), cuyas aguas van al Paraná por medio del río del mismo n. — Isla de las Antillas de Barlovento, perteneciente a Gran Bretaña; 603 km². Cap. *Port Castries.* — Río del Uruguay, que des. en el río de la Plata. — Pobl. de la Argentina (San Juan). Sufrió un terremoto destructor en 1944. — Pobl. del Uruguay (Canelones). En ella se encuentra la central que aprovisiona de agua a Montevideo. (Hab. *santalucenses.*)

SANTA LUCÍA (Salvador CISNEROS, *marqués de*). V. CISNEROS BETANCOURT.

SANTA MARGARITA, isla de México frente a Baja California del Sur; 220 km². Yacimientos de magnesita.

SANTA MARÍA, cerro de la Argentina (Mendoza); 5 023 m. — Isla del Ecuador, en el archip. de Colón. Tb. es llamada **Floreana.** — Nevado de Colombia, en la Cord. Central; 5 100 m. — Río de Panamá, que nace en la prov. de Veraguas y des. en el océano Pacífico en el golfo de Parita. — Río de la Argentina, afl. del río Salado. — Uno de los valles calchaquíes, en territ. catamarqueño (Argentina). — Volcán de Guatemala (Quezaltenango); 3 768 m. — Com. de Chile (Aconcagua). — Pobl. de la Argentina (Catamarca). — Pobl. del Brasil (Rio Grande do Sul); aguas minerales. — Pobl. de Panamá (Heredia). — Pobl. del Paraguay (Misiones).

Santa María *(La)*, la mayor de las tres carabelas de Colón. Pertenecía a Juan de la Cosa y fue

Fot. X, doc. A. G. P.

la que llevó a Colón a América. Después de su naufragio en La Española, se construyó con sus restos el fuerte de Navidad.

SANTA MARÍA (Domingo), político chileno (1825-1889); candidato liberal, fue pres. de la Rep. de 1881 a 1886, período de expansión territorial y económica. Promulgó varias leyes laicas.

SANTAMARÍA (Francisco Javier), lexicógrafo y político mexicano (1889-1963), autor de un excelente *Diccionario de americanismos*, en tres tomos, de un *Vocabulario tabasqueño* y de un *Diccionario de mejicanismos*.

SANTAMARÍA (Juan), héroe costarricense (1831-1856), muerto gloriosamente al incendiar un reducto enemigo en el combate de Rivas (Nicaragua), entablado entre el ejército costarricense y el del invasor Walker.

SANTA MARÍA DEL ROSARIO, térm. mun. de Cuba (Habana).

SANTA MARÍA ITAPARICA (Manuel de), poeta y dramaturgo brasileño (1704-1768).

SANTA MARTA, c. de Colombia, cap. del dep. de Magdalena, en la bahía de *Santa Marta* y al pie de la *Sierra Nevada de Santa Marta*. (V. NEVADA DE SANTA MARTA); importante puerto exportador de bananas; centro comercial y turístico. (Hab. *samarios.*) Obispado. Fundada por Rodrigo de Bastidas en 1525, es la pobl. más ant. del país.

SANTA MÓNICA, c. de los Estados Unidos (California), a orillas del océano Pacífico. Estación balnearia. Construcciones aeronáuticas.

SANTANA (Pedro), general y político dominicano (1801-1864), jefe de los ejércitos libertadores en 1844 y pres. de la Rep. de 1844 a 1848, de 1853 a 1856 y de 1859 a 1862. En 1861 solicitó y obtuvo la anexión de Santo Domingo a España.

SANTANDER, c. de España, cap. de la prov. del mismo n. (Castilla la Vieja), puerto a orillas del Cantábrico. Industrias lácteas y metalúrgicas. Estación balnearia. Universidad de verano. Escuela de Ingenieros de Caminos. Obispado.

SANTANDER, c. de Colombia (Cauca). — Dep. de Colombia; cap. *Bucaramanga;* importante cultivo de café, tabaco, algodón, caña de azúcar y yacimientos de petróleo. (Hab. *santandereanos.*)

SANTANDER (Francisco de Paula), general y político colombiano, n. en Rosario de Cúcuta (1792-1840); estudió jurisprudencia y en 1810 se puso al servicio de la emancipación de su país. De tendencia federalista, se opuso a Nariño y a pesar de los reveses sufridos en 1813, mantuvo la llama de la libertad en los Llanos Orientales. En 1816 se incorporó al ejército de Bolívar y ganó las batallas de Paya, Pantano de Vargas y Boyacá. Elegido vicepres. de Cundinamarca de 1819 a 1826, discrepó con el Libertador y promovió una rebelión contra él. Condenado a muerte, su pena fue conmutada por la de destierro. Pres. de Nueva Granada de 1832 a 1837, imprimió un carácter cívico a su gobierno y fomentó la enseñanza. M. en Bogotá.

SANTANDER NORTE. V. NORTE DE SANTANDER.

SANTÁNGEL (Luis de), funcionario español, m. hacia 1507, que intercedió cerca de la reina Isabel en favor de Colón e hizo a éste un importante préstamo.

Sant'Angelo *(Castillo de)*, ciudadela de Roma terminada en tiempos de Antonino Pío (139). Mausoleo de Adriano, tumba de emperadores hasta Caracalla, refugio de los papas y prisión.

SANTAREM, c. de Portugal, cap. de la prov. de Ribatejo; vinos. — C. del Brasil (Pará), en la confluencia del Amazonas y del Tapajós.

SANTAREM (Manuel), político, geógrafo y literato portugués, n. en Lisboa (1791-1856)

SANTA ROSA, altiplanicie de Colombia, en la Cord. Central (Antioquia); 2 640 m. — Isla del Ecuador (Esmeraldas). — C. de la Argentina, cap. de la prov. de La Pampa; centro comercial e industrial. Obispado. — C. de El Salvador (La Unión); centro agrícola. (Hab. *santarroseños.*) — Dep. de Guatemala; cap. *Cuilapa;* prod. agrícolas; ganadería; yac. de azufre y salinas. (Hab. *santarroseños.*) — Pobl. de Bolivia, cap. de la prov. de Abuná (Pando). — Pobl. del Ecuador (El Oro); centro agrícola. — Pobl. del Paraguay (Misiones). — Pobl. del Uruguay (Canelones).

SANTA ROSA DE CABAL, c. de Colombia (Risaralda); centro comercial, ind. alimenticias.

SANTA ROSA DE COPÁN, c. de Honduras, cap. del dep. de Copán; centro comercial. Minas de antimonio. Obispado.

SANTA ROSA DE VITERBO, c. de Colombia (Boyacá).

SANTA ROSALÍA, pobl. de México (Baja California); cobre.

SANTAS CREUS, pobl. de España (Tarragona); célebre monasterio cisterciense (s. XII).

SANTA SEDE. V. VATICANO.

Santa Sofía (*Iglesia de*). V. SOFÍA.

SANTA TECLA. V. NUEVA SAN SALVADOR.

SANTA TERESA, pobl. de Nicaragua (Carazo).

SANTAYANA (Jorge), filósofo español, n. en Madrid (1863-1952), que vivió y enseñó en Estados Unidos y escribió en lengua inglesa. Su filosofía es naturalista, escéptica y pesimista. Autor de *El sentido de la Belleza, La vida de la razón, escepticismo y fe animal* y *El último puritano* (novela).

SANTIAGO, n. que los españoles dieron a la isla de **Cuba.** — Río del Ecuador (Imbabura y Esmeraldas), que des. en el Pacífico; 138 km. — Río del Ecuador y el Perú, que forma una extensa cuenca; llámase primero **Upano** y toma el n. de **Santiago** después de la confluencia del Namangoza con el Zamora. Es afl. del Marañón; 209 km. — Río de México, que nace en el lago de Chapala y des. en el Pacífico; 412 km. Tb. es llamado **Río Grande de Santiago.**

SANTIAGO, cap. de la prov. del mismo n. y de la Rep. de Chile, situada a orillas del río Mapocho; 2 597 000 h. (*santiaguinos*). Centro político del país, lo es asimismo de su vida económica, comercial e industrial. Además de la Universidad del Estado posee una Universidad católica y numerosas instituciones culturales, artísticas y científicas. Arzobispado. Desde el punto de vista urbano puede señalarse su ensanche, de agradable aspecto moderno: amplias avenidas y parques (Quinta Normal, Cousiño). En la parte antigua se encuentra la pintoresca Plaza de Armas, con el Ayuntamiento, la Catedral y la Casa de Correos. Fundada por Pedro de Valdivia en 1541, la c. sufrió destrucciones por efectos sísmicos en 1647 y 1730. Durante la dominación española fue residencia de la Capitanía General de Chile. — C. de Cuba, cap. de la prov. de Oriente; activo puerto exportador e importador; centro comercial y cultural. Universidad. Fundada por Diego Velázquez en 1514, fue varias veces destruida por los terremotos. — C. de Panamá, cap. de la prov. de Veraguas; centro comercial. (Hab. *santiagueños.*) — Cantón del Ecuador (Morona-Santiago). — Pobl. del Paraguay (Misiones). — Prov. del NO. de la Rep. Dominicana; cap. *Santiago de los Caballeros;* región agrícola. — V. de México (Nuevo León).

Santiago (*Orden de*), orden religiosa y militar española fundada a fines del s. XII por el rey Fernando II de León. Disuelta de 1931 a 1939.

SANTAYANA

SANTANA

SANTANDER

castillo de
SANT'ANGELO

Fot. Larousse, doc. A. G. P., Viollon-Rapho

SANTIAGO DE COMPOSTELA patio del Colegio de Fonseca

SANTIAGO EL MAYOR

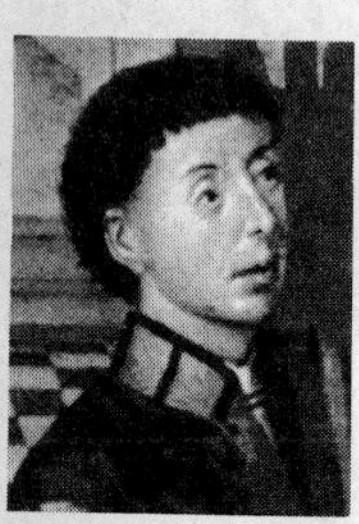

marqués de SANTILLANA Prado

SANTILLANA DEL MAR la Colegiata

SANTIAGO DE COMPOSTELA, c. de España (Coruña). Arzobispado. Hermosa catedral (s. XII), con el *Pórtico de la Gloria,* obra del Maestro Mateo, y una fachada barroca. Numerosos monumentos. Universidad. Sepulcro del Apóstol; fue en la Edad Media uno de los lugares de peregrinación más concurrido de Occidente.

SANTIAGO DE CHUCO, c. del Perú, cap. de la prov. del mismo n. (La Libertad). Terremoto en 1970.

SANTIAGO DE LA VEGA. V. SPANISH TOWN.

SANTIAGO DE LAS VEGAS, térm. mun. de Cuba (Habana). Estación central agronómica.

SANTIAGO DEL ESTERO, c. de la Argentina, cap. de la prov. del mismo n., a orillas del río Dulce; centro industrial y turístico. Obispado. Pobl. de gran pasado cultural. Fundada en 1553 fue un tiempo cap. de la prov. de Tucumán. La prov. tiene como principal fuente de riqueza los bosques y la agricultura, con importantes cultivos de algodón, maíz, trigo y frutas; ganadería; manganeso, nitratos. (Hab. *santiagueños.*)

SANTIAGO DE LOS CABALLEROS, c. de la Rep. Dominicana, cap. de la prov. de Santiago; centro comercial. Obispado. Fundada en 1524, fue dos veces destruida por los terremotos. Escenario de la batalla de 1844 que libró el territorio de la República de la invasión haitiana.

SANTIAGO DE MARÍA, c. de El Salvador (Usulután); centro comercial. Obispado.

SANTIAGO DE PURISCAL, pobl. de Costa Rica (San José); centro agrícola y comercial.

SANTIAGO el Mayor, hijo de Zebedeo, hermano de San Juan Evangelista y uno de los doce apóstoles; mártir el año 44. Estuvo en España según la tradición. Patrón de España y de Chile. Fiesta el 25 de julio.

SANTIAGO el Menor, hijo de María de Cleofás, uno de los doce apóstoles, muerto en 62. Fiesta el 11 de mayo.

SANTIAGO IXCUINTLA, pobl. de México (Nayarit); centro agrícola.

SANTIAGO RODRÍGUEZ, c. del NO. de la Rep. Dominicana, cap. de la prov. del mismo n.; centro comercial.

SANTIAGO VÁZQUEZ, pobl. del Uruguay (Montevideo).

SANTILLANA (Íñigo LÓPEZ DE MENDOZA, *marqués de*), poeta lírico español, n. en Carrión de los Condes (Palencia) [1398-1458]. Escribió los poemas alegóricos *La comedieta de Ponza,* y *El infierno de los enamorados,* un *Doctrinal de privados,* contra Don Álvaro de Luna, y el *Diálogo de Bías contra Fortuna,* de inspiración filosófica; pero su gloria póstuma la debe sobre todo a sus diez composiciones pastoriles o *Serranillas* (de *Bores,* de *Lozoyuela,* de la *Finojosa,* etc.).

SANTILLANA DEL MAR, v. de España (Santander), en cuyas cercanías se encuentran las célebres cuevas prehistóricas de Altamira; colegiata y claustro románicos; construcciones del s. XIV.

SANTÍN DEL CASTILLO (Miguel), político salvadoreño, pres. de la Rep. de 1858 a 1859.

SANTIVÁN (Fernando SANTIBÁÑEZ, llamado **Fernando**), novelista chileno, n. en 1886, autor de la novela realista *La hechizada.*

SANT JORDI (Jordi de). V. JORDI.

SANTO ANDRÉ, c. del Brasil (São Paulo); centro agrícola y comercial.

SANTO DOMINGO, otro nombre de la isla de Haití.

SANTO DOMINGO, cap. de la Rep. Dominicana; centro comercial; 430 000 h. Universidad. Arzobispado. Se encuentra junto a la desembocadura del río Ozama y tiene un puerto de considerable actividad. Aunque modernizada, conserva cierto carácter colonial y tiene numerosos edificios de gran interés histórico, como la Casa Consistorial, el Palacio de los Capitanes Generales, la Catedral, que es la Primada de América, el Alcázar. Fundada en 1496 por Bartolomé Colón, es la más antigua de las c. americanas creadas por los conquistadores; de ella partieron las primeras expediciones hacia Cuba, Puerto Rico y Tierra Firme. Fue saqueada en 1586 por los ingleses, y destruida en gran parte por un huracán en 1930. Guarda los restos de Cristóbal Colón. De 1930 a 1961 tuvo como n. oficial **Ciudad Trujillo.** — Com. de Chile (Santiago). — Pobl. de Costa Rica (Heredia); café. — Térm. mun. de Cuba (Las Villas). — V. de El Salvador (San Vicente).

SANTO DOMINGO DE LA CALZADA, c. de España (Logroño); catedral.

SANTO DOMINGO DE SILOS, v. de España (Burgos). Monasterio benedictino, con magnífico claustro románico de dos pisos (s. XI). El museo arqueológico que encerraba se incendió en 1970. V. Lámina Románico (arte).

SANTO DOMINGO DE SORIANO, c. del Uruguay (Soriano), la más antigua del país. Fundada en 1624.

SANTOÑA, v. de España (Santander); puerto pesquero; conservas. Playas concurridas. Penal.

Santo Oficio, congregación de la Iglesia Católica, cuya misión es la defensa de la fe y las costumbres. Desde 1966 se llama *Congregación para la Doctrina de la Fe.*

SANTORÍN, archipiélago griego de la parte meridional de las Cícladas. Su isla principal es *Santorín* o *Thera.* Volcán activo.

SANTOS, c. del Brasil (São Paulo); primer puerto exportador de café del mundo; centro comercial; industria frigorífica.

SANTOS (Los), pobl. y distr. de Panamá, en la prov. del mismo n. — Prov. de Panamá; cap. *Las Tablas;* gran riqueza agrícola y ganadera; yac. de oro, manganeso, cobalto, níquel. (Hab. *santeños.*) — V. JÉRIDAS.

SANTOS CHOCANO (José). V. CHOCANO.

SANTO DOMINGO iglesia de las Mercedes

Fot. G. Garrabella, doc. A. G. P., X, J. P. Vidal, Viollet

SANTOS (Antonia), guerrillera colombiana (1785-1819), fusilada por orden de Sámano.
SANTOS (Domingo), compositor y musicógrafo salvadoreño, n. en 1892.
SANTOS (Eduardo), político y escritor colombiano, n. en 1888, pres. de la Rep. de 1938 a 1942.
SANTOS (Francisco), escritor costumbrista español (¿1639?-1700), que publicó numerosos relatos de carácter cortesano y picaresco.
SANTOS (Máximo), general y político uruguayo (1847-1899), pres. de la Rep. de 1882 a 1886. Fue desterrado en 1887.
SANTOS ÁLVAREZ (Miguel de los). V. ÁLVAREZ.
SANTOS DUMONT (Alberto), aeronauta brasileño (1873-1932), precursor de la aviación moderna. Construyó en 1901 el dirigible *Brasil*, con el que voló desde el parque de Saint Cloud (París) a la Torre Eiffel y regreso (11 km en 30 minutos). En 1906 hizo vuelos en aeroplano.
Santo Sepulcro, iglesia construida en el s. IV en Jerusalén por Santa Elena, madre del emperador Constantino, y modificada en la época de las Cruzadas. El sepulcro de Jesús y el lugar de su crucifixión, están comprendidos en su recinto.
Santo Sepulcro (*Orden del*), la orden de caballería pontifical más antigua conferida desde 1868 por el patriarca latino de Jerusalén.
SANTOS VEGA, personaje fabuloso que, según la leyenda, fue un payador argentino de mediados del s. XIX. Dicen que sólo el diablo pudo vencerle con la guitarra. Ha inspirado bellas composiciones a Mitre, Ascasubi y Obligado, y una novela a Eduardo Gutiérrez.
SANTOS ZELAYA (José). V. ZELAYA.
SANTO TOMÁS, isla de las Antillas, en el archip. de las Vírgenes; 86 km². — Volcán de Guatemala (Quezaltenango); 3 505 m. — C. de El Salvador (San Salvador). — C. del Perú, cap. de la prov. de Chumbivilcas (Cuzco). — Puerto de Guatemala, en el mar Caribe, cerca de Puerto Barrios. — V. JÁNICO.
SANTO TOMÉ, pobl. de la Argentina (Corrientes). — Pobl. de la Argentina (Santa Fe).
SANTUARIO, c. de Colombia (Caldas).
SANTURBÁN, nudo montañoso de Colombia (Norte de Santander y Santander), en la Cord. Oriental; 3 709 m.
SANTURCE, v. de España (Vizcaya), suburbio de Bilbao; puerto de pesca.
SAN VICENTE, cabo en el SO. de Portugal (Algarve).
SAN VICENTE, cabo de México, en el extremo meridional de la penins. de California. — Isla de Costa Rica, en el golfo de Nicoya. — Pobl. de México (Michoacán).
SAN VICENTE, isla de las Antillas de Barlovento, Estado del Commonwealth; 388 km²; cap. *Kingstown.* — Volcán de El Salvador; 2 174 m. Tb. es llamado **Chichontepec.** — C. de El Salvador, cap. del dep. del mismo n., al pie del volcán San Vicente; centro comercial. (Hab. *vicentinos.*) Obispado. El dep. prod. cereales, caña de azúcar. — Com. y dep. de Chile (O'Higgins). — Pobl. de la Argentina (Buenos Aires). — Pobl. de Cuba (Pinar del Río); aguas minerales.
SAN VICENTE DE ALCÁNTARA, v. de España (Badajoz).
SAN VICENTE DE CAÑETE, c. del Perú, cap. de la prov. de Cañete (Lima).
SAN VICENTE DE LA BARQUERA, v. de España (Santander); puerto de pesca; playa.
SAN VICENTE DE MORAVIA, pobl. de Costa Rica (San José).
SANZ (Eulogio Florentino), dramaturgo y poeta español (1822-1881), autor del drama romántico *Don Francisco de Quevedo* y de la comedia *Achaques de la vejez.*
SANZ (Miguel José), jurisconsulto, escritor, orador y patriota venezolano (1754-1814).
SANZ DEL RÍO (Julián), filósofo español, n. en Torrearévalo (Soria) [1814-1869]. Introdujo en su país las corrientes metafísicas alemanas, singularmente la doctrina de Krause con sus libros *Ideal de la humanidad para la vida, Sistema de la filosofía* y *Filosofía de la muerte.*
SANZIO (Rafael). V. RAFAEL.
SÃO FÉLIX, pobl. del Brasil (Bahía); el centro tabacalero más importante del país.
SÃO FRANCISCO, río del Brasil. V. SAN FRANCISCO.
SÃO GONÇALO, pobl. del Brasil (Rio de Janeiro); aguas minerales. — V. SAN GONZALO.
SÃO JOÃO DEI REI, c. del Brasil (Minas Gerais); centro ganadero e industrial; uranio.
SÃO JOSÉ DO NORTE, c. del Brasil (Rio Grande do Sul).
SÃO JOSÉ DO RIO PARDO, c. del Brasil (São Paulo).
SÃO JOSÉ DO RIO PRETO, c. del Brasil (São Paulo).
SÃO LEOPOLDO, c. del Brasil (Rio Grande do Sul); centro agrícola, ganadero e industrial.
SÃO LOURENÇO, pobl. del Brasil (Minas Gerais); aguas minerales.
SÃO LUIS, c. del Brasil, cap. del Estado de Maranhão; puerto activo en el Atlántico y centro textil. Arzobispado.
SÃO MIGUEL. V. SAN MIGUEL (de las Azores).
SAONA, río de Francia, que nace en el dep. de los Vosgos y des. en el Ródano en Lyon; 480 km.
SAONA Alto, dep de Francia, formado con parte del Franco Condado; cap. *Vesoul.*
SAONA Y LOIRA, dep. de Francia, en Borgoña; cap. *Mâcon.* Vinos; cuenca carbonífera.
SÃO PAULO, c. del Brasil, cap. del Estado del mismo n.; centro comercial e industrial de primera importancia. Puerto marítimo en *Santos.* Universidad. Arzobispado. Fundada en 1554, se convirtió en seguida en baluarte de la expansión portuguesa. El Estado, a orillas del Atlántico, posee una agricultura floreciente, cuyos principales cultivos son el café, el algodón, el arroz, la caña de azúcar y las frutas.
SÃO PAULO DE LOANDA. V. LUANDA.
SÃO SEBASTIÃO, isla del Brasil (São Paulo).
SÃO SEBASTIÃO DO PARAÍSO, pobl. del Brasil (Minas Gerais); aguas minerales.
SAPO, cerro de Panamá (Darién); 1 223 m.
SAPOA, río de Costa Rica, que des. en el lago de Nicaragua.
SAPOR I, rey sasánida de Persia de 241 a 272 d. de J. C. — SAPOR II *el Grande,* rey de Persia de 310 a 379. — SAPOR III, rey de Persia de 383 a 390.
SAPOSOA, c. del Perú, cap. de la prov. de Huallaga (San Martín).
SAPPORO, c. del Japón (Hokkaido). Universidad. Textiles.
SAQUISILÍ, c. del Ecuador (Cotopaxi).
SARA, esposa de Abrahán, madre de Isaac.
SARABIA TINOCO (Francisco), célebre aviador mexicano (1900-1939).
SARAGAT (Giuseppe), político socialista italiano, n. en 1898. Pres. de la Rep. en 1964.
SARAGURO, c. del Ecuador (Loja).
SARAJEVO, c. de Yugoslavia, cap. de Bosnia y Herzegovina. Arzobispado. Universidad. El asesinato en esta ciudad del archiduque heredero de Austria Francisco Fernando fue origen de la Primera Guerra mundial (28 de junio de 1914).

SANTOS DUMONT

SANZ DEL RÍO

SÃO PAULO
centro de la ciudad

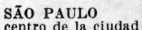

Fot. Meurisse, X, doc. Oficina de Turismo del Brasil

D. F. SARMIENTO

M. de SARRATEA

Andrea DEL SARTO
LA VIRGEN
detalle de
LA SAGRADA FAMILIA

SARTRE

SARANDÍ DEL YI, c. del Uruguay (Durazno).

SARAPIQUÍ, río de Costa Rica (Heredia), afl. del San Juan.

SARARE, río de América del Sur, que nace en Colombia y penetra en Venezuela, donde confluye con el Uribante y forma el Apure.

SARASARA, volcán del Perú (Ayacucho), en la Cord. Occidental; 5 947 m.

SARASATE (Pablo), violinista y compositor español (1844-1908), uno de los más grandes virtuosos de su época.

SARATOGA SPRINGS, c. de los Estados Unidos (Nueva York), célebre por la capitulación del general inglés Burgoyne, que aseguró la independencia de los Estados Unidos de América en 1777. Estación termal.

SARATOV, c. de la U. R. S. S. (Rusia), puerto fluvial en el Volga; industrias textiles, metalúrgicas y alimenticias; ref. de petróleo. Planta hidroeléctrica. Universidad.

SARA-URCU, cima de los Andes del Ecuador, en la Cord. Central; 4 676 m.

SARAVIA (Aparicio), general y político uruguayo (1855-1904), caudillo *blanco* y promotor de las revoluciones nacionalistas de 1897 y 1904.

SARAWAK, Estado de la Federación de Malaysia, en la costa NO. de la isla de Borneo; cap. *Kuching.* Heveas. Bauxita.

SARAZIN (Jacques), escultor francés (1588-1660), autor de *Las cariátides* del Louvre.

SARDANÁPALO, personaje legendario que la tradición clásica supone rey de Asiria, arquetipo del príncipe disoluto y afeminado.

SARDES, ant. c. de Asia Menor (Lidia), al pie del Tmolos, a orillas del Pactolo, célebre en otro tiempo por sus riquezas. Residencia de Creso.

SARDOU [*-du*] (Victoriano), dramaturgo francés (1831-1908), autor de comedias de costumbres y de dramas de tema histórico: *Los solterones, Tosca, Madame Sans-Gêne,* etc.

SARGAZOS (MAR DE LOS), vasta región del Atlántico del Norte, cubierta de fucos y algas de gran tamaño.

SARGÓN, fundador del reino semítico de Acadia, hacia 2 600 a. de J. C.

SARGÓN I, rey de Asiria (s. XXI a. de J. C.). SARGÓN II, rey de Asiria de 722 a 705 a. de J. C., sucesor de Salmanasar V, y fundador de la dinastía de los Sargónidas. Destruyó el reino de Israel e hizo varias expediciones a Egipto, Armenia y Caldea.

SARMACIA, n. de una región de Europa; ocupada en la Antigüedad por los sármatas.

SÁRMATAS, ant. pueblo que habitaba entre el Báltico y el N. del Ponto Euxino. Su poderío fue destruido por los godos en el s. III, y se fundieron luego con los eslavos.

SARMIENTO (Domingo Faustino), político, escritor y pedagogo argentino, n. en San Juan en 1811 y m. en Asunción en 1888. En 1831, durante el gobierno de Rosas, se refugió en Chile. Regresó en 1836, pero volvió a emigrar en 1841. Trabajó en empleos humildes y posteriormente obtuvo altos triunfos pedagógicos en Chile y Argentina. Ejerció el periodismo en el diario chileno *El Mercurio* y sostuvo una polémica con Bello sobre el concepto progresista de la cultura y la imitación de los modelos franceses. Formó parte del ejército de Urquiza (1851), pero, enemistado con éste después de Caseros, tomó de nuevo el camino del destierro. A su vuelta (1855) se puso al lado de Mitre, y después de desempeñar diversos cargos, substituyó en 1868 a Mitre en la presidencia de la República. Terminó la guerra con el Paraguay, fundó el Observatorio Astronómico de Córdoba, las Escuelas Militar y Naval, fomentó las obras públicas y todo su mandato estuvo animado por un sentido progresista. En 1874 dejó la presidencia a Nicolás Avellaneda, desempeñó otros cargos políticos y se retiró a la capital del Paraguay. Escribió una requisitoria contra el terror, estudio biográfico de Facundo Quiroga, que tituló *Facundo o Civilización y barbarie.* Este libro puso de manifiesto su talento literario, la agudeza de observación y su concepción de la filosofía de la historia. Publicó otros escritos: *Viajes, Recuerdos de provincia, Mi defensa, Campaña en el Ejército Grande, Conflicto y armonías de las razas en América.*

SARMIENTO (Martín), benedictino español (1695-1772), de inmensa erudición; fue colaborador de Feijoo.

SARMIENTO DE GAMBOA (Pedro), navegante y escritor español (¿1530-1592?), que trató de establecer una colonia en el estrecho de Magallanes. Autor de una *Historia de los Incas.*

SARMIENTO SOTOMAYOR (García), conde de Salvatierra, virrey de Nueva España de 1642 a 1648.

SARMIENTO Y VALLADARES (José), conde de Moctezuma, virrey de Nueva España de 1696 a 1701.

SAROYAN (William), novelista y dramaturgo norteamericano, n. en 1908, autor del relato *Mi nombre es Aram.*

SARPEDÓN, rey legendario de Licia, hijo de Zeus y de Europa, muerto por Patroclo en el sitio de Troya. *(Mit.)*

SARPI (Pietro, llamado **Fra Paolo**), historiador veneciano (1552-1626), autor de una célebre *Historia del Concilio de Trento.*

SARRAILH (Jean), hispanista francés (1891-1964), autor de *La España ilustrada de la segunda mitad del siglo XVIII.*

SARRATEA (Manuel de), político y diplomático argentino (1774-1849), que fue miembro del Primer Triunvirato (1811), generalísimo en la Banda Oriental (1812) y gobernador de Buenos Aires en 1820.

SARRE, en alemán **Saar,** río de Francia y Alemania, afl. del Mosela; 240 km. — El territorio del Sarre, constituido por el valle medio del Sarre, fue separado de Alemania por el Tratado de Versalles y confiado a la Sociedad de Naciones. En 1935, un plebiscito decidió su anexión a Alemania. En 1948 pasó a depender económicamente de Francia, y más tarde votó por la unión política y económica con Alemania occidental. Forma hoy un Estado de 1 040 000 h., cuya cap. es *Sarrebruck* (129 400 h.). Rica cuenca hullera; metalurgia.

SARREBRUCK, en alemán **Saarbrücken,** cap. del Sarre; hulla. Universidad. Importante centro industrial (hulla, metalurgia, textiles, electricidad, aluminio, etc.).

SARRELUIS, en alemán **Saarlouis,** c. de Alemania (Sarre); industrias.

SARRIÁ (Luis). V. GRANADA (Luis de).

SARSTUM o **SARSTOON,** río de Guatemala (Alta Verapaz e Izabal), que des. en la bahía de Amatique (en el golfo de Honduras); 112 km.

SARTHE, dep. del O. de Francia, bañado por el río del mismo n. (285 km); cap. *Le Mans.*

SARTO (Andrea ANGELI o AGNOLO, llamado **del**), pintor florentino (1486-1531), autor de *Los tres Reyes Magos, La caridad,* etc.

SARTORIO (José Manuel), sacerdote y poeta neoclásico mexicano (1746-1829), autor de fábulas.

SARTORIUS (Luis José), conde de San Luis, político español (1820-1871), jefe de Gobierno en 1853, derribado por la revolución de 1854.

SARTRE (Jean-Paul), filósofo y escritor francés, n. en París en 1905; teórico del existencialismo *(El ser y la nada),* ha expuesto sus teorías en novelas *(La náusea, Los caminos de la libertad),* dramas *(Las manos sucias),* cuentos *(El muro)* y ensayos. Rehusó el Premio Nóbel que le concedieron en 1964.

SAS (Andrés), compositor peruano, n. en París en 1900, autor de música orquestal y de cámara *(Rapsodia peruana, Poema indio).*

SASÁNIDAS, dinastía persa que reinó de 226 a 651.

SASEBO, c. y puerto del Japón (Kiusiu), en la costa O. de la isla.

SASKATCHEWAN, prov. del Canadá; cap. *Regina.* Cereales; ganadería.

SASKATOON, c. del Canadá (Saskatchewan); centro comercial e industrial.

SASSETTA (Esteban DI GIOVANNI, llamado **el**), pintor italiano, n. en Siena (1392-1451), autor del retablo de *San Francisco.*

SASSO (Gran), macizo montañoso de Italia, en los Apeninos (2 914 m).

SASSONE (Felipe), escritor peruano (1884-1959), que vivió casi siempre en España.

SASTRE (Alfonso), autor dramático español, n. en 1926, autor de *Escuadra hacia la muerte, La mordaza,* etc.

Fot. X, Valotaire, Anderson-Giraudon, Erwin-Marton

SASTRE (Marcos), escritor uruguayo (1809-1887), autor de *Tempe argentino*, valiosa descripción del delta del Paraná.
SATANÁS, jefe de los demonios, mencionado con frecuencia en el Nuevo Testamento.
Sátiras de *Horacio*, obra en que el poeta latino ataca los vicios y defectos de su época.
Sátiras de *Juvenal*, sátiras en que ataca el autor con elocuencia y amargura las costumbres corrompidas de la Roma del s. I.
Satiricón, obra satírica de Petronio (s. I), mezcla de prosa y verso, en la que describe las costumbres romanas de la época imperial.
SATLEDJ. V. SUTLEJ.
SATU MARE, en húngaro **Szatmarnemeti,** c. del N. de Rumania; industrias diversas.
SATURNO, dios de la Agricultura entre los romanos. Habiendo sido destronado por su hijo Júpiter, se instaló en el Lacio, donde hizo florecer la paz y la abundancia, y enseñó a los hombres la agricultura. Su reinado fue llamado la *Edad de Oro*. Es el **Cronos** de los griegos. (*Mit.*)
SATURNO, planeta que, en el orden de las distancias al Sol, ocupa el sexto lugar en nuestro sistema. Está rodeado de un anillo, en el que se distinguen tres zonas principales, y de diez satélites.
SAUCE, laguna del Uruguay (Maldonado). — Río de Guatemala, que des. en el lago Izabal. — Pobl. de la Argentina (Corrientes). — Pobl. de Nicaragua (León). — Pobl. del Uruguay (Canelones). — V. de El Salvador (La Unión).
SAUCES, río de la Argentina, cuyo dique, llamado de *La Viña*, en la prov. de Córdoba, es uno de los más altos de América (103 m). — Com. de Chile (Malleco).
SAÚL, primer rey de los hebreos, que reinó en la segunda mitad del s. XI a. de J. C. Afirmó el poder real y derrotó a los filisteos y amalecitas. Vencido por los filisteos en Gelboé, se suicidó hacia 1003.
SAULO, n. del apóstol San Pablo antes de su conversión.
SAULT-SAINTE-MARIE, n. de dos c. gemelas: una canadiense (Ontario); otra norteamericana (Michigan), a orillas del río Sainte Marie. Metalurgia.
SAUMUR [*so-*], c. de Francia (Maine y Loira) a orillas del Loira; vinos blancos espumosos afamados. Escuela de caballería. Castillo (s. XV).
SAUSSURE [*sosur*] (Fernando de), filólogo suizo (1857-1913), autor de un *Curso de lingüística general* y de *Memoria sobre el sistema primitivo de las vocales en las lenguas indoeuropeas*.
SAUSSURE (Horacio de), físico y geólogo suizo (1740-1799), el primero que llegó a la cima del Monte Blanco (1787). Inventó el higrómetro de cabello.
SAUTERNES [*sotern*], pobl. de Francia (Gironda); célebres vinos blancos.
SAUVAGE (Federico), mecánico francés (1786-1857), que aplicó la hélice a la navegación de vapor.
SAVANNAH, c. y puerto de los Estados Unidos (Georgia), a orillas del río del mismo n. (700 km); exportación de algodón.
SAVE, río de Yugoslavia, que pasa por Belgrado, donde se une al Danubio; 940 km.
SAVIÑÓN (Altagracia), poetisa modernista dominicana (1886-1942).
SAVONA, c. de Italia (Liguria), puerto en el golfo de Génova; industria siderúrgica y química. Estación estival.
SAVONAROLA (Jerónimo), predicador dominico italiano, de oratoria fogosa y exaltada (1452-1498). Intentó en vano establecer en Florencia una Constitución medio teocrática medio democrática, y fue quemado como hereje.
SAX (Antonio José, llamado **Adolfo**), fabricante de instrumentos de música belga, naturalizado francés (1814-1894), creador del *saxófono* o *saxofón*.
SAY (Juan Bautista), economista francés (1767-1832), uno de los fundadores de la doctrina librecambista.
SAYAGO, comarca española de la prov. de Zamora. (Hab. *sayagueses*.) Cereales, viñedos.
SAYANSK. V. SAIÁN.
SAYLER (Jerónimo). V. SAILLER.
SAYULA, laguna de México (Jalisco). — C. de México (Jalisco); centro agrícola.

SBARBI (José María), sacerdote y erudito español (1834-1910), que dedicó su vida a los trabajos musicales.
SCALA (Della) o **SCALIGERI,** familia italiana, de la que cierto número de miembros, del partido gibelino, fueron señores de Verona. El más famoso, CANGRANDE I (1291-1329), general de la Liga de los gibelinos de Lombardía, ofreció asilo a Dante desterrado.
SCALIGER (Julio César). V. ESCALÍGERO.
SCANDERBEG (Jorge CASTRIOTA, llamado), héroe albanés (¿1403?-1468), que defendió su país contra los turcos.
SCARBOROUGH [*-boró*], c. de Inglaterra (Yorkshire); puerto y estación balnearia a orillas del mar del Norte.
SCARLATTI (Alejandro), compositor italiano (1660-1725), fundador de la escuela napolitana, autor de óperas notables, cantatas, oratorios, etc. — Su hijo DOMENICO (1685-1757), clavecinista y compositor italiano, que residió en la corte de Madrid, autor de óperas y sonatas.
SCARPA (Antonio), cirujano y anatomista italiano (1752-1832); estudió el olfato, los nervios, etc.
SCARRON (Pablo), escritor francés (1610-1660), marido de Madame de Maintenon. Autor de la *Novela cómica*, de inspiración picaresca, y de comedias y poesías burlescas.
SCILLY o **SORLINGAS** (ISLAS), islas inglesas al SO. de Gran Bretaña.
SCOPAS. V. ESCOPAS.
SCOT ERÍGENA. V. ESCOTO ERÍGENA.
Scotland Yard, calle de Londres donde se encuentra la oficina central de la policía británica, y nombre que se da a ésta.
SCOTT (Roberto Falcón), explorador inglés (1868-1912), que realizó dos expediciones a la Antártida (1901-1904 y 1910-1912), y alcanzó, poco después de Amundsen, el Polo Sur. Murió en el viaje de regreso a la base.

▼

▲

SCOTT (Walter), novelista inglés, n. en Edimburgo (1771-1832), que compuso múltiples relatos de ambiente histórico, sobre todo medieval, exaltando el espíritu heroico y caballeresco: *Ivanhoe, Quintín Durward, Lucía de Lammermoor, Waverley, La dama del Lago, Rob Roy, El conde Roberto, El Anticuario*. Escribió también algunos poemas.
SCRANTON, c. de los Estados Unidos (Pensilvania); hulla; industria textil y metalúrgica. Universidad.
SCRIABIN (Alejandro Nicolás), pianista y compositor ruso (1872-1915).
SCRIBE (Eugenio), dramaturgo francés (1791-1861), autor de numerosas obras, notables por la habilidad con que se desenvuelven las situaciones, y de libretos de óperas.
SCUDERY (Magdalena de), novelista francesa (1607-1701), autora de los relatos preciosistas *Clelia* y *El gran Ciro*.
SCYROS. V. SKIROS.
SCHACK (Adolfo Federico, *conde de*), crítico e historiador alemán (1815-1894), autor de una *Historia de los árabes en España*, y de un estudio sobre el teatro clásico español.
SCHAEFER GALLO (Carlos), escritor y dramaturgo argentino, n. en 1889.
SCHAERBEEK, pobl. de Bélgica, arrabal de Bruselas; industrias diversas.
SCHAERER (Eduardo), político paraguayo (1873-1941), pres. de la Rep. de 1912 a 1916.

SCARLATTI

F. DE SAUSSURE

SAVONAROLA

Fot. Larousse, F. M. Jullien, Giraudon, "Monde et Caméra"

SCHUBERT

SCHUMANN

SCHILLER

SCHLIEMANN

SCHOPENHAUER

SCHAFFHAUSEN, c. de Suiza, cap. del cantón del mismo n. Famoso salto del Rin; industria textil; relojería. Catedral románica.
SCHEELE (Carlos Guillermo), químico sueco (1742-1786), que descubrió el cloro, el manganeso y la glicerina.
SCHELDE. V. ESCALDA.
SCHELER (Max), filósofo alemán (1875-1928), perteneciente a la escuela fenomenológica.
SCHELLING (Federico Guillermo), filósofo alemán (1775-1854), autor de un sistema de idealismo subjetivo.
SCHENECTADY, c. de los Estados Unidos (Nueva York); metalurgía de transformación (automóviles, material eléctrico).
SCHEVENINGEN, c. de Holanda Meridional, dependencia de la Haya; puerto de pesca y estación balnearia.
SCHICK (René), político nicaragüense (1910-1966), pres. de la Rep. en 1963.
SCHIEDAM, c. de Holanda (Holanda Meridional); aguardientes.
SCHILLER (Federico), escritor alemán, n. en Marbach (Wurtemberg) [1759-1805], autor de dramas históricos (*Los bandidos*, 1782; *La conjuración de Fiesco*, 1783; *Don Carlos*, 1787; *Wallenstein*, 1799; *María Estuardo*, 1800; *La doncella de Orleáns*, 1801; *Guillermo Tell*, 1804), de una *Historia de la guerra de los Treinta Años*, y de poesías líricas (*La canción de la campana*). Los dramas de Schiller, clásicos y shakespearianos a la vez, influyeron notablemente en los dramaturgos románticos europeos.
SCHLEGEL (Guillermo von), crítico y ensayista alemán (1767-1845), que estudió el teatro clásico europeo. Tradujo a Calderón. — Su hermano FEDERICO (1772-1829), escritor, filólogo y filósofo, uno de los fundadores de la escuela romántica alemana.
SCHLEIERMACHER (Federico), filósofo y teólogo alemán (1768-1834), autor de *Discurso sobre la religión*.
SCHLESWIG. V. SLESVIG.
SCHLIEMANN (Enrique), arqueólogo y helenista alemán (1822-1890), célebre por su descubrimiento de las ruinas de Troya y Micenas.
SCHMID (Cristóbal VON SCHMID, llamado **el Canónigo**), literato alemán (1768-1854), autor de célebres *Cuentos* para los niños.
SCHMITT (Florent), compositor francés (1870-1958), autor de obras sinfónicas, vocales y de música de cámara, de gran lirismo.
SCHNEIDER (Reinhold), escritor e hispanista alemán, n. en 1903. Autor de *Felipe II o Religión y Poder* y *Las Casas ante Carlos V*.
SCHNITZLER (Arturo), dramaturgo y novelista austriaco (1862-1931), autor de la popular comedia *Liebelei*.
SCHÖFFER [*chefer*] (Pedro), impresor alemán (1425-1502), asociado a Fust y Gutenberg. Perfeccionó con ellos la imprenta.
SCHÖNBERG (Arnold), compositor austriaco (1874-1951), creador del atonalismo.
SCHÖNBRUNN, barrio de Viena, soberbio palacio (1744-1750), residencia de los Habsburgo.
SCHÖNEBECK, c. de Alemania oriental, a orillas del Elba; industrias químicas.
SCHONGAUER (Martín), pintor alemán (¿1450?-1491), autor de célebres grabados.
SCHOPENHAUER (Arturo), filósofo alemán, n. en Dantzig (1788-1860), representante del pesimismo con su obra capital *El mundo como voluntad y como representación*, que se basa en la oposición de la *voluntad*, substrato de los fenómenos, y de la *representación* del mundo en la conciencia.
SCHRÖDINGER (Erwin), físico austriaco (1887-1961), creador de la mecánica ondulatoria. (Pr. Nóbel, 1933.)
SCHUBERT (Franz), compositor austriaco, n. en Lichtenthal (1797-1828)). Maestro del *lieder*, dejó más de 600 piezas de este género, de inspiración espontánea y profunda, así como ocho sinfonías (*Incompleta*), y óperas (*Rosamunda*).
SCHULTEN (Adolfo), arqueólogo alemán (1870-1960), que trabajó en la excavación de Numancia.
SCHUMAN (Roberto), político francés (1886-1963), autor del Plan de unificación de la industria europea del carbón y el acero.
SCHUMANN (Roberto), compositor alemán, n. en Zwickau (Sajonia) [1810-1856], autor de melodías de inspiración exquisita (*Amor de poeta*), de piezas para piano (*Carnaval, Estudios sinfónicos, Escenas infantiles*), de sinfonías, música de cámara, un concierto para piano, etc.
SCHÜTZ (Enrique), compositor alemán (1585-1672), uno de los maestros de la escuela alemana, autor de música sacra (*Salmos, Pasiones*).
SCHWÄBISCH-GMÜND, c. de Alemania occidental (Baden-Wurtemberg), al E. de Stuttgart; industrias.
SCHWAGER, mina de carbón de Chile (Concepción).
SCHWANTHALER (Luis von), escultor romántico alemán (1802-1848), que decoró, con Rauch, el panteón germánico de Walhalla.
SCHWARZ (Bertoldo), benedictino alemán (¿1310?-1384), a quien se atribuye el invento de la pólvora y los primeros cañones de bronce.
SCHWARZWALD. V. SELVA NEGRA.
SCHWEINFURT, c. de Alemania (Baviera); centro industrial (prod. químicos; automóviles).
SCHWEINFURTH (Jorge), viajero alemán (1836-1925), que exploró los países del Nilo, Arabia y Eritrea.
SCHWEITZER (Alberto), teólogo, pastor protestante, médico, músico y filántropo francés, (1875-1965), fundador del hospital de Lambaréné (Gabón). [Pr. Nóbel de la Paz en 1952.]
SCHWENNINGEN, c. de Alemania (Baden-Wurtemberg).
SCHWERIN, c. de Alemania oriental, ant. cap. de Mecklemburgo; industrias químicas.
SCHWYZ, c. de Suiza, cap. del cantón de su n.
SEATTLE, c. y puerto de los Estados Unidos (Washington); gran centro industrial.
SEBASTIÁN (*San*), n. en Narbona (Francia), asaeteado en Roma en 288. Fiesta el 20 de enero.
SEBASTIÁN (*Don*), rey de Portugal de 1557 a 1578, n. en 1554, m. en Alcazarquivir, en lucha contra los moros de África.
SEBASTIÁN DEL PIOMBO, pintor italiano, n. en Venecia (1485-1547), excelente colorista.
SEBASTIÁN VIZCAÍNO, bahía de México (Baja California).
SEBASTOPOL, ant. **Akhiar,** c. y puerto de la U. R. S. S. (Ucrania), en la penins. de Crimea; astilleros. Tomada por las tropas anglofrancesas en 1855. Combates en 1942 y 1944.
SEBHA, c. de Libia, cap. de Fezzán; 7 200 h.
SECCHI (*Padre* Angelo), jesuita y astrónomo italiano (1818-1878), autor de trabajos sobre la composición química del Sol.
Secesión (*Guerra de*), n. dado a la guerra civil que estalló en 1861 en los Estados Unidos, con motivo de la supresión de la esclavitud, y que duró hasta 1865. La elección del abolicionista Lincoln, en 1860, fue la señal de la guerra de *Secesión* de los Estados esclavistas del Sur. Los Estados abolicionistas, después de cuatro años de lucha, acabaron por triunfar. Los partidarios de la esclavitud (Estados del Sur) recibieron el nombre de *sudistas* o *confederados*, y los defensores del abolicionismo (Estados del Norte), el de *nordistas* o *federales*.
SECRETAN (Carlos), filósofo suizo (1815-1895), autor de una notable *Filosofía de la Libertad*.
Secretaría de las Naciones Unidas, órgano de las Naciones Unidas, compuesto del Secretario General, elegido por la Asamblea General por re-

Fot. Bulloz, Erwin-Marton, Hartan, Paschkow

comendación del Consejo de Seguridad, y sus auxiliares. El Secretario General es el primer funcionario administrativo de la O. N. U.

SECHUÁN, prov. de China atravesada por el río Yang tse Kiang. Cap. *Chengtu.* Agricultura.

SEDAINE (Miguel Juan), poeta dramático francés (1719-1797), autor de la comedia *Filósofo sin saberlo,* y de libretos de ópera cómica.

SEDÁN, c. de Francia (Ardenas), a orillas del Mosa; industria textil; metalurgia. En 1870 capituló en ella Napoleón III ante el ejército prusiano.

SEDECÍAS, último rey de Judá, de 597 a 586 a. de J. C.

SEDEÑO (Antonio), conquistador español, m. en 1540, gobernador de la isla Trinidad en 1530.

SEDEÑO (Manuel), patriota y militar venezolano, muerto en la batalla de Carabobo (1821).

SEEBECK (Tomás Juan), médico y físico alemán (1770-1831), que descubrió la termoelectricidad.

SEELAND, SEELANDIA o **SELANDIA,** isla danesa, en el mar Báltico. Cap. *Copenhague.*

Sefardíes o **Sefarditas,** n. dado a los judíos de origen español y portugués diseminados hoy por los Balcanes, África del Norte y otros puntos que conservan el habla castellana del s. XV, época en que fueron expulsados de la Península.

SEFERIS (Giorgos SEFERIADES, llamado), poeta y diplomático griego, n. en 1900, inspirado en el sentimiento profundo de la cultura helénica (*Mitología, Diario de a bordo,* etc.) [Pr. Nóbel, 1963].

SEGALL (Lázaro), pintor brasileño, de origen lituano (1885-1957). Fue cubista y expresionista.

SEGANTINI (Juan), pintor italiano (1858-1899), maestro de la escuela puntillista.

SEGESTA, c. de la ant. Sicilia, entre Palermo y Trapani, destruida por Agatocles. Templo de Deméter.

Segismundo, personaje principal de *La vida es sueño,* de Calderón; hermosa personificación del hombre primitivo, en quien las pasiones se despiertan y obran sin freno alguno.

SEGISMUNDO de Luxemburgo, n. en 1368, rey de Hungría de 1387 a 1437, emperador germánico de 1411 a 1437 y rey de Bohemia de 1419 a 1437.

SEGISMUNDO I el Viejo, n. en 1467, rey de Polonia de 1506 a 1548. — SEGISMUNDO II (AUGUSTO I), n. en 1520, rey de Polonia de 1548 a 1572. — SEGISMUNDO III *Vasa,* n. en 1566, rey de Polonia de 1587 a 1632, y de Suecia de 1592 a 1604.

SEGNI (Antonio), político italiano, n. en 1891, pres. de la Rep. en 1962. Aquejado de grave enfermedad, renunció a su cargo en 1964.

SEGORBE, c. de España (Castellón de la Plana); viñedos. Obispado. Palacio de los Duques de Medinaceli. Es la ant. **Segóbriga.**

SEGOVIA, c. de España, cap. de la prov. del mismo n., al pie de la sierra de Guadarrama; centro comercial. (Hab. *segovianos.*) Obispado. Acueducto romano de 170 arcos y 28 m de altura (v. pág. 20); fortificaciones medievales; alcázar (s. X-XIV) [v. pág. 44]; catedral del s. XVI.

SEGOVIA, mun. de Colombia (Antioquia); oro. — V. COCO (*Río*).

SEGOVIA (Andrés), guitarrista español, n. en 1894, uno de los más grandes concertistas en su especialidad.

SEGOVIANA o **DARIENSE,** cord. del NO. de Nicaragua.

SEGOYUELA, aldea de España (Salamanca), donde los árabes vencieron a los cristianos (713). Algunos historiadores afirman que en ella murió el rey Don Rodrigo.

SEGRE, río de España, afl. de izquierda del Ebro; nace en Francia y pasa por Lérida, recibe los dos Nogueras y el Cinca y des. junto a Mequinenza. Su curso medio está canalizado; 260 kilómetros.

SEGÚ, c. de África (República de Malí).

SEGUÍ (Antonio), pintor neofigurativo argentino, n. en 1934.

SEGUIER (Pedro), canciller de Francia (1588-1672), uno de los fundadores de la Academia Francesa.

SEGUIN (Marco), ingeniero francés (1786-1875), inventor de la caldera tubular.

SEGUNDO, río de la Argentina (Córdoba), que, como el río Primero, se pierde en la cuenca cerrada de Mar Chiquita; 209 km.

Segundo Sombra *(Don),* novela de Ricardo Güiraldes, en la que describe magistralmente la vida en la Pampa (1926).

SEGUR (Sofía ROSTOPCHIN, *condesa de*), escritora francesa (1799-1874), autora de obras para la juventud.

SEGURA, río de España, que pasa por Murcia y Orihuela y des. en el Mediterráneo; 340 km.

SEGURA (SIERRA DE), sierra de España, en el sistema Penibético (Jaén).

SEGURA DE ASTORGA (Juan Lorenzo), poeta español del s. XIII, a quien se atribuye el *Libro de Alexandre.*

SEIBO (El), prov. de la Rep. Dominicana; cap. *Santa Cruz del Seibo;* región agrícola y ganadera.

SEINE. V. SENA.

SEINE-SAINT-DENIS, dep. de Francia, cap. *Bobigny.*

SEIPEL (Ignacio), prelado y político austriaco (1876-1932), canciller de 1922 a 1924 y de 1926 a 1929.

Seis relatos porteños, obra póstuma del argentino Ricardo Güiraldes, que muestra su conocimiento de los temas nativos (1929).

SEI SHONAGON, poetisa japonesa (fines del siglo X).

SEISSENHOFFER (Hans), explorador alemán del s. XVI, que fue gobernador de Venezuela. Fue llamado *Juan el Alemán.*

SEISTÁN, región de Irán y Afganistán.

SELANDIA. V. SEELAND.

SELANGOR, uno de los Estados de la Federación de Malaysia, en la costa Oeste; cap. *Kuala Lumpur.* Estaño.

SELENE, diosa griega que personifica a la Luna.

SELENGA, río de Asia central, que desemboca en el lago Baikal; 1 200 km.

SELEUCIA, c. ant. de Asia, a orillas del Tigris, cap. de los Seleúcidas, y luego de los partos. Ruinas cerca de Bagdad.

SELEÚCIDAS, dinastía fundada en Persia y Asia Menor por Seleuco I, que reinó de 312 a 64 a. de J. C. y conquistó Siria en 200 a. de J. C.

SELEUCO I Nicátor, general de Alejandro (¿325-281? a. de J. C.), fundador en 312 a. de J. C. de la dinastía de los Seleúcidas en Asia.

SELGAS Y CARRASCO (José), poeta romántico español (1822-1882), autor de *Flores y espinas* y de la novela *La manzana de oro.*

SELIM o **SALIM I el Cruel,** sultán de 1512 a 1520. Conquistó Egipto y Persia. — SELIM II *el Ebrio,* sultán de 1566 a 1574; fue derrotado en Lepanto. — SELIM III, sultán de 1789 a 1808. Rechazó en 1807 un ataque de la flota inglesa contra Constantinopla.

SELKIRKSHIRE, condado de Escocia; cap. *Selkirk.*

SELVA (Salomón de la), poeta nicaragüense (1893-1959), que escribió en inglés (*Tropical town and other poems*) y en castellano (*El soldado desconocido, La ilustre familia*).

SELVA ALEGRE *(Marqués de).* V. MONTÚFAR (Juan Pío).

SELVA NEGRA, en alem. **Schwarzwald,** macizo montañoso de Alemania del Sur; 1 493 m en el *Feldberg.* Ganadería. Turismo.

SELYÚCIDAS o **SELYÚKIDAS,** dinastía turcomana que, del s. XI a XIII, dominó en Asia occidental. Los selyúcidas de Persia reinaron de 1060 a 1194; los de Kirmán de 1041 a 1188; los de Asia Menor de 1087 a 1302.

SELLÉN (Francisco), poeta y patriota cubano (1838-1907), autor de *Cantos a la patria.* — Su hermano ANTONIO (1839-1889) colaboró con él.

SELLÉS (Eugenio), dramaturgo español (1844-1926), autor de los dramas *El nudo gordiano* y *El cielo y el suelo,* y de libretos de zarzuelas.

SEM, hijo de Noé, origen de los pueblos semitas. Vivió durante seiscientos años. (*Biblia.*)

SEMARANG, c. de la República de Indonesia, en la costa N. de Java. Metalurgia; textiles.

SEMELE, hija de Cadmo, rey de Tebas, que, seducida por Zeus, fue madre de Dionisos. *(Mit.)*

SEMIPALATINSK, c. de la U. R. S. S. (Kazakstán), a orillas del río Irtich; industrias.

SEMÍRAMIS, reina legendaria de Asiria y de Babilonia, a quien la tradición atribuye la fundación de Babilonia y de sus jardines colgantes.

pintura de SEGALL

SEGOVIA la catedral desde la torre del Alcázar

Fot. Colten, Roger Lawson

SEPTIMIO SEVERO
museo del Capitolio
Roma

SÉNECA
MORIBUNDO
por RUBENS
pinacoteca de Munich

J. DE LA SERNA

F. J. SERRA

SEMITAS o *Hijos de Sem,* familia etnográfica y lingüística que comprende los diversos pueblos que hablan o hablaron el arameo, el siriaco, el caldeo, el asirio, el hebreo, el árabe y el himiarita Suele aplicarse este nombre a los hebreos.

SEMIVUELTA, región tabacalera del O. de Cuba.

SEMMELWEISS (Ignacio Felipe), médico húngaro (1818-1865), notable ginecólogo.

SEMPERE (Jerónimo), escritor español del s. XVI, autor del poema épico *La Carolea,* en honor de Carlos I.

SEMPRONIO, n. de dos familias ilustres de la antigua Roma, a una de las cuales pertenecían los Gracos.

SEM TOB. V. TOB (Sem).

SENA, en fr. **Seine,** río de Francia que pasa por París y des. en el canal de la Mancha formando un gran estuario; 776 km.

SENA, dep. de Francia correspondiente a la ciudad de París. Es el dep. más pequeño del país, pero el más densamente poblado y activo.

SENA MARÍTIMO, dep. de Francia, en Normandía; cap. *Ruán.*

SENANCOUR (Etienne de), escritor francés (1770-1846), autor de *Obermann,* novela autobiográfica.

SENAQUERIB, rey de Asiria de 705 a 681 a. de J. C., hijo y sucesor de Sargón II. Hizo expediciones a Caldea, a Judea, a Armenia, a Media y a Arabia. Construyó los jardines de Nínive. Fue asesinado por uno de sus hijos.

SENAR, SENNAR o **SANNAR,** c. del Sudán, a orillas del Nilo Azul. Presa.

SENA Y MARNE, dep. de Francia, en la cuenca de París; cap. *Melun.*

SENA Y OISE, ant. dep. de Francia, en la Isla de Francia; cap. *Versalles.* Desaparecido en 1967.

SENDAI, c. del Japón (Hondo). Fundiciones de cobre; tejidos.

SENDER (Ramón J.), escritor español, n. en 1901, autor de las novelas *Míster Witt en el Cantón, Los cinco libros de Ariadna, La llave, En la vida de Ignacio Morel, Tánit* y del libro de relatos *Novelas ejemplares de Cíbola.*

SÉNECA (Lucio Anneo), filósofo hispanolatino, n. en Córdoba (¿4?-65), hijo de Marco Anneo. Fue preceptor de Nerón y cónsul. Sospechoso de haber participado en la conjuración de Pisón contra el emperador, se suicidó abriéndose las venas. Se han conservado de él tratados de filosofía moral *(De vita beata, Consolatio ad Martiam, De Clementia),* inspirados en la doctrina estoica, las *Epístolas a Lucilio* y tragedias *(Medea, Las troyanas, Agamenón).*

SÉNECA (Marco Anneo), retórico hispanolatino, n. en Córdoba (¿55 a. de J. C.-39 d. de J. C.?), padre del anterior, autor de *Suasorias, Controversias.*

SENEFELDER (Alejo), inventor alemán (1771-1834), descubridor de la litografía.

SENEGAL, río del O. de África, que nace en el Futa Yalón y des. en el Atlántico; 1 700 km.

SENEGAL *(Estado del),* república de África occidental, al S. del río *Senegal.* Sup. 197 161 km²; 3 400 000 h. *(senegaleses).* Cap. *Dakar,* 375 000 h.; c. pr. *Saint-Louis,* 62 500 h. Prod. maní, algodón, arroz, maíz. Antigua colonia francesa, el Senegal formó con Sudán, de 1959 a 1960, la Federación de Malí.

SENEGAMBIA, región de África comprendida entre Senegal y Gambia.

SENGHOR (Leopoldo Sedar), político y escritor senegalés, n. en 1906, pres. de la Rep. del Senegal.

SENGUERR, río de la Argentina (Chubut), que nace en los lagos gemelos de La Plata y Fontana.

SENLIS, c. de Francia (Oise). Iglesia gótica (s. XII-XIII).

SENS [*sans*], c. de Francia (Yonne). Arzobispado. Catedral (s. XII-XIII y XVI).

Sensaciones *(Tratado de las),* obra de Condillac (1754). Exposición de la doctrina sensualista.

SENSUNTEPEQUE, c. de El Salvador, cap. del dep. de Cabañas. Centro agrícola.

Sentimiento trágico de la vida *(Del),* libro de ensayos de Miguel de Unamuno en el cual plantea los conflictos entre la razón y la fe.

SENUSI (Mohammed Ydriss **es-**), n. en 1890, emir de Cirenaica, rey de Libia desde 1951.

Señor Presidente *(El),* novela de carácter político del guatemalteco M. A. Asturias (1946).

SEOANE (Luis), pintor abstracto argentino, n. en 1910.

SEO DE URGEL, v. de España (Lérida) centro comercial y agrícola. Es plaza fuerte y sede episcopal. Su obispo es copríncipe, con el presidente de la República Francesa, del principado de Andorra. Catedral románica (s. XI).

SEPTENTRIONAL (CORDILLERA), cord. de la Rep. Dominicana, que se extiende a lo largo de la costa norte de la isla. Tb. es llamada **Sierra de Monte Cristi.**

SEPTIMANIA, territorio de la séptima legión romana, parte SO. de las Galias.

SEPTIMIO SEVERO, emperador romano de 193 a 211. General hábil, protector de las artes, se mostró cruel con los cristianos. Su última palabra fue *Laboremus* (trabajemos).

Sepulcro *(Santo).* V. SANTO SEPULCRO.

SEPÚLVEDA, v. de España (Segovia); iglesia románica de Santa María (s. XII).

SEPÚLVEDA (Juan Ginés de), humanista español (¿1490?-1573), que estudió los problemas jurídicos que planteaba el descubrimiento y la colonización de América y compuso las crónicas latinas de los reinados de Carlos V y Felipe II.

SEPÚLVEDA LEYTON (Carlos), novelista chileno (1900-1941), autor de *Hijuna, La fábrica, Camarada.*

SERAO (Matilde), novelista italiana de origen griego (1858-1927), autora de *El vientre de Nápoles, El país de Cucaña.*

Serapeyón o Serapeo, n. dado por los romanos a los templos de Serapis. Los más célebres eran los de *Menfis* y de *Alejandría.*

SERAPIS o **SARAPIS,** dios egipcio de la época lagida y romana, que resulta de la confusión entre Apis divinizado, u Osiris Apis, con un dios extraño a Egipto. Más tarde se identificó Serapis con *Plutón* o *Júpiter.*

SERBIA. V. SERVIA.

SERBELLONI (Gabriel), militar italiano (1508-1580) que estuvo al servicio del emperador Carlos V y luego de Felipe II. Luchó en la batalla de Lepanto.

SERDÁN (Aquiles), político mexicano (1876-1910), uno de los primeros caídos de la revolución de 1910.

SERENA (La), comarca de España, en la prov. de Badajoz. Tierra de pastos; ganadería.

SERENA (La), c. de Chile, cap. de la prov. de Coquimbo, cerca de la des. del río Elqui; centro comercial; minas de cobre. Arzobispado. Fue fundada en 1544 y atacada por los corsarios en el s. XVII. Destruida por un terremoto en 1730.

SERES, n. dado en la Antigüedad a los pueblos de Extremo Oriente, de donde sacaba la seda el mundo occidental. Habitaban la Sérica.

SERES o **SERRES,** c. de Grecia (Macedonia); cultivo del algodón.

SERETH o **SIRET,** río de Rumania, que nace en los Cárpatos, afl. izq. del Danubio; 726 km.

Sergas de Esplandián *(Las),* libro de caballerías de Garci Rodríguez de Montalvo, publicado en 1510.

SERGIO, patriarca de Constantinopla de 610 a 638, defensor de Constantinopla contra los ávaros (626) y fundador del monotelismo.

SERGIO I, papa de 687 ó 688 a 701. — SERGIO II, papa de 844 a 847. — SERGIO III, papa de 904 a 911. — SERGIO IV, papa de 1009 a 1012.

SERGIPE, Estado del Brasil, en la costa del Atlántico; cap. *Aracajú;* prod. caña de azúcar, algodón, arroz; ganadería.

Sermón de la Montaña *(El),* discurso de Jesús (Mateo, V-VII; Lucas, VI, 17-49), considerado como el programa de vida del cristiano.

SERNA E HINOJOSA (José de **La**), militar y gobernante español (1770-1832), último virrey del Perú de 1821 a 1824. Fue derrotado por Sucre en Ayacucho.

SEROV (Alejandrovich), pintor ruso (1865-1911), que sobresalió como retratista.

SERPA (Enrique), poeta y narrador realista cubano, n. en 1899, autor de *Contrabando* y *La trampa.*

SERPA PINTO (Alejandro Alberto **da Rocha**), explorador portugués (1846-1900), que se distinguió por su obra colonizadora en Mozambique.

Fot. Alinari, Giraudon, doc. A. G. P.

SERPIENTE EMPLUMADA. V. QUETZALCÓATL.
SERPUJOV, c. de la U. R. S. S. (Rusia), al S. de Moscú; textiles; fundiciones.
SERRA (Edualdo), escultor y ceramista español, n. en 1911.
SERRA (*Fray* Junípero), franciscano español (1713-1784), evangelizador y colonizador de California (1769).
SERRA (Narciso), poeta y dramaturgo español (1830-1877).
SERRANO, isla de Chile, frente a la ciudad de Iquique (Tarapacá).
SERRANO (José), músico español (1873-1941), autor de populares zarzuelas (*Moros y cristianos, Alma de Dios, La Dolorosa*).
SERRANO (José Mariano), jurista y patriota boliviano (1788-1852), miembro del Congreso de Tucumán (Argentina). Presidió la asamblea que proclamó la independencia de su país (1825).
SERRANO (Pablo), escultor español, n. en 1910.
SERRANO Y DOMÍNGUEZ (Francisco), duque de la Torre, militar y político español, n. en San Fernando (Cádiz) [1810-1885], jefe del Partido Liberal (1865). Derrotó en el puente de Alcolea a las tropas de Isabel II, tras la revolución de 1868. En enero de 1869 expuso a las Cortes el programa de la revolución, siendo nombrado regente del reino hasta el advenimiento de Amadeo I, bajo cuyo reinado ocupó la presidencia del Gobierno. Después del pronunciamiento de Sagunto se retiró a Francia y, a su regreso en 1884, reconoció a Alfonso XII.
SERRATO (José), político y economista uruguayo (1868-1962), pres. de la Rep. de 1923 a 1927.
SERRES. V. SERES.
SERREZUELA, parte de la cadena montañosa del Cordón de Pocho (Argentina).
SERT (José María), pintor español (1876-1945) conocido por sus murales (Catedral de Vich, Sociedad de Naciones, en Ginebra).
SERTÃO. V. *Parte lengua.*
SERTORIO (Quinto), general romano, n. hacia 123 a. de J. C., vencedor de Metelo y Pompeyo, asesinado en España por su lugarteniente Perpenna en 72 a. de J. C. Enemigo de Sila, dueño de Roma, se hizo independiente en España, derrotando repetidas veces a los procónsules romanos. Estableció un Senado en Évora y creó una Escuela para la enseñanza de las letras griegas y latinas.
SERVANDONI (Juan Nicolás), arquitecto y pintor italiano (1695-1766); trabajó en Francia.
SERVET (Miguel), médico y humanista español, n. en Villanueva de Sigena (Huesca) [1511-1553], que descubrió la circulación pulmonar de la sangre. Tomó parte en las contiendas religiosas provocadas por la Reforma. Calvino le encarceló y le hizo morir en la hoguera. Autor de *Christianismi Restitutio, De Trinitatis erroribus.*
SERVIA, ant. reino de Europa meridional, a orillas del Danubio. Hoy es una de las repúblicas federadas de Yugoslavia; 55 968 km². (Hab. *servios.*) Cap. *Belgrado.* Después de ser vasallo de Bizancio y de Bulgaria. Servia alcanzó la independencia en el s. XII y se convirtió en un reino poderoso. Sometido por los turcos a partir del final del siglo XIV, el país fue liberado gracias a la ayuda rusa. El Tratado de Berlín (1878) declaró la independencia de Servia, que se constituyó en reino en 1882. En 1915 fue invadida por las tropas de los austrohúngaros, los alemanes y los búlgaros. Tras ser liberada en 1918, se convirtió, hasta 1941, en el corazón del Reino de los Servios, Croatas y Eslovenos, que en 1929 tomó el nombre de *Yugoslavia* (v. este nombre).
SERVIOS, CROATAS Y ESLOVENOS *(Reino de los),* n. llevado de 1918 a 1929 por la actual Yugoslavia.
SERVIO TULIO, sexto rey de Roma (¿578?-535 a. de J. C.).
SESORI, c. de El Salvador (San Miguel).
SESOSTRIS o **SENOSRIT,** n. de varios faraones de Egipto pertenecientes, los principales, a la XII dinastía.
SESQUILÉ, mun. de Colombia (Cundinamarca).
SESTAO, pobl. de España (Vizcaya), cerca de Bilbao. Altos hornos. Fábricas de cal y cemento.
SESTOS, c. ant. de Tracia, enfrente de *Abidos.*

Francisco SERRANO

SERVET

SET, el tercer hijo de Adán y Eva. *(Biblia.)*
SÈTE, ant. **Cette,** c. de Francia (Hérault); puerto activo a orillas del Mediterráneo; comercio de vinos. Refinería de petróleo.
SETEGANTÍ. V. TUIRA.
SETE LAGOAS, pobl. del Brasil (Minas Gerais); centro agrícola; cristal de roca, mica.
Setenta *(Versión de los),* nombre dado a la traducción griega del Antiguo Testamento, hecha por setenta y dos judíos de Egipto por orden de Ptolomeo Filadelfo. Es la más antigua y la más célebre de todas (283 ó 282 a. de J. C.).
SETE QUEDAS. V. GUAIRA.
SETI I, rey egipcio de la XIX dinastía (1312-1298 a. de J. C.), cuyo sepulcro fue hallado cerca de Tebas. Padre de Ramsés II. — SETI II, rey egipcio, de la XIX dinastía (hacia 1210 a. de J. C.).
SETIF, c. de Argelia, cap. del dep. del mismo nombre; centro comercial.
SETÚBAL, c. y puerto de Portugal, cap. de distrito; pesca, conservas de pescado.
SETÚBAL. V. GUADALUPE.
SEÚL o **KYÖNGSONG,** cap. de Corea del Sur; 3 805 000 h. Universidad. Metalurgia, tejidos. Fue destruida en gran parte en 1950-1951.
SEURAT (Jorge), pintor francés (1859-1891), uno de los jefes del puntillismo.
SEVAN (LAGO), lago de Armenia soviética.
SEVERINO, papa de ¿638? a 640.
SEVERINO *(San),* apóstol de Nórica, m. hacia 482, venerado en Nápoles. Fiesta el 8 de enero. — Ermitaño francés, m. hacia 540. Fiesta el 27 de noviembre.
SEVERN, río de Inglaterra, que desemboca en el canal de Bristol (Atlántico); 338 km.
SEVERNAIA ZEMLIA ("Tierra del Norte"), archip. ártico de la U. R. S. S., entre el mar de Kara y el mar de Laptev.
SEVERO. V. ALEJANDRO y SEPTIMIO.
SEVIGNÉ (María DE RABUTIN-CHANTAL, *marquesa de*), escritora francesa (1626-1696), cuyas célebres *Cartas* a su hija, publicadas en 1726, constituyen una crónica viva de la Francia de Luis XIV.
SEVILLA, c. de España, cap. de la prov. del mismo n., a orillas del Guadalquivir; puerto

marquesa de SEVIGNÉ
por MIGNARD
museo de Florencia

SEVILLA
el río Guadalquivir
y la Torre del Oro

Fot. Larousse, Braun, Dirección Gral. de Información y Turismo Español

SHAW

SHELLEY

R. SHERIDAN
por REYNOLDS

SHAKESPEARE

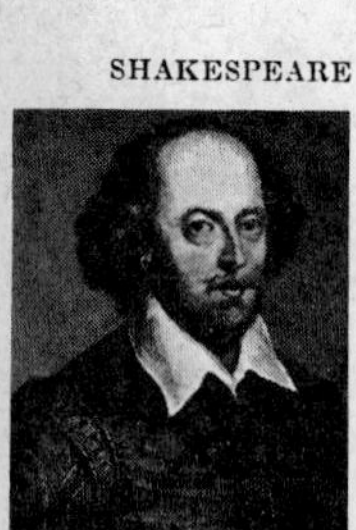

fluvial; centro comercial e industrial. (Hab. *sevillanos.*) Aeropuerto (*San Pablo*). Arzobispado. Capitanía general. Universidad; Escuela de Ingenieros Industriales. Es la **Híspalis** romana. Cerca se encuentran las ruinas de *Itálica*. Típica ciudad andaluza cuya parte antigua, o barrio de Santa Cruz, posee calles estrechas y hermosos patios que adornan el interior de las casas. En la parte nueva existe el parque de María Luisa. Entre sus monumentos se deben citar: la Catedral, bella iglesia gótica, la Giralda, torre de 97 metros de altura, la Casa de Pilato, el Alcázar, la Torre del Oro, las Casas Consistoriales, el Archivo de Indias. Importante museo de pinturas; Biblioteca Colombina. Es célebre su Semana Santa y sus ferias de abril. Patria de Velázquez, Murillo, Herrera. — La prov. es eminentemente agrícola y ganadera.

SEVILLA, isla de Panamá (Chiriquí). — C. de Colombia (Valle del Cauca).

SÈVRES [*sevr*], c. de Francia (Hauts-de-Seine), a orillas del Sena. Oficina Internacional de Pesas y Medidas; célebre fábrica de porcelanas. Museo de Cerámica.

SÈVRES (Deux-), dep. de Francia; cap. *Niort.*

SEXTO EMPÍRICO, filósofo, astrónomo y médico griego del s. III, el representante más imparcial del escepticismo.

SEYANO (Elio), ministro de Tiberio, n. en Bolsena hacia 20 d. de J. C., estrangulado el año 31 por orden del emperador por haber aspirado al poder supremo. Se ha conservado su nombre como sinónimo de ministro cruel y corrompido.

SEYCHELLES (ISLAS), islas inglesas del océano Índico, al NE. de Madagascar. Cap. *Victoria.* Especias, copra, vainilla.

SEYMOUR (Juana). V. JUANA SEYMOUR. — Su hermano EDUARDO, duque de Somerset (¿1506?-1552), político inglés, "Protector" durante el reinado de Eduardo VI; ambicioso, violento y general incapaz, murió decapitado.

SFAX, c. y puerto de Túnez, en el golfo de Gabes; exportación de fosfatos.

SFORZA, ilustre familia italiana que reinó en Milán (s. XIV-XVI).

SFORZA (Catalina), princesa DE FORLI (1463-1509), célebre por el heroísmo con que defendió Forli contra el ejército de César Borgia.

's GRAVENHAGE. V. HAYA (*La*).

SHACKLETON (Ernesto), explorador inglés de las regiones antárticas (1874-1922).

SHAFTESBURY (Anthony, *conde de*), político inglés (1621-1683), a quien se debe el famoso bill del *Habeas corpus.* — Su nieto, ANTONIO, filósofo (1671-1713), defendió la moral del sentimiento.

SHAKESPEARE (William), poeta y dramaturgo inglés, n. en Stratford-upon-Avon (1564-1616), figura cimera de las letras, autor de una obra literaria de riquísimo contenido. Su teatro presenta todas las facetas del corazón del hombre, todas las pasiones, todos los impulsos: desde el amor (*Romeo y Julieta*) y la piedad filial (*El rey Lear*), hasta los celos (*Otelo*), la ambición (*Macbeth*), la avaricia (*El mercader de Venecia*) y la duda (*Hamlet*). Compuso también *Sonetos,* de delicado lirismo, y fue comediógrafo de imaginación fecunda: *La tempestad, El sueño de una noche de verano, Mucho ruido para nada, Las alegres comadres de Windsor, A buen fin no hay mal principio, Los dos hidalgos de Verona, Como gustéis, La fierecilla domada, Cuento de invierno,* etc. Muchas de sus obras se inspiran en la historia de la Antigüedad clásica (*Antonio y Cleopatra, Julio César, Coriolano, Tito Andrónico, Troilo y Crésida*) o en hechos de la historia de Inglaterra (*Vida y muerte del rey Juan, El rey Ricardo II, Enrique IV, Enrique V, Enrique VI, La tragedia de Ricardo III, La famosa historia de la vida del rey Enrique VIII*). Los contactos de Shakespeare con las letras españolas son múltiples: no sólo se inspiró en un conocido cuento del Príncipe Don Juan Manuel para su comedia *La fierecilla domada,* sino que recordó en varias ocasiones algunos de los textos fundamentales de la literatura española. Traducida ya a partir del s. XVIII por Ramón de la Cruz y Leandro Fernández de Moratín, su obra no ha dejado jamás de ser representada en los escenarios españoles.

SHANGAI, c. de China (Kiangsu), en el estuario del Yang tse Kiang; puerto importante y gran zona industrial (metalurgia, ind. químicas y textiles). Centro de comercio internacional.

SHANNON, río de Irlanda, que forma varios lagos y des. en el océano Atlántico; 368 km.

SHANSI. V. CHANSI.

SHANTONG. V. CHANTUNG.

SHAW (George Bernard), dramaturgo irlandés, n. en Dublín (1856-1950), creador de una obra ingeniosa y satírica en la que descubre su humorismo, a veces cruel, y su pesimismo: *Cándida, Pigmalión, Héroes, La profesión de la señora Warren, César y Cleopatra, Santa Juana, Hombre y super-hombre,* etc. (Pr. Nóbel, 1925.)

SHEFFIELD [*chefild*], c. de Inglaterra (Yorkshire). Gran centro industrial (hulla, metalurgia, cuchillería, etc.).

SHEKIACHUANG, c. de China (Hopei), al SO. de Pekín.

SHELLEY (Percy Bysshe), poeta lírico inglés (1792-1822), uno de los más altos representantes del Romanticismo. Murió ahogado accidentalmente en Italia. Entre sus obras, de versos armoniosos y acento melancólico, sobresalen *Alastor, Oda al viento del Oeste, Adonais,* que es una elegía a la muerte de John Keats, *La alondra,* etc.

SHENSI. V. CHENSÍ.

SHENYANG. V. MUKDEN.

SHERBROOKE, c. de Canadá (Quebec). Arzobispado. Universidad. Centro comercial e industrial (textiles, madera, papel, caucho).

SHERIDAN (Felipe Enrique), general norteamericano (1831-1888), que se distinguió durante la guerra de Secesión en las filas del Partido Federal.

SHERIDAN (Richard), orador y dramaturgo inglés (1751-1816), autor de la célebre comedia *La escuela de la murmuración* (1777).

Sherlock Holmes, personaje principal de las novelas de Conan Doyle, modelo de detectives.

SHERMAN (Guillermo), general norteamericano (1820-1891), uno de los jefes del ejército federal durante la guerra de Secesión.

SHERRINGTON (*sir* Charles Scott), fisiólogo inglés (1857-1952), premio Nóbel en 1932 por sus investigaciones sobre el sistema nervioso.

SHETLAND, archipiélago al N. de Escocia, que forma un condado; cap. *Lerwick.*

SHETLAND DEL SUR, archip. de la Argentina, del grupo de las Antillas del Sur.

SHEHUEN. V. CHALIA.

SHILLONG, c. de la India, cap. del Est. de Asam.

SHIMAZAKI, escritor japonés (1872-1943), maestro del estilo naturalista en su país.

SHIMONOSEKI o **SIMONOSEKI,** c. del Japón (Hondo); puerto; industrias químicas y metalúrgicas.

SHIRAZ o **CHIRAZ,** c. de Irán; vinos, alfombras. Ruinas de Persépolis.

SHKODËR o **SHKODRA.** V. ESCUTARI.

SHÓLOJOV (Mijaíl A.). V. CHOLOJOV.

SHOSHONES, indios norteamericanos cuyo territorio abarca desde el río Colombia hasta el norte de México.

SHREVEPORT, c. de los Estados Unidos (Luisiana); centro comercial e industrial.

SHREWSBURY c. de Inglaterra, a orillas del río Severn, cap. del condado de Shropshire.

SHROPSHIRE o **SALOP,** condado de Inglaterra, lindante con el País de Gales; cap. *Shrewsbury.*

Sí de las niñas (*El*), comedia costumbrista de Leandro Fernández de Moratín (1806).

SIALKOT, c. del Paquistán Occidental, cerca de la frontera de Cachemira.

SIAM. V. TAILANDIA.

SIAN, c. de China, cap. de la prov. de Chensí; ind. textil (algodón).

SIAPA, río de Venezuela, afl. del brazo Casiquiare (Amazonas); 320 km.

SIBARIS, ant. c. de Italia (Lucania), colonia aquea, destruida en 510 a. de J. C., célebre por el lujo de sus habitantes (*sibaritas*).

SIBELIUS (Juan), compositor finlandés (1865-1957), autor de *Finlandia* y de *Vals triste.*

SIBERIA, región septentrional de Asia, limitada por el océano Ártico, el océano Pacífico, el río Amur, la vasta cadena montañosa de Asia central y, al oeste, los Urales. De N. a S. presenta tres formaciones vegetales: la tundra, la taiga y la estepa. Forma parte de la U. R. S. S.

Fot. Lena Connell, National Gallery, Larousse, Giraudon

y comprende varias repúblicas autónomas. En la región occidental la agricultura está muy desarrollada y las riquezas minerales favorecen una rápida industrialización. El actual desarrollo económico data de nuestro siglo y se debe principalmente a la construcción del ferrocarril transiberiano, en cuyo recorrido se encuentran las grandes ciudades.

SIBIU, c. de Rumania (Transilvania); industria textil.

SIBONEYES. V. CIBONEYES.

SIBUNDOY, valle de Colombia, en el Alto Putumayo, a 2 224 m de alt.

SICAMBROS, ant. pueblo de Germania. Vencido por Druso, se unió a los francos.

SICANOS o **SÍCULOS,** pueblo ibero, que emigró de España a Sicilia.

SICARDI (Francisco), médico y novelista argentino (1856-1927), autor de *Genaro.*

SICASICA, c. de Bolivia, cap. de la prov. de Aroma (La Paz).

SICCARDI (Honorio), compositor argentino n. en 1897, autor de música instrumental.

SICILIA, gran isla italiana del Mediterráneo; 25 740 km², 5 000 000 h. (*sicilianos*); cap. *Palermo.* Tierra fértil en el N. y O.: agrios, viñedos, etc. Cereales en el interior. — Fue ocupada sucesivamente por fenicios, griegos, cartagineses y romanos. En 1282, tras las *Vísperas Sicilianas,* el reino angevino quedó dividido en dos partes. El príncipe de Aragón Alfonso V las unificó en 1442.

SICILIAS (REINO DE LAS **Dos**), ant. reino de Italia meridional, desde 1442 hasta 1458 y de 1816 a 1861. Cap. *Nápoles.*

SICIONE, c. de la ant. Grecia (Peloponeso).

SICUANI, c. del Perú, cap. de la prov. de Canchis (Cuzco). Prelatura nullius.

SIDI BEL ABBÉS, c. de Argelia (Orán).

SIDI IFNI, c. en la costa SO. de Marruecos, cap. de Ifni.

SIDNEY (Felipe), escritor y político inglés (1554-1586), autor de la novela pastoril *La Arcadia.*

SIDÓN, hoy **Saida,** c. ant. de Fenicia.

SIDONIO APOLINAR (Cayo Solio), poeta latino, n. en Lyon (430-¿487?).

SIEGBAHN (Manne), físico sueco, n. en 1886, que descubrió la refracción de los rayos X. (Pr. Nóbel, 1924.)

SIEGFRIED (Andrés), escritor francés (1875-1959), autor de numerosas obras de sociología política y geografía económica.

SIE-HO, pintor chino del siglo VI, que definió la pintura china en su obra *Seis Principios.*

SIEMENS (Werner von), ingeniero alemán (1816-1892), autor de trabajos sobre la electricidad. — Su hermano, *sir* WILLIAM, naturalizado inglés (1823-1883), inventó el horno Martin-Siemens para la fabricación del acero.

SIENA, c. de Italia (Toscana), cap. de la prov. del mismo n. Arzobispado; murallas (s. XIII), palacio (s. XIV), catedral (s. XIII), baptisterio de San Juan (Donatello), iglesia fortificada. Fue República independiente (s. XII-XVI).

SIENA. Plaza del Campo y Palacio Público

SICILIA
escenario del teatro griego de Taormina
al fondo, el Etna

SIENE, c. del ant. Egipto, hoy **Asuán.**

SIENKIEWICZ (Enrique), novelista polaco (1846-1916), autor de *Quo vadis?,* evocación de la Roma neroniana. (Pr. Nóbel, 1905.)

SIERO, c. de España (Oviedo). Hulla.

SIERRA (Terencio), general y político hondureño (1849-1907), pres. de la Rep. de 1900 a 1903. Impulsó el progreso del país.

SIERRA CHICA, sierra de la Argentina (Córdoba), que constituye la parte media del Cordón Oriental.

SIERRA GORDA, n. dado a un sector de la Sierra Madre Oriental de México (Tamaulipas). — Com. de Chile (Antofagasta).

SIERRA GRANDE, sierra de la Argentina (Córdoba); yac. de hierro.

SIERRA LEONA, Estado de la costa occidental de África, miembro del Commonwealth. Sup. 72 323 km²; 2 600 000 h.; cap. *Freetown,* 125 000 h.; c. pr. *Marampa* o *Lunsar,* 15 000 h. Aceite de palma; hierro, diamantes y cromo.

SIERRA MADRE, sistema montañoso de Guatemala, que forma la altiplanicie central del país; 380 km.

SIERRA MADRE DE CHIAPAS, sierra de México, que atraviesa en su mayor extensión el Estado de Chiapas.

SIERRA MADRE DEL SUR, sierra de México, que se extiende desde el cabo Corrientes hasta el istmo de Tehuantepec.

SIERRA MADRE DE OAXACA, sierra de México, que atraviesa el Estado de Oaxaca; tiene una long. de 300 km. y cimas de más de 3 000 m.

SIERRA MADRE OCCIDENTAL, sierra de México, al O. del país; tiene una long. de 1 250 km y algunas de sus cimas alcanzan 3 000 m.

SIERRA MADRE ORIENTAL, sierra de México, al este del país; tiene una longitud de 1 300 km y sus cimas son de una altura media de 2 200 m.

SIERRA MÉNDEZ (Justo), historiador, poeta romántico, orador y educador mexicano, n. en Campeche (1848-1912), autor de *La evolución política de México, Historia patria,* etc. Su obra de pedagogo ha ejercido gran influencia.

SIERRA MORENA. V. MORENA.

SIERRA NEVADA, n. dado a un sector de la Cord. Neovolcánica de México, entre el Estado de este n. y el Puebla. — V. NEVADA.

SIERRA NEVADA DE CHITA, sierra de Colombia, en la Cord. Oriental; 5 943 m. Tb. llamada **Cocuy** o **Güicán.**

SIERRA O'REILLY (Justo), jurista y escritor mexicano (1814-1861), autor de relatos históricos. Padre de Justo Sierra Méndez.

SIERRAS PAMPEANAS, sucesión de montañas de la Argentina, desde la Puna hacia el Sur.

Siervo libre de amor, novela alegórica y caballeresca de Rodríguez del Padrón (1430), que gozó en su tiempo de la mayor popularidad.

SIENKIEWICZ

J. SIERRA MÉNDEZ

Fot. Roubier, Viollet, X, doc. A. G. P.

Gil DE SILOÉ *detalle* de LA TUMBA DE JUAN DE PADILLA Burgos

Siete ensayos de interpretación de la realidad peruana, ensayos del escritor peruano José Carlos Mariátegui (1928).

Siete Jefes *(Guerra de los),* guerra legendaria entre Etéocles, rey de Tebas, su hermano Polinices y otros seis jefes.

Siete Partidas, colección de leyes y costumbres de gran interés histórico, redactada por orden de Alfonso X el Sabio. Cuadro exacto de la sociedad de la segunda mitad del s. XIII. Editadas por la Academia de la Historia (1807).

Siete Tratados, ensayos del ecuatoriano Juan Montalvo, que se distinguen por su prosa brillante (1873).

SIEYÈS (Manuel José), sacerdote y político francés (1748-1836), uno de los fundadores del Club de los Jacobinos. Fue cónsul provisional con Bonaparte y Roger Ducos.

SIFACE, rey de Numidia occidental, esposo de Sofonisba. Fue hecho prisionero por Masinisa (203 a. de J. C.).

SIGEBERTO, n. de tres reyes de Austrasia (s. VI y VII). El más notable fue SIGEBERTO I, n. en 535, rey de 561 a 575, esposo de Brunilda, asesinado por orden de Fredegunda.

Sigfrido, drama musical de R. Wagner (1876). Forma la tercera parte de la tetralogía *El anillo de los Nibelungos.* Su protagonista, Sigfrido, es un héroe noble, valeroso e invulnerable, salvo por un punto de la espalda. Es asesinado a traición por Hagen, instigado por Brunilda.

SIGMARINGEN, c. de Alemania (Baden-Wurtemberg), ant. cap. del principado de Hohenzollern.

SIGNAC (Pablo), pintor francés (1863-1935), uno de los maestros del impresionismo divisionista o puntillismo.

Fray J. DE SIGÜENZA

SIGNORELLI (Luca), pintor italiano (¿1445?-1523), artista de enérgico realismo, autor de *El juicio final,* en Orvieto.

SIGSIG, c. del Ecuador (Azuay). Centro minero.

SIGUATEPEQUE, pobl. de Honduras (Comayagua).

SIGÜENZA, c. de España (Guadalajara), a orillas del Henares; monumentos árabes y románicos; catedral (s. XII-XIII). Obispado.

SIGÜENZA (José de), historiador y fraile jerónimo español (¿1544?-1606), autor de una *Historia de la Orden de San Jerónimo.*

J. A. SILVA

SIGÜENZA Y GÓNGORA (Carlos de), sacerdote, polígrafo y escritor gongorista mexicano (1645-1700), pariente del escritor cordobés. Autor de *Triunfo parténico* y *Primavera indiana.*

SIJS o **SIKHS,** secta india, fundada en el s. XVI por Nana Dev. Sometida por los ingleses en 1848.

SIKASO, c. de la Rep. del Malí.

SIKIANG o **Río de CANTÓN,** río de China que des. en el *golfo de Cantón;* 2 100 km.

SIKKIM, pequeño Estado, protectorado indio, al E. de Nepal, en el Himalaya oriental; 7 300 km²; 162 600 h. Cap. *Gangtok.*

SIKORSKY (Ladislao), general y político polaco (1881-1943), que luchó contra los bolcheviques (1920).

SIKOKU, una de las islas del Japón, al sur de Hondo. C. pr. *Tokushima, Matsuyama, Takamatsu.*

SIL, río de España, en las prov. de León, Orense y Lugo, afl. de izquierda del Miño; 229 km.

SILA (Lucio Cornelio), dictador romano (138-78 a. de J. C.). Lugarteniente y luego rival de Mario. Cónsul en 88 a. de J. C., vencedor de Mitrídates VI, se convirtió en jefe del partido aristocrático y fue pronto dueño de Roma y de Italia, a pesar de los esfuerzos de Mario. Proscribió a sus enemigos, revisó la Constitución romana en un sentido muy favorable al Senado y disfrutó de gran influencia, pero, estando en el apogeo de su poderío, abdicó (79 a. de J. C.).

SILAO, c. de México (Guanajuato).

SILENO, dios frigio, padre nutricio de Dionisos y padre de los sátiros.

SILES REYES (Hernando), jurisconsulto y político boliviano (1881-1942), elegido pres. de la Rep. en 1926, derrocado en 1930.

SILES SALINAS (Luis Adolfo), político boliviano, n. en 1925. Pres. de la Rep. a la muerte de René Barrientos (1969), fue derrocado este mismo año por una Junta Militar.

SILES ZUAZO (Hernán), político boliviano, n. en 1913, que encabezó la revolución del 9 de abril de 1952 y fue pres. de la Rep. de 1956 a 1960.

SILESIA, en polaco **Slansk,** región de Europa central, en Polonia, atravesada por el Oder. Conquistada a Austria en 1741 por Federico II de Prusia, Silesia formó parte de Alemania como prov. de Prusia Oriental hasta 1945, año en que pasó a Polonia, excepto una pequeña parte checoslovaca. Está hoy repartida en los dep. polacos de *Katovice (Alta Silesia),* región industrial gracias a una importante cuenca hullera, y *Wroclaw (Baja Silesia),* región agrícola; minas.

SILHOUETTE (Etienne de), inspector de Hacienda francés (1709-1767). A causa de haber decretado fuertes impuestos, sus enemigos, para simbolizar el estado a que se reducía a los contribuyentes, empezaron a llamar *silhouettes* (siluetas) los dibujos que sólo tenían un contorno.

SILIO ITÁLICO, poeta latino del siglo I d. de J. C., autor de una epopeya sobre la segunda guerra púnica.

SILO, c. de Palestina al N. de Jerusalén. Capital de los hebreos hasta el reinado de David.

SILO, sexto rey de Asturias y León (774-783).

SILOÉ (Gil de), escultor y arquitecto español del s. XV. Dirigió las obras de la catedral de Granada. — Su hijo, DIEGO (¿1495?-1563), escultor y arquitecto, autor del *Ecce Homo* de la catedral de Granada, obra en cuya dirección sucedió a su padre.

SILONE (Ignacio), escritor italiano, n. en 1900, autor de novelas realistas *(Fontamara, El grano bajo la nieve, Un puñado de moras,* etc.).

SILVA (Antonio José da), comediógrafo brasileño (1705-1739), condenado a morir en la hoguera por la Inquisición.

SILVA (Feliciano de), escritor español (¿1492-1558?), autor de *Don Florisel de Niquea* y de una *Segunda Comedia de Celestina* (1534).

SILVA (José Asunción), poeta colombiano, n. en Bogotá (1865-1896), último de los románticos americanos y primero de los simbolistas. Su obra es escasa, pero de alto valor lírico por su carácter íntimo, autenticidad y lenguaje cuidado: *Nocturnos.* Puso fin a su vida.

SILVA (José Bonifacio DE ANDRADA E). V. ANDRADA E SILVA.

SILVA (José María), político salvadoreño, vicejefe del Estado de 1834 a 1835 y en 1840.

SILVA (Medardo Ángel), poeta ecuatoriano (1898-1920), autor de *El árbol del bien y del mal.* Se suicidó.

Silva a la agricultura de la zona tórrida, composición poética de Bello, que enaltece las riquezas de la tierra americana (1827).

SILVA ALVARENGA (Manuel Ignacio da), poeta lírico brasileño (1749-1814).

SILVA VALDÉS (Fernán), poeta nativista uruguayo, n. en 1887, autor de *Agua del tiempo* y de varios cuentos y obras de teatro.

SILVA XAVIER (Joaquim José da). V. TIRADENTES.

SILVANO, dios de las Selvas y de los Campos, entre los latinos. Corresponde al **Pan** griego.

Fot. X, doc. A. G. P.

Se ha dado su nombre a las deidades secundarias, demonios y genios de los bosques.

SILVELA (Francisco Agustín), jurisconsulto y escritor español (1781-1832). Partidario de José Bonaparte, emigró a Francia después de la caída de éste. — Sus nietos: MANUEL (1830-1892), político y jurisconsulto. — FRANCISCO (1845-1905), jefe del Partido Conservador y presidente del Consejo de ministros. — LUIS, jurisconsulto y criminalista, m. en 1903.

SILVERIO *(San)*, papa en 536, m. de hambre el año siguiente. Fiesta el 20 de junio.

SILVESTRE I *(San)*, papa de 314 a 335. Combatió el arrianismo. Fiesta el 31 de diciembre. — SILVESTRE II *(Gerbert)*, papa de 999 a 1003. — SILVESTRE III, papa en 1045.

SILVESTRE (Gregorio), poeta y músico español (1520-1569), que compuso *Lamentaciones de amor.*

SILVESTRE (Luis Segundo de), novelista colombiano (1838-1887), autor de *Tránsito.*

SILLANPÄÄ (Frans Eemil), novelista finlandés (1888-1964), autor de relatos realistas sobre la vida rural: *Miseria piadosa, Breve destino, La vía del hombre, Silja* y *El sol y la vida.* (Pr. Nóbel, 1939.)

SILLEIRO (CABO), cabo de la costa de Galicia, cerca de la ría de Vigo. Faro.

SÍMACO (Quinto Aurelio), político y orador latino (¿340-410?); prefecto de Roma (386), fue el último defensor del paganismo en Occidente, contra San Ambrosio. Cónsul en 391.

SIMANCAS, v. de España (Valladolid); castillo en el que Felipe II mandó instalar el *Archivo General del Reino.*

Simbólicas, libro de poesías del peruano José María Eguren (1911).

Símbolo de la Fe, obra mística de Fray Luis de Granada (1582).

SIMENON (Georges), escritor belga, n. en 1903, autor de numerosas novelas policiacas de gran valor literario y psicológico: *El caso Saint-Fiacre, Mi amigo Maigret,* etc.

SIMEÓN, hijo de Jacob. *(Biblia.)*

SIMEÓN, anciano judío que, después de haber visto al Mesías en el templo, entonó el cántico *Nunc dimittis. (Biblia.)*

SIMEÓN I, zar de Bulgaria (893-927), fundador de un gran imperio búlgaro cristiano.

SIMEÓN II, rey de Bulgaria, n. en 1937, que reinó de 1943 a 1946, asistido por un Consejo de Regencia.

SIMEÓN Estilita *(San)*, n. de tres santos que pasaron la vida sobre una columna (en gr. *stylos*), uno cerca de Antioquía; m. hacia 460 (fiesta el 5 de enero); otro cerca de la misma ciudad, m. hacia 591 (fiesta el 3 de septiembre); el tercero, que vivió en Cilicia en el s. VI, murió fulminado por un rayo.

SIMFEROPOL. V. AKMETCHET.

SIMLA, c. de la India, cap. del terr. de Himachal Pradesh; residencia de verano.

SIMMEL (Jorge), filósofo y ensayista alemán (1858-1918), autor de *Sociología.*

SIMÓN *(San)*, uno de los doce apóstoles. Predicó en Egipto y Persia. Fiesta el 28 de octubre.

SIMÓN (*Fray* Pedro), cronista español (1574-1630), autor de *Noticias historiales sobre el Reino de Nueva Granada.*

SIMÓN BOLÍVAR, pico de Colombia (Magdalena), en la Sierra Nevada de Santa Marta; 5 775 m.

SIMÓN CIRENEO, judío, oriundo de Cirene, que ayudó a Jesús a llevar la Cruz en el camino del Calvario.

SIMÓN Mago, sectario judío, uno de los fundadores de la filosofía gnóstica. Quiso comprar a San Pedro el don de hacer milagros, llamándose desde entonces *simonía* el tráfico de las cosas sagradas.

SIMONET (Francisco Javier), orientalista español (1829-1897), autor de un *Glosario de voces ibéricas y latinas usadas entre los mozárabes.*

SIMÓNIDES de Ceos, poeta lírico griego (¿556-467? a. de J. C.), uno de los creadores de la oda triunfal.

SIMONOSEKI. V. SHIMONOSEKI.

SIMPLICIO *(San)*, papa de 468 a 483. Fiesta el 7 de marzo.

SIMPLÓN, paso de los Alpes, entre Valais y el Piamonte, a 2 009 m de altura; atravesado por una carretera y dos túneles de 19 821 y 19 801 m respectivamente.

SINAÍ, penins. montañosa y desértica de Egipto, entre los golfos de Suez y de Akaba. Allí recibió Moisés las Tablas de la Ley. *(Biblia.)*

SINALOA, río de México, que des. en el golfo de California. — Estado de México; cap. *Culiacán;* prod. agrícola y ganadera; ind. pesquera; yac. de antimonio y cinc.

SINÁN (Bernardo DOMÍNGUEZ ALBA, llamado **Rogelio**), escritor panameño, n. en 1904, poeta vanguardista *(Onda)* y novelista *(Plenilunio).*

SINCÉ, c. de Colombia (Bolívar).

SINCELEJO, c. de Colombia, cap. del dep. de Sucre; centro comercial. (Hab. *sincelejanos.*)

SINCLAIR (*sir* John), economista inglés (1754-1835), uno de los fundadores de la *estadística,* y creador de este vocablo.

SINCLAIR (Upton), novelista norteamericano (1878-1968), autor de novelas sociales (*Petróleo*).

SINCHI ROCA, inca del Perú, hijo y sucesor de Manco Cápac.

SINCHOLAGUA, cima de los Andes del Ecuador (Pichincha), en la Cord. Central; 4 900 m.

SIND, región del Paquistán, fertilizada por numerosas obras de irrigación (arroz, trigo, algodón); c. pr. *Karachi.* — V. INDO.

SINGAPUR, isla situada al extremo de la península de Malaca, incluida en los Straits Settlements hasta 1946, perteneciente a la Federación de Malaysia hasta 1965. Es hoy Estado independiente, miembro del Commonwealth. Sup. 534 km²; 1 867 000 h.; el puerto de *Singapur* (680 000 h.), es una base naval y un importante centro comercial (exportación de caucho y estaño).

SINIBALDI (Alejandro M.), político guatemalteco, pres. de la Rep. de 1885 a 1886.

SINING, c. del oeste de China, cap. de la prov. de Tsinghai.

SINKIANG, ant. **Turquestán Chino,** prov. autónoma de China, en Asia central; 1 646 000 km². Cap. *Tihwa* o *Urumtsi.* Yac. de petróleo.

SINOP, c. y puerto de Turquía, a orillas del mar Negro.

Sin rumbo, novela psicológica del argentino Eugenio Cambaceres (1886).

SINTRA. V. CINTRA.

SINÚ, río de Colombia (Antioquia y Bolívar), que des. en el mar Caribe; 460 km.

SIÓN, una de las colinas de Jerusalén, tomada con frecuencia como sinónimo de **Jerusalén.**

SION, en alem. **Sitten,** c. de Suiza, cap. del cantón de Valais. Obispado católico. Vinos.

SIPE SIPE, lugar de Bolivia cerca de Cochabamba. Derrota de Rondeau por Pezuela (1815).

SIQUEIROS (David ALFARO), pintor mexicano, n. en 1898. Autor de hermosas pinturas y murales de tema social, impregnados de simbolismo y de técnica original. (V. lámina pág. 704.)

SIRACUSA, c. de Sicilia, puerto en la costa E. de la isla; célebre teatro griego. Patria de Arquímedes y de Teócrito. Arquímedes consagró su ingenio a la defensa de Siracusa sitiada por Marcelo (212 a. de J. C.).

SIRARIGUA, pico de Venezuela (Lara). Es el cerro más alto de la Sierra de Baragua: 1 450 m.

F. SILVELA

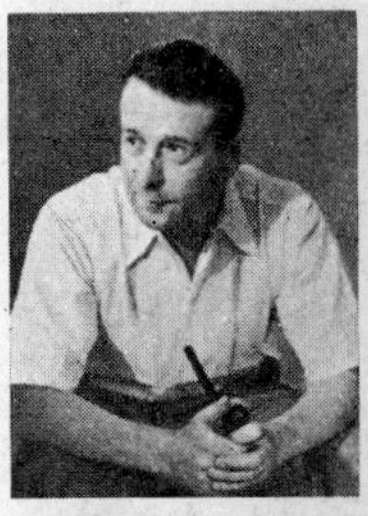

SIMENON

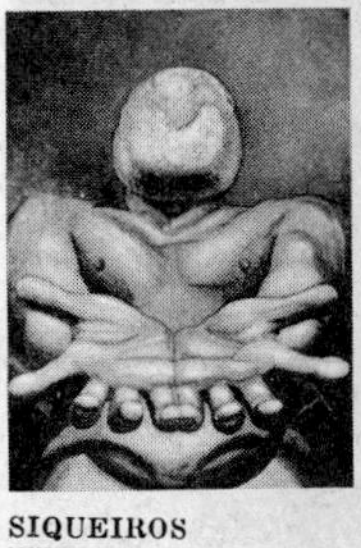

SIQUEIROS
NUESTRA IMAGEN ACTUAL

SINGAPUR
centro de la ciudad

Fot. X, Gershel, P. Mousset

CAPILLA SIXTINA
LA SIBILA LÍBICA
por MIGUEL ÁNGEL

SIXTO V

SISLEY
LA IGLESIA
DE MORET

A. SMITH

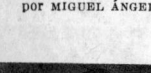

SIR DARIA, ant. **Yaxartes,** río de la U. R. S. S., en Asia, que nace en Kirghizia y des. en el mar de Aral; 2 860 km.
SIRET. V. SERETH.
SIRIA, el **Aram** de la Biblia, región del Asia occidental que comprende las actuales repúblicas de Siria y el Líbano, el reino de Jordania y el Estado de Israel. Fue punto de convergencia de las civilizaciones de Babilonia, Egipto y Grecia. Desde el siglo XVI hasta el final de la Primera Guerra mundial perteneció a Turquía. Terminada la guerra, Francia ejerció un mandato sobre Siria y el Líbano. (V. artículo siguiente.)
SIRIA, Estado del Próximo Oriente, a orillas del Mediterráneo, entre Turquía, Irak, Jordania, Israel y el Líbano; 184 500 km²; 5 652 000 h. *(sirios)*. Cap. *Damasco,* 618 500 h. C. pr. *Alepo,* 390 000; *Homs,* 293 643; *Hama,* 172 988; *Lattaquié,* 59 000. Independiente en 1944, de 1958 a 1961 formó parte, junto con Egipto, de la República Árabe Unida, a la que se acogió de nuevo en 1963. País esencialmente agrícola.
Siringa, memorias de un colonizador del Beni, novela amazónica de J. B. Coimbra (1946).
SIRIO, estrella de primera magnitud, y la más brillante, en la constelación del Can Mayor.
Siripo, drama del argentino Lavardén (1779), que relata la pasión del cacique Siripo por Lucía Miranda, española llegada con los conquistadores. Sólo se conserva un fragmento de esta obra.
SIRTE, n. ant. de dos golfos en África del Norte: el *Gran Sirte* (hoy Sidra), en la costa de Libia; el *Pequeño Sirte* (Golfo de Gabes), en la costa de Túnez.
SIRUMA. V. JIRAJARA.
SISEBUTO, rey visigodo de España (612-621).
SISENANDO, rey visigodo de España (631-636). Convocó el IV Concilio de Toledo (633).
SÍSIFO, hijo de Eolo y rey de Corinto, condenado en los Infiernos, después de su muerte, a subir una enorme piedra a la cima de una montaña, de donde volvía a caer sin cesar. *(Mit.)*
SISIGAMBIS, princesa persa del s. IV a. de J. C., madre de Darío III Codomano.
SISLEY (Alfredo), pintor impresionista francés (1839-1899), notable paisajista.
SISMONDI (Leonard **Simonde de**), historiador y economista suizo (1773-1842), uno de los principales teóricos del socialismo.
SITGES, v. de España (Barcelona). Playas.
SITIONUEVO, c. de Colombia (Magdalena).
SITUACIÓN, lago de la Argentina (Chubut).
SIUT. V. ASIUT.
SIUX, indios de las praderas centrales de la América del Norte.
SIVA, dios de los hindúes.
SIVAS, ant. **Sebasto,** c. de Turquía, a orillas del Kizilirmak.
SÍVORI (Eduardo), pintor argentino (1847-1918). Sus obras destacan por su colorido.
SIWALIK, montañas de la India y del Nepal, estribaciones del Himalaya.
SIXAOLA, río de América Central, que nace en Costa Rica, sirve de frontera con Panamá y des. en el mar Caribe; 125 km.
Sixtina *(Capilla),* célebre capilla del Vaticano construida por orden de Sixto IV y adornada con frescos magníficos, entre los cuales los más notables son de Miguel Ángel.
SIXTO I *(San),* papa de 115 a 125. Fiesta el 6 de abril. — SIXTO II *(San),* papa de 257 a 258. Fiesta el 6 de agosto. — SIXTO III *(San),* papa de 432 a 440. — SIXTO IV *(Francesco della Rovere),* papa de 1471 a 1484; edificó en el Vaticano la célebre *Capilla Sixtina.* — SIXTO V *(Felice Peretti),* papa de 1585 a 1590 Elegido sucesor de Gregorio XIII, reformó las órdenes religiosas y mandó construir la cúpula de San Pedro.
SKAGERRAK o **SKAGER-RAK,** estrecho entre Jutlandia y Noruega, que une el mar del Norte con el Cattegat.
SKANDERBEG. V. SCANDERBEG.
SKIKDA. V. PHILIPPEVILLE.
SKIROS o **SCYROS,** isla del mar Egeo, al NE. de Eubea; cap. *Skiros.*
SKOPLJE, ant. en turco **Usküb,** c. de Yugoslavia, cap. de Macedonia, a orillas del Vardar. Numerosas mezquitas. Centro industrial. En parte destruida por un terremoto en 1963.
SKYE, isla del grupo de las Hébridas; grutas basálticas.
SLAVIANSK, c. de la U. R. S. S. (Ucrania).
SLAVKOV. V. AUSTERLITZ.
SLESVIG o **SCHLESWIG,** ant. prov. de Dinamarca, que formó, con el Holstein, de 1864 a 1920, la prov. prusiana de *Slesvig-Holstein.* En 1920 un prebiscito devolvió a Dinamarca el N. del Slesvig.
SLESVIG o **SCHLESWIG,** c. y puerto de Alemania (Slesvig-Holstein); pesca. Catedral gótica.
SLESVIG-HOLSTEIN, Estado de Alemania occidental, al S. de la penins. de Jutlandia; 15 667 km². Cap. *Kiel.*
SLIGO, c. y puerto de la Rep. de Irlanda (Connacht), cap. del condado de este n.
SLIPHER (Vesto Melvin), astrónomo norteamericano (1875-1969). Descubrió la rotación de las nebulosas espirales (1914).
SLOUGH, c. de Inglaterra (Buckingham), al O. de Londres; nuevo centro industrial.
SLOWACKY (Julio), poeta polaco (1809-1849), de inspiración romántica.
SLUIS. V. ESCLUSA *(La).*
SLUTER (Claus), escultor francés, m. en 1406, que influyó en la escultura del siglo XV.
SMALANDIA, ant. prov. de Suecia meridional.
SMALCALDA o **SMALKALDA,** c. de Alemania oriental, célebre por la Liga que en 1531 formaron los protestantes contra el emperador Carlos V.
SMETANA (Bedrich), compositor y pianista checo (1824-1884), autor de la ópera *La novia vendida* y de poemas sinfónicos.
SMITH, isla de la Argentina, en el archip. de las Shetland del Sur.
SMITH (Adam), economista escocés, n. en Kirkcaldy (1723-1790), autor de *Investigaciones sobre la naturaleza y las causas de la riqueza de las naciones.* Los puntos principales de su doctrina son: considerar el trabajo como fuente de la riqueza; el valor, basado en la oferta y la demanda; el comercio, libre de toda prohibición; la competencia, elevada a la altura de un principio.
SMITH (José), fundador de la secta de los mormones (1805-1844).
SMOLENSKO, c. de la U. R. S. S. (Rusia), a orillas del Dniéper; textiles, tabacos. Batallas muy importantes en 1812, 1941 y 1943.
SMOLLET (Tobías George), escritor escocés (1721-1771), autor de *Las aventuras de Roderick Random,* novela de tema marítimo.
SMUTS (Jan Christian), político y mariscal sudafricano (1870-1950), primer ministro en 1919 y de 1939 a 1948.
SNAKE RIVER, río de los Estados Unidos, afl. del Columbia; 1 450 km. Hidroelectricidad.
SNELL van Royen (Willebrord SNELLIUS, llamado), sabio holandés (¿1591?-1626), a quien se atribuye las leyes de la refracción.
SNOWDON, macizo montañoso de Gran Bretaña, en el NO. del País de Gales (1 085 m).
SNYDERS (Francisco), pintor flamenco (1579-1657); hábil colorista, ha dejado magníficos cuadros de caza y bodegones.
SOATÁ, c. de Colombia (Boyacá); plomo.

Fot. Anderson, X, Giraudon, Larousse

SOBIESKI (Juan III), rey de Polonia de 1673 a 1696, uno de los héroes nacionales de este país (1629-1696). Venció a los turcos en Choczin (Hotin) en 1673 y liberó Viena sitiada por Kara Mustafá en 1683.

SOBRARBE, comarca española (Huesca), que fue núcleo del ant. reino de Aragón.

SOBREMONTE (Rafael de), militar y gobernante español (1745-1827), virrey del Río de la Plata en 1804. Al producirse la primera invasión inglesa (1806), huyó a Córdoba, y abandonó después Montevideo cuando se produjo la segunda invasión, por lo cual el pueblo de Buenos Aires le destituyó.

Social *(Guerra),* n. con que se designa la insurrección de Italia contra la dominación romana (90-88 a. de J. C.). Los italianos aliados *(socii)* de Roma no gozaban del derecho de ciudadanos romanos ni, por consiguiente, de los privilegios que les correspondían. Formaron, pues, una liga para conquistar las libertades que les faltaban. Capitaneados por Pompeyo Silo, los italianos fueron vencidos por Mario y luego por Sila.

SOCIEDAD (ISLAS DE LA), archipiélago francés de Polinesia (Oceanía); cap. *Papeete,* en la isla de Tahití. Plantaciones de coco; pesca.

Sociedad de Naciones, organismo creado por los Estados signatarios del Tratado de Versalles (1919), por iniciativa de Wilson, para la solución de los grandes problemas internacionales. Disuelta en 1946, ha sido reemplazada por la O. N. U. *(Organización de las Naciones Unidas).*

SOCINO (Lelio SOCINI, llamado), protestante italiano (1525-1562), fundador de la doctrina antitrinitaria llamada *socinianismo.*

Socio *(El),* novela del chileno Jenaro Prieto, dura crítica de la mentalidad criolla (1920).

SOCOMPA, volcán de los Andes de Chile (Antofagasta), en la frontera con la Argentina; 6 031 m.

SOCONUSCO, región de México (Chiapas), junto a la frontera de Guatemala; cacao, café.

SOCORRO, isla de México, en el archip. de Revillagigedo. — C. de Colombia (Santander); centro industrial. Fue cap. de la prov. en la Colonia. Museo arqueológico. — V. TRES MORROS.

SOCOTORA, isla del océano Índico (Arabia del Sur). Pesca.

SÓCRATES, filósofo griego, n. en Atenas (470-399 a. de J. C.), símbolo del genio de su civilización, a la que sirvió con incansable denuedo aplicando constantemente su método *mayéutico,* mediante preguntas a sus interlocutores *(ironía)* y obligándoles a encontrar ellos mismos sus propias contradicciones *(dialéctica),* a fin de poner en práctica la sabida máxima "Conócete a ti mismo". Acusado de atacar a los dioses y de corromper a la juventud, fue condenado a beber la cicuta, muriendo con gran valor y resignación. Aunque ningún escrito suyo haya llegado a nosotros, su pensamiento nos es perfectamente conocido por los *Diálogos* de Platón, que constituyen el mejor monumento a su gloria.

Sócrates *(Apología de),* obra de Platón. Es el admirable discurso pronunciado por Sócrates ante el Areópago, en contestación a sus acusadores, y escrito por Platón después de la muerte de su maestro.

Sócrates *(Apología de),* obra de Jenofonte, que completa sus *Pláticas de Sócrates* (s. IV a. de J. C.). Revive en ella la fisonomía del maestro.

SOCUÉLLAMOS, v. de España (Ciudad Real).

SODDY (*sir* Frederick), físico inglés (1877-1956), descubridor de las leyes de la radiactividad. (Pr. Nóbel, 1921.)

SODOMA, ant. c. de Palestina, cerca del mar Muerto, destruida por el fuego del cielo, así como Gomorra, Seboim y Adama, a causa de su riqueza y su depravación. *(Biblia.)* [Hab. *sodomitas.*]

SODOMA (El). V. BAZZI.

SOEKARNO (Ahmed). V. SUKARNO.

SOFFIA (José Antonio), poeta chileno (1843-1886). Autor de *Bolívar y San Martín* (romance) y de *Michimalonco* (poema épico).

SOFÍA, cap. de Bulgaria, en una llanura fértil; 725 800 h. Centro administrativo e industrial.

SOFÍA *(Santa),* mártir en Roma durante el reinado de Adriano. Fiesta el 30 de septiembre.

Sofía *(Santa),* iglesia bizantina de Constantinopla, consagrada a la Sabiduría divina (Sofía). Edificada de 532 a 537 por orden de Justiniano,

basílica de
SANTA SOFÍA
Constantinopla

fue convertida en mezquita por los turcos en 1453. Su cúpula, fastuosamente decorada, mide 31 m de diámetro.

SÓFOCLES, poeta trágico griego, n. en Colona (entre 496 y 494-406 a. de J. C.), de cuyas numerosas tragedias sólo se conservan siete: *Antígona, Electra, Las Traquinias, Edipo rey, Ayax, Filoctetes* y *Edipo en Colona.* Limitó en la tragedia el papel del coro, buscando el fundamento de la acción en la voluntad humana y dando al lenguaje trágico mayor soltura y naturalidad.

SOFONISBA, reina de Numidia, n. en Cartago (235-203 a. de J. C.), esposa de Siface y luego de Masinisa, rey de Numidia, que la envenenó para que no figurase en el triunfo de Escipión.

SOFOVICH (Luisa), novelista argentina, n. en 1912, autora de *El ramo* e *Historias de Ciervos.* Fue esposa de R. Gómez de la Serna.

SOGAMOSO, río de Colombia, afl. del Magdalena; 224 km. Tb. es llamado **Chicamocha.** — Valle de Colombia, en la Cord. Oriental; a 2 570 m. — Mun. y c. de Colombia (Boyacá); centro comercial. Acerías de Paz del Río.

SOGDIANA, ant. comarca de Asia; c. pr. *Samarcanda.*

SONGNEFJORD, el mayor fiordo de Noruega, al N. de Bergen; 175 km de longitud.

SOISSONS [*suasón*], c. de Francia (Aisne), a orillas del Aisne; centro agrícola e industrial. Catedral (s. XIII). Obispado.

SOKOTO, c. de Nigeria; ant. cap. de un imperio fundado por los Fulbe.

SOL (ISLA DEL). V. TITICACA.

SOLA, isla del Uruguay, cerca de Carmelo. — Pobl. de la Argentina (Entre Ríos).

SOLANA (José GUTIÉRREZ). V. GUTIÉRREZ.

SOLANO (San Francisco de). V. FRANCISCO DE SOLANO.

SOLANO LÓPEZ (Francisco). V. LÓPEZ.

SOLAR (Alberto del), escritor chileno (1860-1921), autor de *Huincahual,* novela indianista.

SOLARIO o **SOLARI** (Andrea), pintor italiano, n. en Milán, m. después de 1522, influido por Vinci — Su hermano CRISTÓFORO, llamado **il Gobbo,** escultor y arquitecto (¿1460?-1527).

SOLARIO o **SOLARI** (Antonio), llamado **lo Zíngaro,** pintor italiano (fines s. XV-s. XVI), autor de frescos sobre la vida de San Benito (Nápoles).

SOLDI (Raúl), pintor y decorador argentino, n. en 1905. Su obra está impregnada de gran lirismo.

SOLEDAD, una de las islas principales del archip. de las Malvinas (Argentina); en la costa oriental se encuentra *Puerto Stanley,* cap. del archip. — Mont. de México (Chihuahua); 2 560 m. — C. de Colombia (Atlántico). — C. de Venezuela (Anzoátegui); puerto.

Soledad, obra gauchesca del uruguayo Eduardo Acevedo Díaz (1894).

Soledades, colección de poesías de Góngora, en las que se muestra más desarrollado su culteranismo (1613).

SOLER (Antonio), religioso y compositor español (1729-1783), autor de sonatas para clave, de gran calidad melódica, y de diversas obras vocales e instrumentales de música de cámara y religiosa.

SOLER (Bartolomé), escritor español, n. en 1894, autor de las novelas *Marcos Villarí, Patapalo* y *Tamara.*

SOLER (Federico), poeta dramático español (1838-1895) conocido con el seudónimo de **Serafín Pitarra.**

SÓCRATES
dibujo de DAVID

SÓFOCLES
museo de Letrán
Roma

SOBREMONTE

Fot. Viollet, Giraudon, Anderson

SOLIMÁN II
miniatura del s. XVI

SOLÓN

A. SOMOZA

LA SORBONA
París

SOLER (Miguel Estanislao), general y político argentino (1783-1849), que se distinguió en el movimiento de independencia y fue gobernador de la Banda Oriental (1814) y de la Provincia de Buenos Aires (1820).

SOLESMES [*-lem*], pobl. de Francia (Sarthe); célebre abadía benedictina fundada en el s. XI; centro renovador del canto gregoriano.

SOLEURE. V. SOLOTHURN.

SOLFERINO, pobl. de Italia, cerca de Mantua, a orillas del Mincio. Victoria de los franceses sobre los austriacos en 1859.

SOLIMÁN I, sultán de los turcos de 1403 a 1411, hijo de Bayaceto I. — SOLIMÁN II *el Magnífico*, el más célebre de los sultanes otomanos; enemigo del emperador Carlos V; invadió Hungría, fracasó ante Viena y reinó de 1520 a 1566. — SOLIMÁN III, sultán otomano; reinó de 1687 a 1691.

SOLIMANA, volcán del Perú (Arequipa), en la Cord. Occidental; 6 318 m.

SOLIMENA (Francisco), pintor italiano de la escuela napolitana (1657-1747).

SOLINGEN, c. de Alemania (Renania-Westfalia). Cuchillería; fábrica de armas.

SOLÍS (Juan DÍAZ DE), navegante español, m. en 1516, que exploró Yucatán (1508) con Vicente Yáñez Pinzón. Nombrado piloto mayor, descubrió el río de la Plata (1516), donde sucumbió a manos de los indios.

SOLÍS FOLCH DE CARDONA (José), gobernante español (1716-1770), virrey de Nueva Granada en 1753. Renunció a su cargo en 1761.

SOLÍS Y RIBADENEYRA (Antonio de), historiador, poeta y dramaturgo español, n. en Alcalá de Henares (1610-1686), discípulo de Calderón y autor de las comedias *Amor y obligación, El alcázar del secreto, La gitanilla de Madrid, El amor al uso*, etc. Compuso también una célebre *Historia de la conquista de México* (1685).

SOLJENITSYN (Alejandro), novelista soviético, n. en 1918, autor de *El primer círculo, Sala de Cáncer, La casa de Matriona* y *Un día en la vida de Iván Denisovich*. En varias de sus obras denuncia el régimen de Stalin. (Pr. Nóbel, 1970.)

SOLO. V. SURAKARTA.

SOLOLÁ, c. de Guatemala, cab. del dep. del mismo n. Obispado. (Hab. *solotecos.*)

SOLOMOS (Dionisio, *conde*), poeta griego (1798-1857), autor del *Himno a la libertad* (1823), adoptado como himno nacional.

SOLÓN, legislador de Atenas, uno de los Siete Sabios de Grecia (¿640-558? a. de J. C.). Despertó el espíritu nacional de los atenienses, alivió las cargas de los ciudadanos pobres y restableció la armonía en la ciudad, a la que dio una Constitución más democrática.

SOLÓRZANO (Carlos), político nicaragüense, pres. de la Rep. en 1925, derrocado en 1926.

SOLÓRZANO PEREYRA (Juan de), jurista español (1575-1655), defensor del absolutismo real.

SOLOTHURN, en francés **Soleure,** c. de Suiza, cap. del cantón de su n., a orillas del Aar.

SOLSONA, c. de España (Lérida). Obispado.

SOLVAY (Ernesto), industrial y filántropo belga (1838-1922); descubrió el proceso para la fabricación de sosa que lleva su nombre.

SÓLLER, c. de España en la isla de Mallorca (Baleares). [Hab. *sollerenses.*]

SOMALIA *(República de)*, Estado situado en el extremo oriental de África, constituido en 1960 por la fusión de las antiguas Somalias británica e italiana; 637 000 km²; 2 745 000 h. (*somalíes*). Cap. *Mogadiscio*, 170 000 h. C. pr. *Berbera*, 30 000; *Hargeisa*, 28 000; *Merca*, 12 000; *Burao*, 10 000. Es una región ganadera.

SOMALIA BRITÁNICA o **SOMALILAND,** ant. protectorado británico, en la costa del golfo de Adén, cuya cap. era *Hargeisa*.

SOMALIA FRANCESA o **COSTA FRANCESA DE LOS SOMALÍES.** V. AFARS E ISSAS.

SOMALIA ITALIANA, ant. colonia italiana (de 1885 a 1944), bajo administración de Italia hasta 1960.

Sombrero de tres picos *(El)*, novela de Alarcón, basada en la popular historia del corregidor y la molinera (1874). — Ballet de Falla.

SOMERSET, condado del SO. de Inglaterra, cap. *Taunton*.

SOMERSET MAUGHAM. V. MAUGHAM.

SOMERVILLE, c. de los Estados Unidos (Massachusetts); suburbio industrial de Boston.

SOMES o **SZAMOS,** río de Rumania y Hungría, afl. del Tisza; 411 km.

SOMIEDO, v. de España (Oviedo).

SOMME [*som*], dep. del N. de Francia, atravesado por el río del mismo n. (245 km); cap. *Amiens*.

SOMMERFELD (Arnold), físico alemán (1868-1951), que ha aplicado la mecánica relativista y la teoría de los *quanta* al estudio del átomo.

SOMODEVILLA (Zenón de). V. ENSENADA.

SOMONDOCO, mun. de Colombia (Boyacá); esmeraldas.

SOMOSIERRA, parte del Sistema Central al NO. de Madrid, cuyo puerto (1 430 m) une las dos Castillas y las cuencas del Tajo y el Duero.

SOMOTILLO, pobl. de Nicaragua (Chinandega).

SOMOTO, c. de Nicaragua, cap. del dep. de Madriz; centro agrícola. (Hab. *somoteños.*)

SOMOZA (Anastasio), general y político nicaragüense (1896-1956), que fue jefe de la Guardia Nacional, y pres. de la Rep. de 1937 a 1947 y de 1951 a 1956. M. asesinado.

SOMOZA (José), poeta español (1781-1852), autor de poemas y de relatos en prosa *(El capón)*.

SOMOZA DEBAYLE (Luis), político nicaragüense, hijo de Anastasio (1922-1967), pres. de la Rep. de 1956 a 1963. — Su hermano ANASTASIO, militar y político, n. en 1925, pres. de la Rep. en 1967.

SOMPORT (TÚNEL DE), túnel de los Pirineos, cerca del puerto de Canfranc; 7 857 m.

Sonatas, ciclo de cuatro novelas de Valle Inclán *(Primavera, Estío, Otoño, Invierno)*, de gran lirismo y musicalidad (1902 a 1905).

SONDA (ARCHIPIÉLAGO DE LA), grupo de islas de Insulindia que prolongan la península de Malaca hasta las Molucas. Las más importantes son: *Sumatra, Java, Bali, Sumbava, Flores, Timor*, etc. El canal que separa las islas de Sumatra y Java se llama *estrecho de la Sonda*. (V. INDONESIA.)

SONDRIO, c. de Italia, en Lombardía, cap. de prov., a orillas del Adda; textiles (seda).

Soneto a Cristo Crucificado, poema religioso español del s. XVII, que empieza con el verso *No me mueve, mi Dios, para quererte...* y que ha sido atribuido a Santa Teresa de Jesús, San Francisco Javier, San Ignacio, Fray Pedro de los Reyes y al mexicano Fray Miguel de Guevara.

SONG, XIXª dinastía china, que reinó de 960 a 1280 y dio 18 emperadores.

SONGHAI o **SONRHAI,** pueblo del Malí, establecido en las dos orillas del Níger.

SONG KOI o **RIO ROJO,** río del Viet Nam septentrional; 1 200 km. Delta muy poblado.

SONORA, río de México (Sonora), que des. en el golfo de California; 482 km. — Estado de México; cap. *Hermosillo;* importante riqueza mineral (cobre, oro, cinc, antimonio); trigo, arroz.

SONORAS, indios americanos que ocupaban el NO. de México y el SO. de los Estados Unidos.

SONSÓN, páramo de Colombia, en la Cord. Central; a 3 600 m. — C. de Colombia (Antioquia); centro ganadero; café. Obispado.

SONSONATE, c. de El Salvador, cap. del dep. del mismo n.; centro comercial; manufactura de tabacos. El dep. prod. cacao, bálsamo negro, maderas diversas; ganadería. (Hab. *sonsonatecos.*)

SOPETRÁN, v. de Colombia (Antioquia). Cacao.

SOPRON, en alem. **Ödenburg,** c. de Hungría junto a la frontera austriaca. Industrias diversas.

SOR (Fernando), músico español (1778-1838), autor de obras para guitarra.

SORATA o **ILLAMPU,** cumbre de Bolivia (La Paz); 6 650 m.

SORATA, pobl. de Bolivia, cap. de la prov. de Larecaja (La Paz); minas de plata.

Sorbona, establecimiento donde se dan los cursos públicos de la Universidad de París. Debe su nombre a su fundador, Robert de SORBON, capellán de San Luis (1201-1274).

SORDELLI (Alfredo), bacteriólogo argentino, n. en 1891, autor, entre otras obras, de *Sueródiagnóstico de la sífilis*.

Fot. Larousse, Biblioteca Nacional (París). X

SOREL (Alberto), historiador francés (1842-1906), autor de *Europa y la Revolución Francesa.*
SOREL (Jorge), sociólogo francés (1847-1922), autor de *Reflexiones sobre la violencia* y de obras sobre problemas filosóficos y económicos.
SÖRENSEN (Sören), químico danés (1868-1939), que definió el concepto de pH o índice de acidez.
SORIA, c. de España, cap. de la prov. del mismo n. (Castilla la Vieja), en la cuenca alta del Duero; centro ganadero y agrícola. Iglesias románicas y góticas. Cerca de la c. se hallan las ruinas de la ant. *Numancia.*
SORIANO, dep. del Uruguay; cap. *Mercedes;* Agricultura; ganadería. (Hab. *sorianenses.*)
SORLINGAS. V. SCILLY.
SORO (Enrique), compositor chileno, n. en 1884, autor de *Sinfonía romántica* y *Suite sinfónica.*
SOROCABA, pobl. del Brasil (São Paulo).
SOROLLA Y BASTIDA (Joaquín), pintor español, n. en Valencia (1863-1923). De tendencia impresionista, se distinguió en el retrato y la representación de escenas marítimas.
SOROZÁBAL (Pablo), compositor español, n. en 1897, autor de zarzuelas (*La tabernera del puerto, La del manojo de rosas, Katiuska,* etc.).
SORRENTO, c. de Italia, en el golfo de Nápoles, célebre por la belleza de su paisaje.
SORT, v. de España (Lérida), ant. cap. del condado de Pallars.
SOS DEL REY CATÓLICO, v. de España (Zaragoza), cuna de Fernando el Católico.
Sosia o **Sosias,** personaje de una comedia de Plauto y de otra de Molière, que se ha hecho proverbial para designar a cualquier persona que es el vivo retrato de otra.
SOSÍGENES, astrónomo de Alejandría (s. I a. de J. C.). Colaboró con Julio César en la reforma del calendario.
SOSNEADO, mont. de los Andes en Argentina (Mendoza); 5 189 m. — Pobl. de la Argentina (Mendoza); aguas radiactivas; yac. de petróleo.
SOSNOVIEC, c. de Polonia, al NE. de Katovice. Metalurgia; vidrierías.
SOTARÁ, volcán de los Andes de Colombia (Cauca), en la Cord. Central; 4 800 m.
SOTAVENTO (ISLAS DE), grupo de islas de las Antillas Menores, a lo largo del litoral venezolano (Santa Margarita, Tortuga, Curazao, Aruba y Bonaire). Los ingleses llaman *Leewards Islands* (Islas de Sotavento) a un grupo de islas en la parte septentrional de las Antillas Menores (Barbuda, Islas Vírgenes, Montserrat).
Sotileza, novela del español J. M. de Pereda, evocación del ambiente marinero de Santander.
SOTO (Domingo de), teólogo, jurista y religioso español (1494-1570). Asistió al Concilio de Trento. Autor de *De iustitia et iure libri septem,* síntesis del derecho de gentes.
SOTO (Hernando de), conquistador español, n. en Jerez de los Caballeros (Badajoz) [¿1500?-1542], que estuvo en Nicaragua y más tarde en Perú con Pizarro. Nombrado gobernador de Cuba, salió de La Habana en 1539 a la conquista de la Florida. Exploró el SE. de los actuales Estados Unidos y descubrió el Misisipí, en cuyas orillas murió.
SOTO (Marco Aurelio), político hondureño (1846-1908), pres. de la Rep. de 1874 a 1875 y de 1877 a 1883. Promovió saludables reformas y promulgó la Constitución de 1880.
SOTO ALFARO (Bernardo), político costarricense (1854-1931), pres. de la Rep. de 1885 a 1889. Impulsó la enseñanza.
SOTO DE ROJAS (Pedro), poeta español (¿1584-1658?), discípulo de Góngora.
SOTO HALL (Máximo), poeta y novelista guatemalteco (1871-1944), autor de *Dijes y bronces.*
SOTO LA MARINA, río de México, que des. en el golfo de México (Tamaulipas); 257 km. — Pobl. de México (Tamaulipas), donde desembarcó Iturbide en 1824.
SOUBLETTE (Carlos), general y político venezolano (1789-1870), que se distinguió en las luchas por la independencia de su país. Vicepresidente de la Rep. de 1837 a 1839 y pres. de 1843 a 1847; gobernó con acierto.
SOUFFLOT [*sufló*] (Germán), arquitecto francés (1713-1780), constructor del Panteón de París.

H. DE SOTO

M. A. DE SOUSA

SOULOUQUE (Faustino), político haitiano de raza negra (1782-1867), que se hizo proclamar emperador en 1849 con el n. de **Faustino I.** Gobernó despóticamente y fue derribado en 1859.
SOULT [*sult*] (Jean de Dieu), mariscal de Francia (1769-1851), que se distinguió en la batalla de Austerlitz y combatió en España durante la invasión francesa.
SOUSA (Martín Alfonso de), navegante portugués, m. en 1564, que mandó la primera expedición colonizadora al Brasil (1530) y fundó la población de San Vicente en 1532.
SOUSA (Tomé de), político portugués del siglo XVI, primer gobernador general del Brasil (1549-1553) y fundador de la c. de Salvador (Bahía).
SOUSA CALDAS (Antonio PEREIRA DE), religioso y poeta lírico brasileño (1762-1814), precursor del romanticismo en su país.
SOUTHAMPTON, c. de Inglaterra (Hampshire), puerto en el canal de la Mancha; astilleros y construcciones aeronáuticas.
SOUTH BEND, c. de los Estados Unidos (Indiana); construcciones mecánicas.
SOUTHEND ON SEA, c. de Inglaterra (Essex), en la desembocadura del Támesis. Playas.
SOUTHEY (Roberto), poeta inglés (1774-1843), que perteneció a la escuela de los lakistas.
SOUTHPORT, c. de Inglaterra (Lancashire), a orillas del mar de Irlanda. Balneario. Centro de actividad comercial.
SOUTH SHIELDS, c. y puerto de Gran Bretaña (Durham); astilleros. Balneario.
SOUTINE (Chaïm), pintor francés de origen lituano (1894-1943), autor de obras expresionistas.
SOUZA (Washington Luis PEREIRA DE). V. PEREIRA.
SOVIETSK. V. TILSIT.
SPAAK (Pablo Enrique), político belga, n. en 1899, Primer ministro en 1947, pres. de la Asamblea consultiva del Consejo de Europa y secretario general de la O. T. A. N. en 1956, dimitió en 1961. Pres. del Gob. belga en 1961.
SPADA (Lionello), pintor italiano (1576-1622), discípulo de Carraccio.
SPALATO. V. SPLIT.
SPALLANZANI (Lázaro), biólogo italiano (1729-1799). Se le deben trabajos acerca de la circulación de la sangre, la digestión, la generación y los animales microscópicos.
SPANDAU, c. de Alemania, a orillas del Spree; barrio de Berlín. En su prisión fueron encarcelados los criminales de guerra alemanes condenados en el juicio celebrado en Nuremberg en 1946.

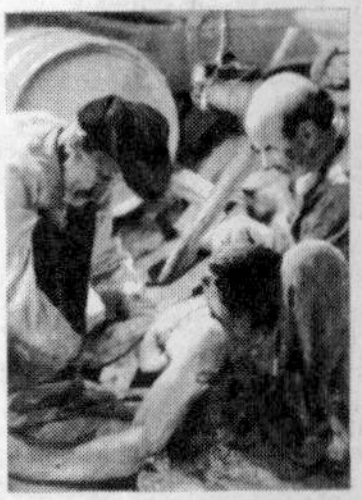
SOROLLA
detalle de
¡Y AÚN DICEN QUE EL PESCADO ES CARO!

SOUFFLOT
el PANTEÓN de París

M. A. SOTO

SOUBLETTE

SOULOUQUE

Fot. doc. A. G. P., Ruiz-Vernacci, Delta, Larousse, X

SPINOZA

Mme DE STAËL

SPANISH TOWN o **SANTIAGO DE LA VEGA,** ant. cap. de Jamaica, hasta 1870.
SPEKE (John Hanning), explorador inglés (1827-1864). Recorrió el centro de África y descubrió el lago Victoria.
SPELUCÍN (Alcides), poeta modernista peruano, n. 1897, autor de *Paralelas sedientas.*
SPEMANN (Hans), biólogo alemán (1869-1941), que realizó trabajos sobre la evolución. (Pr. Nóbel, 1935.)
SPENCER (Herbert), filósofo inglés (1820-1903), fundador de la filosofía evolucionista.
SPENGLER (Osvaldo), historiador y filósofo alemán (1880-1936), autor de *La decadencia de Occidente.*
SPENSER (Edmundo), poeta inglés (1552-1599), de inspiración amorosa y forma delicada (*La reina de las hadas, Epitalamios*).
SPETSAI, isla griega de la costa del Peloponeso, en la entrada del golfo de Nauplia.
SPEYER. V. ESPIRA.
SPEZIA (La), c. de Italia (Liguria), a orillas del *golfo de la Spezia.* Puerto comercial y base naval. Astilleros; refinerías de petróleo.
SPILIMBERGO (Lino E.), pintor y grabador argentino, n. en 1896, de expresión modernista.
SPINELLO ARETINO (Luca SPINELLI, llamado), pintor italiano (¿1350?-1410), autor de frescos en Florencia, Pisa y Siena.
SPÍNOLA. V. ESPÍNOLA.
SPINOZA (Baruch), filósofo holandés, de origen portugués, n. en Amsterdam (1632-1677); promotor de un racionalismo religioso en su *Tractatus Theologico-politicus,* desarrolla el método cartesiano en su *Etica,* dándole una forma rigurosamente geométrica. Su filosofía puede considerarse como la forma más perfecta del panteísmo.
SPIRA. V. ESPIRA.
SPIRA (Jorge de), conquistador alemán, m. en 1540, nombrado gobernador de Venezuela en 1534. Realizó una expedición en busca de El Dorado.
SPITTELER (Carlos), escritor suizo (1845-1924), autor, sobre todo, de poemas (*Primavera olímpica*) y de la novela *Imago.* (Premio Nóbel, 1919.)
SPITZBERG, archip. del océano Glacial Ártico, perteneciente a Noruega desde 1925 (V. SVALBARD); cap. *Longyearbyen.* Hulla.
SPLIT, en ital. **Spalato,** c. de Yugoslavia (Croacia), puerto en el Adriático; construcciones navales. Ruinas de un ant. palacio de Diocleciano, construido a principios del s. IV.
SPOKANE, c. de los Estados Unidos (Washington); construcciones aeronáuticas; metalurgia (aluminio).
SPOLETO. V. ESPOLETO.
SPONDE (Juan de), humanista y poeta francés (1557-1595), de tendencia barroca.
SPONTINI (Gaspar), compositor italiano (1774-1851), autor de la ópera *La Vestal.*
SPOTORNO (Juan Bautista), político cubano, pres. interino de la Rep. en Armas de 1875 a 1876.
SPREE, río de Alemania, que pasa por Berlín y des. en el Havel, afl. dr. del Elba; 403 km.
SPRINGFIELD, c. de los Estados Unidos (Massachusetts); armas; textiles. — C. de los Estados Unidos (Ohio); máquinas agrícolas. — C. de los Estados Unidos, cap. de Illinois; metalurgia. — C. de los Estados Unidos (Misuri); metalurgia; industria química.

STALIN

STANLEY

SPRINGS, c. de la República Sudafricana, cerca de Johannesburgo. Minas de oro.
SRINAGAR, c. de la India, cap. de verano del Estado de Jammu y Cachemira. Seda. Alfombras.
Stábat Máter, título de las composiciones de música religiosa sobre el himno litúrgico de Jacopone da Todi (s. XIV), que se cantan en el oficio de Jueves Santo. Los *Stábat* más célebres son los de Palestrina, Scarlatti, Pergolese, Haydn y Rossini.
STAËL [*stal*] (Madame **de**), escritora francesa, n. en París (1766-1817), hija de Necker. Autora de novelas (*Delfina, Corinna*) y del libro *De Alemania,* que contribuyó poderosamente a difundir las corrientes románticas.
STAFFA, una de las islas Hébridas, donde se encuentra la gruta de Fingal.
STAFFORD, c. de Inglaterra, cap. del condado del mismo n.; fábricas de calzado.
STAHL (Agustín), médico y botánico puertorriqueño (1842-1917), autor de *Flora y fauna del país.*
STAHL (Georg), médico y químico alemán (1660-1734), autor, en medicina, del sistema conocido con el nombre de *animismo* y, en química, de la teoría del *flogisto.*
STAJANOV (Alexis), minero soviético, n. en 1905, creador del *stajanovismo.* (V. *Parte lengua*).
STALIN (PICO). V. COMUNISMO (Pico).
STALIN (José Visarionovich CHUGACHVILI, llamado), estadista soviético, n. en Gori (Georgia) [1879-1953]. Hijo de un zapatero, primero seminarista, comenzó su actividad revolucionaria en 1898 y fue deportado varias veces. Director de *Pravda* en 1917, comisario del pueblo después de la Revolución de Octubre y luego secretario general del Partido Comunista, en 1924 se aseguró la sucesión de Lenin y eliminó a Trotsky. Tras concluir el pacto germanosoviético en 1939, en 1941 ocupó la presidencia del Consejo de Comisarios del Pueblo. Nombrado comandante general en 1942, y mariscal en 1943, dirigió la guerra contra Alemania hasta 1945. Terminada la Segunda Guerra mundial, Stalin opuso la U. R. S. S. a los Estados "capitalistas" (guerra fría). Sus escritos han influido poderosamente en el desarrollo del marxismo. Después de su muerte, ciertos aspectos de su política (culto de la personalidad) han sido condenados por los nuevos dirigentes soviéticos.
STALINABAD. V. DUCHAMBE.
STALINGRADO. V. VOLGOGRADO.
STALINIRI. V. TCHKHIVALI.
STALINO. V. DONETSK.
STALINOGORSK. V. NOVOMOSKOVSK.
STALINOGROD. V. KATOVICE.
STALINSK. V. NOVOKUZNETSK.
STALINSTADT. V. EISENHÜTTENSTADT.
STAMFORD, c. y puerto de los Estados Unidos (Connecticut), cerca de Nueva York. Astilleros.
STAMITZ (Johann), compositor alemán (1717-1757), jefe de la escuela sinfónica de Mannheim.
STANKOVIC (Bora), escritor servio (1876-1927), autor de novelas (*Hijo de Dios, Sangre impura*) y de dramas (*Kostana*).
STANLEY (John ROWLANDS, llamado **Henry Morton**) [1841-1904], explorador inglés del África central, donde se unió a Livingstone. Exploró el Congo.
STANLEY POOL [*pul*], lago de África, en el río Congo, en cuyas orillas se encuentran Brazzaville y Kinshasa; 450 km².
STANLEYVILLE. V. KISANGANI.
STANOVOI (MONTES), cadena montañosa en Siberia oriental; 2 998 m.
STARA ZAGORA, c. de Bulgaria; textiles.
STARHEMBERG (Ernesto RÜDIGER, *conde de*), general austriaco (1638-1701), que defendió Viena contra los turcos (1683).
STARK (Juan), físico alemán (1874-1957), descubridor del *efecto Stark* o desdoblamiento de las líneas espectrales en un campo eléctrico. (Premio Nóbel, 1919.)
STARKIE (Walter), hispanista irlandés, n. en 1894.
STAUDINGER (Hermann), químico alemán (1881-1965), premio Nóbel (1953) por sus investigaciones sobre las materias plásticas.
STAVANGER, c. de Noruega, puerto activo en el Atlántico; conservas de pescado.

Fot. Oppenheim, X, France-Presse, Larousse

STAVROPOL, de 1935 a 1943 **Vorochilovsk** y, desde 1964, **Togliatti,** c. de la U. R. S. S. (R. S. F. S. de Rusia), al N. del Cáucaso.

STAVROS. V. ESTAGIRA.

STEELE (Ricardo), autor dramático y periodista inglés (1672-1729), fundador, con Addison, de los periódicos *The Tatler* y *The Spectator.*

STEEN (Juan), pintor costumbrista holandés (1626-1679), autor de escenas burlescas.

STEFANICH (Juan), jurista, político y escritor paraguayo, n. en 1889.

STEIN (Gertrudis), escritora norteamericana (1874-1946), autora de ensayos. Dio el nombre de "generación perdida" al grupo de escritores surgidos en su país entre las guerras mundiales (Caldwell, Faulkner, Hemingway, Steinbeck).

STEIN (Karl, *barón von*), estadista alemán (1757-1831), paladín de la resistencia germánica a Napoleón. Intentó una serie de reformas liberales en Prusia después del Tratado de Tilsit.

STEINBECK (John), novelista norteamericano, n. en Salinas (California) [1902-1968], autor de relatos en los que palpita una profunda ternura: *Ratones y hombres, Viñas de la ira, Tortilla Flat,* etc. (Pr. Nóbel, 1962.)

STENDHAL (Henri BEYLE, llamado), escritor francés, n. en Grenoble (1783-1842), autor de obras de crítica *(Racine y Shakespeare)* y de novelas: *Armancia* (1823), *Rojo y Negro* (1831), *La cartuja de Parma* (1839). Romántico por su inclinación hacia las pasiones violentas, Stendhal analiza con lucidez, a veces con ironía, el carácter de sus héroes. Su estilo es sobrio.

STEPHENSON (Jorge), ingeniero inglés (1781-1848), considerado como inventor de las locomotoras.

STERLITAMAK, c. de la U. R. S. S. (Rusia, Rep. de Bachkiria); petróleo.

STERN (Otto), físico norteamericano de origen alemán (1888-1969), que ha realizado estudios sobre los fotones. (Pr. Nóbel, 1943.)

STERNE (Lorenzo), escritor inglés (1713-1768), autor de *Tristán Shandy* y *Viaje sentimental;* escritor original y humorista irónico.

STETTIN. V. SZCZECIN.

STEVENSON (Roberto Luis BALFOUR), novelista inglés, n. en Edimburgo (1850-1894), autor de las novelas de aventuras *La isla del tesoro, El extraño caso del Dr. Jekyll y de Mr. Hyde* y *Las flechas negras.*

STEWART (Dugald), psicólogo escocés (1753-1858), autor de *Ensayos filosóficos.*

STIERNHIELM (Jorge), escritor sueco (1598-1672), llamado **Padre de la poesía sueca.**

STIFTER (Adalberto), novelista austriaco (1805-1868), maestro del realismo poético.

STIRLING, c. de Escocia central, a orillas del Forth, cap. del condado de su n. Castillo.

STOCKPORT, c. de Inglaterra (Cheshire y Lancashire), junto al río Mersey; industrias textil (algodón) y metalúrgica.

STOCKTON, c. de los Estados Unidos (California); industrias alimenticias.

STOCKTON ON TEES, c. de Inglaterra (Durham), a orillas del Tees. Metalurgia.

STOKE ON TRENT, c. de Inglaterra (Stafford); construcciones mecánicas; neumáticos.

STOLYPIN (Pedro Arkadievich), político ruso (1862-1911); enemigo de los revolucionarios, fue asesinado en un teatro de Kiev.

STONEHENGE, serie de monumentos megalíticos hallados en el condado de Wilt (Inglaterra).

STEINBECK

STENDHAL

STORNI (Alfonsina), poetisa argentina, n. en Suiza (1892-1938), que fue maestra y periodista y ardiente defensora del feminismo. Su poesía evolucionó del romanticismo al simbolismo y alcanzó a veces una perfección clásica. Se suicidó. Obras: *El dulce daño, Ocre, El mundo de siete pozos, Mascarilla y trébol,* etc.

STOWE (Harriet Beecher). V. BEECHER-STOWE.

STRADELLA (Alejandro), compositor italiano (1645-1682), autor de cantatas, óperas, oratorios.

STRADIVARIUS (Antonio), célebre fabricante de violines italiano, n. en Cremona (¿1644?-1737).

STRAFFORD (Tomás WENTWORTH, *conde de*), político inglés (1593-1641). Favoreció, con el arzobispo Laud, la política autoritaria de Carlos I, quien más tarde le abandonó a sus enemigos. Murió ajusticiado.

STRAITS SETTLEMENTS o **Establecimientos de los Estrechos,** ant. colonias inglesas en la penins. y estrecho de Malaca. V. MALAYA *(Federación)* y SINGAPUR.

STRALSUND, c. y puerto de Alemania oriental, a orillas del mar Báltico. Comercio activo. Carlos XII sostuvo en ella un sitio célebre en 1713-1715 contra los daneses.

STRATFORD-UPON-AVON, c. de Inglaterra (Warwick). Patria de William Shakespeare.

STRAUSS (David), teólogo alemán (1808-1874), autor de una *Vida de Jesús,* en la que considera la historia evangélica como un mito.

STRAUSS (Johann), compositor austriaco (1825-1899), autor de valses célebres (*El Danubio azul, Voces de Primavera, Cuentos de los bosques de Viena,* etc.) y de operetas (*El murciélago*).

STRAUSS (Richard), compositor y director de orquesta alemán (1864-1949), autor de óperas *(El Caballero de la rosa, Salomé, Electra)* y poemas sinfónicos *(Don Juan, Till Eulenspiegel, Don Quijote, Muerte y transfiguración).* Maestro de la orquestación, evolucionó del romanticismo al clasicismo.

STRAVINSKY (Igor), compositor ruso, naturalizado norteamericano, n. en 1882, autor de poemas sinfónicos *(La consagración de la Primavera),* ballets *(El pájaro de fuego, Petruchka),* sonatas y conciertos.

STRESA, v. de Italia (Novara), a orillas del lago Mayor. Centro turístico.

STRINDBERG (Augusto), escritor sueco (1849-1912), autor de novelas *(El cuarto rojo)* y de dramas *(La señorita Julia, Padre, Viaje de Pe-*

STERNE

STRINDBERG

STEVENSON

A. STORNI

J. STRAUSS

R. STRAUSS

STRAVINSKY
por PICASSO

Fot. X, Larousse, Reutlinger, Pietzner

F. SUÁREZ

SUÁREZ Y ROMERO

SUCRE

dro el Afortunado, A Damasco, Gustavo Vasa, etcétera), obras violentas, sarcásticas y dolorosas.

STROESSNER (Alfredo), general y político paraguayo, n. en 1912, pres. de la Rep. en 1954, reelegido en 1958, 1963 y 1968.

STUART. V. ESTUARDO.

STUART MILL (John). V. MILL.

Stúñiga *(Cancionero de),* compilación poética llamada así por haberla realizado *Lope de Stúñiga* (¿1415?-1465). Reúne composiciones variadas de poetas de la corte de Alfonso V de Aragón en Nápoles.

Sturm und Drang *(Tempestad e Impulso),* movimiento literario prerromántico que apareció en Alemania hacia 1770, como reacción contra el racionalismo y clasicismo.

STUTTGART, c. de Alemania, cap. de Baden-Wurtemberg. Catedral (s. XV). Metalurgia, industria química; centro editorial.

SUABIA o **SUEVIA,** región del SO. de Baviera, ant. ducado alemán, que fue poblada por los suevos; cap. *Augsburgo.*

SUÁREZ (Francisco), jesuita, teólogo y filósofo español, n. en Granada (1548-1617), que expuso su doctrina en una serie de *Disputationes metaphysicae.* Autor también de los tratados *Jus Gentium* y *Defensio fidei,* en el cual defiende la supremacía de la Iglesia sobre el Estado. Fue llamado **Doctor Eximius.**

SUÁREZ (Joaquín), político y prócer de la independencia uruguaya, n. en Canelones (1781-1868). Fue gobernador delegado de la Prov. Oriental en 1826 y pres. interino de la Rep. de 1843 a 1852. Se distinguió en la defensa de Montevideo contra el general Oribe durante el "sitio grande".

SUÁREZ (Marco Fidel), escritor y político colombiano (1855-1927), pres. de la Rep. de 1918 a 1921. Autor de *Sueños de Luciano Pulgar* y de varios ensayos lingüísticos e históricos.

SUÁREZ CARREÑO (José), poeta, novelista y autor dramático español, n. en México en 1914.

SUÁREZ DE FIGUEROA (Cristóbal), escritor español, n. en Valladolid (1571-¿1639?), autor de *El pasajero,* auténtico cuadro de costumbres, que contiene historias, reflexiones y juicios sobre sus contemporáneos. Se le deben también *Plaza universal de todas las ciencias y artes,* de carácter enciclopédico, y la novela pastoril *La constante Amarilis.*

SUÁREZ DE PERALTA (Juan), cronista mexicano del s. XVI, autor de *Tratado del descubrimiento de las Indias,* admirable cuadro de la vida criolla en Nueva España.

SUÁREZ FLAMMERICH (Germán), político venezolano, n. en 1907, pres. de la Junta de Gob. de 1950 a 1952.

SUÁREZ RENDÓN (Gonzalo), conquistador español del s. XVI, fundador de la c. colombiana de Tunja (1539).

SUÁREZ VEINTIMILLA (Mariano), político ecuatoriano, n. en 1897, pres. interino de la Rep. en 1947.

SUÁREZ Y ROMERO (Anselmo), novelista romántico cubano (1818-1878), autor de *Francisco,* relato antiesclavista.

SUATÁ, río de Venezuela que señala parte del límite entre los Estados de Guárico y Anzoátegui, afl. del Orinoco.

SUAZILANDIA, Estado autónomo enclavado en la República de África del Sur. Sup. 17 363 km²; 285 000 h.; cap. *Mbabane* (8 400 h.). Fue independiente en 1968.

SUBERCASEAUX (Benjamín), escritor chileno, n. en 1902, autor de *Jemmy Button* y *Chile o una loca geografía.*

SUBIACO, c. de Italia (prov. de Roma); San Benito de Nursia fundó en ella la orden de los Benedictinos, en 529.

SUBÓTICA, c. de Yugoslavia (Voivodina), en la frontera húngara; centro industrial.

Sucesión de Austria *(Guerra de)* [1740-1748], guerra determinada por las ambiciones al trono imperial, que se produjeron después de la muerte del emperador Carlos VI (1740). La paz de Aquisgrán (1748) puso fin a esta guerra.

Sucesión de España *(Guerra de)* [1700-1714], guerra causada por el advenimiento de Felipe V al trono de España, tras la muerte de Carlos II, último rey de la Casa de Austria. El rey francés Luis XIV, aliado con Saboya y Baviera, combatió contra Austria, Inglaterra, Holanda y Portugal. En 1701 subió al trono español Felipe de Anjou, nieto de Luis XIV. Los ejércitos franceses, frecuentemente derrotados por el príncipe Eugenio y el duque de Marlborough, obtuvieron en España las victorias de Villaviciosa, Brihuega y Almansa. Terminó la guerra con los Tratados de Utrecht (1713) y Rastadt (1714).

Sucesión de Polonia *(Guerra de)* [1733-1738]. A la muerte de Augusto II, rey de Polonia, el emperador Carlos VI y la zarina rusa Ana Ivanovna pretendieron elegir a Augusto III. Intervino Francia para dar la corona a Estanislao Leczinski, quien fue proclamado rey en 1733. Pero Augusto III, sostenido por los imperiales y los rusos, expulsó a su rival y logró su reconocimiento como rey en la paz de Viena (1738).

SUCRE: la Catedral

SUCRE, cap. del dep. de Chuquisaca y residencia del poder judicial de la Rep. de Bolivia; 65 000 h. *(sucrenses).* Universidad, Arzobispado. Fundada en 1538, llamóse primeramente **Charcas,** tomó luego el n. de **La Plata** y más tarde el de **Chuquisaca.** Desempeñó un papel importante en la lucha por la Independencia, proclamándose en ella, en 1825, la liberación del Alto Perú. Conserva numerosos edificios de la época hispánica, como la Catedral, la Audiencia y el Palacio del Gobernador. — Estado de Venezuela; cap. *Cumaná;* considerable prod. de cacao, coco, tabaco, café, algodón; salinas; asfalto. (Hab. *sucrenses.*) — Dep. de Colombia, en las llanuras del norte; cap. *Sincelejo.* Gran producción agrícola y ganadera. (Hab. *sucreños.*)

SUCRE (Antonio José de), general y político venezolano, n. en Cumaná (1795-1830), que combatió al lado de Miranda y fue luego el lugarteniente más ilustre de Bolívar. Liberó al Ecuador con la victoria de Pichincha (1822) y al Perú con la de Ayacucho (1824), que selló la emancipación de América del Sur y valió al caudillo el título de Gran Mariscal. Fue pres. de la nueva Rep. de Bolivia de 1826 a 1828, y cuando viajaba de Bogotá a Quito, murió asesinado en los montes de Berruecos, en las inmediaciones de la ciudad de Pasto.

SU CHE o **SU TONG-PO,** escritor chino (1036-1101), autor del poema *El acantilado rojo.*

SUCHES, río de América del Sur, que nace en el Perú, penetra en Bolivia y des. en el lago Titicaca; señala parte de la frontera entre ambos países.

SUCHET (Luis), mariscal de Francia (1772-1826), que se distinguió a las órdenes de Napoleón en las batallas de Austerlitz y de Sagunto (España).

SUCHIATE, río de Guatemala, que sirve de frontera con México, penetra en este país y des. en el Pacífico.

SUCHITÁN, volcán de Guatemala (Jutiapa); 2 047 m. Llamado también **Mita.**

SUCHITEPÉQUEZ, dep. de Guatemala; cap. *Mazatenango;* prod. café, caña de azúcar, cacao; ganadería. (Hab. *suchitepesanos.*)

Fot. doc. A. G. P., Biblioteca Nacional (La Habana), Larousse, Viollet

SUCHITOTO, c. de El Salvador (Cuscatlán); centro agrícola. Es una de las pobl. más antiguas del país.

SUDAFRICANA (*República*), hoy **República de África del Sur,** Estado federal de África, al S. de los ríos Orange y Limpopo, constituido por las ant. colonias británicas de El Cabo, Natal, Orange y Transvaal; 1 224 000 km²; 17 892 000 h. La población comprende blancos (60 % afrikanders, 40 % británicos), mestizos, una mayoría de negros e indios. Cap. *Pretoria* (residencia del Gobierno), 416 000 h.; c. pr. *Ciudad de El Cabo* (sede del Parlamento), 732 500 h.; *Johannesburgo,* más de un millón; *Durban,* 656 000; *Port Elizabeth,* 271 000; *Germiston,* 205 000; *Bloemfontein,* 140 000.

— La *República Sudafricana* es, ante todo, un país minero (diamantes, oro); pero la ganadería y la agricultura han progresado mucho en los últimos años (exportación de lana, cultivos tropicales, vid). El problema racial es muy agudo: los blancos, una fuerte minoría, se han unido para asegurar su predominio sobre negros y asiáticos. — En 1910, los Estados de África Austral (El Cabo, Natal, Transvaal y Orange) se agruparon en la *Unión Sudafricana,* que se anexó el Sudoeste Africano en 1950 y adoptó en 1960, por decisión de un referéndum, el estatuto de república independiente.

SUDÁN, ant. **Sudán Angloegipcio,** Estado de África, en el Alto Nilo. 2 506 000 km²; 13 540 000 h. (*sudaneses*). Cap. *Jartum,* 245 000 h. C. pr. *Omdurmán,* 135 700; *El Obeid,* 70 000; *Puerto Sudán,* 47 500. Condominio angloegipcio desde 1899, el Sudán se convirtió en república independiente en 1956.

SUDÁN, antiguo territorio del África Occidental Francesa que se extiende por una parte del Sáhara meridional y por el sur de las regiones de estepas y de sabanas de ambos lados del valle del Níger; 1 204 000 km². La capital era *Bamako.* C. pr. *Kayes, Segú, Mopti, Sikaso, Gao, Tombuctú.* Formó con el Senegal, de 1959 a 1960, la Federación del Malí. Desde entonces la República Sudanesa tomó el nombre de **República del Malí.** (V. este nombre).

SUDERMANN (Hermann), escritor alemán (1857-1928), autor de dramas y novelas naturalistas.

SUDETES, montañas de Checoslovaquia al NE. de Bohemia. Región habitada por una importante minoría alemana, fue anexada al III Reich en 1938. En 1945 volvió a Checoslovaquia y la población de origen alemán transferida a su país.

SUDOESTE AFRICANO. V. ÁFRICA DEL SUDOESTE.

SUE (Eugenio), escritor francés (1804-1857), autor de *Los misterios de París* y *El judío errante,* novelas humanitarias y patéticas.

SUECA, c. de España (Valencia). Arroz.

SUECIA, Estado de Europa septentrional, al oriente de la Península Escandinava, entre Noruega y el Báltico; 449 165 km²; 7 661 000 h. (*suecos*). Cap. *Estocolmo,* 808 000 h.; c. pr. *Göteborg,* 410 000; *Malmö,* 237 000; *Norrköping,* 93 000; *Hälsingborg,* 77 000; *Örebro,* 74 500; *Upsala,* 81 000; *Västeras,* 81 000.

— GEOGRAFÍA. 1º La *Suecia del Norte* es una región montañosa que desciende en terrazas hacia el golfo de Botnia. Su principal riqueza son las minas de hierro de Kiruna. 2º La *Suecia Central* comprende ricos sectores agrícolas (*Dalecarlia*) e industriales (metalurgia de *Bergslag*) y un vasto conjunto de lagos hacia Estocolmo. 3º La *Suecia Meridional* abarca las dos *Gotalandias, Smalandia* y *Escania;* ésta posee una rica agricultura. Los principales recursos de Suecia, además de la

escudo y mapa de la
REPÚBLICA SUDAFRICANA

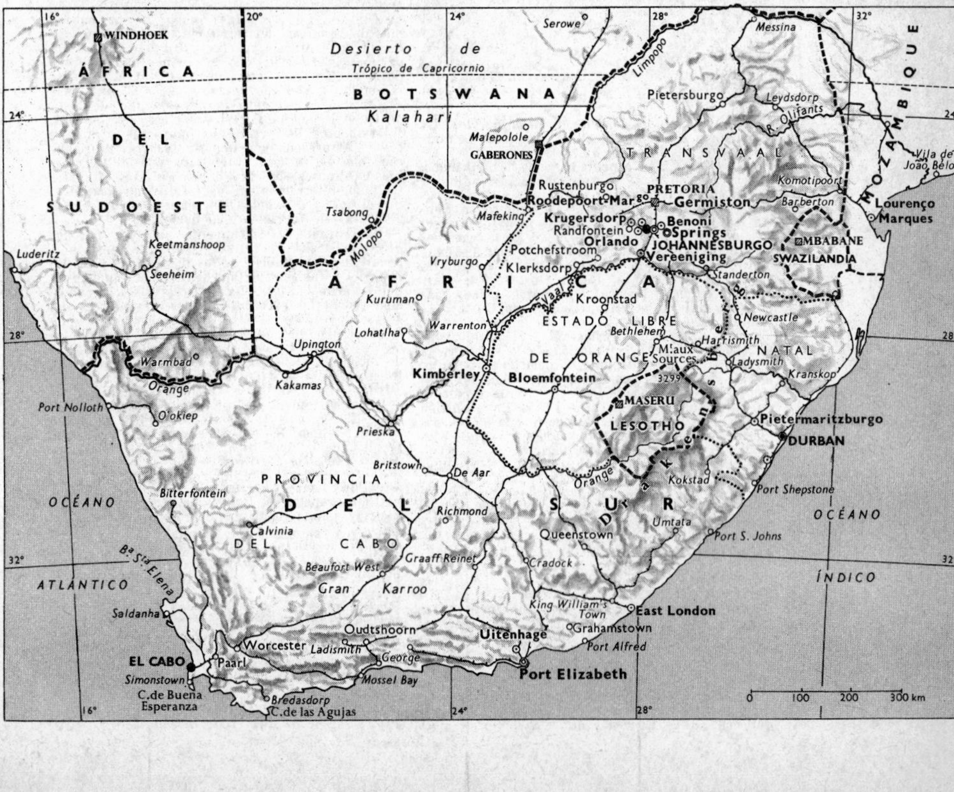

mapa y escudo de SUECIA

agricultura, son los bosques y los minerales. La abundancia de hulla blanca ha permitido la multiplicación de fábricas hidroeléctricas.

— HISTORIA. Las expediciones de los vikingos, comenzadas en el s. VI, pusieron a Escandinavia en relación con Europa y llevaron a los suecos hasta Bizancio. El cristianismo penetró en Suecia en el s. IX. En el s. XII, la monarquía electiva no consiguió imponerse a una turbulenta sociedad feudal. Por la Unión de Calmar (1397), Suecia entró en la Confederación Escandinava, de la que se retiró en 1521; Gustavo Vasa restableció entonces la monarquía hereditaria y convirtió el país al protestantismo. Bajo Gustavo II Adolfo, Suecia intervino en la guerra de los Treinta Años. Con Carlos XII, el absolutismo llegó a su apogeo; la reacción de la aristocracia y del Parlamento introdujo un período turbulento. A raíz de las guerras de la Revolución subió al trono la dinastía Bernadotte. Noruega estuvo unida a Suecia de 1814 a 1905. La evolución democrática y la neutralidad de Suecia en las dos guerras mundiales han favorecido su progreso económico e industrial en este siglo.

SUKARNO

Sueño de una noche de verano *(El)*, comedia fantástica de Shakespeare (1595).

Sueños *(Los)*, colección de cuentos satíricos, de Quevedo. Son los más notables: *El alguacil alguacilado, Sueño de las calaveras, Las zahurdas de Plutón* y *El mundo por de dentro.*

SUETONIO (Cayo), historiador latino (¿69-126?), autor de unas biografías de *Los doce Césares* (de César a Domiciano).

SUEVIA. V. SUABIA.

SUEVOS, pueblo de Germania que en el s. III se estableció entre el Rin, Suabia y el Danubio. Una parte de ellos pasó a España, pero su reino fue efímero y desapareció en tiempos del monarca visigodo Leovigildo (585).

SUEZ (ISTMO DE), istmo entre el mar Rojo y el Mediterráneo, atravesado por un canal, cuyo promotor fue Fernando de Lesseps, y que se inauguró en 1869. El canal mide 161 km de Port Said a Suez y su travesía permite acortar en un 44 por ciento el trayecto entre Londres y Bombay. La nacionalización del canal por Nasser, jefe del Estado de Egipto, provocó un conflicto con Israel, Francia y Gran Bretaña (1956). La acción militar de estas potencias contra Egipto se detuvo por la intervención de los Estados Unidos y la O. N. U.

— La ciudad de **Suez** (ant. *Arsinoe*) es un puerto en el mar Rojo.

SUFFERN (Carlos), compositor e historiador de música argentino, n. en 1905.

SUFFOLK, condado de Inglaterra, a orillas del mar del Norte. Está dividido en *Suffolk Oriental* (cap. *Ipswich*) y *Suffolk Occidental* (cap. *Bury Saint Edmunds*).

SUFFOLK (William DE LA POLE, *duque de*), capitán inglés (1396-1450), a quien Juana de Arco obligó a levantar el sitio de Orleáns.

SUGER, religioso francés (1081-1151). Fue regente del reino durante la Segunda Cruzada.

SUIDAS, lexicógrafo griego de la época bizantina (s. X), a quien se atribuye un *Lexicón* de gran interés lingüístico e histórico.

SUINTILA, rey visigodo de España, de 621 a 631. Fue destronado por Sisenando.

SUIPACHA, pobl. de la Argentina (Buenos Aires). — Cantón de Bolivia (Potosí), donde, el 7 de noviembre de 1810, el general argentino González Balcarce derrotó a las tropas dependientes del virrey del Perú.

Suite Iberia, obra de piano de Isaac Albéniz, que consta de doce composiciones inspiradas en las ciudades de España.

SUIZA o **CONFEDERACIÓN SUIZA,** república federal de Europa central; 41 295 km²; 6 000 000 de h. (*suizos*); cap. federal *Berna*, 168 800 h.; c. pr. *Zurich*, 428 200 h.; *Basilea*, 200 500; *Ginebra*, 175 900; *Lausana*, 135 000; *Winterthur*, 81 000; *Saint-Gall*, 76 800; *Lucerna*, 68 000.

— GEOGRAFÍA. Los *Alpes suizos*, al sur, cubren más de la mitad del territorio; la cría de ganado, la agricultura (frutales, vid) y la producción de energía eléctrica son las principales riquezas de la región. Del lago Leman al de Constanza se extiende la *planicie suiza*, que es la zona más activa del país, tanto desde el punto de vista agrícola como industrial (textiles, maquinaria, instrumentos de precisión, industrias alimenticias). Atravesada por importantes vías de comunicación, Suiza es muy visitada por los turistas. Sus habitantes son de idiomas (alemán, francés, italiano, retorrománico) y de religiones (católica, protestante) diferentes; a pesar de ello, Suiza presenta una fuerte unidad nacional.

— HISTORIA. Primitivamente habitada por los *helvecios* (celtas), Suiza pasó sucesivamente a poder de los romanos, de los borgoñones y de los francos, y fue por último dependencia inmediata del Imperio (1218). La resistencia de la población contra los excesos de los representantes del Imperio llevó, en 1291, a la formación de una Liga de cantones que constituyó el primer núcleo de la Confederación Suiza. Después de siglos de lucha, el emperador Maximiliano reconoció la independencia de trece cantones (*Tratado de Basilea*, 1499). En el s. XVI, una parte de los cantones adoptó la Reforma, predicada por Zwinglio. El Tratado de Westfalia (1648) reconoció a Suiza como Estado soberano. En 1798 fue proclamada la República. En el s. XIX, una Liga de los cantones católicos contra la mayoría protestante amenazó la unidad de la Confederación. Suiza fue neutral en las dos guerras mundiales. Residencia de diversos organismos internacionales.

SUJUMI, c. de la U. R. S. S. (Georgia), cap. de la rep. autónoma de Abjasia.

SUKARNO (Achmed), estadista indonesio (1901-1970), pres. de la Rep. (1945-1967).

SUKARNOPURA, ant. **Hollandia**, cap. de Nueva Guinea occidental, en la costa del N. Hoy **Djajapura.**

SULACO, río de Honduras (Yoro), afl. del Comayagua.—Sierra de Honduras (Yoro); 2 021 m. — Pobl. de Honduras (Yoro).

SULAWESI. V. CÉLEBES.

SULPICIO *(San)*, obispo francés, m. en 591. Fiesta el 19 de enero.

SULPICIO SEVERO, eclesiástico galo (¿360-420?), autor de una *Historia sagrada.*

Fot. Keystone

SULTANABAD, hoy **Arak,** c. del Irán, al SO. de Teherán.
SULTEPEC, mun. mexicano del Est. de México.
SULÚ (ISLAS). V. JOLÓ.
SULLANA, c. del Perú, cap. de la prov. del mismo n. (Piura); quina. (Hab. *sullanenses*).
SULLY [*suli*] (Maximiliano de BETHUNE, *duque de*), ministro y amigo de Enrique IV de Francia (1560-1641). Administró con prudencia la Hacienda y protegió la agricultura.
SULLY PRUDHOMME (Armand), poeta francés (1839-1907), que expresó con estilo parnasiano sentimientos nobles o delicados. Autor de *Soledades*. (Pr. Nóbel, 1901.)
SUMACO, cima de los Andes del Ecuador, en la Cord. Oriental; 3 900 m.
Suma contra los gentiles, obra de teología de Santo Tomás de Aquino, en la que establece los principios de la fe.
Suma teológica, obra de Santo Tomás de Aquino, en la que el autor, bajo forma silogística, discute cuestiones de teología, filosofía y moral. Es el libro de la ortodoxia tradicional.
SUMAPAZ, nevado de Colombia, en la Cord. Oriental; 4 560 m. — Páramo de Colombia, en la Cord. Oriental, entre el dep. de Cundinamarca y la intendencia de Meta; a 4 300 m. — Río de Colombia (Cundinamarca y Tolima), afl. del Magdalena.
SUMATRA, la mayor de las islas de la Sonda (Indonesia), 473 600 km²; c. pr. *Padang, Palembang*.
SUMBAVA, isla de Indonesia, al S. de las Célebes; azúcar, tabaco.
SUMER, región antigua de la Baja Mesopotamia, cerca del golfo Pérsico.
SUMERIOS, pueblo que se estableció en el bajo valle del Éufrates en el V milenio a. de J. C., y fundó una de las más antiguas civilizaciones. Los sumerios desaparecieron a principios del II milenio.
SUMIDA GAVA, río del Japón (Hondo), que des. en la bahía de Tokio.
SUND u **ORESUND,** estrecho entre la isla de Seeland y Suecia, que une el mar del Norte con el Báltico.
SUNDERLAND, c. y puerto de Inglaterra (Durham), a orillas del mar del Norte. Hulla. Siderurgia; construcciones mecánicas. Astilleros.
SUNGARI, río del NE. de China, afl. der. del Amur; 1 800 km.
SUN YAT-SEN, estadista chino (1866-1925), fundador del Kuo Ming Tan y pres. de la Rep. china en 1911. Se exilió cuando abdicó la dinastía manchú (1912). Volvió en 1918, formó un Gob. separatista en Cantón y entró en Pekín (1925).
SUNYER (Joaquín), pintor español (1875-1956), gran colorista, influido por la pintura francesa.
SUPERIOR (LAGO), lago en la cuenca del San Lorenzo, entre los Estados Unidos y el Canadá; comunica con el lago Huron por medio del río de Santa María; 81 000 km².
SUPERVIELLE [*-viel*] (Julio), escritor francés, n. en Montevideo (Uruguay) [1884-1960], autor de poesías, novelas y obras teatrales de una inspiración exquisita.
Suplicantes (*Las*), tragedia de Esquilo (h. 490 a. de J. C.) y de Eurípides (422 a. de J. C.).
SUPPÉ (Franz de), compositor austriaco (1819-1895), autor de operetas y oberturas (*Poeta y aldeano*).
SUR. V. TIRO.
SURABAYA, c. y puerto de Java (República de Indonesia).
SURAKARTA, ant. **Solo,** c. de Indonesia, en el centro de Java.
SURAT, c. y puerto de la India (Gujerate).
SUR CINTI, prov. de Bolivia (Chuquisaca); cap. *Villa Abecia*.
SURCOUF (Roberto), célebre corsario francés (1773-1827).
SUR CHICHAS, prov. de Bolivia (Potosí); cap. *Tupiza*.
SURESNES [*surén*], c. de Francia (Hauts-de-Seine), a orillas del Sena; industrias diversas.
SURGIDERO DE BATABANÓ, pobl. de Cuba (La Habana). Pesquerías de esponjas.
SURINAM, n. oficial de la **Guayana Holandesa,** derivado del n. de un río que des. en el Atlántico; 350 km.
SURÍ Y ÁGUILA (José), poeta y médico cubano (1696-1762).
SUR LÍPEZ, prov. de Bolivia (Potosí); cap. *San Pablo de Lípez*.
SURREY, condado de Inglaterra al S. de Londres. Cap. *Kingston on Thames*.
SUR YUNGAS, prov. de Bolivia (La Paz); cap. *Chulumani*.
SUSA, c. de Elam, que fue, en tiempos del Imperio persa, residencia de Darío y de sus sucesores.
SUSA, c. de Italia (Piamonte). Arco romano.
SUSA, c. y puerto de Túnez.
SUSANA, mujer judía, célebre por su belleza y su castidad, acusada injustamente de adulterio por dos ancianos, que fueron condenados a muerte. (*Biblia.*)
SUSANA (*Santa*), virgen y mártir, decapitada en Roma hacia 295. Fiesta el 11 de agosto.
SUSIANA, otro n. del **Elam.**
SUSQUEHANNA, río de los Estados Unidos, que des. en la bahía de Chesapeake; 750 km.

SULLY
por QUESNEL
museo Condé
Chantilly

SUN YAT-SEN

escudo y mapa
de SUIZA

Fot. Biblioteca Nacional (París), Manuel

SYNGE

SWIFT

SUSSEX, condado de Inglaterra, en la costa del Canal de la Mancha. Se divide en *Sussex Oriental* (cap. *Lewes*) y *Sussex Occidental* (cap. *Chichester*).

SUTHERLAND, condado de Escocia; cap. *Dornoch.*

SUTLEJ, río de la India (Pendjab); 1 500 km.

SU TONG-PO. V. SU CHE.

SUTTNER (Berta, *baronesa de*), escritora austriaca (1843-1913), autora de *¡Abajo las armas!* (Pr. Nóbel de la Paz, 1905.)

SUVA, cap. de la colonia británica de las islas Fidji, en la isla Viti Levu; 37 000 h.

SUVOROV (Alejandro), general ruso (1729-1800). Reprimió la insurrección polaca en 1794 y luchó contra los ejércitos de la Revolución Francesa en Italia.

SVALBARD, n. actual del **Spitzberg** noruego.

SVENDBORG, c. y puerto de Dinamarca, en la isla de Fionia. Astilleros.

SVERDLOVSK, ant. **Iekaterinenburgo,** c. de la U. R. S. S. (Rusia), en el Ural; centro metalúrgico. En 1918 fue asesinada allí la familia imperial rusa.

SWAMMERDAM (Juan), naturalista holandés (1637-1680).

SWAN [*suán*] (*sir* Joseph), químico inglés (1828-1914); ideó la lámpara eléctrica de filamento de carbón.

SWANSEA, c. de Gran Bretaña (Gales); puerto activo; metalurgia; astilleros.

SWATOW o **CHANTEU,** c. y puerto de China (Kuangtung), junto a la desembocadura del Hankiang; industrias químicas y metalúrgicas.

SWAZILANDIA. V. SUAZILANDIA.

SWEDENBORG (Manuel), teósofo y visionario sueco (1688-1772), fundador de una religión mística que tuvo numerosos adeptos en Inglaterra y los Estados Unidos.

SWIDNICA, ant. **Schweidnitz,** c. de Polonia (Silesia); industrias diversas.

SWIFT (Jonathan), escritor irlandés (1667-1745), autor de *Viajes de Gulliver,* sátira mordaz contra la sociedad inglesa, y de feroces libelos de carácter político, religioso o literario. Defendió ardorosamente la causa de Irlanda.

SWINBURNE (Charles), poeta inglés (1837-1909), heredero del romanticismo, autor de *Poemas y Baladas.* Escribió también dos dramas.

SWINDON, c. de Inglaterra (Wilts); centro ferroviario; construcciones aeronáuticas.

SYBEL (Heinrich von), historiador alemán (1817-1895), autor de *Historia del período revolucionario de 1789 a 1800*

SYDENHAM (Tomás), médico inglés (1624-1689), descubridor de la composición del láudano.

SYDNEY, c. y puerto de Australia, cap. de Nueva Gales del Sur, en una bahía del océano Pacífico. Gran centro industrial y comercial, en una región minera y ganadera, exportación de lanas y cereales. Tiene dos catedrales (anglicana y católica). Universidad.

SYKTYVKAR, c. de la U. R. S. S., cap. de la Rep. Autónoma de los Zirianes.

SYLT, isla alemana al oeste de la costa de Slesvig-Holstein, que está unida por un dique al continente.

SYNGE (John Millington), dramaturgo irlandés (1871-1909), cuyas obras sobre la vida en su país mezclan el realismo con lo maravilloso (*Jinetes hacia el mar*).

SYRACUSE, c. de los Estados Unidos (Nueva York); metalurgia; construcciones mecánicas e industrias químicas.

SYZRAN, c. de la U. R. S. S. (Rusia), a orillas del Volga; petróleo.

SZCZECIN, en alemán **Stettin,** c. de Polonia, a orillas del Oder; puerto comercial e industrial activo; astilleros.

SZEGED, c. de Hungría, en la confluencia del Tisza y el Maros. Universidad. Industrias textiles y alimenticias.

SZEKESFEHERVAR, ant. **Alba Real,** c. de Hungría, al NE. del lago Balatón; centro industrial.

SZENTES, c. de Hungría, en la llanura de Alföld. Cultivo de algodón.

SZENT-GYÖRGYI (Albert von), bioquímico húngaro, n. en 1893, descubridor de la vitamina C. (Pr. Nóbel, 1937.)

SZIGLIKETI (Jozsef SZATHMARY, llamado), autor dramático húngaro (1814-1878).

SZOLNOK, c. de Hungría, a orillas del Tisza; construcciones mecánicas. Universidad.

SZOMBATHELY, c. de Hungría; maquinarias; ind. químicas y alimenticias.

SZOPIENICE, c. de Polonia, en la Alta Silesia. Metalurgia del cinc. Centro de explotación hullera.

puerto de SYDNEY

Fot. X, Holmes

El lago TITICACA

T

TABACAL, pobl. de la Argentina (Salta); centro de cultivo de la caña de azúcar.
TABACO, c. de la prov. filipina de Albay (Luzón).
TABACUNDO, c. del Ecuador, cab. del cantón de Pedro Moncayo (Pichincha).
TABAGO. V. TOBAGO.
TABAPY. V. ROQUE GONZÁLEZ DE SANTA CRUZ.
TABASARÁ, río de Panamá (Chiriquí), que des. en el golfo de Chiriquí.
Tabaré, poema de Zorrilla de San Martín, evocación de las primeras luchas, en el s. XVI, de conquistadores e indígenas (1886).
TABASCO, Estado de México, en la costa del golfo de México; cap. *Villahermosa;* prod. plátanos, cacao, caña de azúcar; ganadería; ind. pesquera. (Hab. *tabasqueños.*)
TABERNAS, v. de España (Almería); cobre y plomo; uvas.
TABLACACHA. V. CHUQUICARA.
TABLADA (José Juan), poeta mexicano (1871-1945), precursor del verso ideográfico. Autor de *El florilegio, Li Po* y *El jarro de flores.*
TABLADA (La), pobl. de la Argentina (Córdoba). Derrota de Quiroga por el general Paz en 1829.
Tabla redonda *(Ciclo de la),* serie de poemas y relatos (s. XII-XIV), que se desarrollan en Bretaña. Sus héroes principales son el rey Arturo o Artús, Lanzarote, Parsifal y el mago Merlín.
TABLARUMI, cima del Ecuador, en la cordillera Central; 4 622 m.
TABLAS, isla de Filipinas, separada de la de Mindoro por el *estrecho de Tablas.*
TABLAS (Las), c. de Panamá, cap. de la prov. de Los Santos; centro agrícola. (Hab. *tableños.*)
Tablas Alfonsinas, tablas astronómicas en forma de tríptico, redactadas por orden de Alfonso X y conservadas en la catedral de Sevilla.
TABO (El), com. de Chile (Santiago).
TABOADA (Luis), escritor humorista español (1848-1906), autor de una serie de escenas cómicas y de costumbres titulada *Las tiendas.*
TABOGA, isla de Panamá, en la bahía de Panamá. Faro. — Pobl. de Panamá, en la prov. de Panamá.
TABOR, monte de Palestina septentrional, al SE. de Nazaret (588 m). En él coloca el Nuevo Testamento la Transfiguración de Cristo.
TABOR, c. de Checoslovaquia (Bohemia). Fue fortaleza de los husitas.
TABRIZ, ant. **Tauris,** c. de Irán (Azerbaidján); centro comercial; sedas; tapices.
TACÁMBARO, río de México, afl. del de las Balsas. — Mun. de México (Michoacán).
TACÁMBARO DE CODALLOS, c. de México (Michoacán); centro agrícola. Obispado.
TACANÁ, volcán de América Central, en la frontera mexicanoguatemalteca; 4 160 m.
TACARIGUA (LAGUNA DE). V. VALENCIA.
TACCA (Pedro), escultor italiano (1577-1640), autor de la estatua ecuestre de Felipe IV en Madrid.
TÁCITO (Cornelio), historiador latino (¿55-120?), maestro del relato conciso y sentencioso en *Diálogos de los oradores, Germania, Vida de Agrícola* y, sobre todo, en *Los Anales,* una de las cumbres del género historiográfico.
TÁCITO, emperador romano (200-276), de la familia del anterior. Reinó en 275. M. asesinado.
TACNA, c. del Perú meridional, cap. de la prov. y del dep. del mismo nombre; centro comercial. Obispado. Durante la guerra del Pacífico fue ocupada por Chile, pero volvió al Perú en virtud del Tratado de 1929. (Hab. *tacneños.*)
TACOMA, c. de los Estados Unidos (Washington). Metalurgia.
TACÓN (Miguel), militar y político español (1775-1854), gobernador de Cuba de 1834 a 1838. Promovió saludables reformas e impulsó las obras públicas.
TACORA, volcán de los Andes en la frontera del Perú (Tacna) y Chile (Tarapacá); 5 980 m.
TACUAREMBÓ, río del Uruguay (Rivera), afl. del Río Negro; 200 km. — C. del Uruguay, cap. del dep. del mismo n.; centro ganadero. Obispado. Llamóse ant. **San Fructuoso.** El dep. es esencialmente ganadero; cultivos de maíz, arroz. (Hab. *tacuaremboenses.*)
TACUARI, pobl. de la Argentina (Buenos Aires).

TACÓN

Fot. Girard-Rapho, doc. A. G. P.

TACUARÍ, río del Paraguay (Itapúa), afl. del Paraná. — Río del Uruguay (Cerro Largo y Treinta y Tres), que des. en la laguna Merín.

TACUBA, volcán de El Salvador, en la sierra de Apaneca; 1 425 m. — V. de El Salvador (Ahuachapán). — Ant. mun. de México, hoy delegación urbana de la cap., en el Distr. Federal.

TACUBAYA, ant. mun. de México, hoy delegación urbana de la cap., en el Distr. Federal. Observatorio astronómico. En esta localidad estableció López de Santa Anna las bases del acuerdo que obligó a Anastasio Bustamante a abandonar la pres. de la Rep. (1841). Tb. en 1857 proclamó Zuloaga un plan que sirvió al pres. Comonfort para desconocer la Constitución.

TÁCHIRA, río de Venezuela, afl., en tierras colombianas, del río Zulia. — Estado de Venezuela que limita con Colombia; cap. *San Cristóbal;* prod. café, maíz, plátanos, caña de azúcar; yac. de cobre, hierro, carbón, oro, plata, azufre; petróleo. (Hab. *tachirenses.*)

TACHKENT. V. TASHKENT.

TADJIKISTÁN, rep. soviética de la U. R. S. S., en Asia central; cap. *Duchambe.*

TADJ MAHALL. V. TAJ MAHALL.

TAFALLA, c. de España (Navarra). Cereales, vid. Ruinas del castillo de Carlos III el Noble.

TAGLE Y PORTOCARRERO

TAFÍ, pobl. de la Argentina (Tucumán); queso.

TAFÍ DEL VALLE, pobl. de la Argentina (Tucumán); centro agrícola.

TAFILETE, región del Sáhara marroquí, al SE. del Atlas. Industrias de tafiletería y mantas.

TAFÍ VIEJO, pobl. de la Argentina (Tucumán); talleres ferroviarios.

TAFT (Guillermo Howard), político norteamericano (1857-1930). Fue gobernador de Filipinas (1901) y de Cuba (1906), y pres. de los Estados Unidos de 1909 a 1913.

TAFUR (Juan), conquistador español del s. XVI. Estuvo en Panamá y fue a la isla del Gallo para recoger a los soldados que abandonaron a Pizarro.

TAFUR (Pedro), cronista español (¿1410-1487?), que relató sus propias aventuras en *Las andanzas e viajes de Pero Tafur por diversas partes del mundo.*

TAGALOS, indígenas de las Islas Filipinas, cuya lengua, el *tagalo,* es oficial en el Archipiélago.

TAGANGA, pobl. de Colombia (Magdalena).

TAGANROG, c. de la U. R. S. S. (Rusia), a orillas del mar de Azov; puerto; centro industrial (metalurgia, industrias químicas).

TAGLE Y PORTOCARRERO (José Bernardo de), marqués de Torre Tagle, militar y político peruano, n. en Lima (1779-1825), que proclamó la independencia de su país en Trujillo (1820). Fue el primer pres. de la Rep. (1823), destituido por Bolívar en 1824.

TAGLIAMENTO, río de Italia del N. que des. en el Adriático, entre Venecia y Trieste; 170 km.

TAGORE (Rabindranath THAKUR, llamado), poeta indio, n. en Calcuta (1861-1941), cuya obra, de inspiración mística y patriótica, ha sido traducida al castellano por Juan Ramón Jiménez y su esposa. (Pr. Nóbel, 1913.)

TAGORE

TAHITÍ, isla principal del archip. de la Sociedad (Oceanía); cap. *Papeete.* Posesión francesa.

TAHUAMANU, prov. del Perú (Madre de Dios); cap. *Iñapari.*

TAHUANTINSUYO, n. dado al Imperio Incaico, que se dividía en cuatro grandes regiones (Antisuyo, Collasuyo, Contisuyo y Chinchasuyo) y cuya capital era Cuzco. Su superficie alcanzó casi 2 millones de km², con una población de 10 millones de hab.

TAINE

TAICHONG, c. de Formosa, al O. de la isla.

TAILANDIA, ant. **Siam,** reino de Asia meridional, en la parte occidental de la península de Indochina. Sup. 514 000 km²; 28 000 000 h. *(tailandeses); cap. Bangkok,* 1 328 000 h. Conocido como reino de *Siam* hasta 1939, Tailandia volvió a tomar su antiguo nombre. (V. mapa de Indochina.) Su principal riqueza es el arroz.

TAINAN, c. de la isla de Formosa, cerca de la costa SO.; centro comercial activo.

TAINE [*ten*] (Hipólito), filósofo, historiador y crítico francés, n. en Vouziers (1828-1893). Intentó aplicar el método de las ciencias naturales a las producciones más diversas del espíritu humano. Autor de *Historia de la literatura inglesa, Filosofía del arte, Orígenes de la Francia contemporánea,* etc.

TAÍNOS, indios arawakos que ocuparon las Antillas antes de los caribes.

TAIPEI, cap. de Formosa, residencia del Gobierno nacionalista chino; 759 200 h.

TAIPING. V. IPOH.

Taiping, movimiento político y religioso de China, que se manifestó a partir de 1851 contra la dinastía reinante; vencido en 1864.

TAIS, cortesana griega del s. IV a. de J. C., amante de Alejandro Magno y de Ptolomeo I.

TAITAO, penins. de Chile (Aisén).

TAIWAN. V. FORMOSA.

TAIYUÁN, ant. **Yangku,** c. de China; cap. de Chansi; importante centro metalúrgico.

TAJAMULCO, volcán de Guatemala (San Marcos), el más alto de América Central; 4 210 m.

TAJES (Máximo), general y político uruguayo (1852-1912), pres. de la Rep. de 1886 a 1890.

TAJÍN (El), ant. cap. de los totonacas, al N. de Veracruz (México). Centro arqueológico, célebre por su pirámide escalonada.

Taj Mahal, mausoleo levantado por el emperador indio Yahan cerca de Agra, en memoria de su esposa (s. XVII).

TAJO, río de España que nace al pie de la Muela de San Juan, en la sierra de Albarracín (Teruel). Pasa por Aranjuez, Toledo y Talavera de la Reina, penetra en Portugal y forma en su desembocadura el estuario, llamado *mar de Paja,* y puerto de Lisboa; 1 008 km (910 en España).

TAJÓN (Samuel), prelado y escritor español del s. VII, autor de *Sentencias.*

TAJUÑA, río del centro de España, afl. del Jarama; 116 km.

TAKAMATSU, c. y puerto del Japón (Sikoku).

TAKAO, c. y puerto de Formosa.

TAKORADI, c. y puerto de Ghana.

TALA, n. de cuatro pobl. de la Argentina, en las prov. de Córdoba, Entre Ríos, Jujuy y San Luis. — Pobl. del Uruguay (Canelones).

Tala, libro de versos de Gabriela Mistral (1938).

TALAGANTE, comuna y dep. de Chile (Santiago).

TALAMANCA, cordillera del SE. de Costa Rica; alt. máx. en el Chirripó Grande (3 832 m).

TALAMANTES (Melchor de), religioso mercedario mexicano, n. en Lima (Perú) [1765-1809]. Se distinguió como orador y erudito y, al estallar la sublevación por la Independencia, fue encarcelado por los españoles y murió en la prisión.

TALARA, c. y puerto del Perú (Piura); importante centro petrolero.

TALAVERA (*Arcipreste de*). V. ARCIPRESTE.

TALAVERA (Hernando de), escritor ascético español (1428-1507), confesor de Isabel la Católica y primer arzobispo de Granada.

TALAVERA DE LA REINA, c. de España (Toledo), a orillas del Tajo. Población de antigua fundación. Cerámica y azulejos de fama mundial. Centro agrícola y ganadero. Victoria de Wellington en 1809 sobre los franceses. (Hab. *talaveranos* o *talabricenses*).

TALCA, c. del Chile central, cap. de la prov. del mismo nombre; importante centro industrial. Obispado. Sufrió los efectos del terremoto de 1928. La economía de la prov. es esencialmente agrícola. (Hab. *talquinos.*)

TALCAHUANO, c., com. y dep. de Chile (Concepción); principal puerto militar del país.

TALES DE MILETO, matemático, astrónomo y filósofo griego de la escuela jónica (¿640-547?). Afirmó que el agua es el principio de todas las cosas y es autor de un célebre *teorema de geometría.*

TALÍA, musa de la Comedia y del Idilio, representada con una máscara y una guirnalda de hiedra. — Una de las Tres Gracias. *(Mit.)*

TALMA (Francisco José), célebre actor trágico francés (1763-1826).

Talmud (palabra hebrea que significa *disciplina*), colección de tradiciones rabínicas que interpreta la Ley de Moisés, en dos libros: el *Talmud de Jerusalén* o *Mishna* (codificación de las tradiciones orales) y el *Talmud de Babilonia* o *Guemara* (su comentario).

TALTAL, c., com. y dep. de Chile (Antofagasta); puerto de exportación de nitratos.

Fot. Larousse, X

TALLAHASSEE, c. de los Estados Unidos, cap. de la Florida. Material ferroviario.
TALLET (José Zacarías), poeta cubano, n. en 1893, que cultivó la poesía negra.
TALLEYRAND-PERIGORD [*talerán-*] (Carlos Mauricio de), príncipe DE BENEVENTO, diplomático francés, n. en París (1754-1838). Primero obispo de Autun, fue presidente de la Asamblea Nacional (1790) y ministro durante el Directorio, el Consulado, el Imperio y la Restauración. Ambicioso e inteligente, sirvió y traicionó a todos los regímenes.
TALLIEN (Jean-Lambert), convencional francés (1767-1820), adversario de los girondinos.
TALLINN o **TALLIN,** ant. **Reval,** c. de la U. R. S. S., cap. de Estonia. Puerto en el golfo de Finlandia; metalurgia. Hermosa catedral.
TAMÁ, páramo de Colombia de la Cord. Oriental, en la frontera con Venezuela; alt. 3 329 m.
TAMANACOS, tribu india del Orinoco.
TÁMARA o **TAMARÓN,** lugar de España (Palencia) donde Fernando I de Castilla venció a Bermudo III de León, que murió en la batalla.
TAMATAVE, c. y puerto de Madagascar, en la costa oriental.
TAMAULIPAS, Estado de México en el golfo de México y fronterizo con los Estados Unidos; cap. *Ciudad Victoria*. Ganadería; ind. pesquera; yac. de plomo, oro; petróleo. (Hab. *tamaulipecos.*)
TAMAYO, com. de la Rep. Dominicana (Baoruco).
TAMAYO (Franz), político, poeta y escritor boliviano, n. en La Paz (1880-1956), cuya obra revela una gran riqueza y pureza lingüística. Fue elegido pres. de la Rep. en 1935, pero no llegó a tomar posesión de su cargo.
TAMAYO (José Luis), político ecuatoriano, m. en 1947, pres. de la Rep. de 1920 a 1924.
TAMAYO (Rufino), pintor mexicano, n. en 1899, autor de notables frescos de gran fuerza.
TAMAYO DE VARGAS (Tomás), humanista español (1588-1641), famoso por sus anotaciones a Garcilaso.
TAMAYO VARGAS (Augusto), crítico e historiador peruano, n. en 1914.
TAMAYO Y BAUS (Manuel), dramaturgo español, n. en Madrid (1829-1898), autor de obras de carácter burgués y costumbrista: *Los hombres de bien, Lances de honor, Locura de amor, La bola de nieve* y *Un drama nuevo.*
TAMBO, río del Perú (Moquegua y Arequipa), que confluye con el Urubamba y forma el Ucayali; 150 km.
TAMBOBAMBA, c. del Perú (Apurímac).
TAMBOPATA, río del Perú que nace en el dep. de Puno y es afl. del Madre de Dios. — Prov. del Perú (Madre de Dios), cap. *Puerto Maldonado.*
TAMBORERO (PAMPA DEL), meseta de la Argentina, en la sierra de San Luis; 1 240 m.
TAMBOV, c. de la U. R. S. S. (Rusia).
TAME, pobl. de Colombia (Arauca), lugar de concentración del ejército libertador en 1819.
TAMERLÁN o **TIMUR LENK,** conquistador tártaro, n. cerca de Samarcanda (1336-1405), fundador del Segundo Imperio mogol. Venció a Bayaceto en la sangrienta batalla de Ancira. Murió cuando pensaba conquistar China.
TAMESÍ, río de México (Tamaulipas), afl. del Pánuco; 400 km.
TÁMESIS, en inglés **Thames,** río de Inglaterra, que pasa por Oxford, atraviesa Londres y des. en el mar del Norte por un ancho estuario; 366 km.
TÁMESIS, c. de Colombia (Antioquia).
TAMILES. V. TAMULES.
TAMILNAD, ant. *Estado de Madrás,* Estado de la India; 36 857 000 h. Cap. *Madrás.*
TAMPA, c. y puerto de los Estados Unidos (Florida), en el golfo de México.
TAMPERE, en sueco **Tammerfors,** c. de Finlandia, al O. de la región de los lagos; construcciones mecánicas; textiles.
TAMPICO, c. de México (Tamaulipas); centro comercial; primer puerto petrolero del país. Obispado. (Hab. *tampiqueños.*)
TAMULES o **TAMILES,** grupo étnico de la India meridional (Madrás y Ceilán).
TANA, río de Laponia que, en gran parte de su curso, separa Finlandia de Noruega; 304 km.

TALLEYRAND

TAMERLÁN

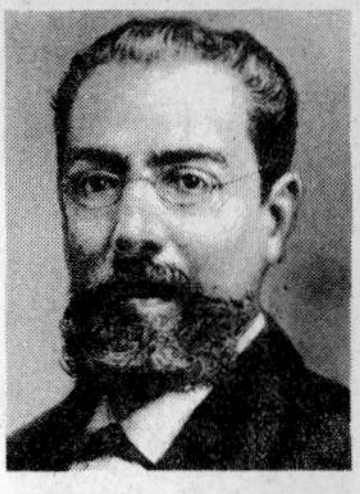
TAMAYO Y BAUS

TANA o **TSANA,** lago de Etiopía, donde nace el Nilo Azul.
TANAGRA, c. de la ant. Grecia (Beocia), célebre por las estatuillas de barro cocido, de exquisito trabajo, halladas en una ant. necrópolis.
TANAIS, n. ant. del **Don.**
TANANARIVE, cap. de la Rep. de Madagascar, en la meseta central; 206 300 h. Arzobispado. Centro comercial.
TANARO, río de Italia, afl. del Po; 250 km.
TANCÍTARO, volcán de México (Michoacán); 3 845 m. Está rodeado de pequeños volcanes.
TANCREDO, príncipe siciliano, héroe de la Primera Cruzada, m. en Antioquía en 1112.
TANDIL, sierra de la Argentina (Buenos Aires); alt. máx. 502 m, en el cerro *Tandileofú.* — C. de la Argentina (Buenos Aires); centro turístico. (Hab. *tandilenses.*)
TANG, decimotercera dinastía china que reinó de 618 a 907, y bajo la cual el país gozó de una era de prosperidad.
TANGANICA o **TANGAÑICA,** lago de África ecuatorial, al SO. del lago Victoria, descubierto en 1858 por Burton y Speke; 32 000 km^2. — Región de África oriental, parte de Tanzania; 939 362 km^2; 9 900 000 h. Cap. *Dar es-Salam.* Primer productor mundial de sisal; café, algodón. Yac. de diamantes, oro y plomo. Ant. territorio bajo tutela británica.
TÁNGER, c. y puerto de Marruecos en el estrecho de Gibraltar. Zona franca. Desde 1906 (Conferencia de Algeciras) hasta 1956 constituyó, con sus alrededores, una zona internacional. Es la ant. **Tingis,** cap. de la prov. romana de Mauritania Tingitana.
TANG SHAN, c. de China (Hopei), al E. de Pekín.
TANGUIS (Fermín), agricultor puertorriqueño (1851-1932) que, emigrado al Perú, cultivó una variedad de algodón que lleva su nombre.
TANIS, c. del ant. Egipto, en el Delta, cuna de la XXI dinastía.
TANIZAKI (Junichiro), novelista y dramaturgo japonés (1886-1965), de gran originalidad.
TANJORE, c. de la India (Madrás). Textiles.
Tannhäuser, ópera en tres actos y cuatro cuadros, libreto y música de Wagner (1845), basada en una leyenda alemana.
TANTA, c. de Egipto, en el centro del delta del Nilo. Algodón.
TÁNTALO, rey de Lidia. Habiendo recibido la visita de los dioses, les dio a comer los miembros de su propio hijo Pélope, para probar su divinidad. Zeus le arrojó al Tártaro y le condenó a ser presa de hambre y sed inextinguibles.
TANZANIA, república federal de África oriental, miembro del Commonwealth, formada en 1964 por la unión de Tanganica, Zanzíbar y Pemba; 942 000 km^2; 10 310 000 h. Cap. *Dar es-Salam,* 128 700 h.
Tanzimat, plural de la palabra árabe *tanzim* (orden, organización), que designa el conjunto de reformas que, desde el sultán Mahmud II y la carta de Gulhané, en 1839, modificaron el Derecho público y la situación de los cristianos en el Imperio Turco.
TAORMINA, c. de Italia, en Sicilia (Mesina), en las faldas del Etna. Ruinas romanas.
TAPACARÍ, pobl. de Bolivia, cap. de la prov. del mismo n. (Cochabamba).
TAPACHULA, c. de México (Chiapas). Agricultura y comercio. (Hab. *tapachultecos.*) Obispado

F. TAMAYO

R. TAMAYO
HOMBRE CANTANDO

estatua de
TANAGRA
Louvre

Fot. X, Valotaire, Larousse, Corolaro, Giraudon

TARRAGONA
murallas romanas

TASSO
por BRONZINO

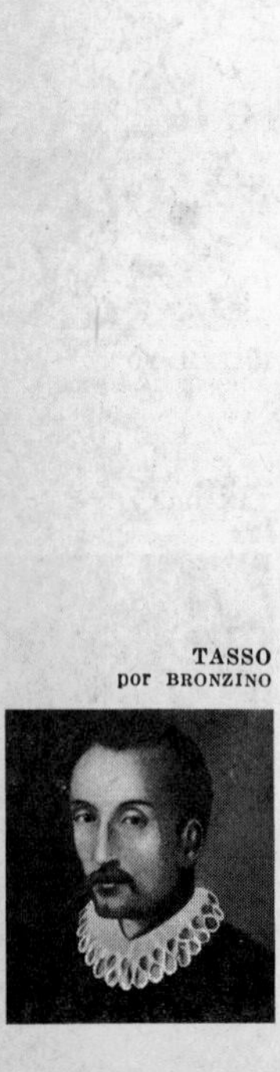

TAPAJÓS o **TAPAJOZ,** río del Brasil (Pará), afl. der. del Amazonas; 1980 km.
TAPALPA, sierra de México (Jalisco); yac. de hierro, plata, plomo y carbón. Bosques.
TAPIA (Eugenio de), poeta, novelista, autor dramático y jurisconsulto español (1776-1860).
TAPIA DE CASARIEGO, pobl. de España (Oviedo). Minas de hierro y oro. Observatorio.
TAPIA Y RIVERA (Alejandro), poeta, dramaturgo y novelista puertorriqueño (1826-1882).
TAPIES (Antonio), pintor español, n. en 1923, autor de cuadros de intenso dramatismo.
TAPSO, ant. c. de África, cerca de la cual César venció los restos del partido de Pompeyo (46 a. de J. C.).
TAPUYAS, indios de la meseta brasileña.
TARAHUMARA, n. dado a la Sierra Madre Occidental de México, entre Chihuahua, Sonora y Sinaloa.
TARANCÓN, c. de España (Cuenca).
TARAPACÁ, prov. de Chile, la más septentrional del país; cap. *Iquique;* importante riqueza mineral: azufre, sales potásicas, salitre; oro, plata, plomo, cobre, estaño; ind. pesquera. (Hab. *tarapaqueños.*)
TARAPOTO, c. del Perú, cap. de la prov. de San Martín, en el dep. de este n.
TARARIRAS, pobl. del Uruguay (Colonia).
Taras Bulba, novela de Gogol (1835).
TARASCOS, indios de México (Michoacán, Guanajuato y Querétaro).
TARATA, c. del Perú, cap. de la prov. del mismo n. (Tacna). — Pobl. de Bolivia, cap. de la prov. de Esteban Arze (Cochabamba).
TARAZÁ, río de Colombia, afl. del Cauca (Antioquia).
TARAZONA, c. de España (Zaragoza). Catedral (s. XIII-XVI). Monumentos mudéjares. Obispado.
TARBES, c. de Francia, cap. del dep. de los Altos Pirineos. Obispado. Escuela de Artillería.
TARENTO, c. y puerto del S. de Italia (Pulla), en el *golfo de Tarento,* formado por el mar Jónico. (Hab. *tarentinos.*) Fue importante en la Antigüedad. Arsenal; astilleros. Arzobispado.
TARFAYA, loc. de Marruecos meridional, cerca del cabo Juby.
TARGU MURESH, hoy **Tirgu Mures,** c. de Rumania (Transilvania). Industrias alimenticias.
TARGUI. V. TUAREG.
TARIFA, c. de España (Cádiz). Plaza fuerte en el estrecho de Gibraltar; defendida heroicamente por Alonso Pérez de Guzmán "el Bueno" en 1294. Industrias de la pesca y conservera.
TARIFA (PUNTA DE), cabo de España, extremo meridional de la península Ibérica, a unos 12 km de la costa de África.
TARIJA, río de Bolivia y Argentina, que señala parte de la frontera entre ambos países y se une luego con el Bermejo; 241 km.—C. de Bolivia, cap. de la prov. de Cercado y del dep. del mismo nombre. Importante centro comercial. Obispado. El dep. prod. maíz, trigo, caña de azúcar; ganadería; yac. de hierro, plata, sal gema; petróleo. (Hab. *tarijeños.*)
TARIK, general árabe, el primer musulmán que invadió España en 711. Derrotó al rey visigodo Don Rodrigo. Dio su nombre a Gibraltar (*Gebel-Tarik,* montaña de Tarik).
TARIM, río de Asia central en China; 2 000 km.
TARLAC, c. y prov. de la isla de Luzón (Filipinas). Importante centro comercial.
TARMA, c. del Perú, cap. de la prov. del mismo n. (Junín); centro comercial; turismo. Prelatura nullius. (Hab. *tarmeños.*)
TARN, río de Francia, afl. del Garona; 375 km. — Dep. de Francia; cap. *Albi.*
TARNOVO. V. TIRNOVO.
TARNOW, c. de Polonia meridional. Metalurgia.
TARNOWSKIE GORY, ant. **Tarnowitz,** c. de Polonia en Alta Silesia. Carbón. Metalurgia.
TARN Y GARONA, dep. de Francia; cap. *Montauban.*
TARPEYA, romana que entregó a los sabinos la ciudadela de Roma y fue muerta por ellos.
Tarpeya *(Roca).* V. CAPITOLIO y CAPITOLINO.
TARQUI, riachuelo del Ecuador, afl. del Paute, cerca de Cuenca, a cuya orilla fueron vencidos los peruanos por los colombianos mandados por Sucre y Flores en 1829.
TARQUINO Prisco o **el Antiguo,** quinto rey de Roma, oriundo de Etruria, que según la tradición reinó de 616 a 579 a. de J. C. Introdujo en Roma la cultura helénica e hizo grandes obras públicas. Asesinado por los hijos de Anco Marcio.
TARQUINO el Soberbio, séptimo y último rey de Roma, a quien la tradición hace reinar de 534 a 509 a. de J. C. Gobernó con violencia y arbitrariamente contra la aristocracia romana y fue derribado por Bruto y Tarquino Colatino.
TARQUINO (Sexto), hijo de Tarquino el Soberbio. Su ultraje a Lucrecia provocó la caída de la monarquía en Roma (510 a. de J. C.).
TARRACONENSE, provincia de la España romana que correspondía al NE. de la península Ibérica; cap. *Tarraco* (Tarragona).
TARRAGONA, c. de España, cap. de la prov. de su mismo n.; puerto en el Mediterráneo. Arzobispado. Universidad Laboral. Ciudad de fundación muy antigua; murallas ciclópeas; acueducto, circo y anfiteatro romanos; necrópolis cristiana; catedral gótica. Fábricas de tejidos, papel, loza. Vinos.
TARRASA, c. de España (Barcelona); textiles.
TÁRREGA, c. de España (Lérida).
TÁRREGA (Francisco Agustín), dramaturgo español (1554-1602), autor de las comedias *El cerco de Rodas, Los moriscos de Hornachos* y *El prado de Valencia.*
TÁRREGA (Francisco), guitarrista y compositor español (1854-1909), autor de música para guitarra (*Recuerdo de la Alhambra, Preludios*).
TARSIS. V. THARSIS.
TARSO, ant. c. de Asia Menor (Cilicia), patria de San Pablo. Actualmente, c. de Turquía al O. de Adana.
TARSUS. V. CIDNO.
TARTAGAL, pobl. de la Argentina (Salta); yacimientos petrolíferos.
TARTAGLIA (Nicolás FONTANA, llamado), matemático italiano (¿1499?-1557) que fue el primero en aplicar las matemáticas a la artillería.
Tartarín de Tarascón, novela de Alfonso Daudet (1872), cuyo héroe se ha convertido en el prototipo del meridional del Sudeste de Francia, hablador y lleno de fantasía.
TÁRTAROS. V. TÁTAROS.
TARTESOS o **TARTESSOS,** n. de una ant. c. ibérica junto a la des. del Guadalquivir.
TARTINI (José), compositor y violinista italiano (1692-1770), autor de conciertos y sonatas.
TARTU, ant. **Dorpat,** c. de la U. R. S. S. (Estonia). Universidad.
Tartufo, comedia de Molière (1669), obra maestra del teatro cómico francés. Tartufo es el tipo de la perversidad y la corrupción disimuladas hipócritamente.
Tarzán, personaje imaginario, creado por Edgar Rice Burroughs, protagonista de aventuras fabulosas en la selva africana, popularizadas en las novelas de este escritor y en el cinematógrafo.
TASHKENT, c. de la U. R. S. S., cap. del Uzbekistán, en Asia central. Máquinas agrícolas; industrias textiles (algodón).
TASMAN (Abel Janszoon), navegante holandés (1603-1659), que descubrió Tasmania y Nueva Zelanda en 1642.
TASMANIA, ant. **Tierra de Van Diemen,** isla dependiente de Australia, de la que está separada por el estrecho de Bass; 68 332 km²; 350 000 h. *(tasmanios).* Cap. *Hobart.* Plomo, cinc, bauxita.
TASOS, isla de Grecia, en el mar Egeo, frente a Macedonia. C. pr. *Tasos* o *Limenas.*
TASSARA (Gabriel GARCÍA). V. GARCÍA.
TASSIS PERALTA (Juan de). V. VILLAMEDIANA *(Conde de).*
TASSO (Bernardo), poeta italiano (1493-1569), autor de un poema basado en el *Amadís de Gaula.* — Su hijo TORCUATO, n. en Sorrento (1544-1595), fue uno de los escritores más ilustres del Renacimiento. Autor del poema épico *La Jerusalén libertada,* sobre la Cruzada de Godofredo de Bouillon, y del drama pastoril *Aminta.*
TASSONI (Alejandro), poeta italiano (1565-1635), autor de la epopeya burlesca *El cubo robado.*
TÁTAROS *(República Autónoma de los)* o **TATARIA,** rep. de la U. R. S. S. (R. S. F. S. de Rusia), atravesada por el Volga; cap. *Kazán.*

Fot. Dirección Gral. de Información y Turismo Español, Brogi

TÁTAROS o **TÁRTAROS,** nombre general dado en Occidente a los invasores procedentes de Asia central, que pertenecían a las familias étnicas más diversas, especialmente a las turca, mongola y finesa.
Tate Gallery, museo de arte moderno en Londres, fundado en 1897 por el industrial sir H. Tate (1819-1899). Numerosas obras de Turner.
TATRA, macizo montañoso de los Cárpatos que se extiende por Polonia y Checoslovaquia (Eslovaquia); 2 663 m.
TAUBATÉ, c. del Brasil (São Paulo), no lejos de Paraíba. Industria activa; centro comercial.
TAUERN, macizo de los Alpes orientales austriacos; 3 798 m en el Grossglockner.
TAULEBÉ. V. YOJOA.
TAULERO (Juan), místico alemán (1300-1361), llamado **el Doctor iluminado.**
TAUNAY (Alfonso d'ESCRAGNOLLE, *vizconde de*), historiador y novelista brasileño (1843-1899), precursor del realismo en su país. Autor de *Inocencia.*
TAUNUS, parte del macizo renano (Alemania occidental), al N. de Francfort; 888 m.
TÁURIDE, ant. región de Rusia, que comprendía Crimea.
TAURIS. V. TABRIZ.
TAURO, constelación del hemisferio boreal. — Signo del Zodiaco que corresponde al período del 20 de abril al 21 de mayo.
TAURO, macizos montañosos de Turquía paralelos a la costa mediterránea; 3 734 m en el Ala Dag y 3 916 en el Erciyas.
TAVAÍ o **TAVA-Í,** pobl. del Paraguay (Caazapá).
TAVERA (Juan Pablo), cardenal español (1472-1545), fundador del Hospital de San Juan de Afuera, en Toledo.
TÁVORA (Franklin), novelista brasileño (1842-1888), que describió la vida del interior norteño en un estilo naturalista.
TAXCO DE ALARCÓN, pobl. de México (Guerrero). Patria de Juan Ruiz de Alarcón.
TAY, río de Escocia que des. en el mar de Norte por un ancho estuario; 193 km.
TAYABAMBA, c. del Perú, cap. de la prov. de Pataz (La Libertad).
TAYABAS, mun. de la prov. filipina de Quezón (Luzón). Centro comercial y de comunicaciones.
TAYAÓ-PAU, n. dado a un sector de la cord. paraguaya de Caaguazú.
TAYACAJA, prov. del Perú (Huancavelica); cap. *Pampas.*
TAYASAL. V. FLORES.
TAYLOR (Brook), matemático inglés (1685-1731), autor de una fórmula para el desarrollo de una función.
TAYLOR (Federico Winslow), ingeniero y economista norteamericano (1856-1915), autor de un método de organización científica del trabajo (*taylorismo*).
TAYLOR (Zacarías), militar y político norteamericano (1784-1850), que luchó en la guerra con México y fue pres. de la Rep. en 1849.
TAZA, c. de Marruecos, al E. de Fez.
TBILISI, ant. **Tiflis,** c. de la U. R. S. S., cap. de Georgia; centro administrativo, universitario e industrial.
TCHAIKOVSKI (Piotr Ilich), compositor ruso (1840-1893), autor de óperas, sinfonías (*Patética*), ballets (*Cascanueces, El lago de los cisnes*) y conciertos para violín y piano.
TCHERKESOS o **CHERQUESOS,** pueblo del Cáucaso septentrional. La región autónoma de los tcherkesos forma parte de la R. S. F. S. de Rusia.
TCHERNIGOV, c. de la U. R. S. S. (Ucrania); industrias textiles y alimenticias.
TCHERNOVTSY, en rumano **Cernauti,** en alem. **Czernowitz,** c. de la U. R. S. S. (Ucrania), a orillas del Prut.
TCHIHATCHEV (Pedro de), geólogo y naturalista ruso (1808-1890).
TCHIMKENT, c. de la U. R. S. S. (Kazakstán); metalurgia; textiles.
TCHITA. V. CHITA.
TCHKHIVALI, de 1934 a 1961 **Staliniri,** c. de la U. R. S. S. (Georgia), cap. de Osetia del Sur.

Teatinos (*Orden de los*), orden de religiosos establecida en Italia en 1524 por San Cayetano y Pedro Carafa, obispo de Chieti (lat. *Teate*), más tarde papa con el nombre de Paulo IV.
Teatro crítico universal, vasta enciclopedia del benedictino español Feijoo (1726-1739), en la que combate gran número de errores y supersticiones de su época.
TEBA, c. de España (Málaga); mármol.
TEBAIDA, una de las tres divisiones del antiguo Egipto, llamada también **Alto Egipto;** cap. *Tebas.* Los primeros ermitaños cristianos se retiraron a los desiertos del O. de dicha región.
TEBAS, c. del ant. Egipto, una de las c. más célebres de la Antigüedad. Importantes ruinas.
TEBAS, hoy **Thivai,** c. de Grecia, ant. cap. de Beocia. En tiempos de Epaminondas, disputó la hegemonía a Esparta.
TEBESSA, c. de Argelia, al norte de los *montes Tebessa.* Fosfatos. Ruinas romanas.
TEBICUARY, río del Paraguay (Ñeembucú), afl. del río Paraguay; 402 km.
TECAMACHALCO, c. de México (Puebla).
TECAPA, volcán de El Salvador (Usulután), en la sierra de Chinameca; 1 636 m.
TECATE, pobl. de México (Baja California Norte).
TECKA, río de la Argentina (Chubut); 160 km.
TECOLUCA, c. de El Salvador (San Vicente).
TECOLUTLA, río de México (Puebla y Veracruz), que des. en el golfo de México; 95 km.
TECOMÁN, pobl. de México (Colima).
TECPAN, río de México (Guerrero), que des. en el Pacífico; 75 km. — C. de México (Guerrero).
TECPANECAS, indios de una ant. tribu nahua del valle de México, fundadores de Azcapotzalco.
TECPÁN GUATEMALA, c. de Guatemala (Chimaltenango); centro agrícola.
TECUAMBURRO, volcán de Guatemala (Santa Rosa); 1 946 m.
Te Deum laudamus (*"Señor, te alabamos"*), himno de acción de gracias que se canta en las circunstancias solemnes entre los cristianos. Han escrito la música Purcell, Lully, Händel y Berlioz.
TEGEA, c. de la ant. Arcadia. Ciudadela.
TEGETTHOFF (Guillermo de), almirante austriaco (1827-1871), que venció cerca de Lissa a la flota italiana del almirante Persano en 1866.
TEGLATFALASAR I, rey de Asiria (s. XII a. de J. C.); conquistó Comagene y guerreó en Armenia. — TEGLATFALASAR III (745-727 a. de J. C.); organizó el Imperio de Asiria y estableció su dominio en Asia occidental.
TEGNER (Isaías), poeta sueco (1782-1846), de inspiración romántica (*Saga de Frithjof*).
TEGUCIGALPA, cap. del dep. de Francisco Morazán y de la Rep. de Honduras; 190 000 h. (*tegucigalpenses*). Situada a orillas del río Choluteca, es el centro comercial más importante del país. Universidad. Arzobispado. Entre sus edificios principales se encuentran el Teatro Nacional, la Alhambra, la Casa de la Moneda, la Casa Presidencial y la Universidad Nacional. Tiene amplias plazas y hermosos jardines. La fundación es anterior a la llegada de los conquistadores; los indígenas la conocían con el nombre de **Tisingal,** y los españoles empezaron a poblar la ciudad en 1578. Tegucigalpa significa *montaña de plata,* alusión a su antigua riqueza minera.

TCHAIKOVSKI

TAXCO
DE ALARCÓN

TEGUCIGALPA
vista general

Fot. Noyer, E. Aubert, Robillard

TEHERÁN

monumento a Guillermo TELL en Altdorf por KISSLING

TÉLLEZ GIRÓN

TEMÍSTOCLES museo del Vaticano

TEHERÁN, cap. de Irán; 2 719 700 h. Residencia del sha; numerosos palacios; hermosos jardines. Comercio de alfombras, cueros, etc. Metalurgia e industrias textiles.

TEHUACÁN, c. de México (Puebla); aguas termales; agric.; minas. Fundada en 1540.

TEHUANTEPEC, golfo de México, en el océano Pacífico. — Istmo de México, entre los océanos Atlántico y Pacífico, que comprende parte de los Estados de Veracruz y Oaxaca; zona petrolífera. — Río de México (Oaxaca), que des. en el océano Pacífico. — C. de México (Oaxaca). Obispado.

TEHUELCHES, indios nómadas y cazadores de Patagonia, a los que los compañeros de Magallanes llamaron *patagones.*

TEIDE (PICO DEL), volcán de Tenerife (Canarias); 3 716 m. Llamado también **Pico de Tenerife.**

TEILHARD DE CHARDIN (*Padre* Pierre), jesuita, paleontólogo, teólogo y filósofo francés (1881-1955), que descubrió el sinántropo y elaboró una filosofía en la que trata de concordar los datos de la ciencia y de la religión.

TEIXEIRA DE PASCOAES (Joaquín), poeta portugués (1878-1952), autor de *Vida etérea* y *Cantos indecisos.*

TEIXEIRA PINTO (Bento), escritor brasileño (¿1540?-1618), uno de los primeros poetas de su país. Autor del poema épico *Prosopopeya.*

TEJA (La), loc. del Uruguay, en las cercanías de Montevideo; ref. de petróleo.

TEJADA SORZANO (José Luis), político boliviano (1884-1938), pres. de la Rep. en 1934, derrocado en 1936 por un motín militar.

TEJAR DEL GUARCO, pobl. de Costa Rica (Cartago).

TEJAS. V. TEXAS.

TEJEDA (José Simeón), estadista y jurisconsulto peruano (1826-1873).

TEJEDA (Luis de), poeta barroco argentino (1604-1680), autor de *El peregrino en Babilonia* y *Poesías místicas.*

TEJEDOR (Carlos), jurisconsulto y político argentino (1817-1903), autor del primer Código Penal del país. Siendo gobernador de la prov. de Buenos Aires organizó las fuerzas autonomistas contra Avellaneda (1880).

Tejedor de Segovia *(El),* comedia histórica de Juan Ruiz de Alarcón, dividida en dos partes, la primera de las cuales se debe probablemente a la pluma de otro autor.

TEJERA (Diego Vicente), poeta y patriota cubano (1848-1903), cantor del paisaje tropical.

TEJERA (Felipe), historiador y poeta venezolano (1846-1924), autor de los poemas épicos *La Colombiada* y *La Boliviada.*

TEJUTEPEQUE, v. de El Salvador (Cabañas).

TEJUTLA, c. de El Salvador (Chalatenango).

TEKAX, mun. de México (Yucatán).

TEKELI, centro minero de la U. R. S. S. (Kazakstán). Plomo y cinc. Metalurgia.

TELA, pobl. de Honduras (Atlántida); puerto exportador de plátanos.

TEL AVIV, c. de Israel, a orillas del Mediterráneo, antes arrabal de Jaffa. Centro del movimiento de inmigración judía a Palestina. Industrias diversas.

TELÉGRAFO, sierra de la Argentina (Chubut).

Telégrafo mercantil, rural, político e historiográfico del Río de la Plata, primer periódico de Buenos Aires fundado en en 1801 por el español F. A. Cabello y Mesa.

TELÉMACO, hijo de Ulises y de Penélope. Era aún niño cuando su padre partió para Troya y fue más tarde en busca suya, guiado por Atenea, disfrazada bajo la apariencia del sabio Mentor. *Las aventuras de Telémaco* (1699) inspiraron a Fenelon una novela épica.

TELEMANN (Jorge Felipe), compositor alemán (1681-1767), de abundante producción.

TELESFORO *(San),* papa de 125 a 136. Fiesta el 5 de enero.

TELICA, volcán de Nicaragua, en la cordillera de los Marabios; 1 060 m. — Pobl. de Nicaragua (León).

TELOLOAPAN, río de México, afl. del de las Balsas. — C. de México (Guerrero); centro minero y agrícola.

Telstar, satélite artificial norteamericano (1962), con el que se estableció por primera vez el enlace directo de televisión entre los Estados Unidos y Europa.

TELL, región montañosa, húmeda y fértil, que se extiende cerca del litoral de África del Norte.

TELL (Guillermo), héroe legendario de la independencia helvética, de principios del s. XIV. Gessler, bailío de Alberto I, emperador germánico, había hecho colocar el sombrero ducal en lo alto de una pértiga clavada en la plaza pública de Altdorf, y pretendía obligar a todos los suizos a saludarlo al pasar. Habiéndose negado Guillermo Tell a someterse a dicha humillación, el gobernador le hizo detener y, sabiendo que era hábil arquero, le condenó a atravesar con una flecha una manzana colocada sobre la cabeza de su hijo, prueba de la que salió vencedor. Las hazañas del héroe suizo han inspirado a poetas (Schiller) y músicos (Rossini).

TELLERÍA (Juan), compositor español (1895-1949), autor de himnos patrióticos y religiosos.

TÉLLEZ (*Fray* Gabriel). V. TIRSO DE MOLINA.

TÉLLEZ (Hernando) ensayista y cuentista colombiano (1908-1966).

TÉLLEZ GIRÓN (Pedro), duque de Osuna. general y político español, n. en Valladolid (1579-1624), virrey de Sicilia (1610), en este cargo le acompañó Francisco de Quevedo, y de Nápoles (1615). Conspiró para proclamarse soberano independiente de Nápoles y fue destituido y encarcelado en el castillo de Almeida, donde murió.

TELLIER [*-lié*] (Carlos), ingeniero francés (1828-1913), inventor de los frigoríficos.

TELLO (Julio C.), arqueólogo peruano (1880-1947), especializado en el estudio de las civilizaciones precolombinas. Se le deben notables descubrimientos.

TEMESVAR. V. TIMISHOARA.

TEMBLEQUE, isla del archip. de Jambelí (Ecuador). Es tb. llamada **Costa Rica.** — V. de España (Toledo). Palacio de estilo herreriano.

TEMIS, diosa de la Justicia.

TEMÍSTOCLES, general y político ateniense, n. en Atenas (¿525-460? a. de J. C.). Después de la primera guerra médica, fue jefe del partido democrático de Atenas. Derrotó a los persas en el combate naval de Salamina (480). Desterrado de su patria en 471, se refugió en la corte del rey persa Artajerjes, donde se envenenó.

TEMPE, valle de Grecia (Tesalia), entre el Olimpo y el Ossa, cuya belleza celebró Virgilio.

TEMPELHOF, c. de Alemania, en los suburbios de Berlín Oeste. Aeropuerto.

TEMPERLEY, c. de la Argentina, al S. de Buenos Aires; nudo de comunicaciones.

Tempestad *(La),* comedia de Shakespeare, en 5 actos (¿1611?). El principal personaje (Próspero) es un mago; los otros son espíritus u hombres sometidos a hechizos.

Tempestad *(La),* cuadro de Giorgione (Venecia).

TEMPISQUE, río de Costa Rica (Puntarenas), que des. en el golfo de Nicoya; 125 km.

Templarios o *Caballeros del Temple,* orden militar y religiosa fundada en 1119. Sus miembros se distinguieron especialmente en Palestina. Pronto adquirieron importantes riquezas y se convirtieron en banqueros del papa y de numerosos príncipes. Felipe IV el Hermoso de Francia, deseando apoderarse de sus inmensas riquezas y destruir su poderío, hizo detener a Jacobo de Molay, gran maestre de la Orden, y a todos los caballeros que se hallaban en Francia y, tras un ini-

Fot. Viollet, Wehrli-Kilchberg, doc. A. G. P., Anderson-Giraudon

cuo proceso, los condenó a morir en la hoguera. Por instigación de Felipe IV, el papa Clemente V suprimió la Orden en 1312. En España fueron igualmente juzgados en Medina del Campo (1310), y, disuelta la Orden, sus bienes pasaron a la Corona.

TEMPLE (*sir* William), político inglés (1628-1699), que negoció los tratados de Aquisgrán y de Nimega.

Temple, antiguo monasterio de los Templarios en París, construido en el s. XII, arrasado en 1811. Fue prisión de Estado durante la Revolución y en él estuvo encarcelado Luis XVI (1792).

Templo de Jerusalén, edificio construido por artistas fenicios de 1013 a 1006 a. de J. C., durante el reinado de Salomón. Destruido por los caldeos en 587, fue reconstruido por Zorobabel en 516 y agrandado por Herodes en 18 a. de nuestra era. Fue derribado cuando Tito se apoderó de Jerusalén en el año 70. Su planta recordaba la de los templos egipcios y fenicios; estaba adornado con lujo extraordinario, y en él abundaban el oro, la plata, el marfil, las alfombras, las maderas preciosas, etc.

TEMUCO, c. de Chile, cap. del dep. de su n. y de la prov. de Cautín; centro agrícola y comercial. (Hab. *temuquenses.*) Obispado.

TENA, valle de España (Huesca), regado por el Gállego, en el que se encuentra Panticosa. Turismo.

TENA, c. del Ecuador, cap. de la prov. de Napo. (Hab. *teneños.*)

TENANCINGO, c. de El Salvador (Cuscatlán).

TENANCINGO DE DEGOLLADO, c. de México, en el Estado del mismo n.; centro agrícola.

TENANGO, n. dado a un sector de la Sierra Madre del S. de México (Guerrero).

TENANGO DE ARISTA, c. de México, en el Estado de este n.; centro comercial.

TENARES, com. de la Rep. Dominicana (Salcedo).

TENAYO, cerro de México, en la sierra de Guadalupe (Distr. Federal); 2 481 m.

TENAYUCA, pobl. de México, en el Estado del mismo n., ant. cap. de los chichimecas. Importante zona arqueológica. Pirámide.

TÈNE (La), lugar arqueológico y prehistórico en el cantón de Neuchâtel (Suiza), que ha dado su nombre a una época que se extiende desde el s. V a. de J.C. hasta la conquista romana.

TENERIFE, la mayor y más poblada de las islas Canarias; 2 057 km²; cap. *Santa Cruz de Tenerife.* Suelo volcánico y quebrado, muy fértil en sus valles. En ella se encuentra la nevada cumbre del volcán Teide (3 716 m).

TENERIFE (PICO DE). V. TEIDE.

TENGRI KHAN, monte de Asia central, en el Tianchan; 6 995 m.

TENIENTE (El), distr. de Chile (O'Higgins); importante zona minera (cobre).

TENIERS (David), pintor flamenco, llamado **el Viejo** (1582-1649), para distinguirlo de Teniers (David), llamado **el Joven,** hijo suyo (1610-1690), a quienes se deben excelentes cuadros de costumbres populares flamencas, de un intenso realismo.

TENNESSEE, río de los Estados Unidos, afl. del Ohio; 1 600 km. En su valle se han realizado gigantescas obras de ordenación hidráulica y forestal, de repoblación y regadío.

TENNESSEE, uno de los Estados Unidos de Norteamérica (Centro sudeste), regado por el río del mismo n.; cap. *Nashville;* c. pr. *Memphis.*

TENNYSON (Alfredo), poeta inglés (1809-1892), autor de *Los idilios del rey* y de *Enoch Arden.* Es el máximo representante de la poesía en la era victoriana.

TENO, com. de Chile (Curicó).

TENOCH, sacerdote y caudillo mexicano del s. XIV, fundador de Tenochtitlán (1325).

TENOCHTITLÁN, n. primitivo de **México.**

TENORIO, volcán de Costa Rica, en la Cord. de Guanacaste; 1 413 m.

TENORIO *(Don Juan).* V. DON JUAN.

TENORIO (Pedro), prelado español, m. en 1399, arzobispo de Toledo. Presidió el Consejo de Regencia durante la minoría de Enrique III.

Teocalli de Cholula *(En el),* poema romántico del cubano José María Heredia y Heredia (1820).

TEOCALTICHE, c. de México (Jalisco).

TENIERS el Joven
EL FUMADOR
Louvre

TEÓCRITO, poeta griego, n. en Siracusa (¿315-250? a. de J. C.), creador de los *Idilios,* poemas pastoriles en los que el realismo de la observación se mezcla con la fantasía.

TEODATO, rey de los ostrogodos de Italia, sobrino de Teodorico y segundo esposo de Amalasunta, m. en 536.

Teodicea, obra de Leibniz (1710), en la que desarrolla su teoría del optimismo para responder a las objeciones sobre el origen del mal. En este libro figura la célebre fórmula filosófica: "Nuestro mundo es el mejor de los mundos posibles".

TENNYSON

TEODOMIRO o **TODMIR,** noble visigodo del s. VIII que opuso tenaz resistencia a los árabes y obtuvo de Abdalaziz la creación de un reino vasallo en el Levante español (715-790).

TEODORA, emperatriz de Oriente de 527 a 548, esposa de Justiniano I. Ambiciosa e inteligente, fue el alma del gobierno de Justiniano.

TEODOREDO, rey de los visigodos de España de 419 a 451. También es llamado **Teodorico.**

TEODORICO el Grande, rey de los ostrogodos y fundador de una monarquía en Italia (¿454?-526). Príncipe inteligente y enérgico, ayudado por los ministros Casiodoro y Boecio, intentó, sin éxito, reconstituir el Imperio de Occidente mediante la fusión de los romanos y los godos.

TEODORICO, rey de los visigodos de España de 453 a 466. Asesinado por su hermano Eurico.

TEODORO I, papa de 642 a 649. — TEODORO II, papa en 897.

TEODORO I Lascaris, fundador del Imperio Bizantino de Nicea de 1207 a 1222. — Su nieto TEODORO II *Lascaris,* emperador bizantino de Nicea de 1254 a 1258.

Teodosiano *(Código),* código redactado entre 435 y 438 por orden de Teodosio II. Contenía las constituciones imperiales promulgadas después del reinado de Constantino.

TEODOSIO I el Grande, emperador romano de 379 a 395, n. en Coca (Segovia) en 347. Consiguió que el cristianismo triunfase del paganismo y se sometió a la penitencia impuesta por San Ambrosio con ocasión de la matanza de los

TEODORA
mosaico de Ravena
basílica de San Vital

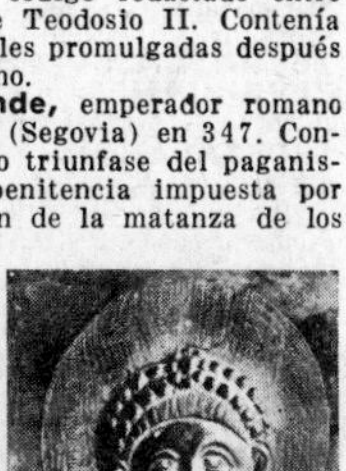

TEODOSIO I
el Grande

TEOTIHUACÁN
pirámide del Sol

SANTA TERESA
DE JESÚS

SANTA TERESA
DEL NIÑO JESÚS

G. TERRA

rebeldes de Tesalónica; derrotó repetidas veces a los bárbaros y consiguió retrasar la descomposición del Imperio, que, al morir, dividió entre sus hijos Arcadio y Honorio. — TEODOSIO II, emperador de Oriente de 408 a 450, autor del *Código Teodosiano*. — TEODOSIO III, emperador romano de Oriente de 716 a 717.

TEÓFILO *(San)*, obispo de Antioquía y uno de los Padres de la Iglesia, autor de una *Apología*. M. hacia 180. Fiesta el 13 de octubre.

TEÓFILO, jurisconsulto griego, uno de los redactores de las *Institutas* de Justiniano.

TEÓFILO, emperador bizantino de 829 a 842 que obtuvo grandes triunfos en Oriente.

TEOFRASTO, filósofo griego (¿372?-287 a. de J. C.), que sucedió a Aristóteles en la dirección del Liceo; autor de los *Caracteres*, obra de observación algo superficial, pero ingeniosa.

TEOGNIS de Megara, poeta griego (s. VI a. de J. C.), autor de elegías enérgicas y amargas.

Teogonía, poema de Hesíodo (s. VIII a. de J. C.) sobre la genealogía de los dioses, fuente principal para el conocimiento de la mitología griega.

TEÓN de Alejandría, matemático y astrónomo griego del final del s. IV de nuestra era.

TEOPOMPO, rey de Esparta (s. VIII a. de J. C.), a quien se atribuye la institución de los éforos, magistrados que moderaban el poder del rey.

TEOPOMPO, historiador y orador griego (s. IV a. de J. C.), autor de una *Historia helénica* y de una *Historia filípica*.

TEOS, c. y puerto de Asia Menor (Jonia).

TEOTEPEQUE, c. de El Salvador (La Libertad).

TEOTIHUACÁN, ant. c. de México, al NE. de la cap. Fue un importante centro religioso y cultural desde antes de la era cristiana, con su apogeo entre 300 y 650. Tuvo gran número de templos, como el de *Quetzalcóatl*, y pirámides, dos de éstas, la de la *Luna* y la del *Sol*, muy célebres.

TEPALCATEPEC, río de México (Jalisco y Michoacán), afl. der. del de las Balsas. Obras hidraúlicas. — Pobl. de México (Michoacán).

TEPANECAS. V. TECPANECAS.

TEPEHUANES, n. dado a la Sierra Madre Occidental de México entre Durango y Sinaloa.

TEPEZALÁ, pobl. de México (Aguascalientes).

TEPIC, c. de México, cap. del Estado de Nayarit; centro agrícola y comercial. Obispado. Fundada en 1531. Patria de Amado Nervo.

TE-PITO-HENÚA (ISLA). V. PASCUA.

TEPLICE, c. de Checoslovaquia (Bohemia); aguas termales; industrias mecánicas; textiles.

TEPOTZOTLÁN, v. de México (México). Ant. colegio jesuita con iglesia barroca.

TEPOZTÉCATL, dios azteca del Pulque.

TEQUENDAMA, cascada de Colombia, a 20 km de la cap., en el río Bogotá o Funza; 157 m de alt. Central hidroeléctrica.

TEQUES (Los), c. de Venezuela, cap. del Est. de Miranda; parque nacional. (Hab. *tequenses*.)

TEQUILA, volcán de México (Jalisco); 1 540 m. — Pobl. de México (Jalisco).

TEQUISQUIAPAN, pobl. de México (Querétaro). Aguas termales.

TER, río de España, que nace en los Pirineos. Uno de sus afluentes, el Oñar, pasa por Gerona; 174 km.

TERAMO, c. de Italia, cap. de la prov. del mismo n. Textiles (lana). Patria de Tácito.

TERÁN (Juan B.), historiador y sociólogo argentino (1880-1938), autor de *Lo gótico, signo de Europa* y *El general José María Paz*.

TERBORCH o **TERBURG** (Gerardo), pintor de género holandés (1617-1681). Trabajó en España para Felipe IV.

TERCEIRA, isla del archip. portugués de las Azores; cap. *Angra do Heroísmo*; vinos; frutas.

TERCERO, n. dado en la prov. de Córdoba (Argentina), al río *Carcarañá*, afl. del Paraná.

TEREK, río de la U. R. S. S. que desemboca en el mar Caspio; 600 km.

TERENCIO, poeta cómico latino, n. en Cartago (¿190?-159 a. de J. C.), que, al igual de Plauto, imitó a los griegos, especialmente a Menandro, en sus comedias *El heautontimorúmenos, Andria, Hecyra, El eunuco, Adelfos* o *Los hermanos, Formio*, etc.

TEREREQUÍ (ISLA). V. REY *(El)*.

TERESA DE JESÚS (Teresa de CEPEDA y AHUMADA, *Santa*), escritora mística, n. en Ávila (1515-1582), una de las más nobles figuras de la raza española. Su infatigable actividad de reformadora de la Orden del Carmelo, en la que profesó, la llevó a recorrer a lomo de mula y en carreta los caminos de España. Sus fundaciones y reformas le atrajeron la sospecha de la Inquisición, que la procesó. Pese a su constante caminar de monja "inquieta y andariega", Santa Teresa de Jesús supo hallar el tiempo necesario para componer algunos de los más altos escritos de la literatura mística de todos los tiempos: el libro de su *Vida*, en el que nos brinda una confesión briosa y llena de donaire, *Las Moradas* o *Castillo interior* (1577), resumen de toda la doctrina mística de la Santa, el *Libro de las fundaciones, Camino de perfección*, y un copiosísimo *Epistolario*. Proclamada Doctora de la Iglesia en 1970. Fiesta el 15 de octubre.

TERESA DEL NIÑO JESÚS [Teresita] *(Santa)* [en el siglo Teresa MARTIN], carmelita francesa de Lisieux (1873-1897), canonizada en 1925. Fiesta el 3 de octubre.

TERESINA o **TEREZINA,** c. del Brasil a orillas del Parnaíba, cap. del Estado de Piauí; centro comercial y agrícola. Arzobispado.

Termidor *(Día del 9 de)* [27 de julio de 1794], día en que Robespierre, a pesar del apoyo de la Comuna de París, fue derribado por la Convención; señaló el fin del Terror.

TERMINI IMERESE, c. y puerto de Italia (Sicilia). Estación balnearia.

TÉRMINOS (LAGUNA DE), bahía de México a orillas del golfo de Campeche; 3 850 km². Descubierta en 1518 por Antón de Alaminos.

TERMODONTE, río del Ponto, a orillas del cual vivían las legendarias Amazonas.

TERMÓPILAS, desfiladero de Tesalia, entre el monte Anope y el golfo Maliaco, donde Leónidas, con trescientos espartanos, intentó detener el ejército de Jerjes (480 a. de J. C.).

TERNI, c. de Italia (Umbría). Centro ferroviario; metalurgia.

TERPANDRO, poeta y músico griego que vivió hacia 675 a. de J. C., autor de odas.

TERPSÍCORE, musa de la Danza y del Canto, representada con una lira. *(Mit.)*

TERRA (Gabriel), político y abogado uruguayo (1873-1942), pres. de la Rep. de 1931 a 1938. Asumió poderes dictatoriales en 1933 y promovió una reforma de la Constitución en 1934.

TÉRRABA. V. TERTI.

TERRACINA, ant. **Anxur,** c. y puerto de Italia (Lacio). Ruinas romanas.

TERRADAS E ILLA (Esteban), matemático español (1883-1950), que realizó investigaciones y estudios de mecánica, física matemática y aeronáutica.

TERRALLA Y LANDA (Esteban de), poeta español del s. XVIII, que vivió en México y Perú.

TERRANOVA, en inglés **Newfoundland,** isla de América del Norte en la desembocadura del San Lorenzo; 110 677 km²; 500 000 h. Cap. *Saint-Jean*. Pesca del bacalao; recursos forestales y mineros (hierro, cobre, cinc, plomo, níquel, etc.). Descubierta por Juan Caboto (1497), fue dominio británico de 1925 a 1934, colonia después, y se le dio el estatuto de provincia del Canadá en 1949. Actualmente la provincia se llama *Terranova y Labrador*.

Fot. Air France, Wunderlich, X, N. Y. T.

TERRAZAS (Francisco de), escritor mexicano (¿1525-1600?), autor de sonetos, de una epístola amatoria y del poema inacabado *Nuevo Mundo y conquista.*
TERRITORIO VÁZQUEZ, mun. de Colombia (Boyacá); petróleo.
Terror, período revolucionario que pesó sobre Francia desde la caída de los girondinos (31 de mayo de 1793) hasta el 9 de Termidor (27 de julio de 1794). Señalado por innumerables penas capitales, terminó con la ejecución de Robespierre.
Terror, n. dado en Colombia al período de bárbara represión que atravesó el país de 1816 a 1819, bajo el gobierno de Morillo y Sámano, en los albores de la Independencia. Durante el Terror perecieron hombres de tanto mérito como Tadeo Lozano, Camilo Torres, Francisco José de Caldas, etc.
TERTI o **TÉRRABA,** punta de Panamá, a un extremo de la ensenada de Bocas del Toro.
Tertulia de la Fonda de San Sebastián. V. FONDA DE SAN SEBASTIÁN.
TERTULIANO, apologista cristiano, n. en Cartago (¿155-220?), genio vigoroso, pero heresiarca que compartió la herejía de Montano. Su obra es uno de los monumentos de la elocuencia latina.
TERUEL, c. de España, cap. de la prov. del mismo n. Industria textil. Obispado. Catedral con torre mudéjar; acueducto. Importantes episodios en la guerra civil (1936-1939). [V. AMANTES DE TERUEL *(Los)*.]
TESALIA, región de Grecia septentrional. C. pr. *Volo, Larissa* y, antiguamente, *Farsalia.*
TESALÓNICA o **SALÓNICA,** puerto de Grecia (Macedonia). Centro comercial e industrial.
TESCHEN, c. de Silesia, que comprende desde 1920 una parte checa, **Teshin,** y otra polaca, **Cieszyn.**
TESEO, héroe griego, hijo de Egeo y rey de Atenas, personaje semihistórico y semilegendario, cuyos trabajos tienen alguna analogía con los de Heracles. Guiado en el laberinto de Creta por el hilo que le había entregado Ariadna, hija de Minos, combatió y mató al Minotauro. *(Mit.)*
TESHIN. V. TESCHEN.
TESIFONTE. V. CTESIFONTE.
TESINO, río de Suiza e Italia, que atraviesa el lago Mayor, pasa por Pavía y des. en el Po; 248 km. Aníbal derrotó en sus orillas a Publio Escipión (218 a. de J. C.).
TESINO, cantón suizo, cap. *Bellinzona.*
TESLA (Nicolás), físico servio, naturalizado norteamericano (1856-1943). Estudió las corrientes polifásicas e ideó un generador de alta frecuencia y un transformador.
Tesoro de la lengua castellana o española, diccionario de la lengua española, compuesto en 1611 por Sebastián de Covarrubias, justamente célebre.
TESPIS, poeta griego, considerado como el creador de la tragedia en su país (s. VI a. de J. C.).
Test Act, juramento establecido en 1673 en Inglaterra por Shaftesbury y mediante el cual todos los funcionarios ingleses habían de declarar que no creían en el dogma católico de la transubstanciación. Abolido en 1829.
TESTAMENTO *(Antiguo* y *Nuevo).* V. BIBLIA.
TESTIGOS, grupo de islas de Venezuela, en el mar Caribe; dependencia federal.
TESTIGOS DE JEHOVÁ. V. JEHOVÁ.
TETIS, diosa del Mar, madre de las Oceánidas.
TETIS, deidad marina, nieta de la anterior, hija de Nereo, esposa de Peleo, madre de Aquiles. Sumergió a su hijo, sosteniéndole por el talón, en la laguna Estigia para hacerlo invulnerable.
TETUÁN, c. del Marruecos septentrional, ant. cap. del Protectorado español. Victoria española en 1860.
TETUÁN *(Duque de).* V. O'DONNELL.
TETZEL (Juan), dominico alemán (¿1465?-1519). Sus predicaciones sobre las indulgencias motivaron la rebelión de Lutero y el comienzo de la Reforma.
TEURBE Y TOLÓN (Miguel), escritor cubano (1820-1858), autor de cuadros de costumbres *(Leyendas cubanas)* y poemas *(El laurel del desterrado).*
TEUTBERG (SELVA DE), o **TEUTOBURGER WALD,** cadena de colinas arboladas de Alemania (Hannover y Westfalia); 468 m. Victoria de Arminio sobre las legiones romanas de Varo en el año 9 de nuestra era.
TEUTONES, pueblo de la ant. Germania. Invadieron las Galias con los cimbros y fueron derrotados por Mario cerca de Aix-en-Provence (102 a. de J. C.).
Teutónica *(Orden),* orden hospitalaria y militar fundada hacia 1128 en Jerusalén por los cruzados alemanes.
TEVERONE, ant. **Anio,** río de Italia, afl. del Tíber; 118 km.
TEXAS, uno de los Estados Unidos de Norteamérica. (Hab. *tejanos.*) Cap. *Austin;* c. pr. *Houston, Dallas.* Independiente de México en 1836, fue anexionado por los Estados Unidos en 1848.
TEXCOCO, lago del Estado de México.
TEXCOCO DE MORA, c. de México en el Estado de este n.; centro agrícola y comercial. Obispado. Fue cap. del reino de los chichimecas.
TEXEL, isla de Holanda en el litoral septentrional; 184 km². Ganadería.
TEXISTEPEQUE, c. de El Salvador (Santa Ana).
TEZCATLIPOCA, divinidad principal de los aztecas. Era el dios guerrero y el inventor del fuego.
TEZEL (Juan). V. TETZEL.
TEZIUTLÁN, pobl. de México (Puebla); centro minero (oro, cobre, plata); yac. de petróleo.
TEZOZÓMOC, rey de los tecpanecas de 1418 a 1427 y conquistador de Texcoco.
TEZOZÓMOC (Hernando de ALVARADO), historiador mexicano (¿1519-1598?), autor de *Crónica Mexicana.*
THACKERAY (William MAKEPEACE), escritor inglés, n. en Calcuta (1811-1863), autor de *La Feria de las vanidades, El libro de los snobs, La historia de Pendennis,* etc., novelas donde ridiculiza los vicios de la sociedad contemporánea.
THAILANDIA. V. TAILANDIA.
THARSIS, c. de España (Huelva), cuyas minas de cobre eran célebres en tiempos de Salomón, quien mandó sacar de ellas los metales preciosos para el templo de Jerusalén. (V. RÍO TINTO.)
THEBUSSEM (Mariano PARDO DE FIGUEROA, llamado **el Doctor**), escritor español (1828-1918), a quien se deben ágiles relatos humorísticos: *Futesas literarias, Ristra de ajos, La mesa moderna* y *Literatura filatélica.*
THEISS. V. TISZA.
THEOTOCÓPULI (Domenico). V. GRECO.
THEREZINA. V. TERESINA.
THIBAUDET (Alberto), crítico literario francés (1874-1936), uno de los mejores de su época.
THIERRY, n. de dos reyes de Austrasia en el s. VI y de dos de Neustria en los s. VII y VIII.
THIERRY (Agustín), historiador francés (1795-1856), autor de *Relatos de los tiempos merovingios;* narrador brillante y uno de los renovadores de la ciencia histórica en el s. XIX.
THIERS, c. de Francia (Puy-de-Dôme); cuchillos.
THIERS (Adolfo), político e historiador francés (1797-1877). Primer pres. de la Tercera República en 1871, fue derrocado en 1873. Como escritor se le deben *Historia de la Revolución* (1824-1827) e *Historia del Consulado y del Imperio* (1845-1862).
THIONVILLE, c. de Francia (Mosela), a orillas del río Mosela; metalurgia.
THOMAS (Ambrosio), compositor francés (1811-1896), autor de *Mignon.*
THOMAS (Dylan), poeta inglés (1914-1953).
THOMAS (Sidney Gilchrist), ingeniero inglés (1850-1885), que inventó un procedimiento de eliminación del fósforo contenido en el hierro.
THOMPSON (Francis), poeta inglés (1859-1907), autor de versos de intenso misticismo.
THOMSON (Augusto GOEMINE), novelista chileno (1880-1950), conocido por el seudónimo **Augusto D'Halmar.** Sus relatos, en un principio realistas, se tiñeron más tarde de un sentido poético. Autor de *Juan Lucero, Pasión y muerte del cura Deusto,* etc.
THOMSON (James), poeta escocés (1700-1748), autor de *Las estaciones.*
THOMSON (James), poeta escocés (1834-1882), autor de poemas de un pesimismo desesperado.

THACKERAY

THIERS

F. THOMPSON

TIÉPOLO
JESÚS EN EL
LAGO DE TIBERÍADES
fragmento
colección J. Strauss

W. THOMSON

moneda con la efigie de TIBERIO

THOMSON (*sir* Joseph), físico inglés (1856-1940), que estudió la estructura de la materia y de los electrones. (Pr. Nóbel, 1906). — Su hijo, *Sir* GEORGE PAGET, n. en 1892, descubrió la difracción de los electrones rápidos por los cristales. (Pr. Nóbel, 1937.)
THOMSON (*sir* William), lord KELVIN, físico inglés (1824-1907), autor de investigaciones sobre la energía solar, la electricidad y el magnetismo.
THOR. V. TOR.
THORA. V. TORA.
THOREAU (Henry David), escritor norteamericano (1817-1862), discípulo de Emerson, autor de *Walden o la vida en los bosques* y *Un yanki en el Canadá.* Fue partidario de la "desobediencia civil".
THORN. V. TORUN.
THORSHAVN, cap. de la isla de Feroe.
THORVALDSEN (Bertel), escultor danés (1770-1844), autor de obras decorativas.
THOT o **THOTH.** V. TOT.
THULE. V. TULE.
TIAHUANACO, pobl. de Bolivia, sección de la prov. de Ingaví (La Paz), al S. del lago Titicaca; ruinas de una civilización preincaica (1000-1300), que se extendió luego por Bolivia, Perú, Argentina y Chile.
TIANCHAN o **Montes Celestes,** mont. de Asia central (China y U. R. S. S.), entre el Pamir y los montes Saián; culmina en el Tengri Khan (6 995 m) y en el pico Pobiedy (7 439).
TIBANÁ, c. de Colombia (Boyacá).
TÍBER, río de Italia, que pasa por Roma y des. en el mar Tirreno; 396 km.
TIBERÍADES (LAGO DE) o **de Genesaret,** lago de Palestina, en Galilea, atravesado por el Jordán. Sus orillas pertenecen hoy en su totalidad al Estado de Israel. — C. del Estado de Israel, hoy **Tabarich,** en la orilla O. del lago.
TIBERIO, segundo emperador romano, hijo de Livia e hijo adoptivo de Augusto (42 a. de J. C. —37 d. de J. C.). Soberano hábil e ilustrado, pero a quien su carácter receloso condujo a las mayores crueldades.

estelas en TIAHUANACO

TIBESTI o **TAO,** macizo montañoso del Sáhara, al N. del Chad.
TÍBET, región autónoma al O. de China, formada por altas mesetas desérticas y, en el S., de elevadas montañas (Himalaya); 1 215 000 km²; 1 300 000 h. (*tibetanos*). Cap. *Lhassa;* 30 000 h. Ganadería.
TIBIDABO, mont. de 532 m de alto al NO. de Barcelona (España). Santuario. Hermoso panorama.
TIBÚ, pobl. de Colombia (Norte de Santander); refinería de petróleo.
TIBULO (Aulo Albio), poeta latino (¿50-18? a. de J. C.), cuyas *Elegías* muestran su inspiración delicada y sentimental.
TÍBUR, c. de la ant. Italia, lugar de recreo para los romanos, cantado por Horacio. Hoy **Tívoli.**
TIBURÓN, cabo de Colombia, en cuyo extremo comienza la frontera con Panamá. — Isla de México, en el golfo de California; 1 208 km². — Península de Haití, en el dep. del Sur; 221 km de longitud.
TICIANO. V. TIZIANO.
TICKNOR (Jorge), hispanista norteamericano (1791-1871), autor de *Historia de la Literatura española.*
TICUL, pobl. del Estado de Yucatán (México).
TIECK (Luis), escritor alemán (1773-1853), que orientó el romanticismo alemán hacia lo fantástico. Se le debe una traducción del *Quijote.*
TIENTSIN, c. y puerto de China, cap. de Hopei, a orillas del Pei-Ho; gran centro industrial y comercial. Allí fue firmado en 1858 el tratado que abría China a los europeos. En 1900, la ciudad fue tomada por las tropas internacionales.
TIÉPOLO (Juan Bautista), pintor y grabador italiano, n. en Venecia (1696-1770). Sus obras poseen un colorido claro y alegre y ponen de manifiesto su imaginación. Es sobre todo pintor de frescos. Trabajó y murió en Madrid.
TIERRA (La). V. GEA.
TIERRA DE CAMPOS. V. CAMPOS (*Tierra de*).
TIERRA DEL FUEGO, arch. de América del Sur, en el extremo meridional del continente, del que está separado por el estrecho de Magallanes. Está formado por la isla de Tierra del Fuego, la mayor del grupo, y las de Desolación, Santa Inés, etc. La parte occidental es chilena y constituye un dep. de la prov. de Magallanes; la parte oriental, perteneciente a la Argentina, forma actualmente el territorio de *Tierra del Fuego, Antártida* e *Islas del Atlántico Sur.* La riqueza principal del archip. reside en la ganadería; existen pesquerías, algunas minas (oro, cobre, cinc) y yacimientos de petróleo. (Hab. *fueguinos.*)
TIERRA DEL FUEGO, ANTÁRTIDA E ISLAS DEL ATLÁNTICO SUR, territorio meridional de la Argentina, formada por el E. de la isla de Tierra del Fuego, la isla de los Estados, las Malvinas, las Georgias del Sur, las Sandwich del Sur, la Antártida Argentina y otras islas menores; 1 268 195 km²; cap. *Ushuaia.*
TIERRA DEL PAN. V. PAN (*Tierra del*).
TIERRA FIRME, n. dado por los descubridores españoles a las costas de Colombia y Venezuela.
Tierra de promisión, colección de sonetos del colombiano José Eustasio Rivera, en los que canta su tierra natal (1921).
TIERRA SANTA. V. PALESTINA.
TIÉTAR, río de España, en las prov. de Ávila y Cáceres, afl. del Tajo; 165 km.
TIFÓN, jefe de los Gigantes que escalaron el cielo; fue derribado por el rayo de Zeus. (*Mit.*) — En el ant. Egipto, dios del Mal.
TIFLIS. V. TBILISI.
TIGRANES el Grande, rey de Armenia (¿121-54? a. de J. C.). Conquistó Siria, Mesopotamia y parte de Asia Menor.
TIGRE, isla interior de la Argentina, en el lago Nahuel Huapi. — Isla de Honduras, en el golfo de Fonseca, donde se encuentra el puerto de Amapala. — Isla del Uruguay, en la boca del río Santa Lucía. — Meseta de Venezuela (Anzoátegui). — Pico de la Argentina, en la sierra del

Fot. Giraudon, Larousse, Verger

mismo n. (San Juan); 4 700 m. — Pico de Venezuela, en la sierra de Aroa; 1 780 m. — N. de un sector de la cord. Neovolcánica de México (Michoacán). — Río de América del Sur, que nace en el Ecuador y penetra en el Perú; 563 km. Es afl. del Marañón .— Río de México (Guanajuato), afl. del Lerma. Llamado tb. **Coroneo.** — Río de Venezuela, afl. del Orinoco. — Pobl. y lugar de recreo al N. de Buenos Aires, a orillas del río Luján. Regatas.
TIGRÉ, prov. de Etiopía; cap. *Adua.*
TIGRE (El), pobl. de Venezuela (Anzoátegui).
TIGRIS, río de Asia occidental, que nace en los montes de Armenia, pasa por Mosul y Bagdad y se une con el Éufrates para formar el Chatt el-Arab; 1 950 km.
TIHWA o **URUMTSI,** c. de China, cap. de Sinkiang; metalurgia; textiles; química.
TIJUANA, río de los Estados Unidos y México, que des. en el Pacífico. — C. de México (Baja California Norte); centro comercial y turístico. Vicariato apostólico.
TIKAL, ant. c. maya de Guatemala (El Petén). Pirámides y templos; dinteles esculpidos de madera.
TILAPA. V. OCOSITO.
TILARÁN, pobl. de Costa Rica (Guanacaste); minas. Obispado.
TILBURGO, c. de Holanda (Brabante Septentrional). Industr. mecánicas, eléctricas y textiles.
TÍLCARA, pobl. de la Argentina (Jujuy).
TILSIT, hoy **Sovietsk,** c. de la U. R. S. S. (Rusia), a orillas del Niemen. Industria metatúrgica. Tratado en 1807 entre Napoleón I y Alejandro I de Rusia.
TILTIL, com. de Chile (Santiago).
TILLY (Juan T'SERKLAES, *conde de*), general alemán (1559-1632), jefe de la **Liga católica** durante la guerra de los Treinta Años. Derrotado y mortalmente herido en la batalla de Lech, ganada por Gustavo II Adolfo de Suecia.
TIMANÁ, c. de Colombia (Huila).
TIMANTES, pintor griego de principios del s. IV a. de J. C., rival de Parrasio, autor de un cuadro célebre: *El sacrificio de Ifigenia.*
TIMBÍO, río de Colombia (Cauca), que, unido al Quilcasé, forma el Patía. — Pobl. de Colombia (Cauca).
TIMBÚES, indios de una tribu que ocupaba la orilla oeste del Paraná.
TIMBREA, llanura de Frigia, donde Creso fue derrotado por Ciro en 548 a. de J. C.
TIMEO, historiador griego del s. IV a. de J. C., autor de *Historia de Sicilia.*
Timeo, diálogo de Platón, especie de filosofía de la naturaleza. En él está expuesta la teoría de las ideas del filósofo (s. IV a. de J. C.).
TIMEO de Locres, filósofo pitagórico (s. VI a. de J. C.), cuya influencia fue capital en el desarrollo del pensamiento de Platón.
Times *(The),* diario inglés, fundado en 1785 por John Walter.
TIMGAD, ruinas de una c. romana fundada en el año 100 en el dep. de Batna (Argelia).
TIMISHOARA o **TIMISOARA,** en húngaro **Temesvar,** c. de Rumania, en el Banato. Industria textil.
TIMMERMANS (Félix), escritor belga flamenco (1886-1947), autor de novelas regionalistas.
TIMOLEÓN, general y político griego (¿410-336? a. de J. C.), liberador de Siracusa. Su amor a las leyes y a la libertad era tan grande que dejó a dos de sus amigos que mataran a su hermano Timófenes, culpable de haber aspirado a la tiranía.
TIMÓN el Misántropo, filósofo griego del s. V a. de J. C. El infortunio de su patria y la pérdida de su fortuna le inspiraron un odio profundo contra el género humano.
TIMONEDA (Juan de), escritor y autor dramático español (¿1490-1583?), autor de las comedias *Turiana, Filomena, Rosalina* y *Aurelia,* y del libro de cuentos *El patrañuelo,* primera colección española de novelas escritas a imitación de las de Italia.
TIMOR (MAR DE), parte del océano Índico, entre la isla Timor y Australia.
TIMOR, isla de la Sonda, al E. de Flores, dividida entre Indonesia (parte O.; 19 000 km^2; 500 000 h.; cap. *Kupang*) y Portugal (parte E.; 14 925 km^2; 478 000 h.; cap. *Dili.*
TIMOTEO *(San),* obispo de Éfeso, n. hacia 35, discípulo de San Pablo, que le escribió dos de sus *Epístolas;* mártir en 97. Fiesta el 24 de enero.
TIMOTES, indios de la región andina de Venezuela.
TIMOTES, c. y mun. de Venezuela (Mérida).
TIMÚRIDAS, dinastía formada por los descendientes de Tamerlán o Timur Lenk y que reinó en Persia y en la Transoxiana (Turquestán) de 1447 a 1517. El reino de los últimos Timúridas señaló el apogeo de la civilización persa.
TIMUR LENK. V. TAMERLÁN.
TINA. V. LOMA TINA.
TINACO, pobl. de Venezuela (Cojedes).
TÍNDARO, rey legendario de Esparta, esposo de Leda y padre de Cástor, Pólux, Helena y Clitemnestra.
TINEH. V. PELUSIO.
TINEO, intendente de los pastores del rey del Lacio.
TINGITANA, parte de la Mauritania romana cuya cap. era **Tingis,** hoy Tánger.
TINGUIRIRICA, volcán de Chile (Colchagua); 4 300 m.
TINOCO (Federico), general y político costarricense (1870-1931), pres. de la Rep. de 1917 a 1919.
TINOGASTA, pobl. y dep. de la prov. argentina de Catamarca.
TINQUIPAYA, pobl. de Bolivia, cap. de la prov. de Cercado o Frías (Potosí).
TINTO (Río), río de España Meridional, que des. en el Atlántico; 100 km. Ha dado su n. a las minas de *Riotinto* (V. este nombre).
TINTORETO (Jacobo ROBUSTI, llamado **el**), pintor italiano, n. en Venecia (1518-1594). Pintó un número infinito de obras religiosas o históricas, notables por su animación y su colorido extraordinarios: *La gloria de Venecia, La gloria del Paraíso, Judit y Holofernes,* etc. Sus principales cuadros están en el palacio de los Dux, en Venecia. (V. tb. lámina pág. 880.) El sobrenombre lo heredó de su padre que era tintorero.
TIOCAJAS, nudo montañoso de los Andes del Ecuador (Chimborazo); 4 211 m.
TIOPULLO, nudo montañoso de los Andes del Ecuador (Cotopaxi y Pichincha); 4 722 m.
Tío Sam. V. SAM.
TIPILLAS DE CERRILLOS, nevado de la Argentina (Catamarca); 5 400 m.
TIPILLAS DEL ARENAL, nevado de la Argentina (Catamarca); 5 200 m.
TIPITAPA, río de Nicaragua, que une el lago de este n. con el de Managua; 30 km. — Pobl. de Nicaragua (Managua); ganado.
TIPPERARY, c. de la Rep. de Irlanda (Munster), cap. de condado. Alcanzó celebridad por la canción de los soldados ingleses durante la Primera Guerra mundial *(It's a long way to Tipperary).*
TIQUINA, estrecho que separa los lagos Titicaca y Uniamamarca. — Cantón de Bolivia (La Paz).
TIRADENTES (Joaquín José da SILVA XAVIER, llamado), caudillo de la independencia brasileña.

TILLY

EL TINTORETO
LA MUERTE DE HOLOFERNES
fragmento
museo del Prado

Fot. Museo Nacional de Estocolmo, Giraudon

TIRSO DE MOLINA

mariscal TITO

moneda con la efigie del emperador TITO

TLALOC

n. en Minas Gerais (1748-1792), promotor de la conspiración de 1789 en el Estado de Minas Gerais. M. ajusticiado.

TIRANA o **TIRANË,** cap. de la Rep. Popular de Albania; 161 300 h. Universidad.

Tirano Banderas, novela de Valle Inclán sobre la revolución de un país imaginario hispanoamericano (1926).

Tirant lo Blanch, novela de caballerías en catalán, escrita en su primera parte por Joanot Martorell y continuada por Martí Joan de Galba (1490).

TIRASPOL, c. de la U. R. S. S. (Moldavia), a orillas del Dniéster.

TIRESIAS, adivino de Tebas.

TIRGU MURES. V. TARGU MURESH.

TIRINTO, ant. c. de Argólida, patria de Heracles. Restos de murallas ciclópeas.

TIRLEMONT, c. de Bélgica (Brabante).

TIRNOVO o **TARNOVO,** c. del N. de Bulgaria.

TIRO, en árabe **Sur,** c. de Líbano, al S. de Beirut. (Hab. *tirios.*) Antiguo puerto fenicio, célebre por su comercio y su industria de la púrpura. Centro arqueológico. Arzobispados católicos (ritos maronita y griego).

TIROL, región de los Alpes, repartida entre Austria (12 648 km²; 450 000 h.; cap. *Innsbruck*) e Italia (13 602 km²; 800 000 h.; cap. *Trento*). [Hab. *tiroleses.*] Región turística.

TIRÓN, liberto y secretario de Cicerón, inventor de un sistema de taquigrafía llamado *notas tironianas.*

TIRPITZ (Alfredo von), almirante alemán (1849-1930), creador de la marina de guerra de su país.

TIRRENO (MAR), parte del Mediterráneo Occidental entre Italia, Córcega, Cerdeña y Sicilia.

TIRSO DE MOLINA (Fray Gabriel TÉLLEZ, llamado), escritor español, n. en Madrid (¿1571?-1648), uno de los más grandes dramaturgos de las letras castellanas, que enriqueció con el personaje universal de Don Juan, en su drama *El burlador de Sevilla y convidado de piedra* (1630). Compuso numerosas comedias en las cuales pone de relieve su fértil ingenio para crear situaciones originales y caracteres de gran poder y energía: *El condenado por desconfiado* (sobre el tema de la predestinación), *Averigüelo Vargas, La prudencia en la mujer, La villana de Vallecas, Don Gil de las calzas verdes, Marta la piadosa, El vergonzoso en palacio, El amor médico, La gallega Mari Hernández, El rey Don Pedro en Madrid,* etc. Dejó también interesantes libros en prosa: *La historia de la Orden de la Merced, Los cigarrales de Toledo* (colección de novelas cortas y de comedias) y *Deleitar aprovechando.* El estilo de Tirso es natural y realista, y la versificación armoniosa.

TIRTEO, poeta lírico griego del s. VII a. de J. C., que excitó con sus cantos el valor de los espartanos en la segunda guerra de Mesenia.

TIRUCHIRAPALLI. V. TRICHINÓPOLI.

TISA. V. TISZA.

TISAFERNES, sátrapa persa, gobernador de Asia Menor en 414 a. de J. C. Mandaba el ejército de Artajerjes Memnón en Cunaxa. M. en 395.

TISI (Benvenuto), llamado **el Garofalo,** pintor italiano (1481-1559).

TISÍFONE, una de las tres Furias o Erinias encargadas de castigar a los culpables en el momento en que penetraban en los Infiernos. *(Mit.)*

TISINGAL, ant. n. de **Tegucigalpa.**

TISZA, en eslavo **Tisa,** en alemán **Theiss,** río de Hungría que nace en Ucrania subcarpática y se une al Danubio en Yugoslavia; 1 350 km.

TISZA (Colomano de), político húngaro (1830-1902); jefe del Partido Liberal, gobernó el país de 1875 a 1890. — Su sobrino ESTEBAN (1861-1918), asumió el Poder de 1913 a 1917, y murió asesinado.

TITANES, hijos de Urano y de Gea. Rebelados contra los dioses, intentaron escalar el cielo amontonando las montañas unas sobre otras, pero fueron derribados por Zeus. *(Mit.)*

TITICACA, isla interior de Bolivia, en el lago del mismo n.; 77 km². De ella salieron, según la tradición, Manco Cápac y Mama Ocllo. Es tb. llamada **Isla del Sol.** — Lago de América del Sur, situado en la altiplanicie andina de Perú y Bolivia a 3 815 m de altura; 8 300 km². Pertenece a ambos países, cuya frontera cruza toda su extensión de N. a S. Es navegable para buques de vapor. Contiene numerosas islas, algunas de ellas célebres por sus tesoros arqueológicos.

TIZIANO. EL HOMBRE DE LOS OJOS GRISES
Galería Pitti. Florencia

TITIRIBÍ, pobl. de Colombia (Antioquia).

TITO (Tito Flavio Vespasiano), emperador romano de 79 a 81, hijo de Vespasiano. Fue uno de los soberanos que más sinceramente procuraron aliviar los padecimientos de su pueblo. Durante el gobierno de su padre tomó y destruyó Jerusalén (70). En su reinado tuvo lugar la célebre erupción del Vesubio (79) que sepultó Herculano y Pompeya.

TITO (José BROZ, llamado), mariscal y político yugoslavo, n. en 1892. Luchó contra los alemanes durante la ocupación del país (1941-1944); jefe del gobierno de la República Federal Popular de Yugoslavia (1945).

TITOGRADO, ant. **Podgorica,** c. de Yugoslavia, cap. de Montenegro.

TITO LIVIO, historiador latino, n. en Padua (64 ó 59 a. de J. C.-17 de nuestra era), autor de una historia romana (desde los orígenes hasta el año 9 a. de J. C.), en 142 libros, de los cuales sólo se conservan 35. Admirador del pasado y patriota ardiente, celebró la grandeza de Roma.

TIUMEN, c. de la U. R. S. S. (Rusia); metalurgia; industria maderera.

TÍVOLI, ant. **Tíbur,** c. de Italia (Roma); célebres cascadas. Templos de Sibila y de Vesta. Cerca se encuentra la Villa de Este.

TIXTLA DE GUERRERO, c. de México (Guerrero).

TIZIANO (Tiziano VECELLIO, llamado), pintor italiano, n. en Pieve di Cadore (¿1490?-1576), máximo representante del Renacimiento veneciano. Poseía excepcionales dotes de colorista y de dibujante. Estuvo al servicio de Francisco I de Francia y de Carlos I y Felipe II de España. Sus retratos son notables. Entre sus obras, muchas de las cuales están en el Museo del Prado, merecen citarse *Venus recostada, Amor sacro y profano, Paulo III, Carlos I de España, El emperador Carlos V, Felipe II, Asunción de la Virgen,* etc. Su arte, al final de su vida, refleja un alto lirismo romántico. (V. tb. lámina pág. 880).

TIZOC, rey de los aztecas de 1481 a 1486, año en que fue envenenado.

TLACOLULA, cerro de México, de origen volcánico, al N. de Veracruz.

TLACOLULA DE MATAMOROS, c. de México (Oaxaca); centro comercial y agrícola.

TLAHUALILO DE ZARAGOZA, pobl. de México (Durango).

TLALOC, divinidad del Agua entre los antiguos mexicanos.

TLALPAN, c. de México (Distrito Federal), suburbio de la ciudad de México.

TLALTIZAPAN, pobl. de México (Morelos).

TLAXCALA, c. de México, cap. del Estado del mismo n., el menos extenso de la República; ind.

Fot. doc. A. G. P., Keystone, Larousse, Giraudon, Bulloz

textil. El Estado prod. trigo, maíz; ganadería. (Hab. *tlaxcaltecas.*) Obispado. La c. está enfrente de las ruinas de una población prehispánica. En sus cercanías se encuentra el santuario de *Ocotlán.*

TLAXCO (SIERRA DE), n. dado a un sector de la Cord. Neovolcánica de México (Tlaxcala).

TLAXCO DE MORELOS, pobl. de México (Tlaxcala).

TLEMCÉN. V. TREMECÉN.

TMOLOS, hoy **Boz Dagh,** mont. y c. de la ant. Lidia (Asia Menor).

TOA, río de Cuba (Oriente), que des. en la bahía de Baracoa; 106 km.

TOA BAJA, mun. y c. de Puerto Rico (San Juan). [Hab. *toabajeños.*]

TOACHI, río del Ecuador (Pichincha), afl. del Blanco.

TOB (Sem), rabino español del s. XIV, famoso por sus *Proverbios morales,* que dedicó al rey de Castilla Don Pedro el Cruel.

TOBAGO, isla de las Antillas Menores, ant. posesión británica, independiente en 1962 y federada con Trinidad para formar un Estado miembro del Commonwealth.

TOBAR (Carlos R.), escritor, gramático y político ecuatoriano (1854-1920), autor de una doctrina de Derecho Internacional que defiende que no debe reconocerse a un Gobierno surgido de la revolución o de un golpe de Estado hasta que no lo apruebe el pueblo.

TOBAR PONTE (Martín), patriota venezolano (1772-1843), uno de los firmantes del Acta de Independencia (1810). Luchó a las órdenes de Bolívar.

TOBARRA, v. de España (Albacete). Hierro.

TOBAS, indios del Chaco, que viven entre los ríos Bermejo y Pilcomayo. Formaron parte de la familia de los guaycurúes, hoy extinguida.

TOBÍAS, israelita de la tribu de Neftalí, célebre por su piedad. Habiéndose quedado ciego en la vejez, fue curado por su hijo, según los consejos del arcángel Rafael. (*Biblia.*)

TOBOLSK, c. de la U. R. S. S. (Rusia), en Siberia, a orillas del río Tobol, afl. del Irtich.

TOBOSO (El), pobl. de la prov. de Toledo, cerca de Quintanar de la Orden, patria de Dulcinea, célebre heroína de Cervantes.

TOBRUK, c. y puerto de Libia (Cirenaica). Combates en 1941 y 1942 entre británicos y alemanes e italianos.

TOCAIMA, c. de Colombia (Cundinamarca).

TOCANTINS, río del Brasil, que nace en el Estado de Goiás y des. en el delta del Amazonas con el n. de **Pará;** 2 700 km.

TOCO, com. de Chile (Antofagasta).

TOCOPILLA, c., com. y dep. de Chile (Antofagasta); princ. puerto exportador de salitre.

TOCORNAL (Joaquín), patriota y político chileno (1788-1865), ministro de Hacienda durante el gob. de Prieto.

TOCORNAL Y GREZ (Manuel Antonio), político e historiador chileno (1817-1867).

TOCORPURI, cima de los Andes, en la frontera chilenoboliviana (Antofagasta); 6 754 m.

TOCQUEVILLE (Alexis **Clerel de**), político e historiador francés (1805-1859), autor de *La democracia en América.*

TOCUYO, río de Venezuela (Lara y Falcón), que des. en el mar Caribe; 321 km. — V. BARBACOAS.

TOCUYO (El), c. de Venezuela (Lara), en el *valle del Tocuyo;* centro agrícola, ganadero y comercial.

TODI, c. de Italia (Umbría); ant. c. etrusca.

TODMIR. V. TEODOMIRO.

TODOS LOS SANTOS, lago de Chile (Llanquihue); 130 km². Lugar de atracción turística. — Bahía del Brasil, donde está situada la c. de Salvador (Bahía).

TODOS SANTOS, isla de México (Baja California).

TOFIÑO (Vicente), marino y matemático español (1732-1795), autor de estudios astronómicos.

TOFO (El), lugar de Chile, cerca de La Serena (Coquimbo); importante centro metalúrgico.

TOGO, región de África, entre Dahomey y Ghana. Colonia alemana desde 1885, fue conquistada por los Aliados en 1914 y dividida, bajo tutela, entre Francia y Gran Bretaña. El ant. *Togo bajo tutela británica* forma hoy parte de Ghana; el

TOKIO
centro comercial

Togo bajo tutela francesa es una Rep. independiente desde 1960 (56 600 km²; 1 500 000 h.); cap. *Lomé,* 65 000 h. Ganadería. Cultivo de cacao, café, maíz, etc.

TOGO (Heihachiro), marino japonés (1847-1934), vencedor de los rusos en Puerto Arturo y Tsushima (1905).

Toisón de Oro (*Orden del*), orden fundada en Brujas por Felipe el Bueno, duque de Borgoña, en 1429. La orden pasó a la Casa de Austria después de la muerte de Carlos el Temerario, y a España con Carlos I.

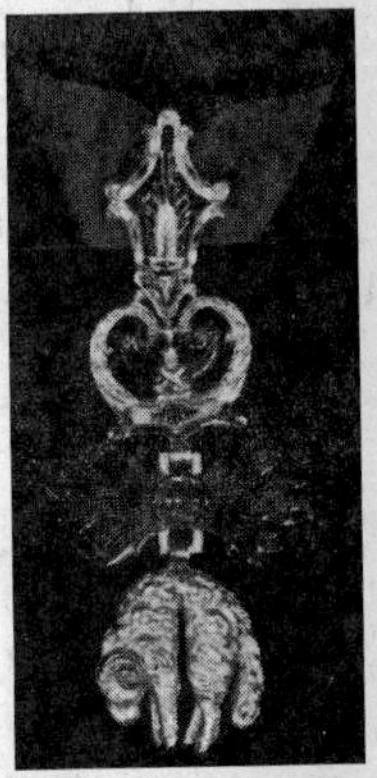

orden del
TOISÓN DE ORO

TOJO (Hideki), general y político japonés (1884-1948), que dirigió la guerra contra los Aliados durante la segunda conflagración mundial. M. ejecutado.

TOKAI, c. de Hungría, a orillas del Tisza. Excelentes vinos.

TOKIO, ant. **Yedo,** cap. del Japón (Hondo), puerto a orillas de la bahía del mismo n., en la desembocadura del Sumida Gava; 10 869 000 h. Gran centro administrativo, comercial e industrial. Palacio imperial. Universidades. En la rada de Tokio se firmó la capitulación del Japón el 2 de septiembre de 1945.

TOKUCHIMA o **TOKUSIMA,** c. del Japón (Sikoku). Textiles.

TOKUGAWA, dinastía japonesa de shogunes que reinó del s. XVII a 1867.

TOLEDO, c. de España, cap. de la prov. del mismo n., a orillas del Tajo. Arzobispado primado de España. Academia de Infantería. Cap. de la España visigoda y residencia de la Corte española hasta 1560. Puente romano de Alcántara; puertas del Sol y de Bisagra; catedral gótica, con numerosos tesoros artísticos e históricos; iglesias de Santo Tomé, de San Juan de los Reyes y de Santa María la Blanca; sinagoga del Tránsito; Hospital de Santa Cruz; casa de El Greco; Alcá-

TOLEDO
vista parcial

Fot. Oficina de Turismo Japonés (París), Larousse, doc. A. G. P.

F. DE TOLEDO

L. TOLSTOI

cariátide
TOLTECA

SANTO TOMÁS
DE AQUINO
por FRA ANGÉLICO

zar (destruido en 1936 y en vías de reconstrucción). Fábricas de armas; joyería, mazapanes. Importante centro turístico. La provincia prod. cereales, olivos, vid.

Toledo *(Concilios de)*, reuniones eclesiásticas y civiles celebradas entre 400 y 702 en Toledo (España), para crear un derecho y una legislación nacionales. Se celebraron 18 y los más notables fueron el III (598), con la conversión de Recaredo al catolicismo; el IV (633), que presidió San Isidoro de Sevilla, y el XII (681), que confirió al arzobispo de Toledo prerrogativas especiales.

TOLEDO (MONTES DE), sistema montañoso de España, situado en la divisoria de aguas entre el Tajo y el Guadiana.

Toledo *(Puente de)* puente de Madrid, sobre el Manzanares, de estilo barroco (1731).

Toledo *(Puerta de)*, puerta de Madrid, al extremo de la calle del mismo nombre.

TOLEDO, pobl. de Colombia (Norte de Santander). — Pobl. del Uruguay (Canelones).

TOLEDO, c. de los Estados Unidos (Ohio); industrias metalúrgicas; puerto fluvial en el Maumee. Universidad.

TOLEDO (ÁLVAREZ DE). V. ALBA *(Duque de)*.

TOLEDO (Antonio Sebastián de), virrey de Nueva España de 1664 a 1673. Protegió a Sor Juana Inés de la Cruz.

TOLEDO (Francisco de), virrey del Perú de 1569 a 1581, que organizó las reducciones de indios y realizó gran labor en el orden administrativo y económico. Mandó ejecutar a Túpac Amaru (1579).

TOLEDO (Juan Bautista de), arquitecto español del s. XVI, m. en 1567. Trabajó en Roma con Miguel Ángel y luego en Nápoles. Felipe II lo nombró arquitecto real (1559) y ejecutó los planos y empezó la construcción del monasterio de El Escorial, proseguida después por Herrera.

TOLEDO (Pedro de), marqués de Villafranca, político y militar español (1484-1553), virrey de Nápoles en 1537. Padre del Duque de Alba.

TOLEDO Y LEIVA (Pedro), virrey del Perú de 1639 a 1648.

TOLENTINO, c. de Italia (Macerata).

TOLHUACA, volcán de los Andes en Chile (Malleco); 2 780 m.

TOLIMA, nevado de Colombia (Tolima), en la Cord. Central; 5 620 m. — Dep. de Colombia; cap. *Ibagué;* prod. maíz, arroz, trigo, caña de azúcar, café; ganadería; yac. de oro, cobre, hierro; petróleo. (Hab. *tolimenses.*)

TOLIMÁN, n. de una de las puntas del volcán Atitlán (Guatemala); 3 153 m. — C. de México (Querétaro).

TOLOMEO. V. PTOLOMEO.

TOLÓN, en francés **Toulon** [*tu-*], c. de Francia (Var), a orillas del Mediterráneo; puerto militar (arsenal) y de comercio; astilleros. Obispado.

TOLOSA, c. de España (Guipúzcoa); industr. papelera; fábricas de boinas.

TOLOSA de Francia. V. TOULOUSE.

TOLSÁ (Manuel), escultor y arquitecto español (1757-1818), autor de la estatua ecuestre de *Carlos IV* y de la Escuela de Minería en México.

TOLSTOI (Alejo), escritor ruso (1882-1945), autor de *El oro negro, Pedro el Grande, Iván el Terrible,* etc.

TOLSTOI (León, *conde*), escritor ruso, n. en Iasnaia Poliana (1828-1910), autor de *Guerra y Paz* (1864-1869), *Ana Karenina* (1873-1876), *La sonata a Kreutzer* (1890), *Resurrección* (1899). Pinta en sus relatos las costumbres y el alma rusas y busca en ellos, con idealismo religioso y humanitario, la caridad del cristianismo primitivo.

TOLTECAS, pueblo indígena de la meseta mexicana, oriundo del NO., que se estableció en Tula y creó una notable civilización del s. IX al XII. Los *toltecas* fueron excelentes constructores, introdujeron el culto de Quetzalcóatl y extendieron su influencia hasta el Yucatán.

TOLTÉN, río de Chile (Cautín); 250 km. — Com. de Chile (Cautín).

TOLÚ, c. de Colombia (Bolívar), en la costa del golfo de Morrosquillo. Bálsamo de *Tolú.*

TOLUCA, nevado de México, en el Estado de este n.; 4 558 m. Es llamado tb. **Xinantécatl.**

TOMÉ: EL TRANSPARENTE
de la catedral de Toledo

— C. de México, cap. del Estado de este n.; centro agrícola y comercial. (Hab. *toluqueños.*) Obispado.

TOM, río de Siberia, afl. del Obi; 843 km.

TOMAR o **THOMAR,** c. de Portugal (Santarem). Ruinas de un castillo de los templarios (siglo XII); convento del Cristo de estilo manuelino. Reunión de las Cortes para elegir a Felipe II rey de Portugal (1581).

TOMÁS *(Santo)*, uno de los doce apóstoles, célebre por la incredulidad que manifestó acerca de la resurrección de Cristo, pues no se convenció hasta tocar con sus manos las llagas del Maestro. Ha quedado como tipo de persona que no cree una cosa hasta cerciorarse por sí misma de la realidad. Fiesta el 21 de diciembre.

TOMÁS BECKET. V. BECKET.

TOMÁS de Aquino *(Santo)*, teólogo católico italiano, n. en Roccasecca (1225-1274), doctor de la Iglesia. Es autor de *Summa contra gentiles, Summa Theologica,* obras fundamentales de la filosofía escolástica. Su doctrina, inspirada en Aristóteles, lleva el nombre de *tomismo.* Llamado **Doctor Angélicus.** Fiesta el 7 de marzo.

TOMÁS DE VILLANUEVA *(Santo)*, anacoreta agustino español (1488-1555), arzobispo de Valencia. Fue destacado escritor ascético *(Opúsculos.)* Fiesta el 22 de septiembre.

TOMÁS MORO. V. MORO.

TOMBUCTÚ, c. de la Rep. de Malí, cerca del Níger; centro comercial.

TOMÉ, c. de Chile, cab. de la com. y dep. del mismo nombre (Concepción). Balneario.

TOMÉ (Narciso), escultor español del s. XVIII, autor del *Transparente* de la catedral de Toledo, obra maestra del churrigueresco.

TOMEBAMBA, pobl. indígena del Ecuador, donde se construyó la actual ciudad de Cuenca.

TOMELLOSO, c. de España (Ciudad Real). Centro vinícola.

TOMES o **TOMI,** hoy **Constanza,** ant. c. de Mesia, a orillas del Ponto Euxino, donde murió Ovidio desterrado.

TOMINA, prov. de Bolivia (Chuquisaca); cap. *Padilla.*

TOMIRIS, reina de los escitas (s. VI a. de J. C.). Para vengar la muerte de su hijo por Ciro declaró la guerra al rey de los persas, que fue derrotado y murió en el combate. Hizo entonces Tomiris llenar un odre de sangre y metió dentro la cabeza de Ciro, episodio que sirvió de tema a Rubens (Louvre).

Fot. doc. A. G. P., Villard, Viollet, Alinari, René Ferlet

TOMO, río de Colombia (Meta y Vichada), afl. del Orinoco; 418 km.
TOMSK, c. de la U. R. S. S. (Rusia), en Siberia occidental, a orillas del Tom, afl. del Obi. Centro universitario. Construcciones mecánicas.
TONACATEPEQUE, c. de El Salvador (San Salvador).
TONALÁ, río de México (Tabasco y Veracruz), que des. en el golfo de Campeche; 144 km.
Tonalpohualli, calendario ritual de los aztecas. Se llama también, erróneamente, *tonalamatl.* El año tenía 260 días.
TONATIUH, dios del Sol entre los aztecas.
TONGA o **Islas de los AMIGOS,** archip. de Polinesia; 63 000 h. Cap. *Nukualofa.* Protectorado británico.
TONGRES, c. de Bélgica (Limburgo). Ant. ciudad romana.
TONKÍN o **TONQUÍN,** región del NE. de Indochina, en Viet Nam del Norte; 116 000 km²; 10 000 000 h. *(tonquineses).* Caña de azúcar, algodón, arroz. Fue protectorado francés desde 1883 hasta 1954. — Golfo formado por el mar de China, entre Viet Nam y China.
TONLÉ SAP, lago de Camboya; 3 000 km². Pesca.
TONOSÍ, río de Panamá, que des. en el golfo de Montijo. — Pobl. de Panamá (Los Santos).
TONTO, río de México (Oaxaca), afl. del Papaloapan.
TOOWOOMBA, c. de Australia (Queensland); centro comercial.
TOPARA, río del Perú (Ica y Lima), que des. en el Pacífico.
TOPEKA, c. de los Estados Unidos, cap. de Kansas, a orillas del río Kansas. Metalurgia.

TOMAR: Claustro de los Felipe

TOPELIUS (Zacarías), poeta finlandés (1818-1898), de inspiración romántica.
TOPETE Y CARBALLO (Juan Bautista), almirante y político español, n. en San Andrés Tuxtla (México) en 1821 y m. en Madrid en 1885. Tomó en 1868 la iniciativa de la Revolución de septiembre que destronó a Isabel II.
TOPOLOBAMPO, puerto de México (Sinaloa).
TOQUEPALA, pobl. del Perú (Moquegua).
TOQUILLA, páramo de Colombia, en la Cord. Oriental; a 4 000 m.
TOR o **THOR,** dios de la Guerra en la mitología escandinava, hijo de Odín.
TORA o **THORA,** n. dado por los judíos a la ley mosaica (Pentateuco).
TORATA, c. del Perú (Moquegua).
TORDESILLAS, v. de España (Valladolid). Tratado firmado en 1494 que trazó la línea de demarcación entre las futuras posesiones de España y Portugal, la cual iba de polo a polo, a 370 leguas al oeste de Cabo Verde.
TORELLI (Giuseppe), violinista y compositor italiano (1658-1709), uno de los creadores del concierto y de la sonata.
TORENO (José María QUEIPO DE LLANO, *conde de*), político e historiador español (1786-1843), autor de una *Historia de la guerra de la Independencia.* Fue jefe del Gob. en 1835.
TORGAU, c. de Alemania oriental, a orillas del Elba. Aquí se unieron el 25 de abril de 1945 las tropas soviéticas y norteamericanas.
TORIBIO *(Santo),* religioso español del s. v. Fiesta el 16 de abril.
TORIBIO Alfonso Mogrovejo *(Santo),* religioso español (1538-1606), arzobispo de Lima. Canonizado en 1726. Fiesta el 23 de marzo.
TORIBIO DE BENAVENTE o **DE PAREDES** (*Fray*), religioso franciscano español del s. XVI, que se señaló en México por su generosidad para con los indios, que le dieron el nombre de *Motolinía* ("*pobre*").
TORINO. V. TURÍN.
TORIÑANA (CABO), cabo de la costa de Galicia (España), cerca del cabo Finisterre.
TORMENTAS (CABO DE LAS). V. BUENA ESPERANZA (Cabo de).
TORMES, río de España, en las prov. de Ávila, Salamanca y Zamora, afl. del Duero; 390 km.
TORNE, río de Suecia que des. en el golfo de Botnia, frontera entre Suecia y Finlandia.
TORNQUIST (Ernesto), financiero argentino (1842-1908). Fundó empresas bancarias.
TORO, c. de España (Zamora). Batalla ganada por los castellanos a Alfonso V de Portugal, partidario de Juana la Beltraneja. Frecuente residencia real y de las Cortes de Castilla en la Edad Media. Colegiata románica; iglesias mudéjares. Centro agrícola y ganadero.
TORO, punta de Panamá, frente a la c. de Colón. — Pico de los Andes, en la frontera de Argentina (San Juan) y Chile (Atacama); 6 380 metros. — Pico de Venezuela en la Sierra Nevada de Mérida; 4 758 m.
TORO (David), militar y político boliviano, n. en 1898, que derrocó al pres. Tejada Sorzano (1935), se hizo cargo de la pres. de la Rep. en 1936 y fue depuesto en 1937.
TORO (Fermín), político y escritor venezolano (1807-1865), autor de *La Sibila de los Andes.*
TORO (Fernando del), militar venezolano, m. en 1823, que se adhirió a la causa de la emancipación americana.
TORO (Francisco del), marqués del Toro, militar venezolano (1761-1851), uno de los primeros en unirse a la causa de la independencia.
TORO Y GÓMEZ (Miguel de), erudito, gramático y lexicógrafo español, n. en Loja (Granada) en 1851, m. en Buenos Aires en 1922. Autor de un *Diccionario enciclopédico de la lengua castellana.* — Su hijo MIGUEL DE TORO Y GISBERT, lexicógrafo francés, n. en Madrid (1880-1966), autor del *Pequeño Larousse Ilustrado* (1912) y *L'évolution de l'espagnol en Argentine.*
TORO Y ZAMBRANO (Mateo de), conde de la Conquista, político chileno, n. en Santiago (1724-1811), último gobernador de Chile y presidente de la primera Junta de Gobierno (1810).
TORONTO, c. de Canadá, cap. de la prov. de Ontario, a orillas del lago del mismo n.; centro industrial. Universidad.
TORPEDERAS, balneario chileno, cerca de Valparaíso.
TORQUAY, c. de Gran Bretaña (Devonshire). Estación balnearia.
TORQUEMADA (Antonio de), escritor español, m. en 1569, autor de unos *Coloquios satíricos* y un *Jardín de flores curiosas.*
TORQUEMADA (Juan), religioso e historiador español que residió en México, m. en 1624, autor de *Monarquía Indiana.*
TORQUEMADA (Tomás de), dominico e inquisidor español, n. en Valladolid (1420-1498). Era famoso por su ciencia y su devoción cuando fue nombrado primer inquisidor en 1482. Redactó las severas Instrucciones de los inquisidores y desempeñó sus funciones con actividad y fanatismo inexorables.
TORRÁ, cerro de Colombia (Chocó), en la Cord. Occidental; 3 670 m.
TORRE (Alfonso de la), escritor español del s. XV, autor de *Visión delectable.*
TORRE *(Duque de la).* V. SERRANO.
TORRE (Francisco de la), poeta clásico español de fines del s. XVI, cuyas poesías fueron publicadas por Quevedo.
TORRE (Guillermo de), escritor y poeta español, n. en 1900, avencidado en la Argentina. Fue el teórico del movimiento ultraísta.
TORRE ANNUNZIATA, c. de Italia (Campania), en el golfo de Nápoles. Estación termal.
TORRE DE CERREDO, monte de España, alt. máxima de los Picos de Europa; 2 672 m.
TORRE DEL GRECO, c. de Italia (Campania), en el golfo de Nápoles. Vinos.

TONATIUH

Fermín TORO

TORO Y ZAMBRANO

Fot. Biel, La Rochester, X

Camilo TORRES

TORRES QUEVEDO

TORRICELLI

TORRIJOS

figura de barro TOTONACA

Torre de Londres. V. LONDRES *(Torre de)*.
TORREDONJIMENO, c. de España (Jaén). Centro olivarero.
TORREJÓN (Andrés). V. MÓSTOLES.
TORREJÓN DE ARDOZ, c. de España (Madrid). Base aérea.
TORRELAGUNA, v. de España (Madrid). Presa del Lozoya, que surte de agua a Madrid.
TORRELAVEGA, c. de España (Santander). Centro agrícola y minero. Ganadería. Industrias textil, metalúrgica y química.
TORREMOLINOS, pobl. de España, barriada de Málaga, en la *Costa del Sol*. Excelentes playas que la han convertido en renombrado centro turístico internacional.
TORRENTE, v. de España (Valencia).
TORRENTE BALLESTER (Gonzalo), ensayista y autor de novelas español, n. en 1910.
TORREÓN, c. de México (Coahuila): centro algodonero, industrial y comercial. Obispado.
TORRES (ESTRECHO DE), estrecho entre Australia y Nueva Guinea; 170 km de ancho.
TORRES (Camilo), patriota y político colombiano, n. en Popayán (1766-1816), que fue vocal del Cabildo Abierto de 1810 y primer pres. de las Provincias Unidas (1812-1814). Reelegido en 1815, fue apresado poco después por Morillo y fusilado.
TORRES (Carlos Arturo), poeta y crítico colombiano (1867-1911), que sobresalió como ensayista.
TORRES (José Antonio), novelista chileno (1828-1884), autor de *Los misterios de Santiago*.
TORRES (Luis VÁEZ DE), navegante español del s. XVII, autor de notables exploraciones por Oceanía. Descubrió en 1606 el estrecho que lleva su nombre.
TORRES AMAT (Félix), obispo de Astorga (1772-1847). Tradujo la Biblia al castellano.
TORRES ARCE (José Antonio), escritor dramático chileno (1828-1864), autor del drama *La independencia de Chile*. — Su hermano VÍCTOR fue novelista (1847-1883).
TORRES BODET (Jaime), poeta, escritor y político mexicano, n. en 1902, autor de *El corazón delirante*, *Fronteras* y *Sin tregua* (poesías) y *Margarita de Niebla* (relato). Fue director general de la U. N. E. S. C. O. de 1948 a 1952.
TORRES CAICEDO (José María), escritor y diplomático colombiano (1827-1889). Autor de *Ensayos biográficos y de crítica literaria*.
TORRES DE VERA Y ARAGÓN (Juan de), político español del s. XVI, oidor de las Audiencias de Concepción (Chile) y de Charcas. Último adelantado del Río de la Plata (1587-1592), fundó la c. de Corrientes (1588).
TORRES GARCÍA (Joaquín), pintor uruguayo (1874-1949). Fue maestro de una generación de artistas.
TORRES NAHARRO (Bartolomé), poeta español, n. cerca de Badajoz (¿1476-1531?), uno de los padres del teatro castellano, al que dio forma con las piezas dramáticas publicadas en su *Propaladia: Soldadesca, Tinelaria, Serafina, Himenea, Trofea, Aquilana, Calamita* y *Jacinta*.
TORRES QUEVEDO (Leonardo), ingeniero y matemático español, n. en Santander (1852-1936). Inventó una forma de dirigible; el *telekino*, para dirigir a distancia el mando de una máquina; el *ajedrecista*; una máquina de calcular y un transbordador.
TORRES-RIOSECO (Arturo), crítico y profesor chileno, n. en 1897, autor de una excelente *Nueva Historia de la Gran Literatura Iberoamericana*.
TORRES VEDRAS, c. de Portugal (Extremadura), al N. de Lisboa, donde Wellington estableció un campo fortificado en 1810.
TORRES VILLARROEL (Diego de), escritor español, n. en Salamanca (1693-1770). Su vida le condujo a las más extrañas aventuras y él mismo nos las ha relatado en una curiosa autobiografía *(Vida)*. Además se le deben pronósticos, calendarios y escritos satíricos *(Sueños morales)*.
TORRES Y RUEDA (Marcos de), obispo de Yucatán y gobernador de Nueva España de 1648 a 1649, año en que murió.
TORRE TAGLE *(Marqués de)*. V. TAGLE Y PORTOCARRERO.
TORRE Y HUERTA (Carlos de la), zoólogo cubano (1858-1950), autor, entre otras obras, de *Clasificación de los animales observados por Colón y los primeros exploradores de Cuba*.
TORRI (Julio), ensayista mexicano, n. en 1889, autor de *Ensayos y poemas*.
TORRICELLI [*-cheli*] (Evangelista), físico y geómetra italiano, n. en Faenza (1608-1647), discípulo de Galileo. Inventó el barómetro y demostró los efectos de la presión atmosférica.
TORRICO (Andrés María), jurisconsulto boliviano (1795-1875).
TORRICO (Juan Crisóstomo), general y político peruano (1808-1875), pres. de la Rep. en 1842.
TORRIENTE (Cosme de la), escritor, diplomático y patriota cubano (1872-1956).
TORRIGIANO (Pedro), escultor italiano (1472-1528), condiscípulo de Miguel Ángel. Trabajó en Roma, Inglaterra y España.
TORRIJOS (José María), general español (1791-1831), que murió fusilado después de desembarcar en la costa de Málaga para derrocar el régimen reinante e instaurar uno liberal.
TORROJA (Eduardo), arquitecto español (1899-1961), uno de los grandes creadores de formas arquitectónicas en el siglo XX.
TÓRTOLAS (CERRO DE **Las**), mont. de los Andes de Chile (Coquimbo); 6 323 m.
TORTONA, c. de Italia (Piamonte). Catedral románica; castillo de la Edad Media.
TORTOSA, c. de España (Tarragona), a orillas del Ebro; centro comercial y agrícola. Catedral gótica. Obispado.
TORTUGA, isla del Ecuador, en el archip. de Colón. — Isla de Haití; 303 km². Fue refugio de piratas en el s. XVII. — Isla de Venezuela, en el mar Caribe; dependencia federal.
TORTUGAS. V. BUENAVENTURA.
TORTUGUERO, río de Costa Rica (Limón), que forma importantes lagunas.
TORUN, en alemán **Thorn,** c. de Polonia, a orillas del Vístula. Industria química.
Tosca, drama en cinco actos de V. Sardou, que sirvió de inspiración a Puccini para su ópera del mismo título (1903).
TOSCANA, ant. **Etruria,** parte de Italia, antes Estado soberano, al SE. del Apenino. Cap. *Florencia*. El *gran ducado de Toscana* fue reunido con Italia en 1860.
TOSCANELLI (Pablo DEL POZZO), geógrafo italiano (1397-1482). Se ha pretendido que tuvo correspondencia con Colón y que sus cartas sugirieron a éste la idea del descubrimiento de América.
TOSCANINI (Arturo), director de orquesta italiano (1867-1957), que sobresalió en la interpretación de la música clásica.
TOSSA, v. de España (Gerona). Estación balnearia famosa. Ruinas romanas y medievales.
TOSTA (Vicente), general y político hondureño, m. en 1930, pres. de la Rep. de 1924 a 1925.
TOSTADO (El). V. MADRIGAL (Alonso de).
TOT, dios egipcio, que parece provenir de la confusión de dos divinidades lunares: un dios ibis y un dios cinocéfalo. Los griegos lo identificaron con **Hermes Trismegisto.**
TOTA, laguna de Colombia (Boyacá); 84 km². — C. de Colombia (Boyacá).
TOTANA, c. de España (Murcia).
TOTILA, rey de los ostrogodos de Italia, de 541 a 552, que fue derrotado y muerto por Narsés.
TOTONACAS o **TOTONECAS,** pueblo indígena mexicano, de elevada cultura, que habitó

Fot. doc. A. G. P., X, Irmgard Grsth Kimball

el terr. del actual Estado de Veracruz. Los totonacas dejaron, entre otros vestigios artísticos, características figuras de barro y yugos de piedra.

TOTONICAPAN, c. de Guatemala, al N. del lago Atitlán, cab. del dep. del mismo n.; centro agrícola y ganadero. El dep. es de economía agropecuaria; posee yac. de cuarzo. (Hab. *totonicapaneses, totonicapenses* o *totonicapas.*)

TOTORA, pobl. de Bolivia, cap. de la prov. de Carrasco (Cochabamba).

TOTTENHAM, c. de Inglaterra (Middlesex), suburbio norte de Londres.

TOUL o **TUL,** c. de Francia (Meurthe y Mosela). Catedral. Fue en otro tiempo uno de los tres obispados de los duques de Lorena.

TOULON. V. TOLÓN.

TOULOUSE [*tulús*], en esp. **Tolosa,** c. de Francia, ant. cap. del Languedoc, cap. del dep. del Alto Garona, a orillas del río Garona. Centro comercial e industrial. Catedral (s. XIII-XVI); iglesia de Saint-Sernin, lugar de peregrinación (s. XI-XII). Arzobispado. Universidad.

TOULOUSE-LAUTREC (Henri de), pintor francés, n. en Albi (1864-1901); artista de talento vigoroso y a veces cruel, pintó escenas de Montmartre (París).

TOUNENS (Antonio de). V. ORELIO ANTONIO I.

TOURCOING [*turkuán*], c. de Francia (Nord); importante centro de industrias textiles.

TOURMALET [*turmalé*], puerto de los Pirineos franceses, cerca de Lourdes; 2 115 m.

TOURNAI [*turné*], c. de Bélgica, a orillas del Escalda; industrias textiles; cemento. Catedral (s. XI-XIV), con cinco torres románicas.

TOURNEFORT (José de), botánico y médico francés (1656-1708), autor de una clasificación del reino vegetal.

TOURNUS, c. de Francia (Saona y Loira). Iglesia románica con nártex (s. X-XI).

TOURS [*tur*] o **TURS,** c. de Francia, ant. cap. de Turena y cap. del dep. de Indre y Loira. Arzobispado. Catedral gótica (s. XIII-XV).

TOUSSAINT LOUVERTURE. V. LOUVERTURE.

TOVAR, sierra de Venezuela, en los Estados de Táchira y Mérida, que se desprende de la cord. de los Andes. — Pobl. de Venezuela (Mérida).

TOVAR (Antonio), humanista español, n. en 1911, autor de diversos trabajos de filología: *Catálogo de las lenguas de América del Sur.*

TOVAR (Juan de), jesuita mexicano, m. en 1626, autor de una *Historia de los chichimecas.*

TOVAR (Manuel Felipe), político venezolano (1803-1866), pres. de la Rep. de 1860 a 1861.

TOVAR (Pantaleón), escritor mexicano (1828-1876), autor de la novela *Ironías de la vida.*

TOWNSVILLE, c. de Australia (Queensland).

TOYAMA, c. del Japón (Hondo).

TOYNBEE (Arnold José), historiador inglés, n. en 1889, autor de obras sobre las civilizaciones (*Estudio de la historia*).

TOYOHASHI, c. y puerto del Japón (Hondo). Textiles.

Trabajos de Persiles y Sigismunda (*Los*), novela bizantina de Cervantes (1617). Sus héroes, oriundos de Islandia, atraviesan toda Europa y viven las aventuras más extrañas.

Trabajos y los días (*Los*), poema de Hesíodo, que se refiere sobre todo a la agricultura e inspiró a Virgilio Las Geórgicas (s. VIII a. de J. C.).

TRACIA, región de Europa oriental, dividida entre Grecia (Tracia occidental), Turquía (Tracia oriental) y Bulgaria (Tracia del Norte o Rumelia oriental). [Hab. *tracios.*]

Tradiciones de Guatemala, narraciones del guatemalteco José Batres Montúfar.

Tradiciones peruanas, relatos sobre episodios de la vida colonial, del peruano Ricardo Palma, recogidos en diez volúmenes (1872-1906).

TRAFALGAR, cabo de España al NO. del estrecho de Gibraltar. Victoria de Nelson en 1805 sobre las flotas reunidas de Francia y España.

TRAFUL, lago de la Argentina (Neuquen), cuyas aguas pasan por medio del río del mismo n. al río Limay.

TRAIGUÉN, isla de Chile (Aisén), en el archip. de los Chonos. — C. de Chile (Malleco).

Trajana (*Columna*), columna elevada en Roma en honor de Trajano en 112.

TRAJANO (Marco Ulpio), emperador romano de 98 a 117, n. en Itálica (España) en 53. Vencedor de los dacios y de los partos, excelente organizador. Gobernó con justicia y sabiduría pero persiguió a los cristianos.

TOULOUSE-LAUTREC
EN EL MOULIN ROUGE

TRANI, c. de Italia (Pulla), en el Adriático Catedral románica.

TRANQUERAS, pobl. del Uruguay (Rivera).

TRANSALAI, cadena montañosa de Asia central soviética; 7 495 m. en el *Pico Comunismo.*

Transandino, n. dado a la vía férrea que reúne la Argentina y Chile a través de los Andes, inaugurada en 1910. Atraviesa la cordillera por un túnel de 3 208 m de largo, situado a 3 300 m sobre el nivel del mar. Para llegar a esta altura fue preciso recurrir a vías de cremallera. Un segundo transandino, inaugurado en 1948, va de Salta a Antofagasta.

TRANSCAUCASIA, región de la U. R. S. S. situada al sur del Cáucaso y que comprende las repúblicas federadas de Georgia, Armenia y Azerbaidján.

Transiberiano, línea de ferrocarriles de la U. R. S. S. que une Cheliabinsk a Vladivostok. Se construyó entre 1895 y 1904.

TRANSILVANIA, prov. de Rumania situada en el interior del arco formado por los Cárpatos; cap. *Cluj.*

TRANSJORDANIA. V. JORDANIA.

TRANSLEITANIA. V. CISLEITANIA.

TRANSVAAL, prov. de la Rep. Sudafricana; 286 053 km²; 6 225 000 h. (*boers*). Cap. *Pretoria* (283 000 h.); c. pr. *Johannesburgo* (880 000 h.). Ricas minas de oro y de diamantes; hulla, hierro. Ganadería. Fundado por colonos holandeses de El Cabo, ocupado por los in-

TOURS
catedral de Saint Gatien

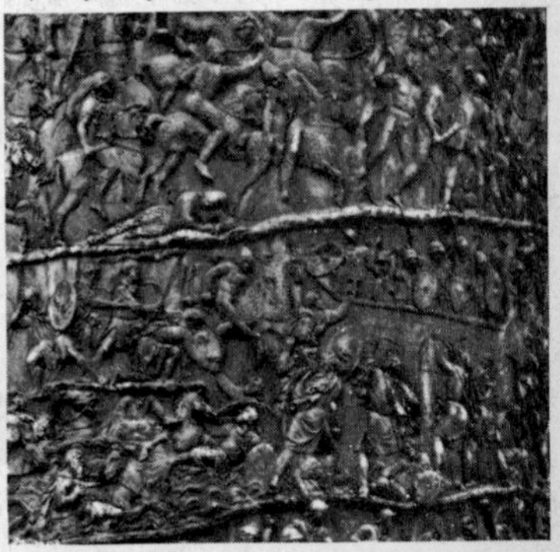

COLUMNA TRAJANA
y *detalle* de un bajorrelieve que representa episodios de la guerra de Dacia

Fot. *Yvan-Rapho, Roubier, Viollon, Alinari-Giraudon*

gleses de 1877 a 1881, el Transvaal entró en guerra con Inglaterra (1899). Derrotado en 1902, quedó incorporado al Imperio Británico. En 1910 ingresó en la Unión Sudafricana.

Trapa, abadía de la orden cisterciense fundada en 1140 en Soligny (Orne, Francia), cuyos religiosos *(trapenses)* observan una regla particularmente severa.

TRÁPANI, ant. **Drépano,** c. y puerto de Sicilia. Catedral barroca. Salinas.

TRAPICHE. V. BOLÍVAR.

TRASÍBULO, general ateniense, que, con ayuda de los tebanos, depuso en 404 a los Treinta Tiranos. M. en 338 a. de J. C.

TRASIMENO (LAGO), lago de la ant. Etruria. Victoria de Aníbal en 217 a. de J. C. sobre el cónsul romano Flaminio.

TRAS-OS-MONTES E ALTO DOURO, prov. del Portugal septentrional. Cap. *Vila Real.*

Trasplantados *(Los),* novela del chileno Alberto Blest Gana, sátira acerca de los americanos que pretenden encontrar su felicidad en París (1904).

TRASTAMARA. V. ENRIQUE II DE CASTILLA.

Tratado Cuadrilátero, firmado el 25 de enero de 1822 entre Buenos Aires, Santa Fe y Entre Ríos, y más tarde Corrientes, base de la Confederación argentina de 1831.

Tratado de Río de Janeiro, tratado interamericano de asistencia mutua, firmado en Río de Janeiro (1947).

TRAVANCORE, región histórica de la India, al S. del Estado de Kerala.

Traviata *(La),* ópera de Verdi (1853).

TREBIA, río de Italia, afl. del Po; 115 km. Victoria de Aníbal sobre el cónsul Sempronio en 218 a. de J. C.

TREBISONDA, en turco **Trabzon,** c. de Turquía, a orillas del mar Negro. Fue en la Edad Media la cap. de un Estado fundado por Alejo Comneno (1204-1461).

Trece de la fama *(Los).* Estando Pizarro en la isla del Gallo, en espera de refuerzos, observó que el desánimo cundía entre sus hombres. Arengó entonces a la tropa, trazó una raya en el suelo e invitó a pasar esta línea a los que querían seguirle a la conquista del Perú. Trece hombres lo hicieron, y la historia los conoce con el n. de *los trece de la fama.* Algunos cronistas afirman que fueron dieciséis.

Tregua de Dios, ley religiosa promulgada en 1041, que prohibía todo acto de violencia u hostilidad desde el miércoles por la noche hasta el lunes por la mañana, además de ciertas épocas del año (Adviento y Cuaresma).

TREHOUART [*treuar*] (Francisco Tomás), almirante francés (1798-1873), vencedor de las tropas de Rosas en Vuelta de Obligado (1843).

TREILHARD (Juan Bautista), jurisconsulto y político francés (1742-1810), uno de los redactores del Código civil.

Treinta Años *(Guerra de los),* guerra religiosa y política que duró de 1618 a 1648, y terminó con el Tratado de Westfalia. Tuvo por causas esenciales el antagonismo de los protestantes y los católicos y las inquietudes originadas por las miras ambiciosas de la Casa de Austria. Se suele dividir en los cuatro períodos siguientes: *palatino* (1618-1624), *danés* (1624-1629), *sueco* (1630-1635) y *francés* (1635-1648).

Treinta Tiranos, n. dado a los miembros de un Consejo oligárquico impuesto por los espartanos a los atenienses después de la toma de la ciudad por Lisandro. Se señalaron por su despotismo (404 a. de J. C.) y fueron depuestos por Trasíbulo. Los más conocidos fueron Critias y Teramenes.

TREINTA Y TRES, c. del Uruguay, cap. del dep. del mismo n.; centro ganadero y comercial. El dep. prod. arroz, pastos; ganadería. (Hab. *treintaitresinos.*)

Treinta y Tres *(Los),* n. con el que se conoce la expedición de los Treinta y Tres patriotas uruguayos, mandados por Lavalleja, que desembarcó en la playa de la Agraciada (1825) para libertar a su país de la dominación brasileña.

TREITSCHKE (Heinrich von), historiador alemán (1834-1896), autor de una notable *Historia de Alemania en el siglo XIX.*

TREJO Y SANABRIA (Hernando de), religioso paraguayo (1554-1614), hermano de Hernandarias, que fue obispo de Tucumán (Argentina) y dejó sus bienes para la fundación de la Universidad de Córdoba. Defensor de los indios.

TREJOS (José Joaquín), economista y político costarricense, n. en 1916, pres. de la Rep. en 1966.

TRELEW, pobl. de la Argentina (Chubut); ind. pesquera; frutas.

TRELLES (Carlos M.), erudito y patriota cubano (1866-1951), autor de *Bibliografías cubanas.*

TRELLES (José ALONSO Y). V. ALONSO.

TRELLES (Manuel Ricardo), historiador y bibliógrafo argentino (1821-1893).

TRELLES Y DUELO (Ernesto E.), químico y farmacéutico cubano, n. en 1893, que ha realizado estudios sobre la sangre.

TREMECÉN, c. de Argelia, cap. del dep. del mismo n. Centro religioso. Mezquitas.

TREMP, c. de España (Lérida). Ciudad de origen antiguo. Importante central hidroeléctrica.

TREND (John Broder), hispanista inglés (1887-1959), autor de una *Historia de la civilización española* y varios estudios y traducciones de escritores castellanos.

TRENEL, pobl. de la Argentina (La Pampa).

TRENGANU, uno de los Estados de la Federación de Malaysia; cap. *Kuala Trenganu.*

TRENQUE LAUQUEN, pobl. de la Argentina (Buenos Aires).

TRENT, río de Inglaterra que se une con el Ouse para formar el Humber; 270 km.

TRENTINO o **VENECIA TRIDENTINA,** región del Tirol meridional que pertenece a Italia desde 1919. Turismo. C. pr. *Trento, Bolzano.*

TRENTO, c. de Italia, cap. de prov. (Trentino), donde fue celebrado, de 1545 a 1563, el célebre Concilio ecuménico que realizó la gran reforma católica. (Hab. *tridentinos.*)

TRENTON, c. de los Estados Unidos, cap. del Estado de Nueva Jersey, a orillas del Delaware; industria textil; automóviles; constr. eléctricas.

TRES ARROYOS, pobl. de la Argentina (Buenos Aires); centro agrícola y ganadero.

Trescientas *(Las).* V. LABERINTO DE FORTUNA.

TRES CRUCES, mont. de la Argentina, puerto de acceso a la Puna; 3 700 m. — Nevado de los Andes de Chile (Atacama), en la frontera con Argentina; 6 356 m. — Paso andino del Ecuador (Chimborazo); 3 810 m. — Pico del Ecuador, en el nudo de Azuay; 4 472 m.

Tres Garantías, programa político presentado por Iturbide en Iguala (1821). (V. IGUALA.)

TRES GUERRAS (Francisco Eduardo), arquitecto mexicano (1759-1833), constructor de la Iglesia del Carmen, en Celaya, y la de Santa Rosa en Querétaro.

TRES MARIETAS, islas de México (Jalisco).

TRES MORROS, cerro de Colombia (Antioquia), en la Cord. Occidental (Nudo de Paramillo); 3 400 m. Llamado también **Socorro.**

Tres Mosqueteros *(Los),* novela de Alejandro Dumas padre (1844). Continúa en los relatos *Veinte años después* y *El vizconde de Bragelonne.*

TRES OBISPADOS, región de la ant. Francia, en territorio lorenés, constituida por las ciudades de Metz, Toul y Verdún, con sus dependencias.

TRES PUNTAS, cabo de la Argentina, en la costa patagónica (Santa Cruz). — Cerro de la Argentina (Mendoza); 5 130 m.

TRES ZAPOTES, lugar arqueológico olmeca de México (Veracruz).

TRÉVERIS, en alemán **Trier,** c. de Alemania (Renania-Palatinado), a orillas del Mosela. Ruinas romanas (*Porta Nigra*); catedral (s. IV-XI).

TREVINCA (PEÑA), punto culminante de un macizo montañoso de España, en los límites de las prov. de León, Orense y Zamora; 2 021 m.

TREVIÑO, v. de España (Burgos), en el *Condado de Treviño,* territorio castellano enclavado en la prov. de Álava.

TREVISO, c. de Italia (Venecia). Textiles.

TRIANA, barrio al SO. de Sevilla, en la orilla derecha del Guadalquivir. Ant. *Colonia Trajana.*

TRIANA (José Jerónimo), naturalista colombiano (1826-1890), autor de notables estudios sobre la flora colombiana.

TRIANA (Rodrigo de), marinero español del s. XV, que acompañó a Colón en su primer viaje y se cree que fue el primero que vio tierra.

GRAN TRIANÓN

PEQUEÑO TRIANÓN

Trianón *(Gran* y *Pequeño),* n. de dos palacios edificados en el parque de Versalles (Francia) el primero en el reinado de Luis XIV por Hardouin-Mansart (1687), el segundo bajo Luis XV por Gabriel (1755).
Tribunal de los Tumultos, tribunal establecido en los Países Bajos en 1567 por el duque de Alba para juzgar los delitos políticos. Por su rigor fue pronto llamado **Tribunal de la Sangre.**
Tribunal Internacional de Justicia. V. CORTE INTERNACIONAL DE JUSTICIA.
Tricolor, n. dado a la revolución uruguaya de 1876, que unió contra el gobierno de Varela a blancos, colorados y constitucionales o principistas.
TRICHINÓPOLI, hoy **Tiruchirapalli,** c. de la India meridional (Madrás). Textiles; manufacturas de tabaco.
TRIESTE, c. de Italia, en Venecia Julia, puerto del Adriático, en el golfo de su n.; centro comercial; refinería de petróleo. Territorio libre desde 1947 a 1954.
Trigarante *(Ejército),* n. dado al ejército de Iturbide al proclamarse el Plan de Iguala. (V. este nombre.)
TRIGO (Felipe), novelista español (1864-1916), autor de relatos de carácter erótico y realista que le dieron gran popularidad (*Las ingenuas, La sed de amar, La Altísima,* etc.).
TRIGUEROS (Cándido María), poeta español (1736-1801), autor de refundiciones del teatro clásico y de colecciones de poemas.
TRILLO Y FIGUEROA (Francisco de), poeta español (¿1615-1665?), autor de la epopeya *Neapolisea,* de una *Fábula de Leandro* y de *Poesías varias.*
Trimurti, la trinidad india compuesta de *Brahma,* creador; *Visnú,* conservador, y *Siva,* destructor, que representa las tres energías eternas de la naturaleza.
TRINACRIA, ant. n. de **Sicilia.**
TRINIDAD, cadena de montañas de Cuba (Las Villas). — Cerro de Panamá, en la prov. de Panamá; 1 036 m. — Isla de las Antillas, antigua posesión británica, independiente en 1962, federada con Tobago para formar un Estado miembro del Commonwealth; 4 822 km²; 792 000 h. Cap. *Port of Spain.* Caña de azúcar, cacao, agrios; yac. de asfalto; petróleo. — Isla de la Argentina, en la costa S. de la prov. de Buenos Aires. — C. de Bolivia, cap. de la prov. de Cercado y del dep. de Beni; centro comercial. (Hab. *trinitarios.*) — Térm. mun. de Cuba (Las Villas); centro agrícola y comercial. Edificios coloniales. Turismo. — Pobl. de Honduras (Copán). — Pobl. de Honduras (Santa Bárbara). — Pobl. de Nicaragua (Estelí). — C. del Uruguay, cap. del dep. de Flores; centro ganadero. (Hab. *trinitarios.*)
Trinidad *(Orden de la),* orden religiosa fundada por San Juan de Mata y San Félix de Valois en 1198, para el rescate de cautivos cristianos entre los berberiscos. Sus miembros llevaban el nombre de *trinitarios.*
Trinidad *(Orden de la),* orden religiosa de mujeres, fundada en España en 1201.
Trinitaria *(La),* sociedad secreta fundada en Santo Domingo por Juan Pablo Duarte (1838) con objeto de preparar la independencia del país.
Triple Alianza *(Guerra de la),* n. dado a la guerra que opuso el ejército paraguayo a las tropas unidas de la Argentina, Brasil y Uruguay (1864-1870).
TRÍPOLI, cap. de Libia, en el Mediterráneo; 212 600 h. (*tripolitanos*). Centro administrativo y comercial. Tomada por los italianos a los turcos (1911) y luego por los ingleses (1943).
TRÍPOLI, ant. **Trípoli de Siria,** c. y puerto del N. del Líbano; puerto petrolero.
TRÍPOLIS, ant. **Tripolitza,** c. de Grecia (Peloponeso), cap. de Arcadia.
TRIPOLITANIA, región de África septentrional, 215 000 km²; 800 000 h. Cedida por Turquía a Italia (1912), constituye actualmente uno de los Estados del reino de Libia. Cap. *Trípoli* (184 000 h.). Teatro de numerosos combates entre británicos e italoalemanes de 1941 a 1943.
TRIPTOLEMO, rey de Eleusis. Inventó el arado y aprendió de Deméter el arte de cultivar la tierra, arte que enseñó a los habitantes del Ática. *(Mit.)*
TRIPURA, territorio del NE. de la India; cap. *Agartala.*
TRISSINO (Gian Giorgio), poeta italiano (1478-1550), autor de *Sofonisba,* primera tragedia conforme a las reglas de los antiguos.
TRISTÁN (Luis), pintor español (1586-1624), discípulo de El Greco y autor del retrato de Lope de Vega.
TRISTÁN DA CUNHA (ISLAS), grupo de islas británicas del océano Atlántico, al O. del cabo de Buena Esperanza.
Tristán e Iseo (o **Isolda),** leyenda de la Edad Media, una de las más bellas epopeyas de amor que se han concebido. — R. Wagner se inspiró en ella para una de sus óperas (1865).
TRISTE, golfo del NO. de Venezuela, en el mar Caribe (Falcón y Carabobo).
Tristes *(Las),* elegías de Ovidio, escritas durante su destierro en Tomes.
TRITÓN, uno de los dioses del Mar, hijo de Poseidón y Anfitrite. *(Mit.)*
TRIVANDRUM, c. de la India, cap. del Estado de Kerala, en el SO. del Decán. Universidad. Industrias textiles.
TRÓADA o **TRÓADE,** ant. región del Asia Menor, regada por el Escamandro y el Simois. Cap. *Troya.*
TROCADERO, fuerte de la bahía de Cádiz (España), tomado por los franceses en 1823.

TRÉVERIS: Porta Nigra

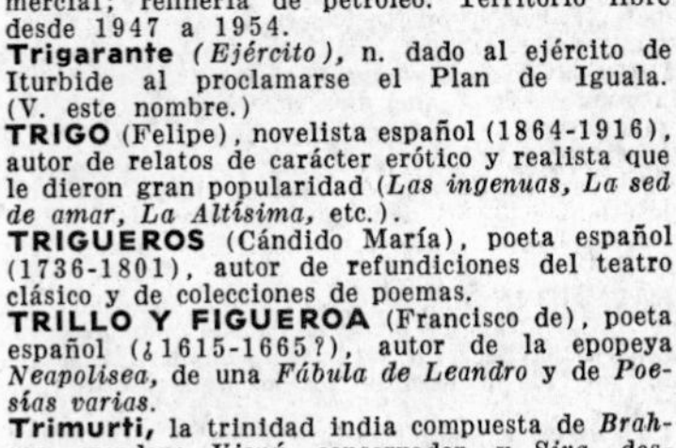

TRITÓN por KANDLER porcelana de Meissen

Fot. Giraudon, Roubier, Neurdein-Giraudon, X

TROTSKY

TRUMAN

TUCÍDIDES

R. L. TRUJILLO

TROFONIO, arquitecto griego, constructor del templo de Delfos.
TROGO POMPEYO, historiador latino del siglo I, autor de una *Historia Filípica.*
TROLLOPE (Antonio), escritor inglés (1815-1882), autor de novelas sobre la vida provincial (*Dr. Thorne*).
TROMEN, lago de la Argentina (Neuquen), a 964 m de alt. — Volcán de la Argentina (Neuquen) ; 3 800 m.
TROMP (Martín), almirante holandés (1598-1653), vencedor de los españoles en la batalla de las Dunas (1639).
TROMSÖ o **TROMSOE,** c. de Noruega, uno de los puertos más septentrionales del país.
TRONCOSO DE LA CONCHA (Manuel de Jesús), político dominicano (1878-1955), pres. de la Rep. de 1940 a 1942.
TRONDHEIM, ant. **Nidaros,** c. y puerto de Noruega, en el fiordo de su nombre, ant. cap. de los reyes de Noruega. Catedral (s. XII).
Trotaconventos, personaje del *Libro de buen amor* del arcipreste de Hita, vieja tercera precursora de la Celestina.
TROTSKY (Lev Davidovich BRONSTEIN, llamado), revolucionario ruso (1879-1940), colaborador de Lenin, comisario del pueblo. Fue desterrado por Stalin (1929) y murió asesinado en México.
Trovador *(El),* drama de A. García Gutiérrez (1835), del que se sacó el libreto de la ópera de Verdi.
TROY, c. de los Estados Unidos (Nueva York), a orillas del Hudson. Gran industria.
TROY (Jean-François de), pintor francés (1679-1752), uno de los más brillantes del s. XVIII.
TROYA, ILIÓN o **PÉRGAMO,** c. del Asia Menor, que sostuvo contra los griegos un sitio de diez años, inmortalizado por *La Ilíada* de Homero. Los restos de la ciudad fueron descubiertos por Schlieman en los alrededores del pueblo de Hissarlik. (Hab. *troyanos.*)
Troya *(El caballo de),* gigantesco caballo de madera abandonado por los griegos delante de Troya. Los troyanos lo introdujeron en la ciudad y los soldados griegos, que estaban escondidos en el vientre del animal, salieron y se apoderaron de la plaza.
TROYA, cerro de Colombia (Nariño), en la frontera con el Ecuador; 3 513 m.
TROYES [*truá*], c. de Francia, cap. del dep. del Aube, ant. cap. de Champaña. Obispado. Géneros de punto; industria mecánica.
TROYO (Rafael Ángel), escritor costarricense (1875-1910), excelente prosista (*Terracotas, Topacios*).
TRUBETSKOI (Nikolai Sergeievich), lingüista ruso (1890-1938), uno de los fundadores, con Jakobson, de la fonología.
TRUBIA, pobl. de España (Oviedo). Fábrica de cañones.
TRUCCO (Manuel), político chileno, n. en 1874, vicepres. de la Rep. en 1931.
TRUCIAL STATES. V. PIRATAS (*Costa de los*).
TRUEBA (Antonio de), cuentista español (1819-1889), discípulo de Fernán Caballero, autor de *El libro de los cantares, Cuentos populares,* etc.
TRUEBA Y COSSÍO (Telesforo), novelista español (1799-1835), que pasó gran parte de su vida en Londres, donde publicó en inglés una colección de leyendas españolas.
TRUJILLO, v. de España (Cáceres). Centro agrícola y ganadero. Patria de Pizarro.
TRUJILLO, c. de Honduras, cap. del dep. de Colón; puerto en el mar Caribe. Fundada en 1525, fue sede episcopal y primera pobl. del país; en 1860 se apoderó de la plaza el filibustero Walker, que fue poco después ejecutado. — C. del Perú, cap. de la prov. del mismo n. y del dep. de La Libertad. Fundada por Almagro en 1534. Universidad. Arzobispado. Terremoto en 1970. — C. de Venezuela, cap. del Estado del mismo n. Obispado. (Hab. *trujillenses.*) El Est. prod. maíz, caña de azúcar, trigo; petróleo. (Hab. *trujillanos.*) — V. SANTO DOMINGO.
TRUJILLO (Julián), general y político colombiano (1828-1883), pres. de la Rep. de 1878 a 1880.
TRUJILLO MOLINA (Héctor Bienvenido), general y político dominicano, n. en 1908 que, elegido pres. de la Rep. en 1952, dimitió de su cargo en 1960. — Su hermano RAFAEL LEÓNIDAS, n. en Villa de San Cristóbal (1891-1961), fue pres. de la Rep. de 1930 a 1938 y de 1942 a 1952. Impulsó el progreso del país mediante un gobierno autocrático. Murió asesinado.
TRUJÍN, laguna de la Rep. Dominicana, al S. del lago de Enriquillo.
TRUMAN (Harry S.), político norteamericano, n. en 1884, presidente de los Estados Unidos a la muerte de Roosevelt (1945) y elegido después para el período 1949-1953. Los rasgos fundamentales de su política fueron la ayuda material a Europa occidental (Plan Marshall) y su energía frente a la U. R. S. S. y China (guerra de Corea).
TSANA. V. TANA.
TSCHUDI (Juan Jacobo de), naturalista suizo (1818-1889); hizo exploraciones por el Perú.
TSEU-HI (1835-1908), emperatriz y regente de China (1861-1908).
TSINAN, c. de China, cap. de la prov. de Chantung; ind. textil; universidad.
TSING, dinastía manchú, la XXII de la ant. China, que reinó de 1644 a 1911.
TSINGHAI, prov. de la China occidental; cap. *Sining.*
TSINGTAO, c. y puerto de China (Chantung), en la bahía de Kiaocheu. Centro industrial.
TSUSHIMA, archip. japonés, entre Corea y Japón. Victoria naval japonesa sobre Rusia (1905).
TUAMOTU, archip. de la Polinesia francesa, al E. de Tahití; 885 km².
TUAREG, pueblo nómada, de raza beréber, que habita el Sáhara.
TUBINGA, en alemán **Tübingen,** c. de Alemania (Baden-Wurtemberg), a orillas del Neckar. Universidad célebre fundada en 1477.
TUCACAS, grupo de cayos de Venezuela, en la costa del Estado de Falcón. — Pobl. de Venezuela (Falcón) ; puerto exportador de café, cacao y minerales.
TUCANOS, indios sudamericanos que viven en la zona limítrofe del Brasil, Colombia y Perú.
TUCAPEL, com. de Chile (Ñuble).
TUCAPEL, fuerte construido por los españoles en la región chilena de Arauco, donde se libró un combate (1554) entre los indígenas acaudillados por Lautaro y los españoles, y en el cual pereció Valdivia.
TUCÍDIDES, historiador griego (¿465-395? a. de J. C.), autor de una *Historia de la guerra del Peloponeso.* Espíritu imparcial y objetivo, procura descubrir las causas de los acontecimientos que relata.
TUCSON, c. de los Estados Unidos (Arizona).
TUCUMÁN, c. del NO. de la Argentina, al pie de los Andes, cap. de la prov. del mismo n.; centro comercial. Universidad. Arzobispado. Fundada en 1565, tuvo gran significación en la historia del país; en ella se reunió el Congreso General Constituyente que, el 9 de julio de 1816, proclamó la independencia de las Provincias Unidas en la América del Sur. La prov. prod. caña de azúcar, cereales, olivos y agrios; su industria principal es la del azúcar (80 por ciento de la prod. nacional) y la destilación de alcohol. (Hab. *tucumanos.*) Tb. hay industrias textiles y lácteas.
TUCUPIDO, pobl. de Venezuela (Guárico).

TUCUMÁN

Fot. The Sphere, Keystone, Alinari, Agencia Intercontinental, Almasy

TUCUPITA, c. de Venezuela, cap. del Terr. de Delta Amacuro; aguardientes; petróleo. Vicariato apostólico. (Hab. *tucupitas.*)
TUCURAGUA, río de Venezuela, en los Estados de Yaracuy y Cojedes, afl. del Cojedes.
TUDELA, c. de España (Navarra), en la orilla derecha del Ebro. Azúcar; conservas. Catedral gótica (s. XIII).
TUDOR, familia inglesa oriunda del país de Gales que, de 1485 a 1603, dio cinco soberanos a Inglaterra: Enrique VII, Enrique VIII, Eduardo VI, María e Isabel I.
TUEN HUANG, c. de China (Kansu). En los alrededores, gruta de los Mil Budas, ornada de pinturas (s. V-X).
TU FU, poeta lírico chino (714-774).
TUGUEGARAO, c. de Filipinas, cap. de la prov. de Cagayán (Luzón). Hierro; agricultura.
TUIRA, río de Panamá (Darién), que des. en el golfo de San Miguel (Pacífico); 144 km. En el curso inferior se llama **Seteganti.**
TUL. V. TOUL.
TULA, río de México (Hidalgo), que toma luego el nombre de **Moctezuma.** — Ant. c. de México, cap. del reino de los toltecas, fundada en 677 y destruida en 1116, cuyas ruinas se encuentran en las cercanías de *Tula de Allende.* — V. de México (Tamaulipas); centro comercial. Obispado.
TULA, c. de la U. R. S. S. (Rusia), al S. de Moscú, a orillas del Upa; metalurgia.
TULA DE ALLENDE, v. de México (Hidalgo). En sus cercanías, ruinas de la ant. *Tula.*
TULANCINGO, c. de México (Hidalgo); centro agrícola. Obispado.
TULCÁN, c. del Ecuador, cap. de la prov. de Carchi; centro comercial. (Hab. *tulcaneños.*)
TULE, n. dado por los romanos a una isla del N. de Europa, probablemente en las Shetland.
TULIA, hija del rey romano Servio Tulio y esposa de Tarquino el Soberbio.
TULO HOSTILIO, tercer rey de Roma que, según la tradición, reinó de 670 a 630 a. de J. C.
TULSA, c. de los Estados Unidos (Oklahoma), a orillas del Arkansas. Centro petrolífero.
TULUÁ, c. de Colombia (Valle del Cauca); centro agrícola y ganadero.
TULLE, c. de Francia, cap. del dep. de Corrèze.
Tullerías, en fr. **Tuileries,** ant. palacio de los soberanos de Francia en París, incendiado en 1871. En su lugar hay actualmente jardines.
TUMACO, c. de Colombia (Nariño), en la *isla de Tumaco,* a la entrada del golfo del mismo n., en el Pacífico; puerto; ind. pesquera. Vicariato apostólico.
TUMBES o **TÚMBEZ,** c. del Perú, cap. de la prov. y del dep. del mismo n.; centro comercial. Fue la primera población indígena visitada por Pizarro. El dep. prod. tabaco, algodón, cacao; maderas; yac. de petróleo. (Hab. *tumbesinos.*)
TUMUSLA, v. de Bolivia (Potosí), donde se libró la última batalla de la guerra de la independencia (1825).
TUNAL, pico de los Andes del Ecuador, en el macizo de Azuay; 4 329 m.
TUNAPUY, río de Venezuela (Sucre), que des. en el golfo de Paria.
TUNAS, río de la Argentina (Corrientes y Entre Ríos), afl. del Mocoretá.
TUNDAMA, macizo montañoso de Colombia, entre los dep. de Boyacá y Santander.
TÚNEZ, c. y puerto de África, al fondo del *golfo de Túnez,* formado por el Mediterráneo, cap. de la república de Túnez; 680 000 h. *(tunecinos).* Centro comercial e industrial.
TÚNEZ, república de África del Norte, a orillas del Mediterráneo. Sup. 156 000 km²; 4 457 000 h. *(tunecinos).* Cap. *Túnez.* 680 000 h.; c. pr. *Sfax,* 65 635 h.; *Susa,* 48 172; *Bizerta,* 46 680; *Kairuán,* 40 000; *Menzel-Burguiba* (Ferryville), 34 730. — País agrícola, dividido en dos regiones por una prolongación del Atlas sahariano, Túnez fue colonizado por los fenicios, engrandecido por Cartago, vencido por Roma y conquistado por los turcos. Protectorado francés de 1881 a 1956, es república independiente desde 1957.
TUNGURAHUA, cima del Ecuador, en la Cord. Central; 5 005 m. — Prov. del Ecuador; cap. *Ambato;* rica región frutera. Terremoto en 1949.
TUNGUSKA, n. de tres ríos de Siberia occidental, afl. del Yenisei: *Tunguska Inferior* (2 640 km), *Tunguska Medio* (1 550 km) y *Tunguska Superior* o *Angara* (2 848 km).
TUNGUSOS, pueblo de raza mogol, establecido en Siberia oriental, entre el Yenisei y el Pacífico (U. R. S. S. y NE. de China).
TUNJA, c. de Colombia, cap. del dep. de Boyacá; centro comercial; ind. textil. (Hab. *tunjanos.*) Obispado. Museo colonial. Fundada en 1539, fue llamada por Bolívar *cuna y taller de la libertad.*
TUNUYÁN, río de la Argentina, afl. del Desaguadero. — Pobl. de la Argentina (Mendoza).
TÚPAC AMARU, inca peruano, que se sublevó contra la autoridad colonial y fue ajusticiado por orden del virrey Toledo (1579).
TÚPAC AMARU (José Gabriel CONDORCANQUI, llamado), cacique peruano (¿1740?-1781), descendiente de los incas, que se sublevó contra los españoles en 1780. Fue vencido por las tropas del virrey Jáuregui y ejecutado.
TÚPAC CATARI. V. APASA (Julián).
TÚPAC YUPANQUI, inca del antiguo Perú de 1471 a 1493, hijo y sucesor de Pachacútec Yupanqui y genial conquistador.
TUPÍ-GUARANÍ, importante familia lingüística y cultural india de América del Sur, cuyos miembros efectuaron grandes migraciones desde la zona comprendida entre los ríos Paraná y Paraguay hasta el Amazonas, por una parte, y los contrafuertes andinos, por otra. Se llama *tupí,* propiamente dicho, al dialecto del Norte, común en todo el Brasil, mientras que el *guaraní* es la lengua del Sur.
TUPINAMBÁS, pueblo indio de la familia tupí que habitaba el litoral brasileño.
TUPIZA, pobl. de Bolivia, cap. de la prov. de Sur Chichas (Potosí). Centro minero.
TUPUNGATITO, volcán de los Andes, en la frontera de Chile (Santiago) y Argentina (Mendoza); 5 640 m.
TUPUNGATO, volcán de los Andes, en la frontera chilenoargentina; 6 800 m. — Pobl. de la Argentina (Mendoza); yac. de petróleo.
TÚQUERRES, altiplanicie de Colombia (Nariño); 3 100 m. Fue llamada por Humboldt *Tíbet del Nuevo Mundo.* — C. de Colombia (Nariño). Fue destruida por el terremoto de 1936.
TURBACO, c. de Colombia (Bolívar).
TURCIOS (Froilán), político, poeta y novelista hondureño (1875-1943), autor de *Cuentos crueles* y *Annabel Lee.*
TURCO (ISLA DEL), en inglés **Turks Islands,** archip. británico de las Antillas.
TURCOMANOS, pueblo uraloaltaico, de raza turca, establecido en el Turquestán y el Irán.
TURDETANOS, antiguos habitantes del bajo valle del Guadalquivir.
TURENA, región de Francia, en el valle del Loira; cap. *Tours.* Hermosos paisajes y célebres castillos que la hacen una imp. zona turística.
TURENNE o **TURENA** (Enrique de LA TOUR D'AUVERGNE, *vizconde de*), mariscal de Francia, n. en Sedán (1611-1675). Se distinguió espe-

TÚPAC YUPANQUI

TURENNE
por PH. DE CHAMPAIGNE
museo de Chartres

TÚNEZ
centro de la ciudad

Fot. Biblioteca Nacional (Madrid), Studios África, Giraudon

TURÍN
plaza de San Carlos

TURNER. EL GRAN CANAL DE VENECIA
National Gallery

TURGUENIEV

TURINA

escudo de TURQUÍA

cialmente en la guerra de los Treinta Años. Sus victorias de Friburgo, Nordlingen y Sommershausen decidieron la paz de Westfalia (1648), y, en 1658, la victoria de las Dunas contra los españoles condujo al Tratado de los Pirineos (1659).

TURGOT (Roberto), barón DE L'AULNE, economista francés (1727-1781). Ministro de Hacienda de Luis XVI, realizó grandes reformas liberales inspiradas en la doctrina de los fisiócratas.

TURGUENIEV (Iván), novelista ruso, n. en Orel (1818-1883), autor de *Relatos de un cazador, Padres e hijos, El humo, Tierras vírgenes.* Describe acertadamente la vida popular de su país.

TURIA, río de España que des. en el Mediterráneo, en Valencia. Nace en la Muela de San Juan y pasa por las prov. de Teruel y Cuenca; 243 km. En su alto curso se llama **Guadalaviar.**

TURIGUANÓ, isla de Cuba, en el archip. de Sabana-Camagüey.

TURÍN, en italiano **Torino,** c. de Italia (Piamonte), a orillas del Po; centro industrial y comercial; automóviles; tejidos. Arzobispado. Universidad. Ricas bibliotecas; museos. (Hab. *turineses.*)

TURINA (Joaquín), compositor español, n. en Sevilla (1882-1949), autor de música sinfónica y obras para piano, inspirada con frecuencia en el folklore andaluz (*La oración del torero, Sinfonía sevillana, La procesión del Rocío, Danzas fantásticas,* etc.).

TURINGIA, región de Alemania central. Formó de 1919 a 1921 un Estado confederado, merced a la reunión de siete antiguos ducados o principados. Hasta 1953 fue un Estado de Alemania oriental, cuya cap. era *Erfurt.*

TURISMUNDO, rey de los visigodos de España (451-453). Asesinado por su hermano Teodorico.

TURKMENISTÁN, república federada de la U. R. S. S., limitada al O. por el mar Caspio y el Irán, al S. por Afganistán y al N. y al E. por Kazakstán; 488 000 km²; 1 700 000 h. (*turcomanos*); cap. *Achkhabad.*

Turksib (de *Turquestán-Siberia*), ferrocarril de la U. R. S. S. que une Siberia y el Transiberiano con el Uzbekistán; 1 440 km. Construido de 1928 a 1930.

TURKU, en sueco **Aabo,** c. de Finlandia, puerto a orillas del Báltico. Fábricas de hilado de algodón; metalurgia.

TURNER (Guillermo), pintor inglés (1775-1851), precursor del impresionismo por su técnica colorista.

TURNO, rey legendario de los rútulos, en la *Eneida,* muerto por Eneas en singular combate.

TURQUESTÁN o **TURKESTÁN,** región de Asia, limitada al N. por Siberia, al S. por Afganistán, la India y el Tíbet, al E. por Mongolia y al O. por el mar Caspio e Irán. Está dividida entre la U. R. S. S. y China. — El *Turquestán Soviético* constituye hoy las repúblicas federadas de Turkmenistán, Tadjikistán, Uzbekistán, Kirguizistán y Kazakstán. — El *Turquestán Chino* forma hoy el *Sinkiang* (v. este n.).

TURQUÍA, Estado de la península de los Balcanes y del Asia Anterior. Sup. 767 000 km²; 32 005 000 h. (*turcos* u *otomanos*); cap. *Ankara,* 646 000 h.; c. pr. *Estambul,* 1 459 600 h.; *Esmirna,* 370 900; *Adana,* 230 000; *Bursa,* 218 000; *Eskisehir,* 153 200; *Gaziantep,* 125 500; *Konia,* 122 700; *Kayseri,* 102 800; *Sivas,* 93 900; *Erzerum,* 91 200; *Malatya,* 84 200; *Diyarbakir,* 80 600; *Samsún,* 87 300; *Mersina,* 68 600.

— GEOGRAFÍA. El Imperio Turco era antiguamente un vasto Estado, con posesiones en Europa, Asia y África. Desde 1918, la *Turquía europea* no conserva más que una parte de Tracia; la *Turquía asiática* comprende el conjunto de Asia Menor y una parte del macizo armenio. Entre las cordilleras del Ponto y el Tauro se extiende la gran *planicie de Anatolia,* muy helenizada en el pasado y hoy completamente turca. Turquía es todavía un país esencialmente agrícola (trigo, tabaco, aceitunas, algodón). Los recursos del subsuelo son importantes: hulla, cobre, manganeso, tungsteno. Las industrias tradicionales son la tapicería y la seda.

— HISTORIA. En 1025, los selyúcidas, pueblo turcomano instalado en Persia, fundaron un sultanato en Anatolia Central. A la caída de los Selyúcidas (1300), Osmán fundó la dinastía otomana que, de 1354 a 1453, conquistó la península balcánica (caída de Constantinopla en 1453). El reinado de Solimán el Magnífico (1520-1566) marcó el apogeo de la potencia otomana: Solimán se apoderó de la mitad de Hungría y atacó Viena, aunque sin éxito, en tanto que los Barbarroja conquistaban Argelia y Túnez. A la muerte de Solimán comenzó la decadencia, con la derrota sufrida por Selim II en Lepanto (1571). Mahoma III sometió Transilvania; bajo Mahoma IV empezó la regencia de los grandes visires Koprili (1656-1710). Turquía adquirió la Podolia polaca, pero perdió Hungría en Mohacs (1687). Ahmed III (1703-1730) luchó contra Rusia, Venecia y Austria; por el Tratado de Passarowitz (1718) perdió Belgrado, Albania, Dalmacia y Herzegovina. Abd-el-Hamid (1774-1789) hubo de abandonar a Rusia el dominio del mar Negro en 1774.
Gracias a la intervención de Europa, la independencia de Grecia fue reconocida por Turquía en 1829, la de Rumania después de la guerra de Crimea (1856) y la de Servia y Bulgaria en el Tratado de Berlín (1878), que puso el estatuto político de Turquía bajo la garantía de las grandes potencias. Sometida a un régimen constitucional a partir de 1908, Turquía perdió Tripolitania en una guerra con Italia (1911-1912), y la mayor parte de sus territorios europeos en las guerras balcánicas (1912-1913). Vencida con sus aliados (Alemania, Austria-Hungría y Bulgaria) en la Primera Guerra mundial, pudo asegurar su existencia nacional gracias a sus victorias sobre Grecia en 1922 (Paz de Lausana, 1923). Convertida en república en ese mismo año, Turquía fue gobernada por Mustafá Kemal, que abolió el Califato y emprendió una serie de profundas reformas, continuadas por Inönü (1938), destinadas a restaurar la grandeza del Estado. Durante la

Fot. Tonso, Anderson, Larousse, Reprod. Cabestrero

Segunda Guerra mundial, Turquía se mantuvo neutral. Miembro del Pacto del Atlántico (1952) y asociada al Mercado Común europeo (1964).

TURQUINO, pico de Cuba (Oriente), en la Sierra Maestra; 2 040, alt. máx. de la isla.

TURRIALBA, volcán de Costa Rica (Cartago); 3 300 m. — Pobl. de Costa Rica (Cartago).

TURRIANO (Juanelo), arquitecto de origen italiano, que vivió y murió en España (1501-1575).

TURRÓ Y DARDER (Ramón), biólogo y filósofo español (1854-1926), autor de *El origen del conocimiento.*

TUSCARORA (FOSA DEL), depresión del Pacífico, al E. del Japón; 8 887 m de profundidad.

TÚSCULO o **TUSCULUM,** c. de la ant. Italia, hoy **Frascati.** Cicerón escribió allí sus *Tusculanas* (45 a. de J. C.).

TUTANKAMÓN o **TUTANKAMEN,** faraón de la XVIII dinastía (¿1354-1346? a. de J. C.) que restauró en Tebas el culto de Amón. Su tumba fue descubierta en 1922.

TUTE, cerro de Panamá (Veraguas); 1 453 m.

TUTICORIN, puerto de la India (Tamilnad), al NE. del cabo Comorín.

TUTINFIERNO (CABO). V. ROCA.

TUTMES o **TUTMOSIS,** n. de cuatro reyes de Egipto de la XVIII dinastía. TUTMES I (¿1530?-1520), hizo expediciones a Siria. — TUTMES II (1520-¿1504?) elevó construcciones en Carnac. — TUTMES III (1505-1450), el más ilustre, guerreó contra los sirios. — TUTMES IV (¿1425?-1405), luchó contra los nubienses.

TUTUILA, isla de Samoa oriental; cap. *Pago-Pago.* Base naval.

TUTUPACA, volcán del Perú (Moquegua), en la Cord. Occidental; 5 780 m.

TUVA, ant. **Tannu-Tuva,** república autónoma de la U. R. S. S. (Rusia), en Siberia, que está en la cuenca alta del río Yenisei; cap. *Kyzil.*

TUXPAN, río de México (Veracruz), que des. en el golfo de México; 180 km. — C. de México (Veracruz); puerto; centro petrolero. — Pobl. de México (Jalisco). — Pobl. de México (Michoacán). — V. de México (Nayarit); centro agrícola.

TUXPANGO, cascada de México (Veracruz), en el río Blanco, aprovechada para la generación de energía eléctrica.

TUXTLA. V. SAN ANDRÉS TUXTLA.

TUXTLA GUTIÉRREZ, c. de México, cap. del Estado de Chiapas; centro comercial. Obispado.

TUY, río de Venezuela, que nace en el Est. de Aragua, cruza el de Miranda y des. en el mar Caribe; 145 km.

TÚY, c. de España (Pontevedra). Obispado.

TÚY (Lucas de), prelado y cronista español m. hacia 1249, autor de *Chronicon Mundi* y *Coronica de Spaña por don Luchas de Tui,* su obra principal pero de valor histórico muy discutido.

TVER. V. KALININ.

TWAIN. V. MARCK TWAIN.

TWEED, río que separa a Inglaterra de Escocia y des. en el mar del Norte; 165 km.

TWICKENHAM, c. de Inglaterra, en las afueras de Londres. Estadio.

TYLER (John), político norteamericano (1790-1862), pres. de los Estados Unidos de 1841 a 1845.

TYNDALL [*-dal*] (John), físico irlandés (1820-1893) que realizó investigaciones sobre la difusión de la luz, y es autor de un procedimiento de esterilización. (V. TINDALIZACIÓN. [*Parte lengua.*])

TYNE, río de Inglaterra que pasa por Newcastle y des. en el mar del Norte; 128 km, de los cuales 23 son navegables.

TYNEMOUTH [*tainmuz*], c. y puerto de Inglaterra (Northumberland), en la desembocadura del Tyne. Balneario.

TZARA (Tristán), poeta rumano (1896-1963), uno de los fundadores del dadaísmo.

TZUTUHILES, indígenas mayas de Guatemala, establecidos en la parte sur del lago Atitlán.

TUTANKAMÓN

TYNDALL

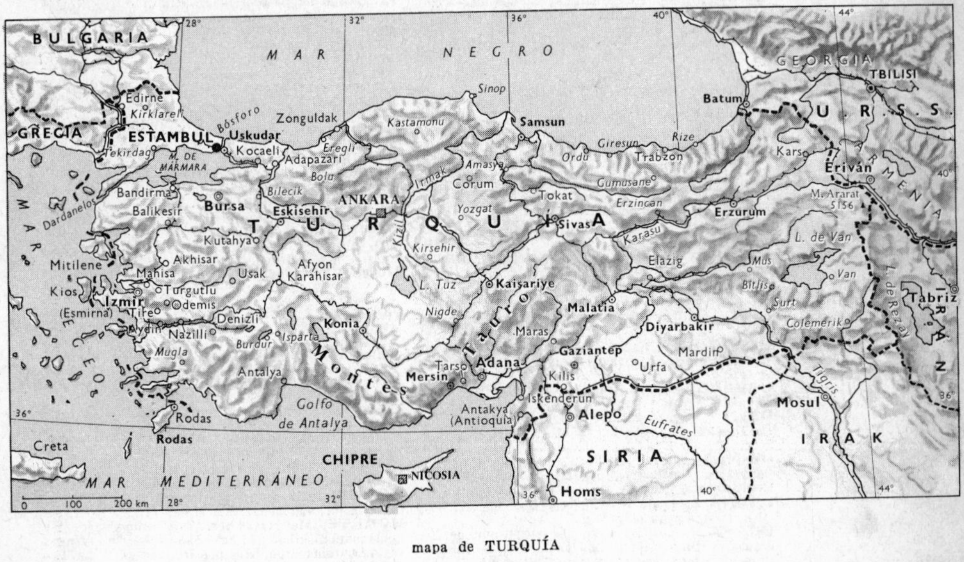

mapa de TURQUÍA

Fot. Audrain, Boyer

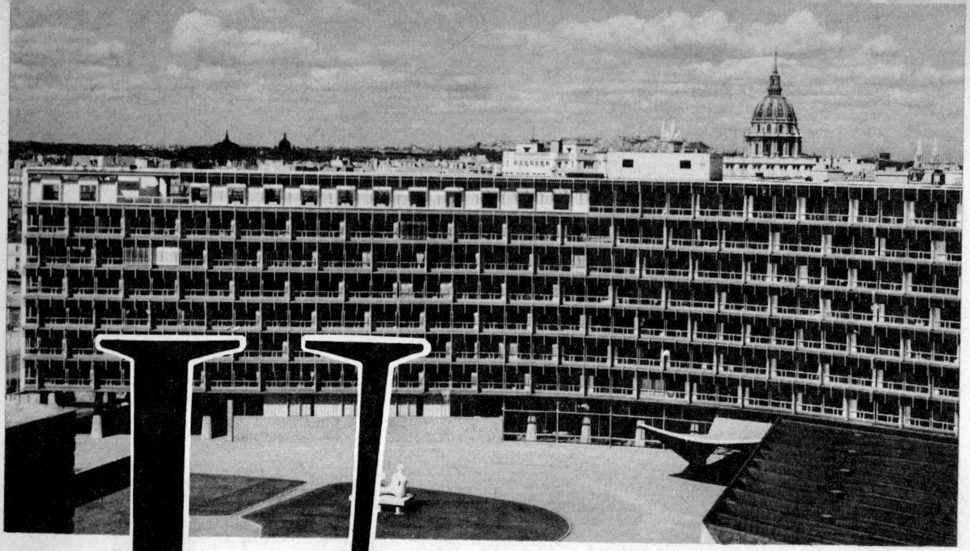

Palacio de la U. N. E. S. C. O. (París)

U

UADAI, región del Chad, al E. del lago Chad.
UADI HALFA, c. del Sudán, a orillas del Nilo. Catarata.
UAGADUGÚ, cap. de la Rep. del Alto Volta; 47 500 h. Centro comercial. Arzobispado.
UAHABITAS. V. WAHABITAS.
UAIRÉN, río de Venezuela (Bolívar), afl. del Caroní.
UARGLA, oasis del Sáhara (Argelia).
UAXACTÚN, ant. c. maya del N. de Guatemala (El Petén), que corresponde al Antiguo Imperio. En una de sus estelas se ha encontrado una de las fechas más remotas del arte maya (327 d. de J. C.).
UBANGUI, río de África ecuatorial, afl. der. del Congo; 1 160 km.
UBANGUI-CHARI, hoy **República Centroafricana,** ant. territorio del África Ecuatorial Francesa.
UBATÉ, valle de Colombia, en la Cord. Oriental; a 2 590 m. — C. de Colombia (Cundinamarca); centro agrícola y ganadero; yac. de plomo.
ÚBEDA, c. de España (Jaén); ganadería; cereales; aceite. Iglesias y palacios de los s. XV y XVI.
UBERABA, c. del Brasil (Minas Gerais); conservas de carne.
UBICO (Jorge), general y político guatemalteco (1878-1946), pres. de la Rep. en 1931; fue derribado en 1944 por un movimiento popular.
UBINAS, volcán del Perú (Moquegua), en la Cordillera Occidental; 5 560 m. Tb. llamado **Candarave.**
UBRIQUE, v. de España (Cádiz); cuero; textiles. Restos arqueológicos.
UCAYALI, río del Perú (Loreto), uno de los brazos originarios del Amazonas; 2 000 km. — Prov. del Perú (Loreto); cap. *Contamana.*
UCCELLO (Paolo DI DONO, llamado), pintor florentino (¿1396?-1475), que se distinguió en el estudio de la perspectiva. Sus cuadros de *batallas* son famosos. (V. lámina p. 880.)
UCCLE, c. de Bélgica (Brabante), suburbio de Bruselas; cerveza; textiles; máquinas.
UCEDA *(Duque de).* V. SANDOVAL Y ROJAS.
UCLÉS, v. de España (Cuenca). Derrota de los castellanos en 1108, a manos de los Almorávides.
UCRANIA, una de las Rep. de la U. R. S. S., bañada al S. por el mar Negro y el mar de Azov, y limitada al SO. por el Dniéster; 601 000 km²; 42 millones de hab. (*ucranianos, ucranios*); cap. *Kiev.* Miembro de la U. R. S. S. desde 1922, Ucrania recibió parte del territorio polaco (1939) y checoslovaco (1945). Es una de las regiones más ricas de la U. R. S. S. por su agricultura (trigo, remolacha, tabaco, etc.) y por su industria, gracias a la hulla del Donbass, al hierro de Krivoi-Rog y a las minas de grafito, bauxita y manganeso.
UCHIRE, río de Venezuela que sirve de límite a los Estados de Anzoátegui y Miranda, que des. en el mar Caribe; 125 km.
UDINE, c. de Italia (Venecia), ant. cap. de Friul; metalurgia; sedas.
UDINE (Giovanni RICAMATORE, llamado **Juan de**), pintor italiano (1499-1564), discípulo de Rafael, a quien ayudó en sus trabajos.
UDMURTIA, Rep. autónoma de la U. R. S. S. (R. S. F. S. de Rusia), poblada por los udmurtos o votiakos; cap. *Ijevsk.*
UELÉ, río de África, afl. izq. del Ubangui; 1 300 km.
UEZZÁN, c. de Marruecos, cerca del Sebú.
UFA, c. de la U. R. S. S. (Rusia), cap. de la Rep. autónoma de Bachkiria; metalurgia; refinerías de petróleo.
UGANDA, República federal en el E. de África, entre el Sudán y el lago Victoria, perteneciente al Commonwealth, ant. protectorado británico; 234 000 km²; 6 845 000 h.; cap. *Kampala,* 46 735 h.; c. pr. *Entebe,* 7 900 h.; *Jinja,* 21 200. Algodón, café, té.
UGARTE (Floro M.), compositor argentino, n. en 1884, autor de música teatral.
UGARTE (Manuel), escritor y diplomático argentino (1878-1951), destacado ensayista y autor de novelas, cuentos y poesías.
UGOLINO DELLA GHERARDESCA, tirano de Pisa, del partido gibelino. Sus enemigos le encerraron en una torre con sus hijos, dejándolos morir de hambre (s. XIII). Este episodio ha sido inmortalizado por Dante en su *Divina Comedia.*
UGRIOS, grupo étnico de la familia uraloaltaica, cuyos descendientes habitan hoy ciertas regiones del Asia central.

Fot. J. de Beaupré

UHLAND (Luis), poeta lírico alemán (1787-1862), jefe de la escuela poética suaba. Autor de poemas y dramas de inspiración romántica.
UHRBACH (Carlos Pío), poeta cubano (1872-1897) que publicó, en unión de su hermano FEDERICO (1873-1932), un libro de poesías titulado *Gemelas*.
UITLANDERS (en holandés *extranjeros*), nombre que se dio en Transvaal y Orange a los inmigrantes ingleses por oposición a los *boers*, antiguos colonos de origen holandés.
UITOTOS, indios del S. de la actual Colombia.
UJDA. V. UXDA.
UJUM. V. DURICA.
ULAN BATOR, ant. **Urga,** cap. de la Rep. Popular de Mongolia; 160 000 h.
ULAN UDÉ, c. de la U. R. S. S., cap. de la República de los Buriatos-Mongoles; material ferroviario; industrias alimenticias.
ULAPES, sierra de la Argentina (La Rioja).
ULATE BLANCO (Otilio), político costarricense, n. en 1892, pres de la Rep. de 1949 a 1953. Promulgó la Constitución de 1949.
ULEABORG o **ULU,** c. y puerto de Finlandia, en el golfo de Botnia.
ULFILAS o **WULFILAS,** obispo arriano de los visigodos (¿311-383?), traductor del Nuevo Testamento a la lengua gótica, para lo que creó un alfabeto.
ULIANOVSK, ant. **Simbirsk,** c. de la U. R. S. S. (Rusia); a orillas del Volga; industrias textiles y metalúrgicas. Patria de Lenin.
ULISES, en griego **Odiseo,** rey legendario de Itaca, hijo de Laertes, padre de Telémaco y esposo de Penélope, uno de los principales héroes del sitio de Troya, donde se señaló, sobre todo, por su prudencia y su astucia. El regreso de Ulises a su patria está relatado en *La Odisea*. Es también personaje de *La Ilíada*.
Ulises, novela de James Joyce (1922), largo monólogo interior que expresa en su misma confusión el caos de impresiones que se suceden en la conciencia humana.
ULM, c. de Alemania (Baden-Wurtemberg), a orillas del Danubio; aparatos de radio, máquinaria; textiles, etc. Catedral gótica (s. XIV). Victoria de Napoleón sobre los austriacos (1805).
ULPIANO, jurisconsulto romano (170-228), consejero de Alexandro Severo. Sus obras se citan en la tercera parte del *Digesto* de Justiniano.
ULSTER, la prov. más septentrional de la antigua Irlanda; forma desde 1920 Irlanda del Norte (cap. *Belfast*), unida a Gran Bretaña. Tres de sus condados: *Cavan, Donegal* y *Monaghan* se unieron a la República de Irlanda.
ÚLTIMA ESPERANZA, dep. de Chile (Magallanes; cap. *Puerto Natales*.
ULU. V. ULEABORG.
ULÚA, río de Honduras que nace en el dep. de Santa Bárbara y des. en el mar Caribe; 257 km.
ULLOA (Antonio de), marino y sabio español, n. en Sevilla (1716-1795), que, en unión de Jorge Juan, participó en la comisión de La Condamine, para medir en el Ecuador un grado del meridiano terrestre. Publicó sus observaciones de los territorios visitados en *Noticias americanas*.

ULISES, atado al mástil de su navío, escucha a las sirenas; *detalle* de un ánfora griega. British Museum

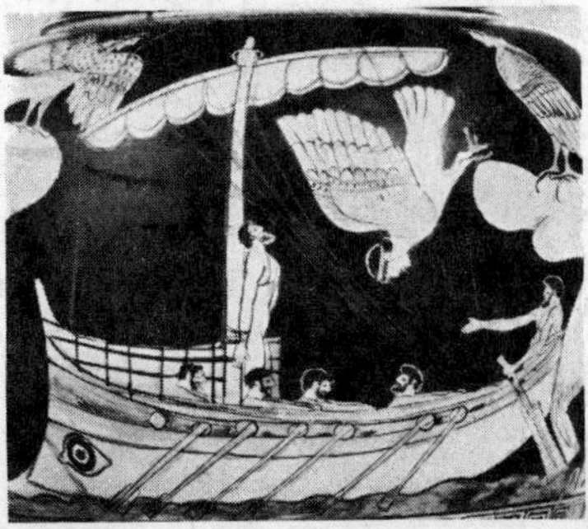

Fot. Giraudon, Larousse, doc. A. G. P., Manuel

ULLOA (Francisco Antonio), escritor romántico colombiano (1783-1816), que intervino en la lucha por la independencia y fue fusilado.
ULLOA (Luis), historiador peruano (1869-1936), que sostuvo el origen catalán de Colón.
UMBRÍA, región de Italia central, atravesada por el Tíber (hab. *umbríos*); c. pr. *Perusa*.
UME, río de Suecia, que des. en el golfo de Botnia, junto al puerto de *Umea*.
UNAMUNO (Miguel de), escritor español, n. en Bilbao (1864-1936). Fue rector de la Universidad de Salamanca. Ejerció un auténtico magisterio sobre los intelectuales de su época, singularmente entre los escritores de la generación del 98. De carácter vehemente, inconforme, violento, encarnó a su país en su aspecto "donquijotesco", mostrando en sus escritos su preocupación espiritual, su curiosidad intelectual, su original visión de los problemas. Cultivó todos los géneros literarios: la poesía (*El Cristo de Velázquez, Rosario de sonetos líricos, Romancero del destierro*, etc.), el teatro (*Sombras de sueño, Fedra, El otro, El hermano Juan*), la novela (*Amor y pedagogía, Paz en la guerra, Niebla, Tres novelas ejemplares y un prólogo, La tía Tula* y *Abel Sánchez*), y el ensayo, en el que culmina su pasión española y su fogosidad personal (*En torno al casticismo, Del sentimiento trágico de la vida, La agonía del cristianismo, Vida de Don Quijote y Sancho, Andanzas y visiones españolas, Por tierras de Portugal y España*).
UNANUE PAVÓN (José Hipólito), político y hombre de ciencia peruano, n. en Arica (1755-1833), que fundó la primera Escuela de Medicina e introdujo la vacuna en su país. Luchó en pro de la Independencia.
UNARE, río de Venezuela (Guárico y Anzoátegui), que des. en el mar Caribe; 193 km.
UNCÍA, pobl. de Bolivia, cap. de la prov. de Bustillo (Potosí).
UNDSET (Sigrid), novelista noruega (1882-1949), autora de la trilogía histórica *Cristina Lavransdatter*. (Pr. Nóbel, 1928.)
U. N. E. S. C. O., nombre formado por las iniciales de las palabras inglesas *United Nations Educational, Scientific and Cultural Organization*, entidad dependiente de la O. N. U., creada en 1946 para la protección de las libertades humanas y el desarrollo de la cultura. Su residencia está en París.
UNGARETTI (Giuseppe), poeta italiano (1888-1970).
UNGAVA, bahía de la costa NE. del Labrador.
UNIAMAMARCA, lago del Perú y Bolivia, separado del de Titicaca por el estrecho de Tiquina.
UNICIA, c. de Bolivia (Potosí); centro minero.
Unigenitus (*Bula*), bula por la cual el papa Clemente XI condenó el jansenismo en 1713.
UNILLA, río de Colombia, afl. del Vaupés.
UNIÓN (La), c. de España (Murcia). Plomo.
UNIÓN (La), isla de las Antillas, en el archipiélago de las Granadinas, perteneciente a Gran Bretaña; 10 km². — Río de México (Guerrero), que des. en el océano Pacífico; 40 km. — C. de Colombia (Nariño); centro agrícola. Llamóse ant. **La Venta.** — C. de El Salvador, cap. de la prov. del mismo n., lindante con Honduras; centro comercial; puerto activo, el más importante del país. (Hab. *unionenses*.) — C. del Perú, cap. de la prov. de Dos de Mayo (Huánuco). — Pobl. de la Argentina (San Luis). — Pobl. del Paraguay (San Pedro); centro ganadero. — C. de Chile, cab. de la com. y del dep. del mismo n. (Valdivia). — Prov. del Perú (Arequipa); cap. *Cotahuasi*. — Prov. de Filipinas (Luzón); cap. *San Fernando*.
Unión (*Acta de*), acta por la que el Parlamento inglés suprimió el Parlamento de Dublín para someter a Irlanda (1800). Los ingleses que negaban a Irlanda el Home Rule (v. este n.) tomaron el nombre de *unionistas*.
Unión Cívica, asociación fundada en Buenos Aires, en 1887, por Leandro Alem, Aristóbulo del Valle, Bernardo de Irigoyen y otros políticos para derribar el gobierno de Juárez Celman, lo que consiguieron tras la rebelión de 1890.
Unión de Bruselas, tratado firmado por don Juan de Austria con los Estados Generales de los

UHLAND

A. DE ULLOA

UNAMUNO

UNANUE PAVÓN

UPSALA
la Universidad

Países Bajos (1576). Más tarde tomó el n. de *Edicto Perpetuo.*

UNIÓN DE REPÚBLICAS SOCIALISTAS SOVIÉTICAS. V. U. R. S. S.

Unión Jack, n. dado a la bandera británica.

UNIÓN DE REYES, v. de Cuba (Matanzas); azúcar, tabaco.

Unión Panamericana, organización de los Estados de América, creada en la reunión de la Primera Conferencia Internacional Americana, celebrada en Washington (14 de abril de 1890). Actualmente, la Unión Panamericana es el órgano central y permanente, así como la Secretaría, de la Organización de los Estados Americanos. La Unión consta de cuatro departamentos: Asuntos económicos y sociales, Asuntos de Derecho Internacional, Asuntos culturales y Servicios administrativos.

UNIÓN SOVIÉTICA. V. U. R. S. S.

UNIÓN SUDAFRICANA. V. SUDAFRICANA (*República*).

Unitarios, n. dado en la Argentina, por oposición a los *federalistas,* a los partidarios de la Constitución centralizadora de 1819.

UNITED STATES OF AMERICA, n. en inglés de los **Estados Unidos de América.**

Universal vocabulario en latín y en romance, el más antiguo diccionario español conocido, obra de Alfonso de Palencia (1490.)

UNIVERSALES (MONTES), sierra del Sistema Ibérico (España), en las prov. de Teruel y Cuenca, cerca de la sierra de Albarracín.

Universidades. La primera Universidad fundada en Europa fue la de Salerno (Italia), en el siglo XI. Alcanzaron gran fama las de Bolonia (1119), París (1150), Oxford (1168), Palencia (1208), Salamanca (1220), Cambridge (1224), Heidelberg (1385), Alcalá (1409). Entre las americanas, la primera fundada fue la de Santo Domingo (1538), y otras importantes son las de San Marcos de Lima (1551), México (1551), Córdoba (1621), Javierana de Bogotá (1622), Charcas (1624), Harvard (1636), Yale (1701), Caracas (1721), La Habana (1728), Buenos Aires (1821).

R. URDANETA

UNRUH (Fritz von), poeta y dramaturgo alemán, n. en 1885.

UNTERWALDEN, cantón suizo, uno de los tres que fueron cuna de la libertad helvética, dividido en dos semicantones: *Obwalden,* cap. *Sarnen,* y *Nidwalden,* cap. *Stans.*

UPANO, n. dado al río Santiago (Ecuador), en su curso superior.

UPATA, pobl. de Venezuela (Bolívar); bauxita.

UPDIKE (John), escritor norteamericano, n. en 1932, que describe, en sus novelas, la vida en su país.

S. UREÑA

UPSALA o **UPPSALA,** c. de Suecia. Sede del arzobispo primado. Catedral gótica. Universidad célebre. Centro industrial.

UR, ant. c. de Caldea (Mesopotamia), patria de Abrahán. Importantes excavaciones han permitido descubrir tumbas reales sumerias.

URABÁ, golfo de Colombia, en el mar Caribe (Antioquia).

URABAYEN (Félix), novelista español (1884-1943), que exaltó el paisaje castellano.

URACHICHE, c. de Venezuela (Yaracuy).

URAL, río de la U. R. S. S., que nace en los montes Urales y des. en el Caspio; 2 534 km.

URALES (MONTES), cadena de montañas de la U. R. S. S., entre Europa y Asia; 2 400 km de longitud; alt. máxima 1 894 m. La *región de los Urales* es uno de los grandes centros industriales de la U. R. S. S. Posee importantes recursos mineros (hierro, cobre, níquel, platino, manganeso, oro, hulla, etc.) e importantes ciudades industriales (Magnitogorsk, Cheliabinsk, Sverdlovsk, Nijni-Taguil, etc.).

URALOALTAICA, n. dado a la familia etnográfica que comprende los búlgaros, húngaros, kirguises, etc.

URALSK, c. de la U. R. S. S. (Rusia), en los Urales. Ant. ciudadela cosaca.

URANIA, musa de la Astronomía y de la Geometría, representada con un compás y una esfera.

URANO, dios latino del Cielo, padre de Saturno. (*Mit.*)

URANO, el séptimo de los planetas que gravitan alrededor de Sol, descubierto por Herschel en 1781. Su órbita se encuentra entre las de Saturno y la de Neptuno.

URBANEJA ACHELPOHL (Luis Manuel), escritor venezolano (1874-1837), uno de los mejores cuentistas de su país (*Botón de algodonero*) y autor de novelas (*En este país*).

URBANO I (*San*), papa de 222 a 230. Fiesta el 25 de mayo. — URBANO II, papa de 1088 a 1099. — URBANO III, papa de 1185 a 1187. — URBANO IV, papa de 1261 a 1264. — URBANO V, papa de 1362 a 1370. — URBANO VI, papa de 1378 a 1389; su elección señaló el principio del gran cisma. — URBANO VII, papa en 1590. — URBANO VIII, papa de 1623 a 1644.

URBINA (José María), general y político ecuatoriano (1808-1891), pres. de la Rep. de 1851 a 1856. Abolió la esclavitud.

URBINA (Luis G.), poeta romántico mexicano (1867-1934), autor de *Versos, Los últimos pájaros, El cancionero de la noche serena.*

URBINO, c. de Italia (Pesaro y Urbino). Patria de Rafael. Ant. centro de cerámica.

URBIÓN (PICOS DE), macizo montañoso en los límites de las provincias de Soria, Logroño y Burgos. Nacimiento del río Duero. 2 400 m de altura.

URCOS, c. del Perú, cap. de la prov. de Quispicanchi (Cuzco).

URDANETA, cantón del Ecuador (Los Ríos).

URDANETA (Andrés de), navegante y misionero agustino español (1498-1568), que acompañó a Legazpi en su expedición a Filipinas (1564).

URDANETA (Rafael), general y político venezolano (1789-1845), que asumió dictatorialmente el poder supremo en Colombia de 1830 a 1831.

URDANETA ARBELÁEZ (Roberto), político colombiano, n. en 1890, pres. provisional de la Rep. de 1950 a 1953.

UREÑA DE HENRÍQUEZ (Salomé), educadora y poetisa dominicana (1850-1897), en cuyas composiciones cantó al hogar y la patria: *Sombras, Ruinas, El ave y el nido, Anacaona.*

UREÑA DE MENDOZA (Nicolás), poeta y magistrado dominicano (1822-1875), que cantó la vida de los guajiros.

URETA (Alberto J.), poeta peruano (1885-1953), autor de versos melancólicos.

UREY (Harold Clayton), químico norteamericano, n. en 1893; descubrió el deuterio y el agua pesada. (Pr. Nóbel, 1934.)

URFA, V. ORFA.

URFÉ (Honoré **d'**), escritor francés (1567-1625), autor de la novela pastoril *La Astrea.*

URGA. V. ULAN BATOR.

URGEL, comarca de España (Lérida), regada por el *Canal de Urgel* (145 km), que toma el

Fot. Lindabls, Larousse, A. G. P.

agua del río Segre. Sus principales centros son *Seo de Urgel* y *Tárrega*.

URI, uno de los cantones suizos, regado por el Reuss. Cap. *Altdorf*.

URIARTE (Higinio), político paraguayo, m. en 1900, pres. de la Rep. de 1877 a 1878.

URIARTE Y BORJA (Francisco Javier), marino español (1753-1842). Exploró el estrecho de Magallanes y combatió en Trafalgar (1805).

URIBANTE, río de Venezuela (Táchira), que confluye con el Sarare y forma el Apure. — Sierra de Venezuela (Táchira), ramal de los Andes.

URIBE HOLGUÍN (Guillermo), compositor colombiano, n. en 1880, que ha cultivado la música de cámara junto con los temas nativos. Autor de *Carnavalesca, Marcha Festiva* y *Trozos en el Sentimiento Popular*.

URIBE PIEDRAHITA (César), novelista colombiano (1897-1953), autor de *Mancha de aceite* y *Toá*.

URIBE URIBE (Rafael), general y caudillo liberal colombiano (1859-1914).

URIBIA, c. de Colombia (La Guajira).

URIBURU (José Evaristo), político argentino (1831-1914), pres. de la Rep. de 1895 a 1898.

URIBURU (José Félix), general y político argentino (1868-1933), que encabezó la revolución que derribó a Hipólito Yrigoyen y fue pres. de la Rep. de 1930 a 1932.

URICOECHEA (Ezequiel), orientalista, médico y naturalista colombiano (1834-1880).

URICOECHEA (Juan Agustín), político colombiano (1824-1883), pres. de la Rep. en 1864.

URIEL GARCÍA (José), etnólogo e historiador peruano, n. en 1890, autor de *El arte incaico, La ciudad de los Incas*, etc.

URITORCO, cerro de la Argentina, en la Sierra Chica de Córdoba; 1 900 m.

UROS. V. URUS.

URQUIJO (Mariano Luis de), político español (1768-1817), que firmó con Napoleón el Tratado de Aranjuez (1805).

URQUIZA (Justo José de), general y político argentino, n. en Concepción del Uruguay (Entre Ríos) [1801-1870], que, durante la época de Rosas, fue gobernador de Entre Ríos, se pronunció después contra el dictador (1851) y, una vez concluido el sitio de Montevideo, le derrotó en Caseros (1852). Proclamado director provisional de la Confederación (1852-1854), asumió luego el mando supremo como presidente (1854-1860), conforme a la Constitución de 1853. En 1859, con la victoria de Cepeda, logró la incorporación de Buenos Aires a la Confederación, pero en 1861, bajo la presidencia de Derqui, fue derrotado en Pavón por Mitre. Retirado de la vida pública, murió asesinado.

URRABIETA VIERGE (Daniel), dibujante español (1851-1904), ilustrador original.

URRACA, reina de Castilla y de León, hija de Alfonso VI (1109-1126). Luchó largo tiempo contra su segundo marido, Alfonso I el Batallador, rey de Aragón, y contra su hijo, Alfonso VII, habido en primeras nupcias con Raimundo de Borgoña, a quien los castellanos habían reconocido por rey. — Princesa castellana (1033-1101), hija de Fernando I de Castilla, quien le dejó la ciudad de Zamora. Defendió esta ciudad contra los ataques de su hermano Sancho II.

URRACA, cacique indígena centroamericano del s. XVI, que luchó contra los conquistadores.

URRAO, pobl. de Colombia (Antioquia).

URREA (Pedro Manuel de), poeta dramático español (¿1486-1535?), autor de un *Cancionero*, con composiciones al modo petrarquista y cinco églogas.

URRIOLAGOITIA (Mamerto), político boliviano, n. en 1895, pres. de la Rep. de 1949 a 1951.

URRUTIA (Carlos de), general y político español, n. en La Habana (1750-1825), capitán general de Guatemala de 1818 a 1821.

URRUTIA BLONDEL (Jorge), compositor chileno, n. en 1905, autor de piezas para piano, canciones.

URRUTIA LLEÓ (Manuel), político cubano, pres. de la Rep. en 1959.

URSINOS (María Ana de la TREMOILLE, *princesa de los*), dama francesa, n. en París (1642-1722). Desempeñó papel importante en las intrigas de la Corte del rey Felipe V de España.

U. R. S. S. (*Unión de Repúblicas Socialistas Soviéticas*), en ruso **S. S. S. R.** ("*Sojuz Socialistitcheskich Sovietskich Respublik*"), Estado federal compuesto de quince repúblicas socialistas soviéticas: Rusia, Ucrania, Rusia Blanca (Bielorrusia), Armenia, Azerbaidján, Georgia, Turkmenistán, Uzbekistán, Tadjikistán, Kazakstán, Kirguizia, Estonia, Lituania, Letonia y Moldavia; 22 403 000 km²; 235 millones de hab.; cap. *Moscú*, 7 208 000 h.; c. pr. *Leningrado*, 3 300 000 hab.; *Kiev*, 1 102 000; *Bakú*, 1 000 000; *Gorki*, 942 000; *Jarkov*, 930 000; *Tashkent*, 991 000; *Novosibirsk*, 887 000; *Kuibichev*, 806 000; *Sverdlovsk*, 777 000; *Donetsk*, 701 000; *Tbilisi*, 694 000; *Cheliabinsk*, 688 000; *Odesa*, 667 000; *Dniepropetrovsk*, 658 000; *Kazán*, 643 000; *Perm*, 628 000; *Riga*, 605 000; *Rostov*, 597 000; *Volgogrado*, 591 000; *Saratov*, 581 000; *Omsk*, 579 000; *Ufa*, 546 000; *Minsk*, 509 000; *Eriván*, 509 000.

— GEOGRAFÍA. La U. R. S. S. forma, de Polonia al océano Pacífico y del océano Ártico a Pamir, un inmenso territorio que se extiende sobre Europa y Asia, en el cual se pueden distinguir cuatro conjuntos:

1º Las *regiones europeas* de la U. R. S. S., que ocupan una vasta planicie, con los montes *Urales* al este, y las montañas de Crimea y la gran cordillera del *Cáucaso* al sur. En la planicie corren grandes ríos, abundantes y lentos, pero helados durante varios meses del año; los principales son el *Don* y el *Dniéper*, que desembocan en el mar Negro, y sobre todo el *Volga*, que vierte sus aguas en el mar Caspio y es una gran vía de navegación interior. El clima es generalmente continental, pero con variedades que producen las diferencias entre la *tundra* —helada y sin árboles— (cría del reno), la *taiga* —bosques de coníferas— (abierta actualmente en gran parte a la agricultura), la región de la *tierra negra* (granero de trigo de Rusia) y la *estepa meridional* (donde se cría ganado).

2º *Siberia*, grande como vez y media Europa, de clima más riguroso. La parte más activa es la banda contigua al ferrocarril transiberiano. Actualmente, el oeste de Siberia está en vías de convertirse en un nuevo "granero de trigo".

3º El *Cáucaso*, gran cadena montañosa, que culmina en 5 633 m (Elbruz); al norte, la *Ciscaucasia* prolonga la gran planicie rusa; al sur se encuentra la *Transcaucasia*, de clima suave y rica agricultura (fruta, algodón). Se extiende sobre una zona de plegamientos.

4º El *Asia central soviética*, inmensa depresión de terreno ocupada en parte por el mar Caspio, el mar de Aral y el lago Baljash, con grandes regiones desérticas y extensos sectores algodoneros; el subsuelo es muy rico en minerales (hulla, cobre, plomo, cinc).

La U. R. S. S. está abierta a diversos sistemas marinos: si el mar Negro y el Báltico no le pertenecen enteramente, sus costas están bañadas en cambio por el océano Ártico y por los mares de Bering, Ojotsk y Japón.

Por lo que atañe a las razas y a los idiomas, la U. R. S. S. es un verdadero mosaico. Los pueblos eslavos constituyen el elemento esencial y representan las tres cuartas partes de la población (rusos, ucranianos, rusos blancos); pero hay otros núcleos de diferentes razas (georgianos, armenios, etc.), que conservan y desarrollan su propia cultura. La población aumenta actualmente de manera considerable y se concentra cada vez más en las ciudades.

Desde el punto de vista industrial, la Rusia de los zares estaba muy atrasada. A partir de la revolución, la U. R. S. S. ha socializado los medios de producción y ha organizado el desarrollo económico (planes quinquenales). Así ha llegado a convertirse en la segunda potencia industrial del mundo, después de los Estados Unidos de América. Sus fuentes de energía son muy abundantes: hulla, en el Donetz, el Ural y Karaganda; petróleo, en Azerbaidján y el Caspio. Los grandes ríos alimentan poderosas centrales eléctricas. La extracción de mineral de hierro es importante, así como la de manganeso, que permite la fabricación de aceros especiales. La metalurgia pesada y ciertas industrias de vanguardia, como la electrónica, han hecho progresos extraordinarios; las industrias de bienes de consumo,

URQUIZA

doña URRACA

escudo de la U. R. S. S.

Fot. X, doc. A. G. P.

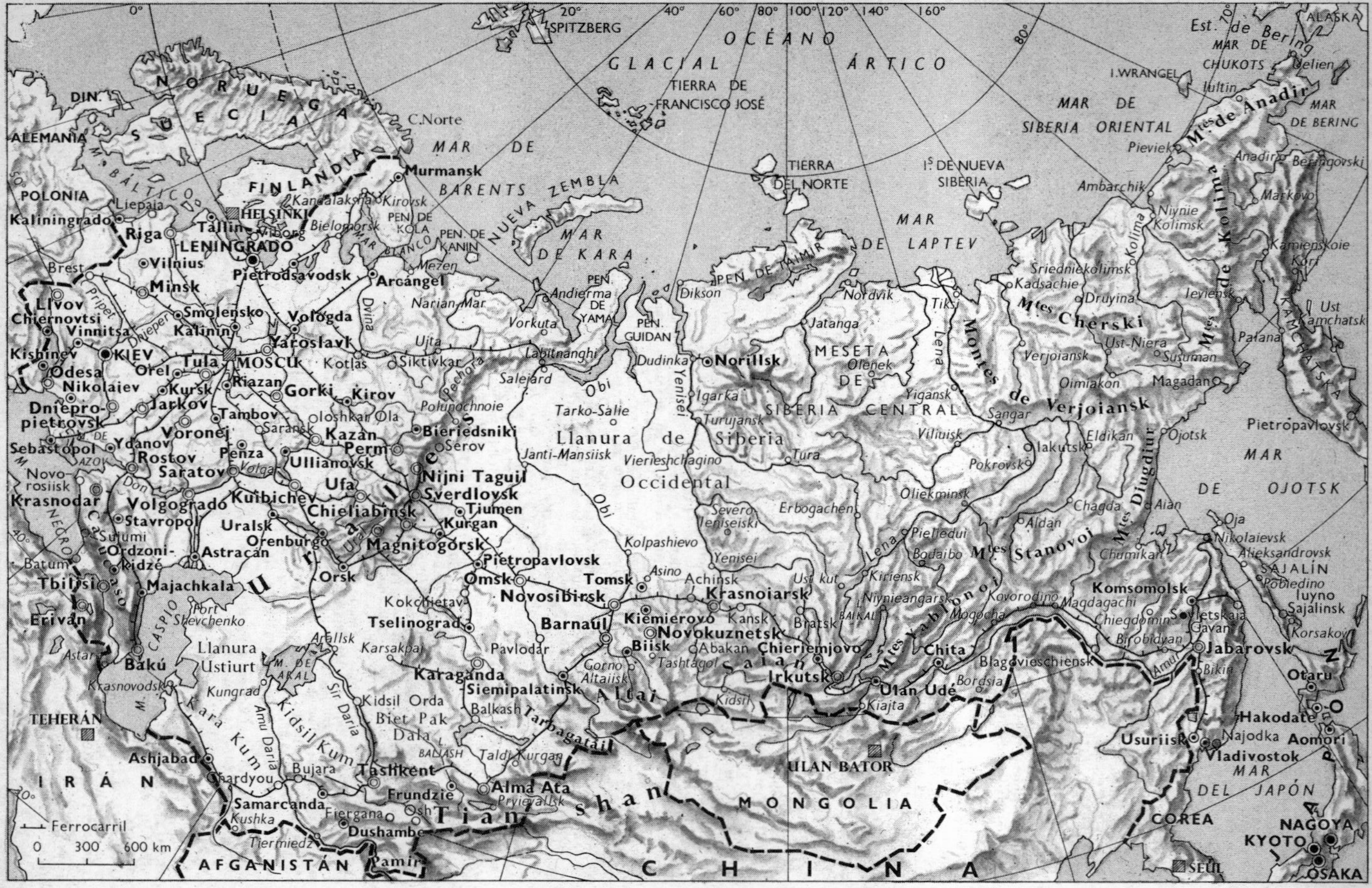

OCÉANO GLACIAL ÁRTICO
SPITZBERG
TIERRA DE FRANCISCO JOSÉ
TIERRA DEL NORTE
Is DE NUEVA SIBERIA
I. WRANGEL
MAR DE BARENTS
NUEVA ZEMBLA
MAR DE KARA
MAR DE LAPTEV
MAR DE SIBERIA ORIENTAL
MAR DE CHUKOTS
MAR DE BERING
Est. de Bering
ALASKA
MAR DE OJOTSK
MAR DEL JAPÓN
C. Norte
NORUEGA
SUECIA
FINLANDIA
DIN.
ALEMANIA
POLONIA
M. BÁLTICO
MAR BLANCO
PEN. DE KOLA
PEN. DE KANIN
PEN. DE YAMAL
PEN. GUIDAN
PEN. DE TAIMIR
Murmansk
Kirovsk
Kandalaksha
Bielomorsk
HELSINKI
Tallin
Viborg
LENINGRADO
Pietrodsavodsk
Arcángel
Mezen
Riga
Liepaia
Kaliningrado
Vilnius
Minsk
Brest
Pripet
Llvov
Chiernovtsi
Vinnitsa
Kishinev
KIEV
Odesa
Nikolaiev
Dniepropietrovsk
Sebastopol
Dnieper
Smolensko
Kalinin
Vologda
Yaroslavl
MOSCÚ
Tula
Orel
Kursk
Jarkov
Riazan
Gorki
Kirov
Kotlas
Dvina
Narian-Mar
Vorkuta
Ujta
Siktivkar
Pechora
Tambov
Voronej
Ydanov
Rostov
AZOV
Novorosiisk
Krasnodar
Penza
Saratov
Volga
Don
Volgogrado
Stavropol
Sujumi
Ordzonikidzé
Batum
Tbilisi
Eriván
Astara
Bakú
Majachkala
Astracán
Uralsk
Orenburgo
Kuibichev
Ullianovsk
Saransk
Kazan
Perm
Oloshkar Ola
Ufa
Bieriedsniki
Serov
Polunochnoie
Nijni Taguil
Sverdlovsk
Chieliabinsk
Tiumen
Kurgan
Magnitogorsk
Orsk
Ural
Urales
Caucaso
CASPIO
Fort Shevchenko
Llanura Ustiurt
M. DE ARAL
Aralsk
Kungrad
Krasnovodsk
Kara Kum
Amu Daria
Kidsil Kum
Sir Daria
Kidsil Orda
Biet Pak Dala
Ashjabad
Chardyou
Bujara
Samarcanda
Kushka
Tiermiedz
Dushambe
Fiergana
Tashkent
Frundzie
Osh
Pamir
Alma Ata
Pryjevalsk
Taldi Kurgan
BALJASH
Balkash
Tarbagatail
Karsakpai
Karaganda
Siemipalatinsk
Pavlodar
Tselinograd
Kokchietav
Pietropavlovsk
Omsk
Novosibirsk
Barnaul
Tomsk
Asino
Kolpashievo
Obi
Janti-Mansiisk
Tarko-Salie
Salejard
Labitnanghi
Andierma
Dikson
Dudinka
Norillsk
Igarka
Turujansk
Yenisei
Vierieshchagino
Llanura de Siberia Occidental
Severo Ieniseiski
Achinsk
Krasnoiarsk
Kiemierovo
Novokuznetsk
Biisk
Gorno Altaiisk
Altai
Abakan
Tashtagol
Kansk
Bratsk
Chieriemjovo
Irkutsk
Saian
BAIKAL
Ulan Udé
Kiajta
Kidsil
Ust kut
Kiriensk
Erbogachen
Tura
Nordvik
Jatanga
MESETA DE SIBERIA CENTRAL
Oleniek
Yigansk
Viliuisk
Lena
Tiksi
Montes de Verjoiansk
Verjoiansk
Sangar
Iakutsk
Pokrovsk
Oliekminsk
Pielledui
Bodaibo
Niynieangarsk
Mtes. Yablonoi
Chita
Mogocha
Kovorodino
Borsia
Blagovieschiensk
Mtes. Stanovoi
Aldan
Chagda
Eldikan
Oimiakon
Ust-Niera
Susuman
Magadan
Ojotsk
Aian
Mtes. Diugdiur
Chumikan
Magdagachi
Chiegdomin
Birobidyan
Amur
Komsomolsk
Jabarovsk
Bikin
Sovietskaia Gavan
Nikolaievsk
Oja
Alieksandrovsk
SAJALÍN
Pobiedino
Iuyno Sajalinsk
Korsakov
Usuriisk
Najodka
Vladivostok
Mtes. Cherski
Druyina
Sriednekolimsk
Kadsachie
Kolima
Nijnie Kolimsk
Ambarchik
Pieviek
Mtes. de Kolima
Mtes. de Anadir
Anadir
Beringovski
Iultin
Uelien
Markovo
Kamienskoie
Korf
Ievienskoie
Palana
KAMCHATKA
Ust Kamchatsk
Pietropavlovsk
Otaru
Hakodate
Aomori
JAPÓN
NAGOYA
KYOTO
OSAKA
COREA
SEÚL
MONGOLIA
ULAN BATOR
CHINA
Tian Shan
AFGANISTÁN
IRÁN
TEHERÁN
Ferrocarril
0 300 600 km
0°
20°
40°
60°
80°
100°
120°
140°
160°
80°
70°
50°
40°

que los primeros planes quinquenales habían relegado a segundo término, han experimentado notable desarrollo. Hasta 1917, toda la industria se hallaba concentrada en el occidente de Rusia; en la actualidad se extiende también a la región de los Urales y a Siberia.

— HISTORIA. Después de haber arrebatado el poder a Kerensky (Revolución de octubre de 1917), los bolcheviques constituyeron un nuevo Gobierno: el *Consejo de Comisarios del Pueblo*, presidido por Lenin y que se definió como una *dictadura del proletariado*. El nuevo Gobierno aplastó los levantamientos de los generales zaristas (Denikin, Wrangel, Koltchack), tras lo cual proclamó la *Unión de Repúblicas Socialistas Soviéticas* (1922). Lenin logró superar numerosas crisis interiores, provocadas en parte por el hambre; gracias a la *Nep* (Nueva Política Económica), el régimen acabó por afirmarse sólidamente. Muerto Lenin en 1924, le sucedió Stalin, después de una breve lucha con Trotsky. Apoyado por el ejército, Stalin se consagró a la aplicación de los planes quinquenales; fue la época de la colectivización intensa de la agricultura. Mediante una serie de "purgas", Stalin fue eliminando a todos sus rivales: Zinoviev, Kamenev, Yagoda, etc. En 1934, la U. R. S. S. ingresó en la Sociedad de Naciones. En 1936 proclamó una Constitución más liberal que la de 1924. Por otra parte aprovechó la revolución china para intensificar su influencia sobre Mongolia y China del Norte. El 23 de agosto de 1939 firmó un pacto con la Alemania hitleriana. El mismo año participó en la división de Polonia y, gracias a la guerra contra Finlandia, extendió y fortificó su frontera báltica. Pero, el 22 de junio de 1941, las tropas alemanas invadieron su territorio, llegaron a las puertas de Moscú y avanzaron hacia la región petrolífera del Cáucaso. No pasaron de Stalingrado, donde al fin fueron vencidos (1943). Esta victoria soviética marcó uno de los momentos decisivos en la historia de la Segunda Guerra mundial. Al año siguiente comenzó el contraataque soviético, que terminó con la entrada de los ejércitos de la U. R. S. S. en Berlín (1945). Con Churchill y Roosevelt, Stalin discutió en Yalta la organización futura del mundo. Pero la política soviética de expansión comunista, que había cesado oficialmente en 1943 con la disolución del *Komintern*, tomó nueva fuerza a partir de 1947 con el *Kominform*. La U. R. S. S. ha concluido pactos de no agresión o de ayuda mutua con los Estados vecinos, transformados en Repúblicas Populares. Las dificultades u oposición de estos Estados han sido resueltas por la U. R. S. S. de forma violenta (Hungría) o por medio de concesiones (Yugoslavia, Polonia). La diplomacia soviética se muestra particularmente activa en Extremo Oriente y, más aún, en el Próximo Oriente, donde ha sostenido a Nasser y los Estados árabes contra la Gran Bretaña, Francia y los Estados Unidos. Después de la muerte de Stalin (1953), ha habido importantes modificaciones en la política interior y exterior de la U. R. S. S. Tras un período de crisis internas, Kruschef ocupó la presidencia del Consejo de Ministros desde 1958 a 1964, y concentró su esfuerzo en dar un nuevo impulso económico al país (plan septenal, 1959-1965, descentralización de la economía) y en aumentar su influencia por el apoyo prestado a los nacionalismos africanos y asiáticos. Alexei Kosyguin le sustituyó en la presidencia. Los éxitos científicos obtenidos por la U. R. S. S. durante los últimos años en la exploración espacial manifiestan la excelencia de su desarrollo técnico. En política interior, el proceso de "destalinización", que se había llevado a cabo en forma discreta desde la muerte de Stalin, fue consagrado oficialmente en 1961: los restos mortales de Stalin no reposan ya junto a los de Lenin. En materia de política internacional, la U. R. S. S. sigue en "guerra fría" con el bloque occidental. La guerra fría se concentra principalmente alrededor de la cuestión de la frontera de Berlín, el desarrollo y el empleo de las armas atómicas y en la ayuda prestada por la Unión Soviética a Cuba. En 1963, por el Tratado de Moscú, la U. R. S. S. se comprometió, junto con otros Estados, a interrumpir sus experiencias nucleares con objetivo bélico, y parece que la tensión internacional ha disminuido en cierto grado.

ÚRSULA *(Santa)*, hija de Donato, rey de Bretaña, mártir en Colonia (383, 385 ó 453). Fiesta el 21 de octubre.

URUAPAN DEL PROGRESO, c. de México (Michoacán); centro comercial y agrícola.

URUBAMBA, río del Perú (Cuzco y Loreto), que toma el n. de **Vilcanota** en parte de su curso y que luego, unido al Tambo, es conocido con el nombre de **Ucayali;** 724 km. — C. del Perú cap. de la prov. del mismo n. (Cuzco).

URUGUAÍ. V. MARAMBAS.

URUGUAIANA, c. del Brasil (Rio Grande do Sul), a orillas del río Uruguay; ganadería.

URUGUAY, río de América del Sur, que nace en terr. brasileño de la unión del Canoas y el Pelotas; señala parte de la frontera entre el Brasil y la Argentina y entre la Argentina y el Uruguay; 1 612 km. Des. en el estuario del Plata y es navegable hasta Concordia.

URUGUAY, Estado de América del Sur, que limita al N. con el Brasil, al E. con el Atlántico, al S. con el Río de la Plata y al O. con Argentina, de la cual está separado por el río Uruguay. 186 926 km²; 3 035 000 h. *(uruguayos)*; cap. *Montevideo*.

escudo del URUGUAY

— GEOGRAFÍA. — *Relieve.* El suelo uruguayo es suavemente ondulado, y su sistema orográfico, prolongación de las estribaciones del sur del Brasil, está limitado por una serie de elevaciones monótonas, de estructura cristalina, llamadas *cuchillas*, cuya altitud oscila entre 200 y 500 m. Sobresalen la Cuchilla Grande, entre el río Negro, el Plata y el Atlántico, y la Cuchilla de Haedo, prolongada en el límite con el Brasil por la Negra y la de Santa Ana. En la parte meridional del territorio se alzan serranías como la de las Ánimas, donde se halla el cerro del mismo nombre, que es el más alto del país (501 m).

— *Clima.* País de zona templada, con situación marítima, el Uruguay goza de un clima que desconoce los fríos y calores extremos. Su temperatura media anual varía en torno a 17°, pasando de 11°, término medio en invierno, a 23° en verano. Las lluvias son bastante abundantes, sobre todo en otoño y en primavera, y en invierno se registran heladas y nieblas con relativa frecuencuencia. Los vientos predominantes son los del norte, húmedos y calurosos, y el *pampero*, procedente del sudoeste, frío y seco.

— *Hidrografía.* El país está recorrido por numerosos ríos, afluentes casi todos del río Uruguay. Éste, de más de 1 600 km de curso, nace en el Brasil y es navegable, incluso por buques de gran calado, hasta Paysandú; entre sus afluentes figuran el Cuareim, Arapey, Daymán, Queguay y el río Negro, de 600 km, que procede también del Brasil, atraviesa el país de este a oeste y recibe a su vez los ríos Yi y Tacuarembó, entre otros. Hacia el río de la Plata y la laguna Merín, que es la principal laguna del litoral, van ríos de poca importancia.

— *Costas e islas.* El país posee unos 450 km de costas a lo largo del Plata y 220 de costas ma-

URUGUAY. — Estadística (cifras en millares)

DEPARTAMENTOS	km²	Hab.	CAPITAL	Hab.
Montevideo	5,2	1 300	**Montevideo**	1 300
Artigas	11,4	69	Artigas	18
Canelones	4,7	235	Canelones	16
Cerro Largo	14,9	120	Melo	38
Colonia	5,6	150	Colonia	20
Durazno	14,3	109	Durazno	25
Flores	4,5	41	Trinidad	19
Florida	12,1	118	Florida	35
Lavalleja	12,4	129	Minas	40
Maldonado	4,1	76	Maldonado	9
Paysandú	13,2	100	Paysandú	62
Río Negro	8,4	57	Fray Bentos	21
Rivera	9,8	100	Rivera	35
Rocha	11	121	Rocha	35
Salto	12,6	126	Salto	60
San José	6,9	118	San José	31
Soriano	9,2	110	Mercedes	51
Tacuarembó	21,1	130	Tacuarembó	35
Treinta y Tres	9,5	81	Treinta y Tres	25

rítimas. Este litoral ofrece una sucesión de playas arenosas, de gran interés turístico (Pocitos, Atlántida, Piriápolis, Punta del Este, La Paloma, etcétera), alternadas con puntas pedregosas. La costa del Atlántico, más regular que la platense, es anegadiza en algunos sitios, y a lo largo de ella abundan las lagunas. Las principales islas, próximas al litoral, son las de Juncal, Flores, Gorriti y Lobos.

— *Población*. La mayoría de la población uruguaya es de raza blanca de origen europeo, con predominio de españoles e italianos. La proporción de negros es ínfima y los indios desaparecieron del territorio hace más de un siglo. La densidad media es de 18 habitantes por km², pero excede de 1 500 en el departamento de Montevideo, que concentra más de la tercera parte de la población del país.

— *Economía*. El Uruguay es un país ganadero por excelencia, y casi el 85 % del área nacional está dedicado al pastoreo. Introducidos los primeros vacunos en tiempos de la Conquista y los primeros ovinos en el siglo XIX, pronto se multiplicaron con tal rapidez, gracias a la abundante vegetación herbácea, que se hizo necesario el alambrado de los campos, realizado desde la segunda mitad del siglo pasado. A partir de entonces se inició también la importación de reproductores de raza para mejorar el ganado por mestizaje. En la actualidad, el país posee cerca de nueve millones de cabezas de ganado vacuno, unos veinticinco millones de ovejas, 650 000 caballos y 400 000 cerdos. La agricultura constituye la segunda fuente de riqueza del país (trigo, maíz, lino, girasol, forrajes, etc.). Se cultiva la vid (Canelones, Montevideo) y las frutas, especialmente naranjas, manzanas y duraznos. La minería, poco desarrollada, se limita a la extracción de piedras de construcción (mármol, granito), de arenas, arcillas, etc., y, en pequeña escala, de oro, manganeso y plomo. Las principales industrias se derivan de la ganadería y la agricultura, como la industria de la carne congelada, en conserva y en extractos, con sus frigoríficos y saladeros, y la del cuero. Sobresalen igualmente las industrias textiles, harineras y de elaboración de la leche, la fabricación de cervezas, vinos, aceites, etc. Las centrales hidroeléctricas de Rincón del Bonete y de Baigorria, ambas en el río Negro, abastecen de energía al país. La industria turística es también un importante renglón de la economía nacional. La red ferroviaria, propiedad del Estado, tiene 3 000 km, y las carreteras alcanzan 8 000. La red fluvial es poco utilizada, pero en cambio la navegación aérea se ha desarrollado rápidamente. Los productos de exportación básicos son: lana, trigo, carnes, cueros, etc. El comercio se hace principalmente con los Estados Unidos, Gran Bretaña y los países vecinos. La unidad monetaria es el *peso* uruguayo, y el Banco de la República es el banco de emisión.

— CONSTITUCIÓN Y ADMINISTRACIÓN. Según la Constitución de 1952, la República Oriental del Uruguay es un Estado democrático y unitario, administrativamente dividido en 19 departamentos. Hasta 1966 existió un poder ejecutivo colegiado, representado por el Consejo Nacional de Gobierno, que estaba constituido por nueve miembros, renovables cada cuatro años. Desde 1966, el ejecutivo ha vuelto a recaer en la persona del presidente de la República. El poder le-

mapa del URUGUAY

gislativo corresponde a la Asamblea General, formada por la Cámara de Senadores y la Cámara de Representantes. Los miembros de ambas cámaras, lo mismo que los consejeros de Estado, son elegidos por sufragio universal libre. Los votantes han de tener más de 18 años y saber leer y escribir. El poder judicial incumbe a la Suprema Corte de Justicia y otros tribunales.

El idioma oficial es el español. Uruguay tiene un nivel de cultura elevado: la instrucción primaria es gratuita, igual que la secundaria y la universitaria. La Universidad de Montevideo tiene 12 Facultades. Existe libertad de cultos, pero predomina la religión católica, profesada por la mayoría de la población. Eclesiásticamente, el país se divide en una arquidiócesis (Montevideo) y ocho diócesis.

— Historia. Cuatro pueblos indios habitaban principalmente el territorio a la llegada de los españoles: los *charrúas*, los *guaraníes*, los *chanás* y los *guayanás*. El más característico de ellos, por la tenaz resistencia que había de ofrecer a los conquistadores, era el de los charrúas. Divididos en pequeñas poblaciones, que vivían sobre todo de la caza, los charrúas no alcanzaron un grado de civilización muy elevado debido sobre todo a su sentido exacerbado de la independencia, que se avenía mal con formas sociales muy desarrolladas.

El descubrimiento de la costa uruguaya fue realizado por Juan Díaz de Solís, quien tomó posesión del territorio, en nombre del rey, en febrero de 1516; la expedición terminó con la muerte de Solís a manos de los pobladores de las orillas del Plata. En su ruta de circunnavegación del globo, Magallanes tocó sin duda en la costa uruguaya y dio probablemente nombre a Montevideo (1520). En 1527, Sebastián Caboto alcanzó el estuario del río de la Plata y, el año siguiente, exploró los ríos Paraná y Paraguay. Los Adelantados del Río de la Plata, ocupados en la pacificación de Buenos Aires y en la exploración del Paraguay, prestaron poca atención a la Banda Oriental, nombre que se daba entonces al territorio uruguayo. El siglo XVI terminó sin que se hubiese llevado a cabo ningún intento serio de colonización. En 1603, Hernandarias de Saavedra trató de penetrar en la Banda Oriental, pero fue detenido por los charrúas. El territorio uruguayo fue adjudicado a la Gobernación del Río de la Plata cuando ésta fue creada (1617). El primer gobernador, Diego de Góngora (1618-1623), confió a los misioneros franciscanos y jesuitas la penetración en la Banda Oriental. Esta política fue continuada por su sucesor y su consecuencia fue la fundación de Santo Domingo de Soriano, en 1624. Los charrúas se mostraron rebeldes a la presencia de los misioneros, pero los chanás aceptaron pacíficamente la creación de las reducciones. A eso habría quedado reducida la obra colonizadora del Uruguay en el siglo XVII si los portugueses no hubiesen fundado la Nova Colonia do Sacramento (1680). Esta Colonia había de constituir, durante más de un siglo, el objeto de luchas entre portugueses y españoles. En 1723, los portugueses intentaron una nueva fundación; el español Bruno Mauricio de Zabala lo impidió y fundó en el mismo sitio la ciudad de San Felipe y Santiago de Montevideo (1726). En 1751, Montevideo tuvo su primer gobernador propio, independiente del de Buenos Aires. En 1776, la Banda Oriental fue integrada en el nuevo Virreinato del Río de la Plata. Este hecho coincidió con un período de intensa colonización del territorio uruguayo, durante el cual fueron fundadas las nuevas poblaciones de Canelones, Florida, Mercedes, Santa Lucía, San José, etc. La institución del comercio libre, en 1778, favoreció la prosperidad de Montevideo, que se convirtió pronto en rival comercial de Buenos Aires. El siglo XIX se abrió con la invasión de los territorios de las Misiones Orientales por los portugueses (1801), lo que fijó el límite de la Banda Oriental en el río Ibicuí. En 1806, los ingleses intentaron la conquista del territorio del Plata y ocuparon Montevideo de febrero a septiembre de 1807. El 21 de septiembre de 1808, Montevideo formó una Junta que declaró que, al no existir rey en España, la soberanía radicaba en el pueblo. En 1810 el movimiento revolucionario se extendió a toda la zona del Río de la Plata y culminó en la Revolución de Mayo. El pueblo de Uruguay se levantó en armas bajo la dirección de José Artigas, ex oficial de Blandengues. Vencedor de los españoles en la batalla de Las Piedras (1811), tuvo que luchar posteriormente contra el centralismo de Buenos Aires. Seguido por todo el pueblo de la Banda Oriental, fue reconocido como jefe por seis provincias, creó la Liga Federal y fue nombrado *Protector*. Llegó a la cúspide de su gloria en 1815, pero su triunfo fue de escasa duración ya que en 1817 fue atacado nuevamente por las fuerzas portuguesas, aliadas al Gobierno Central. Abrumado por la superioridad numérica del enemigo, tras dura resistencia, se vio obligado a retirarse al Paraguay (1820), desterrándose definitivamente de su patria. La originalidad del pensamiento de Artigas cobra mayor relieve con el paso del tiempo, pues supo enfrentarse a las corrientes de la época. Así opuso la democracia a la monarquía, la autonomía provincial al gobierno centralista y fue un esforzado paladín del federalismo. La Banda Oriental siguió bajo la dominación portuguesa hasta 1824, año en que fue ocupada por las fuerzas brasileñas. Contra esta invasión y en pro de la Independencia se levantó, en abril de 1825, la llamada "expedición de los Treinta y Tres", mandada por Juan Antonio Lavalleja. El 25 de agosto del mismo año, la parte de la Banda Oriental reconquistada a los brasileños declaró su independencia y su unión a las Provincias Unidas del Río de la Plata; la otra parte del territorio, con el nombre de Provincia Cisplatina, siguió bajo la ocupación brasileña hasta el tratado de paz de 1828. La Constitución de 1830 erigió el Estado Oriental del Uruguay en República Soberana. El 24 de octubre del mismo año fue elegido primer presidente constitucional el general Fructuoso Rivera, que hubo de hacer frente durante su administración a los levantamientos de Lavalleja; a su vez, Manuel Oribe, segundo presidente, tuvo que defenderse de los ataques de Rivera. La pugna entre Rivera y Oribe desencadenó la llamada "Guerra Grande", que duró de 1839 a 1852. El intento de fusión de los partidos políticos "Blanco" y "Colorado", cuya oposición había alimentado la Guerra Grande, resultó inútil, y la guerra civil estalló de nuevo (1863 a 1865). El triunfo del general Venancio Flores estableció en el Poder al Partido Colorado, que había de conservarlo hasta 1959. Bajo la dictadura de Flores (1865-1868), el Uruguay intervino, por el Pacto Tripartito con Argentina y Brasil, en la guerra contra el Paraguay (1865-1870); Flores murió asesinado en 1868, después de haber renunciado a la presidencia. La política de exclusión absoluta del Partido Blanco, fomentada por el presidente Batlle, provocó una nueva guerra civil (1870-1872). La dictadura de Lorenzo Latorre (1876-1879) dio principio a un período de militarismo que había de prolongarse hasta 1890. Durante la época de transición hacia una concepción más democrática, se distinguió la administración de Juan Idiarte Borda (1894-1897) por el impulso económico que dio a la nación. Juan Lindolfo Cuestas (1897-1903) estableció una política de coparticipación de los partidos en el Gobierno, lo cual significó un gran paso hacia la solución del largo conflicto partidista. El siglo XX se inició con un intenso desarrollo de la legislación social y de la nacionalización de las empresas, que produjo una renovación de las estructuras del país. Estos progresos quedaron reflejados en la Constitución que entró en vigor el 1º de marzo de 1919. A pesar del enorme avance económico, cívico y cultural, la tensión entre los partidos políticos y el desajuste producido por la industrialización del país y la crisis económica de 1929 obligaron a la promulgación de una nueva Constitución en 1934, y de otra en 1942. Finalmente, bajo la presidencia de Andrés Martínez Trueba fue elaborada y jurada la Constitución de 1952, que *colegializó* totalmente el poder ejecutivo; éste quedó formado por un Consejo de nueve miembros, que ejercen la presidencia por rotación. El primer Consejo Nacional de Gobierno fue instalado el 1º de marzo de 1952 y otros fueron elegidos en 1955, 1959 y 1963. Tras las elecciones de 1966, el país se dio una nueva Constitución, desaparecio el Consejo Nacional y ocupó la presidencia el general Óscar Gestido. A la muerte de éste (1967) le sustituyó el vicepresidente Jorge Pacheco Areco.

GOBERNANTES DEL URUGUAY

Fructuoso Rivera	1830	Tomás Gomensoro	1872	Claudio Williman	1907
Carlos Anaya	1834	José Eugenio Ellauri	1873	José Batlle y Ordóñez	1911
Manuel Oribe	1835	Pedro Varela	1875	Feliciano Viera	1915
Fructuoso Rivera	1839	Lorenzo Latorre	1876	Baltasar Brum	1919
Joaquín Suárez	1843	F. A. Vidal; Lorenzo Latorre	1879	José Serrato	1923
Juan Francisco Giró	1852	Francisco Antonio Vidal	1880	Juan Campisteguy	1927
Triunvirato	1853	Máximo Santos	1882	Gabriel Terra	1931
Venancio Flores	1854	Francisco Antonio Vidal	1886	Alfredo Baldomir	1938
Manuel Basilio Bustamante	1855	Máximo Santos	1886	Juan José Amézaga	1943
Gabriel Antonio Pereira	1856	Máximo Tajes	1886	Tomás Berreta	1947
Bernardo Prudencio Berro	1860	Julio Herrera y Obes	1890	Luis Batlle Berres	1947
Atanasio Cruz Aguirre	1864	Juan Idiarte Borda	1894	Andrés Martínez Trueba	1951
Venancio Flores	1865	Juan Lindolfo Cuestas	1897	*Consejo Nacional de Gobierno.*	1952
Pedro Varela	1868	Juan Lindolfo Cuestas	1899	Óscar Gestido	1967
Lorenzo Batlle	1868	José Batlle y Ordóñez	1903	Jorge Pacheco Areco	1967

URUMTSI. V. TIHWA.
URUNDI o **BURUNDI,** región del ant. territorio bajo tutela belga de *Ruanda-Urundi,* que corresponde al actual reino de *Burundi.*
URUS, pueblo indio de Bolivia, cuyos supervivientes habitan en el SO. del lago Titicaca.
URVINA. V. URBINA.
U. S. A., siglas de *United States of America.*
USANDIZAGA (José María), compositor español (1887-1915), autor de la zarzuela *Las golondrinas.*
Usatges, código consuetudinario catalán (1058).
USBEKISTÁN. V. UZBEKISTÁN.
USHUAIA, c. del S. de la Argentina, cap. del territorio de Tierra del Fuego. Centro ganadero. Es la población más austral del mundo. (Hab. *ushuaienses.*)
USIACURÍ, pobl. de Colombia (Atlántico); aguas medicinales.
USIGLI (Rodolfo), autor dramático mexicano, n. en 1905, que escribió comedias de costumbres, sátiras sociales y dramas psicológicos e históricos: *El niño y la niebla, El gesticulador, La familia cena en casa* y *Corona de sombra.*
USKÜB. V. SKOPLJE.
USLAR PIETRI (Arturo), escritor y político venezolano, n. en 1905, autor de *Las lanzas coloradas,* novela histórica, *Barrabás* y *El camino de El Dorado.*
USPALLATA, paso de los Andes (Mendoza), en la frontera argentinochilena, tb. llamado **La Cumbre** (3 900 m). Por él llegó a Chile (1817) la división del Ejército Libertador al mando del general Las Heras. — Pobl. de la Argentina (Mendoza).
USTER, pobl. de Suiza (Zurich).
USTI NAD LABEM, en alemán **Aussig,** c. de Checoslovaquia (Bohemia), a orillas del Elba; industrias químicas y alimenticias.
USULUTÁN, c. de El Salvador, situada al pie del *volcán Usulután* (1 453 m), cap. del dep. del mismo n., en la costa del Pacífico; centro agrícola y comercial. El dep. es uno de los de mayor producción de café del país y posee tb. importantes beneficios de algodón. (Hab. *usulutecos.*)
USUMACINTA, río de América Central, que nace en Guatemala, marca parte de la frontera mexicano-guatemalteca, penetra en México y des. en el golfo de este n. y en la laguna de Términos a través de tres brazos principales; 825 km, de los cuales 300 son navegables.
USUMBURA, cap. del reino de Burundi.
USURINSK, de 1935 a 1959 **Vorochilov,** c. de la U. R. S. S. (R. S. F. S. de Rusia), al norte de Vladivostok. Industrias alimenticias.
UTAH, uno de los Estados Unidos de América, en las Montañas Rocosas; cap. *Salt Lake City.* Minas, cría de ganado. Está poblado por los mormones que se establecieron allí en 1848. Minas; ganadería.
UTAMARO, pintor y grabador japonés (1753-1806), uno de los maestros de la escuela popular.
UTATLÁN, ant. c. de Guatemala, cap. del reino quiché. Destruida por Alvarado en 1524.
UTICA, ant. c. de África, cerca de Cartago. Allí se suicidó Catón después de la derrota de Tapso.
UTICA, c. de los Estados Unidos (Nueva York): construcciones mecánicas; textiles.
UTICA, v. de Colombia (Cundinamarca).
UTIEL, c. de España (Valencia); industrias. Restos romanos.
Utopía, novela política y social de Tomás Moro (1516). Es un cuadro muy detallado de un Estado socialista y democrático imaginario.
UTRECHT, c. de Holanda, cap. de la prov. del mismo n., al S. del Zuyderzee. Universidad. Catedral gótica. Industrias metalúrgicas (aluminio), textiles y alimenticias.
Utrecht *(Tratado de),* tratado firmado en 1713 por España, Francia, Inglaterra y Holanda, que puso fin a la guerra de Sucesión de España, reconociendo la introducción de la dinastía borbónica con Felipe V. España hubo de ceder Gibraltar y Menorca a Inglaterra, y Felipe V hubo de renunciar a sus derechos al trono de Francia.
UTRERA, c. de España (Sevilla); centro agrícola y ganadero.
UTRÍA, bahía de Colombia (Chocó), en el Pacífico.
UTRILLO (Mauricio), pintor francés (1883-1955), hijo de Susana Valadon, que se inspiró en el paisaje de Montmartre (París).
UTSUNOMIYA, c. del Japón (Hondo).
UTTAR PRADESH, Estado de la India, en el valle del Ganges; cap. *Lucknow.*
UUSIKAUPUNKI. V. NYSTAD.
UXDA o **UJDA,** en francés **Oujda,** c. de Marruecos, cerca de la frontera argelina.
UXMAL, ant. c. maya, al N. de la península del Yucatán, cuyos grandiosos y magníficos monumentos compiten con los de Chichén Itzá. Entre ellos son notables el cuadrángulo de *Las Monjas,* la pirámide de *El Adivino* y la llamada *Casa del Gobernador.*
UYUNI, salar de Bolivia, al O. del dep. de Potosí.
UZBEKISTÁN, república federada de la U. R. S. S., situada entre Turkmenistán y Kazakstán; 409 000 km²; 9 500 000 h.; cap. *Tashkent.*

Templo en UXMAL

Fot. Adep. Gabrielle Martin

VATICANO : Columnata de Bernini

VAAL, río de África del Sur, afl. del Orange, que da su nombre a *Transvaal;* 1 125 km.
VAASA, c. de Finlandia, puerto en el golfo de Botnia.
VAC, c. de Hungría, a orillas del Danubio.
VACA DE CASTRO (Cristóbal). V. CASTRO (*Cristóbal Vaca de*).
VACA DE GUZMÁN (José María), poeta español (1745-1801), autor de las epopeyas *Las naves de Cortés destruidas* y *Granada rendida.*
VACA DÍEZ, prov. de Bolivia (Beni); cap. *Riberalta.*
VACA GUZMÁN (Santiago), literato y publicista boliviano (1847-1896).
VACA MUERTA, sierra de la Argentina (Neuquen).
VACARETÁ, n. dado a un sector de la cord. paraguaya de Caaguazú.
VACAS HELADAS, paso de los Andes, en la prov. argentina de San Juan; 4 955 m.
VACCEOS, ant. pueblo celtíbero (Tarraconense), sometido a Roma en 178 a. de J. C. por Postumio.
VADUZ, cap. del principado de Liechtenstein; 3 400 h.
VÁEZ DE TORRES (Luis). V. TORRES.
VAGA (Pedro de), pintor italiano (1501-1574), discípulo de Rafael.
VAH, en alemán **Waas,** en húngaro **Vag,** río de Eslovaquia, afl. izq. del Danubio; 400 km.
VAIHINGER (Juan), filósofo alemán (1852-1933), creador de un positivismo idealista.
VALADON (Susana), pintora francesa (1867-1938), madre de Utrillo.
VALAIS [-*lé*], uno de los cantones suizos, en el valle superior del Ródano. Cap. *Sion.*
VALAQUIA, uno de los principados danubianos que, hasta 1918, constituyó, junto con Moldavia, el reino de Rumania. Actualmente se divide en VALAQUIA MAYOR o *Muntenia,* al este, y VALAQUIA MENOR u *Oltenia,* al oeste.
VALBUENA (Bernardo de). V. BALBUENA.
VALBUENA PRAT (Ángel), profesor e historiador literario español, n. en 1900, autor de una *Historia de la literatura española.*
VALCÁRCEL (Teodoro), compositor peruano de ascendencia india (1900-1942), autor de *Cantos del Alma Vernacular.*

Fot. Boudot-Lamotte, Larousse

VALDAI, meseta del NO. de Rusia en la que nacen el Dniéper y el Volga; alt. 351 m.
VALDEJUNQUERA, valle de Navarra, donde Sancho Garcés I de Navarra y Ordoño II de León fueron vencidos por Abderramán III (920).
VALDELOMAR (Abraham), poeta y escritor peruano (1888-1919), jefe del grupo *Colónida.*
VALDEMAR I, rey de Dinamarca de 1157 a 1182. — VALDEMAR II, rey de Dinamarca de 1202 a 1241. — VALDEMAR III, rey de Dinamarca de 1226 a 1230, durante el cautiverio de su padre Valdemar II. — VALDEMAR IV, rey de Dinamarca de 1340 a 1375.
VAL-DE-MARNE, dep. de Francia, cap. *Créteil.*
Valdenses, sectarios de los Alpes, llamados así por su fundador, Pedro de Valdo (s. XII). Aspiraban a devolver a la Iglesia su pobreza apostólica. Preconizaban la pobreza en la Iglesia.
VALDEPEÑAS, c. de España (Ciudad Real); vino de mesa famoso.
VALDERRAMA (Adolfo), médico, político y escritor chileno (1834-1902), autor de un *Bosquejo histórico de la poesía chilena.*
VALDÉS, penínς. de la Argentina, en la costa patagónica (Chubut). — Pobl. de la Argentina (Buenos Aires).
VALDÉS (Alfonso de), escritor español, n. en Cuenca (¿1490?-1532), de tendencia erasmista en sus diálogos *De Mercurio y Carón* y *De Lactancio y un arcediano,* éste último sobre el famoso saco de Roma. — Su hermano JUAN (¿1501?-1541), notable humanista y autor de *Diálogo de la lengua,* que constituye uno de los textos esenciales del estudio del español. Fue también un propagandista de la Reforma.
VALDÉS (Gabriel de la Concepción), poeta cubano, n. en La Habana (1809-1844), conocido por el seudónimo de **Plácido.** Autor de *Plegaria a Dios, La fatalidad, La flor del café.* Acusado

G. DE LA C. VALDÉS

VALDÉS LEAL
LAS POSTRIMERÍAS DE LA VIDA

de dirigir un movimiento de rebelión contra España, fue condenado a muerte y ejecutado.

VALDÉS (Jerónimo), general español (1784-1855), que luchó en Perú contra los revolucionarios y fue luego gobernador de Cuba.

VALDÉS (Ramón M.), político panameño, m. en 1918, pres. de la Rep. de 1916 a 1918.

VALDÉS LEAL (Juan de), pintor español, n. en Sevilla (1622-1690), de gran realismo, autor de *Finis gloriae mundi, Presentación de la Virgen, Retrato de Miguel de Mañara,* etc.

VALDEZ, pobl. del Ecuador, cab. del cantón de Eloy Alfaro (Esmeraldas).

VAL-D'ISÈRE, pobl. de Francia (Saboya). Estación de montaña (1 840 m); centro turístico y deportivo invernal.

P. DE VALDIVIA

VALDIVIA, río de Chile, que des. en el Pacífico; 250 km. — C. y puerto de Chile, cap. de la prov. del mismo n.; centro comercial e industrial. (Hab. *valdivianos.*) Obispado. Residencia de la Universidad Austral. Fundada por Pedro de Valdivia en 1552, sufrió destrucciones por efectos sísmicos en 1575, 1737, 1837 y 1960. La prov. es, por su prod. agrícola, maderera e industrial, una de las más ricas del país.

VALDIVIA (Aniceto), autor dramático, poeta y diplomático cubano (1859-1927).

VALDIVIA (Luis de), misionero jesuita y erudito español (1561-1642), evangelizador de los indios de Chile y autor de una gramática y un diccionario de la lengua del país.

VALDIVIA (Pedro de), conquistador español, n. en Valle de La Serena (Badajoz) [¿1500?-1554], que luchó en Venezuela y luego en el Perú a las órdenes de Pizarro. Al frente de 150 españoles conquistó Chile y fundó la c. de Santiago (1541). Nombrado gobernador y capitán general de la nueva provincia, exploró el territorio y fundó, a pesar de la resistencia de los indígenas, otras poblaciones (La Imperial, Valdivia, Confines, etc.). M. en Tucapel a manos de los araucanos acaudillados por Lautaro.

VALDIVIA DE LONTUÉ, com. de Chile (Talca).

VALDIVIELSO (José de), poeta español (¿1560?-1638). Cultivó el género religioso en su *Romancero espiritual del Santísimo Sacramento* y en los doce autos sacramentales que compuso.

G. VALENCIA

VALDIVIESO (José Félix), político ecuatoriano del s. XIX, pres. de la Rep. en 1834.

VALDO (Pedro de), heresiarca francés, m. a fines del s. XII, fundador de la secta valdense.

VAL-D'OISE, dep. de Francia, cap. *Pontoise.*

VALDOVINOS (Arnaldo), político y escritor paraguayo, n. en 1908, que describió la guerra del Chaco.

VALENÇAY, c. de Francia (Indre). Palacio del Renacimiento, donde Fernando VII residió y firmó con Napoleón, en 1813, el tratado que le devolvía la corona de España que había antes abdicado en su padre, Carlos IV.

VALENCE, c. de Francia, cap. del dep. del Drôme, a orillas del Ródano; metalurgia, relojería; ind. alimenticias y textiles (seda). Obispado; catedral románica.

VALENCIA *(Reino de),* ant. reino que comprendía las prov. españolas de Valencia, Castellón y Alicante.

VALENCIA o **VALENCIA DEL CID,** c. de España, cap. de la prov. del mismo n., a orillas del río Guadalaviar o Turia. Arzobispado. Universidad. Monumentos importantes: Catedral y torre del *Miquelet;* Lonja gótica, puertas de Serranos y Cuarte, palacio barroco del marqués de Dos Aguas. Gran centro agrícola, industrial y comercial; fábricas de tejidos (seda, algodón y lana), de azulejos, tabacos, corcho, etc. Exportación de vinos, naranjas, arroz. Puerto de *El Grao.*

VALENCIA (ALBUFERA DE). V. ALBUFERA.

VALENCIA (GOLFO DE), parte del Mediterráneo comprendida entre el cabo de la Nao (Alicante) y la desembocadura del Ebro (Tortosa).

VALENCIA, lago de Venezuela en los Estados de Carabobo y Aragua; 441 km²; ant. llamado **Laguna de Tacarigua.** — C. de Venezuela, cap. del Estado de Carabobo; centro industrial importante. (Hab. *valencianos.*) Fundada en 1555, conserva aún cierto carácter colonial. Universidad. Obispado.

VALENCIA (Guillermo), político, orador y poeta colombiano (1873-1943), autor de *Ritos, Alma Mater, Tríptico.* — Su hijo GUILLERMO LEÓN, político, n. en 1908, pres. de la Rep. de 1962 a 1966.

VALENCIA (Manuel María), político y poeta dominicano (1810-1870). Fundador del periódico *El Dominicano* (1845). Se ordenó sacerdote en 1848.

VALENCIA DE ALCÁNTARA, v. de España (Cáceres); centro agrícola.

VALENCIA DE DON JUAN, v. de España (León); centro ganadero y agrícola.

VALENCIENNES, c. de Francia (Nord), a orillas del Escalda; metalurgia, industrias textiles y alimenticias.

VALENTE, emperador romano de Oriente, hermano de Valentiniano I, n. hacia 328. Reinó de 364 a 378. Cruel y torpe, fue vencido por los godos en Andrinópolis.

VALENTIA, islote y pueblo al O. de Irlanda. Importante estación telegráfica y meteorológica.

VALENTÍN *(San),* sacerdote italiano, mártir hacia 273. El día de San Valentín (14 de febrero) es la fiesta de los enamorados.

VALENTÍN, heresiarca del s. II, n. en Egipto, jefe de una secta de gnósticos; m. en 161.

VALENTÍN, papa en 827.

VALENTINIANO I, emperador romano de 364 a 375. Se distinguió por su severidad y su intolerancia religiosa. — VALENTINIANO II, empe-

VALENCIA
Plaza del Caudillo

Fot. Anderson-Giraudon, Viollet

rador romano (375-392). — VALENTINIANO III, emperador romano de Occidente de 425 a 455.
VALENTINO (Rodolfo GUGLIELMI, llamado **Rodolfo**), actor de cine italiano (1895-1926), célebre por su encanto y belleza.
VALENZUELA, pobl. del Paraguay (Cordillera); centro ganadero.
VALENZUELA (Fernando de), político español (1636-1692), primer ministro de Carlos II.
VALENZUELA (Pedro), político guatemalteco (1797-1865), jefe del Estado en 1838.
VALENZUELA LLANOS (Alberto), pintor impresionista chileno (1869-1925), destacado paisajista.
VALERA, c. de Venezuela (Trujillo); el centro comercial más importante del Estado.
VALERA (Cipriano), humanista y sacerdote español (¿1532?-1602), que llevó a cabo una traducción íntegra de la *Biblia,* publicada en Amberes en 1602.
VALERA (Diego de), cronista e historiador español (1412-1488), autor de una *Crónica abreviada,* llamada también la *Valeriana,* sobre hechos de su tiempo.
VALERA (Eamon de), político irlandés, n. en 1882, que dirigió el movimiento de independencia de su patria. Ha sido jefe del Gob. revolucionario (1918), pres. del Estado Libre (1932-1937), primer ministro de 1937 a 1948, de 1951 a 1954 y en 1957, y pres. de la Rep. en 1959, reelegido en 1966.
VALERA Y ALCALÁ GALIANO (Juan), diplomático y novelista español, n. en Cabra (1824-1905), que se distinguió principalmente por su gran cultura, el casticismo de su prosa y la elegancia de sus argumentos. En su abundante y variada producción sobresalen *Pepita Jiménez* (1874), su obra maestra, *Juanita la Larga, Pasarse de listo, Doña Luz, El comendador Mendoza, Morsamor.* Escribió también numerosos cuentos y ensayos literarios (*Cartas americanas, Nuevas cartas americanas, Crítica literaria,* etc.).
VALERIANO, emperador romano de 253 a 260, n. en 190, hecho prisionero por el rey de los persas Sapor I y después asesinado.
VALERIO FLACO, poeta latino del s. I de nuestra era, autor de la *Argonáutica.*
VALERIO MÁXIMO, historiador latino del s. I de nuestra era, autor de una serie de nueve libros titulada *Dichos y hechos célebres.*
VALERIO PUBLÍCOLA (Publio), uno de los fundadores de la República Romana, según la tradición.
VALERY (Paul), escritor francés, n. en Sète (1871-1945), cuyos poemas (*La joven parca, El cementerio marino, Cármenes*), de forma clásica, expresan, con sutiles símbolos, las inquietudes de la inteligencia. Sus ensayos muestran su vasta cultura, impregnada de humanismo.

VALLADOLID: Fachada del colegio de San Gregorio

puerto de VALPARAÍSO

VALETTA (La), cap. y puerto de la isla de Malta, en la costa oriental; 19 100 h. Base naval.
VALIENTE, penins. de Panamá (Bocas del Toro).
VALKIRIA. V. WALKIRIA.
VALMASEDA, v. de España (Vizcaya); fundiciones. Centro agrícola y ganadero.
VALMASEDA (Blas VILLATE, *conde de*), político español del s. XIX, que fue gobernador de Cuba y luego capitán general. Persiguió sañudamente a los insurrectos de la Guerra Grande.
VALMIKI, poeta indio del s. V a. de J. C., a quien se atribuye el poema épico *Ramayana.*
VALMY, aldea de Francia (Marne), donde vencieron los franceses a los prusianos en 1792.
VALOIS [*-luá*], región de la ant. Francia, comprendida hoy en los dep. del Oise y del Aisne.
VALOIS, familia real francesa, rama de los Capetos, que subió al trono de Francia en 1328 en la persona de Felipe VI. Su último representante, Enrique III, murió en 1589.
VALONA, c. y puerto al S. de Albania.
VÁLOR (Hernando de CÓRDOBA Y), descendiente de los Omeyas (1520-1568), que se proclamó rey de los moriscos de Granada en 1568, con el nombre de **Aben Humeya.** Fue muerto y reemplazado por Abdalá Abenabó.
VALPARAÍSO, c. de Chile, cap. del dep. y cap. de la prov. del mismo n.; principal puerto del país, a orillas del Pacífico; centro comercial e industrial. (Hab. *porteños.*) Universidad. Escuela Naval. Obispado. Descubierta su bahía en 1536 por Juan de Saavedra, la c. alcanzó en seguida gran desarrollo; fue destruida por varios terremotos en 1730, 1822 y 1926. — Pobl. de Colombia (Antioquia).
VALTELINA, valle de los Alpes, en Italia septentrional, entre el lago Como y el río Adda. Cap. *Sondrio.*
VALVERDE, com. de la Rep. Dominicana (Santiago).
VALVERDE, v. de España (Tenerife).
VALVERDE (Joaquín), músico español (1844-1910), que cultivó la zarzuela en colaboración con Chueca (*Agua, azucarillos y aguardiente*).
VALVERDE (José Desiderio), general y político dominicano, jefe del Gobierno provisional en 1857 y pres. de la Rep. en 1858.
VALVERDE DEL CAMINO, c. de España (Huelva); piritas de hierro y cobre.
VALLA (Lorenzo), humanista italiano (1407-1457), latinista eminente y crítico agudo que atacó los prejuicios de la escolástica.
VALLADOLID, c. de España (Castilla la Vieja), cap. de la prov. del mismo n., parte de la cual perteneció el ant. reino histórico de León, en la confluencia de los ríos Pisuerga y Esgueva. Arzobispado. Universidad. Monumentos: Catedral (s. XVI), Palacio de los Reyes, Colegio de San Gregorio (hoy museo de escultura policroma), etc. Industria y comercio activos; fabrica-

E. DE VALERA

Juan VALERA

VALERY

Fot. Lacoste, doc. Embajada de Chile (París), Manuel, X, Aubés

J. C. DEL VALLE

Cruz que corona la Basílica del VALLE DE LOS CAÍDOS

VALLE-INCLÁN

C. VALLEJO por PICASSO

ción de automóviles. (Hab. *vallisoletanos.*) Residencia de Carlos I, Felipe II nació en Valladolid en 1527, y Felipe III volvió a trasladar a ella la Corte (1600-1606).

VALLADOLID. V. MORELIA.

VALLARTA (Ignacio Luis), político y jurista mexicano (1830-1893).

VALLARTA Y PALMA (José), sacerdote y filósofo escolástico mexicano (1719-1790).

VALLAURIS, v. de Francia (Alpes Marítimos). Cerámica famosa, renovada por Picasso.

VALLDEMOSA, v. de Baleares (Palma). Cartuja donde vivieron Chopin y Jorge Sand (1838).

VALL DE UXÓ, c. de España (Castellón).

VALLE, dep. de Honduras, fronterizo con El Salvador, bañado por los ríos Nacaome y Goascorán; cap. *Nacaome.* (Hab. *valleños.*)

VALLE (Adriano del), poeta español (1895-1957), autor de *Arpa fiel* y *Primavera portátil,* obras escritas en un estilo rebuscado y difícil.

VALLE (Aristóbulo del), político y orador argentino (1847-1896), uno de los promotores de la Revolución de 1890 contra Juárez Celman.

VALLE (Gerardo del), escritor cubano, n. en 1898, autor de cuentos: *Retazos.*

VALLE (Gilberto CONCHA, llamado **Juvencio**), poeta chileno, n. en 1900, autor de *Nimbo de piedra* y *La flauta del hombre Pan.*

VALLE (José Cecilio del), escritor, periodista y político hondureño, n. en Choluteca (1780-1834), prócer de la independencia centroamericana y autor del Acta que la proclamó (1821). Dejó escritos políticos, científicos y literarios.

VALLE (Leandro), general mexicano (1833-1861), uno de los defensores de la Reforma.

VALLE (Rafael Heliodoro), escritor hondureño, n. en Tegucigalpa (1891-1959), autor de versos *(Ánfora sedienta)* y obras de erudición *(San Bartolomé de las Casas, Historia intelectual de Honduras,* etc.).

VALLE (Rosamel del), poeta chileno, n. en 1900, de tendencia simbolista y surrealista, autor de *País blanco y negro, Orfeo* y *La visión comunicable.*

VALLE-ARIZPE (Artemio de), escritor mexicano (1888-1961), autor de *Del tiempo pasado.*

VALLECAS, arrabal al E. de Madrid.

VALLE CAVIEDES (Juan del), escritor peruano, n. en Andalucía (¿1654-1692?), autor de *Diente del Parnaso,* poema satírico en el que describe el ambiente limeño de fines del s. XVII.

VALLE DE BRAVO, pobl. de México, en el Estado de México; centro turístico.

VALLE DEL CAUCA, dep. de Colombia; cap. *Cali;* abundante y variada prod. agrícola; ganadería; minas de carbón, oro y platino. (Hab. *vallecaucanos* o *vallunos.*)

Valle de los Caídos, basílica y necrópolis levantadas en 1959 en homenaje a las víctimas de la guerra civil española (1936-1939), cerca de Cuelgamuros (Madrid).

VALLEDUPAR, serranía de Venezuela, en la sierra de Perijá. — C. de Colombia, cap. del dep. de Cesar; centro ganadero. Vicariato apostólico.

VALLE FÉRTIL, sierra de la Argentina, al N. de la sierra de la Huerta (San Juan).

VALLE GRANDE, pobl. de Bolivia, cap. de la prov. del mismo n. (Santa Cruz).

VALLE-INCLÁN (Ramón María del), escritor español, n. en Villanueva de Arosa (Pontevedra) [¿1869?-1936]. Personaje singular, agresivo e independiente, fue un poeta brillante *(La pipa de Kif, Aromas de Leyenda, El pasajero),* un buen dramaturgo *(Voces de gesta, La marquesa Rosalinda, Divinas palabras)* y sobre todo un excelente prosista, virtuoso del estilo: sus *Sonatas de otoño* (1902), *de estío* (1903), *de primavera* (1904) y *de invierno* (1905), admirablemente cinceladas, sus relatos históricos, estampas de la guerra carlista *(Los cruzados de la causa, El resplandor de la hoguera, Gerifaltes de antaño),* narraciones de ambiente isabelino o hispanoamericano *(Tirano Banderas),* lo revelan como uno de los mejores novelistas de su época.

VALLEJO (César), escritor peruano n. en Santiago de Chuco (1892-1938). Viajó por casi toda Europa y murió en París. Sobresale por su obra poética *(Poemas humanos, España, aparta de mí este cáliz),* y por su obra político-social *(El Tungsteno).* La figura de Vallejo se agiganta por días y está considerado actualmente como uno de los valores más representativos de la literatura hispánica y universal.

VALLEJO (José Joaquín), costumbrista chileno, n. en Vallenar (1811-1858), conocido por el seudónimo **Jotabeche,** cuya obra, llena de fino humorismo, fue reunida en la *Colección de los artículos de Jotabeche.*

VALLENAR, com. de Chile (Atacama). Centro minero y vitivinícola. Terremoto en 1922.

VALLÉS (El), comarca de España (Barcelona), productora de cereales, vino y aceite; importantes centros industriales en Tarrasa, Sabadell y Granollers.

VALLÉS (Francisco), llamado **el Divino,** médico español (1524-1592). Autor de numerosos tratados; fue médico personal de Felipe II.

VALLS, c. de España (Tarragona).

VAN, c. de Turquía, en la ant. Armenia, a orillas del *lago de Van.*

VANARESI. V. BENARÉS.

VANCOUVER, isla del Pacífico (Canadá). — C. del Canadá (Colombia Británica), frente a la *isla de Vancouver;* gran centro comercial e industrial. Puerto importante.

VANCOUVER (Jorge), navegante inglés (¿1757?-1798), que dobló el cabo de Hornos y exploró el oeste del Canadá.

VÁNDALOS, ant. pueblo germánico, en parte eslavo, entre el Óder y el Vístula. Invadió las Galias, España y África en los siglos V y VI.

VANDEA, en fr. **Vendée,** dep. de Francia; cap. *La Roche-sur-Yon.*

Vandea *(Guerras de),* alzamiento de los campesinos vandeanos en 1793, dominado por el general Hoche.

VAN DE GRAAF (Robert Jemison), físico norteamericano, n. en 1901, creador de una máquina electrostática.

VAN DEN VONDEL (Justo), poeta trágico holandés (1587-1679).

VAN DER GOES (Hugo), pintor flamenco (¿1440?-1482), hábil retratista. Influyó considerablemente en la pintura flamenca de la segunda mitad del s. XV.

VAN DER HELST (Bartolomé), pintor holandés (1613-1670), autor de retratos colectivos.

VAN DER HEYDEN (Juan), pintor paisajista holandés (1637-1712).

VAN DER MEER. V. VERMEER.

VAN DER MEERSCH (Maxence), novelista francés (1907-1951), autor de *La huella de Dios, Cuerpos y almas,* etc.

VAN DER MEULEN (Antonio), pintor flamenco (1632-1690).

VANDERVELDE (Emilio), político socialista belga (1866-1938).

VAN DER WAALS (Juan), físico holandés (1837-1923), que estudió las fuerzas de atracción moleculares. (Pr. Nóbel, 1910.)

VAN DER WEYDEN (Rogelio), pintor flamenco (¿1400?-1464), el más ilustre del s. XV, después de Van Eyck, pero de temperamento más dramático que éste. Autor de cuadros religiosos *(Descendimiento).* [V. tb. lámina p. 384.]

VAN DE VELDE, n. de tres pintores holandeses del s. XVII. El más célebre, GUILLERMO *el Joven* (1663-1707), fue pintor de escenas navales.

VAN DIEMEN (Antonio), colonizador holandés (1593-1645), instigador del viaje de Abel Tasmán que, en 1642, descubrió la isla llamada *Tierra de Van Diemen* (hoy *Tasmania*).

VAN DONGEN (Cornelius Kees), pintor francés de origen holandés (1877-1968), uno de los *fauvistas.*

VAN DYCK (Antonio), pintor flamenco (1599-1641). Colaborador de Rubens de 1617 a 1621, pintor de la Corte de Carlos I de Inglaterra a partir de 1632 *(Carlos I, La reina Enriqueta, Lord Azuendel).*

VÄNERN. V. VENER.

VAN EYCK (Huberto), pintor flamenco (¿1364?-1426), hermano y colaborador de Juan, su existencia ha sido puesta en duda.

VAN EYCK (Juan), pintor primitivo flamenco (¿1390?-1441), que trabajó sobre todo en Brujas; uno de los creadores del arte flamenco. Autor del célebre políptico *El cordero místico* (1432-1439). Fue encargado de misiones diplomáticas en España y Portugal. (V. tb. lámina p. 880.)

Fot. X, Giraudon, Larousse

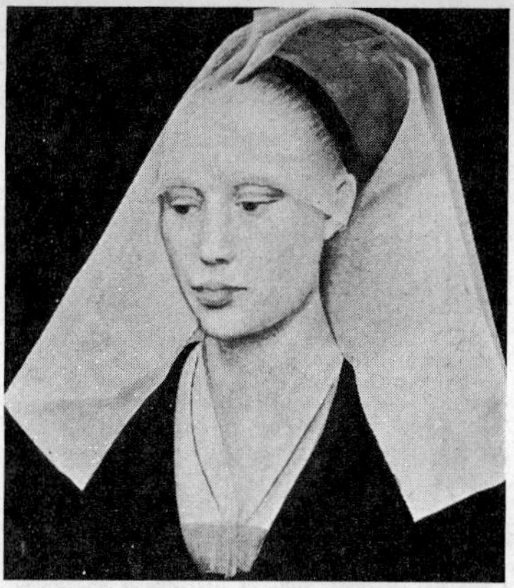

a la izquierda:
VAN DER GOES
SANTA MAGDALENA
Galería de los Oficios
Florencia
a la derecha:
VAN DER WEYDEN
RETRATO DE UNA DAMA

VAN GOGH (Vicente), pintor holandés (1853-1890), que vivió gran parte de su vida en Francia, donde se suicidó. En sus bodegones, retratos y paisajes procuró obtener el máximo de intensidad y de vibración.
VAN GOYEN (Juan), pintor holandés (1596-1656), autor de paisajes y marinas muy transparentes. Dirigió una escuela de paisajistas en Leyden.
VAN HELMONT (Juan Bautista), médico y químico belga (1577-1644), descubridor del jugo gástrico.
VANIKORO, isla británica de Melanesia, al N. de las Nuevas Hébridas. Allí asesinaron en 1788 a La Perouse y sus compañeros.
VANLOO (Jean-Baptiste), pintor francés (1684-1745), de gran facilidad y de colorido notable. — Su hermano CARLE, pintor distinguido (1705-1765), de colorido brillante y composición agradable.
VAN MUSSCHENBROEK (Pedro), físico holandés (1692-1761), inventor de la *botella de Leyden.*
VANNES [*van*], c. y puerto de Francia, cap. del dep. de Morbihan. Obispado. Catedral (siglo XIII-XVI). Tumba de San Vicente Ferrer.
VAN ORLEY (Bernardo), pintor flamenco (¿1488?-1541), destacado colorista (*El Juicio final*).
VAN OSTADE (Adriano), pintor de la escuela holandesa (1610-1685), autor de notables escenas de interior. — Su hermano ISAAC (1621-1657), pintor también de interiores, escenas populares, etc., de gran intensidad y rico colorido.
VAN'T HOFF (Jacobus Henricus), físico holandés (1852-1911), autor de una teoría de las disoluciones. (Pr. Nóbel, 1901.)
VAPOR CUÉ, lugar del Paraguay (Cordillera), en el río Yháguih, donde fue destruida, durante la guerra de 1870, la flotilla paraguaya.
VAR, río de Francia, que des. en el Mediterráneo; 120 km. — Dep. de Francia, en Provenza; cap. *Draguignan.*
VARANASI. V. BENARÉS.
VARAS (Antonio), político chileno (1817-1866), que fue ministro de Bulnes y colaborador de Manuel Montt.
VARAZZE (Iacopo da). V. VORAGINE.
VARDAR, río de los Balcanes, que riega Yugoslavia y Grecia y des. en el mar Egeo; 388 km.
VÁRDULOS, habitantes de la España Tarraconense, que residían en Vasconia.
VAREGOS, tribu escandinava que, durante la segunda mitad del s. IX, penetró en Rusia y sometió a los fineses y los eslavos. Su jefe, Rurik, tomó el título de gran duque y fundó el Imperio Ruso.
VARELA (Florencio), escritor y poeta argentino (1807-1848), m. asesinado en Montevideo.
VARELA (Héctor Florencio), periodista y tribuno argentino, n. en Montevideo (1832-1891).
VARELA (José Pedro), pedagogo y escritor uruguayo (1845-1879), reformador de la enseñanza primaria en su país.
VARELA (Juan CRUZ), poeta y político argentino (1794-1839), que ejerció varios cargos con Rivadavia. Autor de las tragedias *Dido* y *Argia,*

VAN GOGH
autorretrato

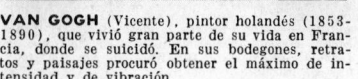

a la izquierda:
VAN DYCK
RETRATO DE MUJER
museo de Estrasburgo
a la derecha:
VAN EYCK
RETRATO DE LA MUJER DEL PINTOR
museo de Brujas

Fot. Anderson-Giraudon, Tropical Press Agence

Getulio VARGAS

J. M. VARGAS

VARONA

VARSOVIA

y de las poesías patrióticas *Maipú, Canto a Ituzaingó*. Era hermano de Florencio.

VARELA (Pedro), político uruguayo (1837-1906), pres. interino de la Rep. en 1868 y de 1875 a 1876. El período de su segundo gobierno pasó a la historia con el nombre de *Año Terrible* por la deficiente situación financiera y por la forma de su destitución.

VARELA Y MORALES (Félix), presbítero, filósofo y educador cubano (1787-1853), que defendió la idea de la independencia e introdujo varias reformas en la enseñanza. Fue enemigo de la escolástica. M. en los Estados Unidos.

VARELA Y ULLOA (José), marino y matemático español (1739-1794).

VARENNES-EN-ARGONNE, pobl. de Francia, cerca de Verdún, donde fue detenido Luis XVI cuando huía al extranjero (1791).

VARES o **BARES** (ESTACA DE), cabo en el extremo septentrional de España (Lugo).

VARESE, c. de Italia (Lombardía), a orillas del lago del mismo n. Turismo.

VARGAS (Francisco de), alcalde de Corte de Isabel la Católica (1484-1560), a quien solía encomendar la reina los asuntos más difíciles. Ha quedado su nombre en la expresión proverbial: "Averígüelo Vargas".

VARGAS (Garci PÉREZ DE), caballero castellano del s. XIII, que se distinguió en muchos hechos de armas y mereció el sobrenombre de **Vargas-Machuca.**

VARGAS (Getulio), político brasileño (1883-1954), pres. de la Rep. de 1930 a 1945 y de 1951 a 1954. Se suicidó. Promulgó una nueva Constitución y gobernó dictatorialmente.

VARGAS (José María), médico y político venezolano (1786-1854), pres. de la Rep. de 1835 a 1837. Fomentó los estudios médicos.

VARGAS (Luis de), pintor español, n. y m. en Sevilla (1502-1568), autor del famoso retablo llamado *de la Gamba* (Sevilla).

VARGAS LLOSA (Mario), escritor peruano, n. en 1930, autor de la novela *La ciudad y los perros.*

VARGAS OSORIO (Tomás), poeta colombiano (1908-1941), autor de *Regreso de la muerte.*

VARGAS TEJADA (Luis), poeta y dramaturgo colombiano (1802-1829), que fue adversario de Bolívar.

VARGAS VALDÉS (José Joaquín), escritor, educador y político colombiano (1830-1899).

VARGAS VILA (José María), periodista, crítico y novelista colombiano, n. en Bogotá (1860-1933), autor de relatos llenos de inmoderada violencia, que gozaron de gran notoriedad en su época: *Ibis, Aura o las violetas, Flor de fango, Las rosas de la tarde,* etc.

VARGAS Y PONCE (José de), poeta español (1760-1821), autor de *Proclama de un solterón.*

VARIGNON (Pedro), matemático francés (1654-1722), uno de los creadores del análisis infinitesimal.

VARNA, c. de Bulgaria, puerto activo a orillas del mar Negro. Derrota de los polacos y húngaros por los turcos (1444).

VARO, general del emperador Augusto, n. hacia 58 a. de J. C. Derrotado por Arminio, jefe de los germanos, pereció en una emboscada con tres legiones el año 9 de nuestra era.

VARONA (Enrique José), filósofo y político cubano, n. en Camagüey (1849-1933), que combatió por la independencia de su patria y fue elegido vicepresidente de la Rep. (1913-1917). Redactó el manifiesto *Cuba contra España* (1895) y escribió numerosos ensayos.

VARRÓN (Cayo Terencio), cónsul romano del s. III, colega de Paulo Emilio. Perdió la batalla de Cannas contra Aníbal en 216 a. de J. C.

VARRÓN (Marco Terencio), poeta y polígrafo latino (116-27 a. de J. C.), escritor fecundo y de vasta cultura. De su obra sólo se conservan los tres libros de un tratado de economía rural.

VARSOVIA, en polaco **Warszawa,** cap. de Polonia, a orillas del Vístula; 1 172 000 h. Gran centro industrial y administrativo. Arzobispado. Universidad. En gran parte destruida en la Segunda Guerra mundial y conquistada por los soviéticos en 1945.

VARVARCO, río de la Argentina (Neuquen), desaguadero del *lago Varvarco Campos.*

VASA. V. GUSTAVO VASA.

VARELA Y MORALES

J. VASCONCELOS

VASARI (Jorge), pintor, arquitecto e historiador de arte italiano (1511-1574), a quien se debe una admirable colección de *Vidas de los más excelentes pintores, escultores y arquitectos.*

VASCO DE GAMA. V. GAMA.

VASCONCELOS (Doroteo), político salvadoreño, pres. de la Rep. de 1848 a 1851. Intentó la creación de una República Centroamericana.

VASCONCELOS (José), escritor y político mexicano, n. en Oaxaca (1881-1959), que publicó cuentos (*La cita*), obras de teatro (*Prometeo vencedor*), memorias (*Ulises criollo, La tormenta, El desastre*), y libros de carácter sociológico, filosófico y crítico.

VASCONES, pueblo de la España Tarraconense, que se estableció, en el s. VII, al N. de los Pirineos.

VASCONGADAS (PROVINCIAS), n. que se da a las tres provincias españolas de Álava, Guipúzcoa y Vizcaya.

VASCONGADOS o **VASCOS,** pueblo que vive en ambas vertientes del Pirineo occidental.

VÁSQUEZ (Domingo), general y político hondureño, pres. de la Rep. de 1893 a 1894.

VÁSQUEZ (Gregorio), pintor colombiano (1628-1711), autor de notables cuadros religiosos.

VÁSQUEZ (José), compositor mexicano, n. en 1895, autor de la ópera *Los mineros.*

VASSEUR (Álvaro Armando), poeta uruguayo, n. en 1878, autor de *Cantos augurales, El libro de las horas,* cuentos, etc.

VÄSTERAS o **VESTERAS,** c. de Suecia al N. del lago Mälar; central térmica.

VATHI, c. de la isla griega de Samos. Comercio.

VATICANO (*Ciudad del*), Estado cuya soberanía temporal fue reconocida al Papa por el Tratado de Letrán (1929). Se compone de un territorio de 44 hectáreas aproximadamente, que comprende la plaza y la basílica de San Pedro, el palacio del Vaticano y sus jardines. A este dominio se añade la plena propiedad de cierto número de palacios e iglesias. La Ciudad cuenta con tribunales y servicios financieros propios; 1 000 h., de quince nacionalidades diferentes.

Vaticano, palacio de los Papas en Roma, reunión de edificios, capillas, etc., de épocas y estilos muy diversos. Museos y bibliotecas muy ricos. En dicho palacio se encuentran la capilla Sixtina, las Logias y las Cámaras de Rafael.

Vaticano (*Concilio*), concilio ecuménico que se celebró en Roma en 1869-1870, y en el que fue proclamado el dogma de la infalibilidad pontificia. — Un segundo concilio VATICANO se inició en 1962, convocado por el papa Juan XXIII y terminado por su sucesor Paulo VI en 1965.

VÄTTERN. V. VETTER.

VAUBAN [*vobán*] (Sebastián LE PRESTRE, *señor de*), ingeniero militar francés (1633-1707) que renovó el arte de la fortificación.

VAUCANSON (Jacobo de), mecánico francés (1709-1782), creador de muñecas autómatas muy célebres.

VAUCLUSE, fuente cerca de Aviñón, inmortalizada por Petrarca. — Dep. de Francia; cap. *Aviñón.*

VAUD, uno de los cantones suizos de lengua francesa: cap. *Lausana.*

VAUGELAS (Claudio **Favre de**), gramático francés (1585-1650).

VAUGHAN-WILLIAMS (Ralph), compositor inglés (1872-1958), autor de *London Symphony.*

Fot. U. S. I. S., doc. A. G. P., Holmes

palacio de VAUX-LE-VICOMTE

VAUPÉS, río de Colombia, formado por el Unilla y el Itilla, que se interna en el Brasil y es afl. del río Negro; 1 126 km. — Comisaría de Colombia; cap. *Mitú;* prod. arroz, maíz, yuca, caña de azúcar; ind. forestal. (Hab. *vaupenses.*)
VAUQUELIN (Nicolás Luis), químico francés (1763-1829); aisló el cromo y el berilio.
VAUVENARGUES (Luc DE CLAPIERS, *marqués de*), moralista francés (1715-1747), autor de *Máximas* en las que muestra su confianza en el corazón humano y en sus pasiones.
Vaux-le-Vicomte, palacio edificado al SE. de París, cerca de Melun, por Le Vau; una de las más suntuosas residencias de estilo Luis XIV.
VAZ FERREIRA (Carlos), filósofo y profesor uruguayo, n. en Montevideo (1873-1958), autor de ensayos, de gran valor pedagógico, escritos en un estilo sencillo: *Fermentario, Moral para intelectuales, Lógica viva.* — Su hermana MARÍA EUGENIA (1875-1924), poetisa uruguaya, autora de *La isla de los cánticos,* publicado póstumamente. Escribió también dos obras dramáticas (*La piedra filosofal* y *Los peregrinos*).
VAZOV (Iván), poeta y escritor búlgaro (1850-1921), reformador de la ortografía de su lengua.
VÁZQUEZ (Gabriel), teólogo español (1551-1604), defensor del molinismo.
VÁZQUEZ (Horacio), general y político dominicano (1860-1936), jefe del Gob. provisional en 1899 y pres. de la Rep. de 1902 a 1903 y de 1924 a 1930.
VÁZQUEZ (Santiago), político uruguayo (1787-1847), uno de los autores de la Constitución de 1830.
VÁZQUEZ CÁRDENAS (Joaquín), mineralogista colombiano (1752-1786).
VÁZQUEZ DE CORONADO. V. CORONADO.
VÁZQUEZ DE ARCE Y CEBALLOS (Gregorio), pintor colombiano (1638-1711), autor de cuadros religiosos.
VÁZQUEZ DE MELLA (Juan), escritor y orador político español (1861-1928), cuyo discurso más conocido es el titulado *Los tres dogmas nacionales.* Fundador del Partido Tradicionalista.
VÁZQUEZ DÍAZ (Daniel), pintor español (1882-1969), autor de retratos muy logrados y de los frescos que decoran el monasterio de La Rábida sobre el descubrimiento de América.
Vedas, cuatro libros sagrados de la India, en lengua sánscrita, atribuidos a la revelación de Brahma. Son colecciones de oraciones, de himnos, de fórmulas de consagración, de expiación, etc. Los *Puranas,* los *Sutras,* etc., constituyen comentarios de dichos libros.
VEDIA (Agustín de), periodista, escritor y político uruguayo (1843-1910). Estuvo deportado en La Habana en 1875. M. en la Argentina.
VEDIA (Nicolás de), militar argentino (1771-1852), que actuó en la política de su patria y en la del Uruguay.
VEDIA Y MITRE (Mariano de), escritor, historiador y político argentino (1881-1958).
VEDRUNA (Joaquina), religiosa española (1783-1854), fundadora de las Carmelitas de la Caridad (1826). Beatificada en 1940.
VEGA (La), prov. del centro de la Rep. Dominicana; cap. *Concepción de la Vega.*
VEGA (Bernardo de la), literato español del s. XVI, autor de *El pastor de Iberia* y *Ramillete de flores divinas.* Fue canónigo de Tucumán y residió en México.
VEGA (Carlos), musicólogo argentino (1898-1966), especialista del folklore sudamericano.
VEGA (Florentino), naturalista colombiano (1833-1890), autor de *Botánica indígena, La botánica en Nueva Granada* y *La expedición botánica.*
VEGA (Garcilaso de la). V. GARCILASO.
VEGA (Ricardo de la), comediógrafo español (1839-1910), autor de populares sainetes: *La verbena de la Paloma, El señor Luis el Tumbón o Despacho de huevos frescos, Pepa la Frescachona o El colegial desenvuelto, El año pasado por agua,* etc.
VEGA (Ventura de la), padre del anterior (1807-1865), dramaturgo español n. en Buenos Aires, autor de la comedia *El hombre de mundo,* el drama *Don Fernando de Antequera* y de la tragedia en romance heroico *La muerte de César.*

VAZ FERREIRA

H. VÁZQUEZ

VÁZQUEZ DE ARCE Y CEBALLOS
LA NATIVIDAD

VATICANO: la Biblioteca y las galerías

Fot. Neurdein, doc. A. G. P., Larousse, Boudot-Lamotte, Cortesía-Mundo Hispánico

Ventura de la VEGA

LOPE DE VEGA

Luis de VELASCO

VELÁZQUEZ DE CUÉLLAR

VEGA Y CARPIO (Félix **Lope de**), poeta español, n. y m. en Madrid (1562-1635), una de las figuras cumbres de la literatura universal. Era de familia humilde, oriunda de la Montaña de Santander. Después de una existencia agitada, entró en religión en 1614, sin dejar por ello de llevar una vida galante, que tanto influyó en su obra. Compuso versos con tal abundancia que ya mereció en su tiempo los sobrenombres de **Fénix de los Ingenios** y **Monstruo de Naturaleza**, atribuido éste último por el propio Cervantes. Cultivó todos los géneros, pero sobresalió esencialmente en el teatro, para el que escribió más de mil quinientas comedias, numerosas de las cuales se cuentan entre las obras maestras de la escena española: *El caballero de Olmedo, Fuenteovejuna, Peribáñez y el Comendador de Ocaña, El mejor alcalde, el rey, La estrella de Sevilla* (de autenticidad discutida), *El perro del hortelano, La moza del cántaro, La dama boba, La discreta enamorada, El acero de Madrid, El villano en su rincón, Lo cierto por lo dudoso*, etc. Poeta lírico, escribió *Rimas divinas y humanas*, un poema dedicado al santo patrón de Madrid (*El Isidro*), una epopeya burlesca (*La gatomaquia*), imitaciones de Ariosto (*La hermosura de Angélica*) y de Tasso (*La Jerusalén libertada*). Discutido y atacado por sus contemporáneos, Lope de Vega expuso en *Arte nuevo de hacer comedias* sus ideas sobre la elaboración teatral, al mismo tiempo que rendía justicia de admiración literaria a muchos de los poetas de su tiempo en el *Laurel de Apolo*. Otros poemas de circunstancias cabría citar aún, como los dedicados a contar las aventuras del corsario inglés Drake (*La Dragontea*) o a llorar la muerte lastimosa de María Estuardo (*Corona trágica*). La poesía mitológica le tentó también (*La Circe, La Filomena* y *La Andrómeda*), y la pastoril no le fue ajena (*La Arcadia* y *Los pastores de Belén*); hasta la novela bizantina, el cuento, el relato apologético y la evocación autobiográfica (*La Dorotea*) ocuparon su exuberante pluma.

VEGA REAL (La), fértil valle del centro de la Rep. Dominicana, tb. llamado **Valle del Cibao.** De él dijo Colón que era "la tierra más bella que ojos humanos habían visto".

VEGAS SEMINARIO (Francisco), novelista peruano, n. en 1903; autor de relatos indianistas.

VEGECIO (Flavio Renato), escritor latino de fines del s. IV, autor de *Tratado de arte militar*.

VEINTICINCO DE MAYO, c. de la Argentina (Buenos Aires).

Veinticinco de mayo, aniversario de la instalación de la Segunda Junta de Buenos Aires, presidida por Cornelio de Saavedra, que empezó a gobernar autonómicamente el ant. virreinato del Río de la Plata (1810).

VEINTICUATRO DE MAYO, cantón del Ecuador (Manabí).

VEINTIMILLA (Ignacio de), general y político ecuatoriano (1828-1908), pres. de la Rep. en 1876, depuesto en 1883.

VEIO, ant. c. etrusca, famosa por su triunfo sobre los Fabios en 477 a. de J. C. (Hab. *veyanos*.)

VEJER DE LA FRONTERA, c. de España (Cádiz). Centro agrícola y ganadero.

VELA, pobl. de la Argentina (Buenos Aires).

VELA (CABO DE LA), cabo de Colombia (Atlántico), descubierto por Alonso de Ojeda en 1499.

VELA (La), pobl. de Venezuela (Falcón).

VELA (Eusebio), dramaturgo español, que residió en México (1688-1737), autor de comedias de estilo calderoniano.

VELARDE (Fernando), poeta español (1821-1880), que ejerció honda influencia en los países americanos donde residió. Autor de *Cánticos del Nuevo Mundo, Melodías románticas*, etc.

VELARDE (José), poeta español (1849-1892), autor de la colección de versos *Voces del alma*.

VELARDE (Pedro), héroe español de la guerra de la Independencia (1779-1808), quien, en unión de Daoiz y Ruiz, se sublevó contra los franceses en Madrid, el 2 de mayo de 1808, y murió en la lucha.

VELASCO, prov. de Bolivia (Santa Cruz); cap. *San Ignacio de Velasco*.

VELASCO (José María), pintor mexicano (1840-1912), autor de notables lienzos.

VELASCO (José Miguel de), general y político boliviano (1795-1859), pres. de la Rep. en 1828, 1839 y 1848. Luchó antes por la Independencia y se halló en la batalla de Ayacucho. Fue derrotado por las fuerzas de Belzú.

VELÁZQUEZ: AUTORRETRATO *detalle* de LAS MENINAS. Prado

VELASCO (Juan de), historiador ecuatoriano (1727-1819), autor de *Historia del reino de Quito*.

VELASCO (Luis de), segundo virrey de la Nueva España, de 1550 a 1564, que se destacó por su celo en favor de los indios. Fundó la Universidad de México (1551) y estableció el tráfico marítimo con las Filipinas. — Su hijo LUIS fue virrey de Nueva España de 1590 a 1595 y de 1607 a 1611, y virrey del Perú de 1596 a 1604. También fue pres. del Consejo de Indias.

VELASCO IBARRA (José María), político y abogado ecuatoriano, n. en 1893, pres. de la Rep. de 1934 a 1935, de 1944 a 1947, de 1952 a 1956, reelegido en 1960, fue derribado en 1961. Nuevamente elegido en 1968.

VELASCO MAIDANA (José María), compositor boliviano, n. en 1901, autor de *Amerindia*, basada en el folklore del país.

VELAZCO (Bernardo de), político español, gobernador del Paraguay, depuesto por la revolución de mayo de 1811.

VELÁZQUEZ, pobl. del Uruguay (Rocha).

VELÁZQUEZ (Diego RODRÍGUEZ DE SILVA Y), pintor español, n. en Sevilla (1599-1660). Estuvo dos veces en Italia (1629 y 1648), donde asimiló la técnica de los grandes maestros, sin perder por ello su estilo propio. Retratista atrevido, autor de obras de maravillosa ejecución, de colorido y relieve admirables, Velázquez es el pintor más original y perfecto de la escuela española. Entre sus obras más notables merecen citarse *Los Borrachos, Las Hilanderas, Las Meninas, La Rendición de Breda* (v. p. 1539), *La adoración de los Magos, La fragua de Vulcano, La Venus del espejo*, los retratos de *Felipe IV*, de las *Infantas*, de *Inocencio X*, etc. Fue pintor de la Corte de España. (V. tb. lámina p. 240.)

VELÁZQUEZ (Luis José), marqués de Valdeflores, erudito español (1722-1772), autor de un libro sobre los *Orígenes de la poesía castellana*.

VELÁZQUEZ DE CUÉLLAR (Diego de), militar y colonizador español (1465-1524), que emprendió la conquista de Cuba en 1511. Fundó, entre otras ciudades, La Habana y Santiago. Nombrado gobernador de la isla, envió cuatro expediciones a México y confió la penúltima de éstas a Cortés (1519). Fue luego adversario decidido del conquistador de la Nueva España.

VELÁZQUEZ Y CÁRDENAS DE LEÓN (Joaquín), astrónomo y matemático mexicano (1732-1786).

VELDE (Van de). V. VAN DE VELDE.

VELETA (La), pico de Sierra Nevada, en la prov. de Granada (España); 3 431 m.

VÉLEZ, peña de Colombia, en la Cord. Oriental; 2 300 m. — C. de Colombia (Santander); centro comercial. Fundada en 1539.

VÉLEZ (Pedro), político mexicano, miembro del triunvirato de 1829.

VÉLEZ BLANCO, v. de España (Almería).

Fot. doc. A. G. P., Larousse, Skira

VÉLEZ DE LA GOMERA (PEÑÓN), islote del Mediterráneo, frente a la costa marroquí; posesión española.
VÉLEZ DE GUEVARA (Juan Crisóstomo), dramaturgo español (1611-1675), hijo de Luis Escribió comedias y entremeses.
VÉLEZ DE GUEVARA (Luis), poeta dramático y novelista español, n. en Écija (1579-1644), autor de las comedias: *La luna de la sierra*, sobre el honor del villano, *Reinar después de morir*, acerca de la leyenda portuguesa de Inés de Castro, *La niña de Gómez Arias* y *El diablo está en Cantillana*. Como novelista nos ha dejado uno de los monumentos de la prosa española en su relato *El diablo cojuelo*, visión alegórica de la España de su tiempo, imitado en Francia por Lesage.
VÉLEZ LADRÓN DE GUEVARA (Francisco Antonio), poeta gongorino colombiano (1721-¿1782?), de inspiración humorística y satírica.
VÉLEZ MÁLAGA, c. de España (Málaga). Centro agrícola.
VÉLEZ RUBIO, c. de España (Almería).
VÉLEZ SÁRSFIELD (Dalmacio), jurista y político argentino (1801-1875), autor del Código Civil de su país y también redactó, en colaboración, el Código de Comercio.
VÉLEZ Y HERRERA (Ramón), escritor cubano (1809-1886), autor de poesías descriptivas (*Flores de otoño, Romances cubanos*, etc.).
VELSEN, c. de Holanda (Holanda Septentrional). Centro siderúrgico; papelerías.
VELLETRI, c. de Italia (Lacio). Monumentos.
Vellocino de oro, vellón del carnero sobre el cual Hele y Frixo montaron para cruzar el Helesponto. Custodiado por un dragón, fue robado por Jasón y los Argonautas. *(Mit.)*
VENADILLO, pobl. de Colombia (Tolima).
VENADO TUERTO, pobl. de la Argentina (Santa Fe).
VENAMO, río de Venezuela, afl. del Cuyuní, que señala parte de la frontera entre el Est. de Bolívar y la Guayana Británica.
VENDEA o **VENDÉE.** V. VANDEA.
VENDÔME, c. de Francia (Loir y Cher).
VENDÔME (Luis José, *duque de*), general francés (1654-1712), que se distinguió en la guerra de Sucesión española, al servicio de Felipe V.
VENDRELL, v. de España (Tarragona).
VENECIA, región del NE. de Italia, ant. territorio de la república de Venecia, anexada en parte por Italia en 1866. La región de Trento y Bolzano o *Venecia Tridentina*, y *Venecia Julia* (Trieste, Istria, Carnero, Gorizia, Zara) fueron anexadas en 1919. Trieste y la región que la rodea (sup. 700 km^2) se declararon territorio libre después de la Segunda Guerra mundial, pero posteriormente Trieste y sus alrededores han vuelto a poder de Italia, y lo que queda del territorio a Yugoslavia. La parte italiana de Venecia Julia constituye desde 1963 una región autónoma con el Friul.
VENECIA, c. de Italia (Venecia), edificada en un grupo de islas de las lagunas del Adriático, que forma en este punto el golfo del mismo n. Industria de objetos de arte; astilleros; fundiciones y acerías. Plaza y catedral de San Marcos, palacio ducal, 90 iglesias y ricos museos. — Venecia fue, desde la Edad Media, sede de una república aristocrática muy próspera y que, bajo el gobierno de los dux, extendió su poderío sobre una parte de Lombardía, Dalmacia, Albania y parte de Morea, Macedonia y varias islas del Mar Egeo.
VENECIA EUGENIA, región del N. de Italia, que comprende las provincias de Bellune, Padua, Rovigo, Treviso, Venecia, Verona y Vicenza.
Venecia *(Conspiración de)*, conspiración urdida, según ciertos autores, por el duque de Osuna y el virrey de Milán para apoderarse por sorpresa del territorio veneciano (hacia 1618). Entre los individuos complicados en el asunto figuraba Quevedo.
VENEGAS (Francisco Javier), político español del s. XIX, virrey de Nueva España de 1810 a 1813.
VENEGAS DEL BUSTO (Alejo), escritor español (¿1493?-1554), de carácter ascético.
VENER, en sueco **Vänern,** lago de Suecia que comunica con el Cattegat; 5 546 km^2.

VENECIA
basílica de San Marcos

VENERO DE LEIVA (Andrés Díaz), político español del s. XVI, primer pres. de Nueva Granada (1564-1574). Protegió a la población indígena, fundó escuelas y ordenó las misiones.
VÉNETO, n. dado a las tres Venecias (Eugenia, Julia, Tridentina), y especialmente a Venecia Eugenia.
VENEZUELA, Estado de América del Sur, que limita al N. con el mar Caribe o de las Antillas y el océano Atlántico, al E. con la Guayana Británica, al S. con el Brasil y al O. con Colombia. 912 050 km^2; 9 859 174 h. (*venezolanos*); cap. *Caracas.*
— GEOGRAFÍA. — *Relieve.* Venezuela puede dividirse en tres grandes zonas bien definidas: 1º Una faja montañosa constituida por las últimas estribaciones del ramal oriental de los *Andes Colombianos*, que, al penetrar en Venezuela, al oeste del país, se bifurca para formar hacia el norte las sierras de Perijá y Motilones y hacia el este la de Mérida, donde culmina el pico Bolívar (5 002 m). La Cordillera Caribe prolonga el

VENEZUELA.—Estadística (cifras en millares)

ESTADO	km^2	Hab.	CAPITAL	Hab.
Distrito Federal	1,9	2 144	**Caracas**	2 064
Anzoátegui	43,3	389	Barcelona	42
Apure	76,5	121	San Fernando	24
Aragua	7,0	320	Maracay	178
Barinas	35,2	143	Barinas	26
Bolívar	238,0	221	Ciudad Bolívar	98
Carabobo	4,6	389	Valencia	200
Cojedes	14,8	74	San Carlos	12
Falcón	24,8	344	Coro	45
Guárico	64,9	251	S. Juan de los Morros	27
Lara	19,8	496	Barquisimeto	250
Mérida	11,3	275	Mérida	46
Miranda	7,9	504	Los Teques	44
Monagas	28,9	251	Maturín	54
Nueva Esparta	1,1	90	La Asunción	6
Portuguesa	15,2	209	Guanare	17
Sucre	11,8	408	Cumaná	76
Táchira	11,1	407	San Cristóbal	100
Trujillo	7,4	331	Trujillo	19
Yaracuy	7,1	178	San Felipe	29
Zulia	63,1	946	Maracaibo	621
T. Amazonas	175,7	12	Puerto Ayacucho	5
T. Delta Amacuro.	40,2	34	Tucupita	9
Dependencias Federales	0,1	0,9		

OTRAS POBLACIONES

Cabimas	93	Maiquetía	37
Carúpano	38	Puerto Cabello	50
Ciudad Ojeda	23	Puerto La Cruz.	54
La Guaira	25	Valera	44

Fot. J. de Beaupré

escudo
y mapa de
VENEZUELA

plegamiento andino hasta la península de Paria y presenta dos cordilleras paralelas a la costa, la del Litoral y la del Interior; 2º El *macizo de Guayana,* inmensa extensión de mesetas aún poco conocidas, que ocupa casi la mitad del territorio y ofrece un aspecto montañoso en su sector meridional (sierras de Parima y Pacaraima; 3º La región de los *Llanos del Orinoco,* situada entre las dos zonas anteriores, que constituye una típica sabana, cuya altura no sobrepasa los 200 metros.

— *Clima.* El clima es variado, según la altitud; hasta los 800 m sobre el nivel del mar se halla la zona cálida, con una temperatura media de 29 grados; entre los 800 y los 2 000 m se escalona la zona templada, y a partir de los 2 000 m se extiende la zona fría. Las precipitaciones son abundantes en general y la estación de las lluvias corresponde al invierno (de junio a noviembre).

— *Hidrografía.* El Orinoco recoge las aguas de la mayor parte de los ríos del país en su cuenca, que cubre unos 900 000 km². Nace en la sierra Parima, tiene aproximadamente 2 400 km de curso y forma un amplio delta. Sus principales afluentes son, a la derecha: el Ventuari, Caura y Caroní; a la izquierda: el Casiquiare, Meta y Apure. Entre los lagos, son notables el de Valencia y, sobre todo, el de Maracaibo, extensa laguna litoral de 16 360 km², que comunica con el mar Caribe a través del golfo de Maracaibo.

— *Costas e islas.* El litoral venezolano, de 2 813 km de longitud, presenta notables accidentes, entre los cuales figuran las penínsulas de Paraguaná, Arayá y Paria y los golfos de Maracaibo, Triste, Cariaco y Paria. Frente a esta costa se hallan numerosas formaciones insulares, como el archipiélago de los Roques y las islas Orquilla, Tortuga, Cubagua, Coche y Margarita, la más extensa de todas (1 097 km²).

— *Población.* La población está constituida por mestizos (65%), blancos (20%), negros (8%) e indios (7%). Muy irregularmente distribuida, esta población, cuya densidad media es baja (9 habitantes por km²), se concentra en la zona montañosa y en las costas, que cubren solamente el 20% del área nacional. Actualmente, una fuerte corriente inmigratoria contribuye al rápido aumento del número de habitantes.

— *Economía.* La región cultivada corresponde, principalmente, a la zona montañosa noroccidental y a la costa. Los cultivos básicos son el café, que ocupa el primer puesto en las exportaciones de productos agrícolas, y el cacao, de calidad superior. Otros cultivos son: caña de azúcar, arroz, maíz, algodón, sisal, trigo, yuca, frutas tropicales, etc. Las extensísimas selvas del interior abundan en especies maderables, de construcción, industriales (caucho, corteza de tanino) y medicinales, pero gran parte de estas riquezas forestales permanece aún sin explotar. La gana-

dería se desarrolla con preferencia en la zona tradicionalmente pecuaria de los Llanos, donde predomina la cría del ganado vacuno, que alcanza unos seis millones y medio de cabezas La región de la hoya del lago de Maracaibo constituye una excelente zona ganadera. La pesca se practica sobre todo en la región costera oriental, donde también se extraen ostras perlíferas.
Desde 1945, Venezuela ocupa el tercer lugar en la producción mundial de petróleo —base de la economía nacional—, con más de 160 millones de metros cúbicos. Dos tercios de esta producción proceden de la cuenca de Maracaibo, especialmente del fondo del Lago. Otra importante zona petrolífera es la Oriental, que se extiende desde el Estado de Anzoátegui hasta el delta del Orinoco. El 30% aproximadamente del petróleo bruto se elabora en las refinerías situadas a proximidad de los centros de extracción y el resto se exporta. En los últimos años, la producción de hierro ha experimentado un rápido incremento, gracias a los yacimientos de El Pao y Cerro Bolívar (Bolívar). Hay también minas de oro, diamantes, carbón, amianto, cobre, níquel, etc. La industria se halla en un período de pleno desarrollo, y a este respecto se debe señalar la planta siderúrgica instalada en la zona minera de El Pao y Cerro Bolívar, a orillas del río Caroní, que proporciona la fuerza motriz. Aparte de las industrias derivadas de la minería, existen otras dignas de mención: textil, azucarera, cervecera, láctea y conservera, así como la del cuero, tabaco, cemento y caucho.
La navegación de cabotaje es intensa, al igual que el transporte fluvial, especialmente en el Orinoco, cuya parte navegable es de unos 1 300 km, y sus afluentes. La extensión actual de las vías férreas alcanza 4 475 km, y la de las carreteras, unos 30 000. Para el transporte aéreo Venezuela cuenta con una red moderna de aeropuertos, seis de los cuales son de carácter internacional. El comercio exterior se realiza, sobre todo, con los Estados Unidos. La moneda nacional es el *bolívar*, y el banco emisor es el Banco Nacional de Venezuela.
— CONSTITUCIÓN Y ADMINISTRACIÓN. De acuerdo con la Constitución de 1961, el país es una República federal, compuesta de un Distrito Federal, veinte Estados, dos Territorios y varias Dependencias Federales insulares. El poder ejecutivo lo ejerce el presidente de la República, elegido cada cinco años y asistido por un Consejo de Ministros. El poder legislativo corresponde al Congreso Nacional, compuesto de la Cámara de Senadores y la de Diputados. El poder judicial incumbe a la Corte Suprema de Justicia y otros tribunales. El presidente de la República nombra los gobernadores de cada Estado o Territorio. El idioma oficial es el español. La instrucción primaria es libre y obligatoria, y la superior cuenta con once universidades, entre las cuales dos privadas. Existe libertad de cultos, pero la religión de la mayoría de los habitantes es la católica. El país está dividido eclesiásticamente en tres arquidiócesis, 12 diócesis, cuatro vicariatos apostólicos y una prelatura nullius.
— HISTORIA. En el momento del descubrimiento, el territorio venezolano estaba poblado por numerosas tribus de origen y costumbres diferentes. Las tribus andinas, representadas principalmente por los *timotes* y los *cuicas*, alcanzaron un alto desarrollo en la agricultura, en la que aplicaban complejos sistemas de riego; el carácter más estable de sus civilizaciones les permitió progresos culturales y religiosos a los que las otras tribus no llegaron. En la costa y en la región de los Llanos habitaban los *caribes* y los *arawakos*, divididos en múltiples tribus. De una manera general, es posible decir que los pobladores de la costa, menos nómadas que los del interior, lograron un mayor desarrollo agrícola, sin igualar con todo a las tribus andinas. Los caribes, en particular, se caracterizaron por la práctica de la antropofagia.
Colón descubrió las playas de Venezuela en el curso de su tercer viaje, el 1º de agosto de 1498; el 5 del mismo mes desembarcó al sur de la península de Paria; el 15 descubrió la isla de Margarita, después de recorrer la sección de la costa comprendida entre el Delta y Sucre. El año siguiente, Alonso de Ojeda llevó a cabo un minucioso reconocimiento de toda la costa venezolana; Américo Vespucio le acompañaba como cosmógrafo de la expedición. El 27 de marzo de 1528, Carlos I de España concedió a la casa comercial Welser, con la que tenía deudas, el derecho de conquista y colonización de la porción más importante del territorio venezolano. Ambrosio Alfínger, primer gobernador de Venezuela, estableció su capital en Coro. Entre 1530 y 1546, los seis gobernadores alemanes que se habían sucedido en el cargo, demasiado preocupados por la explotación a corto plazo, no habían realizado ninguna especie de colonización. Tampoco los españoles, que ocupaban las provincias del Oriente, habían estado a la altura de su tarea; la penetración realizada en el país por Diego de Ordás, Jerónimo Ortal y Antonio Sedeño, impedida por la brava resistencia de los indios, había consistido en un pillaje sistemático. En 1546, Juan de Carvajal, después de fundar la ciudad de El Tocuyo, dio muerte al último gobernador alemán, Felipe de Hutten, y se apoderó del cargo. Con Juan de Villegas, nombrado gobernador en 1548, terminó en realidad la administración alemana (aunque legalmente se prolongó hasta 1556), y comenzó la verdadera colonización. En la región de la Cordillera fueron fundados San Cristóbal, Mérida y Trujillo. La conquista del centro quedó consagrada con la fundación de Santiago de León de Caracas (25 de julio de 1567). El caudillo indígena Guaicaipuro, que murió en la lucha contra los españoles (1569), fue el símbolo de la resistencia a los conquistadores.
El siglo XVII presentó ya la Colonia constituida. En el actual territorio venezolano funcionaban las siguientes Gobernaciones: la de Venezuela, que había sido creada en 1528 en favor de los Welser; la de Cumaná o Nueva Andalucía, integrada a partir de 1569 por otras Gobernaciones anteriormente existentes; la de la Guayana, erigida en 1591; la de Margarita, la de Trinidad y la de la Grita, que posteriormente se llamó de Maracaibo. Tal división política en Gobernaciones independientes entre sí produjo como resultado un intenso regionalismo. Durante este siglo, todas las Gobernaciones dependían, en lo judicial, de la Audiencia de Santo Domingo. La situación general era próspera, debido principalmente a la ganadería y al comercio de cueros, tejidos de algodón y tabaco. Sin embargo, los ataques de los piratas y el monopolio comercial de la Corona habían de producir al fin del siglo una verdadera crisis económica.
El siglo XVIII trajo consigo grandes cambios en la organización política del territorio venezolano. La creación, extinción y nueva erección del Virreinato de Santa Fe de Bogotá, en el que fueron integradas varias de las Gobernaciones venezolanas, no dejó de producir roces en la administración. Felizmente, la jurisdicción concedida en 1739 al gobernador de Caracas sobre las otras Gobernaciones, en lo referente al contrabando, constituyó un primer paso hacia la unificación del territorio. Y la creación, en 1777, de la Capitanía General de Venezuela, que sometió todas las Gobernaciones a la de Venezuela, fue un factor incalculable de unidad. Por último, la fundación de la Real Audiencia de Caracas, en 1786, independizó aun en lo judicial a la Capitanía. La vida intelectual recibió un fuerte impulso con la elevación del Colegio de Santa Rosa de Caracas a la categoría de Universidad (1721). En cambio, las actividades comerciales estuvieron más que nunca sujetas al monopolio de la Corona, representado por la Real Compañía Guipuzcoana; este monopolio produjo insurrecciones como la del zambo Andrés López, conocido con el nombre de "Andresote" (1731-1733), y la de Juan Francisco de León (1749). Al finalizar el siglo, en 1797, los ingleses se apoderaron definitivamente de Trinidad.
El siglo XIX encontró a Venezuela en plena efervescencia emancipadora. A la insurrección abortada que planearon Manuel Gual y José María España, en 1797, siguió la del caraqueño Francisco Miranda, uno de los prohombres de la independencia hispanoamericana. Miranda desembarcó en Coro, en 1806, al frente de una expedición libertadora, que fracasó por falta de apoyo de la población. La introducción de la imprenta en Caracas, en 1808, había de proporcionar un instrumento de difusión de las nuevas ideas. Tras dos intentos fracasados (diciembre

de 1809 y abril de 1810), los caraqueños consiguieron finalmente destituir al Capitán General y constituir una Junta que gobernase en nombre del rey; el hecho se produjo el 19 de abril de 1810, bajo la dirección de Montilla, Ribas y Salias. Miranda volvió a su patria en diciembre del mismo año y, con Espejo, Bolívar y otros patriotas, se dedicó a planear la independencia, que fue aceptada y proclamada por el Gobierno el 5 de julio de 1811. El 21 de diciembre fue promulgada la Constitución de la llamada Primera República, que quedó disuelta con la ocupación de Caracas por las fuerzas realistas (30 de julio de 1812). La Segunda República fue casi tan efímera como la Primera. En 1813, Bolívar realizó la "campaña admirable" que le condujo hasta Caracas, apoyado en el Este por Santiago Mariño; pero en septiembre de 1814, Bolívar y Mariño fueron derrotados por la contraofensiva realista, encabezada por José Tomás Boves. La expedición emprendida por Bolívar desde Haití, en 1816, resultó un nuevo fracaso. En enero de 1817, Bolívar inició una vez más la campaña libertadora y estableció su capital en la ciudad de Angostura, en la Guayana; allí proclamó la Tercera República, de la que fue nombrado presidente. Sin haber logrado la reconquista total de su país, ya que Caracas y todo el Oeste seguían en poder de los realistas, Bolívar emprendió la campaña de liberación de Colombia y ocupó Bogotá el 10 de agosto de 1819. El 17 de diciembre del mismo año, el Congreso de Angostura sancionó la creación de la República de Colombia, en la que quedaban unidas Venezuela y Nueva Granada. El 30 de agosto de 1820 fue promulgada la Constitución de la República y su capital trasladada de Cúcuta a Bogotá. El 24 de junio de 1821, en *Carabobo*, Bolívar ganó la batalla decisiva contra los realistas que ocupaban todavía el territorio de Venezuela; el 10 de noviembre de 1823 se extinguió, en Puerto Cabello, el último foco de resistencia realista. Bolívar asumió la presidencia de la República en 1821, y entre este año y 1825 realizó sus fulminantes campañas del Sur y creó las bases de la República de la Gran Colombia. Pero las tendencias nacionalistas se hicieron sentir pronto. En noviembre de 1829 decidió Venezuela su separación de la Gran Colombia, y en septiembre de 1830 el Congreso de Valencia dio al país su nueva Constitución como Estado soberano; José Antonio Páez fue elegido primer presidente de la República Venezolana.

Páez ejerció una función reguladora en los gobiernos que se sucedieron hasta 1846, gracias a su influencia política y a su habilidad militar. En 1847 ascendió al Poder José Tadeo Monagas, a quien sucedió su hermano José Gregorio; pero prácticamente fue el primero quien gobernó hasta 1857, en lo que se ha llamado el período de la *Oligarquía Liberal*. La administración de Monagas, aunque realizó reformas benéficas como la abolición de la esclavitud, se caracterizó desgraciadamente por el personalismo dictatorial. En 1858, la Convención de Valencia promulgó la Constitución Federal de los Estados Unidos de Venezuela. De 1858 a 1868 vivió el país una época de guerra civil; finalmente, la hábil administración del presidente Guzmán Blanco (1870-1877) sacó a la nación del caos y la reorganizó económicamente. Guzmán Blanco volvió a ocupar la presidencia de 1879 a 1884 y de 1886 a 1888, año en que renunció y se retiró a París. Uno de los méritos principales de la dictadura de Guzmán Blanco había sido la represión del militarismo; éste se instaló finalmente en el Poder con el golpe de Estado del general Joaquín Crespo. Cipriano Castro ocupó la presidencia en 1899, después de una campaña militar de tres meses contra el presidente Andrade. La dictadura de Castro (1899-1908) provocó una aguda crisis económica; la deuda nacional motivó el bloqueo de La Guaira por los barcos ingleses, alemanes e italianos (diciembre de 1901), y el tribunal de La Haya falló contra Venezuela (1904). A pesar de su innegable patriotismo frente al ataque extranjero, el régimen de Castro fue funesto para el país por su mala administración; los levantamientos, que abundaron durante su gobierno, lo manifestaron. La dictadura de Juan Vicente Gómez, iniciada en 1908, había de prolongarse hasta 1935, ya que, en los períodos en que no ocupó la presidencia, ejerció el cargo de jefe del Ejército, con dominio real sobre el país. La extraordinaria prosperidad económica producida por la explotación en gran escala del petróleo favoreció la estabilidad de la dictadura de Gómez. Venezuela cambió radicalmente su estructura económica, de la noche a la mañana; la agricultura, que había constituido hasta entonces la base de la vida del país, pasó a segundo término. Pero las concesiones demasiado favorables hechas por Gómez a las compañías petroleras extranjeras, la falta de participación de la totalidad de la nación en la riqueza del país y el sofocante clima cívico de la dictadura provocaron los levantamientos de Emilio Arévalo Cedeño (1914, 1918 y 1921) y el de los estudiantes universitarios, encabezados por Rómulo Betancourt y Jóvito Villalba (1928). A pesar de eso, Gómez logró sostenerse y murió en el ejercicio del Poder (1935). A su muerte siguió un período de militarismo (1935-1958), con un corto respiro de tres años (1945-1948), constituido por los Gobiernos de la Junta Revolucionaria y del escritor Rómulo Gallegos; éste, elegido para la presidencia en 1948, fue derribado por un golpe militar el mismo año. La nación, cansada del militarismo, se levantó contra el coronel Marcos Pérez Jiménez en 1958, año en que fue elegido Rómulo Betancourt para el período presidencial 1959-1964. Esta administración tuvo que luchar contra los extremistas de izquierda. En 1964 ocupó la presidencia Raúl Leoni, y en 1969 Rafael Caldera.

GOBERNANTES DE VENEZUELA

José Antonio Páez	1830
José María Vargas	1835
Carlos Soublette	1837
José Antonio Páez	1839
Carlos Soublette	1843
José Tadeo Monagas	1847
José Gregorio Monagas	1851
José Tadeo Monagas	1855
Julián Castro	1858
Pedro Gual	1859
Manuel Felipe Tovar	1860
Pedro Gual	1861
José Antonio Páez	1861
Juan Crisóstomo Falcón	1863
José Ruperto Monagas	1868
Antonio Guzmán Blanco	1870
Francisco Linares Alcántara	1877
Gregorio Cedeño	1878
Antonio Guzmán Blanco	1879
Joaquín Crespo	1884
Antonio Guzmán Blanco	1886
Juan Pablo Rojas Paúl	1888
Raimundo Andueza Palacio	1890
Guillermo Tell Pulido	1892
Joaquín Crespo	1892
Ignacio Andrade	1898
Cipriano Castro	1899
Juan Vicente Gómez	1908
Victorino Márquez Bustillos	1915
Juan Vicente Gómez	1922
Juan Bautista Pérez	1929
Juan Vicente Gómez	1931
Eleazar López Contreras	1935
Isaías Medina Angarita	1941
Rómulo Betancourt	1945
Rómulo Gallegos	1948
Junta Militar	1948
Junta de Gobierno	1950
Marcos Pérez Jiménez	1952
Junta de Gobierno	1958
Rómulo Betancourt	1959
Raúl Leoni	1964
Rafael Caldera	1969

Venganza Catalana, n. con el que se conocen en la Historia las represalias que tomaron los soldados catalanes en la expedición a Oriente (s. XIV), cuando su jefe Roger de Flor fue traidoramente asesinado en un banquete, junto con tres mil almogávares catalanes y aragoneses.

Venganza del cóndor (La), novela regionalista del peruano Ventura García Calderón (1924).

VENIZELOS (Eleuterio), político y patriota griego (1864-1936), primer ministro en varias

ocasiones. — Su hijo SÓFOCLES (1894-1964) fue cinco veces jefe del Gobierno.
VENOSA, en latín **Venusia,** c. de Italia (Basilicata). Catedral del s. XV. Patria de Horacio.
VENTA (La). V. UNIÓN *(La)*.
Venta *(Cultura de* **La),** n. de la cultura arcaica desarrollada por los *olmecas* en la costa S. del golfo de México (800-100 a. de J. C.). Las localidades exploradas han sido La Venta (Tabasco) y Cerro de las Mesas y Tres Zapotes (Veracruz). Se caracteriza por el uso del jade, por los altares megalíticos y por las representaciones de figuras humanas esculpidas en piedra y barro.
VENTA DE BAÑOS, v. de España (Palencia). Importante nudo ferroviario.
VENTANA, cerro de México (Sinaloa); 2 474 m. — Sierra de la Argentina (Buenos Aires); 1 065 m.
VENTIMIGLIA, c. y puerto de Italia (Liguria), en la frontera con Francia.
VENTUARI, río de Venezuela (Bolívar), afl. del Orinoco; 563 km.
VENUS, diosa de la Belleza en la mitología latina, identificada con la **Afrodita** de los griegos.
VENUS, el segundo de los planetas que gravitan en torno del Sol; está situado entre Mercurio y la Tierra.
Venus, n. de numerosas representaciones escultóricas de la diosa Venus (Milo, Cnido, Calipigia, Médicis, etc.) y de cuadros pictóricos (Rafael, Botticelli, Cranach, Tiziano, Velázquez, Poussin, Rubens, etc.).
VENUSIA. V. VENOSA.
VERA, v. de España (Almería). Naranjas.
VERA (La), comarca de España (Extremadura).
VERA (Pedro Jorge), escritor ecuatoriano, n. en 1915, poeta y prosista: *Los animales puros* (novela), *Luto eterno* (cuentos).
VERACRUZ, c. de México, en el Estado del mismo n.; principal puerto comercial del país, a orillas del golfo de México; industrias diversas. Importante ingenio azucarero. Universidad; Escuela Naval. Arzobispado. Fue la primera c. fundada por los españoles en tierra firme mexicana (1519). — Estado de México; cap. *Jalapa Enríquez;* importante riqueza agrícola y ganadera; industria pesquera; yac. de oro, plata y plomo; su prod. petrolífera alcanza los dos tercios de la nacional.
Veragua *(Duque de),* título concedido por Carlos I al nieto de Cristóbal Colón y que siguen usando sus descendientes.
VERAGUAS, n. dado por Colón a la costa panameña, entre la península Valiente y la punta Toro. — Río de Panamá, que des. en el mar Caribe. — Prov. de Panamá; cap. *Santiago de Veraguas;* prod. café, cacao, ganadería; minas de oro y cobre; sal. (Hab. *veragüenses.*)
VERAGÜE (Pedro de), autor del s. XIV, que compuso el más antiguo catecismo español: *Doctrina de la discreción,* escrito en tercetos monorrimos.
VERA MÚJICA (Antonio de), militar español del s. XVII, n. en Argentina, que conquistó la Colonia del Sacramento (1680).
VERAPAZ (Alta), dep. de Guatemala; cap. *Cobán;* prod. agrícola y ganadera. (Hab. *verapacenses.*)
VERAPAZ (Baja), dep. de Guatemala; cap. *Salamá;* prod. agrícola y ganadera. (Hab. *verapacenses.*)
VERA Y ARAGÓN (Torres de). V. TORRES DE VERA Y ARAGÓN (Juan).
VERBITSKY (Bernardo), escritor argentino, n. en 1907, autor de las novelas *Es difícil empezar a vivir* y *Villa Miseria también es América.*
VERCELLI, c. de Italia (Piamonte), a orillas del río Sesia. En 101 a. de J. C., victoria de Mario contra los cimbros. Textiles.
VERCINGETÓRIX, general galo, n. hacia 72 a. de J. C., defensor de Gergovia, sitiado en Alesia por César. Entregóse a éste y conducido a Roma, fue ejecutado al cabo de seis años de cautiverio, después de haber figurado en las ceremonias triunfales del vencedor (46).
VERCORS (Jean BRULLER, llamado), escritor francés, n. en 1902, autor de *El silencio del mar.*
Verdad sospechosa *(La),* comedia de Ruiz de Alarcón, de asunto moral, imitada por Corneille, en *le Menteur.* Es una de las mejores comedias del teatro español.

VERACRUZ
palacio
del Gobierno
iluminado

VERDAD Y RAMOS (Francisco PRIMO DE), patriota mexicano (1760-1808), protomártir de la Independencia.
VERDAGUER *(Mosén* Jacinto), poeta español de lengua catalana, n. en Folgarolas (Barcelona) [1845-1902], autor de las epopeyas *La Atlántida* y *Canigó.* Compuso también varios poemas de carácter religioso: *Idilios y cantos místicos.* Una de las figuras más importantes de la *Renaixença* catalana.

VERDAGUER

VERDE, isla del Ecuador, en el golfo de Guayaquil. — Isla del archip. de las Filipinas (Batangas); 18 km². — Penins. de la Argentina, al S. de la prov. de Buenos Aires. — Río del Brasil (Mato Grosso), afl. del Paraná; 320 km. — Río que señala una parte de la frontera del Brasil y Bolivia, afl. del Guaporé. — Río de México (Zacatecas y Jalisco), afl. del río Grande de Santiago; 260 km. — Río del Paraguay, afl. del río Paraguay.
VERDE (CABO), promontorio en la costa del Senegal, cerca de Dakar. — V. CABO VERDE *(Islas de).*
VERDE (La), pobl. de la Argentina (Chaco).
VERDI (Giuseppe), compositor italiano, n. en Roncole (1813-1901), autor de numerosas óperas *(La Traviata, El Trovador, Don Carlos, Rigoletto, Aida, Otelo, Falstaff)* y de un *Réquiem* célebre. Músico de talento apasionado y de intenso dramatismo.

VERDI

VERDÚN, c. de Francia (Mosa), a orillas del Mosa. Obispado. Bella catedral (s. XI-XIII). Batalla en 1916 donde los alemanes fueron derrotados por los franceses mandados por Petain.
VEREENIGING, c. de la Rep. Sudafricana (Transvaal); metalurgia e industrias químicas.
VERESTCHAGUIN (Vasili), pintor ruso (1842-1904), autor de cuadros históricos y militares.
VERGA (Giovanni), novelista italiano (1840-1922), que pintó la intensa vida de los campesinos sicilianos *(Cavalleria rusticana);* uno de los creadores del *verismo* o naturalismo italiano.
VERGARA, v. de España (Guipúzcoa), donde se verificó en 1839 la reconciliación entre carlistas y liberales conocida con el n. de *Abrazo de Vergara.* — Pobl. de Colombia (Cundinamarca). — Pobl. del Uruguay (Treinta y Tres).
VERGARA, familia de escultores valencianos. El más notable fue FRANCISCO (1713-1761), decorador de la catedrad de Cuenca.
VERGARA (José Ignacio), matemático, ingeniero y político chileno (1837-1889).
VERGARA (Juan de), humanista español (1492-1557), autor de varios tratados de carácter filosófico.
VERGARA Y VERGARA (José María), poeta, costumbrista y crítico colombiano, n. en Bogotá (1831-1872), autor de numerosas y variadas obras: *Olivos y aceitunos todos son unos, Historia de la literatura de Nueva Granada.*
Vergonzoso en palacio *(El),* comedia de Tirso de Molina, donde presenta un interesante retrato del ambicioso tímido (1621).
VERHAEREN (Emilio), poeta belga, de lengua francesa (1855-1916), que se inspiró en los paisajes y la vida de Flandes.
VERÍN, v. de España (Orense). Balneario de aguas medicinales. Castillo de Monterrey (s. XIV).
VERISSIMO (Erico Lopes), escritor brasileño, n. en 1905, autor de novelas *(Saga, Caminos cruzados,* etc.) y de una *Literatura brasileña.*

moneda
con la efigie de
VERCINGETÓRIX

Fot. Roger Viollet, doc. A. G. P., Larousse, Vigneau-Tell

VERMEER
VISTA DE DELFT
museo de La Haya

VERLAINE
dibujo de
LOEVY

Julio VERNE

VERJOIANSK o **VERKHOIANSK,** c. de la U. R. S. S. (Rusia), en Siberia oriental. Uno de los puntos más fríos del globo, donde se han registrado temperaturas de 69,8° C. bajo cero.

VERLAINE [*verlén*] (Pablo), poeta francés, n. en Metz (1844-1896), cuya vida bohemia y atormentada se transparenta en sus poemas, donde pone al descubierto su alma; su lirismo musical está lleno de evocaciones y sugestiones; el exceso de precisión y elocuencia le parecen incompatibles con la poesía. Influyó considerablemente en la escuela simbolista y en la moderna lírica castellana e hispanoamericana. Autor de *Poemas saturnianos* (1866), *Fiestas galantes* (1869), *La buena canción* (1870), *Romanzas sin palabras* (1874), *Sensatez* (1881), etc.

VERMEER de Delft (Juan), llamado también **Van der Meer,** pintor holandés, n. en Delft (1632-1675), uno de los más grandes pintores del s. XVII; autor de paisajes *(Vista de Delft)*, hermosos interiores y de algunos retratos *(La encajera)*.

VERMONT, uno de los Estados Unidos de Norteamérica en Nueva Inglaterra; cap. *Montpelier*.

VERNE (Julio), novelista francés, n. en Nantes (1828-1905), auténtico maestro de la novela científica y geográfica en *Viaje al centro de la Tierra, De la Tierra a la Luna, Los hijos del capitán Grant, Veinte mil leguas de viaje submarino, La vuelta al mundo en 80 días, La isla misteriosa, Miguel Strogoff*, etc.

VERNET (Carle), pintor de batallas francés (1758-1836). — Su hijo HORACE (1789-1863), uno de los más notables pintores de temas militares franceses.

VERNON (Edward), almirante inglés (1684-1757), que saqueó Portobelo en 1739, pero fue derrotado por Blas de Lezo en Cartagena de Indias (1741).

VERO (Lucio), emperador romano, hijo adoptivo de Antonio Pío y asociado al Imperio por Marco Aurelio (130-169).

VERONA, c. de Italia (Venecia), a orillas del Adigio, cap. de la prov. del mismo n.; centro industrial y comercial. Corte Suprema de Justicia, academias; numerosos monumentos de la Edad Media. Verona, que fue durante largo tiempo república independiente, es aún hoy día una de las plazas fuertes del famoso cuadrilátero lombardo *(Verona, Mantua, Peschiera* y *Legnano)*.

VERONA (Guido da), escritor italiano (1881-1939), autor de novelas en las que describe un mundo despreocupado y sensual.

VERONÉS (Pablo CALIARI, llamado), pintor italiano de la escuela veneciana (1528-1588), autor de *Las bodas de Caná* [V. lám. p. 880], *El triunfo de Venecia, El rapto de Europa, Moisés salvado de las aguas*, etc. Sus cuadros son suntuosos y animados, elegantes y armoniosos. Sobresalió en la pintura al fresco.

VERÓNICA *(Santa)*, mujer judía que, según la tradición, encontró a Jesús camino del Calvario y le limpió el rostro con un lienzo blanco en el que quedó impresa la divina faz. Fiesta el 12 de julio.

VERÓNICA *(Santa)*, religiosa italiana (1445-1497), que se distinguió por la austeridad de sus penitencias. Fiesta el 13 de enero.

VERRAZANO (Juan de), navegante florentino (1485-1528) que, enviado por Francisco I de Francia, llevó a cabo una expedición a las costas atlánticas de América del Norte.

VERRES (Cayo Licinio), procónsul romano (119-43 a. de J. C.), célebre por su venalidad y sus depredaciones en las ciudades de Sicilia.

Verrinas *(Las)*, serie de siete discursos de Cicerón contra el procónsul Verres, quien se expatrió antes del fin del proceso (71 a. de J. C.).

VERROCCHIO (Andrea DI CIONE, llamado **Del**), escultor, pintor y orfebre italiano, n. en Florencia (1435-1488). Autor de la estatua ecuestre de *Colleoni* (Venecia) y del *Cristo y Santo Tomás* (Florencia).

VERSALLES, c. de Francia, a 23 km de París; cap. del dep. de Yvelines. Obispado. Magnífico palacio edificado por Luis XIV, obra de Le Vau y Mansart, con soberbios jardines trazados por Le Nôtre. — En 1783 se firmó el Tratado de reconocimiento de la independencia de los Estados Unidos de Norteamérica. En 1789 fue convocada en Versalles la Asamblea de los Estados Generales, preludio de la Revolución Francesa, y en 1919 se firmó el Tratado que terminó la Primera Guerra mundial entre los Aliados y Alemania.

VÉRTIZ (Juan José de), político español, n. en México (1719-1799), último gobernador del Río de la Plata, ascendido a virrey en 1778. Gobernante progresista, estableció la imprenta en Buenos Aires y contribuyó al embellecimiento de la capital. Abandonó su cargo en 1784 y murió en España.

VERTUMNO, dios romano, de origen etrusco, que presidía las estaciones del año. *(Mit.)*

VERVIERS, c. de Bélgica (Lieja), a orillas del río Vesdre. Gran centro textil (lana).

VERVINS [*-van*], c. de Francia (Aisne). Tratado de Paz (1598) entre Felipe II y Enrique IV, que puso fin a la guerra hispano-francesa.

VESAAS (Tarjei), novelista, poeta y dramaturgo noruego (1897-1970).

VESALIO (Andrés), anatomista flamenco (1514-1564), uno de los primeros que emprendió sistemáticamente la disección del cuerpo humano y atacó las opiniones tradicionales de Galeno. Médico de Carlos I y Felipe II de España.

VÉSERIS, lugar de la ant. Campania, cerca del Vesubio, donde Decio Mus y Manlio Torcuato vencieron a los latinos en 340 a. de J. C.

VESOUL [*-sul*], c. del E. de Francia, cap. del dep. de Alto Saona. Mercado agrícola. Metalurgia.

VERONÉS: RETRATO DE UNA VENECIANA

Fot. Hanfstaengl, Viollet, Carjat, Giraudon

VERSALLES
1. Estatua del estanque
2. Galería de los espejos

VESPASIANO (Tito Flavio), emperador romano de 69 a 79, n. en el año 9. Pacificó Judea, reformó el senado y la orden ecuestre y construyó el Coliseo y el templo de la Paz.
VESPUCIO (Américo), geógrafo y navegante italiano, n. en Florencia (1454-1512), que se trasladó a España en 1490 e hizo, según parece, cuatro viajes al Nuevo Mundo al servicio de España o de Portugal. Realizó el primero en 1499, junto con Alonso de Ojeda y Juan de la Cosa. El cosmógrafo alemán Waldseemüller leyó sus relaciones de viaje y propuso dar al nuevo continente el nombre de *América*, denominación que apareció por primera vez en 1507. Fue nombrado Piloto Mayor del Reino en 1508. M. en Sevilla.
VESTA, diosa del Fuego y del Hogar entre los romanos, correspondiente a la **Hestia** de los griegos.
VESTERAS. V. VÄSTERAS.
VESUBIO, volcán de 1 200 m de altura, a ocho km al SE. de Nápoles, cuya primera erupción histórica fue la del año 79 a. de J. C., que sepultó a Herculano, Estabias y Pompeya.
VETONES, pobladores de España, en tiempos de los romanos, localizados entre el Duero y el Tajo.
VETTER, en sueco **Vättern,** lago de Suecia, que vierte sus aguas en el Báltico; 1 900 km^2.
VEVEY, c. de Suiza (Vaud), a orillas del lago Leman. Productos lácteos. Turismo.
VEXIN, ant. región del NO. de Francia, dividida por el río Epte en *Vexin Normando* (cap. *Gisors*) y *Vexin Francés* (cap. *Pontoise*).
VÉZELAY [*-lé*], pobl. de Francia (Yonne), donde San Bernardo predicó la II Cruzada (1147). Restos de una abadía fundada en 864. Magnífica iglesia de la Magdalena, con nártex, nave románica y coro gótico.

VÉZÈRE, río de Francia, afl. del Dordoña, en cuyas orillas se encuentran las estaciones prehistóricas de los Eyzies, La Madeleine, etc.
VIACHA, c. de Bolivia, cap. de la prov. de Ingaví (La Paz). Centro ferroviario.
Viaje del Parnaso, obra alegórica de Cervantes (1614), escrita en tercetos.
Viaje sentimental, obra principal de Sterne, modelo de humorismo inglés (1768).
VIAMONTE (Juan José), general y político argentino (1774-1843), gobernador de Buenos Aires en 1821 (interino), en 1829 y de 1833 a 1834.
VIANA, c. de España (Navarra). — C. del Brasil (Maranhão).
VIANA DO CASTELO, c. del N. de Portugal, cap. del distrito del mismo n. Puerto comercial y de pesca. Antiguos monumentos.
VIANA (*Príncipe de*). V. CARLOS DE VIANA.
VIANA (Javier de), novelista uruguayo (1868-1926), narrador realista de la vida campestre. Autor de *Yugos, Leña seca, Gurí, Mocachines* y *Gaucha*. Escribió también para el teatro.
VIANNEY (Juan Bautista María), cura de Ars. V. JUAN BAUTISTA MARÍA VIANNEY (*San*).
VIAÑA (José Enrique), poeta nativista boliviano, n. en 1898, autor de *Camino soleado*.
VIARDOT (Paulina). V. GARCÍA, Manuel Vicente.
VIAREGGIO, c. de Italia (Lucca), a orillas del mar Tirreno. Balneario. Carnaval.
VIASA o **VYASA,** supuesto compilador legendario de los *Vedas* y autor de la epopeya india *Mahabharata*. (V. este n.)
VIATKA. V. KIROV.
VIAU [*vió*] (Teófilo de), poeta francés (1590-1626), autor de poesías líricas que revelan el vigor de su talento y de una tragedia.
VIBORG, c. de Dinamarca en el centro de Jutlandia. Catedral del s. XII. — V. VYBORG.
Vicario de Wakefield (*El*), novela de Goldsmith (1766), de tono sentimental y cándido.
VICENTE (Eduardo), pintor español (1908-1968).
VICENTE (Gil), poeta y dramaturgo portugués (¿1470-1536?), que escribió en portugués y en castellano y fue uno de los fundadores del teatro en su país. Es autor de piezas de corte satírico o de carácter religioso (*Auto de la Sibila Casandra, Trilogía de las Barcas*), de farsas y comedias (*Don Duardos*).
VICENTE DE PAÚL (*San*), sacerdote francés, célebre por su caridad (1581-1660). Fundó la congregación de las *Hermanas de la Caridad*, la de los *Sacerdotes de la Misión*, llamados más tarde *lazaristas* o *paúles*, e instituyó la obra de los *Niños Expósitos*. Fiesta el 19 de julio.
Vicente de Paúl (Conferencias de **San**), sociedad fundada por Ozanam en 1833, para socorrer a los pobres.
VICENTE FERRER (*San*), predicador dominico español, n. en Valencia (¿1350?-1419), que intervino en el Concilio de Constanza; representó al reino de Valencia en el *Compromiso de Caspe* y se pronunció por la elección de Fernando de Antequera al trono de Aragón (1410). Fue Gran Penitenciario en la corte pontificia de Aviñón. Fiesta el 5 de abril.
VICENTE LÓPEZ, pobl. de la Argentina (Buenos Aires), cerca de la capital.
VICENTE NOBLE, v. y distr. mun. de la República Dominicana, en la provincia de Barahona.

SAN VICENTE DE PAÚL por S. DE TOURS

SAN VICENTE FERRER por JUAN DE JUANES

VESPUCIO

VÉZELAY iglesia de La Magdalena

VESPASIANO

Fot. Arch. Phot., Giraudon, Mas, doc. A. G. P., Alinari

VICTOR MANUEL II

VICTORIA I

LA VICTORIA DE SAMOTRACIA Louvre

Guadalupe VICTORIA

VICUÑA MACKENNA

VICENZA, c. de Italia (Venecia); metalurgia. Catedral gótica.

VICINI BURGOS (Juan Bautista), político dominicano, pres. de la Rep. de 1922 a 1924.

VICIOSA (La), isla de Colombia, vecina de la de Tumaco (Nariño).

VICO (Juan Bautista), filósofo italiano, n. en Nápoles (1668-1744), autor de *Principios de una ciencia nueva acerca de la naturaleza común de las naciones*, obra célebre en la cual distingue en la historia de cada pueblo tres períodos sucesivos: la edad divina (*teocracia*), la heroica (*aristocracia*) y la humana (*democracia*).

VÍCTOR I *(San)*, papa de 189 a 199. Fiesta el 28 de julio. — VÍCTOR II, papa de 1055 a 1057. — VÍCTOR III, papa de 1086 a 1087.

VÍCTOR AMADEO I, duque de Saboya de 1630 a 1637. — VÍCTOR AMADEO II, duque de Saboya en 1675, rey de Sicilia (1713) y de Cerdeña (1720). M. en 1732. — VÍCTOR AMADEO III, rey de Cerdeña de 1773 a 1796.

VÍCTOR FAJARDO, prov. del Perú (Ayacucho); cap. *Huancapi.*

VÍCTOR MANUEL I, rey de Cerdeña de 1802 a 1821. — VÍCTOR MANUEL II (1820-1878), rey de Cerdeña (1849) y de Italia (1861). Fue el creador de la unidad italiana, junto con Cavour. — VÍCTOR MANUEL III (1869-1947), rey de Italia en 1900, hijo de Humberto I. Dirigió el país durante las dos guerras mundiales y apoyó el régimen fascista. Emperador de Abisinia en 1936. Abdicó en 1946.

VICTORIA, uno de los Estados de Australia, al S. de la isla. Cap. *Melbourne.*

VICTORIA, cataratas del Zambeze, en Rodesia del Norte; 120 m de altura.

VICTORIA (LAGO), antes **Victoria Nyanza,** gran lago del África ecuatorial donde nace el Nilo; 68 800 km².

VICTORIA, isla interior de la Argentina, en el lago Nahuel Huapi; 15 km². Vivero y parque zoológico. — Isla de Chile, en el archip. de los Chonos (prov. de Aisén). — Sierra de la Argentina (Misiones). — Sierra de México (Baja California). — C. de la Argentina (Entre Ríos), a orillas del Paraná. Agricultura. — Com. y dep. de Chile (Malleco); centro comercial y agrícola. — Pobl. de Chile (Tarapacá); salitre. — V. de El Salvador (Cabañas). — Mun. de México (Tamaulipas). — V. de Filipinas (Luzón).

VICTORIA, c. del Canadá, cap. de Colombia Británica, en la isla de Vancouver. Puerto activo; industria de la madera; pesca.

VICTORIA, cap. de la colonia británica de Hong Kong, en la costa sur de China; 450 000 h.

VICTORIA, divinidad romana del Triunfo. Es la **Niké** de los griegos.

VICTORIA I, reina de Inglaterra (1819-1901), coronada en 1837. Durante su reinado tuvieron lugar la guerra de Crimea, la rebelión y la pacificación de la India, de la que se proclamó emperatriz (1877), y la guerra del Transvaal.

VICTORIA (Eladio), político dominicano, pres. de la Rep. de 1911 a 1912.

VICTORIA (Manuel Félix FERNÁNDEZ, llamado **Guadalupe**), general, patriota y político mexicano (1786-1843), que fue el primer pres. de la Rep. de 1824 a 1829.

VICTORIA (Tomás Luis de), músico español, n. en Ávila (¿ 1540?-1611), uno de los más ilustres maestros de la polifonía religiosa, autor de un *Oficio de la Semana Santa,* misas, motetes, salmos, himnos, etc. Su estilo, clásico en la forma y de expresivo dramatismo en las ideas, pone de relieve su misticismo profundo y humano.

VICTORIA DE DURANGO o **DURANGO,** c. de México, cap. del Estado de Durango; centro agrícola, comercial y minero (hierro). Catedral del s. XVIII. Arzobispado. Fundada en 1563.

Victoria de Junín, o *Canto a Bolívar,* poema de José Joaquín de Olmedo en loor de Simón Bolívar (1825).

VICTORIA DE LAS TUNAS, térm. mun. de Cuba (Oriente). Centro ganadero.

Victoria de Samotracia *(La)*, estatua griega hallada en 1863 en la isla de Samotracia, que estaba destinada a colocarse en la proa de algún navío (Louvre).

VICTORIA EUGENIA DE BATTENBERG, princesa inglesa (1887-1969), reina de España en 1906 por su matrimonio con Alfonso XIII.

VICTORIA NYANZA. V. VICTORIA *(Lago).*

VICTORICA (Miguel Carlos), pintor argentino (1884-1955), autor de murales.

VICUÑA, c. y com. de Chile (Coquimbo); principal centro frutícola del país.

VICUÑA CIFUENTES (Julio), poeta y filólogo chileno (1865-1936), autor de la colección lírica *Cosecha de otoño.*

VICUÑA LARRÁIN (Francisco Ramón), político chileno (1775-1849), pres. provisional de la Rep. en 1829.

VICUÑA MACKENNA, sierra de Chile, sección de la Cord. de la Costa; más de 3 000 m — Pobl. de la Argentina (Córdoba).

VICUÑA MACKENNA (Benjamín), historiador y ensayista chileno (1831-1886), biógrafo de O'Higgins y autor de *El álbum de la gloria de Chile.*

VICUÑA SUBERCASEAUX (Benjamín), escritor chileno (1876-1911).

VICH, c. de España (Barcelona). Obispado. Catedral gótica. Importante museo de arte religioso catalán. Industria textil. Salchichón.

VICHADA, río de Colombia, afl. izq. del Orinoco; 720 km. — Comisaría de Colombia; cap. *Puerto Carreño;* prod. caña de azúcar, maíz arroz, maderas; ind. pesquera. (Hab. *vichadenses* o *vichaenses.*) Prefectura apostólica.

VICHUQUÉN, com. de Chile (Curicó).

VICHY, c. de Francia (Allier), a orillas del Allier; aguas termales. Residencia del Gobierno de Petain (1940-1944).

VIDA (Marcos Jerónimo), obispo y humanista italiano (1480-1556), autor de *Arte poética.*

Vida de Jesús, obra del escritor francés E. Renan (1863), en la que el autor rechaza todo lo que está apoyado en lo sobrenatural.

Vida de los hombres ilustres (o *Vidas paralelas*), obra de Plutarco, relatos biográficos de personajes griegos y romanos (s. II d. de J. C.).

Vida es sueño *(La)*, drama filosófico de Calderón de la Barca, sobre la predestinación y el libre albedrío, obra maestra del teatro (1635).

Vida nueva *(La)*, en ital. *Vita nuova,* una de las obras de Dante, en la que refiere su pasión por Beatriz (1292-1295).

VIDAL, cuenca de un ant. lago argentino (Neuquen), cuya profundidad actual es de 41 m.

VIDAL (Francisco), general y político peruano, pres. de la Rep. de 1842 a 1843.

VIDAL (Francisco Antonio), político uruguayo (1827-1889), pres. interino de la Rep. de 1879 a 1886 y pres. efectivo de 1886 a 1889. Reprimió la sublevación de Quebracho (1886).

VIDAL DE LA BLACHE (Paul), geógrafo francés (1845-1918), fundador de la escuela geográfica francesa.

VIDALES (Luis), político, poeta y crítico colombiano, n. en 1904, autor de *Suenan timbres.*

Vidas, dogmas y dichos memorables de los filósofos ilustres, obra de Diógenes Laercio (s. III).

Vidas paralelas, obra de Plutarco, serie de biografías comparadas de los prohombres griegos y latinos: Demóstenes y Cicerón, Alejandro y César, etc.

VIDAURRE (Manuel Lorenzo de), político y escritor peruano (1772-1841), autor de *Cartas americanas políticas y morales.*

VIDAURRI (Santiago), político mexicano, que se sometió a Maximiliano y fue fusilado en 1867.

Fot. Disderi, Bassano, Roger Viollet, doc. A. G. P.

VIEDMA, lago de la Argentina (Santa Cruz), a 250 m de altura; 1 088 km². — C. de la Argentina, cap. de la prov. de Río Negro, edificada cerca de la desembocadura del río de este n.; centro agrícola y ganadero. Obispado.
VIEIRA (Antonio de), misionero portugués (1608-1697), que evangelizó a los indios del Brasil; es autor de *Sermones.*
VIEJO (VOLCÁN). V. SAN CRISTÓBAL.
VIEJO (El), pobl. de Nicaragua (Chinandega).
VIEJO PANCHO (El), V. ALONSO Y TRELLES (José).
VIELLA, v. de España (Lérida), en el valle de Arán. Túnel en los Pirineos (4 900 m).
VIENA, en alemán **Wien,** cap. de Austria, después de haberlo sido del ant. Imperio Austrohúngaro; 2 000 000 h. (*vieneses*); puerto fluvial a orillas del Danubio. Gran centro cultural, artístico, bancario e industrial del país. Universidad; numerosas y ricas bibliotecas; bellos monumentos; catedral de San Esteban, Ayuntamiento; paseo del Prater. Fueron firmados allí varios tratados: el de 1738, que puso fin a la guerra de Sucesión en Polonia; el de 1809, después de la batalla de Wagram; y los firmados posteriormente al Congreso de 1814-1815, que reorganizaron Europa tras la caída de Napoleón.
VIENA, en francés **Vienne,** río de Francia, afl. del Loira; 372 km. — C. de Francia (Isère), a orillas del Ródano; tejidos, metalurgia. Monumentos románicos. — Dep. de Francia; cap. *Poitiers*
VIENA (Alto), dep. de Francia; cap. *Limoges.*
VIENTIANE, cap. administrativa de Laos; 80 000 h.
Viento fuerte, novela de Miguel Ángel Asturias, que aborda el tema social (1951).
VIERA (Feliciano), político uruguayo (1872-1927), pres. de la Rep. de 1915 a 1919. Durante su mandato se promulgó la Constitución de 1918.
VIERNYI. V. ALMA ATA.
VIERZON, c. de Francia (Cher); centro ferroviario e industrial.
VIESCA, laguna y mun. de México (Coahuila).
VIÈTE [*viet*] (Francisco), matemático francés (1540-1603), creador del álgebra moderna.
Viet Minh (*"Liga para la independencia del Viet Nam"*), frente político vietnamita formado en 1941 por la unión del Partido Comunista de Indochina y los elementos nacionalistas. Su jefe, Ho Chi-Minh, logró imponerse en Viet Nam del Norte.
VIET NAM (*"Lejano Sur"*), región de Asia del Sudeste (Indochina), formada por Cochinchina, Annam y Tonkín, actualmente dividida en *Viet Nam del Norte* (164 000 km²; 16 964 000 h.; cap. *Hanoi,* 638 000 h.; c. pr. *Haifong,* 367 300; *Nam Dinh,* 50 000), y *Viet Nam del Sur* (170 230 km²; 15 715 000 h.; cap. *Saigón,* 1 600 000 h.; c. pr. *Hué,* 118 000). [V. mapa de Indochina.]
VIEYTES (Hipólito), patriota y economista argentino (1762-1815), en cuya fábrica de jabón se reunían clandestinamente los precursores de la Revolución de 1810. Fué miembro de la Asamblea en 1813.
VIFREDO. V. WIFREDO.
VIGARNY (Felipe), arquitecto y escultor francés, llamado tb. **Felipe de Borgoña,** m. en 1543, que realizó toda su obra en España (capilla del Condestable, en unión de Diego de Siloé, y la sillería del coro de la catedral de Burgos).
VIGÉE-LEBRUN (Isabel VIGÉE, **Madame**), pintora retratista francesa (1755-1842).
VIGÉVANO, c. de Italia (Lombardía). Industria del caucho. Textiles.
VIGIL (Constancio C.), escritor uruguayo, n. en 1876, domiciliado en la Argentina. Autor de obras para niños (*Botón Tolón, Tragapatos*).
VIGIL (Diego), político hondureño (1799-1845), jefe del Estado de 1828 a 1829. También fue jefe del Estado de El Salvador de 1836 a 1838.
VIGIL (José María), escritor mexicano (1829-1909), autor de *México a través de los siglos* y de poesías, dramas en verso y traducciones.
VIGILIO, papa de 537 a 555. Fue elegido merced a la influencia de la mujer de Justiniano.
VIGNEMALE [*viñmal*], pico de los Pirineos franceses; 3 298 m. Hermosos glaciares.

VIENA
la Ópera

VIGNOLA (Jacobo **Barozio da Vignola,** llamado), arquitecto italiano (1507-1573), célebre por su *Tratado de los cinco órdenes en la arquitectura.*
VIGNY (Alfred **de**), escritor francés, n. en Loches (1797-1863), autor de poemas líricos (*Poemas antiguos y modernos, Los destinos*), de novelas (*Cinq-Mars, Stello, Servidumbre y grandeza militar*), de dramas (*La mariscala de Ancre, Chatterton*). El tema esencial de su obra, de gran elevación filosófica y moral, es la soledad que el genio sufre estoicamente, en medio de la indiferencia de la naturaleza y de los hombres.
VIGO, c. y puerto de España (Pontevedra), a orillas de la ría del mismo n., la mayor de Galicia. Pesca y conservas. Industria y comercio muy activos. Astilleros.
VIGODET (Gaspar), general español del s. XIX, gobernador de Montevideo en 1811. Tuvo que entregar la plaza a las fuerzas bonaerenses en 1814.
VIIPURI. V. VYBORG.
VIJAYAVADA. V. BEZWADA.
VIKINGOS, piratas escandinavos que del s. XI al s. XII, hicieron incursiones por Europa.
VILADOMAT (Antonio), pintor español (1678-1755), célebre en su tiempo.
VILANOVA (Arnau de). V. ARNAU DE VILANOVA.
VILANOVA (Emilio), escritor español (1840-1905), uno de los mejores costumbristas catalanes (*Cuadros populares, Escenas barcelonesas*).
VILA REAL, c. del N. de Portugal; cap. de la prov. de Tras-os-Montes e Alto Douro.
VILCANOTA, nudo montañoso del Perú, en los límites de los departamentos de Puno y Cuzco, punto de unión de las cord. Occidental y Central; 5 486 m. — V. URUBAMBA.
VILNA, en lituano **Vilnius,** c. de la U.R.S.S., cap. de Lituania. Universidad. Centro industrial. Perteneció a Polonia de 1920 a 1939.
VILOS (Los), com. de Chile (Coquimbo).
VILQUE CHICO, pobl. del Perú (Puno). Ferias.
VILLA (La), río de Panamá, que des. en el golfo de Parita (Herrera y Los Santos).
VILLA (Doroteo ARANGO, llamado **Pancho**), guerrillero mexicano (1878-1923), que secundó la revolución de Madero (1910) y colaboró con Carranza contra Huerta. Después mantuvo la rebeldía contra Carranza hasta 1920. M. asesinado cerca de Hidalgo del Parral.
VILLA AHUMADA, v. de México (Chihuahua).
VILLA ALEGRE, com. de Chile (Linares).
VILLA ALEMANA, com. de Chile (Valparaíso).
VILLA ALTAGRACIA, com. de la Rep. Dominicana (San Cristóbal).
VILLA AZURDUY, v. de Bolivia, cap. de la prov. de Azurduy (Chuquisaca).
VILLABLINO, v. de España (León). Minas de hierro y carbón.
VILLACARRILLO, c. de España (Jaén).
VILLA CISNEROS, c. del Sáhara Español, puerto en el Atlántico; aeropuerto y faro.
VILLA COLÓN, v. de Costa Rica (San José).
VILLA CONSTITUCIÓN, pobl. de la Argentina (Santa Fe); puerto en el Paraná.

A. de VIGNY
dibujo de HEIM

PANCHO VILLA

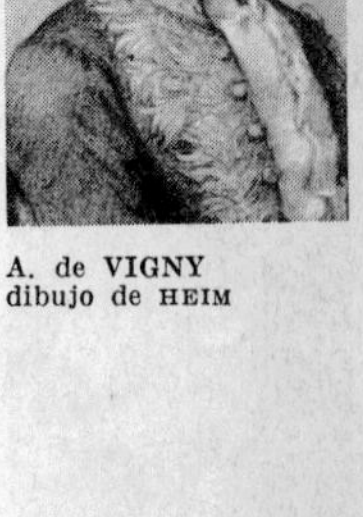

Fot. Séproher, Larousse, X

H. VILLA-LOBOS

C. VILLAVERDE

VILLACORTA (Juan Vicente), político salvadoreño, jefe del Estado de 1824 a 1826.
VILLACH, c. de Austria (Carintia), a orillas del río Drave.
VILLADA (Manuel), médico y naturalista mexicano (1841-1924), autor de *Flora médica indígena.*
VILLA DEL ROSARIO, pobl. de la Argentina (Córdoba).
VILLADIEGO, v. de España (Burgos).
VILLA DOLORES, pobl. de la Argentina (Córdoba). Fundada en 1855.
VILLAESPESA (Francisco), poeta español n. en Almería (1877-1936), de vena abundante y fácil. Escribió sobre todo dramas históricos en verso: *El halconero, Judith, La leona de Castilla, Doña María de Padilla, Bolívar, Aben Humeya, El alcázar de las perlas* y *El rey Galaor.* Como poeta lírico se le deben los libros *Flores de almendro* e *Intimidades.* Escribió también novelas (*Las palmeras del oasis, Resurrección,* etc.).
VILLAFRANCA, c. de Italia (Verona), a orillas del Po.
VILLAFRANCA DEL BIERZO, v. de España (León). Castillo feudal.
VILLAFRANCA DE LOS BARROS, c. de España (Badajoz). Cereales, alfarería.
VILLAFRANCA DEL PANADÉS, v. de España (Barcelona). Importante centro vitícola.
VILLAGARCÍA DE AROSA, v. de España (Pontevedra). Puerto pesquero y de cabotaje en la ría de Arosa.
VILLAGRA (Francisco de), conquistador español (¿1512?-1563), que acompañó a Valdivia a Chile y le sucedió como capitán general. Combatió a los araucanos y venció a Lautaro.
VILLAGRA (Pedro de), conquistador español (¿1508?-1577), primo del anterior.
VILLAGRÁN, v. de México (Guanajuato).
VILLAGRÁN (Julián), patriota mexicano, fusilado en 1813.
VILLAGUAY, pobl. de la Argentina (Entre Ríos).
VILLA HAYES, c. del Paraguay, cap. del dep. de Presidente Hayes, junto al río Paraguay; centro comercial. (Hab. *hayenses.*) Fue fundada por colonos franceses en 1855 y llamóse primeramente **Nueva Burdeos.**
VILLAHERMOSA, c. de México, a orillas del río Grijalva, cap. del Estado de Tabasco; centro agrícola y comercial. Obispado. Fue fundada en 1596. — V. de Colombia (Tolima).
VILLA HERMOSA, n. ant. de **Arequipa.** — N. ant. de **Alajuela.**
VILLA ISABEL, com. de la Rep. Dominicana (Monte Cristi).
VILLAJOYOSA, c. y puerto de España (Alicante). Astilleros. Faro.
VILLALAR DE LOS COMUNEROS, v. de España (Valladolid). Derrota de los comuneros de Castilla en 1521 y lugar donde fueron ejecutados sus caudillos Padilla, Bravo y Maldonado.
VILLA-LOBOS (Héctor), compositor brasileño, n. en Río de Janeiro (1887-1959), autor de *Coros, Amazonas, Suite Sugestiva,* etc. Su música, ruda y nostálgica, se inspira en el folklore de su país.
VILLALOBOS (Rosendo), político, poeta y escritor boliviano (1859-1940), autor de *Ocios crueles, Memorias del corazón.*
VILLALÓN DE CAMPOS, v. de España (Valladolid); quesos.
VILLALÓN (Cristóbal de), escritor español, m. en 1558, a quien ha sido atribuido el diálogo erasmista *Viaje de Turquía.* Autor de la sátira social *El crotalón.*
VILLALÓN (Fernando), poeta español (1881-1930), de inspiración popular andaluza en sus *Romances del ochocientos* y su epopeya *La toriada.*
VILLALONGA (Jorge), virrey de Nueva Granada de 1719 a 1724.
VILLALPANDO, v. de España (Zamora). Cereales; ganado.
VILLA MARÍA, c. de la Argentina (Córdoba); centro agrícola, ganadero y comercial. Obispado.
VILLAMEDIANA (Juan de TASSIS PERALTA, *conde de*), noble español (1582-1622), en torno a cuya historia se han tejido tantas leyendas. Fue un inspirado poeta de la escuela culterana, como revelan sus epigramas, sonetos y fábulas: *De Faetón, Apolo y Dafne, Fénix, Venus y Adonis, La gloria de Niquea.*
VILLA MERCEDES, pobl. de la Argentina (San Luis).
VILLA NADOR. V. NADOR.
VILLANUEVA, c. de México (Zacatecas).
VILLANUEVA (Felipe), compositor mexicano (1862-1893), autor de piezas para piano.
VILLANUEVA (Joaquín Lorenzo), político liberal y erudito español (1757-1837), autor de *Vida literaria.*
VILLANUEVA (Juan de), arquitecto neoclásico español (1731-1811), que edificó el museo del Prado en Madrid.
VILLANUEVA (Laureano), político e historiador venezolano (1840-1920).
VILLANUEVA DE LA SERENA, c. de España (Badajoz). Vino; cereales; frutas.
VILLANUEVA DEL DUQUE, v. de España (Córdoba); plomo argentífero.
VILLANUEVA DEL REY, v. de España (Córdoba); hulla.
VILLANUEVA Y GELTRÚ, v. de España (Barcelona), a orillas del Mediterráneo. Centro industrial. Castillo del s. XII restaurado.
VILLA OBREGÓN, v. de México (D. F.), barrio de la capital, llamado antes **San Ángel.**
VILLA OROPEZA, ant. **Yotala,** pobl. de Bolivia (Chuquisaca), cap. de la prov. de Oropeza.
VILLA PUCARINI, c. de Bolivia, cap. de la prov. de Los Andes (La Paz).
VILLARCAYO, v. de España (Burgos). Embutidos.
VILLARINO (María de), poetisa y escritora argentina, n. en 1909, autora de *La sombra iluminada, Pueblo en la tiniebla,* etc.
VILLARREAL, v. de España (Castellón de la Plana); naranjas.
VILLARRICA, cono volcánico de Chile (Cautín y Valdivia); 2 840 m. — C. del Paraguay, cap. del dep. de Guairá; centro comercial; ind. azucarera. (Hab. *villarriqueños.*) Obispado. Fundada en 1576. — Com. y dep. de Chile (Cautín).
VILLARRICA DE OROPEZA. V. HUANCAVELICA.
VILLARROBLEDO, v. de España (Albacete); queso manchego; vinos.
VILLARROEL (Diego de), conquistador español del s. XVI, fundador de las ciudades de Potosí (1545) y San Miguel de Tucumán (1565).
VILLARROEL (Gaspar), religioso ecuatoriano (1587-1665). Fue obispo de Santiago de Chile, Arequipa y Charcas, y defendió los derechos eclesiásticos.
VILLARROEL (Gualberto), militar y político boliviano (1908-1946), pres. de la Rep. de 1943 a 1946. M. asesinado por la muchedumbre.
VILLARRUBIA DE LOS OJOS, v. de España (Ciudad Real), en cuyo término se encuentran los *Ojos del Guadiana.*
VILLARS (Claudio, *duque de*), diplomático y mariscal francés (1653-1734), vencedor del Príncipe Eugenio en Denain (1712).
VILLAS (Las), prov. de Cuba; cap. *Santa Clara;* considerable producción azucarera.
VILLA SALAMANCA, pobl. de Bolivia, cap. de la prov. de Manuel Martín (Potosí).
VILLASANDINO (ÁLVAREZ DE). V. ÁLVAREZ.
VILLA SANJURJO. V. ALHUCEMAS.
VILLA TALAVERA o **PUNA,** pobl. de Bolivia, cap. de la prov. de Linares (Potosí).
VILLATE (Blas). V. VALMASEDA, *conde de.*
VILLA URIONDO, ant. **Villa Concepción,** pobl. de Bolivia, cap. de la prov. de Avilés (Tarija).
VILLAURRUTIA (Xavier), poeta, ensayista y dramaturgo mexicano (1903-1950), autor de los poemas *Reflejos, Nocturnos, Nostalgia de la muerte,* y de la novela *Dama de corazones.*
VILLA VACA GUZMÁN, pobl. de Bolivia, cap. de la prov. de Luis Calvo (Chuquisaca).
VILLAVERDE, v. de España, suburbio al sur de Madrid. Centro industrial; automóviles.
VILLAVERDE (Cirilo), escritor romántico cubano (1812-1894), autor de las novelas *Cecilia Valdés* o *La loma del Ángel,* su mejor obra, *El penitente* y *Dos amores.*
VILLAVICENCIO, c. de Colombia, cap. del dep. del Meta; centro ganadero y comercial. (Hab.

Fot. Arch. Phot., doc. A. G. P.

villavicenses o *villavicenciunos.*) Vicariato Apostólico. — Pobl. de la Argentina (Mendoza); estación termal.
VILLAVICENCIO (Antonio), militar ecuatoriano (1775-1816), que se sumó a la causa de la Independencia en Nueva Granada. M. fusilado.
VILLAVICENCIO (Rafael), médico venezolano (1838-1918), autor de *Geografía médica y demográfica de Venezuela.*
VILLAVICIOSA, pobl. de España (Guadalajara). En 1710 victoria de los franceses sobre el ejército austriaco, que valió a Felipe V la posesión definitiva de la Corona de España. — V. de España (Oviedo); puerto pesquero; sidra.
VILLAVICIOSA (José de), poeta español (1589-1658), autor de la epopeya burlesca *La mosquea.*
VILLA Y GATIMI, pobl. del Paraguay (Caagazú).
VILLAZÓN (Eliodoro), político y abogado boliviano (1848-1939), pres. de la Rep. de 1910 a 1913.
VILLEDA MORALES (Ramón), político hondureño, pres. de la Rep. en 1957. Fue derribado en 1963, poco antes de terminar su mandato.
VILLEGAS (Antonio de), escritor español del s. XVI, que publicó en 1565 un *Inventario* de diferentes relatos y poemas.
VILLEGAS (Esteban Manuel de), poeta español (1589-1669), de inspiración anacreóntica en sus *Eróticas o Amatorias.* Tradujo a Boecio.
VILLEGAS (Micaela). (V. PERRICHOLI).
VILLEHARDOUIN (Geoffroi de), cronista francés (¿1150-1212?), que asistió a la cuarta Cruzada y escribió una interesante *Conquista de Constantinopla.*
VILLÈLE [*vilel*] (José, *conde de*), político francés (1773-1854), jefe de los ultrarrealistas durante la Restauración francesa. Se hizo impopular por su intransigencia.
VILLENA, c. de España (Alicante). Castillo.
VILLENA (Enrique DE ARAGÓN, mal llamado *marqués de*), escritor español (1384-1434). Personaje pintoresco con ribetes de brujo que compuso un arte de trinchar manjares (*Arte cisoria*), así como diversos tratados de astrología (*Libro de astrología*) y de temas mitológicos (*Los doce trabajos de Hércules*).
VILLENA (Juan Manuel FERNÁNDEZ PACHECO, *marqués de*), erudito y político español, m. en 1725. Primer director de la Academia Española de la Lengua y uno de los colaboradores del *Diccionario de Autoridades.*
VILLENEUVE [*vilneuv*] (Pedro de), almirante francés (1763-1806), jefe de la escuadra francoespañola derrotada por Nelson en Trafalgar (1805). Se suicidó.
VILLETA, c. de Colombia (Cundinamarca). — Pobl. del Paraguay (Central).
VILLEURBANNE, c. de Francia (Ródano). Suburbio de Lyon. Sedas; centro industrial.
VILLIERS DE L'ISLE-ADAM (Felipe de), gran maestre de la orden de San Juan de Jerusalén (1464-1534). Sostuvo en Rodas un sitio famoso en 1522 contra Solimán. Carlos V le cedió en 1530 las islas de Malta y de Gozzo.
VILLIERS DE L'ISLE-ADAM (Augusto, *conde de*), escritor francés (1838-1889), autor de *Cuentos crueles,* obra impregnada de simbolismo.
VILLON (François), poeta francés, n. en París (1431-¿1465?); llevó una vida aventurera que le condujo varias veces a la cárcel y aun al pie de la horca. En su obra, de gran originalidad y de profundo lirismo, sobresalen el *Pequeño Testamento* o *Layes,* el *Gran Testamento,* la *Balada de los ahorcados,* etc.
VILLONACO, cima de los Andes del Ecuador, en la Cord. Occidental; 2 946 m.
VILLUERCAS (Las), comarca de España (Cáceres), en las sierras Guadalupe y Altamira. Bosques; ganadería.
VIMINAL (MONTE), colina de la antigua Roma, al E., donde estaban las termas de Diocleciano.
VINAROZ, c. y puerto de España (Castellón de la Plana), al S. de la desembocadura del Ebro.
VINASCO, río de México (Veracruz), que, al unirse con el Pantepec, forma el río Tuxpan.
VINCENNES, c. de Francia (Val-de-Marne), en los suburbios del E. de París. Castillo histórico (s. XIV). Parque incorporado a París en 1929.

Leonardo de VINCI
SANTA ANA, LA VIRGEN Y EL NIÑO
Louvre

VINCES, río del Ecuador, afl. del Babahoyo; 275 km. — Pobl. del Ecuador (Los Ríos).
VINCI (Leonardo de), célebre artista de la escuela florentina, n. en Vinci, cerca de Florencia, m. en Francia (1452-1519). Es conocido especialmente como pintor, autor de *La Gioconda* (v. lám. p. 880), *La última Cena, La Virgen de las Rocas,* etc. Rival de Miguel Ángel y de Rafael, recuerda a este último por la gracia y el encanto de su pincel. Fue también escultor, arquitecto, físico, ingeniero, escritor y músico, y se distinguió en todos los ramos del arte o de la ciencia.
VINCHINA, altiplanicie de la Argentina (La Rioja), en las sierras pampeanas; 1 970 m. — N. que se da al río argentino Bermejo al descender de la puna catamarqueña.
VINDHYA, cadena de montañas en la India continental, en el N. del Decán; 650 m.
VINH LONG, c. del Viet Nam del Sur, cap. de prov. (Cochinchina), al SO. de Saigón.
VINIEGRA (Salvador), pintor español (1862-1915), autor de cuadros de historia.
VINNITSA, c. de la U. R. S. S. (Ucrania), a orillas del río Bug; centro industrial.
VINTTER. V. GENERAL VINTTER (*Lago*).
VIÑA (La), presa de la Argentina (Córdoba), en el río Sauces. Es una de las más altas de América; 103 m.
VIÑA DEL MAR, c. y com. de Chile (Valparaíso); principal balneario del país; centro industrial. (Hab. *viñamarinos.*) Fue fundada en 1874.
VIÑALES, térm. mun. de Cuba (Pinar del Río).
VIÑAZA (Cipriano MUÑOZ MANZANO, *conde de la*), filólogo español (1862-1933), autor de una monumental *Biblioteca histórica de la filología castellana.*
VIOLLET-LE-DUC [*violeleduk*] (Eugenio), arquitecto y escritor francés (1814-1879), restaurador de gran número de monumentos de la Edad Media (Nuestra Señora de París).
VIOTTI (Giovanni), violinista y compositor italiano (1753-1824), creador de la escuela moderna de violín.
VIRACOCHA, divinidad suprema de los antiguos peruanos, padre de todos los vivientes.
VIRACOCHA, octavo inca del Perú.
VIRCHOW (Rodolfo), médico, antropólogo y político alemán (1821-1902), creador de la patología celular, y miembro activo del *Kulturkampf.*
VIRGEN (La), pobl. de Costa Rica (Heredia).
VIRGEN MARÍA. V. MARÍA.
VÍRGENES, cabo de la Argentina, a la entrada del estrecho de Magallanes.
VÍRGENES (ISLAS), grupo de islas de las Antillas Menores que pertenecen a la Gran Bretaña (*Islas Leeward*) y a los Estados Unidos (*Santo Tomás* y *Santa Cruz*).

VILLEHARDOUIN

grabado de la edición príncipe de las obras de VILLON

Fot. Giraudon, Viollet, Larousse

San VITAL
mosaico de Ravena
Cristo ofrece a San
Vital la corona
del martirio

VIRGILIO
fragmento de
un mosaico
Susa (Túnez)

F. de VITORIA

VIVALDI
por G. B. Martini

VIRGILIO MARÓN (Publio), poeta latino, n. cerca de Mantua (70-19 a. de J. C.), autor de *Las Bucólicas*, serie de diez églogas, de inspiración pastoril, de *Las Geórgicas*, admirable poema a la gloria del campo, y de *La Eneida*, gran epopeya nacional y religiosa, que dejó sin terminar. Imitador constante, pero hábil, de los griegos, particularmente de Teócrito y Homero, no deja, sin embargo, de tener un talento muy personal, demostrado por su amor a la naturaleza, la perfección absoluta de su estilo y la armonía de sus versos.

VIRGINIA, uno de los Estados de América del Norte, en el Atlántico; cap. *Richmond;* gran producción de tabaco, algodón y maíz.

VIRGINIA, joven plebeya de Roma, hija del centurión Virginio, quien, en el año 449 a. de J. C., la mató antes de dejarla vender como esclava por el decenviro Apio Claudio. Esta muerte trágica provocó la caída de los decenviros.

VIRGINIA OCCIDENTAL, uno de los Estados Unidos de América del Norte (Atlántico sur); cap. *Charleston;* hulla; metalurgia.

VIRGO, constelación situada en la zona de la eclíptica. — Signo del Zodiaco que corresponde al período del 22 de agosto al 23 de septiembre.

VIRIATO, jefe de los lusitanos rebelados contra la dominación romana. Mantuvo la guerra durante ocho años y concertó un tratado de paz con sus enemigos. Este acuerdo fue traicionado por el cónsul romano y Viriato fue asesinado mientras dormía (140 a. de J. C.).

Virreinatos de América, instituciones creadas por la Corona española para regularizar la vida de sus colonias de Indias. Los virreinatos fueron cuatro: el de *Nueva España* (1535), inaugurado por Antonio de Mendoza; el del *Perú* (1544), atendido primeramente por Blasco Núñez de Vela; el de *Nueva Granada* (1717), suspendido en 1723 y restablecido en 1739; el del *Río de la Plata*, cuyo primer titular fue Pedro de Cevallos (1776). Los virreyes, elegidos con carácter vitalicio en los primeros tiempos, luego por tres años y finalmente por cinco años, encarnaban el poder real en las Indias y gozaban de numerosas atribuciones gubernativas, fiscales, judiciales, militares y aun eclesiásticas.

VIRÚ, distr. del Perú (La Libertad); lugares arqueológicos preincaicos.

VIRUÉS (Cristóbal de), poeta español (¿1550?-1609) que compuso el poema épico-religioso *El Monserrate*.

VISAYAS o **BISAYAS,** grupo malayo de las Filipinas (Luzón, Mindanao, etc.). Ha dado su nombre al archipiélago de las Visayas, compuesto principalmente por las islas de Leyte, Sámar y Negros.

VISCARRA MONJE (Humberto), poeta y compositor boliviano, n. en 1898, autor de *Rondino*.

VISCONTI, ilustre familia de Italia, que se apoderó de la soberanía de Milán y reinó de 1277 a 1447. Los más célebres de sus miembros son: Juan Galeazo (1351-1402); Juan María (1389-1412) y Felipe María (1391-1447).

VISCONTI (Ennio Quirino), arqueólogo italiano (1751-1818), autor de una *Iconografía romana*. — Su hijo Luis, arquitecto francés (1791-1853), construyó la tumba de Napoleón I, en el Hotel de los Inválidos (París).

VISEU o **VISEO,** c. de Portugal (Beira Alta). Catedral (s. XII). Vinos.

VISHAKHAPATNAM, ant. **Vizagapatam,** c. de la India (Andhra Pradesh).

VISIGODOS, n. dado a los godos de Occidente. En 412 invadieron la Galia bajo la dirección de Ataúlfo y, pasando a España, se apoderaron de Barcelona y de gran parte de la Península. La dominación visigótica duró en España hasta la derrota de Don Rodrigo por los árabes (711).

Visitación *(Orden de la),* orden religiosa de mujeres, fundada en Annecy (Saboya) por San Francisco de Sales y la baronesa de Chantal, en 1610. Las religiosas de dicha orden llevan el nombre de *salesas*.

VISNÚ, segundo término de la trinidad bramánica o *Trimurti*, conservador del mundo. A veces reviste formas humanas.

Vísperas Sicilianas, matanza general de los franceses en Sicilia el año 1282, bajo el gobierno de Carlos de Anjou, hermano de San Luis. Fue resultado de una conspiración tramada por Juan de Prócida, partidario de la Casa de Suabia. El lunes de Pascua, en el momento en que tocaban las campanas a *vísperas*, los sicilianos se rebelaron y mataron a todos los franceses que se encontraban en la isla, sobre todo en Palermo. El gobierno de la isla fue ofrecido a Pedro III de Aragón.

VÍSTULA, río de Polonia, que nace en los Cárpatos, pasa por Cracovia y Varsovia y des. en el Báltico por el golfo de Gdansk; 1 070 km.

VITAL *(San),* mártir en Ravena en 52, padre de San Gervasio y San Protasio. La iglesia que le está consagrada en Ravena es uno de los monumentos más ricos del arte bizantino (s. VI; mosaicos). Fiesta el 20 de abril.

VITALI (Juan Bautista), compositor italiano (¿1644?-1692), uno de los iniciadores de la sonata.

VITALIANO, papa de 657 a 672.

Vita nuova. V. Vida nueva.

VITEBSK, c. de la U. R. S. S. (Rusia blanca), a orillas del Duina.

VITELIO, emperador romano (15-69), que reinó ocho meses y algunos días en el año 69. Se hizo célebre por sus crueldades y sus vicios. Murió asesinado por los partidarios de Vespasiano.

VITERBO, c. de Italia (Lacio). Murallas; catedral gótica; hermosas fuentes.

VITERICO, rey visigodo de España de 603 a 610. Intentó restaurar el arrianismo y murió asesinado.

VITI. V. Fidji.

VITIER (Cintio), poeta y ensayista cubano, n. en 1921, autor de *Vísperas* y *Canto llano*.

VITIGES, rey de los ostrogodos de Italia, de 536 a 540, vencido por Belisario.

VITIGUDINO, v. de España (Salamanca).

VITI LEVU, la mayor de las islas Fidji; cap. *Suva*. Caña de azúcar.

VITIZA. V. Witiza.

VITO *(San),* obispo de Auxonne (Francia), m. en 961. Fiesta el 6 de enero.

VITORIA, c. de España, cap. de la prov. de Álava, a orillas del Zadorra, afl. del Ebro; centro agrícola e industrial. Obispado. Catedral del s. XIV. Victoria conseguida por las tropas españolas e inglesas sobre los franceses en 1813.

VITÓRIA, c. y puerto del Brasil en la *isla Vitória*, cap. del Estado de Espíritu Santo.

VITORIA (Francisco de), dominico, jurista y teólogo español, n. en Vitoria (Álava) [1486-1546], que se considera como el fundador del Derecho internacional. En sus *Relectiones* sobresalen la titulada *De indis*, que condena el aspecto belicoso de la conquista de América, y *De Jure belli* en que defiende la guerra justa.

VITRUVIO POLIÓN (Marco), arquitecto romano del s. I de J. C., autor de un tratado *De architectura* dedicado a Augusto.

VITTEL, pobl. de Francia (Vosgos); aguas minerales.

VITTORIA, c. de Italia (Sicilia).

VITTORIO VÉNETO, c. de Italia (Venecia); aguas termales; textiles (lana).

VIVALDI (Antonio), violinista y compositor italiano, n. en Venecia (1678-1741), célebre virtuoso, autor de música religiosa, óperas y sinfonías. Ha influido poderosamente en la forma del concierto en tres movimientos.

VIVANCO (Luis Felipe), poeta español, n. en 1907, autor de los libros *Cantos de primavera* y *Continuación de la vida*.

Fot. Larousse, Anderson, Studio di Euzo Grea

VIVANCO (Manuel Ignacio de), general y político peruano (1806-1873), supremo director de la Rep. de 1843 a 1844. En 1856 se sublevó contra Castilla. Fue ministro de Guerra y Marina en el gobierno de Pezet.

VIVERO, c. de España (Lugo). Puerto pesquero y de carbón en la ría del mismo nombre.

VIVES (Amadeo), compositor español (1871-1932), autor de óperas *(Maruxa)* y zarzuelas (*Doña Francisquita*). Fue, con Luis Millet, uno de los fundadores del "Orfeó Català", de Barcelona.

VIVES (Juan Luis), humanista y filósofo español, n. en Valencia (1492-1540), que estudió en París y en Lovaina, donde trabó amistad con Erasmo. Fue preceptor de la hija de Enrique VIII de Inglaterra y catedrático en Oxford. En su obra *(Diálogos, De anima et vita, De causis corruptarum artium, Introductio ad veram Sapientiam,* etc.), la casi totalidad de la cual está compuesta en latín, se revela como un precursor de la moderna psicología y, en el terreno de la pedagogía, un pensador original y profundo.

VIZAGAPATAM. V. VISHAKHAPATNAM.

VIZAPUR, hoy **Bijapur,** c. de la India (Mysore); monumentos antiguos.

VIZARRÓN (Juan Antonio de), arzobispo de México y virrey de Nueva España de 1734 a 1740.

VIZCAÍNO (Sebastián), navegante y conquistador español, m. en 1606, que exploró California y las costas mexicanas.

VIZCAITARRA. V. BIZCAITARRA.

VIZCAYA (GOLFO DE), n. de la parte más profunda del mar Cantábrico, entre Francia y España. Llamado también **Golfo de Gascuña.**

VIZCAYA, prov. de España, una de las vascongadas; cap. *Bilbao.* Minas de hierro; siderurgia, construcciones mecánicas; comercio intenso.

VLAARDINGEN, c. de Holanda, a orillas del Mosa y cerca de Rotterdam; gran puerto de pesca; refinerías de petróleo.

VLADIKAVKAZ o **VLADICÁUCASO.** V. ORDJONIKIDZE.

VLADIMIR, c. de U. R. R. S. (Rusia); construcciones mecánicas; industria de la seda.

VLADIMIRO I el Grande o **San Vladimiro,** príncipe de Rusia, que reinó en Kiev y echó los cimientos de este Estado; m. en 1015. Fiesta el 15 de junio. — VLADIMIR II, gran príncipe de Kiev, de 1113 a 1125.

VLADIVOSTOK, c. y puerto de U. R. S. S. (R. S. F. S. de Rusia), a orillas del mar del Japón; término del ferrocarril transiberiano. Centro industrial. Universidad.

VLAMINCK (Mauricio de), pintor francés (1876-1958), autor de retratos y paisajista, destacado representante del fauvismo.

VLTAVA. V. MOLDAU.

Vocabulario en lengua castellana y mexicana, obra de Alonso de Molina, publicada en México, en 1571, uno de los primeros libros impresos en América. Su importancia para el estudio del idioma nahuatl es capital.

VOGELWEIDE (Walther von der). V. WALTHER VON DER VOGELWEIDE.

VOGHERA, c. de Italia (Pavía).

VOGT (Karl), naturalista y antropólogo alemán (1817-1895). Fue partidario del transformismo.

VOGÜÉ (Carlos Melchor, *marqués de*), arqueólogo y diplomático francés (1829-1916). — Su primo EUGENIO MELCHOR *de Vogüé,* escritor francés (1848-1910), es autor de un estudio sobre la *Novela rusa.*

VOITURE (Vicente), escritor preciosista francés (1597-1648), autor de poesías y cartas.

VOIVODINA, territorio autónomo de la Rep. de Servia (Yugoslavia); cap. *Novi Sad.*

VOLADERO, laguna del Ecuador (Carchi).

VOLCÁN, n. con que se designa a veces el volcán del Barú (Panamá). — Sierra de la Argentina (Buenos Aires).

VOLCÁNICA (CADENA), cadena de montañas de Nicaragua, paralela al Pacífico.

VOLGA, río de la U. R. S. S., el más largo de Europa; desemboca en el Caspio; 3 688 km, de los cuales 2 750 son navegables.

VOLGA *(República Alemana del),* ant. república autónoma de la R. S. F. S. de Rusia, comunidad establecida por Catalina II con 27 000 emigrantes suabos. Suprimida en 1946.

VOLGOGRADO, hasta 1925 **Zarizin,** de 1925 a 1961 **Stalingrado,** c. de la U. R. S. S. (Rusia), a orillas del Volga. Maquinaria; refinerías de petróleo. La batalla de *Stalingrado,* durante el invierno de 1942-1943, señaló el comienzo de la ofensiva soviética en la Segunda Guerra mundial.

VOLINIA, en polaco **Wolyn,** región de la U. R. S. S. (Ucrania). C. pr. *Jitomir.*

VÖLKLINGEN, c. de Alemania (Sarre). Importantes acerías.

VOLNEY (Constantino, *conde de*), erudito y escritor francés (1757-1820), autor de *Las ruinas de Palmira.*

VOLO, c. de Grecia, a orillas del golfo del mismo nombre, ant. golfo *Pelásgico.*

VOLOGDA, c. de U. R. S. S. (Rusia); productos lácteos; cueros.

Volpone o **El zorro,** comedia de Ben Jonson (1605), cuyo protagonista encarna el tipo de cínico, avaro y astuto.

VOLSCOS, pueblo de la Italia antigua, establecido al S. del Lacio. Fue sometido por Roma (338 a. de J. C.).

VOLTA, río de África occidental, formado por la unión del *Volta Negro, Volta Blanco* y *Volta Rojo,* nacidos en Alto Volta y que riegan Ghana.

VOLTA (Alto). V. ALTO VOLTA.

VOLTA (Alejandro, *conde de*), físico italiano (1745-1827), autor de notables trabajos sobre la electricidad, e inventor de la pila eléctrica que lleva su nombre.

VOLTAIRE (Francisco María AROUET, llamado), escritor francés, n. en París (1694-1778). Conocido como poeta y dramaturgo desde 1725, tuvo que huir de París tras la publicación de las *Cartas filosóficas* (1734). Rehabilitado en 1745, residió en Prusia, protegido por Federico II, y pasó los veinte últimos años de su vida en Ferney, cerca del lago Leman. Admirador de la literatura del s. XVII, brilla en los géneros poéticos tradicionales: epopeya *(La Henriada),* tragedia (*Zaira, La muerte de César, Mahoma, Mérope*); pero se destaca, sobre todo, en la lucha filosófica, y propaga sus ideas en poemas *(Discurso sobre el hombre),* en novelas *(Zadig,* 1747; *Micromegas,* 1752; *Cándido,* 1759). Sus obras históricas establecen las bases de la concepción

M. I. DE VIVANCO

J. L. VIVES

VOLTAIRE
busto por HOUDON

EL VOLGA
a su paso por Gorki

Fot. Larousse, doc. A. G. P., Giraudon, Oficina Soviética de Información

VOROCHILOV

VUILLARD
INTERIOR

moderna de la historia (*Historia de Carlos XII*, 1731; *El siglo de Luis XIV*, 1751; *Ensayo sobre las costumbres*, 1756). Desde 1760 se dedicó más activamente a la propaganda filosófica mediante su *Diccionario filosófico*, libelos, cartas, etcétera. Espíritu práctico, hostil a toda metafísica, Voltaire funda su moral natural en la tolerancia y la razón.

VOLTA REDONDA, c. de Brasil (Rio de Janeiro), al N. de Rio; gran centro siderúrgico.

VOLTERRA, c. de Italia (Toscana), antigua ciudad etrusca. Catedral; Palacio Municipal.

VOLTERRA (Vito), matemático italiano (1860-1940), a quien se deben trabajos de análisis, de física matemática y de mecánica.

VOLTURNO, río de Italia que pasa por Capua y des. en el mar Tirreno; 185 km.

VONDEL (Justo van den), V. VAN DEN VONDEL.

VORAGINE (Jacobo de), hagiógrafo italiano (¿1228?-1298), dominico y arzobispo de Génova; autor de la popular vida de santos llamada *Leyenda de oro*. En ital. su nombre es **Iacopo da Varazze.**

Vorágine *(La)*, novela del colombiano José Eustasio Rivera, visión intensamente dramática de la vida en la selva amazónica (1925).

VORARLBERG, prov. de Austria, al O. de los *Alpes de Vorarlberg*; c. pr. *Bregenz*.

VOROCHILOV. V. USURINSK.

VOROCHILOV (Klementi), mariscal soviético (1881-1969), comisario del pueblo para la Defensa (1925-1940) y pres. del Consejo Supremo de la U. R. S. S. (1953-1960).

VOROCHILOVGRADO, c. de la U. R. S. S. (Ucrania), en el Donbass; metalurgia. Llamada **Lugansk** antes de 1935 y de 1958 a 1970.

VOROCHILOVSK. V. STAVROPOL.

VOROCHILOVSK. V. KOMMUNARSK.

VORONEJ, c. de la U. R. S. S. (Rusia), a orillas del Don. Industrias mecánicas, químicas y alimenticias.

VORONOV (Sergio), médico ruso (1861-1951) que ideó un método de rejuvenecimiento basado en el trasplante de las glándulas genitales de los monos al cuerpo humano.

VOS (Cornelis de), pintor flamenco (¿1585?-1651), retratista y pintor de temas religiosos. — Su hermano PABLO (1590-1678), sobresalió en las escenas de caza.

VOSGOS, cadena montañosa al NE. de Francia, entre las regiones de Alsacia y Lorena. En ella existen yacimientos minerales (hulla y petróleo). punto culminante, 1 426 m.

VOSGOS, dep. de Francia; cap. *Epinal*.

VOSS (Juan Enrique), crítico y poeta alemán (1751-1826), autor de bellas traducciones alemanas de las obras maestras de las literaturas clásicas (*La Ilíada*, *La Odisea* y *Las Geórgicas*).

VOSSLER (Karl), filólogo e hispanista alemán (1872-1949), que ha estudiado la vida y la obra de Lope de Vega, la poesía de Fray Luis de León y aspectos múltiples de las letras castellanas.

VOTÁN o **WOTÁN,** otro n. de **Odín.**

VOTÁN, personaje mitológico de la América Central, que, según la tradición, fundó un imperio en el actual territorio de Chiapas (México), convirtió a los indígenas y les enseñó el cultivo del maíz.

VOTIAKOS, pueblo de la U. R. S. S., habitantes de la República Autónoma de Udmurtia.

VOUET (Simón), pintor francés (1590-1649), de estilo vehemente, suntuoso y decorativo.

VOUGEOT, pobl. de Francia cerca de Beaune (Borgoña), célebre por sus vinos.

VOUILLÉ [*vullé*], c. de Francia, cerca de Poitiers. Allí derrotó Clodoveo, rey de Francia, al rey de los visigodos Alarico II (507).

VOUVRAY, c. de Francia, cerca de Tours; vinos blancos y espumosos.

VRIES (Hugo de), botánico holandés (1848-1935), fundador de la teoría de las mutaciones, sobre la descendencia de las plantas.

VUELTABAJO o **VUELTA ABAJO,** comarca de Cuba (Pinar del Río), famosa por su excelente prod. tabacalera.

VUILLARD (Eduardo), pintor francés (1868-1940), de gran sensibilidad.

VULCANO, dios del Fuego y del Metal entre los romanos, hijo de Júpiter y de Juno, esposo de Venus, identificado con el **Hefestos** de los griegos. Feo y deforme, fue precipitado por su madre desde lo alto del Olimpo, cayó en la isla de Lemnos, de lo que quedó cojo, y estableció bajo el Etna sus forjas, donde trabajaba con los Cíclopes. *(Mit.)*

Vulgata, versión latina de la Biblia (384-405), usada por la Iglesia católica y hecha en gran parte por San Jerónimo. Los reformadores del s. XVI la rechazaron a causa de las faltas de traducción que contenía. El Concilio de Trento decidió en 1546 permitir el estudio del texto original, pero a condición de considerar la *Vulgata* como texto verdadero y sólo ella podría invocarse como prueba.

VULPIAN (Alfredo), médico y fisiólogo francés (1826-1887), autor de trabajos notables sobre el funcionamiento del sistema nervioso.

VULSINII, hoy **Bolsena,** c. de Etruria.

VYASA. V. VIASA.

VYBORG o **VIBORG,** en finés **Viipuri,** c. de la U. R. S. S. (Rusia), en el golfo de Finlandia; industrias diversas. Fue cedida por Finlandia en 1940.

VYCHNI VOLOTCHEK, c. de la U. R. S. S. (R. S. F. S. de Rusia). Imp. industrias textiles.

VULCANO y los Cíclopes forjando el escudo de Aquiles. Bajorrelieve romano

Fot. Keystone, "Illustration", Alinari

WALLENSTEIN

WASHINGTON

WATSON-WATT

WATT

WALIDI, califa de Damasco bajo cuyo reinado se inició la invasión de España por los árabes. M. en 715.

WALKER (William), aventurero norteamericano (1824-1860), que, en 1855, desembarcó en Nicaragua, presa de una guerra civil, para ayudar al bando liberal. No tardó en adueñarse del Poder e imponer la esclavitud, pero fue derrotado por la acción conjunta de los Estados centroamericanos (1857). Regresó, no obstante, en 1860, y, capturado, fue fusilado en Honduras.

WALKER MARTÍNEZ (Carlos), poeta y político chileno (1842-1905). Autor de *Romances americanos* y de obras teatrales.

Walkiria *(La)*, drama musical en tres actos, libreto y música de Ricardo Wagner (1870). Es la segunda parte de la tetralogía *El anillo de los Nibelungos.*

Walkirias o **Walquirias,** diosas de categoría inferior en la mitología escandinava. Mensajeras de Odín, tenían por misión escanciar la cerveza y el hidromel a los héroes muertos en el combate.

WALPOLE [*ualpol*] (Hugh Seymour), novelista inglés (1884-1941), autor de *El espejo verde* y *La catedral.*

WALPOLE (Roberto), político inglés (1676-1745), jefe del Partido Liberal y primer ministro. — Su hijo HORACIO, escritor (1717-1797), autor de la novela de misterio y terror *El castillo de Otranto.*

WALPURGIS o **VALBURGA** *(Santa)*, monja benedictina, n. en Inglaterra (¿710?-778); fue llamada a Alemania por San Bonifacio. Su sepulcro, trasladado en el s. IX a Eichstaedt, atraía numerosos peregrinos. Su fiesta se celebraba el 1º de mayo, *noche de Walpurgis*, y según las leyendas populares esa noche las hechiceras y los demonios se reunían en el Brocken.

WALSALL, c. de Inglaterra (Stafford). Industria de cuero; metalurgia.

WALTARI (Mika), novelista finlandés, n. en 1908, autor de *Sinué el Egipcio.*

WALTER (Bruno), director de orquesta alemán (1876-1962), naturalizado norteamericano.

WALTHER (Johann), compositor alemán (1496-1570), uno de los maestros de la música coral protestante y amigo de Lutero.

WALTHER von der Vogelweide, poeta alemán (¿1170-1230?), el primero de los minnesingers que utilizó su poesía como arma política.

WALVIS BAY o **WALFISH BAY,** territorio de la costa occidental de África austral, unido a la prov. de El Cabo (República Sudafricana), pero administrado por África del Sudoeste desde 1922. Cap. *Walvis Bay.*

WALLACE (Alfredo Russel, *lord*), naturalista inglés (1823-1913), uno de los fundadores de la geografía zoológica.

WALLACE (Edgar), novelista inglés (1875-1932), maestro del género policiaco.

WALLACE (Lewis), novelista norteamericano (1827-1905), autor del célebre relato de evocación romana *Ben Hur.*

WALLACE (Ricardo), filántropo inglés (1818-1890). Legó a Inglaterra su célebre colección de cuadros, hoy en Londres.

WALLACE (William), héroe popular de los escoceses, n. hacia 1272. Luchó largo tiempo contra Eduardo I y, capturado en 1305, fue decapitado.

WALLASEY, c. de Inglaterra (Chester), a orillas del Mersey. Industria activa.

WALLENSTEIN (Alberto Wenzel von), militar alemán (1583-1634). Fue durante la guerra de los Treinta Años el mejor general del emperador Fernando II. Luchó contra Gustavo Adolfo, pero, movido por la ambición, soñó crear un principado independiente en Alemania. Denunciado al emperador, fue declarado traidor y asesinado por sus oficiales.

Wallenstein, trilogía dramática de Schiller, compuesta de las obras siguientes: *El campamento de Wallenstein, Los Piccolomini* y *La muerte de Wallenstein.*

WALLIS o **UVEA,** territorio francés de ultramar, al NE. de las islas Fidji.

WALLON (Enrique), historiador y político francés (1812-1904).

WALLSEND, c. de Gran Bretaña (Northumberland); hulla.

Wall Street, calle de Nueva York donde está la Bolsa y el mundo de las finanzas.

WAMBA, rey visigodo de España (672-680). Se retiró a un convento y le sucedió Ervigio.

WANNE-EICKEL, c. de Alemania (Rin Septentrional-Westfalia); industrias metalúrgicas y químicas.

WARBURG (Heinrich), fisiólogo alemán, n. en 1883. Ha realizado importantes estudios sobre el cáncer. (Pr. Nóbel, 1931.)

WARNEMÜNDE, c. de Alemania oriental, puerto de Rostock en el Báltico.

WARNES, pobl. de Bolivia, cap. de la prov. del mismo n. (Santa Cruz).

WARNES (Ignacio), militar argentino (1770-1816), que contribuyó a la defensa de Buenos Aires contra los ingleses en 1807. Se distinguió en los campañas del Alto Perú, en la defensa de Santa Bárbara y murió heroicamente en la batalla de Pari.

WARRINGTON, c. de Inglaterra (Lancashire), a orillas del Mersey. Metalurgia.

WARSZAWA, n. polaco de **Varsovia.**

WARTA, río de Polonia, afl. del Oder; 762 km.

WARTBURG (Walther von), eminente filólogo romanista suizo, n. en 1888.

Wartburgo, castillo de Sajonia-Weimar, cerca de Eisenach, célebre por las estancias que hicieron en él los minnesinger, Santa Isabel de Hungría y más tarde Lutero (1521), que tradujo allí el Nuevo Testamento al alemán.

WARWICK, condado del centro de Inglaterra; cap. *Warwick.*

WARWICK (Richard Neville, *conde de*), general inglés, llamado **el Hacedor de reyes,** n. en 1428, m. en la batalla de Barnet en 1471.

WASATCH, cadena montañosa del O. de los Estados Unidos (Utah); 3 745 m.

WASH, golfo de la costa oriental de Inglaterra.

WASHINGTON, cap. federal de los Estados Unidos de Norteamérica, en el distrito federal de Columbia, a orillas del Potomac; 811 000 h. Centro administrativo. Universidad. Capitolio. Biblioteca del Congreso; museos; residencia del pres. de la Rep. *(Casa Blanca).*

WASHINGTON, uno de los Estados Unidos de Norteamérica, a orillas del Pacífico y limítrofe con el Canadá; cap. *Olympia*; c. pr. *Seattle.* Explotaciones forestales y mineras.

WASHINGTON (Jorge), militar y político norteamericano, n. en Virginia (1732-1799), que fue uno de los fundadores de la república de los Estados Unidos y su primer presidente (1789-1797). Al principio de la guerra de la Independencia, tuvo el mérito de disciplinar militarmente a sus tropas. Apoyado por La Fayette y Rochambeau, derrotó a los ingleses en Trenton y Yorktown (1781). Una vez obtenida la independencia, organizó el país e hizo votar (1787) la Constitución federal todavía vigente. Después de haber sido presidente de la Unión por segunda vez, volvió sencillamente a sus labores agrícolas en Mount Vernon, donde murió. Por su rectitud y la elevación de su espíritu es una de las figuras más admirables de los Estados Unidos.

WASSERMANN (August von), médico alemán (1866-1925), inventor de una reacción para diagnosticar la sífilis.

WASSERMANN (Jacobo), novelista alemán (1873-1934), autor de *El hombrecillo de los gansos, El caso Maurizius* y una biografía de *Cristóbal Colón.*

WAST (Hugo). V. MARTÍNEZ ZUVIRÍA.

WATERBURY, c. de los Estados Unidos (Connecticut); industrias metalúrgicas.

WATERFORD, c. y puerto de la República de Irlanda (Munster).

WATERLOO, pobl. de Bélgica (Brabante). Derrota de Napoleón por los ingleses y los prusianos en 1815.

WATERLOO, c. de los Estados Unidos (Iowa).

WATLING, n. actual de la isla de **Guanahani** o **San Salvador.**

WATSON-WATT (*sir* Robert Alexander), físico escocés, n. en 1892, que descubrió un sistema de localización y de medida de la distancia de un obstáculo por las ondas hertzianas, o *radar.*

WATT (James), ingeniero escocés (1736-1819). Concibió el principio de la máquina de vapor de doble efecto.

WATTEAU [*vató*] (Antonio), pintor y grabador francés (1684-1721). Sus obras, de asunto campestre e idílico, son encantadoras, a pesar de cierto amaneramiento.

Fot. Larousse, X, British Council

XWY

WASHINGTON: el Capitolio

WAAGE (Pedro), médico y químico noruego (1833-1900), que enunció con Guldberg la ley de acción de las concentraciones sobre los equilibrios fisicoquímicos.
WAAL, brazo principal del delta del Rin que pasa por Nimega y se une al Mosa.
WAALS (Van der). V. VAN DER WAALS.
WABASH, río de los Estados Unidos, afl. del Ohio; 960 km.
WACE, poeta anglonormando (¿1110?-1175), autor de poemas históricos.
WACKENRODER (Wilhelm Heinrich), poeta alemán (1773-1798), uno de los promotores del romanticismo en su país.
WADDENZEE. V. ZUYDERZEE.
WADDINGTON (William), arqueólogo y político francés (1826-1894).
WAD RAS *(Batalla de)*, victoria de los españoles, capitaneados por O'Donnell, sobre los marroquíes en 1860. El *Tratado de Wad-Ras* puso fin a la guerra de África.
WAGNER (Duncan), arqueólogo francés, de origen escocés (1863-1937), que, junto con su hermano EMILIO ROGELIO (1868-1949), realizó importantes exploraciones en Argentina (Santiago del Estero) y Brasil.
WAGNER (Julio), caballero VON JAUREGG, médico austriaco (1857-1940). Premio Nóbel en 1927 por sus investigaciones sobre la parálisis progresiva.
WAGNER (Max Leopoldo), sabio filólogo alemán, n. en 1880, autor de importantes estudios sobre dialectología española.
WAGNER (Ricardo), compositor y dramaturgo alemán, n. en Leipzig (1813-1883), autor de *El buque fantasma, Tannhäuser, Lohengrin, Los maestros cantores de Nuremberg. El anillo de los Nibelungos, Tristán e Isolda, Parsifal.* Músico de extraordinaria fuerza, escribió él mismo sus poemas, sacados generalmente de las leyendas nacionales de Germania, y modificó la concepción de la ópera tradicional, procurando unir íntimamente la música con la poesía, lo que hace que ciertos recitados y escenas sean a veces pesados y monótonos; pero la orquesta, en la que busca Wagner el medio principal de la emoción dramática, es espléndida, llena de color y de poesía.
WAGRAM, aldea de Austria, cerca de Viena. Victoria de Napoleón en 1809.

WAHABITAS o **UAHABITAS,** secta musulmana fundada en Arabia (Nedjd), al final del s. XVIII, por Mohamed Abdul Wahab. Secta guerrera, luchó contra Mehemet Alí (1815-1818) y predomina actualmente en la Arabia central.
WAKAYAMA [*ua-*], c. y puerto del Japón (Hondo). Industria textil.
WAKE (ISLA DE), atolón del Pacífico, entre Hawai y las Marianas; base aérea comercial.
WAKEFIELD [*uekfild*], c. de Inglaterra (York); hulla; textiles.
WAKSMAN (Selman Abraham), microbiólogo norteamericano, n. cerca de Kiev en 1888. Descubrió la estreptomicina. (Pr. Nóbel, 1952.)
WALBRZYCH, en alemán **Waldenburg,** c. de Polonia (Silesia). Gran centro industrial.
WALCHEREN, ant. isla de Holanda (Zelanda), unida al continente; cap. *Middelburgo.*
WALDECK, ant. principado de Alemania, república en 1918, incorporada a Prusia en 1929 y desde 1946 parte de Hesse; 1 055 km².
WALDEMAR, el penúltimo y más notable de los margraves de Brandeburgo, de la dinastía ascania; reinó de 1308 a 1319.
WALDENBURG. V. WALBRZYCH.
WALDSEEMÜLLER (Martín), cosmógrafo alemán (¿1475-1521?), que dio a conocer en su *Introducción a la cosmografía* (1507), los viajes de Américo Vespucio a las Indias Occidentales y propuso que en su honor se diera el nombre de *América* a esas tierras, por haber sido él el primero en afirmar que se trataba de un mundo nuevo.
WALES [*uels*], n. inglés del **País de Gales.**
WALHALLA, estancia de los héroes muertos en los combates, y donde se bebe el hidromel escanciado por las *walkirias. (Mit. escandinava.)*
Walhalla, panteón germánico, templo dedicado a los grandes hombres de Alemania, en Donnastauf (Baviera), cerca de Ratisbona. Decorado por Rauch y Schwanthaler (1830-1842).
WALIA, cuarto rey de los visigodos en España (415-419), sucesor de Sigerico. Vencedor de los suevos, vándalos y alanos.

R. W

Fot. U. S. I. S., Aginter

WATTENSCHEID, c. de Alemania (Rin Septentrional-Westfalia); hulla; siderurgia.
WATTRELOS, c. de Francia (Nord); textiles, metalurgia, productos químicos.
WAUGH (Evelyn), novelista inglés (1903-1966), autor de *El querido difunto* y de la trilogía titulada *Hombres en armas.*
Waverley, la primera de las composiciones históricas de Walter Scott (1814). Es un episodio de la tentativa de restauración jacobita de 1745.
WAZIRISTÁN, región del Paquistán occidental.
WEBER (Carlos María von), compositor alemán (1786-1826), autor de *Freischütz, Oberón,* etc. El primero de los compositores alemanes de la escuela romántica. Escribió también brillantes obras para piano.
WEBER (Max), sociólogo y economista alemán (1864-1920), autor de estudios sobre las clases sociales.
WEBER (Wilhelm), físico alemán (1804-1891), conocido por sus estudios acerca de la inducción electromagnética.
WEBERN (Anton von), compositor austriaco (1883-1945), uno de los primeros que adoptó la música dodecafónica.
WEBSTER (Juan), dramaturgo inglés (¿1580-1624?), autor de *El diablo blanco o Vittoria Camboni* y *La duquesa de Malfy.*
WEDDELL (MAR DE), mar de la **Antártida,** en el interior del círculo polar; descubierto en 1823 por el inglés Jacobo Weddell.
WEDEKIND (Frank), autor dramático alemán (1864-1918), cuyas obras (*Despertar de primavera, La caja de Pandora*) critican vigorosamente la burguesía de su tiempo.
WEDNESBURY, c. de Inglaterra (Stafford). Minas de hulla.
WEENIX o **WEENINCKX** (Juan Bautista), llamado **el Viejo,** pintor holandés (1621-1663). Autor de paisajes y marinas.
WEGENER (Alfredo), geofísico y meteorólogo alemán (1880-1930), autor de la teoría de la traslación de los continentes (*Orogénesis*).
WEHNELT (Arturo), físico alemán, n. en Río de Janeiro (1871-1944), autor de investigaciones sobre la emisión termoelectrónica.
Wehrmacht, n. del ejército de mar, tierra y aire del Tercer Reich de 1935 a 1945.
WEIHAI, c. y puerto de China, en la costa N. de la península de Chantung. Industria textil.
WEIMAR, c. de Alemania oriental (Turingia). Construcciones mecánicas. En 1919 fue sancionada allí la Constitución de la primera República alemana.
WEISMANN (Augusto), biólogo alemán (1834-1914), representante del neodarwinismo.
WEISS (Peter Ulrich), escritor sueco de origen alemán, n. en 1916, autor de obras de teatro (*Marat-Sade*) y de novelas.
WEISSENFELS, c. de Alemania oriental, a orillas del Saale. Centro industrial.
WEIZMANN (Chaim), químico y político israelita (1874-1952). En 1949 fue elegido primer pres. del Estado de Israel.
WELHAVEN (Johan Sebastián), poeta noruego (1807-1873), influido por el romanticismo alemán.
WELSER, familia de banqueros alemanes de Augsburgo del s. XVI, a quienes Carlos V autorizó en 1528 a conquistar y poblar una zona de Tierra Firme (Venezuela).
WELLINGTON, archip. de Chile, entre el golfo de Penas y el estrecho de Magallanes. Comprende la isla del mismo n. y las de Prat, Serrano y Campana.
WELLINGTON, cap. de Nueva Zelanda, en la isla del Norte; 150 000 h. Puerto en el estrecho de Cook. Universidad.
WELLINGTON (Arturo WELLESLEY, *duque de*), general inglés (1769-1852). Derrotó a las tropas francesas en Portugal y en España (1808-1814), y en 1815 venció a Napoleón en la batalla de Waterloo. Por su fortaleza física y su voluntad inflexible, fue llamado **el Duque de Hierro** (*Iron Duke*). Fue jefe del Partido Conservador y presidente del Consejo en 1831.
WELLS, c. de Inglaterra (Somerset). Catedral (s. XII-XIII).
WELLS (Herbert George), escritor inglés (1866-1946), cuyas novelas, en las que se combinan la aventura y la ciencia, alcanzaron universal difusión: *La máquina del tiempo, El hombre invisible, La guerra de los mundos,* etc.
WEMBLEY, c. de Inglaterra, en las afueras de Londres. Estadio olímpico.
WENCESLAO, n. de varios reyes de Bohemia y Hungría.
WENCHEU, c. de China (Chekiang).
WERFEL (Franz), escritor austriaco, n. en Praga (1890-1945), autor de poemas, novelas, narraciones (*La canción de Bernadette*) y dramas.
WERNER (Alfredo), químico suizo (1866-1919), que enunció la teoría de la coordinación de las valencias. (Pr. Nóbel, 1913.)
WERNER (Zacarías), dramaturgo alemán (1768-1823), autor de dramas fatalistas.
WERRA, río de Alemania que, al unirse con el Fulda, forma el Weser.
Werther, novela epistolar de Goethe (1774). Es el relato dramatizado de una aventura sentimental, de fondo autobiográfico. Su título completo es *Las cuitas del joven Werther.*
WESER, río de Alemania, formado por la reunión del Werra y del Fulda; pasa por Minden y Brema, y des. en el mar del Norte; 480 km.
WESERMÜNDE, c. y puerto de Alemania en el estuario del Weser, cerca de Bremerhaven.
WESLEY [*uesle*] (Juan), teólogo y predicador protestante inglés (1703-1791), fundador de la secta religiosa de los *metodistas.*
WESSEX, monarquía anglosajona, fundada en el s. V; subsistió hasta 1013.
WEST (Benjamín), pintor norteamericano (1738-1820), autor de *La muerte del general Wolfe.*
WEST BROMWICH, c. de Inglaterra (Stafford). Hulla; metalurgia.
West End, barrio del oeste de Londres habitado por la aristocracia y la burguesía. Centro comercial.
WESTFALIA, antigua prov. del O. de Alemania; cap. *Münster.* Región industrial. Desde 1946 forma parte del *Rin Septentrional-Westfalia.*
Westfalia (*Tratados de*), acuerdos firmados en 1648 en *Münster* y *Osnabrück* entre el emperador de Alemania, Francia y Suecia, para terminar la guerra de los Treinta Años. Concedían a los príncipes alemanes del Norte, cuyos territorios se veían aumentados, la libertad de religión, el derecho de alianza con el extranjero y señalaban el fracaso absoluto de Austria en su intento de unificación de Alemania. Francia consiguió Alsacia y nacieron Holanda y Suiza.

WEBER

WELLINGTON
por ISABEY

WELLS

WATTEAU
LA TIENDA DE GERSAINT
palacio
de Charlottenburgo
Berlín

Fot. Giraudon, Neurdein, Hanfstaengl, Elliot and Fry

abadía de WESTMINSTER

WICLEF

WHITTLE

WEST HAM, c. de Inglaterra (Essex), suburbio de Londres; industrias químicas.
WEST HARTLEPOOL, c. y puerto de Inglaterra (Durham); industrias siderúrgicas y químicas; astilleros.
WESTINGHOUSE (George), industrial e ingeniero norteamericano (1846-1914), que perfeccionó el freno de aire comprimido que lleva su nombre.
WEST LOTHIAN, condado de Escocia; cap. *Linlithgow.*
WESTMACOTT (Ricardo), escultor inglés (1775-1856). — Su hijo RICARDO, llamado *el Joven*, escultor de gran talento (1799-1872).
Westminster, abadía de Londres (s. XIII), al O. de la City, edificada por Enrique III. En ella se encuentran las tumbas de los reyes y de los hombres ilustres de Inglaterra. — *Palacio de Westminster*, edificado en Londres en 1840 en el lugar del primitivo, destruido por un incendio en 1834. De estilo gótico, se extiende a orillas del Támesis y es la residencia del Parlamento.
WESTMORLAND, condado del N. de Inglaterra. Cap. *Kendal.*
WEST POINT, pobl. de los Estados Unidos (Nueva York), residencia de la Academia Militar, creada en 1802.
WETTERHORN, uno de los picos más altos del Oberland Bernés (Suiza); 3 708 m.
WETZLAR, c. de Alemania (Hesse). Metalurgia; instrumentos ópticos. Residencia del Tribunal Federal de Apelación.
WEYDEN. V. VAN DER WEYDEN.
WEYLER (Valeriano), general español (1838-1930), que se señaló en las campañas de Cuba. Fue capitán general de la isla en 1896 y después gobernador.
WHARTON (Edith JONES, *Mrs.*), novelista norteamericana (1862-1937), que se dedicó, sobre todo, a estudiar las costumbres de la alta sociedad de su país *(La edad de la inocencia).*
WHEATSTONE [*uitston*] (*sir* Charles), físico inglés (1802-1875). Construyó en 1837 uno de los primeros aparatos de telegrafía eléctrica.
WHEELING [*uiling*], c. de los Estados Unidos (Virginia Occidental). Siderurgia.
WHIPPLE (George Hoyt), médico norteamericano, n. en 1878, profesor de patología, autor de estudios sobre la anemia. (Pr. Nóbel, 1934.)
WHISTLER [*úistler*] (James), pintor norteamericano (1834-1903), autor de paisajes y retratos notables por la sabia armonía del color.

WHISTLER

E. WILDE

Ó. WILDE

Whitehall [*uaitjol*], avenida de Londres, donde se halla el ministerio de Asuntos Exteriores y otras oficinas públicas.
WHITEHEAD (Alfred North), matemático y filósofo inglés (1861-1947).
WHITEHEAD (Roberto), industrial inglés (1824-1905), inventor del torpedo submarino automotor.
WHITELOCKE (Juan), general inglés (1757-1835), que intentó apoderarse de Buenos Aires en 1807 y derrotó a Liniers, pero tuvo que rendirse ante la acción de Martín de Alzaga.
WHITMAN (Walt), poeta norteamericano (1819-1892), autor de *Hojas de hierba*, obra en la cual canta la democracia y la fraternidad universal en vigorosos versos líricos.
WHITNEY, pico culminante de los Estados Unidos (California), en Sierra Nevada; 4 418 m.
WHITTIER [*uitier*] (Juan), poeta norteamericano (1807-1892), autor de las *Leyendas sobre la Nueva Inglaterra.*
WHITTLE (*sir* Frank), oficial inglés, n. en 1907, inventor del motor de reacción.
WICKHAM, monte de la Argentina, en las Malvinas; 605 m.
WICKSELL (Knut), economista sueco (1851-1926), uno de los jefes del marginalismo.
WICLEF (Juan), reformador religioso inglés, uno de los precursores de la Reforma (1324-1384). Negó la transubstanciación y tradujo la Biblia al inglés.
WICHITA, c. de los Estados Unidos (Kansas). Construcciones aeronáuticas.
WICHITA FALLS, c. de los Estados Unidos (Texas). Refinerías de petróleo.
WIDNES, c. de Inglaterra (Lancashire), en el estuario del Mersey. Industrias químicas.
WIECHERT (Ernst), escritor alemán (1887-1950), autor de novelas llenas de ternura humana.
WIELAND (Christoph Martin), escritor alemán (1733-1813), autor de poemas *(Oberón)*, de novelas *(Agatón)*, obras en las cuales muestra su ingenio delicado y ligero.
WIELICZKA, c. de Polonia (Galitzia). Minas de sal gema, explotadas desde la Edad Media.
WIEN (Wilhelm), físico alemán (1864-1928), conocido por sus trabajos sobre las radiaciones. (Pr. Nóbel, 1911.)
WIENER NEUSTADT, c. de Austria (Baja Austria). Maquinaria; material ferroviario.
WIERTZ (Antonio), pintor belga (1806-1865), autor de *La rebelión de los ángeles.*
WIESBADEN, c. de Alemania occidental, cap. de Hesse. Aguas termales; industrias químicas.
WIFREDO el Velloso, conde de Barcelona de 873 a 898, que logró una cierta independencia de los reyes francos.
WIGAN, c. de Inglaterra (Lancaster), al NE. de Liverpool. Tejidos.
WIGHT [*uait*] (ISLA DE), isla inglesa del canal de la Mancha. Cap. *Newport.* Estación veraniega. Regatas.
WIGTOWN, condado de Escocia meridional. Cap. *Wigtown.*
WILBERFORCE [*uil-*] (William), político inglés (1759-1833), célebre por sus campañas contra la esclavitud.
WILDE (Eduardo), escritor y político argentino (1844-1913), de vena humorística y espíritu irónico. Escribió numerosos libros: *Tiempo perdido, Prometeo y Cía, Aguas abajo*, autobiografía, etc.
WILDE [*uaild*] (Óscar), escritor inglés, n. en Dublín (1854-1900) uno de los más brillantes de su época por la exquisitez de su estilo y la originalidad de sus argumentos. Autor de comedias (*El abanico de lady Windermere, Una mujer sin importancia, La importancia de llamarse Ernesto*), poemas (*Balada de la cárcel de Reading*), cuentos y una novela, *El retrato de Dorian Gray*, compendio de su esteticismo. Acusado de inmoralidad, fue encarcelado. M. en Francia.
WILDER (Thornton), escritor norteamericano, n. en 1897, autor de *El puente de San Luis Rey* (novela) y *Nuestra ciudad* (teatro).
WILHELMSHAVEN, c. de Alemania (Baja Sajonia), puerto en el mar del Norte; astilleros. Estación balnearia.
WILKES (Carlos), marino norteamericano (1798-1877), que exploró la región antártica.
WILKES [*uil-*] (John), publicista y político inglés (1727-1797), ministro de Jorge III.

Fot. Baudot-Lamotte, Wide World, Agence Intercontinentale, Larousse, doc. A. G. P., Elliot and Fry

WILKES BARRE, c. de los Estados Unidos (Pensilvania). Hulla. Metalurgia.
WILKIE (David), pintor inglés (1785-1841), autor de escenas populares.
WILMINGTON, c. de los Estados Unidos (Delaware); siderurgia; textiles.
WILSON (MONTE), monte de los Estados Unidos (California). Observatorio.
WILSON (Charles Thomson Rees), físico escocés (1869-1959), que inventó un método para fotografiar las trayectorias de las partículas atómicas. (Pr. Nóbel, 1927.)
WILSON (Harold), político laborista inglés, n. en 1916. Primer ministro de 1964 a 1970.
WILSON (Thomas Woodrow), político norteamericano, n. en Staunton (Virginia) [1856-1924]. Pres. de los Estados Unidos en 1913 y reelegido en 1916, decidió la entrada de su país en la Primera Guerra mundial. Contribuyó a la creación de la Sociedad de Naciones, mediante los catorce puntos que formuló en 1918.
WILTSHIRE, condado de Inglaterra meridional; cap. *Salisbury.*
WILLEMSTAD, cap. y puerto de las Antillas Holandesas, en la isla de Curazao; 40 000 h.
WILLIAMS (Alberto), compositor y crítico musical argentino (1862-1952). Autor de nueve sinfonías y numerosas piezas musicales; es considerado como el compositor más fecundo del continente americano.
WILLIAMS (Tennessee), dramaturgo norteamericano, n. en 1914, autor de *La rosa tatuada, El zoo de cristal, Un tranvía llamado deseo, Hasta llegar a entenderse* y *La noche de la iguana.*
WILLIMAN (Claudio), político uruguayo (1863-1934), pres. de la Rep. de 1907 a 1911.
WILLOUGHBY (Hugo), navegante inglés del siglo XVI.
WIMBLEDON, c. de Inglaterra (Surrey), suburbio de Londres, donde se celebran anualmente famosos campeonatos de tenis.
WINCKELMANN (Juan Joaquín), arqueólogo alemán (1717-1768), que fue el primero en estudiar con método científico los monumentos de la Antigüedad. Autor de *Historia del arte entre los antiguos.*
WINCHESTER [*uin-*], c. de Inglaterra, cap. del condado de Hampshire. Catedral gótica.
WINDHOEK, cap. de África del Sudoeste (tutela de la República Sudafricana); 35 900 h.
WINDSOR [*uindsor*], c. de Inglaterra (Berkshire), a orillas del Támesis. Castillo real edificado por orden de Eduardo III. — La familia real británica (Sajonia-Coburgo-Gota) tomó en 1917 el nombre de *Casa de Windsor.*
WINDSOR, c. de Canadá (Ontario), puerto activo en el río Detroit; industria del automóvil.
WINDSOR *(duque de).* V. EDUARDO VIII.
WINDWARD ISLANDS. V. BARLOVENTO.
WINNIPEG [*uin-*], lago del Canadá que des. en la bahía de Hudson, por el río Nelson; 24 600 km². — C. del Canadá, cap. de Manitoba. Importante centro comercial e industrial.
WINSTON SALEM, c. de los Estados Unidos (Carolina del Norte). Manufacturas de tabaco.
WINTERHALTER (Francisco Javier), pintor alemán (1805-1873), retratista en la corte de Napoleón III.
WINTERTHUR, c. de Suiza (Zurich); material ferroviario; textiles (algodón).
WIRACOCHA. V. VIRACOCHA.
WISCONSIN [*uis-*], río de los Estados Unidos, afl. izquierdo del Misisipí; 950 km.
WISCONSIN, uno de los Estados Unidos de Norteamérica; cap. *Madison.* Ganadería.
WISEMAN (Nicolás Esteban), cardenal y escritor inglés, n. en Sevilla (1802-1865), arzobispo católico de Westminster; autor de *Fabiola.*
WISMAR, c. y puerto de Alemania oriental, a orillas del Báltico; construcciones mecánicas y navales; conservas de pescado.
WITERICO. V. VITERICO.
WITIZA, rey visigodo español de 701 a 710, hijo de Egica. Le sucedió Don Rodrigo.
WITT (Cornelio de), político holandés (1623-1672). — Su hermano JUAN (1625-1672), gran pensionista de Holanda, fue uno de los más ilustres políticos de este país, adversario de la Casa de Orange y célebre por sus virtudes republicanas. Los dos hermanos perecieron en un motín popular.
WITTEN, c. de Alemania (Rin Septentrional-Westfalia). Hulla; instrumentos de óptica.

castillo de WINDSOR

WITTENBERG, c. de Alemania oriental, a orillas del Elba. Iglesia de la ant. universidad, en cuya puerta anunció Lutero, el 31 de octubre de 1517, sus proposiciones contra las indulgencias.
WITWATERSRAND, distrito aurífero del Transvaal (Rep. Sudafricana).
WITZ (Conrad), pintor suizo (1400-1447), autor de numerosos cuadros religiosos.
WLOCLAWEK, c. de Polonia, cerca del Vístula. Industrias diversas.
WODEHOUSE (Pelham Grenville), escritor humorista inglés (1881-1958).
WÖHLER (Federico), químico alemán (1800-1882), que realizó, con la urea, la primera síntesis orgánica.
WOHLGEMUTH (Miguel), pintor y grabador alemán (1434-1516), maestro de Durero.
WOLF (Augusto), filólogo y erudito alemán (1759-1824), estudioso de la literatura griega, sostuvo que *La Ilíada* y *La Odisea* eran yuxtaposición de trozos épicos de épocas diferentes.
WOLF (Fernando), romanista austriaco (1796-1866), autor de notables trabajos sobre la literatura española.
WOLF (Hugo), compositor austriaco (1860-1903); autor de *lieder.*
WOLFE [*uolf*] (James), general inglés (1727-1759). Venció en el Canadá a Montcalm, pereciendo ambos en la misma batalla, a las puertas de Quebec.
WOLFE (Tomás), escritor norteamericano (1900-1938), autor de novelas llenas de violencia *(Mira hacia atrás, Ángel).*
WOLFF (Cristián, *barón*), filósofo alemán (1679-1754), discípulo de Leibniz.
WOLFRAM VON ESCHENBACH, poeta alemán (¿1170-1220?), autor de poemas épicos *(Parsifal)* y líricos.
WOLSEY [*uolsi*] (Tomás), cardenal inglés (¿1475?-1530), arzobispo de York y ministro del rey Enrique VIII.
WOLVERHAMPTON, c. de Inglaterra (Stafford); cuchillería; siderurgia; neumáticos.
WOLLASTON (William Hyde), físico y químico inglés (1766-1828), que descubrió el paladio y el rodio, y perfeccionó la pila de Volta.
WOLLONGONG, ant. **Greater Wollongong,** c. de Australia (Nueva Gales del Sur); centro siderúrgico.
WONSAN, puerto de Corea del Norte.
WOOD [*ud*] (Leonard), general norteamericano (1860-1927), gobernador militar de Cuba de 1899 a 1902, donde realizó una gran obra sanitaria. Fue también gobernador de Filipinas de 1921 a 1927.
WOOD (Robert Williams), físico norteamericano (1868-1955), que realizó estudios sobre las radiaciones ultravioleta que llevan su nombre.
WOOLF (Virginia), novelista inglesa (1882-1941), de gran penetración psicológica, autora de *Mrs. Dalloway, Al faro, Orlando,* etc.
WOOLWICH [*uulich*], c. de Inglaterra (cond. de Londres), a orillas del Támesis; arsenal de la Marina. Escuela militar.
WORCESTER, c. de Inglaterra, cap. de condado, a orillas del Severn. Catedral del s. XIII. Derrota de Carlos II por Cromwell en 1651.
WORCESTER, c. de los Estados Unidos (Massachusetts); centro industrial. Universidad.
WORDSWORTH (William), poeta inglés de la escuela lakista (1770-1850), amigo de Coleridge, con quien publicó *Baladas líricas,* manifiesto romántico inglés.

T. W. WILSON

WITT

V. WOOLF

Fot. Boudot-Lamotte, X, Giraudon, British Council

P. WRANGEL

O. WRIGHT

F. L. WRIGHT rascacielos en Bartlesville (Oklahoma)

WORMS [*vorms*], c. de Alemania (Renania-Palatinado), a orillas del Rin, donde se firmó un célebre concordato entre Calixto II y el emperador Enrique V, que puso fin a la Querella de las Investiduras (1122) y donde se reunió en 1521 una dieta que desterró a Lutero del Imperio. Catedral románica y gótica.
WORTHING, c. de Inglaterra (Sussex). Balneario.
WOOS Y GIL (Alejandro), general y político dominicano, pres. de la Rep. de 1885 a 1887 y en 1903.
WOTÁN. V. ODÍN.
WOUWERMAN (Philips), uno de los más hábiles pintores de la escuela holandesa (1619-1668), autor de marinas y de escenas de caza.
WRANGEL (Carlos Gustavo), general sueco, mariscal del reino (1613-1676). Tomó parte muy activa en la guerra de los Treinta Años y en las expediciones del reinado de Carlos X.
WRANGEL (Pedro), general ruso (1878-1928), que luchó contra los bolcheviques en Ucrania y Crimea, al mando del ejército blanco.
WREN (*sir* Christopher), matemático y arquitecto inglés (1632-1723), constructor de la catedral de San Pablo (Londres).
WRIGHT (Frank Lloyd), arquitecto norteamericano (1869-1959), uno de los principales representantes de la arquitectura moderna.
WRIGHT (Richard), novelista norteamericano (1908-1960), autor de *Native Son* y de *Black Boy.*
WRIGHT (Wilbur) [1867-1912] y su hermano ORVILLE (1871-1948), aviadores norteamericanos que consiguieron volar por primera vez con un aparato más pesado que el aire, construido por ellos mismos (1903).
WROCLAW, en alem. **Breslau,** c. de Polonia (Silesia); gran centro industrial. Universidad.
WUCHAN, c. de China, cap. del Hupé; centro administrativo; textiles (algodón y seda).
WUHAN, concentración urbana de China central (Hupé), constituida por la unión de Hankeu, Hanyan y Wuchan.
WUHU, c. de China (Anhué), a orillas del Yang tse Kiang.
WUNDT (Guillermo), filósofo y psicólogo alemán (1832-1920), fundador de la psicología experimental.
WUPPERTAL, n. dado en 1930 a la aglomeración constituida por las dos c. alemanas de *Barmen* y *Elberfeld* (Rin Septentrional-Westfalia), a orillas del Wupper, afl. del Rin. Centro industrial.
WURTEMBERG, ant. Estado de Alemania del SO., hoy unido a Baden *(Baden-Wurtemberg)*; cap. *Stuttgart.*
WURTZ (Adolfo), químico francés (1817-1884), uno de los creadores de la teoría atómica. Descubrió las aminas y el glicol.
WURTZBURGO, en alemán **Würzburg,** c. de Alemania (Baviera). Centro comercial. Universidad. Monumentos antiguos (iglesias siglos XII-XIV).
WYATT (*sir* Thomas), poeta y diplomático inglés (¿1503?-1542). En sus obras domina la triple influencia española, italiana y francesa.
WYCHERLEY (William), dramaturgo inglés (1640-1716), autor de comedias satíricas.
WYOMING [*uai-*], uno de los Estados Unidos de Norteamérica, que se extiende por las Montañas Rocosas y altiplanicies del interior; cap. *Cheyenne.*
WYSE (Luciano Napoleón Bonaparte), marino e ingeniero francés (1847-1909), uno de los promotores del canal interoceánico de Panamá.
WYSPIANSKI (Estanislao), dramaturgo y pintor polaco (1869-1907), cuya influencia literaria fue considerable.
WYSS (Johann David), literato suizo (1743-1818), autor de la novela *El Robinson suizo,* publicada en 1812 por su hijo Johann Rudof (1781-1830). Éste fue autor del himno nacional.

X

XALAPA y otros nombres mexicanos con x inicial. V. en la letra J.
XAMMAR (Luis Fabio), poeta peruano (1911-1947), que cantó la vida rural.
XAPECÓ, pobl. del Brasil (Santa Catarina); aguas minerales.
XARAGUA (LAGO). V. ENRIQUILLO.
XAUEN, c. santa de Marruecos, al S. de Tetuán.
XEMAL, cima de Guatemala (Huehuetenango); 3 800 m.
XILANDER (Wilhelm HOLZMANN, llamado), filólogo alemán (1532-1576).
XINANTÉCATL. V. TOLUCA.
XINGÚ, río del Brasil, que nace en la meseta de Mato Grosso y es afl. der. del Amazonas; 1 980 km. Forma varios rápidos en su curso medio.
XIPETOTEC *("el Desollado"),* dios azteca del Maíz, de la Primavera y de los Sacrificios.
XIRAU PALAU (Joaquín), filósofo español (1895-1946), autor de *El sentido de la verdad.*
XIUHTECUHTLI, divinidad azteca del Fuego.
XOCHICALCO, lugar arqueológico tolteca de México, al S. de Cuernavaca.
XOCHICATZIN, una de las divinidades protectoras del parto, entre los aztecas.
XOCHIMILCO, c. de México (Distrito Federal), a orillas del lago del mismo n. y a 18 km de la capital. Cultivo de hortalizas y flores en las *chinampas*; turismo.
XOCHIPILLI, divinidad azteca de las Flores y del Amor.
XOCHITEPEC, v. de México (Morelos).
XÓLOTL, caudillo de los chichimecas, m. en 1232, que sometió a los toltecas.

máscara del dios XIPETOTEC

canal de XOCHIMILCO

Fot. Giraudon, Keystone, U. S. I. S., Giraudon, Aubert de la Rüe

Y

EL YANG TSE KIANG
en Yunnan
en primer plano
un afluente del río

YABALPUR o **YUBBULPOR.** V. JUBBULPOR.
YABEBYRY, pobl. del Paraguay (Ñeembucú).
YABLONOI (MONTES), cadena de montañas de Siberia oriental; 1 660 m.
YABOTÍ-GUAZÚ DE OYARVIDE, arroyo de la Argentina (Misiones), afl. del río Uruguay.
YABÚ, río de Cuba (Las Villas), afl. del Sagua la Grande.
YACUAMBI, pobl. del Ecuador (Zamora-Chinchipe).
YACUIBA, c. de Bolivia, cap. de la prov. de Gran Chaco (Tarija).
YACUMA, río de Bolivia (Beni), afl. del Mamoré; 320 km. — Prov. de Bolivia (Beni) ; cap. *Santa Ana.*
YAGANES o **YAMANAS,** indios de una tribu del litoral de la Tierra del Fuego.
YAGGERNAT. V. JAGGERNAT.
Yago, uno de los principales personajes de la tragedia de Shakespeare *Otelo.* Provoca la muerte de Desdémona gracias a los celos que despierta en el corazón de Otelo. Se le conceptúa como tipo del malvado escéptico y pérfido.
YAGUACHI, río del Ecuador, afl. del Guayas. — C. del Ecuador (Guayas) ; centro agrícola. Derrota de los realistas por Sucre (1821).
YAGUAJAY, térm. mun. de Cuba (Las Villas).
YAGUARAPARO, pobl. y puerto de Venezuela (Sucre).
YAGUARÍ, río del Uruguay (Tacuarembó y Rivera), afl. del Tacuarembó.
YAGUARÓN, río de América del Sur que señala parte de la frontera entre Brasil y Uruguay; des. en la laguna Merín; 217 km. — Pobl. del Paraguay (Paraguarí) ; importante prod. de petit grain. Fundada en 1539 por Martínez de Irala.
YAGUATE, distr. de la Rep. Dominicana (San Cristóbal).
YAHATA. V. YAWATA.
YAHUAR HUACA, séptimo Inca del Perú.
YAHVÉ (*"El que es"*), nombre propio de Dios en la Biblia.
YAIPUR. V. JAIPUR.
YAKARTA, ant. **Batavia,** c. y puerto de la isla de Java, cap. del Estado unitario de Indonesia, 2 913 000 h. Centro industrial.
YAKUTIA, república autónoma de la U. R. S. S. (Rusia), en Siberia oriental; cap. *Yakutsk.*
YAKUTSK, c. de la U. R. S. S. (Rusia), cap. de Yakutia, en Siberia, a orillas del Lena.
Yale [*yéil*] (*Universidad de*), universidad norteamericana fundada en 1701 en New Haven.
YALTA, c. de la U. R. S. S. (Ucrania), puerto de Crimea en la costa S.; estación balnearia. Conferencia entre Churchill, Roosevelt y Stalin (1945) para coordinar los esfuerzos de los Aliados en la lucha contra Alemania y tomar las decisiones destinadas a la conclusión de la paz.
YALÚ, río del Asia septentrional, que separa el NO. de China de Corea; 790 km. Instalaciones hidroeléctricas.
YAMAMOTO (Isoroku), almirante japonés (1884-1943). Mandó la flota nipona en el Pacífico de 1941 a 1943.
YAMANAS. V. YAGANES.
YAMPARÁEZ, prov. de Bolivia (Chuquisaca) ; cap. *Villa Tarabuco.*
YANAOCA, c. del Perú, cap. de la prov. de Canas (Cuzco).
YANAON, antiguo establecimiento francés en la India, en la costa de Coromandel, reintegrado a la India en 1954.
YANATILI, río del Perú (Cuzco), afl. del Urubamba.
YANAURCU, cima del Ecuador (Imbabura), en la Cord. Occidental; 4 538 m.
YANGCHEU, c. de China (Kiangsu).
YANGKU. V. TAIYUÁN.
YANG TSE KIANG o **RÍO AZUL,** río de China, que nace en el Tíbet. Es uno de los más largos del mundo (5 500 km) y su cuenca es vastísima. Navegable para los barcos de gran calado hasta 1 000 km del mar, constituye la arteria vital y económica de China central. Desemboca en el mar de China por un delta de 80 000 km^2.
YANINA, c. de Grecia (Epiro), a orillas del lago homónimo.
YANKEES o **YANQUIS,** n. con que se designa a veces a los hab. de los Estados Unidos.
YÁÑEZ (Agustín), novelista mexicano, n. en 1904, autor de *Archipiélago de las mujeres, Al filo del agua, La creación,* etc.
YÁÑEZ PINZÓN (Vicente). V. PINZÓN.
YÁPETO, uno de los Titanes, hermano de Cronos y padre de Prometeo, Atlas y Epimeteo.
YAPEYÚ, pobl. de la Argentina (Corrientes), fundada en 1627. Patria del general San Martín.
YAPURÁ. V. JAPURÁ.
YAQUE, pico de la Rep. Dominicana (Santiago), en la Cord. Central; 2 995 m.
YAQUE DEL NORTE, río de la Rep. Dominicana, que des. en la bahía de Manzanillo (Monte Cristi) ; 280 km.
YAQUE DEL SUR, río de la Rep. Dominicana, que des. en la bahía de Neiba (Barahona) ; 200 km.
YAQUI, río de México, que des. en el golfo de California; 680 km. Llamado en Chihuahua, al principio de su curso, *Guerrero* y *Papigochic,* toma en el Estado de Sonora el n. de *Aros.*
YARA, río de Cuba (Oriente), que des. en el golfo de Guacanayabo; 50 km.
Yara (*Grito de*), n. dado a la primera declaración de la independencia de Cuba, hecha por Céspedes en el barrio de Yara (Manzanillo) el 10 de octubre de 1868.
YARACUY, río de Venezuela en el Est. de Yaracuy, que des. en el mar Caribe; 125 km. — Estado del NO. de Venezuela; cap. *San Felipe;* prod. agrícola y forestal. (Hab. *yaracuanos.*)

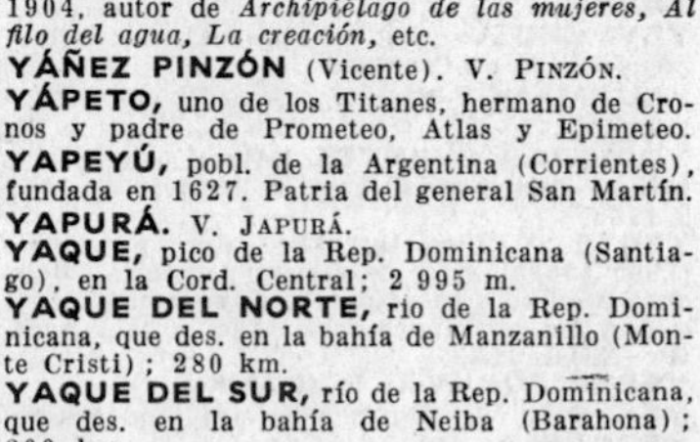

la Universidad
de YALE

Fot. Liotard-Guibaut, X

YEATS

YEGROS

YARÍ, río de Colombia, afl. del Caquetá; 610 km. Tb. es llamado **Río de los Engaños.**
YARIGUÁ, río de Cuba (Oriente) que des. por la bahía de Sabana la Mar; 110 km.
YARITAGUA, c. de Venezuela (Yaracuy), en una llanura fértil.
YARKAND o **SOCHE,** c. de China (Sinkiang), a orillas del *río Yarkand.* Oasis.
YARMOUTH [*-muz*], c. y puerto de Inglaterra (Norfolk). Centro de la pesca del arenque. Estación balnearia.
YAROSLAO, gran duque de Kiev de 1017 a 1054.
YAROSLAV o **JAROSLAV,** c. de Polonia, a orillas del San, afl. del Vístula.
YAROSLAVL, c. de la U. R. S. S. (Rusia), a orillas del Volga. Ind. químicas y textiles.
YARUMAL, c. de Colombia (Antioquia).
YATAITY, pobl. del Paraguay (Guairá).
YATERAS, térm. mun. de Cuba (Oriente).
YAULI, prov. del Perú (Junín); cap. *La Oroya.*
YAUNDÉ, cap. del Camerún; 57 500 h. Aceite; manufactura de tabaco. Arzobispado.
YAURI, c. del Perú, cap. de la prov. de Espinar (Cuzco).
YAUTEPEC, c. de México (Morelos).
YAUYOS, c. del Perú, cap. de la prov. del mismo n. (Lima). Prelatura nullius.
YAVARI o **JAVARI,** afl. der. del Amazonas, que sirve, en parte, de frontera con el Brasil.
YAWATA o **YAHATA,** c. del Japón (Kiusiu), hoy parte de Kita Kiusiu. Acerías.
YAXCHILÁN, ant. c. maya de México (Chiapas), junto al río Usumacinta.
YBYCUÍ, cerro del Paraguay; 630 m. — Pobl. del Paraguay (Paraguarí); centro minero. (Hab. *ybycuenses.*)
YBYTIMÍ, ramal de la cord. paraguaya de Ybytyruzú. — Pobl. del Paraguay (Paraguarí).
YBYTYPANÉ, ramal de la cord. paraguaya de Ybytyruzú.
YBYTYRUZÚ, cord. del Paraguay, que se desprende de la de Caaguazú.
YCUAMANDY-YÚ. V. SAN PEDRO (Paraguay).
YDÍGORAS FUENTES (Miguel), general y político guatemalteco, pres. de la Rep. de 1958 a 1963.
YEATS (William BUTLER), escritor irlandés (1865-1939), autor de poemas y dramas (*Deirdre*) inspirados en el pasado de su país y figura central del renacimiento literario de Irlanda. (Pr. Nóbel, 1923.)
YEBEL FURKVA. V. GELBOÉ.
YECLA, c. de España (Murcia). Agricultura.
YEDDAH. V. JEDDAH.
YEGROS, pobl. del Paraguay (Caazapá); centro comercial, agrícola y ganadero. (Hab. *yegreños.*) Llamóse ant. **Colonia Nacional.**
YEGROS (Fulgencio), militar y político paraguayo, m. en 1821, que tomó parte en la defensa de Buenos Aires contra los ingleses y, después, en las luchas de su país contra los invasores porteños. Fue jefe de la revolución de mayo de 1811 y pres. de la Junta Gubernativa hasta 1813; cónsul, alternativamente, con Rodríguez de Francia, de 1813 a 1814, conspiró contra el dictador, que le hizo fusilar.
YELCHO, lago de Chile (Chiloé), que comunica con el Océano. — N. dado en Chile al río argentino **Futaleofú.**
YELLOWSTONE, río de los Estados Unidos, afl. del Misuri. Nace en el Parque Nacional de Yellowstone (Wyoming), centro turístico con géyseres célebres; 1 600 km.
YEMEN o **Arabia Feliz,** República del SO. de la Península Arágiba, a lo largo del mar Rojo; 195 000 km²; 4 500 000 h. Cap. *Sana,* 50 000 h. Otra c. *Hudayda,* 50 000. Prod. cereales, café en las montañas (3 900 m) del interior.
YEMEN DEL SUR (REP. POPULAR DEL), n. que tomó la Federación de Arabia del Sur después de su independencia (1967); cap. *Al-Chaab.*
YENISEI, río de Siberia occidental que des. en el mar de Kara; 3 800 km.
YENTAI, ant. **Chefu,** c. y puerto de China (Chantung).
YEPES (*Fray* Diego de), arzobispo de Tarragona (1517-1600), autor de una *Vida de la madre Teresa de Jesús.*
YEPES (José Ramón), marino y poeta romántico venezolano (1822-1881), autor de baladas criollas. Murió ahogado en el puerto de Maracaibo.
YERBABUENA, n. dado a un sector de la Sierra Madre Oriental de México (San Luis Potosí).
YERBAS BUENAS, com. de Chile (Linares).
YEROVI (Leónidas N.), poeta y dramaturgo peruano (1881-1917), que cantó las costumbres de su patria. M. asesinado.
YERSIN (Alejandro), médico francés, n. en Suiza (1863-1943), que descubrió el bacilo de la peste en Hong Kong, en 1894.
YERUPAJA, cima del Perú (Huánuco); 6 632 metros.
YESILKÖY. V. SAN STEFANO.
YESO. V. HOKKAIDO.
YEZD, c. del Irán, al E. de Ispahán; centro agrícola, comercial e industrial.
YGUREY o **CARAPÁ,** río del Paraguay (Alto Paraná), afl. del Paraná.
YHÁGUIH o **YHAGUY,** río del Paraguay, donde fue destruida, durante la guerra de 1870, la flotilla paraguaya.
YÍ, río del Uruguay (Durazno, Florida y Flores), afl. del río Negro; 193 km.
YIBUTI. V. JIBUTI.
YIN. V. CHANG.
YOCASTA, esposa de Layo, rey de Tebas, madre de Edipo. Casó con éste sin saber que era su hijo y tuvo con él a Etéocles, Polinices, Antígona e Ismene. Al saber el secreto de su unión se ahorcó de desesperación. (*Mit.*)
YOCO, río de Venezuela (Sucre), que des. en el golfo de Paria.
YOJOA, lago de Honduras (Santa Bárbara, Cortés y Comayagua), de gran belleza; 400 km². Es llamado tb. **Taulebé.**
YOKOHAMA, c. y puerto principal del Japón en el Pacífico (Hondo); gran centro industrial.
YOKOSUKA, c. y puerto del Japón (Hondo), en la bahía de Tokio; astilleros.
YOKYAKARTA, c. de la República de Indonesia, en la isla de Java.
YOLOMBÓ, mun. y pobl. de Colombia (Antioquia); oro.
YONKERS, c. de los Estados Unidos, a orillas del Hudson (Nueva York). Industrias textiles.

a la derecha el gran cañón del río YELLOWSTONE *a la izquierda* cascada de YOSEMITE VALLEY

Fot. Elliot-Guibaut, doc. A. G. P., Colección National Park Service, Washington, U. S. I. S.

YONNE [*ión*], río de Francia, afl. izq. del Sena; 293 km. — Dep. de Francia; cap. *Auxerre.*

YORK, c. de Inglaterra, a orillas del Ouse y del Foss, cap. del condado de York o *Yorkshire.* Catedral gótica de estilo flamígero.

YORK, rama de la familia real de los Plantagenet. Disputó el trono a los Lancaster (*guerra de las Dos Rosas*), dio tres reyes a Inglaterra (Eduardo IV, Eduardo V y Ricardo III), y fue suplantada por los Tudores.

YORKSHIRE, condado al NE. de Inglaterra, dividido en *East Riding, North, Riding* y *West Riding.* Región de industrias textiles (lana).

YORKTOWN [*-taun*], aldea de los Estados Unidos, donde en 1781 Washington y Rochambeau hicieron prisioneros a lord Cornwallis y a su ejército durante la guerra de Independencia.

YORO, c. de Honduras, cap. del dep. del mismo n.; centro agrícola. El dep. prod. frutas tropicales; maderas preciosas, especialmente caoba. (Hab. *yoreños.*)

YOSEMITE VALLEY, valle de los Estados Unidos (California); hermoso parque nacional.

YOSHIHITO, emperador del Japón (1879-1926); alineó su país con los Aliados en la Primera Guerra mundial y recibió las colonias alemanas en calidad de mandato.

YOTALA. V. VILLA OROPEZA.

YOUNG, pobl. del Uruguay (Río Negro).

YOUNG [*iung*] (Eduardo), poeta inglés (1683-1765), autor de *Las Noches,* cuya melancolía es precursora de la poesía romántica.

YOUNG (Tomas), médico y físico inglés (1773-1829), que descubrió las interferencias de la luz.

YOUNGSTOWN, c. de los Estados Unidos (Ohio). Industrias metalúrgicas y mecánicas.

YPACARAÍ, lago del Paraguay; entre los dep. de Cordillera y Central; 90 km². — Pobl. del Paraguay (Central); centro comercial.

YPANÉ, río del Paraguay (Amambay), afl. del río de este n. — Pobl. del Paraguay (Central); aguas medicinales.

YPEJHÚ, pobl. del Paraguay (Caaguazú).

YPIRANGA (*Grito de*), n. con que se conoce la declaración de independencia del Brasil, proclamada el 7 de septiembre de 1822 por el príncipe Pedro, a orillas del *río Ypiranga* (São Paulo).

YPOÁ, lago del Paraguay, entre los dep. de Central y Paraguarí; 260 km².

YPRES, c. de Bélgica (Flandes Occidental); encajes, industria activa.

YPSILANTI (Constantino), político griego, n. en Constantinopla (1760-1816). — Su hijo DEMETRIO (1792-1832) se distinguió durante la guerra de la Independencia helénica.

YRIGOYEN (Hipólito), político argentino, n. en Buenos Aires (1852-1933), que sucedió a Alem en la jefatura del Partido Radical. Pres. de la Rep. de 1916 a 1922, reelegido en 1928, fue derrocado en 1930 por una revolución encabezada por el general José Félix Uriburu.

YRURTIA (Rogelio), escultor argentino (1879-1950), autor del mausoleo de Rivadavia.

YSER, río de Bélgica, que nace en Francia y des. en el mar del Norte; 78 km.

YSSEL, brazo septentrional del delta del Rin (Holanda), que termina en el lago Ysselmeer; 146 km.

YSSELMEER, lago interior de Holanda, resto del Zuyderzee, que ha de convertirse en pólder.

YSTRADYFODWG. V. RHONDDA.

YUCATÁN, península de América Central, entre el golfo de México y el mar Caribe. Su territorio, constituido por una planicie caliza, pertenece en gran parte a México, y comprende igualmente Belice y una zona de Guatemala. Fue centro de la civilización maya. — Estado de México; cap. *Mérida;* principal productor de henequén. (Hab. *yucatanenses* o *yucatecos.*)

YUCUMANI, volcán del Perú, en la Cord. Oriental; 5 570 m.

YUGOSLAVIA, Estado Federativo de Europa central y meridional, compuesto de seis repúblicas: Bosnia y Herzegovina, Servia, Croacia, Eslovenia, Montenegro y Macedonia. Sup. 255 000 km²; 19 511 000 h. (*yugoslavos*). Cap. *Belgrado,* 578 300 h.; c. pr. *Zagreb,* 427 000; *Skoplje,* 162 000; *Sarajevo,* 142 000; *Liubliana,* 140 000; *Novi Sad,* 102 000; *Rijeka,* 101 000; *Maribor,* 83 000; *Split,* 81 000; *Nish,* 81 000; *Subótica,* 75 000; *Titogrado,* 29 100.

GEOGRAFÍA. Las principales regiones de Yugoslavia son: 1º La región montañosa de *Eslovenia,* al noroeste; 2º La *planicie del Save y el Danubio,* que se extiende en *Croacia,* al norte; 3º La región montañosa de la *Vieja Servia;* 4º Los *Alpes Dináricos,* que cubren casi la mitad del territorio yugoslavo; 5º La *costa del Adriático,* poco comunicada con el interior; 6º *Macedonia,* en el extremo oriental del país. Yugoslavia es aún una nación agrícola (cría de porcinos y bovinos, cereales, tabaco), pero con recursos minerales importantes. La industrialización (metalurgia, construcciones mecánicas, textiles) progresa rápidamente. La economía, de tipo socialista, se caracteriza por la descentralización.

HISTORIA. Los croatas formaban en el s. X una nación importante, pero en 1098 cayeron bajo la dominación magiar, que duró hasta 1918. En el s. XIX, Servia y Montenegro obtuvieron la independencia (v. SERVIA), en tanto que Croacia y Eslovenia siguieron bajo el yugo austrohúngaro. Después de la Primera Guerra mundial, la unión de los países eslavos con Servia creó el Estado de Yugoslavia. Durante la Segunda Guerra mundial, la resistencia contra los alemanes fue organizada separadamente por el monárquico Mihailovich y el comunista Tito; éste consiguió, después de la guerra, proclamar la República Federativa Popular,

mapa de YUGOSLAVIA

catedral de YORK

YOUNG

ruinas de un templo en YUCATÁN

Fot. Hürlimann, Larousse, Roger Viollet

YUKAWA

de la que fue elegido presidente, y decidió llevar el socialismo yugoslavo por sus propios caminos, fuera de toda dependencia de la U. R. S. S.
YUGURTA, rey de Numidia, n. hacia 160 a. de J. C., sobrino de Micipsa. Luchó contra los romanos y fue vencido por Mario (104 a. de J. C.). Salustio ha relatado la historia de esta guerra en su obra *La guerra de Yugurta.*
YUKAWA (Hideki), físico japonés, n. en 1907, que formuló la hipótesis de la existencia de los mesones. (Pr. Nóbel, 1949.)
YUKON, río de América del Norte (Estados Unidos y Canadá); 3 300 km. Da su nombre a una división administrativa de Alaska y a un territorio del Canadá (cap. *Dawson*). Riquezas mineras (oro, plata, tungsteno).
YUMA, n. que los indígenas del N. de Colombia daban al río **Magdalena.**
YUMBEL, com. y dep. de Chile (Concepción).
YUMURÍ, río de Cuba, que des. en la bahía de Matanzas.
YUNA, río del NE. de la Rep. Dominicana, que des. en la bahía de Samaná; 380 km.
YUNGAY, pobl. de Chile (Ñuble). Batalla en la que las fuerzas chilenas de Manuel Bulnes derrotaron a las perubolivianas de Santa Cruz (1839). — C. del Perú, cap. de la prov. del mismo n. (Ancash). Terremoto en 1970.
YUNNAN, prov. de China meridional, al N. del Tonquín; Cap. *Kuenming.* Es una región de altas mesetas.
YUNNANFU. V. KUENMING
YUNQUE (Arístides GANDOLFI HERRERO, llamado **Álvaro**), novelista argentino, n. en 1893, autor de *Tutearse con el peligro, Vida de Alem, Calfucurá,* etc.
YURAC COCHA, laguna del Ecuador (Cotopaxi), al pie del Quilindaña.
YÚRAC LLANGANATI. V. CERRO HERMOSO.
YURACARES, indios bolivianos del Mamoré.
YURIMAGUAS, c. del Perú, cap. de la prov. de Alto Amazonas (Loreto). Vicariato apostólico.
YURIRIA, lago artifical de México (Guanajuato); 97 km². — C. de México (Guanajuato).
YURQUÍN, río de América Central, que señala parte de la frontera entre Panamá y Costa Rica.
YUSCARÁN, c. de Honduras, cap. del dep. de El Paraíso; centro agrícola y minero.
Yuste *(San Jerónimo de)*, célebre monasterio jerónimo de España, en la prov. de Cáceres, que sirvió de retiro al emperador Carlos V en los dos últimos años de su vida (1557-1558).
YUSUF I (Yusuf ben Tasfín), emir de Marruecos (1069-1106), que venció a Alfonso VI en Zalaca o Sagrajas (1086) y conquistó al frente de los Almorávides extensos territorios en España. — YUSUF II, sultán de Marruecos (1135-1184), que invadió España (1170). Murió en el sitio de Santarem.
YUSUF I, rey moro de Granada (1333-1354). Aliado con los Benimerines fue derrotado en la batalla del Salado (1340). — YUSUF II, rey moro de Granada (1390-1391), amante de las artes y las ciencias. — YUSUF III, rey moro de Granada (1407-1417), m. en 1423. Derrotado por los cristianos en Antequera. — YUSUF IV, rey moro de Granada en 1432, año en que murió. Fue vasallo de Juan II de Castilla.
Yusuf *(Poema de)*, poema anónimo castellano de mediados del s. XIV, escrito en aljamía. Relata la vida de José (Yusuf), según el Corán.
YUSUPOV (*Príncipe de*), aristócrata ruso (1887-1967), asesino de Rasputín.
YUTY, pobl. del Paraguay (Caazapá); centro ganadero. (Hab. *yutyenses.*) Fundada en 1610.
YVELINES, dep. de Francia, cap. *Versalles.*
YVETOT, c. de Francia, Normandía (Sena Marítimo). Los poseedores del alodio de Yvetot llevaron del s. XIV al XVI el n. de reyes.
YXART (José), crítico catalán (1852-1895), autor de *El teatro catalán, El año pasado,* etc.

monasterio de YUSTE

Fot. Agence Intercontinentale, Cortesía del Ministerio de Información y Turismo (España)

ZARAGOZA : Basílica de Nuestra Señora del Pilar

Z

ZAANDAM, c. de Holanda (Holanda Septentrional); industria de la madera.
ZAB *(Mayor* y *Menor),* n. de dos ríos de Mesopotamia, afl. del Tigris; 450 km. cada uno.
ZABALA (Bruno Mauricio de), militar español, n. en Durango (1682-1736), que fue gobernador de Buenos Aires y fundó la c. de Montevideo (1726). Sofocó la revolución de los comuneros paraguayos.
ZABALETA (Juan de), escritor español (¿1610-1670?), que cultivó la poesía lírica y dramática, escribió relatos de costumbres y colaboró con diferentes escritores de su época.
ZABALETA (Rafael), pintor español de tendencia expresionista (1907-1960).
ZABRZE, en alemán **Hindenburg,** c. de Polonia, en Alta Silesia. Importante centro industrial (hulla, siderurgia, industrias químicas).
ZABULÓN, hijo de Jacob, que dio su nombre a una de las doce tribus de Israel.
ZACAPA, c. de Guatemala, cab. del dep. del mismo n.; centro agrícola y ganadero. Obispado. El dep., además de su riqueza agropecuaria, posee recursos mineros. (Hab. *zacapanecos.*)
ZACAPOAXTLA, c. de México (Puebla).
ZACARÍAS, uno de los profetas menores judíos.
ZACARÍAS, sacerdote judío, esposo de Santa Isabel y padre de San Juan Bautista.
ZACARÍAS *(San),* papa de 741 a 752. Dio la corona de Francia a Pipino el Breve. Fiesta el 5 de marzo.
ZACATE, punta de Costa Rica (Guanacaste), en la costa del Pacífico.
ZACATECAS, c. de México, cap. del Estado del mismo n., en el que se encuentra la *Sierra de Zacatecas.* Centro comercial. Obispado. Fue fundada en 1585 y tuvo gran importancia por su actividad minera. El Estado posee ricos yac. de plata, oro, cobre, plomo, antimonio y cinc; ganadería y cultivos diversos. (Hab. *zacatecos.*)
ZACATECOLUCA, c. de El Salvador, cap. del dep. de La Paz; centro comercial; manufactura de tabacos.
ZACATE GRANDE, isla de Honduras en el golfo de Fonseca.
ZACATLÁN, c. de México (Puebla). Centro agrícola (manzanas).
ZACATULA. V. BALSAS.

Fot. Dirección General de Turismo (España)

ZACUALTIPÁN, n. dado a un sector de la Sierra Madre Oriental de México (San Luis Potosí). — C. de México (Hidalgo).
ZADAR, ant. **Zara,** c. de Yugoslavia (Croacia), en Dalmacia; puerto a orillas del Adriático.
Zadig, cuento filosófico de Voltaire (1747), en el que se propone demostrar que la sociedad está regida por el azar y el absurdo.
ZADORRA, río de España, en las prov. de Álava y Burgos, afl. del Ebro; 70 km.
ZAFRA, c. de España (Badajoz). Mercado. Castillo (s. XV-XVI).
ZAGAZIG, c. del Bajo Egipto. Industrias textiles (algodón).
ZAGREB, en alemán **Agram,** c. de Yugoslavia, cap. de Croacia, a orillas del Save. Construcciones mecánicas. Universidad.
ZAGROS, cadena de montañas del Asia Anterior, reborde occidental de la meseta del Irán.
ZAHLE, c. del Líbano, al E. de Beirut. Estación veraniega.
ZAIMIS (Alejandro), político griego (1855-1936), pres. de la Rep. en 1929.
ZÂKYAMUNI. V. BUDA.
ZALACA, lugar de España, cerca de Badajoz. Derrota de los reyes cristianos por las tropas almorávides de Yusuf I (1086).
ZALAMEA BORDA (Eduardo), novelista colombiano, n. en 1907, autor del relato poético *Cuatro años a bordo de mí mismo.*
ZALAMEA DE LA SERENA, v. de España (Badajoz). Ruinas romanas y árabes.
ZALAMEA LA REAL, v. de España (Huelva). Centro agrícola, ganadero y minero.
ZALDÍVAR (Rafael), político salvadoreño, n. en San Alejo (1834-1903), pres. provisional de la Rep. de 1876 a 1880, elegido pres. en 1880 y reelegido en 1884. Fue derribado en 1885 por la revolución de Francisco Menéndez.
ZALDÚA (Francisco Javier), político colombiano (1811-1882), pres. de la Rep. en 1882.

ZAMBEZE
catarata Victoria

E. ZAPATA

urna ZAPOTECA

ZALDUMBIDE (Gonzalo), político y ensayista ecuatoriano (1884-1965), de prosa ágil y refinada, autor de *Égloga trágica* (novela), *Cuatro clásicos americanos* (biografía).

ZALDUMBIDE (Julio), poeta y político ecuatoriano (1833-1887), autor de *Meditación*.

ZAMA, antiguo lugar de África del Norte, donde Escipión venció a Aníbal en 202 a. de J. C.

ZAMACOIS (Eduardo), novelista español, n. en Cuba, 1876, autor de obras de carácter erótico (*El seductor*) o realista (*Las raíces*).

ZAMACOIS (Joaquín), compositor español, n. en Chile en 1894. Autor de *La siega*.

ZAMBALES, prov. de la isla de Luzón (Filipinas); cap. *Iba*.

ZAMBEZE, río de África austral, que desemboca en el canal de Mozambique, y forma la *catarata de Victoria;* 2 660 km.

ZAMBIA, Estado de África oriental, miembro del Commonwealth, correspondiente al antiguo protectorado británico de Rodesia del Norte; 746 169 km²; 3 610 000 h. Cap. *Lusaka*, 151 800 h. Ganado (bovinos); maíz, tabaco; cobre.

ZAMBOANGA, c. y puerto de Filipinas, cap. de la prov. de su nombre, en la isla de Mindanao.

ZAMBRANA (Antonio), patriota, abogado y escritor cubano (1846-1922), que redactó con Agramonte el texto de la Constitución de Guáimaro y fue secretario de la Cámara (1869).

ZAMENHOF (Luis Lázaro), médico y lingüista polaco (1859-1917), inventor del esperanto.

ZAMORA, c. de España, cap. de la prov. del mismo n., a orillas del Duero; centro agrícola, ganadero y comercial. Obispado. Catedral románica (s. XII); murallas antiguas.

ZAMORA, río del Ecuador, en la región de Oriente, que se une con el Paute para formar el Santiago; 305 km. — C. del Ecuador, cap. de la prov. de Zamora-Chinchipe; centro minero (oro). Vicariato apostólico. — C. de México (Michoacán); centro agrícola y comercial. Obispado. Fue fundada en 1540.

ZAMORA (Antonio de), poeta español (¿1664?-1728), autor fecundo de dramas y comedias.

ZAMORA (Ezequiel), general venezolano (1817-1860), caudillo liberal de los federales que se enfrentaron a Páez y a Monagas.

ZAMORA-CHINCHIPE, prov. del SE. de Ecuador; cap. *Zamora*.

ZAMPIERI. V. DOMINIQUINO.

ZANGWILL (Israel), escritor inglés (1864-1926), llamado **el Dickens judío.**

Zanión *(Pacto del)*, pacto establecido en 1878 entre España y Cuba, que puso fin a la guerra de los Diez Años, iniciada en 1868.

ZANNI (Pedro Leandro), aviador argentino (1891-1942), uno de los pioneros de la navegación aérea.

ZANTE, en griego **Zakynthos,** una de las islas Jónicas (Grecia). Cap. *Zante*. Puerto.

ZANZÍBAR, isla del océano Índico, cerca de la costa oriental de África; 170 500 h. Junto con Pemba y Tanganica forma desde 1964 la Rep. Federal de Tanzania. Centro comercial; especias (principal productor mundial de clavo).

ZAPATA, penins. de Cuba (Matanzas); 3 000 kilómetros cuadrados. Ciénagas.

ZAPATA (Emiliano), político y revolucionario mexicano, n. cerca de Ayala (Morelos) [1883-1919], promotor de la reforma agraria. Proclamó el Plan de Ayala (1911), que exigía tierras para los campesinos. M. asesinado.

ZAPATA (Luis), escritor español (1526-1595), autor de *Miscelánea*, obra en la que se recogen sabrosísimas anécdotas.

ZAPATA (Marcos), poeta romántico español (1845-1914), famoso por su drama en verso *La capilla de Lanuza*.

ZAPATERA, isla y volcán (740 m) de Nicaragua, en el lago del mismo n. (Granada).

ZAPATOCA, c. de Colombia (Santander); tabaco; yac. de plomo.

ZAPATOSA, laguna de Colombia (Magdalena); 5 000 km².

ZAPIOLA (José), compositor chileno (1802-1885), autor de la música de la *Canción de Yungay*, popular himno patriótico.

ZAPLA, pobl. de Argentina (Jujuy). Hierro.

ZAPOLYA o **ZAPOLY,** noble familia de Hungría. Dos de sus miembros fueron antirreyes con los n. de Juan I (1526-1540) y de Juan II (1540-1571).

ZAPOPAN, v. de México (Jalisco); lugar de peregrinación al santuario de la Virgen.

ZAPOROGOS, cosacos de Ucrania, sublevados bajo el mando de Mazepa y llevados por Catalina II a orillas del Kubán (mar de Azov).

ZAPOROSHIE, c. de la U. R. S. S. (Ucrania); industrias metalúrgicas y químicas. Gran central hidroeléctrica.

ZAPOTAL, isla del Ecuador (Esmeraldas). — Río del Ecuador, afl. del Guayas.

ZAPOTE, río de Costa Rica (Alajuela) y de Nicaragua (Chontales), que desemboca en el lago de Nicaragua.

ZAPOTECAS, pueblo indígena de México, que se estableció desde antes de la era cristiana en el actual Estado de Oaxaca y desarrolló una brillante cultura. Notables arquitectos como lo atestiguan las ruinas de Monte Albán y Mitla. Dejaron urnas funerarias con figuras humanas.

Zaque, n. de los caciques chibchas de Tunja (Colombia).

ZAQUEO *(San)*, obispo de Jerusalén, m. hacia 116. Fiesta el 23 de agosto.

ZAQUEO, judío y jefe de los publicanos de Jericó en tiempos de Cristo. Dio la mitad de sus bienes a los pobres.

ZARA. V. ZADAR.

ZARAGOZA, c. de España, cap. de la prov. del mismo n., en Aragón, a orillas del Ebro (hab. *zaragozanos*). Arzobispado. Universidad. Academia General Militar. Tiene monumentos notables: la basílica de Nuestra Señora del Pilar, famosa por su Virgen muy venerada; La Seo (catedral), templo mudéjar con elementos góticos (s. XII-XVI); San Pablo (s. XIII); el castillo árabe de la Aljafería; la Lonja (s. XVI). Centro comercial e industrial. Ciudad ibera *(Sálduba)*, colonia romana (*Caesaraugusta*), fue conquistada por los árabes (714) y ganada por Alfonso I el Batallador en 1118. En 1808 y 1809 resistió heroicamente el sitio de las tropas francesas. La prov. es eminentemente agrícola.

ZARAGOZA, mun. y pobl. de Colombia (Antioquia); oro.

ZARAGOZA (Ignacio), general y político mexicano (1829-1862), que venció a los invasores franceses en la c. de Puebla el 5 de mayo de 1862.

ZAMORA: la Catedral

Fot. British Council, X, Museo del Hombre (París)

ZARAGOZA DOMÉNECH (Agustina), heroína española (1790-1858), conocida por el nombre de **Agustina de Aragón**, que se distinguió en los dos sitios que sufrió la ciudad de Zaragoza en la guerra de la Independencia (1808-1809).
ZARAGOZANO (Victoriano), astrónomo y médico español (1545-1602), autor de unos famosos almanaques que predecían el tiempo.
ZARAGÜETA (Juan), filósofo español, n. en 1883, representante del neotomismo.
ZÁRATE, c. de la Argentina (Buenos Aires); puerto fluvial en el Paraná; ind. frigorífica.
ZÁRATE (Agustín de), cronista español del s. XVI, autor de *Historia de la conquista del Perú.*
ZÁRATE (Francisco LÓPEZ DE). V. LÓPEZ.
ZÁRATE (Juan ORTIZ DE ZÁRATE). V. ORTIZ.
ZARATUSTRA o **ZOROASTRO,** reformador de la religión persa (¿660-583? a. de J. C.).
Zaratustra *(Así hablaba),* poema en prosa de Nietzsche (1883-1885), en que expone la teoría del superhombre.
ZARCO (Francisco), político mexicano (1829-1869), autor de una *Historia del Congreso Constituyente de 1856-57.*
Zarco *(El),* novela de Ignacio Manuel Altamirano, que describe la vida mexicana de 1861 a 1863. Su héroe es el bandido *El Zarco.*
ZARIA, c. de Nigeria, en el norte.
ZARIZIN. V. VOLGOGRADO.
ZARUMA, pobl. del Ecuador (El Oro); gangas auríferas. Fundada en 1539.
ZARUMILLA, río del Ecuador (El Oro), que des. en el Pacífico y constituye el límite actual con el Perú. — C. del Perú, cap. de la prov. del mismo n. (Tumbes).
ZARZA (Vasco de la), escultor español de principios del s. XVI, introductor del estilo renacentista en su país (sepulcro de Alonso de Madrigal, en Ávila).
ZARZAL, pobl. de Colombia (Valle del Cauca).
ZAVALA (Bruno Mauricio de). V. ZABALA.
ZAVALA (Jesús), poeta mexicano (1892-1956), autor de *Jardines de provincia.*
ZAVALA (Joaquín), militar y político nicaragüense, pres. de la Rep. de 1879 a 1883. Fomentó las obras públicas y la enseñanza.
ZAVALA MUNIZ (Justino), narrador realista uruguayo (1898-1968), que analiza detenidamente la evolución del gaucho en *Crónica de Muniz, Crónica de un crimen* y *Crónica de la Reja.*
ZAVALETA (Carlos E.), escritor peruano, n. en 1928.
ZAWADROSKY, isla volcánica del archip. de Sandwich del Sur (Argentina).
ZAYAS (Alfredo), político y orador cubano (1861-1934), pres. de la Rep. de 1921 a 1925.
ZAYAS Y SOTOMAYOR (María de), escritora española (1590-1661), autora de relatos de ambiente cortesano (*Saraos, Novelas ejemplares y amorosas*).
ZAZA, río de Cuba (Las Villas); 150 km.
ZEA, ant. **Ceos,** una de las islas Cícladas.
ZEA (Francisco), poeta español (1825-1857), cuyos versos fueron publicados póstumamente.
ZEA (Francisco Antonio), político, naturalista y escritor colombiano, n. en Medellín (1766-1822), primer vicepresidente de Venezuela y de Gran Colombia. Fue discípulo de Mutis.
ZEA (Leopoldo), escritor y filósofo mexicano, n. en 1912, autor de *Esquemas para una historia de las ideas en Iberoamérica.*
ZEA BERMÚDEZ. V. CEA BERMÚDEZ.
ZEAMI, seudónimo de dos escritores japoneses de la segunda mitad del s. XIV, YUSAKI y su padre KANAMI, autores de dramas líricos.
ZEBALLOS (Estanislao S.), historiador, jurista y sociólogo argentino (1854-1923).
ZEBEDEO, padre de los apóstoles Santiago el Mayor y San Juan Evangelista.
ZEEBRUGGE, puerto de Brujas (Bélgica), a orillas del mar del Norte, unido a la ciudad por un canal de 12 km.
ZEEMAN (Pedro), físico holandés (1865-1943), que descubrió la acción de los campos magnéticos sobre la emisión de la luz. (Pr. Nóbel, 1902.)
ZEGRÍES, familia mora del reino de Granada (s. XV), que luchó contra los Abencerrajes.
ZEIST, c. de Holanda (Utrecht).
ZEITZ, c. de Alemania oriental. Metalurgia, industrias químicas.
ZELA (Francisco Antonio de), patriota peruano (1768-1819), que lanzó en Tacna el grito de Independencia (1811). M. preso en Panamá.
ZELANDA o **ZELANDIA,** prov. de Holanda, casi completamente compuesta de islas, en la desembocadura del Escalda y del Mosa. Cap. *Middelburgo.*
ZELANDA (Nueva). V. NUEVA ZELANDA.
ZELAYA, dep. de Nicaragua, en la costa del mar Caribe; cap. *Bluefields;* importante riqueza forestal y minera. (Hab. *zelayenses* o *costeños.*)
ZELAYA (José SANTOS), general y político nicaragüense, n. en Managua (1853-1919), pres. de la Rep. de 1893 a 1909. Fue jefe liberal y partidario de la Unión de Centroamérica. Incorporó Mosquitia al territorio nacional (1894), luchó contra El Salvador y Honduras e impulsó el progreso del país.
ZELEDÓN (Benjamín F.), abogado y diplomático nicaragüense (1879-1912), héroe de la revolución de 1912.
ZEMPOALA. V. CEMPOALA.
Zemzem, pozo situado en el recinto del templo de La Meca. Según la tradición, Yahvé lo hizo brotar para apagar la sed de Agar e Ismael.
ZEND AVESTA. V. AVESTA.
ZENEA (Juan Clemente), patriota y poeta cubano (1832-1871). Autor de la elegía *Fidelia* y *Cantos de la tarde.* Murió fusilado por orden del gobernador de la isla.
ZENO GANDÍA (Manuel), novelista puertorriqueño (1855-1930), que describió la sociedad humilde de su país. Obras: *La charca, Garduña.*
ZENOBIA, reina de Palmira, vencida y reducida a cautiverio por el emperador Aureliano en 273. Murió en 274.
ZENÓN de Citio, filósofo griego de fines del s. IV a. de J. C., creador de la escuela estoica.
ZENÓN de Elea, filósofo griego, n. en Elea entre 490 y 485 a. de J. C., discípulo de Parménides. Autor de los célebres sofismas *(aporías)* sobre *la flecha* y *Aquiles y la tortuga,* por los cuales negaba la existencia del movimiento.
ZENÓN el Isáurico, emperador romano de Oriente (474 a 491).
ZENTA o **SENTA,** c. de Yugoslavia, a orillas del Tisza. Derrota de los turcos por el príncipe Eugenio en 1697.
ZENTA, río de la Argentina (Salta), afl. del Bermejo. — Sierra de la Argentina (Salta); alt. máx. 5 000 m.
ZENTENO (José Ignacio), patriota y político chileno (1786-1847), que organizó la escuadra de su país durante el gobierno de O'Higgins.
ZEPEDA (José), político nicaragüense del s. XIX. Jefe del Estado en 1835, asesinado en 1837.
ZEPPELIN (Fernando, *conde de*), aeronauta e industrial alemán (1838-1917); construyó un dirigible rígido que lleva su nombre.
ZEQUEIRA Y ARANGO (Manuel de), escritor neoclásico cubano (1760-1846), autor del poema épico *Batalla naval de Cortés en la laguna* y de la oda *A la piña.*
ZERDA (Liborio), etnógrafo y médico colombiano (1834-1919), autor de *El Dorado, estudio histórico, etnográfico y arqueológico de los chibchas.*
ZERMATT, c. de Suiza (Valais), al pie de los macizos del monte Rosa, del Cervino y del Weisshorn. Estación de invierno concurrida.
ZEROMSKI (Stefan), escritor polaco (1864-1925), autor de dramas y novelas de sombrío pesimismo.
ZEUS, dios principal de la mitología griega, identificado con el **Júpiter** de los romanos.
ZEUXIS, pintor griego, uno de los artistas más ilustres del mundo antiguo (464-398 a. de J. C.).
ZGORZELEC, c. de Polonia (Silesia), formada con una parte de la ant. c. alemana **Görlitz.**
ZIELONA GORA, en alemán **Grünberg,** c. de Polonia (Silesia); metalurgia y textiles.
ZIGUINCHOR, c. y puerto de Senegal, en el estuario del río Casamance.
ZIHUATANEJO, puerto de México (Guerrero).
ZILAHY (Lajos), novelista húngaro, n. en 1891, autor de *Primavera mortal, El alma se apaga, El desertor, Algo flota sobre el agua.*

ZENEA

F. A. ZEA

ZEPPELIN

ZEUS, bronce museo Nacional de Atenas

Fot. X, doc. A. G. P., "Monde et Caméra", Séraf

José ZORRILLA

ZORRILLA DE SAN MARTÍN

ZINAPÉCUARO, c. de México (Michoacán).
ZINDER, c. de Níger; centro comercial.
Zipa, n. de los caciques chibchas de Bogotá.
ZIPAQUIRÁ, c. de Colombia (Cundinamarca); centro agrícola; salinas; minas de hierro y plomo. Obispado.
ZIRIANES o **KOMI,** pueblo finés de la URSS, que forma una república autónoma al O. del Ural; cap. *Syktyvkar.*
ZITA, última emperatriz de Austria y reina de Hungría (1916-1918), n. en 1892.
ZITÁCUARO, pobl. de México (Michoacán). Al NO., balneario de San José Purúa. En 1811 fue lugar de una reunión, convocada por López Rayón, para elegir una junta suprema encargada de organizar y dirigir el ejército de la Independencia.
ZITTAU, c. de Alemania oriental, en Sajonia; metalurgia; construcciones mecánicas.
ZIZKA (Juan), héroe nacional de Bohemia (¿1370?-1424), jefe militar de los husitas.
ZLATOUST, c. de la U. R. S. S. (Rusia); gran centro metalúrgico (industrias siderúrgicas, máquinas).
ZLIN. V. GOTTWALDOV.
ZNOJMO, en alemán **Znaim,** c. de Checoslovaquia (Moravia); centro industrial, comercial y agrícola.
ZOBEIDA o **ZUBAYDA,** esposa del califa Harún al-Rachid, m. en 831. Su nombre figura en *Las mil y una noches.*
ZOGOIBI (*"el Infeliz"*), apodo de **Boabdil.**
Zogoibi, novela del argentino Larreta, que describe la vida en la Pampa.
ZOGÚ I (1895-1961), rey de Albania de 1928 a 1939. Destronado por los italianos.
ZOILO, crítico de Homero (s. IV a. de J. C.), ridículamente célebre por sus censuras injustas.
ZOLA (Emilio), novelista francés, n. en París (1840-1902), jefe de la escuela naturalista. Aplicó a los hechos humanos y sociales un método de análisis científico y se distinguió por sus dotes de observación, su imaginación creadora y su profunda humanidad. Su maestría en el arte de narrar se pone de manifiesto en la pintura subyugante y detallista de ambientes y caracteres. Ejerció una gran influencia. Autor de la serie de los *Rougon-Macquart* (*La taberna, Nana, Germinal, El vientre de París,* etc.). Cultivó también el teatro y la crítica literaria. Defendió la causa de Dreyfus en su célebre manifiesto *J'accuse.*
Zollverein, asociación aduanera de los Estados alemanes, formada en 1834, y que fue preludio de la formación de la unidad alemana.
ZOMBA, cap. de Malawi; 20 000 h.
ZONTEHUITZ, cima volcánica de México (Chiapas); 2 703 m.
Zopiro, soldado persa de Darío I que, en vista del largo y costoso asedio de Babilonia, se cortó la nariz y las orejas y fue a contar a los sitiados que aquellas mutilaciones eran obra del cruel Darío. Ganada la confianza de los babilonios, abrió dos de las puertas de la ciudad a los persas facilitando así la entrada de éstos. En recompensa, el Gran Rey nombró a Zopiro sátrapa vitalicio de Babilonia (519 a. de J. C.).

I. ZULOAGA
LAS BRUJAS DE SAN MILLÁN

ZOLA

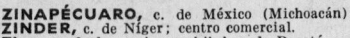

ZIZKA

ZORITA. V. ALMONACID.
ZORN (Anders), pintor, grabador y escultor sueco (1860-1920), autor de retratos y aguafuertes.
ZOROASTRO. V. ZARATUSTRA.
ZOROBABEL, príncipe de la casa de David, que hizo volver a los judíos a su patria, después del edicto de Ciro, en el s. VI a. de J. C.
ZORRILLA Y DEL MORAL (José), poeta español, n. en Valladolid (1817-1893), autor de una copiosa obra literaria en la que sobresalen memorias (*Recuerdos del tiempo viejo*), dramas en verso (*El puñal del godo, El zapatero y el rey, Traidor, inconfeso y mártir, Don Juan Tenorio*), leyendas inspiradas en tradiciones españolas (*El capitán Montoya, Margarita la Tornera, A buen juez, mejor testigo, Cantos del trovador, La leyenda del Cid,* etc.). Fue un poeta romántico popularísimo que intentó dotar siempre a sus versos de color y musicalidad y narrar en ellos hechos y figuras de España, evocados a veces sin mucho rigor histórico.
ZORRILLA DE SAN MARTÍN (Juan), poeta uruguayo, n. en Montevideo (1855-1931), autor de *Tabaré,* poema romántico de contenido épico, en seis cantos, en el que narra una leyenda indígena de gran belleza. Sus versos son de encendido lirismo y gran perfección plástica. Fue también prosista y orador.
ZORRITOS, c. del Perú, cap. de la prov. de Contralmirante Villar (Tumbes); ref. de petróleo.
ZÓSIMO (*San*), papa de 417 a 418. Condenó el pelagianismo. Fiesta el 26 de diciembre.
ZOZAYA (Antonio), cronista, poeta y novelista español (1859-1940), autor de admirables relatos cortos.
ZSIGMONDY (Ricardo), químico húngaro (1865-1929), inventor del ultramicroscopio. (Pr. Nóbel, 1925.)
ZUBIAURRE (Valentín) [1884-1963] y su hermano RAMÓN (1887-1969), pintores españoles, autores de cuadros de ambiente vasco y castellano.
ZUBIRI (Xavier), filósofo y ensayista español, n. en 1898, autor de *Naturaleza, Historia, Dios* (1944), *Sobre la esencia* (1963), y *Cinco lecciones de filosofía* (1963), estudio del concepto de la filosofía de cinco grandes pensadores. En estilo cuidado, expone sus ideas y opiniones con penetración y rigor filosófico.
ZUCCHI o **DEL ZUCCA** (Jacobo), pintor italiano (1541-¿1590?). — Su hermano FRANCISCO, m. hacia 1620, fue un notable pintor de bodegones.
ZUDÁÑEZ, c. de Bolivia, cap. de la prov. del mismo n. (Chuquisaca).
ZUG, c. de Suiza, cap. del cantón del mismo n., a orillas del *lago Zug.* Antigua ciudad pintoresca. Sederías.
ZUG (LAGO DE), lago de Suiza entre los cantones de Zug, Lucerna y Schwyz.
ZUINGLIO (Ulrico). V. ZWINGLIO.
ZULIA, río de Colombia y Venezuela, afl. del Catatumbo. — Estado del NO. de Venezuela, lindante con Colombia; cap. *Maracaibo;* intensa explotación petrolera; ganadería.
ZULOAGA (Félix), general y político mexicano, jefe del Gob. en 1858 y 1859.
ZULOAGA (Ignacio), pintor español (1870-1945). Sobresale en la pintura de tipos españoles

Fot. doc. A. G. P., Arch. Gral. de la Nación (Habana), Nador, Larousse, Vizzavona

ZURICH: Vista general

ejecutados con gran realismo. Sus tonos son sombríos. Autor de *El castillo de Cuéllar, Segovia, Juez de pueblo, Torerillos de pueblo*, etc.

ZULÚES, pueblo cafre del sur de África, que resistió durante largo tiempo a la dominación inglesa.

ZULUETA, térm. mun. de Cuba (Las Villas).

ZULULANDIA, región del África austral (Natal), que forma una reserva para los zulúes (400 000 h.). Cap. *Eshowe.*

ZUMALACÁRREGUI (Tomás de), general español (1788-1835), que fue jefe del ejército carlista y consiguió contra los liberales numerosas victorias. Murió en el sitio de Bilbao.

ZUMÁRRAGA (Juan de), religioso español (¿1468?-1548), primer obispo de México, nombrado en 1527. Creó para los indígenas el Colegio de Santa Cruz de Tlaltelolco.

ZUMBA, pobl. del Ecuador, cab. del cantón de Chinchipe (Zamora-Chinchipe).

ZUMETA (César), escritor venezolano (1864-1955), autor de ensayos de carácter pesimista.

ZUM FELDE (Alberto), crítico literario uruguayo, n. en 1890, autor de *Proceso intelectual del Uruguay* y *Literatura del Uruguay.*

ZUMPANGO DE OCAMPO, c. de México (México). Centro agrícola.

ZUNGARIA, región de China Occidental (Sinkiang), en gran parte desértica.

ZUNIL, volcán de Guatemala, en el límite de los dep. de Retalhuleu, Quezaltenango y Suchitepeque; 3 533 m.

ZUNZUNEGUI (Juan Antonio de), novelista español, n. en 1901, es autor de *Cuentos y patrañas de mi ría, El Chiplichandle, ¡Ay, estos hijos!, El barco de la muerte, La quiebra, La úlcera, Las ratas en el barco*, etc.

ZÚÑIGA (Baltasar de), virrey de Nueva España de 1716 a 1722.

ZÚÑIGA (Francesillo de), bufón de Carlos I de España, que escribió una interesante crónica de la vida de su rey de 1516 a 1528. Murió en 1528.

ZÚÑIGA (Gaspar de), virrey de Nueva España de 1595 a 1603, y del Perú de 1604 hasta su m. en 1606.

ZÚÑIGA Y ÁVILA (Luis de). V. ÁVILA Y ZÚÑIGA.

ZÚÑIGA Y REQUESÉNS. V. REQUESÉNS.

ZURAWNO o **ZHURAVNO,** ciudad de la U. R. S. S. (Ucrania), a orillas del Dniéster.

ZURBANO (Martín), general español (1788-1844), que se señaló primero como guerrillero durante la guerra de la Independencia y, a la muerte de Fernando VII, en las luchas contra los carlistas. En 1844 organizó un levantamiento, a consecuencia del cual fue preso y fusilado.

ZURBARÁN (Francisco de), pintor español, n. en Fuente de Cantos (Badajoz) en 1598, m. en Madrid en 1664. Discípulo de Morales, ejecutó gran número de cuadros religiosos justamente célebres. Su obra se caracteriza por su impresionante realismo y sobria composición. (V. tb. lámina p. 240.)

ZURICH, lago de Suiza, entre los cantones de Zurich, de Schwyz y de Saint-Gall; 88,5 km². — C. de Suiza, cap. del cantón del mismo n., a orillas del Limmat; la mayor ciudad de la Confederación; industria textil, construcciones eléctricas; productos alimenticios, etc. Universidad. Catedral (s. XI-XII). Centro financiero.

ZURITA (Jerónimo de), cronista español, n. en Zaragoza (1512-1580), cuyos *Anales de la Corona de Aragón* son, por su carácter científico, una obra maestra del género historiográfico.

ZUVIRÍA (Facundo de), político y escritor argentino (1783-1861). — Su hijo JOSÉ MARÍA fue poeta, magistrado e historiador (1830-1891).

ZUYDERZEE, antiguo golfo de Holanda. En 1932 fue cerrado al norte por una presa que deja un golfo exterior *(Waddenzee)* y un lago interior *(Ysselmeer)* dividido en diferentes pólders.

ZWEIBRÜCKEN. V. DOS PUENTES.

ZWEIG (Arnaldo), novelista alemán (1887-1968), autor de *El Sargento Grischa.*

ZWEIG (Stefan), escritor austriaco (1881-1942), entre cuyas obras destacan biografías *(María Antonieta, Fouché, Tolstoi)*, novelas *(Momentos estelares de la humanidad, Amok, Los ojos del Hermano Eterno, Veinticuatro horas en la vida de una mujer)* y dramas. Se suicidó en el Brasil.

ZWICKAU, c. de Alemania oriental, a orillas del Mulde; metalurgia; aluminio; maquinarias.

ZWINGLIO (Ulrico), reformador suizo (1484-1531), autor de varios tratados teológicos. Reformó el dogma y abolió el celibato de los sacerdotes y la misa. Su doctrina fue aceptada por la mayor parte de Suiza y a su muerte sus partidarios se unieron a los de Calvino o Lutero.

ZWOLLE, c. de Holanda, cap. de la prov. de Overyssel, a orillas del Yssel. Iglesia del s. XV.

ZWORYKIN (Vladimiro), ingeniero norteamericano, n. en Murom (U. R. S. S.) en 1889. Inventor del iconoscopio, tubo de los televisores.

ZUMALACÁRREGUI

S. ZWEIG

ZURBARÁN: LA APARICIÓN DE SAN PEDRO CRUCIFICADO A SAN PEDRO NOLASCO
Prado, Madrid.

Fot. Wehrli, doc. A. G. P., doc. Alperland, Museo del Prado

— edición 1972 —

Imprimerie LAROUSSE,
1 à 9, rue d'Arcueil, Montrouge (Hauts-de-Seine).
Septembre 1964. — Dépôt légal 1964-3e. — No 1985.
No de série Editeur 5268.
IMPRIMÉ EN FRANCE (*Printed in France*)
20 541 K-10-71.

obras Larousse en lengua española

GRAN ENCICLOPEDIA LAROUSSE

en 20 volúmenes

La "Gran Enciclopedia Larousse", aunque mantiene las características externas, el método, la estructura e ilustraciones del original francés, debe considerarse como una obra enteramente nueva, pensada y escrita para el lector de habla española. Sus artículos, adaptados a las últimas adquisiciones de la investigación, contienen datos precisos, objetivos y actualizados, y, frecuentemente, van acompañados de ilustraciones, mapas, gráficos o ejemplos.
Para reunir los conocimientos que comprende sería necesario poseer una biblioteca de quinientos volúmenes.

Encuadernados (21 × 27 cm); sobrecubierta en color, 10740 páginas, 215270 artículos. 490000 acepciones, 36940 ilustraciones en negro y en color.

(venta en España por Editorial Planeta).

COLECCIÓN EN CUARTO LAROUSSE

(venta en España por Editorial Planeta)

GEOGRAFÍA UNIVERSAL LAROUSSE, en 3 volúmenes
bajo la dirección de Pierre Deffontaines, con la colaboración de Mariel Jean-Brunhes Delamarre.

EL ARTE Y EL HOMBRE en 3 volúmenes
bajo la dirección de René Huyghe, de la Academia Francesa.

MITOLOGÍAS del Mediterráneo al Ganges
bajo la dirección de Pierre Grimal, profesor de la Sorbona.

MITOLOGÍAS de las estepas, de los bosques y de las islas
bajo la dirección de Pierre Grimal.

SEGUNDA GUERRA MUNDIAL en 2 volúmenes
par Raymond Cartier (coedición "Larousse-Paris-Match").

Cada volumen encuadernado (21 × 30 cm), sobrecubierta en color, profusamente ilustrado en negro y en color.

DICCIONARIO MODERNO LAROUSSE

francés-español y español-francés

por Ramón García-Pelayo y Jean Testas

Un diccionario bilingüe es, sin duda alguna, un instrumento indispensable al hombre del siglo XX. Pero para que sea realmente útil, es necesario que esté concebido de tal manera, que permita al lector encontrar sin gran dificultad la traducción que más le conviene entre las varias que se le proponen.

Esta preocupación es la que nos ha movido a realizar el DICCIONARIO MODERNO francés-español y español-francés.

Sin olvidar en modo alguno la lengua literaria, los autores han puesto especial empeño en el estudio de los términos modernos, tanto los de carácter técnico como los del vocabulario general, cuyos equivalentes son en general poco conocidos, a pesar de la difusión que han alcanzado. Para llegar a esto, los redactores han debido proceder a la consulta de una cantidad considerable de obras especializadas, periódicos, revistas y novelas de actualidad.

Este diccionario será de inapreciable valor no solamente para el profesor y el estudiante, sino también para el traductor profesional o el hombre de negocios que se encuentre ante la eventualidad de tener que traducir del francés al español o del español al francés.

1 volumen encuadernado en tela (14,5 × 21 cm), sobrecubierta en color, 1758 páginas, 120 000 artículos en las dos partes, numerosas ilustraciones en negro.

---

en la misma colección :

DICTIONNAIRE MODERNE FRANÇAIS-ANGLAIS, ANGLAIS-FRANÇAIS
por Marguerite-Marie Dubois,
profesor de Filología inglesa en la Sorbona.

DICTIONNAIRE MODERNE FRANÇAIS-ALLEMAND, ALLEMAND-FRANÇAIS
por Pierre Grappin, profesor de la Sorbona.

LENGUAS OFICIALES EN EL MUNDO

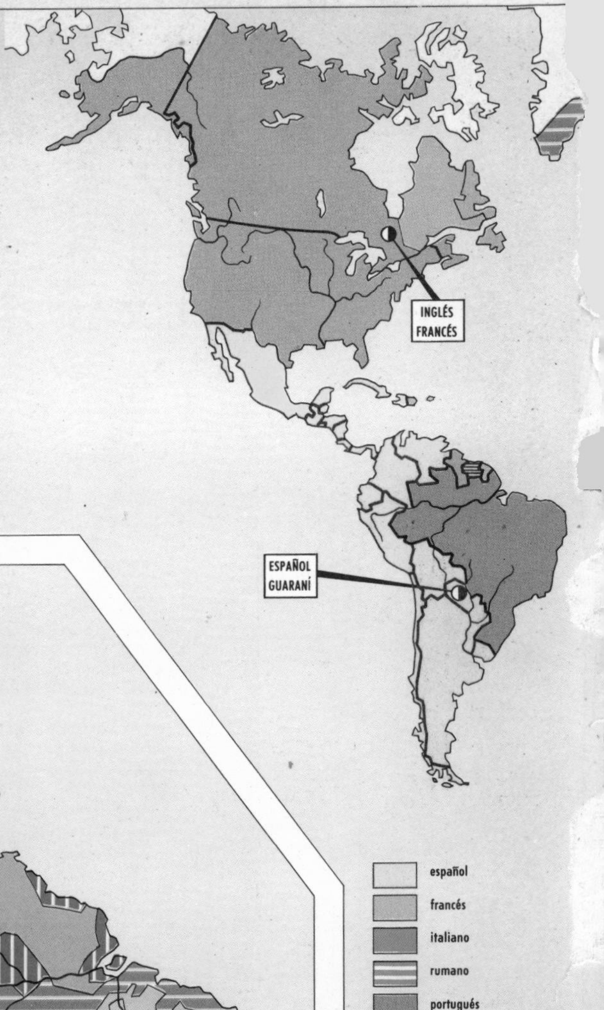

◐ Países con dos o más lenguas oficiales.

● armenio

■ georgiano

- español
- francés
- italiano
- rumano
- portugués
- inglés
- neerlandés
- alemán
- lenguas escandinavas
- griego
- ruso
- bielorruso
- ucraniano
- polaco
- checo y eslovaco
- serviocroata esloveno y macedonio
- búlgaro

LENGUAS INDÍGENAS DE IBEROAMÉRICA

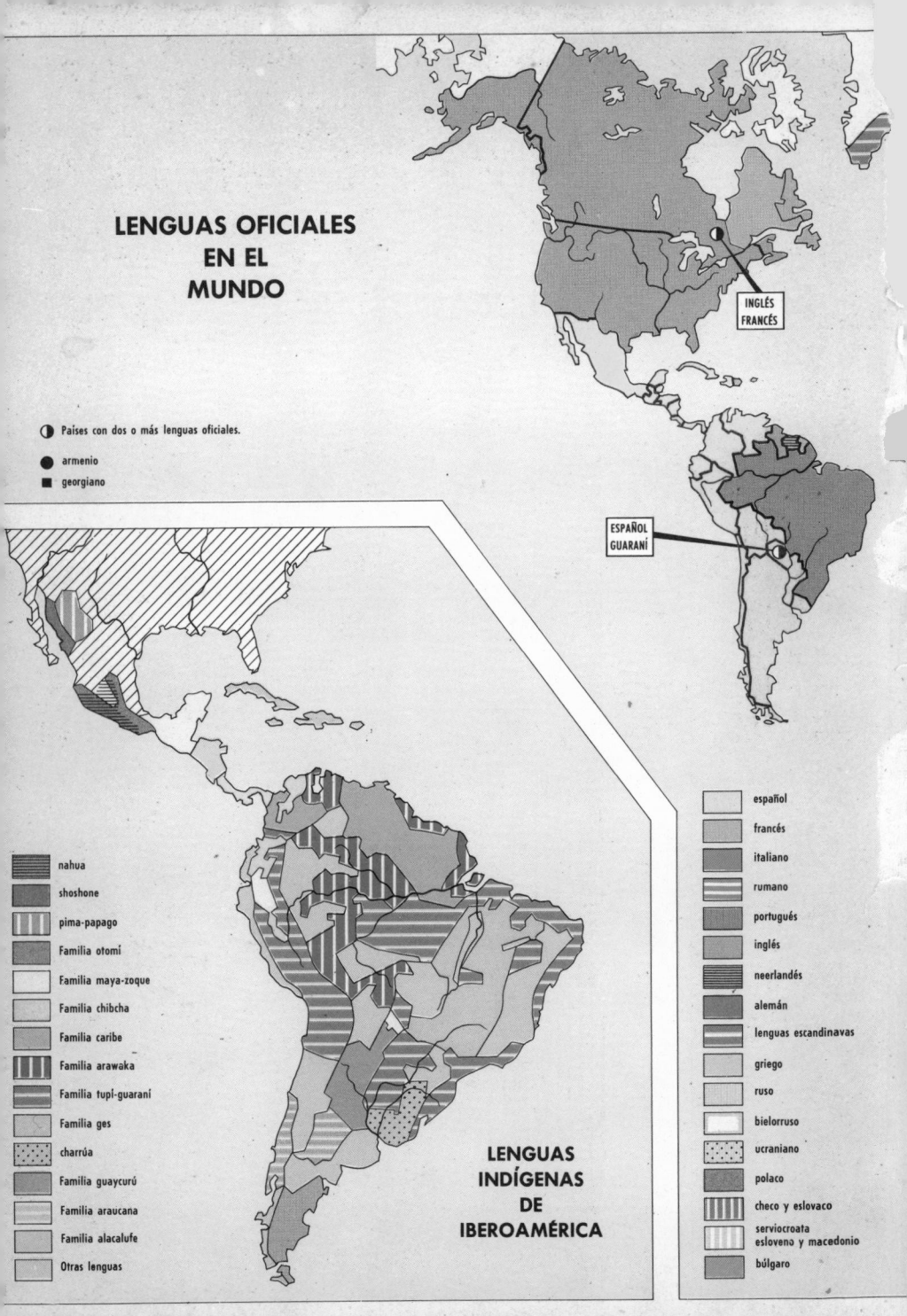

- nahua
- shoshone
- pima-papago
- Familia otomí
- Familia maya-zoque
- Familia chibcha
- Familia caribe
- Familia arawaka
- Familia tupí-guaraní
- Familia ges
- charrúa
- Familia guaycurú
- Familia araucana
- Familia alacalufe
- Otras lenguas